中国证券大全

A COMPREHENSIVE HANDBOOK OF CHINESE SECURITIES

(2002)

施光耀
陈京华　主 编

①

上海證券交易所
深圳证券交易所　协办

中国证券大全编辑委员会 编

经济科学出版社

图书在版编目(CIP)数据

中国证券大全，2002/中国证券大全编辑委员会编；
施光耀，陈京华主编. －北京：经济科学出版社，
2003.4
ISBN 7-5058-3507-6

I.中… II.①中…②施… ③陈… III.证券交
易－资本市场－概况－中国－2002 IV.F832.51

中国版本图书馆CIP数据核字(2003)第026961号

中国证券大全(2002)

中国证券大全编辑委员会 编　施光耀　陈京华 主编
经济科学出版社出版、发行
社址：北京市海淀区阜成路甲28号　邮编：100036
总编室电话：010-88191217　发行电话：010-88191740
深圳市星亚辉广告有限公司设计制作
深圳市佳信达印务有限公司印刷装订
开本：889×1194 大16开　137印张　1050千字
2003年4月第一版　2003年4月第一次印刷
ISBN 7-5058-3507-6/F832.51　定价：720.00元
(图书出现印装问题，本社负责调换)

序　言

推进资本市场改革开放和稳定发展

2002年，中国大事不断，喜事连连：党的十六大胜利召开，开启了新的伟大征程；国民经济总量实现历史性突破，全年GDP达到10.2万多亿元，增长8%；进出口总额排名由世界第六位跃升到第五位；外商直接投资居全球之首。这一年，中国证券市场作为社会主义市场经济的重要组成部分，在规范中发展的征程上步履矫健、谱写新篇：市场规模进一步壮大，规范程度进一步提高，监管体制进一步健全，优化资源配置、推动市场经济体制建设的功能进一步加强。

十六大重要论述为证券市场的发展指明方向

党的十六大提出了一系列与资本市场有关的重要论述。提出要推进资本市场的改革开放和稳定发展；处理好虚拟经济和实体经济的关系；深化分配制度改革；健全现代市场经济的社会信用体系；稳步推进利率市场化改革，优化金融资源配置，加强金融监管，防范和化解风险，使金融更好地为经济社会发展服务等等。这些重要论述为统一我们对证券市场的认识提供了理论指导，为证券期货市场的发展指明了方向。

党的十六大报告指出，要确立劳动、资本、技术和管理等生产要素按贡献参与分配的原则，完善按劳分配为主体、多种分配方式并存的分配制度。这是对马克思劳动价值论的创新，确立了资本、技术、管理等生产要素在社会财富创造上的重要地位，以及在初次分配中的参与权。随着人们金融投资能力不断提高，人们既可以以人力要素通过就业参与收入分配，也可以以资本要素通过资本市场参与收入分配。这一理论创新从根本上确立了保护投资者利益的必要性，这是我们证券监督工作的出发点和最终目的，将指导我们进一步做好证券监管工作。

我国证券市场已具有相当规模

我国证券市场作为一个新兴市场已取得举世瞩目的成就。截至2002年底，境内上市公司已达1,224家，市价总值38,329亿元，累计筹资7,071亿元，投资者开户达6,884万户，证券公司

126家，总资产约5,700亿元，营业网点达2,900多个，基金管理公司21家，证券投资基金71只，基金规模1,319亿元。期货市场在规范整顿的基础上，获得了新的发展，2002年交易额达到39,500亿元。

从总体上看，我国证券市场已具有相当规模，成为社会主义市场经济体系的重要组成部分；已建立了全国集中统一的证券期货监管体制，提高了监管的协调性和整体效率；初步建立了证券市场的法律框架，形成了以《公司法》、《证券法》、《期货交易管理暂行条例》为核心的多层次的证券期货法规体系；基本完成了证券期货市场的清理整顿任务，防范和降低了市场风险；培育发展了证券公司等中介机构和自律组织，逐步完善和发挥了各类中介机构的功能和作用；完善了上市公司的信息披露体系，推动上市公司改进治理结构，上市公司的规范化程度得到提高；股票、基金、债券、期货等基本品种已经具备，市场产品逐步增加；发展了证券投资基金等机构投资者，投资者结构有所改善；实行了股票发行核准制和上市公司退市制度，市场的准入和退出机制不断完善；推进了证券市场的对外开放，通过中外机构合作，境外上市等方式引进管理和技术、筹集境外资金取得了较大成绩；依法查处了违法违规行为，虚假陈述、内幕交易和操纵市场得到了有效的遏制；加强了市场的基础设施建设，交易、清算系统已经达到国际先进水平。证券市场的不断规范发展，对筹集资金、优化资源配置、建立现代企业制度、推动市场经济体制的建立和完善起着日益重要的作用。这些成就，是在党中央、国务院的正确领导下，在各有关部门和各级政府的支持下，在监管市场参与各方的共同努力下取得的，也为证券期货市场的进一步健康发展奠定了良好的基础。

我国证券市场是“新兴加转轨”的市场

同时，我们也应清醒地看到，我国证券市场是“新兴加转轨”的市场，目前证券市场还存在一些突出问题。这些问题有些是在经济转轨的背景下，因改革不配套，法制不健全，制度设计受局限，观念调整不到位造成的；有些是在新兴市场中，因市场体系、产品体系不完善而难以避免的；有些是市场发展初期，由于多方面因素影响遗留下来、并在市场规范化进程中暴露出来的；有些是要在市场发展的过程中不断提高认识，努力总结探索和完善的。

为了实现证券市场规范发展这个长期目标，做好与这一目标相适应的各项阶段性工作，实践中必须做到“五个坚持”，即应坚持证券期货市场的发展要服务和服从于国民经济的全局；坚持把保护投资者的合法权益作为我们工作的重中之重；坚持证券市场规范与发展的统一；坚持改革的力度、发展的速度与市场的承受程度的统一；坚持监管职能和监管方式要适应市场发展的要求。

2003年证券监管重点

2003年，我们应按照“三个代表”重要思想的要求，从以下各方面着力推进证券监管工作：

继续加强证券期货法制工作。完善证券市场法律法规体系，推动《公司法》、《证券法》的修改，促进《证券投资基金法》、《股票发行上市条例》、《证券违法行为处罚办法》等法律法规的出台。按照国务院深化行政审批改革要求，做好规则的清理，减少行政审批，进一步强化监管系统依法行政的观念，提高依法监管的水平。

大力推动诚信建设。强化证券市场的诚信理念，采取多种措施加强市场诚信建设，对虚假陈述、内幕交易、操纵市场等违背诚信的违法违规行为要依法严惩，进一步健全诚实守信、维护诚信利益、追究失信责任的有效机制。

防范和化解市场风险，提高上市公司规范化运作水平。通过深化发行体制改革，强化对上市公司的监管，推动上市公司完善以权利制衡为中心的法人治理结构，提高信息披露的真实性、准确性、完整性和及时性、有效性，依法查处虚假陈述行为，规范上市公司的并购重组，强化对大股东占用上市公司资金行为的监管，进一步完善退市机制，促进上市公司优胜劣汰。

不断改善市场结构。进一步培育市场主体，优化上市公司结构，大力发展机构投资者，深入研究多层次市场体系和金融品种结构，积极稳妥地推动资本市场的创新，稳步推进资本市场的对外开放，认真做好QFII的引进和监管工作。

发展证券市场任重道远，党中央、国务院对证券监管工作寄予厚望，我们要全面贯彻十六大精神，思想上不断有新解放，理论上不断有新发展，实践上不断有新创造，推动证券市场的改革开放和稳定发展，为实现全面建设小康社会的目标而奋斗。

2003年3月18日

《中国证券大全》编辑委员会

2002年沪深股

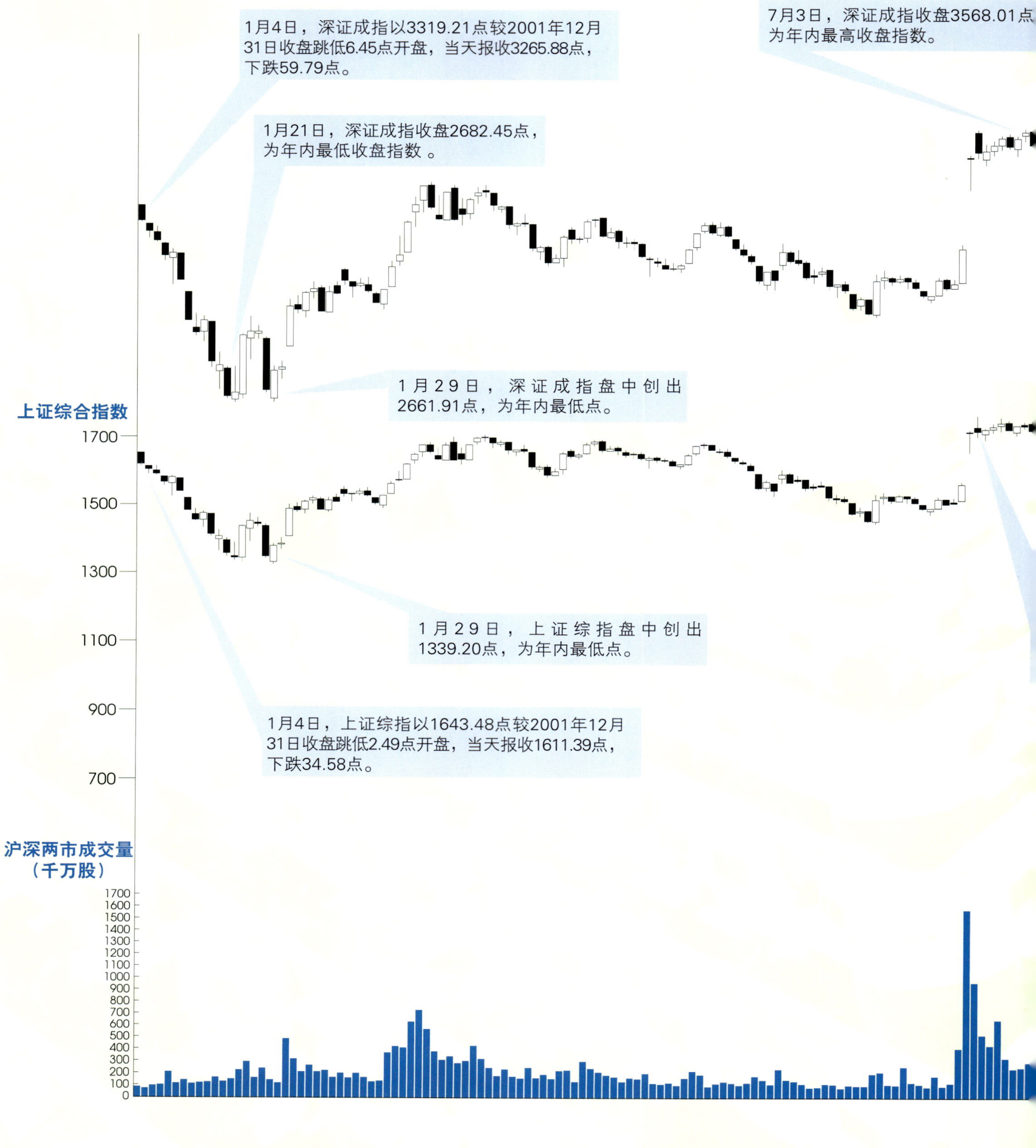

1月4日，深证成指以3319.21点较2001年12月31日收盘跳低6.45点开盘，当天报收3265.88点，下跌59.79点。
1月21日，深证成指收盘2682.45点，为年内最低收盘指数 。
7月3日，深证成指收盘3568.01点
为年内最高收盘指数。
1月29日，深证成指盘中创出2661.91点，为年内最低点。
上证综合指数
1700
1500
1300
1100
900
700
1月29日，上证综指盘中创出1339.20点，为年内最低点。
1月4日，上证综指以1643.48点较2001年12月31日收盘跳低2.49点开盘，当天报收1611.39点，下跌34.58点。
沪深两市成交量
（千万股）
1700
1600
1500
1400
1300
1200
1100
1000
900
800
700
600
500
400
300
200
100
0

市日K线全景图

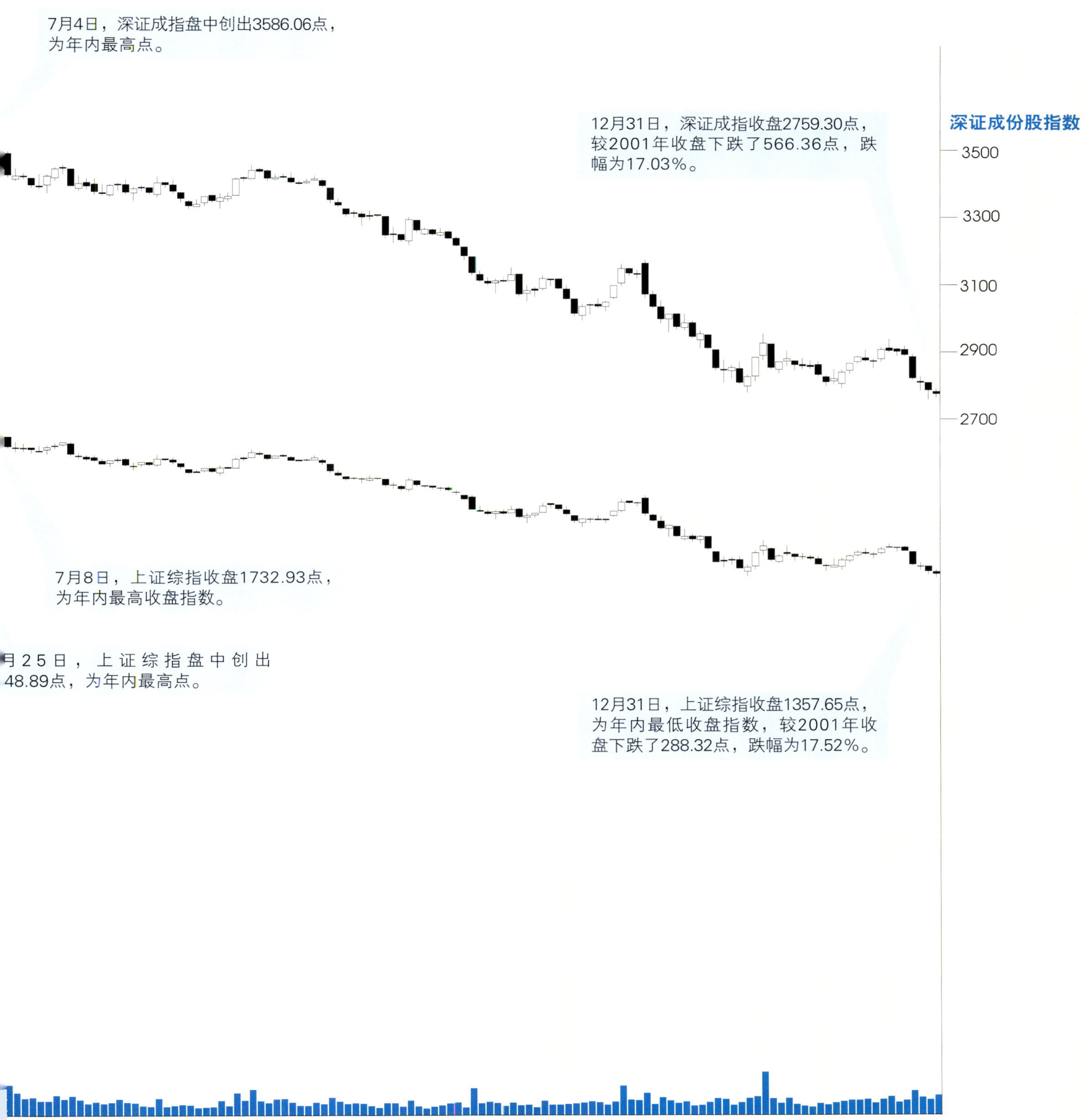

7月4日，深证成指盘中创出3586.06点，为年内最高点。
12月31日，深证成指收盘2759.30点，较2001年收盘下跌了566.36点，跌幅为17.03%。
深证成份股指数
3500
3300
3100
2900
2700
7月8日，上证综指收盘1732.93点，为年内最高收盘指数。
月25日，上证综指盘中创出
48.89点，为年内最高点。
12月31日，上证综指收盘1357.65点，为年内最低收盘指数，较2001年收盘下跌了288.32点，跌幅为17.52%。

二〇〇二年
中国证券市场总貌图示（1）
发行上市

深市各月上市证券（只）

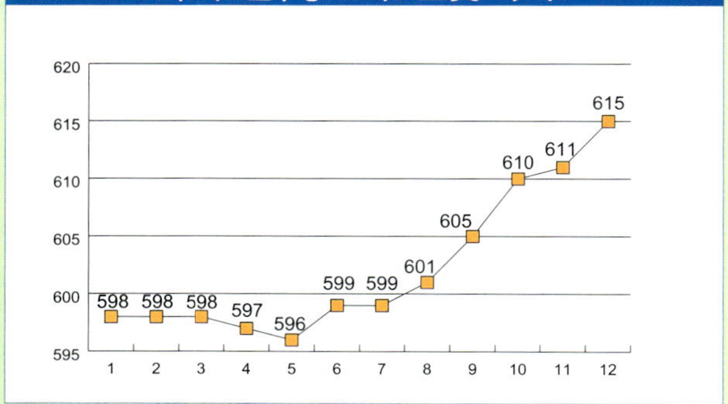

沪市各月上市证券（只）

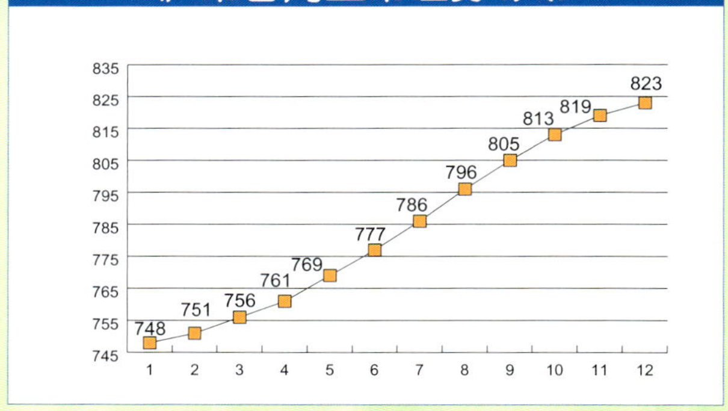

深市各类证券每月发行总额（亿元）

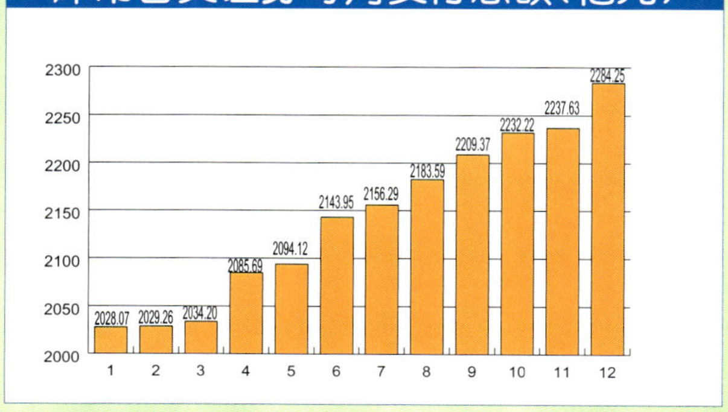

沪市各类证券每月发行总额（亿元）

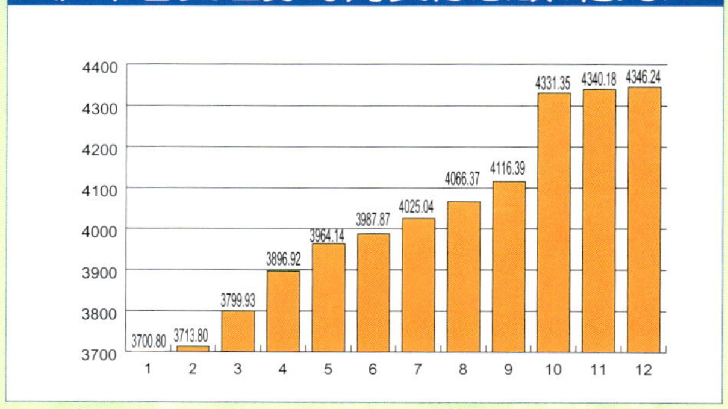

深市2002各类证券发行比例

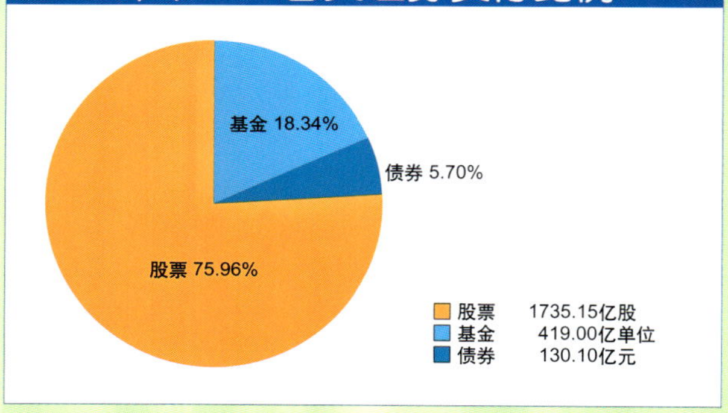

沪市2002各类证券发行比例

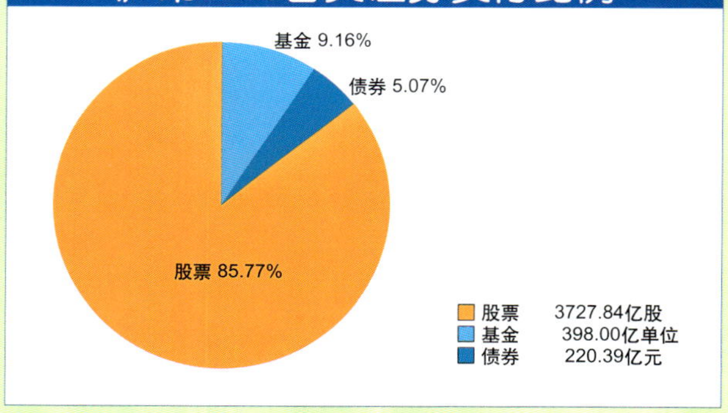

深市股票2002发行总股本（亿股）

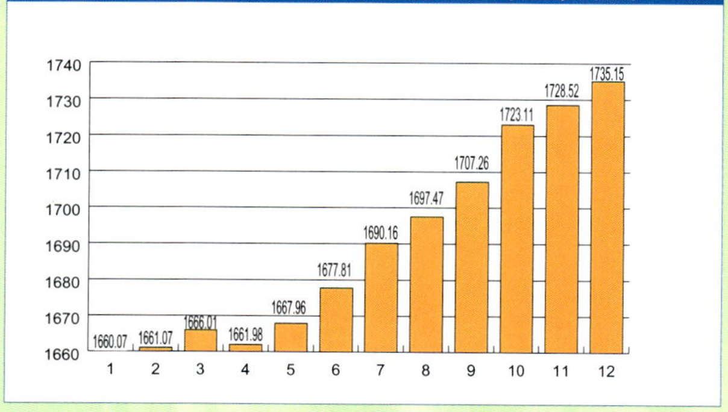

沪市股票2002发行总股本（亿股）

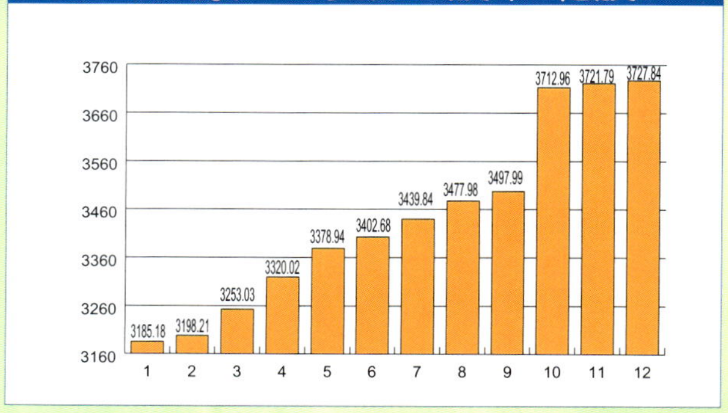

二〇〇二年
中国证券市场总貌图示(2)
证券交易

深市各类证券各月成交总金额(亿元)

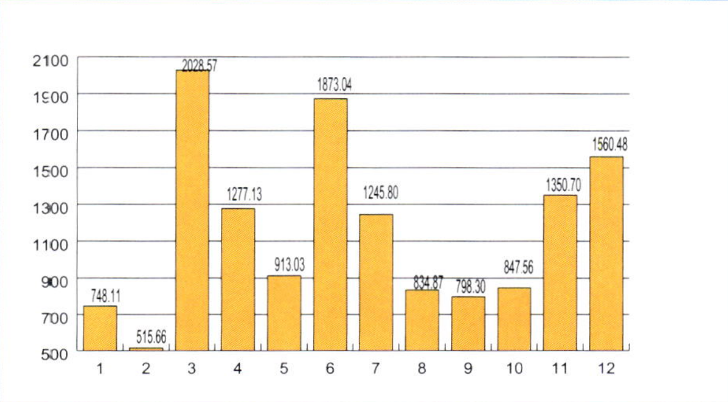

沪市各类证券各月成交总金额(亿元)

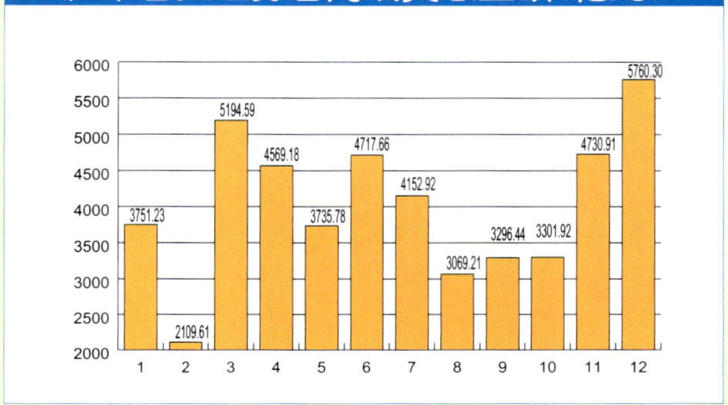

深市2002各类证券成交总额构成(亿元)

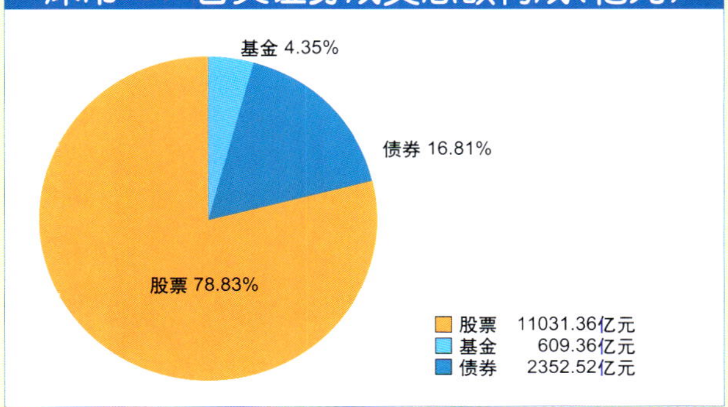

沪市2002各类证券成交总额构成(亿元)

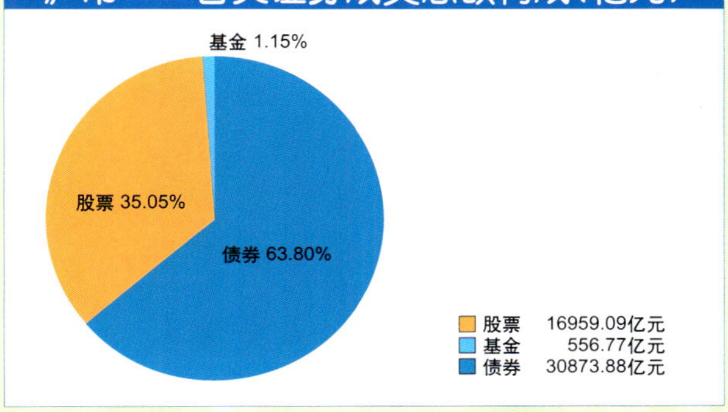

深市股票各月成交总金额(亿元)

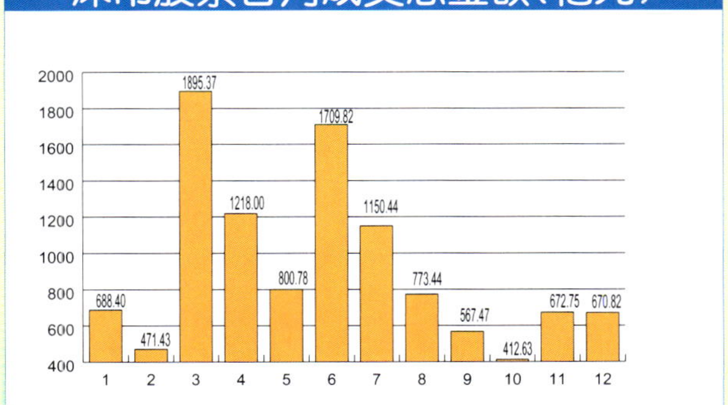

沪市股票各月成交总金额(亿元)

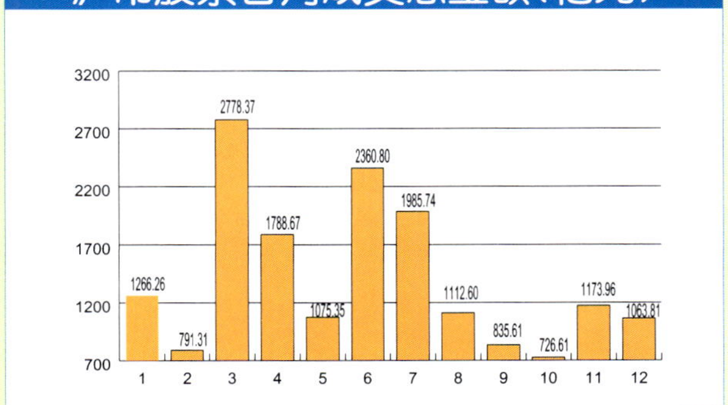

深市股票各月成交数量(亿股)

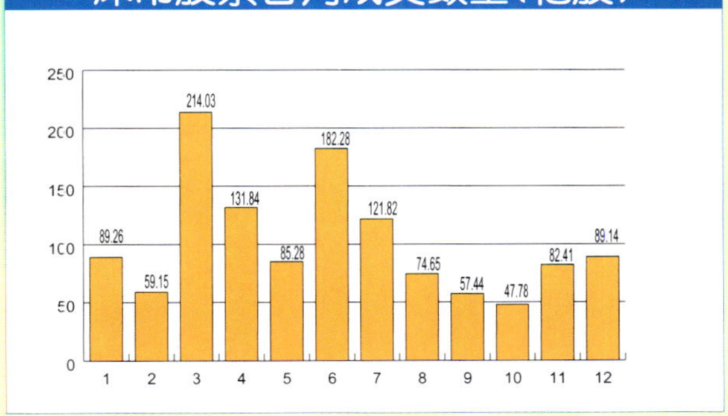

沪市股票各月成交数量(亿股)

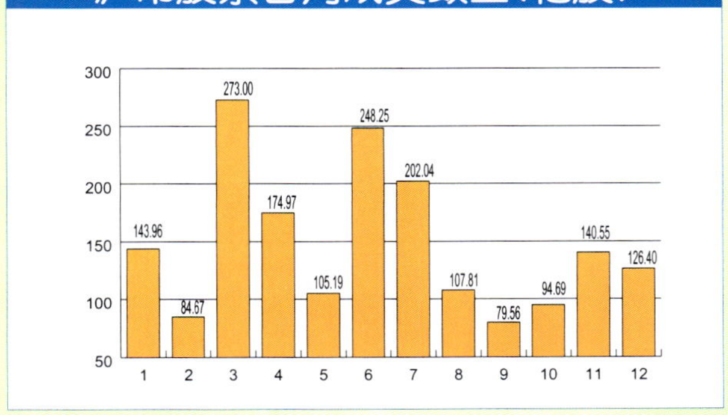

二〇〇二年
中国证券市场总貌图示（3）
市值·筹资

深市截至2002.12.31各类证券市价总值构成

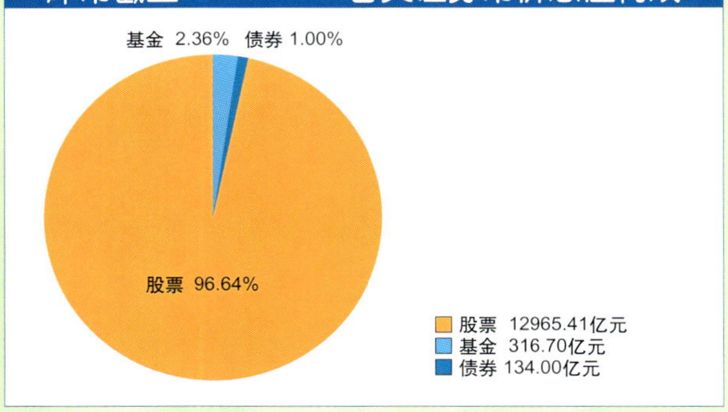

沪市截至2002.12.31各类证券市价总值构成

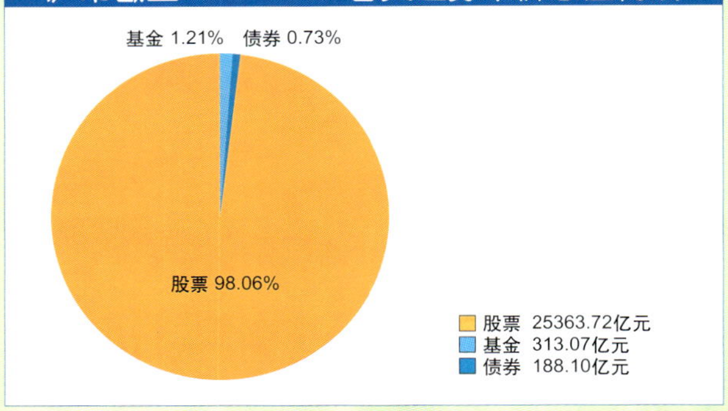

深市股票2002市价总值变动（亿元）

沪市股票2002市价总值变动（亿元）

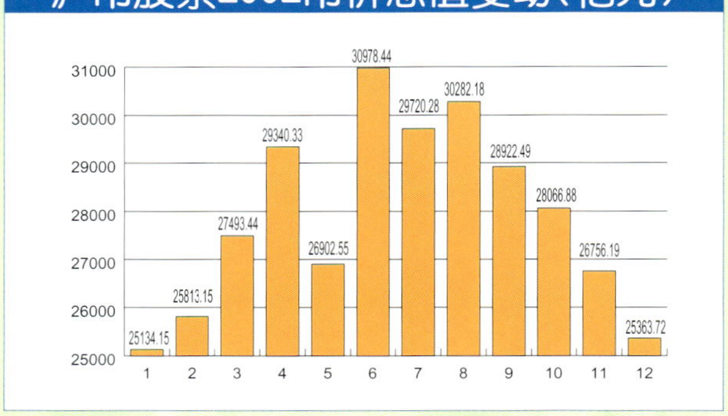

深市各月股市筹集资金总额（亿元）

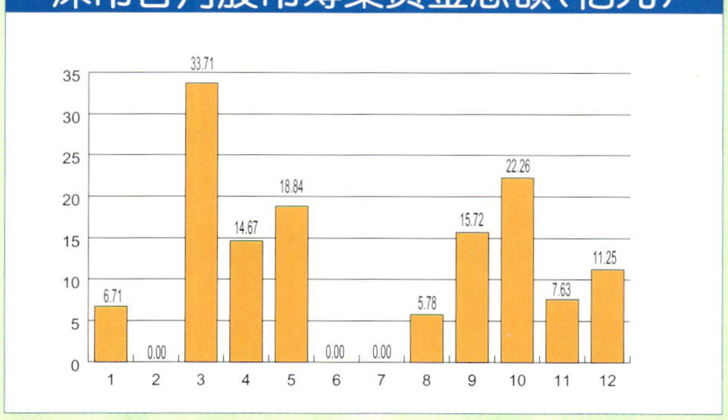

沪市各月股市筹集资金总额（亿元）

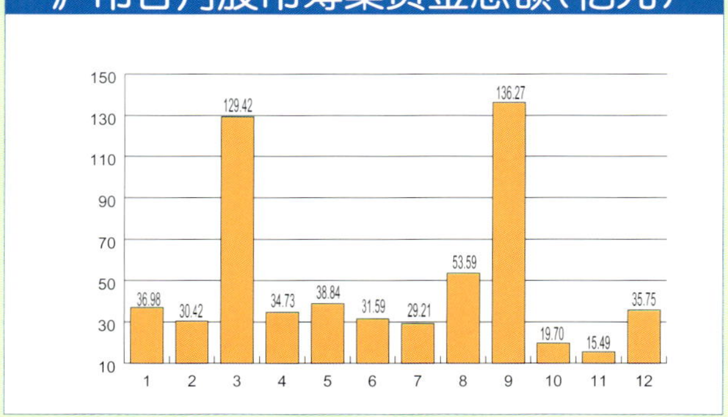

深市B股各月成交额（亿元）

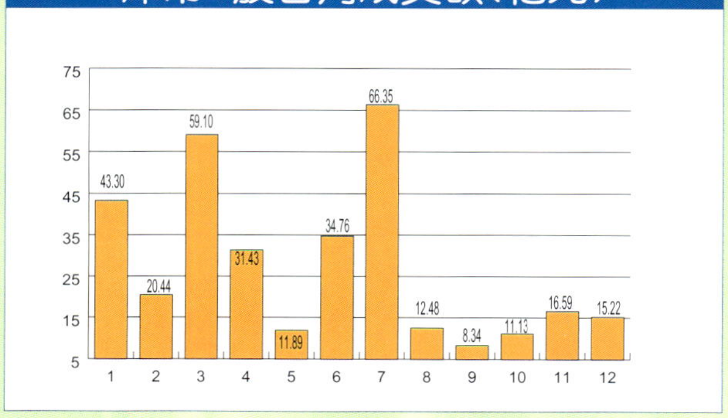

沪市B股各月成交额（亿元）

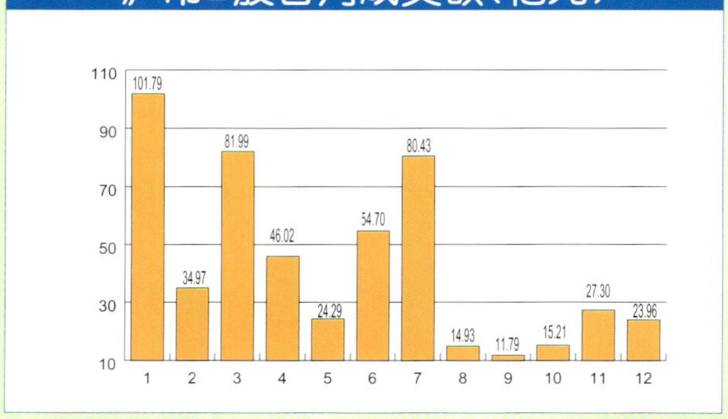

二〇〇二年
中国证券市场总貌图示（4）
上市公司

深市各年上市公司家数

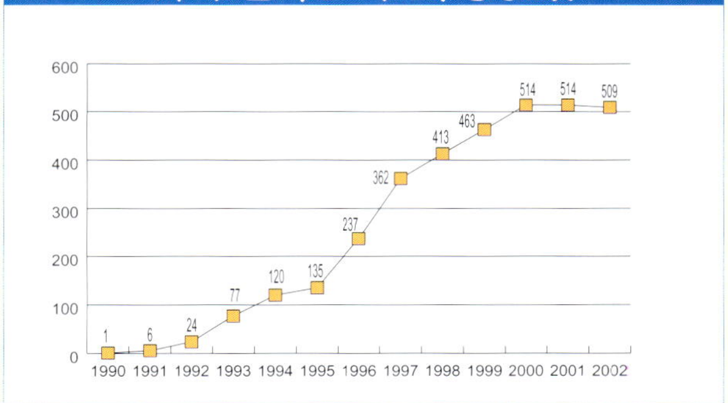

沪市各年上市公司家数

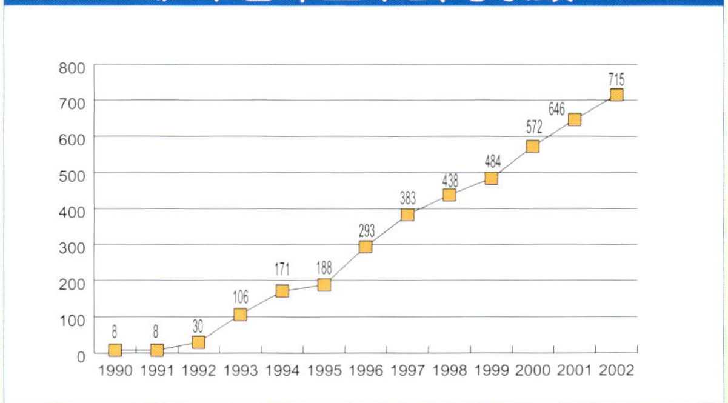

深市2002上市公司行业分布

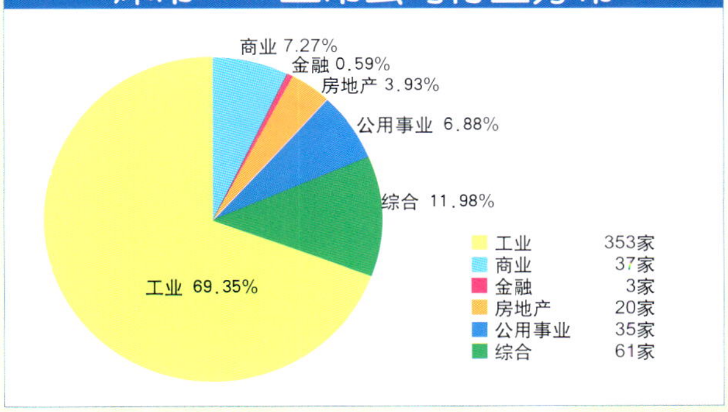

沪市2002上市公司行业分布

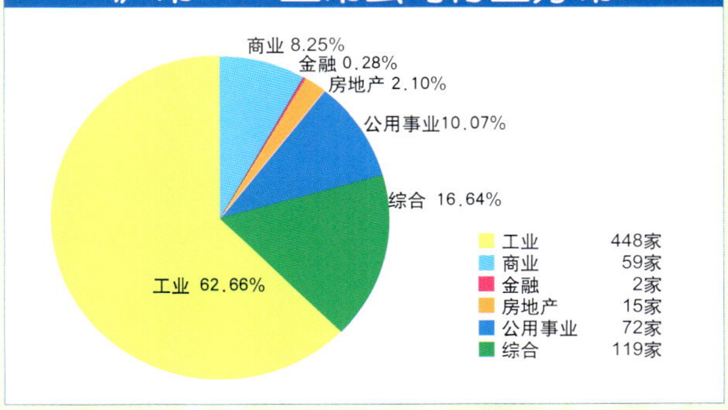

深市2002上市公司地域分布

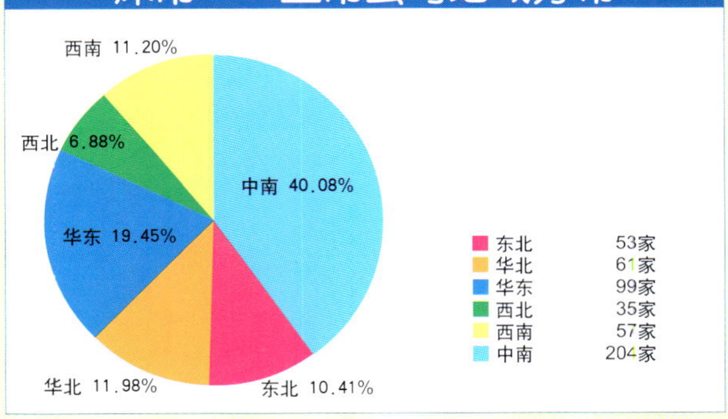

沪市2002上市公司地域分布

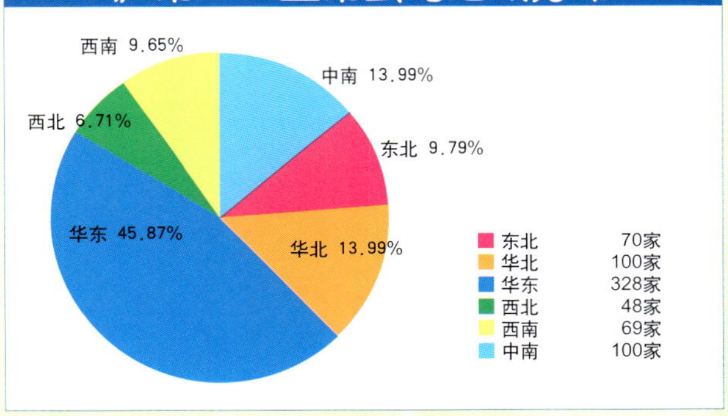

深市2002上市公司股份结构

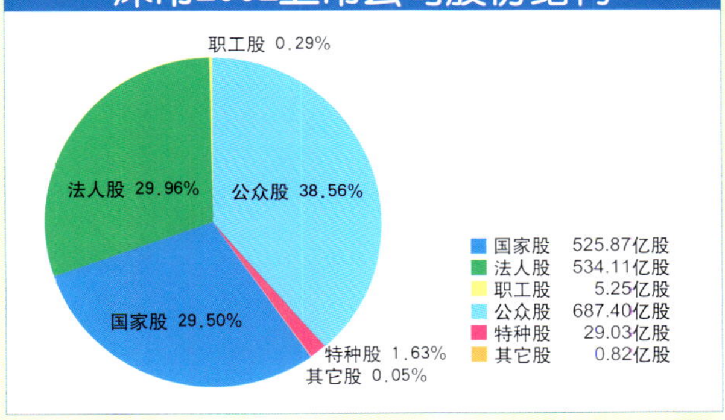

沪市2002上市公司股份结构

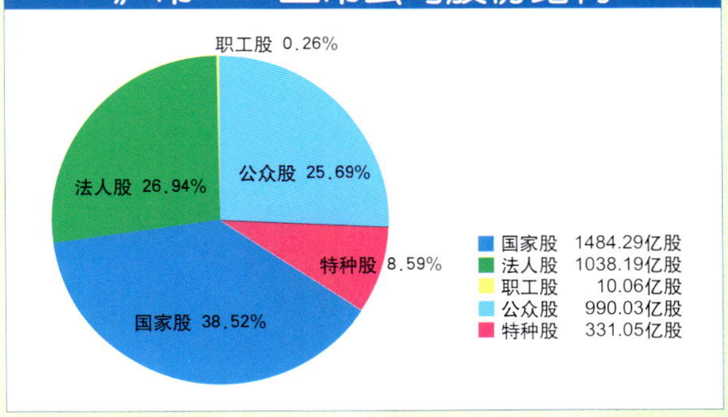

二〇〇二年
中国证券市场总貌图示（5）
投资者·会员

深市各月投资者累计开户（万户）

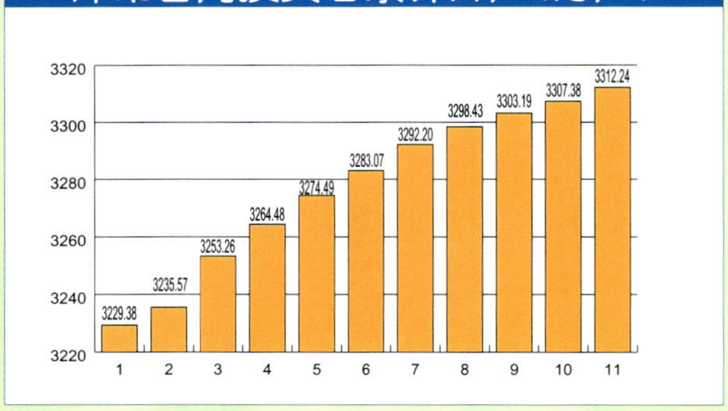

沪市截至2002.12.31投资者构成（万户）

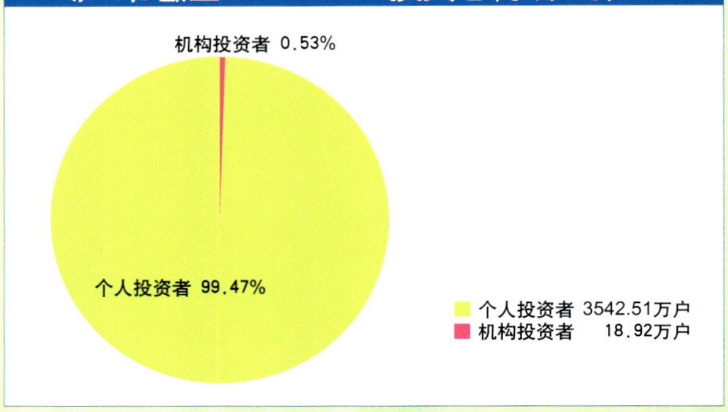

深市截至2002.12.31A股投资者地域分布

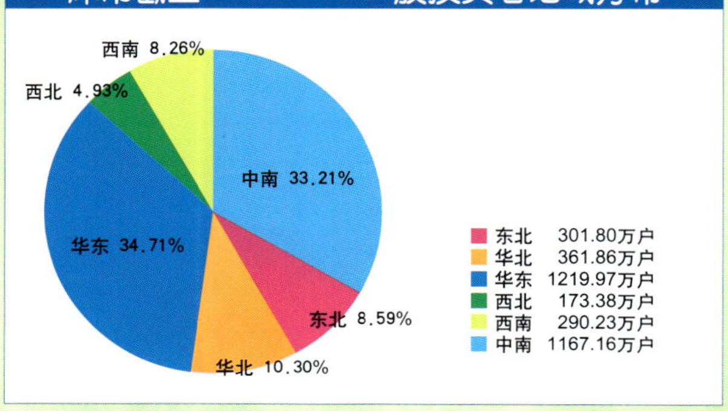

上交所2002.12.31会员地域分布

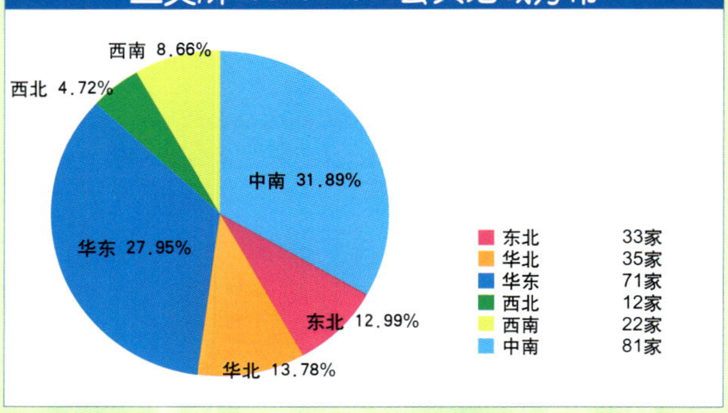

深交所1991—2002会员总数（家）

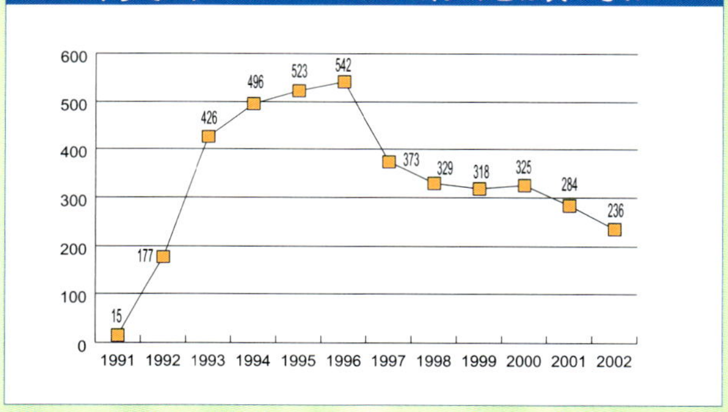

上交所1991—2002会员总数（家）

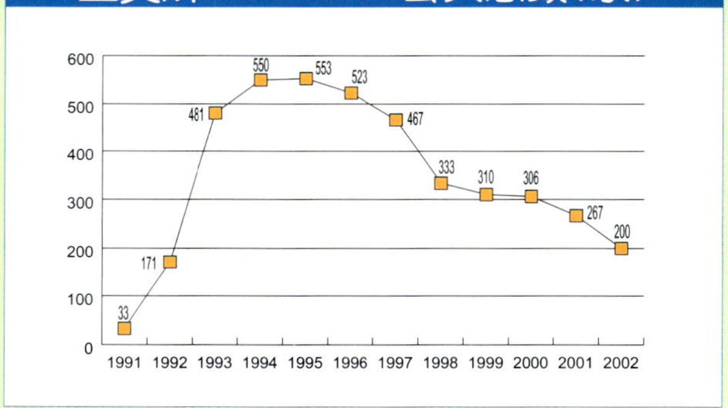

深沪市各月印花税（亿元）

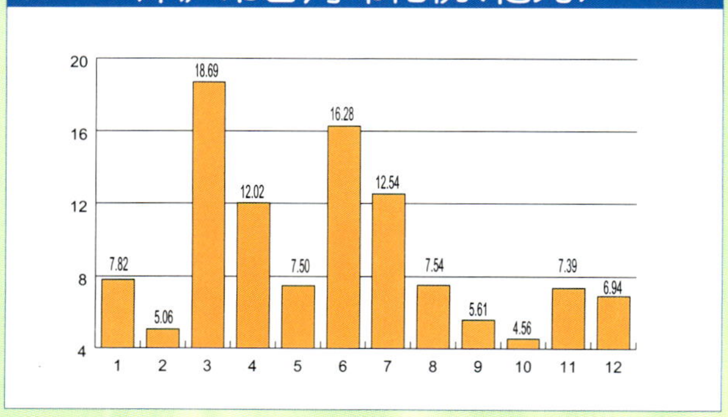

沪市各月新上市公司（家）

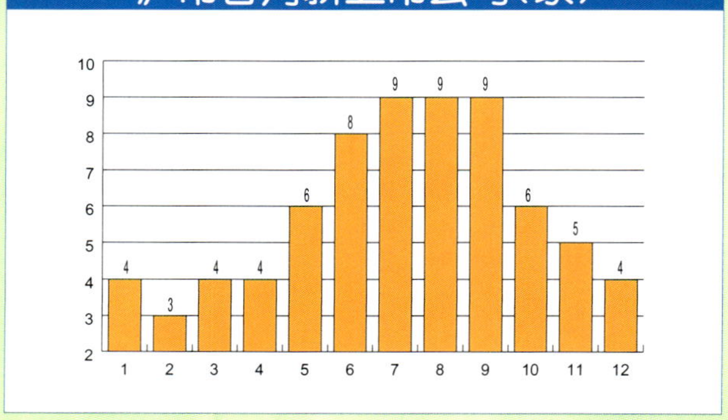

二〇〇二年
中国证券市场十大证券新闻

★ 十六大报告提出推进资本市场的改革开放和稳定发展

11月8日，党的十六大在北京召开，十六大报告中提出了“推进资本市场的改革开放和稳定发展”的整体方略。

★ 国有股减持停止

6月24日，国务院决定，除企业海外发行上市外，对国内上市公司停止执行《减持国有股筹集社会保障资金管理办法》中关于利用证券市场减持国有股的规定，并不再出台具体实施办法。与此同时，冻结近两年的国有股协议转让开始恢复。当日，沪深股市暴涨逾9%，成交达898亿元，出现“井喷”行情。

★ 证券市场对外开放紧锣密鼓

10月17日，首家中外合资基金公司—国安基金管理公司正式获准筹建。11月8日，QFII制度出台。12月19日，入世后首家中外合资证券公司—华欧国际证券有限公司获准设立。此外，《关于向外商转让上市公司国有股和法人股有关问题的通知》等政策法规的出台，促使外资并购从概念走向实质性实施阶段。

★ 证券民事赔偿机制启动

1月15日，最高人民法院下发《关于受理证券市场因虚假陈述引发的民事侵权纠纷案件有关问题的通知》，标志着我国证券民事赔偿机制正式启动。11月11日，证券民事赔偿第一案——嘉宝案以和解结案。

★ 证券交易佣金实行浮动制

4月4日，中国证监会、国家计委、国家税务总局发出通知，自5月1日起证券交易实行最高上限向下浮动的佣金收费标准，最高上限为不高于交易金额3‰。

★ 市值配售发行方式恢复

5月21日，中国证监会发出通知，决定恢复向二级市场投资者配售新股的发行方式，配售比例在50%－100%之间确定。之后，精伦电子成为市值配售发行方式恢复后的第一股。

★ 上证180指数诞生

7月1日，上海证券交易所正式对外发布上证180指数，该指数以2002年6月28日上证30指数收盘点数3299.06点为基点。统计表明，上证180指数的流通市值占到沪市流通市值的50%，成交金额所占比重达47%。

★ 基金、券商规模双超千亿

8月18日，随着富国动态平衡开放式基金成功招募到46亿多份基金单位，国内证券投资基金资产总额突破了1000亿元；10月29日，中国证券业协会发布的行业统计资料显示，目前国内证券公司已经达到124家，注册资本金也首次超过1000亿元。

★ 中信证券成为首家获准发行上市的券商

12月13日，中信证券成为首家获准发行上市的证券公司。此前，中国第一家金融控股公司——中信控股有限责任公司成立，它是投资和管理中国中信集团公司所属境内外金融企业的控股公司。

★ 《上市公司治理准则》发布施行

1月7日，中国证监会、国家经贸委联合发布施行《上市公司治理准则》。4月26日，中国证监会、国家经贸委联合发布《关于开展上市公司建立现代企业制度检查的通知》。

二〇〇二年

十大国际财经新闻

★ 欧元正式进入流通领域

2002年1月1日起，欧元正式流通。欧元兑美元汇率从年初的0.8992美元上扬至1.0276美元（截至12月20日），涨幅高达14.28%。

★ 华尔街惊爆财务欺诈案，美国迎来证券管理制度改革浪潮

一系列假帐丑闻使投资者的信心遭受空前打击，并直接导致了美国股市的大幅下挫。为提振投资者信心，美国国会参众两院以绝对多数通过了“萨班斯—奥克斯利法”，掀起了自上世纪30年代以来规模最大的证券业管理制度改革浪潮。

★ 强势美元时代宣告终结

战争威胁加剧使得美元未能延续去年的坚挺走势，美元汇率持续疲软。欧元兑美元的汇率于7月重返1:1平价水平之上，并于年末创出了自2000年1月来的新低。

★ 美国出现多起大公司破产案

世界通信公司破产，成为美国有史以来规模最大企业破产案。今年6月份，美国长途电话服务公司世界通信公布曾将38亿美元的支出以不当的会计手法处理，从而爆发了美国历史上最大的财务欺诈案，7月21日，世界通信向法庭提起破产保护申请，成为美国有史以来规模最大的一起企业破产案。12月9日，美国联合航空公司正式向设在芝加哥的联邦破产法庭提出破产保护申请，成为美国有史以来最大的一起航空公司破产案。

★ 安达信黯然出局，国际会计师事务所“五大”从此变为“四大”

卷入安然破产案的安达信四面楚歌，即便将顾问业务与核数业务分拆也未能挽救其命运。8月31日，总部位于芝加哥的安达信会计师事务所宣布，从即日起放弃在美国的全部审计业务，正式退出其从事了89年的审计行业。

★ 国际金价迎来“黄金时代”

在巴以冲突加剧、美国可能对伊动武等因素的影响下，投资者重新开始关注黄金，2002年元旦开盘时的每盎司278.95美元一路震荡上行，年内多次出现大幅上涨行情。截止12月20日，金价高达每盎司341.15美元，并于年末达到5年来的最高水平。

★ 全球二板遭遇寒流

纳斯达克落户日本仅两年就不得不退出，2002年8月，日本纳斯达克公司致信日本大阪证券交易所，宣布将撤出“纳斯达克日本”证券交易市场。德国证券交易所9月26日也宣布，将于2003年年底关闭德国股票交易二板市场，对目前在二板市场中交易的264只股票将予以重新安排。

★ 全球石油价格持续上扬

与去年国际油价盘跌明显不同，今年的全球石油价格在战争威胁下节节升高，除二季度出现过小幅盘整外，全年油价呈稳步上扬态势。

★ 金融危机令拉美持续衰退

6月份以来，巴西、智利、阿根廷和乌拉圭等国金融市场激烈动荡，各国货币兑美元汇率急剧下跌，国家风险指数飙升。这次金融风暴令多数拉美国家经济出现负增长。

★ 国际资本流动总量锐减

12月，联合国贸易与发展会议预计，今年全球外国直接投资将从2001年的7350亿美元下降至5340亿美元。中国吸引外资预计增加10%以上，超过500亿美元，取代美国成为全球最大的外商直接投资流入国。今年全球并购金额较去年下降47%，仅1万亿美元左右。

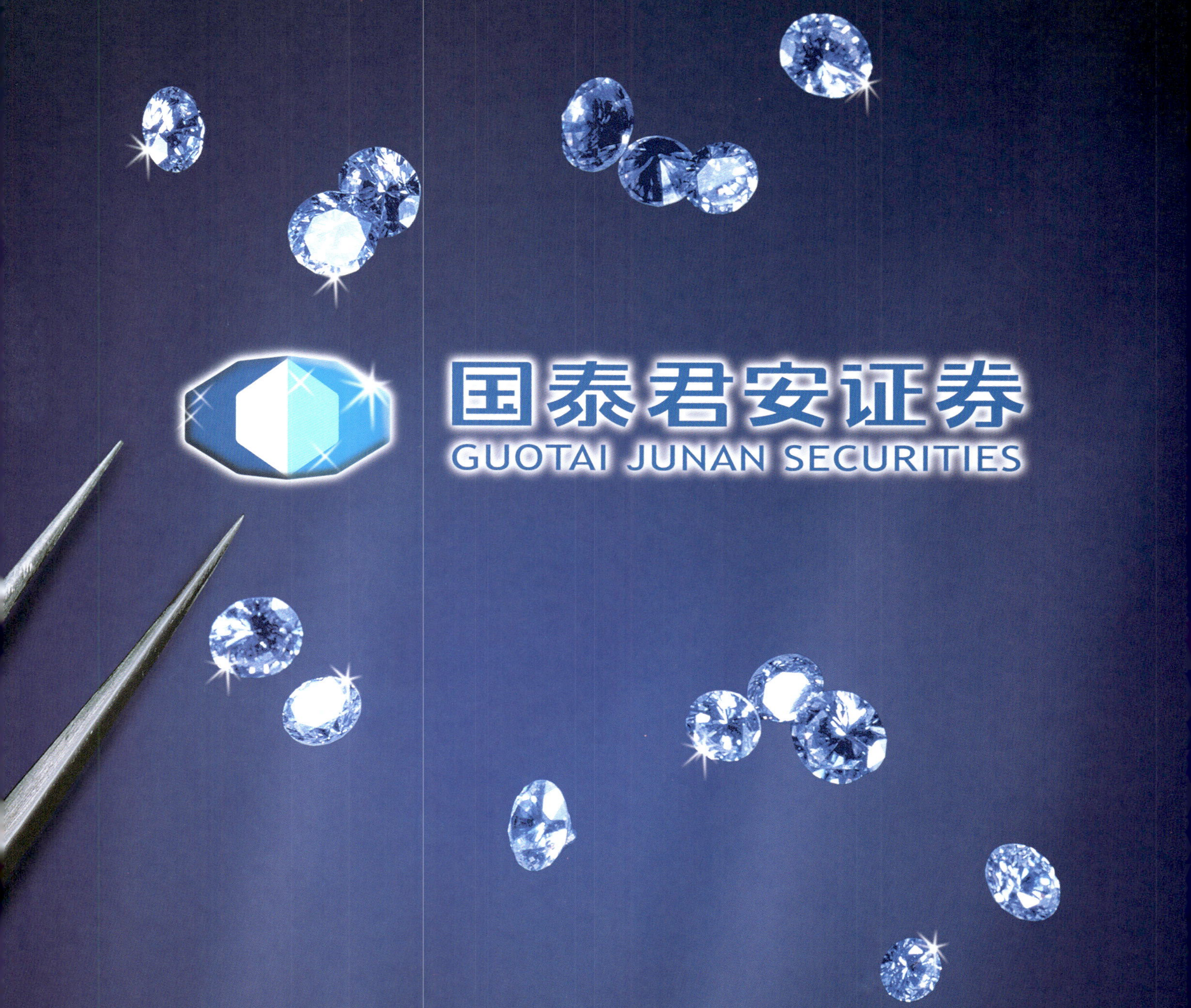
国泰君安证券
GUOTAI JUNAN SECURITIES

桂林旅游

GUILIN

桂林旅游股份有限公司是由桂林旅游发展总公司作为主要发起人，经广西壮族自治区人民政府批准，于1998年4月29日注册成立的股份有限公司。经中国证券监督管理委员会核准，公司于2000年4月21日在深交所发行人民币普通股4,000万股A股，并于2000年5月18日在深交所挂牌上市。现注册资本11,800万元。主要从事公路旅行客运、汽车出租、漓江游船客运、旅行社、旅游贸易、旅游工艺品制造及销售等业务，是桂林市最大的旅游企业。

公司遵循“以诚、信、实服务于游客，以最佳的经济效益和社会效益回报股东和社会”的宗旨，确立了“依托资源优势，以市场需求为导向，以效益最大化为目标，立足主业，配套扩展，创新管理，实现一体化规模经营，创名牌企业形象”的发展战略。它以桂林旅游发展总公司所拥有的芦笛、七星、滨江、象山四大精品景区景点和漓江为依托，建立起吃、住、行、游、购、娱“一条龙”旅游服务体系，拥有最大的旅游车队和漓江船队。运用高科技和现代管理手段，大力开发观光旅游、商务旅游、会议旅游、休闲度假旅游于一体的旅游产品，不断增强市场竞争力；多渠道筹措资金，加大投入改造力度，更新旅游船、旅游车和出租汽车，包装完善景区景点，不断提高旅游服务设施的档次；与现代国际旅游接轨，不断提高经济运行质量和旅游服务水准；加大市场促销力度，宣传整体形象，努力提高公司知名度。公司经济效益和社会效益不断提高，2001年度公司共接待中外游客2,696,360人次，实现主营业务收入19,972万元，实现净利润4,375万元，分别比2000年度增长39%，44%，25%。成为拉动桂林旅游产业发展的实力公司。

股票代码：000978　股票简称：桂林旅游

股份有限公司

TOURISM CORPORATION LIMITED

面向未来，公司发展的战略目标是建立一个高效规范，具有创新机制，以旅游业为主体，以资本运营为核心的大型企业。在管理上实现创新，不断完善激励和制约机制，形成具有自身特色的管理模式。在资本运营上实现突破，进一步畅通融资渠道，扩展公司规模，同时，充分利用旅游业本身所具有的国际性特性，积极拓展公司国际经营的空间和渠道。根据公司的实际和所处的经济社会文化背景，创造具有公司特色的企业文化。

地址：广西桂林市榕湖北路17号榕湖饭店4号楼
邮编：541001
电话：(0773) 2863839　2863857
传真：(0773) 2863880

股票简称：伊利股份
股票代码：600887

董事长：李名岷 先生

莱芜钢铁股份有限公司
LAIWU STEEL CORPORATION

公司积极实施可持续发展战略，努力创建生态型工厂。

莱钢股份

股票代码：600102

2001年，公司积极组织开展技术创新和技术经济指标提升攻关活动，主要技术经济指标快速提升，企业的核心竞争力进一步提高。图为电炉炼钢。

莱芜钢铁股份有限公司是由莱芜钢铁集团有限公司(原莱芜钢铁总厂)作为独家发起人，采用募集方式设立的股份有限公司。公司于1997年8月22日设立，公司股票于1997年8月28日在上海证券交易所挂牌上市。公司上市时总股本为52980万股，其中社会公众股为8000万股；总资产为24.19亿元，其中股东权益为12.30亿元。截止2001年末，公司总股本为87128.2万股，其中社会公众股为15600万股；总资产为55.93亿元，其中股东权益为32.32亿元。公司拥有电炉钢和转炉钢两套生产系统，主体工艺技术装备为国内领先水平，部分达到当今国际水平。公司主营业务为钢铁产品的生产和销售。公司主要产品有H型钢、螺纹钢、带钢、轴承钢、齿轮钢等100多个品种、400多种规格，多项产品获得省级和国家级优质产品荣誉称号。公司产品销往全国25个省、市、自治区的1400多家企业，并出口美国、日本、韩国、澳大利亚、南亚、东南亚和港台等国家和地区。

公司上市以来，坚持创优良业绩与抓规范运作并举，资产规模不断扩大，在总股本比上市之初增长60％多的情况下，始终保持了优良的经营业绩，并给股东以较为丰厚的投资回报，在证券市场上树立了钢铁板块绩优股的形象，充分体现了公司具有雄厚的发展实力和良好的成长性。

2001年，公司共生产生铁176.27万吨、钢238.76万吨、钢材235.57万吨，钢材实物产销率达到99.45％；2001年，公司实现主营业务收入49.88亿元，利润总额5.39亿元，净利润4.56亿元，每股收益0.523元，净资产收益率14.10％。

地　　址：山东省莱芜市钢城区
电　　话：(0634) 6820601、6820011
传　　真：(0634) 6821094
邮政编码：271104
电子信箱：mishuke@mail.laigang.com
互联网址：http://www.laigang.com

公司H型钢生产线，主体设备全部从日本新日铁公司引进，其技术装备和自动化程度属90年代国际先进水平。H型钢是公司的主导产品之一，具有广阔的市场前景。

产品在港口装船发往海外。

期待
XYH
星亚辉
深圳市星亚辉广告有限公司
自五年前介入上市公司年报承制市场以来，
已为近 300 家公司承制了年报、招股书、画册。
当我们与客户签定合同的时候，在享受成功喜悦的同时，
感受更多的是压力与责任，
面对客户信任与期待的目光，我们唯有更加努力的工作，
创作出适合企业品牌战略的广告作品。
看到客户露出满意的笑容，这才是我们感到欣慰的时刻。
我们热忱的期待您能来函或来电与我们联系。
地址：深圳市福田区上步南路上步大厦五楼　邮编：518031
电话: 0755-83660012　13802553868　传真: 0755-83660062
E-mail: zgzqdq@public.szptt.net.cn

目　　录

第五卷 上市公司募集资金投向规范化

第六卷 基金业的发展

第七卷 债券市场的规范化建设

第十一卷　证券经纪操作实务

第十二卷　股市投资技巧

第十三卷　证券市场新知识

第十四卷　证券法律实务与最新证券法律法规汇编

第十五卷　年报汇集与统计

附　卷

彩页目录索引

汉唐证券有限责任公司
天同证券有限责任公司
大同证券经纪有限责任公司
浙江金迪期货经纪有限公司
重庆天健会计师事务所有限责任公司
江苏武晋会计师事务所

第二册(目录前)第 649 页前

600028 中国石油化工股份有限公司
600805 江苏悦达投资股份有限公司
600010 内蒙古包钢钢联股份有限公司
600011 华能国际电力股份有限公司
600102 莱芜钢铁股份有限公司
600104 上海汽车股份有限公司
600103 福建省青山纸业股份有限公司
600108 甘肃亚盛实业(集团)股份有限公司
600122 江苏宏图高科技股份有限公司
600123 山西兰花科技创业股份有限公司
600121 郑州煤电股份有限公司
600156 湖南华升益鑫泰股份有限公司
600129 重庆太极实业(集团)股份有限公司
600181 云大科技股份有限公司
600186 河南莲花味精股份有限公司
600188 兖州煤业股份有限公司
600195 中牧实业股份有限公司
600205 山东铝业股份有限公司
600256 新疆广汇实业股份有限公司
600258 北京首都旅游股份有限公司
600263 路桥集团国际建设股份有限公司
600266 北京城建投资发展股份有限公司
600270 中外运空运发展股份有限公司
600309 烟台万华聚氨酯股份有限公司
600332 广州药业股份有限公司
600362 江西铜业股份有限公司
600377 江苏宁沪高速公路股份有限公司
600395 贵州盘江精煤股份有限公司
600500 中化国际贸易股份有限公司
600519 贵州茅台酒股份有限公司
600569 安阳钢铁股份有限公司
600602 上海广电电子股份有限公司
600635 上海大众科技创业(集团)股份有限公司
600630 上海龙头(集团)股份有限公司
600640 联通国脉通信股份有限公司
600642 申能股份有限公司
600652 上海爱使股份有限公司
600772 沧州化学工业股份有限公司
600668 浙江尖峰集团股份有限公司
600747 大连大显股份有限公司
600835 上海上菱电器股份有限公司
600795 国电电力发展股份有限公司
600861 北京城乡贸易中心股份有限公司
600887 内蒙古伊利实业集团股份有限公司
600896 中海(海南)海盛船务股份有限公司
600874 天津创业环保股份有限公司

第三册第 1293 页前(目录前)

600074 南京中达制膜(集团)股份有限公司
600276 江苏恒瑞医药股份有限公司
600326 西藏天路交通股份有限公司
600331 四川宏达化工股份有限公司
600397 安源实业股份有限公司
600426 山东华鲁恒升化工股份有限公司
600516 兰州海龙新材料科技股份有限公司
600532 山东华阳科技股份有限公司
600503 宏智科技股份有限公司

第三册第 1472 页后

600529 山东省药用玻璃股份有限公司
600535 天津天士力制药股份有限公司
600559 河北裕丰实业股份有限公司
600560 北京金自天正智能控制股份有限公司
600577 铜陵精达特种电磁线股份有限公司
600578 北京京能热电股份有限公司
600593 大连圣亚海洋世界股份有限公司
600597 上海光明乳业股份有限公司
000726 鲁泰纺织股份有限公司
000733 中国振华(集团)科技股份有限公司
000780 内蒙古草原兴发股份有限公司
000817 辽河金马油田股份有限公司
000860 北京顺鑫农业股份有限公司
000878 云南铜业股份有限公司
000887 安徽飞彩车辆股份有限公司
000895 河南双汇投资发展股份有限公司
000939 武汉凯迪电力股份有限公司

VOLUME 1

第一卷

证券市场的发展

- 证券业发展态势
- 证券市场规范化发展
- 证券市场的市场化发展
- 证券市场国际化发展
- 外资并购与证券市场发展
- “三个代表”重要思想与证券市场稳定发展

峥嵘岁月，业绩辉煌。至2003年，我国证券市场在12年的历程中，逐步向规范化、市场化、国际化发展，在社会资源配置中起着举足轻重的作用。

当然，我国证券市场在发展中历经过波折，也存在着诸多新兴市场中必然存在的问题，但在中国加入WTO，经济金融领域日渐国际化的大环境下，我们必须要以辩证的眼光、发展的眼光正确认识中国证券市场，并以改革的思路、循序渐进的态度营造一个稳定发展的市场。

十六大报告也明确提出了“推进资本市场的改革开放和稳定发展”的整体方略，证券业面临良好的发展机遇。我们相信，证券市场在新世纪的机遇中，将进一步向规范化、市场化、国际化方向稳步发展。本卷重点对证券市场的发展方向进行相关研究探讨。

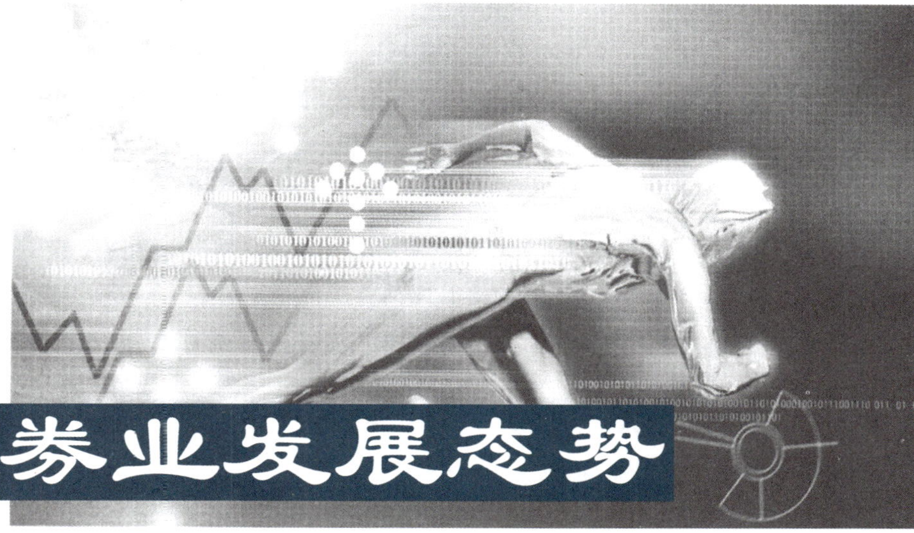

第一章 证券业发展态势

到2002年，短短12年里，我国证券市场成就斐然，实现历史性跨越。但是，我国证券市场尚未形成十分稳定的市场结构，抗风险能力还较弱，在加入WTO后，面临强大竞争压力。但总的来说，近几年来在全球经济一体化、国内金融体系与资本市场对外开放日趋深化的大背景下，国内资本市场改革与市场化、规范化、国际化的步伐加快，推动了整个证券市场的健康持续稳定发展。

一、我国证券市场扩展快速，证券市场呈规模化发展态势

1、证券市场上上市公司、总市值、发行规模扩大，品种结构日趋合理

据最新资料统计，截至2002年12月31日，深沪证券市场共拥有上市公司1223家，总市值近4万亿元，目前中国证券市场在市值规模上已成为亚洲第三，仅次于日本与中国香港，上市公司数目已超过中国香港、中国台湾、韩国等地的市场，仅次于东京、大阪、孟买等交易所。并且我国发行的证券品种已涵盖了股票（A股、B股）、国债、金融债券、企业债券、可转换债券、封闭式基金和开放式基金等。目前新证券投资基金以封闭式基金为主，但是基金发展趋势将是大力发展开放式基金。股票市场的发展初具规模（见表1），已成为我国最活跃的融资市场之一。

表 1　我国证券市场主要数据一览表(截至 2002 年 8 月)

年/月	境内上市公司数(A、B股)(家)	市价总值(亿元)	流通市值(亿元)	总股本(亿股)	筹资金额(亿元)	股票成交额(亿元)	投资者开户数(万户)	印花税(亿元)
2001/08	1151	48054.63	15937.65	5071.6	60.5	2490.85	6528.63	19.22
2001/09	1154	45831.36	15178.16	5099.02	40.59	1766.64	6552.1	13.8
2001/10	1152	43742.14	14560.16	5115.26	17.11	1951.5	6577.05	15.39
2001/11	1153	45431.59	15209.58	5123.04	77.22	2092.26	6617.82	14.65
2001/12	1160	43522.2	14463.17	5218.01	92.84	2079.25	6650.41	13.26
2002/01	1164	39122.34	12873.25	5251.21	40	1954.65	6673.63	7.82
2002/02	1167	40283.13	13278.08	5269.19	29.06	1262.74	6689.29	5.06
2002/03	1171	43050.55	14264.31	5328.72	173.11	4673.75	6730.96	18.69
2002/04	1170	45642.23	14882.59	5394.31	53.75	3006.68	6759.94	12.02
2002/05	1169	41761.81	13703.02	5454.99	50.67	1876.13	6785.35	7.5
2002/06	1178	47736.46	15550.83	5482.87	80.46	4070.62	6804.17	16.28
2002/07	1187	45794.37	15063.82	5538.69	49.63	3136.18	6823.58	12.54
2002/08	1197	46503.74	15279.81	5584.14	53.26	1886.04	6840.67	7.54

2、证券市场交易品种结构日趋多元化

我国证券市场单一的投资品种、单一做多的交易机制，是证券市场暴涨暴跌、投资气氛较浓的主要根源。自2001年管理层强化监管开始，到2002年开放式基金的进一步发展，管理层正在准备推出股指期货、认股权证、股票基金等金融创新产品。首先，股指期货、股票期货推出将影响投资者的业务结构与经营理念；其次，目前有关部门正在认真研究的中国预托证券（CDR）可为涉外公司在中国内地上市集资提供新的通道；此外，交易所交易基金（ETF）的推出也指日可待。证券交易品种的多元化发展为刺激证券投资，扩大市场规模，对市场稳定和健康发展起到了很大推动作用。

3、机构投资者队伍壮大，将进入机构时代，并呈现出多元化发展格局

机构投资者的不断壮大是维护我国证券市场健发展的需要。2000年初，自中国证监会提出了超常规发展机构投资者的政策以来，2001至2002年，我国机构投资者队伍有了较大发展。这些机构投资者主要有证券公司，基金管理公司，国有控股企业、国有企业、上市公司等三类企业等。目前，我国证券市场的机构投资主体呈现多元化的发展格局，这有利于证券市场的稳定发展。

二、证券市场尚未形成稳定的市场结构，抗风险能力较弱，在强大竞争压力的态势中发展

目前，我国证券市场结构不稳定，抗风险能力较弱，具体表现为：

1、证券市场上上市公司结构不合理，市场逐步向主导证券公司集中，尚没形成稳定成熟的市场结构

证券市场上上市公司结构应体现经济结构、产业结构等变动趋势，我国上市公司结构目前没有很好地反映我国经济结构、产业结构变动的需要。这具体表现在上市公司基本上是以国有、传统经济企业为主，而金融业等现代服务产业的上市公司比重小，民营上市公司也比较少。并且，我国目前证券公司业务主要是证券发行与证券经纪。总体而言，我国证券发行业务比较集中(见表2)，前5家公司占据了50%的市场份额，前10家证券公司占据74.22%的市场。

表 2　1999—2001 年我国证券业市场集中度一览表

项目 ＼ 年份	2001 年	2000 年	1999 年
融资金额 CRS	49.74%	46%	47.65%
融资金额 CR10	74.22%	73%	67.91%
经纪业务 CRS	26.49%	25.9%	23.44%
经纪业务 CR10	38.62%	37.83%	33.11%

根据现代市场结构理论，市场结构稳定的特征是在有效的市场细分基础上形成了市场领导者、主导厂商和中小厂商。虽然我国形成了海通、申银万国、银河、国信、南方等市场主导证券公司，但到目前尚未形成核心稳定的市场领导者，也没有形成有效的市场细分，并且随着证券业逐步开放，佣金价格的放开与网上交易的逐步兴起，我国证券业面临来自内部与外部的竞争加剧，现有市场集中度并未真正集中，证券业也还没有形成较为稳定的市场结构。

2、规模小，品种与业务单一，市场抗风险能力不强

目前，我国最大的证券公司海通证券公司总资产400亿左右，注册资本45亿元，比较而言，2000年入选世界500强的摩根斯丹利添惠公司资产规模达3670亿美元，按照汇率比价，是我国全部证券公司资产规模的9.89倍，其净资产为396亿美元，是我国全部证券公司的6.77倍，资本规模决定金融机构的竞争力和抗风险能力，这也说明我国证券业在金融结构中份量不大，并且证券业整体竞争力和抗风险能力还较弱。

就证券交易品种而言，国内证券业业务的品种较单一，证券公司的收入主要来自证券发行、证券经纪以及自营等少数的业务，而且货币市场、债券市场、期货市场等市场结构的缺陷限制了证券业的经营范围，政府的金融管制也限制了证券公司业务与品种创新。同时，我国证券市场是发展中的市场，增加了政策、经济的不确定性，加剧了市场的波动性和证券业经营风险。

3、受益于证券市场的快速增长与政策壁垒以及固定价格制度，证券业保持较高利润率，但平均收益率趋于下降

按照产业组织理论，由于我国的证券公司竞争激烈，理应利润率较低，但1997年至2001年我国证券业一直保持10%以上的净资产收益率(见表3)。尽管2001年市场低迷，但前20家证券公司的平均收益率则达到12.84%，主要是由于市场扩充，证券发行和证券经纪业务的价格远高于成本，以及证券业存在高额的政策进入壁垒，因此一方面证券业的新竞争者较少；另一个方面，证券业业内的竞争也受到行政的改革和政策限制，业内竞争不充分。但是到2001年，随着管理层监管力度进一步加大，以及我国加入WTO与2002年放开佣金价格，国

内证券业竞争格局更为鲜明，整个证券业的平均收益率趋于下降。

表3 我国证券业平均净资产收益率一览表(1997~2001年)

年 份	2001	2000	1999	1998	1997
平均净资产收益率(%)	12.84% （根据净资产排名前20位的券商统计）	23.94% （根据净资产排名前20位的券商统计）	11%	15%	22%

根据中国证券业协会有关公开资料整理

此外，我国网上交易发展迅速，网上证券交易和专业网上经纪商的出现，使得证券经纪业在竞争中利润率进一步下降，证券公司面临更大的生存压力、经营压力和发展压力。

三、证券市场与时俱进，规范化、市场化和国际化进程加快，发展前景广阔

1、证券市场监管手段日益法制化、制度化、动态化、电子化和现代化，网络服务日渐进入证券市场

《证券法》的正式实施，是我国证券发展史上的一个重要旦程碑，自2001年证券监管层进一步加强法律法规建设，强化监管以来，到2002年，退市机制的完善，基金法草案的出台，《外资参股基金管理公司设立规则》、《上市公司并购管理办法》的制订，以及关于上市公司法人股、流通股向外资股转让等，证券市场法制化、制度化发展进一步推进。并且，随着信息技术的日新月异，我国证券市场的监管手段也日益电子化、现代化。网上证券交易等网络证券技术和服务日益进入证券市场。以因特网、手机证券网上交易，以及利用电视机遥控系统进行的“双向TV交易系统”都已在各大证券公司中陆续开通；许多证券公司的传统业务交易网、适应国际市场的在线网和研究咨询网等三个网络正在相互贯通。

2、证券市场多层次、宽领域的市场结构正逐步形成

目前，我国创业板市场正在加紧筹划，正式运行的日期日益迫近，并且，“三板市场”的代办股特别转让市场(券商间柜台交易系统)已经于2001年开始试运行，这是解决主板上市公司的退出渠道和过往在各地证券交易中心上市的企业股票的流通渠道。而从国外经验看，开设成长型企业为主体的创业板市场是一国资本市场和经济发展的必然要求。因此，我国主板、未来创业板、三板市场，将共同形成一个多层次的、结构丰富的“梯形市场”，使证券市场的资源配置日趋完善。这不仅有利于不同类型、不同规模的企业通过主板、未来创业板甚至以后的区域性柜台市场投资融资，完善我国证券市场的多层次体系和功能，也有利于我国经济尤其是高科技企业的发展。

3、证券市场市场化进程加快，市场发展日益规范有序

2001年3月，证券市场的发行制度开始由审批制逐渐过渡到了核准制，部分民营企业已通过一级、二级市场进入了证券市场；股票发行方式不断改进，逐渐实现市场化，证券经纪业务佣金已逐步市场化。同时，证券市场参与主体的行为规范体系也逐渐完善。上市公司的信息披露制度日益健全，上市公司红利分配方案逐渐制度化、内幕交易和证券欺诈行为进一步得到整顿和治理。此外，上海证券交易所、深圳证券交易所还从网上发行技术手段、上市审批制度、席位与账户管理、交易结算制度、行情发布和通讯方式等方面对市场进行现代化的有效管理。这些都有力地促进了证券市场参与主体的规范有序发展。

4、我国证券市场和证券业务逐步实现对外开放格

局,国际化程度不断提高

到2002年,我国股票市场融资和债券市场融资不断发展,证券基金业对外开放,进一步稳定推进。

(1)股票市融资逐步国际化。以B股、H股、N股等股权融资为突破口,股票市场融资逐渐国际化,在2001年全球经济放缓、国际市场筹资环境艰难的背景下,我国企业仍然从国际市场筹资27.67亿美元。而且,还偿试运用了存托凭证ADRs和GDRs在国际市场筹资。目前,N股基本上是以ADRs的形式发行,上市的数量已达到9个品种。

(2)基金业进一步开放。2002年10月,首家合资基金管理管理公司获准筹建,这是中国基金业开放的具有里程碑意义的第一步,更值得关注的是其改变了中国证券市场的格局,可以预期合资基金管理公司必然会利用尝试引导国内居民进行海外投资,吸引海外资金投资国内证券市场,推动"双Q"(QDII和QFII)制度的出台与实施,促使中国逐步松动资本项目的管制,加快中国金融市场对外开放进程,合资基金管理公司的诞生使国内证券商面临巨大的挑战,由此,可以预料,与境外机构的股权合作和业务技术合作将越来越多地成为国内证券商共同的选择。

(3)债券市场融资国际化发展。在利用国际股市筹资的同时,我们也越来越重视运用国际债市筹集长期建设资金。1982-2001年我国利用国际债市筹资200多亿美元,而且呈现下列特点:一是发行债券的品种、地点和期限呈现多元化发展的趋势;二是我国对外发行的债券都有政府信誉做保证,而且主承销商系美林、高盛等国际著名券商,因此信誉等级较高,相应的融资成本则比较低廉。

(4)证券业国际化。我国已经在利用证券在国际资本市场筹资的同时,也逐步放开了境外证券商在中国内地设立并参与中国证券市场业务、境内证券商到海外设立分支机构,成立中外合资投资银行等方面的限制。在入世的大背景下,中国证监会已经在2001年12月正式公布了《我国证券业对WTO承诺的主要内容》。2002年,我国证券市场在开放中进一步发展推进。

总之,我国证券业总体发展态势良好,证券市场扩容较快,市场初具规模化发展态势,各主体发展都取得了长足的进展,但由于证券业整体处于发展阶段,由此发展中还将受到内在与外在的压力。同时,证券市场在新世纪的机遇中,与时俱进,规范化、市场化、法制化、国际化进程加快,国内证券业发展前景广阔。

第二章 证券市场规范化发展

经过12年的发展，我国证券市场在取得骄人成绩的同时，一些深层次的问题也突显出来，其中最突出的就是规范化问题。市场的不规范已成为阻碍证券市场进一步发展的严重阻力，这是证券市场发展不可回避的问题，我们也必须重视这一问题。因此，我们有必要对人为的失误及市场本身的不足进行反思，找出不规范的表现，分析不规范的原因，进而找到解决证券市场规范化发展的措施和途径。

一、我国证券市场不规范的现实表现

证券市场是一个复杂多变的综合系统，其不规范的表现也是复杂的、多样化的，具体而言，主要包括如下内容：

1、股权结构的复杂性

我国证券市场股权结构的复杂性，有其深刻的历史原因和体制原因。受我国证券市场特定发展阶段的影响，股票的性质是根据投资主体的性质来确定的，这就形成了我国股权设置复杂、股票种类繁多的局面。在股份制改革之初，参照《股份公司规范意见》，按投资主体的不同将股票分为国家股、法人股、社会公众股和外资股，其中法人股又分为发起人股和社会法人股。在开设股票市场时，由于证券市场初级阶段发行不规范，加上当时的特定环境，一部分法人股流入企业内部职工和社会公众手中。当允许机构投资者进入市场后，国家股、法人股的配股权转让给社会公众股的方案不断推出，造成我国股票种类、结构愈显复杂。目前，我国股票种类有国家股、国有法人股、发起法人股、募集法人股、定向募集法人股、公众股、内部职工股、职工集体股、优先股、A股、B股、H股等，这些不同种类的股票需不同的管理规定制约。同时，既有同一家公司的股票有的可以上市流通，有的不可流通的情况；也有同一公司股票在不同市场上市，有不同交易价格的现象，特别是一些经过转配的上市公司出现法人机构手中既有法人股也有社会公众股，而个人手中的股票也有可流通和不可流通之分的现象。我国证券市场股权结构的复杂性由此可见一斑。

2、上市公司法人治理结构不完善

按照目前我国法律和国际惯例，上市公司的法人治理结构由股东大会、董事会、监事会和经理组成，分别行使权力机构、决策机构、监督机构、执行机构的职能。而目前我国上市公司法人治理结构不完善、不规范，各职能主体分工不明

确,责权不明晰,特别表现为股东大会实效发挥不足,董事会或总经理常常越俎代疱,董事会与总经理之间权责混淆等。主要有以下两个方面:

一方面股东大会实效发挥不足。股东大会是上市公司最高权力机构,对公司的发展方向和重大决策有最终决定权。但目前许多上市公司的股东大会只是流于形式,对公司的经营方针和投资计划、审议董事会和监事会的工作报告、选举和更换董事、修改公司章程等重大事项都未能真正起到作用,以至股东大会形成的决议被社会公众股东推翻,股东大会决议被董事会修改等现象时有发生,造成其原因主要有三点:一是股权结构不合理,国家股投资主体不明晰,国有股所有者严重缺位。在目前我国许多上市公司股权结构中,国家股占绝对支配地位,但由于体制的原因,许多国家股的投资主体不明确,使得国家股权实际处于无人负责的状态,特别是当上市公司授权董事为国家股权代表,就会对股东大会起着决定性作用,使股东大会的权力实际上被架空,形成了股东大会和董事会之间权力的错位。二是中小股东拥有股权的比例较小;三是企业外部关系尚未理顺。

另一方面董事会职权缺权或越权。董事会是股东的所有权与公司的法人财产权既相分离又相依存的纽带,在上市公司法人治理结构中处于中心地位。而目前我国许多上市公司中董事会的中心地位并不突出,还存在如下问题:一是董事会的组成和董事资格问题;二是董事会职权不到位或随意越权;三是董事的责任有名无实。

3、市场运行机制有待规范

市场运行过程主要包括发行和流通两个阶段。分析市场运行机制的不规范,主要应从两个方面考虑。

(1)发行市场有待规范。目前我国证券发行市场中的不规范主要体现在发行方式、发行定价、监管模式等方面。第一是发行方式。我国证券市场中新股发行经过多年的实践和探讨,目前一般采用无限量发售认购、专项定额存单、上网竞价发行、上网定价发行中一种或多种方式。这几种方式各有利弊,但专项定额存单和上网定价发行方式已得到各方面认可。无限量发售认购方式是在特定的条件下产生的,在一定程度上实现了"三公"原则,对证券市场的发展起了积极作用。但是随着证券市场的不断发展,这种发行方式的缺点也开始显现出来。有关部门几年来一直在不断地探讨、寻求新的发行方式,现有的发行方式存在的不规范之处,还需要进一步发展和完善。

(2)流通市场的不规范。在证券流通市场中的不规范,主要包括股票退市要进一步完善、上市辅导需进一步规范,交易中心设置与多种托管结算体系并存等方面有待进一步完善。

4、证券中介机构有待进一步规范

(1)证券经营机构。目前我国只有120余家专业证券公司,2800余家证券营业部,从业人员员超过20万人。作为证券市场体系中不可缺少的证券中介机构,对证券市场的发展起着十分重要的作用。当前,我国证券经营机构正处于体制、经营业务范围的重新界定,各种债权债务的清理与整顿的关键时期,在这一过程中,也暴露出证券经营机构不规范的地方,具体表现为:

①证券经营机构的体制不合理。我国证券业的诞生与发展和银行有着密切的关系,很多专业证券公司就是从银行衍生而成。因此证券经营机构大多数仍直接或间接地受制于银行。由于这种体制的存在,多次出现银行通过对证券经营机构融资参与证券市场操作,诱发交易行情突变的不规范运作。

②内部管理不规范。目前有相当部分证券公司缺乏健全的财务制度和权力制约机制,无特色服务、应变能力差、经营理念陈旧,内部管理不协调,缺乏诚

信，缺乏核心竞争力，因而面临经营亏损而难以为继。

③从业人员素质参差不齐。

(2)证券咨询机构。随着证券市场的发展，证券投资咨询业也有了长足的发展，一是专职或兼职的市场分析队伍正在逐渐形成。证券咨询业在为投资者提供投资意见，正确宣传和评价市场、研究各类市场疑难问题和提供决策咨询等方面发挥了积极作用，但在发展过程中，也存在不规范的操作，如传播虚假信息，误导投资者；以服务为借口利用手中信息操作市场；超出其经营范围或无证券市场信息传播资格而擅自传播市场信息；甚至肆无忌惮摘录传播港台和国外报刊，直接制造新闻等不规范行为，因此为有效杜绝不规范行为的发生，必须引导证券咨询业的健康发展。我们应加大政策扶持和行业规范的力度，需要建立市场准入制度和制定相应的行业法规，其本身也应树立敬业精神和自律精神，不断开阔思路、拓展业务、有序竞争并向纵深发展。

此外会计师事务所、律师事务所在涉及的证券业务上，从运作的制度、机制、方式以及从业操守等方面进一步规范。

5、证券市场的监管体系需要完善

我国证券市场的监管体系是随着证券市场的发展而发展起来的。证券管理部门从财政部和中央银行附属机构，发展到一个独立的证券管理部门，其管理的对象和范围也不断扩大，逐步走向规范化和法制化。但我国证券市场的监管体系发展时间短，仍有许多不完善，不健全的地方，还需进一步规范。

二、我国证券市场不规范的成因分析

我国证券市场不规范的原因是多方面的，既有主观认识上、决策上的失误，又有客观条件的限制，这也是任何证券市场在发展过程中都难以避免的。因此，有必要对不规范的表现，分析出原因，找到规范、发展我国证券市场发展的思路。

1、政府推动模式与证券市场自身运行机制的矛盾

由于受主客观各种原因的影响，我国证券市场是政府推动和控制下的市场，即政府的推动和调控比市场运行机制更具有导向作用。我国政府当初在发展证券市场时，其目的是把它当作经济改革的载体和经济发展的助力，旨在通过发展证券市场达到缓解财政和企业资金紧缺、实现国有企业机制转化等一系列经济改革目标。由于受整体经济体制改革的制约和市场发展的限制，我国证券市场不可能一开始就形成具有明确目标和实现步骤的发展战略，只能是在规范中发展，在发展中规范，这样在实际操作过程中不可避免地产生矛盾。如为了既吸引外资又能限制境外资本对我国证券市场的控制，设计了A、B股双轨运行的机制，形成了同股不同价的矛盾；为了防止证券市场对国民经济造成太大的不良后果，我国政府选择了与国民经济关系不大的行业和小型企业进行股份制改造，形成了市场规模小、上市公司业绩差和行业分布不均匀、容易形成炒作垄断的局面，特别是我国证券市场在诞生之日起就负担沉重的社会责任并限制在一定模式中发展，这不可避免地与自身运行机制和自发要求产生矛盾。生存的压力迫使市场主体通过一系列权宜之计暂时回避了尖锐的矛盾和冲突，使我国证券市场在短短几年中取得了长足的进步，但是随着证券市场的不断发展，一些不规范和深层次问题开始显露出来，在较大范围内呈现出与最初设想背道而驰的局面，给证券市场的发展带来了一定的危害性和消极后果。

2、证券市场发展的法治要求与立法滞后的矛盾

市场经济从本质上说也是法治经济，国外发达国家证券市场的成功经验表明，法律是保证证券市场规范运行和健康发展的基石。然而在实践中，立法的超前和法律的权威性在我国证券市场中并未得到真正的体现，相反，以人治代替法治的现象在某种程度上相当普遍。虽然我国相继出台了《股票发行与交易管理暂行条例》、《证券法》、《公司法》、《信托法》、以及即将推出的《证券投资基金法》等等，然而证券市场上的许多问题依然在法律上没有得到确定，加上现有法律法规的粗糙，缺乏可操作性，使我国证券市场的规范化失去准绳和标尺。法治建设的滞后，加上政府职能尚未彻底转换，使政府只能借助政策和行政手段去调控证券市场，这样无疑会增加证券市场的随意性、多变性、缺乏连续性。这种状况不但不能有效解

决证券市场的问题，而且还给证券市场带来新的不确定因素和风险。

3、上市公司的基础作用和转制不彻底的矛盾

上市公司是证券市场发展的基础和核心，其规范化和稳定发展是证券市场规范和发展的必要条件。而我国上市公司的规范化是依据现代企业制度产权清晰、权责明确、政企分开、管理科学的特征进行运作，上市公司的发展则集中体现在投资价值的提高等方面。而目前我国部分上市公司转轨不彻底，组织系统、管理系统混乱、信息披露不真实、缺乏诚信，甚至还有极少数上市公司不是将主要精力集中于发展主营业务，而是将股东投资的资金用于股票二级市场、期货市场的投机炒作。这些不规范甚至违法的行为使其在证券市场发展过程中应有的基础作用形成了矛盾和反差，必然使投资者对长期投资的回报失出信心，并转向短期投资，使整个证券市场处于投机性的市场。

4、金融体制改革缓慢和游资充斥的矛盾

当前我国经济正处于深化市场化的进程中，与此相对应也处于货币化的进程中。由于居民收入的迅速增长和储蓄倾向的上升，产业结构的调整正处于空档时期及国际资本流动的影响，使我国的货币化进程加快，则必然对货币的投机需求也迅速增长。同时由于我国银行体制约束机制相对滞后，融资不畅，银行的部分货币流出银行体系以外出现“脱媒”现象形成了体外循环的社会游资。另一方面，因为金融改革不够深入，货币市场发展滞后，金融创新工具不丰富，投资需求无法满足，无法疏导游资，导致社会游资在高风险、高回报的证券市场、期货市场和房地产市场之间不能有效协调，直接干扰了这些市场的规范化，影响了市场的稳定性。

三、我国证券市场规范化建设的原则

规范是证券市场健康发展的基础，是一个相对的和动态平衡的概念。因此，我国证券市场规范化建设不能机械地照搬国外证券市场规范化建设的模式，也不能脱离实际。我们应有选择、科学地借鉴，并根据自己的国情，经济发展的特点健康有序地开展规范化建设。当前，我们在开展证券市场规范化建设时，必须注意下列原则：

1、双重监管，促进市场规范发展

监管和发展是辩证的统一体。我们应以“三个代表”的重要思想为指导，按照“法制、监管、自律、规范”方针的要求依法加强监管，防范市场风险，遵循市场规律，稳步推动改革，促进市场创新，实现证券市场的规范健康发展，更好地为国民经济服务。实践表明，有效的监管不仅是市场发展本身的需要，也是市场逐步走向规范的必然选择。我国证券市场是一个新兴的市场，呈现出明显的阶段性特征，一方面，市场发展迅速，在经济发展中的作用日益重要，另一方面，多年积累的深层次问题开始逐步显露，给证券市场的持续健康发展带来了挑战。因此，要建立一个发展健康、秩序良好、运行安全的证券市场，必须加强市场监管，并以此促进市场规范化水平和风险防范能力的不断提高。

在近几年中，监管部门进一步明确了角色定位，更新了监管概念，改进了监管方式，在构筑全方位、多层次、高效率的监管体系方面迈出了一大步，对市场的规范发展起到了积极作用。但是证券市场监管是一个系统工程，单靠中国证监会及其派出机构和交易所还不够，需要充分调动市场参与各方齐抓共管，特别是要加强自律监管。研究表明，和政府机关或司法机关相比，自律监管组织对交易环境和市场情况更了解，对监管问题的回应更及时，更能经受市场条件变化的考验。因此，监管最适合法律所不及范围内的监管。自律的市场参与者的出现会增加专业化知识、监管机构的经验和监管的有效性。由市场参与者制定的措施，比外部监管者强加的措施具有更广泛的合法性基础，受政治利益的驱动的影响较小，能够被监管对象更快地接受。各种规范力量形成合力，必将塑造出强有力的监管。

同时还应采取有效措施，加强我国证券市场规范建设的推进。目前，在规范中发展，在发展中规范，已成为稳定健康发展证券市场的共识。在2002年召开的全国金融工作会议上，中共中央、国务院再次强调：证券市场在经济发展中的作用日益重要，规范和发展证券市场的方针不会改变。稳定是发展的基础。要继续贯彻“法治、监管、自律、规

范”的方针，强化监管、综合治理、正确引导、循序渐进、稳步发展，逐步使证券市场规范化。规范和发展已成了今后一段时期我国证券市场建设的两个重要方面。

2、有序开放，降低市场风险

规范的过程决定了开放有一个次序。实证研究表明，目前我国证券市场收益率和非系统风险水平均位于世界前列，风险收益率明显低于主要发达国家证券市场水平，证券市场国际一体化程度也较低。如果从风险收益率水平看，我国证券市场全面开放以后，会引起国内投资性资本流出和国际投资性资本流进。因此，我们在考虑市场规范和市场开放的次序问题时，一定要将本国证券市场的规范化建设和法制化建设放在首位，降低证券市场的投资风险，减少证券市场的波动幅度，避免大起大落。

从当前我国证券市场开放取向来看，我国一方面积极地拓展证券市场的国际化空间，努力融入到世界市场之中；另一方面，我们在走向国际市场的过程中也应采取审慎的态度，把市场的开放控制在有限的范围内，把控制风险和维护证券市场的安全性放在了第一位。这种策略是符合我国证券市场发展的现实要求的，因为我国证券市场还处于发展的初级阶段，市场条件不允许我们太冒进；另外，我国金融制度的安排也要求我国证券市场开放只能是有限度地循序渐进式的开放。我国加入世贸组织后，我国政府开始兑现有关证券业开放的承诺，如境外的证券机构可以不通过中方中介直接从事B股交易；合资证券投资基金管理公司也进入了实质性的筹建阶段。这些举措都表明，其在国际金融市场中的地位也在逐步提高。

3、充分竞争，促进证券市场国际化

竞争可以激发一个市场的活力。纵观当前相对规范的市场无一例外都是竞争比较充分的市场，不仅在国内各个市场之间，而且在全球范围内开展竞争。其中最能体现竞争的就是证券市场的国际化，这是互相竞争的市场在全球范围的表现，是一个成功走向国际的市场，也是一个不断规范的市场。我国证券市场自产生以来就开始走出境外，随着加入世界贸易组织，我国证券市场的国际化步伐也大为加快，2001年B股市场对内地居民的开放，外资企业上市的开禁，外资并购的放宽，一个不断规范的市场正加快步伐迈向国际化。但我国证券市场全面的国际化还必须解决两个问题，一是市场的分割（包括金融市场之间以及国内外市场之间的分割）以及由此导致的价格信号失真和资源的错误配置；二是不仅能够走出去而且能迎进来的问题（这其中涉及到汇率制度以及资本项目下的可自由兑换等制度的变革）。

四、我国证券市场规范化建设的推进

规范化的标准应是证券市场的本质要求和国际通行的原则，其内涵就是“三公”原则、是严格地依法、执法，同时规范化要求把证券市场试点放在改革的力度上，发展的速度上以及稳定的程度上有机结合起来，使之与国家改革开放、经济发展的大潮流相适应。实行规范化发展，是一个复杂的系统工程，需要各方面长期不懈的努力。我们应从以下几个方面入手，加强证券市场规范化建设。

1、构筑高效的市场体系，进一步规范市场运作

证券市场的规范化发展，必须建立起一个统一、完善的证券市场体系，按市场经济的内在机制和本质规律组织市场的规范化运作。具体要求如下：

(1)进一步规范证券发行,完善证券发行方式。达到这一要求必须改变股票发行与上市的计划指标控制和由地方政府选择上市公司的办法,将审批权下放给交易所,由市场选择上市公司。同时要进一步完善规范证券发行市场，研究并设计新股发行定价的参照指标，尽可能使新股发行价与二级市场衔接,规定新股发行的最低认购比例及发行失败的处理办法等。

(2)完善沪深交易所的规范运作和监管职能。作为市场组织者,证券交易所应履行服务和监管的双重职责，维护交易的公正性和信息披露的规范化，建立一套实时监控的有效风险控制体系。证券交易所应将科学的上市评估体系与对上市公司的年审制度相结合，实行优胜劣汰原则，并对上市公司的行为进行规范和监督，以上市公司的经营业绩、投资回报率、履行上市义务表现、自律状况、交易活跃程度等一系列指标为依据，对上市公司作出科学、可信的评价,并对不合标准的上市公司实行停牌或退市的处理。

(3)合理规范市场布局,整顿规范证券交易中心。首先要实行证券业与银行业两业分离的原则，结合人民银行对金融机构审核颁发金融业许可证工作，将各地证券交易中心与地方政府、人民银行地方分行分离，使它们具有合法的地位。其次，规范各证券交易中心的业务范围和清算体系，停止不合法与未经批准的业务,并清理财务链。

(4)尽快建立统一的清算、托管体系。证券交易资金清算应与银行体系联网，实行全国有价证券的统一托管、交割,同时还应建立和完善统一的B股市场，改变其流通量小、流动性差、信息披露不规范的现状,使B股市场形成规模,真正成为中国的外资市场。

2、改善上市公司法人治理结构,规范上市公司行为

当前我国证券市场中上市公司已超过1200家，大部分上市公司运作比较规范,管理层素质较高,经济效益较好，为国家和社会做出了巨大贡献。但也有相当一部分上市公司改制不彻底,运作不规范,行政干预过多,信息披露不及时不准确,甚至弄虚作假,欺骗投资者,企业经营管理水平不高，盲目决策，失误严重,监督和激励机制不健全,因此,改善上市公司法人治理结构，规范上市公司行为对证券市场的稳定发展就尤显重要。当前我们必须着重研究解决以下几个方面的问题:

(1)加快完善和规范上市公司法人治理结构,严格按照《公司法》、《证券法》及有关法规运作。上市公司的质量是证券市场的基石，公司治理结构就是"基石"的基石。对于上市公司中所有者和经营者如何清晰到位,董事会、股东会、经理层之间的关系如何规范运作，如何建立独立董事制度，外部和内部监管机制,激励机制等必须按法规办事,监管部门也必须严格执法，确保上市公司质量。

(2)严格上市公司信息披露制度,坚决杜绝弄虚作假现象。"公开、公平、公正"是证券市场的基本准则，诚信是企业健康成长和取信于社会的立足点。上市公司应坚决杜绝弄虚作假现象，落实信息披露法规制度。监管当局对弄虚作假者必须及时查处严惩。

(3)切实加强上市公司财务管理,严格执行会计制度。财务管理是企业经营管理的中心环节。任何一个企业的经营效益和财务成果都直接与成本连在一起。企业财务成本核算、管理,国家都有一套严格科学的会计准则和制度，上市公司必须严格遵守。同时,我国会计制度已经和正在与国际准则接轨，将来对我国上市公司的要求越来越多，因此上市公司必须加强财务管理，严格执行会计制度，以适应国际准则的需要。

3、发展投资基金,规范机构投资者

我国证券市场投资者主体主要有机构投资者和个人投资者两种。随着证券市场的不断成熟，对市场参与者的要求也越来越高。只有投资者成熟规范，市场才可能健康发展。为此,我们需要规范现有的投资主体,并培养一批信誉好、素质高的机构投资主体，作为市场运行的基本力量。具体地说,包括如下几个方面:

(1)加强对机构投资者的监管和引导，通过颁布一系列的市场规则和监管措施，使其投资行为有一定的限制。应建立市场准入制度,对机构投资者开户进行必要的审查;对机构投资者进行信用评级，通过经常性的信用评定及淘汰制度从外部加以约束；对机构投资者投资资金的来源、持仓数量、操作过程、帐面

盈亏情况等进行必要的实时监控和调查;建立机构投资者的投资档案，对其不规范的投资行为及所受的处罚作相应的记载。

(2)加强对机构投资者的内部管理。机构投资者的决策者和管理者应对证券市场的风险有足够的认识,应对本企业证券投资的目标、策略、投入资金量、风险控制等在集体讨论的基础上作出决策；应采取决策权与交易权相分离的制度，对交易额超过一定限额的投资行为应由董事会或公司领导集体决定；加强内部人员的管理，对每位操作人员的交易权限作出限制；加强对内部财务监管，对交易情况作详细的记录和及时的检查。

(3)培育和发展证券投资基金。目前国际证券投资基金发展很快，已成为证券市场的骨干力量。但我国的投资基金力量还比较小，运作也不规范。今后一段时间发展机构投资者的重点是发展证券投资基金。一方面要严格贯彻《证券投资基金管理暂行办法》,另一方面要积极扩大证券投资基金试点，逐步创造条件让保险公司、退休养老金、住房基金等不同程度地进入证券市场，要用规范的投资基金，取代民间各类内部集资,引导社会游资,在条件成熟时适当引入境外基金进入国内证券市场。

我国的证券市场是一个新兴的市场，其种种不规范的表现是难免的，其也是一个成长中的市场从幼稚走向成熟的必然现象。随着政府对市场监管力度的加强，金融体制改革的进一步深化，相关法律法规的进一步推出与执法力度的加大，我国证券市场不规范的表现一定会得到有效遏制，证券市场也必将进一步向规范化、法制化发展。

第三章　证券市场的市场化发展

按照一般的解释,所谓市场化,就是要还市场于市场，逐步消除阻碍市场机制作用发挥的一切带有计划经济色彩的制度和措施，确立市场机制在资源配置中的基础性地位,进一步提高资源配置效率。可以说，市场化改革是我国证券市场在体制上的一次突破性飞跃，也是经济体制改革逐步深化的必然要求，因此，市场化是我国证券市场不可逆转的发展方向，它主要包括三个方面的内容：股票发行定价机制的市场化、退出机制的市场化及主体行为的市场化。

一、股票发行定价机制的市场化发展

在证券市场中，价格是引导资金流向的重要信号。自证券市场诞生以来，我国股票发行定价遵循的是政府严格管制下的定价方式,即由监管机构确定发行市盈率。这种发行方式的主要缺陷是由于政府确定的发行市盈率仅在一个很小的范围内波动，因此不能够有效地反映市盈率的定价方式，由于没有充分考虑每只股票的风险收益特征,因此容易造成价格信号失真，以致于错误引导资金流向，大大降低了证券市场在资源配置方面的效率。同时也可能造成我国股市一、二级市场价差过大。随着我国证券市场改

革的进一步深入，证券市场的股票发行定价将以市场化为主。这必将促进我国证券市场市场化的进一步健康有序发展。

1、股票发行定价市场化发展中的掣肘

目前我国股票发行制度从审批制到核准制，及今后演变为注册制，发行定价方式也从行政干预过渡到完全市场化，这是证券市场发展的自然规律，也是其发展的必由之路。然而由于我国证券市场的不完善，特别是我国目前股票市场特殊的股权结构，股票发行定价机制市场化在实施过程中还存在着种种掣肘，具体如下：

(1)不能从根本上缓解股票供需不平衡的矛盾。由于历史的原因，当前我国股票市场中近70%的股份处于非流通状态，然而目前证券市场上证券需求的数量或资金增量增幅却很快，而由于股票供给的数量一定，或者增幅有限，因此，股票市场现实的股票需求远远大于现实的股票供给，这种股票供需差异的矛盾造成的结果就是：股票一级市场发行价格持续走高，超额认购倍数越来越大，股票二级市场也同样持续走强。在实行股票发行定价机制市场化之后，在一定时期内，相同的股市扩容速度将会促使发行价格的上升，相同的发行数量则会吸引更多的资金。同时，在上述条件不变的情况下，实行股票发行定价机制市场化会在一定程度上促进股票供需的平衡，但是并不能从根本上解决供需的矛盾，其原因主要有：一是整个股票市场存在结构性缺陷，近70%的股票处于非流通状态；二是从理论上讲，在其他条件不变的情况下，股票发行价格上升，股票的需求量相应减少，但现阶段我国证券市场中，由于证券投资品种单一，证券需求的替代效应不明显；三是投资者的收入效应不明显，即价格上升时，收入也在增加，因此股票价格上升，股票需求量并不会减少。

(2)可能制造更多的市场陷阱，进而影响投资者的信心。目前我国股票市场中，在现实的股票供给远小于现实的股票需求的情况下，完全放开股票发行定价机制，将会促使更多的发行人追求更高的发行价格，尽可能募集更多的资金。但是在我国股票市场存在结构性缺陷以及股票供求关系严重失衡的条件下实行股票发行定价机制的市场化，可能会促使更多的发行人追求更高的发行价格。这种结果只会给整个证券市场造成更多的市场陷阱，进而影响投资者信心。

(3)造成资本市场资源的浪费，减弱资本市场优化资源配置的功能。资本市场的一个主要功能就是优化资源配置，其主要表现就是市场资金总是流向预期收益率高的融资者。如果是因为市场结构的某些缺陷使得一些素质差、管理落后、缺乏市场竞争力、预期收益率低的市场融资者或发行人也能够取得大量的市场资金，那么资本市场化资源配置的功能就会被减弱。在我国现有的资本市场上，现实的股票需求远远大于现实的股票供给，一旦实现股票发行定价机制市场化的方式，极有可能使那些素质差的市场融资者或发行人获得大量的市场资金，从而造成资本市场资源的浪费，弱化资本资本市场优化配置的功能。

(4)引发流动性风险和信用风险。随着证券市场的进一步市场化，新设立的证券公司也会逐渐增多，证券业内的竞争将愈加激烈，也会由此而增加更多的市场风险，虽然股票发行核准制的推行在一定程度上限制了股票承销的风险，但是证券公司为了提高自身的市场占有率，无疑会给发行人盲目追求高溢价发行创造一种不良的市场环境，尤其是一种新设立或综合竞争力较为弱小的证券商，为了占有更多的市场份额或获取主承销资格，在实际运作中会迁就发行人的一些不合理的要求而承诺更高的发行市盈率。而证券供给小于证券需求的客观现实，在市场化的发行定价机制下，又会促使发行人追求更高的发行市盈率。这种竞争环境和定价机制将给证券商带来更大的承销风险，这必然直接引发证券商的流动性风险和信用风险。

2、股票发行定价市场化掣肘的成因分析

我国的核准制实施从法律制度上清除了政府行政干预股票发行的可能性，在一定程度上避免了原来审批制下的种种弊端。但由于特定条件的限制，我国现有的股票市场不具备实行定价机制市场化的基础。其具体原因如下：

(1)从市场主体进行分析。从理论上讲，实行市场化发行应以遵循市场准则，即股权的高度分散化。而反观目前我国股票市场的客观情况，是国有控股上市公司占主体，上市公司大部分股权集中于少数股东，这种性质和股权结构不利于实行定价机制市场化。

(2)从融资者的股权结构进行分析。由于历史的原因，我国股票市场中仍存在国有股、法人股之分，而且不能流通的股份几乎占上市公司总股本的70%，其持有人成为上市公司的控股股东。这些股份的高度集中，为上市公司与控股股东之间的关联交易和不正当交易提供了条件和基础，从而也为股票发行定价机制市场化的实施埋下了隐患。

(3)从投资者结构进行分析。目前，在我国证券市场中，个人投资者是证券市场的绝对主体，绝大部分投资者的投资理念和投资行为是明确的，即为了赚钱，然而个人投资者将资金投入股市后，由于条件的限制，资金使用者所有权并不明晰，且上市公司的经营目标也不全是追求利益的最大化。这两种目标的反差，则必然导致资本市场资源优化配置功能的弱化和资金使用效率的下降。在市场化定价机制的环境下，我国股票市场主要的市场要素——投资者和融资者的目标反差，自然也就成为股票市场诸多掣肘的重要原因之一。

(4)从我国股票市场的现状进行分析。当前，我国股票市场的现状之一是股票供求严重失衡，即现实的股票需求远远大于现实的股票供给。现实的需求是指目前参与证券一、二级市场的投资需求。我国证券市场经过10多年的飞速发展，潜在的股票供给量十分巨大，如创业板的设立，国有股、法人股的流通，但是这些潜在的股票供给并未转化为现实的股票供给。因此相对于证券市场的巨大资金供给量，现实的股票供给显得十分有限。

3、股票发行定价机制市场化进程的推进

随着证券市场的不断发展及对外开放的不断深入，市场化发展已是大势所趋。由于我国特定条件的限制，股票发行定价机制市场化条件还不成熟，在实际操作中还存在种种掣肘。但是我们可以在特定的条件下采取特定的方式，尽可能消除股票发行定价机制市场化的掣肘因素，主要包括两方面：

一方面增加股票供给，从根本上解除股票供给短缺的制约。推行核准制，实行股票发行的市场化定价机制。必须解决现阶段我国股票市场的深层次矛盾，即证券供给小于证券需求的矛盾。国有股、法人股的流通则可以将股票市场巨大的潜在供给转化为现实的供给，从而既可以解决制约我国股票市场长足发展的历史遗留问题，又可以从根本上解决现实的股票供给短缺的问题，缓解证券供需不平衡的矛盾。

目前，随着我国证券市场的发展，其已经有能力承受国有股、法人股流通给市场带来的扩容压力。尽管股票市场对国有股、法人股流通的承受能力越来越强，但是国有股、法人股流通一直以来就给投资者一种很大的心理预期压力，因为在我国股票市场的历史发展进程中，扩市扩容一直以来都是市场的利空，这种恐惧的心理一直笼罩在投资者的心中。虽然国有股、法人股流通要采取科学的方法，并结合我国股票市场的实际，通过特殊的途径来解决。如设计好合理的上市流通方式、步骤和节奏；通过网上或网下的市场化存量发行的办法，使得国有股、法人股的上市更具透明度。此外，国有股流通套现后的资金必须强化管理，尽可能做好资源的有效、合理的利用。

另一方面，通过增大发行额度，降低发行价格来约制发行人的高溢价融资行动。在实行发行核准制的情况下，发行人的股票发行额度由发行人和主承销机构根据发行人净资产的规模、发行前的股本总额，资金需求量、盈利能力等因素来确定，在现实股票供给小于现实股票需求情况下，发行人往往会追求较高的发行价格，因为相对于证券市场的资金而言，股票是市场的稀缺资源。因此，在筹资规模一定的情况下，发行人会更加珍惜股本、减少发行额度，通过追求较高的发行价格达到筹资目的。但是采取高益价发行也会产生以下结果：增加每股净资产的非现金分红创造条件，而非现金分红又容易引发投机行为；股本规模小，则容易滋生操纵市场的行为，防碍市场的有效监管，且不利于证券投资基金等机构投资者的投资；从净资产收益率指标考察，高溢价的实行降低了投资者的投资收益率，增大了证券投资风险。因此，在核准制条件下，可以考虑通过增大发行额度，降低发行价格来规范发行人的高溢价融资冲动，帮助其树立正确的融资理念。

随着市场化改革的进一步深入，股票发行定价方式上的创新也将日新月异，市场主体在定价环节也将发挥越来越重要的作用，除了股票、债券等金融产品发行定价机制的市场化外，任何由市场决定的价格，如证券机构服务收入(股票承销费用、股票交易佣金等)，都将走向市场化。

二、退出机制的市场化发展

退出机制的市场化是指市场主体发行人、投资者和中介机构)在符合一定标准的条件下，可以自由地退出市场。2001年2月22日，中国证监会根据《公司法》发布了《亏损上市公司暂停上市和终止上市实施办法》，规定了退市工作的操作程序，为建立我国证券市场的退出机制提供了制度保证。2001年3月22日，中国证监会发言人发表重要讲话，指出我国证券市场经过12年的发展，有关审核程序和信息披露标准初步制定完成，具备了实施依法暂停上市和终止上市制度的基础，建立退市机制条件已基本具备。可以说，这一系列重大举措的出台和实施，对我国证券市场的健康、稳定发展起到了十分重要的作用。

到目前为止我国还没有真正出台一个全面的、系统的退出机制，因此我们只有借鉴国外发达证券市场的成功经验，并结合我国证券市场的实际，逐步摸索建立一种证券市场退市的途径与操作规程。

1、建立退出机制的途径选择

从世界各国证券市场的实践经验来看，上市公司退市的途径选择一般有三种情况：一是公司因破产、解散而自然退市；二是公司适用于退市制度而被迫退市；三是公司出于自身发展需要而有限退市。在目前我国证券市场中，建立上市公司退出机制可以根据不同的情况选择不同的途径。

上市公司退出机制的建立可以有几种不同的途径，而不同的途径也对应着不同的退市通道和出口，如果市场架构比较完整，有主板市场、二板市场、有场外交易市场，那么假如在主板市场或二板市场或场外交易市场挂牌的公司发生破产、解散、关闭的，应该直接退出证券市场，如果是主板市场的公司启用的退出机制，则应退出至二板市场；如果是二板市场的公司启用的退出机制，则应退出至场外交易市场；如果是主板市场或二板市场的公司实行转换退市，股权置换退市或购并退市的，则应退出至场外交易市场。这其中，二板市场扮演着“中转站”或“缓冲带”的角色，发挥着缓解市场压力的作用；场外交易市场则可以作为“购并板”或“重组板”发挥着整顿和拯救债券公司的作用。有了这样一个梯度结构，对退市公司而言，就有了新的机会，对投资者而言，就有了一个逐渐缓解风险的通道。

2、建立退出机制的操作规程

公司被决定作退市处置后的操作程序，成熟市场已形成了一套较为成熟的作法。从我国的实际情况来看，建立切实可行的退出机制，就应增强其可操作性。由于上市公司退市涉及到广大投资者的切身利益，在建立退出机制的具体程序上，中国证监会和交易所在作出退市决定时应慎之又慎，当上市公司可能面临被摘牌的困境时，监管部门可以采取增加信息披露次数的方式来充分揭示其特别风险。另外应给公司一定的宽限期，便于其提出行之有效的整改方案，实施拯救。整改期过后仍然无法达到上市条件的方可令其退市。不能采取那种“急刹车”的办法，也不要突然宣布公司退市。既使在作出决定退市时也应给投资者以心理准备，以尽可能减轻因立刻退市时所造成的市场压力和社会压力。

2001年中国证监会公布的《亏损上市公司暂停上市和终止上市实施办法》，就很好地体现了上述原则。一是在信息披露方面，《实施办法》规定，上市公司最近两年连续亏损后，董事会预计第三年度将连续亏损的，应当及时作出风险提示公告，并在披露年度报告前至少发布三次风险提示公告，以提醒投资者注意投资风险。同样，公司预计将被终止上市时，也应当及时作出风险提示公告，以提醒投资者注意投资风险。此外，上市公司应当在接到暂停上市或终止上市的决定后两个工作日内，在中国证监会指定的报纸和网站上登载《股票暂停上市公告》和《股票终止上市公告》。该《实施办法》还通过加大上市公司信息披露的频率，以促使信息披露更加充分。该措施的推出，既增加了上市公司运作的透明度，增强了投资者的风险意识，又有效地维护了投资者的合法权益。

3、建立退出机制应注意的问题及措施

退出机制本质是一项惩罚性措施，其主要目的并非在于要让多少家上市公司退出证券市场，而是在于昭示其他上市公司，促使它们规范运作、重视股东利益，努力提高营运绩效，同时，也是为了有效地发挥优胜劣汰的市场机制，扫除股市垃圾，以提高股市效率。为此，在实行退出机制的过程中，必须注意以下几个问题：

第一，理清财务和资产的关系。 从当前我国证券市场发展来看，上市公司所以严重亏损，一个重要原因在于大量募股资金被一些当地政府部门或集团公司挪用，一些公司高管人员以权谋私或胡乱决策，一些股东和高管人员进行严重损害公司利益的关联交易，等等。为使大量募股资金被有效利用，在这些上市公司退市中，应彻底进行公司财务和资产的清理，对各种导致公司资产严重损失的行为予以追究清查，对以关联交易为名行以权谋私、内幕交易甚至欺诈之实的案件应予以法办。总之，不能使贪赃枉法者逍遥法外。这既是警示其它上市公司的需要，也是维护中小投资者权益的需要。

第二，退市后的股票处理。公司退市并不等于公司破产。一公司退市后股东手中持有的该公司的股票是“套”在股东手中还是寻找新的出路，市场人士认为，退市公司无论是暂停上市还是终止上市期间都应当有其他转让方法，最好的办法就是建立场外交易市场，使退市公司的股票能进入场外市场交易，以保护投资者的利益。

建立场外交易市场，我们应审时夺势，努力抓住亏损上市公司暂停上市和终止上市实施办法(修正)开始实施和我国深沪证券交易所已启动上市退出机制这一契机，尽快建立起活跃、有序的“开放式”场外交易市场。这个市场中不仅包括“退市公司”，而且包括大量符合一定“准入”条件，并按规定程序进入的股份公司。目前，首先包括大量改革以来出现的有一定增长潜力的定向募集股份公司。

第三，公司退市、股票摘牌的责任承担。公司退市、股票摘牌其主要目标是针对上市公司的，但客观上会给投资者尤其是中小投资者造成损失。但由于目前我国市场还存在着诸多弊端，如果公司退市后一切后果均由投资者承担，显然有失公允。那么公司退市、股票摘牌后，除投资者自己应当承担投资失误的后果外，谁还应当承担责任呢？首先是上市公司的管理层和董事会难辞其咎，其次在股票发行、上市、信息披露等环节中的中介机构也应负一定的责任。我国的《证券法》和《公司法》对相应的行为都明确规定要承担赔偿责任。另一方面，在公司股票发行、上市、信息披露过程中，律师、会计师与证券承销商等各种中介机构也有义务保证公司上市的信息质量，如果其没有尽到义务，也应承担相应责任。因此，只有尽快明确在上市过程中各方面的责任，通过贯彻“谁过失，谁负责”的原则，才能在公司退市时为涉及到各方面利益问题，提供一个规范的解决途径，才能使退出机制顺利实施。

第四，中小股东的利益保障。公司退市、股票摘牌后，二级市场的中小投资者往往是最大受害者，由于我国大多数上市公司实际都是大股东“一言堂”。中小投资者在退市过程中是弱势群体，因此在上市公司的退出机制中应辅以相应的制度安排，切实保护中小投资者的利益。

首先应当完善相应的民事赔偿制度，由于目前我国的民事赔偿制度，还没有明确、具体的规定，因此我们只有借鉴发达国家相应的民事赔偿制度，在一个对中小股东权益

保护比较充分的法律制度下，如果中小股东在投资决策前所获取的是虚假信息，并因此而遭受投资损失时，可以对侵犯其权益的当事人提出赔偿要求，通常应当是公司的董事和经理，因为他们对公司和股东负有诚信义务，没有履行这种义务就要受到处罚。其次，如果会计师、律师、证券承销商等中介机构对做假帐，披露虚假信息没有尽到核查的责任，没有起到中介保障的作用，也要受到相应的处罚。但在我国目前现实的司法环境下，股东真正进行民事赔偿诉讼，尚存在诸多法律障碍，如缺乏股东集体诉讼代位制，即任何一位股东均可以代表所有股东对违反法律，出具虚假会计信息，给公司和股东造成损害的董事和公司高级管理人员提起诉讼，追究民事赔偿责任的制度，又如责任人的赔偿能力问题，世界各国都将会计师事务所等列为无限责任的合伙制，即要求其将今后一生的代价作担保，来保证其工作的质量。但是在我国，目前绝大多数都是以有限责任的形式成立的，实际并无力承担赔偿责任。因此，在退出机制的实施过程中保证有过失的相关人员、机构承担责任，还需要从多方面进行改革和完善。

三、主体行为的市场化发展

主体行为的市场化是指市场主体，特别是发行人和中介机构以股东利益最大化为目标，完全按照市场机制进行运作。

证券市场能够健康有序地运转，不仅需要完善、合理的游戏规则，而且需要有严格遵守规则且具有理性的市场主体。因此，主体行为的市场化是市场化改革的重要前提。长期以来，我国证券市场存在着严重的主体行为扭曲的现象。其主体表现为：

1、股权结构不合理，股东大会异化为大股东会

股份有限公司的股东大会是公司最高决策机关即最高权力机关，在公司法人治理机构中，股东大会的地位和作用是极其重要的。目前，上市公司最根本的问题是股权结构不合理，我国大多数上市公司由国企改制而成，不流通的国有股、法人股高达60%-70%，股权高度集中，这使得第一大股东完全处在控股地位，甚至造成一人股东会，一票制胜权。在实践中存在股东大会召集人通过设置各种条件或障碍制约剩余股东，尤其是中小股东的知情权，进而直接控制、操纵上市公司，如控股股东出资不到位，控股股东与上市公司在人员、资产、财务、业务、经营决策等方面没有分开，控股股东在集团与控股上市公司之间通过大量的关联交易，商标租赁使用、原材料采购和产品销售、资金担保，形成不对等的资金交易关系，这些不规范的市场行为，增加了上市公司的财务经营风险，侵占了上市公司利益，损害了中小股东的利益等，这些问题严重阻碍了上市公司的规范发展，并成为引发上市公司经营和道德风险的主要源泉。

2、监事会形同虚设，内部人控制现象严重

我国的证券公司虽在组织框架上具备了完备的监事会，董事会和管理层设置，但由于对公司治理结构各主体的权利和义务及相互制约的关系缺乏深刻的理解，加上作为国有企业的证券公司的国有资产所有者缺位以及银证行业脱钩转制造成的产权结构复杂化等原因，致使监事会形同虚设，没有起到真正的分权和制衡的作用，缺乏健全的决策机制或程序，公司难以形成正确的发展战略和科学、民主的决策。目前，在我国的证券公司中，经营决策

主要由公司高级管理人员掌握，这种现象必定导致证券公司的股东大会、董事会、监事会的作用弱化。在证券公司中存在着较为严重的内部人控制现象。内部人控制在本质上是对股东合法权益的侵害，因而必须加强法人治理结构的建设，以杜绝内部人控制事件的再次重演。

3、中介机构运作不规范

这里的中介机构运作不规范主要是指上市公司串通中介机构通过过度包装、虚造利润等手段，在市场上大肆圈钱，严重损害中小股东的利益。还有一种情况是中介机构本身不务正业或业务不正。中央银行对证券商的经营范围有明确的规定，但很多中介机构因逐利动机大而大搞非证券业务，部分中介机构仍务“证业”，但业务不正。

为了有效解决上述存在的问题，一条最为关键的措施就是加强监管，以提高主体行为的市场化程度，其具体措施为：

首先，严格规范控股股东行为，促进上市公司规范发展。规范控股股东、大段东的行为，首先必须明确其与其他股东的关系。上市公司的控股股东作为出资者，与中小股东一样，依法享有出资者的权利与义务，与中小股东不同的是，控股股东依照资本的多数表决原则可通过上市公司治理结构的制度性安排享有一定的控制权。控制股东持股数量、持股比例不同，对上市公司的控制力和影响力是不同的。但是，控股股东在行使其股东权利的同时，又负有相应的义务，那就是控股股东在追求自身利益的同时，应平等对待上市公司，公平看待其他中小股东，所行使的权利以不得损害公司和其他中小股东利益为前提，因此，控股股东、中小股东、上市公司之间均属平等独立的主体，各自独立运作。其次，控股股东和大股东应树立正确的投资观念：一是控股股东须树立股东利益与上市公司利益不得冲突的观念。控股股东应认识到股东大会的权力是为上市公司的整体利益而赋予的；上市公司不是归控股股东所有，而是与其他股东共同拥有。因此，控股股东在追求自己利益的同时，必须接受不侵害公司和其他股东利益的限制。二是控股股东须树立与上市公司平等独立的观念，控股股东与上市公司只是投资者与被投资者的关系，两者属于平等独立的法律主体，控股股东只能依照法定程序行使其控制权，控股股东的意志不能直接作为上市公司的决策。三是控股股东应树立依法对上市公司进行督导，防止上市公司出现“内部人”控制。控股股东对上市公司既不能滥用控制权，又不能漠视、无视控制权，必须履行督导、关注的义务。股东除具有股利分配请求权、剩余财产分配请求权等权力以外，还拥有对董事的选举权和在董事玩忽职守、未尽到受托责任时的起诉权，以及对公司经营活动的知情权、监察权和质询建议权。由于中小股东拥有股份不多，加上我国中小股东权力保障机制不够，故中小股东对上市公司的监督往往心有余而力不足。这样，作为控股股东就更应依照法定权利负有对上市公司进行充分关注、督导和监管的义务。

其次，强化上市公司高管人员的责任，建立有效运转的高层经理激励机制。强化上市公司高层管理人员的责任，一方面要克服股东干预董事行为而使董事职权受到削弱或流于形式的现象；另一方面要从制度上分立董事长依现有立法获取的过于集中的权力，应将董事或董事会置于股东或股东大会的约束之下。对于前者，应明确股东大会与董事会之间的关系是委托信任关系，即股东出于信任，通过股东会或股东大会，选举董事，组成董事会，股东会或股东大会委托董事会，由董事会行使公司重大经营决策权。二者之间是权限的分工和协作，不是领导与被领导的关系，关于后者，应建立和规范可以追究董事责任的董事会议事规则和决策程序，强化董事会集体代表公司责任制，允许公司通过章程授权某一董事对外代表公司，禁止董事长和总经理的两职兼任，彻底分开决策权和经营管理权，经理通过董事会的授权而拥有对企业的经营管理权，董事会和经理之间是决策和执行的关系，董事长与经理之间不存在领导和被领导的关系，总经理必须对董事会负责并报告工作，而不是对董事长个人负责。

建立有效运转的高层经理激励机制，是法人治理结构的重要内容。应当承认和尊重企业家的人力资本

价值，对经营业绩良好的企业家，应给予重奖。同时也应采取积极的政策措施，推动股东期权、年薪制等报酬方式的试点工作，鼓励企业家先富起来，并使企业家的报酬与企业业绩、近期与中长期发展相结合。

最后，加强监管，强化中介机构的规范运作。 中介机构作为上市公司与投资者连接的桥梁，其行为的监管与规范势在必行。一方面必须通过立法，强化法律手段，使中介机构的行为按照市场化的要求去运作。二是减少对其进行行政干预。中介机构行为的市场化，必须减少对其行政干预，让其行为有一定的空间，使其能够独立、合法、并按照市场机制的要求行使自己的权力。

当然，对主体行为的监管也并非只是上市公司的法人治理结构问题。中介机构的运作问题，同时也应解决一些基本的、深层次的问题，如公股流通问题，上市公司股权结构问题等。且随着证券市场的发展，新的问题还将不断出现。因此对主体行为的监管也必须与时俱进，不断创新。

证券市场主体行为的市场化程度的提高，除上述方面的三种措施外，同时应减少对市场主体的行政干预，加强立法，强化法律手段的作用，完善市场机制，不断促进公司法人治理结构的完善，从而培育出真正按市场规律办事的市场主体。

第四章 证券市场国际化发展

证券市场国际化是指以证券为媒介的国际间的资本流动，即证券发行，证券交易，证券投资超越一国的界线，实现国际间的自由化，原来一国性的证券市场变成了国际性的证券市场。它是生产国际化和资本国际化发展的必然结果，也是国际融资证券化趋势的客观要求。

证券市场国际化一般包括三个方面的内容：一是国际化证券筹资，包括外国政府、企业、金融机构以及国际性金融机构在本国的证券发行和本国政府、企业、金融机构以及国际性金融机构在外国的证券发行；二是国际化证券投资，指外国投资者对本国的证券投资和本国投资者对外国的证券投资；三是证券商及其业务的国际化，指一国法律对外国证券业经营者进出本国证券业自由化的规定和本国证券业经营者向外国发展。一国证券市场发展初期，可能更注重证券市场筹资功能突破国界，但从国际化程度高的证券市场看，则更倾向于筹资主体和投资主体的国际化。当前，世界各主要证券市场已经呈现出明显的国际化趋势，这主要表现在世界各大证券交易所已拥有越来越多的外国上市公司、各国竞相建立创业板市场、各国证券交易所寻求大联盟等。而随着经济全球化和我国市场经济的不断发展与开放，我国证券市场也必然逐步走向国际化，我国证券市场与国际证券市场的关联度将逐步提高，相互影响更加明显。特别是我国加入WTO以后证券市场国际化的步伐必进一步加块，面对这一新的发展趋势，我们必须认真研究针对当前证券市场国际化的发展现状，制定全面合理的步骤与对策，最终实现我国证券市场的真正开放与发展。

一、证券市场国际化形势不可逆转

2002年是国内证券市场国际化发展取得实破性发展的一年。1月，中国证监会在华盛顿与美国商品期货交易委员会签署合作谅解备忘录；6月，《外资参股证券公司设立规则》和《外资参股基金管理公司设立规则》和《外资参股基金管理公司设立规则》颁布并实施；7月，上证所和深交所加入WFE；11月，QFII及相关法规先后出台；合资基金管理公司、合资资产管理公司、合资证券公司相继成立。可以预见，在十六大引导的全面改革与开放的大方向指引下，证券市场国际化发展趋势在2003年将进一步得到加强。

1、证券投资者的国际化发展

推行QFII、QDII、CDR将逐步实现证券投资者的国际化。作为请进来的开放机制，QFII已经推行。而QDII的推行不仅仅有利于支持香港经济发展，具有重大的经济意义和政治意义，更重要的是：首先，作为国内投资者尤其是机构投资者走出去的有效通道，它将有利于推动国内机构投资者如证券商走向国际市场，给有实力的内地机构投资者更大的发展空间和积累国际业务经验的机会，促进其做强做大；其次，有利于引导国内居民通过正常渠道参与境外证券投资，将资本的国际流动置于可监控的状态；第三、有利于提升中国企业在国际资本市场的形象，恢复和增强国内企业到国际资本市场的融资能力；第四、有利于通过迂回方式，引导国内证券市场逐步缩小泡沫。

2、交易规则的国际化发展

在成熟的国际资本市场上，T+0是普遍的交易方式。作为一个向国际化方向发展的证券市场，同国际交易规则接轨是必然的。

一方面机构投资者的空前发展使价值投资理念逐步形成；另一方面监管的加强将使市场的操纵性大为降低，这些因素都将促使T+0交易方式本身所带来的投机性得以降低。同时，T+0交易规则的实施将会促进证市场的交投活跃，从而带动交易量的回升并缓解主流机构投资者所普遍面临的困境。因此，推行国际通行的T+0交易规则有很强的现实性和实践性，交易规则国际化发展并非遥遥无期。

3、监管法规的国际化发展

1999年7月1日《证券法》的正式实施，是中国证券市场监管法规开始走向国际化的重要标志；2001年2月，中国证监会正式公布《我国证券业对WTO承诺的主要内容》。近年来，中国证监会对进一步规范境内企业申请境外上市、申请到香港创业板上市、B股发行公司的外资发起人股转B股、流通股等作出了相应规定，从而优化市场环境，强化了行政监管，保护投资者利益。

作为国际化进程中的一个重要方面，监管的制度化和国际化建设正在逐步完善，当然，不可否认监管的制度化建设过程中，因为游戏规则的改变将对市场带来一定的压力和波动，但随着监管法规制度的完善，其对市场各方的规范作用正逐渐为市场各方所接受，并成为市场可以依赖并发展的基石。

今后相当长一段时间里，监管法规的国际化方向不会也不能改变，其对市场的负面影响随着证券市场的成熟和完善逐步减小，反过来其对市场的正面作用将随着市场复苏而得到充分的体现。

可以这么说，监管法规的国际化是外资进入证券市场的前提，而反过来外资进入又必将促进监管法规的国际化发展。监管法规制度化、国际化意味着上市公司行为的日益规范，价值投资逐渐成为未来市场的主流投资方向。

4、统一指数和指数期货的推进将有助于证券市场国际化发展

2002年11月14日上证所宣称，由其开发设计的全国统一指数已于今年年初开始内部试运行，显然是在为2003年正式推出统一指数提供经验总结。第一家指数型基金—华安180指数基金已经推出，随后将还有大量的指数型基金会相继推出，以满足市场对指数型基金需求。

统一指数的推出将为指数基金的出台创造条件。随着开放式基金的大规模发展，相应的避险机制能否形成将决定其发展前景和发展空间。在成熟的资本市场上，开放式基金已经是股指期货的最大用家，而缺乏股指期货的国内市场基金的表现自然难以令人满意。股指期货是大的机构资金敢于长线持股的重要保证，推出股指期货大的方向毋庸置疑。但股指期货尚需在市场规模扩大的过程中衡量利弊，充分酝酿，

才会可能推出。

不可否认的是，统一指数乃至股指期货的推出，将有助于国内证券市场的投资品种多样化、投资理念的国际化、操作手段的国际化发展。

二、证券市场国际化发展的实际意义

国际化发展的重要作用主要表现在：

1、证券市场国际化有利于推动监管方式的国际化进程

监管方式的国际化是证券市场国际化发展的重要表现，而证券市场国际化发展又必然会推动监管方式的国际化进程。近年来，中国证监会在优化证券市场环境，强化监管，保护投资者的利益方面作了不懈的努力。

随着监管法规规章的不断出台与实施，证券市场法律体系将逐步完善，这大大推动了我国证券市场与国际接轨的进程。证券监管部门、证券交易所和证券经营机构与国外同行的联系与合作也日益密切。

2、证券市场国际化有利于提升国内企业的竞争力，提高我国经济在国际市场的份量

首先，由于证券市场的国际化，更多的人关心企业和市场，无形中增加了企业产品进入国际市场的能力；其次，大量民营企业到香港创业板、美国纳斯达克上市，不但开辟了新的融资渠道，同时也在引进新的管理方式。这种管理方式的改变，随着时间的推移，将越来越显示出企业在国内外竞争中的优势；再次，境外资本的进入有利于推动企业改制上市的发展，大型国有企业通过海外资本市场融资的同时，也为自身规范管理，完善治理结构提供了契机，促进这些企业体制创新和机制转换，使其按照国际惯例经营，适应国际市场的要求。最后，证券市场国际化发展提高了我国市场的资源配置功能和效率，使资源配置在国际市场范围内得到优化，这也将提高我国企业的资源配置效率和经济效益，提升企业参与国际市场的竞争力。

3、证券市场国际化发展为我国金融机构带来了良好的合作机会

通过中外合资合作的方式推进我国证券市场国际化进程是当前较为可行的途径。国内金融机构在证券市场国际化发展进程中存在良好的合作机会，其在合资合作中存在如下优势：首先，国内金融机构熟悉本土市场。经过几十年的发展，特别是改革开放以来，经过激烈的市场竞争，国内金融机构的素质有了很大程度的提高，公司治理、产品开发、市场研究、客户服务、体制转换等方面，都开始走向市场化、规范化运作。在与国内大量企业合作过程中，本土金融机构也积累了合作经验和深厚的人脉关系。其次，国内金融机构在中外合作中具有劳动力成本优势。作为金融服务业，劳动力成本是主要成本。目前，我国从事金融服务业的劳动力成本是发达国家的十分之一，具有巨大的比较优势。第三、积累了快速成长的经验。随着我国经济的稳定增长，我国金融机构，特别是投资银行，经历了海外几十年上百年的历程，适应了市场的各种风波，积累了丰富的快速成长的经验，这种经验既是快速适应市场，又是快速学习先进的投资银行经验的过程，这些为未来与海外金融机构的合作打下了坚实的基础。同时，随着国家经济总量的增长，证券市场的发展空间无限，又为我国金融机构特别是投资银行与海外同行合作提供了市场基础。第四、拥有国内客户资源和网络，证券市场的网络已经具备，客户群体已经建立，客户分类管理也在初步形成，这都是国内金融机构在与外资合资合作过程中所具备的优势所在。

4、证券市场国际化发展将促进我国投资者的发展与成熟

一方面，证券市场国际化发展将推动投资者数量的增加，当前，我国个人证券投资已达7000万人，证券投资基金公司总的数达20家，社保基金入市已势在必行，机构投资者空前发展，已成为亚洲仅次于东京和香港的第三大证券市场，可以预见，随着我国证券市场国际化进程的加快，国内外投资者将会有较大规模的增长。另一方面，证券市场国际化发展将丰富我国证券市场的投资品种，为投资者带来更多的投资选择，投资品种的丰富为投资者提供更多的优化投资组合的机会，在降低投资成本的同时，提高投资者的投资收益。此外，证券市场国际化将带来先进投资理念和投资方式，在成熟的国际资本市场上，价值投资理念深入人心，证券市场国际化发展将有利于在我国证券市场上树立起价值投资理念。

三、我国证券市场国际化发展必须坚持的基本原则

中国证券市场国际化必然会带动国际资本的流动，国际资本的流入与流出既有利于促进中国证券市场的规范与成熟，也有可能产生很大的冲击作用，甚至导致金融危机。因此，为保证证券市场的规范、健康发展，必须坚持如下原则：

1、人民币可自由兑换的原则

人民币是否实现完全的自由兑换，是衡量证券市场国际化程度的一个重要方面。如果货币不能自由流动，国际化的进程及程度会大大减弱。目前由于我国政策对金融管制较严，对国外金融机构的进入及其业务范围有严格的限制。人民币不能自由兑换在很大程度上排斥了外国投资者的投资意愿。但是随着市场的进一步对外开放，特别是我国加入WTO时有关规定和承诺，货币自由兑换制度的出入境制度也将逐步开放，逐步走向市场化和国际化。

2、外资流入流出总量与结构平衡的原则

外资流入流出总量与结构平衡的原则问题，实际上是在经济增长过程中如何利用外资的问题。国外证券市场国际化的经验表明，我们不能以利用外资为目的，更多应该是为国际资本的流动提供便利，创造条件。有效解决这一问题的途径是进行金融制度创新和产品创新。

(1)金融制度创新。推动金融制度创新，具体的做法是：一是消除资金流动的制度瓶颈，促进资金在不同市场之间合规的有序的流动；二是通过制度层面的创新，营造一个稳定的投资氛围，增强市场投资的信心。通过金融制度的创新可以解决证券市场为其他类别专业投资机构的中短期头寸调剂问题，主要包括：对货币市场产品的期限结构进行适当调整的增加资金拆借；为企业并购及理财顾问业务提供担保资金融通；通过证券市场层次性建设、产业主管部门之间管理、监管的协作化，减少不必要的制度性冲击，增强金融市场的稳定性等。

(2)产品创新。推动金融品种与跨市场交易工具的创新的目的是为资金的流动提供多样化的载体，使资金流动的速度效率得到提高。在国际金融市场上，金融产品创新是资金流动的第一推动力，直接推动了金融业乃至全球经济的发展。特别是进入90年代以后，随着电子交易工具创新、金融业务工具创新和金融市场的创新使得国际金融市场精彩纷呈。当前，我国金融市场的结构正在发生深刻的变化，金融市场竞争程度更加激烈，跨市场跨国际的资金流动呼声越来越高。因此，有必要在金融产品创新方面为资金的有序流动打开通道，令市场创造出更多符合市场要求的金融创新工具，使之成为资金流动、经济发展的重要推动力。

3、立足于本土市场国际化原则

纵观国外证券市场国际化的发展史，从中可以发现，证券市场国际化都必须立足于本土市场，积极提高本土市场的管理和经营水平，在此基础上开展证券市场国际化，实施全球化发展战略。而目前我国金融体系与证券市场不存在开放过度问题，存在的问题主要是金融垄断，竞争不充分、市场体系不发达、不完善等原因而导致经营水平低下、管理体制落后，所以，我们要从实际出发，解放思想，积极面对挑战，同时又要采取谨慎渐进的态度和方式，逐步推进证券市场的对外开放，逐步实现我国证券市场国际化。

4、立足于市场化优先于国际化原则

证券市场的国际化，必然以国内证券市场的高度发达为基础，其必然要求各种金融条件和金融措施的相互配合。我国金融机构透明度不高，经营机制不灵活，所以在推进证券市场国际化工作时，首先要考虑证券市场化，放开金融管制，实现金融自由化，增加融资工具和融资手段，完善金融体系，逐步推动证券市场的国际化进程。

四、证券市场国际化发展认识的误区

误区之一：国际化等于美国化。当前，一些人经常把我国证券市场的问题与美国证券市场相比。其实国际化不等于美国化，因为欧洲，日本以及中国香港的证券市场国际化程度都比较高，它们的优秀经验也值得我们借鉴，而美国证券市场的经验并不一定完全适合中国的国情。

不仅如此，美国证券市场也有它本身的缺点。例如，美国的股票期权有一个最大的漏洞——不计入成本。早在1972年美国就开始争论股票期权是否应纳入成本。20世纪80年代初，美国几大会计师事务所向财务会计标准委员会提出，股票期权是一种支出，应纳入成本核算。在1993年4月投票通过，要求企业将期权视为一种支出，按期权的未来预期价值计算成本。1994年，成千上万的高科技产业工人聚集在加州北部，进行一场名为“硅谷行动”的支持股票期权的示威活动。结果，参议院以88票反对票的结果通过一项反对改变会计准则的非正式决议，迫使财务会计标准委员会撤回新的会计准则，规定企业只需在年报的脚注中公布期权的价值。

被牛市的热浪冲昏了头脑的美国人在安然事件后开始清醒，终于认识到股票期权是把双刃剑。各大公司开始考虑是否该把期权记入成本。而据思科系统公司称，把股票期权计入成本后，公司上个季度的盈利将减少3.68亿美元。据公司称，在截止2002年10月26日的第一财季中，公司的盈利将由6.18亿美元减少为2.5亿美元，在扣除股票期权成本后，公司该季度每股盈利从8美分降至3美分。

此事实说明美国证券市场也有它本身的缺陷，在我们采取“拿来主义”时，决不能照搬照抄，而应广泛地比较，有选择地吸收。今天，我们提倡的国际化，是与WTO规定的各国共同遵守的公法规则接轨，并不是把美国的东西简单地搬过来，也不是把欧洲的东西简单地搬过来，而是要综合分析，权衡利弊之后再作取舍。

误区之二：在派息率上与国际接轨。有人指出，中国股市的派息率居世界之末、美国、欧洲、日本、加拿大等国家中的股息率通常会比货币市场的资金利率高出1%左右，而我国股票的股息率只略高于活期存款利率的0.72%，但还不及三个月短期储蓄存款利率的一半，因此，价值回归和股价的向下调整就是必然的。

应当说，我国上市公司的整体业绩不是很高的，而且近年来还有逐渐下滑的趋势，在这方面，我们确实还需要付出极大的努力。但是，仅仅根据现金派息率来衡量股市的投资价值，也是不科学的。

必须看到，我国股市的投资理念与国外还是有重大差别的，在国外许多股市中，投资者是不接受送股和转赠股本这种分配方式的，而我国的股市中，上市公司则恰恰把送股与转增股本作为主要的分配方式。从1993年到2002年11月，沪深两市上市公司送股与转股增股年累计已达839亿股与64亿股，几乎所有的上市公司都有过大比例的送股与转增行为。看不到我国股市运行中的这个特征，简单地以现金分红率来评价分析我国股市的投资价值，就很难得出符合市场实际的正确结论。因此，证券市场国际化不能简单地强调在派息率上与国际接轨。

误区之三：股价与国际接轨。在证券市场国际化发展过程中，证券市场上有一种思潮认为：中国股市股价太高，应当将股价与国际接轨。其实，我国股市中相对较高的股价是有其特殊形成原因的。

首先，在证券市场建立时，采用了传统的种试验田的办法。沪深两家证券交易所成立之后，在很长一段时间里只是搞了股票交易试点，沪深两市只有十几只股票，由于股票的财富效应，吸引了当时全国各地大量的投资者进入股市，形成了全国炒十几只股票的局面。因此，我国股市建立之初就形成了严重的供不应求的局面，这使我国证券市场的股价被炒得很高。这是我国股市股价相对较高的原因之一。

其次，在我国证券市场上，每只股票的发行一直采取溢价政策，每只股票的发行价都大大高于面值，大大高于国有股的成本。在较长的时期里，我国股票发行定价似乎形成了一种习惯性规定，即股票发行价格不超过市盈率的15倍。由于二级市场股票的流通价格高于这一市盈率标准，加上股票供不应求，因此二级市场的股价对一级市场的股价具有一种强大的向上牵引作用。这种价格向上的引导作用，使一级市场的股票溢价再高，也不愁卖不出。这种情况待以时日，就使不正常的股票发行高溢价正常化了。

最后，在我国证券市场建立之初，在思想上认为必须要保证公有制在股份制公司中的绝对优势地位，因此，在国有企业改造为上市公司时，客观上就形成了国有股占大头的不正常状态。在政策上不允许上市公司中的国有股进行流通。这在客观上造成了我国证券市场上市公司股权结构中只有一小部分能够流通，大部分不能流通。从而进一步导致了一小部分流通股价格的居高不下。这也是我国证券市场股价相对较高的原因之一。

因此，把股价与国际接轨定位于证券市场国际化发展的内容之一是完全错误的。它没有真正认识到我国证券市场形成的历史性，特殊性与复杂性，也没有将保护投资者利益和证券市场长远发展作为证券市场的重要原则对股市进行正确判断。因此，这种思潮如果泛滥下去，不仅不能推动证券市场的国际化发展，而且对我国证券市场的健康发展也有百害而无一利。

五、证券市场国际化发展策略

1、证券市场国际化发展不能脱离初级阶段的实际

我国市场经济改革起步于计划经济，我国证券市场也是从计划经济向市场经济转轨过程中产生的，从而直接导致我国证券市场现行制度架构中带有较为浓厚的非市场特征。与起步于市场经济的西方国家证券市场相比，我国证券市场虽然已有相当规模，但是，我国证券市场目前仍是处于初级阶段的市场。未来我国证券市场国际化发展仍然任重道远。主要表现在以下四个方面：一是证券市场市值与GDP比值较低；二是证券市场投资者结构、上市

公司结构不合理、证券市场层次和交易品种少；三是证券市场整体质量有待提高；四是人民币尚没有实现自由兑换。

总之，我国证券市场作为一个处于初级阶段的证券市场，一方面具有巨大的发展潜力；另一方面，我国证券市场现阶段质量不高，在建立一个高效的、国际化的证券市场过程中，不可能一蹴而就，需要一个较长的发展过程。

2、加快证券市场融入国际化步伐

首先，开始在国际金融市场发行债券和向国际金融机构借款。1982年，中国国际信托投资公司率先在日本东京发行100亿日元私募债券，标志着中国正式进入国际资本市场。此后，中国在国际市场上发行债券日渐活跃。截止2001年底，中国共对外发行债券238.2亿美元，加上从国际金融机构和外国银行的借款，借用外债累计总额4194.2亿美元。

其次，中国企业进入国际证券市场也是融合进程的一个具体表现。为了多渠道从国际资本市场融资，中国从20世纪90年代初开始选择了一批企业通过国际资本市场发行股票并上市交易，1992年中国开设了B股市场，1993年又开辟了H股市场，此外，还有红筹股市场。

第三、积极向外商转让国有股，法人股。改革开放以来，我国在吸引外商直接投资方面取得了巨大成绩。截止2002年9月底，中国累计批准设立外商投资企业41.5万家。随着我国对外开放的推进，以及顺应全球跨国并购发展的趋势，中国利用外资的形式和层次在逐渐增多。

2002年11月4日，中国证监会、财政部、国家经贸委发出联合通知，允许外商购买上市公司国有股和法人股，这体现中国引进外资方式正在从过去以新设投资为主，到现在以并购投资为主的转变。

第四、加快研究中国资本市场融入国际资本市场的多种形式。具体是：①引过合格的境外机构投资者（QFII）资格认定制度。2002年11月，中国证监会和中国人民银行联合发布了《合格境外机构投资者境内证券投资管理暂行办法》，自12月1日起正式实行。这是中国对外开放发展战略在资本市场的又一重大举措，为境外投资者进入中国资本市场开辟了一条新的行之有效的通道，也是优化中国资本市场投资者结构，促进其稳定发展的一项重要制度创新。②合格的国内机构投资者（QDII）资格认定制度，有利于满足国内资本分散投资的需要，在QFII实施后出台，有利于双向流动的控制。但涉及外汇管制等诸多问题，要认真研究后稳定推出。③中国存托凭证（CDR），可借鉴美国存托凭证（ADR）并结合中国的具体情况，在适当的时候推出。

3、渐进式国际化发展战略

相对于银行业，保险业开放来说，证券市场的国际化发展涉及到的层次和范围都要更深更广。IMF于1995年在总结发展中国家和发达国家实现资本项目自由兑换和开放资本市场若干案例之后明确指出，实现证券市场国际化发展，必须满足以下五个条件：一是控制财政赤字；二是维持国际收支平衡；三是汇率和利率形成机制的市场化；减少政府管制；四是改革国内金融体系；提高金融体系的抗风险能力；五是建立金融体系的官方安全网络，实现法规和制度的逐步国际化。因此，根据中国经济和证券市场发展的实际，我们必须坚持循序渐进的原则，切不可操之过急，实现中国证券市场的国际化发展。

首先，扩大市场规模，按照国际惯例规范证券市场。大力发展国内证券市场，努力扩大市场规模，提高上市公司质量，这是中国证券市场国际化的基础，也是提高中国证券市场抵御国际资本冲击能力的重要保证。证券市场规范化是证券市场国际化的前提和基础。我们要对证券市场的法律、会计准则、上市公司进行改革和调整、规范证券发行和证券交易市场，逐步向WTO准则靠拢，以吸引更多的外国投资者。

其次，循序渐进推进中国证券市场国际化进程。根据中国证券市场的现实情况，国际化进程既要促进国内资本市场的发展和完善，又要保证国内金融市场稳定。我们可以借鉴周边国家如韩国、印度、日本等国家的经验，有序推进中国证券市场国际化渐进式发展。

4、证券市场国际化的三个要求

（1）建立国际化的股市运行机制。实现和保证股市的流通性，竞争性和制衡性。流通性是股票市场的本质要求。中国股市的流通性，首先是要使所有股份有限公司的股票都有一个流通与变现的场所，这就必须建立市场化的场外交易场所；其次是使一个能够使不同规模的股份有限公司都能够上市的二级市场体系，以形成一个比较完善的市场结构；最后是要使上市公司的所有股票都能够流通上市，以彻底解决上市公司股权分裂问题。只有在上述三个方面的任务完成了以后，股票市场才真正符合流通性的要求。证券市场国际化发展才具备最基本的条件。竞争性是股市进行资源配置与再配置的必要条件。市场的各个方面与各个层面都缺乏竞争机制是我国股市中存在的一个重大缺陷，也是我国股票市场资源配置的效率不高的最深层次的体制根源。要解决我国股市中的资源配置效率问题，就必须在市场中全面地导入竞争性的发行机制、竞争性的上市机制、竞争性的融资机制、竞争性的淘汰机制、竞争性的发展机制等，进而为市场机制的全面建立创造最基本的条件。制衡性是股份制经济的最大制度优势。要充分发挥股份制的制度优势，就必须在股东与股东之间、企业与企业之间以及股东与市场、企业与市场之间建立起全面的和有效的制衡机制，没有这样的制衡机制，企业与市场的各种关系和利益就很难得到有效的保护。

(2)建立国际化的监管机制。我国证券市场管理层要从既是运动员，又是教练员和裁判员的尴尬境地中解脱出来，就必须大力推进市场的制度化建设，以形成比较完善的符合国际惯例的市场规则与竞赛规则，在这样的规则还没有建立起来或者还很不完善的情况下，管理层要想一心一意地做裁判员是相当困难的。同时，在职权划分上，还要处理好两个方面的基本关系：一是自律与他律的关系，以充分发挥行业自律组织的功能与作用，二是一线监管与二线监管的关系，把该由证券交易所行使的权力放下去。这方面的改革不进行或者完不成，证券监管体系就很难完善起来，市场监管也就很难真正走向国际化。

(3) 建立市场化的股市评价机制。在这方面，最重要的是在证券市场上逐步挤缩行政权力，从行政评价与市场评价并存逐步过渡到单一的市场评价，并且要大大强化中介机构的权利与责任，以最充分地保证市场信息的公正与可信，进而为保护投资者利益提供比较完善的制度安排。

应该说，以上三个方面是一个具有内在联系的有机整体，必须协调地、环环相扣地予以推进中国证券市场的国际化进程。

第五章 外资并购与证券市场发展

2002年是外资并购年，2002年7月《上市公司收购管理办法》的颁布和2002年11月《关于向外商转让上市公司国有股和法人股有关问题的通知》的出台，标志着外资并购在我国翻开了新的一页。也说明我国证券市场开放发展在进一步推进，无疑这将对我国证券市场产生重要影响。

一、外资并购：证券市场发展迈出关键一步

2002年7月，中国证监会颁布了《上市公司收购管理办法》，这在市场上引起了强烈反响，有关人士指出，上市公司的资产重组走向要约收购，将全面推进我国证券市场的收购兼并的市场化进程，同时该管理办法放宽了上市公司的收购主体范围，这在一定程度上为外资并购打开了方便之门。

随着经济全球化和我国加入WTO，外资并购对我国国民经济的影响越来越大。2002年11月，《关于向外商转让上市公司国有股法人股有关问题的通知》的出台，预计外资并购在并购模式和支付方式上都会有进一步的创新，特别是《关于向外商转让上市公司国有股和法人股有关问题的通知》中有关定价方式的规定，将会使未来的外资并购均出现更为丰富的模式。

同时，《关于向上市公司外商转让上市公司国有股和法人股有关问题的通知》，允许向外商转让上市公司的国有股和法人股并加以规范管理。其中对外商收购上市公司国有股和法人股的资格、审核形式、产业限制及条件、收购与信息披露以及定价方式等，都作出了原则性规定，这是到目前为止我国针对外资收购上市公司国有股和法人股权利的最

为详细的法规，这意味着外资并购在我国翻开了历史性的一页，证券市场的开放也迈出了新的一页。此外，《关于向外商转让上市公司国有股和法人股有关问题的通知》，也是对《上市公司收购管理办法》的一个有机补充，这标志着外资收购开始进入到一个可依法操作的实质性阶段，不但有助于规范外资收购上市公司行为，也为以后并资收购提供行为指引和基本的法规依据，将大大推动外资收购上市公司的资产重组进程。可以说，《上市公司收购管理办法》及其相关文件《关于向外商转让上市公司国有股和法人股有关问题的通知》的公布，标志着我国外资并购迈出关键性的一步，是我国证券市场开放与发展历程中的一个具有突破性的重大事件。

二、外资并购新模式

就目前而言，外商投资项目分为鼓励、允许、限制、禁止四类，对于外资所并购的领域、设立合资独资企业的审批程序、合作期限、对外商投资的股权比重以及对内资和外资并购行为划分、境外直接收购国内企业及证券投资限制较为严格。

并且，由于中国证券市场结构存在人为割裂等原因，目前境外投资者并购国内上市公司的方式主要限于购买海外上市的我国企业股份包含H股、海外存托凭证等，或购买上市公司发行的B股，但是占据主导地位的国有股、法人股、流通A股，对于外资来说尚未开放。事实上，在具体操作中，由于我国金融服务业以及评估审计等中介服务业还未完全与国际接轨，专业水平也存在一定的差距，这在客观上增加了外资并购的难度。

从外资对中国上市公司并购的案例与方式来看(见表一)，外资控股、参股中国上市公司一般通过购买B股实现。但是，由于B股对于我国证券市场的总体影响较小，随着限制的逐步放宽，外资对于证券市场上市公司的并购往往采取间接、变通的方式，最有代表性的方法是外商控股或参股上市公司的母公司或控股投资企业，将该控股企业变成外商独资企业或外商投资企业，从而间接控股上市公司。如2001年10月，阿尔科技通过受让上海贝尔有限公司而成为上海贝岭的间接第二大股东。另外，较为常见的方式还有，跨国公司在我国新建独资或合资企业，通过它来间接收购上市公司。

表1　外资并购典型案例一览表

时　间	双　方	内　容
1995年7月	日本五十铃自动车株式会社和伊藤忠商事株式会社——北旅股份	前者一次性购买北旅股份4002万股
1995年8月	福特——江铃汽车	福特以4000万美元的价格认购江铃汽车1.39亿股B股
1999年12月	皮尔金顿——耀华玻璃	联合发展(香港)有限公司将其持有的8.35%股份转让于皮尔金顿
2001年10月	AB公司——青岛啤酒	青岛啤酒向AB公司发行1.82亿美金定向可转换债券
2002年9月	新桥投资——深发展	深发展向新桥投资出售公司15%的股份

根据《关于向外商转让上市公司国有股和法人股有关问题的通知》第3条及其他有关条款规定，向外商转让上市公司国有股和法人股原则上采取公开竞价方式。这将在目前已有的外资并购模式下，产生新的模式。

模式一：通过拍卖方式竞买上市公司股权。外资除了可以通过协议收购国内上市公司的非流通股外，还可以通过拍卖和债权方式收购上市公司非流通股。目前，很多上市公司的大股东由于到期债务不能清偿而被诉诸法律，其所抵押的上市公司股权将通过人民法院的强制执行程序被拍卖。外资可以通过介入拍卖市场获得相应上市公司的股权。

模式二：吸收合并方式。加入WTO后，随着中国资本市场逐渐对外资企业开放，可以预测将会有外资企业在境内上市，因而可能出现一种新的并购模式，即外资企业吸收合并其它上市或者非上市公司，其实，西方国家上市公司之间的收购与合并屡见不鲜。在国内，虽然很少出现上市公司之间的并购，但上市公司收购非上市公司倒有不少成功案例，如清华同方收购非上市公司鲁润电子等。目前，在国内，这种行为需要按照《证券法》、《公司法》和中国证监会的有关规定履行信息披露的义务。事实上，我国现有的上市公司很有可能成为这些外资上市公司并购的对象。在我国证券市场上，因为部分上市公司具有较强的盈利能力和低成本的融资渠道，具备比较完善的上市公司治理结构，并购模式的操作性强，资产更容易由市场定价，而不以单纯的静态价值为准，这也较符合境外发达国家通行的经营理念与财务会计准则。

模式三：通过债权市场间接收购。可以预计，“债权股”是未来更可能出现的并购模式，即通过收购上市公司债权而间接获得其股权。这种外资并购模式的可行性来自以下原因:第一,有着债务负担的上市公司或者持有上市公司股权的国有企业有被外资并购的客观要求;第二,这种并购模式受到国内法律体系的支持,具体如《合同法》、《民事诉讼法》等;第三,这种方式得到政府的大力支持。对于一些债务负担较重的企业;如果通过债转股介入上市公司;这无疑为政府减轻了负担;第四,这种并购模式广泛流行于国外的企业并购市场,这增加了在我国实行的可借鉴性。

模式四:托管与期权方案有机结合。这种方案的优点是能节省时间,将来应有操作与发展空间。股权托管并不是直接实现股权的转让,只是受托人受托以自己的名义,为了委托人的利益行使股权的表决等权能,其处理委托事务所得的利益应当归于委托人制定的受益人。但是,受托一方可参与公司管理,而相对于委托人,则有自己独立的地位,可在公司发展中体现自己的意志,同时可为将来更进一步收购公司奠定良好的基础。在我国《信托法》已经颁布的条件下,这种股权的委托管理是有法可依的。另一方面,期权激励机制也得到了中国证监会的大力支持,因此这种模式有其发展的空间。

此外,还有一种第三方代为收购模式,目前已有外资公司开始了类似模式收购非上市公司。

三、外资并购:对我国证券市场发展影响深刻

在目前,尽管外资收购基本上还只是一种同业收购,但这不但会为被收购企业带来大量的现金流量,改善上市公司的治理结构,还可以对被收购的上市公司进行技术创新与技术投入,不断提升产品的科技含量和附加值等。更为重要的是外资并购会对整个证券市场的发展产生积极和深刻的影响。通过提升上市公司整体质量和为我国证券市场的持续稳定健康发展打下良好基础,由此将外资收购的重大影响传递到对我国证券市场整体发展的积极影响上。自我国加入WTO后,外资收购国内上市公司国有股和法人股股权已悄然进行。韩国三星康宁株式会社的子公司三星康宁投资有限公司拟收购赛格三星、美国新桥投资拟收购深发展国有股权等,还有一些已是国内上市公司大股东的外资股东有增持股份的准备或打算等,这表明目前我国证券市场上外资收购已汇成一轮热潮,并形成了市场一股持续的新热点。但由于受到虽有政策鼓励但又缺乏具体操作法规指引的诸多限制,许多外资收购案尚只是停留在概念的操作上。所以说,此次外资收购通知的出台,将使市场上外资收购的概念操作,演变为一种可以预期的合理投资行为,向现实的实质性操作方向深化,从而将我国股市中并购重组推向新的阶段。

总之,2002年11月《关于向外商转让上市公司国有股和法人股有关问题的通知》的出台,标志着外资并购在我国已迈开了关键性的一步,不但使外资并购在我国得到了进一步规范,也有利于催生外资并购新模式,并且将使外资并购在我国证券市场上“生根结果”,通过促进产业整合来有效地改善国内上市公司质量和提升其内在竞争力,并进一步推动我国并购的市场化进程,最终会对我国证券市场的开放与健全发展产生积极而深刻的影响。

第六章 『三个代表』重要思想与证券市场稳定发展

“三个代表”，即代表先进的生产力发展要求，代表先进的文化前进方向，代表全国广大人民最根本的利益。“三个代表”的重要思想，是党的理论在新的历史时期的重要发展，其核心精神是与时俱进。与时俱进首先强调的是创新精神，必须根据时代和实践变化，不断修正我们的观念、意识、甚至体制。事实上，我国证券市场的发展历史就是一部创新的历史。证券业也需要以“三个代表”重要思想为指导，全面推进证券市场稳定发展。

一、证券市场稳定发展的战略意义

2002年6月6日，在由国际经济合作发展组织（OECD）与中国证券监督管理委员会（以下简称中国证监会）共同举办的“第二届中国证券市场国际研讨会”上，时任中国证监会主席周小川强调，未来中国证券市场的发展要以稳定为基础，在发展中规范，稳定发展对中国证券市场具有重要的战略意义。

周小川讲到，中国证券市场从无到有，在改善融资结构，优化资源配置，促进经济发展等方面发挥了重要作用，未来中国证券市场的发展将不断总结以往经验，以稳定为基础，在发展中规范，不断完善市场结构，提高市场的内在质量。

在证券市场的有效执法方面，周小川强调这是一个综合性的问题，在成熟市场，严格执法是首要任务，而转轨国家与新兴市场则略有不同，不但需要严格执法，还需要制定规则。任何规则的制定和制度的执行，都要考虑市场的进程，要以营造有利于发展的稳定市场环境为原则，对于取得成功经验并已形成法律的，则一定要严格执法，加强监管，此外，在关于发展债券市场和金融期货市场方面，周小川指出，积极研究探讨如何提供多样化的投资品种，符合证券市场长期的发展方向，一方面要广泛研究，做好准备；另一方面是具体产品出台要慎重稳妥，听取市场和业界的意见，符合中国资本市场具体的发展阶段和特点。我国证券市场作为新兴市场经济中刚刚成长起来的证券市场，对宏观经济的稳定增长，经济体制改革的顺利进行，甚至整个经济的安全运行，具有战略作用。

1、稳定发展的证券市场是宏观经济良性发展的重要基石

中国经济增长的三驾马车是投资、消费和出口，这三项指标是否健康增长直接决定着我国的宏观经济局面。在世界经济不景气、重要发达国家经济短期难以回暖、国际市场

低迷的大环境下，虽然2002年我国的进出口贸易增长速度出现了一定程度的回升，但未来一段时间，净出口增长将面对相当困难的局面难以根本改变。这样，经济增长的拉动力就只能寄希望于内需：国内投资需求和国内消费需求。

一方面，从社会投资需求的角度来看，形势不容乐观。当前中国通货紧缩的趋势较为明显，虽然近几年来中央积极推行稳健的财政货币政策对扩大内需，特别是扩大投资需求，发挥了重要作用，但同时也造成了财政赤字的连年攀升和国家债务负担的提高。在这种情况下，证券市场直接的筹融资功能的优势就得到了体现：它不但可以有效拓宽企业的筹资渠道，而且可以直接快速地提高社会投资需求。而这些功能和优势必须是在一个比较繁荣、规范和有活力的市场上才有可能得到充分体现。相反，在一个低迷的、没有信心的市场中，投资者没有投资的驱动力，筹资者难以以理想的价格融到资金，其提高投资需求的功能就难以发挥。此外，从更加广泛的投资群体来看，中国证券市场的稳定和繁荣也是中国投资环境基本状况的重要风向标。目前，外资投资对我国经济的拉动力不容忽视，而外资企业的出口在我国对外贸易中已经占据了相当高的比例，因此，一个运行良好的证券市场对增强外来投资者的信心，吸引、稳定和提高外商投资起着重要作用。

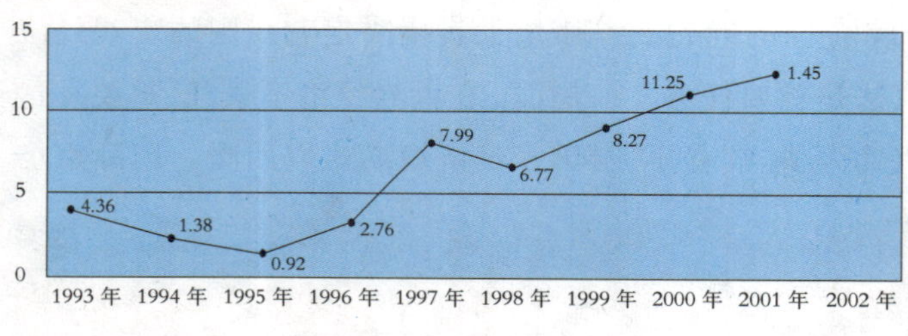

图 1　直接融资/间接融资比例(%)

另一方面，从消费角度来看，我国目前的居民消费状况并不十分理想，既体现为居民消费增长速度放慢，又表现为通货紧缩加剧的趋势。据分析，成熟市场国家证券市场的高涨或者低迷有着比较明显的财富效应，对居民的消费信心、消费水平和消费结构有着直接的传导作用，而且，一个有活力的证券市场还可以促进居民储蓄向投资转化，进一步拉动社会投资需求，所以，一个稳定繁荣的证券市场担负的责任在某种意义上已经超出了筹资融资中介的功能，尤其对于一个新兴市场经济而言，其对稳定信心、拉动投资和消费，从而促进经济的稳定增长意义重大。

2、证券市场是中国经济体制改革进程中不可或缺的平台

经济体制改革是拉动我国经济增长的基本力量之一，而国有企业改革是我国经济体制改革的重要内容。中国证券市场给经济体制多元化、国有企业的股份制改造贡献很大，同时也逐渐成为银行之外的配置社会资源的重要途径。目前，制约我国国有企业健康发展的因素主要有二：一是产权不明晰引发的所有者缺位、治理结构不合理、经营效率低下的问题；二是有自资本金不充足、银行贷款等负债所占比重较高，造成高财务风险的问题。在一个健康发展的市场上，企业可以通过上市融资和再融资筹得发展所需要的资金，解决自有资本金不足的问题，并且，企业上市意味着引入了新的股东，不仅实现了资本的扩张，还有效调整了国有资产存量，一定程度上降低了国有股权比例，增强了企业的约束机制。当然，要发挥证券市场对经济体制的改革和重要作用，必须要一个健康、规范化发展的证券市场，因此，保持证券市场的稳定有序发展相当重要。

3、证券市场的稳定发展关系到我国经济金融安全

我国已加入WTO，在经济全面开放的过程中，正在走入开放进程的中后阶段，也是最关键的阶段。目前，金融领域的开放，亚洲金融危机的爆发使我们更清醒地认识到金融安全的重要性，而分析这些国家发生危机的原因，可以发现，由于它们在完全开放前并没有营造一个健康的国内金融市场，开放的步伐过快，开放的规模过大，从而导致了金融体系的崩溃。我国加入WTO之后，我国的证券市场将逐步融入到国际金融环境中去。因此必须认识到中国证券市场的新兴市场特点，认识到开放渐进性的特点，在未来几年的保护期内营造一个规模较大、稳定发展的市场。由于开放后我们面对的是成熟的国际金融市场，证券市场的规模就显得非常重要，这包括证券市场的总市值必须达到一定的规模、上市公司家数达到一定水平、上市公司个体的平均规模也取得大幅度的提升等等。这种种机遇与挑战，需要我们在维护自身发展成果的同时，还要不断增强金融力量，建设一个

有足够市值规模的、健康发展的中国证券市场，这对中国经济金融安全关系重大。

二、推动中国证券市场的稳定发展，必须以“三个代表”的重要思想为指导

与时俱进要求我们必须准确把握发展方向，必须对未来的发展具有前瞻性的眼光，放眼未来，我们要以“三个代表”重要思想来指导我国证券市场的发展。

1、要与时俱进，强调创新必须跟时代需要与实践相结合

创新，是对事件发展规律的揭示与对未知世界的探索，是科学的态度与科学实践的有机结合。证券市场需要创新，我国证券市场制度、法律法规以及组织体系的设计、调整、完善等，都在不断地融合时代创新精神，而创新精神的形成，一方面要有制度、机制、体制的支持；另一方面，更需要培育大量的创新主体，促进对外部的优势转化为现实的成果。

证券市场与时俱进以发展和创新的思想，强调证券市场的发展必须与时代的需要和实践相结合，从而创造股票发行市场与流通市场；推行了一系列证券发行和定价方式的改革；形成了上市、交易、退市和对上市公司的监管制度；初步建立证券市场法规体系等，这些都是创新精神在实践中的升华。

对我国的证券市场来说，与时俱进还要求我们必须准确把握发展方向，必须对未来的发展具有前瞻性，对证券市场的发展前景充满信心，抓住机遇，迎接挑战，始终坚持“法制、监管、自律、规范”的八字方针，遵循市场化、规范化、法制化和国际化的发展方向与原则，进一步推进证券市场的发展。

2、要从代表先进生产力的角度来把握发展证券市场的重要意义

自加入WTO以来，现代市场经济已经发展到金融经济阶段，金融构成了市场经济运作的主动脉，成为推动各种生产要素配置的动力和核心。由于资本市场是金融市场的关键组成部分，而资源的配置首先取决于资本的配置，资本市场的健全和完善程度，是一个国家生产力发展程度的重要体现。

在现代市场经济条件下，资本市场作为现代市场经济先进生产力的重要组织形式，具有复杂的利益关系和结构形式，因而需要健全和完善的法律法规体系。事实上，资本市场能否稳定健康发展，关系到经济体系，金融体系甚至整个社会的稳定发展，并且，资本市场发展经济中任何一个环节的改革，都关系到市场改革的整体效果，因此，我们应该站在始终代表先进生产力的高度，把大力发展资本市场作为发展先进生产力的重要组成部分，以积极、稳健的态度与有效措施全面推进证券市场的稳定发展。

3、要始终站在代表广大人民群众根本利益的角度，正确处理证券市场各参与者之间的利益关系

“三个代表”的重要思想始终要求我们，要站在代表广大人民群众利益的角度上，把人民的利益放在第一位，这要求在证券市场中，始终要把保护广大投资者的合法权益放在首位。证券市场牵涉到各种主体的利益关系，包括国家、企业、投资者和中介机构等。运用市场的机制和规律处理好各种利益关系，是保证证券市场稳定健康发展的关键。完善证券市场制度，特别是信息披露制度，保证市场的公开性；完备证券市场法规体系和监管体系，保证市场公正性。在公开和公正的基础上，最大限度地保障投资者投资机会的公平性，是正确处理证券市场

各种关系的基本原则。中国有近7000万证券市场投资者，其中绝大部分是中小投资者，包括一部分低收入阶层和下岗工人。如何引导他们理性投资，切实保护他们的根本利益，始终是证券市场的一大难题。近几年的管理层已经在这方面做了大量的工作，包括强化证券市场诚信建设，提倡行业道德与职业操守，加强对上市公司的监管，避免因上市公司造假给投资者带来损失；加强对二级市场交易行业的监管，严厉打击内幕交易和操纵股价等违法违规行为，保障市场交易的公平性；开展投资者教育活动，努力提高中小投资者的投资水平；加强对咨询机构的管理，抑制咨询机构和人员对中小投资者的误导行为；大力发展证券投资基金，鼓励中小投资者通过购买证券投资基金入市，这些措施的实施，在保护中小投资者权益上已初见成效，有利于维护广大投资者的合法权益。

4、"三个代表" 中代表先进文化的发展方向要求证券市场文化建设发展必须具有先进性

在现代市场经济下，先进文化的范畴也包括先进的市场经济文化，或者说先进的商业文化。江泽民同志强调在坚持依法治国的基础上，同时也要注重以德治国，强调以德治国，因为道德和法制是维系现代市场经济规范有序运行的两大基本力量。证券市场是法制市场，也是信用市场。完善法规和监管体系，建立诚信体系，是规范市场运行的两种基本手段，先进文化的建设是具体的、历史的。证券市场法制建设、诚信体系建设和职业道德建设，是证券领域先进文化建设的核心内容。同时，我国的证券文化也是制度因素与道德因素的统一。证券市场作为资本市场，具有资本的虚拟性、收益性、风险性等，受这种经济土壤影响的文化，客观上要求文化对经济土壤产生调控作用。文化的反作用性便表现出政策制度的规范与道德精神的约束，并通过证券市场个体人格的塑造、群体价值的形成、道德观念的凝聚等，造就代表证券文化及其发展的"市场主体"与"创造主体"。

经过多年的努力，证券市场建立了以《证券法》为中心的法律法规体系；初步形成了立法监管、行政监管、自律监管和中介机构监管相结合的监管体系；开展了广泛的投资者教育与上市公司及中介机构的诚信教育，逐步完善了证券市场信用体系，证券市场领域的文化形成初步体系。充分代表了先进文化的发展要求。

总之，"三个代表" 是一个统一的有机整体，坚持以"三个代表"重要思想为指导发展证券市场，必须处理好三者之间的关系。同时证券市场作为先进生产力的重要形式，也必须加大发展力度，努力提高市场效率，充分发挥其在国民经济中的重要作用。

三、以"三个代表"重要思想为指导，辩证发展地看待当前证券市场发展中的矛盾与问题，推动证券市场的稳定发展

12年来，我国证券市场取得了辉煌成就，同时，证券市场发展初期所存在的一些问题也逐渐暴露出来，但我们必须辩证发展的看待这一问题。

1、辩证发展看待证券市场，要肯定发展证券市场的巨大成就，目前存在的问题是发展中的问题

至2002年，我国证券市场已有12年的发展历程。这10多年来，证券市场的迅速发展，促进了国有企业的改革深化。一大批国有企业改造成了上市公司，上市公司中一部分优质企业，利用证券市场的融资功能，规模不断扩大，已经发展成行业的龙头企业。证券市场的发展改变了企业的融资结构，直接融资比例快速上升。发行股票已经成为企业资本扩张的重要方式，证券市场的发展加速了金融市场结构的调整，丰富了居民的金融投资工具。现除储蓄外，股票、国债、企业债券、基金和部分金融衍生产品，正在成为居民重要的金融投资工具，证券投资比重快速增加。证券市场的发展也提高了人们的金融投资意识，深化了人们的市场经济观念。证券市场的重要特点是参与面广，牵涉到社会的方方面面，一直成为社会关注的焦点。目前我国有近7000万投资者，还有大量的社会中介机构参与到企业改制、发行、上市活动中，证券业已成为重要的金融产业，同时也带动了相关产业的发展。

但另一方面，证券市场尚存在许多缺陷与不足，就目前来讲，从上市公司层面来看，比较明显的问题就是非流通股比例过大，国有股、法

人股、流通股和外资股的“同股不同权、同股不同利”。并且上市公司的财务造假与虚假信息披露问题也在一定范围内存在。再就是我国证券市场中上市公司的规模普遍较小，这与我国股份制改革的历史有关，但也造成了目前很多上市公司抗市场风险能力不强、核心竞争力较弱、市场占有率低、以及缺乏可持续性发展的能力等问题。此外，上市公司规模较小也不利于机构投资者的科学投资选择，相反却加剧了坐庄和价格操纵的可能性。

从投资者层面上分析，近年来我国机构投资者虽然经过了快速发展，但机构投资者在投资者中所占的比例仍然与成熟市场存在一定差别。而个体投资者缺乏专业的投资知识和成熟的投资理念，容易被违规机构的坐庄行为诈骗。所以继续发展以基金为主的机构投资者是端正投资理念的重要举措。

市场监管方面，我国证券市场在证券法律、法规的健全，以及执法水平与力度等存在一些问题，并且在监管过程中，信息披露透明度不强，事前与事后监管的关系，要进一步处理好，对投资者尚缺乏有效的保护手段等。

从证券商、会计事务所、律师事务所等中介机构的层面上看，中介机构竞争力不强，缺乏诚信的现象也显露出来，这不利于证券市场的发展，也使其在中国入世后面临更大的困境挑战。

但必须肯定，证券市场作为我国先进生产力的重要组成部分和市场组织形式，在国民经济中始终发挥着积极作用，并且其作用的发挥也愈来愈明显，虽然，目前存在一定的问题，这都是在发展过程中不可避免的问题。

2、必须按照“三个代表”与时俱进的精神，正确认识我国当前新兴转轨型的证券市场特点，客观评价我国证券市场的投资价值

目前，我国证券市场已经获得了快速发展，但是与国际上成熟市场相比，仍然属于新兴市场，在体制上也没有完成向完全市场化运行的转轨任务。市场体制、机制、投资理念还不完备不成熟。与时俱进要求我们必须准确把握我国证券市场发展的阶段特征，大胆创新，并与实践相结合。我们要积极汲取西方证券市场的成熟经验，加速市场化改革、加快历史遗留问题的解决，尽快完备市场法规体系，推进国际化进程。但这些必须和我国证券市场发展的阶段特征结合起来，必须在保障市场稳定健康发展的基础上稳步推进，不能只是简单的拿来主义，更不能冒进。我们要积极引进西方成熟的投资理念来引导国内的投资者，但是不能简单地按照西方投资理念判断甚至否定我国证券市场的投资价值。

3、从“三个代表”中始终代表先进生产力和先进文化的角度，深刻认识到市场扩容与制度建设都是证券市场发展的重要内容

近年来，我国证券市场规模进一步扩大，并且自《证券法》实施以及明确中国证监会作为惟一的监督主体，并确立了集中立法型的监管体系，这在制度和机构上保障了证券监管部门系统性地推进市场制度建设。

由于我国证券市场诞生并由此生长于社会主义市场经济结构调整时期，因此，在制度方面还遗留下一些问题，如A、B股市场分割，国有股、法人股不可流通等，要保障证券市场的持续快速发展，就必须推进证券市场制度改革。1999年下半年以来，证券市场制度建设在三个领域重点展开。首先是进行市场化改革。在三年时间内，我们在市场准入、发行、上市、交易和退市等方面都进行了大力度的改革，加深了整个证券市场运行体制的市场化程度。其次是修订和完善证券市场法律法规，逐步与国际接轨。到2002年，我们重点对发行领域、信息披露领域和证券经营机构监管领域的规章制度进行了清理，初步形成了完整的法规体系。我们应该认识到在证券市场制度建设上我们已取得的成就。

4、要以"三个代表"重要思想为指导，正确处理好加强监管和保护投资者合法权益的关系

加强监管和保护投资者特别是中小投资者权益之间的矛盾。这是证券市场发展过程中客观存在的一个问题。证券监管的核心宗旨是保护投资者权益，证券监管部门必须从根本上代表广大投资者的根本利益。自2001年以来，管理部门加强了对证券市场的监管力度，一些上市公司和中介机构的严重违规行为逐渐暴露出来，部分过去的绩优类上市公司也存在严重的造假行为。这严重伤害了投资者的投资信心，损害了投资者合法权益。并且，长期以来，由于法律法规不健全，使得部分上市公司和中介机构存在严重的违法违规行为。这些问题如果不及时批露并得到整治，就会影响到证券市场发展的稳定。因此，要通过强化监管，维护法律的威慑力，这样才能促使上市公司与中介机构在自律中不断提高整体素质。

对证券市场进行监管是证券监管部门的基本职责，证券监管部门应始终将这项任务作为核心工作，并且不论市场是否存在泡沫，都需要加强监管，保护投资者合法权益是加强监管的核心目的。部分上市公司因问题暴露而导致股票出现较大幅度调整，对于这个问题，监管部门要高度重视，要使造假者受到应有的惩罚，增加其造假成本，同时相关部门要通过建立投资者民事索赔的法律制度来解决这个问题。

5、在证券市场稳定发展的基础上循序渐进地解决问题

我国2002年GDP取得了8%的增长速度，而伴随着2002年6月中下旬国家停止通过证券市场减持国有股之后，中国证券市场也有了明显的回暖倾向。为了促使证券市场的健康发展，发挥证券市场在国民经济中的重要作用，我们必须正视目前存在的各种问题，并积极采取各种措施努力推进市场的各项制度化建设。但在解决问题的过程中，我们必须注意要实事求是，充分考察市场环境，以循序渐进的态度对待和处理问题。而且，还必须重视宏观大局和局部问题的把握和协调，在发展的基础上循序渐进地解决问题。

第一，中国证券市场必须全面提高上市公司素质。主要措施包括：改善上市公司股权结构和法人治理结构，进一步完善独立董事制度；积极推行股票期权制度，用市场化手段完善上市公司的激励机制；完善上市公司的信息披露机制，规范上市公司行为等。此外，全面提升上市公司的业绩，打造一批中国证券市场的蓝筹股，这是巩固证券市场基石的重要举措。第二，中国证券市场要不断完善市场运行机制。金融创新的力度要加大，加快推出股指期货等金融衍生产品，大力发展企业债券市场。并且还需要加快开放式基金的发展，尽快推出社保基金入市方案，逐步加大保险资金入市比重，规范各类私募基金和券商的资产管理业务，对违规资金严格限制，在规范化的基础上进一步推进证券市场的国际化发展。第三，树立科学的监管理念，加强与完善中国证券市场的监管，各监管部门的职责需进一步明确，搞好监管部门的协调，加强法律法规的配套建设，加强证券业协会的自律功能。特别需要重视的是必须强化对中介机构的监管力度。为了杜绝各种虚假信息的制作、传播，需要进一步完善相关法律法规，强化对证券公司、会计师事务所、律师事务所、资产评估机构等中介机构的监督和审查，实行中介机构退出机制。第四，要大力培育机构投资者。我国证券市场对机构投资者的培育主要体现在两个方面：一方面是增加机构投资者的数量和规模；另一方面是提高机构投资者的素质。相对来讲，数量扩张比较容易，而整体素质的提高需要经过较长时期的市场发展洗礼。通过进一步加大封闭式证券投资基金的发展力度，并积极推出开放式基金，可使机构投资者的规模和市场影响力都得到迅速提高。

总之，证券市场的稳定发展意义重大，坚持以"三个代表"重要思想辩证发展来看待我国证券市场，党关于证券市场要大力发展的思路没有变化，发展仍然是主旋律，加强规范与解决历史遗留问题都需要在发展中进行，维护证券市场稳定，推动证券市场健康稳定发展，在发展中规范，这是我们党对证券市场的基本指导思想。

VOLUME 2

第二卷

证券市场的开放

- 证券市场的有效开放与推进
- 证券市场投融资开放问题探讨
- 我国证券市场开放有效监管探讨
- 成熟与新兴证券市场开放比较与借鉴

“开放也是解放生产力”。未来几年，我国证券市场开放的力度将进一步加大和深入。对于中国证券市场的开放，首先必须强调一个基本点，这就是要坚持“有效渐进开放”。其次强调“三个面向”，即一是要面向未来，这要求注重发挥“后发优势”；二是要面向世界；三是要面向中国的实际。最后要强调一点的是一定要规避证券市场的冲击和危机。

第一章 证券市场的有效开放与推进

证券市场的开放是指以证券为媒介的国际间资本的合理流动，即证券发行、证券交易、证券投资及证券融资超越一国的界限，实现国际间的自由化，一国性的证券市场变成一个国际性的证券市场。一般而言，证券市场的开放包括证券制度、证券融资、证券业务、证券投资及证券监管五个方面的开放内容。就开放的过程来看，是一国证券市场走向国际化的过程，不但需要解决外国筹资者如何参与本国一级证券市场的问题，而且还需要解决好外国投资者如何参与本国二级证券市场的问题。就最终开放状态来看，如果证券市场实现了完全的对外开放，那么这就意味着外汇管制已经放松，而且也已经实现了本国货币的可自由兑换，特别是资本项目下的可自由兑换。

证券市场"有效开放"概念的提出，强调的是证券市场开放的一个基本点，同时这也是一个基本理念的问题，就是要以公正的原则为基点来推进评估开放的效果。因为无效的开放其本身就是一种浪费，而且这也很危险。

一、加入WTO后，证券市场开放力度进一步加大

随着QFII在2002年付诸实施，以及合资基金管理公司和合资证券公司投入商业运作，在今后两年将是名副其实的外资年，除了外资并购将继续贯穿全年外，外资在资本市场上的全方位挺进也已指日可待。

1、两项零的突破

2002年11月8日，中国证监会和中国人民银行联合发布了《合格境外机构投资者境内证券投资管理暂行办法》，该《办法》已于12月1日起正式实施。讨论多时的外资参与境内A股市场由于这个规定的出台，而成为了现实。这吸引了许多国际投资机构。而此前首家中外合资基金管理公司—国安基金管理公司已于2002年10月16日被批准筹建，从而标志着继中外合资商业银行、中外合资投资银行和中外合资寿险公司后，又一金融领域的对外开放取得了很大进展。到目前为止，获得该资格的公司已经上升到了4家。而临近年末，首家外资参股证券公司也浮出水面，2002年12月19日，由湘

财证券和里昂证券共同成立的华欧国际证券有限公司正式获中国证监会的批准成立。这两项零的突破，对中国资本市场未来几年的运行轨迹都将产生深远的影响。

2、入世承诺兑现

两项零的突破，标志着市场开放已大大提速，而入世承诺的兑现更显示了对外开放的决心和信心。

在我国证券业的入世承诺中，包括的内容分别是：外国证券机构可以(不通过中方中介)直接从事B股交易；外国证券机构驻华代表处可以成为所有境内证券交易所的特别会员；允许外国服务提供者设立合营公司从事国内证券投资基金管理业务等。2002年11月初，上海证券交易所和深圳证券交易所根据有关规定，接纳日本野村证券株式会社上海代表处为两个交易所的首家境外特别会员。此前，上海证券交易所还批复同意了日本内藤证券株式会社直接申请B股席位。这样，连同外资参股基金管理公司和证券公司的获准设立，我国在正式入世后第一年就充分兑现了证券方面的入世承诺。

为实现兑现更多的入世承诺，2002年出台的有关对外开放的法规规则无疑是历年最多的。除了前文提到的《外资参股证券公司设立规则》和《外资参股基金管理公司设立规则》的颁布实施以外，上海证券交易所和深圳证券交易所相关规定的调整直接为入世承诺的兑现亮起了“绿灯”。两证券交易所分别制定了《上海证券交易所境外特别会员管理暂行规定》和《深圳证券交易所境外特别会员管理暂行规定》。此外，两交易所还修订了境外证券经营机构申请B股席位办法，并已发布实施。入世承诺的兑现，为外资机构的加快进场开辟了直通道，同时也为我国证券市场的进一步走向国际化打下了坚实基础。

3、外资战略进场明显增多

如果说QFII的进场是一种纯投资行为的话，那么，在一个日渐开放的环境下，外资的战略进场就明显增多了。

2002年8月8日，赛格三星发布公告称，公司主要股东赛格集团与三星康宁达成出让部分股权的初步意向，外资方将为赛格三星第一大股东。随着战略参股不断增多，金融创新也不断推陈出新，比如青岛啤酒与美国著名啤酒酿造商安海斯—布希公司(简称AB公司)签署协议，青岛啤酒分3次向AB公司发行总额为1.82亿美元的定向可转换债券，该债券在协议所规定的7年内全部转换成股权，届时AB公司在青岛啤酒中股权将从现阶段的4.5%增加27%；又如上工股份向法国FAG公司增发B股，用募集资金向FAG收购资产。2002年11月份，中国证监会、财政部和国家经贸委联合发布的《关于向外商转让上市公司国有股和法人股有关问题的通知》，并且随着我国入世后各项开放政策的逐步实施，以外资为收购主体、以战略收购为特征的外资并购正日益引起市场各方的高度关注。

在走过了10余年最初艰苦探索之路以后，我国资本市场的对外开放的雏形已经显现，而这雏形的逐步完善将构造出一个全新的市场架构。

二、证券市场开放应把握的几个主要问题

1、证券市场开放的目标

(1)“有效开放”。关于证券市场的有效开放，应把握好两点：一是强调证券市场开放的有效性，切实提升证券市场的效率；二是在开放过程中要尽量降低证券市场的开放成本，努力提升证券市场开放的收益，化解证券市场开放的各种风险。

(2)“三个面向”。即面向中国实际，也就是说要面向中国是世界最大的发展中国家的实际；面向未来，就是说证券市场的开放要看前瞻性，注重发挥后发优势；面向世界，这一点现在主要是加入WTO后要满足WTO成员国的要求，实现我们的承诺和义务。

(3)规避证券市场的冲击和 危机。

(4)在21世纪头20年内，把中国证券市场建设成为世界一流的证券市场。

证券市场的开放可以吸引外资，弥补国内资本的不足，大大提高证券市场对信息披露、风险控制等制度的严格要求，并迫使国内证券市场进行制度创新和监管技术的提高。但另一方面证券市场的对外开放也意味着外国资本一定程度的涌入，这可能会引起股市的泡沫现象，使得本国货币升值，从而削弱本国产品在国际市场上的竞争力。而且，外资在参与一国的股票市场，这为外国投资者对某些关系国家安全的

企业和产品的恶意收购提供了可乘之机，甚至危及国家安全。因此，对于证券市场开放的风险，最为主要的就是要最大限度的避免外资的大举涌入对证券市场造成的不良冲击和危机。

2、证券市场开放要遵循证券服务业开放的一般规则

作为金融服务贸易的重要组成部分，证券服务业的开放应服从世界贸易组织的《服务贸易总协定》。世界贸易组织对组织内各成员间相互开放证券市场有以下几条基本原则：

(1)最惠国待遇原则。该原则在缔约国各成员间非歧视性的普遍适用。

(2)透明度原则。该原则要求缔约各成员国公布其有效的法律及通行运作程序和操作习惯，即信息必须公开披露。最惠国待遇原则和透明度原则统称为一般性原则，它要求所有缔约成员在所有服务贸易领域中都必须遵守。

(3)市场准入原则。该原则规定，除非在承担义务清单中没有特别载明，否则任何合约方不准限制外资进入本国证券市场；不准要求缔约方通过特定的法人实体或合营企业从事有关证券业务；不准限制境外投资者的数量，包括采用数量配额、持股比例、垄断、专营服务等方式；不准限制外资经营证券业务的总量。

(4)国民待遇原则。该原则要求，除非另有特别说明，否则，合约方给予外国证券投资者在投资品种、投资数量、投资比例等各方面均与本国投资者同等的待遇。

(5)逐步自由化原则。该条原则是专门对发展中国家成员的保护性条款。它规定：当发展中国家成立的签约方认为本国证券业属于幼稚产业，则允许存在一定阶段的保护期；当某项证券服务开放实施1年后出现一些严重问题时，可以进行修改或撤销，但必须提前3个月通知所有缔约方；允许发展中国家灵活性地对本国的证券业进行补贴，以扶持其成长。

3、证券市场开放进程安排

根据渐进稳健性原则和轻重缓急的控制风险的要求，我国证券业开放应分三个阶段进行：

(1)初级开放阶段，即行政管制下可控制的对外开放。目前，我国正处于该阶段。在该阶段，主要采取保护措施，严格限制国外同业者的市场准入。该阶段的目标是以间接参与、积累经验为主，实现证券业的规范化发展。该阶段的措施主要包括：①建立和完善金融立法、金融行政与金融司法体系，营造一个公正、公开、公平、竞争有序的市场自律机制和法律环境，逐步实现人民币资本项目的自由兑换；②大力发展国内证券机构，以及投资基金、保险公司、信托投资公司等非银行金融机构，积极快速发展会计、审计、咨询、评估等中介服务机构，扩大规模，提升实力和竞争力，并选择业绩好，有一定影响力的券商到境外设立分支机构；③借鉴市场成熟国家和地区的先进经验，实施双汇制度，该项制度在国内已开始实施。

(2)有限开放阶段，即为适度控制下的半开放状态。在第一阶段的对外开放工作取得足够经验，市场规模获得显著的增长，市场发展的基础基本夯实，市场问题基本得到解决，宏观调控和市场监管能力达到相当强的水平之后，我国资本市场的对外开放将会自然而然地过渡到这个阶段，主要表现为外资进入市场的资格条件将逐渐由软约束向硬条件过渡，外资机构及外汇进出相对趋于自由。该阶段的主要措施有：①积极加入有关国际性证券组织，加强同海外证券业的联系与交流；②发展与海外券商的战略合作

伙伴关系，积极组建中外合作基金和投资银行，在规定国际资本投资品种、投资种类、投资比重等前提条件下，准允国际资本通过限定的途径进入市场。

(3)全面开放阶段，即国际惯例下的完全开放。在国内证券业竞争力不断增强的情况下，根据国民待遇原则，资本出入基本不受限制，宏观调控基本以市场手段为主，市场监管完全市场化，使国内证券机构与国外证券经营机构平等竞争 。这个阶段国内资本市场的基础和市场监管水平非常高。该阶段的主要措施有：①建立起与国际相适应的监管体系；②随着资本项目的自由兑换，实现A、B股合并；③鼓励国外具备条件的公司到我国证券市场上上市，准允国内投资者购买外国证券。

我国加入WTO一年以来，证券市场开放进程一览表

时　　间	内　　容
2001年11月15日	对外经贸部和证监会联合发布《关于上市公司涉及外商投资有关问题的若干意见》
2001年12月9日	时任中国证监会主席周小川在"中国投资论坛2001年会"上表示，我国在加入WTO后，我国资本市场会迎来更为开放的时代，其发展空间巨大
2002年6月1日	中国证监会发布《外资参股基金管理公司设立规则》
2002年6月1日	中国证监会发布《外资参股证券公司设立规则》
2002年10月25日	时任中国证监会主席周小川在第八届亚洲证券论坛年会表示，开放证券市场既要积极推进又要慎重行事
2002年11月3日	财政部、证监会、国家经贸委联合发布《关于向外商转让上市公司国有股和法人股有关问题的通知》
2002年11月7日	中国证监会和中国人民银行联合发布《合格境外机构投资者境内证券投资管理暂行办法》，于12月1日起正式实施

4、证券市场开放的策略

根据我国的国情，证券业的开放不应采取全面开放、一步到位的策略。正确的选择是量力而行、稳定推进、分阶段、渐进式地开放。具体而言，这种渐进式的开放策略应注意以下几点：

(1)在开放时序上。根据我国经济发展水平和其他外部条件，应遵循这样的先后顺序：①优先开放债券市场，而后开放股票市场；②先开放基金公司、证券公司等服务性机构的入股资金，再放开投资市场，最后放开融资市场；③在投资交易市场开放中，先对在大陆注册的机构或在大陆居住的投资人开放，再向经过授权的境外投资机构开放，最后才是取消投资主体资格限制；④在融资发行市场开放中，先对具有本土化特征的企业开放，然后是区域性要求，最后取消主体资格限制。

证券市场业的开放，它不存在单一的直线式的开放顺序，应结合复式的顺序来把握。证券市场进一步的开放，还涉及到证券市场法律等规则方面的国际化和证券市场开放与资本帐户开放的问题。对于前者，它是最根本性的内容，在证券市场开放中的地位和作用也最为重要。在处理证券市场开放与资本帐户开放的关系问题时，我们应注意到证券市场开放与资本帐户开放并不存在必然的关系，从世界各国的历史来看，可以在资本帐户完全开放，加以限制地开放以及不开放三种情况下实现证券市场的开放。因此，在未来较长的一段时间内，我们应将适度的资本帐户开放与证券市场开放有机结合起来，在资本流动中，适当作一些限制性条款，以防止整个经济、金融、证券业出现危机。

(2)在引进对象上。侧重于选择引进规模实力较强、经营状况及资信良好、管理技术先进的机构，以带动我国证券市场快速发展。

(3)在开放方式上。应实行结构性的对外开放策略，先以跨境服务方式的外国券商的商业介入为主，再逐步放宽国外证券机构在中国的机构设置，同时，积极鼓励扶持国内券商在境外设立机构，从事证券业务。

(4)在开放的业务结构上。先可考虑适当向外资券商开放现阶段我国券商所不能满足的市场，比如资产证券化、财务重组等创新性较强的业务。但我国提供服务的一些市场则适进行适当保护，保障有一个缓冲期。

三、全面推进证券市场有效开放

证券市场的开放，正在使佣金自由化、保证金制度改革、股票发行、保荐制度等向市场化转变。在国内外新形势下，必须全面推进证券市场有效开放的进程，使证券市场得到健康稳定、持续地向前发展。

1、证券市场开放必须要全方位、多层次地进行

外资进入我国A股市场是大家非常关注的问题，也是我国证券市场开放的一部分。外资的准入应遵守循序渐进的原则。管理层应采取有效措施控制外资进入股市

的节奏，避免出现一窝蜂上的局面，这样才不会导致股市出现大的波动。目前，我国证券市场正在逐步放开，这不仅包括经纪，还有自营、承销等业务，甚至衍生业务。

从证券经营业务层面来看，证券市场的开放应充分把握承销业务、经纪业务和咨询业务开放。开放承销业务可以使我国上市公司、证券商以及投资者借鉴国外科学先进的定价机制、新股发行营销模式等，有利于推动我国发行业务的国际化进程；经纪业务的开放为提高我国证券市场的交易水平和效率提供了可能性；而证券咨询业务的开放则可以促使我国证券市场正确的投资理念的形成。对这些业务的开放也应讲究一定的顺序性。一般而言，咨询业务开放在先，承销业务次之，最后才是经纪业务。从证券市场发行层面来看，应鼓励更多的企业到海外上市，同时也应逐步放开境内的外资企业在我国上市。从企业筹集资金的场所看，我国企业已开通了到海外融资的途径，如H股，N股等，而海外企业在我国境内上市筹资渠道还远未实现。证券市场的开放也应该逐步允许海外企业到境内上市。另外，《证券法》也要在开放中不断地修改完善，借鉴国外成熟市场的监管模式和技术，比如强制性信息披露制度、自律投资人制度，只有这样，证券市场的监管才能迈向国际化、市场化和规范化。

2、必须将证券市场的开放与我国的经济体制改革和经济的开放结合来考虑和推进

证券市场是经济体系中的一部分，证券市场的开放意味着必然打破原制度系统的均衡，产生新的制度摩擦。因此，证券市场开放速度、方式必须与本国自身证券市场状况及经济开放度相一致。主要包括以下几个方面：

（1）证券市场的开放必须与本国产业经济发展及其开放程度相适应；

（2）与经济开放进程及金融自由化秩序相适应，这主要包括开放速度和开放秩序的战略选择等，要妥善解决证券市场开放的风险集中扩散问题；

（3）与对外资运用及其监管能力相适应。可以通过资本流出，对外资流入量的直接控制、外资在本国滞留时间的要求，根据外资在本国投资期限的长短制定累进外资收益税率等方式控制和监管外国证券投资量，以解决由于资金量加大所引发的股市泡沫、币值升值和价格上涨的问题以及妥善解决好证券投资资金短期性和波动性问题。

3、把证券市场开放看作“有效渐进”的过程，无论是从我国是发展中国家的国情来看，还是从我国证券市场发展的不成熟来看，证券市场的开放都只能采取“有效渐进”的方式进行，有效渐进式的开放一定要把握好量变到质变的突破，绝不能一味地等待。既要与时俱进，又要采取谨慎稳妥的原则。

与WTO配合证券立法和行政司法建设需逐步完善，《证券法》等基本法律的出台适应了当时的市场需要，但随着加入WTO，市场的开发迫切要求法律进行一定程度的修改，这些法律的修改必经具备前瞻性。发行、交易信息披露等基础性法规也要按市场法和透明化的原则逐步规范。目前，我国证券市场一个非常重要的问题就是信息不对称现象普遍存在。国际化步伐的提速，也必然要求信息披露的国际化、市场化和规范化，战略投资者、自律投资人以及防火墙等制度的确立需要逐步建立。

当前，机构投资者组织结构的设立科学化程度比较低，比如证券公司研究机构、投资银行、自营部门尚未建立起真正的隔离墙制度，由此产生了大量的内幕交易。而机构投资者上述制度的建设需要市场和监管 层的双重指导；证券市场主体的发展和成熟要逐渐推进。机构投资者比例较小，理性的投资理念尚未形成，由此监管层提出了超常规发展机构投资者，机构投资者比重要逐步提升；要逐步加强证券公司的创新能力和抗风险能力；在金融市场金融工具短缺的情况下，证券公司的业务仅仅只涉及自营、经纪、承销几个方面，创新意识和能力有待加强，核心竞争力也有待于大大提升；上市公司的诚信机制正在建设之中，在各种规范措施下，我国上市公司的运作需要逐渐规范化。此外，监管体系的建立与完善不能滞后于证券市场开放的进程，证券市场的监管与发展是辩证的统一，证券市场的监管水平、体制必须与证券市场对外开放的进程保持一致。这种综合“有效渐进”方式将推进证券市场的开放，我国证券市场合理格局也将逐步形成。

第二章

证券市场投融资开放问题探讨

在证券市场投融资开放的过程中，无疑将面临诸多问题，如果对这些问题置之不理，那么就会影响到证券市场开放的进程。下面就投融资开放将面临的一些具体问题以及处理思路作全面的分析和探讨。

一、证券市场投资开放面临的问题及其处理

1、我国证券市场投资开放面临三大问题的考验

我国证券市场对外国投资者开放，其中一个最基本的考虑就是市场风险因素，即市场稳定问题。截止目前，我国证券市场规模较小，实力比较弱，如果无限制地完全允许外国投资者进入我国证券市场，那么，尚处于发展阶段的我国证券业将无法承受外资的巨大冲击，正是基于这一点考虑，对外资进入中国股市的数量限制只能随着证券市场规模的不断扩大而逐步进行开放。还有，由于我国经济体制不够健全，尤其是国有企业改革、金融体制改革、社会保障体制改革还需深化推进，证券市场尚处在发展阶段，如果完全开放证券市场，那么外资冲击所造成的不确定因素就比较多，这不利于证券市场的有序开放与发展，因此，证券市场投资开放必须解决好以下几大问题：

(1)外资投机性与证券市场稳定问题。允许外资进入我国证券市场，如果监管不到位，将增大市场的投机性，导致市场的不稳定。对这个问题，我们不能视而不见，置之不理。实际上，投机性是与市场监管密不可分的，只要市场监管手段完善，能够对外资进行有效的监督和管

理，让其享受到充分的国民待遇。如果监管不力，外资也有可能引起很大的负面冲击。这一点我们绝不可掉以轻心。

在对外资进入问题上，我们可以设置比对国内投资者更为严格的限制（这是在保护期内暂时的非国民待遇），这使得对外开放证券市场引入外资，就不会对市场造成太大的冲击；相反，外资将成为发展市场的一支重要力量。

(2)证券市场投资开放的大趋势与对经济深远影响的问题。证券市场投资开放对一国经济和发展到底有什么影响？证券市场投资的开放，一个目的就在于吸引外国证券投资的流入。不同于直接投资，证券投资对东道国的经济具有特殊影响表现在两个方面：①对增加资本总量具有很重要的意义。外国证券投资资本的流入，将通过两种形式增加东道国的资本总量。一是流入资本购买现有的资产，通过在市场上购买已发行的证券替换出原有的股东而成为新的投资者；二是购买新发行的股票，直接成为新上市公司的股东，从而扩大外国投资的规模。这两种形式都能够直接或间接地扩大证券市场上外国资本的总量。当然，不管是何种形式，这些资源只有投资在那些生产性的企业才能对该国的国民经济发展做出贡献，而不能大量投资于非生产性的消费、娱乐、房地产等公司中去。因此，我国证券市场吸引国外证券资本一方面应有数量方面的规模控制问题；另一方面也必须保障有质量方面的效益问题。②对市场体系的创新健全发展具有深远的意义。这种意义表现在促进了该国股票市场职能的完善，进一步增强了该国投资者对自己市场的信心，并能够增强流动性，而流动性的提高与整体经济增长是正相关的。一般来讲，外国投资基金将专业资产管理公司引入发展中国家后，在资产过户、保管、会计与信息披露，以及证券法规的执行等方面提出了更高的服务要求。证券市场中的新兴服务种类会在一夜之间如雨后春笋般出现。总的来看，外国证券组合投资，对于发展中国家市场化过程的推动作用主要表现在如下几个方面：外国证券组合投资要求改善规章管理和市场服务，推动了制度性改革；改革促进了更多的上升趋势和流动性的进一步增强；发行成本随着上述的发展而下降；发行成本下降促进发行更多的股票；更多的股票吸引更多的投资者，也使市场更加活跃；在投资者不断加入和市场不断扩大过程中，证券市场的运行不断改善，形成良性循环。

(3)资本帐户开放与证券市场稳定的问题。资本帐户的开放对证券市场的影响表现在证券市场生存环境的整体变化上。波动性常常是在特定时间、特定国家出现不确定或投机时发生的短期问题。虽然波动性会影响人们对市场发展中的一些基本变化的看法，但是波动性本身不会对证券资本的流向产生实质性的影响。一般来讲，随着资本市场的国际化进程得到支持，资本流动可能会在一定时期内趋于稳定，而资本流向的变化会越来越反映在该国政府政策组合上。这就为政府制定一个好的政策提供了依据：即资本账户开放并不意味着证券市场处于自由放任状态，有序、配套的政策是证券市场在资本帐户开放条件下维持稳定的根本保障。

对于资本自由流动和证券市场稳定之间的关系，有两个结论非常重要：一是国际资本流动本身具有潜在的利益和风险。其巨大潜力取决于它们如何被利用或它们是否扭曲了经济激励机制和经济政策。这一点在新兴证券市场上显得尤为重要。二是实现资本流入国家积极的优惠扶持政策之间相互补充，而不是相互替代。证券市场的稳定取决于该国的政策组合而不是资本账户开放本身。

2、我国证券市场投资开放的技术细节问题

针对上述三大问题，有必要采用技术细节对其加以规范和修正，使证券市场开放步入良性轨道。但我们也要注意到，具体的制度设计在很大程度上不单只是一个纯技术问题，更是一个政策性问题。它取决于有关主管部门对各种利益关系的权衡。在充分了解其他国家在实施QFII制度过程中的做法后，可以参照其他国家的做法，再结合我国的实际情况，设计出符合我国国情的QFII制度。需要说明的是，QFII制度是随着经济的发展和证券市场不断地发展成熟而逐步进行的。在资本项目实现自由兑换之时，有限制的直接投资将放宽到自然地与直接投资接轨。

3、我国证券市场投资开放过程中的政策探讨

由于我国证券市场发展历史比较短，证券市场开放以后，可能会承受来自全球的短期逐利者，在这种条件下，如果没有政策措施加以很好地监管，就有可能导致整个市场动荡，从而阻碍市场的稳健发展。

加强证券市场基础建设是投资开放的重要条件。证券市场投资开放，这不仅意味着证券市场规模将迅速扩大，而且证券价格的波动性也将会比以往更加明显。为了防止可能出现的过渡投机和市场动荡，我们必须加强政府监管和市场基础设施的建设，在政府监管和市场基础设施建设方面，主要的问题包括四个方面：一是监管体系比较混乱，缺乏一个从上到下统一的证券市场监管机制。这是制约我国证券市场向规范化、国际化方向发展的重要因素之一，同时，也是上市公司通过证券市场融资的重要障碍。二是会计师事务所、资产评估事务所和律师事务所等证券市场中介服务机构缺乏独立性，在数量、种类、能力等方面都存在着严重的不足，无法提供高质量、负责任的服务活动，无法对市场负责。三是新颁布实施的财务会计制度，与国际会计准则仍有一定的差距，主要表现在缺乏诚信机制，财务报告不是以提供财务资讯为目的，披露的内容不全面；会计标准没有采用国际认可的稳健性原则，如呆账准备、存货价值及固定资产计算方式等，这些差异使得境外证券机构投资者无法了解企业的真实财务状况和发展前景，这不利于保护投资者的合法权益。四是信息披露机制不充分、不规范。其表现为一些上市公司没有按照标准格式要求披露信息；对一些重大信息披露失真或不够及时，甚至在某种程度上带有欺诈的行为，这严重扰乱了证券市场的发展。为了推动证券市场的投资开放，政府部门应采取一系列得力措施妥善解决上述问题。当前，迫切需要解决的是实现财政改革和企业制度改革，完善上市公司法人治理结构。其次是需要建立一整套健全的金融机构监管系统，特别是证券市场的信息披露、上市标准、审批程序等基础体系建设。再次是认真研究和决定采取适当的速度来实现资本帐户自由化下的证券市场平稳开放，盲目冒进实行开放或在政策不配套的条件下实行开放，必将会影响经济的稳定和经济的健康发展。

鉴于我国的国情，应充分吸收境外证券市场投资开放的政策经验。证券市场开放必须充分考虑到我国的国情，吸取境外宝贵的经验教训，尤其是发展中国家的实践经验。实行证券市场投资的稳定开放，需要有一个配套的政策支持，从发展中国家开放证券市场投资领域的实践，我们可以得到以下几条很重要的经验，值得参考借鉴。①在证券市场投资开放初期，建立国家基金，这很关键。通过在境外筹建投资于本国证券市场的投资基金，能够引进证券资本，扩大证券市场交易和规模，大大提高证券投资的稳定性，为进一步的开放做准备。②在一段时间内可以从数量上、比例上实行直接买卖和控股的限制，从而减小证券市场的波动性。在本国证券市场不发达、不成熟的条件下，适度的监管措施可以大大缓解因资本帐户自由化带来的直接冲击，实现“软着陆”。③在实施资本帐户自由化的同时，对于证券投资的本金汇回也作一定的监管，这样能够增强投资资本的稳定性。这是许多发展中国家的共同经验，值得我们吸取。④从长期来看，应逐步实行证券投资的“国民待遇”，但在一定时间内，实行适度的税收政策是强化监管和增加稳定性的主要措施。以上四个方面的政策反映了发展中国家政府在逐步开放和保持市场稳定之间所做的制度安排，这些政策随着开放程度的提高逐步改变，但基本的监管举措是很有必要的，这样才能使得证券

市场开放和资本流动始终处于有序、平稳状态。

二、证券市场融资开放问题分析

1、证券融资开放面临的三大问题

证券市场融资的开放主要包括四个方面:(一)向国外的企业(包括在国外注册的中资机构)开放;(二)向在我国的外商投资企业(合资、合作、独资等)开放;(三)向国内民营企业开放;(四)准允国内企业到境外证券市场融资。分析讨论我国证券市场融资的对外开放,必须对下列问题作出回答:

(1)融资开放对国内企业造成的冲击有多大的问题。与国内企业相比,外商投资企业在资金、技术、人才、管理经验等方面具有明显的优势,国内企业在与其竞争中,居于相对弱小的地位。他们之间的竞争本来是一种不平等的竞争,允许外商投资企业到证券市场融资,壮大其实力,将更加加剧这种竞争的不平等性。这是在开放的过程中,政府不能不考虑的一个重要因素。所以说,证券市场融资的大门向不向外国企业及外商投资企业开放,开放程度多少,这取决于政府目标与公共选择之间的利益权衡。

(2)融资开放对证券市场结构到底有何影响的问题。如果我国证券市场一旦出现外资企业,那么它对投资者行为会有什么影响?这种影响对证券市场结构又将造成什么后果?这是值得我们关注的问题。

中国证券市场上,由于对证券市场功能定位的偏差,以及发行制度的不完善,导致上市公司从总体上看素质不高。相对而言,外商投资企业经营状况要好得多。因此,在投机气氛比较浓的中国证券市场上,一旦出现涉外企业,将出现对其狂炒的局面。但是,中国证券市场经过十年的发展,已经有了足够的容量,能够经受一定程度的投机冲击。外商投资企业的上市融资应该是渐进性的,其带来的短期冲击不会对证

券市场造成不利的影响。而从长期来看,如果中国证券市场的功能定位与发行制度不进行根本的改变,市场原则得不到真正的尊重,大量素质不好的企业仍然不断上市,上市公司中的股权分割问题没有得到改变。同时,许多优秀的民营企业与外商投资企业乃至外国企业允许按市场原则择优上市,那么中国证券市场的市场结构就会出现重大变化,股权分割与业绩不佳的上市公司将集体沦为垃圾股,失去筹资功能,并对市场稳定带来巨大冲击。因此,证券融资的开放要与国有企业改革、与证券市场(发行方式等)改革相协调,切忌大胆冒进。

(3)融资开放是否导致资金外流的问题。融资开放涉及到一个资金平衡问题。当证券市场不向国外开放时,证券市场上的资金供求就只是发生在国内。证券市场对外开放后,国外投资者能来投资,国外企业也能来融资,如果国外企业融资等于国外投资者的投资额,从资金平衡的角度看,证券市场就不会出现国内资金外流问题,并且国内还能获得国外融资、投资的手续费和税收收入。因此,只要证券市场资金进入额大于或等于资金流出额,开放证券融资就不会导致证券市场资金外流。按照国际经验,在证券市场对外开放的顺序中,证券市场证券融资的开放一般都在证券投资、证

券业务的开放之后。这正是发展中国家在考虑到资金平衡问题后，用以吸引外资，防止资金外流的举措，它从时间顺序上保证了资本市场上的资金流入大于流出。这一经验，值得我们学习和借鉴。

在证券融资的开放问题上，应以融资“有效开放”为根本出发点，这样既可以丰富我国证券市场的内涵，向海外展示我国对外开放的决心和信心，促进证券市场的国际化，同时又能对我国的国内上市有“范例效应”。提升国内上市公司的质量，对国内企业到境外证券市场融资问题，要根据我国总体外债经济运行情况进行适度开放。在对外国企业和外商投资企业到证券市场上融资的审批上，应遵循有效市场化原则，在此基础上，适当考虑证券融资开放的顺序。此外，就是国内民营企业在证券融资上应享有“国民待遇”。关于这一点，在“十六大”报告中有明确的说明。

2、证券融资开放的政策思路

(1)关于融资开放的顺序安排。证券融资开放应循序渐进地按下列顺序实施推进：

①准允在华投资的中外合资企业到证券市场上融资；

②准允在华投资的外商独资企业到证券市场上融资；

③准允在国外注册的中资企业到国内证券市场上融资；

④准允港、奥、台企业到内地证券市场上融资；

⑤准允外国企业到我国证券市场上融资。

在具体操作上，前四项可以同步进行，这可以确保在我国上市的涉外企业的多样性，加强涉外企业之间在我国证券市场上融资的竞争性。当然，也可以根据国家产业经济政策、国家发展战略的需要，可以为某种类型的企业提供特别优待，以示扶持和鼓励。就目前而言，外国企业来我国证券市场融资还需一段时间，但在正式实施时，可以根据实际情况，考虑使用国际上广为运用的存股证(ADR)方式，来保护国内投资者切身利益。

(2)关于外资企业的理性选择。外资企业来我国证券市场融资，应按照《证券法》及其他政策法规的要求，选择符合国家产业政策，且业绩优良，有较好发展前景的外资企业。最好是国际知名大公司所设立的外资企业，该类外资企业发行A股能够起到示范效应，而且还能鼓励更多的外资投资于我国亟待发展和提高的产业。这对我国整体经济的格局朝有利的方向发展帮助较大。此外，在同等的条件下，还应选择产品出口比重大，创汇能力强的外资企业来我国证券市场融资。

(3)关于发行数量和发行比例的问题。这个问题应根据我国的实际情况，实施不同的国家政策。就外国企业而言，对其发行数量及发行比例应加以限制；就在我国投资的外商企业而言，因他们的业务主要在国内，对我国的经济发展有利无害，从这个角度上讲，对其发行数量和发行比例应给予国民待遇，根据《公司法》、《证券法》及其他政策法规的要求进行监督和管理，不必过多加以限制。也就是说，在外商企业进入到我国证券市场发行证券问题上，关键的是市场准入限制问题，其他方面则应放宽限制条件；就外资企业而言，对其证券发行的数量和比例的限制需有关方面按照实际情况，在给定的具体指标内，灵活运用和把握。

(4)关于募集资金的投向使用要求。在外商投资企业如何使用发行证券募集的资金问题上，其要求是必须符合国家关于中外合资企业的有关政策，能够促进产业结构调整和技术创新进步。具体来讲，外商投资企业可以将发行证券募集的资金应用于营运资本，采购国内原材料、设备等；在国内设立研发中心；在国内扩大再生产，投资新项目；在准允外商直接投资的行业兼并收购国内中小企业等。

实际上，在具体过程中，外商投资企业可能会利用发行证券募集的资金取代应由外商投入的资本，并且在证券发行以后，外商投资企业利用我国对合法企业的优惠政策，将人民币换取外汇购买进口设备，而这些设备本该由外方的外汇投资来承担。抑或是外方在购买进口设备产品时，采用价格转移手段，套取外汇，抽回投资，导致证券市场在一定程度上的波动。鉴于此，监管部门要对其进行有效监管。

总的来讲，证券融资开放要与时俱进，有效、安全、稳定地推进，要与我国证券市场及整个改革环境和经济发展态势联系起来推进，以提高我国证券市场抗风险能力和整个经济的健康、持续发展。

第三章

我国证券市场开放有效监管探讨

入世以来，我国证券市场对外开放的监管工作进入了一个新的阶段。我国的证券监管体制是伴随着证券市场的产生和不断发展壮大而逐步建立起来的，政府对证券监管体制的选择和调整取决于我国特殊的政治、经济、文化等条件的限制。当前，我国新的证券监管体制是集中型监管模式。如下图所示：

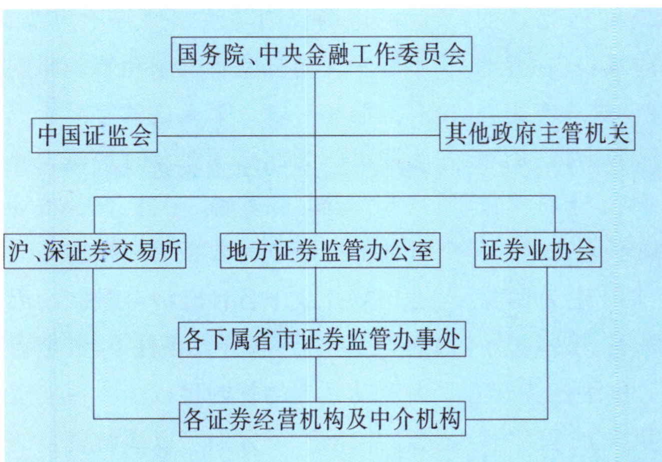

我国证券监管体制框架示意图

我国新的证券监管体制具有集权性、权威性、独立性和两级管理的垂直性以及弱自律性的特点。不难看出，我国现行的证券监管体制的建立较多地借鉴了美国的监管模式。虽然我国新的监管体制较以前有了较大的进步，但近两年来，在证券监管过程中暴露出了不少新的问题，并且在新条件下，证券市场开放使得证券监管面临着新的挑战，因此，在新的开放条件下，有必要对我国证券市场开放有效监管做一些有益探讨。

1、证券市场对外开放要坚持监管先行

我国的证券市场还是一个新兴的证券市场，但现阶段开放之门已经打开，竞争力强的外国券商已开始进入。在这种压力面前，国内证券业要纷纷行动起来，特别是证券监管部门应做好充分的准备。从近期证券监管部门的一系列举动，比如，加快有关适应入世的法规、规章的制定和修订，完善证券法律法规体系；积极引进外国先进的经营管理技术、投资理念和海外人才，不断提升上市公司的治理水平，规范上市公司的重组并购；市场制度创新及提高市场各参与主体从业水平，道德风险等等。从中我们不难看出，证券监管部门已从不同方面、不同角度来提高证券市场整体抗风险能力，以做到有备无患。从这个角度来讲，证券监管应先入为主，反守为攻，积极应对，降低证券市场开放所带来的冲击。

2、开放中的监管必须正确处理好规范和稳定发展的关系

对于上市公司的并购重组与信息披露问题，中国的上市公司由于自身素质不高，经过多年的经营以后，都面临着迫切的重组需求，而重组本身对市场影响比较大，无疑应受到严格的监管。因此，如何规范重组而又能保证重组的效率不受影响，这是摆在监管部门面前的一个很重要的问题。对于上市公司本身的重组程序应该立足于效率优先，鼓励重组发生的立法原则，从信息披露等程序方面加以严格限制，这符合当前上市公司发展的现状。在充分信息披露的基础上，让市场对重组的效果和质量做出选择和判断。实际上，不仅仅是上市公司的并购重组和信息披露问题，在整个证券市场的发展、开放中的证券监管都必须在规范和稳定发展之间选择好均衡点。

3、证券开放监管的思路必须从控制风险向揭示风

险与控制风险并重转变

随着我国证券市场市场化、规范化和国际化进程的逐步推进，证券市场开放的步子也将越来越大。在这种条件下，证券市场监管的思路相应的也要从控制风险向揭示风险与控制风险并重转变。以前，在传统控制风险的证券监管下，监管部门只关心上市公司的业绩，而忽略了对上市公司信息披露的严加管理。证券市场开放监管的本质就在于为市场各参与主体提供一个信息对称、交易公平的良好环境，既要揭示市场风险，同时也要控制好市场风险，最大限度降低市场开放带来的各种风险。

4、应加大依法监管的“有效性”

开放监管的有效性，不仅仅涉及到法律制度体系的充实、修订和完善问题，同时还涉及到执法的“有效性”问题。现阶段，《证券法》亟待修改完善，相对于香港及其他成熟市场中专门的并购重组细则，《证券法》的规定显得比较宽泛，在实践中遇到的许多问题都缺乏统一的法律规定，也寻找不到具体实施的法律依据，这直接导致了各种不规范操作和规避法律的行为，制定统一专门的关于并购重组(含外资并购)法规，能够从根本上解决好当前这方面法规零散和宽泛等问题，可以很好地避免头痛医头、脚痛医脚的不良做法。相对应证券监管有效执法的要求也非常紧迫。为此，监管机构执法的程序性应不断加强和透明化。实体性审核权力应减弱。在并购重组相关法规尚有待于进一步完善的情况下，对已颁布法律的执行和实施还面临着挑战。证券监管部门作为国家行政机关，虽承担了全部的执法任务，但对其执法的程序性权力缺乏明确的规定。证券市场特别是并购重组出现了大量的内幕交易、操纵市场等行为，而且还面临着举证难问题。如果监管机构在执法过程中不赋予其特殊的权力，那么其执法过程无疑会面临很多法律上的难题。鉴于此，还必须加强司法介入，在这个问题上，应防止司法权力滥用行为的发生。很自然，司法介入对规范证券市场是一个必然的选择。我国自入世以来，相关法律法规的出台也表明了监管层在寻求司法介入，比如，证券民事诉讼赔偿机制从呼吁到试行以及对虚假陈述违规行为的查处等，都反映了这样一个发展趋势。其实，国际惯例的一个基本原则就是要依法进行“有效监管”，这一点在证券市场开放中必须要做好。

5、必须要有一个相对独立的证券市场监管体系和一套比较健全完整的监管机制

证券市场开放中的监管如果面对的市场规则与法制原则不规范、不健全，而且监管机制和管理原则有漏洞和弊端，那么这就有可能成为隐患，为此必须要及时地消灭掉这些“漏洞”和弊端。另外，证券市场开放的有效监管要系统地把握好证券市场开放中各种经济金融制约因素。在证券市场开放条件下，资金自由流动受到的管制将减少。短期资金的流动，一方面可以缓解资金的短缺问题，增加外汇量的储备，弥补国际收支逆差，减少财政赤字等等，这是促进经济发展积极作用的一方面；而另一方面对于一国经济和金融的不利影响也是不可忽略的，有可能会引发金融危机，从而产生巨大的破坏性作用。我们在证券市场开放监管中的主要任务之一就是一定得克服这种开放可能会对我国金融经济和证券市场造成的投机冲击波，切实保障我国金融经济和证券市场的稳定、健康发展。

6、切实加强中国证监会与其他经济职能管理机构和地方的协调沟通

当前，我国的金融体制改革与发展是一项涉及各个领域和各个层面的系统工程。为此，我国出台的不同领域的金融法规、政策、制度之间都有可能存在着高度的相关性和制约性。作为培育、引导和监管证券市场健康发展职能的管理部门，必须避免局限于本领域的监管视野，注重决策合理化和对国家整体利益的全盘考虑。比如，中国证监会颁布的某项制度或举措很可能是符合单纯的证券监管目标组合的最佳选择，但放置于政府整个金融或经济规划中则并非是最好的。因此，还必须进一步加强国务院和中央金融工作委员会对全国金融活动的统一协调和领导，使证券监管的重大决策成为政府整体目标的有机组成部分。此外，还必须协调好新体制环境下的地方关系，虽然新体制已把地方监管部门从地方政府机构中分离出来，实行垂直监管和领导，但是地方证管办在地缘、人事等诸多方面，由于中国独特的国情，与当地政府尚存有斩不断理还乱的关系。对于这种现实情况，在管制权收归中央的格局下，应当建立两者之间的有效激励约束机制，以减少摩擦成本，充分发挥地方政府部门在管理当地证券机构、上市公司和当地市场等方面具有的不可替代的信息优势，让地方证券监管机构担当起更多具体的监管职责，加强其一线监管的有效性。

7、鉴于证券市场开放而导致的外来冲击，证券监管的思想要立足于市场疏导，而不是采取行政“围堵”

在证券市场对外开放上，给予国内证券业适度的保护是必不可少的，但从长远利益和中国证券业的实际来看，更多的应立足于竞争。从投行业务来看，证券市场一个很重要的特殊之处，就是券商能否拿到证券承销权，这在很大程度上取决于券商与各个方面的关系。目前，国内投行业务竞争的格局已基本定型，后来者（既包括国外券商、也包括国内起步晚的券商）分一杯羹是比较困难的；从经纪业务来看，国外对我国证券市场上的这一特色还很不了解，与国内竞争起来并不占据优势。此外，在国内券商所属各营业部之间，经纪业务的竞争也非常激烈，国外券商进入中国，其竞争优势也不是很明显。

相对而言，国外券商在网上交易、资产管理、资产重组等业务方面有很大的竞争优势，会从我国券商中抢占较大的市场份额。然而，这基本上是国内券商不能做的，市场的潜力远远还没有挖掘出来。

国外券商开展这类业务，实际上是在做一些先期的准备工作，以开拓市场，而这又为国内券商提供了可借鉴的经验，无疑有利于国内券商的成熟成长，加强其参与国际金融证券市场的竞争力。由此可见，虽然国外证券经营机构规模大、实力强，但是由于我国文化极具独特性和证券市场的特殊性，能够对外来冲击形成一道独特的屏障。尽管如此，证券市场的对外开放，外来的冲击不可避免。因此，证券监管的思路应采取有一定针对性的措施减少冲击，并依靠建立起相对完善的法律制度立足于市场疏导，而不是什么行政围堵。

第四章 成熟与新兴证券市场开放比较与借鉴

自20世纪90年代以来，以美国证券市场为代表的成熟证券市场，发展迅猛。同时，新兴发展中的证券市场也获得了较大发展。成熟证券市场是指形成较早、发展进入成熟期的，如美国、英国与日本等证券市场。新兴证券市场是指处于发展阶段的，如阿根廷、巴西、韩国、中国等国家的证券市场。纵观世界各国证券市场对外开放史，可以发现，证券市场对外开放一般是在经济全球化中的国际竞争压力、国内融资的需求以及经济对外开放的需求背景下进行的。发达国家与发展中国家由于其经济发展水平及其证券市场发展阶段不同，因此，其证券市场对外开放的策略与背景也存在一定的差异。事实上，通过成熟证券市场与新兴证券市场对外开放的对比，有利于借鉴证券市场对外开放的先进经验。

一、成熟与新兴证券市场开放比较

由于各国所处的历史环境及各国具体国情有较大差异，各国证券市场对外开放在开放策略、开放模式、开放风险等方面也是不同的。

1、成熟与新兴证券市场对外开放的策略对比

从各国证券市场对外开放的实际经验来看，一般包括以下几种：即完全直接开放策略、有限制直接开放策略和间接开放策略（见表1）。

表1　完全直接开放、有限制直接开放、间接开放策略对比一览表

名　称	定　义
完全直接开放策略	是指允许非本国的居民可以直接投资国内证券市场
有限制直接开放策略	是指虽然允许对非本国居民投资国内证券市场，但是在投资领域、投资比例、机构设立、投资程序及公司的控股权等均作严格的规定，并逐步放松条件，以实现完全开放
间接开放策略	是指非本国居民通过某种形式或某种金融工具如投资基金、凭证等投资本国证券市场

成熟证券市场如美国、英国等发达国家由于历史的原因，他们的证券市场是在经济较为开放和经济实力较强的条件下形成的，证券市场形成与发展之初就已形成开放格局，并且这些国家已实现资本账户自由化。因此，在证券市场及经济不断发展的需要下，成熟证券市场对外开放一般采用完全直接开放策略，这是由国内发展环境所决定的。

新兴证券市场的形成与发展较之成熟证券市场，发展较晚，且经验不足。因此，发展中国家的新兴证券市场在发展之初多采取封闭型方式，开放初期先采用间接开放及有限直接开放策略，且大部分在开放之初一般采用间接开放策略，以规避证券市场开放带来的风险。智利、韩国等发展中国家主要采取有限制直接开放为主的策略，这是由其国家当时的发展环境所决定的。

2、成熟与新兴证券市场对外开放的模式对比

相应地，各国证券市场开放策略决定了其开放模式，从各个国家证券市场开放实践中，可以看出证券市场的对外开放模式有两种：即直接开放模式和间接开放模式。

所谓直接开放模式，是指证券市场开放是资本账户自由化的一个有机组成部分，证券市场开放进程与资本账户自由化进程吻合，并且，伴随着资本账户自由化政策的推进，证券市场也加快了其开放进程。如一些发达国家美国、英国、法国、德国等属于此类。可见，证券市场直接开放程度与资本账户自由化进程相联系。而发展中国家的新兴证券市场国家一般存在着金融抑制，所以，新兴证券市场国家大多采取有限制的直接开放模式。同时，由于各个国家资本账户自由化的建设有差异，因此，其证券市场开放进程也可由此划分为激进有限直接开放和渐进有限直接开放。前者如阿根廷、智利、韩国等，后者如马来西亚等。

所谓间接开放，指一国在没有实施资本账户自由化之前，就已经开始证券市场的开放计划。由于此时的货币不可以在资本账户下实行自由兑换，所以，一般开放

之初外币业务与本币业务分开，也可以为外国投资者开放单独的“交易板块”，这方面如菲律宾的B股市场，丹麦指定账户（blocked accounts）等，还可以仅允许外国投资者通过指定的机构投资本国证券，这方面如中国台湾的（QFIIS）、印度的外国投资机构（FIIS）等。事实上，随着国家资本帐户自由化的条件逐步成熟，证券市场也将慢慢转向完全开放。此外，从以上国家证券市场开放的实践，还可以发现，不论是哪种模式，对某些关系到国家安全的产业的外资所占比例一般给予严格控制，对银行的外资比较迟开放或较小程度的开放。

3、成熟与新兴证券市场对外开放的风险对比

成熟、新兴证券市场对外开放的风险是存在较大差异的，这种不同是由这些国家与国际金融货币体系及其金融市场上的地位决定的。美、英、法、德、日等发达国家证券市场规模大，且运作经验丰富，主导着国际证券市场发展进程，甚至国际市场利率、主要货币汇率和主要股市走势。他们是证券市场运行规则和市场国际惯例的制定者，在国际货币金融体系中居于主导地位，发展中国家很难对其金融体系、制度及市场产生冲击与威胁，并且其本身就有一套较为健全的风险控制体系，因此，这些国家证券市场开放所产生的风险较低。

而新兴证券市场与成熟证券市场相对比，其开放证券市场主要面临来自以下几个方面的风险：

第一，开放证券市场，会出现国际资本特别是短期国际资本流动的加速，而在国家缺乏实力的状况下，存在国内资本流失的风险；

第二，证券市场对外开放意味着上市公司股权对外开放，国际资本进入证券市场通过对股权的控制从而进入实业领域，这有可能造成国内产业被国外机构控制或垄断的局面；

第三，实行证券市场开放，大量国际资本流入，从而形成大量国际债务，加大国际收支逆差，形成国际债务风险；

第四，实行证券市场开放，国际资本的流入容易滋生并产生泡沫，而泡沫是金融风险的载体，泡沫的膨胀也意味着风险程度的上升。

二、成熟与新兴证券市场开放比较的启示

通过成熟与新兴证券市场的对外开放对比，我们可以从政策经验、融资开放、市场准入等方面得到启示。

1、结合实际，有效吸收境外开放证券市场投资的政策经验

基于目前国情，不但要适当吸收成熟证券市场的先进经验，更要吸收发展中国家新兴证券市场实践的经验。事实上，根据各国的经验，这种组合逐步实施需要一个政策周期。这不但是一个资本帐户逐步开放的过程，而且也是经济不断成熟的过程。有下列几方面值得我们参考和借鉴：

（1）证券市场开放初期，适度建立国家基金具有积极作用。通过在境外筹建投资于本国证券市场的投资基金，可引进证券资本，扩大证券市场规模，提高证券投资的稳定性，为进一步开放创造有效条件（见表2）。

表2　部分发展中国家证券市场开放的政策实践

国家 \ 政策内容	允许建立国家基金的时间	消除对外国直接购买的限制	消除对本金汇回的限制	降低有关税率
阿根廷	1991年10月	1989年7月始，外国人直接购买股票，不需得到事先批准	1991年10月，取消原来规定的本金汇回须持满三年的限制	1991年10月，取消36%的资本利得税
巴西	1987年9月	1991年5月，允许外国机构投资者直接购买巴西股票	1991年，取消原来规定的本金汇回必须持满90天的限制	1991年，红利和资本利得税从25%降低到15%
韩国	1981年11月	1992年1月，开始允许外国投资者直接购买，但外资持有韩国上市公司股权总额不得超过10%，1995年7月该比例扩大到15%		
马来西亚	1987年5月	对外资直接投资的限制相对来说较少	本金和盈利可自由汇出	1990年取消35%的红利税

(2)可在一段时期内从数量、比例上实行直接买卖和控股的限制，以减小证券市场波动性，因此，在本国证券市场不成熟的背景下，适度加强管制能够减缓资本帐户自由化的直接冲击。

(3)加强对证券投资的本金汇回的监管，可以增强投资资本的稳定性。

(4)一定时期内的适当的税收政策如红利税、资本利得税等是加强监管和增强稳定性的重要措施，但长期内需要逐步实行证券投资的“国民待遇”。

2、基于我国国情，对境外成熟证券市场融资开放经验应加以吸收

当证券市场发展到一定阶段，都需要开放其融资业务，允许外资到该市场来进行证券融资，这是开放证券业务的必要举措。事实上，从成熟与新兴证券市场发展的经验来看，证券融资的开放与经济发展的关系较为密切(见表3)。

表 3　成熟与新兴证券市场 2000 年初内外结构一览表

地区	证券交易所	股票上市公司			股票基金交易值(百万美元)				
		国内	国外	合计	国内公司	国外公司	投资基金	合计	较上市增长%
北美	纽约	2619	406	3025	8223848	686636	34719	8945205	22.2
	墨西哥	186	4	190	34714	0	457	35172	12.8
	百慕大	22	23	45	68	86924	0	86992	211.4
欧洲	德国	617	234	851	1375876	175590	0	1551467	4.0
	伦敦	1826	448	2274	1425809	1952033	21538	3399381	17.7
	巴黎	968	176	1144	760702	9373	0	770075	31.0
亚太	东京	1892	43	1935	1674611	736	292	1675640	123.2
	韩国	712	0	712	732831	0	590	733422	405.6
	新西兰	114	58	172	12150	1323	213	13687	−401
	菲律宾	225	1	226	19820	129	0	19949	96.6
	泰国	392	0	392	37194	0	51	37245	77.6

决定证券市场开放融资的主要是国家的经济发展程度和证券市场的发展程度，当然，也有个别交易所例外，如表3中的百慕大证券交易所，但总体来说，渐进性是证券融资开放的重要特征。对于发展中国家新兴证券市场来讲，其证券融资的开放一般都在证券投资、证券业务开放以后，这主要基于证券市场开放的目的，是为企业融资服务的，所以其更多地要满足本地企业的融资需求，而只有证券市场发展到一定阶段基本满足了本地企业证券融资需求以后，才会使国外企业到国内融资提上日程，我国的证券市场开放需遵循这一点。

事实上，我国在进行改革开放与吸引外资上获得了较大成绩，有力地促进了经济改革与发展。目前，在国内有投资的外资企业有较强的上市冲动，其主要是为了融资与品牌塑造的需要。现在我国有关部门表示中国证券市场要向外资企业开放，2002年11月，《关于向外商转让上市公司国有股和法人股有关问题的通知》出台，更意味着外资并购在我国证券市场上迈出了关键一步。

3、开放模式与市场准入方面的做法值得我们参考

按照外国投资者投资一国证券市场的方式，证券市场的开放分为三种模式：资本帐户自由化后的完全直接开放、资本帐户开放下的有限制直接开放、资本帐户不开放情况下的间接开放或半开放，半开放主要是指发行专供外国投资者购买的特别股如B股，从而形成国内股和外资股两个市场。一般情况下，B股的发行对象仅限于外国投资者，交易只能在外国投资者之间进行，其优点是便于管理，筹资国筹集外资较为稳定，吸引外资的数量也较难受到国外游资的冲击，因此，较适合于股市发展伊始、外汇管理较为严格且股市规模不大的国家。目前，菲律宾与我国等就是通过发行B股来吸引外国证券投资的，但我国证券市场在发展B股市场上，改革与创新正在推进，自2002年6月1日始，B股向国内投资者开放，以后比如A、B股的合并等问题，都需要进一步推进发展B股模式的创新。

在市场准入方面，按照国际惯例，发展中国家开放具有多种层次，我们可从中获得有益启示：

(1)自由进入，指对购买股票没有明显限制；

(2)相对自由进入，指对退出市场有一些登记方面的程序，或明确地限制外国持股比例；

(3)设置特别种类，指外国投资者被限定在某些专门的证券类别中，这些证券为外国投资者设计；

(4)只对授权的投资者开放，指只有那些得到批准的外国投资者能买卖股票；

(5)封闭的国家，主要是指市场进入非常困难的情况，部分发展中国家对外资进入本国股票市场的限制(见表4)。

表4 部分发展中国家对外国资本进入本国股票市场的限制一览表

国家/地区	进入	退出	
	外国投资者是否能自由投资	收入的汇回	资本的汇回
阿根廷	自由进入	自由	自由
巴西	自由进入	自由	自由
马来西亚	自由进入	自由	自由
波兰	自由进入	自由	自由
葡萄牙	自由进入	自由	自由
智利	相对自由进入	自由	一年后
韩国	自由进入	自由	自由
委内瑞拉	自由进入	有些限制	有些限制
菲律宾	设置特别种类的股票	自由	自由
哥伦比亚	只对授权的投资者开放	自由	自由
印度	只对授权的投资者开放	自由	自由
中国台湾	只对授权的投资者开放	自由	自由
斯洛文尼亚	完全封闭	限制	限制

4、进一步完善和改进境外合格机构投资者（QFII）实施环境

纵观成熟、新兴证券市场各国(地区)的普遍规定，QFII必须满足一定的条件，如注册资本数量、财务状况、经营期限、是否有违规违纪记录等，以选择具有较高的资信与较强实力、且无不良营业记录的机构投资者。一般的，在新兴证券市场对外开放过程中，各国(地区)普遍以列举的方法明确规定出哪些类型的境外机构可以进入本国(地区)的资本市场。

在我国，2002年11月7日，中国证监会与中国人民银行联合发布了《合格境外机构投资者境内证券投资管理暂行办法》，标志着我国证券市场正式引入QFII。但基于我国证券市场目前的发展状况，境外合格机构投资者(QFII)实施环境还需进一步完善，针对境外QFII的实施情况，我们还应注意以下问题：

(1)QFII的循序渐进问题。在国内市场逐步吸纳国外投资者和逐渐被国外投资者认同后，QFII就需要进一步深化。第一，要放宽对QFII的资本规模，从业年限的限制，扩大QFII主体的范围；第二，放宽对所有QFII投资总额及单个QFII投资额的限制；第三，放宽QFII对单个上市公司的总持股比例的限制；第四，放开对QFII的其他资金运用限制；第五，放宽QFII资金汇入汇出的限制。

(2)QFII进入国内证券市场的资金规模问题。国外机构的资金在短期内大量涌入必然会对国内证券市场产生重大冲击。其一，国外资金的大量流入对于监管机构的挑战加大，监管力量的薄弱将会凸现，国外资本在逐利性的作用下可能会威胁到国内证券市场的良性发展；其二，短期内涌入大量国外资金在目前国内股市资金推动型特征还较明显的情况下将会推动股价的非理性上涨；其三，在国内市场流通值还较小的情况下，国外资金的大量流入极易造成对流通市场的控制，增加市场的不稳定因素。因此，在实行QFII的初期对外资流入的规模进行一定程度的控制是必要的。在控制国外资金流入时要注意两点：一是要注意控制QFII外资流入的节奏；二是要设置短期内允许国外资金流入的最大规模。

(3)股市波动问题。在引入QFII制度后，中国股市与国外股市的关联度将会加大，其影响因素将更加复杂，不排除国内基本经济因素完全正常的情况下，由于受国外经济因素影响而出现较大剧烈波动的可能。因此，一方面需要加强宣传，让广大投资者认识到引入QFII后股市波动除了受国内经济因素影响外，还要受到国际股市的波动、汇率、国外利率等变化的影响，让投资者有足够的心理准备；另一方面，需要研究国外经济因素的变化对国内股市的影响，在充分研究的基础上总结规律并采取措施弱化其对国内股市及影响。

(4)大规模恶性撤资问题。《合格境外机构投资者境内证券投资管理暂行办法》规定封闭式基金汇入本金满三年后，其他投资者汇入本金满一年后，才可申请分期、分批购汇汇出本金。目前国内市场的运行规则还与国际惯例存在差距，信息披露制度还不健全，监管机制还不完善，这些问题都会引发外资撤离。因此，要强化证券市场制度建设，加强证券监管，从根本上解决大规模恶性撤资问题。

总之，证券市场开放、国际化是生产国际化和资本国际化发展的必然结果，也是国际融资证券化趋势的客观要求。基于我国证券市场目前处于发展阶段，通过对成熟与新兴证券市场开放的对比，借鉴成熟与新兴证券市场的开放经验，对我国证券市场的开放与发展具有积极作用。

VOLUME 3

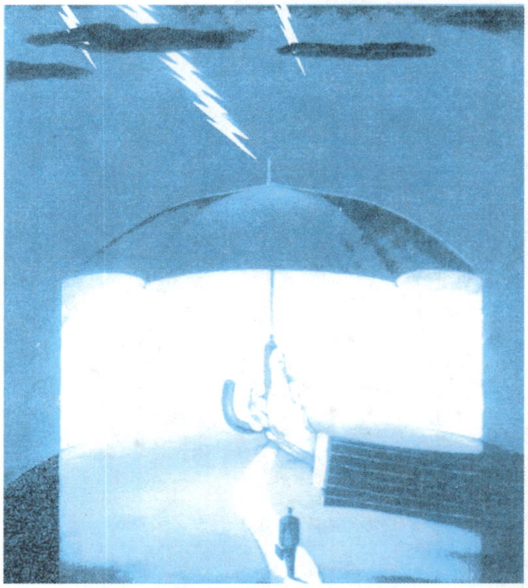

第三卷

证券市场风险管理模式

- 证券市场风险的成因分析
- 证券市场风险的系统管理模式
- 证券公司风险分析与管理新模式的构建
- 上市公司的风险形成与管理创新
- 投资者风险的衡量与防范模式
- 券商承销风险:需重兵布防

A COMPREHENSIVE HANDBOOK OF CHINESE SECURITIES　　中国证券大全

·2002·

高风险是证券市场的固有本性。在21世纪，伴随着我国券市场逐步对外开放、全球证券市场一体化趋势的加强以及新技术在证券交易中的广泛应用，更多的不确定因素将会介入我国证券市场，我国证券市场的风险将呈现更加复杂化、更加国际化的特征。这些特征无疑将进一步加大新世纪我国证券市场的风险防范难度。为了更有效地防范新世纪我国证券市场的风险，我们必须深入分析探讨证券市场风险的本质、特征成因、传导机制与防范措施，研究创新证券市场各个主体的风险管理新模式和整个市场风险的系统管理构架，强化风险意识，加强风险监管与规避，这是新世纪我国证券市场健康发展的前提。也只有这样，才能保障证券市场的规范、高效运作。

第一章 证券市场风险的成因分析

证券市场风险的形成受制于诸多因素，这些因素既有来自证券市场内部的，也有来自证券市场外部的，涉及国内外政治、经济、科技、文化等多个方面，它们共同形成对证券市场的合力作用，并且这些影响因素的力量在不同时期、不同地区和不同时点的作用强弱不同，所引起的风险大小和后果也不同。

一、体制转型的风险

证券市场是社会经济的晴雨表。一方面，它是社会和经济发展的先行指标，能够提前反映社会经济状况的变动与走向；另一方面，社会经济状况对证券市场走向也具决定性作用。因此，稳定的社会经济环境是证券市场得以正常运行的基础，而社会经济制度的不稳定和多变性则将导致证券市场风险的增加。在社会经济制度的变迁中，无疑潜伏着影响证券市场稳定的各种不稳定因素。

1、经济体制变革

我国的证券市场是在经济体制转型的过程中发展起来的，它不仅受市场经济一般规律的制约，还要受国民经济整体市场化程度的影响。这场体制变革导致我国证券市场上出现许多特别的风险问题。

(1)公有产权多层次代理，造成上市公司责任不明、监督不力，这是我国证券市场上产生特殊风险的最重要原因。

(2)经济体制改革的渐进性与制度设计的特殊性矛盾是潜伏证券市场风险的另一因素。

(3)行政手段与市场经济体制的冲突，也会使证券市场产生特殊风险。因为管理部门对证券市场的不当干预会破坏证券市场正常的运行规律，投资者和发行者对政策的稳定性与合理性缺乏信心，这助长了证券市场上各种寻租行为，加大了我国证券市场的风险。更为重要的是，有关管理部门对上市公司的生产经营活动直接干预，妨碍了上市公司的正常运作。

2、宏观经济波动

稳定的宏观经济环境是金融体系正常运行的基础，证券市场的风险与宏观经济不稳定之间存在高度的相关性。它主要表现为证券价格的变化与国民经济的周期性变化趋向一致的变化规律，即证券市场价格波动会受到现实经济变量的制约，并随经济的波动而波动 的这样一种长期稳定的波动关系。正因为证券价格趋势和波动周期的形成有着经济背景的支持，只要经济变量(经济杠杆)对证券市场正常地发挥作用，只要市场交易按照对宏观经济的理性预期做出行为决定，则证券市场价格走势必然与宏观经济走势紧密相联。

目前我国正处于经济结构的调整时期,市场机制不完善,而经济的快速发展使政策在许多领域很难到位，这些情况在我国证券市场的发展中得到了一定程度的体现，从而也使证券市场产生了一定的风险。

3、政府干预失灵的影响

经济发展史已经证明，在社会经济的转型和变迁中，适当的政府干预可以有效地消除各种不稳定因素的干扰。但国家和政府干预存在失灵问题。政府干预效果不一定能达到预期目标，这是因为政府干预的效果既取决于政府决策是否理性，也取决于其采取的方式和手段是否恰当。具体而言,政府干预失灵的影响有以下四点：

(1)政府的决策方式决定了其所作出的决策常常难以达到理性的状态。政府的决策方式一般包括精英决策、投票决策和利益集团妥协决策三种形式。这三种形式各有其弊端。精英决策中存在如何选出精英、精英们怎样才能作出正确的判断和如何保证精英们不受利益集团的操纵等等难以有效解决的问题；而投票决策的合理性取决于投票人的决策能力和所掌握的信息；在利益集团妥协决策中，利益集团可以通过寻租活动使政府决策符合自己的意愿和利益。上述弊端的存在决定了政府决策有时会出现政策失误的现象。

(2)合理的政策可能会因为时滞问题、公众的理性预期作用或因执行行为的限制而难以有效实施。

(3)政府干预政策引起的寻租活动会产生巨大的经济负效应,造成社会资源的浪费，降低资源配置的效率。

(4)政府干预需要付出成本和代价，特别是在缺乏必要的信息时成本更高。

在我国经济结构调整时期,证券市场作为经济生活的一部分,也需要政府干预。政府对证券市场的调控政策有时会出现时滞性问题,并且调控方式的选择、调控力度的大小也不一定能够达到理性的境界；证券公司也不一定会运用理性来赢得竞争的主动权；寻租问题在证券承销领域更是时有发生。所有这些因素都会导致政府对证券市场的干预政策失灵，从而增加证券市场风险。

4、理性预期的偏差

理性预期的含义是指人们能够根据生活经验，按照实际情况变化不断修正自己的预期，从而使自己的预期更能接近实际情况。一般而言,人们对未来的预期是理性的,但是证券市场的实际运行情况却并非如此。一方面,证券市场运行不一定能够一直保持理性状态。证券市场的表现实际上是决策者之间互相博弈的结果，投资者的投资行为影响证券的需求和供给，进而影响着市场的价格和交易量，价格的变化又反过来影响投资者的决策。投资者根据自己所获得的信息作出尽可能理性的反应，但这种无数个人反应所形成的市场合力却未必是合理的。另一方面,投资者对未来的预期作用有时会威胁证券市场的稳定。金融市场的实践经验表明，当投资者对未来的预期在投机的氛围中被诱导时，这种预期很可能成为大规模单边市场的行为（一边倒地买或卖)的基础,这样,这种预期将对市场的稳定构成极大威胁。因此,在证券市场上，投资者的理性预期有时会遭到扭曲，甚至在危机的形成中能起到推波助澜的作用，导致证券市场风险增加甚至市场崩溃发生。

5、价值观念的冲击

传统习惯和价值观念对人们的心理和行为有着深刻的影响，不同的文化背景体现着不同的传统习惯和价值观念。与西方文化相比,中国人奉行儒家文化,倡导中庸之道,把不偏不倚的中庸观念作为自己的价值信条和创造活动的约束规则,排斥开拓和冒险，这样的思想影响了中华民族进取开拓的心理条件和性格素质的形成。

传统的价值观对证券市场的影响主要表现为人们对证券市场的风险认识不足，对证券市场风险的心理准备不足，对风险的防范意识淡薄，同时也缺乏抗风险的经济实力和心理承受能力。证券市场的财富效应极大地鼓励投资者选择证券投资,以期通过这条捷径致富。这种价值观念导致了我国证券市场的投机成分居高不下，进而影响整个证券市场的稳定性。

目前，我国作为WTO的成员国，必然会被要求改变目前对资本项目的控制状态,开放资本市场。因此，我国坚持资本控制将会面临越来越大的国际压力，将会逐步对外开放我国的资本市场，将会产生大量短期资本的流入和流出，这对我国的财政实力及金融监管能力提出极大地挑战，同时也加大了我国证券市场的风险。

二、市场功能欠缺的风险

我国的社会主义市场经济体制建立的历史不长，正处于健全和完善的过程中。证券市场作为社会主义市场经济体制的重要组成部分，同样还存在许多缺陷和不足，它主要表现在以下几个方面：

1、证券市场微观基础薄弱

一个健康有序的证券市场必须以存在大量业绩较好的上市公司为基础，而我国的上市公司却与这一目标有很大的差距。这主要表现在以下两点：一是上市公司流通股规模普遍偏小；二是上市公司业绩不佳。我国证券市场的建立，很大程度上是为满足企业融资和转制的需要，造成大部分上市公司只注重资金优势，而忽略科学管理，出现上市前赢利、上市后亏损的怪现象。这样导致上市公司形象受损，难以筹集所需资金；同时投资者也难以通过长期投资从上市公司获得较高的投资收益。

2、企业产权制度不完善

我国企业产权制度不完善主要表现为：企业产权虚置，流动性差，投资者难以从控股公司股份中获取长期投资收益。首先，从上市公司的股权结构和股权流动性来看，只有社会公众股可以上市流通，国家股和法人股均不能流通；在可流通的A股、B股、H股和N股之中，股票市盈率又各不相同。这种同股不同权的现象极大地损害了投资者的积极性，也容易使股票价格背离其真实价值，增加证券市场的风险。其次，国有股权主体缺位导致内部人控制。国有股由于国有资产权的多层次委托代理关系，使国有企业产权主体缺位，无人真正对国有企业资产保值增值负责，缺乏有效的产权约束和激励机制，使企业脱离实质所有者控制，追求内部控制利益的最大化，形成内部人控制现象。这种现象一方面极大地损害了所有投资者（包括国有股权拥有者）的利益，迫使投资者不得不追求短期利益，刺激市场的投机性；另一方面使企业在不承担相应义务的条件下倾向高负债经营，从中获取财务杠杆带来的收益，这也给证券市场带来风险。

3、市场总体结构不健全

完善的证券市场结构主要表现在两个方面：一是证券市场的总体结构应与经济发展水平相适应，以免形成泡沫经济或阻碍证券市场对经济发展的支撑作用；二是要使证券市场的各个组成部分保持平衡与协调，实现金融市场结构的合理化。但是，我国证券市场很不完善，这既表现在总体水平落后于经济发展速度，又体现在市场结构的不合理，其中后者尤为突出，如投资主体的不完善。投资者作为资金供应者，其理性行为对维持证券市场的健康秩序起着至关重要的作用，他们是金融市场得以有效运行的必要条件。投资主体结构不完善、素质偏低，必然造成市场的过度投机，从而增加市场风险。

三、制度建设的后置性

1、证券发行制度有待完善

2001年4月1日，我国证券发行取消了实行9年之久的审批制和指标制，代之以核准制和通道制。其中规定每家券商一次只能推荐一定数量（1-8个）企业申请发行股票，而且所推荐的企业每核准一家才能再上报一家。股票发行实行核准制，不仅要求充分公开企业的真实状况，而且必须符合有关法律和证券管理机关规定的必备条件，证券主管机关有权否决不符合规定的证券发行申请。该制度的设计原理是在信息公开的条件下，把一些不符合要求的低质量发行人拒之于证券市场门外。但是，核准制存在明显的缺点，如可能导致寻租现象，可能产生核准失误现象。另外，对发行者而言，当公司达到发行条件并获取发行后，却缺乏进一步的激励机制督促其提高经营管理水平；对投资者而言，由于有审核机构事先对发行者的申请进行实质性核准，容易产生依赖心理，片面认为政府对发行安全性和收益性等质量问题已作出保证，从而失去对投资的理性判断。这也导致证券市场的风险。

2、证券交易制度建设滞后于实践

交易制度是否合理与完善直接影响证券市场的稳定性和风险的大小。从证券交易的一般规则来看，交易对象单一或交易对象泛滥都易导致市场风险。交易方式更对市场的稳定性和安全性影响重大。以市场交割为例，若实行“T+0”的交割方式，则易助长投机、操纵市场等行为，难以培养理性投资理念。

我国证券交易制度建设很大程度上滞后于实践的发展需要。交易主体的规模和分工也不能跟上证券市场发展的步伐。如机构投资者的种类，是否确定“做市商制度”，专家经纪人能否存在等制度性问题，均还未明确和解决。从证券上市规则制定来考察，上市标准和信息披露的完整性也有待进一步细化与完善，由此给证券市场带来不同程度的风险。上市标准越严，信息披露越完善，上市公司的质量也越高，由上市公司的经营业绩所带给市场的风险也就越小。另外，对证券禁止交易行为的规定越明确，处罚条例越清楚，越有利于规范市场行为，越能降低证券市场风险；反之，则会增加市场风险。

3、监管体制建设的后置性

为促进证券市场健康发展，有效防范和化解证券市场风险，各国都致力于建立全国统一的证券市场体系和与之相适应的集中统一的监管体制。但是，一般而言，集中型监管体制的建设完善是滞后于实践发展的。在其逐步完善过程中，制度安排不清晰或不合理的情况是经常存在的，其运行效率与理想状态存在一定差距，甚至是有可能妨碍市场的健康运行，严重者导致市场运行处于无序状态。具体而言，监管体制建设后置性的表现情形有：

(1)监管权力过分集中。现代管理学原理证明：集权和分权必须适度。高度集权将导致以下弊端：决策费用昂贵，信息传递须通过多个管理阶层；决策单位与执行单位之间距离延长，信息沟通渠道不通畅；决策职能过多地集中于上层，降低决策效率；各种事务处理公式化，造成官僚作风。

(2)监管机构的权威性有待提高。为了能完整、正确地履行职责，监管机构必须有足够的能力、权威和独立性。监管机构须在公平、公开、公正的“三公”原则基础上，设计科学的管理组织和运行机制，使其享有充分的独立性且不受干涉地履行日常工作，尤其要防止地方政府及个别领导的干涉。

(3)监管措施缺乏连续性和稳定性。监管措施缺乏全局性的通盘考虑和长期的规划，不能连续和稳定地贯彻实施，必然会导致市场的波动 。

(4)监管技术手段的先进与否，直接影响着市场监管效率。由于现代的证券交易活动中大量采用各种电子技术，对交易活动的监管日益科技化、专业化，工作量和工作的复杂程度也越来越大，市场监管工作变得越来越困难。

总而言之，年轻的新兴加转轨的中国证市场风险的形成受诸多因素的影响，如体制转型所带来的经济波动、政府管理失误、价值观念冲击、市场功能的欠缺和不完善，制度建设的后置性等，其中既有通过人为主观努力可以减少甚至消除的因素，又有客观存在无法避免的因素。为履行证券市场逐步对外开放的入世承诺，政府主管部门和证券界应努力消除不必要的风险隐患，推动证券市场化、规范化、国际化发展，建立健全科学合理的证券市场风险收益机制。

第二章 证券市场风险的系统管理模式

发行主体、投资主体、管理主体、经营主体构成了一个完整的证券市场参与体系。参与主体关系着整个证券市场的发展和繁荣。作为一个完整的参与体系，任何一种主体的运作都会与其他主体发生关系，并对后者产生影响，最终给整个体系和市场带来变化。在证券市场风险的系统管理过程中，各主体的风险管理行为和结果，都会直接或间接地影响其他主体的风险构成、风险决策和利益损失，都会影响证券市场的风险总体构成和风险管理水平。因此，辩证地以整体的观念和系统的观点来考察、评估证券市场的风险及防范措施，无论是对单个主体的有效防范和控制风险，还是对提高整个市场的风险管理效率和管理水平，都有着十分积极而又重要的意义。

一、风险系统管理的含义和必要性

证券市场风险系统管理是指证券市场的各参与者，通过一定系统的风险决策和管理机制，对证券市场上的各种风险进行确认、评价和控制，以期达到最大的安全保障的管理方法。具体地说，它包括以下几个方面的含义：

第一，风险系统管理的主体包括证券市场的各个参与者，即证券市场的发行者、投资者、经营者和管理者。这些参与者的类型，既包括社会个体，又包括社会组织和政府机构，换而言之，它包括企业、个人和国家等。证券市场的每个参与主体，既面临着共同的市场风险，又面临着表现形式各具特色的个体风险。如发行者面临着发行风险，投资者面临着投资风险，经营者面临着经营风险等等。因此，证券市场的每个参与主体都面临着系统管理的风险。

第二，风险系统管理的目标是处置和控制风险，防止和减少损失，保障证券市场的正常运转。它具体包括事前防范和事后防范两个方面的内容：一是在风险产生之前，通过有效的风险系统管理，以最小的损失控制取得最大的综合经济效益，尽可能减少风险给各参与主体带来的损失；另一方面是在风险损失发生后，通过风险管理的种种努力，尽可能减少损失的影响，从而在损失发生后能够继续其生存和发展。

第三，风险系统管理的手段是

要从最经济合理的角度来处理风险，即选定那些最低成本、最佳效益的方法，制定风险管理决策。只有实现以最小费用获得最大风险控制效益之后，才能真正实现风险管理的目标。如果风险的处置与控制是以付出高昂的费用成本为代价，那么就不能真正体现其作为现代科学管理方法的优越性。

第四，风险系统管理的程序包括风险分析、风险控制和风险处理三个阶段。其中，风险分析又包括风险识别、风险估测和风险评价三个步骤。风险控制包括两层含义：一是避免、消除和减少风险发生的机会；二是防止已发生风险损失的继续扩大；风险处理是指风险管理技术方案的实施过程，包括方案的执行情况与效果的评价。

综上所述，证券市场风险系统管理定义包括三个要点：一是风险系统管理要投入一定风险成本；二是风险系统管理要作出最佳决策；三是通过风险系统管理化险为夷，提高安全性。

对于我国证券市场而言，风险系统管理非常必要，并对证券市场的繁荣规范发展起着非常重要的作用。

1、是实现社会稳定和金融市场安全运作的需要

金融的安全关系到国家的经济安全。证券市场与实际经济部门的联系非常紧密，世界历史上的金融体系危机甚至经济大萧条的直接原因均与证券市场的崩溃有关。我国证券市场存在着上千万的投资者，如果不能健康地发展，社会安定必将受到影响。随着我国经济的快速发展，证券市场将会对我国经济的运行发挥越来越重要的作用，因此加强证券市场风险的系统管理关系到我国国民经济能否健康运行。

2、是大力发展社会主义市场经济的需要

我国证券市场在政府的大力推动和引导下，已经发展成为社会主义市场经济的重要组成部分，在发展社会主义市场经济中发挥着重要的作用。这一作用的发挥必须以证券市场的健康发展为前提，若只注重证券市场在融资、开辟投资渠道、促进国企改革等方面的积极作用，而忽视证券市场的高风险特征，疏于对风险的防范和管理，则势必影响证券市场的健康发展，最终影响证券市场各种经济功能的实现。

3、是证券市场沿着“法制、监管、自律、规范”方向健康发展的重要保证

法制强调立法，监管强调执法，自律强调守法和自我约束，规范强调证券市场需要达到的运作标准和运作状态。其中，自律和规范的实现离不开市场各参与方对风险的防范和控制，可以说，证券市场风险的系统管理与证券市场的自律和规范是相辅相成、相互作用的。

4、证券市场已经出现的许多问题表明了加强风险系统管理的紧迫性

我国证券市场在较短的时间内取得了显著的成绩，但与成熟市场相比，还存在许多亟待解决的问题，如法律法规不完善，内部人控制，流通股份比例小，投机气氛浓厚等。这些问题的出现，迫切需要我们加强证券市场风险的系统管理，以确保证券市场的健康运行。

二、风险系统管理体系要素之间的关系

发行主体、投资主体、经营主体、管理主体各自的风险管理行为和管理过程，以及各主体风险管理之间的相互关系，构成了整个证券市场风险系统管理的内容。虽然每个主体的风险管理都可以归结为趋利避害，都具有共同的功效和作用，但在整个风险管理体系中，这些主体各自的风险管理都扮演着不同的角色，发挥着不同的作用，构成了证券市场风险系统管理体系的四个层面：

1、发行主体的风险管理是基础

在证券市场的参与者中，发行主体是证券市场的基础，没有发行主体的存在，就不可能有证券发行和证券交易的存在。发行主体在市场中的基础地位，也决定了其风险管理在整个系统风险管理体系中的基础地位。在证券市场风险的体系构成中，企业业绩风险是证券市场的基本风险，它关系到证券市场的稳定性，关系到投资者市场投资理念的形成和投资收益的高低。如果发行主体不能有效防范和控制业绩风险，其风险就会扩散或转嫁到其他参与主体，特别是投资主体。因此，发行主体风险管理有效性的实现，通常能使整个市场的风险管理达到事半功倍的效果。

2、经营主体的风险管理是重点

经营主体作为证券市场的中

介，一头连着发行主体，一头连着投资主体，是证券市场的核心。只有经营主体的安全运行，才能保证发行主体顺利进行证券发行，保证投资主体顺利地进行证券交易。反之，经营主体若经常遭受各种风险袭击，轻则可能影响投资者的日常交易，重则可能导致投资本金的损失，进而可能引发投资者挤兑资本金的行为，导致市场的恐慌情绪。因此，对经营主体的风险管理，务必审慎 。

3、投资主体的风险管理是关键

证券市场各项筹资任务的完成，最终都是因为投资主体的存在才得以实现。因此，市场必须充分保证投资者的利益，以吸引和保持更多的投资者和资金进入证券市场。投资主体的积极参与是保证证券市场活跃性的重要因素，而活跃的证券市场可以最大限度地分散证券市场上的各种风险，缔造一个高效率的市场。因此，有效的投资主体风险管理也就成为实现证券市场高效率的重要环节 。

4、管理主体的风险管理是主导

管理主体是证券市场运行的保证，只有管理体系完善，才能保证筹资者和投资者的合法权益，保证资金流入和流出渠道的畅通。而如果制度安排不合理或政策供给效率低下，市场效率将不可避免地下降，其他参与主体的正常运行也将随之面临重重障碍。

在风险系统管理体系中，上述四个层面的风险管理是相互衔接的。它们彼此之间既相互独立，又相互联系和相互影响，是一个有机构成的统一体。四个层面的运作既可以发挥相互协作、彼此促进的积极作用，也可以产生此消彼长的负面作用。但作为一个市场体系，各主体之间有更多的共同利益和共同发展。因此，一种主体的行为对其他主体行为的积极作用是主要的，负面作用是次要的。从积极作用来看，每一种主体的风险的降低，对整个市场的风险防范都作出了贡献。例如，上市公司经营风险的有效防范，直接降低投资者的投资风险，使证券市场建立在更加坚实的业绩基础之上。从负面作用来看，在整个市场参与体系中，当减少某一市场主体的一种风险的同时，可能会增加另一市场主体的风险，或者说，某一主体的风险规避，可能会导致另一主体风险的增加，最终使风险在市场主体之间相互转嫁。例如，政府对股市的一些保护措施，如救市政策以及ST制度的安排，本是为了降低投资者的风险和保护投资者的利益，但是客观上不可避免地为一些人炒作ST股票提供了心理支持，在减少投资主体面临的风险同时，反而增加了政府管理的风险，降低了整个市场的效率（如市场的非理性行为被强化）。

三、风险系统管理新模式的构建

构建证券市场风险系统管理新模式主要包括两方面内容：一是建立量化风险的指标体系；二是构建风险监管框架。

1、构造风险评估指标体系

证券市场风险的评估指标必须具有可操作性，必须从宏观、中观、微观三个角度建立不同层次的指标，以便能构成一个完整的指标体系，能较准确地评价整个证券市场的风险。

(1)宏观指标体系。该指标体系包括：

① 经济增长：一般用国内生产总值(GDP)的增长率衡量。GDP增长速度快，表明一国的经济容量在扩大，企业规模发展迅速，消费者收入增加，有利于证券市场的发展。GDP增长率是一个量化指标，一国经济素质的提高还依靠经济结构的升级和经济市场化程度的深化。

② 失业率：当失业率很高时，资源被浪费，人们收入减少，这不利于

证券市场的发展。

③ 通货膨胀率：它直接影响居民的实际收入水平，影响企业的经营状况，进而间接影响到证券市场。

④财政赤字占GDP的比重：一般认为如果一国财政内债与GDP之比大于15%，外债余额与GDP之比大于45%，则发生金融风险的可能性会增加。

另外，还可选择信贷增长率、贸易逆差占GDP的比重等指标。

(2)中观指标体系。该指标体系包括：

①证券市场容量：证券市场容量可以从债券和股票的数量、一级市场和二级市场的竞争机制与调节机制、金融机构在市场上的地位等方面来衡量，其大小与风险能力的大小成正比例关系。市场容量大，承受风险的能力就要大一些。

②证券市场扩容速度：扩容会给市场带来压力，扩容速度越快，给市场造成的压力也越大。某一时期扩容制度的计算公式为：

$$扩容速度=\frac{增发新股的流通股本总和}{最高的市场流通总股本}\times100\%$$

③证券市场换手率：换手率也称周转率，指在一定时间内市场中股票转手买卖的频率。其计算公式为：

$$换手率=\frac{某一段时期内总成交量}{市场所有股票的总股本}\times100\%$$

换手率高一方面意味着市场流通性好，变现能力强，进出市场比较容易；另一方面也意味着投机性较强，股价起伏较大，从而风险相对较大。

④证券市场整体市盈率：整体市盈率反映了证券市场股票的整体价格水平。其计算公式为：

$$整体市盈率=\frac{全部上市公司的市价总值}{全部上市公司的税后利润总额}\times100\%$$

一般而言，新兴证券市场的整体市盈率水平比成熟证券市场的市盈率水平高。欧美等发达国家股市的市盈率一般保持在15~20倍左右，而亚洲一些发展中国家的股市正常情况下的市盈率在30倍左右。

⑤指数平均交易值：该指标是指每一市场价格指数点平均的交易金额，它反映了投资者买卖意愿的强弱程度以及对未来市场总体运动趋势的预期。其计算公式如下：

$$指数平均交易值=\frac{当期成交金额}{当期指数收盘值}\times100\%$$

证券市场平均净资产收益率。该指标可衡量公司对股东投入资本的利用效率，反映了上市公司的整体质量。其计算公式为：

$$平均净资产收益率=\frac{全部上市公司税后利润}{全部上市公司净资产总和}\times100\%$$

(3)微观指标体系。该指标体系包括：

①投资者盈利人数与亏损人数的比率：如果市场上绝大多数投资者处于亏损状态，则投资者信心会动摇，流入市场的资金就会减少，最终导致市场萎缩。

② 发行主体与经营主体违规频率：它是指违规案件的增加和减少市场运行中所潜伏的风险起着强化或削弱的作用。

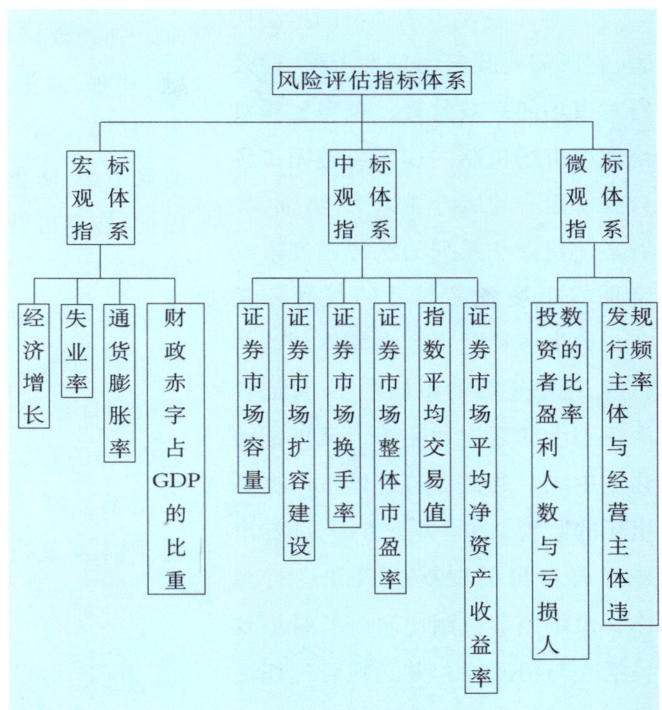

风险评估指标体系示意图

2、“金三角”构架

证券市场的风险管理是一个系统工程，需要政府的监管（主要是通过制定法律制度）、参与主体（主要指发行主体、投资主休和经营主体）的自律及市场力量的发挥等三个方面的有机结合和相互作用，它们共同形成证券市场风险管理的“金三角”（如下图所示）。

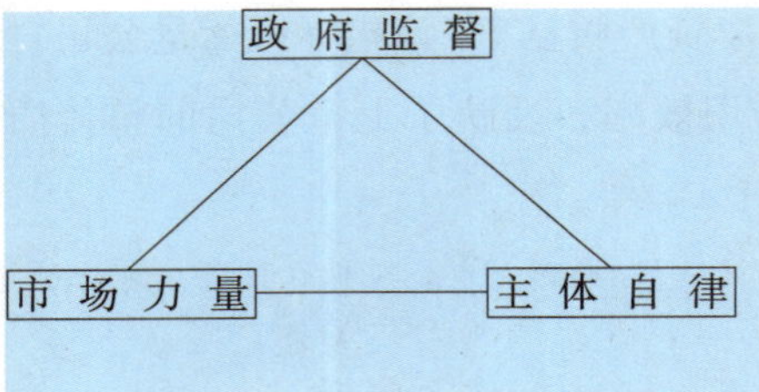

在现代经济生活中，市场运行无法避免误差和失败，政府行政干预有时会"失灵"，因此，经济运行纯粹依靠市场的力量或纯粹依靠政府的力量都是不可行的。良好的经济运行状态必定是市场调节与政府理性干预综合作用的结果。

证券市场是市场经济的典型代表，它既需要政府的理性干预，即政府对市场的有效监管；也需要积极地利用市场机制的作用，遵循市场自身所固有的运行规律。一方面，政府必须建立一系列的法律制度来规定证券市场各参与者的权利和义务，约束各种危害社会整体利益的行为，维护正常的市场秩序；且证券法律制度的建立和完善，又可推动建立中统一的证券监管体系，提高市场的监管效率。另一方面，证券市场又有自身的发展逻辑和运行规律，市场调节机制比政府监管更具灵活性与精密性；并且在管理环境松动时更具有约束性，不易发生政府人为监管行为中不可避免的漏洞，因此应该最大限度地发挥市场力量的作用，实现市场本身的自动平衡与自动调节；同时，证券市场还必须强调自律，发挥参与者自我管理、相互监督的作用。这是因为，证券市场参与者众多，运作程序复杂，相关因素广泛，仅靠管理机构的行政监管和市场机制的调节作用是不够的，还必须要求证券市场所有利益主体进行相互监督和自我约束。

在"金三角"管理体系中，政府监管、市场力量和主体自律之间的分工关系和各自所占的比重应根据不同时期作出不同的选择。在新兴市场中，应该更多地依靠政府监管；在成熟市场中，则应更多地发挥市场机制的作用。而自律应该成为证券市场各参与主体进行各种经济活动的永恒主题。即使在同一时期，三者在分工关系中还应考虑管理成本、管理效率和风险形成原因等问题。例如，对市场参与主体违规所形成的风险，必须通过具有强制力的监管措施，防止类似事件再度发生。因此，在这种情况下，防范和控制风险的关键在于加强政府监管。利用市场调节力量的效果不一定有效：假如市场通过买卖股票和买卖股票指数期货相结合的对冲机制，以及上市公司或其大股东通过股份回购或抛出以减少股市波动的对冲机制，则未必能防范违规风险。从有利于风险的长远管理角度出发，凡是能够依靠市场或参与主体自已解决的问题，应尽量不要依赖于政府监管。国家应尽可能卸下承担风险的责任，为市场创造其充分发挥作用的空间；管理过严，从长远来看可能对市场机制的培育和形成的一种伤害。

总之，证券市场的运行自身客观规律决定了证券市场上存在巨大风险。证券市场参与体系中的各方，包括发行主体、投资主体、管理主体和经营主体，均有各自的风险管理机制和策略。它们相互作用、相互影响、相互制约，共同构成了风险系统管理模式。我国的社会主义市场经济要发展完善秩序良好、运行安全、健康的证券市场，必须进一步构建完善此风险系统管理体系，切实加强证券市场风险的系统管理，正确进行风险决策，有效控制和化解证券市场上的种种风险，使证券市场充分发挥优化社会资源配置、融资增值等功能。

第三章

证券公司风险分析与管理新模式的构建

风险管理是证券公司成功经营的关键。作为典型的高收益、高风险行业，证券公司应该把风险管理放在与利润目标同等重要的地位。因为任何对风险因素的疏忽，不仅无法保全已获得的收入，甚至还会危及到证券公司的生存。证券公司不仅要有能力开源，而且更要有节流的技巧，风险管理的作用就相当于节流。

一、证券公司的风险类型

证券公司的风险属于金融风险，指因种种主观或客观原因导致证券公司一系列矛盾显露、激化，进而对公司安全与稳定造成破坏与损失的可能性。证券公司面临的风险大体上可分为三大类，即由主体行为导致的经营风险、管理风险以及由非主体行为导致的市场风险，如图所示：

证券公司风险
- 经营风险：信用风险、项目风险、重组并购风险、投资风险、经纪业务风险、业务创新风险、流动性风险
- 管理风险：人员管理风险、设备管理风险
- 市场风险：价格波动风险、政策调整风险

证券公司风险分类图

（一）经营风险

经营风险是指证券公司由于日常经营发生亏损所导致的风险，如信用风险、经营业务风险、业务创新风险等。这类风险是在证券公司对外开展业务时发生的。造成风险的主要原因在于公司本身，证券公司可以通过正确的经营策略、科学的决策程序、严格的管理制度，将这类风险降到最小。

1、信用风险

信用风险主要是指证券公司在经纪业务中存在的风险。一些证券公司为了争取更多客户，增加佣金收入，在实际运营中不顾法律约束而仍然存在着给客户透支的情况。其方式主要有：证券公司吸纳不愿或不能投资股市的客户资金，将其交给一个所谓的投资咨询公司，然后将资金贷给需要透支的客户；证券公司作为中介把客户甲的资金融通给客户乙使用，双方签署协议，由证券公司监控资金的所谓“安全运作”；擅自超越范围经营，开展信贷业务等。这导致某些证券公司存在不同程度地信用风险，而且由于这一风险产生的不合法性，无法获得法律保护，这使得证券公司风险进一步加剧。一方面，客户可能利用证券营业部的控制漏洞和工作疏忽，转移帐户上的资金、证券转移，后逃跑，使营业部面临被诈骗的风险；另一方面，客户在融资融券中发生巨额亏损，被强制平仓时，有可能起诉证券公司，导致证券公司因违法行为暴露而需要承担相应的

法律责任。随着我国经济的发展,证券市场的信用交易将进一步得到发展。因此,信用风险不仅是现在更是未来证券公司经常遇到的一类风险。

2、项目风险

项目风险是指证券公司的投资银行部门在新股发行承销等项目工作中的风险。目前各证券公司争夺项目的竞争非常激烈,承销中的风险日趋加大,这主要表现在:(1)争夺项目的风险。承销业务收入利润丰厚,争夺承销项目的市场竞争激烈,一些证券公司在承销配股过程中,有的在配股尚未实施的情况下,就先行垫付配股款,以致增加项目运作风险。(2)项目自身的风险。为获取承销费用,投资银行可能与上市公司联手进行虚假申报,对不具备上市资格或配股资格的上市公司进行过度包装,但这种行为最终难逃法律的制裁。(3)项目包销中的资金压力。若逢市场低迷,证券公司被迫包销新股、配股,以致造成自身大量资金被占用,则公司可能随时面临资金的周转困境。特别是在目前股票发行日益市场化,供给量大大增加的情况下,此类风险日益突出。

3、重组并购风险

证券公司在承接资产重组、企业并购业务时,同样存在一定风险。如果重组方或并购方中途违约而与他人合作,就会造成项目流失;如果重组方不愿意履行合同所规定的义务,导致业务终止,则证券公司的损失也无法避免。此外,并购业务十分复杂,可能会因为目标公司的反并购,或者因为信息不准确,或者因为并购方案出现了与地方法规政策的冲突等,都会导致证券公司的操作费用增加,甚至可能致使并购项目失败。

4、投资风险

证券公司的投资可以分为两类:一是经营性投资,也称之为间接投资,比如营业场所、电脑设备、通讯设施、交易席位等投资;二是资本性投资,也称之为直接投资,即能直接获取收益的投资,它包括证券投资和其它投资。这里所说的投资风险主要是指直接投资中其它投资的风险,如证券公司所进行的房地产等实业投资中的风险。据证监会对18家证券公司的资产调查表明,房地产和实业投资等非证券类资产约占资产总额的10%,少数公司用于房地产及其他实业类的投资已超出其注册资本数倍之多。而这些巨额非证券类资产的存在,占压了公司大量资金,不仅多年无法获取收益;相反还需支付高额利息,造成证券公司资产质量低下,流动性不足,使证券公司承担着巨大的投资风险。

5、经纪业务风险

证券公司的经纪业务风险主要体现在:一是营业部扩张风险。证券公司一般在市场行情较好新增设营业部,但当市场行情转弱时,就有可能因营业部数量过多而出现亏损。二是保证金支付风险。若给客户透支而客户不偿还保证金,则证券公司可能会因为透支违规而无法通过法律途径追回;一些证券公司缺乏融资渠道,挪用客户保证金,也将导致严重的保证金赔付风险。三是业务操作风险。经纪业务包括开户、审查、验资、报单、清算、交割等一系列操作环节,任一环节的失误都会给客户带来经济损失或给自身造成重大损失。四是其他风险。包括接受全权委托的风险,客户恶意透支未被发现所导致的风险,虚假承诺的风险,诱导客户买卖所产生的违规风险和客户诉讼风险等等。

6、业务创新风险

创新的动机之一是规避风险。但金融创新及其衍生产品和业务仅是将传统金融风险和信用风险、流动性风险、法规风险、业务风险等以不同组合方式进行再包装。这其中存在一个杠杆效应,因此相对于传统金融业务显得更加复杂,所带来的风险也就更高,也意味着创新业务面临更大的业务创新风险。例如,将传统的银行产品证券化,但这些新的避险工具本身包含着比现货市场更大的风险,若管理不严,会造成很大的危害。

7、流动性风险

证券公司的流动性风险,是指资金周转出现破绽和无法正常支付客户交易结算资金等所产生的风险。证券公司为了扩大资产规模和发展业务,必须主动地通过各种方式在市场上筹措资金。据有关资料统计,证券公司从居民个人手中吸收资金达230亿元。其中,以卖空国债代保管单等形式吸收居民个人资金约110亿元;向社会超发和未经批准擅自发行的债券约120亿元。这些公司形成的债务到期不能支付时,普遍采取“发新还旧”的办法违规筹资,致使债务负担越积越重,一遇挤提,则将难以收场,加大了证券公司的流动性风险。

(二)管理风险

管理风险是由于证券公司内部管理中存在的问题或者隐患所导致的风险。主要包括人员管理风险、设备管理风险。

1、人员管理风险

人员管理风险是指由于证券公司内部从业人员违法犯罪或人员流失而造成损失的风险。

我国的证券公司和证券市场其他中介机构都是在市场不完善、法制不健全的环境下成长起来的，员工良莠不齐，素质参差不齐，犯罪现象难以避免。大体而言，从业人员的犯罪可分为以下两种情况：一是违法者利用金融机构这一特定场所，利用证券交易这一特定内容，以及利用管理不完善、制度不健全等特定因素，进行以盈利为主要目的的经济犯罪活动。其主要形式包括以透支方式挪用公款炒股票，与不法分子勾结诈骗、盗卖投资者股票，窃取客户信息，篡改电脑资料等等。二是经办人员或者主管领导缺乏基本的法制观念，业务生疏、素质较低，导致违规甚至违法行为的发生，最终给公司造成巨大损失，而这些损失最终都是由证券公司承担的。

证券公司属于服务行业，人才是决定性因素。由于该行业各个公司的业务非常类似，由此也导致该行业人才流动频繁的特点。根据入世承诺，国外的投资银行可逐渐进入到中国市场，他们在开展业务的过程中，将必定高薪聘任熟悉中国市场的人才，而目前我国证券公司的从业人员无疑将是它们主要猎取的对象。可以说，这种人才流失的风险对我国证券公司的生存发展而言可能是最大的风险。

2、设备管理风险

设备管理风险是指由于证券公司的电脑网络系统和通信系统等高新技术设备出现故障而产生的风险。证券公司是目前我国服务行业中电子化程度最高的部门。设备管理风险主要表现为电脑服务器故障、行情显示中断、交易数据丢失、通信线路中断、电力供应中断等等。这些问题轻则导致与证券市场的联系中断，无法显示即时行情，无法获取成交回报或清算交割数据，无法正常报单、输单，从而影响正常交易；重则产生纠纷、诉讼，甚至引发不稳定因素。客观地说，产生技术风险的原因与我国基础设施不完备、电子信息产业不够成熟、证券行业发展过快以及证券公司从业人员素质较低有着密切关系。

(三)市场风险

市场风险是证券投资中最经常面对的一种风险，是风险管理中的重点内容。它是指因市场波动及市场本身的不可预见性，而导致证券公司的某类投资或投资组合遭受损失的可能性。这些波动包括：股价、商品价格及其他金融产品价格的波动；国家宏观政策的调整；其他市场因素的变动等。因此，根据上述对于波动的分析，市场风险可以细分为：

1、股份、商品价格及其他金融产品价格的波动带来的风险

这类风险给证券投资机构带来损失的例子比比皆是，如美国奥兰洁具(ORANGE COUNTRY)的破产。该公司大量投资于所谓“结构性债券”和“逆浮动利率产品”等衍生性证券，但在利率上升时，这些衍生产品的收益和市场价格随之下降，从而导致奥兰洁具投资组合出现17亿美元的亏损。

2、国家宏观政策调整带来的风险

(1)政策法规风险。它是指由于国家政策变化对证券公司经营管理所带来的直接性风险。政策风险的产生源于我国的证券市场还远未成熟，一些政策法规还需要随着实践的发展而不断制定和完善。证券公司面临的政策风险实质上是政策本身变化与市场不成熟、市场行为不规范的产物。

(2)利率风险。它是指因利率的变动而使预期收益减少或丧失甚至亏损的风险。由于利率变动会引起有价证券价格波动，证券公司持有的有价证券可能就会由于账面价值损失而产生风险；利率上升还会造成证券公司融资困难和融资成本提高。

(3)汇率风险。它是指因汇率行情变化导致损失的风险。随着国内证券公司的外汇证券业务逐渐开展，证券业务国际化已经提到议事日程，汇率风险不断增大。由于证券公司在提供跨境服务时，在从事跨国证券投资时，其签约时间与履约时间、证券的交收时间与结算时间存在差异，就有可能影响公司的业务收入；由于汇率的波动，还会引起资产和负债折算的风险。在证券公司的资产负债表中，资产和负债的价值是随着汇率的变化而变化的。

二、证券公司风险的成因分析

(一)市场体制性缺陷的影响

我国证券市场是一个新兴市场，是在传统的计划经济和新兴的市场经济的冲突和交替的过程中发展起来的。在这个特殊时期，制度的不完善和各种利益的冲突，必然造成体制衔接的不畅，形成一定的风险：

1、监控体系不健全，政府行政干预过多

在证券市场发展的初级阶段，政府调控的力度、时机、方式都有一个经验积累的过程，政策往往会出现不连续的现象。这一方面使市场产生异常波动，增添了市场风险；另一方面使一些自律性不强的证券公司有机可乘。

2、制度安排不尽合理

在目前发行市场供求失衡的格局下，证券公司之间为争夺承销资格使用许多不正当竞争手段，增加了证券公司在一级市场上的风险。在上述格局下，证券公司的竞争不是自身实力的竞争，而主要依赖于各种关系的疏通上，因此寻租行为比较严重。不健全的配股定价机制也构成风险，配股定价主要是根据二级市场股价来定，当二级市场行情下跌时，配股价与市场价的比例失调，使投资者不得不放弃配股权，从而给证券公司带来风险。

3、证券立法滞后，不能跟上证券市场发展的步伐

如对承销商的股票发行承销协议缺乏具体的法律要求，对证券市场中违法违规行为的处罚规定不详细，这些问题在一定程度上影响了法律法规的权威性和可操作性。

(二)证券公司运行体制缺陷的影响

1、证券公司抗风险的能力不强

据统计，截至2002年10月底，我国证券公司总数为124家，注册资本金总额为1040亿元，而美林证券一家的总资产就有2130亿美元。可见，我国券商的资产规模与国外同行相比差距甚远。而我国在2001年年底加入WTO时就已承诺，外国证券公司可在中国成立外资股份的证券经营机构，从事A股、B股和H股及政府债券的承销服务。在充满激烈竞争的资本市场中，资金实力雄厚的外国券商的进入注定了我国部分实力

弱小的券商是被吞噬的目标。

2、业务较为单一

目前我国许多证券公司的业务较为简单,在市场、产品和经营范围方面的开拓动力不足、开拓能力有限,其收入的主要来源于自营业务,或依赖于经纪业务或承销业务,这种集中性经营策略的风险非常大。无论券商怎样不断改进现有的业务,提高服务质量,证券市场有效竞争的结果和不断降低交易成本的要求,都使得券商三大业务"高创利"时代不再重现。并且我国券商规模普遍偏小的状况使券商无力承担产品创新的成本,只能挤在传统三大业务的"独木桥"上竞争。因此,若不进行新的业务品种的创新和业务范围的拓展,就不能改变券商总体赢利水平下降的局面。

3、内控制度不完善

首先是"内部人控制"的问题在证券公司中较为普遍。公司的股东大会、董事会、监事会三者未能发挥对公司运作的监管职能,不能及时明察公司运作中所存在的诸多风险因素。其次是对分支机构风险的控制缺乏最佳途径。公司可能会因为规模过大、管理制度不严、管理层次太多、管理幅度过宽等原因导致内部失控并产生风险。当前我国证券公司的风险管理基本上采取这样两种形式:一是横向式,即总公司向分支机构逐级授权;二是纵向式,即总公司向各职能部门授权。前者的缺点是易出现管理盲点,使某些重要情况不能及时反映给上级部门;后者的缺点是管理层次过多,管理的权威性不高。因此,证券公司日常管理难免有时出现漏洞。

4、风险管理手段落后

现代证券公司在风险管理方面存在明显的反差,即基本用传统的管理方式来管理现代的、高风险的证券行业,所以对风险管理大多体现为事后处理多、事前防范少。大多数证券公司围绕风险管理所开展的工作还只是起步性和基础性的,与较高级的管理标准相比尚存在很大差距。对风险评估、回避、预防、减轻和转移等控制技术的运用较为生疏,特别是充分利用信息技术和网络技术的最新成果来作为风险防范和控制手段的能力较差,科技应用水平低。

(三)证券市场的影响

1、证券市场本身所固有的波动性

主要表现为利率及货币汇率、股票与期货价格以及信贷息差的不利波动,这种波动是形成市场系统性风险的原因之一。目前,证券公司的自营业务和承销业务易于遭受市场波动的影响,尤其是承销时采用全额包销方式,更易遭受因市场走势变弱所带来的损失。

2、业内体系风险的"传染性"

一是因单个公司倒闭、单个市场或结算系统混乱而在整个金融市场产生"多米诺骨牌"效应,导致金融机构相继倒闭;二是证券业内单个公司的倒闭或单个市场的崩溃引发投资者"信任危机",从而可能导致从业机构的相继倒闭和整个市场的崩溃。

3、市场的不完全性

首先,在证券市场上,各类产品在同一市场上交易,其风险将不仅独立存在于某一类产品中,而且必然要影响或辐射到同一市场中其他产品的交易上。例如,某一产品的交易能带来高收益,则可能会引起投资者抛售其他产品以加入到该产品的交易中去。其次,市场信息的不对称性。市场参与者各自所掌握的信息是不同的,这种信息的不对称有可能为企业的不规范行为提供生存空间,从而导致证券投资风险的产生。再次,不同的市场参与者的交易费用是不相同的,如买卖的佣金、印花税、寻找投资对象的机会成本、承担风险的机会成本等方面的不同,这些差异使得市场上的供需双方变化不灵活,市场价格不能真实地反映有关某种证券的全部信息,这就有可能导致市场内幕交易和操纵市场行为的发生,增加了整个市场的风险积累。

(四)技术的影响

自20世纪90年代以来,互联网络的出现、发展和国际化,引发了人类社会一场新的革命。可以说,互联网络给证券市场的发展带来了新的机遇,提高了市场的运行效率,扩大了证券市场的覆盖面,降低了市场的运行成本,改变着证券的发行和交易方式,推动着全球证券市场的一体化,证券公司越来越依赖电脑网络系统。在网络时代,虽然市场效率明显提高,但是新的市场风险也随之出现。网络内部各环节密不可分,互相依托,任何一个环节出问题都可能影响整个系统的运行。这些

风险主要集中在网络的可靠性和安全性问题上。例如，自2002年初逐渐推广的“银证通”业务，由于自身存在技术不完善、信息数据传递不畅的缺陷，曾使某券商的一位客户错过“6·24”中六个涨停板的行情，出现“银证通不通”的情形，使证券公司面临诉讼、赔偿客户损失的风险。

三、证券公司风险管理新模式的构建

1、确立目标与原则

证券公司风险管理的目标是旨在通过建立一个完整、系统、全面和高效的防范、控制和化解证券公司风险的组织体系与运作系统，确保证券公司自身发展战略和经营目标得以贯彻实施，保障其各项业务安全、高效和正常运作，最终实现在一定风险约束下的收益最大化。

在合法、合规、稳健经营、开拓进取的前提下，证券公司的风险管理应遵循有效性、全面性、超前性、独立性、应变性和安全性的原则。①有效性原则：各种风险管理与内部控制制度必须符合国家证券法律法规以及中国证监会的规章，必须具有很强的可操作性；②全面性原则：风险控制必须覆盖所有部门和岗位，渗透于经营管理各项业务过程和各个操作环节，并成为所有员工严格遵守的行动指南；③独立性原则：风险管理机构在运作上应独立于公司的管理部门保持相对的独立性地位；④应变性原则：风险管理要适应风险影响因素和作用机理的相应变化；⑤超前性原则：风险管理要建立预警系统，重视预防功能，强化事前监督；⑥安全性原则。

2、选择风险处理策略

一般而言，证券公司处理与控制风险的策略有多种，因此必须有所选择和取舍，须根据本公司实际发展情况，寻找最适合、最佳的风险处理和控制策略。

(1)分散策略。分散策略是指管理者通过承担各种性质不同的风险，利用它们之间的相关程度取得最优的风险组合，使这些风险加总后的总体风险水平最低。证券公司的风险分散策略有以下几种：①业务种类上的风险分散，即在维持传统业务运作(发行承销、经纪、自营、融资业务)的同时，进行业务创新，如参与并购重组、项目融资、财务顾问等，通过多种业务运作和风险组合，以达到分散风险的目的。②证券期限上的风险分散，即自营业务中投资于多种具有不同期限的证券，包括长期证券、中期证券、短期证券，使证券种类趋于多样化。③资产种类上的分散，即恰当安排房地产和实业投资的比重进行投资种类的分散，以有效化解流动性风险。④通过资产证券化等方式分散风险。资产证券化能够增加证券公司资产的流动性，起到改善资产质量，增加资金来源，提高金融系统安全性等积极作用。

(2)转移策略。风险转移策略是一种事前控制策略，即在风险发生之前，通过各种市场交易活动，把可能发生的危险转移其他人承担。风险转移的具体方法有：一是担保。将本由证券公司承担的风险转嫁给担保人，使风险得以转移。但证券公司在转移风险的同时，又承担了担保人的信用风险。二是运用衍生交易工具转移风险。例如，证券公司进行证券投资时，通过买卖金融期货套现保值，将价格波动风险转移给愿意承担该风险的投资商。三是保险。通过投保，可将一部分风险转移给保险公司。

(3)补偿策略。常见的补偿策略有三种：一是将风险报酬记入价格，即在社会平均资本报酬率和通货膨胀率之外，再加进风险补偿率，这通

常是管理者优先考虑的补偿方法。二是订立抵押条款。证券公司在签订业务契约合同时，应增订抵押条款或担保条款。前者中抵押价值应略高于被抵押的资产价值，后者中客户有足够的现金担保。同时，条款中还必须明确规定，对于具体的风险损失如何从抵押品或担保金中补偿等内容。三是法律诉讼，即利用法律手段对造成证券公司风险损失的主要责任人提出诉讼，请求法院裁决以挽回一部分损失。

(4)回避策略。风险回避是一种事前控制策略，指决策者考虑到风险的存在，主动放弃或拒绝承担该风险。这是一种保守的风险控制手段，回避了风险的损失，同样也意味着放弃了风险收益的机会。但当风险很大，一旦发生损失将极为严重，公司很难承担时，这一措施可优先考虑。

(5)防范策略。风险的防范是指预防风险的产生。证券公司通过对风险事故发生的条件，原因进行分析，尽量控制事故发生条件的形成，这样可以使风险事故发生的可能性尽量减少直至完全消除。例如，针对公司的内部风险和技术风险，通过制定严格的内控制度，提高管理者和经办人员的素质，严格各项操作规程，就能较好地将风险加以防范和化解。

3、创设管理机构和管理体系

证券公司应针对各种主要风险，设立多级风险管理体系进行管理，并且与业务部门互相独立。下面提供简捷高效的风险管理机构设置模式：①经理委员会：它是公司的决策机构，负责风险管理的各种策略措施，决定公司从事的业务类型，批准接受客户的指导准则，制定客户业务的操作条件，确定自营业务能够承受的各种风险系数，评估整个公司实施这些策略措施的效果；②风险委员会：该委员会定期向经理委员会报告情况，具体评估整个风险管理框架，监管各种风险；③各管理部门：如财务、法律、内部审计、市场风险、信用审核等非业务性部门，与业务部门互相独立，协助经理委员会和风险委员会的工作。

一套完整的风险管理体系应包括决策体系、预防体系、评估体系和应变体系四个层次。

(1)决策体系。它包括三个方面内容：一是以一级法人制为核心的授权分责制度，按照现代企业制度的要求建立从公司总部到分支机构的多层授权制度，旨在充分发挥股东大会、董事会和监事会的职能。二是建立与个人责任密切联系的集体决策制度。三是建立高级管理人员岗位和重点风险岗位的定期轮换制度，旨在保持决策体系的新鲜和活力。

(2)预防体系。风险预防体系必须保证有完整的覆盖面。每一位员工的经营管理活动，都必须置于风险防控体系的监管之下；任何一项经营业务和任何一个经营管理部门，都必须纳入风险预防体系之中，不能出现风险预防的盲点和空白。从风险预防过程来看，风险预防贯穿于每一项具体业务活动的全过程。另一方面证券公司的风险预防体系是有重点的，应把预防重点放在风险发生频率高的部门及运行环节上。预防体系由四个部分构成，即一线岗位预防、专业预防、事后监督预防、稽核预防。

(3)评估体系。评估体系包括定性评估体系——内部管理评估、定量评估体系——资产风险评估两个方面。前者包括市场风险确定和划分、证券抵补、风险控制程序的执行等；后者包括安全性指标、流动性指标和盈利性指标。

(4)应变体系。风险管理体系必

须是一个具有应变能力的体系，其运作必须适应证券市场的瞬息万变的特征。证券公司在经营中要善于因势利导，具备化险为夷的应变能力，对公司业务的市场变数、政策变化等常见风险发生的可能性应拟定不同的对应措施和“止损点”。

4、完善内部控制制度

证券公司的内部控制是涉及证券公司各项业务、各个管理层面的一个复杂系统，它应从以下几大方面进一步完善和提高。

(1)组织结构控制。组织结构控制指对证券公司内部职务结构或职位结构的合理性与有效性进行监督和控制。合理的组织结构既是现代证券公司发展的内在要求，也是实行内部科学管理的前提。组织结构设置合理，有利于内部管理效率的提高，有利于实现内部的相互制约、相互协调，防止和纠正错误的发生。

证券公司组织结构控制中常见的成功方法和经验包括：①按照公司职能、地区或区域、客户、服务流程、服务种类等不同的标准划分部门。但每一种方法都有其各自的利弊，证券公司管理者需仔细加以权衡。②通过职权关系和信息流通，横向、纵向地把各个部分联系起来。信息的流通能在一个组织的有效运作中起着重要作用，因此管理层在构建证券公司组织结构时，必须注重建立畅通的信息流通渠道。③任何一个组织职务的设立，必须具备以下四个要素：明确的目标；有关业务活动的明确界定；一个能被充分理解的职权范围；所承担的确定的责任。④组织结构的设计必须使不相容职责进行分离。

我国证券公司现有的组织结构多数是“金字塔”式的多层垂直型结构。这种管理结构具有中间管理层过多、无法迅速适应外部市场环境变化的缺陷，应该尝试进行组织制度的创新，建立“扁平式”的组织结构。具体实施措施包括：①将公司内部业务相关的部门进行合并，从而使组织结构“扁平化”。②取消不必要的中间管理层次，减少管理组织的层次。③适当下放经营决策权，使业务单元能根据外部环境的变化适时进行调整。④提高管理者的能力与业务素质，以适应管理幅度增加后对管理者的素质提出的高要求。⑤推行团队化的工作方式，使业务由一个个相对职能化的团队来进行。

(2)合理的授权制度。授权就是根据所委派的任务及所要达到的目标授予人们运用其判断作出决策和发布指示的处置权力。证券公司中合理的授权制度包括以下两大方面：

①对分支机构的授权。证券公司对分支机构的授权控制主要包括业务授权和财务授权。业务授权可以分为综合授权和具体授权，一般根据各分支结构的级别、经营管理水平和业务风险程度决定，财务授权是上级对下级规定在财务收支方面的权限，包括资本性收支和经营性收支的权限等，一般通过制定财务制度以及下达财务计划来进行。

②对工作人员的授权。证券公司应针对部门的工作性质、人员的岗位职责，赋予相应的权限，使其对职责范围内的业务拥有酌情处理的权力。各职能部门及管理人员要在各自的岗位上按所授予的权限进行工作，并对职责范围内的工作负责。各种授权应当以书面形式明确后逐级下达，对任何越权行为，必须予以严厉的处罚，造成损失的应追究相关责任人的责任。

(3)职责分离控制。证券公司应对不相容的职责实行严格的分离控制。所谓不相容职责是指由一个人或一个部门处理容易发生差错或舞弊的职责。对于此类职责，应由两个或两个以上的个人或部门担任，以便相互核对，相互牵制，预防或纠正差错、舞弊的发生。具体而言，证券公司应在以下方面实行职责分离：①对货币、有价证券等资产的保管与账务会计记录相分离；②重要空白凭证的保管与使用相分离；③公司经营损失的确认与核销相分离；④资金交易业务的授权审批与具体经办相分离，前台交易与后台结算相分离；⑤风险评定人员与业务办理岗位相分离；⑥电子数据处理系统的技术人员与业务经办人员及会计人员相分离；⑦对直接接触客户资产的业务，必须复核或事后监督把关，重要业务必须坚持“双签有效”的原则。

(4)人事控制。人事控制主要是指员工素质和工作行为能力方面的控制，包括思想品质、职业道德、业务能力、知识范围等，高素质的员工队伍不但可以确保一定工作岗位上的职责切实得到履行，而且还可以变简单的控制为内在的积极自我约束。证券公司内部的人事控制大致分为以下几个方面：①岗位轮换。岗位轮换制度的作用在于：一方面可以在原工作人员离职时，对其工作进行全面的稽核，增加内部控制的力度；另一方面也使证券公司工作人员进一步熟悉证券公司的各项业务，促使其综合素质的提高。②离任稽核。在证券公司各职能管理人员离开原工作岗位之前，必须由证券公司稽核部门对拟离任人员在任职期间的工作进行检查考评。一方面评价其任期目标的实现情况；另一方面也可督促工作人员在职期间的行为。③业务培训。证券公司必须对工作人员进行后续职业培训，以使其能跟上时代的发展；同时也使那些具有潜质的工作人员在思想道德、业务水平上得到进一步提高，从而可以胜任更为高级的工作。

(5)内部会计控制。证券公司要建立严密的会计控制系统，会计记录、账务处理和经营成果核算要完全独立，会计部门只接受其主管的领导，会计主管不得参与具体经营业务的经办。会计控制系统的建立应遵循以下基本原则：①规范化原则。会计账务处理须按照会计法规准则的要求，建立并执行规范化的操作程序。②授权分责原则。具体包括：对会计账务处理实行岗位分工；采用电子数据处理系统录入会计数据时必须设立相应的识别密码；修改会计记录时，必须履行必要的手续和得到适当的上级授权；上级授权处理的事项必须履行必要的手续；建立并执行财务收支审批制度；会计岗位实行定期或不定期轮换。③监督制约原则。会计部门须设置相应岗位，配备必要人员，对会计账务处理的全过程实行监督，包括：事前监督，即临柜人员对业务的合法性、真实性、手续的完整性及数据的准确性进行审核；事中监督，即对会计处理的凭证、账表内容和数据进行复核；事后监督，即对已经处理过的会计账务实行再核对，重点监督重要业务的处理过程。

(6)内部稽核。内部稽核是指证券公司内部由专职的稽核部门和稽核人员对各项经营管理活动和经济责任履行情况进行的检查、监督与评价。在证券公司业务经营过程中，虽然各部门、各岗位为了保证完成各项业务经营活动，已进行了相互的牵制和相互的监督，但他们都是对内部控制制度的执行，是在经营管理系统内进行的。证券公司稽核部门则超脱于具体的经营业务，专门检查业务部门的控制监督情况，确保内部控制制度得到良好的执行。通过内部稽核工作可以监督证券公司内部控制制度的执行情况，并能够发现并及时改正其中存在的缺陷和漏洞，使内部控制制度得到不断完善。

应该说，风险和收益管理是证券公司经营成功必备的核心技能。通过构建风险管理模式，证券公司不仅可以建立一套完整的风险管理体系和风险管理制度，有效化解和防范经营风险、管理风险和市场风险等；而且还能达到“与风险同行”、获取风险收益的境界，从根本上提升证券公司的竞争力。同时，风险管理新模式的构建，还要求证券公司进行一系列的组织制度、运行机制的创新，建立健全完善的内部控制制度，提高工作效率和管理水平，这为国内证券公司迎接外资进入的挑战奠定基础。

第四章 上市公司的风险形成与管理创新

上市公司的风险是指上市公司受证券市场相关方面直接影响的损失或收益的可能性。上市公司风险直接关系到上市公司的经营业绩和企业形象，关系到证券市场风险的大小，因此对证券市场风险进行管理，首先必须加强上市公司的风险管理与控制。

一、上市公司风险的重要来源

上市公司的整个风险来源如下图所示：

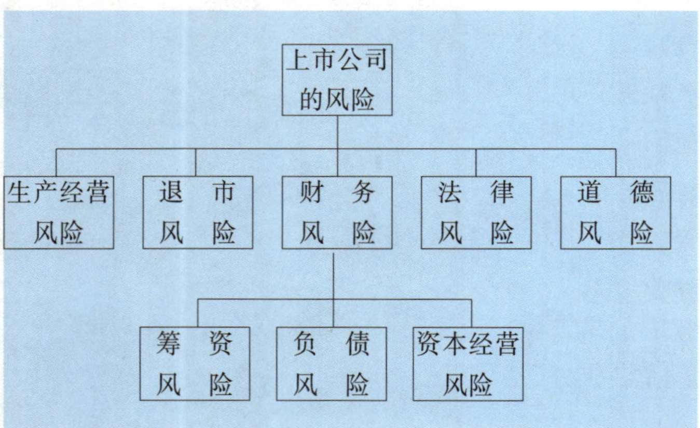

1、生产经营风险

生产经营风险是指由于各种因素对生产经营活动产生的影响，导致公司经营状况不佳和效益滑坡的可能性。影响公司未来经营状况和获利能力的因素很多，大致可分为内部风险和外部风险。公司内部风险主要包括生产风险、财务风险和人事风险。生产风险是指公司在生产经营过程中由于意外因素的影响不能按照预定计划进行生产、销售的可能性；财务风险是指由于公司财务收支发生超常规变化而带来的风险；人事风险是指由于公司重要人员发生意外变动对公司生产经营产生重大影响的可能性。外部风险主要包括政策性风险、竞争风险、自然风险、贸易风险等。

2、退市风险

退市风险，即退出市场风险，是指上市公司被暂停上市或终止上市的风险。还有一种被间接退市的情形，即企业因严重亏损而不得不进行资产重组以致重组后企业名称被改变，这实质上就是原公司退市。上市不是终身制，公司上市必须符合一定的条件和标准，若公司上市后不能维持最低限度的上市条件，或者有重大的违法违规情况时，上市公司则可以被暂停上市或终止上市，即退出市场。国外证券市场均有一套严格的上市规则，其中就包含了退市制度，例如，美国纳斯达克市场近五年就有3600家左右上市公司由于不符合上市条件而被退市。并且，我国《亏损上市公司暂停上市和终止上市实施办法（修订）》已于2002年1月1日起开始实施，这一办法的出台完善了我国证券市场的退市机制，同时也标志着上市公司退市风险的到来。随着我国证券市场的发展和监管的加强，相信退市的上市公司将越来越多。

3、筹资风险

筹资风险是指上市公司在利用证券市场筹资时，由于各种因素的影响，不能筹集到所需资金或者遭受损失（或获得收益）的可能性。它主要包括利用股票或债券筹资所要承担的风险，这里主要介绍股票筹资风险。

公司发行股票筹资的前提条件是要符合上市法定规则和国家经济政策的各项要求，如产业政策、外资利用政策、国有资产处理规定等等，要受到国家宏观经济调控政策的制约。公司在利用股票筹资的具体过程中，必须考虑的因素包括拟发行股票的种类、规模、方式、价格、时机及承销商的选择等。品种上，一般优先发行普通股股票，因为普通股预期收入较高，而且投资者还可以减少因货币贬值造成的损失，故容易销售，发行速度快。规模上，股票发行规模的大小关系到筹资成本、经营风险和发行速度，如果筹资规模超过实际需要，就会造成资金闲置与资金浪费，公司的盈利能力指标净资产收益率便会下降。方式上，股票的发行方式有代销和包销两种，在代销过程中，股票不能按时、按量的发行出去，这样就会直接影响到公司筹资的规模，进而使公司项目的投资受到影响；在包销方式中，如果投资银行由于资金短缺等问题，不能按照协议将金额包销，也会产生筹措资金不能按时到位的问题。从股票发行价格来看，上市公司需要合理确定发行价格，最大限度地均衡发行人，投资者和承销商三方利益。如果发行价过低，发行人会因此不能获得溢价收入而遭受损失；相反，则可能导致股票销售困难，筹资速度慢，周期长，证券公司也会因此而不愿意承销。就发行时机来看，在经济不景气，购买力低下时发行股票筹资的风险较大，特别是证券市场走势处于低谷状态时，新股发行尤其是配股的风险凸现。就承销商的选择来看，证券公司的实力、声誉、销售网络对股票的发行成功与否起着至关重要的作用。另外，股票上市后，公司经营状况的好坏，盈利的高低，管理能力的强弱等因素也会影响公司在证券市场的再筹资能力。如果效益低下，股票投资收益率低，投资者就会"用脚投票"，抛售其股票，股价下跌，从而影响公司通过再次发行股票筹集资金的能力，甚至使公司陷入筹资困境。

4、负债风险

负债风险是指上市公司因资产负债结构比例失调而导致资产收益减少或到期不能偿还债务的风险。上市公司运用借入资金进行负债经营，能给公司带来超额的利润收入，即所谓的"杠杆效应"。根据国际通用的对资产负债率的衡量标准，一般将这一指标定义为40%为适宜水平。指标过高，则会伴随过高的偿债风险；过低则又不是以发挥财务杠杆效应。资产负债率超过50%是偏高水平，超过60%的则属于高负债。目前，我国有许多上市公司的资产负债率在60%以上，属于高负债企业，面临很大的负债风险。通常公司因高负债产生负债风险有三种情形：一是产品有良好的市场需求，公司需扩大再生产而借入资金；二是公司为扩张规模进行兼并收购等原因导致资产负债率激增；三是公司被动负债，亦即公司原本举债较多，因种种原因不能偿还到期债务，导致形成债务积压。其中对第三种负债情形，公司最需要警惕，防止陷入财务困境、经营亏损和债务纠纷中。

5、资本经营风险

此处的资本经营是指上市公司通过资本市场进行的资本运作或营运，由此所造成的损失或获得收益的可能性即是资本经营风险。资本经营风险形成的原因有：一是购并风险。公司购并是一项涉及人、财、物及其经营管理的综合性业务，在购并过程中面临许多不确定因素，跨国购并更是如此，所以购并是具有很大风险的。二是风险投资中的高风险性。我国的风险资金多投资于高新技术产业，而高新技术产业具有“高风险、高潜力、高收益”的三高特点，同时高新技术存在着技术、市场和财务等多方面不确定性的风险，因此当上市公司投资或收购一些不甚了解的高科技项目时，尤其面临着很大的风险。三是合并与重组导致公司营运效率降低。不符合经济规律的不适当的合并与重组，经常会导致1+1<2的效果，使公司的经营和盈利能力受损。

我国的上市公司有60%~70%是通过改制从集团公司或大企业中剥离出来的资产组建而成，“母子”之间的相互担保、筹资、关联交易十分普遍，并且过去计划经济体制引起的重复建设也决定了上市公司资产重组的长期性，这些资本运营风险具体表现为借壳上市风险、大股东变动风险、担保风险等。

6、法律风险

法律风险是指上市公司因违反与证券市场相关的法律、法规而遭受损失的可能性。形成法律风险的原因主要包括：①公司高层管理人员利用职权从事经济犯罪活动而给公司带来严重损失；②上市公司利用内幕消息操纵证券市场，牟取暴利；③上市公司在作出分红配股方案等决策时损害了小股东的利益，从而导致公司在公众中的声誉下降，给公司经营带来间接的损失；④借兼并重组之名操纵市场获取暴利，由此受到法律惩罚。

7、道德风险

上市公司一般采用委托代理制度，即企业所有者不参与公司经营管理，而是委托职业经理管理公司。这种制度会产生道德风险，代理人可能会做出损害委托人利益的行为，它包括企业经理的腐败、欺骗、赎职等行为。这在当前我国上市公司法人治理结构还不完善、市场竞争不充分、职业经理人短缺的情形下，表现得更为明显。上市公司所有者和经营信息严重不对称，且缺乏有效的经理行为评估体系，当改革使经理自主权不断增加，企业被经理等内部人员所控制时，经理就能够利用手中职权以牺牲所有者的利益为代价而直接为自己谋取私利，导致所有者和经理间越来越难以实现激励相容（激励相容即指通过设计某种激励机制使得经理效益最大化的目标与所有者利益最大化的目标相一致）。市场规则和企业持续经营是经营者职业道德中并存内容，但当两者产生冲突时（这种情况是普遍存在的），经营者便会面临两难境地，如何抉择和处理将会决定上市公司的最终命运。

二、上市公司的风险成因剖析

从本质上说，上市公司各种风险产生的根源在于以下几个方面：

1、缺乏市场风险意识

目前在大部分上市公司中，国有股比重还相当大且不能流通，企业融资还不能完全脱离传统体制的束缚，企业的风险意识虽已基本确立或有不同程度的提高，但是，上市公司对市场风险的认识仍然局限于对一般经营风险的分析，或者是对外部性风险因素的认识强于对内部性风险因素的认识，而不能够从多角度、多层面的总体上来把握风险，忽视了管理方面可能发生的风险。公司一旦取得上市资格，就可能在上市后的实际经营过程中忽视招股说明书中所列举的诸项风险。

2、缺乏风险管理的动力机制

就一般情况而言，企业风险的形成取决于企业家对待风险的态度，而态度是由管理的激励机制所决定的。管理的动力机制问题又与财产权利关系密切相关。当所有权与经营权一致时，亦即资本所有者和企业最高决策者是同一个人（或几个人）时，显然不存在激励机制问题。现代市场经济体制下，资本所有者和企业经营者之间的关系一般为委托代理关系，所有者为委托人，经营者为代理人，委托人须授予代理人去经营管理企业，于是，这中间就存在着资本所有者如何促使经营者采取适当的行为以最大限度地增加资本所有者的利益问题。因此，当企业家不是资本所有者，而仅仅只是企业最高决策者时，他在企业风险管理中就处于激励不足的状态，此时必须建立一套行之有效的激励机制，即所有者在追求利益最大化时，设计一种机制将经营成果在所有者和经理之间进行最优化分配，由双方共同承担经营风险，使得经理效用最大化的目标与所有者利润最大化目标相一致。

在实践中，我国上市公司缺乏职业经理人，更缺乏对公司经营者的有效激励机制，经营者薪酬偏低，与其承担的风险和付出的代价极不相称，经营者缺乏动力去经营管理

好企业，更缺乏动力对企业的市场风险进行防范与控制。因此，完善我国上市公司的法人治理结构，建立行之有效的经理人激励机制迫在眉捷。

3、缺乏风险管理的约束机制

阿尔齐安和德姆赛茨(Alchian and Demsetz)认为，企业就是一个联合生产体，俗称为团队(Team)，监督者也会偷懒，且没有人来监督监督者。为了使作为监督者的企业家不偷懒并有积极性，只有把企业的剩余索取权归还监督者。但现实的问题是，当企业缺乏对监督者的制约机制，即没有人(或制度)来监督监督者时，就不仅只有防止监督者偷懒的问题，还包括欺骗、滥用企业剩余控制权等更严重的问题。我国国有企业在改制上市的改革过程中的一个重要失误就是约束机制日益软化，如果不建立科学和完善的约束机制，就难免助长企业行为短期化。目前上市公司对高级管理层实施了一定程度的期权制度，并且上市公司的信息披露制度也要优越于传统国企的管理制度，这对公司管理层也起到了一定程度的制约作用。但是股权激励没有取得效果，对企业家的约束机制也没有能够真正建立起来。进一步分析，股权激励、约束机制效果不明显的主要原因在于上市公司股权结构不合理。

目前上市公司股权结构特征主要包括：①非流通股占上市公司总股本的大部分；②国有股一直处于控股地位；③法人股比重相当高且有逐步上升并超过国家股的趋势。总的来说，上市公司这种以国有股为主导的股权模式的弊端集中表现为：①它抑制了公司现代激励约束机制的产生。这种股权模式不适合现代企业制度中的委托——代理机制，使上市公司无法建立新型的激励约束机制，公司还不能完全摆脱国有企业的经营模式。②它使中小股东的监督约束机制软化。就公司内部的委托代理机制而言，由于上市公司基本上被国家或法人控制，小股东缺乏监督约束经理层的动力和手段。小股东参加股东年会的人数少，甚至有的上市公司为使股东年会“顺利”通过，采取各种措施阻挠小股东的发言机会，使中小股东权利形同虚设；小股东无法通过固定渠道，在规定的时间内获得与公司业绩直接挂钩的信息，股东权益普遍受到损害。这些问题的存在使中小股东对经营者的监督约束机制无法发挥其应有的作用，约束力弱化。③通过市场力量约束经营者的机制残缺。在成熟规范的股份制度和证券市场中，有一系列通过市场手段迫使经理阶层积极努力的机制，如公司的代理权之争、恶意收购、大股东变更、融资结构改变等。但目前我国的证券市场还不具备有效约束经理阶层的条件，这主要表现在：a、投资者高度分散，投资者非机构化。这限制了股东对公司管理层的监督，使小股东对公司的监督基本上是虚拟的。b、一、二级市场不衔接，股票购买者投机心理甚于投资，客观上削弱了小股东监督公司的动力。c、上市公司的利益分配极不规范，投资者的收益权得不到保障。d、上市公司的分红派息低，股票市场盈率高，投资风险高。在这样一种市场机制下，我国上市公司的股价不能或基本不能反映公司的投资价值，结果导致持有本公司股票、股价波动、公司间的购并机制等不能对经理层产生明显的激励作用，同时也使小股东丧失“用脚投票”机制，即对通过市场来约束经理层的一系列机制都造成了影响。

总之，上市公司作为国民经济中的主导力量，在证券市场上处于基础性地位，这决定了上市公司的行为及其结果具有广泛的影响，上市公司风险的存在具有诸多的负面效应：不利于上市公司充分利用资本市场的筹资功能，直接减少公司利润，间接影响公司形象，甚至造成证券发行市场的“劣币驱逐良币”现象，以致那些盈利能力强、经营管理状况较好的公司难以得到市场的认同，不能顺利通过上市、配股等途径筹集到所需资金；不利于投资者形成理性的投资理念。上市公司漠视中小股东权益、信息披露不规范、关联交易不规范、经营决策随意性大，缺乏有效的激励和监督机制等，使投资者难以进行长线投资；不利于证券市场的稳定发展，因为市场风险具有相关性，会影响上市公司业绩，会动摇证券市场基础，进而影响到整个市场的投资安全性，甚至引发整个证券市场的风险。

三、上市公司风险的管理创新

上市公司进行风险管理创新的总目标是：围绕提高公司综合经济效益这个中心，使公司在损失前尽可能获得最大安全保障及利益，损失后能尽快取得令人满意的复原，使公司在风险承受力允许的情况下获取最高的回报。为实现这个目标，上市公司可从以下几方面入手：

1、建立风险管理的组织机构

上市公司风险管理组织结构的设置与相应的管理方式可以有三种选择或安排：

(1)使风险管理机构隶属于公司某个部门之下。如财务部、人事部、生产部和销售部等，其通常的做法是隶属于财务部或人事部。这种设置模式可以妥善进行风险费用的预算和保险管理，以及对部门风险的管理，但它不适应于投机风险的管理和全部风险管理。

(2)在公司内部建立专职风险管理部门，实行集中管理。这种管理模式可以避免重复，保持投资的经济性，属于保险型的集中式风险管理方式，但其缺点同样是机构的管理职能不适合投机风险的管理。

(3)建立专司公司风险管理的机构。由该机构负责公司的全部风险管理，但它不是主管部门，而是咨询部门。该机构负责拟订公司全面风险管理的计划，直接负责公司保险管理，对生产、销售、财务、劳务等部门的风险处理，进行工作上的联系，建议和调整。这种机构模式适合于经营型风险管理，既利于企业的全部风险管理，又利于公司分解风险处理的责任，发挥各部门处理风险的积极性和创造性，搞好各部门的风险管理。

因此，上市公司应注意分析本公司风险的具体特征，根据实际情况选择建立合适的风险管理组织机构，这是上市公司进行风险管理的前提条件。

2、创建经理层激励约束机制

上市公司的风险管理，必须从作为企业家的公司经理入手，这是因为：一方面，公司经理层是资源管理者，对公司的发展具有决策权力，公司的命运与他们的行为关系重大；另一方面公司经理层在配置资源时欲求得高效率就必须防范和控制风险，使资源尽可能承受得住。但是，经理层的风险管理能力会受到一系列因素的影响，当前最迫切需要解决的是建立经理层的激励约束机制问题。

(1)激励机制。经理层激励机制安排是否科学合理关系到公司的长期发展战略问题，针对我国上市公司目前存在的以国有股为主导的股东主权模式引起的种种弊端，可从以下几个方面努力，以达到在一定程度上提高股权激励效果的目的。

第一，明确公司上市目标。企业上市的首要目标应该是借助于股份公司这一现代企业制度形式，创建公司法人治理结构，转换企业经营机制，提高企业经营效率和管理水

平；而筹集资金应是次要目标，切忌将筹资功能置于改制功能之上。

第二，保护中小股东权益，维护中小股东地位。上市公司可采取一些特别措施，如实行表决权委托制度、股东提案制度、股东代位诉讼制等来保障中小股东权益，维护中小股东地位，使经理层确实对中小股东负责，以提高股权激励的效果。

第三，鼓励公司并购。2002年9月，我国已颁布了《上市公司收购管理办法》，公司并购机制得到进一步完善。我们应鼓励上市公司依法并购，购买、出售、置换资产，也可以考虑延长收购要约的期限，增加标购企业发布收购要约的持股比例和增持比例等，以此来提高公司资产质量，优化资产配置。

第四，完善外部监督机制。目前我国应加快建立完善企业家市场，加强会计、审计事务所和资产评估等中介机构的独立性建设，完善外部监督职能，保证上市公司运作的安全性和高效率，也使上市公司的高级管理者得到有效的监督和激励。

第五，加强行政、行业监管，使现有的一些约束公司管理层的措施能够落实到位。在中小股东缺乏监督约束机制和能力的情况下，政府行政职能部门和有关的行业监督部门应负起责任，以弥补中小股东约束力量的不足。

(2)约束机制。上市公司在建立经理层防范风险的激励机制的同时，也必须建立经理层防范风险的约束机制。从我国上市公司的具体情形来看，可以通过实施下列途径来对经理层进行约束：

①国家制定相关法规条件、经济政策、财务会计制度等进行监督；

②资产所有者通过股东大会、董事会、监事会来监督；

③社会舆论的监督，特别要重视新闻媒体在我国的社会监督机制中发挥的特殊作用；

④市场规律和法则的约束。在职业经理市场中，通过对经理的聘用和解聘形成对经理层的最高约束；在资本市场中，通过股价涨跌、接管与购并之类的威胁对经理层形成外部约束。

在上述约束途径中，当前较为薄弱的环节是职业经理发育迟缓，企业家缺乏，应引起高度重视。事实上，只有实现了企业家的职业化、市场化，才能使企业家作为一种“资源”自然而然地由市场来配置，公开竞争，优胜劣汰。

3、积极防范担保风险

担保风险与违规行为通常是形影不离，因此防范担保风险应从治理上市公司违规行为入手，监管部门和上市公司监事会及独立董事应通过法律途径，采取多方面措施加强对公司治理结构的整治，保护上市公司利益和中小股东权益。

(1)建立健全上市公司担保的授权程序与反担保措施。上市公司为他人提供担保必须经董事会或股东大会批准，董事会对外担保权限应比照公司章程有关董事会投资权限的规定，超过章程规定权限的对外担保，董事会要提出议案并报股东大会批准；股东大会未予批准的，上市公司不能对外提供担保。上市公司在行使对外担保时，还要对担保事项的利益和风险进行充分分析，要加强对寻求担保公司的财务状况及偿债能力的调查、评估与监测，切忌盲目担保，并且还应遵循平等、自愿、互利的原则，要求被担保方提供反担保等类似措施，以此降低担保风险。

(2)强化上市公司对被担保公司的信息披露。证券监管部门应进一步完善上市公司信息披露制度，强制要求上市公司充分披露被担保公司的资信状况和财务状况等相关信息，使上市公司的担保行为置于社会舆论的监督之下。

(3)完善关联担保风险责任机制和责任人处罚机制。应对《公司法》中关联担保规定作进一步细化，明确制定关联担保的建立、披露监管、决策责任及相关的损失赔偿制度，以便从制度上确立主要股东以其持有的股份作为对其他股东风险的保证。在责任人处罚机制上，应建立相关民事赔偿责任制度，如董事经理决策连带赔偿制度，使决策失误或违法的董事经理对公司负一定赔偿责任。

(4)完善银行系统的担保贷款监管体系，严格贯彻《担保法》，加强贷款的评估、跟踪工作，加大对市场违规行为的打击力度。

(5)加快信用担保体系建设，实现担保的市场化、产业化运作。

4、控制并化解退市风险

对上市公司而言，退市风险是最大的风险。从某种意义上说，发行风险、负债风险、法律风险、资本经营风险、生产经营风险等诸多风险，

最终都可能导致或者转换成上市公司的退市风险。总的来说，上市公司退市原因，可以归纳成两大方面：规范运行和公司质量。因此，对上市公司退市风险的控制和化解也应从这两大方面入手。

(1)完善公司法人治理结构。由于我国上市公司大部分是由国有企业转制而来，市场发育存在明显的先天不足，大部分上市公司改制不彻底，董事会与经营者的权责不明确，监事会的作用远未得到充分发挥，法人治理结构中存在的诸多问题亟待解决。但当务之急应是完善独立董事制，解决内部人控制问题（即对经理的监督问题）。设立独立董事可以制衡公司经理层对股东利益的损害，一方面它可制约大股东利用其控股地位做出不利于公司和外部股东的行为；另一方面还可以独立监督公司管理层，减少内部人带来的问题，保障中小股东的权益。因此，应加快制定和完善相关法律和法规，积极推进独立董事制，规范控股股东行为，增强公司运行的透明度，坚持拟上市公司或已上市公司与母公司之间做到人员、资产、财务、机构完全分开，以维护中小股东的合法权益。

(2)提高资本运营水平。资本运营可以提高上市公司经营效益，迅速扩张企业规模，提升企业市场竞争力。具体而言，资本运营可以为上市公司解决以下问题：一是化解摘牌危机。上市公司连续三年发生亏损将受到摘牌处理。为了免遭摘牌，通过改善控股股东等资本运营手段扭亏为盈十分有效，而完全靠自身发展，经营业绩可能会每况愈下。二是合理安排企业产权结构。资本经营方式可对上市公司产权基础重新作出安排，使国有股的控股地位逐步从许多国有经济缺乏竞争性的行业或非战略性行业中退出。三是帮助优势企业扩张。对运作机制灵活又有自己品牌尤其是名牌的优势企业，与其自我积聚扩张，不如通过纵向一体化、横向一体化或多元一体化（即重组与自己没有产业关联的企业）等资本经营途径，兼并收购其他公司来壮大本公司。

5、加快培育和发展机构投资者

我国证券市场是一个新兴市场，机构投资时代特征虽已初显，但目前散户力量仍占主导地位，这一状况的最大弊端在于它容易使市场出现非理性的特点。同时，在极度分散的投资者基础上，保护广大投资者利益的政策很难贯彻实施。投资者的利益没有得到真正的保护，并且在国有股占绝大部分比例的情况下，个人投资者对公司管理层没有任何约束力，投票权形同虚设。

而在机构投资者时代，机构投资者可以凭借其较大的持股比重，对上市公司的经营管理发表意见，行使投票权，给公司管理层造成外部压力。但现实中，从我国目前主要的机构投资者即证券投资基金来看，几乎都是不谋求对上市公司的控股，不参与所投资上市公司的管理，是一种被动式投资。实际上，我国的证券投资基金普遍采取的是国际上传统的机构投资者所采用的被动投资管理方式，即以获取股票的二级市场差价与上市公司股息红利分配为目的，而放弃行使股东参与公司内部管理的权利。而在国际证券市场上，机构投资者注重长期投资，能够起到稳定股市的作用，他们采取的是主动投资策略，即通过行使作为上市公司股东的股票权和提案权，来影响公司决策从而获得更高的收益。这种由被动投资到主动投资转变的原因在于，机构投资者持有相当多的公司股票，有参与公司管理的冲动与力量。

6、加强道德风险监管

随着安然造假案、世界通信公

司破产案等案件的揭露，全球证券市场日益重视对道德风险的监管，比如，美国已出台了《2002年公众公司会计改革和投资者保护法》，加强对公众公司的财务监管力度；我国各界人士和各大媒体也正在热烈讨论市场诚信建设问题，呼吁树立诚信原则。在探讨中，人们深究诚信的主体和对象时，发现诚信有不同的标准，而这些标准又会经常彼此冲突。这些冲突源自这样一个事实：市场由于人的参与会被扭曲，这不是特例而是通例。诚信原则是不能靠呼吁来解决的，因此必须建立一种机制形成对人的约束。

面对市场深层次的道德风险，东方人的解决方式是强调事先控制；西方人的解决方式是重视程序控制。这在一级市场的发行方式上具体表现为：东方人偏向事前的实质性审批，西方人偏向于事前的注册程序和事后的信息披露。我国证券市场在改革与发展中引进了西方的信息披露制度，但同时仍保留事前的实质性审批。而西方国家在科技股泡沫和NASDAQ市场崩盘后，也开始强化事前控制，开始普遍质疑华尔街巨头们的行为准则，开始讨论市场背后的道德风险，即讨论公司治理结构(Corporate Governance)及其透明度(Transparency)。由此可看出，上市公司道德风险的监管正出现西方与东方合流的趋势，我国证券市场应迎合这一潮流，在人性化管理原则上兼收西方的程序化监管原则，完善信息披露监管法规，彻底解决信息披露中重形式、轻实质的倾向，以及交易要素披露不全、披露尺度把握不准、关联交易未作披露等问题，以有效防范和化解上市公司的道德风险。

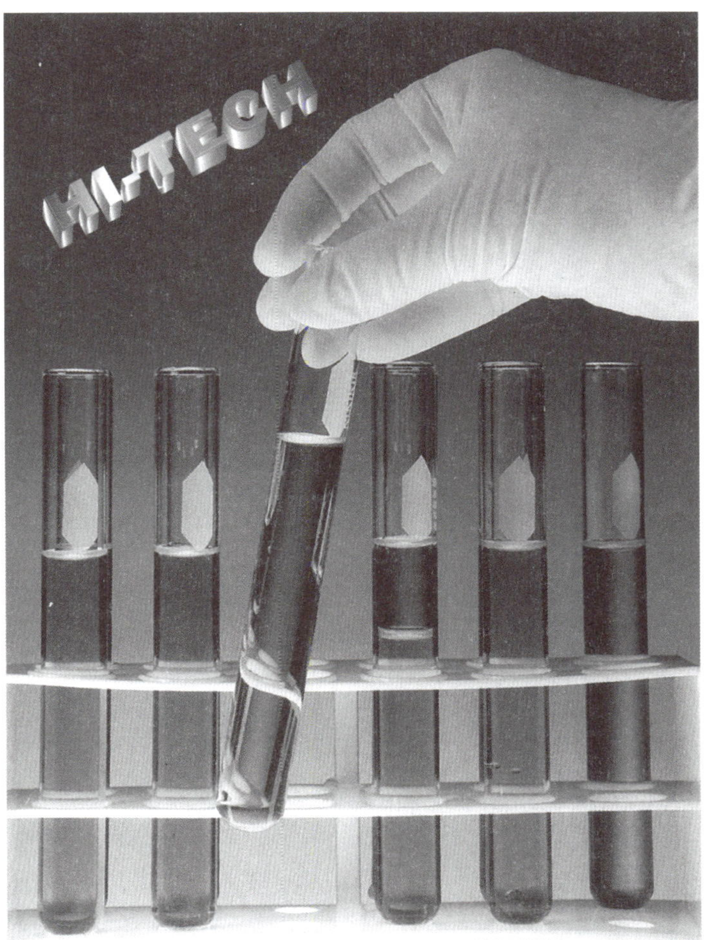

总之，我国上市公司正逐渐成为国民经济的中坚力量，证券市场的法制化、规范化、市场化程度正在日益提高，这势必要求上市公司加强风险防范意识，制定科学有效的风险管理机制，完善法人治理结构，提升公司运作透明度，降低市场运行成本，提高公司经营管理水平和盈利能力，以应对入世后证券市场逐渐对外开放以及国际化的挑战。

第五章 投资者风险的衡量与防范模式

根据国际惯例，证券市场的投资者包括保险公司、投资公司、各类基金、个人和社会其他机构等五大类型。活跃的投资者可以保证证券筹资活动的顺利完成，并活跃证券二级市场的交易。当然，证券投资与其他任何投资一样，风险与收益并存，投资者要获得收益，必须承担相应的风险。因此，投资者对证券投资的风险必须有充分的认识和了解，并对市场风险进行有效的防范和控制。

一、投资者风险的基本构架

在机构投资者时代到来前夕，我国证券市场仍然以散户力量为主，投资者面临的风险远远高于国外成熟的证券市场。按风险是否可以分散来划分，投资者风险可以分为系统性风险和非系统性风险两大类。其中非系统性风险分散的程度在一定范围内与所持有证券的数量成正比，而系统性风险则与之无关(如下图所示)。

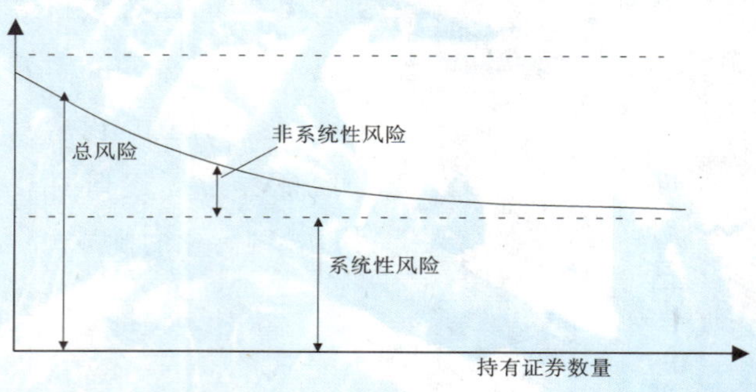

1、系统性风险

系统性风险是指与证券市场的整体运行相关联的风险，是指因某种因素(如政治、经济、社会环境)等的作用而对市场所有证券都会带来收益和损失的可能性。系统性风险使所有同类证券价格向相同方向变化，是单一证券所无法抗拒的且不能通过投资组合来分散的风险。其具体类型有以下几种：

(1)市场风险。市场风险是指证券市场本身因各种因素而引起证券价格变动，从而造成投资损失的可能性。它是证券投资中最普遍、最常见的风险。市场风险的直接原因主要是投资者对有形或无形事件的反应。有形事件是指政治、经济、通货膨胀、企业利润减少等事件，无形事件通常是指证券市场上流传的各种传言甚至谣言。人们根据有形或无形事件预测证券价格下跌，于是竞相抛售造成供求失衡，从而形成市场风险。

证券市场行情受多种因素影响，其中经济周期的变动是决定性因素。经济周期是指社会经济阶段性的循环和波动，可划分为萧条、复苏、繁荣、衰退四个阶段。经济周期的规律性波动决定了企业营运的大环境和效益水平，并从根本上决定了证券行情的表现，特别是股票市场的变动趋势。证券市场行情随经济周期的循环而起伏变化。一般来讲，总的趋势包括看涨行情、看跌行情两大类型。

(2)贬值风险。贬值风险，即通货膨胀风险，是指由于受通货膨胀的影响而使证券投资收益的实际价值下降的风险。在通货膨胀情况下，实际投资者名义货币收入虽然有所增加，但其实际财富不一定增值，这要取决于其名义收益率是否高于通货膨胀率。通货膨胀可分为“期望型”和“意外型”，前者是指投资者根据以往的经验和数据资料对未来通货膨胀的预计，也是他们对未来投资索求补偿的依据和基础；而后者则是投资者始料不及的，也不可能得到任何补偿。一般来说，短期债券和带浮动利率的中长期债券由于考虑了通货膨胀的补偿，因而可以降低期望型贬值风险；股票、期权及固定利率的长期债券的投资者则同时承受以上两种风险，期限越长，贬值风险越大。

(3)利率风险。利率风险，又称货币风险，指由于货币市场利率的变动引起证券市场价格的升降，从而影响证券投资收益的变动而带来的风险。利率对股价的影响一直较为明显，且反应迅速，这是因为市场利率的高低会对股票收益产生重要影响：一是利率的变动会改变人们的投资方向。例如由股票投资转向债券投资、实业投资、银行存款，而证券市场资金大规模的流入或流出又会影响股市的供求平衡，进而影响股票价格的波动，造成很大风险；二是利率的变动对企业的收益产生直接影响，如增加企业贷款利息、债务负担加重、利润减少等等。一般而言，利率与股票价格呈反向变动关系：利率提高，股价下跌；利率降低，股价上涨。此外，利率对债券的影响更为直接。利率提高，债券的机会成本就增加，债券价格就会下跌；利率降低，债券价格便上涨，即债券的价格与利率也呈反方向变动关系。

(4)汇率风险。汇率风险是指国际金融市场上汇率的变化所带来的风险。在当前浮动汇率制下，投资者进行国际投资者要承担这种风险。外汇汇率既受国际金融市场供求关系变化的影响，又受各国政府的货币政策、财政政策、外贸政策的影响，汇率总是起伏不定，风险极大。因此，当投资者投资于以外币为面值发行的有价证券时，如B股，他们除了要承担与其他证券相同的风险外，还要承担货币兑换的额外风险。

(5)政策法规风险。政策法规风险是指国家出台、调整或更改某些政策、法律法规特别是针对证券市场的法规，从而引起证券价格变动带来的风险。中国证券市场是一个新兴市场，从试点到规范运作，有一个政策法规逐步出台和调整变化的过程。每一项政策、法规出台或调整，对证券市场都会有一定的影响，有的甚至影响很大，从而引起市场较大波动。以法规变动为例，其影响主要有三个方面：一是颁布的有关法规对上市公司业绩造成影响。如外汇管制、税率变动等；二是通过有关法规的变动对市场主体参与资格进行约束和限制，如已于2003年1月1日实行的修改后的《保险法》第105条规定：保险公司的资金不得用于设立证券经营机构，不得用于设立保险业以外的企业；三是直接改变某个环节的交易制度，如根据市场情况对交割时间进行变动等。

2、非系统性风险

非系统性风险是指影响某一具体证券的微观风险，它由与上市公司相关的各类因素引起，与整个证券市场不发生系统性的联系，是存在于个别企业或个别行业的风险，并且可以通过投资组合将其分散。从投资者的角度看，投资者选定某一上市公司，目的是为了获得资本增值收益，因此上市公司的经营风险最终都要由投资者来承受，如上市公司的破产风险、管理风险、负债经营风险、流动性风险、违约风险等等。

(1)流动性风险。流动性风险指投资者所投资的证券因流通性不足而导致的变现能力风险。流动性是有价证券的一个重要特征，也是证券投资的活力之所在。一般地，流动性较差的证券变现风险较大。造成流动性风险的原因主要有市场发育不成熟、交易制度有缺陷以及市场形势发生巨变等。例如，购买法人股的投资者受到了法人股不得上市流通规定的制约而承受了流动性风险。此外，有些证券上市后交易量十分有限，如B股、可转换债券，较差的流动性使投资者急需资金时不得不大量低价抛出被迫平仓而造成损失。

(2)违约风险。当投资者投资于那些有固定收入的有价证券时，可能会因为证券发行不能向投资者兑现收益而遭受损失。尽管这类证券在发行时对投资者有明文保证或承诺，发行人能够在未来一段时间内获得确定金额的收入，这笔金额可能是在证券到期时一次发放，也可能在有效期内多次发放。但是，当发行人资金周转不灵，财务陷入困境时，这种事先的承诺就可能无法兑现。

债券、优先股、普通股都有可能发生违约风险，但各自引起的损失程度有所不同。违约风险是债券的主要风险，因为债券是需要按时还本付息的要约证券。债券的违约风险从低到高顺序依次是：中央政府债券、地方政府债券、金融债券、公司债券。一般认为，中央政府债券几乎没有违约风险，除非出现政权不稳的情形；某些大金融机构和国际性公司债券的违约风险甚至低于某些政权不稳的政府债券。当投资者投资于公司债券时，首先要考虑的就是违约风险，产品的市场需求、生产成本、融资条件的变动都可能引起违约风险，特别是公司不能偿还到期债务而面临破产时，债券的利息和本金都可能无法收回。此外，股票虽没有还本要求，普通股股息也不固定，但仍有违约风险，不仅优先股股息有缓付或少付甚至不付的可能。而且如果公司不能按期偿付债务，就立即会影响股票价格，甚至当公司破产时，该公司股票价格接近于零。

(3)财务风险.。财务风险是指投资者因上市公司财务结构不合理、融资不当而导致预期收益下降的风险。财务风险的大小取决于公司的财务杠杆运作和经营状况。负债经营、善用财务杠杆是现代企业的经营策略。债务(包括银行贷款、发行企业债券、商业信用)和发行股票是上市公司运作资金的两大主要来源。当负债融资产生的利益率大于债息率时，则利润金额将给股东或投资者带来收益增长的效应；反之，就是收益减少的财务风险。对普通投资者而言，上市公司财务风险中最大的风险应属公司经营风险。投资股票就是投资于公司，公司的经营效益好坏决定股价的升跌。公司经营亏损时，投资者不仅会损失资本利得而且还因股价下跌使资本金大幅缩水，甚至当公司资不抵债面临破产，终止上市时还会血本无归。另外，因监管防范不力导致会计造假、虚报利润等财务欺诈行为，也可能会使投资者陷入圈套，蒙受损失。

(4)市场操纵风险。市场操纵是指某一组织或个人以获取利益或者减少损失为目的，利用其资金、信息等优势，或者滥用职权，制造证券市场假象，诱导或者致使投资者在不了解事实真相的情况下作出证券投资决定，扰乱证券市场秩序的行为。当投资者所购股票被人操纵时，便面临着市场操纵风险。其中操纵方式有虚买虚卖、自买自卖、串通合谋、连续交易操纵等。市场操纵在我国被俗称为“做庄”，被操纵的股票往往价格波动幅度大，获利空间大，但难于判断出入市时间，一旦判断失误，便可能会被高度套牢，损失惨重。而且，“庄股”隐蔽性强，不易被发现，“暴露”之时又极具诱惑力，易引诱投资者上当。

二、投资者风险的成因分析

一般的，参与证券市场的投资者，包括个人投资者和机构投资者，其本金和收益都面临着遭受损失的可能性。这种风险产生的原因是多方面的，这需要投资者认真对待。

1、信息不对称

信息不对称是市场经济中一个不可回避的事实。各上市公司处于不同行业，即使处同一行业也具有不同的技术水平，一般的个人投资者，甚至市场专业分析人士、公司内部管理人员都无法真正了解和把握某些行业和技术的未来。同时，即使在证券市场法律法规健全和信息披露完整准确的情况下，由于存在社会道德风险和知识能力限制，投资者也不可能全面真实掌握公司的经营状况、财务状况和盈利能力。况且公司实际盈利水平总与预测数值有偏差，因此，在与上市公司的博弈中，投资者总是处于信息弱势的一方。在不充分了解上市公司的情况下盲目投资，投资者就会面临较大的风险。

2、投资理念被误导

现阶段我国证券市场上，主动作长线投资的投资者很少，造成该现象的一个重要原因是我国股市投

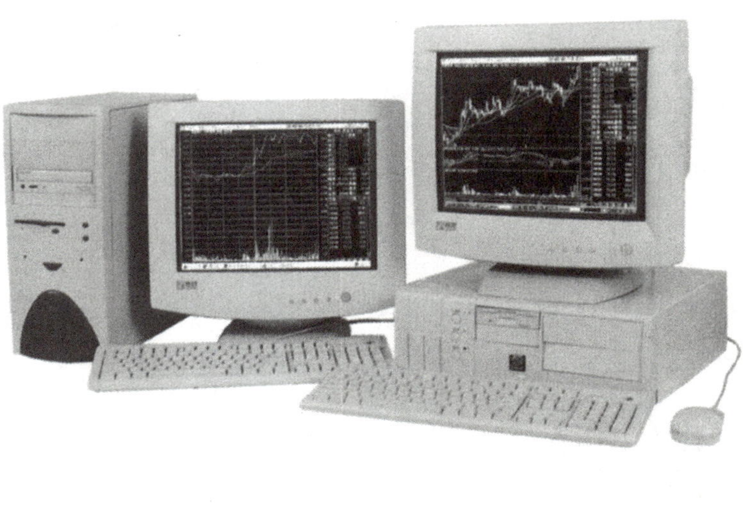

机氛围浓厚,其具体表现在:一是股指上下振幅很大,沪深两市在历次的大震荡中波峰与谷底相差360%,而国外成熟市场在100%以内;二是牛熊市成交量相差太大,牛熊对比值在8.0以上;三是换手率过高,我国年换手率在500%~600%左右,而美国仅100%左右;四是行情大起大落,个股价格振幅在35%~45%的并不少见。

而我国股市投机理念形成的一个深层次原因是上市公司的品质问题。许多上市公司存在过度包装问题,公司上市的动机是为了到证券市场"圈钱",并且公司上市后经营业绩逐年下滑。在这种情况下,对于投资者的股市操作,投机战胜了投资,并且这种投机是一种过度投机。市场长时期处于过度投机状态,往往会扭曲市场投资理念。实际上,在一个非理性的市场上,当理性投资意味着亏损时,理性投资就是"非理性",投资者也就只能进行"理性"的非理性投资。由于市场的投机性强,即使是机构投资者,其投资理念也将会被误导成追求短期价差利益,不能发挥市场"稳定器"的功能。

3、素质缺陷

投资者的素质与证券市场的发展相辅相成。我国沪深股票市场运作仅10余年,且在1995年以前的几年都是处于试点阶段,市场发育很不健全,正处于由不规范到规范的过渡期;同样,投资者的素质也处于一个较低水平,对股市的认识也较为肤浅,尤其是缺乏风险意识和科学理智的投资心态。另外,政府的一些过渡性保护政策也助长了投机现象,如2002年年初取消的PT制度以及仍在实行的ST制度。这些制度、政策使证券市场出现了一些不正常现象:一方面是大盘相对疲软;而另一方面是具高风险的ST股票连连涨停。用动态博弈论的观点分析,实际上监管部门给出的是不可信承诺或威胁(Incredible Commitment or Threat)的信号,自己成了投资者和市场的人质(Hostage)。换而言之,投资者通过过去政府监管机构对证券市场的呵护行为,已经形成这样一种观念:管理层总是要维护投资者的利益,总会采取措施拯救股市。正是有着这样天真的观念,才使得投资者敢于从事风险很强的投机。

由于投资者的专业知识、业务水平不同,即使处于同样的环境下,发生在他们身上的风险也不同。那些具有投资专业知识和一定投资技巧的人,相对于那些缺乏专业知识和操作技巧的人来说,发生在他们身上的风险相对低些。从大多数投资者的投资来看,其投资决策不是建立在对市场的基本分析和技术分析相结合的基础上,长此以往,就会影响投资者投资水平的提高,使投资者的素质在低水平上徘徊。

4、技术分析指标"失灵"

在证券投资分析中,各项技术分析指标的应用均有一定的适用前提和条件。若实践中这些条件发生改变,则由此计算出的技术指标也丧失其分析意义,对实务操作失去指导作用,即技术分析指标"失灵"。导致这一现象产生的原因是市场和上市公司基本面的变化,例如当股市投机炒作气氛弥漫,政府颁布临时法规强力干预证券市场,个别上市公司受国家政策特别保护等等。一般而言,技术指标的创建是建立在完全充分的市场竞争基础上的,当证券市场被人为因素作用时,市场规律就会遭到扭曲,技术分析指标就会出现"钝化"与"失灵"等现象,投资者依此操作就可能产生误判,由此加大投资风险。

5、风险偏好

根据经济学理论,投资者按照风险偏好程度可分为三类,即风险厌恶者、风险中性者和风险偏好者。对风险的偏好程度不同,投资者所面临的风险也不同。随着风险偏好程度的降低,风险发生的概率也就越小,造成的损失也相应较小。例如在证券投资对象的选择上,风险偏好不同的人决策会不一样,风险厌恶者会倾向于选择债券求得资金的安全，风险偏好者则可能会选择股市。即使是同样投资于股市，风险偏好不同的投资者所选择的投资策略、投资时机和投资方式亦不同。风险厌恶者会采取稳健型的投资策略，选择低风险为入市时机，选择波动性小的成长股为投资对象；风险偏好者的投资策略则以高回报、高风险、波动幅度大的股票为投资对象，是以承担较大风险为代价而获得高额回报；风险中性者居于二者之间，以收益适中的股票为投资对象，从而承担的风险也适中。

三、投资者风险的防范模式

投资理财是一项充满风险的经济活动，只有重视并做好风险防范，才能实现理想的投资收益和达到理财的预期目的。根据资金性质来源和规模等不同特点，投资者大体上可分为个人投资者和机构投资者两大类，与之相对应的也存在两种不同的风险防范模式。

1、个人投资者的风险防范模式

我国证券市场自建立发展至今，一直处于散户即个人投资者主宰的时代。但10多年来，投资者的风险意识、投资理念已初步树立起来。在新时期新形势下，有必要建立新型、正确、全面的证券投资风险防范模式。

相对于机构投资者而言，个人投资者具有资金规模小、风险承担能力弱、专业知识缺乏、信息收集成本高且来源渠道窄等特点，其资金一般来源于薪水或个人所得剩余，要承担着养家糊口，治病救命的重大功能，要保持一定的流动性。因此，个人投资者要采取谨慎型的风险防范模式，要根据家庭自身特点和特殊情况，制定个性化的风险防范策略。其具体含义包括以下内容：

(1)树立理性的投资理念，合理配置资金。保持理性是投资活动的一个十分重要的原则，理性投资而非投机取巧不仅是机构投资者的运作前提，同时也是个人投资者的必备素质之一。理性首先要有良好的心理状态。在证券市场上，投资者的心理要经受各种因素和各个方面的考验，如证券价格波动、相信自己还是别人等，投资者必须学会克服心理因素对投资活动的不利影响。理性的投资理念还要求投资者培养理智、自信、耐心和严谨的个性特征，要求投资决策是出于理智的分析和判断，而不是出于主观的愿望，甚至盲目跟风。作为一个理性投资者，要规避市场风险、获得盈利，必须首先战胜自己，避免作出主观的和情绪化的投资决策。

“不要把鸡蛋放在同一个篮子里”也是资金实力弱小的个人投资者必须遵循的原则之一。个人投资者应在树立理性的投资理念前提下，对资产进行合理配置。这种资产配置应该是战略性的，一旦确定就不应随意变动。当前，个人投资者的投资产品很多，主要包括股票、债券、基金、保险、储蓄、外汇、期货、置业等。不同的投资产品，存在的收益率、风险大小程度不同。投资者应根据个人实际情况和家庭客观需要，设定投资理财目标，将自己的全部财务资源进行合理配置使其在投资收益率，流动性、风险程度等之间达到平衡。

(2)学习投资知识，掌握投资分析方法。证券投资是收益与风险并存的投资形式，只有掌握有效的证券投资知识和投资分析方法，投资才会成功。投资知识包含的范围较广，对个人投资者而言，因时间、精力、知识结构和知识水平等方面的限制，只须掌握必备的投资知识，其它主要包括三个方面：一是投资的基本知识；二是投资程序；三是基本

的投资技巧。一个真正的证券投资者，应该随着证券市场的发展而不断丰富自己的证券知识存量，以增强对市场现象的识别和驾驭能力。证券投资分析主要包括基本面分析和技术分析，其中基本面分析包括宏观经济分析、行业分析和公司分析，主要适用于长期的行情预测，帮助投资者评估证券的投资价值，判断证券的合理价位，从而能作出较正确的投资决策；技术分析是从证券的市场行为来分析证券价格未来的变化趋势的方法，它在我国更适用于短期的行情预测，可帮助投资者预测和判断整个证券市场或单个证券品种将来的走向或趋势。所以投资者在运用投资分析方法时，必须将基本分析和技术分析结合起来使用，综合考察基本分析和技术分析中的各个因素。

(3)选择和坚持适当的投资方式。良好的投资方法和习惯是投资成功的重要保证。投资者应该根据自身的特点，如资金量、风险偏好、专业知识水平等，选择适当的投资方法。投资者选定一种投资方法后应能长期坚持并贯彻执行。个人投资者容易犯的通病就是经常怀疑自己投资方法的可行性，因而不断改变投资方法。一旦尝试新的投资方法失败时，投资者的信心就会受到打击。因此，投资者若经过慎重选择确定了适合自己的投资方法，就不应轻易改变，除非投资结果在一个较长的时间内证明该方法无效或者不适合自己。实际上，各种投资方法并无明显优劣，但频繁地变换投资方法，会使一种良好投资方法在发挥作用之前就被另一种方法所取代，以致投资者错失适合自己的最佳方法，而选择了次优方法。

(4)做好组合投资。前文已述，证券市场的系统风险具有可分性，而非系统风险则可以通过证券投资组合来分散。根据证券投资组合理论，正确选择20个左右的股票即可分散非系统性风险的绝大部分。因此，个人投资者必须做好投资组合，坚持按下列步骤实施：首先确定投资策略；其次进行证券分析；三是构思投资组合资产；四是修订投资组合资产结构；五是对投资组合的经济效果进行评价。同时，在进行投资组合时，还应遵循下列原则：①分散风险，获取稳定利益原则。即综合不同行业、不同地区、不同企业及不同投资品种、期限等多种因素，将资金进行分散化的投资组合，以达到谋求稳定收益的目的；②稳健性与目标性原则，即投资目标要切实可行，选择具有良好业绩、经营稳健、处于朝阳产业的上市公司进行中长期投资；③灵活性原则，即根据市场变化以及投资组合绩效的实际情况建立动态的投资组合。实践中，有一种“守、防、攻、战”搭配型的投资组合方式值得借鉴：30%的资金用于“守”，即主要用于储蓄、置业、投保等方面；30%的资金用于“防”，即在用于购买国债、企业债券、投资基金、信托产品等(这样就有60%的资金用来自保)；30%的资金用于“攻”，即用于股票、期货、黄金、外汇买卖等等；剩余10%的资金用作“激战”，如绝对投机、短线炒作等。另外，因为影响投资理财活动的因素千变万化，所以还必须根据入市后各种因素的实际变化，适时地调整资产结构，优化投资组合，才能达到提高收益、化解风险的目的。

2、机构投资者的风险防范模式

自我国证券市场管理层提出“超常规地培育机构投资者”以来，证券市场机构投资者正在大踏步地向我们走来。截至2002年10月底，我国证券市场的各类机构投资者中，证券投资基金已达71只(其中开放式基金17只)，证券公司数目已达125家，各类保险公司近230家；由于新《保险法》已放宽保险基金入市限制，所以社保基金可入市金额达1000亿元；三类企业(上市公司、国有企业、国有控股企业)等其他机构投资者委托理财的资金也达1000亿元，正待规范的私募基金数额据测算约有7000至9000亿元，机构投资者的入市规模已占流通市值的一半以上。可见，机构投资者正逐渐发展成为我国证券市场的中坚力量，探讨机构投资者的风险管理将有重要的意义。

相对于个人投资者而言，机构投资者具有以下特点：①资金实力雄厚，有能力进行全面完整的投资组合来分散风险；②专家理财。机构投资者拥有比较专业的研究队伍，可以独立科学地进行价值评估，能够正确的分析宏观经济、行业发展及公司的未来经营状况，不会盲目投资；③规模经营。机构投资者能将成千上万的个人投资者手中的钱集聚起来，投资到最能使资本增值的领域，从而获得较大的收益；④投资品种多样化。目前金融创新日新月异，金融衍生产品和投资工具日益丰富，投资渠道不仅数量多，并且各有不同的特色，从而给投资者提供了多种选择机会，满足投资者各种不同的投资需求。基于上述特点，机构投资者宜采用主动型的风险防范模式，进行理性化、专业化、技术化的投资理财活动，其具体措施有以下几点：

(1)确立理性的回报预期、长线的投资目标和重要的投资理念。金融市场瞬息万变，起伏之间充满着机遇和诱惑。如何确立重要的投资理念和战略，辨识纷繁具体的投资技巧，同时也考验着机构投资者的智慧和应变能力。机构投资不同于股票炒作。单一的股票存在很大的个体风险，短期的价格波动往往会受许多外在因素和偶然事件的影响。而机构投资的一大优点是通过基金的组建，携其巨额资金投资于多家股票和其它投资品种而达到分散风险的目的。除股票市场外，机构投资也可以选择其它的投资领域，不同的资产类别有着不同的回报率。根据著名金融咨询公司易博森（Ibbotson Associates）的研究，从1926年到2001年，美国股票市场的长期年均回报率约在10.7%左右，政府长期债券约在5.3%左右，短期短券在3.8%左右。无数的学者和投资专家的研究和实践表明，金融市场存在着有效的竞争机制，在每一个特定的市场或资产领域，要想长期超越大盘和业界的平均收益极不容易。一个投资机构或个人的长期投资回报率，更大的程度上取决于其能否有效的辨识不同国家、市场、产业及特殊资产领域的相对变化趋势和价值定位，并依此进行合理有效的投资组合，同时坚定地长期执行而避免受短期市场波动的诱惑和干扰。

(2)投资管理专业化，密切分工协作。金融投资是一个高风险的行业，成千上万的上市公司和证券分布在不同的国家和行业，信息源源不断地流入市场，投资模型、操作方式千差万别，投资管理也相应地成为一个极其现代化的行业，它要求全面及时地对大量信息进行分类、整理研究和分析，并建立细致的分工协作和有效的评估监督机制。投资是一个既大众化又专业化的领域，金融市场的活动和发展离不开大众的了解和参与。它与大众唇齿相依，既需要大众资金的投入，又为个人科学投资理财提供场所和渠道，为个人创造新财富。发达的信息、便捷的交易渠道使每个人都可以进入市场，但市场价格的大幅波动和各种各样乐观的分析报告经常会给投资者一个错觉，认为他们可以很快地赚钱，并以过去的市场收益作为佐证。但各个国家个人和机构投资的历史实践表明，过去的收益并不能代表未来，散户投资和短期市场炒作带来的收益往往不能持久并充满风险。机构投资则力求不受过去业绩和短期市场波动的影响，减少人为主观因素的干扰，客观分析市场未来走向和自己的投资目的及特长。而专业分工则是机构投资者扬长避短、求精求细、稳健发展的不二法宝。譬如社保基金的管理，通常由基金委托人作出目标分析和资产配置，然后根据不同的资产类别确定业界基准(benchmark)，雇佣投资经理，投资经理再进行具体的证券选择和买卖操作、业绩评估、风险管理和资产动态调整。这种机构投资者组织内部的专业分工和部门协作有效地保证了决策的科学化和制度化，并提高了决策效率。

(3)树立强烈的风险意识，实施严谨的风险管理。金融市场没有常胜将军，即使像巴菲特和索罗斯之类的投资大师，也都有过失败和错误的经历。机构投资以理性和稳健为宗旨，。以追求可以达到的长期稳定的回报率为目标。为此，机构投资者要制定切实可行的投资战略及构建有效的投资组合，严格地设定风险承受水平及相关的风险参数，与咨询公司及资产管理者保持密切的联系并建立定期汇报机制，以规避不必要的收益波动和操作误差。近几年来，随着我国金融市场的发展，风险管理已成为金融行业的一个中心课题。由于市场的不确定性及各种投资机构，投资管理人员之间的不完善的信息交流乃至黑箱操作，各种突发性的市场危机和由个别不良从业者的投机行为及错误决策导致的投资者重大利益损失的事情时有发生。因此，我国各立法和金融监督机构须制定相关的投资和风险管理准则，各个金融机构也须设置相应的风险评估管理机制，以此大大加强投资管理的透明度和责任意识，从而有效保障机构投资者的利益。

(4)建立完善的投资决策制度、管理制度和有效的监督平衡机制。

投资机构内部应建立一套行之有效的成文的规章制度，明确系统地对投资目标的设立、投资计划的执行、投资管理公司的选聘、投资效益的评估及风险管理等作出详细的规定，并进一步依据专业分工原则科学合理地设置各个部门。机构投资者应务求做到不因人事的变更或专业人才的流失而影响投资通盘战略的实际运作。这种成文化、制度化的程序可以保障投资决策的透明化和科学化，可以有效地实施监督和实现平衡，从而使整个投资过程具有连续性和稳定性。

四、外资并购浪潮中投资风险的防范

以2002年11月4日中国证监会、财政部、国家经贸委三部门颁布的《关于向外商转上市公司国有股和法人段有关问题的通知》为标志，外资并购正在从宏观政策层面逐渐走向微观操作层面，可以预见，继深发展、赛格三星以及深国商等上市公司尝试性迈出外资并购的步伐后，外资并购浪潮即将在我国证券市场上风起云涌，外资并购即将大规模展开。在这种市场环境下，无论是对个人投资者还是机构投资者来说，单纯的概念炒作已经过时，投资者应积极迎战返股浪潮，在深入了解外资并购的相关法律框架和形势的基础上，要分析外资并购概念上市公司的市场特征，研究外资并购公司的投资价值，制定合理的投资战略和风险规避控制策略，以获取投资收益的最大化。

1、外资并购中投资风险的规避需两大支持

证券市场投资者，在投资于外资并购下上市公司时，其焦点和核心是分析公司并购的资源战略性整合及其长期价值，尽量准确地预测其面临的投资风险和投资回报率，采取合理的风险规避措施，以获得投资收益的最大化。

(1)遴选外资并购目标的支持。《通知》中规定，凡向外商转让上市公司国有股和法人股，都应当符合《外商投资产业指导目录》(2002.3)的要求。从《外商投资产业指导目录》分类看，主要分为鼓励、限制和禁止三大类，外资并购可能介入的产业领域与范围主要属于前两大类中。在鼓励类别的250个产业目录中，最为外资看好的行业为：汽车行业、物流业、商业流通业、家电业、石油化工业、食品加工业、电子及通信设备制造等制造业、港口及货运等公用交通运输业、医药制造业、金属加工业和农业等。事实上，这些行业几乎覆盖了大多数上市公司所属的行业范围。在限制类的13个类别中，与上市公司相关的产业领域有：运输与电信、制造业、商业批发与零售、房地产业、金融保险业等，这些产业中因国内公司具有完整的销售网络和客户资源，而对外资并购更具有吸引力。

从上市公司特征来看，外资并购主要是同业并购，集中于优势企业，并且那些同时具有A股、B股和H股的上市公司更易受青睐。因为外资进行的主要目的是想在中国进行产业渗透，通过参股或控股国内同业优势企业，来尽快获得占有国内市场的产品或销售网络的份额。因此，那些股权结构分散、治理结构规范、质地优良、具有完善的本地营销网络和一定产品规模优势、有地方政府支持的上市公司最有可能成为外资并购垂青的对象。

针对上述主要影响因素，可以对上市公司设计一系列有代表性的指标，其具体包括上市公司财务状况、公司市场地位（主营业务市场占有率）、对外合作经历（分合资合作关系、战略联盟、无关系）、B股影响因素（占总股本的百分比）、外商投资产业政策（按鼓励和限制）、股权分散情况和地域因素的影响等七项，然后对每项指标赋予综合权重指标，计算出热点行业内每家公司的加权平均值，最后按加权平均值的大小顺序，列出每一外资并购热点行业内上市公司最有可能成为外资并购目标的公司。

(2)投资价值正确判断的支持。投资者不仅要关注有哪些上市公司可能会被外资并购、而且更要关注外资并购后是否对上市公司进行资源整合，因为这直接影响到上市公司的投资价值。

从目前的情况来看，有些外资并购上市公司后进行了战略性整合,这可能是今后外资并购的主流。战略重组(整合)更强调目标公司的长远发展,而非短期绩效的改善;不仅注重实物形态的重组，也强调无形资产的重组，如企业经营理念和企业文化等的整合;产业层次上,战略重组不仅只关心企业经营业绩的提高，而且更关注产业结构的转型与升级，注重企业核心能力的培养与塑造。只有这样的并购才可能提升外资并购概念公司的长期投资价值，才能从本质上规避长期投资风险。

为了更好地判断外资并购所带来的真实价值，投资者需要对并购和战略性整合的双方公司做全面、细致的调查。对这些外资并购概念公司，除了了解外商投资企业的背景、产品、品牌等相关因素之外,对于其投资价值的判断应着重考察以下几个方面：①判断两家公司的并购目标及并购后公司的发展战略；②并购双方的承诺以及是否涉及到资产或者其它资源的流入；③并购后外资并购概念公司的核心竞争力可能体现在哪些方面，能得到多大程度的提高。同时,投资者还应关注外资并购的市场特征。如投资价值的长期性，板块及个股行情外资并购信息披露的相对公开性等。

2、外资并购中投资者风险布防的三个策略

投资者在了解外资并购的市场特征，分析判断外资并购概念公司的投资价值及评估风险之后，必须及时制定投资策略，以便能迅速抓住市场机会展开投资行动。投资者的投资策略具体包括以下内容：

(1)信息收集策略:加强对外资并购潜在机会的预测。一是积极关注与外资有合作关系的上市公司，以及目前国内的跨国公司、原合资公司的动态，因为外资并购常常是先从合作、合资开始;二是不仅关注A股市场,也要关注B股和H股市场，同时关注并购的多种方式；三是加强对引资政策的分析，不仅要关注国家政策，也要关注各地政府的引资思路;四是与政府有关部门、国内的中介公司等机构保持良好合作，将有助于更好地作出预测，因为这是外资并购的第一关。

(2)上市公司的选择策略:强化业绩和信息披露的及时性。投资者对于信息已公开的外资并购概念上市公司，要关注其中真正有业绩增长潜力的公司，即那些并购后有战略性重组，能够带来实质性业绩提升的上市公司；对于市场刚开始关注，或者信息还未完全公开的外资并购受惠板块，投资者应在仔细调查基本面和分析技术面的基础上积极介入；对那些将外资并购与其他市场题材相结合的公司，投资者也可以选择，这些题材包括:180指数概念、沪深重大重组题材或者具有较好的行业成长性等等。此外,投资者还应关注有核心资源的上市公司。因为无论什么行业,有着独特的核心能力及成长性较好的公司都有被外资并购的机会。

(3)操作策略:树立积极且务实的操作模式。投资者在判断未来大势的前提下，应谨慎把握介入时机，加强对利好政策出台时机的预测,勇于参与。因为外资并购的信息相对公开,容易预测,这与过去国内上市公司重组信息披露时就是庄家出货的情况有所不同。因此,投资应该积极预测，在较为确定的情况下就可大胆介入，其中有两种策略可供选择:一是集中于板块、分散于个股；一方面回避个股流动性不足的缺陷，另一方面充分利用外资并购的板块行情;二是波段操作:基于投资价值的长期性和市场板块轮动效应，故可选择外资并购行业中的龙头股波段操作。

总之，尽管证券市场上的投资风险是客观存在的，无论投资者选择何种方法都不可能完全避开。但是,投资者可以通过对整个市场、投资对象、自身特点等方面的分析,树立良好的投资理念，采用合理的数学计算方法和风险技术衡量指标，对风险进行定量分析和数据大小比较,从而作出较准确的风险决策,并采取适当的投资策略与方法，来规避与防范风险。

尤其是在外资并购浪潮风起云涌的今天，投资者还要特别关注具外资并购概念的上市公司，对这些公司的投资价值进行分析判断,并采取相应的投资策略来防范风险，以便在证券市场新形势下获得较高的投资回报率。

第六章　券商承销风险：需重兵布防

2001年3月16日，修订后的《股票发行核准程序》公布于众，该文件标志着我国证券市场上股票发行开始实行核准制。以前长期实行的指标分配和行政推荐的审批制正式取消。2001年4月23日，核准制下第一只首次公开发行的股票用友软件在经过为期一年的上市辅导期后，在上海证券交易所以64.34倍的全面摊薄市盈率上网定价发行，此举标志着股票发行核准制的实施拉开序幕。到目前为止，核准制已运行近两年，其间引发的各种问题逐渐成为业内人士和专家学者们探索的新课题。

一、核准制下券商承销风险凸现

根据核准制的要求，公司股票发行上市不再需要发行指标，只要符合法律法规要求，公司股东大会作出公开发行股票的决定，在经过一年的辅导期后，主承销商即可向中国证监会推荐，同时报送上市申请材料。中国证监会对发行人申请文件的合规性进行初审以及发行审核委员会对发行人的资格、条件进行审核后，对发行人申请做出核准或不予核准的决定。实质上，核准制意味着证监会将筛选、推荐企业上市的权力授予给券商，它虽然为券商承销业务提供了更大、更自由的发展空间，但同时也增加了券商承销业务的风险，对券商的综合素质和承销能力提出了更高要求。

在核准制下，券商承销业务中的风险集中表现为发行风险：在预先拟定和公布的发行价下，可能会因为市场预测失误或市场情况发生突然变化，股票不能完全发售，发行人无法从市场上全额筹集到所需资金。目前，承销主要分为代销和包销两种方式，代销时这种发行风险主要由发行人自行承担，包销时券商则要承担一部分甚至全部发行风险。无论是代销还是包销，单只股票额度能否及时足额发售出去，均关系到券商的利益。

核准制实施前，我国证券尤其是股票的发行要受额度和指标限制，股票一级市场一直处于供不应求状态，加之一、二级市场差价巨大，认购者获利颇丰，因此即使是全额包销。券商也几乎不存在什么发行风险。但在目前的核准制下，这种状况彻底被改观，甚至出现新股上市首日即跌破发行价的案例，券商采取包销方式时风险尤为巨大，发行风险有可能成为券商承销业务风险的主要来源。

从目前新股的发行过程来看，券商的发行风险可以细化为等待风险、定价风险和促销风险。等待风险是指从发行人递交申报材料到中国证监会核准发行的期间内，因市场环境的变化可能带来的发行价格不确定性，该风险大多数情况下由发行人承担。定价风险是指包销协议中新股发行价格确定后因市场状况恶化给承销商带来的风险。促销风险是指因证券发行前券商进行的促销宣传、网上路演等活动未能引起投资者足够的兴趣和注意力而对今后发行带来的不确定性。定价风险和促销风险完全由券商承担。尤其是定价风险,《证券法》对新股发行价格未作出明确规定，实践中常采用以下三种方式之一：一是向中国证监会报送申报材料时提供发行价格区间；二是在发行申请的最后阶段申报；三是在招股说明书公布前几天上报。无论采用何种方式,发行价格都须预先确定并公布，公布后市场一旦发生突然变故，导致证券滞销或面临降价的压力，由此产生的损失部份须由券商(包销情形下)承担。

证券一级市场发行规则的变动表明，券商承销业务中的发行风险已随着一级市场发行定价市场化改革的进程的推进而逐步凸现。而发行风险的凸现直接表现为平均发行市盈率的不断攀升。股票发行数量节节攀升，核准制条件下额度被取消，公司上市的决定性要求是资质优良并符合法定上市条件。寻求待上市的公司一般是筹资额越多越好。一旦市场销售出现不利变化,市场认购股票不足就会导致券商今后对未预售的股票进行全部包销。若股票正式上市后跌破发行价，此时券商也会面临另建筹资渠道或筹资组合的风险,因此,上市额度的取消和发行定价的市场化即上市核准制的实施标志着券商承销业务风险时代已经到来。

二、券商如何防范承销风险

随着发行市场的市场化进程的推进,券商承销环境日趋复杂,由面对发行人的单方面约束转变为同时受发行人、监管机构和投资者的三重约束。对发行人而言,其券商以低市盈率发行，则可能因发行价过低而使公司无法最大限度地融资,以致最终丧失承销项目；对投资者而言,若券商以高市盈率发行,发行价过高，则可能因投资者不认同而难以发售，或者发行成功后二级市场的交易价会跌破原始发行价，最后导致券商利益或声誉受损；对监管机构而言，若券商没有合法合规地履行保荐人的义务，则可能会受中国证监会惩罚甚至被吊销承销资格。因此,控制发行风险是券商开展承销业务时的首要工作重点。就实际情况看，券商可从以下几个方面防范承销风险：

一是优化承销业务流程。证券发行由审批制、额度制转变为核准制、通道制,决定了券商必须改变原有的粗放经营方式，优化承销业务流程，建立健全市场开拓、项目运作、内核推荐的业务三级审核体系,灵活运用通道这种非市场化资源,使通道保持迅速、高效运转,构建完善可以发挥公司整体优势的业务运作体系。

二是调整经营管理模式。在承销业务管理上，券商应由原来的项目中心制转变为通道中心制，从加快通道周转角度出发，将经营管理重心转移至项目选择审核上。为此,券商应建立和完善承销业务内控制度与发行质量评价体系，调整证券发行内核小组成员并实行完全开放式的项目内核，以及加强承销业务人员的业务素质和职业道德培训等。

三是精选项目。上市程序规则变动后,券商拥有选择、推荐企业上市的权利，但同时承担的责任和风险更大。目前在拟上市企业资源丰富的情形下,券商应在充分调研、审核的基础上，选择或发掘出真正具备发展潜力、资质优良的公司作为承销对象，从源头上降低券商的承销风险。

四是组建、改组承销团。一般而言,证券发行数额巨大,通常由主承销商组建承销团进行承销。但市场形势有随时变化的可能，在具体承销过程中，券商可以据具体变化情形改组承销团，充分整合部分优秀券商的集体力量,分散、转嫁总体风险,同时也加强业界合作,进行优势互补,共同促进,共同提高。

五是加强研发,合理定价。定价是防范承销风险的核心环境。券商应及时调整研发队伍的知识结构，投入适当的研究力量，不仅对承销业务风险控制、股票的发行定价机制、内在波动机制等进行前瞻性的理论研究，而且还应对拟上市公司的行业状况、经营业绩和未来发展能力、市场承受能力、同类型上市公司的交易价格等进行研究分析，为承销时的合理定价提供坚实的理论基础和有效依据。

六是积极进行投行体制创新。为顺利完成承销任务、控制承销风险，券商应加大投行体制创新，在宏观监管服务层面上实行“中央投行制”；在微观运作层面实行“项目经理人制”，激活微观基础。大型券商还可将各分部投资银行整合成公司融资总部，深化统一集中管理改革，建立新型管理构架，包括项目融资部、审核研究部、资本市场部、综合部等，加大与研究所的业务合作，逐步实现从地域划分向行业分工的根本转变，实现通道制集约化经营，提高资源利用率和投行业务效益。

三、承销中的市场操纵及其监管

目前我国证券市场还不成熟，缺乏完善的监管机制，在此情形下券商有可能通过操纵一级市场的新股定价及发行后二级市场的交易价格来转移发行风险。

在一级市场上，为了将所承销的股票顺利销售出去，券商在中国证监会核准新股发行价之前，可通过新闻发布会、记者招待会、刊登销售广告、组织专题研讨会甚至让发行人制造新闻事件或消息等方式方法来进行全面集中宣传，扩大券商和发行人的知名度，以引起公众的注意。而我国证券市场目前仍以中小投资者为主，他们的投资能力、精力、财力有限，不可能对拟上市公司的实际情况进行深入了解，因此在一级市场上申购新股的投资决策依据主要取决于媒体宣传资料和发行人、券商的知名度。因此，若券商和发行人新股定价前进行过度宣传甚至夸大，编造虚假信息，则很可能误导投资者，影响投资者对拟上市公司进行公允的价值判断。这种广告效应将直接作用于发行定价的过程，发行人可能会最终以高市盈率提供一个较高的发行价。在二级市场上，新股上市后的股价波动更易受资金实力雄厚的券商所控制。若新股价格走势偏离发行人的预期，则券商可依靠其强大的资金实力来支持新股的市场价格；或者凭借其强大的研究力量，挖掘或炒作题材，吸引人气，来刺激股价上涨。

在核准制下，拟上市公司在选择承销商时往往综合考虑券商的声誉、承销经验、发行费用、发行后的服务及发行后稳定二级市场股价的能力等多种因素。而一、二级市场的操纵能力更为发行人所看重，投资者出于自身利益考虑也青睐于具备市场操纵能力的券商。因此，市场行为反过来会“鼓励”券商对市场的操纵，这种操纵无疑会增加市场的投机成分，最终将券商的发行风险转变为二级市场上投资者的收益风险，加剧被承销股票二级市场价格的波动，不利于股市的长期稳定发展。

为此，在目前我国金融市场还缺乏金融期货、期权等避险工具帮助券商转移承销风险的情况下，为防止券商操纵市场引起不必要的动荡，证券市场监管部门有必要采取相应措施和手段来进行监管。

第一，限制发行人和券商的广告宣传行为。一旦券商代表发行人向中国证监会递交了上市申请材料后，券商和发行人的上市宣传行为便应开始受到限制。有关部门应颁布新文件规定，在新股发行价格

或价格区间确定并公布前，应只允许券商和拟上市公司在中国证监会指定的公开报刊上刊登初步招股说明书和简单的发行公告，禁止其作其他与新股发行上市有关的书面销售广告以及可能对公众投资决策产生误导性影响的广告或变相广告宣传。

第二，规定新股上市交易后的若干星期为“静止期”。在此期间，禁止发行人采取任何可能影响本公司二级市场股票价格的公开行动，发行人只能依靠主承销商和承销团成员合法的、诚实的帮助，在不影响证券市场长期稳定发展和不损害投资者利益的前提下，将交易价格稳定在合理的区间内。

第三，加强相关信息的披露监管。当承销商意识到未来有采取增售或稳定策略的可能性时，应将此信息向投资者进行公开披露。如美国承销商，在遇到这种情况时一般会在招股说明书的封面印制如下字样以提醒投资者：“在此次发行中，承销商可以增售或影响交易，以将公司普通股的市场价格稳定在高于不采取措施时的市场价格水平上。这种稳定性措施可以在任何时候结束。”这不仅需要证券市场监管部门制定相应的法规和实施细则加强信息披露监管，更对券商的研究、预测、运作能力提出更高要求。

第四，倡导券商在承销过程中尽量避免采取稳定性策略。在采取包销方式时，为防止发行失败或发行后股票在市场上的价格低于原始发行价，券商和发行人往往会出于稳定市场的目的而采取一些稳定性交易措施来维护声誉。但这种稳定性策略是一种选择权而非义务，券商可以放弃。承销商在实施稳定性策略时，应将详细情况上报中国证监会备案，并且购买的股票不能以更高的价格再度在二级市场出售，而必须以等于或低于买价的价格出售。若救市策略失败，股价继续下跌，承销商出于谨慎考虑，可以不通知发行人就取消对其新发行上市股票的支持措施。

总而言之，核准制实施后，我国证券市场尤其是证券发行市场将日益规范，企业上市首先要获得主承销商的认可，然后才能经承销商推荐获得发行审核委员会的认可，并进而发行上市获得投资者的认可。券商在开展承销业务时，应谨慎行使上市推荐权，做好对拟上市公司的选择和培育，建立健全项目承销风险的评估和控制制度，加强人员培训和研发力度，提高承销业务水平，从根本上提高抵抗承销风险的能力。同时，监管机构也应对券商和承销业务进行必要监管，引导券商将投行业务的重心转移到投资者身上，督促券商集中精力挖掘真正有发展潜力的企业，在合理控制自身风险和做好价值评估的前提下，推荐优秀的企业成功上市。

VOLUME 4

第四卷

证券市场信息披露与监管

- 我国证券信息披露监管的现实处境
- 我国证券信息披露：监管问题分析与解决途径
- 上市公司信息披露违规处罚效果与相关的制度完善探讨
- 中外证券信息披露体制对比研究与借鉴
- 美国证券信息披露监管问题分析与启示
- 广西证券市场的发展与监管
- 规范发展中的安徽证券市场

A COMPREHENSIVE HANDBOOK OF CHINESE SECURITIES 中国证券大全

·2002·

任何一个证券市场要实现健康、稳定、持续地发展,既有赖于完善的法律法规建设,也有赖于一个有效的多层次信息监管体系。经过13年的跨跃式大发展,我国证券市场的信息披露监管体系虽总体上正在逐步趋向完善与成熟,但还存在一些问题与不足。因此近年来,监管部门加大了执法力度,对上市公司和中介机构的违规行为进行了严肃处理,从而促使市场规范化程度较几年前大有提高。本卷在反映证券信息披露现实处境的同时,重点突出对证券信息披露与监管的相关问题研究与探讨。本卷在反映证券信息披露现实处境的同时,重点突出对证券信息披露与监管的相关问题研究与探讨。

第一章 我国证券信息披露监管的现实处境

世界各国证券市场的产生与发展的历程表明，信息披露，是证券市场管理制度的坚实基础。中国证券市场自建立以来，监管部门就一直十分重视对信息披露的监管并把信息披露监管列为工作的重点，不断加大了监管的力度，也取得了很大的成绩，信息披露的规范体制正在逐步形成。

一、我国证券市场信息披露及监管正在不断完善和规范

我国证券市场目前虽还处于发展的初期，尚不成熟，存在一些不规范的情况。但在证券市场的发展过程中，中国证监会十分重视上市公司信息披露的完善和规范工作。在借鉴美、日、英等国家和地区经验的基础上，现已初步形成了上市公司信息披露的基本规范。

1、上市公司信息披露的制度体系正在逐步完善

这主要包括四个方面，即基本法律、行政法规、部门规章、自律性规则。

(1)基本法律。这主是要指全国人大及其常委会制定通过的国家基本法律，如《刑法》、《公司法》、《证券法》等法规中的有关规定(见表1)。

(2)行政法规。这主要是指国务 院发布的《股票发行与交易暂行条例》、《股份有限公司境外募集股份及上市的特别规定》、《可转换债券管理暂行办法》等。

(3)部门规章。这主要是 指中国证监会制定的适用于上市公司信息披露的制度规范，包括：《公开发行股票公司信息披露实施细则》、《公开发行股票公司信息披露的内容与格式准则》、《股份有限公司境 内上市外资股规定的实施细则》、《公开发行证券的公司信息披露编报规则》、《公开发行证券的公司信息披露规范问答》、《关于加强对上市公司临时报告审查的通知》、《关于上市公发布澄清公告若干问题的通知》、《上市公司股东大会规范意见》、《前次募集资金使用情况专项报告指引》、《上市公司股东持股变动信息披露管理办法》、《公开发行证券的公司信息披露内容与格式准则》第2号、《年度报告的内容与格式》等。

(4)自律性规则。这主要是指上海证券交易所、深圳证券交易所制定的《上市规则》以及中国证券业协会颁布的相关规则。

表1 我国上市公司现行信息披露制度体系

披露内容		部门规章	行政法规	法律
首次披露	招股说明书	《公开发行股票公司公司信息披露实施细则》(《实施细则》)第6、7、8条；《公开发行股票公司信息披露内容与格式准则》(《内容与格式准则》)第1、11、13号；《公开发行证券的公司信息披露编报规则》(《信息编报规则》)第1、2、3、4、5、6、10 号，《上市公司股东持股变动信息披露管理办法》	《股票发行与交易暂行条例》(《股票条例》)第15、19条	《公司法》第140条、《证券法》第58、59条
	上市公告书	《内容与格式准则》第7、14号		《公司法》第153条、《证券法》第47、48条
定期报告	年报	《实施细则》第4、13、16条；《内容与格式准则》第2号、第3号	《股票条例》第47、48、49条	《公司法》第156条、《证券法》第60、61、72条
	中报	《实施细则》第4、13、16条；《内容与格式准则》第2号、第3号	《股票条例》第47、48、49条	《公司法》第156条
	季报	《信息编报规则》第13号	《股票条例》第47、48、49条	《公司法》第156条
临时报告	重大事件	《实施细则》第17、19条	《股票条例》第60、61条	《证券法》第62条
	并购信息	《实施细则》第20、21条	《股票条例》第47、48、49条	《公司法》第149条、《证券法》第79、84、89、93条
	其他	如股东大会、董事会决议公告等常规性公告，主要在证券交易所的《上市规则》中规范		

注：表中仅列示最主要的信息披露规范法律法规

由此可见，我国已初步形成了以《证券法》为主体，相关的行政法规、部门规章等规范性文件为补充的多层次、全方位的上市公信息披露制度体系框架。并从原则性规范到操作性规范，从信息披露的内容、形式到手段，都作出了 较为详细、完整的规定，并正在积极创造条件，逐步与国际接轨。

2、我国的证券信息披露监管体制基本实现了从多头、分散到统一、集中的转变

1997年底，鉴于亚洲金融危机的严峻形势，全国金融工作会议强调，要积极防范与化解金融风险。在这种情况下，会议决定对证券监管体制进行改革，完善监管体 系，实行垂直领导，加强对全国证券、期货业的统一监管。随后，证券交易所逐步由地方政府管理转为中国证监会管理，证券交易 所肩负着一线监管的重任，对交易所的监管成为了在政府证券监管过程中的重要环节 。1998年8月，国务院 批准了《证券监管机构体制改革方案》，中国证监会作为全国证券期货市场的主管部门，可根据各地区证券期货业发展的实际情况设立派出机构。这样，证券市场监管体系由中国证监会和派出机构组成。当前，中国证监会在全国中心城市设有9个证券监管办公室，2个直属办事处，在25个省、自治区、计划单列市设证券监管特派员办事处。1999年7月1日，证监会36个派出机构统一挂牌，从而逐步建立了由中国证监会集中统一的证券监管模式。2001年4月底，中国证监会在九大区增设的稽查分局正式挂牌，稽查二局也在当年底正式成立，从而基本完善了全国集中统一的三级监管体系。另外，在集中统一领导下，作为完善证券市场监管体系的一个重要环节与举措，中国证券业协会的自律功能也逐渐增强。这样行业自律与行政监管形成较强的互补性，共同构成有效的市场监管体系。

3、监管机构对我国证券市场信息披露监管的力度也在不断加大

中国证监会的历年上市公司信息披露违规处罚统计资料表明，信息披露监管的力度在不断 加大。这主要表现在三个方面：第一，被处罚的公司数增加（见表2）。深交所处罚的上市公司，从1997年的10家上升到2001年的69家，上交所处罚的上市公司从1999年的11家上升到2001年的30家。中国证监会处罚的上市公司，1998年为5家，1999年为8家，2000年为6家，2001年共查处与披露虚假财务信息相关的案件33起，处罚了8家上市公司和80多名高管人员。被处罚的公司占上市公司的总数1996年为0.19%，1997年为1.34%，1998年为2.59%，1999年为2.74%，2000年为4.78%，2001年上升为9.01%这也从反面表明了当前上市公司信息披露违规现象严重。2002年上半年，受到中国证监会、国家经贸委、财政部、沪深两个证券交易所查处、稽查或谴责、罚款的上市公司近50余家。而在2002年9月2日至10月16日的一个半月的时间内上市公司共发生了人事变动70多起，其中包括多起高管异动，基本上每家高管异动的上市公司都受到管理层调查。第二，对注册会计师处罚的数量也在增多。2000年处罚了14位注册会计师，接近1998年、1999年总和。中国注册会计师协会2001年上半年在行业检查中，对100多家事务所、400多名注册会计师进行了不同程度的处理；2002年3月2日，中注协一次性吊销了“存在严重执业质量问题”的中天勤等5家会计事务所证券期货相关业务执业资格。第三，处罚的力度加大。以深圳证券交易所为例，1997年到1999年，只有一家上市公司被公开谴责，其余的都只有公开批评。2000年被处罚的上市公司有23家，但公开谴责的只有3家、2001年处罚的65家上市公司中，公开谴责的达到25家之多（见表3）另外，2002年8月鞍山证券因严重违规经营被撤销，同年9月7日，大连证券因违规经营被停业整顿。这表明中国证监会对违法违规行为的处罚力度在不断加大，并且，在加大行政处罚力度的同时，逐步引入了刑事处罚。仅在2001年，全年共移送司法机关案件10起，涉嫌犯罪人员74人，刑事处罚的全面介入加大了监管的威慑力，证券市场监管过去惩戒力度不够的状况。

表2　1993-2001年上市公司信息披露违规处罚统计表

年份	1993	1994	1995	1996	1997	1998	1999	2000	2001	总计
处罚次数	3	–	–	1	10	22	26	52	104	218
其中:证监会	3	–	–	1	–	7	8	5	5	29
深交所	–	–	–	–	10	15	7	23	69	124
上交所	–	–	–	–	–	–	11	24	30	65
上市公司数	183	291	323	530	745	851	949	1088	1154	–
处罚比率%	1.64	–	–	0.19	1.34	2.59	2.74	4.78	9.01	–

表3　上市公司信息披露违规处罚种类统计表

年份	责令改正	内部通报批评	公开谴责	警告	罚款	警告+罚款	只对个人处罚	处罚总计
1993	–	–	–	1	1	1	–	3
1996	–	–	–	–	–	1	–	1
1997	–	10	–	–	–	–	–	10
1998	–	15	–	3	2	–	2	22
1999	–	15	3	2	1	3	2	25
2000	3	39	5	3		2	–	52
2001	1	56	42	4	1	–	–	104
合计	4	135	50	13	5	7	4	218
比重%	1.83	61.93	22.94	5.96	2.29	3.21	1.83	–

4、民事赔偿机制正式启动

银广厦等事件发生后，最高人民法院于2001年9月24日下发通知要求各级法院暂不受理涉及证券民事赔偿的案件，理由是法院目前尚不具备审理条件。而2002年1月15日，最高人民法院再次下发了《关于受理证券市场因虚假陈述引发的民事侵权纠纷案件有关问题的通知》，表明可以有条件地受理这一类案件。

2002年12月，红光实业信息披露虚假陈述案等也进行了开庭审理判决，投资者从被告手中获得了数额不等的赔偿。2003年1月9日最高人民法院公布了《关于审理证券市场因虚假陈述引发的民事赔偿事件的若干规定》进一步完善了民事赔偿机制。

5、对上市公司的监管取得了新进展，上市公治理水平逐渐提升，有效地遏制了造假根源

2002年1月7日，中国证监会以2002年“第一号文件”的形式与国家经贸委联合颁发了《上市公司治理准则》。同年4月26日，两部委又联合发布了《关于开展上市公司建立现代企业制度检查的通知》。并于7月至9月对上市公司进行了重点检查。在加大对上市公司检查力度的同时，将上市公司监管的重心转向了信息披露的事后责任追究上，并且退市制度的实施进一步推进。另外，为了完善上市公司治理结构，规范上市公司行为，杜绝信息披露违规现象，监管部门不仅严格要求上市公司与大股东在资产、业务、机构、人员和财务“五分开”，防止和减少大股东通过关联交易等手段挪用、侵占甚至是掏空上市公司资源、严重损害中小投资者利益等现象。而且通过上市公司章程指引与上市公司治理结构指南等一系列文件引导上市公司改善治理结构。特别是普遍引进独立董事制度，对改善上市公司治理，提高上市公司决策质量，完善信息披露制度，保护投资者利益起了一定的积极作用。

另外，监管机构还在监管手段、方法等方面作了改进，监管技术系统也逐步得到了完善，这有力地提高了信息披露监管的成效。

二、我国证券市场不断壮大，加大了监管的难度和复杂性

从1990年12月19日上海证券交易所正式挂牌营业算起，我国证券市场已经历了12年的发展历程。在这12年中我国证券市场从无到有，从小到大，从弱到强，不断地得到发展与成长，证券市场的发展壮大大大地增加了信息披露监管的难度和复杂性。

1、证券市场规模增大，增加了监管的难度

我国证券市场市价总值从1991年底的109.19亿元发展到2002年底的39280.3亿元，各类证券成交总额也从成立之初的数亿元上升到2002年底的62382.98亿元，证券市场规模的不断扩大，无疑增大了监管的难度。

2、证券市场交易品种增多，增大了监管的难度

我国证券市场成立之初交易品种比较单一，如今则有股票基金，国债、企业债券、金融债券等债券等品种，这增加了监管的难度。同时各品种的交易手段也日趋复杂，无疑也加大了监管的难度 。

3、上市公司及证券商总数增多，成分变复杂增大了监管的难度

我国证券市场成立时沪市只有8家上市公司，深市只有1家上市公司。相比较而言，这无疑使监管容易得多，而到1994年沪深两市公司家数分别达到了171家、120家，到2002年底沪、深两市分别达到了715家、509家上市公司。在成立之初，上市公司性质也仅限于国有企业，如今则扩展到了国企、集体企业、私营企业及中外合资企业等多种。上市公司总数及性质多样无疑也加大了信息披露监管的难度。

4、上市公司行业及地域变广，增加了监管的难度

在20世纪90年代初，证券市场成立时，上市公司行业较为集中，而到2002年底上市公司的行业几乎遍及国民经济的所有领域，行业的扩大对监管人员专业素质提出了更高的要求，也增加了监管的难度。同时上市公司地域也从上海、深圳两地遍及到全国所有省、自治区及直辖市，地域的变广为集中统一监管及人员的增多提出了严峻的挑战。

5、投资者及证券经营机构的增多也增大了监管的难度

证券投资者从成立时的数人上升到2002年底的数千万人。据统计，2002年底深沪两市投资者开户数达6872.94万户，如一个投资者在深沪两市各开一个户，则投资者人数达3000多万人。机构投资者也从无到有，2002年仅沪市机构投资者开户数就达18.92万户。我国证券公司也从成立之初的几家发展到2002年10月末的124家，证券营业部则达2800多家，投资者及证券经营机构的增多也增大了信息披露监管尤其是对股价操纵监管的难度。

6、证券市场对外开放的加快，也增大了监管的难度及复杂性

随着我国加入WTO，中国证券市场明显地加快了对外开放步伐，一些外资机构及投资者也开始进入我国。由于国外证券市场历程远比我国早，它们的一些造假等信息披露违规手段也远比我国高明，因此随着开放加快，国外的一些先进信息披露违规手段将进一步传入我国，显然这将加大信息披露监管的难度。

7、我国社会正处于转轨时期，各项制度的不完善，也增加了监管的难度

我国当前一个重要的特点就是社会处于转轨时期，各项制度都不断的完善及调整之中。整个社会在激烈的变革中，某些领域甚至出现了失控状态，地方保护主义也沉渣泛起，为造假创造了条件，尤其是会计上的改革及调整，有时为造假所利用，也加大了监管的难度。

三、我国证券市场信息披露监管及其规范仍需加强

证券市场是一个投资的场所，而投资者的投资依据又主要是上市公司披露的信息。上市公司信息披露不真实必然会导致市场失去公信力，不仅会使投资者投资受损，更会导致投资者信息信心丧失，抛股离场，从而直接威胁市场的生存与发展，有损市场的“三公”原则。因此，我国证券市场在信息披露的规范体

系方面虽已取得了可喜的成绩，但是监管和披露中也存在很多问题，有必要予以仔细分析，采取有效的对策，以进一步促进信息披露监管的规范化发展。

信息披露中存在的问题具体表现在：

1、信息披露的非严肃性

尽管证券监管部门对上市公司的信息技露制定了很多的规定，但部分上市公司信息披露的随意性很大。不分时间、场合、地点随意披露信息，有的还未经监管部门批准，擅自决定公布涉及国家经济决策方面的重要信息，这些看似言之有据实为空穴来风的“信息”大大助长了中国股市的投机性。

2、信息披露的非充分性

这主要表现在五个方面：其一是对关联企业间的交易信息披露不够充分；其二是对资金投资去向及利润构成的信息披露不够充分；其三是对企业财务指标的揭示不够充分；其四是借保护商业秘密为由，故意隐瞒重要企业会计信息；其五是对重要事项的披露不够充分。

3、信息披露的非主动性

由于上市公司在其经营管理方面存在着较多的不愿让公众知道的暗点，从而对信息披露有一种害怕及回避的心理，把信息披露看成是一种额外的负担，而不是把它看成是一种应该承担的义务和股东应该获得的权利，进而往往不是主动地按时去披露有关信息，这种认识上的偏差使上市公司在信息披露上处于一种被动应付的局面。

4、信息披露的滞后性

上市公司的经营过程是一个动态的过程，因为存在信息不对称，投资者不可能像公司一样清楚公司经营情况的变化，所以上市公司应毫无拖延地依法披露有关重要信息。但2001年年报披露日期推迟的公司普遍存在，有的还延期一个多月。如ST合成、彩虹股份、大同水泥。延期期间容易造成不合理的内幕交易，并使投资者不能及时得到有关信息。

5、信息披露的虚假性

这是当前上市公司信息披露中最为严重和危害最大的问题。如银广夏1998-2001年累计虚构销售收入104962.60万元，少计费用4945.34万元，导致虚增利润77156.70万元。1999年、2000年、2001年1-6月分别虚增利润17781.86万元、56704.74万元、894万元，当期实际亏损为5003.20万元，14940.10万元、2557.10万元。公司还存在隐瞒下属公司的设立、关停情况、虚假披露配股资金使用情况及对外投资情况等违规事实。

当然，对于一个市场而言，最重要的是具有对问题的修正机制，而我国信息披露由于监管中存在的问题，就缺乏这种修正机制。目前，证券信息披露监管尚存在“软胁”，还需要改进。

1、中国证监会和证券交易所的监管不能及时发现问题

中国证监会及其派出机构和证券交易所是证券市场最主要的监管者。新股首次发行阶段，由证券公司向中国证监会推荐上市公司，中国证监会对新股首次发行所有的相关材料进行审查，决定是否同意该公司能够公开发行股票和上市。因此，新股首次发行由中国证监会负责信息披露的监管。按理说首次公开发行股票的招股说明书的信息披露是最为详尽、最为全面，应该最容易从招股说明书中发现问题的。但从已经查处的案例来看，不少在招股说明书中就已疯狂做假的违法行为却没有被及时发现。

证券交易所对上市公司信息披露的监管主要是在持续披露阶段，对于持续信息披露的载体—年报、中报报告和临时报告的审查，交易所相当一段时期里采取事前审核的办法。但由于目前交易所的人力、物力有限以及留给交易所审核 材料的时间很少，而且年报、中报等的披露又相对集中在一段时间内，因此很难做到认真地审核众多上市公司上报的信息披露材料。这就造成了事实上的审查不严，不能及时发现问题。中国证监会是信息披露监管的最后一道防线，但似乎正是因为处于监管二线的位置，除了在新股首次发行阶段中国证监会会直接接触到上市公司的信息披露材料外，在持续披露阶段，中国证监会不与上市公司的信息披露材料直接接触。另外，中国证监会也缺乏充分有效的接触上市公司的途径，从报刊和杂志等新闻媒体了解上市公司的各种公告，从中发现“蛛丝马迹”，以进一步发现问题。同时中国证监会也同样存在人力不足的问题，“银广厦”事发之前，中国证监会首经作了两次巡回检查，但都没发现问题。因此在持续信息披露阶段，尽管有两

道防线，但两道防线各自本身就有许多漏洞，即使前后设防，也做不到及时、有效地发现问题。

2、中国证监会及证券交易所的监管对问题所涉及的责任者处罚力度亟待加强

在各种法律责任制度中，唯有民事责任具有给予受害人提供充分救济的功能。但由于我国相关法律法规缺乏民事责任的规定，因此，在实践中，对有关的违法违规行为往往都采用行政处罚的办法解决，而对受害投资者却没有给予补偿，如琼民源虚假报告，只有极少数几起无辜投资者遭受的损害得到了补偿。这表明，对责任人的处罚力度要进一步加强，股东民事诉讼制度需进一步建设完善。

3、中国注册会计师的行业管理体制急需完善

根据国家对注册会计师行业管理的介入程度，当前国际上具有代表性的管理体制是英国与美国模式。英国模式注重行业自我约束机制，会计职业团体高度自律，政府很少干预。会计师一旦涉嫌违规，由会计师的行业性组织——特许会计师协会跟进，同时设立有独立的调查机制和纪律聆讯机制以进行调查和审理。而美国模式强调政府机构——证券交易委员会的监管作用，拥有包括暂停和取消注册会计师对其所辖公司进行审计的权力。近年来，美国证券交易委员会已多次使用该权力。我国注册会计师监管体制比较倾向于美国模式。在我国行业自律机制不强的情况下，使用此种模式，虽有助于提高监管的效率，但我国市场经济体系还不完善，政府的行为规范还未达到市场经济的要求。政企分开非常艰难，经济条件分割和地方保护主义在一定程度上依然存在，进而导致地方政府为谋求地方经济利益，通过对地方注协的控制介入注册会计师行业市场管理，进一步削弱了行业自律监管体系的权威性。

4、投资者、新闻媒体等社会力量的监管还需加强

在国外，投资者及新闻媒体等社会力量在信息披露监管上发挥着重要的作用。这一方面表现在投资者对信息的真实性需求很大，对真假信息的判断能力较强，促使上市公司不敢轻易做假；另一方面表现在新闻媒体对上市公司信息披露违规的曝光及谴责上和穷追猛打上。而在我国，近几年新闻媒体及投资者虽在信息披露及监管上发挥着越来越重要的作用，如《财经》杂志在披露“基金黑幕”及银广夏造假中的社会监督作用是有目共睹的。但总的来讲，这一社会监督作用还需进一步加强。

需要指出的是，我国证券市场信息披露及监管虽存在种种问题，但这些问题是证券市场发展中的问题，是前进中的问题，我们不能因此而不去发展壮大证券市场。恰恰相反，我国证券市场信息披露及监管虽因证券市场的发展壮大而增大了难度及复杂性，也唯有用发展的手段才能解决信息披露及监管中存在的问题，以及促进证券市场的健康、规范化发展。

第二章 我国证券信息披露监管：问题分析与解决途径

2002年12月5日，中国证监会主席周小川在“中国：资本之年”论坛上强调，中国证监会在新的发展阶段要重新准确定位，积极寻求解决问题的切入点与解决方式，不断推动改革。目前，我国证券信息披露监管工作取得一定成效，但还需进一步改革与推进。

一、信息披露监管存在的问题

就当前来讲，我国证券市场信息披露监管之所以存在问题，有着较为深刻的原因。

1、信息披露监管框架的缺陷

如今证券市场的监管模式主要有三种：一是以英国为代表的行业自律型，其特点主要是政府除必要的国家立法外较少干预证券市场，一般由证券商自律组织和证券交易所等通过制定章程实现自我管理；二是以美国为代表的政府监管，其特点是政府通过制定证券市场管理法规，设立证券监管机构对证券的发行和交易全过程进行监督和管理；其三是介于两者之间，以法国为代表的中间型。从我国证券监管的现状来看，属于典型的政府监管，从有关证券法律法规的条文看，涉及政府监管的条文数量多且明确具体，管理程序细节化、方法多样化，处罚措施详尽化，对于监管机构的权限职责等也不厌其详。由于我国证券市场尚不成熟，各项规划和制度虽多但还不健全，在此情况下，强化政府监管固然很重要，但完全依赖政府来监管是不现实的。首先是因为政府本身并不接触市场，它就难以也不可能对市场中的各种违法违规行为都明察秋毫，了如指掌；其次是在市场经济初级阶段，市场信息不充分，政府获取的信息不可能是完全无误的；再次政府用于监管的人力、财力、物力也是有限的。

2、监管部门的职权设置不利于对信息披露真实性的监管

中国证监会有较大的调查权和处罚权，这

为中国证监会进行监管提供了条件，但以中国证监会目前的人力和物力条件，很难及时发现问题，尤其是在涉及特定行业的专业知识时，障碍更明显。如银广夏事件中，因为对萃取技术的陌生，就无法及时通过银广夏报告中的暴利前景预测发现问题。

上海、深圳两个交易所作为一线监管部门缺乏对上市公司的调查权。两个交易所主要是通过上市公司提供的报告发现问题，在发现问题后，虽可以要求上市公司不断解释以澄清疑问，但不能对疑问作出实质性判断。假如认为某上市公司的信息披露有重大问题，可以向中国证监会反映，由中国证监会再来进行调查核实。因为证券交易所对可疑上市公司的信息披露的专门分析所依据的材料主要是上市公司提供的报告，但交易所又缺乏对上市公司的调查权，这就决定了交易所发现真实性问题的能力较为有限。另外，因为交易所只能对违规者公开批评、公开遣责和警告，导致交易所的处罚权力十分有限，在当前信用制度不完善的情况下，这几种办法相对于巨大的物质利益，对违法违规行为人的威慑作用十分有限。

据有关资料表明，中介机构、特别是注册会计师及会计师事务所对信息披露的真实性负有不可推卸的责任。2001年上海证券交易所、中国证券报、上海证券报、证券时报联合举行了一次上市公司信息披露质量问卷调查，结果表明，32.12%的投资者认为上市公司披露的财务数据经注册会计师审计后的可信度不增不减；14.3%的投资者认为经审计后的可信度会减弱。一些被查处的案例也表明注册会计师参与了造假，因此中注协被认为应该对会计师事务所及会计师的监管不力负责。但根据有关法律规定，中注协与中国证监会享有的调查权和处罚权不同，中注协只能调查和处罚会计师事务所及相应的注册会计师而不能调查上市公司。因为无法接触到原始的工作资料，中注协的监管重在检查规程问题，这就很难对事务所的检查发现信息披露的真实性问题。中注协对会计师事务所管理的主要职责也在于会计师事务所及其从业人员的职业道德建设、审计准则的监督执行、行业素质和执业水平的考核等。这就造成中注协虽有很好的专业力量但其职权范围只限于检查日常工作，而单独的日常检查又难以发现问题，只有在与证券监管部门联合检查中，接触到上市公司的财务资料时，才能易于发现问题。因此只有多个部门的相互配合，才能有效地发现问题。但目前在监管问题上，部门之间缺少相互协调和配合，尤其是制度上形成的配合。

3、监管目标的错位

信息披露监管的目标之一是给受侵害者提供救济与补偿手段，充分保护投资者的利益；之二是增加现有证券监管系统的有效威慑作用。世界各国均以投资者利益保护作为证券立法的根本目标和基本原则。我国也以保护投资者利益为根本目标，但在监管实践中投资者的利益并没有得到有效的保护。我国一些典型的上市公司信息披露违规案就表明了这点，在这些案件中，投资者所遭受的损失非常惨重，而无论从目前的相关法律法规，还是司法实践，以及证券监管部门的实际处理来看，投资者的损失都难以挽回或全部挽回。因为，投资者所受的巨额损失没有得到相应的赔偿，也就不能实现保护投资者利益的监管目标，进而也不能对潜在的违规者起到威慑作用。

4、监管所需的配套法律法规不完善，导致处罚力度不够

监管所需的配套法律法规不完善，导致处罚力度不够。这主要体现在三个方面：其一，对信息披露违规行为的民事责任的规定尚未形成完善的法律法规体系。现代法律责任可分为民事法律责任、刑事法律责任和行政法律责任。前者主要体现了“补偿”，后两者则主要体现了“惩罚”。从当前对信息披露违规案件的查处实践来看，主要以行政处罚为主，在财产责任方面，处罚后果一般只是表现为对当事人的违法所得全都由国家罚没，而没有对投资者的民事赔偿。其二，许多法律条款过于原则和空泛，缺乏可操作性。《公司法》和《证券法》等法律均对主要的违法行为做了界定，并规定了惩处措施，但对违法行为的认定标准过于原则或失之抽象，由于惩处对象与行为责任不对应，或行为后果与惩处程度不相匹配，这些法律条款在实践中很难落实。如《证券法》第183条中规定：“证券交易内幕信息的知情人员或者非法获取证券交易内幕信息的人员在涉及证券的发

行、交易或者其他对证券的价格有重大影响的信息尚未公开前，买入或卖出该证券，或者泄露该信息或者建议他人买卖该证券的，责令依法处理非法获得的证券，没收违法所得，并处以违法所得1倍以上5倍以下或者非法买卖的证券等值以下的罚款。构成犯罪的，依法追究刑事责任。”但究竟怎样界定“重大影响”以及“内幕人员”，相关法律要么缺乏规定、要么语焉不详。其三，现有的法律中缺乏合适的诉讼机制。《证券法》第207条规定了民事赔偿责任优先承担的原则“违反本法规定，应当承担民事赔偿责任和缴纳罚款、罚金，其财产不足以同时支付时，先承担民事赔偿责任。”但因缺乏合适的诉讼机制，使这一目标得不到事实上的实现。

5、监管部门的监管力量薄弱

监管部门之所以不能及时充分发现信息披露违法、违规行为，很大程度上是因为监管部门现有监管力量相对较为薄弱。如中国证监会发行监管部负责上市公司首次发行股票相关信息披露材料审查，但其在编人员仅28人，从深圳证券交易所和上海证券交易所借调了40人左右，其中具体审核信息披露材料的部门是审核一处和审核二处，这两个处的工作人员（在编人员加上借调人员）各在20人左右。而中国证券市场成立12年来已有1224（2002年12月底数据）家在深、沪上市的公司，即平均每个月8家多。并且，上市申请中首次公开发行股票的相关材料是非常全面，非常详尽，也是非常具体的，仅仅40个人面对若干申请上市的公司的申请材料。在法定的时间内做完高质量的审查工作是难以想象的，特别是碰到具有可疑倾向的材料，需要进一步核查时，就更显得力不从心了。

在持续信息披露监管方面，同样面临着人力不足的问题，据《证券时报》2002年12月29日的有关资料显示，目前深交所公司管理部总共26人，其中负责上市公司监管的有17人，但目前在深交所上市的公司却有500多家，这意味着平均每人监管30家左右的上市公司。更何况部分人员经常被中国证监会抽调。中国证监会负责信息持续披露阶段监管的部门是上市公司监管部，该部目前只有24人，其中信息披露处有3个人，加上借调的4人，总共才7人，而且信息披露处也是成立不久的。我国注册会计师协会由全国性组织——中国注册会计师协会和地方性组织——省（直辖市、自治区）、市注册会计师协会组成。国际会计师职业发展的历史经验表明，注册会计师事业要有较大程度的发展和提高，必须要有一个强有力的具有权威性的行业组织。如德国的IDW仅有7000余名个人会员和不到1000名事务所会员，就配备有80余名专职人员来负责协会的日常工作；美国AICPA共有700余名专职职员致力于协会的日常工作；目前，尽管我国注册会计师协会已拥有12.4万会员，执业会员6万余人，但中注协的专职工作人员却不到160人，相比美、德 等国的监管力量，显得过于薄弱，特别是作为执行《注册会计师法》所赋予监管职能的监管部，其工作人员仅为9人，这就造成中协会在监督、管理执业机构和执业人员的职业道德和执业质量，促进规则的贯彻实施、行业执业准则等方面受到极大的制约。另外，各省、市地方注协的监管人员数量更少，“多则4人，少则1人”，且大部分是由财政部门的退休人员构成，在专业水平和监管能力方面有着很大的欠缺。

6、证券中介机构缺乏良好的外部执业环境

我国中介机构由于法制不健全，机构改革和监督处在法制的转轨时期，中介机构难免良莠不齐，这就导

致我国中介机构也缺乏良好的外部执业环境和基础。这主要表现在:其一,上市公司和投资者尚不成熟,对真实会计信息的有效需求不足。其二,某些特殊规定助长了对不实会计信息的需求。对国有企业改制上市的剥离和模拟报表的有关规定直接损害了会计信息的真实性;有关股票发行价格、配股资格的确定方法直接构成了上市公司追求“包装”、“粉饰”的原动力;高市盈率对虚增利润的乘数效应带来了巨大财富;追溯调整法的使用为上市公司减轻包袱、消肿打开了方便之门。其三,中介市场的无序竞争情况严重,因为对高质量会计信息的需求不足和管制措施(如要求提供审计报告)的存在,中介机构之间竞争激烈。但这种竞争并非在成熟市场条件下的提供更卓越服务的竞争,而是一种无序、混乱、藐视监管措施和市场博弈规则的竞争。其竞争的后果是造就了一大批愿意出具虚假审计意见的中介机构。对于上市公司而言,事务所甲不愿意协助其作假,很快就会找到愿意的事务所乙。注册会计师甲不愿意做假,该所就会让其下岗,因为自然有乙愿意做假,甚至有部分会计师事务所靠出卖签字和盖章牟取暴利。如湖北立华会计事务所居然参与了湖北兴化、活力28、康赛股份等多家上市公司造假活动。

7、现行体制存在缺陷

我国证券市场的监管政策一直强调要为搞活国有大中型企业服务,而改革开放至今,我国各级政府的行为规范还未达到市场经济的要求,政企分开异常艰难,国有企业上市公司的高层管理人员大都是由政府直接委派和任命的。他们没有国外市场竞争中“恶意接管”的忧虑,也没有来自经理人员市场竞争的压力。为追求经济或政治上的利益,他们主要通过与拥有“廉价投票权”的“上一级代理人”——选择经营者的各级官员取得共谋,以使得其“利益”在企业经营决策中得到足够体现。一些地方政府的政绩,主要来自

于地方企业的业绩,上市公司的数量也一度成为各地方政府经济发展程度的一个特征值。地方政府为增加本地区经济发展的“活力指数”以追求政绩,必然会强制、暗示或默许企业提供虚假的会计数据,甚至直接向企业下达“利税指标”,关键的时候还要“托市”、“救市”。当企业会计行为的价值取向直接受制于经理人员的政府导向型利益偏好时,会计就成了经理层甚至政府及其主管部门直接或间接操纵与反映其意图的工具,而不是为投资者、债权人等提供关于企业财务状况或经营成果的真实信息。

8、新闻媒体及投资者监管存在先天性缺陷

我国新闻媒体对信息披露监管不力主要是因为:其一,我国新闻媒体的管理体制不利于监管。我国新闻媒体是党和政府领导下的宣传工具,并在发布内容上实行审查制。这决定了它不可能对本地的造假进行揭露,尤其是造假行为与地方政府有关时;其二,新闻记者缺乏调查权,对造假只能是怀疑,而怀疑终归只能是怀疑,真正监管是要靠事实说话的;其三,现有新闻媒体从业人员也缺乏相关的监管专业胜任能力。他们大都是中文、新闻等专业毕业,很难从经过会计师粉饰的财务报告中发现问题。

而投资者对信息披露监管乏力主要是因为:其一,我国证券市场发展较晚,投资者对财经证券等方面的知识有限,缺乏对财经报表过行深入分析的能力,也更难以对经过专业人员造出来的报表作出判断;其二,我国证券市场投机性严重,股民不是从公司的基本面上进行投资,而是靠“消息”等来投机,因此,对公司财务报表的真实性要求需求不高,财务报表对他们而言仅是几个常用数据和比率;其三,是投资者

构成的影响。我国证券市场的投资者现阶段还以个人投资者为主，他们获得信息和分析信息的能力相对较弱，并且也不大可能承担相对高昂(相对其有限的投资来说)的信息核实成本，因此通常只能被动地选择接受上市公司和中介机构披露的信息。银广夏等上市公司的受害者群体中有中国经济开发信托投资公司基金景宏、景福等机构投资者，这从侧面表明了机构投资者的投资水平和研究能力还有待提高，机构投资者作为证券市场的重要参与主体，其积极作用尚未充分发挥。投资者的构成以及机构投资者的现有状况决定了其还难以对上市公司和中介机构信息披露进行有效监督管理。

二、加强我国证券市场信息披露监管的政策建议

事实上，作为发展中的中国证券市场，在信息披露上存在问题并不可怕，可怕的是对问题置之不理，高高挂起。目前，加强我国证券市场信息披露监管已刻不容缓。为此，建议从以下几个方面作出努力来加强证券市场信息披露监管：

1、确立政府监管、行业自律和社会力量监管的“三位一体”的监管框架

在证券市场信息披露监管上，要建立起证监会、证券交易所、证券业协会及其它社会力量为一体的监管体系，并在监管实践中不断完善这种体系。为此必须注意以下几点：

第一，中国证监会的监管。中国证监会的监管重点应当在事前做到防患于未然，防止问题公司得以上市。因此，监管部门不仅要看那编造得天花乱坠的申报材料，而且要亲临现场看一看、查一查实际情况到底怎样。同时做好事中和事后监管，以切实保护投资者利益。在具体的监管体制和监管手段的设计上，应遵循市场的运行规律，坚持市场化取向。在监管体制的设计中，监管部门要减少对证券市场的行政干预，提高监管工作的透明度；在监管的手段上，要强化市场机制，能用市场手段解决的要尽量用市场手段解决，不能用市场手段解决的问题，要逐渐向市场化方面靠拢，确立市场机制在配置资本市场资源的基础性地位。

第二，充分发挥证券交易所的一线监管作用。证券交易所对信息披露的监管是证券监管的重要层次，对于维护市场秩序和保护投资者具有重大意义。国内外信息披露监管的实践表明，证券交易所的自律监管，相比政府的监管对交易环境和市场情况更了解，对市场问题的回应更及时，更能经受市场条件变化的考验等优势。因此，它的自律管理更适合法律所不及的范围内的监管，任何其它机构都取代不了它的特殊作用。由证交所这种自律组织制定的措施，无疑比外部监管者的措施具有更广泛的市场基础，其自律规则也更容易被对象容易接受。另外，市场自律还有利于降低监管成本，政府依赖自律监管组织的知识和专业化运作方式，比自己重新创造一套规则更有效。

第三，充分发挥中国证券业协会的作用。我国《证券法》规定：“中国证券业协会是我国的证券行业自律性管理组织”。对于证券市场中行业自律的作用，我们以前重视不够，而是过分强调政府监管，行政管制色彩浓厚，使得行业自律组织沦落为装饰门面的象征性组织。当前，要尽快理顺证券业协会的管理体制，加强自律管理，发挥行业自律组织对监管工作的辅助作用。为此：一方面要明确规定中国证券业协会与地方证券业协会的关系；另一方面要赋予自律组织相应的权力；最后要督促自律组织通过制定自律规则对会员和从业人员进行自律管理。

2、加大信息披露监管的执法力度

第一，建议立法机关修改有关法律法规，适当区分中国证监会追究责任的形式，在行政处罚之外，再赋予中国证监会起诉违规行为人、追究违规行为人民事责任的权力。在我国现行的法律框架下，中国证监会的问责手段仅限于行政处罚一种，致使证券信息披露执法负担不轻，效果却不理想。而发达国家证券监管部门的很大一部分处罚是以证券监管部门作为原告提起的民事诉讼。由中国证监会提起民事诉讼，通过法庭证实中国证监会基本认定的信息披露违法是否存在，这样可以提高中国证监会监管的效率，提高信息披露执法的公正性，还可以由法院判处败诉的信息披露违法人承担中国证监会的调查费用，毫无疑问，这是一种很好的制度安排。

第二，我国证券监管部门应大力加强信息披露材料的审查。有人

说“美国证监会只进行形式审查、不做实质审查”，那是指发行证券美国证监会不对其是否可以给投资者带来收益做评论。如果说美国证监会对信息披露材料也是“只进行形式审查、不进行实质审查”就大错特错了。美国证监会每年要审查近万份披露材料、进行上千次听证和调查，只要发现有可疑之处马上就听证、调查；一旦发现问题，美国证监会会立即停止有关发行的效力、对有关责任人做出行政处罚，或提出民事起诉甚至移交刑事起诉机关处理。

第三，赋予监管部门更大的监管权限。国外成熟市场证券监管机构拥有广泛的调查权限，如拥有发传票权、扣押账册权、银行记录调查权、强制询问权、搜查令权、检控权、起诉权以及申请法院强制令、执行令、清算令等。我国也应逐步赋予监管机构上述职权，同时为防止职权的滥用，也应就上述权限的使用作出规定。另外证券监管机构要加强与公安、司法系统的合作，共同打击证券犯罪。同时给予处于监管一线的交易所更大的职权。

第四，监管部门必须改进工作方式。作为监管主体的中国证监会，一方面应该做好对交易所的管理工作；另一方面中国证监会应认识到远离市场的弊端。为了更及时地了解到市场的动向，也应该积极主动地拓展自己的工作方式。正如2002年12月5日，中国证监会主席周小川强调，中国证监会在新的发展阶段，需要新定位，收缩部分职能。中国证监会于2002年12月取消了32项行政审批，就是解除管制的重要体现。目前，中国证监会正在研究取消第二批行政审批事项，进行力度更大的解除管制。并要积极创造条件，通过不断推动改革，逐步形成市场化的发行机制，使发行越来越多地由市场来决定，让投资人和发行人唱主角。另外，要增加证监会对违规行为的处罚比例及增加公开谴责等处罚的比例，以提高处罚效果。

3、抓紧监管队伍建设，加强监管力量，提高监管效率

从对公开上市阶段和持续信息披露阶段之所以监管部门不能及时、充分发现违法违规问题的分析可以看出，监管力量不足是直接的原因。因为即使制度很健全，如没有足够的专职人员去执行，最终也不会取得实际效果。因此要增加监管人员的数量。同时在增加人员数量的同时，更要靠有一支高素质的监管队伍。为此，一方面要加强监管人员的业务素质，加强监管队伍尤其是一线监管者的金融、证券、法律、会计、审计等理论知识的学习与业务培训，要做到“能打硬仗、善于攻坚、业务精通、行动快速”；另一方面要重视监管队伍的思想建设。“打铁先要自身硬”，一支高素质的监管队伍，应该是“政治过硬、作风清正、廉洁自律、纪律严明”的队伍。另外，可引进国外有用人才，增加证券市场监管的知识含量和建立专家型队伍。

4、切实建立起投资者保护机制

国际证监会组织（IOSCO）曾在一份名为《证券监管的目标与原则》的文件中，明确提出了证券监管的两大目标——一个是保持证券市场的透明、公正和效率；另一个是保护投资者，把保护投资者利益放在了一个重要的位置。前任中国证监会主席周小川在任时曾多次强调指出，要保护投资者利益，让投资者放心。并将此确定为证券监管部门的首要任务和宗旨。当前我们不仅要用完善的法律法规来监管信息披露，保护投资者利益，更要在组织上建立起投资者保护机制，以增加投资者的投资信心，促进证券市场健康发展。国际研究表明，一国或地区投资者保护越好，资本市场就越发达，抵抗金融风险的能力就越大，对经济增长的促进作用就越大。

5、完善信息披露体系

第一，调整部分信息披露立法标准。在以后对《证券法》的修订增补中，对部分不合理的立法形式进行调整。建议《证券法》将《公司法》中有关证券发行上市条件及相关信息披露的内容列入其中并加以规范，以不断完善证券法律体系。

第二，完善《证券法》中的民事损害赔偿制度。一般来说，在国外信息披露违法违规者最怕的并不是刑事诉讼或监管部门的处罚，而是众多受骗中小股东提出的民事诉讼。在美国，违法者一旦染上民事官司，其下场常常是破产兼身败名裂——不但变得一穷二白，而且连东山再起的可能性都不再有。中小股东的民事诉讼成为美国证券监管的强大力量，是对证券违法者最具威慑力的重磅炸弹。在我国也应建立健全民事诉讼机制，使民事损害赔偿制度不仅通过责令违规者赔偿受害投资者的损失以有效地剥夺违规者通

过违规行为所获得的非法利益，而且可强行给违规者加上一种经济上的巨大负担。另外，民事损害赔偿机制还可以有效地动员广大的投资者来参与信息披露的监管。当前健全民事诉讼机制最为重要的是建立具有可操作性的股东集团诉讼制度和股东代表诉讼制度，明确不同违规行为所适用的司法程序，形成一个适应的、畅通的上市公司信息披露法律的追究和惩戒机制。

第三，在完善民事诉讼赔偿时，应将连带责任与补充连带责任区分开来。对中介机构的过错，应当区分是故意的过失，还是非故意的过失。如果属于故意且与上市公司构成共同侵权行为，则应承担连带赔偿责任；如果没有构成恶意串通，只是出于主观过失，则只需承担补充赔偿责任。

总之，正如深交所总经理张育军在上市公司信息披露监管国际研讨会上所指出的："单纯依靠细化信息披露规则，加大行政处罚力度，难以从根本上解决上市公司信息披露监管面临的问题，应通过建立一整套包括民事诉讼、刑事诉讼和行政处罚在内的多层次的信息披露监管体制，把信息披露的法律责任落到实处。"唯有如此，才能有效地遏制上市公司信息披露违规的内在冲动。

6、理顺相关体制，加强中注协对注册会计师的管理

为此要结合政府转变职能的工作，进一步理顺注册会计师协会与有关政府部门的关系，特别是理顺地方注会协会与地方政府有关部门之间的关系，明确协会的职责。积极做好有关政府部门和协会的沟通与协调工作，建立起政府和协会在监管惩处工作上的"互动"合作机制。中国注册会计师协会应顺应行业体制改革的大方向，循序渐进，充分运用政府赋予的职能，通过行业检查和政府委托、联手检查等方式，提高和树立自律管理的形象，逐步实现向行业自律化管理的过渡，并搞好与地方协会的关系。同时，注册会计师协会应积极丰富监管手段，加强监管工作：其一是要重视民间自律，完善"同业互查"制度。其二是要积极和各有关政府部门加强合作。其三是要实施业务报告制度。其四是加大监管力度，进一步提高行业执业质量和职业道德水平。把职业道德的评审、监督充实到业务监管工作中去。建立行选诚信档案，把事务所内部机制健全及运行情况、职业道德遵守情况、风险提示防范情况、不正当竞争情况以及处罚种类和原因等记录在案，确保诚信记录成为执业机构和从业人员的"必备档案"。继续密切关注事务所变更，采取谈话提醒与资质管理挂钩等方式，加大对恶性压价、相互拆台、同行诋毁等不正当竞争行为的打击力度；把加强对"炒鱿鱼"和"按下家"事务所的监管工作进一步引向深入；其五是要从有利于监管工作开展与行业协会定位相辅相成，有利于适应中介行业管理体制的建设目标，有利于依法行政和行业自律出发，明确行业监管工作的定位。其六是要建立一支强有力的行业监管队伍，广泛开展案例教育和业务培训。

7、建立广泛的社会监督体系，发挥投资者和新闻媒体等的社会监督作用

一个完善的信息披露监督体系，仅靠政府及协会的监管作用是远不够的，还必须发挥社会及新闻媒体监督力量这种监管范围广和监管成本低的监管手段的作用。如银广夏的违法违规事件就是在《财经》杂志及其他新闻媒体坚持不懈地对银广夏的揭黑、质疑和求证引起证监部门高层的重视和关注下而被查

处的。正因为如此，前不久中国证监会杭州特派办将有关媒体记者聘为辖区特约监督员，并向辖区内上市公司、拟上市公司、证券机构、期货经纪公司和中介机构下了红头文件，向受聘者颁发证书，这在证券市场尚属首次，也值得借鉴推广。同时要通过培育机构投资者，加强投资者教育，建立适当的举报与奖励机制来加强投资者对信息披露的监管。

8、建立完善的信息披露风险预警系统

信息披露违规、造假技术水平越高，其留下的痕迹就越小，就越难以发现。但有一点可以肯定，只要是造假、制假，就总会留下蛛丝马迹。因此建立一种上市公司的风险预警系统，通过科学的风险预警系统的监测，一旦有着内部逻辑的众多监测指标出现异常情况时，它自动发出不同种类的风险预报，并将之转化为一般投资者能够理解的信息。这将大大地提高及时发现违规的能力，并有效地保护投资者免受巨大损失。若庄家吕梁等操纵中科创业股价时，曾动用1500个股东账户，涉及20余个省市的出资单位、120个证券营业部，若有较为完善的风险预警系统，定能及早揭露该类行为。

事实上，在国外已进行了这方面的实践，纳斯达克证券市场(NASDAQ)就在1999年联合Uisys等三家公司历经一年时间开发出了具有先进监控技术并专为纳斯达克服务的实时传送监控系统。澳大利亚的一个软件公司开发出了证券市场自动研究、交易和监控（简称SMARTS）商业应用系统。美国证监会也利用一系列指标来对内幕交易进行监控，如发现股价对信息提前发生异常反映，则立即被列为内幕交易嫌疑。而我国监控技术尚比较落后，因此，加强监控技术开发，建立风险预警系统以提高监控的准确性及有效性已是当务之急。

9、建立一套严格的证券信用评级系统，加强证券市场信用体系建设

尽管我国已拥有一定数量的信用评级机构并且设立有着丰富国际经验的合资公司，如我国第一家证券评估公司——中诚信国际信用评级公司（与惠誉评级公司合资）以及1999年7月大公评级公司（与穆迪公司技术合作）并对我国上市公司的可转换债券和企业债券进行过评级，并取得了一定的示范效应。但是在现阶段，从一个较大的层面至少在资本市场信用评级仍然不受重视，被视为不需要或无价值。因此应加强证券市场诚信建设，建立一套严格的信用评级系统，对中介机构、上市公司及其从业人员的信誉度进行不定期的评定，在不同的信誉等级阶段，可以实施一定的业务禁止。这样一方面可以防止具有严重的不法行为的产生，将可能的违法行为置于有限范围之内；另一方面可以加大对违法违规者的惩罚力度并且降低监管成本。也还有利于增强我国证券市场各责任者的诚信意识。

总之，减少证券市场信息披露违法违规行为的发生以及加强信息披露的监管是一项系统工作。在分析和探求治理之策时，应将之置于整个证券市场中、市场经济环境和社会中进行考察，将信息披露及监管纳入到政治体制和经济体制改革的进行中，以政治、经济、法律管制、道德教化等手段多管齐下，方能达到标本兼治的功效。

第三章

上市公司信息披露违规处罚效果与相关的制度完善探讨

上市公司是投资者的投资对象，它的行为规范与否直接影响到投资者的投资信心，关系到我国证券市场能否健康发展，因此上市公司的质量是我国证券市场能否健康发展的基石。但当前我国上市公司普遍存在着信息披露不及时、不真实等问题，对其信息披露违规处罚效果进行分析并提出相应的改进战略措施，对建立健全我国上市公司信息披露制度具有重要意义。

一、我国上市公司信息披露违规与相关制度的关系

我国上市公司信息披露违规现象严重，有的公司还屡次犯规，其原因是多方面的，但与上市公司治理结构缺陷，证券律师作用没能有效发挥，会计事务所及注册会计师参与违规等有着密切的关系。

1、信息披露违规与公司内部控制和治理结构缺陷的关系

确保信息披露准确、及时、完整、合规的主要责任在上市公司本身，尤其是上市公司的董事会。而我国上市公司因制度和治理结构上的缺陷造成公司内部控制失灵，进而信息披露违规现象层出不穷。

(1)上市公司大都担负着国企改革脱困的历史使命。而绝大多数国有企业上市前不是股份公司，在极短时间内完成的改制上市，使大多数上市公司基础不牢，本身的质地并不高，与上市公司本身的运行机制要求相比差距甚远，漏洞和缺陷很多。在有限的额度下，只能尽量提高每股收益以提高新股价格，达到筹集更多资金的目的，地方政府为此也屡屡提供各种政策上的“方便”，操纵利润、做假等变得自然 。

(2)上市公司内部控制薄弱，缺乏内部控制标准体系。我国大部分企业还未意识到内部控制的重要性，加上公司治理结构上的先天性缺陷以及组织结构不合理和人员素质不高等方面的原因，致使我国企业内部控制普遍薄弱。同时由于我国目前尚未正式出台权威性较高的企业内部控制标准，对于内部控制的完整性、合理性及有效性更缺乏一个公认的标准体系，致使部分上市公司虽然在形式上建立了内部控制系统，但多数是“形备而神不至”，难以有效发挥保证上市公司合规经营、保证会计信息真实可靠的作用。

(3)董事会交叉任职情况严重，缺乏独立性，无法对“关键人”进行有效制衡。这主要体现在董事长同总经理合一，董事会与总经理班子人员过分重叠，外部董事和独立董事的比例过低，董事会缺乏独立性。交叉任职造成的最严重后果就是董事会与总经理班子之间权责含糊，“关键人”大权独揽，一人具有几乎无所不管的控制权，且常常集控制权、执行权和监督权于一身，违背了内部控制的基本假设，必然带来权责不清、办事程序由一个人操纵的现象 。

(4)监事会权力有限，无法正常发挥功能。从《公司法》法律条文规定的意义上说，我国公司的权力结构类似于德国的双层委员会制度。但是从实际的公司治理情况来看，监事会基本上不能有效监督董事会和经理，不具有实质性权力，与董事会平行的公司监事会仅有部分监督权，而无控制权和战略决策权，无权任免董事会或经理班子的成员，无权参与 和否决董事会与经理班子的决策。并且，在实践中，监事会成员大多由公司内部人 员担任，在行政上置于总经理的领导之下，缺乏独立性。因此，《公司法》赋予监 事权通常流于形式。

(5)企业法人治理结构的缺位为上市公司操纵利润提供了极大方便。国有股“一股独大”，上市公司与其母公司、控股股东之间有着千丝万缕的关系 ，通过关联交易来操纵利润，特别是一些没有实现三分开的上市公司，其与大股东实际是一套人马，两块牌子。上市公司之上还有一个大老板，会计核算非常随意，业绩可以在母子公司之间移来移去，没有任何的可比性及可靠性。而国外，上市公司普遍有较为完善的公司治理结构，也不存在“一股独大”等 现象。

2、上市公司信息披露违规与证券律师的关系

从近年来中国证监会对证券信息披露中违规律师的处罚案例来看，证券律师的违规行为主要表现在三个方面：其一，没能勤勉尽职，没有全面审查上市公司的材料造成信息披露不全面或不真实；其二，律师因专业能力方面的欠缺，出具的法律文件如工作报告与法律意见书不符合法律规定的格式，提供的法律服务存在明显缺陷；其三，参与上市公司作假造假或对对造假制假“睁一只眼闭一只眼”，在法律意见书等信息披露文件中虚假陈述欺骗投资者与证券监管部门，因而严重误导投资者。

虽然这些现象未必能代表证券律师及事务所的全貌，但这说明了制假造假问题的严重性。其原因在于：第一，在股票发行配额制下，企业只要获得了发行配额，其股票就能够发行和上市，因此政府的批文远较律师的法律文书更重要。第二，证券律师资格许可制度虽人为地限制了服务提供者的数量，但这种限制并没有消除证券律师群体内部的恶性竞争。每个律师实际上都面临着“自己不做别人也会做”的生存压力，再加上高额律师费的驱动，也就很容易忽略利益背后的责任和风险。第三，由于我国《证券法》、《刑法》、《律师法》等对违反法律应受处罚的规定很少，尤其是对刑事处罚和民事赔偿的规定更少，再加缺乏合适的诉讼机制，使得违法者很难受到惩处。

3、信息披露违规与会计事务所及注册会计师的关系

注册会计师及会计事务所对我国证券市场发展和防止上市公司信息披露违规起到了重大作用，但由于我国会计准则不完善；监管框架与会计事务所体制缺陷，会计事务所规模小及人才结构不合理；事务所业务单一，拓展能力薄弱；注册会计服务收费不合理等原因，导致我国会计师事务所无法发挥其应有功能，距市场和投资者要求还有较大差距。

(1)会计准则不完善。国内上市公司有关会计问题专家在分析银广夏惊天骗局、美国安然公司倒闭的原因后认为它们都涉及会计准则国际化问题，无论是中国，还是美国，会计准则国际化程度都较为有限，于是才导致在财务报告与审计报告两个环节同时存在巨大风险。这也是导致虚假数字出现的原因。

(2)监管框架与会计师事务所体制缺陷。在我国，中国注册会计师协会属地方财政的派出机构，属强势政府监管模式，行业自律在某种程度上缺位，导致政府的例行监管有过度之嫌，而注册会计师行业的日常监管却不力。同时，目前我国会计师事务所大都以有限责任公司为主，对其行为承担有限责任，并且我国大多数会计师事务所注册资本仅为30万元，也就是说会计师事务所

违规的最高赔偿也就是30万元。国外普遍实行的合伙制事务所在我国仅为8%~10%。

(3)会计师事务所规模小,并且人才结构不合理。到2001年11月,全国会计师事务所4547家,执业注册会计师55898人,平均每家事务所仅有12人。总体业务收入60多亿元,平均每家130多万元。由于事务所规模偏小和业务收入偏低,不仅正常的审计业务难以规范,而且由小规模会计师事务所审计大公司,在经济上将不可避免地对大客户产生依赖,进而致使其难以独立、客观、公正地发表审计意见。同时会计师事务所的人才结构也需进一步完善。目前注册会计师队伍中52%的年龄已经在60岁以上,40岁以下的仅占19%,年龄层次极不合理。从业人员中通过注册会计师全国统一考试取得从业资格的仅占33%,拥有大学本科以上学历的仅为17%,而国外注册会计师以中青年为主,60%~70%以上拥有大学本科以上学历。

(4)事务所业务单一,拓展能力薄弱。国内会计师事务所的业务主要局限于传统的审计和验资业务,而新的业务领域开拓缓慢,这就存在明显的业务单一缺陷。据统计资料表明,我国会计师事务所鉴证业务收入占总业务收入的95%;而从国外会计公司的服务范围来看,税务策划等非鉴证业务发展很快,并且有极强的业务拓展能力。

(5)注册会计师服务收费不合理。自注册会计师恢复发展以来,从中央到地方的各级政府部门针对注册会计师的审计收费问题下发了很多文件和规定。但是由于政府干预过多,会计师事务所难以根据对不同客户提供的专业服务进行审计定价。并且因为政策多头造成政府部门下发的相关文件之间、行业协会文件与其他政府文件之间相互矛盾,从而在根本上违背了政策规范的初衷。出现了政府越是规范,审计定价就越是混乱的怪现象。

二、信息披露违规处罚的效果分析

对违规公司的处罚效果进行分析,应主要从市场对处罚的反应、处罚的威慑力、上市公司的再融资(包括增发配股)这三方面进行。

1、市场对处罚的反应

市场反应即指股价对处罚的反应。在一定程度上,从市场的反应可以看出处罚的公开性,以及市场将处罚这一事件转化为信息披露违规成本的程度。对信息披露违规行为实施处罚的目的也不外乎在于实现和增加违规公司的违规成本,减少信息披露违规,进而达到市场信息的公开和真实性。从1999~2001年,市场对处罚的反应来看:市场的反应程度与处罚的公开性及处罚力度存在正比关系,即处罚的公开性越高,处罚力度越大,如公开谴责和中国证监会的警告,市场的反应就越大。

表 1 1999–2001 年各类处罚前后股票的平均超额收益率

	内部批评	公开谴责	证监会处罚
1999	−0.23%	−3.11%	−0.14%
2000	0.62%	−1.48%	−2.03%
2001	−0.05%	−0.33%	−1.15%

2、处罚的威慑力

对信息披露规的公司进行处罚,其主要目的之一就是让被处罚的公司能在处罚后吸收教训,不再违规。所以处罚的威慑力以被处罚公司的再处罚作为主要衡量标准,以此对处罚的威慑力和阻止再犯的效果予以评价。自1993年至2001年10月上旬,中国证监会和沪、深证券交易所对信息披露违规的218次处罚统计来看,到目前为止共有171家上市公司因信息披露违规而受到处罚,大约有21%的公司受到不止一次处罚。其中有28家公司受到2次处罚,占受处罚公司总数的17%,5家公司受到3次处罚,3家公司受到4次处罚。从处罚和再处罚手段看,以内部批评为主的处罚和再处罚手段,其有效性有限,没有起到阻止再犯 的效果。但受到中国证监会信息披露违规处罚的上市公司中,只有7.6%(两家)的公司再次因为信息披露违规而再受处罚,这表明中国证监会对上市公司的处罚具有较大的震慑力。但中国证监会处罚只占所有被处罚数量的13%左右。

表 2 不止一次受到处罚的上市公司家数统计

处罚次数	1 次	2 次	3 次	4 次	合计
处罚家数	135	28	5	3	171
比重%	78.95	16.37	2.92	1.75	100

表 3　处罚手段不同导致"再犯"的统计分析

第 1 次处罚		第 2 次处罚				
种　类	次数	内部批评	警告	责令改正	公开谴责	总计(%)
内部批评	135	11	7	0	9	27(20%)
证监会处罚	29	2		0		2(6.8%)
公开谴责	50	1	1	0	4	6(12%)
责令改正	4	1	1	0		2(50%)
总　计	218	15	9	0	13	37(16.5%)

3、上市公司的再融资机会

对再融资情况的考察是基于处罚对违规公司的再融资机会影响，考察处罚给违规公司在资本市场运作方面所带来的成本。对被处罚公司再融资机会的考察，首先根据再融资的条件对上市公司中符合条件的公司数做出估计，在此基础上进而估算出具融资资格公司占公司总数的比例并对再融资的机会进行比较分析。用前三年公司的平均净资产盈利率不低于10%（2001年前）作为决定上市公司中具再融资资格的公司数。从具融资资格公司估计的两组数据可以看出，被处罚公司中，具融资资格公司占公司总数的比例相对地比较低，约30%~40%，而未被处罚的约在60%左右（不包括1997年）。另外，在对具融资资格公司数的估计基础上，可以算出被处罚公司和未被处罚公司获融资公司数占具融资资格公司数的比例，从中可以发现：其一，被处罚公司中，获融资公司数占具融资资格公司数的比例变动幅度较大，从9.09%至31.25%，平均在22.22%，而未被处罚公司中，这一比例相对稳定在24%~29%之间，平均为28.81%。其二，从获融资公司数占具融资资格公司数的比例看，被处罚公司和未被处罚公司没有明显的差别。

表 4　未受处罚公司与受处罚公司机会比较分析

年份	未受处罚公司		受处罚公司	
	(1) 具融资资格公司占公司总数的比例	(2)获融资公司占具融资资格公司数的比例	(3) 具融资资格公司占公司总数的比例	(4) 获融资公司占具融资资格数的比例
1997	50.00%	30.96%	53.33%	25.00%
1998	61.00%	31.46%	33.33%	18.18%
1999	59.48%	24.15%	37.93%	9.09%
2000	69.33%	29.34%	32.00%	31.25%
2001	85.81%	11.07%	37.56%	12.50%
1997-2000 年平均	60.67%	28.81%	34.95%	22.22%

三、我国上市公司信息披露监管的改进思路

针对我国上市公司信息披露体制中存在的问题，我们要结合我国国情，积极完善我国的信息披露体制，推动上市公司信息披露监管工作的改进。

1、完善公司内部控制与治理结构

第一，建立和完善现代企业制度。为推动上市公司建立和完善现代企业制度，规范公司运作，2002年1月10日，中国证监会、国家经贸委联合发布了《上市公司治理准则》，准则参照国外公司治理实践中普遍认同的标准，针对我国上市公司治理方面存在的突出问题，提出了一套兼原则性与操作性的措施，这标志着我国上市公司治理结构的制度建设方面迈出重要一步，现在的关键是切实贯彻落实《准则》精神，对公司治理结构存在重大缺陷的上市公司，证券监管部门要责令其改正。

第二，建立健全上市公司内部控制监督管理机构。上市公司董事会应设立主要由独立董事组成并担任负责人的审计委员会，全面负责与公司审计有关的事宜。其主要职责是：①提议聘请或更换外部审计机构；②监督公司的内部审计制度及其实施；③负责内部审计与外

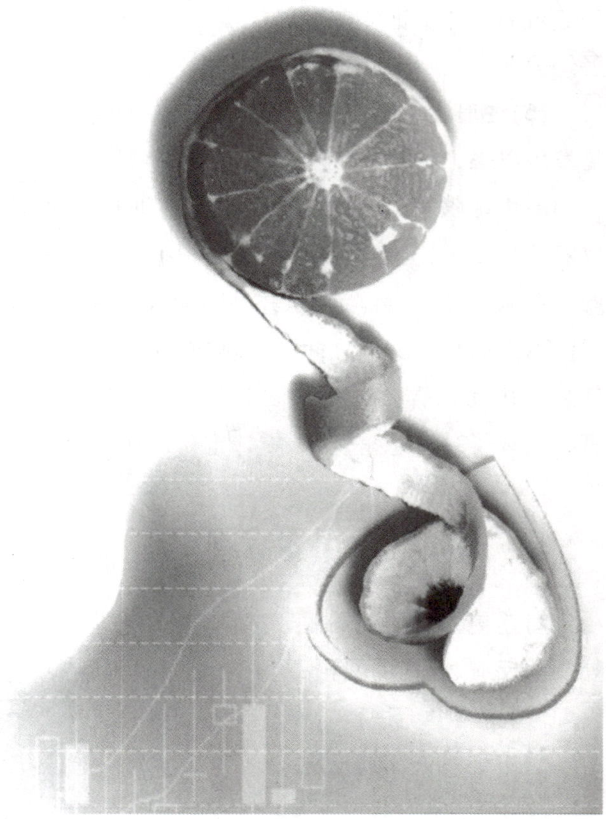

部审计之间的沟通；④审核公司的财务信息及其披露；⑤审查公司的内部控制。

第三，推行职务不兼容制度。提倡上市公司董事长与总经理分设，减少董事会与高层管理人员的交叉任职，增加外部董事和独立董事比例，尽量防止内部人控制现象发生。

第四，加强监事会的监督功能。监事有了解公司经营情况的权利，监事会可以独立聘请中介机构提供专业意见。上市公司应采取措施保障监事的知情权，为其正常履行职责提供必要的协助，任何人不得干预、阻挠。监事会的监督记录以及进行财务或专项检查的结果应成为董事、经理和其他高级管理人员绩效评价的重要依据，监事会发现公司高层管理人员存在违法违规或公司章程的行为，可以向董事会、股东大会反应，也可以直接向证券监管机构及其他有关部门报告。

第五，调整股权结构，改变一股独大的格局。这种状况虽然在短期内难以彻底改变，但要予以高度重视并及早着手解决，为独立董事发挥作用奠定股权结构基础。

2、完善证券律师制度

第一，我国的证券律师是法律服务市场多重许可的产物。出于管制的考虑，制度设计者通过强制性的规定对证券律师的资格取得、业务范围等作了详尽的规定，并试图把证券律师塑造成为监 管者的助手。但律师职业的性质决定了律师不可能是中立的，更不可能是监管者的助手。当一名律师受雇于某发行人或主承销商时，他不可能能站在监管者的立场来思考问题，何况此时他本身也处于被监管的地位。因此，脱离律师与其客户之间的关系，人为地给律师设定另类角色，这本身就是一种错位的安排。所以，监管者放弃对律师介入证券信息披露的管制，彻底废除证券律师资格制度，将是一个明智的选择。前不久，中国证监会取消了证券律师的执业资格限制，无疑是将这一选择变为现实。

第二，面对入世后的挑战，适应核准制的要求，“把市场还给市场”，让当事人自主选择律师，恢复律师与客户之间本应具有的服务诚信关系，使最优秀的律师能经受市场竞争的考验，在竞争中脱颖而出，使律师行业走出过度行政管制的阴影。

第三，鉴于证券法律业务固有的专业性和技术性，有必要经过从业律师执业技能和业务水平的培训。

3、完善会计准则与审计制度

第一，我国的会计工作以及 相应的制度准则和监管体系应加快适应国际化的步伐，这是我国经济建设与发展的内在需要。另外，在当今世界随着经济的日益全球化和信息技术革命的加速，会计标准的国际化也是大势所趋和潮流所向。

第二，会计准则制定要从市场经济发展的长远要求出发，建立起自己的框架体系，并以公允价值概念为基础。这种转型要求：①中国注册会计师协会及地方注册会计师协会机构应转变为行业性组织而非监管机构；②民事诉讼和法院裁决应更多地取代单纯的行政处罚手段；③法院向有着专业人才或机构咨询提供专家咨询意见作为判断依据；④会计准则制定成为更加专业化、社会化的过程。另外这种转型相应地对其他市场参与者，如证券商、基金、律师事务所、其他各种类型的机构投资者等也都提出了自律性要求、对上市公司及上市公司背后的各种利益集团，包括大股东与行政管理机构等也提出了更高的自律性要求。所以公司治理等机制要真正发挥作用，没有上述相应的配套的转变仅仅在会计准则中全面贯彻公允价值概念并以此来要求会计师和审计师是不大可能做到的，也不可能期待能出现更好的结果。

第三，相对我国的会计准则来说，我国的审计标准与国际标准更为接近，因此，要使注册会计师真正能够发挥应有的作用，其职业能力和职业道德水准就成为关键，这是构成资本市场会计信息真实性、公允性的基础之一。为此要进一步加强职业教育和培训，以提高会计师职业能力和职业道德水平。

4、完善注册会计师及会计事务所运行机制

第一，应以《注册会计师法》的修订为契机，明确注册会计师行业的管理形式、会计师事务所的组织形式和注册会计师的法律责任等影响注册会计师行业发展的重大问题。在修订本中增加有限责任合伙制、个人独资两种合伙制体制，进一步完善合伙制的有关法律体系，取消有限责任制，促成各会计师事务所在获取收益和承担责任上保持一

定的平等。在经济不发达地区和中小企业密集地区大力促进个人独资事务所发展，以个人承担无限风险责任的方式来提高注册会计师报告的真实性。

第二，政府监管部门应进一步采取措施，推进会计师事务所的合并；进一步打破地方保护主义，鼓励会计师事务所跨地区执业，推进中国注册会计师事务所全国化而非地区化，防止地方政府对注册会计师执业的干预。

第三，通过鼓励合并、提高会计师事务所成立的注册资本及人数要求的限制来扩大会计师事务所的规模。同时，通过提高注册会计师入门考试的门槛，使获得注册会计师资格的年轻会计师具有更高的素质。另外，要加强注册会计师职业后续教育的管理，把职业后续教育的工作规范起来，以提高注册会计师从业人员的道德水平和业务水平。

第四，将职业道德与执业风险紧密挂钩。注册会计师能否独立、客观、公正地执业，最终取决于其是否高标准严格自律。因此，必须将会计师的职业道德与执业风险挂起钩来。谁不顾职业道德谁就要承担巨大的执业风险。

第五，各级地方政府退出事务所服务收费价格领域、改由行业协会来制订会计师事务所收费规范；在不低于协会规定最低标准前提下，事务所根据自己的客户策略和其他情况来对服务收费进行增减变动，配合行业自律、媒体监督、群众举报等手段，由行业协会来主要监管会计师事务所的收费情况，以提高和规范注册会计师的收费标准。

第六，严格执法。会计师信用缺失现象的普遍存在，除了体制、制度方面的因素，还有在监管和会计法规贯彻落实不到位的问题。现有的一系列会计法律法规和审计准则虽不完善，但也为上市公司帐务处理及审计工作提供了准绳，对现行法规要坚决执行，对违法违规行为的惩处不能手软。治顽症应当用重药，要下决心用法律武器攻克会计信用缺失的顽症。

总之，完善我国上市公司信息披露制度，不能仅仅从上市公司出发，而须既从上市公司这个内因出发，又要从与上市公司信息披露相关的外在制度出发，才能建立起一套真正完备有效的上市公司信息披露体系。进而从根本上遏制上市公司信息披露违规行为的发生。

第四章

中外证券信息披露体制对比研究与借鉴

我国证券市场发展12年来，取得了巨大成就，在信息披露监管上也初步形成了比较完整的体制，但与国外成熟证券市场的先进经验相比，仍需要有选择地吸收与参考。因此有必要就中外的信息披露体制进行一个对比研究，并结合实际情况，进行科学创新，以开拓我国信息披露监管工作的新局面。

一、境外证券信息披露监管特征

与正处在发展初期的我国证券市场相比，境外成熟证券市场信息披露监管主要有注重法制、制度完善、实施得力、重视效率、责任落实到位等几个特点。

1、注重法制

在美、英等成熟的证券市场国家，证券监管部门一向强调信息披露规范的全面遵守，信息披露监管的执法力度往往不随有关部门管理政策的变化而变化，监管机构的行政权与司法权界限明确。尊重财产权利，证券监管部门对涉及违法行为人的财产剥夺和罚款的处罚，必须经民事诉讼程序方能实现。

2、制度完善

国外发达证券市场信息披露制度经过几百年的发展，已变得相对完善，可操作性也较强。其信息披露制度重视动态信息的披露，即强调对股权变动、要约收购等公司动态信息的披露，鼓励预测性信息的披露，维持严格的会计审计程序和高标准的会计标准。

3、实施得力

国外发达证券市场证券监管部门将信息披露执法列为日常工作重点，对于可能出现的证券信息披露违法行为，有完善、高效的责任追究机制。证券监管机构通过对呈报的信息披露材料进行主动审查和受理举报等方式，以在尽可能短的时间里、尽最大可能发现信息披露违法违规行为，并通过行政、刑事和民事程序追究违规行为人相对应的法律责任。如美国证监会（SEC）每年要审查四五千份发行人的信息披露材料，还要审查四五千份其他信息披露的材料。在2000年度美国证监会（SEC）对违反财务报告的行为，提起了32宗民事诉讼，共追诉了83名被告，通过行政程序处理了68宗案件，对160人追究了行政责任。对没按期提交归档材料的，以行政程序处理了4宗案件、处理责任人5人，民事起诉4宗、追究4人的民事责任。对违反发行报告要求

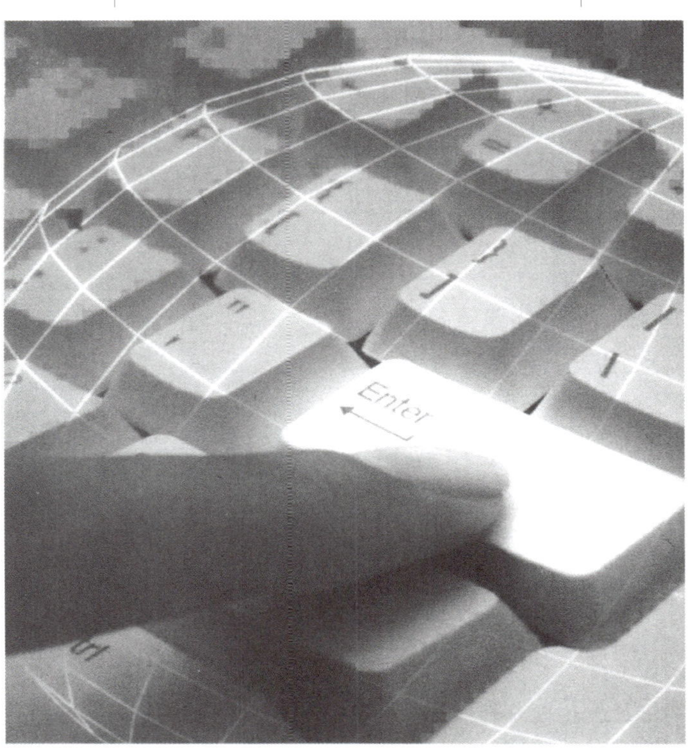

的提起了3件民事诉讼，共追究了6名被告的民事责任。英国FSA在2000年度共调查了376件案件，其中9件起诉到高等法院，有360余名投资者或存款人获得了民事赔偿。

4、重视效率

香港特别行政区强制违法人承担调查费用，美国《金融服务现代化法》也强调降低监管负担，英国则正在进行降低整个社会在信息披露方面的成本为目的的改革。国外各发达证券市场正纷纷转向并通过互联网等新技术提高信息披露效率。

5、责任落实到位

在发达的证券市场，违反信息披露义务的责任追究往往是以最终实际违法的个人作为处罚对象。例如，香港证监会在2000年度对违反《证券(披露权益)条例》检控的几个被告中，有9个是针对个人；对4个擅自发布未经认可的信息披露材料案件的起诉中，7个被告有4个是针对个人。

二、境内外证券信息披露对比研究

1、上市公司信息披露法律责任与手段对比

(1)法律责任对比。法律责任是上市公司信息披露制度的重要组成部分。境外主要证券市场都很重视信息披露违规的法律责任，以力求使违规者受到处罚，利益受损者得到赔偿，进而维护市场的公平与公正。但对于不同性质的信息披露，上市公司所应负的法律责任并不等同。直至如今，具有普通法传统的国家如英国、加拿大和美国等国家对上市公司的信息披露监管注重对发行信息披露的监管，而相比之下持续信息披露未得到足够重视。这一点反映在立法上，在英、美、加等普通法传统国家，对招股说明书的民事责任通常采用普通法和制定法两种方式进行规定，并伴随着较为充分的民事救济措施，但对持续性信息披露却仅仅能获得有限的且具有较大难度的民事救济措施，从而形成了一种二元法律责任格局。在实践中，除了上市公司重大事项披露的违规行为涉及到市场操纵或市场欺诈、内幕交易由证券主管机关介入负责处理外，对上市公司持续性信息披露违规的处罚都由证券交易所进行。

总的来说，上市公司信息披露的法律责任主要有三种：行政责任、刑事责任和民事责任。确定法律责任的依据在各国或地区各有不同。在美国，上市公司信息披露的法律责任主要由联邦证券法规范；在日本主要是证券交易法、公司法和有限公司法规范；在德国为有价证券交易法、证券发行说明书法和证券交易所法；在法国主要为民法典规范；在英国主要有金融服务法、证券公开发行规章及公司法来规范；在香港地区主要有保障投资者条例、证券条例、公司条例、失实陈述条例、盗窃罪条例等来规范；在台湾地区主要体现在证券法和公司法中。除法律法规和行政规章对信息披露进行了规定外，证券交易所的市场规则及(或)其与上市公司签订的上市协议中也明确规定了上市公司违反信息披露规定应承担的责任，以及证券交易所可采取的处罚措施。从境外主要证券市场来看，证券交易所的处罚是上市公司信息披露违规尤其是持续性信息披露违规的主体。证券交易所对于上市公司在信息披露中违反上市规则或上市协议可进行包括警告、罚款、行业内通报批评、认定上市公司有关责任人不具备某些执业资格、对上市公司停市、取消上市资格多种处罚手段，这对上市公司具有较强的威慑力和约束力。

(2)信息披露手段对比。所谓信息披露手段是指上市公司进行信息披露可采取的方式或渠道。随着互联网技术的发展，一些市场建立了专门的上市公司信息披露系统，并利用这些系统来披露信息(如表1)。纵观境外主要证券市场，上市公司信息披露的手段一般有三种：一是通过报刊披露；二是通过使用专门的上市公司信息披露系统；三是通过基于互联网的电子化信息披露系统。这三种方式并不是互相排斥的使用了一种就不能使用另外一种，而是共同使用，但通过互联网进行信息披露是海外证券市场上市公司信息披露的发展趋势。

表1 部分证券市场上市公司信息披露手段对比

	美国	英国	法国	德国	日本	香港地区	台湾地区
报刊披露	✓	✓	✓	✓	✓	✓	✓
通过专门系统		✓			✓		✓
基于互联网的电子化信息披露系统	✓ 系统为“EDGAR”						✓ 系统为“电子申报系统”

2、上市公司首次信息披露对比

首次信息披露是指公司在公开上市前进行的信息披露，这主要指首次发行披露。对比境内外证券市场上市公司的首次信息披露制度，一般有三个特点：其一，是不同层次的市场对上市公司招股说明书的要求并不完全相同。相对来说，创业板市场对招股说明书的要求更为严格，这不仅表现在需要披露的内容多，而且表现在部分内容如对公司业务发展目标的详细描述、公司董事及主要管理人员的情况介绍、风险因素分析、风险警告说明等的要求均较主板市场更为严格；其二，以招股说明书为主要形式，而且招股说明书所要求的内容框架基本一致，无大的差别；其三，上市公司首次信息披露在具体操作上存在着细微的差别：如有的市场上市公司在正式招股前必须要发布初步招股说明书，而更多的市场只需发布正式招股说明书即可；有的市场要求采取较为独特的方式进行上市前的信息披露，例如台湾要召开上市前业绩发布会，而别的市场则没有这一要求。（见表2）。

表2　部分证券市场上市公司首次信息披露形式对比

市场类别 / 披露形式	美国	英国	法国	德国	日本	香港地区	台湾地区
招股说明书	✓	✓	✓	✓	✓	✓	✓
上市公告书			✓			✓	✓
其他	初步招股说明书	AIM 市场 10 通知					上市前业绩发布会

3、上市公司持续信息披露定期报告对比

上市公司持续信息披露即指公司上市后所进行的信息披露，这主要包括定期报告和临时公告。定期报告一般包括月度报告、季度报告、中期报告（半年报告）、年度报告。一般来讲，市场不同，对定期报告披露的频率（报告间隔）要求也不一样。报告的性质不同，所要求披露的内容也不完全相同。在各种报告中，以年度报告的内容最为全面，也是各主要市场上市公司定期报告的主要形式。有的证券市场要求上市公司提供季度报告（如我国自2002年开始要求上市公司披露季报，这是向国际惯例靠拢的需要），但季报在内容上略少于年报和中报。而在所有报告中，月度报告的披露内容为最少，并且只有极个别市场要求上市公司披露月度报告（见表3）。需要说明的是，创业板市场定期报告的披露频率要高于主板市场，即创业板市场定期报告的时间间隔要少于主板市场。

表3　部分证券市场上市公司定期报告对比

市场类别		年度报告	中期报告	季度报告	月度报告
美国		财政年度后 90 天内披露		季度结束后 45 天内披露	
英国	主板市场	财政年度后 180 天内披露	半个财政年度后 120 天内披露		
	AIM 市场	财政年度后 180 天内披露	半个财政年度后 120 天内披露		
法国	新市场	财政年度后 180 天内披露	半个财政年度后 120 天内披露	✓	
德国	主板市场	✓	✓		
	新市场	财政年度后 90 天内披露		季度报告期结束后 60 天内披露	
日本	东京交易所主板市场	财政年度后 90 天内披露	半个财政年度后 90 天内披露		
	Mothers 市场	财政年度后 90 天内披露	半个财政年度后 90 天内披露	✓	
香港地区	主板市场	财政年度后 150 天内披露	半个财政年度后 90 天内披露		
	创业板市场	财政年度后 90 天内披露		季度报告期结束后 45 天内披露	
台湾地区	柜台买卖中心	财政年度后 120 天内披露	半个财政年度后 60 天内披露	季度报告期结束后 30 天内披露	第月 10 日前

4、上市公司持续信息披露临时报告对比

所谓临时报告是指上市公司按有关法律法规的规定，在发生重大事项时需向社会公众和投资者披露的信息。上市公司临时报告披露制度主要涉及到两个问题：第一是信息披露审查程序；第二是信息披露标准。

（1）信息披露审查程序。按照证券交易所的上市规则及有关上市协议，对上市公司临时报告的审查主要由证券交易所进行，另外，上市公司在发生某些重大事项时也需向监管机构报告。境外主要证券交易所对上市公司临时报告的审查程序有两种模式：其一是事前审查。上市公司在发生重大事项时要在向证券交易所申报并经审核后才可公开披露；其二是事后审查。上市公司在发生重大事项时即时披露信息，同时向证券交易所及主管机关申报。两种审查各有利弊，前者的优点是证券交易所能有效地判断信息的重大影响程度，进而选择最佳的信息披露时机、方式并采取合理的措施如暂停交易；但也存在监管成本高、效率低的缺点，而且信息披露所需的时间长，违反了信息披露及时性的要求。后者即事后审查正好与之相反，具有效率高、监管成本低，披露更为及时等优点，但也存在不容易在事前控制重大信息披露不规范的风险等缺点。香港联交所采取“部分事项事前审查、部分事项事后审查”的方式，即对于在一般性规定的范围内的事项，上市公司可直接在指定报刊或指定

网站上披露，而对于必须公布的交易及关联交易事项，上市公司需向联交所提交公告初稿，由其审查并按其意见修改后才能在报刊或网站上发布，因而能够较好地避免两种模式的弊端，具有一定的借鉴参考价值。

(2)信息披露标准。临时报告的信息披露标准主要有两点：其一是及时性标准；其二是重要性标准。前者解决的是上市公司在发生重大事项时应在什么时间进行披露；后者衡量的是上市公司在发生什么样的事项时须进行披露。及时性是指上市公司应尽最快速度地将有关重要信息依法披露。从投资者角度来看，及时披露可使投资者根据最新信息及时作出理性投资决策，避免因信息不灵通而遭受损失的可能性；从监管的角度来看，及时性披露可缩短信息处于未公开阶段的时间、防止内幕人士可能进行内幕交易的时间，减少监管的成本与难度。另外，及时披露重要信息，也可使公司发生的重大事项和变化及时传给市场，使公司股价及时依据新的信息作出调整，以保证证券市场的连续和有效。鉴于以上原因，境外主要证券市场均将及时性披露作为对上市公司临时报告的基本要求(见表4)。

表 4　主要证券市场上市公司临时报告及时性标准对比

市场类别	对信息披露及时性要求
美国	1、美国联邦证券法要求，上市公司在发生可能影响投资者决策的重大事件时，需向其提交报告。该报告应于事件发生后 5-15 天内以 8-K 表格(外国发行人使用 6-K 表)的形式提交，具体时间期限视具体情况而定。 2、NASDAQ 市场规则规定，除特殊情况外，上市公司必须迅速通过新闻媒体向公众披露有理由认为会影响他们证券的价值或影响投资者决策的任何重要消息，上市公司还必须在通过媒体向公众披露重要信息之前通知 NASDAQ。同时提议，上市公司最起码要在发布这样的信息之前提前 10 分钟通知 NASDAQ。
英国	立即通知证券交易所，同时可向新闻媒体发布。
日本	立即公告，同时通知主管机关及证券交易所。
香港地区	部分立即公告，部分经联交所审核后立即公告。
台湾地区	一般在当日或次营业日前公告，向主管机关申报应在二日以内。

确定适应并明确的重要性标准一直是各国或地区证券立法的目标，但这一目标很难实现。因为信息重要与否本身具有相对性，一件具体事项对于不同的对象，因其规模、资产、利润及其它因素的不同，重要性的意义也不等同。另外重要性标准一方面要使上市公司披露一切投资者作出合理投资决策所需要的信息；另一方面又不能使市场充斥过多的噪音，即要做到两者的最佳结合也很难。从实践中看，境外主要证券市场确定重要性的

标准有两个：一是股价敏感标准，根据该标准，某件事项是否重要取决于其能否会影响上市证券价格；二是影响投资者决策标准，根据该标准，某件事项是否重要取决于其能否对投资者作出决策产生影响。英、德、法及我国香港和台湾地区对于重要性采用的是股价敏感标准。日本采用投资者决策标准来界定重要性，将重要信息定义为“上市公司任何关于管理、营运、财产的来严惩影响投资者决策的事实”；而美国对重要性标准采取比较宽泛的双重标准制，即将“影响上市证券价格”和“影响投资者决策”并可作为判断信息重要性的标准，只要符合其中之一便构成重大事项，信息披露的义务即可产生。

三、完善我国信息披露体制的政策探讨

我国证券市场自成立以来，在上市公司信息披露制度建设方面已取得了很大的成就，一个较为科学合理的制度框架体系已初步建立，有关法律法规开始逐步与国际接轨，但也必须看到，目前我国在证券信息披露制度体系上还存在许多亟解决的问题，需要在实践中不断完善。

1、完善有关法律责任规定

按照我国的《证券法》及其他有关法律规定，上市公司所有信息披露文件包括招股说明书、定期报告与临时

报告均适用于统一的法律责任，符合信息披露法律责任规定的发展方向，这是其先进性的一面，但也存在许多缺陷，表现为：其一，从招股说明书的信息披露来看，投资者与上市公司之间存在一种契约关系，而对于定期报告和临时报告的披露，严格来说上市公司与投资者并不具有契约或合同关系，所以在界定法律责任归属时，应针对不同个体、不同的注意标准而规定不同的举证责任和损害赔偿范围。但目前我国有关法律法规在这方面并没明确规定，应予完善；其二，我国现行的有关证券法规规定，对违反信息披露规定的责任人要追究刑事、行政和民事责任。但对于披露违规行为如何认定、怎样追究责任人的民事责任、责任人之间的责任如何划分等问题几乎没有涉及，或规定得过于原则与抽象，给具体的司法实践带来很大的不确定性；其三，《证券法》只仅就违反信息披露真实性和准确性的行为规定了民事赔偿责任，而没将违反信息披露及时性标准的行为纳入民事赔偿责任条款之中。因此有必要修改相关法律法规，尤其是《证券法》，以加强和细化对证券民事责任方面的规定，明确不同违规行为所适用的司法程序，形成一个适应的、畅通的上市公司信息披露法律责任的追究与惩罚机制。

2、完善与改进上市公司信息披露的手段

从境外主要证券市场信息披露手段来看，英、日和我国台湾等都建立了专门的上市公司信息披露系统，有的还建立了信息披露电子化系统，投资者可在证券公司营业处或通过Internet等现代化传播媒介及时了解上市公司披露的信息。而当前我国上市公司信息披露的载体主要为指定报刊及指定网站，还没建立起类似的专用系统，也没能进行基于互联网的电子化披露，因而在一定程度上影响了信息披露的效率，也增加了成本。所以，有必要借鉴境外主要证券市场经验，建立上市公司信息披露电子化系统，利用最新信息技术改进上市公司信息披露的手段。

3、调整部分信息披露标准

我国对于信息重要性采取的是双重标准，即对临时报告适用“股价敏感标准”，而对定期报告与招股说明书却适用“投资者决策标准”。这一立法标准持征体现了当前证券市场对于上市公司信息披露监管的普遍性理解，不能简单地认为其存在重大缺陷。毕竟在一个市场有效、监管健全的证券市场中，“股价敏感标准”与“投资者决策标准”并不存在必然的冲突，相反在很多情况下是一致的。不过，从理论上讲投资者决策标准涉及的因素及考虑的范围远比股价敏感标准广泛，证券价格只是投资者进行理性投资决策所必须考虑的主要因素之一，而其它诸如发行人未来前景，市场整体状况等都是投资者需要考虑但无法为股价敏感标准所容纳的因素，相比之下股价敏感标准显然较为狭窄。另外，投资者决策标准要求上市公司站在投资人的立场上评价信息的重要性以决定是否披露该信息，此时公司需要考虑的不完全是某信息披露对自身的影响，而更多的是考虑对投资者的影响，这样更能体现现代证券法“保护投资者利益”的精神，相比而言，股价敏感标准仅仅要求上

市公司考虑信息对证券价格的影响，虽然价格也是影响投资者决策的主要因素，但由于侧重的是价格，所以体现的是买者自负风险原则。因此，投资者决策标准比股价敏感标准更为严格，也更符合现代证券监管的目标。从各国证券市场实践来看，由于重大性标准直接与虚假披露市场操纵、内幕交易等法律责任密切相关，采用不同标准对受害人的赔偿程度是不一样的。采用投资者决策标准，利益受损人只需证明一则信息足以影响一般理性投资者的投资决策，就可以直接适用民法中业已成形的制度设计，增加了其获得赔偿的可能性。而采用股价敏感标准，利益受损人必须证明信息披露与证券价格之间存在某种必然的因果关系。但由于影响证券价格的因素非常之多，很难断定证券价格与某则信息之间的必然联系，其结果是大大增强了受害人的举证责任，增加了其举证负担。因此，我们认为应将信息披露的重要性标准由当前的的双重标准改为统一使用投资者决策标准，并在举证责任上，采用举证责任倒置原则。

4、对不合理的立法形式进行调整

有的上市公司在发行股票时披露的《招股意向书》几乎完全是虚假的，至于公司擅自改变募股资金投向（包括将资金长期滞留于银行账户）现象，更为常见。我们认为，这些现象均属“虚假披露”、“证券欺诈”或“扰乱证券市场”行为。但是，在《证券法》和《刑法》中，对编造并传播虚假信息的界定及打击，均仅限于证券的交易市场，而不涉及证券的发行市场。同时，在《刑法》中对编造并传播虚假信息的主体，仅仅界定为“证券交易所、证券公司从业人员、证券业协会或者证券管理部门的工作人员”，而把上市公司排除在外，这显然是不合理的，需要予以调整和完善。另外，上市公司信息披露制度包括首次信息披露制度和持续信息披露制度两部分。在《证券法》中本应将有关发行信息披露和持续信息披露的条款分别列入专门规定证券发行与交易的章节中，但我国《证券法》却将关于发行信息披露的第58第、59条列入第三节“持续信息披露”之中，将不同性质的两种信息披露行为加以混同一并规定。这显然有失科学和严谨，在将来修订《证券法》时需要予以调整。又如有关申请股票发行与上市交易，《公司法》规定的是审批制，而《证券法》规定采用核准制，两者互相矛盾，令执行者左右为难，需要对《公司法》进行修改。

需要指出的是，完善我国证券信息披露体制是一个长期的过程，我们不可能一蹴而就，尤其是在我国证券市场发育不成熟下完善有关法律法规更是一个长期而艰巨的任务，但只要我们不懈努力，锲而不舍，一定会在不久的将来，建立起一套比较完善的上市公司信息披露制度体系。

第五章 美国证券信息披露监管问题分析与启示

自从2001年3月美国《财富》杂志记者麦克里恩撰文质疑安然公司业绩和高企股价以来，美国证券市场爆发了一系列信息披露违规丑闻，这其中以安然、施乐、世通等公司最为严重。为这些公司提供财务审计的安达信、毕马威等会计事务所也陷入了财务丑闻之中。通过对这些丑闻案件的分析，可以给我们一些启示，对完善我国证券市场监管无疑也有很好的借鉴作用。

一、美国信息披露违规事件的原因分析

美国的公司管理与财会制度一直号称走在世界前列，曾经被宣传为“完美的”、“一流的”，并成为许多国家所追求的榜样，但安然、世通、施乐等造假案表明，美国现存的企业制度管理、会计审计制度以及行业管理等同样存在问题。

1、公司治理结构存在缺陷

这种缺陷主要表现在以下几个方面：其一，美国不少公司的董事会主席和CEO这两个职位由一个人担任，这不利于公司的监管。因为董事会成员没有独立性，即使所谓的外部人员也总是与CEO有着千丝万缕的联系。如在安然公司最后在任的15位独立董事中，有10人与安然公司有着直接的利益关系。导致安然董事会像是一个“有浓厚人际关系的俱乐部”。因此董事会很难真正独立，往往受公司管理层支配，一旦CEO控制了公司的局面，其它董事也就不敢对管理层的权威进行质疑，董事会也只好按管理层意志行事成为摆设的橡皮图章，独立董事对公司监管的职责也丧失殆尽。其二，很多美国公司发认股权证给公司行政人员，这导致行政人员可能有为保证股权利益而控制公司财务。其三是美国允许公司董事以低息向公司贷款，这容易造成董事利用权力滥用公司资源。其四是股权高度分散，股东主要靠公司的财务报告来了解公司情况的公司治理系统存在问题，因为这不利于调动股东的积极性来对公司进行监管。

2、股票期权制存在弊端

股票期权制本是一种金融衍生工具，那些进入股票市场指数的公司股票都有标准化的股票期权合约在交易，从20世纪80年代开始，美国公司开始大范围的普及股票期权激励机制。公司把股票期权作为一种激励给予董事、经理、员工等，其目的无非是要将主管人员的个人经济利益同公司利益挂钩，以发挥主管人员的积极性和创新能力。从实行情况来看，经理股票期权（ESO）也确实刺激了美国20世纪90年代的经济繁荣。但这一激励机制也存在问

题,即公司业绩好,主管人员个人当然得益，而当公司的发展出现问题时，深知内情的公司主管就会通过做假账来制造公司的虚假繁荣,以维持股份,防止手中的期权缩水,并在公司宣布经营亏损之前早早把自己的股票抛售出去兑现。这种“内部交易”行为正是“公司破产而主管家底殷实”的怪现象的答案。

3、审计制度存在漏洞

美国公司的外部审计制度有明显漏洞，这主要表现为审计缺乏独立性。独立性是社会审计的灵魂,离开了独立性，审计质量只能是一种空谈。从安达信与安然一案中可以看出独立性丧失的原因:其一,安达信既是安然的外部审计师，又是该公司的内部审计师;其二,安达信在为安然公司提供审计服务的同时,它的咨询部门也在为该公司提供管理咨询服务。2000年安达信从安然公司获得的总收入为5200万美元,其中2700万美元是提供咨询服务的报酬。而在美国563家独立会计师事务所中，来自非审计业务的收入已是审计业务收入的2.9倍,而一旦审计与监督业务同时提供，就会造成从业人员受利益驱动，去讨好迎合上市公司，以谋取更多的咨询服务费,从而导致它们串通一气,互谋好处;其三,安达信和安然公司的人员交流异常紧密，有不少前雇员辞职后就加入了安然公司，安然公司会计部门的大多数员工来自安达信。在十几年的合作中,两者已“日久生情”。因审计机构独立性的缺乏和审计制度的漏洞，也就难以有效地监督公司造假。

4、监督机构的力量有限,执行力度不大

美国证监会(SEC)和执法机构对类似安然、世通这样的公司很难进行直接监管，这一方面在于这些行政与执法机构没有直接利益关系；另一方面在于政府行政部门不可能有足够多的人力物力——去实现事前核查。如美国证券交易委员会,每年要审阅1.7万多家上市公司的相关文档和信息；保证交易所的正常运转；阻止无数潜在的操纵市场、内部交易事件的发生,而且当市场上出现问题时，负责进行调查处理工作。当证券交易所的交易量日益增大，而且交易情况越来越复杂时，美国证券交易委员会就根本没有足够的人手去处理。2001年一名在美国证券交易委员会工作的首席会计师承认,在2000年时每15份年报中的一份才有可能被审阅。另外美国证交会付给员工的工资要比那些上市公司来说要少得多。由于经费不足、薪水低，人员外流现象严重，这造成了监管工作人员的业务素质比不上造假人员的业务素质,这使监管工作很难顺利进行。

5、证券从业人员职业道德素质低下、诚信意识缺乏

制度不是万能的，是由人来制定和执行的,在确定的制度范围内,制度执行的效果往往取决于人。如果忽略了制定制度的人的因素,则制度会失去光芒。从业人员良好的职业道德素质可以弥补制度存在的缺陷,进而使制度发挥更好的作用;但如果从业人员职业道德水平低下,诚信意识缺乏,也可放大制度的缺陷。尤其在证券市场这个异常专业的市场中，从业人员的职业道德水平及诚信意识更是保障证券市场健康发展的重要基石。但美国在过去数百年的经济发展中，一味强调效率、崇拜金钱的作用,到了登峰造极的地步,在金钱的诱惑和腐蚀下,美国资本市场中的精英们的职业道德沦丧了,终至造成如安然、世通、美林证券等重大丑闻。

6、存在过分依赖无形资产等虚拟资产的问题

在知识经济和知本经济的新形势下，很多企业的价值主要来自于无形资产，如专利技术、特许经营权、商誉、知识产权等。但无形资产也是一把“双刃剑”,有利亦有弊,在公司处于繁荣鼎盛时期，资产膨胀升值很快,而一旦公司出了问题,资产缩水也很快。美国许多著名的大公司中，无形资产在其收入来源和市值中占有极重要的地位。如美国强生公司的无形资产占其资产总值的86%,微软公司则达95.2%。这些公司的最大特点是，前期开发成本很高,一旦形成专利并投入市场后,其成本越来越低，甚至到了忽略不计的程度。一旦形成品牌效应,其在资本市场上的良好形象和声誉也随之而来，公司的无形资产也急剧膨胀。在美国这个资本市场和金融衍生工具异常发达的国家，银行等融资机构就会趋之若鹜，给公司以很高的授信度。出于对债务人的经营有好的预期，并对其知识产权价值的高度评估，债权人把资产的使用权在一段时间内有条件让渡，公司便可以用知识产权或其他无形资产

作为抵押而进行大规模融资。但一旦债权人对企业发展的前景或经营状况失去信心，或企业提供的知识产权比如专利技术因为有了新的替代品而遭到贬值，将会引起多米诺骨牌式的资金链中断。如世通公司造假曝光后，其500亿美元的商誉及其它无形资产都几乎全部折损。安然的成长与失败也与之有密切的关系。也正因为如此，一些公司便拼命造假，以维持公众和债权人对他们的信心。美国本世纪初的经济衰退，使得这些问题集中爆发了。

二、美国应对信息披露违规事件的措施

自安然等造假事件发生后，美国总统布什和美国国会、美国证券交易委员会等迅速做出反应，分别从不同角度提出相应对策，并付诸实施。其中尤引人注目的是布什总统的十点建议和美国国会的强化会计监管法议案及2002年萨班斯——奥克斯法案。

1、美国总统布什的十点建议

美国总统布什多次对进行会计造假的上市公司进行谴责，表示对假账丑闻进行全面调查，并声称要将有关人员绳之以法。2002年3月7日，布什就安然事件后如何强化会计监管、约束公司高管人员为投资者提供更好的信息等三个方面提出了十点建议：

(1)每一位投资者都有权根据季度获得去评价公司经济业绩、财务状况和财务风险所需的信息。SEC应确保公众公司为提供给投资者信息的真实性和公正性负责，并且这种信息应当用简单的语言描述。

(2)每一位投资者对关键性信息应当拥有迅速知晓的权利，SEC应当扩充在报告期内要求提供及时披露重要文件的名单。

(3)公司首席执行官应当为公司财务报表及其他披露信息的准确性、时效性和公允性提供个人承诺。

(4)首席执行官或其他官员不能被允许利用错误的财务报表获利，若有违反，一切从不当行为中获取的红利、补偿和其他激励形式均予以没收。

(5)滥用职权的首席执行官或其他官员应当失去他们在任何一家公司担任领导职务的权利。

(6)公司应及时披露涉及公司官员、主管人员在最近两个交易日买进或卖出股票的重要交易信息。

(7)应当确保投资者对外部审计师的独立性和诚实性拥有足够的信心，应当禁止外部审计师向同一客户同时提供审计服务和咨询服务。

(8)应当建立一个独立的公众监督机构，该机构有权在任何需要的时候调查和监督，通过惩处个人违规增强其道德准则。

(9)会计准则制定者(美国财务会计准则委员会FASB)必须对投资者的投资需求负责，应当迅速提供反映经济事实，而不是仅仅与技术要求相匹配的会计准则。

(10)公司的会计系统应当与同行业中最好的公司相比较，寻找薄弱环节和漏洞，不断提升公司的会计控制。

2、美国国会的会计监督法议案

美国国会在安然、世通造假丑闻曝光后，曾多次举行听证会，要求有关造假责任者出席听证会并作证。另外，2002年4月22日，美国国会众议院通过了一项会计监管及透明度法案的议案，这是一项加强会计监督、强化信息披露、完善公司治理、防止内幕交易的法案。该法案内容主要包括三个方面：一是设立一个公共监管机构（公共责任理事会），该机构成员中至少有6名独立的公共人士，会计职业界成员不超

过3名，并且明确会计职业界成员只在会计技术方面有决策权，而对会计师的纪律处罚和裁决不具有发言权和表决权。该机构有较强的监管权力，有权制定相关执业准则，对注册会计师的独立性、职业道德和工作质量进行审查等。二是该法案禁止注册会计师为一家上市公司同时提供审计和咨询服务；三是要求公司高层人员在内部交易发生后及时披露；同时，该法案对公司高层人员加以更多的约束。

3、2002萨班斯—奥克斯利法案

在安然、安达信、世界通信、施乐、默克等造假事件相继曝光后，一向被视为资本市场和公司治理结构典范的美国，开始遭到人们的普遍怀疑，投资者持续恶化的信心危机

严重威胁着美国经济，在此背景下，美国开始对与上市公司、中介机构等相关的制度进行了一系列的改革，其中影响最大的当属2002年7月26日国会通过的2002萨班斯—奥克斯利法案（即2002年美国公司改革法案）。该法案是自1933年来对美国证券法律最大的一次调整，很多内容改变了以往的监管理念和商业道德准则，该法案的内容主要集中在以下几个方面：

第一，要求CEO和CFO们在提交公司定期报告时，对报告真实性及准确性以个人名义作出保证。这是一个令首席执行官（CEO）和首席财务官（CFO）们胆战心惊的规定，它一方面在于CEO和CFO们保证了报告的真实性，如果报告内容不真实，即使CEO与CFO们把导致报告不真实的原因归于他人，仍然违反了自己的保证书；另一方面根据保证书的内容，一旦报告存在虚假陈述等问题，由于CEO与CFO们已就定期报告的真实性作出了个人保证，将不可能得到责任保险的赔偿。

第二，对中介机构实施严格的管制。该法案一反中介机构以自律为主的监管理念，将监管直指中介机构。法案规定了会计行业的监管、分析师利益冲突的处理和律师向公司总法律顾问提交有关人士的违法报告，并由证券交易委员会在决案生效后制定具体的执行规则等。

第三，将公司审计委员会升格为法定监督机构。公司的审计委员会本来属于公司的自治领域，法律一般不予干涉，但由于安然、世通、施乐等公司暴露出来的审计委员会缺乏独立性的问题，法案将其上升为法定的公司内部监督机构，并明确规定了其职责权限。

第四，对信息披露要求提高。该法案吸取了证券市场信息披露违规的一系列教训，对信息披露提出了更高的要求。如要求证券交易委员会至少三年一次复查发行人包括其财务报表在内的披露信息；要求发行人迅速及时披露关于财务状况及运营的重要变化的信息等。

第五，更严励的惩罚。法案特别规定，违反该法案，证券交易委员会将根据该法案制定的 条例或规定、任何上市公司财会监管委员会的规则，都将被视同为违反证券交易法的行为，受到同样的制裁。尝试或图谋实施任何违法行为，也会受到惩罚。此外，法案还禁止公司给予公司高级管理人员的任何形式的信贷或信贷支持，若违反证券法规，公司高级管理人员破产时，其个人债务不得免除。

第六，更多的救济。该法案规定了若干救济手段，以赔偿投资者的投资损失。如规定在调查中，证券交易委员会有权阻止经理和董事并临时冻结给董事、经理和公司雇员的付款。因信息披露违规而引起的任何行动和诉讼，美国证券交易委员会均可为投资者的利益而寻求适当和必要的衡平法上的救济，这包括加强监管与金钱救济。

三、美国信息披露监管经验对我国的启示

美国等国在信息披露监管上曝

露出了很多问题，美国的一系列改革的效果也有待观察。当然，我们不能因此而全盘否定国际资本市场体系和基于市场机制的现代公司治理系统，另外我们还要承认美国仍然处于十分领先地位仍然有很多特别是其有效的纠错机制仍值得我们学习和借鉴的地方。

1、切实提高上市公司质量，谨慎采用股票期权激励制度

目前，规范我国证券市场急需加强的一个基础工作就是进一步提高我国上市公司的质量。虽然，完善上市公司治理结构是核心，要着重解决股权结构、“三会”运作等问题，要调动管理层的积极性，发挥期权激励机制、分配制度等方面的作用。但是上市公司质量提高也是一个系统工程，既要完善治理，也要加强管理；既要防止“一股独大”，也要防止“内部人控制”。治理与管理是一个硬币的两个方面，不可偏废。

如果忽视我国上市公司在管理水平、人力资源建设等方面存在的不足，片面强调治理结构的激励制度作用，可能会导致上市公司产生更大问题。特别是在激励制度的改革方面需要慎重，要有与之配套的监管措施。美国的经验教训表明，期权激励制度也有两面性，存在着不可克服的缺陷及很大的负面作用，当监管体系还不完善；监管能力还比较欠缺时，向上市公司管理层发放大规模的股票期权在很大程度上会激励他们操纵股价，应引起我们的高度重视。

2、制度建设是一个动态过程，需要与时俱进，不断创新

任何制度的有效性都是有条件的，它受到产生这项制度的环境的制约，一旦环境发生变化，制度的有效性也会变化。其实，完美的制度是不存在的，必须不断地根据实际情况并结合各国各自的特点不断改进、不断创新。当前我国必须在结合我国国情的基础上，辩证地借鉴国外的经验，以使我国审计制度、会计制度等监管制度更完善。

3、布什总统及国会法案中提出对资本市场的公共监管体制值得我们高度关注

美国强化会计监管的重要措施之一是建立一个公共监管机构，这种体制最终能否得以贯彻实施，其实际效果如何，以及是否造成过大的监管成本等问题还有待实践检验。但将审计业务直接置于公众监督之下，以强化注册会计师对公众的责任意识的基本思路值得我们认真思考。在我国也可以考虑让投资者以某种形式参与对注册会计师的评价，以便在投资者利益与注册会计师利益之间建立更为直接的联系。

4、强化高层管理人员责任、约束高层管理人员行为

就我国一些上市公司高管人员的操守水平现状而言，从各方面强化其行为约束是十分必要的。虽然我国当前也有一些与美国相关类似的措施，例如，要求高管人员承诺对财务报表的真实性、完整性负责，但由于我国目前立法还不能将高管人员真正置于民事责任的约束之下（如缺乏相关的民事赔偿制度、民事诉讼机制等），仅靠行政处罚既不具威慑力，也不能给受损投资者以补偿，更不能触及高管人员的切身利益。而在美国，这方面的相关配套法律则比较完善，投资者追究有关人员民事责任的制度切实可行。缺乏法律的最终威慑力是目前我国在上市公司高层人员监管方面与美国的差距之一，在完善这方面的法律制度时，美国的相关制度值得我们学习与借鉴。

5、美国会计准则也并不完美，有必要进一步向国际会计准则靠拢

有关专家在对比中国银广厦、美国安然等造假事件后认为：无论是中国，还是美国，会计准则的国际化程度都有限，这是导致财务报告与审计报告存在巨大风险的原因之一。仅安然事件以后，有人认为美国

会计准则过于复杂，容易为公司所利用；另外，美国会计准则往往从具体规则出发，而不像国际会计准则那样讲原则性，这容易让上市公司钻空子。安然等事件使美国认识到，美国会计准则无论从制定思路、独立性，还是制定效率反面都需反思。我国在实现会计国际化过程中，需参考国际会计准则以及包括美、日、德、法、英、意、加等各发达国家的会计标准，但也需结合我国国情来借鉴而不是盲目地推崇这些国家中某一国的会计标准。

6、国际著名会计事务所的审计质量并不总是值得信赖，同一事务所不宜对同一公司同时提供审计和咨询服务

美国发生的安然、施乐、默克等造假案背后，安达信、德勤、毕马威、普华永道、安永等5大国际会计公司都有涉及，不得不引发美国乃至世界范围内的投资者对国际会计公司审计质量产生怀疑。在我国，也不应过于迷信这些国际会计公司，不要认为这些公司审计的报表就无假。

由于会计事务所为上市公司提供咨询服务的同时还进行外部审计，因而在真正面对客户造假问题时，往往会睁一只眼、闭一只眼。事实上，由于咨询与外部审计没有完全分开，关系过于密切，缺少独立性，难免会导致会计公司与客户“相互勾结”，在收取巨额咨询服务费的情况下，会计公司很难如实发表审计意见。自2002年以来，五大会计事务所纷纷宣布计划停止其以内部和外部审计师身份为同一客户提供服务。如德勤宣布要拆分咨询和审计业务，安达信和普华永道宣布将不再为审计客户提供咨询服务，安永将其咨询公司出售，毕马威则将咨询业务分析上市。我国会计事务所也存在同时为上市公司提供外部审计和内部咨询服务的情况，面对安然事件与安达信，或许我们应当未雨绸缪。

7、保护投资者利益、增强投资者信心是证券市场健康发展的基石

美国国会通过的《公司和审计责任、职责及透明度法》、《2002年公众公司会计改革和投资者保护法案》都将保护公众利益作为立法宗旨并贯穿始终。保护公众利益的直接目的则是恢复证券市场和投资者的投资信心。增强投资者的投资信心是证券市场的基石，如果投资者缺乏信心，将减少甚至不进行投资，证券市场的资源配置功能也就无法发挥作用。因此，无论是布什总统、国会议员，还是美国证券交易委员会主席以及其他美国政要，在谈到最近发生的一系列事件时都一再强调要恢复投资者的投资信心。

我国证券市场对投资者的法律保护尚有不足之处。在证券市场逐步走向成熟的过程中，应当更多地依靠法律的手段，真正体现保护投资者利益、增强投资者的投资信心这一宗旨。

8、加强诚信教育，提高证券市场从业人员的职业道德素质

当证券市场的参与者和监管者都不讲诚信时，任何先进的制度只能是形同虚设，对于这点，美国制度设计者们也十分清楚。2002年6月，纽约证券交易所“公司责任和上市标准委员会”在其受托撰写的《关于改进上市公司公司治理制度的若干建议》中明确指出，美国上市公司的治理依赖于上市公司董事们的能力与诚信、以及他们能够坚持无懈可击的道德标准，勤勉地担负起监督上市公司管理层的责任；报告中所有的建议不管会不会被当局采纳，都不可能保证所有的公司董事、管理层以及雇员会将维护投资者的利益作为首位的道德追求，这些建议只是为了给予那些诚实、勤勉的董事以更好的工具来加强他们对上市公司管理层的监督能力，也为了鼓励尽可能多的诚实正直的人作为董事、管理层和雇员为上市公司服务。为消除美国股市的信任危机，美国证券交易委员会还要求945家上市公司的CEO和CFO提交有本人签名的财务报告，如有不实之处，CEO和CFO个人负有法律责任。面对我国证券市场失信现象，我们也有必要借鉴美国的做法，以增加证券从业人员的责任感，并通过教育、制度安排等来促进和提高证券从业人员的职业道德素质和诚信意识。

需要指出的是，美国加大证券市场信息披露违规监管的力度目前已不仅仅依靠国内自身的力量，而是同时通过国际合作来进行。前不久，纽约证券交易所与东京证券交易所签署了协议，双方将在证券监管和相关研究上进行合作，以推进两个市场的公开性和透明度。因此，在入世后的今天，我国信息披露监管也应走国际交流和合作之路。

第六章　广西证券市场的发展与监管

一、广西证券市场发展情况

广西证券市场伴随着全国证券市场的发展,走过了一条从无到有、从小大到、不断发展的历程。从1988年广西证券公司成立至2002年的十四年间,广西证券市场获得了很大发展,上市公司数量不断增加,机构实力不断增强,市场不断规范,为广西经济发展作出了贡献。

(一)上市公司概况

通过证券市场发行股票筹集资金,是企业直接融资的主要渠道之一。1993年11月18日,广西柳工机械股份有限公司于在深交所挂牌上市,成为广西第一家上市公司。截至2001年底,广西共有上市公司19家,占全国上市公司总数(1160家)的1.64%。19家上市公司按行业分类:工业类9家,公用事业类4家,综合类5家,商业类1家。这些上市公司大部分是广西的重点企业和优势产业,通过发行上市,带动了广西经济的发展。如贵糖股份、南宁糖业上市后,推动了广西糖业的规模化发展及甘蔗的综合利用,提升了广西制糖业的科技水平。旅游业是广西优势产业,桂林旅游上市,促进了广西旅游业的发展,提高了广西旅游品牌的知名度。桂冠电力、桂东电力发行上市募集资金10.68亿元,投入广西的水电建设项目,加快了广西水电资源的开发,促进了广西水电优势产业的发展。

19家上市公司通过发行新股、配股、增发、发行可转债共募集资金60.57亿元,其中发行上市募集43.65亿元,配股募集10.12亿元,增发募集5.85亿元,可转债募集1.5亿元。截止2001年,广西上市公司总股本达41亿元,其中流通股本12.93亿元。资产总额178.64亿元,其中净资产106.52亿元。上市公司总市值为474.15亿元,占全国境内上市公司总市值(4.35万亿元)的1.09%,相当于广西2001年GDP(2231.19亿元)的21.25%。(附表一:2001年上市公司基本情况表)

从再融资能力上看,截至2001年末,辖区内有12家上市公司近三年平均净资产收益率(以扣除非经常性损益后的净利润计算)不低于6%,具备配股、增发和发行可转换公司债券的再融资能力。2001年,南宁糖业已完成配股。

从经营业绩上看,根据2001年年报分析,19家上市公司全部实现盈利,加权平均每股收益为0.196元,与上年同期(0.194元)相比基本持平,高于全国上市公司的平均水平(0.137元)。加权平均净资产收益率为7.73%,与上年同期(7.51%)相比略有增长,高于全国上市公司的平均水平(5.56%)。每股收益在0.3元以上的有4家上市公司。每股收益在0.15-0.3元之间的有9家上市公司。每股收益在0-0.15元之间的有6家上市公司。从总体上看,目前广西的上市公司均处于赢利水平。(附表

二：广西上市公司融资及净资产收益率情况表）

争取上市融资、提高企业发展能力，已成为广西辖区内一大批企业的奋斗目标。到2002年底止，广西已有17家企业进入了辅导期。它们都正努力以现代企业制度要求规范运作，打造自己，为争取早日上市创造条件。

（二）证券期货经营机构和中介服务机构

1、证券经营机构

截至2001年底，广西有1家证券公司，即国海证券公司；38家证券营业部（含区外券商营业部），26家证券服务部。广西证券经营机构和证券营业部总体上看，数量不多，占全国2744家证券营业部的1.38%，居全国第22位。

证券营业部主要分布在广西的中心城市，其中南宁市17家，柳州市6家，桂林市5家，北海市3家，梧州市3家，玉林市2家，贵港市1家，钦州市1家。另外，广西证券经营机构在区外设有营业部10家，其中北京市1家，上海市6家，深圳市3家。

截至2001年末，广西辖区内营业部共有客户61.11万户，营业部客户保证金余额28.76亿元，营业部证券托管市值118.12亿元。全区证券经营机构代理沪、深股票交易总额为896.58亿元，占全国股票交易总额38305.05亿元的2.34%。其中，辖区内营业部交易额为689.63亿元，区外营业部交易额为206.94亿元。

国海证券有限责任公司的前身为广西证券有限责任公司，是广西目前唯一的专业性证券公司，成立于1988年。1991年进行结构调整，成为自治区一级企业，资本金增加到2000万元。1996年增资改制成功，注册资本增至1亿元，资产总额达8.07亿元。公司内设深交所在广西唯一授权的信息二级管理站。19931996年，在全国近400家券商中，原广西证券公司股票交易额全国排名始终在前20位。在做好二级证券市场业务的同时，公司积极开展一级证券市场业务，除代理发行企业债券外，还参与股票承销业务。从1993年至今，先后为柳工股份、武汉钢铁等14家上市公司提供发行承销、分销及财务顾问工作，均获成功，共承销金额逾400亿元。2001年10月，经中国证监会批准，广西证券有限责任公司增资扩股后更名为国海证券有限责任公司。注册资本由1亿元增加到8亿元人民币，由原来以经纪业务为主的区域性证券公司，发展成为业务范围比照综合类券商执行的全国性证券公司。并收购原广西信托投资公司、广西国际信托投资公司所属11家证券营业部。

2、期货经营机构

1999年以前，广西具有期货经纪业务资格的期货经纪公司共4家，经初审通过并上报中国证监会复审的期货经纪公司营业部2家和期货兼营机构14家。4家期货经纪公司注册资本总额为6000万元，共有期货营业部6个，主要分布在广西的中心城市，南宁2个，桂林、柳州、玉林、北海市各1个。

在期货市场繁荣时期的1997年，辖区期货交易总额为2894595万元，其中代理交易额为2875504万元，自营交易额为19091万元。4家期货经纪公司代理交易额为1841783万元，2家期货经纪公司营业部代理交易额为75450万元，14家期货兼营机构交易总额为977362万元。期货从业人员382人。1998年辖区期货交易总额为2233322万元，其中4家期货经纪公司及其营业部代理交易额为185833万元，两家期货经纪公司营业部代理交易额为110761万元，14家期货兼营机构交易总额为264230万元。辖区期货从业人员134人。

1998年后，期货市场进一步清理整顿，交易所合并，整顿规范经纪公司，取消非期货经纪公司会员期货经纪资格，到2001年底，广西只保留1家期货经纪公司，期货市场进一步得以规范。另外，湖南正湘行期货经纪公司在南宁、百福期货经纪公司在玉林各设有一家营业部。

2001年，广西辖区内3家期货营业部的交易总额为143亿元，占全国交易总额30106.77亿元的0.47%。

3、证券中介机构

广西现有具有证券从业资格的中介机构8家，其中会计师事务所2家，资产评估机构3家，律师事务所3家。具有证券从业资格的执业注册会计师20人，具有证券从业资格的执业律师10人。

二、证券市场监管

（一）证券监管机构

1、基本情况

1998年以前，广西证券市场处

于多头管理状态。中国人民银行广西区分行负责对证券经营机构的市场准入及业务管理；自治区证券办负责上市公司的初选和推荐，以及有关证券市场的法律法规的贯彻执行等方面的工作；计委、经委等部门对有关工作还实行条块分割管理。1998年12月，根据《国务院批转证监会证券监管机构体制改革方案的通知》精神，区政府将广西证券办划归中国证监会垂直领导，更名为中国证监会南宁证券监管特派员办事处，成为全国集中统一的证券市场监管体系的组成部分。目前，南宁特派办内设综合处、上市公司监管处、机构监管处、稽查处四个处室。

2、职能

南宁特派办的主要职能是贯彻执行国家有关法律、法规和方针政策，按照中国证监会的规定对广西辖区内的上市公司、证券期货经营机构、投资咨询机构及从事证券期货业务的律师事务所、会计师事务所、资产评估机构等中介机构的证券期货业务活动进行监督管理，依法查处辖区监管范围内的违法、违规案件，调解证券期货业务纠纷和争议，以及中国证监会授予的其它职责。

(二)监管工作

南宁特派办按照中国证监会党委的要求，转变观念，为确保证券市场的规范和发展作出了许多努力和探索，并取得了一定的成效。办党委以“三个代表”重要思想为指导，经过认真讨论研究，认识到作为证监会的派出机构，必须正确认识和把握证券市场的基本规律，明确派出机构的工作定位，探索派出机构一线监管的方式和方法。思想认识一致后，办党委对派出机构的角色和定位从三方面把握：一是立足于在会党委的统一领导下，在会机关的指导下开展工作，坚持全系统工作的步调一致；二是立足于地方的一线监管部门，充分利用身居一线、熟悉情况、信息灵敏、反应及时的优势，及时处理各种问题，确保证券市场的一方平安；三是立足于监管政策的执行者，必须坚持依法行政，全面准确的执行法律、法规和政策，不折不扣地完成证监会交给的各项工作任务。

在工作的着力点方面，办党委从证券市场的规律，即发展与规范矛盾运动的时空性特点出发，坚持与时俱进，动态认识监管工作，认清监管者与市场参与者不同的角色和职责。认识到监管者首先要抓好制度建设，坚持依法行政，建立良好的市场秩序，为市场参与者实现发展创造良好的市场环境。其次，监管者还要督促、指导市场参与者遵守市场规则，引导市场提高基础设施水平，做好市场培育，倡导市场创新。

在工作模式上，办党委辨证地认识和处理监管和服务的关系。监管就是要充分发挥身居一线的优势，认真执行法律、法规和政策，贯彻落实证监会的工作部署，督促被监管对象依法办事、规范运作，对违法违规行为及时查处，并结合地方实际，制定出切实可行的措施，及时防范和化解风险。服务则是经常向监管对象进行法律法规和政策的宣传、教育和培训，用法律法规武装群众，促使其知法、守法，增强依法运作的自觉性。针对监管对象规范运作存在的问题发现苗头及时采取行之有效的措施，避免监管对象走弯路，并积极与地方政府沟通，建立起相互信任，相互支持，积极和谐的工作关系，为发展和规范证券市场营造有利的外部环境。

近年来，南宁特派办党委在证监会直接领导下，在地方党委、政府的积极支持下，坚持“法制、监管、自律、规范”的八字方针，强化监管，寓服务于监管之中，不断促进辖区证券市场的规范、健康发展。

1、上市公司监管

(1)把好上市公司入市关。一是紧紧围绕国有企业改革做好企业上市工作；二是按照发行核准制的要求，促进企业进行规范化的公司制改造，实现人员、财务、资产独立，建立健全法人治理结构，实现股东大会、董事会、监事会、经理层规范运作，改制后的财务制度符合企业会计制度和会计准则的要求；三是严格审查上市企业的资金投向，资金投向必须符合国家的产业政策和有关规定。重点支持农业、能源、交通、通讯、主要原材料等基础产业和高新技术产业，固定资产投资项目和技术改造项目，必须按规定经国家或地方有关部门批准立项；四是严格上市审核程序，按照国家有关法律、法规从严审核、从严把关，按照发行核准制的要求对拟上市企业改制重组以及上市辅导工作进行监管。

(2)抓好上市公司的日常监管。

主要做好定期报告的事后审查及临时报告的事后审查，募集资金使用情况的审查，董事、监事、高级经理人员、主要股东履行证券法规规定的审查。收集、整理上市公司有关信息。对辖区内的上市公司，做到了如指掌，心中有数。尤其是督促各上市公司按照《证券法》、《股票发行与交易管理条例》和《信息披露实施细则》的要求及时披露中期与年度报告。对于公司经营中的重大事件，要求及时进行公告。对募集资金的使用，要求各上市公司严格按照招股说明书、配股说明书中承诺的项目投入使用，如改变募集资金投向的，要求公司严格依照法定程序办理变更手续。

(3)做好上市公司的巡回检查和重点检查工作。利用巡检对公司规范运作情况、募集资金使用情况、公司信息披露情况、会计报表的真实性等进行检查，重点强化信息披露制度，检查和督促上市公司与控股股东在资产、人员和财务方面实行“三分开”；切实解决上市公司与控股股东“一套人马，两块牌子”，规范上市公司的关联交易行为；对问题严重的企业，进行重点检查，促进上市公司规范化运作。

(4)搞好上市公司资产重组，逐步提高上市公司存量资产的质量。对广西上市公司资产重组大力支持，通过资产重组，优化上市公司的结构，改善上市公司资产质量，提高上市公司的盈利能力。

(5)建立高级管理人员谈话制度。对上市公司定期报告(年报、中报）事后审查或在日常监管中发现的问题，及时约见上市公司高级管理人员谈话，了解情况，化解风险，督促上市公司搞好规范运作。

(6)通过配股、增发审核加强对上市公司的监管。对申请配股、增发的公司进行指导和检查，重点检查公司历次募集资金使用的规范及效果，募集资金投资项目的可行性。审查公司是否按法定程序通过有关配股、增发决议，申报材料的内容格式是否符合要求。对报出的材料做到完整、合格。对不符合配股、增发条件的，坚决按原则办理，不得具文同意。

(7)加强与交易所、派出机构的协作，充分发挥特派办现场监管的优势与交易所在信息披露监管方面的优势，形成监管合力。与其他派出机构加强协作，对上市公司异地分支机构进行协作监管，杜绝监管“真空”，加大上市公司监管力度，进一步防范市场风险。

2、证券期货经营机构的规范化管理

(1)积极推动证券期货经营机构建立健全内控机制。通过召开座谈会、现场检查等形式，了解证券期货经营机构的内控机制建立情况，要求证券公司、期货经纪公司认真贯彻《证券公司内部控制指引》和《期货经纪公司内部控制指引》，并在日常监管工作中，把证券期货经营机构的内控制度建设和落实情况，作为资格审查的一项重要考核指标。(2)建立广西证券经营机构营业部证券交易统计月报、季报、年报表制度，对证券经营机构及其营业部进行动态监管和重点检查。(3)对各证券经营机构及其营业部的年检上报材料及高级管理人员任职资格进行严格审查，严把初审工作关。(4)建立证券经营机构档案、法人(主要责任人)档案和诚信档案。(5)认真处理好各种证券投诉案件，按照“三公”原则加强对证券经营机构的日常监管，认真处理群众投诉和上访。(6)贯彻落实《客户交易结算资金管理办法》，严格各类资金的划转和监督，进一步保证了客户保证金的安全。(7)检查和监督各证券经营机构认真落实《证券经营机构营业部信息系统技术管理规范》，增强各营业部防范和化解系统风险的能力，加强安全工作。定期与不定期对营业部的各项工作进行现场检查。总体上看，各项监管工作基本到位，机构规范运作水平逐年提高，依法经营意识不断增强，市场运行相对平稳。

3、查处违法违规行为、坚决打击非法证券期货交易活动

1994年以来，广西证券办在中国证监会和广西区人民政府的领导下，会同各地市政府、各有关部门，多次开展打击非法证券期货交易活动，取得了明显的成效。1994年下半年，广西证券办会同北海市政府有关部门对6家从事非法证券期货交易活动的机构给予严厉打击。南宁市1994年取缔了7家非法期货经营机构。柳州市1996年打击了5家非法期货经营机构。据不完全统计，自1994年到2001年，全区共打击非法证券期货经营机构91家。特别是2000年，中国证监会南宁特派办组织力量对桂林金鸿、金达等4家非法

证券期货经营机构予以坚决打击。同年，梧州市、北海市分别对从事非法证券交易活动的违法分子从重给予刑事处罚，震慑了其他城市的非法证券交易机构，净化了市场。到2001年，广西证券期货市场逐步走上规范化轨道，主要城市已无非法证券期货交易活动，为证券市场营造了有利的运行环境。

4、开展投资者教育活动

根据中国证监会的要求，成立了“南宁特派办投资者教育工作领导小组”，制定了切实可行的投资者教育实施计划。组织发动辖区内各证券期货经营机构开展形式多样的投资者教育活动。通过在区内主要新闻媒体开辟栏目，聘请专家、学者以案例分析、访谈、法规传递等形式进行教育，提示投资者关注投资风险，促进投资者树立理性的投资理念，提高防范风险意识，依法维护自身合法权益。

三、清理整顿规范市场秩序

为进一步整顿和规范证券市场秩序，1998年以来，南宁特派办根据国务院和中国证监会的指示精神，开展了几方面的清理和规范市场秩序的工作，并达到了预定的目的。

（一）清理整顿场外非法股票市场

根据《国务院办公厅转发证监会关于清理整顿场外非法股票交易方案的通知》的决定，区证券办出台了《广西清理整顿场外非法股票交易实施办法》，由于工作细致，方案可行，各方面对此项工作能够正确认识和理解，顾全大局，全区清理整顿工作平稳有序，没有产生社会隐患。1998年底，全区6家股权证托管中心全部关闭，98家挂牌交易企业全部清理整顿完毕。

（二）清理整顿证券交易中心

根据《国务院办公厅转发证监会清理整顿证券交易中心方案的通知》和中国证监会《关于进一步做好清理整顿证券交易中心工作有关问题的通知》精神，对广西证券交易中心进行清理整顿。一是清查资产，做好清理整顿的前期工作。二是分流业务，于1999年1月底前全部将深、沪两地联网席位清理转移完毕。三是撤销交易中心。

（三）整顿和规范期货市场

根据国务院《关于进一步整顿和规范期货市场的通知》和中国证监会《关于做好取消非期货经纪公司会员期货经纪业务的通知》的有关精神，精心组织，严密部署，广西14家期货兼营机构的清理工作于1998年底按时完成，未出现任何纠纷和问题。

（四）按照信证分离的原则，信托公司所属证券营业部全部转让

2001年以前，广西曾经有7家证券兼营机构（信托投资公司），其中广西信托投资公司和广西国际信托投资公司在业务拓展方面曾经创造过不俗的业绩。如广西信托投资公司在“中国证券市场1995年深市券商各类证券成交金额前150名排行榜”榜首并获总成交金额和国债期货成交金额两项第一名，参与发起和组建全国第一批证券投资基金及基金管理公司（基金开元），2000年公司作为主承销商成功的完成河池化工的承销工作等。随着国家清理整顿信托行业的进展，从2001年开始，广西辖区内的7家信托投资公司全部予以撤消，各所属证券营业部陆续转让给国海证券有限责任公司及区外其他券商，并实现了平稳交接，各营业部发展势头良好。

四、证券市场对推动国企改革、促进经济发展发挥了积极作用

广西证券市场已经成为推动经济发展的重要力量，它不仅受到广大投资者的热切关注，而且日益受到各级政府的高度重视。上市公司为企业利用证券市场和建立现代企业制度起到了示范作用。广西经营机构的均衡布点，不仅基本形成了证券市场的框架，而且为广大投资者提供了良好的投资环境。证券市场已显示了其在广西经济建设中的重要作用。

广西证券市场在经济建设中的积极作用主要表现在：

1、上市公司作为广西行业的领头羊，在建立现代化企业制度、转机建制、提高效益上起到了很好的带头示范作用。在企业上市的推动下，广西一大批国有企业按照“产权清晰、权责明确、政企分开、管理科学”

的要求，进行了规范的公司制改革，建立健全了股东大会、董事会、监事会、经理层，实行了权责分明、管理科学、激励和约束相结合的内部管理体制。国有企业通过改制、加强管理，取得了较好的经济效益。为国企三年解困作出了较大的贡献。

2、一些上市公司不断做好做大，成为了一些大公司、大集团的核心。上市公司充分运用证券市场的优势，搞好资本运作，通过送股、配股实现资本扩张。如广西阳光，1996年的公司总资产为14969万元，净利润855万元。1998年的资产总规模达26545万元，当年净利润3363万元。2001年，资产总规模达104343万元，当年净利润5848万元。

3、一些重点企业的上市，促进了广西支柱产业和优势产业的发展。糖业是广西的支柱产业，广西贵糖、南糖属全国512家重点国有大型骨干企业，政府在预选企业上市过程中，重点支持了贵糖、南糖上市，对广西的糖业发展及制糖的综合利用起到了很好的促进作用。

4、上市公司为广西筹集了60亿元的资金，支持了一些重点生产项目的建设，同时还改善了企业资产负债结构。如五洲交通，把上市募集资金重点投入广西高速公路建设，先后投资柳宜高速、南柳高速等项目，极大的促进了广西高速公路基础设施的建设，公司本身也取得了良好的经济效益。北海银河将募集资金用于高科技电子元器件生产项目，采用日本90年代先进设备和技术，生产片式电阻器等高技术电子元器件，在国内同类产品中处于领先地位，并迅速成长为一家高科技企业，2001年进入中国上市公司科技企业50强。贵糖股份将募集资金投向年产4万吨高级文化用纸技改项目、年产3万吨生活用纸技改项目及10万亩高产优质甘蔗基地技改项目。这些项目实施后，公司不仅是国内最大的制糖企业，同时也将成为国内最大的生活和文化用纸制造企业，并且在蔗浆造纸技术领域居于国内领先地位。北海新力将募集资金用于北海港口建设，进一步增强北海港作为大西南出海通道的重要港口的功能。同时，公司上市还提高了企业的知名度，促进了外界对广西企业的了解。

5、广西证券期货经营机构为地方的经济发展作出了积极的贡献。一是证券经营机构的发展，壮大了广西的金融业，加快了广西金融业的制度创新和业务创新，成为金融业的生力军。二是增加了地方税收。据不完全统计，仅2001年，各证券营业部实现地方营业税金及附加1438.94万元，实现中央营业税495.95万元，所得税1147.18万元。三是营业网点的逐步增多，解决了一批人的就业机会，社会贡献逐年增加。四是广西证券期货经营机构为广西培养了一大批既懂金融又懂证券的专业人才。从这两年报考证券期货从业资格的人员来看，每年均有上千人参加考试，这些专业人才成为广西发展宝贵的财富。五是广西证券期货经营机构通过宣传、引导、扩大营业网点等方式，培养和教育了大批的投资者，增强了社会的投资意识。

此外，证券市场的发展，极大地促进了人们思想观念的转变。广大投资者出于自身的利益，不仅关心股票市场、关心国内外大事、关注国家政策的变化，而且关注上市公司的经营，监督上市公司的运作，形成对上市公司管理层的压力、推动上市公司的规范化发展，促进上市公司理性投资、精心运作，不断地加强制度创新和技术创新，推动企业做好做大，不断向前发展。

附表一：

2001年广西上市公司基本情况表

代码	简称	注册地	总资产（万元）	净资产（万元）	总股本（万元）	流通股（万元）	筹资情况							
							发行新股(万元)		配股(万元)		增发(万元)		可转债(万元)	
							时间	融资额	时间	融资额	时间	融资额	时间	融资额
000528	桂柳工	柳州	125925.97	70393.99	32754	11964	93.11	20480	94.1	7627.83				
000582	北海新力	北海	89089.3	51094.44	18847	5707			99	25241.48				
600712	南宁百货	南宁	61275.97	26461.14	9042	3954	96.6	16000						
000608	阳光股份	南宁	104343.5	48559.3	20860	9750	96.9	6014	99.1	13100				
000662	广西红日	梧州	41501.63	14926.53	10714	3854	96.12	6048.87						
000703	世纪光华	北海	71779.85	26882	10660	4680								
000716	广西斯壮	南宁	53476.24	32771.02	13712	7796	97.4	10652.62	99.7.1	12100				
000750	桂林集琦	桂林	106575.5	60041.6	21506	12220	97.7	27024.06		26300				
000806	银河科技	北海	1212936	44446.93	21158	5405	98.4	11818.2			02.3	58500		
000833	贵糖股份	贵港	127724.42	61012.8	25269	8000	98.11	31600						
000911	南宁糖业	南宁	120777.29	67022.16	24080	7280	99.5	22688	01.1	16800				
000953	河池化工	河池	121901.31	40999.13	17822	6000	99.12	19741						
600301	南宁化工	南宁	75907.85	52416.54	18471	7244.8	99.9	17752					98.8	15000
600236	桂冠电力	南宁	308980.39	250127.78	67536	6200	00.3	69000						
000978	桂林旅游	桂林	49629	36154.77	11800	4000	00.5	26000						
600252	梧州中恒	梧州	68624.22	39069.56	12672	4500	00.11	22400						
600368	五洲交通	南宁	134797.58	103756.9	44200	8000	00.12	42400						
600310	桂东电力	贺州	80906.29	58539.22	15675	4500	01.1	37845						
600556	北生药业	北海	78887.75	47877.57	9000	4532	01.8	43507.2						
	合　计		3035040.1	1132553.4	405778	125586.8		430970.95		101169.31		58500		15000

说明：1、总资产、净资产为2001年中期数，总股本、流通股为2001年年末数

2、截至2002年3月11日，上市公司首发募集资金43.1亿元，配股募集资金10.12亿元，增发募集资金5.85亿元，发行可转换债券募集资金1.5亿元，累计募集资金60.57亿元。

附表二：

广西上市公司融资及净资产收益率情况表

（截至日:2001 年 12 月 31 日）

代码	简称	总股本	流通股	发行新股(万元)		配股(万元)		增发(转债)		每股收益			每股净资产			净资产收益率		
		(万元)	(万元)	时间	融资额	时间	融资额	时间	融资额(万元)	99	00	01	99	00(中)	1	99	00	01
0528	桂柳工	32754	11964	93.11	20480	94.10	7627.83			0.008	0.004	0.07	2.13	2.13	2.15	0.36	0.17	3.05
0582	北海新力	18847	5707	95.11	2000	99	25241.48			0.179	0.08	0.01	2.8	2.83	2.71	6.4	2.93	0.49
600712	南宁百货	9042	3954	96.6	16000					0.193	0.2	0.18	2.95	3.05	2.93	6.54	6.5	6.24
0608	阳光股份	20860	9750	96.9	6014	99.11	13100			0.407	0.4	0.28	3.17	2.22	2.33	12.85	18.11	12.04
0662	ST 红日	10714	3854	96.12	6048,87					-0.27	-0.67	0.23	1.053	0.38	1.39	-25.64	-175.1	16.44
0703	世纪光华	10660	4680	97.3	3600					0.212	0.18	0.16	2.319	2.34	2.52	9.12	7.92	6.41
0716	广西斯壮	13712	7796	97.4	10652.62	99.7.16	12100			0.115	0.04	0.03	2.62	2.59	2.39	4.38	1.69	1.4
0750	桂林集琦	21506	12220	97.7	27024.06		26300			0.1448	0.024	0.014	4.5806	2.78	2.79	3.16	0.89	0.51
0806	银河科技	21158	5405	98.4	11818.2					0.3	0.4	0.44	1.84	1.75	2.1	16.09	23.16	20.81
0833	贵糖股份	25269	8000	98.11	31600					0.0106	0.15	0.17	2.27	2.46	2.41	0.47	6.13	6.82
0911	南宁糖业	22400	5600	99.5	22688	01.10	16800			0.19	0.25	0.2	2.31	2.41	2.78	8.31	10.19	7.06
0953	河池化工	17822	6000	99.12	19741					0.17	0.21	0.13	2.44	2.2	2.3	6.9	9.67	5.74
600301	南宁化工	18471	7244.8	99.12	17752			98.8.3	15000(可转债)	0.18	0.22	0.12	1.56	2.83	2.83	11.59	7.7	4.38
600236	桂冠电力	67536	6200	00.3	69000					0.4	0.35	0.37	2.93	3.49	3.7	13.51	9.99	10.04
0978	桂林旅游	11800	4000	00.5	26000					0.42	0.3	0.25	1.14	2.99	2.04	37.08	9.88	12.1
600252	梧州中恒	12672	4500	00.11	22400					0.379	0.22	0.23	1.731	2.3	3.08	21.93	7.57	7.44
600368	五洲交通	44200	8000	00.12	42400					0.27	0.19	0.3	0	2.22	2.35	20.93	8.45	12.65
600310	桂东电力	15675	4500	01.1	37845					0.42	0.42	0.38	1.6	1.67	3.74	25.99	24.91	10.15
600556	北生药业	9000	4532	01.8	43507.2						0.21	0.17		1.62	5.32		12.82	3.17
	合　计	404098	123907		436571		101169.3		15000	0.08			1.41			5.9		

备注:1、桂林集琦配股募集资金 26300 万元,其中货币资金 16197.92 万元,实物 10102.08 万元。

2、南宁化工 98 年 8 月发行面值 1 元的可转债 15000 万股。

第七章 规范发展中的安徽证券市场

在党的改革开放和建设有中国特色的社会主义市场经济的方针指引下，安徽证券市场从无到有，规范发展，走过了十多年的历程，取得了显著的成就，为安徽省经济的发展做出了应有的贡献。

一、证券市场发展概况

安徽证券市场起步于1988年。当时，安徽省国际信托投资公司在合肥设立了全省第一家证券营业部，发行和代理债券买卖。1990年，该公司成为上海证券交易所首批会员，开始代理股票买卖业务。1993年，美菱电器、皖能电力和马钢股份3只股票相继发行上市，有力地促进了安徽证券市场的发展。尤其是马钢股份A股在省内15个地市发行，带动各地市纷纷建立证券交易营业部，初步形成了全省证券交易网络体系。随着我国证券市场十多年的发展，安徽省证券市场在规范稳定中也得到了相应发展，成为全国证券市场的一个重要组成部分，为全省经济的发展，发挥了重要作用。截至2001年底，全省共有上市公司29家，发行A股27只、B股3只和H股3只，首次发行共发行可流通股47.1亿股，募集资金171.7亿元，上市公司再筹资共募集资金41.8亿元，累计筹资213.5亿元。29家上市公司分布于全省13个市，所属行业包括冶金、能源、交通、建材、汽车、农业、机械、塑料、化工、电子、轻工、商业及旅游等。截止2001年底，全省有综合类证券公司2家，即华安证券公司和国元证券公司。其所属证券营业部共61家，其中，省内49家，省外12家；所属证券服务部49家（其中19家在筹建中）。异地证券公司在省内设立的证券营业部共12家(其中1家在筹建中)，证券服务部4家。全省证券经营机构从业人员为1917人，其中，研究生以上学历122人，大学本科561人，大专788人，中专以下学历446人，分别占总人数的6%、29%、41%和24%。

截至2001年底，全省股民累计开设资金账户数87万户；客户保证金余额56亿元。全省证券经营机构总资产为134.58亿元，总负债94.23亿元，所有者权益40.35亿元。2001年，全年代理证券交易额1363亿元。其中，股票交易额1212亿元。全年配股主承销上市公司股票1只，配股副主承销1只，分销8只，累计承销金额14.85亿元；证券经营机构全年实现利润3.09亿元。

截至2001年底，安徽辖区内共有各类证券执业资格的中介机构22家。其中：律师事务所15家，有证券资格从业人员59人；会计师事务所2家，有证券资格从业人员39人；资产评估事务所1家，有证券资格从业人员36人；地产评估事务所2家，有证券资格从业人员26人；证券投资咨询专营机构2家，有证券投资咨询执业资格人员13人。

截至2001年底，安徽省共有4家期货经纪公司和3家期货经纪公司营业部，即安徽华物期货经纪公司、安徽新光期货经纪公司、安徽安泰期货经纪公司和安徽安兴期货经纪公司以及安徽新光期货经纪公司阜阳营业部、上海金源期货经纪公司铜陵营业部、安徽安泰期货经纪公司芜湖营业部（已获中国证监会批准筹建）。全省期货从业人员200多人，其中具有中国证监会颁发的期货从业人员资格证书的150多人，中国证监会审批通过的具有期货经纪公司高级管理人员任职资格的14人。截止2001年底，全省期货公司客户已达1248户，比1998年增加4.2倍。2001年全省代理交易额达501亿元，比2000年增长了325%，与同期全国期货市场2001年代理交易额3万亿元增长88%相比，增幅高出237%，占全国期货代理交易额达到1.67%。其中，安泰期货经纪公司2001年代理交易额达298亿元。参与期货套期保值的省内大中型国企有十多家，涉及冶金、外贸、物资、粮食等行业。总之，经过十多年的努力，安徽证券市场在规范中稳定发展，现已形成为一个市场参与主体齐备、运行有序的证券市场体系。

二、证券市场对安徽经济的重要作用

证券市场的规范发展，对安徽全省的企业改革、产业结构的调整、经济的发展和社会的稳定以及观念的更新都产生了十分重要的作用。

首先，巨额融资为经济建设注入了活力。安徽位于中西部地区，经济的快速增长使得资金相对短缺的矛盾较为突出。上市公司作为证券市场的筹资主体，通过证券市场筹措资金，在一定程度上解决了企业发展所需的资金，改善了企业资产结构，降低了资产负债率，增强了企业盈利能力。

其次，上市公司的资产重组和资本运作，有效拉动全省经济结构的战略性调整和改组。黄山旅游公司成功改制上市，促进了黄山及安徽省旅游资源的开发，极大地提高了黄山的国际知名度，1997、1998两年接待游客人数保持30%的增长率。海螺水泥在境外上市后，利用募股资金开展收购兼并，使公司水泥生产能力，由200万吨迅速扩张到500万吨，有力地提升了安徽省建材在全国同行业中的位置。皖维高新大力发展高新技术产品，调整了产品结构，提升了产品档次，提高了产品的科技含量，增加了企业的效益。铜都铜业利用上市筹资收购张家港铜业公司55%股权，年增效益440万元，利用配股资金收购安庆铜矿，盘活存量资产新增效益1800万元。国风塑业利用募集资金投资新型建材，顺利实现了企业主导产品的战略转移。金牛实业租赁荷金来肉牛屠宰线，收购金太阳啤酒公司，当年实现利润近千万。马钢公司利用筹集资金，研制开发出替代进口的海洋石油生产专用的型钢，有8个品种投入批量生产。飞彩股份上市后，先后收购了中鼎和中澳环保，推动了产业结构的调整。不仅如此，安徽绝大多数上市公司上市后规模不断扩大，实力迅速增强。合力叉车产品的市场占有率占全国的三分之一，古井利税总额进入了全国白酒业前三名，名牌白酒的全国市场占有率为10%左右。海螺水泥由上市之初的年产200万吨水泥，发展到目前近1000万吨水泥，居亚洲行业前三位。实践表明，以上市公司为龙头，以资产为纽带，以市场为导向，盘活资产存量，有力地带动了全省经济的战略性调整。

第三，上市公司是转机建制，深化企业改革，建立现代企业制度的“样板”，具有明显的示范引导作用。随着证券市场的规范要求越来越高，监管越来越严，上市公司根据《证券法》和有关法规、规章，按照现代企业制度的要求，在改制和上市过程中，逐步建立和完善企业的运行机制和组织结构。上市公司所体现的企业制度安排，可以说是目前国有企业制度建设中最规范、最有效、最符合现代企业制度要求的模式，对国有企业改革产生巨大的示范效应。例如，安徽铜都铜业股份有限公司实施“模拟市场核算、成本否决法”，使公司各项费用支出大幅降低，经营成本显著下降；安徽华茂纺织股份有限公司在全国纺织行业整体面临困境的情况下，加强内部管理，建立有效的激励机制，使公司效益稳步增长，成为全国棉纺行业唯一连续九年盈利的企业；合肥美菱股份有限公司在家电行业竞争日益加剧的情况下，狠抓内部管理，缩减公司费用支出，使销售利润率明显提高，公司的综合竞争力显著增强。

第四，上市公司的规范发展，促进了全省社会的进步。安徽省证券市场从1991年发行企业债券，1993年美菱电器发行上市，十多年来，从无到有，从小到大，从区域市场到发展成为全国性市场的一部分，市场规模不断扩大，市场空间不断拓展，投资者队伍已发展到87万户，这些都与29家上市公司强化规范运作，不断发展壮大，带动全省经济健康稳定发展密不可分。同时，上市公司通过资产重组，解决了十多万人的就业，救活了一大批困难企业，解决了这些企业职工的生活困难，对于保持社会稳定、促进社会进步具有十分重要的作用。

第五，积极开展证券承销业务，推动地方经济的发展。在“九五”期间，安徽证券经营机构主承销22只股票，分销19只，累计承销金额1552亿元。通过开展证券承销业务，使安徽省一些大中型企业筹集了大量的资金，增强了企业发展的实力，改善了企业结构，提高了市场竞争的能力，加快了企业改制的步伐，促进了全省经济在“九五”期间有了较快的发展，各项业务都取得了较好的业绩。同时，近几年来，华安证券公司、国元证券公司业务发展较快，近三年证券业务利润合计达18.68亿元，其中2000年9.55亿元，约占同期省财政收入的2.2%和2.29%。

第六，证券市场倡导力行的先进文化理念促进了精神文明建设。证券市场的法律制度安排所体现的理念，包括法制意识、股东价值、勤勉尽责、诚实信用、公开、公平、公正、优胜劣汰、风险自负等一系列理

念和精神，都是社会主义先进文化合理内容的有机组成，对于建设社会主义精神文明具有潜移默化的积极作用。

三、证券市场规范化建设不断完善

短短的十多年里，安徽证券市场的发展取得这样显著成就，得益于党的改革开放政策，得益于中国证监会的正确决策和领导，得益于安徽省委省政府的大力支持。多年来，中国证监会合肥特派办在中国证监会及安徽省委、省政府的正确领导下，认真贯彻国务院“法制、监管、自律、规范”八字方针，切实履行监管职责，积极稳妥地发展股票融资，不断加大证券期货市场的规范化和法制化建设力度，有效防范了区域性证券期货市场风险，确保了安徽证券市场在规范中稳定发展。在监管工作实践中，我们深刻认识到，现阶段我国的证券市场必须正确处理好规范与发展的关系。规范是前提，是基础，发展是目的，是关键。只有进行规范，才能保证证券市场的健康、持续发展；只有通过发展，才能不断完善证券市场的各项功能，稳妥地解决存在的问题，才能更好地为经济建设服务。我们的基本做法是：

（一）正确处理好监管与服务的关系。遵照证监会和省政府的要求，我们始终把证券监管工作是否有利于促进全省证券市场规范和发展作为重要标准，正确处理好监管与服务的关系。为此，我们主要采取了以下措施：一是先期介入，变被动监管为主动服务，指导企业规范改制、规范经营，使企业少走弯路；二是从源头抓起，加强对拟上市公司的辅导和指导，提高拟上市公司的质量，为拟上市公司顺利申请发行上市创造有利条件；三是及时掌握证券市场和上市公司运营情况，及早发现风险苗头，及早控制、化解风险。为加强对证券市场整体风险的监管和防范，加大执法力度，我办积极配合有关部门，重点查处非法设立证券期货经营机构、非法证券和期货交易、内幕交易和操纵市场等违法违规行为，有效地维护了证券期货市场的健康稳定运行，收到了较好的效果。

（二）引导上市公司正确处理规范运作与持续发展的关系。上市公司一头联着证券市场，一头联着地方经济。上市公司必须在规范运作、提高质量的前提下，才能源源不断地发挥筹资功能。在监管工作实践中，我们把规范运作始终摆在头等重要的地位。一是取得地方政府的有力支持，形成政府与监管部门共同要求规范运作的强大合力。二是引导上市公司从证券市场正反两方面的教训中，认识规范运作的长期效用，树立规范运作的自觉意识。三是通过巡检、定期报告事后审核、专项核查等多种监管手段，以建立现代企业制度、募集资金使用、信息披露为重点，督促上市公司深化改革，加强机制创新，提高规范运作水平。四是抓住苗头，把风险隐患消灭在萌芽状态。总之，我们将事前预警、事中防范和事后监管紧密结合，有效地防范了风险的扩大。

（三）依法行政，建章立制，努力实现监管工作制度化、规范化。我办在认真贯彻执行国家法律、法规和有关政策的同时，结合辖区监管实际，颁布实施了《上市公司配股审核工作基本规则》、《上市公司监管检查工作基本规则》、《证券经营机构高级管理人员任职资格审核工作程序》、《期货经纪业务审核工作基本规则》、《调查处理证券期货违法违规案件工作程序》等约四十多项监管工作制度，涉及了证券期货市场监管的各个方面和基本工作环节，为依法有效监管，努力实行监管工作的制度化，提高监管工作质量和工作效率，增强监管工作的透明度奠定了基础。为加强监管，我办还建立健全机构业务报告制度，对被监管机构业务情况进行年检。健全证券经营机构月报制度、期货经纪机构季报表制度，以及证券期货经营机构重大事项报告制度，建立健全上市公司定期报告、临时报告制度，并定期对省内证券经营机构、证券投资咨询机构及期货经纪机构的经营管理情况、从业情况进行年检。证券期货市场监管的制度化、规范化建设，有力地保证了安徽省证券市场的健康稳定发展。

（四）认真受理信访投诉，依法查处证券、期货违法违规行为。从1996年4月开始，我办开展信访投诉案件受理和查处工作，明确专人负责处理信访投诉，实现信访工作日常化、制度化，并于1997年1月1日在全国率先公布辖区内证券、期货市场监督电话，建立电话投诉工作制度，从而强化了对证券、期货市场的日常监管，加大了证券、期货市场违法、违规行为的稽查力度。我办始终把稽查工作放在十分突出重要的位置，做到有案必查，违法必纠，对违法违规行为起到了震慑作用，切实维护了市场秩序和"三公"原则，保护了投资者的合法权益。2001年，全年共办理信访投诉事项521件，其中，群众来信27件，电话投诉316件，来访178人次。办理稽查事项14件。我办在稽查办案和打击非法证券期货交易活动中，坚持齐抓共管，综合运用各种手段。同时，重点在办案机制和制度上下功夫，力求使稽查办案工作制度化、规范化，提高办案的及时性和准确性。一是与公安、工商部门共同签署了《关于严厉打击非法证券和期货交易活动的工作意见》，并由省政府批转各地、各部门执行，从而建立了与公安、工商等部门协同作战的体制和制度；二是成立了以省政府领导同志为组长，证监、公安、工商部门参加的打击以证券期货投资为名进行违法犯罪活动领导小组，建立了联合打击以证券期货投资为名进行违法犯罪活动的有效机制，为"打非"工作提供了组织保证；三是建立稽查信访与日常监管双向通报制度，确定了动态监管模式，改善了监管方式；四是制定了《信访投诉者须知》并向社会公布，明确了投诉的范围、基本条件和争端解决途径等；五是严格执行《办案日志》和《办案进度备忘录》，提高办案效率和办案质量。六是研究制定了《证券、期货稽查法律文书标准格式》，完善了稽查工作程序。另一方面，高度重视证券、期货市场违法违规行为的对策研究，及时研究、掌握市场运行中的新情况、新问题，寻求其内在规律和合理对策，实施有针对性的监管，确保监管工作的全面性、深入性。

（五）大力开展投资者教育活动，强化证券、期货从业人员、上市公司高级管理人员的培训工作，提高证券行业人才和投资者的整体素质。多年来，按照证监会的统一部署，我办坚持在全省证券市场认真开展投资者教育活动。通过媒体或开辟宣传栏、发放宣传册等形式，向广大投资者宣传证券市场各方责任、正确的投资理念和诚信意识，使投资者风险意识和责任意识明显提高。许多证券经营机构还开展了优质文明服务月、服务周活动，开办股民学校，举办证券市场知识培训，提供系统的证券投资咨询分析及适时解盘服务等，不断提升服务档次，使投资者的投资水平有了新的提高，促进了投资者队伍的壮大，较好的维护了证券市场的稳定。

VOLUME 5

第五卷

上市公司募集资金投向规范化

- 募股项目变更的统计特征
- 募股项目发生变更的原因分析
- 关于提高募股项目选择规范性的几点建议

第一章　募股项目变更的统计特征

一、我国上市公司募股项目变更的主要统计特征

二、从募股项目变更实证分析看募集资金投向选择的规范性

第二章　募股项目发生变更的原因分析

一、上市公司披露变更原因的实证统计

二、上市公司募股项目变更的深层原因分析

第三章　关于提高募股项目选择规范性的几点建议

一、完善法律法规，加强监管与处罚力度，增强证交所在监管中的作用

二、改革募股项目的审批机制

三、加强对可研报告编制机构的管理

四、完善融资规则与减少募股项目的人为分析与频繁变更

五、强制性信息披露制度的完善

六、完善上市公司法人治理结构，推动募股项目选择的规范性与科学性

第一章　募股项目变更的统计特征

上市公司募集资金投向及其运作绩效的社会影响较大，境内外证券市场都要求上市公司加强募股项目(注:本文将股票、债券等各种公开募集方式下融资所投项目,统称为募股项目,下同)的前期论证工作,提高项目质量。在国内,上市公司在股票及债券融资时,不仅要完成规定内容的信息披露,而且还需要得到政府有关部门的项目立项批文。同时,《证券法》第20条也明文规定:“上市公司对发行股票所募集资金，必须按照招股说明书所列资金用途使用。改变招股说明书所列资金用途,必须经股东大会批准；擅自改变用途而未作纠正的,或者未经股东大会认可的,不得发行新股”。另外,上市公司募股或发债时也要求充分考虑募集资金项目同原有业务的关联性、核心竞争力、对公司的业绩贡献和项目发展前景,避免募集资金投向分散、拼凑项目、过度跨行业竞争、涉足高风险领域等不当投资行为的出现。

在严格的项目审批制与上市核准制、尽乎完美的项目论证与计划下,已批准的募股项目是否按招股说明书所列示计划顺利实施,其实施绩效是否与招股书披露或可行性研究报告(以下简称可研报告)论证的效果相一致,需要实证分析。对此,我们通过对最近5年的募股项目变更的统计及对其特征的分析研究,来判别募股项目选择的严肃性、规范性与科学性问题,并分析其变更原因;同时,我们尽可能地对部分公司募股项目的实际实施效果与招股说明书或可研报告中的论证相对比,来说明募股资金投向的效率及绩效预计的可靠性。

一、我国上市公司募股项目变更的主要统计特征

我们选择最近5年存在变更募股项目的上市公司作为统计样本。由于项目建设期的长短不一,部分项目的建设期长达2-3年,因此我们的样本数据截止于2000年底募股资金到位的上市公司的募股项目,其项目变更数据来源2001年第4季度以前上市公司所披露信息(主要包括:2001年中报中披露的项目进展、2001年4季度以前披露的上市公司变更募股项目的公告、回访报告等)。从项目变更的实证统计结果发现,上市公司募股项目变更具有以下几个特征:

1、每年有30%左右募股项目发生变更,且近年有

小幅回升

据统计，仅2000年在深圳证交所上市的公司共有128家实施增发、配股与首次发行，共投资于541个项目，但至2001年第3季度就有58家公司公告有141个募股项目发生变更，项目变更率（项目变更数占总项目的比重，下同）达到26%（预计随着时间的推移，项目变更率会更高），这一比例高于1999年沪深两市22.02%的项目变更率，1998年20.17%的项目变更率，但较1997年与1996年的33%以上的变更率有所下降。

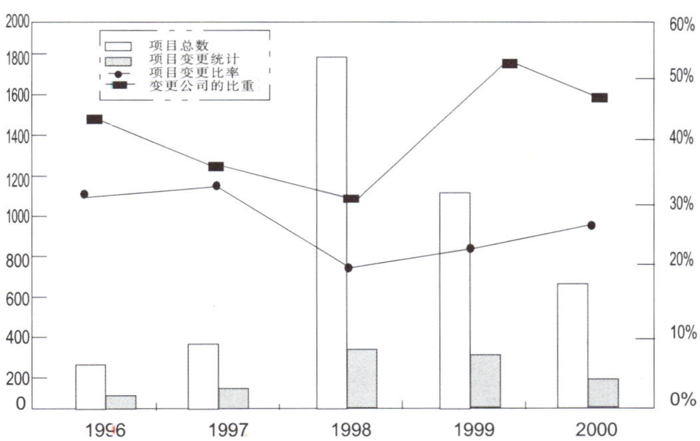

图 1 上市公司募股资金项目变更统计

（注：①数据来源于巨潮信息网数据中心www.cninfo.com.cn，下文数据若未特别指明，均来源于此；②数据整理由联合证券研究所完成；③由于2000年项目样本数达2968个，数据完善性较差且信息披露差异很大，我们需按投资项目逐项查阅数据，因此仅采用了深市上市公司的募股项目作为分析样本，由于处于相同经济环境中，假定沪市上市公司募股项目的变更结构与深市相同，下同）

2、首次发行股票公司的募股项目变更频次最大

统计结果显示，IPO项目发生变更的频次最高（2000年除外），高于配股项目与增发项目的变更数，但其变更率在5年中存在反复；1999年有24.83%的IPO项目发生变更，居变更率的第一位，1998年IPO项目的变更比率为18.43%，但其变更率低于配股与增发，此年36个增发项目中共有11个发生变更，因增发新股试点起步于“配合纺织行业的结构调整”，部分纺织类上市公司成长性下降且项目选择欠佳；1997年与1996年IPO项目的变更率与变更量也居第一位。

表1 近年来各类募股（含债券）项目的变更情况统计

年份	融资类别	变更数	变更比率	各变更类别占变更项目的比率
1996	配股	19	37.50%	21.84%
	IPO	68	37.78%	78.16%
	增发			
	债券			
1997	配股	23	33.33%	19.01%
	IPO	96	36.74%	80.17%
	增发	–	–	–
	债券			
1998	配股	99	19.60%	28.61%
	IPO	192	18.43%	55.49%
	增发	11	30.56%	3.18%
	债券	–	–	–
	自筹	44	33.59%	12.72%
1999	配股	61	17.89%	27.48%
	IPO	146	24.83%	65.77%
	增发	15	18.99%	6.76%
	债券	–	–	–
2000	配股	63	29.03%	44.68%
	IPO	49	23.22%	34.75%
	增发	29	25.66%	20.57%
	债券	–	–	–

虽然2000年各项目的变更率有小幅上升，但是随着对募股资金投向管理的加强，上市公司募股项目的变更比率在不断下降。特别是IPO项目，其项目变更比率下降最快，而且下降趋势基本得到保持。

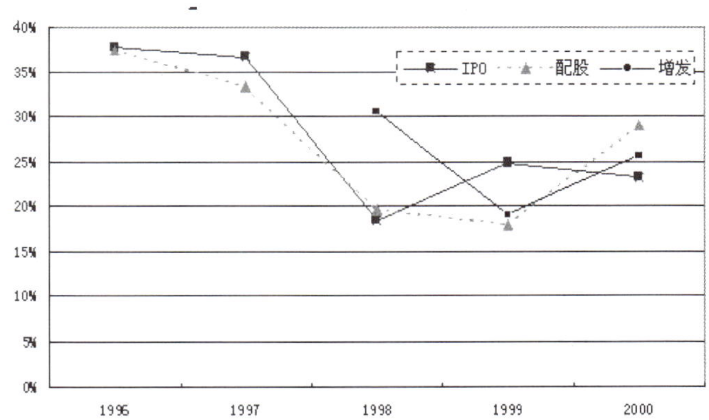

图 2 不同筹资项目的变更比率及变化趋势

3、项目越小变更机率越大，存在项目拼凑的可能

为评估不同投资额与项目变更的关联性，我们将项目按投资额分为“1000-3000万”、“3000-5000万”、“5000万-1亿”与“1亿以上”四类。从项目数上看，每年投资额在3000万（含3000万）以下的项目数最多；同时，项目投资额越小变更的机率越大，而且投资额上亿的项目的变更比率逐年下降。这与各级政府部门审批项目的资金权限差异较大直接相关，而且上市公司获得地方批文要较获得国家计委或国务院的批文更容易。因此部分上市公司为融资、同时为降低项目审批的难度，存在项目拼凑的可能。常山股份于2000年7月发行1亿A股，计

划投资19个项目,除"收购原棉五厂生产经营资产、偿还银行借款与补充流动资金" 等三项目的投资额超过3000万元之外，其余16个项目的投资均在3000万元以内,可以说明审批制度存在的部分问题。

表2　不同投资额下项目数量及变更情况统计

	项目投资额（万元）	各类项目占项目总数的比例	项目变更率	分类变更占变更项目总数的比率
2000	1000-3000	29.31%	32.68%	36.50%
	3000-5000	28.54%	30.20%	32.85%
	5000-10000	18.39%	23.96%	16.79%
	10000以上	23.75%	15.32%	13.87%
1999	1000-3000	39.84%	22.81%	39.39%
	3000-5000	23.95%	25.88%	26.87%
	5000-10000	18.08%	22.94%	17.98%
	10000以上	18.13%	20.05%	15.76%
1998	1000-3000	30.90%	20.19%	30.48%
	3000-5000	24.66%	19.15%	23.08%
	5000-10000	16.21%	22.30%	17.66%
	10000以上	17.26%	19.93%	16.81%
1997	1000-3000	26.07%	61.19%	41.84%
	3000-5000	28.02%	33.33%	24.49%
	5000-10000	24.12%	33.87%	21.43%
	10000以上	21.79%	21.43%	12.24%
1996	1000-3000	41.11%	35.14%	39.39%
	3000-5000	31.67%	38.60%	33.33%
	5000-10000	14.44%	46.15%	18.18%
	10000以上	12.78%	26.09%	9.09%

从变化趋势上看,投资额较大的项目的变更率下降趋势明显;投资额较小的项目的变更率存在反复,再次证实部分上市公司为筹资存在"拼凑项目"的可能。

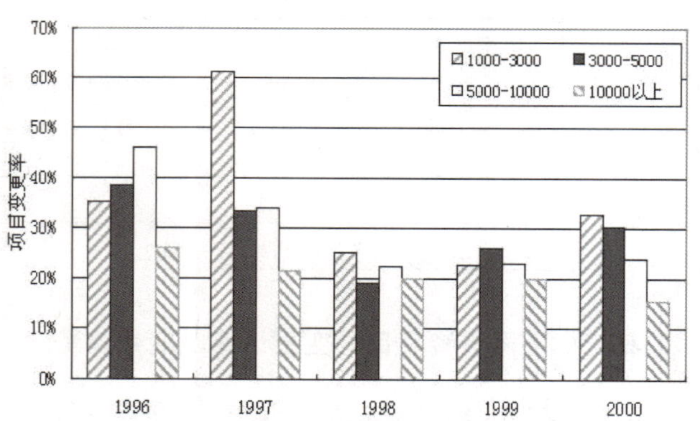

图 3　不同投资额的项目的变更率及变化趋势

4、参股项目存在随意性,变更的可能性最大

由于统计数据的缺乏且数据量较大,我们仅逐项查阅2000年实施募股且资金到位的深市上市公司，并对近600个募股项目按"新建、技改、收购控股权、参股与补充流动资金"等不同的资金用途进行了分类。统计中发现,新建与技改是募股资金最主要的用途,项目变更的总量也很大。2000年263个新建项目中,有74个项目发生了变更,略高于技改项目的总数与变更比率(当年共有207个技改项目,其中51个发生变更)。但从变更率来看,参股项目变更率最高,反映出项目选择的随意性较强,可作为监管重点;补充流动资金则无一变更,且绝大部分在2000年底就实施完毕。

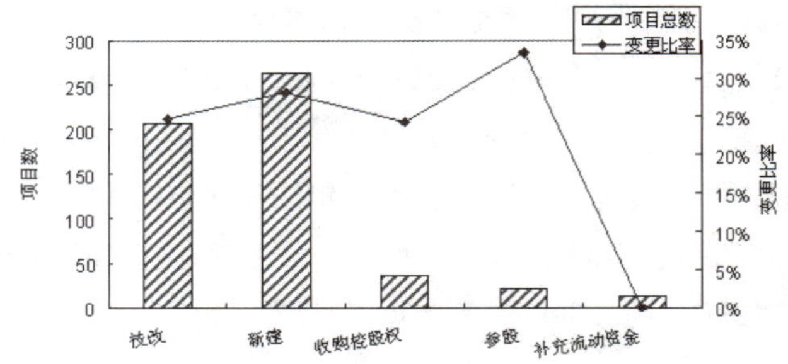

图 4　不同资金用途的项目总数及变更比率

(注:①"技改"含扩建与增资;②数据来源于募股说明书,由联合证券研究所整理)

5、可研报告完成时间距募股资金到位时间越长,项目变更的可能性越大

由于上市公司的募股说明书仅披露可研报告的简要结论,从公开信息获得项目可研报告的完成时间只能根据"项目所获批文的编号";而且由于批文编号只有年份,没有具体时间,因此我们作出"某年获得批文的时间为当年的6月30日"(选择年中为使其与实际时间的标准差最小)。如韶能股份新建杨溪水一级电站所获广东省计划委员会粤计能[1999]892号文批准立项,我们认定其批文获得时间为1999年6月30日。

按照这一假定,我们得出上市公司募股项目准备越早、至募集资金到位的时间越长,项目变更的可能性越大。但同时值得注意的是,时间较早的项目数量较小,因此对较早获得政府批文的募股项目，可以进行重点监控,同时在现行项目审批制下,还可要求上市公司在发行前对募股项目的前景进行再论证，必要时应再次报批。

表3　审批完成至募股资金到位的时间差 及项目变更统计

时间差	项目数	变更项目数	项目变更率
1年以下	189	44	23.28%
1-1.5	82	13	15.85%
1.5-2	65	19	29.23%
2-2.5	77	30	38.96%
2.5-3	30	7	23.33%
3年以上	26	12	46.15%

(注:仅是2000年融资项目变更的统计结果

二、从募股项目变更实证分析看募集资金投向选择的规范性

从最近5年来上市公司募股项目的实际实施情况来看，每年有近50%上市公司变更募股资金投向，项目变更率达30%左右，其中投资额越小、项目计划到募集资金到位时间越长，项目变更的可能性越大。同时，IPO项目的变更情况要较配股与增发项目更严重，估计与IPO项目的上市周期越来越长、首次发行的难度较配股与增发的大有直接关系，于是部分上市公司为尽早实现“圈钱”而不得不选择拼凑项目等手法来迎合首次发行上市的要求。因此可以认为上市公司为圈钱而随意拼凑项目、编制不严肃或不科学的可行性研究报告、募股项目选择上的不规范与不科学的行为确实存在。但是，随着募股资金投向管理，特别是变更募集资金投向的限制更为严格，这些行为已有所收敛。

（注：募股项目变更的统计特征由张弘撰稿）

第二章 募股项目发生变更的原因分析

上市公司成功挑选募股项目并进而披露招股要约，要经过层层审批，并有“可行性研究报告(以下简称可研报告)”作为项目选择科学性与规范性的保障，但仍有不少项目在实施过程中被“否决”。其中2000年完成募股的上市公司，在不到一年的时间内就有26%的项目发生变更，其余部分的32%的项目在2001年中报中披露为“未实施”，“未实施”项目随着时间的推移，部分项目存在变更可能，因此募股项目变更仍是一个较为严重的问题。

一、上市公司披露变更原因的实证统计

我们统计了2000年所有发生项目变更的上市公司所披露的变更原因，主要分为以下几大类：

1、市场环境发生变化，大部分上市公司募股项目变更时均认为是“市场环境发生变化”

如川化股份在2001年中期报告中披露，“鉴于目前我国NPK复肥产品价格下降的幅度较大，国内多家大型复肥装置正在建设或准备建设，产品竞争更加激烈，加之该装置所需原料磷、钾都是外购，产品成本受市场影响很大，经重新评估效益不佳。因此取消该项目，改投资年产1.2万吨三聚氰胺装置项目”。

2、产业政策的限制

这包括两方面的问题，一是产业政策限制，如深赛格的深圳赛格圣颖通信导航有限公司就因“国家政策不再允许本公司投资GSM运营项目”而暂停该项目的实施；二是产业政策“限制”不到位，如通程控股在2000年

的配股资金拟投资于“纸浆模塑餐饮具生产项目”与“环保型纸制包装袋生产项目”,但公司披露因“环保项目评估立项时曾预计2000年内，国家将颁布全面禁止白色污染的法规政策,但相关政策出台后,大都执法力度不够,不可降解塑料制品仍大行其道,环保产品的市场推销与市场接受程度与原预计的市场分析与盈利预测存在较大差距”,公司决定暂停两项目的实施。

3、可研报告编制存在的问题

这包括对市场估计过于乐观，产业走势把握不准等。如常山股份于2000年7月发行1亿A股,其所投19个项目中有16个项目的投资额在3000万元之内,其中有2个项目发生变更,其称变更“高档非织造织物技术改造项目”的原因为“该行业规模效益明显,质量要求提高,行业竞争激烈,公司《高档非织造物技改项目》投资少、生产规模小,如上马,难以达到预期投资回报”,变更“增加出口印花布生产线技术改造项目”的原因为“近几年印染产品已经形成小批量、多品种的市场格局,公司印花布生产能力已达年产2800万米，目前关键是提高品种开发能力,提升产品档次,再扩大印花布生产规模会造成设备开工不足,能力闲置”。

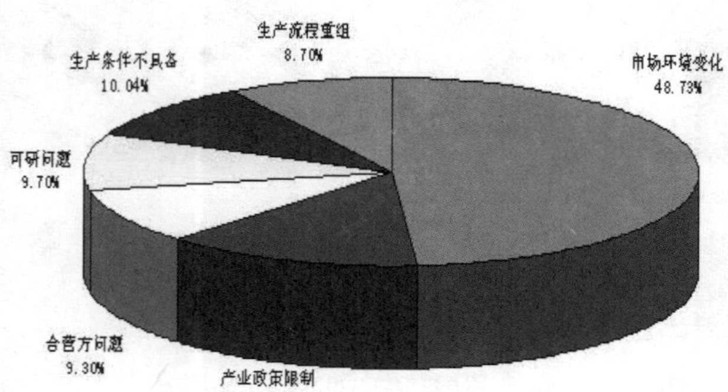

图5 上市公司披露的项目变更原因分类

4、合作方变故

如粤高速原拟利用2000年8月到位的配股资金实施“参股投资修建京珠南高速公路汤塘-太和段、参股投资修建京珠北高速公路小塘-甘塘段”,但“该项目合作公司的营业执照仍在报批过程中,公司根据合作合同规定尚无须出资。为了提高资金使用效率,降低资金成本以及促成新的投资项目能在短期内产生最佳效益,也为股东提供更好的回报，公司经2001年度股东大会审议通过变更募集资金投向”。

5、生产条件不具备

如中联重科在实施“高浓多相混合料泵送成套设备产业化示范工程项目、机械式立体停车库技术改造项目”两项目时,聘请了管理咨询公司对目前公司的管理和信息化建设进行了咨询,认为公司应对部分项目的生产流程进行重组,以防止产品生产手段低水平重复和各部门重复设置,因此公司对两项目进行了调整。

二、上市公司募股项目变更的深层原因分析

1、可研报告的准确性不足

可研报告是项目实施决策准备工作的重要依据,它是项目前期的准备工作,完善且真实可信的可研报告能确保项目成功实施和发挥经济效益,因此成为防范投资风险、提高经济效益的重要保障措施。而且从可行性研究近年来的发展情况来看,随着投资项目资本金制度的完善、项目法人责任制等制度的逐步建立与完善,项目的投资环境和融资环境正逐步发生根本性变化,项目发起单位从以前的应付“可行性研究”,将逐步转变为真正地去关心项目前期研究论证工作。我们注意到,不重视可行性研究工作,或者可行性研究质量不高,也曾给我们带来的惨痛教训。国家计委在1997年曾委托中国国际工程咨询公司对我国“八五”建成投产的70个大型亏损项目进行调查分析，发现除少数属于政策性亏损外，其中65个属于经营性亏损,实际投资额比原概算翻了一番，而相当一部分项目的生产能力利用率不到50%,70个项目的平均资产负债率高达92%,绝大多数项目陷入资不抵债的破产边缘。这些项目失败的原因,项目可行性研究论证不充分是非常重要的原因。

就目前国内可行性研究报告的编制情况来看,主要存在以下几个问题:(1)乐观估计市场,这是国内编制可研报告的通病。对于这一点,有预测方法不适宜的原因(如旅游项目的可研报告，曾有按国内人口数并假定年均每人消费一次来评估市场前景,不考虑接待能力等限制性因素，必然使其对市场的预期过高)；也有人为因素,如在计划经济体制下,地方为争取项目仓促拍板定案,基本上属于领导定方案,企业铺摊子。这一点在河南

中原制药厂（非上市公司或上市公司子公司）得到充分体现，由于乐观估计市场造成投资严重失误，结果导致郑州市全年的财政收入只够为其还本付息，而且该厂利用世界银行贷款，在国际上已造成了较大的不良影响（《经济界》2000年第1期P93）；(2)低估投资预算与费用成本，调高效益预期。如部分项目可行性研究只计算主要固定资产投资，对辅助设施（如冶金企业的环保装置等）的投资估计不足；同时，编制可研报告时一般无法准确地估计成本费用，多数情况下趋向于估低；(3)不重视项目的风险分析，对敏感性分析中风险空间设得太小；(4)选择次要和辅助评价指标，回避主要评价指标，这是部分项目无法通过可研评审会而采用的一种变通策略。

2、市场环境发生变化

发生不可测或难以预测的事件，也是导致上市公司募股项目变更的重要原因。这包括：(1) 特殊事件，如美国发生的“9.11”事件对全球油品生产与供应产生了极大的影响，在原有的市场结构与价格体系下选择的石化项目，项目可能会面临不可行；(2)重大产业政策的调整，如上市公司投资有线电视网、投资GSM运营等，产业政策不明确与不时变动对项目能否实施产生直接影响。

3、制度因素是造成募股项目变更的最主要原因

首先，项目可研报告编制的基础理论存在缺陷。目前国内编制可行性研究报告的指导文件是国家计委和建设部于1993年颁发的《建设项目经济评价方法与参数》，已应用了较长时间，也没有根据环境的变化进行过调整；同时该指导方法与参数对工业类项目有较好的适应性，对服务类项目的适应性较差，有待按项目的行业特征进一步系统化。

其次，项目审批体制缺陷是造成募股项目变更的重要原因。不同层级的政府及其相关部门对项目投资额的审批权限存在差异，地方审批权限相对较小，于是上市公司就通过“将单个项目分拆成多个项目”、“将内资项目变成合资项目”、“将新建项目更名为技改项目”等手法来降低获得批文的难度；同时，政府主管部门所管理的项目较多，即使项目审批非常严格，但完成审批后基本没有再对项目进行跟踪，项目实施过程中是否严格按可研报告的计划去实施，也无法得知，因此部分上市公司完全可以编制出十分完美的“可研报告”，此时“可研报告”蜕变成了“可批报告”；另外，项目审批体制中某些人为因素，也会造成项目审批周期过长，使正式实施时的市场环境与立项时的市场环境已发生重大变化。

第三，证券监管部门无法也无需去判断项目是否可行。证券监管部门对股票发行管理体制的转变方向，已由直接的行政管理向以市场化为导向的间接管理过渡，形式审批代替实际审批在现在已得到体现，于是只要上市公司募股时达到基本的融资条件、按规定披露“需要披露的信息”、同时有效答复关于发行方案的疑问即可。

证管部门对募股项目的判断以是否获得相应部门的立项批文为依据，因此无法也无需再次去判断项目的可行与否。

第四，证券监管部门无力与无需去对募股项目变更作出过多的限制。募股资金投向及其变更目前被视为上市公司自主经营权的范围，证券监管部门对募股资金投向的管理仅限于“其变更是否符合程序化、合法化、规范化”，并把是否变更、变更前后的实际绩效作为下次融资的参考依据。对于这种监管思路，在中国证监会2001年发布的《关于进一步加强股份有限公司公开募集资金管理的通知(征求意见稿)》中得到充分体现。

4、地方政府过于殷勤地关注上市公司的融资行为

在不少地方，上市公司能否为当地融入资金，不仅是上市公司自身的事，有时还被视为一项重大的政治任务，也被当地政府列入每年的经济工作目标，这要求上市公司以最大可能融入资金，这可能产生超过上市公司的实际资金运用能力、超过实际资金需求的融资行为。同时，部分地区仍存在将一些项目指定给上市公司来投资、收购或参股，项目即使实施，效果难免欠佳。这也是造成“参股”类募股项目的变更率偏高的重要原因。

5、上市公司融资行为与决策过程的不规范性

(1)部分上市公司以“圈钱”作为融资的首要目标，影响了项目的可行性。我国上市公司的规模普遍偏小，不少公司对资金的需求几乎到了“贪恋”的地步。近年来不少上市公司与券商协商再融资与IPO时，所关心的是谁能为自己融入最多的资金，哪家券商承诺更高的融资市盈率，自己是否有合适的项目不是关键问题，而且不少券商还会为企业搜寻一些项目，以扩大上市公司的融资能力从而获得更多的佣金收入。至于资金到位后是否按原计划实施，不少上市公司并不关心，认为即使项目已不可行，最多是按有关规定再开一次股东会来表决即可，这对股权相对集中的上市公司而言，基本上不存在股东大会通不过的可能。

(2)上市公司融资的决策过程不科学或不规范。首先，部分上市公司对项目选择不够慎重，部分项目与目前上市公司的主业跨度较大，使募股项目选择的科学性与合理性不足；其次，上市公司融资行为是一项系统性理财行为，应以企业利益最大化、股东权益最大化为出发点，部分时候可能不需股权融资、或者不需新投项目、或目前根本就不缺资金，但不少上市公司在作融资决策时均不予考虑；第三，部分上市公司的融资受控股股东的影响较大，且公司的股东会与董事会无力并无心在融资决策的规范与科学性上与控股股东多费周折，这也使部分公司的募股资金长期被控股股东占用。

(3)上市公司过于关注二级市场股票的走势，影响了项目投资决策的规范性与科学性。上市公司的市场形象体现于股价走势之中，对其股票的定价及走势予以关注无可厚非，但不少上市公司为支持股价，在投资项目选择上存在追逐“市场热点”的问题。如1999年全球网络股热并由此在深沪两市产生一波网络股行情，使直接或间接投资于网络(含有线电视网)的深沪两市上市公司数达90余家（参见：联证研究之“网络行业研究报告”)，该类公司在2000年2月14日至2月18日(春节后的第一周)短短的5个交易日内平均涨幅达到18.19%，渝三峡、综艺股份、中科创业、黄河旋风等公司的涨幅超过60%。但网络行业形成合适的“赢利模式”的摸索过程还相当长，因此后期大部分上市公司变更了在此领域的投资。

6、项目咨询机构存在的问题

不少可研报告由上市公司委托中介(咨询)机构完成。但现实中不少中介机构为不失去客户，存在迎合上市公司的问题；同时部分中介机构实质上是政府部门的下属咨询机构，其与审批机构有着千丝万缕的联系，部分中介机构的人员甚至同时挂职于项目审批机构；另外，项目咨询与可研报告的编制失准，目前暂无具体的监管与处罚措施，此方面的造假不易引起关注，风险较小。

(注:募股项目发生变更的原因分析由孙庆瑞撰稿)

第三章 关于提高募股项目选择规范性的几点建议

一、完善法律法规，加强监管与处罚力度，增强证交所在监管中的作用

招股说明书、配股说明书、增发意向书的公开发布，实际上已在上市公司和投资者之间建立的一种契约关系，上市公司若不能按承诺实施募股项目、或募股资金使用绩效不能达到盈利预测，轻则应属误导，重则当属欺诈。从境外成熟证券市场的监管机制上看，上市公司自行选择募股项目，一般无需经过专门的审批，但一旦变更就使上市公司与投资者之间稳定的契约关系发生改变，将面临监管机构的处罚与投资者的可能诉讼。香港交易所就曾对某上市公司未能按招股书披露进度如期收购某物业项目（虽然涉及金额仅数百万元），公开对其进行谴责。

对于上市公司频繁变更募集资金投向，片面强调其行为是企业的自主经营行为，忽略了这也是上市公司与投资者之间的一种契约关系，因此对变更的处罚力度较弱，仅要求上市公司召开股东会并通过其变更行为即可。这在目前上市公司股权结构普遍较为集中的情况下，股东大会对随意变更募集资金投向的约束力十分有限。因此，要提高上市公司资金使用效率，需要对参与各方的违规责任及处罚办法进行详细的界定，目前公开道歉、公开批评、轻微的经济处罚等方式的威慑相当有限，因此宜加重处罚力度，以提高违规成本，提高法规威慑力。对违规的市场参与各方，包括上市公司中的独立董事、监事会、主承销商、公司律师以及资产评估机构，应针对其切身利益严加以处罚。

同时，从全球证券市场监管变化趋势上看，政府性质的证券监管部门有逐渐从具体的上市公司日常监管中“超脱”出来的趋势，将日常监管职能向证交所转移。对上市公司募集资金投向其使用效果的监控与跟踪，放在证交所层面，有利于增强监管的有效性与可操作性。

二、改革募股项目的审批机制

按目前的发行机制，募股项目需编制可行性研究报告并报相关部门审批。这种作法初衷在于保证国家有限的资金能尽可能提高使用效率。对民营企业因其无需国有性质的资本的辅助，因而非限制性项目一般无需编制并报批可研报告；同时，对非国有控股的上市公司，投资者与上市公司不一定认为“通过政府部门审批的项目可研报告，就是监管部门与上市公司对投资者负责”。这种形成于传统计划经济下的项目审批制度，虽然对提高项目的成功率具有一定的积极作用，但在实际操作中存在“上有政策、下有对策”的问题，审批制度对项目质量的保证也形同虚设；第三，项目审批操作中的不规范，过于严格可能增加项目风险、而过于宽松使审批实无必要；第四，随着我国社会主义市场经济的进一步发展，中国加入WTO之后的国际融资与引资的深入，项目审批机制有放松、放权的必要，甚至除部分特殊项目外，有取消的可能；第五，投资者对已通过审批的募股项目的可信度，不一定高于有“严格信息披露、随意变更有严格的处罚措施”的未审批项目。因此，可以以部分非国有控股的上市公司募股资金项目的审批作为试点，

最终形成在“严格信息披露、严厉的处罚措施”前提下的募股资金运用与管理制度。

三、加强对可研报告编制机构的管理

目前编制可研报告需要得到工程咨询协会的资质认可，获得资质认可的基本要素在于从业人员的素质、以及是否具有编制项目评估的能力。已获得资质认可的中介机构出具的可研报告，是否与实际运作效果相同，没有机构进行跟踪。这与会计师对上市公司的盈利预测负有一定责任不同，可研报告编制机构基本无须对报告质量本身负责，只要能通过有关部门的审批，即可无风险地取得报酬。于是，当上市公司与中介机构利益一致时，后者会尽可能为上市公司的募股项目出具“如何通过政府评审的专业意见”，也就不足为奇。因此，要提高项目的成功率、降低上市公司募股项目的变更率，需要发展中介机构、借助中介机构的专业力量，但也需要加强监管。其中，证券监管部门对会计、审计机构从事证券业务的许可，应是一个可供参考的操作思路，但这需要国内工程咨询协会的配合。

四、完善融资规则与减少募股项目的人为分析与频繁变更

根据国际惯例，考虑到有的项目投资期较长，资金需要分批投入，所以可以允许对融资申请实行一次审核、分次融资的方法。可以考虑的操作思路是：符合条件的上市公司提出可行的总额发行计划，证券监管部门依照总额核准，上市公司依照第一年实际需要投入的资金，获取该年的募集额度，制定相应的发行方案。以后各年在总额控制计划内，依照资金的实际需要，通过审查以前募集资金的使用结果来安排增发。对于不严格执行资金的使用范围和使用计划的，可以取消以后的发行额度。对于同一项目在第二年后发行股票融资，管理层不再作实质审核，公司只需将上次投资的详细情况在管理层备案，向社会公众披露，即可根据自己的资金需要发行相应的股票数额。这样不但方便上市公司按需筹资，避免资金闲置和随意变更，还迫使上市公司对投资项目更加认真负责。因此，通过一次核准、多次募集，可以有效防止项目的人为分拆与频繁变更。

五、强制性信息披露制度的完善

2001年证券监管部门出台了《关于进一步加强股份有限公司公开募集资金管理的通知（征求意见稿）》，该征求意见稿从一定程度上强化了信息披露的管理，增加了上市公司信息披露的要求。其中，《通知》第八条规定了关于募集资金的内部投资决策程序、项目论证过程、项目的可行性研究报告、股东大会上的投资项目分项表决结果、项目的定期进展情况等等。这些信息内容的披露，可以使投资者及时了解投资项目各方面的实际情况，有利于大大提高市场的透明度。若项目实施过程中发生变更，必须强制性披露变更前后对公司影响的差异性，变更(或可能再次变更)的责任、风险、原因等因素。

在强制信息披露中，对部分投资额过小的项目，应判别是否存在分拆的可能，若属分拆可要求披露项目实施后的整体绩效与影响；对部分较早就获得立项批文(如2-3年前)的项目，应要求上市公司在发行前补充说明项目的实施条件是否已发生变化，必要时应再次论证。

六、完善上市公司法人治理结构，推动募股项目选择的规范性与科学性

上市公司股权普遍趋于集中，大股东对上市公司的控制力过强，只能通过投资者的“用脚投票”、证券市场的“倒逼机制”来有限地推动上市公司在募股项目决策上的尽量规范性与科学性，但在目前的市场环境下，这无法从根本上克服募股项目选择的随意性。因此需要完善上市公司的法人治理结构、需要引入独立董事并独立的发挥作用、也需要建立由股东大会或投资者聘请的专家队伍、还需要进一步完善大股东与上市公司利益冲突或相关时的回避制度，以制衡“控股股东控制”与“内部人控制”，从而推动项目决策上的规范性与科学性。

(注：关于提高募股项目选择规范的几点建议由刘旭明撰稿)

VOLUME 6

第六卷

基金业的发展

- 基金市场的开放与新格局
- 基金公司的诚信建设与发展
- 我国基金公司治理结构的改进
- 基金法规建设与规范化发展
- 开放式基金：期待发展的春天
- 交易所交易基金（ETF）：浮出水面

第一章　基金市场的开放与新格局

一、基金市场进入开放新时期

二、我国基金市场的新格局

三、基金市场新格局的重要影响

第二章　基金公司的诚信建设与发展

完善信用体系：基金业发展的必然要求

加强诚信建设：基金公司未来发展的基石

规范运作：基金公司建立诚信的重要保障

第三章　我国基金公司治理结构的改进

一、我国基金公司治理结构的现实处境

二、公司型、契约型基金治理结构的对比分析

三、基金公司治理结构的改进

第四章　基金法规建设与规范化发展

一、基金法规建设加快步伐

二、法规建设薄弱会导致基金发展的非规范化运作

三、加强建设，推进基金规范化发展

第五章　开放式基金：期待发展的春天

一、开放式基金：家族增员迅速

二、开放式基金：遭遇冷暖

三、开放式基金：发展的春天尚需四大要素支持

第六章　交易所交易基金(ETF)：浮出水面

一、何为交易所交易基金(ETF)？

二、ETF：指数基金的理想形式

三、ETF 出台的环境已经成熟

四、全力构建 ETF 推出平台

新生的基金业在短短4年多的时间内取得了巨大的成绩，当前我国19家基金管理公司经历并实践了中国基金业发展的足印。

十六大的召开，将继续引导金融创新发展的步伐，基金业也必将扮演越来越重要的角色，面临中国基金业发展的新格局，我们要清楚地看到种种变化带来的机遇与挑战，基金业发展任重道远，但我们相信，随着《证券投资基金法》的出台，开放式基金、基金新产品等的不断完善，基金业将迎来一个发展的春天！

第一章　基金市场的开放与新格局

自2002年8月以来，国内基金发行规模又上新台阶。目前我国基金数量与规模不断扩张，基金的投资风险也呈现出多元化的趋势。并且，根据市场的需要，中国证券登记结算公司已经开发完成了开放式基金登记结算系统，并将在融通新蓝筹开放式基金的发行工作中正式使用。可以认为，从融通新蓝筹开放式基金的发行开始，到招商基金管理公司的成立，基金正进一步开放，我国基金市场将出现新的格局。

一、基金市场进入开放新时期

2002年10月17日，国内第一家中外合资基金管理公司——国安基金公司获准筹建，这是我国基金市场对外开放迈出的重要一步。国内外金融机构通过基金进入中国证券市场，不但在投资理念、管理经验等方面会对国内基金业与证券业产生深远影响，促进中国证券市场和基金市场的规范化发展，而且还将对国内基金管理公司在基金产品的设计、业务领域的创新拓展、丰富销售手段、提高售后服务水平等方面，都有积极的作用。

表1　2001年–2002年基金业开放进程一览表

2001年1月16日	中国证监会基金监管部发布《关于基金管理公司开展对外技术合作的意见》，鼓励各基金管理公司借鉴海外发达基金市场的成熟经验与先进技术，积极开展对外合作。
2001年11月11日	我国签署中国加入世贸易组织议定书，并于一个月后的12月11日成为世界贸易组织的正式成员。入世协议对我国包括金融业在内的各行业逐步对外开放作出承诺。
2002年6月3日	中国证监会发布《外资参股基金管理公司设立规则》，并于7月1日开始施行。该规则对外资参股基金管理公司的条件与程序等作出明确规定。
2002年7月11日	中国证监会发言人就基金管理公司（含外资参股基金管理公司）设立问题发表谈话。对基金管理公司发起人和股东的资格认定、基金管理公司筹建与开业两个申请与审核阶段等作出明确说明。
2002年8月1日	国泰君安与安联德累斯顿联合向中国证监会报送合资基金管理公司（拟定名为国安基金公司）筹建申请材料，成为最早报送有关材料的一家。目前，华宝信托与法国兴业、海通与富通、招商与荷兰ING等合作发起的三家合资基金管理公司筹建申请已获中国证监会受理，光大证券与美国保德信集团的申请材料也已报中国证监会。
2002年10月17日	中国证监会开始批准中外合资企业基金管理公司筹建申请，国安基金管理公司第一个获准筹建。
2002年12月27日	首家中外合资基金公司——招商基金管理有限公司成立。

事实上，伴随着中国经济对放开放程度的不断提高，国内基金业的全球化发展道路也愈走愈快，从基金制度设计逐步向国际化转轨，直到基金产品多元化发展格局的形成，都显示出国内基金业在不断开放中的国际化时代即将来临。

2001年1月，为了借鉴海外发达基金市场的成熟经验与先进技术，中国证监会基金部发布了《关于基金管理公司开展对外技术合作的意见》，其中明确指出基金管理公司应积极开展与涉外有关机构的技术合作与交流，该政策显示了基金公司就以开展对外技术合作的形式与涉外投资机构保持密切的合作关系。

2001年11月，我国加入WTO，根据入世承诺，将允许设立中外合资基金公司，其中外方所占股权比例可达33%，在入世3年后增加到49%。入世协议对我国包括金融业在内的各行业逐步对外开放作出承诺。

2002年6月3日，中国证监会发布《外资参股基金管理公司设立规则》，并于7月1日开始施行，该规则对外资参股基金管理公司的条件与程序等作出了明确的说明，并且规定了外资参股合资比例和出资方式等内容。

《外资参股基金管理公司设立规则》正式施行后，合资基金的准备工作进一步推进。其中国安基金管理公司成为了第一家被获准筹建的中外合资基金公司。一方面，这为基金业借鉴外方合作伙伴在债券基金和货币市场基金以及指数基金上的产品设计等方面的经验，完善我们在这方面的不足，从而推出更多符合不同投资者需要的基金产品，无疑这对广大投资者有很大的帮助；另一方面，基金产品的丰富与基金市场的发展壮大也将促进证券市场的发展。此外，国外金融机构进入我国基金市场后，与基金相关的中介机构也会得到发展，尤其是基金评级机构。众所周知，独立、客观、公正的基金评级体系的建立有利于国内基金业的规范健康发展，也将极大地方便广大基金投资者进行投资决策。

同时，第一家中外合资基金管理公司的获准筹建，一定程度上会带来一个中外合资基金管理公司获准筹建的小高潮，进一步推动基金业的开放。事实上，在2002年11月份期间，有数家中外合资基金管理公司已获得正式筹建批文。如华宝信托和法国兴业资产管理公司共同发起设立的华宝兴业基金管理公司，海通证券与富通集团共同发起设立的海富通基金管理公司，以及招商证券与荷兰国际集团等一同发起设立的招商基金管理公司的专家评审委员会评审工作也都落下帷幕。并且，光大证券与美国保德信共同发起设立一家中外合资基金管理公司申请也正式提交到中国证监会。12月27日，首家中外合资基金公司——招商基金管理有限公司成立。总之，国安基金管理公司的获准筹建、招商基金管理有限公司的成立，标志着我国证券投资基金业的发展掀开了新的一页，也带来了新的市场景象，进一步深化与推进了国内基金业的开放进程。

二、我国基金市场的新格局

以国内首家中外合资基金公司的成立为标志，国内基金业规模进一步扩大，开放式基金进一步发展，基金市场市场化进程加快并逐渐出现新的格局。

1、市场规模进一步扩大，投资理念不断调整

到2002年，我国证券投资基金虽只有4年多发展历程，但发展速度较快，且规模进一步扩大，基金的净值规模每年以平均374.85%的速度递增。2002年前三个季度，已新设立13只基金，包括9只开放式基金和4只封闭式基金，投资者队伍还有进一步壮大的趋势。

表2　1998年-2002年封闭式基金规模一览表

年份	家数	规模(亿)	净值总额(亿)	A股流通市值(亿)	占流通市值比例(%)	占总市值比例(%)	管理公司家数
1998	5	100	108.29	5533.31	1.89	0.55	6
1999	20	445	514.22	7925.55	6.27	1.94	10
2000	32	555	834.64	15567.17	5.17	1.73	10
2001	47	694	695.99	13343.35	4.81	1.59	15
2002	54	817	792.16	13590.85	5.62	1.83	17

表3　1999年-2002年资金净值增长率一览表

年份	基金净值增长(%)	A股流通市值增长(%)
1999	374.85	43.23
2000	62.31	96.42
2001	-6.44	-14.28
2002	58.82	1.85
累计增长率	1042.35	145.62

在投资理念方面，基金经理的投资行为更趋于成熟。从基金的持股比例统计中可看出，基金平均投资集中度正在逐年递减，已降到2002年二季度的42.21%。这表明，基金开始注意规避系统风险，投资趋于分散，投资理念不断优化。

2、开放式基金结算实现统一

目前，我国封闭式基金共有54只，融通新蓝筹是国内的第12只开放式基金，前七只开放式基金中，已有五只处于正常的投资运作状态，投资人的申购与赎回都要通过各相关基金管理公司自设的登记结算系统进行。从现阶段的运行状况看，部分基金管理公司已实现了当初投资成本的回收，从基金公司的角度来看，各自管理运作一套登记结算系统，这有许多不足的地方，主要体现为：

(1)各个系统可覆盖的国内市场范围有差异，难以满足投资人对基金投资品种全方位的需求；

(2)造成基金管理人的精力分散；

(3)从风险防范的角度来说不太规范；

(4)对整体基金市场当前的运作状况和长远的发展前景都有不利的影响。

而融通新蓝筹登记结算方式的变化，可以说是预示着开放式基金的登记结算将告别分散时代，逐步向由中国结算统一结算的新格局迈进。

3、开放式基金销售渠道出现新局面

2002年8月4日，中国证券登记结算公司完成并投入运行了开放式基金登记结算系统，这打破了原来一直通过银行系统或单个券商渠道来销售的开放式基金代销格局。

中国证券登记结算公司开放式基金系统的投入运行，与近期开放式基金的高密度发行有一定关系。由于多家基金管理公司先后推出各自的开放式基金，包括部分准备时间相对较短的公司，因此完备的开放式基金系统准备成为一个必备条件。从目前已引入券商代销渠道的开放式基金来看，证券公司销售所占的份额还较小，但中国结算公司正式进军开放式基金的销售等业务领域则有它的优势，这些优势主要反映在以下几个方面：

(1)可以与从事开放式基金业务的证券公司及商业银行联网，提供开放式服务平台；

(2)具有较完备的业务功能。可以为有关方面提供开放式基金的认购、申购、赎回及相关登记结算、权益分配等全方位服务；

(3)能为未来金融品种创新提供业务支持，如开放式基金ETFs和封闭式转开放式等。

4、基金品种不断创新，基金产业开始逐步升级

随着证券市场的发展，自2001年，基金数量和品种不断上升，发行基金数和募集资金额均是前所未有的。从第一次开放式基金华安创新2001年中设立到2002年12月底，开放式基金已增加到17只，封闭式基金已增加到54只，基金规模已超过1200亿；债券基金、指数基金等金融新品种开始出现，基金品种不断增加，基金品种的创新进一步推进。

同时，国内首家中外合资基金公司成立，基金市场出现了新的元素，格局进一步更新，也开始逐步推动基金业的产业升级。事实上，在我国加入WTO后，根据WTO协议，对新兴的中国基金业有5年的保护期，相关股权比例份额为：中国加入WTO后，外资参股设立合资基金管理公司的比例可达33%，3年后可达到49%，5年后可增至51%。目前，合资基金公司的控股权属于国泰君安，但安联所持的股权份量已能有足够力量参与到合资基金公司的管理中来，从而带动国内基金管理高质量产业升级。事实上，此次国泰君安与安联集团合资设立基金管理公司进一步推动了中国基金管理转换经营思路，更新装备，在软、硬件上全面促进我国基金管理的产业升级。

5、基金业的开放进入实质阶段

2002年6日3日《外资参股基金管理公司设立规则》的颁布，以及首家外资参股基金管理公司国安基金管理公司的获准筹建，标志着履行加入WTO后的承诺已经正式付诸实施，国内基金业进一步走向开放。

加入WTO后的承诺，还包括成立外资参股证券公司等。事实上，早在2001年初，中国证监会就已发布文件鼓励各基金公司积极开展与涉外有关机构的技术合作与交流。此后，所有的基金公司与涉外投资机构保持较密切的合作或交流，并且，部分公司还与其涉外的合作伙伴达成了共同组建中外合资基金管理公司的意向。2002年7月1日《外资参股基金管理公司设立规则》正式生效。

6、基金业与市场化进程加快

基金业与市场接轨，使基金业获得重大发展。随着基金逐渐被投资者接受，原来的新股向基金配售政策完成了历史使命。2000年5月，新股发行不再向基金单独配售，并且这很快成为基金业绩评价的一个分界线，此后的基金业绩更能真实地反映基金管理人的管理水平。进入2002年，基金分红的次数在大幅度提高。事实上，在取消对基金业绩的扶持后，管理层开始推进基金发行市场化，简化审批程序，鼓励品种创新，一只基金能否成功发行不再决定于能否通过审批，而在于其产品设计是否能被市场接受。在这一系列市场化的政策下，基金业发生了深刻变化，数量与品种在2001年激增，进入2002年，市场的基金发行、销售开始产生决定性作用。

三、基金市场新格局的重要影响

中国证券登记结算公司参与开放式基金市场的运作与服务，首家中外合资基金公司的成立，一定程度上成为基金市场形成新格局的标志，具有重要意义和深远的影响，主要表现在以下几个方面：

第一，实行统一结算的中国登记结算公司，把上海与深圳证券交易所同国内的各个商业银行联系起来，从而形成一个相互取长补短、服务范围真正覆盖全国的大市场，并

且有显著的放大效应，其积极的作用和影响还将会从基金市场扩展到整个证券市场。这基于市场服务范围的扩大不只是基金市场的扩大，也是证券市场的扩大，这不但有利于更多的投资人可更积极、更方便地购买开放式基金；而且也可方便更多的投资者购买其他证券品种，此外，这还有利于商业银行的代理业务范围有新的突破。就目前而言，通过局域网络，部分商业银行的网点已开通代理开办证券帐户、代理打印证券买卖交割单，甚至通过商业银行发起的银证通服务，客户可通过银行的服务电话实现证券买卖的委托下单业务。

第二,对于普通投资者、代理销售机构、商业银行、基金管理公司等,都将会产生积极影响,主要表现在以下三个方面：一是对于普通投资人来说，将可以从中获得多方面的好处,比如成本、申购与赎回、品种转换、市场转换、风险控制等;二是对于开放式基金的主要代理销售机构商业银行来说，则有利于避免随着代理销售开放式基金数量的增加而形成一(银行方面)对多(基金管理公司方面)的局面。三是基金管理公司将是最大的受益方，部分基金管理公司开始会认为登记结算成本将要增加,但管理成本、运行维护成本等其他成本的减少则足以抵消增加的支出。并且,开放式基金的市场空间将由此得到理论上和实际上的最大限度扩大。而市场扩大,对基金管理公司是有积极作用的。

第三，首家外资参股基金管理公司——国安基金管理公司获准筹建，说明我国基金业的发展翻开了新的一页。

(1)首家外资参股基金管理公司的获准筹建，在证券投资基金的投资理念、品种设计等方面,带给我们新的亮点,从而繁荣了市场。据统计,到2002年10月份,国内已有54家封闭式证券投资基金和17家开放式证券投资基金。虽然近年来国内基金业有了一定发展，但还存在许多不足,比如在基金品种设计、投资风格等方面存在雷同之处。国安基金管理公司成立后，双方都强调要发挥各自优势，用最新的理念与最好的产品以及最好的规范管理满足投资者投资需求，而外资方在品种设计、投资风格等方面的比较优势,会带给基金业有益的启示。

(2)首家外资参股基金管理公司的获准筹建，有利于促进证券投资基金的良性竞争。自第一家外资参股基金公司国安基金管理公司获准筹建后,目前,申请成立华宝兴业基金管理公司、海富通基金管理公司、招商基金管理公司的工作正在顺利推进。虽然,批准设立外资参股基金管理公司，固然是履行入世承诺，但同时也会促进证券投资基金业的相互交流、学习与提高。如今,证券投资基金管理公司已达18家,竞争主要发生在中资基金管理公司之间。外资参股基金管理公司成立后，不仅中资基金管理公司间会继续竞争,并且,中资基金管理公司与外资参股基金管理公司间也会有竞争，而由此引发的良性竞争则有利于基金管理公司的长足发展。

(3)首家外资参股基金管理公司的获准筹建，标志着履行加入WTO的承诺已正式付诸实施,并且，不可避免地会带来国外先进的管理经验和投资理念。我国基金业起步较晚,无论从发展规模、投资目标还是品种设计上都显得过于单一,在引入新的参与者后,这些缺陷可得到一定程度的弥补。而在投资理念方面，外资进入将更加倡导正确的价值投资观，在市场上引领发掘新蓝筹概念。

(4)中外合资基金管理公司的获准筹建，将使国内基金业面临着更加激烈的竞争。自2002年9月份以来，从招募的几家开放式和封闭式基金的情况来看，基金再难以呈现类似过去的发新股一样的卖方市场情况,竞争的格局已被打破,并且,随着基金公司的增多，基金规模的扩大，无竞争力的基金公司在业务与人才竞争上承受压力，又必须面临合资基金管理公司的竞争。所以,基金业这一竞争态势会进一步加剧。

总之，我国基金业近几年获得了较大发展,市场规模不断扩大,投资理念不断调整，开放式基金也得到了政策与制度等方面的支持,有了阶段性的发展，出现了新的发展格局与势头，整个市场市场化进程进一步深化与推进，特别是2002年10月份，首家合资基金公司的获准筹建，这一切都给基金市场带来了重大影响,事实上,基金市场新格局的逐步形成，将会促进基金业与整个证券市场的进一步发展与进步。

第二章　基金公司的诚信建设与发展

目前，我国证券市场越来越成为促进经济增长的重要因素，全面进行证券市场诚信建设已形成共识。我国基金业从起步到2002年，以国安基金公司的获准筹建为标志，开始进入到一个崭新阶段，基金业的发展经历了一个由不规范到逐步规范的过程，同时，证券市场的诚信已成为其发展的本质需要，基金业诚信问题也愈来愈受到关注，基金公司要进一步推进诚信建设与发展。

一、完善信用体系：基金业发展的必然要求

完善信用体系，是一国基金业发展的必然要求。以美国证券市场为例，其第一只开放式基金在1924年成立时，时值金融寡头横行垄断，市场舞弊诈骗活动充斥，美国为此付出重大代价。1933、1934年，美国加速通过《证券法》、《证券交易法》，并建立了证券交易委员会（SEC），负责监督证券市场，调查证券违法事件。1940年，美国公布《联邦投资公司法》，为共同基金的规范发展奠定了基础。大约经过三届SEC的努力，违法违纪活动基本得到遏制。纵观其发展过程，美国基金业在最初发展阶段也是极不规范的，市场缺失诚信与信用，投机与违法违规行为严重泛滥，后来随着法治环境与监管体制不断完善，这种情况得到了及时发现与严肃处理。

目前，我国基金业尚处于发展初始阶段，也将经历类似的发展历程。到2002年，基金业经过四年多发展，取得了较大进步。同时在发展过程中，也出现操纵市场、内幕交易、欺骗投资者等违法违规现象，如“基金黑幕”的出现使信用体系受到严重挑战，信用体系亟需进一步完善。

完善的信用体系是市场经济正常运作的基础，信用体系发育程度低和失信行为会妨碍市场的有效运作。就一般而言，在市场发育初期，人们经常通过不讲信用等短期行为来赚钱，但是后来人们会发现，随着整个行业形象的损害与重塑，最终是不讲信用是赚不了钱的。可见，信用体系是市场发展到一定阶段的产物，有了完善的信用体系，市场交易才可进行。基金业也是一样，基金是一个特别产品，基金投资者把资金交给基金管理公司管理，基金管理公司应该按照其与投资者在基金契约中所约定的条件，尽职尽

责地为了投资者的利益来管理这些资金，这就是基金业要遵循的信用问题，讲诚信要成为整个行业发展的现实要求。

2002年，随着开放式基金的纷纷推出，我国基金业发展到了一个崭新阶段。基金管理人作为拥有自身商业利益的机构，由于受体制转型和制度变迁等因素的影响，业内普遍存在一些不规范现象。但是，随着基金业的不断发展，尽管市场存在这样或那样的问题，总体上来看，基金市场还是朝着完善的方向发展。特别是近年来，证券公司、基金公司不断完善经营管理，并且中国证监会在基金管理公司的投资管理程序、信息披露、会计制度方面做了大量规范工作，基金市场发生了较大转变。最近，各家基金公司越来越注重诚信建设，"科学管理"与"诚信运作"越来越成为决定基金管理公司成长壮大的决定因素，不断完善基金市场信用体系，构筑有效的市场信用链，已成为新时期基金业发展的必然要求。

二、加强诚信建设：基金公司未来发展的基石

当前，基金管理公司的诚信问题越来越受到市场各方的关注，在未来的市场环境中，讲诚信、科学化、规范化的运作越来越成为决定基金管理公司未来成长发展的主要因素。

诚信要成为基金经理经营管理理念的风向标。在未来的基金经理人市场上，好的基金经理身价百倍，很差的也许会失业。正是在这样一个市场条件下，基金诚信才显得格外重要，谁不讲信用与欺骗投资者，谁就会被市场淘汰。目前，我国基金经理离职率高，截止2002年10月31日，我国54只封闭式基金任用的90位基金经理中，已有28位不在基金经理的职位上，更新换代率高达31.1%（如下图）。

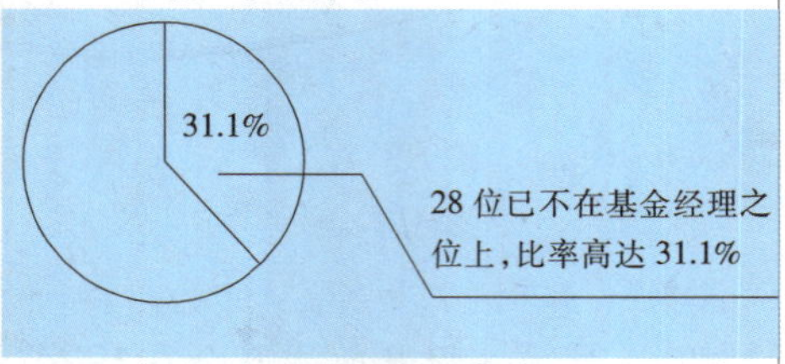

事实上，据国际著名基金研究机构晨星公司统计，单人管理的美国股票开放型基金中，有8%的基金经理干不到两年就会离职，而我国该比例则达15.73%。这虽然与我国基金业规模偏小有关，但同时也使我们想到诚信运作问题。到目前，开放式基金不断进入市场，基金经理面临来自市场的竞争与压力，如果基金管理人善于管理、业绩良好、讲诚信，基金规模就会越来越大，收取的基金管理费就会越来越多；反之，如果基金业绩越差，越不按契约办事，不讲诚信，要求赎回的就越多，基金规模则会越来越小，基金管理人的收益就越得不到保证。所以说，有了市场这种无形压力，基金经理就会在经营管理与决策上，更加努力，不断提高效率。可见，诚信应成为基金经理管理理念的风向标。

讲诚信要成为取得投资者信任的第一品牌。一般的，不同类型的基金具有不同的投资风格与风险收益关系，投资者也是根据基金契约，选择适合自己风险承受能力和收益要求的基金进行投资。基金契约是联系基金公司与投资者联系的桥梁，如果基金管理公司缺乏诚信，不按照与投资者当初的约定进行投资，那么投资者就不愿把资金交给基金管理公司，资金规模就会越来越小。可见丢失诚信最终受害者是基金公司自己。因此，在市场逐渐规范的过程中，基金公司要获得长足发展，如何逐步构建自身诚信，规范管理，树立良好的业内形象，取得投资者的信任，对每一个基金公司都是十分重要的问题。

诚信要成为一个基金管理公司企业内部文化的第一要素，这样才能推动基金公司的持续健康发展。事实上，一个公司的文化理念已成为其发展的深层次动力与源泉，作为基金管理公司，扮演着"代客理财，专业服务"的重要角色。基金管理公司为投资者理财，应该把诚信放在第一位，只有以诚信为基础的服务，才可能是高品质的让投资者真正放心的服务。因此，基金管理公司应在企业内部培养起以诚信为第一要素的严谨、科学、一切为了投资者的企业文化，让诚信作为企业文化的主基调。这样，基金管理公司的发展，才可能获得真正持续支持的动力与源泉。

三、规范运作：基金公司建立诚信的重要保障

加入WTO后，我国的证券投资基金业面临很大的竞争压力，《证券投资基金法》也即将出台，基金业将再进入一个崭新阶段。基金业监管与法律越来越完善，投机操作的空间越来越小，科学投资决策显得越来越重要。并且，行业对基金管理人的职业道德和企业经营管理的要求

越来越规范，基金管理公司治理机制需不断完善，基金公司同时要面临来自国内外的双重挑战。基金管理公司应该从政策选择、法人治理、从业道德、投资理念、相关法规建设等方面加强基金公司规范运作，创造良好的外部发展环境，强化诚信建设，树立诚信形象，不断促进自身发展。

1、适当的政策选择

在中国的契约型基金中，基金管理人的行为近乎无约束，即使是证券监管部门的约束，在一些场合，也只表现为“父子关系”中的谴责，这较容易导致诚信的缺失。虽然在《证券投资基金暂行管理办法》和基金设立的有关文件中也有更换基金管理人或基金托管人的条款，但基金持有人彼此分散、意见难以统一又没有一个真正能够代表或反映他们共同意见的机构，因此更换几乎不可能。所以说，从基金上述运行中的约束机制的缺陷中可以得出，政策选择很重要，以后我国新设基金应尽量选择公司型的组织体系。

对我国来讲，设立公司型的基金是一项创新，有些问题需逐步解决的，虽然股份有限公司实践经验可供公司型基金参考，但一般要注重两方面的工作，一方面要加强对公司型基金组织体系、运作方式及其他内容的研究；另一方面需考虑对新设基金实行公司型组织体系，并据此出台有关公司型基金的监管法规及政策。这是基金管理公司加强诚信建设、防止诚信缺失的有效政策选择之一。

2、合理的法人治理结构

如果说公司法人治理结构是现代资本市场的基础，那么，基金公司治理结构则是基金业赖以生存与发展的基础。作为一个机构投资者，基金公司首先要完善治理结构，加强内部管理。具体来说合理的基金管理公司治理结构就是要通过对基金管理人进行必要的激励与约束，有效地克服内部人控制，防范道德风险，防止诚信缺失，使基金能以较低的成本来为投资者获取较高的投资回报。主要包括：公司内部管理制度要不断健全，规范基金经理人的行为；采取竞争激励机制，对基金经理的业绩要有一个相对准确的判断；实施报酬激励机制，建立内部合理的报酬体系，使得收入与工作质量以及努力程度有效联系起来。此外，要求在基金管理公司董事会中增加独立董事，这也是防止内部操纵、信用链断裂、逆向选择等弊端的重要手段。

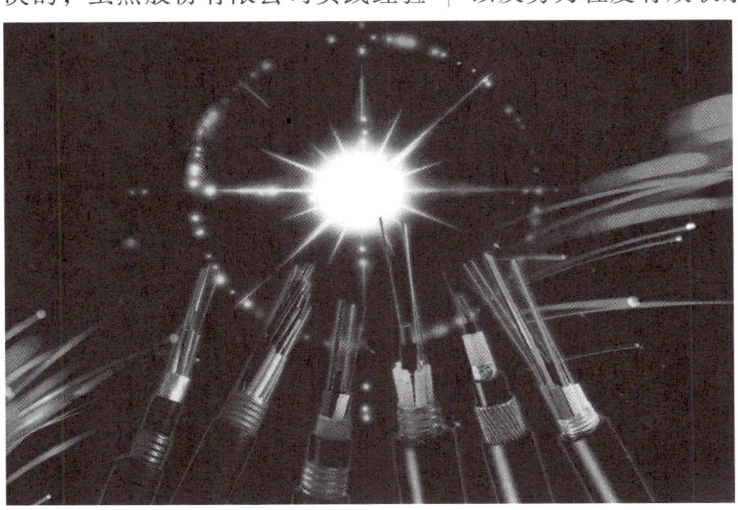

3、良好的职业道德

现代市场经济是信用经济，信用的扩展无疑是经济快速发展的“推进器”，而信用的扩展又极大依赖于市场各方参与者的诚信责任的确立。基金从业人员应该公平、诚实对待基金与基金投资人，依法保障基金投资人的合法权益，在一般情况下，从业人员应恪守职业道德，诚信服务，同时即使在出现不可抗力的原因给委托人造成损失时，也要确保向基金投资人提供的信息真实、准确、完整和及时，从业人员首先为了投资者的利益而不是为了自身的利益做出投资决策。并且，在参与市场竞争中，基金从业人员不能故意损害基金投资人及其他同业机构以及人员的合法权益，从而泄露在职期间所知悉的有关商业秘密。所以，基金从业人员要培养自己公正廉明的职业道德，讲诚信、守信誉，让投资者获得放心、满意的产品与回报，尽自己所能最大限度地为投资者服务。

4、正确的投资理念

2002年10月，第一家中外合资基金管理公司获准筹建，这意味着中国资本市场的对外开放又迈出了实质性的一大步。对于国内基金业来说，境外企业带来的不仅仅是资金与技术，更带来了基金产品创新的思路，长期理性投资和价值投资的理念。就目前来讲，我国证券市场开始进入一个理性投资时代，规范投资、长期投资理念将日益强化。

基金管理公司作为专业投资机构，为投资者理财，要有相对平稳的投资理念。在日后的基金运作中要严格遵循招募说明书中的承诺，而不应是主观行事，按照自我意愿擅自改变基金的投资范围，即使这种改变出发点是善意的。在这一过程中，有些不遵守基金契约的投资行为可能在短期内给基金带来好处，但是它违背了在基金契约中对投资者的承诺，使基金投资者的风险，收益关系变得不确定和无法管理，侵犯和损害了投资者的利益。此外，在基金市场交易中，还要坚决杜绝违法违规的内幕交易、庄家操纵市场、对敲拉升等欺诈中小投资者的行为。

5、完善的内部控制体系

基金管理公司管理着众多投资者的资产，其内部控制和经营管理的规范程度不仅关系着公司本身的利益，更关系到资本市场的健康发展和广大投资者的利益。因此，建立完善的内部控制体系，有效防范公司管理和基金投资运作中的风险，促进基金管理公司规范运作，是基金行业取得广大公众信任并取得健康发展的前提或基础。

我国基金行业经过几年的发展，基本建立了较规范的法人治理和内部控制制度，在规范运作、防范和化解风险等方面取得了令人瞩目的成绩。但是由于缺乏一套统一的、系统的内部控制标准，基金管理公司在内部控制体系建设方面也存在不少有待完善之处。因此，应尽快出台相关的法规和指导意见，以提高内部控制质量，树立公司诚信形象。

6、有效的相关建设

基于证券市场是一个有机联系的整体，市场内部可以细化为许多明细市场，而基金市场与明细市场又是相互联系在一块的。所以要加强有效的相关建设，强调市场的整体规范。可以说，发达国家的信用状况之所以比我国相对要好，就是其市场制度较我们完善，它有一套完善的维护市场信用的法律体系。所以，在一个发达的市场体系中，我们不仅仅看到的是一个完善有序的市场，而且也有一套相对完善的法律体系。我国证券市场信用体系可考虑从两个层面来完善，一是市场层面；二是法律层面。前者主要是加强信息披露，促进市场公平竞争。在一个信息公开、竞争充分的市场上，如果谁没有诚信，不良信用记录多，在业内信誉不好，就难以得到投资者的信赖，在业内则很难与他人建立正常的信用关系。而当人们具备维护自己信用的意识时，市场层面的信用便有了保证。另外，当短期投机性行为损害了市场的信用体系，这就需要运用法律来保障市场信用的确立。当然，无论哪个行业，行业管理是十分重要的，它可以规范业内职业道德，加强业内人员自律意识，维护基金投资人的合法权益，从而树立基金业的良好形象，促进基金业健康、稳定发展，发挥引导行业发展的重要作用。这就是说，在整个证券市场中，诚信建设与整个市场信用体系的构筑，不单是一方责任，需要市场各方共同努力，改善市场环境，综合治理。此外，基金公司的诚信建设也与市场相关，证券公司与上市公司恪守诚信，就能够准确地进行披露，基金公司才能够做出正确的决策，各方都尽诚信的义务与责任，这样良好的诚信的市场环境就营造出来了。

总之，我国加入WTO，意味着国内传统的市场运作规则要逐渐让位于国际规则，我国的金融行业，在对外开放的同时也将放宽国内准入的限制，证券市场将会更加公正、公平、透明，而作为刚刚兴起的国内基金业，将面临严峻挑战，基金管理公司必须学习国际科学的理念与先进的管理经验，必须树立诚信、科学、规范管理的意识，对市场参与各方承担诚信责任，这样才能获得长足进步与发展。

第三章 我国基金公司治理结构的改进

随着我国基金业的发展，基金公司也获得了长足发展，规模在不断扩大，但目前基金公司在治理结构等方面还存在一定缺陷与不足，现实处境面临巨大挑战，因此要加强治理与改进。这不但只需单纯关注基金公司治理结构的形式问题，诚信理念、风险意识、法律法规完善与正确投资理念、市场的发展程度等“软件”的建设更为重要，基金公司应在市场整体不断规范的大前提下，积极推动基金公司治理结构的有效改进。

一、我国基金公司治理结构的现实处境

我国加入WTO后，国内基金业面临良好发展机遇的同时，也面临着严峻挑战。主要表现在以下几个方面：

1、机构权责不清晰

目前，在基金管理公司中，独立董事、合规审核委员会和薪酬与资格审查委员会以及督察员等各机构的设置，存在着重叠与权责交叉问题，尤其是管理资产规模很小的基金管理公司，机构权责交叉、组织结构臃肿、缺乏效率的状况特别突出。

2、激励与约束机制不健全

良好合理的激励与约束机制是基金管理人立信的外在保障。目前，基金管理公司存在如下问题：一是约束不够严厉且没有直接到人；二是基金管理公司的股东可同意基金经理和高管人员实行模拟期权激励和员工持股计划还没得到法律允许；三是激励和约束机制在治理结构中力度不足。

3、基金管理人外部制衡弱化，独立董事作用有待考验

目前在我国基金业中，基金发行成功之后，由于同为受托人的基金托管人要由基金管理公司代为选择，这使得管理人缺少有力的外部制衡，因此前者对基金管理人的约束明显弱化，这令基金管理人缺乏应有的外部约束，并且，新兴的独董制度中独董的作用有待验证。事实上，安然、施乐、世通等公司的丑闻表明，美国式独董制度仍难有效规避道德风险，如让中国式的基金管理公司独董有更多的决策权，但是否能有足够动力与公信力来维护各方尤其是广大基金受益人的合法权益，还需要实践来检验。

4、基金公司改制转型面临难度，基金持有人利益与业务拓展不能完全统一

随着国内基金业的发展壮大，基金管理公司的组织形式也会趋于多元化。目前最先可能成为现实的是中外合资的国安基金管理公司。不论是新设立还是改制，合资基金金管理公司的引进都会对我们已有的与公司治理有关的理念和法律法规构成挑战。外资所要的是市场、控股权和经营控制权，中方所要的是经验、技术、商誉和对整个运作平台的掌控。因此，国际经验证明，只要合作的双方都是有能力的金融机构，激烈的冲突都将不可避免。这给我国基金管理公司的治理又增添了较大难度。并且，能否长期稳定地保障基金持有人的利益是检验基金管理公司治理结构是否合理的最终标准。持有人利益与基金管理公司的股东利益在根本上是一致的。为了保障双重的利益，基金管理人需要不断地进行业务拓展，这种方式更依赖于社会分工，其业务与代理链条会不断加长。而规模化经营与运行环境的演进梯度如果发生脱节，会危及持有人的利益，进而引发治理结构的调整与变化。

5、基金主发起人的“消极”行为可以导致市场操纵行为

目前，国内基金管理公司的运作风格会受到控股公司的巨大影响。一般的，作为控股股东，主发起人在以后基金管理公司的运行中可能会采取积极和消极两种态度。而作为消极的投资者，主发起人可能会奉行不干预公司治理和业务运作的原则，只是被动地获取投资收益。作为积极投资者，主发起人可以坚持股东价值至上原则，由于其自身业务重组之后，控股公司的价值及利润增长更多地依赖于资产管理业务的拓展。此外，要防止个别握有重金（资金来源不明）的个人或机构投资者，趁机通过种种手段假借合法的金融机构，实际掌控基金管理公司，而以合法的形式、借用合法的专业管理人，通过基金操纵证券市场，从中牟取暴

利。

二、公司型、契约型基金治理结构的对比分析

1、契约型基金治理结构存在不足

契约型基金监督的实效不强主要有以下几种因素：第一，基金管理人一般决定着基金托管人的去留，托管人的地位缺乏独立性，因此容易导致其监督的软弱性。第二，基金托管业务已成为商业银行一项中间业务和利润增长点，市场竞争日趋激烈，银行（托管人）为抢占市场份额，在经济利益驱动下，其监督容易流于形式；第三是托管人虽然管辖基金资产，但对该资产的具体投资应用无权干涉，只是听从管理人的指示进行辅助性管理活动。

虽然，契约型基金的基金是独立的财产，但由于没有法人资格，基金持有人在将其资产委托给基金管理人后，就不能直接干预基金管理人对基金资产的管理与运作，并且基金持有人大会一般流于形式，这使得其监督严重滞后。

2、公司型基金治理结构的优势

一般的公司型基金是依据公司法和公司章程组建而成，其结构和运作类似于一般的股份有限公司，优势明显，表现为：其一，公司通过发行股票的方式筹集资金，基金持有人是股东，公司型基金的投资人拥有股东权，通过股东行使及股东大会之方式，可以监督公司型基金董事会，以保护投资人权益，并按其所持股份比例在股东大会上行使表决权；其二，股东大会先选出董事会、监事会，依据公司章程，投资公司的董事会负责基金资产的安全与增值；其三，为了方便管理，提高投资效率，公司董事会往往委托特定的基金管理公司负责基金资产的投资运作，并且将基金资产委托给基金托管人保管，这在一定程度上保证了基金托管人的相对独立性。基金管理人受聘于该投资公司，且受到基金持有人、董事会及基金托管人等多方面有侧重的监督，因此，可以有效地防止滥用权力。

3、公司型与契约型基金组织体系运行的差异

从组织体系上来说，公司型与契约型基金两者的运行有较大差异，也反映出两者治理结构的不同。

第一，在基金设立上，公司型基金发起人的职责主要包括：研究证券市场，设计基金；发起设立基金，销售基金证券，募集基金资金；制作基金设立的各项主要文件；基金资金募集成功后，组织召开基金持有人大会，议决《基金章程》等重要文件，设立基金公司等，这决定基金发起人的基本目的在于为基金持有人寻找投资商机。对于中国的契约型基金，这些事务或者属于与基金管理公司设立混一的发起人事务，或者直接就是基金管理公司的事务，而发起设立基金的主要目的在于管理运作这笔基金资金。

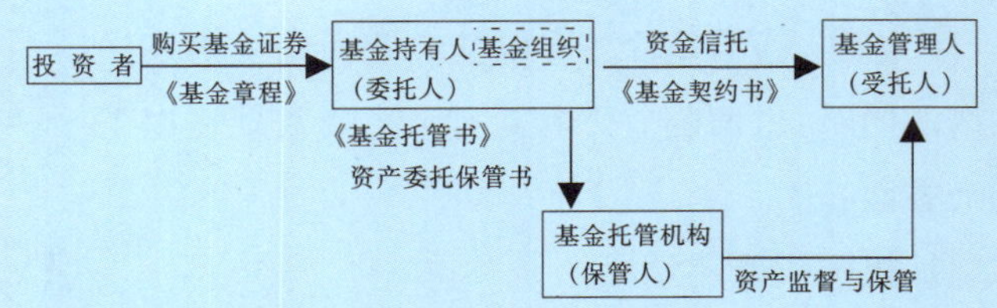

基金组织体系示意图

第二，在基金资金的委托上，在公司型基金设立后，基金公司代表全体基金持有人通过竞争性遴选机制来分别选择基金管理人和基金托管人，其中，竞投标是通常采用的方式。在竞投标中，各个基金管理人不但应根据有关法律法规和《基金章程》的规定提出管理运作该基金资产的方针战略，并且应提出基金管理费率的方案；各个基金托管人不但应根据有关法律法规和《基金章程》的规定提出保管该基金资产、监督基金管理人对基金资产运作的方略，还应提出基金托管费率的方案。然后，在此基础上，基金公司分别与中标的基金管理人和基金托管人签署《基金契约书》和《基金托管契约书》。但在中国的契约型基金中，基金持有人不占主导地位，基金资金的委托没有竞争性遴选机制，托管人作为独立的营利单位，侧重于托管基金资产带来的收益，而对保护投资者的合法权益容易忽视。

第三，在基金运行过程上，在基金资产投入运作以后，基金管理人和基金托管人应按照《基金契约书》等规定，定期向基金公司提交基金资产报告、运作建议报告及其他有关资料，并且基金公司的董事会应定期审查这些报告，并将审查通过的基金投资结构和资产状况等报告向基金持有人公开进行披露；同时，还应对基金管理

人和基金托管人的运作提出指导性意见，以强化对其的约束。因此，在公司型基金中，基金公司处于基金运行的中心，基金管理人、基金托管人的行为以基金公司的要求为中心而展开。但在契约型基金中，基金居核心地位，各项基金运作围绕基金管理人的要求而展开，这与公司型基金有明显差异。

第四，在基金运行中的约束机制上，公司型基金公司不但直接约束着基金管理人和基金托管人的行为，基金管理人或基金托管人如果违反《基金契约书》等有关规定，基金公司可随时予以更换，而且基金公司又通过基金托管人约束着基金管理人的运作行为，必要时还可以通过聘请独立公共会计机构的审计来约束基金管理人或基金托管人的行为；在契约型基金中，基金管理人的行为几乎没有约束，在一些场合，只表现为一般谴责，虽然在《证券基金管理暂行办法》和基金设立的有关文件中也有更换基金管理人或基金托管人的条款，但由于种种原因，这种更换缺乏必要条件。

三、基金公司治理结构的改进

完善与改进基金公司治理结构，在制度选择上，对于新设基金应尽量选择公司型的组织体系，因为契约型的组织体系在许多方面已体现出其局限性，同时，在大环境上，无疑要完善基金法律制度，出台《证券投资基金法》。而具体来讲，则主要有以下方面改进方式可供选择：

1、创新性改革基金管理公司督察员制度

目前，结合我国督察员制度的实施效果与其实施中所存在的与监事会相似的问题，可以创新性提出，在基金管理公司中试点取消监事会，其中对人的“监事”职能转给督察员，对事的“监事”职能转给监察稽核部，而雇员“监事”职能则转给行业协会。并且，不允许督察员兼监察稽核部负责人的职务，可使其由董事会聘任，对董事会负责，并接受总经理领导，且由中国证监会委派，其日常履职情况，由所在基金管理公司董事会和行业协会负责考核，薪资由中国证监会发放。督察员的资格可考虑类似于独立董事，但又不同于独立董事。事实上，目前部分国家或地区在企业层面上仍实行外部监察人制度，以确保企业内的三权分立与相互制衡。我国基金公司在治理结构上可以适当借鉴。

2、要从不同职能不同层面上进行制衡

在单层结构的企业内，治理结构可以只到经营层，而在基金管理公司这样特殊型结构的公司中，治理结构应包括或深入到经营层内部，所以，内控制度的设计、完善与严格执行，也是基金管理公司治理机构完善的一个重要方面。因此，在跨越了这一阶段之后，外部监管者要逐渐从具体事务中解脱出来，以强化外部环境的治理，并避免过度监管所导致的低效率。

3、创造条件，组建“受托人委员会”

在法理上，独立董事仍然是股东的信任委托人，和其他董事一样，对全体股东的利益负责。这是独立董事需要坚持的一个基本原则。在

基金管理公司中，为了突显众多基金持有人的利益，且使基金管理公司的治理结构简捷化，可以设计由基金管理人、基金托管人和公开招聘的有金融、法律或财务背景的独立专业人士组建受托人委员会，以在公信力不足的条件下代表和维护基金持有人的利益，降低后者的监督成本。事实上，这种法人治理结构的改进方式还可以有效借鉴独立董事制度的设立与运行。

4、进一步保持基金管理公司的独立性

在基金管理公司中，基金管理公司业务运做的独立性与战略决策是保证其公司治理公正有效和责权利对等的重要条件。目前，在《投资公司法》缺位的状况下，相关监管部门的行政法规和基金管理公司的章程应在这方面发挥重要作用。基金管理公司的章程应该公开并坚持透明性、权威性和强制性原则。控股型基金管理公司应保持与控股股东各自的相对独立空间。基金管理公司的股东通过公司董事会对基金经理实施监督权和选择权，是治理结构有效的必要条件；并且，在基金持有人较难直接选择基金经理的条件下，应强化广大持有人选择基金管理公司的权力并使这种权力具有可操作性，以便将压力通畅地传导到基金经理及管理公司(控股)股东一方。在出台《证券投资基金法》或修改《证券投资基金管理暂行办法》时应明确规定，持有人通过合法机构或直接投票更换基金管理公司，及中国证监会有充分理由认为基金管理人不能继续履职而责令其退出的条款，都应该坚持和保留，这是用强制性手段来保证基金管理公司独立性的重要条件。

5、借鉴有效经验，加强基金公司的独立性

要有效解决基金公司独立性问题，可以参照其他国家投资公司的治理结构并借鉴某些机构投资者的方式，适当引入行使公司制基金董事会职能的机构，作为法定的基金持有人利益的代表，并由其审核投资顾问合同，选择主承销商与托管人，决定基金审计机构的聘请及基金合并等重大事项。建议取消关于基金管理公司独立董事人数与比例的强制性规定，并取消目前董事会下设的合规审核委员会和薪酬与资格审查委员会。

此外，还应在严格审核和信息披露条件下，尽量增加基金管理公司的数量和基金的品种，发展和完善基金外部竞争市场，对开放式基金而言，基金经理人的资源由市场调节和配置，由于开放式基金规模不定和可以赎回，从而实现基金经理人资源的优化配置，为基金经理市场的形成创造了条件。在封闭式基金情况下，可以设计一些指标使得如果一个基金在长期不利经营的情况下能够向优秀的基金管理人转移，这样不但鼓励了优秀基金管理公司的治理，也有利于发挥基金市场的资源配置功能，从而为基金管理公司的结构治理进一步发展和完善创造有利条件。

总之，我国基金管理公司治理结构在新的形势与条件下，现实处境面临较大来自内外部的挑战，我们要通过对契约型基金治理结构与公司型基金治理结构的对比，找准位置，从多个方面采取有效措施，进一步加强对基金公司治理结构的改进，从而促进整个基金业的健康稳定发展。

第四章 基金法规建设与规范化发展

中国加入WTO及“十六大”的召开，给整个国内证券市场带来了新的发展机遇，新生的基金业在短短4年多时间内取得了巨大的成绩，法规建设进一步推进，对整个基金业的规范化发展起到了重要的推动作用。党的“十六大”的召开，引导金融业进一步创新发展，而基金业在证券市场上也必将扮演越来越重要的角色。

一、基金法规建设加快步伐

到2002年11月，据不完全统计，中国证监会及相关部门共发布相关基金法规及规范性文件近60件，内容包括基金设立、发行、内控、交易、监管等多个层面，基本构筑起了较为完整的基金运行及监管法律体系。2001年是监管年，也是基金法规建设大发展的一年。中国证监会全面加大了对基金业的规范力度，在基金监管理上突出强化监管，促进基金管理公司完善法人治理结构和内控机制，推进基金市场化进程方面采取了一系列的配套措施。事实上，这为2002年的基金扩容提供了有利的条件。纵观2001年-2002年的基金法律法规建设，其步伐明显加快，主要表现在以下方面：

(1)2001年1月，中国证监会制定发布了《关于完善基金管理公司董事人选制度的通知》，要求基金管理公司建立起独立董事制度，独立董事占董事会的比重不得低于1/3。中国证监会还要求各基金管理公司通过吸收海外人才，派员一到境外培训等方式，开展对外合作交流活动。并且，在规范公司治理结构、反风险控制制度、员工行为规范、修订公司内部自律制度等方面，不但结合了开放式基金试点准备工作和其他基金创新形式的研究，而且也有效地借鉴了国际先进经验，这有利于推动基金公司内部规范化管理。

(2)2001年5月，中国证监会发布《关于申请设立基金管理公司若干问题的通知》，该通知对于基金的投资主体作出了重大变动，基金管理公司的发起人，从原来的证券机构和有资格从事证券业务的信托机构扩大，只要符合《证券投资基金管理暂行办法》所规定的条件，则可申请设立基金管理公司，这改变了基金管理公司由证券经营机构一统天下的格局。

(3)2001年6月，中国证监会发布《关于规范证券投资基金运作中证券交易行为的通知》，该通知不但对基金的交易行为作出了更为严格

和明确的规定，而且第一次把证券交易所引入到对基金监管的框架之中，中国证监会派出机构也在基金监管中明确了自身职责，这有利于基金的规范治理。

(4)2001年12月，中国证监会颁布了《全国社会保障基金投资管理暂行办法》,该办法为社保基金规范运作及间接入市创造了一个透明、公平的平台。

(5)2002年6月，中国证监会颁布《外资参股基金管理公司设立规则》,这一规则的出台进一步完善了基金法规建设体系，有利于基金国际化进程的推进。

(6)2002年8月23日，受人瞩目的《证券投资基金法》草案首次提交全国人大常委会审议。证券投资基金法起草小组从成立至今，历时3年，草案目前已日渐完善，投资基金法起草不但调查研究了我国基金市场现状、存在的问题以及发展前景，还广泛借鉴了国外基金立法经验，征求了各方案意见，进行了反复修改，完成了草案的起草工作，受到了社会各界人士的广泛关注，成为了国内基金业发展史上的一件大事。

(7)2002年12月26日，中国证监会发布《关于证券投资基金设立审核有关问题的通知》。该通知就发起人成立基金的审核资格、受理过程、审核条件等做了详细的规定，这有利于积极稳妥地推进证券投资基金审核制度的改革，进一步规范基金设立行为。

事实上，基金法草案的出台，适应了当前资本市场和基金业不断规范发展的需要，具有积极意义。

第一，为基金立法，有利于促进基金业的快速健康发展。目前我国证券市场处于发展初期，参与投资的大多数主体为个人投资者，因此，风险承担能力较弱，迫切需要大力发展机构投资者。基金作为证券市场上主要的机构投资者，不但能有效分散风险，而且又能客观上有利于稳定市场，制定基金法，规范基金运作，能促进基金业的快速健康发展。

第二，为基金立法，能给基金以适当的法律地位，有利于基金规范运作。基金是一种创新投资工具，制定基金法给基金以适当的法律地位，严格保护投资者利益，可为投资者提供更多可供选择的机会，也有利于加速货币资金从银行向资本市场的转移，并且，为基金立法，这是规范运作基金的要求。目前，我国基金业发展中的主要问题是基金运作不规范、基金管理公司内部治理结构不健全等。要从根本上解决此问题，则必须建立和完善基金法律体系。

第三，为基金立法，适应了加入WTO的新要求，也为外资参股提供了法律依据。根据WTO有关规定，加入WTO我国将允许设立外资参股的基金管理公司并从事基金管理业务。为履行我国加入WTO的承诺，以及为外资参股提供法律的依据，促进公开竞争与证券市场稳定发展，这都需要有相应的法律作保障。

二、法规建设薄弱会导致基金发展的非规范化运作

2001年-2002年，管理层把培育机构投资者视为优化市场投资者结构，推进证券市场规范化发展的重要内容，但是，由于基金法尚未正式出台，以及相关其他法规建设较为薄弱，因此，基金业的发展还存在非规范性。

1、基金管理制度尚不完善，影响了基金业的发展

到2002年，基金业在我国发展才4年多，无论是法规建设，还是市场监管都还处于不断完善的过程中；在证券投资基金的设立、发行过程中，还存在行政色彩，基金设立仍采用审批制度，基金的发行上市时间、发行规模、发行公司、管理者都要经过许多部门的层层审批。这样的管理制度体系挫伤了基金管理公司的积极性，使基金产品创新缺乏动力。另外，国家对基金管理公司的数目以及发起人的资格认定有严格限制，这使得基金业进入门槛过高，基金管理公司过少，到2002年8月，我国基金公司数量已达18家，但这难以形成有效的市场竞争氛围与规模化经营，也难以促进基金管理公司经营管理水平的不断提高，尤其是到2002年8月23日《证券投资基金法草案》才出台，基金法尚未正式形成与实施，这使得我国基金的法制监管体系不完善，无法对基金业的各种市场行为进行有效监管，从而导致基金业发展面临各种市场风险，影响了基金业的发展。

2、基金管理公司法人治理结构不完善，经营管理行为不规范

2002年10月，我国第一家合资基金公司获准筹建，标志着基金业

进入到一个崭新的发展阶段。在目前，由于我国的基金管理公司的设立是采取严格的审批制，带有很强的行政色彩,因此,导致了基金管理公司存在着严重的行政主导行为，也对基金管理公司法人治理结构的完善产生了极大阻碍作用。尤其是由于我国基金管理公司的大股东都是国有股,受政府直接控制,行政色彩更加浓厚，这使得基金管理公司的法人治理结构很不完善，从而导致经营管理行为极不规范，违规交易行为普遍存在。据中国证监会调查资料表明:10家基金管理公司中,未被发现异常交易行为只有2家,异常交易行为较轻的有5家。大成、长盛两公司异常交易行为数量按区域超过平均水平，博时公司的异常交易行为数量最为突出。基金管理公司这样缺乏有效的法人治理结构状况，容易导致公司经营管理行为的不善，从而产生严重的违规违法行为。虽然,基金公司法人结构治理在2002年8月出台基金法草案中提出了选择采用公司型等政策措施,但在正式出台的基金法中该问题的治理要进一步加强。

3、缺少相应制约机制,基金托管人缺位

虽然按《证券投资基金暂行管理办法》有关规定,基金托管人对基金管理人负有监督职责。但事实表明，几乎所有的基金托管人都没有有效行使上述权力。具体表现为:尽管中国证监会已公布对基金的调查结果,4家基金管理公司或多或少承认在管理基金资产中存在异常交易行为，而托管人却在基金年报中的

《托管人报告》中均出了无意见的托管人意见报告,其农业银行、工商银行、交通银行、中国银行均对其托管的基金运作的合规性作出了肯定性认定。这表明,国有商业银行作为基金托管人，没有有效地行使监督管理权。导致这一现象的原因是:一方面是经济利益关系的制约，基金管理人、基金发起人、基金管理公司具有选择基金托管人的权利，这使得各基金托管人为获取高额托管费收入而敷衍塞责,缺乏有效监督;另一方面是在实际操作运作过程中,托管人对管理人的自主交易行为范畴内的投资运作实际上无法监督,托管人只能从表面角度来判断管理人是否符合法规和规则的要求，而无法对异常交易行为实行有效监管。因此,需要完善相应的法律法规,建立有效的制约机制，防止基金托管人缺位。

4、在基金融资与基本问题上,尚缺乏崭新的富有生机的法律规范

基金的融资规范化是整个基金业发展的重要组部分，融资的规范化关系到整个基金运作与效益的产生。同时，解决基金资本结构的矛盾,也成为基金发展的当务之急。目前，基金在融入资金上存在某些问题，而如何对基金融资的性质进行界定或者原则上禁止公募型基金从事融资行为，适度允许部分基金从事融资行为，强化基金融资的信息披露，以及解决我国基金结构矛盾等，这些都需要加强相应的法规建设，进一步完善解决上述等问题的法律法规环境，从而促进问题的有效解决。

5、缺乏专门的准则依据,基金会计行为还需规范

自我国基金业发展以来,在《证券投资基金会计核算办法》颁布实施之前，我国基金会计行为所依据的仅是《企业会计准则投资》与《证券投资基金管理暂行办法实施准则第五号——证券投资基金信息披露指引》。但是,《企业会计准则投资》并没有涵盖证券投资基金业务,有

关会计确认、计量和反映的规范只有在其信息披露规则中才能找到。在基金的招募说明书中,只有"会计制度执行国家有关的会计制度"一条，缺乏可操作性，在基金的年报中也仅有：本基金的会计报表按照中华人民共和国《企业会计准则》、中国证监会颁布的《证券投资基金管理暂行办法实施准则第3号——证券投资基金信息披露指引》以及中国证监会允许的如主要会计政策所述的基金行业的实务操作约定而编制,至于证券投资基金会计确认、计量和报告具体依据何种制度则不明显。证券投资基金会计确认、计量和报告缺乏权威性的具体会计准则、制度为依据,这样最终导致了我国基金会计报表信息缺乏可比性、真实性,因此,基金会计行业的不规范化局面亟需改变，特别是要在证券投资基金法中予以明确规范。

三、加强建设，推进基金规范化发展

到2002年，我国基金业获得了较大发展,各项建设工作稳步推进。为了进一步规范基金的发展，为基金业的持续发展创造良好的内外部条件与环境，还需进一步加快法规建设的进程。

1、加快《证券投资基金法》立法步伐,完善相关配套法规

目前，我国证券投资基金法制建设相对滞后，基金法草案于2002年8月出台,但基金法尚未正式颁布实施,而现行的《证券投资基金暂行管理办法》尚存在许多缺陷,从规范证券投资基金角度出发，我国证券投资基金法制建设必须加快，要尽快出台《证券投资基金法》,构筑以《证券投资基金法》为核心的基金市场法制法规体系，以规范证券投资基金的设立、运作、监管等多方面的工作,保护投资者利益,推动证券投资基金的规范化发展。

2、全面加强基金业监管力度，依法行政，创造良好的外部发展环境

全面加强基金业的监管力度，这是基金业规范化发展的保证,这要求管理层一方面必须完善相关法律法规,建立有效的监督管理体系；另一方面则必须强化执行力度,推行依法行政。对基金当事人及投资者的行为进行有效监管，对违法乱纪行为要依法予以查处，以肃清市场违法行为营造良好外部环境。为此金融监管要积极转变思维调整方式。一是政府立场应从保护国家和金融机构的利益转变到保护投资者、存款人和消费者利益上来；二是监管手段要从行政管制、业务控制和干部任免等方式转变到法律、经济、基金从业资格的监管手段上来；三是监管内容应从业务限制转变到金融机构经营行为的合法性、合规性上来。通过法制、监管、执法等方面的调整，为我国证券投资基金的发展创造良好的外部发展环境。

3、坚持规范发展原则,强化基金业明细市场法规建设

目前，我国基金业尚处于起步发展阶段,市场扩张较快,为防止市场高速扩张带来的负面影响，对基金市场，我国政府必须坚持规范发展的原则，加强基金业细化市场的法规建设,主要包括以下几个方面：一是创造良好的法律法规环境,加快新基金品种的开发和市场推广，加快基金主要投资产品的开发和市场建设；扩大基金投资者范围和投资比例;二是创造良好的法规环境，设立明细化法规与条例，加快基金服务中介市场的规范化建设，建立公正、严明、高新、科学的基金评价体系；三是提高基金市场的运作效率,特别是在加快基金市场建设时，必须加快债券市场和金融衍生产品

市场的制度与法规建设，营造债券市场与金融衍生产品市场良好发展的环境，这样，有利于新产品的设计与出台。也只有债券与金融衍生产品丰富了，才能形成多样化的基金品种，满足投资者对收益、风险组合的不同偏好。同时，这也有利于基金管理公司风险的控制与新的运作场所的开辟，多方面促进证券投资基金的发展。

4、加强基金会计工作制度建设，规范基金会计行为

强化基金会计工作制度建设，这是整个基金法规建设的重要组成部分。事实上，要规范我国的证券投资基金会计行为，主要应加强两方面的工作：一方面是要制定金融业会计准则。要规范我国的证券投资基金会计行为，应借鉴国外成熟市场金融工具会计准则和国际会计准则，制定符合我国证券投资基金需要的金融业会计准则。为此2001年6月7日国家财政部发布了《证券投资基金会计核算办法》征求意见稿，以征求中国证监会、各基金管理公司、各基金托管银行以及会计师事务所等有关各方意见，预计《证券投资基金会计核算办法》将很快颁布实施，这将有利于规范我国证券投资基金的会计行为。另一方面加强证券投资基金会计行业自律。要积极借鉴国际上投资基金业比较发达国家或地区的成熟做法，尽快制定适合我国国情的证券投资基金会计规定、指引等，以增强证券投资基金行业的自律意识，培养优秀的证券投资基金会计人员，提高整个证券投资基金行业会计水准。

此外，要规范基金招股说明书中的会计、审计行为，这是实行股票发行核准制的客观要求。我国应对证券投资基金招股说明书中的会计、审计作出详细明确的具体规定。

5、营造基金业开放的良好竞争环境，强化法规建设，积极适应入世后的证券业的发展

2002年10月，国内第一家合资基金公司获准筹建，这标志着基金业的开放迈开了实质性的一步。但在我国现在的基金市场环境中，证券投资基金尚处于起步阶段，市场的扩张速度较快，为了防止市场高速扩张与开放带来一系列问题，我国政府必须坚持规范发展的原则，积极应付加入WTO后基金市场所带来的挑战，加强法规建设，营造良好的市场竞争环境，加快基金市场规范发展步伐。证券投资基金的规范发展离不开良好的市场竞争环境，要营造我国证券投资基金良好的市场竞争环境，在证券投资基金法中对基金业的开放予以明确规范，并且必须要弱化政府在基金业发展中的行政职权，并适当放宽开放型基金的准入条件，取消固定的管理费率，以形成市场竞争的有效约束机制，从而最终形成基金之间、基金管理公司之间、基金服务机构之间的综合性、全方位的有利竞争环境，推动整个基金业的规范化发展。

总之，发展证券投资基金是我国发展机构投资者的一种重要的战略举措，同时也是我国政府为规范证券市场投资行为的正确选择，而基金的法规建设则是基金业规范化的重要保障。虽然，2001年-2002年我国基金业有了较大的发展，法规建设也取得了一定成果，但基于基金业所处的发展初期阶段，其余法规建设还需要进一步深化与推进。

第五章 开放式基金：期待发展的春天

到2002年9月，我国已有多只开放式基金，并且还不断有新的开放式基金正在发行，基金业迎来了发展的好时机，但是，目前从销售情况来看，开放式基金不同程度遭到市场冷落。那么，当前开放式基金在市场中处境怎样？表现如何？它还需要什么“菜单”呢？

一、开放式基金：家族增员迅速

2001年证券市场十大新闻之一是：2001年9月22日，华安创新基金成立，成为我国第一只开放式基金。此后不久，9月29日，南方稳健成长基金成立，同年12月19日，华夏成长基金成立。仅在3、4个月内，我国在短期内相继推出了3只开放式基金，这标志着我国基金业进入了一个创新与开放的新时期。

2002年，开放式基金数量不断递增，许多开放式基金新面孔纷纷亮相，与广大投资者见面。2002年5月8日，国泰金鹰增长基金成立，成为2002年我国成立的第一只开放式基金，发行规模达22.26亿元，管理人为国泰基金，交通银行是托管人。此后，鹏华行业成长、富国动态平衡、易方达平稳增长、融通新蓝筹、长盛成长价值相继成立，首次发行规模分别为39.77亿、46.16亿、46.78亿、22.19亿、31.67亿元，管理人分别为鹏华基金、富国基金、易方达基金、融通基金、长盛基金。

在2002年10月，发行的开放式基金达4只之多，自长盛成长价值、南方宝元、宝盈鸿利收益、博时价值增长、华夏债券、嘉实成长、大成价值、华安上证180指数增长型基金相继推出，其中，开放式基金“华安创新”以50亿份基金单位，长期雄居开放式基金首位。开放式基金数量在递增，开放式基金家族成员在进一步扩大，作为我国基金产品创新的开放式基金，这成为基金业的一道风景线。2001—2002年成立的开放式基金有关情况（见下表）：

2001 年-2002 年成立的开放式基金基本情况一览表(截止 2002 年 9 月 18 日)

基金名称\项目	成立时间	首次发行规模（亿元）	有效认购数量（户）	户均认购金额（万元）	管理人	托管人
华安创新	2001.9.22	50	45618	10.96	华安基金	交通银行
南方稳健成长	2001.9.29	34.69	35588	9.80	南方基金	工商银行
华夏成长	2001.12.19	32.37	55212	5.86	华夏基金	建设银行
国泰金鹰增长	2002.5.8	22.26	23567	9.45	国泰基金	交通银行
鹏华行业成长	2002.5.24	39.77	110686	3.59	鹏华基金	工商银行
富国动态平衡	2002.8.16	46.16	62487	7.39	富国基金	农业银行
易方达平稳增长	2002.8.23	46.78	93670	4.99	易方达基金	中国银行
融通新蓝筹	2002.9.13	22.19	46806	4.74	融通基金	建设银行
长盛成长价值	2002.9.18	31.67	6325	50.07	长盛基金	农业银行

二、开放式基金：遭遇冷暖

中国第一只开放式基金华安创新基金的诞生，受到了市场各个层面的空前欢迎，成为基金业划时代性的一件大事，但是，我们也看到了，自华安创新基金到长盛成长价值，据统计，9家开放式基金平均募集资金量为36.23亿元，首次募集资金最多的是华安创新基金，募集资金最少的则是融通蓝筹。从这一多一少中表明，开放式基金的发行出现了热—冷—热—逐渐变冷的过程。也就是说，在经过一轮冷热循环之后，开放式基金的发行有小规模发展的趋势。

特别是2002年10月8日的“宝盈鸿利收益基金”以14.46亿份基金单位创立开放式基金发行单位的新低，

这与相关部门大力发展并叫好开放式基金，壮大机构投资者队伍相比较，开放式基金的发行及认购却“行情低迷”，呈现高开低走、逐步下滑趋势，并且，发行时间越来越长。如“华安创新”的发行期是9天，“南方稳健”则只有7天，但2002年8月起发行的数只基金，由于发行情况不甚理想，发行周期长达30天左右（见下图）。

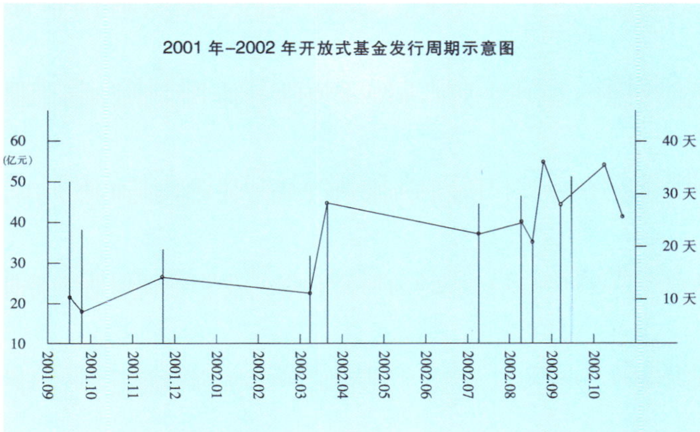

（注：图中的基金从左至右依次为华安创新、南方稳健、华夏成长、国泰金鹰增长、鹏华行业成长、富国动力平衡、易方达平稳增长、融通新蓝筹、长盛成长价值、南方金元、宝盈鸿利收益、博时价值增长、华夏债券、嘉实成长、大成价值、华安上证180指数增长强型基金、银华优势企业证券投资基金。）

并且，不同类型的投资者对开放式基金的认购也是看冷看热，根据前面发行的开放式基金认购数据，可以发现，在长盛成长价值成立之前，开放式基金的销售不尽人意，认购开放式基金的机构投资者是越来越少，也可以说，平均每家机构投资者认购开放式基金的数额越来越少，而个人投资者则有上升趋势，从2001年9月~2002年10月这个时期来看，各开放式基金平均客户认购额大体显中间大两头小的状态，并有起伏。这种现象说明的实质有两点：一是开放式基金仍然没有摆脱以机构为销售主要对象的思路；二是前期个体投资者认购比例的增大相当程度上是代销银行摊派认购的结果。事实上，如果发行机构依然没有摆脱银行——机构的圈子，没有将基金作为真正意义上的广大投资者的理财专家的形象出现，那么开放式基金的发行将越来越遭遇尴尬境地，不但规模难以维系，发行范围也会变得越来越窄。

此外，从基金赎回的角度上看，开放式基金的赎回压力分化较明显。根据2002年上半年度报告，华安创新基金申购款为4.16亿元，赎回款为9.28亿元，基金申购与赎回之间的净差为-4.92亿元；南方稳健成长基金申购款5.94亿元，赎回款为7.63亿元，基金申购与赎回之间的净差为-1.69亿元；华夏成长基金申购与赎回之间的净差为2.59亿元。可见，开放式基金赎回的压力分化较大，这与基金管理水平和管理业绩有直接关系。据披露，在2002年上半年行情中，华夏成长、南方稳健成长和华安创新的管理业绩差别大，冷暖不均，华夏成长基金净值增长率最大为10.03%，远高于同期沪深综指的5.90%水平，华安创新基金净值增长率为6.01%，仅是略强于沪深大盘走势。这不但表明业绩好的申购数量多，赎回压力轻，反之亦然。而且也充分体现了开放式基金中，基金管理公司相互间面临激烈的竞争，强者越强，弱者越弱，并最终淘汰落后者。而整个市场境况促使开放式基金在冷热不均中需寻求新的支撑点。

三、开放式基金：发展的春天尚需四大要素支持

开放式基金目前在市场中遭遇的冷暖，已是有目共睹。作为基金业一个产品创新的范例，开放式基金要在我国得以持续性大发展，尚需要四大要素来进行全面支持。

开放式基金的发展需要一个较成熟的资本市场环境。资本市场环境成熟与否主要有三个检验指标：市场规模的大小；单个证券的发行量和交易量的大小；市场的结构，即各种金融产品平衡发展，基础证券和衍生工具品种较多，可满足不同投资基金的投资需求。参照上述指标，就我国市场规模而言，虽然股票市场市值2002年底达3.83万亿元，但市场流动性严重不足，并且股票市场的集中度仅为3%左右，在金融品种与市场平衡发展上，也显得不太相符与协调，金融产品单一，无衍生金融工具，一些基本套期保值工具也缺乏等，因此，我国这种市场环境亟需改变，不但包括基金市场，而且也涵盖整体市场环境，从而从根本上使开放式基金的发展获得环境要素的有力支持。

除了上述有效的环境支持以外，开放式基金发展还需要资本市场的物质支持。一个成熟而发达的资本市场对开放式基金的支持作用还包括：提供相当数量的高质量上市公司、相当数量的机构投资者和相当数量的高素质基金管理人。从上市公司质量来说，开放式基金必须

考虑股票的流动性和成长性，所以需要大量的绩优蓝筹股作为投资对象。从目前上市公司的实际情况来看，其还未能为开放式基金的快速发展提供足够的支持。对于机构投资者，我国机构投资者比例明显偏低。以美国为例，目前机构投资者持有股票市值超过总市值的50%，纽约股票交易所交易量的80%和NASDAQ市场交易量的60%来自机构投资者。而就基金管理人素质来讲，目前我国基金管理人的管理素质与理财水平急需提升。主要表现在：基金管理公司缺乏必要的与前瞻性的价值投资理念，不利于开放式基金的投资风险控制；基金持股结构基本雷同，持有某种股票的单位往往可达到控盘的程度；基金交易频繁，加深了股市波动幅度，增加了基金交易费用；基金管理公司法人治理结构还需进一步完善。并且，在目前，我国十多家基金管理公司发起人多数为证券公司等金融机构，而随着开放式基金的设立与基金管理公司资产规模的不断扩大，在股权结构不变的状况下，容易导致且很难控制道德风险。

并且，从开放式基金发展所需的法律法规来看，开放式基金的发展还需要资本市场的规则支持，开放式基金的发展有赖于相关法规的进一步完善。国外发达资本主义国家，如美国，其对证券投资基金的规则支持主要有4部，即《投资公司法》、《证券法》、《证券交易法》、《投资咨询法》已经构成一个较为完备的法规体系。这些法规从不同角度有力地保证了美国投资基金的顺利发展，使投资者的利益免受侵害。目前，我国《证券投资基金管理办法》、《证券法》和《开放式基金试点办法》虽然已经颁布实施，但证券投资基金法草案2002年8月才出台，正式的基金法还有待时日，这说明开放式基金还需要更加有力的法规支持。

此外，开放式基金的发展还需要资本市场的风险特征支持。一般的，证券市场的风险可分为系统性风险与非系统性风险。证券投资基金的分散化投资策略对于减轻系统性风险是没有有效作用的。系统性风险一般只能通过投资于风险抵补工具来规避。对比国外，在美国等发达国家的资本市场中，系统性风险只占总风险的20%~30%，但是在我国证券市场上，系统性风险却占据了总风险的大部分，一估预算表明大约在80%左右。这就意味着在现阶段的我国证券市场上，分散化投资对于风险规避的作用是很小的，并且，在我国尚缺乏能够规避系统性风险的股票指数期货和期权等金融衍生工具。这在很大程度造成了对开放式基金管理和规避风险的制约，也就是说，就目前的情况看来，我国资本市场的风险结构特征尚不能支持开放式基金发挥“分散投资、专家理财”的显著优势。因此，开放式基金的风险防范与管理，还需要以下支持措施，即设稽察部与稽察员职务，这是执行基金公司内部监察法规和各项制度实施情况的要求，也是证券监管部门通过这个岗位了解公司全部管理情况的重要手段，更是控制风险的有效措施，这是第一个措施。第二个措施是构建三权分立的决策措施体系，开放式基金公司的投资行为一般应由三项内容构成：对投资项目的调研与建设；对投资建设报告的分析和决策；对决策意见的组织实施。这三项工作相对应着三种权力，形成协调与抗衡，这有利于防止内部人侵权和控制风险。第三个措施是设立有效的内、外控制系统来防范与化解风险，促使开放式基金的规范化运作。

事实上，到目前为止，开放式基金始终是2002年证券市场的一个活跃“元素”，其家族的扩大增员、结算系统的走向统一、营销渠道的新格局出现等，都显示出开放式基金发展的生命与活力，但是正如任何事物发展都有一个一般规律一样，即由不完善到完善，由不成熟到成熟，是一个螺旋式上升的过程。开放式基金目前虽遭遇冷热不均的尴尬境地，但随着开放式基金所需支持平台的不断构筑与巩固，开放式基金迎来一个发展的春天已是水到渠成。

第六章 交易所交易基金(ETF):浮出水面

2002年8月,在上海证券交易所举办的“上证180指数相关产品研讨会”上,交易所交易基金(ETF)再次成为热门话题。上海证券交易所研究中心主任胡汝银教授指出,目前我国推出交易所交易基金的条件基本成熟,该基金的推出将有助于完善市场机制,推动产品创新以及指数化投资方式与长期投资理念在我国的发展,并指出上证180指数为ETF的推出提供了一个很好标的指数。ETF正加快浮出水面,走向前台。

一、何为交易所交易基金(ETF)?

交易所交易基金,顾名思义,即指可在交易所交易的基金,简称为ETF(Exchange-traded Funds)。它为投资者同时提供了交易所交易以及申购、赎回两种交易方式。一方面,与封闭式基金一样,投资者可在证券交易所买卖ETF,并且可以与股票一样,进行卖空和进行保证金交易;另一方面,与开放式基金一样,投资者可以申购和赎回ETF,但在申购与赎回时,ETF与投资者交换的是基金份额和一揽子股票(普通开放式基金在申购与赎回时交换的是基金份额与现金),而且ETF一般都设有申购与赎回的下限,达不到其下限的交易只能通过交易所进行交易。此外,ETF通常采用完全被动式管理方式,以拟合某一指数为目标。可以说,ETF作为一种投资品种,新颖而又灵活。

二、ETF:指数基金的理想形式

近年来,银河证券基金研究评价中心对我国证券投资基金进行绩效分析,并对三大风险调整后基金绩效指标——夏普(Sharpe)比率、詹森(Jensen)系数和特瑞纳(Treynor)比率进行了统计分析(见下表),可以看出,证券投资基金经系统风险调整后的表现并不突出,难以超越指数。总体可以得出主动管理型基金整体表现一般,指数基金是有一定优势。正是由于主动管理型基金的投资绩效不如人意,使市场产生了对指数基金的需求,而证券交易所交易基金(ETF),在我国发展指数基金可供选择的封闭式、普通开放式和ETF三种形式中,正脱疑而出,逐渐成为发展指数基金的理想形式。

我国证券投资基金风险调整后收益统计表

	夏普比率		詹森系数		特瑞纳比率	
基准指数	A 股指数	复合指数	A 股指数	复合指数	A 股指数	复合指数
表现优于基准指数的基金个数	7	6	11	8	8	5
表现优于基准指数的基金所占百分比	32%	27%	50%	36%	36%	23%

交易所交易基金(ETF),与封闭式基金和开放式基金比较,则具有较大的优越性,事实上,ETF本质上是一种特殊形式的开放式基金,其基金单位在证券交易所交易的价格与基金资产净值一般情况下基本一致。并且,ETF能较好地保证基金资产净值与目标指数收益率的高度拟合,投资者赎回ETF时,ETF交付的是一揽子股票而不是货币资金,因此,在基金中无需保留现金,这不象开放式指数基金那样受基金现金资产的影响。而且,ETF还能为投资者提供更加便捷的交易方式。ETF投资者可采用与股票交易一样的便利方式,通过证券交易所在开市的任何时间内进行基金份额交易,投资者可以根据交易日中不同时间交易价格的变化,选择自己认为满意的价格进行交易。这也解决了开放式基金以未知价成交的交易方式给投资者带来不便的问题,比较符合我国投资者的交易习惯,这又是一大优点。

不仅如此,由于ETF必须每日公告其一揽子股票的构成,所以其投资组合透明度较高,便于监督管理,且又因为它系用被动式管理的方式,因此,ETF的高透明度与被动式管理方式可以较好地避免基金的道德风险。

此外,ETF比较容易被普通投资者理解与接受。就目前来讲,开放式基金的申购赎回这一交易形式,以及这一交易形式的高费率尚未被投资者广泛接受。但ETF对于普通个人投资者则非常简便,普通个人投资者只需要象交易股票一样在交易所买卖ETF,从而取得目标指数的收益率。ETF的这种交易方式和投资理念比较容易被普通个人投资者接受,这也有利于ETF在市场中的推广与应用。所以说,选择ETF具有必要性,它是我国发展指数基金较为理想的形式。

三、ETF出台的环境已经成熟

目前,从我国市场政策环境、现货市场规模、我国经济和股市未来稳定增长态势、上证180指数的成功推出等方面来看,ETF出台的环境与条件已相当成熟,可谓是"瓜熟蒂落"。

我国证券市场发展至今,由于制度不完善一直制约着我国证券市场的健康、快速发展,使我国证券市场长期处于粗放型的增长阶段。为了实现高效、有序的证券市场这一发展目标,必须要加快制度建设和产品创新的步伐。

我国已加入WTO,证券市场在新环境中进一步发展需要新的因素。从产品创新的角度上看,ETF是一种较为基础层次的衍生证券,可以将其作为突破口,为更为复杂产品的创新积累经验。进一步推动产品创新,这有利于改善证券市场投资者结构,有利于指数化投资方法和长期投资理念的形成与发展。

目前,我国管理层正在积极努力促进证券市场向广度和深度发展,自2001年证券市场进一步强化监管,2002年国内第一家合资基金创立以来,加强市场创新已成为最近证券市场的热点之一,并将成为发展趋势。就总体而言,近年来证券市场的一系列制度建设已成为营造宽松的政策环境的关键点,这为ETF创新产品的推出提供了政策空间。

从现货市场的规模来看,一定的现货市场规模是ETF和今后其他指数创新产品推出的基础。截止2002年12月31日,我国上市公司家数为1224只,上市股票1310只,总市值达38329.13亿元,流通市值达12484.56亿元。市场已具备一定的规模,并且作为新兴市场的我国股票市场的高速扩容还将在相当长一段时间内持续下去。市场规模还将进一步扩大。随着改革的深入和经济的发展,我国股市扩容将是一项长期工程,同时,也可以看出,我国目前的现货市场庞大的规模已经为ETF的推出奠定了坚实的现货基础。

再者,就我国经济和股市未来稳定增长态势来看,我国未来经济的稳定增长态势为股市的长期稳定发展提供了现实保障。目前,我国经济发展势头良好,GDP每年保持在8%左右较高速度增长,证券市场自发展至今,获得了巨大成就,当前发展态势平稳。在"2002 中国证券市场高级论坛"上,时任中国证监会主席周小川认为,10年后,我国资本市场的发展可以超出我们的预期,超出常规思维所能想象的状态,未来10年多种因素将促进资本市场的巨变。并且我国新兴资本市场的特点,决定了它应该比国民经济增长得更快。ETF的指数化投资可以较好地分享我国经济和资本市场长期稳定增长的收益。

此外,上证180指数的出台为ETF的推出提供了一个很好的标的指数。一般的,上证180指数有三个功能,即作为市场评价与业绩衡量基准的标尺功能;作为指数衍生产品基础的产品创新功能;作为培育蓝筹股摇篮的优化资源配置功能。其中产品创新功能是最有价值、最有活力与实用价值的。上证180指数选取行业代表性强、规模大、成交活跃以及财务状况良好的股票作为样本股,这适应了市场发展状况与国际指数发展趋势。该指数样本股具有较好的经营业绩与行业代表性,指数本身不被操纵,这较适合作为今后指数创新产品的基准指数,也为ETF的顺利推出提供一个较好的标的指数,也意味着ETF的出台环境与条件已较为成熟。

四、全力构建ETF推出平台

目前,ETF对我们还是一个全新的投资工具,其在国外的成功推出也只是在20世纪90年代中期。要使其能够在我国股票市场成功推出,则必须克服目前我国证券市场中对ETF顺利推出的障碍,并加强市场宣传力度和投资者教育,为ETF的推出奠定一定的基础,构建起坚实的ETF推出平台。

ETF是一种特殊的开放式基

金。ETF的申购与赎回采用的是非交易过户方式，其顺利推出需要修改相关法规。《证券投资基金管理暂行办法》以及2000年10月8日发布的《开放式证券投资基金试点办法》都没有考虑到ETF这种特殊的产品。并且，由于我国目前的股票非交易过户有一定的法律上的障碍（目前只能限制在几种情况之内），所以说，ETF在推出之前必须解决股票非交易过户的法律问题。此外，我国现有的《上海证券交易所证券投资基金上市规则》第2条规定："本规则所称基金上市，是指封闭式基金经批准在上海证券交易所挂牌买卖。"《深圳证券交易所证券投资基金上市规则》第2条规定："本规则所称基金指封闭式证券投资基金。"而且《上海证券交易所证券投资基金上市规则》第5条和《深圳证券交易所证券投资基金上市规则》第9条的基金上市条件中对基金的存续期与基金规模的限制使ETF也不适用。因此，在ETF推出前，要创造良好的制度环境，针对该产品的特点增设或修改相关规章和制度。

并且，还由于ETF的交易方式比较特殊，不但可申购赎回，而且还可在交易所交易。并且通过两种交易方式取得的基金份额的收益和处置权完全相同，所以ETF通过两种方式交易的基金份额必须通过同一平台进行登记估算。目前，我国中央登记结算公司只提供证券交易所上市证券的登记和结算业务，因此，暂时不能提供 ETF 一级市场申购赎回份额的登记结算。而目前我国开放式基金的登记结算不是通过中央登记结算公司进行的，在一级市场申购获得的基金份额无法通过交易所交易，通过证券交易所取得的基金份额也无法通过一级市场赎回，所以我国封闭式和开放式基金目前所采用的登记结算模式都不适用于ETF，这就需要建立ETF特有的登记结算系统。并且，该登记结算系统还应以中央登记结算公司现有的交易所交易产品登记结算系统与开放式基金登记结算系统为基础，对其进行相关改造，进一步加强我国ETF登记结算平台的建设。

再者，由于良好的目标指数是ETF成功的关键之一，我们应创造有利条件，尽快推出相关指数。目前，我国市场上影响最大的指数体系，是深圳与上海证券交易所分别发布的以各自交易市场上市股票为基础编制的指数体系。深沪综合指数是目前市场认同度最高的指数，但由于其成份股变动频繁不易复制，所以一般不适合作为ETF的目标指数。而现有的深沪成份指数存在透明度与市场认同度不够的问题，其他指数则市场认同度更低，都不是ETF理想的投资目标，这需要我们为ETF尽快建立相关的系列市场指数。就目前来讲，如果我国两个交易所仍旧保持各自发布本市场指数这一状态，则应建立各自市场的系列指数，但是，从全球证券市场的指数发展来看，这种在以同一区域上市资源为基础的市场中，按照不同上市地点分别进行指数发布的情况较少，所以，我国目前正在积极设计的深沪两地市场统一指数，可能成为未来指数投资的主要目标指数。

而且，由于ETF的推出，关联到市场的各个方面，为了保证ETF的健康发展，其他参与者也应该积极提高自身能力，更加强相互间的配合。基金管理人应积极提高指数化投资水平和基金净值估算效率，基金分销商应提升客户服务水平。

此外，加强投资者教育也是一项重要工作。由于ETF是一种在交易所交易的开放式指数基金，但基于我国投资者对开放式基金还缺乏了解，并且ETF的交易方式也比较复杂，所以在ETF推出之前还有待进行大量的投资者教育工作。重点通过推广指数化投资理念、介绍ETF的投资目标以及ETF的交易方式进行投资者教育，增进广大投资者对ETF的了解，从而创造坚实的推出平台。

概而言之，交易所交易基金（ETF）集基金与股票的双重优势于一体，在全球各证券市场上发展迅速。尤其是自2001以来，交易所基金更成为主流基金品种之一，充满了朝气与活力，国际市场已准备进一步发展交易所交易基金，推出固定收益的交易所交易基金和其它交易所交易基金的衍生产品。在2002年，交易所交易基金更成为了我国基金市场的一个亮点。目前，我国证券市场也已具备推出交易所交易基金的条件，ETF作为一种适合我国股市的新的投资品种，正加快走向前台的步伐，成为我国证券市场的新宠儿。

VOLUME 7

第七卷

债券市场的规范化建设

- 我国债券的要素与特征
- 债券市场风险及其规避
- 大力发展债券市场，推动实施经济改革
- 债券市场投资策略探讨
- 积极发展公司债券 破解企业融资难问题

债券市场是资本市场的重要组成部分，与国外成熟市场相比，我国债券市场无论是市场规模、债券品种，还是市场发育程度，都存在着很大的差距。如今市场各方都充分意识到发展债券市场对推动资本市场发展、完善宏观金融结构、化解体系中现有的风险等诸多方面都有积极的意义，而且目前的宏观环境也非常适合债券市场的进一步发展。正是在这一背景下，2002年以来，我国推出了一系列发展债券市场的新举措，其目的就是活跃债券交易市场、扩大债券市场的发行规模，最终繁荣债券市场。但当前我国债券市场的进一步发展仍存在许多制约因素，对这些制约因素进行深入剖析，进而探讨解决问题的方法，达到促进国债市场进一步发展的目的。

第一章　我国债券的要素与特征

目前，人们对债券市场的关注并不仅仅因为股票市场的动荡和低迷，而是随着中国金融体制改革与对外开放进程的加快，债券市场无论是对宏观经济层面的调控与稳定，还是对微观经济实体的融资与投资都愈加重要，而且中国资本市场的进一步发展也需要债券市场的相应发展作为支持。因此，债券市场的发展与完善至关重要，我们有必要加强对债券的理解和认识。

一、债券的基本内涵

债是按照合同的约定或按照法律的规定，在当事人之间产生的特定的权利和义务关系，债券是债的证明书。因此，总的来说，债券是发行人依照法定的程序发行，并约定在一定期限还本付息的有价证券。具体来说，债券有以下几层含义：首先，发行人是借入资金的经济主体；其次，投资者是借出资金的经济主体；再次，发行人在一定时期需还本付息；最后反映了发行者及投资者之间的债权债务关系，而且是这一关系的法律凭证。

从涵义上讲，债券代表了一定的财产价值，但它也是一种虚拟的资本，属于“十六大”明确提出的虚拟经济的范畴，而非真实资本。由于债券的实质是证明债权债务关系的证书，在债权债务关系建立时代投入的资金已被债务人占用，所以债券是实际运用的真实资本的证书。但债券的流动并不意味着它所代表的实际资本也同样流动，债券独立于实际资本之外。

并且，债券还代表债券投资者的权利，这种权利不以资产所有权表现，也不直接支配财产，而是一种债权。拥有债券的人是债权人。因为债权人不同于财产所有人，所以除了按期取得本息外，对债务人不能作其它干预。

此外，债券作为一种有价证券。其反映和代表一定的价值。债券本身具有一定的面值，它常常是债券投资者投入资金的量化表现，并且债券与其代表的权利紧密相联，拥有债券也就拥有了债券所代表的权利。持有债券可按期取得利息，这也是债券投资者收益的价值表现。

二、债券的票面要素

债券作为债权债务关系的凭证，往往用具有一定格式的票面形式来表现。一般情况下，债券票面上的基本要素如下：

1、债券的票面价值

在债券的票面价值中首先要根据债券的发行对象规定票面价值的币种，即债券价值的计量标准为何种货币。在通常情况下，在国内发行的债券通常以本国本位货币作为面值的计量单位，在国际金融市场筹资，则通常以债券发行地所在国家(地区)的货币或以国际上通常用的货币为计量标准。另外，确定币种还要考虑债券发行者本身对币种的需要。币种一旦确定，还需规定债券的票面金额。债券票面金额的确定要根据债券的发行对象、市场资金供给情况以及债券发行费用等因素综合考虑。债券票面金额较大，印刷费用自然较低，也有利于大额投资者认购，但却使小额投资者无法参与，也不利于市场流通；债券票面金额较小，有利于小额投资者购买及市场流通，但债券本身的印刷及发行工作量大，费用也较高。所以票面金额最好大小不同均有，以适应不同的投资对象。

2、债券的利率

债券利率是用百分数表示的债券利息与债券票面价值的比率。债券利息对债权人来说是投资收益，利率高则得益大，利率低则得益小；与之相对应，债券利息对于债务人来说是筹资成本，利率高则负担重，利率低则负担轻。

债券利率有多种形式，如单利、复利及贴现方式等。在实际经济生活中，债券利息受很多因素影响。主要影响因素有：其一，债券期限的长短。通常情况下，期限短的债券，流动性强，风险相对较小，利率自然低一些；而期限较长的债券，流动性弱，风险也相对较大，利率自然定得高一些。但债券利率与期限的关系是极复杂的关系，它们还受其他因素的影响，因此，有的情况下也会出现短期债券利率高出长期债券利率的现象。其二，市场利率水平。市场利率普通较低时，债券利率也相应较低，市场利率普通较高时，债券的利率也“水涨船高”，否则，投资者就会选择其它金融资产的投资而舍弃债券。需要指出的是，当前我国利率普通较低，正是发展债券市场的好时机。其三，筹资者信用评级。如果债券发行人的资信状况差，债券信用等级低，投资者的投资风险就大，债券利率就需高些；反之，则利率就可低些。在这些情况下，利率差异反映了风险的大小，高利率是对高风险的补偿。

3、债券的偿还期限

债券偿还期限是指债券从发行之日起至偿清本息之日止的时间。各种债券短则几个月，长期几十年，根据不同的偿还期限，习惯上有长期债券、中期债券与短期债券之分。

4、债券发行人名称

这一要素指明了该债券的债务主体，为债权人到期追索本金和利息提供了依据。

需要指出的是，上面四个要素虽然是债券票面的基本要素，但也不一定全部都在实际的债券上印制出来。例如，在很多情况下，债券发行者是以公布条例或公告形式向社会公开宣布某种债券的期限与利率的，只要发行人具备良好的信誉，投资者也会认可接受。另外，债券票面上有时还包含一些其它要素，如还本付息方式等。

三、债券的重要特征

债券作为证明债权债务关系的凭证，它具有自己的特征：

1、收益性

债券的收益性是指债券能为投资者带来一定的收入。在经济生活中，这种收入主要表现为利息，即债权投资的报酬。这种报酬往往通过两种形式来取得：一是债权人在债券期满之前将债务转让，从中获得超过购入时债券价格的差价，如果利率水平一直不高，这一差价就是其持有债券这段时间的利息收益转形式，也称资本损益。但由于市场利率会不断变化，债券在市场上的转让价格也会随市场利率的升降而上下变动；二是债权人将债券一直保持至期满日为止，从而在持有债券的期限内，他可以按约定的条件分期分次取得利息或到期一次取得利息。

因为债券的票面利率是相对固定的，在通常情况下，当利率下跌时，债券市场价格便上涨；当利率上升时，债券市场价格则下跌，因此，债券持有者能否获得以及获多少资本利得要视市场情况而定。

2、偿还性

债券的偿还性是指债券有规定的偿还期限，债务人须按期向债权人支付利息和偿还本息。债券的偿还性使得资金筹措者不能无限期地占用债券购买者的资金。也就是说他们之间的借贷关系随偿还期结束、还本付息手续完毕而消失。

3、流动性

债券的流动性是指债券持有人可按自己的需要及市场的实际情况，灵活地转让债券并提前收回本金。债券的流动性表现为债券在迅速转变为货币时，是否在以货币计算的价值上遭受损失。流动性在很大程度上取决于市场对债券转让所提供的便利程度。

4、安全性

安全性即债券持有人的收益相对固定，不随发行者经营收益的变动而变动，并且可按期收回本金。债券投资风险相比股票而言较小。在通常情况下，具有高度流动性的债券同时也是较安全的，原因是可以按一个较稳定的价格迅速转换为货币。

5、风险性

债券风险性是指债券持有人在获得收益的同时也在承担着利率上升、通货膨胀甚至债券到期不能兑

付等造成投资不能收回或亏损的风险,包括利率风险、通货风险、市场风险、偿还风险等。造成债券投资不能收回或受损有三种情况:其一,债务人不履行债务。即债务人不能充分和按时履行约定的利息支付或者偿还本金。出现这种情况,有的是恶意避债,有的是想还债却无力还债。其二,转让交易风险,即债券在流通市场上转让时因价格下跌而承受的损失。其三,利率上升或通胀风险。即当利率上升或通货膨胀时造成投资者机会成本增大或货币实际购买力下降而收益受损的风险。

四、债券的主要类型

各种债券依据不同的划分标准可以分为不同种类,各种不同品种的债券共同构成了一个完整的债券体系。

1、按债券发行主体划分,可以分为公司债券(或企业债券)、金融债券、政府债券

(1)公司债券(或企业债券)。公司债券是公司依照法定程序发行、约定在一定期限还本付息的有价证券。公司债券的发行主体是股份公司。但我国在发行企业债券时尚无股份公司这一称谓,因此许多符合条件的企业也发行了企业债券。所以在我国,一般归类时,公司债券和企业债券合在一起,可直接称为公司(企业)债券。公司发行债券主要是为了解决进一步发展的资金需求,因此随着公司的经营策略、实力、信誉等不同风险也不同。其风险相对于金融债券要大,比政府债券更大。公司债券根据公司需要有长、中、短期之分。也可分为信用公司债、不动产抵押公司债、保证公司债、收益公司债、可转换公司债、附新股认股权公司债等。

(2)金融债券。金融债券的发行主体是银行或非银行金融机构。发行金融债券的金融机构一般都有雄厚的资金实力、信用度也较高。因此,金融债券一般都有良好的信誉。金融机构是社会信用的中介,它们发债的目的有两个:一是改变本身的资产负债结构;二是筹资用于某种特殊用途。发行债券与吸收存款都是金融机构的资金来源,都构成它的负债,但发行债券是金融机构的主动负债,金融机构有较大的主动权及机动权。而存款的主动性在存款户,金融机构是被动负债,它只能通过改善服务条件、提高服务水平来吸引存款,而不能完全控制存款。

(3)政府债券。政府债券是国家为了筹措资金而向投资者出具的,承诺在一定时期支付利息和到期还本的债务凭证。政府债券的发行主体是政府。政府债券在许多国家可分为地方政府债券和中央政府债券,在我国由于《预算法》明令禁止发行地方政府债券,因此政府债券在我国一般指中央政府债券,中央政府发行的债券一般称为国债。

2、根据其券面形态,可以分为记账式债券、凭证式债券和实物债券

(1)记账式债券。记账式债券是没有实物形态的票券,而是在电脑账户中作记录。在我国深、沪两市交易所已为证券投资者建立电脑证券账户,因此,可以利用证券交易所的交易系统发行债券。

(2)凭证式债券。凭证式债券不是债券发行人制定的标准格式的债券,而是债权人认购债券的收款凭证。我国近几年通过银行系统发生的凭证式国债就是根据认购者的认购额填写的实际缴款金额,券面上并没有印刷票面金额。这种凭证国债是一种国家储蓄债,可记名、挂失,以"凭证式国债收款凭证"记录债权,不能上市流通,从购买之日起

计息。在持有期内，持券人如遇到特殊情况需要提取现金，可以到购买网点提前兑取。提前兑取时，除偿还本金外，利息按实际持有天数及相应的利率档次计算，经办机构按兑付本金2%收取手续费。

(3)实物债券。这是一种具有固定规范格式的实物券面的债券。在债券券面上，一般印有债券面额、债券期限及利率、债券发行人全称、还本付息方式等各种债券票面要素。但债券利率、债券期限等要素也可以通过公告向社会公布，而不再在债券券面上注明。无记名国债就是属于这种实物债券，它以实物券的形式记录债权、面值等可上市流通。它与凭证式债券的区别之一在于不记名、不挂失。许多国家通过法律或法规对实物债券的格式予以明确规定。

3、根据债券利率形态分为浮动利率债券与固定利率债券

(1)浮动利率债券。浮动利率债券顾名思义是利率可变动的债券。这种债券利率与市场利率挂钩，一般高于市场利率一定的百分点，当市场利率下降，债券的利率也下降；当市场利率上升，债券的利率也相应上升。因此浮动利率债券可以避开因市场利率波动而产生的风险。

(2)固定利率债券。固定利率债券即在偿还期内利率不变动的债券。在该偿还期内，无论市场利率怎样变化，债券持有人都按债券票面上载明的利率获取债息。因此债券持有人承担着市场利率波动的风险。在这种风险中要么使实际收益受损，要么能获得额外收益。

4、根据债券计息方式不同，债券可分为复利债券、单利债券、累进利率债券及贴现债券等四种

(1)复利债券。复利债券是指计算利息时，按一定期限将所生利息加入本金再计算利息，逐期滚算的债券。复利债券的利息包含了货币的时间价值。复利是假定每年的利息再投资，并假定再投资的利率不变。

(2)单利债券。单利债券与复利债券相对应。是指在计算利息时，不论期限长短，仅按本金计算，所生利息不再列入本金计算下期利息的债券。在名义利率相同的背景下，单利债券的实得利息要少于复利债券。

(3)累进利率债券。这是指以利率逐年累进方法计息的债券。即累进利率的利率随着时间的推移，后期利率将比前期利率更高，呈累进状态。这种债券的期限往往是不固定的，但一般会有最短持有期及最长持有期的规定。

(4)贴现债券。贴现债券是指在债券票面上不规定利率，发行时按某一折扣率，以低于票面金额的价格发行，到期时仍按面额偿还本金的债券。贴现债券是属于折价方式发行的债券，其发行价格与偿还价格(即票面金额)的差额，构成了实际的利息。这种债券与前面三种债券的区别在于，前三者是在债券发行后才按期支付利息的，而贴现债券是在发行时将利息预先扣除。

五、债券的偿还方式

债券作为约定在一定期限还本付息的有价证券，到期必须要偿还或兑现。这就牵涉到偿还方式，根据不同的划分标准，债券的偿还方式不同。

1、定期偿还与任意偿还

(1)定期偿还。定期偿还是指债券宽限期过后，分次在规定的日期，按一定的偿还率偿还本金。在一般情况下是在每次利息支付日，连同利息一并向投资者偿还一部分本金，到债券期满时全部还清。在定期偿还中，具体偿还方式、偿还日期、偿还率等一般在发行

时已确定,并在发行公告中说明。

(2)**任意偿还**。任意偿还即指债券在宽限期过后，发行人可以自由决定偿还时间，任意偿还债券的一部分或全部。因此任意偿还称为随时偿还。采用该公式,债券发行人可以根据自己的实际情况，选择在有利于自己的时机偿还债务。如当市场利率急剧上升并较大幅度地高于未到期债券的票面利率时，发行人便可暂不偿还，并将准备用来偿还的资金进行再投资。而当利率急剧下降并较大幅度地低于未到期债券的票面利率时，发行人便可从市场上以低利率借入资本偿还原来高利率的债券,从而降低筹资成本。但这两种方法，往往会使投资者投资利益受损，所以有的国家对采用偿还方式设立了一些限制性规定。

2、中途偿还、到期债还和展期偿还

(1)**中途偿还**。中途偿还是指债券在最终到期之前，偿还部分或全部的偿债方式。债券中途偿还的目的主要在于分散债务人到期一次还本的压力，也有利于在某些情况下增加对投资者的吸引力。另外,还要对债券的宽限期、偿还率等事先作出规定。债券的宽限期即指债券发行后不允许提前偿还、转换的时间，它一般根据债券偿还期的长短来确定。偿还率是指每次偿还的债务金额占发行额的比例，假如某公司债券为2001-2004发行的公司债,个人购买的部分其实际宽限期为5年,从发行后的第6年开始分5年作每次偿还发行额的20%，也就是偿还率为20%。

(2)**到期偿还**。到期偿还是指按发行债券时规定的还本时间，在债券到期时一次全部偿还本金的偿债方式。采用到期偿还，计算方式简单、手续简便。然而,假如债券发行人在发行债券时考虑不一定全部在到期日还本，就必须在发行前规定特殊的还本条款，采用中途偿还甚至延期偿还。

(3)**展期偿还**。展期偿还,是指在债券期满后又延长原规定的还本付息日期的偿债方式。展期偿还属于延期偿还的一种情况。它一般适合于发行一种附设延期售回条款的债券，这种债券赋予投资者在债券到期后继续按原定利率持有债券，直到一个指定日期或者几个指定日期中的一个日期的权利。延期售回方式使发行人在需要继续发行债券和投资者愿意继续购买时省去新发债券的麻烦，也使投资者可以据此灵活地调整投资组合的结构。因而对发行者与投资人都有较大的吸引力。另外,债券到期时债务人无力偿还,亦不能或不便借新债还旧债时,征得债券持有者的同意，也可将到期债券予以延期。

3、部分偿还与全额偿还

在期中偿还情况下，视偿还本金的额度，有部分偿还与全额偿还两种。

(1)**部分偿还**。部分偿还是指从债券发行日起，经过一定宽限期后,按发行额的一定比例分次偿还,到债券期满时全部还清。采用这种方式减轻了债券发行人一次偿还的负担。但不同期限的债券,其宽限期可能不一样，如日本公司债的宽限期曾定为12年债券的宽限期为5年,10年债券的宽限期为3年等。这样设置有利于保证类似债券投资的长期性。

(2)**全额偿还**。全额偿还是指在债券到期前,偿还全部本金。偿还发行人采用这种方式的目的在于:首先,债券发行后,市场利率下降,导致原发行的债券利率过高。如提前偿还原来发行的全部债券，再发行较低利率的新债，无疑可减轻利息负担,进而降低筹资成本。其次,债券发行后由于某种或多种原因,债务人不再缺乏资金，而将债务本金全额偿还后，可避免更多的利息支付。

4、买入注销

买入注销即指债券发行人在债券未到期前按照市场价格从二级市场中购回自己发行的债券而注销债务。采用这种偿还方式往往是在债券的市场价较低时进行。因为在二级市场上，债券价格会因多种因素的影响而波动，所以价格较低时进行时机最适当。这种方式有利于债券发行人在清偿债务方面拥有主动性而同时又不损害债券持有者的利益，因为市场上债券转让遵循买卖自愿的原则。在很多国家,买入注销已成为政府债券的一种偿还方式，政府以结余的资金通过中央银行的公开市场业务，在二级市场上陆续收购国债,当这种国债到期时,大部分已被政府持有。

5、抽签偿还

这种偿还方式是指在期满前偿还一部分债券时，通过抽签的方式决定应偿还债务的号码。抽签偿还还有分次抽签及一次性抽签两种。前者是对发行的债券按分批还本次数定期抽签以确定还本债券号码；后者是对发行的债券在到期前的某个时间集中一次抽签以决定各次还本债券号码。采用这种方式，债券发行人在发行债券时应规定抽签方式，对中签债券则应按规定的偿还日期予以清偿。而债券持有者中签后，应要按规定接受偿还，未中签同得不到清偿。

目前市场上债券品种不断增加，但不管何种债券所承担的职能作用都有其共同点，只要我们对它的发行方式、承兑办法和发行对象有个全面了解，债券的整个知识层面问题就迎刃而解了。

第二章 债券市场风险及其规避

随着债券市场的发展和利率政策运用的日趋频繁，我国债券市场的风险也日趋严重并引起了社会的广泛关注。而且在我国债券市场不完善和实行利率管制的背景下，这些风险还有其新的特点和复杂性。因此，对这些风险有个正确的认识，对于防范和化解债券市场的风险，促进我国债券市场的健康发展具有十分重要的意义。

一、当前我国债券市场的风险表现

2002年投资者对债券市场风险的理解比以往任何年度都深刻。2002年下半年现券行情的快速 调整，给许多以短期炒作为主要目的游资及投资者以惊醒，以短期行为、持券待涨的理念进行债券投资，显然不再符合债券这类固定收益工具本身的特点。市场风险的呈现，对投资者走向成熟并引导债券合理定价，进而对今后债券市场的发展无疑是件好事。

1、国债发行利率持续走低

2002年以来，我国国债市场发行利率频创新低。3月15日发行的记帐期10年期国债发行利率仅2.7%，而2001年发行的相同年限的国债利率大都在3%以上。具有标志性意义的是4月9日在银行间市场发行的360亿元2002年记帐式（二期）5年期固定利率附息国债，其中标利率仅为2.22%，首次低于同期银行存款利率。国债利率走低在5月份达到极至。5月23日，首只30年期国债发行，但中标利率只有2.9%，而6月6

日的7年期国债中标利率更只有2%。5月国债加权平均收益率仅为2.18%，平均回购利率也由年初的2.204%下降至6月底的1.965%，与1.89%的准备金存款利率异常接近。对此业内人士分析认为债券的收益率曲线呈现结构性调整，但并没从根本上改变国债收益率曲线扁平的状态。

但是2002年上半年，利率虽低到不正常的国债却依旧受到了市场的追捧。一季度发行的2只1年内到期的金融超额认购比例都在7倍以上，而10年期国债和30年期金融债券的超额认购比例则在3倍左右。6月6日发行的记账式(六期)7年国债受到大量资金激烈竞标，最高投标利率为2.4%，而最低仅为1.59%，四大国有商业银业占据了六成以上的认购额，其中中国银行的认购额达到103亿元，占发行总量的22.39%。但各银行在此后分销中销售情况却不理想。记帐式(六期)国债从发行期的销售情况看，各承销商仅销售了其持有量的5%左右，销售情况最好的工商银行，此比例也仅为11.5%，有的银行不到1%，国内商业银行债券存量在其资产中的比例已相当高，有的甚至达60%左右，债券的过多集中，造成风险相对集中，由利率变动导致的经营生风险正逐渐加大。因此商业银行已积累了巨大的风险。

2、债券收益率曲线过于平坦化

债券市场所积累的巨大风险表现在债券收益率上就是过于平坦化(见图一)。

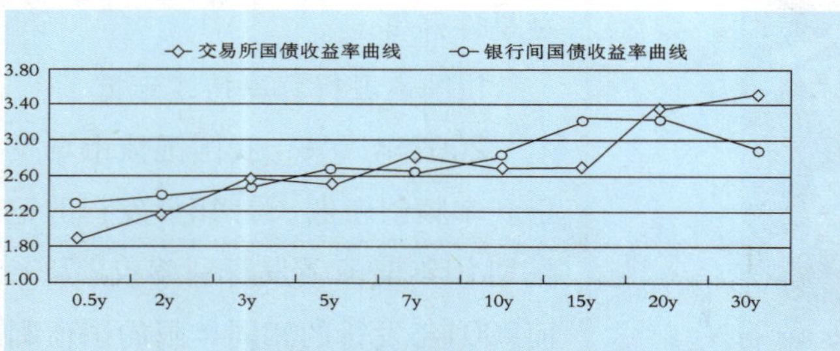

图 1　2002 年银行间市场与交易所市场国债收益率曲线

如将2002年2月降息前一个月与目前国债的利率期限结构的变化进行一个对比(见表1)。从中不难发现，在债券收益率整体下行的过程中呈现以下明显的特点：其一、收益率曲线非平行移动，收益率的降幅随期限的延长而扩大，因而导致的长期债券价格的变动更是大大超过短期债券的幅度；其二、利率的期限差异逐渐减少，收益率曲线变得异常平坦。

从横向比较看，可以发现，我国债券的收益率曲线的绝对水平较美国和欧洲的低，曲线率上要平坦得多，与日本相比除在绝对水平上高外，曲线率甚至比陷入严重经济衰退中的日本还要平坦(见表二)。

表 1　2002 年国债利率期限结构的变化对比

	2 年	5 年	10 年	20 年	30 年
降息前一月平均%	2.43	2.71	3.11	3.56	-
6 月 10 日%	1.90	2.03	2.37	2.80	2.90
降幅(%)	53	68	74	76	-

表 2　2002 年 6 月中、欧、美、日近期主要收益率曲线比较

	1 年	2 年	5 年	10 年	20 年	30 年
中国债券(6 月 10 日)	-	1.90	2.03	2.37	2.80	2.90
欧洲债券(6 月 7 日)	3.86	4.22	4.80	5.27	5.58	5.58
美国债券(6 月 10 日)	-	3.16	4.34	5.07	-	5.64
日本债券(6 月 7 日)	0.021	0.079	0.489	1.369	2.008	2.317

3、收益率扭曲导致风险横生

目前长期固定收益债券价格不断攀升、收益率持续下降、收益率曲线日益平坦的真正原因在于对持有长期债的风险抵补要求过低。以10年期长期固定收益国债为例，即使在美国大萧条时期，短期利率为零的情况下，10年期的国债收益率也在2~3%区间波动，现在10期国债的收益率与短期利率的差异也为3~4%，日本在1998年实行零利率政策并辅之以央行持续实施低利率政策的承诺，10年期的债券收益率尚在1~1.5%之间，在若干经济不稳定因素增加的时间收益率更是高达2.5%，而我国10年期债券的收益率与短期债券收益率之差仅为0.42%，即使20年与30年也仅是0.85%和0.95%。虽然这个期限差异因为预期未来短期利率的下调而有被缩小的误差，但由于利率下调的空间有限，利率的期限差异基本能反映风险补偿的水平。因此，我国目前长期债券市场的风险补偿要求无论是纵向历史比较还是横向国际比较都是很低的。

总体而言，风险补偿是利率水平、利率波动程度以及投资队伍的风险规避水平的函数。在短期利率低、利率波动性大及风险规避程度高的时候，投资者对风险补偿要求高。在我国风险补偿要求低恰恰反映了投资者风险规避程度低。

风险补偿要求低及扁平化的收益率曲线也同时反映了市场长债短炒，短期行为严重，隐含的风险无疑是

巨大的。以30年期国债为例，只要利率上调一个百分点，按到期收益率2.90%的久期计算，其价格要下降19.95元。谁能肯定大30年内中国通胀水平都在目前水平？相反有机构预测中国未来5年通胀率为2.5%，一旦通胀率上升，银行利率也肯定随之上升。对此，中国人民银行货币政策司司长戴根有曾专门撰文指出，对商业银行来讲，持有太低的长期固定债券具有很大的利率风险。他分析说，现在10年期固定利率债券利率为2.6%~2.7%。考虑吸收存款的成本，因此平均存款利率就不应高于2%，否则商业银行持有债券就是亏本的。但谁也不能肯定未来10年内通货膨胀率都会控制在2%。一旦通货膨胀率控制不住，存款平均利率肯定就要高于2%。那么持有2.6%~2.7%的固定利率债券的银行注定要面临亏损。因此投资者尤其是主要投资者商业银行所面临的风险是巨大的。并因为投资主体主要为商业银行的同质性使流通变现更加困难，一旦利率发生反转，资产缩小致使银行倒闭甚至是金融危机也并非危言耸听。正因为如此央行公布的2002年二季度货币政策执行报告特别强调，金融机构持有大量低利率国债隐含一定的风险。并于6月25日到8月25日连续进行了9次正回购以试图提高债券利率。

二、债券市场风险的成因分析

债券市场风险的成因包括国际政治形势、国内社会稳定、政策走向、发债主体的信用等级等。但目前我国债券以国债为主，我国社会出现了前所未有的稳定，政策亦保持了一定的连续性，经济也在持续快速发展，国际环境也较为稳定，从理论上说应该风险较少，但事实却并非如此。我国债券市场风险凸现的原因在于：

1、投资者风险意识淡漠

我国投资者风险意识淡漠的第一个误区是认为我国不会发生通货膨胀。就目前我国经济形势而言，短期内出现通货膨胀的可能性是不大，但并不意味着我国长期内没有通货膨胀的压力。从我国的广义货币与GDP的高比例、政府的隐性债务以及为稳定汇率需增加基础货币供应等因素分析，长期内我国的通胀压力是不容忽视的。而通货膨胀一旦出现，利率也必然随之上升，投资者也必将遭受利率风险损失。

我国投资者风险意识淡漠的第二个误区是认为只要长期通货膨胀率不发生变化，长期利率也不会发生大的改变，即通货膨胀变化是利率变化的唯一原因。事实上，即使通胀率不发生变化，由于长期债券将经历多个价格周期，而期间的不确定性也会影响当期利率和其后的未来利率走势，特别是在目前我国处于转轨时期，长期利率大幅波动的可能性很大。

投资者风险意识淡漠的第三个误区是认为国债是金边债券，利息收入免税，即使利率上涨也不会跌破面值，投资的安全性好。而实际上，长期固定收益国债在利率上涨时风险极大，只在市场收益率高于票面利率，市场的价格就在票面价值以下，并且价格对市场利率变化非常敏感。从表三最近市场上有代表性的各长期国债的久期指标（利率上升1%，价格下降的百分比），不难看出，一旦利率发生小幅上扬，长期固定收益债券就会面临大幅的下调的压力，使债券的持有人遭受很大的损失。以30年期的债券为例，如果利率上升2个百分点，价格将由100元跌到61元。因此，商业银行放弃存放中央银行准备金利率1.89%而取得2.90%的收益是以承担未来长期利率上扬带来的巨大风险为代价的。一旦出现这种情况时，唯有持有到期，本金才不会损失。

表3 长期固定收益国债的修正久期指标一览表

存续期限	10年	15年	20年	30年
修正久期	8.471	10.54	13.87	19.62

2、债券市场资金供大于求

银行间债券市场的参与者几乎涵盖了所有类别的金融机构，它实质上是一个金融同业市场。但从机构的数量和参与程度上说，商业银行是最重要的市场主体。商业银行为了防止和控制不良资产，采取了贷款终身免责制的办法，惜贷成为银行业现阶段的最明显的特征。特别是2002年以来，银行的存货差扩张异常迅速，从2001年11月的2.7万亿元增长到2002年5月末的3.5万亿元，12月底则达4.3万亿元，这意味着银行每个月得要为1000多亿元的存贷差资金寻找出路。因此，只要在保证安全的前提下，能够取得比存款准备金更高的收益，商业银行都会进行投资。这是商业银行在债券

一级市场投标中不断压低招标利率，在二级市场上不断推高债券价格的基础。根据人民银行第一季度的报告显示，单就金融机构存放在中央银行的超额备付金率就达7.9%，资金的宽松可见一斑。

保险公司是债券市场的第一个重要的投资主体。由于受到政策的限制，保险公司资金运用的融道非常有限：大额储蓄、国债及公司债、金融债投资成为主要渠道。尽管意识到风险的存在但在保险费收入不断增加的情况下，也不得不增加对国债的投资。

同时，到2002年底我国居民储蓄存款已达8.7万亿元，加上居民手中的现金应在10万亿元以上，还有企业的闲置资金也不在少数。因此这也在客观上造成了债券市场资金面宽松。

另一个原因是，从2001年开始，由于股市低迷，部分资金开始撤出股市，大量涌向债券市场。也造成了债市资金面宽松。

统计数据表明，2002年上半年交易所债券市场的日均成交量比2001年同期猛增了55%，银行间债券市场的现券交易也在4月底突破了200亿元。各种债券在资金推动下价格水涨船高，即使是利率过低的长期国债，也照样出现了供不应求的局面，这也使投资者尝到了持有债券的甜头而忽视了其风险。

3、债券市场投机气氛浓厚

当前长期债券市场的走势一定程度上是由于风险缺乏认识引起的，另一个助长的因素是市场参与者普遍存在的投机心理。就2002年来讲，由于每次债券的招标发行时，一级市场和二级市场都存在一定的利差，在这种比价效应下，不少机构在新券发行前，在市场抢购相近期限的老券，待新券上市后，谋取差价收益。这就形成了一个连环套：由于一级市场的国债利率走低，推动了二级市场国债价格的走高，从而降低了二级市场上国债的内在收益率，这反过来又对一级市场的新发国债利率形成进一步的压力。

正因为如此，自2002年以来开始对防范债券市场风险的呼声不绝于耳。2002年5月，央行有关人士就开始指示国债收益率持续走低、债市过度投机而带来的潜在风险。央行于8月1日发布的2002年二季度货币政策执行报告更明确指出，目前金融机构持有大量低利率国债隐含一定的风险，包括利率风险和流动性风险。长期以来债券市场总体上供不应求，金融机构资产又比较充裕，造成债券市场中利率不断走低，同时长债短炒，不断放量，过度投机导致风险不断积累。

4、四大因素对债券市场利率走势影响的不确定性

其一，人民币自由兑换。从某种意义上讲一国货币的自由兑换实际上相当于放弃了一定程度的货币主权。其他国家的宏观经济、货币政策的变化及意外事故的发生都会通过汇率和利率的传导机制影响国内利率的绝对水平及它的稳定性，在某些特殊时期如金融危机等这种影响还很深远。同时，由于存在外部均衡的制约，中央银行即使有意控制本国利率在低位运行，也并不一定能如愿。

其二，利率市场化改革。存贷款利率的市场化是市场经济的必然要求。我国的货币监管部门也正积极推动利率自由化的进程。国内外的经验表明存贷款利率的市场化改革存在很多风险，极可能出现利率上涨及企业违约率上升的不利格局，因此必须在宏观经济稳定，企业和商业银行内部机制完善等严格的条件下实施。利率市场化改革本身存在的利率走高的可能性及其后扩大

的利率波动性，增加了持有长期债券的风险。

其三，金融机构的脆弱性。由于历史原因，我国国有银行的坏帐与GDP之比差不多在26-27%，如果加上从银行转到资产管理公司的1400亿元资产(扣除出售部分，还剩1300亿元)，坏帐总额占GDP约40%左右，可以说在银行的坏帐方面，中国算是世界上最高的国家之一，我们常称日本是深受银行坏帐困扰的国家，但日本经济学家争论的是银行坏帐比例究竟是6%还是10%或11%。并且我国金融机构正处于变革之中，如果未来某一家金融机构的经营状况出现问题，就极有要能引起居民的心理预期发生改变导致货币需求的增加及利率的上升。在1998年，日本一金融机构出现危机，导致10年的债券利率由1%上涨到2.5%，就是一个明显的例证。

其四，突发事件带来的不确定性及可能遭受的损失，需要由票面利率高于未来预期的短期利率的平均值来弥补，即一个理性的投资人需要更高的风险抵补。如美国在经历了恐怖袭击事件及安然事件后，虽然美国的联邦基金利率降到很低的水平，但2002年年中10年期债券的收益率上涨似乎是经济不确定性在长期利率中的反映：投资人要求更高的风险补偿。

三、债券市场风险的有效规避

一个成熟的债券市场在市场经济条件下对于投资人及货币当局是至关重要的，对于其他金融市场来说亦是必然。因而它是整个金融市场大厦的基础，具有公共产品的性质。如果一旦发生系统性风险，所产生的影响会超过债券市场的本身，特别是对尚不成熟却正在蓬勃发展的中国债券市场更是如此。为了防止可能出现的系统性风险，投资人应加强对市场风险的认识和防范，减少投机；债券发行主体应合理布局发行债券的期限；加强利率风险管理。

1、投资者要增强风险意识，避免过度投机

机构投资者应认真分析长期固定收益债券的风险，特别是其中的利率风险，认真评估机构所能承受风险的能力，减少盲从。事实上不同的机构对风险的承受能力是不一样的，例如保险公司和国有银行本身有一些长期负债，只要负债的存续期与长期固定收益债券的存续期相匹配，而且固定收益高于负债成本，任凭持有期的利率如何变动，应该说不会造成大的风险。但许多中小机构存在极浓厚的从众行为，持券比例过高，期限过长，一旦利率波动就会形成新一批不良资产。

另外，在进行债券投资分析时，一定要慎用“久期组合”、“哑铃技巧”等成熟市场的投机策略。因为这些策略有时含有严格的收益率曲线移动的假设和流动性的前提，而我国目前债券市场尚缺乏这一前提。因此一旦运用不当，将会适得其反。

2、加强利率风险管理

我国银行由于长期的利率管制环境，对利率风险的感觉比较迟钝。即便自2000年9月外币存贷款利率放开以来，利率风险造成了很大的的损失，个别银行管理人员却认为那是国家政策造成的，银行自身无能为力。事实上，随着金融市场的发展，利率风险已成为银行面临的最主要风险。80年代以来，多数银行经营的失败都与对利率的预测错误有关。我国尽管存贷款利率还没有市场化，但1996年以来的8次降息，利率风险的四种类型——成熟期不相匹配风险、基本点风险、收益曲线风险和选择权风险都发生了。2002年各银行业务量大幅增长，但营业收入增长缓慢，除了价格低之外，重要的就是积累的利率风险正在逐渐释放。大量地购买国债，事实上是银行把项目选择的风险交给政府，而政府并非专业风险管理机构，其识别和管理风险的能力必然在整体上低于银行。因此商业银行等必须要自身加强风险管理。加强风险管理第一方面要加强对利率变动趋势的预测，及时调整资产负债结构。

3、发债主体要合理布局债券的期限，协调长短期债券发行数量

当前，银行间市场的发债主体包括财政部(国债)、国家开发银行和进出口银行(金融债)。综观2002年下半年以后它们在银行间市场发行的债券结构的特点是：短期债券发行量少，中长期债券发行量大。短期债券发行量少是债券投资人选择购买长期债券的一个原因。对债券发行主体来说，发行长期固定收益债券是低利率时间的最好选择。由于低利率是由市场供给和需求共同决定的，不是发行主体强加给投资人的，本身是一个平等的交易，无可厚非。但基于现在的市场现状，长期固定债券价格的持续走高是特定的资金格局及投机心理共同演绎的结果，一旦在未来的某个阶段，利率出现反转，市场出现系统性风险，在投资人遭受损失的同时，发行人也将受到消极影响，信誉的影响使投资人转向新的发行主题，使筹资成本增加，发行难度加大。因而发行主休与投资人之间是一个博弈的过程，不是一次博弈而是多次博弈，所以要注重前次博弈对后续博弈带来的消极影响。美国财政部门在低利率下，往往不是增加而是减少长期债券的发行。因此，发行主体应适当减少长期债券的数量，增加短期债券的发行，这样可使市场受益，最终使发债主体和投资人达到多赢。

4、运用各种积极的控制利率风险的方法，如远期合同、利率期货和利率期权等衍生业务来控制，对冲利率风险

我国目前还不存在金融衍生品市场，国内的商业银行暂时还无法开展这些业务。但有国外分支机构的商业银行则可在国际金融市场上开展这类业务。可见，商业银行控制利率风险需要金融监管部门的配合——鼓励利率风险规避金融产品创新。在不存在金融衍生品市场的情况下，商业银行面对利率风险有时只能是“干着急”。过去，中国的外汇风险由于缺乏对冲手段，许多涉外企业因此损失巨大，以至于这些企业常以汇率风险属于不可抗力的“政策性风险”而拒绝偿还外汇贷款，一些银行的巨额损失主要源于此。因此，鉴于这种状况应适时推出与债券相关相券的期货、期权等衍生产品，为金融机构提供避险工具，同时金融监管部门不仅要监管，更要引导金融衍生市场的发展。

另外，有关机构要加强宏观调控以化解债券市场风险，如2002年中央银行积极推行国债正回购交易就有效地缓解了债券市场风险，尤其是商业银行面临的利率风险。同时有关部门还要积极创造投资机会和渠道，以切实解决债券市场资金面过于宽松的状况。总之，我国债券市场的风险是长期累积的结果，其规避和化解也应逐步进行。

第三章 大力发展债券市场，推动实施经济改革

2002年12月10日，胡锦涛等党和国家领导人在参观“谱写现代化建设的新篇章——1998-2002年国债建设成果展”时说，这个展览会形象地展示了1998年以来我国国债建设取得的丰硕成果，它表明中央为促进我国经济发展所采取的扩大内需的方针和一系列重大举措是符合我国国情、符合我国各族人民根本利益的，是卓有成效的。胡锦涛总书记强调扩大内需是我国经济发展的基本立足点和长期战略方针。面对新形势及新任务，我们必须继续坚持并不断完善这一方针，加强国债资金的管理，优化资金使用的结构，着力提高资金的使用效率。同时要从实际出发，把扩大投资需求与扩大消费需求紧密结合起来，形成促进经济持续稳定增长的有效机制。同一天闭幕的中央经济工作会议明确提出，将坚持扩大内需的方针，继续实施积极的财政政策。这表明新一代领导集体将继续支持我国债券市场的发展和完善，对我国债券市场的发展具有重要而深远的意义。

一、发展债券市场，有利于推动和实施经济改革

近年来，为了扩大内需，拉动经济增长，中央实行了积极的财政政策。作为实施积极财政政策的一张“王牌”，国债在这当中扮演了“急先锋”的角色。5年来，累计发行长期建设国债6600亿元，增发国债对有效扩大内需、促进社会发展和实施经济改革起了重要作用。

1、扩大投资需求，拉动经济增长

5年来，我国经济能够保持较快的发展速度，国债投资的拉动作用功不可没。自1998年以来，累计发行长期建设国债6600亿元，国债项目还直接带动地方、部门、企业投入配套资金

和安排银行贷款3.2万亿元。发行长期建设国债不仅将部分储备迅速转化为投资，而且使国内相对过剩的原材料和机电、设备等投资类产品生产能力得到较好地利用，带动了生产资料和建筑市场的复苏，促进了工业生产稳定增长和企业效益明显改善。官方统计显示，1998年国债项目投资带动经济增长1.5个百分点，2000年带动1.7个百分点，2001年带动1.8个百分点。2002年前11个月，国有及其它经济类型完成投资26119亿元，同比增长23.4%，投资仍是拉动经济增长的主要因素。据估计2002年带动GDP也在1.5个百分点到2个百分点之间。假如没有国债投资的支持，我国就不可能在世界经济普遍出现下滑的情况下，保持良好的增长势头。

2、带动税收大幅稳定增长

在国债投资的拉动下，我国国民经济保持了持续快速健康发展，经济运行质量和效益不断提高，有力地保证了税源的稳定增长。1998年~2000年税收收入年均增长15.2%，2000年各项税收达到12582亿元，占GDP比重的14.1%，比1997年提高了3个百分点。2001年1~11月各项税收达13745亿元，而2002年1~11月，各项税收收入累计完成15517.78亿元，同比增长13.6%。

3、有力地促进了就业

经济增长是促进就业的根本保障。国债投资对我国经济的增长、保持一定的就业率功不可没。据统计，从1998年到2002年，国债投资直接创造的新就业岗位达750万个，占同期新增就业岗位的1/5以上。如考虑国债投资项目的结构特征和产业关联带动作用等因素，国债投资间接创造的就业岗位数量更多。如2001年，国债投资1500亿元拉动经济增长1.8%，以就业弹性系数0.1计算，新创造就业岗位可达128万个。而大多数国债资金投向了生态环境建设、重点工程城市市政设施和农村电网改造等劳动密集型基础设施建设项目。这类项目及产业所创造的经济增加值所能带动的就业岗位远大于技术密集型产业和项目。另外加上基础设施建设的产业关联带动、作用，如公路建设带动运输业及其就业增长等，国债投资实际创造的就业岗位数量远高于750万个。

4、有利于加快企业技术进步，促进产业升级

经国务院批准，1999年新增国债资金中，用于企业技术改造贴息的资金达90亿元，相当于前10年国家技改贷款贴息额的总和；2000年与2001年又继续分别安排了105亿元，70.4亿元国债专项资金用于技术改造，3年内共安排了265.4亿元。更重要的是，国债资金能“四两拨千斤”，在启动消费与带动投资方面起了极大作用。已下达的1218个国债技改项目中，总投资2810亿元，银行贷款1721亿元，相当于1元国债资金带动了10元社会投资和6元银行贷款。在国债资金支持下，一批具有自主知识产权、有竞争优势的高技术产业群将蓬勃兴起，在拉动国民经济增长，促进产业结构优化升级方面将起到十分重要的作用。

5、有利于改善广大人民群众的生产生活条件，促进社会各项事业的发展

1998年以来，国家共安排1000余个城市基础设施项目，项目总投资达3000多亿元。几乎涉及全国所有的地级以上城市，有效地缓解了一大批省会及地级城市的供水困难，提高了污水和垃圾处理能力，缓解了城市交通拥挤问题，改善了城市空气质量，明显改观了这些城市的面貌，增强了服务功能。

近5年来，国家安排电网建设与改造投资2885亿元，通过电网改造，改善了农村生产条件，提高了农民生活质量，减轻了农民负担，启动了农村市场，广大农民将之称为“德政工程”、“民心工程”。通过农网改造，农村平均到户电价下降0.1—0.3元。每年可减轻农民电费负担300多亿元。

通过国债投资，改善了学校的办学和科研条件，使扩招工作得以顺利进程。加快了“村村通”广播电视工程，为普及科学文化知识、传播政策信息和市场信息，提高广大农民的精神和文化生活水平创造了条件。我国还投资进行旅游道路设施建设、农村血站建设等一大批社会事业项目，此外，利用国债投资进一步加大了扶贫工作的力度。

6、促进了城乡居民收入增加

自1998年以来，国家安排了一大批国债项目建设。不仅直接扩大了国内需求，有力地拉动了经济增长，同时对增加城乡居民收入也发挥了积极作用。就农村而言，运用国债资金开展大江大河治理、病情水库加固、农村人畜饮水工程、大型灌区节水改造和农村电网改造等基础

设施建设，提高了农业抵御风险的能力，改善了农村生产生活条件，为农民增加收入创造了条件。1998年至2000年，虽然自然灾害频繁和灾情严重，但农村居民人均纯收入年平均实际增长仍达3.4%，2001年增长4.2%，这其中国债投资功不可没。2003年国债投资中，明显向农村倾斜，以增加对农村基础设施、公共卫生和义务教育等农村公共产品的投资，为费改税的进一步实施创造条件。改善农村生产，增加农民收入，启动农村消费市场。就城镇而言，运用国债投资资金加强交通、通信、城市基础设施等方面的建设，使得国内一些行业的生产能力得到较好利用，改善了企业的经营状况，为提高在岗职工的收入水平，增加就业岗位起到了积极的作用。另外，因财政收入增长，国家得以有财力几次增加机关事业单位职工工资，并加大对社会保障支出的力度，提高社会保障标准。如今，国有企业下岗职工基本生活费和企业离退休人员养老金已基本做到按时足额发放，城市居民最低生活保障的覆盖面明显扩大，有效地保障了城市低收入居民的基本生活，使社会保障体制改革得以顺利进行。2001年城镇居民人均可支配收入年均实际增长8.5%，收入的增长为城镇住房体制改革和医疗制度改革等创立了条件。

7、促进了基础设施的进一步完善

在国债投资的支持下，我国得以集中力量建成一大批重大基础设施项目，办成一些多年想办而没办成的事：

第一，国债投资建设了四通八达的交通要道。到2001年底，安排过国债资金的工程项目，累计建设通车里程2.55万公里。2001年底，我国高速公路里程达1.9万公里，位居世界第二。在国债资金的支持下，铁道大通道能力得到加强，国债项目至2001年累计完成投资1153.5亿元，建成投产项目16个，投产新线4007公里，投产复线1988公里，投产电气化铁路1063公里。在国债资金支持下，机场改造与建设、水路运输建设、港口建设也取得了很大成就。

第二，大江、大河、大湖堤防工程。我国一些大江、大河洪涝灾害频繁，直接威胁广大人民群众的生命财产安全。1998年洪灾后，中央决定把加固大江、大河、大湖堤防作为国债投资重点。到2001年底，国家投入576亿元，加固大江大河大湖堤防3万公里，总长3385公里的长江干堤高、宽、坡度达标的堤段达80%以上。长江沿岸完成移民建镇200万人，增加蓄洪面积近3000平方公里，完成390余座病险水库的除险加固工程。

第三，中央储备粮库。国债投资第一年，国家就建设了库容500亿斤的国家储备粮库，超过了历史上国家对粮库投资的总和。到2002年年底，基本已建成库容1000多亿斤的国家储备粮库，这将极大地缓解我国粮食库容长期紧张的矛盾，使国家对粮食市场的调控能力明显提高，保障了中央粮改政策的顺利实施。

第四，保障了一大批国家重点工程的顺利进行。在国债投资的支持和带动下，三峡工程、青藏铁路、西气东输、西电东送等工程得以顺利进行，为我国国民经济的进一步发展奠定了基础。2003年，我国拟发行的1400亿元长期建设国债中，就明确要求确保“南水北调”、“西气东输”、“西电东送”等重大工程建设。

8、加强了环境保护和生态建设，促进了可持续发展

国家利用国债投资，使北京市大气污染加重趋势得到控制，主要空气污染指标呈下降趋势，主要饮用水源实现了清洁化。此外，利用国债投资进行了“三河三湖”流域水污染治理，包括淮河、海河、辽河、滇池、巢湖、太湖，还实施了天然林资源保护工程。到2001年底，完成公益林人工造林1793万亩，飞播造林680万亩，封山育林7783万亩。2003年国债投资中，将继续向生态环境倾斜，加快实施退耕还林，促进了可持续发展。

9、促进了地区生产力布局调整及优化，推动了西部大开发进程

在安排国债投资时，由于注重向西部地区倾斜，推动了西部大开发的实质性进程。1998年到2000年，国家每年安排西部地区的国债投资占当年国债投资的比例达1/3以上；2001年则超过40%，因国债投资的带动，自2000年来西部地区投资增长明显高于东部地区，2002年1~11月，西部地区投资增长25.0%，而东部地区同比增长22.5%，2000年、2001年国家在西部地区分别新开工10项和12项重大工程。国家用于西部的投资重点安排了南疆、内

昆、神延、水柏、宝兰等西部铁路项目。启动了西部开发八条公路干线和西部州通县沥青道路建设。加快了西部地区的机场建设，初步形成了以重庆、昆明、成都、西安、兰州、乌鲁木齐为中心的支线航空网络。启动了西部地区生态环境建设，长江黄河中上游地区、"三北"风沙区和草原的生态环境综合治理工程建设已全面展开。中西部地区退耕还林、还草近2000万亩。在2003年国债投资中，还将继续为加快西部地区经济发展创造条件，以调整地区经济结构，缩小地区之间差距，促进地区经济协调发展。

10、健全了全国基本建设管理制度

5年来，长期建设国债投资规模达6600亿元，数量之大，项目之多，时间要求之紧迫，是史无前例的。国债投资是人民的血汗钱。5年来，在党中央、国务院的正确领导下，本着对党、对人民负责的精神，强化对工程质量和资金的管理，加强对国债项目的稽查，走出了一条政府出资、项目管理的新路子。可以说，国债投资项目的建设质量在同类项目中是最好的。

11、加快推动了经济改革，完善及加大了政府宏观调控手段和力度

大力发展债券市场是建立中央银行间接调控机制、推进利率市场化改革的必然要求。中央银行的间接调控，就是央行面向货币市场通过运用货币政策工具调节资本市场资金供求；通过调控短期市场利率影响长期利率走势，达到通过货币市场影响资本市场，运用市场利率信号引导市场各主体行为的目的，最终为实行中央银行货币政策目标服务。发展债券市场是在同业拆借短期市场利率基础上，形成不同结构的市场利率体系的最有效途径之一。同时，发展债券市场是协调财政货币政策的市场基础。假如财政在利率较低的时期逐步发行较大规模的国债，央行通过公开市场操作维持低利率的市场环境和在市场上按面值主动购回，不仅财政政策发挥了作用，保障了社会稳定和支持了国企改革，而且央行通过货币政策操作减轻了银行持债负担，为商业银行创造了一个良好的企业微观环境，有利于货币政策传导，比国有企业改革滞后倒闭、银行形成不良资产和惜贷更合算。另外，发展债券市场是提高金融资源配置效率的有效途径，是培育国民经济微观基础和推进投融资体制改革的市场环境。

12、大力发展债券市场是解决政府、企业及金融机构融资的重要手段

政府要完成宏观调控的任务和实现区域发展的目标，实施财政政策，其资金来源除预算支出外只能来源于发行国债。如2002年，中央发行长期建设国债1500亿元，有250亿元就是代地方政府发行的。企业发行债券是解决其目前融资难，降低其融资成本的关键途径。如2002年中国移动发行了80亿元的企业债券，必将极大地缓解其进一步发展过程中资金不足的问题。金融机构发行债券，则丰富了其可流通的筹资工具，为商业银行调剂资金余额、提供流动性合理工具、调整资产结构和使资产多样化创造了条件，有利于提高资产负债综合管理水平和流动性管理水平。

二、我国债券市场发展的战略对策

我国债券市场中已取得了很大成就，对实施经济改革和促进社会发展也起了很大作用，但目前依然有许多问题在制约我国债券市场的发展，针对我国债券市场存在的问题，我们必须借鉴国内外债券市场发展经验，结合我国债券市场发展的现实情况，采取有效措施有步骤

地逐一加以解决，以促进我国债券市场发展。为此：

1、扩大债券市场交易主体，完善交易工具

前几年，有关部门研究中国债券市场发展的时候，就形成了一个基本的指导思想：即通过银行和交易所两个债券市场交易主体的交叉，实现两个市场的联通。所谓债券市场的统一，最主要的是交易主体的统一。根据这一设想，2002年实行了金融机构在银行间债券市场的准入备案制，同时推出了商业银行债券柜台交易。但债券柜台交易如今只推行到四家国有独资商业银行，下一步应推广到所有商业银行并逐步向证券公司推进，使债券市场成为面对所有金融机构和非金融的企业和个人投资者的市场。

同时，要不断完善交易工具，除积极发展国债和政策性金融债券外，还应大力发展公司债券和抵押债券，另外还应积极推出短期债券交易品种及金融衍生品种。

2、提高债券市场的流动性

债券融资的一个特点是必须有相应的市场配套。其中之一就是债券市场要有较好的流动性。所谓债券市场的流动性即指当投资者大量买卖债券时，市场既能在短期内成交，又不致于使价格大幅波动。而目前我国无论是银行间债券市场，还是交易所债券市场都缺乏较好的流动性，这无疑严重阻碍了我国债券市场发展。为提高债券市场的流动性必须要做好以下几点：其一，建议实行国债余额管理。现在财政部国债发行是按年度发行额管理的，这是制约短期债券发行的重要因素，也是制度性障碍。如果这个问题得以解决，短期国债比重必然上升，债券市场的流动性也必然会相应提高。其二，逐步提出债券市场的做市商问题，并完善银行间市场的“双边报价商”制度。在2002年的银行间债券市场的下跌行情中，报价商制度没有很好地发挥提高市场流动性的作用。这其中有报价商的权利与义务不对等的问题存在。一方面，报价商要履行“做市”的义务，而另一方面，承销新债方面的优惠和从央行融资融券的便利却难以做到。这就影响到了报价商切实履行做市义务。他们在行情下跌过程中，往往只能报出“虚盘”，影响到市场的成交。因此，应检讨此次市场下跌过程中，报价商制度的缺陷，采取措施（比如对做市商的权利和义务的明确及落实），努力完善报价商制度。另外，建立做市商制度，也是活跃市场、提高市场流动性的重要措施。其三，要根据债券市场的特点，发展交易所市场和场外市场，同时降低债券交易费率，以提高债券市场的流动性。其四，改变银行间债券市场以商业银行为主的格局。因为在贷款风险较大和债券收益高于资金成本的背景下，商业银行取得债券后就囤积起来，债券的流动性肯定不好。

3、商业银行应适当控制长期债券投资的规模和比重，避免风险过于集中

当前，我国债券市场风险主要集中于存款类金融机构。到2002年6月30日，商业银行持有国债总量达10526亿元，占记帐式国债余额的83.27%，而由于过多的资金追逐数量有限的债券，使得债券，尤其是长期债券的利率风险渐次抬高，在其未来存续期内，它们能否继续作为商业银行的优质资产存在着很大的不确定性。因此，适当控制商业银行长期债券投资的总体规模及其在每一会计年度债券投资中的比重，对防范整个金融体系的经营风险是有必要的。

4、进一步完善债券市场的基础设施

统一、安全、规范的托管体系是防范债券市场风险的基石；适时、安全、高效的结算和清算体系是提高债券市场效率的前提。在过去，国债回购出了那么大的问题，在很大程度上是托管环节出了毛病。只要把托管这件事做扎实了，债券市场就不会出现整体性的风险问题。而托管的关键是建立一级托管制度。如果二级托管在制度上又不能互相制约，其风险无疑会大大增加。对债券市场，中国人民银行最关心的是与公开市场业务操作相联系的国债市场。为了防止国债市场的风险，强调国债由中央国债登记托管公司集中托管是必要的。但由于托管问题至关重要，因此在市场发展中，应允许在诸如国债在两个市场的转托管这样一些重要问题上，决策时要慎重、稳健，不要轻易作出制度上的重大改变。现在，在某些方面，国债的超卖超买问题实际上是存在的，需要引起注意。另外，债券市场是一个很特殊的市场，在整个金融体系中，它向下联系着最安全的银行存款市场，向上联系着最活跃也是风险最

大的股票市场。而债券市场本身的品种也很多，可以不断延伸和组合。这样，资金的流动就会更趋复杂和频繁，因此以登记、支付和清算为主要内容的金融基础设施的建设就居于十分重要的地位。而且一旦有了完善、统一的支付、清算、登记系统，监管当局就可能对该系统进行实时、全程的监控。这有助于及时、全面了解和掌握资金流量及流向，进而防范化解风险。目前我国政府正在着手建立全国性的即时金额支付系统，可以相信，随着该系统的建立，国债交易将可实行券款兑付的结算方式。这将有利于控制结算风险，提高国债交易效率，从而为国债能转型提供可靠的技术保证。

5、建立与完善信用评级和增级制度

为使企业和基础设施项目能够直接进入资本市场筹集资金，建立信用评级和增级制度是很有必要的。在成熟规范的资本市场上，债券的利率与其获得的债信评级等级有直接关系。但目前我国信用评级和增级领域还存在缺乏人才等问题。针对我国在这一领域存在的问题，其一，采取国内培养和国外引进相结合的方式，增加这一领域的人才储备；其二，广泛宣传债信评级在债券市场中的意义，增加投资者的债券投资风险意识；其三，完善有关法律法规，明确规定证级结果与债券票面利率的关系、如何相关等问题；其四，加强对债券评级机构的监管，对弄虚作假的要追究其有关经济、行政、刑事责任。

6、建立统一的债券市场

目前我国的银行间债券市场和交易所债券市场仍然处于相对分割的状态。由于市场的长期割裂，银行间市场与交易所市场一直存在收益落差，不利于市场发挥资源配置的基础性作用，并在一定程度上影响了央行货币政策的传导机制。为建立全国统一的、面向所有金融机构及企业法人和个人投资者的、由银行间市场和交易所市场共同组成的相互渗透和联结的市场。有必要打通银行间市场和交易所市场，对上市交易的国债进行统一托管和结算，最终形成统一托管和结算的国债市场。同时，进一步发展银行的国债柜台零售市场。在部门监管上，也应加快协调和归并，避免多头管理。

7、平衡债券市场供求关系，防止长期债价被人为扭曲

国债收益率曲线的形状准确地反映了长短期（不同期限的）利率水平之间的关系，它是市场参与者对当前与未来经济走势（包括经济增长、通货膨胀预期、货币政策走向等）进行判断的结果。在正常情况下，收益率曲线应是一个呈一定角度的上向曲线，也就是说，长期利率应在相当程度上高于短期利率。目前，我国的短期利率水平与美国差不多，而长期国债收益率则比美国低两个多百分点，这是极不正常的，是债券市场供求严重失衡的结果——价格被扭曲了，长期债券的价格被人为地抬高在非均衡的价格水平上，没有反映出长期投资所内含的利率风险。既然价格扭曲的根本原因是我国的国债市场供求失衡，国债市场发展太慢，因此防止中长期国债价格扭曲的唯一办法就是积极快速地发展债券市场。使我国债券市场成为品种丰富、中长短期相搭配、有足够的规模及流动性的债券市场。

8、进一步完善市场法律法规，强化市场监管力度

随着我国国债规模的壮大，公司债券日益成为市场热点及银行间债券市场的快速发展，债券市场的风险防范问题也需要特别地加以注意，因此需尽快修改完善新的《企业债券管理条例》和出台专门的《国债法》以利于监管部门加强市场监管，防范和化解金融风险。

总之，我国债券市场的发展和完善对于促进国民经济发展和实施经济改革具有重要而深远的意义。为此，我们必须用积极发展的态度来对待和解决所存在的问题，以促进我国债券市场的进步，进一步发展，进而推进与实施经济改革，促进国民经济的发展。

第四章 债券市场投资策略探讨

从近几年来看，大力发展债券市场已逐渐成为各方共识，债券市场发行额和交易额都在逐年扩大，市场交易和投资也日趋活跃和频繁。因此有必要对债券市场投资进行简单分析，以引导投资。

一、债券市场投资环境

1、宏观经济环境及政策预期

2002年我国国民经济实现了8%增长，并全年呈现出各季度增长率逐步提高的趋势。根据中央经济工作会议和全国计划工作会议的安排，今后我国将继续实施积极的财政政策，并保持一定的政府投资力度，若干领域中国退民进进程的加快也会使民间投资有显著的增长，支柱行业的增长也具有相当的可持续性，局部消费热点已经形成，因入世的影响，进出口总额也将保持较高的增速，从经济周期的角度看，我国目前也正处在新一轮经济周期的上升期，世界经济也在逐步恢复增长。因此在未来几年 尤其是2003年，我国仍将保持较快的经济增长速度。为达到“十六大”提出的2020年我国GDP比2000年翻两番的目标（意味着年均GDP增长7.18%），中央也势必通过系列政策来支持经济增长。而通货紧缩不再恶化则中央银行进一步调低利率的概率及空间也不会很大，况且，持续降息的边际效用是递减的。

2、债券市场供求关系

从债券供给关系分析，到2002年11月底，我国债券发行总规模达8011.5亿元，其中国债5000亿元，金融债2630亿元，企业债340亿元，可转换债41.5亿元。加上待发行的1000亿元左右的国债，预计全年发债规模将达到9500亿元左右。由于国债规模已较大，预计今后几年国债发行规模进一步加大的可能性较小，资产供给总体规模与2002年接近。

金融市场的资金供给仍十分充裕。第一，国内证券机构的数量与投资规模正在不断增大，证券商、基金以及各类投资机构管理的投资资产中债券将占相当比例。特别是经过前两年股市的调整，股市泡沫大为减少，更多的资金会追求稳定投资收益，对债券市场的需求会相应增大。第二，国内江浙等地因经济发展快，现已积累了数额巨大的民间资本，这些资本现正寻求投资机会，债券市场无疑对其有一定的吸引力。第三，随着QFII的推出，国内债券市场对境外金融机构开放，国内债券特别是短期债券的收益率水平相对较高，会吸引相当的境外投资者投资。第四，截至2002年12月底，全国城乡居民储蓄余额达8.7万亿元，相当一部分投资者将债券作为替代储蓄的投资对象。也将会对债券构成需求。第五，金融机构的存贷差到2002年底已达5万多亿元，并预计今后几年存贷差巨大的格局将不会出现根本的变化。银行为了使资产的收益超过负债成本，存贷差额部分对债券也有需求。最后，购买债券也是保险公司的主要投资选择之一，随着国内保险事业的发展，保险公司对债券的需求也将是持续的。

3、投资者投资心理

投资者投资心理是影响市场走势的直接因素，虽无法量化统计，但可通过市场的价量变化进行定性分析。投资者在经历了2002年债市的大幅波动带来的投资风险后，对未来债券投资的收益预期可能将趋于理性，坚持价值投资而获取合理收益将是投资债券的目标。故投资者投资炒作差价的心理将变为稳健投资持有收息的时候，债市的波动率将大大降低，走势也将趋向平稳。

由于对以上未来几年债券市场投资环境的分析及预测，未来几年债券市场波动幅度将可能小于2002年，整体走势也可能比较平稳。

二、债券收益率变化趋势分析

1、企业债券、金融债券与国债收益率差的变化趋势

2002年内同期限金融债与国债收益率差的波动区间为0.2%~0.8%（见图1），企业债与国债的收益率差的波动区间为0.8%~1.3%（见图2），期限短的债券之间收益率利差小，随着债券期限的增加，收益率差也定会逐渐拉大。收益率差之所以产生是因为：第一是流动性差、风险较大，所以收益率利差是流动性溢价的反映；第二是信用风险补偿，尽管金融债、企业债的信用等级也较高，但与国债相比，三者之间的信用级别是有差别的。因为企业债券的信用等级低于金融债，所以与国债的收益率差的绝对值高于金融债；第三是利息税，企业债与金融债所得须预收20%的利息税，而国债是免税的。如期限为10年的金融债利率为4%，扣税之后的内部收益率就只有3.2%，跟3%的国债也就较接近。

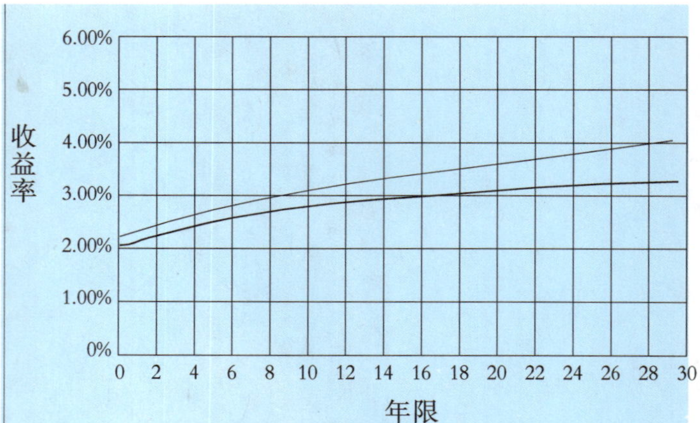

图1 金融债和国债收益率曲线比较图

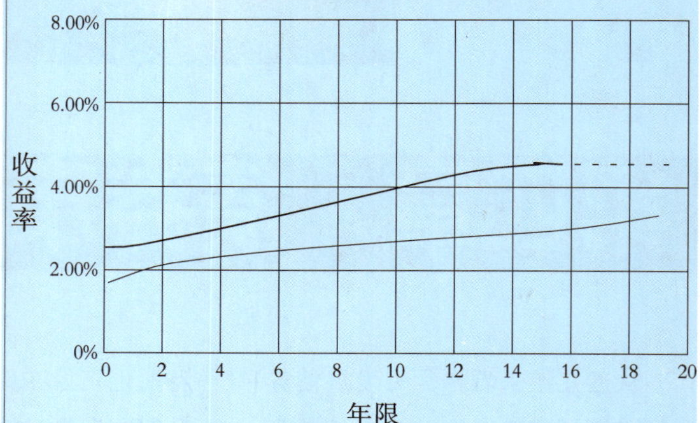

图2 企业债和国债收益率曲线比较图

据估计，造成收益率利差的因素将长期存在，且不会出现大的变化，因此预计未来的收益率利差的波动区间也将保持相对稳定。

2、国债的收益率曲线结构变化趋势

市场环境是影响债券市场整体走势的重要因素，但收益率曲线结构调整是决定不同券种合理定价以及价格变化趋势的关键因素之一。现选择4只剩余期分别为5年（9905券）、7年（9908券）、10年（010112券）、20年（010107券）的国债进行对比，通过计算比较这四只债券2002年内的收益率差可发现，截至2002年10月31日，前三只现券与剩余期限为20年的国债年内不同时期的收益率差，预测收益率结构的调整趋势。从统计图表3的数据及曲线结构波动分析后可知，当前的收益率期限结构不尽合理，即不同期限债券的收益率差相对较小，有修正要求。

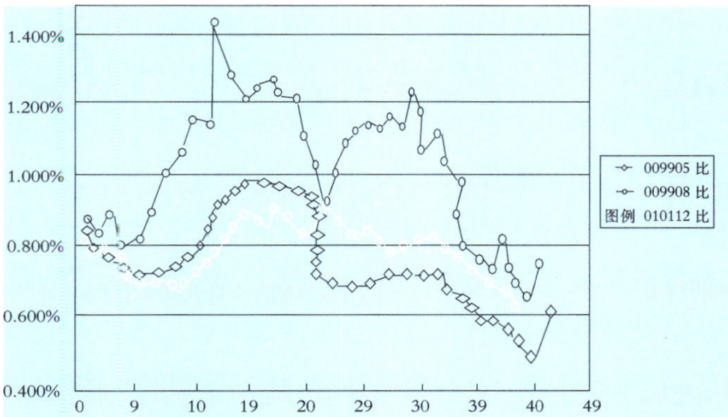

图 3　2002 年部分债券收益率差统计示意图

现可从两方面来分析其修正方式：其一是比较分析这四只债券2002年内的收益率波动。可得出剩余期限为5年、7年、10年的3只债券当前收益率已达到或接近2002年2月21日降息前后的水平。但剩余期限为20年的债券收益率与年初的水平仍有差距，因此收益率曲线依旧扁平（见图4）。

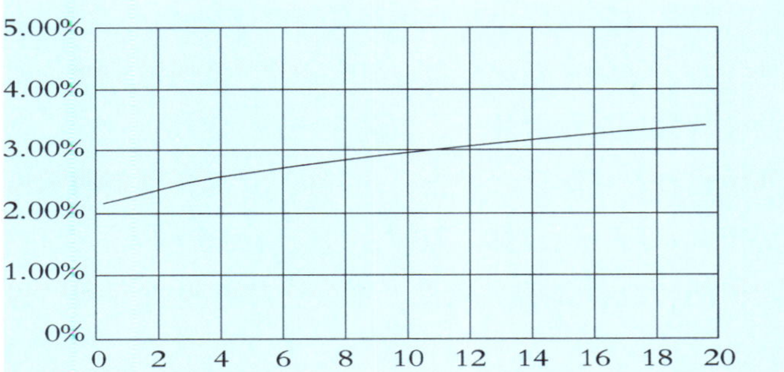

图 4　2002 年国债 010107 券交易所收益率曲线图

另一方面可对比参照美国的国债收益率水平，可以发现国内不同期限国债的收益率差是偏小的。由于美国的债券市场比较成熟，其收益率曲线结构也比较稳定及合理。因此，未来国内长期债权的收益率水平的调整压力比较大。

同时，结合对债券市场收益率变化趋势的分析，可以对债券市场收益率水平进行适当预测，主要体现在以下几个方面：

1、对债券市场金融债及企业债收益率预期

出于对市场环境及收益率曲线结构调整趋势的预测，并结合当前债券市场的收益率水平及考虑到市场的波动因素，可以预计未来几年内债券市场国债的年平均收益率波动区间为2.7%到3.5%之间（见表一）。

表 1　证券市场部分国债现券行情一览表

名称	剩余年限	票面利率	久期	凸性	收益率
96 国债(6)	3.597	11.83%	3.02	12.94	2.47%
02 国债(14)	4.959	2.65%	4.58	26.11	2.74%
96 国债(8)	0.981	8.56%	0.96	1.88	1.79%
02 国债(10)	6.77	2.39%	6.13	45.28	2.70%
97 国债(4)	4.825	9.78%	4.02	21.59	2.70%
02 国债(3)	9.441	2.54%	8.17	80.02	2.72%
99 国债(5)	4.781	3.28%	4.36	23.99	2.80%
21 国债(15)	6.11	3.00%	5.38	36.28	2.79%
99 国债(8)	6.874	3.30%	6.07	44.99	2.90%
21 国债(12)	8.975	3.05%	7.75	72.14	2.96%
20 国债(4)	7.537	R+0.620%	0.52	0.79	2.41%
21 国债(7)	18.726	4.26%	12.81	215.62	3.52%
20 国债(10)	5.016	R+0.380%	0.02	0.02	2.39%
21 国债(3)	5.458	3.27%	4.87	29.85	2.83%

2、对债券市场金融债和企业债收益率的预期

据预计金融债、企业债与国债的收益率利差波动范围依然有效。即金融债的平均收益率税前波动区间为2.9%到4.3%之间，企业债的平均收益率税前波动区间为3.5%到4.8%之间。当然，这只是正常合理的收益水平，此外市场的变革也将提供新的投资机会。

3、对债券市场可转换债券收益率的预期

到2002年10月31日为止，交易所共有7家可转债挂牌交易，当前可转债市场面临着几个突出问题：首先是可转债的票面利率转换价格、修正、赎回和回售等条款制定得不尽合理，无法体现投资价值，甚至有很大的风险；其次是大多数转债上市即跌破面值，且可转换价格除茂炼转债之外都有不同幅度的贴水，有的贴水率甚至达近20%，如燕京转债的贴水率高达18.81%。所以除非启动向下修正条款，否则转债的可能性极小，这无疑对投资者心理预期造成了较大的负面影响。其三是股市持续低迷也使转债的保值及盈利效益大打折扣，并造成可转债发行出现困难，交易清淡，整个市场不能形成规模。其四是可转债是一种看涨期权，价格中应包含期权价值，但由于国内证券市场发展历史短，数据统计规律的可参照性不强，故西方如Black-Scholes等期权定价模

型不完合适合测算国内可转债的价值。

需要指出的是可转债价格随股价下跌致使其投资价值凸现。从表二可以看出，除茂炼转债之外其余6家转债的到期收益率都高于或接近一年期储蓄存款利率1.98%，其中丝绸转债的到期收益率为2.469%，已经十分接近三年期储蓄存款利率2.52%，具有相当的投资价值。另外拟发行转债的上市公司也相继修改了相应条款，如雅戈尔公司公告逐年提高转债的票面利率，对转股价及赎回条款也进行了修订，增加了转债的纯债券特性，也突出了其债券投资价值。

表 2　债券市场可转债品种指标对比一览表

	丝绸转债	机场转债	阳光转债	燕京转债	万科转债	水运转债	茂炼转债	雅戈尔转债
现金流（第一年）	1.8	0.8	1	1.2	1.5	0.9	2.2	1
现金流（第二年）	1.8	0.8	1	1.2	1.5	0.9	117.6	1.8
现金流（第三年）	1.8	107.18	101	1.2	1.5	0.9		104.7
现金流（第四年）	1.8			1.2	1.5	0.9		
现金流（第五年）	101.8			101.2	101.5	100.9		
贴现率（企业债）%	3.40	2.92	2.92	3.40	3.40	3.40	3.18	2.92
纯债券价　值	92.76	99.84	94.56	90.04	91.40	88.68	112.61	98.71
转债价格	96.97	103.40	97.57	96.50	98.60	97.07	115.46	
股票价格	7.32	9.76	10.11	8.63	11.13	11.27		
转股价	8.78	10.00	11.41	10.59	11.90	12.09		
转换贴水率%	16.62	2.4	11.39	18.81	6.47	6.78		
期权价值	4.21	3.56	3.01	6.46	7.2	8.39		
到期收益率%	2.469	2.304	2.29	1.964	1.911	1.867		

注：以上均为 2002 年 11 月 4 日数据，到期收益以 11 月 5 日计算

三、债券市场的投资机会与策略

1、金融债券市场的投资机会

近年来我国开发银行推出的金融债始终在进行品种创新。如1999年率先推出浮动债、2001年推出选择权金融债本息拆、到2002推出本息拆金融债，这在极大程度上丰富了债券的品种。同时创新券种也往往类似于新股上市，市场对新品种定价普通存在偏差，这其中自然有投资套利的机会。另外，未来几年允许证券公司发行金融债券的措施也定会推出，而证券公司发债的规模、期限、利率、信用程度以及税收条款将与国债、企业债存在差异，而差异就意味着投资机会、获利机会。因此，证券公司有望成为未来几年债市的新的利润点。

2、企业债券市场提供的投资机会

今后，据预计企业债券市场制度的创新和建设也将使市场出现阶段性投资机会。首先2003年年初的沪深两市相继推出的企业债回购交易及债券交易费率的下调将有利于企业债市的流动，从而创造了新的投资机会。其次，企业债抵押回购业务的推出将会增加企业债的投资价值，活跃企业债市场的交流，市场会出现阶段性的投机机会。最后，当前企业债市上已流通的企业债都几乎有相同的共性，即债券发行的主体所有制性质相同、信用评级全部是AAA级，缺乏所有制性质及信用评级的差异，也就无法丰富整个企业债市场的层次。而随着国内企业债券市场的逐步发展，企业债发行主体范围的扩大、信用评级体系的逐步建立，不同信用级别的企业债将势必相继推出。作为信用风险补偿的收益率水平也将拉开差距，市场品种的丰富和层次的建立也就将相应地增加市场活跃程度，创造出更多的投资机会。

3、可转债市场提供的投资机会

通过对国内股市历史走势的统计分析后可发现，上证指数历年的波动幅度都在30%以上。虽然可转债价格的波动幅度虽相对较小，但随股市波动则是必然的，这其中也就存在阶段性的投资获利机会。况且发债的上市公司基本面一般较好，假如公司经营出现积极的变化，转债的转股价如明显偏低，也就会存在投机套利的机会。

另外，可转债具有投资和投机两相宜的特点。一旦无法转股，投资者持有转债将获取投资债券的基本收益；而当相应的A股股价超过了转股价，则可转债就具有了投资套利的机会。因此，债券的特性决定了可转债具有一定的投资价值，而作为股票期权，可转债的收益风险之比又较高。所以当市场走势具有较大的不确定性时，可转债是合适的投资选择与组合品种。

4、国债回购市场的投资机会

由于债券尤其是国债与回购融资都是利率产品，利息收入是主要收益来源，两者间有极强的替代性。2002年交易所国债回购利率平均波动范围为1.85%-2.85%，特别是长期回购利率已经超过5年期债券收益率，很明显存在跨期套利的机会。此外，2002年银行间回购平均利率波动范围为2.05%-2.35%，与交易所回购利率存在利差。这就为可同时参与两个市场的投资者(如基金公

司、证券公司、保险公司等)进行跨市套利提供了机会。

5、恢复国债期货交易提供的机会

2002年债券市场的大幅波动使得债券投资风险得到了充分显示，因此债券市场迫切需要国债期货交易，以为投资者提供规避利率风险及价格风险的工具。由于推出国债期货交易条件也基本成熟，因此在未来恢复国债期货交易是肯定的。而因为期货的杠杆效应，市场套期、套利与博弈的机会也将大大增加。

6、银行间债券与交易所债券市场的融合提供的机会

如今，从推出商业银行债券柜台交易到允许商业银行代理非金融机构从事债券业务可以判定两个分割市场的融合已经初显端倪。在未来几年里，两者势必走向统一。由于交易所债券市场的交易机制和市场定价机制完善，市场效率较高、流通性较好、投资者结构也较复杂，但市场规模小，交易品种少，在证券市场中处于从属地位。而银行债券市场恰恰相反，其市场规模大、交易品种也较丰富，而且中央银行定期公开市场业务为判断利率变化趋势提供了重要的参照。但银行债券市场也存在询价交易方式的效率低，投资者结构单一，买卖方向超同，缺乏交易对手，致使交易不活跃，市场定价效率较低等缺陷。在未来一段时间内，由于这两个市场的互补性很强，两者势必走向统一融合。因此在这个过程中市场分割造成的债券或回购的收益率差异将被跨市套利行为所熨平，这将为投资者特别是机构投资者提供了短期的投资机会。

通过上述中对未来几年市场环境及债券曲线结构变化趋势的研究判定和投资机会的预测分析，可以预计未来债券市场价格的整体波动幅度将有可能小于2002年，预计平均投资回报率在3%-5%之间。所以投资者应在心理上适当调低收益预期，立足于获取稳定合理的投资回报。为此投资者应针对债券市场的投资机会、及根据市场行情与趋势，有选择地采取如下投资策略。

(1)资产分配策略。资产分配策略对于证券公司、保险公司、基金公司及金融机构委托资产管理业务，是投资成功与否的决定性因素。事实上也是在金融资产的收益性、安全性与流动性之间进行权衡的结果。在未来债券市场投资的资产分配策略也应以安全性、流动性及收益性为资产配比原则，并结合现金管理来制订具体的资产分配策略。由于持有现金也将获取一定的利息收入包括逆回购融出资金，因此它们都是最安全与流通性最好的债券“替代品”，所以债券与现金的比例应作为资产配比的重点。

(2)采用板块组合策略。目前的债券品种有金融债、企业债、可转换债和国债四大板块，由于前三者在市场存量以及流通性方面相对国债具有明显的劣势，因此国债应为板块组合的重点。金融债与企业债的名义收益率都高过同期的国债，但考虑到利息及信用风险溢价的因素，实际收益率与国债相比也并没有优势。不过考虑到对于基金暂不收税，从而使避税成为可能等因素，它们的收益率也具有“局部”优势，因此可作为板块组合的一部分。

(3)可转换债券是获取超额收益的重要组合品种。股市的下跌使可转债凸现了债券特性，提升了其基本投资价值。但股市的波动幅度要比债券大许多，可转债的股票期权特性将使其随股市波动。因此，持有可转债的收益有机会高于普通债券的平均收益率。

(4)保险公司等应采用被动免疫组合投资策略。保险公司采取的资产负债管理模式，结合其自身特点应采用被动免疫组合投资策

因为保险公司的负债与资产在现金流、期限等方面要做到相互匹配，而严格的匹配又难以达到，因此被动免疫组合投资策略是切实可行的。即组合资产的收益率、久期和凸性与负债相匹配，能有效地规避利率波动风险。

(5)券商自营、资产管理和基金的投资业务等应用积极的组合构造策略。券商自营、资产管理与基金的投资业务等都是以追求收益或利润追大化为目标，应该采用积极的组合构造策略。在本文第二部分中通过收益率曲线结构变化的分析，可以得出中短期国债的收益率比较合理，有相当的投资价值；而长期国债收益率较低，有向上调整的动力，即收益率曲线有变陡的趋势。因此投资者宜集中投资期限5年到7年的债券品种，组合久期应控制在5年之内，这样就既可获取稳定合理的收益，也可较大程度回避利率波动风险，并且这些国债品种的波动性也比较好。

另外，还可利用市场定价错位、制度创新以及不同品种、市场之间差异所产生的机会，进行积极套利操作。

因此，在未来一段时间内，我国债券市场还是存在许多投资机会的，只要我们对投资形势有个正确判断，并采取适当的投资策略，是能从中获利的。

第五章　积极发展公司债券破解企业融资难问题

略。　　公司债券是一种与国债、金融债券相并列的基本债券。作为一种重要的企业融资工具，在国外成熟资本市场早已被普遍采用，如在美国，2000年通过公司债券融资的总额高达5066亿美元，为同期股票融资总额的16倍。而在我国，2002年以来，公司债券虽增大了发行规模，但依旧远落后于国债、金融债和股票的规模。公司债券市场发展滞后，不仅严重影响了银行等金融机构的资产优化，投融资体制改革和证券市场的规范化建设，而且严重影响了国民经济的可持续增长，也严重影响了企业的资产运作、投资选择和市场竞争力的提高，使企业融资难的问题迟迟难以解决。因此，积极发展公司债券市场，以解决企业融资难，促进国民经济发展已是一项十分紧迫的重大政策课题。

一、2002年我国公司债券发展概况

2002年，我国债券市场出现了一些喜人变化，种种迹象表明，我国的企业债券市场即将迎来新的快速发展阶段，与以往相比，2002年以来企业债券市场发展中出现的变化主要有：

第一，发行规模扩大。2002年以来，我国企业债券的发行规模较以往有所扩大，主要表现在两个方面：一是发行家数增多，总规模扩大。加上2002年10月23日发行80亿元的中国移动通信企业债，我国2002年以来发行的企业债券的规模已经达到280亿元，而2001年全年的企业债券发行规模仅为179亿元，截至10月23日，企业债发行规模已比2001年增长56%；二是单笔企业债的发行规模有所扩大。10月23日发行的80亿元中移动企业债券则是我国迄今为止发行规模最大的一期企业债券。

第二，发行期限变长。随着发行规模的扩大，2002年以来，我国企业债券的发行期限也逐渐变长，不仅15年期的品种越来越多，而且首次出现了20年期的品种，

表1　2002年1—10月发行的企业债券

债券名称	发行时间	发行量(元)
中国金茂债	4月28日	10亿
首都公路发展债	5月29日	15亿
中航技债	6月17日	10亿
国家电力公司电网建设债	6月19日	40亿
2002神华债	7月23日	10亿
远洋运输集团债	8月29日	20亿
2002三峡债	9月22日	50亿
中信金融债	9月26日	45亿
2002中移动债	10月23日	80亿

表2　1986-2002年企业债券、国债、金融债、A股筹资额对比

(单位:亿元)

年份	A股筹资额	企业债券	金融债	国债
1986	0	100	30	63
1987	10	30	60	117
1988	25	75	65	189
1989	7	75	61	224
1990	4	126	64	197
1991	5	250	67	281
1992	50	684	55	461
1993	195	236	0	381
1994	50	162	776	1138
1995	23	301	200	1511
1996	224	269	337	1848
1997	655	225	950	2412
1998	443	148	736	3809
1999	573	158	809	4015
2000	979	83	1536	4657
2001	957	179	2590	4884
2002年前9个月	593	280	2175	3069

第三，发行利率进一步市场化。继2001年广东核是集团发行总额为25亿元的七年期企业债券，债券利率首次引用国际流行方式，在路演和薄记建档基础上，由发行人和主承销商确定最终利率后，2002年中国移动等公司发行债券仍沿用路演模式，用市场化的方式确定发行价格。

第四，发行受到热烈追捧。2002年由于股票市场持续疲软，企业债券市场已经成为相关机构，特别是证券公司的重要竞争领域。加之企业债券承销费用优厚，平均费率可达1.5%，使不少券商相继看到了新的盈利增长点，2002年以来，企业债券发行承销商团成员需求量大，基本都在15家以上，一些精明的券商已经将其视为公司的利润增长点，甚至开始利用企业债券的吸引力，扩大其机构客户群体，拓展销售网络。投资者对企业债券的投资热情也空前高涨。自2002年初以来，企业债券一直处于供不应求状态，例如，中航技债券首日发行便被一抢而空；首都公路债券在两天内就已售罄；发行总额为10亿元的2002神华集团公司债刚刚面向市场销售，主承销商国家开发银行就招来了25亿元的申购资金；而2002三峡债发行还未结束，一级半市场就已炒作开来。

第五，企业债券市场创新不断。在交易手段上，沪深交易所相继推7天以下短期企业债回购交易。与此同时，企业债券也一改以往由政府信誉作担保的模式，如2002年4月发行的中国金茂(集团)股份有限公司企业债券融资由商业银行提供担保，开创了国内企业债券进一步发行担保的新形式。

第六，新的《企业债券管理条例》即将出台。新法规将在四个方面进一步体现市场化：其一是利率市场化；其二是打通民营企业发债的通道；其三是放宽募集资金使用用途；其四是由过去的审批制改为核准制。新的《企业债券管理条例》无疑将直接推动企业债券市场的发展。

另外，沪、深证交所推出的企业债券回购交易也将大大提高企业债券对投资者的吸引力，从而成为活跃企业债券市场的"催化剂"。

二、我国公司债券融资的作用分析

与股票、银行贷款等融资方式相比,公司债券这一融资方式的作用主要表现在以下几方面:

1、有利于降低企业融资成本

公司债券包括无风险利率、系统风险(市场风险)、公司特有风险(如违约风险等)以及信息不对称的补偿。一般来说,知名度高、美誉度高、盈利能力强、有稳定现金流的企业能够从市场上以较低的利率融资。这是因为公众对这些公司的经营方式及管理模式比较熟悉,盈利能力强和稳定的现金流使企业偿债能力强,企业发债付给投资者的风险补偿就相对较低。另外,投资银行在公司债发行过程中,承担着包销商、经纪人和交易商等的市场中介作用,由于投资银行间的竞争及信息的标准化,发行债券的市场中介费用也相对较低。而银行直接承担了贷款风险,因此往往需要花费大量精力及财力处理信息及监管企业,所以其成本也往往比投资银行要高。

2、有利于减少金融体系的系统风险

总的来说,公司债在风险评估及风险释放方面都优于银行贷款。这是因为,第一,由于债券的投资者对公司的经营结果有更加直接的关注,在风险评价上也就比银行家有更良好的记录所以他们有更强的动机来做正确的风险调整;第二,政府不可能通过干涉来影响分散的公司债权投资人的决策;第三,失效的银行体系因为没有适当的风险调整而积累风险,而公司债券的二级市场价格能够反映风险的变化,通过价格变动可逐步释放风险;第四,公司债发行涉及到众多公共投资者,风险得以大量分散,因此公司债券市场比银行贷款能够分散或承担更多的风险。第五,与银行贷款相比,债券市场的融资机制并没有直接减少债务人(债券发行人和银行的借款客户)违约的风险,但是由于债券市场有很强的流动性,债券持有人可以在发现违约概率增大时及时出售债券,或是在债券价格下跌时出售债券止损。债券市场活跃的交易机制,创造出巨大的流动性机会,它提供了分散转移风险的手段,这是传统银行存贷业务所不可比拟的。所以,公司债券市场能承担银行所不愿意承担的高风险的长期融资,能降低银行资产负债的期限不匹配,降低银行借短贷长的压力,从而降低银行危机的可能,减少金融体系的系统风险。

3、有利于公司增强自我约束能力

在银行贷款融资方式中,企业不能偿还银行贷款时,只会在该贷款银行内丧失信誉,影响范围小程度轻。而公司债券一旦无法还本付息,就会在全体公众投资者中遭受名誉损失。而且,公司债券市场信息披露会使广大社会公众随时了解掌握公司的信誉度。公司名誉一旦受损便很难再恢复。因此,在发行债券的情况下,公司会更自觉加强财经纪律等自我约束力,尽可能履行债务,以保护其信用度。

4、有利于优化金融资源配置,提高资金使用效率

当前我国经济已连续几年处于通货紧缩之中。通货紧缩的原因是多方面的,其中一个原因是金融压抑。银行系统和资本市场没有将稀缺的资金分配到最需要的地方。因为资金过于积压,银行本可以成为基准利率的国债收益率也被扭曲到险象环生的地步,积累了巨大的风险。近似统一的贷款利率并没有区分借款人的实际风险,这些风险被转嫁到银行贷款人即银行那里,从而造成了银行呆账坏账。而消除金融压抑的一个有效办法就是大力发展企业债券,让不同的企业以不同的价格获得资金,让资金按照需求程度与风险系数自动排队，这将大大提高资金的使用效率，在很大程度上弥补银行系统分配资金效率的不足。债券融资有利于系统约束公司负债行为，促使其改善资金使用效率，提高项目的成功率，降低投资的随意性。企业债的一借一还所包含的基本信用要求，将从源头上推动整个资本市场重建信用。

此外，发行债券的利息可以在税前支付并计入成本，具有“税盾”的优势。在企业资产负债率较低，而资产收益率较高的时候，发债可以改善财务结构，提高每股收益。和股票相比，发行债券不会影响公司的所有权结构和日常经营管理。并且国外经验证明的结果也表明，发达的公司债券市场对经济能提供更好的保护。

三、我国公司债券发展的新思路

自2002年以来，企业债券市场的优势也逐渐得到了社会各界的认同，管理层也出台了一系列政策措施以促进企业债券市场发展。但为进一步发展企业债券市场我们必须借鉴总结国外经验，并结合我国的现实国情，用新的思路和措施来促进我国企业债券的发展。就目前而言，迫切需要采取的措施有：

1、加快修改并完善有关法律法规

为促进公司债券市场发展，有必要按照实行国民待遇的要求及国际惯例，调整和规范公司债券的多项法律法规条款：

(1)明确公司债券的含义和内容，废除“企业债券”这一不规范的提法及有关规定。《公司法》及《企业债券管理条例》是目前发行债券最主要的法律法规。但这两项法律法规都是计划经济时期出台的，已经基本不适应市场经济的需要。从发债主体的规定上可看出，它们事实上都是便利国有企业发行债券的法规，所以才有了不伦不类的“企业债券”称谓；从发债目的上也是为了筹集经计委批准的建设资金；在利率上也规定了不超过银行利率的40%的限额。因此，在社会主义市场经济已初步建立的今天，应废除“企业债券”这一提法，改称公司债券；筹集的债券资金的用途也应由公司在有关规定下自主使用；利率应由市场决定，风险高的利率也应高，风险低的利率可低些。事实上2002年中移动发行80亿元的债券时，利率已突破了40%的限制。

(2)公司债券的发行由审批制改为核准制。根据《公司法》及《企业债券管理条例》的有关规定，发债资金必须投入计委部门审批的投资项目，所以发债的前提是企业投资项目已得到计委部门的审批，而计委部门审批投资项目的一个重要前提

又是企业已落实项目的投资资金，因此二者互为前提，互为制约。在市场经济条件下，公司债券的发行本应采取完全由市场选择的制度，但在立即实行这一制度有难度的情况下，可先考虑实行核准制。即由有关主管部门组织专家对发行人的申请予以合规性核查，只要达到有关法律法规规定的条件，均应准许发行人的申请，但是，核准制的实施应有

向登记制度转变的明确时间表。

(3)完善规模控制制度。当前有关法律规定，企业累计发行债券总额不能超过资产的40%，这是一个很低的数量界限。在国外一个公司的负债总额通常可达到净资产的120%以上(目前，我国企业的债务与净资产比例一般在65:35即债券为净资产的185%左右)。因此在市场经济新形势下发行公司债券应是发行人的自主权益，何时发行，发行多少，发行什么种类的公司债券等等，应由发行人自主选择，不应采取行政手段予以控制，更不应该由中央政府有关部门直接控制。

(4)对发债主体限制的放开。根据《公司法》第159条规定及《企业债券管理条例》第2条规定，实际上决定了除股份有限公司外，发行公司债券主要属于国有企业的特权范畴。而在国外公司债券基本由民营企业发行，我国法律法规的规定，与国际惯例差别甚大。这种差别突出反映了计划经济的思路与运作机制，不符合市场经济的基本原则。民营企业是市场经济的主体，也是国民经济的主体，因此，发债主体不应再按所有制划分，而应扩展为符合发债条件的股份公司和有限责任公司。从国外实践来看，国有独资企业(不论其是否实行公司制度)发行的债券都应列入国债或地方政府债券范围，不应列入公司债券范围。国家投资新建的工程，在融资方式上，可以选择国债、市政债券等，而不应采取公司债券形式，更不应因此而限制甚至不准其他类型企业发行公司债券。

(5)放松品种限制和投资限制。公司之间对发行何种公司债券有着不同的要求，将公司债券简单规定为固定利率公司债，既不利于满足各家公司的不同需求，也不利于以公司债券为基础的金融产品创新。因此对公司债券的品种不应作过多的限制，并且在投资资格上，除部分特殊机构外，应准许竞争性产业的机构、财务独立的社团法人结构等参与公司债券市场的投资和债务交易。

(6)在制定公司债券的法律法规时，要和公司法、破产法的内容相协调，把企业融资方式的改革和建立现代企业制度结合起来，应该给市场的发展留下充分的空间。特别是考虑到利率市场化的未来趋势，企业债券的定位应更多地从已经市场化的国债为基准，而不是以银行存款利率为基准。立法时要把保护投资人的利益放在重要位置，使信用制度建设和加强企业的预算硬约束结合起来。

2、加大宣传力度，促使投资者及发行人客观认识公司债券

公司债券固然有一定的违约风险，公司债券作为一种金融产品，本身具有一定风险，这是毋庸置疑的。因为在正常的市场经济条件下，公司债券本身也因发行人经营状况变化、宏观政策调整及其他因素影响而具有风险但这种风险就总体而言小于股票风险，那种认为公司债券的风险高于股票等金融产品的风险是十分错误的。既然我国许多投资者能够接受股票市场的风险，也应能接受公司债券市场的风险。

3、完善公司治理结构，强化股权约束

在“一股独大”、“股票非流通”等现实条件下，上市公司融资容易以大股东的利益为主导，而非以企业的长远发展为主导，这就造成了企业较偏重于银行贷款及股票发行来融资，而对债券融资的内在积极性不大。因为采用债券融资，企业将来要面临还本付息的压力，相反采用股权融资，可借钱不还，对管理层、大股东的压力要小得多。因此当前要切实采取措施，按照《公司治理准则》完善公司治理结构，改变上市公司“一股独大”、“内部人控制”现象。对上市公司募集的资金要严格监管，防止“借钱不用”、“借钱滥用”、“借钱不还”等现象的发生，严厉打击股市中的投机现象，以防止上市公司上市“圈钱”的活动。同时，监管部门要通过一系列的行为准则、规章制度来约束公司高管人员，促使他们以股东权益最大化为目标，以改变目前有些公司“重上市、轻发债”的行为，促使更多公司采取融资成本和费用更低的发债融资的手段。

4、切实维护债权人的权益，防止到期不能兑付，损害债权人利益的行为发生

不管任何条件下，债务人不得以任何借口超越公司债券的契约规定侵犯甚至损害债权人权益。为此，在公司拥有众多类债权人(如银行贷款债权人、债券债权人等)的情况下，应明确公告公司债权人的偿付顺序(如第一债权人、第二债权人、第三债权人等)；在债务不能按期清

偿债券本息的情况下，需要落实债权人会议制度、公司清偿制度及完善破产制度；在债务人侵害侵权人权益的情况下，要落实债权人诉讼制度、民事赔偿制度等。同时建立健全的社会信用体系，增加发债主体的诚信意识，防止恶意避债行为的发生。

5、完善有关制度安排，增强债券市场流通性

从流通市场看，企业债券的换手率低于其他金融品种，而企业债券流动性不足会制约企业债券的发展。为增强公司债券市场流通，迫切需要完善有关制度，为此：其一，管理层要放宽对债券利率的限制，以增强公司债券对投资者的吸引力；其二，完善债券交易市场，通过发展企业债柜台交易等不同层次的场外交易市场来完善债券交易市场。同时大力培育和发展机构投资者，以增强公司债券的流通；其三，推行债券利率市场化改革，逐步扩大发债主体范围，通过信用级别的变化及利率的波动来增强债券市场的流通性；其四，扩大公司债券市场规模，防止公司债券交易价格受“庄家”影响，使其交易价格不偏离其内在价值，进而增强公司债券对投资者的投资需求。

6、积极培育发展各种中介组织，提高服务质量

公司债券市场的发展需要信用评级机构等中介机构的参与，这些中介机构服务质量的高低直接影响着公司债券市场发展的状况。因此除了努力提高中介机构的业务素质、操作技能外，还应让中介机构在不断的市场竞争中提高自身的专业能力与市场信誉度，最终形成公允的信用评级等体系。为加快信用评级等体系的形成可考虑引进国外知名的信用评级等中介机构，以填补国内信用评级等方面的不足，促进业内服务整体质量的提高。同时要加强对中介机构的监管。

7、不断对企业债券进行创新，满足投资者的多样化需求。

其实在我国企业债券的创新已经展开了，如98三峡债(8年期)实现了按年付息、99三峡债则实现了浮动利率与债券期限突破10年、2001年底国家开发银行宣布发行10年期既可赎回又可提前回售的债券，投资者在第5年的付息日可提前回售，同时，从第6年付息日起，发行人也可提前赎回，实现了期权与债券的组合。2002年金茂(集团)股份有限公司发行10亿元企业债，资金用途中包括偿还旧债，突破了《企业债管理条例》中规定用于本企业的生产经营的限制。这些创新对债券市场的发展无疑有很强的借鉴意义。下一步是积极开展包括债券期限、票面利率、支付方式、债券衍生等方面的创新。公司债券可以考虑发行中长期债券，考虑发行浮动利率债券，设计不同的支付方式，将期权与债券组合形成衍生品种，以进一步满足投资者的多样化需求。

8、规范公司债券市场的政策取向，严格市场监管

公司债券市场应避免股票市场不规范现象的重现，就必须从一开始就端正规范公司债券市场的政策取向及监管取向，否则，公司债券市场的风险不仅不会因严格监管而降低，反而会更加严重。为作好公司债券市场的监管，必须做到以下几点：其一，要有明确的指导思想，统一的监管思路及细化的监管框架；其二，强化公司债券信息披露制度。公司发行债券应按有关规定及时、准确、完整地披露各项重大信息，以提高公司债券运作的透明度，增强投资者及社会各界对发债公司的监督约束力度；其三，强化各方主体的法律责任。公司债券的发行涉及到发行人、证券商、资信评估机构、财务审计机构、律师事务所等诸多机构。要切实维护债权人的权益，必须严格防范公司债券发行过程中可能发生的各种弄虚作假行为。因此，需要强化这些机构及其当事人的法律责任，一旦发生违法违规行为，就予以严厉惩处；其四，变单一监管为多重监管，政府有关部门行使宏观政府监管职能，社会中介机构尽其微观层面上的风险揭示义务，使全过程监管具有完整性、连续性、预警性。

目前，发展公司债券的呼声越来越大，新的《企业债券管理条例》也即将出台，种种迹象表明，大规模的公司债券融资已是山雨欲来风满楼。可以预期，今后公司债券的发行节奏将加快。利率、利率结构、还款保证方式将更丰富，对企业性质、产业性质、项目性质、资金用途的要求和审批程序将大大放宽，这有利于为企业创造良好的融资平台，促进企业的健康与可持续发展。

VOLUME 8

第八卷

证券市场的诚信建设

- 诚信建设：证券市场规范发展的支柱
- 上市公司诚信责任分析
- 证券公司诚信责任分析
- 上市公司与投资者信用链的构建
- 证券中介机构诚信责任分析
- 证券市场诚信体系的建设与完善
- 从美国的法制建设看诚信

第一章　诚信建设：证券市场规范发展的支柱

一、诚信责任是证券市场信用约束机制的根基

二、诚信建设是完善证券市场结构和创新金融品种的需要

三、诚信建设是完善公司治理，规范证券中介行为的需要

四、诚信建设是化解市场风险、保护中小投资者利益的重要手段

第二章　上市公司诚信责任分析

一、上市公司诚信缺失表现

二、强化上市公司诚信责任的深远意义

三、上市公司要坚守诚信责任

第三章　证券公司诚信责任分析

一、证券公司诚信建设的时代意义

二、证券公司要坚持诚信责任

第四章　上市公司与投资者信用链的构建

一、从“科龙事件”看上市公司对投资者的信用缺失

二、投资者同样面临信用问题

三、上市公司对投资者的诚信责任

四、投资者对上市公司的诚信义务

五、上市公司与投资者的良性互动

第五章　证券中介机构诚信责任分析

一、证券中介机构诚信缺失表现

二、证券中介机构诚信责任建设的重要意义

第六章　证券市场诚信体系的建设与完善

一、证券市场诚信体系建设的必要性和紧迫性

二、证券市场诚信体系建设应坚持的原则

三、建设与完善证券市场诚信体系的七大举措

第七章　从美国的法制建设看诚信

一、诚信产生于法制化

二、信息披露原则的确定

三、法制体系与投资者保护

四、破产法作用清晰

五、政府的强力介入

加强诚信建设，对证券市场的长期发展有重要意义。它可以保障信息传递的准确性，进而促进资源的有效配置，有利于实现社会公正、公平。它是社会主义现代化建设的内在要求，是证券市场健康有序发展的前提，它是保护中小投资者利益的有效措施。

证券市场应该建立在信用制度的基础之上，背信弃义虽然可以获得一时之利，但证券市场要长期发展，就必须恪守诚信原则。诚信建设成为证券市场规范发展的支柱。

第一章 诚信建设：证券市场规范发展的支柱

我国的证券市场在短短的12年时间，从无到有，从小到大，超常规地迅速发展壮大起来。截至2002年底我国上市公司达1224家，证券市场总市值已达3.8万多亿元，占GDP的比重达38%左右。这是我国建设社会主义市场经济体制取得的一个巨大成就。证券市场的培育发展，为长期困扰我国经济发展和国有企业改革提供了有效途径和手段。但是，随着证券监管执法力度的加强，我国证券市场上一些令人触目惊心的违法违规案件和造假典型相继被揭露。这些缺乏诚信的行为长期以来被隐藏和掩盖，造成我国证券市场一定程度的表面繁荣，对中小投资者利益造成了损害，打击了投资者的市场信心。证券市场已面临诚信危机，严重阻碍了证券市场的规范、健康、长远发展。中国证券市场迫切呼唤诚信建设。

市场经济不仅是法制经济，更是信用经济，市场经济信用原则的核心是诚信守诺，完整履约。信用是经济生活中对交易者合法权益的尊重与维护。对市场经济中最难解决的公平问题，最合理的认定来自社会认同感，而认同感的培育是建立在互信的基础上的。效益最大化是经济运行的最终目标，其根本基础在于道德，核心在于诚信。诚信作为一种需要长期精心培养和呵护的稀缺资源，可以创造恒久的价值。纵览世界经济的发展历史，任何成熟的、有持久生命力的经济组织，它们的长久发展与诚信建设都密不可分。

一、诚信责任是证券市场信用约束机制的根基

在商品货币经济条件下，诚信是属于商品货币关系的一个经济范畴。随着商品货币关系的发展，人类经济交易活动经历了从实物交易、以货币为基础的媒介交易到信用交易的变化过程。信用交易作为经济交易活动发展的最高阶段，同前两种交易形式相比，它的优越性在于拓展了交易活动的时空，极大地降低了交易成本，提高了交易活动的效率。而信用交易的产生、形成和发展，不仅需要完善的、强制性的相关法律法规的支撑，更有赖于交易主体信用品德和职业操守的自我约束。因此，构建诚信责任体系就是建立交换主体的信用自律机制，其作用在于有效降低交易监管成本，提高交易效率。

证券市场是市场经济体系发展到非常成熟阶段的产物，属市场体制的高级形式。证券市场作为统一的市场经济体系的一个子市场，居于现代经济资源优化配置的核心地位。由于证券市场的所有交易都是信用交易，市场主体的行为都是信用的真实体现，上市公司发行的股票以及上市后的表现都体现企业本身的信用水平。而信用交易主要依赖的是一套对交易活动成文或不成文的信用约束机制，这种信用约束机制更多的是依靠交易者自觉履行，这样，既是对交易对方合法权益的尊重与维护，也是对自身合法权益的尊重与保护。因此，证券市场的持续、正常运转和健康发展必然要求以更高于商品市场的信用基础为条件。证券资本市场资源配置的效率之所以要远远高于行政手段资源配置，其奥妙不仅在于证券资本市场能够把不易分割的有形资源等分

成股份而便于流动交易，更深的内涵还在于它把信用交易发展到了极至，在证券市场交易中，一个手势就可以代表交易的完成。因此，在完善的证券资本市场上，诚信可以让人们体验到更多的便利，最明显的便是交易效率的便利。

但是证券市场又是建立在虚拟资本的交易基础之上的，而虚拟资本的交易往往又是最容易发生欺诈行为。如果说信用约束机制是一种成本很低的机制，那必须用诚信来维系，否则，就要付出更高昂的外部成本，乃至丧失其资源配置功能。因为信用涉及的不仅是目前的交易，也涉及今后的和未来的交易。一旦信用自动约束体系瓦解，不但现期的交易将会中断，以后的市场也无法运转，整个社会必将因此而损失大量资源。因此，一个证券资本市场最基本的要素是，必须有信用环境。这个基本的信用环境，对于完善证券金融市场体系至关重要。一句话，证券市场的发展离不开信用约束机制。中国证券市场经过十多年的快速发展，取得了巨大的成绩，但也面临一些亟待解决的问题，当前最突出的问题当属信用缺失。因此，发展证券市场，规范证券市场秩序，必然要求诚信责任的重新构建。诚信责任的构建，将成为证券市场规则的基础。

二、诚信建设是完善证券市场结构和创新金融品种的需要

当前，我国证券市场结构中还有一些不完善和不协调的地方，这主要表现在我国企业债券市场规模太小，整个证券市场发展不平衡等。在各国成熟的资本市场上，优秀的企业往往更愿意以债券而不是股票筹资，实力不够强的企业也愿意以较高的债券利率吸引投资者，因此企业债券市场规模往往大于股票市场规模，交易也非常活跃。但我国的实际情况却与之相反，资本市场结构严重失衡，企业债券市场发展不起来，规模太小，股票市场“一股独大”。其实，我国企业债券并非市场没有需求，也不是国家不扶持，根本的原因就在于企业诚信的缺失。

我国企业债券市场也曾有过一段较好的发展期，但自1995年后市场开始萎缩，再也不能很好地发展起来。按照资本结构理论，债务具有硬预算约束的特性，债务人违约将遭受破产形式的惩罚，债务能够发挥其他治理机制所无法替代的作用。但这个理论在中国行不通，中国最初发债的企业主要是国有企业，但也有少数集体企业，也并不排除含有民营企业，比如民营企业参股集体企业或其他。中国的企业银行的贷款可以不还，股票上市后可以不付股东的股息，有发债筹资的愿望而无到期兑付的打算。因为长期的计划经济体制形成了国有企业的一种观念：我的是国家的，国家的也就是我的，因此借钱可以不还，形成国企天生的一种赖债机制。这种赖债机制客观上起到了一种示范作用，既然国企可以借钱不还，集体企业、民营企业又何必要还。于是1993年左右企业债市的辉煌下掩盖着的只能是一场圈钱的闹剧，面临债券到期兑付的现实，这一次企业们面对的不再是国家银行的干部，而是千百万只知道欠债要还的朴素的债民。面对发债要求兑付的声浪，国有企业还有新的许愿的承诺，而其他的企业便有了“关停并转”、“生死逃亡”的赖债失信举措。1995年以来债券市场的萎缩和重新启动的困难正是因为企业对市场信用的严重破坏。

创新是证券市场的生命。证券市场的发展离不开金融品种创新。作为改革开放试验产物的中国证券市场发展到今天的规模本身就是一次成功的金融品种创新和金融制度创新。21世纪是知识经济和经济全球化的时代，知识与金融的结合创新成为证券市场发展的动力。我国利率的自由化、汇率的浮动、新的投资和避险保值的需求不断要求有新的金融产品问世。而以国际互联网为标识的电子通讯全球化则为层出不穷的金融品种创新提供了便捷无比的资金划拨和交易结算的技术手段。当前中国正在全面深入地进行金融体制改革，利率市场化将在三五年之内完成，现有管理的浮动汇率制将更有弹性，企业、政府机构和商业机构、投资者个人都需要更多的能满足不同投融资需求的金融产品；金融中介机构也可以根据资本供求情况的变化和资金需求方的条件自主设计合乎实际的不同规格的金融服务产品满足市场需要。而在证券资本市场品种增加的同时，市场的层次更加丰富，比如创建创业板市场、柜台市场等。但这些所有的证券金融工具的创新都必须有个前

提，即市场参与各方主体要有信用，要以诚信为本，否则所有创新便难免落实。

三、诚信建设是完善公司治理，规范证券中介行为的需要

公司治理是发展证券资本市场，推进企业改革的重要环节。而公司治理的关键，需要培养其诚信意识，帮助其树立诚信责任。中国证券市场的健康发展，离不开信誉优良的上市公司。上市公司是证券市场发展的基石，上市公司的信用状况，直接关系到投资者的信心，决定着证券市场的兴衰存亡。一家公司是否有投资价值而被广大投资看好，不但要看这家公司有没有盈利能力和发展前景，更重要的还要看这家公司是否有诚信。因为盈利能力、发展前景都可以用数据检验，而诚信无法用数据检验。而且诚信在经济交易的时间发生序列上还是一种事后的关系，无法在事前进行测度。这里就包含了上市公司失约的可能，假如一家公司不讲诚信，即便盈利也可以各种借口违反事前的承诺不予分配等。证券市场存在的理由，首先是公司要有价值，其次是上市公司要讲诚信。因为盈利能力、发展前景等可以用数据包装，如果一家公司从上市初衷到具体行为就是想通过信息包装来骗取投资者的钱财，这样的公司所给予市场的便只能是投资负价值。如果负价值特别是包装负价值公司过多，这样的市场就缺乏继续存在的理由。目前我国上市公司诚信缺失的现象非常严重。一些公司刚上市或刚融完资就出现业绩大幅下滑；而募股资金随意更改用途；有的上市公司控股股东违背诚信责任恣意占用上市公司资金；一些上市公司信息披露问题较多，财务报表虚假；更有一些上市公司不守承诺，只图圈钱，不思回报。这些行为，使上市公司面临严重的诚信危机，危及整个证券市场的健康与长远的发展。另一方面，企业信用也是一种生产力，主要体现在它可以使企业降低交易成本，提高效率、摆脱诉讼、提高竞争力等等，是企业的无形资产。作为市场经济体制中的骨干和脊梁，上市公司的信用比一般的企业信用更加重要，因为上市公司的信息是公开披露的，而一般的企业则不用。信息的公开使其传播速度很快，企业的诚信度很快就会得到市场的反馈。如果公司信誉优良，就可以得到更多的融资的便利，降低财务费用，减少库存，加快资金周转，并进一步扩大信用交易，增强市场竞争力。特别是在经济全球化的今天，企业的竞争，不只是商品的质量和价格的竞争，同时更是企业信誉的竞争。如果企业信用低下，在竞争中必然处于非常不利的地位。

因此，树立上市公司的诚信责任，培育信用优良的上市公司，无疑是规范证券市场，提升上市公司市场投资价值的关键所在。同时也是增强公司竞争力，应对入世挑战的重要因素。

中国证券市场的健康发展还需要市场中介机构充当营造证券市场“三公”环境。在证券市场上对会计师事务所、律师、证券公司等中介机构的基本道德律条就是诚实守信，证券中介机构不诚实守信，证券市场的“三公”环境不但无法营造，反而会被污染和破坏。如果会计师不守信，会计信息就可能是虚假的；律师不守信，法律意见书的权威性就值得怀疑；券商不守信，招股说明书便成了圈钱的广告。就目前中国证券市场中介机构规范的实际看，各种强制性法律法规并不缺乏，但会计师造假，中介机构违规操作屡禁不止，问题的关键就在于证券中介机构诚信的缺失。有关统计表明，仅2001年，全国就有100多家会计师事务所、400多名注册会计师因失信和造假受到查处。会计师的造假行为不仅影响投资者的理性投资，而且严重损害了会计师的执业形象，加深了证券市场的信用危机。券商是证券市场的主要金融服务机构，在市场中扮演着金融工程师和上市总协调人的角色。但不少券商的信用状况堪忧，券商的信用缺失助长了上市公司的违规操作。此外，部分律师、资产评估师等中介机构也置职业道德、法律法规以及广大投资者的信任于不顾，在上市公司弄虚作假事件中扮演不光彩的角色。所以，加大诚信建设整治力度，对规范中介机构的职业操守已迫在眉睫。

总之，强化市场参与各方主体的诚信责任，突出上市公司董事和独立董事诚信责任及经理人员的诚信义务，加大中介机构的诚信责任，应是市场治理的“重中之重”。

四、诚信建设是化解市场风险、保护中小投资者利益的重要手段

一般来说，证券市场存在两类风险：一类是系统性风险；另一类是非系统性风险。根据西方经济学的理论，非系统性风险可以组合投资而消除；系统性风险则无法避免。而系统风险的存在，也正是与证券市场高收益相对应的。但中国证券市场存在的风险远不止这两种风险，而且其系统性风险、非系统性风险也比较特殊。而要有效化解中国证券市场的各种风险，必须加强市场各参与主体的诚信责任意识。

中国当前证券市场上的系统性风险固然存在，但这并不是最可怕的，真正可怕的是非系统性风险，因为在中国证券市场上的非系统性风险与国际证券通行的规则不一样，无法凭借组合投资的方法来消除。这是因为构成中国证券市场非系统性风险真正的危险并不是企业经营风险，而是道德风险，也就是诚信风险。在市场经济环境下，风险经济与利润相对称，这里指的是经营风险，而道德风险就不一样了。经营风险可以测度，可以预防，道德风险不可测度，难以预防，如果当事人交易之初便存心毁约，存心造假，存心赖账，存心圈钱，是难以防备的。企业和投资者可以承受经营风险，但是承受不起道德风险。随着市场经济和证券市场的快速发展，信用制度和信用管理体系的基础建设已经远远落后，导致信用关系混乱，欺诈、赖账等失信行为频繁发生，已经成为妨碍证券市场运转的严重障碍。信用与风险成反比。市场信用暂时混乱与随之带来的风险并不可怕，可怕的是这种风险过大，这个阶段过长。

保护投资者利益，特别是保护广大中小投资者的利益是各国推动证券市场健康发展的通例。在证券市场上，由于大小股东所处的地位，获取信息的能力以及获取的信息量存在天壤之别。这种差别导致大小股东对上市公司的信息获取不对称，这种不对称状态在法制不健全、监管不严格的证券市场上，很容易造成大股东侵害小股东利益现象的发生。目前，中国上市公司信息披露质量有待改善，证券市场运行的操纵市场、内幕交易以及大股东侵害中小股东利益的现象时有发生，使投资者对上市公司的信用和资质水平深表怀疑。2002年中国股市大幅下跌使投资者金融资产损失数千亿元，各种失信欺诈行为使大批中小投资者血本无归，严重影响了证券市场的稳定发展。如果广大中小投资者的利益长期不能得到有效保护，整个证券市场的崩溃也就是为期不远的了。针对中国证券市场的现实情况，保护中小投资者利益，加强证券市场法制建设固然是必须的，但强化市场强势主体的信用约束机制，落实对他们的诚信责任，建立诚信责任的当事人问责追究制更有紧迫而现实的意义。

因此，目前中国证券市场发展中最现实、最重要的问题并非法律制度问题，而是道德信用问题，如果道德信用问题得不到有效解决，证券市场投资的信用风险就会越来越高。而一个风险过高，特别是信用风险过高的证券市场则是无法健康长远发展的。

我国证券市场对外开放和融入世界将是一个不可逆转的发展方向，我国的金融市场（包括证券资本市场）的对外开放早已悄然起步。外资银行的进入，B股市场的对内开放，这些措施表明，中国资本市场对外开放正在全面提速。面对资本市场开放的中国证券市场必须进一步强化诚信建设，创建与不断完善市场信用体系。事实上一家不讲诚信的企业在国际市场上是站不住脚的，一家百年老店，可能仅因一次失信而黯然出局。美国能源工业巨擎安然公司轰然倒塌，国际五大会计师事务所之一、业务机构遍及全世界、历史悠久的安达信分崩离析值得我们深思与借鉴。因此，我们应深入认识诚信建设的重要意义，切实构建诚信责任，推动中国证券市场的规范化、国际化发展。

第二章　上市公司诚信责任分析

上市公司作为证券市场的主要参与主体之一，是证券市场整体诚信建设中重要的一环。它牵涉到着广大的社会投资者及其他参与主体的利益，它的行为对其他参与主体有着重要的影响，上市公司是否履行诚信责任往往会影响整个证券市场的诚信度。因而上市公司的诚信责任建设就显得格外重要。经过市场体制的逐步完善和国家法治的逐步加强，我国上市公司的行为逐渐走向规范，但我们也应该看到目前我国上市公司诚信危机从某种角度说依然比较严重，其诚信度还有待进一步提高。为此需全社会密切配合，共同努力，提高上市公司诚信责任意识，重建投资者对证券市场的信心，促进证券市场和国民经济稳定健康发展。

一、上市公司诚信缺失表现

美国上市公司的信用丑闻，从安然到世界通信，从环球电讯到朗迅科技，让人触目惊心，导致美国股市严重受挫，无论是道·琼斯指数，还是纳斯达克指数，一路狂跌，甚至跌出了9·11恐怖事件后的谷底，同2002年以来表现良好的美国经济形成鲜明对比。相比之下，我国上市公司面临同样的危机，银广夏虚构几亿元利润，其股票一跃成为最具价值的蓝筹股；三九医药大股东及关联方占用上市公司资金超过25亿元，占其公司净资产的96%，而猴王股份则完全被抽成空壳；中科创业通过操盘者在二级市场对股价的操纵，配以虚假重组、科技概念，一时成为中国上市公司并购重组的“典范”，如此等等。上市公司违背诚信的例子不胜枚举。具体地说，我国上市公司诚信缺失可以归纳为以下几点：

第一，公司上市时，刻意包装经营业绩，过高预测盈利能力，蓄意误导投资者。证券市场作为优化资源配置的重要场所，其功能是将资源合理地配置到最优秀的企业中，使有限的资源发挥最大的效能。然而我国上市公司在质量上良莠不齐，许多公司通过美化包装，弄虚作假，而获得了上市资格，其根本目的只是为了圈钱．其实公司本身也并不具备投资价值。这也正是许多上市公司一年盈、二年平、三年亏结局的原因。

第二，公司上市后，在资金运营上随意变更募集资金用途；在信息披露上提供不实甚至虚假信息等，直接或间接侵害投资者的利益。募集资金本应按照承诺合理利用，然而相当一部分上市公司并非如此，它们为大股东提供资金支持，成为大股东的钱袋，或者任意改变资金用途，将资金拿到二级市场进行炒作；在信息披露上，上市公司则掩饰不利于自身的事实，夸大有利于自身的信息，有的甚至歪曲和捏造事实诱使投资者上当。

第三，上市公司重组时，偏重于形式而非实质，通过变换躯壳和炒作概念误导投资者。并购重组是目前证券市场的热点，然而许多并购重组、资产置换并不是为了挽救上市公司或是发展上市公司，而是为了从上市公司身上套利，这样使得并购重组后的上市公司的经营状况不但不能改观，甚至走向恶化。

所有这些现象严重损害了投资者的利益，极大地破坏了证券市场运行的正常秩序。这些违背诚信的行为导致的是证券市场的高风险和资源配置功能的扭曲，进而导致了证券市场运作效率的下降和投资者投资热情的降低。因而可以说我国上市公司正面临着一场诚信危机，诚信建设刻不容缓。诚信危机的解决离不开对诚信危机原因的分析。我国上市公司面临的诚信危机，反映的是一种道德的危机，更是一种制度的危机，表现了现行制度的缺陷。

具体地说，我国上市公司在制度上的缺陷主要表现为：缺乏独立性。上市公司受到大股东或一些行政主管部门的严重干预，很大程度上缺乏经营自主权；治理结构不健全，运作机制不合理，上市公司与控股股东之间关联交易不规范，使上市公司往往成为关联交易的牺牲品。这些弊端表明目前的企业改革，尤其是上市公司体制的改革尚不彻

底，现代企业制度还没有完全确立起来，法律法规仍然不够健全。另一方面，由于缺乏有效的内部监督，加上外部监督的无力，使得上市公司违背诚信的行为未得到及时的处罚并予以纠正。可以说，正是体制的不完善和法治监管的不力为上市公司背弃诚信打开了方便之门。因而强化上市公司的诚信责任教育，一方面需加强上市公司股东、董事、监事的诚信意识；另一方面更需完善上市公司体制和法律法规体系，加大法治监管力度。

二、强化上市公司诚信责任的深远意义

上市公司背弃诚信责任的行为不仅有损于证券市场的稳定发展，更损害了广大投资者的利益，对上市公司本身也会产生无穷危害。对整个证券市场而言，上市公司违背诚信会增加整个市场经济运行成本，削弱证券市场的资源配置功能；对投资者而言，上市公司背离诚信直接损害了投资者利益，打击了投资者的信心和热情，对上市公司本身来说，背信弃义只能是自毁形象，

最终被证券市场和投资者抛弃。可以说，上市公司违背诚信贻害无穷，因而加强我国上市公司诚信责任教育就显得更为紧迫，其意义也更加深远。

1、有利于证券市场的稳定发展和投资者利益的维护

加强上市公司诚信责任建设，可以保证市场传递正确的信息内

容，避免资源配置的不当和浪费，还可以有效降低社会经济的运行成本和投资的风险，提高证券市场运作和整个经济活动的效率，从而保障证券市场的健康稳定发展。对于投资者而言，上市公司的诚信不仅可以有效维护投资者的利益，尽可能避免或减少投资的失误，还可以节约投资选择的成本，提高投资效率和收益，从而激发投资者的投资热情，增强对证券市场的信心。

2、有利于上市公司自我形象塑造

上市公司的诚信责任要求上市公司在经营行为上应合理合法，这有利于加强上市公司的自我改造，增强上市公司的综合竞争力。诚信是对上市公司的要求，更是对股东、董事、监事等上市公司高层管理人员的要求，因而诚信对上市公司的治理结构和权利运作提出了更高的要求。同时诚信责任作为一种机制，它直接约束着上市公司的行为，要求上市公司合理的利用资源，在无形中有助于提高企业的竞争力。诚信责任还具有相互性，上市公司履行诚信责任，有利于获得投资者的信任，抬升企业的市场价值，市场主体之间的相互行为只有在诚信中才能持续。另一方面，诚信责任要求上市公司信息披露要及时、准确、全面，这有利于强化上市公司的服务意识，树立企业良好形象。上市公司股权结构是开放的，这要求其相关信息也应开放。信息披露的过程既是接受监督的过程，同时也是其树立形象的过程。上市公司坚持诚信，换来的将是投资者对上市公司的诚信与信任，上市公司的市场价值无形中受到投资者信心的支撑，在如今的金融时代，这一点对于上市公司的意义更加深远。

三、上市公司要坚守诚信责任

我国上市公司诚信责任制度的发展依赖于上市公司制度的建设。根据《民法通则》和《合同法》的有关规定，诚信责任首先强调的是民事主体行为的规范。因此强化行为规范、完善公司治理是上市公司诚信责任制度建设的重点。

针对上市公司的制度建设，我国先后颁布了一系列的法律和规章。《公司法》直接规范了上市公司的治理结构，为上市公司设定了基本的权利和义务；而《证券法》则确立了上市公司在证券市场上应该遵循的规则和应履行的义务。近年颁布的《上市公司股东大会规范意见》、《关于在上市公司建立独立董事制度的指导意见》和《上市公司治理准则》等规章制度直接弥补了法律规定的不足，这对规范上市公司行为，确保诚信责任的落实均有积极的意义。这些法律法规明确了上市公司应具备的诚信责任，明确了诚信责任对应的具体内容，以便上市公司遵照执行。具体地说包括以下方面：

1、上市公司信息披露领域的诚信责任

信息披露制度一方面可以督促企业自我监督；另一方面有利于社会其他主体对于上市公司的监督，具有多重的意义。以证券市场为中心，上市公司信息披露从阶段上划分，具体可分为核准发行阶段、市场交易阶段和终止上市阶段三个时期。

在核准发行阶段，上市公司信息披露的诚信责任主要有：上市公司应提供真实、全面和客观的情况，积极配合中介机构的工作，并且对所提供资料的真实性负责；必须真实、准确、完整、及时的向社会公众披露招股说明书（或其他资金募集说明书）和上市公告书等。

在市场交易阶段，上市公司的信息披露更显重要。主要包括：上市公司必须按照法律、行政法规的规定，定期公开其财务状况和经营情况，在会计年度内每半年公布一次财务会计报告；公告内容应当在国家规定的报刊或者专项出版的公报上刊登，同时将其置于公司住所、证券交易所，供社会公众查阅。

在终止上市阶段，上市公司同样具有信息披露的义务。主要包括状态披露和原因披露，真正体现出对投资者负责。

2、上市公司治理领域的诚信责任

上市公司实现对外运营首先必须解决的是权利的划分问题，公司的治理结构直接决定着对外运营的效果。如果公司治理结构上存在重大缺陷与弊端，其诚信责任也无法保障。所以公司治理领域的诚信非常重要，其主要表现为内部主体之间是否能很好地体现诚信责任。

从上市公司治理结构上看，依据现有法律规定，上市公司的成立除了满足资本额、股东数等基本条件外，公司治理结构是一个必然的而且重要的要求。所有的上市公司都必须按照《公司法》的要求，建立起董事会和监事会对股东大会负责、经理对董事会负责的领导体制和运行机制，做到权责明确，各司其职，相互配合，相互制衡。从权利的实施上来看，权利实施的主体包括股东、董事、监事和经理等。目前法律对于大股东的约束，主要表现为上市公司与关联方在人员、资产、财务的三分离，以及对董事会权利的净化（如独立董事制度的推行）上；上市公司董事、监事、经理及其他高级管理人员应严格遵守公司章程，不得利用在公司的地位和职权为自己和他人谋取私利。

诚信不仅表现在行为上，更重要的是要对行为后果责任承担，如此行为上的诚信才有价值。上市公司责任承担不仅表现在上市公司身上，还表现在上市公司之下的各类主体身上。就上市公司而言，上市公司应以全部财产对其行为后果负责。根据《民法通则》和《公司法》有关规定，上市公司属于法人，而且属于人合和资合双重结合的法人，必须要求一方面上市公司的行为基本由其内部主体做出；另一方面上市公司对外承担责任要建立在内部主体做出的行为上，同时上市公司的财产也必须得到保障。

3、上市公司高管人员的诚信责任

上市公司高管人员对上市公司有着最大的影响力和决定权，要想加强上市公司的诚信责任，更重要的是强化上市公司高管人员的诚信责任。所以从法律和职业道德的角度强化上市公司高管人员的诚信责任是规范上市公司行为的最重要和最关键的手段。我国法律、法规及规章对上市公司高管人员基本的诚信责任作出了相应的规定。《公司法》、《上市公司治理准则》以及《上市公司章程指引》都对上市公司高管人员的诚信责任提出了明确的法律要求和道德准则。

从诚信责任指向的对象看，上市公司高管人员的诚信责任包括对上市公司、上市公司股东、其他利益主体（如公司债权人）以及社会公众的诚信责任。作为上市公司法人治理结构的主体，上市公司高管人员对外代表公司，对内经营决策，处于信托法律关系上的受托人地位，故应对公司承担诚信责任，勤勉尽职。对上市公司股东来说，上市公司高管人员是受托经营，同样是“受人之托，代人理财”，只是其不直接受聘于股东，而是由股东通过上市公司进行聘用，所以高管人员应对全体股东负有诚信责任，努力促进股东利益的最大化。根据《民法通则》和《合同法》的相关规定，上市公司高管人员对公司债权人及社会公众也应负相应的诚信责任，应承担信息披露、告知、协助的义务。

无论对于何种主体，上市公司高管人员均应以理性的、诚实的、尽职的方式行事，这种诚信责任一般称为注意义务，即履行义务必须是诚实的，行为方式必须是为了公司和股东的最佳利益。上市公司的诚信责任主要表现在：第一，上市公司高管人员作出经营决策时应谨慎、合理，在执行经营决策时要尽责勤勉，努力使公司经营利益最大化；第二，上市公司高管人员经营决策应考虑全体股东利益，应以全体股东而不是以部分控股股东或大股东的意志为转移；第三，应对公司债权人及其他利害关系人履行诚信义务，使经营决策不对其造成损害，如设置有抵押权的公司土地使用权的拍卖，高管人员应先告知抵押权人并征得其同意；第四，应注意作为公众公司负有的法律和社会责任，如信息披露的全面、准确、及时，信息披露前的保密等。具体地说，对不同的对象，上市公司高管人员的诚信责任的具体内容是不同的。

(1)对上市公司的诚信责任。上市公司高管人员对上市公司的诚信责任是最为核心和重要的内容，该责任又被称为忠实义务、以善意行事的义务，其最基本的含义是要求上市公司的董事、董秘及其他高管人员“受人之托、忠人之事”。包括：上市公司高管人员在经营公司业务时，忠诚并积极保护公司的利益，以最大限度地实现和保护公司的利益作为衡量自己执行职务的标准，其自身利益（包括与自己有利害关系的第三者的利益）一旦与公司利益发生冲突，董事必须以公司的最佳利益为重，不得将自身利益或与自己有利害关系的第三者的利益置于公司利益之上。具体包括以下几种责任类型：

①禁止进行自我交易。所谓自我交易是指经营者与自己所任职的公司之间进行的交易。我国《公司法》对此有明确的规定。在自我交易

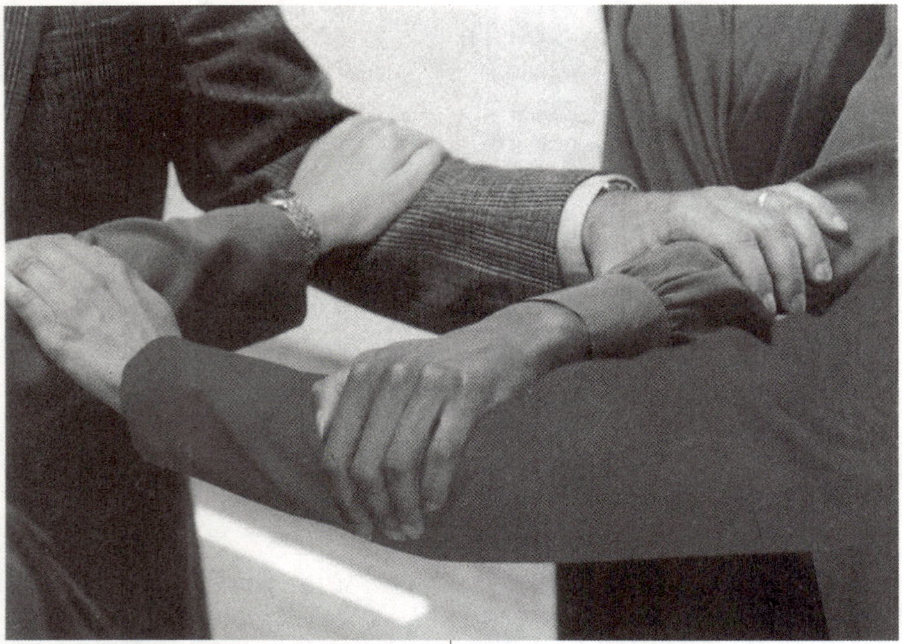

中，高管人员既是自己利益的代言人，又是交易相对方——公司的代言人，同时又掌握着交易双方利益分配的决定权，此时指望高管人员不偏向于个人利益则毫无保证可言。因此，基于诚信原则，应禁止进行自我交易。

②竞业禁止。所谓竞业，是指高管人员经营与其所任职的公司具有竞争关系的业务。竞业禁止，就是禁止或限制高管人员在与所任职公司具有竞争性业务的其他公司或企业任职。我国《公司法》61条规定"董事、经理不得自营或者为他人经营与其所任职公司同类的营业或者从事损害本公司利益的活动。从事上述营业或者活动的，所得收入应当归公司所有。"

③禁止篡夺公司机会。即公司经营者不得利用职务便利为自己或他人侵占或接受本应属于公司的商业机会。如管理者以公司身份低价拍得一块土地，但在签订《土地使用权转让合同》时，却利用私人而不是上市公司的名义签订了合同，把本来由公司竞得的合同机会转给了自己。我国《公司法》对此并无明文规定，虽然证监会发布的《境外上市公司章程指引》中对在境外或香港发行股份的国内公司高管人员的该项诚信责任作了明文规定，而对于国内A股、B股上市公司的高管人员的该项责任，仍存在法律上的不足。

④禁止滥用公司财产。按照《公司法》第59、60条规定，董事及高管人员不得侵占公司财产，不得擅自越权处理公司的财产。公司享有独立的、完整的法人财产权。管理人员为公司的受托人负有保护公司财产完整性和不受侵占的责任，即使在董事是公司股东的情况下，出资人的所有权和法人财产权也是分离的。包括：不得将公司资金以其个人名义或者他人名义开立私人帐户存储；不得以公司资金为本公司的股东或者其他个人债务提供担保。除了上述法律明确规定的禁止滥用公司财产的责任之外，其他的如利用内幕信息为自己或他人谋取私利、在未经股东会知情的情况下接受与公司交易有关的佣金等，都属违背高管人员诚信责任的行为，是应当禁止的。

⑤保守公司秘密。我国《公司法》第62条规定：董事、监事、经理除依法规定或股东会同意，不得泄露公司秘密。公司高管人员掌握了更多的商业秘密，如果不对其进行限制，公司高管人员很容易利用公司商业信息为已谋私，损害公司利益。为此证监会于2001年颁布《上市公司董事及高管人员谈话提醒制度》，对此作了明确规定。

(2)对上市公司股东的诚信责任。上市公司高管人员对公司股东的诚信责任，是指对全体股东利益负责，勤勉诚实地尽职尽责，而不是仅对某一个或一部分股东利益负责，具体包括以下原则：

①股东利益高于私人利益。上市公司主管人员作为公司股东委任的经营者和管理者，基于此委任的法律关系，高管人员应将股东利益置于私人利益之上，当其个人利益与股东利益发生冲突时，应优先满足股东的利益。这一点对于我国国有控股上市公司尤为重要。我国国有股股东向来存在主体"缺位"现象，国有控股上市公司董事、董秘及高管人员等"内部人"控制上市公司的经营决策权，要使国有股东以及所有股东的利益得到尊重不被侵害，更必须依靠上市公司董事、董秘、高管人员的诚信自律。

②平等对待所有股东，保护中小股东权益。上市公司的董事会成

员大多由大股东委派，而董秘、高管人员则多由董事会决定，难免造成上市公司大股东控制董事会进而控制公司经营决策，并通过侵占上市公司财产而间接损害中小股东利益的现象。中小股东在股东大会上因股权较少且分散，基本没有发言权。为了保护中小股东的合法权益，证监会于2001年颁布了《上市公司独立董事指导意见》，该《意见》要求所有上市公司应当设立独立董事，独立董事应从公司发展的客观实际出发，对公司董事会的决策进行审核，同时应侧重于对中小股东权益的保护，该《意见》以部门规章的形式明确了独立董事对公司股东尤其是中小股东的诚信义务。对于上市公司的非独立董事或由大股东委派的董事，目前尚无法律法规就其对中小股东的诚信责任作出具体规定。应加强这方面的规范，以真正地保护中小股东的利益。

(3) 对债权人及社会公众的诚信责任。上市公司作为公众公司，由于其股权的流通性，任何社会公众都可能成为公司股东，故其对债权人及社会公众均负有诚信的义务。同时，我国上市公司是我国市场经济秩序和经济伦理的倡导者和维护者，其应承担一定的社会公共义务与责任，这表现在上市公司的实际活动中，具体地说包括：

①确保上市公司信息披露的完整、准确、及时。上市公司高管人员应确保公之于众的信息真实可靠；对公司重大投资、并购等事项应坚持始点披露原则；对相关信息不作误导公众的陈述与评判。

②不得利用上市公司内幕信息谋取私利。上市公司高管人员拥有信息的天然优势，基于对社会公众的诚信责任，不得利用这种信息谋取不正当利益。

③合同订立和履行中的诚信责任。合同订立过程中，应如实告知对方上市公司的财务状况和经营能力；在合同履行出现困难或需要变更合同时，应及时通知合同相对人；对于上市公司不宜提供担保的债务，不违规和擅自提供保证。

④市场竞争中的诚信责任。坚持诚信经营、正当竞争的理念，不恶意诋毁其他竞争对手或以虚假广告、对比广告、低价倾销等手段与同行其他企业进行无益于生产技术或管理能力改进的不正当竞争。

上市公司高管人员的诚信责任意味着违反相关诚信义务时必须承担的法律责任。根据我国《公司法》及相关法律法规，上市公司高管人员违反诚信义务的法律责任包括民事法律责任、行政法律责任和刑事法律责任三种。对于管理者不履行法定义务，给上市公司或权利相对人造成损害时，应以个人财产进行赔偿、罚款、没收违法所得以及取消执业资格、责令纠正违法行为、责令停止违法行为等惩罚；对于管理者违反刑法相关规定，构成犯罪的，应承受刑事制裁。

基于上市公司诚信责任建设的重要影响与作用，国家非常重视上市公司的诚信责任建设，在2002年召开的《上市公司治理准则》国际研讨会上，证监会表示将加大治理违反诚信、违法违规的上市公司的力度，并将建立起上市公司的诚信档案。这表明上市公司诚信责任建设已纳入到法制化、制度化的轨道。

第三章 证券公司诚信责任分析

证券公司不仅是证券中介组织,还是重要的信息服务机构。证券公司通过搜集和处理信息以及提供相关的咨询服务,促进了信息在证券市场中的传播,提高了证券市场透明度,有力地促进了证券市场"三公"原则的实现。根据中国证券业协会2002年10月末的统计,目前全国共有124家证券公司,各类证券公司注册资本总额1040多亿元,营业部总数为2800多家。可见,我国投资银行业已初具规模,投资银行业的飞快发展,在国民经济中占有重要地位,对国民经济发展有着举足轻重的作用和影响。分析证券公司的诚信责任,有着非常重要的现实意义。

一、证券公司诚信建设的时代意义

证券公司处于证券市场的媒介和桥梁的关键性地位,所以,证券公司的诚信问题会对证券市场的发展起到至关重要的影响。证券公司又是信息服务机构,具有信息方面的先天优势,其提供信息质量的优劣决定了证券市场秩序的好坏和投资者信心的大小,所以,证券公司的诚信建设具有非常重要的意义。具体地说,包括以下几个方面:

1、证券公司的诚信建设有利于提高证券市场的资本配置效率

在证券资本市场上,有限的社会资金可以通过证券公司的中介作用比较集中地投向最有创造力的企业,发挥更有效的作用,从而带动一个国家的整体经济实力的发展。从西方发达国家的例子来看,最大的、最有创造力的、最有发展前景的公司大多是上市公司。证券公司如以诚信为准则,合法、合理地处理与上市公司、投资者之间的关系,就能够真正引导资金更多地流向优势企业,从而极大地促进社会生产力的发展。

相反,如果证券公司背离诚信原则,以虚假信息进行误导,就会引起社会资金的不合理配置,导致优势企业有发展前景却缺乏社会资金及资源的强力支持,而劣势企业却不劳而获,占用甚至私吞社会资金。这种不合理配置,会造成社会财富的巨大损失,对社会各个群体产生不利影响,从而对社会经济发展造成严重阻碍,甚至影响社会稳定和正常秩序。

2、证券公司诚信建设是其特殊的中介地位的要求

证券公司通常为两种客户提供服务:证券发行者(上市公司)和证券投资者,而这两种客户存在潜在的利益冲突。证券公司为企业发售股票或债券,同时又为投资者提供投资建议。证券公司一方面向发行人收取发行承销费用;另一方面还向投资者收取佣金,同时,证券公司自身还从事股票和债券的自营交易,由此可能导致自己的利益与其所服务客户的利益发生冲突,这为证券公司的不诚信行为提供了便利和依据。

在发行市场上,发行人希望新发行的股票能有较高的价格,新发行的债券能有较低的利率;而投资者则希望他们购买的股票价格很低,债券利率高,以期获得更高投资回报。发行市场是一个天生的信息不对称市场。投资者在获知发行人信息、评估投资价值方面处于弱势地位。这需要作为中介投资的证券公司有义务提醒发行人向投资者充分披露信息,特别是其中存在重大风险隐患的部分。但这样做证券公司必须在从事发行承销业务的过程中要求严格,可能会在相当程度上影响到发行价格和发行数量,从而直接影响到证券公司的收入。因此,某些证券公司为了其自身的利益,可能会隐瞒上市公司的某些方面的实际情况,甚至协助上市公司造假。近年来,我国证券市场上证券公司

与投资者的这种利益冲突愈演愈烈，扰乱了市场秩序。这要求证券公司在为客户提供服务时，必须坚持诚信的原则，有责任向客户客观地提示风险和收益的可能性，而不应为自身利益向客户隐瞒存在的重大风险。

在二级市场上，证券公司同时从事经纪业务和自营、委托资产管理业务，在这些业务上，证券公司也存在和客户发生利益冲突的可能。在经纪业务方面，券商希望客户多做交易以增加佣金收入，而客户过量的交易行为则会增加其各种交易费用负担和亏损的可能。证券公司经常通过在各种媒体发表他们对市场过于乐观的“精辟妙论”，诱使客户频繁杀进杀出以产生高额成交量，从而获取大笔的佣金收入。在自营和受托资产管理业务方面，券商与其服务客户的利益冲突也很明显。券商的自营收益可以自己独享，而受托资产管理业务的收益则要和客户分享。券商可能会把受托管理帐户利润向自营账户转移，从而直接或间接损害客户的利益。

由潜在利益冲突引起的道德风险是经济领域普遍存在的现象，不论是政府、非营利性还是营利性组织，都难避免，它甚至超出经济学所能解决的范围。但就证券市场而言，其利益冲突必然涉及巨大的金额和广泛的人群，影响深远，所以必须强制性要求证券公司在业务活动中，必须遵守社会公认的行为规范，坚持诚信原则，才能使证券市场在健康的基础上发展。

3、证券公司诚信建设是证券公司及证券业长期发展的需要

证券体制是建立在信用基础上的，失去了诚信，现行所有的证券市场体制将无法维持下去。纵观世界证券公司和证券业发展的经验、教训，诚信至关重要，背弃诚信虽可获一时之利，但要想长期稳定发展，则必须恪守诚信的原则。

美国证券市场持续十年的牛市光环，使投资者增加了巨额虚拟财富的同时，也掩盖了美国证券市场诸多深层次问题。随着新经济泡沫的破裂，美国股市暴跌，不但使众多的投资者损失惨重，各种被长期掩盖的问题和丑恶现象也越来越显露。上市公司如安然、环球通讯；证券公司如美林、所罗门、摩根士丹利等在证券市场上的各种不法行为纷纷被揭露出来。美国证券市场不健康的利益机制导致了投资者对证券市场严重的信任危机。美国《商业周刊》认为，美国证券市场上证券公司和证券分析师勾结，不仅使投资者利益受损，更重要的是美国经济也将随之深陷泥潭——如果投资者撤离美国资本市场，美国的熊市将无限期延长。今年以来美国证券市场丑闻对美国经济的负面影响，已远超过20世纪80年代米尔肯垃圾债券阴谋、20世纪90年代早期保诚证券有限责任公司倒闭以及90年代后期纳斯达克价格操纵丑闻引发的危机。由于整个美国经济发展都依赖于证券金融系统的运转，如果投资者对美国证券金融系统丧失了信任，维持美国经济增长的海外资本将逃离美国股市，正如美国一位证券业资深人士所说“这对美国的美元、通货膨胀和经济都会产生剧烈的影响。”

我国的证券公司目前同样正面临着严重的信任危机。在证券发行市场上，证券公司和上市公司互相勾结，编制捏造虚假信息，骗取上市资格，误导中小投资者；在二级市场上，证券公司通过提供资金给各路庄家非法操纵市场，将不明就里的投资者紧紧套牢；另一方面，证券公司还经常亲自坐庄，编造题材，制造虚假信息，诱使中小投资者上当。

证券公司存在的问题在市场繁荣时期难以引起市场各参与主体的重视，但矛盾总要爆发。自2001年开始的一轮深幅回调，中国证券市场各种深层次问题逐渐暴露。随着“麦科特”、“银广夏”、“中科创业”等案件的曝光，股指一路狂跌，受损的不止中小投资者，还有众多的证券公司。证券公司的各种违反法律和道德的行为，严重恶化了证券市场的生存环境，使投资大众丧失了对证券市场的信心，“皮之不存，毛将焉附”。今天的证券公司要成为明天的投资银行，必须重新界定客户和投资者在市场中的地位，重新发现客户及投资者的价值，建立以客户至上、投资者利益至上的诚信观念。建立对股东的诚信，特别是建立对投资者和客户的诚信的价值观才是证券公司和证券业克服当前危机，长远繁荣发展的安身立命之本。

二、证券公司要坚持诚信责任

具体地说，作为证券市场中最重要的行为主体之一，证券公司除了必须遵守相关法律、法规，严格依法经营，以《证券法》、《证券公司管理办法》等作为自身行为准则外，还必须承担如下的诚信责任。

1、证券公司日常经营规范自律的诚信责任

2002年召开的中国证券业协会第三次会员代表大会通过了《中国证券业协会会员公约（试行）》、《证券从业人员行为守则（试行）》等方案，这表明我国为了维护证券市场秩序，保护市场参与者利益，重建投资者信心，正在逐步加强证券公司和证券行业规范自律。证券公司在日常经营活动中，除依法经营外，还应加强行业自律，恪守行业自律公约，切实履行诚信责任。

(1)在证券发行及承销的业务中。证券公司不仅要对上市公司融资活动提供服务履行诚信责任，而且还要对证券市场投资者负有诚信责任，对招股说明书的虚假、严重误导陈述或重大遗漏等应承担赔偿责任。证券公司在发行业务中的收入来源于承销和投资佣金。证券公司为了使证券顺利发行或以较高的价格发行，往往采取手法对发行公司进行美化包装。故意歪曲或者遗漏重要事实，这不但违反了诚信原则，而且还要受到法律的惩罚。“红光”事件和“麦科特”案件就是其中的典型。

(2)在经纪业务中。证券公司要迅速便捷地为投资者提供各种证券服务，严禁泄密客户资料，严禁挪用客户保证金和证券，严禁散发虚假信息，不得对客户证券买卖的收益或者赔偿作出承诺，严禁进行内幕交易或协助他人操纵股票，严格执行“禁止法人以个人名义开户、禁止借用他人名义开户”的规定等。

证券公司的经纪业务是公司收益的重要来源之一。提供给客户虚假信息诱使其频繁交易，采取多种手段给予客户非法融资或变相融资，都能直接或间接地促进佣金的增加。这会给证券公司及其客户带来巨大的财产风险和道德风险。在“中科”案件中，有125家证券营业部都牵涉其中，给牵涉其中的券商和投资者造成了巨大的损失。目前各种形式的非法融资、配资行为仍在地下悄然进行，某些活动还介于合法与非法之间，这需要加强道德法律责任，要求证券公司加强行为自律和诚信责任意识，严格规范以控制风险。

(3)在资产委托管理和自营业务中。证券公司应廉洁保密，严格按客户和公司指令操作，认真履行被委托人的各项职责，维护委托人的利益；严禁越权操作，严禁制造虚假信息、严禁利用工作之便谋取私利。证券公司受利益指使，操纵证券市场的现象时有发生。这会面临巨大的市场风险和道德监管风险，同时背离诚信责任的行为也会受到相应的处罚或制裁。比如万国证券非法炒作导致破产被兼并，浙江证券操纵股价而被罚款。

(4)在证券投资咨询工作中。证券公司应坚持以事实为依据，客观公正地进行研究工作和市场行情分析，及时有效地为投资者提供比较准确的决策依据。某些券商为了配合机构投资者或资产管理需要，大肆散布虚假信息和所谓的“内幕”消息，诱使不明真相者介入帮助“庄家”实现套现的目的，这种行为应受到道义谴责和法律的处罚。

2、对投资者的诚信责任

证券市场从根本上说是一个以投资者信心为基础的市场。证券公司作为证券市场最重要的中介机构之一，其诚信建设的过程，就是建立与投资者信用关系的过程，所以，对投资者的诚信责任，是证券公司诚信建设的核心。具体地说，证券公司对投资者的诚信责任就是要以最有效的方式，最大限度地保护投资者的利益，只有这样，才能维护证券公司获取最大的长远利益。证券公司在建立对投资者诚信责任的理念下保护投资者利益，可采取两种不同

的方式。

一种是被动保护方式，被动保护方式主要是对过去发生的事实信息作为信息集合，进行分析以此指导防范未来风险的保护措施。过去证券公司不同程度地存在违规经营的不规范行为，扰乱了市场正常秩序，破坏了公平公正的市场环境，损害了投资者利益。被动保护方式要求证券公司首先要合规经营，建立内部控制机制，完善风险管理程序，保证不把风险转嫁给投资者。其次，能够按照投资者的意愿，没有失误或很少失误地操作证券交易，保证交易的安全有效迅捷，从而真正有效地保护投资者利益。以被动保护方式构建证券公司诚信责任机制，保护投资者利益可以借鉴国外先进经验。美国“证券投资保护公司”是一种非盈利的会员制团体，由经纪人和交易商自由报名作为会员组成。其目的是对一些受营业部破产影响的投资者进行赔偿。但其不同于银行那种保险机制，因为银行存款属于无风险存款，一旦银行出现问题应全额赔偿。证券投资是风险投资，在市场上投资的损失不在赔偿范围之内。证券投资者保护公司仅对因经纪人和交易商的破产等原因造成的损失进行赔偿。这对建立投资者对经纪人和证券商的信心有一定的作用。我国也可以成立类似美国“证券投资者保护公司”，在一定的范围内对投资者由于证券公司的失误导致的损失承担责任，真正对投资者负责。

另一种是主动保护方式，主动保护方式是一种极极的、开拓式的、

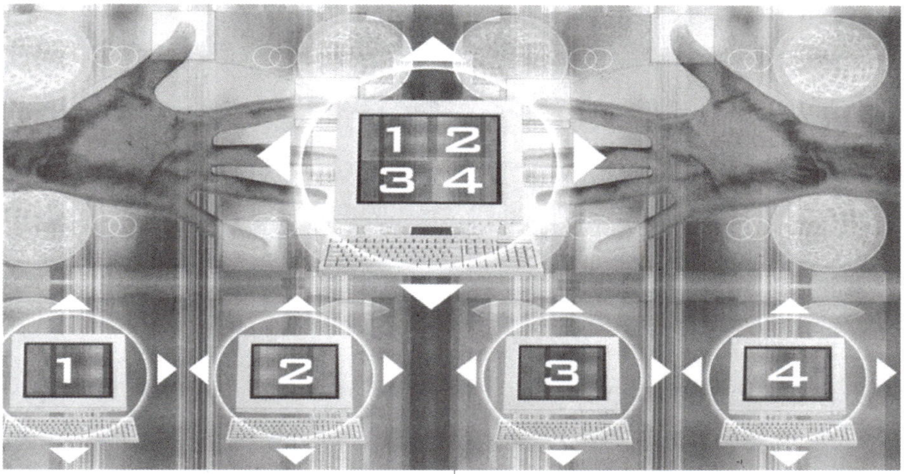

创造性的保护措施。它不同于传统意义上的“保护投资者的回报率”，这是真正意义上的保护，将是证券公司主要的保护投资者的方式。中国证券市场是一个年轻的市场，制度设计还不完善，市场机制不灵活，风险控制手段不足，投资工具缺乏，真正的投资机会比较少。主动保护方式最重要的就是保证投资者赚到钱。对证券公司来说，佣金浮动，经营模式需要转变，但缺乏足够的手段和工具为投资者提供新的服务和新的品种。证券公司应协助监管机构，为证券市场的发展，为自身的转型和升级，为保护投资者的利益，努力开发新产品，开发新的投资领域，进行制度创新，为投资者争取更多赚钱的机会。主动保护方式下，证券公司应该提供深入真实的研究报告，传递真实准确的信息，使投资者投向真正有价值的证券品种，降低非市场风险。发现投资机会，创新投资工具，是对投资者更好的保护。证券公司要进行制度创新，要协助监管机关设计推出新产品，积极推动证券市场的完善和发展。主动保护方式应该对投资者进行分类保护。如把客户划分成机构客户，个人投资者，以及高端客户和低端客户等等，针对不同的客户类别提供不同的保护措施。还可以把客户划分为不同的客户段进行多样化保护，如风险厌恶型群体、听从建议者群体、自我指导者群体及风险承受能力较同的群体等等。为不同的投资者设计投资计划，提供增值服务；为投资者管理投资组合，进行投资风险控制。根据证券公司自身的比较优势和发展方向对不同的客户采取不同的方式。主动保护方式还可以对投资者进行产品价格差异保护。不同的产品采用不同的费用收取标准，费用与收益挂钩，扩大与投资者分享利润的空间，减少与投资者争利的矛盾。主动保护方式的另一个重要方面是，证券公司应该高度重视自身建设和管理，进行成本控制，资源整合，提升证券公司的竞争能力。其次还应发展新的交易方式，如网上交易，提高安全性，便利性。更重要的是全面提升员工素质，提高整体的职业道德、行为规范和诚信责任意识，最终向投资者提供更高质量的服务。

3、证券公司从业人员的诚信责任

证券公司的各种行为是由证券公司从业人员来操作完成的，证券公司从业人员素质决定了证券公司在证券市场上的表现，所以，证券公司从业人员的诚信责任教育是非常重要的。

由于个别从业人员的诚信缺乏或操作失误导致证券公司遭遇损失甚至某个市场萎缩的事例并不少见，比如国外的巴林银行倒闭事件，里森作为一个新生的金融衍生产品操作人员，长期隐瞒真实交易数据，违规操作，致使历史悠久的投资银行因巨额亏损而倒闭。国内也有著名的“国债3.27”事件，当时号称证券行业老大的万国证券公司老总管金生一意孤行，非法巨额投机，不但致使万国濒临破产而被兼并，同时也毁灭了中国金融期货这一新兴投资品种。所以坚持诚信原则首先必须从证券公司从业人员的诚信责任教育做起。

中国证券业协会为证券公司和证券公司从业人员制定了严格的行为规范。证券从业人员应遵守《证券从业人员行业守则（试行）》规定的“遵纪守法、勤勉尽职、廉洁自律、文明操作”以及“八要十不准”的要求。坚决禁止操纵市场、欺诈客户、行贿受贿、内幕交易等违法违规活动；杜绝透支申购，挪用客户资金等违法行为，特别是在选择与推介上市公司时应做到公正廉明。只有这样，证券公司和证券行业才能赢得广阔的生存和发展空间，中国的证券市场才能在健康的轨道上长远发展。

第四章 上市公司与投资者信用链的构建

信用制度是私人企业逐渐转化为股份公司的重要基础。在市场经济条件下，证券市场投资者与上市公司之间是通过一条信用链连在一起的。市场经济条件下法律制度是证券市场的核心内容，是维持证券市场的信用秩序，确保“公平、公开、公正”的信用原则不受践踏的有力武器。而投资者与上市公司是证券市场的重要主体，两者之间的关系是证券市场中最基本和最重要的关系之一，他们之间的信用链条更是不可或缺，更需精心构建。从而才能创造出证券市场中良性互动的“双赢”局面。

一、从“科龙事件”看上市公司对投资者的信用缺失

相对于投资者来说，探讨上市公司的信用问题具有更重要的意义和作用。因为上市公司明显地处于强势地位，在证券市场上拥有更重要的影响力。在上市公司与投资者的关系链条中，上市公司是主动的，投资者是被动的，上市公司产生对投资者的不诚信行为更具有可能性。

“科龙”2001年巨亏15亿元，而其高管年薪竟然最高达750万，还有一位超过600万，一位超过500万，两位超过300万，远远超过国内上市公司高层平均年薪12万元的水平，高居上市公司高层年薪榜首。一个巨亏15亿元的上市公司，其高管人员竟不顾广大投资者的利益，而随意为己谋私，其明目张胆违背诚信的

行为实在令所有的投资人震惊。我国的法制及监管体系的漏洞由此也可见一斑。

从"科龙事件"可以看出,我国证券市场中上市公司对投资者的信用缺失主要有以下几方面的原因:

第一是改制不规范留下的隐患,使大股东和上市公司"三不分"。不少上市公司大股东与上市公司高管人员几乎全部交叉任职，上市公司上至董事长、总经理、监事会主席,下至中层、基层干部的任命,均由大股东说了算，大股东直接参与公司各项经营决策,公司董事会、监事会形同虚设。上市公司与控股股东资产、人员、财务严重不分。独立董事制度未能健全和落实，法人治理结构严重失衡。正是由于这种制度的不健全，大股东才得以用近乎疯狂的手段掏空上市公司的资产，把上市公司当成"提款机"。

第二是所有者代表缺位,"内部人控制"现象比较突出。国有企业改制大多数上市公司与原政府机关脱钩，但仍有相当数量的政府机关直接持有上市公司股份。虽经逐步规范政府机关不能直接持有上市公司股份，但不少主管部门事实上仍控制着上市公司，而其又无法也不愿承担国家股东应承担的责任与风险,持股主体责权利缺乏统一性。这种改制过程往往还存在"内部人控制"下的"一股独大"现象。"一股独大"可以利用其表决权,使其侵犯中小股东权益的做法能得以合法化。虽然目前国有股"一股独大"公司所占比例呈下降趋势，但在2002年仍占到了上市公司总数的近四成。

第三是监督机制的不完善。在相当部分的上市公司中，董事长与总经理集于一身，使这两种身份之间的一层委托代理、监督关系不复存在;另一方面,股东会对董事、经理人员的监督也不到位。在监事会中,不少监事会主席,绝大部分副主席和监事，都是由大股东从企业内部提拔而来的。其工薪、职位也由公司管理层决定，这种组织架构致使监事会成员的身份和行政关系都不可能保持独立，也不可能真正担当起监督董事会和管理层的职责。

而"科龙事件"更多的表明上市公司缺乏对高层经营管理者有效的激励机制，公司经营利润的资本分红与经理人员的个人利益不直接挂钩，降低了高层经营管理人员对公司利益的关心程度，使其甚至不惜侵犯公司和投资者的利益而牟取私利。

二、投资者同样面临信用问题

有关统计表明,1997年至2001年,我国GDP值累计增长30.31%,平均每年增长幅度6.06%，而1996年5年期整存整取银行储蓄存款，利率为12.06%。如果投资国债年平均回报率为20.47%，同期深证综指累计涨幅为461.40%，年均涨幅为54.68%。同时,我国股市股票换手率一直高居全球股市前列。据统计，2001年沪深两市流通股年平均换手率分别为499.1%和503.5%，即上市流通的每一张股票平均每年转手5次以上。这种短线交易盛行是我国证券市场投资者信用缺失的重要表现之一。导致投资者的不注重基本面分析,市场投机气氛过浓,而机构投资者肆意挑战和践踏信用原则，操纵股价和内幕交易行为时有发生，更是对证券市场的短线投机行为起到了推波助澜的作用。

我们不能简单地把目前这种状况完全归咎于投资者素质低下,目光短浅。如果股市不存在那么多的欺诈行为；如果上市公司公布的信息没有那么多的虚假，那么我国股市也不会出现一年5次以上的高换手率。投资者信用缺失的根源,固然与我国证券市场信用文化基础薄弱,证券投资者整体素质不高有关,使我国股票市场弥漫和充斥着过多的投机所氛，而理性投资理念受到排斥，广大中小投资接触到更多的是投机成功案例，而且在实际操作中，坚持理性投资理念的投资者得到的往往是极不相称的回报。但更为重要的是我国证券市场制度、法律法规和监管手段存在缺陷，上市公司质地不高，业绩造假现象严重以及市场供求关系的失衡等诸多因素的影响。

国家近年加强了对证券市场的监管，证券市场制度建设步伐明显加快，对股市违法违规行为的执法力度显著加强，广泛开展了对投资者的教育工作。随着证券市场法制的完善、市场格局的变化和市场监管的加强，投资者如果不降低自身的收益预期,拉长投资周期,而践踏信用原则,以投机牟取暴利,不仅会面临严厉的法律和道德风险，而且将面临巨大的财务风险。

三、上市公司对投资者的诚信责任

基于投资者和上市公司间的基本关系为出资者和筹资者的关系，所以信息披露责任以及规范经营给投资者以回报的责任是上市公司对投资者的基本义务。在现代公司制度中，广大中小投资者不可能直接参与上市公司的经营管理。让投资者及时了解上市公司经营情况，对于维持投资者的信心，保证投资者对上市公司的投资价值做出正确的评估是十分必要的。正因为如此，各国证券市场都对上市公司的责任作了强制性规定。

上市公司和投资者的关系既包含企业和股东的关系，也包含控股股东和中小投资者的关系。为了保证上市公司对投资者负责，各国都针对上市公司对投资者的职责（如信息披露责任、高级管理人员的经营责任、赔偿责任等）进行了必要法律和制度上的规定。遵守这些相关的法律法规是上市公司履行对投资者诚信责任的最基本的要求。上市公司作为公众公司应严格遵守上市公司筹资条件，行为规范等规定，依法经营并进行信息披露。对于不履行上述责任的上市公司，要承担相应的民事责任甚至刑事责任。

然而仅仅依靠这些相关的法律法规是不够的，法律的局限性在于其普遍性及其程序的严密性，不可能涵盖上市公司诚信责任的各个方面及发生的每个具体个案。要保证上市公司正确行使自己的权利和履行对投资者的义务，还必须依赖于上市公司及其高级管理人员的道德自律。上市公司要正确认识自身与投资者的相互依存关系。从根本上说，上市公司经营目的是实现企业价值的最大化，也是股东或者投资者财富的最大化，本质上上市公司和投资者利益是一致的。但在目前我国上市公司治理结构下，“一股独大”使“内部人控制”现象较为严重，能真正参与公司决策的投资者是少数控股股东或大股东。控股股东考虑更多的是自身的利益而不是公司的整体利益。因此往往会出现损害中小投资利益的违法违规现象。法律虽可逐步规范这些违法违规行为，但要真正改变这种局面，不仅要强化监管，还依赖于大股东及高级管理人员的自律。

西方成熟市场有一种以柔性的惯例和道德为尺度的柔性监管，即“善良管理人的注意责任”，这种柔性监管几乎完全取决于社会的道德尺度和生活习惯。就证券市场的监管而言，刚性的证券法规不可能详细罗列上市公司不该做的所有的具体的事，但这并不意味其可以随意不顾投资者利益而为己图利，他们仍会受到柔性的“善良管理人的注意责任”的约束。“科龙事件”表明，我国监管部门太不重视柔性监管的作用，使上市公司高层管理人员没有尽到“善良管理人的注意责任”，不能诚信自律；社会大众也没要求高管人员推行“善良管理人的注意责任”，不能有效地阻止这种行为的发生。应促使上市公司高管人员的勤勉与诚信并形成一种风尚，勤勉使其在执行职权时保持应有的关注，诚信要求在自身利益与自己对公司应尽义务发生冲突时，把公司及投资者利益放在首位。

四、投资者对上市公司的诚信义务

投资者对上市公司起着基础性的作用，投资者在证券市场通过发行市场和交易市场买入上市公司公开发行的股票后，就成为该公司的股东。作为上市公司的股东，投资者应承担股东应尽的义务。根据相关法律法规，具体地说包括遵守公司章程；据其认购股份及入股方式缴纳股款；除法律、法规规定的情形外，不得退股；法律、行政法规及公司章程规定应承担的其他义务。投资者作为股东如未能充分认识或履行应尽的义务,则应承担相应的责任。

证券投资是一种风险较大的投资,任何理智投资者的投资动因都是直接或间接追逐利益,投资者不得不承受与收益相对应的风险。投资者入市前对此应有清醒认识,所以投资者在购入上市公司股票前后,有责任了解上市公司基本面的情况,认真阅读分析发行人股票发行、上市前后公开披露的信息如招股(配股)说明书、招股意向书、上市公告书、发行公告以及季报、中报、年报等,对发行公司股票投资价值作出分析判断,真正做到“收益自得、风险自担”。

虽然在投资者与上市公司之间,投资者的诚实信用居于次要地位,但那些能够影响上市公司股价波动的大投资者,如其操纵股价、内幕交易、与上市公司联手欺诈中小投资者,则会对证券市场产生极恶劣的影响。大股东应保持其在证券市场的独立性,审慎地看待自己在市场中的影响力,从广大投资者利益出发,监督上市公司规范经营,这样证券市场中的信用关系会进一步发展。投资者在日常股票投资活动中要坚持正确的投资原则,积极规避违反诚信原则的上市公司风险,不去恶意追捧炒作以牟取暴利,为投机气氛推动助澜,则有利于推动证券市场信用关系向积极方向转化。

五、上市公司与投资者的良性互动

投资者与上市公司之间是一种平等的信用关系,双方联结的基础是平等自愿与诚实信用。投资者与上市公司之间的信用链是建立在公平、公开、公正的原则基础上的,一旦信用链发行断裂,就会引发投资者和上市公司之间的信任危机,对双方都会产生非常不利的影响,对证券市场会产生极大的破坏作用。在投资者与上市公司的信用链条关系中,上市公司是主链,起着主导作用。一般的,由于中小投资者是被动的,因此中小投资者的不诚信行为往往也是被动的,在一定程度上可以说是由于上市公司及证券市场的不诚信行为引起的。因此,要构建投资者与上市公司之间的信用链,使投资者与上市公司走上良性互动的轨道,最主要的是规范上市公司和大股东的行为,保护中小投资者权益,同时加强中小投资者必要的教育。

规范上市公司行为,必须标本兼治,既要加大对上市公司坑害投资者利益行为的惩处力度,又要从制度建设入手,从根源上减少以至消除上市公司的不规范行为。上市公司披露虚假信息、随意更改投资意向、虚构利润、虚假重组等欺骗投资者的现象屡见不鲜,这与上市公司改制不彻底,治理结构不健全及自身法律意识薄弱都有很大关系。但从外部环境来说,法制操作缺乏一致性和严肃性使法律惩处不规范缺乏力度,使上市公司违法成本很低,给其造就了宽松的环境,这导致上司公司不惜一再冒险,以身试法。所以,国家加强法制的严肃性和法制惩处力度是十分必要的。要坚持市场法制化方向,让法律和制度真正起到规范和威慑的

作用。

上市公司行为规范包括监管层面的法制规范、公司自身的自律规范以及投资者的市场规范三个不同的层次。监管层从制度建设的角度对上市公司进行约束，并对其违规行为进行清理查处，这构成规范上市公司行为的外部力量。从上市公司内部来讲，应进一步完善现代企业制度，明晰“三公”职能。公司管理层要真正做到对股东负责，这对上市公司在资本市场建立与投资者的信用关系至关重要。投资者的市场规范主要是通过“用脚投票”等方式行使自己的权利，通过市场选择起到规范上市公司行为的目的。

在许多国有控股的上市公司中，大股东的行为尤其值得关注。事实上许多上市公司就是因为与大股东的特殊关系而成为其在资本市场圈钱的工具。规范大股东行为，从根本上讲需要产权多元化，彻底改变“一股独大”的现象。但中国证券市场的特殊性，产权多元化的操作难度很大，需要长时间的摸索。从实际可行的方面出发，应在具体的规章制度方面加以规范，使其行为约束在制度许可的范围内，以减少对上市公司正常经营的影响。

投资者与上市公司之间的诚实信用关系是建立在平等自愿原则的基础上的。在投资者与上市公司之间，诚实信用原则是能够把双方捏合到一起的最重要的因素。上市公司的诚信是根本。上市公司的诚信主要表现在其信息披露的真实性，上市公司经营管理人员的勤勉尽职。而投资者的诚信，概而言之，主要表现在投资者（尤其是机构投资者）不做违反法律和违背道德原则的事情，避免造成对证券市场乃至整个社会的危害。

从投资者的角度说，平等原则首先表现为投资者通过股东大会等形式积极行使自己的权利以及对上市公司应尽的义务，还表现为投资者对维护整个证券市场健康发展的责任和义务；自愿原则主要指投资者在对拟或已上市公司基本面把握基础上，在对市场风险基本认知的情况下所做出的自愿买卖股票的行为。股票价格波动剧烈，风险较大。盲目的证券投资行为往往给投资者带来损失。除非导致价格波动的因素违反法律，否则由此导致的投资收益风险都应由投资者自己承担。对于上市公司来说，平等原则就是信息披露的真实性，不利用资金和信息的绝对优势误导或恶意欺诈投资者，使投资者在符合“三公”原则的条件下掌握市场信息。

同时，中小投资者作为证券市场的交易者，也是上市公司的股东，但其在信息、资金、专业知识方面与公司管理层及大股东相比均处于绝对劣势，属于证券市场的弱势群体，世界各国都将其列为保护的重点。通过完善公司治理，强化外部监督机制和上市公司民事赔偿制度来保护中小投资者利益。国际上普遍实行投资者赔偿制度，其中美国的上市公司民事赔偿制度最为成熟，被新兴市场国家列为典范。2002年1月15日，我国最高人民法院下发《关于受理证券市场因虚假陈述引发的民事侵权纠纷案件有关问题的通知》，并正式受理了大庆联谊、嘉宝实业、圣方科技、渤海集团等投资者的起诉。虽然其过程比较曲折，但对上市公司将构成巨大威慑，对投资者权益保护也将产生实质性的促进作用。法院从“暂不受理”到开始受理，这一转变标志着我国证券民事赔偿制度的突破。

第五章 证券中介机构诚信责任分析

随着我国证券市场的快速发展，证券市场中介机构也得以迅速发展壮大。证券市场中介机构是证券市场信用体系和社会信用体系的重要组成部分，其提供中介服务的目的，就是维护证券市场信用体系和社会信用关系，促进证券市场信用交易的顺利进行，从而降低整个证券市场的交易成本。证券中介机构作为连接投资者与上市公司的桥梁，地位非常重要，从诚信建设的角度说，它是证券市场上最重要的防线之一。证券中介机构的发展和规范，对证券市场的规范发展有直接的促进作用，对整个证券市场乃至整个社会信用体系建设都有直接的影响。只有中介机构的诚信、尽职、尽责，才能推动证券市场及整个社会信用体系的建立。

一、证券中介机构诚信缺失表现

由于对证券公司的诚信责任做了专文的论述，这里所说的中介机构是指除证券公司以外的证券市场其他的依法设立的从事证券服务业的法人机构。主要包括会计师事务所、律师事务所、证券投资咨询公司、资产评估机构、信用评级机构、证券登记结算公司、证券信息公司等。虽然证券中介机构诚信缺失都是其违背自身应承担的责任，会导致不规范的市场运作，侵害投资者的合法权益，但对于不同类型的中介机构，其诚信缺失的表现是不同的。

(1)会计师事务所。会计师事务所是依法独立承担注册会计师业务的中介服务机构。在证券市场上它对公开发行和交易股票的企业、证券经营机构和证券交易所提供会计报表审计、净资产验证、咨询服务等证券相关业务。目前我国共有72家具有证券从业资格的会计师事务所。在激烈的市场竞争中，会计师事务所为保住和扩大市场份额，争取客户或稳定已有的客户，在竞争中必然相互压价，为保持一定的利益空间，事务所希望降低审计成本，这样会计师在审计过程就可能省略必要的审计程序，甚至故意隐瞒一些事实，放弃会计师最基本的职业操守。在利益的驱使下，一些注册会计师会迁就客户，不能保持其在审计过程中应有的独立性，其审计意见的真实性与公正性就大打折扣了。有的甚至歪曲事实，提供虚假的审计意见书、会计报表、净资产验证书及投资分析等,欺骗市场和投资者。

会计行业作为证券市场最重要的中介之一，对证券市场有着非常重要的影响。会计理论界专家认为,“假账”原因表面上是注册会计师的诚信问题，公司治理以及会计利润确认与计量理论和方法存在着先天性缺陷，其实质是现实中不恰当地运用了利润指标，是追求短期利润最大化这一普遍的社会心态作用的必然结果。诚然,自从会计提出利润概念,这一指标很流行,在证券市场逐步建立后，人们更是对会计利润指标的迷信达到了前所未有的高度。人们好似已认同了会计利润的真实性,而从未考虑“会计利润最大化”是否有实在意义。其实,会计利润只是会计确认与计量的结果,尽管严格规范,但仍有很大弹性。会计利润的真实性只是一个相对模糊的概念,并不标准,现实中会计利润往往存在很大虚假风险。因为某些人会利用其弹性和会计处理的可选择性恶意操纵“利润”,使会计利润指标成为公司随心所欲的工具。传统会计利润计量只局限于提供一个短期利润,对长期利润指标未作反映,误导了经济与管理。从这个角度来讲，会计理论改革与创新已迫在眉睫,拓展会计利润处理视野,把长期利润纳入会计利润核算的范围,是建立会计利润确认与计量系统自我约束机制的一种尝试。这样,会计提供利润指标是短期利润与长期利润的统一，从而赋予企业追求利润最大化以完整含义，达到正确引导控制经济管理行为的目的。只有尽快完善会计体系，使其自身具备较强对虚假利润的“免疫力”,才能从根本上防范假帐发生的可能性。

(2)证券律师事务所。律师事务所是律师开展法律咨询及相关法律业务的工作机构。在证券市场上,它是以法律咨询形式参与市场，向证券市场各类主体提供法律帮助的专业机构。目前我国有417家具有证券从业资格的律师事务所。一些律师事务所在利益的诱惑下，为根本不具备上市条件的公司提供虚假的法律意见书等证明文件，骗取上市资格,最终使投资者利益受损。

(3)证券投资咨询机构。证券投资咨询机构是对证券投资者和客户的投资活动、证券交易活动及资本运营提供咨询服务的专业机构。目前，我国证券投资咨询公司主要有两种类型：一是专门从事证券投资咨询业务的专业咨询机构；另一类是兼作证券投资咨询业务的兼营咨询机构。我国投资咨询业发展历史较短,难免有不规范操作行为,在利益驱动下，一些咨询机构违背职业道德，故意发表一些误导投资者的投资建议或投资信息，以达到为个别机构投资者或个人谋利的目的。而众多的普通投资者由于信息和专业知识缺乏，往往对咨询建议缺乏判断力,结果造成不可弥补的损失。

(4)资产评估机构。资产评估机构是组织专业人员依照国家有关规定,结合数据资料,按照特定目的,遵循适当原则、方法和计价标准,对资产价格进行评定估算的专门机构。其中从事证券业务的资产评估机构对股票公开发行、上市交易的公司资产进行评估和开展与证券业务有关的资产评估。资产评估机构如果缺乏诚信，将会协助上市公司作假，为其提供虚假的资产评估报告或验资报告。

(5)信用评级机构。信用评级机构是金融市场上重要的服务性中介机构,它由专门的经济、法律、财务专家组成，对证券发行人的信用进行等级评定的组织。信用评级机构缺乏诚信主要表现为为上市公司提供虚假的等级评定书，使上市公司信用等级与其实际资产及信用状况不符。

二、证券中介机构诚信责任建设的重要意义

由于证券中介机构在证券市场中的特殊地位，它是资本市场的桥梁和中心。既对上市公司产生重要的影响，同时对投资者也有不可替代的作用，是整个证券市场重要的组成部分，影响着整个证券市场的规范与秩序。目前中国证券市场一定程度的诚信缺失，很大程度上是由于证券中介机构的协助配合完成的。可以说,证券中介机构起到了推波助澜的作用，扰乱了整个证券市场的秩序，影响了证券市场的健康发展,所以,强化证券中介机构的诚信责任建设对规范证券市场具有非常重要的意义。

1、有利于维护证券市场的“三公”原则

证券市场应该是公开、公平、公正的市场,而“三公”原则需要证券市场中介机构来维护。维护证券市场“三公”原则是证券中介机构最重

要的诚信责任之一。准确、及时的信息披露是保障“三公”原则的基础，因为投资者只有掌握了必要的准确信息，才能对此正确分析并正确决策投资计划。证券中介机构必须保证准确、及时的信息披露制度得以真正实行。

证券中介机构的地位非常重要，其诚信程度直接影响着上市公司信息披露的质量和证券市场规范发展。对于一个上市公司的运行来说，独立的外部审计、法律监督等是从外部提高企业治理结构效率的重要因素。证券中介机构能否承担其应有的诚信责任是一个证券市场成熟与否的标志。证券市场的规范有序运行与中介机构队伍的素质与诚信，是相辅相成的。推进中国证券市场的市场化进程与推进中介机构的诚信责任建设有着密切的联系。

不同类型的中介机构因为自身角色的不同，需要承担不同的诚信责任去维护证券市场的“三公”原则。中介机构应对上市公司作深入详细的了解与调查，对公司的财务状况和生产经营、所处的行业、产业政策以及国家其他相关政策情况应该非常清楚，应对投资者负责，不虚假包装，不隐瞒重大风险。投资者的信心是证券市场运行的基础，一级市场融资要靠投资者，二级市场繁荣同样要靠投资者。如果投资者对中介机构失去了信心，就会远离证券市场，依赖于证券市场生存的中介机构的利益也会受到根本的损害，所以中介机构切不可因一时之私而损害市场及自身的长远利益。

2、有助于推动证券市场信用体系建设

在证券市场上，投资者投资价值的判断及决策基于上市公司披露的各种信息，而投资者获得这些信息的途径大部分是证券中介机构。如果中介机构协助上市公司弄虚作假，故意遗漏重大信息，将对投资者造成致命的影响，有可能造成巨大损失。由此可见，证券中介机构的作用和地位非常重要。中介机构的规范发展，能推动证券市场信用体系的建设，证券市场信用体系比较成熟的国家也主要靠规范证券中介机构的行为来实现对证券市场的监管和保护投资人利益的。

证券中介机构不仅是发行公司与投资者联系的桥梁，也是发行公司与监管机构联系的桥梁，证券中介机构的诚信对上市公司的发展、投资者的利益都有直接的影响。中介机构既要对上市公司负责，也要对投资者负责，不能为谋私利偏向于任何一方。证券中介机构如会计师事务所、律师事务所等对上市公司进行上市辅导、审计等执行过程中，对上市公司业绩、资产质量等都要有比较深入的了解。比如会计师认为上市公司某项关联交易价格将对其业绩产生重大影响而他又无法得到确认，或者会计师认为公司某些问题已严重威胁到其持续经营能力等等。此时证券中介机构就有责任和义务对关系到投资者利益、上市公司股价的信息进行披露或报告上级相关监管部门，发挥“经济警察”的作用。

证券中介机构的诚信责任如果发生偏离，就不能对上市公司作出真实客观的评价，比如安达信、中天勤等会计师事务所不但对上市公司弄虚作假孰视无睹，反而帮助其造假，其行为对证券市场任一参与主体都会造成巨大的伤害。美国不断发生的财务丑闻，使投资者对中介机构丧失了信心，导致了严重的后果和信用危机，阻碍了美国经济复苏的步伐。目前我国证券市场信用体系正在逐步建立的过程中，中介机构的诚信对证券市场信用体系的发展显得更为重要。

3、有利于引导投资者理性投资，并能维护投资者的合法权益

我国证券市场投资者以中小散户为主，机构投资者数量少而且投资行为不规范。众多中小投资者投资知识很不全面，很不系统，进行投资决策的主要依据是消息与股评，难以达到理性投资状态，因此，各种证券中介机构出具的各种财务报告、投资建议报告、分析报告对投资者影响很大。所以，在中国证券市场发展过程中，证券中介机构作为投资者与上市公司的纽带，在一定程度上左右着投资者的投资决策，引导市场投资理念的发展方向。

强化证券中介机构的诚信责任将引导市场理性投资行为。在大力发展机构投资者的趋势下，各种机构投资者包括中介机构不断增加，投资品种也不断丰富，投资模式将由“机构与散户”的博弈转变为“机构与机构”的博弈方式。因而投资者的投资目标、盈利模式和投资管理方法都将做出相应改变以适应全新的市场环境，投资理念也随之日益理性化。

一个国家证券市场的成熟程度与投资者权益保护机制的完善程度是密切相关的，证券中介机构要处理好证券市场参与各方主体的关系，其中与投资者之间的关系尤为重要，保持与投资者之间的良好关系，就是要尽量维护投资者的合法权益，这是证券中介机构诚信原则的核心任务。

证券中介机构要恪守独立、客观、公正的原则，建立行业诚信观、道德观，在注册会计师和注册资产评估师等中介行业中弘扬诚信文化，有效维护投资者合法权益。同时还要加强行业自律组织的自律制度建设。中介行业自律组织应逐步建立一套“事前预警、事中检查、事后跟踪”三者有机统一的监管体系，提高对诚信责任的预警、防范与处理能力。另一方面，加强投资者教育，提高投资者素质，提高投资者对证券市场的了解，加强投资者的风险防范意识，由此增强投资者的自我保护意识。对于违反诚信责任的行为，应积极推动建立和完善证券市场民事赔偿制度对受损者进行赔偿。国外投资者因证券中介机构的执业活动违法或者犯罪而遭受损失的，可依法提起民事诉讼，请求损害赔偿。现阶段我国证券民事赔偿制度已初步建立。我国证券监管机构及相关部门应积极创造条件，推动证券民事赔偿制度的实践，从而能够逐步规范市场行为，更好地保护广大投资者，尤其是中小投资者利益。

4、有利于增强证券市场投资者的投资信心

加强证券市场中介机构的诚信责任意识，可以规范证券市场秩序，促进市场稳定发展。一个规范的稳定发展的市场环境是恢复和增强投资者投资信心必不可少的条件。相反，如果证券中介机构缺乏诚信，则会严重打击投资者的投资信心。

证券中介机构在增强证券市场信心方面具有重要的作用和责任，不同的中介机构其诚信责任的具体内涵不一样，必须有明确的细分，不能混淆，并制定实施细则予以明确界定，以便中介机构执行。各中介机构诚信职责细分规范后，应严格自律，遵循相关法律法规和行业规范。为了重建并增强证券市场信心，中介机构必须把诚信原则作为公司治理之本，按诚信原则制定相应的内控制度、运行规则、奖惩激励机制，发现违反诚信原则的行为要坚决制止，严肃处理。

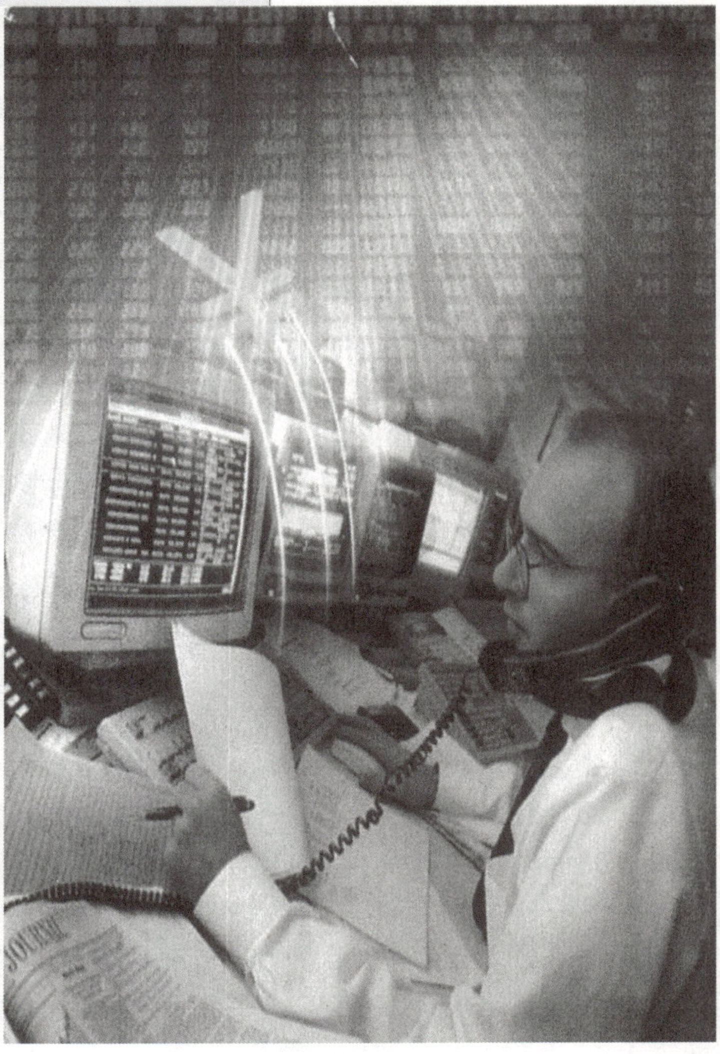

随着我国证券市场的国际化、市场化进程的加快，中介机构执业的规则环境将逐步发生根本性变化。规则和竞争环境的变化，要求中介机构必须树立一种崭新的诚信执业理念，以承担其在证券市场上应有的责任。具体地说体现在三个方面：

第一，要确立诚信为本的基本执业准则，无论是公司治理还是业务竞争，都必须信守诚信，把诚信责任作为公司治理之本，放在公司发展的首位；

第二，要形成“公平、勤勉、尽责、自律”的执业文化和具有诚信执业素质的员工群体；

第三，既要规范执业、树立诚信品牌，又要勇于创新，增强综合竞争力，增强证券市场信心。

第六章

证券市场诚信体系的建设与完善

证券市场信用体系的不健全和不完善交易导致上市公司与证券中介机构的诚信缺失，这将从根本上动摇证券市场的基础，引发连锁负面效应，也大大降低社会对证券市场乃至整个股份经济的信任，导致市场的严重失序。因此，构建我国证券市场发展的信用基础和信用体系，强化信用的道德约束与财产约束，形成个人信用、企业信用、市场信用与政府信用的完整体系，对我国证券市场的规范化、市场化、法制化和国际化发展具有重要的意义。

一、证券市场诚信体系建设的必要性和紧迫性

在证券市场的发展过程中，在经济利益的驱动下，不可避免地会出现各种违法违规现象。我国证券市场是在发展中求规范，市场规则不完善，缺乏诚信的违法违规现象更为突出。证券市场违法违规行为的滋生和蔓延，造成了证券市场秩序的混乱和市场信用的严重缺失，这对我国证券市场的运行和发展造成了极大地危害，也决定了我国必须加快加强证券市场诚信体系的建设。

1、诚信缺失动摇了市场运作的基础

市场经济是契约经济。市场经济中的经济活动是通过非人格化交易进行的。所谓非人格化交易，是指交易双方是不特定的，彼此之间没有个人的了解，即非局限于“熟人社区”的交易。与传统的人格化交易相比，非人格化交易极大地扩展了交易的范围，拓展契约（显性的、隐性的；书面的、口头的）来实施。因此，我们说市场经济是契约经济。在契约经济下，信任是交易的前提和基础，只有在相信交易对方会履行契约责任的条件下，交易者才会订立契约，进行交易。而且，这种信任不是局限于“熟人社区”的信任，而是一种普遍的信任，它不是基于“熟悉”或针对个别有着特定身份的个人，而是基于对交易双方利益和权利的尊重，因而它是一种抽象的普遍主义的原则。没有这种普遍原则的信任，交易范围无法拓展，市场不可避免地萎缩。因此，市场经济内在需要普遍原则的信任，诚信缺失必然动摇整个市场经济运作的基础。

2、信用缺失导致证券市场功能萎缩和金融风险积聚

证券市场的产生和发展，对信用及普遍原则的信任有着更高的要求。因为证券市场是市场经济范围充分扩展的必然产物，证券市场的建立和发展又进一步导致市场范围的扩大，这使得证券市场上非人格化交易不论范围、数量还是频率都达到了史无前例的高度。证券市场诚信的缺失不仅导致市场交易的萎缩，即市场筹集资金、优化资源配置功能的萎缩甚至丧失，还会产生和积聚巨大的金融风险，对整个国民经济产生非常严重的危害。目前，我国证券市场已具有相当的规模，证券市场已成为我国国民经济的重要组成部分，在国民经济中发挥着十分重要的作用；另一方面，中国经济正进一步融入全球经济体系之中，证券市场交易秩序的失范和信用的缺失不仅对我国证券市场的稳定和健康发展构成了很大的威胁，而且，其聚积的金融风险对整个国民经济

的稳定和发展也构成了严重隐患。

二、证券市场诚信体系建设应坚持的原则

基于中国证券市场的问题来源于市场主体，是结构自身的，因而要解决问题，就要从深层入手。在制定重建诚信体系的对策和实施相关措施的过程中，要坚持以下原则：第一，从法律上建立监管机构的绝对权威，防止其他部门插手和干预；第二，在法律基建方面：立法，即法的本身虽然重要，但更重要的是司法和程序，是法的执行问题；是怎么用法律手段来构建整个证券市场（进而整个社会）的信用体系（即法律意义上契约的神圣性）问题；在这个过程中，要促进市场经济真正发展，促使纯粹由通用法律原则调控的商人阶层的出现，大力发展培育中介服务业的信用体系，促进“不受政府干预的私人企业，契约的神圣性，法律的神圣性的三位一体”的形成。法律体系的构建是政府政治体制改革的反映，政府职能和角色定位需要转换，由“控制”向服务与监督并举转换，防止或尽量减少证券市场被某些狭隘政治因素利用的可能。

诚信体系建设是一个庞大的系统工程。在这个系统工程中，在坚持上述基本原则的同时，还必须注重稳步推进证券市场的健康发展。

经济转型时期我国证券市场秩序失范和信用缺失虽难以避免，但其危害之深不仅损害广大投资者利益，影响证券市场的稳定和发展，而且对整个国民经济安全和健康长远发展带来严重隐患。因此，重建证券市场诚信，规范证券市场秩序，已经成为当前一项重大而紧迫的任务。

三、建设与完善证券市场诚信体系的七大举措

证券市场信用体系的建设与完善是规范发展证券市场最有效的保证。随着证券市场法制建设的日趋完善，政府对证券市场监管的日益加强，全社会的诚信意识逐渐回归，上市公司及中介机构的诚信经营理念也有所发展。在诚信缺失带给市场及全社会的巨大伤害之后，人们认识到诚信的重要性，诚信建设开始深入人心，重建证券市场诚信体系既是必须的，也是众望所归。就目前的证券市场来说，应从以下七大方面重建诚信体系。

1、加强法制建设

在加强法制建设方面，首先应该完善法律法规体系。应以保护投资者的利益特别是中小投资者的利益为核心，对大股东的权利，如表决权等加以必要的限制；应尽快制定《证券法》的实施细则，增加其可操作性，明确对内幕交易、操纵市场、证券欺诈等违法行为的民事赔偿责任，增加违法违规行为的机会成本。

我国法律长期对证券市场的内幕交易、虚假陈述、操纵市场等违法违规行为处罚力度不够，违法违规者承受的处罚责任与其所获得的经济利益不对称，造成法律责任和法律制裁缺乏真正的威力，违法活动屡禁不止。在加强法制建设方面，除了完善法律法规之外，更重要的是严格执法，切实改变长期以来证券市场“有法不依，执法不严”的状况。如果推行民事赔偿责任制度，允许利益被侵害的投资者向违法行为人提起民事赔偿诉讼，则可以大大增加违法行为人的违法成本，有效地遏制违法行为。2002年以来，证券监管等部门认真贯彻执行《关于整顿和规范市场经济秩序的决定》，严格执法，加大了对于各种违法违规行为的查处和打击力度，这有利有证券市场规范发展。

2、改善上市公司治理结构

我国证券市场诚信缺失的主要根源在于产权制度的缺陷，即上市公司治理结构存在重大缺陷，改善上市公司治理结构，是建设证券市场诚信体系的重要途径。改善上市公司治理结构的根本出路，在于产权制度的改革，即通过国有股减持，消除国有股“一股独大”的现象，优化上市公司股权结构，从根本上改善我国上市公司产权治理基础。同时，产权制度改革是缓慢的渐近式过程，必须在逐渐推进国有股减持的同时，积极探索改进我国上市公司治理结构的其他有效途径。

监管部门十分重视上市公司治理问题。中国证监会先后公布了《中国上市公司治理准则（征求意见稿）》和《关于在上市公司建立独立董事制度的指导意见》。《治理准则》在我国《公司法》确立的公司治理结构的基本框架基础上，尽量弥补公司法的缺陷和不足，为我国上市公司治理提供了必要的依据和规范，其核心是切实保护中小投资者的利益。《治理准则》主要有以下特色：(1)强调平等对待所有股东，保护所有股东的合法权益；(2)强化信息披

露制度；(3) 建立独立董事制度，保护中小股东权益；(4)强化对于公司董事违反义务的责任追究，建立和完善证券民事赔偿制度。《治理准则》的实施，必将会有力地规范上市公司行为，促进我国证券市场的规范发展。

3、强化信息披露监管

要把对信息披露监管作为上市公司监管工作的重中之重，加强信息披露的实质性审核力度，建立合理怀疑制度。对披露不真实业绩虚假的上市公司要提出质疑，进行现场检查，把虚假披露行为作为专项检查的重点。对融资后“变脸”和信息披露“言而无信”的上市公司，严厉追究其责任，加大处罚力度。同时，上市公司应建立信息披露问责制度，明确董事长是信息披露的第一责任人，董事会秘书负责信息披露的具体工作，使其责任明确，如其信息披露出现问题，要追究董事长及相关人员的责任。

4、加强重大资产重组的管理

按照《关于上市公司重大购买、出售、置换资产若干问题的通知》精神，做好对上市公司重大资产重组的监管工作，对重组方的资信状况进行必要的调查，认真审核重组方案，使之能有效实施并及时进行信息披露。杜绝上市公司进行虚假重组或报表重组。重组后的上市公司，要防止大股东从上市公司套现，让上市公司担保或从上市公司取得不正常利益的行为。

5、清收大股东占用的上市公司资金

政府应加大对大股东占用上市公司资金的专项检查力度，明确董事长对大股东占用上市公司资金问题负有的责任，资金占用经董事通过的，参加会议并签字同意的董事负有责任。已存在的上市公司资金被大股东占用的，应尽快要求大股东明确承诺归还占用资金的方式和期限，使之接受监督。上市公司要把大股东占用上市公司资金的情况向政府汇报，并接受其监督和支持清理工作。大股东未承诺还款期限或长期占用、拒不归还的，上市公司应采取法律手段收回大股东或关联方占用的资金。

6、建立募集资金运用定期报告制度

募集资金的使用效率和安全性，关系到投资者的切身利益和上市公司的健康发展。要加大对募集资金的监督检查力度，建立上市公司募集资金使用定期报告制度。上市公司应定期向主管部门报告募集资金使用的项目、进度、资金有效安全性等情况，要按照招股说明书承诺的资金投向和进度使用募集资金，对有随意变动的要进行查处。

7、建立信用记录制度

在市场成熟的国家，不管企业还是个人，都有张必不可少的“身份证”——信用记录。我国证券市场有必要建立起比较完善的信用记录制度，提供征信和立信服务。所谓征信，就是要托第三方对有关个人和机构的资信情况进行调查评估；所谓立信，则是把自己的信用状况提供给第三方评估。在证券市场上，应建立上市公司及其董事、监事、高级管理人员的诚信问责制度，建立其信用记录本，并以此为重要依据决定其增发、配股、发行及转换公司债等融资事项。并将其信用记录档案的信息与政府及证券监管部门共享。

总之，证券市场信用体系的构建与完善是一项根本性的系统工程，应深入分析信用缺失问题的根源，直面所有深层次的问题和矛盾，在正确的导向上采取行之有效的举措，才能重构一个与时俱进的适应证券市场发展的信用体系。

第七章 从美国的法制建设看诚信

相对于英国与法国，美国证券业起步并不早。在早期的美国证券市场也充斥着造假、官商勾结、操纵股价、内幕交易、企业向银行借款炒股等行为。但美国证券业发展迅猛，很快超过了英法等老牌资本主义国家，成为目前世界上证券市场最为成熟、最为发达的国家。美国证券业成功地吸收了英法等国家的经验与教训，通过借鉴与创新建立起了自己的证券管理思想与管理体系。因此，考察美国证券市场法制建设对其诚信理念的作用和宝贵经验，将起到以史鉴今、以外明内的作用。

一、诚信产生于法制化

我们可以通过对1929~1933年美国股市危机的分析和观察看到美国法制化对其证券市场的重要作用。1933年以前的美国证券市场非常混乱，从1929年9月到1932年7月的近3年时间里，纽约证券交易所的股票市值由890亿美元降至150亿美元，在此期间，发行了价值500亿美元的新股，到1933年时，已有一半的股票一文不值。许多股票完全无交易，投资者信心完全崩溃。此后专家对此作了大量研究认为，美国20世纪30年代的股市崩溃不是因为基本面的问题，而是因为投机因素的急剧膨胀。

资料显示，当时美国55%的个人储蓄均用在炒股上，而其中很大部分是利用贷款炒股，而且对贷款额度却没限制。虽然表面上最大的放款者是证券公司，但实际资金大部分来自银行贷款，当1929年股市大崩盘来临时，银行逼迫证券公司还钱，证券公司强迫客户清仓，清仓造成股市急速下跌，这使银行更逼迫证券公司还款，这种恶性循环的连锁反应最终导致市场崩盘。

1933年美国的一份报告说："大量无价值的证券之所以漂浮在市场上，是由于证券经纪商们全然放弃了公平、诚实和严谨的职业行为标准，而该标准恰恰是投资者对企业进行投资活动的保障。他们只顾许下盈利的诺言，却忽视提醒公众投资者应当注意与证券价值息息相关的信息。"报告进一步指出，1929年股市崩盘之前之所以兴旺，主要是证券公司的炒作。证券公司发售股票时，自己先行大量买入，造成股价攀升，不知情的投资者随后跟进，(就象中国股市的"与庄共舞")造成股价继续上扬，证券公司随后抛出股票而大赚其钱。把股市崩盘的主要责任归咎于证券公司和证券业本身。

而事实上，当时有充分的证据表明，上市公司造假情况也非常严重，公司内部人员也大量进行内幕交易，对小股民大肆掠夺。当时由于缺乏健全法制的强制性要求，上市公司根本不注意信息的披露，甚至不出年报，投资者不了解发行人的财务状况及其他重要信息。此外，美国当时还未建立股东大会代理人制度，更让上市公司为所欲为，肆无忌惮。而这正是导致证券市场混乱及崩溃的最根本的原因。美国股市亟待建立起一套行之有效的管理体系，规范发行人与中介机构行为，保护投资者利益，建立并倡导诚信理念。

1929年~1933年美国的股市危机可以说是对一贯崇尚自由放任经济的古典经济学家的极大挑战，失灵的自由市场的残酷现实迫使美国开始运用政府干预理论寻求解决办法。但是，美国政府在罗斯福总统的强力领导下并没有如同英法政府一样关掉股市与银行，以道格拉斯(William O.Douglas)为主的智囊团要求罗斯福总统制定严格的证券交易法，通过法律手段强化发行人的诚信责任，重树投资者的市场信心，维护股市发展。

美国《证券法》主要规定了一级

市场信息披露原则，不太涉及政府干涉，所以很快被国会通过。而1934年的《证券交易法》罗列了股市众多问题，因此政府直接干预是不可避免的。当时证券界担心规范化、法制化会造成股市萧条（就象我国股市对强调政府规范的类似反应）。为了让交易法顺利在国会通过，美国政府做了不少让步。美国证监会的产生正是最大让步的结果，并让证券界业内人士约瑟夫·肯尼迪(Joseph Kennedy)出任美国证监会第一任主席，这打消了证券市场人士对政府法制干预的担心，随后的两届主席道格拉斯和兰德斯也是证券业从业人士。但令证券业意外的是，这三位主席都有一个共同特点，即严格推行法制化。

正如美国SEC执法部门在其工作目标所说的："我们的任务就是通过保护投资者和维护证券市场的效率与诚信来提高市场的信心"，美国证监会对于法制化的推行起了关键性的作用，使证券市场参与者违法必须付出很大代价，因此形成了市场所谓的"诚信"。若无诚信，则美国证监会威慑性的执法可使违法者倾家荡产，甚至终身监禁。

现代经济与法律理论认为，现代社会的重要约束形式是角色关系，不同角色的权利、义务和责任构成了相互关系的强制规范，就象医生的职责是救死扶伤一样，每个人的行为必须符合社会对其角色定位与期望。这反映了现代社会秩序基础已经从过去依赖文化转变为依赖结构，依赖于一系列制度化的权利、义务和责任，依赖于一整套完备的法律制度。治乱市、用重典，从美国以至欧洲诚信建设的历史来看，根本没有自发性的市场诚信，只有在重典之下的不得不有的诚信。诚信产生于规范化和法制化，如果寄望于市场自发的诚信与"善意"，那无异于缘木求鱼。

当然，这并不是鼓吹放弃道德修养及其社会作用，而是利用法律制度去维持道德，实现公共道德的最佳路径是建立起有效的法律制度。回顾美国证券市场诚信建设的历程，我们可以得出结论，(证券)市场没有自觉的诚信，诚信是产生于法律制度基础上的。

二、信息披露原则的确定

美国联邦政府和州政府在关于强化诚信原则、规范证券市场的首要任务——规范发行人与中介机构的问题上应扮演什么角色？美国国会认为各州管理其所在的公司，同时应制定联邦证券法律，在公司向公众发行证券、从事经纪或投资咨询及其他业务时，接受联邦政府法律制约而不是各州法律制约。正是在这种基础上，美国建立了世界上第一部完备的证券法。

而在采用何种标准来监督实际的证券活动时，美国立法专家观点并不一致，大致分成三类。自由保守派主张仅仅惩罚已经发生的欺诈活动，反对授权政府机构采取任何预防欺诈行为的措施。因为他们认为：任何预防性法律都不会具有任何良性作用，而只会阻碍经济的发展。极端派要求联邦政府应该对市场上的证券进行评估，通过实质性审查确保其交易的公平性。这种观点的支持者认为，信息披露过分依赖证券本身的真实性，其发生作用的前提是投资者都能明白信息的奥妙及其真伪。而实际上绝大部分投资者并没有足够的能力和经验去理解发行人的收支平衡表合同及其他信息，也难以利用这些信息作出正确的投资决策。所以，单纯的信息披露不足以保护投资者，而必须依赖于政府的强制评估审查。中间派的立法方案主张上市公司应对其重要的相关信息进行披露，其目的是暴露并预防那些可能产生欺诈交易的行为。而且信息披露将使股票的市值更加合理，增强了市场的公正性。该方案对招股说明书有较详细的规定并超越了传统的被动的禁令方法，进一步明确了公司有主动公布信息的义务。

美国《证券法》起草时，第一次草案原准备采取极端派的实质性审查原则，在这一原则下，股票如不符合一定标准，联邦政府有权禁止其公开发售。但这一原则与当时的美国总统罗斯福的观点大相径庭。信息披露机制不可能完全阻止不良公司出售股票或不公平的股票交易。但正如美国大法官路易斯.D. 布朗德斯在《他人的金钱》中概括说："公开制度作为现代社会与产业弊病的矫正政策而被推崇，阳光是最好的防腐剂，电灯是最有效的警察。"罗斯福总统深信："联邦政府证券发行的审查不能也不应该是对该证券的品质加以核准，或者保证该证券能保持原有价值或更进一步获取利润。"他在给国会的信中写道："我们的任务只有一个，就是坚持每种在州际间新发行的证券必须完全公开信息，并且不允许与发行相关的任何重要信息在完全公开前透露。"

这一理念是对"买者自慎"(Caveat Emptor)原则的修正，并朝"卖者自慎"(Caveat Venditor) 原则靠拢，它将提供真实信息的义务加在发行人身上，用诚信的发行证券的方式重新建立公众对市场信心的动力。罗斯福总统认为："政府以对诚实经营活动最小的妨碍，保护公众投资者。"这反映出当时美国政府对证券市场监管的真实态度，即一是向投资者提供与公开发行相关的财务资料和其他信息；二是不管法律是否要求，发行的证券必须注册，发行人必须恪守诚信诺言。严禁证券发行中的任何误导、欺诈和虚假陈述，也反映了美国证券法的理念，成为证券立法的宗旨。同时美国政府的态度，也明确了政府的职能在于确保发行人履行诚信诺言，披露相关信息，而无权干涉投资者依据这些信息所做出的投资决策。

面对争论，美国国会议员在具体制定证券法案的过程中也表示："尽可能地将股票持有者与公司经营者摆平，将买方与卖方放在同条船上。证券法无意阻止投资者做出坏的投资选择，仅仅是想通过披露相关信息来帮助投资者提高评估的质量，以及防止公司迷惑投资者。"美国证券法包含了一个最根本的原则，"就是以披露宗旨取代警告宗旨，并在证券行业促成一种高度的职业道德"。尽管信息披露机制不尽如人意，最终美国国会还是确立了信息披露原则为宗旨，并促进了美国股市几十年的繁荣发展。

三、法制体系与投资者保护

美国证券法体系是由七项既相关又独立的法规组成的。其中六项是在1933年至1940年间制定的。基于当时美国大股灾之后的严峻现实，增强投资者对证券市场的信心是重建证券市场的重要条件和最重要的任务。因此，此间的立法更注重保护投资者，把保护投资者作为立法的根本目的。

《1933年证券法》主要针对证券的首次发行而制定的。《1934年证券交易法》主要针对证券发行后的市场交易行为，《1935年公用事业控股公司法》主要针对电力与煤气等事业公司规范。《1939年信托债券法》主要规范债券发行行为，是对证券法有关债券发行的补充规定。《1940

年投资公司法》对投资公司的投资活动进行了规范，对从事投资者代表有意投资者购买其他公司股票的再投资行为进行了具体规定。基于投资公司管理的资产易转换性，导致其管理的投资者的资产很容易被利用和破坏的现实，《投资公司法》规定所有投资公司必须在SEC登记；同时要求投资者参与投资公司的管理，并制定了严厉的法规以规范投资公司采取诚信与公平的行为。《1940年投资顾问法》针对投资顾问行为的规范，规定无论个人或公司从事有关证券投资咨询业务，都必须在SEC登记，并制定了严密的法规禁止投资顾问从事欺骗行为。比如不允许投资顾问在征得客户同意前转让任何顾问合同，禁止顾问向客户索取费用等。

《1970年证券投资者保护法》专为保护投资者利益而设，并成立专门的证券投资者保护公司，向客户提供当他们的经纪人破产时可得到最高达50000美元的保险金。该法案要求所有的注册证券经纪人、证券交易商和证券交易所的成员都必须加入证券投资者保护公司。证券投资者保护公司向其会员收取其经营总额的1%的费用，以此补偿那些破产的会员给其客户带来的损失。虽然美国SEC并未将《1970年投资者保护法》列为证券法体系，但考虑其在美国的实际意义以及我国的特殊的现实情况，我们仍应视其为证券立法，至少它对我国目前证券市场保护投资者利益有很好的借鉴意义。

这样，美国形成了由联邦政府立法、各州政府立法以及证券行业

自律组织的规章等不同层次组成的较为完备的证券法制体系。在过去的70来年中，美国一直在辛勤建设证券法律体系，对已有法律进行不断地修订与完善，但无论是基本政策还是基本框架都没有发生根本变化。证券立法的根本目的也和上世纪30年代制定者的初衷一样是为了树立诚信理念，保护投资者。这主要体现在四个方面：一是从组织和资金上为投资者提供可实施的实质性的保障，成立证券投资者保护公司；二是基于“事实能使你自由”的理念，要求发行人向投资者披露重要信息；三是要求负有受托义务的人按法定方式行动，并在未能履行义务时受到惩罚；四是通过管理证券业来保护整个经济发展。比如《证券交易法》试图消除人为操纵市场行为，将市场变成真正的公众机构。

四、破产法作用清晰

对于股东和债权人来说，美国的破产法在全世界都是独一无二的。美国的债权人不单指银行还包括大量的债券持有人。美国的股东与债权人有微妙而特别的关系。根据研究表明，如果股东较债权人对公司决策有更强的影响力，则股东也可能剥削债权人。比如股东要求公司经理人员投资高风险项目，一旦成功则大获其利，而债权人只能拿到一样的利息；如果失败，债权人同样承担巨大损失。这在美国也有实际的例子，美国“骆驼牌”香烟制造商“RJR Nabisco”进行MBO（管理层收购，即经理人员买入该公司在外流通的股票）时，该公司债券价格立即大跌。其中最大债券持有人“国际通讯”（ITT）还状告“RJR”。但是换一个角度，如果债权人比股东对公司更有影响力，他也会要求公司管理者放弃风险高但有利于债权人的项目，这对股东是不利的。

股东与债权人的矛盾反映在许多方面。研究发现债权人可能为维护自身利益禁止公司管理者投资好项目，或因故将公司破产以确保其

债权。如果借款人违约，债权人按其法定权利立即扣押资产，股东的权益立刻受到威胁而无任何办法。很可能公司情况很好只是一时周转不灵。这就是美国破产法的保护，通常叫“第十一章”(Chapter 11)。公司经理人员或债权人（包括原材料供应商）均可宣告该公司进入破产法保护。这种破产与一般意义上的关门倒闭破产不一样，而是在破产法庭的保护下继续营业。真正的倒闭在美国被称为“第七章”(Chapter 7)——结算。

公司一旦进入破产程序，自动免责条款（Automatic Stay）立刻生效，各债权人不得扣押公司资产，在法庭的同意下债务人甚至不必付利息或本金，一切都必须等到公司脱离破产法保护后再说。公司宣告破产后，不仅债权人要承担损失，股东也必须付出相当的成本，专业研究机构调查研究表明，1963~1979年间，美国俄克拉荷马州西区的几家破产公司，直接破产成本为结算总额的7.5%；1980~1986年间，被控破产的37家公司中，直接破产成本为资产面值的2.9%。

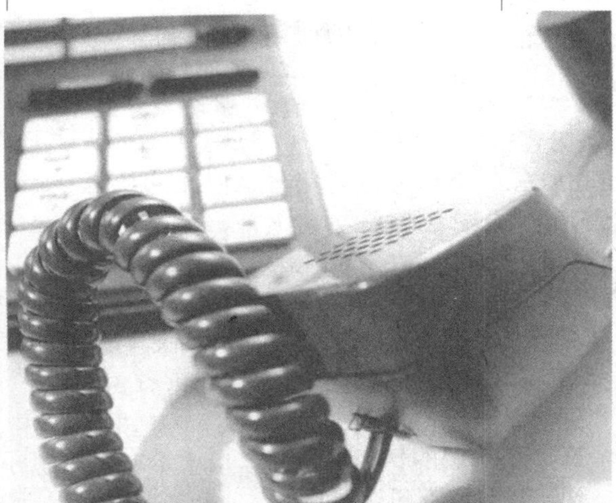

由于破产成本对债权人及股东而言都太高，因此进入破产法保护的公司并不多，公司发生困难后，大约只有5%的公司宣告破产。公司发生困难后运作的首选方式是私下和解而不是宣告破产。因为私下和解费用比破产成本低得多，私下和解支出占总资产比例只有0.65%，而破产则占到了大约3%~7.5%之间。

公司私下和解的具体方式多种多样。公司债延期的情形最小，仅占

总数的6.7%，大部分是债转股，比例高达86.7%。由债券改换成股票的过程称为股权交换（Exchange-offer)，是目前美国国有企业比较普遍的做法。

第一，公司市值与结算价值比例越高，和解越易成功，否则宣告破产的公司市值损失更大；第二，公司流通在外的债券类型较少，因为小债权人越多越难谈判；第三，银行负债占总债比例较高，因为银行比较容易谈判，如果公司不能完成私下和解，则必须宣告破产。

公司被破产保护后，他们的经营业绩可以改善吗？研究结果表明，当公司脱离破产程序后他们的经营绩效根本达不到进入破产程序前的水平。这说明困难企业难以通过破产保护而重整旗鼓，但对于股东和债权人来说，破产法未尝不是对他们权益的保护。小股民可以继续在二级市场套现，而不至于全部损失，债权人也可收回债权。

五、政府的强力介入

虽然普通法系制度要求政府退出经济舞台，但美国的历史和现实形成了美国独一无二的普通法加上政府的强力监管制度。美国较为完备的法律体系对美国证券市场的繁荣发展起到了不可磨灭的作用。然而对于证券市场日新月异的交易工具和操作方式来说，多么完备的法律其调整的范围也有限。法律的严谨性和立法效率的滞后性难以适应环境变化的需要，这可以从美国近来如安然、安达信等一连串的财务丑闻及其信用危机得到印证。

因此，仅靠完善的法律体系并不能保证市场的万无一失、一劳永逸，从法律到行政都是必不可少的。为增强证券行政监管机构干预市场的力度和效率，美国国会在1990年11月通过了《证券市场改革方案》，这次改革赋予了SEC等监管机构更大的权利，在证券法律体系的基础上，使行政执法更为有力，以强化证券市场的诚信原则，创造一个更为

公平的投资环境。

美国的开放制度和平等主义文化倡导个人自由平等，并继承了英国的普通法制度，政府与商业活动分开，反对权力集中的官僚主义。总之，美国选择了自由市场经济、自由竞争的体系和独立的司法制度三个互相联系的组织相结合的体制。早期的美国极端个人主义弱化了“信托责任”的作用。政府与商业活动脱钩表现在股市就是一团混乱，没有政府监管，随意剥削股民。美国政府为了提升股市，曾经在罗斯福总统的强力领导下，走了一步当时全国都反对的险棋——将政府与商业活动再次挂钩，加强政府监管以维持股市的发展。当时正值经济大恐慌时期的罗斯福政府正在拟定“国家复苏法案”(National Recovery Act)。以道格拉斯(William.O. Douglas)为主的智囊团要求总统制定严格的证交法，将政府力量引入股市监管。这与沿袭自英国的普通法思想是格格不入的，因为普通法思想就是强调政府不干涉经济运作。罗斯福总统不能完全明白监管与股市发展的关系，但直觉告诉他，“这将是美国未来百年强盛的基础”，他毅然接受了政府加强监管的理念。

但是，在证券界的强大压力下，罗斯福政府不得不向利益集团低头，作出了很大让步，允许美国总统肯尼迪的父亲、证券界大庄家约瑟夫·肯尼迪(Joseph Kennedy)出任美国证监会第一任主席。但令美国证券界人士做梦也没想到的是，肯尼迪竟然利用以往的违规经验，变成证券界违规者的“大杀手”。同时，聘任了高呼管制的兰德斯(James M.Landers)和道格拉斯做副手，对证券市场实行强力监管。

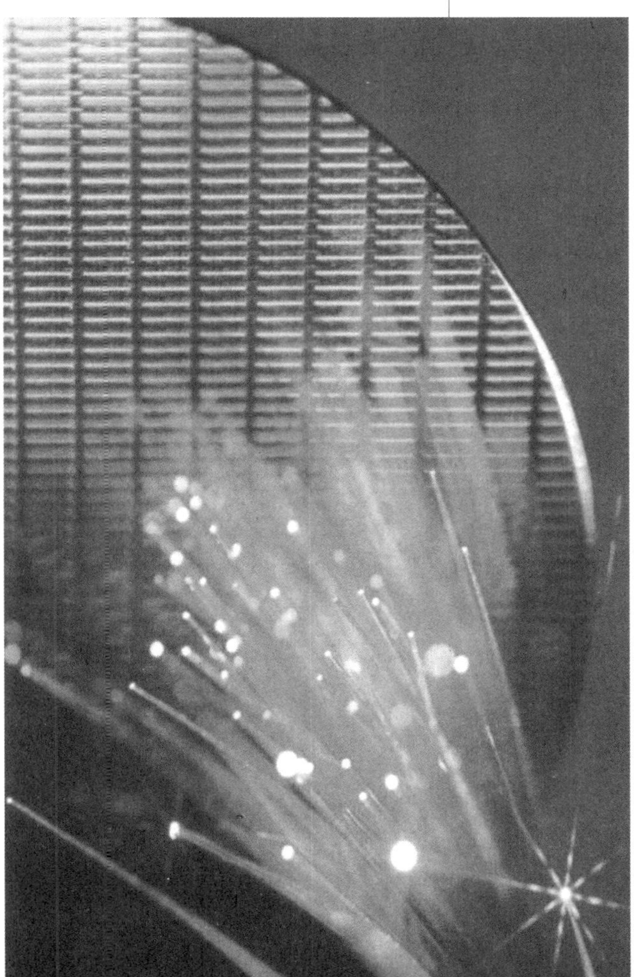

美国监管法的完善在全球是独一无二的。美国监管法条是极为刚性的条款，美国证监会利用美国宪法赋予其无限制的调查权力保护中小股民。他们的调查权力触及美国的任何地方，可以传召与案件有关的任何人与对象，当事人不得拒绝，当事人对调查的挑战原则上均被联邦法院否决。

此外，美国普通法制度更赋予了小股东集体诉讼的权力，只要一个诉讼得胜，利益归于全体股东。同时，控辩双方必须承担自己的诉讼费用。最重要的是“证交法”中规定取证责任是被告而非原告。因此任何公司损害小股东的行动都会引致一连串的诉讼行为，即使被告公司要提出无罪的证据，也会遭受时间、精力及庞大法律费用的损失，这可能是长时间的民众舆论压力和数亿美元的诉讼费用。因此决策者必须权衡公司每个行动，确保不与公众对抗。美国的这种法律系统有效地把监管权力分散至每个股民身上，并把社会公平标准加于公司的行动上，促进了证券市场较为普遍的诚信。

今天，我们从美国的证券市场和其诚信理念与责任建设的经验，探讨其诚信建设与法治建设的关系，可知相对良好的诚信总是与相对良好的法律体系相联系的。目前，美国证券市场正遭遇极为严重的信用危机，从安然、安达信到默克制约以及世通电讯，一连串的丑闻已开始动摇美国证券市场发展了数十年的根基。这说明其法律、法规以及财务制度还有必要进一步完善，监管力量也有必要加强。这也是我国的证券市场在学习借鉴中需要注意的问题。

VOLUME 9

第九卷

沪深证券交易所

- 上海证券交易所
- 深圳证券交易所
- 证券交易所的产品创新
- 证券交易所的职责与监管
- 证券交易所的国际化发展战略

沪深证券交易所经过12年的发展，在各方面取得了辉煌的成就。2002年，全球资本市场正迎来一个迅速发展、重新整合的新时代，全球经济一体化进程的提速，为我国沪深交易所的国际化发展提供了千载难逢的机遇。国际上证券交易所所表现出来的国际化整合的发展潮流，代表了未来证券交易所的发展方向。我国沪深证券交易所在新世纪、新形势下，必须坚定信心、加强监管、保持稳定、调整战略，在技术、监管、人才、服务等方面多管齐下，努力推动国际化发展的进程。

第一章　上海证券交易所

一、上海证券交易所概况

上海证券交易所成立于1990年11月26日，同年12月19日开业，是不以赢利为目的的法人组织，归属中国证券监督管理委员会直接管理。上海证券交易所成立12年来，一直秉承“法制、监管、自律、规范”的八字方针，致力于创造透明、开放、安全、高效的市场环境，切实保护投资者利益，其主要职能包括：提供证券交易的场所和设施；制定证券交易所的业务规则；接受企业的上市申请，安排证券上市；组织、监督证券交易；对会员、上市公司进行监管；管理和公布市场信息等。

上海证券交易所下设上市公司部、交易运行部、监察部、会员部、国际发展部、债券基金部、电脑技术部、信息中心、信息服务小组、研究中心、法律部、财务部、办公室、内市办公室、人力资源部、行政服务中心等十六个部门以及全资子公司上海证券通信有限公司。通过各部门的合理分工与协调运作，有效地担当了证券市场组织者和协调者的角色。

经过12年的持续发展，上海证券交易所已发展成为中国内地首屈一指的证券市场，上市公司数、上市股票数、市价总值、流通市值、证券成交总额、股票成交金融和国债成交金融等各项指标均居首位。至2002年12月底，上证所拥有3555多万投资者和715家上市公司，上市证券数759个。上市股票市价总值25363.72亿元，上市公司累计筹资逾4412亿元。一大批国民经济支柱企业、重点企业、基础行业企业和高新科技企业既筹得了发展资金，又转换了经营机制，逐步建立起运转良好的现代企业制度。

迈入新世纪，上证所肩负着规范发展证券市场的艰巨任务，也面临着进一步推进证券市场各方面建设的良好机遇，凭借一流的硬件设施和浦东优越的区位优势与强大辐射力，凭借上海经济良好发展势头和特有的龙头效应，凭借国企改革和金融中心建设对上海资本市场的积极推动，上证所按照坚定信心、加强监管、保持稳定、规范发展的思路，在技术、监管、人才、服务等方面多管齐下，为建设一个规范透明、高效开放、充满生机活力的世界一流交易所开启新的篇章。

（一）上海证券交易所的基本组织结构

上海证券交易所下设16个部门及1个全资子公司，通过它们之间的合理分工与协调运作，使上海证券交易所有效承担起证券市场组织者的角色。上海证券交易所的最高权力机构为会员大会，决策机构为理事会，其具体的组织结构如下图所示：

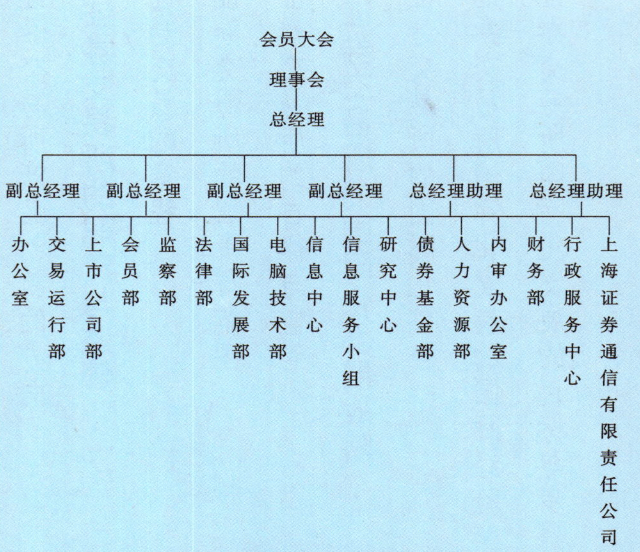

上海证券交易所基本组织结构图

办公室：主要负责内部的组织协调。

党办纪检办：主要负责党务和纪检工作。

人事部：主要负责人事管理、人员培训。

交易运行部：主要负责组织日常市场交易活动，负责电脑交易系统及相关通信系统的正常运作，以及为会员单位提供相关服务。

上市部：主要负责安排证券上市，对上市公司的中期报告、年度报告和临时性信息披露进行审查，并对上市公司进行日常监管。

会员部：主要负责会籍管理，并对会员进行日常监管。

市场发展部：主要负责市场推介与宣传，研究市场产品的开发与创新。

监察部：主要负责实时监控交易市场，及时发现异常交易行为，并对市场违规事件进行调查和处理。

法律部：主要负责内部的法律事务。

电脑技术部：主要负责电脑交易系统的技术开发，同时向会员单位提供技术支持和服务。

信息中心：主要负责市场统计工作和信息汇总分析，以及信息传播的管理工作。

研究中心：组织实施市场运行发展的课题研究工作，并负责编辑证交所出版物。

财务部：主要负责内部的财务管理。

行政部：主要负责内部的后勤保障工作。

上海证券通信有限公司：负责管理证交所卫星通信专用网，为市场业务提供调整的传输通道。

（二）上海证券交易所的证券上市交易

上海证券交易所致力于为上市公司提供高效、方便的融资渠道，经中国证监会批准，已公开发行股票的公司可申请在上海证券交易所上市。获准上市的公司须在挂牌交易日2~3天内在指定报刊上刊登“上市公告书”，并与上海证券交易所签订“上市协议书”。公司上市后应履行持续的信息披露义务，在规定的时间内向上海证券交易所递交年度及中期报告，经审核后向投资者公告。为了完善证券市场功能，促进投融资工具的多样化，上海证券交易所还接受国债、企业债券、投资基金等多种证券的上市申请。

上海证券交易所最初采用电子竞价交易方式，所有上市的交易证券的买卖均须通过电脑主机进行公开电脑竞价，由主机按照价格优先、时间优先原则自动撮合成交。目前，交易主机的日处理能力为委托2900万笔、成交6000万笔，每秒可完成8000笔交易。

上海证券交易所的交易模式以无形席位为主、有形席位为辅相结合，拥有亚太地区最大的交易大厅，设有1608个交易席位，交易网络连接交易终端5700个，覆盖全国，连通海外的卫星通信网每天3000个卫星接收站传达即时行情和相关信息。

上海证券交易所证券交易结算交割由上海证券中央登记结算公司完成，上海证券中央登记结算公司建立了安全、高效的中央结算系统，为证券的登记、存管和结算提供优质服务。在电脑自动撮合成交制度下，交易系统在每笔交易完成后电脑同步完成股票过户程序，实现即时清算。资金清算方面，中央登记结算公司和证券商在交易次日进行交易资金划拨，再由证券投资者进行资金结算。

上海证券交易所建立了国内最大的卫星证券通信网络（天网）和DDN专线网络（地网）互为备份，将证券实时行情和各种信息迅速地传递到全国各地，并通过联网的路透

社、道琼斯等国际通讯机构，使世界各地都能快速获得上海证券交易所即时交易信息。投资者可在证券商下属各营业部方便、可靠地获取交易行情、股价指数、买卖盘、即时成交回报、上市公司公告等信息。此外，上海证券交易所还设有传真信息信箱系统、电子信箱系统、国际互联网等多种信息传播渠道，以确保市场信息传递的效率和透明性。

（三）上海证券交易所的证券交易品种

在上海证券交易所上市交易的交易品种包括A股、B股、封闭式基金、国债现货、国债回购、企业债券、金融债券、可转换债券等，其具体概况如下：

1、A股

A股，即人民币普通股，是由我国境内公司发行，供境内机构、组织或个人(不含台、港、澳投资者)以人民币认购和交易的普通股股票。至2002年12月31日，在上交所上市交易的A股共707只，发行总额3635.49亿元，市价总值24921.42亿元，其中流通市值7053.61亿元，平均市盈率44.65，平均股价7.83元。

2、B股

B股是指我国股份有限公司向境外投资和募集并在我国境内上市的股份，投资者限于外国和我国香港、澳门、台湾地区的投资者。B股以人民币标明股票面值，以外币认购买卖。经国务院批准，中国证监会决定，自2001年3月下旬起，允许境内居民以合法持有外汇开立B股的帐户，交易B股股票。至2002年12月31日，在上交所上市交易的B股共54只，发行总额92.35亿元，市价总值442.30亿元，流通市值442.30亿元，平均市盈率35.99，平均股价4.79美元。

3、基金（封闭式）

证券投资基金(简称“基金”)是指一种利益共享、风险共担的集合证券投资方式，即通过发行基金单位，集中投资者的资金，由基金托管人托管，由基金管理人管理和运用资金，从事股票、债券等金融工具投资，并将投资收益按基金投资者的投资比例进行分配的一种间接投资方式。至2002年12月31日，在上交所上市交易的封闭式基金共25只，发行总额为398.00亿元，市价总值313.70亿元。

4、国债

国家债券是中央政府发行的债券，国债的发行量大、品种多，是债券市场上最主要的投资工具，至2002年12月31日，在上交所上市交易的国债现货17种，发行总额3209.54亿元，市价总值3390.31亿元，国债回购8种。

5、债券

债券，是指发行人依照法定程序发行，并约定在一定期限还本付息的有价证券。企业债券与转债都属于债券。至2002年12月31日，在上交所上市交易的企业债券共11家，发行总额226.50亿元，市价总值249.34亿元；转债3家，发行总额25.00亿元，市价总值11.15亿元。

（四）上海证券交易所的证券交易流程

投资者如果要进行上海证券交易所上市证券的投资，首先要在上海证券中央登记结算公司在各地的开户代理机构处申请开立证券帐户，然后选择一家证券公司的营业部，作为自己买卖证券的代理人，开设资金帐户和办理指定交易。证券帐户和资金帐户开立以后，可以根据开户证券营业部通常提供的委托方式选择其中的一种或几种进行交易。证券营业部通常提供的委托方式有柜台委托、自助终端委托、电话委托、网上交易等，如下图：

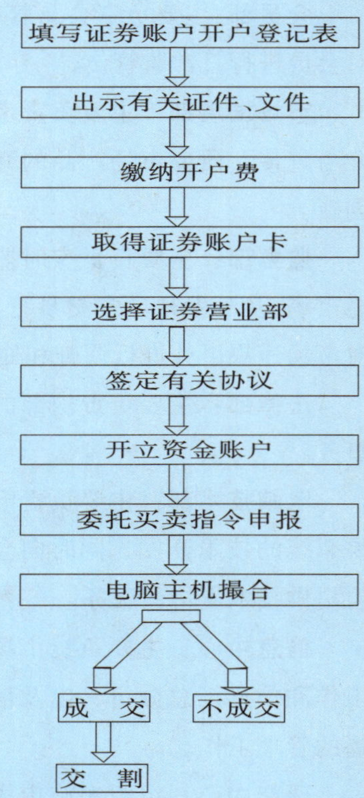

入市投资需办理的手续和流程图

具体地说，证券交易的流程及交易的真正完成是一个复杂的技术过程。投资者在证券商下属营业部进行买卖委托后，营业部工作人员通过电话将委托指令报给驻上海证券交易所交易员(俗称“红马甲”),将买卖指令输入交易所电脑主机。如果投资者在上海证券营业部委托电脑终端直接输入委托指令,则其通过空中卫星传输网(天网)和地面光纤数据传输网(地网)将指令直接输入到上海证券交易所的电脑主机。电脑主机在接收到买卖指令后,按照“价格优先、时间优先”的原则自动撮合成交。目前上海证券交易所交易主机的撮合能力可达每秒8000笔交易,每天处理能力为委托2900万笔,成交6000万笔。上海证券交易所市场交易在周一至周五的上午9点半至11点半,下午1点至3点。

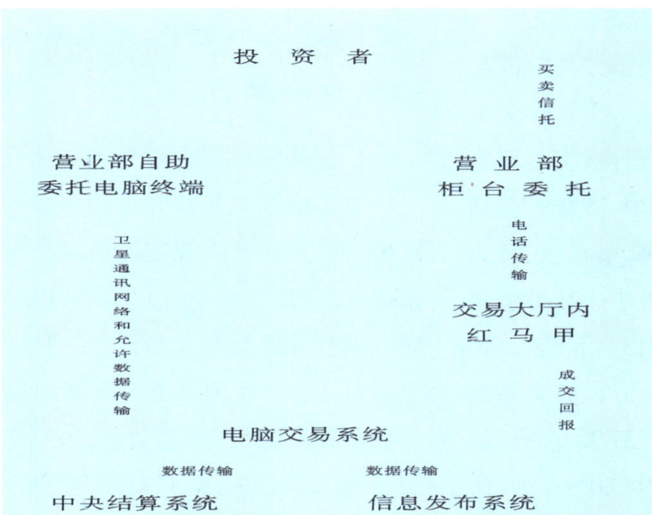

价格优先原则示意图

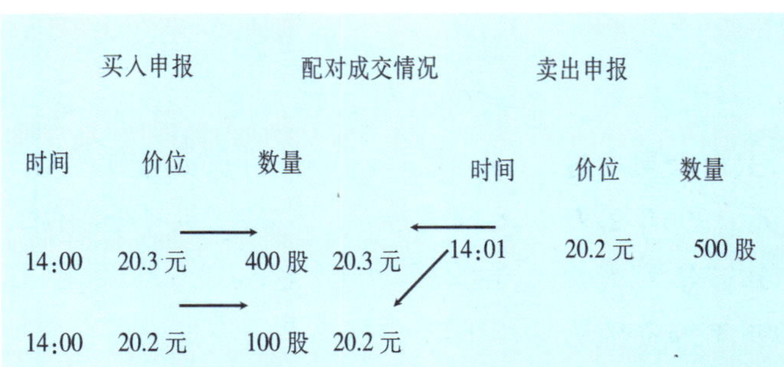

时间优先原则示意图

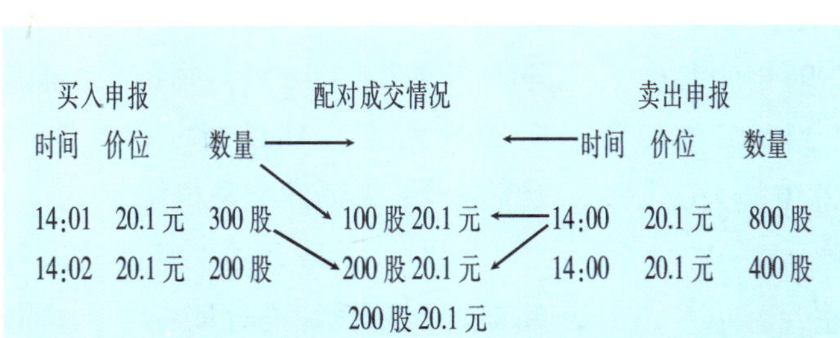

证券交易流程图

二、上海证券交易所的发展

上海证券交易所自1990年12月19日正式开业至今,12年来取得了辉煌的成就。12年间,上海证券交易所地区性的市场迅速拓展为全国性的市场,并逐步向国际化方向发展。市场规模的不断扩大,市场交易品种的不断创新,上证180指数的推出、大宗交易制度的出台与实施,以及市场基础设施建设逐步加强,市场运行质量和规范程度的逐步提高,市场服务水平和质量不断完善,一线市场监管的进一步加强,上海证券交易所正以新的姿态迈向新的世纪。

(一)上海证券交易所的市场发展成就

上海证券交易所成立12年来,市场规模迅速壮大,取得了辉煌的成就,不管是市价总值、上市证券和上市品种、上市公司数量,还是股本规模和投资者队伍,都取得了迅速发展和壮大。

1、市价总值

1991年底,上海证券交易所股票市价总值只有29.43亿元,到1998年底,股票市价总值和流通市值分别达到了10625.92亿元和2947.46亿元,股票市价总值平均增长131.94%。1991年上海证券交易所股票市价总值与国内生产总值的比率仅为0.13%,到1998年底,股票市价总值与国内生产总值的比率已扩大到14.2%。2001年12月31日,沪市股票市价总值扩大至26930.86亿元,为1998年的253.44%。到2002年12月31日,沪市股票市价总值为25363.72亿元。

2、上市证券和上市品种

1991年底,上海证券交易所只有46只上市证券,到1998年底,上市证券达到528只,比1991年增长了十多倍,平均增幅达41.7%。2001年12月31日,上市证券数达到了614只,为1998年度的116.29%,到2002年12月31日,上市证券数达到了759只,同比增幅10%。上市品种也由单一的股票和债券发展为股票(A股和B股)、基金、国债(现货和回购)、企业债券、金融债券、可转换债券等多种交易品种。

3、上市公司数量

1991年底，上海证券交易所只有8家上市公司。到1998年底，在沪市挂牌的上市公司数达到477家，是1991年的54.75倍，到2001年上市公司数量已达572家，为1998年的130.59%，到2002年底上市公司总数为715家，全年新增上市公司69家，比2001年增长10.68%。

4、上市公司地域分布

上海证券交易所开业初期的8家上市公司，其中7家为上海本地企业，1家为浙江省企业。随着上海证券交易所的影响力和辐射面不断扩大，在上海证券交易所上市的公司地域范围迅速从上海扩展到全国各地，从沿海地区漫延到内地各省市。至2001年，沪市的572家上市公司遍及了全国31个省、自治区和直辖市。其中344家公司来自上海以外的省市，占上海证券交易所上市公司总数的60.14%，到2002年12月31日，上市公司已达715家。

5、股本规模

上海证券交易所1991年上市公司累计发行股本数仅为2.72亿股，1998年底增长至1280.35亿股，比1991年增长469.72倍。2001年12月31日，沪市发行股本数达到2032.42亿股，为1998年的158.74%。截止2002年年底，沪市发行流通市值7467.30亿股。

6、二级市场规模

1991年上海证券交易所二级市场总成交额为45.72亿元，其中债券成交额为37.65亿元，股票成交额8.07亿元。1998年，证券成交总额达到34335.79亿元，其中债券成交额为21266.56亿元，股票成交额为12386.11亿元，分别是1991年全年的751倍、564.84倍、1534.83倍。到2002年12月31日，上海证券交易额证券成交总额达48527.72亿元，其中股票成交金额16959.09亿元，债券成交金额30877.04亿元，同比增幅55.99%，基金成交金额556.77亿元。

7、筹资情况

1992年全年，上市公司通过市场筹资76.72亿元，1996年筹资额为202.22亿元，1997年筹资额为474.60亿元，1998年筹资额为379.77亿元，分别是1991年筹资额的2.6倍、6.2倍和4.95倍。2001年沪市全年筹集资金总额达到914.32亿元，在1998年的基础上增加了240.75%，到2002年12月31日，沪市全年筹资额为617.76亿元。

8、投资者队伍

1991年底，上海证券交易所的投资者人数只有11万人，到1998年底，在沪市开户投资者人数已达到1994.1万人（其中个人投资者为1993.14万），是1991年的181.76倍。2001年底，沪市A股投资者开户数达到2940.62万户，B股投资者开户达14.4万户，总计是2955.05万户，比1998年增长了47.79%。2002年底，沪市A股投资者开户数达到了3555.65万户，同比增幅3.97%。

（二）上海证券交易所运行系统的发展

1、交易系统不断完善

上海证券交易所经过12年的不懈努力，多次升级和完善市场交易系统，提升证券交易处理能力，以适应市场规模迅速扩大的需求。1990年开业之初，上海证券交易所电脑主机每秒只能撮合6笔交易，1992年交易配对速度提高到每秒300笔，1998年进一步提高到每秒1800笔。经过近几年尤其是2001年对电脑主机进行多次升级后，上海证券交易所2001年每秒可完成1000多笔交易。目前，上海证券交易每秒可完成8000笔交易，交易主机日处理能力为委托2900万笔，成交6000万笔，在国际上位居前茅。在加快撮合能力的同时，上海证券交易所还不断提高主机全程交易处理、“热备份”保障能力，主机和备机的切换时间从30分钟缩小到3分钟。目前，上海证券交易所正在建设新一代交易系统，努力完善证券交易机制。

同时，上海证券交易所尝试利用新的交易系统进行证券的上网发行得到进一步发展。除为财政部上网发行150亿元国债和上网发行红利外，还以上网竞价方式发行"哈岁宝"等新股，又成功为仪征化纤以上网定价发行的方式发行新股。经改进，这种网上发行方式以其高效率、低成本和公正透明性，成为新股发行的主导方式。

为了发挥交易所的监管职能，适应市场监管工作的需要，上海证券交易所还及时建立了电脑实时预警和报警系统，以监控交易过程的不正常行为和状况，防止市场操纵。2001年，上海证券交易所在现有交易品种翻一番的基础上，用历史峰值的交易数据进行全网全程的系统压力测试，进一步完善了电脑交易系统。

2003年1月10日，上证所首笔大宗交易成交，标志着上证所大宗交易系统正式运行。目前，大宗交易系统正处于调试状况阶段。该系统集交易、洽谈、监控为一体，是基于互联网技术的多功能交易系统，可适应全国2800多家营业部同步实时交易，充分体现了交易系统的技术创新与进步，使上交所交易系统得到进一步完善。

12年来，上海证券交易所按照国际领先水准和证券市场不断发展的需要，加大技术投入，追赶国际发展潮流，全面提升交易所技术系统，取得了巨大成就。

2、通信系统逐渐现代化

发展卫星通讯系统和数据传输网(DDN网)，构造立体通信系统，是实现上海证券交易所现代化的重要手段。上海证券交易所在证券通信技术方面具有无可匹敌的实力.1994年率先实现与各地证券交易中心实现异地联网，并将单向卫星传输网通过全国500个以上的城市，联结起3000个以上小站用户，率先实现交易网络辐射全国。目前，经过8年的投资建设，其卫星通信网已发展成为国内技术设备最先进、系统功能最齐全、用户规模最大、市场覆盖最广的卫星通信网络。1997年6月，上海证券交易所正式组建上海证券通信有限公司，由其专门负责证券交易所卫星通信专用网的建设，向会员提供更为方便、可靠、高速、高效的信息通道。截止2001年12月31日，该公司单向数据广播卫星系统的用户已超过3000家。

卫星通讯系统的发展，特别是VSAT双策卫星通信的突飞猛进，为证券交易所会员通过无形席位开展远程交易创造了有利条件。按照市场发展的要求和趋势，上海证券交易所的交易模式也从有形席位为主转向有形与无形相结合并以无形席位为主。上海证券交易所场内有形席位从开业之初的1个交易大厅46个席位，发展到1994年的8个交易厅3726个席位的顶峰，1996年10月无形席位开始引入，1997年以迁入上海证券大厦为契机，有形席位减至1个交易大厅1608个席位，而无形席位迅速增加。以无形为主、有形兼存的交易模式，大大促进了市场效率的提高。总之，上海证券交易所证券通信系统经过12年的不断发展渐趋完善。目前，上海证券交易所正在开发新一代信息系统和新的互联网站系统，以信息技术改造为导向，建设高效安全的运行机制，为业务直通处理和信息经营服务作好技术准备，使其现代通信系统更加完善。

3、结算系统高效安全

上海证券交易所在12年的发展历程中，为中国证券市场结算体系作出了重要的贡献，率先实现了无纸化为基础的中央集中存管，全部实现证券交易的无纸化和自动过户，还在部分城市首创证券交易的当日清算等。

上海证券交易所的全资子公司上海证券中央登记结算公司负责上海证券市场的中央登记存管与结算。该公司遵循国际规范的存管结算制度，以提高结算效率、降低交收风险为目标，对存管结算体系积极进行改革和完善。1998年4月对中央托管的实施进行了改革，建立了上海证券交易所会员法人结算制度，形成了覆盖全部会员和结算代理银行电子清算网络的中央集中交易体系(如图)，增强了中央结算体系的风险控制能力，为严格按照银行对讫原则办理结算交收创造了良好条件。

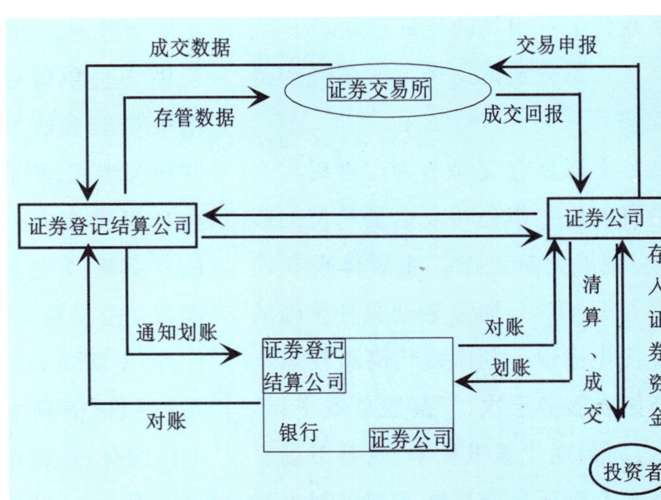

上海证券交易所法人结算业务流程图

2000年，上海证券交易所成功推出PROP2000（参与远程操作平台）系统，将证券电子商务概念正式引入证券登记结算系统，大大便利了投资者。在2001年，上海证券交易所又推出了国内第一个大型数据仓库，可以最大量、最完整存储管理证券历史数据，可以便捷地为监管部门和市场参与者提供各类证券数据、在线查询分析及其他信息，增值服务等。同时逐步建立起一个全面反映会员结算能力及信誉度的监控系统，为控制结算风险提供决策依据。

总之，经过12年的艰苦努力和充分发展，上海证券交易所进一步加强了市场基础设施建设，确立了技术优势，并形成了较强的竞争力。

（三）上海证券交易所市场服务的完善

12年来，上海证券交易所通过大力发展基础服务设施建设，正确定位市场功能，积极履行证券市场组织者的职责，扎扎实实地进行市场服务，其服务功能和手段逐步完善，提高了证券市场运作效率，树立了现代证券市场的良好形象。

1、用先进的服务手段提高服务效率

上海证券交易所为改善对广大投资者、上市公司及会员单位的服务，做了大量工作，主要体现在四个方面：第一，加强基础服务设施的现代化建设，利用现代高新技术不断拓展服务层次，提高服务效率；第二，利用现代通讯技术，改善市场服务。上海证券交易所成立了24小时咨询、服务热线，开设因特网网址，进行网上服务，根据投资者的需要，开通168新股申购查询热线服务；第三，改进工作方式，实行一站式服务，市场服务工作由市场服务部统一协调，会员服务由会员部一条龙办理，上市公司由上市部提供全面服务，接待和信访由办公室统一处理，大大提高了服务的质量和效率；第四，及时解决疑难和故障，设立24小时电脑技术与故障处理热线，24小时结算查询服务热线，24小时卫星故障报修及咨询电话。

2、用全新的服务意识改进服务内容

为了改进服务的内容和形式，上海证券交易所采取召开会员座谈会、投资者见面会、上市公司恳谈会等形式，广泛征求意见和建议，在新的市场规则或监管措施出台之前，尽可能了解各种要求及信息，使政策规章出台后能顺利执行。上海证券交易所不断增强服务意识，不断创新服务理念，主动拓展服务内容。比如帮助会员单位处理增资扩股和收购合并相关事宜，积极为会员提供多方面的信息服务，为会员提供有关交易数据等。此外，上海证券交易所还积极倡导主动上门服务，积极组织上市公司与国内一流科研院所进一步加强交流与合作。

3、为上市公司及会员提供多元化培训

自开业以来，上海证券交易所先后举办了12期董事会秘书业务培训，为上市公司培养了大量专业人才，并使之成为上市公司与投资者进行沟通的桥梁。为保证上市公司定期报告编制的规范化和财务信息的质量，上海证券交易所经常性对上市公司财务主管进行业务培训，主办了多期上市公司财务总监培训，讲授新会计制度和现金流量表等财务报表的编制。为帮助会员提高风险防范能力和业务水平，举办了多期会员管理人员培训班，对全部会员公司主管和机构管理部门负责人进行业务培训，并举办了49期

"红马甲"培训班，培训人数超过13500名。此外，还开展了证券托管业务培训，全国2000多家营业部近5000多人参加了培训。

（四）上海证券交易所市场监管的强化

上海证券交易所在中国证监会的直接领导下，通过不断的实践和摸索，初步形成了一个以法制化建设为基础，以上市公司监管、会员公司监管和市场实时监控为主要内容的市场监管体系。上海证券交易所对其市场监管职能的不断改进和强化，对于维护证券市场交易秩序，保护投资者特别是广大中小投资者利益、控制及降低市场风险起到了积极作用。具体地说，上海证券交易所市场监管的强化包括以下方面：

1、市场拓展，规则先行

自1993年发布《证券上市管理规则》以来，上海证券交易所先后制定实施了50余项规章制度，并根据国家颁布的证券法规和市场发展状况，充分发挥其一线监管职能，及时对规章制度进行修订、完善和补充，为实施依法监管提供了有力的保障。新世纪以来，上海证券交易所制度建设取得了很大进展，根据中国证监会的有关指导制订了《股票上市规则》、《证券投资基金上市规则》、《可转换公司债券上市交易规则》、《全面指定交易制度试行办法》、《会员管理办法》等重要规章，为市场拓展提供了监管依据和手段。

2、不断完善的一线监管体系

证券市场发展技术起点高，所以其市场监管手段需适应其要求，必须把事前防范、事中监察、事后控制有效结合起来，12年来，上海证券交易所投入了大量的人力、财力、物力并以迅速发展的信息技术为依托，建立和完善市场实时监控系统。2001年上海证券交易所对监控预警系统进行了较大完善，一是改造了原有市场监控系统，设立了行情预警系统和申报预警系统，实现了异常交易和异常申报的自动报警；二是消除市场监控盲点，建立了交易历史数据查询系统，解决了监控过程中的瓶颈；三是开发了临时停牌等新的监控程序，以适应市场发展的需要。上海证券交易所随着上海中央结算制度的完善和各地交易中心的结算完成，对市场风险防范的技术能力不断加强。

在市场的日常监管方面，上海证券交易所建立了信息收集、即时监控、异常警告、跟踪分析、重点监控、专案调查、处罚实施的系列工作流程。通过对市场交易进行实时和动态监控，即时发现市场交易中可能存在的市场操纵、内幕交易等不正常交易和违规交易行为；对异常动态和突发性事件进行及时报警，对股价异常波动的股票实施临时停牌，对违规者实施处罚，使证券市场得以有效正常的运行。

2002年，上海证券交易所新一代监察系统投入运作，为上海证券市场日常监管提供了强有力的技术保障。新监察系统包括预警系统、跟踪分析系统和历史调查数据分析系统三大部分。预警系统的行情预警、成交预警、申报预警功能，可以根据事先设定，对包括涨跌幅、震幅等在内的指标进行单笔或累计统计并进行预警。新一代监察系统中拥有的跟踪分析功能在部分上市公司或会员公司财务状况发生恶化时发挥作用，从而控制由此可能导致的证券市场的风险。

3、上市公司及会员监管

上市公司和会员监管是证券市场监管的两个重点，上海证券交易所紧紧抓住这两个重点实施监管，对整个证券市场监管起到了提纲挈领的作用。对上市公司的监管来说，上海证券交易所确立了对上市公司信息披露和重大事件进行事前登记和事后审查的原则，制定了标准化、电脑化的审核流程，坚持信息披露的及时性、充分性和真实性。在进一步加强常规性信息审核工作的同时，上海证券交易所2002年对上市公司监管推出许多新举措：一是通过召开上市公司现场交流会等形式，树立样板，以点带面，推广上市公司的好经验，并对其重点跟踪，对一些资产质量差，经营情况恶化或者大股东大量占用上市公司资产的公司予以特别关注；二是制定一系列临时公告指引，对上市公司信息披露提出更切实的要求，加大上市公司信息披露监管力度，提高事后审核工作的效率，加大对上市公司违规行为的处罚力度，特别是对信息披露中存在的不准确、不完善、不及时的情况坚决处罚。

在会员的监管方面，上海证券交易所作为会员制的自律监管组织，建立了有效的会员制度，目前已形成了月度报告、年度检查、调查探访、违规处罚等一系列较为完善的会员监管制度。在这种监管体系下，会员必须每月向上海证券交易所报告资产负债情况、收支情况以及自营、代理业务等情况，每年递交年度工作报告及财务情况说明。上海证券交易所实施严格的年度报告，上海证券交易所还对会员进行全面或专题的抽查和走访，监督会员建立有效的内部风险控制机制。近年以来，上海证券交易所开始对会员进行全面年检，加强了日常监督，对广东国投关闭等突发事件引发的市场风险进行了妥善处理，较好地解决了各地司法机关冻结会员清算财产等问题。

4、加强自律监管，防范监守自盗

上海证券交易所制定了许多切实可行的措施，从基础技术上给予充分支撑，加强员工自律监管，主要体现以下几个方面：

(1)从技术上严密防范。新一代监察系统提供了这方面的强力支持。监察系统只有在报警后才能显示与报警相关的监控数据，进入监控系统采用双人双密码制度；其数据不能出门，实行换岗制度，对监察系统进行查询痕迹跟踪，通过以上一系列技术手段和监控方法来确保监控资料的安全保密。

(2)从思想上严格规范。上海证券交易所非常重视法规教育，其职工作为一线监管实施者，首先要守法、知法、用法，并依法办事。2002年上海证券交易所进行了全体员工法规考试，成绩计入年终考评。通过加强对交易所职工的法制教育，从思想上严格要求规范员工的监管执法行为。

(3)从机制上严格约束。上海证券交易所以廉洁公正为中心，狠抓职工队伍思想建设和约束机制建设。制订了《上证所内部纪检稽察工作条例》，成立了内部纪检稽察工作小组。对重大项目、重大购置、信息保密、重要部门进行了检查和监督，并规定了严格的惩罚措施；修订了财务管理制度，成立了重大项目采购小组，对各种费用严格审批，对所有项目实行采购招标。针对交易所工作保密性强的特点，上海证券交易所采取有效措施防止市场保密信息的泄露，制定了详细的职工保密制度，建立起对重要部门、岗位和人员的内部监控体系，同时通过公布举报和投诉电话，强化外部监督和制约机制.

总之，经过12年的艰苦努力和开拓创新，上海证券交易所伴随着中国证券业的发展迅速壮大，并通过不断优化自身结构、规范自身行为，全面提升自身素质，取得令人瞩目的成就，有力地促进了国民经济和证券市场的发展。

第二章 深圳证券交易所

一、深圳证券交易所概况

深圳证券交易所地处中国改革开放的前沿——深圳经济特区，成立于1990年12月1日，是不以营利为目的、实行自律管理的会员制事业法人单位。深圳证券交易所致力于创造公开、公平、公正的市场环境，保证证券市场的正常运行，促进证券市场的健康发展。主要职能包括：提供证券交易的场所和设施，制定交易所业务规则；接受上市申请并安排证券上市；组织并监督证券交易；对会员和上市公司进行监管；设立证券登记结算机构；管理和公布市场信息以及中国证监会许可的其他职能。

经过12年的努力建设，深圳证券交易所取得了长足的发展。其上市公司数、上市股票数、市价总值、流通市值、证券成交总额、投资者人数等指标一直保持在全国50%左右。

作为中国大陆两大证券交易所之一，深圳证券交易所与中国证券市场与时俱进，共同成长。12年来，深圳证券交易所成功突破了地域限制和观念的束缚，探索出一条在现代技术条件下建设证券市场的新路，在一个新兴城市迅速建成辐射全国证券交易中心，并牢固地确立了全国性证券交易中心的地位。12年间，深圳证券交易所累计为国民经济筹资2500多亿元，对建立现代企业制度、推动经济结构调整、优化资源配置、传播市场经济知识起到了十分重要的促进作用。

中国证券市场的发展空间极其广阔，进入新世纪，深圳证券交易所不断开拓创新，迎来了新的发展机遇。当前，中国已加入WTO，对外开放已跨入了一个新阶段，证券市场国际化和市场化继续向纵深推进，制度创新和产品创新空前活跃，这也为深圳证券交易所创造了新的发展机会和空间。深圳证券交易所将在确保主板市场稳定的同时，全力推进创业板市场建设，为高新技术企业提供高效便捷的融资场所。深圳证券交易所将在社会各界的关心和支持下，继续励精图治，不断开拓创新，在确保市场安全运行的前提下，以深化创业板筹备、加强一线监管为主线，进一步完善市场运作体系、监管体系和服务体系，全面提升深圳证券市场的功能和地位，为证券市场的规范发展和国民经济的建设做出新的贡献。

（一）市场要素

1、交易品种

2001年底，深交所共有上市证券598只，分为股票（A股、B股）、基金、国债（现货、回购）和公司债券四大类。其中A股494只，B股56只，基金25只，国债现货10只，国债回购9只，公司债券与可转换债券4只。上市股票市价总值达21160亿元。到2002年底，深圳证券交易所具有上市证券552只，其中A股495只，B股57只，封闭式基金29只，国债现货16只，国债回购9只，公司债券与转换债券10只。

2、投资者

2001年底，投资者开户数达3221万户，其中个人投资者3204万户，所占比例99.5%，机构投资者16万户，占0.5%。除了来自全国各地的投资者外，还有来自全球108个国家和地区的B股市场个人投资者55万户，B股机构投资者0.9万户。到2002年年底，开户投资者人数达3317.29万户，同比增幅3.00%。

3、会员单位

截至2001年底，深圳证券交易所共有会员285家，其中证券公司101家，其他证券兼营机构184家，另有参加B股市场的境外特许证券经营机构46家。

4、上市公司

2001年底，深圳证券交易所上市公司达508家，来自全国31个省、市、自治区。占国内上市公司总数的47%。到2002年年底，深圳证券交易所上市公司数达到508家，占国内上市公司总数的41.46%。

5、市值与交易额

截止2002年底，深圳证券交易所股票市价总值达12965.41亿元，流通市值5017.26亿元，占38.69%。股票成交金额11031.36亿元，债券成交金额2398.47亿元，同比增幅284.54%，基金成交金额609.85亿元，总筹资金额达133.84亿元。

（二）市场规则

深圳证券交易所市场规则是在中国证监会直接监督管理与指导下，根据证券法律法规及相关规章制度，本着开拓创新的原则制定的适合证券市场发展需要的发行上市、交易及登记结算制度。

1、发行上市

公司股票经中国证监会批准公开发行后，由公司和上市推荐人向证券交易所报送上市申请文件，经交易所审核同意，公司股票可以在深圳证券交易所挂牌上市，公司申请股票上市，应符合相关基本条件。并且，除股票外，深圳证券交易所还受理国债、基金、企业债券、转换债券等证券的上市申请。

2、交易制度

深圳证券交易所采用先进的电脑化、无纸化交易，由电脑主机对接受的所有有效申报按照价格优先和时间优先的原则进行集中竞价撮合成交。深圳证券交易所对股票、基金交易实行涨跌幅限制，涨跌幅比例为10%，其中5个股票涨跌幅限制比例为5%。对其他证券和首日上市的股票，基金不实行涨跌幅限制。

深圳证券交易所交易在每周一至周五进行。上午9:15至9:25为集合竞价时间。集合竞价遵从价格优先，同一价格下时间优先的原则，对所有有效委托进行集中处理，并按集中竞价规则产生开盘价。集中竞从结束后即进入连续竞价，连续竞价遵从时间优先原则，由电脑对有效委托进行逐笔处理，上午9:30至11:30，下午13:00至15:00为连续竞价时间。自2002年2月24日起，深圳证券交易所实行适用于在深圳证券交易所上市的A股、基金、债券（债券回购除外）交易的大宗交易制度。

深圳证券交易所交易费用实行买卖双向收费。自2002年5月1日起，A股、B股、证券投资基金的交易佣金实行最高上限向下浮动制度，证券公司向客户收取的佣金（包括代收的证券交易监管费和证券交易所手续费等）不得高于证券交易金额的3‰，不得低于代收的证券交易监管费和证券交易所手续费等。

3、登记结算

中国证券登记结算有限责任公司深圳分公司负责所有在深圳证券交易所上市证券的登记与结算，采用无纸化净额交收和法人结算制度，从实时开户、证券托管、资金结算、业务凭证管理全面实现电子化。净额交收指以证券买卖轧差后的净额进行交收，法人结算制度指结算公司与具备法人资格的证券公司进行资金交收，证券公司负责与本公司各营业税的资金交收，营业部负责与投资者的资金交收(如下图)。

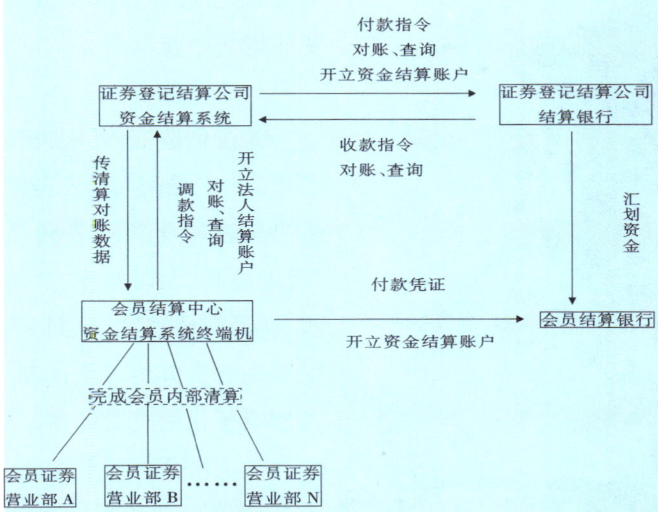

深圳证券交易所法人结算业务流程图

登记结算系统特点是:管理所有投资者的明细证券账户,投资者开户实时化;上市公司所有股份集中登记在登记结算系统,实行电子化净额结算,建立起结算公司——结算银行——证券公司的电子自动化转网络;证券无纸化托管,结算公司和会员单位共同管理投资者名下明细股份;A股、基金采用T+1交收制度,B股采用T+3交收和T+O回转交易相结合的制度。

4、会员与席位

深圳证券交易所是会员制事业法人。经中国证监会批准设立的、注册资金5000万元以上(含5000万元)的,承认深圳证券交易所章程、遵守深交所业务规则并接受其监管、符合深圳证券交易所要求的其他条件的证券经营机构,可申请成为深圳证券交易所会员。

深圳证券交易所会员可以向深圳证券交易所申请交易席位,申请席位的更名、转让、终止等。深圳证券交易所交易席位包括:普通席位、国债专用席位、基金专用席位、B股特别席位等。

深圳证券交易所会员可以通过会员大会行使会员权利。同时,会员必须按照规定向深圳证券交易所报送相关材料,接受深圳证券交易所的监督和检查。

(三)技术系统

深圳证券交易所在中国证券市场率先采用了无纸化证券托管和无形化市场交易模式,并开发出了动态、实时的交易监察系统和高效快捷的信息传播系统。先进的技术系统大大地降低了市场运作成本,提高了市场运行效率。

深圳证券交易所的技术系统效率高,安全可靠,日处理能力达2000万笔,可以同时支持2000只证券和3500个结算会员的股份,资金结算,曾经受任了日成交450万笔、交易金额426亿峰值的考验。技术系统实行双机并行,当一套系统出现故障或灾难性事件时,另一套系统能保持数据的完整,并在极短的时间内成功切换,确保证券交易、结算、通讯的正常运行。

1、交易结算系统

深圳证券交易所采用无形化市场模式,不设交易大堂,成交和有回报通过覆盖全国的卫星通讯网络和地面光纤数据实时传向全国各个证券营业部,无纸化证券和无形化交易代表了世界证券市场的发展方向,突破了证券市场发展的地理环境限制和空间限制,为深圳证券市场迅速发展成全国性证券交易中心提供了技术支撑。

深圳证券交易所整个交易结算系统由四大部分组成:一是会员营业部的柜台系统,由全国各地券商根据深圳证券交易所颁布的接口规范开发形成;二是连接柜台系统与中央撮合主机的通讯网络,由卫星网络和各通讯体系组成;三是中央撮合主机,由多台容错计算机并联组成;四是中央登记结算系统,由实时开户网络系统、股票无纸化托管结算系统、证券资金电子化结算系统、业务凭证电子化管理系统组成。2000年6月30日正式启用了第二系统互为备份,能确保交易、结算、通讯的正常运行,它采用了当前世界上最先进和代表未来发展趋势的设备和技术,在交易、结算、监察等方面的性能都有显著提升,可以适应深圳证券市场5至8年的发展需求。

2、市场监察系统

深圳证券交易所市场监察系统由异动监视报警、委托成交查询、违规行为分析及前端风险控制等多个子系统组成。包括交易监视报警子系统、委托监视子系统、异常波动停牌报警子系统、股分前端风险控制子系统、资金交收监视子系统、资金前端风险控制子系统、股份结算查询分析子系统和统计分析子系统。市场监察系统集合行情信息、交易数据、结算数据、投资者开户资料、券商资料用公告信息于一体，通过数十种实量监察报警和事后监察报警指标，持续和动态地侦查异常交易行为。对发行、交易、存管、结算进行事前、事中和事后监控，具备连续性、动态性、全过程监控功能，能及时发现异常交易，对异常波动股票实施临时停牌，并能有效防范大额买空卖空行为，控制结算和交收风险。

目前，深圳证券交易所市场监察系统对成交和委托同时进行监控时，日最大处理量为：成交1500万笔，委托2000万笔，实时监察指标达数十种，并能够对监察指标进行组合报警。该系统还具有强大的统计分析功能，能够提供专门的统计算法，辅助分析人员发现异常及操纵市场的交易行为。

3、信息传播系统

深圳证券交易所已经形成了以中国证监会指定报刊和互联网站、深圳证券交易所交易网络信息发布系统为主体，以其他传播方式为辅助的多层次全方位的信息披露系统、使深交所成为透明度很高的市场。深圳证券交易所信息传播系统由行情信息系统、互联网系统、语音查询系统、办公系统四部分组成，通过行情信息系统向证券营业部发布实时行情、信息公告和通知；通过互联网站向使用互联网的市场参与各方者提供各类市场信息；通过语言信箱为投资者提供股份余额、新股认购及成交等资料查询。2002年底，深交所新版网站（http://www.sse.org.cn）正式启用，丰富了信息服务的内容与形式，有力推动了多元化服务网络的建设。

（四）市场监管和市场服务

随着中国证券市场和深圳证券交易所的发展，随着深圳证券交易所基础设施和技术系统的完善，深圳证券交易所市场监管手段和市场服务水平也逐步提高，市场监管更为有效，市场服务更为完善，促进了深圳证券交易所的进一步发展。

1、市场监管

为了创造“公开、公正、公平”的市场环境，切实保障投资者利益，深交所遵循“及时发现、及时制止、及时报告、及时协查”的原则，建立了一套全方位、全过程、高度电子化的监管体系。

在上市公司监管方面，由公司管理部依据有关法律、法规对上市公司定期报告、临时报告进行审查，关注媒体及市场有关上市公司的报道传闻及公司股价的异常波动，通过电子监管信息系统对上市公司信息披露进行持续跟踪监管，督促上市公司及有关市场主体及时、准确、完整地履行信息披露义务。在市场监察方面，由市场监察部通过高度自动化的交易监察系统，对证券交易活动进行实时动态监控和事后统计分析，借助系统对价量异常波动和交易异常行为的预警和报警，及时发现和处理操纵市场、内幕交易等涉嫌违规行为及潜在交易风险，有效维护市场的交易秩序。在会员监管方面，由会员管理部通过定期报告制度、重大事项报告制度、约见走访制度、风险监控制度和检查制度以及监管信息服务，对会员业务、财务情况进行严格监管。

深圳证券交易所不断完善各职能部门之间的协调配合，建立了监

管例会制度。市场监察部、公司管理部、会员管理部、基金债券部等以监管例会为纽带，形成了监管信息共享、调查处理联动的高效联合的监管机制。

2、市场服务

深圳证券交易所本着“市场至上，服务为本”的服务理念，坚持“优质、方便、快捷、效率”的服务标准，形成了以深圳证券交易所为主体，各异地服务中心为支点，面向广大投资者、会员单位、上市公司、拟上市企业的全方位市场服务体系。

为保护投资者利益，深交所专门设立投资者服务中心，通过编写投资者服务丛书，在报刊上开辟“马博士信箱”专栏等形式，旨在普及证券市场基本知识，及时传递市场政策动态，为投资者解难答疑。2002年3月15日，深圳证券交易所开通了“股民呼叫中心维权热线”，通过热线电话、互联网、短信息等信息传播方式，向广大投资者提供维权信息咨询服务。

为了强化对会员的服务，深交所在网站上建立了“会员之家”专栏，为会员单位提供了大量的监管信息。此外，深圳证券交易所还创立了创业企业培训中心，以“诚信、守法、创新”为主线，运用互动、分享的培训技术，对创业企业和上市企业高管人员进行多层次、长期性、系统化培训，推动企业完善治理结构，提高基础管理能力，同时也为创业企业提供了交流和学习的平台。

深圳证券交易所先后在北京、上海、成都、武汉、西安、广州等城市设立服务中心，使深圳证券交易所的服务工作延伸到全国各地，从而构筑起了一个高效的立体化服务网络。

（五）理论研究与国际交流

深圳证券交易所的理论研究和国际交流也走在了全国的前列，取得了很大的进展。对深圳证券交易所及全国证券市场起到了指导作用，同时也加快了中国证券市场迈向国际化的步伐。

1、理论研究

深圳证券交易所十分注重理论研究、理论传播和理论导向，积极拓展证券市场思维空间，努力提高深圳证券交易所的作用层次，建立了以综合研究所、博士后工作站、《证券市场导报》等为主体的多层次研究体系。

1997年4月设立的深圳证券交易所综合研究所已成为深圳证券交易所了解国际动态、追踪国际研究水平、开发新产品和进行重大决策前期论证的智囊和参谋，其《研究报告》代表了现今中国证券界的最高水平。深圳证券交易所主办的《证券市场导报》是证券研究的专业刊物，被列为中国经济类核心期刊。深圳证券交易所还率先利用高标和科研机构力量，于2000年5月建立了博士后工作站，组织博士后研究人员攻克证券市场的重大现实问题和疑难问题。2002年，第三批博士后对创业板发行定价方式、创业板风险控制等课题进行了研究，取得重大突破。同时，深圳证券交易所十分注重推动证券行业的研究工作，从1998年开始组织会员单位共同开展理论研究，并每年进行一次优秀科研成果评奖，有力地推动了中国证券市场整体研究水平的提高。

2、国际业务与国际交流

积极开展国际业务和进行广泛的国际合作与交流一直是深圳证券交易所工作的重要方面。深圳证券交易所1992年即推出了面向境外投资者的人民币特种股，即B股，1995年，深南玻成功地在卢森堡发行了美元可转换债券，深招港首次在新加坡进行了海外第二上市试点，深深房还在美国进行了发行一级ADR

的尝试等。经过十多年的不断创新发展，深圳B股市场已由地方性市场发展到由中国证监会统一管理的全国性市场。到2002年底，在深交所挂牌的B股公司57家，发行总额86.99亿股，市价总值360.27亿元。其中流通市值322.71亿元，平均盈率17.81，平均股价4.08港元。

在过去的十多年中，深圳证券交易所与世界多个证券市场的相关组织，机构和业内人士进行了广泛的交流与合作，与主要证券交易所建立了经常性交流和互访关系。此外，深圳证券交易所还参加了各种国际行业组织FIBV、EAOSEF及IOSCO等的交流，提高了深圳证券交易所在海外的知名度和影响力。

并且为了使即将推出的创业板能够得到广泛的支持，深圳证券交易所特别建立了国际专家委员会，聘请海外行业知名专家、学者为今后的发展提供战略咨询。

目前，加入WTO后，随着证券市场的进一步开放，深圳证券交易所面临新的机遇与挑战，深圳证交易所正与时俱进，开拓创新，铸新时代的品牌证券交易所。

二、深圳证券交易所的发展

深圳证券交易所经过12年的开拓创新和不断发展，用开放的眼光不断汲取国际成熟证券市场的先进经验，并结合中国的国情和实际，探索出了一条具有中国特色的资本市场发展壮大的路子。深圳证券交易所充分利用其地域优势和深圳经济特区的政策优势，发挥其改革开放的窗口效应，勇于开拓，不断创新，12年来取得了辉煌的成就，对深圳及至全国的经济发展起到了巨大的带动作用，成为中国乃至世界规模发展最快与最值得借鉴的市场之一。

（一）深圳证券交易所的发展历程

总的来说，深圳证券交易所12年的发展历程包括四个阶段。在这四个历史阶段里，深圳证券交易所从无到有、从小到大，实现了从实物证券向无纸证券，从有形交易到无形交易、从区域性市场向全国性市场、从单一市场向多元化市场的逐级发展，短短12年探索出了一条具有中国特色的资本市场之路。具体地说，包括以下四个阶段：

1、第一阶段（1990年—1992年）

在这一阶段里，深圳证券交易所实现了从实物证券向无纸证券的飞跃。这一阶段深圳证券交易所从手工交易和结算逐步发展到微机交易和结算网络，并于1992年2月真正实现了实物证券向无纸证券的转化。同时，这一阶段深圳证券交易所以有形席位为主，证券交易大厅不断扩大，席位发展到多达600多个，系统处理能力最大为8万笔。在这一时期，深圳证券交易所做了一系列工作，为其最终实现技术上的飞跃奠定了基础。

2、第二阶段（1993年—1995年）

在这一阶段深圳证券交易所最主要的成就是实现了从有形交易到无形交易的飞跃，并最终实现了全部无形化交易。这样，全国任何一家证券营业部输单都可以直接进入深圳证券交易所的撮合系统。这一阶段深圳证券交易所结算系统实现了无形化、集约化的发展目标，系统的结构和性能有了新的飞跃，形成了覆盖全国的地面通讯网和卫星通讯网，日处理能力提高到250万笔。

3、第三阶段（1996年—1999年）

这一阶段深圳证券交易所实现了从区域性市场向全国性市场的飞跃。到1996年，深圳证券市场本地投资者的比例缩小至不到1/5，来自全国各地的投资者比例突增至80%以上；此外，1996年深圳证券交易所股票基金成交金额占全国市场的份额也由1995年的26.11%增至58.08%。同时，深圳证券交易所系统软硬件进一步升级和完善，证券账户实现了全国统一，全国性的登记结算网络建立，实现了资金结算与资金划拨的电子化、自动化、系统日处理能力提高到1000万笔，深圳证券交易所全国性市场的地位得到了真正确立。

4、第四阶段（从2000年起至今）

在这一阶段深圳证券交易所实现了由单一市场向多元化市场的飞跃。在技术上深圳证券交易所实现了从单机运行向双机并行的飞跃，同时国家明确了深圳证券交易所创业板地位，为其多元化发展开辟了道路。2001年7月1日，深圳证券交易所第二交易结算系统投入运行，为深圳证券交易所适应新的交易方式的变化和未来创业板市场的推出打下了基础。

(二)深圳证券交易所的发展成就

深圳证券交易所自1990年12月1日正式成立至今，通过不断的努力探索和开拓进取，其规模不断扩大，在上市公司数量、市场规模、会员实力和投资者队伍等方面均取得了巨大成绩，有力地促进了中国资本市场的发展与壮大。具体地说，深圳证券交易所12年来的市场成就主要表现在以下几个方面：

1、指数表现

深圳证券交易所自1991年4月3日发布股价指数至2001年12月31日，其综合指数由100点上升至639.22点，年均增幅达60%。在1995年1月23日，深圳证交易所又发布了深圳成份指数，基数为1000，到2001年12月31日，深圳证券交易所成份指数已涨至4829.99点，增幅达383%。2002年底，深圳证券交易所已推出100指数，深圳证券交易所指数体系将逐步走向国际化道路，进一步与国际惯例接轨。

2、市场发展

(1)上市公司数与上市证券数。从1991年底到2001年底，深圳证券交易所上市公司数和上市证券数分别由6家和7只增加到508家和598只，都比1991年底增长了84倍左右，规模逐渐壮大，与之相对应的，在上市公司总股本和流通股本方面，1991年至2001年12月底，深圳证券交易所的总股本和流通股本分别由3.57亿股和2.44亿股分别增至1575亿股和578亿股。上市总股本扩张了441倍。2002年底，深交所上市公司达508家，上市证券数552只。

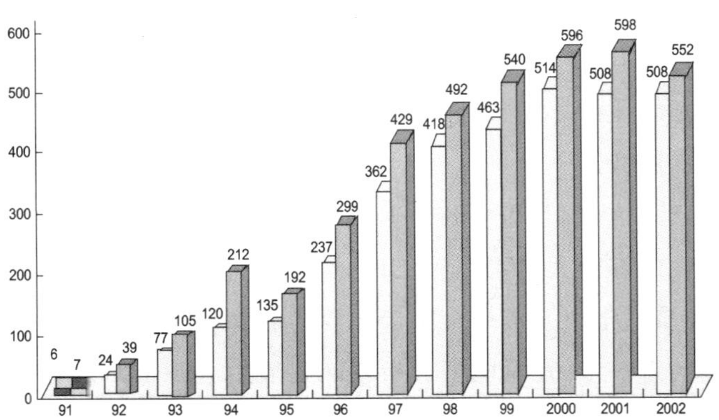

1991~2002年深圳证券交易所上市公司数与上市证券数发展示意图

(2)总市值与流通市值。1991年底，深圳证券交易所上市公司的总市值和流通市值分别是80亿元和38亿元，到2001年底，深圳证券交易所总市值和流通市值分别增长为21184亿元和75558亿元，其中股票总市值和流通市值为15932亿元和6081亿元，分别比1991年底增长了200倍和160倍。尤为突出的是，1996年深圳证券交易所取得了飞速发展，当年上市公司总市值同比增长78.26%，已占当年GDP的6.43%，之后更是以平均每年增加4.79后分点的速度快速增加。

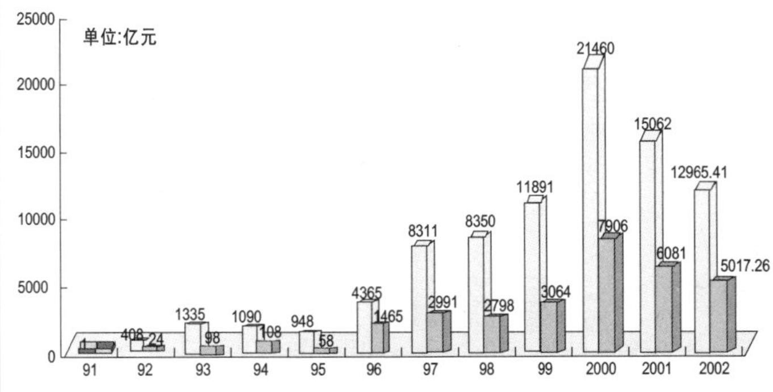

1991~2002年深圳证券交易所总市值与流通市值示意图

(3)股票基金成交总额。1991年全年深圳证券交易所股票基金成交总额为36亿元，2001年1—12月，深圳证券市场股票成交金额16800多亿，比1991年全年成交金额增长了460多倍。在1996年深圳证券交易所股票基金成交总额更是呈跳跃式的增长，由1995年的1205亿元猛增到1996年的13313亿元，成交额的快速增长显示出深圳证券交易所的生机与活力。同时，证券投资基金也得到了长足发展，到2001年12月31日，在深圳证券交易所上市基金管理公司达到7家，管理着包含着全国17只基金，7家基金管理公司注册资本总额共达5.9亿元，管理的基金总规模达到269亿元。2001年底，共29只封闭式基金在深市上市交易，发行总额为419亿元，市价总值为316.70亿元。

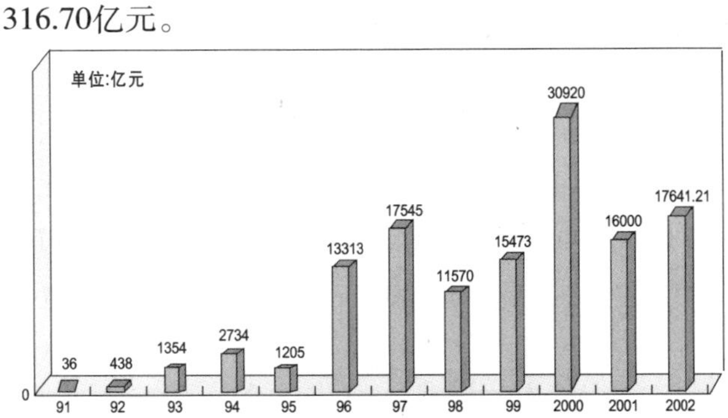

1991~2002年深圳证券交易所股票基金成交总额发展示意图

(4)投资者开户数。1991年底,在深圳证券交易所开户的投资者数为26万户,到2001年底,深圳证券市场投资者开户数达到3221万户,比1991年增长了120多倍。其中1996个绝对增长量最明显,增加了542万户,这一增长对于深圳证券交易所由地方性市场向全国性市场的飞跃起到了至关重要的作用,2001年投资者队伍继续保持高速增长,仅11个月就增加了589万户。

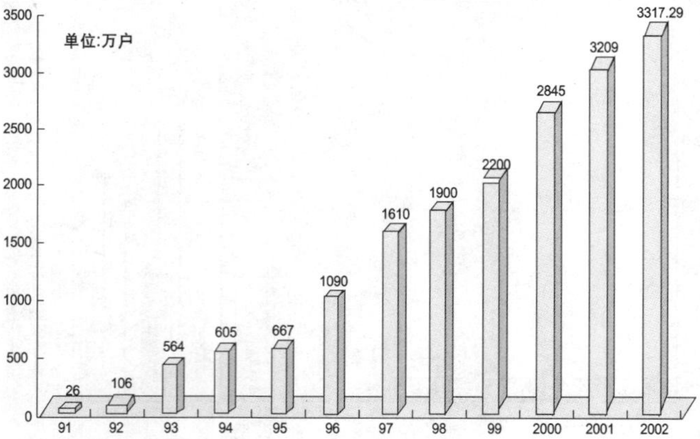

1991~2002 年深市投资者开户数增长示意图

(5)筹资金额。深圳证券交易所为国民经济建设筹资基本上是逐年上升趋势。截止2001年底,深圳证券交易所为国民经济建设累计筹资金2539亿元,为促进国民经济的快速稳定发展作出了巨大贡献。

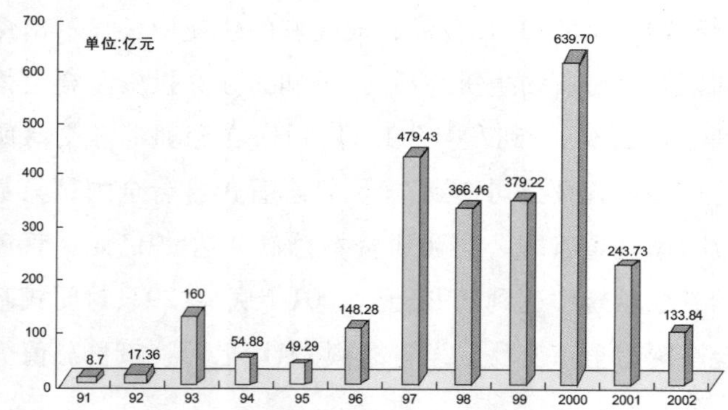

1991~2002 年深市筹资金额变动示意图

(6)股票总市值占当年GDP的比重。1991年底,深圳证券交易所上市公司总市值占当年GDP的百分比仅为0.37%,到2001年底,深圳证券交易所上市公司总市值为15931亿元,相当于2001年全国国民经济总值的16.61%。

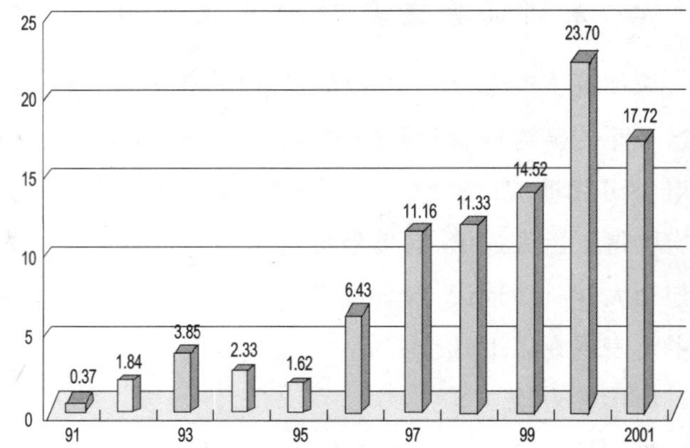

深市股票总市值占当年 GDP 比重发展示意图

总之,从以上深圳证券交易所各市场要素的发展情况可以看出,深圳证券交易所12年来得到了飞速的发展,取得了巨大的成就。

3、机构和交易品种的发展

在会员机构和交易席位上,深圳证券交易所在1991年总共仅有15个,截止2001年底,分别发展为325个和1671个。其中深圳证券交易所会员机构数在1995年直线上升,达到542家,其后由于证券业的合并,会员机构有所减少,而席位数逐年增长,反映出深圳证券交易所机构规模逐步扩大的趋势。

在交易品种上,经过12年的发展,深圳证券交易所已由1991年的单一A股市发展到包括A股、B股、基金、国债现货、国债回购和企业债券以及可转换企业债券等多种品种在内的综合性市场,其中,2002年底,在深交所交易企业债券4家,发行总额为85.00亿元,市价值总额为87.60亿元,可转换企业债券6家,发行总额45.10亿元,市价总值46.41亿元,并且,随着交易的规范化发展与品种创新力度的不断加大,深交所交易品种逐步呈现多元化发展趋势。

总之,深圳证券交易所经过12年的发展,已成为全国性的综合大市场,其上市公司总数,投资者数、流通股本、流通市值及成交金额等主要市场指标份额均占到全国的近一半,在全国证券市场的发展中起到了举足轻重的作用。

(三)深圳证券交易所的发展特征

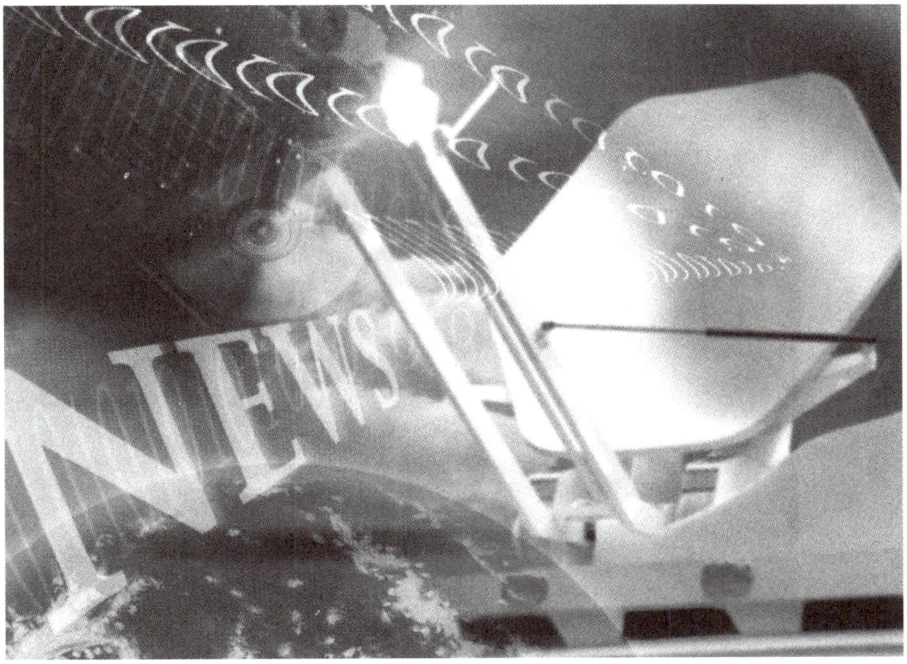

深圳证券交易所短短12年的发展，在市场规模、上市公司和投资者参与等方面都取得了重大成就。在建设一个具有特色的适合中国国情的证券交易所的过程中，经过不断的开拓创新，不懈的试验与摸索，积累了宝贵经验，同时也形成了富有特色的自我发展特征。

1、技术水平日益提高

深圳证券交易所的发展历程以技术水平为标准可分为4个阶段。在这四个阶段里，深圳证券交易所的技术研发能力不断增强，技术系统不断升级、技术水平不断得到提高。

（1）1990年深圳证券交易所正式开业至1992年是第一阶段，这一阶段深圳证券交易所由手工交易和结算发展为微机交易网和结算网，由白板电脑辅助的人工竞价系统发展为电脑自动竞价撮合的微机网络系统。在交易上仍以有形席位为主，系统日处理能力逐步提高到8万笔。

（2）1993年至1995年是第二阶段，在此期间深圳证券交易所引入了Tandem容错机和IBMAS400中型机作为交易及结算主机，大幅度提高了系统的容量、效率和安全性等综合处理能力，因此形成了覆盖全国的地面通讯网和卫星通讯网，深圳证券市场实现了由有形交易到无形交易的飞跃。此阶段系统日处理能力提高至200万笔，系统结构性能都有了极大的发展。

（3）1996年至2000年6月是第三阶段。这一阶段开发出逐笔撮合的内存撮合系统，升级和扩容了系统平台，将系统综合处理能力提高了3倍。同时，在登记与结算体系方面，全国统一的实现证券账户，建立了全国性的登记结算网络，形成了“中央结算与集中登记，二级托管”的体系结构，并完成了交易结算通信系统的统一，实现了资金结算与资金划拨的电子化和自动化，系统处理能力提高至750万笔。

（4）从2000年7月到目前，第二交易结算系统正式启用，单机运作改为双机并行成为深圳证券交易所进入第四发展阶段的标志，两套系统通过高速网络实现信息互换、互为备份、系统的容量、安全性和稳定性进一步提高。同时，通过全面改版技术系统应用软件，建设卫星第二主站，建设全国性的地面网，形成“天上一张网、地下一张网”的通信网络。系统日综合处理能力提高到2000万笔。并且，在2002年底，证券交易所与深圳证券通信公司完成深圳证券地面通信网基本建设，2157家证券营业部接入地面DDN网。

2、服务层次不断深化

深圳证券交易所自设立专业的市场服务部开始，就通过了一系列的服务措施，不断深化服务内涵，提高服务层次，走规范服务的道路，逐渐形成了以“服务为本”的经营管理理念。具体地说，深圳证券交易所服务层次的不断深化主要体现在以下几方面：

（1）开通市场服务专线，为投资者、会员单位及市场各方与深圳证券交易所沟通提供了方便的通道。同时，深圳证券交易所还以市场服务部为基础，实行“一个窗口对外，一条龙服务”，并制定“上门服务制”、“第一受理人负责制”、“限时服务制”等服务制度。

（2）建立各地服务中心，作为深圳证券交易所市场服务的窗口。

（3）广泛设立营业网点，开通各地卫星通信双向网站，使深圳证券交易所市场行情迅速覆盖全国。并且在2002年，开通了上市公司信息披露违规举报信箱，并完成了对“上市公司联络”“网页”的改版开放，还建成了“会员之家”二级网页和“创业者家园”独立网站，开创了资讯服务与交流的新渠道。

(4)举办市场培训讲座，大力开展服务周活动，开辟了提供综合配套上门服务的新途径。在1997年，深圳证券交易所培训服务内容大幅增加，包括企业改制、上市交易、中报、年报等内容。至2001年上市公司董事会秘书培训班已办了7期。

(5)广泛推出各种服务项目，包括主动上门和会员对账，建立定期对账制，以便于解决“对账难”的老问题；在深圳、北京等地专门为投资者开设了上市公司年报及市场统计陈列室；在证券报开辟“服务之窗”专版，为投资者排疑解难。

(6)基本形成“市场至上，服务为本”的经营理念和以交易所为主体、各地服务中心为支点、市场服务小组为补充的全方位服务体系。2001年深圳证券交易所提出，要充分把握市场服务需求日益多元化、深层次化的特点，全面深化服务内涵和层次，走规范服务的路子，在各个环节体现出“服务为本”的理念。

3、市场监管逐步强化

深圳证券交易所作为证券发行交易市场的组织者和管理者，具有一线监管的重要职能。目前，深圳证券交易所一线监管工作日益完善，监管工作出现三大转变，由二级市场监管为主转变为对上市公司，会员单位和市场行为的全方位监管；由专职部门变为各业务职能部门齐抓共管；由事后反映转变为事前防范和事后监察并重。同时，形成了全新的监管理念。具体包括有异动必有反映，有违规必有查处；公司管理部提出的密切关注事态，随时沟通联系，尽早发现问题，及时化解风险等等。

中国证券市场管理体制在1997年7月实行重大变革，上海和深圳证券交易所正式划归中国证监会直接管理。这使深圳证券交易所一线监管职能得以进一步强化，并逐步实现了对上市公司的信息披露从事前审查向事后审查转变。同时，深圳证券交易所还推出了上市公司状况异常期间的特别处理制度，并通过与上市公司签订上市协议书的办法，明确各自的权利和义务，把一线监管和服务有机结合起来。在会员监管方面，深圳证券交易所建立了会员联络人制度，从1998年起实行会员年检制度和定期报送报表制度并借助抽查和走访实现重点监管。

深圳证券交易所的监管手段日趋先进。市场监察部的自动化实时监控系统可以对交易过程中个股股价波动超界报警，单笔成交超量报警、换手率超过百分比报警，并可以随时监察每个席位甚至每个股东账户的交易情况，交易结束后还能够对各项交易数据进行统计分析监视股东超比例持股情况等。在上市公司管理方面，深圳证券交易所自行开发设计的中国上市公司信息披露与分析网络系统，发挥了数百份定期报告的自动初审功能。目前深圳交易所会员管理部已实现了报有无纸化传送和电脑自动化管理，并建立起一套比较完善的会员财务指标分析系统。

总之，经过12年的创新发展，通过日益明确的监管思路，逐步完善的监管体系，不断进步的监管手段，深圳证券交易所的市场监管不断得到强化，吸引了更多的上市公司和投资者的加入。深圳证券交易所正在向一个更加公开、公平、公正的证券交易市场不断努力开拓。

第三章 证券交易所的产品创新

进入21世纪，随着信息技术的迅猛发展，资金、技术、信息的流动呈现爆炸式增长趋势，世界经济全球化、一体化发展加速。证券交易所面临的技术环境、经营环境、市场环境和竞争环境正在发生显著而深刻的变化。同时，经济的全球化和市场流动性的加剧增强了证券交易所的国际化发展趋势。证券交易所的垄断地位不断削弱，随之而来的是日益激烈的竞争。在这样的背景下，证券交易所要想生存发展，并带领整个证券业的发展壮大，就必须进行多样化的产品创新。

一、证券交易所产品创新的必要性

具体地说，在以计算机和通讯技术的迅猛发展为代表的信息化时代，信息化、金融自由化、经济全球化的大环境给证券交易所带来了许多的发展机会。

首先，网络技术的发展，以计算机通讯网络技术为核心的信息化高新技术大大提高了信息的收集、储存、处理和发布的能力，降低了交易成本，提高了交易速度，拓展了资本的流动范围，加快了资本的流动速度，为产品创新创造了必要的物质条件。信息技术将世界各大主要的证券市场更紧密地连接起来，使证券交易突破了时间和地域的限制。信息化技术排除了交易过程对有形场地的依赖，使交易大厅的场地不再成为限制交易所发展的条件，拓展了场外交易和无形交易极大的发展空间。

其次，金融自由化使得资本得以利用发达的网络技术24小时在全球范围内流动，而不会囿于各交易所所在时区的不同而产生的互相衔接的开、闭市时间的限制。寻得更多的投资机会，以力求规避任何风险，追求最大利润，从而给交易所带来巨大的现金流和交易量。

再次，世界经济全球化导致证券投融资活动的全球化。随着国际资金的活动日趋活跃，信息技术的运用日益深入，各企业不再局限于国内市场，而可以在全世界范围内进行广泛而多元化的融资活动，使得企业的股票可以在世界的每一个角落进行交易。因此，证券交易所服务的客户得以无限扩展，众多的客户对交易产品的需求存在差异性。交易所必须进行产品创新，以吸引不同类型的各种客户，而客户的多元化需求也为证券交易所的产品创新创造了条件和发展的空间。

与机会相应并存的是挑战。在信息化、金融自由化和经济全球化的新世纪，在经济一体化和金融全球化的冲击下，就我国的现实情况来说，监管体制也将由原先的保护交易所转为鼓励竞争。通过竞争提高整个社会的经济水平和资源配置效率，这对证券交易所来说，将面临前所未有的挑战。

首先，证券交易所的垄断地位受到威胁。随着信息技术的发展，世界证券市场结构和环境发生了深刻的变化，市场不同属性之间的差别和地域界限越来越模糊，这加剧了证券交易所的竞争，使得交易所的自然垄断地位受到威胁。在日新月异的新技术发展的支持下，另类交易系统(ATS)依靠低成本与传统交易所展开竞争。ATS具有不用经过证券监管机构注册登记，能自动集中、显示、撮合或交叉执行证券交易的优点，极大地吸引了机构投资者，因为这能使其可以绕开经纪商直接进行大宗股票交易，大大降低了交易成本。此外，许多另类交易系统能够提供传统交易所正常运营时间以外的交易服务，满足了不同时区的国际投资者对资金流动性的要求。另类交易系统的快速发展使得证券交易行业出现了某种程度的“脱媒”现象。

其次，投资活动的自由化将对传统交易所时空上的限制提出挑战。资本趋利避害的特性使得它希望能够不需要付出或者只需要付出很低的交易成本实现在各类市场间连续的自由流动。而传统交易所则限制了资本自由流动性的需求，传统交易所的垄断性所带来的市场分割对资本的连续流动性产生了壁垒。而且传统交易所上市公司的数量、质量和产品结构的局限性，决定了在发生交易所区域内的系统性风险时，资本很难或根本就无法回避这种风险。传统交易所长时间处于闭市状态，资本对于在闭市时间所产生的风险也是无法回避的。资本要求在全球范围内寻找投资机会，对任何时间任何地点的风险都能作出最快的反应，传统交易所显然不能适应这种全天候、全方位的要求。因此，这就要求证券交易所能在24小时内提供世界上任何地点的上市公司股票的交易。正因为如此，纽约证券交易所和纳斯达克市场才相继采取了延长交易时间的计划，增开的“早市”专门针对欧洲市场，而“晚市”交易则旨在吸引亚太地区投资者。

再次，现代融资活动的全球化迫切要求能在一个交易所内实现全球范围的融资，这也对传统分散的交易所提出了严峻的挑战。各类证券发行者在发行证券时，考虑的是证券交易所内投资者的资金是否充足、证券交易所的上市初费和上市年费的征收情况、交易所股票的流动性、以及是否能够为今后再融资提供充足的资金等等问题。证券发行者的目的是以较低的成本获得更多的资金来源，以赢得更多的融资机会和发展途径。一家公司多地上市虽然能解决一些问题，但其代价是必须交纳多笔的数目巨大的上市初费和上市年费，增加了发行者的成本，而且，多地上市也不利于证券监管。因此，上市公司希望在一个交易所内实现全球范围的融资，对传统交易所提出了新的要求。综上所述，传统交易所的产品创新是势在必行的。

二、证券交易所产品创新原则

证券交易所的产品主要包括两大类，第一类是交易产品，包括股票、债券、期货、期权等；第二类是支持证券交易所市场运作的支持产品，以证券交易所的系列指数为主要代表。目前我国证券交易所主要交易品种有股票、基金、债券、可转换债券等，交易品种数量很有限，基本上没有衍生金融产品交易。因此可以说，在金融衍生产品交易上我国远落后于发达市场经济国家，就是在亚太地区也处于落后的状况，基本上与印度、菲律宾、泰国等处于同一水平，金融衍生产品交易发展潜力巨大。

证券交易所交易品种的缺乏严重束缚了我国资本市场的进一步发展。从投资者资本供给的角度看，交易产品和支持产品的缺乏无法满足投资者多元化的投资需求和投资组合，无法满足投资者平衡投资风险和投资收益的需求；从资本需求的角度看，证券交易所单调的产品结构无法满足筹资者的不同成本与风险偏好。中国加入世界贸易组织后，中国金融市场已对外开放并逐步深化，建立与发展中国的金融衍生产品市场已是大势所趋。对证券交易所而言，其产品创新应遵循一定的具体的原则。

证券交易所产品结构的发展一般是以适应本国市场特点和发展趋势为依据，但证券交易所的产品创新战略同时也取决于其发展战略。如果以加强国际地位的国际金融中心为目标，则往往以完善丰富的交易品种，提供全方位的金融服务为其产品创新战略手段。比如伦敦交易所拥有全球最丰富的市场体系，包括了主体市场、另类投资市场、欧洲债券市场、英国金边债券市场、英镑债券市场、权证市场、期权市场等七大系列，形成了完整的产品体系。这样的产品和市场结构，不仅体现了伦敦证券交易所作为历史悠久的国际证券市场的传统，保持了股票市场和金边债券市场的繁荣，同时还体现了伦敦交易所紧跟时代步伐进行金融产品创新，以保持其国际领先地位的发展战略。

就我国证券交易所的发展战略来说，我国证券交易所既要服从国内经济发展的根本要求，又要考虑结合时代潮流和国际化发展趋势。全球竞争的加剧使得任何种类的投融资者都成了交易所争取的对象，但单一的交易品种难以满足不同投融资者的多种不同需求。由于金融产品具有同质性和无专利性，“精品店”、“专卖店”式的交易所不可能有任何竞争力；相反，可以完成“一站式”服务的品种多、量大、价廉的多功能交易所的产品创新目标可以使证券交易所从单一的股票市场发展成为一个金融超级市场。

三、证券交易所产品创新的方向

具体地说，我国证券交易所长期产品空间拓展主要应从三个方面着手进行。

1、中性的债券产品

在成熟的资本市场上，债券市场一般占整个证券市场70%以上的比重，债券市场正在成为各个证券交易所的一个发展重点，债券产品也成为证券交易所产品创新的重点产品之一。比如，香港联交所重点发展规划之一就是拓展债券市场，中国国债、香港特区外汇基金票据都将囊括其中；伦敦证券交易所也公布了债券市场发展策略，着重改善债券市场的交易结算体系；纽约证券交易所也把发展债券市场作为一项重要战略，以吸引欧洲乃至全世界的债券投资。

我国政府对于证券市场一直采取股票优先于国债，国债优先于企业债券的政策。这导致我国债券市场虽然规模不断扩大，债券托管体系和交易系统等基础建设不断加快，市场交易规则日趋完善，债券市场化程度逐步提高，但这种根本制度上的缺陷，使我国债券市场发展严重滞后。与国外成熟的债券市场相比，无论是市场规模、品种，还是市场的发育程度，都与国际水平存在很大差距。多年来我国债券市场在资本市场中的重要地位得不到体现，与此相应的，我国的证券交易中，股票市场规模远大于债券市场规模。

针对我国目前债券市场的情况，证券交易所应该采取一种中性的股票、债券市场发展策略。这是因为公司的股票融资与债券融资具有一定的替代性，当股票债券分为两个不同的市场时，这种替代性必然反映为不同经济实体之间的竞争。相反，如果证券交易所能够发展一种中性的股票债券发展战略，开发新型债券品种，则完全可以将债券市场内部化，规避了部分市场风险。在特定制度设计中，股票市场和债券市场之间既能保持一定程度的竞争，又不会对证券交易所的利益造成冲击。证券交易所债券产品结构的拓展，可以从四个方面入手。首先，实现银行间债券市场与交易所市场的对接；其次，完善基础债券产品结构，拓展现有的债券市场规模；第三，积极开发衍生债券产品；第四，逐步推出中长期债券产品。

上海证券交易所为了满足债券市场的发展需要，创新债券市场交易手段和市场机制，于2002年9月原则通过了《上海证券交易所大宗交易实施细则》。上海证券交易所参照了国际上交易所大宗交易的经验，在对证券交易自动化程度，市场影响成本、信息成本、交易连续性等进行比较分析，最终推出这一新的交易创新形式。在此之前，深圳证券交易所于2002年1月通过了《深圳证券交易所大宗交易实施细则》。上海证交所在债券交易方面设计完成了一整套包括降低债券交易费率，增加国债回购新品种，增加企业债回购交易等发展债市方案。这些改革创新措施的推出，丰富了债券交易品种和手段，降低了交易成本，为债券市场参与者提供了更好的市场条件，促进了债券市场的稳定与发展。

2、风险控制的衍生产品

21世纪以来，衍生金融产品在发达国家和新兴市场都取得了较快发展。很多国家和地区把发展金融衍生市场视为保护或争夺国际金融中心地位的重要措施。在英国、美国和日本等较早确立金融中心地位的国家，衍生金融市场为其经济增长做出了积极而重大的贡献。为了适应国际金融自由化、全球资本市场证券化的趋势，增强亚太地区国际金融中心地位的竞争实力，新世纪以来，许多亚太国家和地区陆续开放，拓展金融衍生市场，以增强自身在国际金融市场的竞争力。我国经济的国际化程度已有长足发展，特别是加入世界贸易组织后，引进和利用外资已成为我国经济发展的重要推动力。通过国际资本市场融资也已成为我国吸引外资的重要形式。这要求我国必须加快金融市场改革，调整和改进吸引外资的策略，并为外商投资开辟金融衍生产品规避市场风险，拓展国际资本的融资渠道。随着我国证券市场的发展，国债规模的不断扩大以及股市风险的增加，客观上也要求证券交易所推出新的衍生工具。

上海证券交易所以国际化的眼光和战略积极应对入世挑战，加快了金融衍生工具的创新步伐。在认真研究市场发展需求的基础上，2002年7月1日年编制发布了上证180指数。上证180指数的推出结束了上海证交所长期以来缺乏权威成份指数的状况，在一定程度上凸现了沪市的投资价值，对更加准确地认识评价市场起到了良好作用。上证180指数一经推出，立即被很多基金管理公司视作指数投资的理想标的，直接引发了指数化投资的热潮。在此基础上，目前上海证交所正在现有法律框架内，积极设计开发交易所交易基金。上证180指数的编制发布及其后续金融创新产品的推出，是当前股票市场指数和指数产品发展的重大突破，有力地促进了市场的进一步完善和发展。与此同时，深圳证券交易所也推出了深证100指数。

3、跨国金融产品

从目前看，我国证券交易所发展跨国金融产品还存在诸多软件和硬件的困难，切实可行的发展战略应该分三步去开展。第一步，短期内加强与香港联交所的战略合作。香港联交所是一个国际化程度较高的证券交易所，具有先进的经验和创新意识。内地证券交易所通过与联交所的战略合作，可以获得相关的国际化经营的经验，提高内地证券市场的国际竞争能力。第二步，在中长期，内地证券交易所应该加强以包括香港、澳门、台湾以及新加坡等国家和地区在内的儒家文化地区的区域性的重要证券交易所的合作。同时，可以通过资本输出的方式，强化周边发展中国家与我国的经济联系程度。第三步，创新跨国金融产品，最终实现国际化。为了适应国际化的趋势，上海证券交易所2002年加大了国际化力度，继与澳大利亚证券交易所签署合作谅解备忘录之后，被国际交易所联合会接纳为正式会员。与此同时，上海证券交易所还远赴韩国和日本进行国际金融创新产品的推介活动，扩大其市场影响力。因此，从这种三步走的战略步骤出发，发展跨国产品，促使我国证券交易所成为一个重要的区域性证券交易所，增强对周边国家的资本纽带和联络作用，符合我们的国家利益。

总之，对于目前我国交易所发展的现状而言，目前最为重要也最为可行的就是证券交易所产品创新。这是因为，我国证券市场十多年的飞速发展，已经为证券交易所产品创新提供了必要的条件。因此，证券交易所应采取中性的债券市场发展战略、风险控制的衍生产品发展战略、面向区域性金融市场的跨国产品发展战略，抓住机遇，积极进行产品创新，促进证券交易所的稳定与发展。

第四章 证券交易所的职责与监管

在我国统一的证券市场中，证券交易所是证券交易活动的中心和枢纽，实行统一的组织形式和统一的交易规则，实行规范运作和有效的自律管理的法人单位。《证券法》规定，“证券交易所是提供证券集中竞价交易场所的不以营利为目的的法人。”所以，具体地说，证券交易所具有证券集中竞价交易场所，不以营利为目的、实行会员制的独立的法人等特点。所以，针对证券交易所特殊的地位与作用，以及其自身固有的特点，明确证券交易所的职责、加强证券交易所的监管是非常重要的。

一、证券交易所的章程

证券交易所章程是指由证券交易所会员大会制定的、对证券交易所及其所有会员、组织机构具有约束力的，并经证券监督管理机构批准的内部行为规范，证券交易所章程是设立证券交易所的必备条件之一，证券交易所章程直接影响到证券交易所的稳定性，是证券交易所的纲领性文件。《证券法》第16条规定，设立证券交易所必股制定章程，证券交易所章程的制度和修改，必须经国务院证券监督管理机构批准。

1、制定章程的必要性

俗话说：“不以规矩，不成方圆。”对于任何一个正式的法定社会组织来说，章程都是不可或缺的，只是其表现形式不同而已。章程规范应该社会组织的组织机构和活动宗旨、活动原则、活动程序，也规范该组织内部成员之间的权利义务及职责关系。它是社会组织参与社会活动的准则，也是有关部门进行监督管理的基础和依据。

证券交易所是证券交易市场的核心力量，其组织及运作好坏，对证券市场的健康发展具有重要的影响。虽然各国都制定了比较完善的证券法律体系规范证券交易行为，但法律规定都是一些原则性的，难以对证券交易活动的方方面面和各个细节进行完全规范。所以，对于相当复杂的证券交易场所来说，必须制定章程来规范自身的行为，以便接受有关监管部门和社会公众的监督检查，使证券交易所的具体活动不致于游离于法律法规之外。证券

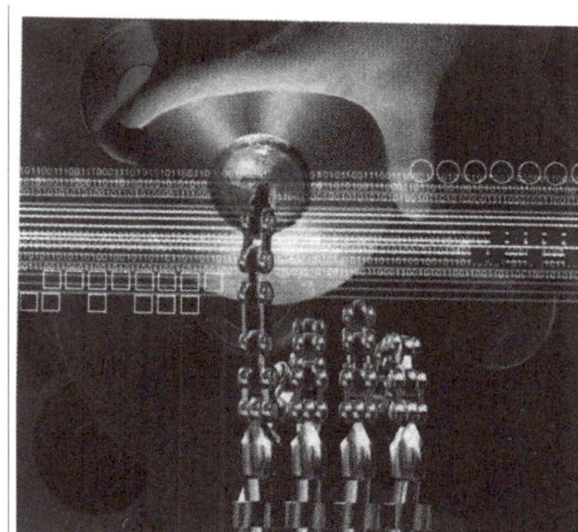

交易所章程制定后并非立即生效，还必须经过中国证监会审查批准后才能生效。

2、章程对证券交易所职责与监管的明确

证券交易所章程内容是证券交易所运作的指导性纲领，对证券交易所的职责与范围、权利与义务都作了明确的规定，为证券交易所的监管理与自律提供了依据。具体地说，包括以下几个方面：

(1)证券交易所的业务范围。章程应明确规定证券交易所的业务范围，这是章程的实体内容。按照《证券法》规定及一般国际惯例，证券交易所应该从事与自身职责有关的业务，不能从事以营利为目的的业务。

(2)费用来源与使用管理。章程应列明证券交易所费用来源及其使用管理情况。交易所费用来源主要包括会员依法缴纳的入会费、席位费及应分提的经费、交易保证金等。证券交易所章程应制定费用使用、管理的详细范围，费用管理严格自律。

(3)会员的权利与义务。章程须约定会员资格及会员的权利与义务。会员资格是指进入证券交易所，成为证券交易所会员的条件，会员加入及其退出都有其严格的程序。会员的权利义务是会员在会期间所享有的职权及利益和应履行的义务与责任，证券交易所应根据会员管理制度，对会员实行严格管理。

(4)内部组织机构。章程必须规定交易所的内部组织机构组成及产生办法、职权、议事规则等。一般来说，会员制交易所组织机构包括会员大会、理事会、总经理、监察委员会。

(5)法定代表人。法定代表人一般由法律规定，也可由法人的章程决定。根据《证券法》规定，证券交易所的法定代表人是由其章程决定的代表交易所行使职权的负责人。法定代表人的职务行为就是证券交易所的行为，其产生的权利和义务由证券交易所承担。

(6)对会员的纪律处分。章程要明确对会员的纪律处分，强化对会员的自律约束与监管。证券交易所是会员制组织，本身并不象政府或中国证监会那样具备行政管理和行政处罚权，为了维持有效的交易秩序，会员可以自觉以章程形式约定纪律和纪律性制裁措施，规范会员的各种行为。

二、证券交易所的职责与范围

1、提供交易设施与交易场所

根据《证券法》规定，证券交易所应当为组织公平的集中竞价交易提供保证。保障集中竞价的设施交易场所，席位(有形的或无表的)，电脑网络软硬件设施及其备份保全设施。

2、制定交易规则

证券交易所应依照证券法律、行政法规制定的证券集中竞价交易的具体规则，制定证券交易所会员管理规章和证券交易所从业人员业务规则，并报证券监督管理机构批准。

证券交易所的业务规则中的交易规则应当包括证券商参加集中交易或代理买卖证券的准则，集会时间、出席人员、交易办法以及交易证券的种类和期限，交易方式和操作程序交易保证金的交存，开市与闭市、交易手续费用以及其他交割活动相关的事宜。这些具体规则业务性强，不同的交易所具体的方法也不尽相同，证券交易所应结合自身情况制订相应规则，报中国证监会批准。

会员管理规则包括会员应遵守的纪律、违反业务规则的处理，会员应向交易所交付的文件、交易保证金及风险基金的支付、会员出市人员的管理等等。

从业人员业务规则是对证券市场交易所内部工作人员的要求，实质上是一种业务与纪律约束，证券交易所业务技术性强，所以对其有更严格的要求。一般地，证券从业人员不能从事买卖股票活动，不得将有关交易资料告知非工作关系的人，从业人员应互相监督、遵守国家及交易所的规定。

3、股票暂停上市、恢复上市、终止上市的规定

根据中国证监会颁布的《亏损上市公司暂停上市与停止上市实施办法(修订)》、关于修订股票上市规则第十章及实施中有关问题的通知、《公开发行证券的公司信息披露编报规则第14号—非标准无保留审计意见及其涉及事项的处理》的规定，2002年2月24日、25日，深交所与上交所分别发布了关于修订股票上市规则第十章及实施中有关问题的通知，对股票暂停上市恢复上市、终止上市作出了规定。

(1)深圳证券交易所。按照深交所的规定,可以暂停上市的情况有:

①上市公司股本总额,股权公布等发生变化不再是具备上市条件;

②上市公司不按规定公开其财务状况,或者对财务会计报告作虚假记载;

③上市公司有重大违法行为;

④上市公司最近三年连续亏损。

上市公司出现上述前三项所列情形之一的,本所根据中国证监会的决定暂停其股票上市,出现最后一项则由本所决定暂停其股票上市。

按深圳证券交易所规定,可以恢复其上市的情况包括:

①因上述暂停上市的前三项原因暂停上市的公司申请恢复上市的,本所依据中国证监会有关核准具恢复上市的决定恢复该公司股票上市。

②因上述暂停上市期间,符合下列条件的,上市公司可以在暂停上市后第一个半年度报告披露后5个工作日内向本所提出恢复上市申请:

a、在法定期限内披露暂停上市后的第一个半年度报告;

b、经审计的半年度财务报告显示公司已盈利。

按深交所规定,可终止股票上市的情形包括:

①未能在法定期限内披露前其暂停上市后第一个半年报告的;

②在法定期限内披露了暂停上市后第一个半年度报告,当盈利但来在披露后5个工作日内提出恢复上市申请的;

③恢复上市申请未被受理的;

④恢复上市申请未被核准的;

⑤未能在法定期限内披露恢复上市后的第一个年度报告的;

⑥在法定期限内披露了恢复上市后的第一个年度报告,但公司出现亏损的。

(2)上海证券交易所。按上交所有关规定,暂停上市包括以下几种情形:

①上市公司股本总额、股权等发生变化不再具备上市条件;

②上市公司不按规定公开其财务状况,或者对财务会计报告作虚假记载;

③上市公司有重大违法行为;

④上市公司最近3年连续亏损。

上市公司出现上述暂停上市前三项情况之一的,本所根据中国证监会的决定暂停其股票上市。若出现上述暂停上市最后一项情况的,由本所作出暂停其股票上市的决定。

按上交所规定,可以恢复其上市的情况包括:

①因上述暂停上市前三项情形股票被暂停上市的公司申请恢复上市的,本能依据国国证监会有关核准其恢复上市的决定恢复该公司股票上市。

②因上述暂停上市最后一项情形股票被暂停上市的,在股票暂停上市其间,公司符合下列条件的,可以自第一个半年度报告披露之日起5个交易日内向本所提出恢复股票上市的书面申请;

a、在法定披露期限内披露经审计的暂停上市后第一个半年度报告;

b、公司半年度财务报告为盈利的。

按上交所有关规定,终止股票上市的情况有:

①公司未能在法定披露期限内披露其经审计的暂停上市后第一个半年报告或者恢复上市后的第一个年度报告的;

②在法定披露期限内披露暂停上市后第一个半年度报告,但公司未能在披露后5个交易日内提出恢复上市申请的;

③股票恢复上市申请未被本所受理的;

④股票恢复上市申请被受理后未被本所核准的;

⑤在法定披露期限内披露了恢复上市后的第一个年度报告,但公司出现亏损的;

⑥在股票暂停上市期间,公司股东大会作出终止上市决议的。

4、公布行情

信息公开是证券市场的一项重要的基本规则,也是保障证券市场正常运行的基础。唯有信息公开,才能使投资者及时改变投资方向,调整投资策略,从而保护投资者利益降低投资者的投资风险,《证券法》第107条规定,证券交易所应当"即时公布交易行情,并按交易日制作证券市场行情表,予以公布"。这说明即时公布证券交易信息是证券交易所必须履行的职责之一。

即时行情是指与交易所集中交易市场所显示的行情基本同步且连

续的行情，也就是随时公布市场交易情况。其具体内容包括每支证券的名称、代码、当笔交易数量、成交价格、与前一交易日相比涨跌情况、开盘价、前一日收盘价、最高价、最底价、累计成交量。以及整个股市的开盘指数，当前指数最高、最低总成交金额，成交量以及股市走势曲线图形。目前，我国上海和深圳证券交易所都是通过电子网络将这些信息即时传递到各证券公司营业部，中小投资者能随时在证券公司营业部了解到当前股市、债市、基金、市场行情。

按日公布行情指每个交易日结束后，证券交易所应当将该日的交易情况，包括大盘开盘指数、收盘指数、最高指数、最低指数、曲线走势、成交量、成交金额及每支股票的开、收盘价、最高最低价、成交量等情况整理清楚，并于次日在中国证监会指定的媒体上披露。目前中国证监会指定的证券信息披露报纸有中国证券报、证券时报、上海证券报、中国改革报等，中国证监会指定的信息披露杂志有《证券市场周刊》等。对于广大投资者来讲，往往于一个交易日的当晚上就能通过电视的证券节目得知该日行情。

证券交易所对行情统计资料享有著作权，一般对外有偿提供。未经同意，任何单位和个人不得以盈利为目的接收和传播交易所市场行情数据，对因不可抗拒力造成的信息传播中断，交易所不负法律责任，但应向公众作出解释，并使之尽快恢复正常。

三、证券交易所的自律与监管

1、证券交易所的自律监管

证券交易所是最重要的证券自律机构，与政府的监管相比，证券交易所的自律监管有下列显著的特征：

第一，自律与市场直接关联，适合法律所不能到达的范围内监管。自律监管组织对交易环境和市场情况更熟悉更了解，对市场信息反馈最贴近，对监管问题的回应更及时，更能经受住市场条件变化的考验，这是与政府机关、与司法机关相比重要的特征之一。

第二，自律的市场与其参与者会产生市场的互动。自律会增加专业化知识，监管机构的经验与监管的有效性。并且，市场参与者也能通过市场，熟悉监管进程与步骤，因此，可以从内部保证市场参与者的行动与监管职责要求的统一性。

第三，自律能最大限度地降低监管成本，自律力求避免命令式的监管。命令性的和法定措施限定了措施的审慎性，而且成本很高，自律监管降低了监管成本，政府依自律监管组织的知识和专业化比自己重新创造一整套规则更有效。而且，自律组织规定的措施比政府监管者制定的措施受政治利益的影响小得多。这是行业自律的一个显著优点。

2、证券交易所对会员的监管

会员是组成证券交易所的成员。证券交易所对会员的管理作了一条列的规定，具体地说，主要包括以下几个方面：

(1)会籍的申请及资格的审核申请加入证券交易所应提交必须的有效文件。如提供申请、报告书、法定代表人和证券业务负责人的简历、审批批准文件及业务许可证明机构章程及重要业务规章制度等。获证券交易所批准后即可成为该所会员。

（2）会藉的注销管理会员发生下列情况之一的，证券交易所可终止其会籍：

①申请注销会籍；

②发生重大违法、违规行业或严重违反证券交易所章程和业务规则；

③逾期未缴约会员经费或未申请席位；

④被解散、被依法撤销或依法宣布破产；

⑤不再符合会员规定条件或不能履行会员义务。

（3）会员检查制度证券交易所对会员实施严格的年检制度。会员必须向证券交易所报送月度会计报表、年度会计报表等。通过检查，了解会员在该年度的财务状况，内部风险控制制度以及其遵守相关法规和交易所业务规则等情况，以便进一步清理不符合国家有关规定及交易所会员条件的机构。

此外，证券交易所还对会员的业务范围及其从业人员进行必要的管理，证券交易所会员所从事有关业务应当具备国家相关法规和证券交易所规定的条件，会员进入交易场所内的人员必须经过严格培训考核。同时，证券交易所必须随时掌握会员的公司章程、注册资本、营业地址、法人代表、股东的变更等基本情况。当会员受到国家有关管理部门处罚、发生亏损、涉及重大诉讼或仲裁事项时，证券交易所需要求会员及时报告，以规避会员的风险。

3、对交易行情及信息披露的监管

一线监管是交易所本身的性质决定的，其他机构无法取代交易所的这种地位。《证券法》规定，证券交易所对证券交易负责实时监控，并按照国务院监督管理机构的要求，对异常的交易情况提出报告。证券交易所作为重要的证券自律机构，对证券交易实行监控和对上市公司实行监督是它的重要职责之一。我国实行证券市场的集中统一监管模式，由中国证监会行使统一监管权，但这并不排除行业自律和证券交易所的协助作用。相反的，由于证券交易所的特殊地位和职能，发挥其对市场的监察功能，更有利于做好证券交易监督管理工作。证券交易所能随时对在所里上市的所有股票的成交量、价格波动率、交易状况进行清楚地了解，能发现其中的异常情况，它对交易活动实时监控是最具备条件的。通过证券交易所的实时监控，报告情况，更有利于中国证监会查处违规交易、杜绝欺诈、内幕交易、操纵市场的行为。

证券交易所还应当监督上市公司依法及时，准确地披露信息。对上市公司信息披露的监管，总体上说应按《证券法》规定的原则内容。但及时、准确、规范披露信息作为一项原则，贯穿证券发行、上市、交易活动的始末。证券交易所对上市公司信息披露的监管，主要不是上市公司内部经营状况组织变动，而主要是上市公司股本，结构变动情况，因为证券交易所能及时发现这些情况，可以要求有关公司及时披露信息。证券交易所监管还包括对上市公司董事、监事、高级管理人员持有上市证券的统计，包括其变动情况等。

总之，随着2002年证券市场监管力度的加大、核准制与退市机制的进一步实施，证券交易所作为证券自律监管机构，一线监管的责任加大，因此，加强证券交易所全方位的自律与监管尤为重要，对推动整个证券市场的规范化发展具有积极意义。

第五章 证券交易所的国际化发展战略

全球资本市场正迎来一个迅速发展、重新整合的新时代，全球经济一体化以及我国加入WTO为我国证券交易所的国际化发展提供了千载难逢的机遇。国际上证券交易所表现出国际化整合的发展趋势，代表了未来证券交易所需的发展方向。我国证券交易所抓住机遇，根据环境变化调整发展战略，以市场主体多元化为趋势，大力推动国际化发展的进程。

一、证券交易所的国际化整合

为了应对经济全球化、金融自由化、信息化的发展，满足广大投资者、筹资者的需求以及竞争的需要，交易所通常把相互间的整合作为实现其国际化战略的主要途径，由此形成各种方式、各种层次上的交易所联盟。比如欧美国家，加拿大原来的4家交易所进行了重新整合，多伦多交易所继续保持其主要证券交易所的地位，而蒙特利尔交易所主要交易衍生产品，NAVOUVER和ALBERTA则合并为该国的二板市场，即加拿大创业交易所(Canadian Venture Exchange)；比利时、巴黎和阿姆斯特丹的交易所合并，成立Euronext Exchange；英国伦敦和德国法兰克福交易所宣布合并计划，成立IX交易所，其交易量将占到欧洲整个交易量的53%，同时，IX计划与NASDAQ合作成立一家合资交易公司，为欧洲的高成性公司提供股票交易。在亚太地区，新加坡证券交易所(SES)与新加坡国期货交易所(SIMEX)进行合并，成立新加坡交易所(SGX)，并实现在自己交易所内的挂牌上市。现代高科技特别是网络、电子通讯迅速发展导致的各种新型交易方式（比如电子通讯网络，即ECN等）对传统交易所提出了巨大挑战，交易所之间的联合符合每一成员的利益，因此交易所各种形式的战略性联合比合并更普遍，而且多属于跨国联合的性质。如在亚太地区的澳大利亚证券交易所(ASX)，已经与香港、新加坡、日本、巴西、墨西哥、美国、加拿大和欧洲(EURINEXT)都进行了各种形式的合作(比如计划成立“全球证券市场”GEM，Global Equity Market，实现两地上市等)，同时澳大利亚交易所也与亚太地区的印度尼西亚、韩国、马来西亚、菲律宾、东京、泰国和我国台湾地区和上海证券交易所签订了合作谅解备忘录等。

二、证券交易所国际化发展的国际经验

12年来，我国两家证券交易所已成为我国资本市场的缩影，为我国的经济建设资金的筹集、现代企业制度的国有企业的改革构建，发挥了重要的作用，同时交易所本身也取得了飞速的发展。但信息化和全球经济一休的趋势给我国年轻的证券市场带来了沉重的压力，促使我国证券交易所制定和实行新的国际化发展战略。

我国证券交易所12年来取得了辉煌的成就。目前，沪深两大交易所市价总值在亚洲名已经处于第三位，但我国证券交易所在国际上的影响力仍相当有限。此中问题的关键在于，一是市场不够成熟与规范；二是国际投资者投资国内市场仍存在障碍。在全球经济一体化的大趋势下，并且已经加入WTO，我国证券交易所如何适应新的形势，抓住发展机遇显得较为迫切。在实施国际化发展战略过程中，通过对国际上

证券市场开放、证券交易所的国际化发展战略的研究，可以对我国证交所的国际化发展提供很多启示。

第一，证券交易所从构建开放型经济的整体要求看，资本市场对外开放是开放型经济的基本要求和最重要的组成部分之一。在当今世界经济一体化，金融全球化的趋势下，传统的直接投资正在被证券投资所取代，资金流的重要性和影响力已远远大于实物流，成为全球范围内资源优化配置的主要手段和载体，权益性的股票投资能够在公司治理结构方面产生较大的影响，比如通过购买一家公司的股票实现对其收购的目的等，因此，通过跨国的股票投资，不仅使得实物资产以及生产经营活动实现优化配置，而且实现了制度的“优化”，并与国际接轨。

第二，从证券市场系统建设来看，证券市场对外开放必须伴随着本国金融市场的改革。也就是说，证券市场作为金融市场体系的一个重要的有机组成部分，它的对外开放必须建立国国内金融证券整体建设的基础上，所以金融体系是证券市场发展的基础。其中最重要的是国内利率自由化改革和外汇管制体制的改革。资本市场与货币市场之间存在着内在的必然联系，而利率，汇率之间也存在着内在的必然联系。可以说，在一个货币市场和外汇市场都非常薄弱，而且对利率、汇率都实行严格管制的金融体制环境下，证券市场对外开放是难以想象的。

第三，证券市场对外开放需要国内金融市场的发育，这是证券市场对外开放的基本前提条件。但是，这个条件也只是相对的，比如韩国，早在1992年宣布证券市场直接对外开放之前，KSE就于1979年加入了FIBV，1981年宣布了资本市场国际化的计划，1984年在纽约证券交易所挂牌上市了韩国基金，而在外汇管制方面，也只是于1988年才接受国际货币基金组织（IMF）第8条款（即所谓成为“IMF第8条款国”）的。因此，在证券市场国际化的战略决策中，需要承担一定的风险，要勇于创新和改革，当机立断，而指望坐等“最佳时机”是不现实的。

第四，关于我国国有企业改革方面。企业是现代经济的基石和细胞，现代金融体系的顺利运行必须建立在坚实的现代企业制度之上。因此，针对我国的现实情况来说，我国证券市场对外开放和国际化发展，必须以国有企业制度改革为基础，而证券市场对外开放与国际化发展有利于我国上市公司治理结构的改善。

三、证券交易所国际化发展的目标与步骤

证券交易所的国际化发展必须使证券交易所在跨境新领域的业务流程建立统一的标准，增强全球监管机构之间的合作关系，更利于证券交易所在整体监管框架下进行一线监管以及国际间的互相认可。为了确保全球经济的的稳定增长，证券交易所在全球金融体系下应完成国际化金融的基本形式。

证券交易所需要拓展交易方式，改进技术系统、吸引境外投资者，推动证券交易所的国际化发展，国际金融中心的建设往往与资本市场的发展密切相关。首先，资本市场是建设国际金融中心市场体系的核心和枢纽。金融市场体系和金融机构体是国际金融中心的两大构成要素。而资本市场是企业、金融机构和各类投资者共同参与组成的市场，资本市场的发展壮大有利于吸引和

培育投资银行、基金管理公司、信托公司、资产评估银行、基金管理公司、信托公司、资产评估公司、投资咨询公司和会计师事务所、律师事务所等中介机构，强化作为国际金融中心的功能和地位。资本市场规模扩大和功能完善也将推动保险市场、衍生市场、基金市场和货币市场的进一步发展，完善证券交易所的金融市场体系的功能和作用。使其发展成为资本运作中心和金融机构的管理中心。其次，自新世纪以来，国际金融出现投资全球化、筹资证券化、品种衍生化、运作信息化的发展趋势，证券资本市场逐步成为国际金融中心竞争的焦点。在这样的背景下，证券资产在各国金融资产中的比例日益增加，而以证券投资为载体的国际投资正成为国际资本流动的主要形式。因此，证券资本市场的兴衰直接关系到一个国际金融中心在全球金融体系中的地位。

总之，我国证券交易所的国际化发展是大势所趋，在加入WTO的背景下，证券市场的对外开入更是日益紧迫。我们应对我国证券交易所国际化发展可能采取的途径和步骤进行具体的分析。如前所述，我国证券交易所国际化发展必将分为三个阶段，第一阶段是加强基础设施和设备的建设，以新一代交易系统为依托，完善证券交易机制；以信息技术改造为导向，建设高效安全的运行机制；第二阶段是开始引进国外资金，吸引境外投资。比如目前推出的境外合格机构投资者(QFII)制度试点，允许经核准的外国机构投资者在一定范围内投资于中国资本市场，它在增加资金供给的同时，可以引入先进的技术与投资及风险制理念，促进中国证券交易所及证券市场的发展；第三阶段是充许国内资金对外投资。考虑到香港联交所在国际金融体系中的地位和作用，对于我国的证券交易所来说，实现国际化经营切实可行的途径可以采取以下步骤：

第一，首先应实现与香港联交所的市场连通，这是较低的整合，各市场保持各自的独立性和特征，采取各自的交易、交割和结算系统，其特点是可以在家交易所内买卖联盟的另一家交易所的上市股票；

第二，在适当的时候与香港联交所组建共同交易平台，这是在市场连通基础上的发展，参与整合的交易所共享交易和结算系统，

第三，在条件成熟的情况下实现合并，这是最高形式的整合形式。合并后的证券交易所的市场组织与管理都统一进行，在法律上成为单一的法人实体。在与香港联交所进行第二阶段整合时，我国证券交易所就可以依托“大中华”交易联合体，进一步同美国、欧洲的交易所进行更广范围的合作，使我国证券交易所成为24小时不间断交易的亚洲区的首选，主动融合到国际市场的竞争与合作中。

VOLUME 10

第十卷

证券商经营规范与发展

- 证券商的发展处境与现实选择
- 证券商集团化发展途径与模式
- 我国证券商国际化发展
- 中小证券商竞争策略分析
- 证券商品牌塑造与宣传
- 证券商融资之路：亟待拓宽
- 我国券商购并与规范发展研究

在证券市场的发展进程中,证券商不仅是桥梁和中介,而且也是一支重要的力量,是推动证券市场快速发展的"三驾马车"之一。在辅导国有企业改制;代理发行股票和推荐上市;帮助上市公司进行并购重组;实现证券融资等方面,证券商都发挥了非常重要的作用。在新的世纪里,我们必须竭尽全力促进证券商的规范与创新发展。目前,证券商的经营环境、经营理念、盈利模式、经营模式、管理机制、发展方向都发生了巨大的变化,本卷正是在此背景下,力图反映证券商发展的全景。

第一章 证券商的发展处境与现实选择

证券商是证券市场的主体之一，在证券市场占有主要的地位和作用。随着证券商的生存环境和发展处境的变迁，我国证券商必将朝着多元化、知识化、规模化、集团化、品牌化、国际化的方向发展。

一、证券商的生存环境

经过几年的发展和规范管理，我国证券公司取得了跳跃式发展，据统计至2002年10月底，我国已有证券公司125家，注册资金总规模达1060亿元，为我国证券市场的建设创造了不可磨灭的业绩。随着市场化建设的不断深入，证券公司也面临挑战和机遇。研究证券公司新的国际国内趋势下发展之路，是摆在广大从业者面前的一个重要课题。

2001年12月11日，我国正式成为世界贸易组织成员，中国证监会公布了我国证券业对WTO承诺的主要内容：外国证券机构可以（不通过中方中介）直接从事B股交易；外国证券机构驻华代表处可以成为所有中国证券交易所的特别会员；允许外国机构设立合营公司，从事国内证券投资基金管理业务，外资比例不超过33%，加入世界贸易组织后3年内，外资比例不超过48%；加入世界贸易组织后3年内，允许外国证券公司设立合营公司，外资比例不超过1/3，合营公司可以（不通过中方中介）从事A股的承销、B股和H股、政府和公司债券的承销和交易，以及发起设立基金。

1、入世为证券商带来良好发展机遇

第一，入世能够扩大国内证券商的生存和发展空间。根据最惠国待遇原则，国内金融市场对外开放的同时，国外金融市场也要对我国金融机构开放。一方面，入世后将加快国内资本市场对外开放的步伐，使其与国际资本市场接轨，证券商作为资本市场的重要参与者，将走向国际资本市场，拓展自己的生存和发展空间。入世不仅使国内证券业对外开放，也为我国证券商打开了国际市场，届时，证券商的业务对象不仅包括国内投资者，也将包括国外投资者。另一方面，国内企业尤其是上市公司在入世后将面临体制、管理等方面的改变，同时也必然导致产业结构的调整、资源的优化配置，从而引发兼并重组和资本运作，这为国内证券商开拓业务和创新提供了良好机遇。

第二，入世后我国资本市场将逐步放开，这也有利于扩大我国证券市场的资金来源，促进投资品种的多样化发展。一方面能保证证券市场的资金供给；另一方面使国内证券商的融资更加便利。在国际资本进入中国证券市场的同时，也会将其丰富的产品创新经验和运作规则带进来，推动我国证券市场的产品创新，进而改变我国证券商产品结构单一的现状。

第三，随着国外证券商的进入，必将带来先进的经

营理念和管理方法，通过行业间的学习和吸收，可以扩大我国证券商国际化应对策略和方法，有利于国内证券商更新经营观念，提高管理水平，加强经营管理创新。

第四，入世有利于证券市场的的规范，而证券市场将促进证券商的发展。加入WTO有利于证券业遵照证券市场自身的发展规律向市场化、规范化方向发展。

2、入世对证券商形成严峻挑战

无论是资金、人才、资信，还是经营理念、管理水平，国际大证券商都有得天独厚的优势，而国内证券商的实力弱小，市场效率低下，业务结构单一，因此必将对国内证券商构成严重威胁。入世后国外证券商的进入，将使国内证券商面临大量的人才流失，尤其是在我国证券商的发展历史相对较短，高级管理人才严重不足，国际型人才更是稀缺的背景下，无疑会对国内证券商的发展产生重大冲击。同时，国内证券商起步晚，加之经营环境的不同，在经营管理上，尤其是在内部管理与风险控制上与发达国家证券商有很大的差距。因此，如果不充分利用好入市后三、五年的预备期，国内证券商就很难有生存的空间，发展就更是困难。

3、佣金浮动制引发激烈竞争

2002年5月1日，佣金浮动制正式出台，宣告我国证券商将彻底告别中国证券市场创建以来赖以生存的“固定佣金制”的温床，这不仅预示着证券商取得社会平均利润或微利时代的到来，而且预示着证券业将在日益激烈的竞争中重新组织规划。

事实上，降低佣金已经对券商带来了较大的影响。根据2001国内券商的收入构成：证券发行收入占总收入的5.03%，自营证券差价收入占13.21%，佣金收入占51.61%，利息收入占10.74%，汇兑收益占0.03%，其他业务收入占4.29%，可以看出，降佣对券商最直接的影响是收入，佣金浮动制的实行，佣金水平的下降，将使依靠佣金过日子的证券商度日如年。以2001年沪深两市的股票基金成交金额为例，如果按新的佣金收取标准的上限计算，全行业的佣金收入就减少了46.82亿元(不考虑券商以前的佣金返还)。以新佣金标准上限为基准，佣金下调10%，全行业将减少24.52亿元收入。

在2002年上半年经纪业务排行榜中（见下表)，除了银河证券的成交量略有上升之外，其余各家均有不同程度的下降，一方面受到整体行情的影响；另一方面则反映了降佣对证券商的冲击。

2002年上半年全国券商经纪业务排行(含股票、基金、债券)一览表(前5位)

单位:亿元

排名	公司名称	2002年上半年成交额	2001年	2001年排名
1	银河证券	4115.56	7048.16	2
2	海通证券	3152.24	9586.67	1
3	国泰君安	3109.43	6735.58	3
4	南方证券	2430.27	5532.56	4
5	申银万国	2380.25	5422.04	6

佣金浮动制将引发证券商之间的价格大战，加剧证券商之间的竞争。在佣金浮动制之前，虽然存在返佣、降佣现象，但只是背后操作，且范围多限于大户。实行佣金浮动制后，管理好、成本低的证券商为了扩大经营必然会下调佣金，吸引更多的客户；而成本高的证券商为了保住原有的市场份额，被迫降佣。由此将引发一轮又一轮的价格大战，证券商面临较大的竞争压力。

二、证券商的发展状况分析

目前，我国证券商的发展状况主要有以下主要特点：

1、证券商规模小，实力不均，抵御市场风险的能力弱

到2002年10月底，我国共有证券商125家，注册资本金突破1060亿元，总资产超过6300亿元，平均注册资本8.54亿元，平均资本不到50.81亿元，其中规模最大的银河证券注册资本45亿，拥有营业部172家。与国外大券商相比，国内券商的规模偏小。

2、证券商业务单一、结构雷同、竞争低效无序

目前，证券商的业务主要集中在一级市场的证券承销，二级市场的经纪业务及自营，其中佣金收入占其收入来源的50%以上；而对债务重组、企业托管、金融创新、金融顾问、投资银行业务则涉入不深。业务单一、结构雷同直接造成了证券商竞争的低效无序，使证券商的竞争多以价格竞争为主。

3、证券商的融资渠道窄、数量少、比例小

目前，证券商的主要融资渠道有国债回购、同业拆

借、股票质押贷款等;而长期资金来源尚缺少融资渠道。证券商资金短缺主要表现在以下几个方面:一是在新设或收购证券营业部和证券经营机构时,证券商出现资金短缺;二是证券商注册子公司的资金需求大;三是经营业务中尤其是投行业务时,出现资金瓶颈。

4、证券商法人治理结构不完善

这表现在:专业知识和管理经验的欠缺使董事无法很好地行使董事职责;执行董事在董事会中的比例小,不利于公司高级管理层发挥集体领导的作用;虚假出资造成董事会不能理直气壮地发挥应有作用;监事会形同虚设,内部人控制现象十分严重;独立董事制度刚刚起步,独立董事难以行使其职责;所有者代表缺位,证券商高级经理人控制着公司的经营。此外,证券商的开放度低,市场化程度较低,服务水平有待提高。

对证券商发展状况进行分析,我们可以认识到:

第一,证券商发展历史短是造成证券商发展现状的重要原因之一。从1987年深圳特区证券公司成立到现在,证券商的发展历史不过才短短的十余年。在十余年中证券商无论是在规模上,还是业务上都取得了长足发展,但证券商作为一个整体的发展和成熟必须经过较长的发展阶段,而非一日之功。

第二,长期实行审批制度,使证券商之间缺乏有效竞争。长期以来,证券业属于垄断行业,证券商不必经过激烈的竞争就可以获取垄断利润,使证券商的发展缺乏必要的压力。国际资本市场的发展史告诉我们,只有经过长期的市场竞争,才能催生出一批著名的证券商。

第三,证券商经营的地方保护主义使证券商的规模扩张受阻。地方保护主义盛行,使外地证券商的进入成本和进入壁垒过高。同时,地方保护主义影响了证券商的兼并重组。

第四,国民经济的发展阶级影响着证券商发展。尽管我国的经济建设取得了令人瞩目的成就,但我国证券市场毕竟是新兴市场,处于发展的初级阶段,在这一大的经济背景下,我们不能苛求证券商脱离宏观经济环境而成长、成熟。

三、证券商的发展方向

新世纪里证券商将朝多元化、知识化、规模化、集团化、品牌化、规范化、国际化等方向发展。

1、多元化发展方向

业务的单一性不仅影响证券商的竞争力,而且增加了经营风险。证券商的发展,就必须实现业务多元化,要在资产管理、投资顾问、个人理财、企业财务顾问、保险销售及承保服务、信托基金及借贷、金融商品及衍生工具等方面着手,扩大经营领域,拓展收入来源。

2、知识化发展方向

证券市场以资本运营为核心的各类投资活动都属于复杂而高超财技的运用。证券商的从业人员要对证券市场各领域有较高的认识水平和驾驭能力,因此,证券商必须朝着知识化方向努力,提高证券商的整体素质。

3、规模化发展方向

规模化是提高证券公司盈利能力的需要,证券商只有达到一定的规模后,才能实现规模经济;规模化是证券商增强抵御风险能力的需要,证券业属于高风险行业,证券商只有达到一定的规模,才能具备相当的风险防范能力;规模化是提高证券商竞争能力的需要,入世后券商将面对的是美林、高盛、摩根斯丹利等国际大投行的竞争,证券商要发展,就必须走规模扩张的路子。

4、集团化方向发展

随着经济、金融的全球化，金融业竞争的日趋激烈，金融机构间的跨行业、跨地区并购以及金融机构业务经营的集团化，正成为一种国际趋势。我国加入WTO后，国内证券商面临严峻挑战，竞争日趋激烈，证券商的核心竞争力与整体素质亟待提高，集团化选择成为国内证券商的现实选择。

5、品牌化发展

2002年，国内证券市场佣金自由化和外资入市的冲击，使得证券商由同质性服务逐步转向差异化经营，而品牌塑造与品牌营销是差异化经营的集中体现。因此，国内证券商需全力塑造品牌，走品牌营销与发展之路。

6、国际化发展

加入WTO后，国内证券市场逐步开放，同时，国外资本市场也为国内证券商敞开大门，入世将扩大证券商的业务对象和业务范围，推动中外证券公司的交流与合作，提高业务服务水平。

总之，入世为国内证券商国际化发展提供了良好的发展契机。当前，证券商的生存环境和竞争环境发生了翻天覆地的变化，证券商只有不断适应新环境，调整经营策略，加强自身建设，确立正确的发展方向，才能跟上时代的步伐，保持持续发展。

第二章 证券商集团化发展途径与模式

集团化是当今金融业的发展方向之一。国内证券商要顺应市场变化，开拓思路，及时调整定位，转变经营思路，变“证券专卖店”为“金融服务超市”，在整个金融领域范围内开疆拓土。

一、集团化战略：国内证券商的现实选择

目前国内证券商之间的竞争日益激烈，却低效无序。同时，国内证券商将面临逐渐开放的竞争格局，但与国外大券商相比，国内证券商竞争力明显偏弱。实施集团化战略，能够提高国内证券商的综合竞争力，提升证券业整体的竞争效率和竞争水平。

目前，集团化发展已成为国内证券商的现实选择之一。

第一，实现规模经济。证券商通过集团化经营，能够控股的形式控制众多的子公司，通过资金的杠杆效用和财务杠杆作用，能够控制规模更为庞大的资产。《证券公司管理办法》要求综合类证券商持有子公司5%的股份即可，从理论上说组建控股集团公司可使证券商规模扩张至原来的1.96倍。同时，通过高效资产对低效资产的并购，能够盘活证券业的存量资产，优化证券业的资源配置、提高证券业的集中度。

第二，能有效防范和化解经营风险。国内证券商当前实行的是一级法人制度，即只有总公司才有承担经营亏损和经营风险的能力。在这种体制下，一旦某项业务的风险防范不利，不仅将直接降低该项业务的盈利能力，而且还会对其他业务的收益形成一定程度的冲销，甚至会危及到整个公司的生存。走集团化发展道路，集团所属各子公司是独立的法人实体，有自负盈亏的能力和责任。因此，即使有某项业务出现严重亏损，或某个子公司破产倒闭，也只会影响到集团的整体利润，而不会影响集团和其他子公司的生存与发展。因此，组建集团公司对于防范和化解经营风险是非常重要的。换个角度看，即使组建集团公司与不组建集团公司承受同样的经营风险，也会因为组建集团公司后实力增强而提高风险承受能力。

第三，促进金融产品创新，改变单一业务结构。结构单一、业务雷同是国内证券商当前的通病，加快业务创新是国内证券商普遍面临的迫切问题。一方面，国内证券商的组织结构多是传统的金字塔式的组织构架，当证券商达到一定规模时，在这个组织构架下运行，就必然导致信息反映迟钝、效率低下、决策缓慢，从而严重影响证券商的创新能力。建立起集团化的扁平式的层级组织，集团内各子公司有独立的法律地位，经营自由度高、自主性强，能灵活调整经营战略，对市场变化作出快速反应，因而能增强业务创新能力。另一方面，集团化经营能加速证券商的整合，能够增强证券商的整体科研实力，促进产品创新。

第四，为混业经营创造条件。国内金融业还实行分业经营管理体制，但可以预见，混业经营是大势所趋，在不久的将来我国肯定要取消分业经营的政策限制。在现行条件下，建立起证券控股集团公司，为以后构建金融控股公司，实现证券、银行、保险的混业经营等其它制度出台和积累相关管理经验无疑是非常有利的。

二、联盟式发展：证券商集团化的前奏

集团化发展是证券商发展的必然选择。但是，只有具备了集团化发展的条件，才能实现集团化发展的目标，集团化发展才有其意义，否则，纯粹为集团化而集团化发展将毫无价值可言。在具备集团化发展条件之前，联盟式发展是证券商的上佳选择。

1、在证券业内实现联盟式发展

证券业内的联盟式发展，是指证券商之间根据长远发展目标，结合自身特点，选择战略性联盟伙伴，实现跨越式发展，为日后集团化发展奠定基础。

实现证券业内的联盟式发展，选择战略性联盟伙伴是关键。战略性联盟伙伴的选择有两个取向：一是优势互补型，即证券商首先确定自己的优势和劣势所在，战略联盟伙伴的选择定位于自己的劣势领域，通过联盟式发展，实现劣势领域的突破，最终实现业务领域的全面发展。二是强强联合型，即在证券商的优势领域选择战略联盟伙伴，强化优势领域在证券业内领先地位，使强者愈强。

实现证券业内的联盟式发展，可以避免证券商之间的低效无序竞争，实现证券业资源的优化配置。通过证券业内的联盟式发展，证券商可以把提高竞争力和竞争层次，并通过较高层次的竞争实现证券业行业的资源优化配置，提升整个行业的效率。

2、在金融领域内实现联盟式发展

金融领域的联盟式发展，是指证券业、银行业、保险业之间利用各自的优势，相互合作，共同发展。可以说，金融领域内联盟式发展是证券商集团化的雏形。

金融领域内的联盟式发展是金融竞争的产物，随着经济一体化和金融全球化的发展，金融机构不断涌现，金融机构之间业务交叉日益扩大，金融竞争日趋激烈，在原有体制下证券商的生存空间日益狭窄。在这种情况下，证券商为了扩大生

存空间，为了在激烈的竞争中谋求发展，就要不断扩大自己的规模，完善自身结构，而金融领域内的联盟式发展就是很好的出路。

金融领域内的联盟式发展是满足客户金融一体化服务需求的有效方式。随着社会的进步和经济的发展，买方市场在大多数领域已占主导地位，消费者的选择空间将越来越大，金融领域一体化服务成了金融领域消费者的要求，为向客户提供综合性的一体化服务，证券商选择金融领域内的联盟式发展就在所难免，并为集团化发展积累实际经验。

三、控股企业型企业集团：证券商集团化发展的良好途径

目前，国内证券商实现集团化的有效途径是组建控股企业型企业集团。在我国目前的分业经营分业管理法律体系下，控股企业型企业集团即使母公司不直接兼营金融业务，也无明确固定的法律规范，因此，从监管实施和金融发展的角度看，建立控股企业型企业集团是我国金融集团化发展良好途径。

控股企业型企业集团是指母公司以金融为主导行业并通过控股兼营工业、服务业的控股公司，主要从事经纪业务、推荐上市、帮助企业重组理财等业务。它是产业资本与金融资本相结合的高级形态和有效形式，包括经营性控股企业型企业集团和纯粹性控股企业型企业集团。

1、经营性控股企业型企业集团

经营性控股企业型集团是指既从事任何股权控制，又从事实际业务经营的母公司。其优点表现在：其一，采取这种模式既可以起到减少风险的效果，又有利于壮大集团的整体实力。因为在经营性控股公司下，一方面各个子公司之间资金、财务、业务等相互独立，从而防止了不同业务风险的传递与转移；另一方面，集团内各项业务的开展获得了母公司的实际业务的支撑和依托，从而有助于集团整体优势的形成。其二，便于与国际接轨。当前国际上绝大多数金融集团都采用经营性控股公司的组织形式，因此，采取经营性控股公司模式组建控股企业型企业集团能使集团的组织结构与国际金融集团接轨。其三，经营性控股公司形式很少涉及证券公司现有业务的独立化问题，因此，其程序较为简单。

2、纯粹性控股企业型企业集团

纯粹性控股企业型企业集团指母公司仅从事股权投资活动，其主要业务由各子公司分别承担，设立的目的只是为了撑握子公司的股份，其本身不从事任何实际业务。其优点表现在：其一，在纯粹性业务控股企业型企业集团形式下，各项业务实现了独立化，集团内经营证券证券承销、证券经纪、投资咨询、资产管理、期货业务等的子公司都是独立的法人。因此，这不仅最大限度地增强了集团内各子公司在经营中的灵活性和独立性，适应市场的变化，极大地促进了业务的开拓和创新，而且有利于各家公司经营特色，个性化经营和核心业务的形成。其二，在纯粹性业务控股企业型企业集团形式下，各项业务都通过集团内的各个子公司分别独立经营，作为控股公司的母公司不经营任何实际业务，这等于在各项业务之间筑起了一道严密的防火墙，从而可以最大限度地防范集团内不同业务之间风险的相互传播。

事实上，综合各类型的特点与优点，可以认为，纯粹性业务控股企业型企业集团是国内证券商的首选。经营性控股企业型企业集团又叫混合型控股，但在相当长一段时间内，我国不具备全面混业所要求的完善金融市场和一元监管能力，我国金融业实行的是分业经营分业管理制度，因此，选择纯粹性业务控股企业型企业集团更为可行。

经营性控股企业型企业集团对风险防范能力和金融监管能力有严格的要求，这也限制了经营性控股企业型企业集团当前在我国的发展。

其实，国内控股企业型企业集团的发展历程也从侧面说明以纯粹性控股企业型企业集团在当前金融环境下存在的合理性。国内控股企业型企业集团在发展初期一般都是经营性控股企业型企业集团，但在发展中都逐步演变成了纯粹性控股企业型企业集团，如中信、光大、平安等集团机构。

四、集团化发展的步骤安排

鉴于我国金融业的发展现状，考虑我国的政策和法律环境，我国金融业集团化可采取分两步走的战略。

第一步，证券业领域经营集团化。目前，我国已实行较为严格的分业经营、分业管理机制，证券公司、保险公司、商业银行之间混业经营还存在政策障碍。2002年1月8日公布的《证券公司管理办法》规定证券公司可以设立从事证券业务子公司，放开了证券公司设立受托投资管理业务以及从事证券承销、上市推荐、财务顾问等业务的子公司的限制。国内证券商应该抓住这次难得的机遇，利用这一崭新的制度平台迅速发展自身。因此，国内券商的集团化可以选在证券业务领域实施，通过组建控股企业型企业集团，设立分别经营不同业务的子公司实现证券领域的集团化。

现有的证券公司通过自身繁衍或股权并购形成母公司，作为集团的核心层，主要负责集团的管理和决策；母公司以其自身资产投资入股，建立不同业务种类的控股子公司，整合存量资产，对营业部、区域总部重新组合构建，形成集团的紧密层；对投资入股但没有达到控制权的公司，形成集团的半紧密层；与相关机构结成策略联盟，建立长期合作关系，形成集团的松散层。

第二步，金融业领域的集团化经营。混业经营是金融业发展的必然要求，金融领域的集团化经营是大势所趋。因此，尽管我国还不允许混业经营，但取消这一限制已为时不远了。其实，银行、保险、证券、信托业务之间的相互渗透日益明显，随着金融管制的逐步放松，通过设立或控股涵盖商业银行、保险公司、证券公司、信托公司，形成综合性的金融业务经营集团已是指日可待的事情。

业界则已经开始了组建综合性控股企业型企业集团的尝试。如中信集团涉及银行、证券、保险、信托、实业、房地产等全方位行业；光大集团涉及银行、证券、信托、实业等领域；而平安金融控股集团也控制着保险、证券、信托与金融业务。

五、集团化：证券商如何应对？

集团化趋势不可逆转。对国内证券商来说，集团化发展是一个机遇，同时，更是一个挑战。集团化发展过程中不可避免要冲击到证券商的各个业务领域，因此，证券商要采取各种有针对性的措施和办法，把集团化的冲击限制在最低限度。

1、准确定位

（1）经营范围和业务定位：证券商要找出自己的目标市场，找准自己的竞争优势，确立自己主营业务方向，提高自己的市场占有率，形成自己的经营品牌；

（2）客户定位：要根据经营对象对客户市场进行细分，找准自己的服务对象，针对不同的客户提供差别服务，扩大客户群，实现经营目标；

（3）企业形象定位：企业形象是企业文化在外界的反映，是外界识别的标志，要把企业文化的塑造作为构建核心竞争力的重要内容，形成独特的企业文化，在社会上树立起良好的形象；

（4）企业的整体定位：包括企业的远期规划和近期的发展目标，结合自己的实际情况，把握市场机会，确定合理的整体定位。

2、加强同业协作，提高自身实力，应对集团化的冲击

证券商之间要加强合作，形成合力抵御集团化经营带来的压力，尤其要反对证券商间的恶性竞争；要稳扎稳打，练好内功，不断提高自身实力；要扩大规模，同时，通过证券行业的兼并重组，组建业内的航母，增强抗风险能力。

3、提高服务的科技含量与水平

金融领域的竞争说到底是服务的竞争。服务手段和服务方式很容易被跟随，但服务内容和质量却难以被模仿，因此，要努力提高服务的内涵，在服务中形成自己的特色，树立自己的品牌，才能有生存的空间和发展的机会。

（1）加强创新。要加强管理创

新，建立高效简洁的管理制度，提高管理效率，降低管理成本和沉淀成本；要加快制度创新，提高各部门的协作效率；要加快业务创新，积极鼓励业务品种和业务方式创新。

(2)经纪人是证券商的名片，要加强对经纪人的培养和管理，努力改变目前自由经纪人没有归属感、缺乏约束管理、对企业忠诚度差的现状。要把他们培养成具有良好职业道德和业务水平的职业经纪人，对内能为客户提供个性化的优质服务，成为证券商和客户沟通的桥梁；对外能开发市场，成为开拓业务的垦荒牛。

(3)要加强研发力量，提高服务的科技含量。要克服“专家不专”的现象，改变研发咨询人员“能说不能做”，理论与实践脱节的现状，树立证券商招牌专家形象。

4、重视企业的学习，加大人才培养力度

在集团化经营过程中，竞争将更加激烈，其中人才的竞争将是争夺的焦点。要把企业建设成学习型组织，充分发挥员工的想象力和创造性，从整体上提高企业的素质。要加大人才的培养力度和储备度，集团化过程中人才的流动和流失现象是不可避免的，必须尽早做好准备。要以人为本，构建一个高素质的员工群体，把人力资本作为最重要的资本，把人才的培养作为竞争力的核心来构建。

5、培育与提高证券商业务竞争力

业务竞争力的培育是国内证券商走向国际市场、参与国际竞争的关键。无论是从经济全球化的趋势看，还是从发展国民经济、提升国民经济的国际地位的要求看，都要求国内证券商尽快成长成熟，早日走向国际资本市场，参与国际竞争。诚然，这其中还有许多工作要做，因此，在证券商集团化过程中，要着力培育证券商的业务竞争力，业务竞争力的提高是关键。

(1)资产管理能力。证券商的业务说到底都是以不同方式帮助客户管理资产。从咨询到代理，到资产委托，都是资产管理业务。

由于缺乏经验，国内证券商在资本管理业务中严重受挫。但是，我国有20多万亿的金融资产，资产管理空间很大，创新方式很多，从这个意义上说，资产管理能力的强弱是证券商业务竞争力的核心内容之一。当前，许多证券商热衷于成立资产管理公司，尤其是中外合资资产管理公司。参股或控股一家或几家资产管理公司，代替不了对自己资产管理能力的培养。因此，在集团化过程中要把资产管理能力作为核心竞争力来塑造。

(2)企业并购能力。它反映券商为企业服务的能力。企业并购是投资银行的主要业务，入世后，我国产业结构的调整将使企业并购重组更加频繁，因此，投资银行业务具备高成长性。投资银行具备高收益性特征，一方面表现在传统投资银行业务收入的稳定增长；另一方面表现在财务顾问收入将成为投资银行业务的主要收入。另外，企业并购业务具备高关联性的特征，企业并购业务与经纪业务、资产管理业务密切相关。目前，国内大企业每年要支付成百上千万的财务顾问和管理咨询费，都让国外证券商赚走了，国内证券商却无动于衷。

(3)证券承销能力。这反映券商的客户资源、定价能力、营销能力和销售网络。在国际大证券商中，没有谁把单纯的经纪代理业务作为核心竞争力。但是，国内证券商存在着“为经纪而经纪”的思想，总是在经纪业务形式上动脑筋。原则上，经纪代理业务只是资产管理业务的副产品，以多样化的资产管理业务来带动经纪业务的发展是基本方向。单纯的证券经纪佣金只是金融中介业务的手续费，不可能在业务收入中占多大比重，然而国内证券商佣金收入占其总收入的比例超过了50%。

在集团化发展过程中，首先要改变“为经纪而经纪”的思想，要在证券承销能力上下功夫；其次，要把经纪业务与理财顾问和资产管理业务结合起来做，走出单纯经纪代理的现状。

(4)研究开发能力。它反映证券商业务开发和创新能力。国内研发与经营脱节的现象十分严重。研究归研究，经营归经营，经营部门希望研究开发部门开发新产品，研究部门希望经营部门提出明确需求，两者之间缺乏分工配合。同时，不少证券商热衷于设计新的管理模式，为模式而模式的现象十分普遍。但是，管理是为了经营，管理的核心是有利于经营的开展，否则，管理就是失效的管理，研发就是无效的研发。

第三章 我国证券商国际化发展

入世后，国内证券市场的开放程度不断加强，证券市场国际化发展方向不可逆转，证券商是证券市场的重要组成部分和极其活跃的力量，其国际化发展直接影响到整个市场的国际化进程。证券商的国际化既包括本国证券市场的对外开放，允许国外证券商参与国内证券业务，也包括国内证券商走向世界，在国际市场上参与国际竞争。本章着重对后者进行论述。

一、我国证券商国际化发展的必然性

在世界经济一体化的潮流下，证券市场的国际化也在加强。在此背景下，我国证券商的国际化具有必然性。

1、证券商国际化发展的可行性分析

首先，证券商初步具备开发国际业务的能力。部分证券商已在海外设立分支机构，从事国际业务的开拓。尽管在海外设立机构的证券商只是证券商的极少部分，在海外设立的机构为数尚少，地域分布也很狭窄，证券商的分销网络、经验、人才和资本实力与国外同行相比均处于劣势，但毕竟开始了国际业务的探索，为证券商国际化发展积累了可贵的实践经验。同时，证券商的研究开发工作在整体上了一个台阶，经过连续数年的高速发展，证券商的科研实力和开发能力都有了很大的起色，研发对证券商的支持作用正日益体现，研发部门日渐成为证券商的战略性部门。

其次，入世为证券商国际化发展提供了契机。加入世界贸易组织意味着我国要对外逐步开放证券业务市场，但与此同时，国外资本市场也将对国内证券商敞开大门。入世将扩大证券商的业务对象和业务范围，推动中外证券商的交流与合作，提高业务服务水平。入世后，中外证券公司的交流将提高国内证券商从业人员的素质，人员流动将使国内证券商获得掌握先进管理经验和金融技术的专业人才，为国内证券商人才国际化打下坚实的基础。

最后，国内经济快速发展，经济综合实力不断加强，是证券商国际化经营的坚实后盾。目前，国内经济整体运行良好，在世界经济普遍不景气的大气候下保持一枝独秀。经济快速健康发展为国内证券商参与国际竞争创造了条件。一方面，只有整体经济运行良好，券商才能与经济同步增长；另一方面，如果整体经济运行出了问题，管理当局必然要出台相关限制性措施，确保国内市场的稳定，因而必然要影

响到证券商的国际化发展。

2、证券商国际化发展的必要性分析

(1)证券商国际化发展是我国经济对外开放的必然要求。改革开放以来,我国已经形成了全方位、多层次、多角度的对外开放格局。2002年起，中国外贸总额在世界贸易中的位次已上升到第六位，占世界贸易额的份量不断攀升，外贸依存度不断提高，并连续几年成为除美国之外最大的外资流入国,同时,在经济全球化的趋势下，中国作为21世纪经济最活跃的国家。特别是加入WTO后，必将会在更大范围内,在更深领域和更高层次上融入世界经济,参与经济一体化进程。在经济对外开放的过程中，我国的资本市场必将走向国际化，作为资本市场核心机构的证券商的国际化具有必要性。

(2)证券商国际化是证券商发展的内在要求。入世后,国外证券商的介入日益深入，在严峻的挑战面前,国内证券商要生存下去,就必须走国际化道路。证券商国际化有利于熟悉国际化环境下的运作规则和操作方式,积累国际经验;有利于通过激烈的国际竞争，提高和改善自身的经营能力、促进证券商的发展;有利于证券商走出国门，在广阔的领域中开拓业务。

(3)证券商国际化是多渠道引进外资的需要。外资在我国经济发展中的作用有目共睹,但是,单纯依靠国外借款和境外直接投资，引进外资的数量是十分有限的,而且,借款和直接引资的成本较高，通过资本市场融资具有程序简单、规模大、成本低的优点。2002年6月,《外资参股证券公司设立规则》出台，可以说，通过资本市场国际化来引进外资已成为我国利用外资的新途径。利用资本市场国际化融资必将对证券商的国际化产生重要的影响。第一，海外证券市场的融资服务导致了证券公司业务的国际化;第二,业务的国际化要求并导致证券公司机构设置的国际化;第三,国内证券商参与国际资本市场的国际竞争有利于国际化人才的培养。要拓宽引进外资的渠道,全方位、多层次的利用外资,调整利用外资的结构,优化直接利用外资、间接利用外资和长期借款、短期借款的比例,提高利用外资的效率。

(4)证券商国际化是优化资源配置的需要。经济发展的趋同性和经济发展的全球化要求社会资源在国际市场达到优化配置。社会发展、经济增长要求各种经济资源能够合理分配,在有效的资本市场上,通过资本的逐利性能够达到社会资源的合理配置,实现总体社会效用的最大化。证券市场的表面现象是各种有价证券的买卖,而实质是社会经济资源的优化配置过程,通过资本这种生产要素的流动,促使资源的重新分布。

要在国际市场达到资源的优化配置,就要求资源配置的场所和引导资源配置的中介服务机构实现国际化。证券商是最重要的中介服务机构，证券商的国际化发展有其必然性。

二、证券商国际化发展的前提条件

证券商国际化发展过程中有方方面面的工作要做，而以下几点是其进行战略选择的前提，只有明确了这几点认识，才可能寻找到合理的国际化发展路径。

首先,经营模式的转变。证券商国际化发展的过程也就是其经营理念、经营模式转变的过程。一方面，要转变服务意识，随着证券业的竞争加剧，证券商的服务意识发生了翻天覆地的变化，但与其他完全竞争的行业相比，这种转变仍然显得不够彻底，以证券商当前的服务意识和服务水平参与国际竞争,无异于以卵击石;另一方面,要改变盈利模式。目前,迫于盈利的压力,业绩的考核,证券商无法真正改变目前风险很大的盈利模式,更难去改变短期化盈利的行为。面对国际化过程中的国际性竞争,没有长远的发展战略就很难有所作为,因此,要找准长期利益与短期利益的平衡点,使经营目标和盈利模式长期化。

其次,要实实在在地进行改革。随着法制化建设的不断完善,随着证券市场的不断规范,证券商的改革在不断推进,也取得了良好的收效。但是证券商的改革和发展更多地依赖于市场外力的推动,大多数证券商都处于同一个发展状态,是一种类似于"系统性成长"的发展。要加强自主性的改革,切切实实针对自身的实际情况,找准自身的差距和不足,进行深入有效的革新,唯有这样,才能在国际化进程中获得竞争先机。

最后,反对证券商国际化进程中的两种不良倾向。与国际大证券商相比,国内证券商的资金规模小,业务创新能力弱,人才激励机制不完善,研究开发能力低。但是,国际证券商拥有的强大竞争力优势是证券商国际化进程中必须面对的现实问题,不能因此而畏手畏脚,甚至裹足不前。要找出差距,正视差距,最终缩小差距。但不能为了尽快缩小差距,就采取冒进措施,甚至采取违规操作,否则证券商早晚要自食其果,为此而付出代价。因此,一方面不能保守,证券商国际化发展是经济发展的客观要求,是加快证券商的发展,促进证券市场完善的途径;另一方面,不能操之过急,要结合自身的实际,找准自己的定位,找到合适的切入点和发展机会,参与国际市场竞争,加快国际化进程。

三、证券商国际化发展的实现方式

1、组建中外合资的证券公司

就目前来说,设立中外合资证券公司是实现其国际化发展的最好方式。

(1)国内证券商选择合作对象的标准。①具备有核心竞争力的特色业务,要注重对方的特色经营能力,选择各项业务都具有国际竞争力的国外证券商,至少有单项业务优势的国外证券商;②有较广泛的业务网络,具备较强的国际业务开拓能力,这样能够积累从事国际业务的经验,可以借助其营销网络和融资渠道进入国际市场;③文化背景和企业文化相近,对中国证券市场有一定程度的了解。应选择经营管理理念相近、或是文化背景相似的合作者进行合作。同时,要对中国证券市场有一定的了解,这是合作成功的重要因素;④相对实力相当。对中小证券商来说,由于自身实力的限制,可选择国外中小实力的证券商进行合作;对大证券商来说,应该选择实力较强的国外证券商合作,只有这样,才能取得较好的效果。下表是合作对象优、劣势比较及选择范围。

潜在合作对象情况分析表

券商	优势	劣势	可选择的范围
港台券商	(1)具有相同的语言、文化、习惯背景、易于沟通; (2)比较了解内地证券市场;	(1)实力弱,知名度不高; (2)业务网点小,国际经验缺;	台湾十大综合类券商 香港的上市券商
日本券商	(1)有广泛的业务网络; (2)日本文化与中国文化容易沟通; (3)大券商实力强;	(1)可选择范围窄; (2)创新能力不强; (3)业务竞争力弱于欧美券商;	三大证券市场的大银行附属的证券商
欧美券商	(1)资本市场成熟,法律法规完备; (2)金融创新能力强; (3)专业化水平高; (4)业务网络广泛,国际化程度高;	(1)文化观念、价值观念差异大; (2)沟通交流较困难;	综合实力中等以上的美国券商和欧洲大券商及银行、资产管理公司

(2)合作的基本思路。将国内证券商改组成证券集团,根据各种不同业务分设子公司;拿出部分子公司与国外证券商共同出资设立中外合资证券商。就目前来说,法律允许成立承销和基金管理公司。国内证券商应当根据自身的业务优势成立子公司,再根据自己的特长去寻求国际合作者。这种强强联合的合资方式有利于改变国内证券商没有单项业务特长的现状,在国际市场上初步建立相对竞争优势,为国际化发展夯实基础。

(3)合作中可能出现的问题。一方面,国内证券商在内部稽核控制、组织结构控制、风险的评估与执行方面仍有很大的差距。在合作过程中,风险控制的差距必定会影响合作的效果,因此,要健全与国际市场接轨的风险控制体系;另一方面,业务战略的合作与竞争是股权之争的焦点,合资证券商对业务领域的选择不仅取决于单项业务的盈利能力与市场的深度,而且受制于双方股东各自对该项业务的既有战略目标与控制力。

(4)合作是证券商国际化发展的理想选择。①中外合作能加速券商人才国际化的培养。设立合作证券商,有利于国内从业人员接触到既有较高的业务水平又有丰富的国际经验的国外同行，加快国内证券商国际化人才的培养，而且，合资证券商的品牌有利于吸引人才，尤其是海外人才的加盟；②业务国际化，可利用国外合作者的营销网络，打开国际市场，培育业务的国际竞争力；③国际化来源的资金。与国外证券商合作本身就是资金来源国际化的表现，同时，国际业务的开展必然使资金来源国际化；④国外证券商有强大的研究实力，其研究方向比较全面和贴进国际市场，建立合作证券商能够加快国内证券商研究方向和研究水平的国际化。

2、重视资信建设，自身内功要深化

由于证券商属于金融服务领域，具有较大的风险性，被欺诈的可能性使客户对证券商的资信特别看重。因此，资信的好坏直接折射出证券商经营管理水平的高低，是证券商生存与发展的根基。

证券商要发展，就要不断地扩展自己的客户群，要留住老客户，又要不断地开发新客户，而这首要的条件就是要有良好的资信。一个有良好资信的证券商能够吸引大量的客户，而一旦声誉扫地，则将是自掘坟墓。

社会经济发展到今天，就全球范围来看，无论是生产有形商品的领域，还是提供无形商品的服务领域，基本上都形成了买方市场，买方市场的形成给消费者提供了较大的选择空间，同时也对生产者提出了更高的要求，无论对价格、质量、性能，还是售后服务等多方面都提出了更高层次的要求，而各方面要求的综合表现，对证券商来说就体现在资信上，因此，在日益激烈的竞争中，证券商要把资信建设放在塑造核心竞争力的核心地位来对待，从一点一滴做起，切实深化自身的内功，切实改善自身的经营管理，培育出良好的资信，树立起良好的企业形象。

3、完善人才激励机制

当今世界的竞争归根结底是人才的竞争，对于以高度智力型为特征的证券商业务尤其如此。证券商还较普通地存在吃大锅饭的现象，因此，要取得质的发展和飞跃，就必须建立起激励工具的多样化、激励层次多元化、激励目标长期化的人才激励机制，形成工资收入、资金、在职消费、股权分享、退休金、晋职激励、荣誉激励、目标导向激励等多种方式的激励形式，最大限度地调动员工的积极性和挖掘人才的创造性。

4、证券商要利用优势走出国门，参与国际竞争

虽然，国内证券商的实力还难以和国际大证券商相提并论，但是，参与国际竞争，在竞争中发展壮大是证券商国际化进程中必须面对的课题，唯有经过国际资本市场竞争的洗礼，证券商才能真正实现国际化发展。

(1)在国际市场上重新找准自己的定位。随着市场环境和竞争环境的改变，证券商必须重新审视自己，作出准确的市场定位。在国内市场，证券商有许多自身优势，但面对国际同行，国内证券商很难有什么竞争优势，因此，必须清醒地认识到这一点，尽快实现市场角色的转换，找准自己的市场定位。

要积极开展国际大证券商无暇顾及或不愿顾及的业务，一方面逐渐积累国际经验；另一方面逐步建立起国际业务网络。帮助国外企业策划上市、重组、企业托管等。

(2)细分业务市场，开拓新的业务领域。创新理论认为，只有创新者才能获及超额创新利润，随着模仿者的增加和竞争的加剧，创新利润将逐步消失。因此，从长远的发展角度来看，证券商要在国际资本市场上立足并获得发展，就必须加强创新能力的培养，努力开拓新的业务领域，实现飞跃式的发展。

要实现创新式发展，就要熟悉国际市场，找准创新方向和创新领域；要强化研究开发部门的开发实力，加强研发对证券商的业务的支持力度。

四、证券商国际化发展策略

为了应对国际化竞争，证券商应根据自己业务、规模、服务、管理等方面的特点，在国际竞争中占据有利位置，早日实现国际化发展目标。证券商可以采取如下措施：

1、结合自己条件，确立不同的发展策略

(1)经纪证券商的策略选择。随着资本市场的发展和完善，经纪业务的经营环境发生了深刻的变化：佣金制度改革，机构投资者逐步占据主导地位，投资理念的确立，入世后带来的混合经营冲击，证券监管力度加强等等，这一系列变化使经

纪类证券商的传统经营理念和经营模式面临挑战。

为了适应新的经营环境，推动国际化的发展，证券商必须从粗放型的初级经营向专业化、细分化的集约型的经营模式过渡。要在服务专业化和客户市场细分上下功夫，以特定客户为主，对特定客户实现专业化服务。鉴于自身实力，经纪类证券商应把小城市(镇)作为发展的重点。要降低经营成本，重点发展网上交易，在实现交易手段多样化的同时，获取较高的经营报酬。

(2)综合类证券商的策略选择。①大型综合证券商要抓住机遇并购，立足国内市场，重点扩展海外市场。全球500强的成长之路显示，企业规模的扩大不是自我成长的结果，而是通过收购兼并不断成长的。因此，国内证券商，尤其是大型综合证券商在国际化过程中，要对并购保持高度敏感，在国际资本市场抓住机遇，实施并购或增设境外机构，进行海外扩充。一方面，大型综合券商应从战略高度认识并购对其国际化发展的重要性，积极兼并重组，扩大规模，提高竞争力；另一方面，管理层应该鼓励符合条件的大券商走出国门，走国际化扩张的道路，从政策层面上解除对券商规模扩张的诸多限制。②中小型综合证券商要发展特色业务，开展专业合作。要根据自身的特点和经营风格，重点发展特色业务，将业务部门分离出来，成立合资或合作公司，在竞争中占据一席之地。

2、完善公司法人治理结构

就目前国内证券商的股权集中度来看，无论是有限责任公司还是已经完成改制的股份有限公司，绝大部分证券商国有股都占80%以上，股权的高度集中使证券商在法人治理结构方面存在许多缺陷。加入国际资本，参与国际竞争，走国际化发展道路，就必须在改革中首先解决法人治理结构上的缺陷，从根本上解决制约证券商发展的因素，建立现代企业制度，完善治理结构。

3、熟悉国际市场规则，为国际化实践活动创造条件

积极研究券商在国际市场运作的游戏规则，熟悉国际业务经营管理特点，制定国内证券商国际化发展的战略，国内证券商要在国际资本市场参与竞争，就必须熟悉国际市场的游戏规则和特点，做到知己知彼，唯有如此才能立于不败之地。了解并熟悉规则是证券商国际化经营的前提，在此基础上，证券商才能根据自己的实际情况制定出切实可行的国际化发展战略，指导券商国际化的实践活动。

第四章

中小证券商竞争策略分析

许多年前，舒马赫提出“小的依然是美好的”企业发展观点。其实，在当今日趋激烈的竞争环境下，规模的大小非证券商生存和发展的决定性因素，只要竞争策略得当，无论规模大小都将获及自己的生存和发展空间，毕竟，有效率才是美好的。

一、规模大小，并非好坏标准

加入WTO后，随着证券市场的发展，以及经营环境的变化，证券商纷纷调整经营目标，做大做强成为众多证券商追逐的目标。于是乎，证券商纷纷在增资扩股，大张旗鼓地提出集团化、多元化、国际化的发展目标，都力图打造出证券业的金融航母，欲与美林、摩根士丹利等国际大券商试比高。

诚然，资本市场的开放必然导致竞争加剧，对于高风险的证券业来说，证券商进行规模扩张本无可厚非。但是，基于我国证券市场尚处于发展初期阶段，证券商现实处境艰难。服务专业化程度低下，收入结构单一，业务结构雷同，风险控制缺位，成本控制失效等诸多因素都严重影响了证券商的发展，甚至危及到证券商的生存。规模的大小并非证券商生存和发展的决定因素，证券商也无需不顾实际情况，盲目追求规模扩张，中小证券商只要竞争策略得当，同样能在资本市场中获得一席之地。比如，美国大大小小的证券商共有一万多家，但规模巨大的却寥寥无几。这也说明在经济发展的“生态圈”中，生存与发展的环境允许大小并存，共同发展。事实上，2002年我国《中小企业促进法》的出台，为中小企业的发展创造了良好条件，证券商也应积极制定竞争策略，与时俱进，求得更大发展。

二、标新立异，中小券商大有可为

标新立异是指使证券商提供的产品或服务专业化、形成某种全行业范围内的独特优势的战略。使产品或服务专业化的方法可采取多种形式：款式或品牌形象、技术、特性、客户服务、零售网等等。企业本身按几个方面进行分化发展是一种理想的办法。应该强调的是，产品差异化战略并非让企业无视成本，在很多情况下，该战略是和成本权衡的结果。

标新立异是中小证券商生存的根本。随着竞争加剧，证券商的日子越发难过，而中小证券商尤其如此。中小证券商在经营管理中如果不形成自己的经营特色，不根据自身的特点和优势，发展自己的优势业务，将很难在竞争中取胜。最终的结果不是破产倒闭就是被兼并。标新立异是中小证券商增强核心竞争力的关键，受规模和实力的限制，中小证券商很难在经营管理中凭借雄厚的济实力，取得规模经济效应，中小证券商要提高竞争力，就必须另辟蹊径，寻找适合自己的发展路径，而标新立异无疑是其最佳选择。众多资本规模不一、经营风格迥异的证券商之所以都能在激烈的市场竞争中生存下来并得到发展，关键在于它们拥有自己的核心客户群、特殊的业务技能、区别于他人的服务方式，以及严格科学的内部管理机制，这一切正是中小证券商核心竞争力形成的基础。

制造差异，中小证券商有自身的优势。中小证券商规模小，管理层次少，市场反映灵敏，能够及时针对市场需求，制造出有市场需求的差异产品和服务。同时，中小证券商能够根据市场变化，快速改变经营方向，而大证券商则心有余而力不足，中小券商可利用这个时间差，提供具有自身特色的服务，抢占市场份额，形成竞争优势。

三、目标集聚，寻找突破口

目示集聚是将目标集中在某个特定的买主集团，生产线的某个区段，或某个地区性市场上。它所依据的前提是，企业能比正在更广泛地进行竞争的竞争对手更有效或效率更高地为其战略目标服务。

目前，中小证券商的竞争战线太长，而战线过长的直接后果是中小券商在任何领域都很难取得竞争优势。因此，中小券商必须收缩战线，明确市场细分化与目标客户，把竞争重点放在自己有绝对优势或比较优势的竞争领域，实现对大券商在局部竞争中形成优势地位。

第一，客户集中。中小券商不能够也不应该为所有的客户提供同等的服务，必须选择特定的客户群，为他们提供更具有竞争力的服务，形成较为稳定的顾客群体，在服务中不断提高顾客的满意度，从而逐步培养客户的忠诚度。在竞争过程中，中小证券商应根据自身的竞争优势，对客户群进行不同标准、不同层次的组分，选择合适的客户群体，如成本领先型的中小证券商可以把客户群体定位在价格敏感度高的客户群中，而服务水平高的中小证券商则应该把客户群体定位在享受服务型的顾客群中。

第二，区域集中。目前，我国证券商的地区分布并不合理，大多数都集中在东部和南部经济发达地区，尤以京沪深为典型，而在广大的中、西部地区的竞争程度则相对较弱。中小证券商可以根据地区分布的现状，在东南部地区把竞争的着眼点放在中小城市，寻找大券商无力涉及或不愿涉及的区域，开展自己的业务；在中、西部地区，要抓住西部大开发的时机，在广大的西部地区抢得竞争的先机，做好进军西部的准备，在条件允许的时候，大力进军西部，不仅可以避开与大券商的正面竞争，获得生存和发展的空间，而且能够优化证券业的资源配置，完善证券业的结构分布和地区分布，有利于证券业和证券商的良性发展。

第三，产品和服务集中。一方面，中小证券商在交易方式上，要将重点放在某一种交易方式上，或是侧重于非现场交易，充分利用网络和电话，或是侧重于现场交易。当然，选择交易方式要考虑证券商的自身条件和当地投资者的交易习惯和客户结构，而不能为了追求集中而一味地强调集中；另一方面，在服务层次上，没有能力提供增值服务的中小证券商应取消全部的增值服务，而定位于纯粹地提供交易通道，使成本处于较低水平，降低交易费用，吸引价格敏感型的顾客；而有能力提供增值服务的中小证券商，则应该集中人力、物力、财力，提供优质的增值服务，分散经营管理风险，优化收入结构，实现收入来源多样化。

第四，研发集中。受规模、实力的限制，中小券商应该尽量减少基础性的研究开发工作，而注重于实用性的开发和研究，努力做好研究与其他相关工作的链接，提高研发向生产的转化速度。值得一提的是，中小证券商要注重于个性化研究，使中小证券商的目标集中策略为标新立异策略服务，加强竞争策略之间的互动性和相关性，构筑立体式的全方位竞争策略。

诚然，目标集中策略对可获取的市场占有率具有某些限制，可能会缩小业务量的规模，使经营上的不确定性较为集中，经营风险加大。因此，中小券商在实行目标集中策略的同时必须做好经营管理风险的防范。

四、成本领先，中小券商可以做得更好

成本领先战略即低成本竞争战略，其要求大胆放手地建设起有效规模的设施，根据经验强烈地追求成本下降，严密控制成本和管理费用，避免边际客户账，以及在诸如研究与开发、服务、销售能力、广告等领域内把成本降低到最小限度，为了达到这些目的，必须把大量管理方面的注意力放在成本控制上。一般而言，大券商在成本领先战略中更具优势，一方面可以通过规模化经营，获取规模经济效应，达到降低成本尤其是降低固定成本；另一方面，通过资源的综合交叉利用，可以降低成本。但是，中小证券商在成本领先中并非无所作为。

在管理成本的控制上，中小券商具有独特优势。中小证券商规模小，管理层次和管理结构简单，在管理成本的控制上，可以实行目标成本控制，制定详细的成本管理目标，并严格按其实行。要从“大处着眼，

小处着手”，在管理费用的控制上，把工作做到细微处，并着力落到实处。要努力改变经营理念，反对铺张浪费，以利润最大化为经营目标。

在经营成本的控制上，中小证券商要重点控制固定资产投入。因为资产投入具有回收期限长，单位价值高的特点，而中小证券商的投资承受能力较弱，因此，对固定资产投资必须谨慎。可以实行外包、外移的业务，尽量实行外包、外移，以减少固定资产投资；必须进行固定资产投资的项目，应对其规模、方式、地点进行充分论证，力求降低成本，提高固定资产的使用效率。在可变成本的控制上，除了加强成本管理外，更要通过目标集中，在相对程度上实现规模经济，通过大规模经营来分摊可变成本，最终降低可变成本。

五、流程重组，改变竞争地位

重组流程是改变竞争地位、获得竞争优势的重要方法。流程重组有两个层面的重组：一是整体流程重组，即打破整体的流程，对业务流程和管理流程进行根本性的重组；二是局部流程重组，即保护原来的整体流程，仅对局部地方进行流程重构，以提高效率。中小证券商无论选择那个层面的流程重组都必须根据自身的情况而定。流程重组的目的是为了向客户提供比大券商更优质的服务，摆脱各个证券商在服务质量上的同质化弊端，从而在差别化上获得优势。

其一，咨询服务流程。与大证券商庞大的研发群体和研发经费相比，中小证券商的研发实力明显不足。因此，中小证券商的咨询服务应该体现个性化，一是为重点客户组织专人进行市场调研，提供超过目前一般研发水平的、更微观、更具体的详细资料，提高研发的针对性，降低客户的投资风险；二是为客户设计符合其风险偏好，收益预期等需要的个性化投资方案。中小券商要对重点客户重仓持有股票的上市公司派专人进行重点调研，以获取在财务报表以外的、有关公司经营各个细微环节的第一手资料；要对热点板块进行跟踪调研，为客户提供有效信息，提高客户的投资收益率；要对即将上市的公司进行前瞻性的调研，方便客户的投资选择；要对内部的信息系统进行变革，对客户资料实行大集中管理，将所有客户资料全部由总部统一管理，而不是由客户所在营业部单独管理，使总部能够清楚地获得客户投资的全部情况，从而为其设计个性化投资方案；要改变各营业部之间的信息分割状态，在所有营业部之间以及总部之间建立起信息共享平台，使总部的研究成果和各营业部对本地情况的实地调研成果实现互补。

其二，客户资源开发流程重组。要扩大开发客户的范围，把具有潜在投资需求的客户作为重点对象之一，建立能够广泛收集潜在客户与证券投资相关资料的信息跟踪系统，准确、及时判断和预测潜在客户的需求变化，使中小证券商能够及早接触客户，建立良好的客户关系，并进行需求引导；要留住老客户，开发新客户的成本比留住老客户的成本至少高3倍以上，要培养客户的信任感和归属感，巩固客户群体，而不至于在努力开发新客户的同时不断流失老客户；要采用新型的销售组织，扩大销售渠道，实行与经纪人形式共存的多种销售组织形式。

其三，售后服务流程重组。目前，国内证券商的售后服务意识薄弱，基本上都没有建立起高效的售后服务体系。中小证券商要注重售后服务流程的构建，使售后服务专业化，提高客户对证券商的认同感；要改变组织结构和组织模式，建立起以营销和售后服务为中心的组织体系，提高中小证券商的售后服务水平；要以售后服务为突破口，建立中小证券商的服务品牌，以获得更多的客户支持，提高中小证券商的市场份额，拓展生存空间。

其四，交易流程重组。交易流程重组的目的是降低证券商和客户的交易成本和交易费用，保证客户交易的方便性和交易通道的畅通性。一是银证通系统重构，实现总部和银行总行或各地分行直接进行系统接口对接，营业部只需和总部连接，不需与各支行连接，从而降低系统连接上的投资成本；二是电子设备集中，将营业部使用的双向卫星通讯方式改变为单向卫星通讯方式，使营业部只具有接受行情的功能，而不具有直接向交易所下单的功能，而由总部统一发送到交易所，节约交易成本；三是网上交易，为客户提供远程交易方式，不仅可以扩大客户群体，还可以降低交易成本。

六、正本清源，突破经纪业务困境

应该说，中小证券商多数是经纪类券商，因此，经纪业务是中小证券商生存的根本。当前，中小证券商的经纪业务面临重重困难，比如说营业部的经营成本超高；客户管理系统失效；经纪人制度建设缺位等等。中小证券商要发展，就必须对经纪业务进行创新，提高其核心竞争力。

要打破传统的固有销售模式，可以推出客户关系小组服务模式，将原来相互独立的客户开发、交易、咨询服务等有机地结合在一起，针对不同的客户要求，完成从客户开发到制定个性化的投资计划等一体化的服务；要将营业部内开户、交易、咨询等功能进行逐一分解和剥离，然后在此基础上进行新的排列和组合，将经营流程切割成售前、售中、售后三个环节；要建立以经纪人为主体的直销模式，降低销售成本。

要开发捆绑式销售。让证券、保险、商业银行共享客户和业务，在运营模式上，银行、证券、保险、期货等各自为政，业务流程和资金完全独立，相互之间不存在代理业务关系，而在咨询服务上则相互交叉，在目前分业管理的体制下，实现金融产品的交叉销售，吸引不同金融市场的客户，扩大证券商的客户群体和业务规模，以此带来良性业务循环。

要拓展增值服务项目，扩大中小证券商的收入来源。可以将经纪管理总部改组成金融销售公司，在公司下属所有证券营业部全部实行全新的经营模式。要把电脑房、办公室、财务等工作人员组成营业部的后台，主要负责营业部的后勤保障和硬件支持。其他员工可按一定的标准分成若干个投资顾问小组组成营业部的前台。营业部的存量客户按资金大小全部分摊到各个投资顾问小组，由投资顾问负责向自己小组的客户提供包括销售金融产品、行情咨询等在内的一系列服务，并承担相应的新客户开发工作。

七、跳出行业圈，帮助企业理财

一般而言，企业理财

包括筹资、投资、资金的使用与收回,资金分配等内容。企业理财是企业生产经营的核心。合理的财务管理有利于企业利用财务杠杆和经营杠杆,扩大企业的生产经营。同时,加强企业财务管理,能够防范财务风险和经营风险,提高企业的资本收益率。近几年来,随着国内经济开放度的提高,企业理财日渐走进人们的视野,理财成了社会的热门。但是,我国企业的理财现状并不乐观,尤其是中小企业。因此,证券商尤其是中小证券商,跳出行业圈,帮助企业理财,不仅可以拓宽中小证券商的收入来源,开拓新的业务领域,提高中小证券商的竞争能力,而且有利于提高我国企业的财务管理水平,提升企业的综合竞争力。

在企业筹资过程中,中小证券商存在许多机会。首先,可以为企业提供筹资分析,建议企业选择合理的筹资政策;其次,在具体的筹资过程中,中小证券商可以为企业筹资提供全方位的服务,为企业选择合适的筹资渠道和筹资方式,为企业的筹资策略选择提供建议,为企业筹资规模和资产结构提供专业化的咨询意见,为企业的筹资进行分析,便于企业日后筹资积累经验等等。最后,为企业筹资提供后续服务。

利用信息优势和人才优势,中小证券商可以为企业投资提供真实可靠且有价值的投资信息;对企业的投资进行投资活动分析,侧重于投资收益分析和投资风险分析,帮助企业选择最优或是次优的投资项目;为企业的投资活动提供跟踪服务,有效化解投资风险,提高投资收益,为企业提供全面的投资活动分析,包括资产规模与变动分析,资产结构与变动分析,资产结构优化分析等内容。

在资金的管理上,中小证券商可以为企业提供专职或兼职的管理人员,为企业培养资金管理和资金控制人才,提高企业的财务管理能力,为企业提供先进的管理方法,结合企业的具体情况,制定适合企业的具有自身特点的管理体系,加强资金管理。

此外,中小证券商还可以利用自己的优势,为企业提供企业管理与顾问服务,拓宽自身收入来源,分散经营管理风险。中小证券商在企业的管理过程中,可以向其宣传先进的经营管理理念和企业文化,提高企业的管理意识;结合不同企业的具体情况,设计出高效简洁的管理体系和管理制度,提高企业的管理水平;为企业提供实用的企业管理培训,加快企业管理队伍的建设。

在为企业提供管理与顾问服务时,要找准自己的定位,选择合作意向强,发展潜力大,但管理上还存在有一定问题的企业;要对客户进行细分,对不同层级的企业提供不同类型的服务,对核心客户或潜在的核心客户提供更全面更周到的服务;要与企业建立起长期的合作关系,与企业建立稳固的战略联盟关系,中小证券商要对企业进行充分的调查研究,建立企业的档案,研究企业的历史、现状和企业的发展前景,研究企业所处行业的行业运行状况和发展前景,提出切合实际的企业管理和规模扩张方案和资本运作计划;要为企业寻求收购兼并的目标,为企业提供切实可行的发展方案,为企业的发展提供理论支持和行动指导,进一步壮大自身实力。

对中小证券商来说,充当企业管理与顾问的帮手一举两得。一方面,中小证券商不仅可以得到源源不断的业务,而且能减少为寻求客户,承揽业务,对新客户进行调研而可能发生的高昂的业务开发成本;另一方面,在充当企业管理与顾问的帮手的过程中,能加强证券商自身的管理水平和管理能力,规范中小证券商自身管理。

八、有效率才是美好的

按照产业经济学的观点,当一个竞争性行业通过充分竞争,发展达到一定程度时,必然会形成各种梯度,不同层次的单个企业组织,从而构成整个产业结构。一般行业如此,证券行业也莫能例外,同样会形成资产规模不一,经营风格迥异的证券商。

规模不一的证券商可以而且能够在证券市场中求得生存获得发展,不因其规模差异而不同,而关键在于其自身的效率,即有效率的证券商,不论其规模大小,都将会有生存的空间;而缺乏效率的证券商,即使规模再大,也难逃被市场淘汰的命运。因此,证券商在经营过程中,尤其是在规模扩张时,不能以规模扩张为目的,而应以效率为目标。

第五章 证券商品牌塑造与宣传

伴随着我国证券市场规范化、市场化、国际化进程的加快，证券商发展将呈现经营行为规范化、业务发展特色化、经营手段现代化、市场份额集中化等趋势。佣金自由化和入世的冲击，将使证券商由同质性服务转向差异化经营，而品牌塑造与品牌营销是差异化经营的集中体现。B股放开政策激发了证券商大规模的广告战，成为证券商品牌竞争的热身活动，而佣金浮动制将成为证券商品牌塑造的分水岭，目前证券商发展处在关健时期，其品牌塑造和树立是一个重要体现。

一般来讲，品牌是用以识别某个销售者或某群销售者的产品或服务，并使之与竞争对手的产品或服务区别开来的商业名称及其标志，通常由文字、标记、符号、图案和颜色等要素或这些要素的组合构成。品牌包括品牌名称和品牌标志两部分。对证券商来说，它的品牌所代表的是其卓越的公司企业文化、投资文化以及服务文化在同业中表现出的与众不同的经营特色，并为客户和市场所认同。

从本质上说，证券商属于服务领域，其产品和服务具有无形性、易逝性和同步性特点，因此，证券商品牌塑造中要着重创造差异。证券商的实力、研究力量、服务水平有差异，证券商的服务可以令其所提供的产品是不同质地，如因经营规模、经营品种、经营作风、员工素质、软硬件设备等方面的差异，形成差异化的产品。

一、证券商品牌塑造的重要性

证券商的竞争，最终将表现为证券商之间的品牌竞争。证券商品牌塑造的重要性体现在其作用上，而证券商品牌塑造的作用是多方面的，本文将从证券商和客户两个不同的角度进行分析。

1、对证券商自身的作用

(1)品牌塑造有助于促进证券商的业务发展，树立证券商形象。品牌以其简洁明快、易读易记的特征而使其成为客户记忆服务质量、产品特征的标志，因此，品牌塑造是证券商的核心。通过品牌塑造，客户了解了品牌标志下的产品和服务；通过品牌塑造与品牌宣传，客户记住了品牌的同时，也记住了券商；通过品牌塑造，客户在对品牌信任的驱使下，对证券商的新产品产生了购买欲望，促进证券商的业务拓展。

(2)品牌塑造有利于保护证券商的合法权益。品牌经注册后获得商标专用权，受到法律的保护，其他任何未经许可者都不得仿冒侵权，从而保护证券商的权益不受侵犯。

(3)品牌塑造有利于约束证券商的不良行为。品牌塑造使证券商的市场行为受到约束，督促证券商着眼于长远利益、客户利益和社会利益，规范证券商的经营行为。

(4)品牌塑造能够实现货币资本增值，提升证券商的综合力。品牌作为一项无形资产，随着证券商品牌塑造的开展，能够提升品牌价值，实现证券商的无形资产增值，提高综合实力。

2、对客户的作用

(1)品牌塑造便于客户选择合格的证券商。当前，由于品牌的缺失，证券商提供的产品和服务具有同质性，客户的选择空间十分有限。通过证券商的品牌建设，开展品牌宣传，客户可以借助品牌辨别，选择所需的服务。

(2)品牌塑造有利于促进产品和服务的改良。品牌塑造和品牌宣传实质上代表着证券商对其产品和服务的承诺，因此，证券商为了适应不断变化的经营环境和竞争环境，必然会不断创新，以变更、增加承诺。可见，品牌塑造最终会带给客户更多的利益。

(3)品牌塑造有利于维护客户利益。证券商为了维护自己的品牌形象和信誉，必将要恪守给予客户的利益，注重同一品牌产品和服务质量的同一化，因此，客户可以获得稳定的购买利益。

二、证券商品牌创建的缺位

国内证券商的品牌创建处于起步阶段。证券市场既没有培育出与国内市场其他行业相当的证券商品牌，更不用说塑造出与国际资本市场知名证券商品牌相竞争的品牌。应该说，国内没有出现真正的品牌证券商。

1、从宏观层面看，国内资本市场目前尚缺乏培育品牌的环境

(1)长期的行业垄断经营是证券商品牌创建缺位的主要外因。证券商的竞争策略不外乎两种，即低成本竞争策略和差异化竞争策略。低成本竞争策略受成本下限的限制，不能作为长期的竞争策略。差异化竞争策略是开发产品的异质性，形成特色经营，最终形成品牌竞争。长期以来，国内证券市场缺乏有效竞争，虽核准制自2001年3月以来全面实施，但长期审批制使券商维持低水平的经营就能获得高利润，因此，品牌建设缺乏足够的内在动力和外在压力。

(2)国内资本市场是一个新兴市场，新兴市场的法制法规不完善，市场游戏规则和政策有着政出多门且朝令夕改的特点。证券商为了适应市场，必然表现出急功近利、追求短期利益的经营特点，缺乏整体的长远规划。然而，品牌的塑造是一个系统性工程，它包括企业文化、经营理念、经营行为、经营目标等方方面面的内涵。因此，在新兴市场上证券商很难找到短期利益和长期利益的平衡点，品牌建设的缺位也就在所难免。

(3)与开放、自由的国际市场相比，国内资本市场是一个封闭、保守的市场。业务结构雷同，投资品种单一，业务创新能力落后，经营理念陈旧，金融服务水平低下，导致证券商在经营上表现出粗放经营和同质化经营的行业特点。在这样的市场的氛围中，证券商要创造属于自己的品牌，存在较大难度。

2、从微观层面看，证券商的发展现状制约着品牌的形成。宏观层面的原因是外因，而证券商本身的缺陷才是造成其品牌建设缺位的内因。

(1)从整体上讲，证券商缺乏品牌经营理念。不可否认，国内有一小部分证券商不是不懂品牌经营，不是没有品牌意识，但受资金规模、市场化环境、人为干扰等因素影响，阻碍了其品牌化发展。但是，国内大多数证券商并没有真正认识到品牌战略的内涵和意义所在，不了解品牌的创建是一个宏伟的系统性工程，更不明白品牌能够增强其服务产品的溢价能力，甚至简单地认为“规模加知各度”就是品牌。

(2)证券市场建立十余年来，证券商在自身制度建设方面下了不少功夫，但其治理结构、运作机制还远未能满足创建品牌的要求。同时，证券商从业人员的专业化、职业化水平及道德水准阻碍了证券商品牌的形成。

(3)证券商的实力限制了品牌创建。受资金、技术、人才的影响，国内证券商的实力普遍偏弱。而品牌的树立要有足够的实力支撑，要在某一个或几个领域构建核心竞争力，围绕这一核心构建证券商的品

牌，如所罗门公司长于商业票据发行和债券交易，摩根士丹利精于股票承销，美林证券长于项目融资、承销和资产管理，正是在这些各异的核心竞争力量基础上，形成了著名品牌。

三、证券商品牌塑造

鉴于证券商品牌创建的缺位，在新时期新形势下，证券商要加强品牌塑造。

1、形成核心竞争力是品牌塑造的核心

品牌实际上是企业核心竞争力的体现，是差异化的特征，是质量和信誉的保证。因此，品牌的塑造首先是核心竞争力的培养。

(1)细分市场，形成竞争优势。市场细分是指通过收集、分析市场信息，确定目标市场，找到企业的合理定位，设计差异化的产品和服务，聚集企业的资源占领市场。

首先，进行战略定位细分。证券商应根据客观情况，分别采取“全面领先型”、“赶超型”和“差异化”等发展战略。其次，业务市场细分，要在传统业务范围之外寻找新的业务增长点；要在现有业务框架中探索新的业务及模式；要利用证券市场转型机遇发掘潜在市场。第三，客户市场细分。

(2)持续创新，构筑模仿壁垒。在未来的发展中，创新将是证券商的灵魂。要顺应市场的需求，要获得自己的发展空间，就必须不断进行创新。

要形成证券商持续创新机制，培育动态竞争优势，创新初期证券商可以获得超额创新利润，被模仿后超额利润将消失，因此，必须保持持续的创新。持续创新不仅取决于时间上的先机，还取决于预测竞争对手的反映并实施有效的应对策略的能力。要把创新与品牌结合，品牌是产品差异化的重要体现，它使竞争者要花费巨资才能克服客户对品牌的忠诚度，因此，证券商在进行品牌塑造时需要与创新相结合。要借助合作者的竞争优势构建模仿壁垒，证券商在品牌塑造过程中，必然要面临与很多战略合作伙伴进行业务上的合作，而合作者的选择将影响到证券商核心竞争力的培养。要培养团队的竞争优势，竞争者能快速突破模仿壁垒的主要原因是证券商的竞争优势表现为个人能力，核心人员的流失将使证券商丧失竞争优势，培养团队竞争力将提高竞争者的进入成本和进入壁垒。

2、企业文化是证券商品牌塑造的内在要求

企业文化不仅是证券商持续发展的重要竞争力，而且是品牌塑造的折射。企业文化是证券商在经营管理过程中形成的观念的总和，包括证券商的经营理念、经营宗旨、发展战略、奋斗目标、员工导向、行为规范、职业道德、社会形象等诸多内容。

(1)人本文化。证券业是知识密集型行业，人力资源是证券商发展的第一生产力和永续推动力。只有形成以尊重人、信任人、培育人为核心的人本文化，才能激发员工的积极性和创造性。在证券商品牌塑造过程中，要着重培育证券商人本文化，要创造和谐、舒畅、富有人情味的工作环境，为员工提供良好的工作环境；要加大投入、加强培训，把证券商建设成学习型组织；要推动员工职业生涯管理，使员工不断得到发展；要重视员工的物质和精神激励。

(2)服务文化。证券业是服务型行业，塑造证券商的品牌离不开为客户提供多样化、标准化、个性化的服务。要强化整体服务意识，客户有融资、投资、财务顾问等多种需求，证券商要满足这种需求，必须将各部门的资源集合在

一起，共同面对客户；要加强与客户的沟通和服务产品的营销，为客户提供新产品服务；要大力倡导服务文化，不断提升服务素质。

(3)风险文化。正是因为证券业是一个高风险行业，证券商的品牌效应才特别强，因此，没有良好的风险文化，证券商的品牌塑造就失去了根基。

证券商面临的风险很多，如市场风险、内控风险、政策风险等，而且这些风险往往交织在一起，加上中国经济正处在转型时期，风险更加复杂多变，从而增加了风险控制的难度，稍有不慎就会危及生存。证券业的特性要求证券商必须高度重视风险文化，风险文化的内涵是：坚持资产安全第一，在安全性和盈利性发生冲突时，把安全性放在首位；坚持合法经营，严格遵守法律法规，树立诚信经营的社会形象；坚持短期利益和长期利益、企业利益和社会利益的有机统一。

(4)团队文化。一方面，证券市场具有很强的周期性，低谷时期经营举步维艰，没有一支同艰苦、共患难的团队，就很难逾越这道坎；另一方面，随着市场的发展，客户需求的服务产品综合性越来越高，证券商各部门间的联动性也越来越强，提升服务水平需要团队精神。

培养团队精神，要明确公司的发展目标，要树立相同或相近的价值观，要保持良好的沟通协调，增强员工的信任感。

3、驰名商标是品牌塑造的重要内容

驰名商标除了有产品质量保证、满足消费者的需求等价值外，驰名商标的价值主要体现在作为一项巨大的无形资产，能为证券商创造巨大的价值，甚至可以为证券商创造超过其价值之外的价值，证券商要加强驰名商标的创造。

(1)强化质量管理。良好质量是证券商创造驰名商标的前提，应把不合格的产品和低质服务消灭在萌芽之中，维护证券商的信誉。

(2)熟悉驰名商标成长规律。驰名商标的成长有其内在的规律性，要加强对国际上著名证券商培育驰名商标历程的研究，找出可供借鉴之处，结合国内证券市场的实际，确定培育驰名商标的途径。

(3)加强广告宣传，为驰名商标的培育创造外部条件。驰名商标的成长离不开全方位的广告宣传，尤其是在其起步阶段。

(4)强化商标管理机制，充分发挥驰名商标在市场经济中的作用。

4、客户的发展是品牌塑造的关键

说到底，证券商的品牌是在客中心目中树立起来的。证券商只有为客户提供形式多样的优质金融产品服务，不断降低客户的交易成本和交易风险，使客户的资产保值增值，才能得到客户的认可，并不断发展状大。在发展的进程中逐步树立起自己的品牌。没有客户的发展，证券商就将失去生存之本。

四、证券商的品牌发展策略

科学而合理地制定品牌发展策略是证券商品牌塑造与运营的核心内容。

1、建立一个完整、丰满、和谐的证券商品牌识别体系

完整、丰满的证券商品牌识别体系，必须具有品牌视听识别体系、品牌个性、品牌核心概念、品牌延伸概念等四个组合内容。这样的品牌组合才会使顾客感到有持久的震憾人心的魅力，有充分的说服力，有很强的可信度。

证券商品牌核心概念是关于证券商品牌长期树立的主要特征与价值。证券商品牌视听识别体系，给证券商配上便于客户识别、记忆和思维的一系列符号标志。尤其需要注意的是，证券商品牌识别体系的各个要素，应配合紧密与和谐，从不同层次、不同角度共同表现统一的品牌特色，避免产生松散、混乱的组合。证券商品牌个性，则赋予证券商品牌以生命化的性格和特征。证券商品牌延伸概念，包括那些使证券商品牌更丰满、更增光彩和更具说服力的宣传点，及证券商品牌在不同时期、不同场合上变换运用的传播主题。

2、进行阶段性市场细分，确定各个扩张阶段的目标市场

对证券商品牌确定一个总的目标市场后，还须根据证券商发展周期各个阶段的特点或市场的需求变化，将既定的目标市场再细分、确定多个目标市场，先后分步治之，最后实现证券商品牌扩张目标。

3、长期保持证券商品牌的一致性

要在广大客户心目中树立高认

同品牌的证券商，需要认识到，一是高价值证券商品牌创造需较长时期；二是客户处于品牌竞争激烈、品牌信息繁杂的今天，接受和认同一个证券商品牌是非常困难的，因此，在各个传播阶段与传播活动中，长期保持一致证券商品牌策略与形象，是证券商品牌成功塑造的重要条件。

4、开展全方位广告宣传攻势，推行品牌宣传，在占领市场中提升证券商的形象和知名度

证券商开展全方位的广告宣传攻势，推行品牌宣传须经历三个实施阶段：第一阶段根据业务特征加大广告宣传力度。在广告宣传攻势上制定“两个树立”和“三多”方针。所谓“两个树立”是指树立证券商业务形象和证券商形象。“三多”是指多方位、多形式及多媒体。针对不同的客户群体，采取不同的广告宣传形式，展开全方位多角度的宣传工作。在形式上，采用联谊会、新闻发布会以及多种形式的客户服务讲座、文艺演出、媒体广告等形式。此外，利用报纸、杂志、广播、电视、灯箱路牌等各自不同的特点，互相补充，形成全方位的宣传攻势。在广告中突出品牌商标的宣传力度，提高商标的知名度；第二阶段是导入CI策划，推行品牌营销。在全体员工中推行CI管理意识，把“良好的形象、开放的思维、勤奋的工作、理想的效果”作为证券商的行为规范，使证券商在管理的深度、高度和广度上达到国际先进水平；第三阶段把业务经营提高到资本经营的高度，在高效、优质、力求最佳经济效益的基础上引入无形资产管理概念，把品牌的增值、业务市场的覆盖率和占有率、经营渠道列为运营范围，为证券商的发展奠定坚实的基础。

5、做好技术创新工作，提升品牌价值

做好技术创新工作和实施品牌战略，不能急功近利，不能一蹴而就，必须要树立长期持久的经营理念和经营思想，从观念、目标、机制、方法、环境和落实等方面下功夫。

(1)需要有一个好的机制。要坚持技术为先，质量为主，人才为本。技术为先是指证券商应建立一个有水平有作为的研究开发机构，尊重知识、尊重人才；质量为主是指品牌塑造注重研究质量的同时，技术创新也要讲质量，提高证券商的经营水平和经济效益。人才为本是指要注重发挥人的作用。入世后，证券商的竞争从根本上来说就是人才的竞争。

(2)需要有一个好思想。这是指要进一步提高对开展技术创新、进行品牌塑造的重要性、必要性、可能性的认识，增强紧迫感、责任感和使命感。同时要把技术创新和品牌塑造看成一个事物的两个方面，正确认识它们二者之间的关系，切实把技术创新与品牌塑造统一起来。

(3)需要一个好的目标。这是指要从实际出发，确定一个在某一期限内经过努力可以实现的指标或指标体系。指标或指标体难以量化，在实践过程中，应根据变化的情况和认识，朝着目标方向加以调整。

(4)需要一个好的方法。证券商要把目光盯住社会，依靠科研院所的力量走产学研相结合的路子。目前，我国的创新发展水平比较低，因此要注意调整好资产结构和业务结构，在增量配置、存量重组、寻找新的业务增长点上下功夫。

总之，证券商的品牌塑造与品牌宣传是证券商发展的依托，只有把品牌塑造与品牌宣传作为证券商的核心竞争力来构建，证券商才能在日趋激烈的竞争中立于不败之地，并不断拓展生存和发展的空间。

第六章 证券商融资之路：亟待拓宽

无论是为了应对入世冲击，在新的竞争环境下获得生存和发展机会，还是从自身长远发展的需求来看，我国证券商都亟需进行规模扩张。资金瓶颈的打破，是证券商规模扩张的前提，因此，进一步丰富证券商的资金来源，拓宽证券商的融资渠道势在必行。

一、证券商：你准备好了吗

作为融资主体，证券商的表现将决定扩张之路怎么走，到底能走多远。

从理论上讲，证券商有融资需求，其必然有很高的热情在政策允许的范围内，证券商融资活动必然能热火朝天地开展，但现实情况并非如此。一部分证券商空有融资的愿望，但受自身实力的限制，很难获得资本的青睐；一部分证券商既有融资的需求，也有融资的能力，但各项具体工作没有做到位，而使融资活动搁浅；一部分证券商客观上有融资需求，但主观上没有认识到扩大资金来源扩张规模对其发展的重要性。切切实实在为融资活动开展工作的证券商为数不多。

从思想上高度认识到拓宽资金来源的重要性。无论是从增强资本实力、提高资本运营效率的角度，还是从扩张业务规模、提升企业竞争力的角度而言，拓宽资金来源打破资金瓶颈对证券商有决定性的影响。只有从思想上真正认识到融资的重要性，才能在日常工作中利用一切可能的融资机会，实现规模扩张。

提高竞争力，提高对资本的吸引力。证券商无论是发行债券还是上市融资，无论是增资扩股还是抵押贷款，都必须提高竞争力，为投资者带来丰厚的回报或取得银行足够的信任。提高竞争力就要形成自己的业务特色，为客户提供差别化服务；要形成自己的研究开发能力，提高业务的科技含量；要强化服务意识，提高为客户服务的能力。

要把融资工作做细。首先要提出融资方案，对融资方案进行可行性研究，确保融资方案的科学性和可操作性；其次要根据融资方案，积极开展融资活动，主动与资金供应方取得联系，加快融资进程，提高融资效率；第三，要妥善安排资金的使用，提高资金的使用效率，做好融资的善后工作，为资金供应方带来丰厚的投资回报。

融资活动制度化、专门化。在证券商的发展过程中，融资活动贯穿其始终，因此，证券商融资是可持续性活动，要使融资活动制度化、专门化。这一方面能够积累丰富的融资经验，提高融资活动的成功率；另一方面能够降低融资成本。融资活动制度化，就是要把融资活动整个过程形成一定的固定程序，根据融资活动的特点，设计出一套科学的融资活动管理制度，由专人负责进行融资，这不仅有利于积累实际经验，还能提高融资的效率。

进行融资活动分析。融资活动分析，是根据证券商经营发展的总体需要，确定合理的融资渠道和融资方式，及时取得所需要的资金，从而在资金规模上保证证券商经营的正常需要。进行融资活动分析有利于证券商选择合理的融资政策，有利于降低融资成本，寻求合理的资本结构。同时，融资活动分析有利于加强证券商的内部管理。

二、投资者：想说爱你不容易

证券商融资过程的实现，一方面证券商要有融资需求；另一方面投资者得有投资愿望。在两者齐备的情况下，通过资本市场的运作，方可实现证券商的融资。

随着经济的发展，我国资本市场的资本存量和资金增量不断增长，居民储蓄更是不断攀升，应该说资本市场参与者的投资能力在不断增强。但是，证券业是高风险的行业，当前证券商的经营管理还不很规范，证券商的诚信建设还有待加强，资本市场的监督管理工作还要继续完善，投资者投资证券商的风险还比较大。而且，对个体投资者而言，我国的经济和社会体制都正处在转型时期，随着教育制度改革、住房制度改革、医疗制度改革等一系列社会改革，投资者的未来支出看涨，而当前的失业率居高不下，投资者对收入的未来预期并不乐观，因此产生的投资理念必然是偏向于保本的保守型投资偏好，高风险的证券商融资必然要受些影响。对机构投资者来说，一方面国内机构投资者数量少；另一方面机构投资者多是保险基金、社会养老基金等风险承受能力差的机构投资者，而国内的风险投资者数量很少。

要提高投资者的投资愿望，一方面要改变投资者对未来的预期；另一方面要改变投资者的投资观念。

三、上市：走在希望的道路上

2002年12月13日，中信证券股份有限公司发布《招股说明书》，首次公开发行股票，并在2003年年初申请上市，成为我国证券市场第一只通过公开发行股票上市的证券公司。在此之前，在120多家证券商中，仅有宏源证券间接上市，成为中国证券市场唯一一家真正的证券类上市公司。

自《证券公司财务制度》首次明确表示证券商可以发行股票筹集资本之后，2000年11月2日和12月21日，中国证监会先后公布了《证券公司招股说明书内容与格式特别规定》、《证券公司财务报表附注特别规定》、《证券公司年度报告内容与格式特别规定》对证券商上市的信息披露问题进行规范；2001年3月，《证券公司公开发行股票监管意见书的内容与出具程序》出台；2001年9月29日，中信证券公司发行上市材料上报中国证监会，并被受理；2001年12月11日，中国证监会新闻发言人就中国加入世贸组织后证券业今后的发展发表谈访时指出，支持合格的证券公司上市。

证券商上市的影响。证券商上市为其发展提供了持续稳定的融资渠道，有利于证券商进行持续的规模扩张，一方面上市融资规模大；另一方面能通过增发和配股等方式，持续融资；上市能够优化产业结构，加速产业升级，证券市场为证券商提供了广阔的空间，高效资本可以通过对低效资本的并购，在壮大自身实力的同时提高整个行业的资源配置效率，优化证券行业结构，加速产业升级；证券商上市为投资者提供了更多的投资选择和投资组合，丰富证券市场的投资类型；证券商上市能促进其自身治理结构的完善，在上市时，证券商必须进行彻底的改制，才能达到上市的要求，符合上市的条件，上市后，通过一系列的信息披露，能够增强证券商的透明度，有利于监管部门的监管和社会舆论的监督；上市有利于证券商的品牌塑造和品牌宣传，进而提升证券商的品牌价值，促进证券商业务的进一步发展。

目前，证券商上市还存在一定的障碍。《公司法》、《证券法》及相关的法律法规对企业募股上市的条件作了明确的规定，其中证券商的股权结构和资产负债率是证券商比较难满足的指标，证券业是一个高负债的行业，我国证券商的资产负债率一般都在80%以上，而《证券法》要求其要上市前一年度比例不能超过75%；证券商的股权结构集中，一部分券商将很难满足法律对上市企业的股权结构的规定。而且，目前国内证券商多为有限责任公司制，要上市就必须改制成股份有限公司且在规定运作一年以后才可申请公开上市。同时，证券商上市的相关法律法规已出台，但在具体的细节上还很模糊，因此，证券商要顺利上市就必须在相关规定上作出详细说明。

尽管如此，证券商上市仍然取得了一定进展。2001年9月29日，广发证券作为中信证券公司上市的主承销商，将中信上市材料上报给中国证监会，2002年底，中信证券成功

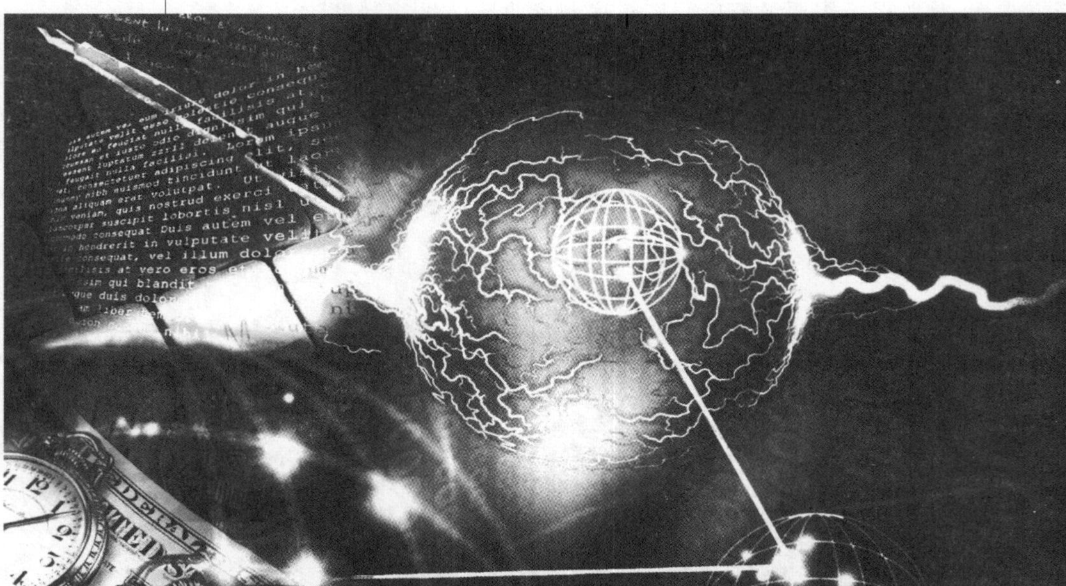

上市标志着证券商上市取得了突破性进展。在这之前，广发证券已接受中信证券辅导超过6个月。广发证券的董事会已通过上市决议，准备申请发行股票，上市工作由中信证券正在紧锣密鼓地运行着。国通证券2001年12月获准变更为股份制，目前正由中金公司运作上市。而一些目前难以满足上市条件的证券商也在为今后的上市准备着，一些依然是有限责任制的证券商，正在积极运作，将自已改制成股份有限公司，为今后上市打下基础，而一些股份制证券商，由于资产管理质量不高或规模太小，希望通过扩募，改善资产质量，扩大资产规模，为日后上市奠定基础。

四、金融债：潜力巨大，但风险不小

在国际成熟的资本市场上，证券商的负债与所有者权益的比率可达20：1，美国前10家证券商的负债率都高达90%以上。但是，我国法律规定，证券商负债与所有者权益之比不得超过10：1，因此，证券商负债经营、举债融资的潜力巨大。

就现实情况来看，发行金融债应该成为证券商融资的重要渠道。

从政策面来看，管理层多次在正式或非正式场合表示，将采取必要措施，加快推进证券商发行债券融资的工作；从发行条件来看，发行金融债的条件应该比证券商上市的条件宽，因此，证券商发行金融债的面可能更广一些；从筹资成本看，近几年经过9次连续降息后，我国的利率

水平已经到了历史低位，这客观上推动了债券价格上扬，而当前股市整体行情向下，使投资者的债券投资需求增加，这客观上降低了债务的筹资成本；债券融资成本在税前扣除，债券筹资存在避税效应，这将进一步降低金融债的筹资成本；从债务偿还期看，金融债属于长期债券，而证券商当前缺乏的正是中长期资金来源，因此，发行金融债将极大限度地满足证券商中长期资金的需求。而且，金融债作为一种主动负债，证券商可以根据自己发展的需要，未来现金流的预期来调整负债的规模和期限结构，达到其财务结构的优化，降低财务成本，提高资金的使用效率。

但相比较而言，发行金融债比上市融资、增资扩股、同业拆借、国债回购、股票质押贷款等其他融资方式的融资成本高，证券商举债经营，财务风险不可避免，虽然在金融债券在到期之前存在的偿还风险并不大，但财务风险必然会放大经营管理风险，如果证券商经营不当，证券商就将要承担更大的经营管理风险。国内没有证券商发行金融债融资的先例，证券商发行金融债融资没有实例可依，使金融债从发行、管理到资金的投向、使用、收回、偿还等一系列具体的操作缺乏经验，这将在一定程度上影响到证券商金融债的发行。所以说，证券商要发行金融债，必须做好充分准备工作。要对负债成本进行分析，全面考虑自身的负债偿还能力和负债经营的可能收益，通过成本收益比较法确定是否适合发行金融债融资；要对负债结构进行分析，通过金融债发行前和发行后的负债结构对比分析，看发行金融债是否有利于改善证券商的负债结构，从而降低不必要的财务风险和经营管理风险；要选择具有发展前景的投资方向，这不仅是吸引投资者、确保债券成功发行的需要，更是证券商降低筹资风险的需要。

五、增资扩股：呈现冷热分化

增资扩股是证券商融资的主要方式之一。在增资扩股过程中，应该吸引更多有实力的大公司和机构参股，通过证券商之间和证券商与上市公司之间相互持股，在增强风险抵抗能力的同时优化股权结构。

对证券商来说，一方面，增资扩股的条件较为宽松、程序较为简单、证券商的融资面更广泛、可以保证证券商在较短的时间内募集到所需资金；同时，增资扩股的对象较少，一般较为固定，因此财务风险相对低一些。另一方面，增资扩股属于私募性质，融资规模相对较小，股东要求的回报率较高，证券商的资金成本较高，而且不能充分利用负债的财务杠杆效应。

早在1998年，招商证券将注册资本金由1.5亿元增加到8亿元并更名为国通证券。同年，广东证券将注册资本金由0.3亿元增至8亿元并改制为股份有限公司。1999年，证券商兴起了第一次大规模扩股浪潮，5月份，湘财证券拉开了增资扩股的序幕，之后，长江证券、中信证券、大鹏证券、兴业证券、华泰证券、国信证券、国通证券等11家证券商先后进行增资扩股，通过本轮增资扩股，11家证券商共新募资金123.87亿元，使注册资本总额由59.81亿元增加到175.77亿元。自2000年以来，共有海通证券、东北证券、平安证券、光大证券、闽发证券、天一证券等40多家证券商获准进行增资扩股，融资规模超过160亿元。

随着证券商经营环境的改变，证券商增资扩股出现了明显的冷热分化。近来，一些中小证券商的增资扩股遇到了前所未有的困难，募集资金的过程大大加长。随着证券商回报股东的能力出现分化，市场行情的低迷直接导致了证券商盈利能力下降，而一些因委托理财损失较大的证券商更是无法分红，企业能参股证券商的热情也在减退，甚至萌生退意。例如平安证券第二大股东陆家嘴前期宣布主动退出，将其持有的20%的平安证券股权以2.3688亿元的成本价格转让给深圳国际信托投资公司，其退出的原因很简单，平安证券去年的净利润为-1.179亿元，董事会遂决定退出。

而一些盈利情况好，回报股东能力强的证券商在增资扩股中则倍受青睐。华银电力在公告中表示，公司于2000年出资5000万元参股海通证券，2000年的投资回报率为20%，而2001年投资回报率仍可维持在10%以上，固其决定将2001年海通证券应分红利预计为500万元到800万元，作为其对海通证券的再投资。东方创业也表示，将以2001年度海通证券对本公司的利润分配560万元以每股1.00元的价格向海通证券进行增资，东方创业目前投资海通证券5007.2万元。长江证券在增资扩股过程中也受到追捧，吸引了一批老股东包括上市公司对其追加投资。

随着证券商业绩的分化，投资参股证券商已不再具有普遍吸引力。从过去一窝蜂投资参股证券商到证券商增资扩股呈现冷热分化的局面，一方面说明了投资者的投资理念日趋成熟；另一方面则反映了证券商生存环境的巨大变化。

六、管理层：我能为你做些什么

近年来，管理层为了拓宽证券商的融资渠道，正逐步放宽对证券商融资的限制：中国证监会延长了证券商同业拆借的期限；不再对证券商增资扩股设置先决条件；初步打通了货币市场和资本市场的资金通道；鼓励证券商上市，鼓励符合条件的证券商发行债券；为证券商引入外资股开辟合法的途径。但是，证券商的资金瓶颈并没有根本打破，证券商要顺利实现规模扩张，管理层还有许多工作要做：

政策面仍需放开。相对来说，证券商的融资方式在理论上或实际上比以前多了不少，但是，面对数量众多情况各异的证券商，还需政策面的进一步开放。管理层对股票质押贷款作了严格的资格认定，只有少部分证券获准从事该项业务；增资扩股只在近年来才有所松动，但仅限于内资参股，2002年6月1日，《外资参股证券公司设立规则》出台后才为证券商引进外资开辟了途径；证券商进入拆借市场采取市场准入制度。要加强政策研究，一方面要注意证券商融资的安全性，降低证券商的融资风险和资金供应者的投资风险；另一方面更要兼顾融资的需求，要照顾到大部分证券商的融资需求。

加强政策的可操作性。政策允许证券商发债已有一段时间，却迟迟不见证券商的行动，其原因是多方面的，但不可否认，政策的可操作性不强是影响证券商难以采取新的融资渠道融资的重要原因。比如说管理层对股票期权方案、员工持股计划等激励制度一直不明朗，这影响了部分证券商的上市热情。

相关政策放开后，更重要的是出台相关的制度和措施，细化政策，使证券商操作起来有章可循，而不至于“只闻雷声，不见雨点”，使证券商迟迟难以采取实质性行动。还是以证券商上市为例，由于配套措施的缺乏，政策面变动大，证券商是整体上市还是分拆上市，是先上市以求做大还是先做大再求上市，是先上市还是先合资等一系列现实问题的解决必然影响到证券商的上市步伐。

总之，管理层要加强对证券商资金的监管，实现证券商融资的可持续性发展。而证券商要实现可持续融资，就必须给资金供应者以相应的回报。为此，证券商必须提高资金使用效率，管理层应进一步强化监管。

第七章 我国券商购并与规范发展研究

一、券商购并：对证券商提升实绩的效用

购并有助于改善券商的绩效，原因在于通过购并可以实现：(1)规模经济或范围经济；(2)业务和市场多元化，分散经营风险，最终扩大市场份额，使股东利益最大化。

1、环境的变化提供了规模经济和范围经济的可能性

根据《经济学家》杂志（1999年6月5~11日）的分析，金融机构通过并购重组扩大经营规模，并不能获得规模经济报酬。原因有两个：一是金融机构提供的往往是个性化的服务而不是工业企业那样提供标准化程度高的产品，这种服务不可能因为客户的增多而降低平均成本；二是兼并后会出现官僚主义，使交易成本指数化激增，反而使效率降低。有的学者据此认为，证券机构通过兼并扩大规模后也存在类似的问题，因此券商扩大规模主要应该考虑增资扩股的方式（田素华，1999）。实质上，第二个原因应该属于管理水平问题，这取决于购并后购并者的整合能力，因此不应当视为否定规模经济存在性的理由（当然，这绝非是说官僚主义问题不重要，很多企业在购并后没有达到预想的目标，就是因为内部交易成本剧增，但这是另外一个问题）。所以，我们在此只分析第一个原因。

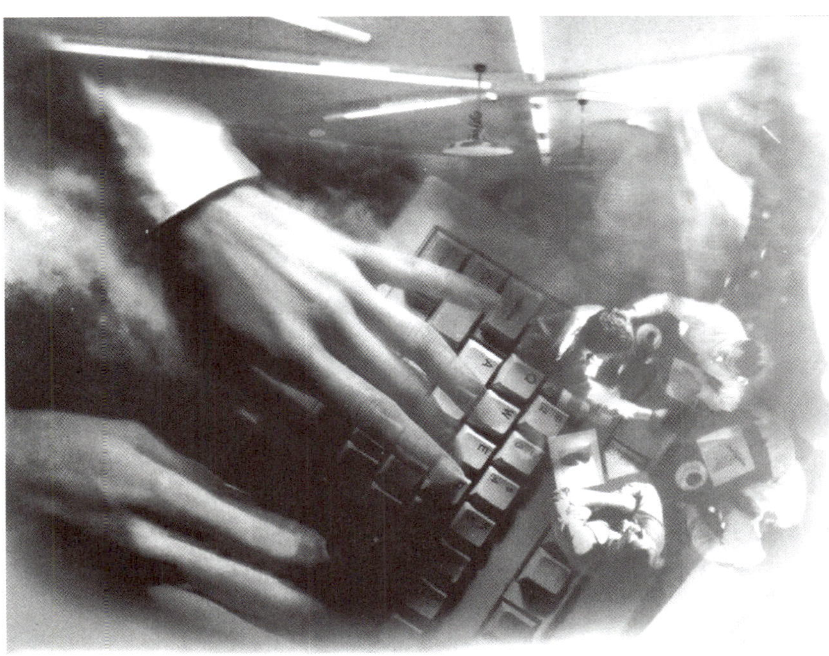

应该说，传统证券业务的规模经济的确不明显，最小有效规模（Minimum Efficient Scale，MES）较小，因此市场中容纳的证券商数量众多。但是，随着近年来信息技术的普遍应用、承销风险的加剧以及金融创新的兴起，使传统业务的运行机制发生了本质的变化，从而产生了规模经济或范围经济的可能性和必要性。

(1)网上交易方式边际成本趋于零的特征使经纪业务在很大程度上成为一种规模经济。业务规模越大，券商平均成本就越低，佣金下降幅度就越大，如美国每股交易佣金从1975年的平均26美分下降到1980年的11.9美分，到1997年更是下降到每股5美分；日本的Monex、Orix Securities 、DLJdirect SFG以及E＊Trade Japan等券商的佣金费率比原来受管制时的水平大幅调低90%~95%；其它在网上交易程度高的国家也出现了类似的趋势。我国实行浮动佣金制后，网上交易佣金则只有原先的20%~30%左右。在投资者数量增幅趋缓之后，并购现有券商是实现规模经济的必然选择。2000年中期，美国网上经纪商开始合并，大量折扣

经纪商被兼并或破产；香港在2002年4月改最低佣金制为佣金协商制，全港500余家证券商被认为至少有1/3(特别是家庭证券行)将消失；日本从1998年12月到2000年初短短1年左右的时间内，就发生了3起经纪商的收购事件。因此，在新兴交易方式和佣金浮动制的影响下，我国证券经纪业已经步入规模经济时代。实际上，我国证券经纪业务市场集中度近年来不断提高，CR5(行业内前五家企业的市场占有率之和)从1999年的46.47%上升到2001年11月的53.03%；而同期CR10(前10家企业的市场占有率之和)则从65.16%上升到77.82%，增长了10个百分点，而未来几年内必然通过购并使经纪业务进一步向券商集中。

(2)承销业务也逐步演变为一种规模经济。具体表现为：

首先，自2001年3月起，我国实施股票发行核准制。核准制的实施使一级市场供求关系发生急剧变化，券商被迫出资持有所承销的股票成为一种普遍现象，使承销风险不断加大。如果在短时期内券商无法将持有的股票及时兑现，将导致巨大的流动性风险，因此必须扩大规模以增强抗风险能力。

其次，随着企业筹资的规模越来越大，券商的承销能力必须相应提高。虽然可以通过更多的分销商来承担大的筹资项目，但分销商的增多也增加了相互之间的协调沟通成本，达到一定程度后就变得不经济。从美国的情况看，前10大牵头承销商所承销普通股的市场份额1978~1993年平均高达76.70%，大宗股票发行基本上被少数大券商包揽。

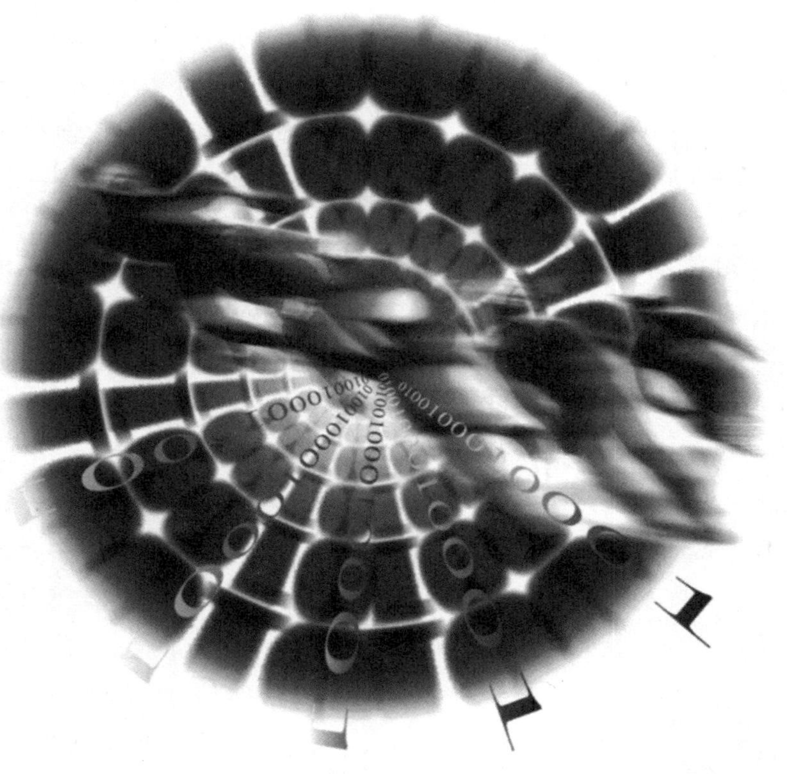

第三，承销业务的日益复杂化要求券商必须形成综合规模优势。随着全球金融自由化浪潮的兴起，各种金融创新工具层出不穷，券商先前的“通才”模式很难再适应市场的需求，券商必须具备各个产业的“专才”，为客户提供更专业化的服务，同时也更准确地预测发行价格，降低券商的承销风险。如著名的投资银行莱曼兄弟(Lehman Brother)为了向全球的客户提供专业服务，将900名投资银行人员按产业、地域和产品分部门，其中，八个专业性的全球产业部的任务是深入地分析产业，兼并收购、股权市场、债券市场和杠杆融资的产品部则与产业和地区组使用，为公司客户度身定做解决方案。

10余年来，我国也形成了一批规模较大的券商，并在承销业务中占据越来越大的市场份额。但与国际大型券商相比，我国券商无论是资产规模还是服务功能的差距是十分明显的，如1997年，美林公司注册资本为22亿美元，运营的总资产为2928亿美元，两者之比为1:133；而同期我国95家证券公司注册资本与运营的总资产之比平均只有1:9.66。核准制促使证券公司分化，只有实力雄厚的大券商才能争取到大的项目并获得更快的发展，相反实力弱、规模小的券商则将逐步被淘汰出承销市场。

2、购并是实现业务多元化的重要途径

业务多元化可以分散券商的经营风险。从国内外证券市场发展的历史可以清晰地看出，券商三大传统业务具有高度的相关性，可谓“一荣俱荣，一损俱损”。在市场处于牛市状态时，证券成交量剧增，经纪业务收入随之上升；企业筹资需求增加，券商承销的收入也增加；与此同时，自营业务也往往表现良好。但在市场处于熊市状态时，则恰恰相反。这种情况在我国证券市场尤甚，在2000年的大牛市中，106家券商利润总额达到创记录的223亿元，但2001年股市的暴跌使券商利润“蹦极”，萎缩至64.99亿元，大幅下降70.86%。可见，过度依赖这三项业务的风险是非常大的，券商必须开拓其它业务以降低总体风险，“平滑”收入的波动。从国外证券业的发展历程看，券商常常通过购并进入新兴业务领域。近年来，世界各国个人投资者市场迅速增长，私人掌握的金融资产越来越多，形成了一个迅速增长的资产管理业务市场。由于培训销售队伍需要较长的时间，券商直接购并现有的资产管理公司，是一条不错的路径。如Morgan Stanley在1997年5月兼并了Dean Witter公司，获得了9946人的专业帐户经理和1020亿美元的管理下的资产。二者的合并起到了优势互补的协同作用：前者主要为公司、政府和机构服务（因此，原摩根斯坦利被人们称为“白鞋”券商），后者则集中于家庭和个人投资者身上。

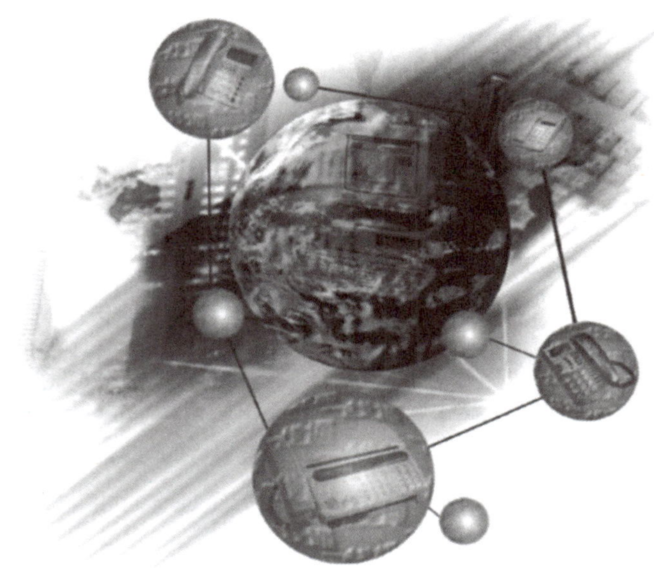

3、购并也是经营国际化的重要途径

拓展海外市场可以避免业务过度集中于某一地区所带来的地域风险。除在海外设立分支机构外，券商还往往通过购并外国券商实现一步到位。如美林证券从1995年收购英国的Smith New Court PLC证券公司开始了其向外扩张的行动，1997年兼并了总部在英国的Mercury资产管理公司，1998年6月购买了泰国的主要投资银行Phatra Securities Company Limited 51%的股份；又于1998年8月底兼并Midland Walwyn Inc. ——加拿大最大的提供全面服务的证券公司。东南亚金融危机后，欧美券商纷纷以此为契机向亚洲市场扩张，如美国培基证券公司收购了泰国纳华证券香港及新加坡业务，东方汇理惠嘉收购了泰国联合证券49%的权益，法国兴业资产管理公司收购了日本山一证券国际资产管理公司，怡富公司收购了百富勤资产管理8个亚洲基金，西班牙国际银行收购了百富勤投资大中华以外的亚洲区业务。这同时说明购并的时机是非常重要的，因为危机期间大量券商成为“休克鱼”，此时购并不仅可以极大地降低成本，并且往往受到东道国政府的欢迎。

（注　券商购并：对券商提升实绩的效用由施军撰稿）

二、中外比较：购并机制对证券业和券商发展的作用

1、从行业的角度看，购并是证券业进入平稳阶段后的必然现象

有关理论研究表明（J. F. Francois and L. chuknecht，1999），在自由进入和充分竞争的条件下，金融服务的价格（如利息、佣金、保险费率等）将逐步下降，企业（厂商）之间的兼并重组必将出现，行业集中度将随之提高；同时，金融服务业的整体效率将改善，从而直接和间接地促进经济增长。海外证券业的实践充分证明了这一点。美国最早于1975年进行了佣金自由化改革，之后佣金大幅下调，仅在头3年内，佣金率累计下降就达40%。佣金占总收入的比重也逐年下降，从1973年的56%一直下降到90年代的16%左右，这导致证券业的盈利水平大幅度地下降。从1972年到1983年的12年中，纽约证交所（NYSE）会员、商业银行和所有制造业公司的税前资本收益率平均分别是25.69%、15.48%和21.04%，证券业的盈利率明显高于后两者。但是从1984年到1990年，这种状况发生了明显的变化，三项比率分别变为13.13%、12.06%和18.10%。特别是在1987至1990年的4年中，券商的税前资本收益率都大大小于后两者（见图1）。

日本著名的产业组织理论权威马场正雄指出，产业的停滞将促使集中度的上升，集中度对产业停滞的反应要比产业增长的反应更敏感。从美国的情况看，事实确实如此。从1975年以来的26年内，一大批券商由盈利走向亏损，大约500家证券公司被合并，近300家证券公司破产，仅2001年就达12家。而与此同时，一些券商通过收购兼并迅速成长，证券业逐步呈现出寡头垄断的格局，1968年，10家最大券商的资本占行业的比重不过34%，到1991年，这一比例攀升到76.6%（见图2）。

随着市场化进程的深入推进，我国证券业近年来所处的政策环境和市场环境正在发生深刻的变化，自由进入和充分竞争的格局已经初步显现。一方面，以2002年3月1日起施行的《证券公司管理办法》为标志，证券行业市场准入的政策壁垒几近消失，门槛的降低使潜在进入者大大增加，除一些咄咄逼人的IT公司外，《商业银行中间业务暂行办法》的出台也允许银行参与部分券商业务，市场竞争无疑将更为激烈；另一方面，从2002年5月1日起实施的佣金浮动制更是从根本上动摇了一大批券商的生存基础，价格“保护墙”的崩溃使很多低效券商退出市场成为必然。

正如蒙哥马利证券公司的合伙人J.理查德.弗来德瑞克斯所言，这个时代是“达尔文时代”，适用的是适者生存的“丛林法则”。外部环境的变化决定了我国证券业在经过十余年的快速发展后，无可置疑地开始遵循利润平均化的铁律，产业集中度将趋于上升。应该说，经过十余年的发展，我国证券业已初具规模，迄今为止共有120余家券商，总资产额也突破了6300亿元，在企业直接融资等方面发挥了巨大的作用。但必须看到，我国证券业还是一个处于初级阶段的幼稚产业，突出表现在券商数量多、规模小，业务差异性不显著，缺乏核心竞争力，总体竞争力弱。随着证券业进入平稳发展阶段，这些问题被逐步突出地暴露出来，券商之间的博奕由增量的瓜分转变为存量的重组，兼并收购是大势所趋。反过来，也只有通过兼并重组，才能使我国券商彻底摆脱对政策的依赖，从幼稚走向成熟。

企业退出市场的方式一般有两种：破产关闭和被收购兼并，但两者对社会的影响不同。破产关闭往往会造成下岗失业等的一系列社会问题，因此我国政府的政策导向是“鼓励兼并、规范破产”。而券商的破产比一般行业的企业具有更大的负外部性。因为低效券商可能在生死关头孤注一掷，进行搏击风险的“逆向选择”行为，如恶意炒作股票或非法融资，扰乱证券市场和金融市场秩序，损害投资人和债权人的利益。同时，在多数券商以国有股权为主的情况下，容易引发类似彩电业的不计成本的恶性竞争，制约整个行业的发展，使之陷入“锁定”（lock-in）状态。因此，我国证券业的整合必然更要以收购兼并方式为主，破产关闭方式为辅，其好处在于既可以最大程度地保全股东、债权人以及员工等利益相关者的利益，减轻对社会的负面影响，也可以保留被购并券商的某些特殊优势或特许权价值（franchise value）。如1998年香港百富勤破产清盘后不到一个月，法国巴黎国民银行（BNP）吸引了以梁伯韬为首的150名投资银行团队，组建新投资银行BNP百富勤。BNP百

富勤果然不负众望，先后在TOM上市和盈动收购香港电讯中扮演重要角色，并且承销了香港创业板将近50%的股票。

2、从微观的角度看，购并是券商快速发展的必由之路

购并是优势券商扩张发展的必由之路，国际大券商莫不如此。美林证券就是一个典型的例子。从20世纪60年代开始，美林一直没有停止购并的步伐。1963年，美林兼并了C.J.Devine，从而进入了政府证券业务领域；1969年，收购Lionel D·Edie公司，美林把触角伸向了货币管理与咨询业务；1970年，美林收购了在市政债券业务上有很强实力的Goodbody公司，同年还收购了一家加拿大投资银行和纪纪公司，开始大力拓展国际市场；1972年，美林与一家金属公司合资开展商品交易业务；1974年，收购了家庭生命保险公司，进入了保险业；1996年和1997年，又分别接连收购了Hotchkis and Wiley公司和英国的Mercury Asset Management，使美林公司管理下资产在1997年超过Morgan Stanley Dean Witter公司；2000年6月份，为重振做市商的地位，美林收购了那斯达克市场第三大券商Herzog Heine Geduld，此举使美林在纳斯达克市场的排名从第六位跃升到第二位，取代了嘉信理财的位置。就这样，通过不断的收购兼并，美林终于成为一家能够提供全方位金融服务的国际性巨型券商。

相比之下，我国券商的成长路径存在很大的缺陷，10余年来主要是通过三种途径：一是靠利润转为投资的内源式增长；二是近年来进行的增资扩股；三是利用政策的机遇进行有限的收购，如利用银行、证券分离，信托、证券分离等收购若干营业部，但分业经营的金融体制已经基本形成，这种政策性的机遇已经不复存在。前两种方式也都存在一定的缺陷：内源式增长速度较慢，很难在短期内形成较大的规模；增资扩股主要解决了券商的资本金问题，但对市场份额作用不大，况且随着证券业利润率的平均化，券商增资扩股的难度越来越大，从近期某些上市公司出让券商的股权就可见一斑。

另外，也出现了一些券商整体合并的情况，如申银、万国，国泰、君安等，但都是政府为处理券商危机进行干预的结果。政府干预的最大问题是非效率导向，不一定符合市场经济的游戏规则，其结果往往是“双输”(lose-lose）而不是“双赢”(win-win)。应该说，市场经济国家也存在政府干预的现象，但只是在特殊情况下(如金融危机)的应急之举，而非普遍和主要的方式。值得一提的是，近年来少数券商也积极尝试进行市场化的跨地域的购并，如广发证券收购原锦州证券（后更名为北方证券)，德恒证券收购恒信证券等，但在总体上还远远没有成为券商成长的主导方式，与快速发展的目标不相适应。

3、购并机制有助于形成健康的行业“生态链”

产业组织理论(SCP框架)表明，市场结构决定企业在市场中的行为，而企业行为又决定市场运行的绩效，二者共同决定了这个产业的竞争力水平。当证券业快速增长阶段结束后，市场的容量降低，只有通过收购兼并，优势券商才能以最快的速度、最低的成本进行扩张。据统计，在1985~1997年间，被美国本土金融机构(包括商业银行、证券公司和保险公司）收购的证券公司交易额达到1030亿美元，其中来自证券同业的购并额为740亿美元；同期欧洲本土的该项指标也分别达到340亿美元和190亿美元。(见表1、表2)不断的兼并收购不但造就了若干家执全球同业之牛耳的券商寡头，而且共同奠定了美国证券业在全球的翘楚地位。

并购机制更重要的意义在于其警醒作用。为避免成为他人的盘中餐，所有的券商努力改善管理，提升业绩。因为无论是敌意的收购，还是善意的收购，良好的业绩都有利于提高谈判的要价，实现“靶子”(target)和“射手”(acquirer)的双赢。这样，通过弱肉强食式的“丛林法则”，证券行业形成了一个合理、有序的“生态链”(ecological chain)，在不断的重组、整合过程中始终充满生机和活力，最终有利于降低证券服务的交易成本。

近年来，有关的理论研究也对通过购并方式实现垄断竞争的市场格局提供了支持。与“哈佛学派”所持的大企业的垄断行为对社会福利是有害的观点相反，“芝加哥学派”认为，企业的规模经济性对行业进而社会的效率提高是有益的。只要这种垄断行为是市场自由竞争而不是政策限制的结果，那么就不应该

对大企业进行限制。微软公司最终没有被分拆的案例清楚地表明了美国政府的态度实际上已经倾向于“芝加哥学派”，这基本上代表了西方国家对企业行为和市场结构观念的转变。

总之，购并机制既是今后我国券商最重要的成长路径，也是证券行业整合重组的必然趋势。2001年12月11日，我国正式加入WTO。入世后，我国证券业将按照承诺的时间表对外资开放。为应对实力雄厚的外资券商巨头，一批处于行业领先地位的券商通过购并实现跨越式发展，不仅是关系到我国券商生死存亡的重大问题，而且是提升我国证券业国际竞争力的战略举措。只有通过市场化方式的券商购并，并使这种购并机制成为常态，才能最终形成一个定位准确、功能互补、竞争有序的健康、发达的证券行业。

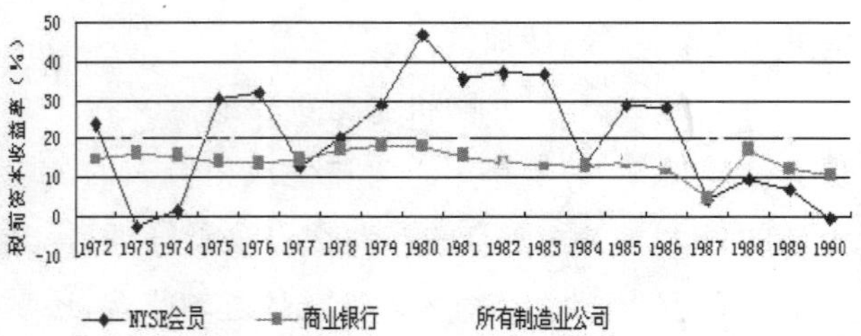

图 1　NYSE 会员、商业银行、所有制造业税前资本收益率

资料来源：根据深圳证券交易所资料整理

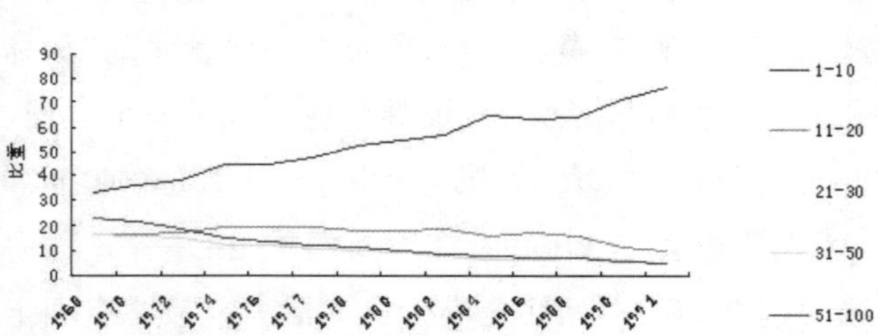

图2　美国券商占行业总资本比重的变化(%)

资料来源：根据深圳证券交易所资料整理

射手机构	靶子机构					
	美国			欧洲		
	商业银行	**证券公司**	保险公司	银行	**证券公司**	保险公司
商业银行	241 (51.8)	**15 (3.2%)**	0.2 (0.1%)	89 (36.0%)	**9 (3.6%)**	20 (8.1%)
证券公司	6 (1.2%)	**74 (15.9%)**	27 (5.8%)	23 (9.3%)	**19 (7.7%)**	24 (9.7%)
保险公司	0.3 (0.1%)	**14 (3.0%)**	88 (18.9%)	11 (4.4%)	**6 (2.4%)**	46 (18.6%)

资料来源：DeLong,Smith and Walter (1998)and Securities Data Company.

注：第一个数字为所有靶子机构权益之和，单位：10亿美元；括号内的数字为百分比，每个3×3矩降之和为100%。

表2　1985~1997年国际金融服务业购并活动

射手机构	靶子机构								
	美国－非美国			欧洲内部			欧洲－非欧洲		
	商业银行	**证券公司**	保险公司	商业银行	证券公司	保险公司	商业银行	**证券公司**	保险公司
商业银行	9.5 (13.6%)	**4.4 (6.3%)**	0.2 (0.3%)	15.0 (17.9%)	8.7 (10.4%)	0.4 (0.5%)	14.5% (14.5%)	**4.3 (4.3%)**	0.3 (0.3%)
证券公司	3.0 (4.3%)	**14.7 (21.0%)**	7.7 (11.0%)	4.3 (5.1%)	5.8 (6.9%)	1.1 (1.3%)	15.6 (15.6%)	**15.9 (15.9%)**	12.9 (12.9%)
保险公司	0.6 (0.8%)	**3.9 (5.6%)**	25.9 (37.1%)	11.2 (13.4%)	0.3 (0.4%)	37.0 (44.2%)	1.0 (1.0%)	**3.1 (3.1%)**	32.7 (32.6%)

资料来源：同表1。

注：同表1。

虽然我国证券业整合的外部环境已经基本成熟，但仍然存在诸多障碍因素，成为兼并重组的严重羁绊，使购并的过程不会象西方国家那样自然而然地出现。

三、券商购并：障碍、问题与解决路径

1、产权结构是最大的障碍

虽然自1998年以来多家券商纷纷进行增资扩股，但目前绝大多数仍以国有股权为主（直接或间接）。这就决定了券商之间容易产生非效率导向（non-efficient oriented）的购并，而与此同时，效率导向（efficient oriented）的购并反而往往难以进行。根据委托——代理理论，券商代理人与委托人的目标函数不同，股东追求的是公司利润最大化，而管理人员追求的则是其个人福利最大化，包括薪酬所得、在职消费、社会声望、成就感等多方面的控制权收益。由于信息不对称的客观存在，代理人完全可能采取各种手段利用公司的资源为自己谋福利。

这种道德风险表现在两个方面。一方面，对于“射手”券商来说，最常用的方式就是通过购并扩大规模。因为规模扩大既使经理层支配的资源增多，也加剧了信息不对称性，经理人员更容易从中直接获取灰色收入。显然，在这种动机支配下进行购并是个体理性而非整体理

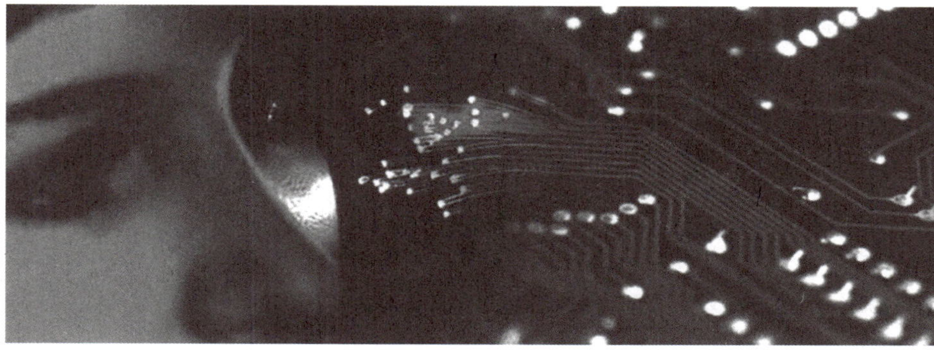

性，其效果可想而知。产权清晰、公司治理结构科学的券商则把购并或分拆作为提升业绩的手段，而不是目的。例如，1998年4月，摩根斯坦利添惠宣布出售全球托管和相应的清算公司，以集中力量发展其核心业务——债券、资产管理和信贷业务；另一方面，对于“靶子”券商来说，被购并后经理层很可能被“下课”。由于作为国有券商“终极所有者”的国家股东事实上的缺位，其人格化的代理人即券商的董事阶层，在被兼并后面临与经理阶层同样的境遇，因而可能与经理层合谋以抵制兼并的发生，从而实施“毒丸”等多种不利于兼并的手段。国有产权的根本属性决定了这些券商不是以利润最大化为目标，因此即使在竞争中失利甚至亏损，它们也不愿主动退出市场或被兼并。在这一点上，国有券商的购并问题与一般国有企业购并问题并无二致。这就需要我们设计出一个消除“内部人”抵抗的赎买机制。

2、不良资产问题严重

截至2002年5月底，我国118家证券公司净资产额为917亿元，不良资产却高达460亿元，不良资产率超过50%(李小雪，2002)。券商的不良资产主要分成几类：一是经营过程中形成的不良债权；二是亏损的投资及进行保底收益承诺的资产管理(委托理财)；三是营业部的不良资产，到2002年5月止，仍有18家证券公司在挪用客户保证金；四是早年投资的房地产，现在为数不少的券商仍然是海南、广西北海等地的“大地主”，在94年治理整顿中形成大量坏账；五是由于内部管理混乱，跑、冒、滴、漏形成的亏损。此外，在1997年以前许多券商都曾参股上市公司，很多是为了拉项目上市，注入资金甚至达千万元。这些法人股难以变现，在公司经营困难时资产质量大幅下降，形成坏账。

3、会计信息不规范、不透明

由于我国市场经济体系发育不完善，购并过程中必然面临产权定价问题。如果没有合理的产权定价机制，就会使交易成本过高，阻碍购并的顺利进行。如果单纯是不良资产问题，则可以通过剥离的方法加以解决。但问题在于大量券商会计信息的不规范和不透明，在2001年对87家证券公司的审计中，审计意见不干净的占55.17%，其中带解释性说明的占14.94%、被出具保留意见的占12.64%，无法表示意见的有1家。这样，并购市场就成为典型的“柠檬市场”，射手券商出于对潜在“地雷”的恐惧而使购并难以顺利进行。因此，在面临这些障碍的条件下，我们很难期望我国证券业优胜劣汰的“生态链”会自动生成。换言之，这些在发达市场经济国家已经视为“当然”的问题在我国却是最大的障碍。这就提示我们，照搬国外的理论和方法无助于解决我国证券业目前面临的许多重要问题。同时，由于证券行业的特殊性，我国其它行业中国有企业兼并重组的方法也不能在证券业中直接应用。

4、解决路径：推动我国证券业形成市场化的购并机制

证券公司的购并实际上是一个系统过程，这既以一定的外部环境为前提，又与券商的具体问题密切相关。笔者认为，解决我国券商购并面临的一系列问题，必须从基础入手，致力于创造一个健康有序的内外部环境。

首先，推动券商形成合理的股权结构。我国大部分证券公司股权结构都比较集中，前十大股东持股比例都接近60%或在60%以上。而国外券商的股东中，机构投资者数量一般都有几百甚至上千，而个人股东的数量更是成千上万，如摩根士丹利添惠的机构投资者股东持股比重为54%，分散在1822个机构投资者手中；美林证券和嘉信理财相应的指标分别是63%、1260和49%、1122(见表1)。股权高度集中不利于股权的流动，从而降低了兼并的可能性，因为只要占股权比重较高的少数几家甚至一家股东持反对态度，购并就难以进行。因此，一方面，管理层应积极推动券商股权的多元化和社会化，尽可能便利其增资扩股。2001年11月27日，中国证监会出台了《关于证券公司增资扩股有关问题的通知》。《通知》

取消了券商增资扩股的先决条件，减少了审批环节，同时要求增资扩股的资金首先用于归还挪用的客户交易保证金和处理不良资产，这实际上为“问题”券商退出机制的顺利实施埋下了伏笔。另一方面，应创造条件让符合条件的券商上市融资，这既有利于券商扩充资本实力，与国外券商相抗衡，又可以利用这个时机推行股票期权和员工持股计划，使券商主要管理人员与公司形成利益共同体，同时也促进券商公司治理结构的优化。

表 3　中外券商股权结构比较

证券公司	摩根斯坦利	高盛	美林	嘉信	莱曼兄弟			
最大股东持股 %	3.87	1.72	13.35	4.77	4.09			
前5大股东持股%	14.56	5.86	24.21	14.83	17.36			
证券公司	国泰君安	海通	南方	国通	中信	国信	广发	湘财
最大股东持股 %	16.37	17.86	11.30	20.18	37.88	30.00	20.00	14.97
前5大股东持股%	44.73	61.01	28.26	64.00	67.92	95.10	67.13	57.88

其次，建立合理的赎买机制。在欧美发达市场经济条件下，“内部人控制”同样存在，但委托人可以通过各种激励约束手段将其带来的弊端最小化，如给予经理阶层股票、股票期权等，使道德风险产生的可能性降到最低。如果购并产生的货币收益足够大，股东可以通过实施“金降落伞”(golden parachute)等方法使代理人愿意配合被兼并，如美国的Revlon公司曾支付给总裁3500万美元的补偿。为解决国有券商在购并中的不良动机问题，应积极探索对公司董事阶层和管理阶层实行期权或期股制度，使其目标函数与股东逐步一致，实现股东与代理人的激励相容。

第三，以地方性券商为突破口。从业务分布的地域特征看，我国券商在数量上以地方性券商为主。根据我们的一项研究(程大中、吴士君，2002)，我国券商的业务具有极强的“属地性”，即业务基本上在券商所在省份或地区进行。有些地方性券商虽然总体价值不大，但其某些业务或资产可能有一定的投资价值，这对“射手”券商具有相当大的吸引力。随着竞争的加剧，大批地方性券商由从盈利走向亏损是必然的趋势，这使其容易成为购并的突破口。因为在国有企业民营化的过程中，各级地方政府是主要的推动力量(张维迎，1998)，如果拒绝被购并，则要么是加大投入使其扩张，而这动辄需要数亿资金，是绝大多数地方政府难以承受的；要么是券商最终破产关闭，这将导致地方政府更大的损失。因此，地方政府将倾向于被购并。同时，由于地方性券商数量众多，而“射手”券商在某种程度上处于“买方市场”地位，地方政府之间博奕的结果是采取“先卖”策略。一般地估计，地方政府财力越差，出售的动机就越强。因此，游说地方政府，走“上层路线”，是“射手”券商购并时应采取的策略。

(注：中外比较：购并机制对证券业和券商发展的作用及券商购并：障碍、问题与解决路径由吴士君撰稿)

华夏证券有限公司2001年业务综述

2001年是华夏证券有限公司在规范经营的道路上取得重大成效的一年。在这一年里，面对低迷的市场，激烈的竞争，严峻的形势，公司按照年初确定的“管理、创新、规范、发展”的经营方针，团结一心，沉着应对，趋利避害，扎实工作，无论在业务发展方面，还是内部管理方面都发生了重大变化，取得了明显成绩。

一级市场方面，公司全年共完成发行新股5家，配股3家，按照发行股数排名，公司位居同行业第三，按照新股发行家数以及筹资金额排名，公司均位居同行业第五。与2000年相比，一级市场排名有较大幅度提高。

二级市场方面，公司全年累计完成交易量5478 00亿元，其中A、B股和基金交易量共计2815.31亿元。与2000年相比，A股和基金交易量分别下降了48.33%和11.94%。由于去年B股市场对境内居民开放，公司B股交易量剧增10.5倍。按总交易量排名，公司在同行业排名第五。

经济效益方面，公司全年实现利润总额5297万元。

内部管理方面，公司进一步加强了党的建设和法人治理结构建设，完善了公司领导班子，强化了内部风险防范，各方面工作都取得了较好成绩。

一、全力做好业务拓展工作经纪代理业务

2001年，公司通过积极开展业务创新、制度创新、手段创新，集中力量提升经纪代理业务的竞争力，取得了较大进展。

1、加强客户经理队伍建设，提升经纪代理业务竞争力。公司加强了客户经理队伍建设，适时开展了客户经理制度的试点和推广工作，加强了对客户经理的培训和资格认证，使客户经理队伍的整体水平有了较大提高。客户经理队伍的建设，促进了公司经纪业务向投资顾问型转化，进一步提高了公司经纪业务的服务水平和竞争能力。此外，公司去年还进行了客户关系管理系统的试点工作，对提升公司经纪业务服务水平、增强竞争能力起到了重要作用。

2、全面开通银证通业务。银证通业务是在新形势下借助其他金融机构实现公司有形网络延伸的重要途径，是公司实施低成本扩张战略的重要形式。因此，公司去年年初就与国内主要大银行签署了银证通业务协议，并在全系统积极推广银证通业务，下发了《关于进一步拓展银证通业务的指导性意见》。公司系统初步建立了银证通业务平台，新增客户6000多户。

3、积极拓展B股业务市场。去年年初，随着中国证监会《关于允许境内居民以合法持有的外币交易B股的决定》出台，中国B股市场出现了政策性突发行情。公司及时抓住时机，对B股业务安排做出了紧急部署，尤其是围绕建立集中交易模式下的上海、深圳B股交易体系做了大量工作，先后完成了B股电话委托本地化、上海B股交易软件的全网升级更新、公司范围内深圳B股代理业务的全面开通，以及上海B股股东账户的实时开户等多项工作。公司以低成本投入取得了较好的成绩，全年完成沪市B股交易量26亿美元，实现佣金收入918万美元；完成深市B股交易量56亿元港币，实现佣金收入916万港币。

4、大力推广网上交易。2001年公司网上交易业务和华夏证券网的建设取得了长足的发展，截至年底，全公司开通网上交易的客户数为75805人，网上交易总量已达219亿元，网上交易量占公司同类业务的比例为5.22%。在网站建设方面，华夏证券网站注册人数超过了20万人，平均日访问量超过3万人次，成为证券业界影响较大的网站之一。

5、进一步调整与优化现有经营网点布局，提高整体经营水平。公司从提高经营效益入手，加快了对现有经营网点布局的调整工作，将一些效益不好的营业部异地迁址。这样既解决了原营业部效益不佳的问题，又可以通过增加新的营业网点，扩大公司经营网络的辐射能力，提高公司整体经营效益。

投资银行业务 2001年公司积极调整投资银行业务发展方向和业务模式，以适应市场环境的重要变化。

1、适应核准制要求，积极推进投行业务模式转变。2001公司及时调整战略重点，由寻找有额度企业客户以及中小企业客户，转变为发现、培育和推荐规模大、运作规范、效益良好的高素质企业客户，并将有条件的原创业板客户转向主板市场推荐。同时，充分利用市场调整机会，积极开展可转换债券、兼并收购、财务顾问等创新业务，培育新的利润增长点。

2、完善项目内核制度，提高风险控制水平。过去一年，公司先后制定了《证券发行内核工作规则》、《主板发行人质量评价体系》、《华夏证券有限公司辅导工作管理办法》、《创业板发行人质量评价体系》等多项制度，投行业务风险防范体系进一步强化。

3、加强员工培训力度，提高整体业务素质。2001年公司一方面通过集中会议方式，邀请境外投资银行及财务方面的专家为全系统投行业务人员进行理论与实务培训，另一方面，多次组织有关人员参加证券业协会、上交所、深交所主办的投行业务培训班。通过培训，进一步提高了投行队伍的整体素质。

经过公司上下的共同努力，2001年公司完成新股发行5只，分别为歌华有线、大西洋、包钢钢联、金山股份、上海能源；配股3只，分别是华晨股份、同仁堂、山东海化；累计承销股份7.98亿股，募集资金共计60.24亿元。特别需要指出的是，2001年是股票发行市场发生重大变化的一年，在股票承销业务取得较好成绩的同时，公司没有出现违规行为和大额余额包销的情况，发行风险得到有效控制，这在整个证券业界也是比较突出的。

债券承销和兑付方面，公司系统全年国债名义承销量41.1亿元，实际承销量达67.5亿元，其中2001年七期、十期国债的实际承销量列所有承销商首位，取得了自公司成立以来最好的国债承销业绩。此外，公司去年还成功完成了97中国铁路建设债券、98中石油债券、武钢建设债券、山西焦化债券的兑付工作，兑付总金额达11.29亿元人民币。

证券投资与受托投资管理业务 2001年，公司按照“以规范促发展”的指导思想，一手抓清理规范，一手抓结构调整，在认真解决历史遗留问题的同时，根据公司实际情况和市场变化，压缩了证券投资和委托资产管理的规模，因而在市场环境不利的情况下，较好地规避了市场风险。此外，公司积极完善证券投资与委托资产管理业务制度和监控措施，先后制订了《交易领导小组议事规则》、《自营业务管理制度》、《证券投资账户管理办法》、《证券投资业务核算流程》、《交易管理办公室风险预警系统》等一系列规章制度，建立了对证券投资、委托资产管理业务的财务核算制度和监控体系，从而进一步加强了对证券投资和委托资产管理业务的规范化管理，为证券投资和委托资产管理业务的长期健康发展打下了坚实的基础。

国际业务 2001年，公司围绕海外基金和受托资产管理积极开展国际业务，并取得了良好业绩。截止年底，由公司担任投资顾问的海外基金规模为7000万美元，全年最高时达1.42亿美元，全年累计管理费收入达400万美元。另外，公司还在几十家全球知名的资

产管理公司中脱颖而出，获得瑞典斯堪的亚基金研究部门颁发的“2001年度专业合作机构业绩表现最佳奖”。在B股自营方面，公司抓住去年年初B股对境内居民开放这一机遇，适时调整了投资策略，狠抓业务管理，取得了较好的经济效益。

研究工作　在研究工作方面，公司重点加强了研究咨询体制建设，进一步整合、优化了系统的研究资源，加强了研究成果为公司业务服务的转化工作；推动公司全系统信息资源共享体系和相互分工机制的建设，如建立联系人制度和在公司NOTES系统上开辟交流园地等，从制度上确保研究工作为公司业务发展服务职能的实现；建立了分析师系列绩效考核体系，鼓励分析师不断提高研究水平。通过采取这些有效措施，研究工作不仅有效地促进了公司投资银行业务、经纪代理业务等各项业务的开展，而且在基金公司对券商研究机构服务质量评价的排名中也由年初的第九名提高到年底的第三名，客户数量增加50%，全年为公司创收近900万元，费用也由2000年的2600万元下降到2001年的1200万元。此外，在证券业协会组织的有关课题研究评比中首次获得二等奖，实现了零的突破。

二、完善公司法人治理结构

完善公司法人治理结构是公司去年开展的一项重要工作。2001年5月26日，中共北京市委、市政府正式宣布成立中共华夏证券有限公司委员会，并推荐了公司新班子组成人选，从而为完善公司法人治理结构奠定了基础。此后，公司按照有关法律法规，先后组织召开了两次股东会会议及五次董事会会议，修改完善了公司章程，选举产生了公司新的董事长、副董事长，聘任了公司新的经营班子，健全了公司法人治理结构。

在此基础上，公司又制订了《董事会议事规则》、《总裁办公会议制度》等规章制度，并决定在董事会下设立三个委员会，即人力资源与薪酬理委员会、风险控制与决策委员会及稽核监察委员会，以加强公司的内部控制，强化公司的宏观调控能力，保证公司各项业务的稳定、健康发展。

三、重点开展增资扩股工作

增资扩股是去年公司重点开展的一项工作，由于这项工作直接关系到华夏证券的生存与发展，因此，公司高度重视，从各有关部门抽调专门人员，成立增资扩股办公室，专门负责此项工作。2001年8月30日，经公司临时股东会会议审议、表决，通过了《关于华夏证券有限公司增资扩股并改制为股份有限公司的议案》、《关于华夏证券有限公司非证券资产剥离并转让给华证资产管理有限公司的议案》等多项议案，完善了增资扩股的有关法律手续。此后，公司全面展开了股权转让、非证券资产剥离以及新增股本的募集工作。经过广大干部员工的共同努力，公司顺利完成了股权转让的前期准备工作，华证资产管理有限公司先后承接公司非证券资产42.56亿元。公司于去年11月30日向中国证监会报送了《华夏证券有限公司增资扩股申请材料》，并一直与证监会保持密切联系。

四、进一步强化内部管理

2001年，公司在抓好业务经营工作的同时，进一步强化了内部管理工作。

(一)坚持党管干部原则，继续深化用人制度改革

公司在去年11月下发了《华夏证券有限公司干部管理办法》，明确了公司各级干部的任职资格和管理权限，完善了干部日常考核和制约机制。在干部选拔任用上，实行由总裁推荐提名、组织部门考核、党委研究批准的方法。通过这些措施，公司干部队伍建设得到了有效的规范和加强。在理顺干部管理体制的同时，进一步明确了“德才兼备，能位匹配，有功则奖，有过必罚”的用人原则，强调要按照政治标准和生产力标准去评价一个人，要从廉政和勤政两个方面去考核一个人，努力防止和纠正用人问题上的不正之风。在人事管理方面，各分支机构根据总公司的统一部署，相继进行了分配制度改革，进一步调动了员工工作积极性；通过完善制度建设，使人事管理工作制度化、规范化，提高了管理透明度和工作效率。

(二)以经济效益为中心，积极推进公司内部整合

为有效降低成本，提高管理和运营效率，公司做出了对内部管理体制进行整合的重大决策，即按照经济效益最大化原则，根据市场不断变化的要求，在现有的基础上对公司内部管理体制和经营理念进行改良完善，对各项资源进行优化配置，从而有效促进公司经营目标和发展战略的实现。

在分支机构整合方面，去年以来，公司按照经济效益最大化原则，对营业网点实行统一整合，将一些地理位置比较接近、业务关联紧密的一级分支机构进行适当合并，实现营业网点布局的合理化；通过分支机构管理部门和营业网点的合署办公，降低管理成本，提高经济效益。目前，沈阳分公司的机构整合工作已初见成效，深圳分公司、广州分公司机构整合正全面展开。

为加强部门管理，在2000年底对总公司各部室进行合理调整的基础上，去年公司又制订下发了《华夏证券有限公司部门职责》，明确了总公司各部室的职责，消除了部门职责不清、工作互相推诿的现象，提高了工作效率

(三)严格坚持规范经营，不断完善风险控制体系

2001年是中国证券市场的“监管年”，公司在去年年初工作会议上也明确提出要把“规范经营、防范风险”作为全年各项工作的指导方针。根据这一指导方针，公司制订了《华夏证券有限公司内部控制制度》，加强了对经营管理过程中几个“关键点”的有效控制，包括人的控制、资金的控制、重大业务决策的控制以及建立高效快速的风险预警机制。为完善风险控制体系，公司还规范了财务预、决算和费用审计、经济责任审计等工作，加强了对全国130多家分支机构的财务检查和审计监督工作，同时在证券公司中率先开展了电子信息系统稽核审计工作。为贯彻执行证监会关于客户交易结算资金管理的3号令，公司从资金帐户管理、交易清算、财务管理以及会计核算等多个方面制定规章制度，完成了从2002年1月1日起贯彻执行证监会3号令的各项准备工作。

五、努力加强公司党建工作2001年，在市委、市政府和市金融工委的直接领导下，公司党建工作取得了重大进展。

一是努力加强党的建设，制定了《党委会议议事规则》，充分发挥党的组织优势和政治核心作用。围绕完善公司党的基层组织建设，去年公司协助18个没有党组织的分支机构建立健全了党组织。同时，认真做好新党员发展工作。

二是加强党风廉政建设与司风建设。去年公司制定了党员领导干部廉洁自律“十条规定”，以及《华夏证券有限公司党风廉政建设责任制实施细则》，要求公司每一级领导干部在抓好内部管理和业务发展的同时，抓好党风廉政建设。公司还利用纪念建党80周年之际，对部分先进党支部和优秀共产党员等进行了表彰，并处理了多起违法违纪案件。为了加强领导干部费用管理，总公司和分支机构班子成员定期公布支出情况，增强了费用开支的透明度。

三是积极开展“三讲”学习教育整改活动。通过开展“三讲”学习教育整改，不仅提高了公司干部员工的思想认识，而且找出了公司存在的各种问题，并通过实施各种整改措施，进一步提高了公司的经营管理水平，调动了全体干部员工的积极性和创造性，促进了公司各项业务的开展。

长江证券有限责任公司

一、概况

长江证券有限责任公司是一家全国性的证券公司，创建于1991年3月18日，总部位于武汉。

公司注册资本金为人民币20亿元。公司股东结构合理，不仅包括青岛海尔投资发展有限公司、清江水电投资公司、湖北省经济开发公司、中国土畜产进出口总公司、湖北省电力公司等大型企业，亦吸纳了海欣股份、新亚股份、津滨发展、葛洲坝、保定天鹅、武钢股份等上市公司入股。覆盖各个产业领域的股东结构成为公司稳步发展的重要支撑。

公司在全国同业首批获得A、B股股票主承销、外汇经营、证券投资咨询资格，是首批沪深证券交易所会员，取得网上证券委托业务资格和受托资产管理业务资格，为财政部国债一级自营商、记帐式国债甲类承销商，并获准进入全国银行间同业拆借市场和债券市场。

1991年3月18日，公司正式成立；公司实收资本金1700万元。

1997年，公司完成增资扩股至1.6亿元的工作，中国葛洲坝水利水电工程集团公司等13家企业成为原湖北证券公司增资扩股后的新股东。

1998年4月，公司以资本公积金及1997年度部分待分配红利转增股本，使公司的资本金扩充至3.02亿元。

2000年2月，中国证监会核准了公司的增资扩股到10.29亿元的方案，公司更名为"长江证券有限责任公司"，股东总数达到37家。

2001年12月，中国证监会核准我公司注册资本由人民币10.29亿元增至20亿元，股东总数达到38家。

作为中国大陆从事投资银行业务的开拓者之一，到目前为止，公司共担任了国内100多家上市公司的A、B股主承销商、副主承销商和上市推荐人，为20余家企业提供债券承销服务，担当近30家企业的长年财务顾问。以承销家数计，新股主承销指标连续数年居全国同业十强，企业债指标则一直保持在国内前五强之列。

以单家营业部平均交易量为指标，在国内专业券商中始终名列前茅。

二、公司网上交易推动

1、采取经纪业务为先导，逐步构建综合性商务平台的发展战略。

电子商务是现有业务模式的发展和升化，通过发展电子商务将极大地促进对现有业务运行进行数字化改造，以提高运行效率，降低运行成本，增进公司与客户、公司与社会的商务关系。因此，要将电子商务发展为公司的综合性业务平台和客户个性化服务的有效载体。以经纪业务的运行为先导，积极拓展网上交易和银证通业务。在此基础上，逐步开拓电子商务在投资银行、受托理财、债券业务、基金业务等方面的应用。

2、采取"以有形推无形，以无形促有形"的推广战略。

现阶段按照低成本、高效率的原则，构建统一的业务平台，建立营销网络和客户网络，力争在短期内形成新的业务增长点。通过分布在全国各地的营业网点，主要吸引中心城区习惯于电话、网上委托的客户，以及其它地区熟悉因特网的股民，积极拓展网上交易。同时，通过银证合作，拓展银证通业务，利用银行分布广泛的储蓄网点和通存通兑系统，把服务范围扩大到营业部不能直接覆盖的地区。

3、采取整体营销与差别化相结合的市场营销策略。

以客户需求为导向，通过整体规划、指导和运筹，建立健全非现场交易的整体运行模式，统一营销策划、统一营销政策、统一商务流程、统一技术平台、统一服务体系。通过充分发挥电子商务的特有优势和整体功能来降低营运成本，提高营运效率，增进与客户的沟通，改善对客户的服务，推进营销的程式化，创立长江证券电子商务的品牌形象。

同时，由于各地经济发展水平差异以及公司各营业部的实际情况不尽相同，营销手段必然有所差别。因此，在电子商务的拓展中，充分考虑各地的实际，实行"地区差别化"的市场开发策略，与此同时，强化总部级的协调职能，以统一协调各营业部的营销行为，并控制风险。

4、采取标准化与个性化相结合的客户服务战略。

网络的价值体现在智能化的互动，电子商务的发展将有助于为客户提供个性化服务。因此，有必要充分利用网络的智能化特点，实现对中小客户以自我信息定制为基础，以智能化配送为主要手段的标准化服务，同时，辅以证券经纪人的"一对一"交流；实现对大客户的量身定制、理财顾问的个性化服务。适时发展CALL-CENTER，为建立CRM奠定基础。根据客户需求与客户分类，分别实行一对一，一对多，多对一等不同的客户服务模式。

5、采取以网站建设为核心的电子商务品牌战略。

网站是公司电子商务发展的有效载体和形象窗口。要按照贴近客户的宗旨，加强网站建设，并结合适度的媒介宣传，扩大长江证券网站的影响。要加强与主要传媒和门户网站的联系，融入到证券电子商务的主流圈，以网站品牌来推动电子商务的发展。

2002年度，在《证券时报》和新浪网联合举办的第三届最受股(网)民喜爱的"中国优秀证券网站"评选活动中，长江证券长网以以信息丰富、页面美观和服务手段完善等特色，荣获"中国优秀证券网站奖"和"中国优秀证券网站最具发展潜力网站奖"两个奖项，充分表明了广大股(网)民朋友对长江证券长网的认同和支持。

三、公司网上交易发展规划

1、统一的营销策略与统一的客户服务体系相结合，充分体现资源共享；以个性化的服务导向个性化的营销；以特色服务促进品牌创立；以新的服务体系确立新的营销定位，如：每时每刻的服务，轻轻松松的理财。在经营中充分考虑客户需要什么，而不应是我们能提供什么。积极调整思维，将为客户提供全方位服务作为券商的责任和最基本的经营原则，协调和调动内部各方面的资源，形成多层次的服务网络，迎合客户多方面的需求，细分客户群，采取差异化战略，通过创造客户价值来培育客户忠诚度。

2、积极推进整体营销和营销程式化。坚持经纪业务的整体营销理念，追求1+1>2的效应，提高市场竞争力。公司非现场交易采取整体营销、分散推广的策略。总部与营业部之间应进行专业化分工，充分利用公司总部职能，将其建成统一的营销策划中心、统一的资讯配售中心、统一的客户服务中心。这种模式具有以下优势：一是降低经营成本；二是通过资源整合，提高营业部的整体竞争力和规模效益；三是形成券商的市场形象和品牌，扩大影响力。

3、实行网上交易+银证通+专家在线三位一体，形成公司非现场交易的完整模式。提供的不仅仅是简单的交易通道服务，而是通过集中式的交易平台，集中式的客户服务平台，更好地形成以总部为支撑的现代新型交易方式的服务特色，为创立品牌特色积极创造条件。提供的不仅仅是优惠的佣金、快捷的通道，更有安全的资金管理、个性化的咨询服务。佣金有限，服务无限。在佣金改革的大背景下，公司提倡——"降佣、安全、服务一个都不能少。"

四、网上交易数据统计

2000年5月，公司正式推出网上交易服务。2000年10月，长网正式运行。2000年公司网上股票交易量达到14.12亿元，网上股票交易量占公司股票交易总量的0.44%。截止到2001年，网上股票交易量达到30.20亿元；截止到2002年上半年，公司网上股票交易总量达到63.33亿元；2002年网上股票交易占当期交易总量的11.03%。截止到2002年上半年，公司网上交易开户人数达到3.5万人，占公司总开户人数的9.51%。

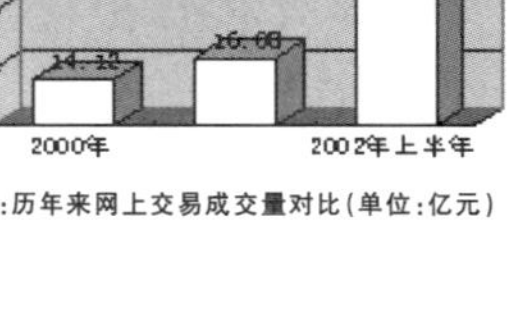

图1：历年来网上交易成交量对比(单位：亿元)

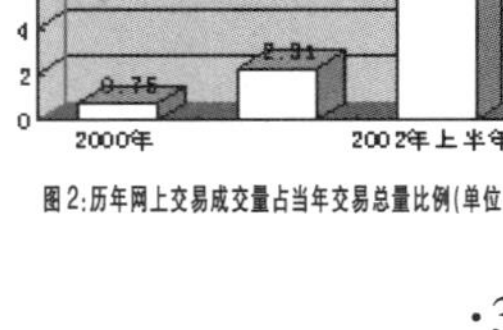

图2：历年网上交易成交量占当年交易总量比例(单位：%)

华寅会计师事务所有限责任公司

华寅会计师事务所是1995年初经审计署批准,设立的署管社会审计组织。1999年经财政部批准,改制为华寅会计师事务所有限责任公司,并在国家工商行政管理总局进行登记注册。该所是MSI国际独立职业事务所联合会成员所。

现在职员200余人,其中注册会计师120多名,注册评估师、注册税务师、注册造价工程师80多名。具有承办国有大型企业年度会计报表审计、证券期货相关业务审计、金融相关业务审计、资产评估、工程造价咨询甲级资质等多种资格,并的不断地拓展业务领域。

会计报表审计、财务审计具有较强的实力。2002年作为牵头所承担了中国国际工程咨询公司、中国煤炭工业进出口集团公司、中国路桥(集团)总公司、中国铝业公司、中国移动通信集团公司、中国纺织科学研究院、武汉钢铁公司会计报表审计,积累了协调多个会计师事务所联合工作的经验。

完成国家政府部委委托的专项审计。2002年受中国人民银行的委托,对中国工商银行进行了专项审计,并抽审了部分省级分行。2002年分别完成中央企业工委、中央金融工委、国家计委、财政部、审计署、国家体育总局委托的项目。

运用专业和人才的优势,成功地为北海国发海洋生物产业股份有限公司、河南豫能控股股份有限公司、北海银河科技产业股份有限公司、梧州中恒集团股份有限公司等股份公司提供了企业改组、上市、审计及专业咨询服务。

1998年英国特许公认会计师总部授权该所设立中国会计师事务所唯一的一家"ACCA"培训中心,为该所和社会培养国际水准会计师,开展国际业务输送、储备人才。第一届学员已取得ACCA会员的资格。

地址:北京市西城区德外大街五路通街19号院2楼
电话:010-62378090　62378083
传真:010-62378010
电子邮件:hyao@163bj.com
邮编:100011

VOLUME 11

第十一卷

证券经纪操作实务

- 证券经纪与证券经纪人
- 证券经纪业务解密
- 证券经纪人的人力资源管理
- 证券经纪的营销学

A COMPREHENSIVE HANDBOOK OF CHINESE SECURITIES 中国证券大全

·2002·

证券经纪是券商三大收入来源之一，在现阶段佣金自由化和外资入市的新形势下，国内券商正面临着来自国内外的双重竞争，业务创新是突出竞争重围的有效途径之一。本卷不仅指出证券经纪业务创新的具体内涵，而且提出创设中国券商的证券经纪人制度，希望它能对国内的同行及证券经纪事业有所裨益。

第一章 证券经纪与证券经纪人

随着我国证券市场规范化、市场化、国际化进程的不断推进，不少券商已认识到：未来市场的竞争，将由传统的以资本规模为主要竞争手段的竞争模式转为新经济时代的知识与人才、文化与理念、制度与管理、战略与创新、规模与实力等全方位的竞争模式。对券商而言，拥有怎样的人才，尤其是具有自我学习、自我适应、自我发展能力的人才，将从根本上决定券商在市场上的综合组织功能。证券经纪人作为券商的核心的竞争力，为投资者提供专业化、个性化服务的重要手段及所具有的理性投资、控制风险的代客理财职能，已越来越受到券商的重视和投资者的青睐，证券经纪人制度在我国证券市场上逐渐蓬勃兴起。

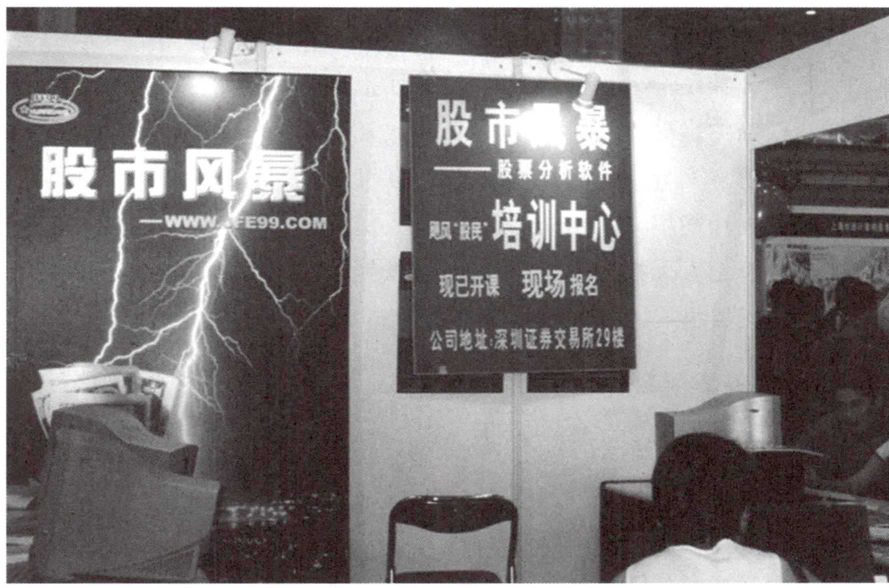

一、证券经纪

经纪，是指为促成商品、劳务等交易而为买卖双方提供有偿服务的一种经济行为，它包括中介行为和代理行为。当经纪活动的客体，即买卖双方的交易对象为有价证券时，这种特定的经纪活动就被定义为证券经纪。为证券经纪提供中介服务的经纪人就称为证券经纪人。一般来说，证券纪纪是指证券经纪人在证券流通市场（二级市场）为促成证券买卖双方的交易所进行的证券中介（代理）活动。具体而言，证券经纪具有下列基本特征：

(1)服务对象的广泛性和可延伸性。证券经纪业务所涉及的服务对象是取得合法交易资格的法人和自然人，其涉及面异常广泛，并且随着市场的进一步成熟，证券经纪人的服务交易对象，将从传统狭隘的单一客户群体不断的向外延伸、拓展，最终将形成以个性化经纪人为核心单元的客户群体。

(2)证券经纪业务的中介性。它主是要体现在两方面：一是证券经纪人是买方和卖方的中介，协助买卖双方成交；二是代理投资者进入交易所入场交易。在证券市场，证券交易所不允许非交易所会员入场直接交易，所有非交易所会员的证券交易都必须通过会员的代理才能进行。此即为证券经纪的十分重要的通道功能，但随着网上交易的出现，传统意义上的通道功能正在日益弱化。

(3)客户指令的权威性。在证券经纪活动中，客户是委托人，证券经纪人是被委托人，客户的有效指令具有至高无上的权威性，证券经纪人只能在授权的范围内忠实地、不折不扣地执行客户指令。任何违背客户意愿或超越客户指令权限的行为都被视为违法。

(4)客户资料的保密性。证券经纪人必须严格保守投资者的商业秘密，但国家司法部门等依法查询的除外。

(5)专业性。证券投资有十分明显的风险,具有较强的专业特征,需要证券经纪人具备一定的投资技巧和专业知识，或者说证券经纪是一项专业性很强的经纪工作。

(6)指导性。证券经纪的专业性，决定了证券经纪人提供的经纪服务具有很强的指导性特征。尤其是在传统通道意义日益弱化的情况下，其指导性功能得到了相应的强化，但证券经纪人无权也不能超越投资者进行投资决策。

二、证券经纪人

1、证券经纪人的涵义

证券经纪人，即证券行为的主体，是指在证券经纪活动中以收取佣金获得报酬为目的，为促成证券投资者的证券交易而从事证券委托代理业务的自然人、法人和其他经济组织。在我国,具体从事证券经纪业务的证券经纪人主要有证券经纪商即证券公司，兼营证券经纪业务的信托公司、财务公司、融资租赁公司以及相关金融机构和专门从事证券经纪工作的自然人。但值得注意的是,由于我国证券市场的特殊性,目前以自然人和非法人的经济组织形式出现的证券经纪人不能独立存在，必须依附于证券经纪商才能实现证券经纪的功能。

证券经纪人与客户之间主要存在如下四种关系：

(1)代理关系。客户为被代理人,经纪人为代理人,经纪人必须在客户授权的范围内依法从事代理业务，经纪人有义务和责任维护被代理人即客户的利益。

(2)信托关系。客户基于对经纪人的人格、品德和业务能力的充分信任,将自身的资产委托给经纪人,与经纪人之间形成信托关系。经纪人承担着保管客户资产的责任,并应以自己的人品和实力、丰厚的业绩回报来向客户证明自身的价值。

(3)抵押关系。客户需要现金时，可以其持有的证券作抵押向经纪人借款,客户为抵押人,经纪人为被抵押人。但这种低押关系的建立必须以充分发达的金融市场为基础，目前我国的证券市场尚不具备此项功能。

(4)债权债务关系。当客户购买证券资金不足时，可凭借信用向经纪人借款购买一定数额的证券,客户为债务人，经纪人为债权人。但是，这种债权债务关系的确立必须以全社会良好的信用制度为其存在前提。

证券经纪人与其他证券从业人员也有一定的区别。证券经纪人与证券公司的管理人员、财务人员、信息咨询人员等其他从业人员虽然同为公司雇员,地位相等,都必须在公司统一的组织管理下从不同需求角度为客户提供各种优质、高效的专业服务,但他们之间又有显著区别：一方面收入来源不同。证券经纪人收入的主要来源是客户支付的“佣金”,其高低一般是由经纪人对客户所服务的证券投资回报率和相对应的成交额的大小来综合确定；而其他证券从业人员收入的主要来源是证券公司支付的“薪水”,一般根据公司整体的经营状况，行业收入水平以及员工自身的工作职位、年限、业绩等因素综合考虑。“佣金”收入，能真正体现按贡献，按业绩计酬的分配原则，可能相对偏高但极不稳定;而“薪水”收入虽稳定却相对偏低,甚至可能与佣金收入差距悬殊。另一方面工作性质不同。与其他员工相比，证券经纪人更直接地与客户交流，并要求他们依据客户的资金数量、持仓状况及市场走势等行情为客户及时提供富有个性化的有实际操作价值的投资建议，因而对其综合素质要求更高。

2、证券经纪人的类型与特征

我国证券经纪人的类型若依据证券经纪人的严格定义，则我国由于多方面的原因，还没有正式建立起一支职业队伍。但就国内证券经纪业务的性质和实际运行状况来分析，按经纪人的来源差异可分为如下四种类型：

(1)证券公司内部职员。这是传统意义上的处于证券业发展初始阶段的经纪人模式。在证券和证券公司发展初期,券商内部的柜台人员、大户室主管、交易部经理等都在日常业务中对客户发挥着委托代理、咨询分析等经纪人的职能，这与国外成熟证券市场上证券经纪人制度比较,这类人员在独立性、专业性、法律地位等方面与专业经纪人均存在很大差距。

(2)证券公司内部设立的经纪人制。不同的证券公司,经纪人制度不同，经纪人一般被称为客户经理、理财顾问或投资襄理等。他们是证券经纪人的原始代表，其主要工作任务是为公司开拓发展客户资源，为客户提供信息咨询、投资建议等服务；其工作业绩主要依据所开发的客户数量和证券交易额的大小来体现，客户的交易通常登记在经纪人名下。这种类型的经纪人一般为证券公司正式编制的员工，通常情况下不代理客户进行操作；他们收入除证券公司支付的底薪外，还有一部分来自于按一定比例从客户的交易金额中提取的佣金。

(3)劳务型经纪人。从严格意义上说，这才是真正意义上的证券经纪人。这一类经纪人虽也由券商招聘，但他们仅承担为证券公司开拓市场、发展客户、负责客户营销等工作任务，很少提供专业化的咨询服务和理财服务。他们一般不作为证券公司的正式职工，甚至一部分人是兼职的，其薪酬主要按工作业绩即开发的客户数量提成，在公司里来去自由，与公司关系较为松散，仅为公司提供劳务，公司按劳付酬。

(4)独立型经纪人。此类经纪人独立于证券公司，其采用的经纪形式一般是证券咨询公司或股评人士在券商处设立的"工作室'或"操作室"。他们可以为客户提供较全面的经纪服务，可以从信息咨询服务开始直到代理买卖。经纪人一般与客户直接签订协议，双方共同议定盈利目标，经纪人从盈利或交易额中按一定比例提取佣金作为薪酬。独立型经纪人与证券公司的关系是合作关系，而不是管理与被管理的关系，他们共同开发客户，据各自的业务分工提供不同的专业化服务，密切配合唇齿相依。

证券经纪人的主要特征：

(1)代客买卖。严格意义上的证券经纪人自身不得参与证券交易。此规定作用有二：一是防止经纪人与客户产生利益冲突，保障客户利益；二是有利于使经纪人保持一个相对独立的姿态，在变幻莫测的市场中保持清醒，为客户提供更加理智的服务。相反，若证券经纪人自己置身于市场中，在很多情况下，由于受自身利益左右，会影响其对市场的冷静分析和正确判断，以致最终影响到对客户的服务质量。

(2)高风险。证券经纪人的高风险性，首先体现在证券经纪人的收入不稳定，其佣金收入的高低完全取决于每月的工作业绩和市场的整体走势，若市场交易急剧萎缩，客户的交易量明显下降，则当月的收益将没有任何保障。其次体现在证券经纪人队伍的高淘汰率，由于市场竞争的残酷性，将会反复演绎优胜劣汰的选择，无法长时间历经市场考验的经纪人将被无情地淘汰出局。

(3)高收益。由于其特殊的收入结构和固有的分配政策，决定了证券经纪人的收益始终在全行业处于相当高的水平。这种高收益从某种程度上说，与其高风险、高知识含量是相对应的，同样也是合理的。

3、证券经纪人的地位和作用

证券经纪人的地位和作用主要表现在以下方面：

(1)中介作用。据国际惯例，证券市场的投资者是不能直接进入证券交易所参与证券交易的，只有具备证券交易所会员资格才能进场交易，所以，其他非会员的投资者必须委托证券经纪商（一般情况下都是交易所会员）和其所属的证券经纪人才能进行证券投资。因此，在证券交交易过程中，证券经纪人是投资者进入证券市场的桥梁，是市场联系投资者的纽带。

(2)顾问作用。在正常的证券委

托代理业务——即非全权委托代理业务中，证券经纪人与投资者的关系是咨询专家与决策者的关系，类似于军事决策中的参谋长与司令员的关系。在一般情况下，由咨询专家提供可选择的行动方案，并就各方案的利弊得失进行详细的分析论证，最后由决策者依据行动方案和自己的经验、理性分析决策，其决策的行动后果由决策者负全部责任，咨询专家并不直接承担风险责任。证券经纪人作为客户的参谋和顾问，有义务为客户的投资提供尽职尽责的交易建议，但经纪人一般不对客户的交易后果承担直接责任。但在全权委托的代理业务中，经纪人依据授权权限可以代理客户进行投资决策，此时的经纪人就不再是简单的扮演顾问的角色，而是成为独立自主的投资决策人。

(3)活跃市场。证券经纪人作为一名专业人士，接受投资者的委托代理证券交易，为客户提供专业性的咨询服务，提供适宜的交易建议，客观上可以起到活跃市场的积极作用。由于经纪人的参谋，投资者有可能更好地把握市场机会，减少投资失误，从而为下次证券投资提供保障，长此以往的良性循环无疑会活跃市场。

(4)培育市场。客户是证券经纪人的生存之本。证券经纪人为自身的生存与发展，必须利用已有的社会关系或人际关系，凭借自身的聪明才智和顽强意志，勤奋努力地开拓市场。为开拓市场，经纪人必须立足长远去培育市场，力求拥有更多的客户。经纪人的这种主观为自己的行为，客观上起到了培育市场的作用。

4、证券经纪人的权利和义务

(1)证券经纪人的基本权利。证券经纪人的基本权利，主要包括以下几方面：

第一，有权要求委托人如实地按法律法规的规定提供必需的资料，如委托人的身份、年龄、法定住址及通讯联络方式等，并要求委托人保证其资料的真实性，以便情况发生意外变化时，投资者能尽快履行通知经纪人的义务

第二，有权要求委托人授予一定权利。投资者给经纪人的授权必须明确，双方的责权利应有明确的界定，经纪人有权拒绝投资者不规范的委托或无效的指令。

第三，有权要求投资者支付法定的、合理的佣金报酬及相关的经纪成本。

(2)证券经纪人的义务。证券经纪人的主要义务，包括以下几个方面：

第一，如实介绍义务。证券经纪人必须诚实、完整地向客户介绍自己，着重介绍自己的从业经历、专业特长、交易记录和代理业绩等。

第二，忠实义务。证券经纪人接受委托后，必须忠实地执行委托人的指令，勤勉、尽职、按时地完成委托义务，维护委托人的权利。同时，证券经纪人还必须如实向客户揭示证券交易存在的市场风险，解释证券市场运作规则并有义务培训客户。

第三，制作文书义务。证券经纪人应对每次交易都制作、提供、保留有关的记录，依据交易双方的最后约定制作规范的法律文书并交委托人双方签字，如委托单、交割单、指定交易协议、开户合同文件等，其中重要文件还必须经过司法公证部门的法律公证。

第四，保密义务。保守委托人双方的商业机密是证券经纪人最基本

的职业道德,也是其应尽的义务。否则,证券经纪人的信誉将受到严重的挑战。

第五,纳税义务。依法纳税是每个公民应尽的义务。证券经纪人应接受有关政府部门的监督并依法纳税,以维护法律的公正,维护市场的稳定与发展,保护市场经济主体的合法权益不受侵犯。

5、证券经纪人的行为准则

证券经纪人是投资者进入证券市场的桥梁,其行为规范与否十分重要。从各国证券市场的实践来看,证券经纪人必须遵守以下行为准则:

(1)诚实公平原则。证券经纪人应树立诚实信用、客户至上的职业信念,在法律规定的任何情况下都应保证客户利益优先,做好风险控制与防范工作,确保经纪活动过程中的所有交易行为都有助于实现客户利益最大化,有助于维持证券市场的公平有序,有益于证券市场的稳定与发展。例如,证券经纪人获得的重要信息,必须在第一时间传达给客户;不得以获得佣金为目的而唆使、诱骗客户买卖证券;不得给客户任何形式的盈利承诺。

(2)勤勉敬业原则。证券经纪人必须为履行委托义务而勤奋学习,努力工作,忠于职守,谨慎敬业。证券经纪人责任重大,工作要求高,风险大,竞争激烈,若不勤奋学习,谨慎敬业,则无法适应证券市场的发展变化,不能取得投资者的信任,甚至无法做一名合格的经纪人,最终被淘汰出局。总之,证券经纪人必须尽自己的最大努力勤奋工作。

(3)信息真实原则。证券经纪人有义务和责任在第一时间将自己在交易所、互联网及相关媒体或其他渠道获得的与投资者利益相关的信息正确无误地披露给投资者;同时,对自身在经纪活动过程中所获得的佣金及相关利益也应如实告知投资者。但是,证券经纪人所有信息,都必须力求真实;所有言行,均应讲求信誉。证券经纪人绝对不能根据道听途说或未经证实的消息而指导投

资者买卖证券,更不能为其他私人利益而编造谎言诱使投资者交易。

(4)券款保护原则。证券经纪人有责任和义务保护好投资者委托其代理的财产,包括证券和现金,保证其不被挪用或造成损失。其具体要求如下:客户的保证金,必须在商业银行设立专门账户办理交割、收付,该账户款项不得挪用;客户的证券,经纪人不得自行保管,应存放在证券登记结算机构集中托管,经纪人也不得私自挪作他用。

(5)投资建议原则。证券经纪人是高素质的市场专业人士,拥有丰富的证券知识和实战经验,他们依据自已的优势向投资者提供投资建议,如推荐某只证券,但这种投资建议必须是建立在科学、合理、真实、严谨的基础之上。从法律的角度讲,投资建议"必须得到可信的依据的证实"。同时,经纪人必须表明自身在该证券中的利益,否则,不得推荐这只证券。

(6)利益冲突原则。当证券经纪人的利益与客户的利益发生矛盾、产生冲突时,应根据客户至上的原则加以处理,即经纪人退出该项交易。当然,在客户已充分了解所有情况并明确同意经纪人的此种行为时,可允许经纪人继续交易。

总之,创建证券经纪人制度是我国证券市场和证券公司发展的必然趋势。证券经纪人不仅是证券市场健康高效运行的必要环节,而且是我国券商面对佣金自由化改革、外资入市、证券市场逐步开放等一系列挑战的有力武器。

第二章 证券经纪业务解密

目前，随着证券法律法规的完善以及经纪佣金浮动制改革和推进，我国证券市场正日益市场化、规范化、法治化和国际化，券商之间的竞争加剧，竞争层次提升，创建中国证券经纪人制度的呼声日益高涨。作为舶来品，我们在探讨建立适合中国国情的证券经纪人制度时，有必要先明确经纪人的常规业务与创新业务，这样有利于证券经纪业务的进一步开展。

一、常规业务

从国外成熟证券市场的发展历史来看，证券经纪人传统意义上的工作业务主要包括开发客户、委托代理、信息咨询和投资管理四大类。

1、开发客户

客户是证券经纪人的生存之本。尤其是在我国证券市场已完成由卖方市场向买方市场的转化后，客户资源更是各证券公司奋力争夺的绣球，证券经纪人正是承担此项工作的主力军。

对经纪人而言，其客户来源主要有三大块：一是与自己联系密切的社会群体，如亲戚朋友、街坊邻居等；二是老客户介绍的人；三是通过自己主动接触拜访而认识的人。证券经纪人要制定客户开发计划，首先要收集客户资料，建立潜在客户档案。完整的客户档案应包括：姓名、出生日期、籍贯、住址、电话、工作单位、职位与职务、月收入及资产、教育背景、性格、兴趣爱好、婚姻及家庭成员状况、现有投资种类和金额等等。其次是分析档案。根据客户的证券投资需要、从事证券投资的能力、开展证券投资的决策权三个方面，将所有潜在客户群划分为A、B、C、D、E五个等级（如下表所示），从中过滤掉不合适的对象，选择适合自己开发的客户。最后是制定客户开发计划。其内容应包括：一是设定工作目标。即设定市场开发的短期目标和长期目标，前者一般是中小散户，后者主要是机构投资者，具体可落实在客户数量和资金开发数额上。二是确定具体对象。即从落实客户群的A级中选择若干自己最熟悉、最有可能成功的潜在客户，争取有一个良好的开端，树立自信心。三是安排行程。凡事预则立，不预则废。拜访客户的行程计划应尽量详尽，先订月计划，再订周计划和日计划。四是修正计划。应根据开发客户的实际情况和个人能力对原计划及时检讨、修改，使之更加完善。

等级	特征			成为客户的概率
	投资愿望	投资能力	决策权	
A级	强烈	强	充分	85%以上
B级	中等	强	充分	75%以上
C级	中等	中	中	50%以上
D级	弱	弱	中	20%~40%
E级	微弱	无	小	10%以下

2、委托代理

投资者参与证券投资，必须经过证券经纪人（或经纪商）代为开户、下单、清算与交割，此类委托代理业务通常只能由法人性质的证券经纪人全部完成，个体经纪人一般只承担开户或递送文件的事。

开户开立的帐户包括证券交易帐户和资金账户，前者由证券公司保管，后者在“银证通”或“存折炒股”的方式下可由银行保管。从客户对象上分，证券账户分为个人账户和法人账户两种。个人开立证券账户必须持本人身份证并提供本人和委托人、经纪人的详细资料，包括姓名、性别、身份证号码、家庭地址和法定的通讯方式。法人开户必须提供有效的法人证明文件（营业执照）及其复印件、法人代表证明书及其本人身份证、法人授权委托书及委托人身份证并提供相应的详细资料，主要包括法人地址、电话、法定代表人和授权交易执行人的姓名、性别、书面授权书、开户银行和账号、法定通讯地址及邮编等。并且严禁法人以个人身份开设证券账户，必要时投资者还应签署《风险声明揭示书》和《证券经纪人委托书》。

(1)存取保证金。开户后，客户应在证券经纪商指定的商业银行存入一定数额的保证金并经证券经纪商确认后才能进行证券交易。同时，客户可随时提取自己资金账户中的资金余额，在"银证通"方式下，甚至不必证券经纪人提供任何服务仅通过银行即可取回保证金。

委托交易投资者要买卖某种证券，必须自己向证券公司下委托交易指令，包括市价指令和限价指令两种。经纪商接到有效的交易指令后，应即时、准确、完整地通过电脑交易委托系统或人工报盘系统将指令输入证交所的电脑撮合系统，并及时将成交情况反馈给委托人。

(2)清算与交割。这也属于证券经纪人委托代理业务的必要内容。证券买卖成交后，证券经纪商必须分别对证券交易所和投资者进行资金和证券的双向清算与交割，并及时将清算与交割结果交客户确认。

3、信息咨询

为投资者提供高水准的信息咨询服务，是证券经纪人日常工作最主要的内容。它主要分为普通信息咨询、专业投资建议、经济研究报告三大类。

(1)普通信息咨询。证券市场行情变幻万千，各种事件、信息、传闻漫天飞舞。证券经纪人需要将市场上正在发生的和已经发生的事件及投资者对事件的反应进行搜集分

类，辨别真伪，分析研究，并将成交的资料和结论在第一时间及时、完整、准确地传递、报告给客户，如对市场行情利多、利空以及近期、中期、长期的客观、系统的分析，指出交投活跃、涨跌幅较大的股票等。此类工作能帮助客户把握瞬息万变的市场机会，取得高收益回报或减少风险损失。

(2)专业投资建议。证券市场倡导理性的投资理念，讲求市场分析和资金运用的科学性、策略性，为避免客户"盲人骑瞎马，夜半临深池"的危险境况，证券经纪人必须定期或不定期对市场行情进行研判，形成投资建议书供客户决策参考。一般而言，一份完整的投资建议书应包括以下内容：投资项目、历史走势和走势预测、基本面和技术面分析、投资原则、建议投资金额、入市策略、盈亏分析、风险及对策等。

(3)经济研究报告。包括宏观经济运行和政策分析、产业或行业发展状况分析、上市公司成长性分析、金融创新产品或工具研究、技术创新和应用研究等等。证券经纪人应根据市场的快速变化和热点转换，及时调整研究方向和研究重点，借鉴他人研究成果，向客户提供适时、具个性化和专业化的研究报告，用自己的卓越实力和优质服务赢得客户的信赖。

4、投资管理

在发育成熟、制度完备的证券市场上，证券经纪人可以接受投资者的全权委托，全权代理投资者进行证券交易。因此，投资管理是证券经纪人的必修内容，其具体包括资金管理和风险管理。

(1)资金管理。资金管理是指资金的合理分配和灵活运用，它包括投资组合、分散投资和投资期限等内容。其中，投资组合分收入型、增长型、平衡型三种形式；分散投资包括分品种、分行业、分公司、分时段四种方式；投资期限又可分短期、中期、长期等。实践证明，资金的优化管理和头寸的合理调度是控制交易

风险并取得理想回报的重要途径。

(2)风险管理。不同的投资者对风险的认识、理解和容忍程度不一样。实践中,有多种因素会制约投资者对风险的掌握与控制，如资本规模和投资比例、市场表现与近期收益、熟悉程度及投资习惯、投资经历、信息来源、心理状态等。证券经纪人可凭借其专业知识、经验和技能，采取各种有效的风险事前预测和防范措施，协助投资者控制各种交易风险;或者在风险事故发生后，适时采取专业化的补救措施，尽量将投资者风险损失控制在最小范围内。

二、创新业务

创新是证券市场持续发展的动力。随着证券市场投资需求的多样化和专业化,以满足市场投资需求为要旨的证券经纪人也因不断创新而使业务领域日益丰富。

1、个人家庭理财

所谓个人家庭理财是指消费者依据自己及家庭的财务收支和资产状况,研究确定阶段性的生活与投资目标,按投资专家建议将全部资产进行合理分配与组合,并及时了解资产账户及相关信息,以达到个人及家庭资产收益最大化。其中的投资专家就包括证券经纪人,他们既要研究开发出科学的个人家庭理财产品,又要提供专业的投资理财服务。

在现代金融市场上,各种投资工具和产品令人眼花缭乱,如储蓄、股票、债券、基金、保险、期货、黄金、外汇、产权等等,并且每一产品大类下又分有许多小类，如基金可分证券投资基金、风险投资基金、产业投资基金等，而我国的证券投资基金现在又最新推出指数基金、MBO基金、合资基金、开放式基金、对冲基金等，其中混杂的大量专业术语常令普通投资者感到茫然无措，迫切希望得到专家的指导。因此，证券经纪人须彻底改变传统的服务观念,将目前的委托代理、信息咨询业务逐步向其他投资理财业务拓展，不断加强金融理论和实务知识学习，积极进行金融创新以研发出与个人家庭相契合的投资产品或方案，利用自己的专业特长满足广大个人、家庭的理财需求。

2、投资银行业务

随着多层次资本市场体系的建立及证券法律法规制度的不断完善，证券公司除开展传统的证券经纪业务外，还要熟悉投资银行业务。

(1)发行方式创新。这是由市场化过程中供求关系决定的，发行方式往往决定了所承销股票是否能顺利发行，发行方式的创新能力既体现了证券商及证券经纪人对市场的把握，也体现了证券商为企业的融资能力。

(2)服务内容创新。具体包括:①证券承销。股票发行核准制实施后,证券公司不仅是简单的卖股票、债券,而且还要承担起挑选企业、辅导改制、研究确定发行价格等一系列高技术含量的工作。同时在未来的创业板市场，证券公司还可作为拟上市企业的保荐人,担当企业上市的审核、审查和信息披露工作。②资产重组。目前我国资产重组逐步市场化、规范化,政府意志日趋弱化,并且重组程序和方式日益复杂化、多样化，急需专业化的重组顾问。证券公司可针对资产重组，分析客户当前的财务状况和资产构成，为客户策划和设计最佳重组方案，使企业价值和利润最大化。③项目融资。项目融资是以项目自身的资产和项目未来的收益作为抵押来筹措资金的一种融资方式。国际上常见的项目融资类型有产品支付、远期购买、融资租赁、BOT等。证券经纪人在项目融资中可发挥如下作用：一是受聘做项目和财务顾问，二是担任资产担保受托人；三是作为发起人组建项目公司以获取利润。

(3)投行业务应注意的问题。首先，要改变投资银行的"小作坊"式的业务操作类型，建立系统化、专业化、规范化的业务模式；其次，要改变投资银行业务零散、随机、被动的客户开发模式和以经验为主的操作模式，建立以行业为主导的专业化项目实施模式。

3、财务顾问

(1)企业财务顾问。随着投资者队伍的机构化，证券经纪人的服务对象也将呈现机构化的特征。因此，证券经纪人在为机构投资者提供一般性的证券投资业务时，不可避免地会出现投资者特殊的投资理财要求即企业财务顾问或资本运行顾问。

证券经纪人从事企业财务顾问业务应具备较高水平的专业技能：一是熟悉资本市场的运作特点，以及证券市场的基本要求、操作技巧、上市规则和各个环节的具体细节；二是善于发掘好的企业并具备进行初步包装的专业能力，使其能够符合资本市场的基本要求；三是具备足够的业务网络和协作关系，可以根据企业的特点和要求提供符合其需要的专业服务；四是能对企业所在行业、产品结构、市场以及区域经济发展进行专业研判，并能够定期不定期地提供有深度的分析研究报告。

证券经纪人可以与企业建立战略联盟关系，从战略高度为企业提供财务顾问服务。在这样的联盟里，证券经纪人可以在充分调查研究的基础上，建立企业档案，研究企业的历史、现状及行业发展状况，提出中肯的规模扩张建议、资本运作计划、收购兼并策划及股权融资方案等，甚至可代表企业进行商务谈判。

(2)、政府财务顾问。党的"十六大"报告指出，国有资产将由中央政府和省、市(地)两级地方政府分级管理。该政策的实施为券商提供了无限商机，也为证券经纪人拓展了业务空间。省、市政府可聘请证券经纪人做国有资产运营顾问，其业务包括：①探求促进区域经济、行业经济发展的整体资本市场战略；②阐述对产业政策体系的意见，形成结构调整与行业重组的操作方案；③对地方政府国有经济的战略性改组，以若干具体项目为突破口，有计划、有步骤地实施；④对以上市公司为核心的资产重组、股权结构调整进行策划；⑤从融资和改造企业制度、建立新的投资机制的角度出发，为上市公司和企业集团的发展提供项目的支撑。

目前，在实践中，我国已有部分券商走在前列。如中银国际已担任了深圳市大型国有企业股权转让国际招标工作的政府财务顾问，第一次成功地将策略私募这种国际通行的股权转让操作方式引入国企改革中来，力求保证企业的商业利益最大化、地方行业监管环境的完善，并且该公司还与上海国有资产经营公司联合举办了公共民营合作制(PPP)的研讨会，与目标客户共同探讨利用PPP模式、引进国际先进经验等能为国有资产增值的运作模式；湘财证券担任云南省财务顾问，协助云南省推进国有企业战略性重组；南方证券也曾先后被湖南、海南、黑龙江等省政府及西安、朝阳等市政府聘为财务顾问；申银万国也较早地与江西省政府签订了资本运作合作意向。

三、如何协助客户投资理财

1、帮助客户培育健康的投资心态

心理学研究结果表明，健康良好的投资心态可以使经纪人/投资者发挥更强的思维能力和更高的工作效率，对基本面、技术面、市场面发生的变化及时、客观、准确的作出分析和判断，制定较为科学合理的操作策略并付诸实施。因此，经纪人要学会分析客户心态，帮其树立健康的投资心态。

一是排除心理障碍。客户常见的心理障碍有：(1)犹豫心理，即客户对自己缺乏信心，入市后无主见，犹豫不决，无所适从；以致不能形成很好的投资组合，有效实施自己的投资方案；(2)从众心理，即客户对市场不了解、缺乏经验，随群体跟风抛售或抢购；(3)赌博心理，即因发迹心切，投资决策时不是基于信息分析和行情研判，而是抱着侥幸心理甚至运用迷信手法来投资决策；(4)贪婪心理，即总想追求更大的投资收益，而迟迟不愿抛售获利的股票以致弄巧成拙，由盈转亏；或股市下跌时希望继续下跌等待买入更便宜的股票以致贻误时机，追高后又被套；(5)恐慌心理，经历过投资失败的投资者往往会形成此种心理，如在庄家震仓时惊慌失措，赔钱卖出；或随着股价越跌越低，心理变得越来越脆弱，以致低价抛出造成巨额亏损；(6)急躁心理，即因急于赚钱、缺乏耐心，追涨杀跌，最后出现操作频频失误、损失更大的情形。另外还有避贵求廉心理、偏颇心理等。证券经纪人可凭借自己的专业投资经验和成熟心态，为客户指点迷津，指出其心理误区，端正心态，沉着冷静面对市场波动，培育其成为真正意义上的投资者。

二是传授市场心理策略。股市的博杀，主要是智慧、心理和实力的较量。对机构投资者客户，证券经纪人有义务传受其适当的控大盘资金的心理战术，如利用机构投资者能调控股价优势，不断地利用综合信息和技术图表对目标股票进行供求关系的调控，达到低买高卖的目的。对个人投资者，经纪人也可传授一些特别时期的心理战术，如在强势市场应全方位、多品种关注低部放量且长阳高挂股票，交投原则为中短线；在弱势市场的关键战术是单一品种低吸无量的重仓套牢的庄股，运作原则为中长线；题材对引导市场注意力与集中资金火力的重要性等。

2、帮助客户形成良好的投资风格

成功的股票投资风格按选择的股票价格波动类型划分，可分为增长型、价值型和势头型三种风格。

(1)增长型风格。此类风格的投资者一般选择近期内公司收益增长或近年内股票收益增长势头强劲的绩优股票，这类公司一般处于行业的龙头地位，且财务状况较好。证券经纪人可将具备较强的洞察能力和风险驾驭能力的客户培养成此类风格，同时还要求客户全面细致了解公司，对公司的成长信息及发展过程了如指掌，并熟悉公司高层管理者的偏好，观注其动态。

(2)价值型风格。其投资理念是认为企业的增长性并不十分重要，重要的是在市场不充分有效的条件下，要从中筛出那些在市场低迷时其股价过分下跌，已被变化无常的市场遗忘并且股价低于其内在价值的冷门股甚至是垃圾股。其核心问题是如何发现被市场低估的股票。此类风格的投资者必须具有较强的财务分析能力和丰富的企业管理知识，并能付出较多的时间精力。经纪人可根据客户的知识水平，引导其发挥自身优势成为价值型的投资者。

(3)势头型风格。牛顿第一运动定律认为，运动中的物体在其他力量作用之前会保持原来的运动趋势。顺势而为是此类风格的投资者的核心思路，他们追逐那些不断创新具有上升趋势的强势股，上涨趋势确立便迅速跟进，势头反转便迅速抛出。该风格的培养难度小，要求低，无需复杂的公司财务分析，经纪人可对大多数客户推荐适用。

投资风格的形成有赖于客户良好的投资习惯，经纪人还应协助客户制定合理的投资计划，根据客户的资金大小、风险偏好、知识水平和心理素质特征，合理分配资金并确定预期回报率和止损率，并使客户尽量依计划行事。

3、教导客户遵循证券投资的基本原则

在证券市场，没有一种方法是百试不爽的，任何方法都有其局限性，只有最基本的投资原则是永恒的。因此，教导客户恪守证券投资的基本原则也是经纪人的服务范围。证券投资必须恪守的基本原则有：

(1)保本原则；

(2)保利原则；

(3)剩余资金投资原则；

(4)止损原则；

(5)分散投资原则；

(6)自主投资原则；

(7)顺应大势原则；

(8)风险与收益最佳组织原则；

(9)选择时机原则；

(10)确定合理的投资目标原则；

(11)科学选股的原则；

(12)选择熟悉股票的原则；

(13)理性投资原则。

总而言之，证券经纪人是一批高素质的市场专业人士，他们使非职业投资者投资证券市场成为现实，通过开发客户、委托代理、信息咨询和投资管理等传统业务不仅满足了广大百姓的投资理财需求，而且起到了培育、开拓、繁荣、规范证券市场的功效；投资银行业务、个人家庭理财、企业和政府的财务顾问等创新业务更是促进了证券市场的发展和成熟，优化了社会资源配置，也有利于推动证券市场的规范化发展。

第三章 证券经纪人的人力资源管理

证券经纪人是券商的宝贵财富。在未来的人本主义时代中,市场将以"客户满意"为最高价值导向,越接近客户的员工对公司的影响越大,价值也越大。经纪人作为证券公司离客户最近的人员,将必然成为未来证券市场上最有价值的员工。因此,如何加强证券经纪人的人力资源管理,激励证券经纪人,是摆在每位券商案头的重要课题。证券经纪人的人力资源管理主要涉及管理思想、人员选聘、培训、考核及更新等方面的内容。

一、管理思想内核:以人为本

现代管理学的研究成果证明:工作的物质环境和福利的好坏,与员工的工作效率没有明显直接的因果关系;工资高并不一定能激发干劲,但工资低则肯定能消解干劲;金钱不是激励员工的唯一手段,关心、尊重、相信员工并满足员工深层次的精神需要更能激发员工的工作积极性。如惠普的创始人之一威廉·休利特说;"惠普之道,归根结底,就是尊重个人的诚实和正直。"IBM创始人华德森说:"企业必须自始至终地把人放在第一位,尊重公司的雇员并帮助他们树立自尊的信念和勇气,这便成功了一半。"

这就是现代企业"以人为本"的管理思想,它是一种精神和思想,而非一种措施,其表现形式和措施可以是千变万化的。尤其是在以知识经济和互联网经济为特征的新经济时代里,证券纪经人呈现出年轻化、专业化和知识化的发展趋势,现代文化、网络经济与高科技深刻地影响着他们的生活观和工作理念,他们张扬个性和偏好,除物质需求外,更注重追求精神价值和事业成就感,管理个性化、尊重员工、关心员工的新管理理念才能符合这个时代的需求。具体而言,人才的配置、激励和培养是券商实施"以人为本"思想的三大要点。

(1)配置。人才的配置要合理化,即将合适的人放到合适的岗位上,它包含两层含义:一是券商如何将市场上的优秀人才吸引进公司;二是如何将公司已有的人力资源实现最优配置，使其效用开发利用至最大。券商吸收新经纪人入公司,其目的在于开发新业务,而新业务的方向和职责一般都不十分明确，一时很难列出其岗位和人员素质的明确要求，并且往往是因人设岗,若配置不当,则可能无法保障人力资源的调整以实现公司的总体目标。因人设岗是将现有或拟聘人员按其性格、气质、兴趣、专业进行分类，再将不同的工作分至不同的个人,力求各取所长,互相配合,共同完成既定目标。因此,证券经纪人的选聘特别注重潜在能力而非现实能力的挖掘与培养，而培养的基础就是个人的兴趣、性格和气质等,证券经纪人必须靠券商自己来精心培育。

(2)激励。激励是指为实现公司或组织的系统目标，设法为每个员工提供一种能够追求与达到满足个人需求目标的手段，这种手段能够在员工实现个人需求目标的同时，最大限度地实现公司或组织的系统目标。人的需求由低至高包括生理需要、安全需要、社交需要、尊重需要及自我实现的需要，当前种需要满足后，针对该需要的手段和措施所产生激励作用将减弱，后种更高一级的需要将对人产生更大的影响力。因此,低工资不能使员工全身心投入工作,但单一的高薪待遇,也不能形成真正的激励。券商应尽可能激发引导经纪人高级需要的实现，不仅需要为其确定适当的工资水平,更重要的是尊重、关心他们,信任他们，为他们提供最大限度发展使用各自技能到的机会，让他们介入对公司运作和工作目标有影响的决策,让经纪人有归属感、成就感,实现心中的理想。

(3)培养。从社会进步来看,持续不断的金融创新和高科技的发展不仅加快了人类知识更新的速度,同时也使证券业发展日新月异。这决定了培育证券经纪人的任务只能落在券商自己身上。券商可先在短期内对经纪人进行基础知识强化培训和更新知识培训，然后在长期内培养其工作能力和创新能力，让其在一定时期内慢慢积累完整的市场感觉、个性化的交易原则等。因此,证券经纪人的培育不可能一蹴而就，券商应从战略高度建立完备的员工培训体系和培训制度，始终将经纪人的工作能力、创新意识的培育和潜在能力的开发摆在重中之重,并使之成为吸引人才、留住人才的重要手段。

二、招聘管理

1、聘用原则

证券经纪人与其它职业存在显著区别,其招聘必须遵循一定原则,主要包括以下几方面:

(1)可塑性原则。证券经纪人的成功须依靠券商的培训和市场的磨砺,缺乏可塑性和灵活应变能力,经不起挫折打击的人不适合做证券经纪人。可塑性原则在招聘时具体体现为:观其品行志向,悟性等综合素质,不宜看重所谓的学历文凭;测试其动手实践能力，兼顾理论功底但不宜过于看重,重其社会工作阅历,通晓人情世故,讲可塑培养,寻找具备合适思维方式的人。

(2)专业化原则。证券经纪人是专业性十分强的职业，对其专业素养要求很高，具备良好的专业知识背景的人能迅速吸收消化新知识，较快掌握完整的市场感觉，并且快速形成敏锐的职业直觉，缩短上岗培训过程,降低公司运营成本。因此招聘证券经纪人时应注重其专业水平,不宜随意降低入职条件和要求,切忌滥竽充数。

(3)标准化原则。证券经纪人的选聘工作应遵循标准化的流程,包括入职条件、面试程序、考核办法、培训计划等都应标准化、公开化,体现公平、公正的原则,保证每次招聘的证券经纪人都在一个共同的起点之上,便于统一开展培训工作,保障招聘目标的顺利实现，最终使证券经纪人队伍制度化、标准化、成熟化。

(4)本土化原则。证券经纪人的招聘一般应坚持本土化原则，因为本土化的经纪人在当地的市场开发中,具有明显的语言、风俗习惯、地理适应、社会关系等地理优势,能弱化当地客户的排斥心理，容易获得客户的信任,降低市场开发的难度。

证券经纪人的招聘工作必须以严谨认真、一丝不苟的态度去对待,力求从众多的应聘者中找出有品行、有活力、有思维、有个性、有潜力的“五有”人才,为证券经纪人人力资源管理的成功奠定基础。

2、确定拟聘人员的来源

证券经纪人的来源有内外之分，内部是指从公司现有员工队伍中去培育、转化;外部是指公司有计划有组织地去人才市场中招聘,或委托职介中心、猎头公司到市场中介绍、猎取，甚至还可到境外投资银行去挖掘。券商选聘经纪人时，应先分析本公司实际情况和当地的市场环境，大致确定待聘经纪人的来源范围，然后综合比较各种选聘方式的成本和效益大小，最后选择最佳的一种或若干种。

(1)内部培养与转化。现代网络科技的发展以及证券市场从卖方市场向买方市场的转化，使证券公司产生大量富余员工。券商应该重视对这部分员工队伍的培育，调节各岗位间富余与短缺的矛盾，充分利用本公司的人力资源，使其综合效用发挥至最大。具体而言，证券公司内能够向证券经纪人转化的人员主要有以下几类：一是客户服务经理。他们每天直接从事着为客户服务的工作，距离市场近，拥有很好的客户基础和市场感觉。只要对他们进行明确定位，系统培训，加强理论知识学习，利用其岗位就可以较容易的转化为证券经纪人。二是研发人员。与前者相反，他们拥有扎实的理论功底和较高的专业素质，若对其加强市场营销能力和市场感觉方面的培训，也能使其成为优秀的证券经纪人。三是柜台人员。此类员工若其勤奋好学，加之券商的精心有效培育，亦能成为合格的证券经纪人。四是愿接受挑战的管理人员。证券经纪人工作挑战性极强且不太稳定，若有勇于挑战自我、战胜自我的管理者愿意从事这份工作，则他们可利用自身优势，如熟悉市场法律法规、职业操守好、市场形象好、有一定客户基础等，来壮大证券经纪人队伍。

(2)市场招聘。面向社会公开招聘是证券经纪人一种较好的来源渠道，同时人才社会化、市场化也是未来的发展趋势，过去事实上存在的人才对券商的依赖正演化为券商对人才的逐求。从市场目前的实际情况来分析，一般的适合做券商证券经经人的包括：一是有毅力、从业意志坚定的应届大学毕业生。他们虽无市场经验，社会阅历不深，但“初生牛犊不怕虎”，年轻、无畏、勇于冒险、思维活跃、可塑性强等是他们的优势所在。券商可从投资理念到交易风格都完全按照自己的意愿去培养、培育真正属于自己的证券经纪人。二是保险推销员。证券与保险同属金融业，有许多共同之处，容易沟通，并且保险行业的市场调查、市场细分、市场定位及市场营销等工作方式均可为证券业模仿、借鉴。对保险推销员进行证券基础知识和交易技巧的强化培训，也可使他们转化为证券经纪人。三是期货经纪人。他们基础好，业务素质普遍较高，风险意识强烈，精于市场营销，若对其进行短暂的证券知识培训，让他们投身证券业未偿不可。四是机构操盘手。此类人员对国内证券市场有深刻认识，市场感觉敏锐，通晓市场游戏规则，眼界开阔，心理素质好，有一定社会关系和客户基础，聘用他们应强化其职业道德和自律性培训，培养勤奋踏实工作的作风。五是有一定学历的中小投资者。他们具有丰富的实践经验，熟悉投资者的投资心理，这是他们成为经纪人的优势所在。

(3)委托猎头公司。通过猎头公司猎取优秀人才是国际人力资本市场优化人力资源的常用手段。证券公司可向猎头公司提出拟聘人员的职位、责任、条件、待遇等具体要求；然后由猎头公司去寻找合适人选，并通过一系列专业的人才评价体系来挑选出符合委托要求的人。此方式虽然成本高昂，但往往是获取优秀经纪人及其主管的最佳选择。它能弥补证券公司人力资源部信息不足、工作能力有限的缺陷。当然，证券公司还必须注意以优良的工作条件和丰厚待遇来留住人才，否则被猎取而来的经纪人可能被竞争对手挖去。

3、招聘运作流程

(1)明确招聘目标。证券经纪人招聘的最终目标是使所招聘的员工的个性特点与证券经纪人的职业素质要求相吻合，能胜任工作并为公司创造出令人满意的效益。正式招聘前，应先将抽象的总体素质要求细化为可操作的参考标准，如岗位职责、学历要求、经验年限、个性特点、年龄限制、品德评估依据、能力测试方式等。一般而言，对经纪人的要求，志向、个性、悟性、品德、恒心等先天主观因素的重要性应排在前面；经验、能力等后天因素可以通过培训来达到，皆为次要。

(2)刊登招聘广告。招聘广告应刊登在合适的媒体上，力求引起目标待聘者的注意。广告内容应将证券公司对证券经纪人的期望介绍清晰，同时最好能在短短的广告中体现出企业或公司对经纪人管理模式不同的特点，以吸引有共同文化背景或共同理念的有识之士加盟。当然，广告形式可丰富多样，活泼幽默，切忌刻板单调，缺乏吸引力。

(3)供需双方接触面谈。一方面，招聘者可要求应聘者提供个人简历、求职书、自荐信等；另一方面，应聘者也可向招聘方提问获取相关信息，双方互相沟通、了解。达成初步意向者、可约定时间、地点进一步笔试、复试。

(4)书面测验。主要考查应聘者的专业知识、能力水平、综合素质等。其形式一般是制成文字试卷，要求应聘者在规定时限内完成。书面测验必须有一套相对成型的标准化考试题库，能够随机地准确测验应聘者的专业知识，尽量避免流于形式的无效测验。

(5)复试录用。从笔试成绩中择优选出复试者名单，组织相关人员担任考官。复试时应遵循下列步骤：一是考官事先查阅复试者的背景材料，了解基本情况，并准备好标准化问题和特殊性问题；二是考官开始与复试者交谈，宜先从轻松、随意的话题聊起，以缓解紧张情绪，营造氛围；三是通过技巧性的提问与讨论，考官设法了解复试者的心理承受能力、沟通能力、应变能力、智力水平及志向等，也可鼓励应聘者提问；四是记录评价意见与结论，并告诉复试者相关安排。复试完毕，相关主管应及时讨论作出录用与否的决定，并及时通知复试者办理入职手续。

三、系统培训管理

初入职的证券经纪人无论是何种背景，在专业素养、职业道德、交易技巧等上都存在很大缺陷，必须经过一系列的系统培训才能担任并胜任工作。总的来说，证券经纪人的培训目的是努力将经纪人因知识能力不足或工作态度不积极而产生的机会成本的浪费控制在最小限度之内，提高经纪人的服务能力与服务水平。培训内容包括知识更新、业务能力与交易技能的培养、思维的变革与创新、观念转化、心理调整等。培训系统的正式操作可依据计划——执行——评价——处理的顺序循环逐步进行。具体而言，首先是根据经纪人业务发展水平和市场发展需要，挖掘培训需求并制成培训计划；其次是执行实施培训计划；再次是在每次培训结束后进行效果评估，找出存在的问题；最后是处理培训结果和相关问题，遗留问题转入下一循环过程解决。同时在具体的培训过程中，还应注意合理安排培训教师和培训教材以及相关机构和部门的协调。

一个完整的证券经纪人培训体系应包括以下几类：

1、岗前培训

证券经纪人的岗前培训，是指专为初入职者而设置的一种强化式的职业培训，属于短期的突击培训，同时又是一种基础培训和经纪人就业之前的就业培训。从我国证券市场从业人员的业务水平现状来看，经纪人岗前培训时间以3~6个月为宜，培训形式以封闭式的专职培训为主，辅之以营业部具体岗位的实战演习训练。

岗前培训的主要内容有：证券基础知识培训，如经纪业务、证券交易、投资分析、风险防范等；市场营销知识培训，如客户开发、服务的技巧与方法；公司企业文化培训，如公司历史沿革、经营理念、规章制度；法律法规知识培训，如证券法；实战演习训练，如看盘、画K线图、写模拟操作心得等等。

2、岗中培训

证券经纪人的岗中培训是指试用期考核合格后，针对经纪人在日常工作的开展中而进行的一种常规培训。岗中培训原则是“向市场学习，向投资者学习，向同行学习”，以自我培训为主，公司或营业部组织为辅，侧重实践技能和交易技巧的培训。岗中培训的主要内容有：证券市场的宏观经济分析和行业研究，资金、账户管理技巧，股票买卖选择与风险控制，个股分析与个股推荐，案例分析，实战经验交流及投资交易技巧的总结等。

3、专题培训

专题培训内容较多，常见的有：①转正培训，即对刚结束试用期的经纪人进行系统的理论性总结与回顾，巩固试用期的学习效果，使其完成理性——感性——理性的循环过程，促使其向专业化人才的转化。②热点培训，即针对市场的发展热点或业务创新而组织进行的培训，旨在提高经纪人的专业素质和理论分析水平，增进工作绩效；③晋级培训，包括组织、策划、领导、协调能力等综合素质的培训，提高其管理才能，为其胜任更高级工作作准备。

4、系统培训

系统培训近似于学历培训，是指证券公司将有培养前途的优秀证券经纪人送进大专院校、科研院所进行脱产学习，或送到国外的投资银行深造。这既是一种培训方式，又可视为一种奖励政策和鼓励措施，根据公司长远发展战略需要及市场未来发展趋势，为公司储备战略型人才，培养公司的未来领导。

另外，证券经纪人的培训方法多种多样，如课堂教授法、案例研究法、问题讨论法、行为示范法、专题研究法、模拟训练法、头脑风暴法、情节发展法、网络学习法等等，可结合不同的培训内容灵活选用或组合。

四、绩效考评管理

证券经纪人的绩效考评是指用系统的原理、方法和程序来测量、评定经纪人的工作态度、工作行为及工作效果等，以此来提升经纪人的满意程度和职业成就感，调整经纪人的切身利益，引导经纪人改善工作顺利实现证券公司的经营目标。绩效考评的结果主要用于工作反馈、报酬管理、职务级别调整、人员调整及工作改进等。

1、考评原则

(1)标准化原则。证券公司对证券经纪人的考核内容、考核程序、参数指标等应制定统一标准，并且标准应力求明确、客观、科学、公开，必要时还可征集全体经纪人的意见、建议，以作进一步完善。标准化还体现在考评工作的定期化、制度化，即经纪人的绩效考评应成为管理者常规工作的一部分。

(2)公正原则。经纪人的绩效考评涉及到利益分配、激励机制的有效性问题，应讲求方法科学，操作规范，避免主观臆断和感情色彩，所有考核依据必须来源于事实和真实可靠的数据，使考评结果务求客观、公正、公平，充分发挥其应有的激励作用。

(3)直接考核原则。即证券经纪人的绩效考核必须由其直接上级主管进行，考核结果不能由间接主管擅自修改，以保持其真实性和客观性。

(4)系统评价原则。一方面，绩效考评既要有量化指标，又要有定性分析，两者结合才能保持结果客观公正；另一方面，还应对经纪人进行全方位的考察，包括管理者、同事、下属、客户对经纪人的评价及自我评价等。

(5)反馈原则。证券经纪人的考核、考评管理，必须及时、恰当地反馈给经纪人，在不影响个人权益的情况下，可以将考核结果在经纪人之间、营业部内部或客户中公布，这样可以充分发挥绩效考评对经纪人的激励作用。

2、考评内容

证券经纪人的工作表现包括工作态度、工作行为、工作效果等，这都属于考评范围。确定经纪人的绩效考评内容时，一要体现出公司的管理原则，即公司鼓励什么，反对什么；二要体现出经纪人的职业要素和工作水平。考评内容还应包括单项考评和综合考评，既要能独立考核经纪人在某项关键工作中的绩效，又要能综合考评经纪人的工作素质、工作行为和工作效果等。各考核项目应设立相应的测量尺度，如等级、数据，并允许用相应概括性、评价性词汇来描述。具体而言，证券经纪人的绩效考评内容包括如下要点：

(1) 市场营销开发能力：经纪人自行开发的客户资金总额；

(2)创效益能力：经纪人累计代理客户账户的月成交总额及相应的佣金水平；

(3)盈利能力：经纪人所代理客户账户的综合盈利水平（可按月、季、年分别统计）；

(4)服务质量：客户对其服务态度与服务水平的综合性评价；

(5)工作态度：公司对经纪人工作的主动性、积极性、协同性、纪律性等方面的综合评价；

(6)研创能力：公司对经纪人的思维创新、工作方式改进、产品研发能力和综合素质的系统考察；

(7)发展潜能：对经纪人专业知识、业务能力和素质涵养能力的总体评价。

3、考评办法

(1)书面报告法：适用于经纪人的自我评价和营业部经理对所属经纪人的综合评价，要求报告人具备一定的写作技巧，考评结果一般取决于经纪人的实际工作业绩。

(2)评定量表法：即将一系列的绩效考核标准或因素罗列成表格，采用递增式尺度对逐个因素进行评估，该法有利于定量分析和比较。

(3)关键事件法：即将绩效评估的重点集中在决定一项工作是否有效的关键行为上，使经纪人了解什么行为有效且符合要求，什么行为需要改进，为经纪人提供丰富的行为榜样。

(4)多人比较法：即将经纪人的工作业绩互相对比，得出孰优孰劣，具体又包括个人排列法、小组顺序排列法和配比比较法三种。

(5)综合评价法：即沿着定性评判与定量分析的思路，综合运用上述方法，对经纪人进行全面系统的评估，以确保最终结果准确、客观、公正。

证券经纪人对每次的绩效考评结果，有权提出异议。证券公司应有专人负责收集、反馈意见，并认真组织核查，发现问题应及时改进完善，杜绝任何违规操作，以维持经纪人绩效考核的公正性。

五、变革与发展趋势

目前我国券商的人力资源管理水平普遍偏低，管理观念和管理手段比较原始，大多数还处在传统的泰勒式标准化、约束化管理阶段。因此，在WTO的新框架下，我国证券市场对外开放程度正逐步扩大，如QFII制度已于2002年12月1日起施行，面对证券市场这种规范化、国际化的发展趋势和国外券商的竞争，我国券商变革人力资源管理观念以提高经营管理水平已刻不容缓、势在必行。

1、"以人为本" 管理模式的实施与深化

"以人为本"已成为我国券商的流行口号和创新标榜之一，已成为业界共识。虽然各企业对"以人为本"的内涵因受宏观环境的局限而认识不够深刻，实际中运作的人才管理机制也远未达到"以人为本"管理思想的要求；但是这种管理模式已是券商竞相效仿的对象，已成为券商人力资源开发管理的必然趋势。

管理学中著名的Z理论认为："使员工关心企业是提高生产效率的关键。""以人为本"管理模式就是该原理的具体体现，它要求企业实行民主管理，强调员工在管理活动中的参与意识和参与行为，追求平等、和谐、信任的人际关系以及人道化的工作环境，注重对人的潜能开发与利用、多专多能、独立工作、自我管理。从我国券商的管理现状来看，实施"以人为本"模式宜从下列四个阶段分步推进。

(1)控制型参与管理：适合于刚开始导入参与管理模式时使用，是指在传统的自上而下管理模式中，引入自下而上的管理反馈机制，建立一条员工意见反馈渠道。但它仍强调控制，适合管理非知识型员工，实际效果主要取决于管理人员的主观意志。

(2)授权型参与管理：赋予员工少量决策权，使其能够灵活处理本职工作以内的一些事务，让员工养成自主决策并对决策负责的工作习惯，允许员工少量犯错，管理人员的职能由控制转化为指导。

(3)自主型参与管理：公司对每位员工实行目标管理，员工决策权扩大，决策责任加重，信息需求量扩大，沟通和讨论频繁，管理人员的工作职能由指导转化为协调。

(4)团队型参与管理：打破传统的行政组织结构体系，据公司发展需要临时组建或撤销职能团队，每个团队有明确的工作目标，并有大量的管理人员加入。团队没有领导，只有成员自主选择的团队协调人，由其负责队内部与外界的沟通、冲突调解。

2、由劳动契约型转向资源开发型

目前我国券商的人力资源管理属于传统的劳动契约型，即强调以"工作"力核心，员工只能被动适应工作，不能发挥主观能动性，不能改进工作质量和提高工作效率；对员工的绩效考评结果取决于工作要求，而工资标准则取决于工作岗位和工作特征，与工作绩效脱钩；人事管理侧重事务性操作，忽视对员工潜能的开发利用。

而在资源开发型的现代人力资源管理中，则将人才视为一种资源，它不仅本身具有价值，而且能够创造使用价值。人力资源开发与管理突出人性回归思想，认为人力资源具有能动性和可激励性，强调以"人"为中心，寻求"人"与"工作"相互适应的契合点，将"人"的发展与企业的发展有机的融为一体。

对比上述两种类型，显然资源开发型更契合"以人为本"思想，我国券商实施"以人为本"的管理模式必然要将传统的劳动契约人事管理转化为现代化的资源开发型管理。具体而言可从如下方面实施：一是制定科学的人力资源规划，重点放在证券经纪人的培训规划和工资规划上，一方面保障经纪人在基础知识、专业技能、管理思维等方面得到系统培训，另一方面建立"底薪+佣金+奖金"的具有激励性、富有挑战性的工资分配制度。二是研究并建立完善、细致的工作系统，包括人力资源工作评价、工作分析、工作设计、组织设计和绩效考核等工作。三是依最经济地使用人力原则，做好人员选拔配置、人事激励、人力资源培训与开发等各项管理工作。

3、人才链接现代化

我国券商传统的人才价值结构是以"控制"为链接方式，与政府体制同源同构：权力集中、计划指导、部门管理、条块分割，呈金字塔结构，以官本位为人才价值的坐标系。随着全球经济一体化和我国市场经济体制的逐步完善，我国券商及各类企业的人才链接结构开始打破传统，呈现出现代化特征。

(1)倒金字塔化。即客户是上帝，以"客户满意"为最高价值导向。"链接"方式中"服务"取代"控制"，一线员工为客户服务，中层主管为一线员工服务，高层主管又为中层主管服务。证券经纪人距离客户最近，将是券商最有价值的员工。

(2)激励机制多元化。一是业绩付酬制，工资、福利与业绩挂钩；二是高待遇制，经纪人薪金高出市场

均价；三是私人风险投资基金（股权）制，追求个人与企业的同步发展。

(3)自由化的工作方式。公司注重实现人与岗位的最佳匹配，鼓励员工自由组合搭配，选择更富挑战性的工作，尊重不同的行事风格，充分尊重个性；绩效考核重结果不重方式，在遵守法律法规和游戏规则前提下，解决问题的方式可以多种多样，不拘一格。

(4)“有知识安全感”的培训机制。券商应建立具有自主学习功能系统组织，包括长远培训规划，中期“镀金”计划和短期“充电”计划，给员工以“知识没有落伍”的安全感，形成员工对公司的向心力和凝聚力。

(5)轮职选拔机制。即从现有员工中遴选出部分有潜质的员工在公司内轮职，以考察其品行，培育和锻炼其管理才能，为公司中高层管理队伍储备人才。该机制为员工增加一种以晋升为核心的激励措施，使员工明确工作的努力方向；同时还增进相互了解，促使晋升机遇平等、公正。

总而言之，未来的人才市场是开放式、流动性、社会化、国际化的，人性回归、以人为本的管理思想将普遍在包括证券公司在内的各类企业中推广应用，企业将越来越重视人的主观能动性，越来越重视对人力资源的管理、开发与合理使用。从某种意义上说，证券经纪人制度的产生就是这种先进思想的体现和应用，理所当然地也应该用“以人为本”的模式来管理。该模式可以在借鉴传统的管理工具、程序、手段、方式等有效部分的基础上，根据新思想、新理念创造出更契合的管理手段和方式，当然这还有待于业界人士的实践发展和专家学者的进一步深入探讨，有待于社会各界的共同努力。

第四章　证券经纪的营销学

证券公司作为金融服务企业，在具体的经营活动中，须与其他企业一样，在市场竞争，寻求目标市场、发现市场机会、发挥资源优势、改进服务质量、提高服务水平、满足客户(投资者)需求、扩大市场份额等方面，掌握并熟练运用市场营销学原理，提升经营水平，增加利润来源。

一、营销理念：树立“社会营销”的高级观念

市场营销理论在历经生产观念、产品观念、推销观念、营销观念四个发展阶段后，已经演变进化至第五阶段：社会营销观念。一般而言，证券公司是借助精心设计的金融证券工具、金融产品和服务(前者指股票、债券、基金、期权、指数期货等，后者指投资银行业务、证券经纪业务、委托理财业务等)来推销销某种证券投资理念、相关服务并获取一定的收益。

这里的证券营销就是指证券公司为了自已的生存和发展，以客户(投资者)服务为核心，通过创造与交换证券投资理念去刺激，满足客户需求的社会行为过程。具体而言，证券营销就是以适当的价格（合理水准的佣金标准)、适当的促销方式(信息优势、人才优势以及专业化、个性化服务)、通过适当的路径和网点（差异化的目标市场和营业网点的合理布局)，适时地把适当的产品(证券以及相关的服务)提供给适当的客户，在满足客户需要的同时，使企业自身获得盈利与发展。

同时，证券营销过程中的信息处理、研究发展、政策制定、策略选

择和控制反馈等一系列复杂管理行为都是证券公司在其运营环境下的自主、自觉选择，并且充分体现出各自不同的文化理念、经营风险和管理水平。而且，企业所处的经济环境、社会文化环境、政治法律环境、行业竞争环境、国际市场环境、行业资源与目标等，也对证券经纪营销产生一定影响。因此，证券公司应树立"社会营销"的高级观念采用综合系统的社会营销方式，全面兼顾各种因素，使企业经营活动符合利用机会、处理挑战、扬长避短、趋利避害、适应约束的经营原则（如下图）。

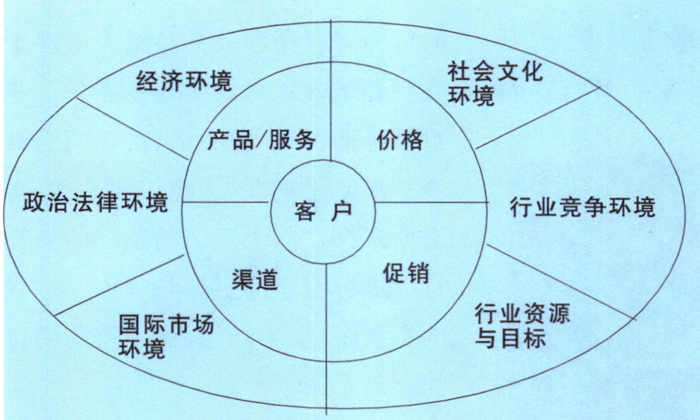

证券营销的核心示意图

二、营销分析：强化市场细分与客户管理

1、市场细分

市场细分是券商确定目标市场、研究客户、有效开展市场营销的基础工作，各个细分市场的需求特征是券商制定市场营销战略、提供个性化投资服务的基本依据。根据我国证券市场发展的实际状况，证券经纪的客户包括下列基本类型：

(1)个人(家庭)投资者。个人或家庭是我国资本市场最基本、最核心的客户。他们收入大于支出，是社会资金的盈余者，所以大多是资本市场的资金供给者。个人(家庭)具有投资广泛、可运作资金额度小的特征，且投资活动还会受到很多政策和技术上的限制，因此他们一般只能从事间接投资，进而成为银行、基金和机构投资者的资金供给者。我国证券市场从建立发展至今，一直是个人(家庭)投资者占主导地位的，直到2000年开始提出"超常规发展机构投资者"政策以来，以个人为主体的格局才有所改变，但在以后相当长的时间里，中国股市仍不可能离开个人(家庭)投资者的支撑。重视散户投资者的作用，尊重散户投资者的地位，保护散户投资者的权益，既是中国股市健康发展的需要，也是今后证券经纪商和证券经纪人市场营销工作的重要出发点。

(2)机构投资者。机构投资者是国外成熟证券市场的主体投资力量，也是我国证券市场目前及未来时期努力培育的对象。大力培育机构投资者，不仅有利于改善和优化投资者的主体结构，充分发挥机构投资者对股市"稳定器"的作用，而且有利于导入理性、成熟的投资理念，引导广大中小投资者理性投资，鼓励投资，遏制投机，促进证券市场规范、稳健、高效地运作。目前，我国机构投资者已形成了以证券投资基金公司、证券公司、保险公司、社会保险养老基金、三类企业（国有企业、国有控股公司和上市公司）等为主体的多元化格局。另外，投资公司、投资管理公司、财务公司、风险投资公司、信托投资公司、金融租赁公司等法人机构，以及2002年12月1日正式引进的合格境外机构投资者（QFII）等，也正逐步成为我国证券市场的重要参与者。总之，机构投资者将在中国的证券市场上扮演越来越重要的角色，理所当然也应成为证券经纪营销的重点对象。

(3)各级政府、事业单位和社会团体。政府通常是资本市场的大客户，它既可以作为资本市场的资金供应者，更重要的还可以成为资金需求者。当中央或地方政府为了弥补财政赤字或公共工程建设等公益事业的需要，通常会发行国债或地方政府债券，此时政府就成为证券市场中的资金需求者和证券的供应者了，并且这种活动一般集中在一级市场中。另一方面，各级政府的预算收入和各种费用有时会处于短期闲置状态，他们通常会存入金融机构或委托信托公司、投资公司买卖有价证券，以充分利用资金资源，实现资本有效运作，取得效益最大化。另外，事业单位和社会团体，如科研机构、学校、医院、各类学会、协会等，也常是社会资金的盈余部门，其闲置资金也可能被委托证券公司。信托投资公司或投资管理公司等，参与证券市场的有价证券买卖。

市场细分的标准有很多，除上述客户性质标准外，还有地理、人口、心理、行为等细分标准，证券公司在进行具体营销时，可根据公司业务特点、客户研究需要、公司规模和人力资源结构等实际情形，选择合适的分类标准，进行不同的市场细分。市场细分后可得到许多细分市场，券商可从中择其一、二作为目标市场，作为证券经纪营销的主攻市场。这个选择标准由券商的差异化经营策略决定。

券商之间的差异化经营，是未来券商出奇制胜、获得成功并持续发展的必由之路。所谓差异化经营策略，就是指券商对现有证券市场进行准确的定位分析和精确的细分，然后从中找出适合自身特点的市场发展空间，进而在这一较小的细分市场上占有较大的市场份额，重点培育该细分市场下的客户群体，逐步树立有别于其他券商的独特形象、独特的企业文化、独特的专业技能、独特的人才队伍、独特的服务意识、独特的管理风格直至独特的经营理念，最终赢得该细分市场客户群体的高度信任与忠诚。

显然，差异化经营策略要求券商学会选择客户和放弃客户。券商必须依据自身的资源优势来选定目标市场，进而在目标市场内选择客户，即属于目标市场范围内的客户才是证券经纪营销和服务的重点，而对非目标市场范围内的客户必须学会放弃。放弃非目标客户是差异化经营的重要特点，因为在细分市场下企业自身优势不符合非目标市场的客户特征，可能在服务质量、服务深度上难及竞争对手。集中优势力量才能真正实现目标市场的竞争优势，走持续发展之路。

2、客户群体管理

证券投资者作为一类社会群体，其个体思维和行为模式经常会受其所在群体的影响。对参与证券投资的客户而言，投资者群体一般是其证券交易行为的直接参与者或建议者，群体成员的投资理念、投资行为、群体习惯及行为准则往往对客户有十分直接、深刻、强烈的影响。同时在信息传递方面发挥重要影响，对客户证券投资行为的影响力度与其地位、尊严、社交等因素密切相关。证券经纪人在进行具休的证券营销时，必须密切关注研究每一个客户所处的群体，分析群体对客户的影响力度。券商和证券经纪人应有意识地运用群体思维，在证券营业部的日常客户管理中，建立或运用以下几种典型的客户群体管理模式：

(1)龙头模式。在证券经纪的客户群体中，若干专业素质高、组织力强、富有影响力的客户领袖，即“龙头客户”，其周围总能聚集一群对其高度认同并追随的客户，其交投行为也能在某种程度上决定其他客户的行为。券商和证券经纪人应善于寻找和培养这样的“龙头客户”，并对其善加引导、精心培育，以吸引疑聚一批文化观念、志趣相同的客户，对原来存在的无意识的杂乱的多投行为进行有序的引导与管理，达到纲举目张、事半功倍、逐利避险的目的。

(2)协同模式。它是指券商和证券经纪人通过客户信息分析将有共同文化背景，相同操作理念的客户聚集在一起，使他们在操作过程中相互协同，共同促进。建立此模式之前，应做好对客户投资信息的搜集、整理、分析研究工作，将客户按投资偏好（长线投资还是短线投资）、投资理念（稳健保守型还是激进开拓型）、资金状况、教育背景、工作经历等分门别类，尽量将具有若干相似点的客户聚集在一起，为其提供一个交流平台。在同一个平台中，因为客户有共同的操作理念，共同的语言，则在实际的操作过程中就能相互沟通、相互切磋、相互认可、取得强强联合的效应，并可能形成整体的协同力量。否则，在原来的杂乱无序的群体中，不同的操作理念使他们难以沟通，也无法取得共识，甚至有可能使自身正确的判断发生偏移，造成客户资源的无形浪费。

(3)互动模式。证券市场专业性强、技术要求高、涉及知识面广，对投资者有较高的素质要求，同时每个客户在操作过程中也都形成了自身的操作个性和操作风格，而这一个性和风格既有其优势但也存在一定局限。券商可建立一种相互取长补短、互为补充的群体文化模式，即互动模式，将优势互补的客户和证券经纪人组合在一起形成群体优势，以便相互连动，实现整体功能系统优化。

证券公司在对客户进行管理与服务时，若能充分利用客户资源，有意识地对上述三种或更多未被发现的客户群体加以培养、引导和促进，使之有序、有效，发挥出客户资源的最大影响和效益，则为证券商营销策略的制定和实施夯实了坚实基础。

三、营销策略：商战致胜的战略武器

市场营销学中有四种经典的营销策略，证券公司作为市场独立的经济实体和利益主体，应灵活运用。

1、市场领导者策略

市场领导者策略是指以占领市场绝对地位，力争做行业龙头老大为奋头目标的经营策略。处于市场领导者的券商一般具有如下特征：在一级市场和二级市场上都拥有相对较大的市场占有率甚至垄断地位；在金融创新、证券营销、研究发展及人才培育、佣金水平等方面领导其他证券公司；远远超越于竞争者，常常是竞争者学习、模仿、跟随的榜样。

随着我国综合券商与经纪类券商的分类经营管理制度的实施，佣金下调及浮动制的推行，券商之间的竞争日益加剧，业内重组、券商增资扩股的步伐日益加快。2002年年末中信证券已成为全国首家公开招股券商，发行规模达4亿股；海通证券的注册资本规模已取代银河证券的龙头地位等，其它小规模券商也正在积极变革、转型，寻找出路。由此可见，经过一段时期的激烈竞争后，我国证券市场的市场领导者将逐步形成，市场格局将相对稳定，证券行业将产生3~5家，或是5~8家公认的“市场领导者”。那么，处于市场领导地位的券商，应采取什么样的发展策略呢？

一是设法保住现有的市场占有率。现有的目标市场资源和市场占有率是券商的核心优势所在，必须保持自己的市场优势，设法保护现有的市场占有率。因此，市场领导者应采用防御型的营销手段，如优化管理，降低经营成本；加强人才培训，提高服务质量和服务水平等。

二是不断扩大市场占有率。市场占有率最终是各竞争者力量不断平衡的结果，要保持领导者的支配地位，就必须不断开拓市场，努力扩大市场占有率，以提高其利润率。对市场领导者而言，其强大的优势和实力是扩大市场占有率的有力武器，如通过兼并、收购、重组等手段来扩充企业规模，优化分支机构布局，扩展市场地理区域，以获得新的市场资源。

三是通过金融创新开拓市场新领域。无论是国际资本市场还是国内资本市场，金融创新日新月异，新的金融工具、金融产品不断产生，吸引更多的投资者走进资本市场。居于市场领导地位的券商，可以通过不断的金融创新来引导市场发展方向，运用其丰富的知识资本、人力资本及信息资源优势，不断开发出新的金融产品和金融服务，创造市场新需求。如架构全新的网络经纪平台，将国内及至世界最先进的投资理财观念和专业资讯服务延递到虚拟世界，获取更大的市场份额，组织专业人员研究证券期货决策辅助系统，为投资者提供个性化的服务。针对开放式基金、股指期货、创业板以及多层次资本市场等更多的金融创新工具组织专门的研究，制定相应的证券营销策略等。

2、市场挑战者策略

市场挑战者策略意即向其它市场占领者发起进攻，争夺市场的一种发展策略，市场挑战者一般先选择进攻对象，确定挑战目标。挑战目标大致分三类：一是市场领导者。虽然存在的难度大、风险大，但若市场领导者因经营决策失误、出现潜在不稳定因素、存在大量问题时，则挑战者获胜机会就较多，甚至可大举进攻，获得丰厚利润。二是规模相似者。对资金、规模与自已相似的公司，若挑战者在产品创新、服务质量、广告策略等方面下功夫赢过对手，就可以占领对方市场，尤其是当对方经营不善，人才、资金难以为继时，此种进攻更易奏效。三是实力弱小者。优胜劣汰是市场竞争的基本

准则，对那些区域的、小规模的、经营不善、资金不足的弱势券商，市场挑战者可通过断然措施，如兼并、收购、控股等，吸纳对方的资金、人才市场等资源，使自己由小变大，由弱变强。

在具体的商战中，市场挑战者有三种进攻策略可供选择：一是正面进攻，即集中力量，在产品（服务）、广告、价格等方面直接与对手交锋；二是侧翼进攻，即避开对方的强项，选择对手的弱项进攻，如在区域地理市场上向对方力量弱的地区进攻，夺取该细分市场；三是包围进攻，指从所有方面展开进攻，既攻其正面，也攻其侧翼、背面，使之无法应战，如提供多层次、全方位的产品（服务），满足各个细分市场的客户需要，渗入到对方的所有市场中去。

3、市场追随者策略

市场追随者策略保持领导者的主导地位，在市场上跟随领导者的步伐。在成熟的证券市场上，市场占有率相对稳定，证券业的产品差异化和形象差异化机会不多，加之服务相似，价格敏感，同业内普遍不会赞成激烈争斗。因此，此种策略为大多数中小规模券商所选择。

券商选择市场追随者策略时，要在保持现有客户的基础上，尽可能地争取新客户，要保持低成本与优质服务，精心经营。具体而言，市场追随者策略包括三种方式：一是紧随其后。即追随者在各个细分市场和营销领域，尽量模仿市场领导者，甚至与领导者结成必在的联盟，以降低研究开发成本和综合经营管理成本。二是有距离地追随，指追随者在追随、模访领导者时，除证券营销、价格水平、服务（产品）等方面追随外，在企业文化、价值理念、发展战略上保持企业自身的个性。三是有选择地追随。指追随者根据企业自身发展特点，有些方面追随领导者，有些方面则保留自身的独创性，甚至可能在时机成熟时，在优势领域局部超前于领导者。

4、市场利基者策略

一般来讲，各个行业的大企业都会忽视或有意放弃一些小市场业务，从而为中小企业的提供发展空间，证券行业亦如此。小券商尤其是区域性的经纪类券商，可以在科学的市场细分中寻找综合类券商放弃或忽视的市场灵活地调整经营策略和证券营销策略，最后赢得自己独立的生存空间，即“市场利基者策略”也叫“市场拾遗补缺者策略”。

专业化、个性化是市场拾遗补缺者经营策略的核心，它们要在锁定的专业目标市场实现市场信息、产品（服务）、客户定位等方面的个性化与专业化。常见的市场拾遗补缺者策略表现形式有：一是为某一特定阶层客户提供个性化服务。二是为资金规模相似的同类客户服务。如公司可专门为中小散户提供独到专一的服务，市场弱势群体的防御与进攻谋略、散户投资兵法、散户风险防范要点等类似服务就极为中小散户所需要。与此相反，公司也可专为一个或几个大客户提供长期稳定的定单式的产品（服务）。三是为某一地区或某一行业提供垂直层次的产品（服务）。如券商可选择某一相对专业化的行业或领域，利用自己的人才，信息等资源优势，与该行业领域的相关权威机构组成长期战略联盟，在该领域树立自己的特色与品牌。四是提供特色服务，如针对以家庭为背景的客户的收支结构、投资心理预期以及家庭未来需求，为客户提供量体定做的交互式的系统的投资理财服务，或者通过金融创新，为客户专门提供一种或几种其他公司所没有的服务。

四、营销方式：推陈出新，创造利润之源

在知识经济时代，券商的同业竞争，将由传统的以资本实力、政策

保护为主要手段的竞争转化为知识与人才、文化与理念、制度与管理、战略与创新、规模与实力等全方位的竞争。在营销方式上，除基本的价格营销外，网络营销、知识营销、文化营销等新手法层出不穷，使证券产品(服务)的附加值不断增加，创造公司利润的新增长点。

1、价格营销

券商的价格营销方式在实现佣金市场化后表现得更为突出。2002年5月，我国证券交易佣金下调并实行浮动制，价格营销逐渐成为国内各大券商争夺市场、争取客户资源的重要手段，价格战风起云涌，半价或免费开户、年费制、1‰以下的低费率固定制等各种佣金表现形式极大地刺激了客户的投资欲望

“歧视性定价是券商价格营销的一种常见形式，即公司对同一种证券产品(服务)根据不同的区域市场、不同类型的顾客而采用不同的价格，它与公司实行的差异化经营策略是一致的。一般而言，只要对不同类型的顾客就同一产品(服务)采用不同的价格，或具有多种产品(服务)的公司对具有密切联系的各种产品(服务)所定价格差别同它们的生产成本不成比例时，就要可以说公司采用了歧视性定价策略。具体而言，券商实施此策略时，应对市场进行更细致的划分，然后据不同的细分市场定不同的价格，从而获取更大的利润。

2、网络营销

网络营销是知识经济与网络技术飞速发展的产物，它主要是通过在Internet上建立虚似社区来进行证券营销的各种活动，如企业宣传、市场调查、广告促销以及信息的收集与处理等，同时它还为券商和客户建立一个沟通便利、反应及时、交互互动的信息交流系统和平台。更重要的是，相对传统营销方式而言，网络营销还具有成本低廉、全天候服务和无国界区域界限等优点。

证券经纪中的网络营销的最大特点在于以投资者为主导，面向所有客户提供更专业化、更高水准的服务。客户可自由进入自己认同或感兴趣的券商网站或理财网站，获取更多与投资相关的信息，根据自己的个性特点和需求在全球范围内寻找券商及其投资品种，获得更大的自由投资空间。网络营销的出现促使券商重新考虑其营销战略，券商须将自己的人才优势、研究优势、金融创新优势以及各种服务信息以数字化形式在网络上表达出来，并且还应建立自动服务系统和客户反馈信息系统，以此满足客户在网络时代的个性化投资需求。当然，网络营销的信息传递成本低，无需庞大的促销开支，数据信息可随时修改等功能，也为券商节省大量成本，增加券商的净利润。

3、文化营销

在现代企业制度中，企业文化是其重要组成内容，并且渗透到企业运营的各个环节，包括市场营销环节。对券商而言，依据本企业的发展历史和管理风格形成的企业文化，可以体现企业的精神风貌。以此作为营销手段，可以对外展示企业的价值观、经营理念和文化品位，赢得市场的认同，获得客户的信赖，为客户营造良好的投资文化氛围。

总之，市场营销学作为攻占市场的通用武器，它在属于金融服务业的证券经纪业务中照样克敌制胜。我国券商应认清业界的发展态势，与时俱进，转变观念，积极创新，大胆引进、吸纳其他成熟行业和市场的先进做法和经验，积极推动本行业的发展和成熟壮大。

VOLUME 12

第十二卷

股市投资技巧

- 决胜股市的七大经典理论
- 股市投资技术指标解码
- 我国股市周期性特征分析与理性的投资行为
- 股市投资风险规避要诀
- 股市投资秘诀20招

第一章　决胜股市的七大经典理论

道氏理论

波浪理论

K线理论

形态理论

庄家理论

时间周期理论

能量转换理论

第二章　股市投资技术指标解码

一、移动平均线(MA)

二、多空指标(BBI)

三、随机指标(KD.J)

四、威廉指标(%R)

五、宝塔线(TOW)

六、布林极限(%BB)

七、相对强弱指标(RSI)

八、保利加通道(BOLL)

九、心理线(PSY)

十、动向指数(DMI)

十一、均量线(VOL)

十二、人气指标(AR)

第三章　我国股市周期性特征分析与理性的投资行为

一、我国股市周期性特征形成的内在因素

二、我国股市周期性特征分析

三、参照股市周期性特征进行理性的投资

第四章　股市投资风险规避要诀

一、认识股市投资套牢

二、对股市风险应保持高度警惕

第五章　股市投资秘诀20招

第一招:散兵坑中卧黑马

第二招:横盘数月挖浅坑

第三招:“红杏出墙”行情到

第四招:南天一柱红灯挂

第五招:量价齐托二浪底

第六招:火眼金睛视庄股

第七招:梅开二度财运来

第八招:追涨注意避陷阱

第九招:月线30光头红

第十招:炉架浅碟头肩形

第十一招:顶天立地全仓进

第十二招:沙漠驼峰奔向东

第十三招:均线粘合成一统

第十四招:紧盯资金不放松,坚持做多勿做空

第十五招:双勾上穿看信号,破季踏年寻支撑

第十六招:成本持仓天机露,趋势顶底已全清

第十七招:旗角突破日日寻,N走势要看清

第十八招:“原驰腊象”庄家进,“山舞银蛇”追天公

第十九招:进场看准姐妹谷,出局认清兄弟峰

第二十招:放量上攻五日后,第二买点大胆冲

证券市场由于受到各种因素的影响，使得证券价格具有很大的波动性和风险性。为此,每一位股市投资者要想在这个收益与风险并存的市场中立于不败之地,除了要具备较强的心理素质之外，还应该具备较强的证券投资理论素质,对证券市场价格水平及走势进行分析判断,确定最佳的投资对象与出入市时机,以获得丰厚的投资回报。

第一章　决胜股市的七大经典理论

每一位成功的投资者，都有一套或多套成功的投资方法，而追根结底，这些方法又来源于股市中的某一种或某几种投资理论。股市投资理论归纳起来有：道氏理论、波浪理论、K线理论、形态理论、庄家理论、时间周期理论、能量转换理论

1、道氏理论

道氏理论是以美国人查尔斯·道名字命名的，它是技术分析的理论基础。道氏理论的主要内容有三点，即股票价格的运动趋势；股票的买空与卖空市场；基本趋势的形成标准。

(1)股票价格的运动趋势。道氏理论认为股票价格的运动有以下三种趋势；

①基本趋势，即股价广泛或全面性上升或下降的变动情形。这种变动持续的时间通常为一年或一年以上，股价总升(降)的幅度超过20%。对投资者来说，基本趋势持续上升就形成了买空或多头市场，持续下降就形成了卖空或空头市场；

②次级趋势，因为次级趋势经常与基本趋势的运动方向相反，并对其产生一定的牵制作用，因而也称为股价的修正趋势。这种趋势持续的时间从3周至数月不等，它可使股价波动的幅度一般为股价基本趋势的1/3或2/3；

③短期趋势或日常波动。短期趋势反映了股价在6天以内的变化情况。

在三种趋势中，长期投资者最关心的是股价的基本趋势，其目的是想尽可能早地在多头市场上买入股票，而在空头市场形成时能及时地卖出股票。非长期投资者则对股价的次级趋势比较感兴趣，他们的目的是想从中获取短期的利润。短期趋势的重要性较小，且易受人为操纵，因而不便作为趋势分析的对象。人们一般无法操纵股价的基本趋势和修正趋势，只有国家的财政部门才有可能进行有限的调节。

(2)股票的买空与卖空市场。当股票的基本趋势继续上升时，买空(或多头)市场便形成了，买方市场通常可分为三个阶段：一是累积阶段，股票的价格水平一般比较低。由于以前股价的下降，投资大众对证券投资尚缺少兴趣，只有少数预测股价不久即上升的投资者才购进并累积股票；二是持续增长阶段。在此阶段里，股票的价格和股票的交易量开始持续、稳定地增长。与此同时，公司的收益进一步提高，经济前景相当乐观；三是狂热阶段。在此阶段，所有的经济与金融消息对投资者来说都非常有利，股价明显上涨，投资交易进入狂热阶段，股票市场上投机活动开始泛滥。当股价的基本趋势转为持续下降时，卖空(或空头)市场开始形成。卖空市场也分三个阶段：一是分配阶段。在此阶段里有远见的投资者由于意识到股票的价格已快接近峰顶，因而开始卖出他们在股票低价时购进的大量库存股票；二是恐慌阶段。这一阶段股票前景开始转趋不利，投资者开始加速抛出股票，股价因而急剧下降。投资者和投机者为避免以后更大的损失而竞相售出，更加剧了股价的跌势；在第三阶段股票的价格仍继续下降，但速度逐渐减慢。在此阶段由于股价过低，股票持有者不愿出售，因此市场的交易量不大。当股价下降至足够低的水平时，某些投资者又开始重新累积股票，这样，上述的整个市场过程又重新开始。

(3)基本趋势的形成标准。为了计量股票市场平均价格的趋势，查尔斯·道在1897年提出了道·琼斯工业平均指数的雏形，他使用了两个平均指数：一个是运输业平均指数；另一个是工业平均指数。道氏理论的一个基本前提是，股市的一个主要或次要的运动，只有两种平均数互证时才能肯定地表示出来，即两种平均数必须配合，如果一个上升，一个下降便无重要性可言，只有两种平均数向相同方向运动，才有互证的可能。互证的表现方式有两种，第一种是两种平均数经过一段牛市状态的波动，然后产生突破；第二种方式是两个平均数同时表现新的高点或新的低点。

2、波浪理论

波浪理论的基本思路为：一个运动以后必然会有相反的运动产生，一个推动波之后必将有修正波产生。在第一个八波周期(注：该周期包括两个不同的阶段，一个阶段用数字标识，通常用1、2、3、4、5波来表示；另一个阶段用英文字母来标识，用a、b、c、来标识)结束后，随之而来的是第二个八波周期运动。然而接下来的第三个价格波动周期运动是由5个上升的浪组成。此时，一个大一级的五波上升就此形成。紧接着的是a、b、c三波组成的向下运行的修正波，也称之为调整波。这3个下降的调整波修正了大一级的整个5波上升运动。

波浪理理论是由艾略特(EIIiott)最早提出的，他认为，任意一个级次的波都能够被细分和再次细分成较小级次的波，或称为小浪，即在两个某一相同级次上的波浪，可以被分成小一级次的8个波动，然后8个波又可以用相同的方式，继续再细分为再小一级次的34波(如下图所示)。在实践中，怎样确定波数或浪数，这必须由哪个级次而定。通常我们对级次的区分用循环波、基本波、中型波和小型波来加以区分。但为了方便起见，我们常用中型波来分析大盘的走势，用小型波来看待调整。在一个完整的波浪周期中，由5波所组成的上升趋势称之为多头市场，而任何一个修正上升趋势的波动组合，均可称为空头市场。

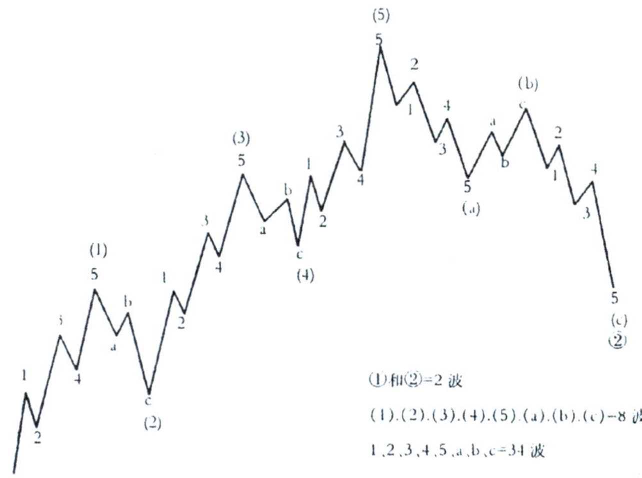

(1)各波浪的特征。各波浪的主要特征如下：

第1浪：可以看成是筑底形态的浪，机构资金的吸筹有很大的一部分就是在这一浪完成的。如果这一浪出现在长期下跌之后，那么通常上升的幅度就会很大，甚至会走到前期涨幅50%的位置。

第2浪：这一浪差不多会吃掉前浪的升幅，当成交量极度萎缩时，股价才不会创新低。回调的最低点必须高于前浪的起始点。因为前浪往往是吸筹期，其回调的低点除了黄金分割位，如0.382、0.5、0.618之外，机构吸筹的平均成本之上往往就是这一浪回调的最低价位。在该浪中经常会出现反转形态，如头肩底等。

第3浪：成交量屡创天量，涨幅激烈，经常出现跳空缺口，这是确认这一浪开始的一个显著标志和特征。股价持续上涨的时间较长，延伸浪常常发生在这个阶段。一些短线庄家往往在第3浪进行当中完成拉升和派发，随后迅速套现逃离，把跟风的股民套牢在这一浪的中上部。此浪是对第3浪暴涨行情的修正，它常常是在3浪与4浪的范围之内完成调整。该浪的调整出现较多的图形是三角形整理形态，或三重三形态，浪底一般不会低于第一浪的顶点。

第5浪:该浪的涨势通常小于第3浪,而且经常还会出现失败浪。大资金的撤离必须在这一浪中完成,否则胜利成果将付之东流。值得特别关注的是,现在的庄股除大庄、常庄、控盘庄之外根本不做这一浪,因此我国的股市经常不按完整的波浪理论形态运行。

a浪:在第5浪中,技术指标及量价离等预警信号已出现,但投资者往往没有注意。这一浪的下跌如按之字形形态运行,则随后而来的b浪多以平台调整浪形态出现;如这一浪以平台调整浪形态出现,随后而来的b浪将会以向上的之字形形态出现。

b浪:该浪可视为兄弟峰,或称M头。在b浪这一阶段是多方逃离的最后机会,故该浪成交量不大。但由于这是一段上升行情,交易让投资者误认为是另一波涨势的开始,形成"多头陷阱",许多人因此而惨遭套牢。

c浪:这是杀伤力最大的一浪,持续时间较长,常出现向下的跳空及巨大的阴线。多方在上升浪中所获得的利润,在c浪会赔得精光。

(2)波浪理论铁律的探索。

运用波浪理论进行投资实践分析时,必须注重波浪理论铁律的探索,下面几条铁律值得我们借鉴:

①推进波中第2浪的调整不会低于第1浪的起涨点,但第5浪可以有较大的弹性,它可以低于第3浪尖而成为失败的一浪,即第5浪不一定非要创新高;

②推进波中的第3浪往往是5浪中最长的一浪,即使不是最长的一浪,也绝对不可能是第一、三、五浪中最短的一浪。第3浪是最具爆发力的,因此该浪涨幅最大、持续时间最长、成交量明显放大;

③推进波中第4浪的底部高于第1浪尖,而且不会和第1浪尖重叠,除非发生变异形态,如出现倾斜三角形形态等。

(3)在实践中运用波浪理论应领会的规则。

广大投资者在实践中运用波浪理论必须记住以下一些规则,这非常重要。

①一个完整的运行周期,共8浪组成,在该运行周期内永远都是5上3落;

②在第1、3、5浪中如有某一个浪发生延伸,则另外的两个浪其涨幅和运行时间会大至相等,或以0.618的关系出现;

③第2浪和第4浪绝不会以相同的调整形态出现。如果第2修正浪以简单的形态实现了快速调整,那么第4修正浪多数会以复杂的形态出现,反之亦然。如果第2修正浪是一个狭窄的平台整理,则第4修正浪常常会是急速下跌;

④三角形整理多出现在第4浪和b浪;

⑤浪可以合并,成为高一级的波,也可以分割成低一级的小浪;

⑥修正浪通常以3个小浪的形态运行(之字形或平台形);

⑦修正浪的调整往往在前一浪的4浪范围内结束,尤其是推进波中的第4修正浪更是如此;

⑧跟随主流行走的浪,可以再分割为低一级的小浪;

⑨神奇数字组合在波浪理论中占有极重要的地位,此数字组合从1开始直至无限。常用数字有:1、2、3、5、8、13、21、34、55、89、144……

⑩常见的黄金分割数字为0.382、0.5、0.618。

学习波浪理论对股市实践具有非常重要的意义。但运用波浪理论时,我们重点关注二浪底。为了防止庄家利用二浪的形态做骗线,下面三句口决应熟记于心。

第一句,均线粘合又发散,反弹期长成反转,横盘双底现盘面,价创新高易判断;

第二句,价穿季线或年线,震荡上行频回探,换手二百一浪止,原驰腊象驼峰现;

第三句,启始之上二浪坑,底破启点庄要疯,斩钉截铁速离场,市场长期要走空。底部特征久横盘,双底多底加头肩,二浪底部多留意,启点一破股变钱。

3、K线理论

K线形态是股市中的特殊标准语言,它能够真实、直接地反映股价每时每刻、每天每周甚至每月的变化。K线是股市价格变化最原始的历史记录,探索股市的客观规律,首先就得认真分析K线的变化趋势,特别是形成定势的K线组合形态。

(1)转势K线图。转势形态中有13种可靠程度较强的,它们分别是:十字星、早晨之量、早晨十字星、黄昏之星、黄昏十字星、死亡十字星、包线、蜻蜓线、垂死线、锤头线、倒锤头、吊颈线、射击之星。而像孕线、孕十字星、覆盖线、切入线、镊子线、并列线也是比较可靠的转形形态。

十字星

作用：上涨途中庄家震仓洗盘，顶部为转势信号

早晨之星

特征：

◆第一天出现实体阴线

◆第二天出现实体跳空，实体较短，可收阴，亦可收阳

◆第三天收阳线，与第二天实体形成跳空缺口

作用：早晨之星是比较可靠的底部转势信号

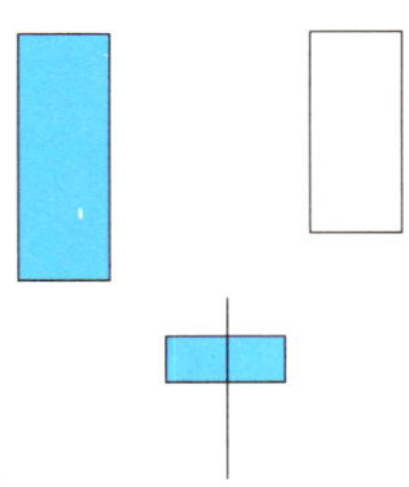

早晨十字星

特征：

◆第一天和第三天的K线与第二天的十字星最高价之间出现跳空缺口

◆十字星可收阴，亦可收阳

作用：在底部将出现转势信号

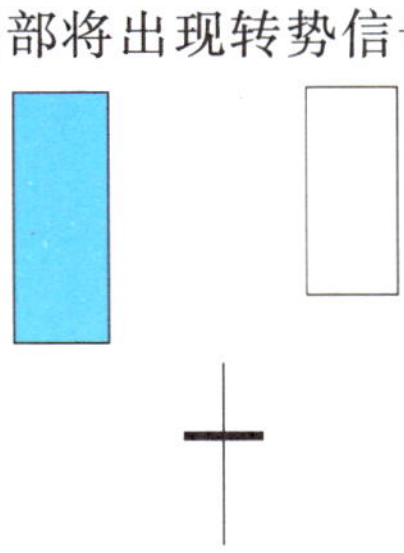

黄昏之星

特征：与早晨之星的操作相反

作用：在顶部将出现转势信号

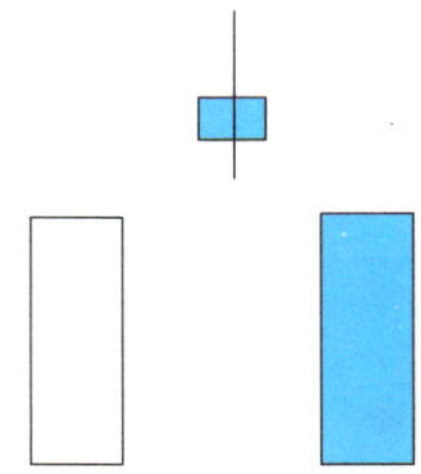

黄昏十字星

特征：与早晨十字星的操作相反

作用：在顶部将出现转势信号

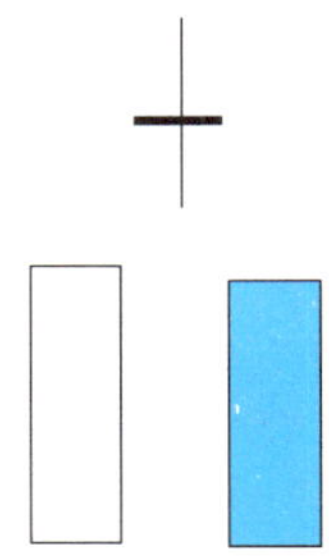

死亡十字星

特征：在高价区跳空出现上引线很长的墓碑状十字星

作用：将在强烈的顶部出现反转信号

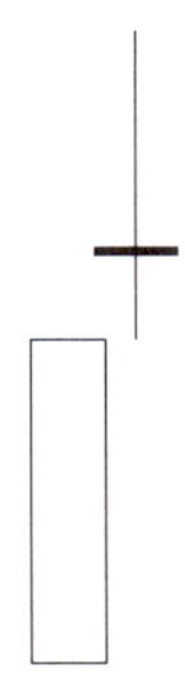

包线

特征：

◆在高价区或底部是一各极为强烈的反转信号

◆在中途经常表现为骗线

◆第二根K线必须对第一根K线穿头破脚

◆在突破阴线或阳线时，长阴或长阳的收盘价必低于或高于第一日的最低价或最高价

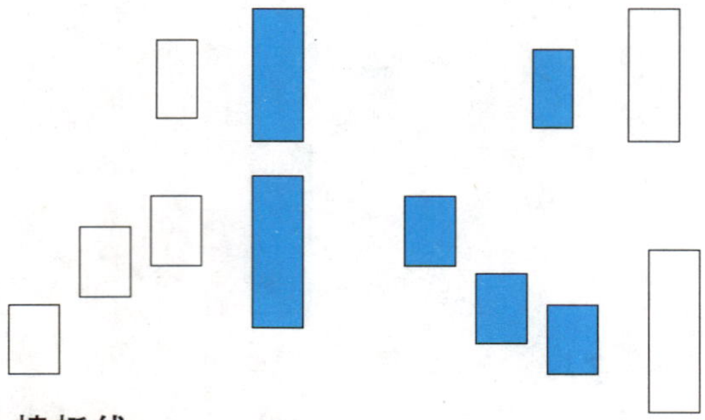

蜻蜓线

作用：

◆发生在底部或顶部均表现为转势信号

◆发生在运行中途多表现为强烈的上涨信号

垂死线

特征：

◆开盘、收盘同价

◆在高价区表现为拉高出货，而在低价区则表现为吸货

◆它是死亡十字星的变形

作用：在形态顶部表现为转势信号

锤头线

特征：实体上方不能有上影线，实体收阳收阴均可下影线最少是实体的2倍以上

作用：出现在底部时将出现转势信号

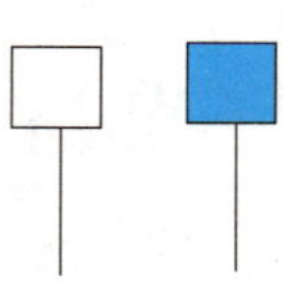

倒锤头

特征：出现在底部时将出现反转信号

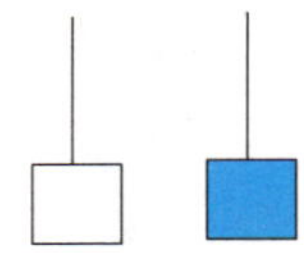

吊颈线

特征：不会有上影线，实体必须是阴线。下影线最少是实体的2倍以上

作用：出现在顶部时将出现转势信号

射击之星

特征：

◆有无跳空缺口均可

◆射击之星实体阴阳均可，上引线为实体的2倍以上

◆在高价区时称为“射”，而在低价区时称为“倒锤头”

作用：出现在顶部时将出现转势信号

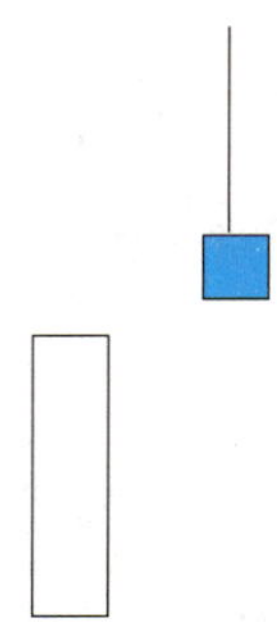

孕线

特征：第二天的K线阴阳都必须是小阴小阳

作用：出现在顶部或底部均表现为转势信号

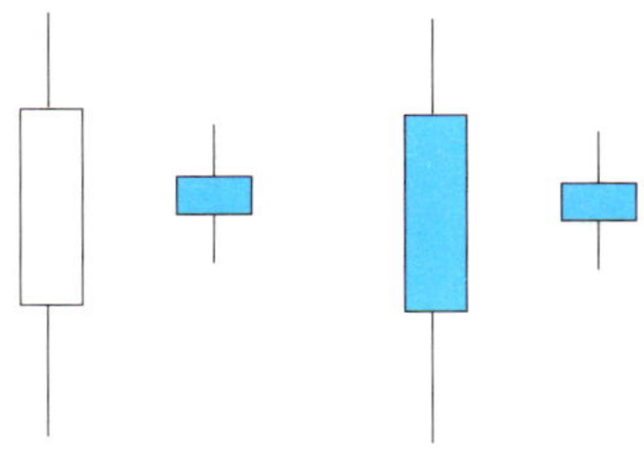

孕十字星

特征：

◆左方的阴阳线不能带上下引线

◆一字星也可为吊、塔、血、射等

◆往往上先下跌再启动，底部的孕星线升势极缓

作月：上升或下降趋势发生停顿，在顶部或底部表现均为反转信号

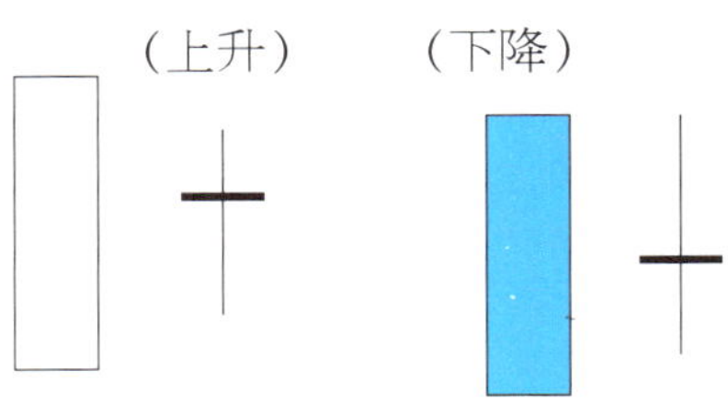

覆盖线

特征：

◆第二根阴线的实体(收盘价)必须插入阳体1/2以上

◆关注收盘价

作用：空方力量逐步转强，可以将其理解为带长上影线的小阳线

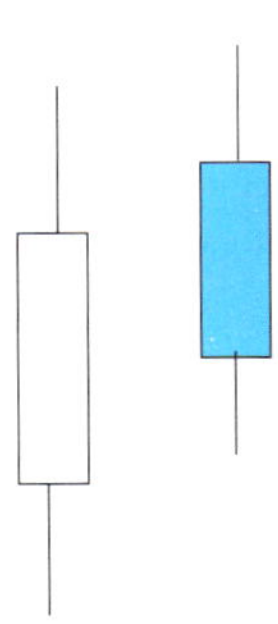

切入线

特征：阳线收盘价必须高于阴线实体1/2以上

作用：买方实力强大

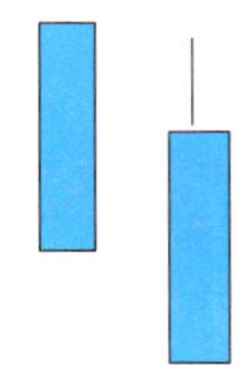

镊子线

特征：三根K线的最低价或最高价大致相同

作用：在底部和顶部都表现为反转信号

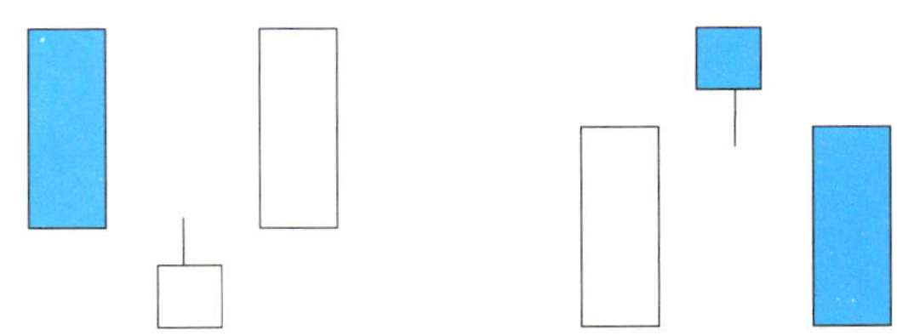

并列线

特征：

◆两根K线并列

◆高低价位相同

◆一阴一阳，两阴两阳均可

◆变形为最低价或最高价相同亦可

作用：反转信号，发生在顶部和底部均表现为反转信号

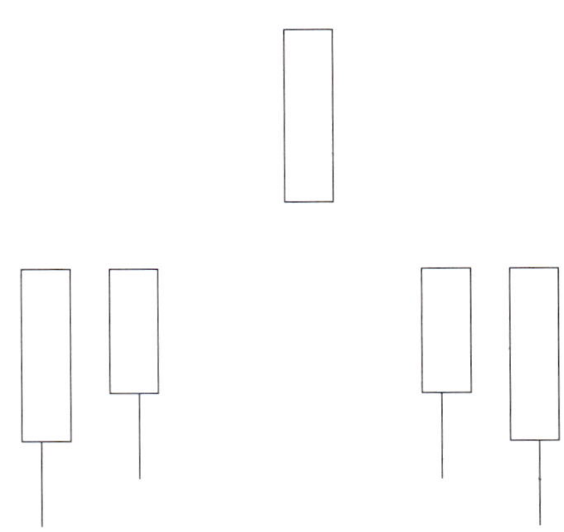

(2)能量K线图。能量K线图包括：上拉线、下拖线、假阴线、奉承线、揉搓线、上尽头星、下尽头星、上升双星、萌芽报春、黑二兵、红二兵、红三兵、三兵跳空、酒田

三川、酒田小川、酒田三法。

上拉线

特征：

◆左阴右阳

◆右边无跳空为上拉线

◆有跳空为上升分手线

作用：多方力量强大，后市看涨

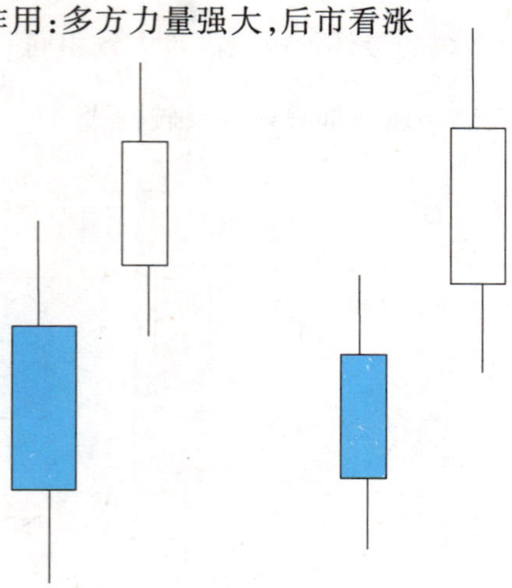

下拖线

特征：

◆左阳右阴

◆如果实体部分出现跳空则为下跌分水线

作用：空方力量逐步转强，后市看跌

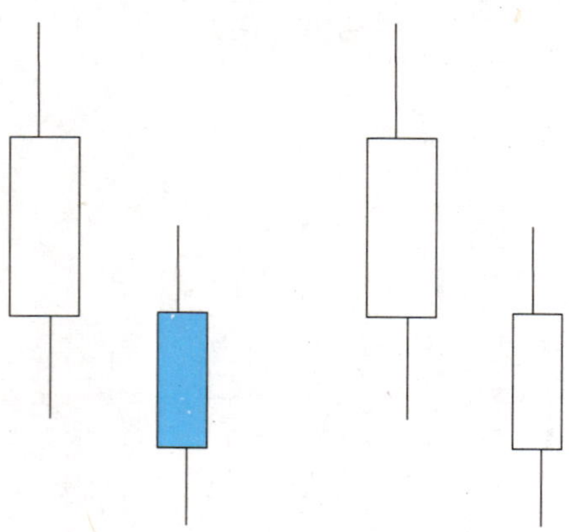

假阴线

特征：阴线收盘价大于阳线收盘价

作用：

◆出现在上升中途，股价将创新高

◆此线可以理解为一根带长上影线的中太阳线

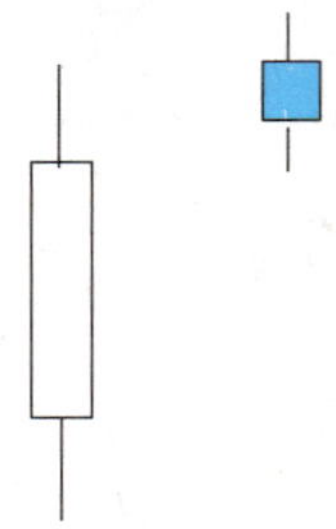

奉承线

特征：第二根阳线与第一根阴线之间有实体跳空出现

作用：

◆此为弱势K线

◆出现在底部时表现为反转信号，而出现在下跌中途股价必定再创新低

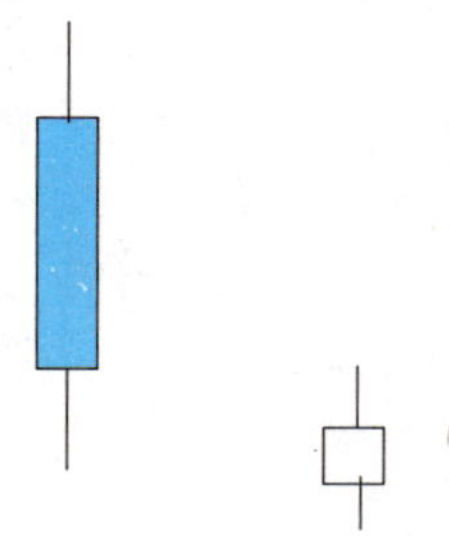

揉搓线

作用：后市看涨

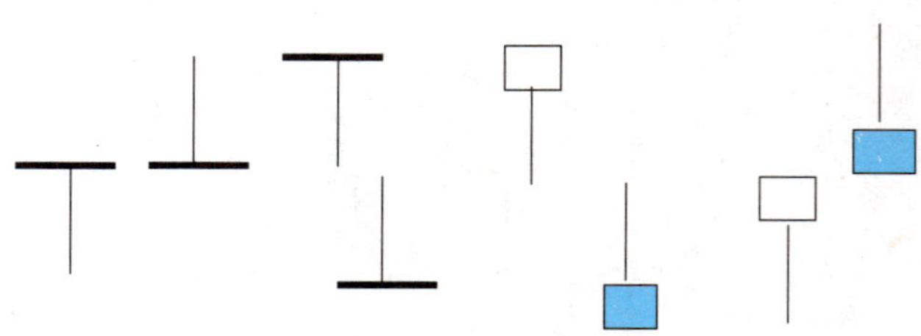

上尽头星

特征：

◆星收阴、收阳均可

◆形态为星、吊、射、塔、蜓均可

作用:上涨趋势受阻

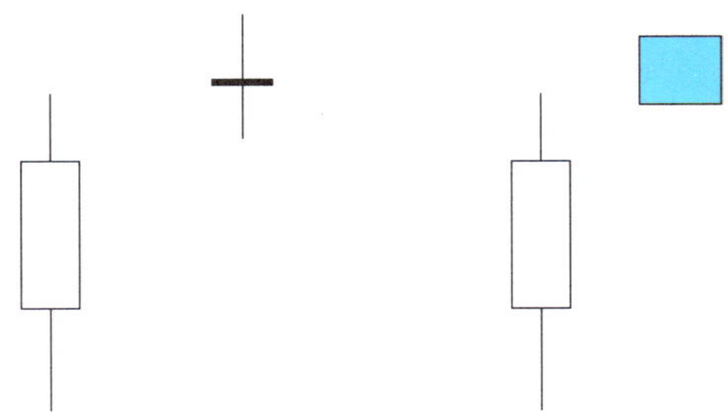

下尽头星

特征:

◆星收阴、收阳均可

◆形态为星、吊、射、塔、蜓均可

作用:下跌趋势受阻

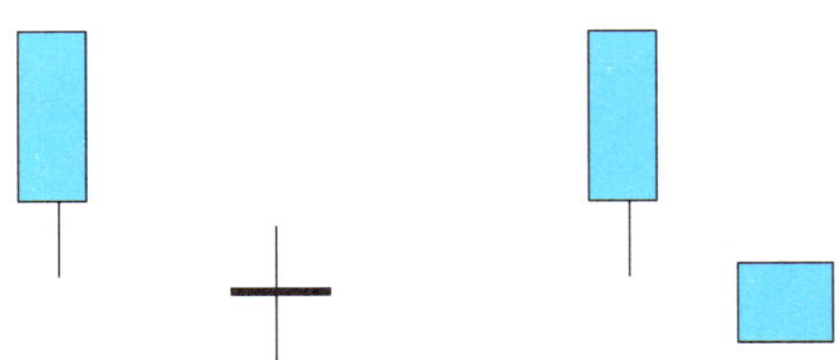

上升双星

特征:

◆双星的形态可为星、吊、塔、射、蜓等

◆可靠性极大。

作用:后市看涨。

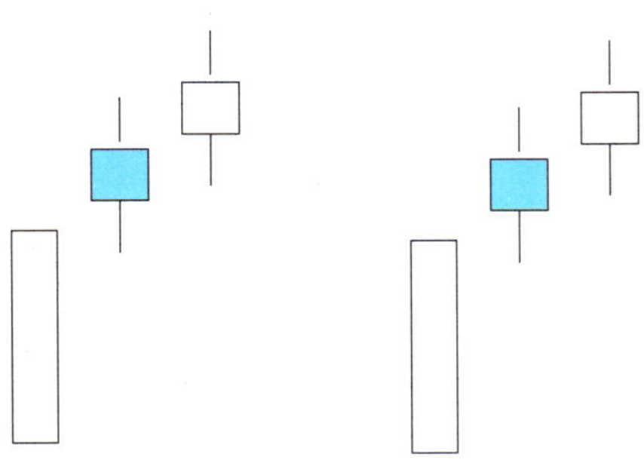

萌芽报春

特征:两天的收盘价在同一价位上

作用:下跌遭遇抵抗,可以将其看成一根带长下影线的中阴线

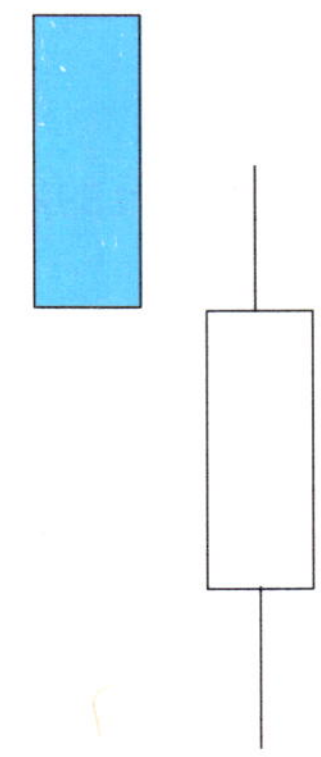

黑二兵

特征:

◆弱势组合

◆第二阴阳线的开盘价和收盘价均低于第一根阴线,没有跳空出现

◆两根阴线实体相近,空方力强

◆第二根阴线大于第一根阴线,下跌加速

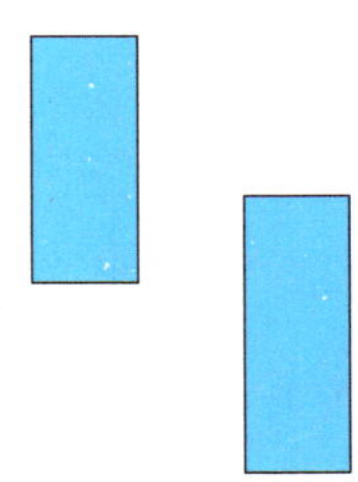

红二兵

特征:

◆强势组合

◆实体大小相近,表示多头攻势稳健,实力强大

◆第二根阳线实体大于第一根阳线,表明多头攻击力度极强

◆第二根阳线带上影线且实体较小,说明多头攻击受阻

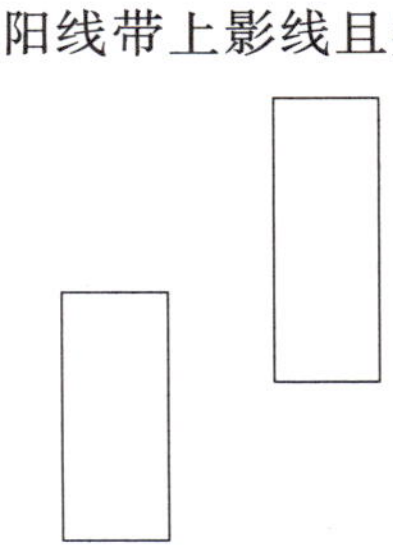

红三兵

特征：

◆三根阳线实体相近，每天的收盘价均高于前一天的收盘价

◆如果第二根K线和第三根K线逐渐放大，那么说明多方力量较强

◆如果第二根K线和第三根K线逐渐缩小，而且上影线逐渐拉长，那么说明上升受阻

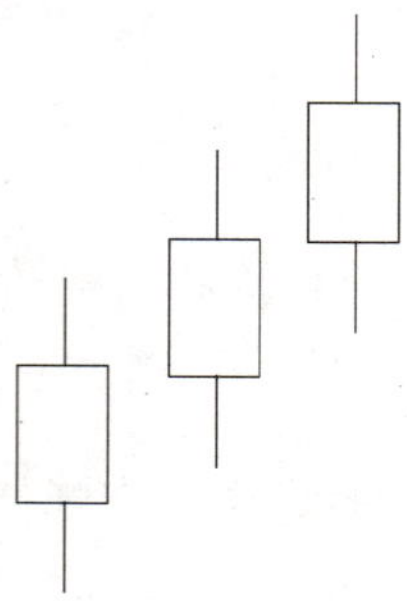

三兵跳空

特征：

◆多出现在第三与第五浪

◆跳空后收小阳为续涨，收长阳必跌

作用：开始进入第三主升浪

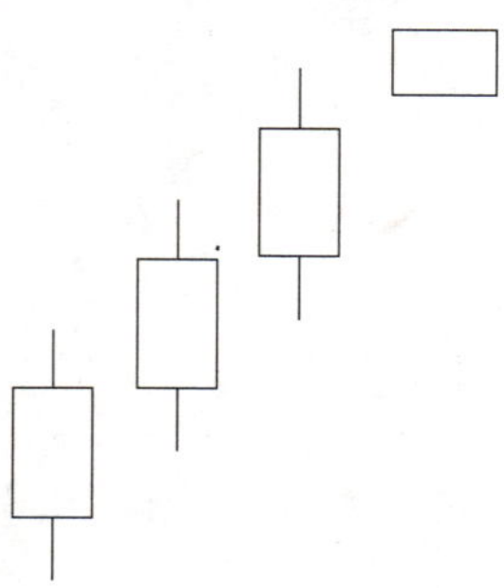

酒田三川

特征：中间的K线可以是星、吊、塔、锤、蜓、螺、射等。

作用：阳包阴为上升信号，阴包阳为下跌信号。

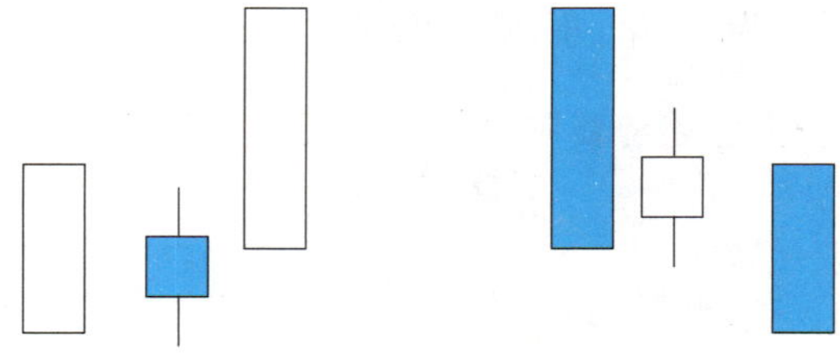

阳　　阴

酒田小川

特征：

◆出现小川，再涨1天

◆在底部或高价区可靠性极高

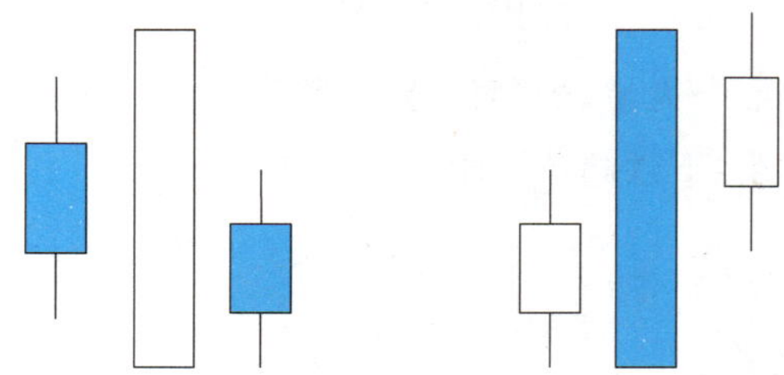

酒田三法

特征：

◆右方的小K线必须在三根以上

◆右方的小K线阴阳均可

◆三法后的涨跌幅度与前段相等

上升三法

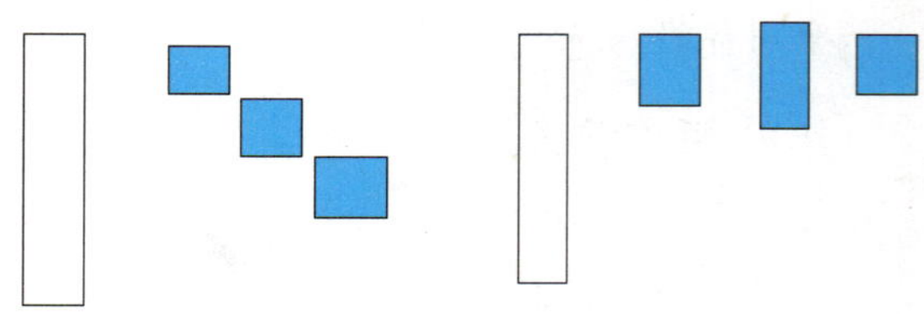

下跌三法

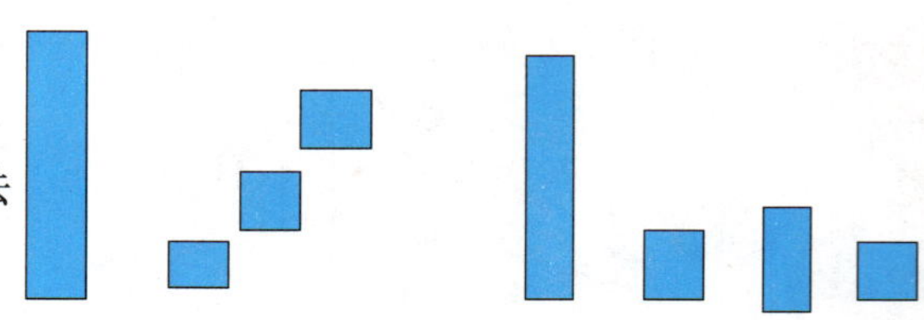

(3)K线图与股票买卖时机判断。K线与股票买卖的时机紧密相连，下面是几种典型的利用K线进行的股票买卖时机分析。

第一，昨日K线是不带上下影线之阳线实体，今日开盘后不变，买方力量强大，屡次出现新的高价，表示多

头主力介入，高价收盘可能性很大。若开盘后，股价回跌阳线实体内，表示买卖双方短兵相接，虽然多头暂时遭受卖方压力，但卖方不占绝对优势。最糟的情况则是在开盘后买卖双方在阳线实体下端进行争战；卖方利空消息出现，快速压低行情，买方驻足不前，再创新低价；当日卖方已完全控制行情，极可能出现一根强力的长阴线实体。

第二，昨日K线是带上影线的阳线实体，今日开盘后买方与卖方可能发生战斗的区域有四种（见图A）：a.影线上端，买气雄厚，有创新高价之能力；b.影线部分，表示买方昨日虽有小挫折，不能以最高收盘，今日重整旗鼓，与卖方正面遭遇；c.实体部分，表示卖方继昨日将买方从高价逐退后，今日乘胜追击，买方起而抵抗，处于被动地位，较为不利；d.实体下端，强大的卖方乘买方低落时，全力进攻，在新低价区成交，收盘时阴线居多。

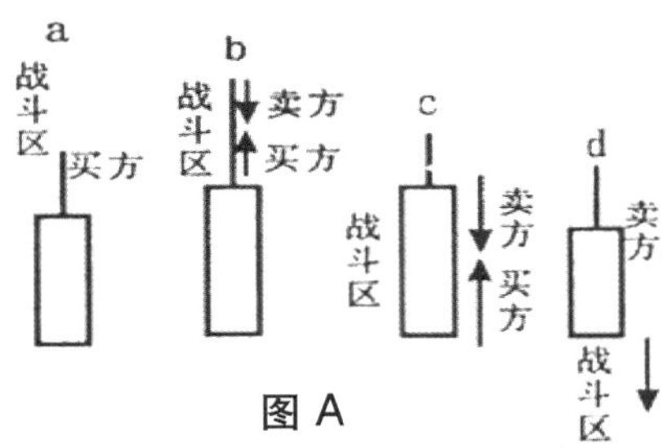

图 A

第三，昨日K线是带下影线的阳线实体，今日开盘后买方与卖方可能发生战斗的区域有四种（见图B）：a.实体上端，买方创新高价，卖方退却；b.实体部分，卖方施压大，与买方短兵相接；c.影线部分，卖方开盘后就突破买方防线昨日开盘价，使战斗在影线区域发生，买方无力反攻，任凭卖方全力压低行情，当日造成长阴线可能性很大；d.影线之下端，这是买方最弱势的表现，任凭卖方破坏行情，当日可能出现跳空下跌的阴线或是不带下影线的阴线实体。

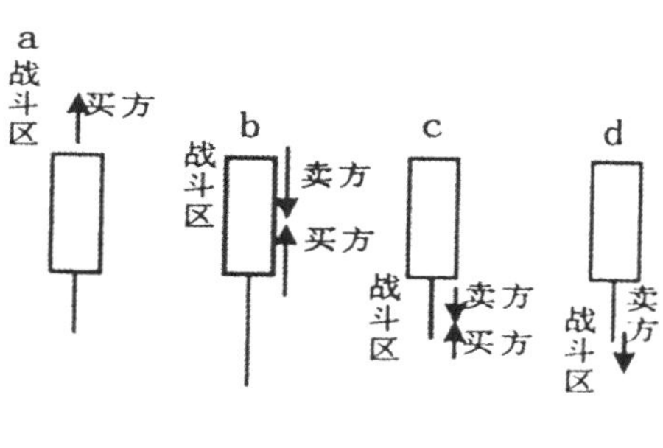

图 B

第四，昨日是上下带影线的阳线实体，买方与卖方战斗的区域有五种（见图C）；a.影线上端，卖方在高价所施压力不强，买方在开盘后全力进攻，在新高价区域与卖方战斗，极可能出现长阳线；b.影线部分，卖方虽处劣势，仍与买方拼斗，以阳线收盘机会为大；c.实体部分，卖方反击，买方亦不退却，双方相持；d.下影线部分，卖方力量强大，突破买方阵地，使买方处于不利地位，有创新低价之可能，收盘的阴线居多。e.下影线的下端卖方借利空消息出现，开盘后便以新低价成交，买方全部套牢，极可能出现长阴线收盘。

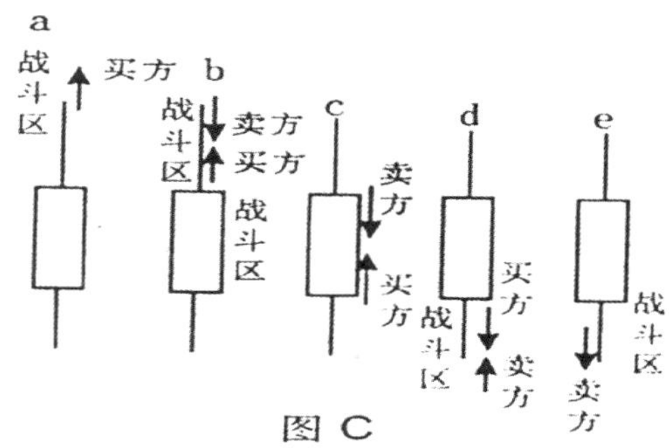

图 C

第五，昨日K线是不带有上下影线的阴线实体，买方与卖方可能发生争斗的区域有三种（见图D）：a.实体下端，今日开盘后，屡次出现新低价，表示卖方占优势，以低价收盘可能大；b.实体部分，开盘后卖方立即反攻，与卖方相持不下；c.实体上端，买方乘利多消息出现时，快速拉高行情，卖方不敢低抗，放弃阵地开盘价。今日买方已掌握大局，可能出现一根长阳线。

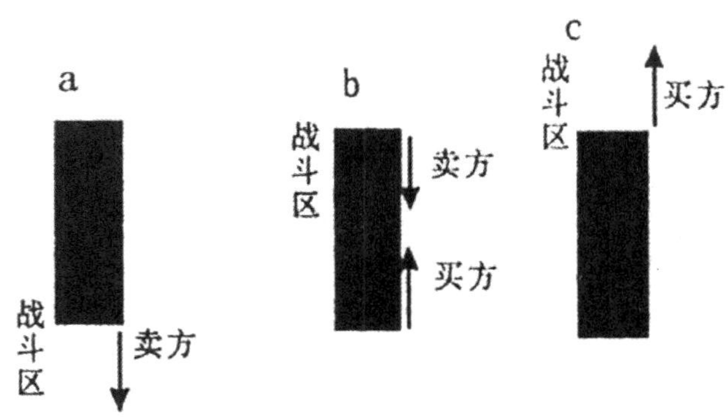

图 D

第六，昨日K线是带是影线的阴线实体，买方与卖方可能发生战斗区域有四种（见图E）：a.影线上端，买方完全扫除昨日卖方所占的优势，大量买进，卖方退守，可能出现一根长阳线；b.影线部分，买方一开盘便占上风，将区域拉至高价位进行，卖方处于不利地位；c.实体部分，买方主动与卖方争斗，但卖方力量并不弱；d.实休下端，卖方持续追击，再创新低价。

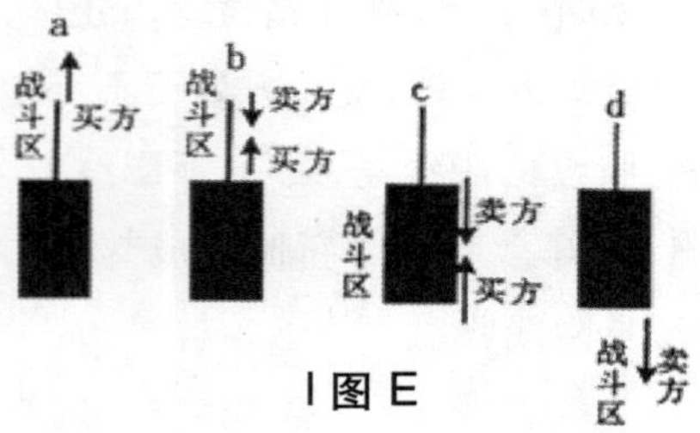

I图E

第七，昨日K线是带下影线的阴线实体，买方与卖方战斗的区域有四种（见图F）：a.实体上端，强大的买方在开盘后占优势；b.实体部分，买方与卖方相持不下；c.影线部分，卖方渐居优势，买方渐趋不利；d.影线下端，卖方全力进攻，在新低价区相交，极可能出现长阴线。

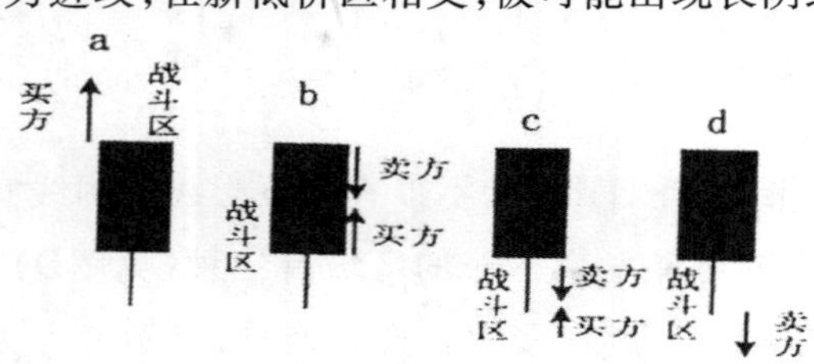

图 F

第八，昨日K线是上下带影线的阴线实体，战斗区有五种（见图G）：a.上影线上端，买方借利多消息，奋力抢进，卖方完全处于劣势，出现长红线；b.上影线部分，卖方已失势，买方有力量以高价收盘；c.实体部分，买方反攻，与卖方正面接触，双方对峙；d.下影线部分，卖方再度施加压力，买方以守为攻，处于不利地位；e.下影线下端，卖方在开盘后全力进攻，创新低价，买方处于守势，收盘时以长阴线居多。

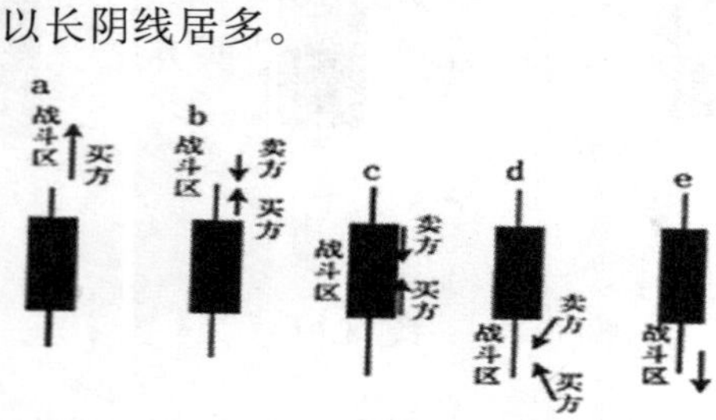

图 G

4、形态理论

股市中广大投资者要识破骗线，避免上当，就必须从股价的长期走势和运行趋势上进行价位分析，并对庄家平均成本、持仓量以及拉升空间做出准确无误的判断。在这种分析和判断的过程中会遇到很多经典的几何形态，认识并了解这些形态，无疑是广大投资者获利的先决条件。下面就股市中经常会碰到的几何形态图作一些分析和介绍。

（1）上升楔形

特征：

●该种形态一般出现在股价上升的途中

●在这种形态中，如股价4–5次碰上轨，就必须立即离场，否则会高位套牢

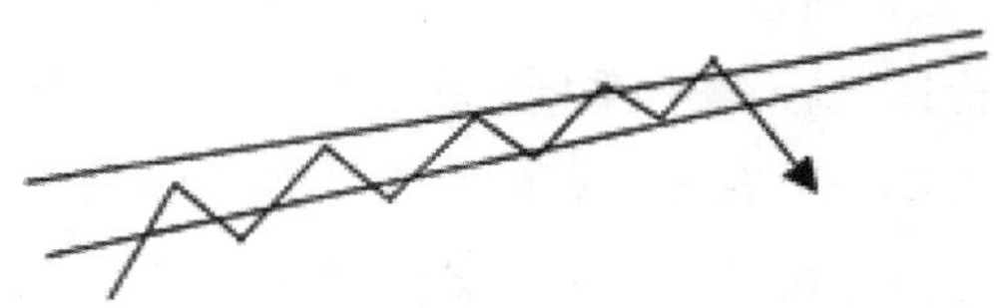

（2）下降楔形

特征：

●该类走势的股票如果一旦放量上升，就会成为股市中的头号黑马

●该类股票的整理时间较长，通常为6–9个月，短于这个周期则不能视为牛股形态

●在下跌过程，抄底的投资者将会多次被套，很少有获利的机会，而庄家则会大量吃进“割肉盘”。在成交量图示中，投资者应发觉这种吃货状态

●该图形态俗称股市一号大财神

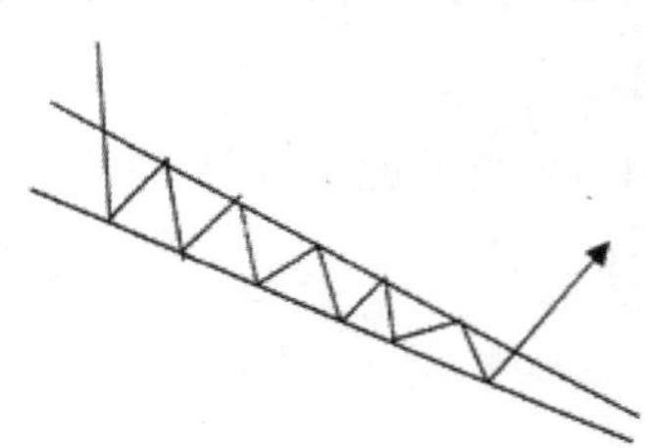

（3）上升旗形

股价大幅上扬后将进入整理状态，在这种整理状态中将有多次高点连接形成压力线，与多个低点连接形成的支撑线便组成了一个微向下倾斜的平行四边形。这种形态称之为“上升旗形”。旗形整理的时间一般只有3周

时间，然后便向上突破，走出一拨行情。

特征：

●上升旗形的高度就是股价结束整理突破压力后的上涨空间

●上升旗形的成功率非常高。它是投资者获利的可靠图形、俗称股市二号财神

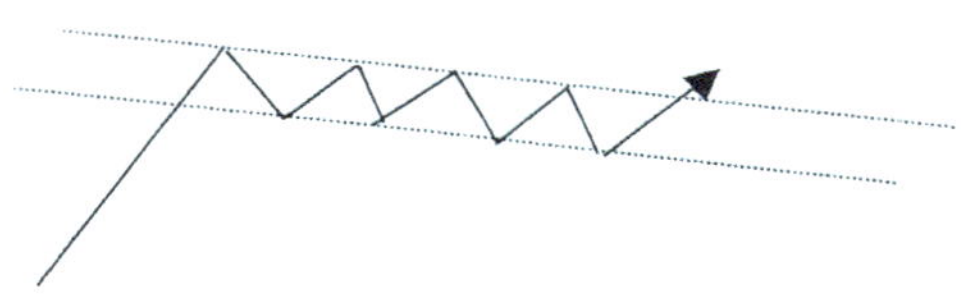

(4)中继楔形

特征：

●中继楔形出现在强庄股暴涨后的整理走势中

●走势特征为水平横向或稍微向上倾斜。绝不会允许向下倾

●不理会大盘的走势，自成一统

●整理的时间一般为两个月到四个月。这是区别三角形整理和旗形整理的显著特征。此种形态出现后的涨势十分可观，为图形中的第三号财神

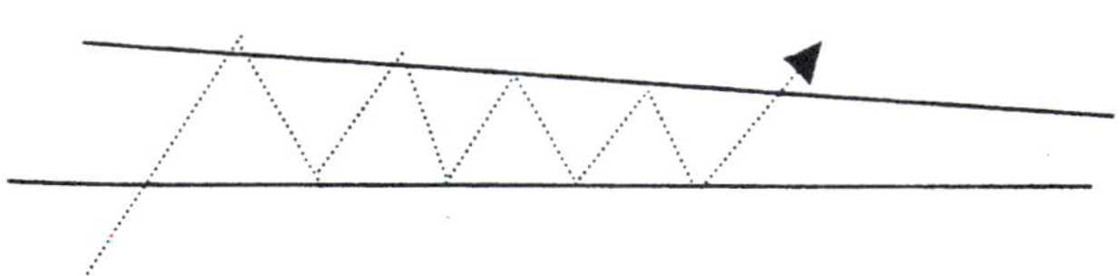

(5)头肩顶

特征：

●左肩的成交量较大，调整到A点后成交量将会萎缩

●股价创新高形成头部，而成交量缩小将会呈现顶背驰特征

●股价下跌到B点，在反弹形成右肩，成交量比头部还要小

●股价跌破AB的连线(即颈线)后，会有一个低于B点的反弹出现

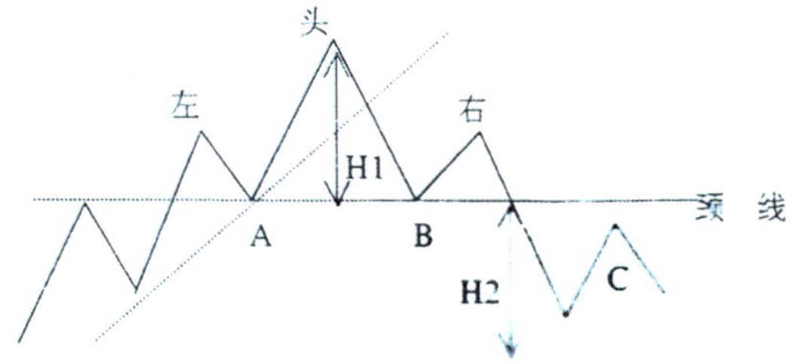

(6)头肩底

特征：

●左肩反弹至颈线时，将再次下跌形成新低，头部出现，成交量萎缩

●股价再次上涨，碰到颈线后下跌，形成右肩，有较大成交量

●股价放量突破颈线位后，将会有一个反抽，再次回调到颈线位置，并止跌

●在股价下跌的末期，将出现小幅反弹，然后再下跌，形成左肩，成交量萎缩

头肩顶与头肩底的区别在于：

●在头肩底的形态中，多数都会出现回调走势，而头肩顶则不会

●在头肩底的形态中，头肩底颈线的突破需有大成交量的配合

●头肩底的波幅较小；相反，头肩顶的波幅较大

●头肩底形成的时间比头肩顶形成的时间要长

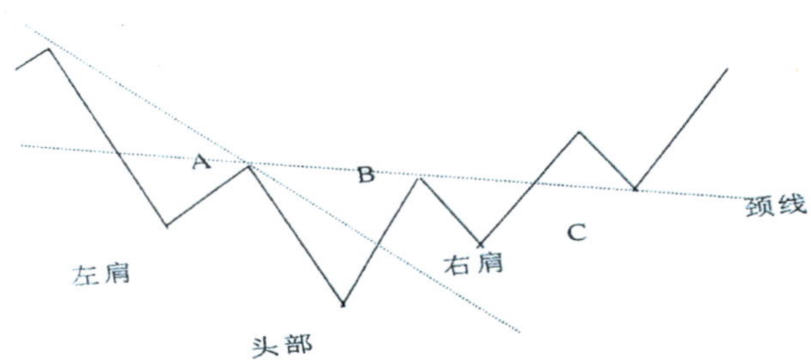

(7)开放三角形

我们把压力线逐渐上行，支撑线逐渐下行形成的图形，称之为开放三角形。

特征：

通常出现在股价的顶部，这将预示着震荡出货。这种形态的出现是一种危险形态。在实践在应尤其注意一种形态为直角开放三角形形态，如果这种形态出现在底部，那么这预示着大盘后市将产生一次很大的行情。这种直角开放式三角形的形态称之为股市第四号财神。

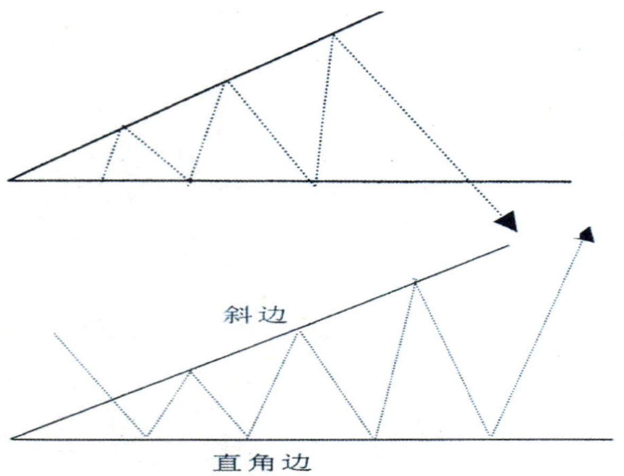

(8)M 头

M头和W底在实践中可靠程度较高，仅次于前面介绍的头肩顶和头肩底。

特征：

●第二个顶比第一个顶至少要高出3%

●收盘价连续2个交易日高于第一个顶

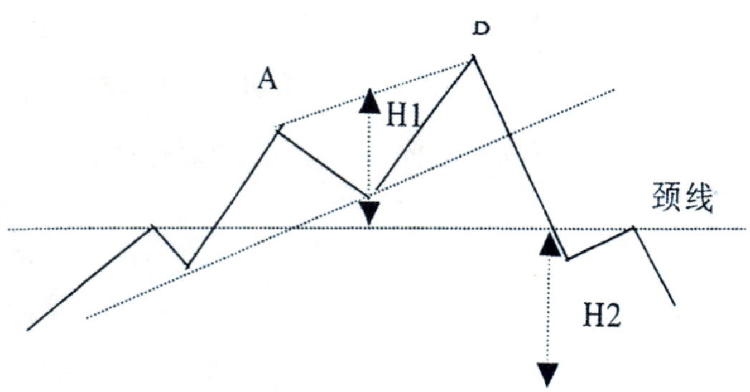

(9)W 底

在股票上涨的过程中，经常会出现 W 底形态，其显著特征为：

●第一个底与第二个底之间距离1~4个月的时间。周期较短的双底经常是一种多头陷阱，不能称为W底

●第一个底的成交量比较大，第二个底的成交量却非常少，且第二个底的外观略呈圆圆弧形，即左底尖右底圆

●当股价缓步回长并突破颈线位时，只有在放量配合的情况下，W底才算正式成立，否则股价的走势形成箱形整理

●股价突破颈线往后又回到颈线位附近，这时颈线位由上档压力位转为下档支撑位

●上涨的幅度是第一次低点到颈线位的垂直距离

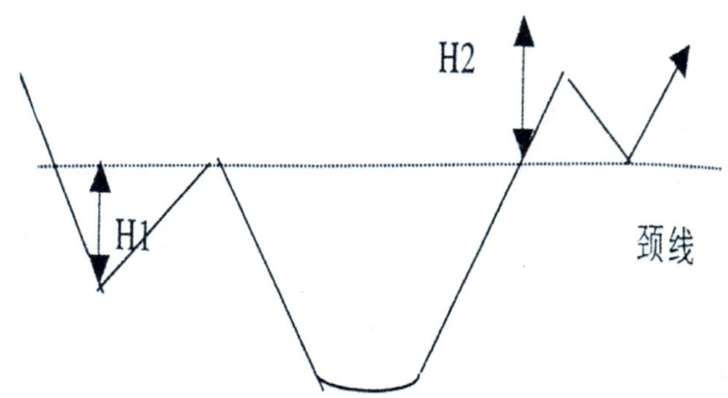

5、庄家理论

有庄则涨、无庄则跌。这在股市中是众所周知的秘密。庄家理论的核心内容有四个方面，即：

●庄家吸筹平均成本的高低；

●庄家持仓数量的多少；

●庄家拉升空间的大小；

●庄家的套路(吸筹、震仓、拉升、回调、整理、拨高、出货等)。

(1)庄家套路。庄家在做股票的基本步骤中，一般分四个步骤渐进：一是吸筹；二是震仓；三是拉升；四是出货。在实战操作过程中，各步骤的形态会比较复杂，吸筹和震仓、拉升整理也将会交替反复的出现，拨高出货会以二次回档的方式进行。这些环节可能多次出现，次序可能前后颠倒。在这场耐久力、资金量、心态状态的鏖战中，失败的一方永远都是散户；反过来，如果散户知道并了解了庄家的核心秘密内容，那么庄家操盘的难度自然就大些。

(2)庄家进驻。庄家进驻后将出现以下显著特征：

①股价止跌往上涨；

②重心缓缓抬高；

③牛长熊短。

(3)庄家吸筹。一般来讲，散户在哪里出货庄家就会在哪里吃进，散户发现庄股最好的时机是大盘暴跌的时候，用一句话概括就是逆市飘红、庄家彰显。在大牛市中，庄家吸筹多采取放巨量、快速收集的方式；在大熊市中，庄家多采用底部吸收法。庄家吸筹常见的方式有以下10多种：

a、年线或半年线横盘吸筹；

b、下降楔形吸筹；

c、圆弧底吸筹；

d、头肩底吸筹；

e、次低位窄幅震荡横盘吸筹；

f、股票箱吸筹；

g、拉高建仓通吃套牢盘强行吸筹；

h、一浪或一浪扩延震荡吸筹；

i、利用配股哄抢筹码迅速吸筹；

j、利用新股上市吸筹；

k、震荡吸筹；

l、大盘走熊，动用指标股护盘吸筹。

(4)持仓数量。股市中最难辩别的一个问题是：在100%的换手率中，有多少筹码是庄家的？又有多少是散户的？其实，这个问题也是庄家所有秘密中最核心部分。计算庄家的持仓数量，我们或以用周期估算法，即在低位横盘或倾斜上升的周期内达到200%的换手率中，所有阳线的换手率或收盘价大于平均价的换手率称之为作庄筹码。这种计算庄家持仓量的思路已融入了证券分析软件中，只要我们利用证券分析软件的庄股分析功能，判断庄家的持仓量是比较容易的。

(5)庄家洗盘。为了减轻日后拉升时的抛压，并降低拉升成本庄家在吸筹基本完成后，一般情况下，都要进行震仓洗盘。按波浪理论此阶段叫二浪调整，调整的深度是可以预测的。二浪底的最低点要高于一浪的起始点洗盘的深度一般是一浪升幅的0.618倍或0.5倍。在大盘背景良好的前提下，洗盘往往会结束在0.618这个黄金分割点的位置。

(6)庄家护盘拉升。在庄家护盘拉升时，我们要知道庄家拉升的空间到底有多大？拉升的方式是什么？在拉升期有什么样的特征？

①提升空间预测。预测庄家的拉升空间要首先知道庄家的持仓数量。在股市中，持仓量达到流通盘1/4左右的庄家极为多见。这类股票的盘面特征为震幅在20%~30%之间，往往拉高10%左右就出货不做了；持仓量达到流通盘1/3左右的庄家只能对敲拉抬，盘面特征经常为量增价升的状态，拉升高度一般为现价位的30~40%。如处在热点板块，涨到50%以上也是有可能的。该类股票的画图能力极强；持仓量达到流通盘1/2以上的庄家，可以有拉升一倍的上升空间。此类股票吸筹时间往往在3个月以上，在弱势中可长达16个月左右，盘面往往显示出非常清晰的吸筹、震仓、拉升、出货四个阶段；持仓量超过流通盘70%的股票为庄家控盘的股票，其盘面特征为锁仓拉抬，我们经常可以见到没有放巨量但股价却可以轻飘飘地直上云端的股票。此类股票的上升空间巨大，持有此类股票的股民将财运亨通。但随着股市的日益规范化，此类股票已不是很多了。

②庄家控盘拉升的方式。从方法上来讲，庄家拉升的主要方式有对敲拉升和锁仓拉升两种；从形态上讲有台阶式拉升、斜线式拉升、缓慢抬高式拉升和连续飙升式拉升四种。

③拉升期的显著特征。庄股的拉升期按波浪理论主要出现在三浪和五浪，尤其以出现在第三浪为多。在第三主升浪中，经常会出现独立于大盘的走势，跳空缺口多出现在这一阶段。良好的技术形态、诱人的几何图形也在这一时期显现。成交量经常出现巨额放量，股价的上升具有快速爆发的明显特征。在这一时期，庄家往往会制造热点，创造概念，发掘题材，散布利好，以激活人气，培养投资热情，活跃市场交易，引诱散户跟风。

(7)庄家出货。庄家出货惯用的手法有：高位横盘震荡出货(包括圆弧顶、三重顶、头肩顶、M头)；次高位横盘震荡出货；掼压式出货；缓跌式出货；边拉边出货(成本回收法，攻击前期高点，制造假突破)；利用涨停板出货；利用除权，技术指标失真，诱多出货(先横盘作出筑底状态，然后上攻假填权出货)。

(8)区别庄家的洗盘与出货。区别洗盘与出货，除了首先要认清股价所在的位置以外，对以下几个方面必须保持高度的关注：

●庄家的持仓筹码在20%左右，总体涨幅小于一个涨停时，出现的调整为洗盘。当涨幅超过一个涨停时，短线庄家往往就离场了，这时候的中阴线应该视为出货行为；庄家的持仓筹码在30%以上，小于40%，拉升空间为3个涨停左右。在3个涨停以内出现的调整可视为洗盘，在3个涨停左右的位置出现的中阴线可视为出货行为；庄家的持仓筹码在50%以上，在第三主升浪开始后的5天左右出现的调整视为洗盘。把第三主升浪开始后，在第8或在第13天出现的调整视为出货行为。

●洗盘时成交量逐日萎缩。

●出货时成交量连续放大。

●洗盘时，在10日均线附近往往有人护盘。

●出货时，股价迅速击破20日和30日均线，并击破江恩45度线。

●洗盘时的震幅往往小于15%。

●出货时的震幅大于20%。

●洗盘时的换手率较小，一般5天内换手率小于20%。

●出货时的换手率较大，一般5天内换手率大于30%。

●在庄家获利不足时，出现的调整视为洗盘。在庄家有足够的获利空间时出现的调整应视为出货行为。

●洗盘时，均线的多头排列不会被彻底破坏；而出货时，均线会形成非常难看的粘合状态，既而形成空头排列。

●洗盘时多为中小阴线，出货时多为中大阴线。

●当“利好频传”的氛围出现时，庄家出货居多；当“利空打压”的氛围出现时，庄家洗盘的居多。

●在庄家理论中，核心内容是仓位分析。抓住了仓位分析的牛鼻子，庄家这条大肥牛任你随意牵着走。

(9)与庄共舞。一般来讲，大资金入注一支股票，必然会引起成交量和股价运行趋势的巨大变化，这种变化将通过一定的形态展现在我们面前，我们必须认识并了解这些形态，只有这样，才能与庄共舞。庄股彰显的特征有以下26种：

●大资金关注股票，大资金关注的都是些潜在热门股或即将上扬的强势股。

●“逆势飘红”股票，该形态可用一句话来概括：逆势飘红，庄股彰显。

●“红旗飘飘”股票，其特征为红多蓝少、红大蓝小，股价逐步上扬。

●“柳暗花明”股票，即股价被套后，做下降楔形整理半年以上，再重新启动的股票。

●“红唇微笑”股票，该形态是庄家建仓结束，在拉升前进行快速、凌利的打压震仓时形成的。

●“红杏出墙”股票，即保利加通道上轨突破股票通道上轨后，不回头的股票。

●“大鹏展翅”股票，有龙头股特征，各条均线互不粘连，各行其道。

●“南天一柱”股票。

●“双黄抬步”股票，其特征是，在年线和半年线上下各出现一对双黄线。

●“旗角突破”的股票，即上升中途出现旗形整理的股票。

●“月线30光头红”股票。

●N形走势的股票。

●“山舞银蛇”股票。

●“原驰蜡象”股票。

●“风韵再现”股票，其特征是，庄家在大势配合下，急速向上拉升。

●“坝上牧牛”股票，即股价沿着30日均线震荡持续上行的股票。

●突破60日均线、回档确认后飙升的股票。

●突破120日均线，回档确认后飙升的股票。

●突破250日均线，回档确认后飙升的股票。

●突破60日均线、120日均线、250日均线，回档确认后飙升的股票。

●轻轻松松过关屡创新高的股票。

●三日均线大于120日均量的股票。

●向上突破年箱的股票。

●向上突破半年箱的股票。

●向上突破季箱的股票。

●向上突破年箱、季箱的股票。

6、时间周期理论

(1)股市时间周期的形成原因。股市虽变幻莫测，但股价的涨跌还是有着明显时间周期性的。股市的时间周期性由以下几个原因引起的：

①国家宏观经济的周期性。经济的发展，众所周知，是具有周期性的，上市公司的经营活动受其影响，经营业绩也将随之波动变化。而经营业绩的波动变化又必然会影响到广大投资者的投资信心，从而使供求关系发生变化，股价出现周期性波动。

②国家政策的周期性。国家宏观经济政策包括产业政策、金融政策、财政政策，根据不同时期的具体情况，国家对不同产业政策的扶持程度及相关金融政策都必须进行合理的调整，从而对股价产生周期性的影响。

③投资者交易行为的周期性。投资者交易行为是股价波动的决定因素之一，机构投资者尤其是主力的投资行为具有周期性特征。主力机构介入一只股票进行炒作，需要动用巨额资金，从吸筹、震仓，到拉升、出货都将花很长的一段时间。据统计，小盘股的周期为110个交易日，大盘股的投资周期平均是120个交易日，超级大盘的投资周期为180个交易日，平均周期5–9个月。

④上市公司财务报表的周期性。上市公司一年两次向外界公布的财务报表也会影响到股价，使之表现出周期性波动变化。

(2)我国股市时间周期规律的总结发现，我国股市自1990年沪深交易所成立以来，股价基本上都是按照以21个月为一个大周期循环运行的，比如：

从1992年11月，到1994年7月，相隔21个月；

从1994年7月，到1996年3月，相隔21个月；

从1996年1月，到1997年9月，相隔21个月；

从1997年9月，到1999年5月，相隔21个月；

从1999年5月，到2001年1月，相隔21个月。

(3)股市时间周期可以重演，每年股价的涨跌都具有一定的时间周期性，例如，上半年上涨，下半年回落。每年的8月18日、5月19日、3月16日都包含着一种特殊的市场含义。就短期而言，不管大盘、还是个股，一般情况下，都遵循着3天、5天、8天、13天、21天、34天、55天……的时间周期运行着。又比如，上证指数从2000年5月18日到7月4日运行了34天，从7月7日到8月23日又运行了34天。我们把这种股市的运行规律统称为“时间之窗”。

7、能量转换理论

能量转换理论的核心就是量价分析，即通过成交量与成交价的变化情况进行相关的分析研究，从而预测股市未来的走势。在量价分析中，放量、缩量、背离、同步是四个非常重要的概念，它们是整个量价关系的坚实基础，对股价未来的发展趋势有着很重要的影响。下面就放量、缩量和背离作简单分析。

放量有单日放量、区域放量、横向放量和纵向放量四种基本类型。我们把当日量除以120日均量大于3的情况理解为单日放量；我们把10日内换手率超过50%的情况理解为区域放量；我们把近3个月均量除以3个月前24个月均量大于1的情况理解为横向放量；我们把近5天内换手率超过20%的情况理解为纵向放量。理解了放量，相应地就理解了缩量，因为缩量与放量正好相反。背离有两种类型：一是正背离，其特征是价涨量缩；二是负背离，其特征是量增价缩。

(1)一浪低位放量。股价经长期下跌，止跌企稳以后，在低位突然转势放量。该种放量既可能是试盘，也可能是庄家进驻，也可能是新一轮行情的启动，这需要根据盘面来加以仔细鉴别。一般而言，如果股价在60日均线之上则为进庄放量；如果单日放量以后又恢复了平静，则是试盘；而在年线、半年线之上突然放量则为新一轮行情的启动。

(2)二浪调整缩量。如果在一浪顶后出现了回调，紧接着的回调便是成交量萎缩。在这个调整的过程中，震幅应小于25%，换手率应小于60%。

(3)二浪调整双谷缩量。如果在二浪底出现了W底形态，左谷量大于右谷量，而且两谷相当，那么大盘后势肯定会出现一轮大涨行情。

(4)三浪颈线位突破时放量。当股价走出二浪低位，接近前期颈线位时，将会放量冲关。如果第1天收中大阳，第2天跳空收阳十字星，那么第3主升浪就会正式开始了。

(5)三浪初单日量背离。在三浪初期，二浪底附近，如果股价出现暴涨，且接近涨停，但是成交量却严重萎缩，那么这种单日上涨正背离的出现，就是股价要大涨的征兆。

(6)三浪后期强势量背离。一般来讲，在第3主升浪后期，如果出现区域正背离，也就是说价涨量缩，那么表明在四浪底后必将会出现一轮创新高的第5浪。

(7)五浪顶放天量。如果在三浪顶，尤其是在五浪顶出现放天量的现象，表明一轮上攻行情的完成。三浪顶和五浪顶对普通的股票来讲，涨幅大约在35%左右，但强势大中股除外。

(8)五浪顶单日量背离。如果股价经过大幅上扬，在高位出现价涨量缩的背离走势时，这表明股价已经到顶了。

(9)高位平台缩量。股价已进入顶部区域，区域成交量萎缩，这表明庄家在用蒙编的手法暗中出货。这时，投资者只要仔细看一看月线，它就会原形毕露。

上述七种理论，各自都有很独到的一面，只要我们吃透了其中的一种或几种，最终就将成为股市大赢家。

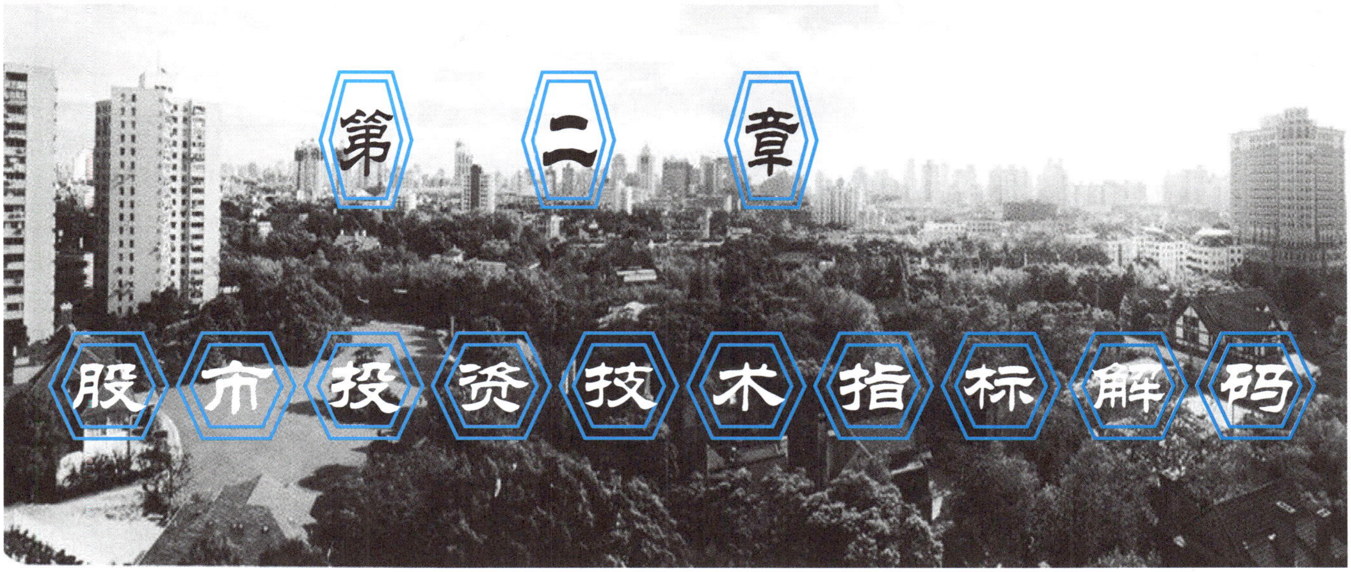

第二章 股市投资技术指标解码

“股市指标技术分析在长熊中显得很狼狈，企图用技术让自己下决心再买进股票如掩耳盗铃。”2002年我国股市处于长期调整，一位股民如是说。但业内人士说“技术都是线形的，而人的思想都是非线形的，盲信技术分析，是拿前者去描述后者，是不可取的。”事实上，这也许并不是技术本身的错，对股市的全方位分析也离不开技术分析的支持，我们需要了解、调整MACD、KD·J、RSI、BOLL等基础性常用指标，也需要掌握运用赋用其新兴含义的BBI、TOW、%BB、DMI、VOL等指标，以求解开这类技术指标在股市中运用的密码。

一、移动平均线(MA)

1、基本释义

移动平均线(Moving Arerage)理论是世界各国证券市场普通接受，不可缺少的基础性指标工具，它是利用统计学上的“移动式市场原理，取日(或其它时间长度)为单位，将一定日数的日收盘价逐日移动加权平均，从而得出每日的收益平均股价，逐日将其连接成一条曲线，这就是移动平均线。

2、计算公式

移动平均线(MA)的计算公式如下：

$$MA=(n)_t=\frac{1}{n}\sum_{i=1}^{n}C_{t-i+1}$$

一般的移动平均线依统计取样日数的差别分为短期均线：包括5日线、10日线等；中期均线：包括25日线、30日线等；长期均线；包括100日线、250日线等。

3、应用解释

移动平均线(MA)的应用主要包括买卖时机的判断和实战应用两个方面：

(1)买卖时机判断。买入信号的情况包括：①移动平均线从下降逐渐转为水平，并有上升的迹象，当股价从移动平均线的下方向上突破移动平均线时，是买入信号；②股价在移动平均之上，当股价下跌而没有跌破移动平均线，股价又再度上升时，是买入信号；③股价由移动平均线之上跌至移动平均线之下，但移动平均线仍呈上升趋势时，是买入信号；④股价在移动平均线之下，突然暴跌，使得股价距离移动平均线非常远，股价极有可能再次向移动平均线靠扰(这是分久必合的道理)，是买入信号。卖出信号的情况包括：①股价处在上升趋势中，且在移动平均线之上，当股价连续数日上涨，使得股价离移动平均线愈来愈远，股价随时会向移动平均线靠拢，是卖出信号；②移动平均线由上升逐渐转为水平，当股价从移动平均线上方跌破移动平均线时，是卖出信号；③股价在移动平均线之下，股价反弹时未突破移动平均线，而移动平均线已有从水平转为向下的趋势时，是卖出信号；④股价在移动平均线之上，而移动平均线仍继续向下时，是卖出信号。

（2）实战应用。实战中，MA应用可分两种情况：一种是单条移动平均线MA应用。属买入信号的有：①移动平均线由较为缓慢下跌转为急速下跌，当又变缓至近似水平时，如图A所示；②移动平均线由上升变成平缓，又出现下降，当移动平均线由下降再次变为平缓，而后又开始上升时，如图B所示；③移动平均线经过一段上升之后变为平缓，而后又开始上升时，如图C所示；移动平均线上升的速度号不是很快，但总体趋势是上升时，如图D所示。属卖出情况的有：①移动平均线由较为平缓的上升转为急速上升，当又变缓至近似水平时，如图E所示；②移动平均线由缓慢下降变为急速下降时，如图F所示；③移动平均线下降的速度号不是很快，但总体呈下降趋势时，如图G所示；④移动平均线和股价相互交错在一起，并在一定的范围内水平移动时，如图H所示。

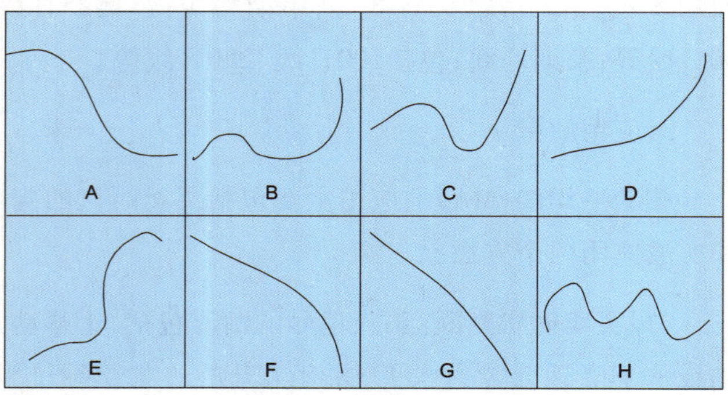

二、多空指标（BBI）

1、基本释义

多空指标（BuLl And Eear Indea，简称“BBI”），是一种将不同日数移动平均线加权平均之后的综合指标，属于均线型指标。在使用移动平均线时，由于投资者对参数值有不同的选择，而多空指标正好解决了中短期移动平均线的期间长短合理性问题。

2、计算规则

一般的，多空指标目前流行的原始参数值选择四个参数，即3、6、12、24、将3日、6日、12日、24日四个平均股价（或指数）相加后除以4得出多空指标的数值。

其计算公式为：

BBI（多空指标）=(3日MA+6日MA+12日MA+24日MA)/4

3、运用解释

我们知道，由于多空指标（BBI）是在移动平均线的基础上发展起来的，所以，其在运用方面也同样可以参照葛兰维尔法则，在实践中进行运用，具体如下：

（1）当股价（或指数）处于高位区，一旦收盘价（或收盘指数）跌破多空指标为卖出信号；

（2）当股价处于低位区，一旦收盘价突破多空指标则为买入信号；

（3）当股价运行于多空指标上方，并且多空指标逐渐上升，将发挥助涨的作用，这意味着多头控制局势，可继续持股，当股价回落，但仍能获得多空指标的支撑，则表明调整即将结束，新的上升行情有望展开。

（4）当股价运行于多空指标下方，并且多空指标逐渐下滑，将发挥助跌的作用，则表明空头控制局面，一般不适合买入；当出现反弹走势，但不能有效突破多空指标，则应采取逢高减磅的操作方式。

需要说明的是，由于多空指标在图表上以一条均线的形式出现，并且买卖信号也以其作为一定标准，在某种程度上也成为多空“分水岭”，所以应注意如果按系统（投资者使用的操作系统）默认的参数，对短期行情的指导意义，更为突出，同时，投资者还可以自行修改系统参数，从而满足对不同周期的行情进行分析判断的要求。当然，投资者还可采用寻找拐点的方式来弥补，多空指标在运用上的某些缺陷。例如，当多空指标保持向上态势时在操作上可以买入或持股为主；当其上行趋缓而转为走平时应保持警惕，以观望为宜；当多空指标向下形成拐点时应适当减磅或选择离场。

三、随机指标（KD·J）

1、基本释义

随机指标（Stochastics Process），它是由乔治·兰恩（George Lane ）提出的，它综合了动量观念、相对强弱指标与移动平均线的优点，并通过计算一定时间周期内出现过的最高价、最低价及收盘价等价格的波动幅度来反映股价的超买超卖现象，其主要用于短期买卖时机的研判。

2、计算公式

随机指标（KD·J）的计算可分为直接法、间接法。

（1）直接法：

$$\%k(n)_t=\frac{c_t-L(n)_t}{H(n)_t-L(n)_t}\times 100\%$$

其中：

H(n)$_t$=max{Hijt−n+1≤i≤t}（最近n日内的最高价）

L(n)t=mix{Lijt−n+1≤i≤t}（最近n日内的最低价）

K值的m日平均值，即D值

$$\%D(n)_t=\frac{1}{m}\sum_{i=1}^{m}\%K(n)_t-i+1$$

（2）间接法：它是先计算出未成熟随机值RSV，再计算K值、D值。

$$RSV(n)_t=\frac{C_t-L(n)_t}{H(n)_t-L(n)_t}\times 100$$

$$\%K(n)_t=\frac{2}{3}\%K(n)_{t-1}+\frac{1}{3}RSV(n)_t$$

$$\%D(n)_t=\frac{2}{3}\%D(n)_{t-1}+\frac{1}{3}RSV(n)_t$$

一般取n=9、m=3。若没有前一日K值时用50代替，此外还需引入另外一个参数J，其计算公式为J=3K−2D或J=3D−2K。

3、应用解释

随机指标常运用包括以下几种情况：

（1）超买超卖分析：K值和D值小于20属超卖，是买入信号；K值和D值大于80，属超买，是卖出信号。

（2）背离分析。股价创新低，而K、D值却不断创新低。称为底背离，是买入信号；股价创新高，而K、D值却不断创新高，称为顶背离，是卖出信号。

（3）交叉分析。在低位K线从下方向上过D线，称为黄金交叉，是买入信号，K、D线在低位二次黄金交叉时，是最佳买入信号；在高位K线从上方向下过D线，称为死亡交叉，是卖出信号，K、D线在高位2次死亡交叉时是最佳卖出信号。

（4）实战运用。a、寻找二次交叉时，并以此为判断买入还是卖出；b、寻找J值异常点，当J值<O时，股指已到近期底部，为加强买入信号；c、超买超卖分析。不同的时间周期，随机指标的超买和超卖不同，其中短期（一般时间周期取5天）K、D，当K<15、D<20时，属超卖，是买入信号；当K>85，D>80时，属超买，是卖出信号；中期（一般时间周期取20天）K、D，当K<20、D<20时，属超卖，是买入信号；当K>80、D>80时，属超买，是卖出信号；长期（一般时间周期取60天）K、D，当K<20、D<20时，属超卖，是买入信号，当K>80，D>75时，属超卖，是卖出信号。同时，引用KD.J进行实战指导，选择买点时，一定注意成交量的配合，若K线上穿D线，甚至二次交叉而成交量并未有效放大，则该买进信号的可信性便要大打折扣，而当KD.J发出卖出信号一般不需成交量的配合，因为一旦高位死叉，不管成交量如何跌势已成，人气涣散，行情不再看好，而且KD.J在发出卖出信号时，一般较大势早，因此，投资者可以从容减仓。

四、威廉指标（%R）

1、基本释义

威廉指标（Williams Overbought/Oversold Indlex）是利用由拉瑞·威廉（Larry Williams）首先提出用摆动点来衡量股市的起点、超卖现象，预测股价周期变化的高点与起点，并提供买卖信号。

2、计算公式

威廉指标%R的计算公式如下：

$$\%R_t=\frac{H(n)_t-C_t}{H(n)_t-L(n)_t}$$

其中：

H(n)$_t$=max{H$_i$|t−n+1≤i≤t}（最近n日内的最高价）

L(n)$_t$=mix{L$_i$|$_t$−n+1≤i≤t}（最近n日内的最低价）

上述n取值一般取n=5、20、60。并且威廉指标%R的计算方法与随机指标KD.J指标非常相近，而且%R值与%K互为补数，即：

%R+%K=100

3、应用解释

威廉指标(%R)的买卖时机判断情况分别为：①短期(一般时间周期5天)威廉指标大于85时，属超卖，是买入信号；②中期(一般时间周期20天)威廉指标大于80时，属超卖，是买入信号；③长期(一般时间周期60天)威廉指标大于75时，属超卖，是买入信号；④短期(一般时间周期5天)威廉指标小于15时，属超买，是卖出信号；⑤中期(一般时间周期20天)威廉指标小于20时，属超买，是卖出信号；⑥长期(一般时间周期为60天)威廉指标小于25时，属超买，是卖出信号。

至于实战实用，当W%R向上突破50中轴线时，市场由弱转强，此时可以追高补仓；W%R向下突破50中轴线时，市场由强转弱，此时可以采取减仓。W%R经常会在超买、超卖区徘徊，决不能认为只要威廉指标在超买/卖区内就要立即卖出/买进，只有指标穿破预定线位于才能是真正买卖信号。运用本指标一定要注意结合股价精心发现其背离情况，威廉指标在超买或超卖区总会徘徊一段时间，经常会形成"M"头或"W"底的形态，投资者一定要善于捕捉此类信号。

五、宝塔线(TOW)

1、基本释义

所谓宝塔线(TOW)，是指标以不同颜色的棒线来区分股价(或指数)涨跌。它以收盘价(或收盘指数)作为参照，当股价上涨时，画为红线(或白线)，当股价下跌时，画为绿线(或黑线)，主要通过棒线翻红或翻白或翻绿的变化情况来研究判断股价未来的涨跌趋势。

2、画法规则

(1)在起步股价和当日收盘价之间画线，股价上涨时，画红色空心实体，股价下跌时，画绿色实心实体。

(2)若前一交易日是上涨红线，而次日下跌，股价未跌破前一天红线低点的那一部分跌幅仍画红线，跌破部分画绿线。

(3)若前一交易日为下跌绿线，而次日上涨，股价未涨过前一天绿线低点的那一部分涨幅仍画绿色实体，涨过部分才画红线。

3、应用解释

(1)当宝塔线翻红之后，后市往往有机会延伸一段上升行情，视为买入信号；

(2)当宝塔线翻绿之后，后市通常将延伸一段下降行情，视为卖出信号；

(3)当行情处于盘整阶段时，往往出现小幅翻红或翻绿的现象，可不予理会，以观望；

(4)当股价处于高位时，并且出现长绿向下突破时，应该果断了结。

4、注意事项：

(1)宝塔线指标也可设置参数，通常设为3日(或5日)，当收盘价高于前3日(或5日)最高价时，视为买入信号。

(2)当收盘价低于前3日(或5日)的最低价时，视为

卖出信号。在实际操作中，投资者还可以借鉴"三平底(项)翻红(绿)为买入(卖出)时机"等经验。

(3)宝塔线指标虽然能起到一定的"过滤"作用，但也会产生"骗线"的可能，如行情在高位出现调整，宝塔线翻绿发出卖出信号，在下跌一段后可能翻红而发出买入信号，但此时很可能是下跌途中的小幅反弹，后市仍可能继续下跌。所以，投资者应结合K线，移动平均线及成交量等因素综合判断，更好地把握交易时机。

六、布林极限(%BB)

1、基本释义

布林线，一般是由上限与下限两条线构成的路径型指标。

(1)当股价向上突破上限时视为超买,有回档调整的可能,发出卖出信号;

(2)当股价向下突破下限时视为超卖,有反弹的要求,发出买入信号;

但在实际运用过程中我们可以发现,一些强势品种在爆发性行情中会突破上限后继续扬升,而一些弱势品种在急挫行情会突破下限后持续下跌,有时股价会紧靠上限起伏不定,单一凭借布林线准确把握买卖时机很有难度,因此,从布林线衍生而来的布林极限(%BB)应运而生了,成为辅助布林线研判买卖时机的技术指标。

2、计算规则

一般的,布林极限(%BB)涉及到3个变量,即收盘价、上限、下限,其计算公式如下:

%BB=(收盘价-下限)/(上限-下限)

根据公式可知,该指标反映的是股价在上限、下限之间所处的相对位置,其计算方法和随机指标(KD.J)指标相近,取值上与J指标相同,不但可大于100,也可以小于零。

3、运用解释

(1)当%BB<0时,表明股价向下突破布林线下限;

(2) 当%BB>100时, 表明股价向上突破布林线上限;

(3)根据背离原则进行判断时,有以下两种情况:

①当股价处于高位区且不断上升时,若%BB未能同步上行甚至出现掉头向下的情况, 表明股价将反转下跌,是卖出信号;

②当股价处于低位区且持续下跌时,若%BB未同步走低甚至逐步抬高时,表明降价将反转上涨,是买入信号。

此外, 投资者还可以注重布林线的另一个辅助指标——布林极限宽指标(Band Width,简称Width),其计算公式为:Width=(上限+下限/中间值的平均值n),它以百分比的形式来描述布林线上限、下限距离中间平均线的宽度,当布林极限宽收窄到一定程度时(根据经验进行判断,一般小于10%时应密切关注,小于5%时随时可能出现爆发性行情),这往往是变盘的先兆。投资者可结合三个指标,综合研判。

七、相对强弱指标(RSI)

1、基本释义

相对强弱指标(Relative Strength Index)是根据一段时期内股价涨跌的幅度,来表现多空双方力量相对强弱的指标。股价涨幅较大,则表明多头力量较强,股价可能继续上涨;反之,则表明空头力量较强,股价可能继续下降。

2、计算公式

$$RSI(n)_t=\frac{UC(n)t}{UC(n)_t+DC(n)_t}\times 100$$

其中:

$UC(n)_t=\sum_{i=1}^{n-1}\max\{D,C_{t-i+1}-c_{t-i}\}$(最近n日内收盘价的涨幅之和)

$DC(n)_t=\sum_{i=1}^{n-1}\max\{O,C_{t-i}-C_{t-i+1}\}$(最近n日内收盘价的跌幅之和)

一般的,国外取n=9、14;中国市场取n=10、20则更有效。此外,相对强弱指标RSI的另一则计算形式为:

$$RSI(n)_t=\frac{UC(n)_t}{\sum_{i=1}^{n-1}|C_{t-i+1}-C_{(t-i)}|}$$

3、应用解释

相对强弱指标RSI的应用主要包括以下两方面:

一是买卖时机判断: ①相对强弱指标小于20时,属超卖,是买入信号;②股价创新低,相对强弱指标未同时创新低,称为底背离,是买入信号;③在低位区当短周期的相对强弱指标线由下往上穿越长周期的相对强弱指标时,是买入信号;④相对强弱指标值大于80时,属超买,是卖出信号;⑤股价创新相对强弱指标未同时创新高,称为顶背离,是卖出信号;⑥在高位区当短周期的相对强弱指标线由上往下穿越长周期的相对强弱指标线时，是卖出信号；⑦可以通过相对强弱指标线上画“支撑线”和“压力线”的方法研判买卖时机。当相对强弱指标向上突破“压力线”时，是买入信号；当相对强弱指标向下跌破“支撑线”时，是卖出信号。

另一方面，在实战应用上：①在高位区若相对强弱指标股价创新高，则后市仍属强势；在低价区若相对强弱指标随股价创新低，则后市仍属弱；②在高位区若股价突然下跌，相对强弱指标也迅速向下时，表明一轮跌势的出现，是卖出时机；③要注意RSI的极高或极低的位置是极准的行动信号。一般来说，上证指数超过93则一定要出货或减仓；反之，若低于5则一定要买进或补仓；④相对强弱指标值以50为中界线，50以下是弱势区，50以上是强势区，相对强弱指标大于80属超买，股价容易产生回挡；相对强弱指标小于20属超卖，股价容易产生反弹。但进入超买或超卖，股价经常出现超买而不跌，超卖而不涨的情形。此时应尽量采用长周期的相对强弱指标来研判；⑤在使用两条不同周期的相对强弱标的交叉信号作为买卖时机时，相对强弱指标值在40-60这间的交叉信号避免使用；⑥买卖时机中提到的80，20等分界线的划分与以下两个因素有关；一是与RSI的参数有关。一般参数越大，分界线离中心越近，离10和0就越远；二是与不同股票有关。股票不同，股性不同，则RSI能达到的高度也不同。一般越活跃的股票，其分界线离中心线应该越远；反之同理。

八、保利加通道(BOLL)

1、基本释义

保利加通道指标（Bollinger Bands）是约翰·布林(John Bollinger)利用股价的移动标准差提出的，它是按一定的方式将区间的顶部和底部分别连成线则构成保利加通道，上边的线称为阻力线，下边线称为支撑线，保利加通道具有灵活性和顺应趋势的特点。目前，保利加通道已成为市场上最受欢迎的指数分析指标之一。

2、计算公式

$$S(n)_t^2=\frac{1}{n-1}\sum_{i=1}^{n}[C_{t-i+1}-MA(n)_t]^2$$ 其中：

$$MA(n)_t=\frac{1}{n}\sum_{i=1}^{n}C_{t-i+1}$$

保利加通道是以股价平均线$MA(n)_t$为中主线，上方阻力线$MA(n)_t+aS(n)_t$和下方的支撑线$MA(n)_t-aS(n)_t$之间的带状区域，a是参数。

并且布林建议n=20、a=2；尤其指出当n<10时，该指标有时失灵；此外，除了使用收盘价格以外，亦可使用中间价

$$TP_i=\frac{H_i+L_i+C_i}{3} \text{或} TP_i=\frac{H_i+L_i+2C_i}{4}$$

3、应用解释

一方面，买卖时机判断：①当股价向下突破支撑线时，将会反弹，是买入信号；②股价向下触及支撑线又调头向上时，是买入信号；③股价向上穿越阻力线时，将会回档，是卖出信号；④股价向上触及阻力线又调头时，是卖出信号。

另一方面，在实战应用时，出现的情况包括：①股价跌破保利加通道下限，为短线抢反弹的绝好时机，跌的越深，反弹幅度越大；②有时会存在以下状况：股价从高位下挫，经过剧烈的运行，则要逐渐趋于平静，这时保利加通道上、下边界愈渐接近，几乎形成水平带。但股价一旦突破通道边界，则后市必是一波强势行情；③当保利加通道的带状区呈水平方向移动，如股价反复突破阻力线，表明股价趋势是强势，暗示未来股价上涨的可能性较大，可在回档时买入股票；④当带状区处于水平方向移动，股价反复突破支撑线时，表明股价趋势是弱势，暗示未来股价下跌的可能性较大，可在反弹时卖出股票；⑤保利加通道的带状区变的越来越窄时，预示着将要有

大行情发生;⑥股价有时会反复向上突破阻力线或向下突破支撑线,频繁发出买卖信号,但回档或反弹的幅度又不太大,造成进出频繁,获利困难,此时应配合变速率指标ROC、顺势通道指标CCI、随机指标KD.J等指标综合研判。

九、心理线(PSY)

1、基本释义

心理线PSY(Psychological line),是情绪指标的一种,其研究的是一段时间周期内市场倾向于买方或倾向于卖方的心理,对多空双方力量对比进行探索,并根据一段时间周期内上涨与下跌的变动情况决定买卖时机。它反映一定的日数中股价上涨日数占上涨和下跌总日数之比重,由于股价涨跌时间和投资人心理波动状态有着某种相互联系与相互作用,故该振荡指标被作为心理线。

2、计算公式

$$PSY(n)_t=\frac{UD(n)_t}{n}\times 100$$

其中:

$UD(n)_t=\sum_{i=1}^{n}\max\{O,\mathrm{sign}(C_{t-i+1}-C_{t-i})\}$(最近n日内股价上涨天数之和),以12天为宜。

3、应用解释

在买卖时机判断上。①以12日为基准,心理线值低于25时属超卖,一段上升行情展开前,通常心理线的超卖低点会出现两次,当出现第二次超卖低点时,是买入信号;②当心理线值低于10时,是真正的超卖区,是买入信号;③当心理线值超过75时属超买,一段下降行情展开前,通常心理线的超买高点会出现两次,当出现第二次超买高点时,是卖出信号;④当心理线在超买区密集出现两次高点时,是卖出信号。

在实战应用上,主要包括以下情况:

①长期实践证明,无论上升行情或下跌行情展开前,通常心理线会出现两次以上的买点和卖点,有充分时间和机会来判断和决策。如果投资者通过观察心理线发现超卖现象严重,则心理线向上变动会再度落回此点附近,此时即为极佳的买进机会。反之亦然

②心理线在25-75区域内属常态区,是观望信号;

③心理性的超买、超卖界限的确定,因个数差异而有所不同。

十、动向指数(DMI)

1、基本释义

动向指数,又称移动方向指数或趋向指数,是用于判断趋势的技术性指标,其基本原理是通过分析股票价格在上升及下跌过程中供需关系的均衡点, 也就是说,供需关系受价格变动影响而发生由均衡到失衡的循环过程,从而为趋势研判提供一定的依据。

2、计算规则

动向指数有三条线:上升线、下降线和平均动向线,可选择设定天数,一般的为14天。计算步骤如下:

第一、按一定规则对每日最高价、最低价、收盘价进行比较,计算出每日股价波幅(TR)、上升动向值(+DM)、下降动向值(-DM)。并在运算基日基础上按一定天数进行累加,得出N日下的TR、+DM与-DM。

第二、将N日的上升动向值和下降动向值分别除以N日的真实波幅值,以此得出N日的上升指标+DI和下降指标-DI。

第三、通过N日的上升指标+DI和下降指标-DI之间的差和之比,计算出每日动向指数DX。

第四、按一定天数将DX累加后平均,求得N日的平均动向指数ADX。

3、运用解释

(1)当+DI14上穿-DI14时,显示有新的多头介入市场,愿意以较高的价格买进,视为买入信号;

(2)当-DI14跌破+DI14时,显示有新的空头在出货,愿意以较低价格沽售,视为卖出信号,应注意的是,当走势维持上升或下降趋势时,+DI14和-DI14的交叉突破信号相当准确。

(3)当行情向单一方向发展时,不论是上升或下降,ADX值将不断递增,可判断当前市场行情仍在维持原有走势,而当ADX值降低至20以下且横向移动时,可判断市场的“牛皮”市时,则应保持观望;当ADX值从上

涨高点转为下跌时，显示原有趋势即将反转。但是 ADX 在高点反转数值设有一定标准，一般以高度在 50 以上转跌较为有效。

此外，ADXR 指标作为 ADX 的“评估数值”（计算方法是将当日的 ADX 值与 14 日前的 ADX 值相加后除以 2），对动向指数起到辅助作用。投资者应注意，应用动向指数主要在于分析+DI、-DI 和 ADX 三条曲线间的关系，其中+DI 和-DI 两条曲线的走势关系用于判断买、卖信号，ADX 则用于判断行情趋向，投资者在实践中可综合运用。

十一、均量线（VOL）

1、基本释义

一切技术分析方法都可以价量关系为研究对象，但由于单日成交量（或成交额）往往受到偶然因素的影响，不一定能反映多空力量的真实情况。均量线（VOL）则弥补了这方面的不足，其借鉴了移动平均线的原理，将一定时期内的成交量相加后平均，在成交量的柱条图形中形成较为平滑的曲线，是反映一定时期内市场平均成交情况的技术指标。

2、计算规则

均量线（VOL）的计算公式如下：

VOL=∑nvi/N

其中，i=1、2、3、……n；N=选定的时间参数，如 10 或 30；

Vi：i 日成交量

一般的，在时间参数的选择方面没有严格的限，通常以 10 日作为采样天数，即在 10 日平均成交量基础上给利，也可以选择 20 日或 30 日作为采样天数以反映更长周期的交投趋势。

3、运用解释

用均量线指标进行技术分析必须结合价格的变动，重点在于量价的配合情况，通常以价格与均量变动趋向是否一致来判断价格变动是否具备成交量基础。一般的，当两种趋向一致时，表明价格走势得到成交量的支持；这种走势可望得到延续。在上涨行情的初期，均量线随股价不断创出新高，行情将进一步展开，是买入时机。在此后，如果均量线继续和股价保持向上趋势，可以继续持有或追加买入。而当两种趋向发生背离时，表明成交量不支持价格走势，股价的方向可能发生变化。比如，在下跌行情快结束时，股价仍然创出新低，但是均量线已开始走平，甚至可能有上升迹象，出现量价背离，意味价格可能见低，上涨行情可以展开。逢低买入的机会已到。

事实上，投资者在进行分析时还可以设置两条甚至多条均量线，根据其相应位置及交叉情况来作为研判的依据。

（1）当均量线形成多头排列时，股价将保持上涨的趋势，提示投资者可买入或继续持有；

（2）而当均量线呈现空头排列时，股价将保持下跌的趋势，提示投资者出局或持币观望；

十二、人气指标（AR）

1、基本释义

人气指标是一种“潜在动量指标”，它是一种根据股市积累的能量多少来反映行情潜在的上涨或下跌动能的指标，人气指标（AR）以当日开盘价为平衡点来衡量买卖走势的强弱，主要用于预测股市的未来走势，并提供买卖时机。

2、计算公式

人气指标AR计算公式为：

$$AR=\frac{\sum_{i=1}^{n}(H-O)_i}{\sum_{i=1}^{n}(O-L)_i}\times100\%$$

其中：n取10、15、20、25，H为最高价，O为开盘价，L为最低价。

AR的移动计算可采取基本法，出可采取平滑法，即在分子和分母同时进行平滑移动。

3、应用解释

人气指标AR的应用主要体现在两个方面：

（1）时机分析。人气指标在50以下，属超卖，是买入信号；人气指标在200以上，属超买，是卖出信号；股价高价下跌，A报导一半时也可以买进；股价低价上升，AR也升至一倍时可以卖出。

（2）零线分析。AR的零线位为100，在该位几日累积上升振幅等于累积下跌振幅，显示多空力量均衡。

第三章 我国股市周期性特征分析与理性的投资行为

实践表明，我国 CDP 指标与上证综指的年相关系数为 0.08，月相关系数为-0.245，股市与经济周期明显背离或不相关。虽然，沪深股市与国民经济发展充分相关，但这并不代表沪深股市缺乏周期性规律。实际上，股票市场作为国民经济的晴雨表，同样也存在着典型的周期性特征。必须对此加以分析和研究，以指导我们的投资行为。

一、我国股市周期性特征形成的内在因素

虽然我国股市与国民经济发展联系不是非常密切，但这并不意味着我国股市就没有周期性发展规律。实践研究结果表明，我国沪深两市同样存在着明显的周期性发展规律，而这一周期性发展特征形成的依据主要有两个：一是投资者投资心理的不成熟。如今，许多业内人士从波浪理论、江恩理论、K线理论、几何形态理论等纯技术角度验证了我国股市具备的一些周期性规律。而这些周期性规律反映出来的却是投资者不成熟的心

理变化过程。二是我国股市具备典型的"资金驱动"而非"价值驱动"特征。这主要表现在股市年度周期与会计结算周期存在一定的同步性。而经过对货币供应量与股市涨跌周期的实证分析进一步表明,股票市场与货币总供应量具有统计正相关性,也就是说,我国货币供应量的走势与股市的变化基本上是同步的。所以说,目前我国股市的周期性发展规律是在特殊的市场形态,不很成熟的投资主体以及侧重于投机理念等因素共同作用的结果,是经济周期、政策周期、心理周期和市场周期共同影响下的产物。

二、我国股市周期性特征分析

对我国沪深两市周期性发展特征的分析可从以下三个方面进行:一是月度涨跌概率及波幅相关性;二是节假日涨跌概率;三是领涨品种及投资理念。

1、月度涨跌概率及波幅相关性

根据股市历年的运行状况,可以把月度涨跌情况划分为几个阶段。归纳起来"2月、3月、4月、5月为一个阶段;6月和8月为一个阶段;1月、7月、9月、10月、12月为一个阶段;11月为一个阶段。

我们先来看一看2月、3月、4月、5月这四个月的周期性特征。从历年月度涨跌幅来看,这四个月上涨的概率都超过了36%,其中以阳春3月全线飘红的概率最大,达到了80%以上。进一步分析我们可以得出下列结论:出现连续性上涨的2月、3月、4月、5月这四个月份是我国股市一年行情中的黄金时期,同时也是机构投资者进行战略性建仓的首选日期。正是由于这一点,我们可以把2月、3月、4月、5月这四个月称为"股市黄金月"。"股市黄金月"形成的原因有:

(1)资金市场比较宽松。研究182天回购利率就会发现,从第二年1月份开始,回购利率便开始逐步下降,这说明了市场资金开始放松,这是机构投资者发动新一轮上涨行情的主要条件之一。

(2)从投资者博弈的角度来讲,2月、3月、4月是年报披露期,由于信息不对称因素的存在,一些中小投资者往往会做出错误的决策。而这对于机构投资者而言,公司年报根本就不存在任何风险,却是用来收集筹码、制造新行情的最好工具。

(3)从市场融资的角度来讲,在上半年资金全面宽松的情况下,维持股市稳定运行有利于年度融资目标的顺利实现。因此上半年的行情很容易得到市场各方的认同,实际上,历史上在上半年多较新行情的启动都得到了国家宏观政策的有效配合。

而从波幅来看,虽然我国股市在2月、3月、4月、5月这四个月份的涨幅没有呈现出一定的规律性,但从波幅的角度来看,却有一个显著的特征:无论是平均波幅,还是修正波幅,都出现了逐月放大的走势(见表1)。这一方面充分说明了市场开始对后期运行的态势分歧逐渐加大;另一方也说明了在"股市黄金月"的中后期,投资风险开始凸现。

表1 2、3、4、5月涨幅与波幅统计情况

统计项目 \ 月份	2月	3月	4月	5月
平均涨幅	4.08%	2.68%	7.62%	15.01%
修正涨幅	1.85%	6.20%	2.25%	2.12%
平均波幅	12.76%	13.43%	19.07%	41.24%
修正波幅	10.12%	12.22%	15.18%	19.66%

我们再来看一看6月、8月这两个月的周期性特征。从历年的涨跌幅来看,6月和8月都是一年中比较微妙的月份。从平均涨幅上看,6月的平均涨幅都在4%以上,而8月份平均涨幅接近9.6%,这是一个典型的冲击过程。但从平均波幅上看,6月和8月这两个月份的股指波幅均处于一年中的前列。特别是8月份的平均波幅大大高于其他月份,达到了27.2%,修正波幅也达到了25.74%(见表2)。由此可以看出,6月和8月是多空力量进行最后转换非常重要的月份,在行业内将6月和8月称为"行情转换期"。

实际上,在6月和8月份,由于中报临近,股市中一些概念炒作开始接近尾声。但从中报中所透露出的业绩风险使得股市逐步走向结构性调整和价值回归之路,这也说明了6月和8月是股市行情逆转的中枢发动机。

表 2　历年 6 月和 8 月股市涨幅与波幅统计

统计项目 \ 月份	6 月	8 月
平均涨幅	4%	9.59%
修正涨幅	4.43%	13.96%
平均波幅	18.17%	27.20%
修正波幅	16.27%	25.74%

最后我们来看一下历年1月、7月、9月、10月、12月的周期性特征。

从历年的1月、7月、9月、10月、12月这五个月份来看，其平均上涨概率处于一个很低的水平上，从这个角度上讲，可以把1月、7月、9月、10月、12月这五个月视作"股市冬眠期"。从该周期性规律形成的主要原因可以把"股市冬眠期"分为两个阶段：一是7月、9月、10月这三个月份。这个阶段机构投资者通过2月、3月、4月、5月这两个月的建仓吸筹行为，再通过6月和8月的调整行情，基本上兑现了大部分获利筹码，此时容易诱发市场陷入跌势；二是12月份和1月份这两个月。在这个阶段少部分没有完全撤离的机构投资开始选择撤退，而广大中小投资者对大盘后市也失去了信心，这集中表现在12月成为一年中跌幅最大的月份。但从第二年1月份开始，一些战略性投资开始逐步入市，这使得1月份的下跌带着显著的"诱空"特征。而从1月、7月、9月、10月、12月这五个月份的波幅来看平均波幅基本上都保持在15%以上。但从修正幅来看，一个显著的特征就是：波幅呈现出逐月收敛型特征。这表明了越是在"股市冬眠期"的后期，市场多空双方的较量越是趋向缓和，特别是在1月份，股市修正波幅低于12%（见表3），这对大盘后市发起新一轮较大涨行情打下了坚实的基础。

表3　历年1月、7月、9月、10月、12月股市涨幅与波幅统计

统计项目 \ 月份	7 月	9 月	10 月	12 月	1 月
平均涨幅	−5.94%	−2.41%	−4.33%	−5.12%	4.15%
修正涨幅	−4.57%	−1.25%	−1.26%	−5.45%	−1.65%
平均波幅	16.62%	15.57%	16.46%	16.78%	15.22%
修正波幅	15.24%	14.70%	13.60%	12.95%	11.40%

我们再回过头来看一看历年11月份股市周期性规律。该月的上涨性质与2月、3月、4月、5月、6月及8月有明显的不同，可以看作是机构投资者进行一年中最后获利所引发的局部反弹。因此，该月可视为"逃生月"，其形成原因主要有以下几点：

（1）从整个市场大环境来看，11月的行情仍属于抗跌型走势，该轮行情随着政策面的变化随时有可能结束，从本质上讲这是属于"逃生行情"。

（2）经过6月、7月、8月、9月、10月这连续五个月的调整或下跌，已经使大部分投资机构获利出局，抗跌动力在该月开始出现不足，这从技术上来讲，存在一定的上涨要求。

（3）还有部分机构投资者存在一定的利率筹码需要进一步派发，并且进行短线操作的投机资金也认同该月的操作环境，在持续下跌而且远离年报风险的条件下，投资资金存在一定的市场机会，由此有可能引发一轮一定幅度的反弹。

从涨幅来看，据对历年11月份数据的考证发现，平均涨幅为6.67%，上涨概率达到了70%，除了1992年和1993年以外，其余8个年份中的11月份股市上涨大都都是对10月份下跌的一次技术性修正，是属于持续下跌后的一定反弹行情。从该月的四个交易周来看，前两周上涨概率相对较大，平均涨幅为0.81%（如果扣除1992、1993年异常值，平均涨幅达到了1.40%）。后两周下跌的概率则大为增加，特别是第四周下跌的概率已达60%。从波幅来看，对比1992~2001年以来的11月股指波幅和累计涨跌幅便可以发现：该月的平均涨幅仅为6.67%，而股指平均波幅高达18.45%，这几乎是平均涨幅的三倍。从时间上来看，虽然自1992年以来的11月的波幅呈现出收敛趋势，但即使排除1992年和1993年的特殊情况，11月股指的平均波幅也达到了10.7%，大大高于0.37%的平均涨幅（见表4）。鉴于该月股指的强烈震荡特征，在实际操作上必须讲究，追涨杀跌不可取，高抛低收才是良策。

表4 1992-2001年各年11月涨幅与波幅统计

年份（11月）	第一周涨幅	第二周涨幅	第三周涨幅	第四周涨幅	月波幅	月涨跌幅度
1992	-9.09%	-9.40%	-3.05%	58.85%	72.05%	42.85%
1993	-0.05%	6.33%	6.78%	4.40%	26.81%	20.88%
1994	-1.58%	9.66%	-4.42%	-1.93%	14.43%	4.37%
1995	0.75%	-2.61%	-4.60%	-2.49%	14.62%	-10.62%
1996	-5.84%	3.39%	0.11%	8.52%	15.41%	5.76%
1997	1.25%	0.23%	-3.28%	-1.63%	8.39%	-3.45%
1998	3.49%	1.81%	-0.56%	-2.37%	7.34%	2.47%
1999	-2.61%	-1.02%	1.25%	-1.63%	5.29%	-4.63%
2000	0.72%	3.32%	2.24%	-1.90%	8.46%	5.57%
2001	0.80%	-3.61%	1.01%	4.00%	11.69%	3.48%
平均值	-1.30%	0.81%	-0.45%	6.38%	18.45%	6.67%
修正值	-0.38%	1.40%	-1.03%	0.07%	10.70%	0.37%

2、从节假日涨跌概率来看，春节前后开始建仓；国庆长假仍难改大盘下跌趋势

（1）春节前后股市的周期性规律，一个显著的特征就是机构投资者开始进行战略性建仓。我国股市1996年至2001年，历年的春节前后，从涨跌概率上看，无论是节前一周，还是节后一周，除了2001年股市大盘是下跌走势以外，其余年份的春节期间上涨概率达80%以上，从平均涨幅来看，节前一周为1.81%，节后一周为3.04%（见表5）。这说明了春节前一周是建仓的好时机。从时间段上来看，春节一般在1月底或2月上旬，由于1月末已接近跌势的底部，而2月中旬开始进入股市的黄金时期，因此春节前后股市的上扬标志着一年中机构投资者建仓已经拉开序幕。

表5 1996年-2001年春节期间我国股市的涨跌幅度与概率统计

年份（春节）	节前一周涨跌幅度	节后一周涨跌幅度	节前月度涨跌幅度
1996-02-19	5.24%	3.65%	2.90%
1997-02-07	1.14%	5.43%	7.80%
1998-01-28	0.74%	1.88%	2.41%
1999-02-16	0.80%	3.88%	-3.93%
2000-02-05	4.77%	8.67%	11.70%
2001-01-24	-1.86%	-5.26%	-0.38%
平均涨幅	1.81%	3.04%	3.42%

（2）国庆长假股市周期性规律的一个显著特征是，仍旧难改大盘持续下跌的走势。从1992年至2002年国庆节前后一周走势统计表明，节前一周上涨的概率只有27%；而节后一周上涨的概率则仅为18%。其原因有两点：第一，节前一周延续了9月份的熊市行情，人们担心机构投资者率先出逃，正因为人气不足使得节前一周下跌多于上涨。第二，节后一周难改10月份大盘下跌的大局，这形成了节后加速下跌的基本趋势。从历年国庆节前后一周的平均跌幅来看，节后一周的跌势远大于节前一周，呈现出典型的加速下跌趋势（见表6）。

表6 1992年-2002年国庆长假我国股市的涨跌幅度与概率统计

年份（国庆节）	节前一周涨跌幅度	节后一周涨跌幅度	节前月度涨跌幅度
1992年	-3.05%	-2.39%	-25.02%
1993年	-1.56%	-2.34%	-9.02%
1994年	-7.59%	-4.27%	-15.04%
1995年	-1.04%	-0.55%	-0.93%
1996年	+7.70%	-2.75%	+10.00%
1997年	-0.81%	+2.73%	+7.24%
1998年	+1.52%	-0.71%	-2.28%
1999年	-3.31%	-2.15%	-4.06%
2000年	+1.07%	+0.32%	+2.57%
2001年	-2.22%	-4.24%	-4.36%
2002年	-1.45%	-3.64%	-4.69%
平均涨幅	-0.98%	-1.82%	-4.14%

3、从领涨品种和投资理念来看，股市行情的领涨品种呈现出明显的地域性特征，这突出表现为大多数牛股都诞生在经济比较发达的地区，特别是在上海和深圳两地，投资理念逐渐向螺旋式上升演变。

通过对历年各阶段领涨品种及投资理念的比较分析，股市周期性还呈现出以下两大特征：

（1）股市领涨品种呈现出了明显的地域性，这突出地表现为大多数牛股都诞生在经济比较发达的地区，特别是上海和深圳两地最为集中，上海和深圳本地股不仅作为"热点板块"被大肆炒作，并且在历年不同投资理念

的变化中，都占据着非常重要的地位和作用。

(2)投资理念呈现出波浪式前进、螺旋式上升趋势，从历年的投资理念变化服务来看，1992年到1995年基本上是概念投机炒作，根本谈不上投资理念的形成。从1996年到1997年，股市逐步进入正常的发展轨道，该期间的投资理念是，以绩优成长股为代表的股票备受青睐。从1998年到1999年，随着我国经济结构的调整，市场投资者挖掘出了重组并购理念，这是一种投资理念的创新。从2000年到2001年，国内投资理念开始与海外市场接轨，引入了风靡全球的“科技网络股”概念，但随着网络泡沫的破灭，投资理念重新转向国内，从2002年起，市场投资者开创性地提出了“外资并购”概念。这一举成为了我国股市的第二次投资理念创新。从1992年到2002年，我国股市领涨品种，投资理念演变情况见表7。

表7 1992-2002年股市领涨品种及投资理念的演变过程

年度	启动月份	领涨品种	投资理念
1992	4月	深万科A、ST深安达、ST深物业	短线投机
1993	3月	浦东金桥、飞乐音响、ST白云山、厦海发	上海收购概念、浦区概念股
1994	8月	凌桥股份、大众交通、深南电A	上海6008** 新股
1995	5月	英豪科教、PT北旅、沈阳富民、沈阳久盛	并购概念
1996	1月	天津磁卡、青岛海尔、创元科技、光彩建设	绩优股、97概念股
1997	1月	国嘉实业、上实联合、银河动力、深天马A	绩优成长股
1998	3月	青鸟天桥、鞍山合成、灯塔油漆、合成投资	重组黑马
1999	5月	科利华、东盛科技、亿安科技、南开戈德	科技+重组
2000	1月	泰山旅游、飞乐音响、深南玻A、泰山石油	高科技网络概念
2001	2月	都市股份、白猫股份、健特生物、锦州六陆	生物医药、次新股
2002	2月	上海汽车、深深房、中海发展、ST银广夏、华凯实业	上海本地股、深圳本地股、外资并购概念股

三、参照股市周期性特征进行理性的投资

我国股市所呈现出的周期性特征是市场发展特定时期、特定阶段的结果。但随着机构投资者队伍不断壮大成长，市场规模不断扩大以及投资理念的成熟，我国股票市场的有效性必将会得到改善和提高。上述年报周期性特征也将不断减弱。但在近阶段，这种周期性特征在一定程度上仍还有积极的意义，市场投资者应该用股市周期性发展规律来指导自己的投资行为。

1、投资时机的确认

市场投资者在选股时，必须对投资时机加以确认。认知并了解市场的行情启动的月份，把握好市场主流资金运行的节拍，这无疑是投资时机确认的关键，同时这也是规避风险，获得丰厚回报的良好途径。但也应该看到：由于政策等因素的存在或变化，投资时机的确认将发生一些偏差，因此，投资者在把握股市一般性运行规律以外，还应紧密关注国家宏观政策的变化情况以及国际市场的动向，避免陷入“本本主义”，贻误战机。市场投资者进行投资决策时可参考表8。

表8 我国股市投资时机的确认与把握

策略步骤	日期
建仓期	12月-次年1月
上涨期	2月-5月
减磅期	6月-8月
撤退期	9月-11月

2、股票投资行业和品种的把握

从日常情况来看，以“行业重组”和“外资并购”为特征的投资新理念逐步被市场认可和接受，在股票的选择上，投资者应密切关注哪些业绩优良，并且具有“行业重组”和“外资并购”为特征的上市公司群体。这部分公司可分为两大类：一是具有相对竞争优势的行业龙头企业；二是具有垄断性质的国有优势企业。对于前一类，国家希望能够使它走出去，广泛参与市场竞争，而外资则希望实现剩余生产力转移；对于后一类，国家希望能够通过行业整合形成规模经营，外资则希望通过各种渠道积极介入，以分享中国经济的高速增长所带来的成功喜悦。这两类公司有望成为带动新一轮行情的热点板块。

第四章　股市投资风险规避要诀

股市投资最怕的就是入市被套。投资者的资金被高位套牢之后，这真是苦不堪言。“割肉”舍不得，不“割肉”又着急。其实，规避股市风险是有要诀的，为了从根本上避免在股市里被套，我们有必要对八大口诀熟记于心，加强股市风险的有效控制。

一、认识股市投资套牢

股市投资套牵的风险，投资者却不愿看到，由此对套牢要有一定的认识，股市投资套牢分三种情形，即浅度被套、中度被套和深度被套。无论是哪种被套，都是我们不希望遇到的。

1、浅度套牢

字面看，这种被套程度不深，具体可分为以下几种情况：

(1)在一浪顶被套。一般来讲，庄家在一浪吸筹末期都会带有冲高行为，此时介入的投资者，往往被套在一浪顶上。倘若在二浪调整期间，没有健康的投资心态；不懂得波浪理论；不能正确分析和判断庄家会进一步吸筹，广大投资者就会挥泪斩仓“割肉”，这样就让庄家白白地得到大批便宜筹码。

(2)在三浪初期除权后被套。除权的股票，特别是在除权前期有抢权行为的股票，在第三主升浪运行初期，将会出现一波填权行情。如果投资者在此阶段被套，一定需要保持着健康良好的心态，因为即将到来的是硕果累累的大丰收。

(3)在第一、三主升浪洗盘时被套。如果投资者是在庄家一浪吸筹和第三主升浪初期洗盘时套牢的，那么就必须充分认识到此时的庄家是不可能出售的。正确的操作思路是：套住就补，越套越补，不获利决不轻言斩仓出局。

(4)在低位经典图形颈线位置附近假突破被套。按照一惯的投资思维，广大投资者在相对低位出现圆弧底、头肩底、W底等经典几何图形时，随着成交量的不断放大和颈线位的有效突破，此时大胆的介入将会被套。当然，这种情形的被套不需“割肉”，等待时间用不了多长，就会自然解套获利。

2、中度套牢

具体来讲，中度被套也包括四种情形：

(1)在一浪中或二浪底除权后被套。在一浪的运行中途或二浪底除权后，股票都会走出一波填权行情。如果投资者在贴权后的横盘调整期间买入，就会被一次又一次的股价下跌所担惊受怕，意志动摇，最终不得不“割肉”出局，让庄家获得大批廉价的筹码。这时候的庄家不等大盘走势向好，是绝对不会做填权举动的。

(2)在三浪顶被套。如果庄家的资金实力不够强大，手中的筹码不够多，往往在吸筹、打压后，走完了三浪就会撤离退场。这类股票不会有五浪的走势。如果投资者仅凭一些道听途说，或在一些媒体的指导下做股票，往往都会在三浪顶被套。紧接着将是倍受煎熬的苦苦等待，该种股票的显著特征是：无大资金介入；不存在创新高解套的可能。

(3)在前期高点位被套。不可否认，许多股票每年都可能有几次良好的表现。这些股票股性比较活跃，如果能进行波段操作将获利非浅，在这些股票中，广大投资者在前期高点位置特别是股价突破箱体后，被假突破所欺骗，惨遭套牢。

(4)买入无庄股被套。在股市中，有不少的股票由于在前期被大肆炒作，庄家会成功地逃离现场，如果间隔时间不足7–9个月，该股票可视为无庄股。如果投资者吃进该种股票，获利的机会就会很小。一旦资金被长期占用，其它的股票龙腾虎跃，看着身边的人都在赚钱，自己却欲罢不能，心情自然就会变得十分低下，而这样，往往是一错再错，坠入亏损的深渊而不能自拔。

3、深度套牢

与前两种套牢一样，深度套牢也分为四种情形：

(1)买入明日黄花股票后被套。诚然，在股市中有很多明日黄花股票，这些股票曾经都有过辉煌的历史。像四川长虹、深发展等。但这些股票套牢盘层层叠叠。如果投资者吃进了这些股票，想解套就没有那样轻轻松松了。

(2)在历史高位套牢。在股市中，特别是大行情到来的时候，很多股票都将创下上市以来的历史最高位。广大投资者在股评人士和一些媒体的指引下，往往会在终点附近高位追涨，由于没有及时地止损而被深度套牢，这种被套称之为"世纪之套"。

(3)在四浪底或五浪中途除权后被套。四浪底或五浪中途除权后，股价稍稍做了向上填权的动作后，大多数都会深度下跌，很多投资者被除权后的低价所迷惑，盲目大量吃进，结果惨遭被套。

(4)五浪顶被套。波浪理论对判断大盘走势具有非常重要的作用。根据波浪理论，如果投资者在大盘背景处于五浪走势时全仓买入，这将非常危机，特别是个股走势也进入第五浪时，如果没有风险控制意识和获利后逐步减仓的正确操作，那么以前所获得的丰厚回报随时很有可能全部丧失。更危险的是在五浪被套，二次回档时又没有及时出局，这时悲剧将不可避免地发生，接下来的就是长时期的精神煎熬和较大的经济损失，苦不堪言。

二、对股市风险应保持高度警惕

实际上，只要我们对股市的风险有十分清醒的认识，并保持高度警惕，深度套牢、中度套牢和浅度套牢的情形是可以避免的。对股市风险保持高度警惕，必须在以下几个方面予以关注

1、对股市的流动性风险应予以高度关注

流动性与信息有效性是证券市场最核心的问题。所谓流动性是指如何把市场搞活，买卖双方能快速、高效地成交；而信息有效性则是指如何能够让价格充分有效地反映整个市场和有关各个交易当事人的情况。流动性风险在盘面的表现主要体现在四个方面：一是大部分个股的日成交量在10万股以下；二是在许多个股的盘中，买一买二买三出现很大价差，并且，每一个买单也通常只有一手两手，只要稍大一些的买单就能把个股价格推得很高；三是交易量不能有效放大，但成交的资金集中度却很高；四是下跌的个股难以把握其规律性。自2001年6月份以来，中国股市长达1年多都处于跌势。一个很重要的原因就是对银行资金进行清查或要求这些资金撤出股市，股市的流动性急速减少，并由此导致股市

资金某个环节的断裂。在中国这种完全为流动性资金所推高的股市，一旦股市的流动性出现问题，股价下跌就在所难免。今后我国股市很长时间内要进行整顿、规范，投资者应时刻关注可能发生的流动性风险。

2、对上市公司产业转型风险要有清醒地认识

毋庸置疑，产业转型能为投资者带来很大的投资机会，但同时，企业转型也是一种高风险的不确定性活动之一，每一个投资者都必须正确认识企业在产业转型中都将面临诸多风险。企业产业转型的风险主要体现在以下几个方面：

第一，市场开拓和销售的增长只是对未来较长时期内的预期，而在这期间内，变动因素太多，这是市场风险的主要来源。此外，对衰退产业的需求下降也难以准确估计。对新兴产业市场增长和衰退产业需求下降如果错误估计必然会使企业错过产业创新的最佳时机，增加产业创新的风险。

第二，根据经济学理论制定的有关企业发展战略、技术开发计划、市场销售预测以及企业竞争策略等并非完全会符合市场发展的要求。人们习惯按线形思维定式来预测新兴产业的市场增长率和衰退产业的销售下降率。而其实，市场完全是处于混沌状态之中的，它并不遵循简单、机械式的线形运动规律。

第三，由于企业决策者受到信息不完全，情感偏好等因素的影响，往往会低估新建项目成本，而高估销售收入和利润，这样就增加了新兴产业的吸引力，使投资者进行投资。但实际上销售收入和利润的预测不仅受制于对总销量的估计，也受制于新兴产业的未来成本、价格和价格弹性。因此，这种预测是融入了企业的基层人员如技术人员、销售人员、市场分析人员以及决策者的个人偏好，脱离了市场发展的实际情况。

第四，技术被淘汰是高科技产业创新的主要风险所在。技术创新是产业转型的基本动力，也是新兴产业孕育和发展的关键因素。但是，技术创新缺乏可预见性。在技术革命的时代来预测技术发展的速度尤其困难。一旦出现替代技术，将使原有产业衰退或衰亡。由于技术进步加速，产业生命周期缩短，产业创新技术风险也越来越大。我国很多上市公司，在募股时承诺投入到一潜力

巨大、市场前景看好的项目，但在该项目建成投产时或在建设之中，该产业或产品市场已趋饱和，甚至已开始衰退或产品即将被淘汰。甚至有的项目还在论证之中，市场已发生变化了。

此外，企业转型的风险还反映在公司财务上的现金流出和流入的不平衡上。在盈亏平衡之前，产业创新是现金流出，但如果对价格和成本估算失误，就永远不可能达到平衡点。在这种情况下，如果一旦后续环节失误，其风险会加倍转向前面的环节。这将会使企业陷入困境，甚至破产倒闭，而对投资者而言，也会陷入万丈深渊。

3、要具备风险防范意识

在变幻莫测的股市里，投资机会和风险是并存的，机会越大表明风险越高。风险是投资者最大的敌人，对风险理解越深刻，对股市的认识也就越清醒。判断一个投资者是否成熟，就看他对股市是否时刻保持风险意识。如果对风险的认识不足，在投资中必然处于不利地位。从微观上来看，个股风险主要表现在市场股价与其内在价值中枢的偏离程度。偏离程度越高，其风险因素

就越高；如果处于负偏离状态，则表明该个股内在价值被低估。在这里，关键就是如何判断一只个股的内在价值。一般而言，股票市场定价的理论计算模型较多，但这只能作为一个参考数据，更多的是要考虑市场的认同程度，运用最多的是以市场比价效应为依据，对同一板块中的不同品种，根据其业绩水平、流通盘规模、市场题材及股票的活跃程度来判断风险程度的大小。而从纯技术的角度出发，可以根据股票平均市场成本和市场筹码的集中程度来判断一只股票的风险水平。如果股票价格与市场的平均成本距离较小，则风险较小；相反，成本距离较大，则市场风险程度就大。对个股的持股成本的分析一般是以市场的成交密集区域为基础来估算市场持股成本的。

总之，股市风险无时无刻不在，对广大投资者来讲，重要的是如何防范或很好回避风险。

三、股市投资八大风险规避要诀注释

“股市有风险，入市请谨慎”。这是大家耳熟能祥的一句话。那么我们投资股市，如何很好地避开风险呢？下面八大口决很重要，希望广大投资者牢牢记住。

● 均线60上下弓，出局认准兄弟峰。

● 通道上轨不要碰，时间之窗要记清。

● 乖离过大要回档，天堂路断快逃离。

● 两次缩量次日走，四次触顶仓清空。

为了能加大加深对八大避险口诀的理解，现详述如下：

均线60上下弓。意思是说，均线上方的凸起与均线下方的凹坑，高度大致相等。如果我们把K线图缩小到500天左右，用眼睛扫一下盘面，就能够大概估计出能涨多高跌多深。

出局认准兄弟峰。在股市中一只强劲上涨的股票，如果在天量天价之后又出现了创新高的走势，这就叫做“兄弟峰”（特别说明：变形的“兄弟峰”也可以不创新高），通俗的叫法是“M”头或双头。如果出现了这种经典的几何形态，比如头肩顶、M头圆弧顶等，尤其这些几何形态出现在时间之窗8天、13天、21天之后，往往就是顶部。最好的投资策略是立即清仓离场，不要有丝毫的迟疑。

通道上轨不要碰。意思是说股票通道的一个很重要的作用就是帮助我们克服贪婪的心理。根据时间之窗，只要宝塔线的双红头一出现在通道的上轨附近，我们就要毫不犹豫地斩仓离场。

时间之窗要记清。什么是时间之窗呢？我们不要轻易地被那些股评家的故弄玄虚所迷惑，核心是我们只要记住3、5、8、13、21就够用了。

乖离过大要回档。乖离率指标是以O轴为中心，参照历史走势判断箱体震荡的股票，功能奇效无比。

无堂路断快逃离。大意是讲，天堂的路一旦切断，就应该赶快离场。

两次缩量次日走。大意是告诉我们，如果在上升的行情中，成交量出现了两次缩量的特征，那么第二天就该立即离场。

四次触顶仓清空。大意是告诉我们，在历史的高位或第五浪顶，如果出现了四次触顶的盘面特征，就应该清仓离场。

为了能够很好地避开庄家的骗线，除了上述八大口诀熟记于心以外，我们还应记住下面两句话，即：

底部形态出绝顶，搔首弄姿皆煞星。

一旦染指定套牢，万贯家财转眼空。

社区园林

第五章 股市投资秘诀20招

我们都看过金庸、古龙、梁羽生等人的武侠小说，知道武林有秘笈。其实，股市也有秘诀。所谓秘诀，就是在股市中能够规避风险轻松获利的方法，简单地说就是能跑赢大市。这些方法在股市中经过千锤百炼，屡试不爽，百战百性。把这些秘诀公布于众，真心希望能对投资者有借鉴与启发作用。20招秘诀如下：

- 散兵坑中卧黑马
- 横盘数月挖浅坑
- 红杏出墙行情到
- 南天一柱红灯挂
- 量价齐托二浪底
- 火眼金睛视庄股
- 梅开二度财运来
- 追涨注意避陷阱
- 月线30光头红
- 炉架浅碟头肩形
- 顶天立地全仓进
- 沙漠驼峰奔向东
- 均线粘合成一统
- 紧盯资金不放松，坚持做多勿做空
- 双勾上穿看信号，破季踏年寻支撑
- 成本持仓天机露，趋势顶底已全清
- “原驰蜡象”庄家进，“山舞银蛇”追天公
- 旗角突破日日寻，N走势要看清
- 进场看准姐妹谷，出局认清兄弟峰
- 放量上攻五日后，第二买点大胆冲

需要强调指出的是，广大投资者应根据不同的环境和条件，使用不同的方法。而每一种方法的使用还要和相关条件紧密配合。在股市中被深深套牢的投资者要想自救，必须首先掌握正确的投资理念和必备的基本证券知识。这些理念和知识，就是灵活运用股市秘诀的外部条件。投资者要懂得这些理念，掌握这些知识，这是秘诀灵活运用的前提条件。现就20招股市秘诀分述如下：

第一招 散兵坑中卧黑马

在千变万化的股市中K线图画面上成交量常出现散兵坑形态，其特点为：在一个时间段内，成交量的左侧和右侧均出现巨额放量，远看极像是一个挖出的大坑，左坑沿和右坑沿高度基本一致，坑底平坦，没有犬牙交错的形态。当股价逐渐升高的时候，相对应的右侧成交量温和放大，直至会放巨量收阳线，第二天跳空收阳十

字星。散兵坑的突破形态出现了这种形态在以往的可靠性极高,但目前有了一些变化。这种变化是股价在颈线位放量有效突破之后,往往不出现跳空,而是回档整理,形成大弧套小弧的状态,投资者应密切关注。

第二招 横盘数月挖浅坑

在年线附近庄家进行了长达8、9个月的横盘吸筹,并且当吸筹接近尾声的时候,庄家还会用3个多月的时间进行二浪震仓,震仓的幅度之大几乎会把一浪的涨幅完全吞没。在该秘诀具体的操作方法中,只要我们用眼睛看一K线图画面,按“均线60上下弓”的理念,就可以大致判断坑底的位置。其秘诀是:均线上面鼓起多高的包,均线下面就挖多深的坑。坑底的收盘价要比一浪起始点的收盘价高。

第三招 “红杏出墙”行情到

股票通道的重要作用:一是监视走势发生异常的股票;二是让我们能够较准确的进行高抛低吸的波段操作(但一定要牢记时间之窗,3天、5天、8天出现的机率较大)。如果有哪只股票穿破股票通道的上轨,一路上行不再回头,就表明这只股票极有可能成为阶段龙头股。当某只股票刺破通道的上轨之后,又回到通道之内,逐渐下行直至通道的下轨,那么就表明这只股票绝不可能是龙头股。就一般情况而言,如果是突破通道上轨,不再回到通道之内的股票,尤其是那些突破上轨之后,一日线与二日线形成天堂之路的股票,在时间之窗以内都可以作为我们选择持有的好股票。如果在沪深两市都出现了这样一只股票,那么毫无疑问,这将预示着一波中级行情就快要到来了。

第四招 南天一柱红灯挂

庄家在吸筹完毕之后,打压震仓的后期,在准备拉升之前,为了彻底甩开跟风者,一般都会进行一次凌厉的清盘行为。其惯用的手法是以最低价开盘,然后反复震荡,震出意志薄弱的持股者,在接近尾市时收出一根大阳线,也有人把这种K线形态叫做“大礼包”。如果这种形态的股票处在相对低位或历史底部,那么后市都有一波较大的上升行情。翻开K线图画面,这样的形态较为常见。希望广大投资者今后不要放过出现这种形态的任何一支股票,但是需要注意的是,在买入时一定要有正确的投资理念,不能单靠这一种形态就做出大量买入的重大决定。

第五招 量价齐托二浪底

当出现价托的时候,一般预示着股价的转势。确认股价形态的转势,可以从K线转势形态、均线转势形态、成交量变化转势形态、几何图形转势形态、庄家理论转势形态等多种角度进行。在二浪底出现的量托和价托,其有效率都是100%。有些人曾经进行过三角托测试,这种单一的操作思路存在着缺陷,是不可取的。因为任何一种成功的形态,在使用之前必须考虑它的使用环境。事实上,有价值的值得我们去参考运用的秘诀必须有相关辅助条件,才能显示出它的魅力、威力或价值。

第六招 火眼金睛视庄股

我们在股市实际操作中,最紧要的一件事情就是弄清楚哪只股票有庄,是强庄还是长庄?是刚刚吸筹还是已经完成吸筹?抑或是已经控盘?这个功夫非同一般,是一个大智大慧的问题,跟这个功夫相比起来,其他所有的技巧都可以说是雕虫小技了。如果谁掌握了这门功夫,那么谁就可以在股市中游刃有余、独步天下了。只要他心态好,按波段操作,就会百战百胜。

第七招 梅开二度财运来

我们已经知道,年线和半年线是强庄、长庄的底部,也称生命线,如果在K线图中出现抬步双黄的状态,这就预示着后市将有一波较大段行情会出现。其盘面的显著特征为:在年线上下各出现一对双黄底,紧接着在半年线上下又会出现一对双黄底,这对双黄底的底部比前一对双黄底要出现抬步上升的趋势。针对这一特征,我们操作的原则是:在双黄底触底时买进,在双红头碰上轨时卖出。

第八招 追涨注意避陷阱

跳空缺口是股市中一种常见的形态,许多投资者根据缺口理论都知道第一、二、三个缺口分别叫“突破缺口”、“测量缺口”、“衰竭缺口”。如发现了第一个突破缺口就追,风险极大。在二浪底三浪初出现的缺口,则不要盲目追进，庄家的陷阱多在于此，投资者必须利用陷阱过滤器来躲避跳空陷阱。所谓陷阱过滤器就是股价出现跳空之后，连续6天的最低价均高于跳空前一天的最高价。如果哪只股票跳空之后不符合以上原则，也就是在6天之中有一天的最低价封闭了缺口，那么这次跳空宣告无效，所有追入的人必遭被套的命运。追涨时为了很好地避开陷阱，下面两句话很重要，请记牢：三浪之初出跳空，六日收盘高一峰。通道上轨切勿碰，时间之窗要记清。

第九招 月线30光头红

股市的很多投资者由于缺乏正确的投资理念和精湛的分析技术，屡屡被套，实际上，有一种方法操作很简单，效果又显著，这种方法就是"月线30光头红"。该种形态的盘面特征为：横盘三至五根小阳线，其后股价不断上扬，形成一个"一览众山小"的光头大阳线。这种形态的出现，大盘后市必涨无疑。显然，使用该方法，不必每天辛辛苦苦地跑股市，也用不着天天盯盘，该干什么就去干什么，只要每个礼拜甚至一个月看一次K线图就足够了。并且还能保障一年下来较稳当地得到30%以上的回报，买入抛出都非常轻松自如。

第十招 炉架浅碟头肩形

在K线形态图中，每当出现股价急跌，并在底部形成中大阳线时，随后5-10天内常常会伴随着成交量的逐步放大。突然会出现一根中大阳线，这时的盘面将呈现出一幅炉架K线组合形态。每当这种形态出现，那么大盘后市升幅就会相当可观。而浅碟底就是这种K线形态的一种。其特征是，它常常与散兵坑成交量形态双双出现，凡见到这种股票，只要颈线位一旦被有效突破，就应该立即跟进。因为它往往没有回探就开始震荡上扬了。我们对待这种股票，应中线持有、中线操作，后势的升幅就会十分可观。

第十一招 顶天立地全仓进

每当保历加通道逐步收口，基本走平或扬头的时候，突然狮子大开口，并伴随着一根顶天立地的大太阳线，压缩图也将出现异常量变，如果这种盘面特征一旦出现，我们就可以在第二天逢低大胆大量地进驻，接下来就可以等着丰厚的利润回报了。

第十二招 沙漠驼峰奔向东

庄家在一浪建仓期间，或者在二浪调整时，经常会出现"双峰"形态。每当这种形态出现时，我们就要对该股票高度关注，一旦价位突破颈线位便可于第二天大胆买入，因为急速拉升的行情将紧跟其后。辨别这种形态的要点是：除一浪吸筹和二浪调整外的"双峰"，一概不碰。在实际操作中，一些投资者见了"双峰"就离开，其实他们犯了一个常识性的错误，底部有底部的形态，比如头肩底、圆弧底、W底、多重底等；中途有中途的形态，比如旗形整理、三角形整理等；顶部有顶部的形态，比如头肩顶、圆弧顶、M头等。股价在底、中、高不同的位置会出现不同的形态，因此，底部的形态不会在顶部出现，而顶部的形态也不会在底部出现。在一浪建仓的底部，或二浪调整的底部这个位置出现的"双峰"形态，是拉升前的预备状态。我们在观察盘面时，必须综合判断才行。

第十三招 均线粘合成一统

进入股市的每一个投资者，都必须面对着一个重要的问题，那就是：在变化的股市面前，你的操作思维，你的认识，是跟着变还是以不变应万变？显然，在变化的股市面前，以不变应万变是肯定行不通的，假如你在历史的天价上被套牢了，不止损硬扛行吗？还有，像在不该买的价位买进了股票，发现了错误不改正过来，可以吗？在这种情况下，我们应该形成关于底部确认的正确思维，这就是：(1)250天年线和120天半年线是大庄和小庄、长庄和短庄、强庄和弱庄的分割线或分水岭。在年线和半年线以上的股票为强势股，在年线和半年线以下的股票为弱势股。(2)250天年线和120天半年线是大庄、强庄和长庄的起跑线，也称之为大庄、强庄和长庄的底部。一般而言，我们确认底部的第一着眼点就是挑选在年线或半年线长期横盘或者沿着年线或半年线长期做窄幅震荡的股票，抑或是骑着年线或半年线做长达6个月以上的下楔形的股票。如果从均线形态上进行观察，只要年线或半年线粘合或向上交叉，这就意味着该只股票将产生一轮上涨的大行情。为此，我们应立即跟进，绝不犹豫。

第十四招 紧盯资金不放松，坚持做多勿做空

在千变万化的股市中，资金的流入与流出直接影响着股价的上涨和下跌。信息渠道不畅通的广大投资者要想在股市中跑赢大市必不可少的一个环节就是紧紧地盯住大资金的行踪。如何跟踪呢？我们可以把近两三天、近两三周、近一两个月的资金流向做一次排行，那么在资金排行榜首或排行前两页的所有股票都是有大资金正在流入或流出的股票。之后根据排行的顺序，逐一查看每只股票的运行趋势，重点关注在低位或相对低位横盘的股票，和刚上涨离年线、半年线不远的股票，或离价格中枢（注：这是指离前期头部6-9个月之后的时间里，在相对底部停留时间最长的价位）和市场成本重心不远的股票。只要这些股票具备上升的趋势，我们都要密切关注，一旦形成向上的突破，我们将立即跟进，重拳出击。需要指出的是，目前，在中国的证券市场中，还不具备做空的机制，无论是散户资金还是机构资金，要想在股市中获得利润，并由此取得投资的成功。就必须坚持做多的操作原则和思维。因为只有在多头市场中，投资者才会相对比较容易地获得投资的成功。那么怎样体现我们做多而不做空呢？下面两句话非常重要，请记牢。

涨幅榜上有名，周线多头形成。

黄金斜率出现，双黄抬步拉升。

第十五招 双勾上穿看信号，破季踏年寻支撑

在股市的实践操作中，我们常常把短期均线上穿长期均线作为一支股票将要走好的重要特征来分析和研究的。比如我们把5日均线、10日均线、20日均线看做短期均线系统，而把30日均线、60日均线看做中期均线系统，120均线、250日均线看做长期均线系统。当5日均线、10日均线或者20日均线上穿季线（60日均线）、半年线或者年线的时候，我们把它视为重点关注的对象。当股价上穿了季线或年线之后，再回探到季线或年线上的时候，一举成为了股价的重要支撑线。在这个时候我们整天所祈盼的最佳买点就会到来了。需要说明的是，我国目前的股市，大资金一般利用对敲的方式拉抬股票。而这种对敲行为一般在不同的交易所或异地交易所同时进行。在对敲拉升之前，必须用约定俗成的信号值来统一行动，而这个信号值对广大股民来说是根本不懂或不容易注意到的，这是股市的绝密之一。根据操盘的习惯，出现频率最高的几个信号值为08、18、28、38、48、58、68、78、88、98。实际上，我们也可以根据证券分析软件。

把目前沪深两市1200多只符合短期均线上穿长期均线的股票快速、准确地挑出来，然后对这些入选的股票进行综合判研。对照信号值，进行重点查找。可以说，任何一只股票都能够找到信号值的存在，广大投资者在观察盘面时，千万不要漏过信号值了。只要掌握了这一点，既使庄家利用信号值搞欺诈也不用害怕了。

第十六招 成本持仓天机露，趋势顶底已全清

在千变万化的股市中，摆在广在投资者面前的一个比较难以把握的问题是如何识破庄家的持仓数量和持仓成本。这两方面的内容无论是对于广大中小散户还是机构投资者面言，都是最重要的一个密秘。假如我们想方设法，知道了庄家的持仓数量和持仓成本，那么在股市中跑赢大市，挣大钱就轻轻松松了。这道难题目前已得到了较好的解决，我们利用证券分析软件系统可以先找出庄家一浪建仓的时间段，然后利用庄家分析功能可以很方便的测出这个时间段的庄家持仓成本。同时庄家的持仓数量也可以看得十分明白，手中有了这两个方面的数据和特征，再结合前面讲的庄家理论，可以非常容易的测算出这只股票大约的上升空间。再根据波浪理

论，我们可以运用波浪通道，知道这只股票的大约运行趋势和二浪底及四浪底的大约价位，以及三浪和五浪的大概高度。

第十七招 旗角突破回回寻，N走势要看清

旗形整理也称为股市第二号大财神，凡是出现旗形整理形态的股票，在股价向上突破旗形上轨之后都将有一波大的行情。相比较来说，我们重点放到上涨5天左右出现旗形整理的股票上，这些股票的风险最小，获利最可靠。而对于在四浪时出现的旗形整理，要速战速决，切忌恋战。而整理时如果出现三角形整理，应准确识别“N”字形走势的数量。脱离实践的理论是苍白的理论，没有理论的实践是盲目的蛮干。从思想上认识到了旗形整理和三角形整理在盘中经常出现的位置和它出现时所具备的规律以后，我们就会茅塞顿开，对盘面会有更深的认识和理解。

第十八招 “原驰腊象”庄家进，“山舞银蛇”追天公

在股市上，面对波浪起伏的K线图画面，从宏观的角度来讲，所有的股票都可以归结为两种形态。一是低位的“原驰腊象”；二是爬高的“山舞银蛇”。利用证券分析软件。我们可以很清楚地分辨出庄家建仓和庄家拉升的整个过程。只要我们保持平静的心态，进行冷静的观察，不难捕捉到“原驰腊象”之后的最佳买入时机。根据股票“山舞银蛇”的盘面特征，也可以悟出一个深刻的道理，即做股票就是做趋势，就是做上升的趋势。只要总的趋势向上，只要我们具备证券的基础知识，而对“山舞银蛇”暂时回调的走势，心态就不会乱，头脑就不会不冷静，操作也就不会失败。

第十九招 进场看准姐妹谷，出局认清兄弟峰

通常，在股市中，二浪底是最佳的买入位置。分析其原因：一是风险最小；二是其后将是三浪的快速拉升。在二浪底进场，就如同是穿上了防弹衣上战场。那么二浪底如何寻找呢？最简单的方法是利用几何形态理论，捕捉60日均线之上，120日均线之上，250日均线之上离均线位置最近的中继“W”底。这种形态一旦出现，后势的涨幅都将十分可观。当然，获得丰厚的回报也就指日可待了。但另一些经典几何图形，比如头肩顶、M头、圆弧顶等出现在五浪顶附近位置时，我们就要把握时机，迅速地离场出局。

第二十招 放量上攻五日后，第二买点大胆冲

在年线或半年线附近启动，放量上攻5天以后，出现的调整，我们称之为“第二买点”。第二买点调整属于强势调整。其显著特征为：一是调整的时间多为3–5天；二是K线形态常出现“酒田三法”、“早晨之星”；三是调整的幅度往往小于10%；四是调整到10日均线时，会受到强力支撑，成交量逐渐萎缩。第二买点的口诀如下：

强势股票经常瞧，

手握现金等回调。

第二买点杀进场，

财神牵手把友交。

VOLUME 13

第十三卷

证券市场新知识

- 证券制度新知识
- 证券市场新知识
- 证券投资基金新知识

A COMPREHENSIVE HANDBOOK OF CHINESE SECURITIES 中国证券大全

·2002·

2002年是我国证券市场取得突破性进展的一年。证券市场参与各方对证券市场的制度、措施、发展方向进行了深刻而有益的探讨与尝试。在制度方面,证券民事赔偿制度起步,佣金制度与国际市场接轨,境外机构投资者制度破冰;在产品创新方面,各种新指数应运而生,基金品种日渐丰富,证券市场进入全新的发展阶段。在本卷,我们对证券市场上出现的一些新名词作了归纳划分和简单介绍,但没有面面俱到。该书以后的编辑过程中,对新知识的定位介绍将力求全面、系统,以方便和加强广大投资者对证券市场的把握与了解。

第一章 证券制度新知识

一、证券民事赔偿机制

2002年1月15日，最高人民法院审判委员会第1201次会议通过《关于受理证券市场因虚假陈述引发的民事侵权纠纷案件有关问题的通知》(以下简称通知)，这标志着我国证券市场民事赔偿机制正式启动。

1、证券民事赔偿的相关规定

(1)诉讼范围。自2000年3月31日至2001年11月19日止，因虚假信息披露而受中国证监会处罚的16家上市公司可作为被诉对象。

(2)原告。自上市公司作出虚假陈述之日起至中国证监会对该上市公司的违规行为作出处罚决定之日止的时间段内，凡购买了上述中国证监会规定的16家上市公司股票而受损的投资者，都可在诉讼时效内提起民事赔偿诉讼。

(3)被告。上市公司、承销股票发行上市的证券公司、中介机构以及相关个人可作为单独被告或共同被告。

(4)法院管辖权。《通知》规定：①对凡含有上市公司在内的被告提起的民事诉讼，由上市公司所在地的中级人民法院管辖；②对以机构(指作出虚假陈述的证券公司、中介服务机构等，下同)和自然人为共同被告提起的民事诉讼，由机构所在地的中级人民法院管辖；③对以数个机构为共同被告提起的民事诉讼，原告可以选择向其中一个机构所在地的中级人民法院提起民事诉讼。原告向两个以上中级人民法院提起民事诉讼的，由最先立案的中级人民法院管辖。

(5)原告应提供的材料。原告应提交本人身份证复印件，以及自上市公司作出虚假陈述之日起至中国证监会对该上市公司的违规行为作出处罚决定之日止的时间段内，买入及卖出该16家上市公司股票的清算交割单复印件等。

(6)诉讼方式。人民法院采取单独或共同诉讼的形式予以受理。

(7)诉讼时效。诉讼时效为2年，自中国证监会对上市公司作出处罚之日起计算。

2、证券民事赔偿机制的完善

当前，我国证券民事赔偿机制还存在一定缺陷，主要表现为：

(1)受理范围太窄。《通知》中的民事责任仅限于虚假信息披露，而把操纵市场行为、内幕交易行为、欺诈客户行为等本该负民事赔偿责任的违法行为排除在民事赔偿责任之外。

(2)诉讼成本过高。《通知》明确规定不宜以集团诉讼形式受理，但证券市场的诉讼涉及面广，单独诉

讼或共同诉讼成本过高。

(3)司法效率的影响。由于民事诉讼要以行政处罚为前提，违规者为避免民事诉讼，可要求对行政处罚进行复议，使民事诉讼成为“马拉松”。

鉴于此，我国证券民事赔偿机制还需进一步发展与完善。一般而言，可以从以下几方面入手：

(1)证券民事赔偿的实现途径多样化。目前，证券民事赔偿以民事诉讼为主，且刚起步，要使实现途径多样化，除民事诉讼外，可适当考虑以下形式：

①附带民事诉讼；

②行政机关的行政裁决；

③当事人调解；

④仲裁；

⑤投资者权益调解机构调解。

(2)证券民事赔偿范围的完整化。当前，仅对虚假信息披露作为赔偿范围，要把证券领域涉及民事赔偿责任的违法行为纳入赔偿范围，完善民事赔偿机制。

(3)证券民事赔偿法制化。无论采取何种途径解决证券民事赔偿，都要加大证券民事赔偿领域的立法工作，使其有法可依，有章可循。要细化《公司法》、《证券法》的民事责任制度。当前，两法中的民事责任制度不健全，应通过立法和司法解释细化证券违法行为的民事责任。

(4)证券民事赔偿机制与国际接轨。证券民事赔偿机制的建立不能违背国际贯例，就《通知》而言，规定民事诉讼要以行政处罚为前提，但按WTO规则，法院受理与否不应以行政处罚为前提。

3、建立与完善证券民事赔偿机制的现实意义

启动证券民事赔偿制度，在微观和宏观两个层面都有积极意义。

在微观面上，主要体现在：

第一，证券民事赔偿机制的建立能保护投资者的利益。在投资者权益屡屡受侵的今天，证券民事赔偿能给投资者以全部或部分赔偿，维护投资者权益。

第二，证券民事赔偿机制的建立能在一定程度上规范市场各方的行为。证券民事赔偿机制的建立使证券民事赔偿责任落到实处，证券民事赔偿责任的明确使市场各方面对不菲的违约成本而约束自己的行为。

第三，证券民事赔偿机制的建立有利于市场“三公”原则的维护。

在宏观面上，主要表现为：

第一，证券民事赔偿机制的建立能促进证券市场诚信体系的构建，维护证券市场健康发展。证券市场的健康发展要以诚信为保障，而证券民事赔偿机制的建立从制度上保证诚信建设。

第二，证券民事赔偿机制的建立填补了法律空白，能够强化社会的法制意识，促进法制建设的发展。

第三，证券民事赔偿机制的建立，有利于证券市场国际化的发展。在开放的资本市场中，权益争议日渐繁多，没有完善的证券民事赔偿机制，一方面不利于保护投资者的利益；另一方面将阻碍外国投资者参与证券市场，从而延缓证券市场的国际化的发展。

二、大宗交易制度

2002年2月26日，《深圳证券交易所大宗交易实施细则》发布并实施，这是我国证券市场在交易制度方面的一项创新。同年9月，上海证券交易所审议并原则上通过了《上海证券交易所大宗交易实施细则》，标志着大宗交易制度在全国范围内全面实施。

1、大宗交易制度的内涵

随着证券市场迅速发展，机构投资者的比重不断上升和实力的增

强,对大宗交易的需求不断增强。为解决大宗交易的交易金额和交易数量较大引发的问题，一些证券交易市场在交易方式和信息披露等方面对大宗交易建立了不同于正常规模交易的制度,即大宗交易制度。

所谓大宗交易是指单笔交易规模远大于市场平均单笔交易规模的交易。判别大宗交易的标准主要有两种，一种是以单笔交易的股数或交易金额为判别依据；另一种是以交易使用的信息披露系统或交易系统作为判别依据。

目前，世界主要证券市场大宗交易采用的交易方式主要有场外协商场内撮合、通过其他交易系统撮合、交易时间外交易和与正常规模交易相同的场内交易四种形式。对于交易前的信息披露，国际上通常有三种做法：一是不公开披露即交易协议过程隐形化；二是部分公开即交易协议过程部分隐形化；三是不作特别规定，采用与正常规模交易相同的信息披露制度。对于交易后的信息披露，有些证券市场采用延迟报告制度。

2、大宗交易制度的特点

大宗交易制度的特点主要表现在两个方面：

(1)具有方便投资者,尤其是机构投资者资金量大，买卖时股票交易量大，要通过正常的市场交易来完成交易实在是一项很艰巨的任务。大宗交易对这种情况提供了极大的方便。在牛市时想吸货或在熊市时想出货变得尤为困难，通过大宗交易,则使其变得具有可能性。

(2)交易成本低。大宗交易可以增加成交量，且大宗交易在有个交易日的14:55分前输入交易系统，经确认后成交，不占用证券商的正常的交易通道。在这样的利益面前,证券商对投资者参与大宗交易的手续费将有较大优惠。

3、大宗交易制度引发的投资机会

第一,基金。通过大宗交易,基金进出股票市场将更加方便，基金的交易成本将进一步下降，在其他条件不变的情况下，基金业绩将会有较大幅度提高。

第二,大盘股。大盘股由于流通盘子过大,拉抬起来很不方便。这使得以短期操作和投机为主的中国证券市场上,大盘股波动小,收益差，而小盘股的收益率一般要高于大盘股。对股数多,资金量大的大盘股来说，大宗交易制度为其交易的进行提供了便利,有利于大盘股的上涨。

第三,“三无”概念股。大宗交易制度的推行有利于兼并重组的进行。由于对“三无”概念股实施兼并可以方便地获得控股权，市场上的主力机构必将利用大宗交易带来的便利对“三无”概念股产生极大的兴趣。“三无”概念股的投资机会将比其他股票的投资机会大得多。

4、大宗交易制度的影响

(1)大宗交易制度的推行有利于上市公司的并购重组。首先,有利于外资进入A股市场并购。加入WTO后,国内证券市场逐渐与国际接轨,也将面临着激烈的国际竞争,外资并购重组已成为时下的热点。通过二级市场，外资可以与上市公司股东在股票价格和数量达成一致后进行大宗交易申报，逐步达到控制上市公司的目的。其次,有利于非上市公司通过大宗交易方式控股上市公司。当前,国内公司上市的审批条件较为苛刻,审批时间较长,使一些达到条件的公司不能上市。当然，非上市公司可通过二级市场的收购达到对上市公司及控股目的，但收购成本过高且交易复杂，所以成功的并购案例并不多。通过大宗交易，对非流通市场国有股或社会法人股达成协议转让，进而控制上市公司成为一个可行的方案。第三,有利于上市公司本身进行产业结构的调整，对于处于朝阳产业的上市公司可以用大宗交易向其他产业扩张。

(2)大宗交易可以稳定市场,减少较大的成交量对市场的冲击。在股市上，一个巨额的卖单可以让所有想买的人望而却步，巨额的买单正好有相反的作用。这些交易如果通过大宗交易实施，这对市场的冲击将平稳得多。另外,在股市惨跌或过牛时，通过与市场走势相反方向进行大宗交易，可以在不影响交易者利益的情况下稳定市场。

(3)大宗交易能够提高证券市场的效率。随着证券市场的发展,机构投资者的实力不断增强，在交易中的比重提高。机构投资者的交易规模比普通投资者大得多，且这种差距在不断扩大。让机构投资者采用普通投资者的方式以小笔、多笔进行交易,显然缺乏效率。在大宗交易制度下让不同级别的投资者以不同的方式进行交易，可提高证券市场效率。

(4)大宗交易可以加强证券市

场的流动性。大宗交易对于不够正常的股票交易，只要买卖双方达成一致就可以成交，为牛市或熊市中的买卖提供了可能，可使市场流动性提高。

三、佣金浮动制

2002年4月4日，中国证监会、国家计委、国家税务总局联合发布《关于调整证券交易佣金收取标准的通知》(以下简称通知)，标志着佣金浮动制正式启动。

1、推行佣金浮动制的必要性

从世界主要国家和地区股票市场交易费用收取的情况看，佣金浮动制是大势所趋。1975年，美国佣金制度改革后，投资者的交易成本大幅下降，每股交易佣金从当年的平均26美分下降到1980年的11.9美分，到1997年已下降到5美分。英国自1986年实行佣金浮动制以来，平均佣金费率由0.7%下调到0.28%，个人投资者的平均佣金费率由1.07%降为0.28%，机构投资者的平均费率由0.42%下调到0.21%。近年来韩国网上交易佣金水平由4.9%下降到1.3%左右。

(1)固定佣金制不利于证券市场竞争机制的培育，较高费率标准提高了交易成本，从而妨碍了社会资源的有效配置，一方面保护落后；另一方面影响了投资者参与证券市场的积极性。

国内证券市场自建立以来就实行单一固定的佣金制度，期间有小幅调整，但根本制度没有改变。随着证券市场的发展，原有的固定佣金制已不适应证券市场的发展要求。

(2)为了争夺大客户，证券公司之间、营业部之间推出各种形式的佣金打折或返佣，影响了公平竞争的市场秩序，也使原有佣金制度下造成的佣金打折不规范，给证券公司的管理增加难度，容易导致财务管理产生各种漏洞，如个别员工与客户串通或利用职权以佣金返还的名义将一部分手续费收入据为己有，损害公司利益。

(3)对中小投资者来说，佣金打折使其在证券交易中处于更加不利的地位。中小投资者在证券市场属于弱势群体，一般而言佣金打扣不针对中小投资者。

2、我国具备实行佣金浮动制的条件

我国已具备实行佣金浮动制的条件主要包括以下几个方面：

第一，机构投资者群体逐渐扩大。到2002年底，证券投资基金规模达到809亿元，占A股流通市值的6%，机构投资者在佣金价格上有讨价还价的能力，他们迫切希望在大笔买卖中享受优惠，这是实行佣金浮动制的外部条件。

第二，随着增资扩股和兼并重组，证券公司实力有所增强，业务开始向多元化方向发展，对经纪业务的依赖性有所下降，这是实行佣金浮动制的内部条件。

第三，网上交易、远程委托、电话委托等交易方式的推陈出新，使得证券商交易的单位成本有所下降，这是实行佣金浮动制的技术条件。

3、佣金浮动制的相关规定

《通知》中关于佣金浮动制的规定，主要包括以下几个方面：

(1)A股、B股、证券投资基金的交易佣金实行最高上限向下浮动制度，证券公司向客户收取的佣金(包括代收的证券交易监管费和证券交易所手续费等）不得高于证券交易金额的3‰，也不得低于代收购的证券交易监管费和证券交易所手续费等。A股、证券投资基金每笔交易佣金不足5元的，按5元收取；B股每笔交易佣金不足1美元或5港元的，按1

美元或5港元收取。

(2)国债现券、企业债(含可转债)、国债回购，以及今后出现的新交易品种，其交易佣金标准由证券交易所制定并报中国证监会和国家计委备案。

(3)证券公司收取的证券交易佣金是证券公司为客户提供证券代理买卖服务收取的报酬。证券公司向客户提供代理以外的其它服务如咨询等，可由双方本着平等、自愿、公平、诚实信用的原则协商确定收取标准。

(4)证券公司可以在证券交易时向客户收取的佣金为计征营业税营业额。如果证券公司给客户的折扣额与向客户收取的佣金额在同一张证券交易交割凭证上注明的，可按折扣后的佣金额公正收营业税；如果将折扣额分开证券交易交割凭证或发票的，不论其在财务上如何处理，均不得从佣金计税营业额中将折扣额扣除。

(5)证券公司不得采用现金返佣、赠送实物或礼券，提供非证券业务性质的服务等不正当竞争方式吸引投资者进行证券交易，禁止证券公司将机构投资者缴纳的证券交易佣金直接或间接返还给个人。

(6)证券公司根据自身情况制订本公司的佣金收取标准并向相关部门备案，并在营业场所公布，之后方可执行。

(7)《通知》自2002年5月1日起执行，证券公司违反通知规定的，中国证监会和有关价格、税务管理部门将依法对其查处。

4、实施佣金浮动制的积极意义

第一，有利于降低交易成本，激活证券市场。佣金水平的下调使投资者尤其中小投资者的交易成本下降，从而调动投资者的交易积极性，有利于交易量的增长。降低交易成本有利于提升证券市场的国际竞争力，并能搞活证券市场。

第二，有利于加快证券商重新整合，优化资源配置。佣金浮动制的推出使一批对佣金依赖性强且无经营特色的证券商面临被兼并重组的命运，从而提高证券业的集中度，优化证券业的资源配置。

第三，有利于提升证券商组合竞争力。佣金浮动制实施使证券商的价格战在所难免，要在残酷的竞争中立于不败之地，优化服务质量，异化服务内容，强化服务观念是必然选择。

5、证券商应对佣金浮动制的策略

(1)业务创新是应对佣金浮动制的根本策略。要进一步发展网上交易和银证通，关注信息技术的发展，尽快推出有市场前景的交易手段；要在保证风险能够得到有效控制的情况下，加大资产受托管理业务的开发；要加大对公司整合与产业战略重组等财务顾问业务的开发。

(2)完善法人治理结构是证券商应对佣金浮动制的制度保障。当前证券公司与国有控股或与行业组织有千丝万缕的联系，公司治理结构存在先天不足，唯有建立现代企业制度，才能在佣金市场化的市场竞争过程中有立足之地。

(3)细分服务市场是应对佣金浮动制的有效途径。细分市场一方面能够避免过度竞争；另一方面通过市场细分选择有竞争优势的市场，能够提高竞争力。

(4)强化服务意识，打好服务牌。从根本上讲，证券业属于服务业。要想客户所想，急客户所急，真正做到服务第一，不断巩固和扩充自己的客户群。

第二章

证券市场新知识

一、上证180指数

上证180指数是上证成份指数的简称。180指数的编制方案，是结合中国证券市场的发展现状，借鉴国际经验，在原上证30指数编制方案的基础上作进一步完善后形成的，目的在于通过科学客观的方法挑选出最具代表性的样本股票，建立一个反映上海证券市场的概貌和运行状况，并能够作为投资评估尺度及金融衍生产品基础的基准指数。

1、180指数的特点

第一，上证指数具有广泛的代表性，能够客观、全面地反映市场变化。上证180指数样本股的流通市值占沪市总流通市值的50%，成交金额比重占47%，上证180指数的样本股约占沪市股票的1/3，但其市场价额占了近一半，比较客观地反映了沪市的整体概貌。

第二，上证180指数具有编制方法科学和成份选择具有代表性的特点。上证180指数的编制方案由国际著名指数公司的专家、著名指数产品投资专家、国内专家学者组成的专家委员会审校论证后确定的，具有很强的科学性和一定的权威性。

第三，与上证30指数相比，上证180指数克服了上证30指数样本股中个别股票权重过大而造成的市场操纵问题，如青岛海尔和四川长虹2002年上半年日平均流通市值占上证30指数的比重为17.2%，容易造成市场操纵行为。

第四，指数加权办法由上证30指数的流通股有权调整为分级靠档加权，也就是目前国际通用的自由流通量加权方式，体现了指数编制的国际化趋势，更科学客观地综合反映上市公司的经济规模和流通规模，降低国有股等非流通股上市对指数的影响。

第五，上证180指数具有可比性特征。根据国际指数编制方法编制的上证180指数增强了我国股票市场与国际市场的可比性。对不同证券市场市盈率的比较一般都是成份指数的比较。由于上证30指数中样本股的经营状况已经不能代表当前上海证券市场上市公司的经营状况，因此，上证30指数扭曲了上海证券市场真实的市盈率情况。上证180指数在样本股的选择过程中不仅剔除了经营状况异常或最近财务报告严重亏损的股票，还剔除了股价波动较大、市场表现明显受到操纵的股票，降低了上海证券市场的市盈率，使得上证180指数的市盈率与标准普尔500、伦敦金融时报100等成份指数的市盈率更具有可比性。

第六，上证180指数更具有流动性。相对于上证30指数，上证180指数样本股主要选择了一些市场规模较大和流动性较好的股票，保证成份指数具有较好的流动性。

第七，上证180指数紧密跟踪市场走向，总体风险略低。根据实际数据模拟测试，上证180指数和上证综合指数相关系数达到0.98左右，α值略大于0，β值小于1，说明上证180

指数比起上证综合指数相对具有风险较低，收益较高的特征。

2、180指数的编制方法

(1)成份股的选择。

①样本空间：剔除下列股票后的所有上海A股股票。

a、上市时间不足一个季度的股票；

b、暂停上市股票；

c、经营状况异常或最近财务报告严重亏损的股票；

d、股价波动较大，市场表现明显受到操纵的股票；

e、其他专家委员会认定的应该剔除的股票；

②样本数量：180只股票。

③选择标准：行业内的代表；规模；流动性。

④选择方法：a、根据总市值、流通市值、成交金额和换手率对股票进行综合排名；b、按照各行业的流通市值比例分配样本指数；c、按照行业的样本分配指数，在行业内选取排名靠前的股票；d、对各行业选取的样本作进一步调整，使成份股总数为180家。

(2)样本股的调整。上证180指数依据样本稳定性和动态跟踪相结合的原则，每半年调整一次成份股，每次调整比例一般不超过10%。特殊情况时也可能对样本进行临时调整。

(3)指数的权数及计算公式。180指数采用派许加权综合价格指数公式计算，以样本股的调整股本数为权数。

报告期指数=报告期成份股的调整市值/基日成份股的调整市值×1000

其中，调整市值=Σ(市价×调整股本数)，基日成份股的调整市值亦称为除数，调整股本数的采用分级靠档的方法对成份股股本进行调整。根据国际惯例和专家委员会意见，上证成份指数的分级靠档方法如下表所示。比如，某股票流通股比例(流通股本/总股本)为8%，低于10%，则采用流通股本为权数；某股票流通比例为45%，落在区间(40,50)内，对应的加权比例为40%，则将总股本的40%作为权数。

流通比例(%)	≤10	(10,20]	(20,30]	(30,40]	(40,50]	(50,60]	(60,70]	(70,80]	780
加权比例(%)	流通比例	20	30	40	50	60	70	80	100

(4)指数的修正。当样本股名单发生变化或样本股的股本结构发生变化或股价出现非交易因素的变动时，采用"除数修正法"修正原固定除数，以维护指数的连续性。

3、推行上证180指数的意义

(1)上证180指数将带来证券投资方式和投资理念的变革。从目前的情况看，一方面目前为止专业投资者采用指数化投资策略还微乎其微；而另一方面大多数专业投资者业绩还并不能跑赢指数。随着上证180指数的推出，将会从根本上改变这种现象，同时也将带来投资理念和投资方式的变革。

①上证180指数将促使专业资产管理人员从注重个股的选择转向注重整体资产收益与风险的配比转化。一方面成份股推出本身就可以减轻和淡化专业投资者个股选择工作。

②专业投资者的投资方式选择向多元化方向发展。

③上证180指数除促使专业投资者的投资组合和资本配置更具科学性。

④有利于引导理性投资，促进市场的规范化发展。上证180指数采用国际主流方法编制，样本股的选择代表了市场价值取向，在一定程度上有助于投资者树立正确的投资理念，增加市场活跃度。

(2)上证180指数凸现证券市场的投资价值。据测算，上证180指数目前市盈率约为28倍，而上证30指数市盈率则为34倍，上证综合指数市盈率则为38倍，反映出在目前市场背景下，代表主体经济的行业龙头，真正反映市场主体部分的股票价格水平相对较低。结合入选个股各自情况可以发现，目前市场中市盈率较低的个股基本入选。值得注意的是，入选成份股的超级大盘股如宝钢股份和中国石化市盈率均不足20倍。

(3)上证180指数将促进指数化投资的发展。上证180指数包含的样本股数量较多，具有较高的市场覆盖率和行业代表性，可有效地规避市场的非系统风险，使指数化投资具有较强的可操作性。上证180指数的编制符合国际惯例，为市场各方评价基金等机构投资者的业绩提供了较为客观的标准。同时，上证180指数有利于抑制证券市场的投机行为，防止操纵指数的行为。中国作为新兴的证券市场，在发展过程中曾经多次出现"操纵股价”、“做庄”等违规事件。为了抑制证券市场的投机行为，避免一些人“操纵指数”或者“操纵股价”的行为，使股票指数更具有真实性和有效性，有效促进指数化投资时代的来临，上证180指数在编制过程中剔除了股价波动较大，市场明显受到操纵的股票。

(4)上证180指数能够更精确地反映沪市股价综合动态走势，可作为市场基准指数。目前，国际证券市场上具有广泛影响和作为市场基准指数的都是成份股指数，如道·琼斯30种工业股价指数、伦敦金融时报100指数、恒生指数和日经225指数等。上证综合股价走势方面起着十分重要的作用，但其编制方法上存在一定缺陷：①将不断上市的新股逐一计入计算范围，影响其前后的可比性；②采用总股本作为权重不能确切反映股份的动态演变；③把亏损股计入指数计算范围，不能反映上市公司价格变化对市场大势的影响。而上证180指数选取行业代表性、规模大、成交活跃、财务状况良好的股票作为样本股，适应了市场发展状况和国际指数发展趋势，该指数本身不易被操纵，将有可能成为沪市主要投资参照指数，成为市场参与者认识、了解证券市场的基本工具，充分体现出指数的市场分析功能、投资评价功能和金融创新功能。

二、深证100指数

在上证180指数推出之后，经深圳证券交易所许可，深圳证券信息有限公司从2003年1月起正式对外发布深证100指数。

1、深证100指数编制方案

(1)选股原则。深证100指数成份股由在深圳证券交易所上市的100只A股组成(如表)，按照下列原则选取：

①入围标准。在深圳证券交易所上市交易且满足下列条件的所有A股：

a、有一定上市交易日期(一般为6个月)；

b、非ST、PT股票；

c、公司最近一年无重大违规、财务报告无重大问题；

d、一段时间内股价无异常波动。

深证100指数成份股一览表

深发展A	冀东水泥	格力电器	山东海化
万　科A	石油大明	泰达股份	福地科技
世纪星源	吉林化纤	珠海中富	秦川发展
深振业A	东阿阿胶	山推股份	中信国安
深宝安A	粤高速A	朝华集团	五 粮 液
深康佳A	海虹控股	厦门信达	扬子石化
深科技A	珠江控股	双环科技	云南铜业
招商局A	渝 汰 白	唐钢股份	法 尔 胜
深能源A	中国凤凰	丰乐种业	双汇发展
深宝恒A	粤美的A	鲁能泰山	鞍钢新轧
深鸿基A	粤美雅A	燕京啤酒	现代投资
深 赛 格	粤电力A	振华科技	华北高速
中金岭南	佛山照明	罗 牛 山	电广传媒
农 产 品	TCL通讯	南风化工	天津汽车
深圳华强	江铃汽车	湘计算机	丰原生化
中兴通讯	宏源证券	锌业股份	中 关 村
长城电脑	陕国投A	中色建设	华菱管线
赛格三星	粤宏远A	漳泽电力	中原油气
华侨城A	威孚高科	新兴铸管	东方热电
海王生物	托普软件	石 炼 化	首钢股份
盐田港A	东 北 药	北新建材	东方钽业
深圳机场	海螺型材	创智科技	华东医药
中成股份	长安汽车	燃气股份	安泰科技
丝绸股份	新 钢 钒	一汽轿车	中科三环
许继电气	风华高科	辽河油田	西山煤电

②选择方法。成份股样本选择指标为一段时期(一般为前6个月)平均流通市值的比重和平均流通市值占市场比重和平均成交金额占市场比重，再将上述指标按2:1的权重加权平均，然后将计算结果从高到低排序，选取排名在前100名的股票，构成深证100指数初始成份股。

③定期调整方法。成份股的定期调整定于每年5月和11月进行，通常在第一周最后一个交易日后公布调整方案，第四周第一个交易日开始实施。成份股样本定期调整方法是先对入围股票进行综合排名，再按下列原则选股：

a、排名在第130名之前的原成份股按顺序优先保留，数量不超过90只；

b、排名在第70名之前的非原成份股股票按顺序入选成份股；

c、按原成份股优先的原则，用剩余股票补足成份股数量。

(2)计算方法。

①基期。深证100指数以2002年12月31日为基期，基期指数为1000。

②计算公式。深证100指数采用派氏加权法编制，采用下列公式逐日连锁实时计算：

$$实时指数=上一交易日收市指数\times\frac{\Sigma(成份股票实时成交价\times成份股权数)}{\Sigma(成份股上一交易日收市价\times成份股权)}$$

在上述公式中，子项和母项中同一成份股的权数相同，为该成份股的最新A股流通股数（以深交所公布数据为准）。子项中的乘积是成份股的实时流通市值，母项中的乘积是成份股的上一交易日收市流通市值，Σ是指对纳入指数计算的成份股的流通市值进行汇总。

每一个交易日集合竞价开市后用成份股的开市价计算开市指数，其后在交易时间内用成份股的实时成交价计算实时指数，收市后用成份股的收市价计算收市指数。

成份股当日无成交的，取上一交易日收市价。成份股暂停交易的，取最近成交价。

(3)调整计算。深证100指数的调整计算是根据不同情况，在开市前对指数实行计算公式中的有关数据项分别或同时进行调整。

①调整成份股的范围，即调整子项和母项中Σ汇总范围，将某股票纳入（或剔出）指数的计算，包括：

a、成份股样本定期调整；

b、成份股暂停或终止上市的，从暂停或终止上市之日起，将相应成份股份指数计算中剔除。

②调整母项中某成份股的上一交易日收市价，指在某成份股的市场价格出现除权现象，包括上市公司进行权益分配或配股、转增时，在除权除息日将母项中的成份股的股权登记日收市价更新为除权参考价（除权参考价以深交所计算为准）。

③调整子项和母项中某成份股的权数即A股可流通股数。

a、成份股公司进行权益分配，在送股、转增上市当日，根据实际送股、转增数量对相应成份股的权数进行修正；

b、出现公司国有股或法人股直接上市交易或经配售后上市交易、成份股公司增资发行新股、成份股公司回购股份、成份股公司配股及导致成份股流通股数变化的其他情况，在股份实际变动日对相应成份股权数进行修正。

(4)维护和发布。

①深证100指数由深圳证券信息有限公司编制、维护和发布。

②深证100指数在交易时间内通过行情系统实时对外公布。收市指数在每个交易日收市后通过中国证监会指定信息，披露报刊和其他新闻媒体对外公布。

③深证100指数由巨潮指数专家委员会负责设计与管理。专家委员会分别于每年5月和11月定期对成份股的代表性进行考察，根据考察结果审议是否更换成份股。

④深证100指数属于深圳证券信息有限公司资本，未经公司同意，任何单位或个人不得跟踪交易的指数，或以该指数为评价基准。

⑤深圳证券信息有限公司不承担深证100指数编制与发布过程中的任何错误和遗漏所导致的任何损失或责任。任何单位或个人因直接或间接利用该指数而导致的任何损失或责任均与深圳证券信息有限公司无关。

2、深证100指数的特征

(1)成份股的领先性。深证100指数成份股税后利润总额占深市上市公司的61%，主营业务收入占深市上市公司的43%，平均每股收益达0.187元，比深市平均每股收益0.113元多出65%。深证100指数目前的市盈率约为28倍，低于深市A股38倍的平均市盈率水平。

(2)市场覆盖率高。深证100指数成份股的流通市值和成交金额均占深圳股票市场总流通市值和总成交金额的40%左右。成份股具有流通市值大且交易活跃的特点，市场代表性较高。

(3)稳定性高。模拟测试数据表明,深证100指数的波动性小于深证综合指数深证成份指数。此外,深证100指数在进行定期调整时采用样本缓冲区技术，提高了指数内部结构的稳定性和指数前后的可比性。

(4)收益性好。从指数内部试运行的结果看，无论是阶段性收益对比还是长期收益比较,深证100指数收益特征均强于深圳市场现有的指数,具有很高的可投资性。

3、与深证100指数相关的若干问题

(1)深证100指数与深证综合指数、深证成份指数在功能定位上的异同。深证综合指数是以深交所上市的全部股票为计算范围，以总股本为权数计算的加权综合股价指数，深证成份指数是以深交所上市的具有代表性的40家公司的股票(含A、B股)为计算范围,以流通股本为权数计算的加权综合股价指数。深证综合指数、深证成份指数属于“行情指数”,主要功能是反映二级市场走势;深证100指数属于“产品指数”,主要功能是用于开发指数化投资产品，为机构投资者提供跟踪投资的对象和组合投资的依据。

(2)推出深证100指数的必要性问题。深证100指数是深圳证券市场继深证综合指数、深证成份指数后

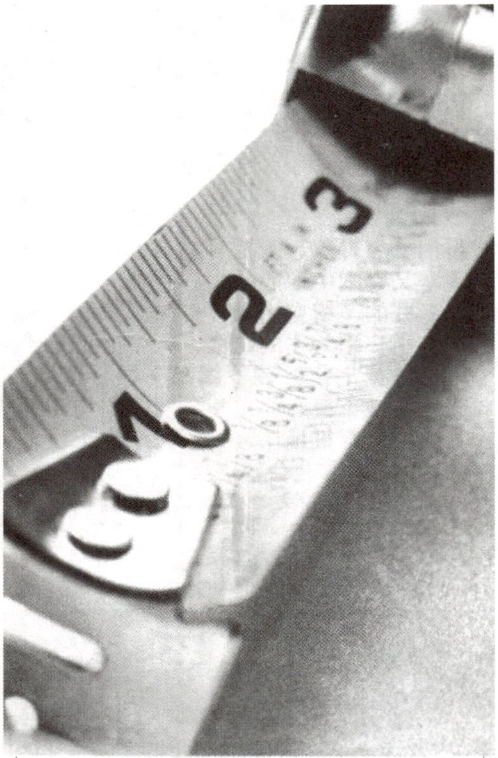

推出的一个新的指数产品。随着我国证券市场的快速发展和机构投资者队伍的不断壮大，市场对指数化投资的呼声日益高涨，对可交易指数的需求也日益增强，为了顺应这种市场需求，深证100指数运应而生。首先,它为市场投资者提供了客观的投资业绩评价基准;其次,为市场投资者(特别是机构投资者)提供了新的可供交易的指数产品，为基金管理公司被动型投资的指数基金提供了可行的跟踪对象;最后,有利于基金的指数产品开发新的金融衍生产品,有利于促进基金业的发展,推动我国股票指数的市场化运作。

(3)关于深证100指数的选股标准问题

①公司业绩没有作为直接的选股标准。由于衡量公司业绩的指标众多,如果将其列入选股标准,在设计业绩选股原则时，就会有许多主观因素,有失客观简明的原则。一般来说，成交金额和市值两个指标可以间接反映业绩情况。

②深证100指数没有按行业选取成份股。我国证券市场是一个新兴市场,在我国加入WTO后与世界经济体系不断配合的背景下，通过产业重组和外资并购，上市公司产业结构将进行重大调整，上市公司的行业属性在今后相当长一个时期具有很大的不确定性。如果按行业按比例选取成份股，会造成主观因素过大,有失客观公正的原则。而按市场代表性选取的成份股一般都有较强的行业代表性。

三、合格境外机构投资者(QFII)

2002年11月7日,中国证监会和中国人民银行联合发布了《合格境外机构投资者境内证券投资管理暂行办法》(以下简称《暂行办法》),该办法自2002年12月1日起正式实施,标志着中国资本市场正式引入境外机构投资者。

境外机构投资者制度是合格境外机构投资者制度的简称，指允许经监管部批准的海外机构投资者,在一定规定和限制下汇入一定额度的资金,以当地货币的形式,通过严格监管的专门帐户投资当地证券市场,其资本利得、股票等经审核后,可转为外汇汇出的一种制度。境外机构投资者在资本项目尚未完全开放的国家和地区,是实现有序、稳妥开放证券市场的一种过渡性制度安排。其目的在于:一是维护证券市场的稳定，防止大规模境外资金自由进出带来的冲击,降低市场风险;二

是为了方便控制汇率，减轻大量资本流动和兑换带来的汇率压力。

境外机构投资者制度曾被台湾、印度、韩国、巴西等许多发展中国家和地区在资本市场完全开放之前采用。

1、引入合格境外机构投资者的必然性

我国加入WTO后，引入境外机构投资者在当前显得尤为必要，它将直接使得国内证券市场与国际资本市场接轨。

第一，国内证券市场进一步发展需要有新的思想和新的理念，尤其是投资理念，境外机构投资者的引进无疑能够实现这一目标。

第二，国内经济实力逐渐强大，要继续提升经济地位，就必须与国际经济的理念接轨，包括经营理念和资本运营等诸多领域，而资本的管理需要证券市场上的资本投资来实现，引进境外机构投资者是上佳选择。

第三，进一步扩大对外开放和吸引外资的需要。当前，资本仍是资源配置中最紧缺的资源，吸引外资是我国的重要国策，在积极引进直接投资的同时，要丰富间接引进外资的方式和途径，境外机构投资者是一个很好的间接引资的方式。

第四，是提高证券市场集中度的需要。国内证券市场是以散户为主的市场，2000年的集中度仅为2.73%，大大低于其他证券市场。引进境外机构投资者有利于把国内证券市场从一个以散户为主的市场转变为一个以机构投资者为主的市场。

并且引进合格境外机构投资者也具有可行性，主要表现在以下两方面：

一是合格境外机构投资者能否成功推行的关键在于整体经济是否有吸引力，有无合适的投资工具和证券市场。我国的经济实力稳步上升，整体经济运行良好，证券市场不断完善，在世界经济整体不景气的大环境中，中国证券市场无疑具有很强的吸引力，所以说我国具备引入境外机构投资者的基本条件。

二是引入境外机构投资者具有成功经验可资借鉴。我国台湾地区成功地推行了境外机构投资者制度，在境外机构投资者操作的具体环节如对资金汇入汇出的监管、对投资额的限制、对投资范围的限制，对投资品种的限制、对我国机构投资者资格的限制等诸多方面都可资金借鉴，再结合国内的具体情况，能够制定出可行的实施方案。

2、我国合格境外机构投资者的特点

(1)境外机构投资者的范围较广。《暂行办法》中规定合格的境外机构投资者包括境外基金管理公司、证券公司、保险公司以及其他资产管理机构，而台湾地区在境外机构投资者开始初期仅仅允许基金管理公司，银行和保险公司进入，禁止证券公司和其他资本管理机构进入。

(2)将吸引外资的中长期投资放在突出位置。《暂行办法》中特别指出：符合规定的"封闭式中国基金或在其他市场有良好投资记录的养老基金、保险基金、共同基金的管理机构，予以优先考虑"。这表明了管理层希望能够吸引境外机构进行中长期投资，维护市场中长期稳定的导向。同时，经此渠道进入国内证券市场的外资，也是对中国经济发展和证券市场具有长期看好的投资信息，有利于国内市场投资价值的长期培养和投资理念的成熟。

(3)资金管理政策严格，本金汇出的门槛较高。由于我国人民币资本项目下尚未实现可自由兑换，而境外机构投资者涉及境外机构投资者的本金和利得的汇入汇出问题，从《暂行办法》中的具体条款来看，资金汇出方面的管理也是较为严格的。在本金汇出的时间要求上，封闭式中国基金要求汇入满3年后方能汇出，其他境外投资者则须满1年方能汇出。

(4)一步到位，采用直接投资的形式。由于中国市场目前的证券市场和外汇储备规模均达到了较大的规模，同时有政府强大的监管力量，因此，中国的境外机构投资者没有采用"海外基金"的形式，而是直接引入了合格境外机构投资者。

(5)投资对象和持股比例与国内的基金近乎同享国民待遇，但范围有区别。合格境外机构投资者的投资对象是B股以外的境内市场上挂牌交易的A股和债券，这与国内基金的投资范围是相同的。就单个上市公司的持股比例而言，单个境外机构的投资限额与国内基金一样不得超过该公司总股份的10%。全部境外机构对单个上市公司的持股上限为20%，而国内基金在这一点上没有限制。这两个限额均为可浮动

的，管理层对境外机构对上市公司的投资比例拥有调控的空间。另外，境外机构的投资基金受到《外商投资产业指导目录》的限制，也就是国家规定的一些限制性行业，外资仍然不能进入，例如黄白酒制造业、集装箱制造、电网建设等。

3、引进合格境外机构投资者对证券市场的影响

(1)有利于我国证券市场监管模式逐渐成熟并实现市场导向化转变。在境外机构投资者制度下，境外机构投资者资格的认证首先就会对市场监管部门的鉴别能力提出新的要求；同时境外机构投资者进入后如何规范其行为、引导其投资，以实现既定的政策板，同样是对监管部门的严峻挑战。此外，国外机构投资者的介入会使市场参与者、上市证券的品种多样化，证券市场违规行为的涉及面可能会更大，这就要求市场监管部门要按照市场化的原则和手段来进行市场监管、维护证券市场规范发展。

(2)将促使国内封闭市场向开放市场转变，培育良好的市场竞争环境，加快国内证券市场投资主体多元化发展。引进境外机构投资者是我国对外开放，引进外资政策的延续和拓展，是一种新的引进外资方式。由于中国经济持续增长，每年吸引外国投资达到400多亿美元，但这些投资主要是直接投资，而通过资本市场进行的间接投资行为作为国际投资的重要方式，由于缺乏必要的渠道，在我国引进外资中所占比例很小。境外机构投资者的实施将为那些希望通过资本市场来分享我国经济高速增长成果的境外投资者，开辟了一条快捷的通道。

引进境外机构投资者后，市场的竞争必然加剧，无疑这将加快国内证券市场投资主体的多元化，提高国内证券机构及基金管理公司在竞争中生存的能力。与此同时，合格境外机构投资者的进入还有助于国内证券商和基金管理公司学习海外投资管理经验，可以提高资本运作水平，从而为我国进入国际市场做好准备。

(3)境外机构投资者有助于扩大证券市场规模，提高市场效率，改善市场流动性。一个市场的生命力首先取决于市场规模和效率。市场规模由两方面组成：投资者和上市公司。两者互相促进，参与的投资者越多，市场的流动性越高，筹资能力越强，好公司越倾向于到这里上市；上市公司越多，投资机会越多，参与的投资者越多。引进境外机构投资者、对外开放我国证券市场不仅会对证券市场"输血"，而且会扩大投资者的地域范围，进而增加上市公司数量，有助于市场规模的扩大和服务效率的提高。另外，海外证券资本的进入，以及外国投资者对市场交易活动的参与，迫使国内金融管理当局加强市场监督和调控控制，提高上市公司信息披露的质量，更好地保护投资者利益，提高市场效率。

(4)境外机构投资者有利于增强投资者投资信心。近一段时间以来，国内股市一直处于低迷，成交萎缩的情况下，如果境外机构投资者能够成功推行，说明即使按国际成熟市场的标准来衡量，我国A股市场上的部分上市公司也是具有投资价值的，从而将大大地增强国内投资者的信心，也会增强管理层开放国内其他资金如保险资金、社保资金、三类企业资金甚至银行资金等进入市场的信心，并吸引更多的储蓄资金和市场闲置资金入场。

(5)将促进我国金融创新的步伐进一步加快。由于境外机构投资者在国外证券市场上有着丰富的经验，引进境外机构投资者将会对中国金融衍生产品研究和开发起到一定推动作用，会加剧境内外证券商、基金管理公司、保险公司等在金融创新方面的竞争。境外机构投资者在国际证券市场上有着完善的风险管理制度，引入境外机构投资者将促进国内金融机构加强风险管理产生重大影响。另外，境外机构投资者进入后为优化其投资组合，扩大对政府国债等其他投资品种的需求，促进我国金融产品的创新、发展和完善。

(6)促进资源合理配置。境外机构投资者了解国际市场，对国内企业的比较优势更清楚，他们的进入能带来国际市场的远期供求信息，有利于国内证券市场价格变化客观地反映国际市场的供求关系，进而引导国内资源在国际供求关系下达到优化配置。

(7)引进境外机构投资者有利于促进市场运行和上市公司行为的规范。资本市场的开放要着眼于整体改革和发展、基本制度建设应该先行，实现我国证券市场的运行规则与国际接轨。这些制度主要指法

律机制、会计标准和信息披露标准、自律机构、市场参与者的行为模式等方面。境外机构投资者的介入，对规范我国上市公司的经营行为会起到积极作用，可以促使中国上市公司信息披露透明度的大大提高，有利于保护投资者的权益。另外，境外证券资本的进入，以及外国投资者对市场交易活动的参与，迫使国内金融管理当局加强市场监督和调控，规范市场运作和上市公司的行为，提高上市公司信息披露的质量，提高市场效率。

四、管理层收购(MBO)

管理层收购(MBO)是指企业的经理层利用借债所融资本购买目标公司的股份，从而改变公司所有者结构，相应的控制权格局以及公司资产结构。

随着经济体制改革的不断深入，管理层收购逐渐在实践领域显山露水。20世纪90年代初，管理层收购首先从深圳开始探索，以金地和华为等企业为代表的个案的出现表明，管理层收购在中国开始萌芽。粤美的是我国上市公司正式实现管理层收购的首例。从1998年起，公司就开始酝酿管理层收购。2000年4月，22名高管人员正式注册了融资收购平台顺德市美托投资有限公司，并于2000年5月和2001年1月分别以每股转让价格2.95元、3元两次协议收购当地镇政府下属公司持有的粤美的共计22.19%的法人股，从而成为粤美的公司的第一大股东。

进入21世纪之后，政策逐渐趋向明朗，管理层收购开始显示出勃勃生机，一些大型知名企业纷纷试水，代表性成功案例有TCL、东方通信、联通、联想等。2002年以来，上市公司管理层收购也明显增多，先后有洞庭水殖、胜利股份、ST甬富邦、维科精华、中国银泰、鄂尔多斯、佛山塑料、特变电工等公司实现了管理层收购。

1、管理层收购的基本流程

一般而言，管理层收购大体可分为六个步骤进行操作：即意向、准备、实施、公告、申报、过户。

意向阶段是主要对管理层收购进行可行性评估，出让方和受让方达成初步意向，以及出让方征询地方主管部门的初步意见，只有当上述内容都得到肯定答复时，管理层才能正式启动管理层收购的运作；准备阶段主要侧重于组建收购主体，安排中介机构入场，并完成战略投资者的寻找，与其共同完成对目标公司的收购；实施阶段涉及收购方案的制定、价格谈判、融资安排，审计、资产评估，并准备相关的申报材料，其关键是定价与融资，实施阶段的成果是出让方和受让方签订《股权转让协议》，协议签署后，上市公司应进行公告，披露股权转让的相关信息，并向当地证管办和中国证监会报备相关材料，涉及国有股转让的，其协议生效需省级财政厅和国家财政部的审批，获得财政部批准之后，上市公司需要进行第二次公告，同时到交易所和中央登记结算中心办理相关法律手续。

2、我国实施管理层收购具备的条件

首先，随着企业改革的深入，实施管理层收购已不存在根本性的障碍。我国的企业制度改革已逐渐深入到如何对待企业家的报酬和建立企业家的激励与约束机制的深层次问题。而且，这些问题也到了非解决不可的时候了。这也是造就一大批优秀企业家阶层和加快企业家队伍成长最迫切的需要。在这方面，我们不仅有了理论上的突破，也有实践上的探索，已经不存在实施管理层收购的根本性障碍。

其次，具备实施管理层收购所

需风险投资的资本库。目前,从中央到地方的投资公司、投资基金公司和投资银行已有一定数量,具备一定的规模实力,效益高、经营稳健的一批大型企业以及近8万亿的居民储蓄存款和手持现金都给风险投资资本带来了巨大的资金准备,此外,随着经济的社会化,退休基金和保险基金的发展,也将给风险投资资本提供更多的来源渠道。

第三,具备实施管理层收购进行风险投资的公司管理团队。经过20年的改革开放,我国已逐步实施企业家资质认证、企业家持证上岗、企业家业绩评价、企业家人才库、企业家职业化等,这些实践上的突破与探索对实施管理层收购具有重要的作用与价值。

第四,建立起实施管理层收购所需的高资信度的独立职业金融中介机构。当实施管理层收购的企业规模较大,所需融资额比较大时,职业金融中介几乎成为必需。成熟的高标准的完全与政府部门脱钩的职业中介机构对管理层收购的作用是非常重大的。目前,我国的中介机构与政府部门彻底脱钩,并要求规范会计、公证、律师、资本评估、咨询等社会中介机构的行为,真正做到客观、真实、公正。同时,国家把中介机构作为重点对外开放领域,这无疑有利于我国管理层收购的实施与运作。

此外,经过20多年的改革开放,我国企业界已造就了一大批企业家阶层,这些企业家具有很强的风险意识、创新意识和事业开拓精神。已具有实施管理层收购的一些风险投资家,早在20世纪80年代末,我国曾出现过一些风险投资产业,为资本市场培育和锻炼了一大批具有风险意识和才能的投资家。以上条件的具备和成熟,使得管理层收购的实施具有很强的现实性。

3、我国实施管理层收购面临的法律障碍

管理层收购不仅是融资收购,按照一般商业习惯,收购者通常会通过一个公司载体构成收购主体。在完成这一步时,要么去控股一家旧公司,要么重新注册一家新公司。决定管理层收购最终能否成功的关键是未来5-10年内标的公司能否给收购主体带来高于融资成本的现金流量,按一般商业逻辑,为方便起见,收购者都会选择注册新公司的载体模式。由于在回报与融资成本之间存在充足的差额,收购载体因融资而形成的债务压力不会构成严重问题。此外,迫于还债压力而引发的“现金分红”现象,虽然会使标的公司的内在价值出现某种程度的抵减,但代理成本的减少与财务效率空间的充足释放最终会对此作出弥补。

我国公司法规定,公司对外投资不得超出净资本50%,这使管理层收购面临以下选择:(1)降低收购比例;(2)控股一家旧公司,然后按合法途径使其净资产放大;(3)加大融资额度,使新公司的注册资本相应放大。有一个重要的问题,那就是,以上选择均违背一般性的商业与财务逻辑。第一,如果管理层最终选择低收购比例,则会带来本次收购性质的改变,管理层收购变成管理层持股,管理层收购中内含的公司治理命题也就无从谈起;第二,寻找一家旧公司容易引发谨慎调查性质的问题,即使公司比较干净,管理层也需被迫作出让利选择。而且这种中间夹层的又一次杠杆性收购能否顺利完成也成疑问;第三,加大融资额度将使收购主体及债务风险陡然加大。管理层除必须为闲置资金寻找出路外,对投入部分的回报期望也将自然增大,从而使标的公司因管

理层收购而引发的其内在价值的阶段性递减进一步放大。

要顺利实施管理层收购，相关法律法规的修订和调整将是刻不容缓的现实问题。

4、实施管理层收购的意义

企业实施管理层收购积极意义自不待言，小而言之可以调动公司管理层的积极性，完善公司法人治理结构，大而言之可以盘活大量国有存量资产，甚至可能成为国退民进，促进国有企业并购重组的重要渠道之一。

明晰企业产权。产权不明晰是我国企业尤其是国有、集体企业的通病。在市场经济条件下，产权明晰与否成为制约企业发展后劲的一大因素，而管理层收购则为企业解决这一问题找到了一条行之有效的途径。

管理层收购除具有协调管理层和股东利益的普遍意义外，还具有特殊意义。在中国，国有企业的所有者是国家，管理层是国家工作人员，在原有体制下，管理层受到的激励很少，而管理层退休之后，其“专属性人力投资及这种投资的报酬”也告缺乏，这样一来，所有者和管理者双方的利益均无法实现。在这种体制下，在任时激励不足，退休后没有相应的补偿。而实施管理层收购就能很好地解决这个问题。

实施管理层收购有利于国有企业改制。一直以来，国有企业的改革思路是所有权与经营权的分离，政企分开、承包经营、股份制改造都是这一思想的体现和延续。改革开放20余年，国有企业已经取得的成就有目共睹。但在经济全球化的今天，国有企业正面临着更为严峻的挑战，如何深化改革，提高效益和效率，增强企业的核心竞争力和综合实力，这是每个国有企业都必须面对的问题。两权分立的改革让经营者摆脱了以往的束缚，但同时也带来了所有者缺位的问题。国家代表全体人民行使所有者的职能，但具体执行这种职能的是国有企业的经理们。当这些经理们为国家创造巨大财富却不能得到相应回报时，他们利用对企业的控制权掘取国家的财富就几乎成了十分必然的事情。因此，解决国有企业问题的办法是在某种程度上的所有者和经营者合一让国有企业的经理们持有其所经营企业的一部分股权，甚至是控股权。推行管理层收购是在国有企业内部建立长久的激励机制，使经营者的个人利益与企业的利益联系起来，有效地降低代理成本，充分发挥他们的才能和创造力，为所有股东创造财富，进而增进整个社会的财富。

此外，从某种意义上说，管理层收购本身就是一种金融新技术，有利于促进金融技术和金融产品的创新。

第三章 证券投资基金新知识

一、指数基金

1、指数基金的内涵

采取指数化方式进行证券投资的基金称为指数基金。所谓指数化投资就是选择某一具有代表性的指数作为标的，然后按照该指数的编制原理构建相应的投资组合而采取的一种证券投资策略。

指数基金的构建包括三个要素：首先是要选定一标的指数，证券市场具有各种类型、各种风格、描述各种对象的市场指数，基金管理人选择不同的标的，指数就可以构造不同标的指数基金；其次，指数基金选中的证券是标的指数中的样本证券，不是标的指数中的证券，通常不应纳入指数基金组合中；最后，指数基金的权益分配与样本证券在标的指数中的权益相适应。

世界上第一只指数基金于1971年诞生于美国。80年代指数基金开始为投资者所认识和接受，90年代以后获得了长足发展。1994年-1996年，美国指数基金取得了可观的收益，同期股票市场上超过90%的股票基金收益增长率都低于标准普尔500的指数增长率，而以标准普尔500作为标的指数的指数基金投资收益远远超过了一般类型的股票基金投资收益，因而，指数基金获得迅猛发展。

2、指数基金的类别及其优点

一般而言，指数基金可分为以下几种：

(1)综合指数基金。它可以获取整个市场的平均收益，是一种非系统性风险充分分散化的投资基金。

(2)按投资目标进行区分的指数基金。如价值型指数基金。

(3)按板块或行业分类的局部指数型基金。它指以某种市场指数为跟踪对象，此时指数基金所获取的投资收益与局部板块指数收益或行业指数收益相匹配。

(4)以上几种类型的有机综合。如混合指数基金。

与其他基金对比，指数基金具有一定的优势，主要表现在：

①成本低。经营成本低，在各种基金中指数基金的咨询费及其他管

理费用是最小的。并且交易成本也较低，指数基金的交易量小，经费和其他交易成本均比其他基金低。

②税负低。指数基金的资金周转率低，它实现和分配给投资者的资本增益的水平只可能是适当的。资本增益而产生的税负相对较低。

③市场风险低。从理论上讲，综合型指数基金可以完全分散股票的非系统性风险，行业型指数基金则可充分分散行业内的非系统风险。

④程式化交易。指数基金运作的关键因素是标的指数的选择及对其他进行走势分析，而不是频繁地进行主动性投资。

3、我国发展指数基金的必要性与可行性

发展我国指数基金的必要性主要体现在以下几个方面：

第一，是国内证券市场逐步成熟和渐进有法的需要。证券市场逐步成熟，监管力度加强，违规成本渐高，传统意义下的盈利模式失灵，因此在市场逐步规范有序的过程中，进行指数化投资是一种明智之举。

第二，指数基金是社保基金，养老基金资产管理的需要。社保基金、养老基金数额庞大且资产属性特殊，必须进行稳健管理。目前银行存款利率低，国债投资收益有限，进行指数基金投资是明智选择。

第三，指数基金可满足中小投资者参与市场的不同需求。指数基金以市场指数为标的，不存在选股和选时的管理风险，通过充分投资可高度分散风险，取得超过市场平均水平的投资收益，适合那些愿意稳定分享证券市场成长的中小投资者的需求。

就我国发展指数基金的可行性来说，主要体现在以下几方面：

第一，市场规模初步具备。目前股票市场总市值接近5万亿元，流通总市场超过一万多亿元，这个规模对发展指数基金来讲有很好的运作空间，不会存在流通障碍。

第二，国内经济持续健康发展，指数基金有良好的发展基础。国内经济持续走强，入世后与世界经济的联系日益密切，良好的宏观经济环境为指数基金的发展奠定了良好的基础。

第三，上证180指数和深证100指数的推出使指数基金有可行的模拟标的。

第四，投资者投资理念日渐成熟，使指数基金有生存和发展的空间。投资者对价值型投资的认可使指数基金有广阔的发展前景。

4、指数基金对证券市场的影响

第一，指数基金的推出可以丰富基金品种，促进基金业的全面发展。目前，国内基金品种较单一。且开放式基金数量有限，指数基金的推出可以丰富基金品种、完善基金产品的结构。同时，国内基金管理多是积极型管理，指数基金的推出将会使基金市场呈现积极管理与被动管理并存的局面，促进基金业的全面发展。

第二，指数基金的推出将促进证券市场对外开放，早日实现证券市场国际化。受地域、语言、文化背景的限制，海外投资者参与国内证券市场颇为不易，指数基金的推出使海外投资者参与国内证券市场、分享国内经济繁荣带来的收益具有可操作性，进而促进证券市场的开放。

第三，指数基金的出现将引导投资理念走向成熟。指数基金的出现将引导投资者重新重视业绩优良且增长稳定的价值型股票，使投资理念向合理方向转变。

5、积极创造条件，尽快推出指数基金

如前所述，我国具备了推出指数基金的基本条件，但推出指数基金，还需要在以下几方面作进一步努力。

第一，要尽早推出统一指数，使指数化投资有统一参考的目标。由于缺乏统一指数，指数基

金必须经常性调整其投资组合构成和分布，使拟和成本提高，难度增大。

第二，要通过竞争降低基金的收费价格，为指数基金的低管理费率创造行业市场环境。目前国内基金的收费较高，在这种环境下推行以低成本为特征指数基金难度可想而知。

第三，加快证券市场的规范化，建立有效有序的证券市场，为指数化投资和指数基金的运作创造良好的市场大环境。指数基金的推出在一定程度上能促进市场的规范化发展，但在一个缺乏效率的市场中，指数基金很难发挥其优势，故推出指数基金就有超前之嫌。

第四，修改和完善相关法律法规。对与指数基金相抵触的法律法规进行修改；出台相关法规制度，确保指数基金的运作有法可依。

二、交易所交易基金(ETF)

1、交易所交易基金（ETF）的含义

交易所交易基金(ETF)是指投资公司发行的在证券交易所由市定价交易的基金单位，投资者通过经纪人或代理帐户买卖交易所交易基金单位。它为投资者同时提供了交易所交易以及申购、赎回两种交易方式。交易所交易基金通常采用完全被动式管理方法，以拟合某一指数为目标。

交易所交易基金的参与主体包括信托发起人、信托机构、投资者、受托人、托管行、承销商、存托行、指数执照颁发机构等。发起人一般由交易所或证券公司担任。交易所交易基金1993年产生于美国，它结合了封闭式与开放式基金的优点，在美国市场取得了巨大成功。到2002年2月，交易所交易基金的数目已达102只，就资本而言，在美国证券交易所交易的ETFs的净资产已经达到3820亿美元。

2、交易所交易基金（ETF）的交易机制

交易所交易基金具有独特的双重交易机制。因为交易所交易基金在本质上具有一种独特的双重交易机制，使得交易所交易基金同时具有开放式基金和封闭式基金的特点。交易所交易基金存在一级市场和二级市场，一级市场允许创造及赎回单位，涉及金额巨大，只适合机构投资者，是交易所交易基金发起人和机构投资者之间进行构造单元互换的场所。“构造单元”就是一组复制与该交易所交易基金所追踪的股票指数的成份股的数量和比例的股票组合。机构投资者可以持有交易所交易基金或将交易所交易基金以“以货代款”的方式从交易所交易基金的发行者手中换回它所代表的股票组合和现金分红。机构投资者也可以将“构造单元”分解并在交易所通过经纪人向个人投资者提供交易所交易基金股份，这就把二级市场、一级市场上连续创造和赎回基金股份的运作特点使交易所交易基金具有开放式的结构。同时，在这一点上，交易所交易基金的这种流通机制与封闭式基金也不相同。下图较为明确地描述了交易所交易基金的双重交易机制。

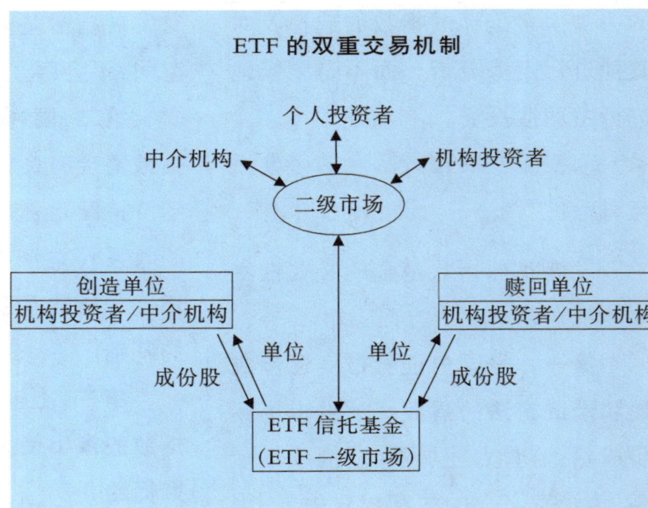

3、交易所交易基金（ETF）具备的优势

(1)与指数期货相比交易所交易基金具有的优势。在交易所交易基金问世前，经常被使用的工具是指数期货。从交易所交易基金的特点看，它不仅可以取代指数期货，还有优于指数期货之处。

首先，交易所交易基金的优势表现在交易所交易中的高流动性。实践研究证明，交易所交易基金股份在二级市场的流动性很少受交易所交易基金交易量大小的影响，与此相反，期货和个股的流动性则对交易量很敏感。这说明交易所交易基金的市场定价机制非常有效。

其次，交易所交易基金的形式多种多样，交易所交易基金所代表的投资类型数量远远多于指数期货。

再次，交易所交易基金比指数期货具有更强的操作优势。如交易所交易基金的投资操作较指数期货简便，

可卖空，作保证金交易，其簿记也和通常的股票没有两样。

最后交易所交易基金要求的最低交易量比指数期货小。

(2)与封闭式基金相比交易所交基金具有的优势

①交易所交易基金透明度更高。由于投资者可以连续申购赎回，要求基金管理人公布净值和投资组合的频率相应加快。

②能够有效地抑制基金非理性的价格波动。由于有连续申购赎回机制的存在，交易所交易基金的净值与市价从理论上讲不会存在太大的折价溢价，而且目前中国封闭式基金的折价交易给广大投资者尤其是机构投资者带来了一定的损失。

③对基金管理者有更大的约束机制。由于基金管理人的收入主要来源于基金管理费用，而基金管理费用又与基金的规模存在明显的正相关关系，所以只有基金的业绩非常好，投资者才会不断地申购；否则，投资者将不断地购回，这充分吸收了开放式基金对基金管理者的有效约束机制。

(3)与开放式基金相比交易所交易基金具有的优势

①提高基金的资金使用效率。开放式基金往往需要保留一定的现金应付赎回，这样客观上使得开放式基金管理者不能将全部的资金进行投资，降低了资金的使用效率和盈利能力，而交易所交易基金赎回时是交付股票组合，无需保留现金，方便管理者操作。

②增加了价格的波动性，同时就增加了投资者获利的机会。开放式基金的投资者只能以净值加上手续费来申购或赎回，价格不存在波动的可能性，虽然交易所基金的交易是以其净值为基础的，但由于存在二级市场交易，其价格是随着供求关系影响而上下波动的，投资者还是可以获得其价格波动带来的价差。

③增加了基金的流动性。一般开放式基金每天只能开放一次或更少，且往往是在证券市场收盘以后，投资者的交易机会相对较少，而交易所交易基金一天中可以随时交易，具有交易的便利性，具有很强的流动性，能够活跃证券市场的交易。

④能够有效地保护中长期投资者的利益。交易所交易基金即使部分投资者进行赎回，但因为赎回的是股票，对中长期投资者的影响不是很大；而开放式基金需要面对投资者的购回，所以其投资组合需要不断地进行调整，由此产生的交易手续费和一些投资机会的损失都要由那些没有要求赎回的长期投资者承担。

4、我国推出交易所交易基金的现实意义

当前，推出交易所交易基金对于投资者投资，对于基金管理者管理，对于基金品种的丰富，对于证券市场的开放等都具有很强的现实意义。

第一，对于投资者来说，交易所交易基金是一种便捷的投资组合。

交易所交易基金作为资本组合的工具，在大的资产类别之间进行多元化优化配置，如以产业、地域、股票市值、股票的成长性等因素划分的各形态的投资。这样，投资者无需在市场上进行各种投资组合的尝试，通过选择各类相关的就能达到组合投资的目的。首先，投资者购买了一个基金单位，等于购买了所追踪的指数的所有股票，并且每只股票与指数的成份股权曾相同，每一个基金单位的投资，都实现了多样化的投资，降低了风险。其次，交易所交易基金把基金证券化、股票化。对于投资者来说，多了一个风险小、收益稳定的股票，也将提高市场证券化的程度。最后，因为交易所交易基金具有高透明度，它的价格很容易追踪基金的净资产值，其价格会在净资产值上下浮动，不会像封闭式基金那样，有大幅的溢价或折价的情况发生。交易所交易基金可以像股票一样挂牌上市，也像股票一样全天交易，不像开放式基金那样每天只能在闭市前的30-45分钟之内交易，这大大提高了交易的灵活性，交易成本也像股票交易一样仅付佣金。此外，交易所交易基金可以稳定地获取证券市场指数的成长，因此这种投资方式是社会保障和商业保险等投资稳健性要求的机构投资者的理想选择。

第二，交易所交易基金对基金管理者具有独到的优势。

首先，交易所交易基金的推出将促进我国基金管理模式的多元化发展。交易所交易基金的推出，将改变我国现有基金管理公司全部积极研究选股的投资管理模式，促进程式化管理模式在基金管理上的发展，促使我国基金管理模式向多元

化方向发展。其次，交易所交易基金的申购及赎回都是股票结算，而不是现金结算，没有一般开放式基金的赎回压力，使被管理的资产实现优化配置，提升其净资本价值。再次，作为基金，它具有规范运作模式和规模效应，作为指数基金，完全复制某一特定指数，追踪错误会比部分追踪及指数型投资组合要小得多，而且指数基金的完全被动式管理，可以大大降低管理成本。最后，管理者当交易所交易基金的价格背离其跟踪的一揽子股票的价格的时候，还可以利用申购和赎回的机制套期获利。

第三，交易所交易基金的推出将进一步丰富我国的基金品种。

虽然我国一直在加快金融产品创新的步伐，但投资品种单一仍是制约资本市场进一步发展的因素之一。交易所交易基金的推出将使我国基金市场呈现主动管理基金与被动管理基金并存的格局，进一步调整封闭式、开放式以及交易所交易基金具有封闭式特点的开放式基金的比例，使之更趋合理、完善。

第四，交易所交易基金的推出有利于加强市场监管。

对市场监管当局来说，交易所交易基金的推出，可以起到规范市场运作，改变投资理念，提高基金管理公司的管理水平，增加新的投资品种，活跃市场交易等作用，与时俱进地推动证券市场的发展。

第五，对证券市场来说，推出交易所交易基金将一步推动证券市场的国际化发展进程。

对海外投资者来说，选择合适的中国股票有语言、政策、文化、习俗等诸多方面的困难和限制，而交易所交易基金是投资者投资一个有潜力而又对个股不甚了解的证券市场的最佳选择。

此外，交易所交易基金能够较好地保证基金资本净值与目标指数收益率的高度拟合，交易所交易基金可以解决封闭式基金折溢价交易造成的致命问题，交易所交易基金在证券市场和投资管理业中有巨大的应用空间。

5、发展交易所交易基金的障碍和对策

交易所交易基金是一种全新的金融产品，当前发展ETFs还存在一定障碍。为此，必须进行相关的准备，使交易所交易基金顺利推出。

首先，法律法规不完善，必须制订、修改相关法律法规。我国的《证券法》、《证券投资基金管理暂行办法》、《开放式证券投资基金试点办法》出台时都未考虑交易所交易基金这种特殊产品，交易所交易基金是两种交易方式同时并存，且交易所交易基金特殊的一级市场交易方式要求一揽子股票的非交易过户，而当前的法律规章制度没有考虑到交易所交易基金的特殊性，所以，在交易所交易基金推出之前，一方面要修改对交易所交易基金具有约束力的法律规章制度中与该产品有冲突部分；另一方面要针对该产品的特点制定相关的法律规章。

其次，尽快推出统一指数。交易所交易基金以拟合某一特定指数为目标，因此，良好的目标指数是交易所交易基金成功的关键。我国目前没有统一全国指数，必须尽快设计出容易理解，容易复制，容易预测，具有较强的市场认同度的全国统一指数，为交易所交易基金的推出创造条件。

最后，建设交易所交易基金登记结算平台。交易所交易基金交易方式的特殊性使其登记结算有自身特点，而我国封闭式基金和开放式基金目前采用的登记结算模式都不适用于交易所交易基金，需建立特有的登记结算系统。

交易所交易基金符合我国证券市场的发展要求，能促进我国发展中的资本市场的完善，在我国具有很强的适应性和生命力。

VOLUME 14

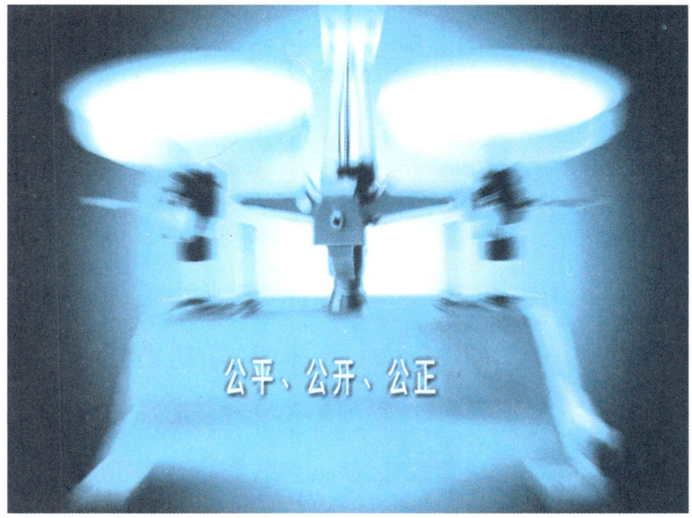

第十四卷

证券法律实务与最新证券法律法规汇编

- 证券市场法制建设
- 我国证券市场法律制度操作实务
- 证券民事赔偿：迎来投资者的春天？
- 2002 年证券法律法规汇编

A COMPREHENSIVE HANDBOOK OF CHINESE SECURITIES 中国证券大全

·2002·

从本质上说，市场经济就是法制经济，没有完备的法律制度，市场经济将失去赖以生存发展的基础。证券市场是市场经济条件下最重要的筹融资市场和资源配置市场，证券市场的法制化进程不仅影响着证券市场的健康有序发展，而且将影响到整个市场经济的发展。因此，市场参与各方尤其是立法部门和监管当局要从战略高度认识到证券市场法制建设的重要性和紧迫性，尽快完善证券市场的法律法规，加强执法力度，加大法律宣传，强化投资者教育，使证券市场在法律的规范下健康发展。本卷前三章重点对我国证券市场法制建设进行了相关探讨。

第一章 证券市场法制建设

九届人大二次会议将“依法治国,建设社会主义法制国家”写入宪法修正案,党的“十六大”又确立了依法治国,以德兴国的基本方针。这充分说明法制建设对我国经济建设的重要性,而证券市场作为社会主义市场经济体系的重要组成部分,其发展必须服务并服从于整个国民经济和社会主义市场经济体系的建设与发展。社会主义市场经济本质上是法治经济,因此证券市场各方主体的规范运作、合法经营和依法治市是依法治国的必然要求和核心所在。证券市场的法制建设,很好地反映了人民的根本利益和意愿,是社会主义市场经济发展的需要,是时代发展的要求。

一、我国证券市场法制建设的意义

近几年来,我国证券市场的法制建设被提到非常重要的位置,国家立法机关及证券监管部门陆续出台了一系列的法律法规及规章制度,逐步对市场中存在的问题进行了清理整顿。一个完善的与国际接轨的证券法律法规制度体系正在形成,它将是我国证券市场在新世纪里实现长期稳定发展的最重要基础,也是我国证券市场进一步对外开放和迎接入世挑战的重要保证。

1、法制化建设是证券业规范化、市场化发展的基础

我国证券市场是一个新兴的、不成熟的、配套性欠缺的市场,而这些问题大多跟我们的市场制度不健全有关。我国证券市场创建于社会主义市场经济体制改革的关键时期,是在双轨经济体制下逐步成长起来的。一方面,它在政府的大力支持下快速发展;另一方面,随着其发展,也留下了一系列的制度问题,如上市公司治理结构问题、违规资金炒股问题、委托理财问题、投资者素质问题、国有股减持问题、AB股分割问题等等。这些问题如果得不到有效解决,证券市场的规范、稳定、发展就无从谈起,政策市的问题也无法解决。解决这些问题的有效途径是建立起完善的法律制度,这样我国证券市场才能实现健康稳定发

展。

近年我国政府大力推进证券市场的法制化建设和制度改革，证券市场法制化建设取得了相当成就，这为今后进一步改革和发展打下了良好的基础。主要表现在三个领域：一是进行市场化改革。这两年在市场准入、发行、上市、交易和退市等方面进行了较大力度的改革。二是修订和完善证券市场法律法规，逐步与国际接轨。《证券法》未颁布之前，我国证券市场法律法规较零乱，缺乏系统性，相互不配套。自《证券法》颁布以后，上述问题在一定程度上得到了解决。最近，中国证监会重点对发行领域、信息披露和证券经营机构监管领域的规章制度进行了清理整顿，使我国证券市场进一步规范、稳定。三是加速历史遗留问题的解决。目前，证券市场中存在的转配股问题已得到有效解决，B股问题的解决也迈出了坚实的一步，国有股和法人流通股改革也作了尝试，这些问题的有效解决，必将进一步促进我国证券市场的健康有序发展。

2、法制化建设是解决“政策市”的有效途径

与法制化建设关联度最高的是“政策市”问题。《证券法》实施以前，由于我国证券市场中没有确立依法监管的指导原则，致使证券市场中存在多头监管，政府和相关部门随意干预证券市场的问题。随着《证券法》的实施，证券市场监管职能统一归于中国证监会，政府直接干预证券市场的现象越来越少。但目前政府对市场影响仍然较大，主要是因为证券市场的制度正处于快速变革之中，法则和规则在不断变化。因此，在制度改革过程中，相关部门应注意把握政策出台的时期，尽量避免对市场产生不良冲击。随着我国证券市场法制建设的不断健全，依法监管思想的逐渐深入，“政策市”现象也会在我国证券市场中慢慢弱化并逐步消失。

3、法制化建设是证券市场应对入世的需要

法制建设是我国证券市场应对入世的重要前提。未来几年，我国将迎来证券市场规范化、市场化改革的关键时期。一方面当前我国的市场改革已进入较深层次的阶段，问题和矛盾已较尖锐；另一方面入世给我国证券市场法制化建设设立了一个倒计时的时间表，五年后我国证券市场将在较大程度上对外开放。市场制度必须基本与国际接轨，一些历史遗留问题必须基本得到解决。

目前，我国证券市场迫切需要解决的问题有：在监管方面，需要解决证券立法与国际惯例接轨，加快涉外证券的立法，使得对外开放与监管能够协调发展。同时应减少行政监管手段，提高监管的透明度，发展和强化自律管理。在市场体系建设方面，应按照国际惯例构建包括主板、创业板、场外交易在内的多层次资本市场体系，同时也包括交易方式和交易品种的创新。在现代企业制度方面，上市公司、证券公司和基金管理公司迫切需要完善公司治理结构，建立有效的风险控制体系，提高经营管理水平。在观念上，随着外资进入中国市场，其投资理念将对国内证券市场的投资理念产生重大影响，而制度的完善和监管的加强将促进券商和投资者观念的重大变化。针对这种变化，我们应以更加沉稳的心态进行经营，重视通过诚信来确立自己的形象和地位。

4、法制化建设是证券市场国际化发展的保障

伴随着证券市场的发展，国际化已是大势所趋，同时也要求与证券市场国际化发展相匹配的法规规

则。1999年4月，中国证监会颁布了《外国证券类机构驻华代表机构管理办法》，该办法的出台加强了对外国证券机构的管理。2000年9月对外贸易经济合作部、国家工商行政管理局颁布了《关于外商投资企业境内投资的暂行规定》，2001年5月对外贸易经济合作部颁布《关于外商投资股份公司有关问题的通知》，这对于规范外商投资股份公司的发行、上市作了一定的规定。2001年11月，对外贸易经济合作部和中国证监会对于规范外商投资股份公司在境内外发行、上市和进入股市有更明确的规定，政策上进一步放宽，标志着证券市场向外资企业“解禁”，充分表明了我国证券市场将坚定不移的走国际化之路。

2001年2月，中国证监会颁布《关于境内居民个人投资境内上市外资股若干问题的通知》，向境内居民开放了B股投资。2001年12月，中国证监会正式公布了《我国证券业对WTO承诺的主要内容》。根据承诺，外国证券机构直接从事B股交易及外国证券机构驻华代表处成为证券交易所的特别会员的申请，可以由证券交易所开始受理，《外资参股证券公司设立规则》、《外资参股基金管理公司设立规则》也出台实施，允许设立合资的证券公司和基金管理公司。这些相关法规规则的出台，有利于逐步提高我国证券业的对外开放水平，也为我国证券市场国际化发展提供了保障。

二、我国证券市场法制建设的措施

目前我国证券市场中出现的问题除了为各类证券市场所共有的内在的信息不对称所致外，还有我国经济制度正处于转型阶段所特有的制度成因。这些问题的普遍发生及其不能得到有效的根治，与我国证券法律制度的整体不完善和不配套密切相关。而问题本身就是法律制度状况的反映。为了解决这些问题，促进我国证券市场法制化发展，必须从法律制度的建设和改革开始，而且要整体配套地进行。其具体措施有：

1、加强投资者教育，切实保护投资者的合法权益

在证券市场中，投资者是支撑市场发展的根基，因此，加强对投资者的教育，切实保护投资者的合法权益，是证券市场法制建设的重要内容和基本前提。主要包括两个方面：一是通过加强证券法制建设，完善法律法规，依法治市，严格执法，从而达到有效保护投资者的目的，增进投资者对市场的信心，为市场的稳定和发展创造基本的条件。二是加强对证券咨询机构及从业人员资格的认证、审核和管理，排除无牌机构及人员对市场的冲击和干扰，保护投资者的合法权益；界定证券咨询机构和人员的经营范围和经营方式，以法律法规对证券咨询机构和人员的经营行为作出明确的约束和限制；进一步提出对证券咨询机构人员和从业人员的职业道德要求和行为准则，从而不断提高服务质量，满足投资者的各种需求。

2、完善公司法人治理结构，制约控股股东对上市公司的干预

当前国有机构或家族控股的上市公司有一个共同的特点，即控股股东与上市公司原本是一家企业，上市公司与控股公司之间保持着千丝万缕的联系。这样从表面上看，公司的股份制改造已完成，但由于一股独大、所有者和经营者概念模糊、缺乏有效的监督制约机制等因素影响，控股股东侵占上市公司的资金，内部人控制等现象在上市公司中时有发生。因此，要改善上市公司治理结构的严重缺陷，首先就要从规范上市公司的控股股东做起。具体来讲，一要严格依照《上市公司治理准则》，杜绝控股股东利用其特殊地位谋取额外的利益，防止其越过股东大会直接任免上市公司高管人员、甚至直接干预上市公司的决策及依法开展的生产经营活动。二是要通过《上市公司治理准则》的实施，最终使得上市公司的人员和管理层独立于控股股东之外，上市公司与控股股东实行人员、财务和资产三分开。三是上市公司应以《公司法》为基础进一步明确董事的主要职责、义务，细化董事会的工作流程、议事规则和决策程序。设立董事会专门委员会，强化上市公司董事的诚信和勤勉义务，逐步在董事会中建立起独立董事制度，使得上市公司整体利益和全体股东的合法权益得到进一步的保障。

3、修订《证券法》、《公司法》及其他相关法律规章制度，完善证券民事责任制度

当前《证券法》规定的对证券市场各主体的违法行为的法律责任，大多数是吊销资格证书、责令停业

或关闭、没收非法所得、罚款等行政责任，或者当这些违法行为构成犯罪时产生的刑事责任，而极少关于民事责任的规定。体现在司法审判实践中，司法介入证券领域主要局限于审理股票转让案、股票买卖纠纷案，而对于证券发行与交易方面因证券欺诈行为而出现的债权纠纷案件却没有有效的司法救济手段。如何完善民事责任制度，建立起证券民事赔偿机制，已成为目前我国证券市场亟待研究和解决的问题。

建立证券民事赔偿机制，必须借鉴境外成功经验，参照国际准则，健全相关法制，突出对小股东的保护，营造良好的公司治理文化和司法环境。具体的措施为：一是进一步细化《公司法》、《证券法》中的民事责任制度，改变目前证券立法民事责任与行政责任、刑事责任不协调的现状，通过立法和司法解释细化证券违法行为的民事责任。二是顺应国际潮流，强化小股东保护制度，明确董事责任和监管均衡机制，建立健全的派生诉讼制度。三是在诉讼法中设立集团机制及司法前置程序，以利于中小投资者的投诉及解决法院拥挤问题。四是参照国际标准，制定并实施上市公司治理准则等，努力提升上市公司的公司治理水准，构筑有效的司法环境，营造良好的公司治理文化氛围。

4、完善退市制度，加快证券市场法制化建设进程

建立有效的市场化的上市公司退市制度，其目的有二：一是加大上市公司的退出风险，给上市公司形成一种市场压力，同时也是为了让投资者明白证券的投资风险，培育和树立理性的投资理念。二是通过优化创新的动态调整过程，为证券市场注入一股新的生机与活力，促进资源从低效率的劣质公司流入高效的优质公司，优化资源配置。尽管目前我国的《公司法》和《证券法》对上市公司的退市作了一定的规定，但是由于没有有效的可操作性的细则，在具体的操作过程中未按法律的要求去严格执行。而市场上存在的ST交易制度，作为一种风险警告制度，虽在一定程度上发挥了作用，但也存在诸多问题，原本依法退市的股票仍在市场中交易，从一定意义上讲，这是对那些多年亏损的上市公司的一种纵容，其后果是造成上市公司整体质量下降，降低了资源配置效率。所以说，完善退市制度已刻不容缓，这不仅是证券市场法制化建设的需要，也是证券市场可持续发展的需要。

《公司法》、《证券法》的实施，奠定了证券市场法制化的基础。进入21世纪后，伴随着相关制度的逐步出台，特别是诉讼机制和司法全面介入我国证券市场，这将不断提高我国证券市场的法治化水平。行政监管“一马当先”的局面将有所改观，变为行政、司法“双管齐下”，从而极大地提高证券市场的监管效率，给市场带来更为深刻的影响，进一步促进市场的成熟与规范。

第二章 我国证券市场法律制度操作实务

规范化、法制化是我国证券市场的发展方向。2002年证券市场对外开放步伐加快,外资即将入市,国内市场竞争形势发生剧变，大批证券法律法规颁布施行，也及时提供了新的竞争规则和操作规范，证券市场法制建设取得重大进展，证券法规体系趋向完备，依法治市开始成为现实。

一、证券市场基本法

我国证券市场法律制度除《证券法》和《公司法》两大核心法律外，《会计法》对上市公司的财务制度也作了重要的规定,《刑法》也规定了证券犯罪行为的表现形式和法律责任，它们共同构成了证券市场基本法。

1、《证券法》

《中华人民共和国证券法》于1999年7月1日起正式实施。其调整对象为证券市场各类参与主体，范围涵盖证券发行、证券交易和证券监管,核心宗旨是保护投资者的合法权益,维护社会经济秩序和社会公开利益。

《证券法》共分12章,其章节和主要内容分别为:(1)总则。它主要规定了证券法的立法宗旨、适用范围、基本原则,禁止的证券行为,证券业与银行业、信托业、保险业分业管理,证券监督管理体制、自律性管理和审计监督等。(2)证券发行。包括证券发行核准原则、要求、发行人条件,中介机构及其人员的要求,投资者风险自负原则，上市公司发行新股的要求,证券承销、股票发行价格的确定等。(3)证券交易。本章共分四节:一是证券市场的一般规定，内容有证券交易的合法性、交易场所、方式限制、交易价格确定原则、证券交易的收费公开制度、账户保密制度及特定证券交易报告制度；二是证券上市，包括股票与债券的上市制度、程序、暂停或终止上市情形等;三是持续信息公开,包括信息公开内容、原则、方式、监管等;四是禁止的交易行为，包括禁止内募交易、操纵市场、欺诈行为等。(4)上市公司收购。内容有收购方式、程序、监管及收购中的国有股等。(5)证券交易所。内容有证交所的设立与解散、章程和名称、组织机构与组织体制、证券交易费用的使用与分配、交易规则和职责等。(6)证券公司。包括证券公司的定义、设立条件、业务范围、经营规则、分类管理等。(7)证券登记结算机构。包括证券登记结算机构的定义、职能、设立条件、运行方式、保证措施、结算风险基金等。(8)证券交易服务机构。包括其设立与业务规则、从业人员资格标准、禁止行为、费用收取和民事责任等。(9)证券业协会。包括其性质、权力机构、章程、职责等。(10)证券监督管理机构,包括其职责、职权、工作人员职责、工作制度等。(11)法律责任。(12)附则。

另外,《证券法》还对证券市场各主要领域作了一些禁止性规定:

(1)在证券发行方面,禁止擅自发行、制作虚假发行文件、承销或代理买卖擅自发行的证券。

(2)在信息披露方面,禁止虚假记载、误导性陈述或重大遗漏,禁止知情人员泄露信息、自行或建议他人买卖证券。

(3)在业务经营上,禁止非法开设证券交易所,禁止未经批准擅自从事证券业务,禁止以化名、借他人名义持有、买卖股票,相关的审计、法律中介机构及人员规定时间内不得买卖相关股票。

(4)在证券交易方面,禁止融资融券、全权委托,禁止证券公司买卖、挪用、出售、质押客户证券,禁止编造、传播虚假信息,禁止操纵证券交易价格。

(5)在从业人员管理上,禁止诱骗投资者买卖证券,禁止伪造、变造或销毁交易记录,禁止法人以个人名义设立账户买卖证券。

(6)在上市公司收购上,禁止违反法定上市收购程序,禁止利用上市公司收购谋取不正当收益。

2、《公司法》

《公司法》共分11章230条,其调整对象是公司的组织和行为,范围包括股份有限公司和有限责任公司,核心宗旨是保护公司、股东和债权人的合法权益,维护社会经济秩序。它是确立我国公司尤其是上市公司的法律地位及其设立、组织、运行和终止等行为的基本法律准则。

《公司法》最核心内容是通过明确股东会、董事会、经理、监事会的权利与职责,来规范公司法人治理结构的关系。其中股东会是公司的权力机构;董事会为执行机构,设董事长1人且其为公司法定代表人,同时可设副董事长1—2人,董事会应聘任总经理来经营管理公司;监事会为公司的监督机构,其成员不得少于3人。

(1)**股东大会职权**:修改公司章程;决定公司的经营方针和投资计划;选举和更换董事,决定有关董事的报酬事项;选举和更换由股东代表出任的监事,决定有关监事的报酬事项;审议批准董事会的报告;审议批准监事会的报告;审议批准公司的年度财务预算方案、决算方案;审议批准公司的利润分配方案和弥补亏损方案;对公司增加或者减少注册资本作出决议;对公司发行债券作出决议;对公司合并、分立、解散和清算等事项作出决议。

(2)**董事会职权**:负责召集股东大会,并向股东大会报告工作;执行股东大会的决议;决定公司的经营计划和投资方案;制定公司的年度财务预算方案、决算方案;制定公司的利益分配方案和弥补亏损方案;制定公司增资、减资、发行债券的方案;拟定公司合并、分立、解散的方案;决定公司内部管理机构的设置;聘任或解聘经理并决定其报酬事项。其中董事长职权有:主持股东大会,召集、主持董事会会议,签署发行公司股票、公司债券。

(3)**经理职权**:主持公司生产经营管理工作,组织实施董事会决议;组织实施公司年度经营计划和投资方案;拟订公司内部管理机构设置方案;拟订公司基本管理制度;制定公司的具体规章;提请聘任或者解聘公司副经理、财务负责人;聘任或解聘其他负责管理人员;公司章程和董事会授予的其他职权。

(4)**监事会职权**:检查公司财务;对董事、经理执行公司职务时违反法律、法规或者公司章程的行为进行监督;当董事和经理的行为损害公司的利益时,要求董事和经理予以纠正;提议召开临时股东大会;公司章程规定的其他职权。

《公司法》中的禁止行为包括:虚假出资、抽逃出资,擅自发行股票或债券;另立会计账册,将公司资产以个人名义开立账户存储,财务会计报告造假,将国有资产低价出售或无偿分给个人;公司高管人员收受贿赂、侵占公司财产或以公司资产为股东、个人债务提供担保,董事、经理自营或合营任职公司同类业务;公司清算时隐匿财产、隐瞒重要事实、提供虚假证明文件或重大遗漏报告;公司成立后6个月未开业或自行停业连续6个月以上；外国公司擅自在境内设立分支机构。

3.《会计法》

修订后的《会计法》立法宗旨是“规范会计行为，保证会计资料真实、完整”。内容包括总则、会计核算、公司、企业会计核算的特别规定、会计监督、会计机构和会计人员、法律责任、附则等7章52条。《会计法》的主要作用是规范会计核算和会计记账的基本制度和规则，确立单位负责人对本单位会计工作和会计资料真实性、完整性负责的责任制，强化对会计活动的制约和监督，规范会计人员的资质管理。

《会计法》对上市公司及其领导人、财务人员的相关会计行为作出了一系列禁止性规定：

(1)第一责任人禁止行为。单位领导人领导会计机构、会计人员和其他人员执行本法，保证会计资料合法、真实、准确、完整，保障会计人员的职权不受侵犯。任何人不得对会计人员打击报复。会计凭证、会计账薄、会计报表和其他会计资料必须符合国家统一的会计制度的规定，不得伪造、变造会计凭证、会计账薄、报送虚假的会计报表。

(2)会计核算禁止行为。公司、企业进行会计核算不得有下列行为：随意改变资产、负债、所有者权益的确认标准或者计量方法，虚列、多列、不列或少列资产、负债、所有者权益；虚列或者隐瞒收入，推迟或者提前确认收入；随意改变费用、成本的确认标准或者计量方法，虚列、多列、不列或者少列费用、成本；随意调整利润的计算、分配方法，编造虚假利润或者隐瞒利润；违反国家统一的会计制度规定的其他行为。

(3)其他禁止性行为。单位负责人应当保证会计机构、会计人员依法履行职责，不得授意、指使、强令会计机构、会计人员违法办理会计事项。任何单位或者个人不得以任何方式要求或者示意注册会计师及其所在的会计师事务所出具不实或者不当的审计报告。各单位必须依照有关法律、行政法规的规定，接受有关监督检查部门依法实施的监

督检查，如实提供会计凭证、会计账薄、财务会计报告和其他会计资料以及有关情况，不得拒绝、隐匿、谎报。

4、《刑法》

《刑法》中与证券市场紧密相关的主要是对公司犯罪、证券犯罪行为的表现形式和法律后果作出的规定。触犯《刑法》的后果极其严重，轻则拘役，或处以几万甚至几十万元的罚金，重则处以若干年的有期徒刑，具体处罚据情节严重程度而定。

(1)公司犯罪。它主要包括以下4种罪行：

虚报注册资本罪。它是指申请公司登记使用虚假证明文件或者采取其他欺诈手段虚报注册资本，欺骗公司登记主管部门而取得公司登记的行为。其后果是对单位判罚金，对直接责任人处3年以下有期徒刑或者拘役。

虚假出资罪。它是指公司发起人、股东违反公司法的规定未交付货币、实物或者未转移财产权，虚假出资，或者在公司成立后又抽逃其出资的行为。

隐瞒重大事实罪。它是指公司在招股说明书、认股书、债券募集办法以及财务会计报告，财产清算清单等中隐瞒重要重实、编造重大虚假内容、隐匿财产等，严重损害股东，债权人或其他利益人的行为。

行贿罪。它是指为谋取不正当利益而给予公司、企业的工作人员财物的行为，单位犯罪的判处罚金，并对直接责任人处10年以下有期徒刑。行贿人在被追诉前主动交待行贿行为的，可以减轻处罚或免除处罚。

(2)证券犯罪。它主要包括以下5种罪行：

擅自发行股票、债券罪。它是指未经国家有关主管部门批准，擅自发行股票或者公司、企业债券，数额巨大、后果严重或有其他严重情节的行为。

内幕交易、泄露内幕信息罪。它是指证券交易内幕信息的知情人员或者非法获取证券交易内幕信息的人员，在涉及证券的发行、交易或其他对证券的价格有重大影响的信息尚未公开前，买入或者卖出该证券，或者泄露该信息的行为。其中，内幕信息、知情人员的范围按照相关法律、行政法规的规定确定。

散布虚假信息罪。它是指编造并且传播影响证券交易的虚假信息，扰乱证券交易市场并造成严重后果的行为。

诱骗他人买卖证券罪。它是指证券交易所、证券公司的从业人员、证券业协会或者证券管理部门的工作人员，故意提供虚假信息或者伪造、变造、销毁交易记录，诱骗投资者买卖证券造成严重后果的行为。

操纵证券市场罪。它是指操纵证券交易价格，获取不正当利益或者转嫁风险情节严重的行为。操纵方式有四种：一是单独或合谋，集中资金优势、持股优势或利用信息优势联合或者连续买卖；二是与他人串通，以事先约定的时间、价格和方式相互进行证券交易或者相互买卖并不持有的证券，以此影响交易价格或交易量；三是以自己为交易对象，进行不转移证券所有权的自买自卖；四是以其他方法操纵证券交易价格的。

二、证券发行与交易的相关法规

1、证券发行

(1)《股票发行与交易管理暂行条例》。该《条例》的主要内容有：申请公开发行股票的条件、申请程序、报送文件、招股说明书、承销方式和承销机构；股份公司申请其股票在证券交易所交易应核实符合的条件、申请程序、报送文件、上市公告等；股票的保管、清算和过户；上市公司的收购、信息披露办法；违反条例以及操纵、欺诈、不规范行为的处罚方式；股票发行或交易有关争议的仲裁等。

(2)《股票发行核准程序》。该法规制定的主要目的是提高股票发行核准工作的透明度，它将股票发行核准程序分为以下五个阶段：

①受理申请文件。主承销商在报送申请文件前，应对发行依《股票发行辅导工作暂行规定》辅导一年，并就证券法律法规对发行人的董事、监事和高级管理人员进行考试，并出具承诺函；中国证监会收到申请文件后5个工作日作出是否受理的决定，同意受理的收取审核费3万元。

②初审。中国证监会应在30日内对申请文件的合规性进行初审，并将初审意见函告发行人及其主承销商。

③发行审核委员会审核。发行审核委员会60日内对申请文件及初审报告进行充分讨论，投票表决，提出审核意见。

④核准发行。证监会在90日内对发行申请作同意核准或不予核准的书面文件。

⑤复议。未被核准企业60日内可提出复议申请。

与此法规相配套的规章还有《股票发行审核委员会条例》、《中国证监会股票发行审核委员会工作程序执行指导意见》、《股票发行审核委员会重大重组审核工作委员会工作程序》、《发行审核委员会关于首次公开发行股票审核工作的指导意见》等等。

(3)《上市公司新股发行管理办法》。本办法规定了上市公司的“配股”、“增发”行为，共有6章36条，分别为总则、新股发行条件及关注事项、发行程序与审核事项、信息披露、法律责任和附则。

①总则。新股以现金认购，同股同价，募集资金不得投资于商业银行、证券公司等金融机构(上市公司除外)；由具有主承销商资格的证券公司担任发行推荐人和主承销商，并由证监会监督管理其发行活动。

②新股发行条件及关注事项。核心内容有：募集资金用途符合国家产业政策；与关联企业在人员、资产、财务上分开；近3年内无重大违法违规行为；主承销商应对发行人关联交易、异常财务指标、曾募集资金实施状况、经营效益等重点关注并在调查报告中予以说明。

③发行程序与审核事项。董事会决定聘请主承销商事宜；股东大会对发行方案逐项表决；发行价格确定前可发布招股意向书，确定后应编制招股说明书；上市公司和主

承销商在增发信息公开前须保守秘密，且不得为配售机构提供任何财务资助或补偿。

④信息披露。上市公司发行新股应当披露的相关信息有：董事会决议、具体发行方案、前次募集资金使用情况、被收购资产的评估报告、最近一年经审计的财务会计报告、发行结果等。

⑤法律责任。中介机构未履行勤勉尽责义务应限期整改；证券公司未建立内部控制也应限期整改；上市公司未实现盈利预测应作出解释或公开道歉，或被中国证监会公开批评等等。

⑥附则。境内上市外资股(B股)公司发行B股原则上按本办法执行。

相应的补充法规有《关于向二级市场投资者配售新股有关问题的补充通知》、《关于拟发行新股的上市公司中期报告有关问题的通知》等等。

(4)《上市公司发行可转换公司债券实施办法》。本办法适用于在中国境内的上市公司申请在境内发行的以人民币认购的并在证交所上市交易的可转换公司债券，共有9章59条，其主要内容如下：

①发行条件：发行人近3年平均利润足以支付债券一年利息；主营业务突出；募集资金投向的预期投资回报较好；法人治理结构健全；发行人独立运营；近3年信息披露合法等。

②申报及核准程序：先由股东大会作出决议，再由主承销商向中国证监会推荐并报送申请文件，同时提供律师的法律意见书和近3年经注册会计师审计过的财务会计报告，最后由中国证监会参照股票发行核准的规定核准执行。

③发行条款：包括发行规模、期限、转股价格、转股方式和程序、利率及付息方式、赎回条款、回售条款、转股价格修正条款、担保合同、信用评级等。

④发行与承销：股东大会决定是否向原股东优先配售；须以现金认购；承销协议；代销时未募足1亿元应退还认购人等。

⑤赎回、回售和转股：约定赎回权及行使方式；回售权及行使方式；转股条件等。

⑥信息披露：发行人应及时披露任何对投资可转债券有重大影响的任何信息，包括转股价格调整、累计转股、前十大债券持有人、担保人变化、发行人负债及资金变化等情况，同时定期报告还应符合年度报告、中期报告等有关规定。

⑦法律责任：中介机构违规限期整改；泄露发行信息者公开批评并发布澄清公告；发行人盈利不佳应公开解释；当年亏损两年内不再受理其发行证券申请。

除股票、债券外，还有专门针对基金发行的法规，包括《证券投资基金会计核算办法》、《关于改进证券投资基金发行方式有关问题的通知》、《证券投资基金销售活动管理暂行规定》等等。

2、证券交易

(1)《证券交易所管理办法》。该法规明确规定了证券交易所的职权和责任，旨在加强对证券交易所的管理，维护证券市场的正常秩序。共有11章103条，包括总则，证交所的设立和解散、职能、组织，对证券交易活动的监管、对会员的监管、对上市公司的监管，证券登记结算机构，管理与监督，罚则和附则等。其主要内容如下：

①我国证券交易所的设立、解散须经中国证监会审批，并报国务院批准；成立后须依法制定证券交易所章程。

②证交所职能包括提供证券交易场所和设施、制定业务规则、安排证券上市、组织并监督证券交易、管理和公布市场信息、设立证券登记结算机构等等。

③证交所设会员大会、理事会，其分别为权力机构和决策机构。理事会设监察委员会，主要监察证交所高管人员职权行为。

④证交所应制定具体的交易规则、会员管理规则、上市规则，以对证券交易活动、会员和上市公司进行严格监管，并依法制裁任何违规行为。

⑤证交所应设立一个证券登记结算机构，为证券的发行和场内交易提供集中登记、存管、结算与交收服务。

据此办法，我国现有的沪、深交易所还专门制定了《上海、深圳证券交易所交易规则》及各自的股票上市规则。

(2)《客户交易结算资金管理办法》。该法自2002年1月1日起实施，立法宗旨是规范证券交易结算资金管理，一共6章42条，分别是总则、账户管理、资金划拨与监督、从事客户交易结算资金存管业务商业银行、

罚则和附则。其核心内容有：

①客户交易结算资金须全额存入银行，单独立户管理，严禁挪用。

②证券公司须将客户交易结算资金和其证券自营资金在业务人员、财务账户上分开，不得混合操作；客户交易结算资金只能在结算资金专用存款账户和清算备付账户之间划转，但客户提款、证券公司收费除外；证券公司应按月向中国证监会报告客户交易结算资金账面金额，同时抄送结算公司；不得用客户资金为他人提供担保等。

③从事客户交易结算资金存管业务的商业银行须符合法定条件，足够的抗风险能力，良好的经营业绩，及时、完全、高效的资金划拨系统(24小时到账)，健全的业务操作办法和规则等。

另外，中国证监会还发布有《关于执行〈客户交易结算资金管理办法〉若干意见的通知》与之配套。

(3)《证券公司代办股份转让服务业务试点办法》。该办法旨在规范证券公司为非上市公司提供股份转让服务的业务行为。它一共10章82条，包括总则、业务许可、委托代办转让、股份的登记与托管、股份转让、清算与交收、信息披露、暂停转让和中止转让、罚则及附则。其核心内容有：

①证券公司代办股份转让服务须具备一定条件：20家以上营业部；可从事网上委托业务；内控制度和风险防范机制健全；近两年无重大违法违规行为等。

②转让公司应向证券公司提交下列文件：政府确认的文件；股东大会决议；企业执照及章程；经审计的年度报告及股东名册等。

③投资者须开立股份账户，该账户可挂失、查询、被冻结；转让股份须按有关规定重新确认、登记和托管，且应托管在登记结算机构。

④股份转让价格以实现最大成交量为确认原则，并实行5%的涨跌幅限制，同时按规定收取印花税和手续费，证券公司当日计算核对投资者的应收、应付股份与资金。

⑤转让公司须及时、充分披露中期、年度报告及重大事件等信息。

⑥符合法定情形的股份转让可申请暂停转让，或须终止转让。

另外，与证券交易相关的法规还有《上市公司发行可转换公司债券实施办法》、《超额配售选择权试点意见》、《证券交易委托代理指引(1-4号)》、《境内上市外资股（B股）公司非上市外资股上市流通的办理程序》、《亏损上市公司暂停上市和终止上市实施办法(修订)》等等。

三、证券市场的信息披露制度

经过2002年一系列规章措施的出台，我国证券信息披露制度体系大致建立并初步完善，信息披露的各个领域都已有法可依有章可循，并得到规范化管理。

1、《公开发行证券的公司信息披露内容与格式准则》

这一系列准则对证券市场信息披露的内容与格式作了具体、详实、细致的规定。分别包括：招股说明书、年度报告的内容与格式(2001年修订稿)、半年度报告、股票上市公告书、首次公开发行股票申请文件、要约收购报告、要约收购中被收购公司董事会报告、上市公司发行可转换公司债券申请文件、可转换公司债券募集说明书、可转换公司债券上市报告书、上市公司股东持股变动报告、上市公司新股发行申请文件、上市公司发行新股招股说明书、上市公司股东持股变动报告书、上市公司收购报告书、要约收购报告书、被收购公司董事会报告书、豁免要约收购申请文件等。各新准则颁布实施的同时，均废止了相对应的旧准则。

其中，招股说明书中应包含发行概况、风险因素、发行人基本情况、业务和技术、同业竞争与关联交易、高管人员情况、公司治理结构、财务会计信息、业务发展目标、募股资金运用、发行定价及股利分配政策等。年度报告中应包括重要提示、公司简介、财务数据、股本变动及股东情况、董事会报告、监事会报告、财务报告、重要事项及其他内容。股票上市公告书内容依次为重要声明与提示、概览、绪言、发行人概况、股票发行与股本结构、高管人员、同业竞争与关联交易、财务会计资料、其他重要事项、董事会上市承诺和上市推荐及其意见。上市公司发行新股招股说明书除了具备招股说明书的内容外，还包括管理层讨论与分析、盈利预测和前次募集资金运用。

2、《公开发行证券的公司信息披露编报规则》第1—17号

这17条规则分别是：商业银行、招股说明书内容与格式特别规定、商业银行财务报表附注特别规定、保险公司招股说明书内容与格式特别规定、保险公司财务报表附注特别规定、证券公司招股说明书内容与格式特别规定、证券公司财务报表附注特别规定、商业银行年度报告内容与格式特别规定、证券公司年度报告内容与格式特别规定、从事房地产开发业务的公司招股说明书内容与格式特别规定、从事房地产开发业务的公司财务报表附注特别规定、公开发行证券的法律意见书和律师工作报告、季度报告内容与格式特别规定、非标准无保留审计意见及其涉及事项的处理、财务报告的一般规定、A股公司实行补充审计的暂行规定、外商投资股份有限公司招股说明书内容与格式特别规定。

下面着重介绍法律意见书和财务报告。

在法律意见书中，律师应对下列事项发表明确的结论性意见：(1)本次发行上市的批准和授权；(2)发行人发行股票的主体资格；(3)本次发行上市的实质条件；(4)发行人的设立；(5)发行人的独立性；(6)发起人和股东；(7)发行人的股本有演变；(8)发行人的业务；(9)关联交易及同业竞争；(10)发行人的主要财产；(11)发行人的重大债权债务；(12)发行人重大资产变化及收购兼并；(13)发行人章程的制定与修改；(14)发行人公司治理结构的规范运作；(15)发行人的税务、募集资金运用和业务发展目标；(16)发行人的环境保护和产品质量、技术等标准；(17)可能存在的诉讼、仲裁或行政处罚的影响；(18)招股说明书法律风险的评价；(19)其他问题。

应披露的财务报告包括资产负债表、利润及利润分配表和现金流量表，由董事会保证其真实性、完整性；报表、项目、数字之间应相互勾稽；编制合并报表除提供合并财务报表外，还应提供母公司财务报表。在财务报表附注中，还应说明公司的基本情况、会计政策、会计估价和合并财务报表的编制方法、税项、控股子公司及合营企业、关联方关系及其交易、相关事项、承诺事项、资产负债表日后事项、母子公司会计政策差异对合并会计报表的影响等内容。

3、《上市公司股东持股变动信息披露管理办法》

该办法自2002年12月1日起施行，共5章38条，分别为总则、持股变动信息披露义务人、持股变动报告书及公告、监管措施及法律责任和附则。其立法宗旨是监督上市公司持股股东按规定要求履行信息披露义务，保护投资者合法权益，维护证券市场正常秩序。

凡是持有、控制一个上市公司股份数量可能会发生变化达到规定比例5%以上的股份持有人、股份控制人和控制行动人，均应向证券交

易所提交持股变动报告书。其中须载明下列事项：信息披露义务人的名称、住所；上市公司名称；持有、控制股份的变动情况；持股变动方式；信息披露义务人前6个月就该上市公司股份所进行的交易及其他规定予以载明的事项。

信息披露义务人在自事实发生之日起3个工作日内向证券交易所提交持股变动报告书的同时，应当报送中国证监会，抄报上市公司所在地的中国证监会派出机构，通知上市公司，并做出公告。一般而言，自报告义务发生之日起至做出公告后2个工作日内，信息披露义务人不得再行买卖该上市公司的股票。无论是协议转让、行政划转还是法院裁决等其他合法途径所导致持股变动的，都应履行相关信息披露义务。但若因上市公司减资或依法办理证券登记托管而导致的，则可免于提交持股变动报告书。任何人不得利用持股变动进行内幕交易、操纵市场或者其他欺诈活动，损害上市公司及其股东的合法权益。被披露的信息也不得有虚假记载、误导性陈述或者重大遗漏，否则证交所"有权据业务规则进行处理，或中国证监会责令其改正，情节严重者会被依法追究法律责任。

另外，证券信息披露制度还包括一些细则、措施、通知性的文件，如《股份转让公司信息披露实施细则》、《深圳证券交易所上市公司信息披露工作考核办法》、《上海证券交易所上市公司信息披露工作核查办法》、《关于首次公开发行股票公司招股说明书网上披露有关事宜的通知》、《关于上市公司、拟首次发行股票并上市的公司做好与新会计准则和制度相关信息披露工作的通知》等。

四、上市公司的行为规范

上市公司是国民经济的中坚，更是证券市场的基石。为推动上市公司建立和完善现代企业制度，规范上市公司运作，促进我国证券市场的健康发展，我国制定了一系列上市公司行为规范。

1、《上市公司治理准则》

该准则共8章95条，阐明了上市公司治理的基本原则、投资者权利保护的实现方式及高管人员的职业操守等内容，它是评判上市公司是否具有良好治理结构的主要衡量标准。

上市公司设置股东大会、董事会和监事会三大机构。股东是公司所有者，对公司重大事项享有知情权和参与权；控股股东与上市公司应实行财产分开、业务独立，并对其负有诚信义务，应采取有效措施避免同业竞争。董事应有足够的时间和精力忠实、诚信、勤勉地履行其应尽的职责，严格遵守其公开作出的承诺；董事会会议应严格按规定程序进行，会议记录完整、真实。监事对公司经营情况有知情权，并监督公司财务、高管履行职责的合法合规性；监事会应定期召开会议，并可要求董事、经理和其他高管人员、内外部审计人员出席。同时，监事会会议应有记录，并作为公司重要档案妥善保存。

另外，上市公司还注意以下几点：①建立公正透明的董事、监事和经理人员的绩效评价标准和程序，从人才市场选聘经理人员，建立经理人员的薪酬与公司绩效和个人业绩相联系的激励机制，以吸引人才，保持经理人员的稳定。②应尊重利益相关者的合法权利，为维护利益相关者的合法权益提供必要条件，积极合作，推动公司持续、健康地发展。③严格按照法律规定真实、准确、完整、及时地披露信息，既包括公司治理信息的披露，又包括股东

权益的披露。

2、《董事会专门委员会实施细则》

董事会专门委员会包括战略委员会、提名委员会、审计委员会、薪酬与考核委员会四个。各委员会成员由3至7名董事组成，其中独立董事占相当一部分，设主任委员（召集人）一名，委员通常由董事长、1/2以上独立董事或者全体董事的1/3提名，并由董事会选举产生。

董事会战略委员会。其主要权限包括：①对公司长期发展战略规划进行研究并提出建议；②对《公司章程》规定须经董事会批准的重大投融资方案进行研究并提出建议；③对《公司章程》规定须经董事会批准的重大资本运作、资产经营项目进行研究并提出建议；④对其他影响公司发展的重大事项进行研究并提出建议；⑤对以上事项的实施进行检查；⑥董事会授权的其他事宜。

董事会提名委员会。其职责权限有：①根据公司经营活动情况、资产规模和股权结构对董事会的规模和构成向董事会提出建议；②研究董事、经理人员的选择标准和程序，并向董事会提出建议；③广泛搜寻合格的董事和经理人员的人选；④对董事侯选人和经理人选进行审查并提出建议；⑤对须请董事会聘任的其他管理人员进行审查并提出建议。

董事会审计委员会。其主要职责权限有：①提议聘请或更换外部审计结构；②监督公司的内部审计制度及其实施；③负责内部审计与外部审计之间的沟通；④审核公司的财务信息及其披露；⑤审查公司内控制度，对重大关联交易进行审计等。

董事会薪酬与考核委员会。其主要职责权限有：①根据董事及高级管理人员管理岗位的主要范围、职责、重要性以及其他相关企业相关岗位的薪酬水平制定薪酬计划或方案；②薪酬计划或方案主要包括绩效评价标准、程序及主要评价体系，奖励和惩罚的主要方案和制度等；③审查公司董事（非独立董事）及高级管理人员的履行职责情况并对其进行年度绩效考评；④负责对公司薪酬制度执行情况进行监督。

要求上市公司建立各种董事会专门委员会，目的在于创建完善经理人激励机制，优化董事会组成，完善公司法人治理结构，健全投资决策程序，加强决策科学性，提高投资决策的效益和决策的质量，以此增强上市公司核心竞争力和抗风险能力。

3、《关于在上市公司建立独立董事制度的指导意见》

该意见要求我国上市公司建立独立的外部董事制度，目的在于进一步完善上市公司治理结构，促进上市公司规范运作。

独立董事是指不在公司担任除董事外的其他职务，并与其所聘的上市公司及其主要股东不存在可能妨碍其进行独立客观判断的关系董事。这就要求独立董事与上市公司在职人员、持股1%以上股东、中介咨询人员无任何利益关系或直系亲属关系。《意见》要求在2003年6月30日前，上市公司董事会成员中应至少包括1/3独立董事，且至少包括1名会计专业人士。独立董事须具备上市公司运作的基本知识，熟悉相关法律、行政法规、规章及规则，有5年以上工作经验。独立董事的提名、选举和更换应当依法规范地进行。

独立董事对上市公司及全体股东负有诚信与勤勉义务，享有下列职权：①重大关联交易应由独立董事认可后提交董事会讨论；②向董事会提议聘用或解聘会计师事务所；③向董事会提请召开临时股东大会；④提议召开董事会；⑤独立聘请外部审计机构和咨询机构；⑥可以在股东大会召开前公开向股东征集投票权。除此之外，独立董事还应当对上市公司下列重大事项发表独立意见：①提名、任免董事；②聘任或解聘高管人员；③公司董事、高管人员的薪酬；④总额高于300万元或净资产值5%的关联借款或其他资金往来；⑤独立董事认为可能损害中小股东权益的事项；⑥公司章程规定的其他事项。发表的独立意见须是下列之一：同意；保留意见及其理由；反对意见及其理由；无法发表意见及其障碍。

另外，为了保证独立董事有效行使职权，上市公司还应当为独立董事提供必要的条件：保证独立董事享有与其他董事同等的知情权、必需的工作条件、交付中介费用、提供适当津贴、建立必要的独立董事责任保险制度。

除上述三个规章外，新法规《上市公司收购管理办法》也于2002年12月1日起施行；在上市公司审计财务制度方面，财政部也制定了一系列的《企业会计准则》，包括无形资产、固定资产、借款费用、存货、非货币性交易、债务重组、中期财务报告、财务报告的列报、会计政策、会计估计变更和会计差错、政府补助和政府援助以及《关联方之间出售资产等有关会计处理问题暂行规定》等等。另外还有《上市公司检查办法》、《上市公司股东大会规范意见》、《关于上市公司增股有关条件的通知》、《拟发行上市公司改制重组指导意见》、《关于上市公司涉及外商投资有关问题的若干意见》等。

五、证券市场其他重要法规规定

1、证券公司

规制证券公司的核心法规是《证券公司管理办法》。该办法自2002年3月1日起施行，是对证券公司管理作的纲领性规定，共6大章47条，分别为总则、证券公司的设立、变更和终止、证券从业人员管理、内部控制与风险管理、日常监管和附则。

办法规定，经纪类证券公司可从事证券代理买卖、代理还本付息和分红派息、证券代保管和鉴证，代理登记开户；综合类证券公司除这四项业务外，还可自营证券买卖、证券投资咨询（含财务顾问）、受托投资管理等。在人数限制上，前者不得少于15人，后者不得少于50人。设立从事证券承销、上市推荐、财务顾问等业务的投资银行类子公司，注册资本不能低于5亿元，从业须达人数10人以上；设立委托投资管理业务的子公司也须如此。

证券公司应当建立独立董事制度、内部控制制度、业务隔离制度，聘请会计师事务所进行年度评审、及时发现和改进存在的问题、防范和化解风险。证券公司不得兴办实业，不得购置非自用不动产，必须遵守相关法定财务风险监管指标，按有关规定提取一般风险准备金，用于弥补证券交易等损失。另外，在日常监管上，证券公司还应按中国证监会要求报送财务报表、业务报表和年度报告，并接受证监会的检查和调查；实行证券公司高级管理人员谈话提醒制度，责令限期纠正经营管理问题；证券公司应遵循公平竞争原则，依法收费，每年至少一次在公众媒体上公布其合法分支机构名称、地址、电话及主要负责人的姓名等等。

与证券公司相关法规还有：《证券公司检查办法》、《证券公司内部控制指引》、《主承销商执业质量考核办法》、《关于规范证券公司受托投资管理业务的通知》、《外资参股证券公司设立规则》等等。

2、证券投资基金

目前《证券投资基金管理暂行办法》是证券投资基金的主要行为规范。该法的立法宗旨是加强对证券投资基金的管理，保护基金当事人的合法权益，促进证券市场的健康、稳定发展。它一共6章57条，分别为总则、基金的设立、募集与交易、基金托管人和基金管理人、基金持有人的权利和义务、投资运作与监督管理、罚则、附则。而《证券投资基金管理暂行办法实施准则》则对上述条款作进一步细化，内容包括证券投资基金契约的内容与格式、证券投资基金招股说明书的内容与格式、基金管理公司章程必备条款指引。

随着近两年证券投资基金的超常规发展和证券市场的对外开放，大量的有关证券投资基金的法律法规得以制定和施行，其中尤

为重要的是正在审议之中即将颁行的《证券投资基金法》,其它的包括《证券投资基金管理公司内部控制指导意见》、《关于申请设立基金管理公司若干问题的通知》、《关于规范基金管理公司股东出资转让有关事项的通知》、《外商参股基金管理公司设立规则》、《关于证券公司办理开放式基金代销业务有关问题的通知》、《关于开放式证券投资基金试点办法》、《全国社会保障基金投资管理暂行办法》、《证券投资基金行业公约》等等。

3、境外机构投资者

境外机构投资者(QFII)是2002年中国证券市场的新生物，其诞生标志是《合格境外机构投资者境内证券投资管理暂行办法》的颁行。作为证券市场对外开放的里程碑,该办法的颁布施行引起证券市场各方主体的高度关注。大量的外资入市将会引起证券市场的资金结构、投资理念、运作模式等发生重大变化。制定本办法目的在于规范合格境外机构投资者在中国境内证券市场的投资行为。它一共有7章39条,分别为总则、资格条件和审批程序、托管、登记和结算、投资运作、资金管理、监督管理、附则,从2002年12月1日起施行。

(1)合格投资者。合格的境外机构投资考须是经中国证监会批准，并取得国家外汇管理局额度批准的境外资产管理机构,其中养老基金、保险基金、共同基金的管理机构优先考虑。其资产规模条件为:基金管理机构从业5年以上,管理资产不少于100亿美元;保险公司和证券公司从业30年以上，实收资本不少于10亿美元,管理的证券资产不少于100亿美元；商业银行总资产世界排名前100名以内,管理的证券资产不少于100亿美元。其他基础条件为:财务稳健,资信良好;有所在地从业资格;治理结构健全,内控制度完善，近3年未受重大处罚;所在地法律监管制度完善，其证券监管机构已与中国证监会签订合作谅解备忘录，并保持着有效的监管合作关系;中国证监会根据审慎监管原则规定的其他条件。合格投资者还应经托管人向中国证监会和国家外汇局分别申请投资资格和投资额度。

(2)托管人。境内商业银行要取得托管人资格,必须经中国证监会、中国人民银行和国家外汇局审批。其资格条件为：设有专门的基金托管部；实收资本不少于80亿元人民币；有足够的熟悉托管业务的专职人员；具备安全保管基金全部资产的条件;具备安全、高效的清算、交割能力；具备外汇指定银行资格和经营人民币业务资格;最近3年没有重大违反外汇管理规定的记录。其针对合格投资者应履行的职责有：保管其托管的全部资产；办理有关结汇、售汇、收汇、付汇和人民币资金结算业务;监督其投资运作;向中国证监会和国家外汇局报告其资金汇入、汇出及结售汇情况;人民币特殊账户的收支情况，年度财务报告等；保存其资金往来记录等相关资料不少于15年。

(3)运作与管理。合格投资者在经批准的投资额度内，可投资于股票(A股)、国债、可转换债券、企业债券等，但对单个上市公司持股比例不能超过10%，所有合格投资者对单个上市公司持股比例总和不超过20%。在资金管理上,投资者应经国家外汇局批准，在托管人处开立一个人民币特殊账户，其收入范围包括结汇资金、卖出证券所得价款、现金股利、活期存款利息、债券利息。支出范围包括买入证券支付价款、境内托管费和管理费、购汇资金。在监督管理上，中国证监会和外汇管理局应对合格投资者的投资业务许可证、外汇登记证进行年检,对其业务规则修订进行审批，对注册事项变更进行备案，在职权范围内处罚其违法行为。

与境外机构投资者相关的法规还有《中国证券登记结算有限责任公司合格境外机构投资者境内证券投资登记结算业务实施细则》、《上海证券交易所合格境外机构投资者证券交易实施细则》、《深圳证券交易所合格境外机构投资者证券交易实施细则》、《关于商业银行申请从事合格境外机构者境内证券投资托管业务有关问题的通知》等。

4、证券从业人员

《证券业从业人员资格管理办法》从2003年2月1日起施行,其立法宗旨是加强证券业从业人员资格管理,促进证券市场的规范发展,保护投资者合法权益。它一共5章29条,分别为总则、从业资格取得和执业证书、监督管理、罚则、附则。

(1)证券业从业人员范围。证券公司中从事自营、经纪、承销、投资咨询、受托投资管理等业务的专业人员和管理人员;基金管理公司、基金托管机构中从事基金销售、研究分析、投资管理、交易、监察稽核等业务的专业人员和管理人员；证券投资咨询机构中从事证券投资咨询业务的专业人员和管理人员；证券资信评估机构中的专业人员和管理人员；证监会规定的其他人员。

(2)资格取得。年满18岁、高中以上文化程度、参加统一资格考试获取证券从业资格。从业资格不实行专业分类考试，考试内容包括一门基础性科目和一门专业性科目，从业人员可自行选择协会另行组织的专业水平考试。机构高级管理人员的资格管理另行规定。

(3)监督管理。机构不得聘用未取得执业证书的人员对外开展证券业务。取得执业证书后，连续3年不从业者注销其证书；辞职、解除劳动合同或变更聘用机构的，应在协会变更执业注册登记；协会、机构应定期组织后续职业培训，提高从业人员的职业道德和专业素质。

相关的证券从业人员管理法规还有《证券投资基金业从业人员执业守则》、《关于〈证券经营机构高级管理人员任职资格管理暂行办法〉的补充通知》、《关于加强证券投资咨询机构变更与咨询人员流动管理的通知》等。

2002年是证券市场法制建设的重要一年，证券发行上市、交易清算、信息披露制度日臻完善，上市公司行为更加规范，行政监管进一步强化，市场环境更加优化。另外，最高人民法院分别在2002年1月15日和2003年1月9日发布了《关于受理证券市场因虚假陈述引发的民事纠纷案件有关问题的通知》、《关于审理证券市场因虚假陈述引发的民事赔偿案件的若干规定》，这标志着我国的证券民事赔偿制度初步建立。但是，我们也应看到，我国的证券法律制度以中国证监会制定的规章为主，全国人大颁布的证券法律相当少，层次性不高、权威性不强，缺乏可预见性、前瞻性、连续性和稳定性。因此，我们不仅要强调规范各主体的市场行为，强调严格执法、守法，加大违法行为的惩罚力度。也应加强证券市场法制理论研究，及时对证券市场政策、规章、经验成果进行总结、整理、归纳、构建、创设，以制定更高层次的证券法律，强化法律监管，真正实现“依法治市”。

第三章 证券民事赔偿：迎来投资者的春天？

2002年1月，最高人民法院发布《关于受理证券市场因虚假陈述引发的民事侵权纠纷案件有关问题的通知》；2002年11月25日，号称中国证券民事赔偿第一案的11名自然人股东诉国泰君安证券股份有限公司和成都福地科技股份有限公司虚假证券纠纷一案结案，11名投资者共获赔款22万余元。应该说，2002年，中国证券民事赔偿制度迈出了艰难而有实质性的一步。那么，投资者是否迎来了他们盼望已久的春天？

一、乱花渐欲迷人眼——证券民事赔偿现状分析

随着证券市场的发展，证券民事官司日渐频繁。一方面是证券民事官司数量增多，世纪星源诉《财经》杂志侵权案、ST东源与重庆钢铁资产置换案、中科创业股价操纵案等；另一方面是证券民事官司的种类繁多，股东告公司者有之，公司告媒体者有之，独立董事告有关管理机构者有之，股民告股评家有之，股东告上市公司管理层者有之。证券民事赔偿案件频繁发生，也反映了证券市场的无序与管理乏力。

证券索赔路漫漫。1998年12月，上海投资者状告红光实业及其发行上市中介机构证券欺诈，并要求赔偿，从而引发“中国股市索赔第一案”。但法院不予受理，拒绝立案。直到2001年9月20日，最高人民法院下发了《关于涉及证券民事赔偿案件暂不予受理的通知》，更明确指出，“受目前立法司法条件的局限”，对证券民事赔偿案件，“暂不予受理”。时隔不久，《关于受理证券市场因虚假陈述引发的民事侵权纠纷案件有关问题的通知》颁布，针对PT红光起诉被受理；2002年10月，经过长达4年之久的红光案审结，从庭外调解的方式结束了投资者漫长的索赔路。

在早期的证券案件中，虽然最终受到伤害的总是投资者，特别是数量众多的中小投资者，但由于缺乏相关法律法规支持，以及自身法律意识的淡薄，很少有投资者利用法律武器捍卫自己的权益，而且即使有人提出赔偿，也会因种种法律上的原因被法院拒绝受理。随着证券市场法制意识逐步增强，证券立法日益完备，司法也越来越多地介入证券市场，证券市场相关各方尤其是投资者的法制意识逐步加强。通过法律维护其在市场中的权利和

利益，已经成为市场参与者们的共识。

2002年，证券民事赔偿制度的形成取得了很大进展，无论是银广夏、郑百文、亿安科技还是中科创业案件，在刑事案件的审理中总能听到小股东们要求索赔的声音。除了投资者，上市公司和证券商也在利用法律维护自身的利益。例如中西药业将申银万国告上了法庭，而浙江证券由于不服监管机构的处罚决定，把监管部门告上了法庭；方正科技大股东为保持对上市公司的控制权，赢得收购战的最终胜利，将举牌方和上市公司一起告上法庭。

二、谁之过？

——有关各方的证券民事赔偿责任分析

1、上市公司管理层的民事赔偿责任

上市公司管理层，尤其是董事的主要责任，在美国的法律环境中可概括为信托责任和勤勉责任；在英国的法律环境中，则表述为忠实责任和注意责任。前者是指董事作为股东利益的代表，受股东的委托去管理公司资本，应当忠实于股东的利益，因此必须根据股东的最佳利益行事；后者是指董事作为一个具有特殊责任的管理者，应当努力履行股东赋予的职责，尽职尽责。我国在有关法规中要求上市公司的董事"诚实信用，勤勉尽责"，也正是对现代公司制度公司管理层的基本要求。

根据美国经济学家贝利和米因斯的实验研究表明，现代公司的所有权和控制权已趋于分离状态，真正控制上市公司的是公司管理层。他们更有可能为了谋取自身的局部利益而牺牲公司的整体利益，因此，相应的约束机制便应运而生。这些约束机制所体现的核心原则，就是要求上市公司的董事、高级管理人员诚信和勤勉，并为自己的失职和错误承担相应的法律方面的责任，包括经济上的赔偿责任。这些机制包含在有关的法规和公司自律性规定之中，它们为股东资本和资源的有效利用提供了必要的制度保障，为现代股权市场的健全持续发展提供了必要的制度保障。

就我国证券市场目前的实践而言，正缺乏对上市公司管理层民事赔偿责任的法制约束。上市公司管理层的严重违规失职行为并非鲜见，如"红光事件"、"郑百文事件"、"银广夏事件"等。从形式上看是上市公司的法人行为，实质上是公司的董事和高级管理人员没有忠实履行职责，违背诚信和勤勉原则的结果。然而，迄今为止，对这些违规行为的处罚，往往不是直接处罚这些负有责任的管理层个人，而是处罚公司，即对违规公司进行罚款。问题在于，最终支付这些罚款的实际上是公司的出资人即公司股东，即由股东来承担董事和高级管理人员违规的经济责任。这种处罚机制显然不是保护而是损害投资者的利益，客观上等于为某些公司管理层不负责任和违规操作提供了由股东"买单"的"免费午餐"。公司上市某种程度上变成了"圈钱机器"，本是稀缺的社会资本和经济资源遭到浪费和滥用。这是我国上市公司业绩与资本质量不佳、可持续发展能力弱的根本原因之一，也是投资者利益未得到真正保护的重要根源之一。

完善和强化上市公司管理层的责任机制，是保护投资者利益的核心要求。也是我国证券市场市场法制体系建设迫切需要解决的问题。对证券市场的健康发展来说，更为根本的手段是加强制度建设和打击市场违法违规行为，从源头上控制和降低市场风险，营造良好的证券市场投资环境。

2、中介的民事赔偿责任

证券市场中介机构的主要作用是证实有关发行股票公司披露文件的可靠性。而中介机构只有在受限制的情况下，才能很好地发挥第三者的证明效力。这里的限制包括自律,许可证机制,对投资者的民事责任和刑事责任。

中国的证券中介机构的自律作用还很微弱而不能完全消除证券欺诈。相比之下,刑事责任和民事责任的约束作用在中国要大得多。就民事责任而言，就是要证券中介机构因欺诈性的错误陈述而承担相应责任。由于证明欺诈的意图是非常困难的，要中介机构承担因虚假证明而产生的民事责任还存在司法上的困难，这也是证券法制体系目前需要解决的问题之一。

3、注册会计师的民事赔偿责任

注册会计师也属证券中介机构之一；但因其在证券市场的作用的重要性和特殊性,故单独论述。根据《注册会计师法》第42条的规定,会计师出具虚假审计报告给投资者造成损失要承担民事损害的赔偿责任。最高人民法院发布的《关于会计师事务所为企业出具虚假验资证明如何处理的复函》中,明确会计师事务所出具虚假验资证明，给委托人以及其它利害关系人造成损失的,应承担民事赔偿责任。除注册会计师违反执业准则、规则或有欺诈、重大过失行为而造成第三人损害,注册会计师与其事务所都可成为侵权责任主体。

依一般侵权行为法则，原告必须证明其损害事实与被告注册会计师的违法行为之间存在因果关系。然而,在现实的证券交易中,这一点往往不易做到。一方面由于证券交易并非面对面的交易，而从事证券欺诈行为的注册会计师相对于一般公众投资者来说往往具有资金或信息上的优势，因欺诈行为都较为隐蔽,没有专门的调查,一般公众投资者甚至不易发觉自己的损失是由人为原因造成的,举证十分困难;另一方面证券价格的波动受各种因素的影响，即使专业证券分析人士也难以确定各种不同因素对证券价格的影响及影响程度,更别说一般的投资者了。在这种情况下,适用一般侵权行为法则对投资者十分不利。因此,在确定证券欺诈中注册会计师的侵权责任时,除非被告能证明原告的损失是由于其它因素引起的,否则就推定因果关系的存在,至于被告可能存在其他的抗辩事由,如主观上无过错,第三人过错等，不在因果关系范围之列,要让投资者证明其损失与被告的欺诈行为存在因果关系,是十分困难的。为了保护投资者的利益,在上市公司的虚假陈述的损害赔偿案中，一般应实行因果关系的推定的原则，这在一定程度上有助于保护弱者的利益,尤其是中小投资者,同时也可进一步惩罚造假者。

4、股评家的民事赔偿责任

2001年6月,历经4年的全国首例“股评案”终审判决。1997年3月,山东股民张先生看了南方某报头版头条登载的一篇题为《湘中药自信潜力无穷》熊某的署名文章,因股评文章多处失实，买入股票后遭受损失79577.66元。经过4年多的时间,二审法院判决股评作者赔偿上诉人损失77506.18元，刊登文章的南方某报承担连带责任,这说明,对虚假陈述披露、传播不实证券信息的相关的有关媒体，也应当承担相应民事赔偿责任,并且,责任承担在制度上要予以进一步规范。

本案的审结，开了因撰写和刊登不实股评文章而被判决作出赔偿的先河，体现了在证券市场立法和司法实践中对误导性陈述的民事责任的界定及对投资者保护加强的倾向。目前,中国证监会发出的《关于规范面向公众开展的证券投资咨询业务行为若干问题的通知》中明确提出:“投资者或者客户因证券投资咨询机构、证券投资咨询执业人员的执业活动违法或者犯罪而遭受损失的,可依法提起民事诉讼,请求损害赔偿。”这份通知把股民状告股评家提上了议事日程。

三、铸就维权利剑

——证券民事诉讼的焦点和难点

焦点之一:羊毛出在谁身上

当前,有一种观点认为,上市公司作为公众公司,其所募集资金来自广大股东的股本。现在一部分投资者提出起诉,如果获赔的话,岂不是让其他股东为他们埋单,最终落得个羊毛出在羊身上的结果。

其实,上市公司与股东是不同的法律主体,两者的财产法律边界非常清楚。公司的财产不是股东的财产,股东的财产不是公司的财产。同时,股东出资以后所形成的财产就成为公司的财产,股东以自己的出资拥有股权,但对这部分财产已没有直接的控制权。因此,受害的股东有权依法向虚假陈述人索赔,此时埋单的法律主件是被告人,而非其他股东,即不会出现羊毛出在羊身上的现象。

而对于上市公司由于其董事、监事和主管人员的虚假陈述向原告股东进行了赔偿,也可根据《公司法》的规定,追究管理人员对上市公司的赔偿责任。如果公司怠于或者拒绝对这些虚假陈述人提起诉讼,任何股东均可以以自己的名义为了公司的利益代表对管理人员提起诉讼。而一旦管理人员对公司履行了赔偿责任,公司由于向股东承担了先行赔付责任所遭受的财产损失就可消除。这样,不但提起直接诉讼的原告股东获得了赔偿,公司利益也未受影响,管理层的责任和义务也得到了强化,公司治理得到完善,其他股东利益也将得以保护。

焦点之二:损失如何计算

当前,在证券民事侵权案件审理过程中,投资者的损失计算标准乃至计算方法、计算原则、计算公式都成为原被告之间争论的焦点。根据不同的理论依据,有不同的损失计算方法,但总的来说可以分为两大类:一是追求简便、易操作;二是追求准确、精细。前者如价差法,即损失的构成为买卖价差损失、佣金损失、税金损失、利息损失四部分,买卖价差损失是指原告进行股票买卖的差额损失,以及所持有的未卖出股票所对应的买入总金额与设定日股票实际价值的差额损失的总和。价差法是证券民事案件中最基本、最直观简易的计算方法,也是目前最多被采用的损失计算方法。后者如机会盈利替代法或买入价确定法,机会亏损替代法或卖出价确定法等。

在实际操作过程中,应该根据具件的案情,结合实际情况,在法院现有的司法条件下,选择合适的损失计算方法。

焦点之三:民事、行政、刑事责任如何协调

在传统观念中,证券市场中责任追究分别以刑事责任和行政责任为主,而民事责任仅只是 一种辅助手段。其实,三大法律责任在许多具体情况下,是同时使用,并行不悖的。而且,民事赔偿责任应在三大法律责任体系中居于核心地位。只有民事责任才能直接弥补遭受损害的投资者所遭受的损失,这是其他两种责任取代不了的。如果直接遭受损害的投资者遭受损害后不能获得充分及时的赔偿,他们自然会对整个证券市场的游戏规则丧失信心,这对于我国证券市场的健康发展非常不利。

同时,要注意民、行、刑责任的协调。除了民事责任之外,我们还应加强行政责任和刑事责任,充分发挥其威慑作用。比如对行政责任的追究上,中国证监会可以更好地体现出违法违规行为与所受处罚的相适应性,可以更好地运用公司罚款,责任人市场禁入,行政处分等形式来发挥不同责任形式的作用。

焦点之四:是否会出现滥诉

在实施民事赔偿制度的同时,要防止出现发达国家曾经发生过的部分投资者利用诉权实施不良诉讼,导致上市公司过度涉讼累讼。

防止不良诉讼的措施有:一是规定持股期间或市价金额。规定投资者对股票有一个已持有期,这个持有期建议为连续持有3个月以上,以鼓励证券市场的投资者而非投机者。二是规定持股最低限额、起诉最低限额、赔偿最高限额、一段时间的买卖频率等。三是由法院判断诉讼的善意和恶意,投资和投机。需要指出的是,判断善意和恶意、投资和投

机需要由法定的标准裁决。在证券市场中证券投资具有获得收益、投机和控制上市公司的三种功能，它们之间相辅相成，不可或缺。在没有法定标准的情况下，投资和投机均应收到相应的法律救济。四要在实体内容上严格把握民事赔偿责任的构成要件，公平计算被告的赔偿范围，确保滥诉者得不到好处。五是提起诉讼的投资者应当向法庭申明其诉讼理由的正当性、合法性，明确是基于自益权的诉讼还是基于共益权产生的诉讼。

四、漫漫发展路

——证券民事赔偿的立法与完善

目前，证券民事赔偿的范围仅限于虚假信息披露，而把欺诈客户行为、内幕交易行为、操纵市场行为等排除在证券民事赔偿责任之外。同时，证券民事赔偿取决于立法的、司法的、物质的、观念的等诸多方面、诸多层次的复杂因素和条件。目前，我国法律法规体系尚不尽完备，这也正是目前我国证券市场投资者的维权诉讼一波三折、步履维艰的原因所在。

完善和健全实体法，是目前我国证券市场民事赔偿立法方面的关键因素。投资者的权益能否得到切实保护，与一个国家相关的实体法律是否完备有着十分直接的关系。如果实体法律在权利保障以及这种保障的具体化和可操作性上存在严重欠缺的话，即使法律赋予了公民的诉权，但也会因实体法律的语焉不详而令当事人和法官都感到无所适从。所以，没有完备的实体法律作后盾，投资者的权益保护就很难落到实处。

纵览我国证券法的全部条文可以发现，针对证券市场主体违反禁止性行为而施加的法律责任中，绝大多数都是诸如吊销资格证书，责令停止或关闭、没收违法所得，罚款等行政责任以及当违法行为构成犯罪时产生的刑事责任，而极少有民事赔偿责任的规定。证券法的主导思想不是利用民事方法而是利用行政和刑事手段来解决问题。而证券交易是民事行为，投资者是否有权利对在证券交易中受到的欺诈以及相关人的违法行为提起诉讼，证券法上有个别条文涉及到这个问题，但无法操作，实际上剥夺了投资者的权利。因此，为切实保护投资者的权益，至少应从以下几个方面进一步完善我国的实体法：在我国公司法中进一步明确赋予股东的直接诉权，明确规定只要股东自身利益受到了来自公司或大股东方面的侵害，股东即有权向法院起诉，要求公司或大股东停止侵害并赔偿损失；根据各国公司法通例，在我国公司法相关条文中增加股东会决议内容和救济程序，即股东会议决议如内容违反法律或章程的规定，则导致决议无效，如程序违反法律或章程的规定，则股东在法定期限内可诉请法院予以撤销，同时规定无效或可撤销的决议给公司其他股东造成损失的，参与决议的股东应负赔偿责任；明确赋予股东派生诉讼提起权，我国公司法虽在第63条规定了“董事、监事、经理执行公司职务时违反法律、行政法规或公司章程的规定，给公司造成损害的，应当承担赔偿责任”。然而由于股东没以派生诉讼提起权，故一旦公司的董事、监事相互勾结起来，该条的规定则沦为一纸空文。

同时，完善程序法方面的规定也是目前健全证券民事赔偿立法的重要内容。对证券投资者的保护需要实体法和程序法这两个方面的支撑。因此，在完善实体法的同时，也应完善我国的诉讼法。如派生诉讼制度的引进必然要求对我国现行民事诉讼及相关理论进行相应调整。传统的诉权理论认为，当事人必须是直接利害关系人，起诉必须是为了保护自己的合法权益，亦即只有具备了实体意义上的诉权才能享有

程序意义上的诉权。我国《民事诉讼法》也有类似的规定，因此，向法院提起派生诉讼的股东，必然会因不具原告资格而被法院驳回。所以，引入派生诉讼制度必须对我国现行民事诉讼制度在多方面作相应调整。

为了全面介入证券市场法治化管理，依法受理和审理各类侵害民事赔偿案件，真正建立和完善证券民事侵权责任制度，还要重点抓紧以下几方面工作：

首先，逐步解决市场结构及其运行机制中存在的非市场性因素问题，包括完善上市公司治理结构，建立和完善上市公司退市和破产机制等，从市场机制和运行机制层面上消除各种侵权行为赖以发生的空隙和可乘之机。

其次，要加强立法和对现在法律的修订。现行证券法不仅将证券行政管理法和证券交易法这两个平行而调整不同法律关系的法律内容合二为一，而且在对投资者保护方面，规定得过于原则和缺乏操作性。加之现行公司法对保护少数股东权益和防范多数股东及其派出董事、监事的权利滥用等方面缺乏规定，因此依据现行法律，充分保护投资者权益就相当困难。

第三，加强法官业务培训，造就一批专家型法官队伍。

第四，探索和建立证券市场低成本、高效率的解决纠纷的机制，在加强司法机关介入证券市场法治化管理的同时，在证券业中建立相应的仲裁或调解机构，使大量的证券民事纠纷在诉讼前得以消化，及时有效地保护广大投资者的合法权益。

五、春天会到来

在2002年，我国证券民事赔偿制度走过了它艰难的一年，可同时也迈出了实质性的一步。但以后的路还很漫长，我国的民事赔偿机制不管是在立法、司法上都还远不完善，许多地方还缺乏可操作性，证券民事赔偿还没深入人们的心里，投资者的利益也还没有真正的、完全的得到保护。目前，只有进一步加强这方面的立法，完善其法制体系，增强司法的可操作性，加强市场参与各方的责任教育，才能真正确立民事赔偿在证券市场中的地位，发挥其应有的作用，真正的保护市场参与者的合法权益，而广大的投资者也才能真正迎来他们期盼的春天。

第四章　2002 年证券法律法规汇编

中华人民共和国证券法

第一章　总　则

第一条　为了规范证券发行和交易行为，保护投资者的合法权益，维护社会经济秩序和社会公共利益，促进社会主义市场经济的发展，制定本法。

第二条　在中国境内，股票、公司债券和国务院依法认定的其他证券的发行和交易，适用本法。本法未规定的，适用公司法和其他法律、行政法规的规定。

政府债券的发行和交易，由法律、行政法规另行规定。

第三条　证券的发行、交易活动，必须实行公开、公平、公正的原则。

第四条　证券发行、交易活动的当事人具有平等的法律地位，应当遵守自愿、有偿、诚实信用的原则。

第五条　证券发行、交易活动，必须遵守法律、行政法规；禁止欺诈、内幕交易和操纵证券交易市场的行为。

第六条　证券业和银行业、信托业、保险业分业经营、分业管理。证券公司与银行、信托、保险业务机构分别设立。

第七条　国务院证券监督管理机构依法对全国证券市场实行集中统一监督管理。

国务院证券监督管理机构根据需要可以设立派出机构，按照授权履行监督管理职责。

第八条　在国家对证券发行、交易活动实行集中统一监督管理的前提下，依法设立证券业协会，实行自律性管理。

第九条　国家审计机关对证券交易所、证券公司、证券登记结算机构、证券监督管理机构，依法进行审计监督。

第二章　证券发行

第十条　公开发行证券，必须符合法律、行政法规规定的条件，并依法报经国务院证券监督管理机构或者国务院授权的部门核准或者审批；未经依法核准或者审批，任何单位和个人不得向社会公开发行证券。

第十一条　公开发行股票，必须依照公司法规定的条件，报经国务院证券监督管理机构核准。发行人必须向国务院证券监督管理机构提交公司法规定的申请文件和国务院证券监督管理机构规定的有关文件。

发行公司债券，必须依照公司法规定的条件，报经国务院授权的部门审批。发行人必须向国务院授权的部门提交公司法规定的申请文件和国务院授权的部门规定的有关文件。

第十二条　发行人依法申请公开发行证券所提交的申请文件的格式、报送方式，由依法负责核准或者审批的机构或者部门规定。

第十三条　发行人向国务院证券监督管理机构或者国务院授权的部门提交的证券发行申请文件，必须真实、准确、完整。

为证券发行出具有关文件的专业机构和人员，必须严格履行法定职责，保证其所出具文件的真实性、准确性和完整性。

第十四条　国务院证券监督管理机构设发行审核委员会，依法审核股票发行申请。

发行审核委员会由国务院证券监督管理机构的专业人员和所聘请的该机构外的有关专家组成，以投票方式对股票发行申请进行表决，提出审核意见。

发行审核委员会的具体组成办法、组成人员任期、工作程序由国务院证券监督管理机构制订，报国务院批准。

第十五条　国务院证券监督管理机构依照法定条件负责核准股票发行申请。核准程序应当公开，依法接受监督。

参与核准股票发行申请的人员，不得与发行申请单位有利害关系；不得接受发行申请单位的馈赠；不得持有所核准的发行申请的股票；不得私下与发行申请单位进行接触。

国务院授权的部门对公司债券发行申请的审批，参照前二款的规定执行。

第十六条　国务院证券监督管理机构或者国务院授权的部门应当自受理证券发行申请文件之日起三个月内作出决定；不予核准或者审批的，应当作出说明。

第十七条　证券发行申请经核准或者经审批，发行人应当依照法律、行政法规的规定，在证券公开发行前，公告公开发行募集文件，并将该文件置备于指定场所供公众查阅。

发行证券的信息依法公开前，任何知情人不得公开或者泄露该信息。

发行人不得在公告公开发行募集文件之前发行证券。

第十八条　国务院证券监督管理机构或者国务院授权的部

门对已作出的核准或者审批证券发行的决定,发现不符合法律、行政法规规定的,应当予以撤销;尚未发行证券的,停止发行;已经发行的,证券持有人可以按照发行价并加算银行同期存款利息,要求发行人返还。

第十九条 股票依法发行后,发行人经营与收益的变化,由发行人自行负责;由此变化引致的投资风险,由投资者自行负责。

第二十条 上市公司发行新股,应当符合公司法有关发行新股的条件,可以向社会公开募集,也可以向原股东配售。

上市公司对发行股票所募资金,必须按招股说明书所列资金用途使用。改变招股说明书所列资金用途,必须经股东大会批准。擅自改变用途而未作纠正的,或者未经股东大会认可的,不得发行新股。

第二十一条 证券公司应当依照法律、行政法规的规定承销发行人向社会公开发行的证券。证券承销业务采取代销或者包销方式。

证券代销是指证券公司代发行人发售证券,在承销期结束时,将未售出的证券全部退还给发行人的承销方式。

证券包销是指证券公司将发行人的证券按照协议全部购入或者在承销期结束时将售后剩余证券全部自行购入的承销方式。

第二十二条 公开发行证券的发行人有权依法自主选择承销的证券公司。证券公司不得以不正当竞争手段招揽证券承销业务。

第二十三条 证券公司承销证券,应当同发行人签订代销或者包销协议,载明下列事项:

(一)当事人的名称、住所及法定代表人姓名;

(二)代销、包销证券的种类、数量、金额及发行价格;

(三)代销、包销的期限及起止日期;

(四)代销、包销的付款方式及日期;

(五)代销、包销的费用和结算办法;

(六)违约责任;

(七)国务院证券监督管理机构规定的其他事项。

第二十四条 证券公司承销证券,应当对公开发行募集文件的真实性、准确性、完整性进行核查;发现含有虚假记载、误导性陈述或者重大遗漏的,不得进行销售活动;已经销售的,必须立即停止销售活动,并采取纠正措施。

第二十五条 向社会公开发行的证券票面总值超过人民币五千万元的,应当由承销团承销。承销团应当由主承销和参与承销的证券公司组成。

第二十六条 证券的代销、包销期最长不得超过九十日。

证券公司在代销、包销期内,对所代销、包销的证券应当保证先行出售给认购人,证券公司不得为本公司事先预留所代销的证券和预先购入并留存所包销的证券。

第二十七条 证券公司包销证券的,应当在包销期满后的十五日内,将包销情况报国务院证券监督管理机构备案。

证券公司代销证券的,应当在代销期满后的十五日内,与发行人共同将证券代销情况报国务院证券监督管理机构备案。

第二十八条 股票发行采取溢价发行的,其发行价格由发行人与承销的证券公司协商确定,报国务院证券监督管理机构核准。

第二十九条 境内企业直接或者间接到境外发行证券或者将其证券在境外上市交易,必须经国务院证券监督管理机构批准。

第三章 证券交易

第一节 一般规定

第三十条 证券交易当事人依法买卖的证券,必须是依法发行并交付的证券。

非依法发行的证券,不得买卖。

第三十一条 依法发行的股票、公司债券及其他证券,法律对其转让期限有限制性规定的,在限定的期限内,不得买卖。

第三十二条 经依法核准的上市交易的股票、公司债券及其他证券,应当在证券交易所挂牌交易。

第三十三条 证券在证券交易所挂牌交易,应当采用公开的集中竞价交易方式。

证券交易的集中竞价应当实行价格优先、时间优先的原则。

第三十四条 证券交易当事人买卖的证券可以采用纸面形式或者国务院证券监督管理机构规定的其他形式。

第三十五条 证券交易以现货进行交易。

第三十六条 证券公司不得从事向客户融资或者融券的证券交易活动。

第三十七条 证券交易所、证券公司、证券登记结算机构从业人员、证券监督管理机构工作人员和法律、行政法规禁止参与股票交易的其他人员,在任期或者法定限期内,不得直接或者以化名、借他人名义持有、买卖股票,也不得收受他人赠送的股票。

任何人在成为前款所列人员时,其原已持有的股票,必须依法转让。

第三十八条 证券交易所、证券公司、证券登记结算机构必须依法为客户所开立的帐户保密。

第三十九条 为股票发行出具审计报告、资产评估报告或者法律意见书等文件的专业机构和人员,在该股票承销期内和期满后六个月内,不得买卖该种股票。

除前款规定外,为上市公司出具审计报告、资产评估报告或者法律意见书等文件的专业机构和人员，自接受上市公司委托之日起至上述文件公开后五日内，不得买卖该种股票。

第四十条 证券交易的收费必须合理，并公开收费项目、收费标准和收费办法。

证券交易的收费项目、收费标准和管理办法由国务院有关管理部门统一规定。

第四十一条 持有一个股份有限公司已发行的股份百分之五的股东，应当在其持股数额达到该比例之日起三日内向该公司报告，公司必须在接到报告之日起三日内向国务院证券监督管理机构报告；属于上市公司的，应当同时向证券交易所报告。

第四十二条 前条规定的股东，将其所持有的该公司的股票在买入后六个月内卖出，或者在卖出后六个月内又买入，由此所得收益归该公司所有，公司董事会应当收回该股东所得收益。但是，证券公司因包销购入售后剩余股票而持有百分之五以上股份的，卖出该股票时不受六个月时间限制。

公司董事会不按照前款规定执行的，其他股东有权要求董事会执行。

公司董事会不按照第一款的规定执行，致使公司遭受损害的，负有责任的董事依法承担连带赔偿责任。

第二节 证券上市

第四十三条 股份有限公司申请其股票上市交易，必须报经国务院证券监督管理机构核准。

国务院证券监督管理机构可以授权证券交易所依照法定条件和法定程序核准股票上市申请。

第四十四条 国家鼓励符合产业政策同时又符合上市条件的公司股票上市交易。

第四十五条 向国务院证券监督管理机构提出股票上市交易申请时，应当提交下列文件：

(一)上市报告书；

(二)申请上市的股东大会决议；

(三)公司章程；

(四)公司营业执照；

(五)经法定验证机构验证的公司最近三年的或者公司成立以来的财务会计报告；

(六)法律意见书和证券公司的推荐书；

(七)最近一次的招股说明书。

第四十六条 股票上市交易申请经国务院证券监督管理机构核准后，其发行人应当向证券交易所提交核准文件和前条规定的有关文件。

证券交易所应当自接到该股票发行人提交的前款规定的文件之日起六个月内，安排该股票上市交易。

第四十七条 股票上市交易申请经证券交易所同意后，上市公司应当在上市交易的五日前公告经核准的股票上市的有关文件，并将该文件置备于指定场所供公众查阅。

第四十八条 上市公司除公告前条规定的上市申请文件外，还应当公告下列事项：

(一)股票获准在证券交易所交易的日期；

(二)持有公司股份最多的前十名股东的名单和持股数额；

(三)董事、监事、经理及有关高级管理人员的姓名及其持有本公司股票和债券的情况。

第四十九条 上市公司丧失公司法规定的上市条件的，其股票依法暂停上市或者终止上市。

第五十条 公司申请其发行的公司债券上市交易，必须报经国务院证券监督管理机构核准。

国务院证券监督管理机构可以授权证券交易所依照法定条件和法定程序核准公司债券上市申请。

第五十一条 公司申请其公司债券上市交易必须符合下列条件：

(一)公司债券的期限为一年以上；

(二)公司债券实际发行额不少于人民币五千万元；

(三)公司申请其债券上市时仍符合法定的公司债券发行条件。

第五十二条 向国务院证券监督管理机构提出公司债券上市交易申请时，应当提交下列文件：

(一)上市报告书；

(二)申请上市的董事会决议；

(三)公司章程；

(四)公司营业执照；

(五)公司债券募集办法；

(六)公司债券的实际发行数额。

第五十三条 公司债券上市交易申请经国务院证券监督管理机构核准后，其发行人应当向证券交易所提交核准文件和前条规定的有关文件。

证券交易所应当自接到该债券发行人提交的前款规定的文件之日起三个月内，安排该债券上市交易。

第五十四条 公司债券上市交易申请经证券交易所同意后，发行人应当在公司债券上市交易的五日前公告公司债券上市报告、核准文件及有关上市申请文件，并将其申请文件置备于指定场所供公众查阅。

第五十五条 公司债券上市交易后，公司有下列情形之一的，由国务院证券监督管理机构决定暂停其公司债券上市交易：

(一)公司有重大违法行为；

(二)公司情况发生重大变化不符合公司债券上市条件；

(三)公司债券所募集资金不按照审批机关批准的用途使用；

(四)未按照公司债券募集办法履行义务；

(五)公司最近二年连续亏损。

第五十六条 公司有前条第(一)项、第(四)项所列情形之一经查实后果严重的，或者有前条第(二)项、第(三)项、第(五)项所列情形之一，在限期内未能消除的，由国务院证券监督管理机构决定终止该公司债券上市。

公司解散、依法被责令关闭或者被宣告破产的，由证券交易所终止其公司债券上市，并报国务院证券监督管理机构备案。

第五十七条 国务院证券监督管理机构可以授权证券交易所依法暂停或者终止股票或者公司债券上市。

第三节 持续信息公开

第五十八条 经国务院证券监督管理机构核准依法发行股票，或者经国务院授权的部门批准依法发行公司债券，依照公司法的规定，应当公告招股说明书、公司债券募集办法。依法发行新股或者公司债券的，还应当公告财务会计报告。

第五十九条 公司公告的股票或者公司债券的发行和上市文件，必须真实、准确、完整，不得有虚假记载、误导性陈述或者重大遗漏。

第六十条 股票或者公司债券上市交易的公司，应当在每一会计年度的上半年结束之日起二个月内，向国务院证券监督管理机构和证券交易所提交记载以下内容的中期报告，并予公告：

(一)公司财务会计报告和经营情况；

(二)涉及公司的重大诉讼事项；

(三)已发行的股票、公司债券变动情况；

(四)提交股东大会审议的重要事项；

(五)国务院证券监督管理机构规定的其他事项。

第六十一条 股票或者公司债券上市交易的公司，应当在每一会计年度结束之日起四个月内，向国务院证券监督管理机构和证券交易所提交记载以下内容的年度报告，并予公告：

(一)公司概况；

(二)公司财务会计报告和经营情况；

(三)董事、监事、经理及有关高级管理人员简介及其持股情况；

(四)已发行的股票、公司债券情况，包括持有公司股份最多的前十名股东名单和持股数额；

(五)国务院证券监督管理机构规定的其他事项。

第六十二条 发生可能对上市公司股票交易价格产生较大影响、而投资者尚未得知的重大事件时，上市公司应当立即将有关该重大事件的情况向国务院证券监督管理机构和证券交易所提交临时报告，并予公告，说明事件的实质。

下列情况为前款所称重大事件：

(一)公司的经营方针和经营范围的重大变化；

(二)公司的重大投资行为和重大的购置财产的决定；

(三)公司订立重要合同，而该合同可能对公司的资产、负债、权益和经营成果产生重要影响；

(四)公司发生重大债务和未能清偿到期重大债务的违约情况；

(五)公司发生重大亏损或者遭受超过净资产百分之十以上的重大损失；

(六)公司生产经营的外部条件发生的重大变化；

(七)公司的董事长，三分之一以上的董事，或者经理发生变动；

(八)持有公司百分之五以上股份的股东，其持有股份情况发生较大变化；

(九)公司减资、合并、分立、解散及申请破产的决定；

(十)涉及公司的重大诉讼，法院依法撤销股东大会、董事会决议；

(十一)法律、行政法规规定的其他事项。

第六十三条 发行人、承销的证券公司公告招股说明书、公司债券募集办法、财务会计报告、上市报告文件、年度报告、中期报告、临时报告，存在虚假记载、误导性陈述或者有重大遗漏，致使投资者在证券交易中遭受损失的，发行人、承销的证券公司应当承担赔偿责任，发行人、承销的证券公司的负有责任的董事、监事、经理应当承担连带赔偿责任。

第六十四条 依照法律、行政法规规定必须作出的公告，应当在国家有关部门规定的报刊上或者在专项出版的公报上刊登，同时将其置备于公司住所、证券交易所，供社会公众查阅。

第六十五条 国务院证券监督管理机构对上市公司年度报告、中期报告、临时报告以及公告的情况进行监督，对上市公司分派或者配售新股的情况进行监督。

证券监督管理机构、证券交易所、承销的证券公司及有关人员，对公司依照法律、行政法规规定必须作出的公告，在公告前不得泄露其内容。

第六十六条 国务院证券监督管理机构对有重大违法行为或者不具备其他上市条件的上市公司取消其上市资格的，应当及时作出公告。

证券交易所依照授权作出前款规定的决定时，应当及时作出公告，并报国务院证券监督管理机构备案。

第四节 禁止的交易行为

第六十七条 禁止证券交易内幕信息的知情人员利用内幕

信息进行证券交易活动。

第六十八条 下列人员为知悉证券交易内幕信息的知情人员：

（一）发行股票或者公司债券的公司董事、监事、经理、副经理及有关的高级管理人员；

（二）持有公司百分之五以上股份的股东；

（三）发行股票公司的控股公司的高级管理人员；

（四）由于所任公司职务可以获取公司有关证券交易信息的人员；

（五）证券监督管理机构工作人员以及由于法定的职责对证券交易进行管理的其他人员；

（六）由于法定职责而参与证券交易的社会中介机构或者证券登记结算机构、证券交易服务机构的有关人员；

（七）国务院证券监督管理机构规定的其他人员。

第六十九条 证券交易活动中，涉及公司的经营、财务或者对该公司证券的市场价格有重大影响的尚未公开的信息，为内幕信息。

下列各项信息皆属内幕信息：

（一）本法第六十二条第二款所列重大事件；

（二）公司分配股利或者增资的计划；

（三）公司股权结构的重大变化；

（四）公司债务担保的重大变更；

（五）公司营业用主要资产的抵押、出售或者报废一次超过该资产的百分之三十；

（六）公司的董事、监事、经理、副经理或者其他高级管理人员的行为可能依法承担重大损害赔偿责任；

（七）上市公司收购的有关方案；

（八）国务院证券监督管理机构认定的对证券交易价格有显著影响的其他重要信息。

第七十条 知悉证券交易内幕信息的知情人员或者非法获取内幕信息的其他人员，不得买入或者卖出所持有的该公司的证券，或者泄露该信息或者建议他人买卖该证券。

持有百分之五以上股份的股东收购上市公司的股份，本法另有规定的，适用其规定。

第七十一条 禁止任何人以下列手段获取不正当利益或者转嫁风险：

（一）通过单独或者合谋，集中资金优势、持股优势或者利用信息优势联合或者连续买卖，操纵证券交易价格；

（二）与他人串通，以事先约定的时间、价格和方式相互进行证券交易或者相互买卖并不持有的证券，影响证券交易价格或者证券交易量；

（三）以自己为交易对象，进行不转移所有权的自买自卖，影响证券交易价格或者证券交易量；

（四）以其他方法操纵证券交易价格。

第七十二条 禁止国家工作人员、新闻传播媒介从业人员和有关人员编造并传播虚假信息，严重影响证券交易。

禁止证券交易所、证券公司、证券登记结算机构、证券交易服务机构、社会中介机构及其从业人员，证券业协会、证券监督管理机构及其工作人员，在证券交易活动中作出虚假陈述或者信息误导。

各种传播媒介传播证券交易信息必须真实、客观，禁止误导。

第七十三条 在证券交易中，禁止证券公司及其从业人员从事下列损害客户利益的欺诈行为：

（一）违背客户的委托为其买卖证券；

（二）不在规定时间内向客户提供交易的书面确认文件；

（三）挪用客户所委托买卖的证券或者客户帐户上的资金；

（四）私自买卖客户帐户上的证券，或者假借客户的名义买卖证券；

（五）为牟取佣金收入，诱使客户进行不必要的证券买卖；

（六）其他违背客户真实意思表示，损害客户利益的行为。

第七十四条 在证券交易中，禁止法人以个人名义开立帐户，买卖证券。

第七十五条 在证券交易中，禁止任何人挪用公款买卖证券。

第七十六条 国有企业和国有资产控股的企业，不得炒作上市交易的股票。

第七十七条 证券交易所、证券公司、证券登记结算机构、证券交易服务机构、社会中介机构及其从业人员对证券交易中发现的禁止的交易行为，应当及时向证券监督管理机构报告。

第四章　上市公司收购

第七十八条 上市公司收购可以采取要约收购或者协议收购的方式。

第七十九条 通过证券交易所的证券交易，投资者持有一个上市公司已发行的股份的百分之五时，应当在该事实发生之日起三日内，向国务院证券监督管理机构、证券交易所作出书面报告，通知该上市公司，并予以公告；在上述规定的期限内，不得再行买卖该上市公司的股票。

投资者持有一个上市公司已发行的股份的百分之五后，通过证券交易所的证券交易，其所持该上市公司已发行的股份比例每增加或者减少百分之五，应当依照前款规定进行报告和公告。在报告期限内和作出报告、公告后二日内，不得再行买卖该上市公司的股票。

第八十条 依照前条规定所作的书面报告和公告，应当包括下列内容：

（一）持股人的名称、住所；

（二）所持有的股票的名称、数量；

（三）持股达到法定比例或者持股增减变化达到法定比例的日期。

第八十一条 通过证券交易所的证券交易，投资者持有一个上市公司已发行的股份的百分之三十时，继续进行收购的，应当依法向该上市公司所有股东发出收购要约。但经国务院证券监督管理机构免除发出要约的除外。

第八十二条 依照前条规定发出收购要约，收购人必须事先向国务院证券监督管理机构报送上市公司收购报告书，并载明下列事项：

（一）收购人的名称、住所；

（二）收购人关于收购的决定；

（三）被收购的上市公司名称；

（四）收购目的；

（五）收购股份的详细名称和预定收购的股份数额；

（六）收购的期限、收购的价格；

（七）收购所需资金额及资金保证；

（八）报送上市公司收购报告书时所持有被收购公司股份数占该公司已发行的股份总数的比例。

收购人还应当将前款规定的公司收购报告书同时提交证券交易所。

第八十三条 收购人在依照前条规定报送上市公司收购报告书之日起十五日后，公告其收购要约。

收购要约的期限不得少于三十日，并不得超过六十日。

第八十四条 在收购要约的有效期限内，收购人不得撤回其收购要约。

在收购要约的有效期限内，收购人需要变更收购要约中事项的，必须事先向国务院证券监督管理机构及证券交易所提出报告，经获准后，予以公告。

第八十五条 收购要约中提出的各项收购条件，适用于被收购公司所有的股东。

第八十六条 收购要约的期限届满，收购人持有的被收购公司的股份数达到该公司已发行的股份总数的百分之七十五以上的，该上市公司的股票应当在证券交易所终止上市交易。

第八十七条 收购要约的期限届满，收购人持有的被收购公司的股份数达到该公司已发行的股份总数的百分之九十以上的，其余仍持有被收购公司股票的股东，有权向收购人以收购要约的同等条件出售其股票，收购人应当收购。

收购行为完成后，被收购公司不再具有公司法规定的条件的，应当依法变更其企业形式。

第八十八条 采取要约收购方式的，收购人在收购要约期限内，不得采取要约规定以外的形式和超出要约的条件买卖被收购公司的股票。

第八十九条 采取协议收购方式的，收购人可以依照法律、行政法规的规定同被收购公司的股东以协议方式进行股权转让。

以协议方式收购上市公司时，达成协议后，收购人必须在三日内将该收购协议向国务院证券监督管理机构及证券交易所作出书面报告，并予公告。

在未作出公告前不得履行收购协议。

第九十条 采取协议收购方式的，协议双方可以临时委托证券登记结算机构保管协议转让的股票，并将资金存放于指定的银行。

第九十一条 在上市公司收购中，收购人对所持有的被收购的上市公司的股票，在收购行为完成后的六个月内不得转让。

第九十二条 通过要约收购或者协议收购方式取得被收购公司股票并将该公司撤销的，属于公司合并，被撤销公司的原有股票，由收购人依法更换。

第九十三条 收购上市公司的行为结束后，收购人应当在十五日内将收购情况报告国务院证券监督管理机构和证券交易所，并予公告。

第九十四条 上市公司收购中涉及国家授权投资机构持有的股份，应当按照国务院的规定，经有关主管部门批准。

第五章 证券交易所

第九十五条 证券交易所是提供证券集中竞价交易场所的不以营利为目的的法人。

证券交易所的设立和解散，由国务院决定。

第九十六条 设立证券交易所必须制定章程。

证券交易所章程的制定和修改，必须经国务院证券监督管理机构批准。

第九十七条 证券交易所必须在其名称中标明证券交易所字样。其他任何单位或者个人不得使用证券交易所或者近似的名称。

第九十八条 证券交易所可以自行支配的各项费用收入，应当首先用于保证其证券交易场所和设施的正常运行并逐步改善。

证券交易所的积累归会员所有，其权益由会员共同享有，在其存续期间，不得将其积累分配给会员。

第九十九条 证券交易所设理事会。

第一百条 证券交易所设总经理一人，由国务院证券监督管理机构任免。

第一百零一条 有公司法第五十七条规定的情形或者下列情形之一的，不得担任证券交易所的负责人：

（一）因违法行为或者违纪行为被解除职务的证券交易所、证券登记结算机构的负责人或者证券公司的董事、监事、经理，自被解除职务之日起未逾五年；

（二）因违法行为或者违纪行为被撤销资格的律师、注册会计师或者法定资产评估机构、验证机构的专业人员，自被撤销资格之日起未逾五年。

第一百零二条 因违法行为或者违纪行为被开除的证券交易所、证券登记结算机构、证券公司的从业人员和被开除的国家机关工作人员，不得招聘为证券交易所的从业人员。

第一百零三条 进入证券交易所参与集中竞价交易的，必须是具有证券交易所会员资格的证券公司。

第一百零四条 投资者应当在证券公司开立证券交易帐户，以书面、电话以及其他方式，委托为其开户的证券公司代其买卖证券。

投资者通过其开户的证券公司买卖证券的，应当采用市价委托或者限价委托。

第一百零五条 证券公司根据投资者的委托，按照时间优先的规则提出交易申报，参与证券交易所场内的集中竞价交易；证券登记结算机构根据成交结果，按照清算交割规则，进行证券和资金的清算交割，办理证券的登记过户手续。

第一百零六条 证券公司接受委托或者自营，当日买入的证券，不得在当日再行卖出。

第一百零七条 证券交易所应当为组织公平的集中竞价交易提供保障，即时公布证券交易行情，并按交易日制作证券市场行情表，予以公布。

第一百零八条 证券交易所依照法律、行政法规的规定，办理股票、公司债券的暂停上市、恢复上市或者终止上市的事务，其具体办法由国务院证券监督管理机构制定。

第一百零九条 因突发性事件而影响证券交易的正常进行时，证券交易所可以采取技术性停牌的措施；因不可抗力的突发性事件或者为维护证券交易的正常秩序，证券交易所可以决定临时停市。

证券交易所采取技术性停牌或者决定临时停市，必须及时报告国务院证券监督管理机构。

第一百一十条 证券交易所对在交易所进行的证券交易实行实时监控，并按照国务院证券监督管理机构的要求，对异常的交易情况提出报告。

证券交易所应当对上市公司披露信息进行监督，督促上市公司依法及时、准确地披露信息。

第一百一十一条 证券交易所应当从其收取的交易费用和会员费、席位费中提取一定比例的金额设立风险基金。风险基金由证券交易所理事会管理。

风险基金提取的具体比例和使用办法，由国务院证券监督管理机构会同国务院财政部门规定。

第一百一十二条 证券交易所应当将收存的交易保证金、风险基金存入开户银行专门帐户，不得擅自使用。

第一百一十三条 证券交易所依照证券法律、行政法规制定证券集中竞价交易的具体规则，制订证券交易所的会员管理规章和证券交易所从业人员业务规则，并报国务院证券监督管理机构批准。

第一百一十四条 证券交易所的负责人和其他从业人员在执行与证券交易有关的职务时，凡与其本人或者其亲属有利害关系的，应当回避。

第一百一十五条 按照依法制定的交易规则进行的交易，不得改变其交易结果。对交易中违规交易者应负的民事责任不得免除；在违规交易中所获利益，依照有关规定处理。

第一百一十六条 在证券交易所内从事证券交易的人员，违反证券交易所有关交易规则的，由证券交易所给予纪律处分；对情节严重的，撤销其资格，禁止其入场进行证券交易。

第六章 证券公司

第一百一十七条 设立证券公司，必须经国务院证券监督管理机构审查批准。未经国务院证券监督管理机构批准，不得经营证券业务。

第一百一十八条 本法所称证券公司是指依照公司法规定和依前条规定批准的从事证券经营业务的有限责任公司或者股份有限公司。

第一百一十九条 国家对证券公司实行分类管理，分为综合类证券公司和经纪类证券公司，并由国务院证券监督管理机构按照其分类颁发业务许可证。

第一百二十条 证券公司必须在其名称中标明证券有限责任公司或者证券股份有限公司字样。

经纪类证券公司必须在其名称中标明经纪字样。

第一百二十一条 设立综合类证券公司，必须具备下列条件：

（一）注册资本最低限额为人民币五亿元；

（二）主要管理人员和业务人员必须具有证券从业资格；

（三）有固定的经营场所和合格的交易设施；

（四）有健全的管理制度和规范的自营业务与经纪业务分业管理的体系。

第一百二十二条 经纪类证券公司注册资本最低限额为人

民币五千万元；主要管理人员和业务人员必须具有证券从业资格；有固定的经营场所和合格的交易设施；有健全的管理制度。

第一百二十三条 证券公司设立或者撤销分支机构、变更业务范围或者注册资本、变更公司章程、合并、分立、变更公司形式或者解散，必须经国务院证券监督管理机构批准。

第一百二十四条 证券公司的对外负债总额不得超过其净资产额的规定倍数，其流动负债总额不得超过其流动资产总额的一定比例；其具体倍数、比例和管理办法，由国务院证券监督管理机构规定。

第一百二十五条 有公司法第五十七条规定的情形或者下列情形之一的，不得担任证券公司的董事、监事或者经理：

(一)因违法行为或者违纪行为被解除职务的证券交易所、证券登记结算机构的负责人或者证券公司的董事、监事、经理，自被解除职务之日起未逾五年；

(二)因违法行为或者违纪行为被撤销资格的律师、注册会计师或者法定资产评估机构、验证机构的专业人员，自被撤销资格之日起未逾五年。

第一百二十六条 因违法行为或者违纪行为被开除的证券交易所、证券登记结算机构、证券公司的从业人员和被开除的国家机关工作人员，不得招聘为证券公司的从业人员。

第一百二十七条 国家机关工作人员和法律、行政法规规定的禁止在公司中兼职的其他人员，不得在证券公司中兼任职务。

证券公司的董事、监事、经理和业务人员不得在其他证券公司中兼任职务。

第一百二十八条 证券公司从每年的税后利润中提取交易风险准备金，用于弥补证券交易的损失，其提取的具体比例由国务院证券监督管理机构规定。

第一百二十九条 综合类证券公司可以经营下列证券业务：

(一)证券经纪业务；

(二)证券自营业务；

(三)证券承销业务；

(四)经国务院证券监督管理机构核定的其他证券业务。

第一百三十条 经纪类证券公司只允许专门从事证券经纪业务。

第一百三十一条 证券公司应当依照前二条规定的业务，提出业务范围的申请，并经国务院证券监督管理机构核定。

证券公司不得超出核定的业务范围经营证券业务和其他业务。

第一百三十二条 综合类证券公司必须将其经纪业务和自营业务分开办理，业务人员、财务帐户均应分开，不得混合操作。

客户的交易结算资金必须全额存入指定的商业银行，单独立户管理。严禁挪用客户交易结算资金。

第一百三十三条 禁止银行资金违规流入股市。

证券公司的自营业务必须使用自有资金和依法筹集的资金。

第一百三十四条 证券公司自营业务必须以自己的名义进行，不得假借他人名义或者以个人名义进行。

证券公司不得将其自营帐户借给他人使用。

第一百三十五条 证券公司依法享有自主经营的权利，其合法经营不受干涉。

第一百三十六条 证券公司注册资本低于本法规定的从事相应业务要求的，由国务院证券监督管理机构撤销对其有关业务范围的核定。

第一百三十七条 在证券交易中，代理客户买卖证券，从事中介业务的证券公司，为具有法人资格的证券经纪人。

第一百三十八条 证券公司办理经纪业务，必须为客户分别开立证券和资金帐户，并对客户交付的证券和资金按户分帐管理，如实进行交易记录，不得作虚假记载。

客户开立帐户，必须持有证明中国公民身份或者中国法人资格的合法证件。

第一百三十九条 证券公司办理经纪业务，应当置备统一制定的证券买卖委托书，供委托人使用。采取其他委托方式的，必须作出委托记录。

客户的证券买卖委托，不论是否成交，其委托记录应当按规定的期限，保存于证券公司。

第一百四十条 证券公司接受证券买卖的委托，应当根据委托书载明的证券名称、买卖数量、出价方式、价格幅度等，按照交易规则代理买卖证券；买卖成交后，应当按规定制作买卖成交报告单交付客户。

证券交易中确认交易行为及其交易结果的对帐单必须真实，并由交易经办人员以外的审核人员逐笔审核，保证帐面证券余额与实际持有的证券相一致。

第一百四十一条 证券公司接受委托卖出证券必须是客户证券帐户上实有的证券，不得为客户融券交易。

证券公司接受委托买入证券必须以客户资金帐户上实有的资金支付，不得为客户融资交易。

第一百四十二条 证券公司办理经纪业务，不得接受客户的全权委托而决定证券买卖、选择证券种类、决定买卖数量或者买卖价格。

第一百四十三条 证券公司不得以任何方式对客户证券买卖的收益或者赔偿证券买卖的损失作出承诺。

第一百四十四条 证券公司及其从业人员不得未经过其依法设立的营业场所私下接受客户委托买卖证券。

第一百四十五条　证券公司的从业人员在证券交易活动中，按其所属的证券公司的指令或者利用职务违反交易规则的，由所属的证券公司承担全部责任。

第七章　证券登记结算机构

第一百四十六条　证券登记结算机构为证券交易提供集中的登记、托管与结算服务，是不以营利为目的的法人。

设立证券登记结算机构必须经国务院证券监督管理机构批准。

第一百四十七条　设立证券登记结算机构，应当具备下列条件：

(一)自有资金不少于人民币二亿元；

(二)具有证券登记、托管和结算服务所必须的场所和设施；

(三)主要管理人员和业务人员必须具有证券从业资格；

(四)国务院证券监督管理机构规定的其他条件。

证券登记结算机构的名称中应当标明证券登记结算字样。

第一百四十八条　证券登记结算机构履行下列职能：

(一)证券帐户、结算帐户的设立；

(二)证券的托管和过户；

(三)证券持有人名册登记；

(四)证券交易所上市证券交易的清算和交收；

(五)受发行人的委托派发证券权益；

(六)办理与上述业务有关的查询；

(七)国务院证券监督管理机构批准的其他业务。

第一百四十九条　证券登记结算采取全国集中统一的运营方式。

证券登记结算机构章程、业务规则应当依法制定，并须经国务院证券监督管理机构批准。

第一百五十条　证券持有人所持有的证券上市交易前，应当全部托管在证券登记结算机构。

证券登记结算机构不得将客户的证券用于质押或者出借给他人。

第一百五十一条　证券登记结算机构应当向证券发行人提供证券持有人名册及其有关资料。

证券登记结算机构应当根据证券登记结算的结果，确认证券持有人持有证券的事实，提供证券持有人登记资料。

证券登记结算机构应当保证证券持有人名册和登记过户记录真实、准确、完整，不得伪造、篡改、毁坏。

第一百五十二条　证券登记结算机构应当采取下列措施保证业务的正常进行：

(一)具有必备的服务设备和完善的数据安全保护措施；

(二)建立健全的业务、财务和安全防范等管理制度；

(三)建立完善的风险管理系统。

第一百五十三条　证券登记结算机构应当妥善保存登记、托管和结算的原始凭证。重要的原始凭证的保存期不少于二十年。

第一百五十四条　证券登记结算机构应当设立结算风险基金，并存入指定银行的专门帐户。结算风险基金用于因技术故障、操作失误、不可抗力造成的证券登记结算机构的损失。

证券结算风险基金从证券登记结算机构的业务收入和收益中提取，并可以由证券公司按证券交易业务量的一定比例缴纳。

证券结算风险基金的筹集、管理办法，由国务院证券监督管理机构会同国务院财政部门规定。

第一百五十五条　证券结算风险基金应当专项管理。

证券登记结算机构以风险基金赔偿后，应当向有关责任人追偿。

第一百五十六条　证券登记结算机构申请解散，应当经国务院证券监督管理机构批准。

第八章　证券交易服务机构

第一百五十七条　根据证券投资和证券交易业务的需要，可以设立专业的证券投资咨询机构、资信评估机构。证券投资咨询机构、资信评估机构的设立条件、审批程序和业务规则，由国务院证券监督管理机构规定。

第一百五十八条　专业的证券投资咨询机构、资信评估机构的业务人员，必须具备证券专业知识和从事证券业务二年以上经验。认定其从事证券业务资格的标准和管理办法，由国务院证券监督管理机构制定。

第一百五十九条　证券投资咨询机构的从业人员不得从事下列行为：

(一)代理委托人从事证券投资；

(二)与委托人约定分享证券投资收益或者分担证券投资损失；

(三)买卖本咨询机构提供服务的上市公司股票；

(四)法律、行政法规禁止的其他行为。

第一百六十条　专业的证券投资咨询机构和资信评估机构，应当按照国务院有关管理部门规定的标准或者收费办法收取服务费用。

第一百六十一条　为证券的发行、上市或者证券交易活动出具审计报告、资产评估报告或者法律意见书等文件的专业机构和人员，必须按照执业规则规定的工作程序出具报告，对其所出具报告内容的真实性、准确性和完整性进行核查和验证，并就其负有责任的部分承担连带责任。

第九章　证券业协会

第一百六十二条　证券业协会是证券业的自律性组织，是社会团体法人。

证券公司应当加入证券业协会。

证券业协会的权力机构为由全体会员组成的会员大会。

第一百六十三条　证券业协会的章程由会员大会制定，并报国务院证券监督管理机构备案。

第一百六十四条　证券业协会履行下列职责：

（一）协助证券监督管理机构教育和组织会员执行证券法律、行政法规；

（二）依法维护会员的合法权益，向证券监督管理机构反映会员的建议和要求；

（三）收集整理证券信息，为会员提供服务；

（四）制定会员应遵守的规则，组织会员单位的从业人员的业务培训，开展会员间的业务交流；

（五）对会员之间、会员与客户之间发生的纠纷进行调解；

（六）组织会员就证券业的发展、运作及有关内容进行研究；

（七）监督、检查会员行为，对违反法律、行政法规或者协会章程的，按照规定给予纪律处分；

（八）国务院证券监督管理机构赋予的其他职责。

第一百六十五条　证券业协会设理事会。理事会成员依章程的规定由选举产生。

第十章　证券监督管理机构

第一百六十六条　国务院证券监督管理机构依法对证券市场实行监督管理，维护证券市场秩序，保障其合法运行。

第一百六十七条　国务院证券监督管理机构在对证券市场实施监督管理中履行下列职责：

（一）依法制定有关证券市场监督管理的规章、规则，并依法行使审批或者核准权；

（二）依法对证券的发行、交易、登记、托管、结算，进行监督管理；

（三）依法对证券发行人、上市公司、证券交易所、证券公司、证券登记结算机构、证券投资基金管理机构、证券投资咨询机构、资信评估机构以及从事证券业务的律师事务所、会计师事务所、资产评估机构的证券业务活动，进行监督管理；

（四）依法制定从事证券业务人员的资格标准和行为准则，并监督实施；

（五）依法监督检查证券发行和交易的信息公开情况；

（六）依法对证券业协会的活动进行指导和监督；

（七）依法对违反证券市场监督管理法律、行政法规的行为进行查处；

（八）法律、行政法规规定的其他职责。

第一百六十八条　国务院证券监督管理机构依法履行职责，有权采取下列措施：

（一）进入违法行为发生场所调查取证；

（二）询问当事人和与被调查事件有关的单位和个人，要求其对与被调查事件有关的事项作出说明；

（三）查阅、复制当事人和与被调查事件有关的单位 和个人的证券交易记录、登记过户记录、财务会计资料及其他相关文件和资料；对可能被转移或者隐匿的文件和资料，可以予以封存；

（四）查询当事人和与被调查事件有关的单位和个人的资金帐户、证券帐户，对有证据证明有转移或者隐匿违法资金、证券迹象的，可以申请司法机关予以冻结。

第一百六十九条　国务院证券监督管理机构工作人员依法履行职责，进行监督检查或者调查时，应当出示有关证件，并对知悉的有关单位和个人的商业秘密负有保密的义务。

第一百七十条　国务院证券监督管理机构工作人员必须忠于职守，依法办事，公正廉洁，不得利用自己的职务便利牟取不正当的利益。

第一百七十一条　国务院证券监督管理机构依法履行职责，被检查、调查的单位和个人应当配合，如实提供有关文件和资料，不得拒绝、阻碍和隐瞒。

第一百七十二条　国务院证券监督管理机构依法制定的规章、规则和监督管理工作制度应当公开。

国务院证券监督管理机构依据调查结果，对证券违法行为作出的处罚决定，应当公开。

第一百七十三条　国务院证券监督管理机构依法履行职责，发现证券违法行为涉嫌犯罪的，应当将案件移送司法机关处理。

第一百七十四条　国务院证券监督管理机构的工作人员不得在被监管的机构中兼任职务。

第十一章　法律责任

第一百七十五条　未经法定的机关核准或者审批，擅自发行证券的，或者制作虚假的发行文件发行证券的，责令停止发行，退还所募资金和加算银行同期存款利息，并处以非法所募资金金额百分之一以上百分之五以下的罚款。对直接负责的主管人员和其他直接责任人员给予警告，并处以三万元以上三十万元以下的罚款。构成犯罪的，依法追究刑事责任。

第一百七十六条　证券公司承销或者代理买卖未经核准或者审批擅自发行的证券的，由证券监督管理机构予以取缔，没收违法所得，并处以违法所得一倍以上五倍以下的罚款。对直接负责的主管人员和其他直接责任人员给予警告，并处以三万元以上三十万元以下的罚款。构成犯罪的,依法追究刑事责任。

第一百七十七条 依照本法规定,经核准上市交易的证券,其发行人未按照有关规定披露信息,或者所披露的信息有虚假记载、误导性陈述或者有重大遗漏的,由证券监督管理机构责令改正,对发行人处以三十万元以上六十万元以下的罚款。对直接负责的主管人员和其他直接责任人员给予警告,并处以三万元以上三十万元以下的罚款。构成犯罪的,依法追究刑事责任。

前款发行人未按期公告其上市文件或者报送有关报告的,由证券监督管理机构责令改正,对发行人处以五万元以上十万元以下的罚款。

第一百七十八条 非法开设证券交易场所的,由证券监督管理机构予以取缔,没收违法所得,并处以违法所得一倍以上五倍以下的罚款。没有违法所得的,处以十万元以上五十万元以下的罚款。对直接负责的主管人员和其他直接责任人员给予警告,并处以三万元以上三十万元以下的罚款。构成犯罪的,依法追究刑事责任。

第一百七十九条 未经批准并领取业务许可证,擅自设立证券公司经营证券业务的,由证券监督管理机构予以取缔,没收违法所得,并处以违法所得一倍以上五倍以下的罚款。没有违法所得的,处以三万元以上十万元以下的罚款。构成犯罪的,依法追究刑事责任。

第一百八十条 法律、行政法规规定禁止参与股票交易的人员,直接或者以化名、借他人名义持有、买卖股票的,责令依法处理非法持有的股票,没收违法所得,并处以所买卖股票等值以下的罚款;属于国家工作人员的,还应当依法给予行政处分。

第一百八十一条 证券交易所、证券公司、证券登记结算机构、证券交易服务机构的从业人员、证券业协会或者证券监督管理机构的工作人员,故意提供虚假资料,伪造、变造或者销毁交易记录,诱骗投资者买卖证券的,取消从业资格,并处以三万元以上五万元以下的罚款;属于国家工作人员的,还应当依法给予行政处分。构成犯罪的,依法追究刑事责任。

第一百八十二条 为股票的发行或者上市出具审计报告、资产评估报告或者法律意见书等文件的专业机构和人员,违反本法第三十九条的规定买卖股票的,责令依法处理非法获得的股票,没收违法所得,并处以所买卖的股票等值以下的罚款。

第一百八十三条 证券交易内幕信息的知情人员或者非法获取证券交易内幕信息的人员,在涉及证券的发行、交易或者其他对证券的价格有重大影响的信息尚未公开前,买入或者卖出该证券,或者泄露该信息或者建议他人买卖该证券的,责令依法处理非法获得的证券,没收违法所得,并处以违法所得一倍以上五倍以下或者非法买卖的证券等值以下的罚款。构成犯罪的,依法追究刑事责任。

证券监督管理机构工作人员进行内幕交易的,从重处罚。

第一百八十四条 任何人违反本法第七十一条规定,操纵证券交易价格,或者制造证券交易的虚假价格或者证券交易量,获取不正当利益或者转嫁风险的,没收违法所得,并处以违法所得一倍以上五倍以下的罚款。构成犯罪的,依法追究刑事责任。

第一百八十五条 违反本法规定,挪用公款买卖证券的,没收违法所得,并处以违法所得一倍以上五倍以下的罚款;属于国家工作人员的,还应当依法给予行政处分。构成犯罪的,依法追究刑事责任。

第一百八十六条 证券公司违反本法规定,为客户卖出其帐户上未实有的证券或者为客户融资买入证券的,没收违法所得,并处以非法买卖证券等值的罚款。对直接负责的主管人员和其他直接责任人员给予警告,并处以三万元以上三十万元以下的罚款。构成犯罪的,依法追究刑事责任。

第一百八十七条 证券公司违反本法规定,当日接受客户委托或者自营买入证券又于当日将该证券再行卖出的,没收违法所得,并处以非法买卖证券成交金额百分之五以上百分之二十以下的罚款。

第一百八十八条 编造并且传播影响证券交易的虚假信息,扰乱证券交易市场的,处以三万元以上二十万元以下的罚款。构成犯罪的,依法追究刑事责任。

第一百八十九条 证券交易所、证券公司、证券登记结算机构、证券交易服务机构、社会中介机构及其从业人员,或者证券业协会、证券监督管理机构及其工作人员,在证券交易活动中作出虚假陈述或者信息误导的,责令改正,处以三万元以上二十万元以下的罚款;属于国家工作人员的,还应当依法给予行政处分。构成犯罪的,依法追究刑事责任。

第一百九十条 违反本法规定,法人以个人名义设立帐户买卖证券的,责令改正,没收违法所得,并处以违法所得一倍以上五倍以下的罚款;其直接负责的主管人员和其他直接责任人员属于国家工作人员的,依法给予行政处分。

第一百九十一条 综合类证券公司违反本法规定,假借他人名义或者以个人名义从事自营业务的,责令改正,没收违法所得,并处以违法所得一倍以上五倍以下的罚款;情节严重的,停止其自营业务。

第一百九十二条 证券公司违背客户的委托买卖证券、办理交易事项,以及其他违背客户真实意思表示,办理交易以外的其他事项,给客户造成损失的,依法承担赔偿责任,并处以一万元以上十万元以下的罚款。

第一百九十三条 证券公司、证券登记结算机构及其从业人员，未经客户的委托，买卖、挪用、出借客户帐户上的证券或者将客户的证券用于质押的，或者挪用客户帐户上的资金的，责令改正，没收违法所得，处以违法所得一倍以上五倍以下的罚款，并责令关闭或者吊销责任人员的从业资格证书。构成犯罪的，依法追究刑事责任。

第一百九十四条 证券公司经办经纪业务，接受客户的全权委托买卖证券的，或者对客户买卖证券的收益或者赔偿证券买卖的损失作出承诺的，责令改正，处以五万元以上二十万元以下的罚款。

第一百九十五条 违反上市公司收购的法定程序，利用上市公司收购谋取不正当收益的，责令改正，没收违法所得，并处以违法所得一倍以上五倍以下的罚款。

第一百九十六条 证券公司及其从业人员违反本法规定，私下接受客户委托买卖证券的，没收违法所得，并处以违法所得一倍以上五倍以下的罚款。

第一百九十七条 证券公司违反本法规定，未经批准经营非上市挂牌证券的交易的，责令改正，没收违法所得，并处以违法所得一倍以上五倍以下的罚款。

第一百九十八条 证券公司成立后，无正当理由超过三个月未开始营业的，或者开业后自行停业连续三个月以上的，由公司登记机关吊销其公司营业执照。

第一百九十九条 证券公司违反本法规定，超出业务许可范围经营证券业务的，责令改正，没收违法所得，并处以违法所得一倍以上五倍以下的罚款。情节严重的，责令关闭。

第二百条 证券公司同时经营证券经纪业务和证券自营业务，不依法分开办理，混合操作的，责令改正，没收违法所得，并处以违法所得一倍以上五倍以下的罚款；情节严重的，由证券监督管理机构撤销原核定的证券业务。

第二百零一条 提交虚假证明文件或者采取其他欺诈手段隐瞒重要事实骗取证券业务许可的，或者证券公司在证券交易中有严重违法行为，不再具备经营资格的，由证券监督管理机构取消其证券业务许可，并责令关闭。

第二百零二条 为证券的发行、上市或者证券交易活动出具审计报告、资产评估报告或者法律意见书等文件的专业机构，就其所应负责的内容弄虚作假的，没收违法所得，并处以违法所得一倍以上五倍以下的罚款，并由有关主管部门责令该机构停业，吊销直接责任人员的资格证书。造成损失的，承担连带赔偿责任。构成犯罪的，依法追究刑事责任。

第二百零三条 未经证券监督管理机构批准，擅自设立证券登记结算机构或者证券交易服务机构的，由证券监督管理机构予以取缔，没收违法所得，并处以违法所得一倍以上五倍以下的罚款。

证券登记结算机构和证券交易服务机构违反本法规定或者证券监督管理机构统一制定的业务规则的，由证券监督管理机构责令改正，没收违法所得，并处以违法所得一倍以上五倍以下的罚款。情节严重的，责令关闭。

第二百零四条 证券监督管理机构对不符合本法规定的证券发行、上市的申请予以核准，或者对不符合本法规定条件的设立证券公司、证券登记结算机构或者证券交易服务机构的申请予以批准，情节严重的，对直接负责的主管人员和其他直接责任人员，依法给予行政处分。构成犯罪的，依法追究刑事责任。

第二百零五条 证券监督管理机构的工作人员和发行审核委员会的组成人员，不履行本法规定的职责，徇私舞弊、玩忽职守或者故意刁难有关当事人的，依法给予行政处分。构成犯罪的，依法追究刑事责任。

第二百零六条 违反本法规定，发行、承销公司债券的，由国务院授权的部门依照本法第一百七十五条、第一百七十六条、第二百零二条的规定予以处罚。

第二百零七条 违反本法规定，应当承担民事赔偿责任和缴纳罚款、罚金，其财产不足以同时支付时，先承担民事赔偿责任。

第二百零八条 以暴力、威胁方法阻碍证券监督管理机构依法行使监督检查职权的，依法追究刑事责任；拒绝、阻碍证券监督管理机构及其工作人员依法行使监督检查职权未使用暴力、威胁方法的，依照治安管理处罚条例的规定进行处罚。

第二百零九条 依照本法对证券发行、交易违法行为没收的违法所得和罚款，全部上缴国库。

第二百一十条 当事人对证券监督管理机构或者国务院授权的部门处罚决定不服的，可以依法申请复议，或者依法直接向人民法院提起诉讼。

第十二章 附 则

第二百一十一条 本法施行前依照行政法规已批准在证券交易所上市交易的证券继续依法进行交易。

本法施行前依照行政法规和国务院金融行政管理部门的规定经批准设立的证券经营机构，不完全符合本法规定的，应当在规定的限期内达到本法规定的要求。具体实施办法，由国务院另行规定。

第二百一十二条 本法关于客户交易结算资金的规定的实施步骤，由国务院另行规定。

第二百一十三条 境内公司股票供境外人士、机构以外币认购和交易的，具体办法由国务院另行规定。

第二百一十四条 本法自 1999 年 7 月 1 日起施行。

中华人民共和国外资金融机构管理条例

第一章　总　则

第一条　为了适应对外开放和经济发展的需要，加强和完善对外资金融机构的管理，促进银行业的稳健运行，制定本条例。

第二条　本条例所称外资金融机构，是指依照中华人民共和国有关法律、法规的规定，经批准在中国境内设立和营业的下列金融机构：

（一）总行在中国境内的外国资本的银行（以下简称独资银行）；

（二）外国银行在中国境内的分行（以下简称外国银行分行）；

（三）外国的金融机构同中国的公司、企业在中国境内合资经营的银行（以下简称合资银行）；

（四）总公司在中国境内的外国资本的财务公司（以下简称独资财务公司）；

（五）外国的金融机构同中国的公司、企业在中国境内合资经营的财务公司（以下简称合资财务公司）。

第三条　外资金融机构必须遵守中华人民共和国法律、法规，不得损害中华人民共和国的社会公共利益。

外资金融机构的正当经营活动和合法权益受中华人民共和国法律保护。

第四条　中国人民银行是管理和监督外资金融机构的主管机关；中国人民银行分支机构对本辖区外资金融机构进行日常监督管理。

第二章　设立与登记

第五条　独资银行、合资银行的注册资本最低限额为3亿元人民币等值的自由兑换货币。独资财务公司、合资财务公司的注册资本最低限额为2亿元人民币等值的自由兑换货币。注册资本应当是实缴资本。

外国银行分行应当由其总行无偿拨给不少于1亿元人民币等值的自由兑换货币的营运资金。

中国人民银行根据外资金融机构的业务范围和审慎监管的需要，可以提高其注册资本或者营运资金的最低限额，并规定其中的人民币份额。

第六条　设立独资银行或者独资财务公司，申请人应当具备下列条件：

（一）申请人为金融机构；

（二）申请人在中国境内已经设立代表机构2年以上；

（三）申请人提出设立申请前1年年末总资产不少于100亿美元；

（四）申请人所在国家或者地区有完善的金融监督管理制度，并且申请人受到所在国家或者地区有关主管当局的有效监管；

（五）申请人所在国家或者地区有关主管当局同意其申请；

（六）中国人民银行规定的其他审慎性条件。

第七条　设立外国银行分行，申请人应当具备下列条件：

（一）申请人在中国境内已经设立代表机构2年以上；

（二）申请人提出设立申请前1年年末总资产不少于200亿美元，并且资本充足率不低于8%；

（三）申请人所在国家或者地区有完善的金融监督管理制度，并且申请人受到所在国家或者地区有关主管当局的有效监管；

（四）申请人所在国家或者地区有关主管当局同意其申请；

（五）中国人民银行规定的其他审慎性条件。

第八条　设立合资银行或者合资财务公司，申请人应当具备下列条件：

（一）外国合资者为金融机构；

（二）外国合资者在中国境内已经设立代表机构；

（三）外国合资者提出设立申请前1年年末总资产不少于100亿美元；

（四）外国合资者所在国家或者地区有完善的金融监督管理制度，并且外国合资者受到所在国家或者地区有关主管当局的有效监管；

（五）外国合资者所在国家或者地区有关主管当局同意其申请；

（六）中国人民银行规定的其他审慎性条件。

第九条　设立独资银行或者独资财务公司，应当由申请人向中国人民银行提出书面申请，并提交下列资料：

（一）设立独资银行或者独资财务公司的申请书，其内容包括：拟设独资银行或者独资财务公司的名称，注册资本额，申请经营的业务种类等；

（二）可行性研究报告；

（三）拟设独资银行或者独资财务公司的章程；

（四）申请人所在国家或者地区有关主管当局核发的营业执照（副本）及对其申请的意见书；

（五）申请人最近3年的年报；

（六）中国人民银行要求提供的其他资料。

第十条　设立外国银行分行，应当由外国银行总行向中国人民银行提出书面申请，并提交下列资料：

（一）法定代表人签署的申请书，其内容包括：拟设外国银行分行的名称，总行无偿拨给的营运资金数额，申请经营的业务种类等；

（二）可行性研究报告；

（三）申请人所在国家或者地区有关主管当局核发的营业执照（副本）及对其申请的意见书；

（四）申请人最近 3 年的年报；

（五）中国人民银行要求提供的其他资料。

第十一条 设立合资银行或者合资财务公司，应当由合资各方共同向中国人民银行提出书面申请，并提交下列资料：

（一）设立合资银行或者合资财务公司的申请书，其内容包括：拟设合资银行或者合资财务公司的名称，合资各方名称，注册资本额，合资各方出资比例，申请经营的业务种类等；

（二）可行性研究报告；

（三）合资经营合同及拟设合资银行或者合资财务公司的章程；

（四）外国合资者所在国家或者地区有关主管当局核发的营业执照（副本）及对其申请的意见书；

（五）外国合资者最近 3 年的年报；

（六）中国合资者的有关资料；

（七）中国人民银行要求提供的其他资料。

第十二条 本条例第九条、第十条、第十一条所列资料，除年报外，凡用外文书写的，应当附有中文译本。

第十三条 中国人民银行应当对设立外资金融机构的申请进行初步审查，自收到完整的申请文件之日起 6 个月内作出受理或者不受理的决定。决定受理的，发给申请人正式申请表；决定不受理的，应当书面通知申请人并说明理由。

特殊情况下，中国人民银行不能在前款规定期限内完成初步审查并作出受理或者不受理决定的，可以适当延长，并告知申请人；但是，延长期限不得超过 3 个月。

第十四条 申请人应当自接到正式申请表之日起 6 个月内完成筹建工作；在规定期限内未完成筹建工作，有正当理由的，经中国人民银行批准，可以延长 3 个月。在延长期内仍未完成筹建工作的，中国人民银行作出的受理决定自动失效。筹建工作完成后，申请人应当将填写好的申请表连同下列文件报中国人民银行审批：

（一）拟设外资金融机构主要负责人名单及简历；

（二）对拟任该外资金融机构主要负责人的授权书；

（三）法定验资机构出具的验资证明；

（四）安全防范措施和与业务有关的其他设施的资料；

（五）设立外国银行分行的，其总行对该分行承担税务、债务的责任担保书；

（六）中国人民银行要求提供的其他文件。

第十五条 中国人民银行应当自收到设立外资金融机构完整的正式申请文件之日起 2 个月内，作出批准或者不批准的决定。决定批准的，颁发经营金融业务许可证；决定不批准的，应当书面通知申请人并说明理由。

第十六条 经批准设立外资金融机构的，申请人凭经营金融业务许可证向工商行政管理机关办理登记，领取营业执照。

第三章 业务范围

第十七条 独资银行、外国银行分行、合资银行按照中国人民银行批准的业务范围，可以部分或者全部依法经营下列种类的业务：

（一）吸收公众存款；

（二）发放短期、中期和长期贷款；

（三）办理票据承兑与贴现；

（四）买卖政府债券、金融债券，买卖股票以外的其他外币有价证券；

（五）提供信用证服务及担保；

（六）办理国内外结算；

（七）买卖、代理买卖外汇；

（八）从事外币兑换；

（九）从事同业拆借；

（十）从事银行卡业务；

（十一）提供保管箱服务；

（十二）提供资信调查和咨询服务；

（十三）经中国人民银行批准的其他业务。

第十八条 独资财务公司、合资财务公司按照中国人民银行批准的业务范围，可以部分或者全部依法经营下列种类的业务：

（一）吸收每笔不少于 100 万元人民币或者其等值的自由兑换货币，期限不少于 3 个月的存款；

（二）发放短期、中期和长期贷款；

（三）办理票据承兑与贴现；

（四）买卖政府债券、金融债券，买卖股票以外的其他外币有价证券；

（五）提供担保；

（六）买卖、代理买卖外汇；

（七）从事同业拆借；

（八）提供资信调查和咨询服务；

（九）提供外汇信托服务；

（十）经中国人民银行批准的其他业务。

第十九条 外资金融机构经营人民币业务的地域范围和服务对象范围，由中国人民银行按照有关规定核定。

第二十条 外资金融机构经营人民币业务，应当具备下列条件：

（一）提出申请前在中国境内开业 3 年以上；

(二)提出申请前2年连续盈利；

(三)中国人民银行规定的其他审慎性条件。

第二十一条 外资金融机构在中国人民银行批准的业务范围内，开办新的业务品种的，应当在开办之前向中国人民银行提出书面申请。中国人民银行应当自收到书面申请文件之日起60日内作出批准或者不批准的决定。中国人民银行作出不批准决定的，应当书面通知申请人并说明理由。

第四章 监督管理

第二十二条 外资金融机构的存款、贷款利率及各种手续费率，由外资金融机构按照中国人民银行的有关规定确定。

第二十三条 外资金融机构经营存款业务，应当向所在地区的中国人民银行分支机构缴存存款准备金，其比率由中国人民银行制定，并根据需要进行调整。

第二十四条 外国银行分行的营运资金的30%应当以中国人民银行指定的生息资产形式存在，包括在中国人民银行指定的银行的存款等。

第二十五条 独资银行、合资银行、独资财务公司、合资财务公司的资本充足率不得低于8%。

第二十六条 独资银行、合资银行、独资财务公司、合资财务公司对1个企业及其关联企业的授信余额，不得超过其资本的25%，但是经中国人民银行批准的除外。

第二十七条 独资银行、合资银行、独资财务公司、合资财务公司的固定资产不得超过其所有者权益的40%。

第二十八条 独资银行、合资银行、独资财务公司、合资财务公司资本中的人民币份额与其风险资产中的人民币份额的比例不得低于8%。

外国银行分行营运资金加准备金等之和中的人民币份额与其风险资产中的人民币份额的比例不得低于8%。

对前两款规定的比例，中国人民银行应当按照有关规定逐步调整。

第二十九条 外资金融机构应当确保其资产的流动性。流动性资产余额与流动性负债余额的比例不得低于25%。

第三十条 外资金融机构从中国境内吸收的外汇存款不得超过其境内外汇总资产的70%。

对前款规定的比例，中国人民银行应当按照有关规定逐步调整。

第三十一条 外资金融机构应当按照规定计提呆账(坏账)准备金。

第三十二条 外资金融机构应当聘用中国注册会计师，并经所在地区的中国人民银行分行认可。

第三十三条 外资金融机构有下列情况之一的，须经中国人民银行批准，并依法向工商行政管理机关办理有关登记：

(一)设立分支机构；

(二)调整、转让注册资本，追加、减少营运资金；

(三)变更机构名称或者营业场所；

(四)调整业务范围；

(五)变更持有资本总额或者股份总额10%以上的股东；

(六)修改章程；

(七)更换高级管理人员；

(八)中国人民银行规定的其他情况。

第三十四条 外资金融机构应当按照规定向中国人民银行及其分支机构报送财务报表和有关资料。

第三十五条 中国人民银行及其分支机构有权定期或者随时检查、稽核外资金融机构的存款、贷款、结算、呆账等情况，有权要求外资金融机构在规定的期限内报送有关文件、资料和书面报告，有权对外资金融机构的违法违规行为依法进行处罚、处理。

第三十六条 中国人民银行及其分支机构有权要求外资金融机构按照规定制定业务规则，建立、健全业务管理、现金管理和安全防范制度。

第三十七条 外资金融机构应当接受中国人民银行及其分支机构依法进行的监督检查，如实报送有关文件、资料和书面报告，不得拒绝、阻碍、隐瞒。

第五章 解散与清算

第三十八条 外资金融机构自行终止业务活动，应当在距终止业务活动30日前以书面形式向中国人民银行提出申请，经中国人民银行审查批准后予以解散并进行清算。

第三十九条 外资金融机构无力清偿到期债务的，中国人民银行可以责令其停业，限期清理。在清理期限内，已恢复偿付能力、需要复业的，必须向中国人民银行提出复业申请；超过清理期限，仍未恢复偿付能力的，应当进行清算。

第四十条 外资金融机构因解散、依法被撤销或者宣告破产而终止的，其清算的具体事宜，参照中国有关法律、法规的规定办理。

第四十一条 外资金融机构清算终结，应当在法定期限内向原登记机关办理注销登记。

第六章 法律责任

第四十二条 未经中国人民银行批准，擅自设立外资金融机构或者非法从事金融业务活动的，由中国人民银行予以取缔；依照刑法关于擅自设立金融机构罪、非法吸收公众存款罪或者其他罪的规定，依法追究刑事责任；尚不够刑事处罚的，由中国人民银行没收违法所得，并处违法所得1倍以上5倍以下的罚款；没有违法所得或者违法所得不足10万元的，处10万元以上50万元以下的罚款。

第四十三条 外资金融机构超出中国人民银行批准的业务

范围、业务地域范围或者服务对象范围从事金融业务活动的，依照刑法关于非法经营罪或者其他罪的规定，依法追究刑事责任；尚不够刑事处罚的，由中国人民银行给予警告，没收违法所得，并处违法所得1倍以上5倍以下的罚款；没有违法所得或者违法所得不足10万元的，处10万元以上50万元以下的罚款。

第四十四条 外资金融机构在中国人民银行批准的业务范围内，未经批准开办新的业务品种的，由中国人民银行责令其停止经营未经批准的新的业务品种，没收违法所得，并处违法所得1倍以上3倍以下罚款；没有违法所得或者违法所得不足5万元的，处5万元以上30万元以下的罚款。

第四十五条 外资金融机构违反本条例第四章的有关规定从事经营的，由中国人民银行给予警告，没收违法所得，并处违法所得1倍以上3倍以下的罚款；没有违法所得或者违法所得不足5万元的，处5万元以上30万元以下的罚款。

第四十六条 外资金融机构违反本条例有关规定，拒绝、阻碍依法监督检查或者报送虚假的文件、资料和书面报告的，由中国人民银行给予警告，并处10万元以上50万元以下的罚款。

第四十七条 外资金融机构违反本条例有关规定，未按期报送财务报表和有关文件、资料及书面报告或者未按照规定制定有关业务规则、建立健全有关管理制度的，由中国人民银行给予警告，责令限期改正，并处1万元以上10万元以下的罚款。

第四十八条 外资金融机构违反本条例，除依照本章第四十三条、第四十四条、第四十五条、第四十六条、第四十七条的有关规定给予处罚外，情节严重的，中国人民银行可以责令该外资金融机构停业整顿或者吊销经营金融业务许可证；取消该外资金融机构高级管理人员一定期限直至终身在中国的任职资格。

第四十九条 外资金融机构违反中华人民共和国其他法律、法规的，由有关主管机关依法处理。

第七章 附 则

第五十条 香港特别行政区、澳门特别行政区和台湾地区的金融机构在内地设立和营业的金融业务机构，比照适用本条例。

第五十一条 对外国金融机构驻华代表机构的管理办法，由中国人民银行另行制定。

第五十二条 本条例自2002年2月1日起施行。1994年2月25日国务院发布的《中华人民共和国外资金融机构管理条例》同时废止。

中华人民共和国最高人民法院司法解释

法释[2002]23号

最高人民法院《关于审理企业破产案件若干问题的规定》

（2002年7月18日最高人民法院审判委员会第1232次会议通过）

为正确适用《中华人民共和国企业破产法（试行）》（以下简称企业破产法）、《中华人民共和国民事诉讼法》（以下简称民事诉讼法），规范对企业破产案件的审理，结合人民法院审理企业破产案件的实际情况，特制定以下规定。

一、关于企业破产案件管辖

第一条 企业破产案件由债务人住所地人民法院管辖。债务人住所地指债务人的主要办事机构所在地。债务人无办事机构的，由其注册地人民法院管辖。

第二条 基层人民法院一般管辖县、县级市或者区的工商行政管理机关核准登记企业的破产案件；

中级人民法院一般管辖地区、地级市（含本级）以上的工商行政管理机关核准登记企业的破产案件；

纳入国家计划调整的企业破产案件，由中级人民法院管辖。

第三条 上级人民法院审理下级人民法院管辖的企业破产案件，或者将本院管辖的企业破产案件移交下级人民法院审理，以及下级人民法院需要将自己管辖的企业破产案件交由上级人民法院审理的，依照民事诉讼法第三十九条的规定办理；省、自治区、直辖市范围内因特殊情况需对个别企业破产案件的地域管辖作调整的，须经共同上级人民法院批准。

二、关于破产申请与受理

第四条 申请（被申请）破产的债务人应当具备法人资格，不具备法人资格的企业、个体工商户、合伙组织、农村承包经营户不具备破产主体资格。

第五条 国有企业向人民法院申请破产时，应当提交其上级主管部门同意其破产的文件；其他企业应当提供其开办人或者股东会议决定企业破产的文件。

第六条 债务人申请破产，应当向人民法院提交下列材料：

（一）书面破产申请；

（二）企业主体资格证明；

（三）企业法定代表人与主要负责人名单；

(四)企业职工情况和安置预案;

(五)企业亏损情况的书面说明,并附审计报告;

(六)企业至破产申请日的资产状况明细表,包括有形资产、无形资产和企业投资情况等;

(七)企业在金融机构开设帐户的详细情况,包括开户审批材料、帐号、资金等;

(八)企业债权情况表,列明企业的债务人名称、住所、债务数额、发生时间和催讨偿还情况;

(九)企业债务情况表,列明企业的债权人名称、住所、债权数额、发生时间;

(十)企业涉及的担保情况;

(十一)企业已发生的诉讼情况;

(十二)人民法院认为应当提交的其他材料。

第七条 债权人申请债务人破产,应当向人民法院提交下列材料:

(一)债权发生的事实与证据;

(二)债权性质、数额、有无担保,并附证据;

(三)债务人不能清偿到期债务的证据。

第八条 债权人申请债务人破产,人民法院可以通知债务人核对以下情况:

(一)债权的真实性;

(二)债权在债务人不能偿还的到期债务中所占的比例;

(三)债务人是否存在不能清偿到期债务的情况。

第九条 债权人申请债务人破产,债务人对债权人的债权提出异议,人民法院认为异议成立的,应当告知债权人先行提起民事诉讼。破产申请不予受理。

第十条 人民法院收到破产申请后,应当在七日内决定是否立案;破产申请人提交的材料需要更正、补充的,人民法院可以责令申请人限期更正、补充。按期更正、补充材料的,人民法院自收到更正补充材料之日起七日内决定是否立案;未按期更正、补充的,视为撤回申请。

人民法院决定受理企业破产案件的,应当制作案件受理通知书,并送达申请人和债务人。通知书作出时间为破产案件受理时间。

第十一条 在人民法院决定受理企业破产案件前,破产申请人可以请求撤回破产申请。

人民法院准许申请人撤回破产申请的,在撤回破产申请之前已经支出的费用由破产申请人承担。

第十二条 人民法院经审查发现有下列情况的,破产申请不予受理:

(一)债务人有隐匿、转移财产等行为,为了逃避债务而申请破产的;

(二)债权人借破产申请毁损债务人商业信誉,意图损害公平竞争的。

第十三条 人民法院对破产申请不予受理的,应当作出裁定。

破产申请人对不予受理破产申请的裁定不服的,可以在裁定送达之日起十日内向上一级人民法院提起上诉。

第十四条 人民法院受理企业破产案件后,发现不符合法律规定的受理条件或者有本规定第十二条所列情形的,应当裁定驳回破产申请。

人民法院受理债务人的破产申请后,发现债务人巨额财产下落不明且不能合理解释财产去向的,应当裁定驳回破产申请。

破产申请人对驳回破产申请的裁定不服的,可以在裁定送达之日起十日内向上一级人民法院提起上诉。

第十五条 人民法院决定受理企业破产案件后,应当组成合议庭,并在十日内完成下列工作:

(一)将合议庭组成人员情况书面通知破产申请人和被申请人,并在法院公告栏张贴企业破产受理公告。公告内容应当写明:破产申请受理时间、债务人名称,申报债权的期限、地点和逾期未申报债权的法律后果、第一次债权人会议召开的日期、地点;

(二)在债务人企业发布公告,要求保护好企业财产,不得擅自处理企业的帐册、文书、资料、印章,不得隐匿、私分、转让、出售企业财产;

(三)通知债务人立即停止清偿债务,非经人民法院许可不得支付任何费用;

(四)通知债务人的开户银行停止债务人的结算活动,并不得扣划债务人款项抵扣债务。但经人民法院依法许可的除外。

第十六条 人民法院受理债权人提出的企业破产案件后,应当通知债务人在十五日内向人民法院提交有关会计报表、债权债务清册、企业资产清册以及人民法院认为应当提交的资料。

第十七条 人民法院受理企业破产案件后,除应当按照企业破产法第九条的规定通知已知的债权人外,还应当于三十日内在国家、地方有影响的报纸上刊登公告,公告内容同第十五条第(一)项的规定。

第十八条 人民法院受理企业破产案件后,除可以随即进行破产宣告成立清算组的外,在企业原管理组织不能正常履行管理职责的情况下,可以成立企业监管组。企业监管组成员从企业上级主管部门或者股东会议代表、企业原管理人员、主要债权人中产生,也可以聘请会计师、律师等中介机构参加。企业监管组主要负责处理以下事务:

(一)清点、保管企业财产;

(二)核查企业债权;

(三)为企业利益而进行的必要的经营活动;

(四)支付人民法院许可的必要支出;

(五)人民法院许可的其他工作。

企业监管组向人民法院负责,接受人民法院的指导、监督。

第十九条 人民法院受理企业破产案件后,以债务人为原告的其他民事纠纷案件尚在一审程序的,受诉人民法院应当将案件移送受理破产案件的人民法院;案件已进行到二审程序的,受诉人民法院应当继续审理。

第二十条 人民法院受理企业破产案件后,对债务人财产的其他民事执行程序应当中止。

以债务人为被告的其他债务纠纷案件,根据下列不同情况分别处理:

(一)已经审结但未执行完毕的,应当中止执行,由债权人凭生效的法律文书向受理破产案件的人民法院申报债权。

(二)尚未审结且无其他被告和无独立请求权的第三人的,应当中止诉讼,由债权人向受理破产案件的人民法院申报债权。在企业被宣告破产后,终结诉讼。

(三)尚未审结并有其他被告或者无独立请求权的第三人的,应当中止诉讼,由债权人向受理破产案件的人民法院申报债权。待破产程序终结后,恢复审理。

(四)债务人系从债务人的债务纠纷案件继续审理。

三、关于债权申报

第二十一条 债权人申报债权应当提交债权证明和合法有效的身份证明;代理申报人应当提交委托人的有效身份证明、授权委托书和债权证明。

申报的债权有财产担保的,应当提交证明财产担保的证据。

第二十二条 人民法院在登记申报的债权时,应当记明债权人名称、住所、开户银行、申报债权数额、申报债权的证据、财产担保情况、申报时间、联系方式以及其他必要的情况。

已经成立清算组的,由清算组进行上述债权登记工作。

第二十三条 连带债务人之一或者数人破产的,债权人可就全部债权向该债务人或者各债务人行使权利,申报债权。债权人未申报债权的,其他连带债务人可就将来可能承担的债务申报债权。

第二十四条 债权人虽未在法定期间申报债权,但有民事诉讼法第七十六条规定情形的,在破产财产分配前可向清算组申报债权。清算组负责审查其申报的债权,并由人民法院审查确定。债权人会议对人法院同意该债权人参加破产财产分配有异议的,可以向人民法院申请复议。

四、关于破产和解与破产企业整顿

第二十五条 人民法院受理企业破产案件后,在破产程序终结前,债务人可以向人民法院申请和解。人民法院在破产案件审理过程中,可以根据债权人、债务人具体情况向双方提出和解建议。

人民法院作出破产宣告裁定前,债权人会议与债务人达成和解协议并经人民法院裁定认可的,由人民法院发布公告,中止破产程序。

人民法院作出破产宣告裁定后,债权人会议与债务人达成和解协议并经人民法院裁定认可,由人民法院裁定中止执行破产宣告裁定,并公告中止破产程序。

第二十六条 债务人不按和解协议规定的内容清偿全部债务的,相关债权人可以申请人民法院强制执行。

第二十七条 债务人不履行或者不能履行和解协议的,经债权人申请,人民法院应当裁定恢复破产程序。和解协议系在破产宣告前达成的,人民法院应当在裁定恢复破产程序的同时裁定宣告债务人破产。

第二十八条 企业由债权人申请破产的,如被申请破产的企业系国有企业,依照企业破产法第四章的规定,其上级主管部门可以申请对该企业进行整顿。整顿申请应当在债务人被宣告破产前提出。

企业无上级主管部门的,企业股东会议可以通过决议并以股东会议名义申请对企业进行整顿。整顿工作由股东会议指定人员负责。

第二十九条 企业整顿期间,企业的上级主管部门或者负责实施整顿方案的人员应当定期向债权人会议和人民法院报告整顿情况、和解协议执行情况。

第三十条 企业整顿期间,对于债务人财产的执行仍适用企业破产法第十一条的规定。

五、关于破产宣告

第三十一条 企业破产法第三条第一款规定的"不能清偿到期债务"是指:

(一)债务的履行期限已届满;

(二)债务人明显缺乏清偿债务的能力。

债务人停止清偿到期债务并呈连续状态,如无相反证据,可推定为"不能清偿到期债务"。

第三十二条 人民法院受理债务人破产案件后,有下列情形之一的,应当裁定宣告债务人破产:

(一)债务人不能清偿债务且与债权人不能达成和解协议的;

(二)债务人不履行或者不能履行和解协议的;

(三)债务人在整顿期间有企业破产法第二十一条规定情形的;

(四)债务人在整顿期满后有企业破产法第二十二条第二款规定情形的。

宣告债务人破产应当公开进行。由债权人提出破产申请的,破产宣告时应当通知债务人到庭。

第三十三条 债务人自破产宣告之日起停止生产经营活动。为债权人利益确有必要继续生产经营的,须经人民法院许可。

第三十四条 人民法院宣告债务人破产后,应当通知债务人的开户银行,限定其银行帐户只能由清算组使用。人民法院通知开户银行时应当附破产宣告裁定书。

第三十五条 人民法院裁定宣告债务人破产后应当发布公告,公告内容包括债务人亏损情况、资产负债状况、破产宣告时间、破产宣告理由和法律依据以及对债务人的财产、帐册、文书、资料和印章的保护等内容。

第三十六条 破产宣告后,破产企业的财产在其他民事诉讼程序中被查封、扣押、冻结的,受理破产案件的人民法院应当立即通知采取查封、扣押、冻结措施的人民法院予以解除,并向受理破产案件的人民法院办理移交手续。

第三十七条 企业被宣告破产后,人民法院应当指定必要的留守人员。破产企业的法定代表人、财会、财产保管人员必须留守。

第三十八条 破产宣告后,债权人或者债务人对破产宣告有异议的,可以在人民法院宣告企业破产之日起十日内,向上一级人民法院申诉。上一级人民法院应当组成合议庭进行审理,并在三十日内作出裁定。

六、关于债权人会议

第三十九条 债权人会议由申报债权的债权人组成。

债权人会议主席由人民法院在有表决权的债权人中指定。必要时,人民法院可以指定多名债权人会议主席,成立债权人会议主席委员会。

少数债权人拒绝参加债权人会议,不影响会议的召开。但债权人会议不得作出剥夺其对破产财产受偿的机会或者不利于其受偿的决议。

第四十条 第一次债权人会议应当在人民法院受理破产案件公告三个月期满后召开。除债务人的财产不足以支付破产费用,破产程序提前终结外,不得以一般债权的清偿率为零为理由取消债权人会议。

第四十一条 第一次债权人会议由人民法守召集并主持。人民法院除完成本规定第十七条确定的工作外,还应当做好以下准备工作:

(一)拟订第一次债权人会议议程;

(二)向债务人的法定代表人或者负责人发出通知,要求其必须到会;

(三)向债务人的上级主管部门、开办人或者股东会议代表发出通知,要求其派员列席会议;

(四)通知破产清算组成员列席会议;

(五)通知审计、评估人员参加会议;

(六)需要提前准备的其他工作。

第四十二条 债权人会议一般包括以下内容:

(一)宣布债权人会议职权和其他有关事项;

(二)宣布债权人资格审查结果;

(三)指定并宣布债权人会议主席;

(四)安排债务人法定代表人或者负责人接受债权人询问;

(五)由清算组通报债务人的生产经营、财产、债务情况并作清算工作报告和提出财产处理方案及分配方案;

(六)讨论并审查债权的证明材料、债权的财产担保情况及数额、讨论通过和解协议、审阅清算组的清算报告、讨论通过破产财产的处理方案与分配方案等。讨论内容应当记明笔录。债权人对人民法院或者清算组登记的债权提出异议的,人民法院应当及时审查并作出裁定;

(七)根据讨论情况,依照企业破产法第十六条的规定进行表决。

以上第(五)至(七)项议程内的工作在本次债权人会议上无法完成的,交由下次债权人会议继续进行。

第四十三条 债权人认为债权人会议决议违反法律规定或者侵害其合法权益的,可以在债权人会议作出决议后七日内向人民法院提出,由人民法院依法裁定。

第四十四条 清算组财产分配方案经债权人会议两次讨论并获通过的,由人民法院依法裁定。

对前款裁定,占无财产担保债权总额半数以上债权的债权人有异议的,可以在人民法院作出裁定之日起十日内向上一级人民法院申诉。上一级人民法院应当组成合议庭进行审理,并在三十日内作出裁定。

第四十五条 债权人可以委托代理人出席债权人会议,并可以授权代理人行使表决权。代理人应当向人民法院或者债权人会议主席提交授权委托书。

第四十六条 第一次债权人会议后又召开债权人会议的,债权人会议主席应当在发出会议通知前三日报告人民法院,并由会议召集人在开会前十五日将会议时间、地点、内容、目的等事项通知债权人。

七、关于清算组

第四十七条 人民法院应当自裁定宣告企业破产之日起十五日内成立清算组。

第四十八条 清算组成员可以从破产企业上级主管部门、清算中介机构以及会计、律师中产生,也可以从政府财政、工商管理、计委、经委、审计、税务、物价、劳动、社会保险、土地管理、国有资产管理、人事等部门中指定。人民银行分(支)行可以按照有关规定派人参加清算组。

第四十九条 清算组经人民法院同意可以聘请破产清算机构、律师事务所、会计事务所等中介机构承担一定的破产清算工作。中介机构就清算工作向清算组负责。

第五十条 清算组的主要职责是:

(一)接管破产企业。向破产企业原法定代表人及留守人员接收原登记造册的资产明细表、有形资产清册,接管所有财产、帐册、文书档案、印章、证照和有关资料。破产宣告前成立企业监管组的，由企业监管组和企业原法定代表人向清算组进行移交。

（二）清理破产企业财产，编制财产明细表和资产负债表，编制债权债务清册，组织破产财产的评估、拍卖、变现；

（三）回收破产企业的财产，向破产企业的债务人、财产持有人依法行使财产权利；

（四）管理、处分破产财产，决定是否履行合同和在清算范围内进行经营活动。确认别除权、抵销权、取回权；

（五）进行破产财产的委托评估、拍卖及其他变现工作；

（六）依法提出并执行破产财产处理和分配方案；

（七）提交清算报告；

（八）代表破产企业参加诉讼和仲裁活动；

（九）办理企业注销登记等破产终结事宜；

（十）完成人民法院依法指定的其他事项。

第五十一条 清算组对人民法院负责并且报告工作，接受人民法院的监督。人民法院应当及时指导清算组的工作，明确清算组的职权与责任，帮助清算组拟订工作计划，听取清算组汇报工作。

清算组有损害债权人利益的行为或者其他违法行为的，人民法院可以根据债权人的申请或者依职权予以纠正。

人民法院可以根据债权人的申请或者依职权更换不称职的清算组成员。

第五十二条 清算组应当列席债权人会议，接受债权人会议的询问。债权人有权查阅有关资料、询问有关事项；清算组的决定违背债权人利益的，债权人可以申请人民法院裁定撤销该决定。

第五十三条 清算组对破产财产应当及时登记、清理、审计、评估、变价。必要时，可以请求人民法院对破产企业财产进行保全。

第五十四条 清算组应当采取有效措施保护破产企业的财产。债务人的财产权利如不依法登记或者及时行使将丧失权利的，应当及时予以登记或者行使；对易损、易腐、跌价或者保管费用较高的财产应当及时变卖。

八、关于破产债权

第五十五条 下列债权属于破产债权：

（一）破产宣告前发生的无财产担保的债权；

（二）破产宣告前发生的虽有财产担保但是债权人放弃优先受偿的债权；

（三）破产宣告前发生的虽有财产担保但是债权数额超过担保物价值部分的债权；

（四）票据出票人被宣告破产，付款人或者承兑人不知其事实而向持票人付款或者承兑所产生的债权；

（五）清算组解除合同，对方当事人依法或者依照合同约定产生的对债务人可以用货币计算的债权；

（六）债务人的受托人在债务人破产后，为债务人的利益处理委托事务所发生的债权；

（七）债务人发行债券形成的债权；

（八）债务人的保证人代替债务人清偿债务后依法可以向债务人追偿的债权；

（九）债务人的保证人按照《中华人民共和国担保法》第三十二条的规定预先行使追偿权而申报的债权；

（十）债务人为保证人的，在破产宣告前已经被生效的法律文书确定承担的保证责任；

（十一）债务人在破产宣告前因侵权、违约给他人造成财产损失而产生的赔偿责任。

（十二）人民法院认可的其他债权。

以上第（五）项债权以实际损失为计算原则。违约金不作为破产债权，定金不再适用定金罚则。

第五十六条 因企业破产解除劳动合同，劳动者依法或者依据劳动合同对企业享有的补偿金请求权，参照企业破产法第三十七条第二款第（一）项规定的顺序清偿。

第五十七条 债务人所欠非正式职工（含短期劳动工）的劳动报酬，参照企业破产法第三十七条第二款第（一）项规定的顺序清偿。

第五十八条 债务人所欠企业职工集资款，参照企业破产法第三十七条第二款第（一）项规定的顺序清偿。但对违反法律规定的高额利息部分不予保护。

职工向企业的投资，不属于破产债权。

第五十九条 债务人退出联营应当对该联营企业的债务承担责任的，联营企业的债权人对该债务人享有的债权属于破产债权。

第六十条 与债务人互负债权债务的债权人可以向清算组请求行使抵销权，抵销权的行使应当具备以下条件：

（一）债权人的债权已经得到确认；

（二）主张抵销的债权债务均发生在破产宣告之前。

经确认的破产债权可以转让。受让人以受让的债权抵销其所欠债务人债务的，人民法院不予支持。

第六十一条 下列债权不属于破产债权：

（一）行政、司法机关对破产企业的罚款、罚金以及其他有关费用；

（二）人民法院受理破产案件后债务人未支付应付款项的滞纳金，包括债务人未执行生效法律文书应当加倍支付的迟延利息和劳动保险金的滞纳金；

（三）破产宣告后的债务利息；

（四）债权人参加破产程序所支出的费用；

（五）破产企业的股权、股票持有人在股权、股票上的权利；

（六）破产财产分配开始后向清算组申报的债权；

（七）超过诉讼时效的债权；

（八）债务人开办单位对债务人未收取的管理费、承包费。

上述不属于破产债权的权利，人民法院或者清算组也应当对当事人的申报进行登记。

第六十二条 政府无偿拨付给债务人的资金不属于破产债权。但财政、扶贫、科技管理等行政部门通过签订合同，按有偿使用、定期归还原则发放的款项，可以作为破产债权。

第六十三条 债权人对清算组确认或者否认的债权有异议的，可以向清算组提出。债权人对清算组的处理仍有异议的，可以向人民法院提出。人民法院应当在查明事实的基础上依法作出裁决。

九、关于破产财产

第六十四条 破产财产由下列财产构成：

（一）债务人在破产宣告时所有的或者经营管理的全部财产；

（二）债务人在破产宣告后至破产程序终结前取得的财产；

（三）应当由债务人行使的其他财产权利。

第六十五条 债务人与他人共有的物、债权、知识产权等财产或者财产权，应当在破产清算中予以分割，债务人分割所得属于破产财产；不能分割的，应当就其应得部分转让，转让所得属于破产财产。

第六十六条 债务人的开办人注册资金投入不足的，应当由该开办人予以补足，补足部分属于破产财产。

第六十七条 企业破产前受让他人财产并依法取得所有权或者土地使用权的，即便未支付或者未完全支付对价，该财产仍属于破产财产。

第六十八条 债务人的财产被采取民事诉讼执行措施的，在受理破产案件后尚未执行的或者未执行完毕的剩余部分，在该企业被宣告破产后列入破产财产。因错误执行应当执行回转的财产，在执行回转后列入破产财产。

第六十九条 债务人依照法律规定取得代位求偿权的，依该代位求偿权享有的债权属于破产财产。

第七十条 债务人在被宣告破产时未到期的债权视为已到期，属于破产财产，但应当减去未到期的利息。

第七十一条 下列财产不属于破产财产：

（一）债务人基于仓储、保管、加工承揽、委托交易、代销、借用、寄存、租赁等法律关系占有、使用的他人财产；

（二）抵押物、留置物、出质物，但权利人放弃优先受偿权的或者优先偿付被担保债权剩余的部分除外；

（三）担保物灭失后产生的保险金、补偿金、赔偿金等代位物；

（四）依照法律规定存在优先权的财产，但权利人放弃优先受偿权或者优先偿付特定债权剩余的部分除外；

（五）特定物买卖中，尚未转移占有但相对人已完全支付对价的特定物；

（六）尚未办理产权证或者产权过户手续但已向买方支付的财产；

（七）债务人在所有权保留买卖中尚未取得所有权的财产；

（八）所有权专属于国家且不得转让的财产；

（九）破产企业工会所有的财产。

第七十二条 本规定第七十一条第（一）项所列的财产，财产权利人有权取回。

前款财产在破产宣告前已经毁损灭失的，财产权利人仅能以直接损失额为限申报债权；在破产宣告后因清算组的责任毁损灭失的，财产权利人有权获得等值赔偿。

债务人转让上述财产获利的，财产权利人有权要求债务人等值赔偿。

十、关于破产财产的收回、处理和变现

第七十三条 清算组应当向破产企业的债务人和财产持有人发出书面通知，要求债务人和财产持有人于限定的时间向清算组清偿债务或者交付财产。

破产企业的债务人和财产持有人有异议的，应当在收到通知后的七日内提出，由人民法院作出裁定。

破产企业的债务人和财产持有人在收到通知后既不向清算组清偿债务或者交付财产，又没有正当理由不在规定的异议期内提出异议的，由清算组向人民法院提出申请，经人民法院裁定后强制执行；

破产企业在境外的财产，由清算组予以收回。

第七十四条 债务人享有的债权，其诉讼时效自人民法院受理债务人的破产申请之日起，适用《中华人民共和国民法通则》第一百四十条关于诉讼时效中断的规定。债务人与债权人达成和解协议，中止破产程序的，诉讼时效自人民法院中止破产程序裁定之日起重新计算。

第七十五条 经人民法院同意，清算组可以聘用律师或者其他中介机构的人员追收债权。

第七十六条 债务人设立的分支机构和没有法人资格的全资机构的财产，应当一并纳入破产程序进行清理。

第七十七条 债务人在其开办的全资企业中的投资权益应当予以追收。

全资企业资不抵债的，清算组停止追收。

第七十八条 债务人对外投资形成的股权及其收益应当予以追收。对该股权可以出售或者转让，出售、转让所得列入破产财产进行分配。

股权价值为负值的，清算组停止追收。

第七十九条 债务人开办的全资企业，以及由其参股、控股的企业不能清偿到期债务，需要进行破产还债的，应当另行提出破产申请。

第八十条 清算组处理集体所有土地使用权时，应当遵守相关法律规定。未办理土地征用手续的集体所有土地使用权，应当在该集体范围内转让。

第八十一条 破产企业的职工住房，已经签订合同、交付房款，进行房改给个人的，不属于破产财产。未进行房改的，可由清算组向有关部门申请办理房改事项，向职工出售。按照国家规定不具备房改条件，或者职工在房改中不购买住房的，由清算组根据实际情况处理。

第八十二条 债务人的幼儿园、学校、医院等公益福利性设施，按国家有关规定处理，不作为破产财产分配。

第八十三条 处理破产财产前，可以确定有相应评估资质的评估机构对破产财产进行评估，债权人会议、清算组对破产财产的评估结论、评估费用有异议的，参照最高人民法院《关于民事诉讼证据的若干规定》第二十七条的规定处理。

第八十四条 债权人会议对破产财产的市场价格无异议的，经人民法院同意后，可以不进行评估。但是国有资产除外。

第八十五条 破产财产的变现应当以拍卖方式进行。由清算组负责委托有拍卖资格的拍卖机构进行拍卖。

依法不得拍卖或者拍卖所得不足以支付拍卖所需费用的，不进行拍卖。

前款不进行拍卖或者拍卖不成的破产财产，可以在破产分配时进行实物分配或者作价变卖。债权人对清算组在实物分配或者作价变卖中对破产财产的估价有异议的，可以请求人民法院进行审查。

第八十六条 破产财产中的成套设备，一般应当整体出售。

第八十七条 依法属于限制流通的破产财产，应当由国家指定的部门收购或者按照有关法律规定处理。

十一、关于破产费用

第八十八条 破产费用包括：

(一)破产财产的管理、变卖、分配所需要的费用；

(二)破产案件的受理费；

(三)债权人会议费用；

(四)催收债务所需费用；

(五)为债权人的共同利益而在破产程序中支付的其他费用。

第八十九条 人民法院受理企业破产案件可以按照《人民法院诉讼收费办法补充规定》预收案件受理费。

破产宣告前发生的经人民法院认可的必要支出，从债务人财产中拨付。债务人财产不足以支付的，如系债权人申请破产的，由债权人支付。

第九十条 清算期间职工生活费、医疗费可以从破产财产中优先拨付。

第九十一条 破产费用可随时支付，破产财产不足以支付破产费用的，人民法院根据清算组的申请裁定终结破产程序。

十二、关于破产财产的分配

第九十二条 破产财产分配方案经债权人会议通过后，由清算组负责执行。财产分配可以一次分配，也可以多次分配。

第九十三条 破产财产分配方案应当包括以下内容：

(一)可供破产分配的财产种类、总值，已经变现的财产和未变现的财产；

(二)债权清偿顺序、各顺序的种类与数额，包括破产企业所欠职工工资、劳动保险费用和破产企业所欠税款的数额和计算依据，纳入国家计划调整的企业破产，还应当说明职工安置费的数额和计算依据；

(三)破产债权总额和清偿比例；

(四)破产分配的方式、时间；

(五)对将来能够追回的财产拟进行追加分配的说明。

第九十四条 列入破产财产的债权，可以进行债权分配。债权分配以便于债权人实现债权为原则。

将人民法院已经确认的债权分配给债权人的，由清算组向债权人出具债权分配书，债权人可以凭债权分配书向债务人要求履行。债务人拒不履行的，债权人可以申请人民法院强制执行。

第九十五条 债权人未在指定期限内领取分配的财产的，对该财产可以进行提存或者变卖后提存价款，并由清算组向债权人发出催领通知书。债权人在收到催领通知书一个月后或者在清算组发出催领通知书两个月后，债权人仍未领取的，清算组应当对该部分财产进行追加分配。

十三、关于破产终结

第九十六条 破产财产分配完毕，由清算组向人民法院报告分配情况，并申请人民法院终结破产程序。

人民法院在收到清算组的报告和终结破产程序申请后，认为符合破产程序终结规定的，应当在七日内裁定终结破产程序。

第九十七条 破产程序终结后，由清算组向破产企业原登记机关办理企业注销登记。

破产程序终结后仍有可以追收的破产财产、追加分配等善后事宜需要处理的，经人民法院同意，可以保留清算组或者保留部分清算组成员。

第九十八条 破产程序终结后出现可供分配的财产的，应当追加分配。追加分配的财产，除企业破产法第四十条规定的由人民法院追回的财产外，还包括破产程序中因纠正错误支出收回的款项，因权利被承认追回的财产，债权人放弃的财产和破产程序终结后实现的财产权利等。

第九十九条 破产程序终结后，破产企业的帐册、文书等卷宗材料由清算组移交破产企业上级主管机关保存；无上级主管机关的，由破产企业的开办人或者股东保存。

十四、其他

第一百条 人民法院在审理企业破产案件中，发现破产企业的原法定代表人或者直接责任人员有企业破产法第三十五条所列行为的，应当向有关部门建议，对该法定代表人或者直接责任人员给予行政处分；涉嫌犯罪的，应当将有关材料移送相关国家机关处理。

第一百零一条 破产企业有企业破产法第三十五条所列行为，致使企业财产无法收回，造成实际损失的，清算组可以对破产企业的原法定代表人、直接责任人员提起民事诉讼，要求其承担民事赔偿责任。

第一百零二条 人民法院受理企业破产案件后，发现企业有巨额财产下落不明的，应当将有关涉嫌犯罪的情况和材料，移送相关国家机关处理。

第一百零三条 人民法院可以建议有关部门对破产企业的主要责任人员限制其再行开办企业，在法定期限内禁止其担任公司的董事、监事、经理。

第一百零四条 最高人民法院发现各级人民法院，或者上级人民法院发现下级人民法院在破产程序中作出的裁定确有错误的，应当通知其纠正；不予纠正的，可以裁定指令下级人民法院重新作出裁定。

第一百零五条 纳入国家计划调整的企业破产案件，除适用本规定外，还应当适用国家有关企业破产的相关规定。

第一百零六条 本规定自二00二年九月一日起施行。在本规定发布前制定的有关审理企业破产案件的司法解释，与本规定相抵触的，不再适用。

最高人民法院关于审理证券市场因虚假陈述引发的民事赔偿案件的若干规定

（2002年12月26日最高人民法院审判委员会第1261次会议通过）

法释〔2003〕2号

为正确审理证券市场因虚假陈述引发的民事赔偿案件，规范证券市场民事行为，保护投资人合法权益，根据《中华人民共和国民法通则》、《中华人民共和国证券法》、《中华人民共和国公司法》以及《中华人民共和国民事诉讼法》等法律、法规的规定，结合证券市场实际情况和审判实践，制定本规定。

一、一般规定

第一条 本规定所称证券市场因虚假陈述引发的民事赔偿案件（以下简称虚假陈述证券民事赔偿案件），是指证券市场投资人以信息披露义务人违反法律规定，进行虚假陈述并致使其遭受损失为由，而向人民法院提起诉讼的民事赔偿案件。

第二条 本规定所称投资人，是指在证券市场上从事证券认购和交易的自然人、法人或者其他组织。

本规定所称证券市场，是指发行人向社会公开募集股份的发行市场，通过证券交易所报价系统进行证券交易的市场，证券公司代办股份转让市场以及国家批准设立的其他证券市场。

第三条 因下列交易发生的民事诉讼，不适用本规定：

（一）在国家批准设立的证券市场以外进行的交易；

（二）在国家批准设立的证券市场上通过协议转让方式进行的交易。

第四条 人民法院审理虚假陈述证券民事赔偿案件，应当着重调解，鼓励当事人和解。

第五条 投资人对虚假陈述行为人提起民事赔偿的诉讼时效期间，适用民法通则第一百三十五条的规定，根据下列不同情况分别起算：

（一）中国证券监督管理委员会或其派出机构公布对虚假陈述行为人作出处罚决定之日；

（二）中华人民共和国财政部、其他行政机关以及有权作出行政处罚的机构公布对虚假陈述行为人作出处罚决定之日；

（三）虚假陈述行为人未受行政处罚，但已被人民法院认定有罪的，作出刑事判决生效之日。

因同一虚假陈述行为，对不同虚假陈述行为人作出两个以上行政处罚；或者既有行政处罚，又有刑事处罚的，以最先作出的行政处罚决定公告之日或者作出的刑事判决生效之日，为诉讼时效起算之日。

二、受理与管辖

第六条 投资人以自己受到虚假陈述侵害为由，依据有关机关的行政处罚决定或者人民法院的刑事裁判文书，对虚假陈述行为人提起的民事赔偿诉讼，符合民事诉讼法第一百零八条规定的，人民法院应当受理。

投资人提起虚假陈述证券民事赔偿诉讼，除提交行政处罚决定或者公告，或者人民法院的刑事裁判文书以外，还须提交以下证据：

（一）自然人、法人或者其他组织的身份证明文件，不能提供原件的，应当提交经公证证明的复印件；

(二)进行交易的凭证等投资损失证据材料。

第七条 虚假陈述证券民事赔偿案件的被告,应当是虚假陈述行为人,包括:

(一)发起人、控股股东等实际控制人;

(二)发行人或者上市公司;

(三)证券承销商;

(四)证券上市推荐人;

(五)会计师事务所、律师事务所、资产评估机构等专业中介服务机构;

(六)上述(二)、(三)、(四)项所涉单位中负有责任的董事、监事和经理等高级管理人员以及(五)项中直接责任人;

(七)其他作出虚假陈述的机构或者自然人。

第八条 虚假陈述证券民事赔偿案件,由省、直辖市、自治区人民政府所在的市、计划单列市和经济特区中级人民法院管辖。

第九条 投资人对多个被告提起证券民事赔偿诉讼的,按下列原则确定管辖:

(一)由发行人或者上市公司所在地有管辖权的中级人民法院管辖。但有本规定第十条第二款规定的情形除外。

(二)对发行人或者上市公司以外的虚假陈述行为人提起的诉讼,由被告所在地有管辖权的中级人民法院管辖。

(三)仅以自然人为被告提起的诉讼,由被告所在地有管辖权的中级人民法院管辖。

第十条 人民法院受理以发行人或者上市公司以外的虚假陈述行为人为被告提起的诉讼后,经当事人申请或者征得所有原告同意后,可以追加发行人或者上市公司为共同被告。人民法院追加后,应当将案件移送发行人或者上市公司所在地有管辖权的中级人民法院管辖。

当事人不申请或者原告不同意追加,人民法院认为确有必要追加的,应当通知发行人或者上市公司作为共同被告参加诉讼,但不得移送案件。

第十一条 人民法院受理虚假陈述证券民事赔偿案件后,受行政处罚当事人对行政处罚不服申请行政复议或者提起行政诉讼的,可以裁定中止审理。

人民法院受理虚假陈述证券民事赔偿案件后,有关行政处罚被撤销的,应当裁定终结诉讼。

三、诉讼方式

第十二条 本规定所涉证券民事赔偿案件的原告可以选择单独诉讼或者共同诉讼方式提起诉讼。

第十三条 多个原告因同一虚假陈述事实对相同被告提起的诉讼,既有单独诉讼也有共同诉讼的,人民法院可以通知提起单独诉讼的原告参加共同诉讼。

多个原告因同一虚假陈述事实对相同被告同时提起两个以上共同诉讼的,人民法院可以将其合并为一个共同诉讼。

第十四条 共同诉讼的原告人数应当在开庭审理前确定。原告人数众多的可以推选二至五名诉讼代表人,每名诉讼代表人可以委托一至二名诉讼代理人。

第十五条 诉讼代表人应当经过其所代表的原告特别授权,代表原告参加开庭审理,变更或者放弃诉讼请求、与被告进行和解或者达成调解协议。

第十六条 人民法院判决被告对人数众多的原告承担民事赔偿责任时,可以在判决主文中对赔偿总额作出判决,并将每个原告的姓名、应获得赔偿金额等列表附于民事判决书后。

四、虚假陈述的认定

第十七条 证券市场虚假陈述,是指信息披露义务人违反证券法律规定,在证券发行或者交易过程中,对重大事件作出违背事实真相的虚假记载、误导性陈述,或者在披露信息时发生重大遗漏、不正当披露信息的行为。

对于重大事件,应当结合证券法第五十九条、第六十条、第六十一条、第六十二条、第七十二条及相关规定的内容认定。

虚假记载,是指信息披露义务人在披露信息时,将不存在的事实在信息披露文件中予以记载的行为。

误导性陈述,是指虚假陈述行为人在信息披露文件中或者通过媒体,作出使投资人对其投资行为发生错误判断并产生重大影响的陈述。

重大遗漏,是指信息披露义务人在信息披露文件中,未将应当记载的事项完全或者部分予以记载。

不正当披露,是指信息披露义务人未在适当期限内或者未以法定方式公开披露应当披露的信息。

第十八条 投资人具有以下情形的,人民法院应当认定虚假陈述与损害结果之间存在因果关系:

(一)投资人所投资的是与虚假陈述直接关联的证券;

(二)投资人在虚假陈述实施日及以后,至揭露日或者更正日之前买入该证券;

(三)投资人在虚假陈述揭露日或者更正日及以后,因卖出该证券发生亏损,或者因持续持有该证券而产生亏损。

第十九条 被告举证证明原告具有以下情形的,人民法院应当认定虚假陈述与损害结果之间不存在因果关系:

(一)在虚假陈述揭露日或者更正日之前已经卖出证券;

(二)在虚假陈述揭露日或者更正日及以后进行的投资;

(三)明知虚假陈述存在而进行的投资;

(四)损失或者部分损失是由证券市场系统风险等其他因素所导致;

(五)属于恶意投资、操纵证券价格的。

第二十条 本规定所指的虚假陈述实施日,是指作出虚假陈述或者发生虚假陈述之日。

虚假陈述揭露日，是指虚假陈述在全国范围发行或者播放的报刊、电台、电视台等媒体上，首次被公开揭露之日。

虚假陈述更正日，是指虚假陈述行为人在中国证券监督管理委员会指定披露证券市场信息的媒体上，自行公告更正虚假陈述并按规定履行停牌手续之日。

五、归责与免责事由

第二十一条 发起人、发行人或者上市公司对其虚假陈述给投资人造成的损失承担民事赔偿责任。

发行人、上市公司负有责任的董事、监事和经理等高级管理人员对前款的损失承担连带赔偿责任。但有证据证明无过错的，应予免责。

第二十二条 实际控制人操纵发行人或者上市公司违反证券法律规定，以发行人或者上市公司名义虚假陈述并给投资人造成损失的，可以由发行人或者上市公司承担赔偿责任。发行人或者上市公司承担赔偿责任后，可以向实际控制人追偿。

实际控制人违反证券法第四条、第五条以及第一百八十八条规定虚假陈述，给投资人造成损失的，由实际控制人承担赔偿责任。

第二十三条 证券承销商、证券上市推荐人对虚假陈述给投资人造成的损失承担赔偿责任。但有证据证明无过错的，应予免责。

负有责任的董事、监事和经理等高级管理人员对证券承销商、证券上市推荐人承担的赔偿责任负连带责任。其免责事由同前款规定。

第二十四条 专业中介服务机构及其直接责任人违反证券法第一百六十一条和第二百零二条的规定虚假陈述，给投资人造成损失的，就其负有责任的部分承担赔偿责任。但有证据证明无过错的，应予免责。

第二十五条 本规定第七条第(七)项规定的其他作出虚假陈述行为的机构或者自然人，违反证券法第五条、第七十二条、第一百八十八条和第一百八十九条规定，给投资人造成损失的，应当承担赔偿责任。

六、共同侵权责任

第二十六条 发起人对发行人信息披露提供担保的，发起人与发行人对投资人的损失承担连带责任。

第二十七条 证券承销商、证券上市推荐人或者专业中介服务机构，知道或者应当知道发行人或者上市公司虚假陈述，而不予纠正或者不出具保留意见的，构成共同侵权，对投资人的损失承担连带责任。

第二十八条 发行人、上市公司、证券承销商、证券上市推荐人负有责任的董事、监事和经理等高级管理人员有下列情形之一的，应当认定为共同虚假陈述，分别与发行人、上市公司、证券承销商、证券上市推荐人对投资人的损失承担连带责任：

(一)参与虚假陈述的；

(二)知道或者应当知道虚假陈述而未明确表示反对的；

(三)其他应当负有责任的情形。

七、损失认定

第二十九条 虚假陈述行为人在证券发行市场虚假陈述，导致投资人损失的，投资人有权要求虚假陈述行为人按本规定第三十条赔偿损失；导致证券被停止发行的，投资人有权要求返还和赔偿所缴股款及银行同期活期存款利率的利息。

第三十条 虚假陈述行为人在证券交易市场承担民事赔偿责任的范围，以投资人因虚假陈述而实际发生的损失为限。投资人实际损失包括：

(一)投资差额损失；

(二)投资差额损失部分的佣金和印花税。

前款所涉资金利息，自买入至卖出证券日或者基准日，按银行同期活期存款利率计算。

第三十一条 投资人在基准日及以前卖出证券的，其投资差额损失，以买入证券平均价格与实际卖出证券平均价格之差，乘以投资人所持证券数量计算。

第三十二条 投资人在基准日之后卖出或者仍持有证券的，其投资差额损失，以买入证券平均价格与虚假陈述揭露日或者更正日起至基准日期间，每个交易日收盘价的平均价格之差，乘以投资人所持证券数量计算。

第三十三条 投资差额损失计算的基准日，是指虚假陈述揭露或者更正后，为将投资人应获赔偿限定在虚假陈述所造成的损失范围内，确定损失计算的合理期间而规定的截止日期。基准日分别按下列情况确定：

(一)揭露日或者更正日起，至被虚假陈述影响的证券累计成交量达到其可流通部分100%之日。但通过大宗交易协议转让的证券成交量不予计算。

(二)按前项规定在开庭审理前尚不能确定的，则以揭露日或者更正日后第30个交易日为基准日。

(三)已经退出证券交易市场的，以摘牌日前一交易日为基准日。

(四)已经停止证券交易的，可以停牌日前一交易日为基准日；恢复交易的，可以本条第(一)项规定确定基准日。

第三十四条 投资人持股期间基于股东身份取得的收益，包括红利、红股、公积金转增所得的股份以及投资人持股期间出资购买的配股、增发股和转配股，不得冲抵虚假陈述行为人的赔偿金额。

第三十五条 已经除权的证券，计算投资差额损失时，证券价格和证券数量应当复权计算。

八、附　则

第三十六条　本规定自 2003 年 2 月 1 日起施行。

第三十七条　本院 2002 年 1 月 15 日发布的《关于受理证券市场因虚假陈述引发的民事侵权纠纷案件有关问题的通知》中与本规定不一致的，以本规定为准。

上海证券交易所股票上市规则

2001 年修订本

关于发布《上海证券交易所股票上市规则（2001 年修订本）》的通知

各上市公司：

上海证券交易所股票上市规则（2001 年修订本）》已经中国证监会批准，现予发布，自发布之日起施行，请遵照执行。2000 年 5 月 1 日实施的《上海证券交易所股票上市规则》（2000 年修订本）同时废止。

上海证券交易所

二〇〇一年六月八日

目　录

第一章　总　　则

1.1 为规范股票上市行为和上市公司及其他相关义务人的信息披露行为，维护证券市场秩序，保护投资者和股票发行人的合法权益，根据《中华人民共和国公司法》（以下简称《公司法》）、《中华人民共和国证券法》（以下简称《证券法》）、《股票发行与交易管理暂行条例》（以下简称《股票条例》）、《证券交易所管理办法》等国家有关法律、法规、规章及《上海证券交易所章程》，制定本规则。

1.2 股票及其衍生品种在上海证券交易所（以下简称本所）

上市,适用本规则的规定。

1.3 公司申请经中国证券监督管理委员会(以下简称中国证监会)核准公开发行的股票在本所上市,由本所审查同意后安排上市。

1.4 本所依据法律、法规和本规则及中国证监会的授权对上市公司及其董事、监事、高级管理人员、有信息披露义务的投资人及上市推荐人进行监管。

第二章 股票上市协议 董事、监事承诺和备案上市推荐人

第一节 股票上市协议

2.1.1 发行人在股票首次上市前应当向本所申请并签订股票上市协议。

2.1.2 股票上市协议主要包括以下内容:

(一)双方的权利与义务;

(二)上市公司章程的内容及其制定与修订程序符合法律法规和中国证监会的有关规定;

(三) 上市费用及其交纳方式;

(四) 董事会秘书和董事会证券事务代表;

(五) 定期报告、临时报告的报告程序及上市公司回复本所质询的规定;

(六) 股票及其衍生品种的停牌与复牌事宜;

(七) 违约责任;

(八) 仲裁条款;

(九) 本所认为需要规定的其他内容。

2.1.3 上市公司逾期缴纳上市费用,本所按日欠费金额的0.03%收取滞纳金。

第二节 董事、监事承诺和备案

2.2.1 上市公司的董事、监事应当在股票上市后两个月内,新任董事、监事应当在股东大会通过其任命后两个月内,签署《董事(监事)声明及承诺书》并送达本所备案。董事、监事签署该文件时必须由一名有证券从业资格的律师见证,向董事、监事解释《董事(监事)声明及承诺书》的内容,董事、监事在充分理解后签字。

2.2.2 董事应当履行以下职责并在《董事声明及承诺书》中作出承诺:

(一)遵守法律法规,履行诚信勤勉义务;

(二)遵守公司章程;

(三)遵守本规则,接受本所监管;

(四)对本所认为应当承诺的其他事项作出承诺。

监事除同样应当履行上述职责并在《监事声明及承诺书》中作出承诺外,还应当承诺促使上市公司董事遵守其承诺。

董事、监事应当在《董事(监事)声明及承诺书》中声明:

(一)本人持有所在公司股票的情况;

(二)有无违反法律法规受查处情况;

(三)参加证券业务培训的情况;

(四)其他任职情况;

(五)拥有其他国家或地区的国籍、长期居留权的情况;

(六)本所认为应当由其说明的其他情况。

2.2.3《董事(监事)声明及承诺书》中声明的事项发生变化时,董事、监事应当在该等情况发生变化之日起两个月内向本所提交有关最新资料备案,并保证该资料的真实与完整。

第三节 上市推荐人

2.3.1 本所实行股票上市推荐人制度。公司在本所申请股票上市,必须由一至二个本所认可的机构推荐。

2.3.2 上市推荐人应当符合下列条件:

(一) 具有本所会员资格;

(二) 从事股票承销工作或具有本所认可的其他资格一年以上且信誉良好;

(三) 最近一年内无重大违法违规行为;

(四) 负责推荐工作的主要业务人员熟悉本所有关上市的业务规则。

2.3.3 符合2.3.2条的会员应当每年向本所提出资格申请,经本所审查确认后,取得上市推荐人资格。会员受到中国证监会暂停或取消股票承销业务的处分的,本所相应暂停或取消其上市推荐人资格。

2.3.4 会员向本所申请上市推荐人资格时,应当提交以下文件:

(一) 申请书;

(二) 会员资格证书;

(三) 承销资格证书或本所认可的其他资格证书;

(四) 主要业务人员简历;

(五) 最近一年上市推荐业务的情况;

(六) 上市推荐协议书,须附向中国证监会提交的发行人情况调查表;

(七) 本所要求提供的其他文件。

2.3.5 上市推荐人应当与发行人签订股票上市推荐协议,明确双方在申请上市期间及上市后一年内的权利和义务。股票上市推荐协议应当符合本规则和股票上市协议的有关规定。

2.3.6 上市推荐人应当履行下列义务:

(一) 确认发行人符合上市条件;

(二) 确保发行人的董事了解法律、法规、本规则及股票上市协议规定的董事的义务与责任;

(三) 协助发行人申请股票上市并办理与股票上市相关的事宜;

（四）提交股票上市推荐书；

（五）对股票上市文件所载的资料进行核实，保证股票上市文件内容真实、准确、完整，符合规定要求；

（六）协助发行人健全法人治理结构；

（七）协助发行人制定严格的信息披露制度和保密制度；

（八）本所规定的上市推荐人的其他义务。

2.3.7 上市推荐书应当包括以下内容：

（一）发行人的概况；

（二）申请上市股票的发行情况；

（三）发行人与上市推荐人是否存在关联关系及存在何种关联关系；

（四）公司章程符合《公司法》等法律、法规和中国证监会的规定以及发行人符合上市条件的说明；

（五）上市推荐人认为发行人需要说明的重要事项和存在的问题；

（六）上市推荐人需要说明的其他内容。

2.3.8 上市推荐人应当保证发行人的上市申请文件、上市公告书没有虚假、严重误导性陈述或者重大遗漏，并保证对其承担连带责任。

2.3.9 上市推荐人不得利用其在股票发行上市过程中获得的内幕信息进行内幕交易，为自己或他人谋取利益。

第三章　股票上市的申请、审查与信息披露

第一节　首次公开发行的股票上市

3.1.1 经中国证监会核准后，发行人方可向本所申请其股票上市。

3.1.2 发行人申请其首次公开发行的股票上市，应当按照中国证监会《公开发行股票公司信息披露的内容与格式准则》第七号《上市公告书的内容与格式》编制上市公告书。

3.1.3 发行人提出上市申请时，应当向本所提交以下文件：

（一）上市申请书；

（二）中国证监会核准其股票发行的文件及经中国证监会核准的发行、上市申报材料；

（三）上市推荐人出具的股票上市推荐书；

（四）具有从事证券业务资格的会计师事务所出具的关于发行人全部资本的验资报告（包括实物资产所有权已转移至上市公司的证明文件）；

（五）股票发行后按规定新增的财务资料；

（六）历次股东大会决议；

（七）股票发行后公司设立或变更的营业执照复印件；

（八）上市公告书；

（九）发行人拟聘任或已聘任为公司董事会秘书人选的资料；

（十）公司董事、监事和高级管理人员持股情况的报告；

（十一）确定公司股票挂牌简称的函；

（十二）公司全部股票已托管的证明文件；

（十三）本所要求的其他文件。

3.1.4 发行人应当保证向本所提交的文件没有虚假记载、误导性陈述或者重大遗漏。

3.1.5 发行人向本所提出上市申请时，其第一大股东应当承诺：自发行人股票上市之日起 12 个月内，不转让其持有的发行人股份，也不由上市公司回购其持有的股份。本条所指股份不包括在此期间新增的股份。

发行人应当在上市公告书中公告上述承诺。

3.1.6 发行人在本所批准其上市申请后，应当于其股票挂牌交易日的五日之前在至少一种中国证监会指定的上市公司信息披露报纸（以下简称“指定报纸”）和中国证监会指定的互联网网站（以下简称“指定网站”）上刊登上市公告书，并在指定网站上刊登公司章程。上市公告书应当备置于指定场所，供公众查阅。

发行人在提出上市申请期间，未经本所同意，不得擅自披露有关信息。

第二节　配股或增发新股上市

3.2.1 上市公司配股或增发新股完成后，可申请配股或增发新股的可流通股份上市。

3.2.2 上市公司申请其配股或增发新股的可流通股份上市，应当向本所提交以下申请文件：

（一）上市申请书；

（二）中国证监会的核准文件；

（三）经中国证监会审核的配股或增发新股的全部申报材料；

（四）配股或增发新股完成后经具有从事证券业务资格的会计师事务所出具的验资报告；有实物资产配股或增发新股的，提供资产所有权已转移至上市公司的证明文件；

（五）董事、监事和高级管理人员持股情况变动的报告；

（六）股份变动报告或上市公告书；

（七）股份登记机构对新增股份登记托管的书面确认文件；

（八）本所要求的其他文件。

3.2.3 本所对上市公司配股或增发新股的可流通股份的上市申请文件审查后，安排其符合条件的股份上市。公司应当在配股或增发新股的可流通股份上市前三个工作日内在指定报纸刊登股份变动报告或上市公告书，并公布配股或增发新股的可流通股份上市日。

3.2.4 其他股份经核准需上市流通的，参照 3.2.2 条和 3.2.3 条的规定执行。

第三节　派发股份股利与公积金转增股本的股份上市

3.3.1 上市公司在派发股份股利、公积金转增股本前，应当

向本所提供以下文件：

（一）股东大会关于派发股份股利、公积金转增股本的决议；

（二）公司实施派发股份股利、公积金转增股本公告；

（三）本所要求的其他文件。

3.3.2 经本所审查后，上市公司应当于派发股份股利、公积金转增股本股权登记日前三至五个工作日在指定报纸上刊登派发股份股利、公积金转增股本公告。

3.3.3 派发股份股利、公积金转增股本公告应当符合中国证监会的有关规定，并且包括以下内容：

（一）通过派发股份股利、公积金转增股本方案的股东大会的届次和日期；

（二）派发股份股利、公积金转增股本的比例（以每10股表述）、股本基数（按实施前实际股本计算）、是否含税以及扣税情况等；

（三）股权登记日、除权日、新增可流通股份上市日；

（四）实施办法；

（五）股本变动结构表（按变动前总股本、本次派发红股数、本次转增股本数、变动后总股本、占总股本比例等项目列示）；

（六）派发股份股利、公积金转增股本后，按新股本摊薄计算的上年度每股净收益或本年度中期每股净收益；

（七）有关咨询办法。

第四节　公司职工股或内部职工股上市

3.4.1 上市公司申请其公司职工股或内部职工股上市，应当向本所提交以下文件：

（一）上市申请书；

（二）中国证监会关于其公司职工股或内部职工股上市时间的批文；

（三）有关公司职工股或内部职工股的持股情况说明及托管证明；

（四）有关公司董事、监事、高级管理人员持股情况说明；

（五）公司职工股或内部职工股上市提示公告；

（六）本所要求的其他文件。

3.4.2 经本所审查同意后，上市公司应当在公司职工股或内部职工股上市前三个工作日内在指定报纸刊登上市提示公告。

3.4.3 上市提示公告应当包括以下内容：

（一）上市日期、上市股份数量、冻结数量；

（二）发行价格；

（三）历次送配情况；

（四）持股人数。

第五节　董事、监事、高级管理人员所持股份上市

3.5.1 上市公司董事、监事、高级管理人员在任期内应当按照规定向本所申报持股变动情况，但不得转让其所持有的本公司股份，包括因公司派发股份股利、公积金转增股本、配股、购入（受让）等新增股份。

3.5.2 上市公司的董事、监事、高级管理人员离职半年后，可以申请其所持本公司股份上市流通。

3.5.3 上市公司原董事、监事、高级管理人员申请所持本公司股份上市流通，应当向本所提交以下文件：

（一）上市申请书；

（二）关于免去相关董事、监事、高级管理人员的决议或董事、监事、高级管理人员的辞职书及董事会出具的离职证明。

第六节　向证券投资基金、法人、战略投资者配售的股份上市

3.6.1 上市公司申请其向证券投资基金、法人、战略投资者配售的股份上市，应当向本所提交以下文件：

（一）上市申请书；

（二）配售结果的公告；

（三）配售股份的托管证明；

（四）有关向基金、法人、战略投资者配售的股份说明；

（五）上市提示公告；

（六）本所要求的其他文件。

3.6.2 经本所批准后，上市公司应当在配售的股份上市前三个工作日内在指定报纸刊登上市提示公告。

3.6.3 上市提示公告应当包括以下内容：

（一）上市时间；

（二）上市股份数量；

（三）发行价格；

（四）历次送配情况。

第四章　信息披露的基本原则

4.1 上市公司应当履行以下信息披露的基本义务：

（一）及时披露所有对上市公司股票价格可能产生重大影响的信息；

（二）确保信息披露的内容真实、准确、完整而没有虚假、严重误导性陈述或重大遗漏。

上市公司对履行以上基本义务以及本规则规定的具体要求有疑问的，应当向本所咨询。上市公司不能确定有关事件是否必须及时披露的，应当报告本所，由本所审核后决定披露的时间和方式。

4.2 上市公司董事会全体成员必须保证信息披露内容真实、准确、完整，没有虚假、严重误导性陈述或重大遗漏，并就其保证承担连带赔偿责任。

公司在公告中应当作出以下重要提示：本公司及董事会全体成员保证公告内容的真实、准确和完整，对公告的虚假记载、误导

性陈述或者重大遗漏负连带责任。

4.3 上市公司及其董事、监事、高级管理人员不得泄漏内幕信息,不得进行内幕交易或配合他人操纵证券交易价格。

4.4 上市公司应当公开披露的信息包括定期报告和临时报告。年度报告和中期报告为定期报告,其他报告为临时报告。

4.5 上市公司公开披露的信息必须在第一时间报送本所。

4.6 本所根据有关法律、法规、规章对上市公司公开披露的信息进行形式审核,对其内容的真实性不承担责任。

本所对定期报告实行事前登记、事后审核;对临时报告实行事前审核;对本所同意免于临时报告事前审核的上市公司的临时报告实行事前登记、事后审核。

上市公司在信息披露前,应当按照本所要求将有关公告和相关备查文件提交本所。

4.7 上市公司公告出现错误、遗漏或误导的,本所可以要求公司作出说明并公告,公司应当按照要求办理。

4.8 上市公司应当将公司承诺事项和股东承诺事项单独摘出送本所备案,并在定期报告中专项披露上述承诺事项的履行情况。

上市公司未履行承诺的,董事会应及时详细披露原因以及董事会应承担的法律责任;股东未履行承诺的,上市公司董事会应及时详细披露具体情况,并说明董事会所采取的措施。

4.9 上市公司存在或正在筹划第七章第二、三、四节所述的重大事件,应当遵循分阶段披露的原则,履行信息披露义务:

(一)在该事件尚未披露前,董事和有关当事人应当确保有关信息绝对保密;如果该信息难以保密,或者已经泄露,或者公司股票价格已明显发生异常波动时,上市公司应当立即予以披露。

(二)上市公司就上述重大事件与有关当事人一旦签署意向书或协议,无论意向书或协议是否附加条件或附加期限,上市公司应当立即予以披露。

上述协议发生重大变更、中止或者解除、终止的,上市公司应当及时予以披露,说明协议变更、中止或者解除、终止的情况和原因。

(三)上述重大事件获得有关部门批准的,或者已披露的重大事件被有关部门否决的,公司应当及时予以披露。

4.10 上市公司董事会全体成员及其他知情人员在公司的信息公开披露前,应当将信息的知情者控制在最小范围内。

4.11 上市公司公开披露的信息应当在至少一种指定报纸上公告,按照规定应当上网披露的,还应当在指定网站披露。在其他公共传媒披露的信息不得先于指定报纸和指定网站。上市公司不得以新闻发布或答记者问等形式代替公司的正式公告。

4.12 上市公司出现下列情形,认为无法按照本规则规定披露信息的,可以向本所提出申请,经本所同意,可以免予按照本规则规定披露:

(一)上市公司有充分理由认为披露某一信息会损害公司的利益,且该信息对其股票价格不会产生重大影响;

(二)上市公司认为拟披露的信息可能导致其违反法律法规的;

(三)交易所认定的其它情况。

4.13 上市公司发生的事项没有达到本规则披露要求的,可以免予公告,但必须报本所备案。本所认为有必要披露的,上市公司应当比照本规则的规定披露。

4.14 上市公司应当配备信息披露所必要的通讯设备和计算机等办公设备,保证计算机可以连接国际互联网和对外咨询电话的畅通。

第五章　董事会秘书、股权管理与信息披露事务

第一节　董事会秘书

5.1.1 上市公司应当设立一名董事会秘书。董事会秘书为上市公司的高级管理人员,对董事会负责。

5.1.2 董事会秘书的任职资格:

(一) 具有大学专科以上学历,从事秘书、管理、股权事务等工作三年以上;

(二) 有一定财务、税收、法律、金融、企业管理、计算机应用等方面知识,具有良好的个人品质和职业道德,严格遵守有关法律、法规和规章,能够忠诚地履行职责;

(三) 上市公司董事可以兼任董事会秘书,但监事不得兼任;

(四) 有《公司法》第 57 条规定情形之一的人士不得担任董事会秘书;

(五) 上市公司聘任的会计师事务所的会计师和律师事务所的律师不得兼任董事会秘书。

5.1.3 董事会秘书应当遵守公司章程,承担高级管理人员的有关法律责任,对公司负有诚信和勤勉义务,不得利用职权为自己或他人谋取利益。

董事会秘书应当保证本所可以随时与其联系。

5.1.4 董事会秘书的职责:

(一) 董事会秘书为公司与本所的指定联络人,负责准备和提交本所要求的文件,组织完成监管机构布置的任务;

(二) 准备和提交董事会和股东大会的报告和文件;

(三) 按照法定程序筹备董事会会议和股东大会,列席董事会会议并作记录,保证记录的准确性,并在会议记录上签字;

(四) 协调和组织上市公司信息披露事项,包括建立信息披露的制度、接待来访、回答咨询、联系股东,向投资者提供公司公开披露的资料,促使上市公司及时、合法、真实和完整地进行信息披露;

(五) 列席涉及信息披露的有关会议。上市公司有关部门应当向董事会秘书提供信息披露所需要的资料和信息。公司在作

出重大决定之前，应当从信息披露角度征询董事会秘书的意见；

（六）负责信息的保密工作，制订保密措施。内幕信息泄露时，及时采取补救措施加以解释和澄清，并报告本所和中国证监会；

（七）负责保管上市公司股东名册资料、董事和董事会秘书名册、大股东及董事持股资料以及董事会印章，保管上市公司董事会和股东大会会议文件和记录；

（八）帮助上市公司董事、监事、高级管理人员了解法律法规、公司章程、本规则及股票上市协议对其设定的责任；

（九）协助董事会依法行使职权，在董事会作出违反法律法规、公司章程及本所有关规定的决议时，及时提醒董事会，如果董事会坚持作出上述决议的，应当把情况记录在会议纪要上，并将会议纪要立即提交上市公司全体董事和监事；

（十）为上市公司重大决策提供咨询和建议；

（十一）本所要求履行的其他职责。

5.1.5 董事会秘书须经过本所组织的专业培训和资格考核并取得合格证书，由董事会聘任，报本所备案并公告；对于没有合格证书的，经本所认可后由董事会聘任。

5.1.6 公司应当在股票上市后三个月内或原任董事会秘书离职后三个月内正式聘任董事会秘书。在此之前，公司应当临时指定人选代行董事会秘书的职责。

5.1.7 公司董事会聘任董事会秘书应当向本所提交以下文件：

（一）董事会推荐书，内容包括被推荐人的职务、工作表现及个人品德等；

（二）被推荐人的个人简历、学历证明（复印件）；

（三）被推荐人取得的董事会秘书资格考试合格证书；

（四）董事会的聘任书；

（五）董事会秘书的通讯方式，包括办公电话、住宅电话、移动电话、传真、通信地址及专用电子邮件信箱地址等；

（六）公司法定代表人的通讯方式，包括办公电话、住宅电话、移动电话、传真及通信地址等。

5.1.8 董事会秘书有以下情形之一的，本所可以建议上市公司董事会终止对其的聘任：

（一）在执行职务时出现重大错误或疏漏，给上市公司或投资者造成重大损失；

（二）违反国家法律法规、公司章程和本所有关规定，给上市公司或投资者造成重大损失；

（三）本所认为不宜继续担任董事会秘书的其他情形。

5.1.9 上市公司董事会解聘董事会秘书应当具有充分理由，解聘董事会秘书或董事会秘书辞职时，公司董事会应当向本所报告、说明原因并公告。

5.1.10 董事会秘书离任前，应当接受董事会、监事会的离任审查，将有关档案文件、正在办理及其他待办理事项，在公司监事会的监督下移交。公司在聘任董事会秘书时应当与其签订保密协议，要求其承诺一旦在离任后持续履行保密义务直至有关信息公开披露为止。

5.1.11 上市公司董事会在聘任董事会秘书的同时，应当另外委任一名董事会证券事务代表，在董事会秘书不能履行职责时，代行董事会秘书的职责。证券事务代表应当具有董事会秘书的任职资格，经过本所的专业培训和资格考核并取得合格证书。

第二节　股权管理与信息披露事务

5.2.1 本所接受董事会秘书或证券事务代表办理上市公司的股权管理与信息披露事务。

5.2.2 上市公司应当在信息披露前将公告文稿及相关材料报送本所。所报文稿及材料应为中文打印件并签字盖章，文稿上应当写明拟公告的日期及报纸。经本所同意后，上市公司自行联系公告事项。不能按预定日期公告的，应当及时报告本所。

5.2.3 上市公司应当将信息披露文件在公告的同时备置于指定场所，供公众查阅。

5.2.4 上市公司应当至少选定一家信息披露的指定报纸；在选定或变更指定报纸后，在两个工作日内报告本所。

第六章　定期报告

6.1 上市公司应当在每个会计年度结束之日起四个月内编制完成年度报告，在指定报纸披露年度报告摘要，同时在指定网站上披露其全文。

本所在规定的期限内安排各上市公司披露的时间顺序。

6.2 上市公司应当按照中国证监会《公开发行股票公司信息披露的内容与格式准则第二号＜年度报告的内容与格式＞》的规定编制年度报告及年度报告摘要。

本所在上述规定基础上对年度报告的编制和披露有进一步要求的，公司还应当按本所要求办理。

6.3 上市公司应当在年度报告经董事会批准后的两个工作日内本所报送年度报告，经本所登记后，在至少一种指定报纸上刊登年度报告摘要并在指定网站上披露年度报告全文。

6.4 上市公司向本所办理年度报告登记手续时，应向本所报送以下文件：

（一）审计报告原件；

（二）年度报告正本及其摘要；

（三）董事会决议及其公告文稿；

（四）上述文件的电子文件；

（五）停牌申请；

（六）本所要求的其他文件。

6.5 上市公司出现本规则 9.2.1 条所述财务状况异常的情形时，应当在收到年度审计报告后两个工作日内报送本所。

6.6 本所对上市公司年度报告的事后审核是对年度报告摘要、正本在形式上的审查。上市公司应当认真、及时地答复本所的问询,并按本所要求对年度报告有关内容作出解释说明、刊登补充公告。

6.7 上市公司应当于每个会计年度的上半年结束之日起二个月内编制完成中期报告并在指定报纸披露。

6.8 上市公司应当按照中国证监会《公开发行股票公司信息披露内容与格式准则第三号 < 中期报告的内容与格式 >》以及有关通知的规定编制中期报告。

本所在上述规定基础上对中期报告的披露提出进一步要求的,公司还应按本所要求办理。

6.9 上市公司的中期财务报告可以不经会计师事务所审计,但有下列情形之一的,必须经会计师事务所审计(中国证监会另有规定的除外):

(一) 拟在下半年进行利润分配或公积金转增股本的;

(二)中国证监会或本所认为应当进行审计的其他情形。

6.10 中期报告的报送、公告和审核按照年度报告的有关规定执行。

第七章 临时报告

第一节 董事会、监事会、股东大会决议

7.1.1 上市公司召开董事会会议,应当在会议结束后两个工作日内将董事会决议和会议纪要报送本所备案。

本所要求公司提供董事会、监事会、股东大会会议记录的,公司应按照本所要求在规定时间内提供该等会议记录。

7.1.2 上市公司董事会决议涉及须经股东大会表决的事项和本章第二、三、四节有关事项的,必须公告;其他事项,本所认为有必要的,也应当公告。

7.1.3 上市公司召开监事会会议,应当在会议结束后两个工作日内将监事会决议和会议纪要报送本所备案,经本所审核后,在指定报纸上公布。

7.1.4 上市公司应当在股东大会结束后两个工作日内将股东大会决议公告文稿、会议记录和全套会议文件报送本所,经本所审查后在指定报纸上刊登决议公告。

7.1.5 股东大会因故延期或取消,应当在原定股东大会召开日的五个工作日之前发布通知,通知中应当延期或取消的具体原因。属延期的,通知中应当公布延期后的召开日期。

7.1.6 股东大会对董事会预案作出修改,或对董事会预案以外的事项作出决议,或会议期间发生突发事件导致会议不能正常召开的,上市公司应当向本所说明原因并公告。

7.1.7 股东大会决议公告应当写明出席会议的股东人数、所持股份及占上市公司有表决权总股本的比例,以及每项议案的表决方式和表决统计结果。对股东提案作出决议的,应当列明提案股东的名称或姓名、持股比例和提案内容。

发行 B 股的上市公司还应当在公告中说明股东会议通知情况、上市公司 A 股股东和 B 股股东出席会议及表决情况。

7.1.8 股东大会以会议文件等形式向股东通报的重要内容,如未公开披露过的,应当在股东大会决议公告中披露。

第二节 收购、出售资产

7.2.1 本节所称收购、出售资产是指上市公司收购、出售企业所有者权益、实物资产或其他财产权利的行为。

7.2.2 上市公司拟收购、出售资产达到以下标准之一时,经董事会批准后,应在两个工作日内向本所报告并公告:

(一)按照最近一期经审计的财务报告、评估报告或验资报告,收购、出售资产的资产总额占上市公司最近一期经审计的总资产值的 10%以上;

(二)被收购资产相关的净利润或亏损的绝对值(按上一年度经审计的财务报告)占上市公司经审计的上一年度净利润或亏损绝对值的 10%以上,且绝对金额在 100 万元以上;

被收购资产的净利润或亏损值无法计算的,不适用本款;收购企业所有者权益的,被收购企业的净利润或亏损值以与这部分产权相关的净利润或亏损值计算;

(三) 被出售资产相关的净利润或亏损绝对值或该交易行为所产生的利润或亏损绝对额占上市公司经审计的上一年度净利润或亏损绝对值的 10%以上,且绝对金额在 100 万元以上;被出售资产的净利润或亏损值无法计算的,不适用本款;出售企业所有者权益的,被出售企业的净利润或亏损值以与这部分产权相关的净利润或亏损值计算;

(四)收购、出售资产的交易金额(承担债务、费用等应当一并计算)占上市公司最近一期经审计的净资产总额 10%以上。

7.2.3 上市公司拟收购、出售资产按 7.2.2 条第(一)、(四)项所述标准计算所得的相对数字占 50%以上的;或按 7.2.2 条第(二)、(三)项所述标准计算所得的相对数字占 50%以上,且收购、出售资产相关的净利润或亏损绝对金额在 500 万元以上的,除须经董事会批准,报告本所并公告外,必须经上市公司股东大会批准。

上市公司还应当聘请有证券从业资格的会计师事务所或资产评估机构对拟收购、出售的资产进行审计或评估,审计或评估基准日距协议生效日不得超过 6 个月。若因特殊情况不能审计或评估,必须在股东大会上说明原因。

中国证监会对收购、出售资产另有规定的,上市公司还应当按照相应规定办理。

7.2.4 上市公司在 12 个月内连续对同一或相关资产分次进行收购、出售的,以其在此期间交易的累计额确定是否公告。

7.2.5 上市公司直接或间接持股比例超过 50%的子公司收购、出售资产,视同上市公司行为,适用本节规定。上市公司的参

股公司(持股50%以下)收购、出售资产,交易标的有关金额指标乘以参股比例后,适用本节规定。

7.2.6 上市公司因收购、出售其他上市公司的股份,需履行股东披露义务或要约义务的,应当同时按照法律法规、中国证监会和本所的有关规定执行。

7.2.7 上市公司应当在收购、出售资产协议生效之日起三个月内公告交易实施情况(包括所有必需的产权变更或登记过户手续完成情况),同时提供相关证明文件。

7.2.8 上市公司披露上述收购、出售资产事项,应当向本所提交以下文件:

(一) 交易公告文稿;

(二) 收购、出售资产的协议书;

(三) 董事会决议及公告(如有);

(四) 被收购、出售资产涉及的政府批文(如有);

(五) 被收购、出售资产的财务报表;

(六) 中介机构对被收购、出售资产的意见书(评估报告或审计报告);

(七) 本所要求的其他文件。

7.2.9 上市公司收购、出售资产的公告应当包括但不限于以下内容:

(一) 交易概述及协议生效时间;

(二) 协议有关各方的基本情况,包括企业名称、工商登记类型、注册地点、法定代表人、主营业务等;

(三) 被收购、出售资产的基本情况,包括该资产的名称、中介机构名称、资产帐面值及评估值、资产运营情况、资产质押、抵押以及在该资产上设立的其他财产权利的情况、涉及该财产的重大争议的情况;

被收购、出售的资产系企业所有者权益的,还应当介绍公司(或企业)的基本情况和最近一期经审计的财务报告中的财务数据,包括资产总额、负债总额、所有者权益、主营收入、净利润等,并附收购、出售基准日资产负债表和损益表(如果基准日不是年底,还需披露上一年度损益表);

收购、出售资产达到7.2.3条所规定标准的,除披露上述内容外,还应当披露该等资产的历史情况;被收购出售的资产系企业所有者权益,且占被收购企业所有者权益的50%以上,另应当披露该企业近三年的资产负债表、损益表及现金流量表或公司成立之日起至收购、出售资产合同签署日期间的资产负债表、损益表及现金流量表。

(四) 上市公司预计从该交易获得的利益及该交易对上市公司未来经营的影响;

(五) 交易金额(包括定价基准)及支付方式(现金、股权、资产置换等,还包括有关分期付款安排的条款);

(六) 该交易涉及的人员安置、土地租赁、债务重组等情况;

(七) 出售资产的,应当说明出售所得款项的用途;

(八) 收购资产的,应当说明是否与招股说明书、配股说明书或其他募集资金说明书中列示的项目相关,并说明该项交易的资金来源;

(九) 须经股东大会或有权部门批准的事项,应当明确说明需履行的合法程序和进展情况;

(十) 如果收购资产后,可能产生关联交易,应披露有关情况;

(十一) 如果收购资产后,可能与关联人产生同业竞争的,应披露规避的方法或其他安排(包括有关协议或承诺等);

(十二) 收购资产后,上市公司与控股股东在人员、资产、财务上分开的安排计划;

(十三) 本所要求的其他内容。

第三节 关联交易

7.3.1 上市公司关联交易是指上市公司及其控股子公司与关联人发生的转移资源或义务的事项,包括但不限于下列事项:

(一)购买或销售商品;

(二)购买或销售除商品以外的其他资产;

(三)提供或接受劳务;

(四)代理;

(五)租赁;

(六)提供资金(包括以现金或实物形式);

(七)担保;

(八)管理方面的合同;

(九)研究与开发项目的转移;

(十)许可协议;

(十一)赠与;

(十二)债务重组;

(十三)非货币性交易;

(十四)关联双方共同投资;

(十五)本所认为应当属于关联交易的其他事项。

上市公司关联人包括关联法人、关联自然人和潜在关联人。

7.3.2 具有以下情形之一的法人,为上市公司的关联法人:

(一)直接或间接地控制上市公司,以及与上市公司同受某一企业控制的法人(包括但不限于母公司、子公司、与上市公司受同一母公司控制的子公司);

(二)7.3.3条所列的关联自然人直接或间接控制的企业。

7.3.3 上市公司的关联自然人是指:

(一)持有上市公司5%以上股份的个人股东;

(二)上市公司的董事、监事及高级管理人员;

(三)本条第(一)、(二)项所述人士的亲属,包括:

1. 父母;

2. 配偶;

3. 兄弟姐妹；

4. 年满18周岁的子女；

5. 配偶的父母、子女的配偶、配偶的兄弟姐妹、兄弟姐妹的配偶。

7.3.4 因与上市公司关联法人签署协议或作出安排，在协议生效后符合7.3.2条和7.3.3条规定的，为上市公司潜在关联人。

7.3.5 由上市公司控制或持有50%以上股份的子公司发生的关联交易，视同上市公司行为，其披露适用7.3.7、7.3.8、7.3.9、7.3.11、7.3.12、7.3.13、7.3.14条规定；上市公司的参股公司发生的关联交易，以其交易标的乘以参股比例或协议分红比例后的数额，适用7.3.7、7.3.8、7.3.9、7.3.11、7.3.12、7.3.13、7.3.14条规定。

7.3.6 上市公司关联交易应当遵循以下基本原则：

（一）符合诚实信用的原则；

（二）关联方如享有上市公司股东大会表决权，除特殊情况外，应当回避表决；

（三）与关联方有任何利害关系的董事，在董事会就该事项进行表决时，应当回避；

（四）上市公司董事会应当根据客观标准判断该关联交易是否对上市公司有利。必要时应当聘请专业评估师或独立财务顾问。

7.3.7 上市公司关联人与上市公司签署涉及关联交易的协议，应当采取必要的回避措施：

（一）任何个人只能代表一方签署协议；

（二）关联人不得以任何方式干预上市公司的决定；

（三）上市公司董事会就关联交易表决时，有利害关系的当事人属下列情形的，不得参与表决：

(1) 与董事个人利益有关的关联交易；

(2) 董事个人在关联企业任职或拥有关联企业的控股权或控制权的，该等企业与上市公司的关联交易；

(3) 按照法律法规和公司章程规定应当回避的。

（四）上市公司股东大会就关联交易进行表决时，关联股东不得参加表决。关联股东有特殊情况无法回避时，在上市公司征得有权部门同意后，可以参加表决。公司应当在股东大会决议中对此作出详细说明，同时对非关联方的股东投票情况进行专门统计，并在决议公告中披露。

7.3.8 上市公司与其关联人达成的关联交易总额低于300万元，且低于上市公司最近经审计净资产值的0.5%的，不适用本节规定。

7.3.9 上市公司与其关联人达成的关联交易总额在300万元至3000万元之间或占上市公司最近经审计净资产值的0.5%至5%之间的，上市公司应当在签定协议后两个工作日内按照7.3.11条的规定进行公告，并在下次定期报告中披露有关交易的详细资料。

7.3.10 上市公司披露关联交易，应当按照7.2.8条的规定向本所提交文件。

7.3.11 上市公司就关联交易发布的临时报告应当包括以下内容：

（一）交易日期、交易地点；

（二）有关各方的关联关系；

（三）交易及其目的的简要说明；

（四）交易的标的、价格及定价政策；

（五）关联人在交易中所占权益的性质及比重；

（六）关联交易涉及收购或者出售某一公司权益的，应当说明该公司的实际持有人的详细情况，包括实际持有人的名称及其业务状况；

（七）董事会关于本次关联交易对上市公司是否有利得意见；

（八）若涉及对方或他方向上市公司支付款项的，必须说明付款方近三年或自成立之日起至协议签署期间的财务状况，董事会应当对该等款项收回或成为坏帐的可能作出判断和说明；

（九）独立财务顾问意见；

（十）本所和中国证监会要求的其他内容。

关联交易涉及收购、出售资产的，还应参照7.2.9条的要求披露。

7.3.12 上市公司拟与关联人达成的关联交易总额高于3000万元或高于上市公司最近经审计净资产值的5%以上的，公司董事会必须在作出决议后二个工作日内报送本所并公告。公告的内容须符合7.3.11条的规定。关联交易在公司股东大会批准后方可实施，任何与该关联交易有利害关系的关联人在股东大会上应当放弃对该议案的投票权。公司应当在关联交易的公告中特别载明："此项交易需经股东大会批准，与该关联交易有利害关系的关联人放弃在股东大会上对该议案的投票权"。

对于此类关联交易，上市公司董事会应当对该交易是否对公司有利发表意见，同时上市公司应当聘请独立财务顾问就该关联交易对全体股东是否公平、合理发表意见，并说明理由、主要假设及考虑因素。上市公司应当在下次定期报告中披露有关交易的详细资料。

7.3.13 上市公司与关联人就同一标的或者上市公司与同一关联人在连续12个月内达成的关联交易累计金额达到本规则7.3.9条所述标准的，上市公司应当按7.3.9条的规定披露。

7.3.14 上市公司与关联人就同一标的或者上市公司与同一关联人在连续12个月内达成的关联交易累计金额达到7.3.12条所述条件的，上市公司须按7.3.12条的规定披露。

7.3.15 上市公司与关联人之间签署的涉及关联交易的协

议,包括产品供销协议、服务协议、土地租赁协议等在招股说明书、上市公告书或前一个定期报告中已经披露,协议主要内容(如价格、数量及付款方式等)在下一个定期报告之前未发生显著变化的,上市公司可豁免执行本节上述条款,但是应当在定期报告及其相应的财务报告附注中就报告期内协议的执行情况作出必要说明。

7.3.16 上市公司与关联人达成以下的交易,可免予按照关联交易的方式表决和披露:

(一) 关联人按照上市公司的招股说明书、配股说明书或增发新股说明书以缴纳现金方式认购应当认购的股份;

(二) 关联人依据股东大会决议领取股息或者红利;

(三) 关联人购买上市公司发行的企业债券;

(四) 上市公司与其控股子公司发生的关联交易;

(五) 本所认定的其他情况。

7.3.17 公司必须在重大关联交易实施完毕之日起二个工作日内向本所报告并公告。

第四节　其他重大事件

7.4.1 上市公司在会计年度结束时预计出现亏损的,应当在会计年度结束后的30个工作日内发布首次风险提示公告。

7.4.2 上市公司发生重大诉讼、仲裁事项,按以下要求进行披露:

(一) 诉讼、仲裁事项涉及的金额或12个月内累计金额占公司最近经审计的净资产值10%以上的,上市公司应当在知悉该事件后及时报告并公告;

(二) 上市公司根据第(一)项规定披露信息前,应当向本所报送有关法律文书的复印件;

(三) 对诉讼、仲裁事件的披露,应当说明诉讼、仲裁受理日期,诉讼、仲裁各方当事人、代理人及其所在单位的姓名或名称,受理法院或仲裁机构的名称和所在地,诉讼或仲裁的原因、依据及诉讼、仲裁的请求,判决或仲裁的日期、结果以及各方当事人对结果的意见等。

7.4.3. 上市公司发生重大担保事项,除应当采取有效措施向债务人追偿,将追偿情况及时披露外,还应当遵循以下要求:

(一)上市公司不得为本公司的股东、股东的控股子公司、股东的附属企业或者个人债务提供担保。上市公司为上述公司、个人以外的法人提供担保,涉及的金额或连续12个月累计额占上市公司最近经审计的净资产值的10%以上的,应当及时报告并公告;

(二) 上市公司根据第(一)项规定披露信息前,应当向本所报送相关协议的复印件;

(三) 对担保事项的披露,应当说明担保协议签署及生效日期,债权人名称,担保的方式、期限、金额,担保协议中的其他重要条款,被担保人基本情况等:

被担保人为法人的,应当包括企业名称、注册地点、法定代表人、经营范围、与上市公司的关联关系或其他关系;

被担保人为个人的,应当包括姓名、与上市公司的关联关系或其他关系;

(四) 根据第(一)项披露的担保事项,被担保人于债务到期后十五个工作日内未履行还款义务的,上市公司应当及时报告并公告;

(五) 根据第(一)项应当披露的担保事项,被担保人出现破产、清算及其他可能严重影响其还款能力的事件,上市公司知悉后应当及时报告并公告。

7.4.4 上市公司出现以下情况且所涉及的数额达到7.2.2所规定标准的,比照本章第二节的规定披露:

(一)重要合同(借贷、委托经营、受托经营、委托理财、赠与、承包、租赁等)的订立、变更和终止;

(二)大额银行退票;

(四) 遭受重大损失;

(五) 重大投资行为;

(六) 可能依法承担的赔偿责任;

(七) 重大行政处罚(若不涉及具体数额,应当披露被查处的具体内容);

(八)本所认为需披露的其他事项。

7.4.5 上市公司出现以下情况,应当自事实发生之日起两个工作日内向本所报告并公告:

(一)公司章程、注册资本、注册地址、名称的变更,其中公司章程发生变更的,还应当将新的公司章程在指定网站上披露;

(二) 经营方针和经营范围的重大变化;

(三) 订立7.4.4条第(一)项以外的重要合同,可能对上市公司的资产、负债、权益和经营成果产生重大影响;

(四) 发生重大债务或未清偿到期重大债务;

(五) 变更募集资金投资项目;

(六) 直接或间接持有另一上市公司发行在外的普通股5%以上;

(七) 持有上市公司5%以上股份的股东,其持有股份增减变化达5%以上;

(八)上市公司第一大股东发生变更;

(九) 上市公司董事长、三分之一以上董事或经理发生变动;

(十) 生产经营环境发生重要变化,包括全部或主要业务停顿、生产资料采购、产品销售方式或渠道发生重大变化;

(十一) 减资、合并、分立、解散或申请破产的决定;

(十二) 新的法律、法规、规章、政策可能对公司的经营产生显著影响;

(十三) 更换为上市公司审计的会计师事务所;

(十四) 股东大会、董事会的决议被法院依法撤销;

(十五) 法院裁定禁止对上市公司有控制权的股东转让其所持上市公司的股份;

(十六)持有上市公司 5%以上股份的股东所持股份被质押;

(十七)上市公司进入破产、清算状态;

(十八) 上市公司预计出现资不抵债;

(十九) 获悉主要债务人出现资不抵债或进入破产程序,上市公司对相应债权未提取足额坏帐准备的;

(二十)因涉嫌违反证券法规被中国证监会调查或正受到中国证监会处罚的(公司就违规事项公告时,应当事先报告中国证监会);

(二十一) 本所认为需要披露的其他事项。

7.4.6 上市公司出现 7.4.5 条第(五)项所述情形,应当向本所提交以下文件:

(一)董事会决议;

(二)监事会对变更募集资金投资项目的意见;

(三)新项目的可行性报告;

(四)新项目的有关立项批文(如有);

(五)新项目的合作意向书或协议(如有);

(六)新项目涉及收购资产或企业所有者权益的,应提供有关的评估报告或审计报告;

(七)原项目的终止协议及说明(如有);

(八)董事会关于变更募集资金投资项目的公告文稿;

(九)本所要求的其他文件。

7.4.7 上市公司出现 7.4.5 条第(五)项所述情形,应当披露以下内容:

(一)董事会关于变更募集资金投资项目的原因说明;

(二)董事会关于新项目的发展前景、盈利能力、有关的风险和对策等情况的说明;

(三)新项目涉及收购资产或企业所有者权益的,还应当比照本章第二节的规定进行披露;

(四)新项目涉及关联交易的,还应当比照本章第三节的规定进行公告;

(五)本所要求的其他内容。

7.4.8 董事会预计上市公司业绩与其披露过的盈利预测有重大差异,而且导致该差异的因素尚未披露的,应当及时公告,说明有关因素及其对业绩的影响。

上市公司董事会在向本所提交公告文稿时,应当提交以下文件:

(一) 预计的业绩变化和造成变化的原因;

(二)董事会确认预计的依据及过程是适当和审慎的函件;

上市公司聘有独立财务顾问的,应当提交独立财务顾问确认上市公司董事会作出该预计的依据及过程是适当和审慎的函件。

7.4.9 上市公司直接或间接持股比例超过 50%的子公司出现本节所述情形的,视同上市公司的行为,适用本节规定。

第五节 股票交易异常波动

7.5.1 上市公司应当关注本公司股票的交易以及公共传播媒介、网站对本公司的报道。

7.5.2 出现下列情况之一的,上市公司应当及时报告并公告:

(一) 股票交易发生异常波动;

(二) 公共传播媒介或网站传播的消息可能对公司的股票交易产生影响。

7.5.3 股票出现以下情况之一时,本所将根据市场情形,认定其是否属股票交易异常波动:

(一) 某只股票的价格连续三个交易日达到涨幅限制或跌幅限制;

(二) 某只股票连续五个交易日列入“股票、基金公开信息”;

(三) 某只股票价格的振幅连续三个交易日达到 15%;

(四) 某只股票的日均成交金额连续五个交易日逐日增加 50%;

(五) 本所或中国证监会认为属于异常波动的其他情况。

出现上述第(一)至(四)项情形被认定为异常波动的股票,其异常波动的计算从公告之日起重新开始。

7.5.4 上市公司针对有关传闻发布公告,应当向本所报送公告文稿及传闻在公共传播媒介中传播的证据。

7.5.5 上市公司出现 7.5.2 条所述的情况时,本所可以要求上市公司比照 7.5.7 条的规定发布公告。

7.5.6 上市公司对有关传闻的公告应当包括以下内容:

(一) 传闻内容及其来源;

(二) 公司的真实情况;

(三) 经本所同意的其他内容。

7.5.7 上市公司认为股票交易的异常波动与上市公司或上市公司内外部环境的变化无关,应当在公告中作出说明;若与本公司有关,则应当披露可能影响其股票价格的信息。

第六节 公司的合并、分立

7.6.1 上市公司的合并、分立应当符合《公司法》等现行法律法规的规定。

7.6.2 涉及上市公司股份变动的合并、分立方案应当报中国证监会批准并抄报本所。

7.6.3 涉及上市公司股份变动的合并、分立方案未经中国证监会批准的,本所对有关的公告文稿不予审查,并报告中国证监会。

7.6.4 上市公司合并、分立方案实施过程中涉及上市公司信息披露和股份变更登记等事项,按中国证监会和本所的规定办理。

第八章 停牌、复牌

8.1 上市公司可以以本所认为合理的理由向本所申请停牌与复牌。

8.2 本所可根据实际情况或中国证监会的要求，决定公司股票及其衍生品种的停牌与复牌。

8.3 出现以下情况之一的，上市公司董事会应当向本所申请对其股票及其衍生品种例行停牌与复牌：

（一）上市公司于交易日公布中期报告或年度报告，当日上午停牌，下午开市时复牌；

（二）上市公司召开股东大会，会议期间为本所开市时间的，自股东大会召开当日起停牌，直至公告股东大会决议当日上午开市时复牌；如果股东大会决议公告的内容涉及增加、变更或否决议案的，直至公告股东大会决议当日下午开市时复牌；公告日为非交易日，则公告后第一个交易日复牌；

（三）上市公司于交易日公布董事会关于权益分派、配股、公积金转增股本等决议，当日上午停牌，下午开市时复牌。

8.4 上市公司出现以下情况之一，本所对其股票及其衍生品种予以停牌与复牌：

（一）在公共传播媒介中出现上市公司尚未披露的消息，可能对公司股票及其衍生品种的交易产生较大影响，本所对该股票及其衍生品种实施停牌，直至上市公司对该消息作出公告的当日下午开市时复牌；

（二）股票交易出现异常波动，本所可以对其停牌，直至有披露义务的当事人作出公告的当日下午开市时复牌。

8.5 上市公司于交易日公布临时报告的，应当向本所申请停牌，本所根据情况决定停牌与复牌时间。

8.6 临时报告披露不够充分、完整或可能误导公众，上市公司拒不按照本所要求作出修改的，本所可以对该公司股票及其衍生品种停牌，直至上市公司作出补充或更正公告的当日下午开市时复牌。

8.7 本所审核上市公司定期报告时，要求上市公司就有关内容进行解释说明或补充公告，公司不按本所要求办理的，本所可以视具体情况对其股票及其衍生品种实施停牌，直至公司作出解释说明或补充公告的当日下午开市时复牌。

8.8 上市公司未在《证券法》规定的法定期限内公布定期报告的，本所对其股票及其衍生品种停牌，直至其定期报告披露的当日下午开市时复牌；公告日为非交易日，则公告后第一个交易日复牌。

8.9 上市公司在公司运作和信息披露方面涉嫌违反法律、法规、规章及本所业务规则，情节严重的，在被有关部门调查期间，经中国证监会批准，本所对公司股票及其衍生品种停牌，待有关处理决定公告后另行决定复牌时间。

8.10 上市公司监事会按《公司法》第一百二十六条规定职权所作出的可能对股票的交易产生较大影响的决议于交易日公告，其股票及其衍生品种当日上午停牌，下午开市时复牌；情况特殊的，根据具体情况决定停牌与复牌时间。

8.11 上市公司严重违反本规则且在规定期限内仍不予改正的，本所对其股票停牌，直至改正后复牌。

8.12 上市公司因某种原因使本所失去有效信息来源时，本所可以对该公司的股票及其衍生品种停牌，直至本所恢复有效信息来源后复牌。

8.13 上市公司出现以下情况之一的，本所对其股票及其衍生品种停牌，直至导致停牌的原因消除后复牌：

（一）投资者发出收购该上市公司股票的公开要约；

（二）中国证监会依法作出暂停股票交易的决定；

（三）本所认为必要时。

8.14 上市公司出现异常状况，本所对其股票交易实行特别处理的，该公司股票及其衍生品种按本规则第九章的规定停牌。

8.15 上市公司出现 10.1.1 条规定的情况之一或发生重大事件而影响公司上市资格的，本所按第十章的规定对该公司的股票及其衍生品种停牌。

8.16 上市公司在重大收购、出售资产或股权、债务重组过程中，股价出现异常波动或董事会预计将会导致股价出现异常波动的，如果出现下列情形且无法按照 4.9 条规定进行分阶段披露的，董事会应当向本所提出停牌申请：

（一）重大收购、出售资产或股权、债务重组行为不能确定结果；

（二）相关信息在市场上已有传播但仍需报请政府批准；

（三）董事会预计相关信息无法保密的。

8.17 公司申请的停牌期限不超过 30 天的，本所根据公司的股票交易情况作出决定；超过 30 天（包括 30 天）的，由本所提出处理意见报中国证监会批准。公司应当在停牌申请获准后的次一个工作日公告停牌的信息。

8.18 在停牌期间，公司应当至少每两周披露一次重大收购、出售、债务重组事项的进展情况。

停牌期间，相关事项的不确定性已经消除的，公司应在二个工作日内向本所申请复牌并公告；停牌期满，该等事项的不确定性没有消除的，公司应在期满时提前二个工作日向本所申请延长停牌时间，经本所同意或报经证监会批准后，公司应及时予以公告。

8.19 公司就同一不确定事项累计停牌已达到 90 天，公司未向本所申请复牌的，自累计停牌满三个月之日起，本所对其股票强制复牌，并对其股票采取以下交易方式：

（一）投资者在本所另行规定的开市时间内申报交易委托；

（二）申报价格不得超过上一次收市价格的 5%，不设下限；

（三）在本条第（一）项规定时间收市后对有效申报按集合竞

价方法进行撮合成交。

在此期间,相关事项的不确定性已经消除的,公司应在二个工作日内向本所申请恢复停牌前的交易方式并公告。

第九章 特别处理

第一节 基本原则

9.1.1 上市公司出现财务状况或其他状况异常,导致投资者难于判断公司前景,权益可能受到损害的,本所将对公司股票交易实行特别处理。

9.1.2 本章所称特别处理包括以下措施:

(一) 在公司股票简称前冠以“ST”字样,以区别于其他股东;

(二) 股票报价的日涨跌幅限制为5%。

9.1.3 本规则所规定的特别处理不属于对上市公司的处罚,上市公司在特别处理期间的权利和义务不变。

第二节 财务状况异常的特别处理

9.2.1 上市公司出现以下情形之一的,为财务状况异常:

(一) 最近两个会计年度的审计结果显示的净利润均为负值;

(二) 最近一个会计年度的审计结果显示其股东权益低于注册资本,即每股净资产低于股票面值;

(三) 注册会计师对最近一个会计年度的财务报告出具无法表示意见或否定意见的审计报告;

(四) 最近一个会计年度经审计的股东权益扣除注册会计师、有关部门不予确认的部分,低于注册资本;

(五) 最近一份经审计的财务报告对上年度利润进行调整,导致连续两个会计年度亏损;

(六) 经本所或中国证监会认定为财务状况异常的。

9.2.2 上市公司出现9.2.1条所列情形之一的,应当在收到审计报告之日起两个工作日内向本所报告,并提交上市公司董事会书面意见。

9.2.3 本所收到上市公司上述报告后五个工作日内,或者在报请中国证监会认可的期限内,决定是否对该公司股票实行特别处理。

上市公司应当按照本所的要求在其股票交易实行特别处理之前一交易日作出公告,其股票在公告日停牌一天,公告后第一个交易日复牌并实行特别处理。

9.2.4 上市公司最近年度财务状况恢复正常、审计结果表明9.2.1条所列情形已消除,并且满足以下条件的,公司应当自收到最近年度审计报告之日起两个工作日内向本所报告并提交年度报告,同时可以向本所申请撤销特别处理:

(一)主营业务正常运营;

(二)扣除非经常性损益后的净利润为正值。

9.2.5 本所自接到撤销特别处理申请之日起两个工作日内,根据该公司的实际,决定是否撤销特别处理。在撤消特别处理前,上市公司应当按照本所要求于交易日作出公告。公告日其股票停牌一天,公告后第一个交易日复牌并撤销特别处理。

未撤销特别处理的,上市公司在下一会计年度结束后方可参照9.2.4的规定向本所申请撤销特别处理。

第三节 其他状况异常的特别处理

9.3.1 上市公司出现以下异常状况之一的,本所对其股票交易实行特别处理:

(一) 由于自然灾害、重大事故等导致上市公司主要经营设施遭受损失,公司生产经营活动基本中止,在三个月以内不能恢复的;

(二) 公司涉及负有赔偿责任的诉讼或仲裁案件,按照法院或仲裁机构的法律文书,赔偿金额累计超过上市公司最近经审计的净资产值的50%的;

(三) 公司主要银行帐号被冻结,影响上市公司正常经营活动的;

(四) 公司出现其他异常情况,董事会认为有必要对股票交易实行特别处理的;

(五) 人民法院受理公司破产案件,可能依法宣告上市公司破产的;

(六)公司董事会无法正常召开会议并形成董事会决议的;

(七)公司的主要债务人被法院宣告进入破产程序,而公司相应债权未能计提足额坏帐准备,公司面临重大财务风险的;

(八)中国证监会或本所认定为状况异常的其他情形。

9.3.2 上市公司出现9.3.1条第(一)至(四)项和(六)至(七)项情形的,应当在二个工作日内向本所提交报告。本所收到上述报告后,参照9.2.3条处理。

9.3.3 上市公司认为前条所列的异常状况已经消除,可以向本所申请撤销股票交易特别处理,本所比照9.2.5的规定,决定是否撤销特别处理。

9.3.4 上市公司出现9.3.1条第(五)项所列情形即进入破产程序而被实施特别处理的,公司股票在每个交易日上午交易。

9.3.5 自法院受理上市公司破产案件的公告发布当日起,本所对该公司股票实施停牌。

公司应当在收到法院有关法律文书的当日,立即向本所报告,经本所审核后公告。公告日后第一个交易日公司股票复牌并实施特别处理。

9.3.6 上市公司进入破产程序后,公司或其他有信息披露义务的主体应当于第一时间向本所报告债权申报情况、债权人会议情况、和解和整顿等重大情况并公告。

公司刊登上述公告当日,其股票停牌一天。

9.3.7 上市公司与债权人会议达成和解协议,并且能够按照和解协议清偿债务,经法院裁定终结破产程序的,本所自法院发布公告的当日起对公司股票实施停牌。

上市公司应当在收到有关法律文书后立即向本所报告，经本所审核后公告，公告日后的第一个交易日公司股票复牌。

9.3.3 法院依法宣告上市公司破产的，自法院发布公告日起，本所对该公司股票停牌。

上市公司应当在收到有关法律文书后立即向本所报告，经本所审核后公告。

第十章　暂停上市、终止上市

第一节　暂停上市

10.1.1 根据《公司法》第一百五十七条的规定，本节所称的暂停上市包括以下四种情形：

(一)上市公司股本总额、股权分布等发生变化不再具备上市条件；

(二)上市公司不按规定公开其财务状况，或者对财务会计报告作虚假记载；

(三)上市公司有重大违法行为；

(四)上市公司最近三年连续亏损。

10.1.2 上市公司出现 10.1.1 条第(一)、(二)、(三)项所列情形之一的，本所根据中国证监会的决定暂停其股票上市。

10.1.3 上市公司出现 10.1.1 条第(四)项所列情形，由本所决定暂停其股票上市。

10.1.4 上市公司最近两年连续亏损后，董事会预计第三年度将继续亏损的，应当在第三个会计年度结束后的 30 个工作日内作出风险提示公告，并在披露年报前至少再发布两次风险提示公告。

10.1.5 上市公司董事会应当在收到其连续第三年亏损的年度审计报告后两个工作日内向本所和中国证监会报告并披露年度报告。

10.1.6 连续三年亏损的上市公司已披露年度报告的，自上市公司公布年度报告之日起，本所对其股票实施停牌，并在停牌后五个工作日内就其股票暂停上市作出决定。

10.1.7 连续两年亏损的上市公司，未能在《证券法》规定的法定期限内公布第三年年度报告的，自年度报告披露的法定期限到期之日起，本所对其股票实施停牌，并在停牌后五个工作日内就其股票暂停上市作出决定。

10.1.8 本所作出暂停上市决定的，将通知该公司并公告，同时报中国证监会备案。自公告当日起，本所停止其股票逐日持续交易。

10.1.9 上市公司应当在接到本所暂停其股票上市决定之日起二个工作日内，在指定的报纸和网站刊登《暂停股票上市公告》。

《暂停股票上市公告》应当包括以下内容：

(一)暂停上市股票的种类、简称、证券代码以及暂停上市起始日；

(二)有关股票暂停上市决定的主要内容；

(三)公司董事会关于是否可以争取恢复股票上市的意见及争取恢复上市的具体措施，并说明董事会的出席和表决情况；

(四)中国证监会和本所要求的其他内容。

10.1.10 上市公司在暂停上市期间的其他权利义务不变。

10.1.11 在公司暂停上市期间，本所为该公司股票提供特别转让服务，股票特别转让依照本所《上市公司股票特别转让处理规则》的规定办理。

10.1.12 自股票暂停上市之日起四十五天内，公司可以向本所提出 12 个月的宽限期的申请，以延长暂停上市的时间。该申请在提交本所并被受理的同时应当公告，宽限期自暂停上市日起计算。

公司向本所提出申请宽限期时，须提交以下材料：

(一)宽限期申请书；

(二)董事会关于申请宽限期的决议及审议宽限期重整计划的决议；

(三)宽限期重整计划；

(四)董事会关于是否能在宽限期内改善公司现状以争取公司股票恢复上市的意见；

(五)本所要求的其他文件。

10.1.13 本所审核暂停上市公司的宽限期申请，重点关注以下事项：

(一)公司申请宽限期之前，正在实施重大资产重组，该资产重组的实施将可能使公司在宽限期内第一个会计年度有盈利；

(二)公司拟在宽限期实施的《宽限期重整计划》可能使公司在宽限期内第一个会计年度有盈利。

(三)因非经营性因素导致亏损并暂停上市的，在宽限期内非经营性因素有望消除，使公司在宽限期内第一个会计年度有望盈利。

10.1.14 本所接到公司申请后三个工作日内作出是否给予公司宽限期的决定，通知公司并公告。公司应自接到本所决定之日起两个工作日内公告该决定的主要内容。本所未给予宽限期的，公司还应当发布可能被终止上市的风险提示公告。

10.1.15 因 10.1.1 条第(一)、(二)、(三)项的情形股票被暂停上市的公司重新具备上市条件后，可以向本所提出恢复上市申请。

本所自收到申请后三个工作日内提出意见，报中国证监会批准后恢复该公司股票上市。

10.1.16 因 10.1.1 条第(四)项的情形股票被暂停上市的公司，在宽限期内第一个会计年度有盈利的，可以在年度报告公布后，向中国证监会提出恢复上市的申请并公告。

本所在中国证监会对公司恢复上市申请核准期间，相应延长其宽限期。

在恢复上市申请核准期间，公司股票停止特别转让。

10.1.17 上市公司应当在接到中国证监会核准公司股票恢复上市的决定后两个工作日内，刊登《恢复股票上市公告》。

自《股票恢复上市公告》刊登后第一个交易日，公司股票恢复上市交易。

《股票恢复上市公告》应当包括以下内容：

(一) 恢复上市股票的种类、简称、证券代码；

(二) 中国证监会有关恢复股票上市决定的主要内容；

(三) 公司董事会对公司经营状况的分析和预测；

(四) 中国证监会和本所要求的其他内容。

第二节　终止上市

10.2.1 本章所称的终止上市是指上市公司出现《公司法》第一百五十八条所列情况，中国证监会决定终止其上市。

10.2.2 上市公司在限期内未能消除 10.1.1 条第(一)项所列情形而不具备上市条件的，本所根据中国证监会终止其上市的决定，终止该公司股票上市。

10.2.3 上市公司因 10.1.1 条第(二)、(三)项所列情形，经查实后果严重的，本所根据中国证监会终止其上市的决定，终止该公司股票上市。

10.2.4 因 10.1.1 条第(四)项所列情形而暂停上市的公司董事会预计出现下列情形之一的，应当在其年度报告披露日前至少发布三次风险提示公告，提醒投资者注意公司可能被终止上市：

(一)不能在宽限期截止日之前披露宽限期内第一个年度报告的；

(二)在宽限期内第一个会计年度继续亏损的。

10.2.5 因 10.1.1 条第(四)项所列情形而暂停上市的公司不能在宽限期截止日公布其宽限期内第一个年度报告的，本所自宽限期截止日后两个工作日内报告中国证监会并公告，由中国证监会决定公司股票终止上市。

10.2.6 因 10.1.1 条第(四)项所列情形而暂停上市的公司在宽限期内第一个会计年度继续亏损的，本所在其披露年度报告之日后两个工作日内报告中国证监会并公告，由中国证监会决定公司股票终止上市。

10.2.7 因 10.1.1 条第(四)项所列情形而暂停上市的公司出现下列情形之一的，本所自事实发生之日起二个工作日内报告中国证监会并公告，由中国证监会决定公司股票终止上市：

(一)公司决定不提出宽限期申请的；

(二)公司自暂停上市之日起 45 日内未提出宽限期申请的；

(三)申请宽限期未获本所批准的。

10.2.8 因 10.1.1 条第(四)项所列情形而暂停上市的公司，在本所在收到中国证监会终止上市的决定后，终止其股票上市并公告。

10.2.9 上市公司决议解散的，公司董事会应当在股东大会作出决议后立即向本所和中国证监会报告，本所在收到报告后三个工作日内提出意见，报中国证监会批准后终止该公司股票上市。

10.2.10 行政主管部门依法责令上市公司关闭或者法院宣告上市公司破产的，本所在收到公司的报告之日起三个工作日内提出意见，报中国证监会批准后终止该公司股票上市。

10.2.11 上市公司应当在接到中国证监会终止上市的决定后两个工作日内，在指定报纸和网站发布《股票终止上市公告》。《股票终止上市公告》应当包括以下内容：

(一)终止上市股票的种类、简称、证券代码以及终止上市的日期；

(二)中国证监会关于终止上市决定的主要内容；

(三)终止上市后其股票登记、转让、管理事宜；

(四)中国证监会和本所要求的其他内容。

10.2.12 本所协助终止上市的公司(或清算组)处理有关股份事务。

第十一章　境内外上市事务的协调

11.1 在本所上市的公司同时有证券在其他证券交易所上市的，其他证券交易所要求公开披露的信息，上市公司必须同时向本所报告，经本所审核后同时公告。

11.2 上市公司就同一事件向其他交易所提供的报告和公告应当与向本所提供的报告和公告内容一致，出现重大差异时，上市公司必须向本所说明，并按照本所要求补充公告。

11.3 本章未尽事宜，适用法律法规、本所其他有关业务规则以及本所与其他证券交易所签署的监管合作备忘录的规定。

第十二章　违反本规则的处理

12.1 上市公司违反本规则规定，本所视情节轻重给予以下处分：

(一) 责令改正；

(二) 内部通报批评；

(三) 在指定报纸和网站上公开谴责；

(四)要求上市公司有关责任人支付 3 万元以上 30 万元以下的惩罚性违约金。

以上处分可以单处或并处。情节严重的，本所依法报中国证监会查处。

12.2 上市公司董事、监事违反本规则规定和董事、监事承诺的，本所视情节轻重给予以下处分：

(一) 责令改正；

(二) 内部通报批评；

(三) 在指定报纸和网站上公开谴责；

（四）要求该等董事、监事支付3万元以上30万元以下的惩罚性违约金；

（五）公开认定其不适合担任上市公司董事、监事。

以上处分可以单处或并处。

情节严重的，本所依法报中国证监会查处。

12.3 上市推荐人违反本规则规定，本所视情节轻重给予以下处分：

（一）责令改正；

（二）内部通报批评；

（三）在指定报纸和网站上公开谴责；

（四）取消上市推荐人资格。

情节严重的，本所依法报中国证监会查处。

12.4 上市公司董事会秘书违反本规则规定，本所视情节轻重给予以下处分：

（一）责令改正；

（二）内部通报批评；

（三）在指定报纸和网站上公开谴责；

（四）建议上市公司更换董事会秘书。

第十三章　释　　义

13.1 释义：

上市：指股票及其衍生品种经审核同意在本所挂牌交易。

股票：包括人民币普通股（简称A股）和境内上市外资股（简称B股）。

衍生品种：指B股配股权证及其他股票衍生产品。

公司职工股：指采取募集方式设立的股份有限公司内部职工按不超过社会公众股百分之十的比例认购的股票。

内部职工股：指原定向募集股份有限公司的内部职工认购的股票。

高级管理人员：指公司经理、副经理、董事会秘书、财务负责人及公司认定的其他人员。

财务顾问：指有证券从业资格的会计师事务所、证券咨询机构、综合类证券公司。

第一大股东：指合计持有上市公司股份数量处于第一位或者对上市公司有实际控制权的股东。

上市公司控股子公司：指上市公司为其第一大股东，或者按照股权比例、公司章程或经营协议，上市公司能够控制其董事会组成的公司。

公司承诺：指上市公司及其董事会在招股说明书、招股意向书、配股说明书、定期报告和临时报告及整改报告中就重要事项向公众所作的保证，包括但不限于以下重大事项：

（一）募集资金使用；

（二）分配计划；

（三）关联交易方案；

（四）对公司有较大影响的收购与出售资产或投资等重要事项向公众作出的保证；

（五）其他对公司发展或对公司股价有较大影响的重大事件。

股东承诺：是指上市公司主要股东在招股说明书、招股意向书、配股说明书、定期报告和临时报告及整改报告中就重要事项向上市公司作出的保证。

13.2 本规则未定义的用语的含义，依照国家有关法律、法规、规章及本所有关业务规则确定。

13.3 本规则所称“以上”、“以内”、“以前”都含本数，“少于”不含本数。

第十四章　附　　则

14.1 本规则经本所理事会通过并报中国证监会批准后生效，修改时亦同。

14.2 本规则由本所解释。

14.3 本规则自发布之日起执行。

附件：1、董事声明及承诺书

　　　2、监事声明及承诺书

附件1：

董事声明及承诺书

第一部分　声　明

一、基本情况

1.上市公司名称：

2.公司股票简称：　　　　　　股票代码：

3.本人姓名：　　　　　　　　职务：

4.别名

5.曾用名

6.出生日期

7.住址

8.国籍

9.拥有哪些国家或地区的长期居留权（如有）

10.专业资格（如有）

11. 身份证号码

12. 护照号码（如有）

13.配偶及近亲属的姓名、身份证号码：

配偶：

父母：

年满18岁具有民事行为能力的子女

兄弟姐妹：

二、是否有配偶、父母、年满18周岁具有民事行为能力的子女及其配偶、兄弟姐妹及其配偶担任本公司董事、监事、高级管理人员。

是□ 否□ 如是，请详细说明。

三、是否在其他公司任职？

是□ 否□ 如是，请填报各公司的名称、注册资本、经营范围、以及您在该公司任职的情况。

四、是否负有数额较大的到期未清偿债务，或者未偿还经法院裁定应当偿付的债务，或者被法院采取强制措施，或者受到仍然有效的法院判决、裁定所限制？

是□ 否□ 如是，请详细说明。

五、是否曾担任因经营不善破产清算、关停并转或曾有类似情况的公司、企业的董事、监事或者厂长、经理？

是□ 否□

六、是否曾担任因违法而被吊销营业执照的公司、企业的法定代表人？

是□ 否□

七、是否曾因违反刑法，尤其是犯有贪污贿赂罪、侵犯财产罪或者破坏社会主义经济秩序罪等而受到刑事处罚？

是□ 否□

八、是否曾因违反《证券法》、《禁止证券欺诈行为暂行办法》和《证券市场禁入暂行规定》受到行政处罚？

是□ 否□ 如是，请详细说明。

九、除第七、八条以外，您是否曾违反其他法律、法规被判处刑罚或受到行政处罚？

是□ 否□ 如是，请详细说明。

十、是否因涉嫌违反法律、法规的规定正受到中国证监会的调查或涉及有关诉讼、仲裁？

是□ 否□ 如是，请详细说明。

十一、本人及配偶、父母、子女及子女的配偶是否持有本人所在上市公司股票及其衍生品种？

是□ 否□ 如是，请详细说明。

十二、请说明在上市公司或附属公司业务中，过去或现在是否拥有除前条以外的任何利益？

是□ 否□ 如是，请详细说明。

十三、是否参加过中国证监会和上海证券交易所组织或认可的证券业务的培训？

是□ 否□ 如是，请详细说明。

十四、除上述问题所涉及的信息外，您是否知悉任何其他事项，而不声明该等事项可能影响您对上述问题回答的真实性、完整性或准确性？

是□ 否□ 如是，请详细说明。

本人　　　（正楷体）郑重声明，上述回答是真实、完整和准确的，保证不存在任何虚假陈述、遗漏或误导成份，本人完全明白作出虚假声明可能导致的后果，而且上海证券交易所可依据上述回答所提供的资料，评估本人是否适宜担任上市公司的董事。

声明人（签名）：

日　期：

此项声明于　　年　　月　　日在　　　　　　（地点）作出。

见证律师：

日　　期：

第二部分　承　　诺

本人　　　（正楷体）向上海证券交易所承诺：

一、本人在履行上市公司董事的职责时，将遵守法律、法规、规章等有关规定，履行诚实信用、勤勉尽责的义务；

二、本人在履行上市公司董事的职责时，将遵守中国证监会发布的规章、规定和通知的要求，并尽力促使上市公司遵守；

三、本人在履行上市公司董事的职责时，将遵守《上海证券交易所股票上市规则》等上海证券交易所发布的规章、规定、通知的要求，并促使上市公司及本人的授权人遵守；

四、本人在履行上市公司董事的职责时，将遵守《公司章程》；

五、本人接受上海证券交易所的监管，包括及时、坦白地答复上海证券交易所向本人提出的任何问题，及时提供《股票上市规则》规定应当报送的资料及其他要求提供的文件的正本或副本，并出席本人被要求出席的任何会议。

六、本人授权上海证券交易所将本人提供的承诺与声明的资料向中国证监会报告。

七、本人如违反上述义务，愿意承担由此引起的一切法律责任。

八、本人在执行职务过程中，如果与上海证券交易所发生争议提起诉讼时，由上海证券交易所住所地法院管辖。

承诺人：　　　　（签署）

日　期：

此项承诺于　　　年　月　日在　　　　（地点）的作出。

见证律师：

日　　期：

附件 2：

监事声明及承诺书

第一部分　声　　明

一、基本情况

1.上市公司名称

2.公司股票简称　　　　股票代码

3.姓名

4.别名

5.曾用名

6.出生日期

7.住址

8.国籍

9.哪些国家或地区的长期居留权（如有）

10.专业资格(如有)

11.身份证号码

12.护照号码(如有)

13.配偶及近亲属的姓名、身份证号码:

配偶:

父母:

年满18岁具有民事行为能力的子女:

兄弟姐妹:

二、是否有配偶、父母、年满18周岁具有民事行为能力的子女及其配偶、兄弟姐妹及其配偶担任本公司董事、监事、高级管理人员。

是□ 否□ 如是,请详细说明。

三、是否在其他公司任职?

是□ 否□ 如是,请填报各公司的名称、注册资本、经营范围、以及您在该公司任职的情况。

四、是否负有数额较大的到期未清偿债务,或者未偿还经法院裁定应当偿付的债务,或者被法院采取强制措施,或者受到仍然有效的法院判决、裁定所限制?

是□ 否□ 如是,请详细说明。

五、是否曾担任因经营不善破产清算、关停并转或曾有类似情况的公司、企业的董事、监事或者厂长、经理?

是□ 否□

六、是否曾担任因违法而被吊销营业执照的公司、企业的法定代表人?

是□ 否□

七、是否曾因违反刑法,尤其是犯有贪污贿赂罪、侵犯财产罪或者破坏社会主义经济秩序罪等而受到刑事处罚?

是□ 否□

八、是否曾因违反《证券法》、《禁止证券欺诈行为暂行办法》和《证券市场禁入暂行规定》受到行政处罚?

是□ 否□ 如是,请详细说明。

九、除第七、八条以外,您是否曾违反其他法律、法规被判处刑罚或受到行政处罚?

是□ 否□ 如是,请详细说明。

十、是否因涉嫌违反法律、法规的规定正受到中国证监会的调查或涉及有关诉讼、仲裁?

是□ 否□ 如是,请详细说明。

十一、本人及配偶、父母、子女及子女的配偶是否持有本人所在上市公司股票及其衍生品种?

是□ 否□ 如是,请详细说明。

十二、请说明在上市公司或附属公司业务中,过去或现在是否拥有除前条以外的任何利益?

是□ 否□ 如是,请详细说明。

十三、是否参加过中国证监会和上海证券交易所组织或认可的证券业务的培训?

是□ 否□ 如是,请详细说明。

十四、除上述问题所涉及的信息外,您是否知悉任何其他事项,而不声明该等事项可能影响您对上述问题回答的真实性、完整性或准确性?

是□ 否□ 如是,请详细说明。

本人　　　(正楷体)郑重声明,上述回答是真实、完整和准确的,保证不存在任何虚假陈述、遗漏或误导成份,本人完全明白作出虚假声明可能导致的后果,而且上海证券交易所可依据上述回答所提供的资料,评估本人是否适宜担任上市公司的监事。

声明人(签名):

日　期:

此项声明于　　年　月　日在　　　　(地点)作出。

见证律师:

日　　期:

第二部分　承　　诺

本人　　　(正楷体)向上海证券交易所承诺:

一、本人在履行上市公司监事的职责时,将遵守国家有关法律、法规、规章等有关规定,履行诚信、勤勉义务;

二、本人在履行上市公司监事的职责时,将遵守中国证监会发布的规章、规定和通知的要求,并促使上市公司及其董事遵守;

三、本人在履行上市公司监事的职责时,将遵守《上海证券交易所股票上市规则》等上海证券交易所发布的规章、规定、通知的要求,并促使上市公司及其董事遵守;

四、本人在履行上市公司监事的职责时,将遵守《公司章程》,并促使上市公司及其董事遵守;

五、本人接受上海证券交易所的监管,包括及时、坦白地答复上海证券交易所向本人提出的任何问题,并促使上市公司董事及时提供《股票上市规则》规定应当报送的资料及其他要求提供的文件的正本或副本,并出席本人被要求出席的任何会议。

六、本人授权上海证券交易所将本人提供的承诺与声明的资料向中国证监会报告。

七、本人如违反上述义务,愿意承担由此引起的一切法律责任。

八、本人在执行职务过程中,如与上海证券交易所发生争议提起诉讼时,由上海证券交易所住所地法院管辖。

承诺人(签名):

日　期:

此项承诺于　　　年　　月　　日在　　　　　(地点)的作出。

见证律师:

日　　期:

说明：

1、按照《上海证券交易所股票上市规则》的规定应当向本所呈报董事、监事声明及承诺书的人士，均必须填写第一部分声明和第二部分承诺。

2、请回答所有的问题，若回答问题的空格不够填写，请另附纸填写，并装订在后。

3、若没有真实、完整、准确、及时填写声明部分，或没有填写承诺部分，或没有遵守承诺，则属违反《上海证券交易所股票上市规则》，本所根据《上海证券交易所股票上市规则》予以处理。

4、若对填写事项有疑问，请咨询律师。

深圳证券交易所股票上市规则

（2001 年修订本）

关于印发《深圳证券交易所股票上市规则（二〇〇一年修订本）》的通知

各上市公司：

《深圳证券交易所股票上市规则（二〇〇一年修订本）》已经中国证监会证监公司字[2001]52 号批准，自 2001 年 6 月 8 日开始施行，现印发给你们，请认真学习并遵照执行。2000 年 5 月 1 日施行的《深圳证券交易所股票上市规则（二〇〇〇年修订本）》同时废止。

特此通知。

深圳证券交易所

二〇〇一年六月七日

第一章　总　　则

1.1 为规范股票上市行为和上市公司及其相关义务人的信息披露行为，维护证券市场秩序，保护投资者和股票发行人的合法权益，根据《中华人民共和国公司法》（以下简称“《公司法》”）、《中华人民共和国证券法》（以下简称“《证券法》”）、《股票发行与交易管理暂行条例》（以下简称“《股票条例》”）、《证券交易所管理办法》等法律、法规、规章及《深圳证券交易所章程》，制定本规则。

1.2 股票及其衍生品种在深圳证券交易所（以下简称“本所”）上市，适用本规则的规定。

1.3 公司申请经中国证券监督管理委员会（以下简称“中国证监会”）核准发行的股票在本所上市，由本所审查同意后安排上市。

1.4 本所依据法律、法规和本规则及中国证监会的授权对上市公司及其董事、监事、高级管理人员、有信息披露义务的投资人及上市推荐人进行监管。

第二章　股票上市协议、董事、监事承诺和董事、监事备案、上市推荐人

第一节　股票上市协议

2.1.1 公司在股票首次上市之前应当向本所申请并签署股票上市协议。

2.1.2 股票上市协议应当包括以下内容：

（一）双方的权利与义务；

（二）上市费用以及交纳方式；

（三）董事会秘书和董事会证券事务代表；

（四）定期报告、临时报告的报告程序及上市公司回复本所质询的规定；

（五）股票及衍生品种的停、复牌事项；

（六）违约责任；

（七）仲裁条款；

（八）本所认为需要规定的其他内容。

第二节　董事、监事承诺和董事、监事备案

2.2.1 上市公司的全体董事、监事应当在股票上市后两个月内，新任董事、监事应当在股东大会通过其任命后两个月内，签署《董事（监事）声明及承诺书》并送达本所备案。董事、监事签署该文件时必须由一名有证券从业资格的律师向董事、监事解释《董事（监事）声明及承诺书》的内容，董事、监事在充分理解后签字。

2.2.2 董事应当履行以下职责并在《董事声明及承诺书》中做出承诺：

（一）遵守国家有关法律法规，履行诚信勤勉义务；

（二）遵守公司章程；

（三）遵守本规则，接受本所监管；

（四）本所认为应当承诺的其他事项。

监事除同样应当履行上述职责并在《监事声明及承诺书》中做出承诺外还应当承诺促使上市公司董事遵守其承诺。

董事、监事应当在《董事(监事)声明及承诺书》中声明：

(二)有无违反法律法规受查处情况；

(三)参加证券业务培训的情况；

(四)其他任职情况；

(五)拥有其他国家或地区的国籍、长期居留权的情况；

(六)本所认为应当说明的其他情况。

2.2.3《董事(监事)声明及承诺书》中声明的事项发生变化时，董事、监事应当在该情况发生之日起两个月内向本所提交有关最新资料备案，并保证该资料的准确与完整。

第三节　上市推荐人

2.3.1 本所实行股票上市推荐人制度。公司在本所申请股票上市，必须由一至二个本所认可的机构推荐。

2.3.2 上市推荐人应当符合以下条件：

(一)具有本所会员资格；

(二)从事股票承销工作或具有本所认可的其他资格一年以上且信誉良好；

(三)最近一年内无重大违法违规行为；

(四)负责推荐工作的主要业务人员熟悉本所有关上市的业务规则。

2.3.3 符合 2.3.2 条的会员应当每年向本所提出资格申请，经本所审查确认后，取得上市推荐人资格。会员受到中国证监会暂停或取消其发行上市业务资格的处分的，本所相应暂停或取消其上市推荐人资格。

2.3.4 会员申请上市推荐人资格应当提交以下文件：

(一)申请书；

(二)会员证书；

(三)承销资格证书或本所认可的其他资格证书；

(四)主要业务人员简历；

(五)最近一年上市推荐业务的情况；

(六)上市推荐协议书，须附有向中国证监会提交的发行人情况调查表；

(七)本所要求提供的其他文件。

2.3.5 上市推荐人应当与发行人签订股票上市推荐协议，对双方在发行人申请上市期间及上市后一年内的权利义务进行规定，股票上市推荐协议应当符合本规则和股票上市协议的有关规定。

2.3.6 上市推荐人应当履行以下义务：

(一)确认发行人符合上市条件；

(二)确保发行人的董事了解法律、法规、本规则及股票上市协议规定的责任；

(三)协助发行人申请股票上市；

(四)提交股票上市推荐书；

(五)对股票上市文件所载的资料进行核实，保证文件真实、准确、完整，符合规定要求；

(六)协助发行人健全法人治理结构；

(七)协助发行人制定严格的信息披露和保密制度；

(八)本所规定上市推荐人的其他义务。

2.3.7 上市推荐书应当包括以下内容：

(一)发行人的概况；

(二)申请上市股票的发行情况；

(三)发行人与上市推荐人是否存在关联关系及存在何种关联关系；

(四)公司章程符合《公司法》等法律法规和中国证监会规定以及发行人符合上市条件的说明；

(五)上市推荐人认为发行人需要说明的重要事项和存在的问题；

(六)上市推荐人需要说明的其他事项。

2.3.8 上市推荐人应当保证发行人的上市申请文件、上市公告书没有虚假、严重误导性陈述或者重大遗漏，并保证对其承担连带责任。

2.3.9 上市推荐人不得利用其在股票发行上市过程中获得的内幕信息为自己或他人谋取利益。

第三章　股票上市的申请、审查与信息披露

第一节　首次公开发行的股票上市

3.1.1 发行人必须经中国证监会核准后，方可向本所申请其股票上市。

3.1.2 发行人申请其首次公开发行的股票上市，应当按照中国证监会《公开发行股票公司信息披露的内容与格式准则》第七号《上市公告书的内容与格式》编制上市公告书。

3.1.3 发行人提出上市申请时应当向本所提交以下文件：

(一)上市申请书；

(二)中国证监会核准其股票发行的文件及经中国证监会核准的发行、上市申报文件；

(三)上市推荐人出具的上市推荐书；

(四)具有从事证券业务资格的会计师事务所出具的关于发行人全部资本的验资报告(包括实物资产所有权已转移至上市公司的证明文件)；

(五)股票发行后按照规定新增的财务资料；

(六)历次股东大会决议；

(七)股票发行后公司设立或变更的营业执照复印件；

(八)上市公告书；

(九)发行人拟聘任或已聘任的公司董事会秘书人选的资料；

(十) 公司董事、监事和高级管理人员持股情况的报告；

(十一)确定公司股票挂牌简称的函;

(十二)公司全部股票已托管的证明文件;

(十三)本所要求的其他文件。

3.1.4 发行人应当保证向本所提交的文件没有虚假性陈述或重大遗漏。

3.1.5 发行人向本所提出上市申请时,其第一大股东应当承诺:自发行人股票上市之日起12个月内,不转让其持有的发行人股份,也不由上市公司回购其持有的股份。发行人应当在《上市公告书》中予以公告。本条所指股份不包括在此期间新增的股份。

3.1.6 发行人应当自本所批准其股票上市交易申请后、距其股票正式挂牌交易日的五日之前在至少一种中国证监会指定的上市公司信息披露报纸(以下简称"指定报纸")和中国证监会指定的互联网网站(以下简称"指定网站")上刊登上市公告书,并在指定网站上刊登《公司章程》。上市公告书应当备置于指定场所,供公众查阅。

发行人在提出上市申请期间,未经本所同意,不得擅自披露有关信息。

第二节　配股或增发新股上市

3.2.1 上市公司配股或增发新股完成后,可以申请配股或增发新股的可流通股份上市。

3.2.2 上市公司申请其配股或增发新股的可流通股份上市,应当向本所提交以下文件:

(一)上市申请书;

(二)中国证监会的核准文件;

(三)经中国证监会审核的全部配股或增发新股的申请文件;

(四) 配股或增发新股完成后经具有从事证券业务资格的会计师事务所出具的验资报告;有实物资产配股或增发新股的,提供资产所有权已转移至上市公司的证明文件;

(五)董事、监事和高级管理人员持股情况变动的报告;

(六)股份变动公告或上市公告书;

(七)股份登记机构对新增股份登记托管的书面证明;

(八)本所要求的其他文件。

3.2.3 本所对上市公司配股或增发新股的可流通股份的上市申请审查后,安排符合条件的股份上市流通。公司应当在配股或增发新股的可流通股份上市前三个工作日内在指定报纸刊登股份变动公告或上市公告书,并公布配股或增发新股的可流通股份上市日。

3.2.4 其他股份经核准上市流通,比照3.2.2条和3.2.3条的规定执行。

第三节　派发股份股利与公积金转增股本

3.3.1 上市公司在派发股份股利、公积金转增股本前,应当向本所提供以下文件:

(一)股东大会关于派发股份股利、公积金转增股本的决议;

(二)公司实施派发股份股利、公积金转增股本公告书;

(三)本所要求的其他文件。

3.3.2 经本所审查后,上市公司应当于派发股份股利、公积金转增股本的股权登记日前三至五个工作日在指定报纸刊登派发股份股利、公积金转增股本公告书。

3.3.3 派发股份股利、公积金转增股本公告书应当符合中国证监会的有关规定,并且包括以下内容:

(一)通过派发股份股利、公积金转增股本方案的股东大会的届次和日期;

(二)派发股份股利、公积金转增股本的比例(以每10股表述)、股本基数(按实施前实际股本计算)、是否含税以及扣税情况等;

(三)股权登记日、除权日、新增可流通股份上市日;

(四)实施办法;

(五)股本变动结构表(按变动前总股本、本次送红股数、本次转增股本数、变动后总股本、占总股本比例等项目列示);

(六)派发股份股利、公积金转增股本后,按新股本摊薄计算的上年度每股净收益或本年度中期每股净收益;

(七)有关咨询办法。

第四节　公司职工股或内部职工股上市

3.4.1 上市公司申请其公司职工股或内部职工股上市,应当向本所提交以下文件:

(一)上市申请书;

(二)中国证监会关于其公司职工股或内部职工股上市时间的批文;

(三)有关公司职工股或内部职工股的持股情况说明及托管证明;

(四)有关公司董事、监事、高级管理人员持股情况说明;

(五)公司职工股或内部职工股上市提示公告;

(六)本所要求的其他文件。

3.4.2 经本所审查同意后,上市公司应当在公司职工股或内部职工股上市前三个工作日内在指定报纸刊登上市提示公告。

3.4.3 上市提示公告应当包括以下内容:

(一)上市日期、上市股份数量、冻结数量;

(二)发行价格;

(三)历次送配情况;

(四)持股人数。

第五节　董事、监事、高级管理人员所持股份上市

3.5.1 上市公司董事、监事、高级管理人员在任期内应当按照规定向本所申报持股变动情况,不得转让其所持有的本公司股

份,包括因公司派发股份股利、公积金转增股本、配股、购入(受让)新增的股份。

3.5.2 上市公司的董事、监事、高级管理人员离职半年后,可以申请其所持股份上市流通。

3.5.3 上市公司原董事、监事、高级管理人员申请所持股份上市流通,应当向本所提交以下文件:

(一)上市申请书;

(二)关于免去董事、监事、高级管理人员的决议或董事、监事、高级管理人员的辞职书以及董事会出具的离职证明。

第六节　向证券投资基金、法人、战略投资者配售的股份上市

3.6.1 上市公司申请其向证券投资基金、法人、战略投资者配售的股份上市,应当向本所提交以下文件:

(一)上市申请书;

(二)配售结果的公告;

(三)配售股份的托管证明;

(四)有关向基金、法人、战略投资者配售的股份说明;

(五)上市提示公告;

(六)本所要求的其他文件。

3.6.2 经本所批准后,上市公司应当在配售的股份上市前三个工作日内在指定报纸上刊登上市提示公告。

3.6.3 上市提示公告应当包括以下内容:

(一)上市时间;

(二)上市股份数量;

(三)发行价格;

(四)历次送配情况。

第四章　信息披露的基本原则

4.1 上市公司应当履行以下信息披露的基本义务:

(一)及时披露所有对上市公司股票价格可能产生重大影响的信息。

(二)确保信息披露内容真实、准确、完整而没有虚假、严重误导性陈述或重大遗漏。

上市公司对履行以上基本义务以及本规则规定的具体要求有任何疑问的,应当向本所咨询。

4.2 上市公司董事会全体成员必须保证信息披露内容真实、准确、完整,没有虚假、严重误导性陈述或重大遗漏,并就其保证承担连带赔偿责任。上市公司应当将以上内容作为重要提示在公告中陈述。

4.3 上市公司及其董事、监事、高级管理人员不得泄露内幕消息,不得进行内幕交易或配合他人操纵证券交易价格。

4.4 上市公司应当公开披露的信息包括定期报告和临时报告。年度报告和中期报告为定期报告,其他报告为临时报告。

4.5 上市公司公开披露的信息必须在第一时间报送本所。

4.6 本所根据有关法律、法规、规章对上市公司公开披露的信息进行形式审核,对其内容的真实性不承担责任。

本所对定期报告实行事前登记、事后审核;对临时报告实行事前审核;对本所同意免于临时报告事前审核上市公司的临时报告实行事前登记、事后审核。

上市公司进行信息披露前,公司应当按本所的要求将有关公告文稿和相关备查文件报送本所。

4.7 上市公司公告出现任何错误、遗漏或误导,本所可以要求上市公司做出说明并补充公告。

4.8 上市公司应当将公司承诺事项和股东承诺事项单独摘出送本所备案,并在定期报告中专项披露上述承诺事项的履行情况。

上市公司未履行承诺的,董事会应当及时详细披露原因以及董事会应承担的法律责任;股东未履行承诺的,上市公司董事会应当及时详细披露具体情况,并说明董事会所采取的措施。

4.9 上市公司存在或正在筹划第七章第二、三、四节所述的重大事件,应当遵循分阶段披露的原则,履行以下信息披露义务:

(一)在该事件尚未披露前,董事和有关当事人应当确保有关信息绝对保密;如果该信息难以保密,或者已经泄露,或者公司股票价格已明显发生异常波动时,上市公司应当立即予以披露。

(二)上市公司就上述重大事件与有关当事人一旦签署意向书或协议,无论意向书或协议是否有附加条件或附加期限,上市公司应当立即予以披露。

上述协议发生重大变更、中止或者解除、终止,上市公司应当及时予以披露,说明协议变更、中止或者解除、终止的情况和原因。

(三)上述重大事件获得有关部门批准的,或者已披露的重大事件被有关部门否决的,公司应当及时予以披露。

4.10 上市公司董事会及董事在公司的信息公开披露前应当将该信息的知情者控制在最小范围内。

4.11 上市公司公开披露的信息应当在至少一种指定报纸(定期报告还应当指定网站)上公告,在其他公共传媒披露信息不得先于指定报纸和指定网站。上市公司不得以新闻发布或答记者问等形式代替公司的正式公告。

4.12 上市公司出现下列情形,认为无法按照本规则规定披露信息的,可以向本所提出申请,经本所同意,可以免予按照本规则规定披露:

(一)上市公司有充分理由认为披露某一信息会损害公司的利益,且该信息对其股票价格不会产生重大影响;

(二)上市公司认为拟披露的信息可能导致其违反国家有关法律法规的;

(三)本所认可的其它情况。

4.13 上市公司发生的事项达不到本规则披露要求的,可以免予披露。

本所认为必要的,上市公司应当比照本规则的规定披露。

4.14 上市公司应当配备信息披露所必要的通讯设备和计算机等办公设备,保证计算机可以连接国际互联网、对外咨询电话畅通。

第五章　董事会秘书、股权管理与信息披露事务

第一节　董事会秘书

5.1.1 上市公司必须设立一名董事会秘书。董事会秘书为上市公司的高级管理人员,对董事会负责。

5.1.2 董事会秘书的任职资格:

(一)具有大学专科以上学历,从事秘书、管理、股权事务等工作三年以上;

(二)有一定财务、税收、法律、金融、企业管理、计算机应用等方面知识,具有良好的个人品质和职业道德,严格遵守有关法律、法规和规章,能够忠诚地履行职责;

(三)上市公司董事可以兼任董事会秘书,但是监事不得兼任;

(四)有《公司法》第五十七条规定情形之一的人士不得担任董事会秘书;

(五)上市公司聘任的会计师事务所的会计师和律师事务所的律师不得兼任董事会秘书。

5.1.3 董事会秘书应当遵守公司章程,承担公司高级管理人员的有关法律责任,对公司负有诚信和勤勉义务,不得利用职权为自己或他人谋取利益。

5.1.4 董事会秘书的职责:

(一)董事会秘书为公司与本所的指定联络人,负责准备和提交本所要求的文件,组织完成监管机构布置的任务;

(二)准备和提交董事会和股东大会的报告和文件;

(三)按照法定程序筹备董事会会议和股东大会,列席董事会会议并作记录,并应当在会议纪要上签字,保证其准确性;

(四)协调和组织上市公司信息披露事项,包括建立信息披露的制度、接待来访、回答咨询、联系股东,向投资者提供公司公开披露的资料,促使上市公司及时、合法、真实和完整地进行信息披露;

(五)列席涉及信息披露的有关会议,上市公司有关部门应当向董事会秘书提供信息披露所需要的资料和信息。公司做出重大决定之前,应当从信息披露角度征询董事会秘书的意见;

(六)负责信息的保密工作,制订保密措施。内幕信息泄露时,及时采取补救措施加以解释和澄清,并报告本所和中国证监会;

(七)负责保管上市公司股东名册资料、董事名册、大股东及董事持股资料和董事会印章,保管上市公司董事会和股东大会的会议文件和记录;

(八)帮助公司董事、监事、高级管理人员了解法律法规、公司章程、本规则及股票上市协议对其设定的责任;

(九)协助董事会依法行使职权,在董事会违反法律法规、公司章程及本所有关规定做出决议时,及时提出异议,如董事会坚持做出上述决议,应当把情况记载在会议纪要上,并将该会议纪要马上提交上市公司全体董事和监事;

(十)为上市公司重大决策提供咨询和建议;

(十一)本所要求履行的其他职责。

5.1.5 董事会秘书必须经过本所的专业培训和资格考核并取得合格证书,由董事会聘任,报本所备案并公告;对于没有合格证书的,经本所认可后由董事会聘任。

5.1.6 公司应当在股票上市后三个月内或原任董事会秘书离职后三个月内正式聘任董事会秘书。在此之前,公司应当临时指定人选以代行董事会秘书的职责。

5.1.7 公司董事会聘任董事会秘书应当向本所提交以下文件:

(一)董事会推荐书,包括被推荐人的职务、工作表现及个人品德等内容;

(二)被推荐人的个人简历、学历证明(复印件);

(三)被推荐人的董事会秘书资格考试合格证书;

(四)董事会的聘任书;

(五)董事会秘书的通讯方式,包括办公电话、住宅电话、移动电话、传真、通信地址及专用电子邮件信箱地址等。董事会秘书应当保证本所可以随时与其联系。

(六)公司法定代表人的通讯方式,包括办公电话、住宅电话、移动电话、传真及通信地址等。

5.1.8 董事会秘书出现以下情形之一的,本所可以建议上市公司董事会终止对其的聘任:

(一)在执行职务时出现重大错误或疏漏,给上市公司或投资者造成重大损失;

(二)有违反国家法律法规、公司章程、本所有关规定的行为,给上市公司或投资者造成重大损失;

(三)本所认为不应当继续担任董事会秘书的其他情形。

5.1.9 上市公司董事会解聘董事会秘书应当具有充足理由,解聘董事会秘书或董事会秘书辞职时,公司董事会应当向本所报告,说明原因并公告。

5.1.10 董事会秘书离任前,应当接受董事会、监事会的离任审查,将有关档案文件、正在办理或待办理事项,在公司监事会的监督下移交。公司应当在聘任董事会秘书时与其签订保密协议,要求其承诺一旦在离任后持续履行保密义务直至有关信息公开

披露为止。

5.1.11 上市公司董事会在聘任董事会秘书的同时，应当另外委任一名董事会证券事务代表，在董事会秘书不能履行职责时，代行董事会秘书的职责。证券事务代表应当具有董事会秘书的任职资格，经过本所的专业培训和资格考核并取得合格证书。

第二节 股权管理与信息披露事务

5.2.1 本所接受董事会秘书或证券事务代表办理上市公司的股权管理与信息披露事务；

5.2.2 上市公司应当在信息披露前将公告文稿及相关材料报送本所。文稿为中文打印件并签字盖章，文稿上应当写明拟公告的日期及报纸。经本所同意后，上市公司自行联系公告事项。不能按预定日期公告的，应当及时报告本所。

5.2.3 上市公司应当将信息披露文件在公告的同时备置于指定场所，供公众查阅。

5.2.4 上市公司应当在选定或变更指定报纸后，在两个工作日内报告本所。

第六章 定期报告

6.1 上市公司应当在每个会计年度结束之日起四个月内编制完成年度报告并在指定报纸披露年度报告摘要，同时，应当在指定网站上披露其年度报告全文。

本所在规定的期限内安排各上市公司披露年度报告的时间顺序。

6.2 上市公司应当按照中国证监会《公开发行股票公司信息披露的内容与格式准则第二号〈年度报告的内容与格式〉》的规定编制年度报告及年度报告摘要。

本所可以在上述规定的基础上对年度报告的编制和披露做出进一步的要求。

6.3 上市公司应当在年度报告经董事会批准后两个工作日内向本所报送年度报告，经本所登记后，在至少一种指定报纸刊登年度报告摘要，同时，在指定网站上披露年度报告。

6.4 上市公司向本所报送年度报告的同时，还应当报送以下文件：

(一)审计报告原件；

(二)年度报告摘要；

(三)董事会决议及其公告文稿；

(四)载有年度报告及财务数据的电子文件；

(五)停牌申请；

(六)本所要求的其他文件。

6.5 上市公司出现9.2.1所述情形时，应当在收到年度审计报告后两个工作日内报送本所。

6.6 本所进行事后审核时可以要求上市公司对年度报告有关内容进行解释说明。

上市公司应当认真、及时答复本所的问询，并按照本所的要求刊登补充公告。

6.7 上市公司应当于每个会计年度的上半年结束之日起两个月内编制完成中期报告并公告。

6.8 上市公司应当按照中国证监会《公开发行股票公司信息披露内容与格式准则第三号〈中期报告的内容与格式〉》以及有关通知的规定编制中期报告。

本所可以在上述规定的基础上对中期报告的编制和披露做出进一步的要求。

6.9 上市公司的中期财务报告可以不经会计师事务所审计，但有下列情形之一的，必须经会计师事务所审计(中国证监会另有规定的除外)：

(一)拟在下半年进行利润分配或公积金转增的；

(二)中国证监会或本所认为应当进行审计的其他情形。

6.10 年度报告的有关报送、公告和审核的规定适用于中期报告。

第七章 临时报告

第一节 董事会、监事会、股东大会决议

7.1.1 上市公司召开董事会会议，应当在会议结束后两个工作日内将董事会决议和会议纪要报送本所备案。

本所要求上市公司提供董事会、监事会、股东大会决议记录的，上市公司应当按本所的要求在规定时间内提供该等会议记录。

7.1.2 上市公司董事会决议涉及需要经股东大会表决的事项和本章第二、三、四节的事项的，必须公告；其他事项，本所认为有必要的，也应当公告。

7.1.3 上市公司召开监事会会议，应当在会议结束后两个工作日内将监事会决议和会议纪要报送本所备案，经本所审核后，在指定报纸上公布。

7.1.4 上市公司应当在股东大会结束后当日将股东大会决议公告文稿、会议记录和全套会议文件报送本所，经本所审核后在指定报纸刊登决议公告。

7.1.5 股东大会因故延期或取消，应当在原定股东大会召开日的五个工作日之前发布通知，通知中应当说明延期或取消的具体原因。如属延期，应当公布延期后的召开日期。

7.1.6 股东大会对董事会预案做出修改，或对董事会预案以外的事项做出决议，或会议期间因突发事件致使会议不能正常召开的，上市公司应当向本所说明原因并公告。

7.1.7 股东大会决议公告应当写明出席会议的股东人数、所持股份及占上市公司有表决权总股本的比例，以及每项议案的表决方式及表决统计结果。对股东提案做出决议的，应当列明提案股东的名称或姓名、持股比例和提案内容。发行B股的上市公司

还应当在公告中说明股东会议通知情况、上市公司 A 股股东和 B 股股东出席会议及表决情况。

7.1.8 股东大会以会议文件等形式向股东通报的重要内容，如未公开披露的，应当在股东大会决议公告中披露。

第二节　收购、出售资产

7.2.1 本节所称收购、出售资产是指上市公司收购、出售企业所有者权益、实物资产或其他财产权利的行为。

7.2.2 上市公司拟收购、出售资产达到以下标准之一时，经董事会批准后两个工作日内，向本所报告并公告：

(一)按照最近一期经审计的财务报告、评估报告或验资报告，收购、出售资产的资产总额占上市公司最近一期经审计的总资产值的 10%以上；

(二)被收购资产相关的净利润或亏损的绝对值(按上一年度经审计的财务报告)占上市公司经审计的上一年度净利润或亏损绝对值的 10%以上，且绝对金额在 100 万元以上；被收购资产的净利润或亏损值无法计算的，不适用本款；收购企业所有者权益的，被收购企业的净利润或亏损值以与这部分产权相关的净利润或亏损值计算；

(三)被出售资产相关的净利润或亏损绝对值或该交易行为所产生的利润或亏损绝对值占上市公司经审计的上一年度净利润或亏损绝对值的 10%以上，且绝对金额在 100 万元以上；被出售资产的净利润或亏损值无法计算的，不适用本款；出售企业所有者权益的，被出售企业的净利润或亏损值以与这部分产权相关的净利润或亏损值计算；

(四)收购、出售资产的交易金额(承担债务、费用等，应当一并加总计算)占上市公司最近一期经审计的净资产总额 10%以上。

7.2.3 上市公司收购、出售资产按照 7.2.2 条第(一)款、第(三)款所述标准计算所得的任一相对数字达 50%以上的，或按照 7.2.2 条第(二)款所述标准计算所得的相对数字达到 50%以上，且收购、出售资产的相关净利润或亏损绝对金额在 500 万元以上的，除须经董事会批准，并报告本所及公告外，应当经上市公司股东大会批准。

上市公司还应当聘请有证券从业资格的会计师事务所或资产评估机构对拟收购、出售的资产进行审计或评估，审计或评估基准日距协议生效日不得超过 6 个月。如因特殊原因无法实施审计或评估的，必须在股东大会上说明原因。

7.2.4 上市公司在十二个月内连续对同一或相关资产分次进行收购、出售的，以其在此期间交易的累计金额确定是否公告。

7.2.5 上市公司直接或间接持股比例超过 50%的子公司收购、出售资产，视同上市公司行为，适用本节规定。上市公司的参股公司(持股 50%以下)收购、出售资产，交易标的有关金额指标乘以参股比例后，适用本节规定。

7.2.6 上市公司因收购、出售其他上市公司的股份，需要履行股东披露义务或要约义务的，应当同时按照法律、法规、中国证监会和本所的有关规定执行。

7.2.7 上市公司必须在收购、出售资产协议生效之日起三个月内公告交易实施情况(包括所有必需的产权变更或登记过户手续完成情况)，同时提供相关证明文件。

7.2.8 上市公司披露上述收购、出售资产事项，应当向本所提交以下文件：

(一)交易公告文稿；

(二)收购、出售资产的协议书；

(三)董事会决议及公告(如有)；

(四)被收购、出售资产涉及的政府批文(如有)；

(五)被收购、出售资产的财务报告；

(六)中介机构关于被收购、出售资产的意见书(评估报告或审计报告)；

(七)本所要求的其他文件。

7.2.9 上市公司收购、出售资产的公告应当包括以下内容：

(一)交易概述及协议生效时间；

(二)协议有关各方的基本情况，包括企业名称、工商登记类型、注册地点、法定代表人、主营业务等；

(三)被收购、出售资产的基本情况，包括该资产名称、中介机构名称、资产的帐面值及评估值、资产运营情况、资产质押、抵押以及在该资产上设立的其他财产权利的情况、涉及该财产的重大争议的情况。

被收购、出售的资产系企业所有者权益，还应当介绍公司(或企业)的基本情况和最近一期经审计的财务报告中的财务数据，包括资产总额、负债总额、所有者权益、主营收入、净利润等，并附收购、出售基准日资产负债表和损益表(如果基准日不是年底，还需披露上一年度损益表)；收购、出售资产达到 7.2.3 条所规定标准的，除披露上述内容外，还应当披露该等资产的历史情况；被收购出售的资产系企业所有者权益，且占被收购企业所有者权益的 50%以上，还应当披露该企业近三年的资产负债表、损益表及现金流量表或公司成立之日起至收购、出售资产合同签署日期间的资产负债表和损益表及现金流量表；

(四)上市公司预计从该项交易中获得的利益及该交易对上市公司未来经营的影响；

(五)交易金额(包括定价基准)及支付方式(现金、股权、资产置换等，还包括有关分期付款安排的条款)；

(六)该交易所涉及的人员安置、土地租赁、债务重组等情况；

(七)出售资产的，应当说明出售所得款项的用途；

(八)收购资产的，应当说明是否与招股说明书、配股说明书或其他募集资金说明书中列示的项目相关，并说明该项交易的资金来源；

(九)需要经股东大会或有权部门批准的事项,应当说明需履行的合法程序和进展情况;

(十)如果收购资产后,可能产生关联交易,应当披露有关情况;

(十一)如果收购资产后,可能产生关联人同业竞争,应当披露规避的方法或其他安排(包括有关协议或承诺等);

(十二)收购资产后,上市公司与控股股东在人员、资产、财务上分开的安排计划;

(十三)本所要求的其他内容。

第三节　关联交易

7.3.1 上市公司关联交易是指上市公司及其控股子公司与关联人之间发生的转移资源或义务的事项。包括但不限于下列事项:

(一)购买或销售商品;

(二)购买或销售除商品以外的其他资产;

(三)提供或接受劳务;

(四)代理;

(五)租赁;

(六)提供资金(包括以现金或实物形式);

(七)担保;

(八)管理方面的合同;

(九)研究与开发项目的转移;

(十)许可协议;

(十一)赠与;

(十二)债务重组;

(十三)非货币性交易;

(十四)关联双方共同投资;

(十五)本所认为应当属于关联交易的其他事项。

上市公司关联人包括关联法人、关联自然人和潜在关联人。

7.3.2 具有以下情形之一的法人,为上市公司的关联法人:

(一)直接或间接地控制上市公司,以及与上市公司同受某一企业控制的法人(包括但不限于母公司、子公司、与上市公司受同一母公司控制的子公司);

(二)7.3.3 条所列的关联自然人直接或间接控制的企业;

7.3.3 上市公司的关联自然人是指:

(一)持有上市公司 5%以上股份的个人股东;

(二)上市公司的董事、监事及高级管理人员;

(三)本条第(一)、(二)项所述人士的亲属,包括:

1. 父母;

2. 配偶;

3. 兄弟姐妹;

4. 年满 18 周岁的子女;

5. 配偶的父母、子女的配偶、配偶的兄弟姐妹、兄弟姐妹的配偶。

7.3.4 因与上市公司关联法人签署协议或做出安排,在协议生效后符合 7.3.2 条和 7.3.3 条规定的,为上市公司潜在关联人。

7.3.5 由上市公司控制或持有 50%以上股份的子公司发生的关联交易,视同上市公司行为,其披露标准适用 7.3.8、7.3.9、7.3.12、7.3.13、7.3.14 条规定;上市公司的参股公司发生的关联交易,以其交易标的乘以参股比例或协议分红比例后的数额,适用 7.3.8、7.3.9、7.3.12、7.3.13、7.3.14 条规定。

7.3.6 上市公司关联交易应当遵循以下基本原则:

(一)符合诚实信用的原则;

(二)关联方如享有上市公司股东大会表决权,除特殊情况外,应当回避行使表决;

(三)与关联方有任何利害关系的董事,在董事会对该事项进行表决时,应当予以回避。

(四)上市公司董事会应当根据客观标准判断该关联交易是否对上市公司有利。必要时应当聘请独立财务顾问或专业评估师。

7.3.7 上市公司关联人与上市公司签署涉及关联交易的协议,应当采取必要的回避措施:

(一)任何个人只能代表一方签署协议;

(二)关联人不得以任何方式干预上市公司的决定;

(三)上市公司董事会就关联交易表决时,有利害关系的当事人属以下情形的,不得参与表决:

1)董事个人与上市公司的关联交易;

2)董事个人在关联企业任职或拥有关联企业的控股权,该关联企业与上市公司的关联交易;

3)按法律、法规和公司章程规定应当回避的。

(四)上市公司股东大会就关联交易进行表决时,关联股东不得参加表决。关联股东因特殊情况无法回避时,在上市公司征得有权部门同意后,可以参加表决。公司应当在股东大会决议中做出详细说明,同时对非关联方的股东投票情况进行专门统计,并在决议公告中予以披露。

7.3.8 上市公司与其关联人达成的关联交易总额低于 300 万元且低于上市公司最近经审计净资产值的 0.5%的,不适用本节规定。

7.3.9 上市公司与其关联人达成的关联交易总额在 300 万元至 3000 万元之间或占上市公司最近经审计净资产值的 0.5%至 5%之间的,上市公司应当在签定协议后两个工作日内按照 7.3.11 条的规定进行公告,并在下次定期报告中披露有关交易的详细资料。

7.3.10 上市公司披露关联交易,应当比照 7.2.8 条规定向本所提交文件。

7.3.11 上市公司就关联交易发布的临时报告应当包括以下内容:

(一)交易日期、交易地点;

(二)有关各方的关联关系;

(三)交易及其目的的简要说明;

(四)交易的标的、价格及定价政策;

(五)关联人在交易中所占权益的性质及比重;

(六)关联交易涉及收购或出售某一公司权益的,应当说明该公司的实际持有人的详细情况,包括实际持有人的名称及其业务状况;

(七)董事会关于本次关联交易对上市公司影响的意见;

(八)若涉及对方或他方向上市公司支付款项的,必须说明付款方近三年或自成立之日起至协议签署期间的财务状况,董事会应当对该等款项收回或成为坏帐的可能做出判断和说明。

关联交易涉及收购、出售资产的,还应当参照 7.2.9 条的要求披露。

(九)独立财务顾问意见;

(十)本所和中国证监会要求的其他内容。

7.3.12 上市公司拟与其关联人达成的关联交易总额高于 3000 万元或高于上市公司最近经审计净资产值的 5%的,公司董事会必须在做出决议后两个工作日内报送本所并公告。公告的内容应当符合 7.3.11 条的规定。关联交易在获得公司股东大会批准后实施,任何与该关联交易有利害关系的关联人应当在股东大会上放弃对该议案的投票权。公司应当在有关关联交易的公告中特别载明:"此项交易需经股东大会批准,与该关联交易有利害关系的关联人放弃在股东大会上对该议案的投票权"。

对于此类关联交易,上市公司董事会应当对该交易是否对上市公司有利发表意见,同时上市公司应当聘请独立的财务顾问就该关联交易对全体股东是否公平、合理发表意见,并说明理由、主要假设及考虑因素。上市公司应当在下次定期报告中披露有关交易的详细资料。

7.3.13 上市公司与关联人就同一标的或者上市公司与同一关联人在连续 12 个月内达成的关联交易累计金额达到 7.3.9 条所述标准的,上市公司应当按 7.3.9 条的规定予以披露。

7.3.14 上市公司与关联人就同一标的或者上市公司与同一关联人在连续 12 个月内达成的关联交易累计金额达到 7.3.12 条所述标准的,上市公司应当按 7.3.12 条的规定予以披露。

7.3.15 上市公司与关联人之间签署的涉及关联交易的协议,包括产品供销协议、服务协议、土地租赁协议等已经在招股说明书、上市公告书或上一次定期报告中披露,协议主要内容(如价格、数量及付款方式等)在下一次定期报告之前未发生显著变化的,上市公司可以豁免执行本节上述条款的规定,但是应当在定期报告及其相应的财务报告附注中就年度内协议的执行情况做出必要说明。

7.3.16 上市公司与关联人达成的以下关联交易,可以免予按照关联交易的方式表决和披露:

(一)关联人按照上市公司的招股说明书、配股说明书或增发新股说明书以现金方式缴纳应当认购的股份;

(二)关联人依据股东大会决议领取股息或者红利;

(三)关联人购买上市公司发行的企业债券;

(四)上市公司与其控股子公司之间发生的关联交易。

(五)本所认定的其他情况。

7.3.17 公司必须在重大关联交易实施完毕之日起两个工作日内向本所报告并公告。

第四节　其他重大事件

7.4.1 上市公司会计年度结束时,预计出现亏损的,应当在会计年度结束后的 30 个工作日内发布首次风险提示公告。

7.4.2 上市公司发生重大诉讼、仲裁事项,按照以下要求予以披露:

(一)诉讼或仲裁事项涉及的金额或 12 个月内累计金额占公司最近经审计的净资产值 10%以上的,上市公司应当在知悉该事件后及时报告和公告;

(二)上市公司根据第(一)项规定披露信息前,应当向本所报送有关法律文书的复印件;

(三)对诉讼或仲裁事件的披露,应当说明诉讼或仲裁受理日期,诉讼或仲裁各方当事人、代理人及其所在单位的姓名或名称,受理法院或仲裁机构的名称及所在地,诉讼或仲裁的原因、依据和诉讼、仲裁的请求,判决、裁决的日期,判决、裁决的结果以及各方当事人对结果的意见等。

7.4.3 上市公司发生重大担保事项,应当按照以下要求予以披露:

(一)上市公司不得为本公司的股东、股东的控股子公司、股东的附属企业或者个人债务提供担保。上市公司为上述公司、个人以外的法人提供担保,涉及的金额或 12 个月内累计金额占上市公司最近经审计的净资产值的 10%以上的,应当及时报告和公告;

(二)上市公司根据第(一)项规定披露信息前,应当向本所报送相关协议的复印件;

(三)对担保事项的披露,应当说明担保协议签署及生效日期,债权人名称,担保的方式、期限、金额,担保协议中的其他重要条款,被担保人的基本情况等;

被担保人为法人的,应当包括企业名称、注册地点、法定代表人、经营范围、与上市公司的关联关系或其他关系;

被担保人为个人的,应当包括姓名、与上市公司的关联关系或其他关系;

(四)根据第(一)项披露的担保事项,被担保人于债务到期后十五个工作日内未履行还款义务的，上市公司应当及时报告和公告；

（五）根据第（一）项披露的担保事项，被担保人出现破产、清算及其他严重影响还款能力的事件，上市公司知悉后应当及时报告和公告。

7.4.4 上市公司出现以下情况所涉及的数额达到7.2.2条所述标准的，比照本章第二节的规定予以披露：

（一）重要合同（借贷、委托经营、受托经营、委托理财、赠与、承包、租赁等）的订立、变更、解除和终止；

（二）大额银行退票；

（三）重大经营性或非经营性亏损；

（四）遭受重大损失；

（五）重大投资行为；

（六）可能依法承担的赔偿责任；

（七）重大行政处罚；

（八）本所认为需披露的其他事项。

7.4.5 上市公司出现以下情况，应当自事实发生之日起两个工作日内向本所报告并公告：

（一）上市公司章程、注册资本、注册地址、名称的变更，其中公司章程发生变更的，还应当将新的公司章程在指定网站上刊登；

（二）经营方针和经营范围的重大变化；

（三）订立7.4.4条第（一）项之外的重要合同，可能对上市公司的资产、负债、权益和经营成果产生重大影响；

（四）发生重大债务或未清偿到期重大债务；

（五）变更募集资金投资项目；

（六）直接或间接持有另一上市公司发行在外的普通股百分之五以上；

（七）持有上市公司百分之五以上股份的股东，其持有股份增减变化为百分之五以上；

（八）上市公司的第一大股东发生变更；

（九）上市公司的董事长、三分之一以上董事或经理发生变动；

（十）生产经营环境发生重大变化，包括全部或主要业务停顿、生产资料采购、产品销售发生重大变化；

（十一）减资、合并、分立、解散或申请破产的决定；

（十二）新的法律法规、规章、政策可能对公司的经营产生显著影响；

（十三）更换为上市公司审计的会计师事务所；

（十四）股东大会、董事会的决议被法院依法撤销；

（十五）法院裁定禁止上市公司有控制权的大股东转让其所持上市公司股份；

（十六）持有上市公司百分之五以上股份的股东所持股份被质押；

（十七）进入破产、清算状态；

（十八）预计出现资不抵债的情形；

（十九）获悉主要债务人进入破产程序，而上市公司对相应债权未能提取足额坏帐准备的；

（二十）因涉嫌违反证券法规被中国证监会调查或正受到中国证监会处罚的（公司就违规事项公告时，应当事先报告中国证监会）；

（二十一）本所认为需要披露的其他事项。

7.4.6 上市公司出现7.4.5条第（五）项所述情形，应当向本所提交以下文件：

（一）董事会决议；

（二）监事会对变更募集资金投资项目的意见；

（三）新项目的可行性报告；

（四）新项目的有关立项批文（如有）；

（五）新项目的合作意向书或协议（如有）；

（六）新项目涉及收购资产或企业所有者权益的，应当提供有关的评估报告或审计报告；

（七）原项目的终止协议及说明（如有）；

（八）董事会关于变更募集资金投资项目的公告文稿；

（九）本所要求的其他文件；

7.4.7 上市公司出现7.4.5条第（五）项所述情形，应当披露以下内容：

（一）董事会关于变更募集资金投资项目的原因说明；

（二）董事会关于新项目的发展前景、盈利能力、有关的风险与对策等情况的说明；

（三）新项目涉及收购资产或企业所有者权益的，还应当比照本章第二节的规定予以披露；

（四）新项目涉及关联交易的，还应当比照本章第三节的规定予以披露。

（五）本所要求的其他内容。

7.4.8 董事会预计上市公司业绩与已经披露的盈利预测有重大差异，而且导致该差异的因素尚未向市场披露的，应当及时予以公告，说明有关因素及其对业绩的影响。

上市公司董事会在向本所提交公告文稿时应当提交以下文件：

（一）预计的业绩变化及造成变化的原因说明；

（二）董事会确认预计的依据及过程是适当和审慎的函件；

上市公司聘有财务顾问的，应当提交财务顾问确认上市公司董事会做出该预计的依据及过程是适当和审慎的函件。

7.4.9 上市公司直接或间接持股比例超过50%比例的子公司出现本节所述情形的，视同上市公司行为，适用本节规定。

第五节　股票交易异常波动

7.5.1 上市公司应当关注本公司股票的交易以及新闻媒介、网站关于本公司的报道。

7.5.2 出现以下情况之一的，上市公司应当及时报告并公告：

(一)股票交易发生异常波动；

(二)新闻媒介或网站传播的消息可能对公司的股票交易产生影响。

7.5.3 股票交易出现以下情况之一时，本所根据市场情况，认定是否属股票交易异常波动：

(一)某只股票的价格连续三个交易日达到涨幅或跌幅限制；

(二)某只股票连续五个交易日列入"股票、基金公开信息"；

(三)某只股票价格的振幅连续三个交易日达到15%；

(四)某只股票的日均成交金额连续五个交易日逐日增加50%；

(五)本所或中国证监会认为属于异常波动的其他情况。

出现(一)至(四)项的情形被认定为异常波动的股票，其异常波动的计算从公告之日起重新开始。

7.5.4 上市公司针对有关传闻发布公告，应当向本所报送公告文稿以及传闻在新闻媒介传播的证明。

7.5.5 上市公司出现 7.5.2 条所述的情况时，本所可以要求上市公司比照 7.5.6 条的规定发布公告。

7.5.6 上市公司针对有关传闻的公告应当包括以下内容：

(一)传闻内容及其来源；

(二)公司的真实情况；

(三) 经本所同意的其他内容。

7.5.7 上市公司认为股票交易的异常波动与上市公司或上市公司内外部环境的变化无关，应当在公告中做出说明；认为与公司有关，应当披露可能影响其股票价格的信息。

第六节　公司的合并、分立

7.6.1 上市公司的合并、分立必须符合《中华人民共和国公司法》等相关法律法规的规定。

7.6.2 涉及上市公司股份变动的合并、分立方案应当报中国证监会批准并抄报本所。

7.6.3 涉及上市公司股份变动的合并、分立方案未经中国证监会批准的，本所不受理有关的公告文稿，并报告中国证监会。

7.6.4 上市公司合并、分立方案实施过程中涉及的信息披露和股份变更登记等事项，按照中国证监会和本所的规定办理。

第八章　停牌、复牌

8.1 上市公司可以以一所认为合理的理由向本所申请停牌与复牌。

8.2 本所可以根据实际情况或中国证监会的要求，决定股票及其衍生品种的停牌与复牌。

8.3 出现以下情况之一的，上市公司董事会应当向本所申请对其股票及其衍生品种例行停牌与复牌：

(一)上市公司于交易日公布中期报告或年度报告，当日上午停牌，下午开市时复牌；

(二)上市公司召开股东大会，会议期间为本所交易时间的，自股东大会召开当日起停牌，直至公告股东大会决议当日上午开市时复牌；如果股东大会决议公告的内容涉及增加、变更或否决议案的，直至股东大会决议公告当日下午开市时复牌；公告日为非交易日，则公告后第一个交易日复牌；

(三)上市公司于交易日公布董事会关于权益分派、配股、公积金转增股本等决议，当日上午停牌，下午开市时复牌；

8.4 上市公司出现以下情况之一的，本所对其股票及其衍生品种停牌与复牌：

(一)在新闻媒介中出现上市公司尚未披露的信息，可能对公司股票及其衍生品种的交易产生较大影响，本所对该股票及其衍生品种停牌，直至上市公司对该消息做出公告的当日下午开市时复牌；

(二)股票交易出现异常波动，本所可以对其停牌，直至有披露义务的当事人做出公告的当日下午开市时复牌。

8.5 上市公司于交易日公布临时报告的，应当向本所申请停牌，本所根据情况决定停牌与复牌时间。

8.6 临时报告披露不充分、不完整或可能误导公众，上市公司拒不按照本所要求做出修改的，本所可以对该公司股票及其衍生品种停牌，直至上市公司做出补充或更正公告的当日下午开市时复牌。

8.7 本所审核上市公司定期报告时，可以要求上市公司就有关内容解释说明或补充公告，公司不按照本所要求办理的，本所可以根据情况对其股票及其衍生品种停牌，直至公司做出解释说明或补充公告的当日下午开市时复牌。

8.8 上市公司未在《证券法》规定的法定期限内公布定期报告的，本所对其股票及其衍生品种停牌，直至定期报告公告的当日下午开市时复牌；公告日为非交易日，则公告后第一个交易日复牌。

8.9 上市公司在公司运作和信息披露方面涉嫌违反法律法规、规章及本所业务规则，情节严重的，在被有关部门调查期间，经中国证监会批准，本所对公司的股票及其衍生品种停牌，待有关处理决定公告后另行决定复牌时间。

8.10 上市公司监事会按照《公司法》第一百二十六条规定做出的可能对股票交易产生较大影响的决议于交易日公布的，其股票及其衍生品种当日上午停牌，下午开市时复牌；情节严重的，根据情况决定停牌与复牌时间。

8.11 上市公司因某种原因使本所失去有效信息来源时，本所可以对该公司的股票及其衍生品种停牌，直至本所恢复有效信息来源后复牌。

8.12 上市公司严重违反本规则且在规定期限内仍不予改正的，本所对其股票停牌，直至改正后复牌。

8.13 上市公司出现以下情况之一的，本所对其股票及其衍生品种停牌，直至导致停牌的因素消除后复牌：

(一)投资者发出收购该上市公司股票的公开要约；

(二)中国证监会依法做出暂停股票交易的决定；

(三)本所认为必要的。

8.14 上市公司出现异常状况，本所对其股票交易实行特别处理的，该公司股票及其衍生品种按本规则第九章的规定停牌。

8.15 上市公司出现 10.1.1 条所列的情况之一或者发生重大事件而影响公司上市条件的，本所按照本规则第十章的规定对该公司的股票及其衍生品种停牌。

8.16 上市公司在重大收购、出售资产或股权、债务重组过程中，股价出现异常波动或董事会预计将会导致股价出现异常波动的，如果出现下列情形且无法按照 4.8 条规定进行多阶段披露的，董事会应当向本所提出停牌申请：

(一)重大收购、出售资产或股权、债务重组行为不能确定结果；

(二)相关信息在市场上已有传播但仍需报请政府批准；

(三)董事会预计相关信息无法保密的。

8.17 公司申请的停牌期限不超过 30 天的，本所根据公司的股票交易情况做出决定；超过 30 天(包括 30 天)的，由本所提出处理意见报中国证监会批准。公司应当在停牌申请获准后的次一个工作日公告停牌的信息。

8.18 在停牌期间，公司应当至少每两周披露一次重大收购、出售、债务重组事项的进展情况。

停牌期间，相关事项的不确定性已经消除的，公司应当在二个工作日内向本所申请复牌并公告；停牌期满，该等事项的不确定性没有消除的，公司应当提前二个工作日向本所申请延长停牌时间，经本所同意或报经证监会批准后，公司应当及时予以公告。

8.19 公司就同一不确定事项累计停牌已达到 90 天，公司未向本所申请复牌的，自累计停牌满三个月之日起，本所对其股票强制复牌，并对其股票采取以下交易方式：

(一)投资者在本所另行规定的开市时间内申报交易委托；

(二)申报价格不得超过上一次收市价格的 5%，不设下限；

(三)在(一)款规定时间收市后对有效申报按集合竞价方法进行撮合成交。在此期间，相关事项的不确定性已经消除的，公司应当在二个工作日内向本所申请恢复停牌前的交易方式并公告。

第九章 特别处理

第一节 基本原则

9.1.1 上市公司出现财务状况或其他状况异常，投资者难以判定公司前景，权益可能受到损害，本所对公司股票交易实行特别处理。

9.1.2 本章所称特别处理包括以下措施：

(一)在公司股票简称前冠以“ST”字样，以区别于其他股票；

(二)股票报价的日涨跌幅限制为 5%。

9.1.3 本规则所规定的特别处理不属于对上市公司的处罚，上市公司在特别处理期间的权利和义务不变。

第二节 财务状况异常的特别处理

9.2.1 上市公司出现以下情况之一的，为财务状况异常：

(一)最近两个会计年度审计结果显示的净利润均为负值；

(二)最近一个会计年度审计结果显示其股东权益低于注册资本，即每股净资产低于股票面值；

(三)注册会计师对最近一个会计年度的财务报告出具无法表示意见或否定意见的审计报告；

(四)最近一个会计年度经审计的股东权益扣除注册会计师、有关部门不予确认的部分，低于注册资本；

(五)最近一份经审计的财务报告对上年度利润进行调整，导致连续两个会计年度亏损；

(六)经本所或中国证监会认定为财务状况异常的。

9.2.2 上市公司出现 9.2.1 条所列情形之一的，应当在收到审计报告之日起两个工作日内向本所报告，并提交上市公司董事会书面意见。

9.2.3 本所收到上市公司上述报告后五个工作日内，或者在报请中国证监会认可的期限内，决定是否对该公司股票交易实行特别处理。

上市公司应当按照本所的要求在股票交易实行特别处理之前一交易日做出公告，公告日其股票及衍生品种停牌一天，自复牌之日起公司股票实行特别处理。

9.2.4 上市公司最近年度财务状况恢复正常、审计结果表明 9.2.1 条所列情形已消除，并且满足以下条件的，公司应当自收到最近年度审计报告之日起两个工作日内向本所报告并提交年度报告，同时可以向本所申请撤销特别处理：

(一) 主营业务正常运营；

(二)扣除非经常性损益后的净利润为正值。

9.2.5 本所根据公司的实际情况，决定是否撤销特别处理。上市公司应当按照本所要求在撤销特别处理前一交易日做出公告，公告日其股票及衍生品种停牌一天，自复牌之日起撤销特别处理。未撤消特别处理的，上市公司在下一会计年度结束后方可参照 9.2.4 条的规定向本所申请撤消特别处理。

第三节 其他状况异常的特别处理

9.3.1 上市公司出现以下异常状况之一的,本所对其股票交易实行特别处理:

(一)因自然灾害、重大事故等原因导致公司主要经营设施遭受损失,公司生产经营活动基本中止,在三个月以内不能恢复的;

(二)公司涉及负有赔偿责任的诉讼或仲裁案件,依照法院或仲裁机构的判决或裁决的赔偿金额累计超过公司最近经审计的净资产的 50%的;

(三)公司主要银行帐号被冻结,影响公司正常经营活动的;

(四)人民法院受理公司破产案件,可能依法宣告公司破产的;

(五)公司董事会无法正常召开董事会会议并形成董事会决议的;

(六)公司的主要债务人被法院宣告进入破产程序,而公司相应债权未能计提足额坏帐准备致使公司将面临重大财务风险的;

(七)公司出现其他异常情况,董事会认为需要对其股票交易实行特别处理的;

(八)中国证监会或本所认定为状况异常的其他情形。

9.3.2 上市公司出现 9.3.1 条第(一)至(三)项、第(五)至(七)项情形的,应当在两个工作日内向本所报告,本所比照 9.2.3 条规定处理。

9.3.3 上市公司认为前条所列的异常状况已经消除,可以向本所申请撤销股票交易特别处理,本所比照 9.2.5 条的规定,决定是否撤销特别处理。

9.3.4 因上市公司破产案件实行特别处理的,公司股票于每个交易日上午交易。

9.3.5 自法院发布受理上市公司破产案件的公告当日起,本所对进入破产程序公司的股票停牌。

公司应当在收到法院有关法律文书的当日,立即向本所报告,经本所审核后公告。

公司公告次日公司股票复牌,并实行特别处理。

9.3.6 上市公司进入破产程序后,公司或其他有信息披露义务的主体应当于第一时间向本所报告债权申报情况、债权人会议情况、和解和整顿等重大情况并公告。

公司刊登上述公告当日,其股票停牌一天。

9.3.7 上市公司与债权人会议达成和解协议,并且能够按照和解协议清偿债务,经法院裁定终结破产程序的,本所自法院发布公告的当日起对公司股票停牌。

公司应当在收到有关法律文书后立即向本所报告,经本所审核后公告。公告次日公司股票复牌。

9.3.8 法院依法宣告上市公司破产,自法院发布公告之日起,本所对公司股票停牌。

公司应当在收到有关法律文书后立即向本所报告,经本所审核后公告。

第十章 暂停上市、终止上市

第一节 暂停上市

10.1.1 根据《公司法》第一百五十七条的规定,本节所称的暂停上市包括以下四种情形:

(一)上市公司股本总额、股权分布等发生变化不再具备上市条件;

(二)上市公司不按规定公开其财务状况,或者对财务会计报告作虚假记载;

(三)上市公司有重大违法行为;

(四)上市公司最近三年连续亏损。

10.1.2 上市公司出现 10.1.1 条第(一)、(二)、(三)项所列情形之一的,本所根据中国证监会的决定暂停其股票上市。

10.1.3 上市公司出现 10.1.1 条第(四)项所列情形,由本所决定暂停其股票上市。

10.1.4 上市公司最近两年连续亏损后,董事会预计第三年度将继续亏损的,应当在第三个会计年度结束后的 30 个工作日内做出风险提示公告,并在披露年报前至少再发布二次风险提示公告。

10.1.5 上市公司董事会应当在收到其连续第三年亏损的年度审计报告后两个工作日内向本所和中国证监会报告并披露年度报告。

10.1.6 连续三年亏损的上市公司已披露年度报告的,自上市公司公布年度报告之日起,本所对其股票实施停牌,并在停牌后五个工作日内就其股票暂停上市做出决定。

10.1.7 连续两年亏损的上市公司,未能在《证券法》规定的法定期限内公布第三年年度报告的,自年度报告披露的法定期限到期之日起,本所对其股票实施停牌,并在停牌后五个工作日内就其股票暂停上市做出决定。

10.1.8 本所做出暂停上市决定后通知公司并公告,同时报中国证监会备案。自本所公告当日起,本所停止其股票逐日持续交易。

10.1.9 上市公司应当在接到本所暂停其股票上市的决定之日起两个工作日内,在指定报纸和网站刊登《暂停股票上市公告》。

《暂停股票上市公告》应当包括以下内容:

(一)暂停上市股票的种类、简称、证券代码以及暂停上市起始日;

(二)有关股票暂停上市决定的主要内容;

(三)公司董事会关于是否可以争取恢复股票上市的意见及争取恢复上市的具体措施,并说明董事会的出席和表决情况;

(四)中国证监会和本所要求的其他内容。

10.1.10 上市公司在其股票暂停上市期间，仍然应当依法履行上市公司的有关义务。

10.1.11 上市公司暂停上市期间，本所为该公司股票提供特别转让服务，股票特别转让依照本所《上市公司股票特别转让处理规则》的规定理。

10.1.12 自股票暂停上市之日起四十五天内，公司可以向本所提出12个月的宽限期的申请以延长暂停上市的时间。该申请在提交本所的同时应当公告，宽限期自暂停上市日起计算。

公司向本所提出宽限期申请时，须提交以下材料：

(一)宽限期申请书；

(二)董事会关于申请宽限期的决议及审议宽限期重整计划的决议；

(三)宽限期重整计划；

(四)董事会关于是否能在宽限期内改善公司现状以争取公司股票恢复上市的意见；

(五)本所要求的其他文件。

10.1 13 本所审核暂停上市公司的宽限期申请，将重点关注以下事项：

(一)公司申请宽限期之前，正在实施重大资产重组，该资产重组的实施将会使公司在宽限期内第一个会计年度有盈利；

(二)公司拟在宽限期实施的《宽限期重整计划》会使公司在宽限期内第一个会计年度有盈利。

(三)因非经营性因素导致亏损并暂停上市的，在宽限期内非经营性因素有望消除，使公司在宽限期内第一个会计年度有望盈利；

10.1.14 本所接到公司申请后三个工作日内做出是否给予公司宽限期的决定，通知公司并公告。公司应当自接到本所决定之日起二个工作日内公告该决定的主要内容。本所未给予宽限期的，公司还应当发布公司有可能被终止上市的风险提示公告。

10.1.15 因10.1.1条第(一)、(二)、(三)项股票被暂停上市的公司重新具备上市条件后，可以向本所提出恢复上市的申请。

本所自收到申请后三个工作日内提出意见，报中国证监会批准后恢复该公司股票上市。

10.1.16 因10.1.1条第(四)项股票被暂停上市的公司，在宽限期内第一个会计年度有盈利的，可以在年度报告公布后，向中国证监会提出恢复上市的申请并公告。

本所在中国证监会对公司恢复上市申请核准期间，相应延长其宽限期。

10.1.17 上市公司应当在接到中国证监会核准公司股票恢复上市的决定后两个工作日内，刊登《股票恢复上市公告》。

自《股票恢复上市公告》刊登后第一个交易日，公司股票恢复上市。

《股票恢复上市公告》应当包括以下内容：

(一)恢复上市股票的种类、简称、证券代码；

(二)中国证监会有关恢复股票上市决定的主要内容；

(三)中国证监会和本所要求的其他内容。

第二节　终止上市

10.2.1 本章所称的终止上市是指上市公司出现《公司法》第一百五十八条所列情况，中国证监会决定终止其上市。

10.2.2 上市公司在限期内未能消除10.1.1条第(一)项所列情形而不具备上市条件的，本所收到中国证监会终止其上市的决定后，终止该公司股票上市。

10.2.3 上市公司因10.1.1条第(二)、(三)项所列情形，经查实后果严重的，本所根据中国证监会终止其上市的决定，终止该公司股票上市。

10.2.4 因10.1.1条第(四)项所列情形而暂停上市的公司董事会预计出现下列情形之一的，应当在其年度报告披露日前至少发布三次风险提示公告，提醒投资者注意公司可能被终止上市：

(一)不能在宽限期截止日之前披露宽限期内第一个年度报告的；

(二)在宽限期内第一个会计年度继续亏损的；

10.2.5 因10.1.1条第(四)项所列情形而暂停上市的公司不能在宽限期截止日公布其宽限期内第一个年度报告的，本所自宽限期截止日后两个工作日内报告中国证监会并公告，由中国证监会决定公司股票终止上市。

10.2.6 因10.1.1条第(四)项所列情形而暂停上市的公司在宽限期内第一个会计年度继续亏损的，本所在公司披露年度报告之日起两个工作日内报告中国证监会，由中国证监会决定公司股票终止上市。

10.2.7 因10.1.1条第(四)项所列情形而暂停上市的公司出现下列情形之一的，本所自事实发生之日起两个工作日内报告中国证监会并公告，由中国证监会决定公司股票终止上市：

(一)公司决定不提出宽限期申请的；

(二)公司在自暂停上市之日起45日内未提出宽限期申请的；

(三)申请宽限期未获本所批准的；

10.2.8 因10.1.1条第(四)项所列情形而暂停上市的公司，在本所收到中国证监会终止上市的决定后，终止其股票上市并公告。

10.2.9 上市公司决议解散的，公司董事会应当在股东大会做出决议后立即向本所和中国证监会报告，本所收到报告后三个工作日内提出意见，报中国证监会批准后终止该公司股票上市。

10.2.10 行政主管部门依法责令上市公司关闭或者法院宣告上市公司破产的，本所在收到公司的报告之日起三个工作日内提出意见，报中国证监会批准后终止该公司股票上市。

10.2.11 上市公司应当在接到中国证监会终止上市的决定

后两个工作日内，在指定报纸和网站发布《股票终止上市公告》。《股票终止上市公告》应当包括以下内容：

(一)终止上市股票的种类、简称、证券代码以及终止上市的日期；

(二)中国证监会终止上市决定的主要内容；

(三)终止上市后其股票登记、转让、管理事宜；

(四)中国证监会和本所要求的其他内容。

10.2.12 本所协助终止上市的公司(或清算组)处理有关股份事务。

第十一章　境内外上市事务的协调

11.1 在本所上市的公司同时有证券在其他证券交易所上市的，其他证券交易所要求公开披露的信息，上市公司必须同时向本所报告，经本所审核后同时公告。

11.2 上市公司就同一事件向其他交易所提供的报告和公告应当与向本所提供的报告和公告内容一致，出现重大差异时，上市公司必须向本所说明并按照本所要求补充公告。

11.3 本章未尽事项，适用国家法律法规、本所其他有关业务规则以及本所与其他证券交易所签署的监管合作备忘录的规定。

第十二章　罚　　则

12.1 上市公司违反本规则规定，本所视情节轻重给予以下处分：

(一)责令改正；

(二)内部通报批评；

(三)在指定报纸和网站上公开谴责；

(四)要求上市公司有关责任人支付 3 万元以上 30 万元以下的惩罚性违约金；

(五)报中国证监会查处。

(六)上市公司逾期交纳上市费用，本所除给予以上处分外，还可以每日按欠费金额的 0.03%收取滞纳金。

以上处分可以单处或并处。

12.2 上市公司董事、监事违反本规则规定和董事、监事承诺的，本所视情节轻重给予以下处分：

(一)责令改正；

(二)内部通报批评；

(三)在指定报纸和网站上公开谴责；

(四)要求上市公司董事、监事支付 3 万元以上 30 万元以下的惩罚性违约金；

(五)公开认定其不适合担任上市公司董事、监事；

(六)报中国证监会查处。

以上处分可以单处或并处。

12.3 上市推荐人违反本规则规定，本所视情节给予以下处分：

(一)责令改正；

(二)内部通报批评；

(三)在指定报纸上公开谴责；

(四)取消上市推荐人资格；

(五)报中国证监会查处。

12.4 上市公司董事会秘书违反本规则规定，本所视情节给予以下处分：

(一)责令改正；

(二)内部通报批评；

(三)在指定报纸和网站上公开谴责；

(四)建议上市公司更换董事会秘书。

第十三章　释　　义

13.1 释义：

上市：指股票及其衍生品种经审核同意在本所挂牌交易。

股票：包括人民币普通股(本规则中简称 A 股)和境内上市外资股(本规则中简称 B 股)。

衍生品种：指 B 股配股权证或其他股票衍生产品。

公司职工股：指采取募集方式设立的股份有限公司内部职工以不超过社会公众股 10%的比例认购的股票。

内部职工股：指原定向募集股份有限公司的内部职工认购的股票。

高级管理人员：指公司经理、副经理、董事会秘书、财务负责人及公司认定的其他人员。

财务顾问：指有证券从业资格的会计师事务所、证券咨询机构、综合类证券公司。

上市公司控股子公司：指上市公司为其第一大股东，或者按照股权比例、公司章程或经营协议，上市公司能够控制其董事会组成的公司。

公司承诺：是指上市公司及其董事会在招股说明书、招股意向书、配股说明书、定期报告和临时报告及整改报告中就重要事项向公众所作的保证，包括但不限于以下重大事项：

(一)募集资金使用；

(二)分配计划；

(三)关联交易方案；

(四)对公司有较大影响的收购与出售资产或投资等重要事项向公众做出的保证；

(五)其他对公司发展或对公司股价有较大影响的重大事件。

股东承诺：是指上市公司主要股东在招股说明书、招股意向书、配股说明书、定期报告和临时报告及整改报告中就重要事项向上市公司做出的保证。

13.2 本规则未定义的用语的含义，依照法律、法规、规章及本所有关业务规则确定。

13.3 本规则所称“以上”、“以内”、“以前”都含本数，“少于”

不含本数。

第十四章 附 则

14.1 本规则经本所理事会通过并报中国证监会批准后生效,修改时亦同。

14.2 本规则由本所解释。

14.3 本规则自发布之日起执行。

附件:1、董事声明及承诺书;

2、监事声明及承诺书。

附件1:

董事声明及承诺书

第一部分 声 明

一、基本情况

1.上市公司全称:

2.上市公司股票简称: 股票代码:

3.本人姓名:

4.别名:

5.曾用名:

6.出生日期:

7.住址:

8.国籍:

9.拥有哪些国家或地区的长期居留权(如有):

10.专业资格(如有):

11.身份证号码:

12.护照号码(如有):

13.近亲属的姓名、身份证号码:

配偶:

父母:

年满18岁具有民事行为能力的子女:

兄弟姐妹:

二、是否有配偶、父母、年满18岁具有民事行为能力的子女及配偶、兄弟姐妹及配偶同时任此上市公司董事?

是□ 否□ 如是,请详细说明。

三、是否在其他公司任职?

是□ 否□ 如是,请填报各公司的名称、注册资本、经营范围、以及您在该公司任职的情况。

四、是否负有数额较大的到期未清偿债务,或者未偿还经法院裁定应当偿付的债务,或者被法院采取强制执行措施?

是□ 否□ 如是,请详细说明。

五、是否曾担任因经营不善破产清算、关停并转或曾有类似情况的公司、企业的董事、监事或者厂长、经理?

是□ 否□

六、是否曾担任因违法而被吊销营业执照的公司、企业的法定代表人?

是□ 否□

七、是否曾因违反刑法,尤其是犯有贪污贿赂罪、侵犯财产罪或者破坏社会主义经济秩序罪等而受到刑事处罚?

是□ 否□

八、是否曾因违反《证券法》、《禁止证券欺诈行为暂行办法》和《证券市场禁入暂行规定》受到行政处罚?

是□ 否□ 如是,请详细说明。

九、除第六、七条以外,您是否曾违反其他法律、法规而受到行政处罚?

是□ 否□ 如是,请详细说明。

十、是否因涉嫌违反法律、法规的规定正受到中国证监会的调查或者涉及诉讼、仲裁事项?

是□ 否□ 如是,请详细说明。

十一、本人及配偶、父母、子女是否持有本人所在上市公司股票及其衍生品种?

是□ 否□ 如是,请详细说明。

十二、请说明在上市公司或附属公司业务中,过去或现在是否拥有除前条以外的任何利益?

是□ 否□ 如是,请详细说明。

十三、是否参加过中国证监会和深圳证券交易所组织或者认可的证券业务的培训?

是□ 否□ 如是,请详细说明。

十四、除上述披露的信息外,是否知悉其他不披露可能影响上述信息的真实性、完整性或准确性的事项?

是□ 否□ 如是,请详细说明。

本人(正楷体)郑重声明,上述回答是真实、完整和准确的,保证不存在任何遗漏、虚假陈述或误导成份。本人完全明白做出虚假声明可能导致的后果。深圳证券交易所可依据上述回答所提供的资料,评估本人是否适宜担任上市公司的董事。

声明人: (签署)

日 期:

此项声明于 年 月 日在 (地点)做出。

见证律师:

日 期:

第二部分 承 诺

本人 (正楷体)向深圳证券交易所承诺:

一、本人在履行董事的职责时,将遵守国家有关法律、法规、规章等有关规定,履行诚实信用、勤勉尽责的义务。

二、本人在履行上市公司董事的职责时,将遵守中国证监会发布的规章、规定、通知的要求,并尽力促使上市公司遵守。

三、本人在履行上市公司董事的职责时,将遵守《深圳证券交易所股票上市规则》等深圳证券交易所发布的规章、规定、通知的要求，并促使上市公司及本人的授权人遵守。

四、本人在履行上市公司董事的职责时，将遵守《公司章程》。

五、本人接受深圳证券交易所的监管，包括及时、坦白地回答深圳证券交易所向本人提出的任何问题，及时提供《上市规则》规定应当报送的资料和其他要求提供的文件的正本或副本，并出席本人被要求出席的任何会议。

六、本人授权深圳证券交易所将本人提供的承诺与声明等资料向中国证监会报告。

七、本人如果违反上述义务，愿意承担由此引起的一切法律责任。

八、本人在执行职务过程中，如果与深圳证券交易所发生争议提起诉讼时，由深圳证券交易所住所地人民法院管辖。

承诺人：　　　　（签署）

日　期：

此项承诺于　　年　　月　　日在　　　　（地点）做出。

见证律师：

日　　期：

附件 2：

监事声明及承诺书

第一部分　声　　明

一、基本情况

1. 上市公司名称：

2. 上市公司股票简称：　　　　股票代码：

3. 姓名：

4. 别名：

5. 曾用名：

6. 出生日期：

7. 住址：

8. 国籍：

9. 拥有哪些国家或地区的长期居留权(如有)：

10. 专业资格(如有)：

11. 身份证号码：

12. 护照号码(如有)：

13. 近亲属的姓名、身份证号码：

配偶：

父母：

年满 18 岁具有民事行为能力的子女：

兄弟姐妹：

二、是否有配偶、父母、年满 18 岁具有民事行为能力的子女及配偶、兄弟姐妹及配偶同时任此上市公司董事？

是□ 否□ 如是，请详细说明。

三、是否在其他公司任职？

是□ 否□ 如是，请填报各公司的名称、注册资本、经营范围、以及您在该公司任职的情况。

四、是否负有数额较大的到期未清偿债务，或者未偿还经法院裁定应当偿付的债务，或者被法院采取强制执行措施？

是□ 否□ 如是，请详细说明。

五、是否曾担任因经营不善破产清算、关停并转或曾有类似情况的公司、企业的董事、监事或者厂长、经理？

是□ 否□

六、是否曾担任因违法而被吊销营业执照的公司、企业的法定代表人？

是□ 否□

七、是否曾因违反刑法，尤其是犯有贪污贿赂罪、侵犯财产罪或者破坏社会主义经济秩序罪等而受到刑事处罚？

是□ 否□

八、是否曾因违反《证券法》、《禁止证券欺诈行为暂行办法》和《证券市场禁入暂行规定》受到行政处罚？

是□ 否□ 如是，请详细说明。

九、除第六、七条以外，您是否曾违反其他法律、法规而受到行政处罚？

是□ 否□ 如是，请详细说明。

十、是否因涉嫌违反法律、法规的规定正受到中国证监会的调查或者涉及诉讼、仲裁事项？

是□ 否□ 如是，请详细说明。

十一、本人及配偶、父母、子女是否持有本人所在上市公司股票及其衍生品种？

是□ 否□ 如是，请详细说明。

十二、请说明在上市公司或附属公司业务中，过去或现在是否拥有除前条以外的任何利益？

是□ 否□ 如是，请详细说明。

十三、是否参加过中国证监会和深圳证券交易所组织或者认可的证券业务的培训？

是□ 否□ 如是，请详细说明。

十四、除上述披露的信息外，是否知悉其他不披露可能影响上述信息的真实性、完整性或准确性的事项？

是□ 否□ 如是，请详细说明。

本人(正楷体)郑重声明，上述回答是真实、完整和准确的，保证不存在任何遗漏、虚假陈述或误导成份。本人完全明白做出虚假声明可能导致的后果。深圳证券交易所可依据上述回答所提供的资料，评估本人是否适宜担任上市公司的董事。

声明人：　　　　（签署）

日　期：

此项声明于　　年　　月　　日在　　　　（地点）做出。

见证律师：

日　　期：

第二部分　承　　诺

本人　　　（正楷体）向深圳证券交易所承诺：

一、本人在履行监事的职责时，将遵守国家有关法律、法规、规章等有关规定，履行诚实信用、勤勉尽责的义务。

二、本人在履行上市公司监事的职责时，将遵守中国证监会发布的规章、规定、通知的要求，并尽力促使上市公司及其董事遵守。

三、本人在履行上市公司监事的职责时，将遵守《深圳证券交易所股票上市规则》等深圳证券交易所发布的规章、规定、通知的要求，并促使上市公司及其董事遵守。

四、本人在履行上市公司监事的职责时，将遵守《公司章程》，并促使上市公司及其董事遵守。

五、本人接受深圳证券交易所的监管，包括及时、坦白地回答深圳证券交易所向本人提出的任何问题，并促使上市公司董事及时提供《上市规则》规定应当报送的资料和其他要求提供的文件的正本或副本，并出席本人被要求出席的任何会议。

六、本人授权深圳证券交易所将本人提供的承诺与声明等资料向中国证监会报告。

七、本人如果违反上述义务，愿意承担由此引起的一切法律责任。

八、本人在执行职务过程中，如果与深圳证券交易所发生争议提起诉讼时，由深圳证券交易所住所地人民法院管辖。

承诺人：　　　　　　（签署）

日　期：

此项承诺于　　年　　月　　日在　　　　（地点）做出。

见证律师：

日　　期：

说明：

1.按《深圳证券交易所股票上市规则》的规定必须向本所呈报董事（监事）声明与承诺的人士，均必须填写第一和第二部分。

2.请回答所有的问题，若回答问题的空格不够填写，请另附纸填写，并装订在后。

3.若没有真实、完整、准确、及时填写声明部分，或没有填写承诺部分，或没有遵守承诺，则属违反《深圳证券交易所股票上市规则》，本所有权根据《深圳证券交易所股票上市规则》予以处理。

4.若对填写事项有疑问，请咨询律师。

上海证券交易所B股交易规则摘要

■境内居民个人在上海证券交易所进行B股交易，必须办理指定交易。B股股票帐户开立的同时，该帐户即被指定在开户会员处。B股股票帐户的指定于T+1日生效。B股指定交易可以撤销和重新指定，撤销和重新指定应由境内居民个人向会员提出申请，会员将其申请通过操作平台传送至登记公司。由登记公司审核后于次日通知会员该申请是否生效。

境内居民个人只能在境内会员处进行指定和交易，不得在境外B股证券经营机构处办理指定交易。

■上海B股的交易时间与上海A股的交易时间完全相同，每周一到五的上午9:30－11:30，下午1:00—3:00，周六、周日和公众假期除外。

■上交所进行B股交易的程序是：投资者开设B股帐户后即可委托券商代理其进行B股交易。证券商受理委托后，由其场内交易员将委托指令输入交易所电脑交易主机系统，经系统撮合配对后，将成交数据传回券商，在T+3日交收。

■上海B股委托方式分当面委托和电话委托。

投资者本人或其指定代理人到证券商B股交易柜台，亲自填写委托单，即为当面委托。目前居住在境内的B股投资者或在境内有其指定代理人的投资者较多采用这种方式。

投资者本人或其指定代理人通过电话、传真、电传等通讯方式向证券商下达买卖指令，一般称为电话委托。大多数B股投资者（包括个人、机构和各类基金）居住海外，进行B股交易时，较多采用长途通讯方式，将委托指令下达给境内券商，或通过B股海外代理商进行买卖。这些海外代理商一般也是通过电话、传真等方式传达交易指令。这类委托均属电话委托。

电话委托是B股委托常用的方式。因此、电话录音（或传真件）保存至关重要，一般要求保留较长时期。

■上海B股买卖申报价格的最小升降单位是0.001美元，申报数量以“股”为单位（买入申报必须是1000股的整数倍），每股面额为1元人民币，B股面值及发行价格以人民币计，其发行价在发行时，折算成美元，在此以后挂牌、交易与结算均用美元进行。

B股交易实行价格涨跌幅限制，除上市首日的证券无涨跌幅限制外，每只证券的交易价格相对于上一交易日收市价的涨跌幅度不得超过10%，即每只证券涨跌限价为(1±10%)×上一交易日收市价。

同时，为防止交易员输单出错或人为造价引起股价剧烈波动，上海证券交易所对申报价格升降幅度进行限制，具体规定如

下:

(1)任何高于市价的卖出委托均可自由申报

(2)任何低于市价的买入委托均可自由申报

(3)高于市价的买入委托的递增幅度不得大于电脑即时揭示价位的10%

(4)低于市价的卖出委托的递减幅度不得小于电脑即时揭示价位的10%

高于市价的卖出和低于市价的买入委托均难有机会成交,因此可以放开不加限制;而高于市价的买入和低于市价的卖出几乎具有100%的成交机会,因此,对其限制可以防止人为造价和交易员操作出错。

可进行零股交易,即指不足一交易单位的委托买卖,因此不足1000股的委托买卖即为零股交易。买入不能有零股申报,而卖出可以申报零股卖出。

■上交所B股交易采用集合竞价方式产生开盘价,每个交易日9:15-9:25为集合竞价交易时间;9:30-11:30,13:00-15:00为连续竞价交易时间。

■上海B股的法定名册登记机构是上海证券中央登记结算公司(简称清算公司),在业务运作上实行结算会员制,即以结算会员作为投资帐户登记和投资者的结算交收代理人参加B股的中央登记、结算交收、存管。所有的投资者均通过各自选择的结算会员来获取清算公司提供的服务。

清算公司按照"银货两讫"、"职期交收"和"实行T+3交收"的原则组织B股的中央结算和交收。

■投资者在向结算会员申请开立B股股票帐户时,要填写清算公司统一制作的投资者开户登记表,由清算会员盖章后与投资者的有效证件复印件送至清算公司,清算公司将开户登记资料输入股东数据库,并通过结算会员以"开户确认书"形式向每一个投资者提供一个股票帐户代码。

对于投资者因B股上市公司发行新股、派红股等认购和获得的B股,清算公司将根据承销商编制、提交的认购清单和经核准的上市公司分配决议办理股权登记,对交易市场B股买卖引起的股权变更,由清算公司根据结算会员的交收指令办理股权登记。

■上海B股的交易费用是:1)佣金按成交金额的0.43%计收;2)印花税按成交金额的0.3%计收;3)交易经手费和证管费分别按成交金额的0.0255%和0.0045%计收;4)清算费按成交金额的0.05%计收。

深圳证券交易所B股交易规则摘要

■深圳B股的开市时间为每周一至周五上午9:30-11:30,下午1:00-3:00。逢每周六、日及国内和香港公众假期休市。

■深圳B股的交易以港币计价,委托买卖及清算的价格以一股为准,买卖数额以一手即100股或其整数倍为单位,但不足100股的零股,可在集中交易市场交易时间内卖出,但不可买进。

■B股交易方式分为集中交易和对敲交易,分别在交易所的集中交易和对敲系统中完成。

(1)集中交易是指在B股交易时间内通过深交所的集中市场交易系统达成的交易。

(2)对敲交易是指B股证券商在开市后至闭市前5分钟将其接受的同一种B股买入委托和卖出委托配对后输入,经交易所的对敲交易系统确认后达成的交易。对敲交易仅限于股份托管在同一证券商处且不同投资者之间的股份协议转让。每笔交易数量须达到50000股以上。申报内容包括证券代码,买卖方股东代码,买卖方合同序号,对敲价格,对敲手数,对敲交易经对敲交易系统接受后,不可撤消。对敲交易的价格幅度为"前一交易日收盘价加二十个价位与当日价中取一个最高价为上限","前一营业日收盘价减二十个价位与当日最低价取一个最低价为下限"。例如:某只B股前一交易日的收盘价为HK$5.80加二十个价位(0.20)为6.00,当日最高价为6.10,则当日对敲交易价格上限为HK$6.10,反之,减二十个价位(-0.20)为HK$5.60,当日最低价为HK$5.70,则价格下限为HK$5.60。

■B股交易的竞价原则:B股交易的升降单位为港币一仙(港币0.01),每笔有效委托的接受范围在上一笔成交价的500个价位(5.00)之内。新股上市当日的有效委托接受范围在上一笔成交价的1500个价位(15.00)之内,开盘时上一笔成交价取发行公司的发行价。

1996年12月16日起,B股交易实行价格涨跌幅限制,除上市首日的证券外,每只证券的交易价格相对于上一交易日收市价的涨跌幅度不得超过10%,每只证券涨跌限价的计算公式为(1±10%)′上一交易日收市价。计算结果四舍五入至0.01港元。每天公布的每只证券收市价的计算方式为:该只证券当日有成交的最后一分钟内所有成交价的成交量加权的平均价,如该只证券无成交,其收市价为上一交易日的收市价。

■境内居民个人与非居民之间不得进行B股协议转让。境内居民个人所购B股不得向境外转托管。

■深圳B股的交收期为T+3日,即在某一个交易日成交的股票将在第四个交易日完成股份的过户及资金的收付。在交易所买进并确认成交的股票可于当天全部或部分卖出,但股份及资金净额的最终交收亦需在T+3日完成。

结算公司根据交易所成交资料及结算会员指令进行股份及资金的结算交收。

结算公司根据交易所交收指令的对盘与配对的成功来保证交易所发生的每笔交易如期交收,并实现"货银对付"。

(1)指令及报送方式

用于完成同一投资者在不同结算会员之间进行股份转移的指令为二类指令(目前仅适用于境外B股经纪及托管银行)。

证券商及托管银行通过B-COM(结算公司客户终端服务系统)或传真在B股中央结算系统规定时限内向结算公司发送各类交收指令。

(2)结算交收程序

① 在交易所达成的所有B股交易记录在当日收市后传送至结算公司的B股中央结算系统。在T+1日结算系统根据成交资料生成交收指令。

② T+2日中午12:00前,使用二类指令的结算会员需将该指令发送至B股中央结算系统,系统将于T+2日下午完成二类指令的配对,不配对指令的修正需在T+2下午完成。二类指令配对完成后,进行试交收,打出试交收报告及各参予结算会员。

③ T+3日中午12:00前,应付款结算会员须将应付资金划至结算公司指定帐户。T+3下午4:00前,结算公司进行股份及资金的最终交收,打出应交收确认书通知各参予结算会员。

■股份托管于境内证券商处的客户办理转托管时需填写转托管申请表,填写转托管资料,包括:股东代码、股东姓名、证券代码、证券名称、转出股数、转出/转入券商名称、代码。申请表需交由转出及转入证券商签章确认,如于工作日12:00前传与结算公司,该笔转托管将第二天到账。结算公司向转入券商处委托卖出,转托管费确认书或不确认书,获确认的转托管股份,投资者即可在转入券商处委托卖出。转托管费为每次每户100元港币。

■深圳B股的交易费用是:1)经纪佣金为成交金额的0.43%;2)印花税为成交金额的0.3%;3)交易规费为成交金额的0.0341%。

上海证券交易所合格境外机构投资者证券交易实施细则

通　知

《上海证券交易所合格境外机构投资者证券交易实施细则》已经中国证监会批准,现予以发布。自发布之日起施行。

上海证券交易所

2002年12月1日

第一章　总则

第一条　为了规范合格境外机构投资者在上海证券交易所(以下简称本所)从事的证券交易活动,维护证券市场秩序,根据《合格境外机构投资者境内证券投资管理暂行办法》(以下简称《暂行办法》)的相关规定,制定本实施细则。

第二条　合格境外机构投资者(以下简称合格投资者)在本所的证券交易活动适用本实施细则。本实施细则未作规定的,适用本所《交易规则》及其他相关业务规则的规定。

第三条　本所依法对合格投资者的证券交易活动实行实时监控。

第二章　合格投资者投资运作管理

第四条　合格投资者应当委托一家具有本所会员资格的境内证券公司办理相关证券交易业务。

第五条　当合格投资者出现下列情形之一时,作为其资产托管人的境内商业银行(以下简称托管人)应当在该事实发生之日起五个工作日内将有关情况报本所备案:(一)取得证券投资业务许可证;(二)投资额度获批准并取得外汇登记证;(三)指定或变更托管人;(四)指定或变更代理进行境内证券交易活动的证券公司;(五)变更机构名称或法定代表人;(六)增加或减少注册资本;(七)涉及诉讼或在境外受到重大处罚;(八)证券投资业务许可证或外汇登记证未通过年检;(九)因违反《暂行办法》受到中国证监会、中国人民银行或国家外汇局处罚;(十)本所认定的其他情形。

第六条　合格投资者从事境内证券交易的持股比例,每一合格投资者持有单个上市公司挂牌交易A股数额不得高于该公司总股本的10%,所有合格投资者持有同一上市公司挂牌交易A

股数额合计不得高于该公司总股本的 20%。

第七条 所有合格投资者持有同一上市公司挂牌交易 A 股数额合计达到该公司总股本的 16%及其后每增加 2%时，本所于该交易日结束后通过本所网站公布合格投资者已持有该公司挂牌交易 A 股的总数及其占公司总股本的比例。

第八条 当日交易结束后，如遇单个合格投资者持有单个上市公司挂牌交易 A 股数额超过限定比例的，本所将向其委托的证券公司及托管人发出通知，合格投资者自接到减持通知之日起的五个交易日内予以平仓，以满足持股限定比例要求。

第九条 当日交易结束后，如遇所有合格投资者持有同一上市公司挂牌交易 A 股数额合计超过限定比例的，本所将按照后买先卖的原则确定平仓顺序，并向其委托的证券公司及托管人发出通知，合格投资者自接到通知之日起的五个交易日内作出相应处理，以满足持股限定比例要求。若五个交易日内遇其他合格投资者自行减持导致上述持股总数降至限定比例以下的，被通知减持的合格投资者可向本所申请继续持有原股份。

第十条 受托证券公司应当勤勉尽责。如发现合格投资者的证券交易活动存在违规行为，应当及时向本所报告。

第三章 违反本实施细则的处理

第十一条 合格投资者违反本实施细则，对超过持股限定比例的股份未按规定进行处理的，本所及登记结算公司有权通知受托的证券公司及托管人实施平仓，并可对该合格投资者予以警告、公开谴责等处分，情节严重的，报中国证监会查处。

第十二条 合格投资者违反本实施细则第五条规定，不及时向本所备案的，本所可对该合格投资者予以警告、公开谴责等处分，情节严重的，报中国证监会查处。

第十三条 受托的证券公司违反本实施细则，未尽勤勉尽责义务的，本所有权依据有关业务规则的规定予以相应处分。

第四章 附则

第十四条 因技术原因，合格投资者暂不能参与国债回购和企业债券的交易。

第十五条 本实施细则报中国证监会批准后生效，修改时亦同。本实施细则自公布之日起实施。

第十六条 本实施细则由本所负责解释。

深圳证券交易所合格境外机构投资者证券交易实施细则

通　　知

各有关单位：《深圳证券交易所合格境外机构投资者证券交易实施细则》已经本所制定，并经中国证监会批准，现予发布，自发布之日起实施。

深圳证券交易所

二〇〇二年十二月一日

第一章 总则

第一条 为了规范合格境外机构投资者在深圳证券交易所（以下简称本所）从事的证券交易活动，维护证券市场秩序，根据《合格境外机构投资者境内证券投资管理暂行办法》（以下简称《暂行办法》）的相关规定，制定本实施细则。

第二条 合格境外机构投资者（以下简称合格投资者）在本所的证券交易活动适用本实施细则。本实施细则未作规定的，适用本所《交易规则》及其他相关业务规则的规定。

第三条 本所依法对合格投资者的证券交易活动实行实时监控。

第二章 合格投资者投资运作管理

第四条 合格投资者应当委托一家具有本所会员资格的境内证券公司办理相关证券交易业务。合格投资者参与本所的证券交易，只能通过其委托证券公司的一个席位进行交易。

第五条 合格投资者出现下列情形之一的，其托管人应当在该事实发生之日起五个工作日内将有关情况报本所备案：（一）取得证券投资业务许可证；（二）投资额度获批准并取得外汇登记证；（三）指定或变更托管人；（四）指定或变更代理进行境内证券交易活动的证券公司；（五）指定或变更代理进行境内证券交易活动的证券公司的交易席位；（六）变更机构名称或法定代表人；（七）增加或减少注册资本；（八）涉及诉讼或在境外受到重大处罚；（九）证券投资业务许可证或外汇登记证未通过年检；（十）因违反《暂行办法》受到中国证监会、中国人民银行或国家外汇局处罚；（十一）本所认定的其他情形。

第六条 合格投资者从事境内证券交易的持股比例，每一合格投资者持有单个上市公司挂牌交易A股数额不得高于该公司总股本的10%，所有合格投资者持有同一上市公司挂牌交易A股数额合计不得高于该公司总股本的20%。

第七条 所有合格投资者持有同一上市公司挂牌交易A股数额合计达到该公司总股本的16%及其后每增加2%时，本所于该交易日结束后通过本所网站公布合格投资者已持有该公司挂牌交易A股的总数及其占公司总股本的比例。

第八条 当日交易结束后，如遇单个合格投资者持有单个上市公司挂牌交易A股数额超过限定比例的，本所将向其委托的证券公司及托管人发出通知，合格投资者自接到减持通知之日起的五个交易日内予以平仓，以满足持股限定比例要求。

第九条 当日交易结束后，如遇所有合格投资者持有同一上市公司挂牌交易A股数额合计超过限定比例的，本所将按照后买先卖的原则确定平仓顺序，并向其委托的证券公司及托管人发出通知，合格投资者自接到通知之日起的五个交易日内作出相应处理，以满足持股限定比例要求。若五个交易日内遇其他合格投资者自行减持导致上述持股总数降至限定比例以下的，被通知减持的合格投资者可向本所申请继续持有原股份。

第十条 受托证券公司应当勤勉尽责。如发现合格投资者的证券交易活动存在违规行为，应当及时向本所报告。

第三章 违反本实施细则的处理

第十一条 合格投资者违反本实施细则，对超过持股限定比例的股份未按规定进行处理的，本所及登记结算公司有权通知受托的证券公司及托管人实施平仓，并可对该合格投资者予以警告、公开谴责等处分，情节严重的，报中国证监会查处。

第十二条 合格投资者违反本实施细则第五条规定，不及时向本所备案的，本所可对该合格投资者予以警告、公开谴责等处分，情节严重的，报中国证监会查处。

第十三条 受托的证券公司违反本实施细则，未尽勤勉尽责义务的，本所有权依据有关业务规则的规定予以相应处分。

第四章 附 则

第十四条 因技术原因，合格投资者暂不能参与国债回购和企业债券的交易。

第十五条 本实施细则报中国证监会批准后生效，修改时亦同。本实施细则自发布之日起实施。

第十六条 本实施细则由本所负责解释。

中国证券登记结算有限责任公司
合格境外机构投资者境内证券投资登记结算业务实施细则

（经中国证监会批准，2002年12月1日发布）

第一章 总则

第一条 中国证券登记结算有限责任公司（以下简称本公司）根据《合格境外机构投资者境内证券投资管理暂行办法》制定本细则。

第二条 本细则适用于合格境外机构投资者（以下简称合格投资者）境内证券投资的证券登记结算等业务。

第三条 合格投资者及其委托的托管人和境内证券公司在办理与境内证券投资相关的登记结算业务时，应当遵守本细则及本公司的其他业务规则。

第二章 证券账户管理

第四条 合格投资者应当在选定为其进行证券交易的境内证券公司后，委托托管人为其申请开立证券账户；托管人应当依照本公司的业务规则直接向本公司上海、深圳分公司（以下统称本公司）提出申请。

第五条 托管人首次接受合格投资者委托申请开立证券账户时，须提交以下材料：（一）中国证券监督管理委员会（以下简称中国证监会）、中国人民银行（以下简称人民银行）和国家外汇管理局（以下简称国家外汇局）关于批准托管人资格的批复的复印件（加盖公章）；（二）托管人营业执照复印件（加盖公章）；（三）预留印鉴卡（一式两份）：印鉴卡正面加盖托管人专用章和证券账户业务负责人名章，反面加盖托管人公章一枚；（四）托管人出具的授权委托书；（五）经办人有效身份证明文件及复印件；（六）《证券账户注册申请表》；（七）合格投资者的委托书原件及复印件；（八）中国证监会颁发的证券投资业务许可证原件及复印件；（九）国家外汇局颁发的外汇登记证原件及复印件；（十）合格投资者与境内证券公司签订的协议委托书原件及复印件；（十一）境内证券公司营业执照复印件（加盖公章）；（十二）本公司要求提供的其他材料。

托管人再次受托为其他合格投资者申请开立证券账户时，只须提供本条（六）、（七）、（八）、（九）、（十）、（十一）项材料，本公司凭预留印鉴确认其受托办理证券账户业务的资格。

第六条 证券账户中"持有人名称"一项应为境内证券公司全称和托管人全称及合格投资者全称,其中境内证券公司及托管人全称以营业执照记载的名称为准,合格投资者全称以证券投资业务许可证记载的名称为准;"身份证明文件号码"一项以证券投资业务许可证号码为准。合格投资者对该证券账户的证券资产享有权利。

第七条 合格投资者重新申领证券投资业务许可证后,应当委托托管人代其申请办理证券账户注册资料变更手续。除《证券账户管理规则》规定的材料外,托管人还应提供重新申领的证券投资业务许可证原件及复印件。

第八条 合格投资者更换托管人后,应当委托新托管人代其申请办理证券账户注册资料变更手续,除《证券账户管理规则》规定的材料外,托管人还应提供本细则第五条第(七)项材料。

第九条 合格投资者更换境内证券公司后,应当委托托管人代其申请办理证券账户注册资料变更手续,除《证券账户管理规则》规定的材料外,托管人还应提供本细则第五条第(十)、(十一)项材料。

第十条 合格投资者的证券投资业务许可证和外汇登记证失效后,应当按照相关规定委托托管人申请办理证券账户注销手续。第三章证券登记结算业务第十一条上市公司拟向股东派发现金股利的,本公司依据上市公司的委托将合格投资者的现金股利派发到托管人的结算备付金账户,托管人应当及时、足额地将现金股利发放给相应的合格投资者。

第十二条 司法等有权部门对合格投资者证券资产的查询、冻结、解冻等事宜由合格投资者委托的境内证券公司办理,裁决过户由本公司协助执行。

第十三条 因合格投资者委托的境内证券公司原因导致错误交易且双方已达成更正协议的,相关托管人及证券公司可向本公司申请办理相关证券非交易过户登记手续,并提供以下材料:

(一)《过户登记申请表》;

(二)过户双方的证券账户卡原件及复印件;

(三)双方达成的更正协议,协议书中应当说明错误交易的原因;

(四)托管人出具的授权委托书;

(五)经办人身份证原件及复印件;

(六)本公司要求提供的其他材料。

第十四条 本公司审核前条材料无误后,予以办理过户手续并出具《过户登记确认书》。

第十五条 托管人作为本公司的结算参与人,直接与本公司办理其所托管合格投资者的结算业务,承担相应的交收责任。

第十六条 托管人在办理结算业务前,应当与本公司签订结算协议,明确双方的权利和义务。

第十七条 托管人应当在本公司开立结算备付金账户,用于办理托管人所托管所有合格投资者的资金结算业务。

托管人申请开户时须提交以下材料:

(一)中国证监会、人民银行和国家外汇局关于批准托管人资格的批复的复印件(加盖公章);(二)托管人营业执照复印件(加盖公章);(三)托管人出具的授权委托书;(四)开立结算备付金账户申请表和预留印鉴卡;(五)指定收款账户授权书;(六)经办人有效身份证明文件复印件;(七)本公司要求提供的其他材料。

第十八条 托管人应当在本公司的结算银行中选择一家,开立一个结算资金专用存款账户,该账户在获得中国证监会和国家外汇局的备案回执后,作为在本公司预留的指定收款账户。托管人只能通过该账户向其结算备付金账户划入资金和接收其从结算备付金账户汇划的资金。指定收款账户的名称应与托管人名称一致。

第十九条 托管人结算备付金账户的日末余额不得低于本公司核定的最低结算备付金限额。最低结算备付金缴存比例及其调整按照本公司规定执行。

第二十条 托管人名称、指定收款账户相关信息以及托管人所托管合格投资者发生变更时,托管人应当及时向本公司提供相应资料,办理结算账户变更手续。

第二十一条 托管人不再作为本公司结算参与人时,在结清与本公司的其他债权债务后,可向本公司申请划付结算备付金余额。

第二十二条 每个交易日(T日)闭市后,本公司根据托管人所托管合格投资者T日在证券交易所的成交数据及其他数据(包括派息、送股、新股认购扣款、新股申购冻结资金返还、应扣税费等),计算托管人的资金应收或应付净额,以及托管人所托管的每个合格投资者买卖相关证券的应收、应付数量,产生证券、资金清算数据,确定托管人的交收责任。

第二十三条 T日清算完成后,本公司将当日的证券、资金清算数据存放于本公司结算系统,作为对托管人的证券、资金交收依据与交收指令,托管人应当及时从本公司结算系统获取。

除因本公司结算系统原因托管人无法获取相关数据外,本公司视同已将交收指令通知托管人。

第二十四条 托管人应当按照本公司的证券、资金交收指令,按时履行交收责任。托管人对本公司提供的清算数据存有异议的,应当及时反馈本公司。经本公司核实,确属清算差错的,本公司将予以更正,但托管人不得因此拒绝履行或延迟履行当日交收义务。

第二十五条 本公司依据T日清算数据,于T日当晚,对托管人所托管合格投资者的证券账户余额进行记增或记减处理,完成证券交收;T+1日17:00,同托管人完成资金的最终交收。

第四章 风险管理

第二十六条 托管人应当配备熟悉电脑、财务、结算等方面的专业人员负责结算业务，制定内部结算管理办法，确保托管人与结算银行和本公司之间的资金汇划渠道畅通。

第二十七条 托管人应当采取有效措施确保电子结算系统安全运行，制订结算数据备份制度和电脑病毒防范办法。

第二十八条 为防范结算风险，依据风险共担的原则，托管人应当缴纳结算保证金。

第二十九条 托管人作为结算参与人，应当按照《证券结算风险基金管理暂行办法》的规定，缴纳证券结算风险基金。

第三十条 托管人如出现资金交收透支，本公司可以采取以下措施：

（一）根据托管人发生的透支金额，按人民银行有关规定计收罚息。

（二）T+1日交收时，暂扣托管人指定的、相当于透支金额价值120%的证券。托管人在两个交易日内补足透支款本息及罚息的，本公司向托管人交付暂扣的证券。否则，本公司将卖出暂扣证券，以卖出款弥补托管人的透支，卖出款不能全额弥补透支款本息及罚息的，差额仍向违约的托管人追索。

（三）要求透支托管人提供书面情况说明和有关责任方盖章的资金交收透支责任确认书，将该透支事件在托管人业务不良记录中予以登记，作为评估风险程度、确定重点监控对象的依据。

（四）通知透支托管人向本公司提供财务状况说明，提出弥补透支的具体措施，将该托管人列为重点监控对象，密切监测其财务状况。

（五）提请证券交易所，限制或暂停透支托管人所托管合格投资者的证券买入，同时将有关情况报告中国证监会。

第三十一条 托管人所托管合格投资者发生证券卖空，本公司在T+1日交收时暂扣其卖空价款。托管人在两个交易日内补足卖空证券的，本公司解除对卖空价款的暂扣。否则，本公司以暂扣的卖空价款买入与卖空等量的证券，卖空价款不足的，差额仍向违约的托管人追索。

托管人所托管合格投资者发生证券卖空，本公司以卖空价款为基数，按人民银行公布的透支罚息利率，计算对托管人的罚款。

第三十二条 本公司处理托管人交收违约事件而产生的费用和损失，由违约托管人承担。

第三十三条 本公司有权对结算风险较大的托管人进行特别监控，必要时可以采取提高结算保证金缴纳额、调整最低结算备付金缴存比例与时间、要求其委托其他托管人代理结算业务等措施。

第五章 附 则

第三十四条 合格投资者委托托管人申请办理证券登记结算等业务时，应当按照本公司现行收费标准交纳相应费用。

第三十五条 本细则所要求提交的材料以中文文本为准，凡用外文书写的，应当附有中文译本。

第三十六条 本细则未尽事宜，适用本公司其他有关业务规则、业务指南、运作指引等规定。

第三十七条 本细则由本公司负责解释。

第三十八条 本细则经中国证监会批准后实施，自发布之日起执行。

合格境外机构投资者境内证券投资管理暂行办法

中国证券监督管理委员会
中　国　人　民　银　行 令

第12号

现发布《合格境外机构投资者境内证券投资管理暂行办法》，自2002年12月1日起施行。

主　席：周小川

行　长：戴相龙

二〇〇二年十一月五日

第一章 总 则

第一条 为了规范合格境外机构投资者在中国境内证券市场的投资行为，促进中国证券市场的发展，根据有关法律、行政法规，制定本办法。

第二条 本办法所称合格境外机构投资者（以下简称合格投资者），是指符合本办法规定的条件，经中国证券监督管理委员会（以下简称中国证监会）批准投资于中国证券市场，并取得国家外汇管理局（以下简称国家外汇局）额度批准的中国境外基金管理机构、保险公司、证券公司以及其他资产管理机构。

第三条 合格投资者应当委托境内商业银行作为托管人托

管资产,委托境内证券公司办理在境内的证券交易活动。

第四条 合格投资者必须遵守中国的法律法规和其他有关规定。

第五条 中国证监会和国家外汇局依法对合格投资者在中国境内进行的证券投资活动实施监督管理。

第二章 资格条件和审批程序

第六条 申请合格投资者资格,应当具备下列条件:

(一)申请人的财务稳健,资信良好,达到中国证监会规定的资产规模等条件,风险监控指标符合所在国家或者地区法律的规定和证券监管机构的要求;

(二)申请人的从业人员符合所在国家或者地区的有关从业资格的要求;

(三)申请人有健全的治理结构和完善的内控制度,经营行为规范,近三年未受到所在国家或者地区监管机构的重大处罚;

(四)申请人所在国家或者地区有完善的法律和监管制度,其证券监管机构已与中国证监会签订监管合作谅解备忘录,并保持着有效的监管合作关系;

(五)中国证监会根据审慎监管原则规定的其他条件。

第七条 前条所指的资产规模等条件是:

基金管理机构:经营基金业务达五年以上,最近一个会计年度管理的资产不少于一百亿美元;

保险公司:经营保险业务达三十年以上,实收资本不少于十亿美元,最近一个会计年度管理的证券资产不少于一百亿美元;

证券公司:经营证券业务达三十年以上,实收资本不少于十亿美元,最近一个会计年度管理的证券资产不少于一百亿美元;

商业银行:最近一个会计年度,总资产在世界排名前一百名以内,管理的证券资产不少于一百亿美元。

中国证监会根据证券市场发展情况,可以调整上述资产规模等条件。

第八条 申请合格投资者资格和投资额度,申请人应当通过托管人分别向中国证监会和国家外汇局报送下列文件:

(一)申请书(包括申请人的基本情况、拟申请投资额度、投资计划等);

(二)符合本办法第六条规定条件的证明文件;

(三)与托管人签订的托管协议草案;

(四)最近三年经审计的财务报表;

(五)资金来源说明书及批准时间内不撤资承诺函;

(六)申请人的授权委托书;

(七)中国证监会和国家外汇局要求的其他文件。

前款规定的文件,凡用外文书写的,应当附有中文译本或中文摘要。

第九条 中国证监会自收到完整的申请文件之日起十五个工作日内,作出批准或者不批准的决定。决定批准的,颁发证券投资业务许可证;决定不批准的,书面通知申请人。

第十条 申请人在取得证券投资业务许可证后,应当通过托管人向国家外汇局申请投资额度。

国家外汇局自收到完整的申请文件之日起十五个工作日内,作出批准或者不批准的决定。决定批准的,书面通知申请人批准的投资额度并颁发外汇登记证;决定不批准的,书面通知申请人。

申请人取得证券投资业务许可证后一年内未取得外汇登记证的,其证券投资业务许可证自动失效。

第十一条 为引入中长期投资,对于符合本办法第六条规定的封闭式中国基金或在其他市场有良好投资记录的养老基金、保险基金、共同基金的管理机构,予以优先考虑。

第三章 托管、登记和结算

第十二条 托管人应当具备下列条件:

(一) 设有专门的基金托管部;

(二) 实收资本不少于八十亿元人民币;

(三) 有足够的熟悉托管业务的专职人员;

(四) 具备安全保管基金全部资产的条件;

(五) 具备安全、高效的清算、交割能力;

(六) 具备外汇指定银行资格和经营人民币业务资格;

(七)最近三年没有重大违反外汇管理规定的纪录。

外资商业银行境内分行在境内持续经营三年以上的,可申请成为托管人,其实收资本条件按其境外总行的计算。

第十三条 取得托管人资格,必须经中国证监会、中国人民银行和国家外汇局审批。

第十四条 境内商业银行申请取得托管人资格的,应当向中国证监会、中国人民银行和国家外汇局报送下列文件:

(一)申请书;

(二)金融业务许可证副本;

(三)有关托管业务的管理制度;

(四)拥有高效、快速的信息技术系统的证明文件;

(五)中国证监会、中国人民银行和国家外汇局要求的其他文件。

中国证监会会同中国人民银行和国家外汇局审核申请文件,作出批准或者不批准的决定。

第十五条 托管人应当履行下列职责:

(一)保管合格投资者托管的全部资产;

(二)办理合格投资者的有关结汇、售汇、收汇、付汇和人民币资金结算业务;

(三)监督合格投资者的投资运作,发现其投资指令违法、违规的,及时向中国证监会和国家外汇局报告;

(四)在合格投资者汇入本金、汇出本金或者收益两个工作日内,向国家外汇局报告合格投资者的资金汇入、汇出及结售汇情况;

(五)每月结束后五个工作日内,向中国证监会和国家外汇局报告合格投资者的人民币特殊账户的收支情况;

(六)每个会计年度结束后三个月内,编制关于合格投资者上一年度境内证券投资情况的年度财务报告,并报送中国证监会和国家外汇局;

(七)保存合格投资者的资金汇入、汇出、兑换、收汇、付汇和资金往来记录等相关资料,其保存的时间应当不少于十五年;

(八)中国证监会、中国人民银行和国家外汇局根据审慎监管原则规定的其他职责。

第十六条 托管人必须将其自有的资产和受托管理的资产严格分开。

托管人必须为不同的合格投资者分别设置账户,对受托管理的资产实行分帐管理。

每个合格投资者只能委托一个托管人。

第十七条 合格投资者应当委托托管人,在证券登记结算机构代其申请开立一个证券账户。托管人在代为申请开立证券账户时,应当持合格投资者的委托书及其证券投资业务许可证等有效文件,并在开立证券账户五个工作日内将有关情况报中国证监会备案。

合格投资者应当委托托管人在证券登记结算机构代为开立人民币结算资金账户,用于与证券登记结算机构进行资金结算。托管人负责合格投资者在境内证券投资的资金结算,并在开立人民币结算资金账户五个工作日内将有关情况报中国证监会和国家外汇局备案。

第四章 投资运作

第十八条 合格投资者在经批准的投资额度内,可以投资下列人民币金融工具:

(一)在证券交易所挂牌交易的除境内上市外资股以外的股票;

(二)在证券交易所挂牌交易的国债;

(三)在证券交易所挂牌交易的可转换债券和企业债券;

(四)中国证监会批准的其他金融工具。

第十九条 合格投资者可以委托在境内设立的证券公司,进行境内证券投资管理。

每个合格投资者只能委托一个投资机构。

第二十条 合格投资者的境内证券投资,应当遵守下列规定:

(一)单个合格投资者对单个上市公司的持股比例,不超过该上市公司股份总数的百分之十;

(二)所有合格投资者对单个上市公司的持股比例总和,不超过该上市公司股份总数的百分之二十。

中国证监会根据证券市场发展情况,可以调整上述比例。

第二十一条 合格投资者的境内证券投资,应当符合《外商投资产业指导目录》的要求。

第二十二条 证券公司保存合格投资者的成交记录、交易活动等资料的时间应当不少于十五年。

第五章 资金管理

第二十三条 合格投资者经国家外汇局批准,应当在托管人处开立一个人民币特殊账户。

托管人应当在开立人民币特殊账户五个工作日内,将有关情况报中国证监会和国家外汇局备案。

第二十四条 人民币特殊账户的收入范围包括:结汇资金(外汇资金来源于境外,且累计结汇的外汇资金不得超过已批准的投资额度)、卖出证券所得价款、现金股利、活期存款利息、债券利息。人民币特殊账户的支出范围包括:买入证券支付价款(含印花税、手续费等)、境内托管费和管理费、购汇资金(用于汇出本金及收益)。

人民币特殊账户的资金不得用于放款或者提供担保。

第二十五条 合格投资者应当自中国证监会颁发证券投资业务许可证三个月内汇入本金,全额结汇后直接转入人民币特殊账户。合格投资者汇入的本金应当是国家外汇局批准的可兑换货币,金额以批准额度为限。

合格投资者自取得外汇登记证起三个月内未足额汇入本金的,以实际汇入金额为批准额度;已批准额度和已实际汇入金额的差额,在经批准取得新的投资额度前不得汇入。

第二十六条 合格投资者为封闭式中国基金管理机构的,汇入本金满三年后,可委托托管人持规定的文件向国家外汇局申请分期、分批购汇汇出本金。每次汇出本金的金额不得超过本金总额的百分之二十,相邻两次汇出的时间间隔不得少于一个月。

其他合格投资者汇入本金满一年后,可以委托托管人持规定的文件向国家外汇局申请分期、分批购汇汇出本金。每次汇出本金的金额不得超过本金总额的百分之二十,相邻两次汇出的时间间隔不得少于三个月。

上述汇款的境外收款人应为合格投资者本人。

第二十七条 投资额度的本金汇入不满一年但超过三个月的合格投资者,在提交转让申请书和转让合同并经中国证监会和国家外汇局批准后,可以将投资额度转让给其他合格投资者或符合本办法第六条规定的其他申请人。

受让方在获得国家外汇局额度批准和证券投资业务许可证后,受让资产值低于外汇局批准额度的,可以按差额汇入本金。

第二十八条 合格投资者汇出部分或全部本金的,如需重新汇入本金,应当重新申请投资额度。

第二十九条 合格投资者需购汇汇出上一会计年度经中国注册会计师审计的已实现税后收益,应当委托托管人提前十五个工作日持下列文件向国家外汇局提出申请:

(一)汇出申请书;

(二)收益实现年度财务报表;

(三)中国注册会计师出具的审计报告;

(四)收益分配决议或者其他有效的法律文件;

(五)纳税证明;

(六)国家外汇局要求的其他文件。

前款汇款的境外收款人应当为合格投资者本人。

第三十条 国家外汇局可以根据国家外汇收支平衡的需要,对合格投资者汇出本金及已实现收益的期限予以调整。

第六章 监督管理

第三十一条 中国证监会和国家外汇局应当对合格投资者的证券投资业务许可证、外汇登记证进行年检。

第三十二条 中国证监会、中国人民银行和国家外汇局可以要求合格投资者、托管人、证券公司、证券交易所、证券登记结算机构提供合格投资者境内投资活动提供有关资料;必要时,可以进行现场检查。

第三十三条 证券交易所、证券登记结算机构可以根据情况,对合格投资者境内证券投资制定相应的业务规则或者对原有业务规则进行修订,报中国证监会批准后施行。

第三十四条 合格投资者有下列情形之一的,应当在其发生后五个工作日内报中国证监会、中国人民银行和国家外汇局备案:

(一)变更托管人;

(二)变更法定代表人;

(三)其控股股东变更;

(四)调整注册资本;

(五)涉及诉讼及其他重大事件;

(六)在境外受到重大处罚;

(七)中国证监会和国家外汇局规定的其他情形。

第三十五条 合格投资者有下列情形之一的,应当重新申领证券投资业务许可证:

(一)变更机构名称;

(二)被其他机构吸收合并;

(三)中国证监会和国家外汇局规定的其他情形。

第三十六条 合格投资者有下列情形之一的,应当将证券投资业务许可证和外汇登记证分别交还中国证监会和国家外汇局:

(一)本金已全部汇出;

(二)已转让投资额度;

(三)法人机构拟解散、进入破产程序或者由接管人接管其资产;

(四)中国证监会和国家外汇局规定的其他情形。

证券投资业务许可证、外汇登记证未通过本办法第三十一条规定的年检的,自动失效,合格投资者应当依照前款规定分别交还证券投资业务许可证和外汇登记证。

第三十七条 合格投资者、托管人、证券公司等违反本办法的,由中国证监会、中国人民银行、国家外汇局按照各自的职权予以警告、罚款;但是,对同一违法行为,不得给予两次以上的行政处罚。

第七章 附 则

第三十八条 香港特别行政区、澳门特别行政区、台湾地区设立的机构投资者到内地从事证券投资的,适用本办法的规定。

第三十九条 本办法自 2002 年 12 月 1 日起施行。

证券投资基金管理公司内部控制指导意见

第一章 总 则

第一条 为了指导证券投资基金管理公司(以下简称“公司”)加强内部控制,促进公司诚信、合法、有效经营,保障基金持有人利益,依据有关法律法规,制定本指导意见。

第二条 公司内部控制是指公司为防范和化解风险,保证经营运作符合公司的发展规划,在充分考虑内外部环境的基础上,通过建立组织机制、运用管理方法、实施操作程序与控制措施而形成的系统。

公司应当按照本指导意见的要求,结合自身的具体情况,建立科学合理、控制严密、运行高效的内部控制体系,并制定科学完善的内部控制制度。

第三条 公司内部控制制度由内部控制大纲、基本管理制度、部门业务规章等部分组成。

公司内部控制大纲是对公司章程规定的内控原则的细化和展开,是各项基本管理制度的纲要和总揽,内部控制大纲应当明确内控目标、内控原则、控制环境、内控措施等内容。

基本管理制度应当至少包括风险控制制度、投资管理制度、基金会计制度、信息披露制度、监察稽核制度、信息技术管理制度、公司财务制度、资料档案管理制度、业绩评估考核制度和紧急应变制度。

部门业务规章是在基本管理制度的基础上,对各部门的主要职责、岗位设置、岗位责任、操作守则等的具体说明。

第四条 公司董事会对公司建立内部控制系统和维持其有效性承担最终责任，公司经营层对内部控制制度的有效执行承担责任。

第二章 内部控制的目标和原则

第五条 公司内部控制的总体目标是：

（一）保证公司经营运作严格遵守国家有关法律法规和行业监管规则，自觉形成守法经营、规范运作的经营思想和经营理念。

（二）防范和化解经营风险，提高经营管理效益，确保经营业务的稳健运行和受托资产的安全完整，实现公司的持续、稳定、健康发展。

（三）确保基金、公司财务和其他信息真实、准确、完整、及时。

第六条 公司内部控制应当遵循以下原则：

（一）健全性原则。内部控制应当包括公司的各项业务、各个部门或机构和各级人员，并涵盖到决策、执行、监督、反馈等各个环节。

（二）有效性原则。通过科学的内控手段和方法，建立合理的内控程序，维护内控制度的有效执行。

（三）独立性原则。公司各机构、部门和岗位职责应当保持相对独立，公司基金资产、自有资产、其他资产的运作应当分离。

（四）相互制约原则。公司内部部门和岗位的设置应当权责分明、相互制衡。

（五）成本效益原则。公司运用科学化的经营管理方法降低运作成本，提高经济效益，以合理的控制成本达到最佳的内部控制效果。

第七条 公司制订内部控制制度应当遵循以下原则：

（一）合法合规性原则。公司内控制度应当符合国家法律、法规、规章和各项规定。

（二）全面性原则。内部控制制度应当涵盖公司经营管理的各个环节，不得留有制度上的空白或漏洞。

（三）审慎性原则。制定内部控制制度应当以审慎经营、防范和化解风险为出发点。

（四）适时性原则。内部控制制度的制定应当随着有关法律法规的调整和公司经营战略、经营方针、经营理念等内外部环境的变化进行及时的修改或完善。

第三章 内部控制的基本要素

第八条 内部控制的基本要素包括控制环境、风险评估、控制活动、信息沟通和内部监控。

第九条 控制环境构成公司内部控制的基础，控制环境包括经营理念和内控文化、公司治理结构、组织结构、员工道德素质等内容。

第十条 公司管理层应当牢固树立内控优先和风险管理理念，培养全体员工的风险防范意识，营造一个浓厚的内控文化氛围，保证全体员工及时了解国家法律法规和公司规章制度，使风险意识贯穿到公司各个部门、各个岗位和各个环节。

第十一条 公司应当健全法人治理结构，充分发挥独立董事和监事会的监督职能，严禁不正当关联交易、利益输送和内部人控制现象的发生，保护投资者利益和公司合法权益。

第十二条 公司的组织结构应当体现职责明确、相互制约的原则，各部门有明确的授权分工，操作相互独立。公司应当建立决策科学、运营规范、管理高效的运行机制，包括民主、透明的决策程序和管理议事规则，高效、严谨的业务执行系统，以及健全、有效的内部监督和反馈系统。

第十三条 公司应当依据自身经营特点设立顺序递进、权责统一、严密有效的内控防线：

（一）各岗位职责明确，有详细的岗位说明书和业务流程，各岗位人员在上岗前均应知悉并以书面方式承诺遵守，在授权范围内承担责任。

（二）建立重要业务处理凭据传递和信息沟通制度，相关部门和岗位之间相互监督制衡。

（三）公司督察员和内部监察稽核部门独立于其他部门，对内部控制制度的执行情况实行严格的检查和反馈。

第十四条 公司应当建立有效的人力资源管理制度，健全激励约束机制，确保公司人员具备与岗位要求相适应的职业操守和专业胜任能力。

第十五条 公司应当建立科学严密的风险评估体系，对公司内外部风险进行识别、评估和分析，及时防范和化解风险。

第十六条 授权控制应当贯穿于公司经营活动的始终，授权控制的主要内容包括：

（一）股东会、董事会、监事会和管理层应当充分了解和履行各自的职权，建立健全公司授权标准和程序，确保授权制度的贯彻执行。

（二）公司各业务部门、分支机构和公司员工应当在规定授权范围内行使相应的职责。

（三）公司重大业务的授权应当采取书面形式，授权书应当明确授权内容和时效。

（四）公司授权要适当，对已获授权的部门和人员应建立有效的评价和反馈机制，对已不适用的授权应及时修改或取消授权。

第十七条 公司应当建立完善的资产分离制度，基金资产与公司资产、不同基金的资产和其他委托资产要实行独立运作，分别核算。

第十八条 公司应当建立科学、严格的岗位分离制度，明确划分各岗位职责，投资和交易、交易和清算、基金会计和公司会计等重要岗位不得有人员的重叠。重要业务部门和岗位应当进行物理隔离。

第十九条 公司应当制订切实有效的应急应变措施，建立危机处理机制和程序。

第二十条 公司应当维护信息沟通渠道的畅通，建立清晰的报告系统。

第二十一条 公司应当建立有效的内部监控制度，设置督察员和独立的监察稽核部门，对公司内部控制制度的执行情况进行持续的监督，保证内部控制制度落实。

公司应当定期评价内部控制的有效性，根据市场环境、新的金融工具、新的技术应用和新的法律法规等情况，适时改进。

第四章 内部控制的主要内容

第一节 投资管理业务控制

第二十二条 公司应当自觉遵守国家有关法律法规，按照投资管理业务的性质和特点严格制定管理规章、操作流程和岗位手册，明确揭示不同业务可能存在的风险点并采取控制措施。

第二十三条 研究业务控制主要内容包括；

(一)研究工作应保持独立、客观。

(二)建立严密的研究工作业务流程，形成科学、有效的研究方法。

(三)建立投资对象备选库制度，研究部门根据基金契约要求，在充分研究的基础上建立和维护备选库。

(四)建立研究与投资的业务交流制度，保持通畅的交流渠道。

(五)建立研究报告质量评价体系。

第二十四条 投资决策业务控制主要内容包括：

(一)投资决策应当严格遵守法律法规的有关规定，符合基金契约所规定的投资目标、投资范围、投资策略、投资组合和投资限制等要求。

(二)健全投资决策授权制度，明确界定投资权限，严格遵守投资限制，防止越权决策。

(三)投资决策应当有充分的投资依据，重要投资要有详细的研究报告和风险分析支持，并有决策记录。

(四)建立投资风险评估与管理制度，在设定的风险权限额度内进行投资决策。

(五)建立科学的投资管理业绩评价体系，包括投资组合情况、是否符合基金产品特征和决策程序、基金绩效归属分析等内容。

第二十五条 基金交易业务控制主要内容包括：

(一)基金交易应实行集中交易制度，基金经理不得直接向交易员下达投资指令或者直接进行交易。

(二)公司应当建立交易监测系统、预警系统和交易反馈系统，完善相关的安全设施。

(三)投资指令应当进行审核，确认其合法、合规与完整后方可执行，如出现指令违法违规或者其他异常情况，应当及时报告相应部门与人员。

(四)公司应当执行公平的交易分配制度，确保不同投资者的利益能够得到公平对待。

(五)建立完善的交易记录制度，每日投资组合列表等应当及时核对并存档保管。

(六)建立科学的交易绩效评价体系。

场外交易、网下申购等特殊交易应当根据内部控制的原则制定相应的流程和规则。

第二十六条 公司应当建立严格有效的制度，防止不正当关联交易损害基金持有人利益。基金投资涉及关联交易的，应在相关投资研究报告中特别说明，并报公司相关机构批准。

第二节 信息披露控制

第二十七条 公司应当按照法律、法规和中国证监会有关规定，建立完善的信息披露制度，保证公开披露的信息真实、准确、完整、及时。

第二十八条 公司应当有相应的部门或岗位负责信息披露工作，进行信息的组织、审核和发布。

第二十九条 公司应当加强对公司信息披露的检查和评价，对存在的问题及时提出改进办法，对信息披露出现的失误提出处理意见，并追究相关人员的责任。

第三十条 公司掌握内幕信息的人员在信息公开披露前不得泄露其内容。

第三节 信息技术系统控制

第三十一条 公司应当根据国家法律法规的要求，遵循安全性、实用性、可操作性原则，严格制定信息系统的管理制度。

信息技术系统的设计开发应该符合国家、金融行业软件工程标准的要求，编写完整的技术资料；在实现业务电子化时，应设置保密系统和相应控制机制，并保证计算机系统的可稽性；信息技术系统投入运行前，应当经过业务、运营、监察稽核等部门的联合验收。

第三十二条 公司应当通过严格的授权制度、岗位责任制度、门禁制度、内外网分离制度等管理措施，确保系统安全运行。

第三十三条 计算机机房、设备、网络等硬件要求应当符合有关标准，设备运行和维护整个过程实施明确的责任管理，严格划分业务操作、技术维护等方面的职责。

第三十四条 公司软件的使用应充分考虑软件的安全性、可靠性、稳定性和可扩展性，应具备身份验证、访问控制、故障恢复、安全保护、分权制约等功能。

信息技术系统设计、软件开发等技术人员不得介入实际的业务操作。用户使用的密码口令要定期更换，不得向他人透露。

数据库和操作系统的密码口令应当分别由不同人员保管。

第三十五条 公司应对信息数据实行严格的管理，保证信息数据的安全、真实和完整，并能及时、准确地传递到会计等各职能部门；严格计算机交易数据的授权修改程序，并坚持电子信息数据的定期查验制度。

建立电子信息数据的即时保存和备份制度，重要数据应当异地备份并且长期保存。

第三十六条 信息技术系统应当定期稽核检查，完善业务数据保管等安全措施，进行排除故障、灾难恢复的演习，确保系统可靠、稳定、安全地运行。

第四节 会计系统控制

第三十七条 公司应当依据《中华人民共和国会计法》、《金融企业会计制度》、《证券投资基金会计核算办法》、《企业财务通则》等国家有关法律、法规制订基金会计制度、公司财务制度、会计工作操作流程和会计岗位工作手册，并针对各个风险控制点建立严密的会计系统控制。

第三十八条 公司应当明确职责划分，在岗位分工的基础上明确各会计岗位职责，严禁需要相互监督的岗位由一人独自操作全过程。

第三十九条 公司对所管理的基金应当以基金为会计核算主体，独立建账、独立核算，保证不同基金之间在名册登记、账户设置、资金划拨、账簿记录等方面相互独立。基金会计核算应当独立于公司会计核算。

第四一条 公司应当采取适当的会计控制措施，以确保会计核算系统的正常运转。

（一）公司应当建立凭证制度，通过凭证设计、登录、传递、归档等一系列凭证管理制度，确保正确记载经济业务，明确经济责任。

（二）公司应当建立账务组织和账务处理体系，正确设置会计账簿，有效控制会计记账程序。

（三）公司应当建立复核制度，通过会计复核和业务复核防止会计差错的产生。

第四十一条 公司应当采取合理的估值方法和科学的估值程序，公允反映基金所投资的有价证券在估值时点的价值。

第四十二条 公司应当规范基金清算交割工作，在授权范围内，及时准确地完成基金清算，确保基金资产的安全。

第四十三条 公司应当建立严格的成本控制和业绩考核制度，强化会计的事前、事中和事后监督。

第四十四条 公司应当制订完善的会计档案保管和财务交接制度，财会部门应妥善保管密押、业务用章、支票等重要凭据和会计档案，严格会计资料的调阅手续，防止会计数据的毁损、散失和泄密。

第四十五条 公司应当严格制定财务收支审批制度和费用报销管理办法，自觉遵守国家财税制度和财经纪律。

第五节 监察稽核控制

第四十六条 公司应当设立督察员，对董事会负责，经董事会聘任，报中国证监会核准。

根据公司监察稽核工作的需要和董事会授权，督察员可以列席公司相关会议，调阅公司相关档案，就内部控制制度的执行情况独立地履行检查、评价、报告、建议职能。

督察员应当定期和不定期向董事会报告公司内部控制执行情况，董事会应当对督察员的报告进行审议。

第四十七条 公司应当设立监察稽核部门，对公司经营层负责，开展监察稽核工作，公司应保证监察稽核部门的独立性和权威性。

第四十八条 公司应当明确监察稽核部门及内部各岗位的具体职责，配备充足的监察稽核人员，严格监察稽核人员的专业任职条件，严格监察稽核的操作程序和组织纪律。

第四十九条 公司应当强化内部检查制度，通过定期或不定期检查内部控制制度的执行情况，确保公司各项经营管理活动的有效运行。

第五十条 公司董事会和管理层应当重视和支持监察稽核工作，对违反法律、法规和公司内部控制制度的，应当追究有关部门和人员的责任。

第五章 附 则

第五十一条 中国证监会有权对公司内部控制情况进行监督，公司应当将内部控制制度报中国证监会备案。

中国证监会在对公司内部控制情况进行监督时，会充分考虑各公司内外环境的因素和公司的自身特点，对公司内部控制作出实事求是的评价。

第五十二条 本指导意见由中国证监会负责解释。

第五十三条 本指导意见自 2003 年 1 月 1 日起施行。

上海证券交易所可转换公司债券上市规则

关于发布《上海证券交易所可转换公司债券上市规则》的通知

各上市公司：

据中国证监会《上市公司发行可转换公司债券实施办法》(证监会令[2001]第2号)和《关于做好上市公司可转换公司债券发行工作的通知》(证监发行字[2001]115号)，本所对1998年3月23日发布的《上海证券交易所可转换公司债券上市交易规则》的有关内容进行了修订，并更名为《上海证券交易所可转换公司债券上市规则》。《上海证券交易所可转换公司债券上市规则》已经本所理事会通过，并经中国证监会(证监公司字[2002]15号)批准，现予以发布实施，《上海证券交易所可转换公司债券上市交易规则》同时废止。

附：《上海证券交易所可转换公司债券上市规则》

上海证券交易所

二○○二年十一月四日

第一章　总　则

1.1　为规范可转换公司债券上市行为、可转换公司债券发行人(以下简称发行人)及相关义务人的信息披露行为，维护证券市场秩序，保护投资者和可转换公司债券发行人的合法权益，根据《中华人民共和国公司法》(以下简称《公司法》)、《中华人民共和国证券法》(以下简称《证券法》)、《可转换公司债券管理暂行办法》、《上市公司发行可转换公司债券实施办法》等有关法律、法规、规章，制定本规则。

1.2　本规则所称可转换公司债券，是指发行人依据法定程序发行、在一定期间内依据约定的条件可以转换成股份的公司债券。

1.3　本规则所称可转换公司债券上市，是指可转换公司债券获准在上海证券交易所(以下简称本所)市场挂牌交易。

1.4　本规则所涉专用术语，适用《可转换公司债券管理暂行办法》、《上市公司发行可转换公司债券实施办法》和《上海证券交易所股票上市规则》中的相关规定。

1.5　可转换公司债券在本所上市，适用本规则的规定。

1.6　本所依据国家法律、法规、规章和本规则对可转换公司债券发行人及其董事、监事、高级管理人员、有信息披露义务的投资人及上市推荐人进行监管。

第二章　可转换公司债券的上市申请

2.1　经中国证监会核准并在可转换公司债券公开发行结束后，发行人可以向本所申请上市。发行人申请可转换公司债券上市，必须符合下列条件：

(一)可转换公司债券的实际发行额(以面值计算)在1亿元以上；

(二)可转换公司债券的期限最短为3年；

(三)法律、法规及本所业务规则规定的其他要求。

2.2　发行人申请可转换公司债券上市，应当向本所提交以下文件：

(一)上市申请书及董事会关于申请可转换公司债券上市的决议；

(二)中国证监会核准其发行可转换公司债券的文件；

(三)经中国证监会核准的全套发行、上市申报材料；

(四)上市推荐人出具的上市推荐书；

(五)上市推荐协议；

(六)上市公告书；

(七)可转换公司债券发行结束报告；

(八)发行人拟聘任或已聘任的信息披露负责人的资料；

(九)发行人的董事、监事、高级管理人员和信息披露负责人的身份证复印件、股东帐户卡号码、身份证号码及其持有任职公司股份的申报材料、对其所持任职公司股份锁定的申请、在任职期间和任期结束后六个月内不转让所持任职公司股份的承诺等；

（十）具有从事证券业务资格的会计师事务所出具的发行资金到位的验资报告；

（十一）具有从事证券业务资格的律师事务所出具的关于可转换公司债券符合上市条件的法律意见书；

（十二）可转换公司债券发行后按规定新增的财务资料；

（十三）确定可转换公司债券挂牌简称的函；

（十四）证券登记结算机构出具的可转换公司债券托管情况证明；

（十五）法律、法规及本所业务规则要求的其他文件。

2.3 在发行人提交2.2条所列申请文件后及可转换公司债券上市交易期间，发行人的董事、监事、高级管理人员和信息披露负责人发生变化的，新当选的董事、监事、高级管理人员和信息披露负责人应当在其当选后的两个交易日内将2.2条第（九）项规定的材料通过发行人的信息披露负责人报送本所。

2.4 发行人及董事会成员应当保证发行人所提交的上市申请文件内容真实、准确、完整，不存在虚假记载、误导性陈述或者重大遗漏。

2.5 发行人在提出申请至可转换公司债券获准上市前，未经本所同意不得擅自披露有关信息。

2.6 可转换公司债券上市前，发行人应当及时与本所签定证券上市协议。

2.7 发行人应当于可转换公司债券上市交易的五日前，在至少一家中国证监会指定的报纸和指定网站（以下简称指定报纸和指定网站）上公布上市公告书。上市公告书的内容和格式遵照中国证监会的有关规定。

2.8 申请可转换公司债券在本所上市，必须由一至二个符合本所规定的上市推荐人条件的机构推荐并出具上市推荐书。上市推荐书的内容应当比照《上海证券交易所股票上市规则》（以下简称《股票上市规则》）及本所其他相关规定。本所对上市推荐书内容有其他要求的，上市推荐人应当按要求增加相应内容。

2.9 发行人应当与上市推荐人签订可转换公司债券上市推荐协议，规定双方在申请上市期间及上市后的权利和义务，可转换公司债券上市推荐协议应当符合本规则和证券上市协议的有关规定。

2.10 上市推荐人应当比照本所《股票上市规则》及其他有关规定履行上市推荐人的有关义务。

2.11 上市推荐人不得泄漏内幕信息，不得利用其在上市推荐过程中获得的内幕信息进行内幕交易，为自己或他人牟取利益。

2.12 上市推荐人应当保证发行人的上市申请材料、上市公告书没有虚假记载、误导性陈述或者重大遗漏，并保证对其承担连带责任。

第三章 信息披露

3.1 可转换公司债券发行人及其董事会全体成员应当及时、公平地披露可能对投资可转换公司债券产生重大影响的任何信息，并保证信息披露内容真实、准确、完整，没有虚假记载、误导性陈述或重大遗漏，其中董事会全体成员应就其保证承担连带责任。

3.2 发行人在信息公开披露前，应当按照法律、法规、规章及本所要求，将有关公告文稿和相关备查文件报送本所。

3.3 在信息公开披露之前，发行人、董事会全体成员及其他知情人，有责任确保将该信息的知悉者控制在最小范围内，并保证在公告前不泄露其内容。

3.4 发行人公开披露的信息至少应当在一家指定报纸和指定网站上公告，在其他公共传媒披露的信息不得先于指定报纸和指定网站。

3.5 发行人不能以新闻发布会或答记者问等形式代替信息披露义务。

3.6 在指定网站披露信息时，发行人应当按照本所的要求提供相应的电子文件和相关书面材料。

3.7 发行人有其他证券品种上市的，如果其他证券品种的信息披露要求与本规则不一致的，其信息披露应当遵循披露从严不从宽的原则。

3.8 发行人应当参照本所《股票上市规则》关于董事会秘书与证券事务代表的规定指定其信息披露负责人及证券事务代表。信息披露负责人及证券事务代表的任职资格、职责、培训、考核、管理与备案适用本所《股票上市规则》关于董事会秘书与证券事务代表的规定。

3.9 本所根据法律、法规、规章和本所业务规则，督促发行人依法及时、准确完整地披露信息，对发行人公开披露的信息进行形式审核，对其内容不承担责任。

3.10 发行人出现下列情形之一，认为无法按照本规则规定披露信息的，可以向本所申请豁免信息披露：（一）发行人有充分理由认为披露某一信息会损害发行人的利益，且该信息对可转换公司债券价格不会产生重大影响；（二）发行人认为拟披露的信息可能导致其违反国家有关法律法规的；（三）本所认可的其他情况。

3.11 发行人应当披露的信息包括定期报告和临时报告。定期报告包括年度报告、中期报告。其他报告为临时报告。发行人不得以定期报告代替临时报告的披露。

3.12 定期报告除应当符合《证券法》、中国证监会有关年度报告、中期报告内容与格式的一般规定外，还应当包括以下内容：

(一)转股价格历次调整的情况,经调整后的最新转股价格;

(二)可转换公司债券发行后累计转股的情况;

(三)前十名可转换公司债券持有人的名单和持有量;

(四)担保人盈利能力、资产状况和信用状况发生重大变化的情况;

(五)发行人的负债情况、资信变化情况以及在未来年度还债的现金安排;

(六)中国证监会和本所规定的其他内容。

3.13 临时报告除应当参照中国证监会和本所《股票上市规则》有关上市公司临时报告披露的一般规定外,发行人出现以下情况之一时,应当在两个交易日内向本所报告并公告,但本规则对披露时间另有规定的除外:

(一)因发行新股、送股、分立及其他原因引起股份变动,需要调整转股价格,或者依据募集说明书约定的转股价格向下修正条款修正转股价格的;

(二)可转换公司债券转换为股票的数额累计达到可转换公司债券开始转股前发行人已发行股份总额的 10%的;

(三)发行人信用状况发生重大变化,可能影响如期偿还债券本息的;

(四)可转换公司债券担保人发生重大资产变动、重大诉讼、或者涉及合并、分立等情况的;

(五)尚未转换的可转换公司债券数量少于 3000 万元(按面值计算)的;

(六)有资格的信用评级机构对可转换公司债券的信用或发行人的信用进行评级,并已出具信用评级结果的;

(七)在可转换公司债券上市期间,每年首次满足募集说明书约定的赎回条件时,以及发行人为此作出行使或者不行使赎回权决定的;

(八)在可转换公司债券上市期间,每年首次满足募集说明书约定的回售条件时;

(九)在按募集说明书约定的条件实施转股前;

(十)按约定条件完成赎回、回售、转股后;

(十一)可能对可转换公司债券交易价格产生较大影响的其他重大事件;

(十二)中国证监会及本所规定的其他情形。

3.14 发行人应当在约定的可转换公司债券付息日前三至五个交易日刊登付息公告。在可转换公司债券期满前三至五个交易日内刊登本息兑付公告。

3.15 发行人应当在可转换公司债券开始转股前三个交易日刊登实施转股的公告。

3.16 发行人只能按照募集说明书的约定在每年赎回条件首次满足时行使一次赎回权。发行人行使赎回权时,应当在赎回条件满足后的五个交易日内至少发布三次赎回公告。赎回公告应当载明赎回的程序、价格、付款方法、时间等内容。赎回期结束,发行人应当公告赎回结果及对发行人的影响。

3.17 在可以行使回售权的年份内,可转换公司债券持有人只能在每年回售条件首次满足时行使回售权。发行人应当在每年首次满足约定的回售条件后的五个交易日内至少发布三次回售公告。回售公告应当载明回售的程序、价格、付款方法、时间等内容。回售期结束,发行人应当公告回售结果及对发行人的影响。

3.18 经股东大会批准变更募集资金投资项目的,发行人必须在股东大会通过后二十个交易日内赋予可转换公司债券持有人一次回售的权利,有关回售公告至少发布三次,其中在回售实施前、股东大会决议公告后五个交易日内至少发布一次,在回售实施期间至少发布一次,余下一次回售公告发布的时间视需要而定。可转换公司债券持有人可以在确定的回售申报期间内将其所持有的可转换公司债券全部或部分予以回售,也可以不行使回售权。

3.19 发行人在可转换公司债券转换期结束前的二十个交易日前至少发布三次提示公告,提醒投资者有关在可转换公司债券转换期结束前的十个交易日停止交易的事项。发行人出现可转换公司债券按规定须停止交易的其他情形时,应当在获悉有关情形后的两个交易日内披露其可转换公司债券将停止交易的公告。

3.20 通过本所的证券交易,投资者持有发行人发行的可转换公司债券数量达到其发行总量的 20%时,应当在该事实发生之日起三日内,向中国证监会和本所书面报告,通知发行人并予以公告;在报告期限内及作出报告和公告后两个交易日内,不得再行买卖该发行人的可转换公司债券,也不得买卖该发行人的股票。

3.21 投资者持有发行人发行的可转换公司债券数量达到其发行总量的 20%后,其所持该发行人已发行的可转换公司债券比例每增加或者减少 10%时,应当依照前条规定进行书面报告和公告。在报告期限内及作出报告、公告后两个交易日内,不得再行买卖该发行人的可转换公司债券,也不得买卖该发行人的股票。

3.22 依照第 3.20 条、3.21 条规定所作书面报告和公告至少应当包括下列内容:

(一)持有人的名称、住所、主营业务、经营状况;

(二)所持有的可转换公司债券的名称、数量;

(三)持有的可转换公司债券达到规定比例或者持有的可转换公司债券增减变化达到规定比例的日期;

(四)关联人共同持有该债券以及持有数量、持有的起始日期;

(五)中国证监会及本所认为需要披露的其他事项。自然人或者法人在提交书面报告和公告时还应当向本所提交持有人的身份证复印件或经法人盖章的法人营业执照复印件，出示自然人身份证原件或法人营业执照副本原件。

3.23 发行人应当在每一季度结束后的两个交易日内在中国证监会指定报纸披露因可转换公司债券转换为股份所引起的股份变动情况。

3.24 在满足募集说明书约定的强制性转股条件时，发行人实施强制性转股的，应当于强制性转股条件满足后的十个交易日内至少发布三次公告。

3.25 持有可转换公司债券的投资者，若在将其持有的可转换公司债券全部转为发行人股份后，其持有的发行人股份数量合计达到或超过该发行人已发行股份与可转换公司债券全部转股的股本总和的5%时，以及其后每增加或减少1%，或上述比例达到30%以上时，应当按中国证监会的有关规定履行信息披露义务。上述比例达到或超过30%的，应当按照关于上市公司收购的有关规定，履行收购要约的相关义务。

3.26 在公共传播媒介中出现的发行人尚未披露的消息，可能对其可转换公司债券的市场价格产生较大影响时，发行人应当在两个交易日内对该消息作出公开澄清或说明。

3.27 发行人应当如实答复本所就其可转换公司债券成交量和交易价格的异常波动或其他问题的询问，向本所提供书面报告和相关资料，并按本所要求履行信息披露义务。

3.28 发行人的定期报告、临时报告存在披露不清楚、不完整、不准确的事项，应当按中国证监会或本所的要求，在两个交易日内作出补充公告和解释。

3.29 发行人出现法律、法规或本所业务规则没有规定应予披露、但确实可能对其可转换公司债券交易产生较大影响的事件，应当于第一时间报告本所并公告。

3.30 发行人向其他市场公开的信息，应当同时向本所市场公开。若发行人向其他证券市场公开的信息与其向本所市场公开的信息有差异，应当向本所作书面说明并公告。

3.31 发行人及其董事、监事、高级管理人员不得进行内幕交易或为他人提供内幕信息进行内幕交易，也不得利用内幕信息操纵或配合他人操纵证券交易价格。

第四章 停牌、复牌

4.1 可转换公司债券发行人可以以本所认为合理的理由向本所申请停牌与复牌、转股的暂停与恢复。

4.2 本所可根据实际情况或中国证监会的要求，决定可转换公司债券的停牌与复牌、转股的暂停与恢复。

4.3 发行人应当比照本所《股票上市规则》关于股票停牌与复牌的规定，向本所申请对其可转换公司债券停牌与复牌。

4.4 本所参照有关股票停牌与复牌的规定，对发行人的可转换公司债券予以停牌与复牌。

4.5 发行人于交易日公布涉及调整或修正转股价格信息的公告，其可转换公司债券的停牌与复牌比照其他重大事件公告的停牌与复牌办理。发行人因发行新股、配股、分立及其他原因需要调整转股价格的，发行人应当事先向本所申请于转股价格调整日暂停转股一天。

4.6 当可转换公司债券赎回条件满足、发行人刊登公告行使赎回权时，应当向本所申请于赎回日暂停该可转换公司债券的交易。

4.7 可转换公司债券上市交易期间出现下列情况之一时，本所将停止其交易：(一)可转换公司债券流通面值少于3000万元时，在发行人发布公告三个交易日后停止其可转换公司债券的交易；(二)在可转换公司债券转换期结束前的10个交易日停止其交易；(三)中国证监会和本所认为必须停止交易的情况。

第五章 暂停上市、终止上市

5.1 可转换公司债券上市后，发行人出现法律、法规及中国证监会认为须暂停上市的情形的，本所依据中国证监会有关暂停上市的决定暂停其可转换公司债券上市。在暂停上市的有关情形消除后，发行人可向中国证监会提出恢复上市的申请，经中国证监会核准后，本所依据中国证监会的有关决定恢复其可转换公司债券上市。

5.2 发行人出现法律、法规及中国证监会认为须终止上市的情形的，本所根据中国证监会的有关决定终止其可转换公司债券上市。

第六章 违反本规则的处理

6.1 发行人及其董事、监事、高级管理人员、信息披露负责人违反本规则及证券上市协议的有关规定的，本所将视情节轻重，给予以下处分：(一)责令改正；(二)内部通报批评；(三)在指定报纸和指定网站上公开谴责。以上处分可以单处或并处。情节严重的，本所同时报中国证监会查处。

6.2 上市推荐人违反本规则有关规定的，比照本所《股票上市规则》的有关规定处理。

第七章 附 则

7.1 本规则经本所理事会通过并报经中国证监会批准后生效，修改时亦同。

7.2 本规则解释权属于本所。

7.3 本规则自发布之日起实施。原《上海证券交易所可转换公司债券上市交易规则》同时废止。

深圳证券交易所可转换公司债券上市规则

关于印发《深圳证券交易所可转换公司债券上市规则》的通知

各上市公司：

《深圳证券交易所可转换公司债券上市规则》已经中国证监会批准，现印发给你们，请认真学习并遵照执行。

特此通知

附：《深圳证券交易所可转换公司债券上市规则》

深圳证券交易所

二〇〇二年十一月一日

第一章 总 则

1.1 为规范可转换公司债券上市行为、发行人及相关义务人的信息披露行为，维护证券市场秩序，保护投资者和可转换公司债券发行人的合法权益，根据《中华人民共和国公司法》(以下简称《公司法》)、《中华人民共和国证券法》(以下简称《证券法》)、《可转换公司债券管理暂行办法》、《上市公司发行可转换公司债券实施办法》和《关于做好上市公司可转换公司债券发行工作的通知》等有关法律、法规、规章，制定本规则。

1.2 本规则所称可转换公司债券，是指发行人依据法定程序发行、在一定期间内依据约定的条件可以转换成股份的公司债券。

1.3 本规则所称可转换公司债券上市，是指可转换公司债券获准在深圳证券交易所(以下简称本所)交易市场挂牌买卖。

1.4 本规则所涉专门用语，适用《可转换公司债券管理暂行办法》、《上市公司发行可转换公司债券实施办法》和《深圳证券交易所股票上市规则》中的相关规定。

1.5 可转换公司债券在本所上市，应当遵守本规则。本所依据法律、法规和本规则对可转换公司债券发行人及其董事、监事、高级管理人员、有信息披露义务的投资人及上市推荐人进行监管。

第二章 可转换公司债券的上市申请

2.1 发行人在可转换公司债券发行结束后，可以向本所申请上市。

2.2 发行人申请可转换公司债券上市，应当向本所提交以下文件：

(一)上市申请书及董事会关于申请可转换公司债券上市的决议；

(二)中国证监会核准其发行可转换公司债券的文件；

(三)上报中国证监会的全套发行申报材料；

(四)上市推荐人出具的上市推荐书；

(五)上市推荐协议；

(六)上市公告书；

(七)发行人拟聘任或已聘任的信息披露负责人的资料；

(八)具有从事证券业务资格的会计师事务所出具的发行资金到位的验资报告；

(九)具有从事证券业务资格的律师事务所出具的关于可转换公司债券本次上市的法律意见书；

(十)可转换公司债券发行后按规定新增的财务资料；

(十一)登记公司出具的可转换公司债券托管情况证明；

(十二)法律、法规及本所业务规则要求的其他文件。

2.3 发行人向本所申请可转换公司债券上市，应当保证其提交的文件内容真实、准确、完整，不存在虚假记载、误导性陈述或者重大遗漏。

2.4 发行人在提出上市申请至获准上市前，未经本所同意，不得擅自披露有关信息。

2.5 发行人的上市申请获本所批准后，发行人应当及时与本所签定上市协议。

2.6 发行人应当在可转换公司债券上市交易前五个工作日内，在至少一家中国证监会指定的报刊上公布上市公告书。上市公告书的内容和格式遵照中国证监会规定的披露要求。

2.7 申请可转换公司债券在本所上市，应当由一至二个具有证券从业资格的机构推荐并出具上市推荐书。上市推荐书应当包括以下内容：

(一)发行人概况；

(二)申请上市债券的发行情况；

(三)发行人与上市推荐人是否存在关联关系及存在何种关联关系；

(四)公司章程符合《公司法》等法律、法规和中国证监会的规定以及发行人符合上市条件的说明；

(五)上市推荐人认为发行人需要说明的重要事项和存在的问题；

(六)上市推荐人需要说明的其他内容。

2.8 上市推荐人应当符合下列条件：

(一)具有本所会员资格；

(二)从事证券承销工作或具有本所认可的其他资格一年以上，且信誉良好；

(三)最近一年内无重大违法违规行为；

(四)负责推荐工作的主要业务人员熟悉本所有关可转换公司债券上市的业务规则。

(五)本所认为应当具备的其他条件。

2.9 发行人应当与上市推荐人签订可转换公司债券上市推荐协议，规定双方在申请上市期间及上市后的权利和义务。可转换公司债券上市推荐协议应当符合本规则和可转换公司债券上市协议的有关规定。

2.10 上市推荐人应当履行下列义务：

(一)确认可转换公司债券符合上市条件；

(二)确保发行人的董事了解法律、法规、本规则及可转换公司债券上市协议规定的义务与责任；

(三)协助可转换公司债券发行人申请可转换公司债券上市，并办理与可转换公司债券上市相关的事宜；

(四)提交可转换公司债券上市推荐书；

(五)对可转换公司债券上市文件所载的资料进行核实，确保可转换公司债券上市文件真实、准确、完整，符合规定要求；

(六)协助发行人制定严格的信息披露制度与保密制度；

(七)本所规定的上市推荐人的其他义务。

2.11 上市推荐人不得泄漏发行人内幕信息，不得利用其在上市推荐过程中获得的内幕信息进行内幕交易，为自己或他人牟取利益。

2.12 上市推荐人应当保证发行人的上市申请材料、上市公告书没有虚假记载、误导性陈述或者重大遗漏，并保证对其承担连带责任。

第三章 信息披露

3.1 可转换公司债券发行人应当遵守以下信息披露的基本原则：

(一)及时披露可能对可转换公司债券价格产生重大影响的信息，并保证信息披露内容真实、准确、完整，没有虚假记载、误导性陈述或重大遗漏。

(二)发行人董事会全体成员必须保证信息披露内容真实、准确、完整，没有虚假记载、误导性陈述或重大遗漏，并就其保证承担连带责任。

3.2 发行人进行信息公开披露之前，应当按照法律、法规、规章及本所的要求将有关公告文稿和相关备查文件报送本所。

3.3 在信息公开披露之前，发行人、董事会全体成员及其他知情人，有责任确保将该信息的知悉者控制在最小范围内，并保证在公告前不泄露其内容。

3.4 发行人公开披露的信息至少应当在一家中国证监会指定的报纸和指定网站上公告，在其他公共传媒披露的信息不得先于指定报纸和指定网站。发行人不能以新闻发布或答记者问等形式代替信息披露义务。

3.5 在指定网站披露信息时，发行人应当按照本所的要求提供相应的电子文件和相关材料。

3.6 发行人有其他证券品种上市的，如果其他证券品种的信息披露要求与本规则不一致的，其信息披露应遵循披露内容从多不从少，披露时限从短不从长，披露要求从严不从宽的原则。

3.7 发行人应当指定一名专职人员为信息披露负责人，同时指定一名授权代表，并向本所备案。发行人未向本所备案的联系人，本所不予认可。

信息披露负责人专门负责发行人的信息披露及其他相关事务。在信息披露负责人不能履行职责时，授权代表负责与本所联系。信息披露负责人应当及时接受本所的培训、考核和管理。

发行人应当将其信息披露负责人的办公电话、住宅电话、移动电话、传真、通讯地址及其他联系方式报告本所。

3.8 本所根据法律、法规、规章和本所业务规则对发行人公开披露的信息进行形式审核，对其内容的真实性不承担责任。

3.9 发行人出现下列情形，认为无法按照本规则规定披露信息的，可以向本所提出申请，经本所同意，可以免予按照本规则规定披露：

(一)发行人有充分理由认为披露某一信息会损害发行人的利益，且该信息对可转换公司债券价格不会产生重大影响；

(二)发行人认为拟披露的信息可能导致其违反国家有关法律法规的；

(三)本所认可的其他情况。

3.10　发行人应当公开披露的信息包括定期报告和临时报告。定期报告包括年度报告、中期报告，中期报告包括半年度报告和季度报告。其他报告为临时报告。

3.11　发行人应当在每一会计年度的第一和第三季度结束后的三十日内向本所提交公司季度报告并公布。发行人应当在每一会计年度上半年结束之日起二个月内，向本所提交公司半年度报告并公布。发行人应当在每一会计年度结束之日起四个月内，向本所提交公司年度报告并公布。

3.12　发行人定期报告经董事会审议通过后，发行人应当按法定程序和本所要求于第一时间将定期报告正本、摘要及正本磁盘、上网电子文件、审计报告或财务报表、董事会决议等相关资料报送本所。

3.13　定期报告除应当遵守中国证监会有关年度报告、半年度报告和季度报告内容与格式的一般规定外，还应当包括以下内容：

(一)转股价格历次调整的情况，经调整后的最新转股价格；

(二)可转换公司债券发行后累计转股的情况；

(三)前十名可转换公司债券持有人的名单和持有量；

(四)担保人盈利能力、资产状况和信用状况发生重大变化的情况；

(五)发行人的负债情况、资信变化情况以及在未来年度还债的现金安排；

(六)中国证监会和本所规定的其他内容。

3.14　临时报告除应当遵守中国证监会和《深圳证券交易所股票上市规则》有关上市公司临时报告的一般规定外，出现以下情况时，发行人应当及时向本所报告并公告：

(一)因发行新股、送股及其他原因引起股份变动，需要调整转股价格或依据募集说明书的转股价格向下修正条款修正转股价格的；

(二)可转换公司债券转换为股票的数额累计达到发行人已发行股份的10%的；

(三)发行人信用状况发生重大变化，可能影响如期偿还债券本息的；

(四)可转换公司债券担保人发生重大资产变动、重大诉讼、或者涉及合并、分立等情况的；

(五)未转换的可转换公司债券数量少于3000万元的；

(六)有资格的信用评级机构对可转换公司债券的信用或发行人的信用进行评级，并已出具信用评级结果的；

(七)可能对可转换公司债券交易价格产生较大影响的其他重大事件；

(八)中国证监会及本所规定的其他情形。

3.15　发行人应当在可转换公司债券约定的付息日前五个工作日内刊登付息公告，在可转换公司债券期满前十个工作内刊登本息兑付公告。

3.16　发行人应当在可转换公司债券开始转股前三个工作日内刊登实施转股的公告。

3.17　发行人行使赎回权时，应当在每年首次满足赎回条件后的五个工作日内至少发布三次赎回公告，赎回公告应当载明赎回的程序、价格、付款方法、时间等内容。赎回期结束，发行人应当公告赎回结果以及对发行人的影响。

3.18　在可以行使回售权的年份内，发行人应当在每年首次满足回售条件后的五个工作日内至少发布三次回售公告。回售公告应当载明回售的程序、价格、付款方法、时间等内容。回售期结束，发行人应当公告回售结果及对发行人的影响。

3.19　经股东大会批准改变募集资金用途的，发行人必须在股东大会召开后二十个工作日内赋予可转换公司债券持有人一次回售的权利，有关提示公告至少发布三次。可转换公司债券持有人可以在确定的回售申报期间内全部或部分回售未转换为股份的可转换公司债券，也可以不行使回售权。

3.20　通过本所的证券交易，投资者持有发行人已发行的可转换公司债券达到20%时，应当在该事实发生之日起三个工作日内，向中国证监会和本所书面报告，通知发行人并予以公告。在报告期限内及作出报告、公告后二个工作日内，该投资者不得再行买卖该发行人的可转换公司债券，也不得买卖该发行人的股票。

3.21　投资者持有发行人已发行可转换公司债券达到20%后，其所持该发行人已发行的可转换公司债券比例每增加或者减少10%时，应当依照前条规定进行书面报告和公告。在报告期限内及作出报告、公告后二个工作日内，不得再行买卖该发行人的可转换公司债券，也不得买卖该发行人的股票。

3.22　依照前两条规定所作书面报告和公告至少应当包括下列内容：

(一)持有人的名称、住所、主营业务、经营状况；

(二)所持有的可转换公司债券的名称、数量；

(三)持有的可转换公司债券达到规定比例或者持 有的可转换公司债券增减变化达到规定比例的日期；

(四)关联企业共同持有该等债券的情况以及持有数量、持有的起始日期；

(五)中国证监会及本所认为需要披露的其他事项。自然人或者法人在提交书面报告和公告时还应当向本所提交持有人的身份证复印件或经法人盖章的法人营业执照复印件。

3.23　发行人应当在每一季度结束后的二个工作日内披露因可转换公司债券转换为股份所引起的股份变动情况。

3.24　发行人实施强制性转股的，发行人应当于强制性转股条件满足后的十个工作日内在中国证监会指定报刊上刊登公告至少三次，本所依据发行人公告和委托将持有人可转换公司债券自动转换成发行人股票。

3.25 持有可转换公司债券的投资者,若其持有的可转换公司债券全部转为股份与其已持有的该发行人股份的合计数,占公司已发行的股份与全部可转换公司债券转为股本的合计数达5%以上,以后每增加或减少1%,或上述比例达到30%以上,该投资者应当按中国证监会的有关规定履行信息披露义务。

3.26 在新闻媒介中出现发行人尚未披露的信息,可能对可转换公司债券的交易价格产生较大影响时,发行人应当及时对该消息作出公开澄清或说明。

3.27 发行人应当如实答复本所就其可转换公司债券成交量和交易价格的异常波动或其他问题的询问,向本所提供书面报告和相关资料,并按本所的要求履行信息披露义务。

3.28 发行人的定期报告、临时报告存在披露不充分、不完整、不准确事项的,应当按中国证监会或本所的要求,及时作出补充公告和解释。

3.29 发行人出现法律、法规或本所业务规则没有规定应予披露、但确实可能对其可转换公司债券交易价格产生较大影响的事件,发行人应当于第一时间报告本所。

3.30 发行人向其他市场公开的信息,应当同时向本所市场公开。若发行人向其他证券市场公开的信息与其向本所市场公开的信息有差异,应当向本所说明并公告。

第四章 停牌、复牌、停止交易

4.1 发行人可以以本所认为合理的理由向本所申请停牌与复牌。

4.2 本所可以根据实际情况或中国证监会的要求,决定可转换公司债券的停牌与复牌。

4.3 出现以下情况之一的,发行人应当向本所申请对其可转换公司债券停牌与复牌:

(一)发行人于交易日公布定期报告的,自当日上午开市时起停牌一个交易小时,上午十点三十分复牌;

(二)发行人召开股东大会,会议期间为本所开市时间,自股东大会召开当日起实施停牌,直至股东大会决议公告的当日上午开市时复牌;如果股东大会决议公告的内容涉及增加、变更或否决议案的,直至公告股东大会决议当日上午十点三十分复牌;公告日为非交易日,则公告后第一个交易日复牌;

(三)发行人于交易日公布董事会关于权益分派、新股发行、公积金转增股本等决议,自当日上午开市时起停牌一个交易小时,上午十点三十分复牌;

(四)发行人于交易日刊登获得中国证监会核准新股发行的提示公告,自当日上午开市时起停牌一个交易小时,上午十点三十分复牌。

4.4 发行人出现下列情况之一,本所对其可转换公司债券予以停牌与复牌:

(一)在公共传播媒介中出现发行人尚未披露的消息,可能对发行人可转换公司债券的交易价格产生较大影响,本所对该可转换公司债券实施临时停牌,直至发行人对该消息作出公告的当日下午开市时复牌;

(二)临时报告披露不够充分、完整或可能误导公众,发行人拒不按本所要求作出修改的,本所可以对发行人的可转换公司债券进行临时停牌,直至发行人作出补充或更正公告的当日上午十点三十分复牌;

(三)本所审查发行人定期报告时,要求发行人就有关内容进行解释说明或补充公告,发行人不按本所要求办理的,本所可以视具体情况对其可转换公司债券实施临时停牌,直至发行人作出解释说明或补充公告后复牌;

(四)发行人未能在法定期限内公布定期报告的,本所对其可转换公司债券停牌,直至其定期报告披露的当日上午十点三十分复牌;公告日为非交易日,则公告后第一个交易日上午复牌;

(五)发行人在规范运作和信息披露方面涉嫌违反法律、法规、规章及本所业务规则,情节严重,在被有关部门调查期间,经中国证监会批准,本所对其可转换公司债券停牌,待有关处理决定公告后另行决定复牌时间。

(六)发行人因某种原因使本所失去有效信息来源时,本所可以对其可转换公司债券停牌,直至本所恢复有效信息来源后复牌。

(七)本所认为必要的其他情况。

4.5 发行人公布涉及调整转股价格信息的股份变动公告时,本所对其可转换公司债券停牌一天。

4.6 发行人因发行新股、配股、分红派息、分立及其他原因需要调整转股价格的,发行人可以向本所申请暂停转股并公告。

4.7 可转换公司债券上市交易期间出现下列情况之一时,本所停止可转换公司债券的交易:

(一)未转换的可转换公司债券数量少于3000万元时,本所通知发行人立即公告并在三个交易日后停止其交易;

(二)可转换公司债券转换期结束前的十个工作日停止其交易;

(三)中国证监会和本所认为必须停止交易的情况。

第五章 暂停上市、终止上市

5.1 可转换公司债券上市后,发行人有下列情形之一的,本所依据中国证监会有关暂停上市的决定暂停其可转换公司债券上市交易。

(一)发行人有重大违法行为;

(二)中国证监会及本所认为须暂停其上市的其他原因。

5.2 上述情形消除后,发行人可向中国证监会提出恢复上市的申请,经中国证监会核准后,本所恢复该可转换公司债券上市。

5.3 发行人出现下列情况之一时,其可转换公司债券终止上市:

(一)发行人有 5.1 条第(一)项的情形经查实后果严重的,由中国证监会决定终止该可转换公司债券上市。

(二)发行人解散、依法被责令关闭或者被宣告破产的,由中国证监会决定终止该可转换公司债券上市。

第六章 罚 则

6.1 发行人及其董事、监事、高级管理人员、信息披露负责人违反本规则及上市协议的有关规定的,本所将视情节轻重,给予以下处分:

(一)责令改正;

(二)内部批评;

(三)在指定报纸和网站上公开谴责。

以上处分可以单处或并处。情节严重的,本所报中国证监会查处。

6.2 上市推荐人违反本规则有关规定的,本所将视情节轻重,给予以下处分:

(一)责令改正;

(二)内部批评;

(三)在指定报纸和网站上公开谴责;

(四)取消上市推荐人资格。以上处分可以单处或并处。情节严重的,本所报中国证监会查处。

第七章 附 则

7.1 本规则经本所理事会通过并报经中国证监会批准后生效,修改时亦同。

7.2 本规则解释权属于本所。

7.3 本规则自发布之日起执行,《深圳证券交易所可转换公司债券上市、交易、清算、转股和兑付实施规则》第三章与本规则不一致的,以本规则为准。

深圳证券交易所境外特别会员管理规定

第一章 总 则

第一条 为规范深圳证券交易所(以下简称“本所”)境外特别会员的行为,加强对境外特别会员的管理,根据《证券交易所管理办法》第四十一条规定,制定本规定。

第二条 本规定适用于境外机构驻华代表处(以下简称“代表处”)申请成为本所境外特别会员的情况。

境外机构指在中国境外注册的经其所在国或地区有关主管当局批准可以从事证券业务的机构。

第三条 本所依据中国有关法律、法规、规章和本所章程、规则对境外特别会员进行监督管理。

第四条 在中国设有多家代表处的境外机构,只能选择其中一家代表处申请成为本所的境外特别会员。

在中国设有总代表处的,如果申请成为本所境外特别会员,应当以总代表处名义申请。

第二章 特别会员会籍的申请

第五条 代表处申请成为境外特别会员,应当具备以下条件:

(一)依法设立已满一年;

(二)承诺遵守本所章程和业务规则,接受本所监管;

(三)其所属境外机构具有从事国际证券业务经验,且具有良好的信誉和业绩;

(四)代表处及其所属境外机构最近一年无因重大违法违规行为而受主管当局处罚的情形。

第六条 代表处申请成为境外特别会员,应当向本所提交以下文件:

(一)其所属境外机构出具的同意该代表处申请本所境外特别会员会籍的授权书;

(二)代表处首席代表或总代表签署的申请书;

(三)中国证监会颁发的批准设立证书;

(四)其所属境外机构所在国或地区有关主管当局核发的营业执照(复印件)或合法开业证明;

(五)其所属境外机构的公司章程;

(六)其所属境外机构出具的在华代表处成为境外特别会员后,对代表处以境外特别会员身份从事的有关活动承担法律责任的承诺函;

以上文件,凡是用外文书写的,应当附上相应中文译本;如果两种文本有歧义,以中文文本为准。

第七条 本所审查第六条所述申请文件,文件齐备并符合本所要求的,向申请者发出正式申请表和代表处所属境外机构基本情况表。代表处应当自接到以上表格之日起1个月内填写完毕并报送本所。

第八条 本所收到代表处填写完备的正式申请表和代表处所属境外机构基本情况表后，在1个月内做出是否接收代表处为本所境外特别会员的决定。

同意接收代表处为本所境外特别会员的，本所予以批复；不同意接收的，本所将说明理由并退回申请文件。

第九条 境外特别会员应当指定其首席代表或其他代表为本所联络人，负责与本所的联络工作，处理境外特别会员、其所属境外机构与本所的相关业务。

第三章 特别会员的权利、义务

第十条 境外特别会员享有以下权利：

（一）列席本所会员大会；

（二）向本所提出相关建议；

（三）接受本所提供的业务培训、技术咨询等相关服务；

境外特别会员除享受以上权利外，不享受本所会员的其他权利。

第十一条 境外特别会员应当承担以下义务：

（一）遵守中国相关法律法规、规章和本所章程、业务规则及其他相关规定，执行本所决议；

（二）接受本所年度定期检查和临时检查，提交年度报告和其他重大事项变更报告；

（三）及时协调、联络所属境外机构与本所有关的业务与事务；

（四）按本所规定交纳境外特别会员费及相关费用；

第十二条 境外特别会员费及相关费用的收取标准、数额和范围等由本所理事会规定和调整。

第十三条 境外特别会员所属境外机构发生下列重大事项，境外特别会员应当在境外机构公告后或做出相关决定后的二个工作日内向本所书面报告：

（一）章程、注册资本或注册地址变更；

（二）发生破产清算、撤销或者合并；

（三）主要负责人变动；

（四）发生严重经营损失；

（五）因违法、违规行为受到主管当局或行业协会处罚；

（六）做出撤销其在华代表处或终止本所特别会员会籍的决定。

第十四条 境外特别会员发生下列重大事项，应当在该事项发生后三个工作日内向本所书面报告，同时应当附上该事项变更的有关文书复印件。

（一）登记地址发生变更；

（二）首席代表、副代表或联络人发生变动；

（三）代表处变更为总代表处；

（四）因违法、违规行为受到主管当局处罚。

第四章 境外特别会员会籍管理与处分

第十五条 境外特别会员可以申请终止会籍。申请终止会籍应当向本所提交以下文件：

（一）其所属境外机构出具的决定终止代表处境外特别会员会籍的文件；

（二）首席代表或总代表签署的终止代表处境外特别会员会籍的申请书；

以上文件，凡是用外文书写的，应当附上相应中文译本。

第十六条 本所对境外特别会员终止会籍的申请文件进行审查，审查同意后，境外特别会员的会籍立即终止。

第十七条 境外特别会员有以下情形之一的，本所可以撤销其会籍：

（一）因重大违法、违规行为受到主管当局处罚的；

（二）拖欠本所规定应交费用达半年以上的；

（三）连续两年定期检查被列为不合格的；

（四）不执行本所相关决议或不履行有关事项的报告义务，经本所督促后，仍拒不执行或履行的；

（五）境外特别会员所属境外机构发生破产、清算或者合并。

第十八条 境外特别会员违反本所章程、业务规则和本规定的，本所可以责令其改正，并视情节轻重单处或者并处以下处罚：

（一）会员范围内通报批评；

（二）公开批评；

（三）警告；

（四）限制其在本所或通过本所进行相关业务；

（五）撤销会籍

第十九条 境外特别会员对第十八条第（四）、（五）项的处罚有异议的，可自接到处罚通知之日起15日内向本所理事会申请复议，复议期间不停止处罚决定的执行。

第五章 附 则

第二十条 代表处申请成为境外特别会员的有关事项，在本所章程做出相关修订之前，按本规定执行。

第二十一条 在香港特别行政区、澳门特别行政区和台湾地区注册的经当地有关主管当局批准可以从事证券业务的机构，其驻华代表处申请成为本所境外特别会员比照本规定执行。

第二十二条 本规定经本所理事会通过并报中国证监会批准后生效。

第二十三条 本规定由本所负责解释。

第二十四条 本规定自发布之日起施行。

上海证券交易所境外特别会员管理暂行规定

关于发布《上海证券交易所境外特别会员管理暂行规定》的通知

各境外证券经营机构：

为规范境外证券经营机构驻华代表处申请成为本所特别会员的行为，加强境外特别会员管理，本所制定了《上海证券交易所境外特别会员管理暂行规定》，经理事会审议通过并报中国证监会批准，现予发布施行。

附件：上海证券交易所境外特别会员管理暂行规定

上海证券交易所

二〇〇二年七月二十四日

第一章　总　则

第一条　为规范境外证券经营机构驻华代表处申请成为上海证券交易所(以下简称“本所”)境外特别会员的行为，加强对境外特别会员(以下简称“特别会员”)的管理，根据《证券交易所管理办法》第四十一条之规定，制定本暂行规定。

第二条　符合条件的境外证券经营机构驻华代表处(以下简称“代表处”)，经向本所申请，并获批准，可以成为本所的特别会员。

第三条　本所依据国家有关法律、法规、规章和本所章程、规则对特别会员进行监督管理。

第四条　在华设有多家代表处的境外证券经营机构，应选择其中一家代表处申请成为本所的特别会员。在华设有总代表处的，应当由总代表处申请成为本所特别会员。

第二章　特别会员的申请

第五条　代表处申请成为特别会员的，须具备以下条件：

(一)依法设立且满一年；

(二)承认本所章程和业务规则，接受本所监管；

(三)其所属境外证券经营机构具有从事国际证券业务经验，且具有良好的信誉和业绩；

(四)代表处及其所属境外证券经营机构最近一年无因重大违法违规行为而受主管机关处罚的情形。

第六条　申请成为特别会员，须向本所提供以下文件：

(一)其所属境外证券经营机构出具的同意由该代表处作为申请主体的授权书；

(二)代表处首席代表或总代表签署的申请书；

(三)中国证监会颁发的批准设立证书；

(四)其所属境外证券经营机构所在国或地区有关主管当局核发的营业执照(复印件)或合法开业证明；

(五)其所属境外证券经营机构的公司章程；

(六)其所属境外证券经营机构出具的对代表处以特别会员身份从事的有关活动承担法律责任的承诺函；

(七)本所要求提交的其他文件。以上文件，凡用外文书写的，应附相应中文译本，如两文本有歧义，以中文文本为准。

第七条　本所受理上述申请文件后，发给申请者正式申请表、代表处所属境外证券经营机构基本情况表。申请者应自接到以上表格之日起1个月内填好并将其交送本所。

第八条　本所收到以上表格材料后，在3个月内做出是否接纳其申请的决定。同意接纳的，本所发给批复；不同意接纳的，应说明理由并退回申请文件。

第九条　特别会员应指定其首席代表或其他代表为联络人，专司与本所的联络工作，负责处理特别会员、其所属境外证券经营机构与本所的相关业务。

第三章　特别会员的权利、义务

第十条　特别会员享有以下权利：

(一)列席本所会员大会；

(二)向本所提出相关建议；

(三)接受本所提供的相关服务；特别会员除享有以上权利外，不享受本所会员的其他权利。

第十一条　特别会员承担以下义务：

(一)遵守国家相关法律法规、规章和本所章程、规则及其他相关规定，执行本所决议；

(二)接受本所年度检查和临时检查，提交年度工作报告和其他重大事项变更报告；

(三)及时协调、联络所属境外证券经营机构与本所有关的业务与事务；

(四)按本所规定交纳会员费及相关费用；

(五)其他相关的义务。会员费及相关费用的收取标准、数额和范围等由本所理事会规定和调整。

第一二条　特别会员所属境外证券经营机构发生下列重大事项，特别会员应当在境外证券经营机构公告后或做出相关决定后的二个工作日内向本所书面报告：

(一)章程、注册资本或注册地址变更；

(二)发生破产清算、撤销或合并，或主要负责人变动；

(三)发生严重经营损失；

(四)因违法、违规行为受到其主管机构或行业协会处罚；

(五)做出撤销其在华代表处或退出本所的决定。

第十三条　特别会员发生下列重大事项，应在该事项发生后五个工作日内向本所书面报告，同时应附该事项变更的有关文书复印件。

(一)登记地址发生变更；

(二)首席代表、副代表及联络人发生变更；

(三)代表处变更为总代表处；

(四)因违法、违规行为受到主管机构处罚。

第四章　特别会员管理与处分

第十四条　特别会员可以申请终止会籍，申请时应向本所提交以下文件：

(一)境外证券经营机构出具的决定终止代表处特别会员会籍的文件；

(二)首席代表或总代表签署的终止代表处特别会员会籍的申请书。以上文件，凡用外文书写的，应附相应中文译本。

第十五条　上条所述申请，经本所审查同意后，特别会员的会籍立即终止。

第十六条　特别会员违反有关法律、法规、本所章程、规则和本规定的，本所可以责令其改正，并视情节轻重单处或并处以下处分：

(一)警告；

(二)会员范围内通报批评；

(三)在中国证监会指定报刊公开批评；

(四)取消会籍。

第十七条　特别会员有以下情形之一的，本所可以取消其会籍：

(一)因重大违法、违规行为受到主管机构处罚的；

(二)拖欠本所规定应交费用达半年以上的；

(三)连续两年定期检查被列为不合格的；

(四)不执行本所相关决议，或不履行有关事项的报告义务，并经本所督促，仍拒不执行或履行的；

(五)特别会员所属境外证券经营机构发生破产、清算或者合并。

第十八条　特别会员对第十七条的处分决定有异议的，可自接到处分决定通知之日起 15 日内向本所理事会申请复议，复议期间处分决定不停止执行。

第五章　附　则

第十九条　代表处申请成为特别会员的有关事项，在本所章程作出相关修订之前，按本暂行规定执行；在章程作出相关修订之后，按章程执行。

第二十条　本规定经本所理事会通过并报中国证监会批准后生效。

第二十一条　本规定由本所负责解释。

第二十二条　本规定自发布之日起施行。

上海证券交易所境外证券经营机构申请B股席位暂行办法

第一条　为适应境外证券经营机构参与上海证券交易所(以下简称"本所")市场业务的需求,规范其直接参与本所B股交易活动,依据《证券交易所管理办法》及本所章程等相关规定,制定本办法。

第二条　境外证券经营机构直接从事本所B股交易,须向本所申请B股席位,并提交下列材料:

(一)境外证券经营机构董事会授权代表签署的B股席位申请书;

(二)中国证券监督管理委员会(以下简称"中国证监会")颁发的《经营外资股业务资格证书》(副本);

(三)境外证券经营机构所在国或地区有关主管当局核发的营业执照(复印件)或合法开业证明;

(四)境外证券经营机构所在国或地区有关主管当局颁发的经营证券业务许可证(副本);

(五)境外证券经营机构公司章程;

(六)境外证券经营机构高级管理人员及业务人员简历;

(七)境外证券经营机构经当地会计师事务所审计的最近一年的财务报告;

(八)境外证券经营机构同意交易所对其交易行为进行监管的承诺函。

以上文件,凡用外文书写的,应附相应中文译本,两文本存在歧义的,以中文译本为准。

第三条　境外证券经营机构的交易代表,须配备至少2名熟悉B股交易业务的负责人员为联络人专司与本所进行联络、处理相关业务。

第四条　本所受理上述申请材料后,在1个月内向境外证券经营机构发出同意或不同意的批复通知。如为不同意批复通知,本所说明理由并退回申请材料。

第五条　申请人在收到本所的同意批复后,即可向本所交纳B股席位费和席位相关费用,办理B股席位进场手续。

第六条　境外证券经营机构经批准取得本所B股席位从事B股交易,应当遵守本所的业务规则,维护市场正常的交易秩序。境外证券经营机构的交易代表,应当遵守本所的业务规则,维护市场正常的交易秩序。

第七条　持有B股席位的境外证券经营机构发生以下重大事件,境外证券经营机构或其交易代表应当在事件公告后或做出相关决定后的二个工作日内向本所书面报告:

(一)章程、注册资本或注册地址变更;

(二)主要负责人变动;

(三)发生重大财务危机、破产清算、撤销或合并等事项;

(四)发生严重经营损失;

(五)因违法、违规行为受到其主管机构或行业协会处罚;

(六)变更交易代表、交易代表负责人或联络人的决定。

第八条　B股席位可以转让,不可退回。

第九条　境外证券经营机构应按规定交纳席位费75000美元,席位年费2415美元(根据汇率变化而定)。

第十条　境外证券经营机构或其交易代表违反本办法或本所相关管理规则的,本所可责令其改正,并视情节轻重单处或并处:

(一)警告;

(二)会员范围内通报批评;

(三)在中国证监会指定报刊上公开批评;

(四)限制交易;

(五)取消交易资格。

对以上第(四)、(五)项处分决定有异议的,可自接到处分决定通知之日起15天内向本所理事会申请复议;复议期间该处分决定不停止执行。

第十一条　持有B股席位的境外证券经营机构须于每一会计年度结束后3个月内向本所提交以下年度业务检查材料:

(一)年度工作报告,包括国家有关法律、法规、规章、政策的执行情况,业务总结,内部管理,风险控制以及机构变更等情况;

(二)经具有从事证券业务资格的注册会计师签字的境外证券经营机构上一年度审计报告;

(三)境外证券经营机构财务情况说明,包括其债权债务情况、对外投资参股情况、对外提供借款担保情况等;

(四)境外证券经营机构当地主管机构年检或换发的金融业务许可证及其他资格证书;

(五)中国证监会年检或换发的证券业务资格证书及其他资格证书。

(六)本所要求提交的其他材料。

以上文件,凡用外文书写的,应附相应中文译本,两文本存在歧义的,以中文译本为准。

第十二条　通过与境内证券机构签订B股席位代理协议方式已取得B股席位的境外证券经营机构,可凭更名申请书和终止以上代理协议的书面文件到本所办理B股席位的更名手续。

第十三条　本办法未予规定的相关事宜,参照本所对会员管理的有关规定执行。

第十四条　本办法由本所负责解释。

第十五条　本办法自发布之日起施行。

上市公司收购管理办法

中国证券监督管理委员会令第10号

现发布《上市公司收购管理办法》，自2002年12月1日起施行。

主席　周小川

二〇〇二年九月二十八日

第一章　总　则

第一条　为规范上市公司收购活动，促进证券市场资源的优化配置，保护投资者的合法权益，维护证券市场的正常秩序，根据《公司法》、《证券法》及其他法律和相关行政法规，制定本办法。

第二条　本办法所称上市公司收购，是指收购人通过在证券交易所的股份转让活动持有一个上市公司的股份达到一定比例、通过证券交易所股份转让活动以外的其他合法途径控制一个上市公司的股份达到一定程度，导致其获得或者可能获得对该公司的实际控制权的行为。

第三条　收购人可以通过协议收购、要约收购或者证券交易所的集中竞价交易方式进行上市公司收购，获得对一个上市公司的实际控制权。

收购人进行上市公司收购，应当遵守本办法规定的收购规则，并按照本办法的规定及时履行报告、公告义务。

第四条　上市公司收购活动应当遵循公开、公平、公正的原则，相关当事人应当诚实守信，自觉维护证券市场秩序。

第五条　上市公司收购活动相关当事人所报告、公告的信息，必须真实、准确、完整，不得有虚假记载、误导性陈述或者重大遗漏。

任何人不得利用上市公司收购散布虚假信息，扰乱市场秩序或者进行其他欺诈活动。

第六条　上市公司收购可以采用现金、依法可以转让的证券以及法律、行政法规规定的其他支付方式进行。

第七条　收购人不得利用上市公司收购损害被收购公司及其股东的合法权益。

禁止不具备实际履约能力的收购人进行上市公司收购，被收购公司不得向收购人提供任何形式的财务资助。

第八条　上市公司的控股股东和其他实际控制人对其所控制的上市公司及该公司其他股东负有诚信义务。

收购人对其所收购的上市公司及其股东负有诚信义务，并应当就其承诺的具体事项提供充分有效的履行保证。

第九条　上市公司的董事、监事和高级管理人员对其所任职的上市公司及其股东负有诚信义务。

被收购公司在收购期间有更换董事或者董事辞任情形的，公司应当说明原因，并做出公告。

第十条　中国证券监督管理委员会（以下简称中国证监会）依法对上市公司收购活动实行监督管理。

证券交易所和证券登记结算机构根据中国证监会赋予的职责及其业务规则，对上市公司收购活动实行日常监督管理。

第十一条　中国证监会可以设立由专业人士组成的专门委员会，就具体交易事项是否构成上市公司收购、当事人应当如何履行相关义务、具体交易事项是否影响被收购公司的持续上市地位以及其他相关实体、程序事宜提出意见。

第二章　协议收购规则

第十二条　以协议收购方式进行上市公司收购的，收购人应当在达成收购协议的次日向中国证监会报送上市公司收购报告书，同时抄报上市公司所在地的中国证监会派出机构，抄送证券交易所，通知被收购公司，并对上市公司收购报告书摘要做出提示性公告。

中国证监会在收到上市公司收购报告书后十五日内未提出异议的，收购人可以公告上市公司收购报告书，履行收购协议。

第十三条　以协议收购方式进行上市公司收购，收购人所持有、控制一个上市公司的股份达到该公司已发行股份的百分之三十时，继续增持股份或者增加控制的，应当以要约收购方式向该公司的所有股东发出收购其所持有的全部股份的要约；符合本办法第四章规定情形的，收购人可以向中国证监会申请豁免；获得豁免的,可以以协议收购方式进行。

第十四条 以协议收购方式进行上市公司收购,收购人拟持有、控制一个上市公司的股份超过该公司已发行股份的百分之三十的,应当以要约收购方式向该公司的所有股东发出收购其所持有的全部股份的要约;符合本办法第四章规定情形的,收购人可以向中国证监会申请豁免;获得豁免的,可以以协议收购方式进行。

第十五条 被收购公司收到收购人的通知后,其董事会应当及时就收购可能对公司产生的影响发表意见,独立董事在参与形成董事会意见的同时还应当单独发表意见。被收购公司董事会认为有必要的,可以为公司聘请独立财务顾问等专业机构提供咨询意见。被收购公司董事会意见、独立董事意见和专业机构意见一并予以公告。

管理层、员工进行上市公司收购的,被收购公司的独立董事应当就收购可能对公司产生的影响发表意见。独立董事应当要求公司聘请独立财务顾问等专业机构提供咨询意见,咨询意见与独立董事意见一并予以公告。财务顾问费用由被收购公司承担。

第十六条 涉及国家授权机构持有的股份的转让,或者须经行政审批方可进行的股份转让,协议收购相关当事人应当在获得有关主管部门批准后,方可履行收购协议。

第十七条 协议收购相关当事人应当按照证券交易所和证券登记结算机构的业务规则和要求,申请办理股份转让和过户登记手续。

未按照规定履行报告、公告义务或者未按照规定提出申请的,证券交易所和证券登记结算机构不予办理股份转让和过户登记手续。

第十八条 以协议收购方式进行上市公司收购,相关当事人应当委托证券登记结算机构临时保管拟转让的股票,并将用于支付的现金存放于证券登记结算机构指定的银行账户。

第十九条 以协议收购方式转让一个上市公司的挂牌交易股票,导致受让人获得或者可能获得对该公司的实际控制权的,应当按照以下程序办理:

(一)公告上市公司收购报告书后,相关当事人应当委托证券公司申请办理股份转让和过户登记手续;接受委托的证券公司应当向证券交易所和证券登记结算机构申请拟收购部分的暂停交易和临时保管;予以暂停交易和临时保管的,应当做出公告;

证券交易所可以根据证券市场管理的需要,做出被收购公司挂牌交易股票暂停交易的决定;

(二)受让人应当在提出股份转让申请的次日,就转让协议事宜以及接受委托的证券公司名称做出公告,并通知该上市公司;

(三)证券交易所在收到股份转让申请后三个工作日内完成审核,对所申请的股份转让做出予以确认或者不予确认的决定;

(四)证券交易所对所申请的股份转让予以确认的,由接受委托的证券公司代表转让双方向证券登记结算机构申请办理股份过户登记手续,受让人在过户登记手续完成后二个工作日内做出公告;

证券交易所不予确认的,接受委托的证券公司应当在收到证券交易所通知的当日,将不予确认的决定通知转让双方和被收购公司,并代表转让双方向证券登记结算机构申请解除对该部分股票的临时保管;出让人应当在获悉不予确认决定后二个工作日内做出公告;

(五)股份转让过户登记手续完成后,由接受委托的证券公司代表受让人向证券登记结算机构申请解除该部分股票的临时保管,受让人在提出解除保管申请后的二个工作日内做出公告,该部分股票在证券交易所恢复交易。

第二十条 上市公司控股股东和其他实际控制人在转让其对一个上市公司的实际控制权时,未清偿其对公司的负债,未解除公司为其负债提供的担保,或者存在其损害公司利益的其他情形的,被收购公司董事会应当为公司聘请审计机构就有关事项进行专项核查并出具核查报告,要求该控股股东和其他实际控制人提出切实可行的解决方案,被收购公司董事会、独立董事应当就其解决方案是否切实可行分别发表意见。被收购公司应当将核查报告、解决方案与董事会和独立董事意见一并予以公告。

前款控股股东和其他实际控制人拒不提出解决方案的,董事会、独立董事应当采取充分有效的法律措施维护公司利益。

第二十一条 经中国证监会和证券交易所同意,上市公司股东通过公开征集方式出让其所持有的上市公司股份的,应当委托证券公司代为办理,具体程序和要求执行证券交易所的相关业务规则。

第二十二条 收购人通过国有股权行政划转、法院裁决、继承、赠与等合法途径持有、控制一个上市公司的股份,导致其获得或者可能获得对一个上市公司的实际控制权的,按照本章规定办理。

第三章 要约收购规则

第二十三条 收购人持有、控制一个上市公司的股份达到该公司已发行股份的百分之三十时,应当在该事实发生的次日向中国证监会报送上市公司收购报告书,同时抄报上市公司所在地的中国证监会派出机构,抄送证券交易所,通知被收购公司,并做出公告。未按照本办法的规定履行报告、公告义务的,收购人不得继续增持股份或者增加控制。

前款收购人继续增持股份或者增加控制的,应当以要约收购方式向该公司的所有股东发出收购其所持有的全部股份的要约;符合本办法第四章规定的,可以向中国证监会申请豁免。

前款收购人持有、控制一个上市公司的股份达到该公司已发行股份的百分之三十之前，已经报告、公告过上市公司收购报告书的，可以仅就本次报告书与前次报告书不同的部分做出报告、公告。

第二十四条 持有、控制一个上市公司的股份低于该公司已发行股份的百分之三十的收购人，以要约收购方式增持该上市公司股份的，其预定收购的股份比例不得低于百分之五，预定收购完成后所持有、控制的股份比例不得超过百分之三十；拟超过的，应当向该公司的所有股东发出收购其所持有的全部股份的要约；符合本办法第四章规定的，可以向中国证监会申请豁免。

第二十五条 以要约收购方式进行上市公司收购的，收购人应当向中国证监会报送要约收购报告书，同时抄报上市公司所在地的中国证监会派出机构，抄送证券交易所，通知被收购公司，并对要约收购报告书摘要做出提示性公告。

证券交易所可以根据证券市场管理的需要，做出被收购公司挂牌交易股票暂停交易的决定。

第二十六条 要约收购报告书应当载明下列事项：

(一)收购人的名称、住所；

(二)收购人关于收购的决定；

(三)被收购的上市公司名称；

(四)收购目的；

(五)收购股份的详细名称和预定收购的股份数额；

(六)收购的期限、收购的价格；

(七)收购所需的资金额及资金保证；

(八)报送要约收购报告书时所持有被收购公司股份数占该上市公司已发行的股份总数的比例；

(九)收购完成后的后续计划；

(十)中国证监会要求载明的其他事项。

第二十七条 收购人应当在要约收购报告书中说明有无将被收购公司终止上市的意图；有终止上市意图的，应当在要约收购报告书的显著位置做出特别提示。

收购人应当在要约收购报告书中说明收购完成后，被收购公司股权分布发生变化是否影响该公司的持续上市地位；造成影响的，应当就维持公司的持续上市地位提出具体方案。

第二十八条 收购人应当聘请律师对其要约收购报告书内容的真实性、准确性、完整性进行核查，并出具法律意见书。

收购人应当聘请财务顾问等专业机构对收购人的实际履约能力做出评判。财务顾问的专业意见应当予以公告。

第二十九条 收购人向中国证监会报送要约收购报告书后，在发出收购要约前申请取消收购计划的，在向中国证监会提出取消收购计划的书面申请之日起十二个月内，不得再次对同一上市公司进行收购。

第三十条 中国证监会在收到要约收购报告书后十五日内未提出异议的，收购人可以公告其收购要约文件；提出异议的，收购人应当就有关事项做出修改或者补充。收购人修改、补充的时间不计入上述期间。

第三十一条 被收购公司董事会应当为公司聘请独立财务顾问等专业机构，分析被收购公司的财务状况，就收购要约条件是否公平合理、收购可能对公司产生的影响等事宜提出专业意见，并予以公告。

管理层、员工进行上市公司收购的，被收购公司的独立董事应当为公司聘请独立财务顾问等专业机构，分析被收购公司的财务状况，就收购要约条件是否公平合理、收购可能对公司产生的影响等事宜提出专业意见，并予以公告。财务顾问费用由被收购公司承担。

第三十二条 被收购公司董事会应当在收购人发出收购要约后十日内，将被收购公司董事会报告书与独立财务顾问的专业意见一并报送中国证监会，同时抄报上市公司所在地的中国证监会派出机构，抄送证券交易所，并予以公告。

被收购公司董事会报告书应当就是否接受收购要约向股东提出建议，被收购公司的独立董事应当单独发表意见，一并予以公告。

收购人对收购要约条件做出重大更改的，被收购公司董事会应当就要约条件的更改情况报送补充报告书，独立董事应当发表补充意见，一并予以公告。

第三十三条 被收购公司的董事、监事、高级管理人员针对收购行为所做出的决策及采取的措施，不得损害公司及其股东的合法权益。

收购人做出提示性公告后，被收购公司董事会除可以继续执行已经订立的合同或者股东大会已经做出的决议外，不得提议如下事项：

(一)发行股份；

(二)发行可转换公司债券；

(三)回购上市公司股份；

(四)修改公司章程；

(五)订立可能对公司的资产、负债、权益或者经营成果产生重大影响的合同；但是公司开展正常业务的除外；

(六)处置、购买重大资产，调整公司主要业务；但是面临严重财务困难的公司调整业务或者进行资产重组的除外。

第三十四条 收购人确定要约收购价格，应当遵循以下原则：

(一)要约收购挂牌交易的同一种类股票的价格不低于下列价格中较高者：

1、在提示性公告日前六个月内，收购人买入被收购公司挂牌交易的该种股票所支付的最高价格；

2、在提示性公告日前三十个交易日内，被收购公司挂牌交易的该种股票的每日加权平均价格的算术平均值的百分之九十；

（二）要约收购未挂牌交易股票的价格不低于下列价格中较高者：

1、在提示性公告日前六个月内，收购人取得被收购公司未挂牌交易股票所支付的最高价格；

2、被收购公司最近一期经审计的每股净资产值。

特殊情况下需要对上述价格确定原则做调整执行的，收购人应当事先征得中国证监会同意。收购人提出的收购价格显失公平的，中国证监会可以要求其做出调整。

第三十五条 收购人以现金进行支付的，应当在做出提示性公告的同时，将不少于收购总金额百分之二十的履约保证金存放在证券登记结算机构指定的银行账户，并办理冻结手续。

收购人以依法可以转让的证券进行支付的，应当在做出提示性公告的同时，将其用以支付的全部证券交由证券登记结算机构保管；但是根据证券登记结算机构的业务规则不在保管范围内的除外。

收购人取消收购计划，未涉及不当行为调查的，可以申请解除对履约保证金的冻结或者对证券的保管。

第三十六条 收购要约的有效期不得少于三十日，不得超过六十日；但是出现竞争要约的除外。

在收购要约有效期限内，收购人不得撤回其收购要约。

第三十七条 收购人在收购要约有效期限内更改收购要约条件的，必须事先向中国证监会报送书面报告，同时抄报上市公司所在地的中国证监会派出机构，抄送证券交易所，通知被收购公司；经中国证监会批准后，方可执行，并予以公告。

第三十八条 收购要约期满前十五日内，收购人不得更改收购要约条件；但是出现竞争要约的除外。

出现竞争要约时，初始要约人更改收购要约条件距收购要约期满不足十五日的，应当予以延长，延长后的有效期不应少于十五日，不得超过最后一个竞争要约的期满日。

第三十九条 要约收购报告书所披露的基本事实发生重大变化的，收购人应当在该变化发生之日起二个工作日内，向中国证监会做出书面报告，同时抄报上市公司所在地的中国证监会派出机构，抄送证券交易所，通知被收购公司，并予以公告。

第四十条 收购人应当委托证券公司向证券登记结算机构申请办理预受要约股票的临时保管。

证券登记结算机构临时保管的预受要约股票，在要约收购期间不再进行任何形式的转让。

第四十一条 预受要约的股东有权在要约期满前撤回预受，证券登记结算机构应当根据预受要约股东的申请解除对预受要约股票的临时保管。

在收购要约有效期间，收购人应当每日在证券交易所网站上公告预受要约股份的数量以及撤回预受要约股份的数量。

第四十二条 要约收购期满，收购人应当按照收购要约规定的条件购买被收购公司股东预受的全部股份；预受要约股份的数量超过预定收购数量时，收购人应当按照同等比例收购预受要约的股份。

收购要约期满后三个工作日内，接受委托的证券公司应当向证券登记结算机构申请办理股份转让结算和过户登记手续，解除对超过预定收购比例的股票的临时保管。

第四十三条 收购要约期满后三个工作日内，收购人应当向中国证监会报送关于收购情况的书面报告，同时抄报上市公司所在地的中国证监会派出机构，抄送证券交易所，通知被收购公司，并予以公告。

第四十四条 收购人做出提示性公告后至收购要约期满前，不得采取要约收购以外的形式和超出要约的条件买卖被收购公司的股票。

第四十五条 出现竞争要约时，被收购公司董事会应当公平对待所有要约收购人。

第四十六条 拟发出竞争要约的收购人，最迟不得晚于初始要约期满前五日向中国证监会报送要约收购报告书，同时抄报上市公司所在地的中国证监会派出机构，抄送证券交易所，通知被收购公司，并就要约收购报告书摘要做出提示性公告；中国证监会收到要约收购报告书后十五日内未提出异议的，收购人可以公告其收购要约文件。

第四十七条 收购人拟向同一上市公司的股东连续公开求购其所持有的该上市公司股份，导致其在收购完成后持有、控制该上市公司已发行的股份达到或者超过百分之五的，构成要约收购行为，应当遵守本办法规定的要约收购规则。

第四章 要约收购义务的豁免

第四十八条 符合本办法第四十九条、第五十一条规定情形的，收购人可以向中国证监会申请下列豁免事项：

（一）免于以要约收购方式增持股份；

（二）免于向被收购公司的所有股东发出收购要约；

（三）免于要约收购被收购公司的全部股份。

第四十九条 有下列情形之一的，收购人可以向中国证监会提出豁免申请：

（一）上市公司股份转让在受同一实际控制人控制的不同主体之间进行，股份转让完成后的上市公司实际控制人未发生变化，且受让人承诺履行发起人义务的；

（二）上市公司面临严重财务困难，收购人为挽救该公司而进行收购，且提出切实可行的重组方案的；

(三)上市公司根据股东大会决议发行新股，导致收购人持有、控制该公司股份比例超过百分之三十的；

(四)基于法院裁决申请办理股份转让手续，导致收购人持有、控制一个上市公司已发行股份超过百分之三十的；

(五)中国证监会为适应证券市场发展变化和保护投资者合法权益的需要而认定的其他情形。

第五十条 收购人向中国证监会提出豁免申请，其所报送的申请文件符合规定要求，并且已经按照规定履行信息披露义务的，中国证监会做出予以受理的决定；不符合规定要求或者未按照规定履行信息披露义务的，中国证监会不予受理。

中国证监会在受理豁免申请后三个月内，就收购人所申请的具体事项做出是否予以豁免的决定；获得豁免的，收购人可以继续增持股份或者增加控制。

第五十一条 有下列情形之一的，相关当事人可以向中国证监会报送豁免申请文件：

(一)合法持有、控制一个上市公司百分之五十以上股份的股东，继续增持股份、增加控制后不超过该公司已发行股份的百分之七十五的；

(二)因上市公司减少股本导致其持有、控制一个上市公司已发行股份超过百分之三十的；

(三)证券公司因开展正常的股票承销业务导致其持有一个上市公司已发行股份超过百分之三十，但无实际控制该公司的行为或者意图，并且提出在合理期限内向非关联方转让超出部分的解决方案的；

(四)银行因开展正常的银行业务导致其持有一个上市公司已发行股份超过百分之三十，但无实际控制该公司的行为或者意图，并且提出在合理期限内向非关联方转让超出部分的解决方案的；

(五)当事人因国有资产行政划转导致其持有、控制一个上市公司已发行股份超过百分之三十的；

(六)当事人因合法继承导致其持有、控制一个上市公司已发行股份超过百分之三十的；

(七)中国证监会为适应证券市场发展变化和保护投资者合法权益的需要认定的其他情形。

中国证监会自收到符合规定的申请文件之日起五个工作日内未提出异议的，当事人可以向证券交易所和证券登记结算机构申请办理股份转让和过户登记手续。

第五十二条 收购人发出的收购要约应当适用于被收购公司的所有股东；但是存在主体资格、股份种类限制或者法律、行政法规、规章规定的特殊情形的，收购人可以向中国证监会提出豁免申请。

第五十三条 收购人提出豁免申请的，应当聘请律师事务所就其所申请的具体豁免事项出具专业意见；依据本办法第四十九条第(二)项、第(三)项的规定申请豁免的收购人，应当聘请财务顾问等专业机构出具专业意见。

第五章　监管措施及法律责任

第五十四条 收购人违反本办法的规定，持有、控制被收购公司的股份超过该公司已发行股份的百分之三十的，应当主动改正；未能改正的，证券交易所依据业务规则进行处理；拒不改正的，中国证监会责令改正。收购人在改正前不得向被收购公司选派董事、监事、高级管理人员；在整改期间，中国证监会不受理任何专业机构为其出具的文件。

第五十五条 收购人未按照本办法的规定履行报告、公告义务的，应当主动改正；未能改正的，证券交易所依据业务规则进行处理；拒不改正的，中国证监会责令改正、停止收购活动。收购人在改正前不得向被收购公司选派董事、监事、高级管理人员；在整改期间，中国证监会不受理任何专业机构为其出具的文件。构成证券违法行为的，依法追究法律责任。

第五十六条 收购人的报告、公告等文件中有虚假记载、误导性陈述或者重大遗漏的，应当主动改正；未能改正的，证券交易所依据业务规则进行处理；拒不改正的，中国证监会责令改正、停止收购活动。收购人在改正前不得向被收购公司选派董事、监事、高级管理人员；在整改期间，中国证监会不受理任何专业机构为其出具的文件。构成证券违法行为的，依法追究法律责任。

第五十七条 上市公司控股股东和其他实际控制人在转让其对一个上市公司的实际控制权时，未清偿其对公司的负债，未解除公司为其提供的担保，或者未对其损害公司利益的其他情形做出纠正的，应当主动纠正；未能纠正的，被收购公司董事会、独立董事应当采取充分有效的法律措施促其纠正，证券交易所依据业务规则进行处理；拒不纠正的，中国证监会责令改正、停止收购活动。构成证券违法行为的，依法追究法律责任。

被收购公司董事会、独立董事未能采取前款措施的，证券交易所依据业务规则进行处理；拒不采取措施的，中国证监会责令改正。构成证券违法行为的，依法追究法律责任。

第五十八条 为上市公司收购出具资产评估报告、审计报告、法律意见书和提供财务顾问意见等文件的专业机构和专业人员，其出具、提供的文件中有虚假记载、误导性陈述或者重大遗漏的，应当主动改正；未能改正的，证券交易所依据业务规则进行处理；拒不改正的，中国证监会责令改正。在整改期间，中国证监会不受理其出具的文件。构成证券违法行为的，依法追究法律责任。

第五十九条 任何知悉上市公司收购信息的人员在有关收

购信息未经依法公开之前,泄露该收购信息、买卖该上市公司证券或者建议他人买卖该上市公司证券,或者利用上市公司收购散布虚假信息或者进行欺诈活动的,依法追究法律责任。

利用上市公司收购进行其他不当活动的,当事人应当主动改正;未能改正的,证券交易所依据业务规则进行处理;拒不改正的,中国证监会责令改正。构成证券违法行为的,依法追究法律责任。

第六章 附 则

第六十条 进行上市公司收购的股份持有人、股份控制人、一致行动人,其所持有、控制被收购公司已发行的股份数量应当合并计算。

第六十一条 收购人有下列情形之一的,构成对一个上市公司的实际控制:

(一)在一个上市公司股东名册中持股数量最多的;但是有相反证据的除外;

(二)能够行使、控制一个上市公司的表决权超过该公司股东名册中持股数量最多的股东的;

(三)持有、控制一个上市公司股份、表决权的比例达到或者超过百分之三十的;但是有相反证据的除外;

(四)通过行使表决权能够决定一个上市公司董事会半数以上成员当选的;

(五)中国证监会认定的其他情形。

第六十二条 本办法下列用语的含义:

(一)"收购要约"是指收购人向被收购公司股东公开发出的、愿意按照要约条件购买其所持有的被收购公司股份的意思表示。

(二)"预受"是指受要约人同意接受要约的初步意思表示,在要约期满前不构成承诺。

(三)"股份持有人"、"股份控制人"、"一致行动人"的含义与《上市公司股东持股变动信息披露管理办法》中"股份持有人"、"股份控制人"、"一致行动人"的含义相同。

第六十三条 上市公司收购报告书、要约收购报告书、被收购公司董事会报告书、要约收购豁免申请文件的格式与内容,由中国证监会另行制定。

第六十四条 本办法自 2002 年 12 月 1 日起施行。

上市公司股东持股变动信息披露管理办法

中国证券监督管理委员会令第 11 号

现发布《上市公司股东持股变动信息披露管理办法》,自 2002 年 12 月 1 日起施行。

主席 周小川

二〇〇二年九月二十八日

第一章 总 则

第一条 为规范上市公司股东持股变动信息披露行为,监督上市公司股东持股变动信息披露义务人按照规定要求履行信息披露义务,保护投资者合法权益,维护证券市场正常秩序,根据《公司法》、《证券法》及其他法律和相关行政法规,制定本办法。

第二条 本办法所称上市公司股东持股变动(以下简称持股变动),是指通过在证券交易所的股份转让活动,投资者持有的一个上市公司股份数量发生或者可能发生变化的情形;或者持股数量虽未发生变化,但通过在证券交易所的股份转让活动以外的其他合法途径,投资者控制的一个上市公司股份数量发生或者可能发生变化的情形。

第三条 持股变动信息披露义务人应当按照本办法规定严格履行信息披露义务,其所披露的信息应当真实、准确、完整,不得有虚假记载、误导性陈述或者重大遗漏。

信息披露义务人及其他知情人员,在有关持股变动信息依法披露之前，不得以任何方式泄露相关信息。

第四条 任何人不得利用持股变动损害上市公司及其股东的合法权益。

任何人不得利用持股变动进行内幕交易、操纵市场或者其他欺诈活动。

第五条 中国证券监督管理委员会(以下简称中国证监会)依法对持股变动的信息披露行为实行监督管理。

证券交易所和证券登记结算机构根据中国证监会赋予的职责及其业务规则，对持股变动信息披露行为实行日常监督管理。

第二章 持股变动信息披露义务人

第六条 本办法所称持股变动信息披露义务人(以下简称信息披露义务人)，是指持有、控制一个上市公司的股份数量发生或者可能发生变化达到规定比例，按照本办法的规定应当履行信息披露义务的股份持有人、股份控制人和一致行动人。

第七条 股份持有人是指在上市公司股东名册上登记在册的自然人、法人或者其他组织。

第八条 股份控制人是指股份未登记在其名下，通过在证券交易所股份转让活动以外的股权控制关系、协议或者其他安排等合法途径，控制由他人持有的上市公司股份的自然人、法人或者其他组织。

第九条 一致行动人是指通过协议、合作、关联方关系等合法途径扩大其对一个上市公司股份的控制比例，或者巩固其对上市公司的控制地位，在行使上市公司表决权时采取相同意思表示的两个以上的自然人、法人或者其他组织。

前款所称采取相同意思表示的情形包括共同提案、共同推荐董事、委托行使未注明投票意向的表决权等情形；但是公开征集投票代理权的除外。

第十条 一致行动人自一致行动关系形成之日起，应当向证券登记结算机构申请临时保管各自持有、控制的该公司的全部股票，临时保管期不得少于六个月。

第十一条 信息披露义务人应当合并计算其所持有、控制的同一上市公司股份。

持有、控制一个上市公司已发行的可转换公司债券的信息披露义务人，在可转换公司债券的转换期间，应当将其有权转换部分与其所持有、控制的同一上市公司的股份合并计算。

第三章 持股变动报告书及公告

第十二条 信息披露义务人依照本办法规定履行信息披露义务，应当向证券交易所提交上市公司股东持股变动报告书(以下简称持股变动报告书)。

前款义务人在提交持股变动报告书的同时，应当报送中国证监会，抄报上市公司所在地的中国证监会派出机构，通知上市公司，并做出公告。

持股变动报告书的内容与格式由中国证监会另行规定。

第十三条 信息披露义务人为多人的，可以以书面形式约定由其中一人负责统一编制持股变动报告书，但各信息披露义务人应当在持股变动报告书上签字盖章。

各信息披露义务人应当对持股变动报告书中涉及其自身的信息承担责任；对持股变动报告书中涉及的与多个信息披露义务人相关的信息，各信息披露义务人对相关部分承担连带责任。

第十四条 持股变动报告书应当载明下列事项：

(一)信息披露义务人的名称、住所；

(二)上市公司名称；

(三)信息披露义务人持有、控制股份的变动情况；

(四)持股变动方式；

(五)信息披露义务人前六个月就该上市公司股份所进行的交易；

(六)中国证监会、证券交易所要求予以载明的其他事项。

第十五条 投资者持有、控制一个上市公司已发行的股份达到百分之五时，应当按照本办法规定履行信息披露义务，在该事实发生之日起三个工作日内提交持股变动报告书。

在上述规定的期限内，该投资者不得再行买卖该上市公司的股票。

第十六条 投资者预计持有、控制一个上市公司已发行的股份超过百分之五的，应当按照本办法规定履行信息披露义务，提交持股变动报告书。

未做出公告的，该投资者不得再行买卖该上市公司的股票。

第十七条 持有、控制一个上市公司已发行股份百分之五以上的信息披露义务人，持股变动每达到百分之五的，应当在该事实发生之日起三个工作日内提交持股变动报告书。

自报告义务发生之日起至做出公告后二个工作日内，信息披露义务人不得再行买卖该上市公司的股票。

第十八条 持有、控制一个上市公司已发行股份百分之五以上的信息披露义务人，预计持股变动超过该上市公司已发行股份的百分之五的，应当提交持股变动报告书。

自报告义务发生之日起至做出公告后二个工作日内，信息披露义务人不得再行买卖该上市公司的股票。

第十九条 信息披露义务人持股变动虽未达到百分之五，但导致其持有、控制该公司已发行的股份低于百分之五的，应当自该事实发生之日起三个工作日内做出公告，免于提交持股变动报告书。

第二十条 因持股变动导致其获得或者可能获得对一个上市公司的实际控制权的，收购人应当按照《上市公司收购管理办法》的规定，向中国证监会报送上市公司收购报告书，同时抄报上市公司所在地的中国证监会派出机构，抄送证券交易所，通知该上市公司，并做出公告。

第二十一条 因协议转让导致持股变动出现本办法第十六条、第十八规定情形的，信息披露义务人应当自股份转让协议签订之日起三个工作日内，按照本办法第十六条、第十八条的规定履行相关义务。

第二十二条 因行政划转导致持股变动出现本办法第十六条、第十八条规定情形的，信息披露义务人应当自收到国有股权直接主管部门同意划转的通知之日起三个工作日内，按照本办法第十六条、第十八条的规定履行相关义务。

第二十三条 因法院裁决导致持股变动出现本办法第十六条、第十八条规定情形的，申请执行人应当自证券交易所对其股份转让申请做出确认之日起三个工作日内，按照本办法第十六条、第十八条的规定履行相关义务。

第二十四条 通过证券交易所股份转让活动以外的合法途径，股份控制人发生变化，导致持股变动出现本办法第十六条、第十八条规定情形的，信息披露义务人应当自持股变动发生之日起三个工作日内，按照本办法第十六条、第十八条的规定履行相关义务。

第二十五条 信息披露义务人因持股变动需要再次提交持股变动报告书的，可以仅就本次报告书与前次报告书不同的部分做出报告、公告。

第二十六条 因上市公司减少股本导致信息披露义务人持股变动出现本办法第十五条、第十六条、第十七条、第十八条规定情形的，免于提交持股变动报告书。

上市公司减少股本，应当自完成变更登记之日起二个工作日内，就因此导致的持股变动情况做出公告。

第二十七条 股份持有人为依法办理证券登记托管业务机构的，因办理证券登记托管业务而持有股份时，免于提交持股变动报告书。

第二十八条 涉及国家授权机构持有的股份的转让，或者须经行政审批方可进行的股份转让，相关当事人应当自收到有关主管部门同意转让的通知之日起三个工作日内公告有关决定。

第二十九条 信息披露义务人应当自股份过户登记之日起二个工作日内，就有关过户事宜做出公告。

信息披露义务人就持股变动做出公告后三十日内未完成股份过户手续的，应当立即做出公告，并说明理由；在未完成股份过户期间，应当每隔三十日再次做出公告。

第三十条 已经公告持股变动报告的信息披露义务人，有下列情形之一的，应当自该事实发生之日起二个工作日内就该事实做出公告，无需停止买卖该公司股票和重新提交持股变动报告书：

（一）通过证券交易所的集中竞价交易，其所持有该上市公司已发行的股份每增加或者减少百分之一的；

（二）一致行动人的成员发生变化；

（三）中国证监会、证券交易所规定的其他情形。

第三十一条 上市公司应当定期向证券登记结算机构核对持股变动情况，并及时向证券交易所做出报告。

第三十二条 有关持股变动情况依法披露前，相关信息已在媒体上传播或者公司股票交易出现异常，上市公司董事会应当立即向有关股东进行查询，有关股东应当及时予以书面答复，上市公司应当及时做出公告。

第三十三条 信息披露义务人应当在至少一家中国证监会指定媒体上披露有关持股变动信息；在其他媒体上进行披露的，披露内容应当一致，披露时间不得早于指定媒体的披露时间。

第四章 监管措施及法律责任

第三十四条 信息披露义务人未按本办法规定履行相关义务的，应当主动改正；未能改正的，证券交易所依据业务规则进行处理，证券登记结算机构依据业务规则暂不予办理股份过户登记手续；拒不改正的，中国证监会责令改正。构成证券违法行为的，依法追究法律责任。

第三十五条 信息披露义务人披露的信息有虚假记载、误导性陈述或者重大遗漏的，应当主动改正；未能改正的，证券交易所依据业务规则进行处理，证券登记结算机构依据业务规则暂不予办理股份过户登记手续；拒不改正的，中国证监会责令改正。构成证券违法行为的，依法追究法律责任。

第三十六条 信息披露义务人未按规定披露信息，涉嫌内幕交易、操纵市场或者其他欺诈行为的，由中国证监会依法查处。

因前款所述行为对信息披露义务人进行调查期间，信息披露人在被调查期间不得向相关上市公司选派董事、监事、高级管理人员。

第五章 附 则

第三十七条 本办法所称“关联方关系”的含义与财政部《企业会计准则——关联方关系及其交易的披露》中的“关联方关系”的含义相同。

第三十八条 本办法自 2002 年 12 月 1 日起施行。

《董事会专门委员会实施细则》

董事会战略委员会实施细则指引

第一章 总 则

第一条 为适应公司战略发展需要，增强公司核心竞争力，确定公司发展规划，健全投资决策程序，加强决策科学性，提高重大投资决策的效益和决策的质量，完善公司治理结构，根据《中华人民共和国公司法》、《上市公司治理准则》、《公司章程》及其他有关规定，公司特设立董事会战略委员会，并制定本实施细则。

第二条 董事会战略委员会是董事会按照股东大会决议设立的专门工作机构，主要负责对公司长期发展战略和重大投资决策进行研究并提出建议。

第二章 人员组成

第三条 战略委员会成员由三至七名董事组成，其中应至少包括一名独立董事。

第四条 战略委员会委员由董事长、二分之一以上独立董事或者全体董事的三分之一提名，并由董事会选举产生。

第五条 战略委员会设主任委员（召集人）一名，建议由公司董事长担任。

第六条 战略委员会任期与董事会任期一致，委员任期届满，连选可以连任。期间如有委员不再担任公司董事职务，自动失去委员资格，并由委员会根据上述第三至第五条规定补足委员人数。

第七条 战略委员会下设投资评审小组，由公司总经理任投资评审小组组长，另设副组长 1－2 名。

第三章 职责权限

第八条 战略委员会的主要职责权限：（一）对公司长期发展战略规划进行研究并提出建议；（二）对《公司章程》规定须经董事会批准的重大投资融资方案进行研究并提出建议；（三）对《公司章程》规定须经董事会批准的重大资本运作、资产经营项目进行研究并提出建议；（四）对其他影响公司发展的重大事项进行研究并提出建议；（五）对以上事项的实施进行检查；（六）董事会授权的其他事宜。

第九条 战略委员会对董事会负责，委员会的提案提交董事会审议决定。

第四章 决策程序

第十条 投资评审小组负责做好战略委员会决策的前期准备工作，提供公司有关方面的资料：（一）由公司有关部门或控股（参股）企业的负责人上报重大投资融资、资本运作、资产经营项目的意向、初步可行性报告以及合作方的基本情况等资料；（二）由投资评审小组进行初审，签发立项意见书，并报战略委员会备案；（三）公司有关部门或者控股（参股）企业对外进行协议、合同、章程及可行性报告等洽谈并上报投资评审小组；（四）由投资评审小组进行评审，签发书面意见，并向战略委员会提交正式提案。

第十一条 战略委员会根据投资评审小组的提案召开会议，进行讨论，将讨论结果提交董事会，同时反馈给投资评审小组。

第五章 议事规则

第十二条 战略委员会每年至少召开两次会议，并于会议召开前七天通知全体委员，会议由主任委员主持，主任委员不能出席时可委托其他一名委员（独立董事）主持。

第十三条 战略委员会会议应由三分之二以上的委员出席方可举行；每一名委员有一票的表决权；会议做出的决议，必须经全体委员的过半数通过。

第十四条 战略委员会会议表决方式为举手表决或投票表决；临时会议可以采取通讯表决的方式召开。

第十五条 投资评审小组组长、副组长可列席战略委员会会议，必要时亦可邀请公司董事、监事及其他高级管理人员列席会议。

第十六条 如有必要，战略委员会可以聘请中介机构为其决策提供专业意见，费用由公司支付。

第十七条 战略委员会会议的召开程序、表决方式和会议通过的议案必须遵循有关法律、法规、公司章程及本办法的规定。

第十八条 战略委员会会议应当有记录，出席会议的委员应当在会议记录上签名；会议记录由公司董事会秘书保存。

第十九条 战略委员会会议通过的议案及表决结果，应以书面形式报公司董事会。

第二十条 出席会议的委员均对会议所议事项有保密义务，不得擅自披露有关信息。

第六章 附 则

第二十一条 本实施细则自董事会决议通过之日起试行。

第二十二条 本实施细则未尽事宜，按国家有关法律、法规和公司章程的规定执行；本细则如与国家日后颁布的法律、法规或经合法程序修改后的公司章程相抵触时,按国家有关法律、法规和公司章程的规定执行,并立即修订,报董事会审议通过。

第二十三条 本细则解释权归属公司董事会。

公司董事会

年 月 日

董事会提名委员会实施细则指引

第一章 总 则

第一条 为规范公司领导人员的产生,优化董事会组成,完善公司治理结构,根据《中华人民共和国公司法》、《上市公司治理准则》、《公司章程》及其他有关规定,公司特设立董事会提名委员会,并制定本实施细则。

第二条 董事会提名委员会是董事会按照股东大会决议设立的专门工作机构,主要负责对公司董事和经理人员的人选、选择标准和程序进行选择并提出建议。

第二章 人员组成

第三条 提名委员会成员由三至七名董事组成,独立董事占多数。

第四条 提名委员会委员由董事长、二分之一以上独立董事或者全体董事的三分之一提名,并由董事会选举产生。

第五条 提名委员会设主任委员(召集人)一名,由独立董事委员担任,负责主持委员会工作;主任委员在委员内选举,并报请董事会批准产生。

第六条 提名委员会任期与董事会任期一致,委员任期届满,连选可以连任。期间如有委员不再担任公司董事职务,自动失去委员资格,并由委员会根据上述第三至第五条规定补足委员人数。

第三章 职责权限

第七条 提名委员会的主要职责权限:(一) 根据公司经营活动情况、资产规模和股权结构对董事会的规模和构成向董事会提出建议;(二) 研究董事、经理人员的选择标准和程序,并向董事会提出建议;(三) 广泛搜寻合格的董事和经理人员的人选;(四) 对董事候选人和经理人选进行审查并提出建议;(五) 对须提请董事会聘任的其他高级管理人员进行审查并提出建议;(六) 董事会授权的其他事宜。

第八条 提名委员会对董事会负责,委员会的提案提交董事会审议决定;控股股东在无充分理由或可靠证据的情况下,应充分尊重提名委员会的建议,否则,不能提出替代性的董事、经理人选。

第四章 决策程序

第九条 提名委员会依据相关法律法规和公司章程的规定,结合本公司实际情况,研究公司的董事、经理人员的当选条件、选择程序和任职期限,形成决议后备案并提交董事会通过,并遵照实施。

第十条 董事、经理人员的选任程序:(一) 提名委员会应积极与公司有关部门进行交流,研究公司对新董事、经理人员的需求情况,并形成书面材料;(二) 提名委员会可在本公司、控股(参股)企业内部以及人才市场等广泛搜寻董事、经理人选;(三) 搜集初选人的职业、学历、职称、详细的工作经历、全部兼职等情况,形成书面材料;(四) 征求被提名人对提名的同意,否则不能将其作为董事、经理人选;(五) 召集提名委员会会议,根据董事、经理的任职条件,对初选人员进行资格审查;(六) 在选举新的董事和聘任新的经理人员前一至两个月,向董事会提出董事候选人和新聘经理人选的建议和相关材料;(七) 根据董事会决定和反馈意见进行其他后续工作。

第五章 议事规则

第十一条 提名委员会每年至少召开两次会议,并于会议召开前七天通知全体委员,会议由主任委员主持,主任委员不能出席时可委托其他一名委员(独立董事)主持。

第十二条 提名委员会会议应由三分之二以上的委员出席方可举行;每一名委员有一票的表决权;会议做出的决议,必须经全体委员的过半数通过。

第十三条 提名委员会会议表决方式为举手表决或投票表决;临时会议可以采取通讯表决的方式召开。

第十四条 提名委员会会议必要时可邀请公司董事、监事及其他高级管理人员列席会议。

第十五条 如有必要,提名委员会可以聘请中介机构为其决策提供专业意见,费用由公司支付。

第十六条 提名委员会会议的召开程序、表决方式和会议通过的议案必须遵循有关法律、法规、公司章程及本办法的规定。

第十七条 提名委员会会议应当有记录,出席会议的委员应当在会议记录上签名;会议记录由公司董事会秘书保存。

第十八条 提名委员会会议通过的议案及表决结果,应以书面形式报公司董事会。

第十九条 出席会议的委员均对会议所议事项有保密义务,不得擅自披露有关信息。

第六章 附 则

第二十条 本实施细则自董事会决议通过之日起试行。

第二十一条 本实施细则未尽事宜,按国家有关法律、法规和公司章程的规定执行;本细则如与国家日后颁布的法律、法规或经合法程序修改后的公司章程相抵触时,按国家有关法律、法规和公司章程的规定执行,并立即修订,报董事会审议通过。

第二十二条 本细则解释权归属公司董事会。

公司董事会

年 月 日

董事会审计委员会实施细则指引

第一章 总 则

第一条 为强化董事会决策功能,做到事前审计、专业审计,确保董事会对经理层的有效监督,完善公司治理结构,根据《中华人民共和国公司法》、《上市公司治理准则》、《公司章程》及其他有关规定,公司特设立董事会审计委员会,并制定本实施细则。

第二条 董事会审计委员会是董事会按照股东大会决议设立的专门工作机构,主要负责公司内、外部审计的沟通、监督和核查工作。

第二章 人员组成

第三条 审计委员会成员由三至七名董事组成,独立董事占多数,委员中至少有一名独立董事为专业会计人士。

第四条 审计委员会委员由董事长、二分之一以上独立董事或者全体董事的三分之一提名,并由董事会选举产生。

第五条 审计委员会设主任委员(召集人)一名,由独立董事委员担任 负责主持委员会工作;主任委员在委员内选举,并报请董事会批准产生。

第六条 审计委员会任期与董事会一致,委员任期届满,连选可以连任。期间如有委员不再担任公司董事职务,自动失去委员资格,并由委员会根据上述第三至第五条规定补足委员人数。

第七条 审计委员会下设审计工作组为日常办事机构,负责日常工作联络和会议组织等工作。

第三章 职责权限

第八条 审计委员会的主要职责权限:(一) 提议聘请或更换外部审计机构;(二)监督公司的内部审计制度及其实施;(三) 负责内部审计与外部审计之间的沟通;(四)审核公司的财务信息及其披露;(五) 审查公司内控制度,对重大关联交易进行审计;(六) 公司董事会授予的其他事宜。

第九条 审计委员会对董事会负责,委员会的提案提交董事会审议决定。审计委员会应配合监事会的监事审计活动。

第四章 决策程序

第十条 审计工作组负责做好审计委员会决策的前期准备工作,提供公司有关方面的书面资料:(一) 公司相关财务报告;(二) 内外部审计机构的工作报告;(三) 外部审计合同及相关工作报告;(四) 公司对外披露信息情况;(五) 公司重大关联交易审计报告;(六) 其他相关事宜。

第十一条 审计委员会会议,对审计工作组提供的报告进行评议,并将相关书面决议材料呈报董事会讨论:(一) 外部审计机构工作评价,外部审计机构的聘请及更换;(二)公司内部审计制度是否已得到有效实施,公司财务报告是否全面真实;(三) 公司的对外披露的财务报告等信息是否客观真实,公司重大的关联交易是否合乎相关法律法规;(四)公司内财务部门、审计部门包括其负责人的工作评价;(五) 其他相关事宜。

第五章 议事规则

第十二条 审计委员会会议分为例会和临时会议,例会每年至少召开四次,每季度召开一次,临时会议由审计委员会委员提议召开。会议召开前七天须通知全体委员,会议由主任委员主持,主任委员不能出席时可委托其他一名委员(独立董事)主持。

第十三条 审计委员会会议应由三分之二以上的委员出席方可举行;每一名委员有一票的表决权;会议做出的决议,必须经全体委员的过半数通过。

第十四条 审计委员会会议表决方式为举手表决或投票表决;临时会议可以采取通讯表决的方式召开。

第十五条 审计工作组成员可列席审计委员会会议,必要时亦可邀请公司董事、监事及其他高级管理人员列席会议。

第十六条 如有必要,审计委员会可以聘请中介机构为其决策提供专业意见,费用由公司支付。

第十七条 审计委员会会议的召开程序、表决方式和会议通过的议案必须遵循有关法律、法规、公司章程及本办法的规定。

第十八条 审计委员会会议应当有记录,出席会议的委员应当在会议记录上签名;会议记录由公司董事会秘书保存。

第十九条 审计委员会会议通过的议案及表决结果,应以书面形式报公司董事会。

第二十条 出席会议的委员均对会议所议事项有保密义务,不得擅自披露有关信息。

第六章 附 则

第二十一条 本实施细则自董事会决议通过之日起试行。

第二十二条 本实施细则未尽事宜,按国家有关法律、法规和公司章程的规定执行;本细则如与国家日后颁布的法律、法规或经合法程序修改后的公司章程相抵触时，按国家有关法律、法规和公司章程的规定执行，并立即修订，报董事会审议通过。

第二十三条 本细则解释权归属公司董事会。

公司董事会

年 月 日

董事会薪酬与考核委员会实施细则指引

第一章 总 则

第一条 为进一步建立健全公司董事(非独立董事)及高级管理人员(以下简称经理人员)的考核和薪酬管理制度，完善公司治理结构，根据《中华人民共和国公司法》、《上市公司治理准则》、《公司章程》及其他有关规定，公司特设立董事会薪酬与考核委员会，并制定本实施细则。

第二条 薪酬与考核委员会是董事会按照股东大会决议设立的专门工作机构，主要负责制定公司董事及经理人员的考核标准并进行考核；负责制定、审查公司董事及经理人员的薪酬政策与方案，对董事会负责。

第三条 本细则所称董事是指在本公司支取薪酬的正副董事长、董事，经理人员是指董事会聘任的总经理、副总经理、董事会秘书及由总经理提请董事会认定的其他高级管理人员。

第二章 人员组成

第四条 薪酬与考核委员会成员由三至七名董事组成，独立董事占多数。

第五条 薪酬与考核委员会委员由董事长、二分之一以上独立董事或者全体董事的三分之一提名，并由董事会选举产生。

第六条 薪酬与考核委员会设主任委员(召集人)一名，由独立董事委员担任，负责主持委员会工作；主任委员在委员内选举，并报请董事会批准产生。

第七条 薪酬与考核委员会任期与董事会任期一致，委员任期届满，连选可以连任。期间如有委员不再担任公司董事职务，自动失去委员资格，并由委员会根据上述第四至第六条规定补足委员人数。

第八条 薪酬与考核委员会下设工作组，专门负责提供公司有关经营方面的资料及被考评人员的有关资料，负责筹备薪酬与考核委员会会议并执行薪酬与考核委员会的有关决议。

第三章 职责权限

第九条 薪酬与考核委员会的主要职责权限：(一) 根据董事及高级管理人员管理岗位的主要范围、职责、重要性以及其他相关企业相关岗位的薪酬水平制定薪酬计划或方案；(二) 薪酬计划或方案主要包括但不限于绩效评价标准、程序及主要评价体系，奖励和惩罚的主要方案和制度等；(三) 审查公司董事(非独立董事)及高级管理人员的履行职责情况并对其进行年度绩效考评；(四) 负责对公司薪酬制度执行情况进行监督；(五) 董事会授权的其他事宜。

第十条 董事会有权否决损害股东利益的薪酬计划或方案。

第十一条 薪酬与考核委员会提出的公司董事的薪酬计划，须报经董事会同意后，提交股东大会审议通过后方可实施；公司经理人员的薪酬分配方案须报董事会批准。

第四章 决策程序

第十二条 薪酬与考核委员会下设的工作组负责做好薪酬与考核委员会决策的前期准备工作，提供公司有关方面的资料：(一) 提供公司主要财务指标和经营目标完成情况；(二) 公司高级管理人员分管工作范围及主要职责情况；(三) 提供董事及高级管理人员岗位工作业绩考评系统中涉及指标的完成情况；(四) 提供董事及高级管理人员的业务创新能力和创利能力的经营绩效情况；(五) 提供按公司业绩拟订公司薪酬分配规划和分配方式的有关测算依据。

第十三条 薪酬与考核委员会对董事和高级管理人员考评程序：(一) 公司董事和高级管理人员向董事会薪酬与考核委员会作述职和自我评价；(二) 薪酬与考核委员会按绩效评价标准和程序，对董事及高级管理人员进行绩效评价；(三) 根据岗位绩效评价结果及薪酬分配政策提出董事及高级管理人员的报酬数额和奖励方式，表决通过后，报公司董事会。

第五章 议事规则

第十四条 薪酬与考核委员会每年至少召开两次会议，并于会议召开前七天通知全体委员，会议由主任委员主持，主任委员不能出席时可委托其他一名委员(独立董事)主持。

第十五条 薪酬与考核委员会会议应由三分之二以上的委员出席方可举行；每一名委员有一票的表决权；会议作出的决议，必须经全体委员的过半数通过。

第十六条 薪酬与考核委员会会议表决方式为举手表决或投票表决；临时会议可以采取通讯表决的方式召开。

第十七条 薪酬与考核委员会会议必要时可以邀请公司董事、监事及高级管理人员列席会议。

第十八条 如有必要，薪酬与考核委员会可以聘请中介机构为其决策提供专业意见，费用由公司支付。

第十九条 薪酬与考核委员会会议讨论有关委员会成员的议题时，当事人应回避。

第二十条 薪酬与考核委员会会议的召开程序、表决方式和会议通过的薪酬政策与分配方案必须遵循有关法律、法规、公司章程及本办法的规定。

第二十一条 薪酬与考核委员会会议应当有记录，出席会议的委员应当在会议记录上签名；会议记录由公司董事会秘书保存。

第二十二条 薪酬与考核委员会会议通过的议案及表决结果，应以书面形式报公司董事会。

第二十三条 出席会议的委员均对会议所议事项有保密义务，不得擅自披露有关信息。

第六章 附 则

第二十四条 本实施细则自董事会决议通过之日起试行。

第二十五条 本实施细则未尽事宜，按国家有关法律、法规和公司章程的规定执行；本细则如与国家日后颁布的法律、法规或经合法程序修改后的公司章程相抵触时，按国家有关法律、法规和公司章程的规定执行，并立即修订，报董事会审议通过。

第二十六条 本细则解释权归属公司董事会。

公司董事会

年 月 日

股份制商业银行公司治理指引

第一章 总 则

第一条 为进一步完善股份制商业银行(以下简称商业银行)公司治理，促进商业银行稳健经营和健康发展，保护存款人和股东的合法权益，根据《中华人民共和国公司法》、《中华人民共和国中国人民银行法》、《中华人民共和国商业银行法》和其他相关法律、法规的规定，制定本指引。

第二条 本指引所称商业银行公司治理是指建立以股东大会、董事会、监事会、高级管理层等机构为主体的组织架构和保证各机构独立运作、有效制衡的制度安排，以及建立科学、高效的决策、激励和约束机制。

第三条 商业银行公司治理应当遵循以下基本准则：

(一)完善股东大会、董事会、监事会、高级管理层的议事制度和决策程序；

(二)明确股东、董事、监事和高级管理人员的权利、义务；

(三)建立、健全以监事会为核心的监督机制；

(四)建立完善的信息报告和信息披露制度；

(五)建立合理的薪酬制度，强化激励约束机制。

第二章 股东和股东大会

第四条 商业银行的股东应当符合中国人民银行规定的向金融机构投资入股的条件。

第五条 商业银行应当保护股东合法权益，公平对待所有股东。

股东在合法权益受到侵害时，有权依照法律、法规和商业银行章程的规定要求停止侵害，赔偿损失。

第六条 商业银行应当在其章程中规定，商业银行资本充足率低于法定标准时，股东应支持董事会提出的提高资本充足率的措施。

第七条 商业银行应当在章程中规定，商业银行可能出现流动性困难时，在商业银行有借款的股东要立即归还到期借款，未到期的借款应提前偿还。

商业银行应当根据中国人民银行《防范和处置金融机构支付风险暂行办法》，在章程中规定“流动性困难”的具体标准。

第八条 商业银行对股东贷款的条件不得优于其他借款人同类贷款的条件。

同一股东在商业银行的借款余额不得超过商业银行资本净额的百分之十。股东的关联企业的借款在计算比率时应与该股东在银行的借款合并计算。

商业银行应当在章程中规定，股东在商业银行的借款逾期未还期间内，其表决权应当受到限制。

第九条 商业银行不得接受本行股票为质押权标的。

股东需以本行股票为自己或他人担保的，应当事前告知董事会。

股东在本商业银行的借款余额超过其持有的经审计的上一年度的股权净值，且未提供银行存单或国债质押担保的，不得将本行股票再行质押。

第十条 商业银行不得为股东及其关联单位的债务提供融资性担保，但股东以银行存单或国债提供反担保的除外。

上款所称融资性担保是指商业银行为股东及其关联单位的融资行为提供的担保。

第十一条 同一股东不得向股东大会同时提名董事和监事的人选；同一股东提名的董事(监事)人选已担任董事(监事)职

务,在其任职期届满前,该股东不得再提名监事(董事)候选人。

第十二条 商业银行的董事会应当向股东大会及中国人民银行及时报告持有商业银行股份前十名的股东名单,以及一致行动时可以实际上控制商业银行的关联股东名单。

第十三条 股东应当严格按照法律、法规、规章及商业银行章程规定的程序提名董事、监事候选人。

第十四条 控股股东对商业银行和其他股东负有诚信义务。控股股东应当严格按照法律、法规、规章及商业银行章程行使出资人的权利,不得利用其控股地位谋取不当利益,或损害商业银行和其他股东的利益。

第十五条 商业银行股东大会包括年会和临时会议。

商业银行的董事会应当在每一会计年度结束后六个月内召开股东大会年会。因特殊情况需延期召开的,应当及时向中国人民银行报告,并说明延期召开的事由。

商业银行的董事会应当依照法律、法规和商业银行章程的规定召开股东大会临时会议。董事会不履行职责,致使出现商业银行重大决策无法做出或者股东大会无法召集等情形时,单独或者合并持有商业银行有表决权股份总数百分之十以上的股东或商业银行监事会,可以决定自行组织召开临时股东大会,但应将召开会议的决定书面通知董事会并报中国人民银行备案。

商业银行的股东大会会议应当实行律师见证制度,并由律师出具法律意见书。法律意见书应当对股东大会召开程序、出席股东大会的股东资格、股东大会的决议内容等事项的合法性发表意见。

商业银行可以自行确定召开股东大会的方式,但应确保股东有效行使其合法权利。

商业银行的董事会应当将股东大会会议记录、股东大会决议等文件报送中国人民银行备案。

第十六条 商业银行章程应当规定,单独或者合并持有商业银行有表决权股份总数百分之五以上的股东,有权向股东大会提出审议事项,董事会应当将股东提出的审议事项提交股东大会审议。

商业银行章程应当规定,单独或者合并持有商业银行有表决权股份总数百分之五以上的股东,有权向股东大会提出质询案,董事会、监事会应当按照股东的要求指派董事会、监事会或者高级管理层相关成员出席股东大会接受质询。

第十七条 商业银行董事会应当制定内容完备的股东大会议事规则,由股东大会审议通过后执行。

股东大会议事规则包括通知、文件准备、召开方式、表决形式、会议记录及其签署、关联股东的回避制度等,

第十八条 股东大会年会除审议相关法律规定的事项外,还应当将下列事项列入股东大会审议范围:

(一)通报中国人民银行对商业银行的监管意见及商业银行执行整改情况;

(二)报告董事会对董事的评价及独立董事的相互评价结果;

(三)报告监事会对监事的评价及外部监事的相互评价结果。

第十九条 董事会应当公正、合理地安排会议议程和议题,确保股东大会能够对每个议题进行充分的讨论。

第二十条 股东大会决议内容违反法律、法规和中国人民银行及其他监管机关规定的,应当主动及时纠正或依照中国人民银行的意见改正。

第三章 董事和董事会

第二十一条 董事会对股东大会负责,并依据《中华人民共和国公司法》和商业银行章程行使职权。

第二十二条 董事应当具备履行职责所必需的专业知识和工作经验,并符合中国人民银行规定的条件。董事的任职资格须经中国人民银行审核。

除《中华人民共和国商业银行法》以及《中华人民共和国公司法》规定的不得担任董事的人员外,下列人员也不得担任董事:

(一)因未履行诚信义务被其他商业银行或组织罢免职务的人员;

(二)在本商业银行的借款(不含以银行存单或国债质押担保的借款)超过其持有的经审计的上一年度股权净值的股东或股东单位任职的人员;

(三)在商业银行借款逾期未还的个人或企业任职的人员。

第二十三条 董事会应当制定规范、公开的董事选举程序,经股东大会批准后实施。

第二十四条 董事会应当在股东大会召开前一个月向股东披露董事候选人的详细资料,保证股东在投票时对候选人有足够的了解。

第二十五条 董事应当接受中国人民银行的任职资格培训。

第二十六条 董事依法有权了解商业银行的各项业务经营情况和财务状况,有权对其他董事和高级管理层成员履行职责情况实施监督。

商业银行内部稽核部门对内设职能部门及分支机构稽核的结果应当及时、全面报送董事会。

第二十七条 董事对商业银行及全体股东负有诚信与勤勉义务。董事应当按照相关法律、法规、规章及商业银行章程的要求,认真履行职责,维护商业银行和全体股东的利益。

第二十八条 董事个人直接或者间接与商业银行已有的或者计划中的合同、交易、安排有关联关系时,不论有关事项在一般情况下是否需要董事会批准同意,董事均应当及时告知董事会、

监事会其关联关系的性质和程度。

第二十九条 董事会中由高级管理层成员担任董事的人数应不少于董事会成员总数的四分之一，但不应超过董事会成员总数的三分之一。

第三十条 商业银行应当建立独立董事制度。独立董事与商业银行及其主要股东之间不应存在可能影响其独立判断的关系。独立董事履行职责时尤其要关注存款人和中小股东的利益。

独立董事应当获得适当报酬。

独立董事的任职资格、产生程序、权利义务以及工作条件应当符合中国人民银行的规定。

第三十一条 独立董事在履行职责过程中，发现董事会、董事、高级管理层成员及商业银行机构和人员有违反法律、法规、规章及商业银行章程规定情形的，应及时要求予以纠正并向中国人民银行报告。

第三十二条 商业银行董事长和行长应当分设。

商业银行董事长不得由控股股东的法定代表人或主要负责人兼任。

第三十三条 董事、董事长应当在法律、法规、规章及商业银行章程规定的范围内行使职权，不得违反商业银行的议事制度和决策程序越权干预高级管理层的经营管理活动。

第三十四条 董事会例会每年至少应当召开四次。董事会临时会议的召开程序由商业银行章程规定。

董事会应当通知监事列席董事会会议。

董事会的决定、决议及会议记录等应当在会议结束后 10 日内报中国人民银行备案。

第三十五条 董事会应当制定内容完备的董事会议事规则，包括通知、文件准备、召开方式、表决形式、会议记录及其签署、董事会的授权规则等。

第三十六条 董事应当以董事会会议的形式行使职权，董事会会议表决实行一人一票。

商业银行章程应当规定，利润分配方案、重大投资、重大资产处置方案、聘任或解聘高级管理层成员等重大事项不应采取通讯表决方式，且应当由董事会三分之二以上董事通过。

第三十七条 董事会在聘任期限内解除行长职务，应当及时告知监事会并向监事会做出书面说明。

第三十八条 董事会根据行长提名聘任或解聘副行长、财务负责人及其他高级管理层成员，未经行长提名不得直接聘任或解聘副行长、财务负责人及其他高级管理层成员。

第三十九条 董事会应当接受监事会的监督，不得阻挠、妨碍监事会依职权进行的检查、审计等活动。

第四一条 董事会应当设立关联交易控制委员会、风险管理委员会、薪酬委员会和提名委员会，也可根据需要设立其他专门委员会。

各专门委员会的负责人应当由董事担任，且委员会成员不得少于三人。

关联交易控制委员会、提名委员会应当由独立董事担任负责人。

关联交易控制委员会和提名委员会的成员不应包括控股股东提名的董事。

第四十一条 关联交易控制委员会负责商业银行重大关联交易的审批，其中特别重大的关联交易还需经董事会批准后方可实施。特别重大的关联交易应同时报告监事会。

董事对董事会拟决议事项有重大利害关系的，不得对该项决议行使表决权。该董事会会议应当由二分之一以上无重大利害关系的董事出席方可举行。董事会会议做出的批准关联交易的决议应当由无重大利害关系的董事过半数通过。

商业银行章程应当对重大关联交易和特别重大关联交易的标准做出规定。董事会应当制定商业银行关联交易的具体审批制度。

第四十二条 风险管理委员会负责对高级管理层在信贷、市场、操作等方面的风险控制情况进行监督，对商业银行风险状况进行定期评估，对内部稽核部门的工作程序和工作效果进行评价，提出完善银行风险管理和内部控制的意见。

第四十三条 薪酬委员会负责拟定董事、监事和高级管理层成员的薪酬方案，向董事会提出薪酬方案的建议，并监督方案的实施。

第四十四条 提名委员会负责拟定董事和高级管理层成员的选任程序和标准，对董事和高级管理层成员的任职资格和条件进行初步审核，并向董事会提出建议。

第四十五条 各委员会的议事规则和工作职责应当由董事会制定。各委员会应当制定年度工作计划，并定期召开会议。

第四十六条 商业银行董事会应当按照人民银行的有关规定制定信息披露的最低标准、方式、途径等，逐步建立、健全商业银行信息披露制度。

第四十七条 董事会下设专门办公室，负责股东大会、董事会、董事会各专门委员会会议的筹备、信息披露，以及董事会、董事会各专门委员会的其他日常事务。

商业银行董事会秘书兼任董事会办公室主任。董事会秘书由董事会提名委员会提名，董事会聘任。董事会秘书须经中国人民银行任职资格审核。

第四章　高级管理层

第四十八条 高级管理层由行长、副行长、财务负责人等组成。高级管理层成员的任职资格应当符合中国人民银行的规定。

第四十九条 高级管理层成员应当遵循诚信原则，谨慎、勤勉地在其职权范围内行使职权，不得为自己或他人谋取属于本商业银行的商业机会，不得接受与本商业银行交易有关的利益，不得在其他经济组织兼职。

第五十条 行长有权依照法律、法规、规章、商业银行章程及董事会授权，组织开展银行的经营管理活动。

行长应当行使下列职权：

(一)提请董事会聘任或者解聘副行长、财务负责人等高级管理层成员；

(二)聘任或者解聘除应由董事会聘任或者解聘以外的商业银行内部各职能部门及分支机构负责人；

(三)代表高级管理层向董事会提交经营计划和投资方案，经董事会批准后组织实施；

(四)授权高级管理层成员、内部各职能部门及分支机构负责人从事经营活动；

(五)在商业银行发生挤兑等重大突发事件时，采取紧急措施，并立即向中国人民银行和董事会、监事会报告；

(六)其他依据法律、法规、规章及商业银行章程规定应由行长行使的职权。

第五十一条 高级管理层应当根据商业银行经营活动需要，建立健全以内部规章制度、经营风险控制系统、信贷审批系统等为主要内容的内部控制机制。

商业银行的内部稽核部门应当实行垂直管理并由行长直接领导。

商业银行行长不得担任审贷委员会成员，但对审贷委员会通过的授信决定拥有否决权。

第五十二条 高级管理层应当建立向董事会定期报告的制度，及时、准确、完整地报告有关银行经营业绩、重要合同、财务状况、风险状况和经营前景等情况。

第五十三条 高级管理层应当接受监事会的监督，定期向监事会提供有关商业银行经营业绩、重要合同、财务状况、风险状况和经营前景等情况的信息，不得阻挠、妨碍监事会依职权进行的检查、审计等活动。

第五十四条 高级管理层应当建立和完善各项会议制度，并制订相应议事规则。高级管理层召开会议应当制作会议记录，会议记录应当报送监事会。

第五十五条 高级管理层依法在职权范围内的经营管理活动不受干预。

高级管理层对董事、董事长越权干预其经营管理的，有权请求监事会予以制止，并向中国人民银行报告。

第五十六条 高级管理层成员应当保持相对稳定，在任期内不应随意调整。确需调整的，商业银行应报中国人民银行备案，并按有关规定报请中国人民银行对新任高级管理层成员的任职资格进行审查。

高级管理层成员对董事会违反任免规定的行为，有权请求监事会提出异议，并向中国人民银行报告。

第五十七条 高级管理层提交的需由董事会批准的事项，董事会应当及时讨论并做出决定。

第五章 监事和监事会

第五十八条 监事会是商业银行的监督机构，对股东大会负责，行使下列职权：

(一)监督董事会、高级管理层履行职责的情况；

(二)监督董事、董事长及高级管理层成员的尽职情况；

(三)要求董事、董事长及高级管理层成员纠正其损害银行利益的行为；

(四)对董事和高级管理层成员进行离任审计；

(五)检查、监督商业银行的财务活动；

(六)对商业银行的经营决策、风险管理和内部控制等进行审计并指导商业银行内部稽核部门的工作；

(七)对董事、董事长及高级管理层成员进行质询；

(八)其他法律、法规、规章及商业银行章程规定应当由监事会行使的职权。

第五十九条 监事会应当由职工代表出任的监事、股东大会选举的外部监事和其他监事组成，其中外部监事的人数不得少于两名。

第六十条 商业银行应当建立外部监事制度。外部监事与商业银行及其主要股东之间不应存在影响其独立判断的关系。外部监事在履行职责时尤其要关注存款人和商业银行整体利益。

外部监事报酬应当比照独立董事执行。

外部监事的任职资格、产生程序、权利义务以及工作条件应当符合中国人民银行的规定。

第六十一条 监事应当依照法律、法规、规章及商业银行章程的规定，忠实履行监督职责。

监事的任职资格、产生程序、权利义务适用本指引第二十二条至第二十八条有关董事的规定。

第六十二条 监事长应当由专职人员担任。监事长至少应当具有财务、审计、金融、法律等某一方面的专业知识和工作经验。

第六十三条 监事会应当设立提名委员会，负责拟定监事的选任程序和标准，对监事的任职资格和条件进行初步审核，并向监事会提出建议。

提名委员会应当由外部监事担任负责人。

第六十四条 监事会应当设立审计委员会，负责拟定对本指引第五十七条第(一)、(二)、(四)、(五)、(六)项所列事项进行审计的方案。

审计委员会应当由外部监事担任负责人。

第六十五条 监事会应当委托经中国人民银行认可的会计师事务所对商业银行上一年度的经营结果进行审计。审计报告应于股东大会年会召开前，且不得迟于当年4月30日完成。审计报告完成后应当经监事会通过，由监事长签名，报股东大会年会审议。在报送股东大会审议前，应当抄送董事会。

会计师事务所对商业银行审计结果有失公允，监事会应当发现而没有发现的，应当追究监事会有关人员的责任。

监事会履行职责所需的费用由商业银行承担。

第六十六条 监事会下设办公室，作为监事会的办事机构。监事会办公室聘用的工作人员应当具备相关专业知识，以充分保证监事会监督职责的履行。

第六十七条 商业银行应当保障监事会工作的正常开展，为监事会提供必要的工作条件和专门的办公场所。监事会的年度财务预算由股东大会审议通过。

第六十八条 监事会例会应当每年至少召开四次，监事会临时会议的召开程序由商业银行章程规定。

监事会的决定、决议及会议记录应当报中国人民银行备案。

第六十九条 监事会应当制定内容完备的议事规则，包括通知、文件准备、召开方式、表决形式、会议记录及其签署等。

第七十条 监事会发现董事会和高级管理层未执行审慎会计原则，存在未严格核算应收利息、未提足呆账准备金等情形的，应当责令予以纠正。

监事会发现商业银行业务出现异常波动的，应当向董事会或高级管理层提出质疑。

第七十一条 商业银行内部稽核部门对内设职能部门及分支机构稽核的结果应当及时、全面报送监事会。

监事会对银行稽核部门报送的稽核结果有疑问时，有权要求行长或稽核部门做出解释。

第七十二条 监事会在履行职责时，有权向商业银行相关人员和机构了解情况，相关人员和机构应给予配合。

第七十三条 商业银行按规定定期向中国人民银行报送的报告应当附有监事会的意见。监事会应当就报告中有关信贷资产质量、资产负债比例、风险控制等事项逐项发表意见。监事会应当在收到高级管理层递交的报告之日起5个工作日内发表意见，逾期未发表意见的，视为同意。

第七十四条 董事会拟订的分红方案应当事先报送监事会，监事会应当对此发表意见。监事会应当在5个工作日内发表意见，逾期未发表意见的，视为同意。

第七十五条 监事应当列席董事会会议，列席会议的监事有权发表意见，但不享有表决权。

列席董事会会议的监事应当将会议情况报告监事会。

监事会认为必要时，可以指派监事列席高级管理层会议。

第七十六条 监事会发现董事会、高级管理层及其成员有违反法律、法规、规章及商业银行章程规定等情形时，应当建议对有关责任人员进行处分，并及时发出限期整改通知；董事会或者高级管理层应当及时进行处分或整改并将结果书面报告监事会。

董事会和高级管理层拒绝或者拖延采取处分、整改措施的，监事会应当向中国人民银行报告，并报告股东大会。

第六章　激励约束机制

第七十七条 商业银行应当建立薪酬与商业银行效益和个人业绩相联系的激励机制。

第七十八条 商业银行应当建立公正、公开的董事、监事、高级管理层成员绩效评价的标准和程序。

第七十九条 独立董事的评价应当采取相互评价的方式进行，其他董事的评价由董事会做出，并向股东大会报告。外部监事和其他监事的评价比照独立董事和其他董事执行。

高级管理层成员的评价、薪酬与激励方式由董事会下设的薪酬委员会确定，董事会应当将对高级管理层成员的绩效评价作为对高级管理层成员的薪酬和其他激励安排的依据。绩效评价的标准和结果应当向股东大会说明。

任何董事、监事和高级管理层成员都不应参与本人薪酬及绩效评价的决定过程。

第八十条 董事、监事及高级管理层成员违反法律、法规、规章及商业银行章程，给商业银行和股东造成损失的，应当承担赔偿责任。

第八十一条 商业银行在条件具备时，经股东大会批准，可以建立董事、监事和高级管理层成员的职业责任保险制度。

第七章　附　则

第八十二条 本指引适用于中国境内设立的股份制商业银行。各商业银行应当按照本指引和中国人民银行有关规定的要求，结合本行的特点，完善商业银行的治理结构。

第八十三条 本指引由中国人民银行负责解释。

第八十四条 本指引自公告之日起施行。

股份制商业银行独立董事和外部监事制度指引

为进一步完善股份制商业银行(以下简称商业银行)公司治理,建立、健全股份制商业银行独立董事、外部监事制度,根据《中华人民共和国中国人民银行法》、《中华人民共和国商业银行法》、《中华人民共和国公司法》,制定本指引。

第一章　独立董事、外部监事的任职资格

第一条　商业银行的独立董事、外部监事应当具备较高的专业素质和良好信誉,且同时应当满足以下条件:

(一)具有本科(含本科)以上学历或相关专业中级以上职称;

(二)具有5年以上的法律、经济、金融、财务或其他有利于履行独立董事、外部监事职责的工作经历;

(三)熟悉商业银行经营管理相关的法律法规;

(四)能够阅读、理解和分析商业银行的信贷统计报表和财务报表。

第二条　下列人员不得担任商业银行的独立董事、外部监事:

(一)持有该商业银行1%以上股份的股东或在股东单位任职的人员;

(二)在该商业银行或其控股或者实际控制的企业任职的人员;

(三)就任前3年内曾经在该商业银行或其控股或者实际控制的企业任职的人员;

(四)在该商业银行借款逾期未归还的企业的任职人员;

(五)在与该商业银行存在法律、会计、审计、管理咨询等业务联系或利益关系的机构任职的人员;

(六)该商业银行可控制或通过各种方式可施加重大影响的其他任何人员;

(七)上述人员的近亲属。本指引所称近亲属是指夫妻、父母、子女、祖父母、外祖父母、兄弟姐妹。

第三条　有下列情形之一的,不得担任商业银行的独立董事、外部监事:

(一)因犯有贪污、贿赂、侵占财产、挪用财产罪或者破坏市场经济秩序罪,被判处刑罚,或者因犯罪被剥夺政治权利的;

(二)担任因经营不善破产清算的公司、企业的董事或者厂长、经理,并对该公司、企业的破产负有个人责任的;

(三)担任因违法被吊销营业执照的公司、企业的法定代表人,并负有个人责任的;

(四)个人所负数额较大的债务到期未清偿的;

(五)因未能勤勉尽职被原任职单位罢免职务的;

(六)曾经担任高风险金融机构主要负责人且不能证明其对金融机构撤销或资产损失不负有责任的。

第四条　国家机关工作人员不得兼任商业银行独立董事、外部监事。

第五条　独立董事、外部监事不得在其他商业银行兼职。

第六条　商业银行应当将独立董事、外部监事的数额、任职资格、权利和义务在章程中列明,并报中国人民银行审批。

第二章　独立董事、外部监事的产生、任职和免职

第七条　商业银行董事会中至少应当有2名独立董事。

商业银行监事会中至少应当有2名外部监事。

第八条　商业银行独立董事、外部监事由股东提名,经股东大会选举产生。

同一股东只能提出1名独立董事或外部监事候选人,不得既提名独立董事又提名外部监事。

第九条　独立董事在同一家商业银行任职不得超过3年。3年期满,可以继续担任该商业银行董事,但不得再担任独立董事。

第十条　独立董事、外部监事在就职前应当向董事会或监事会发表申明,保证其具有足够的时间和精力履行职责,并承诺勤勉尽职。

第十一条　独立董事、外部监事的任职,应当报中国人民银行进行任职资格审核。中国人民银行应当自收到申请之日起30日内提出审核意见。

中国人民银行对独立董事、外部监事实行任前辅导制。

第十二条　独立董事、外部监事每年为商业银行工作的时间不得少于15个工作日。

独立董事可以委托其他独立董事出席董事会会议,但每年至少应当亲自出席董事会会议总数的三分之二。

外部监事可以委托其他外部监事出席监事会会议,但每年至少应当亲自出席监事会会议总数的三分之二。

第十三条　股东大会审议的独立董事评价报告应当至少包括该独立董事参加董事会会议次数、历次参加董事会会议的主要情况,独立董事提出的反对意见以及董事会所做的处理情况等内容。

股东大会审议的外部监事评价报告应当至少包括参加监事会会议次数、组织或参与监事会审计工作情况、履行监事监督职责情况等内容。

第十四条 独立董事、外部监事有下列情形之一的，由监事会提请股东大会予以罢免：

（一）因职务变动不符合独立董事、外部监事任职资格条件且本人未提出辞职的；

（二）一年内亲自出席董事会、监事会会议的次数少于董事会、监事会会议总数的三分之二的；

（三）法律、法规规定不适合继续担任独立董事、外部监事的其他情形。

第十五条 监事会提请罢免独立董事、外部监事的提案应当由全体监事的三分之二以上表决通过方可提请股东大会审议。独立董事、外部监事在监事会提出罢免提案前可以向监事会解释有关情况，进行陈述和辩解。

监事会提请股东大会罢免的独立董事或外部监事应当在股东大会会议召开前1个月内向中国人民银行报告并向独立董事、外部监事本人发出书面通知，独立董事、外部监事有权在表决前以口头或书面形式陈述意见，并有权将该意见在股东大会会议召开5日前报送中国人民银行。股东大会应当依法审议独立董事、外部监事陈述的意见后进行表决。

第十六条 独立董事在任期届满前可以提出辞职。股东大会可以授权董事会做出是否批准独立董事辞职的决定。在股东大会或董事会批准独立董事辞职前，独立董事应当继续履行职责。

独立董事辞职应当向董事会递交书面辞职报告，并应当向最近一次召开的股东大会提交书面声明，说明任何与其辞职有关或其认为有必要引起股东和债权人注意的情况。

独立董事辞职后，董事会中独立董事人数少于2名的，独立董事的辞职报告应在下任独立董事填补其缺额后方可生效。

外部监事辞职应当比照独立董事执行。

第十七条 中国人民银行对独立董事、外部监事履行职责情况进行监督，对独立董事、外部监事履行职责严重失职的，中国人民银行有权取消其任职资格，被取消任职资格的独立董事、外部监事，终身不得担任商业银行独立董事、外部监事。

独立董事、外部监事的任职资格被中国人民银行取消的，其职务自任职资格取消之日起当然解除。商业银行股东大会应当及时补选新的独立董事、外部监事。

第十八条 独立董事有下列情形之一为严重失职：

（一）泄露银行商业秘密，损害商业银行合法利益；

（二）在履行职责过程中接受不正当利益，或者利用独立董事地位谋取私利；

（三）明知董事会决议违反法律、法规或商业银行章程，而未提出反对意见；

（四）关联交易导致商业银行重大损失，独立董事未行使否决权的。

（五）中国人民银行认定的其他严重失职行为。

第十九条 外部监事有以下情形之一的应当认定为严重失职：

（一）泄露银行商业秘密，损害银行合法利益；

（二）在履行职责过程中接受不正当利益；

（三）利用外部监事地位谋取私利；

（四）在监督检查中应当发现问题而未能发现或发现问题隐瞒不报，导致银行重大损失的；

（五）中国人民银行认定的其他严重失职行为。

第三章 独立董事、外部监事的权利、义务和责任

第二十条 独立董事、外部监事负有诚信义务，应当勤勉尽责。

第二十一条 独立董事对董事会讨论事项发表客观、公正的独立意见，独立董事在发表意见时，应当尤其关注以下事项：

（一）重大关联交易；

（二）利润分配方案；

（三）高级管理层成员的聘任和解聘；

（四）可能造成商业银行重大损失的事项；

（五）可能损害存款人或中小股东利益的事项。

第二十二条 二分之一以上独立董事可以向董事会提请召开临时股东大会。商业银行只有2名独立董事的，提请召开临时股东大会应经其一致同意。

第二十三条 独立董事对商业银行决策发表的意见，应当在董事会会议记录中载明。

第二十四条 商业银行董事会设立关联交易控制委员会和提名委员会，主要由独立董事组成，并由独立董事担任负责人。

第二十五条 董事会决议违反法律、行政法规或者商业银行章程，致使商业银行遭受严重损失，独立董事未发表反对意见的，依法承担赔偿责任。

第二十六条 外部监事享有监事的权利，对商业银行董事会、高级管理层及其成员进行监督，根据监事会决议组织开展监事会职权范围内的审计工作。

第二十七条 监事会内设的审计委员会，由外部监事担任负责人。

第二十八条 二分之一以上外部监事可以向董事会提请召开临时股东大会。商业银行只有2名外部监事的，提请召开临时股东大会应经其一致同意。

第二十九条 独立董事、外部监事除依法律规定外，不得泄露与任职商业银行有关的商业秘密。

第四章 独立董事、外部监事的报酬和费用

第三十条 股份制商业银行应当对独立董事、外部监事支付报酬和津贴。报酬和津贴的标准由董事会制订，股东大会审议通过。

第三十一条 独立董事、外部监事履行职责时所需的费用由商业银行承担。

第五章 附 则

第三十二条 本指引适用于中华人民共和国境内设立的股份制商业银行。

第三十三条 本指引由中国人民银行负责解释。

第三十四条 本指引自公告之日起实施。

信托投资公司管理办法

第一章 总 则

第一条 为了加强对信托投资公司的监督管理，规范信托投资公司的经营行为，促进信托业的健康发展，根据《中华人民共和国信托法》、《中华人民共和国中国人民银行法》等法律和国务院有关规定，制定本办法。

第二条 本办法所称信托投资公司，是指依照《中华人民共和国公司法》和本办法设立的主要经营信托业务的金融机构。

第三条 本办法所称信托，是指委托人基于对受托人的信任，将其财产权委托给受托人，由受托人按委托人的意愿以自己的名义，为受益人的利益或者特定目的，进行管理或者处分的行为。

委托人应是具有完全民事行为能力的自然人、法人或者依法成立的其他组织。受益人是在信托中享有信托受益权的自然人、法人或者依法成立的其他组织。受益人和委托人可以是同一人，也可以不是同一人；受托人可以是受益人，但不得是同一信托的唯一受益人。

第四条 本办法所称信托业务，是指信托投资公司以营业和收取报酬为目的，以受托人身份承诺信托和处理信托事务的经营行为。

第五条 本办法所称信托财产，是指信托投资公司因承诺信托而取得的财产。信托投资公司因信托财产的管理、运用、处分或者其他情形而取得的财产，也归入信托财产。法律、行政法规禁止流通的财产，不得作为信托财产；法律、行政法规限制流通的财产，依法经有关主管部门批准后，可以作为信托财产。

信托财产不属于信托投资公司的固有财产，也不属于信托投资公司对受益人的负债。信托投资公司终止时，信托财产不属于其清算财产。

第六条 信托不因信托投资公司依法解散、被宣告破产或者被依法撤销而终止，也不因信托投资公司的辞任而终止，但法律或者信托文件另有规定的除外。

第七条 信托投资公司从事信托活动，应当遵守法律、行政法规的规定和信托文件的规定，不得损害国家利益、社会公共利益和他人的合法权益。

第八条 信托投资公司管理或者处分信托财产，必须恪尽职守，履行诚实、信用、谨慎、有效管理的义务。

第九条 信托投资公司不得办理存款业务，不得发行债券，不得举借外债。

第十条 中国人民银行依照法律、行政法规和本办法对信托投资公司及其业务实施监督和管理。

第二章 机构的设立、变更与终止

第十一条 设立信托投资公司，应当采取有限责任公司或者股份有限公司的形式。

第十二条 设立信托投资公司，必须经中国人民银行批准，并领取《信托机构法人许可证》。

未经中国人民银行批准，任何单位和个人不得经营信托业务，任何经营单位不得在其名称中使用“信托投资”字样。法律、行政法规另有规定的除外。

第十三条 信托投资公司的设立应当具备下列条件：

（一）有符合《中华人民共和国公司法》和中国人民银行规定的公司章程；

（二）有具备中国人民银行规定的入股资格的股东；

（三）具有本办法规定的最低限额的注册资本；

（四）有具备中国人民银行规定任职资格的高级管理人员和与其业务相适应的信托从业人员；

（五）具有健全的组织机构、信托业务操作规则和风险控制制度；

（六）有符合要求的营业场所、安全防范措施和与业务有关的其他设施；

（七）中国人民银行规定的其他条件。

中国人民银行可以根据经济发展的需要和信托市场的状况对信托投资公司的设立申请进行审查。

第十四条 信托投资公司的注册资本不得低于人民币3亿元。

经营外汇业务的信托投资公司，其注册资本中应包括不少于等值1500万美元的外汇。

中国人民银行根据信托投资公司行业发展的需要，可以调整设立信托投资公司的注册资本最低限额。

第一五条 信托投资公司有下列情形之一的，应当经中国人民银行批准：

（一）变更名称；

（二）变更注册资本金；

（三）变更公司住所；

（四）改变组织形式；

（五）调整业务范围；

（六）更换高级管理人员；

（七）变更股东或者调整股权结构，但持有上市股份公司流通股份未达到公司总股份10%的除外；

（八）修改公司章程；

（九）合并或者分立；

（十）中国人民银行规定的其他变更事项。

第十六条 信托投资公司因分立、合并或者公司章程规定的解散的事由出现，申请解散的，经中国人民银行批准后解散，并依法组织清算组进行清算。

第十七条 信托投资公司因违法违规经营、经营管理不善等原因，不能支付到期债务，不撤销将严重损害社会公众利益、危害金融秩序的，由中国人民银行根据《金融机构撤销条例》予以撤销。

第十八条 信托投资公司不能支付到期债务，经中国人民银行同意，可向人民法院提出破产申请。

第十九条 信托投资公司设立、变更、终止的审批程序，按照中国人民银行的规定执行。

第三章 经营范围

第二十条 信托投资公司可以申请经营下列部分或者全部本外币业务：

（一）受托经营资金信托业务，即委托人将自己合法拥有的资金，委托信托投资公司按照约定的条件和目的，进行管理、运用和处分；

（二）受托经营动产、不动产及其他财产的信托业务，即委托人将自己的动产、不动产以及知识产权等财产、财产权，委托信托投资公司按照约定的条件和目的，进行管理、运用和处分；

（三）受托经营法律、行政法规允许从事的投资基金业务，作为投资基金或者基金管理公司的发起人从事投资基金业务；

（四）经营企业资产的重组、购并及项目融资、公司理财、财务顾问等中介业务；

（五）受托经营国务院有关部门批准的国债、政策性银行债券、企业债券等债券的承销业务；

（六）代理财产的管理、运用和处分；

（七）代保管业务；

（八）信用见证、资信调查及经济咨询业务；

（九）以固有财产为他人提供担保；

（十）中国人民银行批准的其他业务。

第二十一条 信托投资公司可以依照《中华人民共和国信托法》的有关规定，接受为下列公益目的而设立的公益信托：

（一）救济贫困；

（二）救助灾民；

（三）扶助残疾人；

（四）发展教育、科技、文化、艺术、体育事业；

（五）发展医疗卫生事业；

（六）发展环境保护事业，维护生态环境；

（七）发展其他社会公益事业。

第二十二条 信托投资公司管理、运用信托财产时，可以依照信托文件的规定，采取出租、出售、贷款、投资、同业拆放等方式进行。

第二十三条 信托投资公司可以根据市场需要，按照信托目的、信托财产的种类或者对信托财产管理方式的不同设置信托业务品种。

第二十四条 信托投资公司所有者权益项下依照规定可以运用的资金，可以存放于银行或者用于同业拆放、贷款、融资租赁和投资，但自用固定资产和股权投资余额总和不得超过其净资产的80%。

第二十五条 经中国人民银行批准，信托投资公司可以办理同业拆借。

第二十六条 信托投资公司的经营范围由公司章程规定，报中国人民银行批准。

第四章 经营规则

第二十七条 设立信托，应当采取书面的形式。书面形式包括信托合同、遗嘱或者法律、行政法规规定的其他书面文件。

第二十八条 以信托合同形式设立信托时，信托合同应当载明以下事项：

（一）信托目的；

(二) 委托人、受托人的姓名或者名称、住所；

(三)受益人或者受益人范围；

(四)信托财产的范围、种类及状况；

(五)信托当事人的权利和义务；

(六)信托财产管理中风险的揭示和承担；

(七)信托财产的管理方式和受托人的经营权限；

(八)信托利益的计算，向受益人交付信托利益的形式、方法；

(九)信托投资公司报酬的计算及支付；

(十)信托财产税费的承担和其他费用的核算；

(十一)信托期限和信托的终止；

(十二)信托终止时信托财产的归属；

(十三)信托事务的报告；

(十四)信托当事人的违约责任及纠纷解决方式；

(十五)新受托人的选任方式；

(十六)委托人和受托人认为需要载明的其他事项。

以信托合同以外的其他书面文件设立信托时，书面文件的载明事项按照有关法律、行政法规规定执行。

第二十九条 信托投资公司应当以受益人的最大利益为宗旨处理信托事务，并谨慎管理信托财产。

第三十条 信托投资公司不得以经营资金信托或者其他业务的名义吸收存款。

第三十一条 信托投资公司经营信托业务，不得有下列行为：

(一)利用受托人地位谋取不当利益；

(二)将信托财产挪用于非信托目的的用途；

(三)承诺信托财产不受损失或者保证最低收益；

(四)以信托财产提供担保；

(五)将信托资金投资于自己或者关系人发行的有价证券；

(六)将信托资金贷放给自己或者关系人；

(七)将不同信托账户下的信托财产进行相互交易；

(八)以固有财产与信托财产进行相互交易；

(九)法律、行政法规和中国人民银行禁止的其他行为。

信托投资公司依据信托文件的规定，并以公平的市场价格进行交易的，不受前款第(四)至(八)项的限制。

第三十二条 前条所称关系人是指：

(一)持有信托投资公司 10%以上股权的股东；

(二)信托投资公司投资控股的企业；

(三)信托投资公司的董事、监事、经理、信托业务人员及其近亲属；

(四)前项所列人员投资持股 5%以上或者担任高级管理人员的公司、企业和其他经济组织。

第三十三条 信托投资公司应当自己处理信托事务，但信托文件另有规定或者有不得已事由的，可以委托他人代为处理。

第三十四条 信托投资公司应当为委托人、受益人以及处理信托事务的情况和资料保密，但法律、行政法规或者信托文件另有规定的除外。

第三十五条 信托投资公司应当将信托财产与其固有财产分别管理、分别记账，并将不同委托人的信托财产分别管理、分别记账。

第三十六条 信托投资公司应当妥善保存处理信托事务的完整记录，至少每年定期向委托人及受益人报告信托财产及其管理运用、处分及收支的情况。

委托人、受益人有权向信托投资公司了解对其信托财产的管理运用、处分及收支情况，并要求信托投资公司作出说明。

第三十七条 信托投资公司经营信托业务，依据约定以手续费或者佣金的方式收取报酬。

信托投资公司收取报酬的标准，除中国人民银行另有规定外，可与委托人协商确定。

第三十八条 信托投资公司违反信托目的处分信托财产、或者因违背管理职责、处理信托事务不当致使信托财产受到损失的，在恢复信托财产的原状或者予以赔偿前，信托投资公司不得请求给付报酬。

第三十九条 信托投资公司因处理信托事务而支出的费用、负担的债务，以信托财产承担，但应在信托合同中列明或明确告知委托人。信托投资公司以其固有财产先行支付的，对信托财产享有优先受偿的权利。因信托投资公司违背管理职责或者管理信托事务不当所负债务及所受到的损害，以其固有财产承担。

第四十条 信托投资公司违反信托目的处分信托财产、或者管理运用、处分信托财产有重大过失的，委托人有权依照信托文件的规定解任该信托投资公司，或者申请人民法院解任该信托投资公司。

第四十一条 信托投资公司终止时，其管理信托事务的职责同时终止。清算组应当妥善保管信托财产，作出处理信托事务的报告并向新受托人办理信托财产的移交，但信托文件另有规定的，从其规定。

第四十二条 信托投资公司依法终止其受托人职责的，新受托人依照信托文件的规定选任；信托文件未规定的，由委托人选任；委托人不能选任的，由受益人选任；受益人为无民事行为能力人或者限制民事行为能力人的，依法由其监护人代行选任。

第四十三条 信托投资公司经营信托业务，有下列情形之一的，信托终止：

(一)信托文件规定的终止事由发生；

(二)信托的存续违反信托目的；

(三)信托目的已经实现或者不能实现；

（四）信托当事人协商同意；

（五）信托期限届满；

（六）信托被解除；

（七）信托被撤销；

（八）全体受益人放弃信托受益权。

第四十四条 信托终止的，信托投资公司应当作出处理信托事务的清算报告。受益人或者信托财产的权利归属人对清算报告无异议的，信托投资公司就清算报告所列事项解除责任，但信托投资公司有不当行为的除外。

第四十五条 信托投资公司接受由其代为确定管理方式的信托资金，应当符合下列规定：

（一）信托期限不得少于一年；

（二）单笔信托资金不得低于人民币5万元。

第四十六条 中国人民银行根据防范金融风险的需要，可以规定由信托投资公司代为确定管理方式的信托资金的管理办法。

第四十七条 信托投资公司经营外汇信托业务，应当遵守国家外汇管理的有关规定，并接受外汇主管部门的检查、监督。

第四十八条 信托投资公司为他人提供担保或者拆入资金的余额不得超过其注册资本。

第四十九条 信托投资公司运用自有资金和信托资金从事同业拆借，应当遵守中国人民银行的有关规定。

第五十条 信托投资公司每年应当从税后利润提取5%，作为信托赔偿准备金，但该赔偿准备金累计总额达到公司注册资本的20%时，可不再提取。

信托投资公司的赔偿准备金应存放于经营稳健、具有一定实力的境内中资商业银行或者购买国债。

第五章 监督管理与自律

第五十一条 信托投资公司应当按规定制订本公司的信托业务及其他业务规则，建立、健全本公司的各项业务管理制度和内部控制制度，并报中国人民银行备案。

信托投资公司应当设立内部审计部门，对本公司的业务经营活动进行审计和监督。信托投资公司的内部审计部门应当至少每半年向公司董事会提交内部审计报告，同时向中国人民银行报送上述报告的副本。

第五十二条 信托投资公司应当依法建账，对信托业务与非信托业务分别核算，并对每项信托业务单独核算。具体财务会计制度应当遵守财政部的有关规定。

第五十三条 信托投资公司应当按照国家有关规定建立、健全本公司的财务会计制度，真实记录并全面反映其业务活动和财务状况。公司年度财务会计报表，应当经具有相应资格的注册会计师审计。

信托投资公司应当按照规定向中国人民银行及有关部门报送营业报告书、信托业务及非信托业务的财务会计报表和信托账户目录等有关资料。

第五十四条 信托投资公司的信托业务部门应当在业务上独立于公司的其他部门，其人员不得与公司其他部门的人员相互兼职，具体业务信息不得与公司的其他部门共享。

第五十五条 中国人民银行可以定期或者不定期对信托投资公司的经营活动进行检查。中国人民银行认为必要时，可以责令信托投资公司聘请具有相应资格的中介机构对其业务、财务状况进行审计。

信托投资公司应当按照中国人民银行的要求提供有关业务、财务等报表和资料，并如实介绍有关业务情况。

第五十六条 中国人民银行对信托投资公司的高级管理人员实行任职资格审查制度。未经中国人民银行任职资格审查或者审查、考核不合格的，不得任职。

信托投资公司对拟离任的高级管理人员，应当进行离任审计，并将审计结果报中国人民银行备案。信托投资公司的法定代表人变更时，在新的法定代表人经中国人民银行核准任职资格前，原法定代表人不得离任。

第五十七条 中国人民银行对信托投资公司的信托从业人员实行信托业务资格考试制度。考试合格的，由中国人民银行颁发信托从业人员资格证书；未经考试或者考试不合格的，不得经办信托业务。具体考试办法由中国人民银行另行制定。

第五十八条 信托投资公司的高级管理人员和信托从业人员违反法律、行政法规或中国人民银行有关规定的，中国人民银行有权取消其任职资格或者从业资格。

第五十九条 中国人民银行对信托投资公司监管中发现的重大问题，有权质询信托投资公司的高级管理人员，并责令其采取有效措施，限期改正。

第六十条 信托投资公司管理混乱，经营陷入困境的，由中国人民银行责令该公司采取措施进行整顿或者重组，并建议撤换高级管理人员。中国人民银行认为必要时，可以对其实行接管。

第六十一条 信托投资公司可以成立同业协会，实行行业自律。

信托投资公司同业协会开展活动，应当接受中国人民银行的指导和监督。

第六章 罚 则

第六十二条 经中国人民银行批准，擅自设立信托投资公司或者擅自经营信托业务的，按照《非法金融机构和非法金融业务活动取缔办法》，予以取缔，并予以处罚。

第六十三条 中国人民银行在批准信托投资公司设立、变更、终止后，发现原申请事项有隐瞒、虚假的情形，可以责令补正或者撤销批准。

第六十四条 信托投资公司违反本办法第三十条规定办理资金信托的，由中国人民银行责令其限期退回存款，并停办部分或全部业务；对直接负责的主管人员和其他直接责任人员依法给予纪律处分，并由中国人民银行取消高级管理人员的任职资格和从业人员的从业资格。构成犯罪的，移送司法机关追究刑事责任。

第六十五条 信托投资公司违反本办法第三十一条规定的，按照《金融违法行为处罚办法》第二十八条规定进行处罚。

第六十六条 信托投资公司违反本办法其他规定的，由中国人民银行按照《金融违法行为处罚办法》及有关规定进行处罚。

第六十七条 信托投资公司对中国人民银行的处罚决定不服的，可以依法提请行政复议或者向人民法院提起行政诉讼。

第七章　附　则

第六十八条 本办法由中国人民银行负责解释。

第六十九条 本办法自公布之日起施行，中国人民银行2001年1月10日颁布的《信托投资公司管理办法》同时废止。

信托投资公司资金信托管理暂行办法

第一条 为了规范信托投资公司资金信托业务的经营行为，保障资金信托业务各方当事人的合法权益，根据《中华人民共和国信托法》、《中华人民共和国中国人民银行法》和中国人民银行《信托投资公司管理办法》的有关规定，制定本办法。

第二条 本办法所称资金信托业务是指委托人基于对信托投资公司的信任，将自己合法拥有的资金委托给信托投资公司，由信托投资公司按委托人的意愿以自己的名义，为受益人的利益或者特定目的管理、运用和处分的行为。

除经中国人民银行批准设立的信托投资公司外，任何单位和个人不得经营资金信托业务，但法律、行政法规另有规定的除外。

第三条 信托投资公司办理资金信托业务取得的资金不属于信托投资公司的负债；信托投资公司因管理、运用和处分信托资金而形成的资产不属于信托投资公司的资产。

第四条 信托投资公司办理资金信托业务时应遵守下列规定：

(一)不得以任何形式吸收或变相吸收存款；

(二)不得发行债券，不得以发行委托投资凭证、代理投资凭证、受益凭证、有价证券代保管单和其他方式筹集资金，办理负债业务；

(三)不得举借外债；

(四)不得承诺信托资金不受损失，也不得承诺信托资金的最低收益；

(五)不得通过报刊、电视、广播和其他公共媒体进行营销宣传。

信托投资公司违反上述规定，按非法集资处理，造成的资金损失由投资者承担。

第五条 信托投资公司办理资金信托业务可以依据信托文件的约定，按照委托人的意愿，单独或者集合管理、运用、处分信托资金。

单独管理、运用、处分信托资金是指信托投资公司接受单个委托人委托、依据委托人确定的管理方式单独管理和运用信托资金的行为。

集合管理、运用、处分信托资金指信托投资公司接受二个或二个以上委托人委托、依据委托人确定的管理方式或由信托投资公司代为确定的管理方式管理和运用信托资金的行为。

第六条 信托投资公司集合管理、运用、处分信托资金时，接受委托人的资金信托合同不得超过200份(含200份)，每份合同金额不得低于人民币5万元(含5万元)。

第七条 信托投资公司办理资金信托业务，应与委托人签订信托合同。采取其他书面形式设立信托的，按照法律、行政法规的规定设立。

信托合同应当载明以下事项：

(一)信托目的；

(二)委托人、受托人的姓名(或者名称)、住所；

(三)受益人姓名(或者名称)、住所，或者受益人的范围；

(四)信托资金的币种和金额；

(五)信托期限；

(六)信托资金的管理方式和受托人的管理、运用和处分的权限；

(七)信托资金管理、运用和处分的具体方法或者安排；

(八)信托利益的计算、向受益人交付信托利益的时间和方法；

(九)信托财产税费的承担、其他费用的核算及支付方法；

(十)受托人报酬计算方法、支付期间及方法；

(十一)信托终止时信托财产的归属及分配方式;

(十二)信托事务的报告;

(十三)信托当事人的权利、义务;

(十四)风险的揭示;

(十五)信托资金损失后的承担主体及承担方式;

(十六)信托当事人的违约责任及纠纷解决方式;

(十七)信托当事人认为需要载明的其他事项。

第八条 信托投资公司办理资金信托业务时,应当于签定信托合同的同时,与委托人签定信托资金管理、运用风险申明书。

风险申明书应当载明下列内容:

(一)信托投资公司依据信托文件的约定管理、运用信托资金导致信托资金受到损失的,其损失部分由信托财产承担;

(二)信托投资公司违背信托文件的约定管理、运用、处分信托资金导致信托资金受到损失的,其损失部分由信托投资公司负责赔偿。不足赔偿时,由信托财产承担。

第九条 受托人制定信托合同或者其他信托文件,应当在首页右上方用醒目字体载明下列文字:

"受托人管理信托财产应恪尽职守,履行诚实、信用、谨慎、有效管理的义务。依据本信托合同规定管理信托资金所产生的风险,由信托财产承担,即由委托人交付的资金以及由受托人对该资金运用后形成的财产承担;受托人违背信托合同、处理信托事务不当使信托资金受到损失,由受托人赔偿。"

第十条 信托文件有效期限内,受益人可以根据信托文件的规定转让其享有的信托受益权。

信托投资公司应为受益人办理信托受益权转让的有关手续。

第十一条 信托投资公司办理资金信托业务,应设立专门为资金信托业务服务的信托资金运用、信息处理等部门。

信托投资公司固有资金运用部门和信托资金运用部门应当由不同的高级管理人员负责管理。

第十二条 信托投资公司办理资金信托业务,应指定信托执行经理及其相关的工作人员。

担任信托执行经理的人员,应具有中国人民银行颁发的《信托经理资格证书》。

第十三条 信托投资公司违背信托文件的约定管理、运用、处分信托资金导致信托资金受到损失的,其损失部分由信托投资公司负责赔偿。信托投资公司由此而导致的损失,可按《中华人民共和国公司法》的有关规定,要求其董事、监事、高级管理人员承担赔偿责任。

第十四条 信托投资公司对不同的资金信托,应建立单独的会计账户分别核算;对不同的信托,应在银行分别开设单独的银行账户,在证券交易机构分别开设独立的证券账户与资金账户。

第十五条 资金信托终止的,信托财产归属于信托文件规定的人。信托投资公司应当按照信托文件的规定书面通知信托财产归属人取回信托财产。

未被取回的信托财产,由信托投资公司负责保管。保管期间,保管人不得运用该财产。保管期间的收益归属于信托财产的归属人。发生的保管费用由被保管的信托财产承担。

第十六条 信托财产的归属依据信托合同规定,可采取现金方式、维持信托终止时财产原状方式或者两者的混合方式。

采取现金方式的,信托投资公司应当于信托合同规定的分配日前或者信托期满日前(如遇法定节假日顺延)变现信托财产,并将现金存入信托文件指定的账户。

采取维持信托终止时财产原状方式的,信托投资公司应于信托期满后的约定时间内,完成与归属人的财产转移手续。

第十七条 资金信托终止,信托投资公司应当于信托终止后十个工作日内做出处理信托事务的清算报告,并送达信托财产归属人。

第十八条 信托投资公司办理资金信托业务,应当按季或者按照信托合同的规定,将信托资金管理的报告和信托资金运用及收益情况表书面告知信托文件规定的人。信托期限超过一年的,每年最少报告一次。

信托投资公司应当按照《信托投资公司管理办法》向中国人民银行报送资金信托业务经营的有关资料。

第十九条 信托资金管理的报告书应当载明如下内容:

(一)信托资金管理、运用、处分和收益情况;

(二)信托资金运用组合比例情况;

(三)信托资金运用中金额列前十位的项目情况;

(四)信托执行经理变更说明;

(五)信托资金运用重大变动说明;

(六)涉及诉讼或者损害信托财产、委托人或者受益人利益的情形;

(七)信托合同规定的其他事项。

第二十条 信托投资公司应当妥善保存资金信托业务的全部资料,保存期自信托终止之日起不得少于十五年。

第二十一条 信托投资公司违反本办法规定的,由中国人民银行按照《金融违法行为处罚办法》及有关规定进行处罚;情节严重的,暂停或者直至取消其办理资金信托业务的资格。对有关的高级管理人员,中国人民银行可以取消其一定期限直至终身的任职资格;对直接责任人员,取消其信托从业资格。

第二十二条 本办法由中国人民银行负责解释。

第二十三条 本办法自2002年7月18日起施行。

期货交易所管理办法

中国证券监督管理委员会令

第 6 号

现发布《期货交易所管理办法》,自 2002 年 7 月 1 日起施行。

主 席 周小川

二〇〇二年五月十七日

第一章 总 则

第一条 为了加强对期货交易所的管理,明确期货交易所的职权和责任,维护期货市场的正常秩序,根据《期货交易管理暂行条例》,制定本办法。

第二条 本办法适用于在中华人民共和国境内设立的期货交易所。

第三条 期货交易所指依照《期货交易管理暂行条例》和本办法规定条件设立的,履行《期货交易管理暂行条例》和本办法规定的职能,按照其章程实行自律性管理的法人。

期货交易所的注册资本划分为均等份额,由会员出资认缴。

第四条 中国证券监督管理委员会(以下简称"中国证监会")依法对期货交易所实行集中统一的监督管理。

第二章 设立、变更与终止

第五条 设立期货交易所,由中国证监会审批。未经批准,任何单位或者个人不得设立或者变相设立期货交易所。

第六条 申请设立期货交易所,应当向中国证监会提交下列文件和材料:

(一)申请书;

(二)章程和交易规则草案;

(三)期货交易所的经营计划;

(四)拟加入本交易所的会员名单;

(五)理事会成员候选人名单及简历;

(六)拟任用高级管理人员的名单及简历;

(七)场地、设备、资金证明文件及情况说明;

(八)中国证监会要求的其他文件、材料。

第七条 经中国证监会批准设立的期货交易所,应当标明商品交易所或者期货交易所字样。其他任何单位或者个人不得使用商品交易所、期货交易所或者近似的名称。

第八条 期货交易所除履行《期货交易管理暂行条例》规定的职能外,还应当履行下列职能:

(一)制定并实施期货交易所的业务规则;

(二)发布市场信息;

(三)监管会员期货业务,查处会员违规行为;

(四)监管指定交割仓库的期货业务;

(五)监督结算银行与本所有关的期货结算业务。

第九条 期货交易所章程应当载明下列事项:

(一)设立目的和职能;

(二)名称、住所和营业场所;

(三)注册资本及其构成;

(四)营业期限;

(五)会员资格及其管理办法;

(六)会员的权利和义务;

(七)对会员的纪律处分;

(八)会员大会、理事会等组织机构的组成、职权、任期和议事规则;

(九)管理人员的产生、任免及其职责;

(十)基本业务规则;

(十一)风险准备金管理制度;

(十二)财务会计、内部审计制度;

(十三)变更、终止的条件、程序及清算办法;

(十四)章程修改程序;

(十五)需要在章程中规定的其他事项。

第十条 期货交易所交易规则应当载明下列事项:

(一)期货交易、交割和结算制度;

(二)经纪和自营业务规则;

(三)风险控制制度和交易异常情况的处理程序;

(四)保证金的管理和使用制度;

(五)标准仓单的生成、流转、管理以及注销等规则;

(六)期货交易信息的发布办法;

(七)违规、违约行为及其处理办法;

(八)交易纠纷的处理方式;

(九)需要在交易规则中载明的其他事项。

第十一条 期货交易所的合并、分立或者联网交易等,由中国证监会审批。

期货交易所可以采取吸收合并和新设合并两种方式,合并前各方的债权、债务,由合并后存续或者新设的期货交易所承继。

期货交易所分立的,其债权、债务由分立后的期货交易所承继。

第十二条 期货交易所有《期货交易管理暂行条例》第十七条规定的情形以及下列变更事项的,应当报中国证监会批准:

(一)变更名称;

(二)变更住所或者营业场所。

第十三条 未经中国证监会批准,期货交易所不得设立分所或者其他任何期货交易场所。

第十四条 期货交易所因《期货交易管理暂行条例》第二十条规定的情形以及合并或者分立而终止的,由中国证监会予以公告。

期货交易所终止,应当成立清算组,进行清算。清算组制定的清算方案,应当报中国证监会批准。

第三章 组织机构

第十五条 期货交易所设会员大会、理事会。

第十六条 会员大会是期货交易所的权力机构,由全体会员组成。

会员大会行使下列职权:

(一)审议通过期货交易所章程和交易规则及其修改草案;

(二)选举和更换会员理事;

(三)审议批准理事会和总经理的工作报告;

(四)审议批准期货交易所的财务预算方案、决算报告;

(五)审议期货交易所风险准备金使用情况;

(六)决定增加或者减少期货交易所注册资本;

(七)决定期货交易所的合并、分立、解散和清算事项;

(八)决定期货交易所理事会提交的其他重大事项;

(九)期货交易所章程规定的其他职权。

第十七条 会员大会由理事会召集,一般情况下每年召开一次。

有下列情形之一的,应当召开临时会员大会:

(一)会员理事不足期货交易所章程所规定人数的三分之二时;

(二)三分之一以上会员联名提议时;

(三)理事会认为必要时。

第十八条 会员大会由理事长主持。理事长因特殊原因不能履行职权时,由理事长指定的副理事长或者其他理事主持。召开会员大会,应当将会议审议的事项于会议召开10日以前通知各会员。临时会员大会不得对通知中未列明的事项作出决议。

第十九条 会员大会必须有三分之二以上会员参加方为有效。会员大会应当对表决事项制作会议纪要,由出席会议的理事签名。

会员大会结束后10日内,期货交易所应当将大会全部文件报中国证监会备案。

第二十条 理事会是会员大会的常设机构,对会员大会负责。

理事会行使下列职权:

(一)召集会员大会,并向会员大会报告工作;

(二)选举理事长、副理事长;

(三)通过对理事会成员的不信任案,并提请有关机构审议批准;

(四)拟定期货交易所章程、交易规则及其修改草案,提交会员大会通过;

(五)审议总经理提出的财务预算方案、决算报告,提交会员大会通过;

(六)审议期货交易所合并、分立、解散和清算的方案,提交会员大会通过;

(七)决定专门委员会的设置;

(八)决定会员的接纳;

(九)决定对违规会员的处罚;

(十)决定期货交易所的变更事项;

(十一)审定根据交易规则制定的细则和办法;

(十二)审定风险准备金的使用和管理办法;

(十三)审定总经理提出的期货交易所发展规划和年度工作计划;

(十四)监督总经理组织实施会员大会和理事会决议的情况;

(十五)监督期货交易所高级管理人员和其他工作人员遵守国家有关法律、法规、规章、政策和期货交易所章程、业务规则的情况;

(十六)组织期货交易所年度财务会计报告的审计工作,决定会计师事务所的聘用和变更事项;

(十七)期货交易所章程规定和会员大会授予的其他职权。

前款有关职权,理事会可以授予专门委员会或者总经理行使。

第二十一条　理事会由会员理事和非会员理事组成；其中会员理事由会员大会选举产生，非会员理事由中国证监会委派。

第二十二条　理事会设理事长 1 人、副理事长 1 至 2 人。理事长、副理事长由中国证监会提名，理事会选举产生。理事长不得兼任总经理。

第二十三条　理事长行使下列职权：

(一)主持会员大会、理事会会议和理事会日常工作；

(二)组织协调专门委员会的工作；

(三)检查理事会决议的实施情况并向理事会报告。

副理事长协助理事长工作，理事长因故临时不能履行职权时，由理事长指定的副理事长或者理事代其履行职权。

第二十四条　理事会会议至少每半年召开 1 次。每次会议应当于会议召开 10 日前通知全体理事。

有下列情形之一的，应当召开理事会临时会议：

(一)中国证监会提议；

(二)三分之一以上理事联名提议；

(三)期货交易所章程规定的情形。

理事会召开临时会议，可以另定召集理事会临时会议的通知方式和通知时限。

第二十五条　理事会会议须有三分之二以上理事出席方为有效，其决议须经全体理事二分之一以上表决通过。

理事会会议结束后 10 日内，理事会应当将会议决议及其他会议文件报中国证监会备案。

第二十六条　理事会会议，应当由理事本人出席。理事因故不能出席的，应当以书面形式委托其他理事代为出席；委托书中应当载明授权范围。每位理事只能接受一位理事的授权。

理事会应当对会议表决事项作成会议记录，由出席会议的理事和记录员在会议记录上签名。

第二十七条　理事会可以根据需要设立监察、交易、交割、会员资格审查、调解、财务、技术等专门委员会，其职责由理事会确定，对理事会负责。

第二十八条　期货交易所设总经理 1 人，副总经理若干人。总经理、副总经理由中国证监会任免。总经理每届任期 3 年，连任不得超过两届。

总经理是期货交易所的法定代表人，总经理是当然理事。

第二十九条　总经理行使下列职权：

(一)组织实施会员大会、理事会通过的制度和决议；

(二)主持期货交易所的日常工作；

(三)根据章程和交易规则拟定有关细则和办法；

(四)拟定并实施经批准的期货交易所发展规划、年度工作计划；

(五)拟定期货交易所财务预算方案、决算报告；

(六)拟定期货交易所合并、分立、解散和清算的方案；

(七)拟定本办法第十二条规定变更事项的方案；

(八)决定期货交易所机构设置方案，聘任和解聘工作人员；

(九)决定期货交易所员工的工资和奖惩；

(十)期货交易所章程规定的或者理事会授予的其他职权。

总经理因故临时不能履行职责时，由总经理指定的副总经理代其履行职责。

第三十条　期货交易所中层管理人员的任免报中国证监会备案。

第四章　对会员的管理

第三十一条　期货交易所接纳的会员应当是在中华人民共和国境内注册登记的企业法人，并具有良好的资信。

第三十二条　期货交易所会员管理办法的内容应当包括：

(一)会员资格的取得条件和程序；

(二)会员资格的变更条件和程序；

(三)对会员的监督管理；

(四)会员违规、违约行为处理办法；

(五)其他需要在会员管理办法中规定的事项。

第三十三条　会员享有下列权利：

(一)参加会员大会，行使选举权、被选举权和表决权；

(二)在期货交易所内进行期货交易；

(三)使用期货交易所提供的交易设施，获得有关期货交易的信息和服务；

(四)按规定转让会员资格；

(五)联名提议召开临时会员大会；

(六)按照期货交易所章程和交易规则行使申诉权；

(七)期货交易所章程规定的其他权利。

第三十四条　会员应当履行下列义务：

(一)遵守国家有关法律、法规、规章和政策；

(二)遵守期货交易所的章程、业务规则及有关决定；

(三)按规定交纳各种费用；

(四)执行会员大会、理事会的决议；

(五)接受期货交易所监督管理；

(六)期货交易所章程规定的其他义务。

第三十五条　期货交易所应当制定席位管理规则。会员不得将席位全部或者部分以出租或者承包等形式交由其他机构和个人使用。

第三十六条　期货交易所每年应当对会员遵守期货交易所业务规则的情况进行抽样或者全面检查，并将检查结果上报中国证监会。

期货交易所行使监管职权时，可以按照期货交易所章程和交易规则及其细则规定的权限和程序对会员进行调查取证，会员应当配合。

第三十七条 期货交易所可以根据交易、结算业务的需要，设立特别会员。特别会员的种类、资格条件以及权利、义务由期货交易所章程规定。

第五章 基本业务规则

第三十八条 期货交易所向会员收取保证金，用于担保期货合约的履行。期货交易所应当在其指定的结算银行开立专用结算帐户，专户存储保证金，不得挪用。

第三十九条 期货交易所保证金管理制度的内容应当包括：

（一）向会员收取保证金的比例和形式；

（二）专用结算帐户中会员保证金的最低余额；

（三）当会员保证金余额低于期货交易所规定最低余额时的处置方法。

第四十条 期货交易所应当按照手续费收入的20%的比例提取风险准备金，风险准备金必须单独核算，专户存储。

中国证监会可以根据期货交易所业务规模、发展计划以及潜在的风险决定风险准备金的规模。

第四十一条 期货交易实行每日无负债结算制度。

第四十二条 期货交易实行投资者交易编码制度。期货经纪公司会员和投资者必须遵守一户一码制度，不得混码交易。

第四十三条 期货交易实行套期保值头寸审批制度和投机头寸限仓制度。

非期货经纪公司会员或者投资者申请套期保值头寸的，应当向期货交易所提交经营范围和经营业绩资料、现货购销合同等，由期货交易所审核后确定其套期保值头寸；投资者申请套期保值头寸的，由期货经纪公司会员对其提交材料审核后报期货交易所审核。

期货交易所对会员和投资者在非交割月份和交割月份持有的投机头寸，分别制定最大持仓限制标准。

第四十四条 期货交易实行大户报告制度。

期货交易所可以根据市场风险状况制定并调整持仓报告标准。

第四十五条 有根据认为会员或者投资者违反期货交易所业务规则并且对市场正在产生或者将产生重大影响，为防止违规行为后果进一步扩大，期货交易所可以对该会员或者投资者采取下列临时处置措施：

（一）限制入金；

（二）限制出金；

（三）限制开新仓；

（四）提高保证金比例；

（五）限期平仓；

（六）强行平仓。

期货交易所按业务规则规定的程序采取前款第（四）、（五）、（六）项措施，应当及时报告中国证监会。

期货交易所对会员或者投资者采取临时处置措施，应当按照期货交易所业务规则规定的方式通知会员或者投资者，并列明采取临时处置措施的根据。

第四十六条 当期货价格出现同方向连续涨跌停板时，期货交易所可以采用调整涨跌停板幅度、提高交易保证金比例及按一定原则减仓等措施化解风险。

第四十七条 在期货交易过程中，出现以下情形之一的，期货交易所可以宣布进入异常情况，采取紧急措施化解风险：

（一）地震、水灾、火灾等不可抗力或者计算机系统故障等不可归责于期货交易所的原因导致交易无法正常进行；

（二）会员出现结算、交割危机，对市场正在产生或者将产生重大影响；

（三）出现本办法第四十六条情况并采取相应措施后仍未化解风险；

（四）期货交易所业务规则中规定的其他情况。

期货交易所宣布进入异常情况并决定采取紧急措施前必须报告中国证监会。

第四十八条 期货交易所宣布进入异常情况并决定暂停交易时，暂停交易的期限不得超过3个交易日，但经中国证监会批准延长的除外。

第四十九条 期货交易所应当以适当方式发布下列信息：

（一）即时行情；

（二）持仓量、成交量排名情况；

（三）标准仓单数量和可用库容情况；

（四）交易所业务规则规定的其他信息。

第五十条 期货交易所应当就其市场内的交易情况编制周报表、月报表和年报表，并及时公布。

第五十一条 期货交易所对期货交易、结算、交割资料的保存期限应当不少于20年。

第六章 监督与管理

第五十二条 期货交易所应当对违反交易所业务规则的行为制定查处办法，并报中国证监会批准。

期货交易所对其会员或者投资者与期货业务有关的违规行为，应当在前款所称办法规定的职责范围内及时予以查处；超出前款所称办法规定的职责范围的，应当向中国证监会报告。

第五十三条 期货交易所制定或者修改交易规则的实施细则，应当报中国证监会备案。

第五十四条 未经中国证监会批准，期货交易所的理事长、总经理、副总经理不得在任何营利性组织中兼职。

期货交易所的非会员理事和工作人员不得以任何形式在期

货交易所会员单位及其他与期货交易有关的营利性单位兼职。

第五十五条 期货交易所工作人员应当自觉遵守有关法律、法规、规章和政策，恪尽职守，勤勉尽责，诚实信用，具有良好的职业操守。

期货交易所工作人员不得从期货交易所的会员、期货投资者处谋取利益，不得直接或者间接从事期货交易。

第五十六条 期货交易所应当向中国证监会履行下列报告义务：

（一）每一年度结束后3个月内提交经具有证券、期货相关业务资格的会计师事务所审计的财务会计报告；

（二）每一季度结束后15日内、每一年度结束后30日内提交有关经营情况和有关法律、法规、规章、政策执行情况的季度和年度工作报告；

（三）中国证监会要求的其他报告事项。

第五十七条 遇有重大事项，期货交易所应当及时向中国证监会报告。

前款所称重大事项包括：

（一）发现期货交易所工作人员存在或者可能存在严重违反国家有关法律、法规、规章、政策的行为；

（二）期货交易所涉及占其净资产10%以上或者对其经营风险有较大影响的诉讼；

（三）中国证监会规定的其他事项。

第五十八条 中国证监会认为期货市场出现异常情况时，可以决定采取延迟开市、暂停交易等必要的风险处置措施。

第五十九条 中国证监会认为有必要时，可以对期货交易所高级管理人员实施提示。

第六十条 中国证监会可以向期货交易所派驻督察员。督察员应当依照中国证监会的有关规定履行职责。

督察员履行职责，期货交易所应当予以配合。

第六十一条 期货交易所应当按照国家有关规定及时向中国证监会交纳期货市场监管费。

第七章　附　则

第六十二条 本办法所称业务规则指期货交易所交易规则及其实施细则。

第六十三条 本办法自2002年7月1日起施行，1999年8月31日发布的《期货交易所管理办法》同时废止。

期货经纪公司管理办法

中国证券监督管理委员会令

第7号

现发布《期货经纪公司管理办法》，自2002年7月1日起施行。

主　席　　周小川

二〇〇二年五月十七日

第一章　总　则

第一条 为加强对期货经纪公司的监督管理，保护期货投资者的合法权益，促进期货市场健康发展，根据《期货交易管理暂行条例》，制定本办法。

第二条 在中华人民共和国境内注册的期货经纪公司，适用本办法。

第三条 中国证券监督管理委员会（以下简称“中国证监会”）依法对期货经纪公司进行监督管理。

中国证监会派驻各地的证券监管办公室、办事处、特派员办事处（以下简称“中国证监会派出机构”）依照本办法和中国证监会的授权对期货经纪公司及其分支机构进行监督管理。

第四条 期货经纪公司应当加入中国期货业协会。

中国期货业协会依照本办法和中国证监会的授权对期货经纪公司进行自律性管理。

第二章　设立、变更与终止

第五条　设立期货经纪公司，除应当符合《期货交易管理暂行条例》规定的条件外，还应当符合以下要求：

(一)有具备任职资格的高级管理人员；

(二)有符合现代企业制度的法人治理结构；

(三)中国证监会规定的其他条件。

第六条　期货经纪公司可以申请经营下列期货业务：

(一)期货经纪业务；

(二)期货咨询、培训业务；

(三)经中国证监会批准的其他业务。

第七条　期货经纪公司根据业务需要可以申请设立营业部、分公司以及中国证监会许可的其他分支机构。

期货经纪公司申请设立营业部，应当具备下列条件：

(一)申请人前一年度没有重大违法违规记录；

(二)拟设营业部的负责人及从业人员具备任职资格；

(三)期货经纪公司对拟设营业部有完备的管理制度；

(四)拟设营业部有符合经纪业务需要的经营场所和设施；

(五)中国证监会根据审慎监管原则要求的其他条件。

期货经纪公司分公司等其他分支机构的管理办法，由中国证监会另行规定。

第八条　期货经纪公司不得以"代表处"、"办事处"等名义变相设立营业部；不得以合资、合作、联营方式设立营业部；不得承包、出租营业部。

第九条　期货经纪公司的设立、合并与分立，由中国证监会派出机构初审，报中国证监会审批。

期货经纪公司营业部的设立，由营业部拟设立地中国证监会派出机构核准，报中国证监会备案。

第十条　期货经纪公司有《期货交易管理暂行条例》第二十六条第(一)、(二)、(四)、(五)、(六)项变更事项，以及变更持有期货经纪公司10%以上股权或者拥有实际控制权的股东的，由中国证监会派出机构核准，报中国证监会备案。但变更持有期货经纪公司10%以上股权或者拥有实际控制权的股东，该股东资格应当事先经中国证监会核准。

第十一条　期货经纪公司有下列变更事项之一的，在变更发生后10个工作日内应当向中国证监会派出机构备案：

(一)修改章程；

(二)变更10%以下股权；

(三)中国证监会规定的其他变更事项。

对于上述变更有不符合法律、法规、规章、政策规定的情形，中国证监会派出机构有权要求期货经纪公司纠正。

第十二条　期货经纪公司解散的，应当依法成立清算组，进行清算。清算组在清算期间负责制定清算方案，清理财产，编制资产负债表和财产清单，处理债权债务，清结纳税事宜以及处置剩余财产。

中国证监会派出机构应当监督清算组处理投资者持仓和保证金。

第三章　期货经纪业务的基本规则

第十三条　期货经纪公司应当遵循诚实信用原则，以适当的技能、小心谨慎和勤勉尽责的态度执行投资者的委托，维护投资者合法权益。

第十四条　期货经纪公司应当自觉避免与投资者的利益冲突，当无法避免时，应当确保投资者得到公平对待。

第十五条　期货经纪公司应当向投资者说明期货交易的风险，并在营业场所备置期货交易相关法规、期货交易所交易规则、经纪业务规则及其细则供投资者查阅。

第十六条　除中国证监会另有规定外，投资者开立账户，必须持有中国公民身份证明或者具有中国法人资格或者其他经济组织资格的合法证件。

第十七条　期货经纪公司在为投资者开立账户前，应当向投资者出示《期货交易风险说明书》，由投资者签字确认已了解《期货交易风险说明书》的内容，并签订期货经纪合同。期货经纪公司不得为未签订书面《期货经纪合同》的投资者开立账户。

《期货交易风险说明书》的格式和内容由中国证监会统一制定。

第十八条　投资者应当在期货经纪合同中明确为其办理下达指令、调拨资金等有关事项的受托人，约定联络方式、指令下达方式并预留受托人签字。

第十九条　当发生下列情形之一时，期货经纪公司可以解除与投资者的期货经纪合同，对投资者账户进行清算并予以销户：

(一)自然人投资者死亡、丧失民事行为能力或者法人投资者终止的；

(二)投资者被人民法院宣告进入破产程序的；

(三)期货经纪公司与投资者约定的并且不违反有关法律法规的情形；

(四)中国证监会认定的其他情形。

第二十条　投资者可以通过撤销账户的方式，终止与期货经纪公司的委托关系。投资者销户应当办理相关的销户手续。

第二十一条　除《期货交易管理暂行条例》第三十条规定的情形外，下列单位和个人不得从事期货交易：

(一)无民事行为能力或者限制民事行为能力的自然人；

(二)中国期货业协会、期货交易所、期货经纪公司的工作人员及其配偶。

第二十二条　期货经纪公司开展期货业务的人员应当具备期货从业人员资格。

期货经纪公司对外发布的广告宣传材料，应当报中国证监会派出机构备案。

第二十三条　期货经纪公司应当按照期货交易所规定的编码规则为投资者分配交易编码，并向期货交易所备案；期货经纪公司注销交易编码，应当向期货交易所备案。

第二十四条　期货经纪公司应当建立投资者开户资料档案，除依法接受检查外，应当保密；期货经纪公司应当建立错单记录，用以记录处理错单的情况。

第二十五条　期货经纪公司应当建立、健全投资者投诉处理制度，并将投资者的投诉及处理结果存档。

第二十六条　期货经纪公司可以在期货经纪合同中约定交易风险控制条件及处置措施。

第二十七条　期货经纪公司应当在期货交易所指定结算银行开立投资者保证金账户专门存放投资者保证金，与自有资金分户存放。

期货经纪公司划转投资者保证金，必须符合下列条件：

（一）依照投资者的指示支付保证金余额；

（二）为投资者向期货交易所交存保证金或者结算差额；

（三）投资者应当向期货经纪公司支付的交易手续费、税款及其他费用；

（四）双方约定的且不违反法律法规规定的条件；

（五）中国证监会认可的其他条件。

第二十八条　投资者可以通过书面、电话、计算机、网上委托等方式下达交易指令。

以书面方式下达交易指令的，投资者应当填写书面交易指令单；以电话方式下达交易指令的，期货经纪公司必须同步录音；以计算机、网上委托以及其他方式下达交易指令的，期货经纪公司应当保存能够证明交易指令内容的记录。

网上委托指期货经纪公司通过互联网，向在本公司开户的投资者提供的用于下达期货交易指令的委托方式。

第二十九条　期货经纪公司为投资者提供网上委托服务的，应当建立网上交易风险管理制度，并对投资者进行网上交易风险的特别提示。

第三十条　期货经纪公司应当按照时间优先的原则传递投资者指令。

第三十一条　期货经纪公司在每日交易闭市后应当为投资者准备交易结算报告。投资者有权按照期货经纪合同约定的时间和方式知悉交易结算报告的内容。

第三十二条　投资者对交易结算报告的内容有异议的，应当在期货经纪合同约定的时间内向期货经纪公司提出书面异议；投资者对交易结算报告的内容无异议的，应当按照期货经纪合同约定的方式确认。投资者既未对交易结算报告的内容确认，也未提出异议的，视为对交易结算报告内容的确认。

投资者有异议的，期货经纪公司应当根据原始指令记录和交易记录在期货经纪合同约定的时间内予以核实。

投资者未在约定的异议期间内提出异议的，不得再提出异议。

第三十三条　期货经纪公司之间或者期货经纪公司与投资者之间发生期货业务纠纷的，可以提请中国期货业协会调解处理。

第三十四条　交易结果不符合投资者交易指令，或者强行平仓不符合法定或者约定条件，期货经纪公司有过错的，应当在期货经纪合同约定的时间内重新执行投资者交易指令或者恢复被强行平仓的头寸，并赔偿由此产生的直接损失。

第三十五条　期货经纪公司应当将投资者的指令记录和交易结算记录按月汇编成月报。

第三十六条　开户资料、指令记录、交易结算记录以及其他业务记录应当至少保存5年。

第四章　日常监管

第三十七条　《期货经纪业务许可证》和《营业部经营许可证》由中国证监会统一设计和印制。

禁止伪造、涂改、出租、出借、转让、买卖《期货经纪业务许可证》和《营业部经营许可证》。

第三十八条　许可证正本或者副本遗失或者严重破损的，期货经纪公司应当在发现之日起30日内在中国证监会认可的报刊上声明作废，并持登载声明向中国证监会重新申领。

第三十九条　期货经纪公司或者期货经纪公司营业部的营业执照与许可证的相关内容必须一致。

第四十条　期货经纪公司不得以中国证监会的营业许可，作为其营业能力及财务健全的宣传或者保证。

第四十一条　期货经纪公司应当每年至少一次在公众媒体上公布其合法分支机构名称、地址、电话及主要负责人的姓名。

第四十二条　期货经纪公司应当设立风险管理部门或者风险管理岗位，建立并严格执行风险管理制度。

第四十三条　期货经纪公司应当设立合规审查部门或者合规审查岗位，定期或者不定期审核公司的财务、业务状况以及执行国家相关法律、法规、规章、政策和公司章程、业务规则的情况，制作合规审查报告书。

第四十四条　期货经纪公司应当按照中国证监会的规定建立、健全财务安全评估和管理体系，并按照中国证监会的要求报送有关资料。

期货经纪公司的财务会计工作和结算工作必须分设部门进行。

第四十五条　期货经纪公司向中国证监会及其派出机构提交的申请材料或者备案材料，必须真实、准确、完整。

第四十六条 期货经纪公司应当每年度聘请有相应资格的会计师事务所对期货经纪公司的经营财务情况进行审计，出具审计报告。

期货经纪公司必须将所聘请的具有相应资格的会计师事务所名单报中国证监会派出机构备案；期货经纪公司更换聘请的具有相应资格的会计师事务所，必须在更换后的三个工作日内向中国证监会派出机构报告并说明原因。

第四十七条 期货经纪公司不得对外提供担保或者成为承担无限责任的投资人。

第四十八条 中国证监会制定监管报表体系，对期货经纪公司的财务安全性进行监管。

第四十九条 中国证监会及其派出机构随时可以对期货经纪公司及其营业部进行检查。

第五十条 中国证监会派出机构可以要求期货经纪公司或直接聘请具有相应资格的会计师事务所，对期货经纪公司进行专项审计或稽核。审计或稽核的有关费用由期货经纪公司支付，由中国证监会派出机构聘请所发生的费用由中国证监会支付。

第五十一条 中国证监会派出机构根据中国证监会的部署负责本辖区内期货经纪公司、期货经纪公司营业部年检。

中国证监会可以根据监管需要，规定每年度年检的条件、形式、范围和重点，并对年检进行检查。

年检报告书格式、年检标识样式和年检戳记样式由中国证监会统一制定。

第五十二条 期货经纪公司或者期货经纪公司营业部年检合格，由中国证监会在其《期货经纪业务许可证》或者《营业部经营许可证》上加贴年检标识或者加盖年检戳记。

对不符合年检条件的期货经纪公司或者期货经纪公司营业部，由中国证监会责令停业整顿或者注销其《期货经纪业务许可证》、《营业部经营许可证》。

第五十三条 期货经纪公司涉嫌严重违法违规，在被调查期间，中国证监会可以暂停其部分期货业务，并根据调查结论作出相应处理。

第五十四条 中国证监会可以根据需要设立专项期货投资者保障基金，用于在期货经纪公司出现保证金退付危机时补偿投资者的保证金损失。

期货投资者保障基金的来源、管理和使用办法，由中国证监会另行制定。

第五章 保证金退付危机的特别处理程序

第五十五条 期货经纪公司已经或者可能出现投资者保证金退付危机，严重影响投资者利益时，中国证监会有权决定对该公司进行特别处理。

中国证监会的特别处理决定应当载明下列内容：

（一）被特别处理的期货经纪公司名称；

（二）特别处理理由；

（三）特别处理期限。

第五十六条 期货经纪公司进入特别处理程序，应当由期货经纪公司股东单位组织特别处理工作组。必要时，中国证监会派出机构可以派代表或者委托中介机构参加特别处理工作组。

特别处理工作应当接受中国证监会派出机构的监督。

第五十七条 特别处理工作组可以根据情况采取下列措施：

（一）清查投资者持仓、投资者保证金余额以及出现保证金退付危机的原因；

（二）处置期货经纪公司的资产、回收到期债权；

（三）追回被挪用的投资者保证金；

（四）决定投资者持仓和保证金处理方案；

（五）制定并实施期货经纪公司的清理整顿方案；

（六）其他特别处理工作组认为必要的措施。

第五十八条 特别处理期间，特别处理工作组认为需要对期货经纪公司进行清算的，经股东会同意后，报中国证监会批准。

第五十九条 有下列情形之一，特别处理终止：

（一）特别处理决定规定的期限届满或者延期届满；

（二）特别处理决定期限届满前，期货经纪公司已恢复正常经营能力；

（三）特别处理期限届满前，期货经纪公司被合并或者被依法宣告破产。

第六章 罚 则

第六十条 期货经纪公司违反本办法规定，有下列行为之一的，根据《期货交易管理暂行条例》第五十九条处罚：

（一）接受未办理开户手续的投资者委托进行期货交易的；

（二）通过虚假宣传诱使投资者进行期货交易的；

（三）未按照规定履行报告或者备案义务的；

（四）违反中国证监会财务管理规定，经限期改正，仍未达到标准的；

（五）申报材料有虚假记载或者重大遗漏的；

（六）以合资、合作、联营方式设立期货经纪公司营业部的；

（七）将期货经纪公司营业部承包、出租给他人的。

第七章 附 则

第六十一条 本办法自2002年7月1日起施行，1999年8月31日发布的《期货经纪公司管理办法》同时废止。

外资金融机构驻华代表机构管理办法

第一章 总 则

第一条 为适应对外开放和经济发展的需要,加强对外资金融机构驻华代表机构的管理,根据《中华人民共和国外资金融机构管理条例》的有关规定,制定本办法。

第二条 本办法所称外资金融机构,包括外国金融机构和在中国境内注册设立的外资金融机构。

外国金融机构是指在中华人民共和国境外注册并经所在国家或地区金融监管当局或行业协会认可的金融机构。

在中国境内注册设立的外资金融机构包括:总行在中国境内的外国资本的银行,外国的金融机构同中国的公司、企业在中国境内合资经营的银行,总公司在中国境内的外国资本的财务公司、货币经纪公司、信用卡公司,外国的金融机构同中国的公司、企业在中国境内合资经营的财务公司、货币经纪公司、信用卡公司以及其他经中国人民银行批准成立的外资金融机构。

本办法所称外资金融机构代表机构(以下简称"代表机构"),包括外资金融机构在中国境内设立并从事咨询、联络和市场调查等非经营性活动的代表处、总代表处。代表处的主要负责人称首席代表,总代表处的主要负责人称总代表。

第三条 代表机构必须遵守中华人民共和国法律、法规,其合法权益受中华人民共和国法律保护。

第二章 申请与设立

第四条 外国金融机构设立代表处,申请人应当具备下列条件:

(一)申请人所在国家或地区有完善的金融监督管理制度;

(二)申请人是由其所在国家或地区金融监管当局批准设立的金融机构,或者是金融性行业协会会员;

(三)申请人经营状况良好,无重大违法违规记录;

(四)中国人民银行规定的其他审慎性条件。

在中国境内注册的外资金融机构设立代表处,申请人应具备上述(三)、(四)项条件。

第五条 申请设立代表处,申请人应向拟设机构所在地中国人民银行分支机构领取申请表,并将填写好的申请表附下列资料提交拟设机构所在地中国人民银行分支机构:

(一)由董事长或行长(首席执行官、总经理)签署的致中国人民银行行长的申请书;

(二)所在国家或地区有关主管当局核发的营业执照(复印件)或合法开业证明(复印件);

(三)公司章程、董事会成员及最大十家股东名单或主要合伙人名单;

(四)申请前3年的年报;

(五)由所在国家或地区金融监管当局出具的对其在中国境内设立代表处的意见书,或者由所在行业协会出具的推荐信;

(六)拟任首席代表的身份证明、学历证明、简历及由拟任人签字的有无不良记录的陈述书;

(七)由董事长或行长(首席执行官、总经理)或其授权签字人签署的委任首席代表的授权书;

(八)中国人民银行要求提交的其他资料。

在中国境内注册的外资金融机构提交的资料中不包括本条第(五)项规定的资料。

第六条 本办法要求提交的资料,除年报外,凡用外文书写的,应当附有中文译本。

其中"授权书"、"营业执照(复印件)"或"开业证明(复印件)"须经所在国家或地区认可的公证机构公证,或经中国驻该国大使馆或领事馆认证。

第七条 中国人民银行分支机构对外资金融机构提交的申请资料初审后,报中国人民银行总行审查批准。

第八条 代表处的名称由下列部分组成,依次为:外资金融机构名称、所在城市名称和"代表处"字样。

第九条 在中国境内已设立5个或5个以上分支机构的外国金融机构,可申请设立总代表处。

总代表处的申请设立程序及管理与代表处相同。

总代表处的名称由下列部分组成,依次为:外国金融机构名称、"驻中国总代表处"字样。

第十条 总代表处总代表以及代表处首席代表的任职资格适用核准制。

中国人民银行总行负责核准或取消总代表处总代表、代表处首席代表的任职资格。

第十一条 担任总代表处总代表、代表处首席代表应具备下列条件:

(一)担任总代表处总代表,一般应具有5年以上从事金融或相关经济工作经历,并有3年以上担任业务部门经理或相当于业务部门经理以上职位的经验;

(二)担任代表处首席代表,一般应具有3年以上的金融或相关经济工作经历；

（三）具备大学本科以上（包括本科）学历。若不具备大学本科及以上学历，担任总代表处总代表须相应增加6年从事金融或相关经济工作经历的年限；担任代表处首席代表须相应增加3年从事金融或相关经济工作经历的年限。

第十二条 申请更换代表机构总代表、首席代表的，应由外资金融机构向代表机构所在地中国人民银行分支机构提交以下资料：

（一）外资金融机构授权签字人签署的致中国人民银行行长的申请书；

（二）外资金融机构授权签字人签署的授权书；

（三）拟任人的简历；

（四）拟任人身份证明、学历证明的复印件；

（五）由拟任人签字的有无不良记录的陈述书；

（六）中国人民银行要求的其他资料。

第十三条 中国人民银行分支机构对外资金融机构提交的申请更换代表机构总代表、首席代表的资料初审后，报中国人民银行总行核准。

第十四条 经批准设立的代表机构，由中国人民银行总行颁发批准证书，有效驻在期限为6年。

代表机构应当在获得批准证书后按有关规定到工商行政管理部门办理登记注册。代表机构未在规定期限内办理的，须向中国人民银行提交由其代表的外资金融机构董事长或行长（首席执行官、总经理）签署的重新办理申请书，重新办理批准证书。

代表机构必须在得到中国人民银行批准之日起6个月内迁入固定的办公场所，超出6个月后原设立批准自动失效。

第三章 监督管理

第十五条 代表机构及其工作人员，不得与任何单位或自然人签订可能给代表机构或其代表的外资金融机构带来收入的协议或契约，不得从事任何形式的经营性活动。

第十六条 代表机构设立、终止、变更和展期应于办理工商登记后15日内在中国人民银行总行指定的报纸上公告，并向所在地中国人民银行分支机构报告。

第一七条 代表机构须有独立的办公场所、办公设施和专职工作人员。

第十八条 代表机构总代表、首席代表的任职期限一般应在2年以上，任职期内不得兼任其他经营性组织的管理职务。

总代表、首席代表应当常驻代表机构主持日常工作，离职连续1个月以上，应当指定专人代行其职，并报告所在地中国人民银行分支机构。离职连续3个月以上的，如无特殊理由，其所任职务须更换人选，并报中国人民银行总行核准。

第十九条 代表机构应于每年2月底前向所在地中国人民银行分支机构提交上年度工作报告，由中国人民银行分支机构转报中国人民银行总行。

代表机构工作报告应当按照中国人民银行规定的格式用中文填写。

第二十条 代表机构应在其代表的外资金融机构会计年度结束后6个月内向所在地中国人民银行分支机构提供该外资金融机构年报。

第二十一条 设立代表机构的外国金融机构发生下列重大事项，代表机构应及时向其所在地中国人民银行分支机构报告，由所在地中国人民银行分支机构转报中国人民银行总行：

（一）章程、注册资本或注册地址变更；

（二）机构重组、股权变更或主要负责人变更；

（三）经营发生严重损失；

（四）发生重大案件；

（五）外国金融机构所在国家或地区监管当局对其实施的重大监管措施；

（六）其他对外国金融机构经营产生重大影响的事项。

第二十二条 外资金融机构因合并、分立等重组原因成立新机构而变更其在中国境内代表机构名称的，应事先向中国人民银行总行提出申请，并提交以下资料：

（一）由新机构董事长或行长（首席执行官、总经理）签署的申请书；

（二）新机构所在国家或地区金融监管当局同意其机构重组的批准书；

（三）新机构合并财务报表；

（四）新机构的章程、董事会成员及最大十家股东或主要合伙人名单；

（五）新机构所在国家或地区有关主管当局核发的营业执照（复印件）或合法开业证明（复印件）；

（六）新机构在中国境内代表机构的首席代表或总代表的简历、学历、身份证明以及有无不良记录的陈述书；

（七）新机构董事长或行长（首席执行官、总经理）或其授权签字人签署的对中国境内代表机构首席代表或总代表的授权书；

（八）中国人民银行要求提交的其他资料。

外资金融机构应同时将上述资料（复印件）报代表机构所在地中国人民银行分支机构。

第二十三条 外资金融机构因其他原因变更其在中国境内代表机构名称的，须向中国人民银行总行提交由外资金融机构董事长或行长（首席执行官、总经理）签署的申请书，同时将申请书复印件提交代表机构所在地中国人民银行分支机构。

第二十四条 外资金融机构获得中国人民银行同意其变更中国境内代表机构名称的批准书后，应按有关规定到工商行政管理部门办理变更登记手续。

第二十五条 代表机构有下列情况之一的，应当报所在地中国人民银行分行批准：

(一)代表机构展期。应当在该代表机构有效驻在期满前2个月提交由该外资金融机构授权签字人签署的申请书和由代表机构首席代表或总代表签署的该代表机构最近3年的工作报告，报所在地中国人民银行分行、营业管理部审批。代表处每次展期时限为6年。

(二)变更地址。应提交由代表机构首席代表或总代表签署的地址迁移申请书，由所在地中国人民银行分行、营业管理部审批，并报告中国人民银行总行。代表机构须在获得批准后3个月内迁入新址。

第四章 代表机构终止

第二十六条 申请关闭代表机构，应将由外资金融机构董事长或行长(首席执行官、总经理)签署的致中国人民银行行长的申请书提交其所在地中国人民银行分支机构，所在地中国人民银行分支机构初审后，转报中国人民银行总行审查批准。经批准后，向工商行政管理部门申请注销登记，并到有关部门办理相关手续。

第二十七条 代表处经中国人民银行批准升格为营业性分支机构或总代表处后，原代表处自行关闭，并向工商行政管理部门申请注销登记。

第二十八条 代表处关闭或被中国人民银行依法撤销后，凡设有总代表处的，由其总代表处负责未了事宜；总代表处以及没有设立总代表处的代表处关闭或被中国人民银行依法撤销后，其未了事宜由其代表的外资金融机构负责处理。

第五章 罚 则

第二十九条 单位或自然人违反本办法规定，未经中国人民银行批准擅自设立外资金融机构驻华代表机构的，包括在固定办公场所悬挂本办法第九条规定的名称匾牌的，由中国人民银行依法予以取缔；构成犯罪的，依法追究其刑事责任。

第三十条 外资金融机构未经中国人民银行批准擅自设立代表机构的，中国人民银行自该代表机构被取缔之日起5年内不受理其提出在中国境内设立代表机构或其他营业性机构的申请。

第三十一条 代表机构未按规定期限向所在地中国人民银行分支机构提交本办法第十九条、第二十条、第二十一条规定的报告或材料的，由所在地中国人民银行分支机构给予警告；连续2年内不提供报告或材料的，由所在地中国人民银行分支机构报请中国人民银行总行予以撤销。

第三十二条 代表机构及其工作人员违反本办法第十五条规定从事金融业务活动的，由中国人民银行按《金融违法行为处罚办法》的有关规定给予处罚；从事金融业务以外的经营性活动，由中国人民银行给予警告，情节严重的，撤销该代表机构。

第三十三条 代表机构未在有效驻在期满2个月前提交展期申请的，应向所在地中国人民银行分支机构提交其代表的外资金融机构出具的道歉函，解释未在规定期限内提出展期申请的原因。

代表机构所在地中国人民银行分行(营业管理部)根据具体情况作出是否批准展期的决定。

第三十四条 有下列情形之一的，中国人民银行可视情节轻重及后果，取消代表机构首席代表或总代表一定期限直至终身的任职资格：

(一)代表机构或其工作人员从事金融业务活动或其他经营性活动；

(二)代表机构提供虚假信息或隐瞒重要事实的资料，情节严重的；

(三)代表机构违反本办法第二十条、第二十一条规定，不按时向中国人民银行报送年度报告及代表的外资金融机构发生的重大事项；

(四)首席代表或总代表被依法追究刑事责任；

(五)代表机构拒绝、干扰、阻挠或严重影响中国人民银行依法监管；

(六)对已任职的总代表、首席代表，中国人民银行如发现其任职前有违法、违规或其他不宜担任高级管理人员的情形。

第三十五条 代表机构提供虚假信息或隐瞒重要事实的资料，由中国人民银行予以警告。

第三十六条 违反本办法其他规定的，由中国人民银行予以警告或建议其代表的外资金融机构更换首席代表或总代表。

第六章 附 则

第三十七条 香港特别行政区、澳门特别行政区和台湾地区的金融机构及其在内地设立的独资银行、合资银行、独资财务公司、合资财务公司设立代表机构，比照适用本办法。

第三十八条 本办法自2002年7月18日起施行。中国人民银行1996年4月29日发布的《外国金融机构驻华代表机构管理办法》同时废止。

第三十九条 本办法由中国人民银行负责解释。

证券投资基金销售活动管理暂行规定

关于发布《证券投资基金销售活动管理暂行规定》的通知

证监基金字[2002]66号

各基金管理公司、基金代销机构：

为规范证券投资基金(以下简称"基金")的销售活动，切实保障基金投资人的合法权益，促进基金市场健康发展，中国证监会制定了《证券投资基金销售活动管理暂行规定》，现予发布，请遵照执行。

中国证券监督管理委员会

二〇〇二年九月十八日

第一条 为规范证券投资基金(以下简称"基金")的销售活动，保护基金投资人的合法权益，促进基金市场健康发展，根据《证券投资基金管理暂行办法》、《开放式证券投资基金试点办法》及其他有关规定，制定本规定。

第二条 基金管理公司、基金代销机构及其工作人员，在基金的销售活动中，应当严格遵守法律法规和中国证券监督管理委员会(以下简称中国证监会)的有关规定，遵守本行业公认的行为规范和道德准则。

第三条 基金的设立申请获得中国证监会核准前，不得以任何形式宣传和销售该基金。

第四条 基金的设立申请获得中国证监会核准后，基金管理公司可以直接或者委托其他机构通过公开出版物、广播、电视、电影、互联网、宣传手册、海报等方式，向公众进行该基金的销售宣传。

基金的销售宣传资料应当事后报中国证监会备案。

第五条 基金管理公司应当确保基金销售宣传的内容真实、准确，并符合下列规定：

(一)不得有虚假记载、误导性陈述和重大遗漏；

(二)不得出现与基金契约、基金招募说明书内容相抵触的陈述；

(三)不得以任何形式向投资人保证获利或者承诺最低收益，经中国证监会批准设立的特殊品种的基金除外；

(四)引用的数据和统计资料应当真实、准确，并注明出处。

第六条 基金的销售宣传内容必须含有明确的风险提示和警示性文字，提醒投资人注意投资有风险，应仔细阅读基金的销售文件。引用基金过往业绩的，应同时声明过往业绩并不预示基金的未来表现。含有基金获中国证监会核准有关内容的，应同时声明中国证监会对基金的核准并不代表中国证监会对基金的风险和收益作出实质性判断、推荐或者保证。

单纯登载有关基金管理公司、基金代销机构企业形象而不涉及任何基金产品的销售宣传，无需含有风险提示和警示性文字。

第七条 基金管理公司、基金代销机构的工作人员接受采访的，其谈话内容应当符合本规定第五条的规定。

第八条 基金管理公司委托其他机构开展基金销售宣传的，基金管理公司应当确保基金的销售宣传符合本规定，并明确双方的法律责任。

第九条 在基金销售过程中，基金管理公司、基金代销机构及其工作人员禁止从事下列行为：

(一)向投资人作虚假陈述、欺骗性宣传，误导投资人买卖基金；

(二)违反法律法规和基金契约、基金招募说明书的规定，向投资人收取额外费用；

(三)向任何个人或者机构以强制、抽奖等不正当方式销售基金；

(四)通过基金销售从投资人处获取或者给予投资人与基金销售无关的利益；

(五)除基金契约、基金招募说明书规定的情形外，拒绝投资人的认购、申购或者赎回申请；

(六)中国证监会规定的其他行为。

第十条 基金管理公司、基金代销机构中向投资人提供专业基金投资咨询服务的工作人员应当具备相应的基金从业资格。

第十一条 基金管理公司、基金代销机构在销售基金时给予投资人折扣、给予中间人佣金的，应当予以明示，给予投资人的折扣、给予中间人的佣金必须如实记帐。

第十二条 基金管理公司、基金代销机构不得从事下列不正当竞争行为：

(一)捏造、散布虚假事实,诋毁竞争对手的商业信誉或者损害行业声誉;

(二)以排挤竞争对手为目的,恶意压低基金的服务收费;

(三)中国证监会规定的其他行为。

第十三条 基金管理公司、基金代销机构应当建立和健全与基金销售业务有关的内部控制制度、员工行为规范和激励约束机制,加强基金销售人员的岗位培训和职业道德教育,加强对基金销售业务合规运作和员工行为规范的检查和监督,积极研究不同基金产品的风险收益特征,了解投资人的不同风险承受能力,不断提高基金投资咨询服务水平。

第十四条 基金管理公司和基金代销机构应当遵守法律法规、基金契约和基金代销协议的规定,切实做好对基金销售活动的管理工作。

第十五条 基金管理公司、基金代销机构及其工作人员的行为构成证券违法行为的,由中国证监会依照有关规定予以行政处罚;给投资人造成损失的,依法承担民事责任;构成犯罪的,依法追究刑事责任。

第十六条 本规定自发布之日起施行。

中国证券业协会会员公约(试行)

(2002年7月3日中国证券业协会第三次会员大会审议通过)

第一条 为了规范会员执业行为,提升行业形象,增强诚信守法、公平竞争、共同发展意识,维护投资者合法权益,促进证券市场规范发展,根据《中国证券业协会章程》,全体会员经协商达成共识,制定本公约,并承诺共同遵守。

第二条 会员应严格遵守:

(一)国家法律、法规和规章;

(二)协会章程、自律规则和其他有关规定;

(三)证券交易与清算规则。

第三条 会员应当做到:

(一)建立健全法人治理结构和内控机制;

(二)诚实守信,勤勉尽责,保守商业秘密,维护客户的合法权益;

(三)信息披露真实、准确、完整、及时;

(四)加强对员工的管理和培训,提高执业水平和道德水准,保护员工的合法权益;

(五)公平竞争,共同发展,自觉维护本行业形象;

(六)加强证券市场研究,推动业务创新和制度创新;

(七)主动制止并及时举报有关证券违法、违规行为。

第四条 禁止会员从事下列行为:

(一)违反或协助他人违反国家有关法律、法规和规章;

(二)从事超越经营范围的业务;

(三)从事内幕交易、操纵市场等证券欺诈活动;

(四)恶意竞争,贬损同行;

(五)破坏行业信誉,损害共同利益;

(六)进行虚假或误导性宣传;

(七)以争夺客户或项目为直接目的而聘用其他公司的员工;

(八)在业务活动中为自己或他人谋取不当利益。

第五条 会员开展承销业务时不得有下列行为:

(一)在承销佣金方面作不适当的价格竞争;

(二)为发行人提供融资;

(三)与发行人或其相关人员有不正当的口头及书面利益协定;

(四)以虚假信息误导投资者或故意隐瞒应当公布的信息;

(五)以不法手段促销有价证券;

(六)以不正当手段影响发行审核人员,干扰审核正常秩序。

第六条 会员开展经纪业务时不得有下列行为:

(一)编造或散布虚假信息或未经正式披露的内部信息,误导投资者;

(二)欺诈客户;

(三)向客户作出盈亏承诺;

(四)泄露客户资料;

(五)接受客户的全权委托;

(六)违规向客户提供资金或有价证券。

第七条 会员开展自营业务时不得有下列行为:

(一)挪用客户保证金或有价证券;

(二)假借他人名义开立证券帐户;

(三)进行对敲对倒;

(四)将自营帐户与其他帐户混合操作;

(五)与投资银行、受托资产管理、证券投资咨询业务关联运作;

(六)以任何方式与他人合谋,联手炒作证券;

(七)对外透露自营买卖信息;

(八)将自营买卖的证券推荐给客户,或诱导客户购买该种证券;

(九)炒作关联公司的有价证券。

第八条 会员开展受托投资管理业务时不得有下列行为:

(一)擅自变更受托投资范围;

(二)挪用受托投资资产;

(三)故意使受托人利益关联主体的交易抢先或滞后于受托投资交易;

(四)将受托投资在不同受托投资账户之间或与受托人自营账户之间进行相互买卖,转移受托投资账户利润或亏损;

(五)以获取佣金或其它利益为目的进行不必要的证券买卖;

(六)与委托人约定投资证券的利益分成或亏损分担,向委托人承诺投资收益;

(七)以争取客户为目的对公司情况作不真实的宣传;

(八)已知受托资产为非法而接受委托。

第九条 会员开展证券投资基金管理业务时不得有下列行为:

(一)以任何方式与他人合谋,联手炒作证券,获取不当利益;

(二)买卖其股东单位的上市证券;

(三)进行对敲对倒;

(四)损害客户合法利益向其股东单位输送利益;

(五)对外泄透露证券买卖信息;

(六)将基金买卖的证券推荐给客户,或诱导客户购买该种证券。

第十条 会员开展证券投资咨询业务时不得有下列行为:

(一)提供存在虚假信息、误导性陈述或重大遗漏的投资分析、预测或建议;

(二)在同一时点上就同一事项提供相反或矛盾的投资分析、预测或建议;

(三)利用咨询服务与他人合谋操纵市场;

(四)欺骗或强制客户接受证券投资咨询服务;

(五)违规代理客户从事证券买卖;

(六)在证券咨询活动中,向客户承诺投资收益及与客户约定利益分成或亏损分担。

第十一条 协会自律监察委员会对违约会员进行调查取证,并根据调查结果提出处理意见。协会依据章程和有关规定的程序做出处罚决定。

第十二条 会员有义务接受和配合协会自律监察委员会的调查。

第十三条 对违反本公约的会员,协会可采取书面或口头的形式进行提醒或质询,并可根据情节轻重给予下列处分:

(一)书面批评;

(二)会员内通报批评;

(三)公开谴责;

(四)暂停部分会员权利;

(五)暂停会员资格;

(六)取消会员资格。

第十四条 会员对处分有异议的,可以向协会提出复议申请。

第十五条 对违约行为的举报、调查、处理和复议的具体办法另行制定。

第十六条 对自觉遵守本公约的会员并符合下列条件之一者,协会将予以适当的奖励或表彰:

(一) 有完善的公司内部制度以保证本公约之严格遵守者;

(二) 进行证券市场业务或管理创新,贡献突出者;

(三) 诚信守法,市场信誉卓著者;

(四)对证券市场发展提出重大意见、建议并被主管机关或协会采纳者;

(五)举报证券市场重大违法、违规行为,经查明属实者;

(六)维护证券市场正常运作,及时消除重大事故隐患,妥善处理意外事故者;

(七)其他成绩突出者。

第十七条 会员受第十三条、第十六条规定的处分或奖励的,其结果记入诚信纪录档案。

第十八条 本公约适用于证券公司会员、基金管理公司会员、证券投资咨询公司会员。

第十九条 本公约由协会理事会制定、修改,经会员大会审议通过后施行。

第二十条 本公约由协会理事会负责解释。

证券业从业人员资格管理办法

中国证券监督管理委员会令

第 14 号

《证券业从业人员资格管理办法》已经 2002 年 10 月 22 日中国证券监督管理委员会第 16 次主席办公会审议通过，现予公布，自 2003 年 2 月 1 日起施行。

主　席　周小川

二〇〇二年十二月十六日

第一章　总　则

第一条　为了加强证券业从业人员资格管理，促进证券市场规范发展，保护投资者合法权益，根据《中华人民共和国证券法》，制定本办法。

第二条　在依法从事证券业务的机构（以下简称"机构"）中从事证券业务的专业人员，应当按照本办法规定，取得从业资格和执业证书。

第三条　本办法所称机构是指：

（一）证券公司；

（二）基金管理公司、基金托管机构、基金销售机构；

（三）证券投资咨询机构；

（四）证券资信评估机构；

（五）中国证券监督管理委员会（以下简称"中国证监会"）规定的其他从事证券业务的机构。

第四条　本办法所称从事证券业务的专业人员是指：

（一）证券公司中从事自营、经纪、承销、投资咨询、受托投资管理等业务的专业人员，包括相关业务部门的管理人员；

（二）基金管理公司、基金托管机构中从事基金销售、研究分析、投资管理、交易、监察稽核等业务的专业人员，包括相关业务部门的管理人员；基金销售机构中从事基金宣传、推销、咨询等业务的专业人员，包括相关业务部门的管理人员；

（三）证券投资咨询机构中从事证券投资咨询业务的专业人员及其管理人员；

（四）证券资信评估机构中从事证券资信评估业务的专业人员及其管理人员；

（五）中国证监会规定需要取得从业资格和执业证书的其他人员。

第五条　中国证券业协会（以下简称"协会"）依据本办法负责从业人员从业资格考试、执业证书发放以及执业注册登记等工作。

第六条　中国证监会对协会有关证券业从业人员资格管理的工作进行指导和监督。

第二章　从业资格取得和执业证书

第七条　参加资格考试的人员，应当年满 18 周岁，具有高中以上文化程度和完全民事行为能力。

第八条　资格考试由协会统一组织。参加考试的人员考试合格的，取得从业资格。

第九条　从业资格不实行专业分类考试。资格考试内容包括一门基础性科目和一门专业性科目。

根据证券市场发展的需要，协会可在资格考试之外另行组织各项专业的水平考试，但不作为法定考试内容，由从业人员自行选择，供机构用人时参考。

第十条　取得从业资格的人员，符合下列条件的，可以通过机构申请执业证书：

（一）已被机构聘用；

（二）最近三年未受过刑事处罚；

（三）不存在《中华人民共和国证券法》第一百二十六条规定的情形；

（四）未被中国证监会认定为证券市场禁入者，或者已过禁入期的；

（五）品行端正，具有良好的职业道德；

（六）法律、行政法规和中国证监会规定的其他条件。

申请执业证券投资咨询以及证券资信评估业务的，申请人应当同时符合《中华人民共和国证券法》第一百五十八条，以及其他相关规定。

第十一条 申请人符合本办法规定条件的，协会应当自收到申请之日起三十日内，向中国证监会备案，颁发执业证书；不符合本办法规定条件的，不予颁发执业证书，并应当自收到申请之日起三十日内书面通知申请人或者机构，并书面说明理由。

第十二条 执业证书不实行分类。取得执业证书的人员，经机构委派，可以代表聘用机构对外开展本机构经营的证券业务。

第三章 监督管理

第十三条 取得执业证书的人员，连续三年不在机构从业的，由协会注销其执业证书；重新执业的，应当参加协会组织的执业培训，并重新申请执业证书。

第十四条 从业人员取得执业证书后，辞职或者不为原聘用机构所聘用的，或者其他原因与原聘用机构解除劳动合同的，原聘用机构应当在上述情形发生后十日内向协会报告，由协会变更该人员执业注册登记。

取得执业证书的从业人员变更聘用机构的，新聘用机构应当在上述情形发生后十日内向协会报告，由协会变更该人员执业注册登记。

第十五条 机构不得聘用未取得执业证书的人员对外开展证券业务。

第十六条 从业人员在执业过程中违反有关证券法律、行政法规以及中国证监会有关规定，受到聘用机构处分的，该机构应当在处分后十日内向协会报告。

第十七条 协会、机构应当定期组织取得执业证书的人员进行后续职业培训，提高从业人员的职业道德和专业素质。

第十八条 协会依据本办法及中国证监会有关规定制定的从业资格考试办法、考试大纲、执业证书管理办法以及执业行为准则等，应当报中国证监会核准。

第十九条 协会应当建立从业人员资格管理数据库，进行资格公示和执业注册登记管理。

第四章 罚 则

第二十条 参加资格考试的人员，违反考场规则，扰乱考场秩序的，在两年内不得参加资格考试。

第二十一条 取得从业资格的人员提供虚假材料，申请执业证书的，不予颁发执业证书；已颁发执业证书的，由协会注销其执业证书。

第二十二条 机构办理执业证书申请过程中，弄虚作假、徇私舞弊、故意刁难有关当事人的，或者不按规定履行报告义务的，由协会责令改正；拒不改正的，由协会对机构及其直接责任人员给予纪律处分；情节严重的，由中国证监会单处或者并处警告、3万元以下罚款。

第二十三条 机构聘用未取得执业证书的人员对外开展证券业务的，由协会责令改正；拒不改正的，给予纪律处分；情节严重的，由中国证监会单处或者并处警告、3万元以下罚款。

第二十四条 从业人员拒绝协会调查或者检查的，或者所聘用机构拒绝配合调查的，由协会责令改正；拒不改正的，给予纪律处分；情节严重的，由中国证监会给予从业人员暂停执业3个月至12个月，或者吊销其执业证书的处罚；对机构单处或者并处警告、3万元以下罚款。

第二十五条 被中国证监会依法吊销执业证书或者因违反本办法被协会注销执业证书的人员，协会可在3年内不受理其执业证书申请。

第二十六条 协会工作人员不按本办法规定履行职责，徇私舞弊、玩忽职守或者故意刁难有关当事人的，协会应当给予纪律处分。

第五章 附 则

第二十七条 本办法实施前，持有协会颁发的证券经纪资格证书、证券代理发行资格证书、证券投资咨询资格证书和基金从业人员资格证书的，可以直接申请取得执业证书。

持有上述两个或者两个以上证书的，可以根据协会规定，取得专业水平级别认证。

第二十八条 机构高级管理人员的资格管理由中国证监会另行规定。

第二十九条 本办法自2003年2月1日起施行。1995年发布的《证券业从业人员资格管理暂行规定》同时废止。

公开发行证券的公司信息披露内容与格式准则第 2 号《年度报告的内容与格式》修正稿

中国证监会公开征求《年报准则》2002 年修正稿及《季报规定》(2002 年修订稿)的修改意见

为进一步提高上市公司信息披露的质量,中国证监会在调查了解投资者信息需求的基础上,对《公开发行证券的公司信息披露内容与格式准则第 2 号 – 年度报告的内容与格式(2001 年修订稿)》(以下简称《年报准则》)及《公开发行证券的公司信息披露编报规则 – 季度报告内容与格式特别规定》(以下简称《季报规定》)进行了修改。其中,由于对《年报准则》修改幅度较小,本次拟不再重新修订准则,而是以修正稿形式发布修改通知。年度报告摘要的披露内容没有大的变化,但披露格式变动较大,因此,《年度报告摘要格式》拟作为《年报准则》附件发布,公司在指定报纸公布的年报摘要部分应按照该附件的形式进行披露。《季报规定》已进行了重新修订。

现将《年报准则》修正稿及附件、《季报规定》公开刊登,欢迎从业人员和社会各界提出宝贵意见。

有关意见请以书面或电子邮件的形式于 2002 年 12 月 20 前反馈至中国证监会上市部或上交所上市部、深交所公司管理部。

联系方式如下:

中国证监会上市部

传真:010 – 88061504　电子信箱:ssb@csrc.gov.cn

通信地址:北京市西城区金融大街 16 号金阳大厦中国证监会上市部(邮编:100032)

上交所上市部

传真:021 – 68802819　电子信箱:list@sse.com.cn

通信地址:上海浦东南路 528 号上海证券交易所上市部(邮编:200120)

深交所公司管理部:

传真:0755 – 82083651　电子信箱:gsglb@sse.org.cn

通信地址:深圳市深南东路 5045 号深圳证券交易所公司管理部(邮编:518010)

注:请在来信信封上注明"年报、季报意见"的字样

中国证监会

2002 年 12 月 12 日

对公开发行证券的公司信息披露内容与格式准则第 2 号 < 年度报告的内容与格式 >(2001 年修订稿)的部分条款做如下修改:

1、第十一条"在指定报纸上刊登的年度报告摘要最小字号为标准 6 号字",改为"在指定报纸上刊登的年度报告摘要最小字号为标准五号字"。

2、第十七、五十五条重要提示中增加:公司经理、财务负责人应当对披露相关信息的真实性做出承诺,保证其中不存在重大的错报、漏报以及有可能对投资者产生误导的信息。

3、第二十五条(二)款第二段"如前 10 名股东之间存在关联关系,应予以说明",改为"如前 10 名股东之间存在关联关系或《上市公司股东持股变动信息披露管理办法》规定的一致行动人的,应予以说明"。

(三)款"对公司控股股东(包括公司第一大股东,或者按照股权比例、公司章程或经营协议或其他法律安排能够控制公司董事会组成、左右公司重大决策的股东),若控股股东为法人的,应介绍股东单位的法定代表人、成立日期、主要业务和产品、注册资本、股权结构等;若控股股东为自然人的,应介绍其姓名、性别、年龄、主要经历及现任职务。如报告期内控股股东发生变更,应列明披露相关信息的指定报纸及日期。公司还应比照上述内容,披露该股东的控股股东或实际控制人的情况。"改为:"公司应当披露控股股东及实际控制人的名称(法人)或姓名(自然人),如控股股东及实际控制人还持有其他上市公司 5%以上股份,还需披露上市公司名称。如报告期内控股股东及实际控制人发生变更,应列明披露相关信息的指定报纸及日期。同时披露股东信息披露的网站网址。"

4、第三十八条修改为:"对于新年度经营计划不做强制性披露要求,公司可采用自愿原则予以披露。"

5、第四十八条"公司应披露聘任、解聘会计师事务所情况。并披露报告年度支付给聘任会计师事务所的报酬情况。"增加披露:"目前的审计机构已为公司提供审计服务的年限"。

6、第五十六条删除(一)、(二)(五)项

7、第五十七条"公司应披露本年度实现的利润总额、净利润、扣除非经常性损益的净利润、主营业务利润、其他业务利润、营业利润、投资收益、补贴收入、营业外收支净额、经营活动产生的现金流量净额、现金及现金等价物净增加额。"改为"公司应披露本年度实现的利润总额、净利润、扣除非经常性损益的净利润、经营活动产生的现金流量净额、现金及现金等价物净增加额。"删除"主营业务利润、其他业务利润、营业利润、投资收益、补贴收入、营业外收支净额"的披露要求。

8、第六十三条删除

9、第六十四条移至第七十四条"重要事项"下披露

10、第六十五条删除

11、第七十四条删除第四十六条(一)、四十七条的披露内容

请各上市公司按照本修正稿的内容进行 2002 年年度报告的披露。年报准则附件：

年度报告摘要格式

××××股份有限公司年度报告摘要

§1 重要提示

1.1 本公司董事会及其董事保证本报告所载资料不存在任何虚假记载、误导性陈述或者重大遗漏，并对其内容的真实性、准确性和完整性负个别及连带责任。本年度报告摘要摘自年度报告全文，投资者欲了解详细内容，应阅读年度报告全文。

1.2 如个别董事声明对年度报告内容的真实性、准确性、完整性无法保证或存在异议的，应当声明：

××董事无法保证本报告内容的真实性、准确性和完整性，理由是：……，请投资者特别关注。

1.3 如有董事未出席董事会，应当单独列示其姓名。

1.4 如执行审计的会计师事务所出具了有解释性说明、保留意见、拒绝表示意见或否定意见的审计报告(以下简称"非标意见")，应当特别提示：

××会计师事务所为本公司出具了有解释性说明(或保留意见、拒绝表示意见、否定意见)的审计报告，本公司董事会、监事会对相关事项亦有详细说明，请投资者注意阅读。

1.5 总经理声明

1.6 财务总监声明

§2 上市公司基本情况简介

2.1 基本情况简介

证券简称	
证券代码	
上市交易所	
注册地址	
邮政编码	

2.2 联系人和联系方式

	董事会秘书	证券事务代表
姓名		
联系地址		
电话		
传真		
电子信息箱		

§3 会计数据和业务数据摘要注1

3.1 主要财务数据

	××××年(本年)	××××年(上年)	本年比上年增减(%)	××××年
主营业务收入				
净利润				
扣除非经常性损益的净利润				
	××××年末(本年末)	××××年末(上年末)	本年末比上年末增减(%)	××××年末
总资产				
股东权益(不含少数股东权益)				

3.2 主要财务指标

	××××年(本年)	××××年(上年)	本年比上年增减(%)	××××年
每股收益				
每股收益注2				
净资产收益率				
调整后的每股净资产				
每股经营活动产生的现金流量净额				
	××××年末(本年末)	××××年末(上年末)	本年末比上年末增减(%)	××××年末
每股净资产				
扣除非经常性损益的净利润为基础计算的净资产收益				

3.3 国内外会计准则差异

单位：万元

	国内会计准则	国际会计准则
净利润		
差异说明		

3.4 半年利润比较

单位：万元

	本年	上年
前半年净利润		
后半年净利润		

§4 股本变动及股东情况

4.1 股份变动表

	上年末	增减注3	本年末
发起人股份 国家持有股份 境内法人持有股份 境外法人持有股份 其他 募集法人股份 内部职工股 优先股或其他			
未流通股份合计			
人民币普通股 境内上市的外资股 境外上市的外资股 其他			
已流通股份合计			
股份合计			

4.2 前十名股东持股表

报告期末股东总数						
前十名股东持股情况						
股东名称	年度内增减	年末持股数量	比例(%)	股份类别注4(已流通或未流通)	股份状态(质押或冻结)	股东性质(国有股东或外资股东)
前十名股东关联关系或一致行动的说明						

4.3 实际控制人注6情况介绍

名称	
控制其他上市公司的名称及比例	

§5 董事、监事和高级管理人员

5.1 董事、监事和高级管理人员持股变动

姓名	职务注7	年龄	任期起止日期	年初持股数	年末持股数	变动原因

5.2 在股东单位任职的董事监事情况

□适用　　□不适用

姓名	任职的股东名称	在股东单位担任的职务	任职期间

姓名	任职的股东名称	在股东单位担任的职务	任职期间

5.3 董事、监事和高级管理人员年度报酬情况

年度报酬总额	
金额最高的前三名董事的报酬总额	
金额最高的前三名高级管理人员的报酬总额	
独立董事津贴	
独立董事其他待遇	
报酬区间	人数

§6 董事会报告

6.1 主营业务分行业或产品情况表

分行业或分产品	主营业务收入	主营业务成本	毛利率(%)	主营业务收入比上年增减(%)	主营业务成本比上年增减(%)	毛利率比上年增减(%)
行业1						
行业2						
其中:关联交易[注8]						
产品1						
产品2						
其中:关联交易						

6.2 主营业务分地区情况

地区	主营业务收入	主营业务成本	毛利率(%)	主营业务收入比上年增减(%)	主营业务成本比上年增减(%)	毛利率比上年增减(%)
地区1						
地区2						

6.3 采购和销售客户情况

前五名供应商采购金额合计		占采购总额比重	
前五名销售客户销售金额合计		占销售总额比重	

6.4 参股公司经营情况(适用投资收益占净利润 10%)

□适用 □不适用

参股公司名称			
本期贡献的投资收益		占上市公司净利润的比重	
参股公司	经营范围		
	净利润		

6.5 主营业务及其结构发生重大变化的原因说明[注9]

□适用 □不适用

6.6 主营业务盈利能力(毛利率)与上年相比发生重大变化的原因说明[注10]

□适用 □不适用

6.6 经营成果和利润构成与上年度相比发生重大变化的原因分析[注11]

□适用 □不适用

6.7 对整体财务状况与上年度相比发生重大变化的原因分析[注12]

□适用 □不适用

6.8 对生产经营环境以及宏观政策、法规产生重大变化已经、正在或将要对公司的财务状况和经营成果产生重要影响的说明

□适用 □不适用

6.9 完成盈利预测的情况

□适用 □不适用

单位:万元

	盈利预测(本年度)	本年度实际数
主营收入		
利润总额		
净利润		
差异说明		

6.10 完成经营计划情况

□适用 □不适用

单位:万元

	原拟订的本年度经营计划[注13]	本年度实际数
收入		
成本		
费用		
差异说明		

6.11 募集资金使用情况

□适用 □不适用

募集资金总额			本年度已使用募集资金总额		
			已累计使用募集资金总额		
承诺项目	拟投入金额	是否变更项目	实际投入金额	产生收益金额	是否符合计划进度和预计收益
合　计		-		-	
未达到计划进度和收益的说明(分具体项目)					
变更原因及变更程序说明(分具体项目)					

6.12 变更项目情况

□适用 □不适用

变更投资项目的资金总额					
变更后的项目	对应的原承诺项目	变更项目拟投入金额	实际投入金额	产生收益金额	是否符合计划进度和预计收益
合　计	-			-	
未达到计划进度和收益的说明(分具体项目)					

6.13 董事会对会计师事务所非标意见的说明

□适用　　□不适用

6.14 董事会新年度的经营计划(如有)

□适用　　□不适用

6.15 董事会本次利润分配或资本公积金转增预案

§7 重要事项

7.1 收购

□适用　　□不适用

新增控股公司名称	
与交易对手方是否存在关联关系	是□　否□
收购日	
自收购日起公司本年度产生的净利润	
与前述对应区间的上年度相关净利润	

7.2 出售

□适用　　□不适用

被出售控股公司名称	
与交易对手方是否存在关联关系	是□　否□
出售日	
本年初起至出售日产生的净利润	
与前述对应区间的上年度相关净利润	
出售产生的损益	

7.3 关联担保

□适用　　□不适用

担保对象名称	与公司的关系关系注14	发生日期	担保金额	担保类型	担保期	是否履行完毕	担保决策程序和披露程序
关联担保发生额合计							
关联担保余额合计							
担保余额合计							

7.4 关联债权债务往来

□适用　　□不适用

单位:万元

关联方	向关联方提供资金		关联方向上市公司提供资金	
	发生额	余额	发生额	余额
合计				

7.5 委托理财

□适用　　□不适用

委托方	委托金额	委托期限	约定收益	实际收益	实际收回金额
合计					

7.6 重大诉讼仲裁事项

□适用　　□不适用

陈述本年度发生的重大诉讼、仲裁事项的基本情况、涉及金额;对尚未结案的,陈述进展情况或审理结果及影响,对已经结案的,说明其执行情况。

7.7 独立董事履行职责的情况

§8 监事会报告

如监事会认为公司依法运作、公司财务情况、公司募集资金使用、公司收购、出售资产交易和关联交易不存在问题,可以免于披露。如上市公司财务报告未被出具非标意见,可以免于披露。

§9 财务报告

9.1 披露比较式合并及母公司的资产负债表、利润表和现金流量表

9.2 如果与最近一期年度报告相比,会计政策、会计估计和核算方法发生变化,提供具体说明

9.3 如果与最近一期年度报告相比,合并范围发生变化,提供具体说明

9.4 审计意见

如果上市公司被出具非标意见,应当披露完整的审计报告。

注释:

注1:提供截至报告期末公司前三年的主要会计数据和财务指标

注2:如果报告期末至报告披露日,公司股本发生变化的,按新股本计算

注3:在表后就引起上市公司股份变动的原因逐一说明。

注4:如同一股东持有两类股份应当分别列示。

注5:关联关系比照《上市规则》第七章第三节规定,一致行动比照《上市公司股东持股变动信息披露管理办法》规定。

注6:实际控制人比照《上市公司收购管理办法》的规定

注7:如是独立董事,需单独注明。

注8:仅披露在上市公司主营收入和主营成本中涉及关联交易的总额。

注9、注10、注11和注12:上市公司应当根据自身实际情况判断是否属于重大变化。

注11:利润构成包括主营业务利润、其他业务利润、投资收益、营业收支净额和补贴收入。

注13:披露最近一次定期报告中调整的本年度经营计划。

注14:区分上市公司控股股东,控股股东的下属公司或其他关联关系。

注15:如选择“不适用”,可省略披露表格。

公开发行证券的公司信息披露内容与格式准则第 3 号
——半年度报告

目　　录

第一章　总　则

第一条　为规范在中华人民共和国境内公开发行股票并在证券交易所上市的股份有限公司(以下简称公司)的信息披露行为,保护投资者的合法权益,依据《中华人民共和国公司法》、《中华人民共和国证券法》等法律法规,制定本准则。

第二条　半年度报告是中期报告的一种类型。公司应当遵循本准则的规定,编制半年度报告。

第三条　本准则的规定是对半年度报告信息披露的最低要求。凡对投资者决策可能产生重大影响的信息,不论本准则是否有明确规定,公司均应当披露。

第四条　本准则的某些规定对公司确实不适用的,经证券交易所批准后,公司可以根据实际情况,在不影响披露内容完整性的前提下做出适当修改。

因涉及商业秘密等特殊原因,公司确实不便遵循本准则某些规定的,可以向证券交易所申请豁免,并保证该豁免不会导致对投资者利益的实质性损害。经证券交易所批准后,公司可不予披露相关信息。

第五条　为避免不必要的重复和保持文字简洁,在不影响信息披露的完整性和不致引起阅读不便的前提下,公司可以采用相互引征的方法,对各相关部分的内容进行适当简化。

第六条　同时在境内、境外证券交易所上市的公司,如果境外证券监管部门对半年度报告的要求与本准则不一致,应当遵循报告披露内容从多不从少,披露时限从短不从长,其他要求从严不从宽的原则办理,并应在同一时间公布半年度报告。

第七条　半年度报告中的财务报告可以不经审计,但中国证券监督管理委员会(以下简称中国证监会)和证券交易所另有规定的除外。

第八条　半年度报告中的财务数据可以以人民币元、千元或百万元为单位。

第九条　半年度报告的封面应当载明公司法定名称、"半年度报告"字样和报告期间。半年度报告印刷文本应采用质地良好的纸张印制,幅面应为 209 毫米 × 295 毫米(相当于标准的 A4 纸规格)。

第十条　半年度报告摘要应当包括全文各部分的重要内容,不得出现与全文在内容上不一致,或因遗漏重要事项而误导投资者的情况。

半年度报告摘要应简明扼要。

第十一条　公司应当在每个会计年度上半年结束之日起两个月内编制半年度报告,并在该期限内将报告全文刊登于中国证监会指定的互联网网站,将半年度报告摘要刊登于至少一种中国证监会指定的报纸上。在指定报纸上刊登的半年度报告摘要最小字号应为标准六号字,最小行距为 0.02。

公司可以将半年度报告刊登于公司自己或其他互联网网站、其他报刊上,但不得早于在中国证监会指定的互联网网站或报刊上披露的时间。

第十二条　公司应当在半年度报告披露后及时将半年度报告原件或有法律效力的复印件及备查文件备置于办公地点和证券交易所,以供投资者查阅。

第十三条　公司应当在半年度报告披露后,上半年度结束之日起两个月内,将半年度报告各两份分别报送中国证监会、公司所在地的证券监管派出机构和证券交易所。

第十四条　公司董事会及董事应当保证半年度报告内容的真实性、准确性与完整性,承诺其中不存在虚假记载、误导性陈述或重大遗漏,并就其保证承担个别和连带责任。

如有董事对半年度报告内容的真实性、准确性、完整性无法做出保证或存在异议,或有董事未出席董事会会议,公司应作特别提示。

第十五条　已发行境内上市外资股及其衍生证券且已在证

券交易所上市的公司,应当参照执行本准则。国家另有规定的,从其规定。

已发行境内上市外资股及其衍生证券且已在证券交易所上市的公司,应同时编制半年度报告外文译本。公司应保证两种文本内容的一致性,并在外文文本上注明:“本报告分别以中、英(或日、法等)文两种文字编制,在对两种文本的理解发生歧义时,以中文文本为准。”

第十六条 特殊行业公司除应当遵循本准则的规定外,还应执行中国证监会关于该行业信息披露的特别规定。

第二章 半年度报告全文

第一节 重要提示、释义及目录

第十七条 公司应当在半年度报告全文的显要位置刊登如下重要提示:“公司董事会及董事保证本报告所载资料不存在虚假记载、误导性陈述或者重大遗漏,并对其内容的真实性、准确性和完整性承担个别及连带责任。”

如有董事对半年度报告内容的真实性、准确性、完整性无法做出保证或存在异议,公司应披露如下声明:“××董事无法保证本报告内容的真实性、准确性、完整性,理由是:…”。

公司还应单独披露未出席董事会会议董事的姓名。

第十八条 财务报告已经会计师事务所审计并被出具标准无保留意见的审计报告的,公司应当明确表述“公司半年度财务报告已经××会计师事务所审计并出具标准无保留意见的审计报告”。

财务报告已经审计并被出具有解释性说明、保留意见、拒绝表示意见或否定意见的审计报告的,公司应说明审计意见涉及事项的披露位置,并作以下提示:“公司半年度财务报告已经××会计师事务所审计并出具有解释性说明(或保留意见、否定意见、拒绝表示意见)的审计报告,本公司管理层对相关事项已作详细说明,请投资者注意阅读”。

第十九条 公司应当对半年度报告中投资者理解有障碍及有特定含义的术语做出解释。

第二十条 半年度报告的目录应当标明各部分的标题及对应页码。

第二节 公司基本情况

第二十一条 公司应当披露如下事项:

(一)法定中、英文名称及缩写;

(二)股票上市证券交易所,股票简称和股票代码;

(三)注册地址,办公地址及其邮政编码,互联网网址,电子信箱;

(四)法定代表人;

(五)董事会秘书及董事会证券事务代表的姓名、联系地址、电话、传真及电子信箱;

(六)选定的中国证监会指定报纸,指定互联网网址,半年度报告备置地点;

(七)其他有关资料。

第二十二条 公司应当遵循如下规定,披露主要财务数据和指标:

(一)公司应采用列表方式,提供下述主要财务数据与指标:净利润、扣除非经常性损益后的净利润、股东权益(不包含少数股东权益)、净资产收益率、每股收益、每股净资产、调整后的每股净资产和每股经营活动产生的现金流量净额。其中,股东权益、每股净资产与调整后的每股净资产应披露报告期期末及年初数,其他数据与指标应披露报告期及上年同期数。

公司在披露“扣除非经常性损益后的净利润”时,应说明扣除的项目及相关金额。

同时按国际会计准则编制财务报告的公司,还应披露分别按国内、国际会计准则编制的财务报告在报告期净利润、报告期期末净资产上的差异。

(二)第(一)项中的财务数据与指标应按照《公开发行证券的公司信息披露内容与格式准则第2号——年度报告的内容与格式》(以下简称《年度报告准则》)以及中国证监会颁布的其他有关信息披露规范的相关规定填列或计算。

第三节 股本变动和主要股东持股情况

第二十三条 报告期内因送股、转增股本、增发新股、可转换公司债券转股或其他原因引起股份总数及结构变动的,公司应当按照《年度报告准则》的附件《公司股份变动情况表》要求的格式及其他相关要求予以披露。如无变化,无须披露。

第二十四条 公司应当披露报告期期末股东总数。

第二十五条 公司应当披露报告期期末持有公司股份达5%以上(含5%)股东的全称、报告期内股份的增减变动及期末余额、所持股份类别以及所持股份被质押、冻结或托管的情况。持股5%以上(含5%)的股东少于10名的,公司应披露至少10名最大股东的持股情况。

公司在遵循前款规定时,还应披露如下信息:前10名股东所持股份中包括已上市流通股份和未上市流通股份的,应分别披露其数量;前10名股东之间存在的关联关系;因作为战略投资者或一般法人参与配售新股成为前10名股东的,应予以说明,并披露约定持股期间的起止时间;前10名股东中代表国家持股的单位以及外资股东。

第二十六条 公司控股股东或实际控制人报告期内发生变化的,应当列明披露相关信息的指定报刊及日期。如无变化,无须披露。

新控股股东或新实际控制人为法人的,公司应简要说明其法定代表人、成立日期、主要业务及产品、注册资本、股权结构、报告期净利润以及报告期期末净资产；新控股股东或新实际控制人为自然人的，公司应简要说明其姓名、性别、年龄、主要经历及现任职务。

第四节　董事、监事、高级管理人员情况

第二十七条　公司应当披露报告期内董事、监事、高级管理人员持有公司股票的变动情况。如无变化，无须披露。

第二十八条　公司应当披露报告期内董事、监事、高级管理人员的新聘或解聘情况。

第五节　管理层讨论与分析

第二十九条　公司管理层应当对财务报告与其他必要的统计数据以及报告期内发生或将要发生的重大事项，进行讨论与分析，以有助于投资者了解其经营成果、财务状况（含现金流量情况，下同）。

管理层的讨论与分析不能只重复财务报告的内容，应着重于其已知的、可能导致财务报告难以显示公司未来经营成果与财务状况的重大事项和不确定性因素，包括已对报告期产生重要影响但对未来没有影响的事项，以及未对报告期产生影响但对未来具有重要影响的事项等。

第三十条　公司管理层应当说明报告期主营业务收入、主营业务利润、净利润、现金及现金等价物净增加额（或净减少额，下同），以及报告期期末总资产、股东权益等主要财务数据与上年同期或年初数相比发生的重大变化，并分析其原因。

第三十一条　公司管理层应当说明报告期经营情况，包括：主营业务的范围及经营状况，公司主营业务涉及具有不同风险行业、地区的，应分别阐述占报告期主营业务收入10%以上（含10%）的经营业务所在行业或地区、主营业务收入及主营业务成本；报告期内主营业务发生的变化；主要产品的市场占有率情况；对报告期净利润产生重大影响的其他经营业务。

第三十二条　公司管理层应当说明报告期投资情况，包括：

（一）在报告期内募集资金或以前期间募集资金的使用延续到报告期的，公司应披露有关投资项目的实际进度及收益情况；未达到计划进度和收益的，应解释原因；尚未使用募股资金的用途；募股资金用途发生变更的，应说明变更原因、是否已履行变更程序、新的用途、实际进度与收益情况；

（二）重大非募股资金投资项目的实际进度和收益情况。

上述投资行为若涉及增加新的被投资单位，公司还应披露该单位的名称、主要经营活动、公司拥有其股东权益的比例。

第三十三条　公司管理层应当将报告期实际经营成果与招股上市文件或定期报告披露的盈利预测、有关计划或展望进行比较。有重大差异的，应予以说明并分析其原因。

第三十四条　公司管理层应当简要说明下半年的经营计划，包括收入、费用计划等，分析可能对下半年经营成果与财务状况产生重要影响的因素、这些因素发生的可能性及影响程度。公司对上年年度报告中披露的本年度经营计划做出修改的，应予以说明。

第三十五条　公司管理层如果预测下一报告期的经营成果可能为亏损或者与上年同期相比发生大幅度变动，应当予以警示。

第三十六条　财务报告经注册会计师审计，并被出具非标准无保留意见的审计报告的，公司管理层应当对审计意见涉及的事项予以说明。

上年年度报告中的财务报告被注册会计师出具非标准无保留意见的审计报告的，公司管理层应对审计意见涉及事项的变化及处理情况予以说明。

第六节　重要事项

第三十七条　上年年末公司治理的实际状况与中国证监会有关文件的要求存在差异的，公司应当披露报告期内已采取的整改措施及整改情况。报告期期末仍存在差异的，应分析该差异对公司的影响，说明拟采取的整改措施和预计所需的时间。

第三十八条　公司应当披露以前期间拟定、在报告期实施的利润分配方案、公积金转增股本方案或发行新股方案的执行情况。

第三十九条　公司应当披露在报告期内发生及以前期间发生但持续到报告期的重大诉讼、仲裁事项的涉及金额、进展情况或审理结果及对经营成果与财务状况的影响（包括由此产生的损益占报告期净利润的比例等，本节下同）。

第四十条　公司应当披露在报告期内发生及以前期间发生但持续到报告期的重大资产收购、出售或处置以及企业收购兼并事项的涉及金额、进展情况及对经营成果与财务状况的影响。

第四十一条　公司应当遵循如下规定，分类披露在报告期内发生的重大关联交易信息：

（一）购销商品、提供劳务交易应披露下述信息：交易总金额占同类交易总金额的比例及对经营成果与财务状况的影响；在前一定期报告或临时报告披露过的有关协议在报告期内的履行情况；交易方、交易内容、交易价格、交易金额与结算方式在报告期内发生重大变化的交易的变化情况；关联方之间存在大额销货退回的，应予说明。

（二）资产收购、出售交易应披露下述信息：交易方、交易内容、定价原则、资产的帐面价值、评估价值（若有）、市场公允价值（若有）、交易价格、结算方式及对经营成果与财务状况的影响。交易价格与帐面价值、评估价值或公允价值差异较大的，应说明原因。

（三）公司与关联方报告期期末存在债权、债务或担保事项

的，应披露形成原因、清偿情况、对经营成果与财务状况的影响以及有关承诺(若有)。

(四)其他重大关联交易信息。

第四十二条　公司应当披露如下重大合同及其履行情况信息：

(一)在报告期内发生或以前期间发生但延续到报告期的重大托管、承包、租赁其他公司资产或其他公司托管、承包、租赁公司资产事项的信息，包括交易金额、期限以及对经营成果与财务状况的影响。

(二)在报告期内发生或以前期间发生但延续到报告期的重大担保合同信息，包括担保金额与担保期限。对有明显迹象表明可能承担连带清偿责任的担保事项，公司应予明确说明。

(三)在报告期内发生或以前期间发生但延续到报告期的重大委托他人进行现金资产管理的信息，包括受托单位、委托金额、起止时间、约定收益、实际收益、期末余额以及该项行为是否履行了必要的程序。

第四十三条　公司或持有公司股份5%以上(含5%)的股东在报告期内发生或以前期间发生但持续到报告期的对公司经营成果、财务状况可能产生重要影响的承诺事项的，公司应当披露该承诺在报告期内的履行情况。

第四十四条　财务报告已经审计的，公司应当披露会计师事务所的名称、注册会计师的名字以及审计费用。

更换会计师事务所的，公司应披露解聘原会计师事务所的原因，以及是否履行了必要的程序。

第四十五条　公司应当披露在报告期内发生的除上述第三十七条至四十四条规定之外，且未曾在临时报告中披露过的其他重要事项信息。

第四十六条　对上述第三十七条至四十五条规定之外，且已在前一定期报告或临时报告中披露过的在报告期内发生以及在以前期间发生但持续到报告期的其他重要事项信息，公司应当编制索引，注明有关事项的名称，有关报告刊载的报刊名称、日期及版面，刊载的互联网网站名称及检索路径。其中，对多次发生的同类重大事项，公司应注明涉及金额的合计数。

第七节　财务报告

第四十七条　公司应当在半年度报告中披露利润及利润分配表、资产负债表、现金流量表及报表附注。

第四十八条　财务报告未经审计的，公司应当注明“未经审计”字样。财务报告经过审计的，若注册会计师出具的审计意见为标准无保留意见，公司应明确说明注册会计师出具标准无保留意见的审计报告；若注册会计师出具的审计意见为非标准无保留意见，公司应披露审计报告全文。

第三章　半年度报告摘要

第一节　重要提示

第四十九条　公司应当在半年度报告摘要的显要位置刊登如下重要提示：“公司董事会及董事保证本报告摘要所载资料不存在虚假记载、误导性陈述或者重大遗漏，并对其内容的真实性、准确性和完整性承担个别及连带责任。”

“本半年度报告摘要的目的仅是为公众提供公司上半年的简要情况，报告全文同时刊载于＊＊＊。投资者在作出重大决策之前，应当仔细阅读半年度报告全文。”

其余重要提示内容应按照第十七、十八条的规定披露，无须披露第十九、二十条的内容。

第二节　公司基本情况

第五十条　公司应当按照第二十一条第(二)、(五)项的规定披露有关信息，无须披露其余内容。

第五十一条　公司应当按照第二十二条的规定，披露主要财务数据和指标。

第三节　股本变动和主要股东持股情况

第五十二条　公司应当按照第二十三、二十四、二十五、二十六条的规定，披露股东变动和主要股东持股信息。

第四节　董事、监事、高级管理人员情况

第五十三条　公司应当按照第二十七、二十八条的规定，披露报告期内董事、监事、高级管理人员的有关信息。

第五节　管理层讨论与分析

第五十四条　公司应当披露第三十条的内容。

第五十五条　公司管理层应当按照第三十一条规定的内容，摘要说明经营情况发生重大变化的部分。

第五十六条　公司应当按照第三十二条第一款第(一)项的规定，披露报告期投资活动的信息，无须披露第一款第(二)项及第二款的内容。

第五十七条　公司应当按照第三十三、三十四、三十五、三十六条的规定，披露有关信息。

第六节　重要事项

第五十八条　公司应当按照第三十八、三十九、四十、四十一、四十二、四十三、四十四、四十五条的规定披露重要事项信息，无须披露第三十七、四十六条的内容。

第七节　财务报告

第五十九条　公司应当披露合并及母公司的利润表、资产负债表和现金流量表。

第六十条　财务报表附注至少应当包括以下内容：

(一)会计政策、会计估计变更与会计差错更正的内容、原因及影响数;

(二)财务报表合并范围的重大变化、原因及影响数;

(三)非标准无保留审计意见(如有)涉及事项的有关附注。

第六十一条 公司应当按照第四十八条的规定,披露财务报告是否经过审计及审计报告的有关信息。

第四章 备查文件

第六十二条 公司的备查文件应当包括:

(一)载有董事长签名的半年度报告文本;

(二)载有单位负责人、主管会计工作的负责人、会计机构负责人签名并盖章(如设置总会计师,还须由总会计师签名并盖章)的财务报告文本;

(三)载有会计师事务所盖章、注册会计师签名并盖章的审计报告文本(如有);

(四)报告期内在中国证监会指定报刊上公开披露过的所有文件文本;

(五)公司章程文本;

(六)在其它证券市场披露的半年度报告文本;

(七)其他有关资料。

第五章 附 则

第六十三条 本准则由中国证监会负责解释。

第六十四条 本准则自颁布之日起施行。中国证监会此前发布的《公开发行股票的公司信息披露的内容与格式准则第3号—中期报告的内容与格式(2000年修订稿)》同时废止。

公开发行证券的公司信息披露编报规则第13号——季度报告内容与格式特别规定(2002修订稿)

第一章 总 则

第一条 为规范在中华人民共和国境内公开发行股票并在证券交易所上市的股份有限公司(以下简称公司)的信息披露行为,保护投资者的合法权益,依据《中华人民共和国公司法》、《中华人民共和国证券法》等法律法规,制定本规定。

第二条 公司编制季度报告应遵循本规则。

第三条 季度报告注重披露公司新发生的重大事项,一般不重复已披露过的信息。对已在前一定期报告或临时报告中披露过的重大事项,只需注明该报告刊载的报刊、互联网网站的名称与刊载日期。

第四条 公司应在会计年度前三个月、九个月结束后的三十日内编制季度报告,并将季度报告刊载于中国证监会指定的报纸上和中国证监会指定的互联网网站上。其中的财务数据应以人民币千元或万元为单位。在指定报纸上刊登的年度报告摘要最小字号为标准6号字。

第一季度季度报告的披露时间不得早于上一年度年度报告。

第五条 公司应在季度报告披露后十日内,将季度报告文本一式两份分别报送股票挂牌交易的证券交易所和公司所在地的证券监管派出机构。

第六条 公司季度报告中的财务资料无需经审计,但中国证监会或证券交易所另有规定的除外。

第二章 公司简介

第七条 公司应披露如下内容:

(一)公司股票简称、股票代码。(若报告期内公司股票简称发生变更,应披露变更前的股票简称)

(二)公司董事会秘书及证券事务代表的姓名、联系地址、电话、传真、电子邮箱

(三)公司注册地址、公司办公地址及其邮政编码,公司国际互联网网址、电子信箱

第三章 财务资料

第八条 公司应披露如下财务资料:

采用数据列表方式,列示报告期(期末)主要会计数据及财务指标:

(二)会计报表:资产负债表、利润表

(三)在财务报表附注部分,需披露如下内容:

1、与前一定期报告相比,会计政策、会计估计以及财务报表合并范围的重大变化及影响数。

2、重大会计差错的内容及其更正金额

3、应纳入财务报表合并范围而未予合并的子公司名称及未合并原因。

第四章 管理层讨论与分析

第九条 公司管理层应当对财务报告与其他必要的统计数据以及报告期内发生或将要发生的重大事项,进行讨论与分析,以有助于投资者了解其经营成果、财务状况。

管理层的讨论与分析不能只重复财务报告的内容,应着重于

其已知的、可能导致财务报告难以显示公司未来经营成果与财务状况的重大事项和不确定性因素，包括已对报告期产生重要影响但对未来没有影响的事项，以及未对报告期产生影响但对未来具有重要影响的事项等。

第十条 公司管理层应当介绍公司经营情况，简要分析公司报告期内经营活动的总体状况，至少包括：

(一)公司经营的季节性或周期性特征(如有)。

(二)对占主营收入或主营业务利润总额30%以上的主营产品，应分别列示其产品销售收入、毛利率。分析报告期利润构成情况，如公司非经常性损益对公司利润总额产生重大影响，应单独列示其金额、来源及其占利润总额的比例。如报告期内主营业务或其结构发生较大变化，应予以说明。

(三)简要介绍经营中出现的问题与困难

第十一条 公司应披露如下重大事项：

(一)报告期内实际控制人发生变化，应当介绍新的控股股东或实际控制人的名称；

(二)报告期内重大诉讼、仲裁事项的进展情况；

(三)截至报告期期末对外担保的总金额、委托他人进行现金资产管理的金额总计。

(四)公司在前一年度或上半年度被注册会计师出具有解释说明段、保留意见、拒绝表示意见或否定意见审计报告，且涉及事项或问题尚未解决的，应当具体说明在本报告期内相关事项或问题的解决情况。

第十二条 公司管理层如果预测年初至本报告期期末的经营成果可能为亏损或者与上年同期相比发生大幅度变动，应当予以警示。公司如对报告期年度经营计划作出滚动调整的，应当说明有关调整的内容。

第十三条 本规定由中国证监会负责解释。

公开发行证券的公司信息披露内容与格式准则第15号
上市公司股东持股变动报告书

第一章 总 则

第一条 为规范上市公司股东持股变动活动中的信息披露行为，保护投资者合法权益，维护证券市场的正常秩序，根据《证券法》、《上市公司股东持股变动信息披露管理办法》(以下简称《披露办法》)及其他相关法律、法规及部门规章的有关规定，制订本准则。

第二条 根据《证券法》、《披露办法》须履行信息披露义务的自然人、法人或其他组织(以下简称信息披露义务人)，应当按照本准则的要求编制和披露上市公司股东持股变动报告书(以下简称持股变动报告书)。

第三条 信息披露义务人是多人的，可以推选其中一人以共同名义统一制作并报送持股变动报告书，公告股份持有人、股份控制人、一致行动人依照《披露办法》及本准则应当披露的所有信息，但各信息披露义务人及其各自的法定代表人(或者主要负责人)应当在持股变动报告书上签字、盖章。

第四条 本准则的规定是对上市公司股东持股变动信息披露的最低要求。不论本准则中是否有明确规定，凡对投资者做出投资决策有重大影响的信息，信息披露义务人均应当予以披露。

第五条 本准则某些具体要求对信息披露义务人确实不适用的，信息披露义务人可针对实际情况，在不影响披露内容完整性的前提下做适当修改，但应在报送时作书面说明。

第六条 在不影响信息披露的完整性和不致引起阅读不便的前提下，信息披露义务人可以采用相互引证的方法，对各相关部分的内容进行适当的技术处理，以避免重复和保持文字简洁。

第七条 信息披露义务人在编制持股变动报告书时，还应当遵循以下一般要求：

(一)引用的数据应当提供资料来源，事实应有充分、客观、公正的依据。

(二)引用的数字应当采用阿拉伯数字，货币金额除特别说明外，应指人民币金额，并以元、千元或百万元为单位，财务会计报告数据应精确到人民币元。

(三)信息披露义务人可以根据有关规定或其他需求，编制持股变动报告书外文译本，但应当保证中、外文本的一致性，并在外文文本上注明："本持股变动报告书分别以中、英(或日、法等)文编制，在对中外文本的理解上发生歧义时，以中文文本为准"。

(四)持股变动报告书文本应当采用质地良好的纸张印刷，幅面为209×295毫米(相当于标准的A4纸规格)。

(五)在报刊刊登的持股变动报告书最小字号为标准6号字，最小行距为0.02。

(六)不得刊载任何有祝贺性、广告性和恭维性的词句。

第八条 信息披露义务人如在持股变动报告书中援引律师等专业机构出具的专业报告或意见的内容，应当说明相关专业机构已书面同意上述援引。

第九条 信息披露义务人在报送持股变动报告书的同时应当提交有关备查文件。该备查文件应当为原件或有法律效力的复印件。

第十条 信息披露义务人应当按照本准则第二章的规定编制持股变动报告书，在《披露办法》规定的期限内将持股变动报告书刊登于至少一种中国证监会指定的报刊、提示查询该报告的网址，并按照证券交易所的要求刊登于指定网站。

信息披露义务人应当将持股变动报告书和备查文件备置于上市公司住所和证券交易所，以备查阅。

第十一条 信息披露义务人董事会及其董事或者主要负责人，应当保证持股变动报告书内容的真实性、准确性、完整性，承诺其中不存在虚假记载、误导性陈述或重大遗漏，并就其保证承担个别和连带的法律责任。

第二章 上市公司股东持股变动报告书

第一节 封面、扉页、目录、释义

第十二条 持股变动报告书全文文本封面应标有“XX上市公司股东持股变动报告书”字样，并应载明以下内容：

(一)上市公司的名称、股票上市地点、股票简称、股票代码；

(二)信息披露义务人的姓名或名称、住所、通讯地址、联系电话；

(三)股份变动性质；

(四)持股变动报告书签署日期。

第十三条 信息披露义务人应当在持股变动报告书的扉页刊登如下声明：

(一)编写本报告书所依据的法律、法规；

(二)信息披露义务人签署本报告书已获得必要的授权和批准；

(三)依据《证券法》、《披露办法》的规定，本报告书已全面披露了信息披露义务人及其控制人、关联方、一致行动人所持有、控制的XX上市公司股份。

截止本报告书签署之日，除本报告书披露的持股信息外，上述信息披露义务人没有通过任何其他方式持有、控制XX上市公司的股份。

(四)涉及的股份信息披露义务人应当声明本次持股变动生效的条件。

第十四条 持股变动报告书目录应当标明各章、节的标题及相应的页码，内容编排也应符合通行的中文惯例。

第十五条 信息披露义务人应就投资者理解可能有障碍及有特定含义的术语做出释义。持股变动报告书的释义应在目录次页排印。

第二节 信息披露义务人介绍

第十六条 信息披露义务人是法人或者其他组织的，应当披露如下基本情况：

(一)名称、注册地、注册资本、工商行政管理部门或者其他机构核发的注册号码及代码、企业类型及经济性质、主要经营范围、经营期限、税务登记证号码、股东或者发起人的姓名或者名称(如为有限责任公司或者股份有限公司)、通讯方式；

(二)信息披露义务人(包括一致行动人)应当披露其实际控制人的有关情况，并以方框图或者其他有效形式，全面披露其相关的产权及控制关系，列出股份持有人、股份控制人及各层之间的股权关系结构图，包括自然人、国有资产管理部门或者其他最终控制人；

在判断是否构成前述实际控制时，应当以《上市公司收购管理办法》第六十一条的有关规定作为判断标准；

如果信息披露义务人本次持股变动为减持上市公司股份或者减少对上市公司股份的控制的，可以免于披露本项内容；

(三)信息披露义务人董事的姓名、身份证号码(可以不在媒体公告)、国籍、长期居住地及是否取得其他国家或者地区的居留权、在公司任职或在其他公司兼职情况；

(四)信息披露义务人还应当简要披露其持有、控制其他上市公司百分之五以上的发行在外的股份情况。

第十七条 信息披露义务人是自然人的，应当披露以下基本情况：

(一)姓名、国籍、身份证号码、住所、通讯地址、通讯方式以及是否取得其他国家或者地区的居留权等；其中，信息披露义务人的身份证号码、住所可以不在媒体公告；

(二)信息披露义务人还应当简要披露其持有、控制其他上市公司百分之五以上的发行在外的股份情况。

第十八条 信息披露义务人为多人的，除应当分别按照本准则第十六条和第十七条披露各信息披露义务人的情况外，还应当披露：

(一)各信息披露义务人之间在股权、资产、业务、高级管理人员等方面的关系，并以方框图的形式加以说明；

(二)信息披露义务人为一致行动人的，应当说明一致行动的目的、达成一致行动协议或者意向的时间、一致行动协议或者意向的内容(特别是一致行动人行使股份表决权的程序和方式)、是否已向证券登记结算机构申请临时保管各自持有、控制的该上市公司的全部股票以及保管期限。

第三节 信息披露义务人持股变动情况

第十九条 信息披露义务人应当按照本节的规定计算并披露其持有、控制上市公司股份的详细名称、数量、占上市公司已发行股份的比例、所持股份性质及性质变动情况，股东持股变动达到规定比例的日期及方式。

第二十条 《披露办法》及本准则有关持股变动比例按照本次持股变动事实发生之日的持股比例减去前次持股变动报告书披露的持股比例予以计算。

第二十一条 信息披露义务人应当合并计算以下持股变动数量、比例(重复部分除外):

(一)各信息披露义务人持有的上市公司股份的详细名称、数量、比例;

(二)各信息披露义务人控制的上市公司股份的详细名称、数量、比例;

(三)各信息披露义务人如持有、控制同一上市公司发行的可转换公司债券的,其持有、控制该上市公司股份比例的计算方法为:

(信息披露义务人持有、控制的股份数量+可转换公司债券有权转换的股份数量)/(上市公司已发行股份总数+上市公司发行的可转换公司债券有权转换的股份数量)

第二十二条 前条第(一)项所述各信息披露义务人持有的上市公司股份数量和比例应当包括各信息披露义务人及其关联方持有的股份数量、比例。

前条第(二)项所述信息披露义务人控制的上市公司股份数量和比例,应当包括信息披露义务人以本准则第二十五条、第二十六条规定的方式控制上市公司的股份数量、比例。

第二十三条 通过证券交易所的集中竞价交易导致股东持股变动达到规定比例的,信息披露义务人应当披露以下基本情况:

(一)其持有、控制股份达到或者增减变动达到规定比例的日期;

(二)在该日期所持有、控制股份的详细名称、数量、比例。

第二十四条 通过协议转让导致股东持股变动达到规定比例的,信息披露义务人(包括出让人和受让人)应当披露以下基本情况:

(一)转让协议的主要内容,包括协议当事人、转让股份的数量、比例、股份性质及性质变动情况、转让价款、股份转让的支付对价(如现金、资产、债权、股权等)、协议签订时间、生效时间及条件、特别条款等;

(二)本次股份转让是否附加特殊条件、是否存在补充协议、协议双方是否就股权行使存在其他安排、是否就出让人持有、控制的该上市公司的其余股份存在其他安排;

(三)如本次股份转让需经有关部门批准的,应当说明批准部门的名称。

第二十五条 通过资产管理方式导致股东持股变动达到规定比例的双方当事人,应当披露资产管理合同或者类似安排的主要内容,包括资产管理的具体方式、管理权限(包括上市公司股份表决权的行使等)、涉及的股份数量及占上市公司已发行股份的比例、合同的期限及变更、终止的条件、资产处理安排、合同签订的时间及其他特别条款等。

第二十六条 通过股权控制关系及其他方式控制上市公司股份达到规定比例的,信息披露义务人应当披露取得控制的时间、与控制关系相关的协议(如取得对上市公司股东的实际控制权所达成的协议)的主要内容及其生效和终止条件、控制方式及权限、控制关系结构图及各层控制关系下的各主体及其持股比例、以及是否存在其他共同控制人及其身份介绍等。

第二十七条 因国有股权行政划转导致股东持股变动达到规定比例的,信息披露义务人(包括划出方和划入方)应当披露股权划出方及划入方的名称、划转股权的数量、比例及性质、批准划转的日期、批准划转的机构,如需进一步取得有关部门批准的,说明其批准情况。

第二十八条 因执行司法裁决对上市公司股份采取拍卖措施的,申请执行人应当披露作出裁决的法院或者仲裁机构名称、裁决的日期、案由、申请执行人收到判决的时间、判决书或裁定书的主要内容、拍卖机构名称、拍卖事由、拍卖结果。

第二十九条 通过公开征集受让人方式导致股东持股变动达到规定比例的,信息披露义务人除应当按照第二十四条的规定披露相关信息外,还应当披露有关公开征集行为是否事先报有权部门同意、有关本次公开征集行为的信息披露文件所刊载的报刊名称、日期等。

第三十条 因继承取得上市公司股份达到规定比例的,信息披露义务人应当披露其与被继承人之间的关系、继承开始的时间、是否为遗嘱继承、遗嘱执行情况的说明等。

第三十一条 因取得上市公司发行的股份而导致持股变动达到规定比例的,信息披露义务人应当披露有关股东大会决议的情况、发行方案及结果。

第三十二条 信息披露义务人为上市公司管理层(包括董事、监事、高级管理人员)、员工或者上述人员所控制的法人或者其他组织的,信息披露义务人应当披露如下基本情况:

(一)上市公司管理层及员工持有上市公司股份的数量、比例,以及管理层个人持股的数量、比例;

如通过上市公司管理层及员工所控制的法人或者其他组织持有上市公司股份的,还应当披露该控制关系、股本结构、内部组织架构、内部管理程序、章程的主要内容、所涉及的人员范围等;

(二)取得上市公司股份的时间及定价依据;

(三)支付方式及资金来源,如就取得股份签有融资协议的,应当披露该协议的主要内容,包括融资的条件、金额、还款计划及资金来源;

(四)除上述融资协议外,如就该股份的取得、处分及表决权的行使与第三方存在特殊安排的,应当披露该安排的具体内容;

(五)如果该股份为通过赠与方式取得的,应当披露赠与的具体内容及是否附加条件;

(六)上市公司实行管理层持股的目的及后续计划,包括是否将于近期提出利润分配方案等;

(七)上市公司董事会、监事会声明其已经履行诚信义务,有关本次管理层及员工持股符合上市公司及其他股东的利益,不存在损害上市公司及其他股东权益的情形。

第三十三条 股份协议转让的出让人和国有股权行政划转的划出方还应当披露以下基本情况:

(一)说明其是否为上市公司前五名大股东;

(二)如为第一大股东或者实际控制人的,还应当说明本次股权转让或划转后是否失去对上市公司的控制;在本次转让控制权前,是否对受让人的主体资格、资信情况、受让意图等已进行合理调查和了解,说明相关调查情况;

(三)出让人或者划出方及其实际控制人是否存在未清偿其对公司的负债,未解除公司为其负债提供的担保,或者损害公司利益的其他情形;如有前述情形,应披露具体的解决方案。

第三十四条 信息披露义务人应当披露其持有、控制的上市公司股份是否存在任何权利限制,包括但不限于股份被质押、冻结等。

第三十五条 按照《披露办法》规定仅需就持股变动予以公告,但无须编制持股变动报告书的,信息披露义务人应当披露以下情况:

(一)信息披露义务人的姓名或者名称;

(二)信息披露义务人持有、控制上市公司股份的详细名称及股份性质、股份数量及占上市公司已发行股份的比例;

(三)本次持股变动数量、比例、日期及方式。

第三十六条 如信息披露义务人已经编制并披露持股变动报告书,信息披露义务人除按照本节要求就股份变动情况予以披露外,还应当简要披露前次持股变动报告书的相关内容,包括编制的日期、前次持股数量、信息披露义务人的名称或者姓名。

第四节 前六个月内买卖挂牌交易股份的情况

第三十七条 信息披露义务人在提交报告之日前六个月内有买卖上市公司挂牌交易股份行为的,应当披露如下情况:

(一)每个月买卖股份的数量(按买入和卖出分别统计);

(二)交易的价格区间(按买入和卖出分别统计)。

第五节 其他重大事项

第三十八条 信息披露义务人应当披露为避免对报告内容产生误解而必须披露的其他信息,以及中国证监会或者证券交易所依法要求信息披露义务人提供的其他信息。

第三十九条 各信息披露义务人的法定代表人(或者主要负责人)应当在持股变动报告书上签字、盖章、签注日期,并载明以下声明:

“本人(以及本人所代表的机构)承诺本报告不存在虚假记载、误导性陈述或重大遗漏,并对其真实性、准确性、完整性承担个别和连带的法律责任”。

第四十条 具有从事证券业务资格的财务顾问(如有)及其法定代表人、具体负责人员应当在持股变动报告书上签字、盖章、签注日期,并载明以下声明:

“本人及本人所代表的机构已履行勤勉尽责义务,对持股变动报告书的内容已进行核查和验证,未发现虚假记载、误导性陈述或者重大遗漏,并对此承担相应的责任”。

第四十一条 具有从事证券业务资格的律师及其律师事务所(如有)应当在持股变动报告书上签字、盖章、签注日期,并载明以下声明:

“本人及本人所代表的机构已履行勤勉尽责义务,对持股变动报告书的内容已进行核查和验证,未发现虚假记载、误导性陈述或者重大遗漏,确认本次股权变动合法有效,并对此承担相应的责任”。

第六节 备查文件

第四十二条 信息披露义务人应当将备查文件的原件或有法律效力的复印件报送证券交易所及上市公司。备查文件包括:

(一)各信息披露义务人的法人营业执照;信息披露义务人为自然人的,应提供其身份的证明文件;

(二)各具有证券业务资格的专业人员及其机构出具的专业意见(如有);

(三)本报告书所提及的有关合同、协议以及其他相关的文件;

(四)中国证监会或证券交易所要求报送的其他备查文件。

第三章 附 则

第四十三条 本准则由中国证监会负责解释。

第四十四条 本准则自 2002 年 12 月 1 日起施行。

公开发行证券的公司信息披露内容与格式准则第16号
上市公司收购报告书

第一章　总　则

第一条　为规范上市公司收购活动中的信息披露行为，保护投资者合法权益，维护证券市场的正常秩序，根据《证券法》、《上市公司收购管理办法》（以下简称《收购办法》）及其他相关法律、法规及部门规章的有关规定，制订本准则。

第二条　通过上市公司收购活动取得或者可能取得对该公司的实际控制权、根据《证券法》和《收购办法》应当履行上市公司收购信息披露义务的自然人、法人或其他组织（以下简称收购人），应当按照本准则的要求编制和披露上市公司收购报告书（以下简称收购报告书）。

第三条　收购人是多人的，可以推选其中一人以共同名义统一制作并提交收购报告书，公告各收购人依照《收购办法》及本准则应当披露的所有信息，但各收购人及其各自的法定代表人（或者主要负责人）应当在收购报告书上签字、盖章。

第四条　本准则的规定是对上市公司收购信息披露的最低要求。不论本准则中是否有明确规定，凡对上市公司投资者做出投资决策有重大影响的信息，收购人均应当予以披露。

第五条　本准则某些具体要求对收购人确实不适用的，收购人可针对实际情况，在不影响披露内容完整性的前提下做适当修改，但应在报送时作书面说明。

第六条　由于商业秘密（如核心技术的保密资料、商业合同的具体内容等）等特殊原因，本准则规定的某些信息确实不便披露的，收购人可以向证券交易所申请豁免，经证券交易所批准后，可以不予披露。

第七条　在不影响信息披露的完整性和不致引起阅读不便的前提下，收购人可以采用相互引证的方法，对各相关部分的内容进行适当的技术处理，以避免重复和保持文字简洁。

第八条　收购人在编制收购报告书时，还应当遵循以下一般要求：

（一）引用的数据应当提供资料来源，事实应有充分、客观、公正的依据。

（二）引用的数字应当采用阿拉伯数字，货币金额除特别说明外，应指人民币金额，并以元、千元或百万元为单位，财务会计报告数据应精确到人民币元。

（三）收购人可以根据有关规定或其他需求，编制收购报告书外文译本，但应当保证中、外文本的一致性，并在外文文本上注明：“本收购报告书分别以中、英（或日、法等）文编制，在对中外文本的理解上发生歧义时，以中文文本为准”。

（四）收购报告书全文文本应当采用质地良好的纸张印刷，幅面为209×295毫米（相当于标准的A4纸规格）。

（五）在报刊刊登的收购报告书最小字号为标准6号字，最小行距为0.02。

（六）不得刊载任何有祝贺性、广告性和恭维性的词句。

第九条　收购人在收购报告书中援引律师、注册会计师、财务顾问及其他相关的专业机构出具的专业报告或意见的内容，应当说明相关专业机构已书面同意上述援引。

第十条　收购人在报送收购报告书的同时应当提交有关备查文件。该备查文件应当为原件或有法律效力的复印件。

第十一条　收购人应当按照《收购办法》的规定将收购报告书摘要及收购报告书刊登于至少一种中国证监会指定的报刊，并根据证券交易所的要求刊登于指定网站，或者提示刊登该报告的收购人或上市公司的网址。

收购人应当将收购报告书和备查文件备置于上市公司住所和证券交易所，以备查阅。

第十二条　收购人董事会及其董事或者主要负责人，应当保证收购报告书内容的真实性、准确性、完整性，承诺其中不存在虚假记载、误导性陈述或重大遗漏，并就其保证承担个别和连带的法律责任。

如个别董事或主要负责人对报告内容的真实性、准确性、完整性无法做出保证或者存在异议的，应当单独陈述理由和发表意见。

第二章　上市公司收购报告书

第一节　封面、书脊、扉页、目录、释义

第十三条　收购报告书全文文本封面应标有“XX上市公司收购报告书”字样，并应载明以下内容：

（一）上市公司的名称、股票上市地点、股票简称、股票代码；

（二）收购人的姓名或名称、住所、通讯地址、联系电话；

（三）收购报告书签署日期。

第十四条　收购报告书全文文本书脊应标明“XX上市公司收购报告书”字样。

第十五条　收购报告书扉页应当刊登收购人如下声明：

（一）编写本报告所依据的法规；

（二）依据《证券法》、《收购办法》的规定，本报告书已全面披

露了收购人(包括股份持有人、股份控制人以及一致行动人)所持有、控制的 XX 上市公司股份;

截止本报告书签署之日,除本报告书披露的持股信息外,上述收购人没有通过任何其他方式持有、控制 XX 上市公司的股份;

(三)收购人签署本报告已获得必要的授权和批准,其履行亦不违反收购人章程或内部规则中的任何条款,或与之相冲突;

(四)涉及须经批准方可进行的收购行为,收购人应当声明本次收购在获得有关主管部门批准后方可进行;涉及触发要约收购义务的,应当声明尚须取得中国证监会豁免要约收购义务;涉及其他法律义务的,应当声明本次收购生效的条件;

(五)本次收购是根据本报告所载明的资料进行的。除本收购人和所聘请的具有从事证券业务资格的专业机构外,没有委托或者授权任何其他人提供未在本报告中列载的信息和对本报告做出任何解释或者说明。

第十六条 收购报告书目录应当标明各章、节的标题及相应的页码,内容编排也应符合通行的中文惯例。

第十七条 收购人应就投资者理解可能有障碍及有特定含义的术语作出释义。收购报告书的释义应在目录次页排印。

第二节 收购人介绍

第十八条 收购人为法人或者其他组织的,应当披露如下基本情况:

(一)收购人的名称、注册地、注册资本、工商行政管理部门或者其他机构核发的注册号码及代码、企业类型及经济性质、经营范围、经营期限、税务登记证号码、股东或者发起人的姓名或者名称(如为有限责任公司或者股份有限公司)、通讯方式;

(二)收购人(包括股份持有人、股份控制人、一致行动人)应当以方框图或者其他有效形式,全面披露其相关的产权及控制关系,列出股份持有人、股份控制人及各层之间的股权关系结构图,包括自然人、国有资产管理部门或者其他最终控制人;

收购人应当以文字简要介绍收购人的主要股东及其他与收购人有关的关联人的基本情况,以及其他控制关系(包括人员控制)。

(三)收购人在最近五年之内受过行政处罚(与证券市场明显无关的除外)、刑事处罚、或者涉及与经济纠纷有关的重大民事诉讼或者仲裁的,应当披露处罚机关或者受理机构的名称,处罚种类,诉讼或者仲裁结果,以及日期、原因和执行情况;

(四)收购人董事、监事、高级管理人员(或者主要负责人)的姓名、身份证号码(可以不在媒体公告)、国籍,长期居住地,是否取得其他国家或者地区的居留权;

前述人员在最近五年之内受过行政处罚(与证券市场明显无关的除外)、刑事处罚或者涉及与经济纠纷有关的重大民事诉讼或者仲裁的,应当按照本款第(三)项的要求披露处罚的具体情况。

(五)收购人持有、控制其他上市公司百分之五以上的发行在外的股份的简要情况。

第十九条 收购人是自然人的,应当披露以下基本情况:

(一)姓名、国籍、身份证号码、住所、通讯地址、通讯方式以及是否取得其他国家或者地区的居留权等,其中,身份证号码和住所可以不在媒体公告;

(二)最近五年内的职业、职务,应注明每份职业的起止日期以及所任职单位的名称、主营业务及注册地以及是否与所任职单位存在产权关系;

(三)最近五年内受过行政处罚(与证券市场明显无关的除外)、刑事处罚或者涉及与经济纠纷有关的重大民事诉讼或仲裁的,应披露处罚机关或者受理机构的名称,所受处罚的种类,诉讼或者仲裁的结果,以及日期、原因和执行情况。

(四)收购人持有、控制其他上市公司百分之五以上的发行在外的股份的简要情况。

第二十条 收购人为多人的,除应当分别按照本准则第十八条和第十九条的规定披露各收购人的情况外,还应当披露:

(一)各收购人之间在股权、资产、业务、人员等方面的关系,并以方框图的形式加以说明;

(二)收购人为一致行动人的,应当说明一致行动的目的、达成一致行动协议或者意向的时间、一致行动协议或者意向的内容(特别是一致行动人行使股份表决权的程序和方式)、是否已向证券登记结算机构申请临时保管各自持有、控制的该上市公司的全部股票以及保管期限。

第三节 收购人持股情况

第二十一条 收购人应当披露其持有、控制上市公司股份的详细名称、数量、占该公司已发行股份的比例,并说明其是否可对被收购公司的其他股份表决权的行使产生影响及影响的方式、程度。

第二十二条 收购人应当合并计算其持有、控制的被收购公司股份数量、比例(重复部分除外):

(一)各收购人持有的上市公司股份的详细名称、数量、比例;

(二)各收购人控制的上市公司股份的详细名称、数量、比例;

(三)各收购人如持有、控制同一上市公司发行的可转换公司债券的,其持有、控制该上市公司股份比例的计算方法为:

(收购人持有、控制的股份数量 + 可转换债券有权转换的股份数量)/(上市公司已发行股份总数 + 上市公司发行的可转换债券有权转换的股份数量)

第二十三条 前条第(一)项所述收购人持有的上市公司股份数量和比例应当包括收购人及其关联方持有的股份数量、比例。

前条第(二)项所述收购人控制的上市公司股份数量和比例,应当包括收购人以本准则第二十六条、第二十七条规定的方式控制被收购公司的股份数量、比例。

第二十四条 通过证券交易所的集中竞价交易进行上市公司收购的,收购人应当披露以下基本情况:

(一)其持有、控制股份达到规定比例的日期;

(二)所持有、控制股份的详细名称、数量、比例。

第二十五条 通过协议转让方式进行上市公司收购的,收购人应当披露以下基本情况:

(一)转让协议的主要内容,包括协议当事人、转让股份的数量、比例、股份性质及性质变化情况、转让价款、股份转让的对价(现金、资产、债权、股权或其他)、协议签订时间、生效时间及条件、特别条款等;

(二)本次股份转让是否附加特殊条件、是否存在补充协议、协议双方是否就股权行使存在其他安排、是否就出让人持有、控制的该上市公司的其余股份存在其他安排;

(三)如本次股份转让需要有关部门批准的,应当说明批准部门的名称。

第二十六条 通过资产管理方式进行上市公司收购的双方当事人,应当披露资产管理合同或者类似安排的主要内容,包括资产管理的具体方式、管理权限(包括上市公司股份表决权的行使等)、涉及的股份数量及占上市公司已发行股份的比例、合同的期限及变更、终止的条件、资产处理安排、合同签订的时间及其他特别条款等。

第二十七条 通过股权控制关系及其他方式进行上市公司收购的,收购人应当披露取得控制的时间、与控制关系相关的协议(如取得对上市公司股东的实际控制权所达成的协议)的主要内容及其生效和终止条件、控制方式(包括相关股份表决权的行使权限)、控制的程度、是否存在其他共同控制人及其身份介绍等。

第二十八条 通过国有股权行政划转而进行上市公司收购的,收购人应当披露股权划出方及划入方的名称、划转股权的数量、比例及性质、批准划转的日期、批准划转的机构,如需进一步取得有关部门批准的,说明其批准情况。

第二十九条 因执行司法裁决对上市公司股份采取拍卖措施而取得上市公司实际控制权的,应当披露做出裁决的法院或者仲裁机构名称、裁决的日期、案由、申请执行人收到判决的时间、判决书或裁定书的主要内容、拍卖机构名称、拍卖事由、拍卖结果。

第三十条 通过公开征集受让人方式取得上市公司实际控制权的,收购人除应当按照第二十五条的规定披露相关信息外,还应当披露有关公开征集行为是否事先报有权部门同意、有关本次公开征集行为的信息披露文件所刊载的报刊名称、日期等。

第三十一条 属于上市公司管理层(包括董事、监事、高级管理人员)及员工收购的,收购人应当披露如下基本情况:

(一)上市公司管理层及员工持有上市公司股份的数量、比例,以及管理层个人持股的数量、比例;

如通过上市公司管理层及员工所控制的法人或者其他组织持有上市公司股份的,还应当披露该控制关系、股本结构、内部组织架构、内部管理程序、章程的主要内容、所涉及的人员范围、数量、比例等;

(二)取得上市公司股份的定价依据;

(三)支付方式及资金来源,如就取得股份签有融资协议的,应当披露该协议的主要内容,包括融资的条件、金额、还款计划及资金来源;

(四)除上述融资协议外,如果就该股份的取得、处分及表决权的行使与第三方存在特殊安排的,应当披露该安排的具体内容;

(五)如果该股份通过赠与方式取得的,应当披露赠与的具体内容及是否附加条件;

(六)上市公司实行管理层收购的目的及后续计划,包括是否将于近期提出利润分配方案等;

(七)上市公司董事会、监事会声明其已经履行诚信义务,有关本次管理层及员工持股符合上市公司及其他股东的利益,不存在损害上市公司及其他股东权益的情形。

第三十二条 因根据股东大会的决议向收购人发行股份而进行上市公司收购的,收购人应当披露有关股东大会决议的情况、发行方案及结果。

第三十三条 因继承取得上市公司股份而进行上市公司收购的,收购人应当披露其与被继承人之间的关系、继承开始的时间、是否为遗嘱继承、遗嘱执行情况的说明等。

第三十四条 收购人应当披露其持有、控制的上市公司股份是否存在任何权利限制,包括但不限于股份被质押、冻结。

第四节 前六个月内买卖挂牌交易股份的情况

第三十五条 收购人(包括股份持有人、股份控制人以及一致行动人)在提交报告之日前六个月内有买卖上市公司挂牌交易股份行为的,应当披露如下情况:

(一)每个月买卖股份的数量(按买入和卖出分别统计);

(二)交易的价格区间(按买入和卖出分别统计)。

第三十六条 收购人(包括股份持有人、股份控制人以及一致行动人)及各自的董事、监事、高级管理人员(或者主要负责人),以及上述人员的直系亲属在提交报告之日前六个月内有买卖上市公司挂牌交易股份行为的,应当按照第三十五条的规定披露其具体的交易情况。

前款所述收购人的关联方未参与收购决定、且未知悉有关收购信息的,收购人及关联方可以向中国证监会提出免于披露相关交易情况的申请。

第五节　与上市公司之间的重大交易

第三十七条　收购人(包括股份持有人、股份控制人以及一致行动人)应当披露各成员以及各自的董事、监事、高级管理人员(或者主要负责人)在报告日前二十四个月内,与下列当事人发生的以下交易:

(一)与上市公司、上市公司的关联方进行资产交易的合计金额高于3000万元或者高于被收购公司最近经审计的合并财务报表净资产5%以上的交易的具体情况(前述交易按累计金额计算);

(二)与上市公司的董事、监事、高级管理人员进行的合计金额超过人民币5万元以上的交易;

(三)是否存在对拟更换的上市公司董事、监事、高级管理人员进行补偿或者存在其他任何类似安排;

(四)对上市公司有重大影响的其他正在签署或者谈判的合同、默契或者安排。

第六节　资金来源

第三十八条　收购人应当披露其为持有、控制上市公司股份所支付的资金总额、资金来源及支付方式,并就下列事项做出说明:

(一)如果其资金或者其他对价直接或者间接来源于借贷,应简要说明以下事项:

借贷协议的主要内容,包括借贷方、借贷数额、利息、借贷期限、担保及其他重要条款、偿付本息的计划,如无此计划,也须做出说明;

(二)收购人应当声明其收购资金是否直接或者间接来源于上市公司及其关联方,如通过与上市公司进行资产置换或者其他交易取得资金;如收购资金直接或者间接来源于上市公司及其关联方,应当披露相关的安排;

(三)上述资金或者对价的支付或者交付方式(一次或分次支付的安排或者其他条件)。

第七节　后续计划

第三十九条　收购人(包括股份持有人、股份控制人以及一致行动人)应当披露其收购上市公司的目的和计划,包括:

(一)是否计划继续购买上市公司股份,或者处置已持有的股份;

(二)是否拟改变上市公司主营业务或者对上市公司主营业务作出重大调整;

(三)是否拟对上市公司的重大资产、负债进行处置或者采取其他类似的重大决策;

(四)是否拟改变上市公司现任董事会或者高级管理人员的组成,如果拟更换董事或者经理的,应当披露拟推荐的董事或者经理的简况;

收购人与其他股东之间是否就董事、高级管理人员的任免存在任何合同或者默契;

(五)是否拟对上市公司的组织结构做出重大调整;

(六)是否拟修改上市公司章程及修改的草案(如有);

(七)是否与其他股东之间就上市公司其他股份、资产、负债或者业务存在任何合同或者安排;

(八)其他对上市公司有重大影响的计划。

第八节　对上市公司的影响分析

第四十条　收购人(包括股份持有人、股份控制人以及一致行动人)应当就本次收购完成后,对上市公司的影响及风险予以充分披露,包括:

(一)本次收购完成后,收购人与上市公司之间是否人员独立、资产完整、财务独立;

上市公司是否具有独立经营能力,在采购、生产、销售、知识产权等方面是否保持独立;

收购人与上市公司之间是否存在持续关联交易,如对收购人及其关联企业存在严重依赖的,应当说明拟采取减少关联交易的措施;

(二)本次收购完成后,收购人与上市公司之间是否存在同业竞争或者潜在的同业竞争;如有,应当说明为避免或消除同业竞争拟采取的措施。

第九节　收购人的财务资料

第四十一条　收购人为法人或者其他组织的,收购人应当披露其最近三年的财务会计报表,注明是否经审计及审计意见的主要内容;其中最近一个会计年度财务会计报表应经审计,并注明审计意见的主要内容及采用的会计制度及主要会计政策、主要科目的注释等。会计师应当说明公司前两年所采用的会计制度及主要会计政策与最近一年是否一致,如不一致,应做出相应的调整;

如截止收购报告书摘要公告之日,收购人的财务状况较最近一个会计年度的财务会计报告有重大变动的,收购人应提供最近一期财务会计报告并予以说明;

如果该法人或其他组织成立不足一年或者是专为本次收购而设立的,则应当比照前款披露其实际控制人或者控股公司的财务资料;

收购人为上市公司的,可以免于披露最近三年财务会计报告;但应当说明刊登其年报的报刊名称及时间。

第十节　其他重大事项

第四十二条　收购人应当披露为避免对报告内容产生误解而必须披露的其他信息，以及中国证监会或者证券交易所依法要求收购人披露的其他信息。

第四十三条　各收购人的法定代表人(或者主要负责人)应当在收购报告书上签字、盖章、签注日期，并载明以下声明：

"本人(以及本人所代表的机构)承诺本报告及其摘要不存在虚假记载、误导性陈述或重大遗漏，并对其真实性、准确性、完整性承担个别和连带的法律责任"。

第四十四条　具有从事证券业务资格的财务顾问(如有)及其法定代表人、具体负责人员应当在上市公司收购报告书上签字、盖章、签注日期，并载明以下声明：

"本人及本人所代表的机构已履行勤勉尽责义务，对收购报告书的内容进行了核查和验证，未发现虚假记载、误导性陈述或者重大遗漏，并对此承担相应的责任"。

第四十五条　具有从事证券业务资格的律师及其律师事务所(如有)应当在上市公司收购报告书上签字、盖章、签注日期，并载明以下声明：

"本人及本人所代表的机构已按照执业规则规定的工作程序履行勤勉尽责义务，对收购报告书的内容进行核查和验证，未发现虚假记载、误导性陈述或者重大遗漏，并对此承担相应的责任"。

第十一节　备查文件

第四十六条　收购人应当将备查文件的原件或有法律效力的复印件报送证券交易所及上市公司。备查文件包括：

(一)收购人(包括股份持有人、股份控制人、一致行动人)的工商营业执照和税务登记证；

(二)各具有证券业务资格的专业人员及其机构出具的专业意见(如有)；

(三)收购人的董事、监事、高级管理人员(或者主要负责人)的名单及其身份证明；如收购人为自然人的，应当提供身份证明；

(四)收购人关于收购上市公司的相关决定；

(五)收购人最近三年财务会计报告及最近一个会计年度经审计的财务会计报告；最近一年经审计的财务会计报告应包括审计意见、财务报表和附注；

如截止收购报告书摘要公告之日，收购人的财务状况较最近一个会计年度的财务会计报告有重大变动的，收购人应提供最近一期财务会计报告并予以说明；

若收购人设立不到三年的，应提供自其设立之日至报送本报告当年最近一期的财务会计报告及最近一个会计年度经审计的财务会计报告；

如果该法人或其他组织成立不足一年或者是专为本次收购而设立的，则应当按照前述要求提供该公司的实际控制人或者控股公司的财务资料；

(六)涉及收购资金来源的协议，包括借贷协议、资产置换及其他协议；

(七)收购人与上市公司、上市公司的关联方之间在报告日前二十四个月内发生的相关交易的协议、合同；

收购人与上市公司、上市公司的关联方之间已签署但尚未履行的协议、合同，或者正在谈判的其他合作意向；

(八)与本次收购有关的法律文件，包括股份转让协议、行政划转的决定、司法判决(裁定)、仲裁裁决的有关判决或裁决书、公开拍卖、遗产继承、赠与的有关法律文件；

收购人(包括股份持有人、股份控制人以及一致行动人)就上市公司股份的转让彼此达成或与其他人达成的其他交易合同或做出其他安排的书面文件，如质押、股份表决权行使的委托或其他安排等；

通过协议方式进行上市公司收购的，有关当事人就本次股份转让事宜开始接触的时间、进入实质性洽谈阶段的具体情况说明；

(九)报送材料前六个月内，收购人(包括股份持有人、股份控制人以及一致行动人)及各自的董事、监事、高级管理人员(或者主要负责人)以及上述人员的直系亲属的名单及其持有或买卖该上市公司股份的说明及相关证明；

收购人还应当以软盘的形式报送上述机构和个人在报送材料前六个月内的证券交易记录；

(十)收购人就本次股份协议收购应履行的义务所做出的承诺(如有)；

(十一)中国证监会及证券交易所要求的其他材料。

第四十七条　收购人应列示上述备查文件目录，并告知投资者备置地点。备查文件上网的，应披露网址。

第三章　上市公司收购报告书摘要

第四十八条　收购人应当在收购报告书摘要的显著位置，按照本准则第十三条的规定披露有关本次收购的重要事项。

第四十九条　收购人应当按照本准则第十五条规定在收购报告书摘要中披露有关声明。

第五十条　收购报告书摘要应当至少包括本准则第二章第二节、第三节的内容。

第四章　附　则

第五十一条　本准则由中国证监会负责解释。

第五十二条　本准则自 2002 年 12 月 1 日起施行。

公开发行证券的公司信息披露内容与格式准则第 17 号
要约收购报告书

第一章　总　则

第一条　为规范要约收购活动中的信息披露行为,保护投资者合法权益,维护证券市场秩序,根据《证券法》、《上市公司收购管理办法》(以下简称《收购办法》)及其他相关法律、法规及部门规章的规定,制订本准则。

第二条　以收购要约方式增持被收购上市公司股份的收购人(以下简称收购人)应当按照本准则的要求编制要约收购报告书。

收购人应当自公告收购要约文件之日起三十日内就本次要约收购在中国证监会指定报刊上至少做出三次提示性公告。

第三条　收购人属于一致行动人或者实际控制人的,参与一致行动或存在实际控制关系的各成员可以推选其中一名成员以全体成员的名义统一编制并提交要约收购报告书,按照《收购办法》的要求披露相关信息,各成员的法定代表人(或者主要负责人)均应在报告上签字、盖章。

第四条　本准则的规定是对要约收购报告书有关信息披露的最低要求。不论本准则是否有明确规定,凡对上市公司投资者做出投资决策有重大影响的信息,均应当予以披露。

第五条　本准则某些具体要求对收购人确实不适用的,收购人可针对实际情况,在不影响披露内容完整性的前提下做适当修改,但应在报送时作书面说明。收购人认为无本准则要求披露的情况,必须明确注明无此类情形的字样。

第六条　由于商业秘密(如核心技术的保密资料、商业合同的具体内容等)等特殊原因,本准则规定某些信息确实不便披露的,收购人可向中国证监会申请豁免,并在要约收购报告书中予以说明。

第七条　在不影响信息披露的完整性和不致引起阅读不便的前提下,收购人可采用相互引证的方法,以避免重复和保持文字简洁。

第八条　要约收购报告书还应满足以下一般要求:

(一)引用的数据应提供资料来源,事实应有充分、客观、公正的依据;

(二)引用的数字应采用阿拉伯数字,货币金额除特别说明外,应指人民币金额,并以元、千元或万元为单位;

(三)收购人可根据有关规定或其他需求,编制要约收购报告书外文译本,但应保证中、外文本的一致性,并在外文文本上注明:“本要约收购报告书分别以中、英(或日、法等)文编制,在对中外文本的理解上发生歧义时,以中文文本为准”;

(四)要约收购报告书全文文本应采用质地良好的纸张印刷,幅面为 209×295 毫米(相当于标准的 A4 纸规格);

(五)不得刊载任何有祝贺性、广告性和恭维性的词句。

第九条　要约收购报告书全文应按本准则有关章节的要求编制。文字应简洁、通俗、平实和明确,格式应符合本准则的要求。在指定报刊刊登的要约收购报告书最小字号为标准 6 号字,最小行距为 0.02。

第十条　收购人应当按照《收购办法》的规定将要约收购报告书摘要及要约收购报告书刊登于至少一种中国证监会指定的报刊,并根据证券交易所的要求刊登于指定网站,或者提示刊登该报告的收购人或上市公司的网址。

收购人应当将要约收购报告书和备查文件备置于上市公司住所和证券交易所,以备查阅。

第十一条　收购人可将要约收购报告书或摘要刊登于其他网站和报刊,但不得早于在中国证监会指定报刊和网站的披露。

第十二条　收购人董事会及全体董事(或者主要负责人)应保证要约收购报告书内容的真实性、准确性、完整性,并承诺其中不存在虚假记载、误导性陈述或重大遗漏,并就其保证承担个别和连带的法律责任。

第十三条　收购人的律师受收购人委托编制要约收购报告书,应对要约收购报告书及相关文件进行核查和验证,并出具法律意见书,并就其负有法律责任的部分承担相应的责任。

第十四条　收购人聘请的律师、注册会计师、财务顾问及其所服务的专业机构应书面同意收购人在要约收购报告书中引用由其出具的专业报告或意见的内容。

第二章　要约收购报告书

第一节　封面、书脊、扉页、目录、释义

第十五条　要约收购报告书全文文本封面至少应标有“XX上市公司要约收购报告书”字样,并应载明收购人的名称和住所及签署要约收购报告书的日期。

第十六条　要约收购报告书全文文本书脊应标明“XX 上市公司要约收购报告书”字样。

第十七条　要约收购报告书全文文本扉页应当刊登如下内

容：

(一)被收购公司的名称、股票上市地点、股票简称、股票代码、股本结构；

(二)收购人的姓名或者名称、住所、通讯方式；

(三)收购人关于收购的决定；

(四)要约收购的目的；

(五)要约收购的股份的详细名称、要约价格、要约收购数量、占被收购公司已发行股份的比例；

(六)要约收购所需资金总额及存放履约保证金的银行，或者委托保管收购所需证券的机构名称及证券数量；

(七)要约收购的有效期限；

(八)收购人聘请的财务顾问及律师事务所的名称、通讯方式；

(九)要约收购报告书签署日期。

第十八条 要约收购报告书扉页应当刊登收购人如下声明：

(一)编写本报告所依据的法律、法规；

(二)依据《证券法》、《收购办法》的规定，本报告书已全面披露了收购人(包括股份持有人、股份控制人以及一致行动人)所持有、控制的XX上市公司股份；

截止本报告书签署之日，除本报告书披露的持股信息外，上述收购人没有通过任何其他方式持有、控制XX上市公司的股份；

(三)收购人签署本报告已获得必要的授权和批准，其履行亦不违反收购人章程或者内部规则中的任何条款，或与之相冲突；

(四)本次要约收购是否以终止被收购公司的上市公司地位为目的；

(五)本次要约收购是根据本报告所载明的资料进行的。除收购人和所聘请的财务顾问外，没有委托或者授权任何其他人提供未在本报告中列载的信息和对本报告做出任何解释或者说明。

第十九条 收购人应对可能对投资者理解有障碍及有特定含义的术语做出释义。要约收购报告书的释义应在目录次页排印。

第二节 收购人的基本情况

第二十条 收购人为法人或者其他组织的，应当披露如下基本情况：

(一)收购人名称、注册地、主要办公地点、注册资本、工商行政管理部门或者其他机构核发的注册号码及代码、企业类型及经济性质、经营范围、经营期限、税务登记证号码、股东或者发起人的姓名或者名称(如为有限责任公司或者股份有限公司)、通讯方式；

(二)收购人应当披露其实际控制人的有关情况，并以方框图或者其他有效形式，全面披露其相关的产权及控制关系，列出股份持有人、股份控制人及各层之间的股权关系结构图，包括自然人、国有资产管理部门或者其他最终控制人；

在判断是否构成前述实际控制时，应当以《上市公司收购管理办法》第六十一条的有关规定作为判断标准。

收购人应当以文字简要介绍收购人的主要股东及其他与收购人有关的关联人的基本情况，以及其他控制关系(包括人员控制)；

(三)收购人最近五年内受过行政处罚(与证券市场明显无关的除外)、刑事处罚或者涉及与经济纠纷有关的重大民事诉讼或者仲裁的，应当披露处罚机关或者受理机构的名称，所受处罚的种类，诉讼或者仲裁的结果，以及日期、原因和执行情况；

(四)收购人董事、监事、高级管理人员(或者主要负责人)的姓名、身份证号码(可以不在媒体公告)、国籍，长期居住地，是否取得其他国家或者地区的居留权；

前述人员在最近五年之内受过行政处罚(与证券市场明显无关的除外)、刑事处罚或者涉及与经济纠纷有关的重大民事诉讼或者仲裁的，应当按照本条第(三)项的要求披露处罚的具体情况。

(五)收购人持有、控制其他上市公司百分之五以上的发行在外的股份的简要情况。

第二十一条 收购人是自然人的，应当披露如下基本情况：

(一)姓名、国籍、身份证号码、住所、通讯地址、通讯方式、是否取得其他国家或者地区的居留权，其中，身份证号码和住所可以不在媒体上公告；

(二)过去五年内的职业、职务，应当注明每份职业的起止日期以及所任职的单位名称、主营业务及注册地以及是否与所任职单位存在产权关系；

(三)最近五年之内受过行政处罚(与证券市场明显无关的除外)、刑事处罚或者涉及与经济纠纷有关的重大民事诉讼或者仲裁的，应当披露处罚机关或者受理机构的名称，所受处罚的种类，诉讼或者仲裁的结果，以及日期、原因和执行情况。

(四)收购人持有、控制其他上市公司百分之五以上的发行在外的股份的简要情况。

第二十二条 收购人为多人的，除应当分别按照本准则第二十条和第二十一条披露各收购人的情况外，还应当披露：

(一)各收购人之间在股权、资产、业务、人员等方面的关系；如果各收购人之间存在相互控制关系的，应以方框图形式列示并做出说明；

(二)收购人为一致行动人的，应当说明一致行动的目的、达成一致行动协议或者意向的时间、一致行动协议或者意向的内容(特别是一致行动人行使股份表决权的程序和方式)、是否已向证券登记结算机构申请临时保管各自持有、控制的该上市公司的全部股票及保管期限。

第二十三条 收购人为法人或者其他组织的，应当披露其做出本次收购决定所履行的相关程序及具体时间。

第三节 要约收购方案

第二十四条 收购人应当详细披露要约收购的方案，包括：

(一)被收购公司名称、收购股份的详细名称、预定收购的股份数量及其占被收购公司已发行股份的比例；涉及多人收购的，还应当注明每个成员预定收购股份的数量及其占被收购公司已发行股份的比例；

(二)收购目的；

(三)要约价格及其计算基础：

1、收购人在最近六个月内购买被收购公司挂牌交易股票所支付的最高价；及被收购公司挂牌交易股票在收购要约报告书摘要公告前三十个交易日的每日加权平均价格的算术平均值的百分之九十；

2、收购人在收购要约报告书公告前六个月购买被收购公司非挂牌交易股份所支付的最高价；上市公司最近一个会计年度经审计的每股净资产值；

(四)收购资金总额及支付方式；

(五)要约收购期限；

(六)受要约人预受要约的方式和程序；

(七)受要约人撤回预受要约的方式和程序；

(八)受要约人委托办理要约收购中相关股份预受、撤回、结算、过户登记等事宜的证券公司名称及其通讯方式；

(九)本次要约收购是否以终止被收购公司的上市地位为目的。

不以终止被收购公司的上市地位为目的的，如本次要约收购导致被收购公司向社会公开发行的股份比例低于《公司法》规定比例的，收购人应当就维持被收购公司的上市地位提出具体方案。

第四节 收购人持股情况及前六个月内买卖挂牌交易股份的情况

第二十五条 收购人(包括股份持有人、股份控制人以及一致行动人)应当如实披露各成员在报告日的如下持股情况：

(一)各成员共同持有、控制被收购公司股份的详细名称、数量和占被收购公司已发行股份的比例；

(二)各成员单独持有被收购公司股份的详细名称、数量和占被收购公司已发行股份的比例。

第二十六条 收购人应当如实披露各成员及其董事、监事、高级管理人员(或者主要负责人)，以及上述人员的直系亲属，在报告日各自持有被收购公司股份的详细名称、数量及占被收购公司已发行股份的比例。

前款所述关联方未参与要约收购决定、且未知悉有关要约收购信息的，收购人及关联方可以向中国证监会提出免于披露相关交易情况的申请。

第二十七条 收购人根据本准则第二十五条、第二十六条的规定披露持股情况的同时，收购人应当披露其持有、控制的上市公司股份是否存在任何权利限制，包括但不限于股份被质押、冻结。

第二十八条 收购人在提交报告之日前六个月内有买卖被收购公司挂牌交易股票和未挂牌交易股份行为的，应当披露交易的起始期间、每月合计交易的数量、价格区间(按买入和卖出分别统计)。

第二十九条 收购人各成员及其董事、监事、高级管理人员(或者主要负责人)，以及上述人员的直系亲属，在提交报告之日前六个月内有买卖被收购公司股份行为的，应按照第二十八条的规定披露具体的交易情况。

前款所述关联方未参与要约收购决定、且未知悉有关要约收购信息的，收购人及关联方可以向中国证监会提出免于披露相关交易情况的申请。

第三十条 收购人应当如实披露其与被收购公司股份有关的全部交易。

如就被收购公司股份的转让、质押、表决权行使的委托或者撤消等方面与他人存在其他安排，应当予以披露。

第三十一条 收购人在指定媒体公告要约收购报告书时，可以不公告具体交易记录，但应将该记录报送证券交易所备查，并在公告中予以说明。

第五节 收购资金来源

第三十二条 收购人应当披露要约收购的资金来源，并就下列事项做出说明：

(一)收购资金是否直接或者间接来源于被收购公司或者其关联方；

(二)如果收购资金或者其他对价直接或者间接来源于借贷，应当简要说明以下事项：借贷协议的主要内容，包括借贷方、借贷数额、利息、借贷期限、担保、其他重要条款；偿付本息的计划，如无此计划，也须说明。

(三)采用现金支付方式的，应当声明收购所需资金的 20% 已存放于证券登记结算机构指定的商业银行的专项帐户，并注明存放金额、该银行的名称。同时，将下列文字载入要约收购报告书：

“收购人已将 XX 元(相当于收购资金总额的 20%)存入 XX 银行 XX 帐户作为履约保证金。收购人承诺具备履约能力。要约收购期限届满，收购人将按照 XX 证券公司根据 XX 证券登记结算机构临时保管的预受要约的股份数量确认收购结果，并按照要约条件履行收购要约。”

（四）采用证券支付方式的，收购人应当提供相关证券的估值分析，并做出如下声明：

“收购人已将履行本次要约所需的证券（名称及数量）委托XX证券登记结算机构保存。收购人承诺具备履约能力。要约收购期限届满，收购人将按照XX证券公司根据XX证券登记结算机构临时保管的预受要约的股份数量确认收购结果，并按照要约条件履行收购要约。”

第六节　要约收购完成后的后续计划

第三十三条　收购人应当如实披露要约收购完成后的后续计划，包括：

（一）是否计划继续购买上市公司股份，或者处置已持有的股份；

（二）是否拟改变上市公司主营业务或者对上市公司主营业务作出重大调整；

（三）是否拟对上市公司的重大资产、负债进行处置或者采取其他类似的重大决策；

（四）是否拟改变上市公司现任董事会或者高级管理人员的组成，如果拟更换董事或者经理的，应当披露拟推荐的董事或者经理的简况；

收购人与其他股东、股份控制人之间是否就董事、高级管理人员的任免存在任何合同或者默契；

（五）是否拟对被收购公司现有员工聘用计划作重大变动及其具体内容；

（六）是否拟对上市公司的组织结构做出重大调整；

（七）是否拟修改上市公司章程及修改的草案（如有）；

（八）是否与其他股东、股份控制人之间就上市公司其他股份、资产、负债或者业务存在任何合同或者安排；

（九）其他对上市公司有重大影响的计划。

第三十四条　收购人应当对前条所述后续计划完成后上市公司的发展前景做出说明；收购人可就此编制盈利预测报告，但应当由具有证券从业资格的注册会计师出具审核报告。

第七节　与被收购公司之间的重大交易

第三十五条　收购人应当披露各成员以及各自的董事、监事、高级管理人员（或者主要负责人）在报告日前二十四个月内，与下列当事人发生的以下交易：

（一）与被收购公司、被收购公司的关联方进行的合计金额超过3000万元或者高于被收购公司最近经审计净资产值5%以上的交易的具体情况（前述交易按累计数额计算）；

（二）与被收购公司的董事、监事、高级管理人员进行的合计金额超过人民币5万元以上的交易；

（三）是否存在对拟更换的上市公司董事、监事、高级管理人员进行补偿或者其他任何类似安排；

（四）对被收购公司股东是否接受要约的决定有重大影响的其他已签署或正在谈判的合同、默契或者安排。

第八节　专业机构报告

第三十六条　收购人应当披露以下情况：

（一）参与本次收购的所有专业机构名称；

（二）各专业机构与收购人、被收购公司以及本次要约收购行为之间是否存在关联关系及其具体情况；

（三）收购人所聘请的财务顾问在其财务顾问报告书中就收购人是否具备实际履行收购要约的能力所发表的明确的结论性意见；

（四）律师在法律意见书中就本要约收购报告书内容的真实、准确、完整性所发表的明确的结论性意见。

第九节　财务资料

第三十七条　收购人为法人或者其他组织的，收购人应当披露其最近三年的财务会计报表，注明是否经审计及审计意见的主要内容；其中最近一个会计年度财务会计报告应经审计，并注明审计意见的主要内容、采用的会计制度及主要会计政策、主要科目的注释等。会计师应当说明公司前两年所采用的会计制度及主要会计政策与最近一年是否一致，如不一致，应做出相应的调整；

如截止要约收购报告书摘要公告之日，收购人的财务状况较最近一个会计年度的财务会计报告有重大变动的，收购人可以提供最近一期财务会计报告并予以说明；

如果该法人或其他组织成立不足一年或者是专为本次上市公司收购而设立的，则应当比照前述规定披露其实际控制人或者控股公司的财务资料；

收购人是上市公司的，可以免于披露最近三年财务会计报告；但应当说明刊登其年报的报刊名称及时间。

第十节　其他重大事项

第三十八条　收购人应当详细说明其实际控制人或者其他关联方是否已经采取或者拟采取对本次要约存在重大影响的行动，或者存在对本次要约产生重大影响的事实。

第三十九条　除上述规定应当披露的有关内容外，收购人还应当披露：

（一）为避免对本报告内容产生误解而必须披露的其他信息；

（二）任何其他对被收购公司股东做出是否接受要约的决定有重大影响的信息；

（三）中国证监会或者证券交易所依法要求披露的其他信息。

第四十条 收购人各成员的法定代表人(或者主要负责人)应当在本报告上签字、盖章、签注日期,并载明以下声明:

"本人(以及本人所代表的机构)已经采取审慎合理的措施,对本要约收购报告书及其摘要所涉及内容均已进行详细审查,报告内容真实、准确、完整,并对此承担个别和连带的法律责任"。

第四十一条 财务顾问及其法定代表人应当在本报告上签字、盖章、签注日期,并载明以下声明:

"本人及本人所代表的机构已按照执业规则规定的工作程序履行尽职调查义务,经过审慎调查,本人及本人所代表的机构确认收购人有能力按照收购要约所列条件实际履行收购要约,并对此承担相应的法律责任"。

第四十二条 对要约收购报告书出具法律意见的律师事务所及签字律师应当在本报告上签字、盖章、签注日期,并载明以下声明:

"本人及本人所代表的机构已履行勤勉尽责义务,对要约收购报告书的内容进行核查和验证,未发现虚假记载、误导性陈述或者重大遗漏,并对此承担相应的责任"。

第十一节 备查文件

第四十三条 收购人应当将备查文件的原件或有法律效力的复印件报送证券交易所及上市公司。备查文件包括:

(一)具有证券从业资格的专业人员及其机构出具的专业意见;

(二)收购人(包括股份持有人、股份控制人以及一致行动人)的工商营业执照和税务登记证;

(三)收购人(包括股份持有人、股份控制人以及一致行动人)及其董事、监事及高级管理人员、以及上述人员直系亲属的名单及身份证明文件;如收购人为自然人的,应当提供其身份证明文件;

(四)收购人就要约收购做出的相关决定;

(五)收购人最近三年财务会计报告及最近一个会计年度经审计的财务会计报告;

若收购人成立不到三年的,自其成立日之日至报送本报告当年最近一期的财务会计报告及最近一个会计年度经审计的财务会计报告;

除股权投资外,收购人没有其他具体业务的,应提供其母公司或者实际控制人符合上述要求的财务会计资料;

(六)如以现金支付要约对价的,有关资金来源及相关协议,包括借贷协议、资产置换或其他交易协议;

(七)收购人与上市公司、上市公司的关联方之间在报告日前二十四个月内发生的相关交易的协议、合同;

收购人与上市公司、上市公司的关联方之间已签署但尚未履行的协议、合同,或者正在谈判的其他合作意向;

(八)报送要约收购文件前六个月内,收购人(包括股份持有人、股份控制人、一致行动人)及其关联方、各方的高级管理人员(或者主要负责人)、以及上述人员的直系亲属的名单及其持有或买卖被收购公司、收购公司(如收购人为上市公司)股票的说明及相关证明;

收购人还应当以软盘的形式报送上述机构、个人在报送材料前六个月内的证券交易记录;

(九)收购人应当按照前款规定提供其所聘请的专业机构及相关人员在报送要约收购文件前六个月内持有或买卖被收购公司、收购人(如收购人为上市公司)股票的情况;

(十)收购人将履约保证金存入并冻结于指定商业银行的存单或者收购人将用以支付的全部证券委托证券登记结算机构保管的证明文件;

(十一)任何与本次要约收购有关的合同、协议和其他安排的文件;

(十二)中国证监会或者证券交易所依法要求的其他备查文件。

第四十四条 收购人应当列示上述备查文件目录,并告知投资者备置地点。备查文件上网的,应披露网址。

第三章 要约收购报告书摘要

第四十五条 收购人应当在要约收购报告书摘要的显著位置做出如下声明:

"本要约收购报告书摘要的目的仅为向公众提供本次要约收购的简要情况,本次要约收购文件尚须报中国证监会审核,本收购要约并未生效,具有相当的不确定性。

如中国证监会对要约收购文件未提出异议,要约收购报告书全文将于×年×月×日刊登于×××。投资者在做出是否预受要约的决定之前,应当仔细阅读要约收购报告书全文,并以此作为投资决定的依据。"

第四十六条 收购人在要约收购报告书摘要中,应当按照本准则第十七条的规定披露有关本次要约的重要事项,以及本准则第二章第二节的内容、收购人持股情况、专业机构出具的结论性意见。

第四章 附 则

第四十七条 本准则由中国证监会负责解释。

第四十八条 本准则自 2002 年 12 月 1 日起施行。

公开发行证券的公司信息披露内容与格式准则第18号
被收购公司董事会报告书

第一章 总 则

第一条 为规范上市公司收购活动中的信息披露行为，促使上市公司董事会切实履行诚信义务，保护投资者合法权益，根据《证券法》、《上市公司收购管理办法》（以下简称《收购办法》）及其他相关法律、法规及部门规章的规定，制订本准则。

第二条 被收购公司董事会（以下简称董事会）应当按照本准则的要求编制被收购公司董事会报告书（以下简称董事会报告书）。

第三条 本准则的规定是对董事会报告书信息披露的最低要求。不论本准则是否有明确规定，凡对投资者做出投资决策有重大影响的信息，均应披露。

第四条 本准则某些具体要求确实不适用的，董事会可针对实际情况，在不影响披露内容完整性的前提下做出适当修改，但应在报送时作书面说明。

董事会认为无本准则要求披露的情况的，必须明确注明无此类情形的字样。

第五条 在不影响信息披露的完整性和不致引起阅读不便的前提下，董事会可采用相互引证的方法，以避免重复和保持文字简洁。

第六条 董事会在董事会报告书中披露的所有信息应当真实、准确、完整，尤其要确保所披露的财务会计资料有充分的依据。

第七条 董事会报告书还应满足如下一般要求：

（一）引用的数据应提供资料来源，事实应有充分、客观、公正的依据；

（二）引用的数字应采用阿拉伯数字，货币金额除特别说明外，应指人民币金额，并以元、千元或万元为单位；

（三）董事会可根据有关规定或其他需求，编制董事会报告书外文译本，但应保证中、外文本的一致性，并在外文文本上注明："本董事会报告书分别以中、英（或日、法等）文编制，在对中外文本的理解上发生歧义时，以中文文本为准"；

（四）董事会报告书全文文本应采用质地良好的纸张印刷，幅面为209×295毫米（相当于标准的A4纸规格）；

（五）不得刊载任何有祝贺性、广告性和恭维性的词句。

第八条 董事会报告书全文应按本准则有关章节的要求编制。文字应简洁、通俗、平实和明确，格式应符合本准则的要求。在指定报刊刊登的董事会报告书最小字号为标准6号字，最小行距为0.02。

第九条 董事会应在《收购办法》规定的期限内将董事会报告书刊登于至少一种中国证监会指定的报刊，将董事会报告书全文刊登于证券交易所指定的网站，并将董事会报告书全文文本及备查文件备置于董事会住所、证券交易所，以备查阅。

第十条 董事会可将董事会报告书刊登于其他网站和报刊，但不得早于在中国证监会指定报刊和网站的披露。

第十一条 董事会及全体董事（或者主要负责人）应保证董事会报告书内容的真实性、准确性、完整性，并承诺其中不存在虚假记载、误导性陈述或重大遗漏，并就其保证承担个别和连带的法律责任。

第十二条 董事会在董事会报告书中援引律师、注册会计师、财务顾问及其他相关的中介机构出具的专业报告或意见的内容，应当说明相关中介机构已书面同意上述援引。

第二章 被收购公司董事会报告书

第一节 封面、扉页、目录、释义

第十三条 董事会报告书封面至少应标有"XX公司董事会关于XXX（收购人名称）收购事宜致全体股东的报告书"字样，并应载明公司的名称和住所及签署日期。

第十四条 董事会报告书扉页应当刊登如下内容：

（一）上市公司（指被收购公司）的名称、地址、联系人、通讯方式；

（二）收购人的姓名或名称、通讯方式；

（三）独立财务顾问的名称、地址、联系人、通讯方式；

（四）董事会报告书签署日期。

第十五条 董事会报告书扉页应当刊登董事会如下声明：

（一）本公司全体董事确信本报告不存在任何虚假记载、误导性陈述或重大遗漏，并对其内容的真实性、准确性、完整性负个别的和连带的责任；

（二）本公司全体董事已履行诚信义务，向股东所提出的建议是基于公司和全体股东的整体利益、客观审慎做出的；

(三)本公司全体董事没有任何与本次收购相关的利益冲突，如有利益冲突，相关的董事已经予以回避。

第十六条 董事会报告书目录应当标明各章、节的标题及相应的页码，内容编排也应符合通行的中文惯例。

第十七条 报告人应对可能对投资者理解有障碍及有特定含义的术语做出释义。董事会报告书的释义应在目录次页排印。

第二节 被收购公司的基本情况

第十八条 董事会应当披露被收购公司的如下基本情况：

(一)被收购公司的名称、股票上市地点、股票简称、股票代码；

(二)被收购公司注册地、主要办公地点、联系人、通讯方式；

(三)被收购公司的主营业务及最近三年的发展情况，并以列表形式介绍其最近三年主要会计数据和财务指标，包括：总资产、净资产、主营业务收入、净利润、净资产收益率、资产负债率等，注明最近三年年报刊登的报刊名称及时间；

(四)被收购公司在本次收购发生前，其资产、业务、人员等与最近一期披露的情况相比是否发生重大变化。

第十九条 董事会应当披露与被收购公司股本相关的如下情况：

(一)被收购公司已发行股本总额、股本结构；

(二)收购人持有、控制被收购公司股份的详细名称、数量、比例；

(三)收购人公告收购报告书之日的被收购公司前十名股东名单及其持股数量、比例；

(四)被收购公司持有、控制收购人的股份数量、比例(如有)。

第二十条 被收购公司如在本次收购发生前未就前次募集资金使用情况做出说明的，应当披露前次募集资金的使用情况及会计师所出具的专项核查报告。

第三节 利益冲突

第二十一条 董事会应当说明被收购公司及其董事、监事、高级管理人员是否与收购人存在关联方关系。

第二十二条 董事会报告书中应当说明公司董事、监事、高级管理人员在收购报告书或者要约收购报告书公告之日是否持有收购人股份，持有股份的数量及过去六个月的交易情况；上述人员及其家属是否在收购人及其关联企业任职等。

第二十三条 董事会应当说明公司董事、监事、高级管理人员是否存在与收购相关的利益冲突，该利益冲突的重要细节，包括是否订有任何合同以及收购成功与否将对该合同产生重大影响。

董事会应当披露收购人是否存在对拟更换的上市公司董事、监事、高级管理人员进行补偿或者其他任何类似安排。

第二十四条 董事会应当说明公司董事、监事、高级管理人员及其直系亲属在收购报告书或者要约收购报告书公告之日是否持有被收购公司股份，如持有被收购公司股份的，应当披露其最近六个月的交易情况。

第二十五条 如果本准则要求披露的交易情况过于复杂，董事会在指定媒体公告本报告时，无须公告具体交易记录，但应将该记录报送证券交易所备查，并在公告时予以说明。

第二十六条 董事会应当对下列情形予以详细披露：

(一)被收购公司的董事将因该项收购而获得利益，以补偿其失去职位或者其他有关损失的；

(二)被收购公司的董事与其他任何人之间的合同或者安排，取决于收购结果的；

(三)被收购公司的董事在收购人订立的重大合同中拥有重大个人利益的；

(四)被收购公司董事及其关联方与收购人(包括股份持有人、股份控制人以及一致行动人)及其董事、监事、高级管理人员(或者主要负责人)之间有重要的合同、安排以及利益冲突的。

第四节 董事建议或声明

第二十七条 在要约收购中，被收购公司董事会应当按照下列要求就收购人的要约提出建议或者发表声明：

(一)就本次收购要约向股东提出接受要约或者不接受要约的建议；

董事会确实无法依前款要求发表意见的，应当充分说明理由；

(二)披露董事会表决情况、持不同意见的董事姓名及其理由；

(三)独立董事应当就本次收购单独发表意见；

(四)董事会做出上述建议或者声明的理由。

第二十八条 在协议收购中，被收购公司董事会应当就收购可能对公司产生的影响发表意见，并应当说明：

(一)是否已对收购人的资信情况、收购意图、后续计划等进行必要的调查及有关调查的情况；

(二)原控股股东和其他实际控制人是否存在未清偿对公司的负债、未解除公司为其负债提供的担保或者存在其他损害公司利益的情形；

(三)如存在前项所述情形的，原控股股东和其他实际控制人是否已经提出切实可行的解决方案；董事会对该方案的意见及是否已经聘请审计机构就有关事项进行专项核查并出具核查报告；独立董事应当对此单独发表意见。

第二十九条 管理层、员工进行上市公司收购的，被收购公司的独立董事应当就收购的资金来源、收购条件是否公平合理、是否存在损害上市公司和其他股东利益的行为、对上市公司可能产生的影响等事项发表意见。

第五节 独立财务顾问意见

第三十条 在要约收购及管理层、员工进行上市公司收购时，董事会应当披露独立财务顾问对本次收购出具的独立财务顾问报告的主要内容：

（一）独立财务顾问与本次收购无关联关系的说明；

（二）独立财务顾问对被收购公司的价值评估、收购条件是否公平合理的分析以及本次收购对被收购公司可能产生的影响；如收购人以证券作为收购对价，还应当包括独立财务顾问对收购人提供的对价所进行的评估；

（三）独立财务顾问在最近6个月内是否自己或通过他人持有或买卖被收购公司及收购人的股份等。

第六节 重大合同和交易事项

第三十一条 董事会应当披露被收购公司及其关联方在公司收购发生前24个月内发生的、对公司收购产生重大影响的以下事件：

（一）被收购公司订立的重大合同；

（二）被收购公司进行资产重组或者其他重大资产处置、投资等行为；

（三）第三方拟对被收购公司的股份以要约或者其他方式进行收购，或者被收购公司对其他公司的股份进行收购；

（四）正在进行的其他与上市公司收购有关的谈判。

第七节 其他

第三十二条 除上述规定要求披露的有关内容外，董事会还应披露以下信息：

（一）为避免对董事会报告书内容产生误解必须披露的其他信息；

（二）任何对被收购公司股东是否接受要约的决定有重大影响的信息；

（三）中国证监会或者证券交易所要求披露的其他信息。

第三十三条 董事会全体成员应当在本报告签字、盖章、签注日期，并声明：

“董事会已履行诚信义务，采取审慎合理的措施，对本报告书所涉及的内容均已进行详细审查；

董事会向股东提出的建议是基于公司和全体股东的利益做出的，该建议是客观审慎的（本项声明仅限于要约收购）；

董事会承诺本报告书不存在虚假记载、误导性陈述或重大遗漏，并对其真实性、准确性、完整性承担个别和连带的法律责任”。

第三十四条 独立董事除应当签字、盖章外，还应当声明是否与要约收购（或管理层收购）存在利益冲突，是否已履行诚信义务、基于公司和全体股东的利益向股东提出建议，该建议是否客观审慎。

第三十五条 为被收购公司出具独立财务顾问报告的专业机构及其法定代表人应当在独立财务顾问报告上签字、盖章，并声明：

“本人及本人所代表的机构已履行勤勉尽责义务，对收购人提出的要约条件（或管理层提出的收购条件）进行充分分析，并按照执业规则规定的工作程序出具报告。

本人及本人所代表的机构承诺本报告的内容真实、准确、完整，并对此承担相应的法律责任”。

第八节 备查文件

第三十六条 董事会应当按照规定将备查文件的原件或有法律效力的复印件报送中国证监会，并备置于其住所或办公场所以及证券交易所等方便公众查阅的地点。备查文件包括：

（一）载有法定代表人签字并盖章的独立财务顾问报告；

（二）被收购公司的公司章程；

（三）报告中所涉及的所有合同及其它书面文件；

（四）中国证监会或者证券交易所依法要求的其他备查文件。

第三十七条 董事会列示上述备查文件目录，并告知投资者查阅地点、联系人。董事会将上述备查文件在互联网上发布的，应披露网址。

第三章 附 则

第三十八条 本准则由中国证监会负责解释。

第三十九条 本准则自2002年12月1日起施行。

公开发行证券的公司信息披露内容与格式准则第 19 号

豁免要约收购申请文件

第一条 为规范上市公司收购活动中报送豁免要约收购申请文件的行为，根据《证券法》、《上市公司收购管理办法》(以下简称《收购办法》)及其他相关法律、法规及部门规章的有关规定，制订本准则。

第二条 根据《收购办法》的规定应当以要约收购方式增持上市公司股份、但符合《收购办法》有关豁免要约收购规定情形的收购人(以下简称申请人)，向中国证券监督管理委员会(以下简称中国证监会)申请豁免要约收购时，应当按照本准则的要求制作豁免要约收购的申请文件(以下统称申请文件)。

第三条 申请文件是申请人请求豁免要约收购向中国证监会报送的必备文件。申请人未按照本准则的要求制作、报送申请文件的，中国证监会可不予受理或者要求其重新制作、报送。

对于符合本准则要求的申请文件，中国证监会做出予以受理的决定；中国证监会审核期限自正式受理之日起计算，中国证监会在审核期限内要求申请人对报送材料予以补充或者修改的，审核期限自收到公司的补充或修改材料后重新计算。

第四条 申请人为多人的，可以推选其中一人以共同名义统一制作并报送申请文件，但各申请人及其各自的法定代表人(或者主要负责人)应当在收购报告书上签字、盖章。

第五条 准则规定的申请文件目录是申请人豁免要约收购申请文件的最低要求，申请人可视实际情况增加。目录中的文件对申请人确实不适用的，可不必提供，但是应当向中国证监会做出书面说明。中国证监会可视审核实际需要要求申请人提供有关的补充文件。

第六条 请人按照《收购办法》的规定履行相关报告、公告义务后，方可提出豁免要约收购的申请。

第七条 中国证监会报送的豁免要约收购的申请报告，应当至少包括以下内容：

(一)申请人的名称、注册地；

(二)申请人的主营业务；

(三)以方框图或者其它有效形式，全面披露与申请人相关的产权及控制关系，包括自然人、国有资产管理部门或者其他最终控制人；并以文字简要介绍其主要股东及其他有关的关联人的基本情况，以及其他控制关系(包括人员控制)；

(四)上市公司收购方案；

(五)上市公司收购方案是否已经取得必要的授权及批准(如需要)

(六)申请豁免的事项及理由；

(七)本次收购前后的上市公司股权结构；

(八)申请人与上市公司之间是否存在同业竞争及持续关联交易的问题及其解决方案；

(九)申请人增持股份后是否有后续计划；

(十)中国证监会要求载明的其他内容。

第八条 申请人应当就收购中承诺的包括履行发起人义务在内的具体事项出具承诺书，并提供履行保证。

第九条 申请人通过协议转让方式收购上市公司的，如存在被收购公司原控股股东和其他实际控制人未清偿对被收购公司的负债、未解除被收购公司为其负债提供的担保或者其他损害公司利益情形的，应当提供原控股股东和其他实际控制人就上述问题提出的解决方案。

被收购公司董事会、独立董事应当对解决方案是否切实可行发表的意见。

第十条 为挽救出现严重财务困难的上市公司而进行收购的申请人，应当在报送申请文件的同时提出切实可行的重组方案，并提供上市公司董事会的意见及独立财务顾问对该方案出具的专业意见。

第十一条 申请人应当就上市公司收购方案公布前六个月申请人及其关联方、申请人及其关联方的董事、监事及高级管理人员是否有买卖被收购公司的股票、是否泄漏有关信息或者建议他人买卖被收购公司股票、从事市场操纵等禁止交易的行为提交自查报告。

第十二条 申请人应当提供有关本次股权变动的证明文件，表明本次受让的股份是否存在质押、担保等限制转让的情形。

第十三条 申请人应当聘请具有证券从业资格的律师，就本次申请豁免要约收购出具法律意见书，该法律意见书至少应当就下列事项发表明确的法律意见，并就本次申请发表整体结论性意见：

(一)申请人是否具有合法的主体资格；

(二)本次申请是否属于《收购办法》规定的豁免情形；

(三)本次收购是否已经履行法定程序；

(四)本次收购是否存在或者可能存在法律障碍；

(五)申请人是否已经按照《收购办法》履行信息披露义务；

(六)申请人在本次收购过程中是否存在证券违法行为等。

第十四条 根据《收购办法》的规定申请豁免要约收购，涉及须聘请财务顾问的,申请人应当提供财务顾问报告。

第十五条 涉及国家授权机构持有的股份或者必须取得相关主管部门批准的,应当按照国务院和有关部门的相关规定,提交相关批准文件。

第十六条 申请文件应当为原件,如不能提供原件的,应当由申请人的律师提供鉴证意见,或由出文单位盖章,以保证与原件一致。如原出文单位不再存续,可由承继其职权的单位或做出撤销决定的单位出文证明文件的真实性。

第十七条 申请人及负责出具专业意见的律师及其他专业机构应审慎对待所申报的材料及所出具的意见。

申请人全体董事(或者主要负责人)及有关中介机构应按要求在所提供的有关文件上发表声明,确保申请文件的真实性、准确性和完整性。上述文件均应由单位负责人签字,并加盖单位公章。

第十八条 申请文件的纸张应采用幅面为209×295毫米规格的纸张(相当于标准A4纸张规格)。

第十九条 申请文件的扉页应附有申请人的法定代表人、联系人、律师及其他专业机构的联系人姓名、电话、传真及其他方便的联系方式。

第二十条 申请文件章与章之间、章与节之间应有明显的分隔标识。

第二十一条 申请文件中的页码应与目录中的页码相符。例如,第四章4－1的页码标注为4－1－1,4－1－2,4－1－3,......4－1－n。

第二十二条 申请文件首次报送书面文件二份,其中一份按规定提供原件,其余一份可为原件的复印件。

第二十三条 本准则由中国证监会负责解释。

第二十四条 本准则自2002年12月1日起施行。

期货从业人员执业行为准则(征求意见稿)

第一章 总 则

第一条 [依据]

为维护期货市场秩序,督促期货从业人员更好地履行职责,保持应有的职业行为规范及不断提高执业水准,根据国家有关法律、法规以及《中国期货业协会章程》的有关规定,制定本准则。

第二条 [定义]

期货从业人员执业行为准则是期货从业人员在其业务及相关活动中应当遵守的行为准则,是对期货从业人员的职业品德、执业纪律、专业胜任能力及职业责任等方面的基本要求和规定。

第三条 [适用范围]

本准则适用于期货经营机构的期货从业人员。期货经营机构是指《期货从业人员资格管理办法(修订)》第三条所列机构,期货从业人员是指《期货从业人员资格管理办法(修订)》第四条所列人员。

第四条 [效力]

期货从业人员执业行为准则是期货从业人员在执业过程中必须遵守的义务性和禁止性要求,是期货从业人员的执业纪律,是中国期货业协会(以下简称协会)对期货从业人员违反纪律的处分依据。

第二章 基本准则

第五条 [准则1]合规经营

期货从业人员必须遵守有关法律、法规、规章和政策,遵守协会自律规则、期货交易所有关规则,遵守所在期货经营机构的规章制度,禁止有以下行为:

(一)操纵期货交易价格;

(二)欺诈客户;

(三)内幕交易;

(四)协助或协同他人从事违法违规活动。

第六条 [准则2]公开、公平、公正

期货从业人员在执业过程中,应坚持期货市场的公开、公平、公正原则,维护期货交易各方的合法权益。

公开是指期货交易信息的公开化和交易的透明度;

公平是指交易活动的参与者都享有平等的法律地位,其合法权益都应得到公平的保护;

公正是指对期货交易的参与者都应给予公正的待遇,对违法违规行为的处罚,对期货交易纠纷和争议的处理,都应当秉公进行。

第七条 [准则3]诚实守信

期货从业人员应本着对期货交易各方高度负责的精神,诚实守信,恪尽职守,维护期货从业人员的职业声誉,促进期货市场稳健运行。

第八条 [准则4]勤勉尽责

期货从业人员在执业过程中,应当以适当的技能、小心谨慎和勤勉尽责的态度向客户提供服务,维护客户的合法权益。

第九条 [准则5]保守秘密

期货从业人员应当保守国家秘密、所在期货经营机构秘密、客户的商业秘密及个人隐私，对在执业过程中所获得的未公开的重要信息应当履行保密义务，不得泄露、传递、暗示他人，但下列情况除外：

（一）有关法律、法规要求公布的；

（二）政府监管部门、协会和期货交易所通过规定工作程序进行检查的；

（三）期货从业人员在执业过程中可能被无辜地牵涉到他人违法违规行为时，为保护自己的合法权益而必须公开的。

期货从业人员对客户服务结束后，仍有保密义务。

期货经营机构的期货业务辅助人员及其他人员，对了解到的客户秘密信息也负有保密义务。

第十条　[准则 6]避免利益冲突

期货从业人员在执业过程中遇到自身利益或相关方利益与客户的利益发生冲突或可能发生冲突时，必须及时向客户披露发生冲突的可能性及有关情况，确保客户的利益得到公正的对待。

第十一条　[准则 7]同业互助

期货从业人员应当自觉维护本行业声誉，尊重同行，同业互助。

第三章　专业胜任能力

第十二条　期货从业人员在从事期货业务前，应当经过专门的岗位学习和培训，具备相应的专业知识和技能。

第十三条　期货从业人员应当接受后续职业培训，保持和不断提高专业胜任能力。

第十四条　期货经营机构的管理人员应当对下属期货从业人员、辅助人员的工作进行指导、监督和支持，以保持和不断提高下属的专业胜任能力。

第四章　对客户的责任

第十五条　期货从业人员在向客户提供服务前，应当了解客户的财务状况、投资经验及投资目标，并应谨慎、诚实、客观地告知客户在期货投资中可能出现的各种风险，不得向客户做出不切实际的承诺或保证。

期货从业人员在进行投资分析、预测或提出投资建议时，应当将客观事实与主观判断严格区分，并对重要事实予以明示。

第十六条　期货从业人员应如实向客户申明其所具有的执业能力，不得向客户提供虚假的文件、材料。

期货从业人员不得迎合客户的不合理要求，不得为了客户利益而损害国家利益、公司利益和他人的合法权益。

第十七条　期货从业人员不得疏怠履行应承担的义务：

（一）期货从业人员应当严格按照期货业务规定的时间以及与客户约定的时间，办理相关期货业务；

（二）期货从业人员应当及时告知客户有关期货业务的情况，期货从业人员对客户了解交易情况的要求，应当尽快给予答复；

（三）期货从业人员应当妥善保管客户的有关财物，不得擅自挪用或者侵占；

（四）期货从业人员应当在客户的授权范围内从事代理活动。如需特别授权，应当事先取得客户的确认。

第十八条　期货从业人员应当保护客户的合法利益，应当一视同仁地对待客户。为了避免利益冲突，应当避免受人恩惠，同时不应当担任可能导致与现任职务产生实际或潜在利益冲突的外部兼职。

第五章　竞业准则

第十九条　期货从业人员应当相互尊重、团结协作，共同维护本行业的职业道德，提高职业信誉。

第二十条　提倡同业公平竞争，严格禁止期货从业人员有下列不正当竞争行为：

（一）采用虚假广告或容易引起误解的宣传方式进行自我夸大或损害其他同业者的名誉；

（二）贬低或诋毁其他期货经营机构、其他期货从业人员；

（三）给客户或介绍人各种公开利益以外的财物或利益上的承诺；

（四）以明显低于同业的不合理收费水平竞争客户；

（五）采用明示或暗示与有关机构或经济组织等具有特殊关系的手段招徕客户，或利用与有关机构和经济组织等的关系进行业务垄断；

（六）协会认定的其他不正当竞争行为。

第二十一条　期货从业人员不得阻挠或者拒绝客户另外委托其他期货经营机构或者其他期货从业人员提供服务，共同服务的从业人员之间应当明确分工和协作，意见不一致时，应当及时通报客户决定。

第二十二条　期货经营机构不得以不正当手段招徕其他期货经营机构在职人员，不得以不当手段辞退本机构期货从业人员。

第六章　其他责任

第二十三条　期货从业人员在执业过程中不得获取不正当利益。

第二十四条　期货从业人员要修身重德，严格自律，不与发生舞弊行为的公司、个人或客户同流合污。

（一）认真选择期货经营机构。如果任职机构的管理层欺骗客户，对市场严重不负责任，要有勇气坚持立场，抗拒压力，勇于向有关部门举报；

（二）谨慎选择客户。期货从业人员不能片面地强调业务的发展而忽视客户信誉，更不能从个人利益出发与客户勾结。对于不讲诚信、存心不良的客户可以拒绝为之服务。

第二十五条 期货从业人员在面临利益冲突或其他原因无法继续其期货业务时，应当通过所在期货经营机构及时与客户协商，采取更换期货从业人员或其他办法妥善予以解决。

第二十六条 期货从业人员因执业过错给期货经营机构造成损失的，应当承担相应责任。

第七章 监督管理及处分

第二十七条 期货从业人员有违反有关法律、法规、规章、政策以及本准则行为的，由协会给予相应的纪律处分。

第二十八条 期货经营机构的管理人员应当指导、监督下属期货从业人员、辅助人员以及其他人员遵守本准则。期货辅助人员或其他人员有违反本准则行为的，由相应的聘用机构进行处理，并应当在10个工作日内向协会报告。

第二十九条 期货从业人员有违反本准则行为的，任何人都可以向协会进行举报。聘用期货从业人员的期货经营机构发现从业人员有违规行为的，应当在10个工作日内向协会报告。

第三十条 协会在接到对期货从业人员违规行为的举报或投诉后，按照规定的程序进行调查，并视违规事实及其后果做出相应的纪律处分。

第三十一条 协会对期货从业人员调查时，被调查人员应当积极配合。协会受理投诉、进行调查以及裁决的程序和办法另行制定。

第三十二条 协会对违反本准则的期货从业人员，根据情节轻重，给予下列纪律处分：

（一）警告；

（二）公开通报批评；

（三）暂停期货从业人员资格6个月至12个月；

（四）撤销期货从业人员资格并在3年内拒绝受理其从业人员资格申请；

（五）撤销期货从业人员资格并永久性拒绝受理其从业人员资格申请。

第三十三条 期货从业人员违反本准则，情节轻微，且没有造成严重后果的，予以警告，警告以警告信的形式向个人发出。

第三十四条 期货从业人员违反本准则，情节比较严重，且产生比较严重后果的，予以公开通报批评。

第三十五条 期货从业人员在执业过程中获取不正当利益的，必须退还不正当利益，并予以公开通报批评；情节严重的，暂停其期货从业人员资格6个月至12个月。

第三十六条 期货从业人员拒绝协会调查或检查的，暂停其期货从业人员资格6个月至12个月；情节严重的，撤销其期货从业人员资格并在3年内拒绝受理其从业人员资格申请。

第三十七条 期货从业人员有本准则第二十条中所规定情形之一，或者期货从业人员挪用或侵占客户有关财物的，暂停其期货从业人员资格6个月至12个月；情节严重的，撤销其期货从业人员资格并在3年内拒绝受理其从业人员资格申请。

第三十八条 期货从业人员超出客户授权从事代理活动，或违反保密义务，泄露、传递或暗示他人未公开重要信息，或隐瞒重要事项，或向客户做出不切实际的承诺的，并造成严重后果的，撤销其期货从业人员资格并在3年内拒绝受理其从业人员资格申请。

第三十九条 期货从业人员违反有关从业机构的业务管理规定导致重大经济损失的，撤销其期货从业人员资格并在3年内拒绝受理其从业人员资格申请。

第四十条 期货从业人员为了个人或客户的利益而损害国家利益、公司利益和他人的合法权益，且情节严重的，撤销其期货从业人员资格并在3年内或者永久性拒绝受理其从业人员资格申请。

第四十一条 期货从业人员违反本准则第五条的规定，或向客户提供虚假的文件、材料的，撤销其期货从业人员资格并在3年内拒绝受理从业人员资格申请；情节特别严重的，撤销其期货从业人员资格并永久性拒绝受理从业人员资格申请。

第四十二条 凡期货从业人员受到纪律处分的，协会将纪律处分信息录入中国期货业协会从业人员信息管理数据库；凡期货从业人员受到本准则第三十二条中的第三、第四或第五项处分的，协会按照规定的程序在协会网站和指定媒体上进行公示。

第四十三条 期货从业人员严重违反本准则且触犯法律的，协会做出纪律处分，并移交司法机关追究法律责任。

第八章 附 则

第四十四条 本准则也适用于期货经营机构的期货业务辅助人员及其他人员。

第四十五条 期货从业人员与客户或所在期货经营机构发生纠纷而无法自行合理解决的，可以按照规定的程序，提请协会进行调解。

第四十六条 本准则由协会负责解释。

第四十七条 本准则的修改由协会期货从业人员行为监察委员会提起并修订，经协会理事会通过后正式实施。

第四十八条 本准则自 年 月 日起施行。

证券公司年度报告内容与格式准则(2002 年修订)

关于发布《证券公司年度报告内容与格式准则(2002 年修订)》及报送补充监管报表的通知

证监会计字[2002]16 号

各证券公司、各有关会计师事务所:

一、为了进一步规范证券公司财务行为,提高证券公司财务信息的透明度和质量,适应证券市场发展的需要,结合近年各项政策法规和市场环境的变化,我会对《证券公司年度报告内容与格式准则》(证监会计字[2002]2 号)进行了修改,现印发给你们,请认真遵照执行。

二、各公司必须严格按照《证券公司会计制度》的会计报表格式进行编制,除做下列调整外,不得进行其他调整:

1、资产负债表的"银行存款"和"清算备付金"项下分别增加两项:"经纪业务客户资金存款"、"受托管理客户资金存款"。

2、资产负债表增加"短期借款"一栏,将"质押借款"作为其中一栏。

3、利润表的"自营证券差价收入"栏下增加"受托投资管理收益"。

4、如公司已在 2001 年报中对固定资产、无形资产等计提了资产减值准备,可以在相应的资产项目下增加相应的资产减值准备项目。

三、公司应按如下要求编制和报送《净资本计算表》和《客户资金情况表》:

1、公司应按照《证券公司净资本计算规则》的要求计算净资本,并以净资本计算表的形式列示期初数和期末数,并对增减变动的情况进行分析说明。

2、公司应按照《客户交易结算资金管理办法》(证监会 3 号令)、《关于执行〈客户交易结算资金管理办法〉若干意见的通知》(证监发[2001]121 号)、《关于规范证券公司受托投资管理业务的通知》(证监机构字[2001]265 号)以及其他相关规定,按如下格式编制客户资金情况表,并说明是否按规定完成对客户交易结算资金和受托资金的存管、是否存在挪用问题,并对客户资金的安全性与否进行说明。

	客户资金来源	期末数	期初数
	代买卖证券客户金		
	受托投资管理客户资金		
	来源小计		
	客户资金占用		
	银行存款-代理买卖证券客户存款		
	银行存款-受托投资管理客户存款		
	清算备付金-代理买卖证券客户和受托投资管理客户		
	交易保证金		
	受托资产(包括已实现未结算的损益)		
	占用小计		
	挪用客户资金(若来源和占用差额为正)		
	为客户融资金额(若来源和占用差额为负)		

3、注册会计师在对公司年度财务报表实施审计时,应追加适当的审计程序对《净资本计算表》和《客户资金情况表》进行审计,并出具专项报告。

4、公司应将上述监管报表及注册会计师的专项报告意见,按照年度报告的报送时间和方式直接报送中国证监会。

中国证监会

2002 年 12 月 27 日

第一章 总 则

第一条 为适应证券市场发展的需要,规范证券公司年度报告的编制及信息披露行为,提高证券公司财务信息的质量,根据《中华人民共和国公司法》(以下简称《公司法》)、《中华人民共和国证券法》(以下简称《证券法》)等法律、法规及中国证券监督管理委员会(以下简称"中国证监会")的有关规定,制订本准则。

第二条 凡根据《公司法》、《证券法》规定经批准设立的从事证券经营业务的有限责任公司或股份有限公司(以下简称"公司")应当按照本准则的要求编制和披露年度报告。

第三条 公司原则上应当披露本准则列举的各项内容。但是本准则某些具体要求对公司确实不适用,或者公司尚有本准则未能包括的重大事宜的,公司可根据实际情况适当删除或增加编制内容。

第四条 在不影响信息披露的完整性和不致引起阅读不便的前提下,董事会可采用相互引征的方法,对各相关部分的内容进行适当的技术处理,以避免重复和保持文字简洁。

第五条 公司年度报告中的财务报表必须经具有证券期货相关业务资格的会计师事务所审计,审计报告须由该所至少两名具有证券期货相关业务资格的注册会计师签字。

第六条 公司必须在年度报告正文中全文转载注册会计师的审计意见,不得随意修改或删节会计师事务所和注册会计师已签发意见的财务会计资料(包括财务报表和财务报表附注)。公司有责任将年度报告材料在正式报送中国证监会之前递交所聘任的会计师事务所。

第七条 凡出具有解释性说明、保留意见、无法表示意见或否定意见审计报告的,注册会计师应当在每个会计年度结束后四个月内,向中国证监会作出书面报告,详细说明出具此类审计报告的理由及相关事项对公司财务状况和经营成果特别是净资本的影响等。

第八条 担任公司年度财务报表审计的会计师事务所应对公司内部控制进行测试和评价,出具内部控制报告。该评价过程是审计工作的一部分,不应当作为一项单独的业务。

报告应对公司内部控制的有效性进行客观评价,并提出相应的改进建议,对公司内部控制是否存在重大缺陷应有明确的评价意见。

第九条 注册会计师在审计过程中应该对公司的违法违规事项予以适当关注,并充分考虑违法违规事项对会计报表和审计报告的影响。对会计报表不直接构成重大影响的违法违规事项,如果公司未按照本准则第四十条和第四十二条的规定做出必要披露,或注册会计师对公司披露的内容存在异议时,注册会计师应以致函的形式直接向中国证监会报告,并提议召开由监管部门、公司和注册会计师参加的三方会议,讨论相关事宜。

第十条 年度报告全文按本准则第二章的要求编制,公司应当在每个会计年度结束后四个月内,将年度报告全文以电子文件格式报送至如下单位:证监会会计部 csrckjb@csrc.gov.cn、机构部 csrcdsi@csrc.gov.cn、沪、深证券交易所 memnb@sse.com.cn 和 hyz@sse.org.cn,将内部控制报告以电子文件格式报送至证监会会计部 csrckjb@csrc.gov.cn 和机构部 csrcdsi@csrc.gov.cn,并将上述报告的文本一式两份于会计年度结束后四个月内分别报送中国证监会会计部和机构监管部。

如有致中国证监会的函件,则应按照前款要求的时间和方式分别将电子文件和文本报送中国证监会会计部和机构监管部。

公司还应将年度报告的文本文件按照上述日期要求报送至如下单位:沪、深证券交易所、公司注册地证监会派出机构、中国证券登记结算公司和中国证券业协会。

第十一条 鼓励未上市的证券公司将年度报告摘要对外公开披露,年度报告摘要按本准则第三章的要求编制。

将年度报告摘要对外公开披露的公司,应当在每个会计年度结束后四个月内将年度报告摘要刊登在中国证监会指定的网站上和至少一种由中国证监会指定披露信息的报纸上。

年度报告摘要列举的各项内容均摘自年度报告全文,在不影响信息披露的整体性和不致引起阅读不便的前提下,披露的内容应力求精练、简洁,篇幅以中国证监会指定信息披露报纸的半个版面为宜。

第十二条 将年度报告摘要对外公开披露的公司,应当保持披露政策和披露内容的一贯性和有效衔接,履行持续披露义务。

第十三条 公司董事会负责年度报告的编制和报送工作,应指定专人负责,年报的编制需要各相关部门参与。公司董事会及其董事应当保证年度报告及摘要内容的真实性、准确性和完整性,承诺其中不存在虚假记载、误导性陈述或重大遗漏。

第十四条 中国证监会对公司年度报告的及时性、完整性和真实性进行事后检查。如发现公司未按本准则要求及时报送资料,或者所报资料中存在遗漏、虚假和欺诈的,或者会计师事务所未能勤勉尽责或未能独立、客观、公正发表审计意见的,中国证监会将视情节轻重,依据有关法律、法规的规定对公司、会计师事务所及相关责任人员予以处罚。

第十五条 已公开发行股票的公司、中外合资(合作)的证券公司除遵从本准则外,还应遵从相关的特别规定。

第二章 年度报告正文

第一节 重要提示

第十六条 公司应在年度报告显要位置做出如下重要提示:

"本公司董事会保证本报告所载资料不存在任何虚假记载、误导性陈述或重大遗漏,并对其内容的真实性、准确性和完整性承担个别和连带责任"。

公司如果在报告期内变更会计师事务所的,应做出如下重要提示:

"公司经×年×月××会议批准,聘任××会计师事务所担任本公司年度财务报表审计机构,解聘原审计机构××会计师事务所,有关的具体说明请见本报告<其他重要事项>部分"。

如果执行审计的会计师事务所对公司出具了有解释性说明、保留意见、无法表示意见或否定意见的审计报告,重要提示中应增加以下陈述:

"××会计师事务所为本公司出具了有解释性说明(或保留意见、无法表示意见、否定意见)的审计报告,本公司董事会对相关事项亦有详细说明,请注意阅读"。

第二节 公司概况

第十七条 公司应披露如下简介:

(一)公司的法定中、英文名称及缩写;

(二)法定代表人、总经理(或总裁);

(三)注册资本、各单项业务资格;

(四)公司注册地址,公司办公地址及其邮政编码,公司国际互联网网址、电子信箱;

(五)公司指定负责年度报告编制和报送工作的专门经办人员的姓名、职务、联系地址、电话、传真、电子信箱。

第十八条 公司应简介其历史沿革,主要包括以前年度经历的改制重组、增资扩股等情况。

第十九条 公司应简介其员工的有关情况,主要包括:员工人数、专业结构、年龄分布、受教育程度等。

第二十条 公司应采用图表或其他有效形式,简要介绍其组织机构,包括公司总部的主要职能部门、境内外分公司、境内外专业子公司等,应披露境内外分公司、专业子公司的地址、设立时间、注册资本(或营运资金)、负责人、联系电话等。

第二十一条 公司应披露其证券营业部、证券服务部和技术服务站点的数量和分布情况等。

第三节 会计数据和业务数据摘要

第二十二条 公司应采用数据列表方式,提供如下财务状况指标的年末数、年(期)初数和增减百分比:资产负债率、净资产负债率、净资本比率、流动比率、净资本、自营权益类证券比例、长期投资比例、固定资本比率、代买卖证券款、受托资金。

第二十三条 公司应采用数据列表方式,提供如下经营成果指标的本年数、上年数和增减百分比：利润总额、净利润、净资产收益率、总资产收益率、营业费用率。

第二十四条 公司主要会计数据和财务指标的计算和披露应遵循如下要求：

（一）资产负债率、流动比率、净资产负债率、净资本负债率、自营权益类证券比例、长期投资比例、固定资本比率、净资产收益率、营业费用率、总资产收益率等财务指标的计算公式如下：

资产负债率 = 负债总额/资产总额 × 100%

流动比率 = 流动资产总额/流动负债总额

净资产负债率 = 负债总额/年末净资产 × 100%

净资本负债率 = 净资本/负债总额 × 100%

自营权益类证券比例 = 自营权益类证券帐面成本/年末净资产 × 100%

长期投资比例 = 长期投资帐面价值/年末净资产 × 100%

固定资本比例 =（固定资产帐面价值 + 在建工程帐面价值）/年末净资产 × 100%

净资产收益率 = 报告期净利润/报告期加权平均净资产 × 100%

（报告期加权平均净资产按照证监发[2001]11 号《公开发行证券的公司信息披露编报规则第 9 号 – 净资产收益率和每股收益的计算及披露》第五条公式分母的规则计算）

营业费用率 = 营业费用/营业收入 × 100%

总资产收益率 = 利润总额/（年初资产总额 + 年末资产总额）/2 × 100%

（二）上述指标计算以母公司的报表数据为准，其中的帐面价值是指扣减折旧、减值（跌价）准备后的资产价值，其中的资产总额、负债总额、流动资产总额和流动负债总额是指扣除代买卖证券款和受托资金后的净额。

（三）公司因会计政策、重大会计差错更正追溯调整以前年度会计数据的，应披露其累计影响金额，在披露“主要会计数据和财务指标”的年（期）初数和上年数时应同时披露调整前后的数据。

（四）数据和指标的排列应从左到右，左边起是报告期的数据。

第四节 股本（资本）变动及股东情况

第二十五条 公司应详细披露其股本（或实收资本）在本报告期内的变动情况，包括增资扩股、重组合并等，应披露相应的批准文号、作价依据、合并的帐务处理方法、投资者投入或重组置换资产的概要描述等。

第二十六条 公司应披露如下股东情况：

（一）报告期末股东总数

（二）持有本公司 5% 以上（含 5%）股份（股权）的股东的名称、年度内股份（股权）增减变动的情况、年末持股数量（出资金额）及百分比、所持股份（股权）的质押或冻结情况。若持股 5%（含 5%）以上的股东少于 10 名，则应列出至少前 10 名股东的持股情况。如前 10 名股东之间存在关联关系，应予以说明。

（三）对持股 10% 以上的前五名法人股东，应详细介绍股东单位的法定代表人、总经理、主营业务、注册资本。

第五节 董事、监事和高级管理人员

第二十七条 应披露现任董事、监事、高级管理人员的姓名、任期起始日期，独立董事应披露其在本公司以外所担任的职务。高级管理人员包括董事长、监事长、总经理、副总经理、财务总监、稽查总监、技术总监和合规检查官，或在公司担任上述相当职务的人员。

第二十八条 应披露报告期内离任的董事、监事和高级管理人员的姓名和离任原因，新任的董事、监事和高级管理人员的姓名、简要工作经历。

第二十九条 公司董事会下设各类专门委员会的，应披露委员会的组成人员姓名和简要工作经历。

第三十条 应披露董事、监事和高级管理人员在公司领取报酬分别在 20 万元以下、20 万元 – 40 万元、40 万元 – 60 万元、60 万元以上等各个区间的总人数。上述人员在公司领取的报酬包括工资（含各种津贴、补贴等）、奖金及其他报酬等。

第六节 管理层报告

第三十一条 公司应对本报告期内经济环境和市场状况对主要业务及其经营业绩的重要影响进行分析，为应对这些影响，公司对证券承销、经纪、自营和受托投资管理等各项业务作出的重大战略性调整。

第三十二条 公司应披露其各项业务（如证券承销、经纪、自营和受托投资管理等业务）的行业内竞争状况、公司所处的市场地位和竞争优势等的分析，包括各项业务的市场份额、业务地位和竞争优势等。

第三十三条 公司应披露分部报告信息，如报告期内公司营业收入、营业利润的构成、相对于上一报告期的变化情况及其变动原因等情况。公司可以根据本企业的具体情况制定适合于本企业的业务和地区的分部原则。

第三十四条 公司应按如下要求披露证券经纪业务的经营情况：

（一）按证券种类（如股票、基金、国债、企业债券和其他证券等）披露报告期及上年代理买卖证券的金额和市场份额，其中股票应区分 A、B 股分别披露。

（二）按债券的种类（如国债、企业债券等）披露报告期及上年代理的已兑付债券金额。

（三）应披露网上交易的金额及所占公司交易额的比重。

（四）代理交易额包括新股发行、增发新股和配股认购额，不包括国债回购。

(五)市场份额是指该类证券交易额占沪深两市该类证券同一时期交易总额的比例。

第三十五条 公司应按如下要求披露证券承销业务的经营情况:

(一)按发行类别(如首次发行、公募增发、配股、债券发行等)分别披露本年和以前年度累计担任主承销、副主承销和分销的次数、承销金额和相应的承销收入。

(二)应披露本年和以前年度累计上市推荐次数、项目和收入情况。

(三)本年和以前年度累计担任财务顾问次数以及本年财务顾问收入情况。

(四)若涉及外币,应按承销期末汇率将外币折合成人民币。

第三十六条 应按自营证券种类(如A股、基金、国债、其他债券等)披露本年和上年度自营证券规模、自营证券收益总额和自营证券收益率。

自营证券规模=报告期自营证券占用成本累计日积数/报告期天数

自营证券收益总额=自营证券差价收入+期末结存证券浮动盈亏-期初结存证券浮动盈亏

自营证券收益率=自营证券收益总额/自营证券规模×100%。

第三十七条 应充分披露期末受托资产减值损失中应由公司承担的具体金额,以及报告期内已支付和应支付的承诺收益的具体金额,并简要说明对报告期损益的影响。

应披露本年和上年度平均受托投资管理规模、受托管理资产增值情况和平均受托管理资产增值率。

平均受托投资管理规模=报告期受托资金累计日积数/报告期天数

受托管理资产增值额=报告期已实现的受托资产增值额+期末结存受托资产浮动盈亏-期初结存受托资产浮动盈亏

平均受托管理资产增值率=受托管理资产增值额/平均受托投资管理规模×100%

第三十八条 公司应披露报告期内开展的新业务,营业部、服务部、分公司、专业子公司等的新设和处置情况,重大的资产处置、置换、剥离等情况,以及这些活动所采用的基本的会计处理原则和对本期业绩的影响。

应披露报告期内公司的重大资产委托他人承包经营或由他人租赁经营的有关情况,包括期限、价款、相应的权利义务等重要的协议条款等。

第三十九条 公司应对报告期内营业费用主要项目(至少前五项费用)进行分析,并说明比较上一报告期增减变动的原因。

第四十条 公司应披露在本报告期内是否存在表外负债、帐外资产和帐外经营等情况,是否有违反如下规定的行为:

(一)《证券法》第132条、第133条、第134条、第141条、第142条和第143条;

(二)证监发[2001]69号《关于证券公司担保问题的通知》中有关担保的规定;

(三)证监机构字[2001]59号《关于对证券公司参与风险投资进行规范的通知》中有关证券进行风险投资的规定;

(四)证监机构字[2001]265号《关于规范证券公司受托投资管理业务的通知》第四条第十八项中有关受托人的禁止行为;

(五)《证券公司管理办法》第三十二条有关禁止兴办实业的规定;

(六)其他如挪用客户国债进行回购、违规拆借资金、违规发债等。

第四十一条 公司应对报告期末资产负债表的流动性状况进行分析,并披露母公司和各专业子公司是否满足《证券公司管理办法》第三十三条有关流动性和净资本的要求。

第四十二条 公司应披露是否还存在尚未清理的柜台个人和机构债务问题,如存在,应明确说明其具体金额、性质、帐龄情况及偿付计划等。

前款所称柜台个人债务,是指证券公司及其分支机构通过本公司或其他机构的柜台以发行各种代保管单、超规模代理发行企业债券和国债等形式,向社会公众(不含机构)融资形成的债务。机构债务,是指证券公司及其分支机构以卖出回购证券、拆入资金等形式,向机构(商业银行除外)融资形成的债务。

对通过柜台发行国债保管单所形成的柜台个人债务,应单独披露。对机构债务,应分别披露逾期(包括没有合同期的债务)和未逾期的金额。

第四十三条 公司应披露其主要的融资渠道、长短期负债结构以及为维持流动性水平所采取的措施和相关的管理政策,同时分析其融资能力、或有事项及其对财务状况的影响,具体包括但不限于以下内容:

(一)现实和可预见未来的融资策略和计划;

(二)所采用和计划采用的融资工具;

(三)任何可预见的融资成本的重大变动;

(四)汇率和利率变动对公司财务状况影响的分析及对策;

(五)抵押担保等或有事项及财务承诺对公司财务状况的影响。

第四十四条 公司应分析本年度现金流转情况,包括经营活动、投资活动和筹资活动产生的现金流量的主要影响因素。

第四十五条 公司应详细分析影响其业务经营活动的各项风险因素,以及这些风险因素在本报告期内的具体表现情况。

第四十六条 公司应对其内部控制的有效性作出评价,并概要介绍报告期内注册会计师对内部控制的评价意见、公司对此所作的说明和相应的改进措施以及对前次内部控制报告提出问题的整改情况等。

第四十七条 应概要披露公司治理结构的现状、拟改进的方面和相关措施等。公司应说明是否按《证券公司管理办法》第二十七条、第三十条的规定建立独立董事制度和独立的合规审查机构，独立董事是否符合规定人数。

第四十八条 公司财务报表被会计师事务所出具有解释性说明、保留意见、无法表示意见或否定意见的审计报告的，应就相关事项作出详细说明，独立董事、监事会对此说明有不同意见的，还应披露其不同意见。

第七节 其他重要事项

第四十九条 报告期内股东会或股东大会、董事会会议、监事会会议情况简介。

第五十条 公司应按如下要求披露诉讼和仲裁事项：

(一)报告期内发生诉讼、仲裁事项所涉及的总金额，如报告期内无重大诉讼、仲裁事项，公司应明确陈述"本年度公司无重大诉讼、仲裁事项"；

(二)对以前年度和本报告期内发生的涉及金额超过1000万元的重大诉讼、仲裁事项，应披露其进展情况或审理结果及影响；

(三)已生效的判决或裁决，应披露其执行或中止执行的情况。

第五十一条 应披露报告期内收购、兼并或分立情况等。

第五十二条 应披露报告期内各单项业务资格的变化情况。

第五十三条 应披露可能影响其财务状况和经营成果的主要表外项目(如代保管证券、融资合约、重要的承销合同、担保、抵押、质押等)的总额及有关情况。

第五十四条 应披露公司本年度被处罚或公开谴责的情况，包括公司及其董事、监事和高级管理人员被证监会、证券业协会、证券交易所处罚或公开谴责，以及被财税、外汇和审计等部门做出重大处罚的记录等。

第五十五条 公司应披露报告期内聘任、解聘会计师事务所情况，并按照证监会计字[2001]67号《公开发行证券的公司信息披露规范问答第6号－支付会计师事务所报酬及其披露》的规定披露报告年度支付给聘任会计师事务所的报酬情况。

若有解聘会计师事务所的，应说明解聘的原因。

第五十六条 公司应披露如下重大期后事项：

(一)公司股东、董事、监事及高级管理人员变动情况；

(二)年度分配预案或决议；

(三)重大投融资行为；

(四)涉及金额超过1000万元的重大诉讼仲裁事项等。

第八节 财务报告

第五十七条 公司应披露审计意见全文、经审计财务报表及其附注。

第五十八条 财务报表的编制应遵守《企业会计准则》、《证券公司会计制度》和其他相关法律法规的规定。

第五十九条 财务报表包括公司报告期末及其前一个年度末的比较式资产负债表、该两年度的比较式利润表及利润分配表、该年度现金流量表。

第六十条 编制合并会计报表的公司，除提供合并会计报表之外，还应提供母公司已审计的财务报表以及未予合并的特殊行业子公司的已审计财务报表。被合并企业的财务报表必须经具有从事证券期货相关业务资格的注册会计师审计。

第六十一条 公司编制的财务报表之间、财务报表各项目之间、财务报表中本期与上期的有关数字之间，应当相互勾稽。

第六十二条 公司提供的财务报表中会计数据的排列应自左至右，最左侧为最近一期数据；表内各主要报表项目应标有附注编号，并与财务报表附注编号相一致；财务报表的金额单位应为人民币元。

第六十三条 财务报表附注是财务报告中必不可少的组成部分，它包括所有与公司财务状况、经营成果和现金流量有关的，有助于报表使用者更好地了解财务报表的重要信息，并应对比较式报表的两个日期或期间的数据均作出说明。财务报表附注应当按照附件《证券公司财务报表附注编制的一般规定》的规定编制。

第三章 年度报告摘要

第六十四条 公司应在年度报告摘要显要位置刊登如下重要提示：

"本公司董事会及其董事保证本报告所载资料不存在任何虚假记载、误导性陈述或重大遗漏，并对其内容的真实性、准确性和完整性承担个别和连带责任"。

如果执行审计的会计师事务所对公司出具了无保留意见的审计报告，应明确说明："××会计师事务所为本公司出具了无保留意见的审计报告"。

如果执行审计的会计师事务所对公司出具了有解释性说明、保留意见、无法表示意见或否定意见的审计报告，应作如下陈述：

"××会计师事务所为本公司出具了有解释性说明(或保留意见、无法表示意见、否定意见)的审计报告，意见内容概要和本公司董事会、监事会对相关事项所作的概要说明已作相应披露，请注意阅读"。

第六十五条 公司应披露如下简介：

(一)公司的法定中、英文名称及缩写；

(二)法定代表人、总经理(或总裁)；

(三)注册资本，公司注册地址，公司办公地址及其邮政编码，公司国际互联网网址、电子信箱；

第六十六条 公司应简介其历史沿革，主要包括以前年度经历的改制重组、增资扩股等情况。

第六十七条 公司应简介其员工的有关情况，主要包括：员工人数、专业结构、年龄分布、受教育程度等。

第六十八条 公司应采用图表或其他有效形式，简要介绍其组织结构，包括公司总部的主要职能部门、境内外分公司、境内外专业子公司等。

第六十九条 公司应概要披露其证券营业部、证券服务部和技术服务站点的数量和分布情况等。

第七十条 公司应采用数据列表方式，提供如下主要会计数据的本年数、年初（上年）数和增减百分比：银行存款、清算备付金、应收款项、坏帐准备、自营证券、自营证券跌价准备、受托资产、长期资产、资产总额、代买卖证券款、受托资金、流动负债合计、负债总额、实收资本（股本）、未分配利润、营业收入、手续费收入、证券发行收入、自营证券差价收入、受托投资管理收益、营业费用、营业税金及附加、利润总额、净利润。

第七十一条 公司应采用数据列表方式，提供如下主要财务指标和业务数据的本年数、年初（上年）数和增减百分比：净资本、净资本比率、净资产负债率、流动比率、资产负债率、自营权益类证券比例、长期投资比例、固定资本比例、净资产收益率、总资产收益率、自营证券收益率、营业费用率。

第七十二条 公司主要会计数据和财务指标的计算和披露应遵循本准则第二十四条的规定。

第七十三条 因会计政策变动、重大资产购置和处置等因素导致第二十二条和第二十三条披露的会计数据和财务指标受到重大影响的，应概要说明。

第七十四条 公司应按照《证券公司净资本计算规则》的要求计算净资本，并以净资本计算表的方式列示期初数和期末数。

第七十五条 公司财务报表被会计师事务所出具有解释性说明、保留意见、无法表示意见或否定意见的审计报告的，应披露审计意见内容概要和本公司董事会对相关事项所作的概要说明。

第七十六条 公司应概要披露其股本（或实收资本）在本报告期内的变动情况，包括增资扩股、重组合并分立等。

第七十七条 公司应披露如下股东情况：

（一）报告期末股东总数；

（二）持股前五名的股东名称、持股比例、所持股份（股权）的质押或冻结情况；

（三）如前10名股东之间存在关联关系，应予以说明。

第七十八条 公司应对其资产质量、流动性情况、负债状况以及重要的融资活动进行分析，并作概要披露。

第七十九条 公司应按《企业会计准则—关联方关系及其交易的披露》的要求，披露报告期内发生的涉及金额在1000万元以上的关联交易。

第八十条 公司应概要披露其各项业务（如证券承销、经纪、自营和受托投资管理等）所处的市场地位、市场份额和排名等；

第八十一条 公司应概要披露报告期内各主要业务活动发生的重大变化及对本期业绩的影响，如开展的新业务，营业部、服务部、分公司、专业子公司等的新设和处置情况，重大的资产处置、置换、剥离等情况。

第八十二条 公司应对其内部控制的有效性作出简要评价，并概要介绍报告期内注册会计师对内部控制的评价意见。

第八十三条 公司应按照《客户交易结算资金管理办法》（证监会3号令）、《关于执行<客户交易结算资金管理办法>若干意见的通知》（证监发[2001]121号）、《关于规范证券公司受托投资管理业务的通知》（证监机构字[2001]265号）以及其他相关规定，说明是否按规定完成对客户交易结算资金和受托资金的存管、是否存在挪用问题，并对客户资金的安全性与否进行概要说明。

第八十四条 除前条所述的问题外，公司还应简要说明在本报告期内是否存在表外融资、帐外资产和帐外经营等情况，是否有违反如下规定的行为：

（一）《证券法》第132条、第133条、第134条、第141条、第142条和第143条；

（二）证监发[2001]69号《关于证券公司担保问题的通知》中有关担保的规定；

（三）证监机构字[2001]59号《关于对证券公司参与风险投资进行规范的通知》中有关证券进行风险投资的规定；

（四）证监机构字[2001]265号《关于规范证券公司受托投资管理业务的通知》第四条第十八项中有关受托人的禁止行为；

（五）《证券公司管理办法》第三十二条有关禁止兴办实业的规定；

（六）其他如挪用客户国债进行回购、违规拆借资金、违规发债等。

第八十五条 应概要说明如下重要事项：

（一）报告期内各单项业务资格发生的变化；

（二）按照涉诉债权和涉诉债务分别披露报告期内及以前年度发生诉讼、仲裁事项所涉及的总金额；

（三）重要的表外项目如担保、抵押等；

（四）公司本年度被处罚情况；

（五）聘任、解聘会计师事务所的情况；

（六）重大的期后事项等。

第四章 附 则

第八十六条 本准则由中国证监会负责解释和修订。

第八十七条 本准则自发布之日起施行，《证券公司年度报告内容与格式准则》（证监会计字[2002]2号）同时废止。

附件

证券公司财务报表附注编制的一般规定

第一条 《证券公司年度报告内容与格式准则》中披露的财务报表附注，其编制应当按照本附件的规定，对财务报表中需要说明的事项作出真实、完整、准确地说明。

第二条 公司应按照《企业会计准则》、《证券公司会计制度》和本规定的要求，编制和披露财务报表附注。

第三条 本规定是对财务报表附注的一般规定。不论本附件是否有明确规定，凡对投资者作出投资决策有重大影响的财务会计信息，公司均应予以充分披露。

第四条 公司财务报表附注应包括(但不限于)以下内容：

1、公司概况

2、公司采用的主要会计政策、会计估计和合并会计报表的编制方法

3、税项

4、控股子公司及合营企业

5、财务报表项目附注的要求

6、子公司与母公司会计政策不一致对合并会计报表的影响(如有)

7、重要资产转让及其出售的说明

8、关联方关系及其交易

9、或有事项

10、承诺事项

11、资产负债表日后事项

12、其他重要事项

第五条 公司概况应简介公司历史沿革(包括改制情况、增资扩股等)、主要经营业务等。

第六条 公司在报告期内采用的主要会计政策、会计估计和合并会计报表的编制方法：

1、会计制度；

2、会计年度；

3、记账本位币；

4、记账基础和计价原则；

5、外币业务折算方法。说明发生外币业务时采用的折算汇率、期末对外币账户的外币余额进行折算所采用的汇率，以及汇兑损益的处理方法；

6、外币财务报表的折算方法。说明各主要财务报表项目的折算汇率，以及外币报表折算差额的处理方法；

7、现金等价物的确定标准。说明公司编制现金流量表时现金等价物的确定标准；

8、合并会计报表编制方法。说明合并范围的确定原则，并简要说明合并所采用的会计方法。子公司与母公司会计政策不一致且未进行调整的，应说明子公司所采用的特殊会计政策；

9、坏账核算方法。说明坏账的确认标准、坏账准备的计提方法和比例、坏帐损失的核算方法；

10、自营证券核算方法。说明自营证券分类、计价依据，以及自营证券成本结转方法，自营证券跌价准备的计提方法。

11、受托投资管理业务的会计核算方法。

12、长期投资核算方法。对于长期股权投资，应说明其计价、收(权)益确认方法和股权投资差额的摊销方法；对于长期债权投资，应说明其计价、收益确认方法以及债券投资溢价或折价的摊销方法；

13、固定资产计价和折旧方法。说明固定资产的标准、分类、计价方法和折旧方法，各类固定资产的估计经济使用年限、预计净残值率和折旧率；

14、在建工程核算方法，包括利息资本化的计算方法和在建工程结转为固定资产的时点；

15、无形资产计价及摊销政策。说明各种无形资产的计价方法、摊销方法、摊销年限；

16、交易席位费、长期待摊费用摊销方法、摊销年限；

17、收入确认原则。说明公司手续费收入、证券发行收入、自营证券差价收入、利息收入、受托投资管理等收入的确认方法；

18、所得税的会计处理方法。说明所得税的会计处理是采用应付税款法，还是纳税影响会计法。如果采用纳税影响会计法，还应说明是采用递延法，还是债务法；

19、如本年度会计政策和会计估计发生变更，应当披露变更的内容、理由和变更对公司财务状况、经营成果的影响数，累计影响数如果不能合理确定或不易确定，应说明理由；说明公司重大会计差错的内容和更正金额、原因及其影响；

第七条 税项

应披露主要税种和税率，如营业税、所得税等；若有税负减免的，应说明批准机关、文号、减免幅度及有效期限；如果各分公司、专业子公司异地独立纳税，其执行不同税率的，应予说明。

第八条 控股子公司及合营企业

公司应披露其所控制的境内外所有子公司及合营企业的全称、注册资本、经营范围以及本公司对其投资额和所占权益比例等。未纳入合并会计报表范围的子公司，应明确说明原因及对财务状况的影响。

对纳入合并范围但母公司持股未达到50%以上的子公司，应说明纳入合并范围的原因。

合并报表范围如发生变更，应当披露变更内容、原因。按照比例合并方法进行合并的公司，应特别说明。

公司报告期内若发生购买股权而增加控股子公司、合营企业的情况，应说明每个新增企业的购买日及其确定方法。

第九条 财务报表项目附注的要求

1、报表附注的披露以母公司的报表项目为主，编制合并会计

报表的公司，还应对合并会计报表的主要项目（如应收款项、长期投资、营业收入和营业支出、投资收益等）进行注释。

2、对资产负债表中的资产、负债项目注释期末期初比较数据，一般最左侧为期末数；利润表及利润分配表项目应按照比较财务报表列示本期数和上期数并说明变动情况，最左侧为本期数。

3、对资产负债表中的外币账项，应列示其原币、折算汇率、折算的记账本位币金额。

4、不常见的报表项目、名称反映不出其性质或内容的报表项目，应说明该项目的具体情况。金额异常或年度间变动异常的报表项目（如占公司报表日资产总额5%或报告期利润总额10%以上，且两个期间的数据变动幅度达30%以上的），应具体说明原因。

5、具体的报表项目应按以下内容进行注释：

（1）银行存款

按币种分别列示客户存款和公司存款，客户存款还应同时区分代理买卖证券客户存款、受托投资管理客户存款分别列示；说明期末银行存款中有无短期拆入或临时存入的大额（1000万元以上）款项，若有，须分别披露此类款项性质和金额；说明期末银行存款有无使用受限制的情况，如冻结、封存等。若有，须详细披露受限制的原因及金额。

（2）清算备付金

按币种分别列示客户备付金和公司备付金，客户备付金还应区分代理买卖证券客户存款、受托投资管理客户存款分别列示。

（3）应收款项，应按下列格式披露：

① 区分合同期内、超过合同期和无合同期三大类分类列示期末期初应收款余额及占总额的比例；

② 超过合同期的应收款项，应列示逾期买入返售证券、逾期拆出资金、逾期应收利息、逾期应收股利、股民透支款和其他逾期应收款等的明细情况，并说明本期内列作坏帐核销的情况；

③ 应按逾期帐龄列示不同逾期帐龄段（1年以内、1－2年、2－3年、3年以上）的逾期应收款项金额、占逾期应收款项总额的比例；

④ 详细披露应收款项中金额较大的前五大单位名称、欠款金额及款项性质；

⑤ 应收款项中如有持本公司5%（含5%）以上表决权股份的股东单位欠款，应披露该欠款股东单位名称、欠款金额和款项性质；

⑥ 应收款项中如有金额较大的（1000万元以上）应收拟上市或已上市公司款项，应披露该公司名称、款项性质与金额，并注明是否逾期；

（4）坏帐准备，应按下列格式披露：

① 披露坏帐准备的期初数、本期计提、本期收回已转销数、本期核销和期末数；

② 说明某些金额较大的逾期应收款项不计提坏帐准备，或计提坏帐准备比例较低（一般为5%或低于5%）的理由；

③ 若计提坏帐准备的比例和金额均较大（计提比例超过40%，金额超过1000万元），应说明计提的标准和理由；

④ 以前年度已全额计提坏帐准备或计提坏帐准备比例较大的，但在本年度又全额或部分收回的，或通过重组等其他方式收回的，应说明原估计计提比例的理由及现收回的原因；

⑤ 如已批准转为坏帐损失的应收款项金额较大（1000万元以上），应说明此应收款项的性质和金额。若实际冲销的款项中有应收关联方款项，还应单独披露。

（5）自营证券

应按照股票（A、B股）、基金、国债、企业债券等类别分别列示期末和期初的投资成本、市值和被质押（冻结）数等。因包销余股而转入的自营证券，应单独披露。

（6）自营证券跌价准备

披露自营证券跌价准备的期初数、本期计提、本期冲转和期末数。本期某类自营证券跌价准备计提比例较大的，应解释其原因。

（7）代发行证券

按承销方式披露代发行证券的期初未售出数、本期承购或代销数、本期已售出数、本期转出数和期末结存数。

（8）代兑付债券

按兑付债券的方式披露代兑付债券的期初数和期末数，并说明有无逾期的代垫兑付债券资金。若有，须披露发债单位名称和代垫金额。

（9）买入返售证券

按交易场所披露买入返售证券的期初数、期末数和到期约定返售金额。

（10）拆出资金，应披露金额最大的前五笔拆出资金的单位名称、金额和期限。若有拆放境外的资金，须单独列示单位名称、金额和期限。

（11）受托资产

按受托资产的形态类别（如股票、基金、债券等）披露期末、期初的帐面金额和市值，以及未结算已实现资产管理盈亏的期末、期初帐面金额。

若未结算的已实现受托资产管理盈亏金额较大（超过受托资金额的20%），须单独披露，并说明造成资产管理亏损较大的主要原因或公司可能从受托资产管理收益中获得的业绩报酬。

期末受托管理的资产（包括股票、债券、基金等）市值低于其帐面成本的90%的，应说明原因。

（12）交易保证金，按交易场所披露交易保证金的期初数和期末数。

(13)待摊费用,应披露金额较大的前五种待摊费用类别和金额。

(14)长期投资

① 将长期投资划分为长期股权投资、长期基金投资和长期债权投资三大类,分类列示期初数、本期增加、本期减少和期末数,并说明本年度对外投资的清理情况,包括被清理单位名称、清理金额和清理损益;

② 应披露长期股权投资中非证券投资所占的金额和比重;

③ 全资子公司,应披露被投资公司名称、行业、初始投资额、期初累计权益增减额、本期权益增减额和期末数;

④ 控股子公司,应按照工业、商业、金融、房地产等行业类别分别披露被投资公司数、初始投资额、期初累计权益增减额、本期权益增减额和期末数;有控股证券公司、基金管理公司的,须单独披露公司名称和当期收益情况;

⑤ 分行业列示参股投资的期初数、期末数和投资项目数。

⑥ 对于长期投资中的证券投资,应按类别(如法人股、基金投资、债券投资和其他证券投资等)分别披露其期初数、期末数和被质押、冻结的情况等;长期债券投资还应披露持有债券的到期日及票面利率等情况;

⑦ 对股权比例在50%以上或具有实际控制权但未纳入合并会计报表范围的子公司,应披露这些公司的基本情况(如公司名称、持股比例、资产总额、净资产、本期净利润等)及未予合并的理由。

⑧ 若长期投资金额较大(超过1000万元),而且被投资单位不能持续经营、或发生重大亏损、或净资产为负数,应详细列示被投资单位的名称、期末净资产、当期净利润和公司的投资金额、投资比例、可能承担的投资损失等;

(15)固定资产

对固定资产和累计折旧应按类别分项列示期初余额、本期增加额、本期减少额及期末余额。固定资产中如有在建工程转入、出售、置换、抵押、担保或封存等情况,应予以说明。融资租入固定资产原价应单独反映。

(16)在建工程

分项列示在建工程的名称、预算数、期初余额、本期增加额、本期转入固定资产额、其他减少额、期末余额、资金来源、完工进度,其中借款费用资本化金额的增减变动情况应单项列示;

(17)无形资产

按项目列示无形资产的取得方式、原值、期初余额、本期增加额、本期转出额、本期摊销额、累计摊销额、期末余额、剩余摊销年限;

对本期增加的单项价值在1000万元以上的无形资产,若该资产原始价值是以评估值作为入账依据的,还应披露评估机构、评估方法;

(18)按交易场所披露交易席位费的原始金额、本期摊销或转出数、累计摊销或转出数、期末数。

(19)长期待摊费用

分项列示长期待摊费用的原始发生额、期初余额、本期增加额、本期摊销额、累计摊销额、期末余额、剩余摊销年限。

(20)其他长期资产

若有因抵债而取得的房地产、长期冻结或封存的资产等应在此项目中分类反映。

(21)短期借款或质押借款

应披露金额较大的前五笔借款的借出单位名称、本金、利率和期限,若属质押借款,还应注明被质押证券的种类、帐面成本和来源;

对已到期未偿还的借款,应单独列示贷款单位、贷款金额、贷款利率、贷款资金用途、未按期偿还的原因及预计还款期,并在期后事项中反映报表日后是否已偿还。

(22)拆入资金

应披露金额较大的前五笔拆入资金的单位名称、金额和期限,并注明有无境外单位拆入资金。

(23)应付款项

按应付款项类别(如应付交易所配股款、应付承销费、逾期应付款项等)分别列示应付款项的期末数、期初数以及占总额的比例;

期末应付款项中如有欠持本公司5%(含5%)以上股份的股东单位的款项,应披露股东单位名称、金额和款项性质;

期末应付款项中如有金额较大的(1000万元以上)应付拟上市或已上市公司款项,应披露该公司名称、款项性质与金额,并注明是否逾期;

披露期末应付款项中金额较大的前五大单位名称、金额及款项性质。

(24)应交税金及附加,应按税种等分项列示期末应付未付的税额。

(25)代买卖证券款,分别按币种披露代买卖证券款的期末数和期初数。

(26)代发行证券款,按承销方式分别披露代发行证券款的期初数和期末数。

(27)代兑付债券款,按债券种类披露代兑付债券款的期初数和期末数。

(28)卖出回购证券款,应按交易场所披露期末、期初数和到期约定回购金额。

(29)受托资金,按币种分别列示受托管理的个人客户、上市公司和非上市公司法人客户的委托资金期初数和期末数。

(30)长期借款

按币种、借款条件(信用借款、抵押借款、担保借款等)分项列示借款金额及其借款期限。对已到期未偿还的借款，应说明原因，并在期后事项中反映报表日后是否已偿还。

应披露金额较大的前五笔借款的借出单位名称、本金、利率、期末数和借款条件；

(31)应付债券，分项列示债券的种类、期限、利率、发行日期、面值、溢价(折价)额、应计利息总额、期末余额。

(32)长期应付款，分项列示长期应付款种类、期限、初始金额、应计利息、期末余额、借款条件等。

(33)实收资本或股本

应按股东类别(如法人股东和个人股东、上市公司股东和非上市公司股东、金融机构股东和非金融机构股东等)分别披露期末期初的股东户数、股本金额和持股比例等情况；

报告期内实收资本(股本)变动的，应披露变动情况及执行验资的会计师事务所名称和验资报告文号。

(34)资本公积，分项列示报告期资本公积的变动情况。若用资本公积转增资本、弥补亏损的，应说明其有关决议。

(35)一般风险准备，分别披露期初数、本期增加数、本期减少数和期末数。

(36)盈余公积，分项列示报告期盈余公积的变动情况。用盈余公积转增资本、弥补亏损、分派股利的，应说明有关决议或依据。

(37)未分配利润，说明报告期内利润分配情况以及未分配利润的增减变动情况。若本年度有发生调整以前年度损益的事项，且金额较大(影响年初未分配利润1000万元以上)，须详细披露该调整事项的内容、原因及影响金额。

(38)手续费收入

按代理买卖证券手续费收入、代理兑付债券手续费收入、代理保管证券手续费收入和其他手续费收入分别披露手续费收入的本期数和上期数；

公司还应披露设立营业部最多的前五个省级行政区域、各自的营业部家数和代理买卖证券业务手续费收入情况。

(39)证券发行收入，按承销项目类别(如A、B股票发行收入、国债发行收入、其他债券发行收入等)披露本年数、上年数及增减百分比。

(40)自营证券差价收入，按证券类别(如股票、国债、基金等)披露本年度和上年度自营证券收入成本和差价的构成，对股票自营的差价收入还应分别列示来自新股申购、余股包销售出及二级市场投资的收入情况。

(41)受托投资管理收益，应列示本年数、上年数和增减百分比。

(42)利息收入和金融企业往来收入，应按收入来源(如银行存款、清算机构存款以及其他机构等)分项列示本年数、上年数和增减百分比。

(43)买入返售证券收入，应按返售总价、买入总价及二者之差——买入返售证券收入分别列示本年数、上年数和增减百分比。

(44)其他业务收入，应按收入类别(如无形资产转让收入、咨询服务收入、租赁收入等)分项列示本年数、上年数和增减百分比。

(45)手续费支出，应披露占公司手续费支出最大的前五种手续费名称、上年和本年发生额、增减百分比。

(46)利息支出和金融企业往来支出，应区分客户支出和其他支出分开列示。

(47)卖出回购证券支出，应按回购总价、卖出总价及二者之差－－卖出回购证券支出分别列示本年数、上年数和增减百分比。

(48)自营证券跌价损失，应披露本年数、上年数和增减百分比。

(49)营业税金及附加，应按税收的类别分别披露本年数、上年数和增减百分比。

(50)营业费用，应披露占公司营业费用较大的前十种费用名称、本年和上年发生额、增减百分比。

(51)其他业务支出，应按支出类别分项列示本年数、上年数和增减百分比。

(52)投资收益

应分长期债券投资收益、自营证券持有期间的收益、参股公司分配来的利润、年末调整的被投资公司所有者权益净增减的金额等项目进行列示；

若某项业务活动所获得的收益占报告当期利润总额的10%(含10%)以上的，应对该项业务内容、相关成本、交易金额等作出说明；

投资收益汇回若存在重大限制，应作出说明。

(53)营业外收入，应披露占公司营业外收入最大的前五种收入名称、本年和上年发生额。

(54)营业外支出，应按支出项目(如固定资产净损失、证券交易差错损失、捐赠支出、违约和赔偿损失、非常损失等)披露本年数、上年数。

第十条　子公司与母公司会计政策不一致对合并会计报表的影响(如有)

子公司与母公司会计政策不一致，在编制合并会计报表时又未按母公司会计政策进行调整的，应说明未调整的原因及其对合并会计报表中净资产和净利润的影响。

第十一条　重要资产转让及其出售的说明 应说明重要资产转让及其出售时的账面价值、转让金额和转让原因。

第十二条　关联方关系及其交易

凡涉及关联方关系及其交易，应按《企业会计准则—关联方关系及其交易的披露》的要求进行披露。

第十三条 或有事项

对于资产负债表日存在的或有事项(如涉及诉讼、仲裁、担保、已贴现的商业承兑汇票等),应在财务报表附注中说明项目的性质、金额及对报告期及报告期后公司财务状况和经营成果的影响。如果公司没有需要在财务报表附注中说明的或有事项,也应予以说明。

第十四条 承诺事项

除按照第十四条要求披露或有事项外,对于资产负债表日存在的其他重大承诺事项,应说明其存在情况、金额及影响。如果公司没有需要说明的承诺事项,也应予以说明。

第十五条 资产负债表日后事项中的非调整事项

按《企业会计准则——资产负债表日后事项》的规定,应说明资产负债表日后(如股票和债券的发行、自营证券巨额亏损、对一个企业的巨额投资、自然灾害导致的资产损失、外汇汇率发生较大变动等)非调整事项的内容,估计对财务状况、经营成果的影响;如无法作出估计,应说明其原因。

第十六条 其他重要事项。

新股发行市值配售实施细则

根据中国证监会“关于向二级市场投资者配售新股有关问题的补充通知”,现就本次配售方式的实施作如下说明:

一、配售发行

1、配售比例

配售比例根据市值配售部分投资者的需求确定。当比例为100%时,市值配售申购放弃部分由主承销商包销;当比例不足100%时,采取向二级市投资者配售和上网公开发行相结合的方式。

2、市值计算

投资者持有上市流通股票的市值,指按发行公告确定的交易日登记在投资者股票帐户内的各已上市流通人民币普通股(即A股)的数量乘以该日各股票收盘价的总和,包括可流通但暂时锁定的股份的市值。

每持有1万元上市流通股票市值可申购1千股新股,不足1万元的部分不计入可申购市值。

深市投资者同一证券账户在不同营业部托管的上市流通股票市值合并计算。

交易所、结算公司计算两市投资者持有的上市流通股票的可申购数量,并于T-2日收市后向会员营业部发送。

3、投资者申购

股票价格按现行定价方式确定后,两市投资者都可参加在上海证券交易所发行的新股的配售。配售时,分别使用其所持的沪、深两市的股票市值。投资者可依据其所持沪市的股票市值,用上海帐户向上海证券交易所申购;并可同时依据其所持深市的股票市值,用深圳账户向深圳证券交易所申购。

同一只新股的配售申购,两个交易所分别使用各自的申购代码。上海证券交易所配售代码为“737＊＊＊”;深圳证券交易所的配售代码为“003＊＊＊”,后三位代码相同。

申购新股的数量最低为1000股,超过1000股的,应为1000股的整数倍。

除基金持有的股票账户外,每个股票账户只能申购一次。超额申购和重复申购部分,两所新股发行系统将自动剔除,只保留有效申购部分。

证券投资基金(包括开放式基金)可以其持有的上市流通股票市值参与配售,基金持有的沪市股票账户由于技术原因可按申购上限重复申购,深市的股票账户只需按其所持市值上限一次性申购,但累计申购总额不得超过基金按规定可申购的总额。

投资者申购新股时,无需预先缴纳申购款。申购一经确认,不得撤销。

4、配号

有效申购总量,即两所有效申购量之和经确认后,按以下办法配售新股:

1)当有效申购总量等于拟向二级市场投资者配售的总量时,按投资者的实际申购量配售;

2)有效申购总量小于拟向二级市场投资者配售的总量时,按投资者实际申购量配售后,余额按照招股说明所或招股意向书所确定的方式处理;

3)有效申购总量大于拟向二级市场投资者配售的总量时,沪、深证券交易所按每1000股有效申购量配一个号的规则,对有效申购进行统一连续配号。

5、摇号抽签

主承销商于T+1日,根据总配号量组织统一摇号抽签。投资者每中签一个号配售新股1,000股。会员营业部应于T+2日在显著位置公布摇号中签结果。

6、中签缴款

配售新股中签后,投资者应确保资金账户中有足够的新股认购资金。若中签投资者因资金不足无法足额认购中签股票时，会员营业部应于T+3日14:00时前，将其放弃认购部分向交易所、结算公司申报。因资金不足而放弃认购的新股，由主承销商包销。

深圳证券交易所原要求投资者在中签后就缴款认购部分进行二次申报，现改为就中签后放弃认购部分进行申报，申报的证券代码仍为“003＊＊＊”，委托价格为0。

放弃认购的数量为实际放弃的数量（可以不是1000的整数倍）。不作放弃认购申报，视同全部缴款认购。

7、登记过户

结算公司于T+3日进行清算交割和股东登记。两市投资者缴纳的新股认购资金，由证券公司分别与中国结算沪、深分公司办理结算交收。新股认购款集中由中国结算上海分公司划付给主承销商。

8、其他事项

配售发行一般在正常交易时间内进行。

自2002年8月1日起，账户资料中缺少持有人姓名（名称）或者身份证号码（营业执照注册号码）的证券账户，将不允许参加配售。

二、上市交易

1、持有深市账户的投资者获得配售的新股只能委托深圳证券交易所卖出。需要卖出时，与卖出深市其他证券一样，可委托会员营业部向深圳证券交易所进行卖出申报，深圳证券交易所接到卖出指令后向上海证券交易所进行转报，成交回报由上海证券交易所反馈给深圳证券交易所，再发送给会员营业部。

2、配售新股在上海证券交易所挂牌交易时，股票代码为“600＊＊＊”。为便于深市投资者卖出配售中签的股票，新股上市交易后，在深圳证券交易所也挂出对应的代理股票代码，深市的股票代码为“003＊＊＊”，两市股票代码的后三位一致。

3、配售发行的新股，不办理跨市场转托管。

4、市值配售的股票在实施配股时，上海证券交易所配股代码为“700＊＊＊”；以深圳账户持有该股票的投资者，按深圳证券交易所的有关规定，以“083＊＊＊”代码进行配股认购。

5、股票停牌期间，上海证券交易所系统按规则不接受该股票的申报，包括深圳证券交易所系统的转报。

6、持深市股票账户的投资者对市值配售股票的卖出委托，经深圳证券交易所系统转报，以上海证券交易所主机收到后方为有效。

7、深市将实时转发市值配售股票的交易行情，但以上海证券交易所发布的行情为准。

8、对按市值配售的股票，两市投资者在交易时，分别按照各自市场的收费标准缴纳相关交易、结算等费用。

三、登记结算

1、中国结算沪、深分公司分别负责两市投资者在市值配售股票时获配新股的股份登记，并按照两市规则办理结算交收业务。

2、两市同一市值配售股票的权益分派和配股的股权登记日和配股上市日应保持一致，现金红利的到帐日按沪市规则统一确定。其他具体运作分别按两市规则执行。

3、市值配售新股的持有人名册由中国结算上海分公司统一提供。

附件1：以定价发行方式向二级市场投资者配售新股操作程序

附件2：新股同时向二级市场投资者配售和上网公开发行的流程

附件3：向二级市场投资者配售新股操作实例

上海证券交易所、深圳证券交易所

中国证券登记结算有限责任公司

二00二年五月二十二日

附件1：

以定价发行方式向二级市场投资者配售新股操作程序

（一）T－2日或之前刊登招股说明（意向）书

发行公司披露新股发行价格或价格区间、发行方式和拟上市证券交易所。

交易所、中国证券登记结算公司根据发行公告确定的交易日的收盘价，统计并发送各投资者分别持有的两市上市流通股票的市值。

（二）T－1日或之前刊登发行公告

发行人及其主承销商根据市场情况确定发行价格并公告。

（三）T日投资者申购

投资者按照其可申购新股的数量，自愿委托申购新股。

证券交易所确认有效申购，剔除无效申购，并按有效申购量连续配号后，将配号结果传输给各证券营业部。

（四）T+1日摇号抽签

证券营业部在交易场所的显著位置向投资者公布配号结果。

主承销商在中国证券监督管理委员会（以下简称中国证监会）指定报纸上公布中签率，并在公证机关的监督下组织摇号抽签。

证券交易所将中签号码分别传送给登记公司和证券营业部。

（五）T+2日公布中签结果

证券营业部在交易场所的显著位置张贴中签结果公告。

主承销商在中国证监会指定报纸上公布抽签结果。

（六）T+3日收缴股款、清算、登记

证券营业部向中签投资者收取新股认购款，将股款集中划入登记结算公司的指定账户。

(七)T+4 日交割

证券登记公司将募集资金划入主承销商指定的账户。

(八)T+5 日划款

主承销商将募集资金划入发行公司指定账户。

附件 2:

新股同时向二级市场投资者配售和上网公开发行的流程

日期	向二级市场投资者配售	上网公开发行
T-2 或之前	刊登招股说明(意向)书	刊登招股说明(意向)书 网下询价
T-1	刊登发行公告、发行价格	
T	投资者申购,无需缴款 交易所确认有效申购、配号	投资者申购,预先缴款
T+1	公布配号结果 摇号抽签	冻结资金
T+2	公布中签结果	验资 确认有效申购、配号
T+3	收缴股款、清算、登记	公布配号结果 摇号抽签、清算、登记
T+4	交割、划款	公布中签结果 交割、划款
T+5	主承销商将募集资金 划入发行人账户	主承销商将募集资金 划入发行人账户

附件 3:

向二级市场投资者按市值配售新股操作实例

假设江西 XX 股份有限公司定于 2002 年 4 月 25 日,在上交所按市值配售方式上网发行 A 股,发行量为 8000 万股,发行价格为 6.55 元/股,该股上市后的交易代码为 600999,简称为“XX 股份”。投资者张三所持上海股票账户号码为 A123456789,所持深圳股票账户号码为 0087654321。

一、市值计算

2002 年 4 月 22 日收市后,沪、深交易所分别计算投资者拥有 A 股的可申购市值。经统计,投资者张三持沪市可申购市值为 8 万 6 千元,持深市可申购市值为 6 万 8 千元。根据市值计算办法,张三最多可向上交所申购 8 千股新股,向深交所申购 6 千股新股。

二、发行申购

2002 年 4 月 25 日(T 日),张三在正常交易时间内以上海证券账户 A123456789 向上交所申购 8 千股新股,申购代码为 737999,申购价格为 6.55 元/股;同日的正常交易时间内,张三又以深圳证券账户 0087654321 向深交所申购 8 千股新股(注意:已超过了 6 千股),申购代码为 003999,申购价格同为 6.55 元/股。

三、配号

2002 年 4 月 25 日(T 日)收市后,沪、深交易所根据 2002 年 4 月 22 日收市后计算的投资者拥有的股票市值,按每 1 万元上市流通证券市值可申购 1 千股 XX 股份,不足 1 万元的部分不计入可申购市值的原则,对有效申购进行统一连续配号。

张三因同时向两个交易所申购,可获得上交所 8 个配号,深交所 6 个配号(注意:并非是 8 个号,剔除了 2 个)。

四、中签认购

配售新股中签后,投资者应确保资金账户中有足够的新股认购资金。若中签投资者因资金不足无法足额认购中签股票时,会员营业部应于 2002 年 4 月 30 日(T+3 日)日 14:00 收市前,将其放弃认购部分向交易所申报。因资金不足而放弃认购的新股,由主承销商包销。

在 2000 年 3 月初次试行按市值配售新股时,深交所要求投资者在中签后就中签股份进行缴款认购申报,为同上海一致,现改为就中签后放弃认购部分进行申报,申报的证券代码仍为“003999”,委托价格为 0,放弃认购的数量为实际放弃的数量(可以不是 1000 的整数倍)。如不申报视同全部缴款认购。

假定张三在沪、深两市各中了 1000 股,且在会员营业部有足够的资金,因而共获配售 2000 股“XX 股份”新股,分别登记托管在结算公司的沪、深分公司。

五、上市交易

2002 年 5 月 31 日,江西 XX 股份公司在上交所挂牌上市,其在上交所和深交所的挂牌代码分别为“600999”、“003999”,开盘参考价均为 6.55 元/股,证券简称统一为“XX 股份”;

张三可以通过自己的深市证券账户 0087654321 向深交所报单,卖出“003999”,也能对自己的卖出委托进行撤单,但不能买入“003999”。

深交所交易系统发布的行情数据中,“003999”“XX 股份”的行情数据将实时转发上交所的“600999”的行情数据,为准确起见,深市投资者应根据“600999”的实时行情数据确定“003999”的卖出委托价格。

沪市的交易不变。

六、配股

2003 年 6 月 2 日至 6 月 13 日,“XX 股份”股票进行配股,配股比例为 10 配 3,配股价格为 3.8 元/股。持有上海证券账户的投资者按上交所的有关规定,以“700999”代码进行配股认购,配股价格为 3.8 元/股。

假定张三届时仍以深圳证券账户 0087654321 持有“XX 股份”500 股,按深交所的有关规定,其可以“083999”代码向深交所认购 150 股配股,配股价格为 3.8 元/股。

认购确认后,其获配股份连同原有股份共 650 股,同样可通过深交所卖出。

审计技术提示第1号——财务欺诈风险

中国注册会计师协会
关于印发《审计技术提示第1号——财务欺诈风险》的通知

为了帮助注册会计师做好会计报表审计工作，针对注册会计师在执业过程中遇到的问题，我会将不定期发布审计技术提示。审计技术提示不属于注册会计师的执业准则、规则范畴，仅供注册会计师参考。现将《审计技术提示第1号—财务欺诈风险》予以印发。

财务欺诈作为舞弊的主要形式，导致会计报表不实反映，对会计报表使用者产生巨大的危害。注册会计师有责任制定审计计划并实施适当的审计程序，以合理确定会计报表是否存在由财务欺诈导致的重大错报。以下因素可能导致公司进行财务欺诈，或表明公司存在财务欺诈风险，注册会计师在执行公司会计报表审计业务时，应当对此予以充分关注，保持应有的职业谨慎。

一、财务稳定性或盈利能力受到威胁

1.因竞争激烈或市场饱和，主营业务毛利率持续下降；

2.主营业务不突出，或非经常性收益所占比重较大；

3.会计报表项目或财务指标异常或发生重大波动；

4.难以适应技术变革、产品更新或利率调整等市场环境的剧烈变动；

5.市场需求急剧下降，所处行业的经营失败日益增多；

6.持续的或严重的经营性亏损可能导致破产、资产重组或被恶意收购；

7.经营活动产生的现金流量净额连年为负值，或虽然账面盈利且利润不断增长，但经营活动没有带来正的现金流量净额；

8.与同行业的其他公司相比，获利能力过高或增长速度过快；

9.新颁布的法规对财务状况或经营成果可能产生严重的负面影响；

10.已经被证券监管机构特别处理(ST)。

二、管理当局承受异常压力

1.政府部门、大股东、机构投资者、主要债权人、投资分析人士等对公司获利能力或增长速度的不合理期望；

2.管理当局对外提供的信息过于乐观而导致外界对其产生不合理的期望；

3.为了满足增发、配股、发行可转换债券等对外筹资的条件；

4.可能被证券监管机构特别处理(ST)或退市；

5.急于摆脱特别处理(ST)或恢复上市；

6.为了清偿债务或满足债务约束条款的要求；

7.不良经营业绩对未来重大交易事项可能产生负面影响；

8.为了实现设定的盈利预测目标、销售目标、财务目标或其他经营目标。

三、管理当局受到个人经济利益驱使

1.管理当局的薪酬与公司的经营成果挂钩；

2.管理当局持有的公司股票即将解冻；

3.管理当局可能利用本公司股票价格的异常波动谋取额外利益。

四、特殊的行业或经营性质

1.科技含量高，产品价值主要来源于研发而非生产过程；

2.市场风险很大，很可能在投入了巨额研发支出后却不被市场接受；

3.产品寿命周期短；

4.大量利用分销渠道、销售折扣及退货等协议条款。

五、特殊的交易或事项

1.不符合正常商业运作程序的重大交易；

2.重大的关联交易，特别是与未经审计或由其他注册会计师审计的关联方发生的重大交易；

3.资产、负债、收入、费用的计量涉及难以证实的主观判断或不确定事项，如八项减值准备的计提；

4.尚未办理或完成法律手续的交易；

5.发生于境外或跨境的重大经营活动；

6.母公司或重要子公司、分支机构设在税收优惠区，但不开展实质性的经营活动。

六、公司治理缺陷

1.董事会被大股东操纵；

2.独立董事无法发挥应有的作用；

3.难以识别对公司拥有实质控制权的单位或个人；

4.过于复杂的组织结构，或涉及特殊的法人身份或管理权限；

5.董事、经理或其他关键管理人员频繁变更。

七、内部控制缺陷

1.管理当局凌驾于内部控制之上；

2.有关人员相互勾结，致使内部控制失效；

3.内部控制的设计不合理或执行无效；

4.会计人员、内部审计人员或信息技术人员变动频繁，或不具备胜任能力；

5.会计信息系统失效。

八、管理当局态度不端或缺乏诚信

1.管理当局对公司的价值观或道德标准倡导不力，或灌输了不恰当的价值观或道德标准；

2.非财务管理人员过度参与会计政策的选择或重大会计估计的确定；

3.公司、董事、经理或其他关键管理人员曾存在违反证券法规或其他法规的不良记录，或因涉嫌舞弊或违反法规而被起诉；

4.管理当局过分强调保持或提高公司股票价格或盈利水平；

5.管理当局向政府部门、大股东、机构投资者、主要债权人、投资分析人士等就实现不切实际的目标作出承诺；

6.管理当局没有及时纠正已发现的内部控制重大缺陷；

7.管理当局出于逃税目的而采用不恰当的方法减少账面利润；

8.对于重要事项，管理当局采用不恰当的会计处理方法，并试图将其合理化。

九、管理当局与注册会计师的关系异常或紧张

1.频繁变更会计师事务所；

2.在重大的会计、审计或信息披露问题上经常与注册会计师发生意见分歧；

3.对注册会计师提出不合理的要求，如对出具审计报告的时间作出不合理的限制；

4.对注册会计师施加限制，使其难以向有关人士进行询证、获取有关信息、与董事会进行有效沟通等；

5.干涉注册会计师的审计工作，如试图对注册会计师的审计范围或审计项目小组的人员安排施加影响。

关于发布中国期货业协会信息管理数据库相关管理规则的通知

各会员单位及相关机构：

《中国期货业协会团体会员、从业人员信息管理数据库暂行规定》、《期货从业人员执业资格网上公示实施办法》已经中国证券监督管理委员会核准，现正式公布实施，请各有关单位认真遵照执行。

附件1.《中国期货业协会团体会员、从业人员信息管理数据库管理暂行规定》

附件2.《期货从业人员执业资格网上公示实施办法》

中国期货业协会

二〇〇二年十二月十三日

关于数据库使用和网上公示有关问题的通知

各会员单位及相关机构：

《中国期货业协会团体会员、从业人员信息管理数据库暂行规定》、《期货从业人员执业资格网上公示实施办法》已公布实施。为了充分发挥“中国期货业协会团体会员、从业人员信息管理数据库”（以下简称数据库）的功能，做好期货从业人员执业资格的网上公示工作，现就有关问题通知如下：

一、为加强协会与会员及有关单位之间的沟通，提高工作效率，协会有关文件在以书面形式发送的同时，将通过数据库发文系统发送电子文件，望各会员和有关单位数据库管理人员经常检查数据库收文信息。

二、协会拟于近期对期货从业人员执业资格进行网上公示，各有关单位务必于2002年12月25日前对本单位数据库中从业人员的数据再次进行审核，对未录入人员数据进行补充录入，对已录入人员的不准确或遗漏的数据进行更新，并将审核结果通过数据库发文系统报协会。

三、个别单位和从业人员在数据库录入的过程中存在拖延和录入数据不准确或不完整的现象，望有关单位和从业人员本着认真、负责的精神高度重视数据库的录入工作，按照《中国期货业协会团体会员、从业人员信息管理数据库暂行规定》、《期货从业人员执业资格网上公示实施办法》的有关规定认真、及时地录入、更新数据。对于因公司或从业人员未认真履行职责而对公司和从业人员市场信誉和正常业务造成的不良影响，协会概不负责。

四、各单位应认真做好资格公示的准备工作。期货经纪公司会员应当在《期货经纪合同》中注明以下字样:"有关本公司期货从业人员的信息可以通过中国期货业协会网站(http//www.cfachina.org)的'期货从业人员执业资格公示数据库'进行查询和核实";同时在其营业场所提供必要的设备,以便客户登录协会网站查询期货从业人员资格公示信息。

二〇〇二年十二月十三日

附件一

中国期货业协会团体会员、从业人员信息管理数据库管理暂行规定

第一章　总则

第一条　为了规范中国期货业协会(以下简称协会)团体会员、从业人员信息管理数据库(以下简称数据库)的录入、修改和使用行为,加强对数据库的管理,特制定本规定。

第二条　本数据库依据中国证监会《期货从业人员资格管理办法修订》、《中国期货业协会章程》、《中国期货业协会会员管理暂行办法》建立,目的是通过对协会团体会员和期货从业人员信息资料的收集、整理和分析,实现行业信息共享,提高行业管理水平和效率,加强行业自律,推进期货行业的稳步健康发展。

第三条　本数据库由团体会员信息管理数据库(以下简称团体会员数据库)和从业人员信息管理数据库(以下简称从业人员数据库)两个子库构成。数据库由协会负责开发设计和运行管理,并接受中国证监会的统一规划和指导。

第四条　本数据库应提供给中国证监会及其派出机构进行数据查询。

第五条　期货交易所、期货经纪公司、期货交易厅、期货交易所的非期货经纪公司会员、持有《境外期货业务许可证》的企业、期货投资咨询机构以及协会认可的其他机构(以下简称数据库录入机构)可以使用本数据库。

第六条　本数据库中的基本数据由数据库录入机构定期或不定期地提供,以协会要求的电子文档格式报送,统一存放在协会数据库服务器中,其中部分信息通过协会网站进行公示。

第七条　本数据库使用机构及相关人员使用本数据库时应当遵守本规定。

第二章　数据的录入、更新及查询

第八条　本数据库使用机构在取得本机构数据库用户名、密码和本地数据库光盘后,方可按照相应权限进行数据录入、更新或查询操作。

第九条　数据库录入机构应当对所录入数据的真实性、准确性、完整性和及时性负责。协会有权对所录入数据的真实性、准确性、完整性和及时性进行核查,并督促有关机构对虚假、不准确、遗漏或已过时的数据进行修改、补充等更新操作。数据录入机构的操作人员应当在协会备案,在使用数据库前应当接受协会或经协会认可的专门培训。

第十条　数据库使用机构本地数据库的安装和浏览器插件的下载参照数据库使用说明书。

第十一条　团体会员数据库的数据录入由协会团体会员单位完成,具体录入步骤如下:

(一)由团体会员单位指定的操作员根据《团体会员信息申报表》进行数据录入,并对录入的数据确认后提交;

(二)数据录入机构应当指定专人负责填报信息的录入、审核和确认工作。

第十二条　从业人员数据库的数据由其所属机构代为录入,具体录入步骤如下:

(一)由所属机构指定操作员对本单位从业人员的信息进行数据收集、录入,并由专人对录入的数据进行确认后提交;

(二)机构也可使用本地版数据库,由其从业人员自行录入各自的信息,经机构指定的专人审核无误后,将本地数据库传送给协会;

(三)身份证、学历学位证书、各种培训证书等的复印件由各机构存档备查。

第十三条　出现下列情形之一的,团体会员单位应在10个工作日内对数据库中的数据进行更新,在数据库"发送信息"模块中向协会发文说明更新的部分及更新日期,同时书面向协会报告:

(一)变更法定代表人;

(二)变更名称;

(二)变更注册资本;

(三)重大股东或者股权结构变更;

(四)变更住所或者营业场所;

(五)变更或者终止分支机构;

(六)变更联系电话;

(七)协会认为需要报告的其他情形。

第十四条　出现下列情形之一的,期货从业人员所在机构应当在10个工作日内对数据库中的数据进行更新,在数据库"发送信息"模块中向协会发文说明更新的部分及更新时间:

(一)从事期货业务的机构聘用期货从业人员;

(二)期货从业人员因死亡、辞职、退休或者解聘等原因发生变动;

(三)期货从业人员的基本信息发生变化;

(四)协会认为需要报告的其他情形。

出现以上第(一)、(二)种情形时,应同时书面报告协会。

第十五条 数据库录入机构更新数据,按照第十一条、第十二条规定的步骤办理。

第十六条 期货从业人员受到中国证监会或其他国家执法机关处罚,受到自律组织或所在机构纪律处分的,期货从业人员所在机构应当在10日内书面报告协会,由协会将有关信息录入到数据库中;所在机构未尽报告义务的,由协会根据监管部门、自律组织等有权机构提供的书面处罚证明材料将有关信息录入到数据库中。具体录入程序如下:

(一)由所在机构向协会出具经该机构负责人签字和加盖公章的书面报告,并应附上有权机构出具的书面处罚证明材料;或由有权机构直接向协会提供书面处罚证明材料;

(二)由协会操作员对所提供的材料进行审核和登记;

(三)报部门负责人、协会负责人同意录入并签字;

(四)由协会操作员将有关信息录入数据库。

第十七条 如果中国证监会及其派出机构就数据库记载的内容向协会提出异议或建议,协会应予以核实,并对不真实、不完整或不准确的数据参照第十六条规定的程序予以修改或更新。

第十八条 数据库对所有原始数据进行自动存档,但只显示最新记录。

第十九条 任何人均可通过协会网站查询数据库公示信息。

未经许可,数据库系统管理员和操作员不得擅自透露或允许他人查阅数据库中的非公开信息。

第三章 数据库使用管理权限及职责

第二十条 协会拥有网络服务器、数据库服务器及数据库的管理员权限,对数据库的日常运作进行全面管理维护。协会设置必要的操作员用户和相应密码,进行数据录入和更新。

数据库录入机构可以拥有两个用户和相应密码,其中操作员用户拥有录入、更新和浏览本机构信息的权限,浏览用户具有浏览本机构信息的权限。

第二十一条 协会系统管理员履行以下职责:

(一)负责本数据库操作使用的组织管理工作,掌握网络服务器、数据库服务器及数据库的超级管理员密码;

(二)正确设置协会及数据库使用机构的用户名、密码和使用权限,不得随意更改协会及数据库使用机构的用户名、密码和使用权限;

(三)指导协会有关部门和数据库使用机构正确使用数据库,解答并帮助解决其在使用数据库过程中出现的问题;

(四)定期对该数据库系统的运行及本规定的执行情况进行检查和监督,并记录在案;

(五)定期向协会网站数据库导入网上公示信息,并在网站上注明最后更新时间;

(六)负责数据库主要参数的修改与维护,定期对数据库数据进行备份,对硬件设备进行维护保养;

(七)不得进行数据录入、修改和更新,如果确需对数据实施维护,应按程序报请有关领导批准后方可实施;

(八)对数据库运行过程中需要优化的内容提出可行性建议;

(九)负责数据库运行中其它需要解决的问题。

第二十二条 协会操作员履行以下职责:

(一)负责协会数据库的录入和更新工作;

(二)管理和使用协会数据库发文系统;

(三)审核数据的真实性、准确性、完整性和及时性,督促有关机构对虚假、不准确、遗漏或已过时的数据进行更新;

(四)对数据库数据进行统计分析。

第二十三条 数据库录入机构的系统管理员履行以下职责:

(一)负责本地数据库的安装和浏览器插件的下载及安装;

(二)对数据库使用人员进行培训和操作指导,及时发现并排除运行中的各种故障;

(三)对安装有数据库的计算机和相关设备进行维护保养;

(四)定期对本地数据库中的数据进行备份;

(五)对数据库运行过程中需要优化的内容向协会提出可行性建议;

(六)负责本地数据库运行中其它需要解决的问题。

第二十四条 数据库录入机构的操作员履行以下职责:

(一)负责本机构及其从业人员的数据录入和更新工作,严格按照协会的要求及时、准确地将审核确认后的数据录入到数据库中;

(二)管理和使用本机构数据库发文系统。

第四章 数据库的安全与维护

第二十五条 为保障本数据库的安全运行,数据库使用机构和使用人员必须遵守下列安全操作规定:

(一)严格按照预先设定的操作权限操作,严禁越权操作,操作员须对自己用户名下的所有操作负责;

(二)在上机操作过程中,如发现输入的信息有误,必须按照系统提供的功能进行修改;

(三)在上机操作过程中,一旦出现意外情况致使数据丢失或损坏,必须在系统管理员的指导和监督下按正确方法进行数据恢复工作,并做好数据恢复的记录;

(四)为防止意外事故的发生和计算机病毒的侵害,要定期对数据进行备份。

协会的数据库备份文件应当在全国性银行的保险柜中进行保管。

第二十六条 为保障本数据库的安全运行,数据库使用机构和使用人员必须遵守下列保密管理规定:

(一)采取严密的安全措施,不准无关人员使用与数据库有关的计算机系统;

(二)各机构的用户名、密码由协会系统管理员统一分配和管理;

(三)首次使用数据库时,必须更改本机构用户密码;

(四)系统管理员和密码持有者不得泄露自己保管的用户名和密码;

(五)操作员调离该岗位时应立即通知协会,由协会系统管理员对该用户进行注销,并为提供新的用户名和密码;

(六)操作员的密码按权限级别严格控制,操作员应定期或不定期更换密码;

(七)备份的业务数据不得交由操作员保管,交接、调阅时必须存档备查。

第五章　附　则

第二十七条　本规定的有关用语的含义如下:

(一)本地数据库:指在申报数据的机构所使用的计算机中由协会安装的数据库,此数据库的功能是储存录入的数据 ,并可一次性生成文件包报送协会。此数据库也可以作为数据库使用机构的档案库;

(二)电子文档:指按照协会要求通过因特网或使用磁盘、光盘等存储媒介报送数据的文件格式。

第二十八条　本规定未尽事宜或与国家有关的法律、法规或相关规定相悖的,按有关规定执行。

第二十九条　本规定由中国期货业协会负责解释。

第三十条　本规定自公布之日起实施。

附件二

期货从业人员执业资格网上公示实施办法

第一条　为了加强对期货从业人员的自律管理,规范期货从业人员的行为,接受社会公众监督,促进期货行业规范发展,中国期货业协会(以下简称“协会”)根据《期货从业人员资格管理办法(修订)》、《中国期货业协会章程》,制定本实施办法。

第二条　《期货从业人员资格管理办法(修订)》第四条规定的期货从业人员,即取得《期货从业人员资格证书(执业)》(以下简称“执业证书”)的人员,应当进行资格公示。

期货辅助人员可参照期货从业人员的公示方法予以公示。

第三条　期货从业人员公示的内容包括:姓名、性别、出生年份、最高学历、最高学位、掌握的外语语种及程度、执业证书取得时间、执业证书号码、执业证书状态(有效、暂停或失效)、高级管理人员任职资格取得时间、高级管理人员任职资格序号、其他资格证书、所在单位、业务类别、所属部门、培训信息、工作履历和奖惩信息以及协会认为应当公示并经中国证监会核准的信息。

第四条　协会有权对不真实、不准确或未及时更新的信息不予公示。由此造成的后果,由负责提供和更新数据的机构承担。

公示内容由期货从业人员所在机构提供。该机构应当对其所提供信息的真实性、准确性和完整性负责,并保证及时更新。

第五条　期货从业人员资格公示具有公信的效力。

第六条　协会采用网上公示的方式在协会网站(www.cfachina.org)上对期货从业人员的公示内容进行公示。

第七条　期货从业人员自取得执业证书起开始资格公示。

期货从业人员不再从事期货业务的,自其执业证书失效之日起,转为非执业人员,其从业信息保持公示五年。

第八条　网上资格公示按照以下程序进行:

(一)从事期货业务的机构应当按照《中国期货业协会团体会员、从业人员信息管理数据库使用管理暂行规定》中的有关规定,向“中国期货业协会团体会员、从业人员信息管理数据库”填报、更新本单位期货从业人员的信息。

(二)协会将及时从“中国期货业协会团体会员、从业人员信息管理数据库”中将期货从业人员应当公示的信息导入“期货从业人员执业资格网上公示数据库”(以下简称“网上公示数据库”),及时更新有关信息,并在网站上注明最后更新时间。

第九条　任何单位和个人对期货从业人员公示信息有异议或发现期货从业人员有违规行为,均可通过网上公示数据库中设置的专门界面、电子邮件、电话及书面等形式,按照规定的程序向协会进行反映。

对于单位和个人反映的情况和问题,协会有关部门将按照规定的程序进行处理。协会为反映情况和问题的单位和个人保密。

第十条　期货从业人员要自觉接受有关单位和社会公众的监督,积极配合协会对有关问题的调查。

期货从业人员不得阻挠、刁难他人向协会反映情况和问题,更不能打击报复,否则,按照协会的有关规定进行纪律处分。

第十一条　期货从业人员受到监管部门、自律组织、所在机构的奖励和处罚的,由协会将有关信息记录到网上公示数据库中进行公示。

第十二条　协会的期货经纪公司会员应当在《期货经纪合同》中注明以下字样:“有关本公司期货从业人员的信息可以通过中国期货业协会网站(http//www.cfachina.org)的‘期货从业人员执业资格公示数据库’进行查询和核实”;应当在其营业场所提供必要的设备,以便客户登录协会网站查询期货从业人员资格公示信息。

第十三条　本办法由中国期货业协会负责解释。

第十四条　本办法自公布之日起实施。

中国保险监督管理委员会关于发布航空旅客意外伤害保险行业指导性条款的公告

（保监公告 43 号）

由中国人寿保险公司、中国太平洋人寿保险股份有限公司和中国平安保险股份有限公司联合设计的《航空旅客意外伤害保险》条款已经中国保险监督管理委员会审核认可，现公布该条款为行业指导性条款。条款全文和保单格式参见附件。

中国保险监督管理委员会

2003 年 1 月 10 日

附件一：

航空旅客意外伤害保险条款
（行业指导性条款）

第一条　保险合同的构成

航空旅客意外伤害保险合同（以下简称本合同）由保险单或者其他保险凭证及所附条款、批注、附贴批单、投保单以及有关的投保文件、声明、其他书面协议构成。

第二条　投保范围

一、凡持有效机票乘坐客运航班班机的旅客，可作为被保险人参加本保险。

二、具有完全民事行为能力的被保险人本人或者对被保险人有保险利益的其他人可作为投保人。

第三条　保险责任

在本合同保险期间内，被保险人遭受意外伤害，本公司依下列约定给付保险金：

一、被保险人自意外伤害发生之日起一百八十日内因同一原因身故的，本公司按保险金额给付身故保险金。

二、被保险人因意外事故下落不明，经人民法院宣告死亡的，本公司按保险金额给付身故保险金。

三、被保险人自意外伤害发生之日起一百八十日内因同一原因身体残疾的，本公司根据《人身保险残疾程度与保险金给付比例表》（见附表）的规定，按保险金额及该项残疾所对应的给付比例给付残疾保险金。如治疗仍未结束的，按第一百八十日的身体情况进行残疾鉴定，并据此给付残疾保险金。

被保险人因同一意外伤害造成一项以上身体残疾时，本公司给付对应项残疾保险金之和。但不同残疾项目属于同一手或者同一足时，本公司仅给付其中一项残疾保险金；如残疾项目所对应的给付比例不同时，仅给付其中比例较高一项的残疾保险金。

四、被保险人因遭受意外伤害在本公司指定或者认可的医院住院治疗所支出的、符合被保险人住所地社会医疗保险主管部门规定可报销的医疗费用，本公司在保险金额的 10% 的限额内，按其实际支出的医疗费用给付医疗保险金。

五、本公司所负给付保险金的责任以保险金额为限，对被保险人一次或者累计给付的保险金达到其保险金额时，本合同对该被保险人的保险责任终止。

第四条　责任免除

因下列情形之一，造成被保险人身故、残疾或支出医疗费用的，本公司不负给付保险金的责任：

一、投保人、受益人对被保险人的故意杀害、伤害；

二、被保险人故意犯罪或拒捕；

三、被保险人殴斗、醉酒、自杀、故意自伤及服用、吸食、注射毒品；

四、被保险人受酒精、毒品、管制药物的影响而导致的意外；

五、战争、军事冲突、暴乱或武装叛乱；

六、核爆炸、核辐射或核污染；

七、被保险人乘坐非本合同约定的航班班机遭受意外伤害；

八、被保险人通过安全检查后又离开机场遭受意外伤害。

第五条　保险期间

一、本合同保险期间自被保险人持本合同约定航班班机的有效机票到达机场通过安全检查时始，至被保险人抵达目的港走出所乘航班班机的舱门时止。

二、被保险人改乘等效航班，本合同继续有效，保险期间自被保险人乘等效航班班机通过安全检查时始，至被保险人抵达目的港走出所乘等效航班班机的舱门时止。

第六条　保险金额和保险费

一、保险金额按份计算，每份保险金额为人民币 400,000 元。同一被保险人最高保险金额为人民币 2,000,000 元。

二、保险费由投保人在订立本合同时一次交清，每份保险费为人民币 20 元。

第七条　受益人的指定和变更

被保险人或者投保人可以指定一人或者数人为身故保险金受益人。受益人为数人的，被保险人或者投保人可以确定受益顺序和受益份额；未确定受益份额的，受益人按照相等份额享有受益权。

被保险人或者投保人可以变更身故保险金受益人，但需书面通知本公司，由本公司在保险单上批注。

投保人指定或者变更身故保险金受益人时，须经被保险人或者其监护人书面同意。

残疾保险金、医疗保险金的受益人为被保险人本人，本公司不受理其他指定或者变更。

第八条 保险事故的通知

投保人、被保险人或者受益人应于知道或者应当知道保险事故发生之日起五日内通知本公司。否则，投保人、被保险人或者受益人应承担由于通知迟延致使本公司增加的勘查、检验等项费用。但因不可抗力导致的迟延除外。

第九条 保险金的申请

一、被保险人身故，由身故保险金受益人作为申请人，填写保险金给付申请书，并凭下列证明和资料向本公司申请给付保险金：

1.保险单或其他保险凭证；

2.受益人户籍证明或身份证明；

3.公安部门或本公司认可的医疗机构出具的被保险人身故证明书；

4.如被保险人因意外事故下落不明被宣告死亡，受益人须提供人民法院出具的宣告死亡证明文件；

5.由承运人出具的意外事故证明；

6.被保险人户籍注销证明；

7.受益人所能提供的与确认保险事故的性质、原因等有关的其他证明和资料。

二、被保险人残疾，由被保险人作为申请人，填写保险金给付申请书，并凭下列证明和资料向本公司申请给付保险金：

1.保险单或其他保险凭证；

2.被保险人户籍证明或身份证明；

3.由本公司认可的医疗机构或医师出具的被保险人残疾程度鉴定书；

4.由承运人出具的意外事故证明；

5.被保险人所能提供的与确认保险事故的性质、原因、伤害程度等有关的其他证明和资料。

三、被保险人支出医疗费用的，由被保险人作为申请人，填写保险金给付申请书，并凭下列证明和资料向本公司申请给付保险金：

1.保险单或其他保险凭证；

2.被保险人户籍证明或身份证明；

3.本公司认可的医疗机构出具的诊断证明和医疗费用原始收据；

4.被保险人所能提供的与确认保险事故的性质、原因等有关的其他证明和资料。

四、本公司收到申请人的保险金给付申请书及本条第一、第二或者第三款所列证明和资料后，对确定属于保险责任的，在与申请人达成有关给付保险金数额的协议后十日内，履行给付保险金义务；对不属于保险责任的，向申请人发出拒绝给付保险金通知书。

五、本公司收到申请人的保险金给付申请书及本条第一、第二或者第三款所列证明和资料之日起六十日内，对属于保险责任而给付保险金的数额不能确定的，根据已有证明和资料可以确定的最低数额先予以支付，本公司最终确定给付保险金的数额后，给付相应的差额。

六、如被保险人在被宣告死亡后生还的，受益人应于知道或者应当知道被保险人生还后三十日内退还本公司已支付的保险金。

七、被保险人或者受益人对本公司请求给付保险金的权利，自其知道或者应当知道保险事故发生之日起二年不行使而消灭。

第十条 投保人解除合同的处理

本合同成立后，投保人可以在本合同约定的航班班机起飞前申请要求解除本合同。但在本合同约定的航班班机起飞后，或被保险人因故未乘坐本合同约定的航班班机，在该航班起飞三十日以后，投保人不得要求解除本合同。

投保人要求解除本合同时，应提出解除合同申请，并提供下列证明和资料：

1.保险单或其它保险凭证；

2.投保人户籍证明或身份证明；

3.被保险人未乘坐本合同约定的航班班机的有效证明（若被保险人因故未乘坐本合同约定的航班班机）。

解除合同时，本公司在扣除所交保险费10%的手续费后退还所交的保险费。

第十一条 争议处理

本合同争议的解决方式，由当事人在合同中约定从下列两种方式中选择一种：

一、因履行本合同发生的争议，由当事人协商解决，协商不成的，提交(((仲裁委员会仲裁；

二、因履行本合同发生的争议，由当事人协商解决，协商不成的，依法向保险单签发地有管辖权的人民法院提起诉讼。

第十二条 释义

不可抗力：是指不能预见、不能避免并不能克服的客观情况。

意外伤害：是指外来的、突发的、非本意的、非疾病的使身体受到伤害的客观事件。

等效航班：是指由于各种原因由航空公司为约定航班所有旅客调整的班机或被保险人经航空公司同意对约定航班改签并且起始港和目的港与原约定航班相同的班机。

战争：是指国家与国家、民族与民族、政治集团与政治集团之间为了一定的政治、经济目的而进行的武装斗争，以政府宣布为准。

军事冲突：是指国家或民族之间在一定范围内的武装对抗，以政府宣布为准。

暴乱：是指破坏社会秩序的武装骚动，以政府宣布为准。

附表：(附后)

注：

(1)失明包括眼球缺失或摘除、或不能辨别明暗、或仅能辨别眼前手动者，最佳矫正视力低于国际标准视力表0.02，或视野半径小于5度，并由本公司指定有资格的眼科医师出具医疗诊断证明。

(2)关节机能的丧失系指关节永久完全僵硬、或麻痹、或关节不能随意识活动。

(3)咀嚼、吞咽机能的丧失系指由于牙齿以外的原因引起器质障碍或机能障碍，以致不能作咀嚼、吞咽运动，除流质食物外不能摄取或吞咽的状态。

(4)为维持生命必要之日常生活活动，全需他人扶助系指食物摄取、大小便始末、穿脱衣服、起居、步行、入浴等，皆不能自己为之，需要他人帮助。

(5)上肢三大关节系指肩关节、肘关节和腕关节；下肢三大关节系指髋关节、膝关节和踝关节。

(6)手指缺失系指近位指节间关节(拇指则为指节间关节)以上完全切断。

(7)听觉机能的丧失系指语言频率平均听力损失大于90分贝，语言频率为500、1000、2000赫兹。

(8)手指机能的丧失系指自远位指节间关节切断，或自近位指节间关节僵硬或关节不能随意识活动。

(9)足趾缺失系指自趾关节以上完全切断。

(10)语言机能的丧失系指构成语言的口唇音、齿舌音、口盖音和喉头音的四种语言机能中，有三种以上不能构声、或声带全部切除，或因大脑语言中枢受伤害而患失语症，并须有资格的五官科(耳、鼻、喉)医师出具医疗诊断证明，但不包括任何心理障碍引致的失语。

(11)两眼眼睑显著缺损系指闭眼时眼睑不能完全覆盖角膜。

(12)鼻部缺损且嗅觉机能遗存显著障碍系指鼻软骨全部或二分之一缺损及两侧鼻孔闭塞，鼻呼吸困难，不能矫治或两侧嗅觉丧失。

(13)所谓永久完全系指自意外伤害之日起经过一百八十天的治疗，机能仍然完全丧失，但眼球摘除等明显无法复原之情况，不在此限。

附件二：

行业指导性航空旅客意外伤害保险条款专用

NO.

航空旅客意外伤害保险单

AVIATION PASSENGER ACCIDENT INSURANCE POLICY

保单号：　　　　密码：

被保险人姓名 NAME OF INSURED	被保险人身份证件号码 ID CARD NO.
航班号 FLIGHT NO.	乘机日 DATE
保险金额　大写金额 INSURED AMOUNT RMB　¥	保险费　大写金额 PREMIUM RMB　¥
受益人是被保险人：　□配偶　□子女　□父母　□其他______ 受益人姓名： 地址：　　　　邮编：	

联系电话：　　盖章　　签字及日期

TEL　　SEAL　　SIGNATURE & DATE

等级	项目	残疾程度	给付比例
第一级	1	双目永久完全失明的(注1)	100%
	2	两上肢腕关节以上或两下肢踝关节以上缺失的	
	3	一上肢腕关节以上及一下肢踝关节以上缺失的	
	4	一目永久完全失明及一上肢腕关节以上缺失的	
	5	一目永久完全失明及一下肢踝关节以上缺失的	
	6	四肢关节机能永久完全丧失的(注2)	
	7	咀嚼、吞咽机能永久完全丧失的(注3)	
	8	中枢神经系统机能或胸、腹部脏器机能极度障碍，终身不能从事任何工作，为维持生命必要的日常生活活动，全需他人扶助的(注4)	
第二级	9	两上肢或两下肢、或一上肢及一下肢，各有三大关节中的两个关节以上机能永久完全丧失的(注5)	75%
	10	十手指缺失的(注6)	
第三级	11	一上肢腕关节以上缺失或一上肢的三大关节全部机能永久完全丧失的	50%
	12	一下肢踝关节以上缺失或一下肢的三大关节全部机能永久完全丧失的	
	13	双耳听觉机能永久完全丧失的(注7)	
	14	十手指机能永久完全丧失的(注8)	
	15	十足趾缺失的(注9)	
第四级	16	一目永久完全失明的	30%
	17	一上肢三大关节中，有二关节之机能永久完全丧失的	
	18	一下肢三大关节中，有二关节之机能永久完全丧失的	
	19	一手含拇指及食指，有四手指以上缺失的	
	20	一下脚永久缩短5公分以上的	
	21	语言机能永久完全丧失的(注10)	
	22	十足趾机能永久完全丧失的	
第五级	23	一上肢三大关节中，有一关节之机能永久完全丧失的	20%
	24	一下肢三大关节中，有一关节之机能永久完全丧失的	
	25	两手拇指缺失的	
	26	一足五趾缺失的	
	27	两眼眼睑显著缺损的(注11)	
	28	一耳听觉机能永久完全丧失的	
	29	鼻部缺损且嗅觉机能遗存显著障碍的(注12)	
第六级	30	一手拇指及食指缺失，或含拇指或食指有三个或三个以上手指缺失的	15%
	31	一手含拇指或食指有三个或三个以上手指机能永久完全丧失的	
	32	一足五趾机能永久完全丧失的	
第七级	33	一手拇指或食指缺失，或中指、无名指和小指中有二个或二个以上手指缺失的	10%
	34	一手拇指及食指机能永久完全(注13)丧失的。	

关于上市公司增发新股有关条件的通知

证监发[2002]55号

各上市公司、各具有主承销商资格的证券公司：

为完善对上市公司增发新股行为的约束机制，现对上市公司增发新股的有关条件作出补充规定。上市公司申请增发新股，除应当符合《上市公司新股发行管理办法》的规定外，还应当符合以下条件：

一、最近三个会计年度加权平均净资产收益率平均不低于10%，且最近一个会计年度加权平均净资产收益率不低于10%。扣除非经常性损益后的净利润与扣除前的净利润相比，以低者作为加权平均净资产收益率的计算依据。

二、增发新股募集资金量不超过公司上年度末经审计的净资产值。

三、发行前最近一年及一期财务报表中的资产负债率不低于同行业上市公司的平均水平。

四、前次募集资金投资项目的完工进度不低于70%。

五、增发新股的股份数量超过公司股份总数20%的，其增发提案还须获得出席股东大会的流通股（社会公众股）股东所持表决权的半数以上通过。股份总数以董事会增发提案的决议公告日的股份总数为计算依据。

六、上市公司及其附属公司最近12个月内不存在资金、资产被实际控制上市公司的个人、法人或其他组织（以下简称"实际控制人"）及关联人占用的情况。

七、上市公司及其董事在最近12个月内未受到中国证监会公开批评或者证券交易所公开谴责。

八、最近一年及一期财务报表不存在会计政策不稳健（如资产减值准备计提比例过低等）、或有负债数额过大、潜在不良资产比例过高等情形。

九、上市公司及其附属公司违规为其实际控制人及关联人提供担保的，整改已满12个月。

十、符合《关于上市公司重大购买、出售、置换资产若干问题的通知》（证监公司字[2001]105号）规定的重大资产重组的上市公司，重组完成后首次申请增发新股的，其最近三个会计年度加权平均净资产收益率不低于6%，且最近一个会计年度加权平均净资产收益率不低于6%，加权平均净资产收益率按照本通知第一条的有关规定计算；其增发新股募集资金量可不受本通知第二条的限制。

本通知自发布之日起施行。2001年3月15日发布的《关于做好上市公司新股发行工作的通知》（证监发[2001]43号）第二条同时废止。

关于改进代办股份转让工作的通知

各主办券商：

代办股份转让系统试运行一年，在各方的关心支持下，取得了一定成效，积累了有益经验，同时运行过程中也逐步反映出一些需要解决的问题。为了适应新的要求，在多方征求意见的基础上，现将改进代办股份转让工作的有关事项通知如下：

一、调整代办股份转让方式

1、根据股份转让公司质量，实行区别对待，分类转让。

2、股份分类转让标准

同时满足以下条件的股份转让公司，股份实行每周五次的转让方式：

(1)规范履行信息披露义务；

(2)股东权益为正值或净利润为正值；

(3)最近年度财务报告未被注册会计师出具否定意见或拒绝发表意见。

上述股东权益为正值是指最近会计年度经审计的股东权益扣除注册会计师不予确认的部分后为正值；净利润为正值是指最近会计年度经审计的扣除非经常性损益后的净利润为正值。

不能同时满足以上条件的股份转让公司，股份实行每周三次的转让方式。

3、股份分类转让实施要求

股份分类转让可从2002年9月20日起实施，在实施股份分类转让前，主办券商应完成下列工作：

(1)公司提出申请，经主办券商审核并办完相关手续。

(2)完成与深圳证券交易所和中国证券登记结算有限责任公

司深圳分公司的技术测试,系统运行安全可靠。

(3)制定当主办券商不能履行代办股份转让业务职责时,其职责能及时转移的预案。

(4)主办券商和股份转让公司在股份实施每周五次转让方式的三个工作日前,就调整股份转让方式事项进行公告。

4、建立股份转让方式的正常调整机制

股份转让每周五次的公司出现下列情形之一,主办券商应将其股份转让调整为每周转让三次,并作出公告,说明调整的原因,同时报我会备案。如公告当日为股份转让日,当日暂停转让。

(1)股份转让公司拒不履行信息披露义务;

(2)最近年度经审计的股东权益为负值且净利润为负值;

(3)最近年度财务报告被注册会计师出具否定意见或拒绝发表意见。

二、退市公司列入代办股份转让试点范围

1、凡符合以下条件的退市公司,其股份可进行代办转让:

(1)公司依法完成退市手续,向主办券商正式提出代办股份转让申请。主办券商与退市公司签订代办股份转让协议。

(2)公司股东在主办券商营业机构开立非上市股份有限公司股份转让账户。

(3)符合《证券公司代办股份转让服务业务试点办法》规定的其他条件。

2、主办券商要根据退市公司股份数据集中、登记托管规范的特点,协助申请转让的退市公司加快股份转托管进度。

3、主办券商对提出申请在股份转让系统挂牌的退市公司,要积极指导其及时完成挂牌手续。

4、适当降低退市公司股份转让初费和年费。

三、加强对代办股份转让业务的自律管理

1、主办券商要严格遵守证券市场的法律、法规,健全内部控制制度和风险防范机制,应设置专门机构,配备必要的专职人员并由公司副总经理以上的高管人员负责该项业务日常管理。

2、股份转让公司在依法公开披露信息前,主办券商不得擅自公开或泄露有关信息的内容。主办券商及其工作人员不得利用股份转让公司的内幕信息直接或间接谋取利益。

3、主办券商要对股份转让公司的全体董事、监事及高级管理人员进行辅导,使其了解应遵守的法律、法规和应履行的委托代办股份转让协议所规定的责任、义务。主办券商应在公司挂牌前完成初次辅导。

4、主办券商对股份转让业务中出现的问题,应当依据有关规则和协议及时处理,重大事项当报备我会。

5、主办券商有义务按照我会的要求,对指定事项进行调查或协助调查。

6、主办券商须向我会提交《从事代办股份转让业务自律承诺书》。

四、强化主办券商督促股份转让公司履行信息披露义务的责任

1、主办券商要指导和督促股份转让公司依法、及时、准确、全面地进行信息披露。

2、主办券商对股份转让公司拟披露文件有审查的权力。对公司拟披露或已披露信息的真实性可提出合理性怀疑,并据此采取专项调查等必要措施。

3、按照股份转让方式分类,对股份转让公司的信息披露执行不同的标准。股份每周转让五次的公司,信息披露参照上市公司标准执行;股份每周转让三次的公司,在会计年度结束后的四个月内,必须公布经具有证券从业资格会计师事务所审计的年度报告。

4、股份转让公司披露的信息,应经该公司董事长本人签字确认。若有虚假陈述,董事长应承担相应责任。

5、主办券商有义务对不履行信息披露义务的股份转让公司股份的转让予以暂停,实施暂停转让事项应向市场公告,并报我会备案。

6、主办券商和股份转让公司的有关责任、义务及各自的权利,应在所签订的协议中予以明确。

五、加强对投资者的风险提示

1、投资者在开户前,主办券商应与其签订《股份转让风险揭示书》。提醒投资者对市场风险予以特别关注,充分了解股份转让公司存在的风险。

2、在与投资者签订的委托协议内,主办券商应要求投资者承诺自己承担投资风险,不从事内幕交易和操纵股价等行为,违反者承担相应责任。

3、主办券商要利用各种形式持续向投资者充分提示投资风险。

4、主办券商对投资者在股份转让时出现的违规行为,要依据委托协议,及时提出警示,并按双方的约定,采取必要措施。

从事代办股份转让业务,应遵守我会颁布的《证券公司代办股份转让服务业务试点办法》及《股份转让公司信息披露实施细则》。上述文件中与本《通知》内容不一致的,以本《通知》为准。

特此通知

中国证券业协会

二〇〇二年八月二十九日

关于证券公司办理开放式基金代销业务有关问题的通知

各证券公司：

为推动开放式基金的进一步发展，规范证券公司办理开放式基金代销业务，现就有关问题通知如下：

一、符合《开放式证券投资基金试点办法》（证监基金字[2000]73号，以下简称《试点办法》）和本通知要求的证券公司可以接受基金管理人的委托，办理开放式基金代销业务。

二、证券公司办理开放式基金代销业务，除符合《试点办法》规定的资格条件外，还应当具备如下条件：

（一）财务状况良好，经营行为规范，最近一年内无重大违法违规行为。

（二）基金持有人的认购、申购、赎回资金以基金名义单独立户管理，并全额存入托管银行。

（三）建立完善的基金持有人帐户和资金帐户管理制度，妥善保管基金持有人的开户资料，持有人资金的存取程序和授权审批制度完备。

（四）具备足够的营业网点和技术设备，技术系统管理规范、严格，有较强的系统开发、项目管理能力，最近一年内证券业务系统未发生过重大技术故障，并且具有代销开放式基金业务所必需的基金销售在线联网统计分析系统。

（五）已就开放式基金代销业务制定了完善的业务管理制度、内部合规控制制度、业务人员执业操守与行为规范、风险防范制度和应急处理措施。

三、符合《试点办法》和本通知要求的证券公司申请办理开放式基金代销业务，应当向中国证监会提出申请，并提交以下文件（一式三份，其中一份原件，二份复印件）：

（一）申请报告

1、简要介绍公司情况。

2、陈述是否符合《试点办法》和本通知规定的条件要求以及办理开放式基金代销业务准备情况。

3、公司办理开放式基金代销业务的可行性分析。

4、简要介绍公司办理开放式基金代销业务对公司的影响、存在的风险和所采取的对策。

（二）业务文件

1、公司专门管理开放式基金代销业务的部门情况以及负责开放式基金代销业务的公司高级管理人员与业务人员的配备情况的说明。

2、公司营业网点总体情况的说明。

3、公司开办开放式基金代销业务的有关管理办法，主要包括：代销业务基本流程；代销业务资金清算流程与资金清算风险控制制度；代销业务帐户管理制度；代销业务人员守则；代销业务客户服务标准；代销业务合规控制制度及风险监控与防范制度；代销业务应急措施；代销业务会计核算办法等。

4、公司代销业务人员培训情况的说明。

5、公司电脑软硬件系统及其他技术设施情况的说明，包括对开放式基金销售在线联网统计分析系统的说明。

6、公司执行《客户交易结算资金管理办法》（中国证监会3号令）情况的说明。

7、公司最近一年内证券业务系统有无发生过重大技术故障情况的说明。

8、公司最近一年内有无重大违法违规行为、是否受过重大处罚情况的说明。

（三）其他文件

1、营业执照（复印件）。

2、经营许可证（复印件）。

3、中国证监会要求提交的其他材料。

四、中国证监会对上述申请材料进行审查，必要时可进行现场检查；对符合条件的，由中国证监会出具批复意见。

五、公司应当加强对开放式基金代销业务的管理，严格按照法律、法规的要求，从事基金销售活动。

（一）除基金契约或销售代理协议规定外，销售人员不得拒绝投资者的认购、申购或赎回申请。

（二）严禁向投资人进行有关基金投资风险和投资者收益的虚假陈述、欺骗性宣传，误导投资人买卖基金。宣传基金产品必须依据基金管理公司提供的产品介绍资料和基金的实际情况向投资人推介。

（三）销售人员必须严守基金持有人秘密，对投资人买卖基金的任何信息，必须严格保密，非经司法程序不得泄露。

（四）严禁在销售过程中从事损害基金投资人利益的活动。

六、公司在开展基金销售业务时，应将开放式基金代销协议、基金管理公司对公司从事该项业务活动的评价意见及相关业务情况报中国证监会备案。

七、在公司内部合规控制制度和员工行为规范方面，应当比照《证券投资基金规范运作指导意见第二号——关于代理证券投资基金销售业务的商业银行完善内部合规控制制度和员工行为规范的指导意见》（证监发[2001]150号）的有关规定执行。

八、本通知自下发之日起执行。

中国证监会

二〇〇二年七月一日

关于外商投资股份有限公司非上市外资股转 B 股流通有关问题的补充通知

外经贸资一函[2002]902 号

各省、自治区、直辖市及计划单列市外经贸委(厅、局):

为推动境内证券市场的健康发展,进一步规范含有 B 股的外商投资股份有限公司非上市外资股转 B 股流通的行为,现就有关问题通知如下:

一、允许含有 B 股的外商投资股份有限公司非上市外资股转在 B 股市场上流通(以下简称非上市外资股转 B 股流通)。非上市外资股转 B 股流通必须严格按照外经贸部和中国证监会 2001 年 10 月 8 日发布的《关于上市公司涉及外商投资有关问题的若干意见》(外经贸资发[2001]538 号)执行,不得越权审批。

二、前款所述外商投资股份有限公司是指根据《关于设立外商投资股份有限公司若干问题的暂行规定》(外经贸部 1995 年 1 号令)由外经贸部批准设立的外商投资股份有限公司及该暂行规定颁布前由外经贸部以《关于举办中外股份有限公司有关问题的通知》([1992]外经贸资综函字第 374 号)授权的部门批准设立的外商投资股份有限公司。未按规定设立的外商投资股份有限公司的非上市外资股不得转在 B 股市场上流通。

三、非上市外资股转 B 股流通除满足国家关于上市发行股票的要求外还应符合下列条件:

(一)申请人应为按规定和程序设立的外商投资股份有限公司;

(二)申请人应符合外商投资产业政策;

(三)拟转 B 股流通的非上市外资股股东如依照申请人章程、股东协议及其它法律文件和法律法规要求承担特殊义务和责任的(包括但不限于提供股东贷款、提供贷款担保、技术转让、商标许可等等),应在履行完上述义务和责任后方可申请非上市外资股转 B 股流通;

(四)申请前两年内均已通过外商投资企业联合年检并连续赢利;

(五)拟转 B 股流通的非上市外资股股东持有该非上市外资股的期限超过一年;

(六)非上市外资股转为流通股后,其原股东继续持有的期限须超过一年。

四、非上市外资股转 B 股流通按以下程序办理:

(一)申请人向所在地省级外经贸主管部门提出申请;

(二)申请人所在地省级外经贸主管部门应在接到申请之日起 15 日内完成初审。审核同意的,转报外经贸部审查批准;不同意的,书面说明理由;

(三)外经贸部应在接到申请材料之日起 30 日内完成审批。对符合条件的,予以批准;不符合条件的,不予以批准并书面说明理由;

(四)申请人应在中国证监会批准非上市外资股转 B 股流通之日起 30 日内凭外经贸部批准文件和中国证监会批准文件到外经贸部变更《外商投资企业批准证书》。申请人如在外经贸部批准之日起 1 年内仍未获得中国证监会批准,原外经贸部批准文件自行失效;

(五)申请人应在《外商投资企业批准证书》变更之日起 30 日内向工商行政管理部门申请办理变更登记手续。

五、本通知第四条第(三)款所述的申请材料是指:

(一)申请人所在地省级外经贸主管部门的申报文件(含初审意见);

(二)申请人关于非上市外资股转 B 股流通的申请书;

(三)申请人股东大会关于非上市外资股转 B 股流通的决议和关于章程修改的决议;

(四)申请人董事会决议;

(五)申请人章程修改草案(正本)及原章程(复印件);

(六)拟转 B 股流通的非上市外资股股东关于是否承担特殊义务和责任的书面声明。承担特殊义务和责任的,应书面说明履行情况或书面承诺继续履行相关义务和责任;

(七)申请人申请前两年内联合年检证明;

(八)申请人申请前两年赢利证明(审计报告及纳税证明);

(九)申请人出具的拟转 B 股流通的非上市外资股股东持有该非上市外资股的期限超过一年的书面证明;

(十)拟转 B 股流通的非上市外资股股东出具的关于非上市外资股转为流通股后继续持有一年以上的书面承诺;

(十一)申请人的《外商投资企业批准证书》和《营业执照》复印件。其中,暂行规定颁布前由外经贸部以《关于举办中外股份有限公司有关问题的通知》([1992]外经贸资综函字第 374 号)授权的部门批准设立的外商投资股份有限公司还应提供原审批部门的批准文件。

外 经 贸 部

二〇〇二年八月十六日

关于发布《深圳证券交易所境外机构B股席位管理规则》的通知

各境外机构：

为规范境外机构B股席位的申请、使用与管理，我所制定了《深圳证券交易所境外机构B股席位管理规则》，现予发布，请遵照执行。

附件：《深圳证券交易所境外机构B股席位管理规则》

二〇〇二年六月十九日

附件：

深圳证券交易所
境外机构B股席位管理规则

第一章　总　则

第一条　为规范境外机构B股席位的申请、使用和管理，根据《证券交易所管理办法》等有关法律、法规和规章的规定，制定本规则。

第二条　本规则所称"境外机构B股席位"是指由境外机构申请，经本所批准使用的B股交易席位。

境外机构指在中国境外注册的经其所在国或地区有关主管当局批准可以从事证券业务的机构。

第三条　本规则所称"境外机构B股席位使用者"是指经本所批准获得B股席位的境外机构。

第四条　本规则所称"席位费"指本所境外机构B股席位的使用费。

第二章　境外机构B股席位的申请

第五条　境外机构申请B股席位应当向本所递交以下文件：

1. 境外机构董事会授权代表签署的B股席位申请书；

2. 中国证券监督管理委员会(以下简称"中国证监会")颁发的《经营外资股业务资格证书》(副本)；

3. 境外机构所在国或地区有关主管当局核发的营业执照或合法开业证明(复印件)；

4. 境外机构所在国或地区有关主管当局颁发的经营证券业务许可证(副本)；

5. 境外机构公司章程；

6. 境外机构经会计师事务所审计的最近一年的财务报告；

7. 境外机构主要董事、高级管理人员及B股业务人员(包括B股席位出市代表)的简历；

8. 境外机构公司简介(包括公司名称、注册地、通讯地址、公司内部组织结构、公司简史、公司股权结构及其控股参股情况、公司在各国(地区)证券交易所的交易量及市场占有率、公司在中国B股市场中的承销、经纪业务开展情况)；

以上文件，凡是用外文书写的，应当附上相应中文译本，两种文本存在歧义的，以中文译本为准。

第六条　本所接到申请材料后，在15个工作日内决定是否批准该申请。决定批准的，将批准文件报中国证监会备案，并通知申请机构。决定不批准的，向申请机构说明理由。

第三章　境外机构B股席位的管理

第七条　境外机构B股席位只限于进行B股交易业务，未经本所许可不得进行其他业务。

第八条　境外机构B股席位不得撤回。经本所同意，可以转让给其他境外机构。

第九条　境外机构B股席位使用者必须指定两名B股业务联络人，负责与本所联系有关事宜。境外机构B股席位出市代表的行为视为该B股席位使用者的行为。

第十条　本所有权依据《深圳、上海证券交易所交易规则》及本规则对境外机构B股席位使用者的交易实施监管。境外机构B股席位使用者必须保存其全部的B股交易记录不少于二十年，本所有权要求其提供报表、帐薄、交易记录及其他有关文件。

第十一条　持有B股席位的境外机构发生以下重大事件，境外机构或其业务联络人应当在事件发生后或做出相关决定后的五个工作日内向本所作书面报告：

1. 公司章程、注册资本或注册地址变更；

2. 公司主要负责人变动；

3. 经当地主管当局换发新的经营证券业务许可证或其他资格证书；

4. 经中国证监会换发新的《经营外资股业务资格证书》或其他资格证书；

5. 发生重大财务危机、破产清算、撤销或合并等事项；

6. 发生严重经营损失；

7. 因违法、违规行为受到主管当局或行业协会处罚；

8. 变更B股业务联络人或B股席位出市代表；

9. 其他重大事项。

第十二条　持有B股席位的境外机构必须于每一会计年度结束后4个月内向本所提交上一年度审计报告。

以上文件，凡是用外文书写的，应当附上相应中文译本，两种文本存在歧义的，以中文译本为准。

第十三条 通过与境内证券经营机构签订 B 股交易代理协议方式已取得 B 股特许经纪编号的境外机构，可凭席位申请书和终止以上代理协议的书面文件到本所办理 B 股席位的申请手续。

第四章 境外机构 B 股席位的费用

第十四条 境外机构 B 股席位的席位费为港元 60 万元，席位管理年费为每年 3 万港元。申请当年的席位管理年费与席位费一并交纳。如果在下半年申请 B 股特别席位的，当年管理年费减半。其后的管理年费于每年 1 月 30 日之前交纳。

第十五条 本所交易大厅内 B 股席位的电话、电传等通讯费用由本所垫付、按季度向该席位使用者收取。

第十六条 境外机构 B 股席位使用者必须按照规定向本所交纳 B 股交易经手费和监管规费。

第五章 争议的解决与仲裁

第十七条 本所与境外机构 B 股席位使用者之间的争议适用中国法律。

第十八条 本所与境外机构 B 股席位使用者之间的争议双方应当协商解决；协商不成的，应当提交中国国际经济贸易仲裁委员会仲裁。

第六章 罚 则

第十九条 境外机构 B 股席位使用者违反本规则的，本所责令其改正，并视其情节轻重，单处或并处以下处罚：

1. 罚款；
2. 公开批评；
3. 警告；
4. 限制交易；
5. 暂停使用 B 股席位，暂停使用席位期间，该席位不得转让；
6. 终止席位。

对以上处罚有异议的，可自接到处罚决定通知之日起 15 天内向本所理事会申请复议，复议期间该处罚不停止执行。

第七章 附 则

第二十条 本规则由本所负责解释。

第二十一条 本规则自发布之日起施行，本所 1993 年 8 月 12 日发布的《深圳证券交易所 B 股特别席位管理规则》同时废止。

深圳证券交易所

2002 年 6 月 19 日

中国证监会、司法部关于取消律师及律师事务所从事证券法律业务资格审批的通告

根据《国务院关于取消第一批行政审批项目的决定》（国发［2002］24 号）的要求，现就取消律师及律师事务所从事证券法律业务资格审批的有关事宜通告如下：

一、自 2002 年 11 月 1 日国务院决定发布之日起，下列行政审批项目予以取消：律师事务所从事证券法律业务资格审批、律师从事证券法律业务资格审批、外国律师事务所协助中国企业到境外发行股票和股票上市交易备案。律师及律师事务所从事证券法律业务不再受资格的限制。1993 年 1 月 12 日发布的《中华人民共和国司法部、中国证券监督管理委员会关于印发 < 司法部、中国证券监督管理委员会关于从事证券法律业务律师及律师事务所资格确认的暂行规定 > 的通知》（司发通［1993］008 号）同时废止。

二、司法部及各省、自治区、直辖市司法厅（局）与中国证监会不再受理律师及律师事务所递交的从事证券法律业务资格申请以及外国律师事务所协助中国企业到境外发行股票和股票上市交易备案申报；已经受理的申请和申报，司法部、中国证监会不再审批。

三、有关行政审批项目取消后，中国证监会与司法部将通过制定管理规范和标准，完善监管手段，加大事中检查、事后稽查处罚力度等措施，进一步加强对律师及律师事务所从事证券法律业务活动的监督和管理。

中国证券监督管理委员会、中华人民共和国司法部

二〇〇二年十二月二十三日

中国证券监督管理委员会关于第一批取消行政审批项目(32 项)的通告

根据《国务院关于取消第一批行政审批项目的决定》(国发[2002]24 号)的要求,现就我会第一批取消行政审批项目(32 项)的有关事宜通告如下:

一、自 2002 年 11 月 1 日国务院决定发布之日起,中国证监会取消第一批行政审批项目(32 项,具体项目名称及设定依据见附件)。

二、中国证监会及其派出机构不再受理当事人依据被取消行政审批项目提起的有关申请;已经受理的,不再审批。

三、与被取消行政审批项目有关的工作衔接及后续管理方式,中国证监会将专门发布通知。本通告附件所列第 29 项、第 30 项、第 31 项行政审批项目取消后的相关事宜,中国证监会与司法部商定后另行通告。

四、中国证监会目前正在着手清理与被取消的第一批行政审批项目(32 项)有关的部门规章和规范性文件,清理的结果将对外予以公布。

五、第一批行政审批项目取消后,中国证监会将根据审慎监管的原则,通过制定管理规范和标准,完善监管手段,加大事中检查、事后稽查处罚力度等措施,进一步加强对投资者的保护和有关业务活动的监督和管理。

附件:中国证监会第一批取消行政审批项目目录(32 项)

中国证券监督管理委员会

二〇〇二年十二月二十一日

附件

中国证监会第一批取消行政审批项目目录(32 项)

序号	项目名称	设定依据
1	证券公司申请新设服务部初审	《中国证券监督管理委员会关于证券公司申请设立证券服务部有关问题的通知》(证监机构字[2000]264 号)
2	证券公司分支机构开业核准	《中国证券监督管理委员会关于进一步明确派出机构业务工作职责的通知》(证监发[2000]73 号)
3	外国证券机构驻华代表处设立初审	《中国证券监督管理委员会关于发布 < 外国证券类机构驻华代表机构管理办法 > 的通知》(证监机构字[1999]26 号)
4	外国证券机构驻华代表处首席代表、总代表初审	《中国证券监督管理委员会关于发布 < 外国证券类机构驻华代表机构管理办法 > 的通知》(证监机构字[1999]26 号)
5	外国证券机构驻华代表处展期核准	《中国证券监督管理委员会关于发布 < 外国证券类机构驻华代表机构管理办法 > 的通知》(证监机构字[1999]26 号)
6	境内证券公司的外资股业务资格证书核准	《中国证券监督管理委员会关于发布 < 境内及境外证券经营机构从事外资股业务资格管理暂行规定 > 的通知》(证监[1996]5 号)
7	境内证券公司的外资股业务资格初审	《中国证券监督管理委员会关于发布 < 境内及境外证券经营机构从事外资股业务资格管理暂行规定 > 的通知》(证监[1996]5 号);《中国证券监督管理委员会关于做好证券经营机构外资股业务资格管理工作的通知》(证监机构字[1999]39 号)
8	境内证券公司的外资股业务资格展期核准	《中国证券监督管理委员会关于发布 < 境内及境外证券经营机构从事外资股业务资格管理暂行规定 > 的通知》(证监[1996]5 号)
9	境内证券公司的外资股业务资格展期初审	《中国证券监督管理委员会关于发布 < 境内及境外证券经营机构从事外资股业务资格管理暂行规定 > 的通知》(证监[1996]5 号);《中国证券监督管理委员会关于做好证券经营机构外资股业务资格管理工作的通知》(证监机构字[1999]39 号)
10	境外证券公司的外资股业务资格展期审批	《中国证券监督管理委员会关于发布 < 境内及境外证券经营机构从事外资股业务资格管理暂行规定 > 的通知》(证监[1996]5 号)
11	证券公司股票承销业务资格证书核准	《国务院证券委员会关于发布 < 证券经营机构股票承销业务管理办法 > 的通知》(证委发[1996]18 号)
12	证券公司股票承销业务资格初审	《中国证券监督管理委员会关于进一步明确派出机构业务工作职责的通知》(证监发[2000]73 号);《中国证券监督管理委员会关于加强证券经营机构股票承销业务监管工作的通知》(证监机构字[1999]54 号)
13	证券公司自营业务资格证书核准	《中国证券监督管理委员会关于发布 < 证券经营机构证券自营业务管理办法 > 的通知》(证监[1996]6 号)
14	证券公司股票主承销业务资格初审	《中国证券监督管理委员会关于加强证券经营机构股票承销业务监管工作的通知》(证监机构字[1999]54 号)
15	证券公司主承销业务资格展期核准	《国务院证券委员会关于发布 < 证券经营机构股票承销业务管理办法 > 的通知》(证委发[1996]18 号)
16	证券公司证券投资咨询业务资格核准	《国务院证券委员会关于发布 < 证券、期货投资咨询管理暂行办法 > 的通知》(证委发[1997]96 号)
17	证券公司营业部转让、互换初审	《中国证券监督管理委员会关于证券营业部审批工作有关问题的通知》(证监机构字[1999]13 号)
18	证券公司承销企业债券核准	《中国证券监督管理委员会关于加强证券公司承销企业债券业务监管工作的通知》(证监机构字[2000]85 号)
19	证券公司承销企业债券初审	《中国证券监督管理委员会关于加强证券公司承销企业债券业务监管工作的通知》(证监机构字[2000]85 号)
20	证券投资咨询机构设立审批	《中国证券监督管理委员会关于证券投资咨询机构申请咨询从业资格及证券投资咨询人员申请咨询执业资格的通知》(证监机构字[1999]68 号)
21	证券投资咨询机构迁址审批	《中国证券监督管理委员会关于加强证券投资咨询机构变更与咨询人员流动管理的通知》(证监机构字[2000]86 号)
22	证券投资咨询机构设立初审	《中国证券监督管理委员会关于证券投资咨询机构申请咨询从业资格及证券投资咨询人员申请咨询执业资格的通知》(证监机构字[1999]68 号)
23	证券投资咨询机构迁址初审	《中国证券监督管理委员会关于加强证券投资咨询机构变更与咨询人员流动管理的通知》(证监机构字[2000]86 号)
24	专业证券投资咨询机构名称、营业场所变更审批	《中国证券监督管理委员会关于加强证券投资咨询机构变更与咨询人员流动管理的通知》(证监机构字[2000]86 号)
25	专业证券投资咨询机构注册资本、出资人、出资比例变更审批	《中国证券监督管理委员会关于加强证券投资咨询机构变更与咨询人员流动管理的通知》(证监机构字[2000]86 号)
26	专业证券投资咨询机构业务范围、业务内容、业务方式变更审批	《中国证券监督管理委员会关于加强证券投资咨询机构变更与咨询人员流动管理的通知》(证监机构字[2000]86 号)
27	境外中资证券类机构外派人员审批	《国务院批转对外经济贸易部、中国人民银行、国务院港澳办公室关于在港澳地区设立机构审批办法的通知》(国发[1992]62 号);《中国证券监督管理委员会关于境外中资证券类机构监管工作有关问题的通知》(证监机字[1998]19 号)
28	证券公司高级管理人员任职资格初审	《中国证券监督管理委员会关于发布 < 证券经营机构高级管理人员任职资格管理暂行办法 > 的通知》(证监机字[1998]46 号)
29	律师事务所从事证券法律业务资格审批	《中华人民共和国司法部、中国证券监督管理委员会关于印发 < 司法部、中国证券监督管理委员会关于从事证券法律业务律师及律师事务所资格确认的暂行规定 > 的通知》(司发通[1993]008 号)
30	律师从事证券法律业务资格审批	《中华人民共和国司法部、中国证券监督管理委员会关于印发 < 司法部、中国证券监督管理委员会关于从事证券法律业务律师及律师事务所资格确认的暂行规定 > 的通知》(司发通[1993]008 号)
31	外国律师事务所协助中国企业到境外发行股票和股票上市交易备案	《中华人民共和国司法部、中国证券监督管理委员会关于印发 < 司法部、中国证券监督管理委员会关于从事证券法律业务律师及律师事务所资格确认的暂行规定 > 的通知》(司发通[1993]008 号)
32	证券从业律师事务所从事涉及境内权益的境外公司在境外发行股票及上市业务资格审批	《中国证券监督管理委员会法律部关于证券从业律师事务所从事涉及境内权益的境外公司相关业务资格认可有关问题的通告》

关于贯彻落实《国务院关于取消第一批行政审批项目的决定》有关问题的通知

证监发[2002]93 号

各证券监管办公室、办事处、特派员办事处，上海、深圳证券交易所，中国证券登记结算公司，中国证券业协会：

2002 年 11 月 1 日，国务院发布了《国务院关于取消第一批行政审批项目的决定》(国发[2002]24 号，以下简称《决定》)。为贯彻落实《决定》的精神，做好有关证券机构审核事项取消后的后续管理和衔接工作，现就有关事项通知如下：

一、对于《决定》中取消的与证券机构有关的审批项目(见附件)，自《决定》发布之日起，证监会及派出机构不再办理；已经受理的，不再审批。

二、有关证券机构审批事项取消后的后续管理，请按附件《取消的证券机构审核事项及后续管理方式》执行。

三、《决定》中与证券机构有关的行政审批项目被取消后，有关的部门规章和规范性文件目前正在清理之中，清理的结果将另行公告。

四、请根据《决定》及本通知的有关要求，研究并及时处理审批事项取消后可能出现的情况和问题，认真做好有关后续监管和衔接工作，防止出现管理脱节。如遇到重大问题，请及时与会机构部联系。

附：取消的证券机构审核事项及后续管理方式

中国证券监督管理委员会

二〇〇二年十二月二十三日

取消的证券机构审核事项及后续管理方式

序号	取消的审核项目名称	取消后的管理方式
1	证券公司申请新设服务部初审	由证券公司直接向中国证监会机构部提交申请文件，同时抄报拟设服务部所在地中国证监会的派出机构。派出机构应自收到证券公司抄报的申请文件之日起十五个工作日内将对申请事项及申请文件的意见书面报告中国证监会机构部，十五个工作日内未提出书面意见的，视为无异议。中国证监会就有关申请事项直接对提出申请的证券公司发文，同时抄送证券公司住所地和拟设服务部所在地派出机构及其他有关部门。 证券服务部负责人的任职资格由所在地派出机构审核，中国证监会不再核准。
2	证券公司分支机构开业核准	证券公司分支机构(包括分公司、证券营业部、证券服务部等)在规定期限内完成筹建工作后，由所在地中国证监会派出机构按照有关规定对其进行开业验收后，由该派出机构或有关证券公司派人持验收合格文件到中国证监会机构部领取《证券经营机构营业许可证》。
3	外国证券机构驻华代表处设立初审	由外国证券机构直接向中国证监会提交申请文件，同时抄报拟设驻华代表处所在地中国证监会的派出机构。拟设驻华代表处所在地派出机构应自收到外国证券机构抄报的申请文件之日起十个工作日内将对申请事项及申请文件的意见书面报告中国证监会，十个工作日内未提出书面意见的，视为无异议。中国证监会就有关申请事项直接对提出申请的外国证券机构发文，同时抄送拟设驻华代表处所在地派出机构。
4	外国证券机构驻华代表处首席代表、总代表初审	由外国证券机构直接向中国证监会提交申请文件，同时抄报驻华代表处所在地中国证监会的派出机构。驻华代表处所在地派出机构应自收到外国证券机构抄报的申请文件之日起十个工作日内将对申请事项及申请文件的意见书面报告中国证监会，十个工作日内未提出书面意见的，视为无异议。中国证监会就有关申请事项直接对提出申请的外国证券机构发文，同时抄送驻华代表处所在地派出机构。
5	外国证券机构驻华代表处展期核准	今后中国证监会批准设立外国证券机构驻华代表处时不再规定有效期，原批文中有关有效期的规定不再有效。
6	境内证券公司的外资股业务资格证书核准	所有境内证券公司均可从事境内上市外资股(下简称 B 股)经纪业务，该项业务不再规定有限期。同时，不再颁发单项 B 股经纪业务资格许可证。所有经中国证监会核准的综合类证券公司及比照综合类管理的证券公司均可从事 B 股承销业务，其中，具有主承销资格的证券公司均可从事 B 股的主承销业务。该项业务不再规定有限期。同时，不再颁发单项 B 股承销(主承销)业务资格许可证。原有《经营证券业务许可证》无此业务类型的证券公司可以自行到我会换领新的《经营证券业务许可证》，并持《经营证券业务许可证》到工商行政管理部门，上海、深圳证券交易所，中国证券登记结算公司等部门办理有关事宜。国家外汇管理局等有关部门另有规定的，从其规定。
7	境内证券公司的外资股业务资格初审	取消，具体衔接办法见第 6 项。
8	境内证券公司的外资股业务资格展期核准	取消，具体衔接办法见第 6 项。
9	境内证券公司的外资股业务资格展期初审	取消，具体衔接办法见第 6 项。
10	境外证券公司的外资股业务资格展期审批	今后中国证监会在核准境外证券公司外资股业务资格时不再设定有效期，原批文及许可证中有关有效期的规定不再有效。
11	证券公司股票承销业务资格证书核准	经中国证监会核准的所有综合类证券公司及比照综合类管理的证券公司均可从事此项业务。该项业务不再规定有效期，同时不再颁发单项 A 股承销业务资格许可证。
12	证券公司股票承销业务资格初审	取消，具体衔接办法见第 11 项。
13	证券公司自营业务资格证书核准	经中国证监会核准的所有综合类证券公司及比照综合类管理的证券公司均可从事此项业务。
14	证券公司股票主承销业务资格初审	由证券公司直接向中国证监会提交申请文件，同时抄报住所地中国证监会的派出机构。证券公司住所地派出机构应自收到证券公司抄报的申请文件之日起十个工作日内将对申请事项及申请文件的意见书面报告中国证监会，十个工作日内未提出书面意见的，视为无异议。中国证监会就有关申请事项直接对提出申请的证券公司发文，同时抄送证券公司住所地派出机构。
15	证券公司主承销业务资格展期核准	今后中国证监会在授予证券公司从事主承销业务资格时不再规定有效期，原批文及许可证中有关有效期的规定不再有效。
16	证券公司证券投资咨询业务资格核准	经中国证监会核准的所有综合类证券公司及比照综合类管理的证券公司均可从事此项业务。不再颁发单项业务资格许可证书。原《经营证券业务许可证》中无此业务类型的证券公司可到我会换领新的《经营证券业务许可证》。
17	证券公司营业部转让、互换初审	由受让方证券公司直接向中国证监会提交申请文件，同时抄报住所地和有关证券营业部所在地中国证监会的派出机构。派出机构应自收到证券公司抄报的申请文件之日起十个工作日内将对申请事项及申请文件的意见书面报告中国证监会，十个工作日内未提出书面意见的，视为无异议。中国证监会就有关申请事项直接对提出申请的证券公司发文，同时抄送有关派出机构及其他有关部门。

序号	取消的审核项目名称	取消后的管理方式
18	证券公司承销企业债券核准	经中国证监会核准的所有综合类证券公司及比照综合类管理的证券公司均可从事此项业务；其中，具有主承销资格的证券公司均可从事企业债券的主承销业务。
19	证券公司承销企业债券初审	取消，具体衔接办法见第18项。
20	证券投资咨询机构设立审批	今后中国证监会不再受理此类事项的申请，仅核准有关机构的证券投资咨询业务资格，并颁发《证券投资咨询业务资格许可证》。拟申请证券投资咨询业务资格的机构，其从业人员须先取得中国证券业协会颁发的证券投资咨询执业资格证书。
21	证券投资咨询机构迁址审批	今后中国证监会不再受理此类事项的申请，证券投资咨询机构凭变更后的《工商营业执照》到中国证监会换领新的《证券投资咨询业务资格许可证》。
22	证券投资咨询机构设立初审	取消，具体衔接办法见第20项。
23	证券投资咨询机构迁址初审	取消，具体衔接办法见第21项。
24	专业证券投资咨询机构名称、营业场所变更审批	今后中国证监会不再受理此类事项的申请，证券投资咨询机构凭变更后的《工商营业执照》到中国证监会换领新的《证券投资咨询业务资格许可证》。
25	专业证券投资咨询机构注册资本、出资人、出资比例变更审批	今后中国证监会不再受理此类事项的申请，证券投资咨询机构凭变更后的《工商营业执照》到中国证监会换领新的《证券投资咨询业务资格许可证》。
26	专业证券投资咨询机构业务范围、业务内容、业务方式变更审批	今后中国证监会不再受理此类事项的申请。
27	境外中资证券类机构外派人员审批	今后中国证监会不再受理此类事项的申请。
28	证券公司高级管理人员任职资格初审	由派出机构将《关于加强证券公司高级管理人员任职资格审核工作的通知》（证监机构字[2002]312号）转发至各证券公司。证券公司应严格按照规定准备申请文件，并直接向中国证监会提交申请文件，同时抄报住所地中国证监会派出机构。派出机构应自收到证券公司抄报的申请文件之日起十五个工作日内将对申请事项及申请文件的意见书面报告中国证监会，十五个工作日内未提出书面意见的，视为无异议。由中国证监会机构部或公司住所地派出机构对证券公司拟任高级管理人员进行任职资格谈话，并对谈话对象做出谈话评定（谈话地点为中国证监会或有关派出机构所在地）。中国证监会就有关申请事项直接对提出申请的证券公司发文，同时抄送证券公司住所地派出机构。

关于修订《公开发行证券的公司信息披露内容与格式准则第2号<年度报告的内容与格式>》的通知

各上市公司：

为进一步提高上市公司信息披露质量，现对《公开发行证券的公司信息披露内容与格式准则第2号 < 年度报告的内容与格式 >》（以下简称《年报准则》，2001年修订稿）修订如下：

一、年度报告摘要的披露格式变更为表格形式，并据此制订《年度报告摘要披露格式》，作为《年报准则》（2002年修订）附件二。

二、对《年报准则》（2001年修订稿）的相关条款修订如下：

（一）第七条"公司年度报告的全文应按本准则第二章的要求编制，年度报告摘要按本准则第三章要求编制。"改为："公司年度报告的全文应按本准则第二章的要求编制，年度报告摘要的编制和披露应遵循本准则第三章的要求，并按照附件二的格式进行。"

（二）第十七条、第五十五条重要提示中增加："公司负责人、主管会计工作负责人及会计机构负责人（会计主管人员）应当声明：保证年度报告中财务报告的真实、完整。"

（三）第二十五条（二）款"如前10名股东之间存在关联关系，应予以说明"，改为"如前10名股东之间存在关联关系或属于《上市公司股东持股变动信息披露管理办法》规定的一致行动人的，应予以说明"。

第二十五条（三）款"对公司控股股东（包括公司第一大股东，或者按照股权比例、公司章程或经营协议或其他法律安排能够控制公司董事会组成、左右公司重大决策的股东），若控股股东为法人的，应介绍股东单位的法定代表人、成立日期、主要业务和产品、注册资本、股权结构等；若控股股东为自然人的，应介绍其姓名、性别、年龄、主要经历及现任职务。如报告期内控股股东发生变更，应列明披露相关信息的指定报纸及日期。公司还应比照上述内容，披露该股东的控股股东或实际控制人的情况。"改为："对公司控股股东（包括公司第一大股东，或者按照股权比例、公司章程或经营协议或其他法律安排能够控制公司董事会组成、左右公司重大决策的股东），若控股股东为法人的，应当介绍名称、单位负责人或法人代表、成立日期、注册资本、主要经营业务或管理活动等；若控股股东为自然人，应介绍其姓名、国籍、是否取得其他国家或地区居留权、最近五年内的职业、职务。如报告期内控股股东发生变更，应列明披露相关信息的指定报纸及日期。公司还应比照上述内容，披露该股东的控股股东或实际控制人的情况。"

（四）第三十三条之前增加一条："公司董事会报告中应当对财务报告与其他必要的统计数据以及报告期内发生或将要发生的重大事项，进行讨论与分析，以有助于投资者了解其经营成果、财务状况（含现金流量情况）。

讨论与分析不能只重复财务报告的内容，应着重于其已知的、可能导致财务报告难以显示公司未来经营成果与财务状况的重大事项和不确定性因素，包括已对报告期产生重要影响但对未来没有影响的事项，以及未对报告期产生影响但对未来具有重要影响的事项等。"

第六十六条之前增加一条："公司董事会应在其报告中，按照第三十三条的要求对公司报告期内整体经营情况进行讨论与分析。"

（五）第三十三条和六十六条中"如报告期内主营业务或其结

构、较前一报告期发生较大变化的应予以说明”，改为“如报告期内主营业务或其结构、主营业务盈利能力较前一报告期发生较大变化的应予以说明。”

（六）第三十八条、第七十一条“公司董事会应披露新年度的经营计划”，改为：“公司董事会可以披露新年度经营计划。”

（七）第四十八条“公司应披露聘任、解聘会计师事务所情况。并披露报告年度支付给聘任会计师事务所的报酬情况。”改为“公司应披露聘任、解聘会计师事务所情况，报告年度支付给聘任会计师事务所的报酬情况，及目前的审计机构已为公司提供审计服务的连续年限（年限从审计机构与公司首次签订审计业务约定书日开始计算）。”

（八）第五十六条“（一）公司的法定中、英文名称及缩写。（二）公司法定代表人。（五）公司选定的信息披露报纸名称，登载年度报告的中国证监会指定网站的网址，公司年度报告备置地点。”删除

（九）第五十七条“公司应披露本年度实现的利润总额、净利润、扣除非经常性损益的净利润、主营业务利润、其他业务利润、营业利润、投资收益、补贴收入、营业外收支净额、经营活动产生的现金流量净额、现金及现金等价物净增加额。”改为“公司应披露本年度实现的利润总额、净利润、扣除非经常性损益的净利润、经营活动产生的现金流量净额。”

（十）第六十二条“公司应按照第二十六条所列内容披露”改为“公司应按照第二十六条（一）（二）所列内容披露。”

（十一）第六十三条“公司应对照中国证监会发布的有关上市公司治理的规范性文件，说明公司治理的实际状况与该文件要求是否存在差异，如有差异，应明确说明”删除。

（十二）第六十四条“公司应介绍独立董事履行职责情况。”移至第七十四条“重要事项”下披露。

（十三）第六十五条“公司应介绍报告期内召开的年度股东大会和临时股东大会的召开时间，通过或否决的重要决议刊登的信息披露报纸及披露日期”删除。

（十四）第七十四条“公司应按照第四十三、四十四、四十五、四十六、四十七、四十八、四十九条所列内容披露”，改为“公司应按照第二十九条、第四十四条、第四十五条、第四十六条、第四十七（二）（三）条及第四十八条所列内容披露。

上述修订完成后，《年报准则》（2001年修订稿）中相关条目编号发生变化，在《年报准则》（2002年修订）中已做相应调整。

附：

《公开发行证券的公司信息披露内容与格式准则第2号<年度报告的内容与格式>》（2002年修订）

中国证券监督管理委员会

二〇〇三年一月六日

公开发行证券的公司信息披露内容与格式准则 第2号《年度报告的内容与格式》

（2002年修订）

第一章 总 则

第一条 为规范上市公司年度报告的编制及信息披露行为，保护投资者合法权益，根据《中华人民共和国公司法》（以下简称“《公司法》”）、《中华人民共和国证券法》（以下简称“《证券法》”）等法律、法规及中国证券监督管理委员会（以下简称“中国证监会”）的有关规定，制订本准则。

第二条 凡根据《公司法》、《证券法》在中华人民共和国境内公开发行股票并在证券交易所上市的股份有限公司（以下简称“公司”）应当按照本准则的要求编制和披露年度报告。

第三条 本准则的规定是对公司年度报告信息披露的最低要求。凡对投资者投资决策有重大影响的信息，不论本准则是否有明确规定，公司均应披露。

第四条 本准则某些具体要求对公司确实不适用的，经证券交易所批准后，公司可根据实际情况在不影响披露内容完整性的前提下做出适当修改。

第五条 由于商业秘密等特殊原因导致本准则规定的某些信息确实不便披露的，公司可向证券交易所申请豁免，经证券交易所批准后，可以不予披露。

第六条 在不影响信息披露完整性和不致引起阅读不便的前提下，公司可采取相互引征的方法，对相关部分进行适当的技术处理，以避免不必要的重复和保持文字简洁。

第七条 公司年度报告的全文应按本准则第二章的要求编制，年度报告摘要的编制和披露应遵循本准则第三章的要求，并按照附件二的格式进行。

第八条 同时在境内和境外证券市场上市的公司，若境外证券市场对年度报告的编制和披露要求与本准则不同，应遵循报告内容从多不从少，报告要求从严不从宽的原则，并应当在同一日

公布年度报告。

已发行境内上市外资股及其衍生证券并在证券交易所上市的公司，应当同时编制年度报告的外文译本。

第九条 公司年度报告中的财务会计报告必须经具有证券期货相关业务资格的会计师事务所审计，审计报告须由该所至少两名具有证券期货相关业务资格的注册会计师签字。已发行境内上市外资股及其衍生证券并在证券交易所上市的公司，还应进行境外审计(指会计师依据国际审计准则或境外主要募集行为发生地审计准则，对公司按照国际会计准则或境外主要募集行为发生地会计准则调整的财务会计报告进行审计)。

第十条 公司在编制年度报告时还应遵循如下一般要求：

(一)年度报告中引用的数字应当采用阿拉伯数字，有关货币金额除特别说明外，指人民币金额，并以元、千元、或百万元为单位。登载于网站的年度报告财务数据应精确到人民币元。

(二)公司可根据有关规定或其他需求，编制年度报告外文译本，但应努力保证中外文文本的一致性，并在外文文本上注明："本报告分别以中、英(或日、法等)文编制，在对中外文本的理解上发行歧义时，以中文文本为准。"

(三)年度报告印刷文本应采用质地良好的纸张印刷，幅面为209X295毫米(相当于标准的A4纸规格)。年度报告封面应载明公司的名称、"年度报告"的字样、报告期年份，也可以载有公司的外文名称、徽章或其他标记、图案等。年度报告的目录应编排在显著位置。

(四)年度报告可以刊载宣传本公司的照片和图表，但不得刊登任何祝贺性、恭维性或推荐性的词句或题字，不得含有欺诈和误导的行为。

第十一条 公司应当在每个会计年度结束之日起四个月内将年度报告刊登在中国证监会指定的网站上，将年度报告摘要刊登在至少一种中国证监会指定报纸上。在指定报纸上刊登的年度报告摘要最小字号为标准6号字，最小行距为0.02。

公司可以将年度报告刊登在其他网站和其他报刊上，但不得早于在中国证监会指定的网站和报刊上披露的时间。

第十二条 在年度报告披露前，任何当事人不得泄露与其有关的信息，或利用这些信息谋取不正当利益。

第十三条 公司应当在年度报告公布后，将年度报告原件或有法律效力的复印件备置于公司办公地点、证券交易所，以供股东和投资者查阅

第十四条 公司应在年度报告公布后，会计年度结束之日起四个月内，将年度报告各两份分别报送公司所在地的证券监管派出机构和证券交易所。并应在会计年度结束之日起六个月内，将年度报告印刷文本两份报送中国证监会。

第十五条 公司董事会及其董事应当保证年度报告内容的真实性、准确性、完整性，承诺其中不存在虚假记载、误导性陈述或重大遗漏，并就其保证承担个别和连带的法律责任。如个别董事对年度报告内容的真实性、准确性、完整性无法保证或存在异议的，应当单独陈述理由和发表意见。未参会董事应当单独列示其姓名。

第十六条 特殊行业公司，除执行本准则规定外，还应执行中国证监会就该行业信息披露制定的特别规定。

第二章　年度报告正文

第一节　重要提示及目录

第十七条 公司应在年度报告文本扉页刊登如下(不限于)重要提示：

本公司董事会及其董事保证本报告所载资料不存在任何虚假记载、误导性陈述或者重大遗漏，并对其内容的真实性、准确性和完整性承担个别及连带责任。

如个别董事对年度报告内容的真实性、准确性、完整性无法保证或存在异议的，应当声明：××董事无法保证本报告内容的真实性、准确性和完整性，理由是：……，请投资者特别关注。如有董事未出席董事会，应当单独列示其姓名。

如果执行审计的会计师事务所对公司出具了有解释性说明、保留意见、拒绝表示意见或否定意见的审计报告，重要提示中应增加以下陈述：

××会计师事务所为本公司出具了有解释性说明(或保留意见、拒绝表示意见、否定意见)的审计报告，本公司董事会、监事会对相关事项亦有详细说明，请投资者注意阅读。

公司负责人、主管会计工作负责人及会计机构负责人(会计主管人员)应当声明：保证年度报告中财务报告的真实、完整。

第十八条 年度报告目录应标明各章、节的标题及其对应的页码。

第二节　公司基本情况简介

第十九条 公司应披露如下内容：

(一)公司的法定中、英文名称及缩写。

(二)公司法定代表人。

(三)公司董事会秘书及其证券事务代表的姓名、联系地址、电话、传真、电子信箱。

(四)公司注册地址，公司办公地址及其邮政编码，公司国际互联网网址、电子信箱。

(五)公司选定的信息披露报纸名称，登载年度报告的中国证监会指定网站的网址，公司年度报告备置地点。

(六)公司股票上市交易所、股票简称和股票代码。

(七)其他有关资料：

公司首次注册或变更注册登记日期、地点；

企业法人营业执照注册号；

税务登记号码；

公司聘请的会计师事务所名称、办公地址。

第三节　会计数据和业务数据摘要

第二十条　公司应披露本年度实现的利润总额、净利润、扣除非经常性损益后的净利润、主营业务利润、其他业务利润、营业利润、投资收益、补贴收入、营业外收支净额、经营活动产生的现金流量净额、现金及现金等价物净增减额。

已发行人民币普通股(指 A 股)，又发行境内上市外资股或境外上市外资股的公司，应披露按不同会计准则、制度计算的净利润并说明其差异。

公司在披露“扣除非经常性损益后的净利润”时，还应同时说明扣除的项目、涉及金额。

第二十一条　公司应采用数据列表方式(可以附有图形表)，提供截至报告期末公司前三年的主要会计数据和财务指标，包括以下各项：主营业务收入、净利润、总资产、股东权益(不含少数股东权益)、每股收益、每股净资产、调整后的每股净资产、每股经营活动产生的现金流量净额、净资产收益率等。计算公式(不须披露)如下：

每股收益 = 净利润/年度末普通股股份总数

每股净资产 = 年度末股东权益/年度末普通股股份总数

调整后的每股净资产 = (年度末股东权益 - 三年以上的应收款项净额 - 待摊费用 - 长期待摊费用)/年度末普通股股份总数

每股经营活动产生的现金流量净额 = 经营活动产生的现金流量净额/年度末普通股股份总数

净资产收益率 = 净利润/年度末股东权益 × 100%

上述公式中的应收款项包括应收帐款、其他应收款、预付帐款、应收股利、应收利息、应收补贴款。

第二十二条　公司主要会计数据和财务指标的计算和披露应遵循如下要求：

(一)因会计政策及会计差错更正追溯调整以前年度会计数据的，应同时披露调整前后的数据。

(二)应按照《公开发行证券的公司信息披露规范问答第 1 号 - 非经常性损益》的要求，确定和计算非经常性损益。

(三)除按照第二十一条所列公式披露净资产收益率指标外，还应同时披露以报告期扣除非经常性损益后净利润为基础计算的加权平均净资产收益率。该指标的计算方法参照《公开发行证券的公司信息披露编报规则第九号》的规定。

(四)报告期末至报告披露日，公司股本发生变化的，还应披露按新股本计算的每股收益。

(五)编制合并财务报表的公司应以合并财务报表数据填列或计算以上数据和指标。

(六)如公司成立未满三年，应披露公司成立后完整会计年度的上述会计数据和财务指标。

(七)公司也可以采用数据列表方式或图形表方式，提供与上述会计数据相同期间的其它业务数据和指标，例如，产品销售量、市场份额(需注明资料来源)等。

(八)数据的排列应该从左到右，左边起是报告期的数据。

第二十三条　公司应按下表列示报告期内股东权益变动情况，并逐项说明变化原因。

项目　股本　资本公积　盈余公积　法定公益金　未分配利润　股东权益　合计

期初数

本期增加

本期减少

期末数

变动原因

第四节　股本变动及股东情况

第二十四条　公司应按以下要求披露股本变动情况：

(一)股份变动情况表(依照附件一的格式进行披露)

(二)股票发行与上市情况

1、介绍到报告期末为止的前三年历次股票发行情况，包括股票及衍生证券的种类、发行日期、发行价格、发行数量、上市日期、获准上市交易数量、交易终止日期等。

2、对报告期内因送股、转增股本、配股、增发新股、吸收合并、可转换公司债券转股、减资、内部职工股或公司职工股上市或其他原因引起公司股份总数及结构的变动，应予以说明。

3、介绍现存的内部职工股的发行日期、发行价格、发行数量等。

第二十五条　公司按以下要求披露股东情况：

(一)报告期末股东总数。

(二)持有本公司 5% 以上(含 5%)股份的股东的名称、年度内股份增减变动的情况、年末持股数量、所持股份类别及所持股份质押或冻结的情况。若持股 5% 以上(含 5%)的股东少于 10 人，则应列出至少前 10 名股东的持股情况。如所持股份中包括已上市流通股份和未上市流通股份，应分别披露其数额。

如前 10 名股东之间存在关联关系或属于《上市公司股东持股变动信息披露管理办法》规定的一致行动人的，应予以说明。

如果有战略投资者或一般法人因配售新股成为前 10 名股东的，应予以注明，并披露约定持股期间的起止日期。

以上列出的股东情况中应注明代表国家持有股份的单位，外资股东。

（三）对公司控股股东（包括公司第一大股东，或者按照股权比例、公司章程或经营协议或其他法律安排能够控制公司董事会组成、左右公司重大决策的股东），若控股股东为法人的，应介绍名称、单位负责人或法人代表、成立日期、注册资本、主要经营业务或管理活动等；若控股股东为自然人的，应介绍其姓名、国籍、是否取得其他国家或地区居留权、最近五年内的职业及职务。如报告期内控股股东发生变更，应列明披露相关信息的指定报纸及日期。

公司还应比照上述内容，披露该股东的控股股东或实际控制人的情况。

（四）其他持股在10%以上（含10%）的法人股东，应介绍其法人代表、成立日期、主要经营业务或管理活动、注册资本等情况。

第五节　董事、监事、高级管理人员和员工情况

第二十六条　公司应披露董事、监事和高级管理人员的情况，包括：

（一）基本情况

现任董事、监事、高级管理人员的姓名、性别、年龄、任期起止日期、年初和年末持股数量、年度内股份增减变动量及增减变动的原因。如为独立董事，需单独注明。董事、监事如在股东单位任职，应说明职务及任职期间。

（二）年度报酬情况

董事、监事和高级管理人员报酬的决策程序、报酬确定依据。现任董事、监事和高级管理人员的年度报酬总额（包括基本工资、各项奖金、福利、补贴、住房津贴及其他津贴等），金额最高的前三名董事的报酬总额、金额最高的前三名高级管理人员的报酬总额。独立董事的津贴及其他待遇应分别单独披露。

公司应按自己的实际情况划分年度报酬数额区间，披露董事、监事、高级管理人员在每个报酬区间的人数。

公司应列明不在公司领取报酬、津贴的董事、监事的姓名，并注明其是否在股东单位或其他关联单位领取报酬、津贴。

（三）在报告期内离任的董事、监事、高级管理人员姓名及离任原因。

聘任或解聘公司经理、副经理、财务负责人、董事会秘书等高级管理人员的情况。

第二十七条　公司应披露员工情况，包括在职员工的数量、专业构成（如生产人员、销售人员、技术人员、财务人员、行政人员）、教育程度及公司需承担费用的离退休职工人数。

第六节　公司治理结构

第二十八条　公司应对照中国证监会发布的有关上市公司治理的规范性文件，说明公司治理的实际状况与该文件要求是否存在差异，如有差异，应明确说明。

第二十九条　公司应介绍独立董事履行职责情况。

第三十条　公司应说明其与控股股东在业务、人员、资产、机构、财务等方面是否做到分开，并说明公司是否具有独立完整的业务及自主经营能力。如做到分开，应明确说明；如不能完全独立于控股股东，应具体说明这种状况对公司产生的影响，并提出改进措施。

第三十一条　公司应披露报告期内对高级管理人员的考评及激励机制、相关奖励制度（如有）的建立、实施情况。

第七节　股东大会情况简介

第三十二条　公司应介绍报告期内召开的年度股东大会和临时股东大会的有关情况，包括：

（一）股东大会的通知、召集、召开情况。

（二）股东大会通过或否决的决议，决议刊登的信息披露报纸及披露日期。

（三）选举、更换公司董事、监事情况。

第八节　董事会报告

第三十三条　公司董事会报告中应当对财务报告与其他必要的统计数据以及报告期内发生或将要发生的重大事项，进行讨论与分析，以有助于投资者了解其经营成果、财务状况（含现金流量情况）。

讨论与分析不能只重复财务报告的内容，应着重于其已知的、可能导致财务报告难以显示公司未来经营成果与财务状况的重大事项和不确定性因素，包括已对报告期产生重要影响但对未来没有影响的事项，以及未对报告期产生影响但对未来具有重要影响的事项等。

第三十四条　公司董事会报告中应介绍报告期内的经营情况，包括：

（一）主营业务的范围及其经营状况。

1、分别按行业、产品、地区说明报告期内公司主营业务收入、主营业务利润的构成情况。

2、介绍生产经营的主要产品或提供服务及其市场占有率情况。应说明占公司主营业务收入或主营业务利润10%以上的业务经营活动及其所属行业。对占主营业务收入或主营业务利润总额10%以上的主要产品，应分项列示其产品销售收入、产品销售成本、毛利率。

3、如报告期内主营业务或其结构、主营业务盈利能力较前一报告期发生较大变化的应予以说明。报告期内产品或服务发生变化，应介绍已推出或宣布推出的新产品及服务，并说明对公司经营及业绩的影响。

（二）主要控股公司及参股公司的经营情况及业绩。应详细介绍主要控股子公司的业务性质、主要产品或服务、注册资本、资产规模、净利润。如来源于单个参股公司的投资收益对公司净利润影响达到10%以上，还应介绍该公司业务性质、主要产品或服务和净利润等情况。

（三）主要供应商、客户情况：介绍公司向前五名供应商合计的采购金额占年度采购总额的比例，前五名客户销售额合计占公司销售总额的比例。

（四）在经营中出现的问题与困难及解决方案

（五）若公司曾公开披露过本年度盈利预测，且实际利润实现数较盈利预测数低10%以上或较利润预测数高20%以上，应详细说明造成差异的原因；若公司曾公开披露过本年度经营计划（如收入、成本费用计划等），且实际发生额较已披露的计划数低10%以上或高20%以上，应说明变动原因。若公司对该计划进行了调整，应说明履行了何种内部决策程序，有关决议刊登的信息披露报纸及日期。

第三十五条　公司董事会报告中应介绍报告期内的投资情况，分析报告期内公司投资额比上年的增减变动数及增减幅度，被投资的公司名称、主要经营活动、占被投资公司权益的比例等。

（一）在报告期内募集资金或报告期之前募集资金的使用延续到报告期内的，公司应就如下几方面对资金的运用和结果加以说明：

1、列表说明募集资金时承诺投资项目、项目进度与实际投资项目、进度的异同（尚未使用的募集资金，应说明资金用途及去向）。

2、实际投资项目没有变更，公司应介绍项目资金的投入情况、项目的进度及预计收益；若项目已产生收益，应说明收益情况；未达到计划进度和收益的，应当解释原因。

3、实际投资项目如有变更，公司应介绍项目变更原因、变更程序及其披露情况，项目资金的投入情况，项目的进度及预计收益；若项目已产生收益，应说明收益情况；未达到计划进度和收益的，应说明原因。同时还需说明原项目的预计收益情况。

（二）对报告期内非募集资金投资的重大项目、项目进度及收益情况进行说明。

第三十六条　公司董事会报告应分析报告期内的财务状况、经营成果，包括（但不限于）报告期内总资产、股东权益、主营业务利润、净利润、现金及现金等价物净增加额等比上年同期或年初数相比发生的重大变化及其原因。如利润构成发生变动，应分析变动原因。

第三十七条　如果生产经营环境以及宏观政策、法规发生了重大变化，已经、正在或将要对公司的财务状况和经营成果产生重要影响，公司董事会报告中须明确说明。

第三十八条　对会计师事务所出具的有解释性说明、保留意见、拒绝表示意见或否定意见的审计报告的，公司董事会报告应就所涉及事项做出说明。

第三十九条　公司董事会报告中可以披露新年度的经营计划，包括（但不限于）收入、费用成本计划，及新年度的经营目标，如销售额的提升、市场份额的扩大、成本升降、研发计划等，为达到上述经营目标拟采取的策略和行动。

公司可以编制新年度的盈利预测，凡公司在年度报告中披露新一年度盈利预测的，该盈利预测必须经过具有从事证券相关业务资格的注册会计师审核并发表意见。

第四十条　公司应披露董事会日常工作情况，包括：

（一）报告期内董事会的会议情况及决议内容。

（二）董事会对股东大会决议的执行情况（包括董事会对股东大会授权事项的执行情况，报告期内公司利润分配方案、公积金转增股本方案执行情况，报告期内配股、增发新股等方案的实施情况）。

第四十一条　公司应披露本次利润分配预案或资本公积金转增股本预案。

第四十二条　公司还应披露其他需要披露的事项，如选定信息披露报纸的变更等。

第九节　监事会报告

第四十三条　公司应披露报告期内监事会的工作情况，包括召开会议的次数，各次会议的议题等。监事会应对下列事项发表独立意见：

（一）公司依法运作情况。公司决策程序是否合法，是否建立完善的内部控制制度，公司董事、经理执行公司职务时有无违反法律、法规、公司章程或损害公司利益的行为。

（二）检查公司财务的情况。监事会应对会计师事务所出具的审计意见及所涉及事项作出评价，明确说明财务报告是否真实反映公司的财务状况和经营成果。

（三）公司最近一次募集资金实际投入项目是否和承诺投入项目一致，实际投资项目如有变更，变更程序是否合法。

（四）公司收购、出售资产交易价格是否合理，有无发现内幕交易，有无损害部分股东的权益或造成公司资产流失。

（五）关联交易是否公平，有无损害上市公司利益。

（六）如果会计师事务所出具了有解释性说明、保留意见、拒绝表示意见或否定意见的审计报告的，或者公司报告期利润实现数较利润预测数低10%以上或较利润预测数高20%以上的，监事会应就董事会对上述事项的说明明确表示意见。

第十节　重要事项

第四十四条　公司应披露重大诉讼、仲裁事项。包括发生在编制本年度中期报告之后的涉及公司的重大诉讼、仲裁事项,应陈述该事项基本情况、涉及金额。已在本年度中期报告中披露,但尚未结案的重大诉讼、仲裁事项,应陈述其进展情况或审理结果及影响。对已经结案的重大诉讼、仲裁事项,还应说明其执行情况。

如报告期内公司无重大诉讼、仲裁事项,应明确陈述"本年度公司无重大诉讼、仲裁事项"。

第四十五条 公司应披露报告期内收购及出售资产、吸收合并事项的简要情况及进程,说明上述事项对公司业务连续性、管理层稳定性的影响,对财务状况和经营成果的影响,说明所涉及的金额及其占利润总额的比例。

第四十六条 公司应披露报告期内发生的重大关联交易事项。若对于某一关联方,报告期内累计关联交易总额高于3000万元或占上市公司最近一期经审计净资产值5%以上或占本年度净利润的10%以上的,须披露详细情况。如果发生的交易属不同类型,应按以下要求分别披露:

(一)购销商品、提供劳务发生的关联交易,至少应披露以下内容:关联交易方、交易内容、定价原则、交易价格、交易金额、占同类交易金额的比例、结算方式及关联交易事项对公司利润的影响。可以获得同类交易市场价格的,应披露市场参考价格,实际交易价格与市场参考价格差异较大的,应说明原因。大额销货退回需披露详细情况。公司还应对关联交易的必要性和持续性作出说明。

(二)资产、股权转让发生的关联交易,至少应披露以下内容:关联交易方、交易内容、定价原则、资产的帐面价值、评估价值、转让价格、结算方式及获得的转让收益,转让价格与帐面价值或评估价值差异较大的,应说明原因。

(三)公司与关联方(包括未纳入合并范围的子公司)存在债权、债务往来、担保等事项的,应披露形成的原因及其对公司的影响。

(四)其他重大关联交易。

第四十七条 公司应披露重大合同及其履行情况。包括(但不限于):

(一)托管、承包、租赁其他公司资产或其他公司托管、承包、租赁上市公司资产的事项,且该事项为上市公司带来的利润达到上市公司当年利润总额的10%以上(含10%)时,应详细披露有关合同的主要内容,如有关资产的情况、涉及的金额和期限、收益及其确定依据等。同时还应披露该收益对上市公司的影响。

(二)重大担保。披露报告期内履行的及尚未履行完毕的担保合同,包括担保金额、担保对象、担保类型(一般担保或连带责任担保)、担保的决策程序等。对于未到期担保合同,如有明显迹象表明有可能承担连带清偿责任,应明确说明。

(三)在报告期内或报告期继续发生委托他人进行现金资产管理事项,公司应披露委托事项的具体情况,包括:受托人名称、委托金额、委托期限、约定收益,以及当年度实际收益或损失和实际收回情况等;公司还应说明该项委托是否经过法定程序,未来是否还有委托理财计划;公司若就该项委托计提投资减值准备的,应披露当年度计提金额。若公司有委托贷款事项,也应比照上述委托行为予以披露。

(四)其他重大合同。

第四十八条 公司或持股5%以上股东如在报告期内或持续到报告期内有承诺事项,公司董事会应说明该承诺事项在报告期内的履行情况。

第四十九条 公司应披露聘任、解聘会计师事务所情况,报告年度支付给聘任会计师事务所的报酬情况,及目前的审计机构已为公司提供审计服务的连续年限(年限从审计机构与公司首次签订审计业务约定书日开始计算)。

第五十条 公司、公司董事会及董事如在报告期内有受中国证监会稽查、中国证监会行政处罚、通报批评、证券交易所公开谴责的情形,应当说明接受稽查及处罚的次数、原因及处罚结论。如中国证监会及其派出机构对公司检查后提出整改意见的,应简单说明整改情况,披露整改报告书的信息披露报纸及日期。

第五十一条 公司还应披露其它在报告期内发生的《证券法》第六十二条、《公开发行股票公司信息披露实施细则》(试行)第十七条所列的重大事件,以及公司董事会判断为重大事件的事项。

如前款所涉重要事项已作为临时报告在指定报纸披露,只须说明信息披露报纸及披露日期。

第十一节 财务报告

第五十二条 公司应披露审计意见全文、经审计财务报表及其附注。

第五十三条 会计报表包括公司报告期末及其前一个年度末的比较式资产负债表、该两年度的比较式利润表及利润分配表、该年度的现金流量表。

编制合并会计报表的公司,除提供合并会计报表之外,还应提供母公司已审计的会计报表以及未予合并的特殊行业子公司的已审计的会计报表。被合并企业的会计报表必须经有从事证券相关业务资格的注册会计师审计。

第五十四条 会计报表附注是财务报告中不可缺少的一个组成部分,它应对比较式报表的两个日期或期间的数据均作出说明。会计报表附注应当按照《企业会计准则》、《企业会计制度》和中国证监会发布的相关规定。

第十二节　备查文件目录

第五十五条　公司应当披露备查文件的目录,包括:

(一)载有法定代表人、主管会计工作负责人(如设置总会计师,须为总会计师)、会计机构负责人(会计主管人员)签名并盖章的会计报表。

(二)载有会计师事务所盖章、注册会计师签名并盖章的审计报告原件。

(三)报告期内在中国证监会指定报纸上公开披露过的所有公司文件的正本及公告的原稿。

(四)在其它证券市场公布的年度报告。

公司应当在办公场所备置上述文件的原件。当中国证监会、证券交易所要求提供时,或股东依据法规或公司章程要求查阅时,公司应及时提供。

第三章　年度报告摘要

第一节　重要提示

第五十六条　公司应在年度报告摘要显要位置刊登如下(不限于)重要提示:

本公司董事会及其董事保证本报告所载资料不存在任何虚假记载、误导性陈述或者重大遗漏,并对其内容的真实性、准确性和完整性负个别及连带责任。本年度报告摘要摘自年度报告全文,投资者欲了解详细内容,应阅读年度报告全文。

如个别董事对年度报告内容的真实性、准确性、完整性无法保证或存在异议的,应当声明:××董事无法保证本报告内容的真实性、准确性和完整性,理由是:……,请投资者特别关注。如有董事未出席董事会,应当单独列示其姓名。

如果执行审计的会计师事务所对公司出具了有解释性说明、保留意见、拒绝表示意见或否定意见的审计报告,重要提示中应增加以下陈述:

××会计师事务所为本公司出具了有解释性说明(或保留意见、拒绝表示意见、否定意见)的审计报告,本公司董事会、监事会对相关事项亦有详细说明,请投资者注意阅读。

公司负责人、主管会计工作负责人及会计机构负责人(会计主管人员)应当声明:保证年度报告中财务会计报告的真实、完整。

第二节　公司基本情况简介

第五十七条　公司应按下表披露基本情况:

(一)公司董事会秘书及其证券事务代表的姓名、联系地址、电话、传真、电子信箱。

(二)公司注册地址,公司办公地址及其邮政编码,公司国际互联网网址、电子信箱。

(三)公司股票上市交易所、股票简称和股票代码。

第三节　会计数据和业务数据摘要

第五十八条　公司应披露本年度实现的利润总额、净利润、扣除非经常性损益的净利润、经营活动产生的现金流量净额。

已发行人民币普通股(指 A 股),又发行境内上市外资股或境外上市外资股的公司,应披露按不同会计准则、制度计算的净利润并说明其差异。

第五十九条　公司应采用列表方式,提供截至报告期末公司前三年的主要会计数据和财务指标,包括以下各项:主营业务收入、净利润、总资产、股东权益(不含少数股东权益)、每股收益、每股净资产、调整后的每股净资产、每股经营活动产生的现金流量净额、净资产收益率等。计算公式同第二十一条所列公式。

第六十条　公司主要会计数据和财务指标的计算和披露应遵循如下要求:

(一)因会计政策及会计差错更正追溯调整以前年度会计数据的,应同时披露调整前后的数据。

(二)应按照《公开发行证券的公司信息披露规范问答第 1 号－非经常性损益》的要求,确定和计算非经常性损益。

(三)除按照第二十一条披露指标外,还应同时披露以报告期扣除非经常性损益后净利润为基础计算的加权平均净资产收益率。该指标计算方法参照《公开发行证券的公司信息披露编报规则第九号》的规定。

(四)报告期末至报告披露日,公司股本发生变化的,还应披露按新股本计算的每股收益。

(五)编制合并财务报表的公司应以合并财务报表数填列或计算以上数据和指标。

(六)如公司成立未满三年,应披露公司成立后完整会计年度的上述会计数据和财务指标。

(七)数据和指标的排列应该从左到右,左边起是报告期的数据。

第四节　股本变动及股东情况

第六十一条　公司应披露股份变动情况表(依照附件一的格式进行披露)

第六十二条　公司应披露股东情况。应按照第二十五条(一)(二)(三)所列内容披露。

第五节　董事、监事和高级管理人员

第六十三条　公司应按照第二十六条(一)(二)所列内容披露。

第六节　董事会报告

第六十四条　公司董事会应在其报告中,按照第三十三条的

要求对公司报告期内整体经营情况进行讨论与分析。

第六十五条 公司董事会报告中应介绍报告期内经营情况，包括：

（一）主营业务的范围及其经营状况。

应当说明占公司主营业务收入或主营业务利润10%以上的业务经营活动及其所属行业。对占主营业务收入或主营业务利润总额10%以上的主要产品，应分项列示其产品销售收入、产品销售成本、毛利率。

如报告期内主营业务及其结构、主营业务盈利能力较前一报告期发生较大变化的，应予以说明。报告期内产品或服务发生变化，应介绍已推出或宣布推出的新产品及服务，并说明对公司经营及业绩的影响。

（二）如来源于单个参股公司的投资收益对公司净利润影响达到10%以上，应介绍该公司业务性质、主要产品或服务和净利润等情况。

（三）主要供应商、客户情况：介绍公司向前五名供应商合计的采购金额占年度采购总额的比例，前五名客户销售额合计占公司销售总额的比例。

（四）若公司曾公开披露过本年度盈利预测，且实际利润实现数较盈利预测数低10%以上或较利润预测数高20%以上，应详细说明造成差异的原因；若公司曾公开披露过本年度经营计划（如收入、成本费用计划等），且实际发生额较已披露的计划数低10%以上或高20%以上，应说明变动原因。若公司对该计划进行了调整，应说明履行了何种内部决策程序，有关决议刊登的信息披露报纸及日期。

第六十六条 公司董事会报告中应介绍报告期内投资情况。

应按照第三十五条所列内容披露。

第六十七条 公司董事会报告应分析报告期内的财务状况、经营成果，包括（但不限于）报告期内总资产、长期负债、股东权益、主营业务利润、净利润比上年增减变动的主要原因。如利润构成发生变动，应分析变动原因。

第六十八条 如果生产经营环境以及宏观政策、法规发生了重大变化，已经、正在或将要对公司的财务状况和经营成果产生重要影响，公司董事会报告中须明确说明。

第六十九条 对会计师事务所出具的有解释性说明、保留意见、拒绝表示意见或否定意见的审计报告的，公司董事会报告应就所涉及事项做出说明。

第七十条 公司董事会报告中可以披露新年度的经营计划，包括（但不限于）收入、费用成本计划，及新年度的经营目标，如销售额的提升、市场份额的扩大、成本升降、研发计划等，为达到上述经营目标拟采取的策略和行动。

公司可以编制新年度的盈利预测，凡公司在年度报告中披露新一年度盈利预测的，该盈利预测必须经过具有从事证券相关业务资格的注册会计师审核并发表意见。

第七十一条 公司应披露本次利润分配预案或资本公积金转增股本预案。

第七节 监事会报告

第七十二条 公司应披露报告期内监事会的工作情况，包括召开会议的次数，各次会议的议题等。监事会应对下列事项发表独立意见：

（一）公司依法运作情况。公司决策程序是否合法，是否建立完善的内部控制制度，公司董事、经理执行公司职务时有无违反法律、法规、公司章程或损害公司利益的行为。（如果监事会认为公司决策程序合法，建立完善的内部控制制度，公司董事、经理执行公司职务时无违反法律、法规、公司章程或损害公司利益的行为，本条可免于披露。）

（二）检查公司财务的情况。监事会应对会计师事务所出具的审计意见及所涉及事项作出评价，明确说明财务报告是否真实反映公司的财务状况和经营成果。（如果监事会认为财务报告真实反映公司的财务状况和经营成果，本条可免于披露。）

（三）公司最近一次募集资金实际投入项目是否和承诺投入项目一致，实际投资项目如有变更，变更程序是否合法。（如果监事会认为公司最近一次募集资金实际投入项目和承诺投入项目一致，以及实际投资项目有变更时，变更程序合法，本条可免于披露。）

（四）公司收购、出售资产交易价格是否合理，有无发现内幕交易，有无损害部分股东的权益或造成公司资产流失。（如果监事会认为公司收购、出售资产交易价格合理，未发现内幕交易，未损害部分股东的权益或造成公司资产流失，本条可免于披露。）

（五）关联交易是否公平，有无损害上市公司利益。（如果监事会认为关联交易公平，未损害上市公司利益，本条可免于披露。）

（六）如果会计师事务所出具了有解释性说明、保留意见、拒绝表示意见或否定意见的审计报告的，或者公司报告期利润实现数较利润预测数低10%以上或较利润预测数高20%以上的，监事会应就董事会对上述事项的说明明确表示意见。

第八节 重要事项

第七十三条 公司应按照第二十九条、第四十四条、第四十五条、第四十六条、第四十七(二)(三)条、第四十八条所列内容披露。

第九节 财务报告

第七十四条 公司至少应披露合并及母公司的资产负债表、

利润表和现金流量表。

第七十五条 会计报表附注至少应包括以下内容：

(一)如果与最近一期年度报告相比,会计政策、会计估计和核算方法发生了变化,应予以说明。

(二)如果与最近一期年度报告相比,合并范围发生了变化,应予以说明。

第七十六条 如果上市公司被出具了拒绝表示意见或否定意见的审计报告,则在披露年度报告摘要时须公布完整审计报告、财务报表及附注全文。如果上市公司被出具了有解释性说明或保留意见的审计报告,应当披露完整审计报告、财务报表及解释性说明或保留意见涉及事项的有关附注。

第四章　附　则

第七十七条 本准则由中国证监会负责解释

第七十八条 本准则自发布之日起施行。

附件一：

公司股份变动情况表

数量单位:股

	本次变动前	本次变动增减(+,-)						本次变动后
		配股	送股	公积金转股	增发	其他	小计	
一、未上市流通股份								
1、发起人股份								
其中:								
国家持有股份								
境内法人持有股份								
境外法人持有股份								
其他								
2、募集法人股份								
3、内部职工股								
4、优先股或其他								
未上市流通股份合计								
二、已上市流通股份								
1、人民币普通股								
2、境内上市的外资股								
1、境外上市的外资股								
2、其他								
已上市流通股份合计								
三、股份总数								

注:公司如有基金配售股份、柜台交易公司内部职工股份、战略投资者配售股份、一般法人配售股份,应分别披露其股份数额。

关于做好上市公司 2002 年半年度报告工作的通知(深圳)

各上市公司:

根据《公开发行股票公司信息披露的内容与格式准则第三号 <半年度报告的内容与格式>》(2002 年修订稿)和《深圳证券交易所股票上市规则》的有关规定,为做好 2002 年半年度报告工作,现将有关事项通知如下:

一、上市公司董事会应当组织相关人员认真学习中国证监会和本所关于 2002 年半年度报告的有关文件,严格按照中国证监会和本所的要求编制和披露 2002 年半年度报告。

二、凡股票在 2002 年 6 月 30 日前上市的公司,应当在 2002 年 8 月 31 日前完成 2002 年半年度报告的编制、报送及披露工作。

上市公司预计不能在 2002 年 8 月 31 日前公布半年度报告的,公司应当在 2002 年 8 月 15 日前向本所提交书面说明,并在报刊上公布延期披露 2002 年半年度报告的原因及最后期限。本所自 2002 年 9 月 1 日起对其股票实施停牌,直至其公布半年度报告,同时本所将对公司及相关人员予以公开谴责。

三、为了避免上市公司 2002 年半年度报告的披露过于集中,根据均衡披露的原则,上市公司应当在本所确定的披露期限前公布半年度报告。如遇特殊情况,不能在确定的期限前披露的,应当至少提前五个工作日向本所提出申请,说明延期的原因及预计披露的时间,本所按每日最多安排 28 家公司公布半年度报告的原则,视具体情况进行调整。

四、上市公司的半年度财务报告可以不经审计,但下列情形除外:

1.公司拟在下半年办理配股、增发和可转换债券发行申报事宜,根据中国证监会《上市公司新股发行管理办法》和《上市公司发行可转换公司债券实施办法》需要进行审计的;

2.在半年度拟定分红预案、公积金转增股本预案或弥补累计亏损预案,并将在下半年实施的;

3、根据《亏损上市公司暂停上市和终止上市实施办法》(修订)被暂停上市的公司;

4.中国证监会和本所认为应当进行审计的其他情形。

五、如果会计师事务所出具的审计报告为有解释性说明、保留意见、无法表示意见或否定意见的审计报告,上市公司应当在收到审计报告后两个工作日内向本所报告并书面说明有关情况,同时还应当向本所提交会计师事务所对审计意见的有关说明,包括审计意见对报告期内公司财务状况和经营成果的影响金额。

六、上市公司在半年度报告中对以前年度披露的财务报表数据进行追溯调整的,应当在报送半年度报告的同时向本所提交董事会、监事会和独立董事对追溯调整的有关说明。若半年度报告经过审计的,还应当同时向本所提交负责审计的会计师事务所的相关说明。

七、上市公司预测第三季度经营成果可能为亏损或者与上年第三季度报告(若上年未披露则此项可免)相比发生大幅度变动的(一般指净利润或扣除非经常性损益后的净利润与上年同期相比上升或下降 50%或 50%以上),应当在"管理层的讨论与分析"中予以警示。

八、上市公司在半年度报告中披露的利润及利润分配表、资产负债表、现金流量表及报表附注应当符合《公开发行证券的公司信息披露编报规则第 15 号 – 财务报告的一般规定》的有关要求。

九、上市公司半年度报告编制期间，公司董事、监事、高级管理人员及其他涉密人员负有保密义务，在半年度报告公布前，任何人不得以任何形式向外界泄露半年度报告内容。

如果在上市公司 2002 年半年度报告正式披露之前，其半年度业绩数据提前泄漏的，上市公司应当立即公布其半年度业绩的主要财务数据，主要财务数据至少应包括主营业务收入、主营业务利润、利润总额、净利润、净资产等指标。

十、已发行境内上市外资股的公司应当同时在境外刊登半年度报告摘要英文版，其中财务报告应当按照国际通行的会计准则进行调整。在境内外刊登的半年度报告中均应披露按两种不同会计制度计算的净利润和净资产并说明其差异。

发行境内上市外资股的上市公司应当在半年度报告披露后将两份刊登半年度报告摘要的境外报纸报送本所备案，同时上市公司应当将半年度报告送达主要境外股东。

十一、上市公司董事会应当在审议通过半年度报告后两个工作日内派专人向本所报送下列文件：

1.2002 年半年度报告正文；

2.2002 年半年度报告摘要；

3.由公司法人代表、财务负责人签字并盖章的财务报告原件（非简化）或审计报告原件；

4.有关董事会决议和监事会决议；

5.载有 2002 年半年度报告 PDF 文件、WORD 文件、财务数据的软盘（上市公司应当使用“深交所上市公司信息披露上报系统 8.0 版”生成报送盘）；

6.2002 年半年度报告信息公告（格式见附件）；

7.董事会关于 2002 年半年度报告的刊登时间、报刊名称及申请股票停牌的书面文件；

8.董事会关于保证上报的电子文件与书面文件内容一致的承诺函；

9.本所要求的其他文件。

上市公司应当在提交上述文件并经本所登记确认后，自行在指定报刊公布半年度报告摘要，同时在中国证监会指定的国际互联网站（网址为：http://www.cninfo.com.cn）公布 PDF 格式的半年度报告正文。

公司应当于公布半年度报告前一个交易日下午 3:30 以前将上述文件报送本所。如于交易日公布半年度报告，当日上午公司股票停牌 1 个交易小时。

十二、上市公司除在中国证监会指定的网站上披露半年度报告正文外，还可以在上市公司自己的网站上披露，但披露时间不得早于指定网站。

十三、本所对上市公司半年度报告进行事后审查，上市公司应当在收到本所的审查意见后两个工作日内就相关问题作出书面解释说明。如果上市公司半年度报告中存在有错误、虚假陈述、误导或重大遗漏等情况，公司应当在收到本所审查意见的两个工作日内在相同指定报刊及网站上刊登补充公告。

十四、本次半年度报告工作情况将作为本所对上市公司董事会秘书进行考核的一项重要内容。

特此通知。

深圳证券交易所文件

二〇〇二年六月二十七日

附件：

上市公司 2002 年半年度报告信息公告格式

“（股票简称，如有 B 股亦注明）____”（股票代码____）

公布 2002 年半年度报告及董事会决议公告

股份有限公司将于 2002 年____月____日公布 2002 年半年度报告及董事会决议公告，（股票简称，如有 B 股亦注明）“____”将于 2002 年____月____日上午 9 点 30 分起停牌 1 个交易小时，2002 年____月____日上午 10 点 30 分起恢复交易。

一、主要财务指标：

	2002 年半年度	2001 年半年度	2002 年半年度/2000 年半年度
净利润（万元）			%
每股收益（元）			%
净资产收益率（%）			%
扣除非经常性损益后的每股收益（元）			%
	2002.6.30	2001.12.31	本期末/上年末
每股净资产（元）			%

如果公司在报告期末至半年度报告披露日之间股份总数发生了变动，按变动后的股本计算的每股收益为______元。

二、2002 年半年度利润分配、公积金转增股本、配股预案、增发预案、可转换债券发行预案及股东大会召开时间

1.2002 年半年度利润分配及公积金转增股本预案：

2.本次董事会审议的配股预案：

3.本次董事会审议的增发预案：

4.本次董事会审议的可转换债券发行预案；

5.本次董事会会议决定的股东大会召开时间：2002 年____月____日____时

__________股份有限公司

董事会（盖章）

关于做好上市公司 2002 年半年度报告工作的通知(上海)

各上市公司:

为做好上市公司 2002 年半年度报告披露工作,根据《公开发行证券的公司信息披露内容与格式准则第 3 号——半年度报告》和《上海证券交易所股票上市规则》的有关规定,现将有关事项通知如下:

一、上市公司有关人员应认真学习半年报准则和证监会、本所相关规则、文件,严格按照半年报准则和本所规定的时间编制、报送和披露 2002 年半年度报告。

二、凡在 2002 年 6 月 30 日之前上市的公司,应于 2002 年 8 月 31 日前完成半年度报告的编制、报送及披露工作。其中,半年度报告摘要应刊登在指定报纸上,半年度报告全文同时应登载于中国证监会指定的本所网站上(www.sse.com.cn)。上市公司应尽可能在自己的网站或网页上披露半年度报告,但披露时间不得早于指定网站。

在 2002 年 7 月 1 日至 8 月 31 日期间新上市的公司,如在上市公告书中未披露 2002 年半年度业绩的,公司应于 2002 年 8 月 31 日前按要求披露 2002 年半年度报告。

三、如果上市公司在法定披露期限内无法完成 2002 年半年度报告披露工作,公司应及时向本所提交书面说明,并同时在报刊上公布延期披露 2002 年半年度报告的原因及最后期限。本所将自 9 月 2 日起对其股票实施停牌并对公司及相关人员予以公开谴责,直到其披露半年度报告的当日上午 10:30 复牌。

四、为避免上市公司半年度报告的披露过于集中,根据均衡披露原则,本所每日最多安排 40 家上市公司公布半年度报告。上市公司应预先和本所约定披露时间,并按照本所确定的时间,安排 2002 年半年度报告编制工作,于已确定的日期披露半年度报告。如确系特殊原因,公司需提前或推迟披露半年度报告,则必须提前五个工作日向本所提出书面申请,陈述理由并明确变更后的拟披露日期。本所将根据实际情况,经审核后决定是否接受申请。本所原则上只接受一次变更申请。

五、公司预测第三季度经营成果可能为亏损或者与上年第三季度报告(若上年未披露则此项可免)相比发生大幅度变动(一般指净利润或扣除非经常性损益后的净利润与上年同期相比上升或下降 50%或 50%以上),应在"管理层的讨论与分析"中予以警示。

六、公司应当按照《公开发行证券的公司信息披露编报规则第 15 号 财务报告的一般规定》的有关要求,披露半年度财务报表及报表附注。

七、公司如在半年度报告中对以前年度披露的财务报表数据进行追溯调整,应在报送半年报的同时向本所提交公司董事会、监事会和独立董事的有关书面说明。若半年度报告经过审计的,还应当同时向本所提交负责审计的会计师事务所的相关说明。

八、上市公司的半年度财务报告可以不经审计,但下列情况除外:

1.公司拟在下半年办理配股、增发和可转换债券发行申报事宜,根据《上市公司新股发行管理办法》和《上市公司发行可转换公司债券实施办法》中有关规定需要进行半年报审计的;

2.在半年度拟定分红、公积金转增股本或弥补累计亏损预案,并将在下半年实施的;

3.根据《亏损上市公司暂停上市和终止上市实施办法》(修订)被暂停上市的公司;

4.中国证监会和本所认为应当进行审计的其他情形。

九、如果半年度财务报告进行审计的,公司应在审计报告出具后两个工作日内完成半年度报告编制工作。在半年度报告编制工作完成后,上市公司应立即召开董事会,依法履行半年度报告审议程序。在董事会审议通过半年度报告后两个工作日内,上市公司应派专人向本所报送以下文件:

1.2002 年半年度报告正本及摘要(打印稿)各一份;

2.审计报告原件一份(如半年度报告经审计);

3.按附件要求制作的磁盘一式两份;

4.董事会审议通过半年度报告的决议和监事会审议通过半年度报告中相关内容的决议各一份;

5.2002 年半年度报告披露申请暨登记表、拟披露的公告及相关的临时公告披露申请表各一份(上市公司可从本所网站下载)。若董事会决议仅含通过半年度报告一项内容,可免于披露相关董事会决议公告,则此项只须提供 2002 年半年度报告披露申请暨登记表一份;

6.本所要求的其他文件。

十、上市公司应在公布半年报前一个工作日下午 3:30 之前将上条所述文件送达本所。在本所办理完毕半年报登记手续且当天交易收市后,公司方可自行与选定的指定报刊联系半年报摘要刊登事宜。如于交易日公布半年度报告,当日上午公司股票停牌 1 小时。

十一、如公司半年度报告经审计且被会计师事务所出具非标准无保留意见的审计报告,上市公司应当在收到审计报告后两个工作日内向本所报告并提交公司董事会、监事会和独立董事的有关书面说明,同时还应当向本所提交会计师事务所对审计意见的有关说明,包括非标准审计意见对公司财务状况和经营成果的影响金额、出具相关类型非标准审计意见的依据及是否属于《公开发行证券的公司信息披露编报规则第 14 号非标准无保留审计意见及其涉及事项的处理》中规定必须实行停牌处理的情形等。

十二、上市公司半年报编制和审议期间，公司董事、监事、高级管理人员及其他涉密人员负有保密义务，在半年报公布前，任何人不得以任何形式向外界泄漏半年报内容。

十三、如果在上市公司2002年半年报正式披露之前，其半年度业绩数据提前泄漏，公司应当立即公布其半年度业绩的主要财务数据，主要财务数据至少应包括主营业务收入、主营业务利润、利润总额、净利润、净资产等指标。

十四、已发行境内上市外资股的公司应当同时在境外刊登半年度报告摘要。半年度报告披露后，公司应将刊登半年度报告的境外报纸报送本所备案。

十五、本所对上市公司半年报进行事后审核，上市公司应当在收到本所的审核意见后及时就相关问题作出书面解释说明或刊登补充公告。

十六、本次半年报披露及事后审核情况将作为本所对上市公司信息披露工作进行考核的一项重要内容。

上海证券交易所

二〇〇二年六月二十八日

附件：

2002年半年度报告电子文件制作要求

2002年半年度报告电子文件仍由上市公司自行使用Microsoft office的Word和Excel办公软件编辑、生成。报送文件必须包括用作网上披露的半年报全文（PDF格式）、半年报全文的Word文件、财务报表的Excel文件。Word中文文档以中文简体字体存储；页面的纸张大小设为“A4”，方向设为“纵向”；报告正文字体设为“宋体”，字号设为“小四号”，表格内容字体不小于“小五号”字体；正文行间距设为单倍行距。（请特别注意控制财务报表嵌入Word文件时的文件宽度，建议将三大报表拆分嵌入）。

为便于数据采集，半年报的三大财务报表以Excel存放，资产负债表、利润表、现金流量表存放在一个Excel文件的对应名称的三个不同表中，报表格式按照《企业会计制度》对会计报表的编制要求，报表科目呈纵向排列。

上市公司必须将以上半年报电子文件用磁盘拷贝两份后报送到本所上市公司部，磁盘报送前必须进行必要的查毒杀毒工作。有关在指定报刊上刊登的半年报摘要电子文件由各上市公司自行安排。

2002年半年报电子文件制作咨询方法：

1.各上市公司分管人员（即本所上市公司部联系人）

2.专用电子信箱：list@sse.com.cn

3.专用咨询电话：021－68812036

4.专用咨询传真：021－68811782

关于做好上市公司2002年年度报告有关工作的通知（上海）

各上市公司：

为做好上市公司2002年年度报告披露工作，根据《公开发行证券公司的信息披露内容与格式准则第2号〈年度报告的内容与格式〉》（2002年修订稿）的有关规定，现将有关事项通知如下：

一、上市公司有关人员应认真学习新年报准则和本所相关文件，严格按照年报准则和本所规定的时间编制、报送和披露经公司董事会审议通过的2002年年度报告。

二、在年度报告编制期间，上市公司董事、监事、高级管理人员及其他涉密人员负有保密义务，在年度报告公布前，任何人不得以任何形式向外界泄漏年度报告内容。

三、在2002年年度报告正式披露之前，如果年度业绩已经提前泄漏，上市公司应当立即公布2002年度未经审计的财务数据，包括主营业务收入、主营业务利润、利润总额、净利润、净资产等。在注册会计师审计的过程中，如发现经审计的财务数据与已公布的财务数据出现重大差异（一般指差异在10%以上），上市公司应立即刊登公告，解释差异内容及其原因。

四、如上市公司预测2002年全年经营成果为亏损或者与上年相比发生大幅度变动（指净利润或扣除非经常性损益的净利润与上年同期相比上升或下降50%以上），但未曾按相关规定在2002年第三季度报告中”经营情况阐述与分析”中予以警示的，或者实际情况与已披露的预测不符的，公司应在第一时间发布相关提示性公告。

五、若报告期内公司作出会计政策、会计估计变更或重大会计差错更正，上市公司应在年度报告中”董事会报告”部分对上述变更、更正的原因及影响进行讨论和分析，并在报送年度报告同时向本所提交包括董事会、监事会和独立董事意见的书面报告，同时提交会计师事务所对上述变更、更正的有关说明，包括：上述变更、更正的原因；具体的会计处理；如涉及追溯调整的，应说明对以往各年度财务状况和经营成果的影响金额；是否与前任会计师事务所进行了必要的沟通。

若公司因追溯调整而出现连续三年亏损，会计师事务所应在审计报告完成后的两个工作日内，分别向中国证监会和本所作出上款所述说明。

如因会计差错追溯调整而出现连续三年亏损，公司还应在同时披露的董事会公告中提醒投资者注意暂停上市风险。

六、若公司2002年度财务报告被会计师事务所出具非标准无保留的审计意见，会计师事务所和公司应在审计报告完成后的两个工作日内，分别向中国证监会和本所就有关情况作出书面报告，说明非标准审计意见涉及事项对报告期内公司财务状况和经营成果的影响和公司拟采取的解决方案，以及是否属于《公开发行证券的公司信息披露编报规则第14号－非标准无保留审计意见及其涉及事项的处理》中规定的明显违反会计准则、制度及相关信息披露规范的情形。

七、若公司2002年度财务报告被会计师事务所出具了拒绝表示意见或否定意见的审计意见，上市公司应自披露2002年年度报告之日起，至所涉及事项解决或2003年半年度报告披露之日止，每半个月披露一次风险提示性公告。公告中应明确说明公司近期经营状况及所涉及事项的解决情况。

八、凡在2002年12月31日之前上市的公司，应于2003年4月30日前完成年度报告的编制、报送及披露工作。其中，年度报告全文登载于中国证监会指定的本所网站（www.sse.com.cn）上，年报摘要以表格形式同时刊登在指定报纸上。本所鼓励上市公司在自己的网站或网页上披露年度报告，但披露时间不得早于指定网站。

在2003年1月1日至4月30日期间新上市的公司，如在上市公告书中未披露2002年度业绩的，公司应于2003年4月30日前按要求披露2002年年度报告全文和摘要。

九、为避免上市公司年度报告过于集中披露，根据均衡披露原则，本所每日最多安排35家上市公司公布年度报告。上市公司应按照与本所约定的时间，安排2002年年度报告编制工作，并于预约日期披露年度报告。如确系特殊原因，公司需提前或推迟披露年度报告，则必须提前五个工作日向本所提出书面申请，陈述理由并明确变更后的拟披露日期，经同意后自行上网修改。本所原则上只接受一次变更申请。有关年报披露时间上网预约办法参见附件。

十、在审议通过2002年年度报告的董事会会议上，董事会应对本年度利润分配方案作出决议并公告。若2002年度实际实施的利润分配政策与2001年年度报告预计的分配政策存在差异，公司应说明差异的情况及原因。

十一、公司应在审计报告出具后两个工作日内完成年度报告编制工作，并且在董事会依法履行年度报告审议程序后两个工作日内由专人向本所报送以下文件：

1、2002年年度报告正本及摘要打印稿各一份；

2、审计报告原件一份；

3、包括用作网上披露的年报全文的word文件、财务报表的excel文件、年报摘要模板（有关制作要求详见附件）在内的磁盘一式两份；

4、董事会审议通过年度报告的决议和监事会审议通过年度报告中监事会报告的决议各一份；

5、2002年年度报告披露申请表、年报登记表、拟披露的公告及相关的公告披露申请表各一份；

6、本所要求的其他文件。

公司应另行准备足够数量的年度报告摘要文本及磁盘，以供指定报刊排版之用，刊登的年报摘要字号应不小于五号字。

十二、上市公司应在公布年度报告前一个交易日下午3:30之前将第十一条所述文件送达本所。在本所办理登记并获得书面确认后，公司方可自行与选定的指定报刊联系年度报告摘要刊登事宜。

十三、上市公司在2003年4月30日前确有困难，无法完成2002年年度报告的，公司应在2003年4月15日前向本所提交说明报告，并同时在报刊上公布延期披露2002年年度报告的原因及最后期限。本所将自5月1日起对其股票实施停牌，直至其公布年度报告的交易日上午10:30复牌，同时本所将对公司及相关人员予以公开谴责。

十四、已发行境内上市外资股的公司应当同时在境外刊登年度报告英文版，在境外刊登的年度报告中，其财务报告应当按照国际会计准则进行调整。在境内外刊登的年度报告中均应披露按两种不同会计制度计算的净利润并说明差异。公司在年度报告披露后还应将刊登年度报告的境外报纸报送本所备案。

十五、公司披露2002年年度报告的时间不得迟于2003年第一季度报告的披露时间。

上海证券交易所

2003年1月6日

附件：

一、上网修改预约披露日期

在2003年1月1日之后需要变更2002年报预约披露日期的上市公司，经批准后请登录上市公司专区，在“在线填报”、“定期报告预约”栏目中修改原预约记录。

二、关于电子文件制作及报送

1、年报摘要

为配合年报摘要表格化的实施，本所将通过上市公司专区提供年报摘要的word模板供上市公司下载。

2、年报正文

本次年报正文仍由上市公司自行使用Microsoft office的word和excel办公软件编辑、生成。

3、电子文件报送

上市公司必须将2002年报电子文件用磁盘拷贝两份，在进行必要的查毒杀毒工作后再报送到本所上市公司部。报送磁盘须包括以下文件：

(1) 通过上市公司专区下载，并已完整填写内容、用于报纸披露的 2002 年报摘要 word 模板；

(2)用于网站披露的 2002 年报全文 word 文件；

(3)财务报表的 excel 文件。

以上文件的具体制作要求和方法分别为：

(1)年报摘要模板

年度报告摘要应尽量保持原模板风格，不要改变格式。

文件名：股票代码 + 2002 + nbzy.doc（样式：6006002002nbzy.doc）

(2)年报正文 Word 文件：以中文简体字体存储；页面的纸张大小设为"A4"，方向设为"纵向"；报告正文字体设为"宋体"，字号设为"小四号"，表格内容字体不小于"小五号"字体；正文行间距设为单倍行距。（请特别注意控制财务报表嵌入 word 文件时的文件宽度，建议将三大报表拆分嵌入）。

文件名：股票代码 + 2002 + nbqw.doc（样式：6006002002nbqw.doc）

(3)财务报表的 excel 文件：资产负债表、利润表和现金流量表存放在一个 excel 文件的对应名称的不同 sheet 中，报表格式按照《企业会计制度》对会计报表的编制要求，报表科目呈纵向排列。

文件名：股票代码 + 2002 + nb.xls（样式：6006002002n b.xls）

三、2002 年年报电子文件制作咨询方法：

1、各上市公司分管人员（即本所上市公司部联系人）

2、专用电子信箱：list@sse.com.cn

3、电子邮件电话：021 - 68812036

4、网站技术支持电话：021 - 68807041

关于做好上市公司 2002 年年度报告有关工作的通知（深圳）

各上市公司：

为做好上市公司 2002 年年度报告披露工作，根据《公开发行证券公司的信息披露内容与格式准则第 2 号〈年度报告的内容与格式〉》(2002 年修订)和《深圳证券交易所股票上市规则》的有关规定，现将有关事项通知如下：

一、上市公司有关人员应当认真学习中国证监会和本所关于 2002 年年度报告的有关文件，严格按照要求编制和披露 2002 年年度报告。

二、上市公司应当在 2003 年 4 月 30 日前完成 2002 年年度报告的编制、报送和披露工作，且不得晚于 2003 年第一季度报告的披露时间。

上市公司在 2003 年 4 月 30 日前确有困难，无法完成 2002 年年度报告的，应当在 2003 年 4 月 15 日前向本所说明原因及延期披露的准确时间，并在报刊上公告。本所自 2003 年 5 月 1 日起对其股票实施停牌，直至其公布年度报告。同时本所将对公司及相关人员予以公开谴责。

三、为避免上市公司年度报告过于集中披露，本所在上市公司预约的基础上，根据均衡披露原则，每日最多安排 25 家上市公司公布年度报告。上市公司应当按照本所确定的时间，安排 2002 年年度报告编制工作，并按时披露年度报告。确属特殊原因需变更披露时间的，公司应当提前五个工作日向本所提出书面申请，陈述理由并明确新的披露时间，经本所同意后方可变更。本所及时通知指定网站更新上市公司披露时间。

四、已发行境内上市外资股的公司应当同时在境外刊登年度报告英文版，在境外刊登的年度报告中，其财务报告应当按照国际会计准则进行调整。在境内外刊登的年度报告中均应披露按两种不同会计制度计算的净利润并说明差异。

公司在年度报告披露后还应当将刊登年度报告的境外报纸报送本所备案。

五、公司应在而未在 2002 年第三季度报告或临时报告中预计 2002 年全年亏损或者盈利大幅度变动的，或者实际情况与预计情况不符的，公司应当立即作出补充公告。

预计出现最近三年连续亏损的，上市公司还应当在披露 2002 年年报前至少再发布两次预亏公告。

六、在审议通过 2002 年年度报告的董事会会议上，董事会应当对 2002 年利润分配方案作出决议并公告。2002 年度实际实施的利润分配政策与 2001 年年度报告预计分配政策存在差异的，公司应当说明差异情况及原因。

上市公司应当召开监事会会议，审议年度报告中的"监事会报告"，对其中的相关议案形成决议，并与年度报告同时公布。

七、上市公司董事会应当在审议通过年度报告后两个工作日内派专人向本所报送下列文件：

1、2002 年年度报告正本及摘要；

2、审计报告原件；

3、有关董事会、监事会决议；

4、载有 2002 年年度报告 WORD 文件、PDF 文件、财务数据的软盘（上市公司应当使用"深交所上市公司信息披露上报系统 9.0 版"生成报送盘）；

5、董事会关于 2002 年年报的披露时间、报刊名称及申请股票停牌的书面文件；

6、董事会关于上报的电子文件与书面文件内容一致的承诺函；

7、会计师事务所出具的有关文件(如适用)；

8、本所要求的其他文件。

上市公司应当在公布年度报告前一个交易日下午 3:30 之前将上述文件送达本所。经本所登记确认后，公司应当于次日自行在指定报刊公布年度报告摘要。同时公司应当在中国证监会指定的国际互联网站(网址为：< http://www.cninfo.com.cn >)公布 PDF 格式的年度报告正文。

本所鼓励上市公司在自己的网站或网页上披露年度报告，但披露时间不得早于指定网站。

八、上市公司 2002 年度财务报告被会计师事务所出具非标准无保留审计意见的，公司应当严格执行《公开发行证券的公司信息披露编报规则第 14 号－非标准无保留审计意见及其涉及事项的处理》的规定。

若公司 2002 年度财务报告被会计师事务所出具了拒绝表示意见或否定意见的审计意见，上市公司应当自披露 2002 年年度报告之日起，至所涉及事项解决或 2003 年半年度报告披露之日止，每半个月披露一次风险提示性公告。公告中应明确说明公司近期经营状况及所涉及事项的解决情况。

九、报告期内公司作出会计政策、会计估计变更或重大会计差错更正的，上市公司应当在年度报告的"董事会报告"中对上述变更、更正的原因及影响进行讨论和分析，并在报送年度报告的同时向本所提交包括董事会、监事会和独立董事意见的书面报告，同时提交会计师事务所对上述变更、更正的有关说明，包括：上述变更、更正的原因；具体的会计处理；如涉及追溯调整的，应说明对以往各年度财务状况和经营成果的影响金额；是否与前任会计师事务所和前任管理层进行了必要的沟通。

因会计差错追溯调整而出现连续三年亏损的，公司还应当在同时披露的董事会公告中提醒投资者注意暂停上市风险。

十、在年度报告编制期间，上市公司董事、监事、高级管理人员及其他涉密人员负有保密义务，在年度报告公布前，任何人不得以任何形式向外界泄漏年度报告内容。

在 2002 年年度报告正式披露之前，如果年度业绩已经提前泄漏，上市公司应当立即公布 2002 年度未经审计的财务数据，包括主营业务收入、主营业务利润、利润总额、净利润、净资产等。

在注册会计师审计的过程中，如发现经审计的财务数据与已公布的财务数据出现重大差异(一般指差异在 10% 以上)，上市公司应立即刊登公告，解释差异内容及其原因。

十一、本所对上市公司年度报告进行事后审查，上市公司应当在收到本所的审查意见后两个工作日内就相关问题作出书面解释。上市公司年度报告中存在错误、虚假陈述、误导或重大遗漏等情况的，公司应当在收到本所审查意见的两个工作日内在相同指定报告和网站上刊登补充公告。同时在网站上重新登载正确的年报全文。

本所视上市公司补充公告情况，根据《上市规则》对上市公司予以处罚。

特此通知

深圳证券交易所

2003 年 1 月 6 日

关于《中国证券监督管理委员会股票发行审核委员会工作程序执行指导意见》的补充通知

证监发[2002]52 号

为了保证股票发行审核工作的公开、公平、公正，提高发行审核工作的质量和效率，现对《中国证券监督管理委员会股票发行审核委员会工作程序执行指导意见》(证监发[2001]54 号，以下简称《指导意见》)的有关内容补充规定如下：

一、除《指导意见》第二部分关于会议议程第 7 条规定的"在发审委委员对复审公司形成审核意见之前，请公司的有关负责人或其代表(不超过三人)到会向委员陈述公司的情况、回答委员提出的问题"之外，在股票发行审核工作会议(以下简称"发审会议")对公司发行申请进行初审、再审时，也请公司或主承销商代表(不超过三人)到会接受委员的询问。

二、未获发审会议通过的公司应及时落实发审委审核意见，并在收到审核意见之日起 1 个月内向发审委提出复审申请。未能按时提出复审申请的，中国证监会将直接对公司发行申请作出不予核准的决定。

三、通过发审会议的拟发行公司的会后事项监管按照《关于加强通过发审会的拟发行证券公司会后事项监管的通知》(证监发行字[2002]15 号)及中国证监会的有关规定执行。《指导意见》附则第一款"发审会议表决通过的首次公开发行股票的公司，如果在财务会计资料有效期内未能发行股票，公司应当补充新的财务会计资料和其他信息并修订招股说明书，有关职能部门初审后提请发审会议重新审核表决"的规定废止。

四、根据《指导意见》附则第二款、《关于加强对通过发审会的拟发行证券的公司会后事项监管的通知》(证监发行字[2002]15号)和中国证监会的其他规定,对已通过发审会议审核但发生了重大变化的拟发行证券的公司,需提请发审会议重新审核。此类发审会议(以下简称"会后事项发审会")将按照证监会关于召开发审会议的有关规定和程序执行,并遵守以下特别规定:

(一)会后事项发审会的参会委员不受是否审核过该公司的限制。

(二)会后事项发审会应对公司完整的申请文件进行审核。

(三)会后事项发审会上,如果召集人认为有必要,可请公司或主承销商代表(不超过三人)到会陈述公司情况、回答委员的询问。

(四)会后事项发审会对公司发行申请进行表决时,委员只投同意票和反对票,不设暂缓表决。公司获得的同意票达到出席会议委员人数2/3的为通过。

(五)会后事项发审会只召开一次,其结果为最终审核结果,证监会根据审核意见依法对公司发行申请作出是否核准的决定。

(六)证监会的其他规定。

本通知自发布之日起执行。

中国证券监督管理委员会
二〇〇二年七月十八日

关于加强外商投资企业审批、登记、外汇及税收管理有关问题的通知

外经贸法发[2002]575号

各省、自治区、直辖市及计划单列市外经贸委(厅、局);各省、自治区、直辖市工商行政管理局和其他被授权局;国家外汇局,各省、自治区、直辖市分局、外汇管理部,深圳、大连、青岛、厦门、宁波市分局;各省、自治区、直辖市及计划单列市国家税务局及地方税务局:

为了适应吸收外资的新形势,规范对外商投资企业的管理,针对近期吸收外商投资工作中出现的新情况、新问题,对外贸易经济合作部、国家税务总局、国家工商行政管理总局、国家外汇管理局联合制定了《关于加强外商投资企业审批、登记、外汇及税收管理有关问题的通知》(见附件),现印发给你们,请遵照执行。

附件:

为了适应吸收外商投资工作面临的新形势,规范对外商投资企业的管理,保证外商投资企业的健康发展,维护中外投资者的合法权益,根据中外合资经营企业法、中外合作经营企业法、外资企业法、公司法、合同法、外汇管理条例及其他有关法律、法规的规定,现就加强外商投资企业审批、登记、外汇及税收管理有关问题通知如下:

一、设立外商投资企业及其合同、章程(包括合同、章程的修改)应按照国家有关法律、法规的规定,依照现行的外商投资企业审批程序进行审批。

二、根据现行外商投资有关法律、法规的规定,中外合资、中外合作外商投资企业的注册资本中外国投资者的出资比例一般不低于25%。外国投资者的出资比例低于25%的,除法律、行政法规另有规定外,均应按照现行设立外商投资企业的审批登记程序进行审批和登记。通过审批的,颁发加注"外资比例低于25%"字样的外商投资企业批准证书;取得登记的,颁发在"企业类型"后加注"外资比例低于25%"字样的外商投资企业营业执照。

三、外国投资者出资比例低于25%的外商投资企业,除法律、行政法规另有规定外,其投资总额项下进口自用设备、物品不享受税收减免待遇,其它税收不享受外商投资企业待遇。

已享受外商投资企业待遇的外商投资股份有限公司,增资扩股或向外国投资者转让股权后,仍可按有关规定享受外商投资企业待遇。

四、外国投资者出资比例低于25%的外商投资企业,投资者以现金出资的,应自企业领取营业执照之日起三个月内缴清全部出资;投资者以实物、工业产权等出资的,应自企业领取营业执照之日起六个月内缴清出资。

五、外国投资者收购境内各种性质、类型企业的股权,该境内企业应当按照国家有关法律、法规的规定,依现行的外商投资企业审批程序,经审批机关批准后变更设立为外商投资企业,并应符合外商投资产业政策。批准后,由审批机关颁发外商投资企业批准证书,工商行政管理机关颁发外商投资企业营业执照。

原境内公司中国自然人股东在原公司享有股东地位一年以上的,经批准,可继续作为变更后所设外商投资企业的中方投资者。

暂不允许境内中国自然人以新设或收购方式与外国的公司、企业、其他经济组织或个人成立外商投资企业。

六、外国投资者收购境内企业股权应自外商投资企业营业执

照颁发之日起3个月内支付全部购买金。对特殊情况需延长支付者,经审批机关批准后,应自营业执照颁发之日起6个月内支付购买总金额的60%以上,在1年内付清全部购买金,并按实际已缴付出资额所占比例分配收益。控股投资者在付清全部购买金之前,不得取得企业决策权,不得将其在企业中的权益、资产以合并报表的方式纳入该投资者的财务报表。股权出让方所在地的外汇管理部门出具外资外汇登记证明是证明外国投资者购买金到位的有效文件。

外国投资者收购境内企业股权,股权转让双方应在签定的股权转让协议中规定外国投资者支付股权购买金的期限。协议中未规定有关期限的,审批机关不予批准。

七、外商投资企业凭外商投资企业批准证书和外商投资企业营业执照向注册地外汇管理部门申请办理外汇登记手续。

审批机关在批准外国投资者收购境内企业股权时,应将有关股权转让的批复同时抄送境内企业所在地及股权出让方所在地外汇管理部门,由股权出让方所在地外汇管理部门监督收汇。

八、各地审批机关、工商登记机关及外汇管理部门应严格执行本通知的规定。自本通知施行之日起,凡未按照本通知规定履行审批手续的,不予审批、不予办理工商登记和外汇登记。

本通知施行前已设立的外资比例低于25%的企业,应当在本通知施行之日起半年内补办审批登记手续。未按规定补办的,工商登记机关责令其限期办理。逾期仍不办理的,由工商登记机关依照《公司登记管理条例》第六十三条规定予以处罚。对处罚后仍不办理相关手续的企业,不予通过本年度年检。

各地工商登记管理部门应根据本通知规定,做好相关企业的统计、登记管辖调整及企业档案移交工作。补办审批后的企业变更登记,一律由企业所在地具有外商投资企业登记权的登记机关管辖。

九、此前发布的规定与本通知规定不一致的,以本通知规定为准。

十、台湾、香港和澳门地区的投资者在大陆投资举办外商投资企业的,准用本通知。

十一、本通知自2003年1月1日起施行。

对外贸易经济合作部、国家税务总局、
国家工商行政管理总局、国家外汇管理局
2002年12月30日　颁布

关于加强对通过发审会的拟发行证券的公司会后事项监管的通知

2002年2月3日　　证监发行字[2002]15号

各具有主承销资格的证券公司(资产管理公司)、具有证券相关业务资格的律师事务所和会计师事务所:

为加强对通过发审会的申请首发、增发、配股公司会后事项的监管,确保拟发行公司符合发行上市条件,督促其切实按照《证券法》、《公司法》及信息披露准则的规定,做到信息披露的真实、准确、完整、充分和及时,降低发行风险,现对主承销商、律师事务所及会计师事务所提出如下工作要求:

一、对通过发审会的拟发行公司,在获准上市前,主承销商和相关专业中介机构仍应遵循勤勉尽责、诚实信用的原则,继续认真履行尽职调查义务,对拟发行公司是否发生重大事项给予持续、必要的关注。

所谓重大事项是指可能影响本次发行上市及对投资者做出投资决策有重大影响的应予披露的事项。

二、拟发行公司在发审会后至招股说明书或招股意向书刊登日之前发生重大事项的,应于该事项发生后2个工作日内向中国证监会书面说明并对招股说明书或招股意向书作出修改或进行补充披露,主承销商及相关专业中介机构应对重大事项发表专业意见。

中国证监会在收到上述补充材料和说明后,将按审核程序决定是否需要重新提交发审会讨论。

三、在对拟发行公司的申请文件进行封卷时,拟发行公司应提供经中国证监会审核、根据发审委意见修改并经全体董事签署的招股说明书或招股意向书(封卷稿),其中发行价格、发行时间及发行方案待定。

四、拟发行公司在刊登招股说明书或招股意向书的前一工作日,应向中国证监会说明拟刊登的招股说明书或招股意向书与招股说明书或招股意向书(封卷稿)之间是否存在差异,主承销商及相关专业中介机构应出具声明和承诺。发行人律师还应出具补充法律意见书,说明已对所有与本次发行上市有关的事项进行了充分的核查验证,保证不存在虚假记载、误导性陈述及重大遗漏。中国证监会同时将上述文件归档。

五、招股说明书或招股意向书刊登后至获准上市前,拟发行公司发生重大事项的,应于该事项发生后第一个工作日向中国证监会提交书面说明,主承销商和相关专业中介机构应出具专业意见。

如发生重大事项导致拟发行公司不符合发行上市条件的，中国证监会将依照有关法律、法规及前述第二条第二款执行。

如发生重大事项后拟发行公司仍符合发行上市条件的，拟发行公司应在报告中国证监会后第二日刊登补充公告。

六、申请直接上市及发行可转换公司债券的公司的会后事项处理参照本规定执行。

七、本通知自发布之日起实施。

二零零二年二月三日

关于开展上市公司建立现代企业制度检查的通知

证监发[2002]32号

各证券监管办公室、办事处、特派员办事处，上海、深圳证券交易所，各省、自治区、直辖市、计划单列市经贸委（经委），各上市公司及控股股东：

为贯彻落实江泽民总书记在去年中央经济工作会议上提出“上市公司要在现代企业制度建设上先行一步”和朱镕基总理在九届人大五次会议上所作政府工作报告中关于“今年要重点检查上市公司建立现代企业制度的情况，找出存在问题，认真加以解决”的要求，中国证监会和国家经贸委决定共同开展以公司治理为重点的上市公司建立现代企业制度检查。现将有关事项通知如下：

一、检查的目的

通过检查了解上市公司现代企业制度建设的现状，查找存在的问题，对突出的问题，如控股股东挪用上市公司资金等问题要立即着手解决；对进一步完善制度建设、积极稳妥地解决证券市场深层次结构性矛盾和历史遗留问题提出并制定有效措施，深入贯彻实施《上市公司治理准则》，推进上市公司全面建立现代企业制度，保护投资者权益，促进证券市场的健康发展。

二、检查的重点

检查对象包括上市公司及其控股股东。以《公司法》、《证券法》、《上市公司治理准则》等法律法规及中国证监会颁布的相关规范性文件为依据，重点检查上市公司的独立性、“三会”建设和规范运作以及控股股东的行为规范等内容，具体包括：

1、上市公司与控股股东在人员、财务、资产分开，机构、业务独立情况；

2、控股股东挪用上市公司资金问题，以及还款情况；

3、控股股东是否干预上市公司董事、监事、经理及其他高管人员聘任和上市公司经营决策；

4、上市公司与控股股东等关联企业的关联交易问题；

5、企业改制以及存续企业定位问题；

6、国有控股上市公司的政企分开及劳动人事分配制度改革情况；

7、股东大会、董事会、监事会规范运作情况；

8、募集资金使用规范化情况；

9、定期报告、临时报告等信息披露规范性情况；

10、委托理财、对外担保等问题。

三、检查工作步骤

1、检查动员阶段

2002年5月，中国证监会和国家经贸委共同召开检查动员电视电话会议，会议由中国证监会、国家经贸委领导同志分别作动员讲话，各证券监管机构、各地经贸委应积极组织辖区内上市公司及其控股股东的负责人和董事会秘书在各地方分会场参会。会后由各证券监管机构和各地经贸委安排本辖区的动员和自查。

2、自查阶段

2002年5月至6月，由上市公司及其控股股东按照中国证监会和国家经贸委的统一要求进行自查自纠，形成自查报告，董事会应对报告真实性负责，在表决通过后，分别报送本辖区证券监管机构和经贸委（经委），同时报中国证监会和国家经贸委备案。各证券监管机构和经贸委共同配合对辖区内上市公司及其控股股东自查情况进行督促和汇总，上报中国证监会和国家经贸委。

3、重点检查阶段

2002年7月至9月，各证券监管机构和经贸委对辖区内部分上市公司及其控股股东进行重点检查。中国证监会和国家经贸委将派员指导并选择部分上市公司及其控股股东进行抽查。

重点检查中，要对规范运作方面存在的问题督促其立即加以纠正；对制度性、结构性和历史遗留问题，选择专题召集部分上市公司及控股股东进行座谈；对现代企业制度建设取得显著成效的上市公司，总结、宣传其典型经验。

4、汇总总结与公司整改阶段

2002年10月至11月，各证券监管机构和各地经贸委将重点检查情况和专题报告上报，中国证监会和国家经贸委对各地的检查情况进行汇总总结。

与此同时，针对检查中发现存在较大问题的公司，各证券监管机构和各地经贸委继续跟踪监管，分别督促上市公司和控股股东进行整改。

本次检查是上市公司现代企业制度建设的一项重要工作,各证券监管机构和各地经贸委要高度重视,密切配合,合理分工,认真完成检查工作和各项总结报告。在检查中,证券监管机构和各地经贸委共同组成检查组,其中,证券监管机构牵头对上市公司的检查,各地经贸委牵头对控股股东的检查。

各上市公司及其控股股东要认真配合检查,如实填写问卷,按时完成自查报告。对不能如实完成自查、不配合检查工作以及整改不力的公司将依照相关法规进行处理,并予以通报。

附件:1、上市公司建立现代企业制度自查报告格式

2、上市公司控股股东自查报告格式

中国证监会、国家经贸委

2002 年 4 月 26 日

关于 2002 年 A 股公司进行补充审计试点有关问题的通知

2002 年 2 月 28 日　　证监发[2002]10 号

各有关拟公开发行证券的公司、已上市公司及会计师事务所:

2001 年 12 月 30 日,中国证监会发布了《公开发行证券的公司信息披露编报规则第 16 号—A 股公司实行补充审计的暂行规定》(证监发[2001]161 号)。为了保证公开发行证券核准工作的顺利进行,进一步提高上市公司财务信息的质量和真实性,确保证券市场稳定发展,经研究,2002 年在部分 A 股公司进行补充审计的试点工作。现就有关事项通知如下:

一、试点范围

(一)一次发行量超过 3 亿(含 3 亿)股的公司;

(二)国家有关部门或中国证监会另有要求的公司。

二、执行补充审计试点的会计师事务所

执行补充审计试点的会计师事务所是指获中国证监会和财政部特别许可的具备从事证券期货相关业务资格的会计师事务所。

执行补充审计试点的会计师事务所要具备以下基本条件:专业水准高,职业道德好,业务能力强,对中国会计准则、审计准则和国际会计准则、审计准则比较熟悉。

三、如何执行补充审计业务

(一)进行补充审计试点的首发、增发和配股的 A 股上市公司应聘请一家具备从事证券期货相关业务资格的会计师事务所,按国内会计准则审计。审计后出具的报告作为法定审计报告。同时还应聘请一家具备补充审计资格的会计师事务所,按国内会计准则审计,出具补充审计报告。如国内会计准则与国际会计准则有差异的,应对其差异影响额作出说明,并向社会披露。

(二)执行补充审计业务的会计师事务所,不得执行同一家上市公司的法定审计业务。

本通知自发布之日起施行。

对 B 股境外经营机构实施 2001 年度业务检查的通知

各 B 股境外证券经营机构:

为加强对 B 股交易和 B 股席位的管理,我所将对已开展 B 股业务的境外证券经营机构实施 2001 年度业务检查。现将有关事项通知如下:

一、凡在我所开展 B 股业务(含 B 股特别席位、B 股特许经纪)的境外证券经营机构,均须参加本次业务检查。已重组但未办理更名手续的机构也须参加。

二、本次业务检查应报送的材料如下:

1.公司 2001 年度年报,报告内容应至少包括但不限于以下内容:公司概况,经营情况,财务报告和会计师事务所的审计意见;

2.《经营外资股业务资格证书》(复印件,加盖公章);

3.公司基本情况表(见附件)。

三、各 B 股境外证券经营机构应于 2002 年 4 月 30 日前以书面形式报送全部材料,并同时以电子文件格式报送,书面材料统一用 A4 纸装订成册,字号为标准四号字、字体为中文仿宋 GB2312(封面、标题除外),电子文件采用 word 文档格式(文件名.doc 文件),以电子邮件(hyz@sse.org.cn)方式和书面材料一并寄送本所会员管理部。

四、因故不能按时递交业务检查材料的境外证券经营机构,

应于二〇〇二年四月二十日前以书面形式报告我所并说明理由，且推迟报送时间最长不得超过十个工作日。

五、联系方法

1.2001年度业务检查材料报送邮寄地址：

深圳市深南东路5045号深圳证券交易所会员管理部

邮政编码：518010

2.联系人：张光毅、麦学文

电话：(0755)2083333－3789、3430

传真：(0755)2083864

3.本通知及有关附件可从本所网站下载。

网站地址：http://www.sse.org.cn

关于组建交易所债券市场2003年国债承购包销团的通知

财库[2003]4号

各证券公司、保险公司、信托投资公司：

为规范国债发行、促进国债市场健康发展，决定组建交易所债券市场2003年记账式国债承购包销团(以下简称承销团)，现将有关事宜通知如下：

一、承销团成员资格条件

(一)承销团成员应具备以下条件：

1、经批准并依法成立的证券公司、保险公司和信托投资公司；

2、具有法定最低限额以上的实收资本，注册资本金在8亿元以上(财政部公布的2002年交易所债券市场国债承销商综合排名前30名的机构不受此限)；

3、2002年依法在批准的范围内经营业务，无重大违规记录；

4、2001年财务年度经营业绩良好；

5、在国债承销或市场交易中积极、活跃，2002年国债业务量排名居前；

6、有负责国债业务的专职部门以及齐备、稳定的计算机系统；

7、有健全的国债投资管理制度和风险防范机制。

(二)2002年交易所债券市场记账式国债承销团成员优先考虑。

(三)2003年承销团成员分为甲类成员和乙类成员，财政部公布的2002年交易所债券市场国债承销商综合排名前20名的机构具有申报甲类成员的资格，其它机构只能申报乙类成员。

二、承销团成员享有的权利

(一)与财政部签定2002年国债承销主协议。

(二)参加记账式国债招标发行及竞争性定价过程，向财政部直接承销记账式国债。

(三)对财政部今后推出的各项国债市场改革试点工作，具有优先选择参加的权力。

(四)年度国债承销主协议规定的其他权利。

(五)2003年承销团甲类成员除享有上述权利外，还具有以下权利：

1、参加财政部组织的记账式国债季度筹资会及发行座谈会；

2、优先定期接受国债业务培训，参加财政部组织的考察、培训等活动。

三、承销团成员履行的义务

(一)连续参加国债投标，履行单期记账式国债基本承销额的承销义务，并在单期记账式国债最低和最高投标总额内投标：

1、记账式国债基本承销额分为四档，分别是0.5亿元、1亿元、2亿元、5～10亿元区间内选定具体整数亿元；

2、甲类承销团成员最低投标总额为单期记账式国债招标量的4%，最高投标总额为单期记账式国债招标量的30%；

3、乙类承销团成员的最低投标总额为单期记账式国债招标量的0.5%，最高投标总额为单期记账式国债招标量的10%。

承销团成员无论是否投标，必须履行基本承销额承销义务。单期记账式国债的投标总额，必须在规定的最低和最高投标总额区间之内，否则视投标无效。

(二)记账式国债跨银行间债券市场和交易所债券市场发行时，同时具有两个市场承销团成员资格机构，只要在其中一个市场为甲类成员，即可以甲类成员资格参加当期国债承销；基本承销额义务按照其在两个市场中较高一档执行。

(三)单期记账式国债发行额不足200亿元时，承销团各成员的基本承销额均按0.5亿元执行。

(四)在本机构当期国债承销额度内开展分销工作，承销团成员间不得发生分销行为。

(五)承销团成员自营记账式国债的债权注册在自营账户，除自营以外的记账式国债债权必须注册到客户自己的证券账户名下。

(六)直接向财政部按时、足额缴纳记账式国债发行款，不得由其他机构代缴；提供记账式国债发行费收款账户。

(七)按照财政部要求，提供记账式国债分销情况及分销客户资料，遇有重大事项向财政部及时报告，并保证各项材料和信息的真实性；甲类成员有义务按月向财政部报送市场分析报告及改进国债工作的意见和建议。

（八）在国债二级市场中，遵守各项交易规则，交易活跃，自觉维护市场秩序。（九）年度国债承销主协议规定的其他义务。

四、承销团组建办法

（一）申请机构在 2003 年 1 月 20 日前报送以下材料，并按照附表格式认真填写有关内容：

1、本机构概况；

2、申请报告，必须明确选择基本承销额档次、甲类成员或乙类成员资格；

3、法人营业执照（复印件）；

4、经营金融业务许可证（复印件）；

5、2001 年财务决算审计报告；

6、2002 年国债和其他债券的承销、交易情况。

另，如对 2003 年国债发行工作有新的意见和建议，请随上述申报材料一并附上。

（二）本机构概况无变化的 2002 年记账式国债承销团成员，可免报上述第 1、3、4 项材料；由财政部公布的 2002 年交易所债券市场国债承销商综合排名前 30 名的机构，可免报上述第 5、6 项材料。

（三）有关材料分别寄到财政部国库司、国库支付局各一份，地址及联系方式：

通讯地址：北京西城区三里河月坛南街南三巷三号；邮政编码：100820。

咨询电话：68552263；68552038。

（四）财政部与中国证券监督管理委员会共同负责 2003 年承销团组建工作，承销团成员总数不超过 50 家。承销团组建成员名单经审议确定后，财政部与中国证券监督管理委员会将通过联合发文形式予以确认，并通过有关媒体向社会公布。

五、监督检查

（一）财政部会同中国证券监督管理委员会定期或不定期对承销团成员的国债承销和交易情况进行监督检查。

（二）承销团成员有下列行为之一的，财政部有权取消其承销团成员资格：

1、累计 2 次不参加国债投标或投标量未达到最低投标限额要求；

2、超承销额度分销，向承销团其他成员分销；

3、将客户记账式国债注册在本机构自营账户名下，挪用其国债进行经营；

4、伪造国债账务记录；

5、提供虚假材料和信息；

6、存在其他重大金融违规行为；

（三）违反年度国债承销主协议规定的机构，财政部将视情节轻重进行处理。

关于做好《上市公司收购管理办法》有关技术准备工作的通知

各会员单位：

《上市公司收购管理办法》已于 2002 年 12 月 1 日起由中国证监会发布施行，为了该办法的顺利实施，我所在《深圳证券交易所数据接口规范》中增加流通股份要约收购业务指令的申报功能，现将有关事项公告如下：

一、交易数据接口规范增加有关要约收购的业务指令：预受要约、预受要约撤单、解除预受要约、解除预受要约撤单，相应的接口规范定义修改如下：

1、委托库 SJSWT.dbf

增加预受要约申报记录：WTYWLB＝‘ES’；WTWTSL＝预受股数；WTWTJG（委托价格）字段存放的是对应的收购人编码，存放格式如 0xxxx.xx0（填‘x’的位置即为收购人编码）；其余字段填相应值。

增加预受要约撤单委托记录：WTYWLB＝‘EC’；WTWTSL＝0；WTWTJG（委托价格）＝0；其余字段填相应值。该类指令适用于对当天的预受要约申报记录即时撤单。

增加解除预受要约申报记录：WTYWLB＝‘FS’；WTWTSL＝解除预受股数；WTWTJG（委托价格）字段存放的是对应的收购人编码，存放格式如 0xxxx.xx0（填‘x’的位置即为收购人编码）；其余字段填相应值。该类指令适用于对以前的预受累计股数进行部分或全部解除预受要约。

增加解除预受要约撤单委托记录：WTYWLB＝‘FC’；WTWTSL＝0；WTWTJG（委托价格）＝0；其余字段填相应值。该类指令适用于对当天的解除预受要约申报记录即时撤单。

2、回报库 SJSHB.dbf

增加预受要约申报被接受的回应记录：HBYWLB＝‘ES’；HBCJSL＝预受股数；HBCJJG（委托价格）＝0；HBDFXW（对方席位）为收购人编码。

增加预受要约撤单回报记录：HBYWLB＝‘EC’；HBCJSL≤0，其绝对值＝原预受股数；HBCJJG＝0。

增加解除预受要约申报被接受的回应记录：HBYWLB＝‘FS’；HBCJSL＝解除预受股数；HBCJJG（委托价格）＝0；HBDFXW

(对方席位)为收购人编码。

增加解除预受要约撤单回报记录:HBYWLB = ‘FC’;HBCJSL ≤0,其绝对值 = 原解除预受股数;HBCJJG = 0。

二、在股份结算接口规范的股份结算信息库 SJSGF. dbf 中增加有关要约收购的业务指令:预受要约确认、解除预受要约确认、保管股份余额,相应的接口规范定义修改如下:

1、增加预受要约股份确认记录:GFYWLB = ‘76’;GFWTGS = 预受要约委托股数;GFQRGS≤0,为预受要约确认股数;GFSFZH(身份证号)字段存放的是对应的收购人编码,使用左边6位,右补空格;其余字段填相应值。经确认的预受要约股份将被临时保管,不能再进行任何形式的转让。

2、增加解除预受要约股份确认记录:GFYWLB = ‘77’;GFWTGS = 解除预受要约委托股数;GFQRGS≥0,为解除预受要约确认股数;GFSFZH(身份证号)字段存放的是对应的收购人编码,使用左边6位,右补空格;其余字段填相应值。预受要约股份解除临时保管后可重新用于转让。

3、增加保管股份余额记录:GFYWLB = ‘B6’;GFWTGS = 0;GFQRGS = 投资者临时保管的股份总额;其余字段填相应值。该记录供会员单位对帐使用。

4、收购完成后的股份转让过户结果仍然通过股份结算信息库 SJSGF. dbf 发送,GFYWLB = ‘40’,各字段的定义与原接口规范中的定义相同。

三、《深圳证券交易所数据接口规范》(Ver4.1)通过网站发布,请到 www.sse.org.cn 或 www.cninfo.com.cn 网站上查阅。

四、请各会员单位于2003年春节前做好相关技术准备工作,本所将于春节后组织联网测试,测试事宜另行通知。

五、技术咨询电话:(交易)(0755)82083333 - 3293
(结算)(0755)82083333 - 3298

特此通知。

深圳证券交易所
中国结算深圳分公司
二〇〇二年十二月三十日

关于印发《期货经纪公司高级管理人员任职资格管理办法》等规章的通知

2002年1月23日　　证监发[2002]6号

各证券监管办公室、办事处、特派员办事处,中国期货业协会,各期货经纪公司:

为了进一步加强对期货经纪公司高级管理人员和期货从业人员的监管,我会制定了《期货经纪公司高级管理人员任职资格管理办法》(修订)、《期货从业人员资格管理办法》(修订),《期货经纪公司高级管理人员任职资格审核程序指引》。现印发给你们,自发布之日起施行。

期货经纪公司高级管理人员任职资格管理办法(修订)

第一章　总　则

第一条　为了加强对期货经纪公司高级管理人员任职资格的管理,规范期货经纪公司运作,防范经营风险,保护投资者利益,根据《期货交易管理暂行条例》,制定本办法。

第二条　在中华人民共和国境内依法设立的期货经纪公司,其高级管理人员任职资格的管理,适用本办法。

第三条　本办法所称期货经纪公司高级管理人员指期货经纪公司的董事长、总经理、副总经理。

第四条　中国证券监督管理委员会(以下简称“中国证监会”)负责期货经纪公司高级管理人员任职资格的审核与管理,包括任职资格的审核与确认、任职期间的考核、任职资格暂停与撤消以及其他相关事宜。

中国证监会派驻各地的证券监管办公室、办事处、特派员办事处(以下简称“中国证监会派出机构”)依照本办法和中国证监会的授权对期货经纪公司高级管理人员的任职资格进行审核与管理。

第二章　任职条件

第五条　期货经纪公司高级管理人员应当具备以下条件:

(一)身体状况良好;

(二)诚实信用,勤勉尽责,具有良好的职业道德;

(三)有相应的经济或者管理工作经验;

(四)取得期货从业人员资格;

(五)中国证监会规定的其他条件。**第六条** 总经理、副总经理除符合第五条规定条件外,还应当符合下列条件:

(一)从事期货、证券工作3年以上,或者从事其他金融工作5年以上,或者从事其他经济管理工作20年以上;

(二)具有履行高级管理人员职责所必备的经济、金融、期货知识和组织协调能力,熟悉金融、期货等相关法律法规。

第七条 下列人员不得担任期货经纪公司高级管理人员:

(一)有《期货交易管理暂行条例》第十条所列情形之一的;

(二)被中国证监会宣布为证券、期货市场禁止进入者的;

(三)被开除的国家公务人员或者事业单位工作人员,自被开除之日起未逾5年的;

(四)因违法违规行为或者违纪行为被解除职务的期货交易所、期货经纪公司或者其他金融机构的从业人员、董事、监事,自被解除职务之日起未逾5年的;

(五)因失职造成重大经济损失或者导致发生重大案件的直接责任人和负有直接领导责任的人员,受到警告或者警告以上处罚,执行期满未逾5年的;

(六)有中国证监会规定的其他情形的。

第八条 期货经纪公司高级管理人员不得在党政机关兼职。总经理、副总经理不得在其他营利性组织兼职。

第九条 期货经纪公司法定代表人、总经理、副总经理在其任职期间除负责公司正常营运外,还应当履行下列职责:

(一)遵守有关法律、法规、规章和政策;

(二)遵守期货交易所有关规则及公司章程;

(三)建立、健全并严格执行期货业务规则、财务会计制度、风险管理和内部控制制度;

(四)配合、接受中国证监会及其派出机构的监管。

第三章 任职资格的取得和日常管理

第十条 期货经纪公司聘任高级管理人员,其拟聘任的高级管理人员必须取得期货经纪公司高级管理人员任职资格。未取得期货经纪公司高级管理人员任职资格的,期货经纪公司不得为其办理任职手续。

第十一条 期货经纪公司高级管理人员任职资格由中国证监会核准。

中国证监会派出机构负责期货经纪公司高级管理人员任职资格的初步审核。经初步审核符合任职条件的,由中国证监会复核。经初步审核认为不符合任职条件的,应当向申请人以书面形式说明理由。

第十二条 期货经纪公司高级管理人员申请任职资格的,必须由拟任职公司推荐。申请人应当向公司所在地中国证监会派出机构提交下列材料:

(一)《期货经纪公司高级管理人员任职资格申请表》;

(二)身份证复印件并加盖推荐公司公章;

(三)学历证书复印件并加盖推荐公司公章;

(四)《期货从业人员资格证书》复印件并加盖推荐公司公章;

(五)推荐公司董事会或者上级主管部门出具的从业经历证明;

(六)拟任人员推荐公司董事会的鉴定材料及推荐意见;

(七)中国证监会要求提交的其他材料。

第十三条 中国证监会派出机构通过审核材料、考察谈话、调查从业经历等方式,对期货经纪公司推荐拟任高级管理人员的能力、品行和资历进行审查。

第十四条 中国证监会派出机构对期货经纪公司高级管理人员的考察谈话必须有书面记录,并经考察人和被考察人双方签字。

第十五条 中国证监会应当在收到符合规定的申请材料之日起30个工作日内,决定是否核准其任职资格。予以核准的,由中国证监会颁发《期货经纪公司高级管理人员任职资格证书》;未予核准的,应当在书面通知中说明理由。

第十六条 拟任期货经纪公司高级管理人员在取得任职资格后,推荐公司应当在6个月内为其办理任职手续。无合理理由未办理任职手续的,任职资格自动失效。

第十七条 期货经纪公司高级管理人员离开推荐公司的,其高级管理人员任职资格自动失效。

第十八条 聘任为董事长的期货经纪公司高级管理人员被聘任为该公司总经理、副总经理的,其任职条件应当符合本办法第六条的规定,任职资格须经中国证监会核准。

第十九条 期货经纪公司应当在公司章程或者其他书面文件载明,当法定代表人因故临时不能履行职务时,由法定代表人指定的已取得任职资格的高级管理人员代其履行职责,并报所在地中国证监会派出机构备案。

第二十条 期货经纪公司高级管理人员因涉嫌违法、违规行为被调查处理的,期货经纪公司应当在该事件发生之日起3个工作日内向中国证监会派出机构报告。

第二十一条 期货经纪公司股东会或者董事会对其高级管理人员给予处分或者免职的,必须在决定公布前报公司所在地中国证监会派出机构备案。

第二十二条 期货经纪公司在业务经营活动中出现或者可能出现下列情形的,中国证监会及其派出机构可以对负有直接责任或者领导责任的期货经纪公司高级管理人员进行提示:

(一)公司或者从业人员涉嫌违反国家法律、法规或者中国证监会有关规定;

(二)公司法人治理结构、内部控制制度等公司组织管理上出现重大隐患;

(三)公司出现重大财务风险;

(四)中国证监会为维护期货市场秩序而认为确有必要时。

提示可以以谈话方式或者以书面方式进行。

第二十三条 期货经纪公司及其高级管理人员对被提示的问题应当及时整改,并将整改计划和整改结果报中国证监会派出机构备案。中国证监会派出机构应当对整改结果进行跟踪检查。

第二十四条 中国证监会及其派出机构每年度对期货经纪公司高级管理人员任职资格进行年度检查。

第二十五条 期货经纪公司高级管理人员任职资格不符合年检规定条件的,不予通过年检,由中国证监会注销其期货经纪公司高级管理人员任职资格,并予以公布。

第二十六条 期货经纪公司董事长或者总经理拟离任时,董事会应当委托具有证券期货从业资格的会计师事务所进行离任审计,并将审计结果报告中国证监会派出机构。

第二十七条 中国证监会派出机构在对期货经纪公司高级管理人员任职资格核准和管理中产生的材料,应当归档保存,建立数据库。

第二十八条 期货经纪公司高级管理人员的任职记录应当作为今后审核其高级管理人员任职资格以及其任职的期货经纪公司各项业务资格的参考。

第二十九条 期货经纪公司及其高级管理人员违反本办法有关规定的,中国证监会及其派出机构对其可予以重点关注并在一定时期内冷淡对待。

第四章 罚 则

第三一条 期货经纪公司高级管理人员在任职期间出现不符合本办法第五条、第六条、第七条、第八条规定情形的,责令改正;情节严重的,暂停其期货经纪公司高级管理人员任职资格 6 个月或者撤消其期货经纪公司高级管理人员任职资格;推荐公司隐瞒不报的,给予警告,情节严重的,对推荐公司处以 1 万元以上 3 万元以下的罚款。

第三十一条 期货经纪公司高级管理人员任职资格申请人违反本办法规定,提供虚假、有重大遗漏或者误导性材料的,责令改正;情节严重的,在 3 年内或者永久性拒绝其期货经纪公司高级管理人员任职资格申请。已取得期货经纪公司高级管理人员任职资格的,撤销其期货经纪公司高级管理人员任职资格。

第三十二条 期货经纪公司高级管理人员有违反法律、法规、规章和中国证监会有关规定的行为的,责令改正;情节严重的,暂停其期货经纪公司高级管理人员任职资格 6 个月或者撤消其期货经纪公司高级管理人员任职资格。

第三十三条 未取得中国证监会核准的期货经纪公司高级管理人员任职资格而在期货经纪公司任职的,责令其任职的期货经纪公司予以改正,对该公司给予警告;逾期不改,情节严重的,责令停业整顿。

第三十四条 期货经纪公司未按本办法规定的程序任免高级管理人员的,给予警告,责令其按规定程序申报高级管理人员任职资格;逾期不改,情节严重的,责令停业整顿。

第三十五条 期货经纪公司对拟任高级管理人员提供的材料出具虚假鉴定或者推荐意见的,责令改正,对该公司及其法定代表人给予警告;逾期不改,情节严重的,责令停业整顿。

第三十六条 期货经纪公司未按规定办理期货经纪公司高级管理人员任职资格年检的,给予警告,责令其限期上报;逾期不改,情节严重的,责令停业整顿。

第五章 附 则

第三十七条 期货经纪公司执行董事、财务部门负责人、合规审查部门负责人、风险管理部门负责人以及期货经纪公司分支机构负责人的任职资格,由中国证监会派出机构比照本办法总经理、副总经理的任职条件予以核准和管理。核准结果报中国证监会备案。

本办法所称"执行董事"指在期货经纪公司内受聘担任管理职务的董事。

第三十八条 期货经纪公司董事(执行董事除外)、监事的任职资格,由中国证监会派出机构比照本办法董事长的任职条件予以核准和管理。核准结果报中国证监会备案。

前款董事、监事必须在 2003 年 6 月 30 日前取得任职资格。

第三十九条 本办法第三十七条、第三十八条所指人员以及其任职的期货经纪公司存在本办法第三十条至第三十六条情形的,按照第三十条至第三十六条的规定给予处罚。

第四十条 本办法发布前,期货经纪公司设置的高级管理人员职位与本办法不符的,应当按照本办法加以规范。

第四十一条 本办法修订前由中国证监会批准的期货经纪公司高级管理人员任职资格仍然有效,但不符合本办法规定的任职条件的,应当在本办法实施后 12 个月内达到本办法规定的任职条件。

第四十二条 本办法自发布之日起施行,1999 年 8 月 31 日发布的《期货经纪公司高级管理人员任职资格管理办法》同时废止。

期货从业人员资格管理办法(修订)

第一章　总　则

第一条　为了加强对期货从业人员资格的管理,规范从事期货业务的机构运作,根据《期货交易管理暂行条例》,制定本办法。

第二条　中华人民共和国境内的期货从业人员的资格管理,适用本办法。

从事期货业务的机构聘用期货从业人员的,应当遵守本办法。

第三条　本办法所称从事期货业务的机构指:

(一)期货交易所;

(二)期货经纪公司;

(三)期货交易厅;

(四)期货交易所的非期货经纪公司会员;

(五)持有《境外期货业务许可证》的企业;

(六)期货投资咨询机构;

(七)中国证监会规定的其他机构。

第四条　本办法所称期货从业人员包括:

(一)期货交易所的高级管理人员;

(二)期货经纪公司的高级管理人员;

(三)期货交易所业务部门的管理人员和从事交易、结算、交割、财务、稽查等业务的专业人员;

(四)期货经纪公司业务部门的管理人员和从事客户开发、执行委托、结算、合规审查等业务的专业人员;

(五)期货交易厅的高级管理人员和从事期货交易厅业务的专业人员;

(六)从事期货业务的机构中从事期货投资分析、咨询业务的人员;

(七)期货交易所非期货经纪公司会员中从事期货业务的管理人员和专业人员;

(八)持有《境外期货业务许可证》企业中从事期货业务的管理人员和专业人员;

(九)期货交易所、期货交易厅、期货经纪公司中的电脑管理人员;

(十)中国证监会认为需要进行资格确认的其他期货从业人员。

第五条　中国期货业协会负责期货从业人员资格的授予、管理及注销。

中国期货业协会依据本办法及有关规定制定从业人员资格管理的规则,实行自律性管理。

第六条　中国期货业协会应当建立期货从业人员资格数据库,进行资格公示。资格公示的具体办法由中国期货业协会制定。

第七条　中国期货业协会对从业人员的管理应当接受中国证监会的监督和指导。

第二章　期货从业人员资格的取得

第八条　申请取得期货从业人员资格的,除本办法第九条规定的情形外,必须通过中国期货业协会组织的资格考试,取得《期货从业人员资格证书》。

第九条　经中国证监会批准,下列人员可以免于资格考试取得《期货从业人员资格证书》:

(一)期货交易所的高级管理人员;

(二)在期货、证券或相关业务管理岗位工作5年以上或者从事经济管理工作20年以上的期货经纪公司高级管理人员。

第十条　期货从业人员资格考试的时间和次数由中国期货业协会规定,报中国证监会核准。

第十一条　期货从业人员资格考试大纲由中国期货业协会制定,报中国证监会核准。

第十二条　中国期货业协会负责组织期货从业人员资格考试。

第十三条　申请参加期货从业人员资格考试的条件,由中国期货业协会规定,报中国证监会核准。

第十四条　中国期货业协会负责审核申请人的报考资格。

第十五条　对通过期货从业人员资格考试的申请人,由中国期货业协会颁发《期货从业人员资格证书》,并向社会公布。

第十六条　《期货从业人员资格证书》的种类由中国期货业协会规定,报中国证监会核准。

第三章　从业人员行为规范

第十七条　期货从业人员应当遵守下列执业行为规范:

(一)遵守有关法律、法规、规章和政策,不得有操纵期货交易价格、欺诈客户和内幕交易的行为;

(二)遵守中国期货业协会章程及会员管理规则、期货交易所有关规则和从事期货业务机构的规章制度;

(三)恪尽职守,勤勉尽责,诚实信用,维护客户的合法权益;

(四)自觉避免与客户的利益冲突,当无法避免时,应当确保客户得到公平对待;

(五)不得协助或者协同他人进行违法违规活动;

(六)服从中国期货业协会的自律性管理;

(七)服从中国证监会的监督与管理;

(八)遵守中国证监会的其他规定。

第十八条 期货从业人员应当提高执业技能,以谨慎注意的态度执行业务,维护客户的权益,保障市场稳健运行。

第四章 期货从业人员资格的管理

第十九条 取得《期货从业人员资格证书》连续3年未从事期货业务的,《期货从业人员资格证书》失效,由中国期货业协会予以注销。

第二十条 从事期货业务的机构不得聘用无《期货从业人员资格证书》的人员作为期货业务专业人员对外开展业务。

从事期货业务的机构可以聘用无《期货从业人员资格证书》的人员作为期货业务辅助人员,期货业务辅助人员不能对外开展业务。

期货业务辅助人员须报所在地中国证监会派出机构和中国期货业协会备案。

第二十一条 从事期货业务的机构聘用期货从业人员,应当在聘用后10个工作日内向中国期货业协会备案。

第二十二条 期货从业人员因死亡、辞职、退休或者被解聘等原因发生变动,所在机构应当在变动后10个工作日内向中国期货业协会备案。

第二十三条 期货从业人员在执行职务中有违反法律、法规、规章以及中国证监会有关规定的行为的,所在机构应当在10个工作日内向机构所在地中国证监会派出机构及中国期货业协会报告。

期货交易所和持有《境外期货业务许可证》的企业的期货从业人员有前款情形的,所在机构应当在10个工作日内向中国证监会及中国期货业协会报告。

第二十四条 中国期货业协会应当每年组织期货从业人员后续职业培训,提高从业人员的职业道德和专业素质。

第二十五条 中国期货业协会对期货从业人员的从业人员资格实施年检。年检的具体办法由中国期货业协会规定。

第二十六条 期货从业人员不参加年检或者不符合年检规定条件的,不予通过年检,由中国期货业协会注销其《期货从业人员资格证书》,并向社会公布。

第二十七条 中国证监会及其派出机构有权要求中国期货业协会提供期货从业人员的有关资料,查询期货从业人员资格数据库。中国期货业协会应当积极予以配合。

第五章 罚 则

第二十八条 期货从业人员有违反法律、法规、规章及中国证监会有关规定的行为的,责令改正;情节严重的,由中国期货业协会给予下列纪律处分:

(一)暂停期货从业人员资格6个月至12个月;

(二)撤销期货从业人员资格并在3年内拒绝受理其从业人员资格申请;

(三)撤销期货从业人员资格并永久性拒绝受理其从业人员资格申请。

第二十九条 期货从业人员资格申请人违反本办法规定,提供虚假或者误导性材料的,责令改正;情节严重的,由中国期货业协会在3年内或者永久性拒绝其从业人员资格申请。已取得期货从业人员资格的,由中国期货业协会撤销其期货从业人员资格。

第三十条 期货从业人员未按照规定办理年检的,责令改正;逾期不改正的,由中国期货业协会撤销其期货从业人员资格。

第三十一条 期货从业人员的执业行为违反有关从业机构的业务管理规定导致重大经济损失的,由中国期货业协会撤销其期货从业人员资格并在3年内拒绝受理其从业人员资格申请。

第三十二条 期货从业人员拒绝中国期货业协会调查或者检查的,由中国期货业协会暂停其期货从业人员资格6个月至12个月;情节严重的,撤销其期货从业人员资格并在3年内拒绝受理其从业人员资格申请。

第三十三条 本办法第三条第(三)、(四)、(五)、(六)、(七)项规定的机构聘用无《期货从业人员资格证书》的人员或者未履行本办法规定的备案、报告义务的,责令改正;情节严重的,由中国证监会处以1万元以上3万元以下的罚款。

第三十四条 从业人员违反中国期货业协会自律性管理规则的,由中国期货业协会根据本办法第二十八条的规定给予纪律处分。

第三十五条 期货从业人员受到中国期货业协会纪律处分的,所在机构应当在10日内报告中国证监会或者其派出机构。

第六章 附 则

第三十六条 本办法修订前中国证监会颁发的《期货业从业人员资格证书》继续有效,由中国期货业协会按本办法规定进行管理。

第三十七条 本办法自发布之日起实施,1999年8月31日发布的《期货业从业人员资格管理办法》同时废止。

期货经纪公司高级管理人员任职资格审核程序指引

为了规范对期货经纪公司高级管理人员(以下简称高管人员)任职资格审核工作,制定本工作程序。

一、期货经纪公司聘用的高管人员,须取得期货经纪公司高级管理人员任职资格;未取得期货经纪公司高级管理人员任职资格的,必须向中国证监会申请任职资格。

二、期货经纪公司高管人员申请任职资格,须有两位具有期货、证券、基金或者中国证监会规定的其他高管人员任职资格的推荐人的推荐。

三、期货经纪公司聘用高管人员,应当先由期货经纪公司(推荐单位)向所在地中国证监会派出机构报送下列材料:

(一)高管人员任职资格的申请;

(二)《期货经纪公司高级管理人员任职资格申请表》;

(三)董事会决议(原件);

(四)身份证复印件(粘贴在申请表中或者直接复印在申请表中并加盖推荐单位公章);

(五)学历证书复印件并加盖推荐单位公章;

(六)相关的职称证书复印件并加盖推荐单位公章;

(七)《期货业从业人员资格证书》及推荐单位董事会或者上级主管部门出具的从业经历证明;

(八)无犯罪记录证明原件(由户籍所在地派出所提供,内容包括但不限于姓名、年龄、户籍所在地、身份证号、无犯罪记录的结论);

(九)本人关于不具备本文件第四条第(三)款的情况声明;

(十)培训合格证书或参加下一次培训的书面承诺;

(十一)两位推荐人的期货、证券、基金或者中国证监会规定的其他高管人员任职资格证书复印件;

(十二)中国证监会规定的其他材料。

四、中国证监会派出机构收到上述材料后,应当按照《期货经纪公司高级管理人员任职资格管理办法》的规定认真审核。

(一)董事长除应当符合《期货经纪公司高级管理人员任职资格管理办法》第五条规定条件外,还应当具备以下条件:

1.从事经济或者管理工作5年以上;

2.至少有一次参加期货高管人员培训且考试合格的记录(在两个培训计划期间申请任职的,有在下次培训时参加培训的书面承诺);

3.不具备本程序第四条第(三)项的情况;

4.两位具有期货、证券、基金或者中国证监会规定的其他高管人员任职资格证书推荐人的同意推荐。

(二)总经理、副总经理除符合前款规定外,还必须符合《期货经纪公司高级管理人员任职资格管理办法》第六条规定条件。

(三)下列人员不得担任高管人员:

1.因违法行为或者违纪行为被解除职务的期货交易所、期货经纪公司或者其他金融机构的从业人员、董事、监事,自被解除职务之日起未逾5年的;

2.因违法行为或者违纪行为被解除职务的证券交易所、证券登记结算机构的负责人或者证券公司的董事、监事、经理、自被解除职务之日起未逾5年的;

3.因违法行为或者违纪行为被撤消资格的律师、注册会计师或者法定资产评估机构、验证机构的专业人员,自被解除职务之日起未逾5年的;

4.无民事行为能力或者限制民事行为能力的;

5.因犯有贪污、贿赂、侵占财产、挪用财产罪或者破坏社会经济秩序罪,被判处刑罚,执行期满未逾5年,或者因犯罪被剥夺政治权利,执行期满未逾5年的;

6.担任因经营不善破产清算的公司、企业的董事或者厂长、经理,并对该公司、企业的破产负有个人责任的,自该公司、企业破产清算完结之日起未逾3年的;

7.担任因违法被吊销营业执照的公司、企业的法定代表人,并负有个人责任的,自该公司、企业被吊销营业执照之日起未逾3年的;

8.个人所负数额较大的债务到期未清偿的;

9.被中国证监会宣布为证券、期货市场禁止进入者的;

10.被开除的国家公务人员或者事业单位工作人员,自被开除之日起未逾5年的;

11.因失职造成重大经济损失或者导致发生重大案件的直接责任人和负有直接领导责任的人员,受到警告或者警告以上处罚,执行期满未逾5年的;

12.近3年受过其他监管部门处罚,不适宜担任期货经纪公司高级管理人员的;

13.近5年内受过有关党纪政纪处分的;

14.近3年受过中国期货业协会、中国证券业协会纪律处分的;

15.中国证监会认定的其他不适宜担任期货经纪公司高级管理人员的。

五、推荐单位对拟任高管人员的鉴定应当由董事会通过。鉴定应当包括但不限于以下内容:

(一)政治思想和职业道德;

(二)管理能力;

(三)业务开拓能力;

(四)工作业绩;

(五)法律法规及中国证监会有关规定的执行情况。

六、申请人在其任职资格申请表中的陈述应当真实、完整和准确。推荐单位要予以确认,对申请人是否具备高管人员任职资格要有明确意见。如果申请人陈述出现虚假、隐瞒、重要遗漏等问题,责令改正;情节严重的,中国证监会及其派出机构将在3年内不再受理申请人的高级管理人员任职资格申请。对推荐单位列为诚实性有问题的机构记录在案,对该单位今后的申请材料施行重点审查或者冷淡对待。

七、推荐人对申请人的推荐意见应当说明推荐的理由,包括但不限于以下内容:

(一)职业道德;

(二)业务水平;

(三)遵规守法情况;

(四)明确的推荐意见。八、推荐人应当如实说明与被推荐人的关系(包括何时认识,如何认识,与被推荐人的熟悉程度等内容),并如实陈述被推荐人情况。推荐意见中有虚假陈述的,将记入推荐人的高管人员管理档案。

九、高管人员任职资格的审核程序

(一)中国证监会派出机构按照《期货经纪公司高级管理人员任职资格管理办法》和本程序的规定审核申请人报送的材料。

(二)中国证监会派出机构审核材料过程中,要对申请人进行谈话并做记录,谈话记录要归档。

(三)必要时,中国证监会派出机构要对材料反映和申请人陈述的情况进行调查核实。

(四)中国证监会派出机构对申请材料审查后,应当做出是否核准申请人高管人员任职资格的决定。如核准其高管人员任职资格,向中国证监会出具有明确意见并附理由的审核报告,附申报材料报中国证监会复核。如不核准其高管人员任职资格,须向申请人以书面形式说明理由。

(五)中国证监会对上报的申请材料进行书面审核。对材料有疑问的,有权要求派出机构补充调查,做出说明。

(六)中国证监会审核材料后,对于材料齐备并符合任职条件的高管人员,核准其高管人员任职资格;对于材料不齐备或者经要求补充材料后却未能按照要求予以补充说明的,做出不予以核准的决定,并以书面形式说明理由,退回其申请材料。

(七)中国证监会对经其审核并上报材料的派出机构下达批复或者退回材料,不直接对申请人或者推荐公司下达核准任职资格的批复。

十、期货经纪公司执行董事、财务部门负责人、合规审查部门负责人、风险管理部门负责人、分支机构负责人的任职资格核准程序

(一)期货经纪公司执行董事、财务部门负责人、合规审查部门负责人、风险管理部门负责人以及期货经纪公司分支机构负责人的任职资格,由中国证监会派出机构比照期货经纪公司总经理、副总经理的任职条件和本程序予以核准。

(二)对于核准其任职资格的,按照《中国证监会和派出机构期货监管业务内部工作程序指引》的要求签署审核意见并向证监会备案;对于不核准其任职资格的,须向申请人以书面形式说明理由。

(三)中国证监会对任职资格有异议的,应当在10个工作日内以书面形式提出,派出机构应当根据异议意见做进一步核查后提出意见。

(四)中国证监会在10个工作日内如未提出异议,派出机构予以批复,对具备任职条件的申请人,以书面形式表示“对任职资格无异议”;对不具备条件的,以书面形式说明理由。

十一、期货经纪公司董事(非执行董事)、监事的核准程序

(一)期货经纪公司董事(执行董事)、监事的任职资格,由中国证监会派出机构比照期货经纪公司董事长的任职条件和本程序予以核准。

(二)对于核准其任职资格的,按照《中国证监会和派出机构期货监管业务内部工作程序指引》的要求签署审核意见并向中国证监会备案;对于不核准其任职资格的,须向申请人以书面形式说明理由。

(三)中国证监会对任职资格有异议的,应当在10个工作日内以书面形式提出,派出机构应当根据异议意见做进一步核查后提出意见。

(四)中国证监会在10个工作日内如未提出异议,派出机构予以批复,对具备任职条件的申请人,以书面形式表示“对任职资格无异议”;对不具备条件的,以书面形式说明理由。

关于发布《上海证券交易所大宗交易实施细则》及开展大宗交易业务有关事项的通知

各会员单位：

上证所决定正式发布实施《上海证券交易所大宗交易实施细则》，并于2003年1月10日起正式开展大宗交易业务。现将有关事项通知如下：

一、自2003年1月10日开始，上证所暂时采用人工受理方式接受各会员单位大宗交易申请，由指定席位所属会员的注册交易员向上证所报送大宗交易申请表，上证所对申请表及相关事项审核后进行申报操作。从2003年第二季度起，上证所以电子交易系统方式受理大宗交易申请，买卖双方达成大宗交易协议后，委托会员通过大宗交易系统进行成交申报。

二、大宗交易的申报受理时间为交易日的15:00-15:30，申报价格须在当日竞价时间内已成交的最高和最低成交价格之间确定。该证券当日无成交的，以前收盘价为成交价。

三、大宗交易的成交信息，由上证所在指定的媒体披露，上证所外部网站(www.sse.com.cn)的“行情及交易概况—交易公开信息—大宗交易”栏目同步发布。

四、在人工受理阶段，处于转股期的可转换债券暂不实行大宗交易。

五、为控制大宗交易结算风险，各会员单位须在交易日保证其结算帐户具有足额资金用于当日交易结算。对资金不足部分，中国证券登记结算有限责任公司上海分公司按先自营后经纪及交易顺序，冻结大宗交易买入的证券，待资金补足后再予解冻。

六、上证所受理大宗交易的归口部门是交易运行部。各会员单位可从本通知的附件中获取大宗交易申请表，也可从上证所外部网站下载。

七、大宗交易的其他事项，详见《上海证券交易所大宗交易实施细则》。

请各会员单位认真做好相关准备工作。

附件：上海证券交易所大宗交易实施细则

上海证券交易所
中国证券登记结算有限公司上海分公司
二〇〇二年十二月三十一日

第一条 为规范大宗交易行为，维护正常的交易秩序，根据《上海、深圳证券交易所交易规则》(以下简称交易规则)的有关规定，制定本办法。

第二条 在上海证券交易所(以下简称本所)市场进行的证券单笔买卖达到如下最低限额，可以采用大宗交易方式：

(一)A股交易数量在50万股(含)以上，或交易金额在300万元(含)人民币以上；B股交易数量在50万股(含)以上，或交易金额在30万美元(含)以上；

(二)基金交易数量在300万份(含)以上，或交易金额在300万元(含)人民币以上；

(三)债券交易数量在2万手(含)以上，或交易金额在2000万元(含)人民币以上。

(四)回购交易数量在5万手(含)以上，或交易金额在5000万元(含)人民币以上。

根据市场情况，本所可以调整大宗交易的品种和最低限额。

第三条 大宗交易在本所正常交易日的15:00-15:30进行。当日停市或全天停牌的证券，本所不受理其大宗交易的申报。

第四条 投资者进行大宗交易，必须委托办理指定交易的会员(含营业部，下同)进行。

第五条 大宗交易的意向报价和成交申报由会员以有形席位或无形席位报盘方式进入交易主机。

第六条 会员根据客户委托(或自营业务)进行大宗交易的意向报价，报价指令应包括以下内容：

(一)证券代码；

(二)股东账号；

(三)买卖方向；

(四)本所规定的其他内容。

报价时是否明确交易价格和交易数量由报价方决定。

第七条 意向报价应当真实有效。对于不明确价格的，表示至少愿意以规定的最低价格买入或以最高价格卖出；不明确数量的，表示至少愿意以最低限额成交。

第八条 代表买方或卖方的会员根据大宗交易的买卖信息就大宗交易的价格和数量等要素进行议价协商。

第九条 当意向报价被其他参与者接受(包括对于报价方而言更优的价格)时，报价方应当至少与一个接受意向报价的对手进行成交申报。

第十条 达成一致的大宗交易，代表买方和卖方的会员分别通过各自席位进行成交申报，成交申报应包括以下内容：

(一)证券代码；

(二)股东账号；

（三）成交价格；

（四）成交数量；

（五）买卖方向；

（六）买卖对手方席位号；

（七）本所规定的其他内容。

买卖双方对于输入成交系统的每笔大宗交易成交申报，其成交价格和成交数量必须一致。

第十一条 经本所确认后的成交申报，不得撤销或变更。买卖双方必须承认交易结果，并履行相关的清算交收义务。

第十二条 会员应保证大宗交易客户（包括自营业务的自营账户）实际拥有与报价和申报数量相对应的证券或资金。

第十三条 大宗交易股票、基金的交易经手费按竞价市场同品种的费率标准下浮 30%收取，债券则按新费率标准下浮 10%收取。

第十四条 大宗交易收盘后，本所在指定媒体上公布每笔大宗交易的成交量、成交价及买卖双方所在会员营业部的名称（通过本所专用席位达成的交易，公布专用席位所属机构的名称）。

第十五条 大宗交易成交后涉及信息披露要求的，买卖双方应依照有关的法律法规履行信息披露义务。

第十六条 大宗交易的成交价格不作为该证券当日的收盘价，也不计入当日行情。

第十七条 大宗交易不纳入指数计算，成交量在收盘后计入该证券的成交总量。

第十八条 对于在大宗交易中进行虚假报价、扰乱市场秩序等违反本细则或交易规则有关规定的行为，本所将依照规定进行处罚。

第十九条 本细则未作规定的其他事项，依交易规则和本所其他有关业务规则办理。

第二十条 本细则由本所负责解释。

第二十一条 本细则经本所理事会通过后生效，修改时亦同。

第二十二条 本细则自发布之日起执行。

关于调整证券交易佣金收取标准的通知

2002 年 4 月 4 日　　证监发[2002]21 号

各证券公司，各证券监管办公室、办事处、特派员办事处，各省、自治区、直辖市及计划单列市计委、物价局，国家税务局、地方税务局：

为规范证券市场的收费行为，维护投资者的合法权益，促进证券市场的发展，依据《中华人民共和国证券法》、《中华人民共和国价格法》等法律法规，现就证券交易佣金收取标准的有关问题通知如下：

一、A 股、B 股、证券投资基金的交易佣金实行最高上限向下浮动制度，证券公司向客户收取的佣金（包括代收的证券交易监管费和证券交易所手续费等）不得高于证券交易金额的 3‰也不得低于代收的证券交易监管费和证券交易所手续费等。A 股、证券投资基金每笔交易佣金不足 5 元的，按 5 元收取；B 股每笔交易佣金不足 1 美元或 5 港元的，按 1 美元或 5 港元收取。

二、国债现券、企业债（含可转债）、国债回购，以及今后出现的新的交易品种，其交易佣金标准由证券交易所制定并报中国证监会和国家计委备案，备案 15 天内无异议后实施。

三、证券公司收取的证券交易佣金是证券公司为客户提供证券代理买卖服务收取的报酬。如证券公司向客户提供代理以外的其他服务（如咨询等），可由双方本着平等、自愿、公平、诚实信用的原则协商确定收取标准。

四、证券公司以在证券交易时向客户收取的佣金为计征营业税营业额，如果证券公司给客户的折扣额与向客户收取的佣金额在同一张证券交易交割凭证上注明的，可按折扣后的佣金额征收营业税；如果将折扣额另开证券交易交割凭证或发票的，不论其在财务上如何处理，均不得从佣金计税营业额中将折扣额扣除。

五、证券公司必须严格遵守国家财经纪律，不得采用现金返佣、赠送实物或礼券、提供非证券业务性质的服务等不正当竞争方式吸引投资者进行证券交易，禁止证券公司将机构投资者缴纳的证券交易佣金直接或间接返还给个人。

六、各证券公司应根据自身的实际情况制定本公司的佣金收取标准，报公司注册地中国证监会派出机构及营业地证监会派出机构、营业地价格主管部门、营业地税务部门备案，并在营业场所公布。证券公司改变佣金收取标准，必须在完成上述备案、公布程序后方可执行。

七、证券公司违反本通知规定向投资者收取佣金，或不及时向证券监督管理机构、税务部门报备佣金收取办法，或不及时在营业场所公布佣金收取办法，或未按公司公开的佣金收取办法收取佣金的，中国证监会和有关价格、税务管理部门将依法对其查处。

八、本通知自 2002 年 5 月 1 日起执行。

关于执行《亏损上市公司暂停上市和终止上市实施办法(修订)》的补充规定

关于发布《关于执行 < 亏损上市公司暂停上市和终止上市实施办法(修订) > 的补充规定》的通知

各上市公司:

2001 年 11 月 30 日我会发布了《亏损上市公司暂停上市和终止上市实施办法(修订)》(证监发[2001]147 号),在执行中反映出一些需要解决的问题。为保护投资者权益,我会制定了《关于执行 < 亏损上市公司暂停上市和终止上市实施办法(修订) > 的补充规定》,自发布之日起施行。

中国证券监督管理委员会

二〇〇三年三月十八日

为保护投资者合法权益,现就《亏损上市公司暂停上市和终止上市实施办法(修订)》执行中的有关问题补充规定如下:

一、因财务会计报告存在重大会计差错或虚假记载,公司主动改正或被责令改正,对以前年度财务会计报告进行追溯调整,导致最近两年连续亏损的,如公司追溯调整行为发生当年继续亏损,证券交易所应自公司发布该年度报告之日起十个工作日内,作出暂停其股票上市的决定。

二、证券交易所在作出暂停上市、恢复上市或终止上市决定时,如果所依据的定期报告中的财务会计报告被注册会计师出具带解释性说明段的无保留意见、保留意见、否定意见或拒绝表示意见的审计报告(以下统称"非标准无保留意见审计报告")的,证券交易所可以组织专家委员会,对非标准无保留意见审计报告中所涉及的、影响盈利真实性的重大会计处理问题,作出独立的专业判断,证券交易所可以依据专家委员会的意见作出相应决定。

三、已出现最近两年连续亏损的公司,或者根据本补充规定第一条规定进行追溯调整后出现最近两年连续亏损的公司,其年度财务会计报告继续显示亏损,或者虽然显示盈利但被出具非标准无保留意见审计报告的,公司董事会在审议年度财务会计报告时,应就以下事项作出决议,并提交最近一次股东大会审议:

(一)如果公司股票暂停上市,公司将与一家具有资格的证券公司签订协议,协议约定(包括但不限于):公司聘请该证券公司作为股票恢复上市的推荐人;如果股票终止上市,则委托该证券公司提供代办股份转让业务服务,并授权其办理证券交易所市场登记结算系统股份退出登记,办理股份重新确认及代办股份转让系统股份登记结算等事宜。

具有资格的证券公司是指具有"代办股份转让服务业务"资格和具有"上市推荐人"资格的证券公司(以下简称"主办证券公司")。

(二)如果公司股票暂停上市,公司将与中国证券登记结算有限责任公司签订协议。协议约定(包括但不限于):如果股票终止上市,公司将委托中国证券登记结算有限责任公司作为全部股份的托管、登记和结算机构。

(三)如果公司股票终止上市,公司将申请其股份进入代办股份转让系统转让,股东大会授权董事会办理公司股票终止上市以及进入代办股份转让系统的有关事宜。

四、公司董事会应在股东大会审议通过本补充规定第三条所述议案后,尽快完成与中国证券登记结算有限责任公司和主办证券公司的协议签订工作,报告中国证券业协会、公司注册地的中国证监会派出机构、证券交易所并公告。"

五、公司股票终止上市的,主办证券公司应当在证券交易所作出终止上市决定后五个工作日内,在中国证监会指定的上市公司信息披露报刊和互联网网站登载《代办股份转让有关事项公告》,公告以下内容:

(一)办理股份终止上市的情况;

(二)办理股份重新确认手续的时间和方式;

(三)代办股份转让的条件和安排。

六、主办证券公司应当在证券交易所作出公司股票终止上市决定后的二十个工作日内,完成终止上市的股份退出登记等前期准备工作,为股东办理股份重新确认手续及开立非上市公司股份转让账户。

七、公司董事会不履行与公司股票恢复上市、终止上市相关的义务,使股东合法权益受到损害的,股东可以依法要求公司履行上述义务并追究相关责任。

公司委托的主办证券公司不履行协议,使公司和股东的合法权益受到损害的,公司可以依法要求主办证券公司履行上述义务并追究相关责任。

八、上市公司在法定期限内未依法披露年度报告或者半年度报告的,或者在规定期限内未对虚假财务会计报告进行改正的,证券交易所应依照有关法律法规及《股票上市规则》的规定,作出公司股票暂停上市、恢复上市或者终止上市的决定。

九、证券交易所依法作出上市公司股票暂停上市或恢复上市决定后,应当向中国证监会作出报告;作出股票终止上市的决定后,应当向中国证监会备案。

十、本补充规定自发布之日起施行。

2002 基金业大事记

- 2002 年 2 月 28 日　马年首只封闭式基金——科瑞证券投资基金上网定价发行，拉开了 2002 年中国基金业大扩容的序幕。
- 2002 年 4 月　南方稳健成长基金首次分红，成为中国基金业发展史上的第一只分红的开放式基金。
- 2002 年 6 月 3 日　中国证监会管理委员会令第 9 号发布《外资参股基金管理公司设立规则》。
- 2002 年 8 月 1 日　国内首家代销封闭式基金的商业银行——中国建设银行正式代销封闭式基金——银丰证券投资基金。
- 2002 年 8 月 14 日　中国证监会发布《关于证券公司办法开放式基金代销业务有关问题的通知》。
- 2002 年 8 月 23 日　证券投资基金法草案首次提交全国人大常委会审议。
- 2002 年 9 月 2 日　国内首只具有“安全型”概念的开放式基金——博时价值增长基金正式发行。
- 2002 年 9 月 24 日　中国证监会发布《证券投资基金销售活动管理暂行规定》。
- 2002 年 9 月 27 日　首家由信托投资公司作为主发起人的基金管理公司——泰信基金管理有限公司获准筹建。
- 2002 年 10 月 17 日　经中国证监会批准，我国第一家合资基金管理公司——国安基金管理公司正式获准筹建。
- 2002 年 10 月 23 日　我国首只开放式纯债券型基金——华夏债券投资基金正式成立。
- 2002 年 11 月 8 日　我国首只开放式指数型基金——华安上证 180 指数增强型证券投资基金正式成立。
- 2002 年 11 月 18 日　中国证券监督管理委员会与对外经济合作部联合发布《关于实施（外资参股证券公司设立规则）和（外资参股基金管理公司设立规则）有关问题的通知》。
- 2002 年 11 月 27 日　国内首只标准化指数开放式基金——天同 180 指数基金经中国证监会批准获准设立。
- 2002 年 12 月 9 日　中国证券业协会证券投资基金业委员会在深圳成立。

选择南方
选择稳健成长未来

融通基金管理有限公司（以下简称“公司”）是经中国证券监督管理委员会批准，由河北证券有限责任公司、上海爱建信托投资有限责任公司、陕西省国际信托投资股份有限公司、国泰君安证券股份有限公司、联合证券有限责任公司共同发起设立。公司于2001年5月在深圳正式成立，注册资金12500万元人民币，五家股东出资额各占20%，经营范围是发起设立基金及基金管理业务。

公司实行董事会领导下的总经理负责制，下设风险控制委员会、投资决策委员会，及市场拓展部、研究策划部、基金管理部、基金交易部、资产管理部、登记清算部、信息技术部、综合管理部、监察稽核部、北京中心、上海中心共十一个职能部门。

公司拥有一支经验丰富、意识领先的高素质业务团队，主要业务骨干均具有丰富的证券、基金从业经验。公司现有正式员工51人，均具有大学以上文化程度，其中62%具有硕士或硕士以上学历，年龄在35岁以下的员工占69%。

公司目前管理着两只封闭式基金——基金通宝、基金通乾及一只开放式基金——融通新蓝筹，规模分别为5亿份基金单位、20亿份基金单位、22亿份基金单位，基金业绩均在同期基金类比中居中等以上水平。

中国经济持续增长，中国资本市场高速发展，中国基金行业迅速膨胀。融通的优秀团队正是要发挥集体智慧，利用体制的优越性，深入塑造自己的投资风格和企业文化，创造并巩固核心竞争力，争领业界之先。与行业一起成长，比行业发展更快。

在现有基金的基础上，我们正在为发行新的基金进行精心准备。本着“市场化，规范化”的原则，希望推出市场欢迎的，符合行业发展方向的基金品种，为投资者带来最大的利益。

融通属于未来，融通创造未来。

基金通宝　基金通乾　融通新蓝筹

融通基金管理有限公司
RONGTONG FUND MANAGEMENT CO.,LTD.

地址：深圳市福田区民田路10 号中海大厦8层
邮编：518026
电话：0755-82550696
传真：0755-82550383

易方达基金管理有限公司于2001年4月17日正式成立，是经中国证监会批准设立的第十一家基金管理公司。公司由广发证券股份有限公司、广东证券股份有限公司、广东粤财信托投资公司、重庆国际信托投资有限公司、天津信托投资公司、天津北方国际信托投资公司六家股东共同发起设立，注册资本1.2亿元人民币，主要从事发起设立基金、管理基金以及中国证监会批准的其他业务。

公司自成立以来，业务发展迅速，资产管理规模不断扩大，至2002年8月，已发起设立并管理四只封闭式基金与一只开放式基金，分别是科讯、科汇、科翔、科瑞与易方达平稳增长证券投资基金，旗下基金总份额已超过100亿份。2002年总发行基金份额超过76亿份，是年内基金发行规模最大的基金管理公司。

易方达基金管理有限公司

E Fund Management Co., ltd.

总裁：叶俊英 先生

发展大事记

2000年10月，易方达基金管理有限公司获准筹建。

2001年3月，易方达基金管理有限公司获准开业。

2001年4月17日，易方达基金管理有限公司正式成立，注册资本1.2亿元人民币。

2001年6月20日，在清理规范广东省6只联网投资基金的基础上，易方达旗下的科汇、科翔、科讯证券投资基金分别在深圳、上海证券交易所挂牌交易。

2001年7月12日，科汇、科翔、科讯证券投资基金完成扩募工作，分别扩募至8亿份基金单位。

2001年12月15日，由道富银行、怡富资产管理公司、汇丰投资管理公司、施罗德集团、景顺投资管理公司、荷银投资管理公司、德意志资产管理公司、富通基金管理公司等多家境外机构的专家组成的境外投资基金专家小组莅临易方达对开放式基金试点准备情况进行现场检查。多名专家对其在短时间内以十分精简的队伍取得的出色的成果给予了高度评价。

2002年3月12日，易方达旗下第四只封闭式基金——科瑞证券投资基金发行成功，正式成立，总规模30亿份基金单位。

2002年8月23日，易方达旗下第一只开放式基金——易方达平稳增长证券投资基金宣告成立，设立募集期共募集4,678,106,974.62份基金单位，有效认购户数93670户，净销售额为4,678,106,974.62元人民币。

地址：广东省广州市体育西路189号城建大厦27、28楼
邮编：510620
电话：020－38797888
传真：020－38799488
客户服务电话：020－83918088
网址：www.efunds.com.cn

中国建设银行
基金托管部

交通银行证券投资基金托管部总经理：谢红兵先生

中国银行
BANK OF CHINA

- 雄厚的资金实力
- 庞大的海内外机构网络
- 完善的服务手段
- 高效的电脑系统
- 高素质的人才

基金托管部

1998年7月，经中国证监会和中国人民银行核准，中国银行成为国内首批五家从事基金托管业务的银行之一。同年10月，中国银行基金托管部正式成立。中国银行基金托管部设总经理室，下设综合管理处、托管业务处、稽查监督处、客户服务处、研究开发处、基金交易管理中心，并在上海和深圳设有托管业务处。

中国银行基金托管部自成立之日开始，依托中国银行整体实力和卓著信誉，坚持以客户为中心，以市场为导向，开拓创新，稳步发展，伴随中国年轻的基金市场一起成长。中国银行基金托管部拥有一支素质高、业务过硬的员工队伍，人员结构合理。其中博士、硕士12人，具有高级经济师、高级会计师、高级工程师和律师等职称的专业人员占员工总数的50%以上，大部分员工具有丰富的银行、证券从业经验。基金托管部高级管理人员及主要部门主管均具有海外工作经历，熟悉国际资本市场和国际基金业的运作。

截止2002年11月，中国银行已托管景宏、同盛、同智、兴安四只封闭式证券投资基金；成功代销和托管了易方达平稳增长证券投资基金、嘉实成长收益型证券投资基金、银华优势企业证券投资基金等三只开放式证券投资基金。目前，中国银行共有3000多个网点代销开放式证券投资基金，预计到2003年，将增加到6000个以上的网点代销开放式证券投资基金。

2002年中国银行经中国人民银行批准，正式开办企业年金托管、基本养老保险金托管和投资连接保险产品托管业务。

2002年12月获得社保基金托管资格。

中国银行基金托管部的业务范围包括基金托管及其他资产委托业务。如基金资产保管、帐户管理、交易清算、代理基金签订与基金有关的合同或契约、代理基金收取支付有关收益费用款项、基金估值、基金帐务处理、基金管理人监督等；开放式基金代销业务；开放式基金过户登记代理服务；基金增值服务，如绩效评估与资产组合的市场风险分析，行业、公司分析与信息咨询顾问等；并为客户量身度造一揽子基金服务体系。

中国银行基金托管部根据《证券投资基金管理暂行办法》等中国证监会的有关规定，全面履行托管人的职能，保障基金资产的安全，依法监督基金经理人的投资运作，及时办理清算交割，切实保护基金投资者的权益不受侵犯。中国银行按照《开放式证券投资基金试点办法》的规定，结合中国银行在海外参与并开展投资基金管理、托管及分销等积累的丰富经验，制定了系统全面的开放式证券投资基金业务发展规划。从99年开始对开放式基金及相关业务进行研究、开发，开展多层次的业务培训，并不断推出相关产品及服务。代销系统及注册登记系统，是一个建立在中国银行全球网络基础上的全国联网的应用系统，它兼备实用性、可扩展性和灵活性等特点。这一先进、安全、高效的电脑系统为中国银行开展开放式基金业务打下了坚实的基础。

在步入2003年新春之际，中国的基金市场如冉冉升起的朝阳。面对机遇和挑战，中国银行将以其雄厚的资金实力、庞大的海内外机构网络、完善的服务手段、高效的电脑系统、以及高素质的人才，为您提供各项优质的服务，与您共创美好的明天。

地址：北京市复兴门内大街1号（100818） SWIFT：BKCH CN BJ 电话：（0086）010-66596688 传真：（0086）010-66014024

诚信

架起通往资本市场的金色桥梁

华安证券有限责任公司

公司基本情况

华安证券有限责任公司是与中国证券市场同步成长的一家综合类证券公司，注册资本17.05亿元人民币。

公司经营范围：证券承销和上市推荐；证券自营；代理证券买卖业务；代理证券的还本付息和分红的支付；证券投资咨询；资产管理；发起设立证券投资基金和基金管理公司；中国证监会批准的其他业务。

公司汇聚了一批金融证券精英，在北京、上海、广州、深圳等城市及安徽省内设有26家证券营业部、43家证券服务部，各类证券业务辐射全国，海外业务也在积极拓展。十多年来，公司以优质的服务和骄人的业绩，树立起良好的市场声誉和公司品牌。面对不断变革和发展的中国证券市场，公司将坚持“法制，监管，自律，规范”的方针，秉承“诚信、稳健、专业、和谐”的经营理念，不断增强公司核心竞争能力，以百倍勤勉的敬业精神和更加优质的专业服务，为广大投融资者架起通往资本市场的金色桥梁。

历史沿革

华安证券有限责任公司是经中国证监会核准于2001年1月8日成立的综合类证券公司，注册资本金17.05亿元。

公司前身是1991年1月经中国人民银行总行批准设立并于1991年5月正式成立的安徽省证券公司，初始注册资本金2150万元，隶属于中国人民银行安徽省分行，是安徽省唯一的证券专营机构，经批准先后在合肥、上海、深圳等地设有证券营业部。

1995年5月，公司归口管理中国人民银行安徽省分行所属二级分行的证券营业部。1997年，公司收购中国建设银行安徽省分行所属的上海、巢湖、六安等证券营业部。1998年6月，公司正式与中国人民银行安徽省分行脱钩。1999年9月，公司吸收合并安徽证券交易中心，并增设合肥蒙城路证券营业部。

2000年10月，公司开始增资扩股，吸收省内外11家国有大中型企业和上市公司作为股东，改制并更名为华安证券有限责任公司。2000年12月，中国证监会核准华安证券有限责任公司为综合类证券公司。2001年1月8日，华安证券有限责任公司正式登记注册。

机构和人员

公司按照《公司法》等有关法律、法规和现代企业制度规范，初步形成了比较规范的法人治理结构。公司《章程》对股东会、董事会、监事会以及经营班子之间关系和各自的运作规范进行了明确界定，形成了以股东利益最大化为价值取向、激励与制约相结合的治理机制。

公司坚持以业务为主线，按照业务类型设置业务部门，并使之成为相对独立的利润中心。公司现设有投资银行总部（合肥、北京、上海）、经纪业务总部、证券投资总部、资产管理总部、债券业务总部。业务支持部门按照业务需要而设置，目前设有信息技术总部、证券研究所。管理部门的设置主要体现精干高效的原则，目前设有公司办公室、人力资源总部、计划财务总部、行政管理总部、稽核总部。

经中国证监会批准，公司现在北京、上海、广州、深圳和安徽省内设有26家证券营业部，在安徽省内还设有43家证券服务部。公司另设有控股子公司1家，即“安徽新兴证券投资咨询有限责任公司”。

公司现有员工870人，其中博士、硕士占16.3%，大学本科学历占62.2%；取得证券经纪资格的583人，取得证券代理发行资格的186人，取得证券投资咨询资格的85人。经过培养锻炼，公司已形成了一支专业化、年轻化，并且富有凝聚力、战斗力和发展潜力的员工队伍。

董事长：汪永平 先生

总裁：高钟 先生

经营管理业绩

经过十年艰辛拼搏和深厚积淀，公司已经发展为一家资产状况良好、业务品种齐全、市场地位稳固、管理规范稳健，并具有较强竞争能力和较大发展潜力的证券经营机构。

不断开拓业务，市场地位稳固。证券经纪网点遍及安徽全省并已向全国大中城市延伸，以其安全快捷的交易设施和不断丰富的个性化服务，赢得了新老客户的充分信赖。代理证券交易额一直位居同级证券公司的前列。公司在合肥、北京、上海等地设有投资银行业务部门，拥有70多名高层次的专业人才，可以实现客户多元化的金融需求。公司先后承销股票50多只，其中担任A股和B股主承销的19次，H股财务顾问1家。公司还努力拓展受托资产管理、网上证券经纪、基金管理等新兴业务，以增加新的利润增长点，不断提高公司的盈利能力和竞争能力。

持续快速发展，资产状况良好。十多年来，公司的总资产增长133倍，由1991年的0.38亿元增长到2000年的50.45亿元；净资产增长89倍，由1991年的0.22亿元增长到2000年的17.38亿元；利润总额持续大幅度增长，由1991年的0.0007亿元增长到2000年的4.17亿元。由于坚持规范经营的原则，公司经受了历次市场风波的考验，也没有涉足其他风险投资领域，资产流动性很好，资产质量优良。

坚持规范经营，狠抓风险防范。华安证券贯彻“法制、监管、自律、规范”的方针，在长期经营管理中形成了具有特色并且合乎证券业规范的管理机制，特别是坚持财务、清算、计算机的集中统一管理等措施，成为公司持续健康发展的重要保障。由于制度严密，管理严格，十多年来公司没有出现重大风险事故和违规经营问题，在业界赢得良好信誉。2000年以来，公司以增制改制为契机，以中国证监会《证券公司内部控制指引》为指导，进一步完善内部控制机制，健全内部管理制度，为公司进一步发展壮大提供良好的管理环境。

努力与时共进，积极应对竞争。公司按照“规范化、集团化、国际化”的发展战略，致力于业务创新、技术创新和管理创新。公司在全国券商中率先实现了法人集中清算；较早地获得了中国证监会核准取得网上证券委托业务资格；积极与银行、电信等机构建立广泛的业务联盟，抢占市场先机。公司坚持以效益为中心、以业务为主线来配置组织资源，充分调动了专业人才的积极性和创造性。公司着眼于未来发展，增资扩股，建立现代企业制度，并有关业务部门实行内部市场化管理，为向集团化发展创造条件。

发展展望

华安证券与我国证券业共同成长和壮大，走过了十多年不平凡的岁月。十多年来，华安证券的资本规模不断扩大，业务开拓势头良好，内部管理日渐成熟，整体竞争力日益增强，走出了一条具有特色的发展道路。

当前，我国资本市场已经步入规范化、市场化、国际化的发展道路，证券公司既面临着前所未有的挑战，也具有极其广阔的发展前景。自信，自厉，自我完善，勇敢地迎接挑战，是每一个华安员工义不容辞的责任。华安证券将坚持“法制，监管，自律，规范”的方针，以改革创新为动力，以集约经营为途径，以强化管理为基础，以防范风险为保障，以“诚信、稳健、专业、和谐”为理念，以“发展市场、回报股东、奉献社会”为使命，努力实施“规范化、集团化、国际化”的发展战略，不断增强公司的核心竞争能力，以期实际持续稳定的发展，从而为我国证券市场的繁荣做出更大的贡献。

地　　址：安徽省合肥市阜南路166号
邮政编码：230069
电　　话：0551－5161666
传　　真：0551－5161600
网　　址：http://www.huaans.com.cn
电子信箱：bgs@mail.huaans.com.cn

长江证券
CHANGJIANG SECURITIES
WWW.CZ318.COM.CN
长江浪淘沙
网上谁点金？
Economic Situation
WWW.CZ318.COM.CN　2002年度中国十大优秀证券网站之一
常来长网一同成长
长网
长江证券有限责任公司电子商务部
Tel: (027)-65799665
Fax: (027)-65799827
E-mail: cz318@public.wh.hb.cn

四川省天風證券
SICHUAN TIANFENG SEC

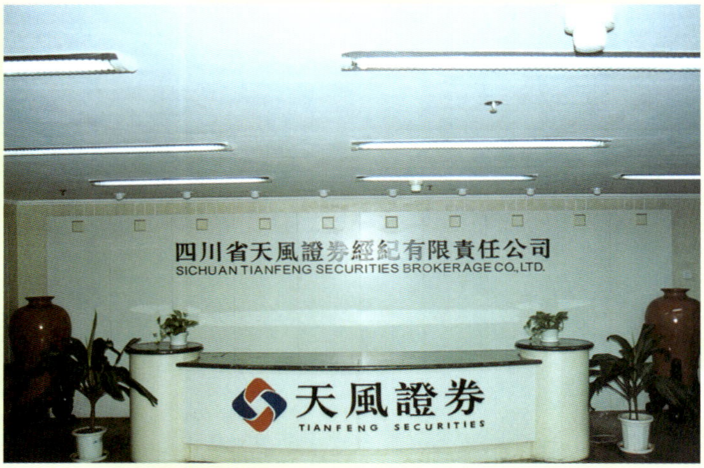

法定代表人、董事长：孟庆山 先生

总经理：郑大平 先生

地址：四川省成都市走马街55号友谊广场B座19楼
邮编：610021
电话：028－86712451
传真：028－86712441
电子信箱：Tianfeng@mail.sc.cninfo.net

四川省天风证券经纪有限责任公司（简称天风证券）是根据中国证监会证监期字[1998]24号《关于成都联合期货交易所的改组方案的批复》，由四川省国有资产经营投资管理有限责任公司持有原成都联合期货交易所的净资产，与四川省嘉鑫投资股份有限公司、四川汉龙（集团）有限公司、四川宏达（集团）有限公司、四川亚华企业（集团）有限公司共同出资组建，于2000年3月27日取得中国证监会颁发的《经营证券业务许可证》，3月29日工商注册，公司注册资本7700万元（人民币），4月18日正式开业营运。

公司经营范围：证券的代理买卖、代理还本派息、分红派息、证券代保管、鉴证、代理登记开户。

公司主要职能部门：总经理办公室、财务部（清算中心）、电脑中心、资产管理部、信息咨询研发部、经纪管理部、人事培训部、法律顾问室。

公司现有员工58人，其中：硕士7人，大学本科23人，大学专科19人，中专9人。技术职称中：高级职称6人，中级职称19人，初级职称5人，取得证券从业资格42人。

营业部证券交易和支持系统采用交易网络使用千兆以太交换网，交易服务和行情服务采用双机热备份，与深、沪交易所采用双向和单向卫星系统及地面备份系统进行通讯，与银行采用DDN专线方式实现银证联网，构筑了交易所、银行、客户群的连通网络，充分保证证券交易快捷、资金安全。

营业部能为客户提供钱龙、汇金分析系统和Wind、巨灵天风资讯等信息咨询系统，各系统之间切换方便、快捷，客户在3600平米营业厅中采用柜台、刷卡、热自动、电话委托和可视电话等多种委托方式进行证券交易。

經紀有限責任公司
RITIES BROKERAGE CO.,LTD

公司下属证券营业网点

成都走马街证券营业部
地址：四川省成都市走马街55号友谊广场B座6楼
经理：杜德蓉
电话：028－86604877
传真：028－86605399

什邡服务部
地址：四川省什邡市莹峰北路强华商城二、三楼
经理：姚跃进
电话：0838－8220553
传真：0838－8220951

江油服务部
地址：四川省江油市三合镇建设南路327号
经理：章力言
电话：0816－3513666
传真：0816－3513880

强化管理、规范经营、

董事长兼总裁：刘成 先生

诚信

高效

创新

卓越

上网零起点 下单一瞬间

招商证券荣誉推出牛网营业厅

2002年11月，招商证券率先在业内推出带有自助导向功能的牛网营业厅，无论您是股林高手还是网络新军，均可在牛网充分领略招商证券经纪业务的优质服务和产品，并可在30分钟内轻松掌握网上交易。

四大特点 业内首创

- 证券交易所有流程均在网上完美展现
- 零起点设计　零专业术语　零业务障碍
- 服务和产品高度整合　所有服务一览无遗
- E号通信息网上定制　网上网下多媒体互动

- 全国券商首家多媒体客户服务中心
- 非现场客户服务的主渠道
- 方便畅通的综合业务渠道
- 独树一帜的个性信息定制
- 强大的呼入呼出服务功能

一号通…

全国统一委托及客户服务电话：**4008888111**

招商证券股份有限公司

招商证券牛网

http://www.newone.com.cn

A、牛网介绍

2000年2月25日，我国第一家由券商创办的专业证券网站——国通证券牛网(www.newone.com.cn)诞生。2002年7月11日，国通证券正式更名为招商证券，招商证券牛网亦更为现名。

招商证券牛网诞生于中国网络热潮萌动之初,甫一问世便以newone响亮的域名震动中国网络界。它早期所开设专家在线、模拟炒股、网上路演、个性化页面定制等多项具有网络特色的咨询服务栏目，无不成为我国证券网站内容建设的标准化栏目。

两年多来，招商证券牛网紧盯国内外证券网站发展的最新趋势，始终走在行业发展的最前沿，保持了行业领先地位。两年中，牛网先后经历了五次重大改版，在栏目建设、功能开发和系统稳定上逐步完善提高，并先后推出了智能选股、创业版等创新栏目。2000年7月，招商证券牛网通过国家信息安全测评认证中心的评审，2001年2月，招商证券牛网获得中国证监会核准，成为首批拥有网上交易资格的券商网站之一。

牛网建设之初，即开通了基于JAVA行情、CGI委托的网上交易。2001年9月，牛网在吸收国际证券网站先进经验的基础上，大胆创新，在我国证券网站中率先推出WEB版网上交易系统，实现了网上交易与咨讯服务的高度整合，开辟了网上交易的新途径。几年来，招商证券牛网网上交易量呈现连年大幅度上升的势头：2000年建站当年实现网上交易98.5亿元，网上交易占比例接近7%，2001年完成交易量210亿元，网上交易占比提高到13.17%。2002年，在市场低迷、成交大幅度下降的环境下，招商证券网上交易达到252.39亿元，网上交易占比提高到21.91%，证券网上交易进入一个蓬勃发展的新时期。

招商证券牛网的创新受到了广大网民的热烈欢迎，也得到了社会各界的广泛认同。2000年，招商证券牛网受中国证监会的委托，在中国证券业协会举行的“经纪业务发展与创新研讨会”上，向全国400多家营业部独家演示网上交易；2000年10月，在深圳举行的“第一届中国国际互联网展览会”上，招商证券牛网荣获“最佳网站奖”和“最佳现场活动奖”两项荣誉。2000年至2002年，在已经举办的三届 “最受股（网）民喜爱的‘中国优秀证券网站’评选”中，招商证券牛网连续三届获得“最佳券商网站”称号，并先后获得“最佳论坛网站”、“最佳个性化服务网站”、“最佳投资顾问网站”称号，特别是在今年举行的第三届评选中，招商证券牛网更是以丰富全面的资讯、量身定做的贴身服务、方便快捷的咨询而一举夺得“最佳券商网站”及“最佳证券论坛”、“最佳个性化服务”、“最佳投资顾问”四项大奖，成为今年获得这项评比获奖最多的券商，展示了招商证券牛网绚丽的风采。2002年9月，招商证券再次获得由《证券市场周刊》、《财经时报》等单位组织的“中国优秀券商网站评选”最佳优秀网站奖、最佳财经资讯网站奖两项大奖。

2002年，中国证券市场发生了根本性变化，券商莫不将网站建设和网上交易作为低成本扩张的重要手段和客户服务的重要渠道,券商网站发展呈现群雄并起、百舸争流的局面。

面对激烈的竞争环境，招商证券牛网坚持技术领先和业务创新并举，逆流而上，加强资源整合，在信息源头、服务渠道建设上下工夫，先后进行了两次重大升级改版，奠定了新的竞争优势。

2002年5月，招商证券牛网实施了当年的第一次改版，推出了全新的专家在线咨询系统、VIP客户邮箱，完善了WEB版网上交易系统，同时推出了网上交易钻石版V5.2版，丰富和完善了网上证券服务内容，探索出了一条证券网站服务有形化、现实化的新路子。

2002年10月，招商证券牛网成功实施了当年的第二次升级改版，推出了新版牛网和牛网营业厅。

新版牛网在栏目设计上充分满足客户需求，体现客户的个性化需求，新增了“营业部之窗”、“证券论坛”、“社区”、“模拟投资”等栏目，完善了网上路演系统，开办了一批由名家主笔的个人专栏，建立起了涵盖基金定购、国债买卖在内的交叉销售平台，使网上交易客户通过牛网即可以享受与现场客户一样的服务。

新版牛网一个重要内容是牛网营业厅的问世。

牛网营业厅完全模拟证券营业部现场交易环境，为客户提供集资讯咨询、社区交流、资金划转、行情交易于一体的网上交易功能。客户在一个界面就可以全面了解招商证券的所有服务及产品，并可以根据自己的偏好自助选择需要的服务和产品。牛网营业厅设计始终贯穿“零起点设计、零专业术语、零业务障碍”的理念，页面设计采用活泼的游戏界面，配合生动的引导词，帮助客户了解网上交易各环节的知识，即使无上网经验的客户也可以通过牛网营业厅在10—30分钟内掌握网上交易技术，帮助没有上网经验的客户克服网上交易的技术“瓶颈”。

牛网营业厅具有强大的功能整合能力和业务实现能力。它整合了招商证券经纪业务、投资银行、资产管理、研究等优势资源，以及营业部柜台系统、电话委托系统、网上交易WEB版、网上交易专业版、客户邮箱系统、证券E号通、银证转帐系统，可以完全通过网络实现开户（预约）、资金划转、交易、查询、咨询、交流等各项功能，建立起了一个交叉销售的平台。

2002年12月，招商证券牛网再次对网上交易专业版进行升级，推出了针对一般客户的“网上股票交易分析系统V6.0超级增强版”和针对核心客户的“网上股票交易分析系统VIP版”，致力于为一般客户提供标准化服务，对高端客户提供增值服务。该系统实行“高起点设计”，吸收了国内外证券交易软件的优势，拥有10大创新功能，25项标准功能，预设了100多种技术指标，具有超强的理财功能，再次展示了招商证券技术创新的能力。

以客户为中心，坚持技术领先和服务创新并举，坚持专业化的发展方向，努力为网络用户提供高水平的服务，创建一个高效率的平台，是招商证券牛网发展的出发点和成功的秘诀。

证券交易服务只有起点没有终点，网络时代的证券交易服务更是只有第一，没有唯一。招商证券牛网将秉承优良传统，在网站内容建设上求新、求快，在咨询服务上求准、求真，在系统功能上求稳、求全，使之成为国内一流的、最具影响力的专业证券交易网站！

B、网上交易的特点与功能

牛网网站的硬件包括防火墙、 sun服务器、均衡器、数据库服务器，软件层中间件包括 weblogic、oracle数据库、 solaris操作系统，业务层软件纯java开发，具有较高的平台扩展性和较高集成度的信息关联。未来将全面采取 MVC 模式, 使系统的扩展性和对业务的支持能力大大提高。

牛网网上交易通过专业版、WEB版两个平台支持。

专业版具有挂接最新的行情分析和资讯、行情动态均衡功能，技术含量高, 系统稳定性强, 并发量大，整合能力强。未来考虑支持在线升级和用户自定义, 局域网内部用户可以使用。

网上交易WEB版是招商证券研究国际证券网上交易发展趋势，独立开发的新型网上交易系统，最大特点是无须下载交易软件，直接通过牛网下单, 任何在线用户均可使用。 该系统实行SSL-128加密,为交易用户集成了资讯、定制、咨询、实时行情等各种服务。未来将提供多种版本和提高系统并发性。

C、发展与展望

招商证券将发展电子商务作为增强自身核心竞争能力的重要因素来抓，其主要目标是：通过业务拓展，使无形市场的交易占比提高到70%，初步形成以网上交易为主要渠道、有形网点分布合理、互为依托的新型券商，进一步强化成本优势，提高招商证券经纪业务的市场竞争能力，促使公司全面转型；通过营业部布局的调整和小型营业部、技术服务站的建设，建立强大的营销、服务体系，增强公司经纪业务的渗透能力，形成对电子商务的强大支持。

为此，必须加强牛网建设，为无形市场提供一个安全、稳定、高效的支撑平台，在不损害现有系统高并发量和效率的前提下，实施网上交易专业版的升级改版，使之与营业部交易界面趋同，方便投资者使用，提高WEB版的并发终端数，扩大招商证券电子商务的覆盖范围；紧跟国内外网站建设的发展趋势，加强牛网的内容和服务体系的建设，培养一支高水平的研发、咨询队伍，为客户提供针对性、指导性高的投资参考意见，做好投资者的参谋和助手；加强客户关系管理，继续实施技术创新和服务创新，拓展对无形市场客户的服务渠道，深化服务内容，使客户真正享受到证券电子商务发展给客户带来的便利。

D、服务与理财

随着中国证券市场的变革，网上交易日益成为广大投资者优先选择的重要交易手段和券商客户服务的主要渠道，强化网站服务与理财功能的市场要求十分迫切。

建设初期，牛网除了提供网上交易、市场资讯、财经新闻、研究报告等服务外，创办了“专家在线”、“模拟炒股”、“智能选股”等特色专栏，为网上证券交易客户提供证券交易、信息传递、投资咨询等服务。

2002年，招商证券牛网进一步优化服务产品，拓宽服务渠道，网站服务理财功能日益完善。

2002年5月，招商证券牛网重建了“专家在线”咨询系统，建立了一支实战经验强、服务水准高的专家队伍，使实时在线咨询步入规范化、制度化轨道，平均日接受在线咨询超过500人次，高峰时期超过1000人次。配合招商证券价格服务体系，牛网推出了VIP邮箱系统，向重要客户第一时间提供招商证券研究报告、市场调研、资产配置计划等服务产品。以牛网为纽带，招商证券创办了“卓越投资论坛”，不定期组织公司核心客户、机构投资者与公司研究专家进行研究讨论。

坚持专业化方向、规范化运作，形成了牛网严谨的证券网站的风格。牛网对公共信息的处理严格按照来源和性质进行分类，按新闻价值量及可能对市场影响的程度进行排序，使客户浏览牛网，就能掌握当天市场重要信息。牛网每半小时推出一档市场评论栏目，创办了“信息点睛”、“黑马搜索”、“风险股警示”等实用性、指导性强的栏目和一批由知名市场人士主笔的个人专栏，为投资者理财提供及时参考。

2002年11月，牛网推出集纳招商证券所有产品与服务的“牛网营业厅”，并对网上股票交易分析系统实施第二次升级，创造性地推出了招商证券“网上股票交易分析系统V6.0超级增强版”和“网上股票交易分析系统VIP版”，将牛网服务与理财功能推上了一个新台阶。

“E号通”多媒体客户服务中心（call-center）是招商证券特有的全国性、集中式、智能化的客户服务平台，可与电话、电脑、传真等多媒体互通互联。该系统整合了招商证券营业部柜台系统、电话委托系统、牛网网上交易系统，为客户提供热线咨询、信息定制、声讯点播、电话委托、投诉受理、预约服务等多种服务，是招商证券网上交易的重要支持平台。2003年1月，招商证券“E号通”全国统一服务号码4008888111投入运营，牛网网上交易再添新翼。

天同证券有限责任公司
TIANTONG SECURITIES CO., LTD.
稳健经营
规范管理
开拓创新
追求卓越

大同证券
DATONG SECURITIES

人类追求大同世界
你我拥有大同证券

董事长：董祥 先生

公司领导班子

大同证券经纪有限责任公司成立于1988年5月3日，是中国证券史上成立最早的34家证券公司之一，注册资本金为1亿元。十四年来，公司秉承"诚信立业、稳健经营、规范发展、求实创新"的经营宗旨和“以人为本，致力于企业与员工共同成长”的经营理念，在充满风险和激烈竞争的证券市场中，科学管理、正确决策，从而规避了证券市场中多次大的市场风险，逐步发展成为一家颇具实力的中型券商。

大同证券营业部联网开通仪式

在管理体系上，公司采用“闭环管理”模式，将每项工作进行细化、流程化，并落实责任人，形成“决策—执行—监督—检查—考核—反馈—再决策”的管理闭环，从而实现了管理由模糊转向精细，由无终端变为无盲区。

“以客户需求为企业的经营导向”为公司贯穿多年的服务理念，客户服务工作的原则为一切从客户端发起，即客户服务的规范与标准、客户服务质量监督等涉及客户服务的每项工作完全从客户的需求出发，从而确保了服务的有效性和及时性。

员工表彰大会

公司一直致力于通过不断创新的、优质的客户服务打造公司经纪业务知名品牌，从而以强劲品牌为基础，以有效的客户拓展队伍为支柱，拉动公司经纪业务高速发展。继而，将公司优质服务品牌扩展到其他相关的经纪业务领域，最终成为具有一定规模的综合性金融经纪公司。

大同证券经纪有限责任公司
DATONG SECURITIES BROKERAGE CO.,LTD

地址：山西省大同市大北街13号　邮编：037004　电话：0352－2051180　传真：0352－2051178

浙江金迪期货

董事长：骆家刚 先生

总经理：刘刚 先生

浙江金迪期货经纪有限公司是经中国证券监督管理委员会批准成立（许可证号为A025011016），取得国家工商行政管理局企业法人营业执照（注册号为1000001002263）专营国内期货经纪业务的有限责任公司。总部设在杭州，在上海、金华、乐清设有营业部，是国内规范化程度高、信誉好的大型期货公司之一。

公司是上海期货交易所、大连商品交易所、郑州商品交易所的全权会员，拥有七个场内交易席位，并全面开通了三家交易所的异地交易系统。年均交易额在300亿元以上，曾获全国行业综合排名前七名。

公司现有营业面积2000多平方米，公司配备世华行情显示和动态分析系统，使用上海复旦金仕达计算机公司设计的结算及交易软件。公司目前建成的自助委托交易系统、远程网络交易系统，在国内同行业中处于领先水平。

公司追求企业现代化、规范化的管理，奉行“发展不忘稳健，服务必尽忠良”的经营宗旨，严格贯彻执行国家有关政策法规，不断完善内部规范管理，建成了包括网络交易在内的新技术条件下的交易、结算和风险控制体系。

多年期市实践培养炼就了一大批素质高、操作规范的管理和经营人才。公司将客户交易的迅捷、资金的安全、增值作为工作核心，视客户成功为自己的荣耀。

总部办公地址：浙江省杭州市文晖路108号浙江出版物资大厦16楼

创造一流
追求卓越
创新发展
开拓求实

ZHEJIANG JINDI FUURES BROKERAGE CO.,LTD

杭州营业部

新迁营业场所设在浙江物资大厦16楼，交通便利，面积800平方米，室内装修豪华，环境优雅，设施齐全，为公司总部所在地。

地址：浙江省杭州市文晖路108号浙江出版物资大厦16楼
邮编：310004
电话：0571－85343557
传真：0571－85343553

上海营业部

在国际大都市上海设立营业部是公司“立足浙江，走向全国”成功的关键一步，目前本营业部已迁入上海期货大厦，拥有一流的软硬件交易系统和全新豪华的室内装潢，给客户以温馨舒适的家的感觉。

地址：上海市浦东新区松林路300号上海期货大厦2901室
邮编：200122
电话：021－68400087
传真：021－68400089

金华业务部

金华自古有商贾云集、交易便利、人杰地灵之美称，业务部座落在市中心的人民广场旁，营业面积500平方米，设施先进。业务覆盖金华周边市场，在金华地区期货业独树一帜。

地址：浙江省金华市八一北路190号汽车大厦3楼
邮编：321000
电话：0579－2328735
传真：0579－2328747

乐清营业部

地处中国最大的电器之都，营业面积200平方米，于2002年6月获中国证监会许可正式挂牌营业，本营业部将认真恪守公司“开拓求实、创新发展、追求卓越、创造一流”的执业方针，为广大客户提供全面优质的服务。

地址：浙江省乐清市乐成镇乐怡路2号乐怡大厦11楼C座
邮编：325600
电话：0577－62583760
传真：0577－62583785

【天行健 君子以自强不息】

重庆天健会计师事务所有限责任公司是天健会计师事务所集团的成员之一，是全国首批完成脱钩改制的具有证券从业资格的会计中介服务机构（改制前身为重庆会计师事务所，改制后先为重庆华源会计师事务所），也是目前西南地区最具规模的会计师事务所之一。

本所具有多种特许执业资格：经财政部和中国证监会批准的证券、期货相关业务审计资格；经财政部和中国人民银行批准的金融相关业务审计资格；经财政部批准的资产评估综合B级评估资格；经重庆市土地房屋局批准的房地产价格评估资格和土地评估资格；经重庆市建委批准的工程造价咨询单位乙级资格；经重庆市司法局批准的司法鉴定资格等。

我们长期为客户提供会计、审计、资产评估和管理咨询等服务，尤其在安排国内企业筹资上市方面有着丰富经验。我们的上市公司客户主要有：重庆民丰农化股份有限公司、重庆渝开发股份有限公司、成都百货（集团）股份有限公司、重庆四维瓷业股份有限公司、成都量具刃具股份有限公司、西南药业股份有限公司、重庆渝港汰白粉股份有限公司、重庆万里蓄电池股份有限公司、重庆三峡油漆股份有限公司、重庆桐君阁股份有限公司、四川迪康科技药业股份有限公司、重庆百货大楼股份有限公司、重庆东源钢业股份有限公司、西南合成制药股份有限公司、重庆路桥股份有限公司、重庆啤酒股份有限公司、重庆太极实业股份有限公司、重庆三峡水利电力（集团）股份有限公司、重庆港九股份有限公司、重庆九龙电力股份有限公司。本所的主要外商投资企业客户有：重庆百事可乐饮料有限公司、重庆爱立信科技有限公司、和记实业（重庆）有限公司、重庆海逸酒店有限公司、重庆顶益国际食品有限公司、重庆正大有限公司、重庆扬子江假日饭店、重庆饭店有限公司、重庆宾馆有限公司、重庆横河川仪有限公司、重庆浦嘉利发动有限公司、重庆关西涂料有限公司、重庆金联陶瓷有限公司、重庆循环实业开发有限公司、重庆通信设备有限公司。

重庆天健与北京天健、深圳天健、浙江天健、厦门天健、辽宁天健等6家国内著名会计师事务所共同创建的天健会计师事务所集团，凭借丰富的执业经验和一流的专业水准、突出的专业人才优势，强大的信息资源和广泛的公共关系，愿竭诚为社会各界提供高效、优质和全方位的专业服务。

本所与国际“五大”会计公司建立了长期友好的合作关系，经常进行高层人员互访和信息交流。本所曾多次接受国际“五大”及香港、台湾地区和其他国家众多的会计师事务所的委托，为其客户在中国进行投资、设立公司及办事处提供会计审计、管理咨询等服务。

PAN-CHINA

付思福　先生

所长，中国注册会计师，证券业特许会计师，中国注册资产评估师，高级会计师，长期从事会计、审计和管理咨询工作，具有丰富的专业服务和管理经验。同时还担任中国注册会计师协会理事、中国资产评估协会理事、重庆市注册会计师协会常务理事等社会职务。

本所现有员工200余人，平均年龄26岁，注册会计师80人（其中：具有从事证券资格的注册会计师24人），注册资产评估师32人，土地估价师23人，房地产估价师13人，造价工程师8人，税务师17人；硕士研究生学历占8%，大学本科学历占60%；40%的人拥有中、高级职称。

本所拥有3000余平方米建面的办公写字间和先进的现代化办公设备；事务所内部建有局域网，与互联网随时畅通。娱乐水吧及乒乓活动房为公司员工及客户提供了休闲、健身好去处。

会计师事务所
证券、期货相关业务许可证
经财政部、中国证券监督管理委员会审查，批准
重庆天健会计师事务所　执行证券、期货相关业务。

地址：重庆市渝中区人和街74号11-12楼
电话：(023)63651196
传真：(023)63651161
邮编：400015
Http://www.hycpas.com.cn

重庆天健会计师事务所有限责任公司

PAN-CHINA(CHONGQING) CERTIFIED PUBLIC ACCOUNTANTS CO.,LTD.

江苏武晋会

注册造价工程师们开展建设工程决算审计

五菱集团资产评估项目

财务会计、珠算培训

会计电算化培训

江苏武晋会计师事务所系省属独立法人所，成立于1988年12月，坚持"以质量求生存，以信誉求发展"的办所方针。经省财政厅、省体改委批准具有从事组建定向募集股份有限公司的审计及资产评估业务资格。执业范围：审查企业会计报表，出具审计报告；验证投入资本，出具验资报告；办理企业合并、分立、清算事宜中的审计业务，出具有关报告；基建预决算审计；各种类型资产评估；设计财务会计制度，担任常年会计顾问，提供财务、会计、税务、经济管理咨询，代理记帐、提供会计电算化业务服务；培训财会人员；法律、法规规定的其他审计和会计咨询服务业务。

本所是经国家财政部批准成立的具有独立法人资格的社会中介机构，经江苏省建设委员会批准具有工程造价咨询管理资格。承办各种资产评估、建筑工程项目预决算审计等业务。主要开展业务：新设立企业、单位注册资本评估；合资、合作、投资、联营、合并、兼并、股份制改造企业的资产评估；拍卖、转让、出租、承包资产的评估；贷款抵押资产、保险及受损资产、仲裁及公证资产的评估；各种自然资源资产、土地使用权、房屋建筑物的评估；解散、倒闭、破产企业资产的清算与评估；技术改造项目资产、安装工程资产、设备投资资产的评估；各类无形资产和流动资产的评估；企业所有者权益及负债的评估；建设工程项目的预、决算审计；其他各种经济活动需要的资产评估。

江苏武晋会计师事务所共有从业人员75人，其中：中国注册会计师25人，中国注册资产评估师19人，中国注册造价工程师5人，房地产估价师5人。职称分类：高级会计师5人，高级经济师4人，会计师11人，高级建筑工程师2人，机械设备及建筑工程师7人。

事务所为200余家中外合资、独资公司及企业集团提供服务。主要单位有（排名不分先后）：江苏新科电子集团、江苏五菱集团（现B股上市公司）、新加坡（武进）大众钢铁有限公司、法国VALLOUREC GROUP 常州法力诺长城焊管公司、香港ROAD KING INFRASTRUCTURE LIMITED、德国MANNESMANN REXROTH GMBH 常州公司、马来西亚·文秀（常州）房地开发公司、江苏武进钢铁集团、江苏江南铁合金集团、江苏新华昌集团、江苏新龙工贸集团、江苏武进物资集团、武进物资（集团）总公司、武进商业集团、武进粮食集团、江苏华喜毛纺集团、江苏奥普集团、武进创成塑机集团、江苏远宇电子集团、江苏江浪减速机集团、武进制药集团、江苏新中装饰集团、江苏红联集团、常州飞达电梯集团、武进柴油机厂、武进齿轮厂、常州液压成套设备厂、常州运莱生物化工有限公司、常州丰厚服装有限公司、常州中新制冷机械有限公司、常州鸿联灯饰有限公司、武进亚能热电有限公司、武进供销社（集团）公司、

计师事务所

江苏常恒集团、武进天工经编机集团、武进农机集团、江苏新亚化工集团、江苏华东机房设备集团、江苏中华多宝集团、江苏东方石油化工集团、江苏亚邦集团、江苏金牛线缆集团、武进晨阳工业公司、江苏中东集团、武进通达集团、武进电机厂、武进路劲常漕公路开发有限公司、五菱柴油机德州有限公司、常州东方精细化工有限公司、常州翔达纺织印染有限公司、常州亨运服装有限公司、常州创成塑料机械有限公司、江苏多宝保健药品有限公司。

董事长、所长、主任会计师：**陈华康**

中国注册会计师
江苏省注册咨询专家
江苏省注册会计师协会理事

本所地址：江苏省常州市关河西路25-3号武青大厦8楼
邮编：213002 传真：0519-6673723
http://www.jswjcpa.com
http://www.jswjcpv.com
E-mail:jswjcpa@public.cz.js.cn
E-mail:chenhk@public.cz.js.cn
城区分所地址：湖塘镇花园新村207幢3楼
邮编：213161
联系电话：0519-6613818(所长室、顾问室) 6613808(副所长室)
6613128(资产评估业务一部) 6670876(资产评估业务二部)
6670873(建设工程造价审计部) 6673712 (国内业务部)
6673723(咨询管理业务部) 6673601(财会培训部)
6673603(中华函授武进函授站) 6673603(计算机财会培训中心)
6673612(代理记帐业务部) 6610117(涉外业务一部)
6612400(涉外业务二部) 6674159(行政事务部)
6558648(城区分所)

办公大楼外景

事务所办公门厅

办公大厅场景

创新
才能发展

中国证券大全

A COMPREHENSIVE HANDBOOK OF CHINESE SECURITIES

(2002)

施光耀
陈京华 主编

②

上海證券交易所
深圳证券交易所 协办

中国证券大全编辑委员会 编

经济科学出版社

上证180指数样本股卷

首次入选180样本股

600000 浦发银行
600001 邯郸钢铁
600002 齐鲁石化
600003 东北高速
600005 武钢股份
600006 东风汽车
600007 中国国贸
600008 首创股份
600009 上海机场
600010 钢联股份
600011 华能国际
600016 民生银行
600018 上港集箱
600019 宝钢股份
600028 中国石化
600033 福建高速
600037 歌华有线
600052 浙江广厦
600058 龙腾科技
600060 海信电器
600062 双鹤药业
600064 南京高科
600068 葛洲坝
600071 凤凰光学
600073 上海梅林
600076 青鸟华光
600085 同仁堂
600086 多佳股份
600088 中视传媒
600096 云天化
600098 广州控股
600100 清华同方
600102 莱钢股份
600103 青山纸业
600104 上海汽车
600108 亚盛集团
600111 稀土高科
600115 东方航空
600121 郑州煤电
600122 宏图高科
600123 兰花科创
600126 杭钢股份
600127 金健米业
600129 太极集团
600133 东湖高新
600135 乐凯胶片
600138 青旅控股
600151 航天机电
600156 益鑫泰
600158 中体产业
600161 天坛生物
600165 宁夏恒力
600168 武汉控股
600170 上海建工
600171 上海贝岭
600177 雅戈尔
600180 九发股份
600181 云大科技
600183 生益科技
600186 莲花味精
600188 兖州煤业
600190 锦州港
600195 中牧股份
600196 复星实业
600198 大唐电信
600205 山东铝业
600207 安彩高科
600210 紫江企业
600217 秦岭水泥
600221 海南航空
600223 万杰高科
600256 广汇股份
600258 首旅股份
600263 路桥建设
600266 北京城建
600267 海正药业
600270 外运发展
600282 南钢股份
600288 大恒科技
600299 星新材料
600307 酒钢宏兴
600309 烟台万华
600313 中农资源
600315 上海家化
600319 亚星化学
600322 天房发展
600330 天通股份
600332 广州药业
600345 长江通信
600362 江西铜业
600368 五洲交通
600372 昌河股份
600377 宁沪高速
600380 太太药业
600383 金地集团
600386 北京巴士
600395 盘江股份
600399 抚顺特钢
600498 烽火通信
600500 中化国际
600508 上海能源
600519 贵州茅台
600528 中铁二局
600548 深高速
600555 茉织华
600569 安阳钢铁
600588 用友软件
600600 青岛啤酒
600602 广电电子
600624 复旦复华
600626 申达股份
600630 龙头股份
600631 第一百货
600632 华联商厦
600635 大众科创
600637 广电信息
600638 新黄浦
600639 浦东金桥
600640 联通国脉
600641 中远发展
600642 申能股份
600643 爱建股份
600649 原水股份
600651 飞乐音响
600652 爱使股份
600654 飞乐股份
600657 青鸟天桥
600662 强生控股
600663 陆家嘴A
600664 哈药集团
600665 沪昌特钢
600668 尖峰集团
600675 中华企业
600677 航天中汇
600688 上海石化
600690 青岛海尔
600701 工大高新
600705 北亚集团
600717 天津港
600718 东软股份
600722 沧州化工
600723 西单商场
600727 鲁北化工
600741 巴士股份
600744 华银电力
600746 江苏索普
600748 浦东不锈
600770 综艺股份
600776 东方通信
600778 友好集团
600779 全兴股份
600784 鲁银投资
600795 国电电力
600798 宁波海运
600805 悦达投资
600808 马钢股份
600811 东方集团
600812 华北制药
600820 隧道股份
600821 津劝业
600832 东方明珠
600835 上菱电器
600839 四川长虹
600849 上海医药
600851 海欣股份
600854 春兰股份
600857 工大首创
600861 北京城乡
600863 内蒙华电
600866 星湖科技
600868 梅雁股份
600871 仪征化纤
600872 中炬高新
600874 创业环保
600881 亚泰集团
600887 伊利股份
600890 长春长铃
600894 广钢股份
600895 张江高科
600896 中海海盛

调出180样本股

600133 东湖高新
600313 中农资源

600784 鲁银投资
600161 天坛生物
600368 五洲交通
600798 宁波海运
600168 武汉控股
600399 抚顺特钢
600821 津劝业
600190 锦州港
600701 工大首创
600857 首创股份
600195 中牧股份
600722 沧州化工
600861 北京城乡
600288 大恒科技
600746 江苏索普
600896 中海海盛

调入180样本股

600026 中海发展
600036 招商银行
600038 哈飞股份
600226 升华拜克
600228 昌九生化
600275 武昌鱼
600350 山东基建
600428 中远航运
600456 宝钛股份
600398 凯诺科技
600578 京能热电
600585 海螺水泥
600598 北大荒
600601 方正科技
600660 福耀玻璃
600757 华源发展
600838 上海九百
600816 鞍山信托

股票简称：悦达投资　股票代码：600805

江苏悦达投资股

JIANGSU YUEDA INVES

1988年3月经盐城市计经委批准，以盐城市拖拉机厂为基础，成立江苏黄海股份有限公司（集团）。1992年12月，经江苏省人民政府批准，江苏黄海股份有限公司（集团）与江苏悦达集团有限公司所属五家企业改组合并，1993年2月经江苏省体改委同意更名为江苏悦达股份有限公司，并于1993年4月经省工商局批准注册登记。1993年11月，经中国证监会批准，向社会公开发行1,700万A股，发行价每股6.6元，发行完成后，公司总股本7,325万股。1994年1月3日，公司股票在上海证券交易所挂牌交易，并先后进行过三次配股，三次送股，两次现金分红，一次增发新股。公司现有3个分公司，10个控股子公司，2个主要参股子公司。

公司发行上市时，主营业务以农机制造、煤炭贸易等传统经营业务为主。自90年代中期以来，随着国家宏观经济结构的调整，传统产业竞争日趋激烈。从1998年起，公司开始分阶段、有计划、有步骤地实施产业结构的调整，将基础设施、能源产业作为公司的发展方向，以谋求中长期稳定发展。目前，公司已基本完成了主营业务的转型，形成了以基础设施和能源投资为主、生物医药为辅的、具备可持续发展能力的业务结构。2000年12月29日，经2000年度第一次临时股东大会批准和省工商局核准，公司更名为江苏悦达投资股份有限公司，业务范围包括：公路开发、经营，能源投资，汽车、拖拉机制造与销售，铁路货运，宾馆服务等。

1999年6月，公司以1.57亿元受让了省国投持有的华能淮阴发电有限公司26.36%股权，进入了投资收益稳定的能源行业。因该公司管理良好，电力上网竞价有优势。2000年3月，公司完成了8,000万A股增发工作，募集资金总额的70%（3.575亿元）用于收购徐州三环路55%经营权。徐州三环路是环绕徐州市区的一级公路，全长54.738公里，连接穿越徐州地区的104、206、310、311四条国道，车流量较大，拥有七个收费站，成为公司新的利润增长点。2000年，公司能源、基础设施类业务产生的净利润占公司当年净利润总额的51.88%，产业结构调整取得显著成效。

为进一步加大对基础设施项目投资的力度，全面提高公司在基础设施领域的竞争力，2000年底，公司收购江苏京沪高速公路有限公司21%股权，参与京沪高速公路江苏段——沂淮江高速公路的经营管理，该路段全长260公里，于2000年12月14日全线通车。通车一年多来，其通行费收入大幅增长，最高日收费额近340万元。

2001年10月，公司抓住西部大开发的机遇，收购了陕西西铜公路有限公司70%股权。该公司注册资本114,315万元，负责建设、经营和管理西安至铜川一级公路（含西

东风悦达起亚汽车有限公司增资重组后开发的新车型——千里马

公司控股企业——江苏悦达拖拉机制造有限公司生产的产品

公司拥有26.36%股权的华能淮阴发电有限公司

公司拥有21%股权的江苏京沪高速公路有限公司

份有限公司

TMENT CO.,LTD.

公司总部

董事长、首席执行官胡友林先生

安咸阳机场二级汽车专用公路），全长105公里，拥有三座收费站。目前，该项目公司效益良好。

在加大对能源、基础设施产业投资力度的同时，公司对原有传统业务逐步退出。2001年11月，经公司临时股东大会通过，将海南悦发房地产公司、石油化工公司、煤炭公司等五家公司的资产（或股权）转让给悦达集团公司，从而进一步优化了公司资产结构和业务结构，进一步凸出了基础设施、能源类业务在整个公司业务的比重。

通过8年多的发展，公司资产总额和业务规模不断扩大，产业结构得到进一步优化，特别是经过近两年的调整，已基本完成了主营业务的转型，由传统的物资经营、农机制造等业务逐渐转变为以公路开发、经营和能源投资为主要经营方向的基础设施类上市公司。总股本由上市初的7,325万股迅速扩到目前的5.45亿股，股本扩张7.5倍；总资产、净资产分别由上市初的32,200万元、9,727万元扩张到53.77亿元、净资产17.02亿元（2001年末），总资产和净资产均达到上市初的17倍。公司资产规模增长和股本扩张在江苏60多家上市公司中位于前列，实现了国有资产的保值增值和股东权益的最大化。

地址：江苏省盐城市通榆中路36号　邮编：224002
电话：0515-8202599　8202863　传真：0515-8334601
信箱：yueda@public.yc.js.cn
网址：http://www.yueda.com

公司拥有55%股权的徐州三环路项目

公司控股的上海赛达药业有限公司外景

公司拥有70%股权的陕西西铜高速公路有限公司

内蒙古包钢钢

INNER MONGOLIA BAO

董事长：

总经理：

内蒙古包钢钢联股份有限公司于1999年6月29日，由包头钢铁（集团）有限责任公司作为主要发起人，同时联合西山煤电（集团）有限责任公司、中国第一重型机械集团公司、中国钢铁炉料华北公司、包头市鑫垣机械制造有限责任公司等四家发起人共同发起设立。公司主营业务范围是生产销售黑色金属及其延压加工产品、冶金机械、设备及配件；汽车货物运输，钢铁生产技术咨询。

2001年2月14日经中国证监会“证监发行字[2001]16号”文核准，本公司通过上海证券交易所系统，以上网定价方式成功地向社会公众公开发行每股面值1.00元人民币的普通股35,000万股，发行价为5.18元。本次发行后公司总股本由90,000万股增加为125,000万股。

目前，本公司是全国冶金企业中钢铁产品品种最全的企业，主要产品有：重轨、大型工槽钢、大口径无缝管、焊管、棒材、带钢、线材等38个品种。公司募集资金投资项目薄板坯连铸连轧项目正式运行后将进一步优化公司的产品结构，形成“板、管、轨、型”为主的钢材产品生产线，促进本公司产品的市场竞争力提高。

公司坚持走挖潜改造和科技兴企之路，开发了一批高技术含量、高附加值、高效益的产品。公司的产品赢得各方客户的信赖。铁路用钢轨、石油套管、锅炉用无缝管、输送流体用无缝管、热轧带钢、热轧带肋钢筋等16个品种已通过中国冶金体系认证中心颁发的ISO9002质量体系认证；石油套管通过美国石油协会API认证；60kg／m重轨、热轧工字钢、热轧带肋钢筋等产品荣获国家、内蒙古自治区优质产品和名牌产品称号。

地址：内蒙古包头市昆区钢铁大街85号　**邮编：**014010　**电话：**0472－2105037　5144403　**传真：**0472－2105006

电子信箱：bgyybg@public.nm.cninfo.net

联股份有限公司

TOU STEEL UNION CO.,LTD.

股票代码：600010 股票简称：钢联股份

轨梁厂轧制现场

薄板坯连铸连轧产品——热轧卷板

带钢厂焊接钢管产品

线材厂棒材生产线

无缝厂工程技术人员在编制自动化控制程序

副董事长：王晓松 先生

总经理：叶大戟 先生

华能国际电力股份有限公司（简称“公司”或“华能国际”）重组成立于一九九四年，是中国目前最大的独立发电公司。公司现全资拥有12家电厂、控股4家电厂及参股1家电厂，拥有净发电装机容量13895兆瓦。电厂广泛分布于辽宁、河北、山东、江苏、浙江、福建和广东沿海七省，以及中国最大的金融、商业中心上海市。

公司的主要业务是利用现代化的技术和设备，利用国内外资金，在全国范围内开发、建设和运营大型火力发电厂。公司在中国首次引进了60万千瓦“超临界”发电机组；其拥有的华能大连电厂是国内第一家获得“一流火力发电厂”称号的电厂；第一个实现在纽约、香港、上海三地上市的中国电力企业；全员劳动生产率在国内电力行业保持先进水平。二零零零年公司被国家电力公司授予“中国一流电力公司”称号。

几年来，公司锐意开拓，稳健经营，规模逐年扩大，利润稳步增长，竞争实力不断增强。公司成功的发展依赖于多方面的优势：1、先进的设备、高效率的机组、稳定运行的电厂；2、拥有高素质的员工和经验丰富的管理层；3、有规范的公司治理结构和科学的决策机制；4、电厂的地理分布具有战略优势，市场前景广阔；5、在境内外拥有良好的资信和丰富的资本运作经验。

对于未来发展，公司将本着“收购与开发并重、新建和扩建并重、煤电和其他可行能源并重、国内和国外资金并重”的原则拓展发展空间。同时，公司还将继续致力于加强管理、控制成本、提高效益，以不断提升股东权益，维持公司长期稳定发展。

华能国际在中国的经济改革和对外开放中诞生并成长起来，她将继续积极进取，抓住发展机遇，增强竞争实力，跻身世界一流独立发电公司之列。

地址：北京市西城区复兴门南大街丙2号(天银大厦C段西区)　邮政编码：100031　电话：010-66491999　66491851　传真：010-66491888　66491860
网址：http://www.hpi.com.cn　电子信箱：ir@hpi.com.cn　zqb@hpi.com.cn

力股份有限公司

R INTERNATIONAL, INC.

董事长：李名岷 先生

莱芜钢铁股份有限公司
LAIWU STEEL CORPORATION

公司积极实施可持续发展战略，努力创建生态型工厂。

莱钢股份

股票代码：600102

2001年，公司积极组织开展技术创新和技术经济指标提升攻关活动，主要技术经济指标快速提升，企业的核心竞争力进一步提高。图为电炉炼钢。

莱芜钢铁股份有限公司是由莱芜钢铁集团有限公司(原莱芜钢铁总厂)作为独家发起人，采用募集方式设立的股份有限公司。公司于1997年8月22日设立，公司股票于1997年8月28日在上海证券交易所挂牌上市。公司上市时总股本为52980万股，其中社会公众股为8000万股；总资产为24.19亿元，其中股东权益为12.30亿元。截止2001年末，公司总股本为87118.2万股，其中社会公众股为15600万股；总资产为55.93亿元，其中股东权益为32.32亿元。公司拥有电炉钢和转炉钢两套生产系统，主体工艺技术装备为国内领先水平，部分达到当今国际水平。公司主营业务为钢铁产品的生产和销售。公司主要产品有H型钢、螺纹钢、带钢、轴承钢、齿轮钢等100多个品种、400多种规格，多项产品获得省级和国家级优质产品荣誉称号。公司产品销往全国25个省、市、自治区的1400多家企业，并出口美国、日本、韩国、澳大利亚、南亚、东南亚和港台等国家和地区。

公司上市以来，坚持创优良业绩与抓规范运作并举，资产规模不断扩大，在总股本比上市之初增长60％多的情况下，始终保持了优良的经营业绩，并给股东以较为丰厚的投资回报，在证券市场上树立了钢铁板块绩优股的形象，充分体现了公司具有雄厚的发展实力和良好的成长性。

2001年，公司共生产生铁176.27万吨、钢238.76万吨、钢材235.57万吨，钢材实物产销率达到99.45％；2001年，公司实现主营业务收入49.88亿元，利润总额5.39亿元，净利润4.56亿元，每股收益0.523元，净资产收益率14.10％。

地　　址：山东省莱芜市钢城区
电　　话：(0634) 6820601、6820011
传　　真：(0634) 6821094
邮政编码：271104
电子信箱：mishuke@mail.laigang.com
互联网址：http://www.laigang.com

公司H型钢生产线，主体设备全部从日本新日铁公司引进，其技术装备和自动化程度属90年代国际先进水平。H型钢是公司的主导产品之一，具有广阔的市场前景。

产品在港口装船发往海外。

神州一绝

青山
QINGSHAN

福建省青山纸业股份有限公司
FUJIAN QINGSHAN PAPER INDUSTRY CO.,LTD.

股票代码：600103　股票简称：青山纸业
公司注册地：福州市马尾经济技术开发区君竹路
厂址：福建省沙县青州镇
邮编：365506
电话：0598-5658978
传真：0598-5658788　5653336
E-mail: sale@qspaper.com

公司董事长：刘天金 先生
公司总经理：吴冰文 先生

公司董事长：刘天金 先生

福建省青山纸业股份有限公司是一家规范化上市公司，位于闽北沙溪河畔的沙县青州镇，占地面积43.135万m^2，员工2000多人。公司现有总股本70630万股，其中社会公众股44642万股，拥有一条年产10万吨纸袋纸生产能力的生产线，技术设备属当今世界先进水平，主导产品为："青山"牌70－110g/m^2纸袋纸系列产品、60－120g/m^2精制牛皮纸、装饰板底层纸以及125、150g/m^2牛皮卡纸等。其中80g/m^2普通纸袋纸获国家同类产品最高奖——国家银质奖，低定量、高强度纸袋纸和伸性纸袋纸均为省、部优新产品。产品具有高强度、透气好、易回收等优点，是水泥、农药、化肥、粮食等包装的理想材料。1998年6月公司获得中国进出口商品质量认证中心ISO9002质量体系认证。2001年11月，公司在取得ISO9001:2000版质量管理体系新证书的基础上，2002年2月又顺利通过ISO14001:1996环境管理体系认证，成为福建省第一家通过ISO14001认证单位。

1999年1月，公司投资5亿元人民币建设省重点工程项目——年产15万吨高强牛皮卡纸工程，该工程已于2000年6月顺利投产，设备主机由著名造纸机械制造商芬兰维美德公司提供，具有九十年代国际先进水平。主要产品为110－310g/m^2高强卡纸（A级箱纸板），还可根据市场需要生产白浆挂面板纸、白面牛卡纸等，产品质量可达到国际先进水平，适用于制造出口包装用纸箱及各类高强度纸制品。公司配备有4台电除尘设备及一座日处理污水6.0万吨的污水处理场，实现环保达标排放。

"青山"牌纸袋纸为"福建省用户满意产品"。企业先后荣获国家节能一级企业、国家计量一级先进单位、国家档案管理一级企业等省以上荣誉称号共200余项。目前公司正以主业为依托，逐步向营林业、包装业、精细化工医药业、金融证券业和高科技行业等适度多元化经营目标迈进。

年产15万吨牛卡纸机

年产10万吨纸袋纸机

生产线DCS控制室

SAIC
上汽集团

上海汽车股份有限公司

SHANGHAI AUTOMOTIVE CO.,LTD.

股票简称：上海汽车 股票代码：600104

总经理：赵凤高 先生

上海汽车股份有限公司是由上海汽车工业（集团）总公司独家发起，在原上海汽车有限公司资产重组的基础上，采用社会募集方式设立的股份有限公司，1997年11月25日公司股票在上海证券交易所上市交易，简称“上海汽车”，股票代码600104。

历年来，上海汽车股份有限公司在大股东——上海汽车工业（集团）总公司的倾力支持下，进行了不断的资本扩张，企业已从汽车零部件生产向整车制造、金融和信息产业等领域渗透发展，母体企业有汽车齿轮总厂、中国弹簧厂和汽车配件厂。公司还投资参股了上海通用汽车有限公司、上海汇众汽车制造有限公司、上海易初通用机器有限公司、上海纳铁福传动轴有限公司等二十余家整车及零部件制造企业，经济效益稳步增长，为股东提供了较好的回报，树立了绩优、稳健、规范的市场形象。总股本已从成立时的10亿股，扩大到目前的25.2亿股，上海汽车工业（集团）总公司作为发起人持有国家股17.85亿股，公众流通股7.35亿股。企业净资产从97年的33亿元上升到目前的81.3亿元，总资产从40.56亿元上升到100亿元，2001年利润为7.8亿元，每股净资产为3.22元，各项经济指标在全国同行业中名列前茅，成为公众认可的绩优上市公司，从而为在金融市场的稳步发展打下了坚实的基础。

随着世界经济走向一体化，上海汽车股份有限公司着力推进用户满意工程、全面创新工程、全球经营工程以及人本管理工程和“人人成为经营者”管理创新活动，进行规范、稳健的资本运作，保证股东权益的不断增长，为上海汽车工业走向世界，作出不懈的努力！

地址：上海市浦东张江高科技园区松涛路563号A幢5楼　邮编：201203
电话：086－21－50803808　传真：086－21－50803780
网址：http://www.china-sa.com　电子信箱：stoc@china-sa.com

JIANGSU HONGTU HIGH TECHNOLOGY CO., LTD.

股票简称　宏图高科
股票代码　600122

江苏宏图高科技股份有限公司(简称“宏图高科”)是经江苏省人民政府和中国证监会批准，采取募集方式设立的大型股份制企业，是江苏省电子信息产业首家上市公司。公司下辖三个分公司、十一个子公司，现有员工2800多人，其中工程技术人员600多人。2001年，公司实现销售收入200481万元，实现利润总额6932.5万元，被江苏省人民政府授予“出口创汇先进企业”称号。公司被江苏省科技厅认定为高新技术企业，被中国建设银行江苏分行评为AAA级信用企业。自1998年4月上市以来，通过资本扩张，公司总股本现已达到31920万股，其中发起人股为17520万股，占总股本的54.89%，社会公众股为14400万股，占总股本的45.11%。公司具有规范的法人治理结构、完善的市场营销网络体系、新品开发体系和产品质量保证体系，正在实施以计算机产业为“龙头”，以通讯产业和DVD产业为两翼的发展方略，不断实现新的腾飞！

董事长兼总裁：刘小峰　先生

Hiteker

江苏宏图高科技股份有限公司

■ 宏图高科与香港天地数码合作成立“江苏宏天宽频视讯有限公司”签字仪式暨记者招待会

公司主营业务包括计算机、通信和激光音视三大类产品，现已形成以PC机、服务器、打印机、软件和网络工程为主体的**计算机产业群**，以SDH光纤通信、数字载波通信设备和光缆、电缆为主体的**通信产业群**及以超级VCD、DVD为主体的**激光音视产业群**。此外，公司还成功涉足并拓展了房地产、移动电话销售、展览与信息服务等多元化经营业务。

计算机产业方面，合资成立的宏图三胞科技发展有限公司已先后在南京、无锡、上海、徐州、苏州、常州、合肥等地开设了9家融“仓储式、直销式和标准服务式”为一体的综合型电脑资讯大卖场，除了规模经营各大品牌电脑产品外，“宏图三胞”自有品牌电脑的生产和销售步入了快车道。今年，公司还将进一步拓展到张家港、昆山、常熟、杭州等周边城市。目前，宏图三胞在港上市工作正在积极筹划之中。软件与系统集成方面，公司实施了以工程为主，向自主软件开发与系统工程相结合的转移。2001年成功完成公安缉毒软件、公路信息管理软件、国际贸易基础信息交换平台软件、电信增值服务软件、医保、五保合一等软件的开发，全年共实现销售收入11000万元，其中自主软件超过1000万元。三家软件公司已全部通过ISO9001质量体系认证并获得证书；城镇职工医疗保险管理系统、市政110多媒体呼叫中心管理系统等4项产品被江苏省信息产业厅认定为软件产品。公司与目前唯一获得国家广播电影电视总局有线电视数字广播技术认证的香港天地数码公司合资成立了“江苏宏天宽频视讯有限公司”，发展有线数字视频宽带技术，提供相关软、硬件产品的研发、集成、推广、生产和销售等相关应用服务；通过开发商与运营商相结合，公司还进入了信息服务领域。在自主开发的短信息管理平台的基础上，进一步加强与扬子晚报、江苏电视台、江苏交通广播网等多家单位合作，开通了“点点通”信息网站。今年，公司将实施第二步战略，加快向外地扩张，与当地营运商合作，在已开通北京、山东、湖南、安徽的基础上，将进一步开通河南、上海、广东等省份的短信服务；同时还将开展对外合作，发展如韩国以娱乐、游戏为主、荷兰以个人理财为主的数据增值服务。**通信产业方面**，通过租赁海南通信电缆厂，成功开拓了海南市场；投资近5000万元的宽带接入网光缆项目和光纤复合架空地线(OPGW)项目年内将建成投产；与有关知名大学、研究所合作开发了155／622M　SDH光通信设备，当年完成了ZDD　2000D加全数字电力线载波机、GSF-9高频保护收发信机等13个新品项目的开发，实现了产品结构由单一电力载波向光通信发展的战略性转变。**激光音视产业方面**，公司生产的宏图DVD被认定为江苏省名牌产品，并于2000、2001年大批量出口到美国，进入了世界百货业零售巨头沃尔玛等大型连锁超市，今年将进一步大力开拓欧洲、澳洲及韩国等地市场。**多元化经营方面**，移动电话、办公自动化设备以及新开发的宏图大厦、香榭里小区及门东“宏图·上花园”已成为公司经济增长的新亮点。

■ 宏图SVCD、DVD生产线

■ 155／622 GS-10A多光口SDH系统

■ 宽带接入网光缆车间、OPGW车间

Hiteker 宏图高科

■ 宏图三胞品牌电脑生产线

地址：江苏省南京市湖北路83号　邮编：210009　电话：025-3300922　传真：025-3300230　http://www.hiteker.com　E-mail:Hiteker@Hiteker.com

山西兰花科技创业股份有限公司

SHANXI LANHUA SCI-TECH VENTURE CO., LTD.

股票简称：兰花科创　股票代码：600123

董事长：贺贵元 先生

山西兰花科技创业股份有限公司（以下简称本公司）经山西省人民政府晋政函[1998]70号文批准，由山西兰花煤炭实业集团有限公司作为独家发起人，投入其下属六矿一厂主要生产经营性净资产，折合15,000万股，以募集方式设立。

1998年11月，经中国证券监督管理委员会证监发字[1998]279号、280号和281号文批准，向社会公开发行了人民币普通股本8,000万股（含内部职工股800万股），并于1998年12月17日在上海证券交易所挂牌上市。发行后，本公司总股本23,000万股。本公司于1998年12月8日在山西省工商行政管理局登记注册，取得企业法人营业执照，注册号为1400001006916。

经本公司1999年第1次临时股东大会审议通过，实施了1999年中期分配，以可分配利润每10股送1股红股，以资本公积每10股转增4股。分配后，本公司总股本为34,500万股。

经中国证券监督管理委员会证监发字[2000]158号文批准，本公司2000年11月以1998年底总股本23,000万股为基数，按每10股配售3股的比例实施了配股（法人股股东部分认配），共计配售2,625万股。配股后，本公司总股本为37,125万股。

经营范围：煤炭（限下属有采矿和生产许可证的企业经营）、型煤、型焦、化工产品、建筑材料的生产、销售。矿山机电设备维修、配件加工销售。生铁冶炼、铸造。计算机网络建设及软件开发、转让。煤炭转化及综合利用技术的研究开发及服务。科技信息咨询服务。

公司一化分公司年产12万吨合成氨、20万吨大颗粒尿素项目，引进挪威技术的造粒塔

山西兰花华明纳米材料有限公司厂区一角

大阳煤矿现代化采煤工作面

地址：山西省晋城市泽州路181号 邮政编码：048000
电话：0356-2040123 传真：0356-2033799
http://www.chinalanhua.com
E-mail: lanhua@chinalanhua.com

董事长：李国安 先生

股票简称：郑州煤电
股票代码：600121

总经理：郭矿生 先生

郑州煤电股份有限公司

ZHENGZHOU COAL INDUSTRY & ELECTRIC POWER CO. LTD.

郑州煤电股份有限公司(以下简称郑州煤电公司)是由郑州煤炭工业(集团)有限责任公司(以下简称郑煤集团公司)独家发起，以郑煤集团公司超化煤矿、米村煤矿、东风电厂(以下简称两矿一厂)剥离后的经营性资产作为发起人资产，以向社会公众发行股票、募集设立的股份有限公司(上市)。是国有煤炭企业第一家上市公司。由原煤炭工业部推荐，经原国家体改委和中国证监会批准，1997年10月28日—30日郑州煤电公司(筹)获准向社会公开发行股票(A股)8000万股，1997年11月13日郑州煤电公司正式成立，1998年1月7日“郑州煤电”股票获准在上海证券交易所挂牌交易。

郑州煤电公司主营煤炭生产及销售、发电及输变电。公司前次募集资金投资项目已全部建成并开始产生效益，目前建有矿井三对(超化煤矿、米村煤矿、告成煤矿)，煤炭年实际生产能力480万吨，矿井平均服务年限为50年。建有火力发电厂一座，年实际发电量7.5亿千瓦时，截止2001年底，公司拥有总资产204130万元，总股本81000万股，其中国有法人股59400万股，占总股本的73.33%，社会公众21600万股，占总股本的26.73%。

郑州煤电公司拥有煤炭地质储量24157万吨，可采储量13302万吨。所产煤炭以粉煤为主，煤质松软易碎、中灰、低硫、高发热量、可磨性好，还具有燃点低，起火快，无异味等优点，尤其是低硫(0.4%)、可磨性好(哈氏度、磨性指数HGI在140以上)两大特征为煤炭市场独有的特色。这里的地理位置优越，位于嵩山东麓，黄河南岸，欧亚大陆桥经济协作带的腹地。交通十分便利，北有陇海，东有京广、京九，西有焦枝四大铁路干线环抱，周围有107、310国道及郑汴洛高速公路相连，郑州少林寺高速公路已开始施工，东南40千米便是郑州国际机场。

公司根据国家产业政策，从实际出发，制定了“以煤为主，煤电联营，多业并举”的经营发展战略。同时注重产业产品结构调整，不断培育新的利润增长点，投资300万元与北京化工大学——化大产业集团合作，成立了北京裕华科技创新有限公司，主要合作研究开发生化制药、保健品生产及销售等，项目于2001年初见成效。由该公司独立研制开发的新产品“女人四十”牌大豆黄酮营养片已开始投放市场。投资2000万元，与国家信息中心及其他国家企业联合组建了中社网盟信息技术有限公司，涉足互联网领域，为公司调整产业结构，发展高新技术产业奠定了基础。

郑州煤电公司成立几年来，尤其是公司第二届董事会成立以来，以董事长李国安、总经理郭矿生为核心的领导班子注重内抓管理，外树形象，从规范公司运作入手，实施了一系列行之有效的改革措施，树立了良好的企业形象，在给广大股东以良好投资回报的同时，迅速实现了国有资产的保值增值。公司股票于1999年入选道琼斯中国指数股，2000年被评为中国上市公司50强，2002年又成功入选上海证券交易所180指数股，目前公司正以崭新的面貌迎接八方来宾。

地址：河南省郑州市二七区大学路30号
邮政编码：450052
电话：(0371)6950227
传真：(0371)6950227
网址：http://www.zzce.com.cn
电子信箱：ZZCE@public2.zz.ha.cn

董事长：刘郁文 先生

总经理：蒋征球 先生

湖南华升益鑫泰股份

股票上市地：上海证券交易所
股票简称：益鑫泰
股票代码：600156

三峡库区的一颗明珠
中国中药的一支奇葩
重庆太极实业(集团)股份有限公司

重庆太极实业（集团）股份有限公司（下称：公司）是以原国有企业四川涪陵制药厂为主体改制而组建的定向募集股份有限公司。1997年10月经中国证监会批准，公司向社会公开发行社会公众股5000万股，并于同年11月18日在上海证券交易所挂牌上市（**股票简称：太极集团 股票代码：600129**）。

公司主要经营中成药、西药、保健用品、医疗包装制品、医疗器械产销及原材料、中药材、药用包装的进出口业务。

主要产品有曲美、急支糖浆、补肾益寿胶囊、藿香正气口服液、儿康宁、通天口服液、产泰、紫杉醇、盐酸格拉斯琼、风湿马钱片等。

公司自改制以来，企业产值年年翻番，现已跨入了全国医药工业企业前列，被誉为“三峡库区的一颗明珠”、“中国中药的一支奇葩”。2001年度，公司总股本为2.56亿元，总资产27.32亿元，净资产9.94亿元，净利润1.01亿元。2002年，公司的太极商标获得“中国驰名商标”称号。

太极人将秉承“忠诚、团结、努力、责任”的太极理念，本着“让中药造福人类”的崇高理想，以人类的健康事业为己任，为中医药走向世界而努力奋斗，为世界医药造福中国人民而努力工作。

董事长：白礼西 先生

地址：重庆市涪陵区建设路68号
邮编：408000
电话：023-72800072
传真：023-72800072
网址：http://www.taiji.com
E-mail:taijia@public.cta.cq.cn

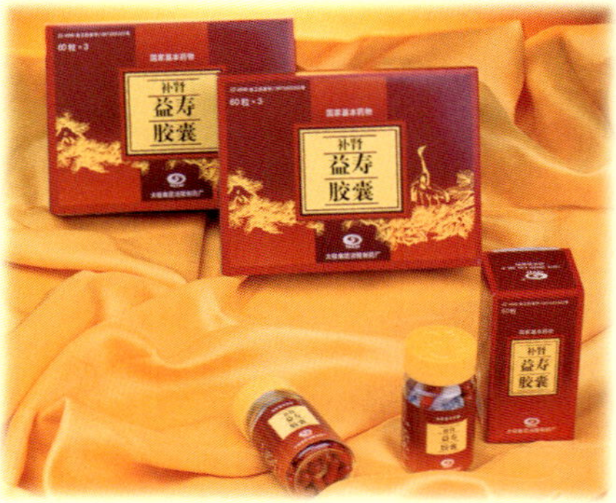

股票简称：云大科技，股票代码：600181

UNIDA 云大科技股份有限公司
UNIDA CO.,LTD.

http://www.eunida.com E-mail:ydstmail@public.km.yn.cn

董事长：付文明 先生

云大科技股份有限公司作为迅速发展中的生物高科技发展商。公司成立于1992年，1998年9月公司股票在上海证券交易所上市。截至2002年6月30日，公司注册资本34813万元，总资产221537万元，净资产94633万元。

1992年，公司自研产品“云大-120”被列入云南省火炬计划推广项目。1994年，公司前身云南大学南亚生物化工厂被中华人民共和国国家科学技术委员会批准为“国家科技成果重点推广计划”项目“高效植物生长调节剂BR-120”的技术依托单位。1995年，公司被评定为高新技术企业。1998年，“高效植物生长调节剂BR-120”被列为科技推广项目，并推荐进入“中国农业丰收计划”。1999年，“长效云大-120高效植物生长调节剂”获国家科委高新技术产业开发中心颁发的国家级火炬计划项目证书。2001年2月，公司被认定为国家火炬计划重点高新技术企业。多年来，公司一直承担着国家级、省级重点科技项目的研究。其控股的大连高新生物制药有限公司承担着国家“863”攻关项目和“九五”重点攻关项目的研发工作。

几年来，公司不断探索和发展拥有自主知识产权的生物、化学、医药领域的高新技术，通过成立云大科技研究院、与云南大学共建“云南大学药学院”和“云南省工业微生物发酵工程重点实验室”、受托管理“云南省天然药物中心”，初步形成了以昆明为生产、研发“基地”；以北京、上海、深圳为信息传播、技术研究和人才储备的“支点”；以美国、澳大利亚科研工作站为跟踪世界科技最新动态、拓展海外市场之“触角”的国际化科技创新体系，逐步构建起一个高水平、开放式的科技创新体系。目前在研的项目有十多项，涉及农业化学、花卉保鲜、医药保健品等方面。公司通过实施“千县万点营销及技术服务网络工程”，在全国设立了14家省级营销分公司，在600多个重点县建成近8000个营销服务网点，与国内外800多家企业及经销商建立了良好的合作关系，已基本形成涉及更广领域的现代化商务体系；2001年，通过资源的优化整合，主营业务集中在农化、医保、花卉三大领域。

公司秉承“提升生命质量，创造生活体验”的企业使命，通过农化事业使科技回归自然，通过医保事业护佑人类健康，通过花卉事业创造精神享受，让世界更有生命力。

公司坚持“以人为本，足踏实地”的核心价值观，致力于创造一个吸纳、培育、凝聚、鼓舞高素质人才的良好企业氛围，以此作为公司事业发展生生不息、永不枯竭的源泉。

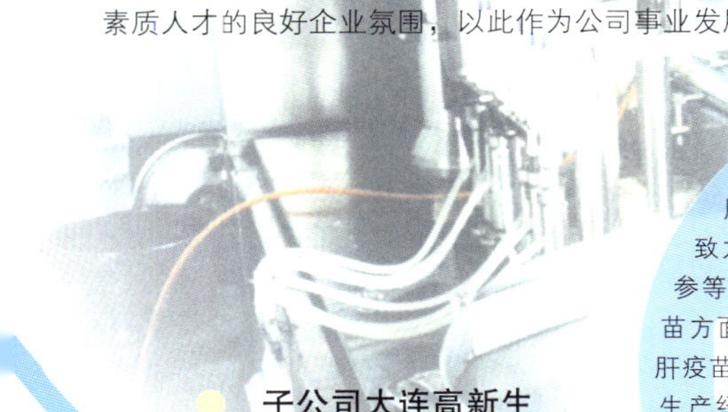

子公司大连高新生物制药有限公司GMP厂房及生产线

利用长期储备的人才和技术优势，以心、脑血管疾病的治疗和保健为主，致力于“三七”系列现代中药产品和洋参等系列功能食品的开发和生产经营；疫苗方面，致力于基因重组乙肝疫苗、重组戊肝疫苗、人用狂犬病纯化疫苗等项目的研发及生产经营，在国内和东南亚地区有广阔的市场前景；基因工程方面，致力于分子医学诊断、基因组及云南少数民族基因的研究和开发，正成为基因领域的新星，它的发展也将公司带进基因研究的新天地。

“云大-120”生产线

农化领域

发挥技术优势，主要生产经营“云大-120”新型高效植物生长调节剂系列产品，“美施乐”、“农惠”等叶面肥系列产品和“尽胜”、“易福”等农药杀虫剂产品。公司拥有世界规模最大的芸苔素内酯产品生产线，在昆明、上海、深圳、北京建有生产基地。公司主营产品之一的“云大-120”新型高效植物生长调节剂系列产品拥有四项发明专利，具有国际领先水平。1999年“云大-120”系列产品的设计、开发、生产和服务通过ISO9001质量体系认证。该产品技术成熟、质量稳定，目前已在全国28个省、市、自治区、直辖市大面积应用。在国际市场开拓方面，近年开始在南美洲、澳大利亚、泰国、香港、台湾等国家和地区销售、试验和推广。

子公司昆明花卉拍卖交易中心有限公司花卉拍卖交易中心效果图

花卉领域

充分利用云南花卉资源优势，投资建设中国乃至亚洲最大的花卉拍卖交易中心，同时受云南省政府委托管理经营“云南省花卉示范园区”。

地址：云南省昆明市国家高新技术产业开发区科医路59号 邮编：650[illegible] 电话：(0871)8315883 8350069 传真：(0871)8315072 8311251

股票简称：莲花味精　股票代码：600186

河南莲花味精股份有限公司

HENAN LIANHUA GOURMET POWDER CO., LTD

河南莲花味精股份有限公司成立于1998年7月，主要从事生物工程的科研与开发；味精和调味品的生产及销售；热力、电力的生产及销售；谷朊粉、等级面粉、麦芽糖的生产与销售；环保产品、氨基酸、饲料的生产及销售。1998年8月在上海证券交易所挂牌上市。2001年1月5日增发8000万股，募集资金73,000万元，募集资金主要用于技术改造、市场建设以及利用胚胎移植技术快速繁殖奶牛、肉牛等项目。目前，公司是我国最大的味精生产基地，年味精生产能力为28万吨，单厂味精产量居世界第一位。产品在全国同行业中首获ISO9002国际质量认证。2001年9月莲花味精被中国名牌战略推进委员会认定为“中国名牌产品”。

公司目前正在积极实施生态农业产业化发展战略，利用先进的味精生产技术，以原料替代为新的起点，大幅降低生产成本，增强粮食转化增值能力，带动区域种植业结构调整。采用环保新技术，实现了清洁生产和资源的综合利用，使环保成为新兴的效益型产业。利用生物工程技术，建立良种肉牛、奶牛示范基地，推动当地牛种改良，从而带动当地农民增收和养殖业的大发展。

随着主导产品成本的降低，公司产品的竞争力会日益强大。

董事长：李怀清 先生

总经理：申志勇 先生

温家宝总理与公司董事长李怀清亲切握手

省委书记陈奎元与公司董事长李怀清亲切握手

公司主要产品

莲花牌味精。是公司的主导产品，也是国内味精市场的主导品牌。公司利用当地资源优势，以高新技术为手段，以小麦为原料生产味精，这在国际上尚属首创。它采用目前国际先进的生物工程技术，通过淀粉→制糖→发酵→提取→中和→脱色→结晶→分离→烘干→筛分→包装等先进科学的生产工艺，在全国同行业首家通过ISO9002国际质量体系认证。“莲花”商标被国家工商局认定为“中国驰名商标”，莲花被中国名牌战略推进委员会认定为“中国名牌产品”。

“莲花”鸡精（烹大师）。是中日合资莲花味之素公司，以优质鸡骨肉、猪骨肉精练提取而成的新一代调味佳品。产品有鸡精、烹大师、肉鲜调味品三大类。富含蛋白质、核苷酸、维生素、铁、磷、钙等人体必需的元素。具有味道鲜美、健脾健胃、增进食欲等特点，适用于炒、拌、蒸、煮及各种汤类，深受广大消费者喜爱。1997荣获中国国际食品博览会特别奖。

谷朊粉。“莲花”谷朊粉是公司跨世纪技术改造的主要成果之一，也是公司生态农业产业化战略中提升粮食转化层次的重要项目。“莲花”新建的两个谷朊粉厂，年产规模4万吨，居全国同行业第一位。“莲花”谷朊粉以优质小麦为原料，运用芬兰成套的工艺设备，对小麦面粉进行水面混合、匀质，然后进行纤维、戊聚糖、谷朊粉三项分离而提取出来的高蛋白聚合物。其蛋白含量75%，蛋白质含量是猪肉的7.9倍、牛肉的12.2倍。其脂肪含量仅是猪肉的2.1%、牛肉的12.2%。吸水后的面筋可保持原有的自然活性及天然物理状态，具有粘性、弹性、延伸性、薄膜成型性及吸脂乳性，营养价值极为丰富，是市场上不可缺少纯天然绿色食品添加剂。谷朊粉还广泛应用于高等级面粉和优质饲料的生产中，市场前景十分广阔。

地址：河南省项城市莲花大道18号　邮编：466200　电话：0394-4298966　传真：0394-4298899
网址：http://www.lianhua.com.cn　电子信箱：hlwjjt@pbulic2.zz.ha.cn

董事长：莫立崎 先生

兖州煤业

A 股—上市地点：上海证券交易所
股票代码：600188
股票简称：兖州煤业
H 股—上市地点：香港联合交易所有限公司
股票代码：1171
ADR—上市地点：纽约股票交易所
股票简称：YZC

兖州煤业股份有限公司是1997年9月25日由兖矿集团有限公司独家发起设立的境内外上市公司。公司1998年分别在香港、纽约和上海三地上市。截至2001年12月31日，公司注册资本28.7亿元，资产总额113.5亿元，净资产87.2亿元。

公司主要从事煤炭生产、洗选加工、煤炭销售和铁路运输。公司辖有南屯、兴隆庄、鲍店、东滩、济宁二号及济宁三号六座煤矿，设计生产能力为2140万吨。拥有煤炭地质储量为31.4亿吨。公司煤炭产品属优质低硫煤，适用于发电、冶炼、化工、造纸、建筑等行业。“兖州煤”2000年被中国商品协会、中国质量协会评为煤炭行业“第一名牌”。公司现有六座煤矿均通过了ISO9000系列认证。

公司地处中国煤炭和世界煤炭消费中心。京沪、兖石铁路和104国道、京杭大运河贯穿矿区，使本公司成为距华东、东北亚地区煤炭消费中心距离最近、交通最方便、运费最低的少数煤炭企业之一。公司主要用户包括上海宝钢、邹县电厂、日本东京电力、日本新日铁、韩国浦项钢铁等。

公司成功使用推广的综采放顶煤技术和成套设备，是世界开采厚煤层矿井的先进技术，领先国际先进水平3—5年，被评国家科技进步一等奖，并在中国和澳大利亚获得专利。

公司是中国盈利最好的煤矿企业、是华东地区最大的煤炭生产企业。2001年公司实现净利润10.0亿元，原煤产量3402万吨，其中出口1267万吨，是中国最大的煤炭出口商之一，2001年出口创汇4.5亿美元。

自1998年上市至今，公司先后完成四次发行、三次收购，融资总额为40.2亿元，占煤炭行业上市公司直接融资总额的36%。

1999年公司被香港《资本杂志》列为十大优质国企、红筹股；2002年被《上市公司》杂志评为“中国上市公司50强”第6名。

中国盈利最好的煤矿企业

兖州煤业股份有限公司

YANZHOU COAL MINING COMPANY LIMITED

地址：山东省邹城市凫山路 40号 电话：0537-5382319 传真：0537-5383311 E-mail:yzc@yanzhoucoal.com.cn

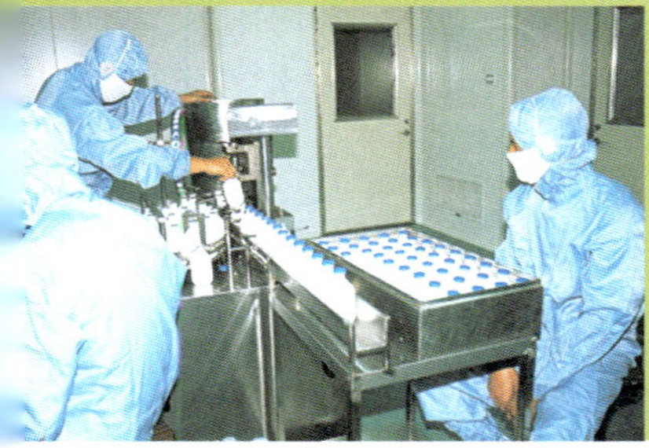

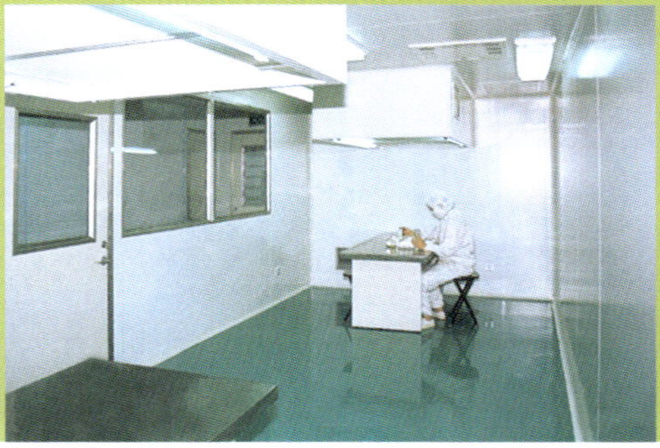

山东铝业股份有限公司

SHANDONG ALUMINIUM INDUSTRY CO.,LTD

股票代码：600205

股票简称：山东铝业

山东铝业股份有限公司成立于1999年6月18日，是由山东铝业公司独家发起、采取社会募集方式创立的股份制企业。公司注册资本56000万元，总股本56000万股，其中山东铝业公司以净资产50439万元投入本公司，折股40000万股，1999年6月7日公开发行社会公众股16000万股，并于1999年6月30日在上海证券交易所挂牌交易。2001年9月11日随着中国铝业股份有限公司的重组，经国家财政部批准，山东铝业公司所持本公司的40000万股国有法人股，占本公司股本总额的71.43%，转由中国铝业股份有限公司持有。中国铝业股份有限公司成为本公司的第一大股东。中国铝业股份有限公司海外上市后，山东铝业股份有限公司作为其控股子公司，将在中铝股份的发展中展现良好前景。

本公司是我国主要的氧化铝、电解铝生产企业之一，下属单位有：氧化铝厂、第二氧化铝厂、电解铝厂、铝加工厂、热电厂、研究院等单位，现有23种主要产品，涵盖氧化铝及化学品氧化铝、电解铝、铝型材、碳素制品、金属镓五大类，广泛应用于冶金化工、石油化工、陶瓷、电子电力、建筑、交通、农业生产、人民生活和国防科技等领域。产品远销美国、日本、俄罗斯等国家，在国内外拥有较稳定的市场。

山东铝业自1999年上市以来，始终将股东的利益放在首位，每年向投资者派发现金红利，三年累计派发0.897元/股（含税），体现了公司稳健经营、股东利益至上的管理理念。

2002年公司将在制度创新、科技创新、增产降耗、强化营销和财务管理、开拓市场、货款回收、增资配股等方面加大工作力度，遵循“诚信为本，回报至上”的经营理念，努力开拓市场，为广大股东赢得良好回报，为公司的持续发展奠定良好基础。

董事长：刘兴亮 先生

公司经营业务范围

氧化铝、氢氧化铝、多品种氧化铝、金属镓、电解铝、铝合金、铝制品、碳素制品的生产、销售。主要产品涵盖氧化铝及化学品氧化铝、电解铝、铝型材、碳素制品、金属镓五大类，广泛应用于冶金化工、石油化工、陶瓷、电子电力、建筑、交通、农业生产、人民生活和国防科技等领域。产品远销美国、日本、俄罗斯等国家，在国内外拥有较稳定的市场。

主要产品的市场占有率情况

冶金级氧化铝国内市场占有率(不含进口氧化铝)为13.4%

化学品氧化铝国内市场占有率为34.53%

普通铝锭国内市场占有率为1.4%。

地　　址：山东省淄博市淄博高新技术产业开发区柳泉路北首
邮政编码：255086
网　　址：http://www.sd-al.com
电子信箱：sdal@sina.com
电　　话：0533-2943467 0533-2943291
传　　真：0533-2985999

SHANDONG ALUMINIUM INDUSTRY CO.,LTD

http://www.whouse.com.cn

股票简称：广汇股份

股票代码：600256

董事长：杨铁军 先生

总经理：孙凤元 先生

新疆广汇实业股份有限公司成立于1999年4月10日，2000年4月21日，公司向社会公开发行人民币普通股5000万股，2000年5月26日，公司股票在上海证券交易所挂牌上市。截止2002年6月30日，公司总资产为2,452.04万元，净资产17011.72万元，总股本601,431,420股。

自上市以来，公司在稳步发展原有石材和化学建材产业的同时，积极进行产业结构调整，同时严格按照上市公司要求加强了现代企业管理制度的实施与完善，取得了优异的经营业绩。公司财务状况、经营状况、现金流量、盈利能力、抗风险能力等都得到优化和提高，并已发展成为涵盖石材、化学建材、住宅消费服务、现代物流等多个行业的综合性企业，为公司的持续发展打下了坚实基础。在《中国证券报》和清华大学中国企业研究中心联合推出的中国上市公司综合绩效排序中，公司2000年位列第6名，2001年位列第2名。

为了更好的回报广大投资者，回报社会，公司将以“内强素质、外树形象，加强管理，全面提升企业在市场中的核心竞争能力”为中心指导思想，在稳步发展石材、化学建材、住宅消费服务和现代物流服务业的同时，进一步搞好产业结构调整，通过顺利进入液化天然气产业进一步实现产业结构的新突破。在石材产业方面，进一步扩大广汇石材的品牌效应，提高广汇石材的市场占有率；在化学建材产业方面，不断开发和生产科技含量高、市场前景广阔的新型化学建材产品，努力使“新疆广汇塑钢门窗制品有限责任公司”和“新疆天山塑业有限责任公司”发展成为新疆地区最具竞争能力的化学建材企业；物流产业方面，在乌鲁木齐高新技术产业开发区建设“广汇美居物流园”，并以此为平台，不断拓展物流服务领域，全面提高其物流服务功能，提升“亚中物流”的市场影响力；在住宅消费服务产业方面，确保商品房销售业务持续稳步发展的同时，加大商品房置换、商品房租赁、装饰装修等全方位住宅消费服务业务的开拓力度；在液化天然气产业方面，加快新疆天然气优势资源的开发利用步伐，填补国内液化天然气产业的空白，实现新疆广汇实业股份有限公司的可持续发展。

地址：新疆维吾尔自治区乌鲁木齐市经济技术开发区上海路6号
电话：0991-3719668
传真：0991-8637008
邮政编码：8300026
电子信箱：ghsc@mail.whouse.com.cn

正在投资兴建的广汇液化天然气项目

新疆广汇实业股份有限公司石材生产车间——磨切车间

新疆广厦地产交易网络有限责任公司销售的小区——月光喷泉景观

新疆广汇塑钢门窗制品有限责任公司生产车间

新疆广汇实业股份有限公司

XINJIANG GUANGHUI INDUSTRY CO.,LTD.

股票简称：首旅股份 股票代码：600258

乘势而发的首旅旗舰

——北京首都旅游股份有限公司

北京首都旅游股份有限公司（股票简称：首旅股份）自1999年2月成立，如今已走过了三年的历程。首旅股份的成立和2000年4月成功发行7000万A股，6月1日在上海证券交易所成功挂牌，是实现首都旅游集团发展战略，向资本市场进军迈出的第一步，是首都旅游集团在证券市场上融资的旗舰。

首旅股份是首都旅游集团作为主发起人，以其所属的北京市民族饭店、北京市燕京饭店、北京海外旅游公司、北京市旅游广告有限责任公司和首都旅游集团所持有北京市京伦饭店有限责任公司的股权及北京首汽实业股份有限公司的部分股权作为投入，

联合北京城乡贸易中心股份有限公司、清华同方股份有限公司、中国北京全聚德集团有限责任公司、北京市昌平区十三陵旅游服务开发总公司四家发起人，以现金作为出资，并经北京市人民政府批准，以发起方式设立的股份有限公司。现公司总股本为23140万股，总资产为11.08亿元，净资产为6.98亿元，拥有3家分公司、4家控股子公司和多家参股公司。

首旅股份目前主要以饭店经营与管理、旅行社、旅游产品开发及销售、出租汽车客运、广告设计制作和代理、承办展览展示活动等。其中饭店经营与管理、旅行社业务和展览展示业务的经营规模和经济效益在全国同行业中都处于较为领先地位。

2001年首旅股份实现主营业务收入

12.09亿元，比上年增长61.27%；实现净利润7732.85万元，比上年增长43.58%；实现每股收益0.334元，比上年增长45.22%；净资产收益率达到11.07%，比上年增长37.17%。上述经营业绩在旅游行业和旅游类上市公司中均处于领先的水平。

为适应公司业务发展和战略推进的需要，首旅股份确定了“面向世界的旅游，面向旅游的高科技”的发展方向。在立足传统旅游业和会展经营领域的基础上，把旅游业做大做强，在会展经济上拓展发展空间，涉足高科技寻求与旅游业结合的切入点，形成以“旅游——会展——高科技”为三大支柱的发展格局。

首旅股份为实现公司管理的科学化，确保运行全过程的质量控制，以达到国际化标准。2001年公司总部及所属企业民族饭店、京伦饭店、燕京饭店、旅游广告公司获得

董事长：刘毅 先生

IAO9000质量管理体系认证证书，同时民族饭店还获得ISO14001环境管理体系认证证书、京伦饭店获得ISO14001环境管理体系和OHSAS18001职业安全卫生管理体系认证证书。

新的一年，首旅股份将以发展为主题，继续完善法人治理结构，积极推进资产结构的调整，积极开拓市场，以积极的态度迎接新的机遇与挑战，把首旅股份发展成为健康、可持续发展的现代企业。

首旅股份未来发展将通过主业扩张与首都规划发展相结合，资本运营战略与资源优化配置相结合，科技开发战略与发展高新技术产业相结合，在优化的基础上不断发展，在发展的前提下不断扩张，不断壮大。

地　　址：北京市西城区复兴门内大街51号
邮　　编：100031
电　　话：(010)66014466
传　　真：(010)66019471
公司网址：www.bct2000.com
电子信箱：stock@bct2000.com

面向世界的旅游　面向旅游的高科技

LT系列多功能沥青混合料摊铺机

主营业务

路桥建设以公路、桥梁、机场、港口、隧道、给排水及其他土木工程建设项目的总承包为主业，以公路桥梁工程建设所需的筑路机械的开发、制造、销售为依托，以实业投资、物业租赁、高科技产品开发、公路收费经营，计算机系统、智能交通、智能建筑的设计、安装为新的经济增长点，基本形成了工程施工、投资、物业租赁、工业制造和智能电子的业务框架体系。

京津塘高速公路，1991年竣工。

北京城建投资发展股份有限公司

BEIJING URBAN CONSTRUCTION INVESTMENT & DEVELOPMENT CO.,LTD

公司概况

北京城建投资发展股份有限公司（股票代码：600266　股票简称：北京城建）由北京城建集团有限责任公司1998年独家发起，向社会公开发行A股股票募集设立，总股本60000万股，其中，流通股15000万股。公司主营房地产开发，拥有北京城建房地产开发有限公司、北京城建兴华地产有限公司、北京城建东华房地产开发有限责任公司、北京城建美尔广告有限公司等4个控股子公司；北京市东湖房地产公司、重庆燕城房地产开发有限责任公司等2个股权托管公司；北京科技园建设股份有限公司等7个参股公司。

在2000年上海证券交易所《上市公司》杂志评比中，“北京城建”以沪市第31名，沪、深两市第43名的业绩，跻身上市公司50强行列。在《财经时报·新地产》周刊2001组织的首届“中国房地产上市公司10强”评比中排名第五。在东方广播电台等单位2002年组织的首届中国“十佳”蓝筹上市公司评选活动中，公司进入10家优胜企业行列。

公司坚持以优秀的产品和满意的服务为社会提供现代化的生活和工作条件，推进房地产和金融、高科技的互动发展。公司参与发起设立北京科技园建设股份有限公司、赛迪时代信息产业股份有限公司、北京首都国际投资管理有限责任公司、中科招商创业投资有限公司，投资国信证券有限责任公司，初步形成“以房地产为主业、金融和高科技为两翼”的产业格局。

公司秉承“尊崇诚信，共创理想空间”的经营理念，以诚待人，恪守承诺，注重合作，开拓创新，为公司赢得广阔的发展空间，为员工搭建施展才华的价值实现空间，为购房者提供人性化的生活空间，为投资者创造丰厚的利润回报空间。

董事、总经理：赵广义 先生

●公司于2001年12月31日至2002年1月2日独家协办“2002年北京新年（品牌）房地产展示交易会”，在国贸中心租用46个展位，整体推出了建筑面积达576万平方米的十大楼盘。

●公司资产置换后，于2001年12月20日举行“北京城建地产”新闻发布会。

●东直门综合交通枢纽暨东华广场商务区项目，占地面积14.3公顷，建设规模为62.7万平方米，是北京市60项重大工程之一，为北京市21世纪十大标志性目标工程。

主营业务介绍

截至2002年6月30日，公司房地产开复工面积131.5万平方米，在手开发项目36项。公司目前运作的项目主要有富海鹏城、北苑家园、东直门交通枢纽暨东华广场商务区、电子城小区、望京悦城、田村畅茜园小区、世纪城市等。开发项目良好的前景和丰富的土地储备为公司的发展提供了保证。在“2002年北京新年（品牌）房地产展示交易会”上，公司整体推出了建筑面积达576万平方米的十大楼盘，提出和宣传了“倡导现实生活主义，打造大众精品品牌”的开发理念，即住房在新经济时代不仅仅是生存空间，更是满足人们现实生活需要的媒介，是尊重个性、关爱人生、呵护心灵的人性化生活空间；“北京城建”以人为本，为大众阶层开发品质和品位较高、价位适中的大众精品，精心打造“北京城建地产”品牌。在中国房地产业协会、北京市国土资源和房屋管理局等单位组织的“中国（北京）房地产成功经营模式推介”活动中，公司被评为“著名品牌成功经营模式”单位。

●北苑家园项目位于奥运商圈和北苑自然生态居住区内，总建筑面积达217万平方米，定位于中高品质、中低价位的大众精品社区。

北京城建地产

地址：北京市朝阳区北土城西路11号北京城建开发大厦　邮编：100029　电话：010－62035969（总机）　62043173　网址：www.bucid.com

SINOTRANS **股票简称：外运发展　股票代码：600270**

中外运空运

董事长：张斌 先生

副董事长：刘学德 先生

中外运空运发展股份有限公司成立于1999年10月11日，经国家经济贸易委员会国经贸企改[1999]939号文件批准，是一家股份制有限责任公司，中国对外贸易运输(集团)总公司作为本公司的主要发起人，以实物资产方式出资，与中国机械进出口(集团)有限公司、北京首都旅游股份有限公司、北京市农工商联合总公司和北京海诚电讯技术有限公司以现金出资方式共同发起设立的。公司的注册资金为3亿零480万元。

作为本公司主要发起人的中国对外贸易运输(集团)总公司，是经国务院批准的120家大型企业集团之一，成立50年以来，已经发展成为一个以运输为主业的大型跨国公司，业务涉及货运代理、海洋运输、租船、船舶经营、班轮运输、船务代理、铁路运输、汽车运输、多式联运、进出口贸易、对外经济合作、工程承包、集装箱租赁、森林开发、金融、保险、旅游、广告房地产等诸多领域。总资产达220亿元人民币。

中外运空运发展股份有限公司集中了中国对外贸易运输(集团)总公司的优质空运业务资产。目前本公司拥有华北、华东、华南、东北、西南、西北6家区域公司，29家覆盖全国各省(除台湾、西藏)的分公司。6家合营公司为：中外运—敦豪国际航空快件有限公司、中外运—欧西爱斯国际快递有限公司、中外运北空－UPS国际快递有限公司、金鹰国际货运代理有限公司、华捷国际运输代理有限公司、华力环球运输有限公司。

中外运空运发展股份有限公司是一家拥有自有国内业务网络和完善的国际代理网络的进出口货运代理及物流服务提供商，拥有1500名具有丰富业务经验的业务人员，为客户提供完善的运输代理服务。

国际货运：

主要是进出口货物的运输代理服务及包机服务，根据客户的委托，利用强大的国内自有网络和国外代理网络，可以为客户提供全程的门到门服务，其中进口包括国外订舱、进口清关、国内口岸转运，可以将货物从国外工厂运到客户指定的仓库，出口包括包装、出口报关、国外中转，可以将货物从国内工厂运送到国外收货人仓库。

快件业务：

提供桌到桌的文件及小包裹服务。本公司及本公司的合资快件公司拥有完善的国内和国外快件业务网络，客户可以享受到便捷的个性化服务。

物流业务：

中外运空运发展股份有限公司为客户提供个性化的全面的物流方案，优化客户的供应链系统，最终降低客户的运营成本。服务内容包括：门到门派送、订单管理、库存管理、特殊配送和其他增值服务。

- **门到门派送：**
  在全国范围内采用飞机、汽车、铁路等多种运输方式，为客户提供覆盖110个城市的门到门派送服务。
- **订单管理：**
  管理客户的生产原材料订单，包括供应商对原材料、零部件以及包装材料的供货情况，以满足客户的准时化生产系统(JIT)的要求。同时，管理客户的生产成品销售订单，包括从订单接收、产品挑取、包装到分拨配送的全过程监控，以满足客户及时向消费端供货的要求。
- **库存管理：**
  根据客户要求，建立不同地区的分拨中心对客户的成品及原材料库存进行管理，每日安排实地盘点，并向客户报告库存水平和出入库情况，以帮助客户达到降低物流成本、提高生产效率的目的。
- **其它增值服务：**
  根据客户生产需求，为客户提供物流增值服务，包括生产线末端的组装和最终产品的测试及包装。
- **物流中心：**
  为了适应公司物流业务的迅猛发展，中外运空运发展股份有限公司正在投资2亿多元建立上海和北京两个大型物流中心。其中上海浦东国际机场物流中心项目总投资额为1.5亿元，总建筑面积约为28000平方米，包括两座仓库和一座综合办公楼，该项目已于2002年8月竣工。投资额为1.4亿元的北京物流中心位于北京首都国际机场，总建筑面积约19000平方米，2002年底动工，将于2003年下半年完工。这两个物流中心建成后将进一步满足客户对仓储和物流的需求，巩固公司在华北和华东航空货运和物流市场的领先地位。

中外运空运发展股份有限公司
SINOTRANS AIR TRANSPORTATION DEVELOPMENT CO.,LTD.

地址：北京市海淀区西三环北路21号久凌大厦17—18层　邮编：100089
电话：010—68405635　传真：68405629
电子信箱：stock@sinoair.com

烟台万华聚氨酯

YANTAI WANHUA POLYU

烟台万华聚氨酯股份有限公司，是我国唯一一家能生产MDI（二苯基甲烷二异氰酸酯及其同系物）的技术密集型和资本密集型企业，是我国聚氨酯工业的基地。

烟台万华聚氨酯股份有限公司成立于1998年，由烟台万华合成革集团有限公司为主发起人，联合烟台东方电子信息产业集团有限公司、烟台冰轮股份有限公司、烟台氨纶集团有限公司和红塔兴业投资有限公司发起成立，烟台万华股票于2000年12月25日在上海证券交易所上网发行，2001年1月5日挂牌交易。随着公司的不断发展，到2002年中期，公司净资产已经达到7.7亿元，主营业务收入近4.4亿元，同比增长51.48%，主营业务利润近1.5亿元，同比增长33.26%，净利润9300多万，总股本3.84亿股，流通盘1.28亿股。

烟台万华的MDI生产装置，是我国"六五"期间从日本引进的，引进生产能力为1万吨。MDI的生产技术由于长期被五家跨国公司垄断，难度大，我国也只引进了装置，不掌握技术。公司自1993年开始不断进行技术改造，对装置进行优化扩能，2002年公司产能将达到7万吨/年，产品质量已经达到国际先进水平，超过了部分国外产品。国家计委专家组织验收后，一致认为烟台万华已经拥有达到国际先进水平的MDI生产技术和自主知识产权，打破了国外技术封锁，成为世界第六家拥有该项技术的企业。2002年烟台万华年产8万吨MDI已经被列入国家重点技改项目，同时年产16万吨大型MDI装置项目也已获国务院批准正式立项，目前工作正处于积极筹备中。

烟台万华是我国最早，也是最大的聚氨酯工业基地。2001年烟台万华在北京成立"万华北京研究院"，已经吸引了大批国内外相关专家，主要进行MDI生产工艺开发、MDI应用技术开发、聚氨酯应用开发以及其他相关产品、技术的开发，聚氨酯技术人员在万华得到了整合。

MDI是生产聚氨酯的最主要原材料，广泛应用于轻工、化工、纺织、医疗、建筑、建材、汽车、国防、航空、航天等领域，市场需求前景广阔。近几年国内需求平均以每年12%的速度增长，2002年年需求总量约为23万吨左右，目前我国仍然大部分依靠进口。随着烟台万华产能的提高，市场占有率将逐年增长，预计2002年将会取得市场领头羊的地位。烟台万华在稳定国内市场的同时，也很注重国外市场的开拓，国际市场呈现出了跳跃式地增长势头。

烟台万华是我国聚氨酯工业的一面旗帜，随着公司产能的不断提高，将会成为亚洲最大的MDI供应商，在世界聚氨酯界中占据重要地位。

地址：山东省烟台市幸福南路7号　邮政编码：264002　电话：0535-6837888 6837894　传真：0535-6837894

网址：http://www.ytpu.com　电子信箱：stock@ytpu.com

股份有限公司

RETHANES CO.,LTD.

董事长兼总经理：丁建生 先生

股票简称 | 烟台万华

股票代码 | 600309

主营业务介绍

烟台万华聚氨酯股份有限公司主营业务：聚氨酯及助剂、异氰酸酯及衍生产品的开发、生产、销售；技术服务，人员培训；房地产开发、经营；批准范围内的自营进出口业务。

目前烟台万华的主营业务主要包括MDI系列产品和MDA系列产品的开发、生产、销售和相关的自营进出口业务。

MDI系列产品主要包括以下几类：

纯MDI和液化MDI：主要应用于聚氨酯弹性体的制造，包括鞋底、合成革、氨纶、实心轮胎、汽车保险杠、汽车内饰件、粘合剂、涂料、密封圈、密封垫等等。

聚合MDI：聚合MDI主要用于聚氨酯硬袍保温材料、异氰脲酸酯泡沫、涂料、粘合剂、微孔弹性体泡沫和高回弹泡沫的制造，广泛应用于家电、建筑、汽车、轮船、合成木材，以及各种保温工程方面。

MDI是生产聚氨酯的主要原料，聚氨酯是继聚乙烯、聚丙烯、聚氯乙烯、聚苯乙烯和ABS之后第六个重要的塑料材料，目前在我国处于发展初期，市场增长迅速，据行业协会统计，中国大陆MDI的市场需求每年以12%的速度增长，2001年全国需求总量为22万吨左右，2005年将会达到35万吨。

MDI的生产技术难度大，附加值高，目前世界上仅有中国烟台万华、德国BAYER、BASF、美国HUNTSMAN、DOW和日本三井化学六家公司拥有该技术的自主知识产权，国内只有烟台万华一套生产装置，2002年计划将生产能力提高到7万吨/年，成为国内最大的MDI供应商。并在此基础上继续将产能逐步提高，同时积极筹备再建一套16万吨的生产装置，成为亚洲MDI市场的领头羊。

MDA产品：MDA是生产MDI过程中的一种中间产品，主要应用于制造聚酰亚胺绝缘漆、聚酰亚胺树脂、双马树脂以及具有特殊性能要求的环氧粉沫涂料等，其生产的产品具有优良的力学性能、绝缘性能、耐高温性能、耐辐射及耐磨耗性能。MDA具有很高的附加值，烟台万华是我国最大的MDA生产企业，产品质量最好，产品除满足国内需求外，大部分出口美国、台湾、韩国、日本等地区。

P&H
2300XP

董事长：郑　华　先生

总经理：王立军　先生

贵州盘江精煤股份有限公司

中国大西南川、滇、黔接壤的“攀西——六盘水地区”是能源、矿产资源和生物资源富集的一块宝地。其中煤炭储量就居江南第一。该地区在中国地图上呈倒三角形，人们形象地称之为资源富集的“金三角”。贵州盘江精煤股份有限公司位于贵州省红果经济开发区内，是这个资源富集的“金三角”下的一颗明珠。

贵州盘江精煤股份有限公司是集原煤开采，选洗精煤、特殊加工煤、焦炭销售、煤炭附产品深加工为一体的经营实体。公司生产工艺成熟领先，部分设备已达到国际或国内领先水平。公司主要进行煤炭的洗选加工，工艺流程为跳汰、浮选联合流程。该工艺具有分选下限低、适应性强、分选精度高、带煤损失小、易于实现自动控制等优势。其中：选煤工艺系统、三产品重介旋流器及筛分破碎机等已达到国际领先水平；重介系统过程、浮选系统过程自动控制，浮选机、干燥机、脱介筛、离心机、渣浆泵及计量系统等均已达到国内领先水平。尤其是公司所属的老屋基选煤厂具备国内一流的洗选工艺。该厂采用大型、高效全重介选煤简化流程新工艺及设备。其中，大型无压给料产品重介质旋流器(3NWX1200/850)是目前世界上直径最大的旋流器，不脱泥入选、直接磁选、单一低密度悬浮一次分选出精煤、中煤、矸石三个产品，此项新工艺对传统洗选工艺是一个突破性进步。其自动控制系统也位于同行业前列。

盘江矿区煤炭储量丰富，而且易于开发。煤炭远景储量为383亿吨；在勘探深度500米内，地质储量95亿吨。煤田地质界权威人士认为：“六盘水是华南最大的煤仓。”可以说，盘江则是这个大煤仓的主仓，被誉为“江南煤都”。矿区地质条件较好，煤层赋存稳定，属缓倾斜煤层，构造比较简单，埋藏浅，易开发，适宜发展机械化，建设高产高效的大型和特大型矿井。矿区还拥有金、银、锌、铅、汞、镁、锑、镍、钴、钼等金属矿藏和大理石、石膏、石灰岩、冰洲石、硅石等非金属矿藏，并有丰富的煤层气资源，综合开发的条件十分优越，是资源丰富的一块宝地。

盘江矿区煤种齐全，有气、肥、焦、瘦、贫煤和无烟煤。煤质优良，低灰、低硫、微磷、发热量高。煤层灰分4.8-32%，全硫含量小于0.5%，挥发分为25-37%，发热量25.1百万焦耳/公斤。其中肥煤和1/3焦煤属稀缺煤种。

目前公司生产的煤炭产品主要供攀钢、黔桂发电、广西建设燃料、柳钢、贵阳煤气气源厂、广钢、水钢、涟钢、昆钢、江西新余钢铁、湘潭钢铁等公司，远销全国10个省、自治区，还出口韩国、日本、印度台湾等国家和地区。

A股简称：盘江股份　A股代码：600395

地址：贵州省六盘水市红果经济开发区干沟桥

电话：0858-3703046　传真：0858-3700328

中化国际贸易股份有限公司
SINOCHEM INTERNATIONAL COMPANY LIMITED

作为世界500强之一中国化工进出口总公司旗下的首家上市公司，中化国际在化工品流通服务方面已具有50多年的经营历史。公司注册资本37,265万元，于1999年12月21日成功向社会公开发行人民币普通股12000万股，并于2000年3月1日在上海证券交易所挂牌上市。公司自改制上市以来在贸易分销、物流储运、实业投资等多个领域迅速成长，经营规模逐年递增，服务领域日益拓宽，已完成从传统代理商向化工品综合服务商的转型，并建立了“以客户为中心”的经营模式。2001年公司战略南移上海浦东，借助上海金融、贸易、航运、信息中心的商业环境优势，整合业务资源，贴近客户、贴近市场进行贸易分销，经营业绩不断提高。

中化国际实行事业部制业务组织方式，完善的内部治理结构、快速的决策机制、科学的业务流程和各资源要素的有效配置，提高了各战略单元的市场化竞争优势。公司是全国范围内最早成功使用ERP的公司之一，在采购、储运和分销的整个业务链条上实现了对货物、信息、资金等流程的全程监控，保证了资本的高效运营。

1999-2001年，中化国际主营业务收入累计157亿元，净利润累计3.38亿元，股东权益较期初增长了350%。公司2001年和2002年分别荣列《财富》杂志评选的中国上市公司100强的第50位和第48位，并于2002年6月入选上证180指数。公司经股东大会批准，已先后3次向股东现金分红近2亿元，使投资者获得了良好且实在的回报。2002年8月，公司公布经过审计的半年度报告，实现净利润10305.93万元，实现每股收益0.277元，同比增长87%，战略南移效果显著。董事会决议提请股东大会审议，拟实施10转增5股方案。

面对加入WTO后激烈的市场竞争和广阔的市场空间，中化国际已明确化工品营销、化工品物流和精细化工品投资三大核心业务方向，并将通过积极开发新商品、创新经营模式、延展服务链条，不断扩大仓储、航运、分销和产业投资能力，实现公司的可持续发展。秉承“为人才营造成长空间、为客户提供满意服务，为股东创造良好回报”的价值理念，中化国际正在向中国优秀化工品综合服务商和优秀上市公司的目标迈进。

董事长：施国梁 先生

杨峰 副总经理兼业务总监 王引平 总经理 徐卫晖 副总理兼财务总监

中化国际主营业务范围是化工品营销、化工品物流服务和精细化工品投资。经营商品包括各种化工原料、精细化工品、塑料及其制品、橡胶及其制品、冶金能源产品、农药及中间体等；营销方式包括进口、出口、内贸及各种贸易代理。物流服务包括近洋、近海、内河、沿江船舶运输与码头储罐服务，陆路槽车运输与仓储服务等。

1、贸易分销处于国内领先地位

- 液体化工品：甲醇进口份额13%，丙酮进口份额20%
- 橡胶贸易：国内份额14%，塑料进口10%份额
- 焦炭出口10%份额，酒精出口40%份额
- 农药进口分销已具备100多个县级经销商

2、物流服务设施：在长江三角洲地区形成一定规模和基础

- 储罐能力：容量181万立方米，包括原油、成品油和液体化工品储罐
- 码头：4座，泊位：5个，吞吐能力：1850万吨
- 码头靠泊能力：最大为25万吨，最小为1万吨
- 化学品专用船7艘，运力4.2万吨，年承运量100万吨
- 铁路石化槽车133辆，具有相当规模的仓库和堆场设施

股票简称 中化国际 股票代码 600500

地址：上海市浦东新区世纪大道88号金茂大厦3区18层 邮编：200121
电话：(021)50498899 50495988 50475048 传真：(021)50490909 50470206
网址：http://www.sinochemintl.com 信箱：intel@sinochem.com

76PROOF
TRADE MARK 商標
38%(V/V)
KWEICHOW MOUTAI
贵州茅台酒
中国

贵州茅台酒股份有限公司

KWEICHOW MOUTAI CO.,LTD.

地址：贵州省仁怀市茅台镇　邮政编码：564501
电话：0852-2386002　2386239
传真：0852-2386005　2386190
网址：http://www.moutaichina.com

董事长：袁仁国　先生

总经理：乔洪　先生

安阳钢铁股份有限公司是集炼焦、烧结、冶炼、轧材及科研开发为一体的特大型钢铁联合企业，可生产中厚板、薄板、高速线材、无缝钢管、中小型材等30个多个品种、2000多个规格的钢材产品以及炼焦化工产品。公司主要产品性能稳定，质量上乘，多次被评为国家及省部级优质产品，广泛应用于国防、汽车、交通、机械、建筑等行业。公司产品畅销全国、远销欧洲、东南亚和港澳地区，深受国内外用户好评，享有极高声誉。

安阳钢铁股份有限公司具有雄厚的经济实力，是中国第13大钢，并进入世界产钢100强之列。截止2001年底，公司拥有资产总额60.68亿元，其中固定资产原值51.51亿元，资产负债率29.15%。公司主要技术装备如100t电炉、高速线材轧机、2.8m中板轧机、260轧机等具有国际或国内先进水平。主要产品生产线均通过ISO9002质量体系认证，60%以上产品质量达到国际先进水平。2001年，公司完成生铁218万吨、钢273万吨、钢材230万吨，实现销售收入59.47亿元，实现利润7.04亿元。公司凭借强大的实力和良好的业绩被入选《上市公司》50强，同时又成为上证180指数成份股之一。

安阳钢铁股份有限公司具有较强的技术研发实力。公司始终坚持科技兴企战略，全力推进企业技术创新，“九五”以来共开发成功15大类、41个新品种，完成技术创新课题156项，其中获国家科技进步奖I项，获省部级科技进步奖11项，专利权34项，市、厅级科技进步奖励85项。

安阳钢铁

股票简称：安阳钢铁　股票代码：600569

安阳钢铁股份有限公司具有持续的管理创新能力。公司始终坚持向管理要质量，向管理要效益的方针。“八五”期间，以系统论为指导，实施整体优化，探索出了“系统挖潜、内涵发展”的集约经营管理模式，在冶金行业内产生较大影响。“九五”以来，坚持企业管理以财务管理为中心，财务管理以资金管理为中心的指导思想，全力推进低成本战略。按照“扩大自营、规范联营、发展直供、推广买断”的经营指导思想，构建营销网络，增强销售的控制力，产销率和货款回收率持续实现100%。

“十五”期间，安阳钢铁股份有限公司将突破常规、奋力求强、加快结构调整步伐，实现工艺装备的大型化、现代化和产品的升级换代，培育新的核心竞争力。“十五”末，公司将形成资产100亿元、年产钢300万吨的规模，为广大投资者以良好的投资回报。

吴邦国副总理在安钢

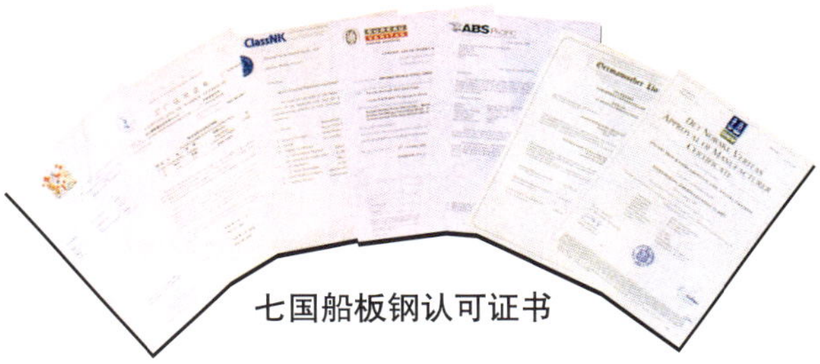

七国船板钢认可证书

第三炼钢厂外景

董事长：史济春 先生

总经理：王建祥 先生

股份有限公司

小方坯浇铸

高速线材厂

2800mm中板轧机

地址：河南省安阳市铁西区梅园庄　邮政编码：455004
电话：0372—3120175　传真：0372—3120181
网 址：http://www.angang.com.cn/
电子信箱：AGZQ@sohu.com

上海广电电子股份有限公司
SVA ELECTRON CO., LTD.

股票简称：广电电子 上电B股
股票代码：600602 900901

上海广电电子股份有限公司(SVA-E)(原名：上海真空电子器件股份有限公司)，是我国国有大中型骨干企业中第一家试行股份制的上市公司。1987年1月公司向社会发行A股股票，1991年11月公司又被批准成为第一家向境外发行人民币特种股票(B股)的企业，开创了我国国有大中型企业股份制改革的先河。

公司现有股本总额为927,227,733股，其中，第一大股东上海广电(集团)有限公司持有国有股345,342,303股，流通A股349,972,019股和流通B股231,913,411股，分别占总股本37.25%、37.74%和25.01%。2001年底总资产为767958万元，股东权益为269292万元，2001年实现销售收入达405871万元，净利润17044万元。1999、2000、2001年连续被评为“中国最具发展潜力的50强”、“中国上市50强”之一。

董事长：顾培柱 先生

总经理：顾忠惠 先生

SVA-E瞄准国际高新技术，立足真空光电子产业，倾力研发具有自主知识产权的光电子信息技术和产品。目前，公司产品已涉及光电子技术及其运用的众多领域，产品涵盖了平板显示器件、绿色照明器件、显像管及其配件、电子部件等四大类近百个品种。

SVA-E通过与松下电器、索尼、东芝、旭硝子、三星电子等国际著名大企业的合作、合资，增强了已有优势，并不断地研究、开发具有自主知识产权的新产品，使科技创新成为公司产业升级的源动力。可以预见，SVA-E将成为中国信息产业终端显示器件最大的产业基地、绿色照明产品最先进的产业基地及最具竞争力的真空光电子企业，SVA-E还将成为中国高科技产业中最具活力和吸引力的企业之一。

主营业务范围

生产真空电子器件及其应用产品、配件、基础材料及其生产线设备、投资举办各类企业，销售自产产品。目前，公司已形成四大板块产品：新型平板显示器件、新型光源器件、彩色显像管及电子部件。

地　　址：上海市长寿路97号世纪商务大厦26楼
电　　话：021-62980202
传　　真：021-62982121
邮政编码：200060
网　　址：http://www.sva-e.com
电子信箱：webmaster@sva-e.com

SVA
广电电子

SHANGHAI DRAGON CORPORATION

董事长：朱匡宇

■ 公司主营业务主要由针织、家用纺织品、服装服饰、面料等产品的生产和销售构成，其2002年半年度销售收入分别为3.65亿元，3.19亿元，1.70亿元，1.29亿元。

■ 主要产品有：“三枪”、“菊花”品牌针织服装，“民光”、“幸福”等品牌的家用纺织产品，“海螺”品牌服装服饰，“华纶”印染面料。目前公司上半年又推出了新品“苏牌”针织精品。

■ 公司的对外贸易已从日本和东南亚地区扩展到欧洲、北美洲、中东、拉丁美洲等众多的国家和地区，自营出口产品涵盖了各类针织、梭织面料和各类服装服饰制成品，以及家用纺织品、装饰纺织品的各种面料及其各类制成品。

针织品、家用纺织品、服装服饰的精品专卖店。（目前已形成了立体化市场营销网络）A.“海螺”专卖店；B.“苏牌”针织精品专卖店；C.海螺马美国“GORE-TEX”合资的精品专卖店

DRAGON HEAD

http://www.shanghaidragon.com.cn E-mail:longtou@shanghaidragon.com.cn

集群通信

联通国脉于1990年在上海建成了我国第一套公众模拟集群系统，网络覆盖整个上海地区。本着诚信服务的原则，联通国脉在实现客户通信需求的同时，也赢得了良好的信誉。公司最近建成和投入商用的数字群Harmony系统，采用Motorola先进的iDEN技术，实现了集群通信从模拟到数字的重大飞跃。iDEN融指挥、调度、移动电话、移动数传及短消息发送等多种功能为一体，可为政府机关、公共事业、商业活动等各行各业提供优质、安全、可靠、畅通的通信服务。

数字集群用户机的四大功能

- 调度功能
  - 小组呼叫
  - 私密呼叫
- 数据传输功能
  - 电路交换
  - 分组交换
- 移动电话功能
  - 双工电话互联
- 短信息收发功能

无线寻呼

作为上海寻呼业的第一品牌，联通国脉拥有126、127数字寻呼网；128中文寻呼网；198、199和191、192全国联网寻呼系统；双向个人移动信息商用系统等。本地网全方位覆盖上海市区和郊区，拥有发射基站200多个，发射机1200多部。全国网已覆盖至地级市。寻呼所用频点共计36个，编码速率既有512bpS、1200bpS又有3200bpS、6400bpS的FLEX高速寻呼。

联通国脉不断采用新技术、开发新业务，满足市场需求。在传统寻呼业务基础上开发了128寻呼秘书服务、128银行查帐系统、智能终端、三网通业务、网上寻呼及E—mail寻呼业务等。同时，联通国脉的股票机以系列化、个性化、信息内容多样化受到市场欢迎。

商务呼叫中心

联通国脉的商务呼叫中心是利用通信网和计算机网的多项功能集成并与企业连成一体的完整的多媒体网络管理系统；是面向消费者的商业信息服务平台；是连接企业与消费者的最简便的互动式媒体。

联通国脉商务呼叫中心包括1252企业销售热线和8188客户关系管理两大平台。该中心由联通国脉与国内外一流的系统集成商共同倾力构建，以先进的技术和专业的素质，根据企业客户的需求提供个性化的外包服务，帮助客户增强竞争优势，提高企业效益。

联通国脉商务呼叫中心的经营理念：为客户赢得客户，与客户一起成功。

不在……

联通国脉通信股份有限公司

UNICOM GUOMAI COMMUNICATIONS CO.,LTD.

申能股份有限公司

SHENERGY COMPANY LIMITED

股票简称：申能股份　股票代码：600642

董事长：杨祥海 先生

总经理：吴家骅 先生

公司经营范围：电力建设、能源、节能、资源综合利用及相关项目，与能源建设相关的原材料、高新技术和出口创汇项目的开发、投资和经营。

公司已建和在建项目：公司自成立以来，先后投资建设了石洞口电厂、石洞口第二电厂、吴泾电厂六期工程、吴泾电厂八期工程、外高桥电厂一期工程、浙江天荒坪抽水蓄能电站等大型电力项目，目前在建工程还有外高桥电厂二期工程、浙江桐柏抽水蓄能电站、上海化学工业区热电联供项目等。截至2002年上半年，公司投资的电力机组装机容量为322万千瓦，为缓解上海地区供电紧张状况作出了积极的贡献。同时公司根据国家关于能源结构调整的战略布署，积极向能源行业拓展，公司投资的东海平湖油气田项目于1999年建成投产，实现了上海一次能源零的突破；目前正加快上海天然气高压输气管网一期工程、东海油气田扩建工程等新一轮能源项目的建设。

申能股份有限公司于1992年由申能电力开发公司改制而成，
1993年在上交所挂牌上市。
公司成立至今，本着回报股东、服务社会的宗旨，
锐意进取，稳健运作，坚持以电力、能源投资建设为主业，
积极运用资本经营手段，大胆进行金融创新，成为
全国电力能源行业第一家上市公司；
第一家被批准实施超比例配股的上市公司；
第一家获准实施国有股回购的上市公司；
第一批入选180指数样本股。
公司2001年实现净利润11.55亿元，每股收益0.708元。
至2001年底，公司净资产为50.4亿元，总资产达99亿元。
多年来的规范运作，
使公司在资本市场的影响力和社会形象上有了极大的提升。
近几年公司获得了多项殊荣：从1998年起连续四年被《上市公司》杂志评为
沪市上市公司50强；
2000、2001年入选由中国证券报和亚商企业咨询股份有限公司共同举办的
“中国最具发展潜力的上市公司50强”；
2000、2001连续两年度入选上海上市公司资产重组领导小组办公室、
上海证券交易所主办的
“上海本地上市公司盈利15强”首强；
2002年入选首度由东方广播电台主办，并由2000多名中小投资者、基金经理和有关专家参与投票的
“我心中的十佳蓝筹股”。
公司初步树立起了主业突出，运作规范，业绩优良的良好市场形象。经过几年的产业结构调整，
公司在加强电力投资的同时，加大了对天然气等新能源行业的拓展，
并通过受让多家金融机构股权涉足金融行业。
作为上海电力能源建设主力军之一，
公司将坚定信心，继续保持较好的经营业绩，努力提高对股东的回报。

经理：陈铭锡 先生

经理：吴健雄 先生

●上海天然气管网

●吴泾第二发电有限公司

●上海外高桥发电有限公司

地址：上海市复兴中路1号
邮编：200021
电话：021—63900888 63900145
传真：021—63900119
网址：www.shenergy.com.cn
信箱：zhenquan@shenergy.com.cn

董事长：周振德 先生

沧州化学工业股份

CANGZHOU CHEMICAL INDUS

■股票简称：沧州化工 ■股票代码：600722

沧州化学工业股份有限公司是河北沧化实业集团有限公司最大的控股子公司，是经河北省经济体制改革委员会以冀体改[1994]20号文于1994年3月30日。经本公司第三次股东大会决议通过，并经河北省人民政府冀政函[1995]118号文和中国证监会证监发审字[1996]71号文每股发行价格9.18元，并于当年6月26日连同内部职工股188万股在上交所挂牌上市，股票简称沧州化工，股票代码600722，公司股本总额定为高新技术企业，认定证书编号为21－99J0018。公司主要生产经营化工原料（不含化学危险品）、塑料制品、建筑材料等。

公司主要产品及生产能力：PVC树脂29万吨／年，其中掺混树脂1万吨／年；烧碱8万吨／年，其中离子膜烧碱4万吨／年；EPVC4

沧州化学工业股份有限公司下设两个子公司：沧州沧井化工有限公司、北京华夏新达软件股份有限公司。

沧州化学工业股份有限公司生产工艺先进，技术装备雄厚，主要生产工艺已实现微机自控，部分工艺已达世界先进水平，第一套国我公司已发展成为全国最大的PVC树脂生产基地。

企业的发展得力于一支高素质的职工队伍和一个有凝聚力的领导班子，全公司1262人中，正高职人员2人，副高职人员52人，中级人，为公司的发展起到了积极的带头作用。厂级领导层具有较高的知识结构和专业管理水平。公司董事长周振德，高级工程师，1977年会主席及沧化集团总裁等职。在他领导下，沧化由最初的固定资产200万元发展到2002年总资产35亿元的全省最大氯碱企业。周振德先彰，被化工部授予全国化工行业劳动模范，被省政府授予有突出贡献中青年科学技术管理专家、省劳动模范、全国劳动模范等称号。

沧州化工是化工行业的重点企业，已连续十多年保持河北省利税超千万元和沧州市第一利税大户的荣誉，多次被河北省化工厅授予

CANGZHOU CHEMICAL INDUSTRIAL CO., LTD

有限公司

TRIAL CO., LTD

，由原沧州市化工厂进行股份制改组，发起成立的定向募集股份有限公司，成立
，本公司于1996年6月14日至17日向社会公开发行2312万股A股，每股面值1元，
2142万元。经河北省科学技术委员会冀科工字[1999]020号文件批准，本公司被认

/年；液氯20000吨/年；氯化氢33000吨/年。

离子膜烧碱装置就是由我公司自行设计完成并荣获化工部科技进步二等奖。目前

员251人，专业技术人员739人；大专学历550人，大学学历411人，硕士研究生5
于北京大学化学系，五次当选为全国人大代表，现任沧州市政协副主席、市总商
振兴沧州经济做出了巨大贡献，多次获得沧州市市长特别奖，并屡次受到国家表

系统优秀企业”。

地址：河北省沧州市南环中路18号
电话：0317－3030719
传真：0317－3042321
邮编：061000
网址：http://www.czchem.com
电子信箱：info@czchem.com

CANGZHOU CHEMICAL INDUSTRIAL CO., LTD

上海上菱电

SHANGHAI SHANGLING

董事长：夏毓灼 先生

证券代码：600835(A) 900925(B)

股票简称：上菱电器　　上菱B股

上海上菱电器股份有限公司是1993年由上海上菱电冰箱总厂改制设立的股份制企业。1997年公司的控股股东上海电气（集团）总公司发挥其雄厚实力，对公司进行资产重组。通过受让上海机电实业有限公司股权，将电梯制造业的优质资产—上海三菱电梯有限公司52%的股权注入，并置换出不适资产。上海三菱电梯的升降梯、自动扶梯等主要产品的市场占有率、生产规模以及实现利润雄居全国同行业首位。

在政府和控股股东的大力支持下，公司以资产重组后的新形象，成功的通过增发新股在证券市场募集资金，先后投向通用冷冻空调设备、印刷包装机械、人造板机械等高科技机电产品制造业，并通过投资控股形式涉足绿色环保的人造板制造业。公司的全资公司通用冷冻空调设备有限公司在中央空调领域处于国内优势地位，在列车空调和汽车空调领域均处于同行业首位。印刷包装机械有限公司主要从事胶印机械、特种印刷机械、装订机械、模切烫金机械和纸板纸箱机械等印刷包装机械的制造，销售收入在全国印机行业排名首位。

公司通过产业结构调整和战略性重组，已逐步淡出家电制造业，成为电梯制造业、冷冻空调设备制造业、印刷包装机械制造业等各项主业并举的高科技投资控股型绩优上市公司。

地址：上海市浦东新区建平路2号　电话：(021)58857888　传真：(021)58858624　邮政编码：200135

网址：http://www.shangling.com　电子信箱：sldsh@shangling.com

器股份有限公司

ELECTRIC APPLIANCES CO.,LTD.

北京城乡贸易中心股份有限公司是以商贸为主体，集高科技产业、外经外贸、商品生产、房地产开发等于一体的大型股份制企业。公司前身是1992年1月18日开业的北京市城乡贸易中心商场。商场开业当年就成功地实现了股份制改造，1994年5月又实现了由社会募集公司向上市公司的转变，完成了企业经营机制的重大改革。

多年来，公司保持了良好的发展态势，总资产从改制时的3.9亿元增加到目前的22亿元；净资产从改制时的2.8亿元增加到目前的16.7亿元；总股本达4.06亿股，流通股1.6亿股。

为充分发挥上市公司的融资优势，公司于1996年和1998年实施了增资配股。其中，1998年度配股成功地实现了与北京航空航天大学的合作，从而成为北京市第一家与高校联手，共同进军高科技领域的上市公司，并通过强强联合，优势互补，向多元化经营发展战略目标跨出了实质性步伐。

在主业经营上，公司本着“宾客至上、服务第一、优质高效、争创一流”的宗旨，经营商品的零售、批发业务。公司在成功运作城乡贸易中心本店的基础上，于1997、1998年相继创办了北京城乡华懋商厦和北京城乡仓储大超市，从而完善了公司的主业经营格局。华懋商厦与城乡贸易中心错位经营、优势互补；城乡仓储超市则以低价位、快节奏、高质量的服务模式取胜，赢得了广泛而稳定的消费群，创造了良好的经济效益。

公司成立以来，经济效益在全国同行业中处于领先地位。截止到2001年底，累计实现销售收入1,164,954万元，实现利税130,217万元，利润总额99,001万元，利润总额平均年增长率为17%。

1998年至2001年公司利润总额名列北京市同行业第一，2001年利润总额名列全国同行业第五位。

在巩固主业经营的基础上，公司稳步推进综合经营，已成功涉足了房地产开发、商品及资产拍卖、高科技和教育投资等领域。1998年，公司通过转让部分配股权，实现了与北航天华科技实业公司资产重组，成立了北京北航城乡科技实业有限公司和大用软件有限公司，进军高新技术领域。

2000年，公司与有关单位合作成立了北京景山教育投资发展有限公司。该公司首选府学小学改扩建为突破口，通过投资硬件设备和软件项目改造，扩大学校收益，从而实现了经济效益和社会效益、企业和学校双赢。

公司还与有关单位共同发起组建了北京金都房地产实业股份有限公司，目前已开发商住房面积约50万平方米。其投资开发项目之一“北京印象”被评为北京市2001年度明星楼盘。

公司参股的中鸿信拍卖公司自1998年成立以来，在北京拍卖行业中赢得了良好的声誉。2002年被北京商业银行指定为拍卖该银行不良资产的公司之一。

目前，公司已成为具有经济实力、良好商誉和发展潜质的大型上市公司。公司将继续坚持不断加大改革力度，在竞争中求生存，以市场为导向，以资产为纽带，以管理为手段，以效益为目标，充分发挥自身优势，努力开拓创新，与时俱进，加速与国际市场接轨的步伐，最终实现将企业建成集团化、国际化股份公司的宏伟目标。

董事长：周和平 先生

北京城乡
贸易中心股份有限公司

股票简称：北京城乡
股票代码：600861

地址：北京市海淀区复兴路甲23号
邮编：100036
电话：010-68296595
传真：010-68216933

股票简称：伊利股份
股票代码：600887

中海(海南)海盛船务股份有限公司

CHINA SHIPPING HAISHENG CO., LTD.

董事长：王大雄 先生

总经理：陈昌海 先生

金盛
JIN SHENG

董事长兼总经理 马白玉 女士

A股股票简称：创业环保
A股股票代码：600874
H股股票简称：天津创业环保
H股股票代码：1065

天津创业环保股份有限公司

TIANJIN CAPITAL ENVIRONMENTAL PROTECTION COMPANY LIMITED

公司简介

天津创业环保股份有限公司是中国唯一一家在A、H股资本市场中以污水处理为主营业务的上市公司。A股股票简称创业环保，代码600874，H股股票简称天津创业环保，代码1065。其前身为天津渤海化工（集团）股份有限公司，2000年，天津渤海化工实施资产重组后，更名为天津创业环保股份有限公司，同时主营业务由化工产品的生产和销售转型为污水处理及相关环保产品开发业务。

创业环保公司拥有雄厚的资本实力和技术装备。公司总股本133000万股，截止到2002年6月30日，净资产达到约16亿7000万元。公司拥有员工1000余人，大专以上学历人员占公司总人数的53.7%。公司高级管理层拥有污水处理、工程管理、经济、金融等的丰富专业知识和经验。

创业环保公司目前透过其拥有的两座污水处理厂——纪庄子污水处理厂和东郊污水处理厂，以为天津市政府处理城市污水收取污水处理服务费方式取得收益。公司现污水处理总能力为66万立方米/日，是天津市区污水排放总量的43%。2001年，东郊污水处理厂在建设部全国城市污水处理厂示范项目评比中获得银奖。

创业环保公司目前还承担了天津市在建的三个污水处理厂项目的建设工作和建成后的运营工作，基本垄断天津市的污水处理市场，并凭借技术优势和管理经验积极抢占全国其他城市污水处理市场。

另外，实现污水资源化也是创业环保公司正在着手进行的重要工作。创业公司通过其控股子公司经营再生水的开发、建设、生产、销售等，积极拓展再生水应用项目，力求缓解天津市水资源缺乏的局面，实现社会效益和经济效益双赢。

创业环保人的职业使命是还清新于人间，还碧水于世界，缔造绿色明天。创业环保人的工作作风是团结协作，创新求实。创业环保人的核心价值观是在企业的发展中，充分释放个人潜能；共同发展，分享成功；公平竞争。创业环保的经营目标是成为本行业的先导。

公司高级管理层

主营业务

目前，创业环保公司的主营业务主要为污水处理产个的运营以及建设等。创业环保公司目前拥有的纪庄子污水厂是全国第一家大型城市污水处理厂，是全国污水处理试验基地，该厂已作为国内污水厂建设的范例，被编入大专院校的教科书中。东郊污水处理厂建成时是全国最先进的污水厂，在多年的运行中，摸索总结出一整套污水处理厂运行管理的模式，在国内同行业中得到了一致认可。全国许多新建的污水处理厂已经将天津的污水处理厂作为一个培训运行管理人员和现场操作人员的基地。

2000年年底，两座污水处理厂进入创业环保，开始实行企业化运作。2001年，东郊污水处理厂首次实现100%处理上游来水，并在2001年建设部全国城市污水处理厂示范项目评比中荣获第二名。纪庄子污水处理厂首次实现满负荷运转。两座污水处理厂的作用得到充分发挥。

目前创业环保公司从事的污水处理厂建设主要是指纪庄子污水处理厂扩建、新建咸阳路污水处理厂和北仓污水处理厂。上述三个项目总投资约27亿元人民币，由创业环保公司负责建设和建成后的运营。

办公地址：天津市和平区贵州路45号　邮政编码：300051　电话：86-22-23523036　传真：86-22-23523100
电子信箱：tjcep@public.tpt.tj.cn　　ippuisum@my.netvigator.com

目　录

第五卷 上市公司募集资金投向规范化

第六卷 基金业的发展

第七卷 债券市场的规范化建设

第八卷 证券市场的诚信建设

第九卷 沪深证券交易所

第十卷 证券商经营规范与发展

第十一卷 证券经纪操作实务

第十二卷 股市投资技巧

第十三卷　证券市场新知识

第十四卷　证券法律实务与最新证券法律法规汇编

第十五卷　年报汇集与统计

附　卷

彩页目录索引

汉唐证券有限责任公司
天同证券有限责任公司
大同证券经纪有限责任公司
浙江金迪期货经纪有限公司
重庆天健会计师事务所有限责任公司
江苏武晋会计师事务所

第二册(目录前)第 649 页前

600028　中国石油化工股份有限公司
600805　江苏悦达投资股份有限公司
600010　内蒙古包钢钢联股份有限公司
600011　华能国际电力股份有限公司
600102　莱芜钢铁股份有限公司
600104　上海汽车股份有限公司
600103　福建省青山纸业股份有限公司
600108　甘肃亚盛实业(集团)股份有限公司
600122　江苏宏图高科技股份有限公司
600123　山西兰花科技创业股份有限公司
600121　郑州煤电股份有限公司
600156　湖南华升益鑫泰股份有限公司
600129　重庆太极实业(集团)股份有限公司
600181　云大科技股份有限公司
600186　河南莲花味精股份有限公司
600188　兖州煤业股份有限公司
600195　中牧实业股份有限公司
600205　山东铝业股份有限公司
600256　新疆广汇实业股份有限公司
600258　北京首都旅游股份有限公司
600263　路桥集团国际建设股份有限公司
600266　北京城建投资发展股份有限公司
600270　中外运空运发展股份有限公司
600309　烟台万华聚氨酯股份有限公司
600332　广州药业股份有限公司
600362　江西铜业股份有限公司
600377　江苏宁沪高速公路股份有限公司
600395　贵州盘江精煤股份有限公司
600500　中化国际贸易股份有限公司
600519　贵州茅台酒股份有限公司
600569　安阳钢铁股份有限公司
600602　上海广电电子股份有限公司
600635　上海大众科技创业(集团)股份有限公司
600630　上海龙头(集团)股份有限公司
600640　联通国脉通信股份有限公司
600642　申能股份有限公司
600652　上海爱使股份有限公司
600772　沧州化学工业股份有限公司
600668　浙江尖峰集团股份有限公司
600747　大连大显股份有限公司
600835　上海上菱电器股份有限公司
600795　国电电力发展股份有限公司
600861　北京城乡贸易中心股份有限公司
600887　内蒙古伊利实业集团股份有限公司
600896　中海(海南)海盛船务股份有限公司
600874　天津创业环保股份有限公司

第三册第 1293 页前(目录前)

600074　南京中达制膜(集团)股份有限公司
600276　江苏恒瑞医药股份有限公司
600326　西藏天路交通股份有限公司
600331　四川宏达化工股份有限公司
600397　安源实业股份有限公司
600426　山东华鲁恒升化工股份有限公司
600516　兰州海龙新材料科技股份有限公司
600532　山东华阳科技股份有限公司
600503　宏智科技股份有限公司

第三册第 1472 页后

600529　山东省药用玻璃股份有限公司
600535　天津天士力制药股份有限公司
600559　河北裕丰实业股份有限公司
600560　北京金自天正智能控制股份有限公司
600577　铜陵精达特种电磁线股份有限公司
600578　北京京能热电股份有限公司
600593　大连圣亚海洋世界股份有限公司
600597　上海光明乳业股份有限公司
000726　鲁泰纺织股份有限公司
000733　中国振华(集团)科技股份有限公司
000780　内蒙古草原兴发股份有限公司
000817　辽河金马油田股份有限公司
000860　北京顺鑫农业股份有限公司
000878　云南铜业股份有限公司
000887　安徽飞彩车辆股份有限公司
000895　河南双汇投资发展股份有限公司
000939　武汉凯迪电力股份有限公司

VOLUME 15

第十五卷

年报汇集与统计

- 2002年上海证券交易所上市公司信息汇集与统计
- 2002年深圳证券交易所上市公司信息汇集与统计

A COMPREHENSIVE HANDBOOK OF CHINESE SECURITIES 中国证券大全

·2002·

600000 上海浦东发展银行股份有限公司

2001年年度报告摘选

第一节 公司简介

一、公司法定中文名称:上海浦东发展银行股份有限公司
(简称:上海浦东发展银行,下称"公司")
公司法定英文名称:SHANGHAI PUDONG DEVELOPMENT BANK CO.,LTD. (缩写:SPDB)
二、法定代表人:张广生
三、董事会秘书:沈 思
董事会证券事务代表:杨国平、王景斌
联系地址:中国·上海市中山东一路12号
上海浦东发展银行股份有限公司董事会办公室
联系电话:021-63611226 021-63296188转董事会办公室 传真:021-63230807
电子信箱:shens@spdb.com.cn yanggp@spdb.com.cn wangjb@spdb.com.cn
四、注册地址及办公地址:
注册地址:中国·上海市浦东新区浦东南路500号
办公地址:中国·上海市中山东一路12号 邮政编码:200002
国际互联网网址:http://www.spdb.com.cn 电子邮箱:bdo@spdb.com.cn
五、选定的信息披露报纸:《中国证券报》、《上海证券报》、《证券时报》
刊登本公司年度报告的中国证监会指定国际互联网网址:http://www.sse.com.cn
年度报告备置地点:本公司董事会办公室
六、股票上市地:上海证券交易所
股票简称:浦发银行 股票代码:600000

第二节 会计数据和业务数据摘要

(一)本年度主要利润指标情况 单位:人民币千元

	境内审计数	境外审计数
利润总额	1,440,712	1,375,348
净利润	1,061,878	1,018,084
扣除非经常性损益的净利润	1,068,260	1,018,084
主营业务利润	1,447,093	1,374,044
营业利润	1,447,093	1,374,044
投资收益	1,092,436	1,304
营业外收支净额	-6,381	-
经营活动产生的现金流量净额	1,867,013	10,971,953
现金及现金等价物净增加额	-936,735	-936,735

注:扣除的非经常性损益项目及支出相差的净额为-6,381千元。

(二)截止报告期末公司前三年主要会计数据和财务指标: 单位:人民币千元

项目	2001年境内审计数	2001年境外审计数	2000年(调整后)境内审计数	2000年(调整前)境内审计数	1999年(调整后)境内审计数	1999年(调整前)境内审计数
主营业务收入	7,185,254	7,125,329	5,710,414	5,710,414	4,946,045	4,946,045
净利润	1,061,878	1,018,084	797,033	924,080	594,975	714,725
总资产	173,690,683	173,918,513	129,740,691	130,650,429	100,838,606	101,621,297
股东权益(不含少数股东权益)	7,066,667	7,672,403	6,486,789	7,396,528	5,689,756	6,472,448
每股收益(元)	0.441	0.422	0.331	0.383	0.247	0.297
每股收益(月加权平均)(元)	0.441	0.422	0.331	0.383	0.282	0.339
扣除非经常性损益后的每股收益	0.443	0.422	0.330	0.383	0.241	0.291
每股净资产(元)	2.932	3.184	2.692	3.069	2.361	2.686
调整后的每股净资产(元)	2.739	2.991	2.510	2.888	2.210	2.535
每股经营活动产生的现金流量净额(元)	0.775	4.553	0.702	0.702	0.404	0.404
净资产收益率(%)	15.03	13.27	12.29	12.49	10.46	11.04
扣除非经常性损益后加权平均净资产收益率(%)	15.22	14.21	13.06	13.30	20.83	19.95

第三节 股本变动及股东情况

(一)股本变动情况
1、公司股份变动情况表 单位:千股

	本次变动前	本次变动增减(+、-)配股	送股	公积金转股	增发	其他	小计	本次变动后
一、未上市流通股份								
1.发起人股份	789,000(注)						-	789,000
其中:								
国家持有股份	-						-	-
境内法人持有股份	789,000						-	789,000
境外法人持有股份	-						-	-
其他	-						-	-
2.募集法人股份	1,221,000						-	1,221,000
其中:								
国家持有股份	258,740						-	258,740
境内法人股份	962,260						-	962,260
3.内部职工股							-	-
4.优先股或其他								-
其中:基金配售								-
未上市流通股份合计	2,010,000							2,010,000
二、已上市流通股份							-	-
1.人民币普通股	400,000						-	400,000
2.境内上市外资股							-	-
3.境外上市外资股							-	-
4.其他							-	-
已上市流通股份合计	400,000							400,000
三、股份总数	2,410,000						-	2,410,000

600001 邯郸钢铁股份有限公司

2001年年度报告摘选

第一节 公司基本情况简介

一、公司法定名称:邯郸钢铁股份有限公司
公司英文名称:HANDAN IRON & STEEL CO.,LTD 公司英文名称缩写:HDIS
二、公司法定代表人:刘汉章
三、公司董事会秘书:李卜海
董事会证券事务代表:陈占军 电话:0310-6074191 传真:0310-6074190
四、公司注册地址:河北省邯郸市复兴路232号
公司办公地址:河北省邯郸市复兴路232号 邮政编码:056015
公司国际互联网网址:http://www.hdgt.com.cn 电子邮箱:hdgt@public.hdptt.he.cn
五、公司选定的信息披露报纸名称:《中国证券报》、《上海证券报》、《证券时报》
刊登公司年报的中国证监会指定国际互联网网址:http://www.sse.com.cn
公司年报备置地点:公司证券部
六、公司股票上市地点:上海证券交易所
股票简称:邯郸钢铁 股票代码:600001

第二节 会计数据和业务数据摘要

一、本年度主要利润指标情况(人民币:元)

利润总额	773,302,287.43
净利润	670,708,100.14
扣除非经常性损益后的净利润	507,695,354.85
主营业务利润	882,152,505.69
其他业务利润	7,865,572.57
营业利润	768,706,249.03
投资收益	418,806.62
补贴收入	-
营业外收支净额	4,177,231.78
经营活动产生的现金流量净额	626,023,829.05
现金及现金等价物净增加额	191,890,262.65
注:扣除的非经常性损益项目和涉及金额	163,012,745.29
营业外收入	4,554,651.09
营业外支出	377,419.31
三峡证券拟投资返还资金占用费	11,200,000.00
财政厅所得税返还款	152,710,000.00

二、截止报告年度末公司前三年主要会计数据和财务指标

项目	2001年度	2000年度调整后	2000年度调整前	1999年度
主营业务收入(元)	7,237,152,677.44	5,856,684,361.09	5,856,684,361.09	5,091,105,388.82
净利润(元)	670,708,100.14	664,192,754.23	752,619,708.00	731,556,957.67
总资产(元)	8,690,935,977.30	7,503,052,083.93	7,591,479,037.70	6,176,020,854.91
股东权益(元)(不含少数股东权益)	6,228,692,080.55	5,780,966,945.41	5,869,393,899.18	4,765,773,204.84
全面摊薄每股收益(元)	0.451	0.447	0.506	0.536
加权平均每股收益(元)	0.451	0.466	0.528	0.536
加权平均每股收益(元)(扣除非经常性损益)	0.342	0.419	0.419	0.428
每股净资产(元)	4.19	3.89	3.95	3.49
调整后的每股净资产(元)	4.19	3.88	3.94	3.48
每股经营活动产生的现金流量净额	0.42	0.61	0.61	0.364
全面摊薄净资产收益率(%)	10.77	11.49	12.82	15.35
加权平均净资产收益率(%)	10.97	12.25	13.77	16.63

注:按照中国证监会《公开发行证券公司信息披露编报规则(第9号)》要求计算净资产收益率和每股收益。

项目	净资产收益率% 全面摊薄 2001年	2000年	加权平均 2001年	2000年	每股收益(元/股) 全面摊薄 2001年	2000年	加权平均 2001年	2000年
主营业务利润	14.16	17.18	14.42	18.31	0.593	0.668	0.593	0.696
营业利润	12.34	14.96	12.57	15.95	0.517	0.582	0.517	0.606
净利润	10.77	11.49	10.97	12.25	0.451	0.447	0.451	0.466
扣除非经营性损益后的净利润	8.15	10.33	8.30	11.02	0.342	0.402	0.342	0.419

第三节 股本变动及股东情况

一、股本变动情况

股份变动情况表 (数量单位:股)

	本次变动前	本次变动增减(+,-)	本次变动后
(一)未上市流通股	996,553,100		996,553,100
1.发起人股份			
其中:			
国家持有股份	996,553,100		996,553,100
境内法人持有股份			
境外法人持有股份			
其它			
2.募集法人股份			
3.内部职工股			
4.优先股或其他			
其中:转配股			
未上市流通股份合计	996,553,100		996,553,100
(二)已流通股份			
1.人民币普通股	490,000,000		490,000,000
2.境内上市的外资股			
3.境外上市的外资股			
4.其他			
已上市流通股份合计	490,000,000		490,000,000
(三)股份总数	1,486,553,100		1,486,553,100

600002 中国石化齐鲁股份有限公司

2001 年年度报告摘要

一、公司简介

1、公司法定中文名称:中国石化齐鲁股份有限公司
公司法定英文名称:QILU PETROCHEMICAL COMPANY Ltd.
2、公司法定代表人:王延康
3、公司董事会秘书:郑建生
联系地址:山东省淄博高新技术产业开发区齐鲁石化办公楼
电话:0533－3583728　　传真:0533－3583718
电子信箱:qldmsh@163.net
4、公司注册地址:山东省淄博高新技术产业开发区
公司办公地址:山东省淄博高新技术产业开发区
公司网址:http://www.qlsh.net　　邮政编码:255086
5、公司信息披露报纸:《中国证券报》、《上海证券报》、《证券时报》。
年报披露指定网址:http://www.sse.com.cn
年度报告备置地点:公司董事会秘书室
6、公司股票上市地:上海证券交易所
股票简称:齐鲁石化　　股票代码:600002

二、会计数据和业务数据摘要

1、公司本年度实现的利润总额及其构成(单位:元):

利润总额	41,136,394.85
净利润	21,141,627.61
扣除非经常性损益后的净利润	7,034,768.42
主营业务利润	573,499,506.59
其他业务利润	－9,399,396.05
营业利润	27,029,535.66
投资收益	－699,951.16
补贴收入	0
营业外收支净额	14,806,810.35
经营活动产生的现金流量净额	872,997,926.15
现金及现金等价物净增加额	－8,286,138.75

2、截止报告期末前三年的主要会计数据和财务指标:

主要财务指标	2001 年度	2000 年度	1999 年度
主营业务收入(万元)	702,236.60	715,551.04	582,002.62
净利润(万元)	2,114.16	43,482.49	38,711.11
总资产 (万元)	770,277.50	828,910.56	876,722.33
股东权益(万元)	471,463.28	468,532.64	442,303.40
每股收益(摊薄)(元)	0.011	0.223	0.20
扣除非经常性损益后的每股收益(元)	0.004	0.21	0.20
每股净资产(元)	2.42	2.40	2.27
调整后的每股净资产(元)	2.42	2.40	2.25
每股经营活动产生的现金流量净额(元)	0.448	0.39	0.593
净资产收益率(摊薄)(%)	0.45	9.28	8.75

3、公司以报告期扣除非经常性损益后净利润为基础计算的加权平均净资产收益率
(1)净资产收益率(%)

	2001 年度		2000 年度	
	全面摊薄	加权平均	全面摊薄	加权平均
按主营业务利润	12.16	12.21	19.98	20.17
按营业利润	0.57	0.58	11.17	11.27
按净利润	0.45	0.45	9.28	9.37
按扣除非经常性损益后的净利润	0.15	0.15	9.28	9.37

(2)每股净利润(元/股)

	2001 年度		2000 年度	
	全面摊薄	加权平均	全面摊薄	加权平均
按主营业务利润	0.29	0.29	0.48	0.48
按营业利润	0.01	0.01	0.27	0.27
按净利润	0.01	0.01	0.22	0.22
按扣除非经常性损益后的净利润	0.004	0.004	0.21	0.21

三、股本变动及股东情况

1、股本变动情况
(1) 股本变动情况表 (单位:万股)

	期初数	本次变动增减		期末数
		发行新股	小计	
一、尚未流通股份				
1、发起人股份	160,000			160,000
其中:				
国家拥有股份				
境内法人持有股份	160,000			160,000
外资法人持有股份				
其他				
2、募集法人股				
3、内部职工股				
4、优先股或其他				
尚未流通股份合计	160,000			160,000
二、已流通股份				
1、境内上市的人民币普通股	35,000			35,000
2、境内上市的外资股				
3、境外上市的外资股				
4、其他				
已流通股份合计	35,000			35,000
三、股份总数	195,000			195,000

600003 东北高速公路股份有限公司

2001 年年度报告摘要

一、公司基本情况

(一)中文名称:东北高速公路股份有限公司
英文名称:Northeast Expressway Company Ltd.
(二)公司法定代表人:张晓光
(三)公司董事会秘书:徐　鹏
联系地址:吉林省长春市经济技术开发区浦东路 19－1 号
联系电话:0431－4639168　　4622168
传真:0431－4653168
电子信箱:dongbgs@sina.com
(四)公司注册地址:吉林省长春市经济技术开发区浦东路 19－1 号
公司办公地址:吉林省长春市经济技术开发区浦东路 19－1 号
邮政编码:130031
公司网址:http://www.northeast－expressway.com
电子信箱:dongbgs@sina.com
(五)公司选定的信息披露报纸:《中国证券报》、《上海证券报》
登载公司年度报告的中国证监会指定国际互联网网址:http://www.sse.com.cn
公司年度报告备置地点:吉林省长春市经济技术开发区浦东路 19－1 号董事会秘书处
(六)公司股票上市交易所:上海证券交易所
股票简称:东北高速
股票代码:600003

二、会计数据和业务数据摘要

(一)本年度主要利润指标情况(单位:人民币元)

1.利润总额	250,711,822.34
2.净利润	191,383,905.23
3.扣除非经营性损益的净利润	205,827,338.88
4.主营业务利润	272,672,567.76
5.其他业务利润	－－
6.营业利润	238,186,223.31
7.投资收益	12,554,074.03
8.补贴收入	－－
9.营业外收支净额	－28,475.00
10.经营活动产生的现金流量净额	392,264,658.11
11.现金及现金等价物净增加额	22,712,908.71
备注:扣除非经营性损益项目及金额(元):	
调增项目:合并价差摊销	1,893,689.39
奖励基金	3,700,000.00
调减项目:股票投资收益	－22,132,406.12
股权转让收益	13,282,661.86

(二)近三年主要会计数据及财务指标:　　(单位:人民币元)

项目	2001 年	2000 年调整前	2000 年调整后	1999 年
1、主营业务收入	373,905,581.98	344,360,640.88	344,360,640.88	368,196,414.05
2、净利润	191,383,905.23	214,416,378.34	178,638,324.33	199,350,653.65
3、总资产	5,000,240,724.86	4,145,908,496.67	4,109,278,961.18	4,347,189,479.36
4、股东权益(不含少数股东权益)	2,935,590,839.40	2,840,644,988.18	2,804,866,937.17	2,711,152,608.84
5、每股收益(元/股)	0.1578	0.1767	0.1472	0.17
6、每股收益(加权)(元/股)	0.1578	0.1767	0.1472	0.20
7、每股收益(扣除非经营性损益)	0.1697	0.1171	0.1247	0.17
8、每股净资产(元/股)	2.4197	2.3414	2.3120	2.24
9、调整后每股净资产(元/股)	2.4098	2.3408	2.3012	2.24
10、每股经营活动产生的现金流量净额(元/股)	0.3233	0.1238	0.1238	－－
11、净资产收益率(%)	6.5194	7.5482	6.3689	7.54
12、扣除非经营性损益净资产收益率(%)	7.0114	5.00	5.40	7.51
13、扣除非经营性损益净资产收益率(加权)(%)	7.0961	5.04	5.40	－－

(三)利润分配表附表

报告期利润	净资产收益率		每股收益	
	全面摊薄(%)	加权平均(%)	全面摊薄	加权平均
主营业务利润	9.29	9.40	0.2248	0.2248
营业利润	8.11	8.21	0.1963	0.1963
净利润	6.52	6.60	0.1578	0.1578
扣除非经常性损益后的净利润	7.01	7.10	0.1697	0.1697

三、股本变动及股东情况

(一)股本变动情况
1、股份变动情况　　数量单位:股

	本次变动前	本次变动增减(＋,－)						本次变动后
		配股	送股	公积金转股	增发	其它	小计	
(1)未上市流通股份								
①发起人股份								
其中:								
国家持有股份	913,200,000							913,200,000
境内法人持有股份								
境外法人持有股份								
其他								
②募集法人股份								
③内部职工股								
④优先股或其他								
其中:转配股								
未上市流通股份合计	913,200,000							913,200,000
(2)已上市流通股份								
①人民币普通股	300,000,000							300,000,000
②境内上市的外资股								
③境外上市的外资股								
④其他上市流通股份	300,000,000							300,000,000
(3)股份总数	1,213,200,000							1,213,200,000

600005 武汉钢铁股份有限公司

2001 年年度报告摘选

一、公司简介

1、公司法定中、英文名称及缩写
公司法定中文名称:武汉钢铁股份有限公司
公司法定英文名称:Wuhan Steel Processing Co., Ltd. 英文名称缩写:WSPC
2、公司法定代表人:刘本仁先生
3、公司董事会秘书:施 军先生
授权代表:刘国富先生
联系地址:武汉市青山区沿港路 3 号武汉钢铁股份有限公司董事会秘书室
电话:027-86306023 027-86807873 传真:027-86807873
4、公司注册地址:武汉市青山区沿港路 3 号
公司办公地址:武汉市青山区沿港路 3 号 邮政编码:430080
公司互联网网址:http://www.wisco.com.cn 公司电子信箱:stock@wspc.com.cn
5、公司信息披露报纸名称:《中国证券报》、《上海证券报》、《证券时报》
登载公司年度报告的国际互联网网址:http://www.sse.com.cn
公司年度报告备置地点:公司董事会秘书室
6、公司股票上市交易所:上海证券交易所
股票简称:武钢股份 股票代码:600005

二、会计数据和业务数据摘要

1、公司本年度利润总额及其构成 (单位:人民币元)

项目	金额
利润总额	822,319,165.28
净利润	703,141,313.67
扣除非经常性损益后的净利润	721,591,535.12
主营业务利润	913,330,788.96
其他业务利润	287,585.71
营业利润	825,217,737.95
投资收益	10,397,911.72
补贴收入	-
营业外收支净额	-13,296,484.39
经营活动产生的现金流量净额	1,040,056,592.54
现金及现金等价物净增加额	-258,268,252.92

注:扣除的非经常性损益项目和涉及金:-18,450,221.45

资产处置损益:-17,293,084.17(固定资产损失 11,935,146.41,存货报废损失 8,409,658.49,扣除所得税影响 3,051,720.73)

其它非经常性损益:-1,157,137.28(固定资产减值准备 1,322,627.98,其它营业外支出净额 38,710,扣除所得税影响 204,200.7)

2、截至报告年度末公司前三年的主要会计数据和财务指标

指标项目	单位	2001 年	2000 年	1999 年
主营业务收入	(元)	6,326,621,633.74	6,925,280,769.77	5,901,221,239.19
净利润	(元)	703,141,313.67	706,892,004.25	605,906,637.90
总资产	(元)	6,647,126,065.29	6,331,297,981.90	7,424,784,776.98
股东权益	(元)	4,670,669,282.82	4,552,862,369.15	4,431,304,764.90
每股收益	(元/股)	0.336	0.338	0.290
每股收益 (加权)	(元/股)	0.336	0.338	0.318
扣除非经常性损益后的每股收益	(元/股)	0.345	0.340	0.290
扣除非经常性损益后的每股收益 (加权)	(元/股)	0.345	0.340	0.318
每股净资产	(元/股)	2.234	2.178	2.120
调整后的每股净资产	(元/股)	2.234	2.178	2.120
每股经营活动产生的现金流量净额	(元/股)	0.498	0.772	0.532
净资产收益率	(%)	15.05	15.53	13.67
净资产收益率(加权)	(%)	14.34	14.77	15.68

3、利润分配表附表:

报告期利润	净资产收益率(%)		每股收益(元)	
	全面摊薄	加权平均	全面摊薄	加权平均
主营业务利润	19.55	18.62	0.44	0.44
营业利润	17.67	16.83	0.39	0.39
净利润	15.05	14.34	0.34	0.34
扣除非经常性损益后的净利润	15.45	14.71	0.35	0.35

4、报告期内股东权益变动情况 单位:(元)

项目	股本	资本公积	盈余公积	法定公益金	未分配利润	股东权益合计
期初数	2,090,480,000.00	1,981,224,200.13	378,997,449.35	112,724,231.88	102,160,719.67	4,552,862,369.15
本期增加			105,471,197.05	35,157,065.68	597,670,116.62	703,141,313.67
本期减少					585,334,400.00	585,334,400.00
期末数	2,090,480,000.00	1,981,224,200.13	484,468,646.40	147,881,297.56	114,496,436.29	4,670,669,282.82

三、股本变动及股东情况

1、股本变动情况
(1) 股份变动情况表 数量单位:股

	本次变动前	本次变动增减(+,-)						本次变动后
		配股	送股	公积金转股	增发	其他	小计	
一、未上市流通股份								
1、发起人股份	1,770,480,000							1,770,480,000
其中:								
国家持有股份	1,770,480,000							1,770,480,000
境内法人持有股份								
境外法人持有股份								
其他								
2、募集法人股份								
3、内部职工股								
4、优先股或其他								
其中:转配股								
未上市流通股份合计	1,770,480,000							1,770,480,000
二、已上市流通股份								
1、人民币普通股	320,000,000							320,000,000
2、境内上市的外资股								
3、境外上市的外资股								
4、其他								
已上市流通股份合计	320,000,000							320,000,000
三、股份总数	2,090,480,000							2,090,480,000

600006 东风汽车股份有限公司

2001 年年度报告摘选

一、公司基本情况简介

(一)公司法定中文名称:东风汽车股份有限公司
公司法定英文名称:Dongfeng Automobile Co., LTD
英文名称缩写:DFAC
(二)公司法定代表人:苗圩
(三)公司董事会秘书:卢锋
联系电话:0710-3396805 传真:0710-3396809
电子信箱:dfaclf@public.xf.hb.cn
联系地址:湖北省襄樊市车城大道 1 号
证券事务代表:张新峰
联系电话:0710-3396899 传真:0710-3396894
电子信箱:dfaczxf@public.xf.hb.cn
(四)公司注册地址:湖北省襄樊市高新技术产业开发区春园西路 4 号
公司办公地址:湖北省襄樊市车城大道 1 号 邮政编码:441004
公司网址:http://www.dfac.com 公司电子信箱:dfac@dfac.com
(五)公司选定的信息披露报纸名称:《中国证券报》、《上海证券报》《证券时报》
登载公司年度报告的国际互联网网址:http://www.sse.com.cn
公司年报备置地点:公司证券部
(六)公司股票上市地:上海证券交易所
股票简称:东风汽车 股票代码:600006

二、会计数据和业务数据摘要

(一)本年度主要会计数据 单位:人民币元

项 目	2001 年数据
利润总额	621,302,889.77
净利润	537,370,232.74
扣除非经常性损益后的净利润	533,329,683.54
主营业务利润	921,219,220.22
其他业务利润	4,468,868,61
营业利润	627,222,696.95
投资收益	-330,268.34
补贴收入	0.00
营业外收支净额	-5,589,538.84
经营活动产生的现金流量净额	47,728,891.81
现金及现金等价物净增减额	-342,748,867.62

注:扣除非经常性损益的项目及金额

项目	金 额
委托理财收益	10,343,126.13
营业外收支净额	-5,589,538.84
扣除所得税影响	-713,038.09
合计	4,040,549.20

(二)前三年主要会计数据和财务指标 单位:人民币元

项目	2001 年 1—12 月	2000 年 1—12 月		1999 年 1—12 月	
		调整后	调整前	调整后	调整前
主营业务收入	4,430,827,338.73	3,444,582,934.97	3,446,311,855.83	3,085,534,804.43	3,085,534,804.43
净利润	537,370,232.74	349,228,551.37	373,840,148.57	320,917,942.63	323,560,192.63
每股收益(摊薄)	0.5374	0.3492	0.3738	0.3209	0.3236
每股经营活动产生的现金流量净额	0.0477	0.4758	0.4758	0.2225	0.2225
净资产收益率(摊薄)	18.17%	13.08%	13.87%	12.74%	12.84%

单位:人民币元

项目	2001 年 12 月 31 日	2000 年 12 月 31 日		1999 年 12 月 31 日	
		调整后	调整前	调整后	调整前
总资产	4,948,382,387.07	4,040,829,513.97	4,069,052,708.37	3,615,911,446.86	3,615,911,446.86
股东权益(不含少数股东权益)	2,957,879,017.93	2,670,166,485.19	2,694,778,082.39	2,519,298,449.96	2,519,298,449.96
每股净资产	2.9579	2.670	2.6948	2.5193	2.5193
调整后的每股净资产	2.8373	2.527	2.5443	2.3621	2.3621

(三)利润表附表

报告期利润	净资产收益率(%)		每股收益(元)	
	全面摊薄	加权平均	全面摊薄	加权平均
主营业务利润	31.14	31.62	0.9212	0.9212
营业利润	21.21	21.53	0.6272	0.6272
净利润	18.17	18.44	0.5374	0.5374
扣除非经常损益后净利润	18.03	18.30	0.5333	0.5333

三、股本变动及股东情况

1、公司股本变动情况 数量单位:股

	本次变动前	本次变动增减(+,-)						本次变动后
		配股	送股	公积金转股	增发	其他	小计	
一、未上市流通股份								
1、发起人股份	700000000							700000000
其中:								
国家持有股份	700000000							700000000
境内法人持有股份								
境外法人持有股份								
其他								
2、募集法人股份								
3、内部职工股								
4、优先股或其他								
未上市流通股份合计	700000000							700000000
二、已上市流通股份								
1、人民币普通股	300000000							300000000
2、境内上市的外资股								
3、境外上市的外资股								
4、其他								
已上市流通股份合计	300000000							300000000
三、股份总数	1000000000							1000000000

600007 中国国际贸易中心股份有限公司

2001年年度报告摘选

一、公司基本情况简介

一、公司中文名称:中国国际贸易中心股份有限公司
公司英文名称:China World Trade Center Company Ltd.
英文缩写:CWTC
二、公司法定代表人:杨文生
三、公司董事会秘书:吴荣柯
联系地址:北京建国门外大街一号
电话:(01)65052288 传真:(010)65051002
电子信箱:dongmi@cwtc.com.cn
四、公司注册地址:北京建国门外大街一号
公司办公地址:北京建国门外大街一号 邮政编码:100004
公司国际互联网网址:http://www.cwtc.com.cn
公司电子信箱:cwtc@cwtc.com.cn
五、公司选定的信息披露报纸:《中国证券报》、《上海证券报》
登载公司年度报告的国际互联网网址:http://www.sse.com.cn
公司年度报告备置地点:北京建国门外大街一号国贸行政楼公司董事会秘书处
六、公司股票上市交易地点:上海证券交易所
股票简称:中国国贸 股票代码:600007
七、其他有关资料:
公司注册登记日期:1997年10月15日
地点:北京市朝阳区建国门外大街一号
企业法人营业执照注册号:1000001002788
税务登记号码:11010510002788-4
公司聘请的会计师事务所名称:普华永道中天会计师事务所有限公司
办公地点:上海市淮海中路333号瑞安广场12层

二、会计数据和业务数据摘要

一、本年度主要利润指标(单位:人民币千元)

项目	
利润总额:	266,713
净利润:	178,518
扣除非经常性损益后的净利润:	182,289
主营业务利润:	312,096
其他业务利润:	0
营业利润:	269,163
投资收益:	1,321
补贴收入:	0
营业外收支净额:	-3,771
经营活动产生的现金流量净额:	324,322
现金及现金等价物增减额:	-18,559

注:2001年度扣除的非经常性损益的项目及其金额为:处置材料损失人民币2,127,266元,在建工程损失人民币6,924,716元,处置资产净损失人民币36,018元,租户违约罚款收入人民币5,317,000元。

二、公司前三年主要会计数据和财务指标(单位:人民币千元)

项目	2001年	2000年	1999年
主营业务收入	597,067	542,814	478,763
净利润	178,518	145,998	182,700
总资产	3,715,014	3,664,291	3,624,018
股东权益	2,143,301	2,048,399	1,987,616
每股收益(元/股)(全面摊薄)	0.22	0.18	0.23
每股净资产(元/股)	2.68	2.56	2.48
调整后的每股净资产(元/股)	2.37	2.54	2.58
每股经营活动产生的现金流量净额(元/股)	0.41	0.39	0.36
净资产收益率(%)	8.33	7.13	9.19

三、根据中国证监会《公开发行证券公司信息披露编报规则第九号》要求,公司2001年按全面摊薄法和加权平均法计算的净资产收益率及每股收益:

	净资产收益率(%)		每股收益(元)	
	全面摊薄	加权平均	全面摊薄	加权平均
主营业务利润	14.56	14.60	0.39	0.39
营业利润	12.56	12.59	0.34	0.34
净利润	8.33	8.35	0.22	0.22
扣除非经常性损益后净利润	8.51	8.53	0.23	0.23

三、股本变动和股东情况

一、股份变动情况表 (单位:万股)

	本次变动前	配股	送股	公积金转股	增发	其他	小计	本次变动后
一、未上市流通股份								
1、发起人股份	64000							64000
其中:								
国家持有股份								
境内法人持有股份	64000							64000
境外法人持有股份								
其他								
2、募集法人股份								
3、内部职工股								
4、优先股或其他								
未上市流通股份合计	64000							64000
二、已上市流通股份								
1、人民币普通股	16000							16000
2、境内上市的外资股								
3、境外上市的外资股								
4、其他								
已上市流通股份合计	16000							16000
三、股份总数	80000							80000

600008 北京首创股份有限公司

2001年年度报告摘选

一、公司基本情况简介

(一)公司的法定中、英文名称
1.中文名称:北京首创股份有限公司
2.英文名称:BEIJING CAPITAL CO.,LTD
(二)公司法定代表人:刘晓光
(三)公司董事会秘书及证券事务代表的姓名、联系地址、电话、传真、电子信箱
1.公司董事会秘书:张扬
2.公司董事会证券事务代表:顾公
3.联系地址:北京市朝阳区北三环东路8号静安中心七层
4.电话:010-64689035
5.传真:010-64689030
6.电子信箱:securities@beijingcapital.com.cn
(四)公司注册地址、办公地址、邮政编码、国际互联网网址、电子信箱
1.注册地址:北京市海淀区双榆树知春路76号翠宫饭店写字楼15层
2.办公地址:北京市朝阳区北三环东路8号静安中心七层
3.邮政编码:100028
4.国际互联网网址:http://www.beijingcapital.com.cn
5.电子信箱:bjcapital@beijingcapital.com.cn
(五)公司选定的信息披露报纸名称、年度报告备置地点,登载公司年度报告的中国证监会指定国际互联网网址
1.公司选定的信息披露报纸:中国证券报,上海证券报
2.公司年度报告备置地点:公司证券部
3.中国证监会指定国际互联网网址:http://www.sse.com.cn
(六)公司股票上市交易所、股票简称和股票代码
1.公司股票上市交易所:上海证券交易所
2.股票简称:首创股份
3.股票代码:600008

二、会计数据和业务数据摘要

(一)本年度利润总额及构成(单位:人民币元)

项目	2001年度
利润总额	485,614,802.20
其中:主营业务利润	100,042,637.31
其它业务利润	0.00
营业利润	5,278,882.02
投资收益	30,875,828.74
补贴收入	450,000,000.00
营业外收支净额	-539,908.56
净利润	482,015,769.39
扣除非经常性收益后的净利润	437,763,077.88
经营活动产生的现金流量净额	490,084,887.86
现金及现金等价物净增加额	201,347,426.89

(二)截止报告年度末公司前三年的主要会计数据及财务指标

项目	单位	2001年度	2000年度	1999年度
主营业务收入	(元)	177,748,031.04	166,320,964.00	161,538,129.11
净利润	(元)	482,015,769.39	418,625,220.97	391,628,587.37
总资产	(元)	5,133.953,342.36	4,996,908,292.75	1,697,982,800.65
股东权益(不含少数股东权益)	(元)	3,939,903,609.53	3,849,673,469.23	1,131,356,215.04
每股经营活动产生的现金流量净额	(元/股)	0.4455	0.3764	-
每股收益(全面摊薄)	(元/股)	0.4382	0.3806	0.4895
每股收益(加权平均)	(元/股)	0.4382	0.4186	0.4895
每股收益(扣除非经常性收益后)	(元/股)	0.3980	0.3791	0.4895
每股净资产	(元/股)	3.5817	3.4997	1.4142
调整后的每股净资产	(元/股)	3.5800	3.4953	1.4089
净资产收益率	(%)	12.23%	10.87%	34.62%

三、股本变动及股东情况

(一)股本变动情况

公司股份变动情况表

数量单位:万股

	本次变动前	本次变动增减(+,-)						本次变动后
		配股	送股	公积金转股	增发	其他	小计	
一、未上市流通股份								
1、发起人股份								
其中:								
国家持有股份								
境内法人持有股份	80,000							80,000
境外法人持有股份								
其他								
2、募集法人股份								
3、内部职工股								
4、优先股或其他								
其中:转配股								
5、向战略投资者配售股份	14,000					-10,500	-10,500	3,500
未上市流通股份合计	94,000					-10,500	-10,500	83,500
二、已上市流通股份								
1、人民币普通股	16,000					10,500	10,500	26,500
2、境内上市的外资股								
3、境外上市的外资股								
4、其他已上市流通股份合计	16,000					10,500	10,500	26,500
三、股份总数	110,000							110,000

600009 上海国际机场股份有限公司

2001 年年度报告摘选

一、公司基本情况简介

1、公司法定名称：
中文：上海国际机场股份有限公司
英文：Shanghai International Airport Co., Ltd.
英文缩写：SIA
2、公司法定代表人：杜春才
3、公司董事会秘书：贾锐军
联系地址：上海国际机场股份有限公司证券投资部
联系电话：(021)62688899－44169
传　　真：(021)62681737
4、公司注册地址：上海市浦东新区启航路 900 号
邮政编码：201202
公司办公地址：上海市虹桥路 2550 号
邮政编码：200335
5、公司选定的信息披露报纸名称：
《上海证券报》、《中国证券报》、《证券时报》
登载公司年度报告的中国证监会指定网站的网址：http://www.sse.com.cn
公司年度报告备置地点：公司证券投资部
6、公司股票上市交易所：上海证券交易所
股票简称：上海机场
衍生品种简称：机场转债
股票代码：600009
衍生品种代码：100009

二、会计数据和业务数据摘要

1、公司本年度主要会计数据(单位：元)

项目	金额
利润总额	667,133,772.46
净利润	566,761,204.82
扣除非经常性损益后的净利润	568,363,193.60
主营业务利润	603,568,627.40
其他业务利润	132,657,524.82
营业利润	600,376,877.63
投资收益	68,358,883.61
补贴收入	0.00
营业外收支净额	－1,601,988.78
经营活动产生的现金流量净额	861,622,387.13
现金及现金等价物净增加额	－652,604,226.41

注：扣除非经常性损益项目及金额：处置固定资产净损失 1,601,988.78 元。

2、公司前三年主要会计数据和财务指标(单位：元)

项　目	2001 年	2000 年	1999 年
主营业务收入	1,156,530,353.08	867,896,150.88	748,214,448.02
净利润	566,761,204.82	545,203,047.25	594,475,982.05
总资产	6,617,955,482.06	7,811,324,201.30	4,142,425,301.08
股东权益(不含少数股东权益)	5,021,149,354.59	4,356,225,199.77	3,912,352,982.52
每股收益(元/股)	0.401	0.395	0.440
每股净资产(元/股)	3.555	3.154	2.898
调整后的每股净资产(元/股)	3.550	3.153	2.894
每股经营活动产生的现金流量净额(元/股)	0.610	0.537	0.473
净资产收益率(%)	11.29	12.52	15.19

三、股本变动及股东情况

1、股本变动情况表：

数量单位：股

	本次变动前	本次变动增减(+,-) 配股	送股	公积金转股	增发	可转债转股	小计	本次变动后
一、未上市流通股份								
1、发起人股份								
其中：								
国家持有股份	900,000,000							900,000,000
境内法人持有股份	0							0
境外法人持有股份	0							0
其他	0							0
2、募集法人股份	0							0
3、内部职工股	0							0
4、优先股或其他	0							0
未上市流通股份合计	900,000,000							900,000,000
二、已上市流通股份								
1、人民币普通股	481,306,100					31,000,900	31,000,900	512,307,000
2、境内上市的外资股	0							0
3、境外上市的外资股	0							0
4、其他	0							0
已上市流通股份合计	481,306,100					31,000,900	31,000,900	512,307,000
三、股份总数	1,381,306,100					31,000,900	31,000,900	1,412,307,000

2、股东情况介绍
(1)报告期末股东总数为 258313 户。
(2)报告期末公司前十名股东持股情况。

序号	股东名称	持股数(股)	所占比例(%)
1	上海机场(集团)有限公司	900000000	63.73
2	海通证券	7406807	0.52
3	同盛基金	6549149	0.46
4	同益基金	6124495	0.43
5	华安创新	2972326	0.21
6	东方证券	2171769	0.15
7	王坤泉	1965900	0.14
8	科汇基金	1683008	0.12
9	汉博基金	1500084	0.11
10	陈巧珍	1434450	0.10

600016 中国民生银行股份有限公司

2001 年年度报告摘选

第一章　公司简介

一、公司法定中文名称：中国民生银行股份有限公司
(简称：中国民生银行，下称"本公司")
公司法定英文名称：CHINA MINSHENG BANKING CORP., LTD.
(缩写："CMBC")
二、公司法定代表人：经叔平
三、公司董事会秘书：高峰
证券事务代表：陈崇龙
联系地址：北京市东城区正义路 4 号
联系电话：010－65269592
传　　真：010－65229104
电子信箱：cmbc@public.bta.net.cn
四、注册地址及办公地址：北京市东城区正义路 4 号
邮政编码：100006
国际互联网网址：www.cmbc.com.cn
电子信箱：cmbc@public.bta.net.cn
五、公司选定的信息披露报纸：《中国证券报》、《上海证券报》、《证券时报》
登载年度报告的中国证监会指定网站网址：www.sse.com.cn
年度报告备置地点：本公司董事会监事会办公室
六、公司股票上市交易所：上海证券交易所
股票简称：民生银行
股票代码：600016

第二章　会计数据和业务数据摘要

一、本年度主要利润指标　　(单位：人民币千元)

项目	境内审计数	境外审计数
利润总额	900,346	857,146
净利润	646,370	608,013
扣除非经常性损益后的净利润	633,263	608,013
主营业务利润	880,784	857,146
其他业务利润	0	0
营业利润	880,784	857,146
投资收益	729,162	729,162
补贴收入	0	0
营业外收支净额	19,562	0
经营活动产生的现金流量净额	15,781,251	25,429,869
现金及现金等价物净增加额	4,892,849	4,473,783

注：按照《公开发行证券的公司信息披露规范问答第 1 号——非经常性损益》的要求确定和计算非经常性损益。扣除的非经常性损益项目及涉及金额为：营业外收入 27,684 千元，营业外支出 8,122 千元。

二、截止报告期末前三年的主要会计数据和财务指标　　(单位：人民币千元)

会计数据和财务指标	2001 年 境内审计数	2001 年 境外审计数	2000 年 调整后 境内审计数	2000 年 调整前 境内审计数	1999 年 调整后 境内审计数	调整前
主营业务收入	5,130,993	5,121,082	2,710,108	2,710,108	1,624,422	1,624,422
净利润	646,370	608,013	238,615	429,166	36,598	200,223
总资产	138,898,420	138,393,990	69,715,176	68,058,215	35,630,302	36,308,237
总负债	133,473,517	132,713,403	64,587,925	62,062,477	34,830,331	34,830,331
股东权益(不含少数股东权益)	5,424,903	5,680,587	5,127,251	5,995,738	799,971	1,477,906
全面摊薄每股收益(元)	0.29	0.27	0.14	0.25	0.03	0.15
加权平均每股收益(元)	0.29	0.27	0.17	0.31	0.03	0.15
扣除非经常性损益后每股收益(元)	0.28	0.27	0.13	0.24	0.03	0.14
每股净资产(元)	2.41	2.53	2.96	3.47	0.58	1.07
调整后每股净资产(元)	2.31	2.51	2.89	3.33	0.50	0.93
每股经营活动产生的现金流量净额(元)	7.02	11.31	1.05	1.05	2.46	2.46
净资产收益率	11.91%	10.70%	4.65%	7.16%	4.57%	13.55%
扣除非经常性损益后净资产收益率	11.67%	10.70%	4.25%	6.81%	4.52%	13.52%

第三章　股本变动及股东情况

一、股份变动情况
报告期内，本公司股份变动情况表如下(单位：股)：

	本次变动前	本次变动增减 公积金转股	本次变动后
一、未上市流通股份			
1.发起人股份	1,380,248,376	414,074,513	1,794,322,889
其中：			
国有法人股			
境内法人持有股份	1,380,248,376	414,074,513	1,794,322,889
境外法人持有股份			
其他			
2.募集法人股份			
3.内部职工股			
4.优先股或其他			
其中：转配股			
未上市流通股份合计：	1,380,248,376	414,074,513	1,794,322,889
二、已上市流通股份			
1.人民币普通股	350,000,000	105,000,000	455,000,000
2.境内上市的外资股			
3.境外上市的外资股			
4.其他			
已上市流通股份合计：	350,000,000	105,000,000	455,000,000
三、股份总数：	1,730,248,376	519,074,513	2,249,322,889

600010 内蒙古包钢钢联股份有限公司

2001年年度报告摘要

第一章 公司基本情况简介

1、公司法定中文名称：内蒙古包钢钢联股份有限公司
公司法定英文名称：Inner Mongolia BaoTou Steel Union Co., Ltd.
英文名称缩写：BSU
2、公司法定代表人：林东鲁
3、公司董事会秘书：郭景龙
联系地址：内蒙古包头市昆区钢铁大街85号
联系电话：0472－2105037 5144403 2519200
传 真：0472－2105006 5144403
电子信箱：bgyybg@public.nm.cninfo.net
4、公司注册地址：内蒙古包头市昆区河西工业区
公司办公地址：内蒙古包头市昆区钢铁大街85号
邮 编：014010
5、公司选定的信息披露报纸：《中国证券报》、《上海证券报》
中国证监会指定的年报登载网址：http://www.sse.com.cn
公司年度报告备置地点：公司证券融资部
6、公司股票上市地：上海证券交易所
股票简称：钢联股份
股票代码：600010

第二章 会计数据和业务数据摘要

一、本年度主要利润指标情况

项 目	金额(元)
利润总额	400,972,493.28
净利润	256,658,839.96
扣除非经常损益后的净利润	267,083,668.30
主营业务利润	608,512,740.31
其他业务利润	8,776,959.45
营业利润	415,446,891.18
投资收益	－2,919,244.02
补贴收入	0
营业外收支净额	－11,555,153.88
经营活动产生的现金流量净额	－376,473,667.20
现金及现金等价物净增加额	675,481,162.85

注：扣除非经常性损益项目

项 目	金额(元)
投资收益	－2,919,244.02
营业外收入	107,148.65
营业外支出	11,662,302.53
所得税影响	1,822,307.43
合 计	10,672,514.59

二、截止报告期末公司前三年的主要会计数据和财务指标

单位：人民币元

会计数据和财务指标名称	2001年	2000年	1999年
主营业务收入	5,581,354,214.80	5,898,473,064.86	5,922,537,525.68
净利润	256,658,839.96	288,891,610.43	251,711,645.88
总资产	7,271,355,808.70	2,657,931,681.09	2,477,352,389.09
股东权益(不含少数股东权益)	3,473,535,150.25	1,564,364,133.39	1,400,472,522.96
每股收益(摊薄)	0.21	0.32	0.28
每股收益(加权)	0.22	0.32	
每股净资产	2.78	1.74	1.56
调整后的每股净资产	2.78	1.74	1.55
每股经营活动产生的现金流量净额	－0.30	0.14	
净资产收益率(摊薄)	7.39%	18.47%	17.97%
净资产收益率(加权)	8.09%	18.70%	24.24%
扣除非经常性损益后的净资产收益率(摊薄)	7.69%	18.89%	
扣除非经常性损益后的净资产收益率(加权)	8.41%	19.13%	

三、报告期利润表附表

按照中国证券监督管理委员会《公开发行证券的公司信息披露编报规则第九号》的规定，计算净资产收益率和每股收益：

报告期利润	净资产收益率(%)		每股收益(元/股)	
	全面摊薄	加权平均	全面摊薄	加权平均
主营业务利润	17.52%	19.17%	0.49	0.51
营业利润	11.96%	13.09%	0.33	0.35
净利润	7.39%	8.09%	0.21	0.22
扣除非经常性损益后的净利润	7.69%	8.41%	0.21	0.22

注：表中所列财务指标均按中国证券监督管理委员会规定的公式计算

第三章 股本变动及股东情况

一、公司股本变动情况

公司股本变动情况表

数量单位：股

	本次变动前	配股	送股	公积金转股	发行	其他	本次变动后
一、未上市流通股份	900,000,000						900,000,000
1、发起人股份	900,000,000						900,000,000
其中：							
国家持有股份	887,780,000						887,780,000
境内法人持有股份	12,220,000						12,220,000
境外法人持有股份							
其他							
2、募集法人股							
3、内部职工股							
4、优先股或其他							
未上市流通股份合计	900,000,000						900,000,000
二、已上市流通股份					350,000,000		350,000,000
1、人民币普通股					350,000,000		350,000,000
2、境内上市的外资股							
境外上市的外资股							
其他							
已上市流通股份合计					350,000,000		350,000,000
三、股份总数	900,000,000				350,000,000		1,250,000,000

二、股东情况介绍

1、报告期末，本公司股东总数为136,460户。

2、截止报告期末，公司前十名股东持股情况

序号	股 东 名 称	年末持股数(股)	占总股本比例(%)	股份性质
1	包头钢铁(集团)有限责任公司	887,780,000	71.02	国有法人股
2	银河证券	23,274,804	1.86	流通股
3	西山煤电(集团)有限责任公司	6,500,000	0.52	国有法人股
4	金泰基金	4,468,723	0.36	流通股
5	海通证券	3,587,352	0.29	流通股
6	中国钢铁炉料华北公司	1,950,000	0.16	国有法人股
7	中国第一重型机械集团公司	1,950,000	0.16	国有法人股
8	包头鑫垣机械制造有限责任公司	1,820,000	0.15	社会法人股
9	哈里实业	1,654,500	0.13	流通股
10	金鑫基金	1,600,000	0.13	流通股

(1)十大股东中，包头钢铁(集团)有限责任公司、西山煤电(集团)有限责任公司、中国钢铁炉料华北公司、中国第一重型机械集团公司及包头鑫垣机械制造有限责任公司为本公司发起人。

(2)前十名股东中，包头钢铁(集团)有限责任公司与西山煤电(集团)有限责任公司存在原燃料供应关系、与中国钢铁炉料华北公司存在原燃料供应关系、与中国第一重型机械集团公司及包头鑫垣机械制造有限责任公司存在设备供应关系。其他股东间尚未发现关联关系。

3、控股股东情况介绍

包头钢铁(集团)有限责任公司(以下简称包钢(集团)公司)是国有独资企业，该公司成立于1954年，注册资本人民币45亿元，法人代表为林东鲁先生。经营范围为生产、销售钢铁制品，稀土产品，焦碳及副产品；压力容器普通机械制造与加工；冶金机械设备及检修，安装，货物运输，餐饮，住宿；冶金、房地产开发、建筑业、旅游业等行业的投资，销售本集团开发的商品房屋。

第四章 董事、监事、高级管理人员

一、公司董事、监事、高级管理人员基本情况

姓 名	性别	年龄	职 务	任职起止日期	期初持股数	期末持股数
林东鲁	男	55	董事长	1999.6—2002.6	0	0
张志公	男	57	董事	1999.6—2002.6	0	0
许万成	男	56	董事	1999.6—2002.6	0	0
曹忠魁	男	50	董事	2001.5—2002.6	0	0
徐 政	男	47	董事、总经理	1999.6—2002.6	0	0
宋铁军	男	51	董事、书记	1999.6—2002.6	0	0
郭景龙	男	45	董事、董事会秘书	1999.6—2002.6	0	0
杜志毅	男	53	董事	1999.6—2002.6	0	0
刘 隽	男	50	董事	1999.6—2002.6	0	0
简 伟	男	52	董事	1999.6—2002.6	0	0
史德明	男	60	董事	1999.6—2002.6	0	0
龙 涛	男	48	独立董事	2000.7—2002.6	0	0
李含善	男	55	独立董事	2000.7—2002.6	0	0
张俊杰	男	38	独立董事	2000.7—2002.6	0	0
宋建中	女	48	独立董事	2000.7—2002.6	0	0
梁 才	男	61	独立董事	2000.7—2002.6	0	0
张国忠	男	74	独立董事	2000.7—2002.6	0	0
王 伟	男	47	监事会主席	1999.6—2002.6	0	0
霍智河	男	52	监事	1999.6—2002.6	0	0
侯玉林	男	43	监事	1999.6—2002.6	0	0
曹 敏	男	51	财务总监	2000.2—2002.6	0	0
郭永刚	男	45	副总经理	1999.9—2002.6	0	0
孙玉文	男	49	副总经理	2000.2—2002.6	0	0
徐列平	男	44	总工程师	1999.9—2002.6	0	0

说明：董事、监事在股东单位任职情况如下：

(1)董事长林东鲁任包钢(集团)公司董事长兼总经理；

(2)董事张志公任包钢(集团)公司党委书记、副董事长；

(3)董事许万成任包钢(集团)公司副董事长、副总经理；

(4)董事曹忠魁任包钢(集团)公司总经理助理、办公厅主任；

(5)董事刘隽任中国第一重型机械集团公司副总经理；

(6)董事简伟任中国钢铁炉料华北公司副总经理；

(7)董事史德明曾任西山煤电集团有限责任公司煤炭销售总公司总经理，现任中联煤炭销售有限责任公司执行总经理；

(8)董事杜志毅任包头鑫垣机械制造有限责任公司董事长、党委书记、总经理；

(9)监事霍智河任包钢(集团)公司审计处处长。

二、年度报酬情况

公司董事、监事及高级管理人员的报酬依据经济责任制考核办法，根据公司工资薪酬制度有关规定按月发放。

董事、监事及高级管理人员本年度报酬总额为22.07万元。金额最高的前三名董事报酬总额为7.12万元；金额最高的前三名高级管理人员报酬总额为9.28万元。独立董事每人每次会议5000元车马费。

公司现任董事、监事及高级管理人员在公司领取报酬的有9人，其中年度报酬在1.5万元至2.5万元的7人；年度报酬在2.5万元至3万元的1人；年度报酬在4万元至5万元的1人。

公司董事长林东鲁、董事张志公、许万成、曹忠魁、史德明、刘隽、简伟、杜志毅及监事霍志河未在本公司领取报酬。其中，史德明董事在中联煤炭销售有限责任公司领取报酬，其他董事及监事均在股东单位领取报酬。

三、报告期内离任的董事、监事、高级管理人员姓名及离任原因：

2001年4月9日，公司董事徐福贵先生因从包钢(集团)公司退休，辞去公司董事职务。

第五章　公司治理结构

一、公司治理情况

本公司坚持严格按照《公司法》、《证券法》及中国证监会、上海证券交易所的有关法律、法规不断完善公司法人治理结构，规范公司运作，符合《上市公司治理准则》的要求。具体情况如下：

1、股东与股东大会

公司确保所有股东，特别是中小股东按其所持股份享有平等权利，并承担相应的义务。公司制定了《股东大会议事规则》，保证股东大会召集、召开合法、规范、有序。公司在"平等、自愿、等价、有偿"的原则基础上签定关联交易合同，聘请有关专家成立了审价专家小组对关联交易合同进行审查，以确保关联交易公平、合理。

2、控股股东与上市公司

控股股东行为规范，不存在直接或间接干预上市公司经营决策的行为，严格履行对上市公司及其他股东负有的诚信义务。上市公司拥有充分的独立性，与控股股东在人员、资产、财务上完全分开；机构、业务各自独立，独立经营、独立承担责任和风险。公司董事会、监事会及其他内部机构均独立运作，充分行使职权。

3、董事与董事会

公司严格按照《公司章程》规定的程序选举、更换董事。公司董事人数及人员构成符合有关法律、法规的要求。董事会严格按照法律、法规及《公司章程》的规定忠实、诚信、勤勉地履行职责，确保实现全体股东的最大利益。各位董事积极参加相关培训，熟悉法律、法规，了解作为董事的权利、义务与责任。董事会会议的召开程序及议案审议程序、内容符合《公司章程》及《董事会议事规则》的有关规定。公司建立了独立董事制度，现有独立董事六名。独立董事能够独立履行职责，维护公司整体利益，特别是中小股东的合法权益。同时公司董事会下设了由三名独立董事组成的审查委员会，对公司内部、外部审计事项进行监督、审查公司内控制度等。

本公司将进一步完善董事的选聘方式，积极推行累积投票制度；完善董事会专门委员会的建立。

4、监事与监事会

公司监事会人数与构成符合有关法律、法规的要求。公司监事能够认真履行职责，独立有效地行使对董事、经理、其他高级管理人员及公司财务的监督与检查。监事会会议的召开严格按照《公司章程》与《监事会议事规则》的有关规定进行。

5、绩效评价与激励约束机制

公司正在着手建立、健全绩效考评与激励措施，已制订了《经理工作细则》，经理人员的聘任公开、透明，符合法律、法规的规定。

6、利益相关者

公司能够充分尊重和维护银行及其他债权人、职工、客户等其他利益相关者的合法权益，共同推动公司持续、健康地发展。

7、信息披露与透明度

公司指定董事会秘书负责信息披露工作、接待股东来访、回答股东咨询。公司严格按照法律、法规及《公司章程》的有关规定，真实、准确、完整、及时地披露信息，并确保所有股东有平等的机会获得信息。

二、独立董事履行职责情况

公司于2000年7月经股东大会审议通过，建立了独立董事制度，现有独立董事六名，涉及会计、法律及钢铁技术等专业。公司董事会议事规则、公司章程均明确规定了独立董事的权责。公司独立董事均能够按时参加董事会会议及独立董事会议，积极履行公司章程所赋予的特别职权，对公司的投资、制度建设及关联交易严格审查，并认真监督管理层的工作，切实维护全体股东的合法权益。我公司将按照《上市公司治理准则》和《关于在上市公司建立独立董事制度的指导意见》等有关规定的要求进一步完善独立董事制度。

第六章　股东大会情况简介

一、股东大会通知、召集、召开情况

2001年4月11日，公司在《上海证券报》、《中国证券报》刊登了将于2001年5月11日召开2000年度股东大会的通知。会议如期在包头市包钢宾馆举行，对会议议题进行了认真审议，并形成决议。

二、股东大会通过的决议及决议公告报刊

2000年度股东大会审议通过了董事会提交的十项议题，会议决议公告刊登于2001年5月12日《上海证券报》、《中国证券报》。具体议题有：

1、审议公司2000年董事会工作报告；

2、审议公司2000年监事会工作报告；

3、审议公司2000年度财务决算报告；

4、审议公司2000年度利润分配方案；

5、审议公司2001年度财务预算报告；

6、审议公司与包头钢铁(集团)有限责任公司就薄板坯连铸连轧项目建设与管理发生的总承包关联交易；

7、审议公司《股东大会议事规则》；

8、审议公司发行债券的议案；

9、审议公司董事改选的议案；

10、审议修改公司章程的议案。

三、更换董事情况

2001年5月11日公司2000年度股东大会同意徐福贵先生因退休辞去董事职务，并选举曹忠魁为公司第一届董事会董事，任期至2002年6月。

第七章　董事会报告

一、公司经营情况

(一)公司主营业务范围及经营情况

公司主营业务范围是生产、销售黑色金属及其延压加工产品、冶金机械、设备及配件；汽车货物运输，钢铁生产技术咨询。

目前，本公司是全国冶金企业中钢铁产品品种最全的企业，主要产品有：重轨、大型工槽钢、大口径无缝管、焊管、棒材、带钢、线材等38个品种。公司即将正式投产的薄板坯连铸连轧项目，调整了公司的产品结构，形成"板、管、轨、型"为主的钢材产品生产线，提高了本公司产品的市场竞争力。

公司坚持走挖潜改造和科技兴企之路，开发了一批高技术含量、高附加值、高效益的产品。公司的产品赢得各方客户的信赖。铁路用钢轨、石油套管、锅炉用无缝管、输送流体用无缝管、热轧带钢、热轧带肋钢筋等16个品种已通过中国冶金体系认证中心颁发的ISO9002质量体系认证；石油套管通过美国石油协会API认证；60kg/m重轨、热轧工字钢、热轧带肋钢筋等产品荣获国家、内蒙古自治区优质产品和名牌产品称号。

2001年公司主营业务收入558,135.42万元，主营业务成本495,133.46万元，主营业务利润60,851.27万元。公司钢材产品销售收入占主营业务收入的比例为100%，钢材产品利润占主营业务利润的比例为100%。

占主营业务收入或主营业务利润10%以上的主要产品情况

产　品	销售收入(万元)	销售成本(万元)	毛利率(%)
重　轨	107,140.70	78,750.37	26.50
工槽钢	50,559.02	40,770.90	19.36
方　钢	61,992.81	61,366.18	1.01
无缝钢管	107,850.21	85,439.30	20.78
带钢产品	111,546.57	111,075.31	0.42
线材产品	119,046.10	117,731.40	1.10
合　计	558,135.42	495,133.46	11.29

(二)主要供应商、客户情况

公司向前五名供应商采购的合计金额为44.72亿元，占公司年度采购总额的99.53%。

公司向前五名客户销售合计金额为26.75亿元，占公司销售总额的41.5%。

二、投资情况

报告期内，公司对内投资总额为312,680.78万元，较上一年度增加303,617.82万元。投资增加主要因为公司履行《薄板坯连铸连轧项目承债式收购协议书》，承债式收购薄板坯连铸连轧项目在建工程金额为183,256.00万元及公司使用募集资金129,717万元投资建设薄板坯连铸连轧项目。

(一)募集资金投资情况

投资项目	报告期投入	投入项目是否与承诺项目一致	项目进度	备　注
薄板坯连铸连轧项目	129,717万元	是	进入热负荷试车、试生产阶段	募集资金剩余48,034万元在银行专户存储

(二)非募集资金投资情况

1、公司在报告期内投资2,531万元进行轨梁厂一期一步改造；投资1,771万元对Φ400无缝控制系统进行改造；投资10万元进行轨梁厂重轨加工线改造，以上工程所产生的收益体现在公司总体收益中。

2、2001年9月20日中国社会科学院"中国经济技术研究咨询有限公司"改制时，本公司投资1,950,000.00元，持有该公司24%的股权，为该公司第二大股东，该公司注册资本500万元人民币，经营范围为经济、技术、法律、商贸、企业管理的研究、咨询等，截止报告期末，该公司尚在中华人民共和国工商行政管理局办理登记注册。

三、财务状况、经营成果分析

公司财务状况主要指标一览表

单位：人民币万元

项　目	2001年	2000年	增减额	增减率(%)
总资产	727,135.58	265,793.17	461,342.41	173.57
长期负债	186,703.15	11,260.00	74,103.15	65.81
股东权益	347,353.52	156,436.41	190,917.10	122.04
主营业务利润	60,851.27	62,696.95	－1,845.68	－2.9
净利润	25,665.88	28,889.16	－3,223.28	－12.56

报告期内，公司财务状况良好。

公司财务状况变化原因：

1、公司总资产增加46.13亿元，长期负债增加7.41亿元，主要因为公司以承债方式收购包钢(集团)公司薄板坯连铸连轧工程项目。

2、股东权益增加19.09亿元，主要由于2001年股票成功发行及利润分配形成。

3、主营业务利润减少0.18亿元，净利润减少0.32亿元，主要因为线材、带钢产品销售量减少。

四、2002年度经营计划

2002年公司将以效益为中心、以市场为导向，调整产品结构，加速技术进步，努力提高成材能力，加强质量管理，建立和完善质量保证体系，大力开发新产品和生产高附加值产品，确保经济效益的稳步提高。预计主营业务收入59.05亿元，主营业务成本51.5亿元。主要措施如下：

1、进一步优化结构，加速新产品开发和转入批量生产的进程，增加高附加值产品；

2、充分利用资源，努力提高成材率；

3、建立和完善质量保证体系，切实提高产品的质量。

五、本年度利润分配预案

2001年度，公司共实现主营业务收入558,135.42万元，净利润25,665.88万元，减去按10%提取盈余公积金2,566.59万元，按5%提取法定公益金1,283.29万元，实际可供分配的利润为21,816万元，加上2000年的未分配利润12,055.79万元，2001年度可供全体股东分配的利润为33,871.79万元。本次利润分配预案以报告期末公司总股本125,000万股为基数，向全体股东以每10股派发现金红利1.00元(含税)，共计派发12,500万元，余额21,371.79万元留作以后年度分配。

第八章　监事会报告

一、监事会会议情况

本年度公司监事会共召开四次会议，情况如下：

1、2001年4月9日，召开第一届监事会第七次会议，审议通过以下事项：

(1)公司2000年度报告及其摘要；

(2)2000年度监事会工作报告。

2、2001年4月23日，召开第一届监事会第八次会议，审议通过以下事项：提议审议公司章程的临时议案。

3、2001年8月12日，召开第一届监事会第九次会议，审议通过以下事项：

(1)公司2001年度中期报告及其摘要；

(2)公司2001年度中期利润分配方案。

4、2001年10月25日，召开第一届监事会第十次会议，审议通过以下事项：

公司2001年度第三季度季度报告。

二、对公司有关事项的独立意见

1、公司决策程序合法，建立了较完善的内部控制制度。公司各项经营活动严格依法规范运行。公司董事、经理及其他高级管理人员尽职尽责，认真执行股东大会、董事会的各项决议。未发现上述人员在执行职务时有违反法律、法规或损害公司利益的行为。

2、公司年度会计报告经中天华正会计师事务所审计并出具了标准无保留意见的审计报告，该财务报告内容真实、客观准确完整地反映了公司的财务状况及经营结果。

3、公司募集资金实际投资项目与《招股说明书》承诺投资项目一致。

4、报告期内,公司按照《招股说明书》中的承诺,如期办理完毕承债式收购薄板坯连铸连轧项目有关手续,未发现内幕交易,未损害股东的权益或造成公司资产流失。

5、公司关联交易严格按照相关关联交易合同执行,未发现有损害公司利益的情况。

第九章 重要事项

一、报告期内公司无重大诉讼、仲裁事项。

二、收购及出售资产、吸收合并事项

根据本公司 2000 年 3 月 10 日股东大会决议,同意将包钢(集团)公司已落实的出口信贷 15,500 万美元(折合人民币 128,650 万元)及 83,900 万元工商银行贷款转贷于本公司,并将发行股票所募集资金用于薄板坯连铸连轧项目的建设。本公司以承债式收购包钢(集团)公司已完成的薄板坯连铸连轧项目初始在建工程。

根据包钢(集团)公司与本公司 2000 年 3 月 15 日签订的《薄板坯连铸连轧项目承债式收购协议书》,双方结算以经有关主管部门确认的在建工程评估值与包钢(集团)公司专项贷款已到帐未使用的货币资金之和减去本项目包钢(集团)公司已到帐专项贷款的净值作为包钢(集团)公司和本公司结算的依据。按照协议条款规定,自本公司股票发行当月最后一日起三个月内,协议双方办理完毕薄板坯连铸连轧工程项下的在建工程和公辅设施以及已购进的机器设备和辅助材料、备品备件等资产的全部交割手续,包钢(集团)公司基准日专项贷款已到帐未使用货币资金划入本公司指定的项目银行专户;上述手续办理完毕当日本公司或包钢(集团)公司以货币资产的形式,将上述资产与基准日本项目包钢(集团)公司已到帐专项贷款之间的结算差额汇入包钢(集团)公司或本公司指定的帐户;同时包钢(集团)公司与本公司于该日按法定程序办理薄板坯连铸连轧项目已到帐专项贷款的转贷手续,并将该项目项下未到帐的专项贷款授信额度转让给本公司。

交易金额如下:

收购的在建工程金额(元)	转贷的贷款金额(元)	应付金额(元)
1,832,560,038.98	1,748,154,599.22	84,405,439.76

(1)根据中天华正会计师事务所中天华正京评[2001]2005 号《资产评估报告书的调整意见》及内蒙古自治区财政厅内财企[2001]209 号文件《内蒙古自治区财政厅关于对包头钢铁(集团)有限责任公司薄板项目评估调整意见的复函》,薄板坯连铸连轧工程项目 2001 年 2 月 28 日的帐面价值为 180,584.12 万元,调整后帐面价值为 180584.12 万元,评估价值为 1,832,56.01 万元。

(2)转贷的贷款金额包括 22,987,599.42 美元和 185,023,087.95 马克,按 2001 年 2 月 28 日汇率1美元 = 8.2781元人民币,1马克 = 3.88525元人民币)分别折合为190,293,646.76元和718,860,952.45 元人民币,以及工商银行 8.39 亿元人民币贷款。

(3)应付金额 84,405,439.76 元已于 2001 年 5 月 31 日向包钢(集团)公司支付。

报告期内无其他收购及出售资产、吸收合并事项。

三、重大关联交易事项

本公司的主要关联方为包钢(集团)公司及其下属企业,本年度发生的关联交易如下:

1、购销商品、提供劳务发生的关联交易

(1)生产物资的采购:本公司与包钢(集团)公司就生产耗用的钢坯、水、电、汽等生产物资的供应价格签定了《生产物资供应与服务合同》,钢坯价格是以双方委托的钢坯审价专家小组出具的《钢坯交易价格审查报告》审核的钢坯交易价格为基础确定。本公司在收到合格原料并签证后进行开票结算,钢坯价款每次以银行承兑汇票和支票进行结算。《生产物资供应与服务合同》有效期限为自甲、乙双方签字之日(1999 年 7 月 1 日)起 10 年内有效。

水、电、汽、煤气、工业用气基价

品种	单位	基价
新水	立方米	0.77 元人民币
环水	立方米	0.225 元人民币
软水	立方米	4.5 元人民币
净水	立方米	1.00 元人民币
热水	吉焦	16.00 元人民币
生活用水	立方米	1.20 元人民币
地下水	立方米	1.20 元人民币
外排污水	立方米	0.05 元人民币
工业用电	度	0.36 元人民币
蒸汽	吉焦	15.00 元人民币
高炉煤气	吉焦	4.00 元人民币
焦炉煤气	吉焦	28.00 元人民币
氧气	立方米	0.37 元人民币
氮气	立方米	0.09 元人民币
压缩空气	立方米	0.07 元人民币

水、电、汽、煤气、工业用气的供应均以产权分界点安装的各种计量仪器、仪表月末所显示数据与上月末数据之差与集团公司(甲方)、本公司(乙方)双方确定的供应价格乘积确定乙方应支付的款项,并于下月上旬以支票方式向甲方支付当月费用。

采购物资金额如下:

单位:人民币元

货物名称	2001 年度	2000 年度
钢坯	3,810,890,326.22	4,368,081,916.02
煤气	140,354,386.79	143,951,732.40
电	74,795,573.21	80,252,733.60
水	19,173,633.72	27,738,733.22
蒸汽	4,378,050.00	4,124,805.00
氧气、氮气、压缩空气	5,141,000.35	7,406,811.91
辅助材料	122,893,913.89	104,536,112.19
备件	253,828,936.21	178,451,926.68
备件	11,962,788.93	
耐火砖	8,954,029.19	
其他原料	19,178,854.65	
合计	4,471,553,494.16	4,914,544,771.02

(2)钢材及废钢的销售:本公司销售给包钢(集团)公司材料处的钢材价格是按照本公司销售产品的当月挂牌价确定其供应价格,本公司的钢坯切头、切尾的废料以市场价进行结算,结算价款于月末时一次以支票方式进行结算。

销售钢材及废钢情况如下:

单位:人民币元

企业名称	货物名称	2001 年度	2000 年度
包钢材料处	钢材	242,695,668.48	187,793,811.11
包钢废钢公司	废钢	106,163,445.75	18,455,983.70
合　计		650,913,126.16	206,249,794.81

(3)接受运输服务:按照内蒙古自治区物价局、内蒙古自治区冶金机械工业厅内政[1993]冶机财字 31 号文及其确定的《运杂费价格表》执行。本公司于当月月底或下一个月上旬以支票方式同集团公司结清当月运输费用。

运输费金额如下:

单位:人民币元

企业名称	2001 年度	2000 年度
包钢运输部(运费)	8,567,778.29	44,233,939.41

由于本公司主体是原包钢(集团)公司拥有的轧钢系统主体生产单位,所以,本公司在生产工序上与包钢(集团)公司有着密不可分的联系,本公司的原辅材料主要由包钢(集团)公司供应。以上关联交易价格均与市场价格保持一致,其中,采购、接受劳务占本公司同类业务的 100%,销售业务占公司同类业务的 11.7%。关联交易双方坚持公平、公允的交易原则,所发生关联交易对本公司利润无重大影响。

2、资产、股权转让发生的关联交易

报告期内,公司按照《招股说明书》中的承诺,如期办理完毕承债式收购包钢(集团)公司薄板坯连铸连轧项目的交割手续。(详见第九章二中所述)

报告期内无其他资产、股权转让关联交易。

3、与关联方债权、债务往来及担保事项

本公司对包钢(集团)公司形成的债务 3624.13 万元是由于购入钢坯等原辅材料,尚未背书支付。

报告期内无其他与关联方债权、债务往来及担保事项。

4、综合服务:

根据本公司与包钢(集团)公司签订的《综合服务合同》,本公司将住房公积金、排污费、人防费交包钢(集团)公司,由包钢(集团)公司统一上交有关部门,合同有效期限为自甲、乙双方签字之日(1999 年 7 月 1 日)起 3 年内有效。

(1)服务费用定价原则:

①国家、自治区、包头市政府有明确规定的,按规定的费率收取;

②国家和地方有关部门规定了指导价的,按该指导价确定价格;

③既无国家定价,也无国家指导价的,按可比的市场价格确定价格;

④无可比的市场价格的,按构成价格(即提供服务方合理成本费用加上合理利润构成的价格)收取。

(2)结算方式和支付条件:根据甲方为乙方提供的各项服务确定的价格,于下月上旬以支票方式向甲方支付当月费用。

(3)接受综合服务金额如下:

单位:人民币元

企业名称	2001 年度	2000 年度
集团公司(综合服务)	5,030,000.00	5,740,000.00

5、土地租赁:

根据包钢(集团)公司与本公司 2000 年 2 月 21 日签订的《土地租赁合同》,本公司租用包钢(集团)公司 384,626 平方米土地用于生产经营,租赁期限 50 年,租赁费每年每平方米人民币 5 元,年租金 1,923,130.00 元,每年 6 月 30 日前和 12 月 31 日前分别支付二分之一年租金,其土地使用税费等由包钢(集团)公司负担。土地租赁费如下:

单位:人民币元

企业名称	2001 年度	2000 年度
集团公司(土地)	1,923,130.00	1,923,130.00

6、进出口代理:

根据本公司与中国冶金进出口包钢公司签订的《进出口代理合同》,按代理业务合同金额的 2%作为代理费,合同有限期限自 1999 年 7 月 1 日至 2002 年 7 月 1 日。

包钢(集团)公司(甲方)代理本公司(乙方)进出口业务,出口代理在甲乙双方结算时从货款中扣除,进口代理费单项支付,在该项代理业务完成后,十日内一次性以支票方式向甲方结清当月代理费用。

7、根据本公司与包钢(集团)公司签定的《薄板坯连铸连轧项目总承包合同》,项目实行总承包金额包干,包干总承包金额为 38.72 亿元(包括以 2001 年 2 月 28 日为基准日的经评估确认并列入《转让资产明细表》中价值 18.32 亿元的资产)。本公司应依据双方所确定的实施进度,对完全符合本合同条件的实际完成项目,按包钢(集团)公司提出的项目进度及付款表足额支付。包钢(集团)公司应在每月底前根据项目进度及付款表,以书面形式通知本公司次月应付款项。截止 2001 年 12 月 31 日,本公司已向包钢(集团)公司支付 12.344 亿元的项目进度款。

8、关于托管收费的交易:

根据包头天诚线材有限公司(以下简称"天诚公司")和本公司签订的《委托管理协议》,由本公司托管天诚公司的日常生产经营管理工作,托管期限从托管基准日 2000 年 8 月 1 日起 3 年有效。

根据天诚公司和本公司签订的《委托管理补充协议》,天诚公司同意,以本公司托管期限内天诚公司实现的销售收入的 1‰支付给本公司报酬;实现的销售收入须经天诚公司聘请的会计师事务所审计方能作为计付的基数。此销售收入应包括已确认实现销售并列入应收帐款核算的债权,但经前述会计师事务所审计并确认为坏帐的应收帐款应从基数中扣除。天诚公司应自 2000 年 8 月 1 日起每满 12 个月度审计一次,于出具审计报告之日起 30 个工作日内,以转帐支票形式一次性向本公司支付按本协议计算的托管报酬。

9、根据《薄板坯连铸连轧项目承债式收购协议书》的规定,自钢联股份股票发行当月最后一日起三个月内,协议双方应办理完毕薄板坯连铸连轧工程项下的在建工程及其相关负债的移交手续。本公司已与包钢(集团)公司如期办理完毕有关手续。

10、2000 年 10 月 5 日包钢(集团)公司与本公司签署了《商标转让协议》将第 870523 号注册商标变更为本公司持有,并经中华人民共国国家工商行政管理局商标局于 2001 年 1 月 14 日核准该商票转让注册,受让人名义为:内蒙古包钢钢联股份有限公司。同时原关联交易中《注册商标使用许可合同》自动废止。

四、重大合同及其履行情况

1、报告期内公司无托管、承包、租赁其他公司资产或其他公司托管、承包、租赁本公司资产的事项发生。

2、报告期内公司无重大担保事项。

3、报告期内公司无委托理财事项。

五、公司或持股 5%以上股东报告期内承诺事项

1、2001 年 2 月本公司招股说明书曾披露:自钢联股份股票发行当月最后一日起三个月内,《薄板坯连铸连轧项目承债式收购协议书》的协议双方即:包钢(集团)公司与本公司将办理完毕薄板坯连铸连轧工程项下的在建工程及其相关负债的移交手续。上述事项已如期办理完毕。

2、2001 年 2 月本公司招股说明书曾披露:为避免同业竞争,包钢(集团)公司向本公司出具了《避免同业竞争的声明和承诺》。报告期内,包钢(集团)公司严格遵守承诺,其拥有控制权的其他公司(除包头天诚高线股份公司外)、企业及其他经济组织没有发生任何与本公司会产生同业竞争的行为。

六、报告期内,本公司仍聘请中天华正会计师事务所担任本公司审计工作,报告期内支付该事务所的报酬按双方签定的报酬支付协议支付财务审计费用,差旅费由该事务所自负。

审计费用支付情况

2001 年	2000 年
85 万元	70 万元

七、报告期内,本公司、公司董事会及董事没有受到中国证监会稽查、中国证监会行政处罚、通报批评或证券交易所公开谴责的情形。

第十章 财务报告

一、审计报告

审 计 报 告

中天华正(京)审[2002]057 号

内蒙古包钢钢联股份有限公司全体股东:

我们接受委托，审计了贵公司 2001 年 12 月 31 日的资产负债表，2001 年度的利润及利润分配表，以及 2001 年度的现金流量表。这些会计报表由贵公司负责，我们的责任是对这些会计报表发表审计意见。我们的审计是依据《中国注册会计师独立审计准则》进行的。在审计过程中，我们结合贵公司实际情况，实施了包括抽查会计记录等我们认为必要的审计程序。

我们认为，上述会计报表符合《企业会计准则》和《企业会计制度》的有关规定，在所有重大方面公允地反映了贵公司 2001 年 12 月 31 日的财务状况和 2001 年度的经营成果及现金流量情况，会计处理方法的选用遵循了一贯性原则。

北京中天华正会计师事务所有限公司　　主任会计师：梁　春
中国注册会计师：张占强
中国·北京　　二〇〇二年二月二十八
（除会计报表附注四：16、26、27 项及附注九为二 OO 二年三月二十六日外，其他均为二 OO 二年二月二十八日）

二、会计报表（附后）

三、财务报表附注

（一）公司主要会计政策、会计估计和合并会计报表的编制方法：

1、会计制度

本公司执行《企业会计准则》、《企业会计制度》及补充规定。

2、会计年度

会计年度自公历 1 月 1 日至 12 月 31 日止。

3、记帐本位币

以人民币为记帐本位币。

4、记帐基础和计价原则

记帐基础为权责发生制原则，资产的计价遵循历史成本原则。本公司改制设立时，发起人投入的资产按经评估确认的价值记帐。

5、外币业务的折算

本公司发生外币经济业务时，按发生当月月初中国人民银行公布的市场汇价（中间价）折合为人民币记帐，期末对各种外币帐户的外币余额按期末中国人民银行公布的市场汇价（中间价）进行调整，发生的差额作为汇兑损益，属于与购建固定资产有关的借款产生的汇兑损益，计入相关固定资产的购建成本，属于生产经营期间的计入当期财务费用。

6、现金等价物的确定标准

将持有的期限短、流动性强、易于转换为已知金额现金，价值变动风险很小的投资确定为现金等价物，包括从购买日起三个月内到期的在证券市场上可流通的短期债券投资。

7、短期投资核算方法

短期投资按成本法核算，短期投资取得时的成本按取得时实际支付的全部价款，包括税金、手续费等相关费用进行确定；实际支付的价款中所包含股利和利息不构成投资成本。短期投资持有期间所获得的现金股利或利息，除取得时已记入应收项目的现金股利或利息外，以实际收到时作为投资成本的收回，冲减短期投资帐面价值；短期投资取得时实际支付的价款中包含的已宣告而尚未领取的现金股利，或已到期尚未领取的利息，实际收到时冲减已记录的应收股利或应收利息，不冲减短期投资的帐面价值。

短期投资按成本与市价孰低计量，以期末市价低于成本的部分，计提短期投资跌价准备。

短期投资处置时，按短期投资的帐面价值与实际取得价款的差额，确认为当期投资损益。

8、坏帐损失核算方法

（1）确认标准

坏帐损失是指因债务人破产或者死亡，以其破产财产或者遗产清偿后，仍然不能收回的应收款项，或者因债务人逾期未履行偿债义务，且具有明显特征表明无法收回的款项或超过三年且无充分证据表明能收回的应收款项。

（2）坏帐损失的核算方法、计提方法和计提比例

坏帐损失采用备抵法核算，按应收款项（包括应收帐款和其他应收款）期末余额的 10% 计提。

9、存货核算方法

（1）存货主要包括：库存商品、原材料、辅助材料、备品备件、低值易耗品、委托加工材料、在产品等。

（2）存货计价方法

原材料、备品备件按实际成本计价，发出采用加权平均法。

在产品成本按其所耗用的原材料费用计算。

库存商品、辅助材料采用计划成本计价，月末调整为实际成本。

低值易耗品在领用时一次性摊销，其中：轧辊按车削量分次摊销。

（3）由于存货遭受毁损、全部或部分陈旧过时和销售价格低于成本等原因造成的存货成本不可收回的部分，期末采用成本与可变现净值孰低计价原则，按单个存货项目的成本高于可变现净值的差额提取存货跌价准备。

（4）存货可变现净值按其形态分别确定

库存商品，按其售价减去税金及销售费用后的余额确定；

在产品，按其产成品的售价减去至完工时尚需发生的成本处置费用和税金后的余额确定；

其他存货，按现行重置成本确定。

（5）存货盘存采用永续盘存制。

10、长期投资的核算方法

（1）长期债权投资：按实际支付的价款扣除支付的税金、手续费等各项附加费用，以及支付的自发行日起至购入债券日止的应计利息后的余额作为实际成本，实际成本与债券票面价值的差额，作为溢价或折价在债券存续期内于确认相关利息收入时摊销。

（2）长期股权投资：按投资时实际支付的价款或确定的价值记帐。投资占被投资单位有表决权资本总额 20% 以下，或虽 20% 以上（含 20%）但不具有重大影响的，按成本法核算；投资占被投资单位有表决权资本总额 20% 以上（含 20%），或虽不足 20% 但有重大影响的按权益法核算；投资占被投资单位资本总额 50% 以上（不含 50%），或虽不足 50% 但具有实质控制权的，按权益法核算并编制合并会计报表。

（3）长期投资减值准备的确认标准、计提方法

长期投资减值准备：本公司对被投资单位由于市价持续下跌或经营状况恶化等原因导致其可收回金额低于长期股权投资的帐面价值，并且这种降低的价值在预计的未来期间内不可能恢复时，按其预计未来可收回金额低于帐面价值可能发生的损失，逐项提取长期投资减值准备，损失计入当期损益。

11、固定资产核算方法

（1）固定资产标准：使用年限在一年以上的房屋建筑物、机器设备、运输工具以及其他与生产、经营有关的设备、器具、工具等；不属于生产、经营主要设备的物品，单位价值在 2000 元以上，并且使用期限超过两年的资产。

（2）固定资产分类：房屋建筑物、通用设备、专用设备、运输设备；

（3）固定资产计价方法：

①购置的不需要经过建造过程即可使用固定资产按实际支付的价款作为入帐价值；

②自行建造的固定资产，按建造该项资产达到预定可使用状态前所发生的全部支出作为入帐价值；

③在原有固定资产的基础上进行改建、扩建的，按原固定资产的帐面价值，加上由于改建、扩建而使该项资产达到预定可使用状态前发生的支出，减改建、扩建过程中发生的变价收入，作为入帐价值；

④投资者投入的固定资产，按投资各方确认的价值作为入帐价值，本公司改制设立时，发起人投入的固定资产按经评估确认的价值记帐。

（4）固定资产折旧方法

采用直线法计提折旧，并按各类固定资产的原价和预计使用年限扣除 3% 的净残值后确定其折旧率。发起人投入的固定资产按照评估后的固定资产原价计提折旧。

分类折旧率如下：

类　别	使用年限	年折旧率
房屋建筑物	10－40 年	9.7%－2.425%
通用设备	4－28 年	24.25%－3.464%
专用设备	5－35 年	19.4%－2.771%
运输设备	8－12 年	12.125%－8.083%

已全额计提减值准备的固定资产，不再计提折旧。

（5）固定资产减值准备的确认标准及计提方法：

根据《企业会计制度》及其补充规定，本公司期末对固定资产计提减值准备；固定资产减值准备按单项资产计提。对于因市价持续下跌，或技术陈旧、损坏、长期闲置等原因导致其可收回金额低于帐面价值的，按可回收金额低于帐面价值的差额计提固定资产减值准备。对存在下列情况之一的固定资产，应当全额计提减值准备：

①长期闲置不用，在可预见的未来不会再使用，且已无转让价值的固定资产；

②由于技术进步等原因，已不可使用的固定资产；

③虽然固定资产尚可使用，但使用后产生大量不合格品的固定资产；

④已遭毁损，以致于不再具有使用价值和转让价值的固定资产；

⑤其他实质上已经不能再给企业带来经济利益的固定资产。

12、在建工程核算方法

（1）在建工程采用实际成本核算，其发生的借款利息、汇兑损益在固定资产达到预定可使用状态前发生的计入所购建资产的成本。在固定资产已达到预定可使用状态，但尚未办理竣工决算，先按估计的价值转入固定资产，并计提折旧。

待办理了竣工决算手续后再作调整。

（2）在建工程减值准备

期末进行检查时，出现下列一种或几种情形时，计提减值准备。

①长期停建并且预计在未来 3 年内不会重新开工的在建工程。

②所建项目无论在性能上，还是在技术上已经落后，并且给企业带来的经济利益具有很大的不确定性。

③其他足以证明在建工程已经发生减值的情形。

13、无形资产计价和摊销方法：

（1）无形资产计价

购入的无形资产按实际支付的价款计价。

（2）无形资产的摊销方法

无形资产采用直线法摊销，摊销年限按如下原则确定：

合同规定有受益期限的，在受益期限内平均摊销，合同没有规定受益期限而法律规定有效期限的，按不超过法律规定的有效期限平均摊销，经营期短于有效期限的，按不超过经营期的期限平均摊销，合同和法律均未规定受益期限的，按不超过 10 年的期限摊销。

（3）无形资产减值准备

根据《企业会计制度》及其补充规定，对于预计可收回金额低于帐面价值的无形资产计提减值准备。

①当存在下列一项或若干项情况时，应当计提无形资产的减值准备：

A、某项无形资产已被其他新技术等所替代，使其为企业创造经济利益的能力受到重大不利影响；

B、某项无形资产的市价在当期大幅下跌，在剩余摊销年限内预期不会恢复；

C、某项无形资产已超过法律保护期限，但仍然具有部分使用价值；

D、其他足以证明某项无形资产实质上已经发生了减值的情形。

②当存在下列一项或若干项情况时，应当将该项无形资产的账面价值全部转入当期损益：

A、某项无形资产已被其他新技术等所替代，并且该项无形资产已无使用价值和转让价值；

B、某项无形资产已超过法律保护期限，并且已不能为企业带来经济利益；

C、其他足以证明某项无形资产已经丧失了使用价值和转让价值的情形。

14、长期待摊费用核算方法：

（1）以实际发生额核算；

（2）摊销方法：按照规定的期限或预计受益期限平均摊销。

15、借款费用的会计处理方法：

为购建固定资产而借入的专门借款所发生的利息、折价或溢价的摊销、汇兑差额在所购建的固定资产达到预定可使用状态前所发生的，予以资本化，计入所购建固定资产的成本；在所购建的固定资产达到预定可使用状态后所发生的，于发生当期直接计入当期财务费用。其他借款费用于发生当期直接计入当期财务费用。

16、应付债券的核算方法

按照实际发行价格总额，作负债处理；债券发行价格总额与债券面值总额的差额，作为债券溢价或折价，在债券的存续期间内按直线法于计提利息时摊销，并按借款费用的处理原则处理。

如果发行费用小于发行期间冻结资金所产生的利息收入，按发行期间冻结资金所产生的利息收入减去发行费用后的差额，视同发行债券的溢价收入，在债券存续期间于计提利息时摊销；如果发行费用大于发行期间冻结资金所产生的利息收入，在所购建的固定资产达到预定可使用状态前，直接计入所购建的固定资产成本；在所购建的固定资产达到预定可使用状态后直接计入当期财务费用。

17、收入确认原则：

（1）商品销售：商品所有权上的主要风险和报酬已转移给购买方，不再保留与商品经营权相联系的继续管理权和实际控制权，与交易相关的经济利益能够流入企业，且相关的收入和成本能够可靠地计量时，确认营业收入的实现。

（2）提供劳务：在劳务已经提供，收到价款或取得收取款项的证据时，确认劳务收入。

（3）他人使用本公司资产而发生的收入：他人使用本公司现金资产发生的利息收入，按使用现金的时间和适用利率计算确定。他人使用本公司非现金资产，发生的使用费收入按有关合同或协议规定的收费时间和方法计算确定。上述收入的确定并应同时满足：①与交易相关的经济利益能够流入公司；②收入的金额能够可靠地计量。

18、所得税的会计处理方法：

采用应付税款法。

19、合并会计报表的编制方法：

合并会计报表是以母公司及其纳入合并范围的子公司的个别会计报表和其他相关资料为依据，根据财政部"财会字［1995］11 号《合并会计报表暂行规定》"的要求经充分抵销内部投资、内部交易和内部债权债务等内部会计事项后进行编制。

本公司年度内无子公司或联营公司，不编制合并会计报表。

（二）会计政策变更及其影响

本公司原执行《股份有限公司会计制度》，根据财政部财会［2000］25 号文"关于印发《企业会计制度》的通知"及财政部财会［2001］17 号文"关于印发《贯彻实施 < 企业会计制度 > 有关政策衔接问题的规定》的通知"，本公司从 2001 年 1 月 1 日起执行《企业会计制度》及其补充规定。

涉及会计项目	原会计政策	变更后会计政策
固定资产	不提减值准备	对未来可收回金额低于帐面价值的差额计提固定资产减值准备
在建工程	不提减值准备	未来可收回金额低于帐面价值的差额计提在建工程减值准备

无形资产	不提减值准备	对未来可收回金额低于帐面价值的差额计提无形资产减值准备
长期待摊费用－－开办费	从生产经营当月起按 5 年摊销	从开始生产经营的当月一次性计入损益
委托贷款	不提减值准备	对未来可收回金额低于帐面价值的差额计提减值准备

本公司根据财政部财会[2001]17 号文"关于印发《贯彻实施〈企业会计制度〉有关政策衔接问题的规定》的通知",固定资产减值准备、在建工程减值准备已在 2000 年度财务会计报告中采用了追溯调整,此项调整对 2001 年度利润总额无影响。

第十一章　备查文件目录

一、载有公司董事长亲笔签名的年度报告正本;

二、载有公司法定代表人、财务总监、会计主管人员签名并盖章的会计报表;

三、载有会计师事务所盖章、注册会计师亲笔签名的审计报告正本;

四、报告期内在《中国证券报》、《上海证券报》公开披露过的所有公司文件的正本及公告原稿;

五、公司章程。

内蒙古包钢钢联股份有限公司

董事长:林东鲁

2002 年 3 月 26 日

原材料供应基准价格及现行价格

计价单位:人民币元/吨

产品名称	材　质	规格	基准价格(不含税)	现行价格(不含税)
连铸坯	优碳钢 10＃－40＃	不分	1475	1425
连铸坯	低合金钢 16Mn18Nb(Q345)	不分	1590	1610
连铸坯	重轨钢 U74、U71Mn	不分	1640	1775
连铸坯	重轨钢 BNBRE	不分	1870	2000
连铸坯	ML10－35	不分	1620	1625
连铸坯	35Si、43Si	不分	1620	1620
连铸坯	TGM1018A	不分	1620	1620
连铸坯	72A、82B(含"真空"160 元/吨)	不分	1730	1790
连铸坯	42MnMO7	不分	2050	1620
钢坯	沸腾钢 Q215－275F	〉200	1315	1415
钢坯	沸腾钢 Q195F	〉200	1340	1445
钢坯	镇静钢 Q195－275	〉200	1320	1425
钢坯	优碳钢 10＃－40＃	〉200	1425	1540
钢坯	优碳钢 45＃－80＃15＃－70Mn、H08、H08A、H08E、20G 等	〉200	1550	1610
钢坯	低合金钢 16Mn、18Nb(Q345)、16MnNb 等	〉200	1540	1610
钢坯	20MnSi	〉200mm	1420	1540
钢坯	合金结构钢 15－50Cr	不分	1700	1770
钢坯	合金结构钢 12－42CrMo	不分	1750	1820
钢坯	合金结构钢 20Mn2 35Mn2	不分	1680	1750
钢坯	沸腾钢 Q215－275F	90－130	1415	1525
钢坯	沸腾钢 Q195F	90－130	1440	1545
钢坯	镇静钢 Q195－275	90－130	1420	1525
钢坯	优碳钢 10＃－40＃	90－130	1545	1600
钢坯	优碳钢 45＃－80＃、15－70Mn、H08、H08A、H28E、70G 等	90－130	1655	1750
钢坯	低合金钢 16Mn、18Nb(Q345)、16MnNb 等	90－130	1650	1750
钢坯	20MnSi	90－130	1520	1650
钢坯	20MnSiV	90－130	1860	1770
带钢坯	沸腾钢 Q195－275F	不分	1385	1485
带钢坯	镇静钢 Q195－275	不分	1395	1395
重轨坯	U74U71Mn	不分	1590	1700
重轨坯	BnbRe	不分	1820	1925

注:部分钢坯价格已按钢坯审价专家组 2001 年 10 月 18 日出具的《钢坯交易价格审查报告》进行了调整。

利润分配表

企业名称:内蒙古包钢钢联股份有限公司　　单位:人民币元

项　目	附注	2001 年度	2000 年度
一、净利润(净亏损以"－"号填列)		256,658,839.96	288,891,610.43
加:年初未分配利润		120,557,868.87	
其他转入		0.00	
二、可供分配的利润		377,216,708.83	288,891,610.43
减:提取法定盈余公积		25,665,884.00	28,889,161.04
提取法定公益金		12,832,942.00	14,444,580.52
提取职工福利及奖励基金		0.00	
提取储备基金		0.00	
提取企业发展基金		0.00	
利润归还投资		0.00	
三、可供股东分配的利润		338,717,882.83	245,557,868.87
减:应付优先股股利		0.00	
提取任意盈余公积		0.00	
应付普通股股利		125,000,000.00	125,000,000.00
转作资本(股本)的普通股股利		0.00	
四、未分配利润		213,717,882.83	120,557,868.87

报告期利润	净资产收益率(%)		每股收益(元/股)	
	全面摊薄	加权平均	全面摊薄	加权平均
主营业务利润	17.52%	19.17%	0.49	0.51
营业利润	11.96%	13.09%	0.33	0.35
净利润	7.39%	8.09%	0.21	0.22
扣除非经常性损益后的净利润	7.69%	8.41%	0.21	0.22

资产减值准备明细表

2001 年 12 月 31 日

企业名称:内蒙古包钢钢联股份有限公司　　单位:人民币元

项　目	期初余额	本期增加数	本期转回数	期末余额
一、坏账准备合计	14,295,890.82	6,622,445.63	887,772.84	20,030,563.61
其中:应收账款	12,947,170.66	6,622,445.63		19,569,616.29
其他应收款	1,348,720.16		887,772.84	460,947.32
二、短期投资跌价准备合计		2,919,244.02		2,919,244.02
其中:股票投资		2,919,244.02		2,919,244.02
债券投资				
三、存货跌价准备合计	3,330,765.33	25,121,575.98		28,452,341.31
其中:库存商品		10,112,322.60		10,112,322.60
原材料				
辅助材料	2,708,415.33			2,708,415.33
备品备件	622,350.00	11,033,053.11		11,655,403.11
低值易耗品		3,976,200.27		3,976,200.27
四、长期投资减值准备合计				
其中:长期股权投资				
长期债权投资				
五、固定资减值准备合计	5,489,314.07	6,682,322.31		12,171,636.38
其中:房屋、建筑物				
机器设备	5,489,314.07	6,682,322.31		12,171,636.38
六、无形资产减值准备				
其中:专利权				
商标权				
七、在建工程减值准备	1,265,748.00			1,265,748.00
八、委托贷款减值准备				

利　润　表

企业名称:内蒙古包钢钢联股份有限公司　　单位:人民币元

项　目		2001 年度	2000 年度
一、主营业务收入	28	5,581,354,214.80	5,898,473,064.86
减:主营业务成本	29	4,951,334,621.90	5,253,058,609.88
主营业务税金及附加	30	21,506,852.59	18,444,908.82
二、主营业务利润(亏损以"－"号填列)		608,512,740.31	626,969,546.16
加:其他业务利润(亏损以"－"号填列)	31	8,776,959.45	1,356,982.08
减:营业费用	32	33,023,216.21	56,669,210.83
管理费用	33	117,351,111.10	81,513,581.19
财务费用	34	51,468,481.27	36,169,305.20
三、营业利润(亏损以"－"号填列)		415,446,891.18	453,974,431.02
加:投资收益(损失以"－"号填列)	35	－2,919,244.02	
补贴收入		0.00	
营业外收入	36	107,148.65	29,030.17
减:营业外支出	37	11,662,302.53	13,416,532.19
四、利润总额(亏损总额以"－"号填列)		400,972,493.28	440,586,929.00
减:所得税	38	144,313,653.32	151,695,318.57
少数股东收益		0.00	
五、净利润(净亏损以"－"号填列)		256,658,839.96	288,891,610.43
补充资料:			
项目		本年累计数	上年实际数
1、出售、处置部门或被投资单位所得收益			
2、自然灾害发生的损失			
3、会计政策变更增加(或减少)利润总额			－6,755,062.07
4、会计估计变更增加(或减少)利润总额			
5、债务重组损失			
6、其他			

资产负债表

企业名称：内蒙古包钢钢联股份有限公司　　　单位：人民币元

资　产	附注	2001年12月31日	2000年12月31日
流动资产：			
货币资金	1	736,122,906.98	60,641,744.13
短期投资	2	13,079,729.70	
应收票据	3	886,520,988.60	120,970,000.00
应收股利		0.00	
应收利息		0.00	
应收账款	4	176,126,546.59	116,524,535.95
其他应收款	5	4,148,525.85	12,138,481.42
预付账款	6	1,066,801.31	1,874,069.09
应收补贴款		0.00	
存货	7	666,761,090.67	564,285,099.98
待摊费用		0.00	36,615.96
一年内到期的长期债权投资		0.00	
其他流动资产		0.00	
流动资产合计		2,483,826,589.70	876,470,546.53
长期投资：		0.00	
长期股权投资	8	1,950,000.00	
长期债权投资		0.00	
长期投资合计		1,950,000.00	0.00
固定资产：		0.00	
固定资产原价	9	3,013,574,349.66	2,922,135,049.46
减：累计折旧	9	1,373,462,025.80	1,241,978,242.45
固定资产净值		1,640,112,323.86	1,680,156,807.01
减：固定资产减值准备	9	12,171,636.38	5,489,314.07
固定资产净额		1,627,940,687.48	1,674,667,492.94
工程物资		0.00	
在建工程	10	3,157,638,531.52	106,793,641.62
固定资产清理		0.00	
固定资产合计		4,785,579,219.00	1,781,461,134.56
无形资产及其他资产：		0.00	
无形资产		0.00	
长期待摊费用		0.00	
其他长期资产		0.00	
无形资产及其他资产合计		0.00	0.00
递延税项：		0.00	
递延税款借项		0.00	
资产总计		7,271,355,808.70	2,657,931,681.09
负债及所有者权益	附注	2001年12月31日	2000年12月31日
流动负债：			
短期借款	11	1,145,002,000.00	345,000,000.00
应付票据		0.00	
应付账款	12	166,503,081.83	73,272,337.49
预收账款	13	1,423,376.99	23,559,151.10
应付工资	14	28,994,128.73	21,267,848.63
应付福利费	15	991,444.69	1,202,092.53
应付股利	16	125,000,000.00	126,221,109.70
应交税金	17	40,382,094.14	32,552,143.24
其他应交款	18	2,096,052.93	-2,019.13
其他应付款	19	52,996,144.06	56,367,314.45
预提费用	20	2,142,749.65	1,527,569.69
预计负债		0.00	
一年内到期的长期负债	21	365,258,076.73	300,000,000.00
其他流动负债		0.00	
流动负债合计		1,930,789,149.75	980,967,547.70
长期负债：		0.00	
长期借款	22	1,460,185,508.70	112,600,000.00
应付债券	23	406,846,000.00	
长期应付款		0.00	
专项应付款		0.00	
其他长期负债		0.00	
长期负债合计		1,867,031,508.70	112,600,000.00
递延税项：		0.00	
递延税款贷项		0.00	
负债合计		3,797,820,658.45	1,093,567,547.70
少数股东权益		0.00	
所有者权益(或股东权益)		0.00	
股本	24	1,250,000,000.00	900,000,000.00
减：已归还投资		0.00	
股本净额		1,250,000,000.00	900,000,000.00
资本公积	25	1,912,127,561.20	484,615,384.30
盈余公积	26	97,689,706.22	59,190,880.22
其中：法定公益金	26	32,563,235.40	19,730,293.40
未分配利润	27	213,717,882.83	120,557,868.87
外币报表折算差额		0.00	
所有者权益(或股东权益)合计		3,473,535,150.25	1,564,364,133.39
负债及所有者权益(或股东权益)总计		7,271,355,808.70	2,657,931,681.09

现金流量表

2001年度

企业名称：内蒙古包钢钢联股份有限公司　　　单位：人民币元

项　目	行次	金　额
一、经营活动产生的现金流量：		
销售商品、提供劳务收到的现金	1	5,692,476,238.86
收到的税费返还	3	
收到的其他与经营活动有关的现金	8	23,375,297.34
现金流入小计	9	5,715,851,536.20
购买商品、接受劳务支付的现金	10	5,532,782,895.40
支付给职工以及为职工支付的现金	12	164,404,194.58
支付的各项税费	13	329,629,690.23
支付的其他与经营活动有关的现金	18	65,508,423.19
现金流出小计	20	6,092,325,203.40
经营活动产生的现金流量净额	21	-376,473,667.20
二、投资活动产生的现金流量：		
收回投资所收到的现金	22	
取得投资收益所收到的现金	23	
处置固定资产、无形资产和其他长期资产而收回的现金净额	25	139,744.50
收到的其他与投资活动有关的现金	28	
现金流入小计	29	139,744.50
购建固定资产、无形资产和其他长期资产所支付的现金	30	1,311,056,279.63
投资所支付的现金	31	17,948,973.72
支付的其他与投资活动有关的现金	35	
现金流出小计	36	1,329,005,253.35
投资活动产生的现金流量净额	37	-1,328,865,508.85
三、筹资活动产生的现金流量		
吸收投资所收到的现金	38	2,177,692,176.90
借款所收到的现金	40	1,245,002,000.00
收到的其他与筹资活动有关的现金	43	
现金流入小计	44	3,422,694,176.90
偿还债务所支付的现金	45	798,251,433.94
分配股利、利润或偿付利息所支付的现金	46	243,428,409.06
支付的其他与筹资活动有关的现金	52	193,995.00
现金流出小计	53	1,041,873,838.00
筹资活动产生的现金流量净额	54	2,380,820,338.90
四、汇率变动对现金的影响	55	
五、现金及现金等价物净增加额	56	675,481,162.85
项目	行次	金额
1、将净利润调节为经营性活动的现金流量		
净利润	57	256,658,839.96
加：计提的资产减值准备	58	40,457,815.10
固定资产折旧	59	141,478,570.55
无形资产摊销	60	
长期待摊费用摊销	61	
待摊费用的减少(减：增加)	64	36,615.96
预提费用的增加(减：减少)	65	
处置固定资产、无形资产和其他长期资产的损失(减：收益)	66	4,843,836.96
固定资产报废损失	67	
财务费用	68	61,143,152.19
投资损失(减：收益)	69	
递延税款贷项(减：借项)	70	
存货减少(减：增加)	71	-127,597,566.67
经营性应收项目的减少(减：增加)	72	-826,955,966.67
经营性应付项目的增加(减：减少)	73	73,461,035.42
其他	74	
经营活动产生的现金流量净额	75	-376,473,667.20
2、不涉及现金收支的投资和筹资活动		
债务转为资本	76	
一年内到期的可转换公司债券	77	
融资租入固定资产	78	
3、现金及现金等价物增加情况：		
现金的期末余额	79	736,122,906.98
减：现金的期初余额	80	60,641,744.13
加：现金等价物的期末余额	81	
减：现金等价物的期初余额	82	
现金及现金等价物净增加额	83	675,481,162.85

600011　华能国际电力股份有限公司

2001 年年度报告摘要

一、公司基本情况简介

(一)公司法定中文名称:华能国际电力股份有限公司
公司中文名称缩写:华能国际
公司法定英文名称:HUANENG POWER INTERNATIONAL, INC.
公司英文名称缩写:HPI
(二)公司法定代表人:李小鹏
(三)公司董事会秘书:黄龙
联系地址:北京市西城区复兴门南大街丙 2 号(天银大厦 C 段西区)
电话:010－66491999
传真:010－66491888
电子信箱:huangl@hpi.com.cn
证券事务代表:谷碧泉
联系地址:北京市西城区复兴门南大街丙 2 号(天银大厦 C 段西区)
电话:010－66491851
传真:010－66491860
电子信箱:gbq@hpi.com.cn
(四)公司注册地址:北京市西城区复兴门南大街丙 2 号(天银大厦 C 段西区)
公司办公地址:北京市西城区复兴门南大街丙 2 号(天银大厦 C 段西区)
邮政编码:100031
公司国际互联网网址:http://www.hpi.com.cn
公司电子信箱:ir@hpi.com.cn　zqb@hpi.com.cn
(五)公司选定的信息披露报纸名称:
国内:《中国证券报》、《上海证券报》
香港:《香港文汇报》、《南华早报》
登载年度报告的中国证监会指定网站的网址:
http://www.sse.com.cn
公司年度报告备置地点:
北京市西城区复兴门南大街丙 2 号(天银大厦 C 段西区)
(六)公司股票上市地:
1.上海证券交易所:
股票简称:华能国际　　股票代码:600011
2.香港联合交易所有限公司:
股票代码:902
3.纽约证券交易所:
股票代码:HNP

二、会计数据和业务数据摘要

华能国际电力股份有限公司及其子公司会计数据和业务数据摘要
(一)2001 年度利润总额及其构成

金额单位:人民币元

项　目	
利润总额	4,422,515,755
净利润	3,636,064,244
扣除非经常性损益后的净利润	3,667,944,212
主营业务利润	5,457,432,415
其他业务亏损	(529,020)
营业利润	4,438,289,778
投资收益	19,290,314
营业外收支净额	(35,064,337)
经营活动产生的现金流量净额	7,114,149,193
现金及现金等价物净增加额	184,763,633

注:本公司及其子公司已扣除的非经常性损益项目具体明细如下:

营业外收支净额	(35,064,337)
扣除相关所得税影响	3,184,369
合　计	(31,879,968)

按不同会计准则计算的净利润及其差异:　金额单位:人民币元

	净利润 2001 年	净利润 2000 年
美国会计准则下的净利润	3,337,414,726	2,489,677,613
美国会计准则调整的影响:		
冲回华能国电为本公司职工发生的房改差价	26,152,570	26,152,570
记录与国际会计准则下负商誉差额的影响	87,090,760	-
国际会计准则下的净利润	3,450,658,056	2,515,830,183
国际会计准则调整的影响:		
冲回按电价基础所确定的大修理费用的影响	177,982,374	210,099,277
记录材料和备品备件的计价基础差异	(2,180,035)	(3,446,990)
记录有关本公司发生的房改差价的会计处理差异	(5,271,603)	(78,255,523)
冲回金融负债的会计处理差异	14,875,452	-
中国会计准则下的净利润	3,636,064,244	2,644,226,947

按不同会计准则计算的净资产及其差异:　金额单位:人民币元

	净资产 二零零一年十二月三十一日	净资产 二零零零年十二月三十一日
美国会计准则下的净资产	29,022,777,421	23,269,229,402
美国会计准则调整的影响:		
冲回因收购山东华能而产生的资本投入	(862,922,394)	-
记录与国际会计准则下负商誉差额的影响	87,090,760	-
记录因采用国际会计准则第 39 号对年初未分配利润的调整	(463,920,605)	-
记录可转换债券权益部分	510,506,379	510,506,379
国际会计准则下的净资产	28,293,531,561	23,779,735,781
国际会计准则调整的影响:		
冲回按电价基础所确定的大修理费用的影响	726,808,208	548,825,834
记录材料和备品备件的计价基础差异	20,461,684	22,641,719
记录有关本公司发生的房改差价的会计处理差异	(83,527,126)	(78,255,523)
冲回金融负债的会计处理差异	14,875,452	-
冲回因采用国际会计准则第 39 号对年初未分配利润的调整	463,920,605	-
冲回可转换债券权益部分	(510,506,379)	(510,506,379)
记录于年底以后宣布的股利	(1,800,000,000)	(1,243,000,000)
中国会计准则下的净资产	27,125,564,005	22,519,441,432

(二)截止报告年度末前三年的主要会计数据和财务指标

项　目	2001 年度	2000 年度	1999 年度
主营业务收入(元)	15,816,656,338	12,558,386,117	10,493,406,451
净利润(元)	3,636,064,244	2,644,226,947	2,014,114,442
总资产(元)	47,229,708,718	42,411,333,851	40,608,819,141
股东权益(元)	27,125,564,005	22,519,441,432	21,118,214,485
每股收益(摊薄)元/股)	0.61	0.47	0.36
每股收益(加权)(元/股)	0.64	0.47	0.36
扣除非经常性损益项目后的每股收益(摊薄)(元/股)	0.61	0.49	0.36
每股净资产(摊薄)(元/股)	4.52	3.99	3.74
每股经营活动产生的现金流量净额(摊薄)(元/股)	1.19	1.21	0.83
净资产收益率(摊薄)(%)	13.40	11.74	9.54
调整后的每股净资产(摊薄)(元/股)	4.52	3.98	3.73

(三)利润分配表附表

报告期利润	净资产收益率(%)		每股收益(元/股)	
	全面摊薄	加权平均	全面摊薄	加权平均
主营业务利润	20.12	22.21	0.91	0.96
营业利润	16.36	18.07	0.74	0.78
净利润	13.40	14.80	0.61	0.64
扣除非经常损益后的净利润	13.52	14.93	0.61	0.65

三、股本变动及股东情况

(一)股份变动情况表

数量单位:万股

	本次变动前	本次变动增减(+、-) 配股	送股	公积金转股	增发	其他	小计	本次变动后
一、未上市流通股份								
国有法人股	413,100				10,000		10,000	423,100
法人股	1,900							1,900
战略投资者持股＊					10,000		10,000	10,000
基金配售持股＊					339.5		339.5	339.5
未上市流通股份合计	415,000				20,339.5		20,339.5	435,339.5
二、已上市流通股份								
人民币普通股					14,660.5		14,660.5	14,660.5
境外上市外资股	150,000							150,000
已上市流通股合计	150,000				14,660.5		14,660.5	164,660.5
三、股份总数	565,000				35,000		35,000	600,000

注＊:1、战略投资者持有的股份将于 A 股上市六个月后即 2002 年 6 月 6 日起在上海证券交易所上市流通。

2、基金配售持股 339.5 万股已于 2002 年 3 月 6 日起上市流通。

(二)股票发行与上市情况

1、最近三年股票发行情况:

2001 年 11 月 15 日及 16 日,公司在中国境内发行 3.5 亿股 A 股,其中向社会公众发行 2.5 亿股可流通 A 股,向华能国电定向配售国有法人股 1 亿股。在 2.5 亿股可流通 A 股中,山东省国际信托投资公司、山东电力集团公司("山东电力")和南京市投资公司等三家公司作为战略投资者分别获配售 5000 万股、4000 万股和 1000 万股,这些股份自该次发行股票上市之日起六个月后可以上市流通;47 家证券投资基金共计获配售 339.5 万股,这些股份自该次发行股票上市之日起三个月后即 2002 年 3 月 6 日起已上市流通;向其他社会公众共发行 1.46605 亿股,这些股份自 12 月 6 日起已在上海证券交易所上市。该次发行的价格为 7.95 元/股。

2、2001 年 11 月 15 日至 16 日,公司在中国境内发行 3.5 亿股 A 股,使公司股份总数从 56.5 亿股增加到 60 亿股。发行新股情况和股本结构变动情况,请见前面所述。

3、公司无内部职工股。

(三)股东情况

1、截至 2001 年 12 月 31 日止,公司股东总数为 50484 户。

2、主要股东持股情况

截止 2001 年 12 月 31 日在册的拥有公司股份前十名股东情况:

序号	股东名称	本期内股份变动	年末持股数量	持股比例(%)	所持股份类别	说明
1	华能国际电力开发公司	+172,400,000 股	2,554,840,000 股	42.58	国有法人股	
2	河北省建设投资公司		452,250,00 股	7.54	国有法人股	＊
3	福建国际信托投资公司		334,850,000 股	5.58	国有法人股	＊
4	江苏省国际信托投资公司		312,375,000 股	5.21	国有法人股	＊
5	辽宁能源总公司		229,685,000 股	3.83	国有法人股	＊
6	大连市建设投资公司		226,125,000 股	3.77	国有法人股	＊
7	Newton Investment Management, Ltd.	－90,000 股	83,679,600 股	1.39	外资股	
8	南通市投资管理中心		67,875,000 股	1.13	国有法人股	＊
9	山东省国际信托投资公司	+50,000,000 股	50,000,000 股	0.83	社会公众股	战略投资者,约定持有日期至 2002 年 6 月 5 日
10	汕头市电力开发公司		46,500,000 股	0.78	国有法人股	＊

	该公司将其持有的4,650万股股票质押

注1:根据1994年5月31日华能国电与带＊号的各地方政府投资公司或其前身签署的《华能国际电力股份有限公司发起人股东协议》,这些地方政府投资公司将其在本公司的股票投票权授予华能国电。因此,这些股东成为与华能国电存在关联关系的股东。

注2:根据1995年12月31日汕头市电力开发公司与中国建设银行汕头市分行签定的贷款抵押协议,汕头市电力开发公司将其持有的4,650万股本公司股票作为向中国建设银行汕头市分行借入人民币2,000万元的质押物,借款期限一年(从1995年12月31日至1996年12月30日止),后多次办理延期归还手续;1999年12月20日中国建设银行汕头市分行将该项合同项下全部权利转让给中国信达资产管理公司,目前汕头市电力开发公司持有的公司股票仍在质押期内。除汕头市电力开发公司外,目前其他境内法人股东持有本公司股份未出现有质押、担保情况。

3、公司控股股东情况:

公司的控股股东为华能国际电力开发公司,持有公司42.58%的股份,法定代表人:李小鹏,主要业务为在全国范围内开发、建设和经营电厂,注册资本为4.5亿美元,其成立于1985年6月,是经国务院批准,由华能精煤公司、香港中银集团投资有限公司、香港华润(集团)有限公司、中国建设银行和中国水利电力对外公司共同出资组建的中外合资有限责任公司。其目前的股权结构如下:

股东单位	中国华能集团公司	国华能源公司	中银集团投资有限公司	华润集团	信达信托投资公司	中国水利水电对外公司
股权比例(%)	51.98	15.77	15.0	10	5.8	1.45

华能国电的控股股东为中国华能集团公司,持有华能国电51.98%的股份,法定代表人:李小鹏;华能集团公司是在执行国家以煤代油的产业政策的基础上,依托国家以煤代油专业基金发展起来的。1988年国务院批准正式成立华能集团公司,目前为国家电力公司的全资子公司。主要经营范围:从事电力投资为主,以及原材料、交通、金融、贸易、科技、资源综合利用、房地产、通信等产业的开发,注册资本为19亿元人民币。

国家电力公司成立于1997年,是国务院出资设立的国有独资公司,法定代表人高严,注册资本人民币1600亿元.主要经营范围为:国有资产经营;电力项目投资;电力工程设计、施工;电力、热力生产和电网经营。

四、董事、监事、高级管理人员情况

(一)公司董事、监事、高级管理人员基本情况

姓名	性别	年龄	职务	任期	年初持股数(股)	本年度增减(股)	年末持股数(股)
李小鹏	男	42	董事长	2000.6–2003.6	0	0	0
王晓松	男	55	副董事长	2000.6–2003.6	0	0	0
叶大戟	男	56	董事,总经理	2000.6–2003.6	0	0	0
陈宝良	男	47	董事,副总经理	2000.6–2003.6	0	0	0
黄　龙	男	48	董事,副总经理,董事会秘书	2000.6–2003.6	0	0	0
胡建民＊	男	47	董事,副总经理	2001.5–2003.6	0	0	0
吴大卫＊	男	48	副总经理,董事侯选人		0	0	0
刘国跃＊	男	38	副总经理,董事侯选人		0	0	0
汪德方	男	77	董事	2000.6–2003.6	0	0	0
冯大为＊	男	51	董事		0	0	0
李忠恕＊	女	63	董事		0	0	0
鲍乾元＊	男	61	董事		0	0	0
单群英	男	48	董事	2000.6–2003.6	0	0	0
杨盛明	男	58	董事	2000.6–2003.6	0	0	0
徐祖坚	男	47	董事	2000.6–2003.6	0	0	0
刘树元＊	男	51	董事	2001.5–2003.6	0	0	0
柏长年	男	51	董事	2000.6–2003.6	0	0	0
沈卫兵＊	男	34	董事侯选人		0	0	0
沈宗敏＊	男	47	董事侯选人		0	0	0
缪　凯＊	男	39	董事		0	0	0
林建新＊	男	46	董事		0	0	0
高宗泽	男	62	独立董事	2000.6–2003.6	0	0	0
郑健超	男	62	独立董事	2000.6–2003.6	0	0	0
钱忠伟＊	男	63	独立董事侯选人		0	0	0
鞠章华	男	52	监事会主席	2000.6–2003.6	0	0	0
潘建民	男	46	监事	2000.6–2003.6	0	0	0
赵喜生	男	58	监事	2000.6–2003.6	0	0	0
黄　坚	男	39	副总会计师	2000.8–2003.6	0	0	0

注:＊胡建民、刘树元2001年5月23日召开公司股东周年大会批准通过为公司董事。

＊冯大为、李忠恕、鲍乾元、林建新2000年6月选举为董事,2001年9月19日董事会会议决议同意其辞去董事职务,有待股东大会批准。

＊吴大卫、刘国跃、沈宗敏为公司董事侯选人,2001年9月19日董事会会议决议通过,有待股东大会批准。

＊钱忠伟为独立董事侯选人,2001年12月5日董事会会议决议通过,有待股东大会批准。

＊沈卫兵为公司董事侯选人,2002年3月12日董事会会议决议通过,有待股东大会批准。

＊缪凯2000年6月选举为董事,2002年3月12日董事会会议决议同意其辞去董事职务,有待股东大会批准。

(二)在股东单位任职的董事、监事情况:

姓名	任职单位	职务
李小鹏	华能国际电力开发公司	董事长、总经理
王晓松	华能国际电力开发公司	董事、副总经理
单群英	河北省建设投资公司	副总经理
杨盛明	福建国际信托投资公司	副总裁
徐祖坚	江苏省国际信托投资公司	副总经理
刘树元	辽宁能源总公司	总经理
柏长年	大连市建设投资公司	总经理
沈卫兵	南通市投资管理中心	主任
沈宗敏	汕头市电力开发公司	总经理
鞠章华	华能国际电力开发公司	董事会秘书
潘建民	华能国际电力开发公司	财务部经理

(三)年度报酬情况

1、公司目前尚未实行高级管理人员年薪制。

2、报酬确定依据是根据本公司的工资、奖金管理规定。

3、现任董事、监事和高级管理人员的年度报酬总额(包括基本工资、各项奖金、福利、补贴、住房津贴及其他津贴等)约为254万元。年内支付予各董事及监事(包括前三位高级雇员)的年酬金均在人民币零元至100万元范围以内。

4、金额最高的前三名董事的报酬总额83万元。

5、金额最高的前三名高级管理人员的报酬总额76万元。

6、独立董事未在公司领取津贴或享受其它待遇。

7、公司现任董事、监事、高级管理人员共25人,在公司领取报酬的15人,在每个报酬区间的人数如下:

	10至15万	15至20万	20至25万	25至30万
董事			6	4
监事		1	1	
高级管理人员		1	2	

8、不在本公司领取报酬、津贴的董事有高宗泽、郑健超、单群英、杨盛明、徐祖坚、刘树元、柏长年、缪凯、林建新,他们在其所在单位领取报酬;不在本公司领取报酬、津贴的监事有潘建民监事,他在中国华能集团公司领取报酬。

(四)在报告期内离任的董事、监事、高级管理人员:

姓名	原职务	任期	离职原因
刘　铭	董事	2000.6.6–2001.2.15	工作调动(已经2001年5月23日股东大会通过)
冯大为	董事,副总经理	2000.6.6–2001.9.19	工作调动
李忠恕	董事	2000.6.6–2001.9.19	工作调动
鲍乾元	董事	2000.6.6–2001.9.19	工作调动
林建新	董事	2000.6.6–2001.9.19	工作调动

董事离任目前尚待股东大会批准。

(五)聘任或解聘公司经理、副经理、财务负责人、董事会秘书等高级管理人员的情况:

2001年2月15日公司董事会聘任胡建民先生为公司副总经理,2001年5月23日经股东大会批准为公司董事。之前,胡建民先生为山东电力总工程师。

2001年9月19日公司董事会聘任吴大卫、刘国跃先生为公司副总经理。之前,吴大卫先生为华能上海分公司副经理、上海石洞口第二电厂厂长,刘国跃先生为华能德州电厂厂长。

五、公司治理结构

(一)公司治理结构现状

公司自成立以来一直致力于完善公司治理结构,按照《公司法》、《证券法》等法规要求,不断完善法人治理结构,规范公司运作,其主要表现在:

1、股东与股东大会。公司能够确保所有股东,特别是中小股东享有平等地位。公司对法律、行政法规所规定的重大事项在纽约、香港和中国大陆三地证券监管部门指定的报纸及网站上及时、准确、完整地披露信息,以保证广大股东的知情权和参与决策权;公司严格按照股东大会规范的要求,召集、召开股东大会。在会场的选择上,尽可能地让更多的股东能够参加股东大会,行使股东的表决权;公司关联交易公平、合理,并对定价的依据予以充分的披露。

2、控股股东与上市公司。控股股东严格按照法律规定行使出资人的权利,没有利用其特殊地位谋求额外利益,没有超越股东大会、直接或间接干预公司决策或经营活动;公司与控股股东在人员、财务、机构、业务和资产等五方面作到"五分开",各自独立核算,独立承担责任和风险;公司董事、监事的选举及高级管理人员的聘任及解聘均严格遵守法律、行政法规、公司章程规定的程序。

3、董事与董事会。公司严格按照公司章程规定的董事选举程序选举董事,并将进一步完善董事选聘程序,积极推行累计投票制度。公司董事会的人数和人员构成符合法律、法规的要求,公司各位董事能够以认真负责的态度出席董事会和股东大会,能够积极参加有关培训,熟悉有关法律、法规,了解作为董事的权利、义务和责任;公司独立董事能够按照相关的法律、法规、公司章程的要求,认真履行职责,维护公司整体利益,尤其关注中小股东的合法权益不受损害;公司正在积极建立健全独立董事制度,公司现有独立董事两名,2001年12月5日钱忠伟先生又被董事会提名为独立董事候选人,待股东大会批准。除此之外,并继续物色符合条件的独立董事人选;公司董事会设有财务、技术、管理三个专门委员会,各专门委员会对董事会负责,其成员全部由董事组成;董事会今后将根据股东大会的有关决议,设立其他必要的专门委员会。

4、监事与监事会。公司监事会成员具有法律、财务、会计等方面的知识,能够认真履行自己的职责,能够本着对股东负责的精神,对公司财务以及公司董事、公司经理和其他高级管理人员履行职责的合法、合规性进行监督。

5、绩效评价与激励约束机制。公司正积极着手建立公正、透明的董事、监事和经理人员的绩效评价标准与激励约束机制。经理人员的聘任公开、透明,符合法律、法规的规定。

6、利益相关者。公司充分尊重和维护银行及其他债权人、职工、消费者等其他利益相关者的合法权益,共同推动公司持续健康的发展,同时公司特别关注所在社区的环境保护、公益事业等,重视公司的社会责任。

7、信息披露与透明度。公司指定董事会秘书负责信息披露工作,接待股东的来访和咨询。公司严格按照法律法规和公司章程规定的信息披露的内容和格式要求,真实、准确、完整地披露可能对广大投资者的决策产生实质性影响的信息。

对照中国证监会发布的《上市公司治理准则》,本公司将进一步完善公司治理结构,提高公司治理水平,确保所有股东,特别是中小股东享有平等的地位。

(二)独立董事履行职责情况

公司现有高宗泽和郑健超两名独立董事。两名独立董事亲自或委托出席了本公司董事会2001年全部会议,对会议的议案能从独立客观的立场进行判断并发表独立意见。在2001年度中的董事候选人提名、高级管理人员的聘任等议案中发表了独立意见。在报告期内,两位独立董事能够按照国家有关法律法规和公司章程的要求,认真履行职责,维护公司整体利益,尤其关注中小股东的合法权益不受损害,尽诚信、勤勉之义务。

六、股东大会情况简介

报告期内,公司召开了一次临时股东大会和一次年度股东大会。

(一)2001年2月15日,由公司董事会召集,在北京市西城区复兴门南大街丙二号公司五楼大会议室召开2001年第一次临时股东大会。公司于会前45天向境内外的股东发出书面的会议通知。出席会议的股东及股东代表共有6名,代表公司股份52.25亿股,占公司总股本56.50亿股的92.48%,符合公司法和公司章程的有关规定。会议审议并通过如下决议:

1、关于公司增发3.5亿股(A股)股票的议案。

2、关于本次增发A股募集资金投向的议案。

3、关于授权董事会全权办理本次增发A股相关事宜的议案。

(以上三项议案为特别决议)

4、关于公司本次增发A股决议有效期的议案。

5、关于公司未分配利润处置方案的议案。

6、关于公司前次募集资金使用情况的说明及审计师出具的关于前次募集资金使用情况的专项审核报告。

(以上三项议案为普通决议)

上述股东大会决议公告刊登在2001年2月16日《香港经济日报》和《南华早报》上。

(二)2001年5月23日,由公司董事会召集,在北京市西城区复兴门南大街丙二号公司五楼大会议室召开了2000年度股东大会。公司于会前45天向境内外的股东发出书面的会议通知。出席 会议的股东及股东代表共有9名,代表公司股份52.44亿股,占公司总股本56.50亿股的92.81%,符合公司法和公司章程的有关规定。会议审议并通过如下普通决议:

1、公司董事会2000年度工作报告。

2、公司监事会2000年度工作报告。

3、公司2000年度财务审计报告。

4、公司2000年度利润分配方案。

5、公司2001年度续聘审计师(核数师)议案。

6、公司董事会关于增补和更换董事的议案。

同意刘铭先生辞去董事职务。选举胡建民先生和刘树元先生为公司董事。上述股东大会决议公告刊登在2001年5月24日《香港经济日报》和《南华早报》上。

本公司A股股票于2001年12月6日在上海证券交易所上市。上市后,按照《上海证券交易所股票上市规则》的有关规定,公司将同时在《中国证券报》和《上海证券报》发布公告、披露信息。

七、董事会报告

(一)报告期内的经营情况、经营成果、财务状况和投资情况

公司的经营范围是:投资、建设管理电厂;开发、投资、经营以出口为主的其他相关企业。本公司的主营业务是利用现代化设备和技术及国内外资金,在全国范围内从事大型火力发电厂的开发、建设和运营,通过电厂所在地电力公司向用户提供可靠与可接受的电力供应。

自 2001 年 1 月 1 日起,原山东华能拥有的德州电厂(100%股权)、山东济宁发电厂("济宁电厂")(75%控股股权)、山东华能威海发电厂("威海电厂")(60%控股股权)、山东日照发电有限公司("日照公司")(25.5%参股股权)并入本公司。德州电厂业绩全部计入本公司;济宁电厂和威海电厂作为本公司的控股子公司合并其报表;日照公司的经营业绩则按权益法计入投资損益。购并山东华能使本公司的装机容量由 8,700 兆瓦增加至 10,813.5 兆瓦,强化了业务的地域分布优势,扩大了在电力市场中的份额,公司装机容量占全国总装机容量的 3.2%,使本公司的竞争地位得到进一步的巩固。

2001 年,本公司及其控股子公司售电量比上年增长了 28.81%,达到 541.053 亿千瓦时(若按投资比例核算济宁电厂、威海电厂和日照公司的发电量,则总发电量为 558.6 亿千瓦时,比上年增长 26.5%)。相应地,主营业务收入、主营业务利润和净利润均比上年同期有较大幅度增长。

公司需要采购的主要是燃煤。2001 年公司向前五名煤炭供应商合计的采购金额占年度采购金额的 24%;公司主营业务收入为售电收入,公司生产的电力全部销售给电厂所在地的电力公司,2001 年前五名客户销售额合计占公司销售总额的比例为 80%。

1、主营业务收入

2001 年本公司及其控股子公司合并主营业务收入为 158.17 亿元,比上年的 125.58 亿元增长了 25.94%。

主营业务收入大幅度增长主要是成功并购山东华能以后经营规模扩大的结果。

2、主营业务成本

2001 年合并主营业务成本总额为 103.339 亿元,较上年的 80.672 亿元增长了 28.10%。由于本公司坚持严格控制成本开支的一贯做法,因此成本总额的增长低于售电量的增长。

3、主营业务利润

2001 年合并主营业务利润总额为 54.574 亿元,较上年的 44.860 亿元增长了 21.65%。但受平均结算电价下降的影响,售电单位毛利比上年下降了 5.55%。

4、净利润

2001 年合并净利润为 36.361 亿元,比 2000 年的 26.442 亿元增长了 37.51%。

这主要是由于:成功并购山东华能为本公司带来了新的利润增长点,收购产生的负商誉的摊销,以及财务费用净值的减少使得净利润的增长幅度超过了售电量和销售净收入的增长。

5、借款和还本付息情况

本公司及其控股子公司 2001 年 1 月 1 日长期借款余额(含年内到期部分,但不含可转换债券)为 11,551,657,676 元,年度内新增借款 3,970,388,337 元,偿还借款 3,017,437,948 元,支付利息 803,050,670 元。截至 2001 年 12 月 31 日,长期借款余额为 12,504,608,065 元。

截至 2001 年 12 月 31 日,本公司可转换债券本息余额 2,405,667,641 元。

6、现金流量分析

本公司及其子公司截至2001年12月31日止的会计年度内经营活动产生的现金净流量为 7,114,149,193 元,其中,销售商品、提供劳务收到的现金为 18,468,527,029 元,购买商品、接受劳务支付的现金为 6,003,033,383 元,支付给职工以及为职工支付的现金为 996,863,875 元,支付的各项税费款为 2,969,669,918 元。

投资活动产生的现金流量净额为 - 4,956,738,515 元,其中,收回短期投资所收到的现金为 439,896,269 元,原山东华能沉淀资金流入 2,635,695,151 元,购建固定资产、无形资产和其他长期资产支付现金 3,261,413,276 元,定期存款 4,665,290,162 元。

筹资活动现金净流量为 - 1,972,647,045 元,其中发行 350,000,000 股 A 股收到现金 2,770,058,329 元,借款收到现金 2,744,100,602 元,偿还债务支付现金 5,417,437,947 元,支付利息 803,050,670 元,分配股利 1,266,317,359 元。

2001 年度,本公司及其子公司现金及现金等价物净增加 184,763,633 元。

7、募股资金使用情况

2001 年度公司增发 350,000,000 股新股,其中向社会公开发行 250,000,000 股,向华能国电定向配售 100,000,000 股,募股收入(含承销佣金)为 2,782,500,000 元,网上网下申购资金冻结期利息收入 26,591,839.01 元,上市发行费用共计 39,033,510.55 元。

截至 2001 年 12 月 31 日止,募股资金用于支付南京电厂收购未付款项 141,640,843 元,用于偿还长期负债 1,463,369,000 元,节余 1,165,048,485 元将用于偿还 2002 年到期借款。

附表:募集资金使用情况表

	计划	实际
增发股数	350,000 千股	350,000 千股
募集资金净额	约 2,498,010 千元	2,770,058 千元
募集资金用途	偿还债务	偿还债务
1、2001 年投入	1,605,010 千元	1,605,010 千元
2、2002 年投入	893,000 千元	———

注:节余资金 1,165,048 千元将用于偿还 2002 年到期借款

8、公司控股、参股电厂经营情况及业绩

(1)济宁电厂

注册资金 383,010,000 元,主营发电业务,截至 2001 年 12 月 31 日,济宁电厂总资产 523,516,135 元,净资产 418,192,735 元。2001 年度实现主营业务收入 404,042,568 元,实现净利润 39,042,766 元。

(2)威海电厂

注册资金761,832,800元,主营发电业务,截至2001年12月31日,威海电厂总资产 2,703,007,168 元,净资产 916,857,326 元。2001 年度实现主营业务收入 1,364,942,294 元,实现净利润 153,676,291 元。

(3)日照公司

注册资金 150,000,000 美元,主营发电业务,截至 2001 年 12 月 31 日,日照公司总资产 5,057,743,200 元,净资产 931,170,390 元。2001 年度实现主营业务收入 1,245,908,246 元,净亏损 15,825,657 元。

9、重大投资及收购兼并情况

山东华能自 2001 年 1 月 1 日起并入本公司。此次购并交易以收购法进行会计核算。收购的可独立辨认的资产和负债于 2001 年 1 月 1 日以公允价值入帐。按本公司估计,山东华能的可独立辨认的资产和负债于当日的公允价值为 82.72 亿元。本公司的估计是根据目前对山东华能所掌握的情况,考虑了其各项资产及负债项目的可回收或可实现价值而作出。因采用收购法进行会计核算,所引起的负商誉约为 24.73 亿元。此等负商誉以直线法自 2001 年 1 月 1 日起在十年内摊销。

公司承续建设原山东华能德州电厂三期 2×660 兆瓦机组扩建工程,目前工程进展顺利,预计可按计划进度投产发电。

10、信用评级

1998 年 - 2000 年,公司连续三年被国际权威评级机构评定为债券 BBB 级,与中国国家主权级相同。

11、财务状况

吸收合并山东华能以及增发 3.5 亿股 A 股,进一步改善了公司财务状况。截至 2001 年 12 月 31 日,公司及其子公司总资产为 47,229,708,718 元,长期负债为 9,575,761,625 元,少数股东权益为 486,260,812 元,股东权益为 27,125,564,005 元。

(二)新年度的经营计划

1、确保电厂安全、稳定生产和年度计划发电量的完成;

2、确保德州三期工程第一台机组 2002 年投产发电;

3、加强燃料管理,最大限度地控制燃料采购价格,并继续在各方面控制和节约成本;

4、加强对电力市场和竞价上网的分析、研究和预测,强化市场营销,增强竞争能力;

5、做好资产运作的准备工作,抓住时机,扩大公司规模、增强公司实力;

6、进一步完善公司治理结构,加强现代化管理,建立充满活力的人才激励机制;

7、积极推进规划项目的前期工作,需求新的发展机会。

对于公司未来的发展,公司充满信心。本着"开发和收购并重,新建和扩建并重,煤电和其它可行能源并重,国内和国外资金并重"的原则,公司将继续致力于提高经营效益,增加股东利益,维持公司的长期稳定发展。

(三)本次利润分配预案

经本公司聘请的审计师 - 安达信·华强会计师事务所的审计,截至 2001 年 12 月 31 日的会计年度,公司的税后利润按照中国会计制度计算为 36.36 亿元人民币、按国际会计准则计算为 34.51 亿元人民币、按美国会计制度计算为 33.37 亿元人民币。三种会计制度下的加权平均每股盈利分别为 0.64 元、0.61 元和 0.59 元。

公司建议从 2001 年度按照中国会计制度计算的税后利润 36.36 亿元人民币,提取 10%的法定盈余公积金和 7.5%的法定公益金共计 6.36 亿元、不计提任意盈余公积金。

根据公司章程规定,股利应按三个会计制度下最小的净利润数为基础进行分配。可供股东分配利润为 27.01 亿元人民币。经公司第三届董事会第十五次会议审议决定,2001 年度利润分配预案为:按 2001 年 12 月 31 日总股本 60 亿股为基数,向全体股东每 10 股派发现金红利 3.00 元人民币(含税),预计支付现金红利总计 18 亿元人民币,未分配利润余额 9.01 亿元人民币结转以后年度分配。本年度不进行资本公积金转增股本。

此项预案须经股东年会审议通过之后方可实施。

预计 2002 年度利润分配政策:

1、公司 2002 年度利润拟分配一次;

2、2002 年度实现净利润的 50%左右用于分红;

3、截止 2001 年末的未分配利润暂不分配;

4、股利分配采取派发现金或送红股的形式进行,具体分配方案公司董事会届时将拟定预案由下一年度股东大会决定。

八、监事会报告

(一)监事会 2001 年的工作情况

在报告期内,监事会共召开了两次会议。时间、地点、出席情况、会议内容如下:

1、2001 年 3 月 14 日,第三届监事会第二次会议在北京召开。监事会全体成员三人出席。会议讨论并通过议案:《公司监事会 2000 年度工作报告》、《公司 2000 年度报告》及其摘要。

2、2001 年 5 月 23 日,第三届监事会第三次会议在北京召开。监事会全体成员三人出席。会议讨论并通过议案:试行《公司监事手册》。

3、在本报告期内,监事会全体成员列席了公司董事会的八次会议;出席了 2000 年度股东大会和 2001 年的临时股东大会。

在上述会议中,监事会全体成员对于公司依法运作的情况进行了认真的评议和监督。

(二)监事会对公司 2001 年度有关事项发表独立意见

1、关于公司依法运作的情况

监事会根据国家有关的法律和法规,对于公司股东大会和董事会会议的召开程序、决议事项、董事会对股东大会决议的执行情况、公司高级管理人员履行职责的情况、公司内部管理制度等情况进行了认真的监督。监事会认为:董事会能够严格按照公司法、证券法、公司章程及有关法规和制度进行规范化运作。工作认真负责、决策科学合理。公司的各项管理制度是行之有效的,公司的各项经营活动是合法的。监事会在检查公司财务情况、监督公司董事及高级管理人员履行职责的情况时,未发现任何违纪违规的行为,亦未发现任何损害股东权益的问题。

2、检查公司财务状况

监事会认真审核了公司董事会准备提交公司股东大会审议的公司 2001 年度财务决算报告、公司 2001 年度利润分配方案、经过境内外审计师的审计并出具了无保留意见的 2001 年度财务审计报告等有关材料。监事会认为:公司 2001 年度的财务决算报告真实可靠,客观地反映了公司的财务状况和经营成果。监事会同意安达信·华强会计师事务所作为审计师出具的公司财务审计报告,同意公司 2001 年度利润分配方案。

3、关于公司募集资金的使用情况

公司最近一次募集资金是 2001 年 11 月发行 A 股股票,共募集资金 27.825 亿元。截至 2001 年12月31日止,募股资金用于支付南京电厂收购未付款项141,640,843元,用于偿还长期负债 1,463,369,000 元,节余 1,165,048,485 元将用于偿还 2002 年到期借款。监事会认为:公司最近一次募集资金的实际投入项目与公司在招股书中承诺的投入项目一致。

4、关于公司收购或出售资产的交易情况

在本报告期内,公司没有进行收购或出售资产的交易,亦无发现任何内幕交易。没有发现损害部分股东权益或造成公司资产流失的情况。

5、关于关联交易的公平情况

公司的关联交易公平合理,没有发现损害公司利益的情况。

6、关于股东大会决议的执行情况

在本报告期内,监事会全体成员列席了公司董事会的八次会议,出席了两次股东大会。对于董事会提交股东大会审议的各项报告和议案内容,本监事会并无异议。对于股东大会决议的执行情况,监事会进行了认真的监督。监事会认为:董事会能够认真履行股东大会的各项决议。

在新的年度工作中,监事会将不辜负全体股东的重托,一如既往地以维护股东和公司的利益为出发点,严格按照公司法和公司章程的有关规定办事。依法履行监事会的监督职能,遵照诚信原则,加强监督力度,继续努力工作。

九、重要事项

(一)本年度公司无重大诉讼、仲裁事项。

(二)报告期内公司无收购及出售资产、吸收合并事项。

(三)报告期内发生的重大关联交易事项

(1)根据服务协议,华能国电将其拥有的联网与输变电设施提供给本公司的部分电厂使用并收取服务费。该服务费就制定电价而言为可回收成本。上安电厂、福州电厂及汕头燃机电厂支付的服务费根据华能国电发生的各项输电成本加上其拥有的输电设备平均账面净值 10%的利润而计算。汕头电厂、上安电厂二期和上海电厂每年支付相当于华能国电输变电设施账面原值 12%的固定服务费。2001 年度本公司付与华能国电的服务费总额约为 3.07 亿元(2000 年约为 3.11 亿元)。

(2)由于重组,依照中国法律,本公司应就获得的土地使用权缴纳土地使用费,无论五家原有营运电厂以前是否获得该土地使用权。因此,华能国电支付了总额约为 1.48 亿元以获得对五家原有营运电厂现有占地在此后五十年内的土地使用权,并将该等使用权以同一价格转让给本公司。购买土地使用权的款项从 1994 年起在十年内分期等额支付给华能国电,不计利息。此土地使用权作为无形资产反映于资产负债表中,在土地使用期限五十年内摊销。

(3)根据本公司与华能国电订立的租赁协议,华能国电同意将上海电厂的土地使用权租予本公司,为期五十年,每年租金为 600 万元。2001 年度,本公司已向华能国电支付了租金 600 万元(2000 年为 600 万元)。

(4)根据本公司与华能国电及南京投资订立的租赁协议,华能国电及南京投资同意将南京电厂的土地使用权租予本公司,为期五十年,每年租金为 133.4 万元。

(5)于 2001 年 12 月 31 日,本公司有约为 0.64 亿元的活期存款和约为 36.89 亿元的定期存款(2000 年约为 1.66 亿元和约为 1 亿元)存放于中国华能财务公司("华能财务")。存放于华能财务的活期存款及定期存款的利率与市场同类存款的利率并无重大差异。

(6)根据本公司与华能国电于 2000 年 2 月 13 日签订的租赁协议,华能国电把新办公楼租赁予本公司,为期五年,并从 2000 年 1 月 1 日开始生效。每年租金为 2,500 万元。

(7)于 2001 年 12 月 31 日,华能国电转贷予本公司的银行借款为约人民币 7.93 亿元,威海国际信托投资公司("威海国投")借予本公司之子公司的借款为约人民币 2.16 亿元。

(8)于 2001 年 12 月 31 日,华能财务借予本公司及其子公司短期借款 4,000 万元。该借款的利率与市场同类借款的平均利率并无重大差异。

(9)应收、应付关联公司款项的余额如下:

	二零零一年十二月三十一日		二零零零年十二月三十一日	
	本公司及其子公司		本公司	
	金额	占该款项余额的百分比	金额	占该款项余额的百分比

应收账款:				
应收山东电力	241,982,300	19.28%	–	–
其他应收款				
应收华能财务存款利息	3,523,282	2.56%	420,000	0.01%
应付账款:				
应付山东电力	3,224,716	0.88%	–	–
其他应付款:				
应付华能国电	36,584,373	2.67%	130,158,102	6.96%

应收山东电力的售电收入款将于一年内收回。应付华能国电和山东电力的金额无抵押、不计息并应于一年内还清。

(10)于2001年12月31日,本公司及其子公司有约88.68亿元、16.66亿元、3亿元的借款分别由华能国电、华能集团及威海国投提供担保。

(11)于2001年12月31日,本公司及其子公司约有552万元的活期存款存放于山东电力下属的融资结算中心。该活期存款的利率与市场同类存款的利率并无重大差异。

(12)根据本公司与山东华能签订的并购协议,两家公司同意合并。本公司自2001年1月1日起取得了山东华能的净资产及经营控制权。山东华能的原有股东(华能集团、山东省国际信托投资公司、山东电力及境外上市外资公众股东)获得每普通内资股人民币1.34元及每普通股N股0.1618美元的合并代价。合并代价的总金额为57.68亿元。

(13)本公司及其子公司向关联公司销售电力情况如下:

	二零零一年度	
	金额	比例
与山东电力交易:		
售电收入	3,654,725,876	23.11%

2000年度,本公司并无收入来自关联公司。

(14)根据原山东华能与中国华能国际经济贸易公司("华能国际经贸公司")签定的进口设备委托代理协议,本公司需向华能国际经贸公司支付进口设备代理费,代理费为有关进口设备合同总金额的0.5%。

于2001年度,本公司华能国际经贸公司支付的设备运输及保险代理费为385.6万美元(2000年度:零)

(四)重大合同及其履行情况:

1、重大担保

(1)经双方股东大会同意及政府部门批准,华能国际电力股份有限公司于2001年与山东华能发电股份有限公司合并,并承继其对日照公司长期银行借款的连带责任保证担保。于2001年12月31日,该担保合同尚未履行完毕,担保总金额为人民币39,925万元。担保期与长期银行借款还款时间一致,即自2003年至2012年。目前,日照公司未有迹象表明本公司及其子公司有可能承担连带清偿责任。

于2001年,本公司除承继日照公司的长期银行借款担保外,还承继对其子公司威海电厂(在与山东华能合并后成为本公司的子公司)的银行借款的连带责任保证。于2001年12月31日,本公司对其子公司威海电厂的长期银行担保金额约为人民币31,021万元,短期银行借款担保金额为人民币4,000万元,担保合同尚未履行完毕。担保期与银行借款还款时间一致,即自2004年至2007年。目前,威海电厂亦未有迹象表明本公司有可能承担连带清偿责任。

2、其他重大合同及其履行情况

为济宁电厂扩建工程,华能国际电力股份有限公司于2001年10月22日同东方汽轮机厂签定了汽轮机采购合同,合同总价4498万元;同上海锅炉厂签定了锅炉采购合同,合同总价11436万元;同上海汽轮发电机厂签定了发电机采购合同,合同总价3006万元。以上三笔合同的预付款均于2002年第一季度付出。

(五)公司或持股5%以上股东对公开披露承诺事项的履行情况

报告期内公司或持股5%以上股东没有在指定报纸和网站上披露承诺事项。

(六)聘任会计师事务所情况:

公司作为一家在美国、香港以及上海三地上市的股份公司,根据中国政府以及美国、香港证券业务主管机构的有关规定,每年必须聘请一家在境内和境外均获认可资格的、独立的会计师事务所,对本公司会计报表进行审计,并出具审计报告。

安达信公司是国际知名的五大会计公司之一。从1994年公司成立起,公司一直聘用安达信公司为公司提供审计服务。在多年的合作中,我们认为安达信公司的审计工作效率较高且认真负责,收取费用也较合理。

鉴于安达信公司对公司的经营运作已十分了解,双方有较好的沟通和合作的基础,经公司研究,聘任安达信·华强会计师事务所为本公司2001年度在中国境内的审计师;聘任安达信公司为本公司2001年度在中国境外的审计师。2001年及2000年支付给安达信公司的报酬见下表。

单位:万元

项　目	2001年	2000年
年度财务报告审计、 中期财务报告审阅及A股上市财务报告审计:	1266	988
财务人员培训:	49	

安达信·华强会计师事务所在审计等业务中所发生的食宿费、差旅费等,由其自行承担。

(七)我国加入WTO对公司的影响

加入WTO后,随着经济的发展,电力工业必将发展;随着外国电力企业参与竞争,将促进我国电力企业加强管理、提高水平;随着中外电力企业合作机会的增加,使国有电力企业能更多地学习、借鉴外国企业的先进经验。但是,随着国外电力企业的进入,竞争将更加激烈,我国电力企业在资产规模、管理水平、竞争能力方面与它们还存在差距。与其他电力企业一样,加入WTO也将会给公司带来新的机遇和挑战。

(八)本期无其他重大事项。

十、财务报告

审 计 报 告

致:华能国际电力股份有限公司全体股东

安达信·华强会计师事务所(以下简称"我们")接受委托,审计了华能国际电力股份有限公司(以下简称"贵公司")及其子公司(以下与贵公司合称"贵公司及其子公司")于二零零一年十二月三十一日的合并资产负债表和二零零一年度的合并利润及利润分配表和合并现金流量表,以及贵公司于二零零一年十二月三十一日的资产负债表和二零零一年度的利润及利润分配表和现金流量表。编制会计报表是贵公司及其子公司管理阶层的责任,我们的责任是依据我们的审计对上述会计报表发表审计意见。我们的审计是根据《中国注册会计师独立审计准则》进行的。在审计过程中,我们结合贵公司及其子公司的实际情况,实施了包括抽查会计记录等我们认为必要的审计程序。

我们认为,上述会计报表符合《企业会计准则》和《企业会计制度》的有关规定,在所有重大方面公允地反映了贵公司及其子公司于二零零一年十二月三十一日的合并财务状况、二零零一年度的合并经营成果和合并现金流量情况,以及贵公司于二零零一年十二月三十一日的财务状况、二零零一年度的经营成果和现金流量情况,会计处理方法的选用遵循了一贯性原则。

安达信·华强会计师事务所　　**中国注册会计师**
李燕玉
中国注册会计师
中国·北京　　**王斌红**
二零零二年三月十二日

(二)主要会计政策、会计估计和合并会计报表的编制方法

1、会计制度

本公司及其子公司的会计报表是按照中华人民共和国《企业会计准则》和《企业会计制度》等有关法规、制度和规定(以下简称"中国会计准则")而编制的。

2、会计年度

采用公历制,自公历一月一日起至十二月三十一日止。

3、记账本位币

以人民币为记账本位币。

4、记账基础和计价原则

以权责发生制为记账基础。各项资产均按取得、购建时的实际成本计价。

5、合并会计报表的编制方法

本公司将投资持有50%以上权益性资本的公司纳入合并会计报表范围。合并会计报表系按《合并会计报表暂行规定》采用下列方法编制:

(1)母、子公司因采用不同会计制度而产生的差异予以调整;

(2)母、子公司及子公司之间重大内部交易调整冲销;

(3)投资权益、相互往来及其未实现利润全部冲销。

自2001年1月1日起,威海电厂、济宁电厂的会计报表纳入公司合并范围。

(三)关联方关系及其交易

1、关联方的基本资料及与本公司的关系

关联方关系主要是指:

(1)直接或间接地控制其他企业或受其他企业控制,以及同受某一企业控制的两个或多个企业;

(2)合营企业;

(3)联营企业;

(4)主要投资者个人、关键管理人员或与其关系密切的家庭成员;

(5)受主要投资者个人、关键管理人员或与其关系密切的家庭成员直接控制的其他企业。

与本公司存在控制关系的关联公司为华能国际电力开发公司("华能国电")。

不存在控制关系但有交易往来的关联公司名称及与本公司的关系:

公司名称	与本公司关系
中国华能集团公司("华能集团")	华能国电之主要股东
中国华能财务公司("华能财务")	华能集团之子公司
山东电力集团公司("山东电力")	济宁电厂的投资方
威海国际信托投资公司("威海国投")	威海电厂的投资方
中国华能国际经济贸易公司("华能国际经贸公司")	华能集团之子公司

2、关联方交易

(a)根据服务协议,华能国电将其拥有的联网与输变电设施提供给本公司的部分电厂使用并收取服务费。该服务费就制定电价而言为可回收成本。上安电厂、福州电厂及汕头燃机电厂支付的服务费根据华能国电发生的各项输电成本加上其拥有的输电设备平均账面净值10%的利润而计算。汕头电厂、上安电厂二期和上海电厂每年支付相当于华能国电输变电设施账面原值12%的固定服务费。二零零一年度本公司付与华能国电的服务费总额约为3.07亿元(二零零零年约为3.11亿元)。

(b)由于重组,依照中国法律,本公司应就获得的土地使用权缴纳土地使用费,无论五家原有营运电厂以前是否获得该土地使用权。因此,华能国电支付了总额约为1.48亿元以获得对五家原有营运电厂现有占地在此后五十年内的土地使用权,并将该等使用权以同一价格转让给本公司。购买土地使用权的款项从一九九四年起在十年内分期等额支付给华能国电,不计利息。此土地使用权作为无形资产反映于资产负债表中,在土地使用期限五十年内摊销。

(c)根据本公司与华能国电订立的租赁协议,华能国电同意将上海电厂的土地使用权租与本公司,为期五十年,每年租金为600万元。二零零一年度,本公司已向华能国电支付了租金600万元(二零零零年为600万元)。

(d)根据本公司与华能国电及南京投资订立的租赁协议,华能国电及南京投资同意将南京电厂的土地使用权租与本公司,为期五十年,每年租金为133.4万元。

(e)于二零零一年十二月三十一日本公司有约为0.64亿元的活期存款和约为36.89亿元的定期存款(二零零零年约为1.66亿元和约为1亿元)存放于华能财务。存放于华能财务的活期存款及定期存款的利率与市场同类存款的利率并无重大差异。

(f)根据本公司与华能国电于二零零零年二月十三日签订的租赁协议,华能国电把新办公楼租赁予本公司,为期五年,并从二零零零年一月一日始生效。每年租金为2,500万元。

(g)于二零零一年十二月三十一日,华能国电转贷予本公司的银行借款为约人民币7.93亿元,威海国投借予本公司之子公司的借款为约人民币2.16亿元。

(h)于二零零一年十二月三十一日,华能财务借予本公司及其子公司短期借款4,000万元。该借款的利率与市场同类借款的平均利率并无重大差异。

(i)应收、应付关联公司款项的余额如下:

	二零零一年十二月三十一日 本公司及其子公司		二零零零年十二月三十一日 本公司	
	金额	占该款项余额的百分比	金额	占该款项余额的百分比
应收账款:				
应收山东电力	241,982,300	19.28%	–	–
其他应收款				
应收华能财务存款利息	3,523,282	2.56%	420,000	0.01%
应付账款:				
应付山东电力	3,224,716	0.88%	–	–
其他应付款:				
应付华能国电	36,584,373	2.67%	130,158,102	6.96%

应收山东电力的售电收入款将于一年内收回。应付华能国电和山东电力的金额无抵押、不计息并应于一年内还清。

(j)于二零零一年十二月三十一日,本公司及其子公司有约88.68亿元、16.66亿元、3亿元的借款分别由华能国电、华能集团及威海国投提供担保。

(k)于二零零一年十二月三十一日,本公司及其子公司约有552万元的活期存款存放于山东电力下属的融资结算中心。该活期存款的利率与市场同类存款的利率并无重大差异。

(l)根据本公司与山东华能签订的并购协议,两家公司同意合并。本公司自二零零一年一月一日起取得了山东华能的净资产及经营控制权。山东华能的原有股东(华能集团、山东省国际信托投资公司、山东电力及境外上市外资公众股东)获得每普通内资股人民币1.34元及每普通股N股0.1618美元的合并代价。合并代价的总金额为57.68亿元。

(m)本公司及其子公司与向关联公司销售电力情况如下:

	二零零一年度	
	金额	比例
与山东电力交易:		
售电收入	3,654,725,876	23.11%

二零零零年度,本公司并无收入来自关联公司。

(n)根据原山东华能与华能国际经贸公司签订的进口设备委托代理协议,本公司需向华能国际经贸公司支付进口设备代理费,代理费为有关进口设备合同总金额的0.5%。于二零零一年度,本公司向华能国际经贸公司支付的设备运输及保险代理费为385.6万美元(二零零零年度:零)。

(四)国际会计准则、美国会计准则的相关调整对净利润的影响

本公司及其子公司在中国会计准则下编制的会计报表在某些方面与在国际会计准则和美国会计准则下存在差异。三种会计准则对本公司及其子公司净利润的影响汇总如下:

	净利润	
	二零零一年	二零零零年
美国会计准则下的净利润	3,337,414,726	2,489,677,613
美国会计准则调整的影响:		
冲回华能国电为本公司职工发生的房改差价(c)	26,152,570	26,152,570
记录与国际会计准则下负商誉差额的影响(e)	87,090,760	–
国际会计准则下的净利润	3,450,658,056	2,515,830,183
国际会计准则调整的影响:		
冲回按电价基础所确定的大修理费用的影响(a)	177,982,374	210,099,277
记录材料和备品备件的计价基础差异(b)	(2,180,035)	(3,446,990)

记录有关本公司发生的房改差价的会计处理差异(c)	(5,271,603)	(78,255,523)
冲回金融负债的会计处理差异(d)	14,875,452	-
中国会计准则下的净利润	3,636,064,244	2,644,226,947

(a)适用于本公司(除德州电厂外)的电价制订程序允许公司按固定资产原值的 1% 计提大修理费用作为可通过电价回收的成本。本公司估计在其电厂的可使用年限内根据该计提基础提取的大修理费用与实际发生的大修理费用基本接近。如某年实际发生的修理支出少于按上述基础计提的金额,则该差额代表收入中超过实际成本支出部分。在国际会计准则和美国会计准则下,此差额记录为一项负债。根据中国会计准则的要求,在编制年度会计报表时,收入按实际上网电量和现行国家规定的电价计算,不需记录此金额。

(b)根据国际会计准则和美国会计准则,维修材料及备品备件按实际消耗额相对应的实际购入成本计入经营成本。而在中国会计准则下,维修材料及备品备件根据原有五家营运电厂于 1994 年重组时经独立评估师评估的价值入账,并于维修材料及备品备件实际消耗时按相应的评估值计入当年经营成本。

(c)本公司职工的住房部分由本公司自身提供,部分由其母公司华能国电提供。本公司及华能国电以优惠价格向公司职工出售其各自拥有的住房。住房成本与向职工收取的售房所得款之间的差额为房改差价(即房改福利),由本公司及华能国电各自承担。

在编制中国会计报表时,根据财政部的相关规定,本公司发生的房改差价全部记入当年的营业外支出。根据国际会计准则,本公司发生的房改差价在预期职工平均剩余服务年限内按直线法分期确认。在美国会计准则下,本公司除了按上述方法确认其发生的房改差价外,还需把华能国电因向本公司职工出售其拥有的住房而发生的房改差价按同一方法分期确认为本公司的经营费用,并同时记录同等金额的资本投入。

(d)根据国际会计准则和美国会计准则,根据每个资产负债表日当时的市场情况,金融衍生工具以公允价值在资产负债中反映为资产或负债。金融衍生工具公允价值的变动,根据该金融衍生工具是否属于对冲交易及对冲交易类型的不同,记入当年损益或直接计入股东权益。于二零零一年十二月三十一日,由于初始确认后的公允价值变动,有关利率掉期合同的损失约为 1,488 万元。由于该对冲关系未完全符合国际会计准则第 39 号和美国财务会计准则第 133 号所规定的特定对冲会计所需达到的条件,该等损失直接计入当年损益。在中国会计准则下,利率掉期合同为非资产负债表列示项目。

(e)华能集团是华能国电的控股公司,因此亦是本公司的控股公司。在山东华能被收购前,华能集团为其主要股东,拥有其 33.09% 的股权。根据美国会计准则,收购交易完成后,山东华能的净资产转入本公司,其中华能集团按比例拥有的部分应按照账面价值记录。相关收购代价低于收购净资产账面价值之差作为对本公司的资本投入。由于收购后电价制定基础仍为原山东华能资产的账面价值,根据适用于监管行业的美国会计准则的规定,剩余的 66.91% 的净资产账面价值等于其公允价值。净资产账面价值与相关收购代价的差额记录为负商誉。此负商誉并不作为确定电价的基础。根据中国会计准则和国际会计准则,交易完成后,山东华能的全部净资产以公允价值记录,全部净资产公允价值高于购买成本之差作为负商誉。国际会计准则和美国会计准则下负商誉的金额存在差异。因此,在两种会计准则下计算之负商誉的摊销金额亦不相同。

资 产 负 债 表

二零零一年十二月三十一日

货币单位:人民币元

资 产	二零零一年十二月三十一日		二零零零年十二月三十一日
	本公司及其子公司	本公司	本公司
流动资产:			
货币资金	2,173,136,245	2,129,332,398	1,988,372,612
短期投资	6,225,171,786	5,995,752,457	354,925,260
应收票据	152,230,000	152,230,000	70,000,000
应收股利	-	18,266,173	-
应收账款	1,254,941,073	1,179,490,289	1,126,072,353
其他应收款	131,892,413	127,040,244	5,872,963,499
预付账款	94,953,798	94,072,219	24,310,483
存货	739,458,212	658,569,823	586,382,551
待摊费用	12,596,842	9,594,544	5,240,025
一年内到期的长期投资	-	31,735,090	-
其他流动资产	-	-	23,069,866
流动资产合计	10,784,380,369	10,396,083,237	10,051,336,649
长期投资	247,828,254	1,793,458,257	10,924,228
固定资产			
固定资产原价	47,796,160,041	42,832,545,656	40,676,991,621
减:累计折旧	-14,372,645,114	-12,097,867,795	-9,268,645,722
固定资产净值	33,423,514,927	30,734,677,861	31,408,345,899
在建工程	4,248,680,894	4,248,680,894	268,179,538
固定资产合计	37,672,195,821	34,983,358,755	31,676,525,437
无形资产及其他资产:			
无形资产	-1,553,456,114	-1,628,857,856	576,064,165
长期待摊费用	8,760,388	8,760,388	26,483,372
其他长期资产	70,000,000	70,000,000	70,000,000
无形资产及其他资产合计	-1,474,695,726	-1,550,097,468	672,547,537
资产总计	47,229,708,718	45,622,802,781	42,411,333,851
负债及股东权益			
流动负债:			
短期借款	40,000,000	-	1,300,000,000
应付票据	22,770,473	22,770,473	61,669,224
应付账款	365,043,809	319,240,988	299,921,665
应付福利费	376,192,419	362,310,666	542,355,394
应付股利	1,800,000,000	1,800,000,000	1,243,000,000
应交税金	521,192,667	441,189,903	529,660,552
其他应付款	1,368,121,470	1,253,080,647	1,870,612,613
预提费用	214,287,357	214,287,357	208,726,337
一年内到期的长期借款	2,928,846,440	2,819,941,273	1,708,830,747
可转换债券	2,405,667,641	2,405,667,641	-
流动负债合计	10,042,122,276	9,638,488,948	7,764,776,532
长期负债:			
长期借款	9,575,761,625	8,858,749,828	9,842,826,929
可转换债券			2,284,288,958
长期负债合计	9,575,761,625	8,858,749,828	12,127,115,887
负债合计	19,617,883,901	18,497,238,776	19,891,892,419
少数股东权益	486,260,812		
股东权益:			
股本	6,000,000,000	6,000,000,000	5,650,000,000
资本公积	10,259,449,295	10,259,449,295	7,839,390,966
盈余公积	2,705,256,889	2,705,256,889	2,068,945,647
其中:法定公益金	762,741,506	762,741,506	490,036,688
未分配利润	8,160,857,821	8,160,857,821	6,961,104,819
股东权益合计	27,125,564,005	27,125,564,005	22,519,441,432
负债及股东权益总计	47,229,708,718	45,622,802,781	42,411,333,851

利润及利润分配表

二零零一年度

货币单位:人民币元

资 产	二零零一年度		二零零零年度
	本公司及其子公司	本公司	本公司
主营业务收入	15,816,656,338	14,047,671,476	12,558,386,117
减:主营业务成本	-10,333,929,258	-9,032,497,748	-8,067,208,844
主营业务税金及附加	-25,294,665	-4,618,868	-5,132,510
主营业务利润	5,457,432,415	5,010,554,860	4,486,044,763
(减)/加:其他业务(亏损)利润	-529,020	-749,903	8,900,306
减:管理费用	-175,836,006	-125,305,716	-330,722,484
财务费用	-842,777,611	-778,765,740	-979,866,598
营业利润	4,438,289,778	4,105,733,501	3,184,355,987
加:投资收益	19,290,314	183,277,931	-
营业外收入	30,799,078	30,698,092	27,882,117
减:营业外支出	-65,863,415	-65,328,999	-156,809,512
利润总额	4,422,515,755	4,254,380,525	3,055,428,592
减:所得税	-715,220,304	-618,316,281	-411,201,645
少数股东损益	-71,231,207	-	-
净利润	3,636,064,244	3,636,064,244	2,644,226,947
加:年初未分配利润	6,961,104,819	6,961,104,819	6,022,617,588
可供分配的利润	10,597,169,063	10,597,169,063	8,666,844,535
减:提取法定盈余公积	-363,606,424	-363,606,424	-264,422,695
提取法定公益金	-272,704,818	-272,704,818	-198,317,021
可供股东分配的利润	9,960,857,821	9,960,857,821	8,204,104,819
减:应付普通股股利	-1,800,000,000	-1,800,000,000	-1,243,000,000
年末未分配利润	8,160,857,821	8,160,857,821	6,961,104,819
每股盈利-加权平均	0.64	0.64	0.47
每股盈利-全面摊薄	0.61	0.61	0.47

现 金 流 量 表

二零零一年度

货币单位:人民币元

资 产	二零零一年度		二零零零年度
	本公司	本公司	本公司
一、经营活动产生的现金流量			
销售商品收到的现金	18,468,527,029	16,433,168,014	14,889,061,365
收到的其他与经营活动有关的现金	272,794,167	257,074,460	275,077,745
现金流入小计	18,741,321,196	16,690,242,474	15,164,139,110
购买商品、接受劳务支付的现金	-6,003,033,383	-5,301,289,156	-4,316,231,294
支付给职工以及为职工支付的现金	-996,863,875	-828,977,014	-537,598,650
支付的各项税费	-2,969,669,918	-2,639,350,064	-2,045,757,974
支付的其他与经营活动有关的现金	-1,657,604,827	-1,436,127,271	-1,426,709,537
现金流出小计	-11,627,172,003	-10,205,743,505	-8,326,297,455
经营活动产生的现金流量净额	7,114,149,193	6,484,498,969	6,837,841,655
二、投资活动产生的现金流量			
收回短期投资所收到的现金	439,896,269	439,570,328	955,618,362
取得投资收入所收到的现金	24,671,037	67,170,804	-
处置固定资产、无形资产和其他长期资产			
所产所收回的现金净额			
所收回的现金净额	32,905,225	29,575,319	17,872,133
并购山东华能产生的现金净流入	2,635,695,151	2,537,692,383	-
收到的其他与投资活动有关的现金	-	-	674,713
现金流入小计	3,133,167,682	3,074,008,834	974,165,208
购建固定资产、无形资产和其他长期资产			
资产所支付的现金			
所支付的现金	-3,261,413,276	-3,155,933,883	-898,978,441
投资所支付的现金	-4,665,290,162	-4,640,487,920	-60,000,000
偿付南京电厂收购款	-141,640,843	-141,640,843	-100,000,000
预付山东华能收购款	-	-	-5,767,897,867
支付的山东华能收购成本	-21,561,916	-21,561,916	-10,096,066
现金流出小计	-8,089,906,197	-7,959,624,562	-6,836,972,374
投资活动使用的现金流量净额	-4,956,738,515	-4,885,615,728	-5,862,807,166
三、筹资活动产生的现金流量			
吸收投资所收到的现金	2,770,058,329	2,770,058,329	-
借款所收到的现金	2,744,100,602	2,702,874,006	1,676,214,553
现金流入小计	5,514,158,931	5,472,932,335	1,676,214,553
偿还债务所支付的现金	-5,417,437,947	-4,859,764,702	-1,998,381,586
分配股利或偿付利息所支付的现金	-2,069,368,029	-2,071,091,088	-1,157,693,075
现金流出小计	-7,486,805,976	-6,930,855,790	-3,156,074,661
筹资活动使用的现金流量净额	-1,972,647,045	-1,457,923,455	-1,479,860,108
四、现金及现金等价物的净增加(减少)数	184,763,633	140,959,786	-504,825,619

600018 上海港集装箱股份有限公司

2001 年年度报告摘选

第一章 公司基本情况简介

1、公司法定名称:
中文:上海港集装箱股份有限公司
英文:Shanghai Port Container Co., Ltd.
英文缩写:SPCCO
2、公司法定代表人:陈戌源
3、公司董事会秘书:陆卫国
联系地址:上海市军工路4049号(吉发大厦)
电话:(021)56443578　　传　真:(021)56441469
电子信箱:luwg@spcco.com
4、公司注册地址:浦东新区港华路1299号　　邮政编码:200137
公司办公地址:上海市军工路4049号　　邮政编码:200432
公司国际互联网网址:http://www.spcco.com
公司电子信箱:oa@spcco.com
5、公司选定的信息披露报纸名称:《上海证券报》、《中国证券报》
登载年度报告的证监会指定国际互联网网址:http://www.sse.com.cn
公司年度报告备置地点:公司董事会秘书办公室
6、公司股票上市交易所:上海证券交易所
股票简称:上港集箱　　股票代码:600018

第二章 会计数据和业务数据摘要

一、公司本年度利润实现情况　　(单位:人民币元)

项目	金额
利润总额	1,203,080,320.42
净利润	705,706,608.25
扣除非经常性损益后的净利润	643,063,993.35
主营业务利润	1,287,204,848.83
其他业务利润	4,001,534.54
营业利润	1,108,480,977.54
投资收益	74,712,619.98
补贴收入	
营业外收支净额	19,886,722.90
经营活动产生的现金流量净额	1,223,152,104.57
现金及现金等价物增加额	-185,021,525.17

二、前三年主要财务数据和指标　　(单位:人民币元)

项目	2001 年	2000 年 调整前	2000 年 调整后	1999 年
主营业务收入	2,138,473,790.45	1,825,278,175.40	1,825,278,175.40	1,408,719,604.46
净利润	705,706,608.25	544,025,589.48	544,783,538.04	402,994,319.17
总资产	7,719,551,457.75	7,044,272,592.33	7,027,749,987.26	3,670,168,478.63
股东权益(不含少数股东权益)	4,594,369,654.71	3,938,570,162.30	3,924,376,469.25	1,281,211,921.12
每股收益	0.7822	0.6030	0.6038	0.5822
每股净资产	5.0924	4.3655	4.3498	1.8509
调整后每股净资产	5.0437	4.3099	4.2948	1.8345
每股经营活动产生的现金流量净额	1.3557	1.3223	1.3223	1.3198
净资产收益率(%)	15.3602	13.8128	13.8820	31.4541
加权平均净资产收益率(%)	16.4992	21.0660	21.0923	30.6771

报告期公司扣除非经常性损益后的净利润加权平均净资产收益率为15.0346%。

三、报告期内股东权益变动情况

(单位:人民币万元)

项目	股本(万股)	资本公积	盈余公积	法定公益金	未分配利润	股东权益合计
期初数	90,220.00	266,096.78	29,822.30	5,485.62	6,298.56	392,437.64
本期增加			11,084.76	3,639.78	55,914.56	66,999.32
本期减少						
期末数	90,220.00	266,096.78	40,907.06	9,125.40	62,213.12	459,436.96

第三章 股本变动及股东情况

一、股份变动情况表　　(数量单位:万股)

	本次变动前	本次变动增减(+,-) 配股	送股	公积金转股	增发	发行新股	配售部分上市	本次变动后
一、未上市流通股份								
1、发起人股份								
其中:								
国家持有股份	67840							67840
境内法人持有股份	1380							1380
境外法人持有股份								
其他								
2、募集法人股份								
3、内部职工股								
4、优先股或其他								
其中:转配股								
5、向战略投资者配售	12600						-12600	0
未上市流通股份合计	81820						-12600	69220
二、已上市流通股份								
1、人民币普通股	8400						+12600	21000
2、境内上市的外资股								
1、境外上市的外资股								
2、其他								
已上市流通股份合计	8400						+12600	21000
三、股份总数	90220							90220

600019 宝山钢铁股份有限公司

2001 年年度报告摘选

一、公司基本情况简介

1、中文名称:宝山钢铁股份有限公司
英文名称:Baoshan Iron & Steel Co., Ltd.
2、法定代表人:谢企华
3、董事会秘书:陆国清
联系地址:上海市宝山区富锦路果园
联系电话:26647000
传　　真:26646999
电子信箱:ir@baosteel.com
4、注册地址:上海市宝山区富锦路果园
办公地址:上海市宝山区富锦路果园
邮政编码:201900
国际互联网址:http://www.baosteel.com
5、信息披露报纸:《中国证券报》、《上海证券报》、《证券时报》
刊载年报的指定国际互联网址:http://www.sse.com.cn
年报备置地点:上海市宝山区富锦路果园宝钢股份董秘室
6、股票上市交易所:上海证券交易所
股票名称:宝钢股份
股票代码:600019

二、会计数据和业务数据摘要

(一)公司本年度主要会计数据　　单位:元

项　目	金　额
利润总额	3,709,559,273.51
净利润	2,561,211,724.76
扣除非经常性损益后的净利润	2,562,016,285.59
主营业务利润	5,804,756,687.96
其他业务利润	37,029,199.04
营业利润	3,709,926,662.11
投资收益	71,043,473.93
补贴收入	5,424,000.00
营业外收支净额	-76,834,862.53
经营活动产生的现金流量净额	9,037,940,166.36
现金及现金等价物净增减额	-3,686,159,424.03

扣除的非经常性损益为:

单位:元

项　目	金　额
投资收益	73,491,285.26
补贴收入	5,424,000.00
营业外收入	23,200,981.26
营业外支出	-100,035,843.79
所得税影响	-2,884,983.56
合 计	-804,560.83

(二)公司近三年的主要会计数据和财务指标

单位:元

会计数据和财务指标名称	2001 年	2000 年	1999 年
主营业务收入	29,170,795,224.72	30,940,534,474.40	28,324,650,206.42
净利润	2,561,211,724.76	2,992,103,910.00	2,274,926,309.41
总资产	58,042,061,840.86	38,966,704,071.31	35,900,699,408.15
股东权益(不含少数股东权益)	26,290,028,413.55	25,281,537,075.58	14,301,284,606.36
每股收益(加权)	0.20	0.30	0.21
每股收益(摊薄)	0.20	0.24	0.21
每股净资产	2.10	2.02	1.34
调整后的每股净资产	2.10	2.02	
每股经营活动产生的现金流量净额	0.72	0.72	
净资产收益率(摊薄)	9.74%	11.84%	
净资产收益率(加权)	9.64%	17.08%	
扣除非经常性损益后的净资产收益率(摊薄)	9.75%	11.88%	
扣除非经常性损益后的净资产收益率(加权)	9.65%	17.14%	

三、股本变动及股东情况

(一)股份变动情况表
公司股份变动情况表　　单位:股

	本次变动前	本次变动增减	本次变动后
一、未上市流通股份			
1.发起人股份			
其中:国家持有股份	10,635,000,000	-	10,635,000,000
境内法人持有股份			
境外法人持有股份			
其它			
2.募集法人股份			
3.内部职工股			
4.优先股或其它			
5.法人配售股份	1,427,000,000	-1,427,000,000	-
未上市流通股份合计	12,062,000,000	-1,427,000,000	10,635,000,000
二、已上市流通股份			
1.人民币普通股	450,000,000	1,427,000,000	1,877,000,000
2.境内上市的外资股			
3.境外上市的外资股			
4.其它			
已上市流通股份合计	450,000,000	1,427,000,000	1,877,000,000
三、股份总数	12,512,000,000	-	12,512,000,000

600028 中国石油化工股份有限公司

2001年年度报告摘要

一、公司简介

中国石化是中国首家在香港、纽约、伦敦、上海四地上市的公司,亦是上、中、下游综合一体化的能源化工公司。中国石化及其附属公司(「本公司」)的主要业务包括:石油和天然气的勘探、开发、生产和贸易;石油的加工,石油产品的生产,石油产品的贸易及运输、分销和营销;石化产品的生产、分销和贸易。公司基本情况如下:

1.法定名称:中国石油化工股份有限公司

中文简称:中国石化

英文名称:China Petroleum & Chemical Corporation

英文简称:Sinopec Corp.

2.法定代表人:李毅中先生

3.授权代表:王基铭先生、张洪林先生

4.董事会秘书:张洪林先生

证券事务代表:陈革先生

联系地址:中国北京市朝阳区惠新东街甲六号

邮编:100029

电话:86-10-64990060

传真:86-10-64990022

电子信箱:ir@sinopec.com.cn

5.注册和办公地址:中国北京市朝阳区惠新东街甲六号

邮政编码:100029

电话:86-10-64990060

传真:86-10-64990022

网址:http://www.sinopec.com.cn

电子邮箱:ir@sinopec.com.cn

media@sinopec.com.cn

香港业务地址:香港湾仔港湾道1号会展广场办公大楼12楼

6.信息披露报纸:

境内:《中国证券报》、《上海证券报》、《证券时报》

香港:《经济日报》、《星岛日报》、《南华早报》(英文)

登载本年度报告的中国证券监督管理委员会指定互联网网址:http://www.sse.com.cn

本年度报告备置地点:

中国:北京市朝阳区惠新东街甲六号

中国石油化工股份有限公司

美国:Citibank, N.A., 111 Wall Street, New York, NY 10005, United States of America

英国:Citibank, N.A., Cottons Centre, Hays Lane, London SE1 2QT, U.K.

7.股票上市地点、股票简称和股票代号:

A股:上海证券交易所

股票简称:中国石化

股票代号:600028

H股:香港联合交易所有限公司

股票简称:中国石化

股票代号:0386

存托股份:

纽约股票交易所

存托股份简称:SINOPEC CORP

存托股份代号:SNP

伦敦股票交易所

存托股份简称:SINOPEC CORP

存托股份代号:SNP

二、财务数据和业务数据摘要

1.按中国会计准则及制度编制的财务数据和业务数据摘要

1.1 二零零一年年度主要财务数据和业务数据摘要

利润总额:	人民币21,651百万元
净利润:	人民币14,018百万元
扣除非经常性损益后的净利润:	人民币15,853百万元
主营业务利润:	人民币56,349百万元
其他业务利润:	人民币1,535百万元
营业利润:	人民币23,844百万元
投资收益:	人民币546百万元
补贴收入:	无
营业外收支净额:	人民币-2,739百万元
经营活动产生的现金流量净额:	人民币59,692百万元
现金及现金等价物净增加额:	人民币1,719百万元

扣除非经常性损益后的净利润代表净利润(即人民币140.18亿元)扣除营业外收入人民币769百万元,营业外支出人民币3,508百万元,以及减少以上项目的税项调整人民币904百万元。

1.2 主要财务数据和指标

	截至2001年12月31日止年度 人民币百万元	截至2000年12月31日止年度 人民币百万元	截至1999年12月31日止年度 人民币百万元
主营业务收入	304,347	322,932	231,047
净利润	14,018	16,154	5,665
扣除非经常性损益后的净利润	15,853	16,450	5,885
每股收益(人民币元)			
全面摊薄	0.162	0.193	0.082
加权平均	0.165	0.227	0.082
全面摊薄净资产收益率(%)	10.08	13.37	6.47
加权平均净资产收益率(%)	10.606	16.219	5.330
每股经营活动产生的现金流量净额(人民币元)	0.688	0.411	-
	于2001年12月31日 人民币百万元	于2000年12月31日 人民币百万元	于1999年12月31日 人民币百万元
总资产	360,294	340,918	276,174
股东权益(不含少数股东权益)	139,039	120,793	87,604
每股净资产(人民币元)	1.604	1.440	1.273
调整后的每股净资产(人民币元)	1.584	1.420	

1.3 利润表附表

	截至2001年12月31日止年度 净资产收益率		截至2000年12月31日止年度 净资产收益率	
	全面摊薄	加权平均	全面摊薄	加权平均
主营业务利润	40.53%	42.63%	50.99%	62.12%
营业利润	17.15%	18.04%	21.64%	26.37%
净利润	10.08%	10.61%	13.37%	16.29%
扣除非经常性损益后的净利润	11.40%	11.99%	13.62%	16.59%
	截至2001年12月31日止年度 每股收益		截至2000年12月31日止年度 每股收益	
	全面摊薄 人民币元	加权平均 人民币元	全面摊薄 人民币元	加权平均 人民币元
主营业务利润	0.650	0.662	0.734	0.864
营业利润	0.275	0.280	0.312	0.367
净利润	0.162	0.165	0.193	0.227
扣除非经常性损益后的净利润	0.183	0.186	0.196	0.231

2.按《国际会计准则》编制的财务资料

	截至12月31日止年度		
	2001年 人民币百万元	2000年 人民币百万元	1999年 人民币百万元
营业额及其它经营收入	318,471	331,576	241,671
经营费用			
采购原油、产品及经营供应品及费用	(220,313)	(226,533)	(161,168)
销售、一般及管理费用	(17,138)	(19,519)	(18,558)
折旧、减耗及摊销	(22,430)	(20,781)	(18,431)
勘探费用(包括干井成本)	(3,775)	(3,030)	(2,309)
职工费用	(12,889)	(13,264)	(12,696)
减员费用	(2,546)	-	-
所得税以外税金	(11,887)	(12,220)	(9,536)
其他经营费用(净额)	(193)	(718)	(3,261)
经营费用合计	(291,171)	(296,065)	(225,959)
经营收益	27,300	35,511	15,712
融资成本净额	(3,152)	(4,936)	(10,282)
附属公司发股收益	-	-	607
投资收益	199	191	596
应占联营公司及合营公司的损益	320	270	218
除税前正常业务利润	24,667	31,036	6,851
所得税	(8,029)	(9,638)	(351)
除税后正常业务利润	16,638	21,398	6,500
少数股东权益	(613)	(1,814)	(1,577)
股东应占利润	16,025	19,584	4,923
每股基本净利润(人民币元)(注(i))	0.19	0.27	0.07
每股净利润(按年末已发行股数)(人民币元)	0.18	0.23	0.07
	截至12月31日止年度		
	2001年	2000年	1999年
已占用资本回报率(%)	6.96	9.99	7.03

注:

(i)摊薄之每股净利润并未列出,因于此三年度内并没有具摊薄性的潜在普通股存在。

3.中国会计准则及制度与《国际会计准则》之重大差异对净利润的影响分析

就中国会计准则及制度和《国际会计准则》之重大差异对净利润的影响分析请见本公告中「财务报告」第三节。

三、股本变动及主要股东持股情况

1. 中国石化股本变动情况表(单位:万股)

	本次变动前	本次变动增减						本次变动后
		配股	送股	公积金转股	首发	其他	小计	
一、未上市流通股份								
1.发起人股份	4,774,256.1							4,774,256.1
其中:								
国家持有股份	4,774,256.1							4,774,256.1
2.尚未流通国内公众股(注)					57,000.0		57,000.0	57,000.0
3.其他	1,937,939.0							1,937,939.0
未上市流通股份合计	6,712,195.1				57,000.0		57,000.0	6,769,195.1
二、已上市流通股份								
1.国内上市公众股	0				223,000.0		223,000.0	223,000.0
2.境外上市的外资股(「H股」)	1,678,048.8							1,678,048.8
已上市流通股份合计	1,678,048.8				223,000.0		223,000.0	1,901,048.8
三、股份总数	8,390,243.9				280,000.0		280,000.0	8,670,243.9

注:该 5.7 亿股 A 股属战略投资者持有,锁定期为八个月,于二零零二年四月八日在上海证券交易所上市流通。

2. 主要股东持股情况

于二零零一年十二月三十一日,中国石化共有境内外股东 573,206 户,其中境内 549,974 户,H 股 23,232 户。前 10 名最大股东之持股情况如下:

股东	股份类别	持股数(万股)	所占比例
中国石油化工集团公司	国家股	4,774,256.1	55.06%
香港(中央结算)代理人有限公司	H 股	895,567.9	10.33%
国家开发银行	国家股	877,557.0	10.12%
中国信达资产管理有限公司	国家股	872,065.0	10.05%
埃克森美孚远东控股有限公司	H 股	316,852.9	3.65%
壳牌东方石油私人有限公司	H 股	196,642.2	2.27%
bp 石油 Espana 公司	H 股	182,922.9	2.11%
中国东方资产管理公司	国家股	129,641.0	1.50%
中国华融资产管理公司	国家股	58,676.0	0.68%
TOPGOAL 公司	H 股	33,906.5	0.39%

对于中国石化前十大股东,中国石化未知他们互相之关联关系。持有中国石化股份 5%或以上的法人股东(不包括香港(中央结算)代理人有限公司),本年度内所持有的股份无增减变动情况,其所持股份未发生质押、冻结等情况。

除以上所述外,截止二零零一年十二月三十一日,中国石化未有知悉,应根据《香港证券公开权益条例》第 396 章第 16(1)条须予披露的权益存在。

3. 中国石化控股股东基本情况

中国石化控股股东为中国石油化工集团公司(「中国石化集团公司」),成立于一九九八年七月,是国家授权投资的机构和国家控股公司,注册资本为人民币 1,049 亿元,法定代表人李毅中先生。中国石化集团公司于二零零零年通过重组,将其石油化工的主要业务投入中国石化,中国石化集团公司继续经营保留的若干石化设施、规模小的炼油厂;提供钻井服务、测井服务、井下作业服务、生产设备制造及维修、工程建设服务及水、电等公用工程服务及社会服务等。

四、董事、监事、高级管理人员和员工情况

1. 现任中国石化董事、监事和其他高级管理人员有关情况

董事

姓名	性别	年龄	在中国石化的职务	董事任期	是否在本公司领薪	持有中国石化股票(于 12 月 31 日) 2000	2001
李毅中	男	56 岁	董事长	2000.2-2003.2	是	0	0
陈同海	男	53 岁	副董事长	2000.2-2003.2	是	0	0
王基铭	男	59 岁	董事、总裁	2000.2-2003.2	是	0	0
牟书令	男	57 岁	董事、副总裁	2000.2-2003.2	是	0	0
张家仁	男	57 岁	董事、副总裁兼财务总监	2000.2-2003.2	是	0	0
曹湘洪	男	56 岁	董事、副总裁	2000.2-2003.2	是	0	0
王益	男	45 岁	董事	2001.8-2003.2	否	0	0
张恩照	男	55 岁	董事	2001.8-2003.2	否	0	0
陈清泰	男	64 岁	独立非执行董事	2000.2-2003.2	否	0	0
刘国光	男	78 岁	独立非执行董事	2000.2-2003.2	否	0	0
何柱国	男	52 岁	独立非执行董事	2000.6-2003.2	否	0	0
黄敏	女	58 岁	职工代表董事	2000.2-2003.2	是	0	0

注:王益先生、张恩照先生分别在股东单位国家开发银行、中国建设银行领薪。

监事

姓名	性别	年龄	在中国石化的职务	监事任期	是否在本公司领薪	持有中国石化股票(于 12 月 31 日) 2000	2001
于清波	男	64 岁	监事会主席	2000.2-2003.2	是	0	0
王作然	男	51 岁	监事	2000.2-2003.2	是	0	0
张重庆	男	57 岁	监事	2000.2-2003.2	是	0	0
王培军	男	56 岁	监事	2000.2-2003.2	是	0	0
王显文	男	57 岁	监事	2000.2-2003.2	是	0	0
侯绍健	男	59 岁	监事	2000.2-2003.2	是	0	0
蒋宝兴	男	56 岁	职工代表监事	2000.2-2003.2	是	0	0
崔建民	男	69 岁	独立监事	2000.4-2003.2	否	0	0

其他高级管理人员

姓名	性别	年龄	在中国石化的职务	任期	是否在本公司领薪	持有中国石化股票(于 12 月 31 日) 2000	2001
王天普	男	39 岁	副总裁	2001.8	是	0	0
张洪林	男	59 岁	董事会秘书	2000.2-2003.2	是	0	0

增选董事和聘任高级管理人员

中国石化于二零零一年八月二十四日召开的二零零一年度第二次临时股东大会增选王益先生、张恩照先生为中国石化董事。

经中国石化总裁提名,于二零零一年八月二十四日召开的首届董事会第十次会议聘任王天普先生为中国石化副总裁。

2. 董事、监事、高级管理人员之股本权益情况

于二零零一年十二月三十一日,中国石化各董事、监事及高级管理人员或其配偶或其未满十八周岁的子女概无持有根据《公开权益条例》第 28 条须通知中国石化和香港联合交易所的中国石化或其任何附属公司(定义见《公开权益条例》)的权益(包括根据《公开权益条例》第 31 条或附表第一部分实际持有或被视其持有的权益)或根据《公开权益条例》第 29 条须予以登记在该条例名册上之股份或债券权益,或根据《上市公司董事买卖证券标准守则》在中国石化或其任何附属公司中拥有须予通知中国石化和香港联合交易所之认股权证权益。

3. 董事、监事之合约利益

于二零零一年十二月三十一日或本年度任何时间内,概无董事或监事与以中国石化、其控股公司、任何附属公司或同系附属公司为一方订立致使董事或监事享有重大利益的任何重大合约。

概无董事与中国石化订立任何一年以内届满而不需作出赔偿(除法定薪酬外)的服务合约。

4. 董事、监事和高级管理人员薪酬

中国石化已建立并不断完善公正、透明的董事、监事和高级管理人员的绩效评价标准与激励约束机制。制定并执行《中国石油化工股份有限公司高层管理人员绩效考核及薪酬激励计划》、《中国石油化工股份有限公司高层管理人员股票增值权计划》、《中国石油化工股份有限公司高层管理人员股票增值权首次授予实施细则》等激励政策。

本报告期内,股票增值权尚在授予锁定期,未行权;受本公司经营业绩影响,高级层管理人员业绩奖金比上年度有不同程度的下降;高级层管理人员基薪暂沿用现行标准。

本报告期内,现任董事(不含未在本公司任职的董事和独立非执行董事)、监事(不含独立监事)和高级管理人员的年度报酬总额为人民币 153.82 万元,金额最高的前三名董事的报酬总额为人民币 37.00 万元,金额最高的前三名高级管理人员的报酬总额为人民币 40.23 万元,独立非执行董事陈清泰先生、刘国光先生、何柱国先生和独立监事崔建民先生的袍金分别为人民币 1.6 万元,王益先生和张恩照先生两位不在本公司领酬。

本报告期内,现任董事(不含未在本公司任职的董事和独立非执行董事)、监事(不含独立监事)和高级管理人员共 16 人中年度报酬数额在人民币 15 万元以上的有 1 人,年度报酬数额在人民币 10 万元至人民币 15 万元的有 2 人,年度报酬数额在人民币 5 至 10 万元的有 13 人。

五、经营业绩回顾及展望

1. 业务回顾

1.1 市场环境回顾

二零零一年,受美国经济增长减缓的影响,世界经济增长明显放缓,特别是「9.11」事件后,世界经济出现衰退。国际原油价格一路下跌,新加坡普氏布伦特原油全年平均现货价格为 24.89 美元/桶,比二零零零年的全年平均现货价格 28.54 美元/桶下降 12.8%,国内原油价格也相应大幅回落。受国际原油价格一路下跌的影响,成品油价格不断下跌,同时国内成品油市场发育不完善、不健全,市场竞争不规范,本公司主要市场资源供应过剩,基于国内成品油定价机制不尽合理,在国际成品油价格一路下跌的情况下,国内成品油经销商对后市不看好,致使本公司主要市场-中国南方市场出现了无序现象和不规范的竞争,使得成品油价格,特别是批发价格始终低迷。另外,亚洲区域性炼油能力增长过快,需求增势减缓,致使炼油负荷率下降、炼油毛利降低,尤其是二零零一年六至八月新加坡市出现了汽油价格低于原油价格,上述原因使本公司下半年炼油毛利大幅下跌。受全球经济增长趋缓、化工产品周期变化迟滞的影响,产品价格仍处于低谷,并进一步下跌,国内化工产品价格随之下降。与二零零零年相比,主要化工产品价格的降幅达到 18.5%,其中合成树脂平均价格下跌了人民币 1,628 元/吨,合成纤维平均价格下跌了人民币 1,425 元/吨,合成纤维单体及其聚合物平均价格下跌了人民币 1,060 元/吨。上述严峻的市场形势对本公司实现盈利目标造成巨大压力。

中国经济得益于中国政府继续实施「扩大内需」的战略,采取积极的财政政策和稳健的货币政策,继续保持了较快的增长速度,全年国内生产总值(GDP)增长率达 7.3%。受惠于此,中国国内对石油、石化产品的需求稳步增加,为本公司业务增长创造了良好的市场环境。据本公司统计,二零零一年国内成品油表观消费量(包括汽油、柴油和煤油)达 11,463 万吨,较去年增长 4.9%,石化产品的表观消费量(以乙烯计)达 1,260 万吨,较去年增长 14.8%。全年合成树脂、合成纤维、合成纤维单体及聚合物以及合成橡胶等产品的表观消费量分别达到 2,427 万吨、886 万吨、1,421 万吨和 169 万吨,分别比二零零零年增长 19%、11%、18%和 10%。二零零一年尽管国内需求较为旺盛,但国内逐步开放和市场化的环境,使本公司不例外于其他国际能源化工公司,始终面临着严峻的市场环境和挑战。

1.2 生产经营回顾

尽管市场环境严峻,但由于本公司按照「扩大资源、拓展市场、降低成本和严谨投资」的经营战略,灵活调整生产和营销方案,二零零一年本公司在生产经营方面仍取得了较好的成绩。

勘探及开采

二零零一年,本公司按照「储量、产量、效益」统一的原则,继续加大对上游的投入,努力增加油气资源,油气勘探开发业绩显着,实现了原油增产和天然气产量大幅增加,在部分有前景的区块发现了一批高产油气井和规模储量区块。全年生产原油 269.16 百万桶,天然气 1,628 亿立方英尺,与二零零零年相比分别增加 8.8%和 103%,新增原油经济可采储量 316 百万桶,新增天然气经济可采储量 3,090 亿立方英尺,新建原油产能 521 万吨,新建天然气生产能力 10.1 亿立方米,连续五年实现储采平衡有余,从而较好地完成了当年的生产经营任务。

勘探及开采生产营运情况

	2001 年	2000 年(不含中国石化新星)	1999 年(不含中国石化新星)	2001 年较 2000 年同比变动(%)
原油产量(百万桶)	269.16	247.35	241.45	8.8
天然气产量(亿立方英尺)	1,628	803	786	103
新增原油可采储量(百万桶)	316	318	443	-0.6
新增天然气可采储量(亿立方英尺)	3,090	2,970	2,840	4.0
剩余原油可采储量(百万桶)	3,215	2,952	2,881	8.9
剩余天然气可采储量(亿立方英尺)	34,880	9,990	7,820	249.2
剩余油气储量(百万桶油当量)	3,796	3,118	3,011	21.7

炼油

二零零一年,本公司根据市场情况,合理安排原油资源和原油加工量,全年原油加工总量 204.24 万桶/日,同比下降 3.2%,其中加工低成本的高硫原油 38.76 万桶/日,比去年同期增长 40.4%。依靠科技进步和科学管理,调整产品结构,柴汽比达到 2.02,创历史最好水平。提高产品质量,本公司炼油企业已全部满足生产新标准柴油的要求。降低生产成本,各项主要技术经济指标均有所提高。

炼油生产情况

	2001 年	2000 年	1999 年	2001 年较 2000 年同比变动(%)
原油加工量(万桶/日)	204.24	211.00	176	-3.20
其中:高硫原油加工量(万桶/日)	38.76	27.60	12	40.4

加工负荷率(%)	77.9	81.00	67.7	-3.1百分点
汽、柴、煤油产量(百万吨)	61.14	62.58	52.42	-2.30
其中:汽油(百万吨)	18.74	20.15	17.1	-7.00
柴油(百万吨)	37.93	37.53	31.0	1.07
煤油(百万吨)	4.47	4.90	4.4	-8.78
柴汽比	2.02	1.86	1.81	0.16
轻油收率(%)	72.33	71.57	70.7	0.76百分点
综合商品率(%)	92.23	92.25	91.2	-0.02百分点

注:原油加工量按1吨=7.35桶换算。

营销及分销

二零零一年,本公司在竞争激烈的经营环境下,继续收购、改造、新建加油站,在继续保持成品油总销售量略有增长的情况下,积极扩大零售量和配送量。全年新增加油站3,803座,国内成品油总销售量为6,774万吨。其中成品油零售量3,043万吨,同比增长27.1%,配送量1,164万吨,零售加配送量占国内总销售量的62.1%,本公司主要零售市场占有率为65%,同比提高4个百分点。另外,本公司于二零零一年出口成品油约373万吨。

二零零一年,本公司积极优化资源配置,降低成本;推进内部改革,压扁管理层次,实现部分地县级石油公司整合,降低管理费用。

销售营运情况

	2001年	2000年	1999年	2001年较2000年同比变动(%)
国内成品油总销量(万吨)	6,774	6,769	6,450	0.07
其中:成品油批发量(万吨)	2,567	4,375	5,216	-41.3
成品油配送量(万吨)	1,164	不适用	不适用	不适用
成品油零售量(万吨)	3,043	2,394	1,234	27.1
单站年均加油量(吨/站)	1,473	1,402	1,084	5.1
中国石化品牌下加油站总数(座)	28,246	25,493	11,374	10.8
其中:经营加油站数(座)	24,062	20,259	11,374	18.8
特许经营加油站数(座)	4,184	5,234	不适用	-20.1
零售量占总销量的比例(%)	44.9	35.4	19.1	26.8
年底油库库容(千立方米)	15,134	14,640	13,680	3.4

化工

二零零一年,本公司在化工周期低谷继续做好化工装置的升级改造,燕化乙烯二轮改造已投料试车,上海、扬子乙烯二轮改造正抓紧进行,预计二零零二年第二、三季度相继投产。二零零一年本公司在市场低迷情况下,适时安排了大修,并对部分低效的化工装置采取了关、停、并、转的措施,确保效率较高的化工装置继续保持高负荷生产,产品结构进一步得到改善。因燕化乙烯停车进行改扩建,全年生产乙烯约215万吨,同比略有下降。合成树脂、合成橡胶等主要化工产品产量均有一定增长。高附加值产品的比例进一步提高,全年合成树脂专用料比例达到48%,同比增加2.59个百分点。化纤差别化率达到31.7%,同比增加5.2个百分点。化工产品直销比例有所扩大,网上交易额达人民币159亿元,约占化工销售收入的27%。

化工主要产品产量(万吨)

	2001年	2000年	1999年	2001年较2000年同比变动(%)
乙烯	215.3	217.0	205.0	-0.78
合成树脂	320.4	318.3	284.7	0.66
其中:专用料	133.2	128.0	87.0	4.06
合成橡胶	39.8	31.7	31.6	25.55
合成纤维单体及聚合物	359.8	379.5	344	-5.19
合成纤维	102.8	106.8	97.0	-3.75
其中:差别化纤维	32.6	28.3	19.4	15.19
尿素	234.2	292.3	444	-19.88

科技开发

二零零一年,本公司积极推进科技进步和科技创新,取得一批与生产经营相关的重大科研成果,主要包括:

勘探开发:特高含水主力油田提高采收率技术攻关形成了以油藏地质建模、剩余油监测描述、堵水调剖综合调整、聚合物驱和三元复合驱油为主的技术系列、海滩石油工程技术攻关形成了可移动桶形基础采油平台等13项技术。

炼油:茂名200万吨/年渣油加氢处理、齐鲁60万吨/年连续重整、齐鲁8万吨/年硫回收、长岭50万吨/年低压组合床重整等成套技术均已开发成功。

化工:合作开发的10万吨/年裂解炉在燕化已成为乙烯生产的主力炉;8.9万吨/年液相分子筛法乙苯(燕化)及10万吨/年聚酯(仪征)成套技术均已开发成功,并完成工业运转考核。上海石化6 6万吨/年月青纶采用自主开发的成套技术,已建成开车。

安全环保

本公司持续推行安全、环境与健康(HSE)管理体系,广泛深入地开展清洁生产,保障职工身体健康,认真履行本公司的社会责任。

降低成本

二零零一年,本公司认真落实成本削减计划,在努力降低原油等大宗原料采购成本的基础上,还将重点放在降低物耗、能耗、削减销售、一般及管理费用等具体措施上,降本增效方面取得较好成绩。

本公司二零零一年实际降低成本人民币22.81亿元,超额完成了原计划人民币21.9亿元的降本目标。其中油田现金操作成本从6.21美元/桶降至6.15美元/桶,炼油现金操作费用从2.14美元/桶降至2.07美元/桶,化工乙烯现金操作费用从183.17美元/吨降至160美元/吨,在调整销售结构,继续扩大零售和配送比例的情况下,将销售现金流通费用控制为人民币163元/吨。除此之外,本公司加快减员的速度,二零零一年全年减员6.8万人,比原计划减员2.7万人增加了152%,支付减员费用约人民币25.46亿元。预计今后每年可节约人工成本人民币15.7亿元。

1.3 经营业绩的回顾

以下涉及之财务数据为本公司按《国际会计准则》编制。二零零一年及二零零零年财务、经营数据包括中国石化新星。

1.3.1 经营业绩

下表列示本公司相关各期合并损益表中主要收入和费用项目。

	(人民币十亿元) 2001年	2000年	2001年较2000年变化率(%)
营业额及其他经营收入	318.5	331.5	(3.9)
其中:营业额	304.4	325.3	(6.4)
其他经营收入	14.1	6.2	127.4
经营费用	(291.2)	(296.0)	(1.6)
其中:采购原油、产品及经营供应品及费用	(220.3)	(226.5)	(2.7)
销售、一般和管理费用	(17.1)	(19.5)	(12.3)
折旧、耗减和摊销	(22.4)	(20.8)	7.7
勘探费用(包括干井成本)	(3.8)	(3.0)	26.7
职工费用	(12.9)	(13.3)	(3.0)
减员费用	(2.6)	-	
所得税外税金	(11.9)	(12.2)	(2.5)
其他经营费用(净额)	(0.2)	(0.7)	(71.4)
经营收益	27.3	35.5	(23.1)
融资成本净额	(3.2)	(5.0)	(36.0)
投资收益	0.5	0.5	
除税前正常业务利润	24.6	31.0	(20.6)
所得税	(8.0)	(9.6)	(16.7)
除税后正常业务利润	16.6	21.4	(22.4)
少数股东权益	(0.6)	(1.8)	(66.7)
股东应占利润	16.0	19.6	(18.4)

1.3.1.1 营业额及其他经营收入

二零零一年,本公司营业额及其他经营收入为人民币3,185亿元,与二零零零年的人民币3,315亿元相比减少人民币130亿元或降低3.9%,该下降主要归因于本公司二零零一年的原油、成品油及化工产品的平均实现销售价格的下降。营业额及其他经营收入主要包括以下部分:

原油及天然气销售　本公司生产的原油主要用于自身炼油、化工业务,天然气及少量原油外销供本公司控股母公司炼油厂和其他客户。二零零一年,本公司外销原油及天然气营业额为人民币111亿元,占本公司经营额及其他经营收入的3.5%,与二零零零年相比,减少人民币12亿元,主要归因于原油价格的下跌,原油价格由二零零零年的人民币1,427元/吨,减至人民币1,256元/吨,同比下降12%。

石油产品销售　本公司炼油和营销及分销事业部对外销售石油产品(主要包括成品油及其他精炼石油产品)。二零零一年,该两个事业部的石油产品对外销售收入为人民币2,301亿元,约占本公司营业额及其它经营收入的72.2%,与二零零零年人民币2,425亿元相比,减少5.1%。二零零一年汽油及柴油的销售收入为人民币1,644亿元,占石油产品销售收入的71.4%,与二零零零年该等产品的销售收入人民币1,741亿元相比,下降5.6%。其中:汽油销售收入由二零零零年的人民币652亿元减至二零零一年的人民币604亿元,同比减少7.4%;柴油的销售收入由二零零零年的人民币1,089亿元减至二零零一年人民币1,040亿元,同比减少4.5%。汽油及柴油销售收入的下降,归因于汽油和柴油价格的下降。

化工产品销售　二零零一年本公司化工产品对外销售收入为人民币489亿元,与二零零零年的人民币562亿元相比减少13%。主要归因于全球化工产品市场处于周期性低谷,加上国际原油价格与二零零零年相比降幅较大,致使化工产品价格持续走低。尽管本公司二零零一年化工产品如:合成树脂、合成橡胶、合成纤维、合成纤维单体及其聚合物于二零零一年的销售量同二零零零年相比略有增长,但该等产品的年平均价格分别比二零零零年下降约12%、11%、15%和27.5%。

1.3.1.2 经营费用

二零零一年,本公司经营费用为人民币2,912亿元,与二零零零年相比减人民币48亿元,减1.6%。经营费用主要包括以下部分:

采购原油、产品及经营供应品及费用　本公司二零零一年采购原油、产品及经营供应品及费用为人民币2,203亿元,占经营费用的75.7%,与二零零零年的人民币2,265亿元相比减少2.7%。其中:采购原油费用为人民币1,160亿元,与二零零零年采购原油费用人民币1,412亿元相比减少17.8%。主要由于:

以量计,本公司自产原油量增加,外购原油量减少。二零零一年本公司原油加工量为10,104万吨,与二零零零的10,488万吨相比下降3.7%,而同期本公司勘探开发事业部内部供应原油3,127万吨,比二零零零年的2,750万吨增加13.7%,自产原油供应占总原油需求量的31%。二零零一年加工外购原油6,977万吨,外购原油占原油总加工量69%(其中:来自进口4,898万吨,中国石油天然气股份有限公司1,409万吨、中国海洋石油股份有限公司670万吨),与二零零零年的7,738万吨相比降低9.8%;及国际原油价格下降致使本公司外购原油平均价格下降。本公司外购原油的平均价格从二零零零年的人民币1,825元/吨降至二零零一年的人民币1,663元/吨,降低8.9%。

二零零一年,本公司其他原料采购费用为人民币1,043亿元,占经营费用的35.8%,与二零零零年的人民币853亿元相比增加22%,主要归因于:

二零零零年其他经营收入为扣除其相应费用后的净收入,二零零一年其他经营收入未扣除其相应的费用,因此增加了采购费用;及外购成品油(汽、柴油)因采购量的增加而致采购费用增加。

1.3.1.3 销售、一般及管理费用

本公司二零零一年销售、一般及管理费用为人民币171亿元,与二零零零年的人民币195亿元相比减少12.3%。主要归因于本公司落实了降本措施。同时加强应收账款管理。

1.3.1.4 折旧、折耗和摊销

本公司二零零一年折旧、折耗和摊销为人民币224亿元,与二零零零年的人民币208亿元相比增加7.7%,主要归因于本公司近两年资本支出相应所形成的物业、厂房及设备以及油气资产的增加。

1.3.1.5 勘探费用

二零零一年本公司勘探费用为人民币38亿元,与二零零零年的人民币30亿元相比增加26.7%,主要归因于本公司继续实施扩大资源战略,加大了勘探投入。

1.3.1.6 职工费用

二零零一年本公司职工费用为人民币129亿元,与二零零零年的人民币133亿元相比降低3%,主要归因于本公司减员增效带来的结果。

1.3.1.7 减员费用

根据本公司的员工削减计划,本公司于二零零一年内对约6.8万名自愿离职的员工支付减员费用为约人民币26亿元。

1.3.1.8 所得税外税金

二零零一年本公司所得税外税金为人民币119亿元,与二零零零年人民币122亿元相比减少2.5%,主要归因于本公司自身生产的汽油和柴油的销售量同比减少,使消费税相应减少。

1.3.1.9 经营收益

二零零一年本公司经营收益为人民币273亿元,与二零零零年的人民币355亿元相比降低23.1%,主要归因于本公司营业额及其他经营收入同比降低的幅度高于经营费用同比降低的幅度。

1.3.1.10 融资成本净额

二零零一年本公司融资成本净额为人民币32亿元,与二零零零年的人民币50亿元相比降低36%,主要归因于:

各种外币贷款利率的下调;

本公司加强资金集中管理,至二零零一年长、短期贷款额有所下降;及二零零一年募集资金到位扣除相应支出后的存款利息收入增加。

1.3.1.11 除税前正常业务利润

二零零一年,本公司除税前正常业务利润为人民币246亿元,与二零零零年的人民币310亿元相比减少20.6%,主要归因于本公司经营收益的减少并部分被融资成本净额的降低所抵消。

1.3.1.12 所得税

二零零一年本公司所得税为人民币80亿元,与二零零零年的人民币96亿元相比减少16.7%。主要归因于经营收益减少。

1.3.1.13 股东应占利润

二零零一年本公司股东应占利润为人民币160亿元,与二零零零年的人民币196亿元相比减少18.4%。

1.3.2 资产、负债、权益及流动资金

本公司的主要资金来源来自经营活动、短期及长期借贷,而资金主要用途为经营支出、资本开支及偿还短期和长期借款。

1.3.2.1 资产、负债及权益情况

单位:人民币百万元

	2001年	2000年	变化金额
流动资产	109,795	136,173	(26,378)
非流动资产	256,914	218,569	38,345
总资产	366,709	354,742	11,967
流动负债	124,711	125,153	(442)
非流动负债	70,788	73,225	(2,437)
总负债	195,499	198,378	(2,879)
少数股东权益	23,541	23,210	331
净资产	147,669	133,154	14,515
股东权益			
股本	86,702	83,902	2,800
储备	60,967	49,252	11,715
	147,669	133,154	14,515

二零零一年末本公司总资产为人民币3,667亿元,总负债为人民币1,955亿元,少数股东权益为人民币235亿元,股东权益为人民币1,477亿元。同二零零零年资产负债变化及主要原因如下:

总资产为人民币3,667亿元,比二零零零年人民币3,547亿元增加人民币120亿元。其中:流动资产为人民币1,098亿元,比二零零零年减少人民币264亿元,主要是本公司二零零一年加强了存货管理和清欠力度,推行统一结算,应收帐款及存货减少共人民币63亿元;另外本公司二零零一年归还了部分贷款,部分用于资本性支出,加强资金的集中运作,各种金融机构的定期存款减少人民币200亿元,利息支出减少。非流动资产人民币2,569亿元,比二零零零年增加人民币383亿元。

总负债为人民币1,955亿元,比二零零零年末减少人民币29亿元。其中:流动负债为人民币1,247亿元,比二零零零年末减少人民币4亿元。非流动负债为人民币708亿元,比二零零零年减少人民币24亿元,主要归因于长期借款的减少。

股东权益为人民币1,477亿元,比二零零零年末增加人民币145亿元。其中:股本增加人民币28亿元,主要是二零零一年中国石化在国内上市发行了28亿股A股。储备为人民币610亿元,比二零零零年末增加人民币116亿元,主要是发行股本溢价(扣除发行费用)人民币88亿元,净利润增加人民币160亿元,并减去派发的二零零零年股利人民币67亿元及收购中国石化新星支付的人民币64.46亿元。

1.3.2.2 现金流量情况

二零零一年现金及现金等价物净增加人民币14.09亿元,考虑汇率变动的影响人民币0.07亿元后净增加人民币14.02亿元。即从二零零零年十二月三十一日的人民币196.21亿元,增至二零零一年十二月三十一日的人民币210.23亿元。下表列示了本公司二零零一年及二零零零年合并现金流量表主要项目。

单位:亿元

现金流量主要项目	2001年	2000年	同比增/(减)	同比变化率%
来自经营活动现金净额	552.79	291.80	260.99	89.44
来自投资活动现金净额	(384.83)	(643.19)	258.36	(40.17)
来自融资活动现金净额	(153.87)	330.03	(483.90)	(146.62)
现金及现金等价物净增加/(减少)	14.09	(21.36)	35.45	(165.96)

1.3.2.2.1 来自经营活动现金

二零零一年本公司经营活动所得净现金为人民币552.79亿元。

经营活动所得现金流入主要归因于:

本公司于二零零一年实现除税前正常业务利润人民币246.67亿元,扣除折旧、耗减及摊销人民币224.3亿元,增加现金流入人民币470.97亿元;

加强存货管理,减少存货占用资金,存货比年初减少,增加现金流入人民币43.19亿元;

加大清欠力度,统一结算货款,应收帐款比年初减少,增加现金流入人民币19.90亿元;

预付费用及其他流动资产比年初减少,增加现金流入人民币7.18亿元;及

增加应付票据结算,增加现金流入人民币148.19亿元。

经营活动所得现金流出主要归因于:

应付帐款比年初减少,现金流出人民币27.61亿元;

预提费用及其他应付款比年初减少,现金流出人民币49.72亿元;及

支付所得税,现金流出人民币63.26亿元。

1.3.2.2.2 投资活动占用现金

二零零一年投资活动所用现金净额人民币384.83亿元,主要归因于:

二零零一年动用定期存款增加现金流入人民币200.29亿元;及

二零零一年资本支出及购入投资增加现金流出人民币593.1亿元。

1.3.2.2.3 来自融资活动现金

二零零一年融资活动所得净现金为人民币153.87亿元。主要归因于:

二零零一年发行A股募集资金增加现金流入人民币116.48亿元;

二零零一年银行及其他借款净减少现金流出人民币134.82亿元;

二零零一年分派股利现金流出人民币67.12亿元;及

二零零一年股份公司分派给中国石化集团公司的现金及现金等价物,现金流出人民币64.46亿元(收购中国石化新星)。

1.3.2.3 或有负债

至二零零一年十二月三十一日,本公司就银行为联营公司及合营公司及第三方提供信贷而作出的担保约人民币9亿元。主要担保包括:

借款人	金额(人民币百万元)
福建石油化学总公司	240
金地石化有限公司	235
浙江油品储运有限公司	110

中国石化于二零零二年二月就银行向其合营公司提供的贷款信用额度作出人民币69.99亿元担保。

中国石化通过与中国石化集团公司有关协议,租赁其土地、房屋及经营租赁租用加油站和其他设备,最长租期50年,最短租期20年,二零零二年以后的租金共计约人民币986亿元;

于二零零一年十二月三十一日,本公司资本承担人民币398.4亿元。

1.3.3 资本性开支

二零零一年本公司实际资本支出约人民币588.29亿元,扩大了资源、巩固了市场地位、提高了本公司的市场竞争能力,并为今后发展打下了坚实的基础。其中,勘探开发板块资本支出人民币202.76亿元,包括收购中国石化新星后其当年资本支出人民币27亿元,通过投入,本公司实现了原油增产和天然气产量大幅增加,在部分有前景的区块发现了一批高产油气井和规模储量区块,在原油价格比二零零零年有较大幅度下降的情况下,原油探明储量仍有增长,连续五年实现了储采平衡有余;炼油板块资本支出人民币89.92亿元,全年有14套装置投料试车,提高了加氢精制能力和高含硫原油加工能力。另外收购了黄岛油库,有利于优化原油资源配置,降低原油进厂成本;化工板块资本支出人民币119.47亿元,全年有18套装置投料试车,新增乙烯能力21万吨,合成树脂能力20万吨,合纤原料及聚合物能力6万吨,合成纤维能力15.5万吨;销售营销板块资本支出人民币172.56亿元,其中二零零零年签约收购的加油站在二零零一年验收交接转入固定资产共计人民币29.6亿元,其余资本支出主要用于收购、新建加油站4,090座,改造加油站920座,收购、新建、改造成品油配送中心,新增库容49.4万立方米,进一步巩固了本公司在主要市场的领导地位,品牌知名度和客户忠诚度进一步提高。

1.3.4 研究及开发费用和环保支出

研究及开发费用是指在发生的期间确认为支出。二零零一年本公司的研究开发支出人民币13亿元,与二零零零年人民币17亿元相比,减少人民币4亿元;

环保支出主要包括本公司支付标准的污杂物清理费用。二零零一年本公司的环保支出人民币2.21亿元,与二零零零年人民币3.05亿元相比,减少人民币0.84亿元。

2.业务展望

2.1 市场分析

本公司认为二零零二年的宏观经济形势将会有以下特点:

分析国际市场,仍有许多不确定性:一是原油价格较低,预计布伦特原油价格在20美元/桶左右;二是炼油毛利仍在低水平徘徊;三是化工周期仍处于低谷。

中国国民经济稳定增长将继续带动国内石油、石化产品需求增加。预计二零零二年中国GDP增长速度将达到7%。预计国内成品油消费量的增长将达4%左右,以乙烯为代表的主要石化产品国内消费的增长率将高于GDP的增长速度。国内市场需求的增长为本公司提供了持续发展的商机。

二零零二年是中国加入世界贸易组织后的第一年,加入世界贸易组织在带来挑战的同时,也带来了机遇。根据入世协议,二零零二年原油关税从人民币16元/吨降为零,汽油关税从9%降至5%,主要化工产品关税平均降低3-4个百分点。根据现行石化产品的价格形成机制,上述关税减让可能导致中国国内石油、石化产品价格走低,对本公司降低原油成本有利,但同时对本公司销售收入有负面影响。二零零二年成品油(含燃料油)进口准入量为2,200万吨,(其中非国营贸易460万吨),执行4%低关税的尿素进口配额将达130万吨,这将对本公司的炼油、化肥生产带来负面影响。在面临上述挑战的同时,我们也看到了机遇:一是开放可进一步促进国内的改革,规范市场秩序。中国政府正在积极制定有关政策、法规落实入世承诺,继续加大打击走私和强海关监管力度,规范燃料油及化工产品的进口。本公司内部,将继续深化内部改革,提高市场竞争力;二是从市场方面,入世后中国汽车进口关税的降低有利于刺激汽车的消费,与出口有关的纺织等行业的发展将会进一步拉动成品油特别是零售环节及化工化纤产品的市场需求。三是开放的市场环境有利于本公司扩大利用外资、引进先进的技术和管理经验,不断提高竞争能力。

2.2 生产经营

面对二零零二年的机遇和挑战,本公司在生产经营安排上将采取灵活的经营策略,重点做好以下几个方面的工作:

2.2.1 扩大资源

一是继续加大国内油气勘探开发力度。通过调整挖潜、综合治理、扩边连片、加快滩海和东部深层勘探开发,特别是通过科技进步措施,不断提高储采比和采收率,实现老区的增储、稳产、增产;同时加强新区勘探,重点抓好塔里木、准噶尔、鄂尔多斯、川西、东海等资源接替区的勘探,争取有更多的发现。二零零二年计划生产原油3,800万吨,生产天然气50亿立方米;二是多渠道进口原油。继续从中东、非洲、东南亚、北欧、俄罗斯等地进口原油,并与主要产油国石油公司签订长期合同,实现原油进口多元化,分散风险;三是优化资源配置;坚持按市场需求组织生产,原油资源配置向成本费用低、效益好、产品质量好的炼油化工企业倾斜。适当增加高硫原油加工量,优化企业内部互供料和燃动系统。优化原油运输流程,降低运输成本。

2.2.2 拓展市场

一是扩大成品油市场。重点加快加油站的改造提升,改进服务,灵活促销,开展增值业务,提高单站加油量,扩大零售总量,增加盈利能力;加快完善配送体系,大力发展配送业务,开拓区域外市场,同时继续扩大批发量,增强本公司在主要市场市场领导地位。二零零二年国内成品油经营量将达到7,030万吨,其中:零售量3,600万吨,配送量1,400万吨。通过不断扩大经营总量,保持并提高原油加工量,二零零二年从紧安排加工原油10,400万吨;二是扩大化工产品市场。预测二零零二年全国三大合成材料的需求量继续保持较大增长。通过生产适销对路、高附加值的产品扩大市场。同时,进一步改进化工营销方式,继续扩大直销,发展电子商务,发挥集团化经营优势,着重抓好销售体制改革。二零零二年化工生产仍要开足马力,切实把「蛋糕」做大,计划生产乙烯258万吨,三大合成材料产量相应增加;三是开拓国际市场。这是在入世后成品油、尿素可能恢复进口和化工产品增加进口的情况下,保持炼油、化工生产负荷的迫切要求。要加快转换机制,提高产品质量,适应国际化经营,努力增加成品油和化工产品出口。成品油出口除东南亚外,还将开拓中东、非洲及欧美市场;四是扩大天然气市场。本公司将加强产销衔接,以长江三角洲、山东等地区为重点,尽快落实本公司「西气东输」、「海气上岸」天然气的用户,抓紧增加(或进口)液化石油气、液化天然气资源,以中心城市为重点,拓展加气站和居民生活用气等清洁燃料市场。

2.2.3 降低成本

本公司将采取各种措施大力降低成本费用。一是要进一步抓好「达标」活动,对照历史最好水平和国内、国际先进水平,查找差距,落实措施,全面提高技术经济指标水平;二是大力降低各项管理费用,压缩非生产开支;三是进一步发挥集团化优势,加强资金集中管理,继续清理减少银行账户,统一结算,清欠压库,加快资金周转,减少资金占用,降低财务费用;四是努力降低原油和其它材料的采购成本。二零零二年本公司计划全年降低成本费用约人民币25亿元,另外,在二

零零一年减员6.8万人,降低成本人民币6.5亿元的基础上,二零零二年将继续降低人工成本约人民币9.2亿元。

2.2.4 严谨投资

继续按照本公司的投资决策程序,集中决策,量入为出,控制总量,调整结构,优化项目,努力增加投资回报。二零零二年计划资本支出约人民币345亿元,比二零零一年减少人民币243亿元。其中:油田板块人民币164.75亿元,炼油板块人民币48.94亿元,化工板块人民币82.62亿元,销售板块人民币45.33亿元,其他人民币3.37亿元。二零零二年的资本支出计划与二零零一年相比主要有以下几个方面的特点:一是压缩投资,保持稳健的财务状况;二是调整了投资结构,对油田投资的比例由二零零零年的34%提高到48%,努力增加接替资源;三是更加注重油田老区挖潜和现有炼化企业的挖潜增效,技术改造投资比例不断提高;四是几个世界级的中外合资乙烯项目以及原油、成品油长输管线开始启动建设。

勘探开发方面:一是抓好老油田技术改造,努力降低老油田递减,保持老油田稳产;二是加强老油田扩边勘探和产能建设;三是加大西部和南方海相新区的勘探。本公司在中国西部已登记勘探区块22万平方公里,是今后资源接替的重要地区,重点是塔里木、准噶尔、河西走廊。四是按照西气东输和东海优先的战略部署,加快天然气勘探和开发,形成东海西湖凹陷(与中国海洋石油股份有限公司合作)、中原、川西南、塔里木、鄂尔多斯北部等5个天然气供应基地。

炼油方面:一是按照国家新的汽柴油质量标准,重点安排济南、石家庄、安庆、长岭、武汉等企业的汽柴油质量升级措施,荆门炼油加工200万吨塔河稠油的措施,以及几个沿海炼油企业扩大成品油出口的措施;二是要加快宁波－上海－南京管道储运设施的建设进程,加快完善东部管道网络,优化资源配置,降低原油运输成本;三是做好杭州湾、上海地区炼油和化工的协调发展,围绕扩大成品油出口、提供乙烯原料安排好杭州湾炼油改造。

化工方面:一是继续抓好上海、扬子的二轮乙烯改造工程的同时,特别要抓好本公司与德国巴斯夫和与bp合资的乙烯工程建设,并启动广州乙烯和齐鲁乙烯二轮改造工程;二是继续安排好化纤原料工程的建设,重点是镇海PX工程、仪征PTA工程等;三是抓好化肥煤代油改造工程,重点是洞氮化肥和镇海化肥改造工程。

销售方面:一是加快区域成品油管线的建设,重点是开工建设西南成品油管线;二是加快加油站的改造,完善服务功能,提高单站加油量,并根据城市交通建设规划,适当新建和收购1,000座加油站和加气站;三是抓紧治理油库安全隐患,并根据成品油的合理流向调整油库布局,关闭落后的小型油库,提高中转油库的功能,完善配送分销体系。

2.2.5 继续扩大对外合作

重点抓好本公司与巴斯夫以及bp分别在南京和上海的乙烯合营项目的建设,抓好本公司与壳牌在湖南洞庭煤气化合营项目的建设,抓紧落实与壳牌、bp、埃克森美孚合资经营加油站项目,加快实施与中国海油合作引入外资开发东海油气资源,积极开展与埃克森美孚/沙特阿美合资建设福建一体化石化项目的前期准备。

2.2.6 信息系统建设

继续促进工业化与信息化的结合,扎扎实实抓好ERP计划的实施、总结和推广,进一步完善成品油销售、财务两个管理信息网、物资采购两个电子商务网,试点推广IC加油卡,推行生产过程优化控制系统、原油资源优化计算机辅助决策系统。

在新的一年中,本公司面临的机遇与挑战并存,将通过全体员工的不懈努力,力争在严峻的市场环境中进一步提高竞争力。

六、董事会报告

1.股东大会

本报告期内,中国石化严格按照有关法律法规及公司章程规定的通知、召集、召开程序召开股东大会。境内上市后,海问律师事务所律师出席了中国石化二零零一年度第一次临时股东大会和第二次临时股东大会,并出具了法律意见书,说明上述两次临时股东大会召集、召开程序、表决程序及出席会议人员资格等均符合有关法律法规及公司章程的规定。本报告期内,中国石化共召开了一次股东年会和二次临时股东大会,有关情况如下:

(1)中国石化于二零零一年六月五日在北京中国大饭店举行了二零零零年股东年会。会议审议并通过了如下议案:

a. 中国石化二零零零年度董事会工作报告。

b. 中国石化二零零零年度监事会工作报告。

c. 中国石化二零零零年度经审核财务报告和合并财务报告。

d. 中国石化二零零零年度利润分配方案。

e. 批准续聘毕马威华振会计师事务所及毕马威会计师事务所分别为中国石化二零零一年度境内及境外核数师,并授权董事会决定其酬金的议案。

f. 中国石化H股募集资金使用情况报告。

g. 批准对公司章程第九十四条进行修改的意见。

h. 中国石化发行A股的议案。

i. 关于发行A股募集资金投向的特别决议案。

j. 关于修改公司章程第二十条、第二十一条和第二十四条的特别决议案。

k. 关于新老股东共享发行当年滚存利润和给予董事会有关授权的特别决议案。

有关中国石化二零零零年股东年会召开的详细情况刊登于二零零一年六月二十二日的《中国证券报》、《上海证券报》、《证券时报》及香港的《经济日报》和《南华早报》(英文)的公告。

(2)中国石化于二零零一年八月二十四日在中国石化总部举行了二零零一年第一次临时股东大会。会议审议并通过了如下议案:

批准收购中国石化新星的权益,包括收购协议、关连交易调整协议及持续关联交易,以及授权予董事会彼等认为适当时完全酌情权,以执行所有有关步骤。

有关中国石化二零零一年第一次临时股东大会召开的详细情况刊登于二零零一年八月二十七日的《中国证券报》、《上海证券报》、《证券时报》和香港的《经济日报》和《南华早报》(英文)的公告。

(3)中国石化于二零零一年八月二十四日在中国石化总部举行了二零零一年第二次临时股东大会。会议审议并通过了如下决议:

a. 选举王益先生为中国石化董事。

b. 选举张恩照先生为中国石化董事。

有关中国石化二零零一年第二次临时股东大会召开的详细情况刊登于二零零一年八月二十七日的《中国证券报》、《上海证券报》、《证券时报》及香港的《经济日报》和《南华早报》(英文)的公告。

2.董事会

中国石化董事会全体成员遵照有关法律、法规及中国石化公司章程的规定,履行职责,认真执行股东大会的决议,积极开展工作。

本报告期内,中国石化共召开了十二次董事会会议,董事会下设三个专业委员会,其中:发展战略委员会召开了三次会议,薪酬管理委员会召开了一次会议,审计委员会召开了二次会议。

3.公司治理

二零零零年十月境外上市以来,中国石化严格按照香港、美国及英国证券监管机构的相关法律、法规,不断完善公司治理。二零零一年八月境内上市以后,中国石化更加重视公司治理,严格遵守境内证券监管规则,规范关联交易,避免同业竞争,做好信息披露,注重与投资者的沟通,公司治理水平有了进一步提高。

(1)在股东与股东大会方面:中国石化严格按照《公司章程》规定的召开和表决程序召集、召开股东大会,境内上市后,每次股东大会均邀请律师参加并出具法律意见书。中国石化严格按照关联交易协议的规定进行关联交易,还通过独立董事、审计委员会制度、监事会内部控制等办法,加强对股东利益的保护。本报告期内,在收购中国石化新星的关联交易表决时,中国石化控股股东中国石化集团公司作为关联股东按规定回避。中国石化多元化的股权结构对公司治理的完善起到了促进作用,其拥有的境内外多个机构投资者和战略投资者,均参加本年度所有股东大会,并都积极发表意见。中国石化控股股东严格依法行使出资人的权利,中国石化与其控股股东实行了人员、资产和财务分开,机构、业务独立,各自独立核算,独自承担责任和风险。

(2)在董事和董事会方面:本报告期内,本公司新增了王益先生、张恩照先生两名董事,使本公司董事人数增加到12名,外部董事增加到6名,其中独立董事3名,完善了本公司董事会的专业构成。本报告期内,中国石化召开的12次董事会均有独立董事参加,独立董事按照有关法律法规的要求履行职责,以认真负责的态度积极参与中国石化的决策,对中国石化的重大事项发表独立意见,维护了中国石化及所有股东的利益;中国石化董事会下设了发展战略委员会、薪酬管理委员会及审计委员会三个专业委员会并已经正式运作;本报告期内,中国石化董事均按照《公司章程》、《董事会议事规则》和香港联交所制定的上市规则附录十四《最佳应用守则》等规章,勤勉尽职,积极开展工作。

(3)在监事和监事会方面:中国石化监事会8名成员中,有财务专长人士2名。中国石化监事按照《监事会议事规则》,勤勉尽职,对本公司财务以及董事、经理和其他高级管理人员履行职责的合法合规性进行监督。

(4)在绩效评价与激励约束机制方面:中国石化建立并不断完善公正、透明的高级管理人员绩效评价标准与激励约束机制,制定并执行《中国石油化工股份有限公司高层管理人员绩效考核及薪酬激励计划》、《中国石油化工股份有限公司高层管理人员股票增值权计划》、《中国石油化工股份有限公司股票增值权首次授予实施细则》等激励政策。

(5)在对待相关利益者方面:中国石化充分尊重和维护消费者、债权人、职工等其他利益相关者的合法权益,关注环境保护、公益事业,与相关利益者共同推动公司持续、健康的发展。

(6)在信息披露与提高透明度方面:中国石化董事会秘书负责信息披露工作、接待股东来访和咨询,董事会秘书局严格按照法律、法规和公司章程的规定,真实、准确、完整、及时进行信息披露。中国石化在香港和美国纽约分别设立了投资者关系办事处,制定并执行一系列投资者服务计划,努力提高公司透明度。同时,注意搜集并分析证券分析师对本公司的分析报告以及投资者对本公司的意见,每月定期向中国石化管理层反馈投资者的意见,并在本公司的营运中有选择地加以采纳。本报告期内,中国石化在境内外进行了二零零零年年度和二零零一年中期业绩大型推介会和传媒见面会,以及与基金经理单对单会谈。二零零一年六月,中国石化荣获《亚洲金融》杂志评选的「"中国最佳投资者关系公司"奖」。中国石化二零零零年年度报告荣获《CFO Asia》杂志评选的「"亚洲最佳年报"奖」。

二零零三年初,中国石化首届董事会任期将满,二零零二年底前,中国石化将做好董事会换届及董事提名工作。目前,中国石化正认真对照中国证监会发布《上市公司治理准则》、《上市公司章程指引》、《关于在上市公司推广独立董事制度的指导意见》、《到境外上市公司必备条款》及香港交易及结算所有限公司新近发布的《有关企业管治事宜的上市规则建议咨询文件》等文件要求,进一步建立和完善《公司章程》、《股东大会议事规则》、《董事会议事规则》、《监事会议事规则》、《总裁工作细则》、《信息披露管理办法》等规章制度,准备于二零零三初董事会换届时,召开专题临时股东大会并提交审议通过,以便制度建设和组织落实同步到位,不断提高公司治理水平。

4.主要供货商及客户

本报告期内,本公司向前五大供货商合计的采购金额占本公司采购总额的36.5%;本公司前五名主要客户之销售额占本公司年度销售总额的17%。

本报告期内,中国石化各董事、监事及其关联人或任何持有中国石化股本多于5%之股东并无拥有上述之主要供货商及客户的任何权益。

5.捐赠事项

本报告期内,本公司用于慈善事业之捐赠款项约为人民币6,200万元。

6.优先购股权

根据中国石化公司章程和中国法律,中国石化股东无优先购股权,不能要求中国石化按其持股比例向其优先发行股份。

7.股份购买、出售及赎回

本报告期内,本公司概无购买、出售或赎回中国石化任何证券。

七、监事会报告

致各位股东:

本报告期内,监事会全体成员按照《中华人民共和国公司法》及中国石化公司章程的有关规定,遵守诚信原则,认真履行监督职责,维护中国石化股东权益。

本报告期内,监事会共召开五次会议。于二零零一年三月二日召开的首届监事会第五次会议,通报了部分监事到中国石化上海高桥分公司、江苏油田分公司进行调研、检查的情况。于同年四月十二日召开的首届监事会第六次会议,听取了《关于中国石化二零零零年财务决算报告》和毕马威会计师事务所审计报告有关情况的汇报,讨论通过了《中国石化二零零零年度监事会报告》,通报了部分监事到中国石化江西石油分公司进行调研、检查的情况。于同年六月十一日召开的首届监事会第七次会议,通报了部分监事对德国、美国几个大公司内部监督工作的考察情况。于同年八月二十三日至二十四日召开的首届监事会第八次会议,听取了《关于中国石化二零零一年上半年经营业绩和财务状况的报告》和毕马威会计师事务所对中国石化二零零一年中期财务报表审阅结果的情况说明,审议通过了《中国石化二零零一年中期财务报表》和《中国石化二零零一年中期报告》,并形成决议;通报了部分监事到中国石化济南分公司、山东石油分公司进行调研、检查的情况。于同年十二月十四日召开的首届监事会第九次会议,审议同意监事会通过的《中国石化规范运作自查答卷》,并形成决议;通报了部分监事到中国石化安徽石油分公司、安庆分公司进行调研、检查的情况。

监事会认为:二零零一年中国石化遵循了规范、严谨、诚信的经营准则。一是以国家财政部制定的《企业会计准则》和《企业会计制度》为基准,结合中国石化内部管理体制和内部管理要求,参照国际会计准则,修订了《中国石油化工股份公司内部会计制度》,进一步规范了会计核算工作。二是按照《中华人民共和国公司法》、国家有关法律法规以及境内外证券监管机构的要求和中国石化公司章程规范运作，在生产经营方面建立了上下沟通协调、集中统一决策的机制；固定资产投资坚持集中决策，量入为出。三是中国石化董事、总裁及高级管理人员遵守勤勉、诚信原则，真诚地以本公司最大利益为出发点行事，报告期内未发现上述人员在履行职务时有违反法律、法规、中国石化章程及损害中国石化股东权益的行为。

监事会认真审核了监事会拟提交股东年会、经境内外核数师审计并出具无保留意见的二零零一年年度财务报表等有关资料，认为：二零零一年年度财务报表按照中国会计准则和国际会计准则编制，会计处理方法遵循了一贯性原则。本报告年度，中国石化实现销售收入及其他经营收入人民币 3,184.71 亿元，油田、炼油、化工、销售四个板块的现金操作成本、费用均完成年度考核目标，按照中国会计准则及制度和国际会计准则实现净利润分别是人民币 140.18 亿元和人民币 160.25 亿元，报表数据真实、公允地反映了中国石化的财务状况和经营业绩。

中国石化于二零零一年上半年发行 28 亿股 A 股，共募集资金人民币 118.16 亿元，并按招股说明书的承诺，依据中介机构估值报告，以现金人民币 64.46 亿元收购了中国石化新星。监事会认为：收购价格公正、合理，没有发生损害少数股东权益和造成中国石化资产流失的问题；同时，通过收购中国石化新星，进一步增强了中国石化油气勘探开发实力和整体抗风险能力。

监事会组织开展了对中国石化部分下属分公司关联交易情况的调研、检查，认为关联交易基本遵循了「规范、公平、透明」的原则，没有损害中国石化的利益。

按中国会计准则及制度，报告期净利润实现数较预测数低 22.2% 的情况，监事会同意中国石化董事会对此作出的说明。监事会认为：二零零一年中国石化面临严峻的市场形势，本公司上下积极采取应对措施，内降成本，外拓市场，深化改革，强化管理，仍取得了较好的生产经营业绩。

八、重要事项揭示

1. A 股发行及上市

二零零一年六月二十日，中国石化发行 A 股方案获中国证券监督管理委员会证监发行字[2001]38 号文核准。二零零一年七月十六日中国石化成功发行 A 股，发行数量为 28 亿股，发行价为每股人民币 4.22 元。中国石化 A 股已于二零零一年八月八日起在上海证券交易所挂牌交易，股票交易代码为 600028。中国石化可透过发行 A 股拓展新的融资渠道。发行 A 股所筹资金用于收购中国石化新星及用于建设宁波－上海、南京进口原油管道工程项目和大西南(茂名－贵州－昆明)成品油管道工程项目。截至二零零一年十二月三十一日，中国石化采用向一般法人投资者(含证券投资基金)、战略投资者配售和对一般投资者上网定价发行相结合的方式，共公开发行的 28 亿股 A 股中，除向战略投资者配售的锁定期为八个月的 5.7 亿股上市未流通外(预计将于二零零二年四月八日上市流通)，其余 22.3 亿股 A 股均已上市流通。有关 A 股发行与上市的主要公告刊登于二零零一年六月二十一日、二零零一年七月二日、二零零一年七月十二日、二零零一年七月三十一日、二零零一年十一月五日和二零零一年十二月五日的《中国证券报》、《上海证券报》和《证券时报》上，有关公告的重要内容同时刊登在香港的《经济日报》和《南华早报》上。

2. 收购中国石化新星

于二零零一年八月二十四日，中国石化召开二零零一年度临时股东大会，独立股东批准收购中国石化集团所全资拥有的重组后的中国石化新星全部权益，包括批准收购中国石化新星的收购协议。中国石化新星的收购价格为人民币 91.3 亿元或美元 11 亿元，截至二零零零年年底中国石化新星探明油气储量约 622 百万桶油当量，相当于每桶油当量约 1.77 美元。扣除中国石化新星于二零零零年十二月三十一日的净负债约为人民币 26.839 亿元(或约 3.24 亿美元)，实际支付价格为人民币 64.461 亿元(或约 7.79 亿美元)。有关收购中国石化新星的详细信息，见中国石化于二零零一年六月三十日发给 H 股股东的关联交易及持续关联交易通函及刊登于二零零一年七月十日的《中国证券报》、《上海证券报》和《证券时报》的中国石化二零零一年临时股东大会通告之附件三。

中国石化新星二零零一年的生产经营成果见中国石化二零零一年度报告之「经营业绩回顾及展望」部分。

3. 重大担保合同及其履行情况

(1) 中国石化首届董事会第十四次会议于二零零一年十二月三日批准了在 bp 有限公司向中国石化、上海石化、bp 化工华东投资合营的上海赛科石油化工有限责任公司(「上海赛科」)提供担保的条件下，同意为上海赛科项目贷款对等提供本外币担保，折合人民币 69.99 亿元。中国石化作为保证人与中银国际融资有限公司作为全球贷款代理行及中国建设银行上海分行作为人民币协调代理行于二零零二年二月九日签署了《人民币 8,123,000,000 元贷款协议的保证协议》、《708,000,000 美元贷款协议的保证协议》；中国石化、bp 化工华东投资作为从属债券人与上海赛科做为借款人，中银国际融资有限公司作为全球贷款代理行，中国银行上海分行、中国建设银行上海分行及交通银行上海分行作为优先贷款代理行于二零零二年一月十一日签定《从属契据》。

(2) 中国石化首届董事会第十四次会议于二零零一年十二月三日批准了巴斯夫公司为本公司与巴斯夫合营的扬子巴斯夫有限责任公司(「扬巴公司」)提供项目贷款建设期完工保证的条件下，中国石化同意为扬巴公司项目贷款提供建设期完工保证担保，担保额为人民币 36.561 亿元，同时为中国石化扬子石油化工股份公司在扬巴公司项目贷款提供建设期完工保证，担保额为人民币 12.187 亿元。截至二零零一年十二月三十一日，有关保证协议尚未正式签定。

4. 中国石化及持有中国石化股份百分之五以上股东中国石化集团公司、国家开发银行、中国信达资产管理有限公司承诺事项的履行情况

(1) 至报告期末，中国石化的承诺包括：

(a) 限期对中国石化胜利油田有限公司、中国石化销售有限公司、中国石化国际事业有限公司三家全资子公司按公司法进行改造；

(b) 限期对加油站目前所使用的标识更改；

(c) 限期中国石化集团和中国石化分开办公楼办公；

(d) 遵守香港联合交易所豁免某些关联交易规则适用的规定。

(2) 至报告期末，中国石化集团的重要承诺包括：

(a) 遵守关联交易协议；

(b) 限期解决土地和房屋权证合法性问题；

(c) 从出售中国石化新星所得资金中提取中国石化发行 A 股募集资金总金额的 10% 上交全国社会保障基金；

(d) 执行《重组协议》(定义见发行 H 股的招股书)；

(e) 知识产权许可；

(f) 避免同业竞争；

(g) 放弃与中国石化的业务竞争和利益冲突。

(3) 至报告期末，国家开发银行及中国信达资产管理有限公司重要承诺，在一定期限内不得出售或转让所持有的中国石化股票。

上述承诺的详细内容刊登在中国石化于二零零一年六月二十二日刊登在《中国证券报》、《上海证券报》和《证券时报》的招股意向书上。

报告期内，中国石化并未发现其自身及上述重要股东有违反上述重要承诺的情况。

5. 二零零一年盈利预测说明

中国石化发行 A 股时编制二零零一年盈利预测净利润为人民币 180 亿元，编制盈利预测的主要基本假设：一是主要石油产品的价格是以新加坡原油 FOB 价格在每桶 25 美元水平时按以往通常市场环境考虑估计的新加坡市场成品油离岸价格为基础，根据国家有关部门确定的相关原则估算主要石油产品的出厂价和零售中准价。同时，国内成品油市场秩序稳定，本公司成品油批发价、零售价可正常到位。化工产品的价格是以二零零零年下半年实际平均价格为依据估算；二是本公司估计二零零一年适用于本公司之原油价格将平均保持在每桶 25 美元水平，折算为每吨人民币 1,511 元；三是为提高效率和盈利能力，本公司计划在二零零一年度内以退休、自愿离职及裁减的方法减员 2.7 万人，费用约为人民币 10.2 亿元，扣减当年可节省的人工成本后，增加人工费用开支约人民币 8.5 亿元。

由于受美国经济增长减缓的影响，世界经济增长明显放缓，特别是「9.11」事件后，世界经济出现衰退。国际原油价格一路走低，成品油价格不断下跌，甚至一段时间内出现汽油价格低于原油价格倒挂的现象。化工产品周期变化迟滞、产品价格下降。上述严峻的市场形势构成了本公司完成盈利预测的较大压力。同时本公司在年初减员计划的基础上，加大了减员力度，二零零一年实际减员 6.8 万人，支付减员费用约为人民币 25.46 亿元，虽然本公司通过极大努力，较好地完成了全年的生产计划，但由于上述市场环境的变化，二零零一年实现净利润人民币 140.18 亿元(按中国会计准则及制度编制)，仍与盈利预测净利润人民币 180 亿元(按中国会计准则及制度编制)有较大的差距。详见中国石化二零零一年度报告之「经营业绩回顾与展望」部分。

6. 二零零一年度利润分配预案和公积金转增股本预案及二零零二年度利润分配政策

(1) 二零零一年度利润分配预案和公积金转增股本预案

按《中国会计准则》和《国际会计准则》，中国石化二零零一年度经审计的净利润分别为人民币 140.18 亿元和人民币 160.25 亿元。根据中国石化公司章程的规定，在分配有关会计年度的税后利润时，以按《中国会计准则》和《国际会计准则》计算出的税后利润数较少者为准。因此，分配税后利润数为人民币 140.18 亿元，分别提取 10% 法定盈余公积金和 10% 法定公益金，不提取任意盈余公积金，尚余可供分配利润 112.14 亿元，加上年度结转未分配利润 57.28 亿元，可供股东分配的利润为人民币 169.42 亿元。以二零零一年末总股本 86,790,243,900 股为基数，根据中国石化董事会第十九次会议所通过的决议，拟按每股人民币 0.08 元(含税)进行现金股利分配，现金股利合计人民币 69.36 亿元，其余未分配利润人民币 100.06 亿元，结转至二零零二年度，本年度不进行公积金转增股本。本预案须提交二零零一年度股东年会审议通过后实施。

(2) 二零零二年度红利派发政策

中国石化二零零二年的红利派发政策将由董事会根据本公司的业务经营情况、现金流、财务状况、公司发展前景等重要因素而定。根据中国石化公司章程细则，中国石化的可供分派利润包括当年可供分配利润及上年度结转未分配利润组成。当年可供分配利润应取根据中国会计准则及国际会计准则两者中较低者扣除拟提取的 10% 法定公积金、5% 至 10% 法定公益金及任意盈余公基金后剩余部分。

董事会建议二零零二年将在年中和年末以现金方式分配股息两次，二零零二年度股息分配数额将不超过当年可供股东分配利润的 40%，该股利的分配方案将由董事会以分配预案形式提交中国石化股东大会审议通过后实施。

7. 发行 H 股、A 股募股资金使用情况

中国石化于二零零零年十月十八日发行 H 股所募集资金为人民币 258.02 亿元(港币 241.14 亿元)，扣除发行费用人民币 14.76 亿元(港币 13.8 亿元)后，净募集资金为人民币 243.26 亿元(或港币 227.34 亿元)。按照 H 股招股说明书阐明的募股资金用途，截止本报告期末，共使用了人民币 182.35 亿元，其中：截至二零零零年底使用了人民币 45 亿元，主要用于偿还第三方财务借款；本报告期内使用了人民币 137.35 亿元；截至二零零一年底发行的 H 股募集资金节余人民币 60.91 亿元。

二零零一年中国石化所使用的 H 股募集资金人民币 137.35 亿元，全部用于资本性支出。其中：油气勘探开发使用人民币约 52.8 亿元，主要用油气勘探和产能建设；炼油及成品油销售使用约人民币 83.85 亿元，主要用于收购加油站和油库，其中收购黄岛油库人民币 12.13 亿元；公司本部和专业公司使用人民币 1 亿元，用于企业资源计划(ERP)建设。

中国石化发行 A 股所募集资金为人民币 118.16 亿元，扣除费用后，发行 A 股的筹资净额为人民币 116.48 亿元。按照 A 股招股说明书阐明的募股资金用途，截至本报告期末，共使用了人民币 77.66 亿元，其中收购中国石化新星人民币 64.46 亿元已完成；西南成品油管道工程人民币 0.5 亿元主要用于项目前期费用；另用于补充中国石化的流动资金人民币 12.7 亿元。截至二零零一年底发行 A 股募集资金节余人民币 38.82 亿元。

8. 重大合作项目进展情况

(1) 中国石化的子公司中国石化福建炼油化工有限公司与埃克森美孚中国石化有限公司、沙特阿美海外公司三方共同投资的福建炼油乙烯合资项目已于二零零一年八月二十四日获得中国石化董事会批准，其项目的可行性研究报告已上报国家发展计划委员会。该项目中国石化福建炼油化工有限公司、埃克森美孚中国石化有限公司、沙特阿美海外公司三方的出资比例分别为 50%∶25%∶25%。

(2) 中国石化与上海石化、bp 于二零零一年八月三十一日签署了在中国成立中外合资经营企业的合资经营合同，其投资项目总额约为 27.04 亿美元。详细情况见中国石化于二零零一年九月三日境内刊登在《中国证券报》、《上海证券报》和《证券时报》及香港刊登在《经济日报》、《南华早报》的公告。

(3) 中国石化和壳牌(中国)有限公司、壳牌(中国)私人有限公司(「壳牌」)于二零零一年十一月二日签署了在湖南省岳阳市组建和运营煤气化合资项目的合资经营合同。该投资项目总额约 1.36 亿美元，其中中国石化和壳牌各占 50%。合资企业将兴建一座日耗煤 2,000 吨的煤气化工厂，预计于二零零四年投入运营。

(4) 由中国石化及其关联公司与德国巴斯夫(「BASF」)以 50%∶50% 股比设立的中德合资企业－扬子石化－巴斯夫有限责任公司，于二零零一年九月二十八日在中国南京举行了奠基仪式。扬子石化－巴斯夫有限责任公司总项目投资总额约 29.9 亿美元(包括公用工程)，建设并经营以 60 万吨/年乙烯装置为龙头，包括 9 套装置的一体化石化基地。该基地计划于二零零五年投入商业生产。

9. 员工削减情况及计划

中国石化计划于二零零一年至二零零五年的五个年度内通过退休、自愿离职及/或裁减的方法减员 10 万人，以提高效率及盈利。其中，二零零一年原计划减员 2.7 万人。但根据二零零一年的市场形势和公司的经营状况，中国石化认为必须加快减员步伐，早减员、早受益。为此，在二零零一年年初计划的基础上，公司加大了减员力度，二零零一年减员 6.8 万人，支付减员费用约人民币 25.46 亿元。预计以后每年节约人工成本及相应开支人民币 15.7 亿元。中国石化在合理配置现有人力资源的基础上及根据市场情况和董事会的批准，二零零二年计划通过退休及自愿离职减员 2 万人。

10. 重大诉讼、仲裁事项

本年度本公司无重大诉讼、仲裁事项。

11.「五分开」情况

本报告期内,中国石化与其控股股东实行了人员、资产和财务分开,机构、业务独立,各自独立核算,独自承担责任和风险。

12.章程修改

中国石化于二零零一年六月五日召开的二零零零年度股东年会上同意关于中国石化公司章程第二十条、第二十一条、第二十四条的修改方案。有关章程修改的详细情况见刊登在二零零一年六月六日香港的《经济日报》、《南华早报》公告。

13.增选董事和聘任高级管理人员

中国石化于二零零一年八月二十四日召开的二零零一年度第二次临时股东大会增选王益先生、张恩照先生为中国石化董事。

经中国石化总裁提名,于二零零一年八月二十四日召开的首届董事会第十次会议聘任王天普先生为中国石化副总裁。

有关增选董事和聘任高级管理人员的内容详见刊登在二零零一年八月二十七日的《中国证券报》、《上海证券报》和《证券时报》以及香港的《经济日报》、《南华早报》的公告。

14.托管、承包、租赁情况

报告期内,中国石化无应予披露的重大托管、承包、租赁其他公司资产或其他公司重大托管、承包、租赁中国石化资产的事项。

15 委托理财

本公司二零零一年度委托理财合计人民币20,000万元,是由中国石化的控股子公司中国石化中原油气高新股份有限公司(「中原油气」)于二零零零年十一月分别委托南方证券有限公司和大鹏证券有限公司进行的。委托理财的本金20,000万元已于二零零一年十一月全部收回,并取得投资收益1,200万元。该委托理财经过中原油气第一届董事会第七次会议通过,符合法定程序,委托、受托双方没有约定收益。

16.核数师

中国石化于二零零一年六月五日召开的二零零零年度股东年会上续聘毕马威华振会计师事务所和毕马威会计师事务所分别为二零零一年度境内及境外核数师。根据股东大会授权,经董事会批准,二零零一年审计费为6,000万港币。

由于历史原因,境内外已上市的子公司聘请了不同的会计师,境内上市的子公司聘任、解聘会计师事务所情况请参见其各自的年度报告。另外,按境内监管机构的要求,需单独披露两家仅在香港上市的子公司 - 中国石化镇海炼油化工股份有限公司(「镇海炼化」)和中国石化北京燕化石油化工股份有限公司(「北京燕化」)的有关情况。

公司名称 聘请会计师	中国石化 毕马威华振 会计师事务所 (境内)	中国石化 毕马威 会计师事务所 (境外)	镇海炼化 安达信公司 (境外)	北京燕化 安达信公司 (境外)
2001年审计费	3百万港元 (未支付)	5千7百万港元 (未支付)	37万美元 (未支付)	人民币3百万元 (未支付)
2000年审计费	无*	3千2百万港元** (已支付)	37万美元 (已支付)	人民币3百万元 (已支付)
差旅费等费用	由该所自行支付	由该所自行支付	由该所自行支付	由该所自行支付

*　于二零零零年中国石化并未发行A股因此无须支付审计费用。

**　为二零零零年下半年的审计费用,二零零零年上半年的审计费用已包括在中国石化在境外首次发行H股的上市费用中。

17.会计政策变更

根据财政部于二零零零年十二月二十九日发出的通知(财会字[2000]25号),自二零零一年一月一日起,各股份有限公司应开始执行《企业会计制度》编制财务报表。本公司在编制二零零零年年度财务报表时已采用《企业会计制度》,除住房周转金项目的调整之外,其他会计政策与二零零零年年报中的一致。

会计政策变更的详情列载于财务报表。

18.自二零零一年十月新的成品油价格接轨办法

国家发展计划委员会于二零零一年十月对石油产品价格接轨办法进行了改进,新办法将国内汽油、柴油价格与新加坡市场单一挂钩改为与新加坡、鹿特丹和纽约三地市场价格挂钩,以三地市场离岸价格为基础,由国家计委厘定并公布指导价,中国石化可于公布指导价上下8%范围内厘定零售价。此办法于二零零一年十月十七日开始执行。新的成品油价格接轨机制更加体现了国际化、市场化的原则,扩大了企业自主权增强了本公司应对市场的能力。

19.其他重要事项

中国石化、中国石化董事会及董事在报告期内没有受中国证监会稽查、中国证监会和香港证券期货监督委员会以及美国证券交易委员会的行政处罚、通报批评和上海证券交易所、香港联合交易所、纽约股票交易所和伦敦股票交易所的公开谴责。

九、关联交易

1.本公司与中国石化集团关联交易协议

境外上市前,在本公司进行重组的过程中,为突出主营业务,中国石化集团公司将拟投入本公司的各下属企业进行了剥离,剥离后留在中国石化集团的相当一部分资产和业务是本公司在生产过程中不可缺少的,部分业务和服务是第三方难以替代的;本公司的部分产品和业务对中国石化集团而言,也存在类似情况。因此,本公司和中国石化集团存在较多的关联交易。

为保证双方生产和业务的继续正常运行,本公司和中国石化集团(代表中国石化集团公司及其下属企业)签署了关联交易协议,关联交易具体包括下列各项:

(1) 产品、生产及建设服务互供配套服务协议(「互供协议」)

(2) 中国石化集团向本公司提供商标、专利计算机软件免费使用服务。

(3) 中国石化集团向本公司提供文教、卫生和社区服务。

(4) 中国石化集团向本公司提供土地和部分房屋租赁服务。

(5) 中国石化集团向本公司提供综合保险。

(6) 中国石化集团向本公司提供股东贷款。

(7) 本公司向中国石化集团提供产品代销服务。

(8) 本公司向中国石化集团提供的加油站特许经营许可。

2.香港联交所就本公司与中国石化集团关联交易作出的豁免

根据香港联交所上市规则,上述交易一般须按其性质及交易的价值全面作出披露,先征得独立董事批准并获得联交所批准。但对本公司而言不可行,并会增加本公司成本,因此,中国石化已于中国石化上市时要求香港联交所豁免上述交易全面遵守上市规则,香港联交所有条件地豁免中国石化的持续披露义务。

于二零零一年八月二十四日中国石化召开临时股东大会批准了《关于关联交易调整的协议》,对持续关联交易进行调整。详见中国石化于二零零一年六月二十二日刊登在《中国证券报》、《上海证券报》和《证券时报》的招股意向书第七部分有关内容。香港联交所已于二零零一年六月二十九日有条件地同意中国石化新的豁免持续披露义务。有关豁免持续披露义务的条件与中国石化于二零零一年六月三十日发给H股股东的关联交易及持续关联交易通函内容之董事长函件第八段及刊登于二零零一年七月十日的《中国证券报》、《上海证券报》和《证券时报》的中国石化二零零一年临时股东大会通告之附件三相关内容一致。

3.上海证券交易所上市规则关于中国石化与中国石化集团关联交易豁免披露及批准的规定

中国石化在A股招股书中,对于本公司与中国石化集团之间的上述关联交易及协议安排作了充分披露,根据上海证券交易所上市规则,在本报告期如果上述关联交易协议没有发生显着变化,中国石化豁免执行上海证券交易所上市规则有关关联交易披露及报准的规定。

4.本年度本公司关联交易实际执行情况

经中国石化的审计师审阅,本年度本公司实际发生的关联交易额共人民币858.86亿元,其中买入人民币416亿元,卖出人民币442.86亿元(包括卖出产品及服务人民币372.61亿元,于中国石化集团的平均月底存款金额及此等存款应收利息人民币70.18亿元,应收代理费0.07亿元),均满足香港联交所豁免条件。二零零一年中国石化集团向本公司提供的产品和服务(采购、储运、勘探及生产服务、与生产有关的服务)为人民币371.01亿元,占本公司全年经营费用的12.74%,同比上升1.54%,控制在豁免上限18%以内;中国石化集团向本公司提供的辅助及社区服务为人民币20亿元,占经营费用的0.69%,比上年0.85%略有降低,控制在豁免上限3%以内。二零零一年本公司对中国石化集团的产品销售人民币372.61亿元,占本公司经营收入的11.7%,控制在豁免上限16%以内。就土地使用权租赁合同而言,本公司就截至二零零一年十二月三十一日止应付之租金约为人民币20.07亿元。就安保基金文件应缴付的保费而言,本公司每年应缴付的金额不应低于安保基金文件所列明的金额。

中国石化首届董事会第十九次会议已批准二零零一年度的上述关联交易。

中国石化的核数师已出具信函向董事会表明:

(a) 该等交易已获董事会批准;

(b) 该等交易的价值符合有关协议所述的定价标准;及

(c) 该等交易的条款乃按监管该等交易的协议及文件的有关条款订立。

中国石化独立董事对上述关联交易审阅后确认:

(a) 该等交易是在中国石化的日常及一般业务中订立;

(b) 符合下列其中一项:

I. 按一般商业条款订立;

II. 按不低于来自/给予独立第三方所得的条款订立;或

III. 如不能作出比较而确定有关交易及协议符合I项或II项,则按对中国石化股东而言乃公平合理的条款订立;及

(c) 若干交易的总值不超过其各自上限。

5.本年度发生的其它重大关联交易事项

(1) 中国石化持有79.73%股权的子公司中国石化石家庄炼油化工股份有限公司(「石炼化」)于二零零一年十月三十日与中国石化集团签定一份协议,以人民币2.66亿元为对价,出售石炼化持有的25%的石家庄化纤有限责任公司的出资。详细情况见中国石化于二零零一年十月三十日境内刊登在《中国证券报》、《上海证券报》和《证券时报》及香港刊登在《经济日报》、《南华早报》的公告。

(2) 二零零一年八月二十四日,中国石化召开二零零一年度临时股东大会,独立股东批准了收购中国石化集团所全资拥有的重组后的中国石化新星全部权益。关于收购中国石化新星的详情见中国石化二零零一年年度报告「重大事项揭示」部分。

十、财务报告

以下为本集团截至二零零一年十二月三十一日止年度经审计的综合业绩摘要,摘录自本集团按中国会计准则及制度及按《国际会计准则》编制的经审计财务报告,连同二零零零年数据的比较。

(一) 按照中国会计准则及制度编制的会计报表

1　资产负债表

	2001 本集团 人民币百万元	2000 本集团 人民币百万元	2001 本公司 人民币百万元	2000 本公司 人民币百万元
资产				
流动资产:				
货币资金	22,854	41,134	11,825	29,267
应收票据	3,542	2,603	1,464	1,191
应收利息	16	70	-	45
应收帐款	11,082	12,687	9,461	12,059
其它应收款	19,802	20,105	24,303	17,107
预付帐款	4,021	5,265	2,590	3,947
存货	45,448	49,761	27,187	32,234
流动资产合计	106,765	131,625	76,830	95,850
长期股权投资 (其中:股权投资差额 人民币438百万元 (2000年:人民币 553百万元))	8,910	5,235	91,105	79,581
固定资产:				
固定资产原价	390,533	338,081	181,967	149,968
减:累计折旧	177,040	152,454	76,204	64,371
固定资产净值	213,493	185,627	105,763	85,597
减:固定资产减值准备	391	391	391	391
固定资产净额	213,102	185,236	105,372	85,206
工程物资	774	468	140	114
在建工程	26,006	16,150	16,481	9,535
固定资产合计	239,882	201,854	121,993	94,855
无形资产	3,977	1,049	3,753	812
递延税项	760	1,155	337	734
资产总计	360,294	340,918	294,018	271,832
	2001 本集团 人民币百万元	2000 本集团 人民币百万元	2001 本公司 人民币百万元	2000 本公司 人民币百万元
负债及股东权益				
流动负债:				
短期借款	37,915	50,654	26,106	35,818
应付票据	26,022	11,203	19,291	6,409
应付帐款	16,793	19,403	12,727	19,269
预收帐款	2,884	2,456	1,444	1,409

应付工资	1,020	739	320	296
应付福利费	888	599	438	273
应付股利	6,936	6,712	6,936	6,712
应交税金	3,587	4,093	845	1,247
其它应交款	1,035	826	285	226
其它应付款	20,112	23,122	22,819	19,622
预提费用	873	336	613	240
一年内到期的长期负债	11,296	8,010	6,949	4,945
流动负债合计	129,361	128,153	98,773	96,466
长期负债:				
长期借款	65,501	65,904	55,555	54,536
应付债券	1,500	2,770	–	–
住房周转金	–	(862)	–	–
其它长期负债	806	434	618	37
长期负债合计	67,807	68,246	56,173	54,573
递延税项	679	427	33	–
负债合计	197,847	196,826	154,979	151,039
少数股东权益	23,408	23,299	–	–
股东权益:				
股本	86,702	83,902	86,702	83,902
资本公积	36,297	27,449	36,297	27,449
盈余公积 (其中:法定公益金 人民币 3,017 百万元 (2000 年:人民币 1,615 百万元))	6,034	3,230	6,034	3,230
未分配利润	10,006	6,212	10,006	6,212
股东权益合计	139,039	120,793	139,039	120,793
负债及股东权益总计	360,294	340,918	294,018	271,832

2 利润和利润分配表

	2001 本集团 人民币百万元	2000 本集团 人民币百万元	2001 本公司 人民币百万元	2000 本公司 人民币百万元
主营业务收入	304,347	322,932	218,675	222,337
减:主营业务成本	236,135	249,234	186,674	190,184
主营业务税金及附加	11,863	12,101	7,488	7,656
主营业务利润	56,349	61,597	24,513	24,497
加:其它业务利润	1,535	1,028	951	675
减:营业费用	12,300	11,583	8,635	7,940
管理费用	14,369	17,172	8,933	11,651
财务费用	3,596	4,843	1,859	2,990
勘探费用(包括干井成本)	3,775	2,883	2,375	1,568
营业利润	23,844	26,144	3,662	1,023
加:投资收益	546	235	19,329	23,431
营业外收入	769	215	265	137
减:营业外支出	3,508	657	2,353	751
利润总额	21,651	25,937	20,903	23,840
减:所得税	7,092	7,954	6,885	7,686
少数股东权益	541	1,829	–	–
净利润	14,018	16,154	14,018	16,154
加:已于以前年度披露 的期初未分配利润	6,212	–	6,212	–
减:冲销住房公积金余额 (扣除少数股东应占份额)	484	–	484	–
重报的期初未分配利润	5,728	–	5,728	–
可供分配的利润	19,746	16,154	19,746	16,154
减:提取法定盈余公积金	1,402	1,615	1,402	1,615
提取法定公益金	1,402	1,615	1,402	1,615
可供股东分配的利润	16,942	12,924	16,942	12,924
减:应付股利	6,936	6,712	6,936	6,712
未分配利润	10,006	6,212	10,006	6,212

3 现金流量表

	2001 本集团 人民币百万元	2001 本公司 人民币百万元
经营活动产生的现金流量:		
销售商品、提供劳务收到的现金	457,190	315,533
收到的租金	176	74
收到的其它与经营活动有关的现金	1,007	529
现金流入小计	458,373	316,136
购买商品、接受劳务支付的现金	(329,375)	(253,199)
经营租赁所支付的现金	(2,832)	(1,979)
支付给职工以及为职工支付的现金	(12,319)	(6,507)
支付的增值税	(14,799)	(7,570)
支付的所得税	(6,326)	(3,096)
支付除增值税、所得税外的各项税费	(12,559)	(8,163)
支付的其它与经营活动有关的现金	(20,471)	(9,495)
现金流出小计	(398,681)	(290,009)
经营活动产生的现金流量净额	(a) 59,692	26,127
投资活动产生的现金流量:		
收回投资所收到的现金	307	245
处置固定资产和无形资产所收回的现金净额	374	247
收到的其它与投资活动有关的现金	40,257	49,217
现金流入小计	40,938	49,709
购建固定资产和无形资产所支付的现金	(56,300)	(31,553)
投资所支付的现金	(3,779)	(10,809)
收购中国石化新星所支付的现金净额	(b) (6,129)	(6,129)
支付的其它与投资活动有关的现金	(18,698)	(16,960)
现金流出小计	(84,906)	(65,451)
投资活动产生的现金流量净额	(43,968)	(15,742)
筹资活动产生的现金流量:		
吸收投资所收到的现金	11,883	11,883
吸收少数股东投资所收到的现金	287	–
借款所收到的现金	258,928	162,254
现金流入小计	271,098	174,137
偿还债务所支付的现金	(272,410)	(171,719)
发生筹资费用所支付的现金	(235)	(235)
分配股利、利润或偿付利息所支付的现金	(11,769)	(10,164)
子公司支付少数股东的股利	(682)	–
现金流出小计	(285,096)	(182,118)
筹资活动产生的现金流量净额	(13,998)	(7,981)
汇率变动的影响	(7)	–
现金及现金等价物净增加额	(c) 1,719	2,404

现金流量表补充说明

	2001 本集团 人民币百万元	2001 本公司 人民币百万元
(a) 将净利润调节为经营活动现金流量:		
净利润	14,018	14,018
加:固定资产折旧	24,659	10,630
无形资产摊销	260	239
处置固定资产和无形资产的净损失	107	178
财务费用	3,596	1,859
投资收益	(546)	(19,329)
递延税款贷项	647	430
存货的减少	4,596	5,330
经营性应收项目的减少/(增加)	2,144	(2,300)
经营性应付项目的增加	9,670	15,072
少数股东权益	541	–
经营活动产生的现金流量净额	59,692	26,127

	2001 本集团及本公司 人民币百万元
(b) 购买中国石化新星的基本情况	
购买价格	6,446
减:购买中国石化新星所取得的现金	317
收购中国石化新星所支付的现金净额	6,129
购买中国石化新星所取得的现金	317
购买中国石化新星所取得非现金资产	
固定资产及在建工程	4,861
长期投资	501
应收帐款	385
存货	283
预付帐款及其他应收款	833
其他资产	153
	7,333
负债	
短期借款	445
预提费用及其他应付款	868
长期借款	2,331
其他负债	178
	3,822
少数股东权益	228
净资产	3,283
无形资产 – 油田勘探开采权	3,163
购买价格	6,446

	2001 本集团 人民币百万元	2001 本公司 人民币百万元
(c) 现金及现金等价物净增加情况:		
现金及现金等价物的年末余额	21,023	11,595
减:现金及现金等价物的年初余额	19,304	9,191
现金及现金等价物净增加额	1,719	2,404

4 主要业务、公司简介及编制基准

中国石油化工股份有限公司(「本公司」)是一家石油及能源公司,透过各附属公司(以下统称「本集团」)在中华人民共和国(「中国」)从事完全综合性的石油及天然气和化工业务。

本公司是于二零零零年二月二十五日在中国成立的股份有限公司,本公司的成立是直属中国国务院领导的部级企业 – 中国石油化工集团公司(「中国石化集团公司」)(即本集团的最终控股公司)进行重组的其中一环。

按财政部于二零零零年十二月二十九日发出的通知(财会字[2000]25 号),自二零零一年一月一日起,各股份有限公司应开始执行《企业会计制度》编制财务报表。

本集团及本公司在编制二零零零年年度财务报表时已采用《企业会计制度》,因此除在注释五中所述关于住房周转金项目的调整之外,其他会计政策与二零零零年年报中的一致。

5 会计政策变更

按财政部于二零零零年九月六日发出的文件(财企[2000]295 号)及于二零零一年一月七日发出的文件(财会字[2001]5 号),于二零零零年十二月三十一日的住房周转金借方余额(扣除少数股东应占份额),需于二零零一年度冲减期初未分配利润。本集团及本公司的股东权益因此减少人民币 4.84 亿元。

以上会计政策变更对期初未分配利润的影响如下:

	本集团 及本公司 人民币百万元
于二零零零年十二月三十一日的未分配利润	6,212
冲减住房周转金科目借方余额(扣除少数股东应占份额)	484
于二零零一年一月一日重报的期初未分配利润	5,728

6 减员费用

根据本集团的自愿性员工削减计划,本集团于截至二零零一年十二月三十一日止年度对共约 68,000 名自愿离职或分流至中国石化集团公司的员工所计提的减员费用为人民币 25.46 亿元。于人民币 25.46 亿元的费用中约人民币 12.45 亿元是支付予接受分流至中国石化集团公司的员工。于二零零一年十二月三十一日,这些费用均已由本集团发放给各员工。分流至中国石化集团公司的员工于日后离职时可获得按当时情况计算的离职补偿。

(二) 按照《国际会计准则》编制的会计报表

1 合并利润表

(除每股数字外,以百万元列示)

	注释	2001 人民币	2000 人民币
营业额及其他经营收入			
营业额		304,347	325,340
其他经营收入		14,124	6,236
		318,471	331,576
经营费用			
采购原油、产品及经营供应品及费用		(220,313)	(226,533)
销售、一般及管理费用		(17,138)	(19,519)
折旧、耗减及摊销		(22,430)	(20,781)
勘探费用(包括干井成本)		(3,775)	(3,030)
职工费用		(12,889)	(13,264)
减员费用	3	(2,546)	–
所得税以外的税金		(11,887)	(12,220)

其他经营费用(净额)		(193)	(718)
经营费用合计		(291,171)	(296,065)
经营收益		27,300	35,511
融资成本			
利息支出		(4,706)	(6,663)
利息收入		1,183	861
汇兑亏损		(222)	(85)
汇兑收益		593	951
融资成本净额		(3,152)	(4,936)
投资收益		199	191
应占联营公司及合营公司的损益		320	270
除税前正常业务利润		24,667	31,036
所得税	4	(8,029)	(9,638)
除税后正常业务利润		16,638	21,398
少数股东权益		(613)	(1,814)
股东应占利润		16,025	19,584
拟拨入储备	5	(2,804)	(3,230)
每股基本净利润	6	0.19	0.27
股利	7	6,712	579

2 主要业务、公司简介及编列基准

中国石油化工股份有限公司(「本公司」)是一家石油及能源公司,透过各附属公司(以下统称为「本集团」)在中华人民共和国(「中国」)从事完全综合性的石油及天然气和化工业务。

本公司是于二零零零年二月二十五日在中国成立的股份有限公司,本公司的成立是直属中国国务院领导的部级企业－中国石油化工集团公司(「中国石化集团公司」)(即本集团的最终控股公司)进行重组的其中一环。

根据于二零零一年八月二十四日举行的临时股东大会,本公司决议向中国石化集团公司收购中国石化集团新星石油有限责任公司(「中国石化新星」)所有权益,作价人民币 64.5 亿元(以下统称为「收购」)。

由于本集团及中国石化新星共同在中国石化集团公司的控制下,此收购被视为「共同控制下企业的合并」,并按类似股权联合法的重组共同控制下业务的方式编制。因此,被收购的中国石化新星的资产和负债,均已按历史数额列示,而本集团及本公司于合并前的财务报表已因合并中国石化新星而重新编制。本集团付出的作价已作为权益交易反映。

本集团及中国石化新星于以前年度表述的经营业绩及于随附的截至二零零零年十二月三十一日止年度的合并金额列示如下:

	本集团(不包括中国石化新星)人民币百万元	中国石化新星 人民币百万元	合并 人民币百万元
经营业绩:			
经营收入	328,901	2,675	331,576
净利润	19,004	580	19,584
每股基本收益(人民币元)	0.26	0.01	0.27

3 减员费用

根据本集团的自愿性员工削减计划,本集团于截至二零零一年十二月三十一日止年度对共约 68,000 名自愿离职或分流至中国石化集团公司的员工所计提的减员费用为人民币 25.46 亿元。于人民币 25.46 亿元的费用中约人民币 12.45 亿元是支付予接受分流至中国石化集团公司的员工。于二零零一年十二月三十一日,这些费用均已由本集团发放给各员工。分流至中国石化集团公司的员工于日后离职时可获得按当时情况计算的离职补偿。

4 所得税

	2001 年 人民币百万元	2000 年 人民币百万元
中国所得税准备		
－本集团	6,414	8,994
－联营公司及合营公司	23	21
递延税项	1,592	623
	8,029	9,638

截至二零零零及二零零一年十二月三十一日止两个年度,除本公司的部分附属公司是按 15% 优惠税率计算所得税外,本集团根据中国有关所得税税务法规按应课税所得的 33% 法定税率计算中国所得税准备。

5 拟拨入储备

根据公司章程,本公司应从按中国会计准则及制度计算的净利润之 10% 提取法定盈余公积金直至公积金的总额达到公司注册资本的 50% 为止。此项基金须在向股东分派股利前提取。法定盈余公积金可以用来弥补以前年度亏损,亦可用来根据股东现持股比例发行新股转增资本,或增加股东现有股票面值,但在以上用途后不少于注册资本的 25%。本公司于截至二零零一年十二月三十一日止年度结转人民币 14.02 亿元(二零零零年:人民币 16.15 亿元)即根据中国会计准则及制度计算的净利润基础上按 10% 比例转至此储备。

根据公司章程,本公司应从按中国会计准则及制度计算的净利润之 5% 至 10% 的比例提取法定公益金。此项基金可被用于公司职工的集体福利,例如建造职工宿舍,食堂和其他职工福利设施。除非公司清算否则不能被分配。此项基金须在向股东分派股利前提取。董事拟将人民币 14.02 亿元(二零零零年:人民币 16.15 亿元)即根据中国会计准则及制度计算的净利润基础上按 10% 比例转入此基金,并提呈股东批准。

6 每股基本净利润

每股基本净利润是按股东应占利润人民币 160.25 亿元(二零零零年:人民币 195.84 亿元)及本公司于本年度内已发行股份的加权平均股数 85,168,192,425 股(二零零零年:71,936,025,585 股)计算。于截至二零零一年十二月三十一日止年度的加权平均数已反映本公司于二零零一年七月透过上海证券交易所于国内公开招股的新增股份 2,800,000,000 股普通股。于截至二零零零年十二月三十一日止年度的加权平均数已反映本公司于二零零零年十月份透过全球首次招股的新增股份 15,102,439,000 股。

摊薄之每股净利润并未列出,因于此两年度内并没有具摊薄性的潜在普通股存在。

7 股利

年度股利	2001 年 人民币百万元	2000 年 人民币百万元
于资产负债表日期后批准的拟派期末股利,每股人民币 0.08 元(二零零零年:每股人民币 0.08 元)	6,936	6,712
年内宣派及已付的股利	－	579
	6,936	7,291

二零零零年二月依法成立后共宣派股利人民币 5.79 亿元。

董事会于二零零二年三月二十八日提议本公司派发期末股利,每股人民币 0.08 元(二零零零年:每股人民币 0.08 元),共人民币 69.36 亿元(二零零零年:人民币 67.12 亿元)。此项提议尚待股东于股东周年大会批准。这股利并未在截至二零零一年十二月三十一日止年度的财务报表预提。

年内批准及已付的以前年度股利

	2001 年 人民币百万元	2000 年 人民币百万元
年内批准及已付的以前年度股利,每股人民币 0.08 元(二零零零年:无)	6,712	－
年内宣派及已付的股利	－	579
	6,712	579

8 除税前正常业务利润

除税前正常业务利润已扣除:

	2001 人民币百万元	2000 人民币百万元
发生的利息支出	5,692	7,265
减:资本化利息	(986)	(602)
利息支出	4,706	6,663
存货成本	249,700	252,873
出售物业、厂房及设备亏损	67	928

9 分部报告

下表所示为本集团各个业务分部所汇报的资料:

	2001 人民币百万元	2000 人民币百万元
销售收入		
勘探及生产		
对外销售	11,095	12,254
分部间销售	43,332	46,213
	54,427	58,467
炼油		
对外销售	49,497	67,872
分部间销售	156,782	162,153
	206,279	230,025
营销及分销		
对外销售	180,610	174,645
分部间销售	2,460	652
	183,070	175,297
化工		
对外销售	48,945	56,224
分部间销售	5,626	3,443
	54,571	59,667
企业与其他		
对外销售	14,200	14,345
分部间销售	8,875	11,527
	23,075	25,872
抵销分部间销售	(217,075)	(223,988)
合并销售收入	304,347	325,340
其他经营收入		
勘探及生产	6,168	1,441
炼油	2,761	3,070
营销及分销	201	326
化工	4,361	1,273
企业与其他	633	126
合并其他经营收入	14,124	6,236
合并经营收入	318,471	331,576

业绩

	2001 人民币百万元	2000 人民币百万元
经营收益		
按分部		
－勘探及生产	23,185	25,411
－炼油	2,106	1,394
－营销及分销	2,443	6,358
－化工	(758)	2,437
－企业与其他	324	(89)
经营收益总额	27,300	35,511
按权益法计算的投资损益		
－勘探及生产	258	229
－炼油	10	33
－营销及分销	71	60
－化工	(23)	(64)
－企业与其他	4	12
按权益法计算的投资损益总额	320	270
融资成本		
利息支出	(4,706)	(6,663)
利息收入	1,183	861
汇兑亏损	(222)	(85)
汇兑收益	593	951
融资成本净额	(3,152)	(4,936)
投资收益	199	191
除税前正常业务利润	24,667	31,036
所得税	(8,029)	(9,638)
除税后正常业务利润	16,638	21,398
少数股东权益	(613)	(1,814)
股东应占利润	16,025	19,584

有鉴于本集团主要于中国经营,故没有将按经营地区的分部资料显示。

(三)按中国会计准则及制度和《国际会计准则》编制的会计报表之差异

除会计报表中某些项目的分类不同及下述的会计帐目处理差异外,本集团根据《国际会计准则》和中国会计准则及制度编制的会计报表无重大差异。其主要差异如下:

(i) 油气田资产折旧

按中国会计准则及制度,油气田资产以直线法计提折旧,而《国际会计准则》须以生产单位法计提折旧。

(ii) 一般性借款费用资本化

根据中国会计准则及制度,只有为建造固定资产而借入发生的专门借款所发生的费用才予以资本化。而根据《国际会计准则》,对于一般性借款用于获取一项符合条件的资产,其借款费用应予资本化为该资产成本的一部分。以上的递延税项已在按《国际会计准则》的财务报表确认。

(iii) 收购中国石化新星

根据中国会计准则及制度,收购是采用收购法入帐。根据收购法,收购企业者的收入包括被收购企业自相关收购日起的营运业绩。因收购而产生的差异即中国石化新星的收购成本超过所收购净资产的公允价值的数额,被资本化为油田勘探开采权,按 27 年摊销。

由于本集团与中国石化新星在收购发生前均是受共同控制,因此,根据《国际会计准则》,这项收购被视为「在共同控制下的企业合并」处理。根据《国际会计准则》,共同控制下的企业是按「假设联合经营」法入帐,即资产及负债是按历史成本入帐,而各公司在合并之前期间的财务报表按合并基准重报。本集团已付的现金价款已按《国际会计准则》在收购发生年度作为权益交易处理。

(iv) 员工宿舍房屋的分配

按中国会计准则及制度,清理此等使用权的损失应按照财政部一九九五年三月三日财会字[1995]14 号文之要求借记住房周转金科目。有关的递延税项影响已在《国际会计准则》报表中确认。按财政部二零零零年九月六日财企[2000]295 号文及二零零一年一月七日财会字[2001]5 号文,于二零零零年十二月三十一的住房周转金借方余额扣除少数股东应占份额后需冲减二零零一年一月一日的留存收益。按《国际会计准则》,当员工获得员工宿舍的产权后,相关的房屋使用权已无价值并应将减值计入利润表中。

(v) 长期资产减值准备

按中国会计准则及制度和《国际会计准则》,当长期资产的帐面值超过资产的净售价或使用价值之较高数额时,便会确认减值准备。有关的使用价值涉及把资产的估计未来现金流量贴现。由于油气田资产折旧方法的差异(见(i)),按中国会计准则及制度和按《国际会计准则》计算的固定资产帐面净值产生差异,因而确认的减值准备及冲回部分也相应地不同。

(vi) 股利

按中国会计准则及制度,该会计年度的股利如在该年度后才宣布,股利应在该会计年度予以确认。而按《国际会计准则》,股利只在宣布当日才确认为负债并计入帐内。

就中国会计准则及制度和《国际会计准则》之重大差异对净利润的影响分析如下:

	参考上文附注	2001 人民币百万元	2000 人民币百万元
按中国会计准则及制度编制的会计报表之净利润		14,018	16,154
调整:			
油气田资产折旧	(i)	2,429	4,372
一般性借款费用资本化	(ii)	398	-
收购中国石化新星	(iii)	117	580
长期资产减值准备	(v)	-	(113)
以上调整对税务之影响		(937)	(1,409)
按《国际会计准则》编制的会计报表之净利润 (注释)		16,025	19,584

就中国会计准则及制度和《国际会计准则》之重大差异对股东权益的影响分析如下:

	参考上文附注	2001 人民币百万元	2000 人民币百万元
按中国会计准则及制度编制的会计报表之股东权益		139,039	120,793
调整:			
油气田资产折旧	(i)	6,801	4,372
一般性借款费用资本化	(ii)	398	-
收购中国石化新星	(iii)	(3,046)	3,283
员工宿舍房屋的分配	(iv)	-	(545)
长期资产减值准备	(v)	(113)	(113)
股利	(vi)	6,936	6,712
以上调整对税务之影响		(2,346)	(1,348)
按《国际会计准则》编制的会计报表之股东权益(注释)		147,669	133,154

(注释)以上节录自《国际会计准则》编制的会计报表数字已经过毕马威会计师事务所审计。

(四) 供北美股东参考补充资料

本集团的会计政策与《国际会计准则》相符,但《国际会计准则》在某些重大方面与美国公认会计原则有差异。现将对净利润及股东权益有重大影响的差异载列如下。

(i) 汇兑损益

根据《国际会计准则》,因借贷资金以集资兴建物业、厂房及设备而产生认为属于利息费用调整范围的外汇差价,在兴建期内予以资本化。按美国公认会计原则,一切外币负债产生的汇兑损益均计入当期溢利。

(ii) 物业、厂房及设备资本化

在本报表所呈述期间以前的年度内需要就利息资本化及投产前业绩在《国际会计准则》所作的调整须按照美国公认会计原则拨回及列为开支。在本报表所呈述期间内,并无就利息及投产前业绩资本化作出调整。因此按美国公认会计原则作出的调整是指上文所述本来应作调整的摊销影响。

(iii) 物业、厂房及设备重估

根据中国有关法规对重组的有关规定,本集团的物业、厂房及设备于一九九九年九月三十日进行重估。此外,中国石化新星的物业、厂房及设备于二零零零年十二月三十一日亦就收购进行重估。根据《国际会计准则》,重估结果令股东权益增加,反映在某些物业、厂房及设备的帐面值上升至超过历史基价。

按美国公认会计原则,物业、厂房及设备均以历史成本减累计折旧列示。然而,由于重估盈余可抵税,按美国公认会计原则,其递延税项资产予以确认,令股东权益也相应地增加。

此外,根据《国际会计准则》,当出售重估后的资产时,其相关之重估盈余需结转留存利益。根据美国公认会计原则,出售资产之损益是按其历史成本计算,并计入当期溢利。

(iv) 长期资产的耗蚀

根据《国际会计准则》,当长期资产的帐面值超过资产的净售价或使用价值两者中的较高数额时,便会确认为耗蚀亏损。有关的使用价值涉及把资产的估计未来现金流量贴现。

根据美国公认会计原则,长期资产的可收回程度是按照因使用有关资产及其最终处理方法的估计未贴现未来现金流量来厘定。倘若预期未来现金流量的数额少于资产的帐面值,便会确认为耗蚀亏损。长期资产的耗蚀亏损是以其公平价值来衡量。

此外,根据《国际会计准则》,假如资产在导致作出冲销的情况和事件不再存在时,其后增加的可收回值可拨回合并利润表至同一资产在先前确认为开支的耗蚀亏损的数额。所拨回的数额需减去假如下作撇销而应已确认为折旧的金额。根据美国公认会计原则,耗蚀亏损为已耗蚀资产定下了新的成本基准。除再度列为耗蚀亏损以外,这个新的成本基准不可在其后作出调整。

截至二零零一年十二月三十一日止年度,美国公认会计原则调整代表按《国际会计准则》拨回过往耗蚀亏损返还对折旧的影响。

(v) 减员费用

按《国际会计准则》编制的财务报表附注中列示,若干原属本集团员工分流至中国石化集团公司。截至二零零一年十二月三十一日止年度,中国石化集团公司对已分流至中国石化集团公司及其后解雇的员工付出人民币为 28.85 亿元。根据《国际会计准则》,中国石化集团公司付给这些员工的减员费用并不包括在当期溢利。按美国公认会计原则的《会计原则意见书》第 25 号的解释公告第 1 号,中国石化集团公司付给这些员工的减员费用应计入当期溢利,并令股东权益也相应地增加。

(vi) 投资联营公司的利息资本化

根据《国际会计准则》,投资按权益法列示并不属于一个合资格资产来将利息资本化。根据美国公认会计原则,当投资按权益法列示,而被投资者亦有活动开始计划其主营业务及利用资金购买合资格的资产作营运,这属于一种合资格资产及其利息可予以资本化。

《国际会计准则》与美国公认会计原则的重大差异对股东应占利润的影响如下:

	参考上文附注	2001 美元百万元	2001 人民币百万元	2000 人民币百万元
按《国际会计准则》计算的股东应占利润		1,936	16,025	19,584
按美国公认会计原则作出的调整:				
汇兑损益	(i)	9	76	76
物业、厂房及设备资本化	(ii)	1	12	12
已重估物业、厂房及设备折旧	(iii)	507	4,196	3,994
出售物业、厂房及设备	(iii)	28	232	199
拨回长期资产耗蚀(已扣除折旧影响)	(iv)	7	59	(808)
减员费用	(v)	(349)	(2,885)	-
投资联营公司的利息资本化	(vi)	9	70	-
美国公认会计原则调整的递延税务影响		(56)	(470)	(1,046)
按美国公认会计原则计算的股东应占利润		2,092	17,315	22,011
按美国公认会计原则计算的每股基本及摊薄净利润		美金 0.02 元	人民币 0.20 元	人民币 0.31 元
按美国公认会计原则计算的每股美国存托股份的基本及摊薄净利润*		美金 2.46 元	人民币 20.33 元	人民币 30.60 元

* 每股美国存托股份的基本及摊薄净利润是按每股美国存托股份相等于 100 股 H 股计算。

《国际会计准则》与美国公认会计原则的重大差异对股东权益的影响如下:

	参考上文附注	2001 美元百万元	2001 人民币百万元	2000 人民币百万元
按《国际会计准则》计算的股东权益		17,842	147,669	133,154
按美国公认会计原则作出的调整:				
汇兑损益	(i)	(61)	(504)	(580)
物业、厂房及设备资本化	(ii)	(4)	(36)	(48)
物业、厂房及设备重估	(iii)	(2,880)	(23,837)	(28,265)
就重估作出的递延税项调整	(iii)	883	7,309	8,671
拨回长期资产耗蚀	(iv)	(81)	(667)	(726)
投资联营公司的利息资本化	(vi)	9	70	-
美国公认会计原则调整的递延税务影响		44	367	427
按美国公认会计原则计算的股东权益		15,752	130,371	112,633

十一、股份购买、出售及赎回

截至二零零一年十二月三十一日止年度,中国石化或其任何附属公司概无购买、出售或赎回中国石化任何证券。

十二、最佳应用守则

于报告期间,中国石化董事符合上市规则附录十四《最佳应用守则》的规定。

十三、备查文件

中国石化将于二零零二年六月三十日或之前向美国证券交易管理委员会呈交 20-F 表格。中国石化二零零一年报可在下列地址索取:

中国:中国北京市朝阳区惠新东街甲六号中国石油化工股份有限公司

美国:Citibank, N.A., 111 Wall Street, New York NY 10005, United States of America

英国:Citibank, N.A., Cottons Centre, Hays Lane, London SE1 2QT, U.K.

载有上市规则附录 16 第 45(1)至第 45(3)段规定的所有资料的详细业绩公布将于短期内在香港联合交易所有限公司网址上刊载。

承董事会命

李毅中

董事长

中国北京,二零零二年三月二十八日

600033 福建发展高速公路股份有限公司

2001 年年度报告摘选

一、公司基本情况简介

(一)公司中文名称:福建发展高速公路股份有限公司
公司英文名称:FUJIAN EXPRESSWAY DEVELOMENT CO.,LTD
(二)公司法定代表人:唐建辉
(三)公司董事会秘书:蒋建新
证券事务代表:林凯
联系地址:福州市杨桥东路118号宏杨新城2号楼19层
联系电话:0591—7612847
传　　真:0591—7601476
电子信箱:fjgsgf@pub6.fz.fj.cn
(四)公司注册地址:福州市杨桥东路118号宏杨新城2号楼19层
邮政编码:350001
公司办公地址:福州市杨桥东路118号宏杨新城2号楼19层
电子信箱:fjgsgf@pub6.fz.fj.cn
(五)公司选定的信息披露报纸:《中国证券报》、《上海证券报》
登载公司年度报告的中国证监会指定国际互联网网址:http://www.sse.com.cn
公司年度报告备置地点:公司证券投资部
(六)公司股票上市交易所:上海证券交易所
股票简称:福建高速
股票代码:600033

二、会计数据和业务数据摘要

(一)本年度实现利润情况:　　(单位:人民币元)

项目	金额
利润总额	298,995,098.12
净利润	220,276,251.31
扣除非经常性损益后的净利润	184,098,213.97
主营业务利润	212,802,244.48
其他业务利润	-612,389.96
营业利润	146,374,939.18
投资收益	485,661.56
补贴收入	150,000,000.00
营业外收支净额	2,134,497.38
经营活动产生的现金流量净额	339,561,450.48
现金及现金等价物增减额	228,043,348.72

(二)近二年的主要会计数据和财务指标:

财务指标	单位	2001年度	2000年度
主营业务收入	元	303,682,633.31	201,466,612.07
净利润	元	220,276,251.31	134,128,616.31
总资产	元	5,914,877,865.48	2,238,117,352.62
股东权益(不含少数股东权益)	元	2,347,445,256.72	909,010,173.74
全面摊薄每股收益	元/股	0.3216	0.2766
加权平均每股收益	元/股	0.3296	0.2766
扣除非经常性损益的每股收益	元/股	0.2688	0.2752
每股净资产	元/股	3.4269	1.8742
调整后的每股净资产	元/股	3.4259	1.8740
每股经营活动产生的现金流量净额	元/股	0.4957	0.6802
全面摊薄净资产收益率	%	9.38	14.76
加权平均净资产收益率	%	9.97	15.93
扣除非经常性损益的加权平均净资产收益率	%	8.33	14.69

注:2001年股本为685,000,000元、2000年股本为485,000,000.00元。

(三)净资产收益率和每股收益

2001年度利润	净资产收益率%		每股收益(元)	
	全面摊薄	加权平均	全面摊薄	加权平均
主营业务利润	9.07	9.63	0.3107	0.3184
营业利润	6.24	6.62	0.2137	0.219
净利润	9.38	9.97	0.3216	0.3296
扣除非经常性损益后的净利润	7.84	8.33	0.2688	0.2755

注:计算公式参照"《公开发行证券公司信息披露编报规则》第九号的通知"

三、股本变动和股东情况

(一)股本变动情况
1、股本变动情况表　　单位:股

	本次变动前	期间变动增减(+,-) 配股	送股	公积金转股	增发	其他	小计	本次变动后
一、未上市流通股份								
1、发起人股份	485,000,000							485,000,000
其中:								
国家拥有股份	485,000,000					-326,742	-326,742	484,673,258
境内法人持有股份	0					+326,742	+326,742	326,742
境外法人持有股份								
其他								
2、募集法人股份								
3、内部职工股								
4、优先股或其他								
未上市流通股股份合计	485,000,000							
二、已上市流通股份								
1、人民币普通股	0				+200,000,000		+200,000,000	200,000,000
2、境内上市的外资股								
3、境外上市的外资股								
4、其他								
已上市流通股份								
三、股份总数	485,000,000							685,000,00

600037 北京歌华有线电视网络股份有限公司

2001 年年度报告摘选

第一章　公司基本情况简介

一、公司名称:
公司法定中文名称:北京歌华有线电视网络股份有限公司
公司法定英文名称:Beijing Gehua CATV Network Co.,LTD.
英文名称缩写:BGCTV
二、公司法定代表人:高峰倩
三、公司董事会秘书:廖莹
联系地址:北京市海淀区花园北路35号东门
电话:010-62035573　　传真:010-62035573
电子信箱:liaoying@bgctv.com.cn
四、公司注册地址:北京市海淀区皂君庙甲2号
公司办公地址:北京市海淀区花园北路35号东门　　邮政编码:100083
公司国际互联网网址:http://www.bgctv.com.cn
公司电子信箱:bgctv@bgctv.com.cn
五、公司指定信息披露报纸:《中国证券报》、《上海证券报》
登载公司年报的中国证监会指定网站网址:www.sse.com.cn
公司年度报告备置地点:公司证券投资部
六、公司股票上市交易所:上海证券交易所
股票简称:歌华有线　　股票代码:600037

第二章　会计数据和业务数据摘要

一、本年度主要利润指标情况(单位:人民币元)

项目	金额
1、利润总额:	154,830,535.83
2、净利润:	142,347,206.39
3、扣除非经营性损益后的净利润:	127,022,866.87
4、主营业务利润:	169,261,358.53
5、其他业务利润:	1,322,046.46
6、营业利润:	139,505,156.14
7、投资收益:	15,844,128.60
8、补贴收入:	0
9、营业外收支净额:	-518,748.91
10、经营活动产生的现金净流量净额:	171,621,633.84
11、现金及现金等价物净增加额:	951,971,424.00

二、截至报告期末公司前三年的主要会计数据和财务指标(单位:人民币元)

项目	2001年	2000年	1999年 调整后	1999年 调整前
1、主营业务收入	328,643,006.49	231,726,197.86	231,726,197.86	180,307,447.85
2、净利润	142,347,206.39	108,971,474.50	109,215,401.66	91,330,794.26
3、总资产	1,925,527,358.86	604,347,731.41	604,663,476.25	492,321,824.74
4、股东权益(不含少数股东权益)	1,629,883,535.44	328,317,483.81	328,633,228.65	294,340,961.88
5、每股收益(全面摊薄)	0.53	0.57	0.57	0.48
6、每股收益(加权平均)	0.54	0.57	0.57	0.48
7、每股收益(扣除非经常性损益)	0.47	0.58	0.58	0.48
8、每股净资产(全面摊薄)	6.04	1.73	1.73	1.55
9、调整后的每股净资产	5.99	1.70	1.70	1.54
10、每股经营活动产生的现金流量净额	0.64	0.66	0.66	
11、全面摊薄净资产收益率(%)	8.73	33.19	33.23	31.03
12、加权平均净资产收益率(%)	9.81	31.24	33.61	32.69
13、扣除非经常性损益的加权平均净资产收益率(%)	8.76	31.34	33.64	32.69

三、按照中国证监会《公开发行证券公司信息披露编报规则(第9号)》要求计算报告期利润的净资产收益率和每股收益

报告期利润	净资产收益率(%) 全面摊薄	净资产收益率(%) 加权平均	每股收益(元) 全面摊薄	每股收益(元) 加权平均
主营业务利润	10.38	11.67	0.63	0.64
营业利润	8.56	9.62	0.52	0.53
净利润	8.73	9.81	0.53	0.54
扣除非经常性损益后的净利润	7.79	8.76	0.47	0.48

第三章　股本变动及股东情况

一、股本变化情况
1、公司股份变动情况表:　　数量单位:万股

项目	本次变动前	本次变动增减(+,-) 配股	送股	公积金转股	增发	其他	小计	本次变动后
一、未上市流通股份								
1、发起人股份	19000							19000
其中:								
国家持有股份	19000							19000
境内法人持有股份								
境外法人持有股份								
其他								
2、募集法人股份								
3、内部职工股								
4、优先股或其他								
未上市流通股份合计	19000							19000
二、已上市流通股份								
1、人民币普通股						+8000	+8000	8000
2、境内上市的外资股								
3、境外上市的外资股								
4、其他								
已上市流通股份合计						+8000	+8000	8000
三、股份总数	19000					+8000	+8000	27000

600038 哈飞航空工业股份有限公司

2001 年年度报告摘选

(一) 公司简介

1、公司中文名称:哈飞航空工业股份有限公司
公司英文名称:HAFEI AVIATION INDUSTRY Co., Ltd.
公司英文名称缩写:HAI
2、法定代表人:崔学文
3、公司董事会秘书:赵安立
联系地址:哈尔滨市平房区友协大街 15 号
电话:(0451)6528350
传　真:(0451)6528350
4、公司注册地址:哈尔滨市高新技术开发区集中开发区 34 号楼
邮编:150090
公司经营地址:哈尔滨市平房区友协大街 15 号
邮编:150066
电子信箱:HAI@hafei.com
5、公司选定的信息披露报刊为《中国证券报》、《证券时报》
登载公司年度报告的中国证监会指定的国际互联网网址为:
http://www.sse.com.cn
公司年度报告备置地点:公司董事会秘书处
6、公司股票上市地:上海证券交易所
股票简称:哈飞股份
股票代码:600038

(二) 会计资料和业务数据摘要

1、本年度主要会计数据　(单位:人民币元)

项 目	2001 年 12 月
利润总额	64,598,299.32
净利润	54,518,187.85
扣除非经常性损益后的净利润	50,920,251.95
主营业务利润	69,452,787.93
其他业务利润	3,673,191.32
营业利润	48,680,125.87
投资收益	2,050,000.00
补贴收入	11,685,307.69
营业外收支净额	2,182,865.76
经营活动产生的现金流量净额	-11,213,306.96
现金及现金等价物净增加额	-101,475,106.02

注:扣除的非经常性损益项目为当期营业外收入 2,628,308.16 元,营业外支出 445,442.40 元,委托理财取得的投资收益 2,050,000.00 元,以及上述三项影响的所得税数 634929.86 元。

2、截止报告期末公司前三年主要会计数据和财务指标

单位:人民币元

项 目	2001.12.31	2000.12.31	1999.12.31
主营业务收入	319727564.59	237381822.36	192003988.71
净利润	54518187.85	34036144.69	33532148.97
总资产	923470600.72	768685836.10	359298465.26
股东权益	669855283.25	630337095.40	141250688.21
每股收益	0.36	0.23	0.37
净资产收益率%	8.14	5.40	23.74
加权平均净资产收益率%	8.29	19.00	25.00
每股净资产	4.47	4.20	1.57
调整后每股净资产	4.47	4.20	1.57
每股经营活动产生的现金流量净额	-0.07	0.25	-0.05

单位:人民币元

报告期利润	净资产收益率		每股收益	
	全面摊薄	加权平均	全面摊薄	加权平均
主营业务利润	10.37%	10.56%	0.46	0.46
营业利润	7.27%	7.40%	0.32	0.32
净利润	8.14%	8.29%	0.36	0.36
扣除非经常损益后的利润	7.60%	7.74%	0.34	0.34

(三) 股本变动及股东情况

1、股本变动情况表

数量单位:万股

	本次变动前	本次变动增减(+、-)	本次变动后
一、尚未流通股份			
1、发起人股份	9000		9000
其中:			
国家持有股份	8985		8985
境内法人持有股份	15		15
外资法人持有股份			
其他			
2、募集法人股			
3、内部职工股			
4、优先股或其他			
其中:转配股			
尚未流通股份合计	9000		9000
二、已流通股份			
1、境内上市的人民币普通股	6000		6000
2、境内上市的外资股			
3、境外上市的外资股			
4、其他			
已流通股份合计	6000		6000
三、股份总数	15000		15000

600051 宁波联合集团股份有限公司

2001 年年度报告摘选

一、公司基本情况简介

(一)公司法定中文名称:宁波联合集团股份有限公司
公司英文名称:NINGBO UNITED GROUP CO., LTD.
公司英文名称缩写:NUG
(二)公司法定代表人:周孝成
(三)公司董事会秘书:何筱禄
联系地址:宁波开发区东海路 1 号联合大厦八楼
电话:0574-86221609　传真:0574-86221320
电子信箱:hxl@nug.com.cn
董事会证券事务代表:朱德昌
联系地址:宁波开发区东海路 1 号联合大厦八楼
电话:0574-86222320　传真:0574-86221320
电子信箱:zdc@nug.com.cn
(四)公司注册地址(办公地址):宁波开发区东海路 1 号联合大厦
邮政编码:315803
公司网址:http://www.nug.com.cn
电子信箱:info@nug.com.cn
(五)公司选定的信息披露报纸:《上海证券报》、《中国证券报》
登载公司年度报告的中国证监会指定的国际互联网网址:http://www.sse.com.cn
公司年度报告备置地点:宁波开发区东海路 1 号联合大厦八楼
(六)公司股票上市交易所:上海证券交易所
股票简称:宁波联合　股票代码:600051

二、会计数据和业务数据摘要

(一)公司本年度主要会计数据和指标　(金额单位:元)

项目	金 额
1、利润总额	72,795,907.15
2、净利润	54,302,123.09
3、扣除非经常性损益后的净利润	40,341,811.82
4、主营业务利润	259,239,566.39
5、其它业务利润	5,197,168.37
6、营业利润	30,567,410.88
7、投资收益	38,115,135.62
8、补贴收入	954,460.00
9、营业外收支净额	3,158,900.65
10、经营活动产生的现金流量净额	-77,572,547.63
11、现金及现金等价物净增加额	-68,431,833.95

(二)截止报告期末公司前三年的主要会计数据和财务指标　(金额单位:元)

项目	2001 年	2000 年		1999 年
		调整前	调整后	
1、主营业务收入	3,642,285,556.35	2,957,317,046.97	2,000,086,981.09	2,000,086,981.09
2、净利润	54,302,123.09	50,177,607.87	36,027,640.83	16,030,840.28
3、总资产	2,284,210,645.45	1,840,888,485.20	1,660,376,735.98	1,640,793,483.77
4、股东权益(不含少数股东权益)	822,304,821.70	798,419,103.05	801,772,580.19	778,008,241.91
5、每股收益	0.18	0.17	0.12	0.05
6、每股净资产	2.72	2.64	2.65	2.57
7、调整后的每股净资产	2.57	2.57	2.57	2.49
8、每股经营活动产生的现金流量净额	-0.26	0.25	0.01	0.01
9、净资产收益率(%)	6.60	6.28	4.49	2.06
10、扣除非经常性损益后加权平均净资产收益率(%)	4.89	5.58	4.35	3.95

三、股本变动及股东情况

(一)股本变动情况
股份变动情况表:(数量单位:股;报告日期:2001 年 12 月 31 日)

	本次变动前	本次变动增减	本次变动后
(一)未上市流通股份			
1.发起人股份	217,002,140	0	217,002,140
国家股	108,501,070	0	108,501,070
法人股	108,501,070	0	108,501,070
其中:中国五矿	74,590,371	0	74,590,371
中国机械	26,180,299	0	26,180,299
宁开控股	7,730,400	0	7,730,400
2.内部职工股	0	0	0
未上市流通股份合计	217,002,140	0	217,002,140
(二)已上市流通股份			
人民币普通股	85,397,860	0	85,397,860
已上市流通股份合计	85,397,860	0	85,397,860
(三)股份总数	302,400,000	0	302,400,000

(二)股东情况介绍
1、截止 2001 年 12 月 31 日,公司股东总数为 47176 户。
2、主要股东持股情况(前 10 名股东):

股东名称	年内股份增减变动情况(股)	年末持股数(股) 已上市流通股份	年末持股数(股) 未上市流通股份	占总股本比例(%)
(1)宁波经济技术开发区控股公司	0		116,231,470	38.44
其中:国家股	0		108,501,070	35.88
法人股	0		7,730,400	2.56
(2)中国五金矿产进出口总公司	0		74,590,371	24.67
(3)中国机械进出口(集团)有限公司	0		26,180,299	8.66
(4)京华凯仕		472,000		0.156
(5)京同盛德		468,500		0.155
(6)融合信达		463,000		0.153
(7)京美格星		458,900		0.152
(8)鹏宇东方		454,320		0.150
(9)京天洁源		451,500		0.149
(10)京捷安奇		441,000		0.146

600052 浙江广厦股份有限公司

2001 年年度报告摘选

一、公司简介

(一)公司法定中文名称:浙江广厦股份有限公司
公司简称:浙江广厦
公司法定英文名称:Zhejiang Guangsha Co.,Ltd.
英文简称:ZJGS
(二)公司法定代表人:楼忠福
(三)公司董事会秘书:许晓琳
联系地址:浙江省杭州市玉古路 166 号
邮政编码:310013
电话:0571-87969988-1221
传真:0571-85125355
电子信箱:foryou3@sohu.com
(四)公司注册地址:浙江省东阳市吴宁西路 21 号
公司办公地址:浙江省东阳市振兴路 1 号
邮政编码:322100
公司国际互联网网址:http://www.gsgf.com
公司电子信箱:zjgs@mail.china.com
(五)公司选定的信息披露报纸:《中国证券报》、《上海证券报》
年报登载互联网址:http://www.sse.com.cn
公司年报备置地点:浙江省杭州市玉古路 166 号浙江广厦董事会办公室
(六)公司股票上市交易所:上海证券交易所
股票简称:浙江广厦
股票代码:600052

二、会计数据和业务数据摘要

(一)公司本年度主要会计数据和业务数据

主要会计数据	单位:人民币元
利润总额	89,036,511.87
净利润	70,980,375.52
扣除非经常性损益后的净利润	59,870,517.43
主营业务利润	69,348,754.17
其他业务利润	3,236,604.09
营业利润	-14,309,069.66
投资收益	102,657,566.25
补贴收入	0
营业外收支净额	688,015.28
经营活动产生的现金流量净额	-206,780,366.29
现金及现金等价物净增加额	585,226,767.60

(二)公司前三年的主要会计数据和财务指标 单位:人民币元

主要会计数据	2001 年度	2000 年度		1999 年度
		调整前	调整后	
主营业务收入	409,248,507	1,635,949,425	1,635,949,425	1,527,678,457
净利润	70,980,376	95,788,085	81,217,632	73,147,876
总资产	3,034,714,725	2,385,320,373	2,371,260,461	1,472,366,223
股东权益	1,423,950,734	820,448,002	805,877,549	761,065,146
每股收益	0.15	0.23	0.19	0.26
每股净资产	2.94	1.94	1.90	2.70
调整后每股净资产	2.93	1.69	1.90	2.65
每股经营活动产生的现金流量净额	-0.43	-0.39	-0.39	-0.41
净资产收益率(%)	4.98	11.67	10.08	9.61

三、股本变动及股东情况

(一)股本变动情况
1、股本变动情况表

(单位:股)

	本次变动前	本次变动增减(+,—)						本次变动后
		配股	送股	公积金转股	增发	其他	小计	
一、未上市流通股份								
1、发起人股份	85,147,241	1,277,209					1,277,209	86,424,450
其中:								
国家持有股份								
境内法人持有股份	85,147,241	1,277,209					1,277,209	86,424,450
境外法人持有股份								
其他								
2、募集法人股份	141,652,759	28,283					28,283	141,681,042
3、内部职工股								
4、优先股或其他								
未上市流通股份合计	226,800,000	1,305,492					1,305,492	228,105,492
二、已流通股份								
1、人民币普通股	196,560,000	58,968,000					58,968,000	255,528,000
2、境内上市的外资股								
3、境外上市的外资股								
4、其他								
已流通股份合计	196,560,000	58,968,000					58,968,000	255,528,000
三、股份总额	423,360,000	60,273,492					60,273,492	483,633,492

600053 江西纸业股份有限公司

2001 年年度报告摘选

第一节 公司基本情况简介

一、公司名称
中文名称:江西纸业股份有限公司
中文缩写:江西纸业
英文名称:JIANGXI PAPER INDUSTRY CO.,LTD
英文缩写:JPINC
二、公司法定代表人:姜和平
三、公司总经理:吴三罗
四、公司董事会秘书:黄倬桢
董事会证券事务代表:蓝日明
公司咨询服务及联系机构:本公司证券部
电话:(0791)8632392　　传真:(0791)8632392
五、公司注册地址和办公地址:江西省南昌市董家窑 112 号
邮政编码:330006
电子信箱:jxpaper@china.com
公司国际互联网址:http://www.JiangXipaper.com.cn
六、信息披露报纸名称:《上海证券报》
年度报告指定披露的网址:http://www.sse.com.cn
公司年度报告备置地点:本公司证券部
七、公司股票上市地:上海证券交易所
股票简称:江西纸业　　股票代码:600053

第二节 会计数据和业务数据摘要

一、公司利润总额及构成(单位:人民币元)

项目	2001 年度
利润总额	-299,245,230.73
净利润	-299,245,230.73
扣除非经常性损益后的净利润	-299,434,230.73
主营业务利润	52,533,131.20
其他业务利润	-11,390.81
营业利润	-298,498,865.42
投资收益	189,000.00
补贴收入	0
营业外收支净额	-935,365.31
经营活动产生的现金流量净额	-125,288,794.84
现金及现金等价物净增减额	-164,974,781.96
注:扣除非经常性损益项目和金额	
1、净利润	-299,245,230.73
2、减:投资收益	189,000.00
3、扣除非经常性损益后的净利润	-299,434,230.73

二、报告期末公司前三年的主要会计数据和财务指标 单位:元

项目	2001 年度		2000 年度				1999 年度			
			调整前		调整后		调整前		调整后	
主营业务收入	305,573,410.40		301,466,805.25		301,466,805.25		271,392,532.69		271,392,532.69	
净利润	-299,245,230.73		54,536,474.08		36,732,412.38		46,427,300.28		43,892,989.90	
总资产	1,458,188,438.16		1,127,968,522.00		1,668,691,480.18		890,137,775.86		874,253,465.47	
股东权益	348,146,771.35		670,535,207.43		618,939,835.34		453,042,887.46		437,158,557.07	
	摊薄	加权	摊薄	加权	摊薄	加权	摊薄	加权	摊薄	加权
每股收益	-1.86	-1.86	0.34	0.36	0.22	0.24	0.34	0.34	0.32	0.32
每股净资产	2.16		4.16		3.84		3.32		3.20	
调整后每股净资产	1.02		4.16		3.84		3.32		3.20	
每股经营活动产生的现金流量净额	-0.78		0.64		0.64		0.23		0.23	
净资产收益率(%)	-85.95	-64.88	8.13	9.48	5.93	6.67	10.25	10.79	10.04	10.04
扣除非经常性损益后的每股收益	-1.86	-1.86	0.23	0.24	0.11	0.12	0.19	0.19	0.18	0.18

第三节 股本变动及股东持股情况

一、股本变动情况
1、股份变动情况表 数量单位:股

	本次变动前	本次变动增减(+ -)						本次变动后
		配股	送股	公积金转股	增发	其他	小计	
1、尚未流通股份								
发起人股份								
其中:国有法人股	85,020,000							85,020,000
尚未流通股份合计	85,020,000							85,020,000
2、已流通股份								
境内上市的人民币普通股	76,050,000							76,050,000
已流通股份合计	76,050,000							76,050,000
3、股份总数	161,070,000							161,070,000

注:董事、监事及高级管理人员所持的 76,505 股已按规定冻结。
二、股东情况介绍
1、截止 2001 年 12 月 31 日,公司股东总数为 38,703 户,其中:国有法人股股东 1 户,即江西纸业集团有限公司(以下简称江纸集团公司),社会公众股股东 38,702 户。
公司前 10 名股东持股情况:

序号	股东名称	报告期末持股数(股)	占总股本(%)	股份类别
1	江纸集团公司	85,020,000	52.780	国有法人股
2	施英才	505,100	0.310	社会公众股
3	兴华基金	400,030	0.250	社会公众股
4	徐素梅	358,000	0.220	社会公众股
5	邹美平	304,400	0.190	社会公众股
6	李军军	180,157	0.110	社会公众股
7	谢健勇	176,388	0.110	社会公众股
8	谢沛辉	174,900	0.109	社会公众股
9	岑雪梅	137,100	0.090	社会公众股
10	彭威	135,704	0.080	社会公众股

600054 黄山旅游发展股份有限公司

2001 年年度报告摘选

一、公司基本情况简介

(一)公司法定中文名称:黄山旅游发展股份有限公司
A 股简称:黄山旅游　　B 股简称:黄山 B 股
A 股代码:600054　　B 股代码:900942
公司法定英文名称:Huangshan Tourism Development Co.,Ltd.
英文名称缩写:HSTD
(二)公司注册地址:安徽省黄山市黄山风景区温泉
公司办公地址:安徽省黄山市黄山风景区温泉
邮政编码:242709
公司网址:HTTP://WW.huangshan.cc
公司电子信箱:klygths@mail.ahwhptt.net.cn
(三)法定代表人姓名:胡学凡
(四)公司董事会秘书:何杰
证券事务代表:黄慧敏
联系电话:0559-5561756　　传真:0559-5561110
电子信箱:hshhm@21cn.com
(五)公司年报备置地点:黄山旅游发展股份有限公司董事会秘书室
(六)公司股票上市地:上海证券交易所
(七)信息披露媒体:
网站:HTTP://WWW.sse.com.cn
定期报告刊登报刊:《上海证券报》、《证券时报》、《香港商报》
(八)其它有关资料
公司第一次注册登记日期、地点:1996 年 11 月 18 日在黄山
公司变更登记日期:2000 年 3 月 3 日
企业法人营业执照注册号:3400001300017
公司税务登记号码:341002610487768
企业聘请的会计师事务所名称:
境外会计师事务所:安达信公司
办公地址:香港干诺道中 111 号永安中心 25 楼
境内会计师事务所:安达信·华强会计师事务所
办公地址:北京建国门外大街 1 号国贸大厦 1118 室

二、会计数据和业务数据摘要

(一)本年度主要利润指标(单位:人民币元)

项目	金额
利润总额	75,312,842
净利润	45,812,050
扣除非经常性损益后的净利润	54,870,296
主营业务利润	173,420,088
其他业务利润	3,892,342
营业利润	89,052,174
投资收益	-4,681,086
补贴收入	
营业外收支净额	-9,058,246
经营活动产生的现金流量净额	134,863,719
现金及现金等价物净增减额	35,799,155

注:1、非经常性损益包括:

项目	金额
营业外收入	2,290,273
营业外支出	-11,348,519
所得税影响	-652,809

(二)公司近三年主要会计数据和财务指标(单位:人民币元)

财务指标	2001 年度	2000 年度		1999 年	
		(调整后)	(调整前)	(调整后)	(调整前)
主营业务收入	398,744,553	286,030,222	286,030,222	287,659,143	287,659,143
净利润	45,812,050	45,735,199	44,905,319	82,814,850	86,152,837
总资产	1,059,890,676	956,067,257	958,453,023	808,664,872	823,215,149
股东权益(不含少数股东权益)	730,916,961	714,482,898	716,678,943	671,773,624	685,636,628
每股收益(摊薄)	0.15	0.15	0.15	0.27	0.284
每股收益(加权)	0.15	0.15	0.15	0.31	0.36
每股收益(扣除非经常性损益)	0.18	0.15	0.16		
每股净资产	2.41	2.36	2.37	2.22	2.26
调整后的每股净资产	2.36	2.31	2.21	2.14	2.21
每股经营活动产生的现金流量净额	0.445	0.155	0.155	0.21	0.21
净资产收益率(摊薄)	6.3	6.4	6.3	12.3	12.6
净资产收益率(加权)	6.3	6.6	6.5	12.3	
净资产收益率(加权)(扣除非经常性损益)	7.5	6.9	6.6	11.7	

三、股本变动及股东情况

(一)股本变动情况
1、公司股份变动情况表(单位:万股)

	本次变动前	本次变动增减(+,-)						本次变动后
		配股	送股	公积金转股	增发	其他	小计	
一、未上市流通股份								
1、发起人股份	14,690							14,690
其中:								
国家持有股份								
境内法人持有股份	14,690							14,690
境外法人持有股份								
其他								
2、募集法人股份								
3、内部职工股								
4、优先股或其他								
未上市流通股份合计	14,690							14,690
二、已上市流通股份								
1、人民币普通股	5,200							5,200
2、境内上市的外资股	10,400							10,400
3、境外上市的外资股								
4、其他								
已上市流通股份合计	15,600							15,600
三、股份总数	30,290							30,290

600055 北京万东医疗装备股份有限公司

2001 年年度报告摘选

第一章　公司简介

一、公司名称:北京万东医疗装备股份有限公司
英文名称:Beijing Wandong Medical Equipment Co.,LTD.
英文缩写:WDM
二、公司法定代表人:许家驹
三、公司董事会秘书:张丹石
证券事务代表:何一中
联系地址:北京市朝阳区建国门外郎家园 6 号
联系电话:(010)65682598　　传真:(010)65682598
电子信箱:info@wandong.com.cn
四、公司注册地址:北京市朝阳区酒仙桥路 5 号
邮政编码:100015
公司办公地址:北京市朝阳区建国门外郎家园 6 号
邮政编码:100022
公司网址:http://www.wandong.com.cn
公司电子信箱:wdmed@public.bta.net.cn
五、公司选定的信息披露报纸:《中国证券报》《上海证券报》
登载年度报告的证监会指定网址:http://www.sse.com.cn
公司年度报告备置地点:证券办公室
六、公司股票上市交易所:上海证券交易所
股票简称:万东医疗　　股票代码:600055

第二章　会计数据和业务数据摘要

一、公司本年度主要利润指标情况　　单位:人民币元

项目	金额
利润总额	38,046,190.24
净利润	32,094,634.51
扣除非经常性损益后的净利润	32,490,687.46
主营业务利润	108,483,556.23
其他业务利润	853,079.65
营业利润	36,201,136.87
投资收益	2,286,325.55
补贴收入	
营业外收支净额	-441,272.18
经营活动产生的现金流量净额	11,831,227.94
现金及现金等价物净增加额	-33,293,219.21

二、公司近三年的主要会计数据和财务指标(单位:元)

项目	2001 年	2000 年		1999 年
		调整前	调整后	
主营业务收入	327,415,196.02	277,416,967.46	277,416,967.46	206,723,671.59
净利润	32,094,634.51	31,052,092.73	26,102,338.49	25,960,849.83
总资产	502,284,171.83	526,676,072.33	517,153,480.68	447,311,930.26
股东权益	344,075,406.83	333,238,385.90	323,715,794.25	319,397,077.28
每股收益(摊薄)	0.29	0.28	0.24	0.23
每股收益(加权)	0.29	0.28	0.24	0.26
扣除非经常性损益后的每股收益	0.29	0.28	0.28	0.28
每股净资产	3.10	3.00	2.91	2.88
调整后的每股净资产	3.09	2.96	2.87	2.85
每股经营活动产生的现金流量净额	0.11	0.22	0.22	0.33
净资产收益率(%)(摊薄)	9.33	9.32	8.06	8.13
净资产收益率(%)(加权)	9.45	9.15	7.85	11.35
扣除非经常性损益净资产收益率(%)	9.56	9.21	9.40	12.34

三、按照中国证监会《公开发行证券公司信息披露编报规则(第 9 号)》要求计算的利润数据:

报告期利润	净资产收益率(%)		每股收益(元)	
	全面摊薄	加权平均	全面摊薄	加权平均
主营业务利润	31.53	31.93	0.98	0.98
营业利润	10.52	10.65	0.33	0.33
净利润	9.33	9.45	0.29	0.29
扣除非经常性损益后的净利润	9.44	9.56	0.29	0.29

第三章　股本变动及股东情况

一、股本变动情况

数量单位:股

	期初数	本次变动增减(+-)					期末数
		配股	送股	公积金转股	其他	小计	
一.未上市流通股份							
1.发起人股份	72,000,000						72,000,000
其中:							
国家持有股份	72,000,000						72,000,000
境内法人持有股份							
境外法人持有股份							
其他							
2.募集法人股份							
3.内部职工股							
4.优先股或其他							
未上市流通股份合计	72,000,000						72,000,000
二.已上市流通股份							
1.人民币普通股	39,000,000						39,000,000
2.境内上市的外资股							
3.境外上市的外资股							
4.其他							
已上市流通股份合计	39,000,000						39,000,000
三.股份总数	111,000,000						111,000,000

600056 中技贸易股份有限公司

2001年年度报告摘选

一、公司基本情况简介

(一)公司法定中、英文名称及缩写
公司法定中文名称:中技贸易股份有限公司　　公司中文名称缩写:中技贸易
公司法定英文名称:CNTIC TRADING CO., LTD.
公司英文名称缩写:CNTIC - TRADING
(二)公司法定代表人:何国忠先生
(三)公司董事会秘书:齐建西先生　　证券事务代表:张洪雁女士
联系地址:北京市海淀区西三环北路21号久凌大厦公寓楼
电　话:(010)68404720　　传　真:(010)68476727
(四)公司注册地址:北京市海淀区西三环北路21号久凌大厦公寓楼
公司办公地址:北京市海淀区西三环北路21号久凌大厦公寓楼　　邮政编码:100089
公司国际互联网网址:http://www.cntic - trading.com.cn
公司电子邮箱:dsh@cntic - trading.com
(五)公司选定的信息披露报纸为《中国证券报》和《上海证券报》
刊载公司年度报告的中国证监会指定国际互联网网址:http://www.sse.com.cn
公司年度报告备置地点:北京市海淀区西三环北路21号久凌大厦公寓楼402房间
(六)公司股票上市交易所:上海证券交易所
股票简称:中技贸易　　股票代码:600056

二、会计数据和业务数据摘要

(一)本年度会计数据摘要(单位:人民币元)

项目	金额
1.利润总额:	55,290,385.96
2.净利润:	49,033,921.47
3.扣除非经常性损益后的净利润:	10,231,476.81
4.主营业务利润:	60,856,591.59
5.其他业务利润:	3,112,606.77
6.营业利润:	9,800,121.75
7.投资收益:	45,243,070.87
8.补贴收入:	218,207.22
9.营业外收支净额:	28,986.12
10.经营活动产生的现金流量净额:	298,042,360.66
11.现金及现金等价物净增加额:	350,367,256.64
注:扣除非经常性损益项目和涉及金额:	
营业外收支净额:	28,986.12
补贴收入:	218,207.22
投资收益:	45,364,234.40
合计:	45,611,427.74

(二)前三年主要会计数据及财务指标

指标项目	单位	2001年度	2000年度	1999年度
主营业务收入	千元	2,482,811.04	1,400,095.46	1,471,643.48
净利润	千元	49,033.92	32,253.89	31,631.61
总资产	千元	1,205,250.42	1,121,579.10	907,274.69
股东权益(不含少数股东权益)	千元	550,111.73	512,652.58	368,348.70
每股收益(加权)	元	0.3762	0.2669	0.2636
每股收益(摊薄)	元	0.3762	0.2474	0.2636
扣除非经常性损益后的每股收益(加权)	元	0.0785	0.2483	0.2629
扣除非经常性损益后的每股收益(摊薄)	元	0.0785	0.2302	0.2629
每股净资产(加权)	元	4.2203	3.2673	3.0696
每股净资产(摊薄)	元	4.2203	3.9329	3.0696
调整后的每股净资产(加权)	元	4.2167	3.2673	3.0541
调整后的每股净资产(摊薄)	元	4.2167	3.9193	3.0541
每股经营活动产生的现金流量净额	元	2.2865	-1.15	2.8947
净资产收益率(加权)	%	8.9134	8.17	8.5874
净资产收益率(摊薄)	%	9.1282	6.29	8.5874
扣除非经常损益后加权平均净资产收益率	%	1.9047		

报告期利润	净资产收益率(%)		每股收益(元/股)	
	加权平均	全面摊薄	加权平均	全面摊薄
主营业务利润	11.3291	11.0626	0.4669	0.4669
营业利润	1.8244	1.7815	0.0752	0.0752
净利润	9.1282	8.9134	0.3762	0.3762
扣除非经常性损益后的净利润	1.9047	1.8599	0.0785	0.0785

三、股本变动及股东情况

1.股份变动情况表

	本次变动前	本次变动增减(+,-)						本次变动后
		配股	送股	公积金转股	增发	其它	小计	
一、未上市流通股份								
1.发起人股份								
其中:	91,350,000							91,350,000
国家持有股份								
境内法人持有股份	91,350,000							91,350,000
境外法人持有股份								
其他								
2.募集法人股								
3.内部职工股								
4.优先股或其他								
未上市流通股份合计	91,350,000							91,350,000
二、已上市流通股份								
1.人民币普通股	39,000,000							39,000,000
2.境内上市的外资股								
3.境外上市的外资股								
4.其他								
已上市流通股份合计	39,000,000							39,000,000
三、股份总数:	130,350,000							130,350,000

600057 厦门厦新电子股份有限公司

2001年年度报告摘选

一、公司简介

1、公司法定中文名称:厦门厦新电子股份有限公司
公司法定英文名称:Amoisonic Electronics Co. LTD
2、公司法定代表人:师金泉
3、公司董事会秘书:吕东
联系地址:厦门市体育路45号
厦新电子股份有限公司证券部
联系电话:0592 - 5058123　　传　真:0592 - 5051631
电子信箱:stock@amoisonic.com.cn
证券事务代表:廖杰
联系电话:0592 - 5058123转3920　　传　真:0592 - 5111285
电子信箱:liejack@amoisonic.com.cn
4、公司注册地址:厦门市体育路45号
公司办公地址:厦门市体育路45号
互联网网址:http://www.amoisonic.com.cn　　邮政编码:361012
5、公司信息披露报刊:《上海证券报》、《中国证券报》
登载公司年度报告的中国证监会指定国际互联网网址:http://www.sse.com.cn
公司年度报告备置地点:厦门市体育路45号公司证券部
6、股票上市地:上海证券交易所
股票简称:厦新电子　　股票代码:600057

二、会计数据和业务数据摘要

(一)本年度主要会计数据:(单位:人民币元)

项目	金额
1、利润总额:	-78,249,478.53
2、净利润:	-78,249,478.53
3、扣除非经常性损益后的净利润:	-91,416,764.07
4、主营业务利润:	172,725,252.29
5、其他业务利润:	8,135,898.28
6、营业利润:	-77,439,072.66
7、补贴收入:	120,000.00
8、营业外收支净额	-930,405.87
9、经营活动产生的现金流量净额:	58,423,093.60
10、现金及现金等价物净增加额:	58,883,405.89
注:扣除非经常性损益的项目和涉及金额:	
①出口贴息:	872,352.00
②营业外收支净额:	-930,405.87
③收取的资金占用费:	13,225,339.41

(二)截止报告期末公司前三年的主要会计数据和财务指标:

(单位:人民币元)

项目	2001年度	2000年度		1999年度	
		调整前	调整后	调整前	调整后
主营业务收入	988,261,206.53	993,477,404.62	93,477,404.62	1,209,293,117.51	1,209,293,117.51
净利润	-78,249,478.53	-174,481,880.87	-198,725,998.16	38,694,606.38	32,618,064.70
总资产	1,584,364,468.79	1,293,780,907.33	1,343,632,732.89	1,314,996,719.66	1,314,996,719.66
股东权益(不含少数股东权益)	12,078,529.52	520,586,952.58	490,328,008.05	701,145,375.13	695,068,833.45
全面摊薄每股收益	-0.218	-0.487	-0.555	0.108	0.091
加权平均每股收益	-0.218	-0.487	-0.555	0.110	0.093
扣除非经常性损益后的每股收益	-0.255	-0.512	-0.594	0.03	0.013
每股净资产	1.150	1.453	1.369	1.957	1.94
调整后的每股净资产	1.049	1.315	1.232	1.746	1.729
每股经营活动产生的现金流量净额	0.163	-0.709	-0.709	0.58	0.58
全面摊薄净资产收益率%	-18.99	-33.52	-40.529	5.52	4.69
加权平均净资产收益率%	-17.34	-28.71	-33.529	6.82	5.75
扣除非经常性损益后的加权平均净资产收益率	-20.26	-30.17	-35.899	6.98	5.88

三、股本变动及股东情况

一、股本变动情况
1、股份变动情况表

数量单位:万股

一、尚未流通股份	期初数	本次变动增减(+、-)					期末数
		配股	送股	公积金转股	其他	小计	
1、发起人股份							
其中:							
国家拥有股份							
法人持有股份	20196						20196
国有法人持有股份	1224						1224
尚未流通股份合计	21420						21420
二、已流通股份							
1、境内上市的							
人民币普通股	14400						14400
已流通股份合计	14400						14400
三、股份总数	35820						35820

二、股东情况介绍
1、截至2001年12月31日,公司股东总数为109142户。
2、公司前十名股东情况:

股东名称	持股数	占总股本比例
1、厦新电子有限公司	201960000股	56.38%
2、中国电子信息产业集团	4284000股	1.20%
3、厦门电子仪器厂	3479220股	0.97%
4、厦门电子器材公司	3167100股	0.88%
5、机电设计	1171831股	0.32%
6、航天金穗	1055557股	0.29%
7、沈小荣	837304股	0.23%
8、融昌资产	761319股	0.21%
9、厦新电子工会	697680股	0.19%
10、中国电子国际经济贸易公司	612000股	0.17%

600058 五矿龙腾科技股份有限公司

2001 年年度报告摘选

一、公司简介

(一)公司法定中、英文名称及缩写
公司法定中文名称:五矿龙腾科技股份有限公司
公司法定英文名称:MINMETALS TOWNLORD TECHNOLOGY CO.,LTD.
公司中文名称缩写:龙腾科技
公司英文名称缩写:"MINLIST"
(二)公司法定代表人:苗耕书
(三)公司董事会秘书:高勇
联系地址:北京市海淀区三里河路 5 号 B 座
电话:010－68494208
传真:010－68494207
电子信箱:gaoy@minmetals.com
公司董事会证券事务代表:崔青莲
联系地址:北京市海淀区三里河路 5 号 B 座
电话:010－68494206
传真:010－68494207
电子信箱:cuiql@minmetals.com
(四)公司的注册地址、办公地址、邮政编码
公司注册地址:北京市海淀区三里河路 5 号 B 座
公司办公地址:北京市海淀区三里河路 5 号 B 座
公司电子信箱号码:minlist@minmetals.com
公司国际互联网址:http://www.minlist.com.cn
(五)公司选定的信息披露报纸名称:《中国证券报》、《上海证券报》。
登载年度报告的中国证监会指定国际互联网网址:http://www.sse.com.cn
公司年度报告备置地点:公司办公室
(六)公司股票上市交易所:上海证券交易所
股票简称:龙腾科技
股票代码:600058

二、会计数据和业务数据摘要

(一)公司本年度利润总额及构成(单位:人民币元)

项目	2001 年度合并报表
利润总额	253,588,716.97
净利润	154,795,975.93
扣除非经常性损益后的净利润	153,363,633.31
主营业务利润	814,505,751.35
其他业务利润	11,380,281.07
营业利润	217,910,716.78
投资收益	34,366,800.32
补贴收入	19,096.42
营业外收支净额	1,292,103.45
经营活动产生的现金流量净额	43,318,704.49
现金及现金等价物净增加额	－44,701,106.75

(二)公司前三年主要会计数据及财务指标(单位:人民币元)

指标项目	2001 年	2000 年		1999 年
		调整后	调整前	
主营业务收入	19,565,136,311.25	11,749,699,508.15	11,749,699,508.15	7,450,896,444.70
净利润	154,795,975.93	209,184,803.07	207,728,847.69	137,659,944.96
总资产	5,310,573,849.88	4,285,194,301.65	4,293,601,268.97	3,539,193,765.26
股东权益(不含少数股东权益)	1,846,616,042.69	1,835,403,282.59	1,844,153,524.66	1,636,424,676.97
每股收益	0.3650	0.4933	0.4898	0.3246
加权平均每股收益	0.3650	0.4933	0.4898	0.3246
扣除非经常性损益后的每股收益	0.3593	0.4326	0.5173	0.3550
每股净资产	4.3543	4.3279	4.3485	3.8586
调整后每股净资产	4.3087	4.2820	4.2740	3.7461
每股经营活动产生的现金流量净额	0.1021	0.2937	0.2937	0.9467
净资产收益率	8.3827	11.3972	11.2642	8.4122

三、股本变动及股东情况

(一)股本变动情况
1.股本变动情况: (数量单位:股)

	本次变动前	本次变动增减(＋、－)					本次变动后
		配股	送股	公积金转股	其它	小计	
一、未上市流通股份							
1、发起人股份	304,088,710						304,088,710
其中:							
国家持有股份							
境内法人持有股份	304,088,710						304,088,710
境外法人持有股份							
其它							
2、募集法人股							
3、内部职工股							
4、优先股或其它							
未上市流通股份合计	304,088,710						304,088,710
二、已上市流通股份							
1、人民币普通股	120,000,000						120,000,000
2、境内上市的外资股							
3、境外上市的外资股							
4、其它							
已上市流通股份合计	120,000,000						120,000,000
三、股份总数	424,088,710						424,088,710

600059 浙江古越龙山绍兴酒股份有限公司

2001 年年度报告摘选

一、公司基本情况简介

(一)公司法定名称:浙江古越龙山绍兴酒股份有限公司
公司英文名称:ZheJiang GuYueLong Shan ShaoXing Wine Co.LTD
英文缩写:GYLS
(二)公司法定代表人:邱仁甫
(三)公司董事会秘书:周娟英
联系地址:浙江省绍兴市北海桥
联系电话:0575－5158435 传真:0575－5166884
电子信箱:gylszjy@163.com
(四)公司注册地址:浙江省绍兴市北海桥
公司办公地址:浙江省绍兴市北海桥
邮政编码:312000
公司国际互联网网址:http://www.shaoxingwine.com.cn
公司电子信箱:hjjt@shaoxingwine.com.cn
(五)公司选定的信息披露报纸名称:中国证券报、上海证券报
登载公司年度报告的中国证监会指定国际互联网网址:http://www.sse.com.cn
公司年度报告备置地点:本公司董事会秘书办公室
(六)公司股票上市交易所:上海证券交易所
股票简称:古越龙山 股票代码:600059

二、会计数据和业务数据摘要

(一)本年度主要利润指标情况(单位:人民币元)

项目	金额
利润总额:	82,678,978.20
净利润:	71,432,630.93
扣除非经常性损益后的净利润:	70,898,726.25
主营业务利润:	163,760,075.02
其他业务利润:	2,160,069.11
营业利润:	80,725,434.92
投资收益:	1,887,326.05
补贴收入:	240,471.00
营业外收支净额:	－174,253.77
经营活动产生的现金流量净额:	－78,539,554.92
现金及现金等价物净增加额:	－18,790,959.22

注:"扣除非经常性损益后的净利润"指标的扣除项目和涉及金额

项目	金额
营业外收支净额:	－174,253.77
补贴收入(出口商品贴息):	240,471.00
股权投资差额:	511,508.25
出售、处置部门或被投资单位所得收益:	50,162.38
所得税影响数	－94,183.18
合计:	533,704.68

(二)截至报告期末公司前三年主要会计数据和财务指标 单位:人民币元

指标	2001 年度	2000 年度		1999 年度	
		调整前	调整后	调整前	调整后
主营业务收入	435,513,268.18	390,737,799.15	390,737,799.15	393,834,621.10	393,834,621.10
净利润	71,432,630.93	82,522,977.74	75,638,456.12	82,595,779.67	82,592,345.22
每股收益	0.307	0.401	0.367	0.401	0.401
每股经营活动产生的现金流量净额	－0.337	0.72	0.72	0.086	0.086
净资产收益率(%)	6.37	10.75	9.95	11.38	11.38

指标	2001 年 12 月 31 日	2000 年 12 月 31 日		1999 年 12 月 31 日	
		调整前	调整后	调整前	调整后
总资产	1,713,641,040.89	1,444,340,915.17	1,439,352,848.45	1,157,422,936.45	1,157,422,936.45
股东权益(不含少数股东权益)	1,121,310,561.54	767,359,070.48	760,474,548.86	726,039,527.19	726,036,092.74
每股净资产	4.82	3.73	3.69	3.52	3.52
调整后的每股净资产	4.80	3.69	3.46	3.50	3.50

(三)报告期利润表附表

报告期利润	净资产收益率%		每股收益(元)	
	全面摊薄	加权平均	全面摊薄	加权平均
主营业务利润	14.60	18.03	0.703	0.762
营业利润	7.20	8.89	0.347	0.376
净利润	6.37	7.87	0.307	0.332
扣除非经常性损益后的净利润	6.32	7.81	0.305	0.330

三、股本变动及股东情况

(一)股本变动情况表
截至 2001 年 12 月 31 日公司股本结构如下表:(单位:万股)

	本次变动前	本次变动增减(＋,－)						本次变动后
		配股	送股	公积金转股	增发	其他	小计	
一、未上市流通股份								
1、发起人股份	12410	223					223	12633
其中:								
国有法人持有股份	12410	223					223	12633
境内法人持有股份								
境外法人持有股份								
其他								
2、募集法人股份								
3、内部职工股								
4、优先股或其他								
其中:转配股								
未上市流通股份合计	12410	223					223	12633
二、已上市流通股份								
1、人民币普通股	8190	2457					2457	10647
2、境内上市的外资股								
3、境外上市的外资股								
4、其他								
已上市流通股份合计	8190	2457					2457	10647
三、股份总数	20600	2680					2680	23280

600060 青岛海信电器股份有限公司

2001 年年度报告摘选

一、公司简介

1、公司的法定中文名称:青岛海信电器股份有限公司

中文缩写:海信电器

英文名称:HISENSE ELECTRIC CO.,LTD.

英文简写:HXDQ

2、法定代表人:于淑珉

3、董事会秘书:盛　强

联系地址:中国青岛市南区东海路 17 号

联系电话:0532－3863463

传　　真:0532－3888515

电子邮箱:shengqiang221@sohu.com

4、注册(办公)地址:青岛经济技术开发区团结路 18 号

5、公司指定信息披露报纸:《上海证券报》

登载公司年报的中国证监会指定国际互联网网址:http://www.sse.com.cn

登载公司年报的公司指定互联网网址:http://www.hisense.com.cn

公司年报备置地点:公司证券部

电子信箱:zhengquan@hisensetv.com

6、股票上市交易所:上海证券交易所

股票简称:海信电器

股票代码:600060

二、会计数据和业务数据摘要

1、本年度主要会计数据:

项目	金　额
利润总额	－15,364,520.35
净利润	－17,995,600.54
扣除非经常性损益后的净利润	－20,954,710.47
主营业务利润	432,430,877.69
其他业务利润	17,630,279.66
营业利润	－11,476,867.09
投资收益	－5,492,713.48
补贴收入	1,587,606.51
营业外收支净额	17,453.71
经营活动产生的现金流量净额	510,766,657.86
现金及现金等价物净增加额	900,673,093.16

注:非经常性损益是指营业外收支净额和补贴收入,涉及金额为 1,605,060.22 元,其中补贴收入 1,5ꞩ7,606.51 元,营业外收支净额 17,453.71 元。

2、公司近三年主要财务指标:

单位:人民币元

指标项目	2001 年	2000 年调整前	2000 年调整后	1999 年度
主营业务收入	3,872,560,749.89	4,300,544,015.19	4,300,544,015.19	2,402,513,920.70
净利润	－17,995,600.54	125,341,626.10	32,331,595.79	124,775,805.30
总资产	4,008,161,797.17	2,720,133,229.97	2,591,192,208.29	2,292,931,054.39
股东权益	2,214,629,125.85	1,409,097,333.95	1,289,096,910.44	1,211,524,102.87
资产负债率(%)	43.79	48.19	50.25	47.16
每股收益(摊薄)	－0.0364	0.30	0.08	0.42
每股收益(加权)	－0.0374	0.30	0.08	0.49
每股收益(扣除非经常性损益)	－0.040	0.29	0.06	0.31
每股净资产	4.49	3.40	3.11	4.09
调整后的每股净资产	4.44	3.34	3.05	4.05
每股经营活动产生的现金流量净额	1.03	0.56	0.56	－0.53
净资产收益率(摊薄)%	－0.813	8.90	0.025	10.30
净资产收益率(加权)%	－0.871	8.74	0.026	10.30

3、报告期利润表附表:

报告期利润	净资产收益率(%)		每股收益(元)	
	全面摊薄	加权平均	全面摊薄	加权平均
主营业务利润	19.53	21.37	0.88	0.9
营业利润	－0.52	－0.56	－0.023	－0.024
净利润	－0.813	－0.871	－0.036	－0.037
扣除非经常性损益后的净利润	－0.89	－0.95	－0.040	－0.041

三、股本变动及股东情况

1、股本变动情况:

数量单位:股

项目	期初数	本次变动	期末数
一、未上市流通股份			
1、发起人股份:	287,091,472	2,836,338	289,927,810
其中:境内法人持有股份	287,091,472	2,836,338	289,927,810
未上市流通股份合计	287,091,472	2,836,338	289,927,810
二、已上市流通股份			
人民币普通股	127,400,000	76,440,000	203,840,000
已上市流通股份合计	127,400,000	76,440,000	203,840,000
三、股份总数	414,491,472	79,276,338	493,767,810

600061 中纺投资发展股份有限公司

2001 年年度报告摘选

第一章　公司基本情况简介

一、公司法定中文名称:中纺投资发展股份有限公司

公司中文名称缩写:中纺投资

公司法定英文名称:Sinotex Investment & Development Co.,Ltd.

公司英文名称缩写:STIC

二、公司法定代表人:常俊传

三、公司董事会秘书:鲍勤飞

联系地址:北京朝阳区安苑路 15 号

邮编:100029

电话:010－64958201　　传真:010－64958201

董事会证券事务代表:沈强

联系地址:上海市浦东商城路 738 号 1804 室

邮编:200120

电话:021－58312768　　传真:021－58316338

四、公司注册、办公地址:上海市浦东商城路 738 号 1804 室

邮政编码:200120

公司电子信箱:zhongf@online.sh.cn

五、公司选定的信息披露报纸:《中国证券报》

登载公司年度报告的中国证监会指定国际互联网网址:http://www.sse.com.cn

公司年度报告备置地点:上海市浦东商城路 738 号 1804 室

六、公司股票上市交易所:上海证券交易所

股票简称:中纺投资　　股票代码:600061

第二章　会计数据和业务数据摘要

一、公司 2001 年度主要业务数据

项目	金额(单位:元)
利润总额	33,207,925.85
净利润	27,121,256.94
扣除非经常性损益后的净利润	25,334,148.37
主营业务利润	72,480,802.01
其他业务利润	6,328,700.77
营业利润	32,238,549.30
投资收益	－1,284,525.32
补贴收入	3,002,574.00
营业外收支净额	－748,672.13
经营活动产生的现金流量净额	－19,237,453.19
现金及现金等价物净增加额	－90,225,024.69
非经常性损益项目	
补贴收入	3,002,574.00
营业外收入	109,381.31
营业外支出	858,053.44
小计	2,253,901.87
所得税	466,793.30
合计	1,787,108.57

二、公司前三年主要会计数据和财务指标(合并报表)

项目	2001.12.31	2000.12.31		1999.12.31	
		调整后	调整前	调整后	调整前
主营业务收入(元)	671,584,832.15	710,454,985.03	710,454,985.03	487,796,850.16	487,796,850.16
净利润(元)	27,121,256.94	31,885,957.65	48,105,681.72	39,699,992.06	41,603,111.77
总资产(元)	737,477,843.88	733,424,971.05	760,841,984.98	607,623,196.27	618,775,504.71
股东权益(不含少数股东权益,元)	479,138,980.09	458,190,411.46	485,552,488.57	345,818,654.94	356,961,963.38
每股收益(摊薄,元)	0.094	0.222	0.335	0.301	0.315
每股收益(加权,元)	0.094	0.236	0.357	0.301	0.315
扣除非经常性损益后的每股收益(摊薄,元)	0.088	0.214	0.327	0.285	0.300
每股净资产(元)	1.67	3.19	3.38	2.62	2.70
调整后的每股净资产(元)	1.66	3.17	3.36	2.61	2.69
每股经营活动产生的现金流量净额	－0.07	0.33	0.33	0.40	0.40
净资产收益率(摊薄%)	5.66	6.96	9.91	11.48	11.65
净资产收益率(加权%)	5.75	8.31	11.93	11.70	11.91

三、2001 年度,扣除非经常性损益后的加权平均净资产收益率为 5.38%。

第三章　股本变动及股东情况

一、股本变动情况

数量单位:股

	本次变动前	本次变动增减(+、-)			本次变动后
		送股	公积金转股	小计	
(一)未上市流通股份					
1、发起人股份	96,706,000	19,341,200	77,364,800	96,706,000	193,412,000
其中:					
国家持有股份					
境内法人持有股份	81,208,000	16,241,600	64,966,400	81,208,000	162,416,000
境外法人持有股份	15,498,000	3,099,600	12,398,400	15,498,000	30,996,000
其他					
2、募集法人股份					
3、内部职工股					
4、优先股或其他					
未上市流通股份合计	96,706,000	19,341,200	77,364,800	96,706,000	193,412,000
(二)已上市流通股份					
1、人民币普通股	46,800,000	9,360,000	37,440,000	46,800,000	93,600,000
2、境内上市的外资股					
1、境外上市的外资股					
2、其他					
已上市流通股份合计	46,800,000	9,360,000	37,440,000	46,800,000	93,600,000
(三)股份总数	143,506,000	28,701,200	114,804,800	143,506,000	287,012,000

600062 北京双鹤药业股份有限公司

2001 年年度报告摘选

第一节 公司基本情况简介

1、公司法定中文名称：北京双鹤药业股份有限公司
公司英文名称：BEIJING DOUBLE－CRANE PHARMACEUTICAL CO.，LTD
公司英文名称缩写：DCPC
2、公司法定代表人：乔俊峰
3、公司董事会秘书：倪军
证券事务代表：白丽萍
联系地址：北京市朝阳区光华路九号
联系电话：010－65853578　　传真：010－65853578
电子信箱：dcpcmss@95777.com
4、公司注册地址：北京市朝阳区酒仙桥路 4 号院内 24 号楼一层
公司办公地址：北京市朝阳区光华路九号
邮政编码：100020
公司国际互联网网址：www.dcpc.com.cn
公司电子信箱：dcpcmss@95777.com
5、公司选定的信息披露报纸名称：《中国证券报》、《上海证券报》
登载年度报告的中国证监会指定网站的网址：www.sse.com.cn
公司年度报告备置地点：公司董事会秘书室
6、公司股票上市交易所：上海证券交易所
股票简称：双鹤药业　　股票代码：600062

第二节 会计数据和业务数据摘要

1、公司本年度经营业绩(单位：元)

利润总额	193,361,968
净利润	157,710,419
扣除非经常性损益后的净利润	153,988,452
主营业务利润	864,307,126
其他业务利润	15,456,906
营业利润	188,697,886
投资收益	278,880
补贴收入	12,684,046
营业外收支净额	－8,298,844
经营活动产生的现金流量净额	141,011,420
现金及现金等价物净增减额	350,834,660

注：本年度公司非经常性损益构成如下(单位：元)

项目	金额
处理下属部门、被投资单位股权损益	36,630
政策有效期短于 3 年、越权审批或无正式批准文件的税收返还、减免以及其他政府补贴	7,567,588
会计政策变更对以前期间净利润的追溯调整	1,631,554
流动资产盘盈、盘亏(管理费用)	－528,508
营业外收入	2,562,332
营业外支出	－7,547,629
合计	3,721,967

2、截至报告期末公司前三年的主要会计数据和财务指标：
(1)主要会计数据和财务指标(单位：元)：

项目	2001 年	2000 年调整前	2000 年调整后	1999 年调整前	1999 年调整后
主营业务收入	2,382,656,799	1,168,339,074	1,168,339,074	723,522,187	723,522,187
净利润	157,710,419	128,914,739	108,444,295	75,885,353	59,997,976
总资产	2,746,287,258	1,484,156,306	1,419,399,741	1,184,830,570	1,147,274,908
股东权益(不含少数股东权益)	1,282,758,453	790,559,028	733,678,573	692,213,789	655,803,779
每股收益(元/股)	0.4648	0.4217	0.3547	0.3227	0.2551
每股净资产(元/股)	3.7807	2.5861	2.4000	2.9437	2.7889
调整后的每股净资产(元/股)	3.7165	2.5220	2.3660	2.8900	2.7246
每股经营活动产生的现金流量净额(元/股)	0.4156	0.5653	0.5653	0.5594	0.5594
净资产收益率(%)	12.29	16.31	14.78	10.96	9.15

(2)利润表附表(单位：元)：

报告期利润	净资产收益率		每股收益	
	全面摊薄	加权平均	全面摊薄	加权平均
主营业务利润	67.38%	87.41%	2.5474	2.7036
营业利润	14.71%	19.08%	0.5562	0.5902
净利润	12.29%	15.95%	0.4648	0.4933
扣除非经常性损益后的净利润	12.00%	15.57%	0.4539	0.4817

第三节 股本变动及股东情况

1、股份变动情况表(单位：万股)

	本次变动前	本次变动增减(＋，－)						本次变动后
		配股	送股	公积金转股	增发	其他	小计	
一、尚未流通股份								
1、发起人股份	19571.5	＋60					＋60	19631.5
其中：国家拥有股								
境内法人持有股份	19571.5	＋60					＋60	19631.5
外资法人持有股份								
其他								
2、募集法人股								
3、内部职工股								
4、优先股或其他								
尚未流通股合计	19571.5	＋60					＋60	19631.5
二、已流通股份								
1、境内上市的人民币普通股	10998	＋3299.4					＋3299.4	14297.4
2、境内上市的外资股								
3、境外上市的外资股								
4、其他已流通股份合计	10998	＋3299.4					＋3299.4	14297.4
三、股份总数	30569.5	＋3359.4					＋3359.4	33928.9

600063 安徽皖维高新材料股份有限公司

2001 年年度报告摘选

一、公司基本情况简介

1、公司法定中文名称：安徽皖维高新材料股份有限公司
公司法定英文名称：ANHUI WANWEI UPDATED HIGH－TECH MATERIAL INDUSTRY COMPANY LIMITED
2、公司法定代表人：陈信生
3、公司董事会秘书：汤华章
联系地址：安徽省巢湖市皖维路 56 号
联系电话：0565—2317280
传　真：0565—2317294
电子信箱：wwjszx@mail.hf.ah.cn
4、公司注册地址：安徽省巢湖市皖维路 56 号
公司办公地址：安徽省巢湖市皖维路 56 号
邮政编码：238002
公司国际互联网网址：http://www.wwgf.com.cn
电子信箱：wwjszx@mail.hf.ah.cn
5、公司选定的信息披露报纸：《上海证券报》
登载公司年度报告的网址：http://www.sse.com.cn
公司年度报告备置地点：本公司董秘办公室
6、公司股票上市交易所：上海证券交易所
股票简称：皖维高新
股票代码：600063

二、会计数据和业务数据摘要

1、公司本年度利润总额及其构成(合并报表)　　单位：元

利润总额	84,976,359.48
净利润	77,153,983.99
扣除非经常性损益后的净利润	74,394,640.67
主营业务利润	139,726,515.14
其他业务利润	1,039,595.15
营业利润	76,695,672.02
投资收益	8,544,401.20
营业外收支净额	－263,713.74
经营活动产生的现金流量净额	135,013,870.52
现金及现金等价物净增减额	－63,976,096.86

注：扣除非经常性损益项目的金额 2,759,343.32 元，其中：
(1)委托国债投资收益金额为 351 万元(含税)；
(2)营业外收支净额－263,713.74 元；
(3)影响所得税 486,942.94 元。

2、公司前三年主要会计数据和财务指标
利润表项目：

项目	单位	2001 年	2000 年	1999 年
主营业务收入	元	507,444,659.31	386,927,950.66	288,589,567.78
净利润	元	77,153,983.99	52,900,606.32	46,306,407.80
每股收益(摊薄)	元/股	0.305	0.209	0.197
(加权)	元/股	0.305	0.217	0.232
每股经营活动产生的现金流量净额	元/股	0.534	0.300	0.136
净资产收益率(摊薄)	%	12.55	8.62	9.52
(平均)	%	11.83	9.29	9.52
扣除非经常性损益后的每股收益	元/股	0.294	0.199	0.188

资产负债表项目：

项目		2001 年 12 月 31 日	2000 年 12 月 31 日	1999 年 12 月 31 日
总资产	元	1,114,187,220.55	1,194,541,645.44	777,457,780.48
股东权益	元	614,990,137.12	613,706,153.13	487,590,546.81
每股净资产	元/股	2.432	2.427	2.073
调整后的每股净资产	元/股	2.379	2.398	2.042

三、股本变动及股东情况

1、公司股本变动情况
(1)公司股份变动情况表

数量单位：股

	本次变动前	本次变动增减(＋，－)						本次变动后
		配股	送股	公积金转股	增发	其他	小计	
一、未上市流通股份								
1、发起人股份	153,900,000							153,900,000
其中：国家持有股份	153,900,000							153,900,000
境内法人持有股份								
境外法人持有股份								
其他								
2、募集法人股份								
3、内部职工股								
4、优先股或其他								
未上市流通股份合计	153,900,000							153,900,000
二、已上市流通股份								
1、人民币普通股	99,000,000							99,000,000
2、境内上市的外资股								
3、境外上市的外资股								
4、其他								
已上市流通股份合计	99,000,000							99,000,000
三、股份总数	252,900,000							252,900,000

600064 南京新港高科技股份有限公司

2001 年年度报告摘选

第一节 公司基本情况简介

(一)公司法定中文名称:南京新港高科技股份有限公司
公司法定英文名称:NANJING XINGANG HIGH - TECH CO.,LTD.
英文缩写:NXHT
(二)公司法定代表人:梁学忠
(三)公司信息披露机构:证券管理部
董事会秘书:郭昭
董秘授权代表:郭晶
联系地址:南京经济技术开发区新港大道 100 号
电话:025 - 5800942
传真:025 - 5800941
电子信箱:njguoj@163.net
(四)公司注册地址:南京经济技术开发区内
公司办公地址:南京经济技术开发区新港大道 100 号 5 楼
邮政编码:210038
公司电子信箱:xingang@xggk.com
(五)公司选定信息披露报纸:《中国证券报》、《上海证券报》、《证券时报》
中国证监会年报登载指定国际互联网网址:www.sse.com.cn
公司年度报告备置地点:公司证券管理部
(六)公司股票上市交易所:上海证券交易所
股票简称:南京高科　股票代码:600064

第二节 会计数据和业务数据摘要

(一)公司本年度会计数据　(单位:人民币元)

项目	金额
利润总额	83,798,886.00
净利润	70,772,495.44
扣除非经常性损益后净利润	74,023,173.48
主营业务利润	156,168,863.87
其他业务利润	338,353.28
营业利润	36,827,097.77
投资收益	50,722,875.73
补贴收入	-
营业外收支净额	- 3,751,087.50
经营活动产生的现金流量净额	- 64,305,120.07
现金及现金等价物净增加额	- 18,878,954.56
注:扣除的非经常性损益项目及涉及金额	
营业外收支净额	- 3,751,087.50 元
股权转让收益	500,409.46 元

(二)公司近三年主要财务指标　(单位:人民币元)

项目	2001.12.31	2000.12.31	1999.12.31
主营业务收入	512,912,383.96	881,016,310.12	1,043,440,679.40
净利润	70,772,495.44	112,603,959.96	207,636,515.65
总资产	2,462,232,556.79	2,132,310,720.11	2,127,313,764.28
股东权益(不含少数股东权益)	1,163,998,821.70	1,093,763,997.86	981,160,037.90
每股收益	0.206	0.327	0.603
每股净资产	3.38	3.178	2.851
调整后的每股净资产	3.36	3.16	2.85
每股经营活动产生的现金流量净额	- 0.187	0.612	0.146
净资产收益率(%)	6.08	10.30	21.16

追溯调整前:　(单位:人民币元)

项目	2000.12.31	1999.12.31
主营业务收入	881,016,310.12	1,043,440,679.40
净利润	112,603,959.96	207,636,515.65
总资产	2,132,310,720.11	2,127,313,764.28
股东权益(不含少数股东权益)	1,095,130,312.69	982,526,352.73
每股收益	0.327	0.603
每股净资产	3.182	2.855
调整后的每股净资产	3.182	2.852
每股经营活动产生的现金流量净额	0.612	0.146
净资产收益率(%)	10.28	21.13

第三节 股本变动及股东情况

(一)股份变动情况表　(单位:股)

	本次变动前	本次变动增减(+,-)						本次变动后
		配股	送股	公积金转股	增发	其他	小计	
一、未上市流通股份								
1、发起人股份	188,658,288							188,658,288
其中:								
国家持有股份	150,304,680							150,304,680
境内法人持有股份	38,353,608							38,353,608
境外法人持有股份								
其他								
2、募集法人股份								
3、内部职工股								
4、优先股或其他								
其中:转配股								
未上市流通股份合计:	188,658,288							188,658,288
二、已上市流通股份								
1、人民币普通股	155,487,600							155,487,600
2、境内上市的外资股								
3、境外上市的外资股								
4、其他								
已上市流通股份合计:	155,487,600							155,487,600
三、股份总数	344,145,888							344,145,888

600065 大庆联谊石化股份有限公司

2001 年年度报告摘选

一、公司基本情况简介

1、公司法定中文名称:大庆联谊石化股份有限公司
公司英文名称:DAQING LIANYI PETRO - CHEMICAL CO.,LTD.
公司名称缩写:DQLY
2、公司法定代表人:刘　凯
3、公司董事会秘书:柴　铭
联系地址:黑龙江省大庆市大同区林源南街 5 号大庆联谊石化股份有限公司投资部
联系电话:0459 - 6717944　联系传真:0459 - 6717944
电子信箱:cm600065@263.net
4、公司注册地址:黑龙江省大庆市大同区林源南街 5 号
公司办公地址:黑龙江省大庆市大同区林源南街 5 号　公司邮政编码:163852
公司电子信箱:dqlysby@public.dq.hl.cn
5、公司选定的信息披露报纸名称:《上海证券报》
登载公司年度报告的中国证监会指定网站的网址:http://www.sse.com.cn
公司年度报告备置地点:公司投资部
6、公司股票上市交易所:上海证券交易所
公司股票简称:大庆联谊　公司股票代码:600065

二、会计数据和业务数据摘要

1、公司本年度主要利润指标:(单位:人民币元)

项目	金　额
利润总额	- 61,547,502.61
净利润	- 57,330,278.23
扣除非经常性损益后的净利润	- 57,728,431.33
主营业务利润	18,605,850.00
其他业务利润	13,667,541.86
营业利润	- 59,408,158.26
投资收益	736,719.80
补贴收入	0.00
营业外收支净额	- 2,876,064.15
经营活动产生的现金流量净额	- 35,775,197.56
现金及现金等价物净增减额	- 22,982,668.90
注:扣除非经常性损益项目和涉及金额	
1、存货盘盈	3,535,785.12
2、投资收益	736,719.80
3、资金占用费	923,867.00
4、营业外收入	151,285.37
5、营业外支出	3,027,349.52
6、所得税	- 74,420.67

2、截至报告期末公司前三年主要会计数据和财务指标:

指标项目	单位	2001 年度	2000 年度	1999 年度	
				追溯调整前	追溯调整后
主营业务收入	元	549,955,227.68	484,836,963.72	326,408,680.66	326,408,680.66
净利润	元	- 57,330,278.23	24,981,320.17	6,087,480.01	- 3,001,021.52
总资产	元	1,216,835,783.66	1,369,322,946.24	1,234,697,248.37	1,225,608,746.84
股东权益(不含少数股东权益)	元	723,965,160.84	781,295,439.07	773,402,620.43	764,314,118.90
每股收益	元/股	- 0.2986	0.1561	0.038	- 0.0188
每股净资产	元/股	3.7707	4.882	4.83	4.7770
调整后的每股净资产	元/股	3.6953	4.8624	4.83	4.7770
净资产收益率	%	- 7.919	3.20	0.787	- 0.3926
每股经营活动产生的现金流量净额	元	- 0.1863	0.144	0.055	0.055

3、利润表附表:
根据《公开发行证券的公司信息披露编报规则第九号》的规定计算。

2001 年度利润	净资产收益率(%)		每股收益(元)	
	全面摊薄	加权平均	全面摊薄	加权平均
主营业务利润	2.570	2.472	0.0969	0.0969
营业利润	- 8.206	- 7.893	- 0.3094	- 0.3094
净利润	- 7.919	- 7.617	- 0.2986	- 0.2986
扣除非经常性损益后的净利润	- 7.974	- 7.670	- 0.3007	- 0.3007

三、股本变动及股东情况

1、股本变动情况
(1)股份变动情况表　数量单位:股

	本次变动前	本次变动增减(+,-)						本次变动后
		配股	送股	公积金转股	增发	其它	小计	
一、未上市流通股份								
1、发起人股份								
其中:								
国家拥有股份								
境内法人持有股份	103,000,000		20,600,000					123,600,000
外资法人持有股份								
其他								
2、募集法人股	7,000,000		1,400,000					8,400,000
3、内部职工股								
4、优先股或其他								
其中:转配股								
未上市流通股份合计	110,000,000		22,000,000					132,000,000
二、已上市流通股份								
1、人民币普通股	50,000,000		10,000,000					60,000,000
2、境内上市的外资股								
3、境外上市的外资股								
4、其他								
已上市流通股份合计	50,000,000		10,000,000					60,000,000
三、股份总数	160,000,000		32,000,000					192,000.000

600066 郑州宇通客车股份有限公司

2001 年年度报告摘选

第一节 公司基本情况简介

1、公司法定中、英文名称及缩写
中文名称:郑州宇通客车股份有限公司
中文缩写:宇通客车
英文名称:
ZHENGZHOU YUTONG Coach Manufacturing Co. Ltd.
英文缩写:YTCO
2、公司法定代表人:汤玉祥先生
3、公司董事会秘书:裴天义先生
电话:0371－6806288
传真:0371－6316894
电子信箱:sbd@yutong.com
联系地址:郑州市凤凰路 7 号
4、公司注册地址:郑州市凤凰路 7 号
公司办公地址:郑州市南郊十八里河
邮政编码:450061
国际互联网网址:http//www.yutong.com
电子信箱:info@yutong.com
5、公司选定的信息披露报纸名称:《上海证券报》、《中国证券报》
登载公司年报的中国证监会指定国际互联网网址:http//www.sse.com.cn
公司年度报告备置地点:本公司证券处
地址:郑州市凤凰路 7 号
电话:0371－6339744
联系人:于莉女士
6、公司股票上市交易所:上海证券交易所
股票简称:宇通客车
股票代码:600066

第二节 会计数据和业务数据摘要

(一)本年度主要会计数据(万元)

利润总额:	12,235.47
净利润:	9,842.51
扣除非经常性损益后的净利润:	9,786.96
主营业务利润:	32,040.68
其它业务利润:	693.24
营业利润:	13,084.91
投资收益:	547.76
补贴收入:	
营业外收支净额:	－1,397.21
经营活动产生的现金流量净额:	9,779.87
现金及现金等价物净增加额:	－2,523.97

注:扣除非经常性损益后的净利润,扣除的项目为按年度平均计入的新股申购冻结资金利息,涉及金额 55.55 万元。

(二)公司前三年主要会计数据和财务指标

序号	名称	单位	2001 年度	2000 年度 调整前	2000 年度 调整后	1999 年度
1	主营业务收入	万元	157,951.53	119,896.83	119,896.83	70,010.93
2	净利润	万元	9,842.51	8,707.16	7,870.79	7,069.06
3	总资产	万元	140,397.17	142,578.10	140,717.33	98,833.84
4	股东权益	万元	93,564.28	86,822.48	83,666.21	64,095.34
5	每股收益	元	0.7199	0.6368	0.5757	0.621
6	每股净资产	元	6.84	6.35	6.12	5.631
7	调整后每股净资产	元	6.839	6.24	6.11	5.602
8	每股经营活动产生的现金流量净额	元	0.72	1.60		0.1965
9	净资产收益率	%	10.52	10.03	9.41	11.03

报告期利润	净资产收益率		每股收益	
	全面摊薄	加权平均	全面摊薄	加权平均
主营业务利润	34.24	37.62	2.3435	2.3435
营业利润	13.98	15.36	0.9570	0.9570
净利润	10.52	11.56	0.7199	0.7199
扣除非经常性损益后的净利润	10.46	11.49	0.7158	0.7158

第三节 股本变动及股东情况

1、股本变动情况
(1)股份变动情况表　　数量单位:股

	本次变动前	本次变动增减(＋、－) 配股	送股	公积金转股	增发	其他(内职股上市)	小计	本次变动后
一、未上市流通股份								
1、发起人股份	28,700,000							28,700,000
其中:								
国家持有股份	23,500,000							23,500,000
境内法人持有股份	5,200,000							5,200,000
境外法人持有股份								
其他								
2、募集法人股	14,300,520							14,300,520
3、内部职工股								
4、优先股或其他								
未上市流通股份合计	43,000,520							43,000,520
二、已上市流通股份								
1、人民币普通股	93,723,141							93,723,141
2、境内上市的外资股								
3、境外上市的外资股								
4、其他								
已上市流通股份合计	93,723,141							93,723,141
三、股份总数	136,723,661							136,723,661

600067 福州大通机电股份有限公司

2001 年年度报告摘选

第一章 公司基本情况简介

一、公司法定中、英文名称及缩写:
中文名称:福州大通机电股份有限公司
中文缩写:福州大通
英文名称:FUZHOU DARTONG M&E CO.,LTD
英文缩写:FZDT
二、公司法定代表人:韩国龙
三、公司董事会秘书:林思雨
联系地址:福建省福州市福马路 81 号
电　　话:(0591)3992696　　传　真:(0591)3641246
电子信箱:fzdtlsy@163.net
四、公司注册地址及办公地址:福建省福州市福马路 81 号
邮编:350011
公司国际互联网址:http://www.dartong.net
电子信箱:fdt@pub2.fz.fj.cn
五、公司指定信息披露报纸:《上海证券报》、《中国证券报》
证监会指定披露信息互联网址:http://www.sse.com.cn
公司年度报告备查地点:本公司董事会办公室
六、公司股票上市交易所:上海证券交易所
股票简称:福州大通　　股票代码:600067

第二章 会计数据和业务数据摘要

一、公司本年度会计数据摘要　　单位:人民币元

利润总额	28,986,451.60
净利润	32,358,470.67
扣除非经常性损益后的净利润 *	29,230,950.90
主营业务利润	72,633,607.14
其它业务利润	477,307.65
营业利润	30,509,073.70
投资收益	5,736,234.81
补贴收入	341,752.00
营业外收支净额	－7,600,608.91
经营活动产生的现金流量净额	1,143,644.55
现金及现金等价物净增加额	4,535,793.44
注:扣除的非经常性损益项目和涉及金额:	3,127,519.77
1、投资收益:	5,557,376.68
2、补贴收入:	341,752.00
3、营业外收支净额:	－7,600,608.91
4、退税:	4,829,000.00

二、公司前三年主要会计数据和财务指标
1、主要财务数据　　单位:人民币元

项 目	2001 年度	2000 年度 调整后	2000 年度 调整前	1999 年度 调整后	1999 年度 调整前
主营业务收入	403,493,282.03	389,253,479.49	389,253,479.49	268,510,258.42	268,510,258.42
净利润	32,358,470.67	19,067,187.54	23,216,350.61	19,993,769.28	19,193,940.69
总资产	556,491,514.71	531,782,264.00	541,133,880.21	390,503,541.16	399,855,157.37
股东权益(不含少数股东权益)	303,054,584.40	286,447,862.73	299,148,813.42	167,413,714.49	175,965,502.11
全面摊薄每股收益	0.31	0.18	0.22	0.24	0.23
加权平均每股收益	0.31	0.21	0.25	0.24	0.23
扣除非经常性损益的每股收益	0.28	0.16	0.20	0.30	0.22
每股净资产	2.89	2.73	2.85	2.02	2.12
调整后的每股净资产	2.86	2.71	2.80	2.01	2.10
每股经营活动产生的现金流量净额	0.01	－0.42	－0.42	0.41	0.41
全面摊薄净资产收益率(%)	10.68	6.66	7.76	11.94	10.91
加权平均净资产收益率(%)	10.69	8.92	9.94	12.70	10.91
扣除非经常损益后的加权平均资产收益率	9.66	7.66	8.95	15.83	10.18

2、报告期利润表附表:

报告期利润	净资产收益率(%)		每股收益(元)	
	全面摊薄	加权平均	全面摊薄	加权平均
主营业务利润	23.97	24.00	0.69	0.69
营业利润	10.07	10.08	0.29	0.29
净利润	10.68	10.69	0.31	0.31
扣除非经常性损益后的净利润	9.65	9.66	0.28	0.28

注:上表利润数据按中国证监会《公开发行证券公司信息披露编报规则(第 9 号)》要求计算。

第三章 股本变动及股东情况

一、股东变动情况(截至 2001 年 12 月 31 日)　　数量单位:股

项 目	本次变动前	本次变动增减(＋,－) 配股	送股	公积金转股	增发	其他	小计	本次变动后
一、未上市流通股份								
1、发起人股份	37,087,390							37,087,390
其中:国家持有股份	27,596,190							27,596,190
境内法人持有股份	9,491,200							9,491,200
境外法人持有股份								
其他								
2、募集法人股份								
3、内部职工股								
4、优先股或其他								
未上市流通股份合计	37,087,390							37,087,390
二、已上市流通股份								
1、人民币普通股	67,924,270							67,924,270
2、境内上市的外资股								
3、境外上市的外资股								
4、其他								
已上市流通股份合计	67,924,270							67,924,270
三、股份总数	105,011,660							105,011,660

600068 葛洲坝股份有限公司

2001 年年度报告摘选

一、公司基本情况简介

(一)公司法定中文名称:葛洲坝股份有限公司
公司法定英文名称:GEZHOUBA CO., LTD
缩写:G.C.L
(二)法定代表人:张野
(三)公司董事会秘书:张之平
联系地址:湖北省宜昌市石子岭路 3 号
电话:0717-6746439
传真:0717-6718802
电子信箱:cplolw@yc.hb.cninfo.net
证券事务代表:彭立权
联系地址:湖北省宜昌市石子岭路 3 号
电话:0717-6718809
传真:0717-6718802
电子信箱:cplolw@yc.hb.cninfo.net
(四)公司注册地址:湖北省宜昌市樵湖二路 8 号
公司办公地址:湖北省宜昌市石子岭路 3 号
邮政编码:443002
电子信箱:cplolw@yc.hb.cninfo.net
(五)公司选定的信息披露报纸名称:《上海证券报》、《中国证券报》、《证券时报》
登载公司年度报告的中国证监会指定国际互联网网址:http://www.sse.com.cn
公司年度报告备置地点:公司董事会秘书室
(六)公司股票上市交易所:上海证券交易所
股票简称:葛洲坝
股票代码:600068

二、会计数据和业务数据摘要

(一)本年度主要财务数据(合并报表)

项目	2001 年度实现数(元)
利润总额	158,816,629.81
净利润	147,854,762.63
扣除非经常性损益后的净利润	175,416,122.17
主营业务利润	365,174,886.53
其他业务利润	2,016.89
营业利润	192,536,643.83
投资收益	20,661,160.72
营业外收支净额	-54,381,174.74
经营活动产生的现金流量净额	32,977,922.51
现金及现金等价物净增加额	-121,063,578.70

注:扣除非经常性损益的项目和涉及金额

1、营业外收支净额项目(单位:元)	
(1)无效申购资金利息收入	2,770,105.93
(2)其他收支净额	357,647.93
(3)处理固定资产净损失	57,508,928.60
2、投资收益	9,833,182.21
其中:国债投资收益	6,936,325.15
3、非经常性损益对所得税的影响	16,986,632.99

以上项目涉及金额 27,561,359.54 元。

(二)截至报告期末公司前三年主要会计数据和财务指标

项目	2001 年(元)	2000 年(元)		1999 年(元)	
		调整前	调整后	调整前	调整后
主营业务收入	2,208,482,820.25	2,155,795,724.72	2,155,795,724.72	2,056,078,714.68	2,056,078,714.68
净利润	147,854,762.63	212,119,505.37	211,480,041.35	227,915,814.23	227,915,814.23
总资产	4,904,076,136.61	4,583,782,616.85	4,583,782,616.85	3,839,153,810.51	3,839,153,810.51
股东权益(不含少数股权)	3,258,464,306.10	3,138,773,475.46	3,131,783,543.47	2,555,569,526.85	2,549,219,061.79
每股收益(摊薄)	0.21	0.30	0.30	0.46	0.37
每股收益(加权)	0.21	0.33	0.33	0.46	0.37
扣除非经常性损益后的每股收益(摊薄)	0.25	0.33	0.33	0.44	0.35
每股净资产	4.62	4.45	4.44	4.55	4.09
调整后的每股净资产	4.56	4.38	4.37	4.54	4.08
每股经营活动产生的现金流量净额	0.05	0.01	0.01	0.75	0.75
净资产收益率(摊薄)	4.54	6.76	6.75	10.15	8.94

(三)利润表附表

报告期利润	净资产收益率(%)		每股收益(元)	
	全面摊薄	加权平均	全面摊薄	加权平均
主营业务利润	11.21	11.39	0.52	0.52
营业利润	5.91	6.01	0.27	0.27
净利润	4.54	4.61	0.21	0.21
扣除非经常性损益后的净利润	5.38	5.47	0.25	0.25

三、股本变动及股东情况

(一)股东情况介绍
1、报告期末公司股东总数为 244,735 户。
2、报告期末主要股东持股情况(前 10 名股东)

序号	股东名称	持股数	占总股本比例(%)
1	中国葛洲坝集团有限公司	351,352,617	49.78
2	博信咨询	8,647,383	1.23
3	苏州投资	1,249,500	0.18
4	于宁军	560,000	0.08
5	杨常喜	435,912	0.06
6	吴必胜	430,000	0.06
7	兴和基金	408,673	0.06
8	吴少燕	400,000	0.06
9	任芳	320,800	0.05
10	余三周	283,521	0.04

600069 河南银鸽实业投资股份有限公司

2001 年年度报告摘选

第一节 公司基本情况简介

(一)公司法定中文名称:河南银鸽实业投资股份有限公司
公司英文名称:Henan Yinge Industrial Investment Holding Co., Ltd
公司英文名称缩写:Yinge
(二)公司法定代表人:杨松贺
(三)公司董事会秘书:张军力
董事会证券事务代表:吴军旗
联系地址:漯河市人民东路 95 号
电　　话:(0395)2355611　　传　真:(0395)2355460
电子信箱 lhyg@public2.zz.ha.cn
(四)公司注册(办公)地址:河南省漯河市人民东路 95 号
邮政编码:462000
(五)公司选定信息披露报纸名称:《上海证券报》
登载公司年度报告的中国证监会指定的国际互联网网址:http://www.sse.com.cn
公司年度报告备置地点:公司证券部
(六)公司股票上市交易所:上海证券交易所
股票简称:银鸽投资　　股票代码:600069

第二节 会计数据和业务数据摘要

(一)2001 年度利润情况　　单位:人民币元

利润总额	-228,540,095.48
净利润	-227,809,995.53
扣除非经常性损益后的净利润	-94,245,257.13
主营业务利润	1,185,388.96
其他业务利润	2,739,573.30
营业利润	-87,347,765.50
投资收益	-116,029,287.33
补贴收入	
营业外收支净额	-25,163,042.65
经营活动产生的现金流量净额	-126,697,090.43
现金及现金等价物净增减额	-86,742,913.56

注:扣除非经常性损益项目及金额　　单位:人民币元

营业外收入	415,869.11
营业外支出	25,578,911.76
短期股票投资收益	-108,401,695.75
以上项目影响所得税	
合计	-133,564,738.40

(二)公司前三年主要会计数据和财务指标　　单位:人民币元

项目	2001 年	2000 年		1999 年	
		调整前	调整后	调整前	调整后
主营业务收入	183099889.01	154248157.24	154248157.24	140283166.86	140283166.86
净利润	-227809995.53	10443894.94	8518325.15	17157298.78	7272159.57
总资产	960701823.92	913354533.14	901409403.05	829870497.01	988259144.17
股东权益(不含少数股东权益)	378031616.68	644311116.18	603332361.25	641259302.11	609542427.66
每股收益	-0.613	0.028	0.023	0.046	0.020
加权计算的每股收益	-0.610	0.028	0.023	0.090	0.038
扣除非经常性损益后的每股收益	-0.254	0.024	-0.018	0.024	0.020
每股净资产	1.02	1.73	1.62	1.73	1.64
调整后的每股净资产	1.01	1.71	1.60	1.72	1.64
净资产收益率(%)	-60.26	1.62	1.41	2.68	1.19
每股经营活动产生的现金流量净额	-0.34	0.08	0.08	0.08	0.08

注:

附表:

报告期利润	净资产收益率		每股收益	
	全面摊薄	加权平均	全面摊薄	加权平均
主营业务利润	0.003	0.002	0.003	0.003
营业利润	-0.231	-0.178	-0.235	-0.235
净利润	-0.603	-0.465	-0.613	-0.613
扣除非经常性损益的净利润	-0.249	-0.193	-0.254	-0.254

第三节 股本变动及股东情况

(一)股本变动情况:
截至 2000 年 12 月 31 日,股本余额 371,600,000.00 元,本期无变动。公司股份情况如下表:
数量单位:万股

项目	期初数	本次变动增减					期末数
		配股	送股	公积金转股	其它	小计	
一、尚未流通股份							
1. 发起人股份							
其中:							
(1)国家拥有股份	14,588.8						14,588.8
(2)境内法人持有股份	8,011.2						8,011.2
(3)境外法人持有股份							
(4)其他							
2. 募集法人股份							
尚未流通股份合计	22,600						22,600
二、已流通股份							
1. 境内上市的人民币普通股	14,560						14,560
2. 境内上市的外资股							
3. 境外上市的外资股							
4. 其他							
已流通股份合计	14,560						14,560
三、股份总数	37,160						37,160

600070 浙江富润股份有限公司

2001 年年度报告摘选

第一节 公司基本情况简介

一、公司法定名称:浙江富润股份有限公司
公司英文名称:ZHEJIANG FURUN CO.,LTD
英文名称缩写:FURUN
二、公司法定代表人:赵林中
三、公司董事会秘书:陈黎伟
证券事务代表:王坚
联系地址:浙江省诸暨市安平路 42 号
联系电话:0575-7222043 7223532 联系传真:0575-7223018
电子信箱:furun@mail.sxptt.zj.cn
四、公司注册地址:浙江省诸暨市安平路 42 号
公司办公地址:浙江省诸暨市安平路 42 号 邮政编码:311800
国际互联网网址:http//www.zhejiangfurun.net
电子信箱:furun@mail.sxptt.zj.cn
五、公司选定的信息披露报纸:《中国证券报》《上海证券报》
登载年度报告的中国证监会指定网站的网址:http//www.sse.com.cn
公司年度报告备置地点:浙江省诸暨市安平路 42 号公司证券部
六、公司股票上市交易所:上海证券交易所
股票简称:浙江富润 股票代码:600070

第二节 会计数据和业务数据摘要

一、公司本年度会计数据　　单位:人民币元

项目	金额
利润总额	18,645,565.81
净利润	17,789,115.49
扣除非经济性损益后的净利润	14,642,302.18
主营业务利润	31,511,875.18
其他业务利润	10,207,939.35
营业利润	18,064,792.33
投资收益	935,105.42
补贴收入	253,000.00
营业外收支净额	-607,331.94
经营活动产生的现金流量净额	-10,802,272.19
现金及现金等价物净增减额	-8,582,829.50

二、公司前三年主要会计数据和财务指标

数据的指标项目	2001 年度	2000 年度		1999 年度	
		调整前	调整后	调整前	调整后
主营业务收入	202641322.32	213714709.22	213714709.22	191741088.87	191741088.87
净利润	17789115.49	26150551.56	26150551.56	23035062.79	19364803.09
每股经营活动产生的现金流量净额	-0.14	0.64	0.64	0.16	0.16
净资产收益率%	7.77	10.90	11.12	10.06	8.64
	2001 年 12 月 31 日	2000 年 12 月 31 日		1999 年 12 月 31 日	
		调整前	调整后	调整前	调整后
总资产	428847378.73	419798167.84	415064648.24	344196175.01	339462655.41
股东权益	228953198.71	239985570.34	235252050.74	228981618.78	224248099.18
每股收益	0.235	0.345	0.345	0.304	0.256
每股净资产	3.02	3.17	3.11	3.02	2.96
调整后的每股净资产	3.01	3.15	3.08	3.00	2.90

按第九号编报规则计算的净资产收益率:

报告期利润	净资产收益率		每股收益(元)	
	全面摊薄	加权平均	全面摊薄	加权平均
主营业务利润	13.76	13.23	0.416	0.416
营业利润	7.89	7.58	0.239	0.239
净利润	7.77	7.47	0.235	0.235
扣除非经常性损益后的净利润	6.40	6.15	0.193	0.193

第三节 股本变动及股东情况

一、股份变动情况表(报告期 2001 年 12 月 31 日)　　数量单位:股

	本次变动前	配股	送股	公积金转增	增发	其他	小计	本次变动后
(一)尚未流通股份								
Ⅰ.发起人股份								
1.国家拥有股份								
2.国有法人持有股份	29,561,800							29,561,800
3.境内法人持有股份	1,560,000							1,560,000
4.境外法人持有股份								
5.其他								
小计	31,121,800							31,121,800
Ⅱ.非发起人股份								
1.国家拥有股份								
2.国有法人持有股份								
3.境内法人持有股份	13,411,200							13,411,200
4.境外法人持有股份								
5.内部职工股								
6.转配股								
7.基金配售股份								
8.战略投资者配售股份								
9.一般法人配售股份								
10.未上市个人股								
11.其他小计	13,411,200							13,411,200
Ⅲ.尚未流通股股份合计	44,533,000							44,533,000
(二)已流通股份								
1.境内上市人民币普通股	31,200,000							31,200,000
2.境内上市外资股								
3.境外上市外资股								
4.其他小计	31,200,000							31,200,000
(三)股份总数	75,733,000							75,733,000

600071 凤凰光学股份有限公司

2001 年年度报告摘选

一、公司基本情况简介

(一)公司法定中文名称:凤凰光学股份有限公司
公司简称:凤凰光学
公司英文名称:PHENIX OPTICAL COMPANY LIMITED
(二)公司法定代表人:任 捷
(三)公司董事会秘书:邹建伟
联系地址:凤凰光学股份有限公司董事会办公室
电 话:0793-8259547
传 真:0793-8259547
电子信箱:srfhgf@public1.srptt.jx.cn
(四)公司注册地址:江西省上饶市光学路 1 号
公司办公地址:江西省上饶市光学路 1 号
邮政编码:334000
公司电子信箱:srfhgf@public1.srptt.jx.cn
公司国际互联网网址:http://www.phenixoptics.com
(五)公司选定的信息披露报纸:《上海证券报》、《中国证券报》
登载公司年度报告的国际互联网网址:http://www.sse.com.cn
公司年度报告备置地点:公司董事会办公室
(六)公司股票上市地:上海证券交易所
股票简称:凤凰光学
股票代码:600071

二、会计数据和业务数据摘要

(一)本年度业务数据指标情况:

项目	金额
利润总额:	41,686,888.51 元
净利润:	36,476,355.00 元
扣除非经常性损益后的净利润:	31,988,963.29 元
主营业务利润:	74,250,392.98 元
其他业务利润:	2,078,650.11 元
营业利润:	30,110,059.53 元
投资收益:	11,645,745.21 元
补贴收入:	378,600.00 元
营业外收支净额:	-447,516.23 元
经营活动产生的现金流量净额:	54,713,044.44 元

注:报告期内涉及的非经常性损益项目及金额:

项目	金额 单位:人民币元
国债投资收益	4,556,307.94
补贴收入	378,600.00
营业外收支净额	-447,516.23

(二)截至报告期末公司前三年的主要会计数据和财务指标(单位:元):

项目	2001 年	2000 年	1999 年
主营业务收入	313,599,930.80	273,396,537.84	244,602,826.01
净利润	36,476,355.00	38,304,883.68	28,355,573.74
总资产	660,999,613.37	563,888,466.95	465,469,669.95
股东权益	404,844,164.39	372,934,587.39	342,762,452.72
每股收益	0.1536	0.36	0.26
每股收益(加权)	0.1536	0.36	0.29
每股收益(扣除非经常性损益后)	0.1347	0.34	0.26
每股净资产	1.71	3.47	3.19
调整后每股净资产	1.69	3.47	3.17
每股经营活动产生的现金流量净额	0.23	0.18	0.49
净资产收益率%	9.01	10.27	8.27

(三)利润表附表

报告期利润	净资产收益率(%)		每股收益(元)	
	全面摊薄	加权平均	全面摊薄	加权平均
主营业务利润	18.34	19.28	0.31	0.31
营业利润	7.44	7.82	0.13	0.13
净利润	9.01	9.47	0.15	0.15
扣除非经营性损益后的净利润	7.90	8.31	0.14	0.14

三、股本变动及股东情况

(一)股本变动情况表:
公司股份变动情况表　　数量单位:股

	本次变动前	配股	送股	公积金转股	增发	其他	小计	本次变动后
一、未上市流通股份								
1、发起人股份	58,833,600		27,651,792	43,536,864			71,188,656	130,022,256
其中:								
国家持有股份								
境内法人持有股份	58,833,600		27,651,792	43,536,864			71,188,656	130,022,256
境外法人持有股份								
其他								
2、募集法人股份								
3、内部职工股								
4、优先股或其他								
其中:转配股								
未上市流通股份合计	58,833,600		27,651,792	43,536,864			71,188,656	130,022,256
二、已上市流通股份								
1、人民币普通股	48,620,000		22,851,400	35,978,800			58,830,200	107,450,200
2、境内上市的外资股								
3、境外上市的外资股								
4、其他								
已上市流通股份合计	48,620,000		22,851,400	35,978,800			58,830,200	10,745,0200
三、股份总数	107,453,600		50,503,192	79,515,664			130,018,856	237,472,456

600072 江南重工股份有限公司

2001年年度报告摘选

第一节 公司基本情况简介

1、公司法定中文名称:江南重工股份有限公司
公司法定英文名称:JIANGNAN HEAVY INDUSTRY CO., LTD(缩写:JNHI)
2、公司法定代表人:楼吉威
3、公司董事会秘书:施卫东
联系地址:上海市高雄路18号3楼304室江南重工董事会办公室
电话:(021)63151818-4554
传真:(021)63141103
电子信箱:swd2008@eastday.com
4、公司注册地址:上海市东方路1369号
邮编:200127
公司办公地址:上海市高雄路18号
邮编:200011
公司国际互联网网址:http://www.jnshipyard.com.cn
公司电子信箱:JNHIC@online.sh.cn
5、公司选定的信息披露报纸名称:《中国证券报》、《上海证券报》
登载公司年度报告的中国证监会指定国际互联网网址:http://www.sse.com.cn
公司年度报告备置地点:上海市高雄路18号3楼304室江南重工董事会办公室
6、公司股票上市交易所:上海证券交易所
股票简称:江南重工　　股票代码:600072

第二节 会计数据和业务数据摘要

1、经大华会计师事务所有限公司审计,公司本年度主要利润指标(合并报表):

金额单位:人民币元

项目	金额
利润总额	32,705,163.46
净利润	27,506,889.08
扣除非经常性损益后的净利润	18,344,772.62
主营业务利润	46,295,552.73
其他业务利润	481,522.59
营业利润	21,878,562.92
投资收益	10,836,451.24
补贴收入	
营业外收支净额	-9,850.70
经营活动产生的现金流量净额	85,941,643.33
现金及现金等价物净增加额	55,963,329.78

注:"扣除非经常性损益后的净利润"中扣除的项目及金额分别为营业外收支净额-9850.70元和股票、债券投资收益10,788,811.24元,合计10,778,960.54元,扣除所得税后净额为9,162,116.46元。

2、截至报告期末公司前三年主要会计数据及财务指标(单位:人民币)

序号	项目	2001年度	2000年度 调整后	2000年度 调整前	1999年度
(1)	主营业务收入(元)	413,253,281.71	353,554,251.77	353,554,251.77	527,860,656.23
(2)	净利润(元)	27,506,889.08	20,191,969.44①	19,889,109.86	55,404,526.88
(3)	总资产(元)	1,101,872,422.04	1,070,111,314.48②	1,076,070,687.26	1,069,187,371.65
(4)	股东权益(元)	959,017,248.87	931,510,359.79③	937,887,404.11	918,717,266.38
(5)	每股收益 元/股	0.100	0.0074④	0.072	0.202
	(加权)	0.100	0.0074	0.072	0.353
(6)	扣除非经常性损益后每股收益 元/股	0.067	-0.058	-0.059	0.203
(7)	每股净资产 元/股	3.493	3.392⑤	3.416	3.346
(8)	调整后每股净资产 元/股	3.440	3.381	3.403	3.328
(9)	每股经营活动产生的现金流量净额 元/股	0.313	0.022	0.022	-0.335
(10)	净资产收益率(%)	2.868	2.168⑥	2.121	6.031
	(加权)	2.910	2.183	2.121	7.894

注:根据中国证监会关于发布《公开发行证券公司信息披露编报规则》第9号通知精神,公司2001年度按照全面摊薄法和加权平均法计算的净资产收益率和每股收益:

项目	净资产收益率(%) 全面摊薄	净资产收益率(%) 加权平均	每股收益(元/股) 全面摊薄	每股收益(元/股) 加权平均
主营业务利润	4.827	4.898	0.169	0.169
营业利润	2.281	2.315	0.080	0.080
净利润	2.868	2.910	0.100	0.100
扣除非经常性率损益后的净利润	1.913	1.941	0.067	0.067

第三节 股本变动及股东情况介绍

1、股本变动情况
(1)股份变动情况表

数量单位:股

	本次变动前	配股	送股	公积金转股	增发	其他	小计	本次变动后
一、未上市流通股份	149,780,800							149,780,800
1.发起人股份								
其中:								
国家拥有股份	149,780,800							149,780,800
境内法人持有股份								
境外法人持有股份								
其他								
2.募集法人股								
3.优先股及其他								
其中:转配股								
未上市流通股份合计	149,780,800							149,780,800
二、已上市流通股份								
1.人民币普通股	124,800,000							124,800,000
2.境内上市的外资股								
3.境外上市的外资股								
4.其他								
已上市流通股份合计	124,800,000							124,800,000
三、股份总数	274,580,800							274,580,800

(表头:本次变动增减(+,-)包括配股、送股、公积金转股、增发、其他、小计)

600073 上海梅林正广和股份有限公司

2001年年度报告摘选

一、公司基本情况简介

1、公司法定中文名称:上海梅林正广和股份有限公司
公司英文名称:SHANGHAI MALING AQUARIUS CO., LTD
英文名称缩写:SMAC
2、公司法定代表人:吕永杰
3、公司董事会秘书:钟耀
联系地址:上海市通北路400号
联系电话:021-65419725
传真:021-65123609
4、公司注册地址:上海市浦东新区川桥路1501号
邮政编码:201206
公司办公地址:上海市通北路400号
邮政编码:200082
5、公司选定的信息披露报纸:《中国证券报》、《上海证券报》
登载公司年度报告的国际互联网网址:http://www.sse.com.cn
公司年度报告备置地点:上海市通北路400号
6、公司股票上市交易所:上海证券交易所
股票简称:上海梅林
股票代码:600073

二、会计数据和业务数据摘要

1、本年度主要利润指标　　(单位:元)

项目	金额
利润总额	54,232,580.01
净利润	34,427,895.67
扣除非经常性损益后的净利润	3,108,053.69
主营业务利润	171,394,627.07
其他业务利润	8,058,171.62
营业利润	8,983,917.68
投资收益	47,558,871.58
补贴收入	451,919.00
营业外收支净额	-2,762,128.25
经营活动产生的现金流量净额	-18,429,037.03
现金及现金等价物净增加额	25,124,178.78

2、近三年主要会计数据和财务指标(合并报表)　　(单位:元)

项目	2001年	2000年 调整前	2000年 调整后	1999年
主营业务收入	496349515.14	537240254.03	537240254.03	562267876.42
净利润	34427895.67	79902976.19	80092574.99	102145300.79
总资产	1279093985.76	1338139640.92	1314440760.06	1392823137.32
股东权益	790371514.22	780340784.99	756641904.13	765833900.30
摊薄每股收益	0.11	0.25	0.25	0.32
加权平均每股收益	0.11	0.25	0.25	0.32
扣除非经常性损益每股收益	0.01	0.07	0.07	-0.09
每股净资产	2.44	2.41	2.34	2.36
调整后的每股净资产	2.36	2.32	2.25	2.28
每股经营活动产生的现金流量净额	-0.06	0.11	0.11	0.25
摊薄净资产收益率(%)	4.36	10.24	10.59	13.34
扣除非经常性损益的加权平均净资产收益率(%)	0.40	2.93	3.36	

三、股本变动及股东情况

1、股本变动情况股份变动情况表　　数量单位:股

	本次变动前	本次变动增减额(+,-)	本次变动后
一、未上市流通股份			
境内法人持有股份	204000000	0	204000000
未上市流通股份合计	204000000	0	204000000
二、已上市流通股份			
人民币普通股	120000000	0	120000000
已上市流通股份合计	120000000	0	120000000
三、股份总数	324000000	0	324000000

2、股东情况介绍
(1)截至2001年12月31日,公司股东总数为99013户。
(2)本公司前十名股东持股情况

名次	股东名称	年末持股数(股)	占总股本(%)
1	上海梅林正广和(集团)有限公司	204000000	62.96
2	湖北证券	438510	0.13
3	史建明	292167	0.09
4	陈克丽	272050	0.08
5	周香珍	267200	0.08
6	陈忠强	213452	0.07
7	钱尚蘭	185000	0.06
8	兴和基金	179707	0.06
9	汪吉	164200	0.05
10	庄会英	162200	0.05

600074 南京中达制膜(集团)股份有限公司

2001年年度报告摘要

一、公司基本情况简介

1、公司法定中文名称:南京中达制膜(集团)股份有限公司
公司英文名称:NanJing Zhongda Film(Group)Co.,Ltd.
公司英文名称缩写:NZ
2、公司法定代表人:张国平
3、公司董事会秘书:何祖元
证券事务代表:郑晓贤
联系地址:南京市汉中路89号金鹰国际商城20层C座
电话:025-4711201,025-4718467,025-4718462-650
传真:025-4718465
电子信箱:finance@njzdzm.com
4、公司注册地址:南京经济技术开发区高新技术工业园
公司办公地址:南京市汉中路89号金鹰国际商城20层C座
邮编:210029
公司国际互联网网址:www.njzdzm.com
电子信箱:njzdzm@publicl.ptt.js.cn
5、公司信息披露指定报刊:《上海证券报》、《中国证券报》
公司刊登年报国际互连网网址:http://www.sse.com.cn
公司年度报告备置地点:公司证券部
6、股票上市交易所:上海证券交易所
股票简称:南京中达
股票代码:600074
7、其他有关资料:
(1)公司变更注册登记日期:2000年7月17日;地点:南京市工商行政管理局。
(2)企业法人营业执照注册号:3201091000159
(3)税务登记号码:320113608966137
(4)公司聘请的会计师事务所为南京永华会计师事务所有限公司,办公地址:南京市中山北路26号南京新晨国际大厦8-10层。

二、会计数据和业务数据摘要

1、本年度主要利润指标情况(单位:元)

利润总额	88,649,251.03
净利润	75,806,858.83
扣除非经常性损益后的净利润	72,686,441.66
主营业务利润	164,476,141.46
其他业务利润	9,489,455.26
营业利润	91,645,747.26
投资收益	-162,333.58
补贴收入	65,000.00
营业外收支净额	-2,899,162.65
经营活动产生的现金流量净额	124,994,514.84
现金及现金等价物净增减额	169,299,834.12

*注:扣除的非经常性损益项目和涉及金额:

(1)处置固定资产净收益	24,889.97
(2)罚款净收入	108,548.37
(3)赔款净收入	246,424.44
(4)其他收入	132,943.91
(5)补贴收入	65,000.00
(6)资金占用费	7,271,875.00
(7)三项基金支出	1,120,274.82
(8)处置固定资产净损失	2,447,785.42
(9)罚款损失	11,486.25
(10)捐赠支出	13,602.00
(11)其他支出	55,109.29
(12)质量承赔	27,562.00
(13)固定资产减值准备	-329,476.12
(14)流动资产损失	63,782.99
(15)途中损失	1,842.69
(16)以前年度资本化利息调出	766,633.33

2、公司前三年主要会计数据和财务指标(单位:元)

项目	2001年	2000年调整后	2000年调整前	1999年
主营业务收入	516,895,765.22	495,781,724.02	495,781,724.02	374,970,442.46
净利润	75,806,858.83	61,505,878.08	63,897,412.30	32,258,651.55
总资产	1,475,885,969.90	1,115,017,620.30	1,110,060,153.23	1,076,926,817.79
股东权益(不含少数股东权益)	592,353,791.58	535,334,487.52	537,133,864.32	487,696,452.02
每股收益	0.524	0.425	0.442	0.223
每股净资产	4.096	3.702	3.716	3.373
调整后的每股净资产	3.995	3.681	3.673	3.344
每股经营活动产生的现金流量净额	0.864	1.553	1.553	-0.807
净资产收益率%	12.80	11.49	11.90	6.61
加权平均净资产收益率	13.22	11.86	12.30	8.71
扣除非经常性损益后的净资产收益率%	12.27	11.51	11.52	6.77
扣除非经常性损益后的加权平均净资产收益率%	12.68	11.89	11.93	8.92
按增发A股后的总股本计算的每股收益	0.40			

3、报告期利润表附表

报告期利润	净资产收益率(%)		每股收益(元/股)	
	全面摊薄	加权平均	全面摊薄	加权平均
主营业务利润	27.77	28.69	1.14	1.14
营业利润	15.47	15.99	0.63	0.63
净利润	12.80	13.22	0.52	0.52
扣除非经常性损益后的净利润	12.20	12.61	0.50	0.50

三、股本变动及股东情况

(一)股本变动情况

1、股份变动情况表:

数量单位:股

	本次变动前	本次变动增减(+、-)						本次变动后
		配股	送股	转股	增发	其它	小计	
一、未上市流通股份								
1、发起人股份								
其中:	92,400,000							92,400,000
国家持有股份	92,400,000							92,400,000
境内法人持有股份								
境外法人持有股份	32,688,400							32,688,400
其它:	59,711,600							59,711,600
2、募集法人股份								
3、内部职工股								
4、优先股或其它								
未上市流通股份合计								
二、已上市流通股份	92,400,000							92,400,000
1、人民币普通股								
2、境内上市的外资股	52,200,000							52,200,000
境外上市的外资股	52,200,000							52,200,000
其它								
已上市流通股份合计	52,200,000							52,200,000
三、股份总数	144,600,000							144,600,000

2、股票发行与上市情况

(1)公司1998年度临时股东大会审议通过的增资配股方案,先后获原江苏省证管办签发的苏证管办[1999]115号文和中国证券监督管理委员会证监公司字[1999]97号文批准实施。此次配股方案是以1997年末总股本9000万股为基数,每10股配售3股,按当时的总股本12960万股为基数,每10股配售2.0833股,本次实际配售总数为1500万股。其中向国有法人股股东配售400万股;向社会法人股股东配售200万股;向社会公众股股东配售900万股。每股配售价格为人民币8元。配股后的总股本是14460万股,其中,法人股9240万股,社会公众股5220万股。股权登记日1999年10月19日,除权基准日10月20日,获配可流通股上市交易日1999年11月19日。

(2)公司股权结构变动的原因:公司报告期内无股份总数的变动,公司国有法人股股东无锡市国联发展(集团)有限公司所持有的公司法人股2112.04万股中的1732万股转让给江阴瀛寰资产投资有限公司,经上海证券中央登记结算公司确认后,公司股权结构发生如下变化:江阴瀛寰资产投资有限公司持有公司1732万股,占总股本的11.98%,无锡市国联发展(集团)有限公司持有公司380.04万股,占总股本的2.63%。

(二)股东情况介绍

1、股东数量

本公司报告期末股东总数为26018户。

2、主要股东持股情况(前十名股东)

名次 股东名称	年末持股数(股)	占总股本(%)	增减情况	备注
①申达集团公司	42,256,400	29.22		社会法人股
②南京塑料包装材料总厂	28,688,400	19.84		国有法人股
③江阴瀛寰资产投资有限公司	17,320,000	11.98	+17,320,000	国有法人股
④无锡市国联发展(集团)有限公司	3,800,400	2.63	-17,320,000	国有法人股
⑤兴安基金	580,994	0.402		社会公众股
⑥景业基金	538,820	0.373		社会公众股
⑦石桂元	322,800	0.223		社会公众股
⑧汉鼎基金	300,065	0.208		社会公众股
⑨同盛基金	299,800	0.207		社会公众股
⑩钟真浩	176,600	0.122		社会公众股

上述股东之间不存在关联关系。

注:①股东股份增减变动的情况:

公司第三大股东无锡市国联发展(集团)有限公司将其持有的公司法人股2112.04万股中的1732万股转让给江阴瀛寰资产投资有限公司,经上海证券中央登记结算公司过户后,公司股权结构发生如下变化:江阴瀛寰资产投资有限公司持有公司1732万股,占公司总股本的11.98%,无锡市国联发展(集团)有限公司持有公司380.04万股,占公司总股本的2.63%(见2001年7月24日《上海证券报》及《中国证券报》)。

②股东股权冻结、质押情况:

南京塑料包装材料总厂系本公司发起人之一,现持有本公司股份2868.84万股。因南京塑料包装材料总厂与中国银行江苏省分行发生债务纠纷,中国银行江苏省分行提出财产保全申请,经江苏省高级人民法院[2001]苏执字第3-1号裁定并直接送达上海证券中央登记结算公司,冻结南京塑料包装材料总厂在南京中达制膜(集团)股份有限公司的股权2390.7万股,冻结时间为一年(从2001年4月26日至2002年4月26日)。

南京塑料包装材料总厂因借款，将其所持有的公司法人股2390.7万股股权质押给中国银行江苏省分行。质押期限为2001年4月26日至2019年4月25日。

③本公司接到四川省成都市中级人民法院二00一年五月十日民事裁定书。四川省成都市中级人民法院裁定：将申达集团公司和无锡国联发展（集团）有限公司受让的内江包装材料总厂所持有的被冻结的本公司法人股3268.84万股予以解除冻结。

3.控股股东情况介绍：

①申达集团公司

法定代表人：张国兴

成立日期：一九九四年六月三十日

主营业务：生产销售塑料制品，纸制品，机械设备，家具，经营广告及国内贸易（法律法规需专项审批的除外），进口生产拉研所需材料设备，出口自产产品及相关技术。

注册资本：11000万元整

股权结构：由江阴市申港镇投资有限公司、自然人张国兴、张国平、张国伟和公司其他高级管理人员共同出资设立的集体所有制企业，各方的出资比例分别为江阴市申港镇投资有限公司30%、自然人张国兴、张国平、张国伟共计50%、公司其他高级管理人员20%。

四、董事、监事、高级管理人员和员工情况

（一）基本情况：

姓名	性别	职务	年龄	任期起止日期	年初持股数	年末持股数(股)	变动原因
张国平	男	董事长	49	2000.5～2003.5	5220	5220	
徐成呈	男	董事	50	2000.12～2003.5	0	2100	购买(已被冻结)
李国栋	男	董事	53	2000.8～2003.5	0	0	
李华飞	男	董事	38	2000.5～2003.5	0	0	
石纪闵	男	董事常务副总	52	2000.5～2003.5	0	0	
邬承佐	男	董事	46	2000.12～2003.5	0	0	
徐叶丹	男	董事	33	2000.8～2003.5	0	0	
史佩俊	男	监事	49	2000.8～2003.5	0	0	
陈国生	男	监事	58	2000.5～2003.5	0	0	
王　澜	女	监事	36	2000.12～2003.5	0	0	
刘建森	男	总经理	33	2000.12～2003.5	0	0	
邓维其	男	副总经理	49	2000.5～2003.5	0	0	
何祖元	男	董秘、副总	36	2000.12～2003.5	0	0	

徐戍呈在南京塑料包装材料总厂任厂长兼党委书记；邬承佐在申达集团公司任总会计师；李国栋在无锡国联发展（集团）有限公司投资管理部任经理；王澜在无锡国联发展（集团）有限公司审计部工作；徐叶丹在无锡国联发展（集团）有限公司投资管理部工作；

（二）年度报酬情况：

1、董事、监事和高级管理人员的报酬由董事会讨论决定，其报酬是根据经营管理的业绩来确定。本年度公司董事、监事和高级管理人员的报酬总额为716,000元；公司董事只有张国平董事长和石纪闵董事兼常务副总经理在公司领取报酬，其总额为320,000元；金额最高的前三位高级管理人员的报酬总额为380,000元；年薪100,000元以上的有三人；年薪50,000~100,000元的有二人；50,000元以下的有一人。本年度公司无独立董事。

2、不在公司领取报酬、津贴的董事、监事：徐成呈、李国栋、邬承佐、徐叶丹、王澜，他们均在股东单位领取报酬；李华飞、史佩俊在自己单位领取报酬。

（三）在报告期内离任的董事、监事、高级管理人员姓名及离任原因

原公司副总经理秦超先生，因身体原因，提出辞职，董事会一致同意秦超先生辞职的请求，免去其副总经理职务。

五、公司治理结构

（一）公司治理的实际情况与上市公司治理准则对照

报告期内公司还未建立独立董事制度，还未建立董事、监事绩效评价的标准和程序。目前公司正在积极引进独立董事，建立独立董事制度和建立健全董事、监事绩效评价体系。

（二）控股股东与上市公司

控股股东行为规范，没有超越股东大会和董事会直接或间接干预公司的决策与经营活动，也没有利用其特殊地位谋取额外利益的情况；公司与控股股东在人员、资产、财务、机构、业务方面做到"五分开"，公司董事会、监事会做到独立运作。

（三）董事与董事会

公司严格按照《上市公司章程指引》有关董事选举的规定选举董事；公司董事会的人数和人员构成均符合法律、法规的要求。公司各位董事根据公司和全体股东的最大利益，忠实、诚信、勤勉地履行职责。

（四）监事与监事会

公司监事会的人数和人员构成均符合法律、法规的要求；公司监事会能够认真履行自己的职责，本着对股东负责的精神，对公司的关联交易、公司财务以及公司董事、公司经理和其他高级管理人员履行职责的合法、合规性进行监督。

六、股东大会情况简介

本年度公司召开了一次年度股东大会和两次临时股东大会。内容如下：

（一）二000年年度股东大会。

会议召开通知刊登于2001年1月18日《中国证券报》、《上海证券报》。本次股东大会于2001年2月28日上午9时整在南京市中山大厦召开，出席股东大会的股东及股东授权代表共7人，代表股份9243.65万股，占公司总股本的63.9%。会议通过如下决议：

1、审议通过了《公司2000年度董事会工作报告》

2、审议通过了《公司2000年度监事会工作报告》

3、审议通过了《公司2000年度报告及其摘要》

4、审议通过了《公司2000年度财务决算方案》

5、审议通过了《公司2000年度利润分配方案》

6、审议通过了《公司2001年度配股募集资金使用的可行性》

7、逐项审议通过了《公司2001年度配股预案》

8、审议通过了《公司在成都国家级高新区投资设立"四川中达新材料有限责任公司"的议案》

本次股东大会经北京万思恒律师事务所卢鑫律师现场见证并出具法律意见书，南京市公证处为大会进行了公证。以上决议内容刊登于2001年3月1日《中国证券报》、《上海证券报》。

（二）二00一年度第一次临时股东大会。

会议召开通知刊登于2001年4月5日《中国证券报》、《上海证券报》。本次临时股东大会于2000年5月7日上午9时整在南京金中达新材料有限公司召开，出席临时股东大会的股东及股东授权代表共7人，代表股份9244.40万股，占公司总股本的63.93%。会议通过如下决议：

1、审议通过了《公司符合增发A股条件的议案》。

2、逐项审议通过了《公司2001年度增发A股募集资金使用的可行性议案》。

3、逐项审议通过了《公司2001年度增发不超过4500万股人民币普通股（A股）的议案》。

4、审议通过了《终止执行2000年度股东大会第六、七项决议的议案》。

5、审议通过了《新老股东共同享受增发完成前未分配利润的议案》。

6、审议通过了《<董事会关于前次募集资金使用及效益情况的说明>的议案》。

7、审议通过了《续聘南京永华会计师事务所有限公司的议案》。

本次股东大会经北京万思恒律师事务所方建敏律师现场见证并出具法律意见书，南京市公证处为大会进行了公证。以上决议内容刊登于2001年5月9日《中国证券报》、《上海证券报》。

（三）二00一年度第二次临时股东大会。

会议召开通知刊登于2001年8月8日《中国证券报》、《上海证券报》。本次股东大会于2001年9月10日上午9时整在南京金中达新材料有限公司召开，出席股东大会的股东及股东授权代表共5人，代表股份9217.68万股，占公司总股本的63.75%。会议审议通过了如下决议：

《公司收购江阴申鹏包装材料有限公司51%股权的议案》。

本次股东大会经江苏金禾律师事务所杨小龙律师现场见证并出具法律意见书。以上决议内容刊登于2001年9月11日《中国证券报》、《上海证券报》。

七、董事会报告

（一）公司主营业务的范围及其经营状况

本公司属于软塑包装新材料行业，是专业从事软塑材料研发、生产和销售的高新技术企业集团。主营业务范围为生产销售双向拉伸聚丙烯薄膜（BOPP）、双向拉伸聚酯薄膜（BOPET）、多层共挤流延薄膜（CPP）等新型软塑材料。产品广泛用于包装、香烟、印刷、感光胶片、音像器材等众多领域。公司产品曾获"国际物资博览会特别金奖"、"中国公认名牌产品"等奖励，所有产品均曾被评定为"市优""省优"。报告期内，公司主要产品BOPP烟膜、CPP薄膜荣获"1998－2001年度江苏省新产品金牛奖"。公司是国家烟草物资总公司卷烟配套材料生产基地定点企业。

报告期内，集团公司围绕"规范、发展、创新、效益"四大主题，不断进行管理体制的创新和优化，实现产销两旺，取得了一定的成效。公司生产各类膜制品26599.52吨，销售26413.74吨，产销率99.30%；主营业务收入51690万元，主营业务利润16448万元，2001年度公司实现净利润7581万元，比去年增加23.25%。

本公司主要产品为双向拉伸聚丙烯薄膜（BOPP）、双向拉伸聚酯薄膜（BOPET）、多层共挤流延薄膜（CPP）。2001年实现销售收入、销售成本及毛利率如下：

项目	销售收入(万元)	销售成本(万元)	毛利率(%)
BOPP	39,722	25,946	34.68
BOPET	5,050	3,813	24.50
CPP	5,486	3,827	30.24

（二）公司控股子公司及参股子公司的经营情况及业绩

1、上海申连包装材料有限公司：成立于1996年9月，主营塑料制品、纸张、包装材料、钢材、建材、油墨、精密模具、印花印刷辊筒，注册资本2000万元，本公司占75%股份，报告期末总资产5884万元，主营业务收入7152万元，税后利润105万元。

2、南京金中达新材料有限公司：成立于2001年1月，主要从事BOPET和CPP的生产与销售，注册资本10500万元，本公司占95%股份，报告期末总资产22490万元，主营业务收入7082万元，税后利润1249万元。

3、四川中达新材料有限责任公司：成立于2001年1月，主要从事双向拉伸和同步拉伸聚丙烯包装材料的生产与销售，注册资本10000万元，本公司占95%股份，报告期末总资产16289万元，主营业务收入5230万元，税后利润668万元。

4、本年度，公司控股的南京顺达包装技术开发有限公司、南京利尔投资咨询有限公司未有经营活动，正在办理注销手续。

（三）公司主要供应商及客户情况

1、公司向前五名供应商合计采购金额占年度采购总额的82%。

2、前五名客户销售额合计占公司销售总额的32%。

（四）经营中出现的问题与困难及解决方案

我国加入WTO后，将带来国内竞争国际化，国际竞争国内化等生产经营环境变化的影响，2001年，公司在加强忧患意识的同时积极采取有效措施，不断提升产品科技内涵和综合竞争力。

（1）制定"品牌营销、烟膜主导"的营销策略。以层次广泛、灵活多样的现代营销方式，实现了巩固老市场、开拓新市场的经营目标。在扩大产品市场占有率中取得明显成效，全年实现近万吨烟膜产销，位居国内烟膜制造商之首。

（2）强化财务管理内部控制制度，有效地加强了财务的监管力度。运用财务网络系统，提高财务管理的工作效率。

（3）强化效益意识，通过练内功夯实基础，努力"挖潜、开源、节流"，以管理促效益；通过抓贯标工作推动产品升级，向质量要效益；通过强化监管力度，推动基础管理再上新的台阶。

（4）科技创新工作成果显著，开发出具有自主知识产权的产品。在2001年，公司充分发挥产学研联合优势，先后成立"防红抗皱烟用薄膜研究中心"和"纳米薄膜研究中心"，以提高产品科技含量，扩大企业核心竞争力。报告期内，公司防伪烟膜获四项国家专利；BOPP烟膜、CPP薄膜获"江苏省新产品金牛奖"；研制开发出的"BOPP金拉线薄膜"、"防红抗皱薄膜"，市场前景十分看好。

（五）公司投资情况

1、募集资金使用情况

报告期内公司未募集资金，也无报告期之前募集资金的使用延续到报告期。

2、其他投资情况

（1）2001年1月11日，公司成立了南京金中达新材料有限公司。该公司注册资本10500万元，主要从事BOPET和CPP的生产和销售，其中公司以BOPET生产线、CPP生产线及相应的厂房经南京永华会计师事务所有限公司评估作价出资，出资额为9975万元，占南京金中达新材料有限公司注册资本的95%；上海申连包装有限公司以现金出资，出资额为525万元，占注册资本的5%。当年实现投资收益1249万元。

（2）2001年1月21日公司在成都国家级经济技术开发区投资设立了四川中达新材料有限责任公司。该公司注册资本10000万元，主要从事生产、销售双向拉伸和同步拉伸聚丙烯包装材料。公司以南京中达内江分公司的净资产作为投资，其帐面价值为9940万元，经南京永华会计师事务所有限公司评估的净资产为10065万元，其中以净资产9500万元与成都亚奇化工有限公司的现金投资500万元共同组建了四川中达新材料有限责任公司。当年实现投资收益635万元。

（3）公司于2001年8月投资5070.75万元收购江阴申鹏包装材料有限公司51%股权，因有关法定报批及变更登记手续至2001年12月中旬完成，实际股权转让交割日为2001年12月31日，故未参与其对当年实现利润的分配。

（4）公司第二届董事会临时会议于2001年9月9日召开，审议通过了公司在厦门投资设立"厦门中达新材料有限公司"，报告期内该公司正在筹备之中。

（六）公司财务状况（单位：万元）

项目	2000年	2001年	同比增减%	变动主要原因
总资产	111,502	147,589	+32.36	申鹏公司纳入合并范围
长期负债	15,849	10,000	－36.91	偿还到期贷款
股东权益	53,533	59,235	+10.65	公司盈利积累
主营业务利润	12,932	16,448	+27.18	*注1
净利润	6,151	7,581	+23.25	主营业务利润增加

*注1：（1）主营业务销售增加。

(2)产品结构调整,主营业务盈利能力增加

(七)生产经营环境以及宏观政策、法规发生了重大变化,已经、正在或将要对公司的财务状况和经营成果产生重要影响。

2002 年,世界经济出现的衰退及中国加入世贸组织,整体上对软塑新材料行业的冲击和影响,喜忧参半,机遇和挑战共存。虽然国家相对平稳的经济运行态势,为软塑新材料行业提供了较为有利的外部发展环境,但软塑新材料行业内部的竞争将日趋激烈,行业集中度将有所提高。竞争将会在市场、价格、质量、服务、形象、赢利能力、综合实力等方面全方位展开。对此,公司已全面做好应对措施,迎接国内市场国际化的挑战。

(八)新年度的业务发展计划

2002 年,公司确定为"南京中达质量效益年",面对"入世"后的机遇和挑战,公司将以"重视质量、降低成本、提高效率、提升竞争优势"为指导思想。以产品质量为依托,以工作质量为载体,全面实施中达质量战略,整体提升竞争优势,力争公司的工作质量、产品质量、服务质量均达到同行业领先水平。新年度计划实现薄膜产量 4.8 万吨,薄膜销量 4.9 万吨,产销率 102%。为保证计划目标的实现,主要采取以下措施:

1、完善管理模式,提高基础管理水平。公司将进一步理顺集团总部与子(分)公司的管理关系,将总部的机构设置及其职能进一步明晰化,形成精练、高效管理体制。

2、以工作质量为突破口,全面提高各岗位的工作质量,降低故障成本。加强生产现场管理,实施现场 5S 管理以及可视化管理;加强班组建设,细化各种考核,做到生产管理明晰化,生产现场程序化,产品质量不断提高。

3、规范财务管理,提高资本运营质量。建立、健全预算管理制度,建立预算外开支管理程序,严格控制各项预算外开支;合理调度资金,科学运用融资组合和融资政策,努力降低财务费用。

4、加强内部管理,努力降低期间费用,力争三项费用在 2001 年基础上同比下降 5%。

5、巩固烟膜市场主导地位,扩大棋他产品的市场份额。继续实施"以国内市场为主、以烟膜为主、扩大平膜市场份额"的差异化营销策略,树立"金中达"优质品牌形象。在坚持以国内市场为主的前提下,尽一切可能开拓国际市场,实现质的飞跃,进一步扩大公司产品知名度和市场占有率。

6、采用多种营销方式,积极推广具有自主知识产权的专利产品———防伪烟膜,利用高科技防伪烟膜产品,保护烟草名牌免受造假者侵害,提高公司产品市场占有率,构筑南京中达在烟膜市场上的动态竞争优势。

7、继续加大科技创新的投入力度,加快研发新产品。2002 年将着重进行消光膜、纳米 PET 薄膜、新型 CPP 薄膜、抗划伤烟膜等新品项目以及可降解绿色环保软塑料新材料的研究与开发;加强与外部科研院所和世界知名企业的合作,充分利用外部资源,提高公司的技术储备及核心竞争优势,增加自主知识产权。

8、切实加强安全生产,消除各类生产隐患,采取安全生产考核,实施一票否决制,确保全年生产无重大安全责任事故。

(九)本次利润分配预案或资本公积金转增股本预案

1、利润分配预案

经南京永华会计师事务所有限公司审计,公司 2001 年度实现利润总额 88,649,251.03 元,税后利润75,806,858.83元。分别提取10%法定公积金7,484,587.88元,提取5%法定公益金3,742,293.94 元,加上期初未分配利润 75,540,991.39 元及其他转入 172,445.23 元,本次可供股东分配利润为 140,293,413.63 元。

经公司董事会第二届第十五次会议审议通过了如下分配预案:以增发 A 股后的总股本 18960 万股为基数,向全体股东每 10 股派发现金红利 1 元(含税),不送红股也不进行资本公积金转增股本。本次分配共派发现金红利 18,960,000.00 元,剩余未分配利润 121,333,413.63 元结转下一年度。

以上分配预案须提请公司 2001 年度股东大会审议批准。

2、预计 2002 年度利润分配政策

(1)分配次数:公司 2002 年度分配利润一次;

(2)分配比例:公司 2002 年度实现净利润用于股利分配的比例约为 10%;公司 2001 年末未分配利润用于 2002 年度股利分配的比例约为 10%;

(3)分配形式:派发现金红利或送红股。

八、监事会报告

(一)本年度公司召开了二次监事会会议,内容如下:

1、2001 年 1 月 17 日召开公司第二届监事会第四次会议,审议通过以下议题:

(1)审核通过公司监事会 2000 年度工作报告。

(2)监事会审议后认为,2000 年度公司董事会按照股东大会的决议,认真履行了职责,各项决策符合《公司法》和《公司章程》的有关规定,公司董事、经理等高级管理人员在执行职务时没有违反有关法律、法规、《公司章程》及损害公司和股东利益的行为。

(3)公司 2000 年度财务报告符合公司实际,真实、客观、准确地反映了公司的财务状况和经营成果,监事会无异议。

(4)公司 2000 年度进行的关联交易公平公允,没有损害公司及非关联股东的利益,监事会无异议。

(5)公司在人员、资产、财务方面遵守《公司法》和《公司章程》的有关规定,与控股股东实行了三分开,监事会无异议。

2、2001 年 8 月 7 日召开公司第二届监事会第五次会议,审议通过以下议题:

(1)审议通过了公司 2001 年中期报告正文及摘要。

(2)同意用现金收购江阴申鹏包装材料有限公司 51%股权。

(3)审议通过了修订《提取资产减值准备及资产损失处理内部控制制度》的议案。

(二)公司监事会就下列事项发表独立意见:

1、监事会审议后认为,2001 年度公司董事会按照股东大会的决议,认真履行了职责,各项决策符合《公司法》和《公司章程》的有关规定,公司已建立了完善的内部控制制度,公司董事、经理等高级管理人员在执行公司职务时没有违反有关法律、法规、《公司章程》及损害公司和股东利益的行为。

2、公司 2001 年度财务报告符合公司实际,真实、客观、准确地反映了公司的财务状况和经营成果,监事会无异议。

3、公司前次配股募集资金实际投资项目与配股说明书计划投资项目相一致。

4、公司董事会 2001 年 8 月 7 日召开的会议,审议通过了《关于收购江阴申鹏包装材料有限公司 51%股权的议案》。

对该项收购行为监事会一致认为:

(1)上述收购股权行为属关联交易,上述关联交易符合《上海证券交易所股票上市规则(2001 年修订本)》的要求。

(2)以上关联交易定价已经南京永华会计师事务所有限公司评估。定价合理,程序规范,不存在法律障碍,对全体股东是公平的,没有发现内幕交易,没有损害公司利益及股东利益,公司董事会并已聘请具有证券业从业资格的会计师事务所和财务顾问对有关事宜进行认证并出具了意见。

(3)公司收购江阴申鹏包装材料有限公司 51%股权,有利于整合和扩展公司现有的营运能力,以进一步提高公司在包装市场上的占有率并提升公司的主营收入和盈利能力,使公司成为包装行业的骨干企业,符合公司发展的长远规划。

5、公司 2001 年度进行的关联交易是公平的,没有损害公司及非关联股东的利益,监事会无异议。

九、重要事项

1、本年度公司未有重大诉讼、仲裁事项。

2、本年度公司出售、收购资产等简要情况及进程:

(1)2001 年 1 月 3 日,经公司第二届董事会临时会议审议,通过了公司第二大股东南京塑料包装材料总厂收购南京中达南京分公司 2500 吨 BOPET 国产生产线的资产重组议案。该公告刊登于 2001 年 1 月 5 日的《中国证券报》、《上海证券报》。

(2)2001 年 7 月本公司分别与江苏申龙创业集团有限公司、江阴瀛寰资产投资有限公司签订了江阴申鹏包装材料有限公司股权转让协议。该项股权转让延至 2001 年 11 月 26 日获得无锡市外经贸委批准,工商变更登记迟至 2001 年 12 月 10 日完成。为此,协议双方于 2001 年 12 月 28 日签订了《股权转让补充协议书》,协议规定:2001 年 12 月 31 日为双方股权转让交割日,本公司不参与江阴申鹏包装材料有限公司 2001 年度利润分配。根据本公司与江阴申鹏包装材料有限公司分别于 2001 年 9 月 16 日、2001 年 12 月 30 日签订的《在建 BOPP 项目转让协议》及其补充协议规定,就截止 2001 年 12 月 31 日前由本公司投入到原委托建设 BOPP 项目的所有资金,按其实际占用时间及同期银行贷款利率向其收取资金占用费。

3、关联交易事项。

公司于 2001 年 8 月用现金收购江阴申鹏包装材料有限公司 51%股权,此次交易属于关联交易,其关联关系为:江阴瀛寰资产投资有限公司是本公司的股东,持有本公司 1732 万股法人股,占公司股本总额的 11.98%。

(一)本次交易有关当事人情况

受让方:南京中达制膜(集团)股份有限公司

注册地址:南京经济技术开发区高新技术工业园

注册资金:14460 万元

法定代表人:张国平

经营范围:公司是专业从事双向拉伸薄膜生产和销售的高新技术企业。主营业务为生产和销售双向拉伸聚丙烯薄膜(BOPP)、双向拉伸聚酯薄膜(BOPET)、多层共挤流延薄膜(CPP)等。

转让方

(1)江阴瀛寰资产投资有限公司

注册地址:江苏省江阴市申港镇申圩路

注册资金:人民币 10000 万元

法定代表人:童爱平

经营范围:对新材料、基础设施、高科技项目的投资;销售投资企业产品。

江阴瀛寰资产投资有限公司是江阴申鹏包装材料有限公司的发起人之一,占该公司注册资本的 34%。

(2)江苏申龙创业集团有限公司

注册地址:江苏省江阴市申港镇镇澄路

注册资金:人民币 10000 万元

法定代表人:符炳方

经营范围:生产、销售塑料制品、各种包装材料、纸制品、机械设备、金属加工、电子通讯设备(不含无线电发射器)、精密模具,销售服装、木材、钢材、建材、化工产品及原辅材料。

江苏申龙创业集团有限公司是江阴申鹏包装材料有限公司的发起人之一,占该公司注册资本的 33%。

(二)交易内容

为进一步扩大公司的经营规模,迅速提高公司产品的市场占有率,提升公司主营业务盈利能力,增强公司的竞争实力,公司于 2001 年 8 月分别用现金收购江阴瀛寰资产投资有限公司所持有的江阴申鹏包装材料有限公司 34%的股权及江苏申龙创业集团有限公司所持有的江阴申鹏包装材料有限公司 17%的股权。

(三)本次交易的定价原则、资产帐面价值、评估价值、转让价格、结算方式及获得的转让收益

本次交易的定价原则以评估及审计后的价值为基础。经评估与审计,江阴申鹏包装材料有限公司的净资产为 9942.65 万元,双方据此协商确定收购价为 5070.75 万元。

公司关联交易均按公平、公正的原则,与各关联方签定关联交易协议,其他具体关联交易情况详见《会计报表附注》。

4、重大合同(含担保等)及其履行情况

(1)报告期内公司未有托管、承包、租赁事项。

(2)重大担保。

截至 2001 年 12 月 31 日,以本公司信用为下列公司提供连带责任担保:

单位名称	金额(单位:万元)
南京禄口国际机场有限公司	RMB12500
南京熊猫电子股份有限公司	RMB5000
浙江中包实业有限公司	RMB2000
南京华东长征企业(集团)公司	RMB2000
合计	RMB21500

(3)报告期内,公司未有委托他人进行现金资产管理事项,也未有委托贷款事项。

(4)其他重大合同。

报告期内,公司无其他重大合同。

5、承诺事项

公司或持股 5%以上股东没有在指定报纸和网站上作出任何事项的承诺。

6、报告期内,公司继续聘请南京永华会计师事务所为本公司的审计机构,最近两年公司支付给会计师事务所的报酬如下:

	2000 年	2001 年
审计费用	28 万元	60 万元
其他费用		25 万元

2001 年公司支付给会计师事务所的审计费用中,中报审计费用为 25 万元,年报审计费用为 35 万元,其他费用为本公司增发 A 股出具的盈利预测审核报告费用、内控制度出具的评价报告费用以及验资等事项费用。会计师事务所为本公司审计发生的差旅费由本公司承担。

7、中国证券监督管理委员会南京证券监管特派员办事处于 2001 年 4 月 18 日至 23 日对我公司进行了例行巡回检查,根据整改通知,我公司针对"三会"运作方面、信息披露方面、财务管理和核算方面、公司与控股股东货款往来手续方面存在的问题,严格对照《公司法》、《证券法》和《股票发行与交易管理暂行条例》等相关规定和要求进行了逐项检查和整改。

十、财务会计报告

(一)本公司财务会计经南京永华会计师事务所有限公司审计并出具无保留意见审计报告,全文如下:

审计报告

宁永会二审字(2002)006 号

南京中达制膜(集团)股份有限公司全体股东：

我们接受委托，审计了贵公司2001年12月31日的资产负债表和合并资产负债表、2001年1至12月的利润及利润分配表和合并利润及利润分配表以及现金流量表和合并现金流量表。这些会计报表由贵公司负责，我们的责任是对这些会计报表发表审计意见。我们的审计是依据中国注册会计师独立审计准则进行的。在审计过程中，我们结合贵公司的实际情况，实施了包括抽查会计记录等我们认为必要的审计程序。

我们认为，上述会计报表符合《企业会计准则》和《企业会计制度》的有关规定，在所有重大方面公允地反映了贵公司2001年12月31日的财务状况和2001年1至12月的经营成果和现金流量情况，会计处理方法的选用遵循了一贯性原则。

南京永华会计师事务所有限公司　　中国注册会计师

杜文俊

诸旭敏

中国·南京　　2002年4月10日

(二)会计报表(见附表)

(三)公司采用的主要会计政策：

1、会计制度

本公司执行《企业会计准则》和《企业会计制度》及其补充规定。

2、会计年度

本公司会计年度自公历1月1日起至12月31日止。

3、记账本位币

本公司以人民币(RMB)为记账本位币。

4、记帐基础和计价原则

本公司以权责发生制为记账基础，以历史成本法为计价原则。

5、外币业务的核算

公司发生的外币业务，按业务发生时中国人民银行公布的市场汇价之中间价折合为人民币记帐，同时登记外币金额。期末各外币账户余额按期末市场外汇牌价中间价进行调整，由此产生的汇率差异属于资本性支出的计入相关资产的价值，属于收益性支出的计入当期损益，属于筹建期间的计入长期待摊费用。

6、现金等价物的确定

现金等价物是指公司持有的期限短(一般是指从购买日起三个月内到期)流动性强、易于转换为已知金额的现金、价值变动风险很小的投资。

7、短期投资核算方法

(1)短期投资的计价：公司短期投资按实际支付的价款记帐，如实际支付的价款中包含已宣告发放但未领取的现金股利或利息扣除后核算。

(2)短期投资收益的确认：短期投资处置时，按实际收到的价款扣除短期投资的实际成本及未领取的现金股利、利息后的差额确认为投资收益。短期投资持有期间所收到的现金股利、利息等收益，不确认投资收益，作为冲减短期投资帐面价值处理。

(3)短期投资跌价准备：期末短期投资按实际成本与市价孰低法计价，并按单项计提短期投资减值准备。

8、坏账核算方法

(1)计提坏账准备的范围：包括应收账款和其他应收款。公司的预付账款，如有确凿证据表明其不符合预付账款性质，或者因供货单位破产、撤销等原因已无望再收到所购货物的，将原计入预付账款转入其他应收款，并按规定计提坏账准备。公司持有的未到期应收票据，如有确凿证据证明不能够收回或收回的可能性不大时，将其账面余额转入应收账款，并计提相应的坏账准备。

(2)坏账的确认标准：

①因债务人破产或死亡，以其破产财产或遗产清偿后，仍不能收回的应收款项；

②因债务人资不抵债、现金流量严重不足，或发生严重的自然灾害等导致停产而于短时间内无法偿付债务的，或有其他确凿证据证明应收款项可能发生损失的；

以上确实不能收回的应收款项，根据公司的管理权限，经股东大会或董事会批准后作为坏账损失。

(3)坏账核算的方法：采用备抵法。

(4)坏账准备的计提基数、计提方法和计提比例：

①坏账准备的计提基数：公司应收款项的期中或期末余额；

②坏账准备的计提方法：账龄分析法；

③坏账准备的计提比例：

账龄	比例
1年以内(含1年)	0.3%
1－2年(含2年)	10%
2－3年(含3年)	20%
3—4年(含4年)	30%
4—5年(含5年)	50%
5年以上	100%

④特殊情况：除有确凿证据表明应收款项不能收回或收回的可能性不大外，但有下列情况的应收款项，不全额提取坏账准备：A、当年发生的应收款项；B、计划对应收款项进行债务重组，或以其他方式进行重组的；C、与关联方发生的应收款项；D、其他已逾期，但无确凿证据表明不能收回的应收款项。

9、存货核算方法

(1)存货的分类：公司存货分为原材料、包装物、低值易耗品、委托加工材料、在产品及自制半成品、产成品等。

(2)存货的计价：各种存货均按取得时的实际成本记帐；发出时采用逐月加权平均法计价。低值易耗品、包装物在领用时按一次摊销法摊销。

(3)存货跌价准备：公司期末存货按成本与可变现净值孰低的原则对存货按单项计提存货跌价准备，同时计入当期损益。当存在下列情况之一时，应当计提存货跌价准备：

①市价持续下跌，并且在可预见的未来无回升的希望；

②公司使用该项原材料生产的产品的成本大于产品的销售价格；

③公司因产品更新换代，原有库存原材料已不适应新产品的需要，而该原材料的市场价格又低于其帐面成本；

④因公司所提供的产品过时或消费者偏好改变而使市场的需求发生变化，导致市场价格逐渐下跌；

⑤其他足以证明该项存货实质上已发生减值的情形。

(4)存货的盘存制度：公司存货的盘存采用永续盘存制。

10、长期投资核算方法

(1)长期股权投资：公司对外股权投资按实际支付的价款记帐，占被投资单位有表决权资本总额20%或20%以上，或虽投资不足20%但有重大影响，采用权益法核算；占被投资单位有表决权资本总额20%以下，或虽占20%或20%以上，但不具重大影响，则采用成本法核算。

(2)长期股权投资差额：公司长期投资采用权益法核算时，其取得成本与其在被投资单位所有者权益中所占份额之间的差额，计入长期股权投资差额。股权投资差额摊销时，如投资项目有投资期限的，在投资期内平均摊销；没投资期限的，按10年期平均摊销，计入损益。

(3)长期债权投资：公司长期债权投资按实际支付的价款扣除支付的税金、手续费等附加费用以及应计利息后的差额作为实际成本，实际成本与债券面值的差额作为溢价或折价在债券存续期内按直线法摊销。

(4)长期投资减值准备的确认标准及计提方法：公司对被投资单位由于市价持续下跌或被投资单位经营状况恶化等原因导致其可回收金额低于帐面价值，期末按可回收金额低于长期投资帐面价值的差额计提长期投资减值准备。

11、委托贷款的核算

视同短期投资进行核算。委托贷款应按合同定期计提利息，计入损益；按期计提的利息到付息期不能收回的，停止计提利息，并冲回原已计提的利息。期末按委托贷款本金与可收回金额孰低计量，并按可收回金额低于委托贷款本金的差额，计提减值准备。

12、固定资产及其折旧

固定资产的计价标准为单位价值较高，使用年限在一年以上的资产。

购置的不需要经过建造过程即可使用的固定资产按实际支付的买价、包装费、运输费、安装成本、交纳的有关税金等，作为入账价值。

自行建造的固定资产，按建造该项资产达到预定可使用状态前所发生的全部支出作为入账价值。

投资者投入的固定资产，按投资各方确认的价值作为入账价值。

融资租入的固定资产，按租赁开始日租赁资产的原帐面价值与最低租赁付款额的现值两者中较低者，作为入帐价值。

固定资产折旧方法：根据固定资产原值、扣除5%的残值按预计使用年限，采用直线法分类计提。

固定资产的分类、经济使用年限、年折旧率列示如下：

类别	折旧年限	年折旧率
房屋及建筑物	40年	2.38%
专用设备	14年	6.79%
通用设备	14年	6.79%
运输设备	12年	7.92%

固定资产减值准备的确认标准及计提方法：公司因固定资产重置价值持续下跌或技术陈旧等原因导致其期末可收回金额低于帐面价值，按低于帐面价值的差额计提固定资产减值准备。固定资产减值准备按单项资产计提。对存在下列情况之一的固定资产，全额计提减值准备：

①长期闲置不用，在可预见的未来不会再使用，且已无转让价值的固定资产；

②由于技术进步等原因，已不可使用的固定资产；

③虽然固定资产尚可使用，但使用后产生大量不合格品的固定资产；

④已遭毁损，以致于不再具有使用价值和转让价值的固定资产；

⑤其他实质上不能给公司带来经济效益的固定资产。

已全额计提减值准备的固定资产不再计提折旧。

13、在建工程的核算

在建工程采用成本法核算。在固定资产达到可使用状态前发生的工程借款利息和有关费用计入在建工程。交付使用但尚未办理竣工决算先估价入固定资产，待完工验收并办理好竣工决算时正式转为固定资产。

对在建工程长期停建，并且预计在3年内不会重新开工的；所建项目无论在性能上，还是在技术上已经落后，并且给企业带来的经济利益具有很大的不确定性；在期末计提在建工程减值准备。

14、借款费用资本化核算方法

(1)借款费用资本化的确认：

借款费用，指企业因借款而发生的利息、折价或溢价的摊销和辅助费用，以及因外币借款而发生的汇兑差额，因专门借款而发生的利息、折价或溢价的摊销和汇兑差额，在同时符合以下规定的资本化条件的情况下，应当予以资本化：

①资产支出已经发生；

②借款费用已经发生；

③为使资产达到预定可使用状态所必要的购建活动已经开始。

(2)资本化金额的确定：

应予利息资本化的会计期间资本化金额，等于至当期末止购建固定资产累计支出加权平均数与资本化率的乘积。

资本化率的确定：

①为购建固定资产只借入一笔专门借款，资本化率为该借款的利率；

②为购建固定资产借入一笔以上的专门借款，资本化率为这些借款的加权平均利率。

15、无形资产计价、摊销及计提减值准备的方法

对购入或按法律程序申请取得的无形资产，按实际支付金额入账，对接受投资转入的无形资产，按合同约定或评估确认的价值入账，无形资产在其有效使用期内按直线法摊销。

本公司无形资产摊销年限按如下原则确定：

(1)规定收益年限但法律没有规定有效年限的，摊销年限不超过合同规定的收益年限；

(2)没有规定收益年限但法律规定有效年限的，摊销年限不超过法律规定的有效年限；

(3)合同规定了收益年限，法律也规定了有效年限的，摊销年限不超过收益年限和有效年限二者之中较短者；

如果合同没有规定收益年限，法律也没有规定有效年限的，摊销年限不超过10年。

期末对无形资产逐项检查，如果存在(1)某项无形资产已被其他新技术所代替，使其为企业创造经济利益的能力受到重大不利影响；(2)某项无形资产的市价在当期大幅下跌，在剩余摊销年限内不会恢复；(3)某项无形资产已超过法律保护期限，但仍然具有部分使用价值；(4)其他足以证明某项无形资产已经发生减值的情形。则对无形资产可收回金额低于其账面价值的部分计提减值准备，提取时按单项无形资产的账面价值高于可收回金额的差额确定，计入当期损益。

16、长期待摊费用及其摊销

长期待摊费用按实际成本计价，在收益年限内采用直线法平均摊销。公司在筹建期间内发生的开办费用在开始生产经营的当月起一次计入开始生产经营当月的损益。

17、应付债券的计价及摊销：

按照公司实际的发行价格总额计价，债券发行价格总额与债券面值总额的差额，作为债券溢价或折价，在债券的存续期间内按直线法于计提利息时摊销。

18、收入确认的标准

(1)销售商品的收入，在同时满足下列条件时予以确认：

①公司已将商品所有权上的主要风险和报酬转移给买方；

②公司既没有保留通常与所有权相联系的继续管理权，也没有对已售出的商品实施控制；

③与交易相关的经济利益能够流入企业；

④相关的收入和成本能够可靠地计量。

(2)提供劳务的收入，在同时满足下列条件时予以确认：

①劳务总收入和总成本能够可靠地计量；

②与交易相关的经济利益能够流入企业；

③劳务的完成程度能够可靠地确定。

(3)让渡资产使用权的收入，在同时满足下列条件时予以确认：

①交易相关的经济利益能够流入企业；

②收入的金额能够可靠地计量。

19、会计政策及会计估计变更的原因及内容

(1)本公司原执行《股份有限公司会计制度》，根据财政部财会(2000)25号文《关于印发〈企业

会计制度〉的通知》及财政部财会(2001)17 号文《关于印发贯彻实施〈企业会计制度〉有关政策衔接问题的规定》等文件的规定，经公司董事会审议通过，公司自 2001 年 1 月 1 日起执行《企业会计制度》和《企业会计准则》及其补充规定，变更以下会计政策：

①开办费原按五年期摊销，现改为自公司生产经营当期起，一次性进入开始生产经营当月的损益。

②固定资产不计提减值准备，现改为期末对固定资产账面价值与可收回金额进行比较，对可收回金额低于固定资产账面价值的差额，计提固定资产减值准备。

③在建工程原不计提减值准备，现改为期末按单个工程账面价值与可收回金额进行比较，对可收回金额低于在建工程账面价值的差额，计提在建工程减值准备。

④无形资产原不计提减值准备，现改为期末按账面价值与可收回金额进行比较，对可收回金额低于无形资产账面价值的差额，计提无形资产减值准备。

⑤委托贷款原不计提减值准备，现改为计提委托贷款减值准备。

(2)会计政策变更的累计影响数

固定资产减值准备会计政策变更的累计影响数为 1,561,636.43 元，减少 2000 年的留存收益 1,561,636.43 元，其中，减少盈余公积 234,245.46 元，减少未分配利润 1,327,390.97 元。

(3)会计估计的变更：

公司的会计政策与会计估计变更依据及会计处理方法执行财会字(1998)28 号《关于印发〈企业会计准则－会计政策、会计估计变更和会计差错更正〉的通知》。

20、合并会计报表的编制方法

(1)合并范围的确定原则

本公司合并会计报表系根据财政部财会字[1995]11 号《合并会计报表暂行规定》，将本公司直接或间接拥有 50%以上(不含 50%)权益性资本的被投资企业和被本公司实际控制的其他被投资企业纳入合并范围。

(2)合并采用的会计方法

①子公司提供给母公司、母公司提供给子公司的产品和服务等，在合并时将母子公司之间的收入分别与成本、费用、存货相抵消。

②长期投资与子公司所有者权益相抵消。

③往来相互抵消。

合并会计报表以母公司、纳入合并范围的子公司的会计报表和其他有关资料为依据，按照《合并会计报表暂行规定》编制而成。子公司的主要会计政策与母公司的会计政策无重大差异，公司集团内的重大交易、资金往来等，均已在合并时抵消。

(四)税项

1、企业所得税

企业所得税采用应付税款法核算。

本公司根据南京市国家税务局宁国税所发(98)100 号文《关于同意免征南京中达制膜股份有限公司企业所得税的通知》，1999 年免征所得税。2000 年起征收 15%的所得税。

2、流转税及附加

本公司流转税及附加包括增值税、营业税、城市维护建设税及教育费附加。本公司被认定为增值税一般纳税人，增值税税率为 17%；城市维护建设税按应纳增值税和营业税合计税额的 7%计缴；教育费附加按应纳增值税和营业税合计税额的 3%计缴。地方教育费附加按应纳增值税和营业税合计税额的 1%计缴。

3、其他税项

其他税项包括房产税、车船使用税、印花税等，依据税务有关规定计缴。

(五)控股子公司及合营企业

1、截止 2001 年 12 月 31 日，公司所控制的子公司情况如下：

控股子公司名称	注册地点	注册资本(万元)	所占权益比例	经营范围	投资额	是否纳入合并范围
南京顺达包装技术开发有限公司	南京经济技术开发区	300 万元	99.8%	包装咨询	299.4 万元	否(注 1)
南京利尔投资咨询有限公司	南京经济技术开发区	300 万元	99.8%	投资咨询	299.4 万元	否(注 2)
上海申连包装有限公司	上海大渡河路 2095 弄 12 号 1301 室	2000 万元	75%	包装材料销售	1500 万元	是
南京金中达新材料有限公司	南京经济技术开发区	10500 万元	95%	软塑新材料生产销售	9975 万元	是
四川中达新材料有限公司	成都市成华区玉山路	10000 万元	95%	软塑新材料生产销售	9500 万元	是
江阴申鹏包装材料有限公司	江阴申港镇镇澄路 999 号	1200 万美元	51%	生产销售塑料包装材料	5000.8 万元	是

2、应纳入合并范围而未进行合并报表处理的被控股企业情况：

企业名称	总资产	净资产	净利润
南京顺达包装技术开发有限公司(注 1)	3,000,000.00	3,000,000.00	0.00
南京利尔投资咨询有限公司(注 2)	3,000,000.00	3,000,000.00	0.00

应纳入合并范围而未进行合并报表处理的原因：

注 1：截止 2001 年 12 月 31 日，南京顺达包装技术开发有限公司注销登记手续正在办理过程中，本期未合并其报表。

注 2：截止 2001 年 12 月 31 日，南京利尔投资咨询有限公司注销登记手续正在办理过程中，本期未合并其报表。

3、本期合并报表包括南京金中达新材料有限公司、四川中达新材料有限公司、江阴申鹏包装材料有限公司。与 2000 年度合并会计报表范围相比，增加了南京金中达新材料有限公司和四川中达新材料有限公司及江阴申鹏包装材料有限公司，减少了南京顺达包装技术开发有限公司和南京利尔投资咨询有限公司。合并会计报表范围本期增加的南京金中达新材料有限公司和四川中达新材料有限公司是本公司 2001 年度新设立的控股子公司，合并会计报表范围本期增加的江阴申鹏包装材料有限公司是本公司 2001 年度通过收购股权而增加的控股子公司，股权转让于 2001 年 11 月 26 日获无锡市外经贸委批准，2001 年 12 月 10 日办理变更工商登记。合并会计报表范围的增加对本期合并报表的期初余额无影响。合并会计报表范围本期减少南京顺达包装技术开发有限公司和南京利尔投资咨询有限公司，截止 2001 年 12 月 31 日，由于这两个公司的注销登记手续正在办理过程中，本期未合并其报表，并对本期合并报表的期初余额进行了相应调整。

十一、备查文件目录

1、载有公司法定代表人、公司主管会计工作负责人、会计机构负责人签名并盖章的会计报表。

2、载有会计师事务所盖章、注册会计师签名并盖章的审计报告原件。

3、本年度在《上海证券报》、《中国证券报》上公开披露过的所有公司文件的正本及公告的原稿。

董事长签名：张国平

南京中达制膜(集团)股份有限公司董事会

2002 年 4 月 12 日

利润及利润分配表

2001 年 1－12 月

编报单位：南京中达制膜(集团)股份有限公司　　单位金额：人民币元

项　目	注释	合并本期	合并上年同期	母公司本期	母公司上年同期
一、主营业务收入	注释 5－27	516,895,765.22	495,774,850.24	332,774,138.65	484,332,661.66
减：主营业务成本	注释 5－28	349,255,853.39	363,492,275.91	197,703,492.93	353,491,016.26
主营业务税金及附加	注释 5－29	3,163,770.37	2,960,529.57	2,706,882.72	2,934,237.76
二、主营业务利润(亏损以“－”号填列)		164,476,141.46	129,322,044.76	132,363,763.00	127,907,407.64
加：其他业务利润(亏损以“－”号填列)	注释 5－30	9,489,455.26	6,834,068.85	9,041,634.28	6,834,068.85
营业费用		20,168,651.84	16,838,603.01	14,602,098.71	16,789,486.57
管理费用		27,291,497.44	24,893,104.14	22,500,449.26	24,490,912.60
财务费用	注释 5－31	34,859,700.18	19,303,481.70	34,417,189.74	19,305,086.54
三、营业利润(亏损以“－”号填列)		91,645,747.26	75,120,924.76	69,885,659.57	74,155,990.78
加：投资收益(损失以“－”号填列)	注释 5－32	－162,333.58	－18,530.90	18,839,551.03	432,950.29
营业外收入		512,806.69	4,085,819.93	350,453.50	4,085,719.93
补贴收入		65,000.00			
减：营业外支出		3,411,969.34	3,395,106.62	3,254,126.51	3,392,106.62
四、利润总额(亏损总额以“－”号填列)		88,649,251.03	75,793,107.17	85,821,537.59	75,282,554.38
减：所得税		12,246,038.89	14,136,735.36	10,975,658.81	13,776,676.30
少数股东本期收益		596,353.31	150,493.73		
加：财政返还款					
五、净利润(净亏损以“－”号填列)		75,806,858.83	61,505,878.08	74,845,878.78	61,505,878.08
加：期初未分配利润		75,540,991.39	37,720,995.03	75,540,991.39	37,720,995.03
其他转入		172,445.23	－	172,445.23	－
六、可供分配的利润		151,520,295.45	99,226,873.11	150,559,315.40	99,226,873.11
减：提取法定盈余公积金		7,484,587.88	6,150,587.81	7,484,587.88	6,150,587.81
提取法定公益金		3,742,293.94	3,075,293.91	3,742,293.94	3,075,293.91
七、可供股东分配的利润		140,293,413.63	90,000,991.39	139,332,433.58	90,000,991.39
减：提取任意盈余公积金					
应付普通股股利		18,960,000.00	14,460,000.00	18,960,000.00	14,460,000.00
转作股本的普通股股利					
八、未分配利润		121,333,413.63	75,540,991.39	120,372,433.58	75,540,991.39

资产减值准备明细表(母公司数)

2001 年 1－12 月

编制单位：南京中达制膜(集团)股份有限公司　　单位金额：人民币元

项　目	年初余额	本年增加额	本年转回额	年末余额
一、坏帐准备合计	10,705,276.59	－2,713,833.36	525,191.89	7,466,251.34
其中：应收帐款	7,784,973.67	－2,201,284.61	525,191.89	5,058,497.17
其他应收款	2,920,302.92	－512,548.75		2,407,754.17
二、短期投资跌价准备合计				
其中：股票投资				
债券投资				
三、存货跌价准备合计	－	183,713.49	－	183,713.49
其中：库存商品				
原材料		183,713.49		183,713.49
四、长期投资减值准备合计				
其中：长期股权投资				
长期债券投资				
五、固定资产减值准备合计	1,561,636.43	60,894.03	1,178,845.39	443,685.07
其中：房屋、建筑物				
通用设备	1,252,891.43		900,100.39	352,791.04
专用设备	－	10,894.03		10,894.03
运输设备	308,745.00	50,000.00	278,745.00	80,000.00
六、无形资产减值准备				
其中：专利权				
商标权				
七、在建工程减值准备				
八、委托贷款减值准备				

资产减值准备明细表(合并数)

2002 年 1－12 月

编制单位：南京中达制膜(集团)股份有限公司　　单位金额：人民币元

项　目	年初余额	本年增加额	本年转回额	年末余额
一、坏帐准备合计	10,821,960.39	557,506.14	525,191.89	10,854,274.64
其中：应收帐款	7,825,137.78	－474,628.55	525,191.89	6,825,317.34
其他应收款	2,996,822.61	1,032,134.69		4,028,957.30
二、短期投资跌价准备合计				
其中：股票投资				
债券投资				
三、存货跌价准备合计	－	183,713.49	－	183,713.49
其中：库存商品				
原材料		183,713.49		183,713.49
四、长期投资减值准备合计				
其中：长期股权投资				
长期债券投资				
五、固定资产减值准备合计	1,561,636.43	86,578.92	743,246.21	904,969.14
其中：房屋、建筑物				
通用设备	1,252,891.43	22,169.33	471,711.21	803,349.55
专用设备	－	10,894.03	－	10,894.03
运输设备	308,745.00	53,515.56	271,535.00	90,725.56
六、无形资产减值准备				
其中：专利权				
商标权				
七、在建工程减值准备				
八、委托贷款减值准备				

资 产 负 债 表

2001年12月31日

编报单位:南京中达制膜(集团)股份有限公司　　单位金额:人民币元

资　产	注释	合并本期期末	合并本期期初	母公司本期期末	母公司本期期初
流动资产:					
货币资金	注释5-1	285,544,125.55	116,244,291.43	145,336,937.03	115,107,535.49
短期投资					
应收票据	注释5-2	44,716,860.70	14,915,054.20	28,165,460.00	14,915,054.20
应收股利					
应收利息					
应收帐款	注释5-3	168,790,735.86	211,842,014.93	109,514,270.24	203,432,610.89
其他应收款	注释5-4	34,048,082.48	57,818,664.23	318,285,670.65	33,538,675.28
预付帐款	注释5-5	110,743,910.43	67,270,070.79	43,337,346.94	67,270,070.79
应收补贴款					
存货	注释5-6	102,868,114.42	57,422,101.02	47,462,585.62	56,116,031.06
待摊费用	注释5-7	617,045.96	884,010.12	346,276.97	881,875.15
待处理流动资产净损失					
一年内到期的长期债券投资					
其他流动资产					
流动资产合计		747,328,875.40	526,396,206.72	692,448,547.45	491,261,852.86
长期投资:					
长期股权投资	注释5-8	6,102,328.18	7,153,269.86	288,450,048.77	23,270,895.38
长期债权投资					
长期投资合计		6,102,328.18	7,153,269.86	288,450,048.77	23,270,895.38
其中:长期股权投资差额		110,328.18	1,161,269.86	110,328.18	1,161,269.86
固定资产:					
固定资产原价	注释5-9	763,484,882.26	643,375,736.72	264,574,012.42	643,042,468.72
减:累计折旧	注释5-9	69,640,629.93	174,348,220.66	51,343,222.16	174,195,559.94
固定资产净值		693,844,252.33	469,027,516.06	213,230,790.26	468,846,908.78
减:固定资产减值准备	注释5-9	904,969.14	1,561,636.43	443,685.07	1,561,636.43
固定资产净额		692,939,283.19	467,465,879.63	212,787,105.19	467,285,272.35
工程物资					
在建工程	注释5-10	4,630,706.40	97,466,184.64	825,334.13	97,466,184.64
固定资产清理					
固定资产合计		697,569,989.59	564,932,064.27	213,612,289.32	564,751,456.99
无形及其他递延资产:					
无形资产	注释5-11	17,394,807.16	16,480,000.00	16,126,857.16	16,480,000.00
长期待摊费用	注释5-12	7,489,969.57	56,079.45	287,500.00	56,079.45
其他长期资产					
无形资产及其他资产合计		24,884,776.73	16,536,079.45	16,414,357.16	16,536,079.45
递延税款借项:					
资产总计		1,475,885,969.90	1,115,017,620.30	1,210,925,242.70	1,095,820,284.68
负债及所有者权益	注释	合并本期期末	合并本期期初	母公司本期期末	母公司本期期初
流动负债:					
短期借款	注释5-13	400,383,000.00	250,000,000.00	250,000,000.00	250,000,000.00
应付票据					
应付帐款	注释5-14	85,995,895.38	56,646,694.55	49,183,963.42	43,166,382.66
预收帐款	注释5-15	3,000,480.64	7,520,397.27	8,704,543.29	7,447,783.01
应付工资		1,860,308.15	822,548.40		822,548.40
应付福利费		1,906,755.74	2,320,102.28	1,261,706.45	2,275,001.54
应付股利	注释5-16	39,055,767.45	14,460,000.00	18,960,000.00	14,460,000.00
应交税金	注释5-17	8,255,050.69	24,296,288.68	10,856,172.85	24,101,152.10
其他应交款	注释5-18	583,176.69	486,453.11	393,302.96	485,853.12
其他应付款	注释5-19	71,850,404.49	36,159,681.10	71,379,833.87	36,129,984.11
预提费用	注释5-20	882,185.85	587,576.70	424,225.00	587,576.70
预计负债					
一年内到期的长期负债	注释5-21	108,368,683.33	22,516,432.00	108,368,683.33	22,516,432.00
其他流动负债					
流动负债合计		722,141,708.41	415,816,174.09	519,532,431.17	401,992,713.64
长期负债:					
长期借款	注释5-22	100,000,000.00	158,320,638.29	100,000,000.00	158,320,638.29
应付债券					
长期应付款					
住房周转金			172,445.23		172,445.23
其他长期负债					
长期负债合计		100,000,000.00	158,493,083.52	100,000,000.00	158,493,083.52
递延税项:					
递延税款贷项					
负债合计		822,141,708.41	574,309,257.61	619,532,431.17	560,485,797.16
少数股东权益:		61,390,469.91	5,373,875.17		
股东权益:					
股本	注释5-23	144,600,000.00	144,600,000.00	144,600,000.00	144,600,000.00
资本公积	注释5-24	292,427,231.29	292,427,231.29	292,427,231.29	292,427,231.29
盈余公积	注释5-25	33,993,146.66	22,766,264.84	33,993,146.66	22,766,264.84
其中:法定公益金	注释5-25	11,331,048.99	7,588,755.05	11,331,048.99	7,588,755.05
未分配利润	注释5-26	121,333,413.63	75,540,991.39	120,372,433.58	75,540,991.39
股东权益合计		592,353,791.58	535,334,487.52	591,392,811.53	535,334,487.52
负债及股东权益合计		1,475,885,969.90	1,115,017,620.30	1,210,925,242.70	1,095,820,284.68

现 金 流 量 表

2001年1-12月

编制单位:南京中达制膜(集团)股份有限公司　　单位金额:人民币元

项　目	注释	合并数	母公司数
一、经营活动产生的现金流量			
销售商品、提供劳务收到的现金		630,890,282.27	464,899,590.97
收取的租金		-	-
收到的税费返还		914,000.00	600,000.00
收到的其他与经营活动有关的现金	注释5-33	17,839,300.94	103,707,334.72
现金流入小计		649,643,583.21	569,206,925.69
购买商品接受劳务支付的现金		362,150,253.07	266,180,154.36
支付给职工以及为职工支付的现金		22,055,261.27	14,786,845.51
支付的各种税费		65,059,438.93	53,230,901.81
支付的其他与经营活动有关的现金	注释5-34	75,384,115.10	134,034,101.73
现金流出小计		524,649,068.37	468,232,003.41
经营活动产生的现金流量净额		124,994,514.84	100,974,922.28
二、投资活动产生的现金流量		-	-
收回投资所收到的现金		12,931.74	-
取得投资收益所收到的现金		-	-
处置固定资产、无形资产和其他长期资产而收回的现金净额		21,812,413.24	21,812,413.24
收到的其他与投资活动有关的现金	注释5-35	92,893.97	-
现金流入小计		21,918,238.95	21,812,413.24
购建固定资产、无形资产和其他长期资产所支付的现金		12,545,747.63	9,961,226.20
投资所支付的现金		-29,683,190.22	60,484,243.20
支付的其他与投资活动有关的现金	注释5-36	1,887,387.91	5,425.00
现金流出小计		-15,250,054.68	70,450,894.40
投资活动产生的现金流量净额		37,168,293.63	-48,638,481.16
三、筹资活动产生的现金流量		-	-
吸收投资所收到的现金		14,776,740.23	5,000,000.00
借款所收到的现金		1,055,000,000.00	1,010,000,000.00
收到的其他与筹资活动有关的现金		-	-
现金流入小计		1,069,776,740.23	1,015,000,000.00
偿还债务所支付的现金		1,007,519,424.00	982,519,424.00
分配股利、利润或偿付利息所支付的现金		55,023,722.93	54,491,047.93
支付的其他与筹资活动有关的现金	注释5-37	96,567.65	96,567.65
现金流出小计		1,062,639,714.58	1,037,107,039.58
筹资活动产生的现金流量净额		7,137,025.65	-22,107,039.58
四、现金及现金等价物净增加额		169,299,834.12	30,229,401.54
附注:			
1、将净利润调节为经营活动的现金流量			
净利润		75,806,858.83	74,845,878.78
加:少数股东本期收益		596,353.31	-
计提的资产减值准备		827,798.55	-2,469,225.84
固定资产折旧		36,186,624.04	24,944,505.40
无形资产摊销		353,142.84	353,142.84
长期待摊费用摊销		190,345.93	68,579.45
待摊费用减少(减:增加)		266,964.16	535,598.18
预提费用增加(减:减少)		294,609.15	-163,351.70
处置固定资产、无形资产和其他长期资产的损失		1,144,200.55	1,068,559.52
固定资产报废损失		1,021,642.74	1,020,427.13
财务费用		34,859,700.18	34,417,189.74
投资损失(减收益)		162,333.58	-18,839,551.03
存货的减少(减:增加)		-45,629,726.89	8,469,731.95
经营性应收项目的减少(减增加)		-26,286,238.52	-50,627,380.04
经营性应付项目的增加(减减少)		45,199,906.39	27,350,817.90
其他		-	-
经营活动产生的现金流量净额		124,994,514.84	100,974,922.28
2、不涉及现金收支的投资和筹资活动		-	-
债务转为资本		-	-
一年内到期的可转换公司债券		-	-
融资租入固定资产		-	-
3、现金及现金等价物净增加情况		-	-
现金的期末余额		285,544,125.55	145,336,937.03
减:现金的期初余额		116,244,291.43	115,107,535.49
现金等价物的期末余额		-	-
减:现金等价物的期初余额		-	-
现金及现金等价物净增加额		169,299,834.12	30,229,401.54

600076 潍坊北大青鸟华光科技股份有限公司

2001 年年度报告摘选

第一节 公司基本情况简介

一、公司法定中文名称:潍坊北大青鸟华光科技股份有限公司
英文名称:WEIFANG BEIDA JADE BIRD HUAGUANG TECHNOLOGY CO.,LTD
英文缩写:JBHG
二、公司法定代表人:许振东
三、公司董事会秘书及证券事务代表情况:
董事会秘书:任松国
证券事务代表:刘世祯
联系地址:山东省潍坊市奎文区东风东街 272 号
联系电话:(0536)8222888-8265
传真:(0536)8264859
四、公司注册及办公地址:山东省潍坊市奎文区东风东街 272 号
邮政编码:261041
国际互联网网址:http://www.hg.com.cn/
电子信箱:info@hg.com.cn
五、公司选定的信息披露报刊:《中国证券报》、《上海证券报》、《证券时报》
登载公司年度报告的中国证监会指定国际互联网网址:http://www.sse.com.cn/
公司年度报告备置地点:本公司证券部
六、公司股票上市交易所:上海证券交易所
股票简称:青鸟华光
股票代码:600076

第二节 会计数据和业务数据摘要

一、公司本年度利润总额及其构成:

项目	数额(元)
利润总额	54,563,691.44
净利润	48,468,197.63
扣除非经常性损益后的净利润	54,921,119.71
主营业务利润	166,690,612.84
其他业务利润	1,459,430.68
营业利润	37,895,304.67
投资收益	-2,346,199.11
补贴收入	18,889,575.97
营业外收支净额	125,009.91
经营活动产生的现金流量净额	34,959,770.96
现金及现金等价物净增减额	439,855,687.20

注:"扣除非经常性损益后的净利润"指扣除了以下因素:
1、新股申购冻结资金利息收入 114.9 万元
2、由于会计政策变更,本年计提固定资产减值准备 53 万元
3、税收政策影响调减利润 707 万元。

二、公司近三年主要会计数据和财务指标

项目	2001 年	2000 年 调整前	2000 年 调整后	1999 年
主营业务收入(万元)	35857.56	24409.93	24409.93	19016.15
净利润(万元)	4846.82	5953.64	5201.91	3756.42
总资产(万元)	156903.18	102967.11	102144.48	74446.39
股东权益(万元)(不含少数股东权益)	65876.24	63127.66	62375.92	58520.51
每股收益(元)	0.2160	0.2653	0.2318	0.1674
每股净资产(元)	2.93	2.81	2.78	2.61
调整后的每股净资产(元)	2.83	2.76	2.74	2.57
每股经营活动产生的现金流量净额(元)	0.1558	0.4241	0.4241	-0.0507
净资产收益率(%)(摊薄)	7.36	9.43	8.34	6.42
(加权)	7.48	9.79	8.61	6.42

三、报告期利润表附表:

报告期利润	净资产收益率(%) 全面摊薄	净资产收益率(%) 加权平均	每股收益(元) 全面摊薄	每股收益(元) 加权平均
主营业务利润	25.30	25.72	0.7428	0.7428
营业利润	5.75	5.85	0.1689	0.1689
净利润	7.36	7.48	0.2160	0.2160
扣除非经常性损益后的净利润	8.34	8.48	0.2447	0.2447

第三节 股本变动及股东情况

一、股本变动情况
1、股份变动情况表:(数量单位:股)

	本次变动前	配股	送股	公积金转股	增发	其他	小计	本次变动后
一、未上市流通股份								
1.发起人股份	0							
其中:								
国家拥有股份								
境内法人持有股份	128416000							128416000
外资法人持有股份								
其他								
2.募集法人股								
3.内部职工股								
4.优先股或其他								
其中:转配股								
未上市流通股份合计	128416000							128416000
二、已上市流通股份								
1.人民币普通股	96000000							96000000
2.境内上市的外资股								
3.境外上市的外资股								
4.其他								
已上市流通股份合计	96000000							96000000
三、股份总数	224416000							224416000

600077 辽宁国能集团(控股)股份有限公司

2001 年年度报告摘选

第一章 公司简介

1、公司法定中文名称:辽宁国能集团(控股)股份有限公司
中文名称缩写:国能集团
公司法定英文名称:LIAONING GUONENG GROUP JOINT-STOCK CO.,LTD
英文名称缩写:GNG
2、法定代表人姓名:刘顺兴
3、公司董事会秘书:卢勇敏
联系电话:010-82847335
传　　真:010-82847329
电子信箱:gngcm@sohu.com
联系地址:北京市朝阳区德胜门外华严北里 2 号民建大厦 8 楼
邮政编码:100029
4、公司注册地址:沈阳市浑南产业开发区大德路 2 号
公司办公地址:辽宁省沈阳市沈河区青年大街 108 号
邮政编码:110014
公司国际互联网网址:HTTP://WWW.gng.com.cn
公司电子信箱:gng@gng.com.cn
5、公司选定信息披露报纸名称:《中国证券报》
登载公司年度报告指定信息披露网址:HTTP://WWW.sse.com.cn
公司年度报告备置地点:北京市朝阳区德胜门外华严北里 2 号
民建大厦 8 楼公司董事会秘书处
6、公司股票上市交易所:上海证券交易所
股票简称:国能集团
股票代码:600077

第二章 会计数据和业务数据摘要(合并报表)

(一)本年度业务指标情况:

项目名称	2001 年度(单位:人民币元)
利润总额	4,635,342
净利润	2,149,107
扣除非经性常损益后的净利润	2,149,107
主营业务利润	98,005,923
其它业务利润	5,477,640
营业利润	8,806,569
投资收益	-6,096,016
补贴收入	2,292,877
营业外收支净额	-368,089
经营活动产生的现金流量净额	8,541,384
现金及现金等价物净增加额	-3,282,341

(二)近三年主要会计数据及财务指标:

项目	2001 年	2000 年 调整后	2000 年 调整前	1999 年
主营业务收入(元)	276,802,140	306,755,138	313,088,858	100,746,419
净利润(元)	2,149,107	22,673,390	30,943,862	13,149,981
总资产(元)	748,893,658	742,898,179	794,811,011	636,069,391
股东权益(元)	355,732,513	353,521,483	376,745,014	357,702,070
每股收益(元/股)(摊薄)	0.017	0.179	0.24	0.10
每股收益(元/股)(加权)	0.017	0.179	0.24	0.11
每股净资产(元/股)	2.81	2.79	2.97	2.82
调整后每股净资产(元/股)	2.60	2.68	2.95	2.75
每股经营活动产生的现金流量净额	0.07	-0.53	-0.53	0.08
净资产收益率(%)	0.60	6.41	8.24	3.70
加权平均净资产收益率(%)	0.61	7.00	8.29	8.10

(三)根据《公开发行证券的公司信息披露编报规则第九号》和规定,报告期内净资产收益率、每股收益加权平均情况

报告期利润	净资产收益率(%) 全面摊薄	净资产收益率(%) 加权平均	每股收益(元/股) 全面摊薄	每股收益(元/股) 加权平均
主营业务利润	27.55	27.64	0.77	0.77
营业利润	2.47	2.48	0.07	0.07
净利润	0.60	0.61	0.017	0.017
扣除非经常性损益后的净利润	0.60	0.61	0.017	0.017

第三章 股本变动及股东情况

(一)股份变动情况

股本变动情况表　　数量单位:股

	本次变动前	配股	送股	公积金转股	增发	其它	本次变动后
1、未流通股份							
(1)发起人股份	8672000						8672000
其中							
国家持有股份	6592000						6592000
境内法人持有股份	2080000						2080000
境外法人持有股份	0						0
其它	0						0
(2)募集法人股	71606400						71606400
(3)内部职工股	0						0
(4)优先股或其它	0						0
未上市流通股份合计	80278400						80278400
2、已上市流通股份							
(1)人民币普通股	46540742						46540742
(2)境内上市外资股	0						0
(3)境外上市外资股	0						0
(4)其它	0						0
已上市流通股份合计	46540742						46540742
3、股份总数	126819142						126819142

600078 江苏澄星磷化工股份有限公司

2001 年年度报告摘选

第一节 公司基本情况简介

1、公司法定中文名称:江苏澄星磷化工股份有限公司
公司的英文名称:Jiangsu ChengXing Phosph - Chemicals Co.,Ltd
英文缩写:CXPC
2、公司法定代表人:周忠明
3、公司董事会秘书:陈永勤
联系电话:0510 - 6281316 - 431
证券事务代表:夏奕峰
联系电话:0510 - 6281316 - 432
联系地址:江苏省江阴市花山路 208 号
邮政编码:214432
传 真:0510 - 6281884
电子信箱:cx@Public1.wx.js.cn
4、公司注册地址:江苏省江阴市花山路 208 号
公司办公地址:江苏省江阴市花山路 208 号
邮政编码:214432
电子信箱:cx@Public1.wx.js.cn
5、公司选定的信息披露报纸名称:上海证券报
公司登载年度报告的中国证监会指定国际互联网网址:
http://www.sse.com.c 公司年度报告备置地点:江苏省江阴市花山路 208 号公司证券部
6、公司股票上市交易所:上海证券交易所
股票简称:澄星股份
股票代码:600078

第二节 会计数据和业务数据摘要

(一)公司本年度的主要会计数据及业务数据摘要 单位:元

利润总额:	66,393,561.67
净利润:	59,407,924.21
扣除非经常性损益后的净利润:	60,506,784.07
主营业务利润:	109,219,606.32
其他业务利润:	1,662,953.01
营业利润:	71,314,924.54
投资收益:	-1,381,273.52
补贴收入:	0
营业外收支净额:	-3,540,089.35
经营活动产生的现金流量净额:	61,293,108.21
现金及现金等价物净增加额:	93,023,559.47

注:扣除的非经常性损益项目、涉及金额:

营业外收入:	258,037.44
资产处置损失:	1,882,463.79
其他营业外支出:	15,663.00
所得税影响数:	541,229.49

(二)近三年主要会计数据及财务指标 单位:元

项 目	2001 年	2000 年	1999 年
主营业务收入	586,096,155.58	541,396,549.64	444,910,612.54
净利润	59,407,924.21	36,049,740.21	46,696,278.44
总资产	1,103,916,161.73	813,969,353.74	766,461,013.60
股东权益(不含少数股东权益)	634,184,628.84	637,798,393.43	619,754,850.02
每股收益	0.33	0.20	0.26
每股净资产	3.52	3.54	3.44
调整后每股净资产	3.48	3.54	3.43
每股经营活动产生的现金流量净额	0.34	-0.23	0.41
净资产收益率(%)	9.36	5.65	7.54
扣除非经常性损益后的加权平均净资产收益率(%)	9.45	5.65	11.06

第三节 股本变动及股东情况

(一)股份变动情况表:

单位:股

	期初数	本次变动增减(+-) 配股	送股	公积金转股	其他	小计	期末数
一、尚未流通股份							
1.发起人股份	102,082,800						102,082,800
其中:							
国家持有股份							
境内法人持有股份	102,082,800						102,082,800
境外法人持有股份							
其他							
2、募集法人股份	11,702,448						11,702,448
3、内部职工股							
4、优先股或其他							
未上市流通股份合计	113,785,248						113,785,248
二、已上市流通股份							
1、人民币普通股	66,276,720						66,276,720
2、境内上市的外资股							
3、境外上市的外资股							
4、其他							
已上市流通股份合计	66,276,720						66,276,720
三、股份总数	180,061,968						180,061,968

600079 武汉人福高科技产业股份有限公司

2001 年年度报告摘选

第一章 公司基本情况简介

公司法定名称:
中文:武汉人福高科技产业股份有限公司
中文缩写:人福科技
英文:Wuhan Humanwell Hi - tech Industry Company Limited
英文缩写:HWHT
公司法定代表人:艾路明
公司董事会秘书:杜晓玲
董事会证券事务代表:沈洁
联系地址:武汉市洪山区关山街鲁磨路 369 号
联系电话:(027)87484718 - 8019,87484232 传 真:(027)87484232
电子信箱:rf22@public.wh.hb.cn
公司注册地址:武汉市洪山区关山街鲁磨路 369 号
公司办公地址:武汉市洪山区关山街鲁磨路 369 号 邮政编码:430074
公司国际互联网网址:http://www.RENFU.com.cn
公司电子信箱:rf22@public.wh.hb.cn
公司选定的信息披露报纸:《中国证券报》、《上海证券报》
登载公司年度报告的中国证监会指定网址 http://www.sse.com.cn
公司年度报告备置地点:公司董事会秘书处
公司股票上市交易所:上海证券交易所
股票简称:人福科技 股票代码:600079

第二章 会计数据和业务数据摘要

一、公司本年度主要会计数据和业务数据(合并报表):

利润总额:	49,956,548.11 元
净利润:	28,911,206.97 元
扣除非经常性损益后的净利润:	22,534,376.72 元
主营业务利润:	109,493,691.79 元
其他业务利润:	2,120,720.00 元
营业利润:	36,083,102.89 元
投资收益:	2,609,315.04 元
补贴收入:	12,000,000.00 元
营业外收支净额:	-735,869.82 元
经营活动产生的现金流量净额:	16,876,533.00 元
现金及现金等价物净增加额:	55,862,041.58 元
扣除非经常性损益的项目及金额:	6,376,830.25 元

(1)公司控股 85%的武汉当代物业发展有限公司收到 1200 万元财政补贴款,按持股比例和扣除 33%的所得税后计算的补贴收入为 683.4 万元。

(2)营业外收支净额为 -735,269.82 元,扣除所得税因素后计算为 -457,169.75 元。

二、公司近三年的主要会计数据和财务指标 (单位:人民币元)

项目	2001 年	2000 年		1999 年	
		调整前	调整后	调整前	调整后
主营业务收入	241,926,900.45	188,499,098.47	188,499,098.47	134,184,110.22	134,184,110.22
净利润	28,911,206.97	36,376,367.62	35,963,824.31	18,248,805.42	17,953,893.19
总资产	991,266,129.89	518,116,603.74	510,506,961.68	471,267,722.80	464,183,901.65
股东权益(不含少数股东权益)	289,514,974.81	287,240,699.26	280,200,767.28	259,525,331.64	252,897,942.97
每股收益(摊薄)	0.23	0.289	0.29	0.275	0.27
(加权)	0.23	0.422	0.29	0.309	0.30
每股净资产	2.298	2.280	2.22	3.914	3.81
调整后的每股净资产	2.274	2.229	2.18	3.883	3.79
每股经营活动产生的现金流量净额	0.134	0.208	0.208	-0.384	-0.384
净资产收益率(%)	9.75	12.66	12.84	7.03	7.10
扣除非经常性损益后的每股收益(摊薄)	0.18	0.233	0.24	0.221	0.19
(加权)	0.18	0.341	0.24	0.249	0.21

三、报告期利润表附表

	报告期每股收益(元)		净资产收益率%	
	全面摊薄	加权平均	全面摊薄	加权平均
主营业务利润	0.87	0.87	36.93	37.16
营业利润	0.29	0.29	12.17	12.25
净利润	0.23	0.23	9.75	9.81
扣除非经常性损益后的净利润	0.18	0.18	9.60	7.65

第三章 股本变动及股东情况

一、股本变动情况
(一)股份变动情况 单位:股

	本次变动前	本次变动增减(+/-) 配股	送股	公积金转股	其他	小计	本次变动后
一、未上市流通股份							
1.发起人股份							
其中:							
国家持有股份							
境内法人持有股份							
境外法人持有股份							
其他							
2.募集法人股份	61,750,000						61,750,000
3.内部职工股							
4.优先股或其他							
其中:转配股							
未上市流通股份合计	61,750,000						61,750,000
二、已上市流通股份							
1.人民币普通股	64,220,000						64,220,000
2.境内上市的外资股							
3.境外上市的外资股							
4.其他							
已上市流通股份合计	64,220,000						64,220,000
股份总数	125,970,000						125,970,000

600080 金花企业(集团)股份有限公司

2001 年年度报告摘选

一、公司简介

(一)公司中文名称:金花企业(集团)股份有限公司
公司英文名称:GINWA ENTERPRISE (GROUP) INC.
公司英文缩写:GINWA
(二)公司法定代表人:吴一坚
(三)公司董事会秘书:秦川
联系地址:西安市振兴路 1 号
电　　话:029－8404118　　传真:029－8404468
电子信箱:ginwa@pub.xaonline.com
(四)公司注册地址:西安高新技术产业开发西区高新 3 路
邮政编码:710075
公司办公地址:西安市振兴路 1 号
邮政编码:710068
公司互联网址:http://www.ginwa.com
公司电子信箱:ginwa@pub.xaonline.com　　ginwa@public.xa.sn.cn
(五)选定的信息披露报纸:《中国证券报》、《上海证券报》
登载公司年度报告的证监会指定互联网网址:http://www.sse.com.cn
公司年度报告备置地点:董事会秘书处
(六)公司股票上市交易所:上海证券交易所
股票简称:金花股份
股票代码:600080

二、会计数据和业务数据摘要

(一)公司本年度会计数据　　(单位:元)

项目	金额
利润总额:	53,871,359.67
净利润:	46,594,430.12
扣除非经常性损益后的净利润:	27,861,808.64
主营业务利润:	102,393,481.60
其他业务利润:	7,584,754.55
营业利润:	39,339,165.51
投资收益:	14,681,640.95
补贴收入:	0
营业外收支净额:	－149,446.79
经营活动产生的现金流量净额:	80,360,755.48
现金及现金等价物净增加额:	51,337,774.15

注:扣除非经常损益项目和涉及金额为委托投资净收益 14,640,000.00 元;营业外收支净额－149,446.79 元;收取的资金占用费净额 6,602,208.06 元。

(二)公司近三年主要财务指标

项 目	2001 年	2000 年		1999 年
		调整后	调整前	
主营业务收入	156,654,609.49	183,824,915.76	183,824,915.76	163,552,463.93
净利润	46,594,430.12	78,643,738.78	80,516,753.65	86,795,072.07
总资产	1,300,859,241.10	1,032,229,608.45	1,034,402,180.55	656,906,511.30
股东权益	823,989,747.04	786,859,560.12	788,732,574.99	480,883,021.34
全面摊薄每股收益	0.20	0.34	0.35	0.42
加权平均每股收益	0.20	0.37	0.38	0.42
扣除非经常性损益后的每股收益	0.12	0.31	0.35	0.42
每股净资产	3.57	3.41	3.42	2.35
调整后每股净资产	3.43	3.25	3.26	2.17
每股经营活动产生的现金流量净额	0.35	0.41	0.41	0.29
全面摊薄净资产收益率(%)	5.65	9.99	10.19	18.05
加权平均净资产收益率(%)	5.65	13.20	13.49	19.84
扣除非经常性损益后的净资产收益率(%)	3.38	10.02	10.24	18.05

三、股本变动及股东情况

(一)股份变动情况表:

	本次变动前	本次变动增减(＋,－)						本次变动后
		配股	送股	公积金转股	增发	其他	小计	
一、未上市流通股份								
1.发起人股份								
其中:								
国家拥有股份								
境内法人持有股份	130,995,200							130,995,200
境外法人持有股份								
其他								
2.募集法人股								
3.内部职工股								
4.优先股或其他								
未上市流通股份合计	130,995,200							130,995,200
二、已流通股份								
1.境内上市的人民币普通股	99,840,000							99,840,000
2.境内上市的外资股								
3.境外上市的外资股								
4.其他								
已上市流通股份合计	99,840,000							99,840,000
三、股份总数	230,835,200							230,835,200

600081 东风电子科技股份有限公司

2001 年年度报告摘选

第一章　公司基本情况简介

一、公司的法定中文名称:东风电子科技股份有限公司
公司的法定英文名称:DONGFENG ELECTRONIC TECHNOLOGY CO.,LTD.
公司的英文名称缩写:DETC
二、公司法定代表人:欧阳洁
三、公司董事会秘书:天涯
联系地址:上海市中山北路 2000 号 22 楼
联系电话:021－62033003－21
传真:021－62032133
电子信箱:tianya@detc.com.cn
四、公司注册地址:上海市浦东新区新金桥路 828 号
公司办公地址:上海市中山北路 2000 号 22 楼
邮政编码:200063
公司国际互联网网址:www.detc.com.cn
公司电子信箱:postmasterdetc.com.cn
五、公司选定的信息披露报纸:中国证券报、上海证券报
登载年度报告的中国证监会指定网站的网址:www.sse.com.cn
公司年度报告备置地点:上海市中山北路 2000 号 22 楼证券部
六、公司股票上市交易所:上海证券交易所
公司股票简称:东风科技　　公司股票代码:600081

第二章　会计数据和业务数据摘要

一、本年度主要会计数据　　单位:人民币元

项目	金额
利润总额	59,845,643.99
净利润	50,448,244.78
扣除非经常性损益后的净利润	42,532,694.58
主营业务利润	98,672,443.84
其他业务利润	5,449,705.57
营业利润	39,354,651.24
投资收益	20,616,138.65
补贴收入	6,834.82
营业外收支净额	－131,980.72
经营活动产生的现金流量净额	26,266,298.49
现金及现金等价物增减净额	49,108,637.35

注:扣除的非经常性损益的项目是十堰马瑞利股权转让收益和股权投资差额摊销,涉及金额为 7,915,550.20 元。

二、截至报告期末公司前三年的主要会计数据和财务指标

单位:人民币元

项目	2001	2000(调整后)	2000(调整前)	1999
主营业务收入	600,031,975.14	394,104,982.88	394,109,256.38	196,135,087.59
净利润	50,448,244.78	39,139,252.53	51,926,135.27	35,870,134.94
总资产	877,399,121.32	737,905,821.61	753,397,981.72	410,062,416.31
股东权益(不含少数股东权益)	386,477,225.03	386,278,980.25	401,198,773.27	217,060,060.28
每股收益	0.2510	0.1947	0.26	0.3014
扣除非经常性损益后的每股收益	0.21	0.15	0.21	0.29
每股净资产	1.9227	1.9218	2.00	1.8240
调整后的每股净资产	1.9075	1.9000	1.97	1.8173
每股经营活动产生的现金流量净额	0.13	0.20	0.20	0.0186
净资产收益率(%)	13.05	10.13	12.94	16.53
本期扣除非经常性损益后的加权平均净资产收益率(%)	10.34			

第三章　股本变动及股东情况

一、报告期内公司股本结构及股份总数未发生变化。
二、股东情况
(一)报告期末股东总数
报告期末公司股东总数为 1694 户
(二)报告期末公司前十名股东。

股东	期末持股数	股份增(＋)减(－)	比例	股份性质
东风汽车公司	150,750,000	0	75%	国家股
浙江兴宇	1,005,545	－6900	0.5%	流通股
浙江中汇	916,800		0.45%	流通股
王根信	614,655		0.31%	流通股
天台药研	550,450	－41600	0.27%	流通股
郑水珍	549,880	－800	0.27%	流通股
周天秀	426,639	＋4400	0.21%	流通股
吴羲兴	415,200		0.21%	流通股
梅苑宾馆	373,216	0	0.19%	流通股
许忠见	294,200		0.15%	流通股

600082 天津海泰科技发展股份有限公司

2001年年度报告摘选

一、公司基本情况简介

1、公司法定中文名称:天津海泰科技发展股份有限公司
公司中文名称缩写:海泰发展
公司法定英文名称:TianJin Hi－Tech Development Co., Ltd.
公司英文名称缩写:Hitech Develop
2、公司法定代表人:任学锋
3、公司董事会秘书:温健
联系地址:天津新技术产业园区华苑产业区华天道6号海泰大厦四楼
联系电话:(022)23709326
传真:(022)23709325
4、公司注册地址:天津新技术产业园区华苑产业区
公司办公地址:天津新技术产业园区华苑产业区华天道6号海泰大厦四楼
邮政编码:300384
电子信箱:E－mail: thip－development@hotmail.com
网址: http:// www.hitech－develop.com
5、公司选定的信息披露报纸:上海证券报
登载公司年度报告的中国证监会指定国际互联网网址:
http://www.sse.com.cn
公司年度报告备置地点:天津海泰科技发展股份有限公司证券部
6、公司股票上市交易所:上海证券交易所
股票简称:海泰发展
股票代码:600082

二、会计数据和业务数据摘要

(一)公司本年度会计数据　　单位:人民币元

项目	金额
利润总额:	－83,143,687.80
净利润:	－83,249,934.87
扣除非经常性损益后的净利润:	－83,249,934.87
扣除的项目,涉及金额:	/
主营业务利润:	22,818,078.04
其他业务利润:	9,686,556.99
营业利润:	－77,508,622.41
投资收益:	－1,960,196.03
补贴收入:	/
营业外收支净额:	－3,674,869.36
经营活动产生的现金流量净额:	16,371,933.58
现金及现金等价物净增加额:	－53,866,213.32

(二)公司近三年主要会计数据与财务指标

项目	2001年	2000年	1999年
主营业务收入(元)	536170246.35	433858916.89	532823734.41
净利润(元)	－83249934.87	－92058280.71	2294318.67
总资产(元)	350930945.92	1176877774.42	1059349351.42
股东权益(元)(不含少数股东权益)	323670980.21	403768913.50	494494218.05
每股收益(元/股)(摊薄)	－0.559	－0.618	0.015
(加权平均)	－0.559	－0.618	0.015
扣除非经常性损益后的每股收益	－0.559	－0.618	0.015
每股净资产(元/股)	2.173	2.710	3.319
调整后的每股净资产(元/股)	2.173	2.532	3.298
每股经营活动产生的现金流量净额(元/股)	0.110	0.073	0.22
净资产收益率(%)(摊薄)	－25.721	－22.800	0.464
(加权平均)	－23.771	－20.497	0.465

(三)根据中国证监会《公开发行证券公司信息披露编报规则第9号》计算的净资产收益率和每股收益。

报告期利润	净资产收益率		每股收益	
	全面摊薄	加权平均	全面摊薄	加权平均
主营业务利润	7.050%	6.515%	0.153	0.153
营业利润	－23.947%	－22.131%	－0.520	－0.520
净利润	－25.721%	－23.771%	－0.559	－0.559
扣除非经常性损益后的净利润	－25.721%	－23.771%	－0.559	－0.559

三、股本变动及股东情况

(一)股本变动情况:
1、股份变动情况表

数量单位:股

	期初数	本次变动增减(＋、－) 配股	送股	公积金转股	其他	小计	期末数
一、尚未流通股份							
1、国有法人股	33280783						33280783
2、募集法人股	36511800						36511800
尚未流通股份合计	69792583						69792583
二、已流通股份							
1、境内上市的人民币普通股	79188200						79188200
已流通股份合计	79188200						79188200
三、股份总数	148980783						148980783

600083 成都福地科技股份有限公司

2001年年度报告摘选

第一章　公司基本情况简介

(一)公司法定中文名称:成都福地科技股份有限公司
公司中文名称缩写:成都福地
公司法定英文名称:Chengdu Fortune Science & Technology Co., Ltd.
公司英文名称缩写:CD FORTUNE
(二)公司法定代表人:刘国真
(三)公司董事会秘书:宋静远
联系地址:四川省成都市科华北路58号亚太广场五楼
联系电话:028－5260876　　传真:028－5241919
电子信箱:soongjy@sina.com
证券事务代表:相里麒
联系电话:028－5253087　　传真:028－5241919
电子信箱:xiangli.qi@163.com
(四)公司注册地址:四川省成都市科华北路58号亚太广场五楼
公司办公地址:广东省东莞市新城市中心区石竹路科技大厦12楼
邮政编码:523071
公司国际互联网网址:　　公司电子信箱:cdfortune@sina.com
(五)公司选定的信息披露报纸名称:《上海证券报》、《中国证券报》
登载年度报告的中国证监会指定网站:HTTP://www.sse.com.cn
公司年度报告备置地点:本公司董事会秘书室
(六)公司股票上市交易所:上海证券交易所
股票简称:PT红光　　股票代码:600083

第二章　会计数据和业务数据摘要

(一)本年度主要利润指标情况(单位:人民币元)

项目	金额
利润总额:	12,165,924.19
其中:主营业务利润:	19,114,953.50
其他业务利润:	319,655.77
营业利润:	5,944,834.47
投资收益:	43.99
补贴收入:	－－－－
营业外收支净额:	6,221,045.73
净利润:	8,137,864.01
扣除非经常性损益后的净利润:	1,916,774.29
经营活动产生的现金流量净额:	48,832,821.62
现金及现金等价物净增加额:	20,391,227.31

※说明:扣除的非经常性损益项目涉及金额:6,221,089.72
(1)营业外收入7,647,960.7(详见财务报告会计附注第36条)
(2)营业外支出1,426,914.97(详见财务报告会计附注第37条)
(3)投资收益43.99

(二)截至报告期末公司前三年的主要会计数据和财务指标:

(单位:人民币元)

时间 项目	2001年	2000年	1999年 调整前	调整后
主营业务收入	86,057,796.89	27,714,790.24	56,004,864.86	56,004,864.86
净利润	8,137,864.01	－70,584,825.59	－195,244,594.52	－194,604,389.15
总资产	209,686,773.50	1,305,960,382.74	1,361,825,844.66	1,361,825,844.66
股东权益(不含少数股东权益)	1,310,126.63	27,691,733.34	43,021,875.88	35,043,140.08
每股收益	0.035	－0.307	－0.849	－0.846
每股净资产	0.006	0.12	0.187	0.152
调整后的每股净资产	－0.016	－0.197	0.095	0.001
每股经营活动产生的现金流量净额	0.212	－0.087	－0.001	－0.001
净资产收益率(%)	621.15	－254.89	－453.83	－555.33

(三)按照中国证监会《公开发行证券公司信息披露编制规则(第9号)》要求计算编写的净资产收益率和每股收益:

	报告期利润	净资产收益率(%)		每股收益(元/股)	
		全面摊薄	*加权平均	全面摊薄	加权平均
主营业务利润	19,114,953.50	1459.02	－70.94	0.083	0.083
营业利润	5,944,834.47	453.76	－22.06	0.026	0.026
净利润	8,137,864.01	621.15	－30.20	0.035	0.035
扣除非经常性损益后的净利润	1,916,774.29	146.30	－7.11	0.008	0.008

※注:(1)报告期末至本报告披露日,公司总股本未发生变化。
(2)加权平均净资产收益率的计算说明见《审计报告》的会计报表附注六第5项说明。

第三章　股本变动及股东情况

(一)股份变动情况
1、公司股份变动情况表　　数量单位:股

	本次变动前	本次变动增减(＋,－) 配股	送股	公积金转股	增发	其他	小计	本次变动后
一、未上市流通股份								
1、发起人股份	82,018,194							82,018,194
其中:								
家持有股份	79,618,194							79,618,194
境内法人持有股份	2,400,000							2,400,000
境外法人持有股份								
其他								
2、募集法人股份	12,251,206							12,251,206
3、内部职工股								
4、优先股或其他								
未上市流通股份合计	94,269,400							94,269,400
二、已上市流通股份								
1、人民币普通股	135,730,600							135,730,600
2、境内上市的外资股								
3、境外上市的外资股								
4、其他								
已上市流通股份合计	135,730,600							135,730,600
三、股份总数	230,000,000							230,000,000

600084 新天国际经贸股份有限公司

2001 年年度报告摘选

一、公司基本情况简介

(一)公司法定中文名称:新天国际经贸股份有限公司
公司英文名称:Suntime International Economic - Trading Co., ltd
英文名称缩写:Suntime
(二)法定代表人:岳志荣
(三)公司董事会秘书:高新山
联系电话:0991 - 2312439
传真:0991 - 2312439
电子信箱:600084dmb@21cn.com
证券事务代表:帅飞
联系电话:0991 - 2312439　　传真:0991 - 2312439
电子信箱:600084dmb@21cn.com
联系地址:新疆维吾尔自治区乌鲁木齐市红山路 40 号
(四)公司注册地址:新疆维吾尔自治区乌鲁木齐市红山路 40 号
公司办公地址:新疆维吾尔自治区乌鲁木齐市红山路 40 号
邮政编码:830002
公司电子信箱:sun - time@mail.xj.cninfo.net
(五)公司选定的信息披露报刊:《中国证券报》、《上海证券报》
刊登年度报告的国际互联网网址:HTTP://WWW.SSE.COM.CN
年度报告备置地点:新疆维吾尔自治区乌鲁木齐市红山路 40 号新天国际董事会秘书办公室
(六)股票上市交易所:上海证券交易所
股票简称:新天国际　　股票代码:600084

二、会计数据和业务数据摘要

(一)本年度主要利润指标　　单位:元

项目	金额
利润总额	83,407,577.47
净利润	73,565,693.64
扣除非经常性损益的净利润*	71,943,804.38
主营业务利润	176,485,802.20
其他业务利润	6,527,572.74
营业利润	59,732,287.72
投资收益	22,053,400.49
补贴收入	447,395.49
营业外收支净额	1,174,493.77
经营活动产生的现金流量净额	53,443,806.18
现金及现金等价物净增加额	168,440,764.92

*注:扣除非经常性损益项目和涉及金额:

项目	金额
(1)营业外收入	1,606,905.22
(2)营业外支出	432,411.45
(3)补贴收入	447,395.49

(二)公司近三年主要会计数据和财务指标

财务指标	2001 年	2000 年	1999 年
主营业务收入(元)	853,719,547.88	686,139,377.78	494,756,402.26
净利润(元)	73,565,693.64	88,111,086.90	40,501,220.79
总资产(元)	1,923,776,235.37	1,579,234,102.47	1,037,872,097.68
股东权益(元)	677,148,880.05	635,784,810.41	554,857,877.71
每股收益(元/股)	0.31	0.49	0.29
每股收益(元/股)(加权)	0.31	0.49	0.37
每股收益(元/股)(扣除非经常性损益)	0.31	0.48	0.28
每股净资产(元/股)	2.88	3.51	3.99
调整后的每股净资产(元)	2.77	3.43	3.89
净资产收益率%	10.86	13.86	7.3
每股经营活动产生的现金流量净额(元/股)	0.23	0.03	0.24

(三)报告期利润表附表

报告期利润	净资产收益率(%)		每股收益(元/股)	
	全面摊薄	加权平均	全面摊薄	加权平均
主营业务利润	25.53	26.72	0.75	0.75
营业利润	8.64	9.04	0.25	0.25
净利润	10.64	11.14	0.31	0.31
扣除非经营性损益后的利润	10.41	10.89	0.31	0.31

三、股本变动及股东情况

(一)公司股本变动情况
股份变动情况表　　单位:股

	本次变动前	本次变动增减(+、-)						本次变动后
		配股	送股	公积金转股	增发	其它	小计	
一、未上市流通股份								
1、发起人股份	112268000			33680400				145948400
其中:国家持有股	91000000			27300000				118300000
境内法人持有股	21268000			6380400				27648400
境外法人持有股								
其它								
2、募集法人股								
3、内部职工股								
4、优先股或其他								
其中:转配股								
5、向战略投资者配售股份								
未上市流通股份合计	112268000			33680400				145948400
二、以上市流通股份								
1、人民币普通股	68640000			20592000				89232000
2、境内上市的外资股								
3、境外上市的外资股								
4、其它								
已上市流通股份合计	68640000			20592000				89232000
三、股份总数	180908000			54272400				235180400

600085 北京同仁堂股份有限公司

2001 年年度报告摘选

一、公司简介

(一)公司法定中文名称:北京同仁堂股份有限公司
公司简称:同仁堂
公司英文名称: BEIJING TONGRENTANG CO., LTD
英文简称:TRT
(二)公司法定代表人:殷顺海
(三)公司董事会秘书:张生瑜
公司证券事务代表:张京彦
联系地址:北京市崇文区东兴隆街 52 号
联系电话:010 - 67020018　　传真:010 - 67020018
电子信箱:zsy@tongrentang.com
(四)公司注册地址:北京市崇文区东兴隆街 52 号
公司办公地址:北京市崇文区东兴隆街 52 号　　邮政编码:100062
国际互联网网址:http://www.tongrentang.com
电子信箱:tongrentang@tongrentang.com
(五)公司信息披露报纸:《中国证券报》、《上海证券报》
登载公司年度报告的中国证监会指定网站的网址:http://www.sse.com.cn
公司年度报告备置地点:公司证券部
(六)公司股票上市交易所:上海证券交易所
股票简称:同仁堂　　股票代码:600085

二、会计数据和业务数据摘要

(一)本年度实现利润总额及构成(单位:人民币元)

项目	金额
利润总额	258,845,287.29
净利润	199,506,488.78
扣除非经常性损益后的净利润	200,758,648.78
主营业务利润	636,381,878.34
其他业务利润	833,356.05
营业利润	260,907,099.73
投资收益	686,498.86
营业外收支净额	-2,748,311.30
经营活动产生的现金流量净额	230,176,079.62
现金及现金等价物净增加额	228,405,619.36

(二)报告期末公司前三年主要会计数据及财务指标(单位:人民币元)

项目	2001 年度	2000 年度		1999 年度	
		调整后	调整前	调整后	调整前
主营业务收入	1,611,670,549.33	1,024,392,082.05	1,024,392,082.05	835,273,747.37	835,273,747.37
净利润	199,506,488.78	140,530,940.55	146,648,474.92	132,041,519.61	139,279,514.37
总资产	2,159,051,157.21	1,636,355,976.44	1,675,707,367.50	1,159,807,405.21	1,193,041,261.90
股东权益(不含少数股东权益)	1,244,615,958.39	914,230,590.73	953,581,981.79	725,526,819.30	758,760,675.99
每股收益	0.601	0.586	0.611	0.550	0.580
每股净资产	3.751	3.809	3.973	3.02	3.16
调整后每股净资产	3.701	3.774	3.943	2.99	3.13
每股经营活动产生的现金流量净额	0.694	0.699	0.699	0.725	0.725
净资产收益率%	16.03	15.37	15.38	18.20	18.36
扣除非经营性损益后的净利润	200,758,648.78	140,334,091.00	146,451,625.37	132,189,404.51	139,405,216.54
扣除非经营性损益后的每股收益	0.605	0.585	0.610	0.551	0.581
扣除非经营性损益后的加权平均净资产收益率%	16.84	17.46	18.33	18.68	18.91

(三)利润表附表

报告期利润	金额(元)	净资产收益率(%)		每股收益(元)	
		摊薄	加权	摊薄	加权
主营业务利润	636,381,878.34	51.13	53.39	1.918	1.937
营业利润	260,907,099.73	20.96	21.89	0.786	0.794
净利润	199,506,488.78	16.03	16.74	0.601	0.607
扣除非经营性损益后的净利润	200,758,648.78	16.13	16.84	0.605	0.611

三、股本变动及股东情况

(一)股份变动情况表　　数量单位:股

	本次变动前	本次变动增减			本次变动后
		配股	公积金转股	小计	
一、未上市流通股份					
1、发起人股份	180,000,000	1,800,000	50,383,325	52,183,325	232,183,325
其中:					
国家持有股份					
境内法人持有股份	180,000,000	1,800,000	50,383,325	52,183,325	232,183,325
境外法人持有股份					
其他					
2、募集法人股份					
3、内部职工股					
4、优先股或其他					
未上市流通股份合计	180,000,000	1,800,000	50,383,325	52,183,325	232,183,325
二、已上市流通股份					
1、人民币普通股	60,000,000	18,000,000	21,616,608	39,616,608	99,616,608
2.境内上市的外资股					
3.境外上市的外资股					
4.其他					
已上市流通股份合计	60,000,000	18,000,000	21,616,608	39,616,608	99,616,608
三、股份总数	240,000,000	19,800,000	71,999,933	91,799,933	331,799,933

600086 湖北多佳股份有限公司

2001年年度报告摘选

第一章 公司基本情况简介

中文名称:湖北多佳股份有限公司
中文简称:多佳股份
英文名称:HUBEI DUOJIA COMPANY LIMITIED
英文名称缩写:DUOJIA
公司法定代表人:田西平先生
董事会秘书:陈瑞锋先生
电子邮箱:djrfchen@163.net
办公地址:鄂州市凤凰南路湖畔山庄
电　　话:0711—3873211　　传　　真:0711—3873200
证券事务代表:朱一波先生
电子信箱:zhuyibo@371.net
电　　话:0711—3873228　　传　　真:0711—3873200
公司注册地址:湖北省鄂州市武昌大道298号
公司办公地址:湖北省鄂州市凤凰南路湖畔山庄
公司国际互联网网址:http://www.duojia.com
电子信箱:duojia@public.ez.hb.cn
指定信息披露报纸名称:《中国证券报》、《上海证券报》
证监会指定的国际互联网网址:http://www.sse.com.cn
年度报告备置地点:公司董秘办
上市交易所:上海证券交易所
股票简称:多佳股份
股票代码:600086
其他有关资料:
公司首次注册登记日期:1993年7月13日
公司首次注册登记地址:湖北省鄂州市武昌大道298号
公司最新注册登记日期:2000年10月31日
公司最新注册登记地址:湖北省鄂州市武昌大道298号
企业法人营业执照注册号:4200001000229
税务登记证号:42070117987649—0
公司聘请会计师事务所的名称:湖北大信会计师事务有限公司
会计师事务所的办公地址:湖北省武汉市汉口中山大道1166号金源世界中心AB座7—8楼

第二章 会计数据及业务数据摘要

一、利润情况:　　单位:元

项目	2001年度
1、利润总额	38,893,580.72
2、净利润	25,987,967.92
3、扣除非经常性损益后的净利润	25,008,740.47
4、主营业务利润	65,603,451.90
5、其他业务利润	2,473,973.29
6、营业利润	37,914,356.27
7、投资收益	917,804.95
8、营业外收支净额	61,422.50
9、经营活动产生的现金流量净额	4,401,640.23
10、现金及现金等价物净增加额	-93,138,595.15

二、主要会计数据和财务指标:　　单位:元

序号	项目	2001.12.31	2000.12.31		1999.12.31	
			调整前	调整后	调整前	调整后
1	主营业务收入	248,520,324.08	285,729,977.35	285,729,977.35	251,580,182.34	251,580,182.34
2	净利润	25,987,967.92	31,954,032.95	30,388,511.81	35,356,634.74	30,370,253.63
3	总资产	756,557,120.28	773,286,708.70	736,768,415.54	552,560,279.46	517,710,190.96
4	股东权益	497,084,888.01	511,545,384.00	474,619,736.81	404,718,115.57	369,868,027.07
5	每股收益(摊薄)	0.074	0.145	0.138	0.169	0.146
6	每股收益(加权)	0.074	0.147	0.140	0.169	0.146
7	扣除非经常性损益后的每股收益(摊薄)	0.071	0.146	0.139	0.169	0.146
8	扣除非经常性损益后的每股收益(加权)	0.071	0.148	0.148	0.169	0.146
9	每股净资产	1.411	2.323	2.156	1.939	1.772
10	调整后的每股净资产	1.410	2.310	2.141	1.922	1.754
11	每股经营活动产生的现金流量净额	0.0125	-0.177	-0.177	0.213	0.213
12	净资产收益率(%)(摊薄)	5.23	6.25	6.40	8.74	8.21
13	净资产收益率(%)(加权)	5.35	6.65	7.97	9.03	8.78

第三章 股本变动及股东情况

一、股本变动情况:　　单位:股

项目	本次变动前	本次变动增减(+、—)						本次变动后
		配股	送股	公积金转股	增发	其他	小计	
一、未上市流通部分	140,038,470		14,003,847	70,019,235			84,023,082	224,061,552
1、发起人股份	140,038,470		14,003,847	70,019,235		-95,001,974	-10,978,892	129,059,578
其中:								
国家持有股份								
境内法人持有股份	140,038,470		14,003,847	70,019,235			84,023,082	224,061,552
境外法人持有股份								
其他								
2、募集法人股份						95,001,974	95,001,974	95,001,974
3、内部职工股								
4、优先股或其他								
未上市流通股份合计	140,038,470		14,003,847	70,019,235			84,023,082	224,061,552
二、已上市流通股份	80,137,575		8,013,758	40,068,787			48,082,545	128,220,120
1、人民币普通股	80,137,575		8,013,758	40,068,787			48,082,545	128,220,120
2、境内上市的外资股								
1、境外上市的外资股								
2、其他								
已上市流通股份合计	80,137,575		8,013,758	40,068,787			48,082,545	128,220,120
三、股份总数	220,176,045		22,017,605	110,088,022			132,105,627	352,281,672

600087 南京水运实业股份有限公司

2001年年度报告摘选

一、公司基本情况简介

1、公司法定名称:
中文:南京水运实业股份有限公司
英文:NANJING WATER TRANSPORT INDUSTRY CO.,LTD
.英文缩写:NWTI
2、公司法定代表人:刘锡汉先生
3、公司董事会秘书:曾善柱先生
联系地址:南京市中山北路241号江苏华侨大厦十楼
联系电话:025-3720378
联系传真:025-3709524
电子信箱:zsz021@sina.com.cn
4、公司注册地址:南京经济技术开发区
公司办公地址:南京市中山北路241号江苏华侨大厦十楼
邮政编码:210009
公司电子信箱:nwti@public1.ptt.js.cn
5、公司选定的信息披露报纸:《中国证券报》、《上海证券报》
登载公司年度报告的中国证监会指定国际互联网网址:http://www.sse.com.cn
公司年度报告备置地点:公司证券部
6、公司股票上市交易所:上海证券交易所
股票简称:南京水运
股票代码:600087

二、会计数据和业务数据摘要

1、本年度主要利润指标情况(单位:元)

利润总额	135,718,864.84
净利润	115,539,888.55
扣除非经常性损益后的净利润	104,349,125.42
主营业务利润	143,985,972.60
其他业务利润	1,203,203.37
营业利润	121,015,412.61
投资收益	15,218,045.89
补贴收入	0
营业外收支净额	-514,593.66
经营活动产生的现金流量净额	212,896,117.76
现金及现金等价物净增加额	-9,434,371.23
注:扣除的非经常性损益项目和涉及金额:	
罚款支出	1,443.40
处理固定资产损失	42,694.26
捐赠	80,000.00
出售房屋收入	23,544.00
短期投资收益	12,866,663.93
处置股权收益	399,278.69
所得税影响数	-1,974,585.83

2、近三年主要会计数据和财务指标(单位:元)

序号	指标项目	2001年	2000年		1999年
			调整后	调整前	
1	主营业务收入	485,985,818.65	522,986,400.95	522,986,400.95	357,344,875.83
2	净利润	115,539,888.55	104,588,565.84	115,766,260.44	76,958,752.72
3	总资产	959,704,375.24	946,311,434.35	957,489,128.95	861,587,345.43
4	股东权益(不含少数股东权益)	810,632,056.59	793,768,738.19	804,946,432.79	760,977,093.95
5	每股收益	0.483	0.437	0.484	0.515
6	扣除非经常性损益后的每股收益	0.437	0.422	0.484	0.515
7	每股净资产	3.39	3.32	3.36	5.09
8	调整后的每股净资产	3.38	3.22	3.27	4.94
9	每股经营活动产生的现金流量净额	0.89	0.82	0.82	0.97
10	净资产收益率(%)	14.25	13.18	14.38	10.11
11	扣除非经常性损益后的加权净资产收益率(%)	12.62	12.43	14.14	12.01

三、股本变动及股东情况

(一)股份变动情况表

数量单位:股

	本次变动前	本次变动增减(+,-)						本次变动后
		配股	送股	公积金转股	增发	其他	小计	
一、未上市流通股份								
1.发起人股份	131,403,712							131,403,712
其中:								
国家持有股份								
境内法人持有股份	131,403,712							131,403,712
境外法人持有股份								
其他								
2.募集法人股份	35,119,360							35,119,360
3.内部职工股								
4.优先股或其他								
未上市流通股份合计	166,523,072							166,523,072
二、已上市流通股份								
1.人民币普通股	72,800,000							72,800,000
2.境内上市的外资股								
3.境外上市的外资股								
4.其他								
已上市流通股份合计	72,800,000							72,800,000
三、股份总数	239,323,072							239,323,072

600088 中视传媒股份有限公司

2001 年年度报告摘选

第一章 公司简介

1、公司法定中文全称:中视传媒股份有限公司
公司英文名称:China Television Media, Ltd.
公司英文名称缩写:CTV Media
2、公司法定代表人:吴达审
3、公司董事会秘书:卢芳
公司董事会证券事务代表:刘锋
联系地址:江苏省无锡市漆塘 1 号中视传媒公司
电话:0510－5555168　　传　真:0510－5555168
电子信箱:wuxicctv@public1.wx.js.cn
4、公司注册地址及办公地址:江苏省无锡市漆塘 1 号
邮编:214081
国际互联网网址:http://www.ctv－media.com.cn
电子信箱:ctvoffice@ctv－media.com.cn
5、公司指定的信息披露报纸:《上海证券报》和《证券时报》
登载公司年度报告的中国证监会指定国际互联网网址:http://www.sse.com.cn
公司年度报告备置地点:董事会秘书处
6、股票上市交易所:上海证券交易所
股票简称:中视传媒　　股票代码:600088

第二章 会计数据及业务数据摘要

1、本年度主要利润指标情况(单位:人民币元)

项目	金额
利润总额:	37,457,594.42
净利润:	26,822,116.43
扣除非经常性损益后的净利润:	29,963,396.50
主营业务利润:	100,371,439.58
其它业务利润:	－423,987.02
营业利润:	41,488,604.57
投资收益:	－8,563,436.06
补贴收入:	5,468,000.00
营业外收支净额:	－935,574.09
经营活动产生的现金流量净额:	62,680,087.36
现金及现金等价物净增加额:	85,102,377.46
注:扣除的非经常性损益项目和涉及金额(税后收益)是指:	
(1)投资收益	－6,804,840.07
(2)补贴收入	3,663,560.00

2、截至报告期本公司前三年主要会计数据和财务指标:

(1)主要会计数据　　单位金额:人民币元

项目	2001 年度	2000 年度调整后	2000 年度调整前	1999 年度调整后	1999 年度调整前
主营业务收入	360,048,073.09	204,681,114.81	204,681,114.81	182,332,933.72	182,332,933.72
净利润	26,822,116.43	24,323,245.63	23,867,424.90	53,317,013.11	51,595,676.65
总资产	969,070,737.52	805,666,441.52	807,277,801.97	812,260,913.36	815,737,086.11
股东权益	721,364,854.02	711,113,837.59	714,134,171.61	705,000,591.96	708,476,746.71

(2)主要财务指标　　单位金额:人民币元

项目	2001 年度	2000 年度(调整后)	2000 年度(调整前)	1999 年度(调整后)	1999 年度(调整前)
每股收益	0.113	0.134	0.131	0.293	0.283
每股收益(加权)	0.131	0.134	0.131	0.311	0.301
扣除非经常性损益后的每股收益	0.127	0.130	0.127	0.289	0.279
每股净资产	3.05	3.91	3.92	3.87	3.89
调整后的每股净资产	3.00	3.86	3.89	3.84	3.84
每股经营活动产生的现金流量净额	0.26	0.42	0.42	0.367	0.367
净资产收益率	3.72%	3.42%	3.34%	7.56%	7.28%
净资产收益率(加权)	3.74%	3.44%	3.36%	8.39%	8.06%

(3)利润分配表附表

报告期利润	净资产收益率(%)		每股收益(元/股)	
	全面摊薄	加权平均(ROE)	全面摊薄	加权平均(EPS)
主营业务利润	13.914	13.853	0.424	0.424
营业利润	5.751	5.726	0.175	0.175
净利润	3.718	3.702	0.113	0.113
扣除非经常性损益后的净利润	4.154	4.136	0.127	0.127

第三章 股本变动及股东情况

1、股本变动情况表　　数量单位:股

	本次变动前	本期变动增减(＋,－)	本次变动后
一、未上市流通股份			
其中:发起人法人股	122,100,000	36,630,000	158,730,000
尚未流通股份合计	122,100,000	36,630,000	158,730,000
二、已上市流通股份			
其中:境内上市的人民币普通股	60,000,000	18,000,000	78,000,000
已流通股份合计	60,000,000	18,000,000	78,000,000
三、股份总数	182,100,000	54,630,000	236,730,000

600089 新疆特变电工股份有限公司

2001 年年度报告摘选

一、公司基本情况简介

(一)公司的法定中英文名称及缩写
公司法定中文名称:新疆特变电工股份有限公司
公司法定英文名称:XINJIANG TEBIAN ELECTRIC APPARATUS STOCK CO.LTD
公司英文名称缩写:TBEA
(二)公司法定代表人:张新
(三)公司董事会秘书:郭俊香
联系地址:新疆昌吉市延安南路 52 号
联系电话:0994－2724766　　传　真:0994－2724766
电子信箱:gjx－tbea@sohu.com
公司证券事务代表:焦海华
联系地址:新疆昌吉市延安南路 52 号
联系电话:0994－2724766　　传　真:0994－2724766
电子信箱:jhh_008@sohu.com
(四)公司注册地址:新疆昌吉市延安南路 52 号
公司办公地址:新疆昌吉市延安南路 52 号
邮政编码:831100
公司国际互联网网址:http://www.tbea.com.cn
公司电子信箱:tbea－cj@mail.xj.cninfo.net
(五)公司选定的信息披露报纸名称:《中国证券报》、《上海证券报》
登载年度报告的中国证监会指定网站的网址:http://www.sse.com.cn
公司年度报告备置地点:上海证券交易所、本公司证券部
(六)公司股票上市交易所:上海证券交易所
公司股票简称:特变电工　　公司股票代码:600089

二、会计数据和业务数据摘要

(一)公司 2001 年度财务数据　　单位:元

财务指标	金　额
利润总额	107,434,201.20
净利润	82,224,261.39
扣除非经常性损益后的净利润	55,615,874.50
主营业务利润	268,417,534.23
其他业务利润	5,571,461.20
营业利润	70,430,915.01
投资收益	31,855,388.35
补贴收入	313,739.51
营业外收支净额	5,236,028.33
经营活动产生的现金流量净额	－33,183,404.42
现金及现金等价物净增减额	－33,737,948.87

(二)截至报告期末公司前三年的主要会计数据和财务指标

指标	2001 年	2000 年		1999 年
		调整前	调整后	
主营业务收入	1,310,460,083.17	996,847,243.42	996,847,243.42	633,943,344.50
净利润	82,224,261.39	93,150,864.48	56,866,418.54	90,778,970.59
总资产	2,224,157,492.89	1,817,005,607.52	1,778,498,635.76	1,267,584,822.32
股东权益	826,501,205.05	819,953,523.37	783,669,077.43	520,101,037.94
每股收益	0.32	0.36	0.2192	0.608
每股净资产	3.19	3.1599	3.02	3.4833
调整后的每股净资产	3.10	3.0797	2.94	3.41
每股经营活动产生的现金流量净额	－0.1279	0.043	0.043	0.246
净资产收益率(%)	9.95	11.36	7.26	17.45
加权平均净资产收益率(%)	9.97	13.54	8.27	19.12
扣除非经常性损益加权平均净资产收益率(%)	6.74	13.57	8.30	18.62

(三)利润表附表

报告期利润	金额	净资产收益率	
		全面摊薄(%)	加权平均(%)
主营业务利润	268,417,534.23	32.48%	32.54%
营业利润	70,430,915.01	8.52%	8.54%
净利润	82,224,261.39	9.95%	9.97%
扣除非经营性损益后的利润	55,615,874.50	6.73%	6.74%

三、股本变动及股东情况

(一)公司股份变动情况表　　数量单位:股

	本次变动前	本次变动增减(＋,－)						本次变动后
		配股	送股	公积金转股	增发	其他	小计	
一、未上市流通股份								
1、发起人股份	98,630,656							98,630,656
其中:								
国家持有股份								
境内法人持有股份	98,630,656							98,630,656
境外法人持有股份								
其他								
2、募集法人股	30,443,520							30,443,520
3、内部职工股								
4、优先股或其他								
未上市流通股份合计	129,074,176							129,074,176
二、上市流通股份								
1、人民币普通股	130,416,000							130,416,000
2、境内上市的外资股								
3、境外上市的外资股								
4、其他								
已上市流通股份合计	130,416,000							130,416,000
三、股份总数	259,490,176							259,490,176

600090 新疆啤酒花股份有限公司

2001年年度报告摘选

一、公司基本情况简介

(一)公司的法定中、英文名称及缩写
中文全称:新疆啤酒花股份有限公司
英文全称:XIN JIANG HOPS Co.,Ltd
(二)公司法定代表人:艾克拉木·艾沙由夫
(三)公司董事会秘书:舒群
联系地址:新疆乌鲁木齐市解放北路17号
电话:(0991)2825373 传真:(0991)2833517
电子信箱:sq－yl@sohu.com
董事会证券事务代表:谷国栋
电话:(0991)2825373 传真:(0991)2833517
电子信箱:gugd@163.net
(四)公司注册地址:乌鲁木齐市解放北路17号酒花大厦
公司办公地址:乌鲁木齐市解放北路17号酒花大厦
邮编:830002
公司国际互联网网址:http://www.hops.com.cn
电子信箱:hopscom@mail.wl.xj.cn
(五)公司选定的信息披露报纸:《中国证券报》、《上海证券报》
登载公司年度报告的中国证监会指事实上国际互联网网址:http://www.sse.com.cn
公司年度报告备置地点:公司董事会秘书处
(六)公司股票上市交易所:上海证券交易所
股票简称:啤酒花 股票代码:600090

二、会计数据和业务数据摘要

(一)公司本年度主要会计数据(单位:人民币元)

项目	金额
利润总额	81,542,203.75
净利润	75,961,271.16
扣除非经常性损益后的净利润	62,603,180.88
主营业务利润	169,086,839.18
其他业务利润	4,923,568.27
营业利润	67,402,023.53
投资收益	782,089.94
补贴收入	1,390,463.89
营业外收支净额	11,967,626.39
经营活动产生的现金流量净额	－29,074,406.21
现金及现金等价物净增加额	98,674,476.84

注:扣除的非经常性损益后的净利润指扣除补贴收入1,390,463.89元和营业外收支净额11,967,626.39元后的净利润。

(二)报告期末前三年的主要会计数据和财务指标:(合并报表)

指标项目	2001年度	2000年度		1999年度
		调整后	调整前	
主营业务收入	684,248,372.84	615,741,108.35	615,741,108.35	277,900,761.46
净利润	75,961,271.16	90,279,745.16	93,571,714.07	36,802,379.83
总资产	1,651,864,562.04	1,167,072,571.38	1,171,418,159.78	618,514,649.38
股东权益(不含少数股东权益)	546,736,539.99	488,877,279.20	494,461,193.23	281,519,876.72
每股收益(摊薄)	0.21	0.393	0.407	0.29
加权平均每股收益	0.21	0.399	0.414	0.29
扣除非经常性损益的每股收益(摊薄)	0.17	0.378	0.39	0.28
扣除非经常性损益的每股收益(加权)	0.17	0.384	0.4	
每股净资产	1.49	2.13	2.15	2.20
调整后的每股净资产	1.39	2.04	2.05	2.10
每股经营活动产生的现金流量净额	－0.08	－0.31	－0.31	
净资产收益率(摊薄)	13.89%	18.47%	18.92%	
净资产收益率(加权)	14.42%	26.67%	27.51%	

报告期利润	净资产收益率%		每股收益	
	全面摊薄	加权平均	全面摊薄	加权平均
主营业务利润	30.93	32.09	0.46	0.46
营业利润	12.33	12.79	0.18	0.18
净利润	13.89	14.42	0.21	0.21
扣除非经常性损益后的净利润	11.45	11.88	0.17	0.17

三、股本变动及股东情况

(一)股本变动情况
报告期公司股份变动情况如下:

数量单位:万股

	期初数	配股	送股	公积金转增	其他	期末数
(一)尚未流通股份						
1.发起法人股						
其中:国有法人股	4538.368	0	680.7552	2042.2656	0	7261.3888
2.募集法人股	7573.8624	0	1136.0793	3408.2381	0	12118.1798
尚未流通股份合计	12112.2304	0	1816.8345	5450.5037	0	19379.5686
(二)已流通股份						
境内上市的人民币普通股(A股)	10882.56	0	1632.384	4897.152	0	17412.096
已流通股份合计	10882.56	0	1632.384	4897.152	0	17412.096
(三)股份总数	22994.7904	0	3449.2185	10347.6557	0	36791.6646

600091 包头明天科技股份有限公司

2001年年度报告摘选

第一章 公司基本情况简介

一、公司法定名称:
中文名称:包头明天科技股份有限公司
英文名称:BAOTOU TOMORROW TECHNOLOGY CO.,LTD
英文缩写:BTTT
二、公司法定代表人:段新连
三、公司董事会秘书:关明
证券事务代表:王宇锋
联系地址:包头明天科技股份有限公司证券部
电话:0472－5980192 传真:0472－5980275
电子信箱:zjb2@tomotech.com
四、公司注册地址:包头稀土高新技术产业开发区新建区稀土南路
办公地址:包头火车站南二公里包头明天科技股份有限公司办公楼
邮编:014013
公司国际互联网网址:www.tomotech.com
电子信箱:maser@tomotech.com
五、公司选定的信息披露报纸:《中国证券报》、《上海证券报》
登载公司年度报告的中国证监会指定国际互联网网址:http://www.sse.com.cn
公司年度报告备置地点:包头明天科技股份有限公司证券部
六、公司股票上市交易所、股票简称和股票代码
公司股票上市地:上海证券交易所
股票简称:明天科技(A股) 股票代码:600091

第二章 会计数据和业务数据摘要

一、本年度公司主要经营数据
本年度主要利润指标 单位:人民币元

项目	金额
利润总额	77,438,103.76
净利润	62,818,453.83
扣除非经常性损益后的净利润	63,434,025.82
主营业务利润	132,631,822.33
其他业务利润	8,986,148.42
营业利润	80,663,898.49
投资收益	－2,610,222.74
补贴收入	0
营业外收支净额	－615,571.99
经营活动产生的现金流量净额	180,811,284.34
现金及现金等价物净增减额	463,705,617.44

注:非经常性损益项目为营业外收支净额,涉及金额为－615,571.99元。

二、公司前三年的主要会计数据和财务指标

项目	2001年	2000年		1999年	
		调整前	调整后	调整前	调整后
主营业务收入(万元)	63,149.74	78,591.60	78,591.60	58,208.45	58,208.45
净利润(万元)	6,281.85	8,563.01	7,038.58	6,675.98	4,583.49
总资产(万元)	165,566.11	112,931.94	107,676.80	115,166.16	111,435.45
股东权益(万元)	78,032.24	76,952.58	71,750.40	75,658.31	71,980.56
全面摊薄每股收益(元/股)	0.277	0.378	0.311	0.295	0.202
加权平均每股收益(元/股)	0.277	0.378	0.311	0.327	0.224
扣除非经常损益后的每股收益(元/股)	0.28	0.378	0.311	0.205	0.112
全面摊薄每股净资产(元/股)	3.45	3.40	3.17	3.34	3.18
加权平均每股净资产(元/股)	3.45	3.40	3.17	3.34	3.18
调整后每股净资产(元/股)	3.37	3.38	3.15	3.33	3.16
每股经营活动产生的现金流量净额(元/股)	0.80	0.29	0.29	0.02	0.02
净资产收益率(%)	8.05	11.13	9.81	8.82	6.37

三、报告期利润表附表

报告期利润	净资产收益率(%)		每股收益(元)	
	全面摊薄	加权平均	全面摊薄	加权平均
主营业务利润	17	17.71	0.586	0.586
营业利润	10.34	10.77	0.356	0.356
净利润	8.05	8.39	0.277	0.277
扣除非经常性损益后的净利润	8.13	8.47	0.28	0.28

第三章 股本变动及股东情况

一、股份变动情况
公司股份变动情况表 数量单位:股

	本次变动前	本次变动增减(＋、－)						本次变动后
		配股	送股	公积金转股	增发	其他	小计	
一、未上市流通股份								
1.发起人股份	130326000							130326000
其中:								
国家持有股份								
境内法人持有股数	130326000							130326000
外资法人持有股数								
其他								
2.募集法人股份								
3.内部职工股								
4.优先股或其他								
未上市流通股份合计	130326000							130326000
二、已上市流通股份								
1.人民币普通股	96200000							96200000
2.境内上市的外资股								
3.境外上市的外资股								
4.其他								
已流通股份合计	96200000							96200000
三、股份总数	226526000							226526000

600092 陕西精密合金股份有限公司

2001 年年度报告摘选

一、公司基本情况简介

(一)公司法定中文名称:陕西精密合金股份有限公司
公司法定英文名称:SHAANXI PRECISION ALLOY CO,LTD
公司英文名称缩写:PREC
(二)公司法定代表人:徐伟
(三)公司董事会秘书:葛熙富
联系地址:西安市莲湖区枣园东路 2 号
电话:(029)4610536　　传真:(029)4620414
(四)公司注册地址:西安高新技术产业开发区高新一路 19 号
公司办公地址:西安市莲湖区枣园东路 2 号
邮政编码:710077
公司国际互联网网址:http://www.jmgf.com.cn
公司电子信箱:E-mail:jmgf@sein.sxgb.com.cn
(五)公司选定的信息披露报纸:《中国证券报》、《上海证券报》、《证券时报》
登载年度报告的国际互联网网址:http://www.sse.com.cn
公司年度报告备置地点:公司证券事务管理部
(六)公司股票上市交易所:上海证券交易所
股票简称:精密股份　　股票代码:600092

二、会计数据和业务数据摘要

(一)本年度实现利润指标及主要现金流量指标

项目	金额(单位:元)
利润总额	47,092,036.09
净利润	39,555,625.15
扣除非经常性损益后的净利润	35,820,684.27
主营业务利润	74,878,584.03
其他业务利润	1,764,158.31
营业利润	47,034,146.23
投资收益	57,602.81
补贴收入	0
营业外收支净额	287.05
经营活动中产生的现金流量净额	11,908,686.47
现金及现金等价物净增加额	-162,261,543.71

注:扣除非经常性损益项目和涉及金额(单位:元)
(1)收取资金占用费:　4,336,158.24 元
(2)长期股权投资差额摊销:　57,602.81 元
(3)营业外收支净额:　287.05 元

(二)前三年主要会计数据和财务指标(单位:元)

项目	2001 年	2000 年调整前	2000 年调整后	1999 年调整前	1999 年调整后
主营业务收入(元)	153,673,056.92	125,416,081.19	125,416,081.19	172,068,273.78	172,068,273.78
净利润(元)	39,555,625.15	51,451,925.83	54,142,927.24	59,589,386.19	35,046,900.46
总资产(元)	1,077,405,651.88	962,936,379.45	906,653,238.95	657,041,245.83	598,045,227.92
股东权益(元)(不含少数股东权益)	673,034,554.28	702,532,038.13	646,538,739.13	425,955,352.30	367,271,051.89
每股收益(元/股)(摊薄)	0.1514	0.1970	0.2073	0.2509	0.1476
加权平均每股收益(元/股)	0.1514	0.1985	0.2105	0.2509	0.1476
扣除非经常性损益后的每股收益(元/股)	0.1371	0.1926	0.1231	0.2421	0.2155
每股净资产(元/股)	2.58	2.69	2.48	1.79	1.55
调整后的每股净资产(元/股)	2.57	2.69	2.47	1.79	1.55
每股经营活动中产生的现金流量净额(元/股)	0.0456	0.2894	0.2894	-0.4154	-0.4514
净资产收益率(%)	5.88	7.32	8.37	13.99	9.54
加权平均净资产收益率(%)	5.94	8.09	9.30	13.99	10.02

(三)利润表附表

2001 年利润 利润指标	净资产收益率(%) 全面摊薄	 加权平均	每股收益(元/股) 全面摊薄	 加权平均
主营业务利润	11.13	11.24	0.2867	0.2867
营业利润	6.99	7.06	0.1801	0.1801
净利润	5.88	5.94	0.1514	0.1514
扣除非经常性损益后的净利润	5.32	5.38	0.1371	0.1371

注:利润表附表的利润数据是根据中国证监会《公开发行证券公司信息披露编报规则(第 9 号)》要求计算的。

三、股本变动及股东情况

(一)股本变动情况
1、股份变动表

数量单位:股

	期初数	本期变动增减(+,-) 配股	送股	公积金转股	增发	其他	小计	期末数
一、未上市流通股份	76653000							76653000
1、发起人股份								
其中:								
国家持有股份								
境内法人持有股份	76653000							76653000
境外法人持有股份								
其他								
2、募集法人股份	51444000							51444000
3、内部职工股								
4、优先股或其他	0							0
其他:转配股								
未上市流通股份合计	128097000							128097000
二、已上市流通股份								
1、人民币普通股	133099200							133099200
2、境内上市的外资股								
3、境外上市的外资股								
4、其他								
5、已上市流通股份合计	133099200							133099200
三、股份总数	261196200							261196200

600094 上海华源股份有限公司

2001 年年度报告摘选

第一节　公司基本情况简介

1.公司法定中文名称:上海华源股份有限公司
公司法定英文名称:SHANGHAI WORLDBEST CO.,LTD
2.公司法定代表人:吴云生
3.公司董事会秘书:张乐生
联系地址:上海浦东陆家嘴东路 161 号招商局大厦 31 楼
电话:021-58799888(总机)021-58823020(直线)
传真:021-58825887
电子信箱::Lesheng411@worldbest.sh.cn
4.公司注册地址:上海市浦东陆家嘴东路 161 号招商局大厦 31 楼
公司办公地址:上海市浦东陆家嘴东路 161 号招商局大厦 31 楼
邮政编码:200120
公司国际互联网网址:http://www.worldbest.sh.cn
电子信箱:shhygf@worldbest.sh.cn
5.公司选定的信息披露报纸名称:《上海证券报》、《中国证券报》、《香港文汇报》
登载公司年度报告的中国证监会指定国际互联网网址:http://www.sse.com.cn
公司年度报告备置地点:公司总经理办公室
6.公司股票上市交易所:上海证券交易所
股票简称和股票代码:华源股份 600094　　华源 B 股 900940

第二节　会计数据和业务数据摘要

1.公司本年度实现利润情况(单位:元)

(1)	利润总额:	142,868,580.47
(2)	净利润:	81,080,650.30
(3)	扣除非经常性损益后的净利润:	66,833,481.73
(4)	主营业务利润:	370,661,561.66
(5)	其他业务利润:	11,592,820.85
(6)	营业利润:	134,098,016.34
(7)	投资收益:	4,584,710.67
(8)	补贴收入:	2,155,916.04
(9)	营业外收支净额:	2,029,937.42
(10)	经营活动产生的现金流量净额:	337,383,978.51
(11)	现金及现金等价物净增加额:	151,307,885.52

2.公司前三年主要会计数据和财务指标(单位:元)

指标项目	2001 年	2000 年 调整前	 调整后	1999 年 调整前	 调整后
主营业务收入	1,858,169,193.87	1,471,113,925.85	1,471,113,925.85	987,493,638.28	987,493,638.28
净利润	81,080,650.30	122,348,377.39	86,993,005.73	96,302,192.19	93,333,860.00
总资产	3,829,409,523.56	3,267,549,246.49	3,224,205,473.29	2,408,227,268.30	2,405,258,936.11
股东权益(不含少数股东权益)	1,435,385,555.09	1,425,779,452.79	1,387,455,748.94	808,764,021.61	805,795,689.42
每股收益					
全面摊薄	0.16	0.25	0.18	0.34	0.33
加权平均	0.16	0.27	0.20	0.34	0.33
扣除非经常损益后的每股收益	0.14	0.21	0.13	0.27	0.26
每股净资产(元/股)	2.92	2.90	2.82	2.83	2.81
调整后每股净资产(元/股)	2.88	2.81	2.76	2.76	2.75
每股经营活动产生的现金流量净额	0.72	0.42	0.42	0.27	0.27
净资产收益率(%)					
全面摊薄	5.56	8.58	6.27	11.91	11.58
加权平均	5.68	12.14	8.79	12.40	12.07

注:2001 年、2000 年指标按总股本 49175.4 万股计算,1999 年指标按 28623.6 万股计算。

按公开发行证券公司信息披露编报规则第九号计算的净资产收益率和每股收益:

报告期利润	净资产收益(%) 全面摊薄	 加权平均	每股收益(元) 全面摊薄	 加权平均
主营业务利润	25.82	25.96	0.75	0.75
营业利润	9.34	9.39	0.27	0.27
净利润	5.65	5.68	0.16	0.16
扣除非经常性损益后的净利润	4.66	4.68	0.14	0.14

第三节　股东变动及股东情况

1.股本变动情况表
(1)股份变动情况表

数量单位:股

	本次变动前	本次变动增减(+,-) 配股	送股	公积金转股	增发	其他	小计	本次变动后
一、未上市流通股份								
1.发起人股份								
其中:								
国家持有股份								
境内法人持有股份	17435.4							17435.4
境外法人持有股份								
其他								
2.募集法人股份								
3.内部职工股								
4.优先股或其他								
其中:转配股								
未上市流通股份合计	17435.4							17435.4
二、已上市流通股份								
1.人民币普通股	11040							11040
2.境内上市的外资股	20700							20700
3.境外上市的外资股								
4.其他								
已上市流通股份合计	31740							31740
三、股份总数	49175.4							49175.4

600095 哈尔滨高科技(集团)股份有限公司

2001年年度报告摘选

第一节 公司基本情况简介

一、公司名称
中文:哈尔滨高科技(集团)股份有限公司
简称:哈高科
英文:HARBIN HIGH—TECH (GROUP) LIMITED COMPANY
二、法定代表人:张勤
三、公司信息披露事务人员
董事会秘书:刘海涛
电子信箱:liuht@up369.com
联系地址:哈尔滨高新技术产业开发区迎宾路集中区5号街区
联系电话:0451-4348333转8065　　传真:0451-4348057
授权代表:杜冰
电子信箱:ddbing@163.com
联系地址:哈尔滨高新技术产业开发区迎宾路集中区5号街区
联系电话:0451-4348333转8002　　传真:0451-4348052
四、公司注册地址、办公地址、邮编、网址、电子信箱:
注册地址:哈尔滨高新技术产业开发区迎宾路集中区5号街区
办公地址:哈尔滨高新技术产业开发区迎宾路集中区5号街区
邮政编码:150078
网址:http://www.hbhtg.com(国际)
http://www.hbhtg.com.cn(国内)
电子信箱:project@hbhtg.com
五、公司信息披露指定报刊:《上海证券报》
公司年报登载的互联网网址:http://www.sse.com.cn
公司年报置备地点:公司董事会秘书处
六、公司股票上市交易所:上海证券交易所
股票简称:哈高科　　股票代码:600095

第二节 会计数据和业务数据摘要

一、公司本年度主要利润情况(单位:人民币元)

项目	金额
利润总额:	-117,053,838.15
净利润:	-124,953,576.13
扣除非经常性损益后的净利润:	-126,164,392.43
主营业务利润:	78,757,061.73
其他业务利润:	551,672.26
营业利润:	23,383,475.84
投资收益:	-303,181.82
补贴收入:	
营业外收支净额:	1,143,936.23
经营活动产生的现金流量净额:	37,667,793.33
现金及现金等价物净增减额:	-40,732,326.41

二、主要会计数据和财务指标(单位:人民币元)

指标项目	2001年	2000年		1999年	
		调整前	调整后	调整前	调整后
主营业务收入	240,130,608.74	223,857,560.32	223,857,560.32	395,069,914.62	395,069,914.62
净利润	-124,953,576.13	20,473,177.36	16,665,978.04	56,820,279.87	40,820,685.49
每股收益	-0.478	0.078	0.064	0.217	0.156
加权平均每股收益:	-0.478	0.078	0.064	0.319	0.165
扣除非经常性损益后的每股收益:	-0.48	0.072	0.060	0.212	0.153
总资产	1,577,387,287.00	1,646,390,838.45	1,642,583,639.13	1,236,650,786.50	1,240,457,985.82
股东权益(不含少数股东权益)	596,987,661.54	724,384,978.34	720,577,779.02	718,691,809.15	714,884,609.83
每股净资产	2.282	2.77	2.755	2.748	2.733
调整后的每股净资产	1.962	2.65	2.644	2.725	2.710
净资产收益率	-18.987%	2.83%	2.313%	7.919%	5.710%
扣除非经常性损益后的净资产收益率:	-19.189%	2.588%	2.19%	7.712%	7.199%
扣除非经常性损益后的加权平均净资产收益率:	-18.976%	2.79%	2.304%	10.430%	7.354%
每股经营活动产生的现金流量净额	0.144	0.257	0.257	-0.050	0.050

第三节 股本变动及股东情况

一、股份变动情况表(单位:股)

	本次变动前	本次变动增减(+、-) 配股	送股	公积金转股	增发	其他	小计	本次变动后
(一)未上市流通股份								
1.发起人股份	110493993							110493993
其中:								
国家持有股份								
境内法人持有股份	110493993							110493993
外资法人持有股份								
其他								
2.募集法人股份								
3.内部职工股								
4.优先股或其他								
未上市流通股份合计	110493993							110493993
(二)已上市流通股份	151066007							151066007
1.人民币普通股	151066007							151066007
2.境内上市的外资股								
3.境外上市的外资股								
4.其他								
已上市流通股份合计	151066007							151066007
(三)股份总数	261560000							261560000

600096 云南云天化股份有限公司

2001年年度报告摘选

第一章 公司基本情况简介

一、公司法定名称
中文:云南云天化股份有限公司
英文:YUNNAN YUNTIANHUA CO.,LTD
缩写:YYTH
二、公司法定代表人:董华
三、公司董事会秘书:刘岗
证券事务代表:冯驰
联系电话:(0870)8664318　　(0870)8664324
传　真:(0870)8664319
电子信箱:lg@yth.com.cn
ythfc@yth.com.cn
联系地址:云南省水富县云南云天化股份有限公司总经理办公室
四、公司注册及办公地址:云南省水富县云富镇
邮政编码:657800
国际互联网网址:http://www.yyth.com
电子信箱:sfll@public.km.yn.cn
五、公司信息披露报纸:《中国证券报》、《上海证券报》、《证券时报》
登载公司年度报告的国际互联网网址:http://www.sse.com.cn
年度报告备置地点:公司总经理办公室
六、公司股票上市交易所:上海证券交易所
股票简称:云天化　　股票代码:600096

第二章 会计数据和业务数据摘要

一、本报告期内实现利润及主要现金流量指标

项目	金额
利润总额	182,949,098.62元
净利润	154,547,942.81元
扣除非经常性损益后的净利润	123,546,425.47元
主营业务利润	244,579,592.82元
其他业务利润	5,976,853.43元
营业利润	144,944,901.13元
投资收益	6,520,990.48元
补贴收入	31,425,394.71元
营业外收支净额	57,812.30元
经营活动中产生的现金流量净额	318,135,085.32元
现金及现金等价物净增加额	-17,794,974.78元

二、前三年主要会计数据和财务指标

项目时间	2001年	2000年	1999年
主营业务收入(元)	885,550,116.57	765,368,352.28	767,662,880.38
净利润(元)	154,547,942.81	164,904,543.25	260,000,198.43
总资产(元)	1,915,646,577.11	1,556,235,699.60	1,734,984,978.66
股东权益(元)	1,190,701,337.91	1,101,640,507.45	1,502,735,964.20
每股收益(元)	0.4198	0.4479	0.4576
加权每股收益(元)	0.4198	0.2990	0.4576
每股净资产(元)	3.2340	2.9921	2.6448
调整后的每股净资产(元)	3.2293	2.9884	2.6433
每股经营活动产生的现金流量净额	0.8641	0.6367	0.5024
净资产收益率(%)	12.98	14.97	17.30

第三章 股本变动及股东情况

一、股份变动情况表

数量单位:股

	本次变动前	本次变动增减(+、-) 配股	送股	公积金转股	增发	其他	小计	本次变动后
一、未上市流通股份								
1、发起人股份	268,181,800							268,181,800
其中:								
国家持有股份	268,181,800							268,181,800
境内法人持有股份								
境外法人持有股份								
其他								
2、募集法人股份								
3、公司职工股								
4、优先股或其他								
未上市流通股份合计	268,181,800							268,181,800
二、已上市流通股份								
1、人民币普通股	100,000,000							100,000,000
2、境内上市的外资股								
3、境外上市的外资股								
4、其他								
已上市流通股份合计	100,000,000							100,000,000
三、股份总数	368,181,800							368,181,800

二、股东情况介绍
(一)本报告期末,公司股东总数为57203户。
(二)前十名股东持股情况:

名次	股东名称	期末持股数(股)	占总股本%	股份类别
1	云天化集团	268,181,800	72.84	国有法人股
2	华安创新	3,965,429	1.08	流通股
3	汉盛基金	1,678,562	0.46	流通股
4	万方公司	1,360,000	0.37	流通股
5	开元基金	996,700	0.27	流通股
6	云南国投	679,300	0.19	流通股
7	国投大理	570,000	0.16	流通股
8	兴和基金	501,786	0.14	流通股
9	安信基金	452,122	0.13	流通股
10	金元基金	399,961	0.11	流通股

600097 浙江华立科技股份有限公司

2001 年年度报告摘选

一、公司基本情况简介

(一)公司的法定中文名称:浙江华立科技股份有限公司
英文名称:Zhe jiang Holley Technology Co.,Ltd.
英文缩写:Holley Technology
(二)公司法定代表人:汪力成
(三)公司董事会秘书:马三光
联系地址:杭州市西斗门路 18 号
邮政编码:310012
联系电话:0571－88471777
传　　真:0571－88471666
电子信箱:holleytech@163.com
(四)公司注册地址:杭州市高新技术产业开发区西斗门工业区
公司办公地址:杭州市西斗门路 18 号
邮政编码:310012
电子信箱:holleykj@mail.hz.zj.cn
(五)公司信息披露媒体:网站:http://www.sse.com.cn
报刊:《中国证券报》、《上海证券报》
定期报告备置地点:公司董事会办公室
(六)公司股票上市地:上海证券交易所
A 股简称:ST 恒泰　　A 股代码:600097

二、会计数据和业务数据摘要

(一)公司 2001 年主要会计数据(单位:元)

项目	金额
利润总额	11,928,597.24
净利润	12,225,188.83
扣除非经常性损益后的净利润*	11,479,711.46
主营业务利润	34,303,809.75
其他业务利润	340,449.07
营业利润	12,302,876.00
投资收益	－276,359.23
补贴收入	166,209.02
营业外收支净额	－264,128.55
经营活动产生的现金流量净额	60,118,225.19
现金及现金等价物净增减额	54,596,899.29

*注:非经常性损益的项目和涉及金额

项目	金额
1、税费返还	166,209.02
2、收取的资金占用费	843,750.00
3、流动资产盘盈盘亏损益	－353.10
4、营业外收支净额	－264,128.55
合计	745,477.37

(二)截至报告期末公司前三年的主要会计数据和财务指标(单位:元)

	2001 年	2000 年		1999 年	
		调整后	调整前	调整后	调整前
主营业务收入	114653885.07	26978753.55	26978753.55	59781523.96	59781523.96
净利润	12225188.83	－55171684.65	－62204785.39	－189185602.08	－189185602.08
总资产	394026083.43	625017203.31	620007773.64	663856415.90	665880086.97
股东权益(不含少数股东权益)	126813569.37	15843681.81	10834252.14	61469735.60	63493406.67
每股收益	0.106	－0.478	－0.539	－1.638	－1.638
每股净资产	1.098	0.137	0.094	0.532	0.550
调整后每股净资产	1.088	0.109	0.066	0.520	0.537
每股经营活动产生现金流量净额	0.521	－0.018	－0.018	－0.038	－0.038
净资产收益率	9.64%	－348.23%	－574.15%	－307.77%	－297.96%
扣除非经常性损益后的加权平均净资产收益率	16.09%	－137.88%	－162.35%	－87.91%	－88.86%

三、股本变动及股东情况

(一)股份变动情况

公司股份变动情况表

数量单位:股

	本次变动前	本次变动增减(+,-)						本次变动后
		配股	送股	公积金转股	增发	其他	小计	
一、未上市流通股份	80,449,889							80,449,889
1.发起人股份								
其中:								
国家持有股份	—	—	—	—	—	—	—	—
境内法人持有股份	47,449,889	—	—	—	—	—	—	47,449,889
境外法人持有股份	—	—	—	—	—	—	—	—
其他	—	—	—	—	—	—	—	—
2.募集法人股份	33,000,000	—	—	—	—	—	—	33,000,000
3.内部职工股	—	—	—	—	—	—	—	—
4.优先股或其他	—	—	—	—	—	—	—	—
其中:转配股	—	—	—	—	—	—	—	—
未上市流通股份合计	80,449,889	—	—	—	—	—	—	80,449,889
二、已上市流通股份	35,000,000	—	—	—	—	—	—	35,000,000
1.人民币普通股	35,000,000	—	—	—	—	—	—	35,000,000
2.境内上市的外资股	—	—	—	—	—	—	—	—
3.境外上市的外资股	—	—	—	—	—	—	—	—
4.其他	—	—	—	—	—	—	—	—
已上市流通股份合计	35,000,000	—	—	—	—	—	—	35,000,000
三、股份总数	115,449,889	—	—	—	—	—	—	115,449,889

600098 广州发展实业控股集团股份有限公司

2001 年年度报告摘选

一、公司简介

公司法定名称:广州发展实业控股集团股份有限公司
公司英文名称:Guangzhou Development Industry (Holdings) Co., Ltd.("GZDIH")
公司法定代表人:杨丹地
公司董事会秘书:李红梅
联系地址:广州市东风中路 509 号 27 楼
联系电话:(020)83606539　　传真:(020)83606693
电子信箱:dshms@gzholdings.com
董事会证券事务代表:马洪伟
联系地址:广州市东风中路 509 号 27 楼
联系电话:(020)83606689　　传真:(020)83606693
电子信箱:sqdb@gzholdings.com
公司注册地址:广州市麓景路 3 号 17－19 楼
公司办公地址:广州市东风中路 509 号 27、29 楼　　邮政编码:510045
公司国际互联网网址:http://www.gzholdings.com
公司电子信箱:gzkg163@pub.guangzhou.gd.cn
选定的信息披露报纸名称:中国证券报、上海证券报、证券时报
年度报告指定披露网址:http://www.sse.com.cn
公司年度报告备置地点:本公司证券部　　股票上市地点:上海证券交易所
股票简称:广州控股　　股票代码:600098

二、会计数据和业务数据摘要

(一)本年度主要业务数据

项　目	金额(元)
利润总额	1,334,451,370.84
净利润	942,831,079.97
扣除非经常性损益后的净利润	966,172,237.74
主营业务利润	1,637,235,777.77
其他业务利润	31,584,042.41
营业利润	1,366,396,626.72
投资收益	－31,580,520.72
补贴收入	0
营业外收支净额	－364,735.16
经营活动产生的现金流量净额	1,677,585,191.65
现金及现金等价物净增减额	655,805,068.06

(二)近三年主要会计数据和财务指标

项　目	2001 年	2000 年		1999 年
		调整后	调整前	
主营业务收入(元)	3,907,556,249.30	3,459,174,406.70	3,459,174,406.70	2,441,243,998.16
净利润(元)	942,831,079.97	864,490,032.67	882,549,759.29	529,869,694.97
总资产(元)	9,126,466,813.69	8,287,642,326.52	8,251,024,485.46	7,355,019,030.43
股东权益(元)(不含少数股东权益)	4,802,146,924.76	4,235,155,844.79	4,255,111,782.39	2,933,740,603.79
每股收益(元)(摊薄)	0.753	0.690	0.705	0.442
(加权)	0.753	0.721	0.736	0.442
扣除非经常性损益后的每股收益(元)(摊薄)	0.771	0.610	0.625	0.459
(加权)	0.771	0.637	0.654	0.459
每股净资产(元)	3.83	3.38	3.40	2.45
调整后的每股净资产(元)	3.82	3.38	3.39	2.36
每股经营活动产生的现金流量净额(元)	1.34	1.40	1.40	0.954
净资产收益率(%)(摊薄)	19.63	20.41	20.74	18.06
(加权)	20.03	25.70	26.15	19.01

利润表附表如下:

报告期利润	净资产收益率(%)		每股收益(元/股)	
	全面摊薄	加权平均	全面摊薄	加权平均
主营业务利润	34.09	34.79	1.307	1.307
营业利润	28.45	29.03	1.091	1.091
净利润	19.63	20.03	0.753	0.753
扣除非经常性损益后的净利润	20.12	20.53	0.771	0.771

三、股本变动及股东情况

(一)股本变动情况

截至 2001 年 12 月 31 日,公司股份变动情况如下表:　　单位数量:股

	本次变动前	本次变动增减(+,-)						本次变动后
		配股	送股	公积金转股	增发	其他	小计	
一、未上市流通股份								
1、发起人股份								
其中:								
国家持有股份(国有法人股)	1,018,800,000							1,018,800,000
境内法人持有股份								
境外法人持有股份								
其他								
2、募集法人股份								
3、内部职工股								
4、优先股或其他								
未上市流通股份合计	1,018,800,000							1,018,800,000
二、已上市流通股份								
1、人民币普通股	234,000,000							234,000,000
2、境内上市的外资股								
3、境外上市的外资股								
4、其他								
已上市流通股份合计	234,000,000							234,000,000
三、股份总数	1,252,800,000							1,252,800,000

600099 林海股份有限公司

2001年年度报告摘选

一、公司基本情况简介

(一)公司法定中文名称:林海股份有限公司
公司法定英文名称:LINHAI CO., LTD.
公司英文名称缩写:LH
(二)公司法定代表人:陆海民
(三)公司董事会秘书:栾月明
联系地址:江苏省泰州市泰九路14号
电话:0523-6551888-2228
传真:0523-6551403
电子信箱:LHDLTZ@PUB.TZ.JSINFO.NET
(四)公司注册地址:江苏省泰州市泰九路14号
公司办公地址:江苏省泰州市泰九路14号
邮政编码:225300
公司国际互联网网址:http://www.linhai.com.cn
公司电子信箱:lh.tz@public.tz.js.cn
(五)公司选定的信息披露报纸:《上海证券报》
登载年度报告的中国证监会指定网站的网址:http://www.sse.com.cn
公司年度报告备置地点:本公司证券办
(六)股票上市地:上海证券交易所
股票简称:林海股份
股票代码:600099

二、会计数据与业务数据摘要

(一)本年度主要会计数据: 单位:人民币元

项目	金额
利润总额:	8,688,881.85
净利润:	6,649,692.19
扣除非经常性损益后的净利润:	4,704,897.40
主营业务利润:	11,898,769.97
其他业务利润:	554,428.18
营业利润:	5,752,921.13
投资收益:	3,033,590.11
补贴收入:	
营业外收支净额:	-97,629.39
经营活动产生的现金流量净额:	54,453,758.28
现金及现金等价物净增加额:	65,026,539.89

注:扣除非经常性损益项目和涉及金额: 单位(元)

项目	金额
委托投资损益	3,000,308.18
各项营业外收入	715,811.22
各项营业外支出	813,440.61

(二)截至报告期末公司近三年主要会计数据和财务指标: 单位:人民币元

项目	单位	2001年度	2000年度	1999年度
主营业务收入	元	190,628,999.83	200,110,462.72	280,437,957.64
净利润	元	6,649,692.19	6,332,255.23	18,761,615.75
总资产	元	534,095,551.79	546,177,592.12	572,346,935.12
股东权益(不含少数股东权益)	元	460,353,096.82	453,703,404.63	497,041,674.03
每股收益	元/股	0.03	0.03	0.103
加权每股收益	元/股	0.03	0.03	0.109
扣除非经常性损益后的每股收益	元/股	0.02	0.03	0.106
每股净资产	元/股	2.10	2.48	2.72
调整后每股净资产	元/股	2.06	2.47	2.71
每股经营活动产生的现金净流量	元/股	0.25	0.29	0.03
净资产收益率	%	1.44	1.40	3.77

(三)报告期利润表附表

2001年度利润	净资产收益率(%) 全面摊薄	净资产收益率(%) 加权平均	每股收益(元) 全面摊薄	每股收益(元) 加权平均
主营业务利润	2.58%	2.60%	0.05	0.06
营业利润	1.25%	1.26%	0.03	0.03
净利润	1.44%	1.45%	0.03	0.03
扣除非经营性损益后的净利润	0.81%	0.82%	0.02	0.02

注:利润表附表的利润数据是按照中国证监会《公开发行证券公司信息披露编报规则(第9号)》要求计算的。

三、股本变动及股东情况

(一)股本变动情况

单位:股

	期初数	配股	送股	公积金转增	其他	小计	期末数
一、尚未流通股份							
1、发起人股份							
其中:国家拥有股份	5894400			1178880		1178880	7073280
境内法人持有股份	100705600			20141120		20141120	120846720
2、募集法人股							
3、内部职工股							
尚未流通股份合计	106600000			21320000		21320000	127920000
二、已流通股份							
1、A股	76000000			15200000		15200000	91200000
2、B股							
已流通股份合计	76000000			15200000		15200000	91200000
三、股份总数	182600000			36520000		36520000	219120000

(表头"配股、送股、公积金转增、其他、小计"为"本次变动增减(+,-)"下的子栏)

600100 清华同方股份有限公司

2001年年度报告摘选

一、公司简介

1.公司名称中文:清华同方股份有限公司
英文:TSINGHUA TONGFANG CO., LTD
英文简称:THTF CO., LTD
2.公司法定代表人:荣泳霖先生
3.公司董事会秘书:孙 岷先生
联系地址:北京海淀区清华园清华同方大厦A座二层
联系电话:010-62789888、010-86251188
联系传真:010-62789765
E-Mail:sunm@thtf.com.cn
4.公司注册地址:北京海淀区清华园清华同方大厦
公司办公地址:北京海淀区清华园清华同方大厦A座二层
邮政编码:100084
公司国际互联网网址:http://www.thtf.com.cn
公司E-Mail:sunm@thtf.com.cn
5.公司信息披露的报刊:《中国证券报》和《上海证券报》
登载公司年度报告的中国证监会指定国际互联网网址:http://www.sse.com.cn
公司年度报告置备地点:北京海淀区清华园清华同方大厦A座二层办公室
6.公司股票上市地:上海证券交易所
股票简称:清华同方 股票代码:600100

二、会计数据和业务数据摘要

1.本年度利润总额及构成(合并报表)

利润总额: 432,971,392.01元
其中利润总额来源构成:
主营业务利润: 855,036,030.41元; 其它业务利润: 21,412,813.30元;
营业利润: 416,992,612.68元; 投资收益: 221,371.85元;
补贴收入: 18,025,973.87元; 营业外收支净额: -2,268,566.39元。
净利润: 290,758,123.95元
扣除非经常性损益后的净利润: 291,398,115.91元
其中:非经常性损益为营业外收支净额所得税后影响数 -639,991.96元
经营活动产生的现金流量净额: 198,521,968.27元
现金及现金等价物净增加额: -407,895,996.76元

2.会计数据及财务指标(合并报表)

项目	2001年度	增长率	2000年度 调整后	2000年度 调整前	1999年度 调整后	1999年度 调整前
(1)主营业务收入(千元)	5,012,532.07	51.18%	3,315,703.72	3,318,847.06	1,668,405.66	1,668,432.95
(2)净利润(千元)	290,758.12	34.35%	216,421.92	235,975.55	146,763.10	160,848.36
(3)总资产(千元)	6,065,172.21	16.02%	5,227,732.82	5,290,579.68	2,505,288.29	2,563,531.44
(4)股东权益(千元)	2,663,344.11	6.53%	2,500,014.85	2,573,611.62	1,261,079.03	1,315,370.63
(5)每股收益(元/股)	0.506		0.565	0.616	0.566	0.620
(6)每股净资产(元/股)	4.635		6.526	6.718	4.86	5.07
(7)调整后的每股净资产(元/股)	4.490		6.350	6.490	4.57	4.73
(8)净资产收益率(%)	10.92		8.66	9.17	11.64	12.23
(9)每股经营活动产生的现金流量(元/股)	0.345		0.479	0.479	0.19	0.19

3.报告期利润指标说明(合并报表)

项目	净资产收益率(%)(摊薄)	净资产收益率(%)(加权)	每股收益(元/股)(摊薄)	每股收益(元/股)(加权)
主营业务利润	32.10%	32.32%	1.488	1.488
营业利润	15.66%	15.76%	0.726	0.726
净利润	10.92%	10.99%	0.506	0.506
扣除非经常性损益的净利润	10.94%	11.02%	0.507	0.507

三、股本变动及股东情况介绍

1、截至2001年12月31日股本结构情况如下:

单位:股

项目	期初数	本次变动增减(增加) 转增股份	调整	小计	期末数	比例
一、未上市流通股份						
1、发起人股份	201,054,279	100,527,139	344	100527483	301,581,762	52.48%
其中:						
(1)国家持有股份						
国有法人股(清华大学企业集团)	193,083,275	96,541,637	332	96541969	289,625,244	50.40%
(2)境内法人持有股份	7,971,004	3,985,502	12	3985514	11,956,518	2.08%
2、内部职工股(因合并增加)						
柜台交易公司内部职工股	16,947,937	8,473,969	0	8,473,969	25,421,906	4.43%
4、法人配售						
本次增发向一般法人配售的股份	3,450,000					
尚未流通股份合计	221,452,216	109,001,108	344	109,001,108	327,003,668	56.91%
二、已流通股份						
1、人民币普通股	161,622,418	82,536,209	0	82,536,209	247,608,627	43.09%
已流通股份合计	161,622,418	82,536,209	0	82,536,209	247,608,627	43.09%
三、股份总数	383,074,634	191,537,317	344	191,537,661	574,612,295	100%

2、公司主要股东持股情况(前十名股东)

股东名称	持股数(股)	占总股本数(%)
北京清华大学企业集团	289,625,244	50.40%
中信证券	7,311,837	1.27%
江西清华科技集团有限公司	5,978,259	1.04%
北京首创	1,992,753	0.35%
北京实创	1,992,753	0.35%
沃斯太	1,992,753	0.35%
裕元基金	1,790,805	0.31%
中国粮油	1,500,000	0.26%
佛山照明	1,500,000	0.26%
蔡秀萍	690,000	0.12%

600101 四川明星电力股份有限公司

2001年年度报告摘选

一、公司简介

(一)公司法定中文名称:四川明星电力股份有限公司
英文名称:SICHUAN MINGXING ELECTRIC POWER CO., LTD(缩写:MXEP)
(二)公司法定代表人:张廷安
(三)公司董事会秘书:蒋青
联系地址:四川省遂宁市大东街18号
联系电话:(0825)2227626　传　真:(0825)2210017
电子信箱:q-jiang@sn-public.sc.cninfo.net.
(四)公司注册地址及办公地址:四川省遂宁市大东街18号　邮政编码:629000
电子信箱:mxep@sn-public.sc.cninfo.net
(五)公司指定信息披露报刊:《中国证券报》、《上海证券报》;
登载年度报告的国际互联网网址为:http://www.sse.com.cn
公司年度报告备置地:四川明星电力股份有限公司证券部
(六)公司股票上市地:上海证券交易所
股票简称:明星电力　股票代码:600101

二、会计数据和业务数据摘要

(一)公司本年度利润指标情况(单位:元)

项目	2001年度
利润总额	85449421.69
净利润	78321880.49
扣除非经常性损益后的净利润	72251755.11
主营业务利润	130416230.68
其他业务利润	607903.41
营业利润	82586381.13
投资收益	2792915.18
补贴收入	--
营业外收支净额	70125.38
经营活动产生的现金流量净额	97140252.96
现金及现金等价物净增减额	140061976.11

注:报告期内本公司所涉及需扣除的非经常性损益项目和金额如下:
(1)返还的所得税抵减利润表上所得税600万元
(2)营业外收支净额70125.38元

(二)公司近三年主要会计数据和财务指标(单位:元)

项目	2001年	2000年		1999年	
		追溯调整前	追溯调整后	追溯调整前	追溯调整后
主营业务收入	248241750.84	243470530.64	243470530.64	206839626.65	206839262.65
净利润	78321880.49	81660078.17	80377475.97	83108647.04	74851122.73
总资产	1362256060.44	970409569.92	942934173.70	663013921.04	636821100.02
股东权益	991660852.36	633588005.38	606112582.16	580535198.47	554342377.45
每股收益	0.461	0.558	0.549	0.5675	0.511
每股收益(加权)	0.514	0.558	0.549	0.584	0.526
扣除非经常性损益后的每股收益	0.426	0.516	0.516	0.532	0.532
每股净资产	5.84	4.33	4.14	3.96	3.79
调整后的每股净资产	5.80	4.27	4.09	3.94	3.76
每股经营活动产生的现金流量净额	0.58	0.76	0.76	0.54	0.54
净资产收益率(%)	7.90	12.89	13.26	14.32	13.50
净资产收益率加权(%)	10.72	13.14	13.52	17.66	16.69

三、股本变动及股东情况

(一)股本变动情况(单位:股)

股本结构	期初数	本期配股	本期送股	本期公积金转增股本	增发	本期其它变动	期末数
一、尚未流通股份							
1、发起人股份	73363860	1437507					74801367
国家拥有股份	47916900	1437507					49354407
境内法人持有股份	25446960						25446960
境外法人持有股份							
其他							
2、募集法人股							
3、内部职工股							
4、优先股或其他							
尚未流通股份合计	73363860	1437507					74801367
二、已流通股份							
1、境内上市的人民币普通股	73080000	21924000					95004000
2、境内上市外资股							
3、境外上市外资股							
4、其他							
已流通股份合计	73080000	21924000					95004000
三、股份总数	146443860	23361507					169805367

(二)股东情况
1、截至2001年12月31日,公司股东总计45699名。
2、主要股东持股情况
2001年12月31日在册,持有公司股份前十名股东持股情况如下(单位:股):

名次	股东名称	持股数	股份性质	占总股本比例(%)
1	遂宁市国有资产管理局	49354407	国家股	29.065
2	西南证券	15918368	公众股	9.374
3	遂宁金源科技发展公司	13446960	法人股	7.919
4	遂宁市电力物资公司	12000000	法人股	7.067
5	海螺水泥	537451	公众股	0.317
6	南证财务	350500	公众股	0.206
7	地文科技	278347	公众股	0.164
8	朱玲	242061	公众股	0.143
9	盛龙投管	234830	公众股	0.138
10	谢碧秀	232333	公众股	0.137

600105 江苏永鼎股份有限公司

2001年年度报告摘选

一、公司基本情况简介

(一)公司法定中文名称:江苏永鼎股份有限公司
公司法定英文名称:JiangSu YongDing Company Limited
(二)公司法定代表人:顾云奎
(三)公司董事会秘书:朱其珍
授权代表人:彭美娥
联系地址:江苏省吴江市芦墟镇汾湖经济技术开发区
电　话:0512-3272395　传真:0512-3271866
(四)公司注册地址:江苏省吴江市芦墟镇
公司办公地址:江苏省吴江市芦墟镇汾湖经济技术开发区　邮政编码:215211
E-Mail地址:yongding@chinayognding.cn
公司互联网址:www.chinayongding.com
(五)公司选定的信息披露报纸:中国证券报　上海证券报
登载公司年度报告的证监会指定互联网网址:http://www.sse.com.cn
公司年报备置地点:永鼎证券部二楼
(六)公司股票上市交易所:上海证券交易所
股票简称:永鼎光缆　股票代码:600105

二、会计数据和业务数据摘要

(一)公司本年度会计数据

	(单位:元)
利润总额	95259673.15
净利润	76418544.70
扣除非经常性损益后的净利润	82342379.06
主营业务利润	267796913.90
其他业务利润	5621938.70
营业利润	99069178.56
投资收益	2949711.48
补贴收入	
营业外收支净额	-6759216.89
经营活动产生的现金流量净额	4662544.96
现金及现金等价物净增加额	55408936.03

注:扣除非经常损益项目:1、营业外收支损失6759216.89元;2、存货盘亏21000元,以上两项合计扣除所得税后为5923834.36元。

(二)公司近三年主要财务指标:

项目	2001年	2000年		1999年	
		(调整后)	(调整前)	(调整后)	(调整前)
主营业务收入	1268639017.25	716094725.02	716094725.02	508620142.36	508620142.36
净利润	76418544.70	52064622.43	61925534.71	51179949.51	69676634.82
总资产	1319481929.25	965148964.89	993506562.48	873467521.21	891964206.52
股东权益	723112796.30	639758176.65	668115774.24	609838142.99	628334282.30
全面摊薄每股收益	0.306	0.21	0.248	0.21	0.28
加权平均每股收益	0.306	0.21	0.248	0.22	0.30
每股净资产	2.90	2.56	2.68	2.44	2.52
调整后的每股净资产	2.88	2.55	2.66	2.43	2.50
每股经营活动产生的现金流量净额	0.02	0.03	0.03	0.08	0.08
全面摊薄净资产收益率(%)	10.57	8.14	9.27	8.39	11.09
扣除非经常性损益后的净资产收益率(%)	12.15	9.59	9.25	14.89	14.59

三、股本变动及股东情况

(一)股份变动情况表

(数量单位:股)

	本次变动前	本次变动增减(+、-)						本次变动后
		配股	送股	公积金转增	增发	其它	小计	
一、未上市流通股份								
1、发起人股份	131260462							131260462
其中:								
国家持有股份								
境内法人持有股份	131260462							131260462
境外法人持有股份								
其它								
2、募集法人股	43350000							43350000
3、内部职工股								
4、优先股或其他								
未上市流通股份合计	174610462							174610462
二、已上市流通股份								
1、人民币普通股	75000000							75000000
2、境内上市的外资股								
3、境外上市的外资股								
4、其他								
已上市流通股份合计	75000000							75000000
三、股份总数	249610462							249610462

(二)股东情况介绍:
1、本报告期末股东总数为55157户。
2、主要股东持股情况(截止2001年12月31日)

股东名称	持股数	占总股本比例(%)	股份类别	所持股质押情况
1 永鼎集团有限公司	124460462	49.86	法人股	无
2 吴江市芦墟镇集体资产经营公司	7432060	2.98	法人股	无
3 苏州鼎欣房地产有限责任公司	5600000	2.24	法人股	无
4 天津市电话器材公司	4649500	1.86	法人股	无
5 北京市电话器材公司	4420000	1.77	法人股	无
6 北京畅捷通讯有限公司	4000000	1.60	法人股	无
7 北京红帆通信总公司	4000000	1.60	法人股	无
8 上海市电话发展总公司	3400000	1.36	法人股	无
9 上海贝尔电话设备制造有限公司	3400000	1.36	法人股	无
10 上海矽钢有限公司	3400000	1.36	法人股	无

600102 莱芜钢铁股份有限公司

2001年年度报告摘要

一、公司基本情况简介

(一)中文名称:莱芜钢铁股份有限公司
中文简称:莱钢股份
英文名称:LAIWU STEEL CORPORATION
英文缩写:LS Co.
(二)法定代表人:李名岷
(三)董事会秘书:丁志刚
证券事务代表:侯祥银
联系地址:山东省莱芜市钢城区
电 话:(0634)6820601、6820011
传 真:(0634)6821094
电子信箱:mishuke@mail.laigang.com
(四)注册及办公地址:山东省莱芜市钢城区
邮政编码:271104
互联网址:http://www.laigang.com
(五)选定信息披露报纸名称:《中国证券报》、《上海证券报》、《证券时报》
指定信息披露互联网址:http://www.sse.com.cn
年度报告备置地点:公司董事会秘书室
(六)股票上市交易所:上海证券交易所
股票简称:莱钢股份
股票代码:600102

二、会计数据和业务数据摘要

(一)本年度主要利润指标

利润总额:	539,338,832.21元;
净利润:	455,789,435.76元;
扣除非经常性损益后的净利润:	453,063,548.28元;
主营业务利润:	829,443,757.79元;
其他业务利润:	-6,830,114.83元;
营业利润:	539,721,497.03元;
投资收益:	7,156,576.63元;
补贴收入:	0.00元;
营业外收支净额:	-7,539,241.45元;
经营活动产生的现金流量净额:	490,953,616.68元;
现金及现金等价物净增减额:	85,273,701.69元。
注:非经常性损益总额(税后损益)为:	2,725,887.48元:
1、资产处置损益:	2,999,532.14元;
2、罚款净支出:	-222,189.32元;
3、捐赠支出:	-129,347.04元;
4、合并价差摊入:	77,891.70元。

(二)前三年主要会计数据和财务指标

表一: 单位:元

项 目	2001年度	2000年度 追溯调整后	2000年度 追溯调整前	1999年度
主营业务收入	4988201238.39	4525407567.87	4525407567.87	3990796866.28
净利润	455789435.76	518708218.32	527148229.68	376481702.03
总资产	5592984827.21	5132283046.27	5136859858.67	4360560584.26
股东权益(不含少数股东权益)	3231816673.98	2826388575.82	2830965388.22	2530324478.54
每股收益	0.523	0.60	0.605	0.432
每股收益(加权平均)	0.523	0.60	0.605	0.46
每股收益(扣除非经常性损益)	0.520	0.612	0.616	0.43
每股净资产	3.71	3.24	3.25	2.90
调整后的每股净资产	3.69	3.24	3.25	2.90
每股经营活动产生的现金流量净额	0.56	1.27	1.27	0.57
净资产收益率(%)	14.10	18.35	18.62	14.88
净资产收益率(加权平均,%)	14.92	18.59	18.87	18.91

表二: 单位:元

		项 目	2001年度	2000年度 追溯调整后	2000年度 追溯调整前	1999年度
净资产收益率	全面摊薄	主营业务利润	0.257	0.298	0.297	0.233
		营业利润	0.16	0.224	0.223	0.177
		净利润	0.141	0.184	0.188	0.149
		扣除非经常性损益后的净利润	0.140	0.189	0.190	0.149
	加权平均	主营业务利润	0.272	0.302	0.301	0.297
		营业利润	0.177	0.227	0.226	0.225
		净利润	0.149	0.186	0.189	0.189
		扣除非经常性损益后的净利润	0.148	0.191	0.192	0.189
每股收益	全面摊薄	主营业务利润	0.952	0.967	0.967	0.678
		营业利润	0.620	0.726	0.726	0.514
		净利润	0.523	0.595	0.605	0.432
		扣除非经常性损益后的净利润	0.520	0.612	0.616	0.432
	加权平均	主营业务利润	0.952	0.967	0.967	0.725
		营业利润	0.620	0.726	0.726	0.550
		净利润	0.523	0.595	0.605	0.463
		扣除非经常性损益后的净利润	0.520	0.612	0.616	0.463

三、股本变动及股东情况

(一)股份变动情况表

单位:股

	本次变动前	本次变动增减(+、-) 配股	送股	公积金转股	增发	其他	小计	本次变动后
1.未上市流通股份								
国有法人股	715,182,000							715,182,000
未上市流通股份合计	715,182,000							715,182,000
2.已上市流通股份								
人民币普通股	156,000,000							156,000,000
已上市流通股份合计	156,000,000							156,000,000
3.股份总数	871,182,000							871,182,000

注:公司不存在基金配售股份、柜台交易公司内部职工股份、战略投资者配售股份和一般法人配售股份。

(二)股东情况

1、报告期末公司股东总数为88,366人。

2、持有公司5%以上(含5%)股份的股东为莱芜钢铁集团有限公司,报告期内其所持715,182,000股国有法人股无增减变动情况,也无质押或冻结情况。

报告期末公司前十名股东持股情况如下:

股东名称	持股数量(股)	持股类别	比例(%)
莱芜钢铁集团有限公司	715,182,000	国有法人股	82.09
董建伟	776,320	社会公众股	0.089
薛美玲	676,600	社会公众股	0.078
兴和基金	461,996	社会公众股	0.053
田伟	453,620	社会公众股	0.052
李明舒	452,000	社会公众股	0.052
周红阳	342,000	社会公众股	0.039
王大成	310,000	社会公众股	0.036
田金亮	307,000	社会公众股	0.035
唐千紫	285,700	社会公众股	0.033

公司前10名股东之间未发现存在关联关系。

公司不存在战略投资者或一般法人因配售新股成为前10名股东的情况。

3、公司控股股东情况

公司控股股东为莱芜钢铁集团有限公司,法定代表人为姜开文先生;该公司前身为莱芜钢铁总厂,始建于1970年1月,于1999年5月改制为有限责任公司,为国家特大型企业,是国家重点扶持的512家企业之一;主要从事矿石、建材、铜、金刚石及制品的加工、销售,运输,机械加工,汽修机修,建筑安装等;注册资本为312,269.33万元,其中山东省人民政府出资比例为91.10%,中国东方资产管理公司出资比例为4.47%,中国华融资产管理公司出资比例为2.83%,中国信达资产管理公司出资比例为1.60%。报告期内公司控股股东实施完成了债转股工作,有关公告见2002年1月15日《中国证券报》、《上海证券报》和《证券时报》。

2001年12月18日,山东省人民政府授权山东省财政厅在省级资产经营公司成立以前暂作为莱芜钢铁集团有限公司国有资本出资人。

四、董事、监事和高级管理人员

(一)基本情况

姓名	性别	职务	年龄	任期	年初持股(股)	年末持股(股)	增减变动量及原因
李名岷	男	董事长	55	2000.12.30至2003.12.30	3510	3510	
宋兰祥	男	副董事长	51	2000.12.30至2003.12.30	1170	1170	
田克宁	男	董事	45	2000.12.30至2003.12.30	1120	1120	
赵雁彬	男	董事、总经理	48	2000.12.30至2003.12.30	1320	1320	
崔宪池	男	董事	55	2000.12.30至2003.12.30	0	300	买入300股
魏兴文	男	董事	49	2000.12.30至2003.12.30	0	100	买入100股
张胜生	男	董事 副总经理	43	2000.12.30至2003.12.30	0	500	买入500股
王爱军	男	董事	52	2000.12.30至2003.12.30	100	100	
赵焕栋	男	董事	52	2000.12.30至2003.12.30	0	300	买入300股
赵茂祥	男	监事会主席	52	2000.12.30至2003.12.30	1950	1950	
宋振训	男	监事	57	2000.12.30至2003.12.30	1170	1170	
荆延芳	男	监事	46	2000.12.30至2003.12.30	58	58	
李丽芳	女	监事	47	2000.12.30至2003.12.30	2260	2260	
王化巨	男	监事	36	2001.3.11至2003.12.30	0	200	买入200股
丁志刚	男	董事会秘书	50	2000.12.30至2003.12.30	0	300	买入300股

在股东单位任职的董事情况:

李名岷先生在莱芜钢铁集团有限公司任副董事长、总经理；
宋兰祥先生在莱芜钢铁集团有限公司任董事；
田克宁先生在莱芜钢铁集团有限公司任董事；
赵雁彬先生在莱芜钢铁集团有限公司任董事。
在股东单位任职的监事情况：
赵茂祥先生在莱芜钢铁集团有限公司任董事；
宋振训先生在莱芜钢铁集团有限公司任审计处处长；
荆延芳先生在莱芜钢铁集团有限公司任监察处处长。

(二)年度报酬情况

公司依据经济效益情况和员工收入水平拟定董事、监事和高级管理人员的报酬；董事和监事的报酬由董事会提出提案后经股东大会审议通过，高级管理人员的报酬由董事会审议通过。上述人员报酬总额为96.01万元，金额最高的前三名董事的报酬总额为23.44万元，金额最高的前三名高级管理人员的报酬总额为19.37万元。

公司董事、监事和高级管理人员报酬数额的分布区间(万元)为：

区间：	4.5－5.5	5.5－6.5	6.5－7.5	7.5－8.5
人数：	5	2	7	1

公司董事、监事和高级管理人员均在公司领取薪酬。

(三)董事、监事、高级管理人员离任等变动情况

2001年3月11日，公司第二届职工代表大会第二次代表团(组)长联席会选举王化巨先生担任公司职工代表监事职务，同意魏广显先生因工作变动辞去公司职工代表监事职务。

2001年6月16日，公司二届四次董事会同意于德政先生因工作变动辞去公司财务主管职务。

五、公司治理结构

(一)公司治理情况

公司成立以来，按照《公司法》、《证券法》和中国证监会等监管部门有关法律法规的要求，建立并逐步完善现代企业制度，制定了《公司章程》、《董事会议事规则》、《关于加强和规范监事会工作的意见》、《总经理工作细则》和系统的内部控制制度，不断提高公司治理水平，规范公司运作，促进了公司健康发展。对照中国证监会和国家经贸委发布的《上市公司治理准则》，公司治理情况如下：

1、股东与股东大会：公司能够确保所有股东，特别是中小股东享有平等地位；公司股东大会的召开和表决程序，包括通知、登记、提案的审议、投票、计票、表决结果的宣布、会议决议的形成、会议记录及其签署、公告等均符合法律、法规的要求；公司关联交易公平合理，没有损害公司及股东的利益。

2、控股股东与上市公司：控股股东依法行使其权利并承担相应的义务，没有超越股东大会直接或间接干预公司经营活动；公司与控股股东在人员、财务、资产、机构和业务方面做到"五分开"，独立运作。

3、董事与董事会：公司董事会按法定程序召集、召开；董事选聘程序规范，董事会的构成符合法律法规的要求，职责清晰，制度健全，保证了董事会依法运作与决策。

4、监事和监事会：公司监事会按法定程序召集、召开；监事选聘程序规范，监事会的构成符合法律法规的要求，职责清晰，制度健全，监事能够认真履行职责，对公司财务及董事、经理以及其他高级管理人员履行职责的情况进行监督。

5、绩效评价与激励约束机制：公司建立了以经济责任制考核及相关配套措施为基础的绩效评价与激励约束机制。今后将根据有关法律法规的要求不断加以完善，促进公司董事、监事和经理人员绩效评价标准与激励约束机制更加健全、有效。

6、相关利益者：公司能够尊重和维护银行及其他债权人、职工、消费者、供应商等利益相关者的合法权利，并与之积极合作，共同推动公司持续、健康地发展。

7、关于信息披露与透明度：公司指定董事会秘书负责信息披露工作、认真接待股东来访和咨询；公司能够按照法律、法规和公司章程的规定，真实、准确、完整、及时地披露有关信息，并保证所有股东有平等的机会获得信息。

按照《上市公司治理准则》的要求，公司将在以下方面进一步完善和规范：一是建立独立董事制度和董事会专门委员会；二是完善和通过股东大会议事规则等制度。上述工作将于2002年二季度内完成。

公司将继续加强对《上市公司治理准则》的学习、理解和运用，坚持创优良业绩与抓规范运作并举，不断推进公司治理工作，努力创造优良的业绩回报广大股东。

(二)独立董事履行职责情况

报告期内，公司尚未设立独立董事。公司目前正在根据有关法规的要求抓紧建立独立董事制度。

六、股东大会情况简介

(一)2000年度股东大会

1、公司于2001年2月6日分别在《中国证券报》、《上海证券报》和《证券时报》刊登召开2000年度股东大会公告。2001年3月12日，大会在莱钢新兴大厦如期召开。本次股东大会由山东平正大律师事务所刘英新律师参加见证并出具法律意见书。

2、大会以记名投票方式表决通过了以下事项：
(1)2000年度董事会工作报告；
(2)2000年度监事会工作报告；
(3)关于2000年度财务决算和2001年度财务预算的报告；
(4)关于2000年度利润分配方案的报告；
有关公告见2001年3月13日《中国证券报》、《上海证券报》和《证券时报》。

(二)2001年度第一次临时股东大会

1、公司于2001年4月28日分别在《中国证券报》、《上海证券报》和《证券时报》刊登召开2001年度第一次临时股东大会公告。2001年5月31日，大会在莱钢新兴大厦如期召开。本次股东大会由山东平正大律师事务所刘英新律师、李莹律师参加见证并出具法律意见书。

2、大会以记名投票方式表决通过了以下事项：
(1)关于2001年配股资格的议案；
(2)关于2001年配股方案的议案；
(3)关于2001年度配股募集资金使用可行性的议案；
(4)关于前次募集资金使用情况的议案；
有关公告见2001年6月1日《中国证券报》、《上海证券报》和《证券时报》。

(三)2001年度第二次临时股东大会

1、公司于2001年6月19日分别在《中国证券报》、《上海证券报》和《证券时报》刊登召开2001年度第二次临时股东大会公告。2001年7月20日，大会在莱钢新兴大厦如期召开。本次股东大会由山东平正大律师事务所刘英新律师、李莹律师参加见证并出具法律意见书。

2、大会以记名投票方式表决通过了以下事项：
(1)关于修改公司章程的议案；
(2)关于划转应收账款和应付账款的议案；
(3)关于R4级海洋系泊链用钢技术开发项目资金使用情况的议案；
(4)关于董事和监事年度报酬的议案；
(5)关于聘任会计师事务所的议案；
有关公告见2001年7月21日《中国证券报》、《上海证券报》和《证券时报》。

七、董事会报告

(一)报告期内的经营情况

1、主营业务的范围及其经营状况

公司主营业务为钢铁产品的生产和销售，本年度共生产生铁176.27万吨、钢238.76万吨、钢材235.57万吨，钢材实物产销率达到99.45%。

公司主营业务所属行业为黑色金属冶炼及压延加工业，报告期内公司完成主营业务收入4,988,201,238.39元，实现主营业务利润829,443,757.79元。占公司主营业务收入或主营业务利润10%以上的主要钢材产品情况如下：

产品名称	销售收入(元)	销售成本(元)	毛利率(%)
普通大型钢材	489,417,199.69	397,745,660.09	18.73
普通中型钢材	620,020,955.15	476,518,968.29	23.14
普通小型钢材	1,375,698,778.08	1,139,858,777.59	17.14
优质钢型材	1,197,959,708.98	1,125,254,415.62	6.07
钢带	1,000,629,973.24	720,259,175.73	28.02

报告期内公司主营业务或其结构未发生较大变化。

2、公司不存在来源于单个控股或参股公司的投资收益对公司净利润影响达到10%以上的情况。

3、公司向前五名供应商合计的采购金额占年度采购总额的比例为26.81%；公司向前五名客户合计的销售金额占年度销售总额的比例为13.08%。

(二)报告期内的投资情况

1、报告期内，公司对外投资10,000,000元参股山东莱钢国际贸易有限公司。本次参股系与关联方共同投资，属于关联交易，有关公告见2001年7月31日《中国证券报》、《上海证券报》和《证券时报》。

2、公司不存在报告期内募集资金或报告期之前募集资金的使用延续到报告期内的情况。公司前次募集资金投入项目均已发挥良好效益，报告期内收益情况如下：
(1)2×750m³高炉喷吹煤粉工程产生效益717.63万元；
(2)热电厂5#75吨锅炉改造工程产生效益403.57万元；
(3)热电厂高炉风机改造工程产生效益846.20万元；
(4)2×105m²烧结机小球烧结强化制粒工程，5月份转资，产生效益769.74万元；
(5)2#连铸机高效化改造项目，5月份转资，产生效益409.57万元；
(6)特钢厂加热炉煤气代油项目，6月末转资，产生效益740.71万元；
(7)2#球团竖炉工程，6月末转资，产生效益406.89万元；
(8)R4级海洋系泊链用钢技术开发项目，6月末转资，产生效益852.26万元。

3、报告期内，公司其他技改项目投资217,122,257.60元，主要用于炼焦、烧结、球团、炼铁、炼钢、轧材等生产线改造及部分节能环保项目，对进一步完善生产工艺及改善环境起到了积极作用。

(三)报告期内的财务状况、经营成果

报告期内，公司财务状况良好，财务结构合理，各项财务指标保持较好水平。总资产达到5,592,984,827.21元，负债总额为2,347,318,156.77元，长期负债为1,159,023,950.81元，股东权益为3,231,816,673.98元，分别比上年增长460,701,780.94元、55,991,924.50元、－119,195,604.57元、405,428,098.16元，增长幅度分别为8.98%、2.44%、－9.33%、14.34%；主营业务利润为829,443,757.79元，净利润为455,789,435.76元，分别比上年降低12,734,014.89元、62,918,782.56元，降低幅度分别为1.51%、12.13%；公司少数股东权益为13,849,996.46元，系与控股子公司合并会计报表所致。公司总资产和股东权益增加的主要原因是本年度实现净利润455,789,435.76元。公司长期负债减少的主要原因是偿还应付债券和偿还部分长期借款。公司主营业务利润和净利润有所降低主要因为2001年度钢铁产品价格下滑等因素造成。报告期内公司利润构成未发生变动。

(四)生产经营环境等变化对公司的影响

1、我国加入世界贸易组织后，钢铁行业将逐步履行在关税减让、非关税壁垒、贸易权方面所作的承诺，这将使公司产品面临更加激烈的国内外市场竞争。公司近些年来通过加大技术进步与技术改造投入，使工艺技术装备水平上了一个新台阶，公司主体技术装备如中型型钢生产线、中小型材生产线等已达到国际先进水平，便于调整结构，提高竞争力，使公司在更大范围、更广领域、更高层次上参与国际经济技术合作，有效地利用两个市场、两种资源。

2、报告期内公司所得税按33%缴纳，实际税负超过15%的部分由同级财政部门返还。根据国务院和财政部有关通知，公司自2002年起不再享受先征后返的企业所得税优惠政策，这将对公司净利润造成一定影响，公司将通过进一步加强生产经营管理，深入挖潜增效，着力创造良好的经营业绩。

(五)山东乾聚有限责任会计师事务所出具了标准无保留意见的审计报告。

(六)新年度的经营计划和目标、拟采取的策略和行动

2002年工作的指导思想：以党的十五届五中、六中全会精神和江泽民同志"三个代表"重要思想为指针，积极应对入世的机遇与挑战，以实现把莱钢股份办成一流上市公司为目标，以全面提高核心竞争力为重点，深化内部改革，实施"严、细、实"管理，推进技术创新，强化市场营销，搞好资本运营，实现公司可持续发展。

2002年度公司经营计划和目标：销售收入5,150,000,000元；费用成本4,610,000,000元；生产生铁183万吨，钢253万吨，钢材268万吨；技改投资计划691,000,000元，主要用于炼铁厂2#750m3高炉大修改造、炼钢厂混铁炉除尘改造、特殊钢厂开坯半连轧技术改造等项目；主要技术经济指标进一步提升。

2002年国家继续实施扩大内需的方针，国内生产总值增长率仍保持在7%的水平，西部大开发的重点工程如青藏铁路、西气东送等项目陆续开工，这将拉动原材料、基础工业的发展，钢铁产品可获得较大的市场空间。同时我国加入世界贸易组织后，国外钢铁产品将会冲击国内市场；国内钢材市场结构性、阶段性过剩导致的钢铁产品价格下滑以及原材料价格上涨等不利因素将使公司的生产经营面临较大压力。为适应经营环境的变化，提高企业的核心竞争能力，保证全年度经营计划和目标的实现，公司将采取以下措施：

1、加强组织调度，保持生产稳定顺行。继续贯彻"安全、稳定、均衡、顺行"的生产组织方针，强化调度职能，加强生产的动态控制，搞好原材料、动力能源的供应平衡和中间产品的周转，加快生产节奏，提高生产效率和运行质量。

2、加大结构调整力度，提高产品竞争力。转炉钢系统以2#750m2高炉改造为重点，继续对炼焦、烧结、球团、炼铁、炼钢、轧材等生产线进行适应性改造，继续保持转炉钢系统稳定顺行的良好态势。电炉钢系统全力实施《电炉系统提高核心竞争力工程方案》，力争把特殊钢厂建成山东优质钢精品基地。重点开发英标和日标H型钢，形成具有自主知识产权的系列产品；大力开发HRB400级钢筋、工字钢、槽钢、锚杆钢、大圆钢、宽带钢等，形成系列化生产，满足用户需求，提高品种效益。

3、建立技术创新体系，培育创新能力。培植核心技术，坚持自主研究开发创新和技术引进、移植并举，形成一批具有自主知识产权、特色工艺的拳头产品，积极推广应用新技术和新工艺，推进信息技术的应用；培育核心产品，使H型钢、螺纹钢、轴承钢、齿轮钢、带钢等五大产品形成具有较强区域竞争力的产品；完善科技创新体系，加强对技术创新项目的组织领导，加大技术开发费用的投入，完善新产品开发、生产、销售、服务一条龙管理体系。

4、贯彻"严、细、实"管理方针，挖掘各方面潜力，降低成本。继续开展成本系统优化、指标提升攻关活动，优化资源配置，提高生产效率，提升指标水平，加强采购过程的监控，实施比质比价招标采购，持续不断地降低成本；进一步完善全面预算管理制度，加强投融资管理，调整优化资产负债结构，强化资金集中管理，加强财务监控。

5、加快销售方式改革，建立新型的适应市场的开放型营销方式，制定灵活的营销策略和政

策,按照销售量和利润考核,在重点区域建立大型销售站,大力推行代理制,培育忠实的客户群和代理商,持续不断地开拓市场。

6.创建生态型工业园,实现可持续发展。认真实施建立的ISO14001环境管理体系和OHSAS18001职业安全卫生管理体系,实现企业的安全、清洁、文明生产。

7.创建学习型企业,培育独特的企业文化。在全公司开展创建活动,实现三个结合,即与学习炼钢厂经验相结合、与建立现代企业制度相结合、与建设企业文化相结合,持续不断地提高企业和员工的学习能力,最终提高公司的核心竞争力。

8.按照《上市公司治理准则》的要求,进一步加强法人治理结构建设,健全和完善公司内部管理制度与运行机制,推进公司进一步规范、高效运作。

9.按要求做好2001年度配股工作。

(二)本年度利润分配预案或资本公积转增股本预案

经山东乾聚有限责任会计师事务所审计,公司2001年度实现净利润455,789,435.76元,依据公司章程规定,提取10%法定盈余公积和10%公益金,共计91,157,887.16元,加年初未分配利润668,740,877.08元,年末可供投资者分配的利润累计1,033,372,425.68元。公司拟以2001年末总股本871,182,000股为基数,向全体股东每10股派发现金0.60元(含税),共派发现金红利52,270,920.00元,剩余利润981,101,505.68元转入下年度。

本次派送现金红利预案在公司2001年度股东大会通过后适当时间实施。

2001年度利润分配预案与2000年年度报告预计分配政策相符。

(八)预计2002年度利润分配政策及资本公积转增股本的次数和比例

根据中国证券监督管理委员会《关于做好上市公司2001年年度报告有关工作的通知》精神和公司实际,拟定2002年度利润分配政策如下:

1、公司拟在2002年度分配利润一次。

2、公司2002年度实现净利润用于股利分配的比例在10%以上;公司2001年度未分配利润结转2002年度,不分配。

3、分配采用现金形式,现金股息占股利分配的比例为100%。

4、公司2002年度不进行资本公积转增股本。

八、监事会报告

监事会日常工作情况:

1、2000年2月4日,公司召开了二届二次监事会,审议通过了如下议案和事项:

(1)2000年度监事会工作报告;

(2)审议讨论了公司二届二次董事会通过的议案和决议。

有关公告见2001年2月6日《中国证券报》、《上海证券报》和《证券时报》。

2、2001年4月27日,公司召开了二届三次监事会,审议讨论了公司二届三次董事会通过的议案和决议。

有关公告见2001年4月28日《中国证券报》、《上海证券报》和《证券时报》。

3、2001年6月16日,公司召开了二届四次监事会,审议通过了如下议案和事项:

(1)莱芜钢铁股份有限公司整改方案;

(2)审议讨论了公司二届四次董事会通过的其他议案和决议。

有关公告见2001年6月19日《中国证券报》、《上海证券报》和《证券时报》。

4、2001年7月28日,公司召开了二届五次监事会,审议通过了以下议案和事项:

(1)2001年中期报告及其摘要;

(2)审议讨论了二届五次董事会通过的其他议案和决议;

(3)莱芜钢铁股份有限公司监事会监督工作办法;

(4)莱芜钢铁股份有限公司监事会学习制度。

有关公告见2001年7月31日《中国证券报》、《上海证券报》和《证券时报》。

5、2001年12月19日,公司召开了二届六次监事会,审议讨论了公司二届六次董事会通过的议案和决议。

有关公告见2001年12月21日《中国证券报》、《上海证券报》和《证券时报》。

九、重要事项

(一)重大诉讼、仲裁事项:

报告期内公司无重大诉讼、仲裁事项。

(二)收购或出售资产、吸收合并事项:

报告期内公司与莱芜钢铁集团有限公司置换了部分辅助生产设施,本次置换属于关联交易,有关公告见2001年6月13日《中国证券报》、《上海证券报》和《证券时报》及本年度中期报告。

(三)重大关联交易事项:

1、购销商品、提供劳务发生的关联交易:

公司钢铁生产工艺流程等特点,决定了与控股股东莱芜钢铁集团有限公司之间存在必要的关 联交易,交易内容主要包括采购货物及接受劳务、销售货物等,其中采购货物及接受劳务1,319,647,200元,占同类交易金额的比例为33.82%;销售货物713,838,400元,占同类交易金额的比例为14.31%。交易价格依据双方签定的有关合同按市场化原则执行,不高于或不低于向其他第三方提供同类产品的价格,交易价格公允合理。上述交易通过银行结算。上述交易促进了公司生产经营的顺利进行,避免了不必要的重复建设和人财物的浪费,有利于公司提高效益。

2、公司不存在其他资产、股权转让发生的关联交易。

3、公司与关联方存在债权、债务往来,报告期末应收款和应付款余额分别为591,001.81元和24,573,592.42元。

4、公司不存在其他重大关联交易。

公司及股东的利益没有因上述关联交易而受损害。

(四)重大合同及其履行情况:

1、报告期内公司未发生托管、承包、租赁其他公司资产或其他公司托管、承包、租赁公司资产事项。

2、报告期内公司未发生担保事项。

3、报告期内公司不存在委托理财事项。

4、报告期内公司无其他重大合同。

(五)报告期内公司或持股5%以上股东未在指定报纸和网站上披露承诺事项。

(六)报告期内公司续聘山东乾聚有限责任会计师事务所,报酬情况如下:

单位:元

项目	2001年度	2000年度
财务审计费用	860,000.00(含中报审计费用400,000.00)	700,000.00
其他费用	135,000.00	10,000.00
合计	995,000.00	710,000.00

公司本年度支付给会计师事务所的其他费用包括前次募集资金使用情况专项报告审计费用100,000元、置换资产评估费用20,000元和现场办公费用15,000元,上述费用的支付不影响注册会计师审计意见的独立性。公司年末无其他应付未付会计师事务所的费用。

(七)报告期内公司、公司董事及高级管理人员未受监管部门处罚。

(八)其他重大事项:

1、2001年4月和12月,中国证监会济南证管办对公司进行了例行巡检和回访,公司分别召开董事会、监事会及临时股东大会审议通过了整改的有关事项,按济南证管办要求及公司承诺认真完成了整改,进一步促进了公司的规范运作。有关公告见2001年6月19日和7月21日《中国证券报》、《上海证券报》和《证券时报》及本年度中期报告。

2、2001年10月,中国证监会济南证管办下发通知,要求辖区内上市公司按《济南证管办辖区上市公司规范运作情况调查表》内容开展一次自我检查和自我规范,公司专门召开董事会和监事会,在巡检和回访基础上,对照新近出台的法规政策,进行了认真自查。有关公告见2002年1月24日《中国证券报》、《上海证券报》和《证券时报》。

3、报告期内,公司在山东省范围内公开发行的50,000,000元三年期地方企业债券到期兑付,本息总计61,132,014.13元。有关公告见2001年11月7日《中国证券报》、《上海证券报》和《证券时报》。

十、财务报告

公司2001年度会计报表(附后)经山东乾聚有限责任会计师事务所中国注册会计师刘天聚、田爱军审计,并出具了无保留意见的审计报告(乾聚审字[2002]23号)。

根据财政部财会[2000]25号《关于印发 < 企业会计制度 > 通知》的规定和财政部财会[2001]17号《贯彻实施 < 企业会计制度 > 有关政策衔接问题的规定》,2001年公司对会计政策进行了如下变更:

(1)公司原不计提委托贷款减值准备,现改为计提委托贷款减值准备;

(2)公司原不计提固定资产减值准备,现改为计提固定资产减值准备;

(3)公司原不计提在建工程减值准备,现改为计提在建工程减值准备;

(4)公司原不计提无形资产减值准备,现改为计提无形资产减值准备。

公司变更上述会计政策,对固定资产减值准备的计提已采用追溯调整法,调整了本期会计报表相关项目的期初数或上年数。上述会计政策变更的累积影响数为4,576,812.40元,全部为固定资产减值准备的影响。由于会计政策的变更,调减了2000年度净利润4,576,812.40元,调整减少了2000年度法定公积金4,576,681.24元,法定公益金457,681.24元,未分配利润3,661,449.92元。

此外,公司根据财政部的有关规定,将2000年度债务重组收益3,863,198.96元计入2000年度资本公积,并调整了2000年度会计报表相关项目,其中调减了2000年度净利润3,863,198.96元,调整减少了2000年度法定公积金386,319.90元,法定公益金386,319.90元,未分配利润3,090,559.16元。

董事长:李名岷

莱芜钢铁股份有限公司董事会

二〇〇二年二月二十三日

资产减值准备明细表

编制单位:莱芜钢铁股份有限公司　　2001年度　　单位:人民币元

项目	年初余额	本年增加数	本年转回数	年末余额
一、坏账准备合计	3,431,764.26	-192,959.40		3,238,804.86
其中:应收账款	2,956,061.45	-94,330.22		2,861,731.23
其他应收款	475,702.81	-98,629.18		377,073.63
二、短期投资跌价准备合计				
其中:股票投资				
债券投资				
三、存货跌价准备合计	6,890,600.49	3,088,583.68		9,979,184.17
其中:库存商品				
原材料	6,890,600.49	3,088,583.68		9,979,184.17
四、长期投资减值准备合计				
其中:长期股权投资				
五、固定资产减值准备合计	4,576,812.40	4,745,209.64		9,322,022.04
其中:房屋、建筑物	991,747.08	1,341,155.82		2,332,902.90
机器设备	3,585,065.32	3,404,053.82		6,989,119.14
六、无形资产减值准备				
其中:专利权				
商标权				
七、在建工程减值准备				
八、委托贷款减值准备				

合并利润表

编制单位:莱芜钢铁股份有限公司　　单位:人民币元

项目	附注	合并数		母公司数	
		2001年度	2000年度	2001年度	2000年度
一、主营业务收入	29	4,988,201,238.39	4,525,407,567.87	4,983,789,994.53	4,525,089,979.92
减:主营业务成本	30	4,136,310,915.00	3,664,349,824.50	4,133,122,610.24	3,663,957,685.01
主营业务税金及附加	31	22,446,565.60	18,879,970.69	22,446,565.60	18,879,970.69
二、主营业务利润		829,443,757.79	842,177,772.68	828,220,818.69	842,252,324.22
加:其他业务利润	32	-6,830,114.83	5,229,560.38	-6,830,138.04	5,251,896.09
减:营业费用		27,709,779.95	24,468,344.06	27,326,605.84	24,186,577.86
管理费用		202,452,115.03	148,358,373.48	200,278,307.38	147,219,229.65
财务费用	33	52,730,250.95	41,921,625.75	52,597,532.32	41,852,681.25
三、营业利润		539,721,497.03	632,658,989.77	541,188,235.11	634,245,731.55
加:投资收益	34	7,156,576.63	64,909.75	6,399,080.27	-749,559.67
补贴收入					
营业外收入	35	7,100,056.00	1,017,290.03	7,100,056.00	1,017,290.03
减:营业外支出	36	14,639,297.45	19,290,945.59	14,630,297.45	19,290,945.59
四、利润总额		539,338,832.21	614,450,253.96	540,057,073.93	615,222,516.32
减:所得税	37	84,267,638.17	96,514,298.00	84,267,638.17	96,514,298.00
少数股东收益		-718,241.72	-772,262.36		
五、净利润		455,789,435.76	518,708,218.32	455,789,435.76	518,708,218.32

合并利润分配表

编制单位:莱芜钢铁股份有限公司　　单位:人民币元

项目	附注	合并数		母公司数	
		2001年度	2000年度	2001年度	2000年度
一、净利润		455,789,435.76	518,708,218.32	455,789,435.76	518,708,218.32
加:年初未分配利润		668,740,877.08	480,281,622.42	668,740,877.08	480,281,622.42
其他转入					
二、可供分配的利润		1,124,530,312.84	998,989,840.74	1,124,530,312.84	998,989,840.74
减:提取法定盈余公积		45,578,943.58	51,870,821.83	45,578,943.58	51,870,821.83
提取法定公益金		45,578,943.58	51,870,821.83	45,578,943.58	51,870,821.83
提取职工奖励及福利基金					
提取储备基金					
提取企业发展基金					
利润归还投资					
三、可供投资者分配的利润		1,033,372,425.68	895,248,197.08	1,033,372,425.68	895,248,197.08
减:应付优先股股利					
提取任意盈余公积					
应付普通股股利		52,270,920.00	226,507,320.00	52,270,920.00	226,507,320.00
转作股本的普通股股利					
四、未分配利润		981,101,505.68	668,740,877.08	981,101,505.68	668,740,877.08

合并资产负债表

编制单位:莱芜钢铁股份有限公司　　单位:人民币元

		合并数		母公司数	
资　产	附注	2001.12.31	2000.12.31	2001,12.31	2000,12.31
流动资产:					
货币资金	1	110,156,456.40	24,882,754.71	109,006,429.20	19,509 ,891.80
短期投资					
应收票据	2	245,342,998.27		245,342,998.27	
应收股利					
应收利息					
应收账款	3	134,312,639.91	166,309,707.72	132,125,579.19	166,191,202.85
其他应收款	4	18,671,977.33	99,594,800.81	19,840,628.32	98,683,767.11
预付账款	5	81,537,702.81	38,170,806.79	77,737,169.97	36,451,520.31
应收补贴款					
存货	6	1,030,334,538.88	598,724,832.36	1,025,849,188.98	596,688,746.32
待摊费用					
一年内到期的长期债权投资					
其他流动资产			-6,538.33		
流动资产合计		1,620,356,313.60	927,676,364.06	1,609,901,993.93	917,525,128.39
长期投资:					
长期股权投资	7	69,363,884.40	59,289,992.70	83,970,835.67	74,650,440.33
长期债权投资					
长期投资合计		69,363,884.40	59,289,992.70	83,970,835.67	74,650,440.33
其中:合并价差		-636,115.60	-714,007.30		
固定资产:					
固定资产原值	8	5,263,543,834.91	4,929,371,763.13	5,242,123,782.02	4,917,316,279.71
减:累计折旧	8	1,599,114,842.01	1,286,802,391.96	1,596,983,545.07	1,286,020,477.19
固定资产净值		3,664,428,992.90	3,642,569,371.17	3,645,140,236.95	3,631,295,802.52
减:固定资产减值准备		9,322,022.04	4,576,812.40	9,322,022.04	4,576,812.40
固定资产净额		3,655,106,970.86	3,637,992,558.77	3,635,818,214.91	3,626,718,990.12
工程物资	9	69,416.37	2,433,567.82	69,416.37	2,433,567.82
在建工程	10	231,881,779.68	503,035,099.08	230,100,185.42	494,944,817.19
固定资产清理			494,716.00		
固定资产合计		3,887,058,166.91	4,143,955,941.67	3,865,987,816.70	4,124,097,375.13
无形资产及其他资产:					
无形资产	11	4,260,927.51	312,136.61		
长期待摊费用	12	11,945,534.79	1,048,611.23	11,945,534.79	
其他长期资产					
无形资产及其他资产合计		16,206,462.30	1,360,747.84	11,945,534.79	
递延税项:					
递延税款借项					
资产总计		5,592,984,827.21	5,132,283,046.27	5,571,806,181.09	5,116,272,943.85
负债及股东权益					
流动负债:					
短期借款	13	134,000,000.000	130,000,000.00	130,000,000.00	130,000,000.00
应付票据	14	204,462,351.36	3,073,347.00	204,462,351.36	3,073,347.00
应付账款	15	321,808,456.74	258,735,612.11	321,773,096.47	258,565,701.00
预收账款	16	102,520,397.95	100,881,876.39	102,442,680.05	100,857,256.17
应付工资	17	26,049,110.44	28,217,919.11	25,810,668.89	28,092,557.92
应付福利费		56,839,005.73	60,200,038.29	56,732,807.68	60,107,122.30
应付股利	18	52,270,920.00	226,507,320.00	52,270,920.00	226,507,320.00
应交税金	19	51,520,068.41	23,708,264.70	51,624,551.84	23,139,422.30
其他应交款	20	13,942,272.41	7,217,376.96	13,935,879.71	7,201,937.91
其他应付款	21	165,944,513.46	145,566,536.27	162,975,490.84	145,128,556.05
预提费用			6,794.06		
预计负债					
一年内到期的长期负债	22	58,937,109.46	28,991,592.00	58,937,109.46	28,991,592.00
其他流动负债					
流动负债合计		1,188,294,205.96	1,013,106,676.89	1,180,965,556.30	1,011,664,812.65
长期负债:					
长期借款	23	1,159,023,950.81	1,220,490,397.38	1,159,023,950.81	1,220,490,397.38
应付债券	24		57,729,158.00		57,729,158.00
长期应付款					
专项应付款					
其他长期负债					
长期负债合计		1,159,023,950.81	1,278,219,555.38	1,159,023,950.81	1,278,219,555.38
递延税项:					
递延税款贷项					
负债合计		2,347,318,156.77	2,291,326,232.27	2,339,989,507.11	2,289,884,368.03
少数股东权益		13,849,996.46	14,568,238.18		
股东权益:					
股本	25	871,182,000.00	871,182,000.00	871,182,000.00	871,182,000.00
减:已归还投资					
股本净额		871,182,000.00	871,182,000.00	871,182,000.00	871,182,000.00
资本公积	26	975,159,481.88	973,249,899.48	975,159,481.88	973,249,899.48
盈余公积	27	404,373,686.42	313,215,799.26	404,373,686.42	313,215,799.26
其中:法定公益金		202,186,843.21	156,607,899.63	202,186,843.21	156,607,899.63
未分配利润	28	981,101,505.68	668,740,877.08	981,101,505.68	668,740,877.08
股东权益合计		3,231,816,673.98	2,826,388,575.82	3,231,816,673.98	2,826,388,575.82
负债和股东权益总计		5,592,984,827.21	5,132,283,046.27	5,571,806,181.09	5,116,272,943.85

现　金　流　量　表

编制单位:莱芜钢铁股份有限公司　　2001 年度　　单位:人民币元

项　目	附注	合并数	母公司数
一、经营活动产生的现金流量:			
销售商品、提供劳务收到的现金		5,599,064,759.24	5,595,948,030.62
收到的税费返还		152,452,032.50	152,452,032.50
收到的其他与经营活动有关的现金		30,906,781.47	30,906,781.47
现金流入小计		5,782,423,573.21	5,779,306,844.59
购买商品、接受劳务支付的现金		4,393,613,869.99	4,386,520,573.54
支付给职工以及为职工支付的现金		459,078,754.71	458,406,371.33
支付的各项税费		382,172,955.11	382,092,937.88
支付的其他与经营活动有关的现金	38	56,604,376.72	55,652,492.99
现金流出小计		5,291,469,956.53	5,282,672,375.74
经营活动产生的现金流量净额		490,953,616.68	496,634,468.85
二、投资活动产生的现金流量:			
收回投资所收到的现金			
取得投资收益所收到的现金		7,078,684.93	7,078,684.93
处置固定资产、无形资产和其他长期资产所收回的现金净额		3,539,259.43	3,534,459.43
收到的其他与投资活动有关的现金			
现金流入小计		10,617,944.36	10,613,144.36
购建固定资产、无形资产和其他长期资产所支付的现金		36,887,002.01	31,631,486.92
投资所支付的现金		10,000,000.00	10,000,000.00
支付的其他与投资活动有关的现金			
现金流出小计		46,887,002.01	41,631,486.92
投资活动产生的现金流量净额		-36,269,057.65	-31,018,342.56
三、筹资活动产生的现金流量:			
吸收投资所收到的现金			
借款所收到的现金		7,000,000.00	
收到的其他与筹资活动有关的现金			
现金流入小计		7,000,000.00	-
偿还债务所支付的现金		89,250,087.11	89,250,087.11
分配股利、利润或偿付利息所支付的现金		287,160,770.23	286,869,501.78
支付的其他与筹资活动有关的现金			
现金流出小计		376,410,857.34	376,119,588.89
筹资活动产生的现金流量净额		-369,410,857.34	-376,119,588.89
四、汇率变动对现金的影响			
五、现金及现金筹价物净增加额		85,273,701.69	89,496,537.40
补充资料	行次	合并数	母公司数
1、将净利润调节为经营活动现金流量:			
净利润		455,789,435.76	455,789,435.76
加:少数股东收益		-718,241.72	
加:计提的资产减值准备		13,307,307.35	13,303,978.56
固定资产折旧		327,891,025.62	326,542,084.64
无形资产摊销		71,719.10	
长期待摊费用摊销		7,021,378.62	5,972,767.39
待摊费用的减少(或增加)			
预提费用增加(或减少)			
处置固定资产、无形资产和其他长期资产的损失(减:收益)		-3,030,743.43	-3,534,459.43
固定资产报废损失		1,654,193.58	1,654,193.58
财务费用		52,640,415.01	52,597,091.14
投资损失(减:收益)		-7,156,576.63	-6,399,080.27
递延税款贷项(减:借项)			
存货的减少(减:增加)		-431,609,706.52	-429,160,442.66
经营性应收项目的减少(减:增加)		-175,790,003.00	-173,719,885.48
经营性应付项目的增加(减:减少)		266,100,370.55	266,181,823.71
其他		-15,216,957.61	-12,593,038.09
经营活动产生的现金流量净额		490,953,616.68	496,634,468.85
2、不涉及现金收支的投资和筹资活动:			
债务转为资本			
一年内到期的可转换公司债券			
融资租入固定资产			
3、现金及现金等价物净增加情况:			
现金的期末余额		110,156,456.40	109,006,429.20
减:现金的期初余额		24,882,754.71	19,509,891.80
加:现金等价物的期末余额			
减:现金等价物的期初余额			
现金及现金等价物净增加额		85,273,701.69	89,496,537.40

600103 福建省青山纸业股份有限公司

2001年年度报告摘要

第一章 公司基本情况简介

一、中文名称:福建省青山纸业股份有限公司

英文名称:Fujian Qingshan Paper Industry Co.,Ltd.

缩　　写:青山纸业

二、法定代表人:黄国英

三、董事会秘书:陈炳生

证券事务代表:林建平

联系方式:

1.地址:福州市六一北路216号晋安花园三喜阁青山投资部

电话:0591－7588133

传真:0591－7588745

邮编:350013

Email:qszy@publ.fz.fj.cn

2.地址:福建省青山纸业股份有限公司投资部

电话:0598－5655167

传真:0598－5655168

邮编:365506

四、注册地址:福州市马尾经济技术开发区君竹路

办公地址:福建省沙县青州镇

邮　　编:365506

五、公司选定的信息披露报纸:《中国证券报》、《上海证券报》

登载公司年度报告的中国证监会指定国际互联网网址:www.sse.com.cn

公司年度报告备置地点:公司投资部

六、股票上市交易所:上海证券交易所

股票简称:青山纸业

股票代码:600103

第二章 会计数据和业务数据摘要

一、本年度主要利润指标情况

项　目	金额(元)
利润总额	131,332,712.18
净利润	110,469,874.43
扣除非经常性损益后的净利润	105,624,080.51
主营业务利润	207,361,188.81
其他业务利润	8,591,881.57
营业利润	106,920,030.76
投资收益	24,781,773.92
补贴收入	4,329.74
营业外收支净额	373,422.24
经营活动产生的现金流量净额	129,294,685.79
现金及现金等价物净增减额	－99,582,022.19
注:非经营性损益项目和涉及金额	－4,845,793.92
(1)股权投资转让收益	－2,152,800.00
(2)股权差额	－580,439.22
(3)补贴收入	－4,329.74
(4)固定资产报废损失	107,428.20
(5)固定资产减值准备	240,590.56
(6)赞助费支出	78,500.00
(7)短期股票投资收益	－2,929,400.11
(8)营业外收支净额	195,994.04
(9)华东造纸联合体清算损失	198,662.35

二、公司三年来的主要会计数据和财务指标

1.追溯调整后

单位:人民币元

项　目	2001年	2000年	1999年
主营业务收入	918,579,192.98	885,772,571.94	542,429,655.75
净利润	110,469,874.29	127,969,557.45	101,464,528.25
总资产	2,349,532,673.76	2,289,015,555.67	1,994,227,568.72
股东权益	1,556,931,164.13	1,488,089,374.01	1,377,582,316.56
每股收益　加权平均	0.156	0.181	0.327
全面摊薄	0.156	0.181	0.287
扣除非经常性损益后每股收益	0.1495	0.176	0.286
每股净资产	2.214	2.107	3.90
调整后每股净资产	2.20	2.093	3.89
每股经营活动产生的现金流量净额	0.183	0.188	0.426
净资产收益率%(全面摊薄)	7.10	8.60	7.37
净资产收益率%(加权平均)	7.16	8.88	8.53
扣除非经常性损益后净资产收益率%(加权平均)	6.84	8.64	8.49

2.追溯调整前

项　目	2000年	1999年
主营业务收入	885,772,571.94	542,429,655.75
净利润	167,816,924.03	110,460,702.76
总资产	2,389,614,258.85	2,058,651,799.42
股东权益	1,586,266,997.05	1,436,107,573.02
每股收益　加权平均	0.238	0.356
全面摊薄	0.238	0.313
扣除非经常性损益后每股收益	0.233	0.3115
每股净资产	2.246	4.067
调整后每股净资产	2.23	4.055
每股经营活动产生的现金流量净额	0.188	0.43
净资产收益率%(全面摊薄)	10.58	7.69
净资产收益率%(加权平均)	11.08	8.87
扣除非经常性损益后净资产收益率%(加权平均)	10.86	8.84

3、利润表附表

报告期利润	净资产收益率%		每股收益(元)	
	全面摊薄	加权平均	全面摊薄	加权平均
主营业务利润	13.32	13.44	0.294	0.294
营业利润	6.87	6.93	0.151	0.151
净利润	7.10	7.16	0.156	0.156
扣除非经常性损益后的净利润	6.78	6.84	0.153	0.153

注:按照《公开发行证券公司信息披露规范问答第1号—非经常性损益》的要求,确定和计算非经营性损益。

指标的计算方法参照《公开发行证券公司信息披露编报规则第九号》的规定。

4、报告期内股东权益变动情况及说明

项目	股本(股)	资本公积金	盈余公积金	法定公益金	未分配利润	股东权益合计
期初数	706,300,000	365,448,535.83	119,792,964.96	64,539,818.03	232,008,055.19	1,488,089,374.01
本期增加		749,915.83	11,046,987.43	11,046,987.43	45,997,899.43	68,841,790.12
本期减少						
期末数	706,300,000	366,198,451.66	130,839,952.39	75,586,805.46	278,005,954.62	1,556,931,164.13

变动原因:

(1)资本公积增加749,915.83元,其中接受捐赠增加79,826.00元,关联交易价差670,089.83元。

(2)盈余公积金与法定公益金增加系根据本公司章程规定,按本期实现净利润的10%,分别计提法定盈余公积金和法定公益金。

(3)未分配利润增加45,997,899.43元,系增加本期留存利润。

第三章 股本变动及股东情况

一、股份变动情况表

单位:万股

项　目	本次变动前	本次变动增减(+、-) 配股	送股	公积金转股	增发	其他	小计	本次变动后
一、未上市流通股份								
1、发起人股份								
其中:								
国家持有股份								
境内法人持有股份	25,582							25,582
境外法人持有股份								
其他								
2、募集法人股	406							406
3、内部职工股	18.226							18.226
4、优先股或其他								
未上市流通股份合计	26,006.226							26,006.226
二、已上市流通股份	44,623.774							44,623.774
1、人民币普通股								
2、境内上市的外资股								
境外上市的外资股								
其他								
已上市流通股股份合计	44,623.774							44,623.774
三、股份总数	70,630							70,630

二、股票发行与上市情况

1、近三年历次股票发行情况

1999年8月4日－15日,公司实施配股方案,即以1998年末总股本28,944万股为基数,向本公司全体股东实施每10股配售3股,实际配售6,371万股,其中向法人股股东配售1,220万股,向内部职工股股东配售2,751万股,向社会公众股股东配售2,400万股,配股价格为4.18元/股;其中向公众配售的2,400万股于1999年9月5日获准上市交易,向内部职工股股东配售的2,751万股随同内部职工股于2000年6月21日获准上市交易(董事、监事及高管人员锁定部分除外)。

2、本报告期内,公司没有因送股、转增股本、配股、增发等原因引起公司股份总数以及结构的变化。

3、截止报告期末,公司因董事、监事及高级管理人员持有的182,260股内部职工股锁定外,没有其它内部职工股。

三、股东情况介绍

1、本报告期末,公司股东总数为258937户。

2、前十名股东持股情况(2001年12月31日)

序号	名称	年末持股数量(股)	占总股本比例%	年度内增减(+、-)%	股份性质
1	青州造纸	71,400,000	10.11	－12.54	法人股
2	福建南纸	70,000,000	9.91	+9.91	法人股
3	国投机轻	58,440,000	8.27	0	法人股
4	福建轻纺	24,000,000	3.40	0	法人股
5	星光集团	18,600,000	2.63	+2.63	法人股
6	华兴信托	13,380,000	1.89	0	法人股
7	永安林业	4,000,000	0.56	0	法人股
8	扬子工会	2,719,172	0.38	/	流通股

9	俞汗清	1,012,000	0.14	/	流通股
10	唐巧能	719,000	0.10	/	流通股

说明：

⑴公司第二大股东、第四大股东、第五大股东之间存在关联关系。公司第四大股东福建省轻纺(控股)有限责任公司持有公司第二大股东福建省南纸股份有限公司70.256%的股份，且是公司第五大股东福建省星光造纸集团公司的全资控股公司。

⑵公司第一大股东福建省青州造纸有限责任公司以其持有的部分国有法人股计6,000万股质押给福建省南纸股份有限公司，质押期限为1999年5月17日至2002年12月31日止。持股5%(含5%)以上的其它法人股东所持股份未发生质押、冻结等情况。

3、公司控股股东或实际控制人情况

在本报告期内，由于公司股东福建省青州造纸有限责任公司将其所持有的部分股份协议转让给福建省南纸股份公司和福建省星光造纸集团公司(详见公司刊登于2001年5月25日和2001年11月22日的《中国证券报》、《上海证券报》公告)，而福建省南纸股份有限公司和福建星光造纸集团公司均为福建省轻纺(控股)有限责任公司的子公司，因此公司控股股东或者实际控制人为福建省轻纺(控股)有限责任公司。福建省轻纺(控股)有限责任公司是福建省国有资产受托管理单位，该公司注册资本为6亿元，成立于1997年10月23日，法定代表人为梁模先生，主营范围为经营授权的国有资产，对外投资经营、咨询、服务。

第四章　董事、监事、高级管理人员

一、董事、监事、高级管理人员基本情况

姓名	职务	性别	年龄	任职起止日期	年初持股(股)	年末持股(股)	年度报酬总额(元)	付酬单位
黄国英	董事长	男	47	2000.7－2003.7	33,800	33,800	0	股东单位
林　剑	副董事长	男	45	2001.7－2003.7	0	0	0	股东单位
周立成	副董事长	男	39	2000.7－2003.7	0	0	0	股东单位
刘天金	董事 总经理	男	49	2000.7－2003.7	13,000	13,000	40,658	青山公司
陈永泉	董事	男	59	2000.7－2003.7	40,300	40,300	34,156	青山公司
苏颖倩	董事	女	31	2000.7－2003.7	0	0	0	股东单位
唐福民	董事	男	51	2000.7－2003.7	0	0	0	股东单位
刘凯风	董事	男	48	2000.7－2003.7	0	0	0	股东单位
黄振光	董事	男	35	2000.7－2003.7	0	0	0	股东单位
张　玲	监事会召集人	女	38	2000.7－2003.7	0	0	0	股东单位
孙　毅	监事	女	46	2000.7－2003.7	0	0	0	股东单位
曲立新	监事	男	34	2000.7－2003.7	0	0	0	股东单位
陈文水	监事	男	38	2000.7－2003.7	0	0	25,786	青山公司
赵文修	监事	男	50	2000.7－2003.7	10,660	10,660	21,959	青山公司
吴冰文	副总经理	男	45	2000.7－2003.7	12,480	12,480	34,646	青山公司
张子珉	副总经理	男	40	2000.7－2003.7	0	0	33,730	青山公司
闫英华	总工程师	男	50	2000.7－2003.7	14,040	14,040	34,574	青山公司
陈炳生	董事会秘书	男	34	2000.7－2003.7	10,660	10,660	33,500	青山公司

董事、监事及高级管理人员在股东单位任职情况：

1、公司董事长黄国英先生在福建轻纺(控股)有限责任公司任董事、副总经理，福建省南纸股份有限公司董事长。

2、公司副董事长林剑先生在中国信达资产管理公司福州办事处任党委书记、主任，福建省青州造纸有限责任公司副董事长。

3、公司副董事长周立成先生在国投机轻有限公司任处长。

4、公司董事苏颖倩女士在国投机轻有限公司从事项目经营管理及重大项目资产重组工作。

5、公司董事唐福民先生在福建轻纺(控股)有限责任公司任产权管理部经理，福建省南纸股份有限公司董事。

6、公司董事刘凯风先生在福建轻纺(控股)有限责任公司任办公室主任。

7、公司董事黄振光先生在福建华兴信托投资公司投资部任经理。

8、公司监事张玲女士在福建轻纺(控股)有限责任公司任财务部经理，福建省南纸股份有限公司董事。

9、公司监事孙毅女士在福建轻纺(控股)有限责任公司任人事监察部副主任，福建省南纸股份有限公司监事。

10、公司监事曲立新先生在国投机轻有限公司计财部任副经理。

二、年度报酬情况

董事、监事和高级管理人员报酬的决策程序、报酬确定依据：2001年1－9月份在本公司领取薪酬的董事、监事、高级管理人员的年度报酬依据福建省人事厅和劳动厅有关工资管理及公司岗位技能工资标准、效益完成情况按月发放；2001年10－12月份在本公司领取薪酬的董事、监事、高级管理人员的年度报酬依据公司董事会审议通过的岗位工资标准按月发放。

现任董事、监事、高级管理人员在公司领取的年度报酬总额为259,009元，其中有两名董事在公司领取报酬，报酬总额为74,814元。

金额最高的前三名高级管理人员的年度报酬总额为109,878元人民币，高级管理人员报酬区间：3万元以下有2人，3万元以上有7人。公司董事、监事人员黄国英、林剑、周立成、苏颖倩、唐福民、刘凯风、黄振光、张玲、孙毅、曲立新均不在公司领取报酬。

三、董事、监事及高级管理人员变动情况

经2001年7月19日召开的公司2001年度第一次临时股东大会审议通过：公司董事张小麟先生因工作变动原因不再担任公司董事。大会选举林剑先生担任公司董事。

四、公司员工情况

截止2001年底，公司共有正式员工2,096人，其中具有各种专业技术职称的人员335人，占员工总数的16%，具有大专学历以上的员工占员工总数的13%，公司需承担费用的离退休职工人数为357人。

员工专业构成如下：

专　业	人数	比例
行政人员	188	9%
财务人员	40	1.9%
技术人员	311	14.8%
销售人员	45	2.2%
生产人员	1,512	72.1%

第五章　公司治理结构

一、公司治理情况

报告期内，公司严格按照《公司法》、《证券法》和国家有关法律法规的规定，不断完善公司法人治理结构，建立现代企业制度、规范公司运作。主要内容如下：

1、关于股东与股东大会：公司确保所有股东，特别是中小股东的平等地位，维护全体股东的权利。公司严格按照《股东大会规范意见》的要求召集、召开股东大会，尽可能让更多的股东参加股东大会。

2、关于控股股东与上市公司关系：控股股东行为规范，没有超越股东大会直接或间接干预公司的决策和经营活动；公司与控股股东在业务、人员、资产、机构、财务等方面分开，独立于控股股东；公司董事会、监事会和内部机构能够独立运作。公司关联交易公平合理，对定价依据披露充分。

3、关于董事与董事会：公司严格按照《公司章程》规定的董事选聘程序选举董事，实行累积投票制。公司董事会的人数和人员符合法律法规的要求。公司各位董事以认真负责的态度出席董事会和股东大会，熟悉有关法律法规，了解作为董事的权利、义务和责任，忠实、勤勉地履行职责。公司在报告期内，尚未设立独立董事，公司将根据有关规定在2002年6月30日前设立两名独立董事。

4、关于监事和监事会：公司监事会的人数和人员构成符合法律法规的要求。公司监事能够认真履行自己的职责，本着对全体股东负责的精神，对公司财务以及公司董事、总经理和其他高级管理人员履行职责的合法性、合规性进行监督。

5、关于相关利益者：公司充分尊重和维护银行和其他债权人、职工、其他合作方的合法权益，共同推动公司持续、健康的发展。

6、关于信息披露制度：公司董事会秘书负责信息披露工作，接待股东来访和咨询。公司严格按照法律法规和《公司章程》的规定，真实、准确、完整、及时地披露有关信息，并确保所有股东有平等的机会获得信息。

7、公司将根据规范化要求进一步修改、完善有关法人治理结构方面的规章制度，同时修改《公司章程》中的相关内容。

二、独立董事履行职责情况

报告期内，公司尚未设立独立董事，公司将根据中国证券监督管理委员会发布的《关于在上市公司建立独立董事制度的指导意见》的规定要求，在2002年6月30日前设立两名独立董事。

三、公司与控股股东在业务、人员、资产、机构、财务等方面分开的情况

1、业务独立：公司拥有独立的生产系统、辅助生产系统、配套设施，公司拥有独立完整的供应和销售系统，有独立的生产经营场所，公司业务上对控股股东福建省轻纺(控股)有限责任公司没有依赖性。

2、人员独立：公司在劳动、人事及工资管理等方面实行独立、经理、副经理及其它高级管理人员未有在控股股东单位领取报酬和担任重要职务。

3、资产独立：公司与控股股东产权关系明确，通过发起设立、资产收购等方式进入公司的资产，公司已及时办理妥资产权益过户等手续；公司独立制订生产设备、房屋建筑等固定资产，资产产权关系明确。公司拥有50年的土地使用权；公司拥有完整的工业产权，非专利技术等无形资产；公司纸袋纸产品使用的"青山牌"商标由福建省青州造纸有限责任公司拥有，而福建省青州造纸有限责任公司浆板产品使用本公司"青山牌"商标，公司与福建省青州造纸有限责任公司之间互不支付使用费用，公司正在就商标权属问题进行理顺。

4、机构独立：公司有独立的生产经营管理机构，与控股股东不存在"两块牌子，一套班子"的混合经营、合署办公的情况。

5、财务方面：公司设有独立的财务部门和财务人员，并建立独立的会计核算系统，制定独立的财务管理规定，子公司财务管理规定及内部审计制度。公司在银行独立开户，不存在与控股股东共用银行帐户的情况，公司办理了独立的国家和地方税务登记，公司的财务决策是依据相关财务制度和《公司章程》等规定的决策程序独立进行，不存在股东干预公司资金使用的情况。

四、公司绩效评价与激励约束机制

公司按照现代人力资源管理要求，形成了一套符合市场经济要求的激励约束机制，在人员使用上实行全员劳动合同制，在业务管理上实施全员目标责任管理。为激励公司经理及其它高级管理人员勤业、敬业，公司已建立经理及其它高级管理人员获酬制度，并经公司2001年6月18日的三届七次董事会审议通过并实施。

第六章　股东大会情况简介

报告期内，公司共召开年度股东大会1次、临时股东大会2次。

一、2000年年度股东大会

2001年5月22日，本次股东大会如期召开，决议公告刊登于2001年5月23日的《中国证券报》和《上海证券报》上。

二、2001年度第一次临时股东大会

2001年7月19日本次股东大会如期召开，决议公告刊登于2001年7月20日的《中国证券报》和《上海证券报》上。

三、2001年度第二次临时股东大会

2001年10月27日本次股东大会如期召开，决议公告刊登于2001年10月30日的《中国证券报》和《上海证券报》上。

第七章　董事会报告

一、报告期内公司经营情况

1、公司的主营业务范围及其经营情况

⑴公司属轻工业类制浆造纸企业，主营业务包括纸袋纸、卡纸系列纸品及其副产品的产销、碱电产品产销、精细化工医药产品产销等。报告期内，公司完成主营业务收入91,857.92万元，比上年同期增长3.70%，实现主营业务利润20,736.12万元，比上年同期增长5.46%。按产品分类构成分析情况如下：

品种	主营业务收入	比例%	主营业务成本	比例%	主营业务利润	比例%	毛利率
纸、卡系列纸品	45,601.89	49.64	38,538.48	54.64	6,684.38	32.23	18.33
碱、电产品	9,954.17	10.84	4,094.05	5.80	5,779.72	27.87	143.14
精细化工医药品	6,982.90	7.60	2,949.27	4.18	3,959.87	19.10	136.77

⑵报告期内，公司主营业务范围未发生变化，但由于公司年产15万吨卡纸生产线正式进入投产期，所以2001年纸卡系列纸品的主营业务收入比上一年度有较大幅增长，而且由于市场变化和新产品开发，在具体的产品品种上也与上年有较大的区别。

⑶报告期内，公司各项主营业务的经营状况概述如下：

纸、卡系列纸品方面：纸、卡系列纸品虽然同属包装用品，但由于具体的目标客户群和核心生产装备差异较大，两种产品在2001年的市场竞争中呈现出不同的特点：A、纸袋纸主要为工业水泥包装用品，近年来受到塑膜复合袋等包装替代品的市场冲击，国内该产品市场实际需求量已经从往年正常需求，80万吨/年下降至不足20万吨/年，尽管由于替代品对环境保护带来了极其不利的影响，国家为此在去年年初增收了相应的税费，但仍然无法遏制市场逐利行为，所以，纸袋纸市场需求容量仍在不断下降，纸袋纸行业全面复苏所需要的外部环境仍然没有形成，在十分不利的竞争环境下，公司凭借纸袋纸生产线核心装备技术和科研力量优势，着力于进一步优化原料结构，降低原料成本比例，同时狠抓新产品研发成果应用，以新产品、优质品不断促进带动市场营销开拓，主动细分产品市场，并积极拓展纸袋纸产品新的使用领域，开拓纸袋纸国外市场，去年，纸袋纸销售71,566.3吨；实现销售收入27,137.8万元，纸袋纸的市场占有率在2000年探底后已稳步上升。B、卡纸主要为轻工外贸进出口货物包装用品，其市场需求量受到国家外贸进出口额增长状况的直接影响，2001年，卡纸市场需求发生了重要变化，原先市场需求的主流品种—原浆含

量 60－70%的高强卡纸迅速被虽然物理强度指标稍差、但仍能符合包装功能需求、而且价格具有明显优势的普通卡纸(原浆含量 30%)所替代,高强卡纸市场需求量迅速从正常年份 100－200 万吨/年下降到不足 10 万吨/年。为顺应市场需求,公司启动内部科研力量,推出包含普通牛卡、挂面白卡、全木浆牛卡、瓦楞纸、蜂窝纸、档案纸等多个品种的新的产品组合,但由于整个国际经济形势在 9.11 后呈加速下滑趋势,外贸进出口额增长趋势进一步回落,卡纸包装需求下降,特别是受国内同行业新增产能抢占市场的抛售压力,产品销售价格屡创新低,给公司卡纸产品的产销带来很大压力。全年公司卡纸产品完成销售 76,801.3 吨,完成销售收入 18,464.1 万元,产品质量获得了市场的好评。

碱、电产品方面:由于碱回收系统及与其相配套的电力生产系统自身具备的强大装备技术优势和规模生产优势,虽然产品因市场需求不足、产量下降,吨碱成本较往年相比有所上升,但仍然取得了较好的经济效益和环保效益,全年共生产液碱 89,281 吨,完成销售收入 7,897.6 万元,实现收益 4,100 万元。

精细化工医药品:公司控股子公司—福建青山漳州香料有限公司通过先进有效的营销机制激励,主导产品"水仙牌"风油精、无极膏及拜尼多的市场销售网络不断扩张,产量和销量均稳步增长;同时对大宗原辅材料和包装材料实行招标制,实现采购成本同比下降 5%;印刷车间成为该公司新的利润增长点。该公司全年完成销售收入 6,982.9 万元,同比增长 26.1%,实现利润总额 1,704.5 万元,同比增长 19.66%,经济效益再创历史新高。

2、主要控股公司、参股公司经营情况及业绩

到目前为止,公司共有 7 个控股子公司,其中 3 个林场公司和福建青山漳州香料公司属于前次募股资金投资项目,将在募集资金使用情况章节中专项说明,其余公司的具体情况概述如下:

⑴ 福州保税区青嘉实业有限公司:公司注册资本 4,600 万元,本公司持有 95%股份,主营国际废纸进口代理业务、自营业务和系列纸品等产品的贸易经营,目前,该公司已成为福建省最大的废纸进口专业代理商,去年,该公司共代理废纸进口业务 13.8 万吨,完成贸易总额 9,863.1 万元,实现利润总额 530.99 万元。

⑵ 芜湖青山纸业商贸有限公司:公司注册资本 1,200 万元,本公司持有 95%股份。该公司主营纸、浆、卡系列纸品及其原辅材料如木材、燃料、化工等产品的贸易经营,报告期内,该公司实现贸易总额 20,651.79 万元,实现利润总额 2,499.55 万元。

⑶ 深圳镭波光电子有限公司:该公司于 2001 年 10 月 31 日注册成立,公司注册资本 3,000 万元,其中本公司出资 2,700 万元,占公司注册资本的 90%。至 2001 年 12 月底,公司已完成了工商、税务、银行、海关等登记、开户、备案工作。公司内部机构已设置财务部、行政人事部及技术开发等部门,目前已有职员 15 人,其中有 9 位工程技术人员。厂房及办工场所已租赁,目前正在装修,预计 2002 年 1 月底完成装修。公司生产设备的引进工作已完成商务谈判工作,正陆续签订合同,其中 TO 封装设备已全部到位,引进加拿大的 AWG 封装设备已支付加元 386 万元,目前公司工程技术人员正在加拿大验收该设备,该条生产线将于 2002 年 4 月份左右进口安装。国内配套设备也在加紧采购,首期两条生产线的建设工作预计于 2002 年 4－5 月完成,然后转入试生产。

⑷ 深圳市恒宝鼎投资有限公司:该公司注册资本为 4,000 万元,其中本公司出资 1,500 万元,占 37.5%的股权,且本公司的控股子公司福州保税区青嘉实业有限公司出资 1,000 万元,占 25%的股权,受让工商手续在 2002 年已完成,所以本公司实质上持有该公司 62.5%的股权。该公司 2001 年实现利润总额 2,966.2 万元。产业投资主要是投资深圳市恒宝通光电子有限公司 2,509 万元,投资深圳维震科技有限公司 700 万元,投资福建省惠泉啤酒(集团)股份有限公司 1,365 万元。

⑸ 中国科技国际信托投资有限责任公司:该公司注册资本为 57,243 万元,其中本公司出资 6,932.8 万元,溢价受让股份 4,952 万元,占该公司注册资本的 9.91%。该公司主营为金融证券业务,报告期内资产总额为 98.05 亿元,净资产 8.42 亿元,实现净利润 878.9 万元(未经审计)。

⑹ 福州开发区青榕纸品有限公司:该公司注册资本为 1,400 万元,其中本公司出资 550 万元,占该公司股本总额的 39.29%,该公司主营纸箱、纸袋的生产和销售,报告期末,公司资产总额为 3,007.86 万元,全年完成销售收入 1,832.98 万元,实现净利润－79.42 万元。

⑺ 福建省武夷山青竹山庄有限公司:该公司注册资本为 3,000 万元,其中本公司出资 750 万元,占该公司注册资本的 25%。公司地处国家旅游胜地武夷山,集旅游、度假、住宿、会议等多种功能,报告期内,公司资产总额为 4,000.9 万元,实现营业额 479.7 万元,实现利润总额－198.1 万元。

⑻ 重庆宝通光纤技术有限公司:该公司注册资本为 1,000 万元,其中本公司出资 300 万元,占该公司注册资本的 30%,该公司主要从事光纤通信过程中所需的各种元器件的研发生产销售。报告期内,该公司定位在产品研发为主,已提前系列 C 波段掺铒光纤放大器 EDFA 产品的研发工作,其中公司自有核心技术—采用高频 CO2 激光脉冲制造长周期光纤光栅的技术专利获得批准,低噪声 EDFA 产品样机通过国家信息产业部权威机构检验,"模块化低噪声 EDFA"项目成功获得了国家科技型中小企业技术创新基金。

3、主要供应商、客户情况

⑴ 报告期内,公司向排列前 5 名供应商合计采购的金额为 13,264.42 万元,占年度采购总额的 22.72%。

⑵ 报告期内,公司纸卡业务向排列前 5 名客户合计销售产品的金额为 19,073.35 万元,占公司该业务年度销售收入总额的33.29%。医药业务向排列前5名客户合计销售产品的金额为 2,944.01 万元,占公司该业务年度销售收入总额的 42.16%。

4、经营中出现的问题与困难及解决方案

⑴ 公司主营产品生产所需要的原材料木材因受国家"天然林保护工程"等实施因素影响,从中长期趋势看,市场供应总量下降。采取的措施:公司营林产业建设已取得重要突破,随着国家扶持促进林纸一体化建设优惠政策的推进和实施,公司将不断加大营林产业的投资力度;力争用 3－5 年的时间建设成营林总面积达 160－200 万亩,基本满足公司生产用材。

⑵ 卡纸生产线刚刚正式投入生产,就遇上产品销售市场发生重大逆转,销售价格不断下跌。

公司迅速启动内部研发力量,及时推出适应市场需求的新的产品组合,并充分利用装备技术和优质原料优势,不断拓展市场销售网络,创出自己的产品品牌形象。但由于该类产品属于国际化大宗包装原材料,国内国际市场竞争非常剧烈,经营状况仍然比较困难。

⑶ 纸袋纸产品市场仍然受到塑膜复合袋等水泥包装替代品的市场挤压,纸袋纸全行业经营状况进一步恶化。

公司凭借该产品生产线核心技术优势,坚持以新优产品主动积极细化市场,同时不断拓展纸袋纸产品新的应用领域,积极开拓国际出口市场,实现该产品的市场占有率稳步上升。

二、报告期内,公司投资情况

1、募集资金使用情况

公司于 1998 年度实施配股方案,共计实现募集资金 25,690 万元,截止 2000 年底止,已使用募集资金 23,784.5 万元,余额 1,905.5 万元延缓至本报告期内完成,至此,公司前次募集资金已全部使用完毕,具体使用情况如下:

承诺投资项目	承诺投资进度	承诺投资额	实际投资项目	实际投资进度	实际投资额
年产 5 万吨挂面白牛皮卡纸项目	2001.03.31	18,730 万元	不变	2000.07.18	18,730 万元
林纸结合建设 40 万亩股份制林场项目	2001.09.30	7,029 万元	不变	2001.04.18	5,960 万元
硫酸盐粗松节油精深加工项目	2001.03.31	4,000 万元	不变	1999.12.31	1,000 万元
硫酸盐粗木浆浮油精加工项目	2001.03.31	3,200 万元	缓投	/	/

项目进度及其收益状况:

⑴ 年产 5 万吨挂面白牛皮卡纸项目:该项目已于 2000 年 7 月 8 日竣工投入试生产,2001 年正式投入生产,它属于年产 10 万吨高强牛皮卡纸项目的扩产技改工程,所以项目完成后其实际生产能力为年产 15 万吨系列卡纸。2001 年,卡纸市场需求发生重大变化,特别是"9.11"事件后,世界经济下滑的趋势进一步明显,与国内国际市场外贸进出口额变化相关度较大的卡纸市场需求总量也不断萎缩,尤其是进出口商为了降低包装成本,降低包装档次,使得原高档卡纸市场需求量大幅下降,市场售价大幅下跌,面对严峻局面,虽然公司迅速推出新的产品组合,加大营销力度,不断强化内部管理,降低产品生产成本,实现产品销售 76,727.68 吨,创出了产品的质量品牌,并形成了比较稳定成熟的产品生产运营体系和市场销售网络,但全年仍然亏损 2,481 万元。

⑵ 林纸结合建设 40 万亩股份制林场项目:该项目包括 3 个子项目,目前共有营林面积 27.1 万亩,总蓄积量 75 万 m3,另已完成 7.7 万亩拟购并林场的森林资源调查、核查及评估工作。2001 年,该项目共完成间伐生产木材近 2 万 m3,实现利润总额 358 万元。

⑶ 硫酸盐粗松节油精深加工项目:该项目已于 2001 年上半年完成相关工程扫尾工作,于 2001 年 5 月 4 日、6 月 28 日和 9 月 12 日分别对烯醇精馏、烯烃精馏及 GT 精馏系统正式投料试车,报告期内,共生产二氢月桂烯醇、二氢月桂烯、r 蒎烯等香原料产品 180 吨,实现销售收入 105.7 万元。

⑷ 年处理万吨粗木浆浮油精加工项目

按照配股说明书承诺的投资顺序,该项目属于备选项目,由于前述 3 个项目募股资金已全部使用完毕,董事会决定暂缓投资该项目。

2、非募集资金使用情况

报告期内,公司非募集资金投资总额为 5,910 万元,比去年同期减少 54.8%,具体使用情况如下:

被投资公司名称	投资额	主营业务	权益比例	收益
福州保税区青嘉实业有限公司	570 万元	商贸	12.39%	137 万元
重庆宝通光纤技术有限公司	300 万元	光纤通讯元器件	30%	－48.5 万元
深圳市镭波光电子有限公司	2,700 万元	光电元器件	70%	/
福建省惠泉啤酒(集团)股份有限公司	2,340 万元	啤酒生产销售	3.27%	180 万元

三、报告期内,公司财务状况及经营成果

主要项目	2001 年	2000 年	增减%
总资产	2,349,532,673.76	2,289,015,555.67	2.64
长期负债	113,539,671.24	224,000,000.00	－49.31
股东权益	1,556,931,164.13	1,486,089,374.01	4.77
主营业务利润	207,361,188.81	196,629,564.11	5.46
净利润	110,469,874.29	127,969,557.45	－13.67

变动原因说明:

1、总资产比上年增加 2.64%,主要系本年增加林木资产 8,579 万元。

2、长期负债比上年减少 49.31%,系还贷 4,400 万元及转一年内到期长期负债 8,745 万元。

3、股东权益增加 4.77%,系增加本年净利润。

4、主营业务利润增加 5.46%,主要系本年主要产品销售总量增加。

5、净利润减少 13.67%,主要系本期期间费用开支增加,投资收益减少所致。

四、生产经营环境及宏观政策、法规变化对公司产生的影响

1、2001 年内,为了扶持促进"林纸一体化"工作的全面发展,国家计委、财政部和国家林业局先后发出《关于造纸原料林基地建设若干意见的通知》(计办[2001]141 号文)、《关于造纸原料林基地建设的指导意见》、《财政部、国家税务总局关于林业税收政策的通知》(财税[2001]171 号),调低育林费和维简费上缴比例,降低特产税的计征价水平,经省政府批准并可暂免所得税多项优惠扶持政策。随着这些项目的逐步实施,公司原料采购成本将进一步下降,同时,公司控股的多个林场子公司也将得到更快的发展,为公司带来更好的投资收益。

2、2001 年初,国家出台了对水泥包装替代品复膜袋等加收 20%税费的抑制政策,这为公司的主营产品纸袋纸的生存发展创造了一定条件,但由于替代品的成本仍然很低,很难从根本上抑制这一不利于环境保护和可持续发展的塑膜复合袋的大量倾销,事实证明,报告期内,纸袋纸全行业的经营环境进一步严峻。

3、中国加入 WTO,特别是美国"9.11"事件后,国家外贸进出口增长趋势下滑,国内卡纸市场需求萎缩,加上国外产品凭借其原料成本优势和规模效益优势不断涌入国内市场,且国内多条卡纸生产线先后投产抛售,使得国内卡纸生产总量的上升幅度高于卡纸市场需求增长幅度,卡纸市场供大于求,剧烈竞争的格局已经出现,公司刚刚正式投入生产的卡纸生产正面临市场严峻考验。

五、新年度经营计划

2002 年,在主营产品方面,公司将继续以降低产品成本、增强市场综合竞争能力为核心,在管理、技术和规模效益等各个环节全力推进,同时,进一步加强公司配股增资工作力度,促进公司产业结构调整优化。具体经营目标及其措施如下:

1、纸、卡系列纸品方面

今年计划产销系列纸品 20 万吨,其中纸袋纸生产线计划生产 8 万吨,卡纸生产线计划生产 12 万吨。卡纸生产线经过一年来的运行摸索,已经形成了一套比较完整的生产管理体系,创立了自己的品牌形象,并具备了一定的市场销售网络,今年工作的重点:一是继续以营销为龙头,以新品研发为动力,努力推进生产设备的满负荷运转,为实现规模效益,降低吨纸摊销成本,增强综合竞争力创造条件;二是突出管理机制创新,眼睛向内,狠抓现场工艺技术管理,杜绝跑冒滴漏等浪费现象,实现节能降耗,继续促进加工成本的有效回落;三是重视原辅材料特别是大宗废纸采购成本控制,促进产品原料成本比例的不断下降。纸袋纸生产线已经经过多年的运行实践,其各项经济指标已经处于国内同类纸机先进水平,今年其工作重点:一是继续依托科技创新,着重做好杉木浆、废纸浆和商业木片浆的配比技术攻关,为减少木材用量、扩大原料适应范围、降低生产成本、增强产品市场竞争力创造条件;二是积极主动细分市场,研究发展纸袋纸新的应用领域,不断拓展产品应用范围,扩大产品生存发展空间;三是积极开拓国际市场,缓解国内市场需求不足压力。

2、碱、电产品方面

今年计划产碱 92,122 万吨,发电 25,080 万 KWH。碱电联产系统依赖本身强大的装备技术优势,能够实现产品加工成本低廉、品质优良、经济效益和环保效益兼顾等多项指标,但是,由于公司向福建省青州造纸有限责任公司销售碱电产品属于关联交易,根据 2001 年 12 月 21 日财政部关于印发《关联方之间出售资产等有关会计处理问题暂行规定》的通知精神,关联交易收益确认原则上不能超过该产品成本的 20%,余额部分只能计入资本公积金,所以,2002 年公司碱电产品的利润贡献将大幅缩减,并直接影响到公司主营业务的整体创利水平。

3、精细化工医药产品方面

今年计划产销"水仙牌"风油精 4,000 万瓶、无极膏及拜尼多 1,750 万支,完成销售收入 6,982.9 万元,实现主要原辅材料采购成本降低 5%以上。今年工作的重点:以市场为导向,调整优化销售责任区域,加大考核力度,修订并完善营销政策,进一步调动营销人员积极性,不断扩大和提高产品市场覆盖面,确保销售收入稳中有升,进一步完善经济责任制和物资采购招投标制度,建立科学的物资储备管理制度,减少物资库存和资金占用,实现挖潜节能增效目标,抓好项目 GMD 改造和认证工作,开发新产品,做好发展项目储备。

4、营林方面

营林业作为公司重要的产业支柱,是基本满足公司主要原料需求、缓解公司原料供应制约、实现公司持续稳定发展的基础产业,也是国家扶强扶优的绿色环保产业,公司将在认真做好已设

立项目的林业生产、防护和培育的基础上，通过就地就近滚动发展模式，进一步扩大营林面积；同时，合理组织安排熟林成过轮伐，并通过集约化经营方式，科学栽培，科技育林，充分应用林木培育的最新科研成果，促进营林产业早出效益、出好效益。

5、光电子产业：公司将在已投资的深圳市恒宝通光电子有限公司、深圳镭波光电子有限公司和重庆宝通光纤技术有限公司的基础上，加大投资力度，夯实基础，加强管理，提高效益，形成集合优势，加快光电新产品和高端光电子芯片的开发进度，为公司的产业转型奠定基础。

6、继续做好扩股增资的各项准备工作，力争实现扩股增资。在募集资金到位后，公司将按照承诺的投资方向和进度要求，做好项目的各项工作，力争尽快使之形成公司新的利润增长点。

六、公司董事会日常工作情况

1、报告期内，公司董事会共召开了6次会议，具体是：

⑴ 2001年3月5日，召开三届五次董事会会议

⑵ 2001年4月17日，召开三届六次董事会会议

⑶ 2001年6月18日，召开三届七次董事会会议

⑷ 2001年7月19日，召开三届八次董事会会议

⑸ 2001年7月24日，召开三届九次董事会会议

⑹ 2001年9月26日，召开三届十次董事会会议

上述会议决议公告均在《中国证券报》和《上海证券报》上公开披露，并在上海证券交易所网站(http://www.sse.com.cn)披露了相关文件的全文。

2、董事会对公司股东大会决议的执行状况

配股增资议案(每10股配2.5股，每股价格4－5元)尚未实施完毕，仍在继续申报过程中，其它议案均已按照规范程序实施完毕。

3、董事会的日常工作均按照有关法规和公司章程的规定办理，无超越权限和少数董事代替董事会行使权力的情况，凡属公司章程规定的事项，均召开董事会会议审议决策。

七、2001年度利润分配和公积金转增股本预案

经福建华兴有限责任会计师事务所审计，2001年度公司实现净利润110,469,874.29元，提取10%法定公积金11,046,987.43元，提取10%法定公益金11,046,987.43元后，加上期初未分配利润232,008,055.19元，本年度可供分配利润320,383,954.62元。董事会决定本次利润分配预案为：拟以2001年末总股本70,630万股为基数，向全体股东每10股派发现金红利0.60元(含税)，共派发42,378,000.00元，剩余278,005,954.62元结转以后年度分配。

上述分配预案尚须经公司2002年年度股东大会审议通过后方能实施。

八、2002年利润分配政策

1、公司在2002年度结束后进行一次利润分配。

2、公司2002年度实现净利润用于股利分配的比例不少于10－20%。

3、公司2001年末未分配利润暂不分配。

4、公司2002年度利润分配将以派发现金为主。

5、公司2002年度拟不进行资本公积金转增股本。

6、公司2002年分配政策为预计方案，董事会保留根据公司实际情况对该分配预案进行适当调整的权利。

第八章　监事会报告

2001年公司监事会依据《公司法》、《证券法》等有关法律、行政法规、规章和《公司章程》的规定，认真履行法律法规以及公司章程赋予的权力和责任，通过列席公司股东大会、董事会，掌握公司持续经营的动态，检查公司财务，审阅公司重大经营、投资、购并等活动相关的文件，监督董事会、经理层等高管人员履职情况，较好地保证公司规范化运作，并维护全体股东特别是中小股东的利益。

一、报告期内，监事会共召开了4次会议，具体如下：

1、2001年3月5日，召开三届三次监事会会议，会议审议并通过如下决议：

⑴ 审议通过了《公司2000年度监事会工作报告》

⑵ 审议通过了《公司2000年度报告正文和摘要》

⑶ 审议通过了《公司2000年度财务决算报告》

⑷ 审议通过了《公司2000年度利润分配预案》

2、2001年4月17日，召开三届四次监事会会议，会议审议并通过如下决议：

⑴ 同意公司《关于前次募集资金使用情况的说明》

⑵ 审议通过了《关于审查公司配股资格的议案》

⑶ 审议通过了《关于公司2001年度增资配股的议案》

⑷ 审议通过了《关于配股募集资金使用可行性的议案》

⑸ 同意召开公司2001年度股东大会

3、2001年6月18日，召开三届五次监事会会议，会议审议并通过如下决议：

⑴ 审议通过了《关于投资设立深圳市镭波光电子有限公司的议案》

⑵ 审议通过了《关于转让中科大讯飞软件科技有限公司股权的议案》

⑶ 审议通过了《关于公司受让增持福州保税区青嘉实业有限公司的议案》

⑷ 听取《关于张小麟先生拟辞去公司董事、副董事长职务的议案》

⑸ 听取《关于拟增补林剑先生为公司董事的议案》

⑹ 同意《召开公司2001年度第一次临时股东大会》

4、2001年7月24日，召开三届六次监事会会议，会议审议并通过了如下决议：

⑴ 审议通过了《公司2001年度中期报告正文及摘要》

⑵ 审议通过了《公司资产减值准备内控制度的补充规定》

⑶ 审议通过了《关于计提固定资产减值准备的报告》和《关于计提在建工程减值准备的报告》

上述会议决议均及时完整地在《中国证券报》和《上海证券报》上公开披露。

二、监事会对公司2001年度的工作发表下述独立意见

1、报告期内，公司依法治理和规范化运作水平有了新的提高，基本符合《上市公司治理准则》的要求，公司各项决策的程序均合法有效，董事会、经理层及其他高管人员在履行公司职务中，无违反法规、《公司章程》及损害公司利益的行为，也未受过行政主管部门和证券监管部门的批评和处罚。

2、通过检查公司财务状况，公司无违反有关法规和会计准则、企业财务制度的状况，公司在实施内部节能降耗管理、执行工程项目招投标、大宗原辅材料比价招标采购、降本节支等方面取得了一定成效。福建华兴有限责任会计师事务所出具公司2001年度财务审计报告，真实地反映了公司财务状况及经营成果。

3、关于配股募集资金投入使用的情况

公司于1999年8月实施配股增资方案，实际募集资金25,696万元，其中1999年度完成投入14,000万元，2000年度完成投入9,780万元，余额1,916万元延续到本报告期内完成，到目前为止，已全部按照配股承诺投入额度和方向完成前次募股资金使用，具体情况如下：

⑴ 投入18,730万元建设年产5万吨挂面白牛皮卡纸项目。项目已于2000年7月份竣工投入生产，2001年正式投入生产，由于2001年国内卡纸市场需求发生重大变化，公司董事会和经营层在该项目尚未形成自己的竞争优势的情况下，及时调整思路，积极主动推出适应市场需求的新的产品组合，在市场树立起"青山牌"卡纸的质量品牌形象，但由于该类产品市场竞争异常激烈，原料和产品运输成本较高，导致该项目全年亏损2,481万元。监事会认为，公司经营层应继续在内部管理、节能降耗等环节抓紧抓好，以期尽快扭转竞争劣势。

⑵ 投入5,960万元建设营林股份制林场项目。该项目的启动实施以及后期公司即将继续投入的营林产业项目，将构成公司重要的产业支柱，将为公司从根本上缓解原料供应瓶颈创造条件。

⑶ 硫酸盐粗松节油精深加工项目。该项目已于2001年上半年完成工程各项建设安装工作，并分别于5月、6月和9月对三套主要精馏装置进行投料试生产，报告期内已完成销售收入105.7万元，由于仍处于试生产阶段，且原料成本较高，实现净利润为－204.8万元。公司监事会认为，虽然目前该项目产品市场需求较好，但由于不具有规模优势，且与国际先进水平比较，工艺处理能力上仍处弱势，所以应该从工艺、规模、管理等各个环节进一步充分整合优化。

⑷ 年处理万吨粗木浆浮油精深加工项目。由于产品市场前景发生变化，且募集资金也已基本使用完毕，监事会认为公司董事会停止该项目投入是正确合理的。

4、关于关联交易问题

报告期内，按照公司与大股东福建省青州造纸有限责任公司在2000年度签订的《浆板购销协议》、《液浆购销协议》、《碱电产品让售协议》有关条款，继续向福建省青州造纸有限责任公司销售碱、电产品并购买液浆、浆板产品。监事会认为，该关联交易以市场化为原则，协议条款内容公平公正，没有损害上市公司利益。

5、关于公司收购、出售资产方面

公司董事会在2001年6月18日的三届五次董事会上，审议通过了《关于转让中科大讯飞软件科技有限公司股权的议案》和《关于公司受让增持福州保税区青嘉实业有限公司的议案》并随后实施，监事会认为这是公司优化产业结构的必然行为，在转让和受让过程中，未发现内幕交易、题材炒作等问题，交易决策的过程和程序合法，文件齐全，无损害其他股东权益和造成公司资产流失的情况。

第九章　重要事项

一、报告期内，公司无重大诉讼、仲裁事项。

二、报告期内，公司收购及出售资产、吸收合并事项

1、资产收购

2001年6月18日，公司董事会决议出资570万元增持福州保税区青嘉实业有限公司股份，增持后，公司共计持有福州保税区青嘉实业有限公司股份4,370万元，占其注册资本的95%，该资产收购已于2001年9月13日交割，并按相关法规和程序完成了《公司章程》和营业执照变更。公司在实施上述资产收购过程中，继续保持了该企业整体业务以及管理层的连续性和平衡过渡，未对该公司生产经营造成负面影响。

收购后的福州保税区青嘉实业有限公司2001年共完成贸易额9,863.1万元，利润总额530.99万元，由于收购部分所占比例不大，报告期内对公司的盈亏无明显影响。

2、资产出售

2001年6月18日，公司董事会决议转让公司持有的中科大讯飞软件科技有限公司39%股权共计936万元，转让价格以公司原投资总额1,076.4万元上浮20%比例确定，即股权转让价总额为1,291.68万元。本次股权转让完成后，公司不再持有中科大讯飞软件科技有限公司的股份。

3、吸收合并

报告期内，公司无吸收合并事项。

三、报告期内，发生的重大关联交易事项

1、购销商品、提供劳务发生的关联交易

⑴ 本公司向关联方销售货物

关联方名称	交易内容	交易价格	交易金额(含税)
福建省青州造纸有限责任公司	液碱	1321元/吨	93,056,885.65元
福建省青州造纸有限责任公司	电	0.50元/kwh	24,190,971.48元
福建省青州造纸有限责任公司	木材	市场价	75,215,272.32元
福建省青州造纸有限责任公司	辅材	计划价加材料成本差异	6,593,311.24元

⑵ 本公司向关联方购买货物并提供劳务

关联方名称	交易内容	交易价格	交易金额(含税)
福建省青州造纸有限责任公司	浆板	3105元/吨	210,640,104.85元
福建省青州造纸有限责任公司	液浆	2333元/吨	27,521,013.23元

2、资产、股权转让发生的关联交易

报告期内，公司无资产、股权转让发生的关联交易。

3、公司与关联方(含未纳入合并范围的子公司)存在股权、债务往来、担保等事项的，应该披露形成的原因及其对公司的影响：

⑴ 福建省泰宁青杉林场有限责任公司为扩大生产规模，购并新的林场需大量资金，公司为其1,000万流动资金贷款提供担保。

⑵厦门中坤化学有限公司正处于建设试生产的关键期，需大量资金，公司为其长期借款1,600万元和1,800万元流动资金借款提供担保。

⑶ 截止2001年底，公司为第二大股东福建省南纸股份有限公司长期借款26,000万元和流动资金借款9,100万元提供担保，原因是该公司与本公司是签订有互保协议的长期合作的单位。在该公司因受让股权成为本公司第二大股东之后，该公司已书面承诺将在2002年度内逐步解除我公司对该公司的所有担保责任。

⑷ 截止2001年底止，公司第一大股东福建省青州造纸有限责任公司因业务往来结欠公司应收帐款41,289,265.31元；同时，在签署《液浆购销协议》、《浆板购销协议》时预付的货款余额为56,748,657.70元，将继续在合同期限内以货冲抵。

4、其它重大关联交易

关联交易事项之一：支付维修费

根据本公司与福建省青州造纸有限责任公司签订的《综合服务协议》规定，机械、电器维修按定额标准计价，2001年本公司向福建省青州造纸有限责任公司支付维修服务费3,646,528.34元。

关联交易事项之二：收取污水处理费用

按本公司与福建省青州造纸有限责任公司签订的《综合服务协议》规定，2001年公司按实际成本向福建省青州造纸有限责任公司收取污水处理费用7,150,303.52元。

关联交易事项之三：让售辅助材料

2 001年，福建省青州造纸有限责任公司向本公司购用辅助材料，按实际采购价结算金额6,593,311.24元。

关联交易事项之四：公司与福建省青州造纸有限责任公司签订《商标使用许可合同》，合同约定，福建省青州造纸有限责任公司许可本公司使用其拥有的核定使用商品为纸袋纸的"青山牌"注册商标(注册号：第220665号)；本公司许可福建省青州造纸有限责任公司使用其拥有的核定使用商品为木浆的"青山牌"文字及图形注册商标(注册号：第788330号和第1074088号)。本合同约定的商标使用费与本公司应当向福建省青州造纸有限责任公司支付的商标使用费互相抵销，双

方互不向对方支付商标使用费。

四、报告期内,公司重大合同及其履行情况

1、公司无托管、承包、租赁其他公司资产,也不存在其他公司托管、承包、租赁上市公司资产的事项。

2、公司对外担保事项

关联方名称	担保金额	期　　限
福建省南纸股份有限公司	8,100万元	2000.02.03-2005.11.26
福建省南纸股份有限公司	2,900万元	2000.01.20-2005.04.21
福建省南纸股份有限公司	6,000万元	1999.12.16-2005.10.26
福建省南纸股份有限公司	5,000万元	1999.11.26-2005.01.16
福建省南纸股份有限公司	1,000万元	1998.09.30-2002.09.30
福建省南纸股份有限公司	3,000万元	2001.03.30-2005.03.29
福建省南纸股份有限公司	5,000万元	2000.09.08-2002.09.07
福建省南纸股份有限公司	1,000万元	2001.02.27-2002.02.26
福建省南纸股份有限公司	1,000万元	2001.03.14-2002.03.13
福建省南纸股份有限公司	400万元	2001.03.09-2002.02.09
福建省南纸股份有限公司	500万元	2001.02.14-2002.02.14
福建省南纸股份有限公司	500万元	2001.08.20-2002.07.20
福建省南纸股份有限公司	700万元	2001.07.10-2002.07.10
厦门中坤化学有限公司	1,600万元	1999.12.14-2003.12.14
厦门中坤化学有限公司	500万元	2001.05.24-2002.02.28
厦门中坤化学有限公司	500万元	2001.05.08-2002.02.08
厦门中坤化学有限公司	800万元	2001.12-2002.12
福州保税区青嘉实业有限公司	2,000万元	2001.06.18-2002.06.18
福建省泰宁青杉林场有限责任公司	200万元	2000.09.30-2003.09.29
福建省泰宁青杉林场有限责任公司	500万元	2000.09.30-2001.
福建省泰宁青杉林场有限责任公司	300万元	2000.09.13-2003.09.13
福建省漳平青菁林场有限责任公司	500万元	2001.10.19-2002.09.18
福建省青山漳州香料有限公司	300万元	2001.06.08-2002.06.08
福建省青山漳州香料有限公司	100万元	2001.04.18-2002.04.18
福建省青山漳州香料有限公司	400万元	2001.12.20-2002.05.20
福建省青山漳州香料有限公司	1,000万元	2001.09.20-2002.09.19
合　　计	43,800万元	

3、委托他人进行现金资产管理事项

报告期内,公司无委托他人进行现金资产管理事项,目前也没有委托理财计划。

4、公司无其他重大合同

五、报告期内,公司或持股5%以上股东承诺事项

公司第二大股东—福建省南纸股份有限公司于2001年8月20日和2002年1月28日向本公司出具书面承诺函,承诺如下:

1、《关于避免同业竞争的承诺函》

在该公司持有本公司股份期间,该公司将不在中国境内外以任何形式从事与本公司主营业务或者主要产品相竞争或者构成竞争威胁业务活动。

2、《关于解除福建省青山纸业股份有限公司为福建省南纸股份有限公司贷款担保之承诺函》

由于因为在福建省南纸股份有限公司于2001年11月22日因受让福建省青州造纸有限责任公司股份成为本公司股东之前,公司与福建省南纸股份有限公司是长期的贷款互保合作单位,签有互保协议。在福建省南纸股份有限公司成为本公司股东之后,按照上市公司不能为股东及股东下属单位提供贷款担保的规定,为解除本公司对福建省南纸股份有限公司的担保责任,福建省南纸股份有限公司特此出函承诺。

⑴ 截止2001年12月31日,福建省青山纸业股份有限公司为福建省南纸股份有限公司提供贷款担保35,100万元。其中长期贷款26,000万元,短期贷款9,100万元。

⑵ 福建省青山纸业股份有限公司为福建省南纸股份有限公司提供的短期贷款担保9,100万元,福建省南纸股份有限公司承诺于2002年1月、2月、3月、7月、9月贷款到期时陆续解除,其中:2002年1月解除500万元、2月解除1,400万元、3月解除1,000万元、7月解除1,200万元、9月解除5,000万元。

截止2002年3月21日止,已陆续解除本公司短期贷款担保责任4,100万元,短期贷款担保金额5,000万元。

⑶ 福建省青山纸业股份有限公司为福建省南纸股份有限公司提供的长期贷款担保26,000万元,该贷款系为经工商银行总行批准通过当地支行提供的贷款,变更担保人须经工商银行总行批准,因此解除担保需要一定的时间。福建省南纸股份有限公司正在积极争取债权银行的同意以解除福建省青山纸业股份有限公司的担保责任,2002年1月28日,中国工商银行福建省分行以工银闽综[2002]27号文批复同意福建省南纸股份有限公司26,000万元项目贷款变更贷款担保主体,由福建省永安林业股份有限公司担保19,000万元,其余7,000万元项目贷款由福建省南纸股份有限公司拥有的福建省青山纸业股份有限公司7,000万股股权质押。福建省南纸股份有限公司承诺在2002年底全部解除福建省青山纸业股份有限公司为福建省南纸股份有限公司的贷款担保。

2002年3月21日,福建省南纸股份有限公司已就解除本公司为其长期贷款19,000万元的担保责任与福建省永安林业(集团)股份有限公司正式签订担保责任主体替换合同。

六、报告期内,公司董事会及董事没有受到中国证券监督管理委员会稽查、行政处罚、通报批评及上海证券交易所公开遣责的情况。

1999年12月20日,中国证券监督管理委员会福州特派办发出《关于限期整改的通知》,要求我公司就有关事项做出整改,公司于2000年1月11日就通知中的有关事项作出整改并递交《关于整改方案的报告》,随着公司运作的进一步规范以及大股东债转股方案的落实实施,公司又于2001年5月10日递交了《关于整改方案的补充报告》。

七、报告期内,公司继续聘任福建华兴有限责任会计师事务所作为公司法定的财务审计机构,无变更和解聘会计师事务所情况。

1、支付会计师事务所报酬(单位:万元)

科　　目	2001年度	2000年度
年度财务审计费用	45	50
中期财务审计费用		20
差旅费承担方式	由公司承担	由公司承担

八、报告期内,公司未发生《证券法》第62条、《公开发行股票公司信息披露实施细则》(试行)第17条所列的重大事件或除上述之外董事会判断为重大事件的其他事项。

第十章　财务会计报告

一、审计报告

闽华兴所(2002)审字D-025号

福建省青山纸业股份有限公司:

我们接受委托,审计了贵公司2001年12月31日资产负债表和合并资产负债表、2001年度利润及利润分配表和合并利润及利润分配表、2001年度现金流量表和合并现金流量表。这些会计报表由贵公司负责,我们的责任是对这些会计报表发表审计意见。我们的审计是根据中国注册会计师独立审计准则进行的。在审计过程中,我们结合贵公司实际情况,实施了包括抽查会计记录等我们认为必要的审计程序。

我们认为,上述会计报表符合《企业会计准则》和《企业会计制度》的有关规定,在所有重大方面,公允地反映了贵公司2001年12月31日的财务状况和2001年度经营成果及现金流量情况。会计处理方法的选用,遵循了一贯性原则。

福建华兴有限责任会计师事务所　　中国注册会计师:刘延东

中国注册会计师:肖　军

中国·福州　　二○○二年三月十九日

二、会计报表

(详见附表)

三、会计报表附注

1、会计政策变更及影响

本公司原执行《股份有限公司会计制度》,根据财政部财会[2000]25号文及财会[2001]17号文的规定,本公司自2001年1月1日起执行《企业会计制度》及其补充规定,并改变以下会计政策:

① 期末固定资产原按帐面价值计价,现改为按帐面价值与可收回金额孰低计价,对可收回金额低于帐面价值的差额,计提固定资产减值准备。

② 期末在建工程原按帐面价值计价,现改为按帐面价值与可收回金额孰低计价,对可收回金额低于帐面价值的差额,计提在建工程减值准备。

③ 期末无形资产原按帐面价值计价,现改为按帐面价值与可收回金额孰低计价,对可收回金额低于帐面价值的差额计提无形资产减值准备。

④ 期末委托贷款原按历史成本计价,现改为按委托贷款本金与可收回金额孰低计价,对可收回金额低于本金的差额,计提委托贷款减值准备。

⑤ 开办费原按5年期摊销,现改为开始生产经营当月损益处理,计入当期损益。

上述会计政策变更采用追朔调整法的累计影响数为86,972,670.26元,其中:因固定资产计价方法变更的累积影响数为85,642,294.30元,因在建工程计价方法的变更累积影响数为546,963.50元,因开办费摊销方法变更的累积影响数为783,412.46元。由于会计政策变更使公司期初未分配利润累积减少69,578,136.20元,盈余公积减少17,394,534.06元(其中:调减1998年度的净利润47,861,081.63元,调减1999年度净利润783,412.46元,调减2000年度净利润38,328,176.17元)。

2001年年度报告"资产负债表"中"固定资产减值准备"、"固定资产净额"、"盈余公积"、"未分配利润"等项目的期初数与2001年中期报告披露的期初数不一致(中期未经审计),系因中期时间仓促,无法对公司固定资产做到全面详查,按实计提减值准备。故期末公司重新组织各生产分厂、部门对照会计制度规定,逐项进行较为全面核查。经认真查实,确还有一批固定资产实质上已发生了减值,为此,期末再补提固定资产减值准备65,041,940.94元,同时结转挂帐待摊的开办费781,444.26元,并作追溯调整。

2、重大会计差错更正的说明

本公司在1998年年报中将福建永安林业(集团)股份有限公司派发的股票股利270万股,按1元/股确认投资收益。按《企业会计准则--投资》的有关规定,股票股利不应作为一种收益确认。公司原本应在2000年进行调整期初留存收益,因工作疏忽延至本期才更正处理。调减1998年净利润2,700,000.00元,即调减2001年期初未分配利润2,160,000.00元,盈余公积540,000.00元及相关的长期股权投资2,700,000.00元。

公司本报告期新增按权益法核算的子公司"厦门中坤化学有限公司"于2001年6月完工投入试生产,由于该公司是建设的同时搞产品研制开发,将该期间发生的研发费计入待摊投资。根据《企业会计制度》规定,企业自行新产品研发费用,应直接计入当期损益,故本期作重大会计差错处理,并进行追溯调整,调减2001年期初未分配利润1,059,352.33元,盈余公积264,838.08元,以及相关的长期股权投资1,324,190.41元。

3、其他说明

本公司控股子公司福建青山漳州香料有限公司,因漳州市财政将原2000年应返还1999年所得税30万元,改为财政技改补贴款。按会计制度作相应帐务调整。即调减2001年期初未分配利润156,000.00元,盈余公积39,000.00元,调增资本公积195,000.00元,以及相应的损益科目。

4、合并报表范围发生变化内容原因

本公司报告期内合并财务报表范围新增:

① 本公司2000年7月份投资1,054.5万元,占60%的股权,合资设立福建省泰宁青杉林场有限责任公司。

② 本公司2000年11月份投资3,000万元,占60%的股权,合资设立福建省漳平青菁林场有限责任公司。

③ 本公司2001年5月份投资2,400万元,占60%的股权,合资设立福建省明溪青珩林场有限责任公司。

5、资产负债表日后事项

截止2002年3月21日,本公司为福建省南纸股份有限公司提供贷款担保责任解除进展如下:

短期贷款部分:已解除担保责任4100万元。

长期贷款部分:原福建省南纸股份有限公司承诺由福建省永安林业(集团)股份有限公司替换担保主体的19000万元,已于2002年3月21日由福建省南纸股份有限公司与福建省永安林业(集团)股份有限公司正式签订担保主体替换合同。

第十一章　备查文件

包括下列文件:

一、载有董事长亲笔签名的中期报告文本;

二、载有法定代表人、主管会计工作负责人(如设置总会计师,需为总会计师)、会计机构负责人(会计主管人员)签名并盖章的会计报表;

三、报告期内在中国证监会指定报刊上公开披露过的所有公司文件的正本及公告原稿;

四、公司章程;

五、其他备查文件

文件存放地:福建省青山纸业股份有限公司投资部

福建省青山纸业股份有限公司

二○○二年三月二十二日

资 产 负 债 表

编制:福建省青山纸业股份有限公司　　2001 年 12 月 31 日　　单位:人民币元

项　　目	行次	年初数(合并)	期末数(合并)	年初数(母公司)	期末数(母公司)
流动资产:					
货币资金	1	404,271,436.23	306,527,391.28	204,807,258.36	250,110,501.49
短期投资	2	81,908,904.08	29,354,869.44	32,150,348.86	859,410.00
应收票据	5	48,646,961.61	92,276,094.54	22,937,052.33	88,806,094.54
应收股利	6		2,383,220.00		2,383,220.00
应收利息	7				
应收账款	8	101,314,331.13	148,167,737.74	66,912,420.03	137,538,098.85
其他应收款	9	31,562,569.77	105,432,976.09	23,015,689.27	20,674,216.78
预付账款	12	240,252,946.69	174,218,740.18	359,355,120.39	188,862,807.92
应收补贴款	14	215,667.26	295,384.57		295,384.57
存货	15	178,579,868.08	210,886,602.66	159,045,181.64	185,741,805.85
待摊费用	18	125,745.64	135,166.95		
一年内到期的长期债券投资	19		3,544,826.93		3,544,826.93
其他流动资产	20				
流动资产合计	21	1,086,878,430.49	1,073,223,010.38	868,223,070.88	878,816,366.93
长期投资:	22				
长期股权投资	23	193,032,317.13	200,913,957.41	321,491,730.73	378,412,007.20
长期债权投资	24	3,336,058.57		3,336,058.57	
长期投资合计	25	196,368,375.70	200,913,957.41	324,827,789.30	378,412,007.20
固定资产:	26				
固定资产原值	27	1,083,075,786.71	1,543,955,378.33	1,025,568,384.50	1,486,451,236.76
减:累计折旧	28	427,537,458.20	498,165,382.16	409,948,909.15	478,729,602.54
固定资产净值	29	655,538,328.51	1,045,789,996.17	615,619,475.35	1,007,721,634.22
减:固定资产减值准备	30	86,735,333.13	85,872,150.94	84,541,906.35	84,751,906.35
固定资产净额	31	568,802,995.38	959,917,845.23	531,077,569.00	922,969,727.87
工程物资	32	3,108,800.90	2,838,566.38	3,108,800.90	2,838,566.38
在建工程	33	419,449,026.79	9,455,419.07	419171590.1	8,237,003.38
固定资产清理	34				
固定资产合计	35	991,360,823.07	972,211,830.68	953,357,960.00	934,045,297.63
无形资产及其他资产:	36				
无形资产	37	11,971,206.91	15,603,264.47	8,260,167.19	8,077,833.13
长期待摊费用	38	2,402,149.69	1,778,029.49	1,813,000.00	1,225,000.00
人工林资产	39		85,790,027.70		
其他长期资产	40				
无形资产及其他资产:	41	14373356.6	103,171,321.66	10,073,167.19	9,302,833.13
	42				
递延税项:	43				
递延税款借项	44	34,569.81	12,553.63		
资产总计	47	2,289,015,555.67	2,349,532,673.76	2,156,481,987.37	2,200,576,504.89
流动负债:					
短期借款	48	303,450,000.00	324,500,000.00	275,450,000.00	268,900,000.00
应付票据	49	2,900,000.00			
应付账款	52	66,278,366.17	68,075,308.86	39,583,313.64	57,057,595.16
预收账款	53	14,419,914.05	13,109,119.99	6,382,821.14	19,510,899.74
应付工资	54	11,825,679.50	13,625,679.50	4,632,026.98	4,632,026.98
应付福利费	55	9,141,844.15	10,946,376.23	8,135,060.90	9,478,369.20
应付股利	56	16,904,571.51	49,946,036.96	11,329,690.95	45,037,502.62
应交税金	59	18,667,104.66	3,843,918.53	16,610,346.09	6,274,526.10
其他应交款	61	7,290,626.64	4,052,351.15	7,198,194.76	4,018,944.08
其他应付款	62	68,886,483.65	34,765,714.17	54,621,158.90	33,285,476.88
预提费用	63	17,875.00	126,432.29		
预计负债	64				
一年内到期的长期负债	65	20,450,000.00	87,450,000.00	20,450,000.00	87,450,000.00
其他流动负债	66				
	67				
	68				
	69				
流动负债合计	70	540,232,465.33	610,440,937.68	444,392,613.36	535,645,340.76
长期负债:	71				
长期借款	72	224,000,000.00	113,000,000.00	224,000,000.00	108,000,000.00
应付债券	73				
长期应付款	74				
专项应付款	75		539,671.24		
其他长期负债	76				
长期负债合计	77	224,000,000.00	113,539,671.24	224,000,000.00	108,000,000.00
递延税项:	78				
递延税款贷项	79				
负债合计	80	764,232,465.33	723,980,608.92	668,392,613.36	643,645,340.76
*少数股东权益	81	36,693,716.33	68,620,900.71		
所有者权益(或股东权益):	82				
实收资本(或股本)	83	706,300,000.00	706,300,000.00	706,300,000.00	706,300,000.00
减:已归还投资	84				
实收资本(或股本)净额	85	706,3000,000.00	706,300,000.00	706,300,000.00	706,300,000.00
资本公积	86	365,448,535.83	366,198,451.66	365,448,535.83	366,198,451.66
盈余公积	87	184,332,782.99	206,426,757.85	184,332,782.99	206,426,757.85
其中:公益金	88	64,539,818.03	75,586,805.46	64,539,818.03	75,586,805.46
未分配利润	89	232,008,055.19	278,005,954.62	232,008,055.19	278,005,954.62
所有者权益(或股东权益)合计	90	1,488,089,374.01	1,556,931,164.13	1,488,089,374.01	1,556,931,164.13
	91				
负债和所有者权益(或股东权益)总计	74	2,289,015,555.67	2,349,532,673.76	2,156,481,987.37	2,200,576,504.89

单位负责人:黄国英　　财务负责人:张嘉玲　　制表人:王承锡

利 润 表 附 表

编制单位:福建省青山纸业股份有限公司　　2001 年 12 月 31 日

报告期利润	净资产收益率%		每股收益(元)	
	全面摊薄	加权平均	全面摊薄	加权平均
主营业务利润	13.32	13.44	0.294	0.294
营业利润	6.87	6.93	0.151	0.151
净利润	7.10	7.16	0.156	0.156
扣除非经常性损益	6.78	6.84	0.153	0.153

单位负责人:黄国英　　财务负责人:张嘉玲　　制表人:王承锡

资产减值准备明细表

编制:福建省青山纸业股份有限公司　　2001 年 12 月 31 日　　单位:人民币元

项　　目	期初(合并)	本年增加(合并)	本年转回数(合并)	期末余额(合并)
一、坏帐准备合计	18,074,818.87	17,800,634.09	6,144,736.70	29,730,716.26
其中:应收帐款	16,602,777.17	13,654,493.80	6139054.96	24,118,216.01
其他应收款	1,472,041.70	4,146,140.29	5,681.74	5,612,500.25
二、短期投资跌价准备合计		778,851.97		778,851.97
其中:股票投资		778,851.97		778,851.97
债券投资				
三、存货跌价准备合计	3,184,614.22	2,006,005.52	102,280.07	5,088,339.67
其中:库存商品		1,768,406.06		1,768,406.06
原材料	3,184,614.22	237,599.46	102,280.07	3,319,933.61
四、长期投资减值准备合计				
其中:长期股权投资				
长期债权投资				
五、固定资产减值准备合计	86,735,333.13	210,000.00	1,073,182.19	85,872,150.94
期中:房屋、建筑物	1,198,346.19		1,073,182.19	125,164.00
机器设备	85,536,986.94	210,000.00		85,746,986.94
六、无形资产减值准备				
其中:专利权				
商标				
七、在建工程减值准备	546,963.50			546,963.50
八、委托贷款减值准备				

单位负责人:黄国英　　财务负责人:张嘉玲　　制表人:王承锡

利润及利润分配表

编制:福建省青山纸业股份有限公司　　2001 年 12 月 31 日　　单位:人民币元

项　　目	行次	上年同期(合并)	本期(合并)	上年同期(母公司)	本期(母公司)
一、主营业务收入	1	885,772,571.94	918,579,192.98	457,659,380.59	573,018,419.32
减:主营业务成本	2	683,096,745.73	705,358,211.76	319,054,858.29	438,533,449.44
主营业务税金及附加	3	6,046,262.10	5,859,792.41	4,946,272.35	4,712,237.37
二、主营业务利润(亏损以"-"号填列)	4	196,629,564.11	207,361,188.81	133,658,249.95	129,772,732.51
加:其他业务利润(亏损以"-"号填列)	5	15,259,634.64	8,591,881.57	2,672,007.92	7,191,161.48
减:营业费用	6	12,419,388.54	18,359,309.06	4,430,599.71	5,492,059.68
管理费用	7	30,024,648.66	62,528,181.84	19,904,201.58	39,642,159.97
财务费用	8	13,570,919.00	28,145,548.72	10,286,023.25	26,297,976.95
三、营业利润(亏损以"-"号填列)	9	155,874,242.55	106,920,030.76	101,709,433.33	65,531,697.39
加:投资收益(损失以"-"号填列)	10	30,932,652.07	24,781,773.92	69,819,845.48	50,130,217.92
补贴收入	11	1,081,759.28	4,329.74	3,423.00	19,127.00
营业外收入	12	1,823,288.62	250,762.57	520,338.62	197,234.39
减:营业外支出	13	40;122,189.73	624,184.81	38,708,823.49	594,333.58
四、利润总额(亏损以"-"号填列)	14	149,589,752.79	131,332,712.18	133,344,216.94	115,283,943.12
减:所得税	15	13,679,262.57	14,078,672.46	5,374,659.49	4,814,068.83
少数股东权益	16	7,940,932.77	6,784,165.43		
五、净利润(净亏损以"-"号填列)		127,969,557.45	110,469,874.29	127,969,557.45	110,469,874.29
加:年初未分配利润	17	217,919,909.22	232,008,055.19	217,919,909.22	232,008,055.19
其他转入	18				
六、可供分配的利润	19	345,889,466.67	342,477,929.48	345,889,466.67	342,477,929.48
减:提取法定盈余公积	20	12,796,955.74	11,046,987.43	12,796,955.74	11,046,987.43
提取法定公益金	21	12,796,955.74	11,046,987.43	12,796,955.74	11,046,987.43
提取职工奖励及福利基金	22				
提取储备基金	23				
提取企业发展基金	24				
利润归还投资	25				
七、可供投资者分配的利润	26	320,295,555.19	320,383,954.62	320,295,555.19	320,383,954.62
减:应付优先股股利	27				
提取任意盈余公积	28				
应付普通股股利	29	17,657,500.00	42,378,000.00	17,657,500.00	42,378,000.00
转作资本(或投本)的普通股股利	30	70,630,000.00		70,630,000.00	
八、未分配利润		232,008,055.19	278,005,954.62	232,008,055.19	278,005,954.62

单位负责人:黄国英　　财务负责人:张嘉玲　　制表人:王承锡

所有者权益(或股东权益)增减变动表

编制福建省青山纸业股份有限公司 2001年12月31日 单位:人民币元

项　　目	行次	本年数	上年数
一、实收资本(或股本):	1		
年初余额	2	706,300,000.00	353,150,000.00
本年增加数	3		353,150,000.00
其中:资本公积转入	4		282,520,000.00
盈余公积转入	5		
利润分配转入	6		60,630,000.00
新增资本(或股本)	7		
本年减少数	8		
年末余额	9	706,300,000.00	706,300,000.00
二、资本公积:	10		
年初余额	11	365,448,535.83	647,773,535.83
本年增加数	12	749,915.83	195,000.00
其中 资本(或股本)溢价	13		
接受捐赠非现金资产准备	14		
接受现金捐赠	15		
股权投资准备	16	79,826.00	195,000.00
拨款转入	17		
外币资本折算差额	18		
其他资本公积	19	670,089.83	
本年减少数	20		282,520,000.00
其中:转增资本(或股本)	21		282,520,000.00
年末余额	22	366,198,451.66	365,448,535.83
三、法定和任意盈余公积:	23		
年初余额	24	119,792,964.96	106,996,009.22
本年增加数	25	11,046,987.43	12,796,955.74
其中:从净利润中提取数	26	11,046,987.43	12,796,955.74
其中:法定盈余公积	27	11,046,987.43	12,796,955.74
任意盈余公积	28		
储备基金	29		
企业发展基金	30		
法定公积金转入数	31		
本年减少数	32		
其中:弥补亏损	33		
转增资本(或股本)	34		
分配现金股利(或利润)	35		
分派股票股利	36		
年末余额	37	130,839,952.39	119,792,964.96
其中:法定盈余公积	38	75,586,805.46	64539818.03
储备基金	39		
企业发展基金	40		
四、法定公益金:	41		
年初余额	42	64,539,818.03	51,742,862.29
本年增加数	43	11,046,987.43	12,796,955.74
其中:从净利润中提取数	44	11,046,987.43	12,796,955.74
本年减少数	45		
其中:集体福利支出	46		
年末余额	47	75,586,805.46	64,539,818.03
五、未分配利润:	48		
年初未分配利润	49	232,008,055.19	217,919,909.22
本年净利润(净亏以"-"号填列)	50	110,469,874.29	127,969,557.45
本年利润分配	51	64,471,974.86	113,881,411.48
年末未分配利润(未弥补亏损以"-"号填列)	52	278,005,954.62	232,008,055.19
单位负责人:黄国英 财务负责人:张嘉玲 制表人:王承锡			

现 金 流 量 表

编制:福建省青山纸业股份有限公司 2001年12月31日 单位:人民币元

项　　目	行次	合并	母公司
一、经营活动产生的现金流量			
销售商品、提供劳务收到的现金	1	1,212,106,853.85	876,319,745.99
收到税费返还	2	1,001,474.46	245,232.27
收到的其他与经营活动有关的现金	3	3,107,263.45	9,947,806.31
现金流入小计	4	1,216,215,591.76	886,512,784.57
购买商品、接受劳务支付的现金	5	822,097,065.11	495,421,366.53
支付给职工以及为职工支付的现金	6	55,054,031.71	42,769,305.61
支付的各项税费	7	94,764,492.29	63,603,343.06
支付的其他与经营活动有关的现金	8	115,005,316.86	19,088,714.70
现金流出小计	9	1,086,920,905.97	620,882,729.90
经营活动产生的现金流量净额	10	129,294,685.79	265,630,054.67
二、投资活动产生的现金流量	11		
收回投资所收到的现金	12	141,520,457.94	91,656,414.14
取得投资收益所收到的现金	13	30,430,998.68	59,579,312.95
处置固定资产、无形资产和其他长期资产所收回的现金净额	14	684,182.07	
收到的其他与投资活动有关的现金	15	144,130.94	
现金流入小计	16	172,779,769.63	151,235,727.09
购建固定资产、无形资产和其他长期资产所支付的现金	17	144,707,410.45	46,777,995.99
投资所支付的现金	18	149,829,220.03	135,989,322.10
支付的其他与投资活动有关的现金	19	1,490,00.00	
现金流入小计	20	296,026,630.48	182,767,318.09
投资活动产生的现金流量净额	21	-123,246,860.85	-31,531,591.00
三、筹资活动产生的流金流量:	22		
吸收投资所收到的现金	23		
借款所收到的现金	24	331,500,000.00	268,900,000.00
收到的其他与筹资活动有关的现金	25	227,277.55	
现金流入小计	26	331,727,277.55	268,900,000.00
偿还债务所支付的现金	27	364,450,000.00	324,450,000.00
分配股利、利润或偿付利息所支付的现金	28	43,748,025.58	38,217,079.23
支付的其他与筹资活动有关的现金	29	29,160,000.00	29,160,000.00
现金流出小计	30	437,358,025.58	391,827,079.23
筹资活动产生的现金流量净额	31	-105,630,748.03	-122,927,079.23
四、汇率变动对现金的影响额:	32	900.90	900.90
五、现金及现金筹价物净增加额:	31	-99,582,022.19	111,172,285.34
补充资料:			
1、将净利润调节为经营活动的现金流量:	32		
净利润	33	110,469,874.29	110,469,874.29
加:少数股东损益	34	6,784,165.43	
计提的资产减值准备	35	18,778,812.99	11,787,266.73
固定资产折旧	36	72,945,190.60	69,822,995.01
无形资产摊销	37	778,742.44	182,334.06
长期待摊费用摊销	38	1,303,564.41	588,000.00
待摊费用的减少(减:增加)	39	78,495.30	
预提费用的增加(减:减少)	40	38,557.29	
处置固定资产、无形资产和其他长期资产的损失(减:收益)	41	264,051.91	
固定资产报废损失	42	107,428.20	107,428.20
财务费用	43	28,145,548.72	26,297,976.95
投资损失(减:收益)	44	-24,781,773.92	-50,130,217.92
递延税款贷项(减:借项)	45	-12,553.63	
存货的减少(减:增加)	46	-32,574,693.24	-26,696,624.21
经营性应收项目的减少(减:增加)	47	-13,897,246.69	97,378,652.39
经营性应付项目的增加(减:减少)	48	-38,902,593.65	25,822,369.17
其他	49	-230,884.66	
经营活动产生的现金流量净额	50	129,294,685.79	265,630,054.67
2、不涉及现金收支的投资活动	51		
债务转为资本	52		
一年内到期的可转换公司债券	53		
融资租入固定资产	54		
3、现金及现金等价物净增加情况	55		
现金的期末余额	56	306,527,391.28	250,110,501.49
减:现金的期初余额	57	449,738,546.40	204,807,258.36
加:现金等价物的期末余额	58	92,276,094.54	88,806,094.54
减:现金等价物的期初余额	59	48,646,961.61	22,937,052.33
现金及现金等价物的净增加额	60	-99,582,022.19	111,172,285.34
	61		
	62		
	63		
	64		
单位负责人:黄国英 财务负责人:张嘉玲 制表人:王承锡			

600104　上海汽车股份有限公司

2001年年度报告摘要

第一章　公司基本情况简介

(一)公司法定中文名称:上海汽车股份有限公司
公司中文名称缩写:上海汽车
公司法定英文名称:Shanghai Automotive Co.,Ltd.
公司英文名称缩写:SA
(二)法定代表人姓名:陈祥麟
(三)公司董事会秘书:张锦根
联系地址:上海市淮海中路755号东18楼
联系电话:021－64158999
传 真:021－64730567
电子信箱:stoc@china－sa.com
证券事务代表:李小彬
联系电话:021－64158999
传 真:021－64730567
电子信箱:stoc@china－sa.com
(四)公司注册地址:中国上海淮海中路755号
公司办公地址:中国上海淮海中路755号东18楼
邮政编码:200020
国际互联网网址:http://www.china－sa.com
公司电子信箱:stoc@china－sa.com
(五)公司选定的信息披露报纸:《上海证券报》、《中国证券报》、《证券时报》
刊登公司年度报告的国际互联网网站:http://www.sse.com.cn
公司年度报告备置地点:公司办公室
(六)公司股票上市交易所:上海证券交易所
股票名称:上海汽车
股票贷码:600104
(七)公司首次注册登记日期:1997年11月24日
注册登记地点:上海市工商行政管理局
企业法人营业执照注册号:3100001000386
公司税务登记号码:沪字310041132260250
公司聘请的会计师事务所名称:大华会计师事务所有限公司
会计师事务所的办公地点:上海市昆山路146号

第二章　会计数据和业务数据摘要

第一节　本年度利润总额及构成(单位:人民币元)

项目	金额
利润总额	855,301,949.25
净利润	787,222,437.47
扣除非经营性损益后的净利润	838,830,313.73
主营业务利润	955,363,370.18
其他业务利润	64,520,082.63
营业利润	359,418,478.65
投资收益	489,432,954.44
补贴收入	0
营业外收支净额	6,450,516.16
经营活动产生的现金流量净额	726,936,993.16
现金及现金等价物净增加额	695,305,076.26

注:扣除非经常性损益项目和涉及金额:
(1)股权投资摊销差额 －57,974,337.31元
(2)营业外收支净额 6,450,516.16元
其中:营业外收入中含募股资金利息摊销 4,109,650.66元
(3)处置子公司损益 －84,055.11元

序号	项目	单位	2001年度	2000年度 追溯调整后	2000年度 追溯调整前	1999年度 追溯调整后	1999年度 追溯调整前
1	主营业务收入	(元)	3,705,234,168.12	2,493,430,027.23	2,493,430,027.23	2,434,192,696.91	2,434,192,696.91
2	净利润	(元)	787,222,437.47	491,603,740.60	742,266,939.56	652,875,615.61	714,352,883.75
3	总资产	(元)	10,054,325,600.56	6,494,817,640.40	6,807,967,212.40	5,994,366,312.46	6,055,843,580.60
4	股东权益	(元)	8,129,947,593.76	4,483,789,525.24	4,795,929,992.34	4,004,293,164.97	4,065,770,433.11
5	每股收益	(元/股)	0.312	0.351	0.530	0.466	0.510
6	每股收益(扣除非经常性损益)	(元/股)	0.333	0.416	0.535	0.473	0.517
7	每股收益(加权)	(元/股)	0.326	0.351	0.530	0.466	0.510
8	每股净资产	(元/股)	3.226	3.203	3.430	2.86	2.90
9	调整后的每股净资产	(元/股)	3.207	3.171	3.398	2.83	2.88
10	每股经营活动产生的现金流量净额	(元/股)	0.288	0.394	0.394	0.671	0.671
11	净资产收益率(摊薄)	(%)	9.68	10.96	15.48	16.30	17.57
12	净资产收益率(扣除非经常性损益)	(%)	10.32	12.99	15.62	16.55	17.81
13	净资产收益率(加权)	(%)	10.70	11.57	16.73	15.06	16.37

第二节　前三年主要会计数据和财务指标(单位:人民币元)

第三节　利润数据

报告期利润	净资产收益率 全面摊薄	净资产收益率 加权平均	每股收益(元) 全面摊薄	每股收益(元) 加权平均
主营业务利润	11.75%	12.98%	0.379	0.396
营业利润	4.42%	4.89%	0.143	0.149
净利润	9.68%	10.70%	0.312	0.326
扣除非经常性损益后净利润	10.32%	11.40%	0.333	0.347

第四节　报告期内股东权益变动情况

单位:人民币元

项目	股本	资本公积	盈余公积	其中:法定公益金	未分配利润	股东权益合计
期初数	1,400,000,000	2,028,422,081.94	404,873,332.38	170,715,591.67	650,494,110.92	4,483,789,525.24
本期增加	1,119,999,300	2,887,391,098.36	199,753,172.79	75,009,853.23	756,511,805.21	4,963,655,376.36
本期减少					1,317,497,307.84	1,317,497,307.84
期末数	2,519,999,300	4,915,813,180.30	604,626,505.17	245,725,444.90	89,508,608.29	8,129,947,593.76

变动原因:

1、股本增加系公司在报告期内,根据2000年度股东大会决议,以2000年末总股本1,400,000,000股为基数,向全体股东实施每10股送5股红股的分配方案和每10股配3股的配股方案。

2、资本公积增加系配股溢价所致。

3、盈余公积增加系从公司本年度实现净利润中提取法定公积金和公益金所致。

4、未分配利润的变化系本公司当年实现净利润扣除1提取公积金、公益金2送红股3按公司董事会通过的2001年度每10股派发1.50元(含税)的分配预案转"应付股利"后所致。

第三章　股本变动及股东情况

第一节　股本变动情况

单位数量:股

项目	本次变动前	配股	送股	公积金转股	增发	其他	小计	本次变动后
一、未上市流通股份								
1、发起人股份	980,000,000	294,000,000	489,999,500				783,999,500	1,763,999,500
其中:								
国家持有股份	980,000,000	294,000,000	489,999,500				783,999,500	1,763,999,500
境内法人持有股份								
境外法人持有股份								
2、募集法人股份								
3、内部职工股								
4、优先股或其他								
未上市流通股份合计	980,000,000	294,000,000	489,999,500				783,999,500	1,763,999,500
二、已上市流通股份								
1、人民币普通股	420,000,000	126,000,000	209,999,800				335,999,800	755,999,800
2、境内上市的外资股								
1、境外上市的外资股								
2、其他								
已上市流通股份合计	420,000,000	126,000,000	209,999,800				335,999,800	755,999,800
三、股份总数	1,400,000,000	420,000,000	699,999,300				1,119,999,300	2,519,999,300

第二节　股票发行与上市情况

1、到报告期末为止的前三年历次股票发行的情况:

本公司首次股票发行日期为1997年11月7日,经上海市人民政府(1997)41号文和上海市证券管理办公室沪证司(1997)104号批准,公司通过上海证券交易所发行人民币普通股,发行数量300,000,000股,发行价格为7.02元,上市日期为1997年11月25日,获准上市交易数量270,000,000股,另30,000,000公司职工股于1998年5月25日获准上市交易,原托管机构为上海证券中央登记结算中心。2001年3月6日公司实施按1,400,000,000股本每10股配3股的配股方案,配股价8元/股,2001年3月21日流通部分上市。

2、报告期内公司股份总数及结构的变化情况:

报告期内公司的股本由年初的1,400,000,000股增加至年末的2,519,999,300股,股本结构未发生变化。

第三节　股东情况介绍

(1)报告期末股东总数:截止2001年12月31日,公司共有股东199,288户。

(2)公司前十名股东持股情况:

股东名称	本期末持股数(股)	占总股本(%)	类别
上海汽车工业(集团)总公司	1,763,999,500	70.00	国有股
南方证券	86,670,520	3.44	流通股
西港公司	8,842,372	0.35	流通股
申创投资	4,472,322	0.18	流通股
南京新投	4,138,228	0.16	流通股
实业投资	3,578,693	0.14	流通股
上海财政	3,529,881	0.14	流通股
华德资产	3,262,263	0.13	流通股
天安数码	3,105,494	0.12	流通股
湖北双环	2,112,113	0.08	流通股

公司与第(2)至(10)名股东之间不存在关联关系。与第一大股东的关联交易详见财务报告。

(3)控股股东情况介绍:

公司第一大股东上海汽车工业(集团)总公司成立于1995年8月14日,注册资本为人民币531,398万元,上海汽车工业(集团)总公司的法人代表人是陈祥麟,生产经营范围是生产、销售轿车、摩托车、载重车、拖拉机、大客车等整车及其配套零部件等。

第四章 公司董事、监事、高级管理人员和员工情况

第一节 董事、监事、高级管理人员基本情况:

(1)董事、监事高级管理人员情况

职务	姓名	性别	年龄	任期
董事长	陈祥麟	男	57 岁	2001.03~2004.03
副董事长	胡茂元	男	51 岁	2001.03~2004.03
董事	陈因达	男	55 岁	2001.03~2004.03
董事	尤石梁	男	55 岁	2001.03~2004.03
董事	胡安生	男	57 岁	2001.03~2004.03
董事	齐鸿浩	男	53 岁	2001.03~2004.03
董事	华杏生	男	41 岁	2001.03~2004.03
董事	张仲礼	男	82 岁	2001.03~2004.03
董事	郭孔辉	男	67 岁	2001.03~2004.03
监事会主席	陈忠德	男	58 岁	2001.03~2004.03
监事	朱根林	男	47 岁	2001.03~2004.03
监事	王德兴	男	58 岁	2001.03~2004.03
总经理	赵凤高	男	52 岁	2001.10~2004.03
副总经理	邹定伟	男	44 岁	2001.03~2004.03
副总经理	杨春保	男	51 岁	2001.03~2004.03
财务总监	李 丹	女	55 岁	2001.03~2004.03
董事会秘书	张锦根	男	54 岁	2001.03~2004.03

(2)公司董事、监事、高级管理人员持股情况

姓名	职务	年初持股数(股)	年末持股数(股)	变化原因
陈祥麟	董事长	10,080	18,144	送配股所致
胡茂元	副董事长	10,000	18,000	送配股所致
陈因达	董 事	21,000	37,800	送配股所致
尤石梁	董 事	21,000	37,800	送配股所致
胡安生	董 事	14,000	25,200	送配股所致
齐鸿浩	董 事	14,000	25,200	送配股所致
华杏生	董 事	14,000	25,200	送配股所致
张仲礼	独立董事	0	0	
郭孔辉	独立董事	0	0	
陈忠德	监事会主席	10,500	18,900	送配股所致
朱根林	监事	0	0	
王德兴	监事	14,000	25,200	送配股所致
赵凤高	总经理	0	10,000	二级市场购入
邹定伟	副总经理	10,080	18,144	送配股所致
杨春保	副总经理	4,000	7,200	送配股所致
李 丹	财务总监	6,020	10,836	送配股所致
张锦根	董事会秘书	6,615	11,907	送配股所致

(3)公司董事、监事在控股股东单位任职情况

姓名	任职情况
陈祥麟	上海汽车工业(集团)总公司董事长、党委书记
胡茂元	上海汽车工业(集团)总公司总裁、党委副书记
陈因达	上海汽车工业(集团)总公司副总裁
胡安生	上海汽车工业(集团)总公司战略发展委员会专务
齐鸿浩	上海汽车工业(集团)总公司战略发展委员会专务
华杏生	上海汽车工业(集团)总公司总裁办主任
陈忠德	上海汽车工业(集团)总公司党委副书记
朱根林	上海汽车工业(集团)总公司财务总监

第二节 董事、监事、高级管理人员年度报酬情况

(1)报酬领取情况:本公司由控股股东代表出任的董事及监事陈祥麟、胡茂元、陈因达、胡安生、齐鸿浩、华杏生、陈忠德、朱根林以及独立董事张仲礼、郭孔辉均不在公司领取报酬,分别在人事关系所在单位领取报酬,高级管理人员及职工监事在公司领取报酬。

(2)报酬的确定依据:根据劳动人事部门的有关规定,参照有关岗位工资等级标准,以及公司经营业绩确定。

(3)现任董事(1 人)、职工监事(1 人)和高级管理人员(5 人)的年度报酬总额为 78.3 万元,金额最高的三名高级管理人员的报酬总额为 41.3 万元;其中:11 万元以下 2 人;12 万元以下 2 人;14 万元以下 2 人;15 万以下 1 人。报告期内独立董事的津贴为 1.5 万元/人。

第三节 董事、监事和高级管理人员变动情况

2001 年 3 月 5 日公司一届二十次董事会会议和一届九次监事会会议经控股股东上海汽车工业(集团)总公司书面提名,提交了公司第二届董事会、监事会候选人名单;2001 年 4 月 9 日公司 2000 年度股东大会审议选举产生了公司第二届董事会(包括独立董事 2 人)、监事会成员,经二届一次董事会选举,陈祥麟先生当选第二届董事会董事长,胡茂元先生当选副董事长;经二届一次监事会选举,陈忠德先生当选公司第二届监事会主席。

公司 2001 年 10 月 14 日召开二届三次董事会会议通过了尤石梁先生因工作调动辞去公司总经理职务的请求,同时聘任赵凤高先生担任公司总经理。

第四节 公司员工情况

截止 2001 年 12 月 31 日,公司在职员工共有 4,158 人。

(1)公司员工的专业构成情况:生产人员 3135 人,销售人员 57 人,技术人员 401 人,财务人员 68 人,管理人员 330 人,其他人员 167 人。

(2)公司员工按教育程度划分:大专、本科及以上人数为 832 人,占公司总人数的 20%,中专及以下人数为 3326 人。

(3)公司需承担费用的离退休职工人数为 455 人,费用总额为 150 万元/年。

第五章 公司治理结构

第一节 公司治理结构的实际情况

公司严格按照《公司法》、《证券法》和中国证监会有关法律法规的要求,不断完善公司的法人治理结构,建立现代企业制度,规范公司运作。根据中国证监会发布的《上市公司章程指引》的要求,公司于 1999 年修订了《公司章程》、并先后制订了《股东大会议事规则》、《董事会议事规则》、《监事会议事规则》、《总经理工作细则》、《公司信息披露制度》等。公司的这些规则基本符合中国证监会和国家经贸委于 2002 年 1 月 7 日发布的《上市公司治理准则》的要求,公司将根据上述准则继续修订完善:

1、关于股东和股东大会:公司依照有关法律法规和《公司章程》的规定,充分保障所有股东,尤其是中小股东的平等权利,保障所有股东能够切实行使各自的权利;公司建立了股东大会的议事规则,并真正按照股东大会规范意见的要求召集、召开股东大会;在股东大会上保证每个股东均有表达自己意见和建议的权利,充分行使股东的表决权;公司根据市场经济下的平等、自愿、互利、有偿原则,签订有关关联交易协议,对关联交易的具体内容及履行情况按规定予以充分披露。

2、关于控股股东与上市公司的关系:公司的控股股东行为规范,没有超越股东大会权限直接、间接干预公司的决策与经营活动;公司和控股股东在人员、资产、财务、机构和业务等方面严格实行"五分开",公司的董事会、监事会和内部管理机构均独立运作。

3、关于董事与董事会:公司按照《公司章程》的规定选举董事;公司的董事会人数和人员构成符合法律、法规的要求;公司董事会制定了《董事会议事规则》,公司的各位董事能够认真出席董事会会议和股东大会,参加有关培训,忠实履行职责,维护公司利益;公司董事会成员中已有 2 名独立董事,公司将按照有关规定建立独立董事制度。

4、关于监事和监事会:公司监事会人数和人员构成符合法律法规和《公司章程》的要求;并建立了《监事会议事规则》;公司监事会能够本着对股东负责的态度,认真地履行自己的职责,对公司的财务以及公司董事、总经理和其他高级管理人员履行职责的合法、合规性进行有效监督,并发表独立意见。

5、关于绩效评价和激励约束机制:公司高级管理人员的聘免公开、透明,符合法律法规和《公司章程》的有关规定。公司将进一步完善董事、监事和高级管理人员的绩效评价标准和激励约束机制。

6、关于相关利益者:公司能够充分尊重和维护银行及其他债权人、职工、客户等其他相关利益者的合法权益,在经济交往中,做到互惠互利,努力推动公司健康、持续发展。

7、关于信息披露和透明度:公司董事会秘书负责公司的信息披露工作,接待股东来访和咨询;公司能够严格按照法律、法规和公司章程的规定,真实、准确、完整、及时地披露有关信息。做好信息披露前的保密工作,使所有股东有平等的机会获得信息;公司能够按照有关规定,及时披露控股股东或公司实际控制人的详细资料。

第二节 独立董事履行职责的情况

公司董事会根据中国证监会发布的《关于在上市公司建立独立董事制度的指导意见》的规定要求,聘任了 2 名独立董事。独立董事自任职以来,能够按照有关法律法规的要求履行自己的职责,以认真负责的态度积极参加公司董事会会议。

第三节 公司与控股股东在人员、资产、财务、机构、业务等方面的分开情况

1、人员分开方面:公司与控股公司在劳动、人事及工资管理等方面是独立的,并设立了独立的劳动人事职能部门。公司的高级管理人员不存在双重任职的情况。

2、资产完整方面:公司资产完整,拥有独立的采购和销售系统、生产及辅助生产系统,与控股股东在土地使用权、工业产权和非专利技术上界定清晰;公司商品采购、原材料供应、商品销售及其价格确定均根据市场情况自行决定。

3、财务独立方面:公司设立了独立的财会部门,并建立了独立的会计核算体系和财务管理制度,并独立在银行开户。

4、机构独立方面:公司设立了独立的组织机构,不存在与控股股东合署办公的情况。

5、业务分开情况:公司在业务方面具有独立完整的业务及自主经营的能力。

第四节 报告期内公司对高级管理人员的考评及激励机制的建立和实施情况

公司对高级管理人员的考核主要依据年初制定的全年经营工作目标,根据各高级管理人员的具体分工进行细分,分别按季度、半年及年度进行检查与考核。公司将进一步完善考评、激励机制,建立相关的奖励制度,以对高级管理人员起到真正的激励作用。

第六章 股东大会情况简介

第一节 股东大会

2001 年 3 月 6 日,公司在《上海证券报》、《中国证券报》和《证券时报》上刊登了一届 20 次董事会会议关于召开 2000 年度股东大会的公告。2001 年 4 月 9 日,公司 2000 年度股东大会如期召开。参加大会的股东及股东代表共计 914 人,代表股份 1,282,409,991 股,占公司总股本的 70.46%。股东大会以投票表决的方式通过了以下决议:《公司董事会工作报告》;《公司监事会工作报告》;《公司总经理工作报告》;《2000 年度财务决算报告》;《2000 年度利润分配方案》;《公司董事会换届选举及董事候选人选的议案》;《公司监事会换届选举及监事候选人选的议案》;《公司 2000 年报告及摘要》;《续聘大华会计师事务所有限公司的议案》。《公司章程修改的报告》。此股东大会通过的决议,刊登在 2001 年 4 月 10 日的《上海证券报》、《中国证券报》和《证券时报》上。

第二节 选举、更换公司董事、监事情况

2001 年 4 月 9 日公司 2000 年度股东大会对公司一届 20 次董事会会议和一届 9 次监事会会议提交的公司第二届董事会、监事会候选人名单,进行了审议;股东大会审议选举产生了公司第二届董事会、监事会成员,张仲礼、郭孔辉先生成为公司独立董事、朱根林先生成为公司监事。

第七章 董事会报告

第一节 报告期内公司经营情况

1、主营业务的范围及其经营情况

公司属汽车行业,主营汽车、摩托车、拖拉机等各种机动车整车、总成及零部件、物业管理、国内贸易、咨询服务。全年共实现主营业务收入 370,523 万元,比上年增长 48.6%,主营业务利润 95,536 万元,比上年增长 2.49%。

(1)主要行业情况 单位:万元

类别	营业收入	营业成本	营业毛利
汽车制造业	370,523	274,274	96,249

2)主要产品情况 单位:万元

类别	营业收入	营业成本	营业毛利
汽车底盘总成	166,122	137,139	28,983
变速器总成	93,266	52,311	40,955
悬架弹簧	13,565	7,081	6,484
车灯总成	30,517	21,377	9,140
转向机总成	32,901	21,741	11,160
ABS 制动系统	31,084	23,031	8,053

以上产品在国内一直保持较高的市场分额,在全国同类产品的市场占有率均超过 60%。

(3)报告期内公司主营业务及其结构较前一期报告期有较大变化,原因是大股东上海汽车工业(集团)总公司将持有的上海汇众汽车制造有限公司 50% 股权作为实物资产参与公司配股而致。

2、主要控股公司及参股公司的经营情况及业绩:

上海通用汽车有限公司为中美合资企业,注册资本 70,000 万美元,公司拥有其 20% 股权,外方为美国通用汽车公司。该公司主要经营范围是汽车产品。2001 年销售收入为 1,151,227 万元,利润总 80,981 万元。截止 2001 年末,该公司的总资产为 1,199,779 万元。2001 年获得"上海市最佳工业企业形象"称号。

上海小糸车灯有限公司为中日合资企业,注册资本 36 亿日元,公司拥有其 50% 股权,外方为日本小糸制作所及丰田通商。该公司主要经营范围是各种汽车、摩托车、卡车、工程车辆灯具及船用灯具等。该公司注重技术引进与开发,2001 年完成别克、赛欧、帕萨特等多品种灯具的开发,并已建成一座"上海市级"的技术开发中心。2001 年销售收入为 60,808 万元,利润总额 8,108 万元。截止 2001 年末,该公司的总资产为 58,827 万元。

上海汽车制动系统有限公司为中美合资企业,注册资本 3,242 万美元,公司拥有其 50% 股权,外方为德国大陆 TEVES 公司。该公司主要经营范围是汽车浮动型制动钳、后分泵以及先进的汽车防抱死(ABS)产品。2001 年销售收入为 61,743 万元,利润总额 7,939 万元。截止 2001 年末,该

公司的总资产为 54,904 万元。

上海采埃孚转向机有限公司为中德合资企业，注册资本 3,110 万美元，公司拥有其 49%股权，外方为德国采埃孚转向系统股份有限公司，该公司主要经营范围是齿轮齿条式动力转向机、机械转向机、阀组和 FP4 叶片泵等。2001 年该公司完成了上海通用 4 个新产品的转向机、一汽大众宝来转向机和泵、一汽沈阳金杯转向机、后分泵的批产，并成功实现轴承和齿条的出口。2001 年销售收入为 67,146 万元，利润总额 15,434 万元。截止 2001 年末，该公司的总资产为 77,511 万元。

上海易初通用机器有限公司系中泰合资企业，注册资本 2,984 万美元，公司拥有其 40%股权，外方为泰国正大集团。该公司经营范围是汽车空调压缩机和储液罐，以及储液干燥器等。2001 年获得"上海市最佳工业企业形象"称号，拥有上海市级技术开发中心，是全国用户满意工程先进企业，已形成了产品自主开发能力和年产 80 万套汽车空调压缩机的生产能力，市场占有率达到 80%以上。2001 年销售收入为 105,621 万元，利润总额 17,000 万元。截止 2001 年末，该公司的总资产为 84,893 万元。

上海纳铁福传动轴有限公司系中德合资企业，注册资本 7,247.5 万德国马克，公司拥有其 35%股权，外方为德国 GKN 汽车公司。该公司经营范围是汽车传动轴、各类工业传动轴、十字万向节总成和传动轴配件。2001 年销售收入为 70,116 万元，利润总额 16,188 万元。截止 2001 年末，该公司的总资产为 73,218 万元。

上海汇众汽车制造有限公司系中外合资企业，注册资本 17,108 万美元，公司拥有其 50%股权，外方为上实汽车发展有限公司(外国公司)，该公司经营范围是重型车及汽车悬挂总成、后桥总成、副车架等轿车零部件。2001 年销售收入为 332,243 万元，利润总额 37,123 万元。截止 2001 年末，该公司的总资产为 334,243 万元。2001 年获得"上海市优秀工业企业形象"称号。

上海汽车集团财务有限责任公司是经中国人民银行总行批准设立的非银行金融机构，注册资本 10 亿元人民币，公司拥有其 40%股权，该公司经营范围是集团成员单位的内部转帐结算、存款、贷款、票据贴现、消费信贷、买方信贷、财务顾问、委托贷款及委托投资以及金融市场同业拆借、有价证券投资等业务。2001 年营业收入为 27,000 万元，利润总额 20,716 万元。截止 2001 年末，该公司的总资产为 1,919,699 万元。

3、公司主要供应商、客户情况：

本年度公司的前五名供应商采购金额占公司年度采购总额的 53.5%；公司前五名客户的销售收入占公司全部销售收入的 83%。

4、在经营中出现的问题与困难及解决方案

2001 年，我国加入了 WTO，国内汽车厂商都在资金、技术、管理上不断提升，国际上汽车制造跨国公司也把中国作为最大的潜在市场，纷纷抢滩和入驻中国，中国汽车市场的竞争更加激烈。公司面对严峻挑战，坚持以市场为导向，加速产品结构调整，加大降本增效力度，加强市场营销和售后服务，实现了经营业绩的稳步增长。

公司加大新产品开发和市场开发力度，相继成功开发上海通用赛欧轿车手动变速器、别克轿车自动变速器四大分总成，以及安徽奇瑞、三菱猎豹、沈阳金杯等纵置、横置及自动变速器。弹簧产品在为上海大众汽车、上海通用汽车配套的同时，还为贵州云雀、北京吉普、江苏悦达、江西江铃、东风汽车等厂家开发了各类弹簧，部分已开始批量供货。2001 年变速器、弹簧等新产品产值占全部产品工业总产值比例已经超过 90%。

公司瞄准国际 FOB 价，全面推进降本增效力度，加强财务审核管理，控制费用发生，努力提高公司产品利润率。近几年，虽然产品销售价格不断调整，但产品成本也同步下降，产品的技术含量和销售价格与国际水平的差距明显缩小，产品的竞争力明显提高。

公司加大市场营销力度及售后服务，全面建设"用户满意工程"，深化精益生产，寻找差距，提高产品质量，努力向大型 OEM 汽车零部件配套企业发展。2001 年 5 月公司赴美国底特律参加汽车零部件产品招商，已与美国的数家卡车制造商建立了长期的贸易关系。2001 年公司出口创汇 840 余万美元，同比增长 40%。公司还出资 640 万美元同德国大众、一汽轿车共同成立了"大众汽车变速器(上海)有限公司"。

第二节　报告期内公司的投资情况

1、报告期内募集资金的运用和结果

募集资金方式	承诺投资项目	项目总投资(万元)	本公司应投入金额(万元)	实际投资项目	实际投资金额(万元)
A 股配股	别克轿车自动变速器四个分总成项目	18,262.00	18,262.00	别克轿车自动变速器四个分总成项目	12,772.55
A 股配股	通用经济型轿车变速器零部件及总成技改项目	15,671.00	15,671.00	通用经济型轿车变速器零部件及总成技改项目	16,399.49
A 股配股	参股上汽集团财务公司项目	52,000.00	52,000.00	参股上汽集团财务公司项目	52,000.00
A 股配股	参建上海汽车信息产业投资有限公司项目	4,000.00	4,000.00	参建上海汽车信息产业投资有限公司项目	4,000.00
A 股配股	上海小糸车灯中高级轿车车灯配套项目	19,800.00	9,900.00	上海小糸车灯中高级轿车车灯配套项目	资金暂未投出
A 股配股	上海采埃孚转向机有限公司 15 万两端输出动力转向机项目	16,635.00	8,151.00	上海采埃孚转向机有限公司 15 万两端输出动力转向机项目	资金暂未投出
A 股配股	上海汽车制动系统有限公司中高级轿车前轮制动钳配套系统项目	19,847.00	9,924.00	上海汽车制动系统有限公司中高级轿车前轮制动钳配套系统项目	资金暂未投出
A 股配股	上海纳铁福传动轴有限公司等速万向节精密锻造生产线建设项目	8,000.00	2,800.00	上海纳铁福传动轴有限公司等速万向节精密锻造生产线建设项目	资金暂未投出
A 股配股	上海汇众萨克斯减振器有限公司项目	16,019.00	4,005.00	上海汇众萨克斯减振器有限公司项目	资金暂未投出
A 股配股	上海汇众汽车制造有限公司转向管柱项目	9,030.00	1,806.00	上海汇众汽车制造有限公司转向管柱项目	资金暂未投出
A 股配股	补充流动资金	28,072.00	28,072.00	补充流动资金	28,072.00

注：别克轿车自动变速器四个分总成项目、通用经济型轿车变速器零部件及总成技改项目，"实际投资金额"栏中包含了因配股资金到位迟于项目进度而通过银行贷款垫支的款项(银行贷款归还情况见"资产负债表日后事项")。

公司的配股资金除已投入的项目外，尚未使用的募集资金存放银行及补充公司流动资金。

由于公司 2000 年度配股资金于 2001 年 3 月才到位，而配股资金投资项目——上海汽车制动系统中高级轿车前轮制动钳配套系统项目、上海纳铁福传动轴等输万向节精密锻造生产线建设项目、上海小糸车灯中高级轿车车灯配套项目、上海采埃孚转向机有限公司 15 万两端输出动力转向机项目、上海汇众萨克斯减振器有限公司项目、上海汇众汽车制造有限公司转向管柱项目等 6 个项目时间进度要求迫切，在配股资金尚未到位的情况下，项目所在公司通过其他途径解决所需资金。上述六个项目共涉及配股资金人民币 36,568 万元。

公司本着对股东负责的态度，正在寻找和选择项目，一旦有进展，公司将根据规定，及时进行信息披露。公司在保证资金安全的前提下，建议股东大会授权董事会将这笔资金在未投入项目以前进行国债投资，增加公司收益。

2、报告期内非募集资金投资情况

(1)2001 年 6 月 19 日，公司出资 2,000 万元与上汽集团所属的其他单位共同组建"上海汽车创业投资有限公司"，该公司注册资本为人民币 5,000 万元，主营实业投资，企业收购兼并的策划与运作、资产管理，投资管理，投资咨询，经济信息咨询，金融信息咨询，高科技、电子和生物医药工程的开发等。报告期内投资收益 40 万元。

(2)2001 年 11 月 14 日，公司出资 2,002 万元与上海锦江汽车服务有限公司、上海中国国际旅行社有限公司及北京昆仑饭店有限公司等共同组建"上海锦江商旅股份有限公司"，该公司注册资本为人民币 7,000 万元，主要从事旅游客运、商务包车和公路客运业务等。报告期内无投资收益。

第三节　财务状况分析

1、报告期内的财务状况，经营成果

单位：元

项 目	2001 年	2000 年(调整前)	增减(%)
总资产	10,054,325,600.56	6,807,967,212.40	47.68%
长期负债	258,382,870.58	291,482,521.24	－11.36%
股东权益	8,129,947,593.76	4,795,929,992.34	69.52%
主营业务利润	955,363,370.18	932,155,413.93	2.49%
净利润	787,222,437.47	742,266,939.56	6.06%

2、项目变动原因

＊ 报告期内公司的总资产、主营业务利润和净利润与去年同期相比有较大幅度的增长，主要原因是大股东上汽集团以汇众公司实物资产配股，公司合并报表范围增大所致；

＊ 股东权益增加 69.52%，是由于配股扩大股本和当年收益增加所致；

＊ 长期负债减少 11.36%，是由于长期借款减少所致。

第四节　宏观环境及宏观政策、法规发生变化对公司财务状况和经营成果产生的影响

2001 年 12 月 11 日，我国正式加入世贸组织，这表明中国的企业将进入一个崭新的广阔的市场经济环境。加入世贸组织将会给企业带来众多机遇和挑战，就汽车行业而言，目前国内市场竞争已非常激烈，随着汽车及零部件关税的逐年下调，尤其是汽车服务贸易的开放，将使我国汽车市场更加国际化，市场竞争将更加激烈，汽车工业发展面临前所未有的挑战。从汽车产品看，轿车和技术含量高的发动机等关键零部件将受到极大的冲击。

面对如此环境，公司积极采取相应措施，包括同国外大型零部件公司的合资合作、引进消化吸收国外先进生产管理技术，并在这些过程中积累了较为丰富的经验。因此相信在今后的汽车行业中，尽管不可避免地会受到来自国内外产品的冲击，公司还是将以不断开发新品为目标，加大科研力度，加强技术含量的提高，取得与国内外厂商的竞争优势。

第五节　2002 年度的经营计划

2002 年是我国加入世贸组织的第一年。公司在面对前所未有的严峻考验的同时，也存在着千载难逢的发展机遇。公司将以创新的精神和务实的工作，积极主动地应对中国加入 WTO 后汽车关税减让、汽车进口配额逐年增加和汽车服务贸易领域开放等严峻挑战，坚持以"用户满意工程"为工作主线，着力推进"全球经营工程"，加快实施"全面创新工作工程"，全面启动"人本管理工程"，不断提高公司核心竞争力，变严峻挑战为发展机遇，努力为股东创造更大利益。预计 2002 年主营业务收入 38 亿元，主营业务成本控制在 26 亿元。

继续深化用户满意工程。公司将把"用户满意工程"作为生命工程，牢牢抓住用户链，把"让用户放心、使用户称心、以用户为中心"工作具体化、目标化，提高内外部用户满意度。公司母体企业将围绕多品种生产，强化用户质量管理中心功能，完善"三 A 一免"标准的考核体系，在巩固 VDA6.1、QS9000 等管理标准的基础上，2002 年通过 ISO16949 质量认证。公司及母体企业管理部门将围绕提高素质、提高能级、提高效率，抓好岗位职责和工作量描述，完善工作职能，强化绩效考核。

加快实施全面创新工程。公司将以机制创新为中心，促进管理创新和科技创新的推进，进一步完善产品开发机制，推行项目经营负责制，形成激励机制；全面推行"人人成为经营者"和"一体化"管理模式，完善公司组织结构和功能调整；推进信息化、网络化，建立以成本管理为中心的生产经营管理信息共享平台和数据库。

着力推进全球经营工程。公司将以"抢、逼、围"的思路，主动出击，努力开拓国内市场、售后服务市场和国际汽车企业稳定供应商市场；抓紧筹建国家级变速器技术开发中心，不断提升产品开发能力；选择引进国内外战略合作伙伴，按照系统化和模块化思路，推进产品结构和企业结构的重组；以国内整车生产企业和市场为导向，积极探索和推进"产地销"，实行低成本扩大国内市场份额，并选择战略合作伙伴，积极推进汽车零部件生产出口基地建设，使国内业外市场份额和出口创汇有明显增长。

全面启动人本管理工程。公司将坚持"以人为本"的思路，围绕整体发展战略，以提高素质、优化结构、发挥潜能为重点，全面完善人力资源管理五年滚动计划，明确关键岗位，加大对关键人才的培养力度，积极推行关键人才的职业发展计划；结合推行"人人成为经营者"管理模式，建立以成本管理为核心、以考核净资产回报率为主要内容的考核激励机制，调动员工的积极性、主动性和创造性；加强对管理人员的考核，强化任期目标管理，积极推行按经营业绩和工作实绩激励分配方案；建立成本研究小组，对全部产品按照国际 FOB 价，制定企业生存性目标成本和进取性目标成本五年计划。

第六节　董事会的日常工作情况

1、董事会会议情况及决议内容

(1)一届 20 次董事会会议于 2001 年 3 月 5 日召开，审议通过 2000 年度《董事会工作报告》、《公司 2000 年度行政工作报告》、《2000 年度财务决算报告》、《2000 年度利润分配预案》、《董事会换届选举及董事候选人的议案》、《2000 年度报告及摘要》、《续聘大华会计师事务所有限公司的议案》、《公司章程修改议案》、《投资成立上海汽车创业投资有限公司议案》、《召开 2000 年度股东大会议案》等。

(2)二届一次董事会会议于 2001 年 4 月 9 日召开，选举陈祥麟先生为公司第二届董事会董事长，选举胡茂元先生为第二届董事会副董事长。聘请尤石梁先生为公司总经理；经总经理提名，聘请杨春保先生、邹定伟先生为公司副总经理；聘请李丹女士为公司财务总监；聘请张锦根先生为公司董事会秘书。

(3)二届二次董事会会议于 2001 年 8 月 10 日召开，审议通过《公司 2001 年中期报告及摘要》、《公司 2001 年中期不进行利润分配的议案》、《关于计提固定资产及在建工程减值准备的议案》；《关于执行企业开办费一次摊销会计政策的议案》；《关于收购上海广电集团公司部分股权的议案》。

(4)二届三次董事会会议于 2001 年 10 月 14 日召开，同意尤石梁先生因工作调动辞去总经理职务的请求，聘任赵凤高先生为公司总经理。

(5)二届四次董事会会议于 2001 年 11 月 22 日召开，同意公司总经理提出的《关于出资设立"上海锦江商旅股份有限公司"的报告》。

2、董事会对股东大会决议的执行情况

2001 年，董事会根据股东大会各项决议和议案，并按照《证券法》、《公司法》、《公司章程》及国家有关法律法规的规定，进行了认真规范的运作。

2001 年 3 月，完成了 2000 年度的配股工作。此次配股以 10 配 3 股实施，共募集现金及实物资产 33.1 亿元。

2001 年 5 月 31 日实施了每 10 股送 5 股的利润分配方案。

第七节　本次利润分配预案

经大华会计师事务所有限公司审计,公司2000年年末未分配利润为900,177,606.21元,2001年度合并净利润787,222,437.47元,扣除:

(1)2001年初未分配利润调整数249,683,495.29元;

(2)加:其他转入-30,710,632.26元;

(3)2001年5月31日送红股699,999,300元;

(4)提取法定盈余公积金(母公司)75,009,853.23元;

(5)提取法定公益金(母公司)75,009,853.23元;

(6)子公司(外商投资)提取发展与储备基金49,733,466.33元;

(7)子公司(外商投资)提取奖福基金39,744,940.05元。

2001年12月31日未分配利润余额467,508,503.29元。根据董事会二届六次会议决定,本次利润分配预案为:以公司2001年年末总股本2,519,999,300股为基准,每10股派送现金红利1.50元(含税),计377,999,895.00元(本年度报表已转入"应付股利"),分配后公司未分配利润结余89,508,608.29元。该分配预案尚需股东大会审议通过。

第八章 监事会报告

第一节 报告期内监事会会议情况

二00一年监事会共召开三次会议。一届九次监事会会议于2001年3月5日召开,会议主要审议2000年度监事会工作报告、2000年公司年度报告及监事会换届选举等事项。二届一次监事会会议于2001年4月9日召开,选举陈忠德先生为公司监事会主席。二届二次监事会会议于2001年8月10日召开,会议审议了公司2001年中报、计提固定资产及在建工程减值准备议案和执行企业开办费一次摊销会计政策的议案等。

第二节 监事会对公司2001年有关事项的独立意见

公司监事会成员列席了董事会所有会议,并在会上行使监督权力,发表独立意见,起到了应有的监督作用。

(1)对公司依法运作情况进行监督

2001年度,公司监事会按照《公司法》和《公司章程》赋予的权力,忠实地履行了其职责,为维护公司和股东的合法权益,开展了积极有效的监督工作。监事会对公司董事会、股东大会的召开程序、决议事项、董事会对股东大会决议的执行情况、公司高级管理人员和公司管理制度进行了监督,一致认为:公司能够按照《证券法》、《公司法》、《公司章程》及国家有关法律法规规范运作;决策程序符合《公司法》和《公司章程》的有关规定,公司并已建立了较完善的法人治理结构和内部控制制度,公司的运作是健康有序的;公司的领导班子及高级管理人员执行董事会决议是严肃认真的,没有发生违反法律、法规、《公司章程》或损害公司利益的行为。

(2)对公司财务状况进行检查

监事会对公司的财务管理制度和财务部门的岗位责任制进行了检查,认为公司的财务制度是健全的,执行是有效的。通过对公司2001年度财务报告的核查,认为公司的资产负债表、现金流量表、利润及利润分配表等会计报表是真实合法的,反映了公司的财务状况和经营成果。"上海大华会计师事务所有限公司"出具的无保留意见审计意见和对相关事项的评价是客观公正的。

(3)对募股资金使用情况进行监督

公司最近一次募集资金主要是2000年公司配股所募集的资金,监事会通过查阅有关资料、帐册,对照配股说明书等资料,监事会认为,公司募集资金已投入的项目和预先承诺投入项目是一致的。但在配股资金尚未到位的情况下,部分项目所在公司已通过其他途径解决所需资金,共涉及配股资金人民币3.59亿元。公司承诺本着对股东负责的态度,正在寻找和选择项目,一旦有进展,将根据规定,及时进行信息披露。监事会对此将进行专项跟踪监督检查。

(4)报告期内本公司无资产的收购及出售、吸收合并等事项。

(5)对关联交易进行检查

公司的关联交易,主要是产品的供销关系。经检查,供销均有合同,价格由合同双方严格按照市场原则协商签订,交易是公平的,没有损害本公司的利益。

(6)"上海大华会计师事务所有限公司"对公司2001年度财务报告出具了无解释性说明、无保留意见的审计报告。

第九章 重要事项

1、本报告期内公司无重大诉讼、仲裁事项。

2、报告期内公司无资产的收购及出售、吸收兼并事项。

3、重大关联交易事项:

(1)采购货物

(单位:元):

企业名称	本期发生额	占年度购货百分比(%)	上年同期发生额	占年度购货百分比(%)
上海汽车进出口公司	302,773,579.15	10.88%	163,286,448.82	11.95%
上海大众汽车有限公司	151,534,862.71	5.45%	32,187,540.52	2.36%
上海乾通汽车附件有限公司	107,167,008.85	3.85%	178,733,155.00	13.08%
上海汽车齿轮二厂	52,443,807.35	1.88%	79,471,607.93	5.82%

本企业向关联方采购货物的价格按协议价。2001年1~12月本企业向关联方采购货物的协议价格与非关联方的交易价格相一致。

(2)销售货物

(单位:元):

企业名称	本期发生额	占年度销售百分比(%)	上年同期发生额	占年度销售百分比(%)
上海大众汽车有限公司	2,603,252,860.20	64.28%	2,003,108,149.50	76.30%

本企业销售给关联企业的产品价格按协议价。2001年1~12月本公司销售给关联企业产品的协议价格无高于或低于本公司正常售价的情况。

(3)应收和应付款项余额

(单位:元)

项目	期末余额		占全部应收(付)款项余额的比重(%)	
	2001年12月31日余额	2000年12月31日余额	2001年12月31日	2000年12月31日
应收票据				
上海汽车进出口公司	40,561,768.26	16,940,447.56	29.54%	20.43%
应收股利				
上海易初通用机器有限公司	30,156,012.14	17,236,695.82	91.12%	89.18%
应收帐款				
上海通用汽车有限公司	30,513,203.38	2,297,973.20	15.28%	3.04%

(4)其他应披露的关联事项

A、本公司2001年通过上海汽车工业(集团)财务有限责任公司存款和借款,存款和借款利率均按中国人民银行规定的金融机构存贷款利率计算。明细项目列示如下:

	2001年12月31日余额	2000年12月31日余额
银行存款	1,707,671,194.14	1,138,539,235.49
短期借款	153,500,000.00	511,000,000.00

	本期发生额		上年同期发生额	
	金额	月利率	金额	月利率
利息收入	8,090,791.97	活期0.825‰、1.425‰,定期1.65‰、1.875‰	5,150,559.43	活期0.825‰、1.425‰,定期1.65‰、1.875‰
利息支出	36,548,610.00	4.185‰-4.41‰	32,229,787.23	4.185‰-4.41‰

B、本公司2001年通过上海汽车工业(集团)财务有限责任公司委托贷款人民币869,600,000.00元,月利率4.1‰-5.115‰,截止2001年12月31日的余额为118,000,000.00元。

C、本公司根据与上海汽车工业(集团)总公司1999年12月签订的股权转让协议,并经上海外资委以"沪外资委协字(2000)第385号"文批准,以71,023,800.00元受让上海通用汽车1%的股权,本期支付剩余金额34,000,000.00元。

4、报告期内公司无托管、承包、租赁其他公司资产及其他公司托管、承包、租赁上市公司资产的事项。本公司有担保合同,详见财务报告的或有事项。

(1)公司委托理财情况:

受托人名称	委托金额	委托期限	约定收益	实际损益	收回情况
申银万国证券有限责任公司	7,500万	2001/1/2-2001/12/25	按收益比例分成	750万	本息收回
申银万国证券有限责任公司	7,500万	2000/12/26-2001/12/2	按收益比例分成	750万	本息收回
华鑫证券有限责任公司	10,000万	2001/4/12-2001/12/27	按收益比例分成	725万	本息收回
国泰君安证券股份有限公司	10,000万	2001/1/3-2001/12/24	按收益比例分成	0	本金收回
华德资产管理有限公司	40,000万	2001/12/27-2002/6/26	按收益比例分成	-	未到期

(2)委托贷款情况:

序号	受托人名称	委托金额	委托期限	约定收益(年息)	实际损益	收回情况
a	上汽集团财务公司	21,600,000	2000/11/29-2001/5/28	4.92%	409,141.87	已收回
b	上汽集团财务公司	19,000,000	2001/5/28-2001/11/27	4.92%	369,004.53	已收回
c	上汽集团财务公司	4,000,000	2000/12/19-2001/6/18	4.92%	77,685.17	已收回
d	上汽集团财务公司	1,000,000	2001/9/20-2002/9/20	4.92%	9,710.65	未到期
e	上汽集团财务公司	4,000,000	2001/6/19-2001/12/18	4.92%	77,685.17	已收回
f	上汽集团财务公司	4,000,000	2001/4/18-2001/12/17	4.92%	103,580.22	已收回
g	上汽集团财务公司	10,000,000	2001/6/22-2001/12/21	5.58%	259,440.86	已收回
h	上汽集团财务公司	20,000,000	2001/5/29-2001/11/28	4.95%	460,298.29	已收回
i	上汽集团财务公司	80,000,000	2001/6/22-2001/12/21	6.138%	2,283,079.53	已收回
j	招商银行	20,000,000	2001/7/18-2001/12/18	5.418%	419,847.84	已收回
k	招商银行	50,000,000	2001/8/20-2001/12/31	5.418%	908,970.56	已收回
l	上汽集团财务公司	50,000,000	2001/1/09-2001/7/8	4.95%	1,150,745.73	已收回
m	上汽集团财务公司	80,000,000	2001/12/21-2002/3/21	6.138%	125,569.37	未到期
n	上汽集团财务公司	400,000,000	2001/6/25-2001/12/31	6.138%	11,094,897.30	已收回
o	上汽集团财务公司	45,000,000	2001/8/6-2001/12/7	6.138%	832,933.96	已收回
p	上汽集团财务公司	22,000,000	2001/12/7-2002/5/7	6.138%	78,388.34	提前收回
q	上汽集团财务公司	100,000,000	2001/12/18-2002/6/30	6.138%	34,100.00	未到期

报告期内,公司为加强内部管理,对控股子公司的资金需求尽可能通过公司参股公司上汽集团财务公司进行委托贷款。其中,第a、b笔系委托贷款给公司控股子公司上海汽车齿轮二厂;第c、e、f笔系委托贷款给公司控股子公司上海汽车齿轮四厂;第n、o、p、q笔系委托贷款给公司控股子公司上海汽车创业投资有限公司。上述委托贷款,根据上海证券交易所《股票上市规则》第7.3.16条规定,可免于按关联交易的形式进行表决和披露。

5、公司或持股5%以上股东在报告期或持续到报告期内无承诺事项。

6、公司聘任的会计师事务所为"上海大华会计师事务所有限公司"。

年度	审计业务费用	非审计业务费用
2001年	100万元	0
2000年	100万元	0

差旅费由本公司承担。

7、报告期内本公司、公司董事会及其董事没有受到中国证监会稽查、中国证监会行政处罚、通报批评、证券交易所公开谴责的情形。

第十章 财务报告

(一)审计报告

公司2001年年度会计报表,经大华会计师事务所有限公司中国注册会计师朱蕾蕾、杨晓梅出具华业字(2002)第398号标准无保留意见审计报告。

(二)会计报表(见附表)

(三)会计报表附注

1、主要会计政策、会计估计的变更及重大会计差错更正的说明

(1)会计估计变更

子公司上海汽车制动系统有限公司将无形资产-非专有技术-ABS摊销年限由10年改为5年,其他专有技术摊销年限由10年改为6.5年(于2001年末摊销完毕),由于以上因素影响,2001年合并报表净利润减少2,921,917.95元。

(2)会计政策、会计估计变更

子公司上海汽车制动系统有限公司对固定资产中的ABS、后分泵、制动钳生产线配套线加工设备改变折旧方法:由平均年限法(10年)改为双倍余额递减法(5年),由于以上因素影响,2001年合并报表净利润减少13,669,223.11元。

本公司原执行《股份有限公司会计制度》,根据财政部财会(2000)25号《关于印发〈企业会计制度〉的通知》的规定,自2001年1月1日起执行《企业会计制度》及其补充规定,改变以下会计政策:1、开办费原按五年期限摊销,现采取一次性进入企业开业当期损益处理;2、期末固定资产原按帐面净值计价,现改为按固定资产净值与可收回金额孰低计价,对可收回金额低于帐面价值的差额,计提固定资产减值准备;3、期末在建工程原按帐面净值计价,现改为按在建工程价值与可收回金额孰低计价,对可收回金额低于帐面价值的差额,计提在建工程减值准备;4、期末无形资产原按帐面净值计价,现改为按无形资产价值与可收回金额孰低计价,对可收回金额低于帐面价值的差额,计提无形资产减值准备。在编制2001年度会计报表时,对于上年度会计报表中的项目名称和金额,已按照《企业会计制度》规定的报表格式进行了重新分类和表述;对于本年度会计政策与上年度会计政策的差异,已按照《企业会计制度》及相关会计准则的规定进行了追溯调整,具体如下:

影响资产负债表:

	固定资产减值准备 2000年末	在建工程减值准备 2000年末	长期股权投资* 2000年末	影响当年度净利润 2000年度	影响留存收益(含盈余公积) 2000年末	其中:年末盈余公积 2000年末	其中:年末未分配利润 2000年末
调整前余额	-	-	2,971,956,752.93	742,266,939.56	1,367,507,910.40	467,330,304.19	900,177,606.21
调整后余额	138,735,593.19	6,721,711.25	2,804,264,485.37	493,235,614.75	1,056,999,317.45	405,199,707.21	651,799,610.24
差额	138,735,593.19	6,721,711.25	167,692,267.56	249,031,324.81	310,508,592.95	62,130,596.98	248,377,995.97
	1999年末			1999年度			
调整前余额	-	-	-	-			
调整后余额	61,477,268.14	-	-	-			
差额	61,477,268.14	-	-	61,477,268.14			

*系未纳入合并范围的子公司按照《企业会计制度》及相关会计准则的规定进行了追溯调整,相应调整长期股权投资的金额。

2、公司本年度的合并会计报表范围发生变更,增加了合营企业上海汇众汽车制造有限公司、上海万众汽车零部件有限公司,均按比例法进行合并会计报表。

3、或有事项

截止 2001 年 12 月 31 日本公司为关联方单位的银行借款提供担保情况如下:

借款单位	币种	担保借款金额	期　限
上海汽车齿轮一厂	人民币	5,000,000.00	2001.12.13 - 2002.06.13
上海汽车齿轮二厂	人民币	9,000,000.00	2001.12.20 - 2002.06.20
上海汽车齿轮三厂	人民币	1,000,000.00	2001.09.13 - 2002.03.13
上海汽车齿轮四厂	人民币	3,000,000.00	2001.09.10 - 2002.03.10
上海小糸车灯有限公司	人民币	10,000,000.00	2001.12.05 - 2002.06.05
上海制动系统有限公司	人民币	17,030,000.00	2000.11.30 - 2004.11.29
上海易初通用机器有限公司	人民币	164,600,000.00	2001.12.31 - 2003.03.20
上海中旭弹簧有限公司	人民币	3,000,000.00	2001.10.15 - 2002.04.15
上海中威弹簧有限公司	人民币	1,900,000.00	2001.12.18 - 2002.06.18
上海中星汽车悬架件有限公司	人民币	7,000,000.00	2001.10.17 - 2002.04.17
上海中星汽车悬架件有限公司	人民币	7,000,000.00	2001.12.18 - 2002.06.18
上海中星汽车悬架件有限公司	人民币	4,500,000.00	2001.09.27 - 2002.03.27
中国弹簧厂宝山分厂	人民币	1,250,000.00	2001.11.18 - 2002.02.18
中国弹簧厂罗店分厂	人民币	800,000.00	2001.11.27 - 2002.05.27
中国弹簧厂罗店分厂	人民币	700,000.00	2001.09.05 - 2002.03.05
中国弹簧厂罗店分厂	人民币	1,000,000.00	2001.07.16 - 2002.01.16

4、资产负债表日后事项

(1)南方证券有限责任公司增资扩股于 2002 年 1 月 22 日批准,并于 2 月 7 日完成工商登记变更,公司正式成为该公司第一大股东(并列)。

(2)2002 年 2 月 6 日,公司以配股资金归还“通用经济型轿车变速器零部件及总成项目”银行贷款 12,537 万元。

(3)2002 年 2 月 21 日、22 日及 2 月 25 日,公司分别以配股资金归还“别克轿车自动变速器四个分总成项目”银行贷款 5,560 万元、1390 万元及 4640 万元。

上海汽车股份有限公司

二〇〇二年三月二十六日

股份有限公司二〇〇一年度会计报表

资　产　负　债　表

编制单位:上海汽车股份有限公司　　2001 年 12 月 31 日　　金额单位:元

资　产	注释号	行　次	年末数		年初数	
			母公司	合　并	母公司	合　并
流动资产:						
货币资金		1	1,477,615,103.95	2,300,635,415.67	1,216,717,227.07	1,505,330,339.41
短期投资		2	617,519,178.62	617,519,178.62	25,585,255.72	22,992,551.88
应收票据		3	83,305,216.22	137,289,488.89	66,909,860.53	82,926,404.86
应收股利		4	78,814,512.46	33,093,686.07	42,173,203.44	20,843,135.26
应收利息		5				
应收账款		6	62,428,892.32	178,899,222.97	54,719,843.76	111,234,258.19
其他应收款		7	408,719,978.94	423,633,830.76	504,063,489.20	509,246,150.71
预付账款		8	31,216,440.74	86,884,681.61	40,552,196.40	52,433,636.22
应收补贴款		9				
存货		10	141,997,118.82	554,816,586.85	134,388,847.76	246,060,621.23
待摊费用		11	311,981.31	2,022,833.33	674,695.37	2,231,607.11
一年内到期的长期债权投资		21	34,000.00	97,300.00	34,000.00	34,200.00
其他流动资产		24				
流动资产合计		30	2,901,962,423.38	4,334,892,224.77	2,085,818,619.25	2,553,332,904.87
长期投资:						
长期股权投资		31	5,075,716,873.51	3,263,199,351.52	3,029,780,948.90	2,408,264,485.37
长期债权投资		32			34,000.00	34,200.00
长期投资合计		33	5,075,716,873.51	3,263,199,351.52	3,029,814,948.90	2,408,298,685.37
其中:合并价差(贷差以“-”号表示,合并报表填列)		34		614,095,013.54		53,402,940.82
其中:股权投资差额(贷差以“-”号表示,合并报表填列)		35		614,095,013.54		53,402,940.82
固定资产:						
固定资产原值		39	1,931,747,867.15	3,790,201,438.57	1,942,153,870.56	2,599,136,522.55
减:累计折旧		40	995,507,958.88	1,802,677,420.05	891,323,992.43	1,149,216,293.96
固定资产净值		41	936,239,908.27	1,987,524,018.52	1,050,829,878.13	1,449,920,228.59
减:固定资产减值准备		42	113,264,020.77	148,021,812.72	113,264,020.77	138,735,593.19
固定资产净额		43	822,975,887.50	1,839,502,205.80	937,565,857.36	1,311,184,635.40
工程物资		44			15,326,886.48	15,326,886.48
在建工程		45	392,748,812.30	527,304,106.45	112,920,682.87	153,971,793.61
固定资产清理		46	531,724.32	1,675,245.25	548,158.82	548,158.82
固定资产合计		50	1,216,256,424.12	2,368,481,557.50	1,066,361,585.53	1,481,031,474.31
无形资产及其他资产:						
无形资产		51		46,397,795.64		21,908,278.16
长期待摊费用		52		41,354,671.13		30,246,297.69
其他长期资产		53				
无形资产及其他资产合计		54		87,752,466.77		52,154,575.85
递延税项:						
递延税款借项		56				
资产总计		60	9,193,935,721.01	10,054,325,600.56	6,181,995,153.68	6,494,817,640.40
负债和股东权益	注释号	行　次	年末数		年初数	
			母公司	合　并	母公司	合　并
流动负债:						
短期借款		61		191,500,000.00	600,000,000.00	615,000,000.00
应付票据		62	321,685.19	13,328,191.28	821,091.39	7,841,952.12
应付账款		63	83,371,895.27	273,355,099.83	55,980,543.24	148,275,817.62
预收账款		64	5,473,202.36	12,687,384.62	40,854,362.66	41,394,925.35
应付工资		65	145,873,399.69	151,622,015.99	145,873,399.69	151,250,580.48
应付福利费		66	14,682,508.29	55,907,638.45	18,202,382.13	29,158,239.70
应付股利		67	377,999,895.00	464,090,583.21	429,550,457.52	429,550,457.52
应交税金		68	-5,022,066.40	20,249,574.09	9,310,325.88	31,428,346.04
其他应交款		69	26,974.34	1,266,229.57	107,227.53	1,513,724.04
其他应付款		70	108,620,258.37	240,509,932.80	149,870,433.11	185,700,675.90
预提费用		71		107,926,462.14		40,830,893.52
预计负债		72				
一年内到期的长期负债		78	85,600,000.00	101,215,688.89		32,209,113.89
其他流动负债		79				
流动负债合计		80	816,947,752.11	1,633,658,800.87	1,450,570,223.15	1,714,154,726.18
长期负债:						
长期借款		81	199,660,000.00	228,175,000.00	242,800,000.00	283,315,000.00
应付债券		82				
长期应付款		83	4,057,870.58	4,057,870.58	8,167,521.24	8,167,521.24
专项应付款		84	17,130,000.00	26,150,000.00		
其他长期负债		85			-30,710,632.26	-30,710,632.26
长期负债合计		87	220,847,870.58	258,382,870.58	220,256,888.98	260,771,888.98
递延税项:						
递延税款贷项		89	22,849,798.91	22,849,798.91	26,656,845.57	26,656,845.57
负债合计		90	1,060,645,421.60	1,914,891,470.36	1,697,483,957.70	2,001,583,460.73
少数股东权益(合并报表填列)		91		9,486,536.44		9,444,654.43
股东权益:						
股本		92	2,519,999,300.00	2,519,999,300.00	1,400,000,000.00	1,400,000,000.00
资本公积		93	4,915,813,180.30	4,915,813,180.30	2,028,422,081.94	2,028,422,081.94
盈余公积		94	529,687,293.06	604,626,505.17	379,667,586.60	404,873,332.38
其中:法定公益金		95	245,667,996.19	245,725,444.90	170,658,142.96	170,715,591.67
减:未确认的投资损失(合并报表填列)		96				
未分配利润		97	167,790,526.05	89,508,608.29	676,421,527.44	650,494,110.92
外币报表折算差额(合并报表填列)		98				
股东权益合计		99	8,133,290,299.41	8,129,947,593.76	4,484,511,195.98	4,483,789,525.24
负债和股东权益合计		100	9,193,935,721.01	10,054,325,600.56	6,181,995,153.68	6,494,817,640.40

利润及利润分配表

编制单位:上海汽车股份有限公司　　2001年度　　金额单位:元

项　目	注释号	行　次	本年实际数		上年实际数	
			母公司	合　并	母公司	合　并
一、主营业收入		1	1,363,881,261.95	3,705,234,168.12	1,630,496,817.31	2,493,430,027.23
减:主营业务成本		2	933,997,584.60	2,742,744,374.08	959,226,348.21	1,550,221,000.68
三营业务税金及附加		3	6,966,502.30	7,126,423.86	10,889,358.98	11,053,612.62
二、主营业务利润(亏损以"-"号填列)		4	422,917,175.05	955,363,370.18	660,381,110.12	932,155,413.93
加:其他业务利润(亏损以"-"号填列)		5	15,040,010.96	64,520,082.63	9,479,887.65	15,273,574.11
减:营业费用		6	18,070,665.00	46,935,301.46	22,425,232.79	43,229,841.14
管理费用		7	291,226,614.81	572,818,348.47	301,667,200.43	420,751,162.71
财务费用		8	35,537,503.94	40,711,324.23	34,238,163.84	33,051,014.74
三、营业利润(亏损以"-"号填列)		10	93,122,402.26	359,418,478.65	311,530,400.71	450,396,969.45
加:投资收益(亏损以"-"号填列)		11	685,420,691.91	489,432,954.44	275,937,489.61	198,948,007.21
补贴收入		12			28,048,000.00	28,048,000.00
营业外收入		13	6,551,811.00	21,327,039.15	5,945,891.16	6,629,489.61
减:营业外支出		14	9,686,687.21	14,876,522.99	59,566,042.45	86,594,948.99
四、利润总额(亏损以"-"号填列)		15	775,408,217.96	855,301,949.25	561,895,739.03	597,427,517.28
减:所得税		16	25,309,685.63	68,037,629.77	81,814,598.07	108,444,693.98
少数股东损益(合并报表填列)		17		41,882.01		-2,620,917.30
加:未确认的投资损失(合并报表填列)		18				
王、净利润(亏损以"-"号表示)		20	750,098,532.33	787,222,437.47	480,081,140.96	491,603,740.60
加:年初未分配利润		21	676,421,527.44	650,494,110.92	292,356,614.66	282,718,052.62
其他转入		22	-30,710,632.26	-30,710,632.26		
六、可供分配的利润		25	1,395,809,427.51	1,407,005,916.13	772,437,755.62	774,321,793.22
减:提取法定盈余公积		26	75,009,853.23	75,009,853.23	48,008,114.09	48,008,114.09
提取法定公益金		27	75,009,853.23	75,009,853.23	48,008,114.09	48,008,114.09
提取职工奖励及福利基金(合并报表填列。子公司为外商投资企业的项目)		28		39,744,940.05		12,249,405.13
提取储备基金						
七、可供股东分配的利润		35	1,245,789,721.05	1,217,241,269.62	676,421,527.44	666,056,159.91
减:应付优先股股利		36				
提取任意盈余公积		37		49,733,466.33		15,562,048.99
应付普通股股利		38	377,999,895.00	377,999,895.00		
转作股本的普通股股利		39	699,999,300.00	699,999,300.00		
八、未分配利润(未弥补亏损以"-"号填列)		40	167,790,526.05	89,508,608.29	676,421,527.44	650,494,110.92
补充资料						
1.出售、处置部门或被投资单位所得收益		41				
2.自然灾害发生的损失		42				
3.会计政策变更增加(或减少)利润总额		43				
4.会计估计变更增加(或减少)利润总额		44				
5.债务重组损失		45				
6.其他		46				

现　金　流　量　表

编制单位:上海汽车股份有限公司　　2001年度　　金额单位:元

项　目	注释号	行　次	母公司金额	合并金额
一、经营活动产生的现金流量:				
销售商品、提供劳务收到的现金		1	1,575,771,783.12	4,302,550,673.83
收到的税费返还		2		908,209.04
收到的其他与经营活动有关的现金		3	10,388,420.37	116,276,389.33
经营活动现金流入小计		5	1,580,160,203.49	4,419,735,272.20
购买商品、接受劳务支付的现金		6	922,711,611.78	2,607,980,346.53
支付给职工以及为职工支付的现金		7	200,240,393.47	476,601,002.28
支付的各项税费		8	157,600,915.48	386,871,347.14
支付的其他与经营活动有关的现金		9	90,805,286.23	221,345,583.09
经营活动现金流出小计		10	1,371,358,206.96	3,692,798,279.04
经营活动现金流量净额		11	214,801,996.53	726,936,993.16
二、投资活动产生的现金流量:				
收回投资所收到的现金		12	2,904,405,947.22	3,054,469,247.22
取得投资收益所收到的现金		13	284,660,564.98	253,286,825.05
处置固定资产、无形资产和其他长期资产所收回的现金		14	13,067,845.24	29,375,335.33
收到的其他与投资活动有关的现金		15	581,074,342.44	705,122,472.89
投资活动现金流入小计		16	3,783,208,699.88	4,042,253,880.49
购建固定资产、无形资产和其他长期资产所支付的现金		18	318,253,040.74	505,109,569.64
投资所支付的现金		19	3,460,338,436.02	3,314,065,223.12
支付的其他与投资活动有关的现金		20	576,000,000.00	726,000,000.00
投资活动现金流出小计		22	4,354,591,476.76	4,545,174,792.76
投资活动产生的现金流量净额		25	-571,382,776.88	-502,920,912.27
三、筹资活动产生的现金流量:				
吸收投资所收到的现金		26	1,547,927,997.04	1,587,080,841.04
其中:子公司吸收少数股东权益性投资收到的现金		27		
借款所收到的现金		28	4,579,360,000.00	5,184,860,000.00
收到的其他与筹资活动有关的现金		29	8,962,732.00	112,601,553.22
筹资活动现金流入小计		30	6,136,250,729.04	6,884,542,394.26
偿还债务所支付的现金		31	5,136,900,000.00	5,799,475,000.00
分配股利、利润或偿付利息所支付的现金		32	481,272,071.81	513,246,657.12
其中:支付少数股东的股利		33		
支付的其他与筹资活动有关的现金		34	600,000.00	98,837,171.22
其中:子公司依法减资支付给少数股东的现金		35		
筹资活动现金流出小计		36	5,618,772,071.81	6,411,558,828.34
筹资活动产生的现金流量净额		40	517,478,657.23	472,983,565.92
四、汇率变动对现金的影响		41		-1,694,570.55
五、现金及现金等价物净增加额		42	160,897,876.88	695,305,076.26
补充资料	注释号	行次	母公司金额	合并金额
1.将净利润调节为经营活动现金流量:				
净利润(亏损以"-"号填列)		43	750,098,532.33	787,222,437.47
加:少数股东本期损益(亏损以"-"号表示)		44		41,882.01
减:未确认的投资损失		45		
加:计提的资产减值准备		46	-10,964,683.41	-5,909,413.38
固定资产折旧		47	148,304,773.17	286,730,987.52
无形资产摊销		48	4,210.00	8,519,597.67
长期待摊费用摊销		49		21,302,561.12
待摊费用减少(减:增加)		50	362,714.06	412,215.31
预提费用增加(减:减少)		51		43,146,030.91
处置固定资产、无形资产和其他长期资产的损失(减:收益)		52	-612,882.68	1,165,398.61
固定资产报废损失		53	8,078,161.21	8,078,161.21
财务费用		54	45,191,400.52	61,250,820.11
投资损失(减:收益)		55	-685,420,691.91	-489,432,954.44
递延税款贷项(减:借项)		56	-3,807,046.66	-3,807,046.66
存货的减少(减:增加)		57	3,683,528.92	83,533,174.83
经营性应收项目的减少(减:增加)		58	-32,858,969.85	-219,789.01
经营性应付项目的增加(减:减少)		59	-10,198,723.65	-80,402,174.01
其他		60	2,941,674.48	5,305,103.89
经营活动产生的现金流量净额		65	214,801,996.53	726,936,993.16
2.不涉及现金收支的投资和筹资活动:				
债务转为资本		66		
一年内到期的可转换公司债券		67		
融资租入固定资产		68		
3.现金及现金等价物净增加情况:				
现金的期末余额		69	1,477,615,103.95	2,300,635,415.67
减:现金的期初余额		70	1,216,717,227.07	1,505,330,339.41
加:现金等价物的期末余额		71		
减:现金等价物的期初余额		72	100,000,000.00	100,000,000.00
现金及现金等价物净增加额		73	160,897,876.88	695,305,076.26

600106 重庆路桥股份有限公司

2001 年年度报告摘选

第一章 公司基本情况简介

一、公司法定中文名称:重庆路桥股份有限公司
公司法定英文名称:Chongqing road & bridge co., ltd
公司法定英文缩写:R&B
二、公司法定代表人:方纪中
三、公司董事会秘书:张漫
联系地址:重庆南坪经济技术开发区丹龙路1号
联系电话:(023)62803632
传真:(023)62909387
电子信箱:zm@cqrb.com.cn
四、公司注册地址:重庆南坪经济技术开发区丹龙路1号
公司办公地址:重庆南坪经济技术开发区丹龙路1号
公司国际互联网网址:http://www.cqrb.com.cn
公司电子信箱:zq@cqrb.com.cn
公司邮政编码:400060
五、公司选定的信息披露报纸:《中国证券报》、《上海证券报》
登载年度报告的中国证监会指定网站网址:http://www.sse.com.cn
公司年度报告备置地点:公司证券部
六、公司股票上市交易所:上海证券交易所
股票简称:重庆路桥
股票代码:600106

第二章 会计数据和业务数据摘要

一、公司本年度实现的利润总额及其构成(单位:人民币元)

项目	金 额
利润总额	81,243,709.35
净利润	70,076,945.79
扣除非经常性损益后的净利润	53,841,013.76
主营业务利润	91,458,761.01
其他业务利润	326,232.27
营业利润	55,528,774.69
投资收益	23,965,298.36
补贴收入	-
营业外收支净额	1,749,636.30
经营活动产生的现金流量净额	81,287,536.45
现金及现金等价物净增减额	123,751,828.34

二、截至报告期末公司前三年的主要会计数据和财务指标(单位:元)

项目	2001 年度	2000 年度		1999 年度	
		调整前	调整后	调整前	调整后
主营业务收入	136,887,998.00	122,795,703.00	122,795,703.00	114,284,347.66	114,284,347.66
净利润	70,076,945.79	77,816,968.40	77,525,177.12	96,889,869.61	93,359,578.57
每股收益(摊薄)	0.2261	0.2510	0.2501	0.3125	0.3012
每股收益(加权)	0.2261	0.2510	0.2501	0.3125	0.3012
扣除非经常性损益后的每股收益	0.1737	0.1754	0.1744	0.1910	0.1870
每股经营活动产生的现金流量净额	0.26	0.41	0.41	0.35	0.35
净资产收益率(摊薄)	7.86%	9.10%	9.15%	11.93%	11.56%
净资产收益率(加权)	7.94%	9.19%	9.16%	11.73%	11.35%
项目	2001 年 12 月 31 日	2000 年 12 月 31 日		1999 年 12 月 31 日	
		调整前	调整后	调整前	调整后
总资产	1,326,717,880.71	1,299,895,755.60	1,298,289,518.08	1,053,663,429.39	1,049,040,443.60
股东权益(不含少数股东权益)	891,225,495.73	855,347,502.88	847,692,651.73	812,211,055.41	807,588,069.62
每股净资产	2.87	2.76	2.73	2.62	2.61
调整后的每股净资产	2.81	2.68	2.65	2.59	2.58

三、利润表附表

项目	报告期利润(元)	净资产收益率(%)		每股收益(元)	
		全面摊薄	加权平均	全面摊薄	加权平均
主营业务利润	91,458,761.01	10.26%	10.24%	0.2950	0.2950
营业利润	55,528,774.69	6.23%	6.34%	0.1791	0.1791
净利润	70,076,945.79	7.86%	7.94%	0.2261	0.2261
扣除非经常性损益后的净利润	53,841,013.76	6.04%	6.16%	0.1737	0.1737

第三章 股本变动及股东情况

一、股本变动情况表:

数量单位:万股

	本次变动前	本次变动增减(+、-)						本次变动后
		配股	送股	公积金转股	增发	其他	小计	
一、未上市流通股份								
1.发起人股份								
其中:								
国家持有股份	22,000							22,000
境内法人持有股份								
境外法人持有股份								
其他								
2.募集法人股份								
3.内部职工股								
4.优先股或其他								
未上市流通股份合计	22,000							22,000
二、已上市流通股份								
1.人民币普通股	9,000							9,000
2.境内上市的外资股								
(1)境外上市的外资股								
(2)其他								
已上市流通股份合计	9,000							9,000
三、股份总数	31,000							31,000

600107 湖北美尔雅股份有限公司

2001 年年度报告摘选

一、公司基本情况简介

(一)公司法定中文名称:湖北美尔雅股份有限公司
公司英文名称:HUBEI MAILYARD SHARE CO., LTD
(二)公司法定代表人:高斌
(三)公司董事会秘书:胡钢
联系地址:湖北省黄石市团城山开发区美尔雅工业园
电话、传真:0714-6360298　　电子信箱:hugang@mailyard.com.cn
(四)公司注册地址:湖北省黄石市消防路29号
公司办公地址:湖北省黄石市团城山开发区美尔雅工业园　　邮政编码:435003
公司国际互联网网址、电子信箱:info@mailyard.com.cn
(五)公司选定的信息披露报纸名称:《上海证券报》、《中国证券报》
中国证监会指定登载年报的网址:http://www.sse.com.cn
公司年度报告备置地点:公司证券部
(六)公司股票上市交易所:上海证券交易所
股票简称:美尔雅　　股票代码:600107

二、会计数据和业务数据摘要

(一)本年度主要会计数据

项目	2001 年 12 月
利润总额	43940266.60
净利润	36145055.53
扣除非经常性损益后的净利润	5459429.87
主营业务利润	45796188.05
其他业务利润	5593076.27
营业利润	14345823.46
投资收益	29918203.16
补贴收入	62543.00
营业外收支净额	-386303.02
经营活动产生的现金流量净额	66702543.65
现金及现金等价物净增减额	58690561.16

(二)近三年主要会计数据

调整后:

财务指标	单位	2001 年	2000 年	1999 年
主营业务收入	元	141107525.49	176686153.41	337523377.67
净利润	元	36145055.53	57224069.55	40233121.97
总资产	元	1109916408.36	1071109809.88	1124087006.33
股东权益(不含少数股东权益)	元	857796074.41	813056385.43	813159709.52
每股收益	元	0.1004	0.16	0.20
每股净资产	元	2.383	2.26	4.07
调整后的每股净资产	元	2.273	2.24	4.00
每股经营活动产生的现金流量净额	元	0.185	0.39	0.26
净资产收益率	%	4.21	7.04	4.95

调整前:

财务指标	单位	2001 年	2000 年	1999 年
主营业务收入	元	141107525.49	311901243.73	337523377.67
净利润	元	36145055.53	67619798.55	55710902.34
总资产	元	1109916408.36	1267071121.59	1170283879.38
股东权益(不含少数股东权益)	元	857796074.41	891016620.54	859356582.57
每股收益	元	0.1004	0.188	0.279
每股净资产	元	2.383	2.475	4.297
调整后的每股净资产	元	2.273	2.442	4.230
每股经营活动产生的现金流量净额	元	0.185	0.385	0.262
净资产收益率	%	4.21	7.59	6.48

(三)本年度利润表附表

报告期利润	2001 年				2000 年(调整后)			
	净资产收益率%		每股收益		净资产收益率%		每股收益	
	全面摊薄	加权平均	全面摊薄	加权平均	全面摊薄	加权平均	全面摊薄	加权平均
主营业务利润	5.34	5.51	0.13	0.13	5.68	5.49	0.13	0.13
营业利润	1.67	1.73	0.04	0.04	7.95	7.68	0.18	0.18
净利润	4.21	4.35	0.10	0.10	7.04	6.80	0.16	0.16
扣除非经常性损益后的净利润	0.64	0.66	0.02	0.02	5.75	5.56	0.13	0.13
报告期利润	2001 年				2000 年(调整前)			
	净资产收益率%		每股收益		净资产收益率%		每股收益	
	全面摊薄	加权平均	全面摊薄	加权平均	全面摊薄	加权平均	全面摊薄	加权平均
主营业务利润	5.34	5.51	0.13	0.13	9.25	9.15	0.229	0.229
营业利润	1.67	1.73	0.04	0.04	8.47	8.42	0.210	0.210
净利润	4.21	4.35	0.10	0.10	7.59	7.57	0.188	0.188
扣除非经常性损益后的净利润	0.64	0.66	0.02	0.02	6.42	6.44	0.159	0.159

三、股本变动及股东情况

(一)股份变动情况表(单位:股)

	期初数	本次变动增减(+、-)				期末数
		配股	送股	公积金转股	小计	
一、尚未流通股份						
1、发起人股份	192803738					192803738
其中:						
国家拥有股份	87728738					87728738
境内法人拥有股份	105075000					105075000
2、募集法人股	33996262					33996262
3、内部职工股						
4、优先股或其他						
尚未流通股份合计	226800000					226800000
二、已流通股份						
境内上市的 A 股	133200000					133200000
已流通股份合计	133200000					133200000
三、股份总数	360000000					360000000

600108 甘肃亚盛实业(集团)股份有限公司

2001年年度报告摘要

一、公司基本情况简介

(一)公司中文名称:甘肃亚盛实业(集团)股份有限公司
英文名称:GANSU YASHENG INDUSTRIAL(GROUP)CO.LTD
(二)公司法定代表人:周长生
(三)公司董事会秘书及其授权代表:周文萍　孙小琴
电话:(0931)8471961
传真:(0931)8483195
联系地址:甘肃省兰州市张掖路219号基隆大厦20层
电子信箱:ysjsj@public.lz.gs.cn
(四)公司注册地址:甘肃省兰州市张掖路219号基隆大厦20楼
公司办公地址:甘肃省兰州市张掖路219号基隆大厦20楼
邮政编码:730030
公司国际互联网网址:http://www.yasheng.com.cn
电子信箱:ysjsj@public.lz.gs.cn
(五)公司信息披露报纸名称:《中国证券报》、《上海证券报》
登载年度报告的中国证监会指定网站的网址:http://www.sse.com.cn
公司年度报告备置地点:甘肃省兰州市张掖路219号基隆大厦21楼证券部
(六)公司股票上市交易所:上海证券交易所
A股股票简称:亚盛集团
A股股票代码:600108

二、会计数据和业务数据摘要

(一)本年度主要利润指标情况:(单位:元)

项目	金额
1、利润总额	96,698,716.54
2、净利润	89,444,431.86
3、扣除非经常性损益后的净利润	74,581,119.11
4、主营业务利润	103,407,613.35
5、其他业务利润	21,854,415.16
6、营业利润	73,459,887.10
7、投资收益	8,375,516.69
8、补贴收入	18,576,127.00
9、营业外收支净额	-3,712,814.25
10、经营活动产生的现金流量净额	11,934,259.92
11、现金及现金等价物净增减额	-40,190,985.31

扣除非经常性损益项目及金额:

补贴收入18,576,127.00元,营业外收入149,224.10元,营业外支出3,862,038.35元。

注:非经常性损益是按照《公开发行证券的公司信息披露规范问答第1号－非经常性损益》确定和计算的。

(二)公司截至报告期末前三年的主要会计数据和财务指标:(单位:元)

指标项目	2001年度	2000年度		1999年度	
		调整前	调整后	调整前	调整后
主营业务收入	642,767,794.21	690,091,204.30	690,091,204.30	614,406,131.63	525,628,506.19
净利润	89,444,431.86	116,664,402.20	101,820,251.53	113,955,306.77	88,955,306.77
总资产	1,842,727,604.65	1,639,305,635.21	1,586,458,439.94	1,532,023,615.80	1,492,423,615.80
股东权益	1,370,156,794.97	1,144,241,287.67	1,089,797,137.00	1,045,275,385.47	1,005,675,385.47
每股收益(摊薄)	0.14	0.29	0.25	0.37	0.29
每股收益(加权)	0.15	0.34	0.30	0.42	0.33
每股净资产(摊薄)	2.19	2.86	2.72	3.40	3.27
调整后的每股净资产	2.19	2.83	2.71	3.39	3.26
每股经营活动产生的现金流量净额	0.02	0.32	0.24	0.46	0.46
净资产收益率%(摊薄)	6.53	10.20	9.34	10.90	8.85
净资产收益率%(加权)	6.73	10.69	9.33	13.39	12.68

按照中国证监会《公开发行证券的公司信息披露编报规则第九号》计算的指标即利润表附表:

报告期利润	净资产收益率%		每股收益(元)	
	全面摊薄	加权平均	全面摊薄	加权平均
主营业务利润	7.55	7.78	0.17	0.17
营业利润	5.36	5.53	0.12	0.12
净利润	6.53	6.73	0.14	0.15
扣除非经常性损益后净利润	5.44	5.61	0.12	0.12

注:2001年度总股本按62504.52万股计算,2000年度总股本按40014万股计算。1999年度总股本按30780万股计算。

三、股本变动及股东情况

(一)股本变动情况

1、股份变动情况表

2001年度公司股份变动情况

数量单位:万股

	本次变动前	配股	送股	公积金转股	增发	其他	小计	本次变动后
一、未上市流通股份								
1.发起人股份	18720		1872	3744			5616	24336
其中:国家持有股份	10824.84		1082.484	2164.968			3247.452	14072.292
境内法人持有股份	7895.16		789.516	1579.032			2368.548	10263.708
境外法人持有股份								
其他								
2.募集法人股						5252	5252	5252
3.内部职工股						5234.32	5234.32	5234.32
4.优先股或其他								
未上市流通股份合计	18720		1872	3744		10486.32	16102.32	34822.32
二、已上市流通股份								
1.人民币普通股	21294		2129.4	4258.8			6388.2	27682.2
2.境内上市的外资股								
3.境外上市的外资股								
4.其他								
已上市流通股份合计	21294		2129.4	4258.8			6388.2	27682.2
三、股份总数	40014		4001.4	8002.8		10486.32	22490.52	62504.52

2、股票发行与上市情况

(1)前三年历次股票发行情况:

公司1999年实施配股,股票种类为普通股A股,发行日期为1999年12月14日,发行价格为7.5元,共计发行3780万股,上市日期为2000年1月5日,获准上市交易数量为3780万股。

(2)报告期内因送股、转增股本、增发新股、吸收合并等引起公司股份总数及结构变动情况:

2001年6月11日实施完毕2000年度利润分配及资本公积金转增股本方案,即以每10股送1股转增2股,共计送转增12004.2万股,使总股本由40014万股增至52018.2万股。

2001年4月公司申请定向发行股票吸收合并山东龙喜股份有限公司获得中国证监会证监公司字[2001]41号文批准,公司定向发行8066.4万股,用于换取山东龙喜股份有限公司股东持有的全部股份,其中向法人股股东定向发行4040万股,向个人股股东定向发行4026.4万股,本次吸收合并后,公司增加了募集法人股4040万股,增加了内部职工股4026.4万股,总股本由52018.2万股增加到60084.6万股。

山东龙喜股份有限公司于2001年4月22日召开股东大会审议通过其2000年度利润分配及公积金转增股本方案,即以山东龙喜股份有限公司2000年末总股本10083万股为基数,每10股送1股转增2股派现金0.25元,共计送转增3024.9万股。由于吸收合并在先,此分配方案就做为遗留问题提交公司审议,公司于2001年11月20日召开2001年度第二次临时股东大会审议通过、确认了以上方案。在实施过程中,公司先完成了吸收合并山东龙喜股份有限公司事宜,即原持有山东龙喜股份有限公司的自然人和法人股东所持总股份10083万股全部按1.25:1的折股比例换取公司定向发行的股票8066.4万股,上述分配方案实施在后,因此在实施时实际送转股数为2419.92万股,其中募集法人股1212万股,内部职工股1207.92万股,使公司总股本由60084.6万股增加到62504.52万股。

(3)公司内部职工股情况:

公司现存的内部职工股是由于吸收合并山东龙喜股份有限公司产生的,数量为5234.32万股。于2001年6月12日托管于中国证券登记结算有限责任公司上海分公司。期满三年后,经有关部门批准方可上市流通。

(二)股东情况介绍

1、报告期末股东总数为144178户。

2、前十名股东持股情况(截止2001年12月31日):

单位:股

名次	股东名称	年初持股数	股份增减情况	年末持股数	占总股本比例%	股份性质
1	甘肃亚盛盐化工业集团有限责任公司	108,248,400	+32,474,520	140,722,920	22.51	国有股
2	山东龙喜集团	0	+52,520,000	52,520,000	8.4	法人股
3	甘肃金塔恒盛农业发展公司	39,920,400	+11,976,120	51,896,520	8.3	法人股
4	甘肃金盛实业有限公司	20,638,800	+6,191,640	26,830,440	4.29	法人股
5	甘肃省国营高台农场	10,576,800	+3,173,040	13,749,840	2.2	法人股
6	甘肃省国营生地湾双丰化工厂	7,815,600	+2,344,680	10,160,280	1.63	法人股
7	张勇			631,553	0.10	流通股
8	吕松			613,301	0.098	流通股
9	王军明			555,360	0.089	流通股
10	王彦心			524,264	0.084	流通股

以上列出的股东情况中代表国家持有股份的单位是甘肃亚盛盐化工业集团有限责任公司。

(1)持有本公司5%以上含5%股份的股东所持股份质押或冻结情况

报告期内公司为申请1.38亿元的贷款,第一大股东甘肃亚盛盐化工业集团有限责任公司同意将其所持有的亚盛集团A股14072.292万股中的7000万股国有法人股质押给中国银行甘肃省分行,质押期5年,股票冻结手续于2001年12月19日经中国证券登记结算有限责任公司上海分公司办理完结。

(2)报告期内前六大股东之间无关联关系,持有流通股的个人股东之间,公司不知道其是否存在关联关系。

(3)公司控股股东情况

甘肃亚盛盐化工业集团有限责任公司是本公司的控股股东,持有公司国有法人股14072.292万股,占总股本的22.51%。法定代表人王登福先生。成立日期:1998年11月23日。经营范围:农业技术开发,新技术、新产品的开发、加工;农副产品、化工产品及原料、纺织品、建材的批发零售;生物基因、网络技术的开发、投资畜禽养殖。注册资本:12000万元。

甘肃亚盛盐化工业集团有限责任公司属国有独资公司,投资主体是甘肃省农垦总公司。

四、董事、监事、高级管理人员和员工情况

(一)董事、监事和高级管理人员的情况

1、基本情况:

序号	姓名	职务	性别	年龄	任期	年初持股数	年末持股数	股份增减变动量
(1)	周长生	董事长	男	60岁	2000－2003	30420	39546	+9126
(2)	王景胜	副董事长	男	52岁	2001－2003	0	488800	+488800
(3)	李兴祥	副董事长	男	56岁	2000－2003	3042	3954	+912
(4)	焦永强	董事	男	37岁	2000－2003	3042	3954	+912

(5)	杨占荣 董事	男	40岁	2000-2003	15514	20168	+4654
(6)	朱新华 董事	男	48岁	2000-2003	520	676	+156
(7)	郝录荣 董事	男	55岁	2000-2003	3042	3954	+912
(8)	李吉玉 董事	男	53岁	2000-2003	3042	3954	+912
(9)	许汉春 董事	男	51岁	2000-2003	0	0	0
(10)	段德仁 董事	男	32岁	2000-2003	0	0	0
(11)	任养成 独立董事	男	48岁	2001-2003	0	0	0
(12)	王承济 董事	男	48岁	2001-2003	0	301600	+301600
(13)	张兴龙 独立董事	男	50岁	2000-2003	0	0	0
(14)	马维琪 监事会召集人	男	69岁	2001-2003	0	0	0
(15)	曹香芝 监事	女	39岁	2000-2003	0	0	0
(16)	王红英 监事	女	33岁	2000-2003	390	507	+117
(17)	魏国福 监事	男	48岁	2000-2003	0	0	0
(18)	刘文学 监事	男	37岁	2000-2003	9430	12259	+2829
(19)	赵祖英 总经理	男	61岁	2000-2003	0	0	0
(20)	任都成 财务总监	男	44岁	2000-2003	0	0	0
(21)	晏国生 副总经理	男	53岁	2001-2003	0	0	0
(22)	张天虎 副总经理	男	41岁	2001-2003	0	0	0
(23)	景　锐 副总经理	男	34岁	2001-2003	0	0	0
(24)	岳　霞 副总经理	女	34岁	2001-2003	0	2000	+2000
(25)	周文萍 董秘	女	31岁	2000-2003	0	0	0

年度内股份增减变动原因:王景胜、王承济增持股份是由于吸收合并山东龙喜股份有限公司,定向发行股票以换取其所持有的山东龙喜股份有限公司股份所致;岳霞增持是由于二级市场购入所致;其他人员增持是由于实施了2000年度利润分配及资本公积金转增股本方案即每10股送1股转增2股所致。

在股东单位任职的董事、监事情况

副董事长王景胜任山东龙喜集团公司董事长,董事王承济任山东龙喜集团公司副总经理,副董事长李兴祥任甘肃金塔恒盛农业发展公司董事长(甘肃金塔恒盛农业发展公司更名为甘肃金塔恒盛农业发展有限责任公司),董事杨占荣任甘肃省国营高台农场场长(甘肃省国营高台农场更名为甘肃鹏盛农业发展有限责任公司),董事焦永强任甘肃省国营生地湾双丰化工厂厂长

2、年度报酬情况

董事、监事和高级管理人员报酬的决策程序、报酬的确定依据:

本公司董事、监事、高管人员本年度报酬均依据甘肃省劳动厅和甘肃省农垦总公司及公司有关工资管理的规定按月发放。主要依据工作岗位、工作业绩等确定。

现任董事、监事、高管人员在公司领取的年度报酬总额(包括基本工资、各项奖金、福利、补贴、住房津贴及其他津贴等)为41.2万元。金额最高的前三名董事的报酬总额为6万元,金额最高的前三名高级管理人员的报酬总额为10.8万元。董事、监事、高管人员年度报酬在2万元及2万元以上的有7人,20000元以下的有16人。

王景胜、王承济先生在公司股东单位山东龙喜集团公司领取报酬,不在本公司领取报酬。

3、报告期内董事、监事、高级管理人员变动情况:

2001年2月23日二届董事会五次会议同意罗生经、李家懋因工作变动,辞去副总经理职务,并聘任岳霞、张天虎为副总经理。

2000年年度股东大会审议通过了董事会成员调整的提案、监事会成员调整的提案,此提案根据2001年4月26日《中国证券报》和《上海证券报》披露的《甘肃亚盛实业(集团)股份有限公司二届董事会七次会议决议公告》中"因吸收合并山东龙喜股份有限公司于报告期内获中国证监会[2001]41号文批准,根据吸收合并方案等规定,合并生效后公司第一次股东大会,将重新选举董事会和监事会"的规定,于2000年年度股东大会选举完善公司新董事会、监事会。董事会成员如下:周长生先生,王景胜先生,李兴祥先生,焦永强先生,杨占荣先生,朱新华先生,郝录荣先生,李积玉先生,许汉春先生,段德仁先生,任养成先生,王承济先生,张兴龙先生。监事会成员如下:马维琪先生,曹香芝女士,魏国福先生。职工代表大会选举刘文学先生、王红英女士为职工监事。

董事会选举周长生为董事长,王景胜、李兴祥为副董事长。聘任赵祖英为公司总经理,晏国生、张天虎、景锐、岳霞为副总经理,任都成为财务总监。周文萍为董事会秘书,孙小琴为董事会证券事务代表。

五、公司治理结构

(一)公司严格按照中国证监会发布的有关上市公司治理的文件和《上海证券交易所股票上市规则》的要求,建立健全各项有关规章制度,并严格执行,不断完善法人治理结构,规范运作。2002年2月26日公司根据中国证监会发布的《上市公司治理准则》,召开了二届十二次董事会,通过了关于修改公司章程的议案,通过了公司管理制度汇编(2001年12月修订本),制定了《股东大会工作条例》、《董事会工作条例》、《监事会工作条例》、《独立董事工作制度》、《总经理工作细则》、《信息披露工作细则》、《内部审计管理制度》、《会计制度》等90个制度,并提出了设立专门委员会的提案。目前公司治理结构如下:

1、关于股东与股东大会:公司严格执行章程和相关规定,确保所有股东行使权力,能够规范地召开股东大会。关联交易公平,无损害公司利益行为。

2、关于控股股东与上市公司的关系:公司与控股股东做到了人员、资产、财务分开,机构、业务独立,各自独立核算、独立承担责任和风险。

3、关于董事与董事会:公司董事能诚信、勤勉地履行职责,董事会能够按照法律法规及章程的规定行使权利。

4、关于监事与监事会:监事会对公司财务以及公司董事、经理和其他高级管理人员履行职责的合法性、合规性进行了监督,维护了公司及股东的合法权益。

5、关于相关利益者:公司尊重银行及其它债权人、职工、消费者等利益相关者的合法权利并与之积极合作,共同促进公司的发展。

6、关于信息披露与透明度:公司能够按照法律、法规和公司章程的规定,真实、准确、完整、及时地披露信息。

(二)公司治理现状与《上市公司治理准则》的要求存在的差异:

公司的治理现状与《上市公司治理准则》的相关规定相比还存在一定的差距,如关于绩效评价与激励约束机制,公司建立了经理人员的薪酬与公司绩效和个人业绩相联系的考评和激励机制。亦建立了董事、监事的绩效考评标准及相应的激励与约束机制,即《期权激励制度》,但由于国家相关政策尚未出台,故一直未实施。若2001年年度股东大会通过董事会关于设立专门委员会的提案,2002年度新设的薪酬与考核委员会将积极着手修订或重建公正、透明的董事、监事绩效考评标准及相应的激励与约束机制。进一步完善公司的治理结构,提高公司的治理水平。

(三)独立董事履行职责情况

报告期内,公司根据《关于在上市公司建立独立董事制度的指导意见》,进行独立董事选聘工作,董事中张兴龙、任养成符合独立董事的资格要求,被聘为独立董事,于2002年1月5日在《上海证券报》26版、《中国证券报》12版刊登了《关于独立董事情况的公告》。

六、股东大会情况简介

报告期内召开的年度股东大会和临时股东大会的有关情况

报告期内召开了2000年年度股东大会和二次临时股东大会。

公司年度股东大会的公告于2001年5月22日在兰州市召开,参加本次股东大会的股东和股东代理人5人,代表股份18720万股,占公司有表决权总股本的46.78%,会议决议公告刊登在2001年5月23日《上海证券报》26版、《中国证券报》19版。

公司2001年第一次临时股东大会于2001年10月7日在兰州市召开,参加本次股东大会的股东和股东代理人8人,代表股份285,004,854股,占公司有表决权总股本的47.43%,会议决议公告刊登在2001年10月9日《上海证券报》12版、《中国证券报》21版。

公司2001年度第二次临时股东大会于2001年11月20日在兰州市召开,参加本次股东大会的股东和股东代理人6人,代表股份28376万股,占公司有表决权总股本的47.23%,会议决议公告刊登在2001年11月21日《上海证券报》7版、《中国证券报》10版。

七、董事会报告

(一)报告期内公司经营情况

1、主营业务的范围及其经营状况

(1)公司的经营范围:高科技农业新技术、新产品开发、加工;农副产品的种植,无机盐及其副产品的生产;自营和代理国家组织统一联合经营的16种出口商品和国家实行核定公司经营的14种进口商品以外的其它商品及技术进出口业务;经营进料加工和"三来一补"业务;经营对销贸易;饮料的生产、茶业、印染业务。

(2)报告期内共计实现主营业务收入642,767,794.21元,主营业务成本537,597,938.38元,主营业务利润103,407,613.35元,按行业划分公司主营业务收入、主营业务利润构成情况(单位:元)

行业	主营业务收入	占本期比例%	主营业务毛利	占本期比例%
农业	427,149,389.45	66.5	56,436,867.33	53.66
印染	124,259,729.31	19.3	30,671,569.43	29.16
贸易	72,853,143.35	11.3	2,286,539.43	2.17
饮料	37,677,043.37	5.9	1,374,007.77	1.31
其他业务	45,880,366.98	7.1	14,400,871.87	13.69
小计	707,819,672.46	110.1	105,169,855.83	100
各业务分部间抵消	65,051,878.25	10.1	0	0
合计	642,767,794.21	100	105,169,855.83	100

(3)占主营业务收入或主营业务利润10%以上的业务经营活动、主要产品情况(单位:元)

产品品种	所属行业	销售收入	销售成本	毛利率%
种植及加工	农业	427,149,389.45	370,712,522.12	13.21
印染	纺织	124,259,729.31	93,588,159.88	24.68
饮料	食品	37,677,043.37	36,303,035.60	3.65

(4)本年度主营业务收入按地区划分情况如下(单位:元):

地区	主营业务收入	主营销售成本	毛利率%
省内	427,149,389.45	370,712,522.12	13.21
省外	161,936,772.68	129,891,195.48	19.78

2、主要供应商、客户情况

公司向前五名供应商合计的采购金额占年度采购总额的比例为24.56%。

公司向前五名客户销售的收入总额合计占公司全部销售收入总额的比例为23.27%。

(二)公司报告期内的投资情况

报告期内公司仅投资了一家公司,投资情况如下:

九寨沟县天鹅宾馆有限公司:经营范围:旅客食宿、娱乐、日用百货、纪念品服务、零售。公司拥有62%的股权。

1、募股资金使用情况

本报告期内无募股资金

本报告期之前募集资金投资项目延续到报告期内的情况:(万元)

1999年配股募集资金的运用和结果:

募集资金的方式	承诺投资项目	承诺运用日期	项目总投资(万元)	实际投资项目	实际投资金额(元)	完成情况%
A股配股	年产12000万米精准农业滴灌管生产线	2000.01	24,310.50	年产12000万米精准农业滴灌管生产线	180,357,832.18	74.19
A股配股	日光温室花卉栽培基地	2000.01	2500	日光温室花卉栽培基地	18,205,161.65	72.82
A股配股	高a酸啤酒花基地及啤酒花加工厂	2000.01	3225	高a酸啤酒花基地及啤酒花加工厂	33,000,847.41	102.3
A股配股	5000亩良种基地建设	2000.01	2500	5000亩良种基地建设	26,776,678.13	107

尚未使用的募集资金,全部体现为银行存款。

公司项目资金的投入情况、进度及预计收益

(1)年产12000万米精准农业滴灌管生产线项目,总投资额32414万元,公司出资24310.5万元。到本报告期末,项目投资18035.78万元,完成工程进度的74.19%。目前已进入试生产阶段,预计收益约200万元。

(2)日光温室花卉栽培基地项目,投资总额2500万元。到本报告期末,项目投资1820.5万元,完成工程进度的72.82%。

(3)高α酸啤酒花基地及啤酒花加工厂项目,投资总额3225万元。

到本报告期末,项目投资3300万元,完成工程进度的102.3%。预计2002年完工。预计收益约300万元。

(4)总投资2500万元用于5000亩良种基地建设项目。到本报告期末,项目投资2677.67万元,完成工程进度的107%,已完工。其收益已在公司综合财务指标中反映。

2、非募集资金投资情况:

高密度白炭黑项目:此项目因前次募集资金有缺口,公司自1999年7月以来,所用资金皆由公司自筹解决。投资总额3800万元,到本报告期末,累计投资18,517,302.77元,累计投入49%,剩余工程所需资金将继续投入,预计2002年完工。

硫酸钾工程项目:此项目因前次募集资金有缺口,公司自1999年7月以来,所用资金皆由公司自筹解决。投资总额3980万元,到本报告期末,累计投资51,699,068.52元,累计投入129.9%。

(三)公司财务状况、经营成果(单位:人民币元):

项目	2001年	2000年	比上年增减变动幅度%
总资产	1,842,727,604.65	1,586,458,439.94	16.15
长期负债	3,000,000	3,000,000	0
股东权益	1,370,156,794.97	1,089,797,137.00	25.73
主营业务利润	103,407,613.35	153,228,729.74	-32.51
净利润	89,444,431.86	101,820,251.53	-12.15

变动原因:总资产增加是由于本年度吸收合并山东龙喜股份有限公司、资产置换等所致;

股东权益增加系净利润增加及吸收合并山东龙喜股份有限公司所致;

主营业务利润减少系农业受灾引起主营业务收入减少所致;

净利润减少系主营业务利润减少所致;

(四)新年度的经营计划

新年度公司以建设高科技为龙头,教育为基础,利润为中心作为企业目标,以提高市场竞争力为出发点,尊重人才、尊重知识、尊重高科技,实现企业利润的增长。

2002年经营计划:计划完成销售收入6.8亿元左右,成本控制在5.7亿元左右。

具体措施如下:

1、公司在努力提高产品竞争力、巩固原有市场地位的基础上,将继续加大农业科技投入,积极选育优良品种,合理调整农业种植结构,因地制宜发展具有质量和成本优势的高附加值农产品和西部特色农产品,以拓展企业未来发展的空间。

2、公司将充分利用加入WTO的机遇,低成本引进国外先进技术和设备,以扩大生产规模、降低成本,提高产品品质。

3、继续扩大林业种苗的种植,建造防护林网,改善种植区的生态环境,进一步提升农业抵御

自然灾害的能力。

4、积极完成可转债的发行工作,为迎接WTO的挑战,增强市场竞争力提供资金后盾。

5、积极进行资产重组,提高公司盈利能力。

6、进一步提高财务监控工作、水平。为公司较大的发展做好基础工作。

(五)本年度利润分配预案

经五联联合会计师事务所有限公司审计,公司2001年度共实现净利润89,444,431.86元,加年初未分配利润168,149,300.74元,可供分配的利润257,593,732.60元,根据公司章程的有关规定,提取法定盈余公积8,969,911.97元,提取法定公益金4,484,955.97元,本年度可供投资者分配的利润244,138,864.66元,减去转作股本的普通股利4001.4万元,实际可供股东分配的利润为204,124,864.66元。董事会决定以2001年末股本62504.52万股为基数,每10股派0.5元(含税)。

此方案尚需提交股东大会审议。

八、监事会报告

(一)报告期工作情况

200. 年公司监事会共召开5次会议,会议情况如下:

1、2001年2月23日在兰州召开了二届监事会四次会议。会议同意曹林先生辞去监事一职,建议增补马维琪先生为公司监事。会议决议刊登在2月24日的《中国证券报》第16版、《上海证券报》第31版上。

2、2001年3月25日在兰州召开了二届监事会五次会议。会议通过了2000年度监事会报告、审议了2000年度报告及摘要。会议决议刊登在3月28日的《中国证券报》第26版、《上海证券报》第25版上。

3、2001年4月25日在兰州召开了二届监事会六次会议。会议审议通过了关于监事会成员调整的提案。会议决议刊登在4月26日的《中国证券报》第15版、《上海证券报》第12版上。

4、2001年5月23日在兰州召开了二届监事会七次会议。会议选举马维琪先生为公司监事会召集人。会议决议刊登在5月25日的《中国证券报》第9版、《上海证券报》第2版上。

5、2001年8月15日在兰州召开了二届监事会八次会议。会议审议通过了《2001年中期报告正文及摘要》、《2001年中期利润分配预案》、《关于公司2001年发行可转换公司债券的议案》、《关于本次发行可转债募集资金运用的可行性议案》、《董事会对前次募集资金使用情况的说明》、《关于修改公司章程的议案》、《关于会计政策和会计估计变更有关问题的报告》、《关于资产转让与收购的议案》等八项议案。会议决议刊登在8月17日的《中国证券报》第51版、《上海证券报》第50和51版上。

(二)报告期内,监事会列席了公司董事会会议和股东大会会议,参与了公司重大决策、决定的研究,检查了公司依法运作情况、财务情况、募集资金使用情况、资产收购及出售情况。

九、重要事项

(一)本年度公司无重大诉讼、仲裁事项。

(二)报告期内公司收购及出售资产、吸收合并事项的简要情况及进程:

1、报告期内公司收购及出售资产事项情况如下:

公司于2001年10月7日召开的2001年第一次临时股东大会审议通过了《关于资产转让与收购的议案》:

(1)公司下属条山分公司所属的条山酒厂

根据五联联合会计师事务所有限公司对该厂资产评估结果,该厂评估后总资产9632.72万元,负债10977.62万元,净资产为-1344.90万元。评估基准日为2000年12月31日,本次评估结果已经甘肃省财政厅甘财企[2001]55号文确认。根据五联联合会计师事务所有限公司对本公司2000年度审计报告,截止2000年该厂累计亏损507.7万元。

根据本公司与甘肃条山农工商(集团)有限责任公司达成的转让协议,本公司根据评估结果,按零净资产交易价格将条山酒厂整体转让于甘肃条山农工商(集团)有限责任公司,即甘肃条山农工商(集团)有限责任公司整体接收条山酒厂的全部资产和负债,同时公司再向甘肃条山农工商(集团)有限责任公司支付1344.90万元现金。

(2)公司下属下河清分公司所属的下河清麦芽厂

经五联联合会计师事务所有限公司对该厂资产评估结果,该厂评估后总资产1023.59万元,负债1188.81万元,净资产为-165.22万元。评估基准日为2000年12月31日,本次评估结果已经甘肃省财政厅甘财企[2001]55号文确认。根据五联联合会计师事务所有限公司对本公司2000年度审计报告,下河清麦芽厂截止2000年度累计亏损8万元。

根据本公司与甘肃下河清实业有限责任公司达成的转让协议,本公司根据评估结果,按零净资产交易价格将下河清麦芽厂整体转让予甘肃下河清实业有限责任公司,即甘肃下河清实业有限责任公司整体接收下河清麦芽厂的全部资产和负债,同时,公司再向甘肃下河清实业有限责任公司支付165.22万元。

(3)公司下属分公司硫化碱厂

经五联联合会计师事务所有限公司对该厂资产评估结果,该厂评估后总资产1448.99万元,负债1312.30万元,净资产为136.68万元。评估基准日为2000年12月31日,本次评估结果已经甘肃省财政厅甘财企[2001]55号文确认。该厂以生产水汽为主,其产品也主要供应甘肃金盛实业有限公司。为了减少关联交易,本公司经与甘肃金盛实业有限公司达成转让协议,按评估价值,将硫化碱厂整体转让于甘肃金盛实业有限公司。甘肃金盛实业有限公司全部以现金向公司支付136.68万元。

(4)九寨沟县天鹅宾馆

九寨沟县天鹅宾馆位于四川省著名风景区九寨沟镇,是由甘肃条山农工商(集团)有限责任公司与四川光华实业有限公司合资兴建,注册资本为550万元,其中甘肃条山农工商(集团)有限责任公司占62%,四川光华实业有限公司占38%。2000年11月甘肃条山农工商(集团)有限责任公司与四川光华实业有限公司达成股权转让协议,甘肃条山农工商(集团)有限责任公司收购四川光华实业有限公司全部股份。

2001年5月五联联合会计师事务所有限公司对九寨沟县天鹅宾馆进行了整体评估。评估后该宾馆总资产为989.36万元,负债571.62万元,净资产为417.74万元(主要为房屋、设备减值)。评估基准日为2000年12月31日。评估结果已经甘肃省财政厅甘财企[2001]52号文确认。

根据公司与甘肃条山农工商(集团)有限责任公司达成的转让协议,公司按评估价值以现金259万元收购九寨沟县天鹅宾馆62%的股权。

董事会认为:通过本次资产转让,有利于优化公司资产结构,提高公司盈利能力,减少关联交易。同时通过收购九寨沟县天鹅宾馆的股权,公司涉足旅游业,有利于分散经营风险,寻找新的利润增长点。

2、报告期内公司吸收合并山东龙喜股份有限公司的简要情况及进程:

2001年4月9日吸收合并工作经中国证监会证监公司字[2001]41号《关于甘肃亚盛实业(集团)股份有限公司吸收合并山东龙喜股份有限公司的批复》获准,4月19日公司在《中国证券报》39版和《上海证券报》47版披露《甘肃亚盛实业(集团)股份有限公司吸收合并山东龙喜股份有限公司合并报告书》,同时披露《合并获准公告》和《换股登记提示性公告》,提示龙喜股份股东进行换股登记。根据山东证券登记有限责任公司5月24日报告,已完成换股登记的股份总数为8066.4万股,未完成登记的股东,可以继续办理。

2001年6月12日公司委托五联联合会计师事务所对合并进行验资,出具了《验资报告》,6月12日获得中国证券登记结算有限责任公司上海分公司出具的《股份托管确认书》,6月14日在《中国证券报》20版、《上海证券报》19版披露了公司股本变动公告。亚盛集团在甘肃省工商局办理了工商变更登记手续,山东龙喜股份有限公司注销手续办理完成,至此吸收合并事项实施完毕。

(三)重大关联交易事项。

关联方交易

1、关联交易原则及定价政策

本公司与关联企业之间的业务往来按一般市场经营规则进行,与其他业务往来企业同等对待。本公司与关联企业之间不可避免的关联交易,遵照公平、公正的市场原则进行。

2、本公司向关联方采购明细资料如下:

关联方名称	交易内容	本期数		上期数	
		金额	比例	金额	比例
甘肃金盛实业有限公司	硫化碱	27,836,622.74	100%	16,326,276.97	100%
甘肃亚盛盐化工业(集团)有限责任公司	农产品			6,169,267.90	0.9%
甘肃省国营生地湾双丰化工厂	元明粉	7,881,147.06	100%		
山东龙喜集团公司	电费	4,238,424.84	100%		
山东龙喜集团公司	汽	2,286,194.10	100%		
山东龙喜集团公司	其它	1,291,775.23			
合计		43,534,163.97		22,495,544.87	

3、本公司向关联方销售明细资料如下:

关联方名称	交易内容	本期数		上期数	
		金额	比例	金额	比例
甘肃亚盛盐化工业(集团)有限责任公司	农副产品			113,755,618.39	21.25%
甘肃省国营生地湾双丰化工厂	编织袋水硝	8,202,227.90	52.00%		
甘肃金盛实业有限公司	风化硝	3,491,492.64	100.00%	8,471,352.39	100.00%
甘肃金塔亚盛供销公司	农副产品	43,156,481.25	11.92%		
甘肃亚盛农工商集团有限责任公司	农副产品	6,082,629.78	1.68%		
甘肃金盛实业有限公司	供汽			5,673,680.80	100.00%
甘肃金盛实业有限公司	硫化碱袋	121,170.29	100%	1,121,057.05	100.00%
山东龙喜集团公司	纯净水	24,915,479.50	66.13%		
甘肃国营下河清实业有限公司	农副产品	6,165,443.48	1.70%	95,949,058.08	17.93%
合计		92,134,924.84		224,970,766.71	

4、本公司接受各关联单位担保借款或为各关联单位提供借款担保明细资料如下:

担保单位	金额
甘肃亚盛盐化工业(集团)有限责任公司	120,900,000.00
甘肃国营下河清实业有限责任公司	1,500,000.00
甘肃条山农工商(集团)有限责任公司	2,500,000.00

5、本公司为各关联单位提供资金或各关联单位为本公司提供资金明细资料如下:

接受资金单位	提供资金单位	金额		收益或费用	
		本期发生数	上期发生数	本期发生数	上期发生数
本公司	甘肃条山农工商(集团)有限责任公司	58,878,565.36	73,680,000.00	3,477,111.16	7,131,232.95
甘肃省国营生地湾双丰化工厂	本公司	17,743,516.00		3,539,289.14	
甘肃金盛实业有限公司	本公司	58,437,350.00		7,992,367.91	
甘肃亚盛盐化工业(集团)有限责任公司	本公司		45,502,322.79		1,610,000.00

(四)重大合同及其履行情况

1、报告期内无托管、承包、租赁其它公司资产或其它公司托管、承包、租赁本公司资产的事项。

2、公司无重大担保事项。

3、公司无委托他人进行现金资产管理。

4、公司无其它重大合同。

(五)公司或持股5%以上股东承诺事项

报告期内公司或持股5%以上股东没有披露过承诺事项。

(六)本年度公司聘任的会计师事务所为五联联合会计师事务所有限公司(原名甘肃五联会计师事务所有限责任公司),无改聘、解聘情况。

报告期内支付给会计师事务所的报酬:2000年年度财务报告审计费45万元,2001年中期财务报告审计费40万元,资产评估费40万元,验资费5万元,专项报告审计费10万元。公司支付给会计师事务所的报酬中不包括由公司负担的差旅费。公司年末无应付未付会计师事务所费用的情况。

决策程序:业务部门与事务所经谈判拟定初步费用,通过经理办公会,上报董事会通过。

(七)报告期内公司无受中国证监会稽查、中国证监会行政处罚、通报批评、证券交易所公开谴责的情况。

十、财务报告

(一)审计报告

五联联合会计师事务所有限公司

五联审字[2002]第1066号

审计报告

甘肃亚盛实业(集团)股份有限公司全体股东:

我们接受委托,审计了甘肃亚盛实业(集团)股份有限公司(以下简称"贵公司")2001年12月31日的合并及母公司资产负债表、2001年度的合并及母公司利润及利润分配表和合并及母公司现金流量表。这些会计报表由贵公司负责,我们的责任是对这些会计报表发表审计意见。我们的审计是依据《中国注册会计师独立审计准则》进行的。在审计过程中,我们结合贵公司的实际情况,实施了包括抽查会计记录等我们认为必要的审计程序。

我们认为,上述会计报表符合《企业会计准则》、《企业会计制度》的有关规定,在所有重大方面公允地反映了贵公司2001年12月31日的财务状况和2001年度的经营成果及现金流量情况,会计处理方法的选用遵循了一贯性原则。

五联联合会计师事务所有限公司　　中国注册会计师:刘志文
中国·兰州　　中国注册会计师:秦　宝
民主东路249号移动通信大厦五楼　　二〇〇二年四月二日

(二)会计报表(附后)

(三)会计报表了附注

1、会计政策的变更

公司原执行《股份有限公司会计制度》及其补充规定,根据财政部财会[2000]25号文《关于印发<企业会计制度>的通知》和财会[2001]17号文《关于印发贯彻实施<企业会计制度>有关政策衔接问题的规定的通知》的有关规定和本公司董事会决议,本公司从2001年1月1日起变更如下会计政策:

(1)短期投资和长期投资原按实际成本计价,现改为按照取得投资时的初始投资成本计价;

(2)期末固定资产原按成本计价,现改为按账面价值与可收回金额孰低计量;

(3)期末在建工程原按成本计价,现改为按账面价值与可收回金额孰低计量;

(4)期末无形资产原按成本计价,现改为按账面价值与可收回金额孰低计量;

(5)开办费的摊销政策由原来的按不超过5年的期限分期平均摊销改为在开始生产经营的当月一次性摊销;

(6)发行股票的申购资金在冻结期间产生的利息收入,原采用有效申购资金在冻结期间的利息收入计入资本公积,无效申购资金在冻结期间的利息收入分5年平均转销的政策,现改为将全部冻结资金产生的利息收入先冲减发行股票支付的手续费或佣金等相关发行费用,若有余额则视同为溢价计入资本公积；

(7)发生非货币性交易时，按照换出资产的账面价值加上应支付的相关税费作为换入资产的入账价值；如果涉及补价，若本公司支付补价，应当以换出资产账面价值加上补价和应支付的相关税费，作为换入资产入账价值；若本公司收到补价，应当以换出资产账面价值减去补价，加上应确认的收益和应支付的相关税费，作为换入资产入账价值；

(8)发生债务重组时，若发生损失则直接计入当期损益，若产生收益则计入资本公积。

根据财政部财会[2001]17 号文《关于印发贯彻实施 < 企业会计制度 > 有关政策衔接问题的规定的通知》和《实施〈企业会计制度〉及其相关准则问题解答》的有关规定，本公司对上述第 2 – 8 项会计政策的变更进行了追溯调整。由于固定资产、其他长期资产期末账面价值大于可收回金额调减期初留存收益54,159,169.51元，其中：未分配利润为46,035,294.08元，盈余公积5,415,916.95 元，公益金 2,707,958.48 元，在建工程、无形资产期末账面价值小于可收回金额，故未计提减值准备。

2、关联交易会计政策的变更

根据财政部 2001 年 12 月 21 日发布的《关于印发 < 关联方之间出售资产等有关会计处理问题暂行规定 > 的通知》，本公司决定从 2001 年 12 月 21 日起，对本公司与各关联单位之间发生的出售资产、转移债权、承担债务、承担费用、委托及受托经营以及资金占用等关联交易，按照《关联方之间出售资产等有关会计处理问题暂行规定》中确定的方法进行会计处理。

本公司对于关联交易会计处理方法的变更采用未来适用法进行处理。

3、公司本年度会计报表合并范围增加了九寨沟县天鹅宾馆。

十一、备查文件目录

(一)载有法定代表人、主管会计工作负责人、会计机构负责人签名并盖章的会计报表。

(二)载有会计师事务所盖章、注册会计师签名并盖章的审计报告原件。

(三)报告期内在中国证监会指定报纸上公开披露过的所有公司文件的正本及公告的原稿。

母公司资产负债表

编制单位：甘肃亚盛实业(集团)股份有限公司　　单位：人民币元

资　　产	附注	2001 年 12 月 31 日	2000 年 12 月 31 日
流动资产			
货币资金		222,567,183.26	240,977,467.31
短期投资		–	
应收票据		80,000.00	
应收股利		216,484.64	892,105.94
应收利息		–	
应收账款	6.1	194,022,331.72	169,563,315.43
其他应收款	6.1	303,916,689.83	140,676,613.63
预付账款		67,574,558.12	69,659,068.87
应收补贴款		–	
存货		52,920,058.81	107,040,614.66
待摊费用		–	221,677.03
待处理流动资产净损失		–	1,087,636.09
其他流动资产		–	
流动资产合计		841,297,306.38	730,118,498.96
长期投资：			
长期股权投资	6.2	265,456,667.70	219,194,297.85
长期债权投资		–	
长期投资合计		265,456,667.70	219,194,297.85
固定资产：			
固定资产原价		664,158,681.88	481,952,780.10
减：累计折旧		176,744,223.24	76,058,247.96
固定资产净值		487,414,458.64	405,894,532.14
减：固定资产减值准备		70,944,548.28	54,159,169.51
固定资产净额		416,469,910.36	351,735,362.63
工程物资		1,207,720.03	9,296,317.03
在建工程		195,899,257.51	129,719,037.78
固定资产清理			
固定资产合计		613,576,887.90	490,750,717.44
无形资产及其他资产：			
无形资产		80,111,103.09	59,136,568.46
长期待摊费用		578,017.95	699,751.63
其他长期资产		42,539,750.00	42,539,750.00
无形资产及其他资产合计		123,228,871.04	102,376,070.09
递延税项：			
递延税款借项			
资产总计		1,843,559,733.02	1,542,439,584.34
负债及股东权益	附注	2001 年 12 月 31 日	2000 年 12 月 31 日
流动负债			
短期借款		180,060,000.00	137,775,448.10
应付票据		16,000,000.00	
应付账款		29,317,129.94	94,673,624.99
预收账款		11,463,953.45	7,536,804.19
应付工资		7,796,599.41	5,552,012.56
应付福利费		5,428,621.13	2,107,232.23
应交税金		72,631,288.34	53,058,679.14
应付股利		32,262,260.00	10,003,500.00
其他应交款		2,629,597.59	1,344,000.19
其他应付款		109,911,098.93	130,429,794.46
预提费用		2,902,389.26	7,161,351.48
预计负债		–	
一年内到期的长期负债		–	
其他流动负债		–	
专项应付款		–	
流动负债合计		470,402,938.05	449,642,447.34
长期负债：			
长期借款		3,000,000.00	3,000,000.00
应付债券		–	
长期应付款		–	
专项应付款		–	
其他长期负债		–	
长期负债合计		3,000,000.00	3,000,000.00
递延税项：			
递延税项贷项			
负债合计		473,402,938.05	452,642,447.34
股东权益：			
股本		625,045,200.00	400,140,000.00
减：已归还投资			
股本净额		625,045,200.00	400,140,000.00
资本公积		480,722,907.10	443,446,620.99
盈余公积		91,366,844.58	77,950,179.80
其中：法定公益金		22,426,481.03	17,954,259.44
未分配利润		173,021,843.29	168,260,336.21
股东权益合计		1,370,156,794.97	1,089,797,137.00
负债及股东权益合计		1,843,559,733.02	1,542,439,584.34

合并资产负债表

编制单位：甘肃亚盛实业(集团)股份有限公司　　单位：人民币元

资　　产	附注	2001 年 12 月 31 日	2000 年 12 月 31 日
流动资产			
货币资金	5.1	229,933,509.39	270,124,494.70
短期投资		–	–
应收票据	5.2	80,000.00	–
应收股利	5.3	–	450,000.00
应收利息		–	–
应收账款	5.4	197,394,272.78	173,094,703.73
其他应收款	5.4	185,043,774.07	132,438,526.85
预付账款	5.5	69,918,251.07	82,477,120.20
应收补贴款		–	–
存货	5.6	55,497,439.78	109,272,363.66
待摊费用	5.7	71,612.74	221,677.03
待处理流动资产净损失		–	1,087,636.09
其他流动资产			–
流动资产合计		737,938,859.83	769,166,522.26
长期投资：			
长期股权投资	5.8	150,474,166.69	107,660,000.00
其中：合并价差		–785,833.31	
长期债权投资		–	
长期投资合计		150,474,166.69	107,660,000.00
固定资产：			
固定资产原价	5.9	683,338,659.81	488,500,530.67
减：累计折旧	5.9	178,369,621.31	76,274,847.96
固定资产净值		504,969,038.50	412,225,682.71
减：固定资产减值准备	5.9	70,944,548.28	54,159,169.51
固定资产净额		434,024,490.22	358,066,513.20
工程物资	5.10	1,207,720.03	9,296,317.03
在建工程	5.11	362,089,742.70	210,964,165.34
固定资产清理		–	–
固定资产合计		797,321,952.95	578,326,995.57
无形资产及其他资产：			–
无形资产	5.12	113,377,507.23	83,673,142.60
长期待摊费用	5.13	1,075,367.95	5,092,029.51
其他长期资产	5.14	42,539,750.00	42,539,750.00
无形资产及其他资产合计		156,992,625.18	131,304,922.11
递延税项：			–
递延税款借项			–
资产总计		1,842,727,604.65	1,586,458,439.94
负债及股东权益	附注	2001 年 12 月 31 日	2000 年 12 月 31 日
流动负债			
短期借款	5.15	180,860,000.00	138,775,448.10
应付票据	5.16	16,000,000.00	
应付账款	5.17	26,982,066.07	126,919,541.68
预收账款	5.18	13,227,657.25	10,082,407.48
应付工资	5.19	7,841,251.41	5,552,012.56
应付福利费		5,476,697.87	2,107,232.23
应交税金	5.21	72,644,309.85	52,951,950.40
应付股利	5.20	32,285,849.29	10,016,340.84
其他应交款	5.22	2,630,720.00	1,344,202.87
其他应付款	5.23	81,067,438.62	113,211,975.13
预提费用	5.24	2,925,089.26	7,161,351.48
预计负债			
一年内到期的长期负债		–	
其他流动负债		–	
专项应付款		–	
流动负债合计		441,941,079.62	468,122,462.77
长期负债：			
长期借款	5.25	3,000,000.00	3,000,000.00
应付债券		–	
长期应付款		–	
专项应付款		–	
其他长期负债		–	
长期负债合计		3,000,000.00	3,000,000.00
递延税项：			
递延税项贷项			
负债合计		444,941,079.62	471,122,462.77
少数股东权益		27,629,730.06	25,538,840.17
股东权益：			
股本	5.26	625,045,200.00	400,140,000.00
减：已归还投资			
股本净额		625,045,200.00	400,140,000.00
资本公积	5.27	480,722,907.10	443,446,620.99
盈余公积	5.28	91,516,083.21	78,061,215.27
其中：法定公益金	5.28	22,476,227.24	17,991,271.27
未分配利润	5.29	172,872,604.66	168,149,300.74
股东权益合计		1,370,156,794.97	1,089,797,137.00
负债及股东权益合计		1,842,727,604.65	1,586,458,439.94

母公司利润分配表

编制单位:甘肃亚盛实业(集团)股份有限公司　　单位:人民币元

项　　目	2001年度	2000年度
一、净利润	89,444,431.86	101,820,251.53
加:年初未分配利润	168,260,336.21	130,191,622.40
其他转入		
二、可供分配的利润	257,704,768.07	232,011,873.93
减:提取法定盈余公积	8,944,443.19	10,182,025.15
提取法定公益金	4,472,221.59	5,091,012.57
三、可供投资者分配的利润	244,288,103.29	216,738,836.21
减:应付优先股股利	-	
提取任意盈余公积	-	
应付普通股股利	31,252,260.00	17,698,500.00
转作股本的普通股利	40,014,000.00	30,780,000.00
四、未分配利润	173,021,843.29	168,260,336.21

母　公　司　利　润　表

编制单位:甘肃亚盛实业(集团)股份有限公司　　单位:人民币元

项　　目	附注	2001年度	2000年度
一、主营业务收入	6.3	634,774,899.39	668,412,479.08
减:主营业务成本	6.3	532,058,114.57	510,203,485.05
主营业务税金及附加		1,749,057.90	8,767,060.81
二、主营业务利润		100,967,726.92	149,441,933.22
加:其他业务利润		21,838,653.95	12,803,618.97
减:营业费用		19,588,940.04	14,452,587.54
管理费用		22,646,985.18	33,790,105.79
财务费用		7,384,656.21	6,531,491.72
三、营业利润		73,185,799.44	107,471,367.14
加:投资收益	6.4	8,630,204.49	3,890,002.86
补贴收入		18,461,229.00	848,126.86
营业外收入		149,224.10	5,795,889.06
减:营业外支出		3,862,038.35	14,620,966.84
四、利润总额		96,564,418.68	103,384,419.08
减:所得税		7,119,986.82	1,564,167.55
五、净利润		89,444,431.86	101,820,251.53

补充资料:

项　　目	2001年度	2000年度
1、出售、处置部门或被投资单位所得收益	-3,751,682.25	5,572,264.66
2、自然灾害发生的损失		
3、会计政策变更增加(或减少)利润总额		-14,559,169.51
4、会计估计变更增加(或减少)利润总额		
5、债务重组损失		
6、委托投资收益		
7、支付或收取的资金占用费		
8、其他	18,500,097.00	1,009,953.93

合并资产减值准备明细表

编制单位:甘肃亚盛实业(集团)股份有限公司　　单位:人民币元

项目	注释	年初余额	本期增加	本期减少	年末余额
一、坏账准备合计	5.4	11,650,131.64	4,664,172.01	4,466,665.97	11,847,637.68
其中:应收账款	5.4	7,549,992.02	870,042.85	2,154,100.01	6,265,934.86
其他应收款	5.4	4,100,139.62	3,794,129.16	2,312,565.96	5,581,702.82
二、短期投资跌价准备合计					-
其中:股票投资					-
债券投资					-
三、存货跌价准备合计	5.6	3,909,094.75	374,412.60	1,974,189.52	2,309,317.83
其中:库存商品	5.6	3,905,125.71	254.41	1,973,645.98	1,931,734.14
在产品	5.6		126,832.85		126,832.85
原材料	5.6	3,969.04	247,325.34	543.54	250,750.84
四、长期投资减值准备					-
其中:长期股权投资					-
长期债权投资					-
五、固定资产减值准备合计	5.9	54,159,169.51	22,971,325.45	6,185,946.68	70,944,548.28
其中:房屋、建筑物	5.9	8,694,192.40	9,687,417.81	3,282,642.26	15,098,967.95
机器设备	5.9	17,749,623.84	13,283,907.64	2,903,304.42	28,130,227.06
农业设施	5.9	27,041,353.27			27,041,353.27
其他	5.9	674,000.00			674,000.00
六、无形资产减值准备					-
其中:专利权					-
商标权					-
七、在建工程减值准备					-
八、委托贷款减值准备					-

合并利润分配表

编制单位:甘肃亚盛实业(集团)股份有限公司　　单位:人民币元

项　　目	2001年度	2000年度
一、净利润	89,444,431.86	101,820,251.53
加:年初未分配利润	168,149,300.74	130,158,605.62
其他转入		
二、可供分配的利润	257,593,732.60	231,978,857.15
减:提取法定盈余公积	8,969,911.97	10,234,037.61
提取法定公益金	4,484,955.97	5,117,018.80
三、可供投资者分配的利润	244,138,864.66	216,627,800.74
减:应付优先股股利		
提取任意盈余公积	-	
应付普通股股利	31,252,260.00	17,698,500.00
转作股本的普通股利	40,014,000.00	30,780,000.00
四、未分配利润	172,872,604.66	168,149,300.74

合　并　利　润　表

编制单位:甘肃亚盛实业(集团)股份有限公司　　单位:人民币元

项　　目	附注	2001年度	2000年度
一、主营业务收入	5.30	642,767,794.21	690,091,204.30
减:主营业务成本	5.30	537,597,938.38	528,094,322.45
主营业务税金及附加	5.31	1,762,242.48	8,768,152.11
二、主营业务利润		103,407,613.35	153,228,729.74
加:其他业务利润	5.32	21,854,415.16	12,819,601.03
减:营业费用		21,463,489.22	17,128,090.23
管理费用		23,017,018.61	34,175,356.45
财务费用	5.33	7,321,633.58	6,657,522.29
三、营业利润		73,459,887.10	108,087,361.80
加:投资收益	5.34	8,375,516.69	3,369,878.23
补贴收入	5.35	18,576,127.00	966,149.86
营业外收入	5.36	149,224.10	5,795,889.06
减:营业外支出	5.37	3,862,038.35	14,620,966.84
四、利润总额		96,698,716.54	103,598,312.11
减:所得税		7,248,352.09	1,767,445.79
少数股东本期损益		5,932.59	10,614.79
五、净利润		89,444,431.86	101,820,251.53

补充资料:

项　　目	2001年度	2000年度
1、出售、处置部门或被投资单位所得收益	-3,751,682.75	5,572,264.66
2、自然灾害发生的损失		
3、会计政策变更增加(或减少)利润总额		-14,559,169.51
4、会计估计变更增加(或减少)利润总额		
5、债务重组损失		
6、委托投资收益		
7、支付或收取的资金占用费		
8、其他	18,614,995.50	1,127,976.93

母公司现金流量表

2001 年度

编制单位:甘肃亚盛实业(集团)股份有限公司　　单位:人民币元

项　目	行次	金　额
一、经营活动产生的现金流量:		
销售商品、提供劳务收到的现金	1	654,081,493.00
收到的税费返还	3	561,229.00
收到的其他与经营活动有关的现金	8	34,736,936.89
现金流入小计	9	689,379,658.89
购买商品、接受劳务支付的现金	10	572,986,298.18
支付给职工及为职工支付的现金	12	28,638,280.59
支付的各项税费	13	37,812,737.74
支付的其他与经营活动有关的现金	18	16,864,358.57
现金流出小计	20	656,301,675.08
经营活动产生的现金流量净额	21	33,077,983.81
二、投资活动产生的现金流量:		
收回投资所收到的现金	22	
取得投资收益所收到的现金	23	8,791,350.00
处置固定资产、无形资产和其他长期资产而收回的现金净额	25	-3,751,682.25
收到的其他与投资活动有关的现金	28	
现金流入小计	29	5,039,667.75
购建固定资产、无形资产和其他长期资产所支付的现金	30	34,249,262.60
投资所支付的现金	31	2,590,000.00
支付的其他与投资活动有关的现金	35	113,694,611.97
现金流出小计	36	150,533,874.57
投资活动产生的现金流量净额	37	-145,494,206.82
三、筹资活动产生的现金流量:		
吸收投资所收到的现金	38	
借款所收到的现金	40	222,141,400.00
收到的其他与筹资活动有关的现金	43	62,706,043.27
现金流入小计	44	284,847,443.27
偿还债务所支付的现金	45	179,856,848.10
分配股利、利润或偿付利息所支付的现金	46	10,984,656.21
支付的其他与筹资活动有关的现金	52	
现金流出小计	53	190,841,504.31
筹资活动产生的现金流量净额	54	94,005,938.96
四、汇率变动对现金的影响	55	
五、现金及现金等价物净增加额	56	-18,410,284.05
1.将净利润调节为经营活动的现金流量:		
净利润	57	89,444,431.86
加:少数股东权益		
计提的资产减值准备	58	-2,037,023.97
固定资产折旧	59	37,092,984.50
无形资产摊销	60	1,860,400.41
长期待摊费用摊销	61	417,011.69
待摊费用减少(减增加)	64	268,657.21
预提费用增加(减减少)	65	-4,258,962.22
处置固定资产、无形资产和其他长期资产的损失(减收益)	66	3,751,682.25
固定资产报废损失	67	
财务费用	68	7,384,656.21
投资损失(减收益)	69	-8,630,204.49
递延税款贷项(减借项)	70	
存货的减少(减增加)	71	54,120,555.85
经营性应收项目的减少(减增加)	72	-73,273,185.17
经营性应付项目的增加(减减少)	73	-65,948,041.32
其他	74	-7,114,979.00
经营活动产生的现金流量净额	75	33,077,983.81
2.不涉及现金收支的投资和筹资活动:		
债务转为资本	76	
一年内到期的可转换公司债券	77	
融资租入固定资产	78	
3.现金及现金等价物净增加情况:		
现金的期末余额	79	222,567,183.26
减:现金的期初余额	80	240,977,467.31
加:现金等价物的期末余额	81	
减:现金等价物的期初余额	82	
现金及现金等价物净增加额	83	-18,410,284.05

合并现金流量表

2001 年度

编制单位:甘肃亚盛实业(集团)股份有限公司　　单位:人民币元

项　目	行次	附注	金　额
一、经营活动产生的现金流量:			
销售商品、提供劳务收到的现金	1		666,516,993.77
收到的税费返还	3		676,127.00
收到的其他与经营活动有关的现金	8	5.38	35,322,556.29
现金流入小计	9		702,515,677.06
购买商品、接受劳务支付的现金	10		604,528,678.88
支付给职工及为职工支付的现金	12		29,516,807.59
支付的各项税费	13		37,892,307.38
支付的其他与经营活动有关的现金	18	5.39	18,643,623.29
现金流出小计	20		690,581,417.14
经营活动产生的现金流量净额	21		11,934,259.92
二、投资活动产生的现金流量:			
收回投资所收到的现金	22		
取得投资收益所收到的现金	23		8,791,350.00
处置固定资产、无形资产和其他长期资产而收回的现金净额	25		-3,751,682.25
收到的其他与投资活动有关的现金	28		
现金流入小计	29		5,039,667.75
购建固定资产、无形资产和其他长期资产所支付的现金	30		148,443,874.57
投资所支付的现金	31		2,590,000.00
支付的其他与投资活动有关的现金	35		
现金流出小计	36		151,033,874.57
投资活动产生的现金流量净额	37		-145,994,206.82
三、筹资活动产生的现金流量:			
吸收投资所收到的现金	38		
借款所收到的现金	40		227,681,400.00
收到的其他与筹资活动有关的现金	43	5.40	62,706,043.27
现金流入小计	44		290,387,443.27
偿还债务所支付的现金	45		185,596,848.10
分配股利、利润或偿付利息所支付的现金	46		10,921,633.58
支付的其他与筹资活动有关的现金	52		
现金流出小计	53		196,518,481.68
筹资活动产生的现金流量净额	54		93,868,961.59
四、汇率变动对现金的影响	55		
五、现金及现金等价物净增加额	56		-40,190,985.31
1.将净利润调节为经营活动的现金流量:			
净利润	57		89,444,431.86
加:少数股东收益			5,932.59
计提的资产减值准备	58		-2,008,404.61
固定资产折旧	59		38,764,982.43
无形资产摊销	60		1,860,400.41
长期待摊费用摊销	61		444,011.69
待摊费用减少(减增加)	64		268,657.21
预提费用增加(减减少)	65		-4,236,262.22
处置固定资产、无形资产和其他长期资产的损失(减收益)	66		3,751,682.25
固定资产报废损失	67		
财务费用	68		7,321,633.58
投资损失(减收益)	69		-8,375,516.69
递延税款贷项(减借项)	70		
存货的减少(减增加)	71		53,774,923.88
经营性应收项目的减少(减增加)	72		-64,425,947.14
经营性应付项目的增加(减减少)	73		-112,936,762.35
其他	74		8,280,497.03
经营活动产生的现金流量净额	75		11,934,259.92
2.不涉及现金收支的投资和筹资活动:			
债务转为资本	76		
一年内到期的可转换公司债券	77		
融资租入固定资产	78		
3.现金及现金等价物净增加情况:			
现金的期末余额	79		229,933,509.39
减:现金的期初余额	80		270,124,494.70
加:现金等价物的期末余额	81		
减:现金等价物的期初余额	82		
现金及现金等价物净增加额	83		-40,190,985.31

600109 成都百货(集团)股份有限公司

2001年年度报告摘选

一、公司基本情况简介

(一)公司法定中文名称:成都百货(集团)股份有限公司
英文名称:CHENGDU COMMODITIES CO., LTD(GROUP)
英文名称缩写:C.C
(二)公司法定代表人:赵路
(三)公司董事会秘书:李勇
联系地址:四川省成都市大慈寺路83号
联系电话:(028)6652215 (028)6664151 传真:(028)6666775
电子信箱:Liyong109@163.com
(四)公司注册及办公地址:四川省成都市大慈寺路83号 邮政编码:610016
电子信箱:CC600109@mail.sc.cninfo.net
(五)公司选定的信息披露报刊:《上海证券报》
登载年度报告的中国证监会指定网站的网址:http://WWW.sse.com.cn
公司年度报告备置地点:公司证券部
(六)公司股票上市交易所:上海证券交易所
股票简称:ST成百 股票代码:600109

二、会计数据和业务数据摘要

(一)本年度利润总额及其构成

指标项目	单位:元
利润总额	1,309,061.93
净利润	1,303,986.59
扣除非经常性损益后的净利润	-15,848,266.96
主营业务利润	22,751,047.31
其他业务利润	5,637,611.15
营业利润	-16,945,968.23
投资收益	4,154,576.60
补贴收入	6,000,000.00
营业外收支净额	8,100,453.56
经营活动产生的现金流量净额	11,570,263.97
现金及现金等价物增减额	32,343,341.80
注:扣除非经常性损益项目及涉及金额	17,152,253.55
非经常性损益项目金额	
1、投资收益中的股权转让收益	2,413,100.00
2、补贴收入	6,000,000.00
3、营业外收入	10,017,008.66
其中:出售资产净收益	9,921,489.50
4、营业外支出(不含副调基金)	1,277,855.11
其中:出售资产净损失	733,659.14

(二)公司近三年主要会计数据和财务指标(金额单位:人民币元)

项目	2001年度	2000年		1999年	
		调整前	调整后	调整前	调整后
主营业务收入	641,718,753.59	783,746,072.30	783,746,072.30	762,391,297.07	762,391,297.07
净利润	1,303,986.59	-31,255,406.56	-31,246,046.56	-27,139,834.90	-26,531,761.91
总资产	275,316,607.41	272,984,187.32	271,576,205.46	293,513,069.89	294,543,648.07
股东权益(不含少数股东权益)	14,453,977.71	13,021,285.94	40,021,561.40	71,239,527.96	72,270,106.14
每股收益(摊薄)	0.018	-0.440	-0.440	-0.382	-0.374
每股收益(加权)	0.018	-0.440	-0.440	-0.382	-0.374
扣除非经常性损益后的每股收益	-0.223	-0.315	-0.315	-0.364	-0.364
每股净资产	0.204	0.183	0.564	1.004	1.018
调整后的每股净资产	0.118	0.071	0.051	0.593	0.608
每股经营活动产生的现金流量净额	0.163	0.189	0.189	0.532	0.532
净资产收益率%(摊薄)	9.02	-240.03	-78.07	-38.10	-36.71
净资产收益率%(加权)	9.54	-56.20	-56.15	-32.00	-31.02
净资产收益率%(扣除非经常性损益后)	-115.91	-40.23	-40.19	-30.49	-30.22

(三)根据中国证监会关于发布《公开发行证券公司信息披露编报规则》第9号通知精神,公司2001年度按照全面摊薄法和加权平均法计算的净资产收益率和每股收益

报告期利润	净资产收益率(%)		每股收益	
	全面摊薄	加权平均	全面摊薄	加权平均
主营业务利润	157.40	166.39	0.321	0.321
营业利润	-117.24	-123.93	-0.239	-0.239
净利润	9.02	9.54	0.018	0.018
扣除非经常性损益后的净利润	-109.65	-115.91	-0.223	-0.223

三、股本变动及股东情况

(一)股本变动情况表 数量单位:股 每股面值:元

项目	本次变动前	本次变动增减(+、-)						本次变动后
		配股	送股	公积金转股	增发	其他	小计	
一、未上市流通股份								
1、发起人股份	43,482,696.43							43,482,696.43
其中:								
国家拥有股份	33,482,696.43							33,482,696.43
境内法人持有股份								
境外法人持有股份								
其他								
2、募集法人股份	10,000,000.00							10,000,000.00
3、内部职工股								
4、优先股或其他								
其中:转配股								
未上市流通股份合计	43,482,696.43							43,482,696.43
二、已上市流通股份								
1、人民币普通股	27,500,000.00							27,500,000.00
2、境内上市的外资股								
3、境外上市的外资股								
4、其他								
已上市流通股份合计	27,500,000.00							27,500,000.00
三、股份总数	70,982,696.43							70,982,696.43

600110 长春热缩材料股份有限公司

2001年年度报告摘选

一、公司基本情况简介

(一)公司法定中、英文名称及缩写
1、中文名称:长春热缩材料股份有限公司
2、英文名称:Changchun Heat - Shrinkable Materials Co., Ltd.
(二)公司法定代表人:王利祥
(三)公司董事会秘书姓名、联系地址、电话、传真、电子信箱
1、董事会秘书:黄宝育
2、联系地址:长春市高新技术产业开发区火炬路286号
3、邮政编码:130012
4、电话:0431 - 5161088
5、传真:0431 - 5161071
6、电子信箱:ccrs@public.cc.jl.cn
(四)公司注册地址、办公地址、邮政编码及国际互联网址和电子信箱
1、公司注册:吉林省长春市人民大街159号
2、办公地址:长春市高新技术开发区火炬路286号
3、邮政编码:130012
4、公司国际互联网址:www.ciac - china.com
5、公司电子信箱:ciac@public.cc.jl.cn
(五)公司选定的信息披露报纸名称、登载公司年度报告的中国证监会指定信息披露网站的网址及公司年度报告备置地点
1、公司选定的信息披露报纸名称:《上海证券报》
2、登载公司年度报告的中国证监会指定信息披露网址:http://www.sse.com.cn
3、公司年度报告备置地点:公司证券部
(六)公司股票上市交易所、股票简称及股票代码
1、公司股票上市交易所:上海证券交易所
2、股票简称:长春热缩
3、股票代码:600110

二、会计数据和业务数据摘要

(一)本年度主要数据指标情况(单位:人民币元)

项目	金额
利润总额:	55,732,505.98
净利润:	50,983,367.26
扣除非经常性损益后的净利润:	41,651,182.08
主营业务利润:	65,557,628.35
其他业务利润:	2,846,592.65
营业利润:	47,129,016.27
投资收益:	6,526,638.51
营业外收支净额:	2,076,851.20
经营活动产生的现金流量净额:	14,177,416.58
现金及现金等价物净增加额:	117,661,731.40

(二)前三年主要会计数据和财务指标(单位:人民币元)

序号	项目	2001年度	2000年度		1999年度	
			调整后	调整前	调整后	调整前
1	主营业务收入	115,414,315.92	89,630,264.99	89,630,264.99	74,425,384.79	74,425,384.79
2	净利润	50,983,367.26	47,128,629.98	46,310,927.18	3,481,517.21	25,254,517.24
3	总资产	753,983,207.46	498,775,805.71	531,037,946.67	410,540,649.80	443,620,493.56
4	股东权益(不含少数股东权益)	552,960,557.77	339,961,539.33	372,223,680.29	304,397,709.35	337,477,553.11
5	每股收益	0.275	0.4075	0.4004	0.03	0.218
6	每股收益(加权)	0.380	0.4075	0.4004	0.03	0.242
7	每股收益(扣除非经常性损益)	0.224	0.265	0.36	0.02	0.218
8	每股净资产	2.98	2.94	3.22	2.63	2.92
9	调整后的每股净资产	2.91	2.83	3.15	2.52	2.91
10	每股经营活动产生的现金流量净额	0.0764	0.60	0.60	0.159	0.159
11	净资产收益率(摊薄)(%)	9.22	13.86	12.44	1.14	7.48
12	净资产收益率(加权平均)(%)	12.1	26.81	24.13	2.29	16.05

(三)利润表附表

项目	2001年12月31日				2000年12月31日			
	净资产收益率(%)		每股收益(元/股)		净资产收益率(%)		每股收益(元/股)	
	全面摊薄	加权平均	全面摊薄	加权平均	全面摊薄	加权平均	全面摊薄	加权平均
主营业务利润	11.7	15.5	0.353	0.489	14.34	14.80	0.4616	0.4616
营业利润	8.4	11.1	0.254	0.351	12.25	12.64	0.3943	0.3943
净利润	9.1	12.1	0.275	0.380	12.44	12.84	0.4004	0.4004
扣除非经常性损益后净利润	7.4	9.8	0.224	0.310	8.01	8.26	0.2577	0.2577

三、股本变动及股东情况

股本变动情况表(截至2001年12月31日) 数量单位:股

股份类别	本次变动前	本次变动增减(+,-)						本次变动后
		配股	送股	公积金转增	增发	其他	小计	
一、尚未流通股份								
1 发起人股份	42,640,000		3,858,536	15,434,145			19,292,681	61,932,681
其中:								
国家拥有股份	42,640,000		3,858,536	15,434,145			19,292,681	61,932,681
境内法人持有股份								
境外法人持有股份								
其他								
2 募集法人股份	32,500,000		2,940,958	11,763,830			14,704,788	47,204,788
3 内部职工股								
4 优先股或其他								
尚未流通股份合计	75,140,000		33,997,469				33,997,469	109,137,469
二、已上市流通股份								
1 人民币普通股	40,508,000	12,152,400	4,765,292	19,061,169			35,978,861	76,486,861
2 境内上市外资股								
3 境外上市外资股								
4 其他								
已上市流通股合计	40,508,000	12,152,400	4,765,292	19,061,169			35,978,861	76,486,861
三、股本总数	115,648,000	12,152,400	11564,786	46,259,144			69,976,330	185,624,330

600111 内蒙古包钢稀土高科技股份有限公司

2001 年年度报告摘选

一、公司基本情况简介

(一)公司的法定中、英文名称及缩写
1、中文:内蒙古包钢稀土高科技股份有限公司
2、英文:INNER MONGOLIA BAOTOU STEEL RARE-EARTH HI-TECH CO.,LTD.
3、英文缩写:IMBREHT
(二)公司法定代表人:乔木
(三)公司董事会秘书姓名、联系地址、电话、传真、电子信箱
1、董事会秘书:赵占斌
2、联系地址:内蒙古包头稀土高新技术产业开发区稀土高科公司
3、联系电话:(0472)5139097、5139079
4、传真:(0472)5139079
5、电子信箱:E-mail:SECURITY@REHT.COM
(四)公司注册地址、办公地址、邮政编码、国际互联网网址及电子信箱
1、公司注册地址:内蒙古包头稀土高新技术产业开发区,邮政编码:014030
2、公司办公地址:内蒙古自治区包头市昆区张家营子西,邮政编码:014010
3、公司国际互联网网址:http://www.reht.com
4、电子信箱:E-mail:RAREARTH@public.hh.nm.cn
(五)公司选定的信息披露报纸名称、登载公司年度报告的中国证监会指定的国际互联网网址,公司年度报告备置地点
1、信息披露报纸名称:中国证券报、上海证券报
2、登载公司年度报告的中国证监会指定国际互联网网址:http://www.sse.com.cn
3、公司年度报告备置地点:公司证券部
(六)公司股票上市交易所、股票简称和股票代码
1、公司股票上市交易所:上海证券交易所
2、股票简称:稀土高科
3、股票代码:600111

二、会计数据和业务数据摘要

(一)本年度主要利润指标情况(单位:人民币元)

项目	2001 年度
1、利润总额:	81,741,452.11
2、净利润:	80,568,683.18
3、扣除非经常性损益后的净利润:	75,356,261.76
4、主营业务利润:	108,859,696.86
5、其他业务利润:	5,958,779.69
6、营业利润:	73,676,557.38
7、投资收益:	
8、补贴收入:	8,791,253.00
9、营业外收支净额:	-726,358.27
10、经营活动产生的现金流量净额:	3,309,807.79
11、现金及现金等价物净增减额:	-87,114,171.63

注:扣除的非经常性损益项目和金额:5,212,421.42 元,其中,其他业务利润 5,938,779.69 元;营业外收入 34,562.67 元;营业外支出 760,920.94 元。

(二)报告期末公司前三年主要会计数据及财务指标(单位:人民币元)

序号	项目	2001 年	2000 年	1999 年
1	主营业务收入	315,427,395.05	392,534,885.68	246,295,563.42
2	净利润	80,568,683.18	98,081,073.43	63,406,773.73
3	总资产	1,293,718,483.03	1,223,090,824.89	773,412,268.16
4	股东权益(不含少数股东权益)	1,020,026,563.00	1,001,808,062.95	663,964,570.53
5	每股收益(摊薄)	0.200	0.243	0.174
6	每股收益(加权)	0.200	0.249	0.174
7	每股净资产	2.527	2.482	1.822
8	调整后每股净资产	2.423	2.355	1.695
9	每股经营活动产生的现金流量净额	0.008	0.421	0.006
10	净资产收益率(摊薄)%	7.90	9.79	9.55
11	净资产收益率(加权)%	7.90	10.56	10.03

利润附表(单位:人民币元)

	报告期利润	净资产收益率%		每股收益	
		全面摊薄	加权平均	全面摊薄	加权平均
主营业务利润	108,859,696.86	10.67	10.67	0.27	0.27
营业利润	73,676,557.38	7.22	7.22	0.18	0.18
净利润	80,568,683.18	7.90	7.90	0.20	0.20
扣除非经常性损益后的净利润	75,356,261.76	7.39	7.39	0.19	0.19

注:净资产收益率和每股收益的计算公式按中国证监会《公开发行证券公司信息披露编报规则第 9 号》规定的方法进行计算。

三、股本变动及股东情况

(一)股本变动情况

项目	本次变动前	本次变动增减(+、-)						本次变动后
		配股	送股	公积金转股	增发	其他	小计	
一、未上市流通股份								
1、发起人股份	258,074,000							258,074,000
其中:国家持有股份	191,705,740							191,705,740
境内法人持有股份	17,368,260							17,368,260
境外法人持有股份	49,000,000							49,000,000
其他								
2、募集法人股份								
3、内部职工股								
4、优先股或其他								
未上市流通股份合计	258,074,000							258,074,000
二、已上市流通股份								
1、人民币普通股	145,600,000							145,600,000
2、境内上市的外资股								
3、境外上市的外资股								
4、其他								
已上市流通股份合计	145,600,000							145,600,000
三、股份总数	403,674,000							403,674,000

600112 贵州长征电器股份有限公司

2001 年年度报告摘选

一、公司简介

(一)公司法定中文名称:贵州长征电器股份有限公司
公司法定英文名称:GUIZHOU CHANGZHENG ELECTRICAL APPARATUS CO.,LTD.
英文缩写:C·Z·E
(二)公司法定代表人:唐勇
(三)公司董事会秘书:邢雁雁
联系地址:贵州省遵义市上海路 100 号
电话:0852-8622952　　传真:0852-8626701
电子信箱:xyy2800@public.gz.cn
(四)公司注册地址:贵州省遵义市上海路 100 号
公司办公地址:贵州省遵义市上海路 100 号　　邮政编码:563002
国际互联网网址:http://www.czdq.com.cn
电子信箱:gzczdq@public.gz.cn
(五)公司选定信息披露报纸:上海证券报
刊登年报选定国际互联网网址:http//www.sse.com.cn
公司年度报告备置地点:本公司办公室
(六)公司股票上市交易所:上海证券交易所
股票简称:长征电器　　股票代码:600112

二、会计数据和业务数据摘要

(一)本年度利润总额及其构成(单位:人民币元)

项目	金额
利润总额	10,793,014.43
净利润	9,174,062.27
扣除非经常性损益后的净利润	9,313,058.13
主营业务利润	55,092,730.37
其他业务利润	2,419,438.02
营业利润	7,219,616.01
投资收益	1,866,940.28
补贴收入	1,845,454.00
营业外收支净额	-138,995.86
经营活动产生的现金流量净额	-834,269.29
现金及现金等价物净增加额	-19,519,196.88

*注:扣除的非经常性损益项目和金额(单位:人民币元)

项目	金额
营业外收入	31,010.73
营业外支出	170,006.59

(二)主要会计数据及财务指标(单位:人民币元)

项目	2001 年	2000 年		1999 年
		调整后	调整前	调整后
主营业务收入	165,247,251.43	182,350,529.00	182,350,529.00	149,721,075.10
净利润	9,174,062.27	30,609,353.87	35,187,122.26	25,283,479.04
总资产	686,182,723.99	777,961,733.92	793,995,028.71	619,205,165.13
股东权益(不含少数股东权益)	479,514,226.36	470,340,164.09	486,257,205.95	451,028,721.90
每股收益	0.0533	0.1780	0.2046	0.147
净资产收益率(%)	1.91	6.50	7.24	5.61
每股净资产	2.79	2.73	2.83	2.62
调整后每股净资产	2.71	2.66	2.75	2.55
每股经营活动产生的现金流量净额	-0.0049	0.11	0.11	0.15

(三)信息披露编报规则第九号指标

2001 年报告期利润	净资产收益率(%)		每股收益(人民币元)	
	全面摊薄	加权平均	全面摊薄	加权平均
主营业务利润	11.4893	11.6002	0.3203	0.3203
营业利润	1.5056	1.5202	0.0420	0.0420
净利润	1.9132	1.9317	0.0533	0.0533
扣除非经常性损益后的净利润	1.9422	1.9609	0.0541	0.0541
2000 年报告期利润	**净资产收益率(%)**		**每股收益(人民币元)**	
	全面摊薄	加权平均	全面摊薄	加权平均
主营业务利润	12.9233	12.7972	0.3534	0.3534
营业利润	3.5687	3.5339	0.0976	0.0976
净利润	6.5079	6.4444	0.1780	0.1780
扣除非经常性损益后的净利润	6.0112	6.1372	0.1644	0.1644

三、股本变动及股东情况

(一)股本变动情况
1、公司股份变动情况表　　数量单位:股

项目	本次变动前	本次变动增减(+、-)						本次变动后
		配股	送股	公积金转股	增发	其他	小计	
一、尚未流通股份								
1、发起人股份	120,000,000							120,000,000
其中:								
国家持有股份	120,000,000							120,000,000
境内法人持有股份								
境外法人持有股份								
其他								
2、募集法人股								
3、内部职工股								
4、优先股或其他								
其中:转配股								
未上市流通股份合计	120,000,000							120,000,000
二、已上市流通股份								
1、人民币普通股	52,000,000							52,000,000
2、境内上市的外资股								
3、境外上市的外资股								
4、其他								
已上市流通股份合计	52,000,000							52,000,000
三、股份总数	172,000,000							172,000,000

600113 浙江东日股份有限公司

2001年年度报告摘选

一、公司基本情况简介

(一)公司法定中文名称:浙江东日股份有限公司
公司的法定英文名称:ZHE JIANG DONG RI LIMITED COMPANY
英文名称缩写:ZJDR
(二)公司法定代表人姓名:滕增寿
(三)公司董事会秘书:张乘东
联系电话:0577—88835216　　传　真:0577—88842287
电子信箱:zjdongri@mail.wzptt.zj.cn
联系地址:浙江省温州市矮凳桥92号
证券事务代表:陈 琦
联系电话: 0577—88835216　　传真:0577—88853828
电子信箱:zjdongri@mail.wzptt.zj.cn
(四)公司注册地址:浙江省温州市矮凳桥92号
公司办公地址:浙江省温州市矮凳桥92号
邮政编码:325003
公司网址:HTTP://www.dongri.com.
公司电子信箱:zjdongri@mail.wzptt.zj.cn
(五)公司指定信息披露媒体:
网站:HTTP://www.sse.com.cn
定期报告刊登报刊:《中国证券报》、《上海证券报》
公司年报备置地点:公司证券部
(六)公司股票上市交易所:上海证券交易所
股票简称:浙江东日　　股票代码:600113

二、会计数据和业务数据摘要

(一)本年度主要会计数据(单位:人民币元)

序号	项目	2001年1—12月
(1)	利润总额	4,212,611.65
(2)	净利润	2,430,467.25
(3)	扣除非经常性损益后的净利润	2,718,236.38
(4)	主营业务利润	21,923,038.87
(5)	其他业务利润	5,061,891.10
(6)	营业利润	5,832,090.07
(7)	投资收益	—1,199,821.96
(8)	补贴收入	180,000.00
(9)	营业外收支净额	—599,656.46
(10)	经营活动产生的现金流量净额	2,453,075.55
(11)	现金及现金等价物净增加额	1,751,968.28

(二)近三年的主要会计数据和财务指标　　单位:人民币元

序号	指标项目	单位	2001年度	2000年度		1999年度	
				调整前	调整后	调整前	调整后
1	主营业务收入	元	66,663,981.62	101,239,816.08	101,239,816.08	65,997,272.11	65,997,272.11
2	净利润	元	2,430,467.25	15,121,159.24	15,121,159.24	23,316,529.83	18,693,690.98
3	扣除非经常性损益后的净利润	元	2,718,236.38	15,121,159.24	15,121,159.24	23,221,567.50	18,598,728.65
4	每股收益(摊薄)	元/股	0.02	0.13	0.13	0.20	0.16
5	每股收益(加权)	元/股	0.02	0.13	0.13	0.20	0.16
6	每股收益(扣除非经常性损益)	元/股	0.02	0.13	0.13	0.20	0.16
7	净资产收益率(摊薄)	%	0.69	4.24	4.30	6.39	5.19
8	净资产收益率(加权)	%	0.69	4.19	4.11	6.60	5.33
9	扣除非经常性损益净资产收益率(摊薄)	%	0.77	4.24	4.30	-	-
10	扣除非经常性损益净资产收益率(加权)	%	0.77	4.06	4.11	-	-
11	每股经营活动产生的现金流量净额	元	0.02	0.40	0.40	0.6525	0.6525
	财务指标		2001年12月31日	2000年12月31日	2000年12月31日	1999年12月31日	1999年12月31日
1	总资产	元	431,100,856.82	435,746,844.71	431,124,005.86	378,010,256.51	373,387,417.66
2	股东权益	元	354,104,873.22	356,297,244.82	351,674,405.97	364,776,085.58	360,153,246.73
3	每股净资产	元/股	3.00	3.02	2.98	3.09	3.05
4	调整后每股净资产	元/股	2.97	3.00	2.96	3.08	3.06

三、股本变动及股东情况介绍

(一)公司股份变动情况表:　　单位:万股

	期初数	本期变动增减(+,-)					期末数
		配股	送股	公积金转股	其他	小计	
一、尚未流通股份							
1、发起人股份	78,000,000						78,000,000
其中:							
国家拥有股份							
境内法人持有股份	78,000,000						78,000,000
外资法人持有股份							
其他							
2、募集法人股							
3、内部职工股							
4、优先投或其他							
尚未流通股份合计	78,000,000						78,000,000
二、已流通股份							
1、境内上市的							
人民币普通股	40,000,000						40,000,000
2、境内上市的外资股							
3、境外上市的外资股							
4、其他							
已流通投份合计	40,000,000						40,000,000
三、股份总数	118,000,000						118,000,000

600115 中国东方航空股份有限公司

2001年年度报告摘选

一、公司基本情况简介

(一)公司法定中文名称:中国东方航空股份有限公司
公司中文简称:东方航空
公司英文名称:China Eastern Airlines Corporation Limited
公司英文缩写:CEA
(二)公司法定代表人:叶毅干
(三)董事会秘书:罗祝平
联系地址:上海市虹桥路2550号中国东方航空股份有限公司董事会秘书室
电　　话:021-62686268　　传真:021-62686116
电子信箱:ir@ce-air.com
(四)公司注册地址:上海市浦东国际机场机场大道66号
办公地址:上海市虹桥路2550号　　邮政编码:200335
公司网址:www.ce-air.com
电子信箱:ir@ce-air.com
(五)公司选定的信息披露报纸名称:《上海证券报》
登载公司年度报告的中国证监会指定国际互联网网址:www.sse.com.cn
年度报告备置地点:上海市虹桥路2550号中国东方航空股份有限公司董事会秘书室
(六)公司股票上市交易所:上海市证券交易所
股票简称:东方航空　　股票代码:600115

二、会计数据和业务数据摘要

(一)本年度利润总额及构成(按中华人民共和国会计准则编制)　　单位:人民币元

项目	金额
利润总额	163,016,305.49
净利润	132,919,443.31
扣除非经常性损益后的净利润	147,116,879.37
主营业务利润	2,219,037,964.2
其他业务利润	541,079,876.56
营业利润	119,917,229.67
投资收益	57,296,511.88
补贴收入	750,000.00
营业外收入净额	33,312,379.60
营业外支出净额	48,259,511.88
经营活动产生的现金流量净额	3,194,911,800.62
现金及现金等价物净增加额	118,743,421.50
非经常性损益涉及的项目和金额:	
非经营性损益	
补贴收入	750,000.00
营业外收入	33,312,379.60
营业外支出	-48,259,815.66

(二)主要会计数据和财务指示(按中华人民共和国会计准则编制)

单位:人民币百万元

1999年调	2001年	2000年调整前	2000年调整后	1999年调整前	1999年调整后
1.主营业务收入	12,839.34	11,821.76	11,821.76	10,668.64	10,668.64
2.净利润	132.92	20.08	20.08	208.10	208.10
3.总资产	27,355.23	26,986.30	26,976.00	26,959.75	26,949.75
4.股东权益	6,241.37	6,606.55	6,596.55	6,682.55	6,672.55
5.每股收益(人民币元)	0.02731	0.00413	0.00413	0.04	0.04
6.扣除非经常性损益每股收益(人民币	0.0302	-0.0466	-0.0466	-0.09	-0.09
7.每股净资产(人民币元)	1.28	1.36	1.36	1.37	1.37
8.净资产收益率(%)	2.13	0.3040	0.3044	3.11	3.12
9.调整后每股净资产(人民币元)	1.19	1.20	1.26	1.27	1.27
10.每股经营活动产生的现金流量净额(人民币元)	0.66	0.63	0.63	0.49	0.49

报告期利润	净资产收益率		每股收益	
	全面摊薄	加权平均	全面摊薄	加权平均
主营业务利润	35.55%	33.30%	0.4559	0.4559
营业利润	1.92%	1.80%	0.0246	0.0246
净利润	2.13%	1.99%	0.0273	0.0273
扣除非经营性损益后的净利润	2.36%	2.21%	0.0302	0.0302

三、股本变动及股东情况

(一)股份变动情况
1、公司股份变动情况表

数量单位:万股

	本次变动前	本次变动增减(+、-)						本次变动后
		配股	送股	公积金转股	增发	其他	小计	
一、未上市流通股份								
1、发起人股份								
其中:								
国家持有股份	300000							300000
境内法人持有股份								
境外法人持有股份								
其他								
2、募集法人股份								
3、内部职工股								
4、优先股或其他								
未上市流通股份合计	300000							300000
二、已上市流通股份								
1、人民币普通股								
2、境内上市的外资股	300000							300000
3、境外上市的外资股								
4、其他	156695							156695
已上市流通股份合计	186695							186695
三、股份总数	486695							486695

600116 重庆三峡水利电力(集团)股份有限公司

2001 年年度报告摘选

一、公司基本情况简介

(一)公司法定中文名称:重庆三峡水利电力(集团)股份有限公司
公司法定英文名称:
Chongqing Three Gorges Water Conservancy and Electric Power Co.,Ltd.
(二)公司法定代表人:邹小剑
(三)公司董事会秘书:陈丽娟
公司证券事务代表:何小军
联系地址:重庆市渝中区八一路 183 号谊德大厦十二层
联系电话:023-63801161
联系传真:023-63801165
电子信箱:sxslzqb@public.cta.cq.cn
(四)公司注册地址:重庆市万州区鸽子沟 72 号
办公地址:重庆市渝中区八一路 183 号谊德大厦十二层
邮政编码:400010
电子信箱:sxslzqb@public.cta.cq.cn
(五)公司信息披露报纸:《中国证券报》、《上海证券报》
中国证监会指定的年报登载网址:http://www.sse.com.cn
公司年度报告备置地点:公司董事会办公室
(六)公司股票上市地:上海证券交易所
股票简称:三峡水利　　股票代码:600116

二、会计数据和业务数据摘要

(一)本年度主要利润指标情况　　单位:人民币元

项 目	2001 年
利润总额	28241377.36
净利润	20365871.09
扣除非经常性损益后的净利润	21331184.65
主营业务利润	111665696.22
其他业务利润	3091686.76
营业利润	31123431.62
投资收益	-2923019.52
补贴收入	
营业外收支净额	40965.26
经营活动产生的现金流量净额	66132055.06
现金及现金等价物净增加额	-11442827.89

注:本年扣除的非经常性损益项目金额如下:
1、新股申购冻结资金利润 1288552.58 元;
2、赔偿及罚款 -749358.50 元;
3、转让投资损益 -296556.49 元;
4、债务重组损失 -225000.00 元;
5、未弥补子公司损失 119056.47 元;
6、短期投资跌价准备 -1102007.62 元。

(二)截至报告期末公司前三年主要会计数据和财务指标(单位:人民币元)

项目	2001 年度	2000 年度		99 年度	
		调整前	调整后	调整前	调整后
主营业务收入	291829036.89	222075722.85	219620174.30	191268429.12	189405201.95
净利润	20365871.09	37887155.25	29248212.88	29094638.77	23063642.39
总资产	1136034014.75	1133516025.24	1107029719.34	1004311812.00	994241054.10
股东权益(不含少数股东权益)	511718559.38	526136977.38	495518009.13	486679248.46	465799745.19
每股收益(元/股)	0.12	0.22	0.17	0.18	0.15
扣除非经常性损益后的每股收益(元/股)	0.12	0.19	0.16	0.07	0.03
每股净资产(元/股)	2.93	3.01	2.84	3.06	2.93
调整后的每股净资产(元/股)	2.71	2.91	2.74	3.03	2.82
每股经营活动产生的现金流量净额(元/股)	0.38	0.64	0.64	-0.03	-0.03
净资产收益率(摊薄%)	3.98	7.20	5.90	5.98	4.95
净资产收益率(加权%)	4.03	7.49	6.09	6.06	4.99

三、股本变动及股东情况

(一)股本变动情况
公司股份变动情况表

数量单位:股

	本次变动前	配股	送股	公积金转股	增发	其他	小计	本次变动后
一、未上市流通股份								
1、发起人股份	71478000							71478000
其中:								
国家持有股份	69718000							69718000
境内法人持有股份	1760000							1760000
外资法人持有股份								
其他								
2、募集法人股	45298000							45298000
3、内部职工股								
4、优先股或其他								
未上市流通股份合计	116776000							116776000
二、已上市流通股份								
1、人民币普通股	57992000							57992000
2、境内上市的外资股								
3、境外上市的外资股								
4、其他								
已上市流通股份合计	57992000							57992000
三、股份总数	174768000							174768000

600117 西宁特殊钢股份有限公司

2001 年年度报告摘选

第一部分　公司基本情况简介

1、公司法定中文名称:西宁特殊钢股份有限公司
中文名称缩写:西宁特钢
公司法定英文名称:XINING SPECIAL STEEL CO.,LTD
英文名称缩写:XSS
2、公司法定代表人:陈显刚
3、公司董事会秘书:杨凯
联系电话:0971-5299089
传真:0971-5218389
电子信箱:XNTG@PUBLIC.XN.QH.CN
联系地址:青海省西宁市西宁特殊钢股份有限公司
4、公司注册地址:青海省西宁市
公司办公地址:青海省西宁市柴达木西路 52 号
邮政编码:810005
公司电子信箱:XNTG@PUBLIC.XN.QH.CN
5、定期报告刊登报刊:《中国证券报》、《证券时报》
信息披露媒体网站:HTTP://WWW.SSE.COM.CN
公司年报备置地点:公司董事会秘书办公室
6、公司股票上市交易所:上海证券交易所
股票简称:西宁特钢
股票代码:600117

第二部分　会计数据和业务数据摘要

一、本年度主要会计数据

单位:元

项 目	2001 年 1-12 月
利润总额	101,776,693.91
净利润	90,042,691.99
扣除非经常性损益后的净利润*	78,261,394.22
主营业务利润	206,590,179.85
其他业务利润	927,487.95
营业利润	102,267,291.23
投资收益	0
补贴收入	0
营业外收支净额	490,597.32
经营活动产生的现金流量净额	174,566,789.20
现金及现金等价物净增减额	91,791,429.99

*注:扣除的非经常性损益项目和金额

单位:元

项 目	金 额
1 资金占用费	10,069,273.17
2 营业外收支净额	-490,597.32
3 抵免所得税	2,202,621.92

二、公司最近三年主要会计数据和财务指标

项目	单位	2001 年度	2000 年度		1999 年度	
			调整前	调整后	调整前	调整后
主营业务收入	元	1,238,874,914.32	1,318,282,113.99	1,318,282,113.99	1,336,245,786.11	1,336,245,786.11
净利润	元	90,042,691.99	79,925,659.09	80,809,037.18	104,719,475.33	101,884,450.44
总资产	元	2,725,266,536.42	2,536,453,512.82	2,487,555,585.60	2,077,583,203.97	2,027,801,898.66
股东权益(不含少数股东权益)	元	1,400,596,920.22	1,359,452,155.45	1,310,554,228.23	1,052,599,806.74	1,002,818,501.43
每股收益(摊簿)	元	0.1547	0.14	0.1388	0.19	0.17
每股收益(加权)	元	0.1547	0.14	0.1435	0.24	0.17
扣除非经常性损益的每股收益	元	0.1344	0.0967	0.0982	0.17	0.16
每股净资产	元	2.41	2.33	2.25	1.93	1.84
调整后每股净资产	元	2.33	2.21	2.13	1.79	1.71
每股经营活动产生的现金流量净额	元	0.30	0.09	0.09	-0.36	-0.36
净资产收益率(摊簿)	%	6.43	5.88	6.17	9.95	10.16
净资产收益率(加权)	%	6.64	6.53	6.88	10.47	10.70
扣除非经常性损益的净资产收益率	%	5.77	4.60	4.87	9.02	9.29

第三部分　股本变动及股东情况

一、公司股本变动情况
公司股份变动情况表　　单位:万股

项 目	本次变动前	本次变动增减(+、-) 配股	送股	转增	增发	其他	小计	本次变动后
一、未上市流通股份	42,222.00							42,222.00
国有法人股	40,832.00							40,832.00
法人股	1,390.00							1,390.00
二、已上市流通股份	16,000.00							16,000.00
社会公众股	16,000.00							16,000.00
三、股份总数	58,222.00							58,222.00

600118 中国泛旅实业发展股份有限公司

2001 年年度报告摘选

一、公司简介

(一)公司名称:中国泛旅实业发展股份有限公司
英文名称:CHINA PAN－TOURISM INDUSTRY DEVELOPMENT CO.,LTD
英文缩写:CPTIDC
(二)公司法定代表人:傅卓洋
(三)董事会秘书:张伯昊
证券事务代表:蒋洪
联系电话:(010)64668846
传真:(010)64677859
e－mail:zbh600118@sina.com.cn
联系地址:北京市东三环北路一号公司证券管理部
(四)公司注册地址及办公地址:北京市东三环北路 1 号
邮政编码:100027
公司电子信箱:cptidc @public.bta.net.cn
(五)公司选定的信息披露报纸:上海证券报
登载公司年度报告的中国证监会指定国际互联网网址:http://www.sse.com.cn
公司年度报告备置地点:公司证券管理部
(六)公司股票上市地:上海证券交易所
股票简称:中国泛旅
股票代码:600118
(七)其他有关资料
公司首次注册日期:1997 年 8 月 21 日;
注册登记地点:北京市东三环北路 1 号
企业法人营业执照注册号:1000001002745(4－4)
税务登记号码:110105100027454
公司聘请的会计师事务所名称:
北京兴华会计师事务所有限责任公司;
办公地址:北京万通新世界广场 708 室

二、会计数据和业务数据摘要

(一)公司本年度主要会计数据:(单位:元)

项目	金 额
1.利润总额	16,751,986.19
2.净利润	10,312,489.17
3.扣除非经营性损益后的净利润	9,928,559.33
4.主营业务利润	26,110,793.13
5.其他业务利润	9,601,102.53
6.营业利润	8,893,274.63
7.投资收益	9,207,643.69
8.补贴收入	－－－－－－－－
9.营业外收支净额	－1,348,932.13
10.经营活动产生的现金流量净额	13,272,193.27
11.现金及现金等价物净增加额	24,484,263.72

(二)公司前三年的主要会计数据和财务指标

项目	2001 年度	2000 年度		1999 年度
		调整前	调整后	调整后
1.主营业务收入(元)	280,738,271.62	293,921,950.78	293,921,950.78	164,738,258.30
2.净利润(元)	10,312,489.17	17,190,824.82	16,166,989.44	22,019,658.86
3.总资产(元)	351,180,942.94	360,810,249.70	347,677,437.52	328,742,111.54
4.股东权益(元)(不含少数股东权益)	277,828,395.36	280,196,905.34	266,431,667.39	262,227,526.98
5.每股收益(摊薄)	0.054	0.091	0.085	0.186
6.每股收益(加权)	0.054	0.091	0.085	0.186
7.扣除非经常性损益后的每股收益(元)	0.052	0.100	0.100	0.185
8.每股净资产(元)	1.466	1.479	1.406	2.21
9.调整后的每股净资产(元)	1.442	1.465	1.401	2.20
10.每股经营活动产生的现金流量净额(元)	0.07	0.41	0.41	－0.14
11.净资产收益率(%)	3.71	6.14	6.07	8.40
12.加权净资产收益率(%)	3.80	6.35	6.28	8.77

(三)利润表附表

报告期利润	金额(元)	净资产收益率(%)		每股收益(元)	
		全面摊薄	加权平均	全面摊薄	加权平均
主营业务利润		9.40	9.61	0.14	0.14
营业利润		3.20	3.27	0.05	0.05
净利润		3.71	3.80	0.05	0.05
扣除非经常性损益后的净利润		3.57	3.66	0.05	0.05

三、股东变动及股东情况

(一)股份变动情况
1.股份变动情况表

单位:股

	本次变动前	配股	送股	公积金转股	其他	小计	本次变动后
		本次变动增减(+,－)					
一、未上市流通股							
发起人股份	117504000						117504000
其中:							
国家持有股份	107424000						107424000
境内法人持有股份	10080000						10080000
未上市流通股合计	117504000						117504000
二、已上市流通股							
人民币普通股	72000000						72000000
已上市流通股合计	72000000						72000000
三、股份总数	189504000						189504000

600120 浙江东方集团股份有限公司

2001 年年度报告摘选

一、公司基本情况简介

(一)公司名称:浙江东方集团股份有限公司
英文名称:ZHEJIANG ORIENT HOLDINGS CO.,LTD.
英文缩写:ZJOHCO
(二)公司法定代表人:刘宁生
(三)董事会秘书:汪涛
联系地址:杭州市庆春路 199 号
电话:0571 87214481 87215678 转 传真:0571 87214481
电子信箱:wangtao701117@sina.com
公司咨询服务部门:证券部
公司董事会秘书授权代表:尹巍
联系地址:杭州市庆春路 199 号
电话:0571 87213357 87215678 转
(四)注册地址及办公地址:浙江省杭州市庆春路 199 号
邮政编码:310006
电子信箱:Orient@mail.hz.zj.cn 网址:www.chinaorient.com.
传真:0571 87215011
(五)公司选定的信息披露报纸:《上海证券报》、《中国证券报》
刊载公司年度报告的中国证监会指定网址:http://www.sse.com.cn
公司年度报告备置地点:浙江省杭州市庆春路 199 号
(六)公司上市的交易所:上海证券交易所
股票简称:浙江东方 股票代码:600120

二、会计数据和业务数据摘要

(一)本年度主要利润指标 (单位:人民币元)

1、利润总额:	161,266,442.68
2、净利润:	103,172,610.88
3、扣除非经常性损益后的净利润:	81,975,444.00
4、主营业务利润:	295,155,327.31
5、其他业务利润:	1,279,004.80
6、营业利润:	126,963,823.76
7、投资收益:	16,489,278.56
8、补贴收入:	19,952,078.36
9、营业外收支净额:	－2,138,738.00
10、经常活动产生的现金流量净额:	32,471,233.67
11、现金及现金等价物净增加额:	10,804,246.91
注:扣除的非经常性损益项目和涉及金额:	
(1)所得税返还	20,864,600.00
(2)股票投资净损益:	7,599,507.79
(3)营业外收支净额:	－2,138,738.00
(4)处置被投资单位股权损益:	－4,807,392.21
(5)所得税影响数:	－320,810.70
合计:	21,197,166.88

(二)公司近三年的主要会计数据和财务指标

项目	2001 年度	2000 年度	1999 年度
主营业务收入(元)	3,103,369,601.54	3,107,988,274.74	2,578,882,312.15
净利润(元):	103,172,610.88	88,454,280.61	64,867,952.06
扣除非经常性损益后的净利润(元):	81,975,444.00	69,328,243.43	57,777,284.26
全面摊薄每股收益(元/股)	0.46	0.63	0.60
加权平均每股收益(元/股)	0.46	0.67	0.73
扣除非经常性损益的每股收益(元/股)	0.36	0.49	0.53
全面摊薄净资产收益率(%)	14.83	14.39	18.14
加权平均净资产收益率(%)	15.57	19.92	19.41
扣除非经常性损益的全面摊薄净资产收益率(%)	11.74	11.28	16.16
扣除非经常性损益的加权平均净资产收益率(%)	12.32	15.61	17.29
每股经常活动产生的现金流量净额(元/股)	0.14	0.01	0.31
财务指标	2001 年 12 月 31 日	2000 年 12 月 31 日	1999 年 12 月 31 日
总资产	1,568,888,137.59	1,318,159,493.35	818,359,821.23
股东权益(不含少数股东权益)	695,516,382.43	614,644,286.05	357,685,650.63
每股净资产	3.08	4.36	3.31
调整后的每股净资产	2.96	4.22	3.25

三、股本变动和股东情况

(一)股份变动情况表 数量单位:股

	本次变动前	配股	送股	公积金转股	增发	其他	小计	本次变动后
一、未上市流通股份								
1、发起人股份	61109370		18332811	18332811			36665622	97774992
其中:								
国家持有股份	61109370		18332811	18332811			36665622	97774992
境内法人持有股份								
境外法人持有股份								
其他								
2、募集法人股	21366180		6409854	6409854			12819708	
3、内部职工股								
4、优先股或其他								
未上市流通股份合计	82475550		24742665	24742665			49485330	131960880
二、已上市流通股份								
1、人民币普通股	58560570		17568171	17568171			35136342	93696912
2、境内上市的外资股								
境外上市的外资股								
其他								
已上市流通股份合计	58560570		17568171	17568171			35136342	93696912
三、股份总数	141036120		42310836	42310836			84621672	225657792

600121 郑州煤电股份有限公司

2001年年度报告摘要

一、公司基本情况

中文名称:郑州煤电股份有限公司

英文名称及缩写:ZHENGZHOU COAL INDUSTRY & ELECTRIC POWER CO.,LTD.(ZCE)

法定代表人:李国安

董事会秘书:付胜龙

联系地址:郑州市二七区大学路30号

电话:(0371)6950227或13603982629

传真:(0371)6950227

电子信箱E-mail:ZZCE@public2.zz.ha.cn

注册地址:郑州市二七区大学路30号

办公地址:郑州市二七区大学路30号

邮政编码:450052

互联网址:http://www.zzce.com.cn

信息披露报纸:《上海证券报》、《中国证券报》。

登载年报的中国证监会指定国际互联网网址:http://www.sse.com.cn

年度报告置备地点:郑州市大学路30号公司董事会办公室

股票上市交易所:上海证券交易所

股票简称:郑州煤电

股票代码:600121

二、会计数据和业务数据摘要

(一)本年度利润情况　　(单位:元)

项目	金额
利润总额	89540670.88
净利润	76109570.25
扣除非经常性损益后的净利润	76681151.74
主营业务利润	202730541.31
其它业务利润	1214774.23
营业利润	93453015.69
营业外收支净额	-571581.49
经营活动产生的现金流量净额	151296824.37
现金及现金等价物净增加额	229634989.29
投资收益	-3340763.32
补贴收入	/

注:扣除的非经常性项目和涉及金额:①营业外收入920372.43元
②营业外支出1491953.92元

(二)公司近三年主要会计数据及财务指标

项目	2001年	2000年	1999年
主营业务收入(万元)	62795.68	45883.94	47927.88
净利润(万元)	7610.96	11786.35	17981.05
总资产(万元)	204130.22	166712.15	159778.29
股东权益(万元)	122278.15	114471.58	115791.69
每股收益(摊薄、元)	0.0940	0.1455	0.3996
(加权、元)	0.0940	0.1455	0.464
每股净资产(元)	1.51	1.55	2.57
调整后的每股净资产(元)	1.51	1.548	2.53
每股经营活动产生的现金流量净额(元)	0.187	0.052	0.505
净资产收益率(%)	6.22	9.39	15.53
加权平均净资产收益率(%)	6.43	9.69	
扣除非经常性损益后的净资产收益率(%)	6.27	9.71	

(三)股东权益变动情况

项目	股本	资本公积	法定盈余公积	法定公益金	未分配利润	股东权益合计
期初数	810000000	221762610	54401775.58	54401775.58	4149678.03	1144715839.19
本期增加	0	1956106.82	7610957.02	7610957.02	76109570.25	93287591.11
本期减少	0				15221914.04	15221914.04
期末数	810000000	223718716.82	62012732.60	62012732.60	65037334.24	1222781516.26

变动原因:资本公积增加是因为按《企业会计制度》规定,将上市募集资金冻结利息部分转入所致;其余项目变动原因均是因为按本年实现净利润计提所致。

三、股本变动及股东情况

(一)股本变动情况(单位:万股)

1、股本变动情况表

	本次变动前	配股	送股	公积金转股	增发	其它	小计	本次变动后
(1)尚未流通股份								
①发起人股份								
其中:国家拥有股份	59400							59400
境内法人持有股份								
境外法人持有股份								
其它								
②募集法人股								
③内部职工股								
④优先股或其它								
其中:转配股								
未上市流通股份合计	59400							59400
(2)已流通股份								
①人民币普通股	21600							21600
②境内上市的外资股								
③境外上市的外资股								
④其它								
已上市流通股份合计	21600							21600
(3)股份总数:	81000							81000

2、股票发行与上市情况

公司近三年没有发行股票,目前不存在公司职工股。

(二)股东情况介绍

1、报告期末股东总数

截至2001年12月31日,公司股东总数为21062户。

2、持有本公司5%(含5%)以上股份的股东是郑州煤炭工业(集团)有限责任公司,期初持股数量为59400万股,年末持股数量仍为59400万股,所持股份全部为国有法人股。报告期内无质押或冻结的情况。

公司前10名股东持股情况

股东名称	持股数量(股)	股份性质	比例(%)
郑煤集团公司	594000000	国有法人股	73.33%
宋春玲	3871501	社会公众股	0.478%
诸小王	3868144	社会公众股	0.478%
熊大文	3562778	社会公众股	0.44%
肇起高	3509321	社会公众股	0.433%
王爱	3488916	社会公众股	0.431%
朱丽	3420499	社会公众股	0.422%
李森林	3411344	社会公众股	0.421%
李博华	1663304	社会公众股	0.205%
张静	1608768	社会公众股	0.199%

注:a.公司前10名股东之间不存在关联交系

b.无战略投资者或一般法人因配售新股成为前十名股东的情况

3、持有10%(含10%)以上的法人股东

年末持股10%(含10%)以上的法人股东为本公司的发起人郑州煤炭工业(集团)有限责任公司,该公司的法定代表人为李国安先生,公司注册资本为10亿元人民币,为国家大型一类企业,国家二级企业。其经营范围是:煤炭生产、矿井建设,铁路运输,发电及输变电、冶炼、水泥及耐火材料,机械制造,设备安装,设备租赁,通讯器材,轻工产品,化工原料及产品,普通机械,技术服务,咨询服务。经营本企业自产产品及相关技术的出口业务;经营本企业生产、科研所需的原辅材料、机械设备、仪器仪表、零配件及相关技术的进口业务;经营本企业的进料加工和"三来一补"业务。企业性质:国有独资公司。

4、报告期内公司的控股股东变更情况,披露相关信息的指定报纸及日期。

报告期内公司的控股股东没有发生变化。

四、董事、监事、高级管理人员和员工情况

(一)公司董事、监事、高级管理人员基本情况

姓名	性别	年龄	职务	任期起止日期	年初持股	年末持股	在股东单位任职情况
李国安	男	57	董事长	2001.1-2004.1	8100	8100	董事长、副书记
陈建生	男	45	董事	2001.1-2004.1	0	0	副董事长、总经理
苏万里	男	56	董事	2001.1-2004.1	8100	8100	副董事长、书记
张金贵	男	52	董事	2001.1-2004.1	0	0	董事、工会主席
袁清伟	男	45	董事	2001.1-2004.1	8100	8100	副总经理
张玉东	男	49	董事	2001.1-2004.1	8100	8100	代总会计师
郭矿生	男	42	董事 总经理	2001.1-2004.1	8100	8100	
杨松君	男	40	董事	2001.1-2004.1	8100	8100	副总经理
陈复兴	男	58	董事	2001.1-2004.1	0	0	代总工程师
王志勤	男	48	董事 副总经理	2001.1-2004.1	8100	8100	
崔书平	男	43	董事	2001.1-2004.1	0	0	
李振江	男	59	监事会主席	2001.1-2004.1	8100	8100	常务副总经理
李绍明	男	54	监事	2001.1-2004.1	0	0	纪委书记
石银秀	男	53	监事	2001.1-2004.1	8100	8100	副总经理
禹海盈	男	53	监事	2001.1-2004.1	8100	8100	安检局长
焦方保	男	47	监事	2001.1-2004.1	0	0	处长
赵同山	男	56	监事	2001.1-2004.1	0	0	处长
张胜金	男	39	监事	2001.1-2004.1	0	0	
卫国华	男	59	监事	2001.1-2004.1	0	0	
高实现	男	55	监事	2001.1-2004.1	0	0	
赵　康	男	34	副总经理	2001.1-2004.1	0	0	
薛渊博	男	38	副总经理	2001.1-2004.1	8460	8460	
许杏枝	女	53	总会计师	2001.1-2004.1	13500	13500	
白财富	男	39	总经济师	2001.1-2004.1	5400	5400	
付胜龙	男	37	董事会秘书	2001.1-2004.1	0	0	

(二)年度报酬情况

董事、监事和高级管理人员报酬的决策程序、报酬确定依据

1、2001年度对于不在本公司领取工资的董事、监事,经公司一届八次董事会讨论决定,按每

人每年6000元发放岗位津贴。在公司领取工资的董事、监事和高级管理人员的年度报酬依据煤炭行业的有关工资管理和等级标准的规定按月发放。

2、公司董事、监事、高级管理人员报酬总额为30.5万元,金额最高的前三名董事的报酬总额为6.7万元,金额最高的前三名高级管理人员的报酬总额为6.8万元。

3、公司董事、监事、高级管理人员共25人,其中年度报酬1万元以下有14人,1万元~2万元有9人,2万元以上有2人。

(三)公司董事、监事、高级管理人员离任情况

公司董事会、监事会于2001年1月16日召开的公司2001年度第一次临时股东大会上进行了换届选举。上届董事赵宗晋先生(原任董事长)、龚鹏飞先生、李振江先生不再担任公司董事,其中李振江先生改选为公司监事,其他两位现已退休;上届监事苏万里先生、桑智卿先生、郅庚申先生、马松智先生不再担任公司监事,其中苏万里先生被改选为公司董事。杨松君先生不再担任公司副总经理。

(四)员工情况

截至2001年12月31日,公司员工共计10123人,其中:生产人员8391人,技术人员730人,销售人员190人,财务人员88人,行政管理人员724人。公司现有高级职称43人,中级职称528人,初级职称674人。

公司目前离、退休人员912人。

五、公司治理结构

(一)公司治理情况

公司严格按照《公司法》、《证券法》和中国证监会有关法律法规的要求,不断完善公司法人治理结构,建立现代企业制度,规范公司运作,公司制定了《公司章程》、《股东大会议事规则》、《董事会议事规则》、《监事会议事规则》和《总经理工作细则》,并根据中国证监会和国家经贸委于2002年元月7日发布的《上市公司治理准则》作了相应修改,现已符合有关规范性文件的要求,主要内容如下:

1、关于股东与股东大会:公司能够确保所有股东,特别是中小股东享有平等地位,确保所有股东能够充分行使自己的权利;公司建立了《股东大会议事规则》,能够严格按照股东大会规范意见的要求召集、召开股东大会,在会场的选择上尽可能让更多股东能够参加、行使股东表决权;关联交易公平合理,并对定价依据予以充分披露。

2、关于控股股东与上市公司的关系:控股股东行为规范,没有超越股东大会直接或间接干预公司的决策和经营活动;公司在业务、人员、资产、机构、财务方面已基本做到"五分开";公司拥有独立的生产体系辅助生产系统和配套设施,独立承担责任和风险;由于国家铁路运输计划指标的原因,煤炭外运暂时委托控股股东代理销售,今后公司将逐步建立完善的外运销售系统;公司董事会、监事会和内部机构能够独立运作,公司与控股股东的主营业务均为煤炭生产及销售,发电及输变电,为避免同业竞争,控股股东承诺在双方面对相同市场、相同竞争时控股股东将放弃竞争。

3、关于董事与董事会:公司严格按照《公司章程》规定的董事选聘程序选举董事,制订了《董事会议事规则》;董事会的人数和人员构成符合法律、法规要求;公司各位董事能够以认真负责的态度出席董事会和股东大会,能够积极参加有关培训,熟悉有关法律法规,了解作为董事的权利、义务和责任;公司正在积极按照有关规定建立独立董事制度和董事会专门委员会。

4、关于监事和监事会:公司监事会的人数和人员构成符合法律、法规的要求,公司建立了《监事会议事规则》,监事能够认真履行自己的职责,能够本着对股东负责的精神,对公司财务以及公司董事、经理和其他高级管理人员履行职责的合法、合规性进行监督。

5.关于绩效评价与激励约束机制:公司正积极着手建立公正、透明的董事、监事和经理人员的绩效评价标准与激励约束机制;经理层人员的聘任公开、透明、符合有关法律法规的规定。

6.关于相关利益者:公司能够充分尊重和维护银行及其他债权人、职工、消费者等其他利益相关者的合法权益,共同推动公司持续、健康发展。

7.关于信息披露与透明度:公司能够严格按照法律、法规和公司章程的规定,真实、准确、完整、及时地披露有关信息,并确保所有股东有平等的机会获得信息,能够按照有关规定,及时披露大股东或公司实际控制人的详细资料和股份变化情况。

(二)独立董事履行职责情况

公司董事会根据中国证监会发布的《关于在上市公司建立独立董事制度的指导意见》的规定要求,正在积极起草和修订相关规则、物色独立董事人选,2002年6月30日前按照有关规定建立独立董事制度。

六、股东大会情况简介

报告期内共召开一次年度股东大会和两次临时股东大会。

(一)公司2000年度股东大会于2001年4月10日在郑州市大学路30号公司二楼会议室召开。后因故推迟于2001年4月10日召开。

决议公告刊登于2001年4月11日的《上海证券报》和《中国证券报》上。

(二)公司2001年度第一次临时股东大会于2001年1月16日在郑州市大学路30号公司二楼会议室召开。

决议公告刊登于2001年1月17日的《上海证券报》和《中国证券报》上。

(三)公司2001年度第二次临时股东大会于2001年9月4日在郑州市大学路30号公司二楼会议室召开。

决议公告刊登于2001年9月5日的《上海证券报》和《中国证券报》上。

七、董事会报告

(一)公司经营情况

1、公司主营业务的范围及其经营情况

公司经营范围是:煤炭生产及销售、发电及输变电;机械制造,设备安装;国内贸易(国家有专项专营规定的除外)、咨询服务、信息服务、技术服务。

2001年公司广大员工围绕年初制定的总体营销思路,奋发努力,积极拼博。克服困难,取得了良好的成绩,报告期内,公司完成煤炭产量486万吨,发电量3.6亿千瓦时,实现主营业务收入62796万元,实现净利润7611万元。

本公司主要产品为煤炭和电力。煤炭产品主要是无烟煤和贫煤,是优质的工业动力煤,其年生产能力在390万吨以上,主要供应湖北、湖南等省的工业用煤市场及湖北、安徽、广东等省的民用煤市场,民用煤占湖北民用煤市场的20%,报告期内,共实现煤炭销售收入54655万元,产品销售成本38558万元,毛利率29.45%元;公司拥有的东风电厂为资源综合利用项目的坑口电厂,主要输送范围在矿区,部分上网,不参加调峰,报告期内,共实现电力销售收入8141万元,产品销售成本5219万元,毛利率35.89%。

2、公司无来源于单个参股公司的投资收益对公司净利润影响达到10%以上的情况。公司主要控股公司及参股公司的经营情况及业绩。

名称	北京裕华创新技术发展有限公司	中社网盟信息技术有限公司
注册资本	300万元	10000万元
经营范围	生产食品添加剂	电子商务开发
本公司投资额	300万元	2000万元
所占权益比例	80%	20%
成立日期	2000年4月	2000年9月

备注:截至目前上述两公司尚未产生效益。

3、主要供应商、客户情况:公司向前五名供应商合计的采购金额占公司总采购金额的65%,向前五名客户销售额合计占公司销售总额的86%。

4、在经营中出现的问题与困难及解决方案

2001年煤炭经济形势有所好转,公司产量快速增加,但吨煤成本增加及一度出现的流动资金紧张,制约了公司效益的进一步提高,针对这一问题公司采取的措施和对策是:

(1)加强内部管理,降低费用开支。

(2)进一步调整、优化产品结构和用户结构,提高产品质量和效率。

(3)强化市场营销,加大资金回收力度。

(4)加强质量管理,健全质保体系,进一步巩固和扩大公司煤炭产品的良好市场信誉。

(二)公司财务状况

报告期内,公司的财务状况及经营成果较上一年有了进一步改善,具体分析如下:

项目	2001年	2000年	增减幅度(%)	变动的主要原因
资产总额	2041302159.36	1667121537.66	22	货币资金和应收帐款增加所致
长期负债	52300000.00	59600106.82	-12	归还长期借款及摊销发行股票冻结利息所致
股东权益	1222781516.26	1144715839.19	7	未分配利润增加所致
主营业务利润	202730541.31	181915796.30	11	煤炭产量增加及价格上涨致使主营业务收入增加
净利润	76109570.25	117863451.03	-35	计提15%所得税和弥补以前年度安全生产投入欠帐所致

(三)公司投资情况

报告期内,公司没有募集资金,前次募集资金已在以前几个年度使用完毕。本报告期内无新增投资项目。

(四)生产经营环境和宏观政策法规的变化对公司产生的影响

国民经济持续平稳增长和国家对煤炭行业强有力的宏观调控政策及整顿措施,使公司经营环境得到进一步改善。但国家取消企业所得税全征全返的优惠政策后,对公司财务状况产生一定的影响。

(五)新年度的业务发展计划

2002年公司将充分利用国际、国内经济环境和政策环境变化所带来的良好发展机遇,主动应对各种挑战,在确保煤、电产量及销售额增长的同时,进一步降低吨煤成本和发电成本.预计主营业务收入增长10%左右,成本控制在主营业务收入增长的幅度之内,在努力实现经济效益和社会效益同步增长的基础上,给广大投资者以较好的回报。为达到上述目标拟采取的措施是:

1、进一步理顺下属企业间的业务关系,整合现有机构,加强内部管理和管理措施落实,切实提高管理水平,以管理促效益。

2、继续加强安全管理工作,切实落实各项管理措施,确保安全生产持续稳定地发展。

3、加强机制创新,改革分配制度,建立绩效评价和激励约束机制,充分调动公司管理人员和科技人员及公司员工的工作积极性。

4、立足主业,逐步进行产业结构调整,加大技改投入,提高现有厂矿的综合生产能力,研究、开发、培育一批与主业相关经济效益较好的项目,为公司今后的发展壮大做准备。

5、按照《上市公司治理准则》要求,进一步完善和规范公司法人治理结构,建立、完善独立董事制度和其他各项制度,进一步规范公司运作。

(六)本年度利润分配及资本公积金转增股本预案

经北京兴华会计师事务所审计,本公司2001年度实现净利润76109570.25元,按《公司章程》有关规定,提取10%的法定公积金7610957.02元和10%的法定公益金7610957.02元,加上结转未分配利润4149678.03元,本年度累计可供全体股东分配的利润为65037334.23元。为保持公司稳定发展,董事会决定本年度不进行利润分配,也不进行资本公积金转增股本,本年度可供股东分配利润全部结转下年度。

上述利润分配预案及资本公积金转增股本预案尚须提交公司年度股东大会审议表决。

(七)公司选定的信息披露报纸未发生变更,仍为《中国证券报》和《上海证券报》。

八、监事会报告

(一)监事会会议情况

报告期内,监事会独立召开会议4次。主要情况如下:

1、2001年1月16日,二届一次监事会会议在公司四楼会议室召开。会议根据大股东提名,一致选举李振江先生为公司第二届监事会主席;根据监事会主席提名,聘任史水安先生为公司第二届监事会秘书,形成了会议决议。决议公告刊登在2001年1月17日的《中国证券报》、《上海证券报》上。

2、2001年2月20日,二届二次监事会会议在公司四楼会议室召开。会议审议了监事会2000年度工作报告、公司2000年年度报告及报告摘要,聘任赵同山先生为公司第二届监事会秘书长,聘任史水安先生为公司第二届监事会常驻公司代表,形成了会议决议。决议公告刊登在2001年2月22日的《中国证券报》、《上海证券报》上。

3、2001年3月14日,二届三次监事会会议在郑煤集团公司南办公楼三楼会议室召开。会议学习了《公司法》、《证券法》、《郑州煤电股份有限公司章程》关于监事义务、权利、责任的有关规定,修订了《郑州煤电股份有限公司监事会议事规则》,形成了会议决议。

4、2001年7月31日,二届四次监事会会议在郑煤集团公司南三楼会议室召开。会议审议了公司关于新增计提四项资产减值准备的方案、公司2001年度中期报告及报告摘要,形成了会议决议。决议公告刊登在2001年8月2日的《中国证券报》、《上海证券报》上。

(二)监事会对公司有关事项的独立意见

1、报告期内,公司董事会根据国家法律、法规,认真执行股东大会决议,决策程序符合《公司法》和公司章程的有关规定;公司经理层认真贯彻执行董事会决议,依法经营,建立了内部控制制度,取得了较好的经营业绩。

2、北京兴华会计师事务所对公司2001年度财务报告出具了无保留意见的审计报告。监事会认为,审计报告客观公正,财务报告真实地反映了公司的财务状况和经营成果。

3、监事会通过对公司各方面情况了解和有关执法执纪部门的信息反馈,未发现公司董事、经理及其他高级管理人员在履行职务时有违反国家法律、法规、公司章程及损害公司和股东利益的行为。

4、公司与控股股东郑煤集团公司之间发生的关联交易,按照双方签订的《综合服务协议》进

行，没有损害公司及非关联股东的利益。

5、报告期内公司没有募集资金，也没有前次募集资金使用延续到本报告期的情况。

6、在公司与控股股东之间人员、资产、财务分开，机构、业务独立方面，公司做了一些工作，并正在努力进行规范运作，但目前还没有完全达到规定的要求。

九、重要事项

(一)报告期内公司无重大诉讼、仲裁事项。

(二)报告期内本公司无重大收购、出售资产及吸收合并事项。

(三)2001 年 1 月 16 日，本公司董事会和监事会进行了换届选举，产生了第二届董事会组成人员和第二届监事会组成人员。董事会选举了公司董事长，聘任了公司总经理、董事会秘书和其他高级管理人员；监事会选举了公司监事会主席，具体内容刊登于 2001 年 1 月 17 日的《中国证券报》和《上海证券报》上。

(四)报告期内，公司、公司董事会及董事没有受到中国证监会行政处罚，通报批评及上海证券交易所公开谴责。

(五)重大关联交易事项

1、购销商品，提供劳务发生的关联交易

本公司煤炭产品的销售主要依靠国家铁路运输对外销售。因受国家铁路运输计划的影响，本公司暂无独立的外运煤炭销售系统。同时，公司下属东风电厂生产的电力主要售予郑煤集团公司，上述提供服务和电力销售属于关联交易，在铁路运输计划暂时尚不能单独下达给股份公司时，该关系业经双方按国家规定，本着公平、公正的原则，签订了《综合服务协议》予以确定。郑煤集团公司保证在自己拥有铁路运输计划额度内，满足本公司年生产能力 80% 的运销需求；保证有偿供应本公司所需的用水、用电需求；本公司售给郑煤集团公司的电力按物价、电力部门的入网价格计算。交易内容的款项结算按实际发生额每半个月或一个月结算一次。虽然本公司与郑煤集团公司之间关联交易标的额较大，但由于合同的签订是本着公平的原则，所以对公司利润并无直接太大的影响。

本年度公司通过关联方销售产品情况如下：

关联方名称	销售产品项目	数量	金额(元)
郑州煤炭工业(集团)有限责任公司	煤炭	378.95 万吨	453415519.39
	电力	18078 万度	43910406.68

上述购销关系均属正常的经营活动，对本公司未产生不公允影响。

2、关联方债权、债务如下：

项目	关联方名称	金额	项目明细
应收帐款	郑州煤炭工业(集团)有限责任公司	270889963.52	代收外销煤款

(六)重大合同及其履行情况

1、报告期内，公司无重大托管、承包、租赁其他公司资产，也没有其他公司托管、承包、租赁公司资产事项；

2、报告期内，公司未发生担保事项；

3、报告期内：公司没有委托他人进行现金、资产管理事项，未来也没有委托理财计划；

4、报告期内，公司拟用 2001 年度配股募集资金收购控股股东郑州煤炭工业(集团)有限责任公司所属的供电网络，双方就此签署了《资产收购协议》。具体内容刊登于 2001 年 4 月 10 日《中国证券报》和《上海证券报》上。因公司没有在法定时间内实施配股，即该协议所附民事条件不成立，所以协议并未生效履行。

5、报告期或持续到报告期内，公司及持股 5% 以上股东未在指定报刊及网站上承诺任何事项；

6、报告期内公司继续聘请北京兴华会计师事务所有限责任公司担任本公司审计工作。公司最近两年内支付给会计师事务所的报酬如下：

	2001 年	2000 年	备注
财务审计费(元)	500000.00	500000.00	公司不承担差旅费等其他费用

(七)按照财政部[2000]99 号《关于进一步认真贯彻落实国务院 < 关于纠正地方自行制定税收先征后返政策的通知 > 的精神》，公司从 2002 年 1 月 1 日起将不再执行按 33% 计征企业所得税、18% 返还的政策，这将会给公司的净利润带来一定影响。

十、财务报告

1、审计报告

(2002)京会兴字 152 号

郑州煤电股份有限公司全体股东：

我们接受委托，审计了贵公司 2001 年 12 月 31 日的资产负债表及 2001 年度的利润表和 2001 年度的现金流量表。这些会计报表由贵公司负责，我们的责任是对这些会计报表发表审计意见。我们的审计是根据《中国注册会计师独立审计准则》进行的。在审计过程中，我们结合贵公司的实际情况，实施了包括抽查会计记录等我们认为必要的审计程序。

我们认为，上述会计报表符合《企业会计准则》和《企业会计制度》的有关规定，在所有重大方面公允地反映了贵公司 2001 年 12 月 31 日的财务状况及 2001 年度的经营成果及 2001 年度的现金流动情况，会计处理方法的选用遵循了一贯性原则。

北京兴华会计师事务所有限责任公司 **注册会计师：吴亦忻**

地址：阜成门外大街 2 号万通新世界广场 708 室 **注册会计师：王全洲**

2002 年 3 月 19 日

2、会计报表(附后)

3、会计报表附注

⑴会计政策变更

本公司原执行《股份有限公司会计制度》，根据财政部财会字[2000]25 号文《关于印发〈企业会计制度〉的通知》、财会字[2001]17 号文《关于印发贯彻实施〈企业会计制度〉有关衔接问题的规定的通知》等文件规定，公司从 2001 年 1 月 1 日起执行《企业会计制度》和《企业会计准则》及补充规定，改变以下会计政策：

①固定资产如果由于市价持续下跌，或技术陈旧、损坏、长期闲置等原因导致其可收回金额低于帐面价值的，按其差额计提固定资产减值准备；如果存在下列情况，全额计提固定资产减值准备：长期闲置不用，在可预见的未来不会再使用，且已无转让价值；由于技术进步等原因，已不可使用；使用后产生大量不合格产品；已遭毁损，不再具有使用价值和转让价值；其他实质上已经不能再给企业带来经济利益的固定资产。

②在建工程存在下列一项或若干项情况时，计提在建工程减值准备：长期停建并且预计在未来 3 年内不会重新开工；所建项目无论在性能上，还是在技术上已经落后，并且给企业带来的经济利益具有很大的不确定性；其他足以证明在建工程已经发生减值的情形。

③无形资产存在下列一项或若干项情况时，计提无形资产减值准备：某项无形资产已被其他新技术等所替代，使其为企业创造经济利益的能力受到重大不利影响；某项无形资产的市价在当期大幅下跌，在剩余摊销年限内预期不会恢复；某项无形资产已超过法律保护期限，但仍然具有部分使用价值；其他足以证明某项无形资产实质上已经发生了减值的情形。

④开办费采用一次性进入企业当期损益。

本次本期对固定资产计提减值准备 102,014,001.04 元；对固定资产补提折旧 7,248,128.59 元；摊销开办费 1,552,397.00 元。以上合计 110,814,526.63 元调减年初未分配利润。

⑵本年度报表合并范围没有发生变化。

十一、备查文件目录

1、载有法定代表人、总会计师、会计主管人员亲笔签名并盖章的财务报表；

2、载有会计师事务所盖章，注册会计师签名并盖章的审计报告正本；

3、报告期内在《中国证券报》、《上海证券报》上公开披露过的所有公司文件的正本及公告原稿；

4、公司章程。

董事长：李国安

郑州煤电股份有限公司

2002 年 3 月 25 日

利 润 表

编制单位：郑州煤电股份有限公司 单位：人民币元

项 目	附注	2001	2000
一、主营业务收入	29	627,956,750.51	458,839,432.18
减：主营业务成本	29	414,295,432.29	269,226,574.09
主营业务税金及附加	30	10,930,776.91	7,697,061.79
二、主营业务利润		202,730,541.31	181,915,796.30
加：其他业务利润		1,214,774.23	2,519,700.14
减：营业费用		3,240,711.37	8,869,281.53
管理费用		76,425,579.28	51,142,981.87
财务费用	31	30,826,009.20	6,193,319.17
三、营业利润		93,453,015.69	118,229,913.87
加：投资收益	32	－3,340,763.32	－40,000.00
补贴收入		－	
营业外收入		920,372.43	1,495,529.52
减：营业外支出		1,491,953.92	1,821,992.36
四、利润总额		89,540,670.88	117,863,451.03
减：所得税		13,431,100.63	
少数股权收益		－	
五、净利润		76,109,570.25	117,863,451.03

利 润 分 配 表

编制单位：郑州煤电股份有限公司 单位：人民币元

目	附注	2001	2000
一、净利润		76,109,570.25	117,863,451.03
加：年初未分配利润		4,149,678.03	110,108,917.20
其他转入		－	
二、可供分配的利润		80,259,248.28	227,972,368.23
减：提取法定盈余公积		7,610,957.02	11,786,345.10
提取法定公益金		7,610,957.02	11,786,345.10
提取职工奖励及福利基金		－	
提取储备基金		－	
提取企业发展基金		－	
利润归还投资		－	
三、可代投资者分配的利润		65,037,334.24	204,399,678.03
减：应付优先股股利		－	
提取任意盈余公积		－	
应付普通股股利		0.00	20,250,000.00
转作股本的普通股股利		－	180,000,000.00
四、未分配利润		65,037,334.24	4,149,678.03

资产负债表

2001年12月31日

编制单位：郑州煤电股份有限公司　　单位：人民币元

资　　产	附注	2001.12.31	2000.12.31
流动资产：			
货币资金	1	237,732,773.54	8,097,784.25
短期投资		-	
应收票据	2	4,341,350.00	38,009,505.00
应收股利		-	
应收利息		-	
应收账款	3	491,481,018.44	295,504,800.48
其他应收款	4	190,524,067.88	211,894,055.18
预付账款	5	8,381,183.59	13,831,946.74
应收补贴款	6	48,574,300.00	5,000,000.00
存货	7	35,599,090.13	44,164,133.57
待摊费用		-	
一年内到期的长期债权投资		-	
其他流动资产		-	
流动资产合计		1,016,633,783.58	626,502,225.22
长期投资：			
长期股权投资	8	19,619,236.68	22,960,000.00
长期债权投资		-	
长期投资合计		19,619,236.68	22,960,000.00
其中：合并价差		-	
固定资产：			
固定资产原价	9	1,162,418,658.34	1,077,394,570.61
减：累计折旧	9	221,467,789.41	183,761,350.65
固定资产净值		940,950,868.93	893,633,219.96
减：固定资产减值准备	9	102,014,001.04	102,014,001.04
固定资产净额		838,936,867.89	791,619,218.92
工程物资		-	
在建工程	10	165,984,694.93	163,263,712.10
固定资产清理	11	127,576.28	
固定资产合计		1,005,049,139.10	954,882,931.02
无形资产及其他资产：			
无形资产	12	-	62,692,680.42
长期待摊费用		-	83,701.00
其他长期资产		-	
长期资产及其他资产合计		-	62,776,381.42
递延税项：			
递延税款借项		-	
资产总计		2,041,302,159.36	1,667,121,537.66
负债和股东权益	附注	2001.12.31	2000.12.31
流动负债：			
短期借款	13	298,300,000.00	148,300,000.00
应付票据	14	175,000,000.00	6,113,785.00
应付账款	15	88,393,566.26	90,016,231.99
预收账款	16	18,419,077.77	25,883,466.00
应付工资	17	24,115,841.19	20,929,887.61
应付福利费		26,304,496.70	19,694,587.05
应付股利	18	-	20,250,000.00
应交税金	19	3,073,241.59	6,336,910.45
其他应交款	20	777,042.14	651,126.24
其他应付款	21	130,687,377.44	124,629,597.31
预提费用	22	1,150,000.00	
预计负债		-	
一年内到期的长期负债		-	
其他流动负债		-	
流动负债合计		766,220,643.09	462,805,591.65
长期负债：			
长期借款	23	52,300,000.00	56,900,000.00
应付债券		-	
长期应付款	24	-	2,700,106.82
专项应付款		-	
其他长期负债		-	
长期负债合计		52,300,000.00	59,600,106.82
递延税项：			
递延税款贷项		-	
负债合计		818,520,643.09	522,405,698.47
少数股东权益		-	
股东权益：			
股本	25	810,000,000.00	810,000,000.00
减：已归还投资		-	
股本净额		810,000,000.00	810,000,000.00
资本公积	26	223,718,716.82	221,762,610.00
盈余公积	27	124,025,465.21	108,803,551.16
其中：法定公益金	27	62,012,732.60	54,401,775.58
未分配利润	28	65,037,334.24	4,149,678.03
外币报表折算差额		-	
股东权益合计		1,222,781,516.27	1,144,715,839.19
负债和股东权益总计		2,041,302,159.36	1,667,121,537.66

利润表附表(一)

编制单位：郑州煤电股份有限公司　　单位：人民币元

报告期利润	净资产收益率(%)		每股收益(元/股)	
	全面摊薄	加权平均	全面摊薄	加权平均
主营业务利润	16.58%	17.14%	0.25	0.25
营业利润	7.64%	7.90%	0.12	0.12
净利润	6.22%	6.43%	0.09	0.09
扣除非经常性损益后的净利润	6.26%	6.48%	0.09	0.09

现金流量表

编制单位：郑州煤电股份有限公司　　单位：人民币元

项　　目	附注	金额
一、经营活动产生的现金流量：		
销售商品、提供劳务收到的现金		344,935,384.94
收到的税费返还		
收到的其他与经营活动有关的现金		
现金流入小计		344,935,384.94
购买商品、接受劳务支付的现金		73,385,610.99
支付给职工以及为职工支付的现金		94,915,680.97
支付的各项税费		21,453,870.06
支付的其他与经营活动有关的现金		3,883,398.55
现金流出小计		193,638,560.57
经营活动产生的现金流量净额		151,296,824.37
二、投资活动产生的现金流量：		
收回投资所收到的现金		
取得投资收益所收到的现金		
处置固定资产、无形资产和其他长期资产而收回的现金净额		400,000.00
收到的与投资活动有关的其他现金		
现金流入小计		400,000.00
购建固定资产、无形资产和其他长期资产所支付的现金		49,768,418.58
投资所支付的现金		
支付的与投资活动有关的其他现金		
现金流出小计		49,768,418.58
投资活动产生的现金流量净额		-49,368,418.58
三、筹资活动产生的现金流量：		
吸收投资所收到的现金		
借款所收到的现金		150,000,000.00
收到的其他与筹资活动有关的现金		
现金流入小计		150,000,000.00
偿还债务所支付的现金		4,600,000.00
分配股利、利润或偿付利息所支付的现金		17,693,416.50
支付的其他与筹资活动有关的现金		
现金流出小计		22,293,416.50
筹资活动产生的现金流量净额		127,706,583.50
四、汇率变动对现金的影响		
五、现金及现金等价物净增加额		229,634,989.29
补充资料：		
1、将净利润调节为经营活动的现金流量：		
净利润		76,109,570.25
加：计提的资产减值准备		11,250,723.52
固定资产折旧		43,396,989.12
无形资产摊销		
长期待摊费用摊销		
待摊费用减少(减：增加)		
预提费用增加(减：减少)		1,150,000.00
处置固定资产、无形资产和其他长期资产的损失(减：收益)		
固定资产报废损失		
财务费用		30,826,009.20
投资损失(减：收益)		3,340,763.32
递延税款贷项(减：借项)		
存货的减少(减：借项)		8,483,261.32
经营性应收项目的减少(减：增加)		-155,095,998.00
经营性应付项目的增加(减：减少)		131,835,505.64
其他		
经营活动产生的现金流量净额		151,296,824.37
2、不涉及现金收支的投资和筹资活动：		
债务转为资本		
一年内到期的可转换公司债券		
融资租入固定资产		
3、现金及现金等价物净增加情况：		
现金的期末余额		237,732,773.54
减：现金的期初余额		8,097,784.25
加：现金等价物的期杯余额		
减：现金等价物的期初余额		
现金及现金等价物净增加额		229,634,989.29

600122　江苏宏图高科技股份有限公司

2001年年度报告摘要

第一章　重要提示及目录

重要提示：本公司董事会及其董事保证本报告所载资料不存在任何虚假记载、误导性陈述或者重大遗漏，并对其内容的真实性、准确性和完整性负个别及连带责任。本年度报告摘要摘自年度报告全文，投资者欲了解详细内容，应阅读年度报告全文。

张琉董事、王伟董事认为公司在经营管理过程中存在一定问题，故未同意本报告。请投资者关注。

第二章　公司基本情况简介

一、公司法定中文名称：江苏宏图高科技股份有限公司
公司简称：宏图高科
公司法定英文名称：Jiangsu Hongtu High Technology Co.，Ltd.
公司英文名称缩写：Hiteker
二、公司法定代表人：刘小峰
三、公司董事会秘书：张　伟
电子信箱：Zhangw@hiteker.com
董事会证券事务代表：徐　清
电子信箱：Xuqing@hiteker.com
联系电话：(025)3300922
传　　真：(025)3300230
联系地址：南京市湖北路83号
四、公司注册地址：南京浦口高新区03栋2楼
办公地址：南京市湖北路83号
办公地邮政编码：210009
国际互联网网址：http://www.hiteker.com
公司电子信箱：Hiteker@Hiteker.com
五、公司指定信息披露报纸：《中国证券报》、《上海证券报》
公司年报指定披露网址：http://www.sse.com.cn
公司年度报告备置地点：公司证券部
六、公司股票上市交易所：上海证券交易所
股票简称：宏图高科
股票代码：600122

第三章　会计数据和业务数据摘要

一、公司本年度实现：

项　　目	2001年度(元)
利润总额	69,324,918.30
净利润	58,153,918.51
扣除非经常性损益后的净利润	60,119,535.68
主营业务利润	235,875,053.93
其他业务利润	4,819,169.98
营业利润	53,445,240.98
投资收益	17,231,654.03
补贴收入	584,304.76
营业外收支净额	-1,936,281.47
经营活动产生的现金流量净额	-71,641,541.31
现金及现金等价物净增加额	281,100,857.19

注：非经常性损益共-1,965,617.17元。其构成：补贴收入584,304.76元+营业外收支净额-1,936,281.47元+股权转让收益-613,640.46元。

二、前三年主要会计数据和财务指标：(单位：元)

项　　目	2001年	2000年 调整后	2000年 调整前	1999年
主营业务收入	2,004,814,826.89	1,171,988,152.38	1,182,864,234.20	765,870,061.01
净利润	58,153,918.51	65,096,024.49	80,133,930.63	55,242,328.82
总资产	2,416,718,386.19	1,842,667,613.03	1,862,581,145.43	1,235,688,465.27
股东权益	941,011,183.79	575,133,041.07	590,170,947.21	510,037,016.58
每股收益	0.182	0.221	0.271	0.281
每股收益(加权)	0.186	0.221	0.271	0.281
扣除非经常性损益后的每股收益	0.188	0.231	0.258	0.251
每股净资产	2.948	1.948	1.999	2.592
调整后的每股净资产	2.886	1.929	1.942	2.510
每股经营活动产生的现金流量净额	-0.224	-1.254	-1.254	-0.268
净资产收益率(%)	6.18	11.32	13.58	10.83

报告期扣除非经常性损益后加权平均净资产收益率为7.12%

第四章　股本变动及股东情况

一、公司股本变动情况表　　　　数量单位：万股

	本次变动前	配股	送股	公积金转股	增发	其他	小计	本次变动后
1、未上市流通股份								
(1)发起人股份	17520							17520
其中：								
国有法人持有股份	17468.69							17468.69
境内法人持有股份	51.3052							51.3052
其他								
(2)募集法人股份								
(3)内部职工股								
(4)优先股或其他								
未上市流通股份合计	17520							17520
2、已上市流通股份								
(1)人民币普通股	12000	2400						14400
(2)境内上市的外资股								
(3)境外上市的外资股								
(4)其他								
已上市流通股份合计	12000	2400						14400
3、股份总数	29520	2400						31920

二、股东情况介绍

(一)截至2001年12月31日，本公司股东总数为85884户。

(二)公司前十名股东情况：

序号	股东名称	股份性质	持股数量(股)	持股比例(%)
1	江苏宏图电子信息集团有限公司	国有法人股	75870701	23.769
2	南京有线电厂	国有法人股	59654333	18.689
3	镇江江奎集团公司	国有法人股	38648861	12.108
4	苏电开发	国有法人股	513053	0.161
5	三胞泰富	社会法人股	513052	0.161
6	四川新华	流通股	478957	0.150
7	吴钧	流通股	340000	0.106
8	保定金雁	流通股	330700	0.104
9	叶远璋	流通股	330000	0.103
10	兴华基金	流通股	300000	0.094

说明：第1、2、3、4名股东系本公司发起人，其他股东为流股股股东，未知其间的关联关系。报告期间，本公司发起人南京中软信息工程公司将其所持有的本公司513052股悉数转让给南京三胞泰富科技投资有限公司。南京中软不再持有本公司法人股股份。

(三)持有本公司5%以上股份的股东为：江苏宏图电子信息集团有限公司、南京有线电厂、镇江江奎集团公司。报告期内股份未变动。报告期内，本公司第二大股东南京有线电厂持有本公司966万股因担保合同纠纷被南京市中级人民法院冻结(冻结期自2001年11月至2002年11月)。其余持股5%以上股东所持股份报告期内无质押或冻结情况。

(四)本公司第一大股东为江苏宏图电子信息集团有限公司，持股7587.0701万股，占总股本比例为23.769%；宏图集团成立于1996年5月，法定代表人张正新先生，注册资本为16488万元，公司注册地址为南京市中山北路285号，公司主营电子产品及通信设备、电子计算机及配件等。宏图集团的第一大股东为江苏省信息产业厅，法定代表人阎立先生。宏图集团的股权结构为：江苏省信息产业厅，出资5488万元，占33.28%；江苏省国际信托投资公司，出资4000万元，占24.26%；江苏省国有资产经营控股公司，出资2000万元，占12.13%；江苏省鑫苏投资管理公司，出资2000万元，占12.13%；同创集团，出资2000万元(出资未到位)，占12.13%；江苏省高新技术风险投资公司，出资1000万元，占6.07%。

第五章　董事、监事、高级管理人员和员工情况

一、董事、监事、高级管理人员

(一)董事、监事、高级管理人员的基本情况

职　　务	姓　名	性别	年龄	任　　期	年初持股	年末持股	股东单位任职情况
董事长、总经理	刘小峰	男	55	2001.05～2004.05	28800	28800	宏图集团董事
副董事长	张　琉	男	47	2001.05～2004.05	24000	24000	南京有线电厂厂长
副董事长、副总经理	王　伟	男	44	2001.05～2004.05	24000	24000	江奎集团董事长、
董事、副总经理	李元洪	男	54	2001.05～2004.05	24000	24000	
董事	黄君励	女	50	2001.05～2004.05	24000	24000	江奎集团党委书记
董事	高中田	男	58	2001.05～2004.05	24000	24000	宏图集团副总经理
董事	丁春生	男	47	2001.05～2004.05	0	0	
董事会秘书、副总经理	张　伟	男	37	2001.05～2004.05	19200	19200	
监事会主席	张正新	男	60	2001.05～2004.05	0	0	宏图集团董事长
监事	詹国华	男	51	2001.05～2004.05	0	0	
监事	徐文学	男	36	2001.05～2004.05	0	0	江奎集团总会计师
总会计师	应文禄	男	36	2001.05～2004.05	0	0	

公司董事、监事和高级管理人员所持股份报告期内没有变动。

(二)公司董事、监事和高级管理人员报酬的决策依据：公司高级管理人员的报酬均经董事会审议后决定。公司高级管理人员报酬按照岗位等级工资按月发放月薪，年终根据经济效益情况发放年终奖金；公司高级管理人员兼任下属分公司总经理的报酬实行按月付基薪，年终考核兑现年薪收入制；不在公司兼任行政职务的董事、监事不在公司领取报酬。公司董事、监事和高级管理人员报酬情况：

1、公司董事、监事和高级管理人员的年度报酬总额为80.6万元，金额最高的前三名董事报酬总额为37.2万元，金额最高的前三名高级管理人员的报酬总额为37.2万元。

2、公司董事、监事、高级管理人员本年度报酬10-14万元之间4人，5-10万元之间3人，5万元以下1人。

3、张琉先生、张正新先生、黄君励女士、徐文学先生不在公司领取报酬，分别在南京有线电厂、宏图集团、镇江江奎集团公司、镇江江奎集团公司领取报酬。

(三)报告期内，公司于2001年5月15日召开的2000年度股东大会进行董事会、监事会换届选举。依法选举刘小峰先生、张琉先生、王伟先生、高中田先生、李元洪先生、黄君励女士、丁春生先生为公司第二届董事会董事；选举张正新先生、詹国华先生、徐文学先生为公司第二届监事会监事。

公司第二届董事会于2001年5月15日举行第一次会议，选举刘小峰先生为董事长，张琉先生、王伟先生为副董事长，聘任刘小峰先生为总经理，王伟先生、张伟先生、李元洪先生为副总经理，聘任张伟先生为董事会秘书，聘任应文禄先生为总会计师。

公司第二届监事会于2001年5月15日举行第一次会议，选举张正新先生为监事会主席。

(四)公司一届监事会监事李茂川先生因监事会换届选举离任。

第六章　公司治理结构

一、公司治理情况

公司严格按照《中华人民共和国公司法》、《中华人民共和国证券法》和中国证监会有关规章、规定的要求,不断完善公司法人治理结构、建立现代化企业制度、规范公司运作,制定了《公司章程》、《股东大会议事规则》、《董事会议事规则》、《监事会议事规则》和《总经理工作职责》,并根据有关法律法规对以上有关规则进行修订。主要内容如下:

1、关于股东和股东大会:公司保证所有股东,特别是中小股东享有平等地位,使所有股东能够充分行使自己的权利;公司正在制订《股东大会议事规则》,公司能够按照股东大会规范意见的要求召集、召开股东大会,尽可能让更多的股东参加股东大会,行使股东的表决权;公司关联交易公平合理,并对有关事项予以充分披露。

2、关于控股股东与上市公司的关系:控股股东与本公司的关系基本符合有关规范要求,没有超越股东大会直接或间接干预公司的决策和经营活动;公司与控股股东在人员、资产、财务、机构和业务方面做到了"五分开",做到了资产完整、机构分开、财务独立、人员分离、业务自主。

(1)公司建立了独立的劳动、人事及工资管理部门,公司高级管理人员均在公司领取薪酬,没有在股东单位担任重要行政职务。

(2)公司资产完整,与控股股东之间产权界定清晰。

(3)公司拥有独立的生产系统、辅助生产系统和配套设施。工业产权、商标、非专利技术等无形资产均为本公司所拥有。除音视类部分产品与关联股东在供、销还存在一定程度的关联交易情况,其余产品的采购、销售系统均由本公司独立拥有。

(4)公司设立了独立的财务部门,建立了独立的会计核算体系和财务管理制度,公司及控股之子公司均独立在当地银行开户。

(5)公司董事会、监事会和内部机构与控股股东完全分开,独立运作。行政上与控股股东完全无隶属关系。

3、关于董事与董事会:公司按照《公司章程》规定的董事选聘程序选举董事;公司董事会的人数和人员构成符合法律、法规的要求;公司董事会于上市初即建立了《董事会议事规则》,现正按有关监管法规对该规则进行了修订。公司各位董事能够以认真负责的态度出席董事会和股东大会,学习有关法律法规,了解作为上市公司董事的权利义务和责任。

4、关于监事和监事会:公司监事会的人数和人员构成符合法律、法规的要求;公司监事会于上市初即建立了《监事会议事规则》,现正按有关监管法规对该规则进行了修订。公司监事能够认真履行自己的职责,能够本着对股东负责的精神,对公司财务以及公司董事、总经理和其他高级管理人员履行职责的合法合规性进行监督。

5、关于绩效评价与激励约束机制:公司正积极着手建立董事、监事和高级管理人员的绩效评价标准与激励约束机制。

6、关于利益相关者:公司能够尊重和维护及其他债权人、公司职工、消费者等其他利益相关者的合法权益。在经济交往中,做到互利互惠,保证公司持续健康地发展。

7、关于信息披露与透明度:公司制定了信息披露制度,能严格按照有关法律、法规等要求,真实、完整、及时地披露信息。公司指定董事会秘书负责信息披露事项。

公司治理是一项长期艰巨的任务,本公司将认真学习贯彻中国证监会《上市公司治理指引》等监管法规,并汲取国际优秀公司的治理经验,进一步完善公司内部控制及制度,不断适应未来环境的变化,使公司治理结构日臻完善。

二、报告期内公司尚未聘请独立董事。公司董事会正根据中国证监会发布的《关于在上市公司建立独立董事制度的指导意见》的规定要求,正积极进行独立董事相关人选的酝酿工作,公司将按证监会要求于近期建立独立董事制度。

第七章　股东大会情况简介

报告期内,公司召开了一次股东大会,即公司2000年度股东大会,股东大会的通知由第一届董事会第十四会议审议通过并按法定程序决议并公告(股东大会的会议通知公告刊登于2001年4月10日的《中国证券报》、《上海证券报》上。)。

公司2000年年度股东大会于2001年5月15日上午在南京市公司本部会议室召开。出席会议的股东及合法授权代表共3人,代表股份174173895股,占公司总股本31920万股的54.566%。会议由董事长刘小峰先生主持。会议审议通过了以下议案:

1、审议通过了《2000年度董事会工作报告》

2、审议通过了《2000年度监事会工作报告》

3、审议通过了公司2000年度财务结算报告。

4、审议通过了公司2000年利润分配及公积金转增股本议案。

5、审议通过了董事会换届选举的议案。选举刘小峰先生、张琉先生、王伟先生、黄君励女士、李元洪先生、高中田先生、丁春生先生为公司第二届董事会董事。

6、审议通过了监事会换届选举的议案。选举张正新先生、詹国华先生、徐文学先生为公司第二届监事会监事。

7、以特别决议审议通过了修改《公司章程》的议案。

8、审议通过了关于续聘南京永华会计师事务所为公司2001年度审计机构的议案。

本次会议决议公告刊登在2001年5月16日的《中国证券报》、《上海证券报》上。

第八章　董事会报告

一、公司报告期内的经营情况

(一)主营业务的范围及其经营状况

1、公司属通信及相关设备制造业,为江苏省信息产业领域首家股票上市公司。

2、公司的主营业务范围为:计算机、软件、系统集成及网络设备,激光影碟机产品,通讯设备及电缆等产品的开发、生产与销售。报告期内,公司充分利用现有的资本优势、政策优势和人才优势,拓展经营思路,挖掘市场潜力,确保公司效益的稳步提高。2001年,公司完成主营业务收入200481万元,较上年同期增长71.06%;实现利润总额6932万元,较上年同期下降9.24%;净利润5815万元,较上年同期下降10.67%。

分产品主营业务经营状况表(单位:元):

项　目	营业收入	营业成本	营业毛利
视听产品	1,204,943,733.15	1,073,823,376.15	131,120,357.00
电缆产品	139,223,163.92	112,071,325.10	27,151,838.82
通讯产品	94,390,017.79	63,867,447.22	30,522,570.57
系统集成	40,207,399.61	24,956,919.17	15,250,480.44
计算机产品	503,466,736.31	472,752,076.66	30,714,659.65

分行业主营业务经营状况表(单位:元):

项　目	营业收入	营业成本	营业毛利
工业	1,438,556,954.86	1,249,762,148.47	188,794,806.39
电子设备	503,466,736.31	472,752,076.66	30,714,659.65
系统集成	40,207,399.61	24,956,919.17	15,250,480.44
房地产	22,583,736.11	15,808,275.07	6,775,461.04

报告期内,占公司主营业务收入或主营利润10%以上的主要产品有视听产品、通讯产品、计算机、系统集成、电缆等。

(二)主要参股子公司的经营情况及业绩(单位:万元)

单位名称	主要产品	注册资本(控股比例)	总资产	净利润
江苏宏图三胞科技发展有限公司	计算机打印机网络设备销售	3000万元(占45%)	14864	305
南京富士通计算机设备有限公司	打印机及信息处理设备	750万美元(占40%)	24803	6237

(三)主要供应商、客户情况:报告期内,公司向前五名供应商合计的采购金额为67174万元,占年度采购总额的52.53%;向前五名客户销售合计111762万元,占公司销售总额的55.75%。

二、公司投资情况

(一)募集资金使用情况

公司1998年公开发行股票所募资金31850万元,至2000年底,除"收购南京富士通计算机设备有限公司40%股权项目"尚余2500万未投入外,其余已全部投入并产生效益(详见公司《2000年度报告》),收购南京富士通40%股权项目亦于2001年上半年完成全部投资,项目实施情况如下:(单位:万元)

项目名称	计划投资额	完成投资	完成进度	项目产生效益
收购南京富士通40%股权项目	12500	12500	100%	3537

公司于2001年3月实施配股,共募集资金320,517,281.67元,配股募集资金所投资项目投入情况如下:(单位:万元)

序号	项目名称	计划投资				项目完成进度情况
		计划总投资额	其中:利用募集资金	现完成投资额	其中:利用募集资金	进度情况说明
1	路由器及安全网络设备生产技改项目	5863	5863			市场情况发生变化,正在进一步调研中
2	数字化视频光盘机激光头技改项目	11199	11199			拟与外企合资,尚在落实中
3	技术开发中心技改项目	2871	2871	261	261	正在投入
4	软件开发生产线技改项目	2966	2966			对外市场谈判正在落实中
5	同步光纤传输设备系列产品技改项目	2952	2952	217	217	正在投入
6	数字有线电视视频网络系统生产技改项目	2591	2591			拟通过合资设立新公司投入
7	安全服务器技术改造项目	2614	2614			国内合作项目仍在洽谈中
8	视频点播系统工程改造项目	2738	640	170	0	拟通过合资设立新公司投入
9	INTERNET综合服务平台及电子商务应用项目	2829	600			实施准备阶段
10	合计	36623	32296			

注:投资数据截至2002年3月。尚未使用的募集资金,目前存于银行。

(二)其他投资情况

项目名称	完成投资(万元)	说明
江苏恒泰保险经纪有限公司	100	参股
华泰证券有限公司	7500	增资
宽带接入网光缆与光纤复合架空地线改造项目	738	正在投入

三、公司财务状况分析

指标项目(元)	2001	2000年	增减(%)	变化主要原因
总资产	2,416,718,386.19	1,842,667,613.03	31.15%	配股资金暂未使用,应收帐款及存货增加
长期负债	40,065,396.26	40,494,160.80	-1.06%	住房周转金按规定处理
股东权益	941,011,183.79	575,133,041.07	63.62%	配股后股本和资本公积增加
主营业务利润	235,875,053.93	164,995,847.83	42.96%	主营收入增长
净利润	58,153,918.51	65,096,024.49	-10.66%	期间费用增加、投资收益减少

四、对经营环境及会计政策变化的说明

1、税率变化的影响:报告期内,公司企业所得税按15%缴纳。

2、中国加入WTO对公司的影响:详见第十章《重要事项》内容。

3、会计政策变更的影响:本公司原执行《股份有限公司会计制度》。根据财政部财会字[2000]25号文《关于印发〈企业会计制度〉的通知》、财会字[2001]17号文《关于印发贯彻实施〈企业会计制度〉有关政策衔接问题的规定的通知》等有关文件的规定,本公司董事会决定,公司从2001年1月1日起执行《企业会计制度》和《企业会计准则》及补充规定,对固定资产、无形资产、在建工程、委托贷款计提资产减值准备。由于上述会计政策变更已采用追溯调整法,在本年度对留存收益及相关项目进行调整,并对2000年度的利润表进行追溯调整并予以披露。

五、新年度的业务发展计划

在新的年度里,公司认真分析研究中国加入WTO后宏观经济环境出现的新情况、新变化,把握机遇、应对挑战,趋利避害,坚持以提高经济效益和市场竞争力为目标,努力实现公司持续稳定健康的发展。

1、进一步明确产业发展方向,在确保通信、光电缆、激光音视产业稳定增长的基础上,积极扶持软件与计算机产业的发展,培育新的经济增长点。

2、强化财务管理工作。建立高效的资金结算中心,加强资金需求的预算、平衡、调度和管理,提高资金运作水平。加强财务的内审工作,实行开源节流,控制消耗,降本增效。

3、加强项目可行性研究,降低投资风险,严格项目管理,提高投资效益。

4、进一步加强市场网络建设与管理。推进对网络产品和新一代通信产品的市场开拓。抓住中国"入世"机遇,巩固扩大国际市场份额。

5、对照中国证监会《上市公司治理指引》等监管法规,根据文件精神进一步健全完善公司治理结构,推进内部改革与企业整体竞争力的提高。建立健全公正透明的董事、监事和高级管理人员的绩效评价标准与激励约束机制。注重人力资源的开发与优化配置,增强企业的持续发展能力。

6、公司2002年预计完成主营业务收入25亿元;预计成本费用控制在24亿元左右。

六、本次分配预案

经南京永华会计师事务所审计,公司2001年年度共实现净利润58,153,918.51元,按规定提取法定盈余公积金10%,提取法定公益金10%,加上2000年末未分配利润110,120,277.31元,公司本期累计可供分配的利润为155,688,407.35元。经二届七次董事会研究,拟以2001年末31920万股为基数,每10股派发现金红利0.4元(含税),共计派发现金1276.8万元。本期不实施公积金转增股本。

此预案须提请2001年度股东大会审议。

第九章　监事会报告

一、报告期内监事会本着向全体股东负责和维护员工利益的原则,认真履行职责,正确行使《公司章程》赋予的监督职能。及时了解公司的生产经营情况,列席董事会会议,检查董事会提交股东大会审议的有关资料,监督公司财务及资金运作等情况,检查公司董事及高级管理人员执行职务行为,保证了公司经营管理行为的规范,促进了企业的健康发展。

报告期内公司监事会召开了四次会议;公司监事会根据《公司法》、公司章程以及其他有关法律法规履行了监督职能。具体情况如下:

1、江苏宏图高科技股份有限公司第一届监事会第八次会议于2001年4月6日召开,会议审议通过了以下决议:

(1)审议并通过了2000年度监事会工作报告;

(2)审议并通过了公司2000年度报告正文及摘要;

(3)审议并通过了监事会换届选举的议案。

公告刊登于2001年4月10日《中国证券报》、《上海证券报》。

2、江苏宏图高科技股份有限公司第二届第一次监事会会议于2001年5月15日召开,会议选举张正新先生为第二届监事会主席。

公告刊登于2001年5月16日《中国证券报》、《上海证券报》。

3、江苏宏图高科技股份有限公司第二届第二次监事会会议于2001年8月8日召开,会议审议通过了公司2001年中期报告正文及摘要。

公告刊登于2001年8月11日《中国证券报》、《上海证券报》。

4、江苏宏图高科技股份有限公司第一届第三次监事会会议于2001年12月31日召开,会议审议通过了董事会提出的用"数字有线电视视频网络系统生产技术改造项目"募集资金2591万元、"视频点播系统工程改造项目"募集资金640万元、"技术开发中心技术改造项目"募集资金1269

万元，与香港天地数码(控股)有限公司合资组建"南京宏天宽频视讯有限公司"的议案。

公告刊登于 2002 年 1 月 8 日《中国证券报》、《上海证券报》。

二、公司监事会对以下事项发表独立意见：

1、公司严格按照《公司法》、《证券法》等法律、法规及本公司《章程》进行规范运作，决策程序合法，内控制度较为完善。公司董事、总经理及其他高管人员在行使自己的职权时均自觉维护公司的利益，履行诚信、勤勉之义务。未有违反法律、法规、公司章程或损害公司利益的行为。

2、报告期内监事会认真履行财务检查职能，不定期对公司财务活动情况进行检查监督，并根据国家相关政策，对公司财务活动情况有针对性地提出指导性建议，促进了公司财务管理水平的提高。监事会认为，南京永华会计师事务所对本公司 2001 年度财务报告所出具的审计意见是客观、公正的，财务报告真实地反映了公司财务状况和经营成果。

第十章　重要事项

一、报告期内公司无重大诉讼、仲裁事项发生。

二、报告期内公司、公司的董事及高级管理人员未受过监管部门的处罚。

三、报告期内公司的控股股东未发生变更。

四、关联交易事项：

1、报告期内，公司向江苏宏图数码音视发展有限公司按协议价销售 DVD、SVCD 整机及套件 11,407,059.64 元，占其他业务收入总额的 23.07%。

向江苏宏图数码音视发展有限公司按市场价销售产成品总金额(不含税)100,561,717.71 元，占主营业务收入总额的 5.03%。

向镇江江奎集团及其子公司按市场价销售产成品总金额(不含税)2,250,333.65 元，占主营业务收入总额的 0.11%。以上交易采用三个月回款的结算方式。

2、报告期内，公司从江奎电子实业有限公司及其子公司按市价购入DVD、SVCD配套材料 54,651,730.26 元，占同类产品采购金额的 5.36%。向江苏宏图电子信息集团有限公司按协议价采购货物 4,056,068.40 元，占同类产品采购金额的 0.40%。交易价格由双方根据市场行情协商确定。采用货到经检验合格后三个月付款结算方式。

五、报告期内无托管、承包其他公司资产或其他公司托管、承包、租赁本公司资产的情况。报告期内公司租赁海南通信电缆厂进行生产经营，年租赁费 150 万元，2001 年收益为 345 万元。

六、本年度公司无未履行之重大合同。本报告期内，公司为江苏省技术进出口公司(简称"江苏技术")提供贷款担保 17800 万元，以上担保公司采取了反担保等必要措施来防范风险(南通纵横国际股份有限公司为公司以上担保提供了反担保)。报告期内无给股东、股东控股子公司及个人提供担保的情况。

期后事项说明：公司于 2001 年 2 月、3 月为江苏技术担保的两笔贷款(计 6500 万元)因江苏技术逾期未偿还银行贷款，中国工商银行江苏省分行营业部向法院起诉江苏技术及本公司，要求本公司承担担保责任。本公司随后向法院起诉江苏技术及反担保方，要求其履行还款义务。现法院已受理，并已查封冻结江苏技术及反担保方相应价值的资产。

七、报告期内聘任的会计师事务所未发生变更，仍为南京永华会计师事务所。

报告期内公司支付给南京永华会计师事务所 2000 年度审计费用 50 万元，2000 年公司配股相关审计费用 10 万元。预计 2001 年度审计费用为 50 万元(差旅费不由本公司承担)。

八、报告期内公司的名称与股票简称未进行更改。

九、报告期内，公司和持股 5% 以上股东未在指定报纸和网站上披露过承诺事项。

十、中国加入 WTO 对公司未来经营活动的影响：本年度中国正式成为世界贸易组织的成员国，根据有关协议，中国在享受成员国权利的同时，将按照承诺进一步放开市场，允许外国企业和产品进入中国市场，并在机会均等的前提下展开真正意义上的竞争。这对中国企业既是一种机遇，也是一种挑战。本公司所处的电子信息产业也将面临这种宏观经济环境。

1、"入世"后贸易环境从自主开放转向双向开放，在国际贸易环境不断改善，国内经济结构不断优化的前提下，公司可全方位参与国际竞争，使公司产品有了巨大的潜在市场空间。公司将充分利用这种机遇，树立全球化战略意识，不断提高自身竞争能力。

2、"入世"后本公司生产所用的进口料件价格有不同程度下降，加上关税下调，降低了公司生产成本。

3、本公司生产的 DVD 产品属生产密集型产业，在中国加入 WTO 之前就已经打开了国际市场，并形成规模销售。中国加入 WTO 后，公司 DVD 产品在出口上将会有更多便捷渠道，这将有利于公司 DVD 产品全方位参于国际竞争。

4、"入世"给公司带来机遇的同时，也带来了新的挑战。随着国外企业和产品进入，将进一步加剧国内市场竞争，公司将会面临许多新的课题，公司将认真学习世贸组织法律文件以及有关法律政策，在经营中自觉提高自我保护意识，适应宏观经济环境的变化，保持公司健康稳定发展。

第十一章　财务会计报告

一、审计报告：公司 2001 年度财务报告经南京永华会计师事务所审计并出具了标准无保留意见的审计报告。

二、会计报表(附后)

1、资产负债表

2、利润表

3、利润分配表

4、现金流量表

三、会计报表附注：本年度会计政策、会计估计和合并会计报表范围变化的影响

(一)会计政策变更

本公司原执行《股份有限公司会计制度》，根据本公司董事会决定，按照财政部财会字[2000]25 号文《关于印发〈企业会计制度〉的通知》、财会字[2001]17 号文《关于印发贯彻实施〈企业会计制度〉有关政策衔接问题的规定的通知》等文件的规定，公司从 2001 年 1 月 1 日起执行《企业会计制度》和《企业会计准则》及补充规定，改变以下会计政策：

1、期末固定资产原按账面净值计价，现改为按固定资产净值与可收回金额孰低计价，对可收回金额低于账面价值的差额，计提固定资产减值准备；

2、期末在建工程原按账面净值计价，现改为按在建工程账面价值与可收回金额孰低计价，对可收回金额低于账面价值的差额，计提在建工程减值准备；

3、期末无形资产原按账面净值计价，现改为按无形资产账面价值与可收回金额孰低计价，对可收回金额低于账面价值的差额，计提无形资产减值准备；

4、开办费原按五年期限摊销，现采取一次性进入企业开业当期损益处理。

5、公司从成立至今，无发生委托贷款业务的核算业务，不涉及会计政策的变更。

本报告期因上述会计政策变更，对固定资产减值准备、无形资产减值准备均采用追溯调整。其中：计提固定资产减值准备 10,146,156.25 元，无形资产减值准备 545,365.47 元，影响 2000 年度净利润 －10,691,521.72元，影响2000年度法定盈余公积 －1,069,152.17元，影响法定公益金 －1,069,152.17 元，累计影响 2000 年期初未分配利润 －8,553,217.38 元。

本期将其他应收款中应收出口退税款调整转入应收补贴款，调整减少坏帐准备 217,134.10 元。

(二)重大会计差错影响：

公司 2000 年受让南京富士通计算机设备有限公司股权，原将自评估基准日 2000 年 5 月 31 日至股权转让日 2000 年 7 月 31 日应享有的 6－7 月利润 5,602,289.38 元计入当年"营业外收入"，本年将此会计差错进行追溯调整，调整减少股权投资差额 5,602,657.39 元，并补摊销股权投资差额 233,444.06 元，影响 2000 年度利润总额 －5,368,845.32 元，影响净利润 －4,563,518.52 元，影响盈余公积金 －912,703.70 元，影响 2001 年期初未分配利润 －3,650,814.82 元。

(三)会计估计变更

本年度未发生会计估计变更事项。

(四)合并会计报表范围的变化

公司通过子公司江苏宏图高科技术开发有限公司投资成立并控股 45% 的宏图三胞科技发展有限公司于 2000 年 10 月 13 日成立，2001 年 2 月 8 日正式营业，本期公司合并会计报表将该公司作为合并报表新增单位。

2001 年 5 月 20 日，公司通过子公司江苏宏图高科技术开发有限公司对江苏宏图信开科技发展有限责任公司进行增资，由原有股权 40% 增至 51%，本期公司合并会计报表将该公司作为合并报表新增单位。

公司通过子公司江苏宏图高科软件工程有限公司投资成立并控股 56% 的江苏宏图高远(扬州)信息技术有限公司于 2001 年 4 月 28 日成立，本期公司合并会计报表将该公司作为合并报表新增单位。

根据公司子公司江苏宏图电子实业有限公司董事会决议拟对其投资控股的子公司江苏宏芝网络设备有限公司进行减资，本期未纳入合并报表范围。

根据公司子公司江苏宏图高科电子实业有限公司董事会决议拟对其投资控股的子公司江苏宏图通讯网络系统有限公司的股权进行转让，本期未纳入合并报表范围。

根据公司子公司江苏宏图高科电子实业有限公司董事会决议本期对其投资控股的子公司北京宏图佳都通讯设备有限公司的部分股权进行转让，本期未纳入合并报表范围。

以上合并报表范围的变化均对报表期初数进行了调整。

江苏宏图高科技股份有限公司

董事长：刘小峰

二〇〇二年四月九日

利 润 表

2001 年度

编制单位：江苏宏图高科技股份有限公司　　　　单位：人民币元

项　目	注释	合并 本期	合并 上期	母公司 本期	母公司 上期
一、主营业务收入	6－28	2,004,814,826.89	1,171,988,152.38	1,438,556,954.86	994,348,859.99
减：主营业务成本	6－28	1,763,279,419.37	998,080,621.69	1,249,762,148.47	846,016,020.35
主营业务税金及附加	6－29	5,660,353.59	8,911,682.86	3,237,157.29	6,669,836.22
二、主营业务利润(亏损以"－"号填列)		235,875,053.93	164,995,847.83	185,557,649.10	141,663,003.42
加：其他业务利润(亏损以"－"号填列)	6－30	4,819,169.98	867,079.31	3,041,714.23	302,449.91
减：营业费用		56,821,721.94	20,348,107.62	46,188,635.94	16,244,834.55
管理费用		74,196,132.16	49,992,621.20	44,492,615.21	35,663,406.55
财务费用	6－31	56,231,128.83	32,532,110.97	50,267,327.35	29,678,219.05
三、营业利润(亏损以"－"号填列)		53,445,240.98	62,990,087.35	47,650,784.83	60,378,993.18
加：投资收益(亏损以"－"号填列)	6－32	17,231,654.03	26,104,675.15	18,899,841.88	27,053,143.81
补贴收入		584,304.76	－	584,304.76	－
营业外收入	6－33	577,596.49	423,328.73	488,053.23	423,328.73
减：营业外支出	6－34	2,513,877.96	13,136,461.67	2,011,809.23	13,106,732.40
四、利润总额(亏损以"－"号填列)		69,324,918.30	76,381,629.56	65,611,175.47	74,748,733.32
减：所得税		9,166,701.45	10,628,277.62	7,457,256.95	9,652,708.83
少数股东收益		2,004,298.34	657,327.45	－	－
五、净利额(亏损以"－"号填列)		58,153,918.51	65,096,024.49	58,153,918.52	65,096,024.49

利 润 分 配 表

2001 年度

编制单位：江苏宏图高科技股份有限公司　　　　单位：人民币元

项　目	注释	合并 本期	合并 上期	母公司 本期	母公司 上期
一、净利润	1	58,153,918.51	65,096,024.49	58,153,918.52	65,096,024.49
加：年初未分配利润	2	110,120,277.31	59,058,176.00	112,942,864.27	60,866,044.68
其他转入	4	－73,731.95	－	－,73,731.95	－
二、可供分配的利润	8	168,200,463.87	124,154,200.49	171,023,050.84	125,962,069.17
减：提取法定盈余公积	9	6,256,160.30	7,025,043.99	5,815,391.85	6,509,602.45
提取法定公益金	10	6,255,896.22	7,008,879.19	5,815,391.85	6,509,602.45
提取职工奖励及福利基金	11		－		－
提取储备基金	12	－	－	－	－
提取企业发展基金	13	－	－	－	－
利润归还投资	14	12,768,000.00	－	12,768,000.00	－
三、可供投资者分配的利润	16	155,688,407.35	110,120,277.31	159,392,267.14	112,942,864.27
减：应付优先股股利	17	－	－	－	－
提取任意盈余公积	18	－	－	－	－
应付普通股利	19	12,768,000.00	－	12,768,000.00	－
转作资本(或股本)的普通股股利	20	－	－	－	－
四、未分配利润	25	142,920,407.35	110,120,277.31	146,624,267.14	112,942,864.27

资 产 负 债 表

2001 年 12 月 31 日

编制单位:江苏宏图高科技股份有限公司　　　　单位:人民币元

		合并		母公司	
资　　产	注释	期末	期初	期末	期初
流动资产:					
货币资金	6-1	507,396,777.75	226,295,920.56	409,549,876.13	159,183,953.81
短期投资		-	-	-	-
应收票据	6-2	30,000.00	3,614,220.00	30,000.00	3,564,220.00
应收股利		-	-	7,874,705.75	2,039,121.95
应收利息	6-3	476,845.00	326,152.17	476,845.00	326,152.17
应收账款	6-4	762,565,620.51	692,398,885.92	701,579,929.70	671,180,805.00
其他应收款	6-5	107,113,685.32	36,602,771.87	136,341,422.94	12,248,573.62
预付账款	6-6	116,985,530.50	67,199,600.72	83,259,817.92	22,844,905.60
应收补贴款	6-7	56,048,810.47	72,378,031.85	56,048,810.47	72,378,031.85
存货	6-9	410,900,529.55	370,746,514.39	208,585,332.89	304,999,892.88
待摊费用	6-8	218,529.06	933,278.89	97,362.40	548,516.19
一年内到期的长期债权投资		-	-	-	-
其他流动资产		-	24,058.92	-	-
流动资产合计		1,961,736,328.16	1,470,519,435.29	1,603,844,103.20	1,249,314,173.07
长期投资:	6-10		-	-	-
长期股权投资		250,342,347.67	184,120,523.31	350,018,444.37	286,955,870.71
长期债权投资		-	-	-	-
长期投资合计		250,342,347.67	184,120,523.31	350,018,444.37	286,955,870.71
其中:合并价差		58,298,546.42	65,127,341.42	58,352,154.84	65,174,137.18
固定资产:	6-11	-	-	-	-
固定资产原价		248,407,835.55	225,234,011.37	218,091,519.31	209,533,067.04
减:累计折旧		81,477,199.22	68,360,257.65	76,865,113.21	65,916,587.99
固定资产净值		166,930,636.33	156,873,753.72	141,226,406.10	143,616,479.05
减:固定资产减值准备		9,968,799.36	10,146,156.25	9,968,799.36	10,146,156.25
固定资产净额		156,961,836.97	146,727,597.47	131,257,606.74	133,470,322.80
工程物资		60,000.00	-	60,000.00	-
在建工程	6-12	6,123,361.48	3,244,614.68	6,123,361.48	3,244,614.68
固定资产清理		-	-	-	-
固定资产合计		163,145,198.45	149,972,212.15	137,440,968.22	136,714,937.48
无形资产及其他资产:		-	-	-	-
无形资产	6-13	26,660,881.74	27,816,677.34	20,727,801.74	21,173,212.34
长期待摊费用	6-14	14,833,630.17	10,238,764.94	10,367,095.20	9,066,204.99
其他长期资产		-	-	-	-
无形资产及其他资产合计		41,494,511.91	38,055,442.28	31,094,896.94	30,239,417.33
递延税项:		-	-	-	-
递延税款借项		-	-	-	-
资产总计		2,416,718,386.19	1,842,667,613.03	2,122,398,412.73	1,703,224,398.59
		合并		母公司	
负债和所有者权益(或股东权益)	注释	期末	期初	期末	期初
流动负债:					
短期借款	6-15	944,930,000.00	761,430,000.00	781,930,000.00	656,430,000.00
应付票据	6-16	62,505,734.44	24,699,999.50	36,334,864.44	24,699,999.50
应付账款	6-17	345,670,321.34	305,385,240.80	321,312,185.83	299,195,109.17
预收账款	6-18	16,259,026.78	14,178,555.64	5,131,270.92	8,145,020.89
应付工资		1,858,818.73	1,360,095.95	1,337,132.73	1,342,910.95
应付福利费		3,967,678.97	2,974,404.53	1,752,881.35	2,186,760.88
应付股利		12,849,698.18	-	12,768,000.00	-
应交税金	6-19	-28,031,578.17	31,792,003.37	-30,903,299.85	31,972,441.79
其他应交款	6-20	929,024.60	2,434,781.28	824,657.58	2,423,985.17
其他应付款	6-21	15,437,278.68	47,341,032.40	10,834,139.65	61,200,518.36
预提费用	6-22	92,200.00	450.00	-	450.00
预计负债		-	-	-	-
一年内到期的长期负债		-	-	-	-
其他流动负债		-	-	-	-
流动负债合计		1,376,468,203.55	1,191,596,563.47	1,141,321,832.65	1,087,597,196.71
长期负债:					
长期借款	6-23	40,000,000.00	40,000,000.00	40,000,000.00	40,000,000.00
应付债券		-	-	-	-
长期应付款		-	494,160.80	-	494,160.79
专项应付款		65,396.26	-	65,396.26	-
其他长期负债			-		-
长期负债合计		40,065,396.26	40,494,160.80	40,065,396.26	40,494,160.79
递延税项:		-	-	-	-
递延税款贷项:		-	-	-	-
负债合计		1,416,533,599.80	1,232,090,724.27	1,181,387,228.91	1,128,091,357.50
少数股东权益		59,173,602.60	35,443,847.69	-	-
所有者权益(或股东权益):		-	-	-	-
实收资本(或股本)	6-24	319,200,000.00	295,200,000.00	319,200,000.00	295,200,000.00
减:已归还资本		-	-	-	-
实收资本(或股本)净额		319,200,000.00	295,200,000.00	319,200,000.00	295,200,000.00
资本公积	6-25	427,218,852.38	130,652,896.22	427,218,852.38	130,652,896.22
盈余公积	6-26	51,671,924.06	39,159,867.54	47,968,064.30	36,337,280.60
其中:法定公益金		25,203,022.10	18,947,125.88	23,509,138.35	18,128,384.94
未分配利润	6-27	142,920,407.35	110,120,277.31	146,624,267.14	112,942,864.27
所有者权益(或股东权益)合计		941,011,183.79	575,133,041.07	941,011,183.82	575,133,041.09
负债和所有者权益(或股东权益)合计		2,416,718,386.19	1,842,667,613.03	2,122,398,412.73	1,703,224,398.59

现 金 流 量 表

2001 年度

编制单位:江苏宏图高科技股份有限公司　　　　单位:人民币元

项　　目	注释	合并	母公司
一、经营活动产生的现金流量:			
销售商品、提供劳务收到的现金		1,873,035,998.00	1,280,255,114.31
收到的税费返还		2,454,669.04	2,302,219.04
收到的其他与经营活动有关的现金		57,350,862.66	14,771,989.62
现金流入小计		1,932,841,529.70	1,297,329,322.97
购买商品、接受劳务支付的现金		1,713,225,190.37	994,527,141.23
支付给职工以及为职工支付的现金		76,217,209.33	57,907,749.92
支付的各项税费		74,104,695.72	69,388,105.59
支付的其他与经营活动有关的现金	6-35	140,935,975.59	224,461,242.63
现金流出小计		2,004,483,071.01	1,346,284,239.37
经营活动产生的现金流量净额		-71,641,541.31	-48,954,916.40
二、投资活动产生的现金流量:		-	-
收回投资所收到的现金		1,250,000.00	-
取得投资收益所收到的现金		18,944,412.16	18,944,412.16
处置固定资产、无形资产和其他长期资产所收回的现金净额		343,995.69	129,041.88
收到的其他与投资活动有关的现金		-	-
现金流入小计		20,538,407.85	19,073,454.04
购建固定资产、无形资产和其他长期资产所支付的现金		32,946,364.41	17,669,193.54
投资所支付的现金		101,000,000.00	101,000,000.00
支付的其他与投资活动有关的现金		-	-
现金流出小计		133,946,364.41	118,669,193.54
投资活动产生的现金流量净额		-113,407,956.56	-99,595,739.50
三、筹资活动产生的现金流量:		-	-
吸收投资所收到的现金		342,529,675.43	325,039,675.43
借款所收到的现金		1,296,292,837.56	1,153,292,837.56
收到的其他与筹资活动有关的现金		68,500.00	68,500.00
现金流入小计		1,638,891,012.99	1,478,401,012.99
偿还债务所支付的现金		1,112,792,837.56	1,027,792,837.56
分配股利、利润或偿付利息所支付的现金		56,537,347.89	48,281,124.73
支付的其他与筹资活动有关的现金	6-36	3,410,472.48	3,410,472.48
现金流出小计		1,172,740,657.93	1,079,484,434.77
筹资活动产生的现金流量净额		466,150,355.06	398,916,578.22
四、汇率变动对现金的影响		-	-
五、现金及现金等价物净增加		281,100,857.19	250,365,922.32
补充资料:	注释	合并数	母公司
1、将净利润调节为经营活动现金流量:		-	
净利润		58,153,918.31	58,153,918.52
少数股东收益		2,004,298.34	-
加:计提的资产减值准备		4,863,320.75	2,890,511.21
固定资产折旧		13,355,203.98	11,209,038.27
无形资产摊销		1,531,089.87	346,333.57
长期待摊费用摊销		5,688,137.26	3,963,456.46
待摊费用减少(减:增加)		714,749.83	451,153.79
预提费用增加(减:减少)		91,750.00	-450.00
处置固定资产、无形资产和其他长期资产的损失(减:收益)		175,566.20	-43,399.91
固定资产报废损失		-	-
财务费用		58,744,233.83	51,054,710.67
投资损失(减:收益)		-18,377,732.93	-18,899,841.88
递延税款贷项(减:借项)		-	-
存货的减少(减:增加)		-42,426,862.72	94,892,975.39
经营性应收项目的减少(减:增加)		-203,142,841.19	-150,556,332.16
经营性应付项目的增加(减:减少)		46,983,627.16	-102,416,990.33
其他		-	-
经营活动产生的现金流量净额		-71,641,541.31	-48,954,916.40
2、不涉及现金收支的投资和筹资活动:		-	-
债务转为资本		-	-
一年内到期的可转换公司债券		-	-
融资租入固定资产		-	-
3、现金及现金等价物净增加情况:		-	-
现金的期末余额		507,396,777.75	409,549,876.13
减:现金的期初余额		226,295,920.56	159,183,953.81
加:现金等价物的期末余额		-	-
减:现金等价物的期初余额		-	-
现金及现金等价物净增加额		281,100,857.19	250,365,922.32

600123 山西兰花科技创业股份有限公司

2001年年度报告摘要

一、公司基本情况简介

(一)公司法定中文名称:山西兰花科技创业股份有限公司
公司法定英文名称:SHANXI LANHUA SCI-TECH VENTURE CO.,LTD.
英文名称缩写:SLSVC
(二)法定代表人姓名:贺贵元
(三)公司董事会秘书:王立印
联系电话:0356-2040123
传真:0356-2033799
电子信箱:wangliyin@chinalanhua.com
联系地址:山西省晋城市泽州路181号
(四)公司注册地址:山西省晋城市泽州路181号
公司办公地址:山西省晋城市泽州路181号
邮政编码:048000
公司网址:http://www.chinalanhua.com
公司电子信箱:lanhua@chinalanhua.com
(五)公司信息披露报纸名称:《上海证券报》
登载公司年度报告的国际互联网网址:http://www.sse.com.cn
公司年度报告备置地点:公司证券业务部
(六)公司股票上市地:上海证券交易所
股票简称:兰花科创
股票代码:600123

二、会计数据和业务数据摘要

(一)本年度主要利润指标情况(合并报表数据,单位:元)

项目	金额
利润总额:	56,954,373.78
净利润:	39,605,770.79
扣除非经常性损益后的净利润:	37,133,108.71
主营业务利润:	124,337,639.70
其他业务利润:	15,299,745.96
营业利润:	53,515,506.08
投资收益:	4,443,461.92
补贴收入:	0
营业外收支净额:	-1,004,594.22
经营活动产生的现金流量净额:	292,796,529.73
现金及现金等价物增减净额:	38,969,256.96
注:扣除非经常性损益项目及金额如下:	
净利润	39,605,770.79
股票投资收益	-1,088,155.47
委托贷款收益	-125,625.00
委托理财收益	- 683,400.00
出售股权收益	-1,248,559.74
营业外收入	-402,498.39
营业外支出	1,075,576.52
扣除非经常性损益后的净利润	37,133,108.71

(二)至报告期末公司前三年的主要会计数据和财务指标(合并报表数据,单位:元)

项目	2001年度	2000年度		1999年度
		调整前	调整后	
主营业务收入	450,620,057.85	302,785,842.74	302,785,842.74	379,832,085.14
净利润	39,605,770.79	8,267,622.39	8,267,622.39	69,000,031.78
总资产	1,515,893,767.92	1,663,288,510.43	1,625,898,918.99	1,212,174,674.34
股东权益(不含少数股东权益)	815,680,643.19	827,396,006.80	801,226,415.36	628,135,286.40
每股收益(全面摊薄计算)	0.107	0.022	0.02	0.20
每股收益(加权平均计算)	0.107	0.024	0.02	0.27
扣除非经常性损益每股收益	0.100	-0.0037	-0.0037	0.16
每股净资产	2.197	2.229	2.158	1.82
调整后每股净资产	2.106	2.129	2.049	1.77
每股经营活动产生的现金流量净额	0.789	0.369	0.369	-0.14
全面摊薄净资产收益率(%)	4.84	1.00	1.03	10.98
加权平均净资产收益率(%)	4.83	1.27	1.27	10.98
扣除非经常性损益后加权平均净资产收益率(%)	4.54	-0.17	-0.17	8.67

三、股本变动及股东情况

(一)股份变动情况表

单位:万股

	本次变动前	本次变动增减(+,-)						本次变动后
		配股	送股	公积金转股	增发	其他	小计	
一、尚未流通股份								
1、发起人股份	22,725.00							22,725.00
国家拥有股份								
境内法人持有股份	22,725.00							22,725.00
境外法人持有股份								
其他								
2、募集法人股								
3、内部职工股								
4、优先股或其他								
尚未流通股份合计	22,725.00							22,725.00
二、已流通股份								
1、境内上市的人民币普通股	14,400.00							14,400.00
2、境内上市外资股								
3、境外上市外资股								
4、其他								
已流通股份合计	14,400.00							14,400.00
三、股份总数	37,125.00							37,125.00

(二)股东情况

1、报告期末股东总数

截至2001年12月31日,公司共有股东总数99299户,其中,国有法人股股东1户,社会公众股股东99298户。

2、持有公司5%(含5%)以上股份的股东有一户,即山西兰花煤炭实业集团有限公司,其所持有的股份为国有法人股,持股数量为227,250,000股,本年度内持股数量不变,无股份质押或冻结情况。

公司前10名股东的持股情况(单位:股)

名次	股东名称	本期末持股数	持股占总股本比例(%)	股份性质
1	山西兰花煤炭实业集团有限公司	227,250,000	61.21	国有法人股
2	方耀明	293,880	0.08	流通股
3	中海信托	231,401	0.06	流通股
4	兴和基金	210,582	0.06	流通股
5	黄之弛	193,200	0.05	流通股
6	华能开发	180,330	0.05	流通股
7	胡吉川	160,545	0.04	流通股
8	谭汝田	151,800	0.04	流通股
9	苗灵芝	150,120	0.04	流通股
10	林旺	142,000	0.04	流通股

公司前10名股东所持股份中,山西兰花煤炭实业集团有限公司持有的国有法人股227,250,000股为未上市流通股份。公司前10名股东中流通股股东未知其关联关系。

3、公司控股股东为山西兰花煤炭实业集团有限公司,法定代表人:贺贵元,注册日期:1997年9月,注册资本:34657万股,股权结构:晋城市国有资产管理局20991万股,占60.57%,泽州县国资局7705万股,占22.23%;高平市煤炭资产经营公司5961万股,占17.20%。主要经营范围:煤炭、型煤、化工产品(不含火工品)、冶炼和铸造、建材、矿山机电设备加工维修。

4、控股股东山西兰花煤炭实业集团有限公司的控股股东是晋城市国有资产管理局。

四、董事、监事、高级管理人员和员工情况

(一)现任董事、监事、高级管理人员基本情况

姓名	职务	性别	年龄	任职起止时间	年初持股	年末持股
贺贵元	董事长	男	52	1998.12-2001.12	18000	18000
赵拴炉	董事.副总经理	男	45	1998.12-2001.12	9000	9000
常祥生	董事	男	47	1998.12-2001.12	9000	9000
宋四顺	董事	男	51	1998.12-2001.12	9000	9000
许共和	董事	男	51	1998.12-2001.12	9000	9000
张廷民	董事	男	39	1998.12-2001.12	5400	5400
李守德	董事	男	53	1998.12-2001.12	4500	4500
赵福元	董事	男	54	1998.12-2001.12	7500	7500
李有富	董事	男	49	1998.12-2001.12	12000	12000
陈建中	董事	男	44	1998.12-2001.12	0	0
周秀忠	董事	男	41	1998.12-2001.12	0	0
殷　明	监事会主席	男	41	1998.12-2001.12	9000	9000
程保山	监事	男	38	1998.12-2001.12	8100	8100
赵振祥	监事	男	48	1998.12-2001.12	4500	4500
郝跃洲	总经理	男	44	2000.11-2001.12	0	0
李清堂	副总经理	男	52	1999.04-2001.12	5400	5400
王　波	副总经理	男	35	2000.04-2001.12	0	0
雷学锋	副总经理	男	32	2000.04-2001.12	0	0
韩建中	财务总监	男	41	1998.12-2001.12	5400	5400
王立印	董事会秘书	男	38	1998.12-2001.12	5400	5400

注:(1)本公司报告期内董事、监事及高级管理人员持股数量无增减。

(2)董事长贺贵元为控股股东山西兰花煤炭实业集团有限公司董事长、党委书记。监事会主席殷明为控股股东山西兰花煤炭实业集团有限公司纪检委书记、工会主席。

(二)现任董事、监事、高级管理人员年度报酬情况

1、董事、监事及高级管理人员的报酬系根据其工作岗位及公司经济效益完成情况进行确定。

2、现任董事、监事及高级管理人员的年度报酬总额(包括基本工资、各项奖金、福利、补贴、住房津贴及其他津贴)为68.7万元,金额最高的前三名董事的报酬总额19.5万元,金额最高的前三名高级管理人员的报酬总额18.5万元,公司本报告期内董事、监事及高级管理人员的年度报酬在5万元以上的有8人,在2-5万元的有5人,2万元以下的有4人。

本报告期内陈建中、周秀忠、李有富不在本公司领取报酬。

(三)报告期内,公司没有董事、监事及高级管理人员离任。

五、公司治理结构

(一)公司治理情况

公司严格按《公司法》、《证券法》、中国证监会有关法律、法规的要求,不断完善公司法人治理结构、规范公司运作,修订了《公司章程》,制定了《股东大会议事规则》、《监事会议事规则》。但公司治理的现状与《上市公司治理准则》的相关规定相比,还有一定的差距,如:尚未在董事会中设立各专门委员会;公司的绩效评价与激励约束机制还需进一步完善。

(二)独立董事履行职责情况

根据中国证监会发布的《关于在上市公司中建立独立董事制度的指导意见》的规定要求,公司在新一届董事会中设立了三名独立董事,以进一步完善公司治理结构,促进公司规范运作。2002年第一次临时股东大会通过决议,给予每位独立董事每年叁万元的津贴。独立董事出席公司董事会、股东大会的差旅费和按《公司章程》行使职权所需的合理费用据实报销。

(三)公司与控股股东在业务、人员、资产、机构、财务上分开情况

在业务方面,公司独立于控股股东,具有独立完整的业务及自主经营能力。

在人员方面,公司在劳动、人事及工资管理等方面独立,公司总经理、副总经理、财务主管和董事会秘书等高级管理人员均在本公司领取薪酬,未在控股股东单位领取报酬,也未在股东单位担任重要职务。

在资产方面,公司拥有独立的生产系统、辅助生产系统和配套设施,本公司独立拥有采购和销售系统。

在机构方面,公司设立了独立于控股股东的组织管理机构。

在财务方面,公司设立独立的财务部门,有独立的财务人员并建立了独立核算体系和财务管理制度,独立在银行开户。

(四)公司高级管理人员的考评及激励机制

公司根据有关指标的完成情况对高级管理人员进行考评、奖惩。公司将着手建立董事、监事及高级管理人员的绩效评价体系和激励约束机制。

六、股东大会情况简介

2001年公司共召开两次股东大会。

(一)2000年度股东大会

2001年5月29日,在公司七楼会议室召开公司2000年度股东大会。会议由董事长贺贵元先生主持,会议审议通过了《公司2000年度董事会工作报告》、《公司2000年度监事会报告》、《公司2000年度财务决算报告》、《公司2000年度利润分配方案》、《对北京天健会计师事务所对公司2000年度财务审计报告中保留意见有关问题说明的议案》、《追认北京天健会计师事务所为2000年度审计机构的议案》、《关于续聘北京天健会计师事务所为公司2001年度审计机构的议案》、《关于对1.5万吨/年纳米级超细碳酸钙项目投资进行调整的议案》、《关于修改公司章程的议案》。

2000年度股东大会会议通知及会议决议分别刊登在2001年4月28日和5月29日的《上海证券报》上。

(二)2001年第一次临时股东大会

2001年12月29日,在本公司七楼会议室召开公司2001年第一次临时股东大会。会议由董事长贺贵元先生主持,会议审议通过了《关于变更1.5万吨/年纳米级超细碳酸钙项目节余资金投向的议案》、《关于调整晋城大宁煤炭有限公司出资额的议案》、《关于变更部分配股资金投向的议案》、《关于购买晋城市经贸资产经营公司持有的天脊集团晋城化工股份有限公司39.31%股权的议案》、《关于用未分配利润补缴1999年送红股应代扣代缴个人所得税的议案》、《关于修改公司章程的议案》、《公司股东大会议事规则的议案》、《关于更换2001年度财务报告审计机构的议案》。

2001年第一次临时股东大会会议通知及会议决议分别刊登在2001年11月28日和2002年1月4日的《上海证券报》上。

七、董事会报告

(一)公司经营情况:

1、公司主营业务的范围及其经营状况:

公司主营业务范围为煤炭、型煤、化工产品、建筑材料的生产、销售。

经营状况:2001年,公司以市场为导向,以科技进步为先导,以体制创新和技术创新为着力点,生产经营呈稳步上升态势。实现主营业务收入450,620,057.85元,主营业务利润124,337,639.70元,利润总额56,954,373.78元,净利润39,605,770.79元,分别比去年同期增长48.82%、212.48%、313.42%、379.05%。

主营业务收入的构成如下:

	主营业务收入	占主营业务收入比重(%)	主营业务毛利	占主营业务毛利比重(%)
煤炭产品	235,245,415.40	52.20	89,571,923.89	67.46
化肥产品	212,929,217.62	47.25	42,750,970.41	32.20
制药产品	2,445,424.83	0.55	449,217.42	0.34
合　计	450,620,057.85	100	132,772,111.72	100

占主营业务收入或主营业务利润10%以上主要产品的销售收入、销售成本、毛利率情况。

	产品销售收入	产品销售成本	毛利率(%)
煤炭产品	235,245,415.40	145,673,491.51	38.06
化肥产品	212,929,217.62	170,178,247.21	20.08

2、主要控股公司及参股公司的经营情况及业绩。

公司控股90.19%的山西兰花七佛山制药有限公司主要从事人用药品片剂、胶囊、冲剂的生产销售,主要产品有佛力得、佛力康、佛力通、阿莫西林等,注册资本2217.6万元。2001年末资产总额为19,272,591.57元,净利润-5,954,786.63元。

公司控股78%的山西兰花华明纳米材料有限公司主要从事生产和销售超细粉末等纳米新材料、化工产品(不含危毒品、火工品)销售,主要产品有橡塑、涂料用纳米碳酸钙。注册资本5000万元,2001年末资产总额71,360,131.57元。目前处于试生产阶段,未产生利润。

公司控股51%的山西兰花生物工程有限公司主要经营范围是生物技术及其产品的开发和生产,目前主要产品是D-对羟基苯甘氨酸。注册资本588万元。2001年末资产总额5,052,620.04元,净利润-809,276.13元。

3、主要供应商、客户情况

本公司2001年度向前五名客户销售收入总额为97,381,568.81元,占全年销售收入比例为21.61%;向前五名供应商采购金额占年度采购总额的比例为49.63%。

4、在经营中出现的问题及困难及解决方案

随着公司由"化工煤"向"煤化工"转变战略的实施,对高素质人才和高技能专业人才的需求日益迫切。为保证公司持续稳定发展,公司不断完善人才培养、人才引进和人才激励机制,逐步形成良好的人才梯队,保证公司各项业务的健康有序的快速发展,强化了内部控制制度,特别是完善了财务科长委派制,推行华丰矿内部市场化管理经验,开展全面预算管理,达到了降耗增效的目的。

(二)公司投资情况

1、募集资金的运用和结果(单位:万元)

募集资金的方式	承诺投资项目	项目总投资	项目预计收益	实际投资项目	实际投资金额	项目进度
A股配股	年产1.5万吨纳米级碳酸钙项目	5,300.00	1,080.51	1.5万吨纳米级碳酸钙项目	3,900.00	100%
A股配股	一化分公司12万吨合成氨20万吨尿素技改项目	11,500.00	1,579.44	一化分公司12万吨合成氨20万吨尿素技改项目	8300.00	95%
A股配股	补充流动资金	3,659.50		补充流动资金	3,659.50	100%
A股配股	大阳分公司高产高效达产建设工程	2,980.75	915.00	大阳分公司高产高效达 产建设工程	1703	57%
A股配股	年产10万吨铸造型焦技改工程	2,000.00	809.00	伯方煤矿分公司120万吨/年扩建工程	0	0

2、尚未使用的募集资金去向:

剩余配股募集资金7876.5万元,存在银行。

3、项目变更原因、程序和披露情况:

(1)为有利于今后产品的技术开发和销售工作,对年产1.5万吨纳米碳酸钙项目投资方式进行调整。出资3900万元与上海华明高科技有限公司以技术入股1100万元共同组建已经2000年度股东大会通过,股东大会公告刊登在2000年5月29日的《上海证券报》上。

(2)年产10万吨铸造型煤技改工程,经2001年12月29日召开的2001年第一次临时股东大会通过决议将原计划投资于年产10万吨铸造型煤技改工程的2000万元资金用于本公司伯方煤矿分公司120万吨/年扩建工程。

4、项目进度及收益情况:

(1)年产1.5万吨纳米级超细碳酸钙项目,为有利于工程今后的发展,根据公司2001年第一次股东大会批准,出资3900万元与上海华明有限公司组建山西兰花华明纳米材料有限公司。已进入试生产阶段。节余的1400万元经2001年12月29日召开的公司2001年第一次临时股东大会通过决议,用于巴化分公司2万吨/年甲醛节能技改项目。

(2)一化分公司年产12万吨合成氨20万吨尿素"双高一优"技改工程本期用募股资金完成投资8300万元,工程进度为95%。

(3)年产10万吨铸造型煤技改工程,经2001年12月29日召开的2001年第一次临时股东大会通过决议将原计划投资于年产10万吨铸造型煤技改工程的2000万元资金用于本公司伯方煤矿分公司120万吨/年扩建工程。报告期内募集资金尚未投入。

(4)大阳煤矿分公司高产高效达产建设工程目募集资金投入1703万元,工程进度为57%。

(5)补充流动资金3659.5万元,已投入。

(三)财务状况和经营成果

	2001.12.31	2000.12.31	增减比例	原因
总资产	1,515,893,767.92	1,625,898,918.99	-6.77%	将北岩莒山两分公司转让给兰花集团公司
长期负债	116,631,671.49	170,064,000.00	-31.39%	偿还部分长期借款
股东权益	815,680,643.19	801,226,415.36	1.8%	利润增加
主营业务利润	124,337,639.70	39,791,130.90	212.48%	价格上涨销量增加
净利润	39,605,770.79	8,267,622.39	379.05%	价格上涨销量增加

(四)经营环境重大变化的影响分析

在宏观经济形势向好以及国家实施总量控制、关井压产、关闭整顿小煤矿、扩大煤炭出口等重大决策作用下,自2001年6月以来,煤炭市场秩序趋好,煤炭供求关系发生变化,煤炭价格恢复性上涨,煤炭经济形势明显好转,公司所产的无烟煤价格回升趋势更为明显。对公司业绩的提升起到了积极作用。

(五)新年度经营计划

2002年,公司将继续坚持煤化工发展战略,以改革和创新为动力,以全面提高企业素质为主线,推进机制创新、技术创新、管理创新,加快技改工程建设,搞好聚甲醛、脲醛树脂高新技术项目储备。花大力气,下真功夫,把各项工作引向深入,着力提高经济增长质量和效益,力争生产原煤248万吨,同比增长12.2%;碳铵10万吨,同比减少68.8%;尿素21万吨,同比增长97%。实现销售收入5.4亿元,同比增长20%。为此,将重点做好以下五方面工作:

1、推进机制创新,完善现代企业制度,建立激励与约束并重的选人用机制和利益分配机制。

2、推进技术创新,以高新技术提升传统产业。今年我们将以改造提升传统产业、培育高新技术项目为主攻方向,高标准、高起点抓好结构调整工作,确保公司产品升级和产业升级取得实效。

3、推进管理创新,提高现代化管理水平。管理始终是我们永恒的主题,内部管理水平直接决定了企业参与市场竞争的能力。今年公司将推行全面预算管理,学习推广华丰矿内部市场化管理先进经验,夯实管理基础,以逐步改变公司粗放管理格局。

4、重点加快大阳煤矿分公司高产高效矿井、伯方煤矿分公司120万吨/年扩建工程、一化8万吨/年技改项目的建设,以尽快竣工投产,发挥效益。

5、狠抓安全生产薄弱环节,切实做好安全生产工作。

进一步落实安全生产责任制,明确责任,层层把关,层层负责;依法严查各类事故。要对重点设施定期进行安全大检查,防患于未然。加大对安全的投入,改善安全设施,通过狠抓煤矿"一通三防"和化工业高温高压、易燃易爆、有毒有害场所的管理,确保安全生产。

(六)董事会日常工作情况

1、报告期内董事会的会议情况及决议内容

报告期内公司共召开五次董事会。

(1)公司第一届董事会第十次会议于2001年3月13日召开。会议审议并通过了如下决议:

①鉴于原承办我公司财务审计业务的山西晋元会计师事务所已注销,因此本公司董事会决定聘请天健会计师事务所有限公司为公司2000年度财务审计机构;

②对1.5万吨/年纳米级超细碳酸钙配股项目投资方式进行调整。

(2)公司第一届董事会第十一次会议于2001年4月19日召开。会议审议并通过了如下决议:

①审议通过公司2000年度董事会工作报告;

②审议通过2000年度总经理工作报告;

③审议通过公司2000年度财务决算报告;

④审议通过公司2000年度利润分配预案及2001年度利润分配政策;

⑤审议通过公司2000年度年度报告正文及报告摘要;

⑥审议通过关于北京天健会计师事务所对公司2000年度财务审计报告中保留意见有关问题说明的议案;

⑦审议续聘北京天健会计师事务所为公司2001年度财务审计机构的议案。

(3)公司第一届董事会第十二次会议于2001年8月22日召开。会议审议并通过了如下决议:

①公司2001中期报告及摘要;

②关于计提固定资产等四项减值准备、内部控制制度的议案;

③关于巴化分公司2万吨/年甲醛节能技术改造的议案;

④关于调整晋城大宁煤炭有限公司出资额的议案;

⑤关于委托深圳市和君创业投资有限公司进行资产管理的议案。

(4)公司第一届董事会第十三次会议于2001年11月27日召开。会议审议并通过了以下决议:

①审议通过《关于巡检有关问题的整改报告》;

②审议通过《关于修改公司章程的议案》;

③审议通过《公司股东大会议事规则的议案》;

④审议通过《关于用未分配利润补缴1999年送红股应代扣代缴个人所得税的议案》;

⑤审议通过《关于更换2001年度财务报告审计机构的议案》;

⑥审议通过《关于变更部分配股资金投向的议案》;

⑦审议通过《关于购买晋城市经贸资产经营公司持有的山西天脊集团晋城化工股份有限公司39.31%股权的议案》;

⑧审议通过《关于召开2001年第一次临时股东大会的议案》。

(5)公司第一届董事会第十四次会议于2001年12月29日召开。会议审议并通过了《关于转让北京北大英华科技有限公司股权的议案》。

2、董事会对股东大会决议的执行情况

报告期内董事会严格执行股东大会通过的各项决议,对募集资金项目年产1.5万吨纳米级

超细碳酸钙项目进行了调整，节余的资金用于2万吨/年甲醛节能技改项目；对晋城大宁煤炭有限公司的出资进行调整，节余的资金用于补充公司流动资金。

(七)本次利润分配预案

公司2001实现净利润39,605,770.79元，提取10%的盈余公积3,960,577.08元和10%的法定公益金3,960,577.08元，加上年初滚存的未分配利润1,892,588.93元，2001年度可用于分配利润为33,577,205.56元。拟以2001年末总股本为基数，每10股分配现金红利0.6元(含税)，共分配股利22,275,000元，占2001年净利润的56.24%，剩余利润11,302,205.56元结转以后年度分配。

以上利润分配预案须经公司2001年度股东大会审议通过后实施。

八、监事会报告

(一) 报告期内监事会会议情况

报告期内公司监事会共召开四次会议，主要内容如下：

1、2001年4月19日召开一届监事会第五次会议，会议审议并通过以下决议：

(1)2000年度监事会工作报告；

(2)公司2000年年度报告及年报摘要；

(3)公司董事会对天健会计师事务所有限公司对公司2000年度财务报表出具保留意见审计报告的有关情况说明，监事会认为公司董事会对此所做的解释说明符合企业的客观实际情况。

2、2001年8月22日召开一届监事会第六次会议，会议审议并通过以下决议：

(1)公司2001年度中期报告及摘要；

(2)关于计提固定资产等四项减值准备、内部控制制度的议案。

3、2001年11月27日召开一届监事会第七次会议，会议审议并通过以下决议：

(1)《关于巡检有关问题的整改报告》；

(2)《关于修改公司章程的议案》；

(3)《公司监事会议事规则》

(二) 监事会对公司2001年度有关事项的独立意见

1、公司依法运作情况

据有关法律、法规和公司章程规定赋予的职能，对公司股东大会、董事会的召开程序、决议事项、董事会对股东大会决议的执行情况、公司高级管理人员执行职务的情况及公司日常经营活动进行了监督，切实有效发挥了应有的作用，维护了公司和股东的合法权益。

2、公司财务的情况

公司聘请的北京兴华会计师事务所有限责任公司所出具的审计报告真实的反映了公司的财务状况和经营成果。

3、公司最近一次募集资金变更程序合法。

4、公司收购、出售资产的交易价格合理，没有发现内幕交易和损害部分股东权益或造成公司资产流失的行为。

5、公司关联交易公平，未损害上市公司利益，无内幕交易行为。

九、重要事项

1、报告期内公司没有重大诉讼、仲裁事项发生。

2、报告期内公司向山西兰花煤炭实业集团有限公司转让了北岩、莒山两分公司经审计评估后的净资产。

3、报告期内公司重大关联交易事项

公司第一届董事会第十一次会议决议，同意将本公司下属北岩煤矿分公司、莒山煤矿分公司整体资产及相关负债转让给第一大股东山西兰花煤炭实业集团有限公司。经过对上述两分公司进行审计、评估，双方于2001年8月22日在山西省晋城市签署了《资产转让协议》，本次资产转让属于关联交易，本次转让资产评估基准日为2001年3月31日。

根据山西中新资产评估有限公司以2001年3月31日为基准日出具的晋资评报字[2001]88号资产评估报告书，并经山西省财政厅晋财企[2001]141号文确认，上述两煤矿分公司净资产总额4527252.60元，其中北岩2073906.53元，莒山2453346.07元。

本次转让是以评估净资产值452.72万元为交易价格。

根据协议约定，山西兰花煤炭实业集团有限公司已在协议生效后一个月内以现金方式一次付清。

本次交易是依据公平、公正、自愿、诚信的原则进行的，不存在损害本公司及股东利益的行为。

4、重大合同及其履行情况

(1)报告期内，公司无对外担保事项、也未发生托管、承包、租赁其他公司资产或其他公司托管、承包、租赁公司资产事项。

(2)报告期内经公司董事会一届十二次会议审议追认通过公司以自有资金5000万元委托深圳市和君创业投资有限公司(以下简称"和君创业")进行资产管理，委托期限从2001年1月10日至11月30日。协议约定：实际收益小于10%(含10%)时，收益全部归本公司所有；收益大于10%时，和君创业收取相应的业绩报酬；若投资发生亏损时，亏损部分由和君创业承担。2001年12月26日公司收回本金5000万元，收益102万元。

(3)1999年5月，本公司与山西省介休市陶瓷建材有限责任公司、晋城市泽州县信用联社签订了委托贷款协议，本公司委托晋城市泽州信用联社向山西省介休市陶瓷建材有限责任公司贷款15,000,000.00元，期限自1999年5月26日至2000年9月26日，年利率为15%，由介休市铝矾土深加工有限公司提供担保。根据本公司与晋城市泽州县信用联社、山西省介休市陶瓷建材有限责任公司于2001年4月4日签订的《委托贷款延期还款协议书》，山西省介休市陶瓷建材有限责任公司承诺于2001年6月至2003年11月期间分期偿还本金和利息，并执行10%的年利率，2001年度应收取本金1,000,000.00元和利息187,500.00元，实际收到本金1,000,000.00元和利息187,500.00元。

(4)2001年12月27日本公司与北京大学签定《股权转让协议》，将本公司持有北京北大英华科技有限公司40%的股份全部转让给北京大学，股份转让价格为人民币600万元，公司原始投资为400万元，2001年12月29日收取310万元，剩余款项290万元于2002年1月15日收到。

5、公司或持股5%以上股东对承诺事项的履行情况

(1) 公司控股股东－－－山西兰花煤炭实业集团有限公司在公司首次募集资金《招股说明书》中作出在本公司永续期间，避免与公司发生同业竞争的承诺。

2001年8月，公司将下属的北岩、莒山两分公司转让给山西兰花煤炭实业集团有限公司。由于转让的两煤矿分公司的3#优质煤资源已濒临枯竭，产量低，成本高，在市场上已不具备竞争能力，不会对本公司造成同业竞争。

(2)公司在山西兰花科技创业股份有限公司关于巡检有关问题的整改方案中，公司的控股股东—山西兰花煤炭实业集团有限公司承诺在年底前全部归还占用资金。

截至2001年12月31日，山西兰花煤炭实业集团有限公司已履行承诺。其他应收款项下的145万元系与公司正常的往来款项。

6、聘任、解聘会计师事务所的情况

报告期内北京天健会计师事务所由于2001年审计时间、人员、计划安排等原因，无法继续为公司进行2001年度会计报表审计。为此，公司2001年第一次临时股东大会通过决议，不再聘请天健会计师事务所有限公司为2001年度审计机构，聘请北京兴华会计师事务所有限责任公司为公司2001年财务审计机构。本年度支付给北京兴华会计师事务所有限责任公司的审计报酬是人民币30万元，审计人员在北京以外处理本公司委托事务的交通、差旅、食宿费用由本公司承担。

7、报告期内，2001年9月3日上海证券交易所日对我公司未按规定及时发布中期报告预警公告，予以了公开谴责。公司认真对信息披露工作进行了整改。2001年10月22日至26日，中国证券监督管理委员会太原证券监管特派员办事处对本公司进行了例行巡回检查，并就公司章程，三会运作、内控制度等问题向本公司下达了《限期整改通知书》。公司组织董事、监事和高级管理人员就《限期整改通知书》提出的问题逐一进行了认真地讨论，一致认为本次巡检是对公司依法规范运作强有力的促进。根据《限期整改通知书》提出的问题，结合公司的实际情况，认真进行了整改。整改报告书刊登在2001年11月29日的《上海证券报》上。

8、加入WTO后，关税将逐步降低，同时贸易壁垒也会逐步减少，给公司的煤炭产业带来了更多的发展机遇；对公司的化肥产业来讲则既是机遇也是挑战，公司将依托晋城市丰富的优质无烟煤资源，通过技改提升生产能力，降低产品成本，变资源优势为成本优势，积极开拓国际、国内两个市场。

十、财务报告

(一)审计报告

审 计 报 告

(2002)京会兴字81号

山西兰花科技创业股份有限公司全体股东：

我们接受委托，审计了贵公司2001年12月31日的资产负债表和2001年度的利润表及2001年度的现金流量表。这些会计报表由贵公司负责，我们的责任是对这些会计报表发表审计意见。我们的审计是根据《中国注册会计师独立审计准则》进行的。在审计过程中，我们结合贵公司的实际情况，实施了包括抽查会计记录等我们认为必要的审计程序。

我们认为，上述会计报表符合《企业会计准则》和《企业会计制度》的有关规定，在所有重大方面公允地反映了贵公司2001年12月31日的财务状况和2001年度的经营成果及2001年度的现金流量情况，会计处理方法的选用遵循了一贯性原则。

北京兴华会计师事务所有限责任公司　　注册会计师：吴亦忻

中国　北京　　注册会计师：王全洲

2002年3月16日

(二)会计报表(见附表)

(三) 会计报表附注

1、会计政策变更及影响

本公司变更以下会计政策：

(1) 开办费原按5年期限摊销，现采取一次性计入开始生产经营当月的损益；

(2) 期末固定资产原按帐面价值计价，现采取按固定资产帐面价值与可收回金额孰低计量，对可收回金额低于帐面价值的差额，按单项固定资产计提固定资产减值准备；

(3) 期末在建工程原按帐面价值计价，现采取按在建工程帐面价值与可收回金额孰低法计量，对可收回金额低于帐面价值的差额，按单项在建工程计提在建工程减值准备；

(4) 期末无形资产原按帐面价值计价，现采取按无形资产价值与可收回金额孰低法计量，对可收回金额低于帐面价值的差额，按单项无形资产计提无形资产减值准备；

(5) 期末委托贷款原按帐面价值计价，现采取按委托贷款帐面价值与可收回金额孰低法计量，对可收回金额低于帐面价值的差额，按单项委托贷款计提委托贷款减值准备；

由于上述会计政策变更采用追溯调整法，调整了2001年12月31日资产负债表期初未分配润及相关项目期初数，累计影响数为24,569,591.44元。其中：购买的控股子公司—山西兰花七佛山制药有限公司开办费一次性计入开始生产经营当月的损益，使长期股权投资减少1,431,160.80元，调减2000年年初盈余公积286,232.16元、未分配利润1,144,928.64元；计提固定资产减值准备23,138,430.64元，调减2000年初盈余公积4,627,686.12元、未分配利润18,510,744.52元。

2、公司财务报表合并范围的变化

今年会计报表合并范围增加了山西兰花七佛山制药有限责任公司。

山西兰花七佛山制药有限责任公司注册资本2217.6万元，成立于2000年3月。公司控股比例为90.19%，主要从事人用药品片剂、胶囊、冲剂的生产销售，主要产品有佛力得、佛力康、佛力通、阿莫西林等。

山西兰花科技创业股份有限公司董事会

二〇〇二年三月

利润及利润分配表

2001年度

编制单位：山西兰花科技创业股份有限公司　　单位：元

项 目	附注五、六	本年度(2001年度)		上年度(2000年度)	
		合 并	母公司	合 并	母公司
一、主营业务收入	29	450,620,057.85	448,174,633.02	302,785,842.74	302,785,842.74
减：主营业务成本	29	317,847,946.13	315,851,738.72	255,629,405.64	255,629,405.64
主营业务税金及附加		8,434,472.02	8,434,472.02	7,365,306.20	7,365,306.20
二、主营业务利润		124,337,639.70	123,888,422.28	39,791,130.90	39,791,130.90
加：其他业务利润	30	15,299,745.96	15,299,745.96	7,484,873.62	7,484,873.62
减：营业费用		25,335,036.14	23,541,259.90	18,983,257.26	18,983,257.26
管理费用		47,179,934.41	42,857,403.66	42,101,270.80	42,101,270.80
财务费用	31	13,606,909.02	13,359,462.41	3,055,059.51	3,055,059.51
三、营业利润		53,515,506.08	59,430,042.27	－16,863,583.05	－16,863,583.05
加：投资收益	32　4	4,443,461.92	－1,225,600.32	－719,403.30	－719,403.30
补贴收入				32,026,064.86	32,026,064.86
营业外收入	33	600,743.87	599,713.87	182,011.36	182,011.36
减：营业外支出	34	1,605,338.09	1,564,057.64	848,768.33	848,768.33
四、利润总额		56,954,373.78	57,240,098.18	13,776,321.54	13,776,321.54
减：所得税		17,634,327.38	17,634,327.38	5,508,699.15	5,508,699.15
少数股东权益		－285,724.39			
五、净利润		39,605,770.79	39,605,770.79	8,267,622.39	8,267,622.39
加：年初未分配利润		4,297,331.19	4,297,331.19	69,740,428.03	69,740,428.03
年初未分配利润调整数		－2,404,742.26	－2,404,742.26	－72,057,194.75	－72,057,194.75
六、可供分配的利润		41,498,359.72	41,498,359.72	5,950,855.67	5,950,855.67
减：提取法定盈余公积		3,960,577.08	3,960,577.08	826,762.24	826,762.24
提取法定公益金		3,960,577.08	3,960,577.08	826,762.24	826,762.24
提取职工奖励及福利基金					
提取储备基金					
提取企业发展基金					
利润归还投资					
七、可供投资者分配的利润		33,577,205.56	33,577,205.56	4,297,331.19	4,297,331.19
减：应付优先股股利					
提取任意盈余公积					
应付普通股股利		22,275,000.00	22,275,000.00		
转作股本的普通股股利					
八、未分配利润		11,302,205.56	11,302,205.56	4,297,331.19	4,297,331.19

资　产　负　债　表

2001年12月31日

编制单位:山西兰花科技创业股份有限公司　　　　单位:元

资　产	附注五、六	期末数(2001年12月31日)		期初数(2001年12月31日)	
		合　并	母公司	合　并	母公司
流动资产:					
货币资金	1	440,204,721.32	439,475,250.27	401,235,464.36	401,235,464.36
短期投资	2			15,000,000.00	15,000,000.00
应收票据	3	1,480,000.00	1,480,000.00	15,921,000.00	15,921,000.00
应收股利					
应收利息					
应收账款	4　1	87,479,074.68	84,676,787.03	145,699,708.06	145,699,708.06
其他应收款	5　2	68,957,528.23	68,161,035.54	135,054,585.37	135,054,585.37
预付账款	6	30,184,097.28	30,088,657.28	91,291,247.03	91,291,247.03
应收补贴款					
存货	7	49,939,981.23	47,115,563.69	111,492,367.74	111,492,367.74
待摊费用	8	2,754,699.30	2,754,699.30	2,042,904.78	2,042,904.78
一年内到期的长期债权投资					
其他流动资产					
流动资产合计		681,000,102.04	673,751,993.11	917,737,277.34	917,737,277.34
长期投资:					
长期股权投资	9　3	128,360,811.13	135,690,971.61	145,909,143.38	145,909,143.38
长期债权投资	10	14,000,000.00	14,000,000.00		
长期投资合计		142,360,811.13	149,690,971.61	145,909,143.38	145,909,143.38
固定资产:					
固定资产原价	11	739,335,315.32	725,953,185.60	790,554,953.64	790,554,953.64
减:累计折旧	11	240,650,500.47	238,537,020.11	293,319,354.76	293,319,354.76
固定资产净值	11	498,684,814.85	487,416,165.49	497,235,598.88	497,235,598.88
减:固定资产减值准备	11	12,046,761.79	12,046,761.79	23,138,430.64	23,138,430.64
固定资产净额		486,638,053.06	475,369,403.70	474,097,168.24	474,097,168.24
工程物资		7,792,300.69	7,792,300.69	156,470.86	156,470.86
在建工程	12	197,346,667.72	197,346,667.72	87,998,859.17	87,998,859.17
固定资产清理					
固定资产合计		691,882,021.47	680,508,372.11	562,252,498.27	562,252,498.27
无形资产及其他资产					
无形资产	13	650,833.28			
长期待摊费用					
其他长期资产					
无形资产及其他资产合计		650,833.28			
递延税项:					
递延税款借项					
资产总计		1,515,893,767.92	1,503,951,336.83	1,625,898,918.99	1,625,898,918.99
负债及股东权益	附注五、六	期末数(2001年12月31日)		期初数(2000年12月31日)	
		合　并	母公司	合　并	母公司
流动负债:					
短期借款	14	188,700,000.00	187,700,000.00	187,900,000.00	187,900,000.00
应付票据	15	28,369,000.00	28,369,000.00		
应付账款	16	60,360,833.85	59,380,774.82	93,575,473.61	93,575,473.61
预收账款	17	95,351,414.26	94,923,418.80	46,152,601.47	46,152,601.47
应付工资		17,367,288.37	17,288,057.98	30,112,003.45	30,112,003.45
应付福利费		7,898,491.91	7,863,871.33	8,119,807.09	8,119,807.09
应付股利	18	22,275,000.00	22,275,000.00		
应交税金	19	24,207,048.19	24,097,837.58	25,428,935.67	25,428,935.67
其他应交款	20	6,261,933.75	6,249,034.85	6,226,533.01	6,226,533.01
其他应付款	21	114,819,450.84	113,031,157.26	238,143,114.16	238,143,114.16
预提费用	22	1,673,687.77	1,615,917.71	5,660,919.97	5,660,919.97
预计负债					
一年内到期的长期负债	23	15,500,000.00	15,500,000.00	13,289,115.20	13,289,115.20
其他流动负债					
流动负债合计		582,784,148.94	578,294,070.33	654,608,503.63	654,608,503.63
长期负债:					
长期借款	24	107,965,400.14	102,515,400.14	170,064,000.00	170,064,000.00
应付债券					
长期应付款		1,205,048.18			
专项应付款		7,461,223.17	7,461,223.17		
其他长期负债					
长期负债合计:		116,631,671.49	109,976,623.31	170,064,000.00	170,064,000.63
递延税项:					
递延税款贷项					
负债合计		699,415,820.43	688,270,693.64	824,672,503.63	824,672,503.63
少数股东权益		797,304.30			
股东权益:					
股本	25	371,250,000.00	371,250,000.00	371,250,000.00	371,250,000.00
减:已归还投资					
股本净额		371,250,000.00	371,250,000.00	371,250,000.00	371,250,000.00
资本公积	26	418,854,751.37	418,854,751.37	418,854,751.37	418,854,751.37
盈余公积	27	14,273,686.26	14,273,686.26	6,824,332.80	6,824,332.80
其中:法定公益金		7,136,843.13	7,136,843.13	3,412,166.40	3,412,166.40
未分配利润	28	11,302,205.56	11,302,205.56	4,297,331.19	4,297,331.19
股东权益合计		815,680,643.19	815,680,643.19	801,226,415.36	801,226,415.36
负债及股东权益总计		1,515,893,767.92	1,503,951,336.83	1,625,898,918.99	1,625,898,918.99

现　金　流　量　表

编制单位:山西兰花科技创业股份有限公司　　　　单位:元

项　目	附注	金　额	
		合　并	母公司
一、经营活动产生的现金流量:			
销售商品、提供劳务收到的现金		636,953,541.22	635,956,525.91
收到的其它税费返还			
收到的其他与经营活动有关的现金		86,248,733.06	85,428,769.27
现金流入小计		723,202,274.28	721,385,295.18
购买商品、接受劳务支付的现金		214,550,061.37	212,366,274.18
支付给职工以及为职工支付的现金		79,952,613.44	79,056,468.08
支付的各项税费		62,780,303.04	62,632,392.51
支付的其他与经营活动有关的现金		73,122,766.70	69,281,100.36
现金流出小计		430,405,744.55	423,336,235.13
经营活动产生的现金流量净额		292,796,529.73	298,049,060.05
二、投资活动产生的现金流量:			
收回投资所收到的现金		104,100,000.00	104,100,000.00
取得投资收益所收到的现金		2,831,612.64	2,831,612.64
处置固定资产、无形资产和其他资产和其他长期资产所收回的现金净额		40,000.00	40,000.00
收到的其他与投资活动有关的现金			
现金流入计		106,971,612.64	106,971,612.64
购建固定资产、无形资产和其他长期资产所支付的现金		185,164,969.23	185,116,206.78
投资所支付的现金		100,000,000.00	100,000,000.00
支付的其他与投资活动有关的现金			
现金流出小计		285,164,969.23	285,116,206.78
投资活动产生的现金流量净额		-178,193,356.59	-178,144,594.14
三、筹资活动产生的现金流量:			
吸收投资所收到的现金			
借款所收到的现金		194,150,000.00	187,700,000.00
收到的其他与筹资活动有关的现金			
现金流出小计		194,150,000.00	187,700,000.00
偿还债务所支付的现金		253,237,715.06	253,237,715.06
分配股利、利润或偿付利息所支付的现金		16,546,201.12	16,126,964.94
支付的其他与筹资活动有关的现金			
现金流出小计		269,783,916.18	269,364,680.00
筹资活动产生的现金流量净额		-75,633,916.18	-81,664,680.00
四、汇率变动对现金的影响			
五、现金及现金等价物净增加额		38,969,256.96	38,239,785.91
补充资料	附注	金额	
		合　并	母公司
1.将净利润调节为经营活动现金流量:			
净利润		39,605,770.79	39,605,770.79
加:计提的资产减值准备		-9,045,831.25	-9,943,419.68
固定资产折旧		49,398,519.03	48,620,460.89
无形资产摊销		128,000.00	
长期待摊费用摊销			
待摊费用减少(减:增加)		-711,794.52	-711,794.52
预提费用增加(减:减少)		-3,987,232.20	-4,045,002.26
处置固定资产、无形资产和其他长期资产的损失(减:收益)		-444,957.91	-444,957.91
固定资产报废损失		263,019.53	263,019.53
财务费用		13,606,909.02	13,359,462.41
投资损失(减:收益)		4,547,976.74	-1,121,085.50
递延税款贷项(减:借项)			
存货的减少(减:增加)		71,404,232.53	72,215,378.76
经营性应收项目的减少(减:增加)		218,626,257.13	222,418,065.90
经营性应付项目的增加(减:减少)		-78,970,490.29	-82,166,838.36
其他		-11,623,848.87	
经营活动产生的现金流量净额		292,796,529.73	298,049,060.05
2.不涉及现金收支的投资和筹资活动:			
债务转为资本			
一年内到期的可转换公司债券			
融资租入固定资产			
3.现金及现金等价物净增加情况:			
现金的期末余额		440,204,721.32	439,475,250.27
减:现金的期初余额		401,235,464.36	401,235,464.36
加:现金等价物的期末余额			
减:现金等价物的期初余额			
现金及现金等价物净增加额		38,969,256.96	38,239,785.91

600125 大连铁龙实业股份有限公司

2001 年年度报告摘选

第一章 公司基本情况简介

一、公司法定名称:大连铁龙实业股份有限公司
公司英文名称:DALIAN TIELONG INDUSTRY COMPANY LIMITED
公司英文简称:DALIAN TIELONG INDUSTRY CO.,LTD
二、公司法定代表人:张 伟
三、公司董事会秘书:畅晓东
联系电话:0411-2810881 传 真:0411-2816639
电子信箱:tlzqb@21cn.com
联系地址:大连市中山区新安街1号
证券事务代表:关晓东
联系电话:0411-2810988-6672 传真:0411-2816639
电子信箱:guan7758@263.net
四、公司注册地址:大连高新技术产业园区七贤岭产业化基地凌科大厦3层1-10号
公司办公地址:大连市中山区新安街1号
邮政编码:116001
公司电子信箱:tlzqb@21cn.com
五、信息披露报纸:《中国证券报》和《上海证券报》
年报披露网址:www.sse.com.cn
年报备置地点:大连市中山区新安街1号
六、股票上市交易所地点:上海证券交易所
股票简称:铁龙股份 股票代码:600125

第二章 会计数据和业务数据摘要

一、本年度主要会计数据和财务指标情况:

单位:元

项目	金额
利润总额	82,924,392.06
净利润	61,755,800.64
扣除非经常性损益后的净利润	64,000,271.81
主营业务利润	191,289,235.89
其他业务利润	0
营业利润	83,326,992.90
投资收益	2,542,388.64
补贴收入	0
营业外收支净额	-2,944,989.48
经营活动产生的现金流量净额	154,408,879.78
现金及现金等价物净增加额	5,946,921.69
注:扣除非经常性损益项目和涉及金额	
1、营业外收支净额	-2,944,989.48
2、短期投资跌价准备	-194,615.96
3、股权投资差额摊销	109,819.20
所得税后影响数	-2,244,471.17

二、截至报告期末前三年主要会计数据和财务指标

单位:元

项 目	2001年度	2000年度调整后	2000年度调整前	1999年度调整后	1999年度调整前
主营业务收入	349,241,907.49	305,458,998.55	305,458,998.55	277,644,930.02	277,644,930.02
净利润	61,755,800.64	71,541,180.40	80,111,254.73	44,255,727.27	54,332,517.37
总资产	841,089,919.84	847,696,372.82	866,343,237.25	884,492,852.18	894,569,642.28
股东权益	550,107,657.74	488,071,042.66	506,717,907.09	445,146,262.26	455,223,052.36
每股收益	0.324	0.375	0.42	0.232	0.28
每股净资产	2.884	2.558	2.66	2.333	2.39
调整后的每股净资产	2.813	2.467	2.63	2.312	2.32
每股经营活动产生的现金流量净额	0.809	0.58	0.58	0.57	0.57
净资产收益率	11.23%	14.66%	15.81%	9.94%	11.94%
加权平均净资产收益率	11.90%	14.88%	16.66%	10.46%	12.69%

三、净资产收益率和每股收益

报告期利润	净资产收益率		每股收益	
	全面摊薄	加权平均	全面摊薄	加权平均
主营业务利润	34.77%	36.86%	1.00	1.00
营业利润	15.15%	16.06%	0.44	0.44
净利润	11.23%	11.90%	0.32	0.32
扣除非经常性损益后的净利润	11.63%	12.33%	0.34	0.34

第三章 股本变动及股东情况

一、股本变动情况

截止至2001年12月31日

数量单位:股

	本次变动前	本次变动增减(+,-) 内部职工股上市	小计	本次变动后
一、未上市流通股份				
1、发起人股份	98800000			98800000
其中:				
国家持有股份				
境内法人持有股份	98800000			98800000
外资法人持有股份				
其他				
2、募集法人股	1200000			1200000
3、内部职工股	40776000	-40776000	-40776000	0
4、优先股或其他				
尚未流通股份合计	140776000	-40776000	-40776000	100000000
二、已流通股份				
1、人民币普通股	50000000	+40776000	+40776000	90776000
2、境内上市的外资股				
3、境外上市的外资股				
4、其他				
已流通股份合计	50000000	+40776000	+40776000	90776000
三、股份总数	190776000			190776000

600126 杭州钢铁股份有限公司

2001 年年度报告摘选

第一节 公司基本情况简介

(一)公司法定中文名称:杭州钢铁股份有限公司
公司法定英文名称:Hang Zhou Iron & Steel Co., Ltd.
公司英文名称缩写:HZIS
(二)公司法定代表人:童云芳
(三)公司董事会秘书:韩晓通
证券事务代表:周尧福
联系地址:浙江省杭州市半山路132号
联系电话:(0571)88132917,88144301-2235
传真:(0571)88132919
电子信箱:hggf@mail.hz.zj.cn
(四)公司注册及办公地址:浙江省杭州市拱墅区半山镇
邮政编码:310022
电子信箱:hggf@mail.hz.zj.cn
(五)公司选定的信息披露报纸:中国证券报、上海证券报
登载公司年度报告的中国证监会指定国际互联网网址:http://www.sse.com.cn
公司年度报告备置地点:杭州钢铁股份有限公司证券部
(六)公司股票上市交易所:上海证券交易所
股票简称:杭钢股份
股票代码:600126

第二节 会计数据和业务数据摘要

(一)公司本年度主要利润指标情况(金额单位:人民币元)

项目	金额
利润总额:	410,940,497.61
净利润:	342,481,281.46
扣除非经常性损益后的净利润:	352,572,039.03
主营业务利润:	576,643,644.29
其他业务利润:	5,248,272.73
营业利润:	420,714,315.52
投资收益:	2,097,661.60
营业外收支净额:	-11,871,479.51
经营活动产生现金流量净额:	350,349,214.10
现金及现金等价物净增加额:	6,377,524.18
注:扣除非经常性损益项目和涉及金额:	-10,090,757.57
1、营业外收入:	643,148.67;
2、营业外支出:	-12,514,628.18;
3、所得税影响:	1,780,721.94。

(二)公司前三年主要会计数据和财务指标 金额单位:人民币元

指标名称	2001年度	2000年度	1999年度
主营业务收入	4315219411.95	3927581611.23	3077894297.72
净利润	342481281.46	370736639.87	213618072.52
每股收益	0.531	0.574	0.356
扣除非经常性损益后的每股收益	0.546	0.584	0.371
每股经营活动产生的现金流量净额	0.543	0.146	0.439
净资产收益率	16.76%	20.62%	18.38%
扣除非经常性损益后的净资净资产收益率(加权)	17.90%	27.32%	17.52%
指标名称	**2001年12月31日**	**2000年12月31日**	**1999年12月31日**
总资产	3147764200.01	2938906727.23	2506608242.35
股东权益	2043970769.27	1798290112.81	1162331255.26
每股净资产	3.17	2.79	1.94
调整后每股净资产	3.15	2.75	1.91

第三节 股本变动及股东情况

(一)股本变动情况
1、股份变动情况表
公司股份变动情况表

数量单位:万股

	本次变动前	本次变动增减(+、-) 配股	送股	公积金转股	增发	其他	小计	本次变动后
一、未上市流通股份								
1、发起人股份	47958.75							47958.75
其中:国家持有股份	47958.75							47958.75
境内法人持有股份								
境外法人持有股份								
其他								
2、募集法人股份								
3、内部职工股								
4、优先股或其他								
其中:转配股								
未上市流通股份合计	47958.75							47958.75
二、已上市流通股份								
1、人民币普通股	16575							16575
2、境内上市的外资股								
3、境外上市的外资股								
4、其他								
已上市流通股份合计	16575							
三、股份总数	64533.75							64533.75

600127 湖南金健米业股份有限公司

2001年年度报告摘要

第一节 公司基本情况简介

一、公司法定中文名称:湖南金健米业股份有限公司
公司法定英文名称:HUNAN JINJIAN CEREALS INDUSTRY CO.,LTD.
二、公司法定代表人姓名:郑治文
三、公司董事会秘书:刘丛友
证券事务代表:喻宇汉
联系电话:(0736)7258043、7258010
传真:(0736)7251888
联系地址:湖南省常德市武陵大道37号
四、公司注册地址:常德市武陵大道37号
公司办公地址:常德市武陵大道37号
邮政编码:415000
公司网址:http://www.gaeagem.com
公司电子信箱:jinjian@gaeagem.com
五、公司选定的信息披露报纸名称:《中国证券报》、《上海证券报》
登载年度报告的中国证监会指定国际互联网网址:http://www.sse.com.cn
公司年报备置地点:公司董事会秘书办公室
六、公司股票交易所:上海证券交易所
公司股票简称:金健米业
公司股票代码:600127

第二节 会计数据和业务数据摘要

一、本年度实现的利润构成(单位:人民币元)

项目	金额
利润总额	5,329,431.43
净利润	17,036,694.19
扣除非经营性损益后的净利润	17,036,694.19
主营业务利润	73,079,720.21
其他业务利润	12,666,251.48
营业利润	4,584,047.04
投资收益	1,832,905.60
补贴收入	0
营业外收支净额	-1,087,521.21
经营活动产生的现金流量净额	30,525,899.04
现金及现金等价物净增加额	255,858,707.36

注:报告期内公司无非经常性损益项目。

二、截至报告期末公司前三年主要会计数据和财务指标(单位:人民币元)

项目	2001年	2000年		1999年	
		调整前	调整后	调整前	调整后
主营业务收入	409,422,960.35	703,221,054.14	703,221,054.14	510,579,398.57	510,579,398.57
净利润	17,036,694.19	60,499,721.98	25,542,407.89	55,518,276.02	55,518,276.02
总资产	2,039,690,768.15	979,552,634.94	903,492,936.56	702,597,749.26	702,597,749.26
股东权益(不含少数股东权益)	1,257,173,335.80	548,522,033.27	473,663,233.03	500,772,311.29	500,772,311.29
每股收益(元/股)	0.039	0.237	0.100	0.218	0.218
加权每股收益(元/股)	0.047	0.237	0.100	0.333	0.333
扣除非经营性损益后的每股收益	0.039	0.229	0.092	0.187	0.187
每股经营活动产生的现金流量净额	0.071	0.078	0.078	0.360	0.360
每股净资产	2.907	2.151	1.858	1.964	1.964
调整后的每股净资产	2.876	2.048	1.788	1.929	1.929
净资产收益率(%)	1.355	11.029	5.393	11.087	11.087
加权净资产收益率(%)	1.969	11.394	2.951	11.703	11.703

第三节 股东变动及股东情况

一、股份变动情况表(单位:股)

	本次变动前	本次变动增减(+,-)						本次变动后
		配股	送股	公积金转股	增发	其他	小计	
一、未上市流通股份								
1.发起人股份								
其中:								
国家持有股份								
境内法人持有股份	170,000,000		28,426,210	42,639,400			+71,065,610	241,065,610
境外法人持有股份								
其他								
2.募集法人股份								
3.内部职工股								
4.优先股或其他								
未上市流通股合计	170,000,000		28,426,210	42,639,400			+71,065,610	241,065,610
二、已上市流通股份								
1.人民币普通股	85,000,000		22,573,755	33,860,700	50,000,000		+106,434,455	191,434,455
2.境内上市的外资股								
3.境外上市的外资股								
4.其他								
已上市流通股份合计	85,000,000		22,573,755	33,860,700	50,000,000		+106,434,455	191,434,455
三、股份总数	255,000,000		50,999,965	76,500,100	50,000,000		+177,500,065	432,500,065

二、股东情况介绍

(一)报告期末公司股东总数:截止2001年12月31日,公司股东总数为85690户。

(二)截至2001年12月31日,公司前十名股东持股情况

股东名称	持股数(股)	所占比例(%)	股份性质
1.常德粮油总公司	241,065,610	55.74	国有法人股
2.许哀铭	982,702	0.23	流通股
3.隆平高科	925,400	0.21	流通股
4.姚春芳	718,341	0.17	流通股
5.叶发林	499,725	0.12	流通股
6.张俊梅	392,433	0.09	流通股
7.张建军	391,088	0.09	流通股
8.雷金莲	385,202	0.09	流通股
9.郑秀启	374,478	0.09	流通股
10.刘心礼	368,689	0.08	流通股

600128 江苏弘业股份有限公司

2001年年度报告摘要

第一章 公司基本情况简介

一、公司法定中文名称:江苏弘业股份有限公司
公司法定英文名称:JIANGSU HOLLY CORPORATION
二、公司法定代表人:刘绥芝
三、公司董事会秘书:姜 琳
联系地址:江苏省南京市中华路50号弘业大厦
电话:025-2308738 传真:025-2307117
电子信箱:jianglin@artall.com
四、公司注册地址:江苏省南京市中华路50号弘业大厦
公司办公地址:江苏省南京市中华路50号弘业大厦 邮政编码:210001
公司国际互联网网址:http://www.jsac.com
电子信箱:jsacgrp@artall.com jsacgrp@publicl.ptt.js.cn
五、公司信息披露的报纸:《中国证券报》、《上海证券报》
登载公司年报的国际互联网网址:http://www.sse.com.cn
公司年度报告备置地点:公司证券部
六、公司股票上市交易所:上海证券交易所
股票简称:弘业股份 股票代码:600128

第二章 会计数据和业务数据摘要

一、本年度主要利润指标情况(单位:人民币元)

项目	2001年
利润总额	21,828,008.31
净利润	10,243,087.10
扣除非经常性损益后的净利润	2,242,161.18
主营业务利润	113,180,697.80
其他业务利润	8,828,978.68
营业利润	27,841,751.05
投资收益	5,573,662.26
补贴收入	7,109,481.42
营业外收支净额	-18,696,886.42
经营活动产生的现金流量净额	19,667,816.93
现金及现金等价物净增减额	9,251,219.79

注:扣除的非经常性损益项目和涉及金额(单位:人民币元)

项 目	金额
资金占用费收入	13,174,271.25
处置被投资单位股权收益	145,530.88
营业外收入	229,305.63
营业外支出	-1,625,317.63
以上项目涉及的所得税	-3,922,864.21
合计	8,000,925.92

二、公司前三年主要会计数据和财务指标

项 目	2001年	2000年	1999年
1、主营业务收入(万元)	144,925.27	143,205.51	122,175.11
2、净利润(万元)	1,024.31	4,423.92	4,597.96
3、总资产(万元)	84,218.61	82,525.87	70,088.66
4、股东权益(万元)	55,140.04	55,630.20	43,421.34
5、每股收益(元)	0.05	0.22	0.40
(加权)	0.05	0.23	0.40
(扣除非经常性损益后)	0.01	0.18	0.35
6、每股净资产(元)	2.76	2.79	3.73
7、调整后每股净资产(元)	2.69	2.63	3.50
8、每股经营活动产生的现金流量净额(元)	0.10	0.37	0.46
9、净资产收益率(%)	1.86	7.95	10.59
(扣除非经常性损益后加权平均)	0.41	6.62	9.29

三、利润表附表:

根据《公开发行证券公司信息披露编报规则第9号》,公司2001年度净资产收益率和每股收益具体如下:(单位:人民币元)

报告期利润	净资产收益率%		每股收益	
	全面摊薄	加权平均	每股摊薄	加权平均
主营业务利润	20.53	20.35	0.57	0.57
营业利润	5.05	5.01	0.14	0.14
净利润	1.86	1.84	0.05	0.05
扣除非经常性损益后的净利润	0.41	0.40	0.01	0.01

第三章 股本变动及股东情况

一、股本变动情况

截止到2001年12月31日,公司股本结构如下:(单位:股)

股份类别	本次变动前	本次变动增减(+,-)						本次变动后
		配股	送股	公积金转股	增发	其他	小计	
(一)未上市流通股份								
1、发起人股份	103,405,265							103,405,265
其中:								
国家持有股份	103,405,265							103,405,265
境内法人持有股份								
境外法人持有股份								
其他								
2、战略投资者配售股份								
3、募集法人股份	21,919,135							21,919,135
4、内部职工股								
5、优先股及其他								
未上市流通股份合计	125,324,400							125,324,400
(二)已流通股份								
1、人民币普通股								
2、境内上市的外资股	74,123,100							74,123,100
3、境外上市的外资股								
4、其他								
已流通股份合计	74,123,100							74,123,100
(三)股份合计	199,447,500							199,447,500

600129　重庆太极实业(集团)股份有限公司

2001年年度报告摘要

一、公司基本情况

(一)公司法定中文名称:重庆太极实业(集团)股份有限公司
公司法定英文名称:CHONGQING TAIJI INDUSTRY(GROUP) CO.,LTD.
(二)公司注册地址:重庆市涪陵区建设路68号
公司办公地址:重庆市涪陵区建设路68号
邮政编码:408000
公司国际互联网网址:http://www.taiji.com
公司电子信箱:taijia@public.cta.cq.cn
(三)公司法定代表人:白礼西
(四)公司董事会秘书:夏雪
联系地址:重庆市涪陵区建设路68号
电话:023—72800072
传真:023—72800072
电子信箱:taijib@public.cta.cq.cn
(五)公司指定信息披露报纸名称:《中国证券报》、《上海证券报》
登载公司年度报告的中国证监会指定国际互联网网址:http://www.sse.com.cn
公司年度报告备置地点:公司证券部
(六)公司股票上市交易所:上海证券交易所
股票简称:太极集团
股票代码:600129

二、会计数据和业务数据摘要

(一)公司本年度主要会计数据(单位:人民币元)

项目	金额
利润总额	128,415,313.03
净利润	101,433,126.93
扣除非经常性损益后的净利润	86,160,362.14
主营业务利润	731,229,536.42
其他业务利润	9,003,216.73
营业利润	117,964,318.60
投资收益	2,298,401.22
补贴收入	6,000,000.00
营业外收支净额	2,152,593.21
经营活动产生的现金流量净额	224,468,621.06
现金及现金等价物净增加额	86,977,300.74

注:扣除非经常性损益后的净利润的项目和涉及金额(单位:元)

项目	金额
补贴收入	6,000,000.00
营业外收支净额	2,152,593.21
收取的资金占用费	9,950,164.45
盘盈盘亏净额	-134,799.08
扣除所得税影响	2,695,193.79
非经常性损益金额	15,272,764.79

(二)报告期末公司前三年主要会计数据和财务指标:

项目	2001年度	2000年度		1999年度	
		调整后	调整前	调整后	调整前
主营业务收入(万元)	174,897.07	119,507.81	119,736.31	100,511.76	100,511.76
净利润(万元)	10,143.31	4,898.91	5,865.31	6,121.60	7,533.87
总资产(万元)	273,221.73	194,256.09	197,157.79	179,865.39	181,277.65
股东权益(不含少数股东权益)(万元)	99,408.26	95,119.04	97,497.71	70,161.94	71,574.21
全面摊薄的每股收益(元/股)	0.402	0.194	0.232	0.262	0.322
加权平均每股收益(元/股)	0.402	0.198	0.237	0.262	0.322
扣除非经常性损益后的每股收益(元/股)	0.341	0.177	0.213	0.147	0.188
每股净资产(元/股)	3.94	3.77	3.86	3.00	3.06
调整后的每股净资产(元/股)	3.56	3.33	3.42	2.71	2.77
每股经营活动产生的现金流量净额(元/股)	0.89	0.14	0.14	0.72	0.72
摊薄净资产收益率(%)	10.20	5.15	6.02	8.72	10.53
加权净资产收益率(%)	10.12	5.69	6.67	8.89	10.89
扣除非经常性损益后加权净资产收益率(%)	8.67	5.20	6.12	5.00	6.34

根据中国证监会《公开发行证券公司信息披露编报规则第9号》的要求,计算的净资产收益率和每股收益如下:

报告期利润	2001年度				2000年度			
	净资产收益率(%)		每股收益(元)		净资产收益率(%)		每股收益(元)	
	全面摊薄	加权平均	全面摊薄	加权平均	全面摊薄	加权平均	全面摊薄	加权平均
主营业务利润	73.56	72.98	2.89	2.89	56.76	62.71	2.14	2.18
营业利润	11.87	11.77	0.47	0.47	8.22	9.08	0.309	0.315
净利润	10.20	10.12	0.40	0.40	5.15	5.69	0.194	0.198
扣除非经常性损益后的净利润	8.67	8.60	0.34	0.34	4.71	5.20	0.177	0.181

注:99年度所得税率为33%,2000年度和2001年度执行所得税率为33%,返还18%,实际所得税负为15%。

(三)股东权益变动情况:

单位:元

项目	期初数	本期增加	本期减少	期末数
股本	252,600,000.00			252,600,000.00
资本公积	496,081,558.15	389,340.35		496,470,898.50
盈余公积	91,787,944.25	21,273,748.70		112,392,086.98
其中:法定公益金	25,270,252.63	6,986,007.73		32,256,260.36
任意盈余公积		1,754,066.59		1,754,066.59
未确认投资损失		-3,109,790.12		-3,109,790.12
未分配利润	110,720,853.56	101,433,126.93	77,094,134.75	135,729,451.71
股东权益	951,190,355.96	119,986,425.86	77,094,134.75	994,082,647.07

变动原因为:(1)资本公积增加系股权投资准备;(2)盈余公积增加系利润分配;(3)未确认投资损失系公司按母公司的会计政策对子公司四川太极制药有限公司会计报表进行调整,母公司对其长期投资帐面价值减记为零所致;(4)未分配利润减少系本年度利润分配以及子公司住房周转金余额调整所致。

三、股本变动及股东情况介绍

(一)公司股份变动情况:
1、股份变动情况表:

数量单位:股

	本次变动前	本次变动增减(+,—)						本次变动后
		配股	送股	公积金转股	增发	其他	小计	
一、未上市流通股份								
1、发起人股份								
其中:国家持有股份								
境内法人持有股份	161,044,920							161,044,920
境外法人持有股份								
其他								
2、募集法人股	16,555,080							16,555,080
3、内部职工股								
4、优先股或其他								
未上市流通股份合计	177,600,000							177,600,000
二、已上市流通股份								
1、人民币普通股	75,000,000							75,000,000
2、境内上市的外资股								
3、境外上市的外资股								
4、其他								
已上市流通股合计	75,000,000							75,000,000
三、股份总数	252,600,000							252,600,000

(二)股东情况介绍;
1、报告期末股东总数:
截至2001年12月31日,公司股东共4,185户。
2、报告期末本公司前10名股东持股情况:

股东名称	年末持股数量(股)	占总股本比例(%)
太极集团有限公司	147,789,600	58.51
希兰生物	16,555,080	6.55
涪药植所	12,847,320	5.09
华夏证券	8,954,316	3.54
城投公司	6,495,878	2.57
汉盛基金	1,956,035	0.77
成都铁路	1,955,048	0.77
华夏世纪	1,566,000	0.62
宏大房产	914,400	0.36
王宇	394,000	0.16

(1)持有公司5%以上股份的股东情况:

太极集团有限公司持有本公司的国有法人股147,789,600股,占公司总股本的58.51%。该公司法定代表人:白礼西,成立日期:1997年12月,注册资本:34,233.8万元,该公司由涪陵区国资局和涪陵医药公司投资组建。经营范围:中西药的生产销售。该公司所持股份没有质押、冻结情况。

重庆市涪陵区希兰生物科技有限公司持有法人股16,555,080股,占公司总股本的6.55%,该公司经营范围:批发、零售、建筑材料、五金、交电、化工(不含化学危险品等)。该公司所持股份没有质押、冻结情况。

重庆市涪陵药用植物资源开发研究所持有法人股12,847,320股,占公司总股本的5.09%,该公司经营范围:中药材示范种植、中药材研究、旅游服务、绿化、苗木销售;中药材基地建设。该公司所持股份没有质押、冻结情况。

(2)未知其他股东有关联关系。
3、控股股东情况
(1)公司控股股东名称:太极集团有限公司
(2)公司性质:有限责任公司
(3)法定代表人:白礼西
(4)注册地址:重庆市涪陵区建设路68号
(5)主要办公地点:重庆市涪陵区建设路68号
(6)工商登记部门:重庆市涪陵区工商行政管理局
(7)法人营业执照:5001021800112
(8)成立日期:1997年12月
(9)注册资本:34,233.8万元,其中重庆市财政局(涪陵区国资局)持有33,883.8万元,占注册资金的98.97%;涪陵区医药总公司持有350万元,占注册资金的1.03%。
(10)主营业务范围:主要从事零售中成药、西药、生物药、保健食品、保健用品、饮品、医疗器械。医疗包装制品加工、汽车二级维护及其以下作业。按(1995)外经贸政函字第2389号文核准的经营范围从事进出口业务。批发、零售百货,副食品、五金、交电、化工(不含化学危险品),工艺美术品,建筑材料,商品包装。中草药种植,水产品养殖,旅馆,餐饮,旅游开发,房地产开发,汽车货运。

四、董事、监事、高级管理人员和员工情况

1、现任董事、监事、高级管理人员基本情况:

单位:股

姓名	年龄	任期起止日	职务	年初持持股数	年末持持股数	增减股数
白礼西	38	2000.5.19/2003.5.19	董事长	3,713	3,713	
李志超	39	2000.5.19/2003.5.19	董事兼总经理	3,000	3,000	
艾尔为	45	2000.5.19/2003.5.19	董事	2,400	2,400	
朱明希	44	2000.5.19/2003.5.19	董事	3,000	3,000	
朱志颍	43	2000.5.19/2003.5.19	董事	3,000	3,000	
丁学军	33	2000.5.19/2003.5.19	董事	1,500	1,500	
陈建国	42	2000.5.19/2003.5.19	董事	1,500	1,500	
雷　励	33	2000.5.19/2003.5.19	董事	1,500	1,500	
艾　国	44	2000.5.19/2003.5.19	董事			
杨　炬	44	2000.5.19/2001.5.19	董事	3,000	3,000	
方廷荣	51	2000.5.19/2001.5.19	监事会主席	3,000	3,000	
孔祥裕	57	2000.5.19/2003.5.19	监事	3,000	3,000	
卢　军	44	2000.5.19/2003.5.19	监事	3,000	3,000	
谭礼文	37	2000.5.19/2003.5.19	监事	1,500	3,000	
徐卫国	50	2000.5.19/2003.5.19	监事	3,060	3,060	
李阳春	38	2000.5.19/2003.5.19	副总经理			
罗诗遂	37	2000.5.19/2003.5.19	副总经理			
易祟勤	37	2000.5.19/2003.5.19	副总经理			
林世元	38	2000.12.1/2003.12.1	总经济师			
冯天炯	57	2000.5.19/2003.5.19	总工程师	1,500	1,500	
董其虎	31	2000.5.19/2003.5.19	财务总监			
夏　雪	37	2000.12.1/2003.12.1	董事会秘书			

董监事在股东单位任职情况:白礼西在太极集团有限公司任董事长兼总经理;李志超、艾尔为、朱明希、朱志颖、丁学军、雷励在太极集团有限公司公司任董事,艾国、陈建国在太极集团有限公司任监事。

2、现任本公司董事、监事及高级管理人员年度报酬情况:

(1)报酬确定依据

公司董事、监事、高级管理人员的报酬由董事会讨论确定,确定依据为公司的薪酬管理制度。

(2)本年度公司现任董事、监事及高级管理人员22人,2001年度报酬总额为153万元。金额最高的前三名董事报酬总额为40万元,金额最高的前三名高级管理人员的报酬总额为35万元。

(3)报酬区间情况

3-8万元的13人,8-15万元的8人。

(4)不在公司领取报酬的人员

公司董事雷励未在公司领取报酬,在控股子公司重庆桐君阁股份有限公司领取报酬。

3、报告期内离任的董事、监事、高级管理人员:

报告期内,因工作变动原因,王世忠先生辞去公司总会计师职务。

4、公司员工数量、专业构成、教育程度及退休职工人数情况:

截至2001年12月31日,公司总人数为7,528人,其中本科及以上899人,专科1,360人,中专1,479人,中专以下人员3,790人,中专及以上人员占总人数的49.65%。员工中生产人员2,133人,技术人员1,339人,财务人员421人,销售人员2,110人,行政人员1,525人,公司需承担的退休职工0人。

五、公司治理情况

(一)公司治理结构情况

公司严格按《公司法》、《证券法》和中国证监会有关上市公司的法律、法规要求,不断完善公司法人治理结构,建立现代企业制度,规范公司运作。制定了《公司章程》、《股东大会议事规则》、《董事会议事规则》、《监事会议事规则》、《募集资金使用管理办法》等制度。

1、关于股东与股东大会:公司能确保所有股东,特别是中小股东享有平等地位,确保所有股东能够充分行使自己的权利;严格按照《股东大会规范意见》要求召集、召开股东大会,在股东大会召开的时间和会场的选择上尽可能让更多的股东能够参加股东大会,行使股东的表决权;并聘请有证券从业资格的律师出席股东大会进行见证;公司关联交易公平合理,关联股东在表决时放弃表决权。《公司章程》中对股东大会议事规则做了详尽可行的规定,已按《上市公司治理准则》修改并重新制定了公司《股东大会议事规则》。

2、关于控股股东与上市公司的关系:控股股东的行为规范,没有超越股东大会直接或间接干预公司的决策和经营活动;公司与控股股东在人员、资产、财务、机构和业务方面做到"五分开",公司董事会、监事会和内部机构能够独立运作。公司在《公司章程》中对规范关联交易作出了具体的规定,并设计了制度安排保护中小股东和非关联股东利益,制定了公司《关联交易公允决策制度》。

3、关于董事与董事会:公司的董事选聘均严格按照有关法律、法规和《公司章程》的规定进行,保证了公开、透明的选聘程序。董事会的人数及人员构成符合有关法律、法规的要求,保证了公司能够科学、迅速和谨慎的决策。公司修改并重新制定了公司《董事会议事规则》,对董事会职权、董事会的投资权限、董事会成员及董事会秘书、董事会的召开、董事会会议的通知、表决及会议记录等事项制订了详细可行的规则。公司各位董事能够以认真负责、勤勉诚信的态度出席董事会和股东大会,能够积极参加有关培训,熟悉有关法律法规,了解作为董事的权利、义务和责任;公司董事会根据中国证监会发布的《关于在上市公司建立独立董事制度的指导意见》,积极对独立董事人选进行了考核,独立董事人选将报2001年年度股东大会上审议,同时制定了公司《独立董事制度》。

4、关于监事和监事会:公司监事会的人数符合法律法规的要求。公司已修改并重新制定了公司《监事会议事规则》,对监事的任职资格、监事会的运作等事项制定了详细可行的规则;公司监事能够认真履行自己的职责,本着对公司和股东负责的原则,对公司财务以及公司董事、经理和其他高级管理人员履行的职责的合法、合规性进行监督。

5、关于绩效评价与激励约束机制:根据《公司章程》规定,由董事会聘任或解聘公司总经理、董事会秘书;根据公司总经理提名,聘任或解聘公司副总经理、财务负责人等高级管理人员,并决定其报酬事项和奖惩事项。公司制定了经济责任制考核办法,并据以实施。公司正着手制定董事、监事及高级管理人员的薪酬与公司绩效和个人业绩相联系的评价标准和程序,形成激励和约束相结合的考核机制。

6、关于相关利益者:公司能够充分尊重和维护银行及其他债权人、职工、消费者等其他利益相关者的合法权益,共同推动公司持续、健康地发展。

7、关于信息披露与透明度:公司指定董事会秘书负责信息披露工作、接待股东来访和咨询;公司能严格按照法律、法规和《公司章程》的规定,真实、准确、完整、及时地披露有关信息,并保证所有股东有平等的机会获得信息;公司能够按照有关规定,及时披露大股东或公司实际控制人的详细资料和股份的变化情况。公司为规范信息披露制定了公司《信息披露管理制度》。

公司自成立以来,一贯严格按照《公司法》等有关法律法规的要求规范运作,并将一如既往地按照有关议事规则和《上市公司治理准则》等有关要求规范运作,努力寻求股东权益的最大化,切实维护中小股东的利益。

(二)独立董事情况

报告期内公司无独立董事,公司已按照中国证监会发布的《关于在上市公司建立独立董事制度的指导意见》的规定,公司积极考察了独立董事候选人,独立董事人选将报2001年年度股东大会上审议通过后聘任,同时公司制定了公司《独立董事制度》。

(三)上市公司与控股股东在人员、业务、资产、机构、财务上的"五分开"情况说明

1、上市公司与控股股东在人员方面已经分开。公司设立专门的机构负责和管理公司的人事及工资工作,公司高级管理人员均未在公司控股股东单位担任职务,且均在公司领取报酬。

2、上市公司与控股股东在资产方面已经分开。公司拥有独立完整的经营系统、辅助生产系统和配套设施。除部分注册商标由控股股东拥有,本公司无偿使用外,其他工业产权、非专利技术等无形资产由本公司独立拥有。

3、上市公司与控股股东在财务方面已经分开。公司设立有独立的财务部门,并建立了独立的财务会计核算体系和财务管理制度,独立核算,并拥有独立的银行帐户,独立纳税。

4、上市公司与控股股东在机构方面已经分开。上市的董事会、监事会及其他内部机构均独立运作。控股股东及其职能部门与上市公司及其职能部门之间没有上下级关系,均具有经营管理的独立性。

5、上市公司与控股股东在业务方面已基本分开,虽然都属于医药行业,但生产的产品不同、药理疗效不同、消费群体不同,不存在行业细分中的同业竞争。控股股东已作出承诺,不会利用其控股地位达成不利于上市公司利益或非关联股东利益的交易和安排。公司将通过产业结构的进一步调整,彻底解决同业竞争。

(四)高级管理人员的考评及激励机制:

公司董事会将对高级管理人员全面实行经济责任制,以经济责任制的完成情况作为对高级管理人员的业绩和绩效考评依据,并进行奖惩。

六、股东大会情况简介

报告期内公司召开了一次年度股东大会和三次临时股东大会。

1、2001年度第一次临时股东大会于2001年1月5日召开,本次股东大会决议刊登在2001年1月6日的《中国证券报》和《上海证券报》。

2、2000年年度股东大会于2001年5月15日召开,本次股东大会决议刊登在5月16日的《中国证券报》和《上海证券报》。

3、2001年度第二次临时股东大会于2001年5月29日召开,本次股东大会决议刊登在2001年5月30日的《中国证券报》和《上海证券报》。

4、2001年度第三次临时股东大会于2001年9月28日召开,本次股东大会决议刊登在2001年9月29日的《中国证券报》和《上海证券报》。

七、董事会报告

(一)公司的主营业务范围及经营状况

1、公司的主营业务范围和主要产品

公司主营业务范围:中成药、西药、保健用品、医疗包装制品、医疗器械产销及原材料、中药材、药用包装的进出口业务。

公司主要产品:曲美、急支糖浆、补肾益寿胶囊、藿香正气口服液、儿康宁、补肾防喘片、通天口服液、产泰、紫杉醇、盐酸格拉斯琼、鼻窦炎口服液、风湿马钱片等。

2、主营业务经营状况

公司所处的行业为医药行业。公司主要从事中、西成药的生产和销售,报告期内经营状况良好。全年实现主营业务收入174,897.07万元,同比增长46.35%;主营业务利润73,122.95万元,同比增长35.43%;利润总额12,841.53万元,同比增长84.55%;净利润10,143.31万元,同比增长107.05%。

2001年,公司拟定了五至十年战略发展规划纲要,公司将长期坚持"一元为本,突出主业"的发展方针,即坚持在大医药框架内发展,用中成药(植物药)优势保持行业优势地位,用先进的化学药品、生物工程产品缩短与国外企业的差距,用国药准字号产品维持企业的稳定和快速发展,用卫食健字及卫消字产品等推动企业高速发展。

2001年度,产品结构调整初见成效。公司加快了从"低技术含量、低附加值产品"向"高技术含量、高附加值产品"的转换。具有国际领先水平的减肥新药"曲美",在全国各地掀起了黄色巨浪,成为了国内减肥药品的第一品牌,销售收入突破3亿元;"补肾益寿胶囊"、"盐酸格拉斯琼"和"紫杉醇"也在全国成功上市。

2001年度,质量保证体系进一步加强。公司在其控股子公司四川太极制药有限公司原料药车间2000年度获得SDA(国家药品监督管理局)的GMP认证的带动下,公司直属的涪陵制药厂胶囊剂和颗粒剂车间以及公司控股子公司重庆桐君阁股份有限公司下属桐君阁药厂的片剂车间2001年度均获得SDA的GMP认证。公司控股子公司重庆桐君阁股份有限公司的药品批发和药品零售连锁双双获得SDA的GSP认证。为进一步提高公司的产品质量和药品经营服务质量提供了保障。

2001年度,科研工作取得重大成果。报告期内,获得国家中药保护品种证书4个,获新药证书和生产批文4个,获SDA颁发的4个新药的临床实验批文。与中国军事科学院毒物药物研究所共同开发的新产品"糖康"批准进入一期临床。科研创新体系的建立和完善,形成了公司"构思一代、开发一代、研制一代、储存一代、生产一代"的产品良性发展格局,为公司的持续快速发展创造了条件。

2001年度,产业结构调整基本完成。为了规范运营,避免同业竞争和重复投资,公司与控股子公司在认真分析和论证的基础上,确立了各自的产业发展定位,调整了产业结构,促进了资源的合理配置,形成了各自的核心竞争优势。

2001年度,管理工作成绩显著。公司管理工作三年三大步(即制度化、程序化和微机化)进展顺利,报告期内公司全面完成基本管理制度的修订和完善,夯实了公司的基础管理工作,为公司的健康发展打下了坚实的基础。

2001年度,医药工业销售实行创新营销初见成效。销售工作直接关系到公司的现实生存,是公司的生命。公司始终将销售工作作为公司生存和发展的突破口,牢固地树立了"全员营销"的思想,所有工作都紧紧围绕"服务营销,服务于营销"开展,并建立了一支具有雄厚实力的营销队伍。报告期内,公司加大投资于"企业形象战略、品牌战略、广告战略、营销战略、售后服务和市场调研"的营销策略,结合国内医药市场环境处于产品同质化、市场同质化、竞争同质化的状况,制定了"大环境、小市场、多品种、上规模、抓管理、强策划"的营销方针,通过创新营销,使公司营销管理工作上了一个新台阶。市场结构更加清晰,进一步突出和巩固了重点市场;上市产品结构层次更分明,形成了骨干产品、稳定产品、试销产品的层次,为公司市场营销工作培育持续竞争能力打下了良好的基础;产品策划工作走向正轨,公司成立了产品策划办公室,加强与大型策划公司

的合作,使公司的产品策划工作逐步走向专业化。

3、公司2001年度分行业经营情况如下:(单位:万元)

指标	分类		
	医药工业	医药商业	服务业
主营业务收入	93,983.54	80,475.80	437.73
主营业务利润	67,307.96	7,246.06	310.78

4、公司2001年度分地区经营情况如下:(单位:万元)

地区	主营业务收入	主营业务成本	主营业务利润
华东地区	7,363.64	6,983.30	380.34
华南地区	3,898.58	3,745.16	153.42
华北地区	4,408.00	3,978.26	429.74
华中地区	4,142.40	3,917.07	225.33
西北地区	1,134.37	1,066.53	67.84
西南地区	190,034.83	116,561.18	73,473.65
东北地区	1,117.69	1,050.61	67.08
小计	212,099.51	137,302.12	74,797.39
内部抵消数	37,202.44	37,269.85	-67.41
合计	174,897.07	100,032.27	74,864.81

5、本年度占公司主营业务收入或主营业务利润10%以上的经营活动:胶囊剂、糖浆剂

指标	分类	
	胶囊剂	糖浆剂
主营业务收入(万元)	33,115.96	27,631.20
主营业务成本(万元)	4,888.25	10,032.05
毛利率(%)	85.24	63.69

(二)主要控股公司及参股公司经营情况及业绩(单位:万元)

1、主要控股公司及参股公司经营情况及业绩

单位名称	主要产品或服务	注册资本	总资产	主营业务收入	净利润
重庆桐君阁股份有限公司	医药商业、工业	9,986.62	69,975.37	87,618.28	3,077.44
四川太极制药有限公司	医药工业	217.00	19,612.21	15,008.01	-904.43
四川绵阳制药有限公司	医药工业	2,000.00	10,375.75	3,659.45	-246.57
天诚大药房连锁有限公司	药品零售	660	6,040.61	3,918.52	28.73
四川自贡市医药有限公司	医药商业	300	2,949.41	3,396.04	6.82

2、投资收益对公司影响10%以上的单位经营情况及业绩(单位:万元)

单位名称	主要产品或服务	注册资本	持股比例%	净利润	投资收益	占净利润的%
重庆桐君阁股份有限公司	医药商业、工业	9,986.62	65.15	3,077.44	2,004.95	19.77

(三)公司主要供应商、客户情况:

公司前五名供应商合计采购金额为4,458.56万元,占公司本年采购总额的14.20%;

公司前五名客户销售额合计15,881万元,占公司销售总额的9.08%。

(四)在经营中出现的问题与困难及解决方案

2001年度,公司在经营过程中发现的问题主要表现为:国内医药市场竞争加剧,随着中国加入WTO,中国医药产业将面临全球化竞争的现状,市场环境的诸多方面将充满变数。但每一次市场环境的变化都是对市场主体的一次重新洗牌,每一个挑战都是一次机遇的降临。公司将进一步加大科研投入,加快公司产品结构调整的步伐;进一步加大技术改造投入,提升设备装备水平,扩大产销规模,实现规模效益;全面推行经济责任制,增强成本和责任意识,努力降低采购成本、生产成本和运营费用;进一步加强管理工作,促进公司程序化建设和规范化运作。从而提升公司的核心竞争优势,提高公司的综合竞争能力。

(五)公司投资情况

1、公司投资概况

项目	2001年	2000年	增减数	增减幅度(%)	增减原因
短期投资					
长期投资	3,797.33	2,054.24	1,743.09	84.85	增加了对子公司的长期投资

2、公司长期投资各公司情况

被投资公司名称	主要经营活动	占被投资公司权益比例%
重庆桐君阁股份有限公司	医药商业、工业	65.15
四川太极制药有限公司	医药工业	74.65
四川绵阳制药有限公司	医药工业	69.88
天诚大药房连锁有限公司	药品零售	100
四川自贡市医药有限公司	医药商业	55

3、报告期内募集资金使用情况

(1)募集资金使用情况说明

公司于2000年度实施了1999年度配股方案,募集资金为16,098.19万元(扣除发行费用),截止2001年12月31日,已全部使用完毕。

(2)项目变更情况说明

为了适应我国近两年来医药行业的巨大变化,公司对本企业的发展战略作了认真分析和充分论证,于2001年1月5日召开了2001年度第一次临时股东大会,通过了对原配股募集资金投向作出变更的决议:拟变更的投资项目为①扩建滩子口仓库项目;②扩建儿康宁生产线项目;③扩建华容颗粒生产线项目;④绵阳制药厂固体制剂改造项目。该四个项目计划投资总额为11,784万元。配股募集资金投向变更为:①糖浆制剂生产线技术改造项目;②投资组建北京桐君阁大药房连锁有限公司;③收购四川省自贡市医药有限公司;④收购四川天诚大药房连锁有限责任公司。(该次股东大会决议于2001年1月6日刊登在《中国证券报》和《上海证券报》)。

(3)募集资金的运用和结果(单位:万元)

项目	投资情况					收益情况	备注
	计划投资		实际投资				
	建设投资	其中流动资金	建设投资	流动资金	小计		
1、补肾益寿胶囊项目	2,700	840	1,807.24	820	2,627.24	47.04	
2、滩子口仓库项目	2,980	150					变更取消
3、儿康宁项目	2,908	950					变更取消
4、华容颗粒项目	2,949	880					变更取消
5、绵阳固体制剂项目	2,947	876.2					变更取消
6、糖浆制剂项目	2,980	800	2,196.53	798.42	2,994.95	308.55	变更增加
7、组建北京桐君阁	3,200		3,200		3,200		变更增加
8、收购四川天诚大药房	5,016		5,016		5,016	28.73	变更增加
9、收购自贡医药	660		660		660	6.82	变更增加
10、补充流动资金				1,600	1,600		
合计			12,879.77	3,218.42	16,098.19		

4、报告期非募集资金投资情况

本年度非募集资金投资总额为4683.00万元,具体投资项目情况如下(单位:万元):

项目	项目计划投资额	本期投资额	累计投资额
1、太极涪陵工业园区		2,359.01	17,859.54
2、驻外机构工程		759.92	2,794.21
3、中药现代化项目	14,251.00	2,192.45	2,192.45

(六)公司财务状况及经营成果

单位:万元

项目	2001年	2000年	变动幅度(%)	主要变动原因
总资产	273,221.73	194,256.09	40.65	经营规模及并表范围扩大
长期负债	30,341.19	17,173.38	76.68	增加固定资产项目投资借款
股东权益(不含少数股东权益)	99,408.26	95,119.04	4.51	效益增长
主营业务利润	73,122.95	53,991.97	35.43	收入及并表范围增加
净利润	10,143.31	4,898.91	107.05	收入及并表范围增加

(七)生产经营环境及宏观政策与法规变化对公司财务状况和经营成果的影响

根据《国务院办公厅转发国务院西部开发办关于西部大开发若干政策措施实施意见的通知》(国办发[2001]73号)和《国务院关于实施西部大开发若干政策措施的通知》(国发[2000]33号)文件规定,本公司在2001年至2010年期间,可以享受15%企业所得税优惠税率,公司将尽快争取税务有关部门的批文。

该政策在税率方面的调整,将对公司的生产经营产生积极的影响。

(八)二00二年度业务发展规划

2002年,随着新药品法的实施和加入WTO,我国医药产业将发生重大变革,化学合成药工业企业将受到产品知识产权的严重制约,中成药工业企业因产品技术含量不高将举步维艰,医药商业的"圈地"运动和整合将加速。医药产业将面临内外交困境地,竞争将会越来越激烈,优胜劣汰是必然结果。挑战与机遇并存,公司将抓住发展的大好机会,奋发努力,再创佳绩。公司2002年度将坚持"发展第一"的方针,以整合资源,加强管理来促进发展。其工作要点是:

1、产品策略突出"局部重点策略"和"最佳销售规模"、"最低成本销售规模"。

2、实现"三个优化",即市场优化、产品优化和人员优化。

3、严格按国家药品管理法规及GMP要求做好生产规范化和程序化管理,加强技术攻关和技术改进,全面挖潜降耗,降低生产成本。

4、完成产品结构的调整,形成优势产品群体。

5、在公司内部建立共享的采购平台,整合商业资源,实施比价采购,降低商业采购成本,并协助桐君阁将"西部药业"建成中国西部地区最大的医药物流中心。

6、调整科研发展战略,树立以市场为导向的科研意识,围绕公司选择的药品细分市场进行重点开发,针对公司的实际情况制定科研开发发展规划,完善科研信息网,加快新药的研究和报批工作,作好重要保护品种、专利的申报工作和知识产权的保护工作。

7、加强人事管理工作,建立内部人力市场,探索激励约束机制,推行项目工资制和岗位技能工资制。

(九)利润分配及资本公积金转增股本预案

1、公司2001年度经重庆天健会计师事务所审计的净利润101,433,126.93元,提取法定盈余公积金11,864,068.41元,提取法定公益金6,986,007.73元,加上年初未分配利润105,420,467.51元,可供股东分配利润为188,003,518.30元。根据2000年度股东大会审议通过的2001年利润分配方案,经公司研究决定,2001年度利润分配预案为:提取任意盈余公积金1,754,066.59元,以公司2001年12月31日总股本252,600,000股为基数,向全体股东每10股派现金红利2元(含税),分配利润50,520,000.00元,剩余未分配利润135,729,451.71元结转下一年度。

公司2001年末资本公积金累计为496,470,898.50元,经公司研究决定本年度不进行公积金转增股本。

以上预案须经公司2001年年度股东大会审议通过后实施。

2、预计2002年利润分配政策

根据公司的发展战略,2002年拟进行的利润分配政策为:

(1)公司拟在2002年度至少分配利润一次。

(2)公司将根据实际经营状况考虑分配比例。

(3)公司将根据发展战略考虑分配形式,即派现金或送红股,无资本公积转增股本。

八、监事会报告

(一)监事会会议及决议内容

2001年度公司监事会共召开8次会议,具体情况如下:

1、公司第三届监事会第四次会议于2001年4月4日召开,监事会决议公告刊登于2001年4月5日的《中国证券报》和《上海证券报》。

2、公司第三届监事会第五次会议于2001年4月27日召开,监事会决议公告刊登于2001年4月28日的《中国证券报》和《上海证券报》。

3、公司第三届监事会第六次会议于2001年5月15日召开,监事会决议公告刊登于2001年5月16日的《中国证券报》和《上海证券报》。

4、公司第三届监事会第七次会议于2001年5月29日召开,监事会决议公告刊登于2001年5月30日的《中国证券报》和《上海证券报》。

5、公司第三届监事会第八次会议于2001年6月29日召开,该决议公告刊登在2001年6月30日的《中国证券报》和《上海证券报》)。

6、公司第三届监事会第九次会议于2001年8月7日召开,该决议公告刊登在2001年8月8日的《中国证券报》和《上海证券报》。

7、公司第三届监事会第十次会议于2001年8月27日召开,该决议公告刊登在2001年8月28日的《中国证券报》和《上海证券报》。

8、公司第三届监事会第十一次会议于2001年10月17日召开,该决议公告刊登在2001年10月18日的《中国证券报》和《上海证券报》。

(二)监事会工作情况

监事会作为公司监督职能机构,在2001年能严格按照《公司法》、《证券法》和《公司章程》等法律、法规全面履行职责。

为此,公司监事会对以下事项发表独立意见:

1、公司依法运作情况

公司监事会依据国家有关法律、法规以及《公司章程》的规定,对公司股东大会、董事会的召开程序、决议事项、董事会对股东大会决议的执行情况、公司高级管理人员执行职务的情况及公司管理制度等进行了监督,通过列席历次股东大会和董事会,履行了监督职责,认为公司的决策程序合法,建立了完善的内部控制制度,公司董事及高级管理人员在执行职务时,没有违反法律、法规、《公司章程》或损害公司利益的行为。

2、检查公司财务的情况

公司监事会从保证公司规范运作和广大股东的合法权益的立场出发,认真审核了重庆天健会计师事务所出具的2001年度审计意见,认为其真实的反映了公司的财务状况、经营成果及现金流量,是客观公正的。

3、募集资金使用情况

报告期内,公司募集资金实际投入项目与承诺投入的项目一致。2001年度变更部分配股募集资金投向项目程序合法、依据充分、变更投资的项目可行,无损害全体股东利益的行为。变更的投资项目将提高募集资金的使用效率,加快投资项目的回报,有利于公司的产业结构调整,有利于公司的长远发展。

4、公司收购、出售资产情况

(1)报告期内,公司2001年度第一次临时股东大会审议通过的变更部分配股募集资金收购四川天诚大药房连锁有限责任公司100%的股权和收购四川省自贡市医药有限公司55%的股权,收

购议案的表决及实施均符合有关法律、法规。

(2)公司2001年度第三次临时股东大会审议通过了受让太极集团有限公司“曲美”、“糖康”产品生产工艺技术独家许可使用权所产生的关联交易,以及公司将持有北京桐君阁大药房有限责任公司的60%股权转让给重庆桐君阁股份有限公司所产生的关联交易,交易定价合理、程序规范、没有发现内幕交易,对全体股东是公平的,该等交易没有损害股东利益或造成公司资产流失。

5、“三分开”及关联交易情况

监事会认为与控股股东在人员、资产、财务上严格遵守“三分开”的原则,做到了人员独立、资产完整、财务独立。

监事会认为公司与关联股东的交易均按市场定价原则执行,交易公平、公正、公开,董事会对公司与关联企业之间发生经常性关联交易表决时履行了诚信义务,程序符合《公司法》、《上海证券交易所股票上市规则(2001年修订本)》和《公司章程》的有关规定,没有损害上市公司利益,关联交易的信息披露均符合监管要求。

九、重要事项

(一)重大诉讼、仲裁事项:

报告期内公司未发生重大诉讼、仲裁事项。

(二)报告期内,公司收购及出售资产事项的简要情况:

1、公司收购资产情况:

①报告期内,公司以现金方式收购绵阳药业集团公司持有的四川天诚大药房连锁有限责任公司的全部股权165万股,收购价格为7.60元/股,收购价格为1,254万元;以现金方式收购该公司职工持有的四川天诚大药房连锁有限责任公司的全部股权495万股,收购价格为7.6元/股,收购价款为3,762万元。收购完成后公司持有四川天诚大药房连锁有限责任公司100%的股权。四川天诚大药房连锁有限责任公司2001年度实现净利润为28.73万元。

该次收购事宜详细见2001年1月6日的《中国证券报》和《上海证券报》。

②报告期内,公司以现金方式收购四川省自贡市医药有限公司165万股职工股,占该公司总股本的55%,收购价格为4元/股,收购总价款为660万元,收购完成后公司成为四川省自贡市医药有限公司的第一大股东。四川省自贡市医药有限公司2001年度实现净利润6.82万元。

该次收购事宜详细见2001年1月6日的《中国证券报》和《上海证券报》。

公司对四川天诚大药房连锁有限责任公司和四川省自贡市医药有限公司的收购,主要是健全公司的消费网络体系和消费者网络体系,提高公司的市场竞争能力。

③报告期内,公司以现金方式受让太极集团有限公司“曲美”产品生产工艺技术的独家许可使用权,“曲美”经东方资产评估事务所有限公司东评司评报字[2001]第95号出具的评估报告所表现的公允价值为3,641万元。公司受让太极集团有限公司“糖康”产品生产工艺技术的独家许可使用权,“糖康”经东方资产评估事务所有限公司东评司评报字[2001]第96号出具的评估报告所表现的公允价值为2,935万元。

以上交易的定价是充分考虑该产品的内在价值、先进的生产工艺技术、独家生产许可使用权等因素,及其交易产品对公司未来主业发展的潜在贡献,根据东方资产评估事务所有限公司出具的资产评估报告书的评估价值,结合市场潜在风险,由交易双方友好协商确定。“曲美”的转让总价款为3,300万元,“糖康”转让总价款为2,700万元。(详细内容请见2001年8月29日《中国证券报》和《上海证券报》)

以上交易是公司发展战略的需要,为了加快公司产品结构调整的步伐,从低附加值、低技术含量的“双低”型产品结构,向高附加值、高技术含量的“双高”型产品结构转换。本次交易对公司具有划时代的意义,是公司进入实质性产品结构调整的重大举措,它将进一步增强公司的核心竞争优势,提升公司的核心竞争能力,对促进公司长远战略发展和市场定位具有良好的促进作用。

“曲美”经公司近一年多的销售,市场反映良好,销量增长迅速。2001年度“曲美”实现主营业务收入3亿多元,成为了公司新的利润增长点,为公司带来较大的收益,进一步优化了公司的财务结构。

“曲美”产品的成功运用,为公司发展“双高”型产品积累了经验,增强了公司加快产品结构调整的信心,公司坚信“糖康”产品的运营将更加出色,将取得更大的成功。

2、报告期内,公司出售资产:

报告期内,上市公司没有对外出售资产。

(三)公司关联交易事项:

1、向存在控制关系的关联方交易

(1)提供资金

关联方名称	资金占用费	定价政策
太极集团有限公司	9,140,210.45	银行同期贷款利率

(2)提供劳务

太极集团有限公司为公司的控股子公司四川太极制药有限公司提供管理咨询和员工培训服务,本年度支付给太极集团有限公司管理咨询费和员工培训费共5,410,340.68元。

(3)其他关联交易事项

2001年4月27日,公司召开第三届董事会第五次会议,会议审议并通过了如下决议:公司委托子公司重庆桐君阁股份有限公司代其加工产品,子公司重庆桐君阁股份有限公司生产的产品从股东大会通过之日起全部委托太极集团重庆销售有限责任公司总经销,子公司重庆桐君阁股份有限公司以出厂价68%作为对公司的结算价,总经销品种的广告、宣传费等销售费用全部由太极集团重夫销售有限责任公司承担。

(4)存在控制关系的关联方应收应付款项余额

项目及单位名称	年末余额		占全部应收(付)款项余额的比例(%)	
	本年	上年	本年	上年
预付账款				
太极集团有限公司	27,000,000.00		5.14	
其他应收款				
太极集团有限公司	12,495,587.34	7,923,532.15	8.63	3.06

2、向不存在控制关系的关联方交易

(1)销售货物

关联方名称	金　额	定价政策
重庆衡康医药公司	16,890,443.95	注
太极集团重庆销售有限责任公司	56,413,060.68	按出厂价的68%
太极集团有限公司四川销售分公司	32,583,695.75	市场价
四川南充制药有限公司	6,442,889.85	注
太极集团浙江东方制药有限公司	1,257,821.03	市场价
绵阳药业集团公司	663,754.46	市场价
重庆市沙坪坝区医药有限公司	2,125,689.00	市场价
四川衡生制药有限公司	4,435,707.98	注
三台天诚大药房连锁有限责任公司	1,492,951.68	市场价

注:公司销售成药是按市场价格为基础确定销售价格,销售原材料和包装物是按成本价加计4%的管理费用确定销售价格。

(2)采购货物

关联方名称	金　额	定价政策
重庆衡康保健品公司	714,647.03	市场价
太极集团重庆销售有限责任公司	13,763,864.94	市场价
四川衡生制药有限公司	9,230,800.00	市场价
四川南充制药有限公司	12,855,272.52	市场价
绵阳药业集团公司	675,613.41	市场价
重庆太极印务有限公司	22,227,376.78	市场价

(3)提供资金

关联方名称	本金	利息	定价政策
涪陵德胜服务中心	4,000,000.00	117,000.00	银行同期贷款利率
涪陵百货公司	24,565,735.20	692,954.00	银行同期贷款利率

(4)不存在控制关系的关联方应收应付款项余额

项目及单位名称	年末余额		占全部应收(付)款项余额的比例(%)	
	本年	上年	本年	上年
应收账款				
太极集团重庆销售有限责任公司	18,187,806.37		7.74	
太极集团浙江东方制药公司	4,436,434.88		1.89	
其他应收款				
太极集团重庆销售有限责任公司	18,689,292.33		12.91	
太极集团有限公司四川销售分公司	10,038,997.32		6.93	
涪陵德胜服务中心	7,483,742.89		5.17	
应付账款				
重庆太极印务有限公司	1,442,994.58	1,585,735.04	0.87	1.55
预收账款				
四川衡生制药有限公司	2,281,713.01		3.08	
四川南充制药有限公司	1,228,096.08		1.66	
太极集团有限公司四川销售分公司	3,522,658.71		4.75	
其他应付款				
太极集团浙江东方制药公司	6,298,571.13		10.72	
涪陵国光榨菜罐头食品厂	2,199,454.34	1,341,726.52	3.75	1.62
重庆衡酒工业有限责任公司	1,533,848.48	3,033,948.09	2.61	3.67
应付票据				
重庆太极印务有限公司	8,000,000.00		7.94	

3、资产、股权转让发生的关联交易

(1)报告期内,公司将持有北京桐君阁大药房有限责任公司60%的股权转让给重庆桐君阁股份有限公司,转让价款按重庆天健会计师事务所有限责任公司重天健审字[2001]第206号审计报告确认的净资产3,947.2245万元为依据,转让总价款为,368.3347万元。

(2)报告期内,公司受让太极集团有限公司“曲美”、“糖康”产品生产工艺技术的独家许可使用权。转让价格按该产品的内在价值和先进的生产工艺技术、独家许可使用权,结合市场潜在风险,经双方友好协商确定。“曲美”经东方资产评估事务所有限公司东评司评报字[2001]第95号出具的评估报告所表现的公允价值为3,641万元,确定的转让总价款为3,300万元。“糖康”经东方资产评估事务所有限公司东评司评报字[2001]第96号出具的评估报告所表现的公允价值为2,935万元,确定的转让总价款为2,700万元。

以上关联交易详细见2001年8月29日《中国证券报》和《上海证券报》。

(3)子公司重庆桐君阁股份有限公司受让太极集团有限公司天津、成都零售门市26,000,000.00元。

4、公司与关联方存在担保事项

太极集团有限公司为公司35,466万元借款提供了担保。

(四)公司应披露的重大合同及履行情况

1、报告期内,公司无托管、承包、租赁其他公司资产或其他公司托管、承包、租赁上市公司资产的事项。

2、报告期内,经公司第三届董事第六次会议审议通过,公司为重庆朝华科技股份有限公司在上海浦东发展银行重庆分行涪陵支行贷款人民币8,000万元整提供担保,担保期1年。

3、报告期内公司无委托他人进行现金管理资产事项。

4、其他重大合同。

(五)公司或持股5%以上股东在报告期内的承诺事项。

报告期内,公司第一大股东太极集团有限公司承诺为避免与间接控股子公司重庆桐君阁股份有限公司发生同业竞争的可能,同意将太极集团有限公司持有的控股子公司四川德阳大中药业有限公司、四川省德阳荣升药业有限公司及太极集团重庆市沙坪坝区医药有限公司的全部股权出售给重庆桐君阁股份有限公司。太极集团有限公司不再直接或间接从事与重庆桐君阁股份有限公司发生竞争的任何业务,也不再新设公司开展与重庆桐君阁股份有限公司业务发生竞争的其他任何业务。

报告期内,公司董事会承诺为避免与控股子公司重庆桐君阁股份有限公司发生同业竞争的可能,同意将公司持有控股子公司四川省自贡市医药有限公司的全部股权及四川省天诚大药房连锁有限责任公司中的96.97%的股权和北京桐君阁大药房有限责任公司60%的股权转让给重庆桐君阁股份有限公司。今后公司不再直接或间接从事与桐君阁发生竞争的任何业务,也不再新设公司开展与桐君阁业务发生竞争的其他任何业务。

报告期内,公司将持有北京桐君阁大药房有限责任公司60%的股权转让给重庆桐君阁股份有限公司事项已履行完毕。太极集团有限公司承诺将持有的控股子公司四川德阳大中药业有限公司、四川省德阳荣升药业有限公司及太极集团重庆市沙坪坝区医药有限公司的全部股权出售给重庆桐君阁股份有限公司,以及公司承诺将持有四川省自贡市医药有限公司的全部股权、四川天诚大药房连锁有限责任公司的96.97%的股权转让给重庆桐君阁股份有限公司事宜没有履行完毕,原因是重庆桐君阁股份有限公司受让以上股权计划用增发新募集资金,因诸多因素,重庆桐君阁股份有限公司增发新股工作没有完成。重庆桐君阁股份有限公司为了加快产业结构调整步伐,于2002年1月11日召开了第三届董事第十八次会议审议通过了改用自筹资金收购以上股权。(详见2002年1月12日《中国证券报》和《证券时报》)

(六)报告期内公司继续聘任重庆天健会计师事务所为公司2001年度财务审计单位。2001年度应支付审计费用为35万元(含公司子公司的审计费);2000年度支付给该事务所审计费用为34万元(含公司子公司的审计费)。

(七)报告期内,公司、公司董事会及董事未受到中国证监会稽查、中国证监会行政处罚、通报批评以及上海证券交易所的公开谴责。

(八)其他重大事项

1、报告期内,公司与太极集团有限公司拟共同以现金方式收购重庆市财政局持有西南药业股份有限公司(以下简称:西南药业)的全部国家股股权8,394.918万股,占西南药业总股本的56.42%,收购价格为5.00元/股,收购总价款为41,974.59万元,其中公司拟收购西南药业国家股6,400万股,占西南药业总股本的43.01%,收购价款为32,000万元;太极集团拟收购西南药业国家股1,994.918万股,占西南药业总股本的13.41%。

该收购事宜已获重庆市人民政府渝府(2001)228号文和财政部财企(2001)843号文的批准,但尚须中国证监会豁免要约收购义务后经公司股东大会审议通过后实施。

详细内容请见2001年5月15日和2001年10月18日的《中国证券报》和《上海证券报》。

公司收购西南药业对公司未来生产经营将产生积极的影响,有利于资源的优化配置,实现强强联合,提高公司的竞争优势,丰富公司的产业结构和产品群体,为公司带来较好的投资收益,为股东谋取最大的利益,并促进公司发展战略的实施,创建最大最强的医药企业集团,为振兴我国医药事业作出贡献。

2、子公司重庆桐君阁股份有限公司于2001年11月12日召开了第三届董事会第十六次会议，审议并通过了拟收购成都联合药业发展有限责任公司95%股权的决议。根据东方资产评估事务所有限公司东评司评报字[2001]第126号成都联合药业发展有限公司资产评估报告书确认，截止2001年11月18日，成都联合药业发展有限公司总资产为9,205.79万元，净资产为4,044.79万元。截止2001年12月31日，重庆桐君阁股份有限公司已预付收购款3,404.5万元，但尚未办理工商登记手续。2002年1月7日重庆桐君阁股份有限公司第三届第十七次董事会议通过关于确定成都联合药业发展有限责任公司95%股权的收购价格的议案，收购价格确定为4,599万元。

3、2002年1月22日，公司所属控股子公司重庆桐君阁股份有限公司与太极集团有限公司签订《房屋转让合同》，根据合同，重庆桐君阁股份有限公司向太极集团有限公司购入成都新良大厦临街商场④－⑧轴房屋、天津和平区和平路230号房屋，合计金额2,990万元。

4、2002年1月24日，公司所属控股子公司重庆桐君阁股份有限公司为成都联合药业发展有限责任公司2,000万元的借款提供了担保。

5、2002年3月4日，根据子公司重庆桐君阁股份有限公司第三届十九次董事会决议，2001年度利润分配预案为以子公司重庆桐君阁股份有限公司2001年12月31日总股本9,986.6192万股为基数，每10股送1股，分配利润9,986,619.20元。

6、商业承兑汇票贴现：将应收子公司四川太极制药有限公司涪陵分厂4000万元、子公司重庆桐君阁股份有限公司600万元未到期商业承兑汇票向银行贴现。

7、公司将对西南证券投资有限公司的股权2000万股质押给交通银行渝中区支行，取得借款2000万元。

(九)重大转借款事项。

根据公司1998年1月8日与重庆市国有资产管理局(现重庆市国有资产管理局已合并入重庆市财政局)签订的《重庆桐君阁股份有限公司国家股股权转让协议》第十条，经双方协商，签订了《重庆桐君阁股份有限公司国家股股权转让补充协议》，重庆市国有资产管理局同意在收到公司的转让金10,259.2045万元后，将其80%，即8,207.3635万元于当月借给公司，用于转借给重庆桐君阁股份有限公司，作为该公司技术改造和生产发展资金。借款期限为10年，借款本金从第4年开始偿还，平均分7年还清，从2002年开始偿还，平均每年偿还1,172.4805万元。借款利息按人民银行公布的同期贷款利率的50%计付，每年年末结算一次。期初数27,718,262.42元，本期本息合计余额为33,072,505.18元。

十、财务报告

(一)本年度财务报告经重庆天健会计师事务所的注册会计师审计，出具了标准无保留意见的审计报告审计报告([重天健审(2002)168号])。

(二)会计报表(见附表)

(三)会计报表附注

1、会计政策、会计估计的变更

本年度根据财政部颁布的《企业会计制度》和《企业会计准则—无形资产》等的相关规定，变更了如下会计政策：

(1)从2001年1月1日起，在期末，对固定资产逐项进行检查，如果由于市价持续下跌，或技术陈旧、损坏、长期闲置等原因导致其可收回金额低于账面价值的，按可收回金额低于其账面价值的差额提取固定资产减值准备。固定资产减值准备按单项资产计提。

(2)从2001年1月1日起，在期末，对有证据表明在建工程已经发生了减值的，按预计可收回金额低于其账面价值的差额计提在建工程减值准备。在建工程减值准备按单项资产计提。

(3)从2001年1月1日起，根据各项无形资产预计给企业带来未来经济利益的能力，对预计可收回金额低于其账面价值的，按其差额计提减值准备。无形资产减值准备按单项资产计提。若预计某项无形资产已经不能给公司带来未来经济利益，则将其一次性转入当期费用。

(4)从2001年1月1日起，在期末，如果有迹象表明委托贷款本金高于可收回金额的，按单项委托贷款本金高于可收回金额的差额计提委托贷款减值准备。

(5)从2001年1月1日起，开办费一次性进入当期损益。

上述会计政策变更已采用追溯调整法对会计报表进行了调整，其对会计报表的影响如下：

(1)上述会计政策变更的累积影响数为－25,919,924.68元，对2000年期初留存收益的影响为－14,122,678.63元，对2000年度净利润的影响为－11,797,246.05元；对2001年度净利润的影响为－179,286.69元。

(2)上述第(1)项会计政策变更的累积影响数为－24,684,997.03元，对2000年期初留存收益的影响为－12,887,750.98元，对2000年度净利润的影响为－11,797,246.05元，对2001年度净利润的影响为－179,286.69元。

(3)上述第(5)项会计政策变更的累积影响数为－1,234,927.65元，对2000年期初留存收益的影响为－1,234,927.65元，对2000年度和2001年度净利润无影响。

(4)上述第(2)—(4)项会计政策变更对会计报表无影响。

2、合并范围变化：

本年新增合并会计报表单位包括四川省自贡市医药有限公司、四川天诚大药房连锁有限责任公司、北京桐君阁大药房有限公司、四川太极大药房有限公司和四川太极医药有限公司。

新购并的公司四川省自贡市医药有限公司和四川天诚大药房连锁有限责任公司购并日确定为2001年1月6日，依据为：公司于2000年度开始着手收购四川省自贡市医药有限公司和四川天诚大药房连锁有限责任公司，所有收购款项已于2000年年底支付完毕。2001年1月6日，公司股东大会通过了收购以上二公司的有关决议，至此有关购并活动的实质性工作已经完成，因此确定购买日为2001年1月6日。

十一、备查文件目录

1、载有法定代表人、主管会计工作负责人、会计机构负责人签名并盖章的会计报表。
2、载有会计师事务所盖章、注册会计师签名并盖章的审计报告原件。
3、报告期内在中国证监会指定报纸公开披露过的所有公司文件的正本及公告的原稿。
4、载有公司董事长亲笔签署的年度报告正本。

重庆太极实业(集团)股份有限公司

二00二年四月四日

合并利润及利润分配表

2001年度

编制单位：重庆太极实业(集团)股份有限公司　　单位：人民币元

项目	附注编号	本年数	上年数
一、主营业务收入	五、28	1,748,970,683.81	1,195,078,095.81
减：主营业务成本	五、28	1,000,322,651.30	646,517,744.32
主营业务税金及附加	五、29	17,418,496.09	8,640,551.43
二、主营业务利润		731,229,536.42	539,919,700.06
加：其他业务利润	五、30	9,003,216.73	6,564,333.42
减：营业费用		419,480,181.78	300,881,076.01
管理费用		162,197,669.65	139,093,523.29
财务费用	五、31	40,590,583.12	28,306,680.90
三、营业利润		117,964,318.60	78,202,753.28
加：投资收益	五、32	2,298,401.22	679,291.19
补贴收入	五、33	6,000,000.00	
营业外收入	五、34	3,162,413.61	5,634,721.56
减：营业外支出	五、35	1,009,820.40	14,933,797.12
四、利润总额		128,415,313.03	69,582,968.91
减：少数股东损益		7,700,419.86	8,603,218.90
加：未确认的投资损失	五、36	3,109,790.12	
减：所得税		22,391,556.36	11,990,699.45
五、净利润		101,433,126.93	48,989,050.56
加：年初未分配利润		105,420,467.51	72,216,717.23
其他转入			
六、可供分配的利润		206,853,594.44	121,205,767.79
减：提取法定盈余公积		11,864,068.41	6,452,758.49
提取法定公益金		6,986,007.73	4,032,155.74
七、可供投资者分配的利润		188,003,518.30	110,720,853.56
减：应付优先股股利			
提取任意盈余公积		1,754,066.59	
应付普通股股利		50,520,000.00	
转作股本的普通股股利			
八、未分配利润		135,729,451.71	110,720,853.56
补充资料：			
项目	附注编号	本年数	上年数
1、出售、处置部门或被投资单位所得收益			
2、自然灾害发生的损失			
3、会计政策变更增加(或减少)利润总额		－141,172.27	－14,244,450.97
4、会计估计变更增加(或减少)利润总额			
5、债务重组损失			
6、其他			

利润及利润分配表

2001年度

编制单位：重庆太极实业(集团)股份有限公司　　单位：人民币元

项目	附注编号	本年数	上年数
一、主营业务收入	六、3	742,731,324.15	516,566,689.71
减：主营业务成本	六、3	222,104,260.62	179,020,611.77
主营业务税金及附加		13,127,429.19	6,119,558.90
二、主营业务利润		507,499,634.34	331,426,519.04
加：其他业务利润		5,173,370.72	4,282,153.76
减：营业费用		304,065,162.00	193,874,732.45
管理费用		92,144,770.14	82,903,695.55
财务费用		26,245,531.88	15,605,415.57
三、营业利润		90,217,541.04	43,324,829.23
加：投资收益	六、4	16,376,070.41	16,689,715.43
补贴收入		6,000,000.00	
营业外收入		1,628,757.86	1,710,527.20
减：营业外支出		353,414.32	6,665,982.08
四、利润总额		113,868,954.99	55,059,089.78
减：所得税		16,307,741.43	7,048,092.12
五、净利润		97,561,213.56	48,010,997.66
加：年初未分配利润		134,019,096.19	98,510,134.22
其他转入			
六、可供分配的利润		231,580,309.75	146,521,131.88
减：提取法定盈余公积		9,756,121.36	4,801,099.76
提取法定公益金		4,878,060.68	2,400,549.88
七、可供投资者分配的利润		216,946,127.71	139,319,482.24
减：应付优先股股利			
提取任意盈余公积			
应付普通股股利		50,520,000.00	
转作股本的普通股股利			
八、未分配利润		166,426,127.71	139,319,482.24
补充资料：			
项目	附注编号	本年数	上年数
1、出售、处置部门或被投资单位所得收益			
2、自然灾害发生的损失			
3、会计政策变更增加(或减少)利润总额		－180,572.26	－11,797,246.05
4、会计估计变更增加(或减少)利润总额			
5、债务重组损失			
6、其他			

合并资产负债表

2001 年 12 月 31 日

编制单位:重庆太极实业(集团)股份有限公司　　单位:人民币元

资　产	附注编号	年末数	年初数
流动资产:			
货币资金	五、1	323,356,849.48	196,379,548.74
短期投资			
应收票据	五、2	3,123,475.52	2,554,677.15
应收股利			
应收利息			
应收账款	五、3	213,096,624.98	190,248,730.09
其他应收款	五、3	125,195,793.80	242,369,359.20
预付账款	五、3	525,235,142.49	105,481,445.23
应收补贴款	五、4	6,000,000.00	
存货	五、5	280,695,597.85	304,581,656.27
待摊费用	五、6	1,916,210.24	2,231,589.33
一年内到期的长期债权投资		4,503.20	
其他流动资产			-102,584.87
流动资产合计		1,478,624,197.56	1,043,744,421.14
长期投资:			
长期股权投资	五、7	37,973,268.87	20,542,436.48
其中:合并价差		7,538,060.88	-5,077,339.09
长期债权投资			10,025.10
长期投资合计		37,973,268.87	20,552,461.58
固定资产:			
固定资产原价	五、8	900,758,952.78	702,749,404.77
减:累计折旧	五、8	143,898,995.59	106,553,313.08
固定资产净值		756,859,957.19	596,196,091.69
减:固定资产减值准备	五、8	27,918,563.48	27,777,391.21
固定资产净额		728,941,393.71	568,418,700.48
工程物资			
在建工程	五、9	299,850,680.52	179,950,020.00
固定资产清理	五、10	857,478.03	-6,795.25
固定资产合计		1,029,649,552.26	748,361,925.23
无形资产及其他资产:			
无形资产	五、11	113,296,540.35	81,750,830.27
长期待摊费用	五、12	72,673,737.97	48,151,261.24
其他长期资产			
无形资产及其他资产合计		185,970,278.32	129,902,091.51
递延税项:			
递延税款借项			
资产总计		2,732,217,297.01	1,942,560,899.46
负债和股东权益			
流动负债:			
短期借款	五、13	663,742,500.00	308,070,000.00
应付票据	五、14	100,779,915.71	150,000.00
应付账款	五、15	165,919,702.41	102,033,938.60
预收账款	五、15	74,098,547.45	18,324,516.56
应付工资	五、16	4,714,908.45	7,108,545.51
应付福利费		12,292,022.34	9,270,342.92
应付股利	五、17	69,248,143.57	21,411,935.49
应交税金	五、18	115,104,853.09	115,233,570.14
其他应交款	五、19	6,404,047.75	1,897,011.53
其他应付款	五、15	58,729,245.39	82,600,058.54
预提费用			446,782.45
预计负债			
一年内到期的长期负债	五、20	60,000,000.00	57,900,000.00
其他流动负债			
流动负债合计		1,331,033,886.16	724,446,701.74
长期负债:			
长期借款	五、21	276,056,829.64	165,251,184.54
应付债券			
长期应付款			1,338,994.93
专项应付款	五、22	27,355,100.00	13,315,100.00
其他长期负债	五、23		-8,171,517.36
长期负债合计		303,411,929.64	171,733,762.11
递延税项:			
递延税款贷项			
负债合计		1,634,445,815.80	896,180,463.85
少数股东权益		103,688,834.14	95,190,079.65
股东权益:			
股本	五、24	252,600,000.00	252,600,000.00
资本公积	五、25	496,470,898.50	496,081,558.15
盈余公积	五、26	112,392,086.98	91,787,944.25
其中:法定公益金	五、26	32,256,260.36	25,270,252.63
未确认投资损失		-3,109,790.12	
未分配利润	五、27	135,729,451.71	110,720,853.56
股东权益合计		994,082,647.07	951,190,355.96
负债和股东权益总计		2,732,217,297.01	1,942,560,899.46

资 产 负 债 表

2001 年 12 月 31 日

编制单位:重庆太极实业(集团)股份有限公司　　单位:人民币元

资　产	附注编号	年末数	年初数
流动资产:			
货币资金		157,066,175.77	131,735,394.74
短期投资			
应收票据		3,123,475.52	2,554,677.15
应收股利			8,140,287.02
应收利息			
应收账款	六、1	156,544,103.10	158,147,184.80
其他应收款	六、1	76,219,748.92	227,216,665.93
预付账款		486,091,877.06	101,480,470.57
应收补贴款		6,000,000.00	
存货		74,643,224.39	109,661,181.78
待摊费用		982,356.09	1,340,875.30
一年内到期的长期债权投资			
其他流动资产			56,053.30
流动资产合计		960,670,960.85	740,332,790.59
长期投资:			
长期股权投资	六、2	272,958,311.03	197,996,633.32
其中:股权投资差额		7,363,809.56	-5,077,339.09
长期债权投资			
长期投资合计		272,958,311.03	197,996,633.32
固定资产:			
固定资产原价		504,072,908.37	450,306,093.81
减:累计折旧		60,953,177.22	45,986,369.04
固定资产净值		443,119,731.15	404,319,724.77
减:固定资产减值准备		18,175,481.91	17,994,909.65
固定资产净额		424,944,249.24	386,324,815.12
工程物资			
在建工程		259,872,659.92	178,762,788.42
固定资产清理		857,478.03	41,034.21
固定资产合计		685,674,387.19	565,128,637.75
无形资产及其他资产:			
无形资产		85,126,119.28	65,064,676.44
长期待摊费用		61,867,748.26	38,017,444.51
其他长期资产			
无形资产及其他资产合计		146,993,867.54	103,082,120.95
递延税项:			
递延税款借项			
资产总计		2,066,297,526.61	1,606,540,182.61
负债和股东权益			
流动负债:			
短期借款		406,850,000.00	195,850,000.00
应付票据		26,000,000.00	150,000.00
应付账款		58,543,796.60	44,467,621.78
预收账款		66,068,476.99	12,333,273.40
应付工资		2,661,077.99	2,596,114.99
应付福利费		5,709,990.23	4,840,677.25
应付股利		62,372,076.44	10,389,579.54
应交税金		87,196,295.68	91,503,998.76
其他应交款		3,910,677.37	265,733.05
其他应付款		18,488,215.29	83,766,349.23
预提费用			446,782.45
预计负债			
一年内到期的长期负债		58,000,000.00	52,900,000.00
其他流动负债			
流动负债合计		795,800,606.59	499,510,130.45
长期负债:			
长期借款		251,030,000.00	143,000,000.00
应付债券			
长期应付款			733,300.00
专项应付款		27,355,100.00	13,315,100.00
其他长期负债			
长期负债合计		278,385,100.00	157,048,400.00
递延税项:			
递延税款贷项			
负债合计		1,074,185,706.59	656,558,530.45
少数股东权益			
股东权益:			
股本		252,600,000.00	252,600,000.00
资本公积		496,470,898.50	496,081,558.15
盈余公积		76,614,793.81	61,980,611.77
其中:法定公益金		23,880,487.08	19,002,426.40
未分配利润		166,426,127.71	139,319,482.24
股东权益合计		992,111,820.02	949,981,652.16
负债和股东权益总计		2,066,297,526.61	1,606,540,182.16

合并现金流量表

2001 年度

编制单位:重庆太极实业(集团)股份有限公司　　单位:人民币元

项　　目	附注编号	金额
一、经营活动产生的现金流量:		
销售商品、提供劳务收到的现金		2,206,305,357.15
收到的税费返还		0.00
收到的其他与经营活动有关的现金	五、37	8,894,807.06
现金流入小计		2,215,200,164.21
购买商品、接受劳务支付的现金		1,284,597,363.57
支付给职工以及为职工支付的现金		108,817,076.07
支付的各项税费		209,021,179.00
支付的其他与经营活动有关的现金	五、37	388,295,924.51
现金流出小计		1,990,731,543.15
经营活动产生的现金流量净额		224,468,621.06
二、投资活动产生的现金流量:		
收回投资所收到的现金		2,753.45
取得投资收益所收到的现金		2,817,849.38
处置固定资产、无形资产和其他长期资产所收回的现金净额		470,492.67
收到的其他与投资活动有关的现金		
现金流入小计		3,291,095.50
购建固定资产、无形资产和其他长期资产所支付的现金		216,459,418.93
投资所支付的现金		356,583,276.06
支付的其他与投资活动有关的现金		8,000,000.00
现金流出小计		581,042,694.99
投资活动产生的现金流量净额		-577,751,599.49
三、筹资活动产生的现金流量:		
吸收投资所收到的现金		1,800,000.00
其中:子公司吸收少数股东权益性投资所收到的现金		1,800,000.00
借款所收到的现金		1,136,580,000.00
收到的其他与筹资活动有关的现金	五、37	15,718,960.63
现金流入小计		1,154,098,960.63
偿还债务所支付的现金		670,687,000.00
分配股利、利润或偿付利息所支付的现金		42,720,272.05
其中:子公司支付少数股东股利所支付的现金		3,895,000.00
支付的其他与筹资活动有关的现金		431,409.41
其中:子公司依法减资支付给少数股东的现金		0.00
现金流出小计		713,838,681.46
筹资活动产生的现金流量净额		440,260,279.17
四、汇率变动对现金的影响		0.00
五、现金及现金等价物净增加额		86,977,300.74
补充资料		
1、将净利润调节为经营活动现金流量:		
净利润		101,433,126.93
加:少数股东损益		7,700,419.86
未确认的投资损失		-3,109,790.12
计提的资产减值准备		-3,867,691.31
固定资产折旧		32,720,467.77
无形资产摊销		7,283,100.47
长期待摊费用摊销	五、38	-21,339,393.86
待摊费用减少(减:增加)		315,379.09
预提费用增加(减:减少)		-446,782.45
处置固定资产、无形资产和其他长期资产的损失(减:收益)		-638,702.26
固定资产报废损失		0.00
财务费用		42,423,744.11
投资损失(减:收益)		-2,298,401.22
递延税款贷项(减:借项)		
存货的减少(减:增加)		31,383,958.66
经营性应收项目的减少(减:增加)		-30,349,912.98
经营性应付项目的增加(减:减少)		64,600,775.85
其他		-1,341,677.48
经营活动产生的现金流量净额		224,468,621.06
2、不涉及现金收支的投资和筹资活动:		
债务转为资本		
一年内到期的可转换公司债券		
融资租入固定资产		
3、现金及现金等价物净增加情况:		
现金的期末余额	五、38	283,356,849.48
减:现金的期初余额		196,379,548.74
加:现金等价物的期末余额		
减:现金等价物的期初余额		
现金及现金等价物净增加额		86,977,300.74

现 金 流 量 表

2001 年度

编制单位:重庆太极实业(集团)股份有限公司　　单位:人民币元

项　　目	附注编号	金额
一、经营活动产生的现金流量:		
销售商品、提供劳务收到的现金		983,173,987.61
收到的税费返还		0.00
收到的其他与经营活动有关的现金		440,961.62
现金流入小计		983,614,949.23
购买商品、接受劳务支付的现金		295,357,672.60
支付给职工以及为职工支付的现金		52,552,112.31
支付的各项税费		151,442,742.05
支付的其他与经营活动有关的现金		321,538,649.72
现金流出小计		820,891,176.68
经营活动产生的现金流量净额		162,723,772.55
二、投资活动产生的现金流量:		
收回投资所收到的现金		0.00
取得投资收益所收到的现金		2,780,000.00
处置固定资产、无形资产和其他长期资产所收回的现金净额		83,982.67
收到的其他与投资活动有关的现金		0.00
现金流入小计		2,863,982.67
购建固定资产、无形资产和其他长期资产所支付的现金		124,833,017.34
投资所支付的现金		328,916,653.00
支付的其他与投资活动有关的现金		0.00
现金流出小计		453,749,670.34
投资活动产生的现金流量净额		-450,885,687.67
三、筹资活动产生的现金流量:		
吸收投资所收到的现金		0.00
其中:子公司吸收少数股东权益性投资所收到的现金		
借款所收到的现金		752,280,000.00
收到的其他与筹资活动有关的现金		15,635,360.63
现金流入小计		767,915,360.63
偿还债务所支付的现金		428,150,000.00
分配股利、利润或偿付利息所支付的现金		26,272,664.48
其中:子公司支付少数股东股利所支付的现金		0.00
支付的其他与筹资活动有关的现金		0.00
其中:子公司依法减资支付给少数股东的现金		0.00
现金流出小计		454,422,664.48
筹资活动产生的现金流量净额		313,492,696.15
四、汇率变动对现金的影响		0.00
五、现金及现金等价物净增加额		25,330,781.03
补充资料		
1、将净利润调节为经营活动现金流量:		
净利润		97,561,213.56
加:计提的资产减值准备		-4,774,267.05
固定资产折旧		16,026,907.35
无形资产摊销		6,006,144.16
长期待摊费用摊销	六、5	-19,475,346.20
待摊费用减少(减:增加)		358,519.21
预提费用增加(减:减少)		-446,782.45
处置固定资产、无形资产和其他长期资产的损失(减:收益)		-24,862.35
固定资产报废损失		0.00
财务费用		26,272,664.48
投资损失(减:收益)		-16,376,070.41
递延税款贷项(减:借项)		0.00
存货的减少(减:增加)		34,805,862.62
经营性应收项目的减少(减:增加)		24,020,688.75
经营性应付项目的增加(减:减少)		110,778.36
其他		-1,341,677.48
经营活动产生的现金流量净额		162,723,772.55
2、不涉及现金收支的投资和筹资活动:		
债务转为资本		
一年内到期的可转换公司债券		
融资租入固定资产		
3、现金及现金等价物净增加情况:		
现金的期末余额		157,066,175.77
减:现金的期初余额		131,735,394.74
加:现金等价物的期末余额		0.00
减:现金等价物的期初余额		0.00
现金及现金等价物净增加额		25,330,781.03

600130 宁波波导股份有限公司

2001 年年度报告摘选

第一章 公司基本情况简介

一、公司法定中文名称:宁波波导股份有限公司
公司法定英文名称:NINGBO BIRD Co.,Ltd.
二、公司法定代表人:余红艺
三、公司董事会秘书:马思甜
公司董事会证券事务代表:赵勤攻
联系地址:浙江省奉化市城山路 99 号
电话:0574-88918855　　传　真:0574-88929054
Email:birdzq@mail.nbptt.zj.cn
四、公司注册地址:浙江省奉化市城山路 99 号
公司办公地址:浙江省奉化市城山路 99 号
邮政编码:315500
公司国际互联网网址:http://www.chinabird.com
公司 Email:cbird@public.cnptt.zj.cn
五、公司选定的信息披露报纸:《中国证券报》、《上海证券报》
中国证监会指定国际互联网网址:http://www.sse.com.cn
公司年期报告备置地点:公司证券部
六、公司股票上市交易所:上海证券交易所
股票简称:波导股份　　股票代码:600130

第二章 会计数据和业务数据摘要

一、本年度主要利润指标情况(单位:人民币元)

项目	2001 年
利润总额	126,654,014.82
净利润	68,134,627.02
扣除非经常性损益后的净利润	70,748,040.76
主营业务利润	725,836,474.58
其他业务利润	-544,003.10
营业利润	144,939,592.26
投资收益	-2,194,615.96
补贴收入	795,365.91
营业外收支净额	-16,886,327.39
经营活动产生的现金流量净额	356,544,987.71
现金及现金等价物净增加额	311,686,407.56

注:扣除的非经营性损益项目和涉及金额:
(1)营业外收入:1,302,299.42 元
(2)营业外支出(扣除固定资产减值准备):6,711,079.07 元
(3)补贴收入:795,365.91 元
(4)委托理财收益:2,000,000.00 元
以上项目涉及金额合计:-2,613,413.74 元
涉及纳税影响数:314,049.44
二、公司近三年财务指标:

指标项目	2001 年	2000 年 调整前	2000 年 调整后	1999 年
主营业务收入	2,622,293,289.85	934,781,128.52	934,781,128.52	309,744,243.86
净利润	68,134,627.02	44,012,096.80	25,390,644.98	48,106,158.57
每股收益(摊薄)	0.426	0.275	0.16	0.40
每股经营活动产生的现金流量净额	2.23	-0.96	-0.96	-0.62
净资产收益率(%)	8.18	5.46	3.22	31.19

指标项目	2001 年 12 月 31 日	2000 年 12 月 31 日 调整前	2000 年 12 月 31 日 调整后	1999 年 12 月 31 日
总资产	1,743,431,603.24	1,229,757,396.99	1,215,398,263.33	459,852,060.70
股东权益(不含少数股东权益)	832,544,845.36	806,311,954.65	787,586,134.54	154,219,660.58
每股净资产(摊薄)	5.203	5.04	4.92	1.285
调整后的每股净资产(摊薄)	5.155	4.91	4.86	1.19

对 2000 年报表进行追溯调整主要原因:

1、根据财政部财会[2001]5 号文的有关要求,公司从 2001 年 1 月 1 日起取消"住房周转金"项目,追溯调整了期初留存收益及相关项目的期初数,调减 2001 年年初未分配利润 104,368.29 元。

2、因更正重大会计差错进行追溯调整,调减 2000 年度净利润 18,621,451.82 元,相应调整 2000 年利润分配项目,其中法定盈余公积调减 1,862,145.18 元,法定公益金调减了 931,072.59 元,任意盈余公积金调减了 931,072.59 元。(详见会计报表附注二(二十))

第三章 股本变动及股东情况介绍

一、股本变动情况(截止到 2001 年 12 月 31 日)报告期内,公司总股本没有变化。

股份类别	本次变动前	配股	送股	公积金转股	增发	其他	小计	本次变动后
(一)未上市流通股份								
1、发起人股份								
其中:国家持有股份								
境内法人持有股份	120,000,000							120,000,000
境外法人持有股份								
其他								
2、战略投资者配售股份	6,500,000					-6,500,000	-6,500,000	
3、募集法人股份								
4、内部职工股								
5、优先股及其他								
未上市流通股份合计	126,500,000					-6,500,000	-6,500,000	120,000,000
(二)已流通股份								
1、人民币普通股	33,500,000					6,500,000	6,500,000	40,000,000
2、境内上市的外资股								
3、境外上市的外资股								
4、其他								
已流通股份合计	33,500,000					6,500,000	6,500,000	40,000,000
(三)股份合计	160,000,000							160,000,000

600131 四川岷江水利电力股份有限公司

2001 年年度报告摘选

一、公司基本情况简介

(一)公司法定中文名称:四川岷江水利电力股份有限公司
公司法定英文名称:Sichuan Minjiang Hydropower co.,ltd
英文名称缩写:SMHC
(二)法定代表人姓名:龙功才
(三)公司董事会秘书:蒲和翔
证券事务代表:龙嘉陵
联系地址:成都市温哥华广场 15 楼 H 座
联系电话:028-7731485　　传　真:028-7764010
(四)公司注册地址:四川省汶川县下索桥
公司办公地址:四川省汶川县下索桥　　邮政编码:623007
(五)公司选定的信息披露报纸:《中国证券报》、《上海证券报》
登载公司年度报告的中国证监会指定网站:http://www.sse.com.cn
公司年报备置地点:成都市温哥华广场 15 楼 H 座公司证券部
(六)公司股票上市地:上海证券交易所
股票简称:岷江水电　　股票代码:600131
(七)公司首次注册日期:1993 年 12 月 31 日
注册地点:四川省汶川县下索桥
企业法人营业执照注册号:5132001800354
税务登记号:513221211352460
公司聘请的会计师事务所名称:信永中和会计师事务所
事务所办公地点:北京市东城区朝阳门北大街 8 号富华大厦 C 座 12 层

二、会计数据和业务数据摘要

(一)本年度实现利润情况(单位:人民币元)

项 目	金 额
利润总额	33,527,228.61
净利润	27,341,349.71
扣除非经常性损益后的净利润	27,341,349.71
主营业务利润	72,941553.98
其他业务利润	2,417844.56
营业利润	32,959,034.27
投资收益	-109,370.16
补贴收入	------
营业外收支净额	677,564.50
经营活动产生的现金流量净额	26,574716.46
现金及现金等价物净增加额	80,250,996.08

(二)截至报告期末前三年主要会计数据和财务指标(单位:人民币元)

项 目	2001 年	2000 年	1999 年
主营业务收入	142,867,714.76	106,753,516.30	101,574,588.72
净利润	27,341,349.71	30,352,264.29	43,471,913.73
总资产	1,457,688,496.73	1,218,472,747.99	811,875,605.77
股东权益(不含少数股东权益)	595,352,902.03	383,946,172.72	408,289,672.83
每股收益(摊薄)	0.09	0.11	0.16
每股收益(加权)	0.10	0.11	0.16
扣非经常性损益后的每股收益(摊薄)	0.09	0.09	0.15
扣非经常性损益后的每股收益(加权)	0.10	0.09	0.15
每股净资产	2.01	1.50	1.49
调整后每股净资产	2.00	1.50	1.49
每股经营活动产生的现金流量净额	0.09	0.14	0.16
净资产收益率(摊薄)	4.59%	7.38%	10.65%
净资产收益率(加权)	6.24%	7.17%	11.24%

(三)净资产收益率和每股收益

报告期利润	全面摊薄净资产收益率(%)	加权平均净资产收益率(%)	全面摊薄每股收益(元/股)	加权平均每股收益(元/股)
主营业务利润	12.25	16.65	0.25	0.26
营业利润	5.54	7.53	0.11	0.12
净利润	4.59	6.24	0.09	0.10
扣除非经常性损益后净利润	4.59	6.24	0.09	0.10

三、股本变动和股东情况

(一)股本变动情况
1、股本变动情况表　　(单位:股)

项 目	本次变动前	配股	送股	公积金转股	增发	其他	小计	本次变动后
一、未上市流通股份								
1、发起人股份	166,716,000.00							166,716,000.00
其中:								
国家持有股份	144,243,000.00							144,243,000.00
境内法人持有股份	22,473,000.00							22,473,000.00
境外法人持有股份								
其他								
2、募集法人股	29,878,200.00							29,878,200.00
3、内部职工股	7,584,622.00	2,275,386.00				-9,860,008.00	-7,584,622.0	0.00
4、优先股或其他								
其中:转配股								
未上市流通股份合计	204,178,822.00	2,275,386.00				-9,860,008.00	-7,584,622.00	196,594,200.00
二、已上市流通股份								
1、人民币普通股	69,300,000.00	20,790,000.00				9,860,008.00	30,650,008.00	99,950,008
2、境内上市外资股								
3、境外上市外资股								
4、其他								
已上市流通股份合计	69,300,000.00	20,790,000.00				9,860,008.00	30,650,008.00	99,950,008.00
三、股份总数	273,478,822.00	23,065,386.00				0.00	23,065,386.00	296,544,208.00

600132 重庆啤酒股份有限公司

2001 年年度报告摘选

一、公司基本情况简介

(一)公司法定中文名称:重庆啤酒股份有限公司
公司英文名称:CHONGQING BREWERY CO. LTD
(二)公司法定代表人:华正兴
(三)公司董事会秘书:苏甫玉
董事会证券事务代表:邓 炜
联系地址:重庆市九龙坡区石桥铺石杨路 16 号
电话:023－68629476
传真:023－68629476
电子信箱:cqbeer132@163.net
(四)公司注册及办公地址:重庆市九龙坡区石桥铺石杨路 16 号
邮政编码:400039 E－mail:cqbeer132@163.net
(五)公司选定的信息披露报纸为:《中国证券报》、《上海证券报》、《证券时报》
登载公司年度报告的中国证监会指定国际互联网网址为:http://www.sse.con.cn
公司年度报告备置地点:公司证券部
(六)公司股票上市交易所:上海证券交易所
股票简称:重庆啤酒
股票代码:600132

二、会计数据和业务数据摘要

(一)公司本年度实现利润情况

金额单位:人民币元

项 目	2001 年度
利润总额	40,101,886.30
净利润	34,287,205.58
扣除非经常性损益后的净利润	37,019,103.12
主营业务利润	162,066,042.64
其他业务利润	5,450,529.40
营业利润	46,238,235.41
投资收益	－10,222,334.37
补贴收入	901,108.00
营业外收支净额	3,184,877.26
经营活动产生的现金流量净额	99,169,988.57
现金及现金等价物增减净额	－90,421,758.20
注:扣除的非经常性损益项目和涉及金额:	
1、营业外收支	3,184,877.26
2、股票投资收益	－9,243,882.37
3、资金占用费	1,943,900.00
4、补贴收入	901,108.00

(二)截至报告期末公司前三年主要会计数据和财务指标

单位:元

项目	2001 年	2000 年		1999 年
		调整后	调整前	
主营业务收入	466,710,328,93	338,155,546.77	338,155,546.77	305,230,176.32
净利润	34,287,205.58	40,970,208.61	44,793,640.50	41,757,858.88
总资产	1,178,141,930.49	1,229,505,753.84	1,253,859,328.49	899,586,530.35
股东权益	576,636,334.59	586,555,849.01	609,762,066.24	599,142,825.74
每股收益	0.201	0.240	0.262	0.244
加权平均				
每股收益	0.201	0.240	0.262	0.258
扣除非经常性损益后的每股收益	0.217	0.211	0.211	0.227
每股净资产	3.37	3.43	3.57	3.51
调整后的每股净资产	3.33	3.42	3.55	3.50
净资产收益率(%)	5.95%	6.98%	7.35%	6.97%
调整后的净资产收益率(%)	6.03%	7.01%	7.39%	6.98%
每股经营活动产生的现金流量净额	0.580	0.510	0.510	0.366

三、股本变动及股东情况

(一)公司股本变动情况表

数量单位:股

	本次变动前	本次变动增减(＋,－)						本次变动后
		配股	送股	公积金转股	增发	其他	小计	
一、未上市流通股份								
1、发起人股份								
其中:								
国家持有股份	92365000							92365000
境内法人持有股份	26507000							26507000
境外法人持有股份								
其他								
2、募集法人股份								
3、内部职工股								
4、优先股或其他	118872000							118872000
未上市流通股份								
合计	52000000							52000000
二、已上市流通股份								
1、人民币普通股								
2、境内上市的外资股								
3、境外上市的外资股	52000000							52000000
4、其他								
已上市流通股份合计								
三、股份总数	170872000							170872000

600133 武汉东湖高新集团股份有限公司

2001 年年度报告摘选

一、公司简介

1、公司的法定中文名称:武汉东湖高新集团股份有限公司
英文名称:WUHAN EAST LAKE HIGH TECHNOLOGY GROUP CO., LTD.
英文缩写:ELHT
2、公司法定代表人:黄立平
3、公司董事会秘书:舒春萍
联系地址:武汉市洪山区关东科技工业园东湖高新大楼五楼
联系电话:027－87561686　　传真:027－87561866 87561266
电子信箱:dhgx@public.wh.hb.cn
4、公司注册及办公地址:武汉市东湖高新关东科技工业园东湖高新大楼
邮政编码:430074
公司国际互联网网址:www.elht.com.cn.
电子信箱:dhgx@public.wh.hb.cn
5、信息披露报纸名称:《上海证券报》
年度报告登载网址:www.sse.com.cn
年度报告备置地点:东湖高新大楼五楼公司董事会秘书处
6、公司股票上市地:上海证券交易所
股票简称:东湖高新　　证券代码:600133

二、会计数据和业务数据摘要

1、本年度主要利润指标情况:(金额单位:人民币元)

项目	金额
1、利润总额:	59,712,784.61
2、净利润:	49,173,677.42
3、扣除非经常性损益后的净利润:	38,623,013.07
4、主营业务利润:	118,401,480.04
5、其他业务利润:	304,002.00
6、营业利润:	48,924,523.46
7、投资收益:	13,059,914.16
8、补贴收入:	－－
9、营业外收支净额:	－2,271,653.01
10、经营活动产生的现金流量净额:	9,276,450.93
11、现金及现金等价物净增加额:	18,171,007.93

注:扣除非经常性损益项目及涉及金额(金额单位:人民币元)

项目	金额
(1)资产处置损益	11,262,714.53
(2)违约金	－776,536.11
(3)合并价差摊入	64,485.93
(4)合计	10,550,664.35

2、截至报告期末公司前三年主要会计数据和财务指标:(单位:人民币元)

指标项目	2001.12.31	2000.12.31		1999.12.31	
		调整后	调整前	调整后	调整前
主营业务收入(元)	475,416,974.01	307,479,313.39	307,479,313.39	237,576,583.34	237,576,583.34
净利润(元)	49,173,677.42	44,662,137.02	49,832,639.79	38,956,455.82	39,469,315.97
总资产(元)	1,164,127,539.67	1,077,036,109.29	1,082,129,269.42	559,265,733.67	559,778,593.82
股东权益(元)	635,372,271.60	608,109,556.35	614,012,716.49	362,216,475.55	362,729,335.70
每股收益(元)摊薄	0.1784	0.1621	0.1808	0.1522	0.1542
加权	0.1784	0.1712	0.1910	0.1522	0.1542
扣除非经常性损益后的每股收益(元)	0.1401	0.1545	0.1545	0.1346	0.1346
净资产收益率(%)摊薄	7.74	7.34	8.12	10.76	10.88
加权	8.13	10.11	12.26	11.37	11.98
每股净资产(元)	2.3055	2.2066	2.2280	1.4149	1.4169
调整后的每股净资产(元)	2.2918	2.1524	2.1620	1.3860	1.3860
每股经营活动产生的现金流量净额	0.0337	－0.7689	－0.7689	0.0026	0.0026

利润分配表附表

报告期利润	净资产收益率%		每股收益(元)	
	全面摊薄	加权平均	全面摊薄	加权平均
主营业务利润	18.63	18.51	0.4296	0.4296
营业利润	7.70	8.09	0.1775	0.1775
净利润	7.74	8.13	0.1784	0.1784
扣除非经常性损益后的净利润	6.08	6.44	0.1401	0.1401

三、股本变动和主要股东持股情况

1、股份变动情况表
公司股份变动

单位:万股

项目	期初数	本次变动增减(＋,－)						期末数
		配股	送股	转增	增发	转让	小计	
一、未上市流通股份								
1.发起人股份	11815.22					－2595.84	－2595.84	9219.38
其中:								
国家持有股份								
境内法人持有股份	11815.22					－2595.84	－2595.84	9219.38
境外法人持有股份								
其他								
2.募集法人股份	7424					＋2595.84	＋2595.84	10019.84
3.内部职工股								
4.优先股或其他								
其中:转配股								
未上市流通股份合计	19239.22							19239.22
二、已上市流通股份								
1.人民币普通股	8320							8320
2.境内上市的外资股								
3.境外上市的外资股								
4.其他								
已上市流通股份合计	8320							8320
三、股份总数	27559.22							27559.22

600135 乐凯胶片股份有限公司

2001年年度报告摘选

一、公司基本情况简介

1、公司法定中文名称:乐凯胶片股份有限公司
公司法定英文名称:luckyfilm co.,ltd
2、法定代表人姓名:杜昌焘
3、公司董事会秘书:李建新
联系地址:河北省保定市建设南路1号
联系电话:0312-3227901-2899
传真:0312-3217937
电子信箱:stock@luckyfilm.com.cn
4、公司注册地址:河北省保定国家高新技术产业开发区(朝阳路68号)
公司办公地址:河北省保定市建设南路1号
邮政编码:071054
公司国际互联网网址:http://www.luckyfilm.com.cn
公司电子信箱:office@luckyfilm.com.cn
5、公司选定的信息披露报刊:《中国证券报》
登载公司年度报告的国际互联网网址:http://www.sse.com.cn
公司年报备置地点:公司证券部
6、公司股票上市交易所:上海证券交易所
股票简称:乐凯胶片
股票代码:600135

二、会计数据和业务数据摘要

1、本年度主要利润指标

单位:元

项目	金额
利润总额	168865174.01
净利润	139866344.21
扣除非经常性损益后的净利润*	138788498.51
主营业务利润	276134639.44
其他业务利润	-173562.65
营业利润	157971885.15
投资收益	9815443.16
补贴收入	0
营业外收支净额	1077845.70
经营活动产生的现金流量净额	198628010.14
现金及现金等价物净增减额	391109366.50

注:扣除非经常性损益项目和涉及金额:
处置固定资产净收益:1129661.78元
其他支出:51816.08元

2、公司近三年主要会计数据及财务指标

财务指标	2001年度	2000年度		1999年度	
		调整后	调整前	调整后	调整前
主营业务收入(元)	638148274.53	758946417.44	758946417.44	619531564.01	619531564.01
净利润(元)	139866344.21	215350881.23	215459117.61	159886140.35	160105503.69
总资产(元)	1156977070.47	1109517284.96	1109844884.68	893556318.42	893775681.76
股东权益(不含少数股东权益)(元)	970241908.46	967175564.25	967503163.97	837324683.02	837544046.36
全面摊薄每股收益(元/股)	0.409	0.756	0.756	0.842	0.843
加权平均每股收益(元/股)	0.409	0.756	0.756	0.842	0.843
扣除非经常性损益的每股收益(元/股)	0.406	0.739	0.740	0.819	0.820
每股净资产(元/股)	2.837	3.394	3.395	4.408	4.408
调整后的每股净资产(元/股)	2.832	3.385	3.385	4.372	4.372
每股经营活动产生的现金流量净额(元/股)	0.581	1.050	1.050	1.356	1.356
全面摊薄净资产收益率(%)	14.416	22.27	22.27	19.12	19.12
加权平均净资产收益率(%)	13.486	22.79	22.79	21.19	21.19

3、报告期利润表附表

2001年度利润	净资产收益率(%)		每股收益(元)	
	全面摊薄	加权平均	全面摊薄	加权平均
主营业务利润	28.460	26.625	0.807	0.807
营业利润	16.282	15.232	0.462	0.462
净利润	14.416	13.486	0.409	0.409
扣除非经常性损益后的净利润	14.305	13.382	0.406	0.406

三、股本变动及主要股东持股情况

1、公司股本变动情况
(1)公司股份变动情况表
公司股份变动情况表

单位:股

	本次变动前	本次变动增减(+,-)						本次变动后
		配股	送股	公积金转股	增发	其他	小计	
一、未上市流通股份								
1、发起人股份	180000000		36000000				36000000	216000000
其中:国家持有股份								
境内法人持有股份	180000000		36000000				36000000	216000000
境外法人持有股份								
其他								
2、募集法人股份								
3、内部职工股								
4、优先股或其他								
未上市流通股份合计	180000000		36000000				36000000	216000000
二、已上市流通股份								
1、人民币普通股	105000000		21000000				21000000	126000000
2、境内上市的外资股								
3、境外上市的外资股								
4、其他								
已上市流通股份合计	105000000		21000000				21000000	126000000
三、股份总数	285000000		57000000				57000000	342000000

600136 武汉道博股份有限公司

2001年年度报告摘选

一、公司基本情况简介

(一)公司法定中文名称:武汉道博股份有限公司
缩写:道博股份
公司法定英文名称:WUHAN DOUBLE CO.,LTD
缩写:DOUBLE
(二)公司法定代表人:杨真先生
(三)公司董事会秘书:吴小林先生
联系地址:湖北省武汉市汉口中山大道818号佳丽广场45层
电话:027-82702848
传真:027-82702818
董事会电子信箱:dbboard@public.wh.hb.cn
(四)公司注册地址:湖北省武汉经济技术开发区Ⅲ--5号地块
公司办公地址:湖北省武汉市汉口中山大道818号佳丽广场45层
邮政编码:430020
公司国际互联网网址:http//www.china-double.com
公司电子信箱:double@public.wh.hb.cn
(五)公司选定信息披露报刊名称:《中国证券报》《上海证券报》
中国证监会指定登载公司年度报告的国际互联网网址:http//www.sse.com.cn
公司年度报告备置地点:公司董事会秘书办公室
(六)公司股票上市交易所:上海证券交易所
股票简称:道博股份
股票代码:600136

二、会计数据和业务数据摘要

(一)公司本年度主要会计数据和业务数据
2001年度:

单位:人民币元

项目	金额
利润总额	39,007,319.84
净利润	24,860,744.16
扣除非经常性损益后的净利润	10,847,139.74
主营业务利润	95,587,233.25
其他业务利润	2,631,425.59
营业利润	25,551,172.62
投资收益	-22,314.48
补贴收入	15,221,671.57
营业外收支净额	-1,743,209.87
经营活动产生的现金流量净额	5,174,663.17
现金及现金等价物净增加额	-83,161,579.56

(二)截至报告期末公司前三年主要会计数据和财务指标

项目	2001年	2000年		1999年
		追溯调整后	追溯调整前	
主营业务收入(元)	175,667,548.93	192,367,648.71	192,367,648.71	144,600,129.13
净利润(元)	24,860,744.16	20,277,516.01	20,277,516.01	30,220,521.20
总资产(元)	862,604,992.21	704,353,585.00	724,784,536.61	474,426,346.48
股东权益(不含少数股东权益)(元)	420,679,074.41	397,649,953.98	420,841,968.50	283,562,129.58
每股收益(元)	0.24	0.19	0.19	0.318
每股收益(加权)(元)	0.24	0.21	0.21	
每股净资产(元)	4.03	3.81	4.03	2.99
调整后每股净资产(元)	3.85	3.73	3.94	2.91
每股经营活动产生的现金流量净额(元)	0.05	0.41	0.41	0.031
净资产收益率(%)	5.91	5.10	4.82	10.66
净资产收益率(加权)(%)	6.06	6.90	6.03	11.06
扣除非经常性损益后每股收益(元)	0.10	0.15	0.11	0.279

三、股本变动及股东情况

(一)股本变动情况
1、股份变动情况表

数量单位:股

股份类别	本次变动前	本次变动增减(+、-)						本次变动后
		配股	送股	公积金转股	增发	其它	小计	
一、未上市流通股份								
1.发起人股份								
其中:								
国家持有股份								
境内法人持有股份								
境外法人持有股份								
其他								
2.募集法人股份	63,520,000.00							63,520,000.00
3.内部职工股	8,424,000.00						-8,424,000.00	
4.优先股或其他								
其中:转配股								
未上市流通股份合计	71,944,000.00							63,520,000.00
二、已上市流通股份								
1.人民币普通股	32,500,000.00						+8,424,000.00	40,924,000.00
2.境内上市外资股								
3.境外上市的外资股								
4.其他								
已上市流通股份合计	32,500,000.00							40,924,000.00
三、股份总数	104,444,000.00							104,444,000.00

600137 四川长江包装控股股份有限公司

2001 年年度报告摘选

第一章　公司简介

1、公司法定中、英文名称：
法定中文名称：四川长江包装控股股份有限公司
法定英文名称：SICHUAN CHANGJIANG PACKAGING HOLDING CO. LTD
英文缩写名称：CJPHC
2、公司法定代表人：陈　瑜
3、公司董事会秘书：傅相林
证券事务代表：马中明
公司联系地址：成都市火车北站西二路 32 号
电话：028－83189111　　传真：028－83189111
4、公司注册地址：四川省宜宾市马鞍石
公司办公地址：四川省宜宾市马鞍石
邮政编码：644004
公司国际互联网网址：http://www.cjpp.com
电子信箱：ybcjbz@yb－public.sc.cninfo.net
5、公司信息披露报纸名称：上海证券报
登载公司年度报告国际互联网网址：www.sse.com.cn
公司年度报告备置地点：四川长江包装控股股份有限公司证券部
6、公司股票上市地：上海证券交易所
股票简称：长江控股
股票代码：600137

第二章　会计数据和业务数据摘要

一、本年度主要利润指标情况　　单位：人民币元

序号	项目	2001 年金额
1	利润总额	－20,976,987.90
2	净利润	－19,296,331.20
3	扣除非经常性损益后的净利润	－65,251,906.27
4	主营业务利润	－3,681,055.04
5	其他业务利润	1,645,434.33
6	营业利润	－54,410,226.93
7	投资收益	33,243,316.44
8	补贴收入	
9	营业外收支净额	189,922.59
10	经营活动产生的现金流量净额	－17,991,381.38
11	现金及现金等价物净增减额。	4,225,536.23

注：扣除的非经常性损益项目和涉及金额：

	扣除的非经常性损益的项目	金额
1	转让股权收益	44,607,711.81
2	流动资产盘盈	1,157,940.67
3	营业外收入	589,722.87
4	营业外支出	399,800.28
	以上扣除影响净利润合计	45,955,575.07

二、截止报告期末公司前三年的主要会计数据和财务指标　　单位：人民币元

序号	会计数据和主要财务指标名称	2001 年	2000 年		1999 年	
			追溯调整后	追溯调整前	追溯调整后	追溯调整前
1	主营业务收入	50,825,445.85	135,946,825.00	132,637,370.68	89,079,097.73	89,079,097.73
2	净利润	－19,296,331.20	15,882,883.37	16,048,876.49	－44,405,434.64	－45,031,201.83
3	总资产	726,082,996.63	569,523,050.11	571,034,004.92	312,288,552.00	309,950,843.35
4	股东权益(不含少数股东权益)	146,305,563.81	165,601,660.82	166,093,125.93	18,704,838.62	20,298,488.31
5	每股收益(元/股)	－0.318	0.262	0.264	－0.731	0.742
6	每股净资产(元/股)	2.410	2.728	2.736	0.308	0.334
7	调整后的每股净资产(元/股)	2.262	2.477	2.489	0.163	0.184
8	每股经营活动产生的现金流量净额(元/股)	－0.296	0.096	0.096	－0.050	－0.050
9	净资产收益率(%)	－13.189	9.591	9.663	－237.401	－221.845
10	扣除非经常损益后的每股收益(元/股)	－1.075	－0.533	－0.530	0.731	－0.745
11	加权净资产收益率(%)	－12.373	17.235	17.369	－105.292	－104.796
12	扣除非经常性损益后的加权净资产收益率(%)	－41.841	－35.134	－34.808	105.212	－105.305

第三章　股本变动及股东情况

一、股本变动情况
(一)股份变动情况表

项目	期初数	配股	送股	转股	其它	小计	本次变动后
		本次变动增减(＋,－)					
一、尚未流通股份							
1、发起人股份	43,311,288						43,311,288
其中：国家持有股份	34,671,288						34,671,288
境内法人持有股份	8,640,000						8,640,000
外资法人持有股份							
其他							
2、募集法人股							
3、内部职工股							
4、优先股或其他							
未流通股份合计	43,311,288						43,311,288
二、已上市流通股份							
1、人民币普通股	17,400,000						17,400,000
2、境内上市的外资股							
3、境外上市的外资股							
4、其他							
已流通股份合计	17,400,000						17,400,000
三、股份总额	60,711,288						60,711,288

600138 中青旅控股股份有限公司

2001 年年度报告摘选

一、公司简介

(一)公司法定中文名称：中青旅控股股份有限公司
公司法定英文名称：CHINA CYTS TOURS HOLDING CO.，LTD.
公司英文名称缩写：CYTS
(二)公司法定代表人：张骏
(三)公司董事会秘书：张立军
联系地址：北京市东交民巷丙 23 号
联系电话：(010)65243388－2210,2211
传真：(010)65282284
电子信箱：zhqb@cyts.com.cn
(四)公司注册地址：北京市海淀区知春路 128 号泛亚大厦八层
公司办公地址：北京市东交民巷丙 23 号
邮政编码：100006
电子信箱：zhqb@cyts.com.cn
(五)公司选定的信息披露报纸：《中国证券报》、《上海证券报》
登载公司年度报告的中国证监会指定国际互联网网址：www.sse.com.cn
公司年度报告备置地点：北京市东交民巷丙 23 号中国青旅大厦本公司证券部
(六)股票上市地：上海证券交易所
股票简称：青旅控股　　股票代码：600138

二、会计数据和业务数据摘要

(一)本年度会计数据摘要(单位：人民币元)

项目	金额
利润总额：	119,913,525.91
净利润：	103,024,203.28
扣除非经常性损益后的净利润：	86,246,801.05
主营业务利润：	216,274,395.71
其他业务利润：	3,401,022.06
营业利润：	64,663,051.55
投资收益：	48,075,040.45
营业外收支净额：	7,175,433.91
经营活动产生的现金流量净额：	66,662,056.26
现金及现金等价物净增加额：	－27,728,621.44

注：扣除的非经常性损益项目和涉及金额：

项目	金额
净利润	103,024,203.28
营业外支出	＋488,073.47
股权投资差异摊销	＋1,107,166.53
短期投资收益	＋55,452.23
营业外收入	－7,663,507.38
转让股权收入	－10,764,587.08
扣除非经常性损益后净利润	86,246,801.05

(二)近三年主要会计数据和财务指标(合并报表)

项目	2001 年	2000 年		1999 年	
		追溯调整前	追溯调整后	追溯调整前	追溯调整后
主营业务收入(万元)	130,856.88	102,508.73	102,508.73	84,448.33	84,448.33
净利润(万元)	10,302.42	12,024.99	11,824.44	11,086.78	11,086.78
总资产(万元)	174,078.59	166,426.17	166,085.29	116,860.69	113,199.41
股东权益(万元)	108,517.55	101,627.97	101,344.77	65,020.99	62,167.94
每股收益(元/股)	0.386	0.450	0.443	0.462	0.415
加权每股收益(元/股)	0.386	0.474	0.474	0.462	0.462
扣除非经常性损益后的每股收益(元/股)	0.323	0.450	0.440	0.445	0.445
每股净资产(元/股)	4.06	3.81	3.80	2.71	2.59
调整后的每股净资产(元/股)	3.88	3.66	3.65	2.61	2.49
每股经营活动产生的现金流量净额	0.25	0.13	0.13	0.14	0.14
净资产收益率(%)	9.49	11.83	11.67	17.05	17.83
加权净资产收益率(%)	9.67	14.33	14.33	17.05	17.05

另，根据中国证监会《公开发行证券公司信息披露编报规则－－第九号》的要求，计算公司 2001 年度的利润指标如下：

报告期利润	净资产收益率(%)		每股收益(元)	
	全面摊薄	加权平均	全面摊薄	加权平均
主营业务利润	19.93	20.31	0.81	0.81
营业利润	5.96	6.07	0.24	0.24
净利润	9.49	9.67	0.386	0.386
扣除非经常损益后的净利润	7.95	8.1	0.323	0.323

三、股本变动及股东情况

(一)股本变动情况
1、股本变动情况表
报告期内股本无变动。　　数量单位：股

项目	本次变动前	配股	送股	公积金转股	增发	其他	小计	本次变动后
		本次变动增减(＋,－)						
一、未上市流通股份	150,000,000							150,000,000
1、发起人股份								
其中：								
国家持有股份	150,000,000							150,000,000
境内法人持有股份								
境外法人持有股份								
其他								
2、募集法人股份								
3、内部职工股								
4、优先股或其他	150,000,000							150,000,000
未上市流通股份合计								
二、已上市流通股份	117,000,000							117,000,000
1、人民币普通股								
2、境内上市的外资股	117,000,000							117,000,000
已上市流通股份合计(含高管持股)								
三、股份总数	267,000,000							267,000,000

600139 鼎天科技股份有限公司

2001年年度报告摘选

一、公司基本情况简介

(一)公司的法定中、英文名称
公司法定中文名称:鼎天科技股份有限公司
公司法定英文名称:DINGTIAN SCIENCE & TECHNOLOGY Inc.
(二)公司法定代表人:陈亚平
(三)公司董事会秘书:黄晓君　　E-mail:huang-xj@dingtian.com.cn
公司证券事务代表:胡兵　　E-mail:hu-bing@dingtian.com.cn
公司联系地址:四川省成都市人民南路二段18号川信大厦26层
电话:028-6200596　　传真:028-6200715
(四)公司注册及办公地址:四川省德阳市华山北路114号
邮政编码:618000
公司国际互联网网址:http://www.dingtian.net
电子信箱:s-tech@dingtian.com.cn
(五)公司选定的信息披露报纸名称:《中国证券报》、《上海证券报》
公司登载年度报告的中国证监会指定网站的网址:http://www.sse.com.cn
公司年度报告备置地点:公司证券办
(六)公司股票上市交易所:上海证券交易所
公司股票简称:鼎天科技　　公司股票代码:600139

二、会计数据和业务数据摘要

(一)本年度主要利润指标情况

项目	单位:人民币元
利润总额	-63,466,471.61
净利润	-63,466,471.61
扣除非经常性损益后的净利润	-52,409,161.66
主营业务利润	21,352,112.12
其他业务利润	653,564.57
营业利润	-45,302,539.05
投资收益	-10,294,422.17
补贴收入	423,000.00
营业外收支净额	-8,292,510.39
经营活动产生的现金流量净额	20,043,102.43
现金及现金等价物净增减额	-33,967,182.60

注:扣除非经常性损益的项目、涉及金额:

项目	金额
会计政策变更增加的利润总额	-1,814,326.83
债务重组损失	-1,106,319.35
其他(剥离不良资产损失)	-8,136,663.77
合计	-11,057,309.95

(二)截至报告期末公司前三年的主要会计数据和财务指标

单位:人民币元

项目	2001年	2000年调整后	2000年调整前	1999年
主营业务收入	193,930,587.25	209,024,624.50	209,024,624.50	104,853,968.65
净利润	-63,466,471.61	13,539,774.96	13,556,978.65	15,934,987.11
总资产	409,973,549.25	526,708,405.79	530,289,813.60	424,272,447.72
股东权益(不含少数股东权益)	103,875,349.82	164,309,066.30	169,973,902.70	164,017,944.05
每股收益(摊薄)	-0.83	0.18	0.18	0.21
每股收益(加权)	-0.83	0.18	0.18	0.21
每股净资产	1.37	2.16	2.24	2.16
调整后的每股净资产	1.20	2.04	2.07	2.12
每股经营活动产生的现金流量净额	0.26	0.10	0.10	0.10
净资产收益率摊薄(%)	-61.10	8.24	7.98	9.72
净资产收益率加权(%)	-52.13	7.93	7.94	9.71

(三)按中国证监会《公开发行证券公司信息披露编报规则第九号》要求计算的利润数据

报告期利润	净资产收益率(%)		每股收益(元)	
	全面摊薄	加权平均	全面摊薄	加权平均
主营业务利润	20.56	16.11	0.28	0.28
营业利润	-43.61	-34.17	-0.60	-0.60
净利润	-61.10	-47.87	-0.83	-0.83
扣除非经常性损益后的净利润	-50.45	-39.53	-0.69	-0.69

三、股本变动及股东情况

(一)股本变动情况

股份变动情况表　　数量单位:股

	本次变动前	本次变动增减(+、-)					本次变动后
		配股	送股	公积金转股	其他	小计	
一、未上市流通股份							
1.发起人股份	46,610,200						46,610,200
其中:							
国家持有股份							
境内法人持有股份	46,610,200						46,610,200
外资法人持有股份							
其他							
2.募集法人股							
3.内部职工股							
4.优先股或其他							
其中:转配股							
未上市流通股份合计	46,610,200						46,610,200
二、已上市流通股份							
1.人民币普通股	29,400,000						29,400,000
2.境内上市的外资股							
3.境外上市的外资股							
4.其他							
已上市流通股份合计	29,400,000						29,400,000
三、股份总额	76,010,200						76,010,200

600141 湖北兴发化工集团股份有限公司

2001年年度报告摘选

一、公司简介

(一)公司法定中文名称:湖北兴发化工集团股份有限公司
英文名称:Hubei Xingfa Chemicals Group Co.Ltd
(二)公司法定代表人:黄家明
(三)公司董事会秘书:孙卫东
联系地址:湖北省兴山县高阳镇民主街99号　　邮政编码:443700
电话:0717-2527022　0717-2527033　　传真:0717-2522917　0717-2527033
电子邮箱:swd169@21cn.com　　证券事务代表:胡坤裔
电子邮箱:hukunyi_yc@yc.hb.cninfo.net
联系地址:湖北省兴山县高阳镇民主街99号　　邮政编码:443700
电话:0717-2527021　　传　真:0717-25270337　　0717-2522917
(四)注册地址:湖北省兴山县高阳镇民主街99号
办公地址:湖北省兴山县高阳镇民主街99号　　邮政编码:443700
公司互联网网址:http://www.xingfagroup.com
(五)公司选定的信息披露指定报刊:《上海证券报》、《中国证券报》
中国证监会指定国际互联网网址:http://www.sse.com.cn
公司年度报告备置地点:公司董事会秘书办公室
(六)股票上市交易所:上海证券交易所
股票简称:兴发集团　　股票代码:600141

二、会计数据和业务数据摘要

(一)公司本年度主要会计数据

	单位:人民币元
利润总额	39,115,772.91
净利润	33,543,638.72
扣除非经常性损益后的净利润	35,045,960.81
主营业务利润	96,392,490.94
其他业务利润	2,867,140.84
营业利润	40,828,838.89
投资收益	54,371.77
补贴收入	--
营业外收支净额	-1,767,437.75
经营活动产生的现金流量净额	80,647,631.48
现金及现金等价物净增加额	-23,372,094.97

(二)截止报告期末公司前三年主要会计数据和财务指标

调整后

项目	2001年度	2000年度	1999年度
主营业务收入(元)	357,164,705.01	273,442,223.41	195,109,627.39
净利润(元)	33,543,638.72	25,823,124.64	18,093,042.13
总资产(元)	714,778,037.52	662,294,906.65	675,927,691.45
股东权益(元)	403,173,116.54	385,629,477.82	375,989,228.62
每股收益(全面摊薄)(元/股)	0.21	0.16	0.11
加权每股收益(元/股)	0.21	0.16	0.13
扣除非经营性损益后的每股收益(元/股)	0.22	0.16	0.10
每股净资产(元/股)	2.52	2.41	2.35
调整后的每股净资产(元/股)	2.62	2.41	2.34
每股经营活动产生的现金流量净额(元/股)	0.50	0.58	-0.03
净资产收益率%	8.32	6.70	4.81
加权平均净资产收益率%	8.34	6.50	6.16

调整前:

项目	2001年度	2000年度	1999年度
主营业务收入(元)	357,164,705.01	273,442,223.41	195,109,627.39
净利润(元)	33,543,638.72	26,628,567.95	26,348,387.63
总资产(元)	714,778,037.52	671,307,408.79	684,162,115.84
股东权益(元)	403,173,116.54	394,852,220.96	384,223,653.01
每股收益(全面摊薄)(元/股)	0.21	0.17	0.16
加权每股收益(元/股)	0.21	0.17	0.19
扣除非经营性损益后的每股收益(元/股)	0.22	0.16	0.11
每股净资产(元/股)	2.52	2.47	2.40
调整后的每股净资产(元/股)	2.62	2.47	2.39
每股经营活动产生的现金流量净额(元/股)	0.50	0.58	-0.03
净资产收益率%	8.32	6.74	6.85
加权平均净资产收益率%	8.34	6.70	8.84

三、股本变动及股东情况

(一)股本变动:

股本变动情况表　　数量单位:万股

	本次变动前	本次变动增减(+、-)					本次变动后
		配股	送股	公积金转股	发行新股	其他	
1、尚未流通股份							
发起人股份	8364						8364
其中:							
国家拥有股份	4878						4878
境内法人持有股份	3486						3486
其他							
募集法人股	2136						2136
内部职工股							
优先股或其他	1500						1500
尚未流通股份合计	12000						12000
2、已流通股份							
境内上市的A股	4000						4000
境内上市的外资股							
境外上市的外资股							
其他							
已流通股份合计	4000						4000
3、股份总数	16000						16000

600145 重庆四维瓷业股份有限公司

2001 年年度报告摘选

一、公司基本情况简介

1、公司的法定中文名称:重庆四维瓷业股份有限公司
公司的法定英文名称:CHONG QING SWELL CERAMICS INDUSTRY CO.,LTD
中文简称:四维瓷业
英文简称:SWELL CERAMICS
2、法定代表人:陈宗云
3、公司董事会秘书:乔昌志
证券事务代表:黄培国
联系地址:重庆四维瓷业股份有限公司
电话:023-47881756　023-68820484　023-47884888
传真:023-47881756　023-68820484
电子信箱:swelldm@163.com
4、公司注册地址:重庆市江津油溪镇
公司办公地址:重庆市江津油溪镇　邮政编码:402285
公司国际互联网网址:http://www.swellbath.com
电子信箱:chuantao@public.cta.cq.cn
5、公司选定的信息披露报刊:《中国证券报》、《上海证券报》
登载公司年度报告的中国证监会指定网址:http://www.sse.com.cn
公司年度报告备置地点:公司董秘办公室
6、公司股票上市交易所:上海证券交易所
股票简称:四维瓷业　股票代码:600145

二、会计数据和业务数据摘要

1、本年度主要利润指标(单位:元)

利润总额	89,101,928.84
净利润	78,601,070.29
扣除非经常性损益后的净利润*	80,962,075.00
主营业务利润	145,231,845.42
其他业务利润	100,143.70
营业利润	90,098,781.88
投资收益	65,570.82
补贴收入	-
营业外收支净额	-1,062,423.86
经营活动产生的现金流量净额	63,657,861.51
现金及现金等价物净增加额	-56,467,649.42

注:扣除非经常性损益项目和涉及金额:-2,361,004.71 元
(1)处置被投资单位收益-156,311.23 元;
(2)委托理财收益 500,000.00 元;
(3)营业外收支净额为-1,062,423.86 元;
(4)会计政策变更追溯调整对上年度净利润影响-2,058,917.51 元。
(5)非经常性损益所得税扣除数 416,647.89 元。

2、公司近三年的主要会计数据及财务指标

项目	2001 年	2000 年		1999 年
		调整前	调整后	
主营业务收入	309,875,559.88	198,397,702.49	198,397,702.49	168,704,714.17
净利润	78,601,070.29	36,090,173.86	34,031,256.35	22,714,600.79
总资产	719,427,405.05	600,806,861.08	598,747,943.57	504,781,856.79
股东权益(不含少数股东权益)	414,309,787.55	338,433,172.73	336,374,255.22	308,905,498.87
每股收益(摊薄)	0.32	0.26	0.25	0.18
每股收益(加权)	0.32	0.26	0.25	0.24
每股净资产	1.67	2.46	2.45	2.47
调整后的每股净资产	1.66	2.44	2.40	2.43
每股经营活动产生的现金流量净额	0.26	0.28	0.28	0.41
净资产收益率(摊薄)(%)	18.97	10.66	10.12	7.35
资产收益率(加权)(%)	17.55	11.04	10.66	12.23

3、报告期利润表附表

报告期利润	净资产收益率		每股收益	
	全面摊薄	加权平均	全面摊薄	加权平均
主营业务利润	35.05%	28.97%	0.59	0.59
营业利润	21.75%	17.55%	0.36	0.36
净利润	18.97%	17.55%	0.32	0.32
扣除非经常性损益后的净利润	19.54%	18.08%	0.33	0.33

注:利润表附表的利润数据是按照中国证监会《公开发行证券公司信息披露编报规则(第 9 号)》要求计算的。

三、股本变动及股东情况

1、股本变动情况
股份变动情况表

	年初数	报告期增减(+,-)						年末数
		配股	送股	公积金转股	增发	其他	小计	
一、未上市流通股份	8800 万		880 万	6160 万			7040 万	15840 万
1、发起人股份	8800 万		880 万	6160 万			7040 万	15840 万
其中:								
国家持有股份	7772.11 万		777.21 万	5440.48 万			6217.69 万	13989.81 万
境内法人持有股份	1027.88 万		102.79 万	719.52 万			822.31 万	1850.19 万
境外法人持有股份								
其他								
2、募集法人股份								
3、内部职工股份								
4、优先股或其他								
其中:转配股								
未上市流通股份合计	8800 万		880 万	6160 万			7040 万	15840 万
二、已上市流通股份	4950 万		495 万	3465 万			3960 万	8910 万
1、人民币普通股	4950 万		495 万	3465 万			3960 万	8910 万
2、境内上市的外资股								
3、境外上市的外资股								
4、其他								
已上市流通股份合计	4950 万		495 万	3465 万			3960 万	8910 万
三、股份总数	13750 万		1375 万	9625 万			11000 万	24750 万

600146 宁夏大元化工股份有限公司

2001 年年度报告摘选

第一章　公司基本情况简介

一、公司法定名称:宁夏大元化工股份有限公司
公司英文名称:NINGXIA DAYUAN CHEMICAL CO.,LTD.
二、公司法定代表人:王朝刚
三、公司证券事务代表:李占奇
联系地址:宁夏银川市鼓楼北街 2 号　邮政编码:750004
电话:0951-6042066　传真:0951-6042066　6032396
四、公司注册地址:宁夏银川市新市区文昌南路
公司办公地址:宁夏银川市鼓楼北街 2 号　邮政编码:750004
公司电子信箱:nxdygf@email.nx.cninfo.net
五、公司选定的信息披露报纸名称:《中国证券报》、《上海证券报》
登载公司年报的国际互联网址:http://www.sse.com.cn
公司年度报告备置地点:公司董事会办公室
六、公司股票上市交易所:上海证券交易所
股票简称:大元股份　股票代码:600146

第二章　会计数据和业务数据摘要

一、公司本年度业务数据(单位:人民币元):

利润总额	-121,376,966.42
净利润	-121,764,217.46
扣除非经常性损益后的净利润	-111,466,811.16
主营业务利润	-1,992,738.89
其他业务利润	997,631.64
营业利润	-104,890,997.04
投资收益	-4,666,606.19
补贴收入	0
营业外收支净额	-10,297,406.30
经营活动产生的现金流量净额	25,911,975.36
现金及现金等价物净增加额	-56,802,168.80

注:扣除非经常性损益涉及的项目和金额说明

营业外收入	94,954.70 元
营业外支出	10,392,361.00 元
营业外收支净额	-10,297,406.30 元
补贴收入	0 元。

二、近三年主要会计数据和财务指标(单位:人民币元)

	2001 年度	2000 年度	1999 年度
主营业务收入(元)	1,531,125,205.05	1,334,224,066.57	765,293,705.88
净利润(元)	-121,764,217.46	6,896,192.13	20,949,937.16
总资产(元)	405,382,146.30	1,003,313,891.82	802,139,467.12
股东权益(元)(不含少数股东权益)	349,841,614.88	462,873,936.86	455,977,744.73
每股收益(元)(摊薄)	-0.61	0.03	0.105
每股收益(元)(加权)	-0.61	0.03	0.123
扣除非经常性损益后的每股收益(元)	-0.56	0.03	0.007
每股净资产(元)	1.75	2.31	2.28
调整后的每股净资产(元)	1.74	2.30	2.25
每股经营活动产生的现金流量净额(元)	0.129	-0.26	0.078
净资产收益率(%)(摊薄)	-34.81	1.49	4.59
净资产收益率(%)(加权)	-30.29	1.50	13.41
扣除非经常性损益后的净资产收益率(%)(摊薄)	-31.86	1.47	0.31
扣除非经常性损益后的净资产收益率(%)(加权)	-27.73	1.48	0.90

第三章　股本变动及股东情况

一、股份变动情况表　数量单位:万股

	本次变动前	本次变动增减(+、-)						本次变动后
		配股	送股	转增	增发	其他	小计	
一、未上市流通股份								
1.发起人股份	14000							14000
其中:国家股	14000							14000
境内法人股								
境外法人股								
其他								
2.募集法人股份								
3.内部职工股								
4.定向法人股								
未上市股份合计	14000							14000
二、已上市流通股份								
1.人民币普通股	6000							6000
2.境内上市外资股								
3.境外上市外资股								
4.其他								
已上市股份合计	6000							6000
三、股份总数	20000							20000

二、股东情况
1、报告期末公司前 10 名股东持股情况如下:

名次	名称	股份类别	持股数(股)	持股比例(%)
1	宁夏大元炼油化工有限责任公司	(国家股)	140,000,000	70
2	李顺先	流通股	372569	0.1 86
3	王水菊	流通股	237400	0.119
4	魏宏霞	流通股	196120	0.098
5	张定清	流通股	194200	0.097
6	胡泽琴	流通股	192202	0.096
7	刘洪义	流通股	181700	0.091
8	张献清	流通股	179658	0.090
9	倪大贵	流通股	175605	0.088
10	曹殿新	流通股	173712	0.087

600148 长春一东离合器股份有限公司

2001年年度报告摘选

一、公司基本情况简介

1、公司名称(中文):长春一东离合器股份有限公司
(英文):Changchun Yidong Clutch Co., Ltd
2、公司法定代表人:刘兴德
3、公司董事会秘书:王有年
联系地址:长春市朝阳区繁荣路17－1号
电话:0431－5173591－6224
传真:0431－5174234
电子信箱:ccyidong @ public.cc.jl.cn
4、公司注册地址:长春市朝阳区繁荣路17－1号
公司办公地址:长春市朝阳区繁荣路17－1号
邮政编码:130012
电子信箱:ccyidong@public.cc.jl.cn
5、公司指定信息披露报纸:上海证券报
中国证监会指定登载公司年报的国际互联网网址:http://www.sse.com.cn
公司年度报告备置地点:公司证券部
6、公司股票上市交易所:上海证券交易所
股票简称:离合器
股票代码:600148

二、会计数据和业务数据摘要

1、公司本年度实现会计指标　　单位:人民币元

项目	金额
利润总额	9,239,119.41
净利润	8,302,388.86
扣除非经常性损益后的净利润	8,303,236.88
主营业务利润	40,133,444.44
其他业务利润	897,602.98
营业利润	9,379,289.98
投资收益	0.00
补贴收入	0.00
营业外收支净额	(140,170.57)
经营活动产生的现金流量净额	37,116,132.84
现金及现金等价物净增加额	32,287,760.07

注:"扣除非经常性损益后的净利润"指标扣除项目为:处置固定资产净收益108,402.72元,处置固定资产净损失109,250.74元。按"扣除非经常性损益后的净利润"指标计算的加权平均净资产收益率为3.49%

2、公司最近三年主要会计数据和财务指标　　单位:元

项目	2001年度	2000年度	2000(追溯调整)	1999年度	1999年(追溯调整)
主营业务收入	160,133,081.61	153,994,416.09	153,994,416.09	160,896,787.17	160,896,787.17
净利润	8,302,388.86	11,503,815.95	10,492,163.05	41,246,065.38	38,088,643.66
总资产	356,506,041.83	320,303,097.03	316,889,254.85	343,851,128.18	340,693,706.46
股东权益	252,443,182.42	193,422,685.55	189,278,948.18	195,387,181.86	192,229,760.14
每股收益	0.059	0.085	0.078	0.551	0.509
每股净资产	1.78	1.44	1.41	2.61	2.57
调整后的每股净资产	1.67	1.36	1.33	2.50	2.46
每股经营活动产生的现金流量净额	0.26	0.18	0.18	(0.04)	(0.04)
净资产收益率(%)	3.29	5.95	5.54	21.11	19.81

3、股东权益变动情况　　单位:元

项目	股本	资本公积	盈余公积	法定公益金	未分配利润	股东权益合计
期初数	134694000.00	36742328.94	6283537.40	3141768.70	8417313.14	189278948.18
本期增加	6822450.00	53275504.03	844917.96	422458.97	8302388.86	69667719.82
本期减少	－－－－－	－－－－－	－－－－－	－－－－－	6503485.58	6503485.58
期末数	141516450.00	90017832.97	7128455.36	3564227.67	10216216.42	252443182.42

变动原因:(1)报告期内实施2000年度配股方案,以1999年底总股本7483万股为基数,每10股配3股,共配6822450股,配股价9元,股本增加6822450元,股本溢价增加资本公积52753059.93元;(2)本年度实现净利润增加未分配利润8302388.86元;(3)本年提取法定盈余公积金、公益金及预分配利润。

三、股本变动及股东情况

1、股分变动情况表

单位:股

	本次变动前	本次变动增减						本次变动后
		配股	送股	公积金转股	增发	其他	小计	
一、未上市流通股份								
1、发起人股分	98694000	822450					822450	99516450
其中:								
国家持有股份								
境内法人持有股份	98694000	822450					822450	99516450
境外法人持有股份								
其他								
2、募集法人股份								
3、内部职工股								
4、优先股或其他								
其中:转配股								
未上市流通股合计	98694000	822450					822450	99516450
二、已上市流通股份	36000000	6000000					6000000	42000000
1、人民币普通股	36000000	6000000					6000000	42000000
2、境内上市的外资股								
3、境外上市的外资股								
4、其他								
已上市流通股份合计	36000000	6000000					6000000	42000000
三、股份总数	134694000	6822450					6822450	141516450

600149 邢台轧辊股份有限公司

2001年年度报告摘选

一、公司基本情况简介

1、公司法定中文名称:邢台轧辊股份有限公司
公司法定英文名称:XINGTAI MILL ROLL CO., LTD.
英文缩写:XTMC
2、公司法定代表人:赵建鹏
3、公司董事会秘书:靳电人
联系地址:河北省邢台市新兴西路1号
联系电话:(0319)2116168　　传真:(0319)2022061
电子信箱: jindr@fm365.com
4、公司注册地址:河北省邢台市新兴西路1号
公司办公地址:河北省邢台市新兴西路1号
邮政编码:054025
国际互联网网址:http://www.xt－zhagun.com.cn
电子信箱:xtmcs@fm365.com
5、公司选定的信息披露报纸:《中国证券报》
登载年度报告的中国证监会指定网站的网址:http://www.sse.com.cn
公司年度报告备置地点:公司董事会办公室
6、公司股票上市交易所:上海证券交易所
股票简称:邢台轧辊　　股票代码:600149

二、会计数据和业务数据摘要

1、本年度主要利润指标情况(单位:元)

项目	金额
利润总额:	38,510,638.82
净利润:	33,593,972.52
扣除非经常性损益后的净利润	33,375,223.94
主营业务利润	86,379,478.93
其他业务利润	－976,331.56
营业利润	40,850,272.62
投资收益	2,841,617.62
补贴收入	0.00
营业外收支净额	－5,181,251.42
经营活动产生的现金流量净额	29,443,474.36
现金及现金等价物净增加额	－1,595,418.88

2、近三年主要会计数据和财务指标(单位:元)

指标项目	2001年	2000年调整前	2000年调整后	1999年
主营业务收入	374038854.10	381890232.14	381890232.14	369144454.98
净利润	33593972.52	32252795.89	1592794.89	42447311.36
总资产	934090597.58	956735661.31	926075661.31	868253219.88
股东权益	518087492.55	523643520.03	492983520.03	491390724.14
每股收益(摊薄)	0.13	0.19	0.009	0.25
每股收益(加权)	0.13	0.19	0.009	0.30
扣除非经常性损益后的每股收益(摊薄)	0.13	0.19	0.005	0.16
(加权)	0.13	0.19	0.005	0.16
每股净资产	2.03	3.08	2.90	2.89
调整后的每股净资产	2.01	3.05	2.87	2.87
每股经营活动产生的现金流量净额	0.12	－0.04	－0.04	－0.38
净资产收益率(%)(摊薄)	6.48	6.16	0.32	8.64
净资产收益率(%)(加权)	6.59	6.36	0.32	13.59

3、利润表附表

报告期利润	净资产收益率(%)		每股收益(元/股)	
	全面摊薄	加权平均	全面摊薄	加权平均
主营业务利润	16.67	16.94	0.34	0.34
营业利润	7.88	8.01	0.16	0.16
净利润	6.48	6.59	0.13	0.13
扣除非经常性损益后的净利润	6.44	6.55	0.13	0.13

三、股本变动及股东情况

1、股本变动情况
公司股份变动情况表

数量单位:股

	本次变动前	本年变动增加			本次变动后
		送股	公积金转股	小计	
一、未上市流通股份					
1、发起人股份	97,600,000	19,520,000	29,280,000	48,800,000	146,400,000
其中:					
国家拥有股份	97,600,000	19,520,000	29,280,000	48,800,000	146,400,000
境内法人拥有股份					
境外法人拥有股份					
其他					
2、募集法人股份	3,200,000	640,000	960,000	1,600,000	4,800,000
3、内部职工股	24,000,000	4,800,000	7,200,000	12,000,000	36,000,000
4、优先股或其他					
未上市流通股份合计	124,800,000	24,960,000	37,440,000	62,400,000	187,200,000
二、已上市流通股份					
1、人民币普通股	45,000,000	9,000,000	13,500,000	22,500,000	67,500,000
2、境内上市的外资股					
3、境外上市的外资股					
4、其他					
已上市流通股份合计	45,000,000	9,000,000	13,500,000	22,500,000	67,500,000
三、股份总数	169,800,000	33,960,000	50,940,000	84,900,000	254,700,000

600150 沪东重机股份有限公司

2001 年年度报告摘选

一、公司基本情况简介

1、公司法定中文名称:沪东重机股份有限公司
公司法定英文名称:Hudong Heavy Machinery CO.,LTD.
公司英文名称缩写:HHM
2、公司法定代表人:杨家丰
3、公司董事会秘书:王惠梁、林勤国
联系地址:上海市浦东大道 2893 号
电话:(021)58461891　　传真:(021)38710103
电子信箱:stock@hhm.com.cn
4、公司注册地址:上海市浦东大道 2851 号
公司办公地址:上海市浦东大道 2851 号　　邮政编码:200129
公司国际互联网网址:http://www.hhm.com.cn
电子信箱:stock@hhm.com.cn
5、公司选定的信息披露报纸名称:《中国证券报》、《上海证券报》
登载公司年度报告的中国证监会指定网站的网址:http://www.sse.com.cn
公司年度报告备置地点:沪东重机股份有限公司股民接待室(上海市浦东大道 2893 号)
6、公司股票上市交易所:上海证券交易所
股票简称:ST 重机　　股票代码:600150

二、会计数据和业务数据摘要

1、公司报告期主要会计数据(单位:人民币元)

项目	2001 年 1－12 月
利润总额	16,166,029.26
净利润	12,134,401.43
扣除非经常性损益后的净利润	7,969,105.74
主营业务利润	84,215,984.89
其他业务利润	2,521,050.77
营业利润	9,777,906.80
投资收益	3,078,482.53
补贴收入	3,862,594.80
营业外收支净额	－552,954.87
经营活动产生的现金流量净额	164,251,454.74
现金及现金等价物净增减额	32,513,321.73
注:扣除非经常性损益项目和涉及金额:	
(1)证券投资收益:	－369,049.58
(2)长期投资清理收益:	800,350.65
(3)其他营业外收支净额:	－552,954.87
(4)补贴收入:	3,862,594.80
(5)其他投资收益:	1,200,000.00
(6)非经营性损益项目所得税影响额	－775,645.31
以上项目涉及金额	4,165,295.69

2、利润表附表

报告期利润	净资产收益率(%)		每股收益(元)	
	全面摊薄	加权平均	全面摊薄	加权平均
主营业务利润	17.91	18.13	0.349	0.349
营业利润	2.08	2.10	0.040	0.040
净利润	2.58	2.61	0.050	0.050
扣除非经营性损益后的净利润	1.70	1.72	0.033	0.033

3、公司近三年主要会计数据和财务指标(单位:人民币元)

项目	2001 年度	2000 年度调整后	2000 年度调整前	1999 年度调整后	1999 年度调整前
主营业务收入	800,317,422.75	722,811,838.45	722,811,838.45	547,668,028.65	547,668,028.65
净利润	12,134,401.43	－48,359,699.45	－46,665,615.70	－29,191,979.72	－29,191,979.72
总资产	1,253,424,719.34	1,271,885,374.68	1,273,351,240.14	1,202,012,851.68	1,202,012,851.68
股东权益(不含少数股东权益)	470,095,983.48	458,969,609.95	461,354,890.82	507,329,309.40	508,020,506.52
每股收益	0.050	－0.20	－0.193	－0.121	－0.121
扣除非经常性损益后的每股收益	0.033	－0.216	－0.209	－0.12	－0.12
每股净资产	1.95	1.90	1.91	2.10	2.10
调整后的每股净资产	1.90	1.78	1.79	2.06	2.06
每股经营活动产生的现金流量净额	0.68	0.58	0.58	0.11	0.11
净资产收益率(%)	2.58%	－10.54%	－10.11%	－5.75	－5.75

三、股本变动及股东情况

1、股本变动情况　　(数量单位:股)

	本次变动前	本次变动增减(＋、－)						本次变动后
		配股	送股	公积金转股	增发	其他	小计	
一、未上市流通股份								
1.发起人股份	164,493,120							164,493,120
其中:国家持有股份	164,493,120							164,493,120
境内法人持有股份								
境外法人持有股份								
其他								
2.募集法人股份								
3.内部职工股								
4.优先股或其他								
尚未流通股合计	164,493,120							164,493,120
二、已流通股份								
1.人民币普通股	77,000,000							77,000,000
2.境内上市的外资股								
3.境外上市的外资股								
4.其他								
已上市流通股份合计	77,000,000							77,000,000
三、股份总额	241,493,120							241,493,120

600151 上海航天汽车机电股份有限公司

2001 年年度报告摘选

第一章　公司基本情况简介

1.公司的法定中、英文名称及缩写
公司法定中文名称:上海航天汽车机电股份有限公司
公司法定英文名称:SHANGHAI AEROSPACE AUTOMOBILE ELECTROMECHANICAL CO.,LTD
英文缩写:SAAE
2.公司法定代表人:赵元昌
3.公司董事会秘书:陈平平
证券事务代表:王慧莉
联系地址:上海市漕溪路 222 号航天大厦南楼
电话:021－64827176
传真:021－64827177
电子信箱:saae@shanghai.cngb.com
4.公司注册地址:上海市浦东新区榕桥路 661 号
邮政编码:201206
公司办公地址:上海市漕溪路 222 号航天大厦南楼
邮政编码:200235
公司国际互联网网址:http://www.saae－ch.com
电子信箱:saae@shanghai.cngb.com
5.公司选定的信息披露报纸名称:《中国证券报》、《上海证券报》
登载公司年度报告的中国证监会指定国际互联网网址:http://www.sse.com.cn
公司年度报告备置地点:上海市漕溪路 222 号航天大厦南楼
6.公司股票上市交易所:上海证券交易所
股票简称:航天机电
股票代码:600151

第二章　会计数据和业务数据摘要

第一节　本年度利润总额及构成

(单位:人民币元)

项目	金额
利润总额	155,291,422.36
净利润	99,494,953.65
扣除非经常性损益后的净利润＊	52,198,633.25
主营业务利润	257,682,070.47
其他业务利润	2,890,798.96
营业利润	91,630,362.75
投资收益	61,150,591.07
补贴收入	10,721,644.34
营业外收支净额	－8,211,175.80
经营活动产生的现金流量净额	185,126,996.87
现金及现金等价物净增加额	23,012,098.01

第二节　公司近三年主要会计数据及财务指标

(单位:人民币元)

财务指标	2001 年度	2000 年度		1999 年度	
		调整后	调整前	调整后	调整前
主营业务收入	1,057,301,215.87	964,001,067.43	964,001,067.43	820,408,720.34	820,408,720.34
净利润	99,494,953.65	133,498,717.11	146,017,506.84	116,170,536.02	115,495,160.21
总资产	2,182,304,826.91	2,092,717,207.94	2,095,229,974.08	1,560,069,115.13	1,559,393,739.32
股东权益(不含少数股东权益)	1,182,278,777.54	1,143,203,128.84	1,156,353,115.55	770,722,423.19	770,047,047.38
全面摊薄每股收益(元/股)	0.213	0.46	0.50	0.43	0.43
加权平均每股收益(元/股)	0.213	0.49	0.54	0.43	0.43
扣除非经营损益后的每股收益(摊薄)(元/股)	0.112	0.30	0.45	0.39	0.39
扣除非经营损益后的每股收益(加权)(元/股)	0.112	0.33	0.48	0.39	0.39
每股净资产(元/股)	2.527	3.91	3.95	2.83	2.83
调整后的每股净资产(元/股)	2.397	3.57	3.69	2.55	2.55
每股经营活动产生的现金流量净额(元/股)	0.396	0.51	0.51	0.27	0.27
全面摊薄净资产收益率(%)	8.416	11.68	12.63	15.07	15.00
加权平均净资产收益率(%)	8.340	15.94	17.32	14.67	14.59
扣除非经常性损益后的净资产收益率(%)	4.380				

第三章　股本变动及股东情况

第一节　股本变动情况

1.股份变动情况表

单位:股

	本次变动前	本次变动增减(＋,－)		本次变动后
		公积金转股	小计	
一、未上市流通股份				
1.发起人股份	204,000,000	122,400,000	122,400,000	326,400,000
其中:国家持有股份				
境内法人持有股份	204,000,000	122,400,000	122,400,000	326,400,000
境外法人持有股份				
其他				
2.募集法人股份				
3.内部职工股				
4.优先股或其他				
未上市流通股份合计	204,000,000	122,400,000	122,400,000	326,400,000
二、已上市流通股份				
1.人民币普通股	88,400,000	53,040,000	53,040,000	141,440,000
2.境内上市的外资股				
3.境外上市的外资股				
4.其他				
已上市流通股份合计	88,400,000	53,040,000	53,040,000	141,440,000
三、股份总数	292,400,000	175,440,000	175,440,000	467,840,000

600152 宁波维科精华集团股份有限公司

2001年年度报告摘选

一、公司简介

(一)公司法定中文名称:宁波维科精华集团股份有限公司
公司法定英文名称:NINGBO VEKEN ELITE GROUP CO.,LTD
英文名称缩写:VEKEN ELITE
(二)公司法定代表人:沈建军
(三)公司董事会秘书:张伯根
公司证券事务代表:吴晓红
联系地址:浙江省宁波市和义路99号
联系电话:0574-87341480　　传真:0574-87253691
电子信箱:wxh@mail.veken.com
(四)公司注册地址:浙江省宁波市和义路99号
公司办公地址:浙江省宁波市和义路99号
公司邮政编码:315000
公司国际互联网网址:http://www.veken.com
公司电子信箱:veken-elite@nbtex.com.cn
(五)公司指定信息披露报纸:《上海证券报》、《中国证券报》
登载公司年度报告的国际互联网网址:http://www.sse.com.cn
年度报告备置地点:公司董事会秘书处(宁波市和义路99号)
(六)公司股票上市交易所:上海证券交易所
股票简称:维科精华　　股票代码:600152

二、主要财务数据和指标

(一)本年度利润总额、净利润及其构成

单位:元人民币

项目	2001年度
利润总额	63,232,834.36
净利润	47,643,603.77
扣除非经常性损益后的净利润	48,319,129.61
主营业务利润	153,384,101.75
其他业务利润	11,742,606.95
营业利润	67,065,773.43
投资收益	-703,079.46
补贴收入	2,568,964.00
营业外收支净额	-5,698,823.61
经营活动产生的现金流量净额	107,191,557.16
现金及现金等价物净增减额	56,256,724.78

利润附表

报告期利润	净资产收益率(%)		每股收益(元)	
	全面摊薄	加权平均	全面摊薄	加权平均
主营业务利润	0.2595	0.2585	0.5226	0.5226
营业利润	0.1134	0.1130	0.2285	0.2285
净利润	0.0806	0.0803	0.1623	0.1623
扣除非经常性损益后的净利润	0.0817	0.0814	0.1646	0.1646

(二)截至报告期末公司前三年的主要会计数据和财务指标:

单位:元

	2001年	2000年	1999年
主营业务收入	1,098,689,112.78	1,300,982,378.53	588,869,577.27
净利润	47,643,603.77	47,733,504.32	50,478,583.87
每股收益	0.1623	0.1626	0.3707
扣除非经常性收益后每股收益	0.1691	0.1733	0.2491
每股经营活动产生的现金流量净额	0.3652	0.2060	0.3776
净资产收益率(%)	8.06%	8.38%	13.08%
加权平均净资产收益率(%)	8.03%	10.4%	13.9%

单位:元

	至2001年底	至2000年底	至1999年底
总资产	980,556,712.27	862,443,946.17	794,717,500.96
股东权益(不含少数股东权益)	591,172,964.32	569,483,741.00	386,826,152.57
每股净资产	2.0143	1.9404	2.8343
调整后的每股净资产	1.9849	1.9139	2.7850

三、股本变动及股东情况

(一)报告期内股本变动情况

数量单位:股

	本次变动前	本次变动增减(+,-)						本次变动后
		配股	送股	公积金转股	增发	其他	小计	
一、未上市流通股份								
1、发起人股份	101269200							101269200
其中:								
国家持有股份	14100000							14100000
境内法人持有股份	87169200							87169200
境外法人持有股其他								
2、募集法人股	81250000							81250000
3、内部职工股	7475000					-7475000	-7475000	0
4、优先股或其他								
未上市流通股份合计	189994200					-7475000	-7475000	182519200
二、已上市流通股份								
1、人民币普通股	103500000					+7475000	+7475000	110975000
2、境内上市的外资股								
3、境外上市的外资股								
4、其他								
已流通股份合计	103500000					+7475000	+7475000	110975000
三、股份总数	293494200							293494200

600153 厦门建发股份有限公司

2001年年度报告摘选

一、公司简介

(一)公司法定中文名称:厦门建发股份有限公司
公司法定英文名称:XIAMEN C&D INC.
(二)法定代表人:王宪榕
(三)董事会秘书:林茂
联系地址:厦门市鹭江道52号海滨大厦七楼
联系电话:0592-2132319　　传真:0592-2132319
电子信箱:lm@chinacdc.com
(四)公司注册地址:厦门市鹭江道海滨大厦六楼
公司办公地址:厦门市鹭江道海滨大厦七楼
邮政编码:361001
电子信箱:pub@chinacdc.com
公司国际互联网网址:http://www.chinacnd.com
(五)信息披露报刊:《中国证券报》、《上海证券报》及《证券时报》
登载中国证监会指定国际互联网网址:http://www.sse.com.cn
年度报告备置地点:厦门市鹭江道52号海滨大厦七楼证券部
(六)股票上市地:上海证券交易所
股票简称:厦门建发
股票代码:600153

二、会计数据和业务数据摘要

(一)本年度主要会计数据

单位:人民币元

项目	金额
利润总额	163,537,720.83
净利润	44,969,631.25
扣除非经常性损益后的净利润	143,542,779.15
主营业务利润	259,319,770.97
其他业务利润	43,937,990.99
营业利润	113,784,014.42
投资收益	48,229,823.18
补贴收入	0
营业外收支净额	1,523,883.23
经营活动产生的现金流量净额	289,907,088.76
现金及现金等价物净增加额	31,947,448.95

(二)公司近三年主要会计数据和财务指标

(1)主要财务数据:

项目	2001年末	2000年末		1999年末	
		调整前	调整后	调整前	调整后
主营业务收入(元)	5,983,455,880.20	5,148,818,388.48	5,148,813,073.06	3,399,476,942.32	3,399,476,942.32
净利润(元))	144,969,631.25	103,280,999.79	98,548,759.12	122,368,020.87	112,724,734.46
总资产(元)	3,679,234,860.63	3,305,020,862.88	3,299,248,356.22	2,011,259,046.24	2,003,103,342.27
股东权益(元)	1,506,286,471.23	1,379,802,372.85	1,375,920,400.88	710,498,816.67	705,594,036.95
每股收益(元)	0.49	0.35	0.33	0.51	0.47
扣除非经常性损益后的每股收益(元)	0.48	0.39	0.38	0.46	0.42
每股净资产(元)	5.09	4.66	4.65	2.95	2.93
调整后每股净资产(元)	4.99	4.63	4.62	2.86	2.84
每股经营活动产生的现金净流量(元)	0.98	0.19	0.19	0.83	0.83
净资产收益率(%)	9.62	7.49	7.16	17.22	15.96

(2)利润表附表:

报告期利润	净资产收益率(%)		每股收益(元/股)	
	全面摊薄	加权平均	全面摊薄	加权平均
主营业务利润	17.22	17.22	0.88	0.88
营业利润	7.55	7.55	0.38	0.38
净利润	9.62	9.62	0.49	0.49
扣除非经常性损益后的净利润	9.53	9.53	0.48	0.48

三、股本变动及股东情况

(一)股本变动情况

1、公司股份变动情况表

数量单位:万股

	期初数	本次变动增减(+、-)			期末数
		配股	增发	小计	
一、尚未流通股份					
1、发起人股份	21,600				21,600
其中:					
国家拥有股份					
境内法人持有股份	21,600				21,600
境外法人持有股份					
2、公司职工股					
高管人员冻结股份					
尚未流通股份合计	21,600.00				21,600.00
二、已流通股份					
1、人民币普通股	8000				8000
2、境内上市的外资股					
3、境外上市的外资股					
已流通股合计	8000				8000
三、股份总数	29,600				29,600

2、主要股东持股情况(前10名):

股东名称	持股数量(股)	比例(%)	股份类别
厦门建发集团有限公司	216,000,000	72.97	国有法人股
汉盛基金	1,483,492	0.50	流通股
周斌	938,993	0.32	流通股
天元基金	878,892	0.30	流通股
李丹	713,718	0.24	流通股
李长武	651,654	0.22	流通股
高侠	417,839	0.14	流通股
兴华基金	399,990	0.14	流通股
殷玉萍	345,913	0.12	流通股
苏斌	325,044	0.11	流通股

600155 河北宝硕股份有限公司

2001 年年度报告摘选

第一节 公司基本情况简介

(一)公司法定中文名称:河北宝硕股份有限公司
法定英文名称:HEBEI BAOSHUO CO.,LTD.
英文名称缩写:HBC
(二)公司法定代表人:周山
(三)公司董事会秘书:何胜利
联系电话:(0312)3109607　　传　真:(0312)3109605
电子信箱:shl_he@baoshuo.com.cn
(四)公司注册地址:河北省保定国家高新技术产业开发区朝阳北路 176 号公司
办公地址:河北省保定国家高新技术产业开发区朝阳北路 175 号(邮编:071051)
公司国际互联网网址:http://www.baoshuo.com.cn
公司电子信箱:baoshuo@baoshuo.com.cn
(五)公司选定的信息披露报纸名称:《中国证券报》、《上海证券报》
登载公司年度报告的中国证监会指定国际互联网网址:http://www.sse.com.cn
公司年度报告备置地点:公司规划及证券部
(六)公司股票上市交易所:上海证券交易所
股票简称:宝硕股份　　股票代码:600155

第二节 会计数据和业务数据摘要

(一)公司本年度实现利润情况(单位:人民币元)

利润总额	99,652,413.75
净利润	72,069,675.16
扣除非经常性损益后的净利润	71,911,973.82
主营业务利润	189,976,428.20
其他业务利润	7,344,699.58
营业利润	102,510,410.34
投资收益	387,270.63
补贴收入	204,793.00
营业外收支净额	-3,450,060.22
经营活动产生的现金流量净额	147,531,409.74
现金及现金等价物净增加额	-20,384,975.38

(二)截至 2001 年末,公司前三年主要会计数据和财务指标(单位:人民币元)

指标项目	2001 年	2000 年		1999 年
		调整后	调整前	
主营业务收入	1,113,408,043.48	1,052,410,285.84	1,052,410,285.84	864,842,928.77
净利润	72,069,675.16	61,963,696.46	82,890,657.04	85,669,569.38
总资产	2,054,564,431.93	1,723,962,201.96	1,795,682,261.81	1,404,975,388.02
股东权益(不含少数股东权益)	788,049,373.26	758,332,836.36	824,223,168.23	595,447,838.35
全面摊薄每股收益	0.175	0.225	0.301	0.428
加权平均每股收益	0.175	0.238	0.319	0.428
扣除非经常性损益后的每股收益	0.174	0.298	0.322	0.408
每股净资产	1.910	2.758	2.997	2.997
调整后的每股净资产	1.900	2.750	2.941	2.922
每股经营活动产生的现金流量净额	0.358	0.535	0.535	0.404
全面摊薄净资产收益率(%)	9.145	8.171	10.057	14.387
加权平均净资产收益率(%)	9.073	10.659	13.015	15.503
扣除非经常性损益后的加权平均净资产收益率(%)	9.053	14.078	13.048	14.775

(三)根据中国证监会《公开发行证券公司信息披露编号细则(第九号)》要求计算的利润数据:

报告期利润	净资产收益率(%)		每股收益(元)	
	全面摊薄	加权平均	全面摊薄	加权平均
主营业务利润	24.107	23.915	0.461	0.461
营业利润	13.008	12.905	0.249	0.249
净利润	9.145	9.073	0.175	0.175
扣除非经常性损益后的净利润	9.125	9.053	0.174	0.174

第三节 股本变动及股东情况

(一)股本变动情况
1、股份变动情况表　　数量单位:股

	本次变动前	本次变动增减(+,-)					本次变动后
		配股	送股	公积金转股	其他	小计	
一、未上市流通股份							
1.发起人股份	195000000			97500000		97500000	292500000
其中:							
国家持有股份	195000000			97500000		97500000	292500000
境内法人持有股份							
境外法人持有股份							
其他							
2.募集法人股份							
3.内部职工股							
4.优先股或其他							
未上市流通股份合计	195000000			97500000		97500000	292500000
二、已上市流通股份							
1.人民币普通股	80000000			40000000		40000000	120000000
2.境内上市的外资股							
3.境外上市的外资股							
4.其他							
已上市流通股份合计	80000000			40000000		40000000	120000000
三、股份总数	275000000			137500000		137500000	412500000

600157 泰安鲁润股份有限公司

2001 年年度报告摘选

第一章 公司基本情况简介

一、公司的法定中、英文名称及缩写
公司法定名称:泰安鲁润股份有限公司
英 文 名 称:TAIAN LURUN CO.,LTD
英文缩写:TALRCL
二、公司法定代表人
公司法定代表人:郭松峰
三、公司董事会秘书及其联系地址、电话、传真、电子信箱
董事会秘书:尚福平
联系地址:山东省泰安市青年路 111 号泰安鲁润股份有限公司董事会办公室
电话:0538-8201817　　传真:0538-8226885
电子信箱:Lrgfdb@public.taptt.sd.cn
四、公司注册地址、公司办公地址及其邮政编码、公司国际互联网网址、电子信箱
公司注册地址:山东省泰安市青年路 111 号
公司办公地址:山东省泰安市青年路 111 号　　邮政编码:271000
公司国际互联网网址:http://www.China-lurun.com
公司电子信箱:Lrgf@public.taptt.sd.cn
五、公司选定的信息披露报纸名称、登载年度报告的中国证监会指定网站的网址、公司年度报告备置地点
公司法定的信息披露报纸:上海证券报、中国证券报
登载年度报告的中国证监会指定网站网址:http://www.sse.com.cn
公司年度报告备置地点:泰安鲁润股份有限公司董事会办公室
六、公司股票上市交易所、股票简称和股票代码
公司股票上市地:上海证券交易所
股票简称:鲁润股份　　股票代码:600157

第二章 会计数据和业务数据摘要

一、本年度实现利润及其构成:

利润总额:	22,275,669.80 元
主营业务利润	86,486,802.93 元
其他业务利润	781,976.28 元
营业利润	22,042,492.93 元
投资收益	477,045.00 元
补贴收入	0 元
营业外收支净额	-243,868.13 元
净利润	18,651,416.98 元
扣除非经常性损益后的净利润	18,407,548.85 元

二、截至本报告期末公司前三年的主要会计数据及财务指标:(单位:人民币元)

	2001 年 12 月 31 日	2000 年 12 月 31 日	1999 年 12 月 31 日
主营业务收入(元)	493,633,349.79	411,315,387.53	574,920,147.07
净利润(元)	18,651,416.98	32,774,456.08	80,102,892.62
总资产(元)	789,043,028.18	737,502,744.01 *	644,332,348.97
股东权益(不含少数股东权益)	289,195,525.39	270,947,566.04	237,692,045.26
全面摊薄每股收益(元/股)	0.1094	0.1923	0.85
加权平均每股收益(元/股)	0.1094	0.1923	0.85
每股净资产(元/股)	1.696	1.59	2.51
调整后的每股净资产(元)	1.684	1.56	2.50
每股经营活动产生的现金流量净额:	0.66	0.145	0.93
全面摊薄净资产收益率(%)	6.45	12.10	33.70
加权平均净资产收益率(%)	6.45	12.10	33.70
扣除非经常性损益后的每股收益(元/股)	0.1080	0.1923	0.85

三、按中国证券监督管理委员会《公开发行证券公司信息披露编报规则》〈第九号〉要求计算的净资产收益率及每股收益

报告期利润	净资产收益率(%)		每股收益(元)	
	全面摊薄	加权平均	全面摊薄	加权平均
主营业务利润	29.91	29.91	0.5074	0.5074
营业利润	7.62	7.62	0.1293	0.1293
净利润	6.45	6.45	0.1094	0.1094
扣除非经常性损益后的净利润	6.37	6.37	0.1080	0.1080

第三章 股本变动及股东情况

一、股本变动情况
(一)股份变动情况表　　数量单位:股

	本次变动前	本次变动增减(+、-)						本次变动后
		配股	送股	公积金转股	增发	其他	小计	
一、尚未流通股份								
1、发起人股份								
其中:								
国家持有股份	11,016,000							11,016,000
境内法人持有股份	95,871,730							95,871,730
外资法人持有股份								
其他								
2、募集法人股								
3、内部职工股								
4、优先股或其他								
其中:转配股								
未上市流通股份合计	106,887,730							106,887,730
二、已上市流通股份								
1、人民币普通股								
2、境内上市的外资股	63,558,432							63,558,432
3、境外上市的外资股								
4、其他								
已上市流通股份合计	63,558,432							63,558,432
三、股份总数	170,446,162							170,446,162

600156　湖南华升益鑫泰股份有限公司

2001年年度报告摘要

第一章　公司基本情况简介

(一)公司法定中文名称:湖南华升益鑫泰股份有限公司
公司法定英文名称:Hunan Huasheng Yixintai Co.,Ltd
英文缩写:HSYXT
(二)公司法定代表人:刘郁文
(三)公司董事会秘书:郝利民
联系地址:湖南省长沙市芙蓉南路257号华升大厦七楼
电话:0731－5215526
传真:0731－5217081
电子信箱:hnyxt@public.cs.hn.cn
公司证券事务代表:辜东先
电话:0731－5213649
传真:0731－5217081
电子信箱:hnyxt@public.cs.hn.cn
(四)公司注册地址:湖南省长沙市天心区芙蓉南路257号
公司办公地址:湖南省长沙市芙蓉南路257号华升大厦七楼
邮政编码:410015
(五)公司选定的信息披露报纸名称:《上海证券报》
登载公司年度报告的中国证监会指定国际互联网网址:http//www.sse.com.cn
公司年度报告备置地点:公司董事会秘书办公室
(六)公司股票上市交易所:上海证券交易所
股票简称:益鑫泰
股票代码:600156

第二章　会计数据和业务数据摘要

(一)本年度主要利润指标情况(单位:人民币元)

项目	金额
1、利润总额:	76,644,636.05
2、净利润:	66,762,649.35
3、扣除非经常性损益后的净利润:	51,027,724.26
4、主营业务利润:	108,495,111.44
5、其它业务利润:	2,525,418.08
6、营业利润:	46,358,698.47
7、投资收益:	33,523,185.74
8、补贴收入:	300,000.00
9、营业外收支净额:	3,537,248.16
10、经营活动产生的现金流量净额:	54,270,064.44
11、现金及现金等价物净增减额:	843,838.62

注:扣除的非经常性损益项目和涉及金额:

项目	金额
①委托理财收益	19,882,361.11
②股票投资收益	1,866,563.63
③补贴收入	300,000.00
④营业外收入	225,679.34
⑤营业外支出	3,762,927.50
⑥所得税影响	－2,776,751.49

(二)截至报告期末公司前三年主要会计数据和财务指标(单位:人民币元)

项目	2001年	2000年		1999年	
		调整后	调整前	调整后	调整前
1、主营业务收入	744,256,503.71	830,612,964.97	830,612,964.97	902,546,451.82	902,546,451.82
2、净利润	66,762,649.35	68,492,204.11	77,248,849.41	75,609,345.80	100,998,265.34
3、总资产	1,500,524,699.59	1,486,940,283.07	1,520,360,602.71	1,275,361,152.45	1,300,845,637.38
4、股东权益	1,206,533,307.60	1,152,877,658.25	1,187,118,788.48	926,379,856.06	951,864,340.99
5、每股收益(摊薄)	0.1521	0.1561	0.1760	0.1829	0.2443
6、每股收益(加权)	0.1521	0.1623	0.1831	0.2762	0.2762
7、每股净资产	2.75	2.63	2.70	2.24	2.30
8、调整后的每股净资产	2.75	2.62	2.70	2.23	2.29
9、每股经营活动产生的现金流量净额	0.12	0.46	0.46	0.32	0.32
10、净资产收益率(摊薄)	5.53%	5.94%	6.51%	8.16%	10.61%
11、净资产收益率(加权)	5.53%	6.62%	7.25%	8.16%	10.61%

(三)利润表附表

报告期利润	净资产收益率(%)		每股收益(元)	
	全面摊薄	加权平均	全面摊薄	加权平均
主营业务利润	8.99	8.99	0.2472	0.2472
营业利润	3.84	3.84	0.1056	0.1056
净利润	5.53	5.53	0.1521	0.1521
扣除非经常性损益后的净利润	4.23	4.23	0.1163	0.1163

第三章　股本变动及股东情况

(一)股份变动情况表　　数量单位:股

	本次变动前	本次变动增减(+、-) 配股	送股	公积金转股	增发	其他	小计	本次变动后
一、未上市流通股份								
1、发起人股份	302900000							302900000
其中:国家持有股份	291200000							291200000
境内法人持有股份	11700000							11700000
境外法人持有股份								
其他								
2、募集法人股份								
3、内部职工股								
4、优先股或其他								
未上市流动股份合计	302900000							302900000
二、已流通股份								
1、人民币普通股	136000000							136000000
2、境内上市的外资股								
3、境外上市的外资股								
4、其他								
已上市流通股份合计	136000000							136000000
三、股份总数	438900000							438900000

(二)股东情况介绍

1、报告期末本公司股东总数为87403户。

2、报告期末主要股东持股情况:

序号	股东名称	持股数(股)	占总股本比例(%)
①	湖南华升工贸进出口(集团)公司	291200000	66.35
②	益阳市财源建设投资有限公司	7150000	1.63
③	中国服装集团公司	4550000	1.04
④	周孟生	758400	0.17
⑤	郭才顺	660928	0.15
⑥	天元基金	520000	0.12
⑦	田永成	370020	0.08
⑧	顾亚娟	320096	0.07
⑨	程国光	315000	0.07
⑩	王治峰	257000	0.06

3、持有本公司5%以上(含5%)股份的股东年度内所持股份没有增减变化。

4、湖南华升工贸进出口(集团)公司因担保贷款纠纷一案,曾被长沙市中级人民法院判决承担赔偿责任,并裁定冻结该公司持有本公司价值140万元的股票。后经湖南省高级人民法院民事判决书(2001)湘法经再字第84号终审判决,撤销长沙市中级人民法院的判决,其所冻结的股票随之解除。

5、公司前三位股东为国有法人股股东和境内法人股股东,其间不存在关联关系,第四位至第十位为流通股股东,本公司未知其之间是否存在关联关系。

6、国有独资企业湖南华升工贸进出口(集团)公司在报告期内持有本公司国有法人股291200000股,占本公司股份总额的66.35%,为本公司的控股股东。该公司的法定代表人为徐春生,成立日期为1988年3月12日,注册资本为26124万元,经营范围为:

主营:经营除国家组织联合经营的16种出口商品和国家实行核定公司经营的12种进口商品之外的进出口业务,承办中外合资、合作及"三来一补"业务。

兼营:经营百货、纺织品、日杂、化工、建筑装饰及包装材料、工艺美术品、普通机械、省产汽车、电子产品、苎麻原料和政策允许的进出口商品国内贸易、农副产品、矿产品、金属材料,提供仓储运输和纺织生产的科研、设计咨询。

第四章　董事、监事和高级管理人员

(一)基本情况

姓名	性别	年龄	职务	任期起止日期	年初持股数(股)	年末持股数(股)	股份增减变动情况
刘郁文	男	55岁	董事长	2001年11月－2004年11月	8000	8000	无
蒋征球	男	49岁	副董事长、总经理	2001年11月－2004年11月	6500	6500	无
胡资生	男	41岁	副董事长	2001年11月－2004年11月	8000	8000	无
高佩琪	女	55岁	董事	2001年11月－2004年11月	4800	4800	无
贺正龙	男	44岁	董事	2001年11月－2004年11月	0	0	无
邹年满	男	55岁	董事	2001年11月－2004年11月	4800	4800	无
姚家生	男	38岁	董事	2001年11月－2004年11月	4800	4800	无
陶石林	男	46岁	董事财务总监	2001年11月－2004年11月	8000	8000	无
郝利民	男	55岁	董事副总经理 董事会秘书	2001年11月－2004年11月	6500	6500	无
凌翠娟	女	45岁	董事	2001年11月－2004年11月	3900	3900	无
张小静	女	47岁	董事	2001年11月－2004年11月	4800	4800	无
李质仙	男	46岁	独立董事	2001年11月－2004年11月	0	0	无
伍中信	男	35岁	独立董事	2001年11月－2004年11月	0	0	无
江正家	男	56岁	监事 监事会召集人	2001年11月－2004年11月	4800	4800	无
梁　勇	男	39岁	监事	2001年11月－2004年11月	0	0	无
姚令名	男	53岁	监事	2001年11月－2004年11月	0	0	无
曾德球	男	54岁	监事	2001年11月－2004年11月	0	0	无
刘才保	男	41岁	监事	2001年11月－2004年11月	0	0	无
宋学军	男	37岁	监事	2001年11月－2004年11月	0	0	无
李新宇	男	31岁	监事	2001年11月－2004年11月	0	0	无

注:公司董事高佩琪在股东单位湖南华升工贸进出口(集团)公司任副总经理。

公司董事邹年满在股东单位益阳市财源建设投资有限公司任董事长。

公司监事姚令名在股东单位湖南华升工贸进出口(集团)公司任副总会计师。

公司监事李新宇在股东单位湖南华升工贸进出口(集团)公司任财务部副经理。

(二)年度报酬情况

在公司领取报酬的董事、监事和高级管理人员的报酬是按照公司第一届董事会第十一次会议审议通过的《公司二○○一年度经营目标考核办法》,根据公司的经济效益情况和公司下达的考核指标完成情况来兑现工资和绩效奖励。

在公司领取报酬的现任董事、监事和高级管理人员有7人,其年度报酬总额为269200元。金

额最高的前三名董事的报酬总额为 140300 元,金额最高的前三名高级管理人员的报酬总额为 120700 元。

根据公司第一届董事第十三次会议和公司二〇〇一年第一次临时股东大会审议通过的独立董事津贴标准,公司给予独立董事每年 2 万元的津贴。2001 年公司独立董事工作三个月,公司实际给予独立董事的津贴为 5000 元。

在公司领取报酬的董事、监事和高级管理人员中,年度报酬数额在 50000 元至 55000 元之间的有一人;40000 元至 45000 元之间的有二人;30000 元至 35000 元之间的有三人,25000 元至 30000 元之间的有一人。

董事高佩琪、监事姚令名、李新宇在股东单位湖南华升工贸进出口(集团)公司领取报酬、津贴;董事邹年满在股东单位益阳市财源建设投资有限公司领取报酬、津贴;董事胡资生、监事刘才保在关联单位益阳苎麻纺织印染厂领取报酬、津贴;董事姚家生、监事宋学军在关联单位洞庭苎麻纺织印染厂领取报酬、津贴;董事贺正龙、凌翠娟、监事曾德球在关联单位湖南湘维有限公司领取报酬、津贴;监事梁勇在股东单位中国服装集团公司领取报酬、津贴。

(三)聘任、解聘高级管理人员情况

公司于二〇〇一年十月进行了换届选举,公司第二届董事会第一次会议聘任蒋征球为公司总经理,聘任郝利民、蒋维荣为副总经理,聘任陶石林为财务总监,聘任朱小明为总经理助理,聘任郝利民为董事会秘书。

第五章　公司治理结构

(一)公司治理结构现状

公司自创立上市以来,能按照《公司法》、《证券法》、中国证监会颁布的有关法规规定,以及《上海证券交易所股票上市规则》的要求,不断完善公司法人治理结构,规范公司运作,基本符合《上市公司治理准则》等规范性文件的要求,主要表现在以下几个方面:

1、关于股东与股东大会:公司根据中国证监会颁布的《上市公司股东大会规范意见》,制订并经公司董事会、股东大会审议通过了公司《股东大会议事规则》,公司保证所有股东,特别是中小股东享有平等地位,使所有股东能够充分行使自己的权利;公司能按照股东大会规范意见的要求召集、召开股东大会,行使股东的表决权。公司关联交易遵循"公开、公正、公平"的原则,未损害公司和股东的利益。

2、关于控股股东与上市公司的关系:公司的控股股东通过股东大会依法行使出资人的权利,没有超越股东大会直接或间接干预公司的决策和经营活动;公司与控股股东在人员、资产、财务、机构和业务方面做到相互独立;公司董事会、监事会和内部管理机构能够独立运作,确保公司的重大决策能按照规范的程序作出。

3、关于董事和董事会:公司按照《公司章程》规定的董事选聘程序选举董事;公司董事会的人数和人员构成符合法律、法规的要求;公司董事会制订了《董事会议事规则》,报告期内各位董事根据公司和全体股东的最大利益,忠实、诚信、勤勉地履行职责;董事会能按照《董事议事规则》的要求进行富有成效的讨论,作出科学、迅速和谨慎的决策。

4、关于监事和监事会:公司监事会的人数和人员构成符合法律、法规的要求;监事会制订了《监事会议事规则》;报告期内,监事能够认真履行自己的职责,本着对股东负责的精神,对公司财务以及公司董事、公司经理和其他高级管理人员履行职责的合法合规性进行有效的监督。

5、关于绩效评估和激励约束机制:公司建立了目标责任制考核体系,在每个经营年度末,对任职人员的经营业绩进行评估,业绩评估与激励相结合,并实行基本工资加奖金的奖励制度;经理人员的聘任公开、透明,符合法律、法规的规定。

6、关于利益相关者:公司能够充分尊重和维护银行及其他债权人、职工、消费者等其他利益相关者的合法权益,共同推动公司持续、健康地发展。

7、关于信息披露和透明度:公司指定董事会秘书、证券事务代表负责信息披露工作及接待股东来访和咨询事宜;公司制定了《信息披露规则》;报告期内公司能够按照国家有关法律、法规、上交所《股票上市规则》和公司《章程》的规定,真实、完整、及时披露有关信息,并确保所有股东有平等的机会获得信息。

(二)公司治理结构存在的差异和改进措施

1、报告期内,公司只设立了董事会审计委员会,公司将按照《公司治理准则》的要求,在公司第二届董事会第四次会议和公司二〇〇一年度股东大会上审议批准设立战略、提名和薪酬与考核等专门委员会。

2、公司将按照《公司治理准则》的要求,在股东大会的董事选举中采用累积投票制,并在公司《章程》里规定该制度的实施细则,经公司第二届董事会第四次会议和公司二〇〇一年度股东大会审议批准后实施。

3、公司将按照《公司治理准则》的要求,积极着手建立公正、透明的董事、监事和经理人员的绩效评价标准与激励约束机制。

(三)独立董事履行职责情况

公司第一届董事会第十三次会议和公司二〇〇一年第一次临时股东大会审议批准了《公司独立董事制度》,在公司的换届选举中,已按制度规定的标准和规范的选举程序,引进了二名独立董事,该二名独立董事当选以来,已参加公司第二届董事会一次、二次、三次会议,并能按照相关法律、法规和公司《章程》的要求,认真履行职责,维护公司整体利益,尤其关注中小股东的合法权益不受损害。

第六章　股东大会情况简介

在报告期内公司召开了三次股东大会:

(一)公司于二〇〇一年四月二十八日在长沙市芙蓉南路 257 号华升大厦七楼会议室召开了二〇〇〇年度股东大会,出席会议的股东及授权代表共 14 人,代表 302994400 股,占公司总股本 43890 万股的 69.03%,会议以记名投票表决的方式审议并通过了如下决议:

1、审议批准了公司《二〇〇〇年度董事会工作报告》;

2、审议批准了公司《二〇〇〇年度监事会工作报告》;

3、审议批准了公司《二〇〇〇年度财务决算报告》;

4、审议批准了公司《二〇〇〇年提取资产减值准备的报告》;

5、审议批准了公司《二〇〇〇年度利润分配预案》;

6、审议批准了《关于修改公司"章程"有关注册地址内容的议案》;

7、审议批准了《关于续聘湖南开元有限责任会计师事务所担任公司二〇〇一年度财务审计机构的议案》。

该次股东大会决议公告刊登于二〇〇一年五月一日的《上海证券报》上。

(二)公司于二〇〇一年十一月二日在长沙市芙蓉南路 257 号华升大厦七楼会议室召开了二〇〇一年第一次临时股东大会,出席本次会议的股东及授权代表共 12 人,代表 298406900 股,占公司总股本 43890 万股的 67.99%,会议以记名投票表决的方式审议通过了如下决议:

1、经逐项表决,审议批准了《关于公司董事会换届选举的提案》。

会议选举刘郁文、蒋征球、胡资生、高佩琪、贺正龙、姚家生、邹年满、陶石林、郝利民、凌翠娟、张小静、伍中信、李质仙为公司第二届董事会董事,其中伍中信、李质仙为独立董事。

2、经逐项表决,审议批准了《关于公司监事会换届选举的议案》;

会议选举江正家、梁勇、姚令名、李新宇、曾德球、刘才保、宋学军为公司第二届监事会监事。

3、审议批准了公司《独立董事制度》;

4、审议批准了公司《股东大会议事规则》;

5、审议批准了《关于修改公司"章程"有关章节内容的议案》;

6、审议批准了《关于公司以自有资金投资 8000 万元与长沙市住友房地产开发公司合作开发长沙市芙蓉苑小区(甲丙丁组团)12.5 万平方米商品房项目的提案》;

7、审议批准了《关于独立董事津贴标准(试行)的提案》。

该次股东大会的决议公告刊登于二〇〇一年十一月三日的《上海证券报》上。

(三)公司于二〇〇一年十二月六日在长沙市芙蓉南路 257 号华升大厦七楼会议室召开了二〇〇一年第二次临时股东大会。出席本次会议的股东及授权代表共七人,代表 298382100 股,占公司总股本 43890 万股的 67.98%。会议以记名投票表决的方式审议批准了公司《关于变更部分配股募集资金投资项目的提案》。

1、取消配股募集资金对《粉末注射成形产业化工程》项目 4950 万元的投入。

2、新增《高强高模聚乙烯醇技改工程》项目,用公司配股募集资金投入 2570 万元。

3、新增《湖南维尼纶分公司热电厂锅炉更新技改工程》项目,用公司配股募集资金投入 2000 万元。

4、配股募集资金变更调整后,尚节余配股募集资金 19,045,032.69 元,仍按公司配股说明书的承诺,用于补充公司的流动资金。

该次股东大会的决议公告刊登于 2001 年 12 月 7 日的《上海证券报》上。

第七章　董事会报告

(一)主营业务的范围及经营情况

1、本公司的主营业务范围:苎麻纺织、服装及维尼纶产品的生产、销售与进出口业务。

二〇〇一年,在公司董事会的正确领导下,公司坚持以市场为导向,加大科技创新和品牌运作的力度,严格内部管理,狠抓产品质量,同时针对美国等西方国家经济衰退和"9·11 事件"对公司产品销售带来的不利影响,及时调整营销策略,不断拓展国际国内两个市场,较好地完成了董事会确定的二〇〇一年的经营目标。报告期内,公司实现主营收入74,425.65万元,实现利润7,664.46万元。

2、报告期内主营业务收入和主营业务的构成情况

产品	收入		利润	
	金额(万元)	占主营收入的百分比(%)	金额	占主营业务利润的百分比(%)
苎麻纱线	8038	10.80	770	7.10
苎麻布	28661	38.51	3232	29.79
苎麻衬衫面料	7560	10.16	1304	12.02
聚乙烯醇	26778	35.98	4889	45.06

3、公司主要产品的市场占有率情况

本公司是全国苎麻纺织行业唯一一家上市公司,在全国拥有 50%以上的苎麻纺织加工能力,是全国最大的苎麻纺织生产和出口基地,出口苎麻系列纺织品占全国同类产品的 70%,连续多年在全国苎麻纺织行业中一直保持着销售收入第一、出口创汇第一、市场占有率第一、实现利税总额第一的佳绩。

4、占主营业务收入 10%以上主要产品情况

产品	产品销售收入(万元)	产品销售成本(万元)	毛利率(%)
苎麻纱线	8038	7268	9.58
苎麻布	28661	25429	11.28
苎麻衬衫面料	7560	6256	17.25
聚乙烯醇	26778	21889	18.26

(二)主要参股公司情况

公司于 1999 年 7 月投资 1.2 亿元参股湘财证券有限责任公司,占该公司 12%的股份比例。该公司是经中国证监会核准的综合类证券公司,其主要业务涉及投资银行、证券经纪、证券投资、资产管理、基金管理、证券投资咨询等多个领域。截至报告期末,该公司的注册资本为 100200 万元,资产规模为 1015665.23 万元。二〇〇一年,该公司实现净利润 6193.86 万元。

(三)主要供应商、客户情况

报告期内,公司向前五名供应商合计采购金额占年度采购总额的 61.03%;公司向前五名客户合计销售金额占年度销售总额的 49.54%。

(四)公司投资情况

(1)配股募集资金使用情况

我公司经中国证监会长沙特办(2000)22 号文同意,并经中国证监会证监公司字(2000)69 号文批准,于 2000 年 7 月 18 日(股权登记日)向社会公众股股东实施了配股,共计配售 2550 万股,扣除发行费用后,实际募集资金为 223,745,032.69 元。截至报告期内,公司配股募集资金使用情况如下:

项目	承诺投入金额(万元)	调整后计划投资金额(万元)	实际投入(万元)
1、益鑫泰高档苎麻特种整理面料生产线技改工程	4300	4300	3870
2、年产 1400 万米高档苎麻面料生产线	6700	6700	3420
3、蜂窝纸板及深加工制品产业化工程	4900	4900	670
4、粉末注射成形产业化工程	4950	0	0
5、高强高模聚乙烯醇技改工程项目	0	2570	2313
6、湖南维尼纶分公司热电厂锅炉技改工程	0	2000	1800
合计	20850	20470	12073

(2)配股募集资金投资项目进度情况

1、益鑫泰高档苎麻特种整理面料生产线技改工程:该项目计划投入 4300 万元,截至报告期末,已累计投入 3870 万元。目前已完成大部分纺纱、准织、印染、生物脱胶及脱胶污水治理技改项目,其中大部分设备已试车投入试运行。预计整个项目将于二〇〇二年二季度竣工验收。

2、年产 1400 万米高档苎麻面料生产线建设:该项目计划投入 6700 万元,截至报告期末,已累计投入 3420 万元。目前,该项目已基本完成脱胶、长麻纺、短纺、织造和通用工程的技改项目,新增印染生产线已进入安装调试阶段,预计整个项目将于二〇〇二年二季度竣工验收。

3、蜂窝纸板及深加工制品产业化工程项目:该项目计划投入 4900 万元,截至报告期末,已累计投入 670 万元。目前,该项目已完成新厂房的征地工作,以及环境评估、调研、报建等前期准备工作。

4、粉末注射成形产业化工程项目:该项目计划投入 4950 万元。因该项目至今尚不具备产业化改造的基本条件,为避免投资风险,经公司第二届董事会第一次会议审议通过和公司二〇〇一年第二次临时股东大会审议批准,公司决定不用配股募集资金对该项目进行投入。

(3)配股募集资金投资项目变更情况

经公司第一届董事会第一次会议审议通过,公司二〇〇一年第二次临时股东大会审议批准,公司对配股募集资金投资项目作如下变更:

1、取消配股募集资金对《粉末注射成形产业化工程》项目 4950 万元的投入。

2、新增《高强高模聚乙烯醇纤维技改工程》项目,用公司配股募集资金投入 2570 万元。

3、新增《湖南维尼纶分公司热电厂锅炉更新技改工程》项目,用公司配股募集资金投入 2000 万元。

上述配股募集资金投资项目变更的情况于二〇〇一年十一月三日和二〇〇一年十二月七日在《上海证券报》上予以了披露。

公司配股募集资金投资项目变更的原因如下:

1、粉末注射成形产业化工程项目:该项目的主持单位为中南大学粉末冶金国家工程中心,属

于国家863计划重点科研开发项目。我公司已于2000年6月用自有资金投资1000万元,成立湖南英捷高科技有限责任公司参股该项目。在公司的配股募集资金中又安排了4950万元资金,旨在通过加大投入,在已掌握粉末注射成形技术的基础上,尽快形成产业化规模,占领市场,产生良好的经济效益和社会效益。由于粉末注射成形是将先进塑料注塑成形思想引入粉末冶金领域而产生的一门崭新的粉末冶金近净成形技术,其研究到批量生产,直至产生市场规模效益,需要一个比较长的周期。自从公司以自有资金投资1000万元与中南大学粉末冶金研究所共同开发该项目以来,虽然加大了中试的力度,但从目前的情况来看,批量生产的关键技术仍不成熟,市场对该技术及产品的认识滞后,至今尚未通过中试鉴定。公司经过深入考察论证后认为,该项目目前不具备产业化改造的基本条件,也不具备大规模生产的市场环境。为了避免投资风险,公司决定不用配股募集资金对该项目进行投入。

2.高强高模聚乙烯醇纤维技改工程:高强高模聚乙烯醇纤维产品系公司下属湖南维尼纶分公司引进开发的新产品,其主要用途为作为水泥制品的增强纤维。由于原水泥制品增强纤维石棉的致癌性,在美国、欧盟、日本等国家已制订相应的法律禁止使用。作为石棉替代品的高强高模聚乙烯醇纤维备受国际市场的欢迎,据统计,年需求量约为50万吨左右,而目前市场的生产能力只有4万吨左右,远不能达到市场预期的能力。此外,由于市场的原因,湖南维尼纶分公司目前常规维尼纶和水溶性聚乙烯醇产品生产处于不饱和的状态,原有生产线不能充分发挥应有的效益,相应增加了产品的综合成本,而高强高模聚乙烯醇纤维的生产是在现有的维尼纶生产线上,对热处理设备和工艺加以改造,并通过对纺丝原料的配方进行调整,使其能够进行高倍的拉伸生产而成。这样,可以充分利用和发挥湖南维尼纶分公司现有的管理、技术和设备优势,通过开发生产高强高模聚乙烯醇纤维品种,达到既调整公司的产品结构,又顺应市场的需要,提高经济效益和社会效益的目的。为此,公司决定用配股募集资金2570万元对该项目进行投入。该项目已经湖南省经贸委湘经贸投资[2001]111号文批准。

3.湖南维尼纶分公司热电厂锅炉更新技改工程:公司下属湖南省维尼纶分厂的热电厂是满足全厂生产用汽为主的热电联产的生产厂,该厂现使用的抛煤机锅炉均为70年代产品,热效率低,环境污染严重,特别是自公司聚乙烯醇扩改工程投产后,公司主导产品聚乙烯醇的生产能力大幅提高,用量负荷不断增加,对热电厂的供汽能力和稳定性提出了更高的要求,现有锅炉已无法满足公司生产、环保和国家有关节能政策的需求。为了满足公司主导产品生产的需要,同时产生良好的经济、社会、环保效益,公司决定用配股募集资金2000万元对该项目进行投入,该项目已经湖南省经贸委湘经贸投资[2001]112号文批准。

变更项目的资金投入和进度情况如下:

1.高强高模聚乙烯醇纤维技改工程:该项目在公司配股募集资金变更后计划投入2570万元,截至报告期末已实际投入2313万元。目前该项目已基本完成两条1000T/a高强高模聚乙烯醇纤维生产线的技改工程。预计整个项目将于二〇〇二年三月份竣工验收。

2.湖南维尼纶分公司热电厂锅炉更新技改工程:该项目在公司配股募集资金变更后计划投入2000万元,截至报告期末,已实际投入1800万元。目前该项目新增的两台35t/h、3.82MPa的循环流化床锅炉已安装调试完毕,并已投入试运行,预计整个项目将于二〇〇二年一季度竣工验收。

(五)报告期内非募集资金投资项目的进度情况

经公司第一届董事会第十三次会议审议通过,公司二〇〇一年第一次临时股东大会审议批准,公司以自有资金投资8000万元与长沙市住友房地产开发公司合作开发长沙市芙蓉苑小区(甲丙丁红团)12.5万平方米商品房项目。截至报告期末,已实际投入资金8600万元。目前该项目已完成拆迁等前期准备工作,部分商品房已开工建设,预计整个项目将于二〇〇三年底完工,并将陆续收回投资和收益。

(六)公司财务状况(单位:人民币)

项目	2001年	2000年	增减(±%)
总资产	1,500,524,699.59	1,486,940,283.07	+0.91
长期负债	15,700,000.00	1,200,000.00	+1208.33
股东权益	1,206,533,307.60	1,152,877,658.25	+4.65
主营业务利润	108,495,111.44	108,203,868.07	+0.28
净利润	66,762,649.35	68,492,204.11	-2.53

财务指标增减变动的主要原因:

1、总资产增加主要系本年净利润增加所致;

2、长期负债增加系本年银行长期贷款增加所致;

3、股东权益增加主要系本年净利润增加所致;

4、净利润减少主要系投资收益减少所致。

(七)生产经营环境及宏观政策、法规变化对公司经营状况的影响

中国已经加入世贸组织(WTO),入世对公司的生产经营活动产生如下影响:

我公司的主导产品苎麻纺织品绝大部分出口到港澳、东南亚、欧美等国家和地区,中国加入世贸组织(WTO)后,由于纺织品贸易由双边框架转向了多边体系,至2005年,纺织品出口配额限制等壁垒不复存在,这将为扩大我公司主导产品的出口创造稳定的外部环境,为拓展国外市场带来新的机遇。同时入世后,一些纺织原料进口税也将下降,这将有利于降低公司混纺产品的生产成本,进而提高公司苎麻混纺制品和服装的竞争力,此外,中国加入WTO为我们引进国外先进技术和管理经验,利用国际资金提供了便利的条件。

中国加入WTO,对公司的发展既是利好,但同时也是挑战。因为发达国家的市场是逐步开放的,欧美国家对服装包括麻类服装进口的配额限制,至少要到2005年才会取消,短期内带来的出口贸易增长空间比较有限。特别是随着世界贸易一体化进程的加快,国际间的竞争亦将激烈,尤其是东南亚、中南美等发展中国家对我们扩大出口形成挑战。加入WTO后,随着我国国内市场开放度的提高也会使纺织品服装一般贸易进口增加,国内市场压力加大。公司将加快结构调整的步伐,不断提高公司技术创新能力,开发在国际国内市场上具有竞争力的新产品,以积极的姿态去迎接新的挑战。

(八)新年度的经营计划

二〇〇二年,公司仍然面对有利于自身发展的机遇和条件,也将面临日趋激烈的竞争和挑战。中国加入世贸组织和国内经济运行形势的继续看好,将有利于带动公司产品出口的增长;国家继续实施积极的财政政策,也将为公司开拓国内市场提供较大的发展空间。在新的一年里,我们将抓住机遇,按照"做精主业,多元拓展"的发展思路,努力夯实主业,力争主业收入和实现利润在去年的基础上增长5%以上。同时加大结构调整的力度,不断培植新的效益增长点。在激烈的市场竞争中努力创造更好的业绩,使公司的发展再登新的台阶。

二〇〇二年公司的工作重点为:

1、根据市场的需求,加大技术创新和产品开发的力度,重点在提高产品的科技含量、档次和附加值上下功夫,通过产品开发,形成新的产品结构格局。同时强化营销管理,优化营销激励机制,进一步拓展国际、国内两个市场,提高公司的创新能力和经济效益。

2、把成本核算与成本管理作为企业管理创新的关键抓。在企业内部建立一整套降低成本的管理机制和管理办法,健全成本费用管理制度,科学合理地确定各种原材料、能源消耗定额。继续开展目标成本管理,依据产品和市场价格、目标利润和原材料、能源消耗定额等确定目标成本,并把目标成本分解到产品开发和生产经营的各个环节,落实到人,严格考核,奖罚兑现。

3、提高各项标准与国际接轨的广度和深度。为应对入世面临的挑战,公司将在通过国际质量体系认证的基础上,不断扩大质量体系的覆盖范围,提高质量体系文件的运行质量,使产品在生产过程中的各个环节受到更为严格的控制。同时,制订并推行高于国家标准的产品内控质量标准,确保产品的内在实物质量有更大幅度的提高。

4、认真研究世界贸易规则和ATC条款内容,尽快熟悉和掌握世贸组织有关协议所规定的"游戏规则",同时引进专业人才,做到充分利用对公司有利的贸易规则条款,规避风险,把出口贸易做好做活。

5、抓好品牌战略的实施。"益鑫泰"苎麻服饰品牌继续坚持以麻为根本,向系列化、休闲化的方向发展,在巩固扩大国内市场份额的同时,积极向国际市场拓展。对于已在国内外市场享有盛誉的"洞庭"、"资江""V"牌等知名品牌,进一步丰富其内涵,使其形成档次高、效益好、批量大的拳头产品。

(九)本次利润分配预案或资本公积金转增股本预案

经湖南开元有限责任会计师事务所审计,公司二〇〇一年实现利润76,644,636.05元,净利润66,762,649.35元,按10%和5%各提取法定公积金和公益金,二项共计11,138,863.78元;加上上年度未分配利润79,397,682.73元,可供股东分配的利润为135,021,468.30元。

公司拟以二〇〇一年末总股本43890万股为基数,每10股派发现金红利0.30元(含税)。本次分配现金总额共计13,167,000.00元,剩余未分配利润121,854,468.30元结转下年度。

第八章 监事会报告

公司监事会依照《公司法》和公司《章程》赋予的权利,本着对全体股东负责的态度,认真履行职权,列席各次董事会会议,对公司财务以及公司董事和高级管理人员履行职责的合法、合规性实行了有效的监督,维护了公司及股东的合法权益。

在报告期内,公司监事会共召开了四次会议:

二〇〇一年三月二十七日在长沙市湖南金辉大酒店召开了第一届监事会第六次会议,会议经表决审议通过了公司《二〇〇〇年度监事会工作报告》;《二〇〇〇年年度报告正本及摘要》;《二〇〇〇年度总经理业务报告》;《二〇〇〇年度财务决算报告》;《二〇〇〇年提取资产减值准备的报告》;《二〇〇〇年利润分配预案》;《预计二〇〇一年利润分配政策》;《关于修改公司"章程"中有关注册地址内容的议案》。

二〇〇一年八月九日在长沙市湖南金辉大酒店十四楼会议室召开了第一届监事会第七次会议,会议经表决审议通过了公司《二〇〇一年中期报告及摘要》;《关于二〇〇一年中期不进行利润分配也不进行资本公积金转增股本的议案》;《关于根据新的会计制度新增四项计提的内部控制制度并对二〇〇〇年度有关项目进行追溯调整的议案》。

二〇〇一年九月二十一日在长沙市湖南金辉大酒店召开了第一届监事会第八次会议,会议经表决审议通过了《关于公司监事会换届选举的议案》;《关于推荐公司独立董事候选人的议案》。

二〇〇一年十一月二日在公司七楼会议室召开了第二届监事会第一次会议,会议经表决,一致推选江正家先生为公司第二届监事会召集人;审议通过了公司《内部审计制度》和《关于变更部分配股募集资金投资项目的议案》。

此外,公司监事会全体监事列席了公司第一届董事会第十一次、第十二次、第十三次会议。

第九章 重要事项

(一)本年度公司无重大诉讼、仲裁事项

(二)报告期内公司没有发生收购及出售资产、吸收合并的事项。

(三)重大关联交易事项。

本公司是由湖南华升工贸进出口(集团)公司及其所属企业经资产重组剥离后组建的上市公司,由于纺织企业生产的连续性和产品的关联度,本公司与控股股东湖南华升工贸进出口(集团)公司及其所属企业洞庭苎麻纺织印染厂、益阳苎麻纺织印染厂、湖南湘维有限责任公司存在一定的关联关系和关联交易,对所发生的关联交易,本公司与关联方签订了《生产经营辅助协作协议》、《产品、原材料、辅料、委托加工及水电供应协作协议》等相关的协议,协议均依照公平、合理、互惠、互利、等价、有偿的原则订立,有关交易价格参照市场价格执行。二〇〇一年本公司与关联企业的交易事项有:

1、销售货物:本公司为洞庭苎麻纺织印染厂供应苎麻纱、苎麻布、麻棉纱、自来水和进行污水处理;为湖南湘维有限责任公司供应聚乙烯醇、醋酸乙烯、甲醛等化工料以及短纤、水溶纤维、长丝等化纤;为益阳苎麻纺织印染厂供应材料、水、电、汽等,上述销售货物的关联交易金额为24,451.49万元。

2、购进货物:本公司从洞庭苎麻纺织印染厂购进落麻和蒸汽;从湖南湘维有限责任公司购进乙炔、动力电、工业水、蒸汽等产品和劳务;从益阳苎麻纺织印染厂购进麻棉纱、印染布等,上述购进货物的关联交易金额为31,501.30万元。

3、提供资金:本公司子公司湖南益鑫泰纺织印染有限公司向本公司控股股东湖南华升工贸进出口(集团)公司借款2204.65万元,本年度向其支付借款利息176.08万元。

4、关联方应收应付款项

项目	2001年12月31日余额
应收帐款——	
——湖南华升工贸有限公司	5,243,982.33
——湖南湘维有限责任公司	34,496,866.55
——湖南洞庭苎麻纺织印染厂	34,270,302.43
——湖南益阳苎麻纺织印染厂	1,201,394.88
预付帐款——	
——湖南湘维有限责任公司	11,130,000.00
其他应收款——	
——湖南益阳苎麻纺织印染厂	33,535,072.61
其他应付款——	
——湖南华升工贸有限公司	3,312,202.47
预收帐款——	
——湖南华升工贸有限公司	2,710,641.21

(四)报告期内,公司没有发生托管、承包、租赁其它公司或其它公司托管、承包、租赁本公司资产的事项。

(五)报告期内,公司没有担保事项发生。

(六)报告期内委托他人进行现金资产管理事项:

1、经公司第一届董事会第十一次会议审议确认,公司于二〇〇〇年十一月二十九日与湘财证券有限责任公司签订《委托代理国债投资协议》,委托资金额为壹亿元人民币,委托时间为壹年,委托资金的年投资回报率为6%,年投资回报率不足6%,由湘财证券负责补足,年投资回报率超过6%,超过部分收益由湘财证券享有30%,本公司享有70%。截至2001年底,该笔委托理财资金全部收回,并获投资收益564万元。

2、经公司第一届董事会第十一次会议审议确认,公司于二〇〇〇年十二月二十五日与新疆金新信托投资股份有限公司签订《信托资产管理合同》,将7470万元人民币的资金委托其进行信托管理,运作范围为沪、深两市上市可流通的有价证券。信托资产管理的期限为12个月。新疆金新信托投资股份有限公司承诺我公司信托资产的年收益率为12%。截至2001年底,公司已收回本金2715万元和投资收益896.4万元。

根据公司与新疆金新信托投资股份有限公司签订《信托资产管理合同补充协议》的有关约定,信托资产管理的资金到期后,如遇特殊情况,经双方协商,可延期进行信托资产管理。鉴于2001年下半年以来证券市场低迷的状况,经公司与新疆金新信托投资股份有限公司商定,对二〇〇一年公司到期未收回的信托资产管理本金4755万元,延期继续委托其进行信托资产管理。双方已签订《信托资产延期管理合同》,延期信托资产管理的资金为4755万元,延期期限为二〇〇一年十二月二十六日起至二〇〇二年七月一日止,延期期间信托资产约定的年收益率为12%。

3、公司下属子公司深圳市华顺达实业有限公司于2001年1月3日与深圳市中方利实业发展有限公司签署了金额为9800万元的委托理财协议,理财协议期限为11.6个月,即自2001年1月5日起到2001年12月25日止,理财协议约定的年收益率为15%。深圳市华顺达实业有限公司还

于2001年6月10日与深圳市中方利实业发展有限公司签署了金额为3810万元的委托理财协议，理财协议期限为6个月，即自2001年6月10日起到2001年12月10日止，理财协议约定的年收益率为12.8%。截至2001年12月24日止，上述两笔委托理财的本金13610万元已由深圳市华顺达实业有限公司全部收回，并获投资收益685万元。

(七)报告期内，本公司和持股5%以上的股东在指定报纸和网络上没有披露过承诺事项。

(八)报告期内，公司聘任的会计师事务所为湖南开元有限责任会计师事务所。经公司第二届董事会第四次会议审议批准，报告年度内，给予湖南开元有限责任会计师事务所审计费为70万元，差旅费由湖南开元有限责任会计师事务所自行承担。

(九)报告期内，公司、公司董事会及董事没有受中国证监会稽查、中国证监会行政处罚、通报批评、证券交易所公开谴责的情形。

(十)中国加入世贸组织对公司未来生产经营活动产生的影响见公司二〇〇一年年度报告第七章"生产经营环境及宏观政策、法规变化对公司经营状况的影响"。

(十一)报告期内的其它重大事项：

1、报告期内，公司仍然执行湖南省人民政府湘财函[1998]23号文关于所得税先征后返的政策，即公司应纳所得税先按33%计征，然后由湖南省财政厅返还18%，实际税负为15%。

2、根据国家有关部门的规定，各地实行的上市公司企业所得税先按33%的法定税率征收，再返还18%，实征15%的优惠政策允许保留到2001年12月31日。自2002年1月1日起，公司所得税政策将按有关规定，执行33%的税率，这将对公司的财务状况和经营成果产生一定的影响。

3、公司于二〇〇一年十二月二十五日召开第二届董事会第二次会议，审议通过了《关于以自有资金4300万元投资国债市场的议案》，自资金投资国债市场起期限为一年，董事会决议公告刊登于二〇〇一年十二月二十六日的《上海证券报》上。

第十章　财务报告

(一)审计报告

二〇〇二年四月三日，湖南开元有限责任会计师事务所注册会计师周重揆、李永利以开元所(2002)股审字第034号审计报告对本公司2001年年度报告出具了标准无保留意见。

(二)会计报表(见附表)

(三)合并会计报表附注

[附注1]、会计政策变更及其影响

公司原执行《股份有限公司会计制度》，根据财政部财会[2000]25号文《关于印发〈企业会计制度〉的通知》及财政部财会[2001]17号文《关于印发〈贯彻实施〈企业会计制度〉有关政策衔接问题的规定〉的通知》，公司从2001年1月1日起执行《企业会计制度》。有关会计政策的变更情况如下：

1、固定资产原不计提减值准备，现变更为期末按各单项固定资产可收回金额低于账面价值的差额计提固定资产减值准备。

2、在建工程原不计提减值准备，现变更为期末按各单项在建工程可收回金额低于账面价值的差额计提在建工程减值准备。

3、无形资产原不计提减值准备，现变更为期末按各单项无形资产预计可收回金额低于账面价值的差额计提无形资产减值准备。

4、委托贷款原不计提减值准备，现变更为按委托贷款本金与可收回金额孰低计量，可收回金额低于委托贷款的本金的差额，计提委托贷款减值准备。

5、开办费原按5年平均摊销，现变更为先在长期待摊费用中归集，待开始生产经营当月起一次计入损益。

对上述会计政策的变更除开办费外均采用追溯调整法处理，相应调整留存收益及相关会计报表项目的期初数。

报告期内因上述会计政策的变更影响合并会计报表情况如下：

项目	1999年影响数	2000年影响数	累计影响数
固定资产	-25,484,484.93	-7,935,834.71	-33,420,319.64
在建工程			
无形资产			
委托贷款			
净资产	-25,484,484.93	-7,831,247.04	-33,315,731.97
其中：盈余公积—法定盈余公积	-2,548,448.49	-999,968.88	-3,548,417.37
盈余公积—公益金	-1,274,224.25	-499,984.43	-1,774,208.68
未分配利润	-21,661,812.19	-6,331,293.73	-27,993,105.92
少数股东权益		-104,587.67	-104,587.67

[附注2]、控股子公司及合并会计报表范围的变更说明

企业名称	注册资本	经营范围	本公司投资额	本公司所占权益比例	是否合并
深圳市华顺达实业有限公司	550万元	兴办实业；国内商业；物资供销业(不含专营、专控及专卖商品)；进出口业务	495万元	90%	是
湖南益鑫泰纺织印染有限公司	14003万元	苎麻及其与棉、化纤混纺的纱、布、印染布、服装、化纤产品的开发生产和销售	13694.78万元	97.79%	是
湖南华望蜂窝制品有限责任公司	350万元	开发、生产、销售包装箱、托盘、纸板以及纸蜂窝深加工系列产品	210万元	60%	是
湖南青苹果电子图书有限责任公司	500万元	数据库的设计、制作；电子出版物的制作；计算机软件的开发、生产、销售；计算机及配件的销售	255万元	51%	是

*湖南华望蜂窝制品有限责任公司、湖南青苹果电子图书有限责任公司，系2000年设立，由于2000年度未开始生产、经营，未纳入合并报表，本年已正式开始生产经营，故从本年度开始纳入合并报表范围。

第十一章　备查文件目录

包括下列文件：

(一)载有董事长亲笔签名、公司盖章的二〇〇一年度报告正本；

(二)载有公司法定代表人、主管会计工作负责人、会计机构负责人签名并盖章的会计报表；

(三)载有会计师事务所盖章、注册会计师签名并盖章的审计报告原件。

(四)报告期内在《上海证券报》上公开披露过的所有公司文件的正本及公告的原稿。

湖南华升益鑫泰股份有限公司

二〇〇二年四月十一日

利润及利润分配表

2001年12月31日

单位：湖南华升益鑫泰股份有限公司　　　　单位：元

项　　目	2001年度		2000年度	
	合　并	母公司	合　并	母公司
一、主营业务收入	744,256,503.71	486,689,742.80	830,612,964.97	751,660,257.90
减：主营业务成本	633,163,787.35	408,403,466.40	719,749,937.32	654,890,404.47
主营业务税金及附加	2,597,604.92	1,719,562.33	2,659,159.58	2,417,552.93
二、主营业务利润	108,495,111.44	76,566,714.07	108,203,868.07	94,352,300.50
加：其他业务利润	2,525,418.08	2,610,487.14	6,592,017.82	6,569,045.67
减：营业费用	17,587,705.68	11,064,984.54	16,284,440.69	14,746,745.45
管理费用	35,845,130.39	18,259,461.34	38,492,655.82	35,423,646.89
财务费用	11,228,994.98	3,255,340.99	9,008,830.79	8,210,341.89
三、营业利润	46,358,698.47	46,597,414.34	51,009,958.59	42,540,611.94
加：投资收益	33,523,185.74	31,686,265.47	38,800,402.68	42,412,422.14
补贴收入	300,000.00			
营业外收入	225,679.34	133,787.09	109,435.19	107,230.54
减：营业外支出	3,762,927.50	3,746,079.23	10,340,497.17	7,005,005.05
四、利润总额	76,644,636.05	74,671,387.67	79,579,299.29	78,055,259.57
减：所得税	10,263,434.28	7,983,003.32	11,098,055.48	9,563,055.46
少数股东损益	-381,447.58		-10,960.30	
五、净利润	66,762,649.35	66,688,384.35	68,492,204.11	68,492,204.11
加：年初未分配利润	79,397,682.73	80,096,397.06	87,713,023.57	87,713,023.57
其他转入				
六、可供分配的利润	146,160,332.08	146,784,781.41	156,205,227.68	156,205,227.68
减：提取法定盈余公积	7,425,909.19	6,677,858.08	7,315,029.96	6,849,220.41
提取法定公益金	3,712,954.59	3,338,929.04	3,657,514.99	3,424,610.21
提取职工奖励及福利基金				
提取储备基金				
提取企业发展基金				
利润归还投资				
七、可供投资者分配的利润	135,021,468.30	136,767,994.29	145,232,682.73	145,931,397.06
减：应付优先股股利				
提取任意盈余公积				
应付普通股股利	13167000	13,167,000.00	65,835,000.00	65,835,000.00
转作股本的普通股股利				
八、末分配利润	121,854,468.30	123,600,994.29	79,397,682.73	80,096,397.06

资产减值准备明细表

2001年度

单位：湖南华升益鑫泰股份有限公司　　　　单位：元

项　　目	年初余额	本年增加数	本年转回数	年末余额
一、坏帐准备合计	17,040,408.98	1,528,028.54	298,002.57	18,270,434.95
其中：应收帐款	7,549,306.15	1,528,028.54		9,077,334.69
其他应收款	9,491,102.83		298,002.57	9,193,100.26
二、短期投资跌价准备合计	-	-	-	-
其中：股票投资				-
债券投资				-
三、存货跌价准备合计	5,322,790.76	3,377,807.71	1,750,946.63	6,949,651.84
其中：原材料	2,202,707.85		1,750,946.63	451,761.22
产成品	3,120,082.91	3,377,807.71		6,497,890.62
四、长期投资减值准备合计	-	-	-	-
其中：长期股权投资				-
长期债权投资				-
五、固定资产减值准备合计	33,420,319.64		595,606.69	32,824,712.95
其中：房屋、建筑物	10,530,222.90		78,460.60	10,451,762.30
机器设备	22,890,096.74		517,146.09	22,372,950.65
六、无形资产减值准备	-	-	-	-
其中：专利权				-
商标权				-
七、在建工程减值准备				-
八、委托贷款减值准备				-
合计	55,783,519.38	4,905,836.25	2,644,555.89	58,044,799.74

资 产 负 债 表

2001 年 12 月 31 日

单位:湖南华升益鑫泰股份有限公司　　单位:元

	2001 年 12 月 31 日		2000 年 12 月 31 日	
资　产	合　并	母公司	合　并	母公司
流动资产:				
货币资金	316,368,905.37	297,281,703.09	315,525,066.75	302,338,311.48
短期投资	47,620,000.00	47,550,000.00	174,700,000.00	174,700,000.00
应收票据	400,000.00	400,000.00		
应收股利				
应收利息				
应收帐款	130,675,861.89	80,036,167.32	109,715,347.14	60,655,394.33
其他应收款	54,921,079.14	93,021,585.25	146,102,614.89	159,949,228.86
预付帐款	53,650,824.80	49,670,976.23	15,985,409.86	12,918,997.89
应收补贴款	4,169,549.47		1364184.91	
存货	217,720,971.22	59,478,506.52	189,579,801.39	45,338,015.74
待摊费用	693,524.54	487,869.15	1,123,765.55	476,201.48
一年内到期的长期债权投资	86,000,000.00	86,000,000.00		
其他流动资产				
流动资产合计	912,220,716.43	713,926,807.56	954,096,190.49	756,376,149.78
长期投资:				
长期股权投资	141,774,261.00	296,734,698.22	134,650,000.00	277,606,157.56
长期债权投资	116,000.00		228000	
长期投资合计	141,890,261.00	296,734,698.22	134,878,000.00	277,606,157.56
其中:合并价差				
固定资产:				
固定资产原价	768,290,626.39	520,693,339.77	743,910,523.54	497,792,507.26
减:累计折旧	385,678,011.98	249,773,291.46	347,222,879.44	220,794,416.70
固定资产净值	382,612,614.41	270,920,048.31	396,687,644.10	276,998,090.56
减:固定资产减值准备	32,824,712.95	26,292,024.18	33,420,319.64	30,647,051.52
固定资产净额	349,787,901.46	244,628,024.13	363,267,324.46	246,351,039.04
工程物资	44966.3			
在建工程	95,819,254.40	59,649,268.56	34,698,768.12	26,887,255.59
固定资产清理				
固定资产合计	445,652,122.16	304,277,292.69	397,966,092.58	273,238,294.63
无形资产及其他资产:				
无形资产	761,600.00			
长期待摊费用				
其他长期资产				
无形资产及其他资产合计	761,600.00			
递延税项:				
递延税款借项				
资产总计	1,500,524,699.59	1,314,938,798.47	1,486,940,283.07	1,307,220,601.97
负债和所有者权益:				
流动负债:				
短期借款	136,086,451.09	43,000,000.00	120,586,451.48	42,000,000.00
应付票据				
应付帐款	23,984,526.19	2,155,203.71	18,900,475.34	1,475,936.26
预收帐款	42,062,330.00	15,748,868.56	49,988,109.91	11,853,862.26
应付工资	7,476,073.77	6,276,073.77	3,901,224.68	2,563,224.68
应付福利费	11,287,336.45	5,211,040.77	9,352,387.93	4,394,523.99
应付股利	13,167,000.00	13,167,000.00	65,835,000.00	65,835,000.00
应交税金	18,316,495.92	14,590,775.95	24,764,733.01	19,342,362.93
其他应交款	874,383.99	124,153.58	858,037.95	140,528.42
其他应付款	17,934,340.56	8,206,693.53	35,009,200.92	6,737,505.18
预提费用			33,102.00	
预计负债				
一年内到期的长期负债				
其他流动负债				
流动负债合计	271,188,937.97	108,479,809.87	329,228,723.22	154,342,943.72
长期负债:				
长期借款	15,700,000.00		1,200,000.00	
应付债券				
长期应付款				
专项应付款				
其他长期负债				
长期负债合计	15,700,000.00		1,200,000.00	
递延税项:				
递延税款贷项				
负债合计	286,888,937.97	108,479,809.87	330,428,723.22	154,342,943.72
少数股东权益	7,102,454.02		3633901.6	
股东权益:				
股本	438,900,000.00	438,900,000.00	438,900,000.00	438,900,000.00
减:已归还投资				
股本净额	438,900,000.00	438,900,000.00	438,900,000.00	438,900,000.00
资本公积	602,593,761.48	602,593,761.48	602,533,761.48	602,533,761.48
盈余公积	43,185,077.82	41,364,286.83	32,046,214.04	31,347,499.71
其中:法定公益金	14,395,025.94	13,788,095.61	10,682,071.35	10,449,166.57
未分配利润	121,854,468.30	123,600,994.29	79,397,682.73	80,096,397.06
外币报表折算差额				
其他权益				
股东权益合计	1,206,533,307.60	1,206,459,042.60	1,152,877,658.25	1,152,877,658.25
负债和股东权益总计	1,500,524,699.59	1,314,938,852.47	1,486,940,283.07	1,307,220,601.97

现 金 流 量 表

2001 年 12 月 31 日

单位:湖南华升益鑫泰股份有限公司　　单位:元

项　目	合　并	母公司
一、经营活动产生的现金流量:		
销售商品、提供劳务收到的现金	755,932,901.79	445,273,142.14
收到的税费返还	14,744,166.27	12,900,400.00
收到的其他与经营活动有关的现金	32,014,361.37	28,045,279.55
现金流入小计	802,691,429.43	486,218,821.69
购买商品、接受劳务支付的现金	601,789,317.22	332,049,675.70
支付给职工以及为职工支付的现金	54,597,863.67	24,915,360.91
支付的各项税费	56,951,033.96	47,278,097.73
支付的其他与经营活动有关的现金	35,083,150.14	18,676,516.41
现金流出小计	748,421,364.99	422,919,650.75
经营活动产生的现金流量净额	54,270,064.44	63,299,170.94
二、投资活动产生的现金流量:		
收回投资所收到的现金	332,524,168.81	332,412,168.81
取得投资收益所收到现金	44,748,924.80	36,557,724.87
处置固定资产、无形资产和其他长期资产所收回的现金净额	964,485.00	719,485.00
收到的其他与投资活动有关的现金		
现金流入小计	378,237,578.61	369,689,378.68
购建固定资产、无形资产和其他长期资产所支付的现金	74,434,265.54	47,471,053.66
投资所支付的现金	291,332,168.81	291,262,168.81
支付的其他与投资活动有关的现金	41,130,000.00	67,727,257.00
现金流出小计	406,896,434.35	406,460,479.47
投资活动产生的现金流量净额	-28,658,855.74	-36,771,100.79
三、筹资活动产生的现金流量:		
吸收投资所收到的现金		
借款所收到的现金	489,040,000.00	387,500,000.00
收到的其他与筹资活动有关的现金		
现金流入小计	489,040,000.00	387,500,000.00
偿还债务所支付的现金	470,482,925.50	386,500,000.00
分配股利、利润或偿付利息所支付的现金	43,102,818.99	32,407,946.15
支付的其他与筹资活动有关的现金	176,732.39	176,732.39
现金流出小计	513,762,476.88	419,084,678.54
筹资活动产生的现金流量净额	-24,722,476.88	-31,584,678.54
四、汇率变动对现金的影响	-44,893.20	
五、现金及现金等价物净增加额	843,838.62	-5,056,608.39
补充资料:	合并	母公司
1 将净利润调节为经营活动的现金流量:		
净利润	66,762,649.35	66,688,384.35
加:少数股东损益	-381,447.58	
计提的资产减值准备	2,261,280.36	-3,082,010.83
固定资产折旧	45,458,544.42	31,519,430.07
无形资产摊销	190,400.00	
长期待摊费用摊销		
待摊费用减少(减:增加)	430,241.01	-11,667.67
预提费用增加(减:减少)	-33,102.00	
处置固定资产、无形资产和其他长期资产损失(减:收益)	-136,851.14	-133,787.09
固定资产报废损失	3,051,417.40	3,044,017.40
财务费用	11,228,994.98	3,255,340.99
投资损失(减:收益)	-33,523,185.74	-31,686,265.47
递延税款贷项(减:借项)		
存货的减少(减:增加)	-29,768,030.91	-14,358,311.23
经营性应收项目的减少(减:增加)	28,520,215.53	9,339,696.22
经营性应付项目的增加(减:减少)	-39,791,061.24	-1,275,655.80
其他		
经营活动产生的现金流量净额	54,270,064.44	63,299,170.94
2.不涉及现金收支的投资和筹资活动:		
债务转为资本		
一年内到期的可转换公司债券		
融资租入固定资产		
3.现金及现金等价物净增加情况:		
现金的期末余额	316,368,905.37	297,281,703.09
减:现金的期初余额	315,525,066.75	302,338,311.48
现金等价物的期末余额		
减:现金等价物的期初余额		
现金及现金等价物净增加额	843,838.62	-5,056,608.39

600158 中体产业股份有限公司

2001 年年度报告摘选

一、公司简介

(一)公司中文名称:中体产业股份有限公司
英文名称:CHINA SPORTS INDUSTRY CO.,LTD.
英文缩写:CSIC
(二)公司法定代表人:魏纪中
(三)公司董事会秘书:王戊一
联系电话:(010)65536158　　联系传真:(010)65515338
联系地址:北京市朝阳区朝外大街 225 号
电子信箱:wangwuyi@sport158.com
(四)公司注册地址:天津市新技术产业园区武清开发区三号路
办公地址:北京市朝阳区朝外大街 225 号
邮政编码:100020
公司国际互联网网址:http://www.sport158.com
公司电子信箱:csic@sport158.com
(五)公司选定的信息披露报纸为:《中国证券报》、《上海证券报》
中国证监会指定的登载公司年度报告的国际互联网网址:http://www.sse.com.cn.
公司年度报告置备地点:董事会秘书处(公司证券部)
(六)公司股票上市地:上海证券交易所
股票简称:中体产业　　股票代码:600158

二、会计数据和业务数据摘要

(一)本年度主要会计数据　　(单位:人民币元)

项目	金额
利润总额	20,519,868.86
净利润	14,218,704.52
扣除非经常性损益后净利润	12,655,929.85
主营业务利润	125,723,750.00
其他业务利润	422,859.22
营业利润	39,923,166.16
投资收益	-18,942,272.38
补贴收入	-
营业外收支净额	-461,024.92
经营活动产生的现金流量净额	73,583,377.81
现金及现金等价物净增加额	176,512,127.71

净利润中扣除的非经常性损益金额合计 1,562,774.67 元,涉及项目、金额为:

项目	金额
1、营业外收支净额:	-333,337.37
2、减免所得税:	146,476.19
3、委托理财收益:	1,488,407.89
4、出售下属公司收益:	261,227.96

(二)近三年主要会计数据和财务指标

项目	2001	2000 年		1999 年	
		调整前	调整后	调整前	调整后
主营业务收入	206,905,525.18	205,108,500.82	205,108,500.82	165,743,047.09	165,743,047.09
净利润	14,218,704.52	59,725,885.78	48,692,504.21	55,012,140.12	28,591,864.99
总资产	1,059,355,501.26	1,113,243,014.88	1,062,122,558.85	844,031,066.64	807,506,511.55
股东权益(不含少数股东权益)	776,896,960.02	804,845,140.65	765,044,731.57	521,446,054.87	492,679,027.36
每股收益(摊薄)	0.0561	0.3061	0.2496	0.3056	0.1588
每股收益(加权)	0.0561	0.3250	0.2650	0.3056	0.1588
每股净资产	3.0629	4.1250	3.9210	2.8969	2.7371
调整后的每股净资产	2.9939	4.0015	3.8503	2.7888	2.6653
每股经营活动产生的现金流量净额	0.2901	0.3755	0.3755	0.0017	0.0017
净资产收益率(摊薄)	0.0183	0.0742	0.0636	0.1055	0.0580
净资产收益率(加权)	0.0184	0.0968	0.0836	0.1094	0.0587

(三)净资产收益率和每股收益指标

报告期利润	净资产收益率(%)		每股收益(元)	
	全面摊薄	加权平均	全面摊薄	加权平均
主营业务利润	16.18	16.28	0.50	0.50
营业利润	5.14	5.17	0.16	0.16
净利润	1.83	1.84	0.06	0.06
扣除非经常性损益后的净利润	1.63	1.64	0.05	0.05

(四)报告期内股东权益变动情况

项目	股本	资本公积	盈余公积	法定公益金	未分配利润	合计
期初数	195,114,000.00	526,135,577.83	14,962,829.51	17,909,326.91	10,922,997.32	765,044,731.57
本期增加	58,534,200.00	170,005.93	1,461,558.92	1,461,558.92	14,218,704.52	75,846,028.29
本期减少		39,022,800.00			24,970,999.84	63,993,799.84
期末数	253,648,200.00	487,282,783.76	16,424,388.43	19,370,885.83	170,702.00	776,896,960.02

三、股本变动及股东情况

(一)股本变动情况
1、股本变动情况表　　数量单位:万股

项目	期初数	本次变动增减(+、-)		期末数
		送股	公积金转股	
1、尚未流通股份	13661.4	1366.14	2732.28	17759.82
发起人股份	13661.4	1366.14	2732.28	17759.82
其中:国有法人持股	13661.4	1366.14	2732.28	17759.82
尚未流通股份合计	13661.4	1366.14	2732.28	17759.82
2、已流通股份	5850	585	1170	7605
人民币普通股	5850	585	1170	7605
已流通股份合计	5850	585	1170	7605
3、股份总数	19511.4	1951.14	3902.28	25364.82

600159 内蒙古宁城老窖生物科技股份有限公司

2001 年年度报告摘选

一、公司基本情况简介

1、公司的法定中文名称:内蒙古宁城老窖生物科技股份有限公司
公司的英文名称:NEIMENGGU NINGCHENGLAOJIAO BIOLOGY TECHNOLOGY COMPANY LIMITED
2、公司法定代表人:马德海先生
3、公司注册及办公地址:内蒙古自治区宁城县八里罕镇
邮政编码:024231
公司国际互联网网址:http://www.nclj.com.cn
电子信箱:nclj@public.hh.nm.cn
4、公司董事会秘书:邢凤轶先生
联系地址:内蒙古宁城县八里罕镇宁城老窖生物科技股份有限公司证券部
电话:0476-4800807　　4800135-8378
传真:0476-4800807　　4800131
电子信箱:ncljzq@public.hh.nm.cn
5、公司选定的信息披露报纸名称:上海证券报
登载公司年度报告的中国证监会指定国际互联网网址:http://www.sse.com.cn
公司年度报告备置地点:董事会秘书处
6、公司股票上市交易所:上海证券交易所
股票简称:宁城老窖
股票代码:600159

二、会计数据和业务数据摘要

1、本年度主要利润指标(单位:人民币元)

项目	金额
利润总额:	-28,913,170.32
净利润:	-38,440,552.09
扣除非经常性损益后的净利润:	-76,410,172.09
主营业务利润:	56,293,802.43
其他业务利润:	-902,971.51
营业利润:	-49,683,016.35
投资收益:	-70,219.65
补帖收入:	21,000,000.00
营业外收支净额:	-159,934.32
经营活动产生的现金流量净额:	-134,394,504.54
现金及现金等价物净增加额:	90,734,318.22

注:扣除的非经常性损益项目包括:补帖收入 21,000,000.00 元,应收集团公司利息 16,520,000.00 万元,营业外收入 449,620.74 元。

2、截至报告期末前三年的主要会计数据和财务指标

项目	2001 年	2000 年		1999 年
		调整后	调整前	
主营业务收入	203,446,873.55	265,461,545.01	265,461,545.01	286,858,143.53
净利润	-38,440,552.09	42,301,897.48	43,724,437.17	61,384,772.97
总资产	1,132,874,627.43	725,662,079.54	757,133,386.25	654,799,475.97
股东权益	702,856,302.89	609,857,769.92	641,329,076.63	597,604,639.46
每股净资产	2.30	2.93	3.08	2.87
调整后的每股净资产	2.30	2.92	3.07	2.82
每股经营活动产生的现金流量净额	0.44	-0.15	-0.15	0.35
每股收益	-0.126	0.21	0.21	0.295
扣除非经常损益后的每股收益:	-0.251	0.15	0.16	0.24
净资产收益率	-5.47	6.94	6.82	10.27

3、利润表附表:

报告期利润	净资产收益率(%)		每股收益	
	全面摊薄	加权平均	全面摊薄	加权平均
主营业务利润	8.01	8.17	0.185	0.185
营业利润	-7.07	-7.21	-0.163	-0.164
净利润	-5.47	-5.58	-0.126	-0.127
扣除非经常损益后的净利润	10.87	-11.08	-0.251	-0.251

4、报告期内股东权益变动情况:

项目	股本	资本公积	盈余公积	法定公益金	未分配利润	股东权益合计
期初数	208,000,000	299,505,857.19	32,216,759.69	16,108,379.84	54,026,773.20	609,857,769.92
本期增加	97,001,616	120,039,853.06	25,992.70	12,996.35		92,998,532.97
本期减少		41,600,808.00			82,481,117.14	
期末数	305,001,616	377,944,902.25	32,242,752.39	16,121,376.19	-28,454,343.94	702,856,302.89

变动原因:股本增加是由于公司配股、送股、公积金转增股本所致;资本公积金增加是由于公司配股形成,减少由于公司转增股份所致;本期增加的法定盈余公积金和公益金是从公司的控股子公司北京天演科技投资有限公司提取所致;未分配利润减少是由于公司净利润减少和送股转出利润所致;股东权益增加是由于公司配股所致。

三、股本变动及股东情况

1、股本变动情况
(1)股份变动情况表

单位:股

	期初数	本次变动增减(+ -)					期末数
		配股	送股	公积金转股	其他	小计	
一、未上市流通股份							
1、发起人股份	156000000	1800000	29596968	29596968		60993936	216993936
其中:							
国家拥有股份	156000000	1800000	29596968	29596968		60993936	216993936
尚未流通股份合计	156000000						216993936
二、已流通股份							
1、境内上市的人民币普通股	52000000	12000000	12003840	12003840		36007680	88007680
已流通股份合计	52000000						88007680
股份总数	208000000	13800000	41600808	41600808		97001616	305001616

600160 浙江巨化股份有限公司

2001 年年度报告摘选

一、公司基本情况简介

1、公司法定中文名称:浙江巨化股份有限公司
公司中文名称缩写:巨化股份
公司法定英文名称:ZHEJIANG JUHUA CO.,LTD.
公司英文名称缩写:ZJJH
2、公司法定代表人:刘奇
3、公司董事会秘书:余洁敏
联系地址:浙江省衢州市柯城区浙江巨化股份有限公司
联系电话:(0570)3091688 3091704
传真:(0570)3091777
电子信箱:YJM@Juhua.com.cn
4、公司注册地址:浙江省衢州市柯城区
公司办公地址:浙江省衢州市柯城区
邮政编码:324004
公司国际互联网网址:http://www.jhgf.com.cn
公司电子信箱:ZJP@Juhua.com.cn
5、选定的信息披露报纸:《中国证券报》、《上海证券报》
登载公司年报的国际互联网网址:http://www.sse.com.cn
年度报告备置地点:公司证券部
6、公司股票上市交易所:上海证券交易所
股票简称:巨化股份
股票代码:600160

二、会计数据和业务数据摘要

1、公司本年度会计数据(合并报表) 单位:元

项目	金额
利润总额	100,726,773.17
净利润	105,209,431.07
扣除非经常性损益后的净利润	99,144,271.85
主营业务利润	299,226,031.86
其他业务利润	9,060,714.58
营业利润	78,481,565.06
投资收益	26,070,891.27
补贴收入	4,865,137.32
营业外收支净额	-8,690,820.48
经营活动产生的现金流量净额	254,492,513.52
现金及现金等价物净增(减)额	28,045,924.16

注:扣除的非经常性损益金额合计 6,065,159.22 元,涉及项目和金额有:
(1)营业外收入 2,923,159.10 元
(2)营业外支出(扣除固定资产减值准备)-3,744,601.32 元
(3)尿素产品增值税收入返还 4,663,629.72 元
(4)股权投资转让收益 3,784,451.06 元
(5)流动资产盘盈、亏、报废 -1,083,742.00 元
(6)债权投资收益 2,510,646.20 元
(7)以上项目所得税 -2,988,383.54 元

2、截至报告期末公司前三年主要会计数据和财务指标(合并报表) 单位:元

项目	2001 年度	2000 年度		1999 年度
		调整前	调整后	
主营业务收入	1,267,680,160.83	1,235,379,872.02	1,235,379,872.02	1,121,870,106.04
净利润	105,209,431.07	109,570,000.52	118,954,670.02	113,080,068.79
每股收益(摊薄)	0.283	0.321	0.349	0.332
每股收益(加权)	0.300	0.321	0.349	0.347
净资产收益率(%)(摊薄)	7.97	11.20	12.51	11.75
每股经营活动产生的现金流量净额	0.69	0.90	0.90	0.96
	2001 年 12 月 31 日	2000 年 12 月 31 日		1999 年 12 月 31 日
		调整前	调整后	
总资产	2,370,377,713.12	1,870,609,717.24	1,842,611,760.68	1,479,003,037.25
股东权益(不含少数股东权益)	1,320,413,189.59	978,973,063.10	951,214,927.08	954,223,062.58
每股净资产(摊薄)	3.56	2.87	2.79	2.82
调整后的每股净资产	3.50	2.82	2.72	2.75

三、股本变动及股东情况

1、股本变动情况
(1)股份变动情况表

数量单位:股

	本次变动前	本次变动增减(+,-) 配股	小计	本次变动后
一、未上市流通股份				
1、发起人股份	253,000,000	+3,800,000	+3,800,000	256,800,000
其中:				
国家持有股份				
境内法人持有股份	253,000,000	+3,800,000	+3,800,000	256,800,000
境外法人持有股份				
其他				
2、募集法人股				
3、内部职工股				
4、优先股或其他				
未上市流通股份合计	253,000,000	+3,800,000	+3,800,000	256,800,000
二、已上市流通股份				
1、人民币普通股	88,000,000	+26,400,000	+26,400,000	114,400,000
2、境内上市的外资股				
3、境外上市的外资股				
4、其他				
已上市流通股份合计	88,000,000	+26,400,000	+26,400,000	114,400,000
三、股份总数	341,000,000	+30,200,000	+30,200,000	371,200,000

600161 北京天坛生物制品股份有限公司

2001 年年度报告摘选

一、公司基本情况简介

(一)公司法定中文名称:北京天坛生物制品股份有限公司
公司法定英文名称:BEIJING TIANTAN BIOLOGICAL PRODUCTS CORPORATION LIMITED
公司英文名称缩写:BTBP
(二)公司法定代表人:倪道明先生
(三)公司董事会秘书:张翼先生
联系地址:北京市朝阳区三间房南里四号
联系电话:010-65772354 010-65772357 010-65724045 传真:010-65792747
E-mail:secretary@btbp.com.cn
(四)公司注册地址:北京市海淀区紫竹院南路十七号公司
办公地址:北京市朝阳区三间房南里四号 邮政编码:100024
公司网址:http://www.btbp.com.cn("天坛生物")
E-mail:zjb@btbp.com.cn
(五)公司选定的信息披露报纸名称:《中国证券报》、《上海证券报》
登载公司年度报告的中国证监会指定国际互联网网址:http://www.sse.com.cn
公司年度报告备置地点:本公司证券部
(六)公司股票上市地:上海证券交易所
股票简称:天坛生物 股票代码:600161

二、会计数据和业务数据摘要

(一)本年度会计数据摘要 (单位:元)

项目	金额
1、利润总额:	40,769,650.50
2、净利润:	34,345,677.02
3、扣除非经常性损益后的净利润:	33,270,134.50
4、主营业务利润:	88,055,304.17
5、其他业务利润:	1,566.83
6、营业利润:	43,362,346.87
7、投资收益:	-3,412,103.20
8、补贴收入:	0.00
9、营业外收支净额:	819,406.83
10、经营活动产生的现金流量净额:	46,491,760.29
11、现金及现金等价物净增加额:	-16,738,466.90

注:扣除的非经常性损益项目和涉及金额:

项目	金额
冻结资金利息收入:	2,321,293.44
处理固定资产净损失:	530,611.99
捐赠支出:	413,900.33
各种罚款支出:	24,780.00
其它净支出:	276,458.60

(二)前三年主要会计数据及财务指标

指标项目	单位	2001 年	2000 年		1999 年
			调整前	调整后	
1.主营业务收入	元	155,001,448.86	137,577,474.83	137,577,474.83	137,496,607.87
2.净利润	元	34,345,677.20	37,919,886.45	36,025,991.82	43,101,140.48
3.总资产	元	463,320,778.78	445,983,962.33	444,026,625.89	439,483,957.05
4.股东权益(不含少数股东权益)	元	289,142,968.06	278,728,641.08	276,771,304.64	279,163,161.16
5.全面摊薄每股收益	元/股	0.179	0.1975	0.188	0.22
6.加权平均每股收益	元/股	0.179	0.1975	0.188	0.22
7.扣除非经常性损益的每股收益	元/股	0.173	0.1888	0.179	0.22
8.每股净资产	元/股	1.51	1.45	1.44	1.45
9.调整后的每股净资产	元/股	1.46	1.44	1.43	1.45
10.每股经营活动产生的现金流量净额	元/股	0.24	0.25	0.25	0.22
11.全面摊薄净资产收益率	%	12.14	13.60	12.96	15.44
12.加权平均净资产收益率	%	11.68	12.72	12.06	15.16
13.扣除非经常性损益的加权平均净资产收益率	%	11.32	12.16	11.52	14.83

报告期利润	加权平均净资产收益率	全面摊薄净资产收益率	加权平均每股收益(元/股)	全面摊薄每股收益(元/股)
主营业务利润	29.96%	31.12%	0.459	0.459
营业利润	14.75%	15.32%	0.226	0.226
净利润	11.68%	12.14%	0.179	0.179
扣除非经常性损益后的净利润	11.32%	11.76%	0.173	0.173

三、股本变动及股东情况

(一)股本变动情况
1、公司股份变动情况表 数量单位:股

	本次变动前	本次变动增减(+,-) 配股	送股	公积金转股	其他	小计	本次变动后
一、未上市流通股份							
1、发起人股份	144,000,000						144,000,000
其中:							
国家持有股份							
境内法人持有股份	144,000,000						144,000,000
外资法人持有股份							
其他							
2、募集法人股份							
3、内部职工股							
4、优先股或其他							
其中:转配股							
未上市流通股份合计	144,000,000						144,000,000
二、已上市流通股份							
1、人民币普通股	48,000,000						48,000,000
2、境内上市的外资股							
3、境外上市的外资股							
4、其他							
已上市流通股份合计	48,000,000						48,000,000
三、股份总数	192,000,000						192,000,000

600162 山东临沂工程机械股份有限公司

2001 年年度报告摘选

一、公司基本情况简介

(一)公司法定中文名称:山东临沂工程机械股份有限公司
英文名称:Shandong Linyi Engineering Machinery Stock Co., Ltd
英文缩写:SLEM
(二)公司法定代表人:王志中
(三)公司董事会秘书:高树建
董事会证券事务代表:徐洁
联系地址:山东省临沂市金雀山路 17 号
电话:0539-8308809　传真:0539-8316202
电子信箱:gsj.162@163.com
(四)公司注册地址:山东省临沂市金雀山路 17 号
公司办公地址:山东省临沂市金雀山路 17 号　邮政编码:276004
公司国际互联网网址:http://www.lingong.com.cn
公司电子信箱:lingong@lingong.com.cn
(五)公司选定的信息披露报纸:《上海证券报》、《证券日报》
登载公司年度报告的中国证监会指定网站的网址:http://www.sse.com.cn
公司年度报告备置地点:公司董事会办公室
(六)公司股票上市交易所:上海证券交易所
股票简称:山东临工　股票代码:600162

二、会计数据和业务数据摘要

(一)本年度实现利润情况(单位:人民币元)

项目	2001 年度
利润总额	22,574,373.10
净利润	19,406,551.09
扣除非经常性损益后的净利润	8,196,704.32
主营业务利润	104,241,930.61
其他业务利润	464,027.45
营业利润	7,764,526.33
投资收益	14,838,173.21
补贴收入	0.00
营业外收支净额	-28,326.44
经营活动产生的现金流量净额	31,038,904.37
现金及现金等价物净增加额	-53,959,398.60

注:扣除的非经常性损益项目及金额为:投资收益 11,000,489.24 元,转让子公司收益 154,439.46 元,营业外收支净额 -28,326.44 元,其他 83,244.51 元。

(二)前三年主要会计数据和财务指标(单位:人民币元)

项目	2001 年度	2000 年度		1999 年
		调整后	调整前	
主营业务收入	533,687,807.01	443,017,786.00	443,017,786.00	391,915,519.50
净利润	19,406,551.09	13,872,096.20	26,560,058.28	40,194,961.18
总资产	1,199,959,705.55	1,189,286,046.73	1,214,413,856.55	721,110,190.39
股东权益(不含少数股东权益)	590,153,147.15	570,746,596.05	595,874,405.87	394,885,347.60
每股收益(全面摊薄)	0.11	0.08	0.15	0.27
每股收益(加权平均)	0.11	0.09	0.17	0.28
扣除非经常性损益后的每股收益	0.05	0.08	0.15	0.25
每股净资产	3.36	3.24	3.39	2.63
调整后的每股净资产	3.31	3.20	3.33	2.59
每股经营活动产生的现金流量净额	0.18	0.30	0.30	-0.17
净资产收益率(%)	3.29	2.43	4.46	10.18
扣除非经常性损益后的加权平均净资产收益率(%)	1.40	3.23	5.93	10.77

(三)利润表附表

报告期利润	净资产收益率(%)		每股收益(元)	
	全面摊薄	加权平均	全面摊薄	加权平均
主营业务利润	17.66	17.66	0.59	0.59
营业利润	1.32	1.32	0.04	0.04
净利润	3.29	3.29	0.11	0.11
扣除非经常性损益后的净利润	1.40	1.40	0.10	0.10

三、股本变动及股东情况

(一)股份变动情况表

(数量单位:股)

	本次变动前	本次变动增减(+、-)						本次变动后
		配股	送股	公积金转股	增发	其它	小计	
一、未上市流通股份								
1. 发起人股份	65,950,000							65,950,000
其中:								
国家持有股份	65,950,000							65,950,000
境内法人持有股份								
境外法人持有股份								
其他								2,420,000
2.募集法人股份	2,420,000							
3.内部职工股	58,520,000					-58,520,000	-58,520,000	0
4.优先股或其他								
其中:转配股								
未上市流通股份合计	126,890,000					-58,520,000	-58,520,000	68,370,000
二、已上市流通股份								
1.人民币普通股	49,000,000					+58,520,000	+58,520,000	107,520,000
2.境内上市的外资股								
3.境外上市的外资股								
4.其他								
已上市流通股份合计	49,000,000					+58,520,000	+58,520,000	107,520,000
三、股份总数	175,890,000							175,890,000

600163 福建省南纸股份有限公司

2001 年年度报告摘选

第一章　公司基本情况简介

一、公司中文名称:福建省南纸股份有限公司
公司英文名称:Nanzhi Co., Ltd., Fujian
缩写:FJNZ
二、公司法定代表人:黄国英
公司总经理:陈守勤
三、公司董事会秘书:李公然
公司董事会证券事务代表:李永和
联系地址:福建省南平市滨江北路 177 号
福建省南纸股份有限公司证券部
联系电话:0599-8808806　传　真:0599-8801260
电子信箱:nzzqb@public.npptt.fj.cn
四、公司注册、办公地址:福建省南平市滨江北路 177 号
公司邮政编号:353000
公司国际互联网网址:http://www.nanping-paper.com
五、公司信息披露报纸名称:《中国证券报》、《上海证券报》
公司登载年度报告的国际互联网网址:http://www.sse.com.cn
公司年度报告备置地点:公司证券部
六、公司股票上市交易所:上海证券交易所
股票简称:福建南纸　股票代码:600163

第二章　会计数据和业务数据摘要

一、本年度主要财务指标(单位:人民币元)

利润总额	86,616,883.46
净利润	82,715,432.93
扣除非经常性损益后的净利润	106,040,869.19
主营业务利润	232,559,185.06
其他业务利润	506,298.30
营业利润	107,421,118.07
投资收益	12,293,015.25
营业外收支净额	-33,097,249.86
经营活动产生的现金流量净额	287,474,859.40
现金及现金等价物净增减额	-139,557,451.69

注:扣除非经常性损益项目和涉及金额
1、委托投资国债收益:11,929,167.33
2、营业外收支净额:-33,097,249.86
3、非经常性损益项目所得税影响数:-2,157,353.73

二、公司近三年的主要会计数据和财务指标(单位:人民币元)

财务指标	单位	2001 年度	2000 年度		1999 年度	
			调整后	调整前	调整后	调整前
主营业务收入	元	1,066,334,539.45	954,019,938.07	954,019,938.07	456,803,607.01	456,803,607.01
净利润	元	82,715,432.93	69,153,202.04	69,153,202.04	73,613,009.29	84,113,009.20
总资产	元	2,605,327,775.85	2,477,184,933.23	2,481,079,933.23	2,095,243,391.07	2,124,138,391.07
股东权益(不含少数股东权益)	元	1,127,451,884.88	1,087,615,143.95	1,091,510,143.95	734,818,368.70	763,713,368.70
全面摊薄每股收益	元	0.27	0.23	0.23	0.27	0.30
加权平均每股收益	元	0.27	0.24	0.24	0.27	0.30
扣除非经常性损益后的每股收益	元	0.35	0.21	0.22	0.19	0.23
每股净资产	元	3.69	3.55	3.57	2.64	2.75
调整后的每股净资产	元	3.62	3.54	3.55	2.62	2.73
每股经营活动产生的现金流量净额	元	0.94	0.43	0.43	0.41	0.41
全面摊薄净资产收益率	%	7.34	6.36	6.34	10.02	11.01
加权平均净资产收益率	%	7.47	7.98	7.95	10.15	11.43
扣除非经常性损益后的加权平均净资产收益率	%	9.58	7.25	7.84	7.09	8.37

三、报告期利润表附表(单位:人民币元)

报告期利润	净资产收益率(%)		每股收益(元)	
	全面摊薄	加权平均	全面摊薄	加权平均
主营业务利润	20.63	21.01	0.76	0.76
营业利润	9.53	9.70	0.35	0.35
净利润	7.34	7.47	0.27	0.27
扣除非经常性损益后的净利润	9.41	9.58	0.35	0.35

第三章　股本变动及股东情况

一、股本变动情况
1、股份变动情况表(单位:万股)

	本次变动前	本次变动增减(+,-)						本次变动后
		配股	送股	公积金转股	增发	其他	小计	
1.未上市流通股份								
(1)发起人股份	21494.664							21494.664
其中:								
国家持有股份	21494.664							21494.664
境内法人持有股份								
境外法人持有股份								
其他								
(2)募集法人股份								
(3)内部职工股								
(4)优先股或其他								
未上市流通股份合计	21494.664							21494.664
2.已上市流通股份								
(1)境内上市的人民币普通股	9100							9100
(2)境内上市的外资股								
(3)境外上市的外资股								
(4)其他								
已上市流通股份合计	9100							9100
3.股份总数	30594.664							30594.664

600165 宁夏恒力钢丝绳股份有限公司

2001年年度报告摘选

一、公司基本情况

公司的法定中文名称:宁夏恒力钢丝绳股份有限公司
公司英文名称:NING XIA HENG LI STEEL WIRE ROPE CO. LTD
公司英文缩写:NSWRC
公司法定代表人:李礼善
公司董事会秘书:张文彬
证券事务代表:卓青峰
联系地址:宁夏石嘴山市石嘴山区河滨街
电话:0952—3671394　　传真:0952—3671799
公司注册地址:宁夏回族自治区银川市
公司办公地址:宁夏石嘴山市石嘴山区河滨街　　邮政编码:753202
公司国际互联网网址:http//www.hengli.com.cn
电子信箱:nxhl@public.yc.nx.cn
公司选定的信息披露报纸名称:中国证券报、上海证券报
登载年度报告的中国证监会指定网站的网址:http//www.sse.com.cn
公司年度报告备置地点:公司证券部
公司股票上市交易所:上海证券交易所
股票简称:宁夏恒力　　股票代码:600165
公司首次注册日期:1998年5月14日
地点:宁夏回族自治区银川市
企业法人营业执照注册号:6400001201483
税务登记号码:640203227694836
公司聘请的会计师事务所名称:五联联合会计师事务所有限公司
办公地址:宁夏银川解放西街111号

二、会计数据和业务数据摘要

(一)公司本年度会计数据　　单位:人民币元

项目	2001年
利润总额	60134490.30
净利润	50237173.70
扣除非经常性损益后的净利润	38970693.03
主营业务利润	90941357.69
其他业务利润	675734.69
营业利润	45327390.48
投资收益	10793080.31
补贴收入	3672182.67
营业外收支净额	341836.84
经营活动产生的现金流量净额	40635133.39
现金及现金等价物净增加额	66939689.28

(二)公司近三年的主要会计数据和财务指标　　单位:人民币元

项目	2001年	2000年 调整前	2000年 调整后	1999年
主营收入	373154087.58	336526549.51	336526549.51	236704860.69
净利润	50237173.70	50235936.67	48924312.20	43664507.48
总资产	1117892139.27	778592720.28	777460653.62	635627619.96
股东权益(不含少数股东权益)	674702203.82	435860761.91	434728695.25	415218601.85
每股收益	0.20	0.219	0.21	0.204
每股净资产	2.69	1.90	1.89	1.94
调整后的每股净资产	2.65	1.87	1.85	1.92
每股经营活动产生的现金流量净额	0.16	0.58	0.58	-0.18
净资产收益率%	7.45	11.53	11.25	10.5

报告期利润	净资产收益率(%) 全面摊薄	净资产收益率(%) 加权平均	每股收益(元) 全面摊薄	每股收益(元) 加权平均
主营业务利润	13.48	14.72	0.36	0.37
营业利润	6.72	7.34	0.18	0.18
净利润	7.45	8.13	0.20	0.20
扣除非经常性损益后的净利润	5.78	6.31	0.16	0.16

股东权益变动情况:　　单位:人民币元

项目	期初数	本期增加	本期减少	期末数
股本	229600000.00	21600000.00		251200000.00
资本公积	183985526.22	168226801.22		352212327.44
盈余公积	26970371.01	11723773.13		38694144.14
法定公益金	7903618.82	3559238.16		11462856.98
未分配利润	-5827201.98	50237173.70	11814239.48	32595732.24
股东权益合计	434728695.25	251787748.05	11814239.48	674702203.82

三、股本变动及股东情况

(一)股份变动情况表　　数量单位:万股

	本次变动前	配股	送股	公积金转股	增发	其他	小计	本次变动后
一、未上市流通股份								
1、发起人股份	14160							14160
其中:								
国家持有股份	13200							13200
境内法人持有股份	960							960
境外法人持有股份								
其他								
2、募集法人股份								
3、定向发行个人股	784							784
4、定向发行法人股	816							816
未上市流通股份合计	15760							15760
二、已上市流通股份								
1、人民币普通股	7200	+2160					+2160	9360
2、境内上市的外资股								
1、境外上市的外资股								
2、其他	7200	+2160					+2160	9360
已上市流通股份合计								
三、股份总数	22960	+2160					+2160	25120

600166 北汽福田车辆股份有限公司

2001年年度报告摘选

第一节　公司基本情况

◆公司法定中文名称:北汽福田车辆股份有限公司
公司法定英文名称:BEIQI FUTIAN VEHICLE CO., LTD
◆公司法定代表人:安庆衡
公司总经理:王金玉
◆公司董事会秘书:龚敏
公司证券事务代表:王学信
联系电话:010—80717181　　传真:010—80717180
电子信箱:ftjrzqb@263.net
联系地址:北京市昌平区沙河镇沙阳路
◆公司注册地址:北京市昌平区沙河镇沙阳路
公司办公地址:北京市昌平区沙河镇沙阳路
邮政编码:102206
公司国际互联网网址:http://www.sse.com.cn.
公司电子信箱:ftzjlb@public3.bta.net.cn
◆公司选定的信息披露报纸:《上海证券报》《中国证券报》
登载公司年度报告的中国证监会指定网站网址:http://www.sse.com.cn
公司年度报告备置地点:公司金融证券部
◆公司股票上市交易所:上海证券交易所
股票简称:福田汽车　　股票代码:600166

第二节　会计数据及业务数据摘要

一、本年度主要的会计数据:　　单位:元

项目	2001年数据
利润总额	119074438.91
净利润	102840360.55
扣除非经常性损益的净利润	58689339.21
主营业务利润	370341531.99
其他业务利润	40238608.97
营业利润	106251184.26
投资收益	9549060.40
补贴收入	6422709.72
营业外收支净额	-3148515.47
经营活动产生的现金流量定额	85086574.63
现金及现金等价物净增减额	23537884.02

注:扣除非经常性损益的项目及金额:　　单位:元

项目	金额
投资收益	14973318.91
营业外收支净额	-3148515.47
补贴收入	4059026.32
联合促销费	22564205.44
技术转让费	13485598.58
扣除非经常性损益项目的所得税影响	-7782612.44

二、前三年主要会计数据和财务指标:　　单位:元

项目	2001年1—12月	2000年1—12月 调整后	2000年1—12月 调整前	1999年1—12月 调整后	1999年1—12月 调整前
主营业务收入	4112240063.74	3272353557.83	3321947106.22	3102921166.56	3102921166.56
净利润	102840360.55	88045429.14	90759218.64	60638140.45	126159739.34
每股收益(摊薄)	0.3667	0.3139	0.32	0.24	0.50
每股经营活动产生的现金流量净额	0.30	0.02	0.02	0.56	0.56
净资产收益率(%)(摊薄)	10.23	9.65	9.80	10.70	19.34

项目	2001年12月31日	2000年12月31日 调整后	2000年12月31日 调整前	1999年12月31日 调整后	1999年12月31日 调整前
总资产	3079435167.29	2559646326.75	2657499612.79	1774424588.73	1830949586.86
股东权益(不含少数股东权益)	1005458614.09	912794957.92	926260868.32	566452313.69	652214850.50
每股净资产	3.58	3.25	3.30	2.24	2.58
调整后每股净资产	3.50	3.01	3.06	1.89	2.23

三、利润表附表:

报告期利润	净资产收益率(%) 全面摊薄	净资产收益率(%) 加权平均	每股收益(元) 全面摊薄	每股收益(元) 加权平均
主营业务利润	36.83	38.06	1.3205	1.3205
营业利润	10.57	10.92	0.3788	0.3788
净利润	10.23	10.57	0.3667	0.3667
扣除非经常性损益后的净利润	5.84	6.03	0.2093	0.2093

第三节　股本变动及股东情况

一、公司股份变动情况表　　数量单位:股

项目	本次变动前	配股	送股	公积金转股	增发	其他	小计	本次变动后
一、尚未流通股份								
1、发起人股份	200466000							200466000
其中:								
国家持有股份	161666000					-390000	-390000	161276000
境内法人持有股份	38800000					390000	390000	39190000
境外法人持有股份								
其他								
2、募集法人股份								
3、内部职工股								
4、优先股及其他								
未上市流通股份合计	200466000							200466000
二、已上市流通股份								
1、人民币普通股	80000000							80000000
2、境内上市的外资股								
1、境外上市的外资股								
2、其他								
已上市流通股份合计	80000000							80000000
三、股份总数	280466000							280466000

600167 沈阳新区开发建设股份有限公司

2001 年年度报告摘选

一、公司基本情况简介

(一)公司中文名称:沈阳新区开发建设股份有限公司
公司英文名称:DEVELOPMENT AND CONSTRUCTION STOCK LIMITED COMPANY IN SHENYANG NEW DISTRICT
英文缩写:SHND
(二)公司法定代表人:赵家祯
(三)公司董事会秘书:聂晶
联系地址:沈阳市和平区三好街 35 号
电话:024-23904434　　传真:024-23993579
电子信箱:nie2007@sina.com
(四)公司注册地址:沈阳市浑南新区世纪路 1 号
公司办公地址:沈阳市和平区三好街 35 号 2 层　　邮政编码:110004
公司国际互联网网址:http://www.cninfo.com.cn
公司电子信箱:nie2007@sina.com
(五)公司选定的信息披露报纸:《中国证券报》、《上海证券报》
登载公司年度报告的国际互联网网址:http://www.sse.com.cn
公司年度报告备置地点:沈阳市和平区三好街 35 号公司证券部
(六)公司股票上市交易所:上海证券交易所
股票简称:ST 沈新开　　股票代码:600167

二、会计数据和业务数据摘要

(一)本年度主要利润指标(单位:人民币元)

项目	
利润总额:	2,196,324.83
净利润:	2,196,324.83
扣除非经常性损益后的净利润:	2,102,201.28
主营业务利润:	19,336,617.71
其他业务利润:	229,381.09
营业利润:	2,132,186.44
投资收益:	-197,646.34
补贴收入:	0.00
营业外收支净额:	261,784.73
经营活动产生的现金流量净额:	-78,905,119.57
现金及现金等价物净增减额:	-64,557,342.67

注:2001 年度扣除的非经常性损益的项目及金额:

非经常性损益合计为	-94,123.55
1、营业外收入	2,358,490.17
2、营业外支出	2,096,705.44
3、存货盘亏净损失	800,358.39
4、高出银行同期贷款利率收取黎明集团资金占用费收入	632,697.21

(二)公司前三年主要会计数据和财务指标(单位:人民币元)

项目	2001 年	2000 年 调整前	2000 年 调整后	1999 年 调整前	1999 年 调整后
主营业务收入	111,376,646.85	113,990,655.56	113,990,655.56	101,614,502.19	101,614,502.19
净利润	2,196,324.83	-35,322,473.06	-63,187,187.79	-24,423,908.88	-87,079,190.92
总资产	590,028,665.08	621,088,768.87	550,950,664.61	632,271,918.67	614,137,852.40
股东权益	363,289,118.07	449,483,151.96	361,092,793.24	486,935,263.07	424,279,981.03
每股收益(元/股)(全面摊薄)	0.01	-0.19	-0.33	-0.13	-0.46
每股净资产(元/股)	1.91	2.37	1.90	2.56	2.23
调整后的每股净资产(元/股)	1.91	2.15	1.78	2.52	2.19
每股经营活动产生的现金流量净额(元/股)	-0.42	-0.18	-0.18	0.05	0.05
净资产收益率(%)	0.6	-7.86	-17.50	-5.02	-20.52

(三)根据中国证监会《公开发行证券公司信息披露编报规则第九号》要求,公司 2001 年按全面摊薄法和加权平均法计算的净资产收益率及每股收益:

	报告期利润(人民币元)	全面摊薄净资产收益率(%)	加权平均净资产收益率(%)	全面摊薄每股收益(元/股)	加权平均每股收益(元/股)
主营业务利润	19,336,617.71	5.32	5.34	0.1018	0.1018
营业利润	2,132,186.44	0.59	0.59	0.0112	0.0112
净利润	2,196,324.83	0.61	0.61	0.0116	0.0116
扣除非常性损益后的净利润	2,102,201.28	0.58	0.58	0.0111	0.0111

三、股本变动和股东情况

(一)股本变动情况
1、股份变动情况表　　(单位:股)

	本次变动前	配股	送股	公积金转股	增发	其他	小计	本次变动后
一、未上市流通股份								
1、发起人股份								
其中:								
国家持有股份								
境内法人持有股份	120,000,000							120,000,000
境外法人持有股份	120,000,000							120,000,000
其他								
2、募集法人股份								
3、内部职工股								
4、优先股或其他								
未上市流通股份合计								
二、已上市流通股份	120,000,000							120,000,000
1、人民币普通股								
2、境内上市的外资股	70,000,000							70,000,000
3、境外上市的外资股								
4、其他								
已上市流通股份合计	70,000,000							70,000,000
三、股份总数	190,000,000							190,000,000

600168 武汉三镇实业控股股份有限公司

2001 年年度报告摘选

第一章　公司基本情况简介

一、公司法定中文名称:武汉三镇实业控股股份有限公司
公司法定英文名称:WUHAN SANZHEN INDUSTRY HOLDING CO.,LTD
英文名称缩写:WHKG
二、公司法定代表人:谢连和
三、公司董事会秘书:曾牧
联系地址:武汉市汉口发展大道东方商都 5 楼
电话:027-85600546　　传真:027-85877108
电子信箱:whkonggu@public.wh.hb.cn
证券事务代表:李丹
联系地址:武汉市汉口发展大道东方商都 5 楼
电话:027-85600546　　传真:027-85877108
电子信箱:whkonggu@public.wh.hb.cn
四、公司注册地址:武汉经济技术开发区联发大厦
公司办公地址:武汉市发展大道东方商都 5 楼　　邮政编码:430023
公司电子信箱:E-mail:whkonggu@public.wh.hb.cn
国际互联网网址:http://www.whkg.com.cn
五、公司信息披露报纸名称:《上海证券报》
登载公司年报的中国证监会指定网站网址:http://www.sse.com.cn
公司年度报告备置地点:公司董事会办公室
六、公司股票上市交易所:上海证券交易所
股票简称:武汉控股　　股票代码:600168

第二章　会计数据和业务数据摘要

一、本年度主要会计数据和业务数据(合并报表)

项目	金　额
利润总额	156,424,038.61
净利润	132,746,876.53
扣除非经营性损益后的净利润	120,473,291.05
主营业务利润	124,107,428.90
其他业务利润	
营业利润	121,553,775.61
投资收益	22,596,677.52
补贴收入	13,000,000.00
营业外收支净额	-726,414.52
经营活动产生的现金流量净额	167,949,990.35
现金及现金等价物净增加额	26,124,277.54

二、公司近三年主要会计数据和财务指标

项目	2001 年度	2000 年度 追溯调整前	2000 年度 追溯调整后	1999 年度 追溯调整前	1999 年度 追溯调整后
主营业务收入	231,474,536.01	235,110,058.22	235,110,058.22	241,102,922.96	241,102,922.96
净利润	132,746,876.53	147,698,360.88	146,899,671.64	170,145,783.92	162,701,485.10
总资产	1,536,654,347.54	1,568,430,592.24	1,555,619,962.72	1,229,627,201.62	1,217,615,261.34
股东权益(不含少数股东权益)	1,311,291,694.69	1,295,934,774.06	1,283,124,144.54	1,045,024,694.64	1,033,012,754.36
每股收益(全面摊薄)	0.3009	0.3348	0.3330	0.4170	0.3988
每股收益(加权平均)	0.3009	0.3548	0.3600	0.4170	0.3988
扣除非经常性损益后的每股收益(全面摊薄)	0.2731	0.2916	0.2928	0.2659	0.2674
扣除非经常性损益后的每股收益(加权平均)	0.2731	0.3090	0.3166	0.2659	0.2674
每股净资产	2.9724	2.9376	2.9086	2.5613	2.5319
调整后的每股净资产	2.9694	2.9337	2.9075	2.5567	2.5315
每股经营活动产生的 现金流量净额	0.3807	0.3358	0.3358	0.4384	0.4384
净资产收益率(全面摊薄)	10.12%	11.40%	11.45%	16.28%	15.75%
净资产收益率(加权平均)	9.84%	12.31%	13.25%	16.02%	15.43%
扣除非经常性损益后的净资产收益率(全面摊薄)	9.19%	9.92%	10.07%	10.38%	10.56%
扣除非经常性损益后的净资产收益率(加权平均)	8.93%	10.72%	11.66%	10.22%	10.35%

三、报告期利润表附表　　(单位:人民币元)

报告期利润	净资产收益率 全面摊薄	净资产收益率 加权平均	每股收益 全面摊薄	每股收益 加权平均
主营业务利润	9.46%	9.20%	0.28	0.28
营业利润	9.27%	9.01%	0.28	0.28
净利润	10.12%	9.84%	0.30	0.30
扣除非经常性损益后的净利润	9.19%	8.93%	0.27	0.27

第三章　股本变动及股东情况

一、股本变动情况
(一)股份变动情况表:(数量单位:股)

	本次变动前	配股	送股	公积金转股	增发	其他	小计	本次变动后
一 未上市流通股份								
1、发起人股份	313650000							313650000
其中:								
国家持有股份								
境内法人持有股份	313650000							313650000
境外法人持有股份								
2、募集法人股份								
3、内部职工股份								
4、优先股或其他								
其中:转配股								
未上市流通股份合计	313650000							313650000
二 已上市流通股份								
1、人民币普通股	127500000							127500000
2、境内上市的外资股								
3、境外上市的外资股								
4、其他								
已上市流通股份合计	127500000							127500000
三 股份总数	441150000							441150000

600169 太原重工股份有限公司

2001 年年度报告摘选

一、公司基本情况简介

1、公司的法定中文名称:太原重工股份有限公司
公司的法定英文名称:TAIYUAN HEAVY INDUSTRY CO.,LTD.
英文缩写:TYHI
2、公司法定代表人:王国正
3、公司董事会秘书:李迎魁
联系地址:太原市万柏林区玉河街 53 号
电　话:0351－6361155　　传　真:0351－6362554
4、公司注册地址:太原高新技术产业开发区
公司办公地址:太原市万柏林区玉河街 53 号
邮政编码:030024
公司电子信箱:tyhi@public.ty.sx.cn
5、公司选定的信息披露报纸:《中国证券报》和《上海证券报》
登载公司年度报告的国际互联网网址:http://www.sse.com.cn
公司年度报告备置地点:公司证券部
6、公司股票上市交易所:上海证券交易所
股票简称:太原重工　　股票代码:600169

二、会计数据和业务数据摘要

1、本年度利润总额及其构成　单位:元

项目	金额
利润总额	28,163,626.07
净利润	20,525,669.23
扣除非经常性损益后的净利润	20,649,234.09
主营业务利润	110,829,855.49
其他业务利润	12,612,529.79
营业利润	31,430,474.52
投资收益	76,924.32
补贴收入	1,000,000.00
营业外收支净额	－4,343,772.77
经营活动产生的现金流量净额	－28,621,141.98
现金及现金等价物净增加额	－100,852,501.59

注:扣除的非经常性损益包括,资产处置损失 123,564.86 元。

2、截至 2001 年末公司前三年的主要会计数据和财务指标　单位:元

	2001 年	2000 年		1999 年
		调整后	调整前	
主营业务收入	665,110,448.98	543,782,454.61	543,782,454.61	425,616,745.24
净利润	20,525,669.23	31,948,582.66	52,370,907.75	70,326,965.23
总资产	1,681,260,200.59	1,464,196,472.64	1,484,849,753.24	1,090,296,867.54
股东权益	869,366,774.46	848,604,726.76	869,027,051.85	686,521,316.85
每股收益	0.055	0.086	0.14	0.202
扣除非经常性损益后的每股收益	0.055	0.12	0.12	0.176
每股净资产	2.34	2.28	2.335	1.972
调整后的每股净资产	2.28	2.25	2.299	1.963
净资产收益率(%)	2.36	3.76	6.026	10.244
每股经营活动产生的现金流量净额	－0.077	－0.054	－0.054	0.096

注:2000 年度的财务数据和指标是根据财政部新《企业会计制度》及补充规定进行调整后的数据。

三、股本变动及股东情况

1、股本变动情况表

数量单位:股

	本次变动前	本次变动增减(+,－)						本次变动后
		配股	送股	公积金转股	增发	其他	小计	
一、未上市流通股份								
1、发起人股份								
其中:								
国家拥有股份	11,700,000							11,700,000
境内法人持有股份	216,472,425							216,472,425
境外法人持有股份								
其他								
2、募集法人股份								
3、内部职工股								
4、优先股及其他								
其中:转配股								
未上市流通股份合计	228,172,425							228,172,425
二、已上市流通股份								
1、人民币普通股	144,000,000							144,000,000
2、境内上市的外资股								
3、境外上市的外资股								
4、其他								
已上市流通股份合计	144,000,000							144,000,000
三、股份总数	372,172,425							372,172,425

2、股东情况介绍
(1)报告期末股东总数为 85815 户。
(2)主要股东持股情况:

股东名称	年末持股数量(股)	占总股本的比例
①太原重型机械(集团)有限公司	169,314,210	45.50%
②山西大同齿轮集团有限责任公司	47,158,215	12.67%
③山西省经贸资产经营有限责任公司(国家股)	11,700,000	3.14%
④寰岛中安	961,141	0.26%
⑤泰和基金	533,579	0.14%
⑥张静	441,720	0.12%
⑦高丽娜	237,000	0.06%
⑧兴和基金	223,457	0.06%
⑨双拥基金	183,050	0.05%
⑩郑美权	180,000	0.05%

600170 上海建工股份有限公司

2001 年年度报告摘选

一、公司基本情况简介

(一)公司法定中文名称:上海建工股份有限公司
公司法定英文名称:SHANGHAI CONSTRUCTION CO.,LTD
英文缩写:scc1
(二)公司法定代表人:蒋志权
(三)公司董事会秘书:尤卫平
董事会证券事务代表:吴正明
联系地址:上海市浦东新区福山路 33 号
电话:(021)68872178　　(021)68870170　　58885666－1822
传真:(021)58795500
(四)公司注册地址:上海市浦东新区福山路 33 号
邮政编码:200120
公司办公地址:上海市浦东新区福山路 33 号
邮政编码:200120
(五)公司选定的信息披露报纸:《上海证券报》、《中国证券报》
登载公司年度报告的中国证监会指定国际互联网网址:http://www.sse.com.cn
公司年度报告备置地点:本公司证券部
(六)股票上市地:上海证券交易所
股票简称:上海建工　　股票代码:600170

二、会计数据和业务数据摘要(合并报表)

(一)本年度利润总额及其构成(单位:人民币元)

项目	金额
利润总额:	221,327,469
净利润:	185,201,977
扣除非经常性损益后的净利润	183,224,837
主营业务利润:	430,723,268
其它业务利润:	14,724,371
营业利润	166,250,865
投资收益:	55,634,016
补贴收入:	
营业外收支净额	－557,412
经营活动产生的现金流量净额	905,240,031
现金及现金等价物净增加额:	1,444,800,087

注:扣除非经常性损益项目和涉及金额:
1.营业外收入:1,232,613 元,营业外支出:1,790,026 元;
2.股票申购款利息收入 2,883,460 元
3.所得税调整影响－348,907 元

(二)前三年主要会计数据及财务指标(单位:人民币元)

序号	项目	2001 年	2000 年	1999 年
1	主营业务收入	8,003,747,821	7,767,287,555	7,461,314,909
2	净利润	185,201,977	226,275,363	203,744,125
3	总资产	6,562,274,534	5,126,238,153	5,056,504,058
4	股东权益(不含少数股东权益)	2,715,312,494	2,069,713,185	1,910,562,822
5	每股收益(全面摊薄)	0.31	0.42	0.38
6	加权平均每股收益	0.34	0.42	0.38
7	扣除非经营损益后的每股收益(加权)	0.33	0.42	0.38
8	每股净资产	4.53	3.85	3.56
9	调整后每股净资产	4.51	3.83	3.54
10	净资产收益率%(全面摊薄)	6.82	10.93	10.66
11	净资产收益率%(加权平均)	8.08	11.18	10.63
12	扣除非经营损益后的加权平均净资产收益率%	7.99	11.10	10.56
13	每股经营活动产生的现金流量净额	1.51	－0.54	－0.10

(三)报告期内股东权益变动情况

项目	期初	本期增加	本期减少	期末数	变动原因
股本	537,000,000	62,415,000		599,415,000	配股
资本公积	1,038,374,821	457,923,832		1,496,298,653	配股
盈余公积金	66,886,336	18,520,198		85,406,534	当年提取
法定公益金	66,886,336	18,520,198		85,406,534	当年提取
未分配利润	360,565,692	88,220,081		448,785,773	当年利润
股东权益合计	2,069,713,185	645,599,309		2,715,312,494	

三、股本变动及股东情况

(一)股本变动情况
股本变动情况表

数量单位:股

	本次变动前	本次变动增减(+,－)						本次变动后
		配股	送股	公积金转股	增发	其他	小计	
一、未上市流通股份								
1、发起人股份								
其中:	387,000,000	17,415,000						404,415,000
国家持有股份								
境内法人持有股份	387,000,000	17,415,000						404,415,000
境外法人持有股份								
其他								
2、募集法人股份								
3、内部职工股								
4、优先股或其他								
未上市流通股份合计	387,000,000	17,415,000						404,415,000
二、已上市流通股份								
1、人民币普通股	150,000,000	45,000,000						195,000,000
2、境内上市的外资股								
境外上市的外资股								
2、其他								
已上市流通股份合计	150,000,000	45,000,000						195,00,000
三、股份总数	537,000,000	62,415,000						599,415,000

600171 上海贝岭股份有限公司

2001 年年度报告摘选

第一节 公司基本情况简介

一、公司中文名称:上海贝岭股份有限公司
英文名称:SHANGHAI BELLING CO.,LTD.
二、公司法定代表人:张文义
三、公司董事会秘书:严海容
联系地址:上海市宜山路 810 号
联系电话:021-64850700×157 传真:021-64854424
电子信箱:blоffice@belling.com.cn
四、公司注册地址:上海市漕河泾开发区宜山路 810 号
公司办公地址:上海市漕河泾开发区宜山路 810 号 公司邮政编码:200233
公司网址:http://www.belling.com.cn 公司电子信箱:bloffice@belling.com.cn
五、公司选定的信息披露报纸:《上海证券报》、《中国证券报》、《证券时报》
中国证监会指定登载公司年度报告的国际互联网网址:http://www.sse.com.cn
年度报告备置地点:公司董事会办公室
六、股票上市地:上海证券交易所
股票简称:上海贝岭 股票代码:600171

第二节 会计数据和业务数据摘要

一、公司本年度利润总额及构成(单位:人民币元)

项目	金额
利润总额	166,110,958.61
净利润	149,043,729.86
扣除非经常性损益的净利润	144,376,266.79
主营业务利润	219,553,872.89
其它业务利润	995,976.92
营业利润	128,516,010.26
投资收益	5,100,219.96
补贴收入	27,768,538.53
营业外收支净额	4,726,189.86
经营活动产生的现金流量净额	130,273,587.45
现金及现金等价物净增加额	-52,456,738.63

注:扣除的非经常性损益项目和涉及金额共计:4,667,463.07 元,其中:4,462,188.07 元为无效申购利息摊销,205,275.00 元为子公司上海虹日国际电子有限公司收到的增值税返还。补贴收入中 27,563,263.53 元是由于公司享受增值税退税的优惠政策。该增值税退税的优惠政策可享受至 2010 年,且属于即征即退,故不符合《公开发行证券公司信息披露规范问答第一号-非经常性损益》中的定义,未作为非经常性损益扣除。

二、前三年主要财务指标(单位:人民币元)

指标栏目	2001 年度	2000 年度	1999 年度
主营业务收入(元)	783,607,621.42	792,384,575.75	406,698,469.10
净利润(元)	149,043,729.86	172,922,040.52	141,389,937.35
每股收益(元)(摊薄)	0.34	0.40	0.33
每股收益(元)(扣除非经常性损益)	0.33	0.39	0.27
每股经营活动产生的现金净流量净额(元)	0.30	0.60	0.21
	2001 年 12 月 31 日	2000 年 12 月 31 日	1999 年 12 月 31 日
总资产(元)	1,540,497,199.02	1,454,655,938.49	1,267,643,005.89
股东权益(元)	1,276,241,274.95	1,194,985,898.19	1,103,054,695.58
每股净资产(元)	2.94	2.75	2.54
调整后每股净资产(元)	2.90	2.73	2.52
净资产收益率(摊薄)	11.68%	14.47%	12.82%
净资产收益率(加权平均)	11.74%	14.15%	12.88%

*扣除非经常性损益后加权每股净资产收益率为 11.37%

第三节 股本变动及股东情况

一、股份变动情况表

数量单位:股

公司本年度股本结构没有变化,结构如下:

股份类别	2000 年 12 月 31 日	2001 年 12 月 31 日
一、未流通股份		
1、发起人股	278,434,000	278,434,000
其中:		
国家拥有股份	167,060,400	167,060,400
境内法人持有股份	111,373,600	111,373,600
2、内部职工股	0	0
尚未流通股份合计	278,434,000	278,434,000
二、已流通股份		
1、人民币普通股	156,000,000	156,000,000
已流通股份合计	156,000,000	156,000,000
三、股份合计	434,434,000	434,434,000

二、股票发行与上市情况:
1.公司近三年来,未有过新的股票发行事宜。
2.本报告期内公司未因送股、转增股本、配股、增发等原因引起公司股份总数以及结构的变化。
3.截至报告期末,公司无内部职工股。
三、股东情况介绍
1、本报告期末,公司股东总数为 108803 户。
2、前十名股东持股情况(2001 年 12 月 31 日)

名称	持股数量(股)	占总股本比(%)	股份类别
上海华虹(集团)有限公司	167,060,400	38.45	国家股
上海贝尔有限公司	111,373,600	25.64	法人股
景福基金	2166500	0.4987	流通股
汉盛基金	1000079	0.2302	流通股
汉鼎基金	700015	0.1611	流通股
日信集团	577000	0.1328	流通股
南方稳健	496500	0.1143	流通股
吴 蓉	482000	0.1109	流通股
中山财务	466492	0.1074	流通股
财政证券	453000	0.1043	流通股

说明:公司前 10 名股东之间不存在关联关系。

600172 河南黄河旋风股份有限公司

2001 年年度报告摘选

一、公司基本情况简介

1、公司法定中文名称:河南黄河旋风股份有限公司
公司法定英文名称:HENAN HUANGHE XUANFENG CO.,LTD
英文缩写:(HHXF)
2、公司法定代表人:乔金岭
3、公司董事会秘书:李建中
联系地址:河南省长葛市人民路 200 号
电话:0374—6165530 传真:0374—6128688
授权代表:张乔宏
电话:0374—6132809 传真:0374—6128688
4、公司注册及办公地址:河南省长葛市人民路 200 号
邮编:461500
公司网址:HTTP://WWW.XUANFENG.COM.CN
E-mail:LIJZ@371.NET
5、公司选定的信息披露报刊为:《上海证券报》
登载公司年度报告的中国证监会指定国际互联网网址:HTTP://WWW.SSE.COM.CN
公司年度报告备置地点:公司证券部
6、公司股票上市交易所:上海证券交易所
股票简称:黄河旋风
股票代码:600172

二、会计数据和业务数据摘要

(一)本年度利润总额及构成(单位:人民币元)

项目	金 额
利润总额	34,823,084.37
净利润	29,539,390.96
扣除非经常性损益后的净利润	29,491,322.06
主营业务利润	82,980,149.73
其它业务利润	5,930,438.62
营业利润	34,414,458.26
投资收益	-
补贴收入	-
营业外收支净额	408,626.11
经营活动产生的现金流量净额	-9,748,169.84
现金及现金等价物净增加额	109,879,945.81

注:扣除的非经常性损益项目和涉及金额(单位:人民币元)

项目	金额
营业外收支净额	556,608.11
资金占用费	393,774.09
存货盘盈	238,674.67
会计政策影响变更	-1,140,987.97

(二)公司前三年主要会计数据和财务指标(单位:人民币元)

指标项目	2001 年度	2000 年度		1999 年度	
		调整后	调整前	调整后	调整前
主营业务收入	283,394,490.85	318,939,205.39	318,939,205.39	232,815,877.71	232,815,877.71
净利润	29,539,390.96	48,878,789.30	48,878,789.30	73,764,579.39	74,523,860.00
总资产	951,819,303.02	692,034,112.71	692,034,112.71	519,432,009.51	533,925,812.00
股东权益(不含少数股东权益)	752,703,284.27	437,272,147.12	437,272,147.12	415,193,357.82	429,687,161.00
每股收益	0.11	0.20	0.20	0.302	0.305
每股净资产	2.81	1.79	1.79	1.70	1.76
调整后每股净资产	2.80	1.78	1.78	1.68	1.74
每股经营活动产生的现金流量净额	-0.036	0.09	0.09	0.22	0.22
净资产收益率(%)	3.92	11.18	11.18	17.77	17.34

(三)按照中国证监会《公开发行证券公司信息批露编报规则(第 9 号)》计算(2001 年度)本公司 2001 年度净资产收益率和每股收益有关指标如下:

报告期利润	净资产收益率		每股收益	
	全面摊薄	加权平均	全面摊薄	加权平均
主营业务利润	11.02%	12.09%	0.31	0.31
营业利润	4.57%	5.01%	0.13	0.13
净利润	3.92%	4.30%	0.11	0.11
扣除非经常性损益后的净利润	3.92%	4.30%	0.11	0.11

三、股本变动及股东情况

(一)股本变动情况
1、公司股份变动情况表

单位:股

	本次变动前	本次变动增减(+、-)						本次变动后
		配股	送股	公积金转股	增发	其他	小计	
一、未上市流通股份								
1.发起人股份	164,000,000							164,000,000
其中:								
国家持有股份								
境内法人持有股份	123,000,000							123,000,000
境外法人持有股份	41,000,000							41,000,000
其他								
2.募集法人股份								
3.内部职工股								
4.优先股或其他								
未上市流通股份合计	164,000,000							164,000,000
二、已上市流通股份								
1.人民币普通股	80,000,000	24,000,000					24,000,000	104,000,000
2.境内上市的外资股								
3.境外上市的外资股								
4.其他								
已上市流通股份合计	80,000,000	24,000,000					24,000,000	104,000,000
三、股份总数	244,000,000	24,000,000						268,000,000

600173 黑龙江省牡丹江新材料科技股份有限公司

2001 年年度报告摘选

一、公司基本情况简介

(一)公司法定中文名称:黑龙江省牡丹江新材料科技股份有限公司
公司法定英文名称:Heilongjiang Province Mudanjiang New materials Technology Co., Ltd.
(二)法定代表人:王奎廷
(三)董事会秘书:陈根祥
证券事务代表:张友波
联系地址:黑龙江省牡丹江市温春镇
联系电话:0453 - 6497558
传　　真:0453 - 6499002
电子信箱:zjxueyi@public.md.hl.cn
(四)公司注册地址:黑龙江省牡丹江市温春镇
公司办公地址:黑龙江省牡丹江市温春镇公司办公大楼
邮政编码:157041
(五)公司选定的信息披露报刊:《上海证券报》
登载年度报告的国际互联网网址:http://www.sse.com.cn
年度报告备置地点:公司董事会秘书办公室
(六)股票上市交易所:上海证券交易所
股票简称:牡丹江
股票代码:600173

二、会计数据和业务数据摘要

(一)公司本年度实现的利润指标情况　　(单位:人民币元)

项目	金　额
利润总额	44,196,250.35
净利润	37,864,396.91
扣除非经常性损益后的净利润	34,988,876.49
主营业务利润	102,987,413.23
其他业务利润	2,558,404.38
营业利润	45,462,902.36
投资收益	-1,259,007.99
补贴收入	
营业外收支净额	-7,644.02
经营活动产生的现金流量净额	48,216,912.94
现金及现金等价物净增加额	-30,018,572.29

注:扣除非经常性损益项目和涉及金额:

(1)营业外收入:	860,148.75
(2)营业外支出:	867,792.77
(3)收取集团公司资金占用费:	2,883,164.44

(二)截至报告期末公司前三年主要会计数据及财务指标　　(单位:人民币元)

项目	2001 年	2000 年		1999 年	
		调整后	调整前	调整后	调整前
主营业务收入	388,819,674.13	413,814,830.75	413,814,830.75	396,331,405.36	396,331,405.36
净利润	37,864,396.91	37,174,951.17	58,365,110.92	42,750,169.65	53,838,665.03
总资产	1,164,127,267.64	930,319,668.43	962,598,323.56	891,045,490.60	902,133,985.98
股东权益(不含少数股东权益)	612,555,782.39	597,691,385.48	629,970,040.61	601,916,434.31	614,664,448.64
全面摊薄每股收益	0.165	0.162	0.254	0.186	0.241
加权平均每股收益	0.165	0.162	0.254	0.204	0.264
扣除非经常性损益的每股收益	0.152	0.226	0.226	0.199	0.199
每股净资产	2.66	2.60	2.74	2.62	2.67
调整后的每股净资产	2.58	2.60	2.72	2.61	2.62
每股经营活动产生的现金流量	0.21	0.014	0.014	0.069	0.069
全面摊薄净资产收益率	6.18	6.22	9.26	7.10	9.03
加权平均净资产收益率	6.14	5.99	9.09	7.97	9.94
扣除非经常性损益的加权平均净资产收益率	5.69	8.27	8.13	8.23	8.23

(三)报告期利润表附表

2001 年度利润	净资产收益率(%)		每股收益(元)	
	全面摊薄	加权平均	全面摊薄	加权平均
主营业务利润	16.81	15.86	0.448	0.448
业利润	7.42	7.33	0.198	0.198
净利润	6.18	6.14	0.165	0.165
扣除非经常性损益后的净利润	5.71	5.69	0.152	0.152

三、股本变动及股东情况

(一)公司股份变动情况表　　单位:股

	期初数	本次变动增减(+,-)						期末数
		配股	送股	公积金转股	增发	其他	小计	
(一)未上市流通股份								
(1)发起人股份	124,909,500							124,909,500
其中:国家持有股份								
境内法人持有股份	124,909,500							124,909,500
外资法人持有股份								
(2)募集法人股	3,575,000							3,575,000
(3)内部职工股	21,515,500							21,515,500
(4)优先股或其他								
未上市流通股份合计	150,000,000							150,000,000
(二)已上市流通股份								
(1)人民币普通股	80,000,000							80,000,000
(2)其他								
已上市流通股份合计	80,000,000							80,000,000
(三)股份总数	230,000,000							230,000,000

600175 海南宝华实业股份有限公司

2001 年年度报告摘选

一、公司基本情况简介

(一)公司法定中文名称:海南宝华实业股份有限公司
公司法定英文名称:HAINAN BAOHUA INDUSTRY SHARE CO., LTD
(二)公司法定代表人:李发增
(三)公司董事会秘书:周冀
公司证券事务代表:陆延锋
联系地址:海南省海口市滨海大道 69 号六层
联系电话:0898 - 68536699 - 6633
传真:0898 - 68538942;68550995
电子信箱:zhouji70@hotmail.com
(四)公司注册地址:海南省海口市滨海大道 69 号六层
公司办公地址:海南省海口市滨海大道 69 号六层
邮政编码:570105
公司国际互联网网址:http://www.hnbaohua.com
电子信箱:baohua@t-h-g.com.cn
(五)公司选定的信息披露报纸名称:《中国证券报》、《上海证券报》
登载公司年度报告的中国证监会指定国际互联网网址:
http://www.sse.com.cn
公司年度报告备置地点:公司证券部
(六)公司股票上市地:上海证券交易所
股票简称:宝华实业
股票代码:600175

二、会计数据和业务数据摘要

(一)本年度实现利润及主要现金流量指标(单位:元)

利润总额	-18,479,810.20
净利润	-14,037,828.29
扣除非经常性损益后的净利润	-17,807,782.33
主营业务利润	34,962,299.40
其他业务利润	1,506,156.71
营业利润	-21,783,366.22
投资收益	2,977,048.56
补贴收入	-
营业外收支净额	326,507.46
经营活动产生的现金流量净额	136,259,662.17
现金及现金等价物净增加额	5,591,784.44

(二)截至报告期末公司前三年主要会计数据和财务指标(单位:元)

项目	2001 年	2000 年		1999 年	
		调整前	调整后	调整前	调整后
主营业务收入	71,213,251.91	70,779,424.96	70,779,424.96	133,605,797.15	133,605,797.15
净利润	-14,037,828.29	18,902,753.15	26,403,013.52	63,198,587.04	64,594,136.49
总资产	812,616,734.93	648,324,977.28	658,354,148.11	665,062,959.98	667,099,348.31
股东权益	424,544,146.77	421,469,132.85	421,134,370.49	402,566,379.7	402,907,138.72
每股收益(元/每股)	-0.13	0.18	0.25	1.18	1.21
扣除非经常性损益后的每股收益	-0.17	0.18	0.25	1.16	1.18
每股净资产(元/每股)	3.97	3.94	3.95	7.55	7.55
调整后的每股净资产	3.87	3.83	3.84	7.27	7.28
每股经营活动产生的现金流量净额	1.27	0.22	0.22	-0.68	-0.68
净资产收益率(%)	-3.31	4.48	6.27	15.70	16.03

(三)根据中国证监会《公开发行证券公司信息披露编报规则第 9 号》的要求,计算的净资产收益率和每股收益如下:

	报告期利润(元)	全面摊薄净资产收益率(%)	加权平均净资产收益率(%)	全面摊薄每股收益(元/股)	加权平均每股收益(元/股)
主营业务利润	34,962,299.40	8.24	8.44	0.33	0.33
营业利润	-21,783,366.22	-5.13	-5.26	-0.20	-0.20
净利润	-14,037,828.29	-3.31	-3.39	-0.13	-0.13
扣除非经常性损益后的净利润	-17,807,782.33	-4.19	-4.30	-0.17	-0.17

三、股本变动和股东情况

(一)股本变动情况

数量单位:股

	本次变动前	本次变动增减(+,-)						本次变动后
		配股	送股	公积金转股	增发	其它	小计	
一、未上市流通股份								
1、发起人股份	36,540,000							36,540,000
其中:								
国家持有股份								
境内法人持有股份	36,540,000							36,540,000
境外法人持有股份								
其他								
2、募集法人股份	29,460,000							29,460,000
3、内部职工股	14,000,000							14,000,000
4、优先股或其他								
未上市流通股份合计	80,000,000							80,000,000
二、已上市流通股份	26,680,000							26,680,000
1、人民币普通股	26,680,000							26,680,000
2、境内上市的外资股								
3、境外上市的外资股								
4、其他								
已上市流通股份合计	26,680,000							26,680,000
三、股份总数	106,680,000							106,680,000

600176 中国化学建材股份有限公司

2001 年年度报告摘选

第一节 公司基本情况简介

一、公司法定名称：
中文名称：中国化学建材股份有限公司
公司简称：中国化建
英文名称：CHINA CHEMICAL BUILDING MATERIALS CO.,LTD.
英文名称缩写：CCBM
二、公司法定代表人：朱祖华
三、公司董事会秘书：党 育
联系地址：北京市海淀区紫竹院南路 2 号
联系电话：010－68434863，010－88411072－816 传 真：010－88411072－828
电子信箱：ccbm@public.bta.net.cn
四、公司注册地址：北京市海淀区紫竹院南路 2 号
公司办公地址：北京市海淀区紫竹院南路 2 号 邮政编码：100044
电子信箱：ccbm@public.bta.net.cn
五、公司选定的信息披露报纸：《中国证券报》、《上海证券报》
登载公司年度报告的中国证监会指定国际互联网网址：http://www.sse.com.cn
公司年度报告备置地点：董事会办公室
六、股票上市交易所：上海证券交易所
股票简称：中国化建 股票代码：600176

第二节 会计数据和业务数据摘要（合并报表）

一、本年度主要会计数据和业务数据

项目	单位：人民币元
利润总额：	20,590,192.11
净利润：	1,471,152.65
扣除非经常性损益后的净利润：	28,861,574.98
主营业务利润：	173,483,046.57
其他业务利润：	4,463,648.09
营业利润：	44,082,529.46
投资收益：	－118,897,443.31
补贴收入：	426,542.00
营业外收支净额：	－12,021,436.04
经营活动产生的现金流量净额：	－53,480,682.24
现金及现金等价物净增加额：	－66,917,431.59

注：扣除的非经常性损益项目和涉及金额

(1)补贴收入(一次性贴息)：	426,542.00
(2)营业外收入：	592,411.60
(3)营业外支出	12,613,847.64
(4)流动资产盘盈、盘亏	3,757,844.75
(5)委托投资损失	12,037,683.54
以上项目涉及金额为：	27,390,422.33

二、截至报告期末公司前三年的主要会计数据和财务指标（单位：人民币元）

项目	2001 年	2000 年	1999 年
主营业务收入	531,323,547.20	371,880,074.22	369,546,406.46
净利润	1,471,152.65	45,422,973.19	27,892,058.31
总资产	1,513,412,064.20	1,225,320,610.44	1,093,516,091.04
股东权益(不含少数股东权益)	480,157,377.55	479,911,754.26	466,032,861.81
每股收益(全面摊薄)	0.007	0.204	0.133
扣除非经常性损益后的每股收益(全面摊薄)	0.130	0.132	0.068
每股净资产(全面摊薄)	2.157	2.156	2.209
调整后的每股净资产	1.941	2.054	2.173
每股经营活动产生的现金流量净额	－0.240	0.457	－0.379
净资产收益率(%)(全面摊薄)	0.031	9.47	6.01
扣除非经常性损益后的净资产收益率(%)	6.01	6.11	3.08

三、报告期净资产收益率和每股收益系列指标（单位：人民币元）

报告期利润	净资产收益率(%)		每股收益(元/股)	
	全面摊薄	加权平均	全面摊薄	加权平均
主营业务利润	36.13	36.17	0.78	0.78
营业利润	9.18	9.19	0.20	0.20
净利润	0.31	0.31	0.01	0.01
扣除非经常性损益后的利润	6.01	6.02	0.13	0.13

第三节 股本变动及股东情况

一、股本变动情况
1、股份变动情况表

（数量单位：万股）

项目	本次变动前	配股	送股	公积金转股	增发	其他	小计	本次变动后
一、未上市流通股份								
1、发起人股份	14840.00							14840.00
其中：								
国家持有股份	9884.50							9884.50
境内法人持有股份	4955.50							4955.50
境外法人持有股份								
其他								
2、募集法人股								
3、内部职工股								
4、优先股或其他								
未上市流通股份合计	14840.00							14840.00
二、已上市流通股份								
1、人民币普通股	7420.00							7420.00
2、境内上市的外资股								
3、境外上市的外资股								
其他								
已上市流通股份合计	7420.00							7420.00
三、股份总数	22260.00							22260.00

600177 雅戈尔集团股份有限公司

2001 年年度报告摘选

一、公司基本情况简介

(一)公司法定中文名称：雅戈尔集团股份有限公司 中文名称缩写：雅戈尔
公司法定英文名称：Youngor Group Co.,Ltd. 英文名称缩写：YOUNGOR
(二)法定代表人姓名：李如成
(三)公司董事会秘书：林燕
联系电话：0574－87425136 传 真：0574－87425390
电子信箱：IR@youngor.com.cn ystockdp@pub.nb.zj.cninfo.net
联系地址：宁波鄞县大道西段 2 号
(四)公司注册地址：浙江宁波雅戈尔大道 1 号
公司办公地址：浙江宁波鄞县大道西段 2 号 邮政编码：315153
公司电子信箱：IR@youngor.com.cn ystockdp@pub.nb.zj.cninfo.net
(五)信息披露报刊名称：《上海证券报》《中国证券报》《证券时报》
登载年度报告的中国证监会指定网址：HTTP://WWW.SSE.COM.CN
年度报告备置地点：公司证券部
(六)公司股票上市交易所：上海证券交易所
股票简称：雅 戈 尔 股票代码：600177

二、会计数据和业务数据摘要

(一)本年度的主要会计数据和财务指标 单位：元

项目	2001 年度金额
利润总额	417,517,138.76
净利润	347,171,883.67
扣除非经常性损益后的净利润	320,492,293.33
主营业务利润	730,768,594.86
其他业务利润	1,062,570.16
营业利润	241,574,193.63
投资收益	102,165,553.70
补贴收入	64,900,933.29
营业外收支净额	8,876,458.14
经营活动产生的现金流量净额	330,669,754.43
现金及现金等价物净增加额	20,183,565.78

注：扣除的非经常性损益项目和涉及金额 单位：元

项目	金 额
投资收益	1,146,561.98
高新技术补贴	9,000,000.00
技改补助	12,240,000.00
技改贴息	3,554,000.00
营业外收入	11,416,543.08
减：营业外支出	2,540,084.94
所得税影响数	7,649,604.25
少数股东损益	487,825.53
对公司净利润的影响数	26,679,590.34

(二)截至报告期末前三年的主要会计数据和财务指标 单位：元

会计数据和财务指标	2001	2000 调整后	2000 调整前	1999
主营业务收入	1,751,468,482.36	1,405,697,801.95	1,437,739,642.57	1,016,291,083.76
净利润	347,171,883.67	291,289,682.11	290,650,117.25	193,755,874.99
每股收益	0.6111	0.5127	0.5116	0.7508
加权平均每股收益	0.6111	0.5267	0.5256	0.7508
扣除非经常性损益后的每股收益	0.5642	0.5061	0.5050	0.7362
每股经营活动产生的现金流量净额	0.5821	0.3731	0.3731	1.2978
净资产收益率(%)	18.55%	17.73%	17.70%	18.28%
扣除非经常性损益后的净资产收益率(%)	17.13%	17.50%	17.47%	17.92%
扣除非经常性损益后的加权平均净资产收益率(%)	17.65%	——	20.95%	18.15%

单位：元

会计数据和财务指标	2001 年末	2000 年末 调整后	2000 年末 调整前	1999 年末
总资产	3,298,264,448.07	2,436,174,789.71	2,445,708,041.92	1,569,498,568.08
股东权益(不含少数股东权益)	1,871,194,090.72	1,642,497,374.85	1,642,497,374.85	1,060,044,924.77
每股净资产	3.2938	2.8912	2.8912	4.1075
调整后的每股净资产	3.2841	2.8845	2.8845	4.0922

三、股本变动及股东情况

(一)股本变动情况

股本变动情况表 单位：股

	本次变动前	期间变动增减(+,－) 配股	送股	公积金转股	其他	小计	本次变动后
一、未上市流通股份							
1、发起人股份	286,678,330						286,678,330
其中：							
国家拥有股份							
境内法人持有股份	286,678,330						286,678,330
境外法人持有股份							
其他							
2、募集法人股份	56,330,164						56,330,164
3、内部职工股	39,186,558				－39,186,558	－39,186,558	
4、优先股或其他							
未上市流通股份合计	382,195,052				－39,186,558	－39,186,558	343,008,494
二、已上市流通股份							
1、人民币普通股	185,900,000				39,186,558	39,186,558	225,086,558
2、境内上市的外资股							
3、境外上市的外资股							
4、其他							
已上市流通股份合计	185,900,000				39,186,558	39,186,558	225,086,558
三、股份总数	568,095,052						568,095,052

600178 哈尔滨东安汽车动力股份有限公司

2001年年度报告摘选

一、公司基本情况简介

1、公司中文名称：哈尔滨东安汽车动力股份有限公司
公司英文名称：HARBIN DONGAN AUTO ENGINE CO., LTD
公司英文名称缩写：DAAE
2、法定代表人：须桐兴
3、公司董事会秘书：姜俊奇
联系地址：哈尔滨市平房区保国街51号
电话：(0451) 6528172　　6528173
传真：(0451) 6505502
4、公司注册地址：哈尔滨市南岗区高新技术开发区13栋
邮编：150036
公司办公地址：哈尔滨市平房区保国街51号
邮编：150066
电子信箱：dadlzqb@163.net
5、公司选定的信息披露报纸为《上海证券报》
登载公司年度报告的中国证监会指定的国际互联网网址为 http://www.sse.com.cn
公司年度报告备置地点：公司证券部
6、公司股票上市地：上海证券交易所
股票简称：东安动力
股票代码：600178

二、会计数据和业务数据摘要

1、本年度主要会计数据

（单位：人民币元）

项目	金额
利润总额：	102,858,703.38
净利润：	90,980,561.67
扣除非经常性损益后的净利润：	88,947,481.77
主营业务利润：	396,345,520.65
其他业务利润：	-6,660,353.36
营业利润：	119,496,928.17
投资收益：	-10,742,328.40
补贴收入：	
营业外收支净额：	-5,895,896.39
经营活动产生的现金流量净额：	119,428,031.92
现金及现金等价物净增加额：	306,200,507.84

2、截至报告期末公司前三年的主要会计数据和财务指标

单位：人民币元

项目	2001年度	2000年度		1999年度	
		调整前	调整后	调整前	调整后
主营业务收入	1,851,434,461.02	1,554,098,329.61	1,554,098,329.61	1,239,784,648.10	1,239,784,648.10
净利润	90,980,561.67	139,940,825.25	138,291,520.15	130,992,506.66	128,666.316.97
总资产	2,118,218,985.40	1,714,358,424.72	1,693,416,393.99	1,602,678,220.18	1,583,385,494.55
股东权益	1,429,129,654.09	1,110,601,280.07	1,079,659,249.34	1,066,285,454.82	1,046,992.729.19
每股收益	0.1969	0.3312	0.3273	0.31	0.30
——加权平均	0.2104	0.3312	0.3273	0.31	0.30
——扣除非经常性收益后	0.1936	0.3229	0.3190	0.30	0.30
——按新股本	0.1969	0.3312	0.3273	0.31	0.30
每股净资产	3.0928	2.6050	2.5554	2.52	2.48
调整后的每股净资产	3.0874	2.6006	2.5551	2.50	2.47
每股经营活动产生的现金净流量	0.2585	0.6371	0.6371	0.61	0.61
净资产收益率(%)	6.37%	12.71%	12.81%	12.30%	12.29%
——加权平均(%)	8.12%	12.71%	12.81%	12.30%	12.29%

三、股本变动及股东情况

1、股本变动情况
股分变动情况表

数量单位：万股

	本次变动前	本次变动增减(+、-)						本次变动后
		配股	送股	积金转股	增发	其他	小计	
一、未上市流通股份								
1、发起人股份	31590	760					760	32350
其中：								
国家持有股份	31590	760					760	32350
境内法人持有股份								
境外法人持有股份								
其他								
2、募集法人股								
3、内部职工股								
4、优先股或其他								
未上市流通股份合计	31590	760					760	32350
二、已上市流通股份								
1、人民币普通股	10660	3198					3198	13858
2、境内上市的外资股								
3、境外上市的外资股								
4、其他								
已上市流通股份合计	10660	3198					3198	13858
三、股份总数	42250	3958					3958	46208

600179 黑龙江黑化股份有限公司

2001年年度报告摘选

一、公司基本情况简介

(一)公司法定名称：
中文：黑龙江黑化股份有限公司
英文：HeiLongJiang Hei Hua Co., Ltd
英文缩写：HH
(二)公司法定代表人：阎树忠
(三)公司董事会秘书：王宏伟
联系地址：黑龙江黑化股份有限公司董事会秘书处
联系电话：0452-6817290
传真：0452-6817998
电子信箱：HHGF@163.net
(四)公司注册地址：黑龙江省齐齐哈尔市富拉尔基区向阳大街2号
公司办公地址：黑龙江省齐齐哈尔市富拉尔基区向阳大街2号
公司电子信箱：HHGF@163.net
邮政编码：161041
(五)公司选定的信息披露报刊：《中国证券报》、《上海证券报》
登载年度报告的中国证监会指定的国际互联网网址：http://www.sse.com.cn
年度报告备置地点：董事会秘书处
(六)股票上市交易所：上海证券交易所
股票简称：黑化股份
股票代码：600179

二、会计数据和业务数据摘要

(一)本年度主要会计数据和业务数据(单位：人民币元)

项目	金额
利润总额：	14424881.37
净利润：	21757856.60
扣除非经常性损益后的净利润：	4765688.20
主营业务利润：	53906568.71
其他业务利润：	-1945930.81
营业利润：	17080397.14
投资收益：	
补贴收入：	
营业外收支净额：	-2655515.77
经营活动产生的现金流量净额：	-122310995.70
现金及现金等价物净增加额：	-46010779.27
注：扣除的非经常性损益项目和涉及金额	16992168.40
(1)对以前期间的会计调整数	-4519100.00
(2)支付或收取的资金占用费	19647684.17
(3)冻结资金利息	2618796.47
(4)其他营业外收支净额	-755212.24

(二)截至报告期末公司前三年主要会计数据和财务指标

项目	2001年	2000年		1999年	
		调整后	调整前	调整后	调整前
主营业务收入(元)	1230347067.44	1048162876.04	1071368004.24	823559924.21	823559924.21
净利润(元)	21757856.60	6455489.64	20127044.80	3182512.20	11182512.20
总资产(元)	1582968079.83	1699639537.48	1739381265.66	1121478654.57	1321478654.57
股东权益(元)	781492087.00	759733415.36	793404970.52	763177925.72	783177925.72
每股收益(元)(摊薄)	0.0659	0.0196	0.061	0.0096	0.0339
每股收益(元)(加权)	0.0659	0.0196	0.061	0.0096	0.0339
每股收益(扣除非经营性损益后)	0.0144	0.0254	0.0168	-0.0211	-0.0069
每股净资产(元)(摊薄)	2.37	2.30	2.40	2.31	2.37
每股净资产(元)(加权)	2.37	2.30	2.40	2.31	2.37
调整后每股净资产(元)	2.35	2.24	2.35	2.24	2.30
每股经营活动产生的现金流量净额	-0.37	-0.72	-0.72	-0.44	-0.44
净资产收益率(%)(摊薄)	2.78%	0.85%	2.54%	0.42%	1.43%
净资产收益率(%)(加权)	2.78%	0.85%	2.54%	0.42%	1.43%

三、股本变动及股东情况

(一)股本变动情况
1、股份变动情况表　　数量单位：股

项目	期初数	本次变动增减(+、-)						期末数
		配股	送股	公积金转股	增发	其他	小计	
一、尚未流通股份								
1、发起人股份	230,000,000							230,000,000
其中：								
国家持有股份	230,000,000							230,000,000
境内法人持有股份								
外资法人持有股份								
其他								
2、募集法人股								
3、内部职工股								
4、优先股及其他								
尚未流通股份合计	230,000,000							230,000,000
二、已流通股份								
1、境内上市的人民币普通股	100,000,000							100,000,000
2、境内上市的外资股								
3、境外上市的外资股								
4、其他								100,000,000
已流通股份合计								100,000,000
三、股份总数	330,000,000							330,000,000

600180 山东九发食用菌股份有限公司

2001 年年度报告摘选

一、公司基本情况简介

1.公司的法定中文名称:山东九发食用菌股份有限公司
公司的法定英文名称:SHANDONG JIUFA EDIBLE FUNGUS CO.,LTD.
缩 写:SDJF
2.公司法定代表人:蒋绍庆
3.公司董事会秘书:许爱民
证券事务代表:高增欣
联系地址:山东省烟台市南大街9号金都大厦28层
联系电话:0535-6623880　　传　　真:0535-6623798
E-mail: jiufa@public.ytptt.sd.cn
4.公司注册地址:山东省烟台市胜利路201-209号10楼
公司办公地址:山东省烟台市南大街9号金都大厦28楼
邮政编码:264001
网　　址:www.china-jiufa.com
E-mail: jiufa@public.ytptt.sd.cn
5.公司选定的信息披露报纸:上海证券报、中国证券报
登载公司年报的指定网址:http://www.sse.com.cn
公司年度报告备置地点:本公司证券部
6.公司股票上市交易所:上海证券交易所
股票简称:九发股份　　股票代码:600180

二、会计数据和业务数据摘要

1.本年度主要利润指标情况:(单位:人民币元)

项目	2001 年度实现数
利润总额	84,023,230.94
净利润	75,604,190.48
扣除非经营性损益后的净利润	73,604,190.48
主营业务利润	114,077,006.77
其它业务利润	2,032,462.25
投资收益	819,320.37
补贴收入	2,000,000.00
营业外收支净额	-188,106.77
经营活动产生的现金流量净额	77,075,011.28
现金及现金等价物净增加额	-128,855,838.19

注:非经营性损益产生的原因为补贴收入,金额为2,000,000.00元。

2.截至2000年末,公司前三年主要会计数据和财务指标(单位:人民币元)

项目	2001 年	2000 年	1999 年
主营业务收入	538,244,390.33	351,476,523.20	277,295,497.11
净利润	75,604,190.48	64,789,928.29	62,448,627.90
总资产	1,017,713,822.80	936,105,054.82	573,325,774.67
股东权益	801,973,905.25	746,388,818.38	410,000,093.73
每股收益(元/股)(摊薄)	0.3012	0.3098	0.3280
(元/股)(加权)	0.3614	0.384	0.3280
每股净资产(元)	3.195	3.57	2.15
调整后的每股净资产	3.15	3.51	2.08
净资产收益率(%)(摊薄)	9.43	8.68	15.23
(%)(加权)	11.32	14.04	15.23
每股经营活动产生的现金流量净额(元/股)	0.3071	0.106	0.024

1999年按股本19,040万股计算,2000年按配股后的20,915.84万股计算,2001年按股本25,099.008万股计算。

3.利润表附表(单位:人民币元)

项目	报告期利润(元)	净资产收益率(%)		每股收益(元)	
		全面摊薄	加权平均	全面摊薄	加权平均
主营业务利润	114,077,006.77	14.22	17.06	0.45	0.55
营业利润	81,392,017.34	10.15	12.18	0.32	0.39
净利润	75,604,190.48	9.43	11.32	0.30	0.36
扣除非经常性损益后的净利润	73,604,190.48	9.18	11.02	0.29	0.35

注:净资产收益率和每股收益的计算公式按中国证监会《公开发行证券公司信息披露编报规则第9号》规定的方法进行计算。

三、股本变动及股东情况

1.股本变动情况

股本变动情况表

数量单位:万股

	本次变动前	配股	送股	公积金转股	增发	其他	小计	本次变动后
一、未上市未流通股份								
1.发起人股份								
其中:								
国家持有股份								
境内法人持有股份	14259.84			2851.968				17111.808
外资法人持有股份								
其他								
2.募集法人股								
3.内部职工股								
4.优先股或其他								
尚未流通股份合计	14259.84			2851.968				17111.808
二、已上市流通股份								
1.人民币普通股	6656			1331.2				7987.2
2.境内上市的外资股								
3.境外上市的外资股								
4.其他								
已流通股份合计	6656			1331.2				7987.2
三、股份总数	20915.84			4183.168				25099.008

600182 桦林轮胎股份有限公司

2001 年年度报告摘选

第一节　公司基本情况简介

(一)公司法定中文名称:桦林轮胎股份有限公司
公司法定英文名称:HUALIN TYRE CO.,LTD.
(二)公司法定代表人:吕耀勋
(三)公司董事会秘书:张玉臣
联系地址:黑龙江省牡丹江市桦林轮胎股份有限公司
电话:0453-6304301　　传真:0453-6304100
电子信箱:zyc4301@163.com
证券事务代表:王彦光
电话:0453-6306948　　传真:0453-6304100
电子信箱:wyg00@163.com
(四)公司注册地址:黑龙江省牡丹江市桦林镇
公司办公地址:黑龙江省牡丹江市桦林镇　　邮政编码:157032
公司国际互联网网址: www.hualintyre.com
电子信箱:hualin@public.md.hl.cn
(五)公司选定的信息披露报纸名称:《上海证券报》
登载公司年度报告的中国证监会指定国际互联网网址:www.sse.com.cn
公司年度报告备置地点:公司证券投资部
(六)公司股票上市交易所:上海证券交易所
股票简称:桦林轮胎　　股票代码:600182

第二节　会计数据和业务数据摘要

(一)本年度主要利润指标情况(单位:元)

项目	金额
利润总额	-164,625,596.85
净利润	-164,625,596.85
扣除非经常性损益后的净利润	-166,564,710.62
主营业务利润	135,862,649.78
其他业务利润	346,009.73
营业利润	-166,564,710.62
投资收益	-262,797.78
营业外收支净额	2,201,911.55
经营活动产生的现金流量净额	-111,177,395.92
现金及现金等价物净增加额	-115,810,886.14
注:扣除的非经常性损益项目和涉及金额:	1,939,113.77
1、投资收益	-262,797.78
2、营业外收支净额	2,201,911.55

(二)近三年主要会计数据和财务指标(单位:元)

指标项目	2001 年	调整后 2000 年	调整前 2000 年	调整后 1999 年	调整前
主营业务收入	801,183,163.49	712,993,416	712,993,416	705,190,775	705,190,775
净利润	-164,625,596.85	2,440,931	3,179,950	21,654,518	21,654,518
总资产	1,948,471,934.94	1,911,916,970	2,000,493,583	1,836,683,557	1,877,855,011
资产负债率(%)	66.83	59.68	59.97	56.57	57.52
股东权益	606,317,843.24	770,943,440	800,890,935	797,710,985	797,710,985
每股收益(摊薄)	-0.484	0.007	0.009	0.064	0.064
每股收益(加权)	-0.484	0.007	0.009	0.072	0.072
扣除非经常性损益后的每股收益	-0.490	-0.010	-0.012	0.026	0.026
每股净资产	1.783	2.267	2.356	2.346	2.346
调整后的每股净资产	1.629	2.235	2.323	2.312	2.312
每股经营活动产生的现金流量净额	-0.327	-0.082	-0.082	-0.256	-0.256
净资产收益率(摊薄)%	-27.15	0.317	0.397	2.715	2.715
净资产收益率(加权)%	-27.15	0.317	0.397	2.715	2.715

(三)股东权益变动情况及原因(单位:元)

项目	股本	资本公积	盈余公积	法定公益金	未分配利润	股东权益合计
期初	340,000,000	376,463,264	34,062,025	11,354,008	20,418,151	770,943,440
本期增加						
本期减少					164,625,596.85	164,625,596.85
期末数	340,000,000	376,463,264	34,062,025.30	11,354,008.43	-144,207,446.06	606,317,843.24

第三节　股本变动及股东情况

一、股本变动情况

(一)股份变动情况表　　数量单位:股

	本次变动前	配股	送股	公积金转股	增发	其他	小计	本次变动后
一、未上市流通股份	220,000,000							220,000,000
1、发起人股份	152,070,000							152,070,000
其中:								
国家持有股份								
境内法人持有股份	152,070,000							152,070,000
境外法人持有股份								
其他								
2、募集法人股份	17,930,000							17,930,000
3、内部职工股	50,000,000							50,000,000
4、优先股或其他								
未上市流通股份合计	220,000,000							220,000,000
二、已上市流通股份	120,000,000							120,000,000
1、人民币普通股	120,000,000							120,000,000
2、境内上市的外资股								
3、境外上市的外资股								
4、其他								
已上市流通股份合计	120,000,000							120,000,000
三、股份总数	340,000,000							340,000,000

600181 云大科技股份有限公司

2001年年度报告摘要

第一节 公司基本情况简介

(一)公司法定中文名称:云大科技股份有限公司

公司英文名称:UNIDA Co.,Ltd.

公司英文缩写:UNIDA

(二)公司法定代表人:付文明

(三)公司信息披露人员:

董事会秘书:邓志民

联系地址:昆明市国家高新技术产业开发区科医路59号

联系电话:0871-8315883

传　　真:0871-8315072

电子信箱:zmdeng@sina.com

证券事务代表:李畅鸿

联系电话:0871-8350069

传　　真:0871-8311251

电子信箱:ydlch@163.com

(四)公司注册地址:昆明市国家高新技术产业开发区科医路

办公地址:昆明市国家高新技术产业开发区科医路59号

邮政编码:650106

国际互联网网址:http://www.eunida.com

电子信箱:ydstmail@public.km.yn.cn

(五)选定的信息披露报纸名称:《中国证券报》、《上海证券报》、《证券时报》

登载年报的中国证监会指定国际互联网网址:http://www.sse.com.cn

公司年报备置地点:公司董事会办公室

(六)公司股票上市交易所:上海证券交易所

股票简称:云大科技

股票代码:600181

第二节 会计数据与业务资料

一、2001年主要会计数据(单位:元)

利润总额:	88,944,375.90
净利润:	74,260,835.29
扣除非经常性损益的净利润	73,374,220.88
主营业务利润:	218,322,314.38
其他业务利润:	6,183,436.01
营业利润	69,573,551.89
投资收益:	9,917,132.58
补贴收入:	8,926,277.35
营业外收支净额:	527,414.08
经营活动产生的现金流量净额:	-303,211,928.90
现金及现金等价物净增加额:	-146,918,017.45

说明:"扣除非经常性损益后的净利润"指标中所扣除的项目和金额是:

项　目	金　额
一、冻结利息收入	3,821,806.08
罚金收入等	62,843.56
营业外收入合计	3,884,649.64
二、出让股权转让投资收益	544,842.87
三、固定资产清理净损失	2,853,389.18
捐赠支出	229,888.00
资产报废损失	88,534.58
罚金支出等	185,423.80
营业外支出合计	3,357,235.56
四、非经常性损益	1,072,256.95
五、所得税影响额	185,642.54
六、非经常性净损益	886,614.41

二、前三年的主要会计数据和财务指标

(单位:人民币元,元/股、%)

指标项目	2001年度	2000年度		1999年度	
		调整前	调整后	调整前	调整后
主营业务收入	388,045,766.39	245,156,459.91	256,651,150.70	144,143,334.41	144,143,334.41
净利润	74,260,835.29	67,539,623.32	30,177,847.48	52,712,325.32	24,915,322.08
总资产	1,921,566,414.41	1,347,996,617.23	1,213,318,415.12	834,883,510.08	806,986,574.60
股东权益(不含少数股东权益)	913,649,315.51	923,378,892.50	857,837,386.26	549,759,294.62	521,907,029.70
每股收益(全面摊薄)	0.21	0.39	0.17	0.37	0.18
每股收益(扣除非经常性损益)	0.21	0.37	0.17	0.35	0.15
每股收益(加权平均)	0.21	0.45	0.19	0.37	0.18
每股净资产	2.62	5.30	4.93	3.89	3.70
调整后的每股净资产	2.52	4.40	4.60	3.89	3.05
每股经营活动产生的现金流量净额	-0.87	0	0	0.21	0.21
净资产收益率(全面摊薄)	8.13	7.31	3.52	9.59	4.77
净资产收益率(加权平均)	8.30	11.57	5.62	10.07	4.89

三、报告期利润表附表

报告期利润	净资产收益率(%)		每股收益(元)	
	全面摊薄	加权平均	全面摊薄	加权平均
主营业务利润	23.90	24.39	0.63	0.63
营业利润	7.61	7.77	0.20	0.20
净利润	8.13	8.30	0.21	0.21
扣除非经常性损益的净利润	8.03	8.20	0.21	0.21

四、报告期内股东权益变动情况(单位:元)

项　目	股本	资本公积	盈余公积	法定公益金	未分配利润	合计
期初数	174,068,112.00	605,244,030.75	14,720,370.26	11,135,659.14	52,669,214.11	857,837,386.26
本期增加	174,068,112.00		9,272,876.58	4,638,998.73	74,260,835.29	262,240,822.60
本期减少		174,065,798.17			32,363,095.18	187,977,673.48
期末数	348,136,224.00	431,178,232.58	23,993,246.84	15,774,657.87	94,566,954.22	932,100,535.38
变动原因	注1	注2	注3	注4	注5	

注1:2月27日以2000年末总股本174,068,112股,用资本公积金每10股转增10股;

注2:2月27日以2000年末总股本174,068,112股,用资本公积金每10股转增10股,减少174,068,112元,转出被投资单位股权投资准备2313.83元;

注3:按本年净利润的10%提取;

注4:按本年净利润的5%提取;

注5:年初未分配利润加本年度实现的净利润,扣除提取的盈余公积和公益金,扣除分配的现金股利,年末未分配利润为94,566,954.22元。

第三节 股东变动及股东情况

一、股本变动情况表

单位:股

	本次变动前	本次变动增减(±)						本次变动后
		配股	送股	公积金转股	增发	其它	小计	
一、未上市流通股份								
1、发起人股份	90,068,112			90,068,112			90,068,112	180,136,224
其中:								
国家持有股份								
境内法人持有股份	90,068,112			90,068,112			90,068,112	180,136,224
境外法人持有股份								
其他								
2、募集法人股份								
3、内部职工股								
4、优先股或其他								
未上市流通股份合计	90,068,112			90,068,112			90,068,112	180,136,224
二、已上市流通股份								
1、人民币普通股	84,000,000			84,000,000			84,000,000	168,000,000
2、境内上市的外资股								
3、境外上市的外资股								
4、其他								
已上市流通股份合计	84,000,000			84,000,000			84,000,000	168,000,000
三、股份总数	174,068,112			174,068,112			174,068,112	348,136,224

二、股东情况介绍

(一)截至2001年12月31日,股东总数35501户。

(二)公司前十名股东名单如下:

股东名称	期末持股数(股)	变动增减情况(±)	持股比例(%)	质押冻结情况	股份性质
1、云南大学科工贸总公司	72,931,104	36,465,552	20.95	无质押、冻结	法人股
2、云南龙泰农业资源开发有限公司	31,078,080	15,539,040	8.93	无质押、冻结	法人股
3、云南省农垦供销公司	30,400,920	15,200,460	8.73	无质押、冻结	法人股
4、深圳蛇口大赢工贸有限公司	23,344,200	11,672,100	6.71	无质押、冻结	法人股
5、深圳市捷发信息咨询服务有限公司	16,554,780	8,277,390	4.76	无质押、冻结	法人股
6、云南正通经贸有限责任公司	5,827,140	2,913,570	1.67	无质押、冻结	法人股
7、江汉彩印	1,781,130	不详	0.51	不详	流通股
8、大庆水泥	740,303	不详	0.21	不详	流通股
9、凯腾飞	737,202	不详	0.21	不详	流通股
10、林凤芹	712,190	不详	0.20	不详	流通股

说　明:

1、前10名股东中,第1-6名为未上市流通股股东,第7-10名股东为流通股股东。

2、发起人股东之间不存在关联关系,公司未知流通股股东之间关系。

3、持股5%以上的法人股股东分别是:云南大学科工贸总公司、云南龙泰农业资源开发有限公司、云南省农垦供销公司、深圳蛇口大赢工贸有限公司。

4、持股5%以上的法人股股东所持股份未发生质押、冻结等情况。

5、发起人持股增加是由于公积金转增引起的。

三、公司控股股东情况

股东名称:云南大学科工贸总公司

法定代表人:付文明

成立日期:1994年4月20日

注册资本:2,300,000元

经济性质:国有经济

经营范围:主营科学研究,技术开发、服务,对教学科研单位批发、零售电工器材,化学试剂,化工产品加工,电子元件,计算机及配件。兼营电讯器材(不含管理商品),家用电子产品,体育用品,文化用品,文化办公机械,电讯设备的测试维修,自产自销本公司新产品。

报告期内,控股股东云南大学科工贸总公司未发生变动。该公司年度内因实施 2000 年度公积金转增股本方案,股本增加 36,465,552 股,报告期末持股 72,931,104 股,占总股本的 20.95%。

云南大学科工贸总公司属云南大学的全资公司。云南大学是全民所有制事业单位。法定代表人:吴松。

第四节 董事、监事、高级管理人员和员工情况

一、董事、监事、高级管理人员基本情况

姓 名	性别	年龄	职务	任 期	年初持股	年度内增加	年末持股
付文明	男	41 岁	董事长	2001.9 - 2004.9	11,200 股	11,200 股	22,400 股
陈云海	男	39 岁	副董事长、总经理	2001.9 - 2004.9	9,800 股	9,800 股	19,600 股
李 良	男	37 岁	副董事长、副总经理	2001.9 - 2004.9	8,400 股	8,400 股	16,800 股
戴晓畅	男	39 岁	董事	2001.9 - 2004.9	0	0	0
张洪彬	男	38 岁	董事	2001.9 - 2004.9	0	0	0
马亚教	男	37 岁	董事	2001.9 - 2004.9	8,400 股	8,400 股	16,800 股
丁 峙	男	71 岁	董事	2001.9 - 2004.9	0	0	0
史荣善	男	52 岁	监事会主席	2001.9 - 2004.9	8,400 股	8,400 股	16,800 股
李丽萍	女	45 岁	监事	2001.9 - 2004.9	8,400 股	8,400 股	16,800 股
陈 平	男	51 岁	监事	2001.9 - 2004.9	8,400 股	8,400 股	16,800 股
翁莹石	男	45 岁	副总经理	2001.9 - 2004.9	0	0	0
张仕强	男	38 岁	副总经理	2001.9 - 2004.9	0	0	0
李一平	女	51 岁	副总经理、财务总监	2001.9 - 2004.9	0	0	0
邓志民	男	40 岁	董事会秘书	2001.9 - 2004.9	0	0	0

注:1、董事、监事及高管人员持股增加是因为年度内公司实施了公积金转增股本方案。

2、公司董、监事中有 4 人在股东单位云南大学科工贸总公司任职。公司董事长付文明先生在该公司任总经理,副董事长李良先生在该公司任总工程师,监事陈平先生在该公司任副总经理,监事李丽萍女士在该公司任总经理助理。

二、现任董事、监事和高级管理人员年度报酬情况

公司董事、监事及高级管理人员的薪酬是根据昆云科字[2001]26 号文件《关于执行 <公司职级工资调整方案> 的通知》的原则,由董事会人力资源及薪酬委员会、人力资源部提出,报总经理办公会及董事会审批。

公司董事、监事及高管理人员的年度报酬总额为 1,679,822 元,金额最高的前三名董事的报酬总额为 536,710 元,金额最高的前三名高级管理人员的报酬总额为 470,157 元。公司监事陈平先生未在公司领取报酬。董事丁峙先生拟定为公司独立董事候选人,未在公司领取报酬,其津贴尚待股东大会确定。公司董事、监事和高级管理人员的年度报酬区间分布如下:

10 万元以下:1 人

10 万元 - 15 万元:6 人

15 万元 - 20 万元:5 人

三、报告期内离任董事、监事、高级管理人员姓名及离任原因

1、董事、监事离任情况:

公司第一届董事会、监事会于 2001 年 9 月任期届满,公司于 2001 年 9 月 12 日召开 2001 年度第一次临时股东大会,选举付文明先生、陈云海先生、李良先生、戴晓畅先生、张洪彬先生、马亚教先生、丁峙先生为第二届董事会董事,陈平先生为第二届监事会监事;史荣善先生、李丽萍女士经公司职工代表大会选举出任公司第二届监事会股东监事;原公司董事郑介甫先生、李志航先生、陈醒群先生、蔡霓女士、张艳华女士、李丽萍女士、严辉先生不再出任公司第二届董事会董事;原公司监事会主席江连国先生、监事马亚教先生、张洪彬先生不再出任第二届监事会监事。

2、高级管理人员离任情况:

2001 年 9 月 12 日,经公司第二届第一次董事会审议通过,洪芳女士因工作变动原因,不再担任董事会秘书职务,聘任原董事会证券事务代表邓志民先生担任董事会秘书,李畅鸿先生担任董事会证券事务代表。

第五节 公司治理情况

一、公司治理情况

公司自 1998 年 8 月公开发行股票以来,伴随证券市场法制建设的前进步伐,按照国家《公司法》、《证券法》,中国证监会制定的法规和发布的有关上市公司治理的规范性文件以及《上海证券交易所股票上市规则》的要求,不断完善公司的法人治理结构,规范自身行为,加强信息披露工作。目前,公司正在学习、领会中国证监会和国家经贸委 2002 年 1 月 7 日联合发布的《上市公司治理准则》,结合公司实际情况,不断完善《公司章程》,规范公司运作。公司目前治理状况如下:

1、关于股东与股东大会

公司严格按照《股东大会规范意见》和《公司章程》的规定,召集、召开股东大会,尽可能地让更多的股东能够参加股东大会,行使表决权,以确保所有股东,特别是中小股东享有平等地位,充分行使自己的权利,聘请具有证券从业资格的律师出席股东大会并出具法律意见书。公司已将《股东大会规范意见》的有关内容载入最近修订的《公司章程》中。

2、关于控股股东与上市公司关系

公司控股股东通过股东大会依法行使出资人权利,不干涉公司决策和生产经营活动;公司与控股股东在人员、资产、财务、机构和业务方面已完全分开,保持独立。公司董事会、监事会和经营机构能够独立运作。

3、关于董事与董事会

公司严格按《公司章程》的规定选举产生董事会;公司董事会的人数和人员构成符合法律、法规要求;董事会制订了《议事规则》;董事熟悉有关法律法规,了解作为董事的责任、权利和义务,能以认真负责、勤勉诚信的态度出席董事会和股东大会,对所议事项充分表达明确意见,能根据全体股东的利益,忠实、诚信、勤勉地履行职责;公司将通过修订《公司章程》明确建立独立董事制度,在 2001 年度股东大会上选举独立董事,并修订完善《董事会议事规则》;公司在 2001 年中国证监会和国家经贸委发布《上市公司治理准则》(征求意见稿)之后,成立了董事会四个专门委员会,即:发展及投资(战略决策)委员会、人力资源与提名委员会、薪酬与考核委员会、审计委员会;公司将按照《上市公司治理准则》的要求进一步制定和完善专门委员会的工作细则。

4、关于监事与监事会

公司严格按《公司章程》的规定选举产生监事会。公司监事会的人数和人员构成符合法律、法规要求;监事会制订了《议事规则》;监事能以认真负责、勤勉诚信的态度出席监事会议,能坚持对全体股东负责、维护他们的利益,履行对公司董事、高级管理人员和公司财务状况的监督责任。公司将修订完善《监事会议事规则》。

5、关于绩效评价与激励约束机制

公司正在积极建立更为合理、公正、透明的董事、监事和经理人员的绩效评价标准和激励约束机制;公司中、高级管理人员的聘任公开、透明,程序符合法律、法规及《公司章程》的规定;高级管理人员定期向董事会报告工作。

6、关于利益相关者

公司一贯并坚持尊重银行及其他债权人、员工、客户、供应商、社区等相关利益者的合法权利,共同推动公司持续、健康发展。

7、关于信息披露与透明度

公司建立并不断健全信息披露管理制度,制订了《云大科技股份有限公司信息披露管理制度》;公司指定董事会秘书负责信息披露事项,接待股东来访和咨询工作;公司能严格按照法律、法规和《公司章程》的规定,真实、准确、完整、及时地披露有关信息,确保所有股东有平等的机会获得信息。公司能够按照有关规定,及时披露大股东或公司实际控制人的详细资料和股份变化情况。

二、独立董事履行职责情况

2001 年 9 月公司董事会换届选举时,就已参照有关要求聘请了一名拟作为独立董事的会计专业人士先担任董事,履行董事会审计委员会主任职责。公司已根据中国证监会发布的《关于在上市公司建立独立董事制度指导意见》和《上市公司治理准则》的规定要求,积极修订《公司章程》,建立独立董事制度。拟提名推荐该名董事及另外两人作为公司第二届董事会独立董事候选人,经 2001 年度股东大会选举后,在 2002 年 6 月 30 日前,使独立董事达到董事会人数的三分之一,并为独立董事履行职责创造良好的工作条件,使独立董事在工作中发挥更好的积极作用。

第六节 股东大会情况简介

一、报告期内召开的股东大会情况:

1、公司于 2001 年 1 月 20 日在《中国证券报》、《上海证券报》、《证券时报》上刊登关于召开 2000 年度股东大会的公告,并于 2001 年 2 月 21 日在公司会议室召开。股东及股东代表 25 人出席了会议,持有(代表)公司股份 90,679,389 股,占公司有表决权股份总数的 52.10%,符合《公司法》、《公司章程》及其他有关法律、法规的规定。会议审议并通过以下决议:

(1)审议通过《2000 年董事会工作报告》;

(2)审议通过《2000 年监事会工作报告》;

(3)审议通过《2000 年年度报告》;

(4)审议通过《2000 年财务决算》;

(5)审议通过《关于资本公积转增股本的提案》;

(6)审议通过《关于修改公司章程有关内容的议案》;

(7)审议通过《关于提高董事会投资及资产处置权权限的提案》;

该会议决议公告刊登在 2001 年 2 月 22 日《中国证券报》、《上海证券报》、《证券时报》上。

2、公司于 2001 年 8 月 11 日在《中国证券报》、《上海证券报》、《证券时报》上刊登关于召开 2001 年度第一次临时股东大会的公告,并于 2000 年 9 月 12 日在公司会议室召开。股东及股东代表 20 人出席了会议,持有(代表)公司股份 180,303,224 股,占公司有表决权股份总数的 51.79%,符合《公司法》、《公司章程》及其他有关法律、法规的规定。

经与会代表表决,会议通过如下决议:

(1)以特别决议的方式审议通过《公司章程修正案》;

(2)逐项表决通过《关于选举公司第二届董事会董事的提案》;

(3)通过《关于选举公司第二届监事会监事的提案》;

(4)审议通过《关于变更公司名称的提案》。

该会议决议公告刊登在 2001 年 9 月 13 日《中国证券报》、《上海证券报》、《证券时报》上。

第七节 董事会报告

一、报告期内公司经营情况

(一)公司主营业务范围及经营状况

公司经营范围为:植物生长调节剂的生产、开发、销售;生物制品的开发、经营、销售;化工产品及原料(不含管理商品)的生产经营;农业机械、农药生产、经营;农业生产资料经营及相关进出口业务等。

报告期内,公司各项经济指标较 2000 年有所增长,实现主营业务收入 388,045,766.39 元,较 2000 年增长 51.2%,实现净利润 74,260,835.29 元,较 2000 年增长 146.08%(若按 2000 年调整前主营业务收入及净利润数计算,2001 年主营业务收入较 2000 年增长 58.28%,净利润较 2000 年增长 9.95%),公司每股收益 0.21 元。

公司主营业务产品植物生长调节剂"云大—120"系列产品,占公司主营业务收入的 51.26%,属于农化行业;同时公司发挥"千县万点营销与技术服务网络"营销功能优势,与国外知名农药厂商建立了战略合作关系,经销其产品占公司主营业务收入的 30.30%;医药产品属于医药及功能食品行业,占公司主营业务收入的 18.22%。占公司主营业务收入 10%产品的销售收入、销售成本及毛利率如下:

产品	销售收入	销售成本	毛利率
云大 - 120 系列产品	198,898,127.25	23,042,872.64	88.41%
经销农化产品	117,596,539.00	113,495,051.61	3.5%
医药产品	70,708,419.64	31,513,508.09	55.43%

(二)主要控股公司及参股公司的经营情况及业绩

1、主要控股公司经营情况及业绩

控股公司	注册资本(元)	持股比例	资产规模(元)	业务性质	经营业绩	
					主营业务收入(元)	利润(元)
昆明云大科技产业销售有限公司	50,000,000	99%	393,349,573.29	植物生长调节剂的开发、销售等。	261,364,958,35	4,071,878.43
深圳市云大科技产业有限公司	20,000,000	67%	53,064,842.65	新型植物调节剂及生物制品的技术开发、生产及购销等。	20,973,451.33	12,156,510.30
上海云大科技产业	3,000,000	90%	22,605,337.63	植物生长调节剂的生	11,936,283.18	8,351,699.44

有限公司				产、开发、销售等。		
北京云大中天农业科技有限公司	5,000,000	60%	4,184,757.62	技术开发、转让、咨询;制造叶面肥等。	627,113.14	-739,160.47
昆明云大科技微生物资源开发股份有限公司	20,000,000	45%	19,917,472.87	微生物资源的研究、开发等。	0	-366,685.12
云南特安呐制药股份有限公司	35,480,000	51%	116,712,266.08	中西原料药及制剂、制造、销售公司生产的产品及中西药等。	37,070,401.40	2,980,185.25

2.主要参股公司经营情况及业绩

参股公司	注册资本(元)	持股比例	资产规模(元)	业务性质	投资收益(元)
云南科新投资有限公司	200,000,000	49%	688,911,868.74	投资、项目管理及咨询服务;高新技术产品开发及销售。	5,880,000
广发证券股份有限公司	20亿	3.83%	202.47亿	证券的代理买卖、承销和上市推荐等	7,863,740,70

(三)主要供应商、客户情况

报告期内,公司向前五名供应商合计采购金额占年度采购总额的78.8%,前五名客户销售额合计占公司销售总额的40.64%。

(四)在经营中出现的问题、困难及解决方案

1.在经营中出现的问题及困难

报告期内,一方面,加入WTO后国外大型农药生产厂家纷纷抢占国内市场,农药市场竞争加剧,农药价格继续走低,毛利空间下降;另一方面,农民收入增长缓慢,产品供大于求现象十分突出,随着中国农村产业结构调整,粮食作物种植面积逐年下降,公司产品结构面临调整。其次,医药及功能食品产业市场竞争激烈,经营压力增加。

2、解决方案

公司根据市场情况,适时调整公司产业结构,正式确立了"一个高水平科研开发体系,一个自主营销服务网络,农化、医药及功能食品、花卉三大产业链"的"113"发展战略,采取了一系列的策略,进一步增强了公司的核心竞争力。

(1)调整公司主营产品结构,实现"云大—120"系列产品(芸苔素内酯)升级换代,加大新产品丙酰芸苔素内酯(金福来)的推广工作。经在部分地区经济作物上使用,表明其促进植物生长及增产作用十分明显。公司以此为契机,将植物生长调节剂系列产品由主要面向粮食作物逐步转向经济效益良好、增长空间大的果蔬、花卉等经济作物。

(2)敏锐把握市场,加强与国外大型农药厂商的战略合作,扩大合作厂商及经销品种。

(3)充分利用公司长期积累的人才和技术优势,积极介入医药及功能食品产业,形成新的利润增长点。

(4)充分利用公司产品优势,把握机遇,积极拓展国际市场。

(5)成立云大科技研究院,加强科研队伍建设,继续加大研发投入,加快研发速度和科研成果产业化进程。

(6)充分利用区域经济优势,立足于长远发展,积极介入花卉产业,培育新的利润增长点。

(7)积极创造条件,通过投资转让、托管等一系列稳健的方式逐步退出旅游和市政等非主营行业。

二.报告期内公司投资情况

(一)报告期投资

公司根据"113"发展战略,进行相应的产业布局,报告期内公司长期投资额为230,253,823.68元,较上年度增加82,298,780.46元,增加幅度为55.62%。被投资公司情况详见本部分(二)、(三)项内容。

(二)报告期内募集资金使用情况

1、公司1998年首次募集资金371,000,000元,至本报告期内已使用完毕。其中:

(1)经2001年4月13日董事会审议通过,以现金方式出资38,250,000元组建昆明国际花卉交易中心有限公司,注册资本为75,000,000元,公司持股比例为51%。该公司已于2001年7月16日取得工商营业执照,注册号:5300001012612,报告期内该公司已完成土地征用及相关规划设计工作,2001年12月27日正式开工建设。

(2)经2001年6月12日董事会审议通过,公司以现金方式出资5,040,000元在昆明设立云南瑞奇饲料有限公司,该公司于2001年6月25日注册成立,注册资本5,560,000元,公司持股比例为90%,注册号:5300001012511。报告期内本公司对该公司实行承包经营,共获得收益200,160元。

该次募集资金使用情况详见本公司2001年度中期报告。

2、公司于2000年12月27日实施完成2000年度配股方案,实际募集资金共计313,085,304元,2001年使用情况如下:

承诺投资项目	募集资金计划投资额(元)	计划投资进度	实际投资项目	实际投资额(元)	实际投资进度
云大科技微生物研究开发中心	45,652,800	1年内完成	未变更	15,504,668.32	33.96%
云大科技天然药物研究中心	46,273,000	2年内完成	未变更	19,321,920.26	41.76%
"千县万点营销与技术服务网络"二期工程	187,185,800	2年内完成	未变更	173,926,087.12	92.92%
补充流动资金项目	33,973,704	2年内完成	未变更	33,973,704	100%
合　计	313,085,304			242,726,379.7	77.53%

项目进度及收益情况说明:

(1)云大科技微生物研究开发中心:计划投资45,652,800元,至报告期末实际投资15,504,668.32元,已完成计划进度的33.96%。

经2001年2月21日董事会审议通过,公司于2001年9月以该项募集资金实际投资额中的9,000,000元投资设立昆明云大科技微生物资源开发股份有限公司,持股比例为45%。公司决定由昆明云大科技微生物资源开发股份有限公司作为实施主体进行云大科技微生物资源研究开发中心中试基地建设。目前,该公司正进行线虫生防制剂、真菌病害生物农药、病毒增效因子等科研课题的开发,其中:线虫生防制剂已取得《农药临时登记证》[登记证号:LS20011571]。并拟以兼并陆良酶制剂有限责任公司的方式完成微生物发酵工程中试及产业化基地建设。同时,为了提高募集资金使用效率,公司正在与云南大学等有关研究机构商讨进一步合作事宜,因而实际投资进度与计划有所差异。

(2)云大科技天然药物研究开发中心:计划投资46,273,000元,至本报告期末实际投资19,321,920.26元,已完成计划进度的41.76%。报告期内公司与云南大学药学院联合建设的实验室以及深圳中试实验室已建设完毕,并投入使用;云大科技研究院药物研究中心有9个项目在研。该项目募集资金尚未使用部分2002年将按计划继续投入。

(3)"千县万点营销与技术服务网络"二期工程:计划投资187,185,800元,至本报告期末实际投资173,926,087.12元,已完成计划进度的92.92%。经2001年2月21日董事会审议通过,公司以该项募集资金实际投资额中的4,000,000元对深圳市云大科技产业有限公司进行增资扩股(详见2001年2月24日《上海证券报》、《中国证券报》和《证券时报》刊登的本公司公告)。该项举措增强了公司主营产品在华南地区的经营辐射能力。

经2001年12月21日第二届第六次董事会审议通过,公司以该项募集资金实际投资额中的55,000,000元在北京密云工业开发区投资建设"千县万点营销与技术服务网络"物流配送中心。该中心建设后,将充分利用中心城市的辐射功能和资源优势,进一步夯实公司实施"113"发展战略和"千县万点营销与技术服务网络"的基础,加快公司由传统物流管理向现代化物流管理的进程。

报告期内该项目进展顺利,在一期工程的基础上,通过物流配送系统、电子商务系统、技术服务系统等的建设,进一步完善和提升营销网络及技术服务的各项功能,已基本建成一个高效、规范、科学的营销网络体系。

报告期内该网络已实现农化产品主营业务收入317,337,346元,实现主营业务利润179,633,786元。其中经销产品也取得了较好成绩,经销产品主营业务收入117,596,539元。

(4)补充流动资金项目:计划投资33,973,704元,至本报告期末实际投资33,973,704元,已完成计划进度的100%。

3、尚未使用的募集资金去向

截止报告期末,尚未使用的配股募集资金65,000,000元用于国债投资,其余5,358,924.3元存于银行。

(三)报告期内非募集资金投资的重大项目、项目进度及收益情况

1、经公司董事会2001年2月21日会议审议通过,以公司在云南佳新实业有限公司,保山云大咖啡产业有限责任公司,云南沪滇投资发展有限公司,云南市政基础设施建设有限公司等非主业投资企业的净资产75,722,990元及现金作为出资,金额共计98,000,000元,与北京星标投资有限公司、海南群鑫实业投资有限公司共同投资组建云南科新投资有限公司,注册资本200,000,000元,公司持股比例为49%。

在资产重组过程中由于情况发生变化,2001年6月12日公司董事会会议确定云南科新投资有限公司我方投资方案为:在保持公司原定投资比例49%和科新公司注册资本200,000,000元不变的前提下,公司先用保山云大咖啡产业有限责任公司,云南市政基础设施有限公司,昆明云大科技种业有限公司已评估确认的净资产中公司所持股权对应的净资产57,303,812.32元进行投资,不足原定98,000,000元的部分,即40,696,187.68元由公司用现金补足。

2001年6月,云南科新投资有限公司完成工商登记注册,注册号:5300001012437。目前保山云大咖啡产业有限责任公司、云南市政基础设施有限公司、昆明云大科技种业有限公司的有关工商变更手续已办理完成。

报告期内公司将云南科新投资有限公司托管给海南群鑫实业投资有限公司(详见第九节重大事项),共获投资收益5,880,000元。

2、经2001年2月21日董事会审议通过,公司对深圳市云大科技产业有限公司进行增资扩股,我公司以4,000,000元现金(募集资金投资项目,详见本节报告期内募集资金使用情况之"千县万点营销与技术服务网络"二期工程的相关内容)及丙酰芸苔素内酯合成专利技术特许使用权作价7,000,000元,加上公司原投入的2,400,000元,共计13,400,000元,占该公司增资扩股后(注册资本20,000,000元)67%的股权。报告期内该公司主营业务收入为20,973,451.33元,净利润为12,156,510.30元。

3、经2001年4月13日董事会审议通过,为发展生化高新技术,抢占生物医药行业发展的制高点,公司以现金方式出资15,300,000元组建深圳云大科技生物技术有限公司,注册资本30,000,000元,公司持股比例为51%,注册号:企合粤深总字第109476。报告期内该公司出资1,440,000美元(12,000,000元人民币)于2001年10月14日设立上海孟德尔基因研究有限公司,注册资本3,600,000美元(30,000,000元人民币),公司持股比例为40%,注册号:企合沪总副字第029423号(松江)。报告期内两公司均在筹建阶段,无营业收入。

4、经2001年4月13日董事会审议通过,公司以现金方式出资16,245,984元与云南特安呐制药股份有限公司增资扩股,认购15,772,800股,增资扩股后,云南特安呐制药股份有限公司注册资本为35,480,000元,注册号码:5300001011626,公司持股总数为18,094,800股(原持有2,322,000股),持股比例为51%。报告期内该公司主营业务收入为37,070,401.40元,净利润为2,980,185.25元。

5、经2001年8月9日董事会审议通过,公司以现金方式出资2,500,000元红塔创新投资股份有限公司共同组建"云大红塔基因工程有限公司",注册资本5,000,000元,公司持股比例为50%。报告期内该公司正在办理工商注册登记。

6、经2001年11月30日董事会审议通过,公司以现金方式出资140,000,000元与北京晨枫房地产开发有限公司合作开发北京万柳西区星标住宅小区工程9号楼、10号楼项目,建筑总面积49000多平方米,预计总投资245,000,000元,该项目的具体开发及销售工作由北京晨枫房地产开发有限公司负责,其房产竣工后前期销售收入优先返还公司。报告期内该项目正处于前期实施阶段,无收益。

7、公司先后于2001年7月、8月两次受让大连高新生物制药有限公司40%股权(详见第九节重大事项之报告期内收购出售资产、吸收合并事项的简要情况及进程)。为完成大连高新生物制药有限公司基因重组乙肝疫苗和纯化地鼠肾细胞人用狂犬病疫苗项目产业化建设,需再投资100,000,000元,为加快此项目的实施进度,所有股东同意按照股权比例对大连高新生物制药有限公司进行债权性增资投入。经2001年12月21日董事会审议通过,本公司按持有大连高新生物制药有限公司40%的股权比例,增投40,000,000元。对此部分投入,股东按股权比例享有利润分配权,不计利息。在增资投入上述两个项目达产后,大连新生物制药有限公司按产品销售资金回款的20%,分季度归还股东的债权性投资,直至归还完所有股东的债权性投资。报告期内该公司实现销售收入18,449,144.37元,实现净利润4,054,497.40元。

三、报告期内的财务状况、经营成果

指标名称	2001年	2000年	增减额	增减幅度
总资产(元)	1,921,566,414.41	1,213,318,415.12	708,247,999.29	58.37%
长期负债(元)	204,822,640.79	48,644,446.87	156,178,193.92	321.06%
股东权益(元)	913,649,315.51	857,837,386.26	55,811,929.25	6.51%
主营业务利润(元)	218,322,314.38	189,997,059.24	28,325,255.14	14.91%
净利润(元)	74,260,835.29	30,177,847.48	44,082,987.81	146.08%

增减变动的主要原因:

报告期内,公司总资产为1,925,566,414.41元,比上年同期增加58.37%,主要是因为并表范围增加和间接融资增加所致;

长期负债为 204,822,640.79 万元,比上年同期增加 321.06%,主要是因为增加银行长期借款所致;

股东权益为 913,649,315.51 元,比上年同期增加 6.51%,主要是因为本年实现的利润增加所致;

主营业务利润为 218,322,314.38 万元,比上年同期增加 14.91%,主要是因为销售增加所致;

净利润为 74,260,835.29 元,比上年同期增加 146.08%,主要是因为执行《企业会计制度》对 2000 年度进行追溯调整,调减 2000 年度利润以及报告期净利润增加所致。

四、生产经营环境以及宏观政策、法规发生重大变化对公司的影响

根据国家"十五"农药化工规划和产业政策的调整,结合我司现有产品结构和公司农化产业发展规划,我国加入 WTO 后,公司面临较大的机遇和挑战。一方面,公司自主开发的主营产品拥有自己的知识产权、有较高的科技含量,符合环保要求,有利于国际市场的开拓,同时充分利用"千县万点营销及技术服务网络"可进一步扩大进口产品的经销。另一方面,随着农药进口配额取消、关税税率下降,国外大型农药生产厂家纷纷抢占国内市场,随着中国农村产业结构调整,粮食作物种植面积逐年下降,公司的产品结构面临调整,经营压力增加。

五、公司 2002 年度经营计划

1、经营方针

面对加入 WTO 后的机遇与挑战,以及国内外的新形势、新环境,公司工作的总体要求是:坚定不移地贯彻"113"发展战略,开源与节流并重,全面规范子公司制集团化管理,通过加大科研开发力度,充分利用"千县万点营销与技术服务网络",积极开拓市场,加强经营管理,力争经济效益的稳定增长和各项工作的全面进步。

2、经营目标

2002 年度计划实现销售收入 8 亿元,同时,销售费用率比上年度有所降低。

3、为达到上述目标拟采取的措施

(1)在巩固现有市场的基础上,增加自主开发、生产的"丙酰芸苔素内酯"、"微肥系列产品"和"酶制剂产品"销售,加大新产品推广力度;充分利用"千县万点营销及技术服务网络"优势,积极扩大经销产品和合作经营范围,以增加收入,降低网络营运费用。

(2)进一步投入力量进行国际市场开拓。根据我国在未来十年参与建立东盟自由贸易区的发展战略,考虑云南的区位优势和公司产品的适应性,拟将泰国、越南、缅甸等东南亚国家作为公司产品出口的重点开发市场,积极扩大出口。

(3)积极培育新的利润增长点。在现有医药及功能食品产业布局的基础上,重点抓好生产组织、技术改造、GMP 厂房建设、营销体系建设和新药研制,继续扩大云南特安呐制药股份有限公司"三七"系列产品的市场占有率,通过进一步增持大连高新生物制药有限公司股权,对其狂犬疫苗车间进行技术改造,扩大生产规模,使其成为公司新的收入来源和新的利润增长点。

(4)在千方百计开拓新的收入来源的同时,加强费用控制,严格预算管理,向内部挖掘潜力,向管理要效益。

(5)实行严格的计划、预算管理,加强经营计划执行情况的分析与控制;充分发挥财务筹资、理财和监督的功能,加强经营管理和风险控制;加强审计、监察执行力度,规范日常运作和经济行为,保证经营活动运行质量和资产、资金安全。

(6)加强科研队伍建设,继续加大应用性科研投入,加快研发速度,加快科研成果产业化。

(7)建立科学的薪酬体系和绩效考核体系,进一步完善激励机制,把经营者的收入与经营成果挂起钩来,加强经营成果考核,根据经营成果兑现奖惩,奖罚分明。

六、本次利润分配预案或资本公积金转增股本预案

2001 年度公司共实现净利润 74,260,835.29 元,按 10%提取法定盈余公积 9,272,876.58 元,按 5%提取法定公益金 4,638,998.73 元,加上年初未分配利润 52,669,214.11 元,实际可供分配的利润为 113,018,174.09 元。

以2001年12月31日总股本348,136,224股为基数,向公司全体股东每10股派发现金红利0.53 元(含税),派发红利总额为 18,451,219.87 元,剩余利润滚存下一年度。本年度无资本公积金转增股本。

2、2002 年利润分配政策

(1)2002 年度利润分配拟实施一次,实施时间为年终;

(2)拟实施方式为派发现金股利;

(3)拟派发的现金股利为不低于公司 2002 年度实现的可供分配利润的 30%;

(4)公司董事会保留根据具体情况调整股利分配政策的权利。

七、公司选定的信息披露报刊

公司选定的信息披露报刊为《上海证券报》、《中国证券报》和《证券时报》。

第八节 监事会报告

一、报告期内监事会工作情况

本年度共召开三次监事会会议:

1、2001 年 1 月 18 日在公司会议室召开监事会,应到监事 5 名,出席会议监事 4 人,书面授权委托 1 人,全体到会监事就提请会议审议的有关事项发表意见,形成如下决议:

(1)审议通过《公司 2000 年度监事会工作报告》。

(2)监事会认为:2000 年度公司董事会本着对公司和广大股东负责的精神,认真履行职责,决策程序符合《公司法》、《公司章程》和国家的有关规定,公司董事、经理班子及其它高级管理人员在执行职务时,未发现有违法和有损公司及股东利益的行为。

此次会议决议公告刊登在 2001 年 1 月 20 日《上海证券报》、《中国证券报》和《证券时报》上。

2、2000 年 8 月 9 日在公司会议室召开监事会,应到监事 5 名,出席会议监事 4 人,书面授权委托 1 人,会议审议并通过了以下决议:

(1)审议通过《公司 2001 年中期报告及报告摘要》;

(2)审议通过《关于执行新会计制度有关调整事项的议案》;

(3)推选陈平先生、史荣善先生、李丽萍女士为第二届监事会监事侯选人。

此次会议决议公告刊登在 2001 年 8 月 11 日《上海证券报》、《中国证券报》和《证券时报》上。

3、2000 年 9 月 12 日在公司本部会议室召开了第二届第一次监事会,应到监事 3 名,出席会议监事 3 人,会议审议并通过《关于选举第二届监事会主席的议案》,选举史荣善先生为本届监事会主席。

此次会议决议公告刊登在 2001 年 9 月 13 日《上海证券报》、《中国证券报》和《证券时报》上。

二、监事会对以下事项发表独立意见

1、公司依法运作情况

根据《公司法》、《公司章程》以及中国证监会有关法规的规定,公司不断建立健全有关制度,逐步完善法人治理结构。自 2000 年末,董事会便设立了四个专门委员会,即 2002 年 1 月 7 日证监会、国家经贸委联合发布的《上市公司治理准则》中规定的"发展及投资(战略决策)委员会、审计委员会、人力资源与提名委员会、薪酬与考核委员会。"公司建立了较完善的内部控制机构和制度,决策程序合法,至今没有发现公司董事、经理和高管人员在执行职务时有违反法律、法规、《公司章程》和损害公司利益的行为。

2、检查公司财务情况

公司 2001 年度财务报告真实地反映了公司的财务状况和经营成果。

3、公司最近一次募集资金实际投入项目与承诺投入项目情况

公司最近一次配股募集资金 313,085,304 元,已于 2000 年 12 月 31 日到位。募集资金按照《配股说明书》承诺的投资项目进行,没有发生变化。截止2001年12月31日,总投资进度已达 77.53%,不存在资金被控股股东占用的情况。

就 2000 年度配股资金使用、管理等情况,配股主承销商广发证券股份有限公司于 2001 年 8 月 15 日至 8 月 20 日对公司进行了回访,回访报告认为:云大科技股份有限公司建立了完善的财务管理监控体系,资金使用严格遵守财务会计制度的有关规定,按各管理权限履行必要的审批程序,并制定有《经营资金使用审批规定》、《募集资金使用管理制度》及《投资管理制度》等制度。回访报告刊登于 2001 年 9 月 12 日《上海证券报》上。

4、公司收购、出售资产

公司收购、出售资产本着公平、公正和互利的原则进行,交易价格合理,程序合法,没有发现内幕交易,也没有发现损害部分股东权益的行为或造成公司资产流失的现象。

5、关联交易

公司关联交易本着公平、公正和互利的原则进行,交易价格合理,程序合法,没有发现内幕交易,也没有发现损害公司利益的行为。

6、山东乾聚有限责任会计师事务所 2001 年度出具了标准无保留意见的审计报告。

第九节 重要事项

一、报告期内公司无重大诉讼、仲裁事项。

二、报告期内收购及出售资产、吸收合并事项的简要情况及进程

1、经 2001 年 6 月 12 日公司董事会审议通过,公司于 2001 年 8 月 9 日将所持有的云南佳新实业有限公司 60%的股权按该公司截止 2000 年 12 月 31 日经审计的净资产评估结果作价 21,360,800 元转让给云南科新投资有限公司,此股权转让相关手续及工商登记事项已办理完成。

2、经公司 2001 年 7 月 4 日,8 月 9 日董事会审议通过,公司分别受让北京普道投资有限公司、大连昆阳科技发展有限公司所持有的大连高新生物制药有限公司共 40%股权(详见 2001 年 7 月 7 日、8 月 11 日刊登于《上海证券报》、《中国证券报》和《证券时报》上的本公司公告),这将加快公司在生物制药领域的发展,使之成长为公司医药及功能食品产业新的利润增长点。

3、经公司 2001 年 12 月 21 日第二届第六次董事会审议通过,公司出资 16,000,000 元受让北京普道投资有限公司所持有的北京拓赛生物技术有限公司 80%股权;公司控股子公司昆明云大科技产业销售有限公司出资 4,000,000 元受让海南润盛资顾问有限公司所持有的北京拓赛生物技术有限公司 20%的股权。

控股该公司的目的在于按照公司产业布局规划,加强农化产品生产,巩固农化产品在华北、东北市场的现有优势,节约经营成本,加强公司的主营业务。

4、经公司 2001 年 12 月 21 日第二届第六次董事会审议通过,公司将专利技术"熊去氧胆酸立体选择合成方法"转让给济南三株福尔制药有限责任公司,转让价格为 8,200,000 元。

5、报告期内公司将所持有广州兴明智市场顾问策划有限公司的 20%股权按出资额 100,000 元转让给自然人冯波,昆明云大科技产业销售有限公司将所持有的 80%股权按出资额 400,000 元转让给云南丰泰投资管理有限公司。

三、重大关联交易事项

2001 年 8 月 15 日,我公司委托控股股东云南大学科工贸总公司代为购置进口科研设备一批,并支付预付款 2,800,000 元,后因进口相关事宜未能办理,该公司已将预付款于 2001 年 12 月 26 日全部归还我公司。

四、报告期内重大合同及其履行情况

(一)托管、承包、租赁其他公司资产或其他公司托管、承包、租赁上市资产的事项

1、报告期内,公司 2001 年 2 月 21 日董事会审议通过了《受托管理云南老拨云堂药业有限公司和昆明老拨云堂药业有限公司资产的提案》。但因双方就具体管理未达成一致共识,一直未进行此项工作。至报告期结束,托管自然终止,无托管收益。

2、报告期内为调整产业结构、突出主业优势,实现经营管理优势互补、优化资源配置、提高资产利用效率,经 2001 年 8 月 9 日董事会同意,公司将云南科新投资有限公司所持有的 49%的股权委托海南群鑫实业投资有限公司进行管理,托管期限为五年。海南群鑫实业投资有限公司在保证资产安全、完整的同时,每年按双方约定托管总额的 12%向公司支付托管收益。报告期内,公司获投资托管收益 5,880,000 元。

(二)重大担保

1、报告期内公司为控股子公司昆明云大科技产业销售公司 40,000,000 元银行承兑汇票及 75,000,000 元流动资金贷款提供担保。

2、经 2001 年 10 月 10 日第二届第三次董事会以通讯表决方式审议通过,同意公司与云南科新投资有限公司互相提供一年期额度为 70,000,000 元的流动资金贷款担保。报告期内公司为云南科新投资有限公司 30,000,000 元银行承兑汇票提供担保。

3、公司 2000 年 12 月为云南沪滇投资发展有限公司 7 年期 30,000,000 元固定资金贷款提供担保(本公司提供担保、云南沪滇投资发展有限公司水费收费权质押)。在本报告期内,该公司已按合同履行归还贷款 2,000,000 元。

(三)在报告期内或报告期继续委托他人进行现金资产管理事项

1、公司 2001 年度无委托他人进行现金资产管理事项。

2、公司控股子公司北京云大中天农业科技有限公司 2001 年度曾进行过委托理财和认购新股。经该公司2000年董事会决议通过,在2000年8月至2001年12月31日期间,该公司共投入 2,000,000 元用于委托理财,截止 2001 年 12 月 31 日,该公司已收回全部投资金额及投资收益共计

2,010,000元,尚存股票帐面值81,107.42元。

3、公司控股子公司昆明国际花卉交易中心有限公司2001年度曾进行过委托理财。经该公司2001年董事会决议通过,在2001年7月至2001年12月期间,该公司共投入56,000,000元用于委托理财,截止2001年12月31日,该公司已收回全部投资金额,并获投资收益334,818.95元。

(四)其他重大合同

1、2001年6月20日,公司与云南科新投资有限公司分别签署《债权转让协议》,将所持有的对云南龙都工贸总公司、昆明建华企业集团、云南沪滇投资发展有限公司的全部债权转让给云南科新投资有限公司,金额为50,421,639.48元;

2、2001年10月16日,公司与云南科新投资有限公司签署《债权转让协议》,将所享有的对云南佳新实业有限公司的全部债权转让给云南科新投资有限公司,金额为81,561,700元;

五、报告期内公司或持股5%以上股东未有在指定报刊和网站上披露过承诺事项。

六、公司聘任、解聘会计师事务所情况

1、由于公司原聘审计机构天一会计师事务所有限责任公司2000－2001年证券许可证年检延期通过,给公司2001年度财务审计工作造成一定影响,经与天一会计事务所有限责任公司友好协商,董事会审计委员会提议,2002年3月22日公司改聘山东乾聚有限责任会计师事务所完成2001年度财务审计工作。支付2001年度财务审计费用30万元(不包括审计工作中发生的差旅费用)。该事项尚需2001年度股东大会审议通过。

2、公司聘任会计事务所的决策程序及董事会审计委员会的意见

公司聘任会计师事务所的决策程序是:

(1)董事会审计委员提议;

(2)董事会审议通过;

(3)股东大会批准。

董事会审计委员会认为该决策程序符合《上市公司治理准则》等有关法规的规定。

3、公司2000年支付给会计师事务所的报酬总额为545,000元,其中年报审计费为250,000元,中报审计费为150,000元,其他为145,000元;2001年支付给会计师事务所的报酬总额为590,000元,其中年报审计费300,000元,其他为290,000元。

4、董事会认为公司向会计师事务所支付除审计费用以外的其他费用,乃因公司业务所需,不会影响注册会计师审计的独立性。

七、报告期内没有发生公司、公司董事会及董事受中国证监会稽查、中国证监会行政处罚、通报批评、证券交易所公开谴责的情况。

八、其他需披露的重大事项

1、公司根据《企业会计制度》的规定,本期对不应再继续摊销的长期待摊费用、开办费及其他事项采用追溯调整法进行会计处理,对留存收益的累计影响数为－64,641,693.19元,对2000年期初留存收益的影响数为－27,896,935.48元,对2000年度留存收益的影响数为－36,744,757.71元,其中未分配利润累计调减54,945,439.21元,盈余公积累计调减9,696,253.98元,会计报表的其他相关项目也已一并调整。

2、2001年2月21日公司董事会通过《关于组建云大科技研究院的提案》。公司决定组建云大科技研究院,由已设立的药物研究中心、农化研究中心、微生物资源开发研究中心、博士后工作站、拟建的分析测试研究室和专利及信息办公室等组成。公司受托管理的云南省天然药物中心和国家芸苔素内酯技术推广中心,也由研究院代表公司统一协调管理。该研究院已于今年4月正式成立。

3、2001年5月25日,昆明市商业银行给予公司100,000,000元人民币银行承兑汇票综合授信额度,授信有效期限为一年。

4、2001年6月15日,中国工商银行云南省分行营业部给予公司500,000,000元人民币综合授信额度,其中流动资金贷款350,000,000元,银行承兑汇票150,000,000元,并提供高效、优质的金融服务,授信有效期限为一年。

5、为配合"113"发展战略的实施,适应公司健康、稳步的发展,公司自2001年7月正式对企业形象进行系统的设计,现已初步确立企业理念系统(MI)、企业行为系统(BI)、视觉识别系统(VI),不久公司将以全新的形象展示在消费者面前,这将为公司走向国际化奠定基础。

6、经国家卫生部批准,由云南省人民政府主办、中国保健科技学会、云南省人民政府生物资源开发创新办公室和我公司三家单位承办的"第二届中国国际保健节"于2001年10月18日至22日在昆明成功举办。

7、2001年10月26日,昆明市商业银行给予公司控股子公司昆明国际花卉交易中心公司100,000,000元人民币的综合授信额度,以支持该公司发展云南省花卉产业,把云南建成中国乃至亚洲最大的花卉生产、出口基地和市场交易中心。

8、经2001年11月7日深圳市地方税务局以深地税三发[2001]376号"关于深圳市云大科技产业有限公司申请减免企业所得税的复函"批准,公司控股子公司深圳市云大科技产业有限公司执行以下税收优惠政策:从开始获利年度起,生产经营所得第一年和第二年免征企业所得税,第三年至第五年减半征收企业所得税。该公司还接到国家经济贸易委员会公告(二〇〇一年第25号),作为新增农药生产定点企业获国家经济贸易委员会审核通过。

9、经2001年4月13日董事会审议通过,公司拟设立澳大利亚爱立泰生物技术有限公司,该合资企业已获得外经贸部2001年11月5日正式签发的《中华人民共和国境外企业批准证书》([2001]外经贸合函证字第168号)。报告期内该公司尚未正式成立。

10、经2001年7月4日董事会审议通过,公司拟设立昆明云大精细化工科技有限公司,由于筹建中主要技术人员工作另有安排,该公司暂缓设立。

11、经2001年12月21日第二届第六次董事会审议通过,公司以现金方式出资12,000,000元设立深圳市云大喜悦生物技术有限公司,公司持股比例为60%。报告期内该公司尚未设立。

12、经公司2001年11月30日第二届第五次董事会审议通过,同意公司以47,468,070元受让云南滇虹天然药物股份有限公司6名发起人股东所持18.187%股份,由于转让方原因,此次受让未进行。

13、经2001年6月12日、8月9日董事会审议通过,公司拟出资850,000元在云南砚山县出资设立砚山云大科技农资产品销售有限公司,注册资本100万元,由于产品结构调整及市场原因,该公司实际未出资设立。

第十节　财务报告

山东乾聚有限责任会计师事务所中国注册会计师车云、孙小波出具了乾聚审字[2002]第86号无保留意见的审计报告。

会计报表附注

一、会计政策、会计估计变更说明

根据《企业会计制度》和财政部财会字[2001]17号文《贯彻实施<企业会计制度>有关政策衔接问题的规定》的规定,本公司本期的会计政策变更根据《企业会计制度》和有关的规定进行调整如下:

1、期末固定资产原按账面价值计价,现改为按固定资产帐面价值与可收回金额孰低计价,对可收回金额低于账面价值的差额,计提固定资产减值准备;

2、期末在建工程原按账面价值计价,现改为按在建工程账面价值与可收回金额孰低计价,对可收回金额低于账面价值的差额,计提在建工程减值准备;

3、期末无形资产原按账面价值计价,现改为按无形资产账面价值与可收回金额孰低计价,对可收回金额低于账面价值的差额,计提无形资产减值准备;

4、期末委托贷款原按账面价值计价,现改为按委托贷款账面价值与可收回金额孰低计价,对可收回金额低于账面价值的差额,计提委托贷款减值准备;

5、长期待摊费用中不能带来预期经济利益的且金额较大的费用,采用追溯调整法调整;

本公司根据《企业会计制度》的规定,本期对不能带来经济利益的长期待摊费用采用追溯调整法进行会计处理,对留存收益的累计影响数为－64,197,572.89元,对2000年期初留存收益的影响数为－27,896,935.48元,对2000年度留存收益的影响数为－36,300,637.41元,其中未分配利润累计调减54,567,936.96元,盈余公积累计调减9,629,635.93元,会计报表的其他相关项目也已一并调整。

本公司根据《企业会计制度》的规定,对开办费采用追溯调整法进行会计处理,对2000年度留存收益的影响数为282,794.92元,其中未分配利润调减240,375.68元,盈余公积调减42,419.24元。

二、合并会计报表的编制方法

1、合并范围

本公司将投资额占被投资单位具有表决权资本总额50%(不含50%)以上或虽然占被投资单位注册资本总额不足50%但有实质控制权的控股子公司,纳入合并会计报表编制范围。

2、合并会计报表的编制方法

合并报表以母公司、纳入合并范围的控股子公司的个别会计报表(按母公司会计政策调整后的报表)和其他资料为依据,在抵销母公司与子公司、子公司与子公司之间重大交易、资金往来等的基础上,按照《合并会计报表暂行规定》的规定编制而成。

在编制合并会计报表时,对合营企业按《企业会计制度》的规定,采用比例合并方法。

附件　备查文件

一、载有法定代表人、主管会计工作负责人、会计机构负责人签名并盖章的会计报表。

二、载有会计师事务所盖章、注册会计师签名并盖章的审计报告正本。

三、报告期内在中国证监会指定报纸上公开披露过的所有公司文件的正本及公告的原稿。

董事长:付文明(签章)

云大科技股份有限公司董事会

二〇〇二年四月二十五日

利润及利润分配表

编制单位:云大科技股份有限公司　　2001年度　　单位:元

项　　目	注释号	本年实际数		上年实际数	
		合并数	母公司	合并数	母公司
一、主营业务收入	5.28	388,045,766.39	113,689,772.25	256,651,150.70	128,848,145.25
减:主营业务成本		168,623,909.29	9,582,675.50	64,166,789.07	17,983,112.03
主营业务税金及附加	5.29	1,099,542.72	421,889.98	2,487,302.39	1,304,318.90
三、主营业务利润(亏损以"－"号填列)		218,322,314.38	103,685,206.77	189,997,059.24	109,560,714.32
加:其他业务利润(亏损以"－"号填列)		6,183,436.01	6,233,633.51	835,175.28	231.88
减:营业费用		51,813,837.89	7,461,344.38	44,538,039.80	258,336.78
管理费用		73,827,545.34	43,612,011.10	89,644,449.29	68,685,890.86
财务费用	5.30	29,290,815.27	21,946,810.00	16,036,419.22	10,879,538.49
四、营业利润(亏损以"－"号填列)		69,573,551.89	36,898,674.80	40,613,326.21	29,737,180.07
加:投资收益(亏损以"－"号填列)	5.31	9,917,132.58	30,076,873.65	6,792,672.24	26,007,835.44
补贴收入	5.32	8,926,277.35		9,524,584.37	
营业外收入	5.33	3,884,649.64	3,843,706.08	3,825,408.08	3,822,956.08
减:营业外支出	5.34	3,357,235.56	3,131,960.02	3,559,807.61	554,955.72
五、利润总额(亏损以"－"号填列)		88,944,375.90	67,687,294.51	57,196,183.29	59,013,015.87
减:所得税		7,259,289.62	2,029,480.86	24,478,360.55	12,887,151.40
减:少数股东损益		7,424,250.99		2,539,975.26	
六、净利润(亏损以"－"号填列)		74,260,835.29	65,657,813.65	30,177,847.48	46,125,864.47
加:年初未分配利润		52,669,214.11	87,392,557.20	53,460,802.19	69,335,572.40
其他转入					
七、可供分配的利润		126,930,049.40	153,050,370.85	83,638,649.67	115,461,436.87
减:提取法定盈余公积		9,272,876.58	6,565,781.37	6,546,290.31	4,612,586.45
提取法定公益金		4,638,998.73	3,282,890.69	3,273,145.25	2,306,293.22
提取职工奖励及福利基金					
提取储备基金					
提取企业发展基金					
利润归还投资					
八、可供投资者分配的利润		113,018,174.09	143,201,698.79	73,819,214.11	108,542,557.20
减:应付优先股股利					
提取任意盈余公积					
应付普通股股利		18,451,219.87	18,451,219.87	7,050,000.00	7,050,000.00
转作资本(或股本)的普通股股利				14,100,000.00	14,100,000.00
其他					
九、未分配利润		94,566,954.22	124,750,478.92	52,669,214.11	87,392,557.20

资产负债表

2001 年 12 月 31 日

编制单位：云大科技股份有限公司　　　　单位：元

资　产	注释号	年末数		年初数	
		合并数	母公司	合并数	母公司
流动资产:					
货币资金	5.1	286,234,724.22	72,072,323.14	433,152,741.67	382,717,449.78
短期投资	5.2	95,084,923.42	82,002,556.53	20,000,000.00	20,000,000.00
应收票据					
应收股利		3,831,056.50	3,831,056.50	8,642,863.46	8,642,863.46
应收利息					
应收帐款	5.3	190,113,400.28	47,947,083.90	137,228,383.45	32,689,053.59
其他应收款	5.4	560,441,800.14	737,198,500.97	102,400,102.69	179,016,277.71
预付帐款	5.5	46,763,078.31	22,505,618.32	84,708,126.48	82,618,374.64
应收补贴款					
存货	5.6	73,811,656.95	28,972,666.06	62,872,245.69	25,823,559.94
待摊费用	5.7	178,152.59	58,665.00	9,806,743.13	34,249.98
一年内到期的长期债权投资					
其他流动资产				164,103.11	75,649.92
流动资产合计		1,256,458,792.41	994,588,470.42	858,975,309.68	731,617,479.02
长期投资:					
长期股权投资	5.8	230,253,823.68	425,084,075.14	147,955,043.22	231,477,311.88
长期债权投资					
长期投资合计		230,253,823.68	425,084,075.14	147,955,043.22	231,477,311.88
其中:合并价差		-6,823,499.88		-338,588.55	
固定资产:					
固定资产原价	5.9	119,499,788.51	57,024,283.83	95,848,988.71	46,565,988.65
减:累计折旧	5.10	28,161,649.85	16,541,437.22	17,211,575.07	11,164,698.85
固定资产净值	5.11	91,338,138.66	40,482,846.61	78,637,413.64	35,401,289.80
减:固定资产减值准备					
固定资产净额		91,338,138.66	40,482,846.61	78,637,413.64	35,401,289.80
工程物资		329,000.00			
在建工程	5.12	239,198,894.91	55,072,243.50	50,061,134.73	5,717,434.08
固定资产清理					
固定资产合计		330,866,033.57	95,555,090.11	128,698,548.37	41,118,723.88
无形资产及其他资产:					
无形资产	5.13	76,568,147.59	40,542,539.92	38,188,289.63	34,340,238.28
长期待摊费用	5.14	27,419,617.16	23,232,978.81	39,203,895.34	34,641,223.57
其他长期资产				297,328.88	
无形资产及其他资产合计		103,987,764.75	63,775,518.73	77,689,513.85	68,981,461.85
递延税项:					
递延税款借项					
资产总计		1,921,566,414.41	1,579,003,154.40	1,213,318,415.12	1,073,194,976.63
负债和股东权益					
流动负债:					
短期借款	5.15	540,000,000.00	465,000,000.00	232,000,000.00	135,000,000.00
应付票据	5.16	58,146,800.00			
应付帐款	5.17	19,026,972.69	1,188,737.46	10,134,076.36	3,802,164.87
预收帐款	5.18	3,212,518.87	14,462.53	1,778,257.72	
应付工资		1,937,541.45	1,562,168.88	1,688,472.24	842,778.37
应付福利费		8,826,656.29	4,374,811.52	5,781,993.97	3,547,086.14
应付股利		18,691,210.85	18,646,210.85	1,075,863.32	303,840.00
应交税金	5.19	11,535,570.72	2,455,278.45	29,886,036.61	18,692,147.00
其他应交款		168,008.48	56,608.39	316,823.47	281,846.38
其他应付款	5.20	31,477,221.48	5,030,404.62	6,191,048.76	4,208,647.84
预提费用	5.21	837,229.14	821,304.14	313,188.25	50,400.00
预计负债					
一年内到期的长期负债		10,000,000.00	10,000,000.00		
其他流动负债					
流动负债合计		703,859,729.97	509,149,986.84	289,165,760.70	166,728,910.60
长期负债:					
长期借款	5.22	197,000,000.00	130,000,000.00	37,000,000.00	10,000,000.00
应付债券					
长期应付款	5.23	6,784,991.08	6,784,991.08	10,606,797.16	10,606,797.16
专项应付款		1,037,649.71		1,037,649.71	
其他长期负债					
长期负债合计		204,822,640.79	136,784,991.08	48,644,446.87	20,606,797.16
递延税项:					
递延税款贷项					
负债合计		908,682,370.76	645,934,977.92	337,810,207.57	187,335,707.76
少数股东权益		99,234,728.14		17,670,821.29	
股东权益					
股本	5.24	348,136,224.00	348,136,224.00	174,068,112.00	174,068,112.00
减:已归还投资					
股本净额		348,136,224.00	348,136,224.00	174,068,112.00	174,068,112.00
资本公积	5.25	431,178,232.58	431,178,232.58	605,244,030.75	605,244,030.75
盈余公积	5.26	39,767,904.71	29,003,240.98	25,856,029.40	19,154,568.92
其中:法定公益金		15,774,657.87	9,667,747.00	11,135,659.14	6,384,856.31
未分配利润	5.27	94,566,954.22	124,750,478.92	52,669,214.11	87,392,557.20
股东权益合计		913,649,315.51	933,068,176.48	857,837,386.26	885,859,268.87
负债及股东权益总计		1,921,566,414.41	1,579,003,154.40	1,213,318,415.12	1,073,194,976.63

现金流量表

2001 年度

编制单位：云大科技股份有限公司　　　　单位：元

项　目	注释号	合并	母公司
一、经营活动产生的现金流量			
销售商品、提供劳务收到的现金		567,595,553.66	160,474,971.71
收到的税费返还		1,818,000.00	
收到的其他与经营活动有关的现金		85,703,453.55	185,308,174.71
现金流入小计		655,117,007.21	345,783,146.42
购买商品、接受劳务支付的现金		281,329,877.80	20,271,390.93
支付给职工以及为职工支付的现金		34,562,803.33	11,555,110.45
支付的各项税费		40,299,564.11	25,375,802.55
支付的其他与经营活动有关的现金	5.35	602,136,690.87	776,479,204.59
现金流出小计		958,328,936.11	833,681,508.52
经营活动产生的现金净流量		-303,211,928.90	-487,898,362.10
二、投资活动产生的现金流量:			
收回投资所收到的现金		117,743,131.92	116,100,000.00
取得投资收益所收到的现金		15,607,517.83	15,239,909.29
处置固定资产、无形资产和其他长期资产所收回的现金净额			
收到的其他与投资活动有关的现金		2,519,230.16	
现金流入小计		135,869,879.91	131,339,909.29
购建固定资产、无形资产和其他长期资产所支付的现金		233,733,351.32	69,982,885.68
投资所支付的现金		271,622,582.94	321,012,540.53
支付的其他与投资活动有关的现金		428,834.00	
现金流出小计		505,784,768.26	390,995,426.21
投资活动产生的现金流量净额		-369,914,888.35	-259,655,516.92
三、筹资活动产生的现金净流量			
吸收投资所收到的现金		66,104,016.00	
其中:子公司吸收少数股东权益性投资收到的现金		66,104,016.00	
取得借款所收到的现金		902,500,000.00	615,000,000.00
收到的其他与筹资活动有关的现金		653,380.83	
现金流入小计		969,257,396.83	615,000,000.00
偿还债务所支付的现金		410,500,000.00	155,000,000.00
分配股利、利润和偿付利息所支付的现金		30,846,563.27	21,401,585.86
其中:子公司支付少数股东的股利		817,023.32	
支付的其他与筹资活动有关的现金		1,689,721.76	1,689,661.76
现金流出小计		443,036,285.03	178,091,247.62
筹资活动产生的现金流量净额		526,221,111.80	436,908,752.38
四、汇率变动对现金的影响		-12,312.00	
五、现金及现金等价物净增加额		-146,918,017.45	-310,645,126.64
1、将净利润调节为经营活动的现金流量:			
净利润		74,035,835.29	65,657,813.65
加:少数股东本期损益		7,424,250.99	
计提的资产减值准备		4,943,512.81	2,960,477.28
固定资产折旧		11,149,462.52	5,669,697.62
无形资产摊销		1,932,391.42	912,685.84
长期待摊费用摊销		12,335,325.57	11,408,244.76
待摊费用减少(减:增加)		9,636,341.12	-24,415.02
预提费用增加(减:减少)		508,115.89	770,904.14
处置固定资产、无形资产和其他长期资产的损失(减:收益)		2,845,609.18	2,845,609.18
固定资产报废损失		271,906.04	88,534.58
财务费用		30,048,467.86	21,946,810.00
投资损失(减:收益)		-9,917,132.58	-30,076,873.65
递延税款贷项(减:借项)			
存货的减少(减:增加)		-10,974,860.24	-3,149,106.12
经营性应收项目的减少(减:增加)		-960,297,132.85	-555,860,622.02
经营性应付项目的增加(减:减少)		521,960,402.47	-14,313,171.93
其他		660,575.61	3,265,049.59
经营活动产生的现金流量净额		-303,211,928.90	-487,898,362.10
2、不涉及现金收支的投资和筹资活动:			
债务转为资本			
一年内到期的可转换公司债券			
融资租入固定资产			
3、现金及现金等价物净增加情况:			
现金的期末余额		286,234,724.22	72,072,323.14
减:现金的期初余额		433,152,741.67	382,717,449.78
加:现金等价物的期末余额			
减:现金等价物的期初余额			
现金及现金等价物净增加额		-146,918,017.45	-310,645,126.64

600183 广东生益科技股份有限公司

2001年年度报告摘选

一、公司基本情况简介

(一)公司法定中文名称:广东生益科技股份有限公司
公司法定英文名称:GUANGDONG SHENGYI SCI. TECH CO.,LTD.
英文名称缩写:SYL
(二)法定代表人:李锦
公司总经理:刘述峰
(三)董事会秘书:温世龙
联系地址:广东省东莞市万江区莞穗大道411号　　邮政编码:523039
联系电话:(0769)2271828转8225　　传　　真:(0769)2271854
电子信箱:syzjb@pub.dgnet.gd.cn
(四)公司注册地址及办公地址:广东省东莞市万江区莞穗大道411号
公司网址:www.syst.com.cn
(五)公司选定的信息披露报刊:《中国证券报》、《上海证券报》、《证券时报》
公司年报登载网址:http://www.sse.com.cn
年度报告备置地点:广东生益科技股份有限公司证券部
(六)股票上市交易所:上海证券交易所
股票简称:生益科技　　股票代码:600183

二、会计数据和业务数据摘要

(一)本年度主要数据指标

(单位:人民币元)

项目	金额
利润总额	67,279,101.33
净利润	63,341,324.67
扣除非经常性损益后的净利润*	61,667,926.15
主营业务利润	107,865,469.23
其他业务利润	5,112,900.47
营业利润	37,334,451.30
投资收益	28,271,251.51
补贴收入	- - - -
营业外收支净额	1,673,398.52
经营活动产生的现金流量净额	202,719,995.80
现金及现金等价物净增减额	12,785,649.93

(注:非经常性损益项目系营业外收支净额:1,673,398.52元。)

(二)近三年主要会计数据及财务指标

指标项目	单位	2001.12.31	2000.12.31	1999.12.31
主营业务收入	元	720,009,440.22	988,693,270.77	773,799,948.26
净利润	元	63,341,324.67	214,499,246.07	126,559,447.60
总资产	元	1,368,521,099.30	1,538,883,441.52	1,237,934,346.05
股东权益(不含少数股东权益)	元	969,570,935.73	943,038,204.81	698,443,670.00
每股收益　全面摊薄	元/股	0.1291	0.4371	0.3868
加权平均	元/股	0.1291	0.4371	0.3868
扣除非经常性损益后的每股收益	元/股	0.1257	0.4320	0.4032
每股净资产	元/股	1.9756	1.9215	2.1347
调整后的每股净资产	元/股	1.9582	1.9158	2.1269
每股经营活动产生的现金流量净额	元/股	0.4131	0.2659	-0.6887
净资产收益率　全面摊薄	%	6.53	22.75	18.12
净资产收益率　加权平均	%	6.50	26.62	18.12

(三)利润表附表

报告期利润	全面摊薄净资产收益率(%)	加权平均净资产收益率(%)	全面摊薄每股收益(元/股)	加权平均每股收益(元/股)
主营业务利润	11.13	11.07	0.2198	0.2198
营业利润	3.85	3.83	0.0761	0.0761
净利润	6.53	6.50	0.1291	0.1291
扣除非经常性损益后的净利润	6.36	6.33	0.1257	0.1257

三、股本变动及股东情况

(一)股本变动情况
1、股份变动情况表

数量单位:股

	本次变动前	本次变动增减(+、-) 送股	公积金转股	其他	小计	本次变动后
一、未上市流通股份						
1、发起人股份	307522890					307522890
其中:						
国家拥有股份	180365157					180365157
境内法人持有股份						
境外法人持有股份	127157733					127157733
其它						
2、募集法人股份	34266172					34266172
3、内部职工股	21492188			-21492188	-21492188	
4、优先股或其它						
其中:转配股						
未上市流通股份合计	363281250					363281250
二、已流通股份						
1、人民币普通股	127500000			21492188	21492188	148992188
2、境内上市的外资股						
3、境外上市的外资股						
4、其它						
已上市流通股份合计	127500000			21492188	21492188	148992188
三、股份总数	490781250					490781250

600185 西安海星现代科技股份有限公司

2001年年度报告摘选

一、公司基本情况简介

1、公司法定名称:西安海星现代科技股份有限公司
中文简称:海星科技
英文名称:XI'AN SEASTAR MODERN-TECH CO.,LTD.
英文简称:SEASTAR MODERN-TECH
2、公司法定代表人:荣 海
3、公司董事会秘书:仇胜萍
证券事务代表:于晓东
联系地址:西安市西新街甲字3号海星智能大厦3层
联系电话:029-7274643
传　　真:029-7286470
电子信箱:QSP@mail.seastar.com.cn
4、公司注册地址:陕西省西安市高新技术产业开发区
公司办公地址:西安市西新街甲字3号海星智能大厦2层
邮政编码:710004
公司网址:http://www.seastar.net.cn
电子信箱:ZQB@mail.seastar.com.cn
5、公司选定的信息披露报纸名称:《中国证券报》、《上海证券报》
登载公司年度报告的国际互联网网址:http://www.sse.com.cn
公司年度报告备置地点:公司证券部
6、公司股票上市交易所:上海证券交易所
股票简称:海星科技
股票代码:600185

二、会计数据和业务数据摘要

1、本年度利润总额及相关指标如下(单位:人民币元)

项目	金额
利润总额	12,600,941.15
净利润	11,064,274.44
扣除非经常性损益后的净利润	14,133,919.16
主营业务利润	49,495,989.38
其他业务利润	3,518,480.16
营业利润	15,239,717.97
投资收益	-2,516,975.69
补贴收入	222,330.00
营业外收支净额	-344,131.73
经营活动产生的现金流量净额	117,267,541.11
现金及现金等价物净增加额	-7,702,154.72

2、公司前三年主要会计数据和财务指标(单位:人民币元)

项目	2001年	2000年(注) 调整前	2000年(注) 调整后	1999年
主营业务收入	307,288,864.91	405,114,317.72	321,960,807.83	483,864,333.28
净利润	11,064,274.44	20,055,624.62	19,873,083.35	42,318,509.06
总资产	800,215,149.87	808,050,541.46	780,626,575.89	878,987,606.28
股东权益(不含少数股东权益)	503,372,025.39	492,490,292.22	492,307,750.95	484,314,667.60
每股收益(摊薄)	0.0559	0.1013	0.1004	0.2137
每股收益(加权)	0.0559	0.1013	0.1004	0.2494
扣除非经常性损益后每股收益(摊薄)	0.0714	0.1067	0.1018	0.1702
扣除非经常性损益后每股收益(加权)	0.0714	0.1067	0.1018	0.1987
每股净资产	2.5423	2.4873	2.4864	2.4460
调整后的每股净资产	2.5301	2.4697	2.4687	2.4219
每股经营活动产生的现金流量净额	0.5923	0.1208	0.1208	-0.4304
净资产收益率(摊薄)	2.20%	4.07%	4.04%	8.74%
净资产收益率(加权)	2.22%	4.06%	4.02%	12.62%

3、利润表附表

报告期利润	净资产收益率 全面摊薄	净资产收益率 加权平均	每股收益(元) 全面摊薄	每股收益(元) 加权平均
主营业务利润	9.83%	9.94%	0.2500	0.2500
营业利润	3.03%	3.06%	0.0770	0.0770
净利润	2.20%	2.22%	0.0559	0.0559
扣除非经常性损益后的净利润	2.81%	2.84%	0.0714	0.0714

三、股本变动及股东情况

1、股东变动情况
(1)股本变动情况表

数量单位:万股

	本次变动前	本次变动增减(+-) 配股	送股	公积金转股	新发	其它	小计	本次变动后
一.未上市流通股份								
1、境内法人持有股份	13000							13000
2、内部职工股								
3、其他								
未上市流通股份合计	13000							13000
二.已上市流通股份								
1、境内上市人民币普通股	6800							6800
2、境内上市外资股								
3、境外上市外资股								
已上市流通股份合计	6800							6800
三.股份总数	19800							19800

600186　河南莲花味精股份有限公司

2001 年年度报告摘要

一、公司基本情况简介

1、公司中文名称:河南莲花味精股份有限公司
公司英文名称:Henan Lianhua Gourmet Powder Co.,Ltd.
公司英文名称缩写:LHGP
2、公司法定代表人:李怀清
3、公司董事会秘书:李国俭
董事会证券事务代表:谢清喜
联系地址:河南省项城市莲花大道 18 号
电话:0394-4298666　　0394-4298889
传真:0394-4298899
董事会秘书电子信箱:l_gj@sina.com
4、注册地址:河南省项城市莲花大道 18 号
办公地址:河南省项城市莲花大道 18 号
邮政编码:466200
公司互联网址:http://www.lianhua.com.cn/
公司电子信箱:hlwjjt@public2.zz.ha.cn
5、选定的信息披露报纸:《上海证券报》、《中国证券报》、《证券日报》
公司指定信息披露的国际互联网网址:http://www.sse.com.cn
年报备置地点:河南省项城市莲花大道 18 号公司证券部
电话:0394-42986660394　　0394-4298889
6、股票上市交易所:上海证券交易所
股票简称:莲花味精
股票代码:600186
7、其他有关资料:
公司注册登记日期:1998 年 7 月 2 日
地点:河南省项城市莲花大道 18 号
企业法人营业执照注册号:4100001004314
税务登记号:412702706784732
公司聘请的会计师事务所:亚太集团会计师事务所有限公司
办公地点:河南省郑州市红专路 84 号

二、会计数据和业务数据摘要

(一)公司本年度主要利润指标情况　　(单位:元)

项目	2001 年度
利润总额:	147,653,862.95
净利润:	145,409,111.21
扣除非经常性损益后的净利润:	142,823,743.10
主营业务利润:	321,966,701.83
其他业务利润:	12,842,130.27
营业利润:	169,815,354.74
投资收益:	-18,801,501.19
补贴收入:	0
营业外收支净额:	-3,359,990.60
经营活动产生的现金流量净额:	37,135,653.75
现金及现金等价物净增加额:	387,114,612.86

注:2001 年扣除的非经常性损益的项目及构成如下:

项目	金额(单位:元)
收取资金使用费	7,218,748.98
营业外收支净额	-3,359,990.60
合计	3,858,758.38

(二)公司前三年主要会计数据和财务指标　　(单位:元)

项目	2001 年度	2000 年度 调整后	2000 年度 调整前	1999 年度
主营业务收入	1,387,501,387.29	1,310,420,579.65	1,310,420,579.65	1,253,467,253.63
净利润	145,409,111.21	171,820,687.55	171,820,687.55	168,567,976.86
总资产	4,325,624,301.25	3,048,140,310.25	3,101,705,633.68	2,518,917,125.39
股东权益	2,065,057,701.17	1,393,648,589.96	1,447,213,913.39	1,275,393,225.84
每股收益(全面摊薄)	0.2138	0.2864	0.2864	0.2809
每股收益(加权平均)	0.2160	0.2864	0.2864	0.3746
每股收益(扣除非经常性损益)	0.2106	0.2830	0.2830	0.2109
每股净资产	3.0368	2.3227	2.4120	2.1257
调整后每股净资产	3.0206	2.2985	2.3878	2.05
每股经营活动产生的现金流量净额	0.0546	0.1484	0.1484	0.27
净资产收益率(全面摊薄)(%)	7.04	12.33	11.87	13.22
净资产收益率(扣除非经常性损益)(%)	6.93	12.23	10.50	13.20
净资产收益率(加权平均)(%)	6.71	12.88	11.17	14.15

注:1999 年度和 2000 年度总股本以 6 亿股计算,2001 年度增发新股后总股本以 6.8 亿股计算。

(三)报告期内股东权益变动情况　　(单位:元)

项目	股本	资本公积	盈余公积	法定公益金	未分配利润	股东权益
期初数	600,000,000	444,371,877.94	59,963,713.10	18,654,571.05	293,312,998.92	1,393,648,589.96
本期增加	80,000,000	650,000,000.00	25,756,339.57	8,585,446.52	119,652,771.64	875,409,111.21
本期减少	0	0	0	0	204,000,000.00	204,000,000.00
期末数	680,000,000	1,094,371,877.94	81,720,052.67	26,775,038.02	208,965,770.56	2,065,057,701.17
变动原因	增发新股	股本溢价	本年提取	本年提取	增加原因是本期利润增加;减少的原因分配股利	增加原因是利润增加和增发新股

三、股本变动及股东情况

(一)股本变动情况

公 司 股 份 变 动 情 况 表

(数量单位:股)

	本次变动前	本次变动增减(+,-) 配股	送股	公积金转股	增发	其他	小计	本次变动后 期末数
一.尚未流通股份								
1.发起人股份	400,000,000.00							400,000,000.00
其中:								
国家持有股份	400,000,000.00							400,000,000.00
境内法人持有股份								
境外法人持有股份								
其他								
2.募集法人股份								
3.公司职工股								
4.优先股或其他								
尚末流通股份合计	400,000,000.00							400,000,000.00
二、已流通股份								
1人民币普通股(A股)	200,000,000.00				80,000,000.00		80,000,000.00	
2.境内上市的外资股								
3.境外上市的外资股								
4.其他								
已上市流通股份合计	200,000,000.00				80,000,000.00		80,000,000.00	280,000,000.00
三、股份总数	600,000,000.00				80,000,000.00		80,000,000.00	680,000,000.00

本期股份总数及结构变动情况说明:公司经中国证券监督管理委员会证监公司字[2000]217 号文批准,2001 年 1 月 5 日增发 8000 万股 A 股,发行价格为每股 9.45 元,共筹集资金净额 7.30 亿元人民币。2001 年 1 月 16 日增发结束。本次增发的 8000 万股已经于 2001 年 2 月 14 日全部上市流通。

(二)股东情况介绍

(1)报告期末股东总数为 42,245 人,其中国家股股东 1 户,社会公众股股东 42,244 户。

(2)截至 2001 年 12 月 31 日,公司前十名股东持股情况

股东名称	持股数量(股)	持股比例(%)	股份类别
河南省莲花味精集团有限公司	400,000,000	58.82	国家股
渤海证券	33,787,653	4.97	流通股
医药集团	8,569,132	1.26	流通股
天发药业	6,782,515	1.00	流通股
鑫谊集团	5,426,793	0.80	流通股
津滨创业	3,837,972	0.56	流通股
津麦迪逊	3,484,567	0.51	流通股
金石资产	3,001,752	0.44	流通股
油漆技术	2,397,905	0.35	流通股
天津轻院	2,053,979	0.30	流通股

注:①持股 5%以上的股东只有国家股股东河南省莲花味精集团有限公司,其代表国家持有股份,共持有 400,000,000 股国家股,年度内持有股份没有增减变动,亦未作任何抵押、质押、冻结情况。报告期内控股股东没有发生变更情况。

②其他 1-9 名股东均是社会流通股股东,河南省莲花味精集团有限公司与其他股东之间不存在关联关系。公司未知其他 9 名股东之间是否存在关联关系。

(三)公司控股股东情况介绍:

控股股东名称:河南省莲花味精集团有限公司

注册资本:5.5 亿元人民币

法定代表人:李怀清

成立日期:1997 年 9 月 11 日

经营范围:副食品(不含棉、烟、茧)、保健品(不含药品)、皮革及制品、饲料、机械设备、仪器仪表及零配件。

(四)公司控股股东河南省莲花味精集团有限公司的实际控制人是河南省项城市人民政府。

四、董事、监事、高级管理人员和员工情况

(一)现任董事、监事及高级管理人员基本情况:

姓名	职务	年初持股	年末持股	性别	年龄	任期(年)	年度报酬(元)
李怀清	董事长	20,000	20,000	男	62	2001/08/27—2004/08/27	不受薪
申志勇	副董事长、总经理	20,000	20,000	男	50	2001/08/27—2004/08/27	120,000
杨立	董事	0	0	男	44	2001/08/27—2004/08/27	不受薪
高军	董事	10,000	10,000	男	37	2001/08/27—2004/08/27	80,000

付泳	董事	10,000	10,000	男	43	2001/08/27—2004/08/27	80,000
李国俭	董事、董事会秘书	0	0	男	35	2001/08/27—2004/08/27	80,000
李先进	董事、财务总监	0	0	男	31	2001/08/27—2004/08/27	80,000
陈淮	独立董事	0	0	男	50	2001/08/27—2004/08/27	60,000
席春迎	独立董事	0	0	男	38	2001/08/27—2004/08/27	60,000
赵洁川	独立董事	0	0	男	61	2001/08/27—2004/08/27	60,000
张桂兰	独立董事	0	0	女	68	2001/08/27—2004/08/27	60,000
田连芳	监事会召集人	10,000	10,000	男	56	2001/08/27—2004/08/27	80,000
聂本忠	监事	10,000	10,000	男	60	2001/08/27—2004/08/27	不受薪
霍晓亭	监事	2,000	2,000	男	49	2001/08/27—2004/08/27	60,000
张丙堂	监事	10,000	10,000	男	45	2001/08/27—2004/08/27	60,000
孔令望	监事	0	0	男	45	2001/08/27—2004/08/27	60,000
王连登	副总经理	10,000	10,000	男	53	2001/08/27—2004/08/27	60,000
田维英	副总经理	10,000	10,000	女	48	2001/08/27—2004/08/27	60,000
石清友	副总经理	10,000	10,000	男	49	2001/08/27—2004/08/27	60,000
任孝伦	副总经理	10,000	10,000	男	59	2001/08/27—2004/08/27	60,000
张震	副总经理	10,000	10,000	男	44	2001/08/27—2004/08/27	60,000

说明:(1)报告期内,董事、监事及高级管理人员持股数量没有发生变动。

(2)董事、监事在控股股东单位任职情况:董事长李怀清先生在公司控股股东河南省莲花味精集团公司(以下简称"集团公司")担任董事长兼总经理;公司副董事长、总经理申志勇先生在集团公司担任党委书记;董事杨立先生在集团公司担任副总经理;高军先生在集团公司担任副总经理和总工程师;监事田连芳先生在集团公司担任副总经理;监事聂本忠先生和张丙堂先生均在集团公司担任党委委员。具体情况见2001年7月25日的《中国证券报》和《上海证券报》。

(二)现任董事监事及高级管理人员年度报酬情况:

现任董事监事和高级管理人员共有21人,在公司领取报酬的有18人,不在公司领取报酬的有董事长李怀清先生、董事杨立先生和监事聂本忠先生共3人在集团公司领取报酬。现任董事监事及高级管理人员年度报酬总额约为124万元。其中,10万元以上年度报酬数额区间内有1人,10-5万元(不含6万元)年度报酬数额区间内有5人,6万元以下年度报酬数额区间内有12人。

金额最高的前三名董事的报酬总额为28万元,金额最高的前三名高级管理人员的报酬总额为18万元。独立董事的津贴为每年度6万元。报酬确定依据是依照劳动人事部门的有关规定,参照有关岗位工资等级标准,以及公司经营业绩。

(三)报告期内董事、监事及高级管理人员变动情况:

1、2001年3月22日公司第一届董事会第八次会议审议通过关于更换公司财务总监的议案。原财务总监李素芊女士因工作变动,经公司总经理提名,董事会审议同意由史克龙先生担任公司财务总监。

2、2001年7月24日公司第一届董事会第九次会议和公司第一届监事会第七次会议经公司控股股东河南省莲花味精集团公司提名,提交了第二届董事会和监事会候选人名单。

3、2001年8月27日公司2001年度临时股东大会审议选举产生了第二届董事会(包括4名独立董事)、监事会成员。经第二届董事会第一次会议选举,李怀清先生当选为第二届董事会董事长,申志勇先生当选为副董事长;经第二届监事会第一次会议选举,田连芳先生当选为第二届监事会召集人。在第二届董事会第一次会议上,经董事长提名,聘任申志勇先生为公司总经理,李国俭先生为公司董事会秘书;经总经理提名,聘任王连登先生、田维英女士、石清友先生、任孝伦先生、张震先生为副总经理,李先进先生为财务总监。

(四)公司员工的数量、专业构成、教育程度及退休职工人数

截止报告期末,公司有员工共计7966人。其中生产人员6287人,占总员工人数的78.92%;销售人员363人,占4.56%;技术人员1185人,占14.87%;财务人员84人,占1.05%;行政人员47人,占0.60%。

学历构成如下:具有大专及其以上学历人员459名,占总员工人数的5.80%;具有高中以上学历的有2488名,占31.20%;具有高中以下学历的有5019人,占63%。公司需承担费用的离退休职工人数为80人,年费用总额约为50万元。

五、公司治理结构

(一)公司治理结构的实际情况

公司严格按照《证券法》、《公司法》和有关法律法规的要求,不断完善公司的法人治理结构,建立现代企业制度,规范公司运作。根据中国证监会发布的《上市公司章程指引》的要求,公司于2001年先后两次对本公司的《公司章程》进行了修改,增加了有关独立董事的章节,并重新修订了《股东大会议事规则》、《董事会议事规则》、《监事会议事规则》,董事会设立了专门委员会。这些规则符合《上市公司治理准则》的基本要求,以后公司将继续修订完善:

1、关于股东和股东大会:

公司依照有关法律法规和《公司章程》的规定,依照"公开、公正、公平"原则,充分保障所有股东,尤其是中小股东的平等权利,保障所有股东能够切实行使各自的权利;公司建立了股东大会的议事规则,并真正按照股东大会规范意见的要求召集、召开股东大会;在股东大会上保证每个股东均有表达自己意见和建议的权利,充分行使股东的表决权;公司根据市场经济下的平等、自愿、互利、有偿原则,签订有关关联交易协议,对关联交易的具体内容及履行情况予以充分披露。

2、关于控股股东与上市公司的关系:

公司的控股股东行为规范,没有超越股东大会权限直接或间接干预公司的决策与经营活动;公司和控股股东在人员、资产、财务、机构和业务等方面严格实行"五分开",公司具有独立完整的业务及自主经营能力。公司的董事会、监事会和内部管理机构均独立运作。

3、关于董事与董事会:

公司按照《公司章程》的规定选举董事;公司的董事会人数和人员构成符合法律、法规的要求;公司董事会制定了《董事会议事规则》,公司的各位董事能够认真出席董事会会议和股东大会,参加有关培训,忠实履行职责,维护公司利益;公司董事会成员中已有4名独立董事。董事会已经设立了战略决策委员会、审计委员会、提名委员会、薪酬与考核委员会。

4、关于监事和监事会:

公司监事会人数和人员构成符合法律法规和《公司章程》的要求;并建立了《监事会议事规则》;公司监事会能够本着对股东负责的态度,认真地履行自己的职责,对公司的财务以及公司董事、总经理和其他高级管理人员履行职责的合法、合规性进行有效监督,并发表独立意见。

5、关于绩效评价和激励约束机制:

公司高级管理人员的聘免符合法律法规和《公司章程》的有关规定。公司将充分发挥公司薪酬与考核委员会和提名委员会的作用,研究分析公司激励约束,进一步完善董事、监事和高级管理人员的绩效评价标准和激励约束机制。

6、关于相关利益者:

公司能够充分尊重和维护银行及其他债权人、职工、客户等其他相关利益者的合法权益,在经济交往中,做到互惠互利,努力推动公司健康、持续发展。

7、关于信息披露和透明度:

公司董事会秘书负责公司的信息披露工作,接待股东来访和咨询;公司能够严格按照法律、法规和公司章程的规定,真实、准确、完整、及时地披露有关信息。做好信息披露前的保密工作,使所有股东有平等的机会获得信息;公司能够按照有关规定,及时披露控股股东或公司实际控制人的详细资料。

(二)独立董事履行职责的情况

本年度,公司董事会根据中国证监会发布的《关于在上市公司建立独立董事制度的指导意见》的规定要求,在公司第一届董事会换届之际,聘任了4名独立董事,超过董事会人数的三分之一。独立董事自任职以来,能够按照有关法律法规的要求履行自己的职责,以认真负责的态度积极参加公司董事会会议。部分独立董事本着认真负责的态度,深入公司各个部门,进行较深入的实地调研。

(三)公司与控股股东在人员、资产、财务、机构、业务等方面的分开情况:

1、人员分开方面:公司与控股公司在劳动、人事及工资管理等方面是独立的,并设立了独立的劳动人事职能部门。

2、资产完整方面:公司资产完整,拥有独立的采购和销售系统、生产及辅助生产系统,与控股股东在土地使用权、工业产权和非专利技术上界定清晰;公司商品采购、原材料供应、商品销售及其价格确定均根据市场供求状况决定。

3、财务独立方面:公司设立了独立的财会部门,并建立了独立的会计核算体系和财务管理制度,并独立在银行开户。

4、机构独立方面:公司设立了独立的组织机构。

5、业务分开情况:公司在业务方面具有独立完整的业务及自主经营的能力。

(四)报告期内公司对高级管理人员的考评及激励机制的建立和实施情况:

2001年初公司对高级管理人员的考核主要依据年初制定的全年经营工作目标,根据各高级管理人员的具体分工进行细分,按照半年及年度进行检查与考核。2001年公司第二届董事会第二次会议审议通过了《关于公司董事、监事及高级管理人员年度薪酬的议案》(需经股东大会审议通过),决定建立年度薪酬制度,完善公司的考评及激励机制。另外,公司正在探索新的激励约束机制,达到真正调动公司全体员工的工作积极性和创造性。

六、股东大会简介

(一)股东大会情况:

本报告期内公司共召开二次股东大会,具体会议事项如下:

1、2001年4月24日召开2000年度股东大会,审议表决通过了《2000年度董事会工作报告》、《2000年度监事会工作报告》、《2000年度总经理业务报告》、《关于聘请公司财务总监的议案》、《公司2000年度报告及年度报告摘要》、《公司2000年度财务决算、利润分配预案及2001年度利润分配政策预计》、《关于计提四项资产减值准备金及损失处理的内部控制制度的议案》、《关于修改公司章程的议案》、《关于河南漯周界高速公路有限责任公司股权投资帐务调整及后续资金来源的议案》,公告刊登于2001年4月25日《上海证券报》和《中国证券报》。

2、2001年8月27日召开2001年度临时股东大会,审议表决通过了《关于修改公司章程的议案》、《关于公司董事会换届选举的议案》、《关于公司监事会换届选举的议案》、《关于董事会、监事会成员报酬及其支付方法的议案》,公告刊登于2001年8月28日《上海证券报》和《中国证券报》。

(二)选举、更换产生董事、监事情况:

2001年8月27日公司召开的2001年度临时股东大会审议并通过了第二届董事会、监事会候选人名单,选举李怀清、申志勇、杨立、高军、付泳、李国俭、李先进为公司董事;选举陈淮、席春迎、张桂兰、赵洁川为公司独立董事;选举田连芳、聂本忠、霍晓亭为公司股东监事。职工代表大会选举张丙堂、孔令望先生为职工监事。

七、董事会报告

(一)公司报告期内经营情况:

1、主营业务的范围及其经营状况:

(1)本公司经营范围是味精和调味品的生产及销售;热力、电力的生产及销售;生物工程的科研与开发;环保产品、氨基酸、饲料的生产与销售。主要产品有"莲花"牌味精、谷朊粉、淀粉、"六月春"牌中高档食用面粉、热力和电力。

2001年度主营业务收入和主营业务利润构成如下:(单位:元)

产品名称	主营业务收入	占公司主营业务收入的比例(%)	主营业务利润	占公司主营业务利润的比例(%)
味精	1,212,065,445.68	87.36	272,179,990.98	84.54
电力、热力	175,435,941.61	12.64	49,786,710.85	15.46
合计	1,387,501,387.29	100.00	321,966,701.83	100.00

注:热力和电力产品的营业收入和营业利润数额是报表合并数,已经做了公司内部相互抵减处理。

(2)公司的主要产品是"莲花"牌味精,味精产销量排名居全国第一位,2001年公司的主要产品味精的销量为133,594吨。

公司占主营业务收入或主营业务利润总额10%以上的主要产品是味精和热力电力,其销售情况如下: (单位:元)

产品名称	销售收入	销售成本	毛利率(%)
味精	1,212,065,445.68	939,885,454.47	22.46
热力、电力	175,435,941.61	125,649,230.76	28.38

公司是中国最大的味精生产和出口基地,产品销售遍布全国除台湾地区以外的省、市、自治区,并出口东南亚、非洲、欧洲等国家和地区。2001年度,公司出口味精16000吨,创汇1900万美元,同期相比分别增长23%和12%。

2、主要控股公司及参股公司的经营情况: (单位:万元)

公司名称	注册资本	总资产	主营业务收入	净利润	主要产品	权益比例
河南项城佳能热电有限公司	12,000	43,077	24,315	2,597	热力、电力	100%

河南莲花生物工程有限公司	3,000	12,116	2,737	-1,038	谷氨酸及副产品	95%
河南莲花味之素有限公司	25,704	61,565	40,825	-1,787	味精、鸡精及副产品	49%

公司参股河南漯周界高速公路有限公司32%的股权，主营高速公路收费及辅助业务，目前公司共投资14,000万元。一期工程（漯河至周口段）在2001年12月15日开通，本年度尚未产生经济效益。

3、主要供应商、客户情况：

公司向前五名供应商合计采购的金额为70,509,908.69元，占公司年度采购总额的7.81%。公司前五名客户的销售额为87,682,534.33，占公司销售总额的6.70%。

4、经营中出现的问题与困难及解决方案：

2001年度公司生产经营面临的主要问题是：一方面味精市场竞争更加激烈，公司为了适应市场保持市场份额和竞争优势，较大幅度地调整了味精价格；另一方面，报告期内大部分增发项目处在建设中，部分项目虽然建成并投入试运营，但是尚未产生经济效益。

面对生产经营的情况，公司董事会为解决问题的根本办法在于加快公司的发展，发展是硬道理。因此主要做了如下工作：一是加快增发新股项目的建设，进一步增强公司的核心竞争力。技术改造项目建成投产后，预计公司的主要生产技术指标将达到世界先进水平，味精生产能力将由目前的14万吨逐步提高到28万吨以上，且预计成本将大幅度下降，公司的核心竞争力将显著增强，为公司参与国际市场竞争打下坚实的基础。二是重新整合销售体系，改革销售管理机制，充分调动销售人员的积极性。公司在全国设立44个销售分公司，新增200多名销售人员，整合、培训、充实销售队伍，建立健全市场服务体系，大力发展基础客户，从而巩固了已有的销售阵地的基础上，进一步提高了市场销售份额。同时，公司采取主动调整价格的竞争策略，抢占市场，进一步扩大市场份额，为技术改造完成后公司产量的大幅增加做好销售体制上的准备。三是强化内部管理，全员推行风险目标责任制，并拟对公司高级管理人员施行股权激励机制，尽早解决制约企业发展的体制性障碍，以充分调动公司全体员工的积极性和创造性。

5、2001年度实现利润与增发新股盈利预测差距的解释说明：

2001年初公司增发新股时，曾预测2001年公司实现净利润2.58亿元，2001年度实现净利润1.45亿元，只完成了56%。主要原因是味精市场价格调整。在2000年增发盈利预测报告中预计味精销售价格为10,999元/吨，实际销售价格8,607元/吨，实际销售价格比预测数下降21.75%；盈利预测报告中预测销售量为113,858吨，2001年度实际完成销售量133,594吨。味精销售价格调整对利润总额的影响数约为2.7亿元，对净利润的影响数约为2.3亿元。由于工艺技术改造项目产生了预期的效益，抵消了部分因味精市场价格调整对2001年度实际净利润的影响。

做为国内味精生产和销售龙头企业，公司在味精市场上对销售价格的调整具有相当的影响力。味精销售价格调整的原因有两个方面：一是公司根据国内味精市场供求情况，从3月份逐步调整了味精销售价格；二是为了进一步扩大国内市场份额的需要。因为技术改造完成后，公司味精生产能力将翻一番，即由14万吨提高到28万吨，必须抢先占领相应的市场份额，所以公司采取了主动调整销售价格的竞争策略，为技术改造完成后公司产量的大幅增加做好销售上的准备。

由于上述原因，致使本公司未实现《招股意向书》中的盈利预测目标，本公司董事会特向广大投资者表示歉意。

（二）公司报告期内的投资情况：

1、2001年增发新股募集资金的使用情况：

2001年1月16日公司增发A股8000万股，募集资金净额7.3亿元人民币，用于实施生态农业产业化一期工程的募股资金11个项目，本年度内实际投资项目与承诺投资项目相比，实际投资项目没有发生变更事宜。部分项目在2001年度内已经建成，并进入试运营阶段。具体项目投资情况见下表：

（单位：万元）

承诺投资项目	承诺总投资	年初投资额	本年度增加	累计投资额	投资进度
引进国际CX-O法谷氨酸提取工艺技术改造工程	4,074.00	361.99	15,522.53	15,884.52	试生产阶段，逐步产生经济效益
采用国际下番连续结晶工艺技术改造工程	3,093.00	242.79	4,671.00	4,913.79	试生产阶段，逐步产生经济效益
年产20万吨小麦淀粉技术改造工程(替代玉米)	19,380.00	129.73	25,614.84	25,744.57	试生产阶段，尚未产生经济效益
建设年产10万吨淀粉专用面粉生产线(味精原料)	3,580.00	597.42	2,542.55	3,139.97	试生产阶段，尚未产生经济效益
年产50万吨饲料加工项目	15,800.00	0	2,660.09	2,660.09	正在建设
牛胚胎移植(MOET)高技术产业化工程	4,361.00	130.98	184.85	315.83	正在建设
利用胚胎生物技术快速繁育良种肉牛高技术产业化示范工程	3,274.00	0	129.40	129.40	正在建设
利用胚胎生物技术快速繁育良种奶牛高技术产业化示范工程	3,898.00	0	489.08	489.08	正在建设
建设莲花购销网络工程	4,000.00	0	20.00	20.00	逐步建设
建设20万个末端基本户销售市场技改项目	3,144.00	0	1,263.00	1,263.00	逐步建设
生物技术研究中心工程项目	3,144.00	0	3,268.79	3,268.79	正在建设
合计	67,748	1,462.91	56,366.13	57,829.04	

注：年初投资额是在募股资金尚未到位时，用借款进行项目的前期投资所致。

2、尚未使用的募集资金去向：

尚未使用的资金存放于银行。

3、项目进度及收益情况：

（1）技术改造类项目，主要包括引进国际CX-O法谷氨酸提取工艺技术改造工程、采用国际下番连续结晶工艺技术改造工程、年产20万吨小麦淀粉技术改造工程和建设年产10万吨淀粉专用面粉生产线，这四个项目已经与2001年9月建设完成，并投入试运营（具体见2001年9月4日《中国证券报》和《上海证券报》）。

截止2001年底，引进国际CX-O法谷氨酸提取工艺技术改造工程、采用国际下番连续结晶工艺技术改造工程运营基本正常，逐步产生经济效益。年产20万吨小麦淀粉技术改造工程和建设年产10万吨淀粉专用面粉生产线项目仍处在试运营阶段。预计2002年度各项技术指标将逐步达到预定目标，从而产生经济效益。

年产50万吨饲料加工项目。该项目充分利用生产味精中的副产品和各种下脚料，深加工多种配合饲料。该项目的生产能力为年双班产50万吨饲料。本报告期内该项目实际投资2,660.09万元，正处于建设之中，预计2002年可以实现经济效益。

（2）生物工程类项目，主要包括牛胚胎移植高技术产业化工程、利用胚胎生物技术快速繁育良种肉牛高技术产业化示范工程和利用胚胎生物技术快速繁育良种奶牛高技术产业化示范工程三个项目，报告期内正在建设之中，良种奶牛和良种肉牛产业化示范基地已经基本建成，胚胎移植已经成功，第一批胚胎移植母牛已经产犊。目前公司正在办理进口高品质奶牛的相关手续。由于客观原因，该等项目建设周期相对较长，本报告期内尚未产生经济效益（具体投资情况见上表）。

生物技术研究中心工程项目，该项目共需投资3,144万元，主要由中心实验楼和中试楼组成，进行新工艺、新产品的研究与开发，开展生物工程技术在其他行业的推广和应用。本年度公司与多所高等院校和科研院所合作，建立"粮食深加工研究中心"，以此推动当地种植结构调整和粮食转化能力。目前，该项目已经投资3,268.79万元，仍处于逐步建设中。

（3）市场建设类项目，包括建设20万个末端基本户销售市场技改项目和建设莲花购销网络工程，目前正在逐步建设之中（具体投资情况见上表）。随着公司生产规模的扩大，主导产品和副产品产量和品种的增加，公司逐步增加产品配送中心和末端销售基本户数量，同时使区域布局更趋合理。项目建成后，公司将形成完善的销售体系，从而扩大公司产品的销售量，进一步降低销售费用。

4、报告期内非募集资金的投资、进度及收益情况：

报告期内用非募集资金实施以下项目的投资：

（1）河南漯周界高速公路项目

本公司参股投资建设的河南漯周界高速公路（漯河—周口—界首）一期工程——漯河至周口段已于2001年12月15日建成通车，本年度尚未产生经济效益。漯河至周口段高速公路全长49.07公里，该段高速公路的建成通车对改善区域交通状况和本公司的运输条件具有重要意义。目前河南漯周界高速公路项目二期工程（周口—界首）正在建设之中，预计2002年底建成通车（具体见2001年12月26日《中国证券报》《上海证券报》）。

（2）投资麦芽糖工程项目

该项目是利用原有的用玉米生产味精的设备，通过技术改造后，再利用其生产麦芽糖（食品添加剂），为公司增加一个新的利润增长点。本年度已经投资567.10万元，资金来源为公司自有资金，该项目边投资边试运营，本年度尚未产生经济效益。

（3）年产30万吨系列高等级专用面粉

为充分利用副产品谷朊粉的价值，公司在进行技术改造的同时，投资建设高等级面粉生产设施。本项目引进瑞士布勒公司制粉、配粉、着水设备，全部采用自动化工艺，生产能力为年产30万吨系列高等级专用面粉。本年度项目实际投资1,248.70万元，项目已经基本建成，投入试运营，本年度逐步产生经济效益（具体见2001年9月4日《中国证券报》和《上海证券报》）。

（4）节水工程

为了节约水资源，提高资源的综合利用率，公司在技术改造过程中采用了国际先进技术使发酵降温水闭路循环使用，这项环保工艺改造完成后，将使整个企业生产用水减少90%左右。不仅将大幅降低生产成本，增强了公司的核心竞争力，而且保护了地下水资源，体现了公司"可持续发展"的理念。预计该项目总投资约1500万元，本年度共投资1829.88万元，资金来源为公司自有资金。该项目正在建设之中，逐步发挥经济效益（具体见2001年9月4日《中国证券报》和《上海证券报》）。

（三）公司财务状况及其分析：

1、公司财务状况及其分析：（单位：万元）

项目	2001/12/31	2000/12/31（调整后）	增减幅度（%）	增减原因
总资产	432,562.43	304,814.03	41.91	流动资产增加，溢价增发
货币资金	87,404.18	48,692.71	79.50	借款增加
应收票据	1,380.41	14,730.15	-90.63	期初应收票据到期
应收帐款	78,339.47	55,917.18	40.10	销售商付款不及时
存货	26,491.14	15,100.52	75.44	生产规模变大
在建工程	45,553.82	8,166.39	457.84	在建工程投入增加
固定资产	153,795.45	96,565.38	59.27	在建工程预转固定资产
短期借款	37,114.00	24,542.40	51.23	贷款增加
应交税金	-331.15	1,416.91	-123.38	减免农产品初加工所得税
一年内到期的长期负债	17,555.65	19,422.79	-9.61	贷款归还
资本公积	109,437.19	44,437.19	146.27	增发溢价
股东权益	206,505.77	139,364.86	48.18	增发溢价
主营业务利润	32,196.67	35,690.70	-9.79	产品价格调整
营业费用	3,910.06	5,041.67	-22.44	运输成本降低
财务费用	6,996.62	4,264.93	64.07	借款增加
投资收益	-1,880.15	-454.83	-313.37	河南莲花味之素公司亏损
营业外收入	36.72	359.12	-89.97	河南项城佳能热电有限公司上期收到政府奖励300万元
营业外支出	372.72	156.69	138.46	处理固定资产净损失
净利润	14,540.91	17,182.07	-15.37	味精售价价格调整

说明：由于减免农产品初加工所得税1,001.99万元，本期应交税金为-331.15万元（具体见会计报表附注）

2、本报告期内亚太集团会计师事务所出具了无保留意见审计报告。

（四）生产经营、宏观经济政策和法律法规变化对公司产生的影响：

我国入世界贸易组织（WTO），标志着我国对外开放进入一个新阶段。这对本公司来说，机遇和风险并存。我公司是中国最大的味精生产和出口基地，主要生产技术指标已达国际领先水平，有着较强的竞争力，加入WTO后，有利于我公司实施大出口战略。同时，公司的主要原料小麦由于受国际市场价格的影响，价格有下降的趋势，有利于公司降低成本。当然，另一方面，国内市场的开放将使国内企业面临来自国际市场的激烈竞争。公司将以积极的姿态，在更大范围和更深程度上参与国际经济合作与竞争，积极利用外资，引进先进技术和现代化管理经验，来改进公司的"硬件"(设备、技术等)和"软件"(管理、人才等)。

(三)公司2002年度的经营计划:

我国已加入世贸组织,意味着公司将面临日益激烈的市场竞争。我们必须加快公司国际化和市场化的步伐,加快内部管理机制的改革,加快科研和技术改造的步伐,提高公司的核心竞争力。2002年,公司将工作重点放在解决制约企业发展的结构性矛盾和体制性障碍方面,大力推进公司内部管理制度改革,逐步建立与现代企业制度相适应的激励约束机制和风险控制机制。公司预计2002年主营业务收入将增长30%左右。2002年公司将重点做好如下几个方面的工作。

1、全面推行风险目标责任制,充分调动全体员工的积极性。

公司实施风险目标责任制基本内容是:各个承包单位(各分厂、子公司、分公司、管理部门)以财务数据为依据,以税后利润或费用为主要考核指标,根据各承包单位员工承担的责任与风险的大小交纳责任风险金,年终根据利润完成或费用控制情况,确定收入分配。责任大、风险高、收入高;责任小、风险低、收入就低;有责任、无风险,只有基本收入。同时在财务、审计、纪检和法制等方面加大对各承包单位的监管力度,严防公司资产流失。

2、大力推进销售体制改革,加快市场建设步伐。

(1)继续推进市场销售网络建设和莲花购销网络工程建设。继续增加公司末端销售基本户的数量,适应公司产品种类和产量的增加,同时,从体制上保证加快公司资金周转,减少产品库存,快速收集市场信息,降低原材料采购成本。

(2)落实销售人员四级风险责任制,树立"客户就是市场、订单就是计划、价格就是利润、秩序就是信誉"的商业意识,坚持"把握市场价格、控制市场秩序、积极帮助代理商发展基础客户"三项原则。

(3)积极推进清欠工作,清欠责任要落实到人。针对公司应收帐款多的现象,公司专门成立清欠部门,专职专人推进清欠工作,运用行政、经济和法律手段集中精力进行清欠。

3、大力强化品牌意识,树立品牌形象,积极推进名牌产品的市场竞争战略。

公司一贯按照ISO9002标准组织生产经营,注重提高质量效益。2001年,莲花味精被国家质量监督检验检疫总局评为全国57个"中国名牌产品"之一,同时获得"国家质量管理先进企业"称号,被中国食品工业协会评为中国食品工业20大杰出企业、20大著名品牌之一。2001年据北京名牌资产评估事务所公布,莲花商标品牌价值达43.87亿元。

随着公司产品品种的增多,除了主导产品味精外,小麦蛋白、淀粉和不同种类的高档食用面粉等将逐渐推向市场。公司将发挥品牌优势,积极开拓新市场,建立一个"复合型"市场局面。

4、加大科研开发能力,继续推进与科研院所的合作力度。

2001年公司的FM00－187谷氨酸菌种被列为省重大攻关项目,小麦深加工项目被列入国家"十五"攻关项目,"非蛋白饲料的开发"课题被列为国家农牧"十五"科技攻关项目。同时,公司与北京粮科院、国家小麦技术研究中心等科研院所联合组建专题科研组,深化对农副产品深加工的研究开发力度。2002年公司将继续加强科研联合的力度,达到依靠科技进步,大力发展高科技、高附加值的产品,在多元化、国际化上不断迈出新的步伐。

5、继续加快增发募股项目的投资建设步伐,积极推进公司生态农业产业化二期工程建设。

2001年度公司增发的技术改造项目已经基本建成,并投入试运营,在此基础上,2002年度将加快其他募股项目的投资进度,逐步达到降低成本,实现规模效益的预期目标。同时公司正在酝酿生态农业产业化二期工程的发展战略问题,进一步实施农副产品综合加工综合利用和公司的可持续发展战略。

(六)董事会日常工作情况:

报告期内公司董事会共召开4次董事会会议:

1、公司第一届董事会第八次会议于2001年3月22日召开,会议审议通过了《董事会工作报告》、《总经理业务报告》、《2000年年度报告及年报摘要》、《2000年年度财务决算、利润分配预案及2001年度利润分配政策预计》、《关于聘任公司财务总监的议案》、《关于修改公司章程的议案》、《关于计提四项资产减值准备及损失处理的内部控制制度的议案》、《关于河南漯周界高速公路有限责任公司股权投资帐务调整及后续资金来源的议案》、《关于召开2000年度股东大会的决议》。此次董事会决议公告刊登于2001年3月24日的《上海证券报》和《中国证券报》。

2、公司第一届董事会第九次会议于2001年7月24日召开,会议审议通过如下决议:审议通过了《公司2001年度中期报告及摘要》、《公司2001年度中期利润分配方案》、《关于计提固定资产减值准备等资产减值准备内部控制制度的议案》、《关于修改公司章程的议案》、《关于召开2001年临时股东大会的议案》。此次董事会决议公告刊登于2001年7月26日的《上海证券报》和《中国证券报》。

3、公司第二届董事会第一次会议于2001年8月27日召开,会议审议通过如下决议:选举李怀清先生为董事长,申志勇先生为副董事长;经董事长提名,聘任申志勇先生为公司总经理,李国俭先生为公司董事会秘书;经总经理提名,聘任王连登先生、田维英女士、石清友先生、任孝伦先生、张震先生为副总经理,李先进先生为财务总监。审议通过了《关于高级管理人员报酬及其支付方法的议案》。此次董事会决议公告刊登于2001年8月28日的《上海证券报》和《中国证券报》。

4、公司第二届董事会第二次会议于2001年11月19日召开,会议审议通过了公司《股东大会议事规则》、《关于调整部分募股项目的投资额度的议案》、《关于设立董事会专门委员会的议案》、《关于公司董事、监事及高级管理人员年度薪酬的议案》、《关于授权公司董事会投资权限的议案》、《关于购买董事责任保险的议案》;审议修改了《公司董事会议事规则》、此次董事会决议公告刊登于2001年11月22日的《上海证券报》和《中国证券报》。

(二)本年度利润分配预案

经亚太集团会计师事务所审计,2001年度公司实现净利润145,409,111.21元,根据《公司章程》的规定,提取10%的法定公积金17,170,893.05元,提取的法定公益金8,585,466.52元,加上上年度转入本年度可分配利润293,312,998.92元,至此年末可供分配利润为412,965,770.56元。按照2000年年报预计的分配政策,2001年度拟实施每10股派发3元(含税)现金的比例向全体股东派发股利,共计派发股利20,400万元,本年度利润分配后结存未分配利润为208,965,770.56元。另外2001年度公司董事会拟实施用资本公积金每10股转增3股的分配预案。

(八)预计2002年度的利润分配政策

公司预计拟在2002年度结束后分配一次;公司2001年度结存的未分配利润不用于股利分配,2002年度实现的净利润用于股利分配的比例为不低于20%。2002年度的利润分配将采取派发现金红利或送红股的形式。具体利润分配方案由董事会根据实际情况确定,董事会并可根据公司经营情况和发展情况做出相应的调整。

(九)其他报告事项

2001年度公司选定的信息披露报纸为《上海证券报》和《中国证券报》。为了更好的发挥信息披露的深度和广度,实现信息披露的及时性和公平性,公司董事会决定2002年度信息披露的指定报纸为《上海证券报》、《中国证券报》和《证券日报》三家。

八、监事会报告

(一)报告期内监事会会议情况:

报告期内公司监事会共召开四次会议。

1、2001年3月22日召开公司第一届监事会第六次会议,审议通过了《2000年度监事会工作报告》、《2000年度董事会工作报告》、《2000年度总经理业务报告》、《公司2000年度报告及摘要》、《公司2000年财务决算、利润分配方案》、《2001年度预计利润分配方案》。

2、2001年7月24日召开公司第一届监事会第七次会议,审议通过了《公司2001年度中期报告及摘要》。

3、2001年8月27日召开公司第二届监事会第一次会议,会议选举田连芳先生为第二届监事会召集人。

4、2001年11月19日召开公司第二届监事会第二次会议,审议通过了《关于调整部分募股项目的投资额度的议案》、《关于公司董事、监事及高级管理人员年度薪酬的议案》、《股东大会议事规则》。

(二)监事会对公司2001年度有关情况的独立意见:

公司监事会成员列席了董事会所有会议,并在会上行使监督权力,发表独立意见,起到了应有的监督作用。

1、对公司依法运作情况进行监督。

2001年度,公司监事会按照《公司法》和本公司《公司章程》赋予的权力,忠实地履行了其职责,为维护公司和股东的合法权益,开展了积极有效的监督工作。监事会对公司董事会、股东大会的召开程序、决议事项、董事会对股东大会决议的执行情况、公司高级管理人员和公司管理制度进行了监督,一致认为:公司能够按照《证券法》、《公司法》、《公司章程》及国家有关法律法规规范运作;决策程序符合《公司法》和《公司章程》的有关规定,公司并已建立了较完善的法人治理结构和内部控制制度,公司的运作是健康有序的;公司的领导班子及高级管理人员执行董事会决议是严肃认真的,没有发生违反法律、法规和《公司章程》或损害公司利益的行为。

2、对公司财务状况进行检查。

监事会对公司的财务管理制度和财务部门的岗位责任制进行了检查,认为公司的财务制度是健全的,执行是有效的。通过对公司2001年度财务报告的核查,认为公司的资产负债表、现金流量表、利润及利润分配表等会计报表是真实合法的,反映了公司的财务状况和经营成果。亚太集团会计师事务所有限公司出具的无保留意见审计意见和对相关事项的评价是客观公正的。

3、对募股资金使用情况进行监督。

公司在2001年初通过增发新股募集资金7.3亿元,监事会通过把公司实际投资项目进展情况与招股意向书等资料对照,监事会认为公司募集资金按照预先承诺的投资项目进行投资,本年度内募集资金项目没有发生变更情况。公司第二届董事会第二次会议对于部分增发项目发生实际投资金额超出承诺金额的情况进行了及时的说明和披露,对此,公司第二届监事会第二次会议给予了充分认可,认为公司董事会调整部分项目的资金使用情况,是从公司的实际情况出发,有利于公司的发展和项目建设,董事会做到了能够做到及时、公正的信息披露有关项目投资进展情况。

4、报告期内公司无资产的收购及出售、吸收合并等事项。

5、对关联交易进行检查。

公司的关联交易主要是与集团公司的各分公司进行的产品供销关系。经检查,供销均有合同,价格由合同双方严格按照市场原则协商签订,交易是公平合理的,没有损害本公司的利益。

6、亚太集团会计师事务所有限公司对公司2001年度财务报告出具了无解释性说明、无保留意见的审计报告。

2001年初公司增发新股时,曾预测2001年公司实现净利润2.58亿元,2001年度实际实现净利润1.45亿元,只完成了56%。公司第二届董事会第三次会议进行了较为详细的说明。公司全体监事会成员认为,公司董事会根据公司面临的实际情况,做出的解释是实事求是的,希望公司董事会和管理人员在认清市场形势的前提下,千方百计降低成本,扩大销量,实现公司利润的持续增长。

九、重要事项

(一)报告期内公司没有重大诉讼、仲裁事项。

(二)报告期内公司没有发生收购及出售资产、吸收合并事项。

(三)报告期内的重大关联交易事项。

1、公司向关联方购买商品发生的关联交易: (单位:万元)

关联方名称	交易内容	交易金额	占同类交易金额的比例(%)
河南莲花味之素有限公司	味精	26,274.02	55.16
河南莲花生物工程有限公司	麸酸	5,289.30	11.19
河南莲花味精集团液氨分厂	液氨	3,829.11	8.03

2、公司向关联方销售货物发生的关联交易: (单位:万元)

关联方名称	交易内容	交易金额	占同类交易金额的比例
河南莲花味精集团进出口公司	味精	16,933.11	32.90
河南莲花味之素有限公司	原材料和辅助材料	14,779.29	28.70
河南莲花生物工程有限公司	原材料和辅助材料	7,685.88	14.95
河南莲花味精集团液氨分厂	原材料和辅助材料	4,156.60	8.08

3、关联方应收应付款余额: (单位:万元)

关联方名称	科目	期末余额	占同类交易金额的比例(%)
河南莲花味精集团进出口公司	预付帐款	11,000.00	8.47
河南莲花生物工程有限公司	其他应收款	4,565.03	3.52

本公司同关联企业之间依照市场价格进行公平交易,具体的关联交易情况详见财务报表附注。

(四)重大合同及其履行情况

报告期内,公司各项业务合同履行正常,无重大合同纠纷发生。

1、报告期内公司的托管、承包、租赁其他公司资产或其他公司托管、承包、租赁本公司资产的事项如下：

报告期内，公司经营性出租饲料设备共计固定资产帐面价值为 53,152,984.90 元给河南省莲花味精集团有限公司经营，之间签定了《租赁协议》等协议，2001 年度共收取饲料加工设备租赁费 8,000,000.00 元。

2、报告期内公司没有重大担保事项。

3、报告期内公司未发生委托他人进行现金资产管理事项，也没有发生委托贷款事项。

（五）报告期内或持续到报告期内，公司或持股 5% 以上股东没有在指定报纸和网站上披露承诺事项。

（六）公司聘任的会计师事务所及其报酬支付情况：2001 年度，公司聘任的会计师事务所是亚太集团会计师事务所有限公司。2002 年度继续聘任其担任本公司的审计工作。

依据河南省物价局有关规定及公司的实际情况，2001 年度公司支付给亚太集团会计师事务所有限公司年度财务审计费用共计 70 万元，支付财务审计以外的其他费用—增发新股验资费用 6 万元。

（七）报告期内，公司、公司董事会及董事、监事、高级管理人员没有发生受中国证监会稽查、中国证监会行政处罚、通报批评、证券交易所公开谴责的情形。

（八）其他重大事项。

(1)公司的控股股东河南莲花味精集团有限公司是农业部等八部委确定的农业产业化国家重点龙头企业之一。根据国家税务总局[2001]124 号文《关于明确农业产业化国家重点龙头企业所得税问题的通知》，重点龙头企业所属的直接控股比例超过 50% 的控股子公司可以享受相应的税收优惠政策。由于河南莲花味精集团有限公司持有本公司 58.82% 的股份，因此本公司具备了享受重点龙头企业税收优惠政策（减免所得税）的条件。公司按照规定程序向主管税务机关申请办理相应的税收减免手续。经河南省地方税务局豫地税所减免(2002)5 号文，减免农产品初加工所得税 10,019,933.00 元。（有关政策见 2001 年 12 月 26 日《中国证券报》《上海证券报》）。

(2)根据财政部 2000 年 7 月 4 日财会(2000)3 号《股份有限公司税收返还等有关会计处理规定》的通知，本公司收到的 50,028,500.00 元所得税返还冲减了本年"所得税"科目。

十、财务会计报告

（一）会计报表（附后）

（二）公司主要会计政策、会计估计和合并会计报表的编制方法

1、会计政策变更：

本公司原执行《股份有限公司会计制度》，根据财政部财会[2000]25 号文《关于印发 < 企业会计制度 > 的通知》、财会字[2001]17 号文《关于印发贯彻实施 < 企业会计制度 > 有关问题的规定的通知》、财政部财会[2000]7 号《关于印发 < 企业会计准则 – 无形资产 > 等八项准则的通知》等文件规定，公司于 2001 年 1 月 1 日起执行《企业会计制度》和《企业会计准则》及补充规定，改变以下会计政策：

(1)期末固定资产按可收回金额低于账面价值的差额计提固定资产减值准备；

(2)期末在建工程按可收回金额低于账面价值的差额计提在建工程减值准备；

(3)期末无形资产按可收回金额低于账面价值的差额计提无形资产减值准备；

(4)开办费原按五年摊销，现采取从公司开始生产经营当月起一次性计入当月损益的核算方法；

2001 年计提以前年度的固定资产减值准备 48,815,918.15 元，计提以前年度的无形资产减值准备 4,749,405.28 元，本期采用追溯调整法对期初留存收益及相关项目进行了调整，累计影响数为 53,565,323.43 元。其中河南莲花生物工程有限公司计提以前年度的固定资产减值准备 31,208,447.20 元，计提以前年度的无形资产减值准备 1,410,300.00 元。

2、税项

(1)增值税：味精、电力为 17%，热力 13%；

(2)城建税及教育费附加：城建税税率为流转税额的 7%；教育费附加为流转税额的 3%；

(3)所得税：

所得税税率为 33%。本公司原执行河南省人民政府豫政文[1997]244 号文件，享受实行照章纳税，财政返还，实际税负为 15% 的所得税优惠政策。按照财政部[2000]99 号文件，执行先征后返的所得税优惠政策到 2001 年 12 月 31 日止。

根据国家税务总局国税发[2001]124 号文，本公司享受家产品初加工免征所得税的优惠政策。本公司经河南省地方税务局豫地税所减免(2002)5 号文批准，减免农产品初加工所得税 10,019,933.00 元。

十一、备查文件

包括下列文件：

（一）载有董事长亲笔签名、公司盖章的年度报告文本；

（二）载有法定代表人、财务总监及财务部负责人的年度报告文本；

（三）载有会计师事务所盖章、注册会计师亲笔签字并盖章的审计报告正本；

（四）报告期内在中国证监会指定报刊上公开披露过的所有公司文件的正本及公告原稿；

（五）公司章程。

文件存放地：公司证券部

河南莲花味精股份有限公司

二零零二年四月九日

合并利润表附表

2001 年 12 月 31 日

编制单位：河南莲花味精股份有限公司　　单位：(RMB)元

	全面摊薄		加权平均	
报告利润	净资产收益率	每股收益	净资产收益率	每股收益
主营业务利润	15.59%	0.4735	15.08%	0.4782
营业利润	8.22%	0.2497	7.95%	0.2522
净利润	7.04%	0.2138	6.81%	0.216
扣降除非经常性损益的净利润	6.93%	0.2106	6.71%	0.2127

合并资产减值准备明细表

2001 年 12 月 3 日

编制单位：河南莲花味精股份有限公司　　单位：(RMB)元

项目	期初余额	本年增加数	本年转回数	年末余额
一、坏帐准备合计	34,153,621.96	18,055,319.25	712,075.03	51,496,866.18
其中：应收帐款	29,430,094.49	12,513,278,.46	712,075.03	41,231,297.92
其他应收款	4,723,527.47	5,542,040.79		10,265,568.26
二、短期投资跌价准备合计				
其中：股票投资				
债券投资				
三、存货跌价准备合计				
其中：库存商品				
原材料				
四、长期投资减值准备合计	12,438,050.05			12,438,050.05
其中：长期股权投资	12,438,050.05			12,438,050.05
长期债权投资				
五、固定资产减值准备合计	17,607,470.95			17,607,470.95
其中：房屋、建筑物				
机器设备	17,607,470.95			17,607,470.95
六、无形资产减值准备	3,339,105.28			3,339,105.28
其中：专利权				
商誉	3,339,105.28			3,339,105.28
其他				
七、在建工程减值准备				
八、委托贷款减值准备				

合并利润及利润分配表

编制单位：河南莲花味精股分有限公司　　单位：(RMB)元

科目	附注	2001 年度	2000 年度
一、主营业务收入	28	1,387,501,387.29	1,310,420,579.65
减：主营业务成本	28	1,055,482,558.20	944,068,607.74
主营业务税金及附加	29	10,052,127.26	9,444,992.57
二、主营业务利润		321,966,701.83	356,906,979.34
加：其他业务利润		12,842,130.27	9,451,133.31
减：营业费用		39,100,628.82	50,411,669.51
管理费用	30	55,926,696.81	37,000,628.54
财务费用	31	69,966,151.73	42,649,332.46
三、营业利润		169,815,354.74	236,296,482.14
加：投资收益	32	－18,801,501.19	－4,548,286.68
补贴收入			
营业外收入	33	367,198.95	3,591,207.47
减：营业外支出		3,727,189.55	1,566,900.40
四、利润总额		147,653,862.95	233,772,502.53
减：所得税	34	2,244,751.74	61,951,814.98
五、净利润		145,409,111.21	171,820,687.55
加：年初未分配利润		293,312,998.92	147,081,280.12
六、可分配的利润		438,722,110.13	318,901,967.67
减：提取法定盈余公积		17,170,893.05	17,059,312.50
提取法定公益金		8,585,446.52	8,529,656.25
七、可供股东分配的利润		412,965,770.56	293,312,998.92
减：应付优先股股利			
提取任意盈余公积			
应付普通股股利		204,000,000.00	
转作股本的普通股股利			
八、未分配利润		208,965,770.56	293,312,998.92

合并资产负债表

编制单位:河南莲花味精股份有限公司　　单位:(RMB)元

资产	附注	2001.12.31	2000.12.31
流动资产:			
货币资金	1	874,041,753.95	486,927,141.09
短期投资			
应收票据	2	13,804,056.30	147,301,532.15
应收股利			
应收利息			
应收帐款	3	783,394,660.68	559,171,795.29
其他应收款	4	195,045,797.15	68,926,861.56
预付帐款	5	319,358,239.45	307,722,434.43
应收补贴款			
存货	6	264,911,396.39	151,005157.79
待摊费用	7	6,985,552.56	10,148,323.00
待处理流动资产净损失	8		1,503,205.83
一年内到期的长期债权投资			
其他流动资产			
流动资产合计		2,457,541,456.48	1,732,706,451.14
长期投资:			
长期股权投资	9	290,386,858.55	309,188,359.74
长期债权投资			
长期投资合计		290,386,858.55	309,188,359.74
其中:合并价差	9	-414,638.61	-423,460.71
固定资产:			
固定资产原价	10	1,605,393,636.83	1,320,929,762.43
减:累计折旧	10	505,997,516.33	419,992,694.19
固定资产净值	10	1,099,396,120.50	900,937,068.24
减:固定资产减值准备	10	17,607,470.95	17,607,470.95
固定资产净额		1,081,788,649.55	883,329,597.29
工程物资		627,661.45	526,456.90
在建工程	11	455,538,222.88	81,663,913.32
固定资产清理			133,881.52
待处理固定资产净损失			
固定资产合计		1,537,954,533.88	965,653,849.03
无形资产及其他资产:			
无形资产	12	39,741,452.34	40,591,650.34
开办费			
长期待摊费用			
其他长期资产			
无形资产及其他资产合计:		39,741,452.34	40,591,650.34
递延税项:			
递延税款借项			
资产总计		4,325,624,301.25	3,048,140,310.25
负债及股东权益	附注	2001.12.31	2000.12.31
流动负债:			
短期借款	13	371,140,000.00	245,423,959.05
应付票据	14	105,950,000.00	66,500,000.00
应付帐款	15	578,283,070.82	283,162,595.40
预收帐款	16	12,797,097.94	45,843,777.46
应付工资			6,820,801.71
应付福利费		44,767,969.93	37,316,761.67
应付股利	17	204,000,000.00	
应交税金	18	-3,311,518.11	14,169,137.65
其他应交款	19	428,831.16	-534,374.60
其他应付款	20	185,540,553.74	150,800,445.28
预提费用	21	10,551,816.70	6,817,254.67
一年内到期的长期负债	22	175,556,470.00	194,227,912.00
其他流动负债			
流动负债合计		1,685,704,292.18	1,050,270.29
长期负债:			
长期借款	23	574,862,307.90	603,943,450.00
应付债券			
长期应付款			
专项应付款			
其他长期负债			
长期负债合计		547,862,307.90	603,943,450.00
递延税项:			
递延税款贷项			
负债合计		2,260,566,600.08	1,654,491,720.29
所有者权益:			
股本	24	680,000,000.00	600,000,000.00
其中:国有法人股		400,000,000.00	400,000,000.00
其他法人股			
内部职工股			
社会公众股		280,000,000.00	200,000,000.00
资本公积	25	1,094,371,877.94	444,371,877.94
盈余公积	26	81,720,052.67	55,963,713.10
其中:公益金	26	27,240,017.57	18,654,571.05
未分配利润	27	208,965,770.56	293,312,998.92
股东权益合计		2,065,057,701.17	1,393,648,589.96
负债及股东权益合计		4,325,624,301.25	3,048,140,310.25

合并现金流量表

2001 年度

编制单位:河南莲花味精股份有限公司　　单位:(RMB)元

项目	附注	金额
一、经营活动产生的现金流量:		
销售商品、提供劳务收到的现金		1,128,785,815.82
收到的税费返还		50,028,500.00
收到的其他与经营活动有关的现金	35	14,976,289.57
现金流入小计		1,193,790,605.39
购买商品、接受劳务支付的现金		764,439,047.51
支付给职工以及为职工支付的现金		112,346,816.55
支付各项税款费		202,706,986.31
支付的其他与经营活动有关的现金	36	77,162,101.27
现金流出小计		1,156,654,951.64
经营活动产生的现金流量净额		37,135,653.75
二、投资活动产生的现金流量:		
收回投资所收到的现金		
取得投资收益所收到现金		
处置固定资产、无形资产和其他长期资产所收到的现金净额		38,000.00
收到的其他与投资活动有关的现金		
现金流入小计		38,000.00
购建固定资产、无形资产和其他长期资所支付的现金		376,353,334.67
投资所支付的现金		
支付的其他与投资活动有关的现金		
现金流出小计		376,353,334.67
投资活动所产生的现金流量净额		-376,315,334.67
三、筹资活动产生的现金流量:		
吸收投资所收到的现金		738,138,420.64
借款所收到的现金		765,000,000.00
收到其他与筹资活动有关的现金		29,244.68
现金流入小计		1,503,167,665.32
偿还债务所支付的现金		691,313,959.05
分配股利、利润或偿付利息所支付的现金		79,686,866.84
支付的其他与筹资活动有关的现金	37	5,872,545.65
现金流出小计		776,873,371.54
筹资活动产生的现金流量金额		726,294,293.78
四、汇率变动对现金的影响		
五、现金及现金等价物净增加额		387,114,612.86
合并现金流量表附注		
项目	附注	金额
1、将净利润调节为经营活动的现金流量:		
净利润		145,409,111.21
加:计提的资产减值准备		17,343,244.22
固定资产折旧		86,961,082.95
无形资产摊销		850,198.00
长期待摊费用摊销		
待摊费用的减少(减:增加)		3,162,770.44
预提费用的增加(减:减少)		3,734,562.03
处置固定资产、无形资产和其他长期资产的损失(减收益)		38,000.00
固定资产报废损失		
财务费用		69,966,151.73
投资损失(减收益)		18,801,501.19
递延税款贷项(减借项)		
存货的减少(或增加)		-116,854,113.47
经营性应收项目的减少(减增加)		-361,361,102.27
经营性应付项目的增加(减减少)		169,084,247.72
其他		
经营活动产生现金流量净额		37,135,653.75
2、不涉及现金收支的投资和筹资活动:		
债务转为资本		
一年内到期的可转换公司债券		
融资租入固定资产		
3、现金及现金等价物净增加情况;		
现金的期末余额		874,041,753.95
减:现金的期初余额		486,927,141.09
现金等价物的期末余额		
减:现金等价物的期初余额		
现金及现金等价物净增加额		387,114,612.86

600187 黑龙江黑龙股份有限公司

2001 年年度报告摘选

第一章　公司基本情况简介

(一)公司中文名称:黑龙江黑龙股份有限公司
英文名称:HEILONGJIANG BLACK DRAGON CO.,LTD
缩写:H.BDC
(二)公司法定代表人:张伟东
(三)公司董事会秘书:李国民
联系地址:黑龙江省齐齐哈尔市龙沙区长青路 27 号
邮政编码:161005
电话:(0452)2816277
传真:(0452)2816277
公司证券事务代表:石大勇
联系地址:黑龙江省齐齐哈尔市龙沙区长青路 27 号
邮政编码:161005
电话:(0452)2816277　(0452)2817931－2755
传真:(0452)2816277
电子信箱:chenah-555@163.com
(四)公司注册地址及办公地址:黑龙江省齐齐哈尔市龙沙区长青路 27 号
邮政编码:161005
(五)公司信息披露报纸名称:《中国证券报》、《上海证券报》
公司年报登载互联网址:http://www.sse.com.cn
公司年度报告备置地点:公司证券部
(六)公司股票上市交易所:上海证券交易所
股票简称:黑龙股份　　股票代码:600187

第二章　会计数据和业务数据摘要

(一)本年度主要利润指标情况(单位:人民币元)

利润总额:	60,516,607.60
净利润	65,124,146.98
扣除非经常性损益后的净利润	34,786,023.66
主营业务利润	135,916,513.77
其他业务利润	234,750.55
营业利润	57,538,484.28
补贴收入	10,284.00
营业外收支净额	2,967,839.32
经营活动产生的现金流量净额	－149,264,70.34
现金及现金等价物净增加额	－62,585,547.80

(二)截至报告期末公司前三年的主要会计数据及财务指标(人民币元)

项目/年度	2001 年 12 月 31 日	2000 年 12 月 31 日		1999 年 12 月 31 日	
		调整后	调整前	调整后	调整前
主营业务收入	605,910,506.73	437,542,325.42	437,541,325.42	363,915,566.27	363,915,566.27
净利润	65,124,146.98	30,249,420.49	68,742,972.74	42,753,295.15	58,658,088.53
总资产	1,966,587,432.89	1,778,213,263.90	1,856,487,667.35	918,055,921.14	966,360,617.22
股东权益(不含少数股东权益)	758,598,906.89	678,833,723.09	757,595,544.88	493,001,220.47	529,403,565.47
每股收益(摊薄)	0.20	0.14	0.32	0.21	0.29
每股收益(加权)	0.20	0.15	0.29	0.21	0.36
加权每股收益(扣除非经常性损益)	0.11	0.25	0.21	0.22	0.24
每股净资产	2.32	3.11	3.47	2.65	2.65
调整后的每股净资产	2.25	3.06	3.46	2.40	2.57
每股经营活动产生的现金流量净额	－0.46	0.09	0.09	0.12	0.12
净资产收益率(摊薄)	8.58%	4.46%	9.07%	8.67%	11.08%
净资产收益率(加权)	9.15%	5.48%	11.72%	8.77%	11.28%
加权净资产收益率(扣除非经常损益)	4.89%	9.06%	8.62%	8.95%	8.4%

按照中国证监会《公开发行证券公司信息披露编报规则(第 9 号)》和《公开发行证券的公司信息披露规范问答第 1 号——非经常性损益》的要求计算的利润数据:(单位:人民币元)

报告期利润	净资产收益率		每股收益	
	全面摊薄	加权平均	全面摊薄	加权平均
主营业务利润	0.1792	0.1911	0.4154	0.4154
营业利润	0.0758	0.0809	0.1758	0.1758
净利润	0.0858	0.0915	0.1990	0.1990
扣除非经营性损益后的净利润	0.0459	0.0489	0.1063	0.1063

第三章　股本变动及股东情况

(一)股份变动情况表　　数量单位:股

	本次变动前	本次变动增减(+,-)					本次变动后
		配、送股	公积金转股	增发	其他	小计	
一、未上市流通股份							
1、发起人股份	153,150,000		76,575,000			76,575,000	229,725,000
其中:							
国家持有股份	153,150,000		76,575,000			76,575,000	229,725,000
境内法人持有股份							
境外法人持有股份							
其他							
2、募集法人股份							
3、内部职工股							
4、优先股或其他							
未上市流通股份合计	153,150,000		76,575,000			76,575,000	229,725,000
二、已上市流通股份							
1、人民币普通股	65,000,000		32,500,000			32,500,000	97,500,000
2、境内上市的外资股							
3、境外上市的外资股							
4、其他							
已上市流通股份合计	65,000,000		32,500,000			32,500,000	97,500,000
三、股份总数	218,150,000		109,075,000			109,075,000	327,225,000

600189 吉林森林工业股份有限公司

2001 年年度报告摘选

一、公司基本情况简介

(一)公司名称(中文):吉林森林工业股份有限公司
(英文):JiLin Forest Industry Co., Ltd.
(二)公司法定代表人:宋文和
(三)公司董事会秘书:李伟明
联系地址:吉林省长春市人民大街 114 号
电　　话:0431—8912969　　传　真:0431—8930595
邮政编码:130021
(四)公司注册地址:长春高新技术产业开发区
公司办公地址:吉林省长春市人民大街 114 号
公司国际互联网网址:www.forestindustry.com.cn
电子信箱:zgjlsgjt@public.cc.jl.cn
(五)公司选定的信息披露报纸:中国证券报、上海证券报
登载公司年度报告的中国证监会指定国际互联网网址:http://www.sse.com.cn
公司年度报告备置地点:公司证券部
(六)公司股票上市交易所:上海证券交易所
股票简称:吉林森工　　股票代码:600189
(七)公司首次注册登记日期:1998 年 9 月 29 日
注册地点:长春高新技术产业开发区
企业法人营业执照注册号:2200001002353
税务登记号码:22107702425994
(八)公司聘请的会计师事务所名称:利安达信隆会计师事务所有限责任公司
办公地址:北京市东城区王府井大街 138 号

二、会计数据和业务数据摘要

(一)本年度实现的利润情况　　(单位:人民币元)

利润总额	128,904,235.08
净利润	110,327,716.82
扣除非经常性损益后的净利润	102,319,073.02
主营业务利润	172,711,209.89
其他业务利润	1,606,147.49
营业利润	82,823,325.77
投资收益	29,669,943.74
补贴收入	16,907,321.77
营业外收支净额	－496,356.20
经营活动产生的现金流量净额	－14,423,489.86
现金及现金等价物净增加额	－204,778,812.01

注:非经常性损益金额为 8,008,643.80 元,包括利息收入 8,505,000.00 元、营业外收入 86801.54 元和营业外支出 583,157.74 元。

(二)截至报告期末公司前三年的主要会计数据和财务指标 (单位:元)

项目	2001 年	2000 年	1999 年
主营业务收入	612,949,833.12	543,580,608.77	433,674,670.07
净利润	110,327,716.82	104,571,332.41	97,982,595.78
总资产	1,712,013,980.10	1,660,678,949.12	1,068,905,178.35
股东权益	1,205,306,041.79	1,157,078,324.97	893,771,482.87
每股收益	0.36	0.34	0.34
每股净资产	3.88	3.73	3.14
调整后的每股净资产	3.75	3.56	2.98
每股经营活动产生的现金流量净额	－0.05	0.23	0.16
净资产收益率(%)	9.15	9.04	10.96
净资产收益率(加权%)	9.10	11.05	10.96

(三)利润表附表

报告期利润	净资产收益率(%)		每股收益	
	全面摊薄	加权平均	全面摊薄	加权平均
主营业务利润	14.33	14.25	0.56	0.56
营业利润	6.87	6.83	0.27	0.27
净利润	9.15	9.10	0.36	0.36
扣除非经常性损益后的净利润	8.49	8.44	0.33	0.33

(四)报告期内股东权益变动情况:

项目	期初数	本期增加	本期减少	期末数
股本	310,500,000.00			310,500,000.00
资本公积	650,297,030.96			650,297,030.96
盈余公积	57,523,206.27	22,065,543.36		79,588,749.63
未分配利润	138,758,087.74	26,162,173.46		164,920,261.20
股东权益合计	1,157,078,324.97	48,227,716.82		1,205,306,041.79

三、股本变动及股东情况

(一)股本变动情况表　　单位:万股

股本结构	本次变动前	本次变动增减(+,-)						本次变动后
		配股	送股	公积金转股	增发	其他	小计	
一、尚未流通股份	20,000.00							20,000.00
1、发起人股份	20,000.00							20,000.00
其中:国家持有股份								
境内法人持有股份	20,000.00							20,000.00
境外法人持有股份								
其他								
2、募集法人股								
3、内部职工股								
4、优先股或其他								
尚未流通股份合计	20,000.00							20,000.00
二、已流通股份								
1、境内上市的人民币普通股	11,050.00							11,050.00
2、境内上市外资股								
3、境外上市外资股								
4、其他								
已流通股份合计	11,050.00							11,050.00
三、股本总数	31,050.00							31,050.00

600188　兖州煤业股份有限公司

2001 年年度报告摘要

一、公司基本情况简介

(一)法定中文名称:兖州煤业股份有限公司
中文名称缩写:兖州煤业
法定英文名称:Yanzhou Coal Mining Company Limited
(二)法定代表人:赵经彻
(三)授权代表:罗太炎
陈广水
董事会秘书:陈广水
联系地址:山东省邹城市凫山路 40 号
兖州煤业股份有限公司董事会秘书处
电话:0537－5382319
传真:0537－5383311
E－mail:yzc@yanzhoucoal.com.cn
(四)注册地址:山东省邹城市凫山路 40 号
办公地址:山东省邹城市凫山路 40 号
邮政编码:273500
网址:http://www.yanzhoucoal.com.cn
E－mail:yzc@yanzhoucoal.com.cn
(五)信息披露报纸名称:《中国证券报》、《上海证券报》、香港《文汇报》、香港《南华早报》
年度报告登载网址:http://www.sse.com.cn
年度报告备置地点:兖州煤业股份有限公司董事会秘书处
电话:0537—5382319
传真:0537—5383311
(六)A 股—上市地点:上海证券交易所
股票代码:600188
股票简称:兖州煤业
H 股—上市地点:香港联合交易所有限公司
股票代码:1171
ADR—上市地点:纽约股票交易所
股票简称:YZC

二、会计数据与业务数据摘要

(一)公司本年度的主要会计数据与业务数据摘要

单位:千元

项目	金额
利润总额	1,391,875
净利润	1,000,387
扣除非经常性损益后的净利润	1,008,913
主营业务利润	3,557,065
其他业务利润	26,483
营业利润	1,400,807
投资收益	–
补贴收入	–
营业外收支净额	－8,932
经营活动产生的现金流量净额	1,651,680
现金及现金等价物净增加额	280,052

注:扣除的非经常性损益包括:营业外收支净额－8,932 千元、A 股增发利息收入 40 千元和 H 股增发利息收入 366 千元。

(二)按境内外两种会计准则计算的净利润差异

公司聘用德勤·关黄陈方会计师行(香港)和沪江德勤会计师事务所(上海)对 2001 年度财务报表分别按国际会计准则和中国会计准则进行了审计。经审计的按国际会计准则计算的净利润为 970,945 千元,按中国会计准则计算的净利润为 1,000,387 千元,两者差额为 29,442 千元。其差异调节表见财务报告"补充资料 1"。

(三)前三年主要会计数据及财务指标

项　目	单位	2001 年	2000 年		1999 年	
			调整后	调整前	调整后	调整前
主营业务收入	千元	6,469,353	4,780,581	4,780,581	4,069,515	4,069,515
净利润	千元	1,000,387	738,986	764,182	774,791	780,861
总资产	千元	11,350,223	8,317,106	8,438,444	7,828,999	7,828,999
股东权益	千元	8,723,328	6,555,136	6,827,138	6,051,489	6,284,356
每股收益(摊薄)	元/股	0.35	0.284	0.294	0.298	0.300
每股收益(加权)	元/股	0.36	0.284	0.294	0.298	0.300
每股净资产(摊薄)	元/股	3.039	2.521	2.626	2.327	2.417
调整后的每股净资产	元/股	2.997	2.504	2.562	2.295	2.384
每股经营活动产生的现金流量净额	元/股	0.575	0.414	0.414	0.372	0.372
净资产收益率(摊薄)	%	11.47	11.27	11.19	12.80	12.43
净资产收益率(加权)	%	12.17	11.51	11.46	13.00	13.09

(四)净资产收益率和每股收益指标

报告期利润	净资产收益率(%)		每股收益(元/股)	
	全面摊薄	加权平均	全面摊薄	加权平均
主营业务利润	40.78	43.26	1.24	1.27
营业利润	16.06	17.04	0.49	0.50
净利润	11.47	12.17	0.35	0.36
扣除非经常性损益后的净利润	11.57	12.27	0.35	0.36

三、股本变动及股东情况表

(一)股份变动情况表

数量单位:股　每股面值:人民币 1 元

	本次变动前 2001 年 1 月 1 日	本次变动增减(+、-) 增发	本次变动后 2001 年 12 月 31 日
一、未上市流通股份			
1、发起人股份			
其中:国有法人股	1,670,000,000		1,670,000,000
2、高级管理人员持股	221,000		221,000
未上市流通股份合计	1,670,221,000		1,670,221,000
二、已流通股份			
1、A 股	79,779,000	100,000,000	179,779,000
2、H 股	850,000,000	170,000,000	1,020,000,000
已上市流通股份合计	929,779,000	270,000,000	1,199,779,000
三、股份总数	2,600,000,000	270,000,000	2,870,000,000

(二)股东情况

1、报告期末股东总数

截至 2001 年 12 月 31 日止,公司拥有股东 76,826 户。其中国有法人股股东 1 户,A 股股东 76,696 户和 H 股股东 129 户。

2、前十名股东持股情况

公司前十名股东持股情况表

(截至 2001 年 12 月 31 日)

股东名称	持股类别	期末持股数	占公司总股本百分比(%)
兖矿集团有限公司	国有法人股	1,670,000,000	58.19
香港中央结算(代理人)有限公司	H 股	1,018,156,000	35.48
石油集团	A 股	16,219,698	0.57
海通证券	A 股	6,786,729	0.24
华安创新	A 股	2,348,639	0.08
联合证券	A 股	2,324,430	0.08
安顺基金	A 股	2,108,760	0.07
安信基金	A 股	2,012,818	0.07
东风汽车	A 股	1,779,748	0.06
普惠基金	A 股	1,402,042	0.05
总计		2,723,138,864	94.88

除以上披露外,截至 2001 年 12 月 31 日,根据中华人民共和国《证券法》,没有任何在公司登记的股东持有公司发行在外股份的 5%或以上。

报告期内兖矿集团有限公司("母公司")所持股份没有抵押或冻结情况。

香港中央结算(代理人)有限公司作为本公司 H 股的结算公司,以代理人身份持有本公司股票。

公司前 10 名股东中华安创新、安顺基金、安信基金的基金管理人均为华安基金管理有限公司。

公司下列股东因获配公司增发 A 股而成为前 10 名股东:

股东名称	约定持股期间的起止日期 起始日期	截止日期
石油集团	2001 年 1 月 3 日	2001 年 5 月 20 日
东风汽车	2001 年 1 月 3 日	2001 年 5 月 20 日

3、持股 10%以上的法人股东情况

母公司 2001 年 12 月 31 日持有本公司股份 16.7 亿股,没有变化,占本公司总股本的 58.19%。

母公司是本公司的控股股东,为国有独资公司,1996 年由兖州矿业(集团)有限责任公司改制而来。法定代表人赵经彻,注册资本 3,090,336 千元。主营煤炭生产、建筑建材、化工、机械加工等。

香港中央结算(代理人)有限公司于 2001 年 12 月 31 日持有本公司股份 1,018,156,000 股 H 股,占本公司总股本的 35.48%。香港中央结算(代理人)有限公司是香港中央结算及交收系统成员,为客户进行证券登记及托管业务。

四、董事、监事、高级管理人员和员工情况

(一)基本情况

1、公司董事、监事和高级管理人员情况表:

姓名	性别	年龄	职　务	期初持股量(股)	本年度增减额(股)	期末持股量(股)
赵经彻	男	65	董事长	10,000	0	10,000
杨德玉	男	52	执行董事兼总经理	10,000	0	10,000
杜铭山	男	59	执行董事	10,000	0	10,000
罗太炎	男	61	执行董事	10,000	0	10,000
肖立方	男	63	执行董事兼财务总监	10,000	0	10,000
王邦君	男	57	董事	10,000	0	10,000
莫立崎	男	57	董事	10,000	0	10,000
刘玉彬	男	60	董事	10,000	0	10,000
吴则智	男	60	董事	10,000	0	10,000
陈永阁	男	60	董事	10,000	0	10,000
马厚亮	男	44	董事	10,000	0	10,000
许天恩	男	53	董事	10,000	0	10,000

杨家纯	男	47	董事	10,000	0	10,000
管维立	男	59	独立非执行董事	0	0	0
罗坚明	男	53	独立非执行董事	0	0	0
孟宪昌	男	54	监事会主席	10,000	0	10,000
肖述章	男	58	监事	10,000	0	10,000
钱秀兰	女	56	监事	10,000	0	10,000
徐新民	男	62	监事	10,000	0	10,000
周鸿彬	男	59	监事	10,000	0	10,000
孔　青	男	49	副总经理	10,000	0	10,000
张兴祖	男	53	副总经理	10,000	0	10,000
范国强	男	63	总工程师	10,000	0	10,000
吴玉祥	男	40	财务部经理	10,000	0	10,000
陈广水	男	36	董事会秘书	1,000	0	1,000

2、在股东单位任职的董事、监事情况

姓　名	任职单位	职　　务
赵经彻	兖矿集团有限公司	董事局主席
王邦君	兖矿集团有限公司	董事局副主席
莫立崎	兖矿集团有限公司	董事局常务副主席、党委书记
许天恩	兖矿集团有限公司	副总会计师
杨家纯	兖矿集团有限公司	董事局董事
孟宪昌	兖矿集团有限公司	监事，党委副书记
肖述章	兖矿集团有限公司	监事，纪委书记
钱秀兰	兖矿集团有限公司	监事
徐新民	兖矿集团有限公司	监事

(二)年度报酬情况

本公司董事、监事和高级管理人员的报酬实行岗位技能工资制，年度报酬总额包括基本工资、各项奖金、福利、补贴、住房津贴及其他津贴等。

董事、监事报酬由股东大会批准。

公司设立两名独立非执行董事，独立非执行董事的酬金为非独立董事酬金人均水平0.5至1.2倍。

公司董事、监事和高级管理人员本年度酬金总额为1,341千元，报酬金额最高的前三名董事的报酬总额为239千元；报酬金额最高的前三名经理层人员的报酬总额为169千元。独立董事管维立报酬为58千元，罗坚明报酬为70千元。

公司现任董事、监事和高级管理人员共25人，均在本公司领取报酬。公司董事、监事和高级管理人员的报酬区间如下：

30千元以下为9人；30千元以上至60千元以下为1人；60千元以上15人。

五、公司治理结构

(一)公司治理情况

公司自上市以来，严格按照《公司法》、《证券法》、证监会有关规定、上交所《上市规则》等法规文件的要求，建立了比较完善的法人治理结构。主要体现在以下几个方面：

关于股东与股东大会：公司能够确保所有股东，特别是中小股东与大股东享有平等地位和充分行使自己的权力；严格按照《上市公司股东大会规范意见》的要求召集、召开股东大会；公司关联交易公平合理，按"公开、公平、公正"的原则，及时准确地对关联交易事项予以充分披露，按照监管要求进行表决；认真接待股东来访和来电咨询，建立了公司网站，保持与股东有效的沟通渠道；公司2002年3月4日召开第二十次董事会会议，通过了章程修正案，将提交临时股东大会批准。

关于控股股东与上市公司：控股股东通过股东大会依法行使出资人权利，没有干涉公司决策和生产经营活动；公司与控股股东在人员、资产、财务、机构和业务方面做到相互独立，公司董事会、监事会和内部机构独立运作，确保公司重大决策由公司股东大会和董事会依法作出。

关于董事与董事会：公司严格按照公司章程规定的董事选聘程序选聘董事；董事会人数和人员构成符合法律、法规、公司章程要求；公司董事能够以认真负责、勤勉诚信的态度出席董事会和股东大会，严格按照法律法规要求行使职权，熟悉有关法律法规，了解作为董事的权利、义务和责任；建立了独立董事制度；制定了《董事会议事规则》；公司正就设立董事会专门委员会进行论证和研究。关于监事和监事会：公司监事会的人数和人员构成符合法律、法规、公司章程的要求，设立了职工监事；制定了《监事会议事规则》；公司监事认真履行自己的职责，对公司财务以及公司董事、公司经理和其他高级管理人员履行职责的合法合规性进行有效监督。

关于绩效评价与激励约束机制：公司正积极着手建立公正、透明的董事、监事和经理人员的绩效评价标准与激励约束机制；经理人员的聘任公开、透明，符合法律法规的规定。

关于利益相关者：公司充分尊重和维护银行、法人等债权人、员工、客户、消费者、社区等其他利益相关者的合法权益，共同推动公司持续、健康发展。

关于信息披露与透明度：公司指定董事会秘书和授权代表开展信息披露工作，接待股东来访和咨询，加强与股东交流；严格按照法律、法规和公司章程的规定，真实、准确、完整、及时地披露有关信息，并确保所有股东有平等的机会获得信息；按照有关规定，及时披露大股东的详细资料和股份变化情况；在信息披露环节做到了"公开、公平、公正"。

(二)公司独立董事情况

公司成立时即建立了独立董事制度，聘请了两名独立董事。独立董事按公司《章程》、《上市规则》的规定履行了职责，对公司的规范运行发挥了重要作用。公司第二十次董事会会议提名三名独立董事候选人，提出章程修正案，增加独立董事制度的内容。

六、股东大会情况简介

报告期内，本公司于2001年4月23日召开了2000年度股东周年大会。会议批准公司2000年度董事会报告、监事会报告、经审计的财务报告、利润分配方案；确定了公司董事、监事2001年度酬金；批准续聘德勤？关黄陈方会计师行和沪江德勤会计师事务所分别为公司国际和国内核数师，授权董事会决定其酬金；授权公司董事会在相关期间决定是否增发H股，如增发，对本公司章程作出相应修订。会议决议公告于2001年6月18日分别刊登在境内的《上海证券报》、《中国证券报》，境外的《文汇报》、《南华早报》。

公司于2001年12月17日召开了2001年度第一次临时股东大会。会议批准公司与兖矿集团有限公司签署的《铁路资产收购协议》、《<材料和服务供应协议>补充协议》；授权公司董事会办理收购煤炭运输专用铁路资产（铁路资产）的相关事宜，并根据需要对上述两协议作出必要修改。会议决议公告于2001年12月18日分别刊登在境内的《上海证券报》、《中国证券报》，境外的《文汇报》、《南华早报》。

七、董事会报告

兖州煤业股份有限公司是于1997年9月25日成立的境内外上市公司。公司是中国盈利最好的煤矿企业，是华东地区最大的煤炭生产商，是中国最大的煤炭出口企业之一。

(一)公司主营业务的范围及其经营状况

本公司的主营业务为煤炭开采、洗选加工及销售。

2001年，公司生产原煤3,402万吨，同比增长657万吨或23.9%。销售煤炭3,104万吨，同比增长452万吨或17.0%，其中出口1,267万吨，同比增长258万吨或25.6%。

公司煤炭平均价格为208.45元/吨，同比上升28.15元/吨或15.6%。其中：出口销售平均价格同比上升了33.49元/吨或14.6%，国内销售平均价格同比上升了20.72元/吨或13.8%。

销量的增长和价格的上升使公司销售收入大幅增加。2001年公司实现主营业务收入6,469,353千元，同比增长了1,688,772千元或35.3%。其中，销量增加因素使公司主营业务收入增加814,992千元，价格增长因素使公司主营业务收入增加873,780千元。主营业务收入占全部销售收入总额的93.8%。

主营业务成本为2,812,584千元，同比增长829,064千元或41.8%。主要原因是产量增长、洗精煤比例上升、工资增加以及增加辅助生产系统和配套设施改造投入导致成本增长。2001年公司吨煤销售成本为90.6元，同比增长了15.8元或21.1%，主要原因是：1、洗精煤销量比例上升影响吨煤成本增加约4.0元；2、员工收入随产量、效益增加提高影响公司吨煤成本增加约3.8元；3、2001年济宁三号煤矿吨煤成本为99.7元，在目前产量水平下其规模效益尚未显现，影响吨煤成本增加约3.9元；4、公司利用先进的采煤技术，使原有五座煤矿在设计生产能力1,640万吨的基础上，实际生产煤炭达到目前的3,000万吨左右。为改善辅助运输、安全生产条件、矿井生产配套设施，保证矿井生产能力持续、稳定提高，2001年公司投入约110,000千元，影响吨煤成本增加约3.5元。

主营业务利润完成3,557,065千元，同比增长836,384千元或30.7%。

实现净利润1,000,387千元，同比增长261,401千元或35.4%，继续保持了在中国盈利最好的煤炭企业地位。

公司1999年至2001年连续三年的主要经营指标如下：

	2001年		2000年		1999年	
	实际	同比增减(增+减-)	实际	同比增减(增+减-)	实际	同比增减(增+减-)
产量(万吨)	3,402	23.9%	2,745	14.4%	2,400	16.0%
销量(万吨)	3,104	17.0%	2,652	17.3%	2,260	11.4%
平均价格(元/吨)	208.45	15.6%	180.3	0.1%	180.08	-15.7%
净利润(千元)	1,000,387	35.4%	738,986	-4.6%	774,791	6.2%

(二)主要供应商和客户情况

2001年度，公司自前五大供应商采购货物总额占公司采购货物总额的比例为19.0%；前五名客户销售收入总额占公司销售收入总额的比例为19.1%。

(三)公司投资情况

2001年1月1日公司收购了济宁三号煤矿，收购价款为2,450,905千元。

2001年公司已用自有资金866,912千元支付了收购济宁三号煤矿部分价款。

2001年1月3日公司增发10,000万股A股，募集资金净收入960,607千元，已根据招股说明书所披露的募集资金用途用于支付收购济宁三号煤矿的价款。

2001年5月11日公司增发17,000万股H股，募集资金净收入494,197千元，将用于支付收购济宁三号煤矿价款。收购济宁三号煤矿剩余价款623,386千元将于2002年12月31日前支付完毕。采矿权价款132,479千元自2001年起分十年无息等额支付。

济宁三号煤矿于2000年12月28日正式投入商业生产。2001年实现税前利润161,829千元。济宁三号煤矿实现了当年投产、当年达产、当年盈利。

(四)公司财务状况及经营成果

2001年12月31日，公司总资产为11,350,223千元，与年初相比增加3,033,117千元或36.5%，主要原因是增资扩股、收购济宁三号煤矿和公司的生产经营活动实现了资产增值。

2001年12月31日，公司的长期负债为105,983千元，主要是应支付济宁三号煤矿的采矿权价款。

2001年12月31日，公司股东权益总额为8,723,328千元，与年初相比增加2,168,192千元，主要原因是：1、增发1亿股A股和1.7亿股H股使股本增加270,000千元、资本公积金增加1,184,804千元；2、实现利润提取法定公积金和公益金150,058千元；3、未分配利润增加563,330千元。

2001年公司的主营业务利润为3,557,065千元，同比增长836,384千元或30.7%。主要原因是公司的销售收入增加。

2001年公司实现净利润1,000,387千元，同比增长261,401千元或35.4%。

(五)经营环境及宏观政策、法规变化对公司的影响

1、经营环境的变化对公司的影响

2001年中国政府加大关闭小煤窑力度取得了显著成效。2002年中国政府将继续采取对煤炭行业的宏观调控政策，巩固关井压产的成果，预计全年原煤产量将控制在10.5亿吨左右。

中国政府预计2002年GDP增长将达到或超过7%，经济的稳定持续增长，有利于保持对煤炭的旺盛需求；2001年年底全国煤炭社会库存1.15亿吨，处于历史最低水平；2002年煤炭出口和电力用煤将进一步增加。

2001年末中国政府批准1.05万座小煤窑恢复生产，生产能力约1亿吨/年左右，部分地区煤炭供应不足的矛盾将得到缓解，对国内煤炭行业供需不会产生大的负面影响。

基于以上因素，公司预计2002年国内煤炭市场保持供求平衡和价格稳定，煤炭价格整体高于2001年平均水平，有利于稳定和提高公司的盈利。

2001年国家公布的《煤炭工业"十五"规划》鼓励企业利用市场手段，通过收购、兼并、重组等方式组建煤、电、路、港、航综合经营、具有国际竞争力的特大型公司。国家政策导向有利于公司利用技术、市场和融资等比较优势实现公司生产规模的扩张和主营业务的壮大。

由于煤炭成本低、供应可靠，煤炭在世界能源中仍占据主导地位；日本、韩国煤炭进口需求均有所增长；2002年中国政府继续鼓励煤炭出口，预计全年出口量将达到9000万吨以上，中国煤炭的出口将成为影响国际煤价走势的主要因素之一；世界煤炭生产商继续整合，前十大煤炭供应商对煤炭供应的控制力将进一步提高，有利于煤炭价格稳定。国际煤炭市场的稳定将有助于公司的稳定发展。

2、中国加入WTO对公司的影响

中国加入WTO后，中国的煤炭进口关税和公司的主要出口国煤炭进口关税变动较小，关税变化对中国煤炭进出口格局的影响非常有限。

加入WTO有助于政府和行业监管当局更加鼓励中国公司参与国际竞争，开拓国际市场，有利于公司获得煤炭出口自营权。由于公司地处世界和全国煤炭消费中心，同国际上其他煤炭供应商相比具有较大运输优势；公司凭借世界领先的综采放顶煤开采工艺和先进的管理，使公司在国内外市场上具有较强的竞争力。

在大多数情况下，国内用户使用国内煤炭采购成本低于进口煤炭，而且中国煤炭供应商生产煤炭品种齐全，因此我国煤炭用户进口量较少，国外煤炭供应商不会对国内市场形成较大冲击。

(六)本年度，德勤·关黄陈方会计师行(香港)和沪江德勤会计师事务所(上海)为本公司年度审计出具了标准无保留意见的审计报告。

(七)新年度的业务发展计划

本公司已签订2002年销售合同及意向3,500万吨，比2001年全年销量增长12.8%。其中包括1,400万吨左右的出口意向。2002年一季度国内执行销售合同的综合平均煤炭价格比2001年度同品种综合平均价格水平提高12%左右。

2002年公司将重点实施以下经营策略：

提高产量、销量，扩大出口。公司煤炭商品在东亚用户中有良好商誉，并具备运输距离短、运输成本低的战略优势。公司将继续扩大在东亚市场的销量；继续增加中国沿海地区电力用户的销售，提高精煤销售的比重。

进一步完善综采放顶煤技术。通过设备配套和工艺改进，对该项技术装备进行更新换代，提高生产效率，使工作面年生产能力由300-400万吨提高到400-700万吨；对提升系统、井下煤炭

运输系统、地面储装运系统和洗选系统等进行改造,提高矿井配套生产能力,增强系统运行的可靠性,提高安全生产水平。

2002年公司将采取以下措施降低成本:一是进一步通过技术进步提高生产能力、增加产量,提高单产效率,降低单位固定成本;二是进一步推进支护和辅助运输改革,增加煤巷锚网化程度,降低材料消耗,减少用工,降低人工费用;三是利用ERP管理系统,提高管理水平,严格控制成本和费用。

积极寻求收购机会。公司通过实施收购策略,成功地扩大了经营规模。中国政府正在积极推动《煤炭工业「十五」规划》的实施,加快煤炭工业的整合,公司将利用技术、市场、管理等方面的优势,在煤炭行业整合中寻求收购机会,实现公司盈利水平提高和规模扩大。

通过实施以上措施,力争2002年度实现原煤产量3,700万吨,销量3,400万吨以上,单位成本比2001年有所下降。

(八)利润分配预案

董事会建议2001年年度利润分配方案如下:

(按中国会计准则编制)	元
净利润	1,000,387,449
年初未分配利润	1,070,321,502
提取法定公积金	100,038,745
提取法定公益金	50,019,371
可供分配利润	1,920,650,835
应付股利	287,000,000
未分配利润	1,633,650,835

本年度公司董事会建议派发末期股息287,000千元(含税)。公司共有普通股28.7亿股,每10股拟派发现金股息1.00元(含税)。

以上董事会建议的利润分配方案将提请2001年度股东周年大会审议批准。

八、监事会报告

在本报告期内,全体监事按照公司法和公司章程的有关规定,认真履行监督职能,维护公司利益,维护股东利益,遵照诚信原则谨慎地、积极努力地开展工作。在报告年度内独立地开展了以下工作:

(一)2001年4月20日在公司总部召开会议,通过了2000年度监事会报告;

(二)2001年8月24日在公司总部召开会议,通过了2001年度中期监事会报告;

(三)对本公司生产经营、技术改造和公司的发展规划等独立发表了自己的意见和建议,对决策的指导思想及作出的具体决策是否符合国家法律法规、公司章程和股东大会决议及股东利益等进行了有效监督。

公司监事会对以下事项发表独立意见:

(一)2001年公司依法运作情况

监事会在报告年度内,通过列席董事会会议,依照国家有关规定,对公司股东大会和董事会召开的程序、决议事项、董事会对股东大会决议的执行情况、高级管理人员职责的履行情况和公司管理制度等进行检查和监督,未发现有违反法律、法规和违背公司章程的行为,未发现董事、经理执行公司职务时有违法、违规行为。监事会认为,公司董事会2001年度工作能够按国家有关法律、法规和公司章程规范运作,工作认真负责,决策程序规范和有序,公司建立并进一步完善了内部控制制度,全面地完成了各项经营指标。

(二)检查公司财务情况

监事会对公司财务制度和状况进行了监督和检查,认为公司与控股股东基本按照"五分开"的原则,建立独立的财务帐册、配备独立的财务人员等。报告期内,沪江德勤会计师事务所和德勤·关黄陈方会计师行均出具了无保留意见的财务报告等有关资料。监事会认为,公司财务报告内容准确、真实、客观地反映了本公司的财务状况和经营成果。本公司实现的业绩是真实的,各项费用支出及各项提留符合法律、法规和《公司章程》的规定,并正确遵守了《企业会计准则》及《企业会计制度》的有关规定。

(三)关联交易情况

报告期内,本公司和母公司及其附属各公司之间的关联交易公平、公正、合法,没有损害上市公司的利益。

(四)股东大会决议执行情况

公司监事会列席了报告期内的董事会会议,参加了股东大会,对董事会提交股东大会审议的各项报告和提案内容,公司监事会无异议。公司监事会对董事会执行股东大会决议情况进行了监督,认为董事会能够认真履行股东大会的有关决议。

(五)2001年度募集资金的使用情况

1、增发股份

公司于2001年1月3日、2001年5月11日分别增发10,000万股A股及17,000万股H股,净收入分别为960,607千元及494,197千元,已经沪江德勤会计师事务所验证,所得款项用于支付收购济宁三号煤矿价款。

2、借款

2001年12月3日,本公司与中国银行签定了长期借款合同,2002年1月4日贷款人民币1,200,000千元,用于收购母公司铁路资产。

公司董事会对公司募集资金使用的说明客观真实,募集资金使用合理规范,实际投入项目和承诺投入项目一致。

(六)报告期内,公司收购资产交易情况:

1、收购济宁三号煤矿

公司于2001年1月1日从母公司收购了济宁三号煤矿,收购价为2,450,905千元。至2001年12月31日,公司已用自有资金866,912千元和增发A股净收入960,607千元支付了部分价款。剩余价款将于2002年12月31日前无息支付。

济宁三号煤矿采矿权价款人民币132,479千元,按分10年等额无息支付的约定,本报告期内公司已支付人民币13,248千元。

2、收购铁路资产

公司于2001年10月30日与母公司签订了《铁路资产收购协议》,并于2001年12月17日经独立股东批准。

按照《铁路资产收购协议》,公司于2002年1月1日收购了母公司铁路资产,经山东省财政厅确认,并对流动资产调整后2001年12月31日铁路资产收购价为1,242,586千元。另外,当铁路资产年度运量达到协议规定目标时,公司将从2003年起分三年,每年6月30日前向母公司支付铁路资产完成上一年度运量目标所需另行支付的40,000千元。

本公司已于2002年1月4日用长期贷款1,200,000千元支付了部分收购价款,将于2002年6月30日前以自有资金支付剩余价款。

济三矿资产、铁路资产交易价格根据评估价格决定,价格合理,未发现内幕交易和损害公司股东利益。

九、重要事项

(一)重大诉讼、仲裁事项

在本年度公司没有重大诉讼仲裁事项。

(二)收购、出售资产及吸收合并情况

1.收购济宁三号煤矿

本公司于2001年1月1日从母公司收购了济宁三号煤矿。有关收购济宁三号煤矿详情请参阅"公司投资情况"一节。

2.收购铁路资产

2001年10月30日,本公司与母公司订了《铁路资产收购协议》,并于2001年12月17日经独立股东批准。

按照《铁路资产收购协议》,本公司于2002年1月1日收购了母公司铁路资产。以2001年6月30日为评估基准日,经山东省财政厅确认铁路资产收购价为1,220,593千元。对流动资产调整后,至2001年12月31日铁路资产收购价为1,242,586千元。另外,当铁路资产年度运量于2002、2003、2004年分别达到2,500万吨、2,800万吨、3,000万吨时,本公司每年各另行支付40,000千元给母公司。

本公司已于2002年1月4日用长期贷款1,200,000千元支付了部分收购价款,剩余价款将于2002年6月30日前以自有资金支付。

(三)增发股份

公司2001年1月3日增发10,000万股A股,增发股份每股面值1.00元,发行价格10.00元/股,募集资金净额960,607千元,用于支付收购济宁三号煤矿价款。向公众投资者配售24,360,720股,2001年2月20日上市流通;向证券投资基金配售14,949,880股,2001年3月20日上市流通;向一般法人投资者配售60,689,403股,2001年5月21日上市流通。

公司2001年5月11日增发17,000万股H股,增发股份每股面值人民币1.00元,发行价格2.925港元/股,募集资金净额人民币494,197千元,用于支付收购济宁三号煤矿价款。增发H股股份于2001年5月15日在香港联交所上市。

(四)章程修改

公司增发A股后,已于2000年年报刊登章程修改事宜。公司因增发H股,根据2000年6月16日召开的1999年度股东周年大会授权,进一步对公司章程第十五条、第十六条和第十九条分别做出修改,以反映公司增发H股后股本结构的变化(股本结构的变化请参阅"股份变动情况表"一节)。

(五)章程修正案及更换董事、监事

2002年3月4日公司召开董事会会议和监事会会议,董事会提出《章程修正案》,提议更换部分董事,监事会提议更换部分监事。以上议案需经2002年度第一次临时股东大会批准(详情载于2002年3月5日的《上海证券报》)。

(六)养老保险金提取比例

按照本公司与母公司于1997年10月17日签订的《养老保险金协议》,母公司与本公司议定,从2002年1月1日至2006年12月31日,养老保险金提取比例仍为本公司职工工资总额的45%。

(七)关联交易

本公司主要的关联交易是与兖矿集团有限公司(母公司)的购销商品、提供劳务发生的关联交易以及资产购买交易。

1、购销商品、提供劳务发生的关联交易。该交易的关联方为本公司的母公司。公司与母公司通过《材料和服务供应协议》等协议确定有关的交易内容,与母公司开展业务往来。关联交易协议每10年协商确定一次价格。母公司按照对本公司而言不逊于第三方的优惠条款,及公平合理的条款和价格,向本公司提供服务。价格确定方式有:国家规定的价格;若无国家规定的价格则采用市场价格;若无国家定价、市场价格则按实际成本价格。

(1)销售及采购。母公司及其子公司向公司提供的材料和公司向对方提供的材料均采用市场定价原则。2001年公司向母公司提供煤炭供应服务金额为73,675千元,向母公司采购货物金额为143,213千元。另外,公司向关联公司邹城南煤轮船航运有限责任公司(与公司拥有共同管理人员,属于不存在控制关系的关联方)提供煤炭供应服务金额为35,440千元,其价格确定也依据市场定价原则。

(2)根据公司与母公司签订的协议,公司按职工工资总额的45%提取养老保险基金。母公司统一管理公司的退休统筹基金及医疗福利金,退休统筹基金汇总后统一上缴给退休统筹基金单位。2001年公司向母公司支付退休统筹金及医疗福利金347,145千元。

(3)根据公司与母公司签订的《材料和服务供应协议》,母公司及其子公司向公司提供的服务采用协议确立的定价方式,供应的费用可一次性或分期支付。2001年由母公司下属各部门、单位向公司提供的维修保养、铁路运输等服务并收取的费用总额为560,978千元。

2、资产购买交易是指2001年1月1日公司收购济宁三号煤矿。有关收购济宁三号煤矿的详情请参阅"公司投资情况"一节。

3、公司与母公司的债权债务往来主要是双方提供劳务、供应服务及收购济宁三号煤矿等原因形成。截至2001年12月31日止,公司与母公司发生的应收款项余额为199,469千元;应付款项余额为965,382千元。

(八)重大合同及履行情况

本公司2001年5月9日与法国兴业证券(香港)有限公司签订了"H股配售协议",有关H股配售情况请参阅"增发股份"一节。

本公司2001年10月30日与兖矿集团有限公司签订了《铁路资产收购协议》,详情请参阅"收购铁路资产"一节。

本公司2001年12月3日与中国银行签订了长期借款合同,详情载于"借款"一节。

除本文所披露外,本公司在本年度内无其他重大合同。

(九)借款

2001年12月3日,本公司与中国银行签订了长期借款合同,2002年1月4日向中国银行贷款12亿元,用于收购母公司铁路资产。

借款利率为6.21%(年利率),该利率在借款合同履行期间需要根据国家调整法定利率或变更法定计息方法时进行调整。借款合同履行期限从合同签署日起,至本公司最后一笔本息偿还日,最长不超过96个月。

(十)聘任、解聘会计师事务所情况

2001年度,德勤·关黄陈方会计师行(香港执业会计师)、沪江德勤会计师事务所(中国(香港除外)注册会计师)分别担任本公司境外、境内核数师。本公司拟于在2002年6月7日召开的股东周年大会上建议续聘德勤·关黄陈方会计师行及沪江德勤会计师事务所为本公司2002年度境外及境内核数师。

公司支付给会计师的报酬经股东周年大会批准,授权董事会决定并支付。公司承担会计师现场审计的食宿费用,不承担差旅费等其它费用。

公司2001年度、2000年度支付会计师报酬如下表所示:

	2001年度	2000年度
财务审计费用	350万港元	470万港元
除财务审计费用以外的其它费用	90万港元	90万港元

注:1、2000年度的审计费用包括了A股增发时公司中期报告审计及公司盈利预测;2、除财务审计费用以外的其它费用为会计核算制度及流程控制咨询服务费。

2002年度公司拟支付德勤·关黄陈方会计师行和沪江德勤会计师事务所财务审计费350万港元,其他咨询费用根据实际情况合理支付。

公司董事会认为除常年财务审计费用外,公司支付给会计师的其他服务费用不影响会计师的审计独立性意见。

(十一)本报告期内,公司、公司董事会、董事及高级管理人员没有受到监管部门处罚、通报批评、公开谴责。

(十二)中国证监会济南证管办对公司检查情况

中国证监会济南证管办于 2000 年 10 月 17 日至 22 日对公司进行了巡回检查,对公司"三分开"情况、公司章程、"三会"规范运作等方面提出了整改意见。公司召开第一届第十六次董事会会议,审议通过了规范运行整改方案、《董事会议事规则》、《总经理办公会会议议事规则》。公司按照规范运行整改方案落实了整改措施。

2001 年 10 月,中国证监会济南证管办要求辖区内上市公司按《济南证管办辖区上市公司规范运作情况调查表》内容开展自我检查和自我规范。公司认真自查,对发现问题制定了整改方案。第一届第十九次董事会会议批准了整改方案。公司正在按照批准的方案实施。

(十三)变更为中外合资股份有限公司

本公司于 2001 年 4 月变更为中外合资股份有限公司。

十、财务报告

(一)会计报表

(二)会计报表附注

1、概况(见审计报告原文附注 1)

公司于 2001 年 12 月 31 日投资人民币 271 万元获得青岛保税区中兖贸易有限公司 52.38% 的股权。该公司注册资本为人民币 210 万元,主要从事青岛保税区的国际贸易、加工整理、商品展示、区内企业之间贸易(国家规定专项审批的项目除外)、仓储。

2、会计制度、会计政策变更及其影响(见审计报告原文附注 2)

本年度公司按有关规定更改了以下会计政策:

(1)从 2001 年 1 月 1 日起本公司开始执行《企业会计制度》,固定资产、在建工程及无形资产由原来的不计提资产减值准备,改为按规定计提资产减值准备。经检查,本公司固定资产、在建工程及无形资产不存在减值情况。

(2)开办费原按五年期限摊销,按《企业会计制度》规定应自公司开始生产经营当月起一次性计入当期损益;按财政部财会字[2001]17 号文《关于贯彻实施企业会计制度有关政策衔接问题的规定》的规定,开办费于 2000 年底未摊销余额计人民币 3,671,461 元,一次性计入 2001 年的损益。

(3)土地塌陷费原根据有关部门批准将实际支付的塌陷费金额计入当年损益,现改为按产出原煤估计应计提土地塌陷费金额。该等估计是公司管理层根据以往累计支付土地塌陷费情况、实际采煤区域的地理状况及目前搬迁、居民赔偿等实际支付成本而进行的。土地塌陷费采用按产出原煤估计应计提金额后,因该项会计政策的变更而引起对以前年度有关科目期初数调整明细如下:

单位:人民币千元

	2000 年度		1999 年度		1998 年度	
	调整前	调整后	调整前	调整后	调整前	调整后
资产负债表						
待摊费用	156,070	34,732	34,678	34,678	16,412	16,412
预计负债	–	136,724	–	232,866	–	226,796
盈余公积	366,946	358,585	252,319	247,737	135,190	131,519
未分配利润	1,320,023	1,070,322	905,808	677,523	473,476	250,351
利润及利润分配表						
主营业务成本	1,958,324	1,983,520	1,678,311	1,684,381	2,009,019	2,033,490
净利润	764,182	738,986	780,861	774,791	753,840	729,369
年初未分配利润	905,808	677,523	473,476	250,351	56,312	(146,012)
提取法定盈余公积	76,418	73,899	78,086	77,479	75,384	72,937
提取法定公益金	38,209	36,949	39,043	38,740	37,692	36,468

3、公司主要会计政策和会计估计(见审计报告原文附注 3)

会计制度

公司于 2000 年度采用《股份有限公司会计制度 – 会计科目和会计报表》。根据财政部规定,公司从 2001 年 1 月 1 日起开始执行《企业会计制度》,并按有关规定的要求进行衔接调整。

合并会计报表的编制方法

(1)合并范围确定原则

合并会计报表合并了每年 12 月 31 日止公司及其所控制的所有子公司的年度会计报表。子公司是指公司通过直接或间接或直接加间接拥有其 50% 以上权益性资本的被投资企业;或是公司通过其他方法对其经营活动能够实施控制的被投资企业。

(2)合并所采用的会计方法

子公司采用的主要会计政策按照公司统一规定的会计政策厘定。

子公司在收购日生效后的经营成果已适当地包括在合并利润表中。

公司与子公司及子公司相互之间的所有重大帐目及交易已于合并时冲销。

少数股东所占的权益和损益,作为单独项目列示于合并会计报表内。

4、税项(见审计报告原文附注 4)

增值税

按煤产品销售收入的 13% 和其他销售收入的 17% 计算销项税,并按抵扣进项税后的余额缴纳。

资源税

按实际销售的原煤吨数及洗煤产品领用原煤吨数之和乘以每吨人民币 1.2 元缴纳。

城市建设维护税

虽然公司已变更为中外合资股份有限公司,但是根据国家税务总局发布的《国家税务总局关于兖州煤业股份有限公司使用税收法律文件的批复》(国税函[2001]673 号),公司继续依照适用于内资企业的税收法规缴纳各项税收。故公司仍按应纳增值税额的 7% 缴纳城市建设维护税。

教育费附加

根据国家税务总局发布的《国家税务总局关于兖州煤业股份有限公司使用税收法律文件的批复》(国税函[2001]673 号),公司继续依照适用于内资企业的税收法规缴纳各项税收。故公司仍按应纳增值税额的 3% 缴纳教育费附加。

所得税　按 33% 缴纳国家所得税及地方所得税。

公司与兖矿集团自 2001 年 7 月开始分别向税务部门缴纳所得税和增值税,在此之前,一直为合并缴纳。

5、应收账款(见审计报告原文附注 9)

应收账款账龄分析如下:

账　龄	合并及公司年末数				公司年初数			
	金　额 人民币元	比例(%)	坏账准备 人民币元	账面价值 人民币元	金　额 人民币元	比例(%)	坏账准备 人民币元	账面价值 人民币元
1 年以内	488,709,197	80	15,863,684	472,845,513	761,896,434	80	20,658,276	741,238,158
1 至 2 年	105,443,312	17	31,632,994	73,810,318	178,003,305	18	53,400,992	124,602,313
2 至 3 年	8,258,014	2	4,129,007	4,129,007	10,262,340	1	5,131,170	5,131,170
3 年以上	6,238,603	1	6,238,603	–	7,853,781	1	7,853,781	–
合计	608,649,126	100	57,864,288	550,784,838	958,015,860	100	87,044,219	870,971,641

欠款金额前五名情况如下:

前五名欠款总额	占合并应收账款总额比例
人民币元	
178,139,636	29%

应收账款余额中持有公司 5% 以上股份的股东欠款情况见审计报告正文附注 46。

6、其他应收款(见审计报告原文附注 10)

合并其他应收款账龄分析如下:

账　龄	年末数			
	金　额 人民币元	比例(%)	坏账准备 人民币元	账面价值 人民币元
1 年以内	338,081,783	84	201,158	337,880,625
1 至 2 年	55,053,503	14	1,654,397	53,399,106
2 至 3 年	8,715,043	2	652,654	8,062,389
3 年以上	1,777,582	–	–	1,777,582
合计	403,627,911	100	2,508,209	401,119,702

公司账龄超过 2 年的余额主要为购置钢材等材料的包装物押金,由于公司 滚动使用,故尚未与供应商进行结算。

欠款金额前五名情况如下:

前五名欠款总额	占合并其他应收款总额比例
人民币元	
53,933,432	13%

其他应收款余额中持有公司 5% 以上股份的股东欠款情况见审计报告正文附注 46。

公司其他应收款账龄分析如下:

账　龄	年末数				年初数			
	金　额 人民币元	比例(%)	坏账准备 人民币元	账面价值 人民币元	金　额 人民币元	比例(%)	坏账准备 人民币元	账面价值 人民币元
1 年以内	337,955,797	84	201,158	337,754,639	438,917,633	89	–	438,917,633
1 至 2 年	55,053,503	14	1,654,397	53,399,106	47,023,212	10	–	47,023,212
2 至 3 年	8,715,043	2	652,654	8,062,389	4,760,378	1	–	4,760,378
3 年以上	1,777,582	–	–	1,777,582	700,000	–	–	700,000
合计	403,501,925	100	2,508,209	400,993,716	491,401,223	100	–	491,401,223

7、存货(见审计报告原文附注 14)

	合并年末数		
	金　额 人民币元	跌价准备 人民币元	账面价值 人民币元
原材料	170,372,249	–	170,372,249
产成品	269,510,049	–	269,510,049
	439,882,298	–	439,882,298

	公司年末数			公司年初数		
	金　额 人民币元	跌价准备 人民币元	账面价值 人民币元	金　额 人民币元	跌价准备 人民币元	账面价值 人民币元
原材料	170,372,249	–	170,372,249	215,516,407	–	215,516,407
产成品	255,980,616	–	255,980,616	47,385,480	–	47,385,480
	426,352,865	–	426,352,865	262,901,887	–	262,901,887

8、固定资产及累计折旧(见审计报告原文附注 17)

公司及合并固定资产变动表如下:

	房屋建筑物 人民币元	矿井建筑物 人民币元	机器设备 人民币元	运输设备 人民币元	合　计 人民币元
原值					
年初余额	1,517,731,945	2,553,750,075	4,597,988,085	87,086,745	8,756,556,850
本期购入济三矿转入	320,385,576	998,633,902	1,140,347,267	54,646,717	2,514,013,462
本年购置	1,080,189	–	8,368,983	4,714,832	14,164,004
本年在建工程转入	69,551,039	13,349,000	578,476,756	32,143,846	693,520,641
本年减少	(2,465,688)	(5,314,225)	(266,273,296)	(2,642,431)	(276,695,640)
公司年末余额	1,906,283,061	3,560,418,752	6,058,907,795	175,949,709	11,701,559,317
新增子公司	–	–	194,308	298,416	492,724
合并后年末余额	1,906,283,061	3,560,418,752	6,059,102,103	176,248,125	11,702,052,041
累计折旧					
年初余额	509,336,998	1,119,076,726	2,097,555,292	70,827,163	3,796,796,179
本期购济三矿转入	17,020,025	4,095,691	113,711,110	6,661,969	141,488,795
本年计提额	102,197,781	85,055,910	605,626,877	18,869,763	811,750,331
本年转出额	(328,445)	–	(255,819,350)	(1,050,655)	(257,198,450)
公司年末余额	628,226,359	1,208,228,327	2,561,073,929	95,308,240	4,492,836,855
新增子公司	–	–	59,644	89,395	149,039
合并后年末余额	628,226,359	1,208,228,327	2,561,133,573	95,397,635	4,492,985,894
净值					
公司年初余额	1,008,394,947	1,434,673,349	2,500,432,793	16,259,582	4,959,760,671
公司年末余额	1,278,056,702	2,352,190,425	3,497,833,866	80,641,469	7,208,722,462
合并后年末余额	1,278,056,702	2,352,190,425	3,497,968,530	80,850,490	7,209,066,147

9、在建工程(见审计报告原文附注 19)

工程投入 工程名称	年初余额 人民币元	本年增加额 人民币元	本年完工转出数 人民币元	年末余额 人民币元	预算数 人民币元	占预算比例%	资金来源
待安装设备	126,482,446	610,438,767	(639,855,122)	97,066,091	121,330,000	80	自筹资金
土建工程	118,008,238	101,322,983	(53,665,518)	165,665,703	207,080,000	80	自筹资金
其他	640,000	5,619,742	–	6,259,742	8,940,000	70	自筹资金
合计	245,130,684	717,381,492	(693,520,640)	268,991,536	337,350,000		

公司本年无资本化利息。

10、主营业务收入(见审计报告原文附注 34)

	本年累计数 人民币元	上年累计数 人民币元
煤产品国内销售收入	3,133,402,455	2,462,156,336
煤产品出口销售收入	3,335,950,500	2,318,424,540
	6,469,352,955	4,780,580,876

前五名客户销售收入总额	占全部销售收入比例
人民币元	
1,247,067,401	19%

公司通过中国煤炭工业进出口总公司("煤炭进出口公司")或中国矿产进出口有限责任公司("矿产进出口公司")出口煤炭。公司目前尚无直接出口权,必须通过煤炭进出口公司或矿产进出口公司进行出口销售,并由公司与煤炭进出口公司和矿产进出口公司共同决定出口销售的最终客户。

11、主营业务成本(见审计报告原文附注 35)

	本年累计数 人民币元	上年累计数 人民币元
材料	643,664,001	484,336,910
工资	501,922,677	367,661,468
职工福利费	70,279,150	51,472,606
电力	218,579,179	185,758,550
折旧费	784,477,818	487,623,422
土地塌陷费	210,938,657	170,228,750
维修费	276,790,599	174,734,478
其他	105,931,656	61,703,732
合计	2,812,583,737	1,983,519,916

12、营业费用(见审计报告原文附注38)

	本年累计数 人民币元	上年累计数 人民币元
煤产品国内销售运费	415,120,973	324,067,774
煤产品出口销售运费	1,078,518,000	780,396,000
其他	57,970,396	64,227,997
	1,551,609,369	1,168,691,771

13、财务费用(见审计报告原文附注39)

	本年累计数 人民币元	上年累计数 人民币元
利息支出	1,923,500	5,011,637
减:利息收入	39,863,039	25,983,871
其他	3,106,274	203,247
	(34,833,265)	(20,768,987)

14、营业外收入(见审计报告原文附注40)

	本年累计数 人民币元	上年累计数 人民币元
清理固定资产收入	7,446,513	1,019,376
其他	433,693	1,977,115
	7,880,206	2,996,491

15、营业外支出(见审计报告原文附注41)

	本年累计数 人民币元	上年累计数 人民币元
处理固定资产损失	13,258,082	12,620,226
捐赠支出	457,186	300,830
罚款支出	758,420	427,251
其他	2,338,375	1,429,671
	16,812,063	14,777,978

16、所得税(见审计报告原文附注42)

	本年累计数 人民币元		上年累计数 人民币元
本年应计所得税	391,487,645		295,607,377
本年度会计所得额	1,391,875,094		
调增:			
(1)捐赠支出		448,886	
(2)罚款支出		758,420	
(3)未取得发票的预提塌陷费		6,851,194	
		8,058,500	
调减:			
(1)维简费(注)		204,134,184	
(2)其他		2,622,019	
		206,756,203	
本年度应纳税所得额		1,193,177,391	
所得税率		33%	

注:公司已获得当地主管税务机关的批准,对公司从1999年度起不再计入成本的维简费允许在税前做为调整项目抵扣应纳税所得额,免除所得税款。

17、与关联公司之重大交易事项(见审计报告原文附注46)

(一)存在控制关系的关联方

关联方名称	注册地点	主营业务	与公司关系	经济性质或类型	法定代表人
兖矿集团有限公司(“兖矿集团”)	山东邹城市凫山路40号	工业加工	控股股东	国有独资	赵经彻
青岛保税区中兖贸易有限公司(“中兖贸易”)	青岛保税区一号工业区	国际贸易	子公司	有限责任公司	邵化振

(二)存在控制关系的关联方的注册资本及其变化

	年初及年末数 人民币元
中兖贸易	2,100,000

(三)存在控制关系的关联方所持股份或权益及其变化

	年初数 人民币元	%	本年增加数 人民币元	%	本年减少数 人民币元	%	年末数 人民币元	%
兖矿集团	1,670,000,000	64	–	–	1,670,000,000	58		

(四)不存在控制关系的关联方关系的性质

关联方名称	与公司的关系
邹城南煤轮船航运有限责任公司	关键管理人员

(五)公司与上述关联公司在本年度发生了如下重大关联交易:

(a)购买济三矿

公司于2001年1月1日履行与兖矿集团公司签订的《济三矿项目收购协议》向兖矿集团公司购买了济三矿,总价款为收购价人民币245,090万元和采矿权价款人民币13,248万元。

公司将于2002年12月31日前无息支付人民币62,338万元的收购价,并从2001年起分十年于每年12月31日前无息等额支付人民币1,324.8万元的采矿权价款。

截止2001年12月31日,公司已为上述收购支付兖矿集团共计人民币184,077万元。

以上交易的价格根据评估价格决定。

(b)销售及采购

	本年累借数 人民币元	上年累计数 人民币元
销售 – 邹城南煤轮船航运有限责任公司	35,440,000	23,470,000
兖矿集团	73,675,000	66,434,000
	109,115,000	89,904,000
采购 – 兖矿集团	143,213,000	67,845,000

以上交易的价格根据市场价确定。

(c)债权债务往来情况

科目	关联公司名称	年末数 人民币元	年初数 人民币元
应收账款	兖矿集团	12,416,512	51,058,471
预付货款	兖矿集团	26,547,580	17,137,999
其他应收款	兖矿集团	160,504,483	239,928,198
		199,468,575	308,124,668
应付票据	兖矿集团	160,000,000	308,400,000
应付账款	兖矿集团	33,456,343	29,911,711
预收货款	兖矿集团	–	15,660,304
其他应付款	兖矿集团	29,308,749	76,094,425
一年内到期的长期应付款	兖矿集团	636,633,816	–
长期应付款	兖矿集团	105,983,040	–
		965,381,948	430,066,440

(d)其他事项

(1)根据公司与兖矿集团公司签订的协议,由兖矿集团公司统一管理公司的退休统筹基金及医疗福利金,退休统筹基金汇总后统一上交给退休统筹基金单位。为此公司在其2000年度及2001年度会计报表中已列支上述款项为人民币247,828,000元及人民币347,145,000元。

(2)根据公司与兖矿集团公司签订的协议,由兖矿集团公司下属各部门、单位向公司提供以下服务并收取相应的费用,详细如下:

	本年累计数 人民币元	上年累计数 人民币元
维修及保养	207,550,000	79,316,000
技术支持及培训费	15,130,000	15,130,000
采矿权费用	12,980,000	12,980,000
铁路运输费	248,876,000	209,842,000
公用设施费	600,000	600,000
公路运输费	6,302,000	10,474,000
供气供暖费	11,020,000	11,020,000
房产管理费	30,970,000	29,700,000
子女就读费	13,320,000	12,550,000
其他	14,230,000	14,230,000

以上交易的价格根据市场价或双方协议确定。

(3)2000年度及2001年度支付给关键管理人员的报酬(包括采用货币、实物形式和其他形式的工资、福利、奖金等)总额分别为人民币1,143,000元及人民币1,341,265元。

3、补充资料(见审计报告原文之补充资料)

1、国际会计准则对净利润和净资产的影响

	本年净利润 人民币千元	于2001年12月31日之资产净值 人民币千元
以中华人民共和国《企业会计准则》及《企业会计制度》编制之财务报表	1,000,387	8,723,328
调整:		
—递延资产摊销	3,672	–
—递延所得税	2,260	87,421
—减少商誉转入利润	27,620	27,620
—设定利息	(59,595)	(59,595)
—股利分配	–	287,000
—其他	(3,399)	(5,740)
按国际会计准则调整后之财务报表	970,945	9,060,034

十一、备查文件目录

在山东省邹城市凫山路40号公司董事会秘书处存有以下文件,供股东查阅:

(一)载有法定代表人、主管会计工作负责人、会计机构负责人签名并盖章的会计报表。

(二)载有会计师事务所盖章、注册会计师签名并盖章的审计报告原件。

(三)报告期内在中国证监会指定报纸上公开披露过的所有公司文件的正本及公告的原稿。

(四)在其他证券市场公布的年度报告。

兖州煤业股份有限公司

2001年4月8日

兖州煤业股份有限公司利润及利润分配表

2001年度

单位:人民币元

项　目	附注	合并及公司本年累计数	公司上年累计数
一、主营业务收入	34	6,469,352,955	4,780,580,876
减:主营业务成本	35	2,812,583,737	1,983,519,916
主营业务税金及附加	36	99,704,041	76,380,272
二、主营业务利润		3,557,065,177	2,720,680,688
加:其他业务利润	37	26,483,329	27,559,433
减:营业费用	38	1,551,609,369	1,168,691,771
管理费用		665,965,451	554,130,939
财务费用	39	–34,833,265	–20,768,987
三、营业利润		1,400,806,951	1,046,186,398
加:补贴收入		–	188,579
营业外收入	40	7,880,206	2,996,491
减:营业外支出	41	16,812,063	14,777,978
四、利润总额		1,391,875,094	1,034,593,490
减:所得税	42	391,487,645	295,607,377
五、净利润		1,000,387,449	738,986,113
加:年初未分配利润	33	1,070,321,502	677,523,306
六、可供分配的利润		2,070,708,951	1,416,509,419
减:提取法定盈余公积	33	100,038,745	73,898,611
提取法定公益金	33	50,019,371	36,949,306
七、可供股东分配的利润		1,920,650,835	1,305,661,502
减:应付普通股股利	33	287,000,000	235,340,000
八、未分配利润		1,633,650,835	1,070,321,502
补充资料			
	附注	本年累计数	上年累计数
会计政策变更减少利润总额	2	8,686,931	25,195,858

兖州煤业股份有限公司资产负债表

2001 年 12 月 31 日

单位:人民币元

资　　产	附注	年末数 合并	年末数 公司	年初数 公司
流动资产:				
货币资金	6	1,154,806,342	1,150,155,924	844,754,367
短期投资	7	49,997,305	49,997,305	-
应收票据	8	155,883,666	155,883,666	16,798,987
应收帐款	9	550,784,838	550,784,838	870,971,641
其他应收款	10	401,119,702	400,993,716	491,401,223
预付帐款	12	88,165,432	94,810,318	63,858,468
应收补贴款	13	419,145,249	419,145,249	221,500,273
存货	14	439,882,298	426,352,865	262,901,887
待摊费用	15	111,048,395	111,048,395	34,732,327
流动资产合计		3,370,833,227	3,359,172,276	2,806,919,173
长期股权投资	16	1,760,419	4,470,322	-
固定资产:				
固定资产原值	17	11,702,052,041	11,701,559,317	8,756,556,850
减:累计折旧	17	4,492,985,894	4,492,836,855	3,796,796,179
固定资产净值	17	7,209,066,147	7,208,722,462	4,959,760,671
工程物资	18	1,697,068	1,697,068	4,651,893
在建工程	19	268,991,536	268,991,536	245,130,684
固定资产合计		7,479,754,751	7,479,411,066	5,209,543,248
无形资产及其他资产:				
无形资产	20	497,874,780	497,874,780	290,979,405
开办费	21	-	-	3,671,461
长期待摊费用	21	-	-	5,992,615
无形资产及其他资产合计		497,874,780	497,874,780	300,643,481
资产总计		11,350,223,177	11,340,928,444	8,317,105,902
负债及股东权益				
流动负债:				
应付票据	22	275,860,000	275,860,000	318,400,000
应付帐款	23	553,982,959	552,320,331	568,290,178
预收帐款	24	122,908,153	122,794,582	93,740,947
应付工资		36,130,872	36,130,872	34,727,203
应付股利	25	287,000,000	287,000,000	235,340,000
应交税金	26	104,422,929	103,629,887	159,409,303
其他应付款	27	381,314,134	377,052,325	215,337,981
预计负债	28	120,196,012	120,196,012	136,724,035
一年内到期的长期应付款	29	636,633,816	636,633,816	-
流动负债合计		2,518,448,875	2,511,617,825	1,761,969,647
长期负债:				
长期应付款	29	105,983,040	105,983,040	-
负债合计		2,624,431,915	2,617,600,865	1,761,969,647
少数股东权益		2,463,683	-	-
股东权益:				
股本	30	2,870,000,000	2,870,000,000	2,600,000,000
资本公积	31	3,711,032,804	3,711,032,804	2,526,228,929
盈余公积	32	508,643,940	508,643,940	358,585,824
其中:公益金		169,547,980	169,547,980	119,528,609
未分配利润	33	1,633,650,835	1,633,650,835	1,070,321,502
股东权益合计		8,723,327,579	8,723,327,579	6,555,136,255
负债及股东权益总计		11,350,223,177	11,340,928,444	8,317,105,902

兖州煤业股份有限公司现金流量表

2001 年度

单位:人民币元

项　　目	附注	本年数 合并	本年数 公司	上年数 公司
一、经营活动产生的现金流量:				
销售商品、提供劳务收到的现金		7,185,415,721	7,185,415,721	5,471,433,780
收到的税费返还		214,033,232	214,033,232	143,824,382
收到的其他与经营活动有关的现金	43	666,944,161	666,944,161	137,529,989
现金流入小计		8,066,393,114	8,066,393,114	5,752,788,151
购买商品、接受劳务支付的现金		2,060,777,762	2,060,777,762	528,230,068
支付给职工以及为职工支付的现金		994,990,361	994,990,361	496,584,496
支付的各项税费		1,096,236,752	1,096,236,752	1,017,016,621
支付的其他与经营活动有关的现金	44	2,262,708,458	2,262,708,458	2,635,770,982
现金流出小计		6,414,713,333	6,414,713,333	4,677,602,167
经营活动产生的现金流量净额		1,651,679,781	1,651,679,781	1,075,185,984
二、投资活动产生的现金流量:				
处置固定资产、无形资产和其他长期资产而收回的现金净额		13,685,621	13,685,621	12,736,286
收购子公司而获得的现金		1,940,515	-	-
现金流入小计		15,626,136	13,685,621	12,736,286
购建固定资产、无形资产和其他长期资产所支付的现金		684,193,133	684,193,133	529,454,877
投资所支付的现金		51,757,724	54,467,627	-
购入济三矿所支付的现金	45	1,204,133,000	1,204,133,000	-
限定用途的现金增加		30,000,000	30,000,000	-
现金流出小计		1,970,083,857	1,972,793,760	529,454,877
投资活动产生的现金流量净额		-1,954,457,721	-1,959,108,139	-516,718,591
三、筹资活动产生的现金流量:				
吸收投资所收到的现金		1,454,803,875	1,454,803,875	-
现金流入小计		1,454,803,875	1,454,803,875	-
购入济三矿所支付的现金	45	636,633,960	636,633,960	
分配股利所支付的现金		235,340,000	235,340,000	231,400,000
现金流出小计		871,973,960	871,973,960	231,400,000
筹资活动产生的现金流量净额		582,829,915	582,829,915	-231,400,000
四、汇率变动对现金的影响		-	-	
五、现金及现金等价物净增加额		280,051,975	275,401,557	327,067,393
附注				
1 将净利润调节为经营活动的现金流量:				
净利润		1,000,387,449	1,000,387,449	738,986,113
加:计提的资产减值准备		-26,671,722	-26,671,722	-472,461
固定资产折旧		811,750,331	811,750,331	507,989,738
无形资产及其他资产摊销		30,433,568	30,470,042	8,470,335
处置固定资产、无形资产和其他长期资产的损失		5,811,569	5,811,569	11,600,850
待摊费用的减少(减:增加)		-76,316,068	-76,316,068	-53,787
存货的减少(减:增加)		-163,450,978	-163,450,978	47,547,674
经营性应收项目的减少(减:增加)		19,945,412	19,945,412	-219,403,075
经营性应付项目的增加(减:减少)		49,790,220	49,753,746	-19,479,403
经营活动产生的现金流量净额		1,651,679,781	1,651,679,781	1,075,185,984
2 不涉及现金收支的投资和筹资活动:				
3 现金及现金等价物净增加情况:				
现金的期末余额		1,124,806,342	1,120,155,924	844,754,367
减:现金的期初余额		844,754,367	844,754,367	517,686,974
现金及现金等价物净增加额		280,051,975	275,401,557	327,067,393

600190 锦州港股份有限公司

2001年年度报告摘选

一、公司基本情况简介

1、法定名称:中文:锦州港股份有限公司　　简称:锦州港
英文:JINZHOU PORT CO.,LTD　　缩写:JZP
2、法定代表人:张宏伟
3、董事会秘书:高鸿敏
联系地址:锦州经济技术开发区锦港大街一段1号
联系电话:86-416-358646　　联系传真:86-416-3582431
电子信箱:JZGDSHMS@MAIL.JZPTT.LN.CN
证券事务代表:齐文辉
联系电话:86-416-3586234　　联系传真:86-416-3582431
电子信箱:JZGDSHMS@MAIL.JZPTT.LN.CN
4、注册地址:锦州经济技术开发区锦港大街一段1号
办公地址:锦州经济技术开发区锦港大街一段1号　　邮政编码:121007
公司网址:HTTP://WWW.JINZHOUPORT.COM
电子信箱:JZCJHGA@MAIL.JZPTT.LN.CN
5、公司信息披露报刊:《中国证券报》、《上海证券报》、香港《南华早报》
证监会指定网址:HTTP:/WWW.SSE.COM.CN
公司年报备置地点:本公司董事会秘书处
6、股票上市交易所:上海证券交易所
股票简称和股票代码:A股:锦州港　　600190
B股:锦港B股　　900952

二、会计数据和业务数据摘要

1、本年度主要会计数据和业务数据　　单位:人民币(元)

项目	2001年度金额
利润总额	58,769,534
净利润	48,173,221
扣除非经常性损益后的净利润	47,387,463
主营业务利润	126,688,146
其他业务利润	2,175,268
营业利润	57,983,776
投资收益	
补贴收入	
营业外收支净额	785,758
经营活动产生的现金流量净额	154,800,866
现金及现金等价物净增减额	-17,005,882

2、前三年主要会计数据和财务指标　　单位:人民币(千元)

项目	2001年度	2000年度		1999年度	
		调整前	调整后	调整前	调整后
主营业务收入	286,532	304,117	304,117	316,102	316,102
净利润	48,173	90,827	90,827	147,262	147,262
总资产	2,956,355	2,288,018	2,288,018	2,053,098	2,053,098
股东权益(不含少数股东权益)	1,406,028	1,357,855	1,357,855	1,330,128	1,330,128
每股收益(摊薄)	0.05	0.14	0.14	0.23	0.23
每股收益(加权)	0.06	0.14	0.14	0.24	0.24
每股净资产	1.49	2.15	2.15	2.11	2.11
调整后的每股净资产	1.46	2.09	2.09	2.07	2.07
每股经营活动产生的现金流量净额	0.16	0.28	0.28	0.29	0.29
净资产收益率(摊薄)	3.4%	6.7%	6.7%	11.1%	11.1%
净资产收益率(加权)	3.5%	6.6%	6.6%	13%	13%
扣除非经常性损益后净资产收益率(加权)	3.4%	6.6%	6.6%	11%	11%

3、报告其内净资产收益率和每股收益

报告期利润	净资产收益率%		每股收益(元/股)	
	全面摊薄	加权平均	全面摊薄	加权平均
主营业务利润	9	9.2	0.13	0.16
营业利润	4.1	4.2	0.06	0.07
净利润	3.4	3.5	0.05	0.06
扣除非经营性损益后的净利润	3.4	3.4	0.05	0.06

三、股本变动及股东情况

1、股本变动情况　　数量单位:股

	本次变动前	本次变动增减(+,-)						本次变动后
		配股	送股	公积金转股	增发	其他	小计	
一、未上市流通股份								
1、发起人股份								
其中:								
国家持有股份	140,000,000		56,000,000	14,000,000				210,000,000
境内法人持有股份								
境外法人持有股份								
其他								
2、募集法人股份	228,000,000		91,200,000	22,800,000				342,000,000
3、内部职工股	92,000,000		36,800,000	9,200,000				138,000,000
4、优先股或其他								
未上市流通股份合计	460,000,000		184,000,000	46,000,000				690,000,000
二、已上市流通股份								
1、人民币普通股	60,000,000		24,000,000	6,000,000				90,000,000
2、境内上市约外资股	111,000,000		44,400,000	11,100,000				165,500,000
3、境外上市约外资股								
4、其他								
已上市流通股份合计	171,000,000		68,400,000	17,100,000				256,500,000
三、股份总数	631,000,000		252,400,000	63,100,000				946,500,000

600191 包头华资实业股份有限公司

2001年年度报告摘选

一、公司简介

1、公司法定中文名称:包头华资实业股份有限公司
公司法定中文名称缩写:华资实业
公司法定英文名称:BAOTOU HUAZI INDUSTRY CO.,LTD
2、公司法定代表人:张洪新
3、公司董事会秘书:李志文
联系电话:0472—4190473　　传　真:0472—4190473
联系地址:包头华资实业股份有限公司
E—mail:lizhiwen@huazi.com
证券事务代表:张久利
联系电话:0472—4190473　　传　真:0472—4190473
联系地址:包头华资实业股份有限公司证券部
E—mail:zhengquanbu@huazi.com
4、公司注册地址:内蒙古自治区包头市国家稀土高新技术产业开发区
公司办公地址:包头华资实业股份有限公司　　邮政编码:014030
公司网址:http://www.huazi.com
E—mail:hzsy@huazi.com
5、公司选定的中国证监会指定报纸:中国证券报、上海证券报
中国证监会指定国际互联网网址:http://www.sse.com.cn
公司年度报告备置地点:公司证券部
6、公司股票上市地:上海证券交易所
股票简称:华资实业　　股票代码:600191

二、会计数据和业务数据摘要

1、本年度主要利润指标及现金流量状况:(单位:人民币元)

项目	金额
利润总额:	81,562,987.09
净利润:	71,153,880.30
扣除非经常性损益后的净利润:	69,248,680.76
主营业务利润:	143,784,001.11
其他业务利润:	1,725,241.01
营业利润:	78,471,159.37
投资收益:	—
补贴收入:	933,675.00
营业外收支净额:	2,158,152.72
经营活动产生的现金流量净额:	110,677,049.26
现金及现金等价物净增加额:	-87,422,495.00

※本年度非经营性损益项目系营业外收入2,241,411.22元。

2、公司前三年主要会计数据及财务指标　　单位:人民币元

项目	2001年度	2000年度	1999年度	
			调整后	调整前
主营业务收入	608,200,078.22	616,088,409.30	340,696,790.01	340,696,790.01
净利润	71,153,880.30	72,593,293.19	55,052,818.26	64,820,925.07
总资产	1,373,536,924.99	1,274,380,551.53	759,740,961.41	769,509,068.52
股东权益(不含少数股东权益)	1,049,595,218.46	988,456,238.16	602,023,265.84	611,791,372.65
摊薄每股收益	0.234	0.28	0.23	0.27
每股净资产	3.46	3.75	2.51	2.55
调整后的每股净资产	3.44	3.71	2.30	2.35
每股经营活动产生的现金流量净额	0.37	0.39	-0.61	-0.61
摊薄净资产收益率(%)	6.78	7.34	9.14	10.59
加权平均净资产收益率(%)	6.98	10.04	9.58	11.19

注:按照中国证监会《公开发行证券公司信息披露编报规则(第9号)》要求计算的净资产收益率和每股收益如下:

项目	净资产收益率(%)				每股收益(元/股)			
	全面摊薄		加权平均		全面摊薄		加权平均	
	2001年	2000年	2001年	2000年	2001年	2000年	2001年	2000年
主营业务利润	13.70	13.76	14.11	18.80	0.47	0.52	0.47	0.55
营业利润	7.48	8.81	7.70	12.03	0.26	0.33	0.26	0.35
净利润	6.78	7.34	6.98	10.04	0.234	0.28	0.234	0.30
扣除非经常性损益后的净利润	6.61	7.17	6.80	9.79	0.229	0.27	0.229	0.29

说明:(1)公司1999年末总股本为240,000,000股,2000年末总股本为263,550,000股,2001年末总股本为303,082,500股。

(2)扣除的非经常性损益所涉及的项目及金额

1998年新股申购冻结资金利息摊销2,241,411.22元,按15%上交所得税后影响净利润1,905,199.54元。

(3)表中所列数据均系考虑了会计政策变更、会计估计变更或会计差错更正后追溯调整而得的数据。

三、股本变动及股东情况

1、股本变动情况

截至2001年12月31日,公司股本结构如下:

数量单位:股

	本次变动前	本次变动增减(+,-)						本次变动后
		配股	送股	公积金转增	增发	其他	小计	
一、尚未流通股份								
1.发起人股份	172,550,000		25,882,500				25,882,500	198,432,500
其中:								
国家持有股份	99,849,813		14,977,472				14,977,472	114,827,285
境内法人持有股份	72,700,187		10,905,028				10,905,028	83,605,215
其他								
2.募集法人股								
3.基金持有股份								
4.公司职工股								
尚未流通股份合计	172,550,000		25,882,500				25,882,500	198,432,500
二、已流通股份								
境内上市人民币普通股	91,000,000		13,650,000				13,650,000	104,650,000
已流通股份合计	91,000,000		13,650,000				13,650,000	104,650,000
三、股份总数	263,550,000		39,532,500				39,532,500	303,082,500

600192 兰州长城电工股份有限公司

2001 年年度报告摘选

一、公司简介

1、公司法定中文名称：兰州长城电工股份有限公司
公司法定英文名称：LANZHOU GREAT WALL ELECTRICAL CO.,LTD
英文缩写：GWE
2、公司法定代表人：报告期内法定代表人杨书昌
（经 2002 年 1 月 28 日公司第二届董事会第一次会议换届选举张晓喜为董事长、法定代表人）
3、公司董事会秘书：何世民
联系地址：甘肃省兰州市农民巷 125 号
电话：0931－8415001－2422　　传真：0931－8414606
公司董事会证券事务代表：穆成利
电话：0931－8415001－2658
（联系地址与传真同董秘）
4、公司住册地址：甘肃省兰州市农民巷 125 号
公司办公司地址：甘肃省兰州市农民巷 125 号
邮政编码：730000
公司国际互联网网址：WWW.LZ－GWE.COM
公司电子信箱：Lzgwe@public.lz.gs.cn
5、公司选定的信息披露报纸名称：《上海证券报》、《证券时报》
登载公司年度报告的中国证监会指定国际互联网网址：http://www.sse.com.cn;
公司年度报告备置地点：公司证券部
6、公司股票上市交易所：上海证券交易所
股票简称：长城电工　　股票代码：600192

二、会计数据和业务数据摘要

1、本年度实现的利润指标情况

（单位：元）

项目	金额（合并）	金额（母公司）
利润总额：	20,845,714.55	20,778,653.85
净利润：	15,328,037.60	15,328,037.60
扣除非经常性损益后的净利润：	14,317,989.79	14,331,330.99
主营业务利润：	182,849,076.32	182,303,060.32
其他业务利润：	5,199,784.10	5,171,906.60
营业利润：	19,798,147.18	19,388,595.39
投资收益：	67,073.37	380,010.65
补贴收入：		
营业外收支净额：	980,494.00	1,010,047.81
经营活动产生的现金流量净额：	－11,333,515.13	－2,680,158.74
现金及现金等价物净增减额：	－57,228,984.20	－3,979,620.71
非经常性损益的项目及金额		
营业外收支净额	1,010,047.81	996,706.61

2、主要会计数据和财务指标：

（单位：元）

项 目	2001 年	2000 年 追溯调整后	2000 年 追溯调整前	1999 年 追溯调整后	1999 年 追溯调整前
主营业务收入	692,372,553.05	689,537,457.67	689,537,457.67	705,386,243.69	705,386,243.69
净利润	15,328,037.60	42,057,404.86	48,745,589.55	92,834,247.60	101,739,638.16
总资产	1,910,299,315.74	1,797,013,541.90	1,887,083,831.72	1,277,835,266.89	1,361,596,359.74
股东权益	1,021,035,835.26	1,004,274,685.29	1,094,347,342.67	765,880,193.49	849,275,260.68
每股收益(元/股)	0.0478	0.1312	0.1521	0.3147	0.3449
加权平均每股收益(元/股)	0.0478	0.1376	0.1595	0.3147	0.3449
每股净资产(元/股)	3.1858	3.1335	3.4145	2.5962	2.8789
调整后的每股净资产(元/股)	3.1729	3.1238	3.4048	2.5903	2.8730
每股经营活动产生的现金流量净额	－0.0354	0.0417	0.0417	0.3403	0.3403
净资产收益率(%)	1.50	4.19	4.45	12.12	11.98
扣除非经常性损益后的加权平均净资产收益率(%)	1.42	4.60	4.47	12.10	11.94

三、股本变动及股东情况

1、股份变动情况表

数量单位：股

	本次变动前	本次变动增减（＋、－） 配股	送股	公积金转股	增发	其他	小计	本次变动后
一、未上市流通股份								
1、发起人股份	210,000,000							210,000,000
其中：								
国家持有股份								
境内法人持有股份	210,000,000							210,000,000
境外法人持有股份								
其他								
2、募集法人股份								
3、内部职工股								
4、优先股或其他								
未上市流通股份合计	210,000,000							210,000,000
二、已上市流通股份								
1、人民币普通股	110,500,000							110,500,000
2、境内上市的外资股								
3、境外上市的外资股								
4、其他								
已上市流通股份合计	110,500,000							110,500,000
三、股份总数	320,500,000							320,500,000

600193 厦门创兴科技股份有限公司

2001 年年度报告摘选

一、公司基本情况简介

1、公司法定中文名称：厦门创兴科技股份有限公司
公司英文名称：XIAMEN PROSOLAR TECHNOLOGY DEVELOPMENT CO.,LTD.
公司英文名称缩写：PROTECH
2、公司法定代表人：陈榕生
3、公司董事会秘书：李晓玲
电子信箱：dayang_lee@sina.com
公司证券事务代表：吴振忠
电子信箱：owenwoo@netease.com
联系地址：厦门市建业路 18 号 9 层
联系电话：0592－5311857,5311831
传　　真：0592－5311821,5311955
4、公司注册地址：厦门市建业路 18 号 9 层
公司办公地址：厦门市建业路 18 号 9 层
邮政编码：361012
电子信箱：dayang@public.xm.fj.cn
5、公司选定的信息披露报刊：《上海证券报》
登载年度报告的国际互联网网址：http://www.sse.com.cn
年度报告备置地点：公司证券部
6、股票上市交易所：上海证券交易所
股票简称：创兴科技
股票代码：600193

二、会计数据和业务数据摘要

1、本年度主要会计数据　　（单位：元）

项目	金额
利润总额：	24,607,543.77
净利润：	16,352,031.22
扣除非经常性损益后的净利润：	19,742,445.19
主营业务利润：	27,924,880.90
其他业务利润：	3,045,899.04
营业利润：	22,997,957.74
投资收益：	1,921,837.95
补贴收入：	446,757.00
营业外收支净额：	－759,008.92
经营活动产生的现金流量净额：	87,119,954.38
现金及现金等价物净增加额：	－33,702,367.63

2、公司近三年主要会计数据及财务指标　　（单位：元）

项目	2001 年度	2000 年度 调整前	2000 年度 调整后	1999 年度
主营业务收入	115,139,550.04	188,266,049.33	93,412,446.71	262,736,397.77
净利润	16,352,031.22	25,742,987.53	22,840,067.57	20,057,275.85
总资产	505,533,116.61	544,365,427.92	488,581,322.64	442,730,907.64
股东权益(不含少数股东权益)	265,935,347.90	255,929,204.35	249,583,316.68	238,918,397.42
全面摊薄每股收益	0.097	0.307	0.136	0.239
加权平均每股收益	0.097	0.307	0.136	0.263
扣除非经常性损益的每股收益	0.118	0.295	0.137	0.228
每股净资产	1.585	3.05	1.487	2.85
调整后的每股净资产	1.581	3.05	1.469	2.84
每股经营活动产生的现金流量净额	0.519	0.268	0.134	－0.45
全面摊薄净资产收益率(%)	6.1	10.1	9.2	8.4
加权平均净资产收益率(%)	6.3	10.2	9.4	11.1
扣除非经常性损益的加权平均净资产收益率(%)	7.7	8.4	9.5	10.6

三、股本变动及股东情况

（一）公司股本变动情况

1、公司股份变动情况表（单位：股）

	本次变动前	本次变动增减（＋、－） 配股	送股	公积金转股	增发	本次变动后
一、未上市流通股份						
1、发起人股份	60,900,000		12,180,000	48,720,000		121,800,000
其中：国家持有股份	19,287,030		3,857,406	15,429,624		38,574,060
境内法人持有股份	41,612,970		8,322,594	33,290,376		83,225,940
境外法人持有股份						
其他						
2、募集法人股份						
3、内部职工股						
4、优先股或其他						
未上市流通股份合计	60,900,000		12,180,000	48,720,000		121,800,000
二、已上市流通股份						
1、人民币普通股	23,000,000		4,600,000	18,400,000		46,000,000
2、境内上市的外资股						
3、境外上市的外资股						
4、其它						
已上市流通股份合计	23,000,000		4,600,000	18,400,000		46,000,000
三、股份总数	83,900,000		16,780,000	67,120,000		167,800,000

600195 中牧实业股份有限公司

2001年年度报告摘要

一、公司基本情况简介

(一)公司名称
中文全称:中牧实业股份有限公司
中文简称:中牧股份
英文全称:CHINA ANIMAL HUSBANDRY INDUSTRY CO.,LTD.
英文简称:CAHIC
(二)公司法定代表人:区仲生先生
(三)公司董事会秘书:王平先生
联系电话:010-83607777
联系地址:北京市丰台区星火路1号昌宁大厦22层
公司董事会证券事务代表:张菁桦女士
电话:010-83607500
传真:010-83607995、83607998
电子信箱:zhjh2008@sohu.com
(四)公司注册地址:北京市丰台区科学城10D地块2号楼
公司办公地址:北京市丰台区星火路1号昌宁大厦
邮政编码:100070
公司电子信箱:CAHIC@cenpok.net
(五)公司信息披露报纸:《中国证券报》、《上海证券报》
登载公司年度报告的国际互联网网址:http://www.sse.com.cn
公司年度报告备置地点:北京市丰台区星火路1号昌宁大厦22层,中牧实业股份有限公司董事会秘书处
(六)公司股票上市地:上海证券交易所
A股简称:中牧股份
A股代码:600195

二、会计数据和业务数据摘要

(一)本年度利润总额构成及现金流量: (单位:人民币元)

	2001年度母公司数	2001年合并数
利润总额	88,975,437.36	86,971,353.86
净利润	88,857,020.23	89,141,644.08
扣除非经常性损益后的净利润	86,382,352.19	86,825,933.50
主营业务利润	285,044,047.45	305,527,209.27
其它业务利润	345,309.45	1,573,303.92
营业利润	116,701,595.40	101,139,606.84
投资收益	-30,200,826.08	-16,483,963.56
补贴收入	1,848,858.23	1,848,858.23
营业外收支净额	625,809.81	466,852.35
经营活动产生的现金流量净额	233,789,052.67	227,077,477.87
现金及现金等价物净增加额	-50,586,629.65	-69,404,722.12

(二)公司前三年主要会计数据及财务指标

栏目	2001年度(合并)	2000年度(合并)		1999年度(合并)
		调整后	调整前	
主营业务收入(元)	1,524,955,200.18	1,428,148,841.05	1,437,079,343.17	842,528,195.20
净利润(元)	89,141,644.08	54,917,439.21	90,399,467.99	87,296,467.17
总资产(元)	1,509,455,278.04	1,390,779,614.76	1,422,374,396.77	1,036,569,112.23
股东权益(元)	828,842,758.80	774,516,023.64	802,680,789.00	788,692,095.50
每股收益(元/股)摊薄	0.23	0.14	0.23	0.22
按月平均加权法计算的每股收益(元/股)	0.23	0.14	0.23	0.30
扣除非经常性损益后的每股收益(元/股)	0.22	0.19	0.23	0.30
每股净资产(元/股)	2.13	1.99	2.06	2.02
调整后的每股净资产(元/股)	2.05	1.93	1.98	1.96
每股经营活动产生的现金流量净额(元/股)	0.58	0.46	0.46	-0.42
净资产收益率(摊薄)(%)	10.75	7.09	11.26	11.07
净资产收益率(加权平均)(%)	10.21	6.85	10.84	
扣除非经常性损益后加权平均净资产收益率	9.94	9.29		

附表:

栏目	净资产收益率%		每股收益	
	全面摊薄	加权平均	全面摊薄	加权平均
主营业务利润	36.86	34.98	0.78	0.73
营业利润	12.29	11.66	0.26	0.30
净利润	10.75	10.21	0.23	0.23
扣除非经常性损益后的净利润	10.48	9.89	0.22	0.22

(三)报告期内股本变动及股东权益情况 (单位:股、元)

项目	股本	资本公积	盈余公积	法定公益金	未分配利润	股东权益合计
期初数	390000000	329,766,775.16	40,283,050.97	19,251,525.48	14,466,197.51	774,516,023.64
本期增加		1,065,091.08	17,771,404.04	8,885,702.03	35,490,240.04	54,326,735.16
本期减少						
期末数	390000000	330,831,866.24	58,054,455.01	28,137,227.51	49,956,437.55	828,842,758.80
变动原因:						

三、股本变动及股东情况

(一)股本变动情况
报告期内股份变动情况 单位:股

项目	期初数	配股	送股	公积金转股	增发	其他	小计	期末数
一、未上市流通股份								
1、发起人股份	270,000,000						270,000,000	270,000,000
其中:国家持有股份								
境内法人持有股份	270,000,000						270,000,000	270,000,000
境外法人持有股份								
其他								
2、募集法人股								
3、内部职工股								
4、优先股或其他								
未上市流通股份合计	270,000,000						270,000,000	270,000,000
二、已上市流通股份								
1、人民币普通股	120,000,000						120,000,000	120,000,000
2、境内上市的外资股								
境外上市的外资股								
其他								
已上市流通股份合计	120,000,000						120,000,000	120,000,000
三、股份总数	390,000,000						390,000,000	390,000,000

本报告期内,公司股份总数和股本结构未发生变动。

(二)股东情况

1、报告期末股东总数

截至2001年12月31日,公司在中国证券登记结算有限责任公司上海分公司登记的股东共有70994户,持股39,000万股,其中国有法人股股东1个,持股27,000万股;社会公众股股东70993户,持股12,000万股。

2、公司主要股东持股情况(截止2001年12月31日)

股东名称	年末持股数(股)	年度内增减	所持股份类别	质押冻结情况
中国牧工商(集团)总公司	270,000,000	-	未上市流通股	
天华基金	3,184,092	3,184,092	流通股	
刘书贞	1,555,275	-	流通股	
泰和基金	1,013,553	1,013,553	流通股	
海南华糖	948,000	-402,000	流通股	
景福基金	922,667	922,667	流通股	
景阳基金	514,288	514,288	流通股	
华祥制衣	461,844	461,844	流通股	
金辉	260,000	-290,000	流通股	
郭亚民	240,000	-60,000	流通股	

说明:

上述公司股东中,中国牧工商(集团)总公司所持股份全部属于未上市流通的国有法人股;其他股东所持股份均是已上市流通的人民币普通股,增减是各自在股票市场买卖所至。报告期内,中国牧工商(集团)总公司所持股份未被冻结或质押。

3、中国牧工商(集团)总公司(以下简称"中牧集团")持有公司的国有法人股,为本公司最大股东,持股总额为27,000万股,占公司总股本39,000万股的69.23%。其法定代表人是区仲生先生。公司成立于1982年,注册资本5109万元。该公司为国有独资公司。经营范围为畜牧产品生产;经营本企业的成员企业生产、科研所需的原材料、机械设备、仪器仪表、零配件及相关技术的进口业务(国家实行核定公司经营的12种进口商品除外);出口与本企业自产产品配套的相关或同类的商品(仅限农副产品、土畜产品和医保产品);承包境外农牧业工程和境内国际招标工程;对外派遣实施上述境外工程的劳务人员;承办中外合资经营、合作生产及开展来料加工、来样加工、来件装配、补偿贸易。

4、本报告期内控股股东未发生变更。

四、董事、监事、高级管理人员和员工情况

(一)本报告期公司董事、监事和高级管理人员基本情况

姓名	性别	年龄	职务	任期起止日期	年初持股数	年度内增减	年末持股数
区仲生	男	56	董事长	1998.12-	15000	-	15000
李根茂	男	61	副董事长	1998.12-	15000	-	15000
周玖付	男	39	董事、总经理	1998.12-	15000	-	15000
陈耀春	男	69	独立董事	2000.10-	0	-	0
刘 伟	男	45	独立董事	2000.10-	0	-	0
王志良	男	54	董事、常务副总经理	1998.12-	15000	-	15000
王 玉	男	49	董事	1998.12-	15000	-	15000
沈寅生	男	40	董事	1998.12-	15000	-	15000
王建成	男	39	董事	1998.12-	15000	-	15000
姜德斌	男	46	监事会主席	1998.12-	15000	-	15000
陈林圭	女	59	监事	1998.12-	15000	-	15000
陆为中	男	38	监事	1998.12-	15000	-	15000
丁春阳	男	50	副总经理	1998.12-	15000	-	15000
王 平	男	41	董事会秘书 副总经理	2000.5- 1998.12-	15000	-	15000
高奇志	男	40	副总经理	2000.9-	500	-	500
丁长琴	女	38	总会计师	1998.12-	15000	-	15000

说明:报告期内董事、监事及高级管理人员没有变动。

(二)年度报酬情况

1、报酬的确定依据：按照国家有关规定，参照上市公司及同行业企业的情况，由公司股东大会决定董事、监事薪酬，由董事会决定公司高级管理人员的薪酬。

2、董事、监事和高级管理人员年度报酬情况：

姓名	职务	年度薪酬(含税)	备注
区仲生	董事长	28.80万元人民币	
李根茂	副董事长	未在股份公司受薪	在中牧集团领取薪酬
周玖付	董事、总经理	21.60万元人民币	
陈耀春	独立董事	未在股份公司受薪	
刘　伟	独立董事	未在股份公司受薪	
王志良	董事、常务副总经理	19.44万元人民币	
王　玉	董事	未在股份公司受薪	在中牧集团领取薪酬
沈寅生	董事	16.20万元人民币	
王建成	董事	未在股份公司受薪	在中亚动物保健品总公司领取薪酬
姜德斌	监事会主席	未在股份公司受薪	在中牧集团领取薪酬
陈林圭	监事	未在股份公司受薪	在中牧集团领取薪酬
陆为中	监事	9.60万元人民币	
丁春阳	副总经理	16.20万元人民币	
王　平	董事会秘书、副总经理	16.20万元人民币	
高奇志	副总经理	16.20万元人民币	
丁长琴	总会计师	16.20万元人民币	

说明：区仲生董事长、沈寅生董事薪酬划转至中牧集团代为发放；

受薪人员均已按国家规定缴纳了个人所得税；

3、金额最高的前三名董事报酬总额：

姓名	职务	年度薪酬(含税)
区仲生	董事长	28.80万元人民币
周玖付	董事	21.60万元人民币
王志良	董事	19.44万元人民币

4、金额最高的前三名高级管理人员报酬总额：

姓名	职务	年度薪酬(含税)
周玖付	总经理	21.60万元人民币
王志良	常务副总经理	19.44万元人民币
丁春阳	副总经理	16.20万元人民币

五、公司治理结构

(一)公司治理情况

公司成立以来，按照《公司法》、《证券法》和中国证监会等监管部门有关法律法规的要求，建立并逐步完善现代企业制度，制定了《公司章程》、《董事会议事规则》、《监事会议事规则》、《总经理工作细则》和公司内部控制制度，不断提高公司治理水平，规范公司运作，促进了公司健康发展。对照中国证监会和国家经贸委发布的《上市公司治理准则》，公司治理情况如下：

1、股东与股东大会：公司能够确保所有股东、特别是中小股东享有平等地位；公司股东大会的召开和表决程序，包括通知、登记、提案的审议，投票、计票、表决结果的宣布、会议决议的形成、会议记录及其签署、公告等均符合法律、法规的要求；公司关联交易公平合理，没有损害公司及股东的利益。

2、控股股东与上市公司：控股股东依法行使其权利并承担相应的义务，没有超越股东大会直接或间接干预公司经营活动；公司与控股股东在人员、财务、资产、机构和业务方面做到"五分开"，独立运作。

3、董事与董事会：公司董事会按法定程序召集、召开；董事选聘程序规范，董事会的构成符合法律法规的要求，职责清晰，制度健全，保证了董事会依法运作与决策。

4、监事与监事会：公司监事会按法定程序召集、召开；监事选聘程序规范，监事会的构成符合法律法规的要求，职责清晰，制度健全，监事能够认真履行职责，对公司财务及董事、经理以及其他高级管理人员履行职责的情况进行监督。

5、绩效评价与激励约束机制：公司建立了以经济责任制考核及相关配套措施为基础的绩效评价与激励约束机制。今后将根据有关法律法规的要求不断加以完善，促进公司经理人员绩效评价标准与激励约束机构更加健全、有效。

6、相关利益者：公司能够尊重和维护银行及其他债权人、职工、消费者、供应商等利益相关者的合法权利，并与之积极合作，共同推动公司持续、健康地发展。

7、关于信息披露与透明度：公司指定董事会秘书负责信息披露工作，认真接待股东来访和咨询；公司能够按照法律、法规和公司章程的规定，真实、准确、完整、及时地披露有关信息，并保证所有股东有平等的机会获得信息。

公司将继续加强对《上市公司治理准则》的学习、理解，不断完善公司治理结构，规范运作，努力创造优良的业绩。

(二)独立董事履行职责情况

公司经第一届第十一次董事会提议，2000年第二次临时股东大会通过，公司独立董事由刘伟、陈耀春先生担任。报告期内董事会充分发挥了独立董事的作用，提供其履行职权的环境和条件，重大事项上特别听取独立董事的意见；两位独立董事依照有关法律、法规认真负责地履行了独立董事的职责，为规范公司治理和董事会决策的科学、公正发挥了积极作用。

六、股东大会情况简介

报告期内，公司召开了2000年年度股东大会。

2001年2月13日，公司第一届十三次董事会通过了召开2000年年度股东大会的决议，并于2001年2月15日在《中国证券报》、《上海证券报》公告召开2000年年度股东大会的通知。原定2001年3月18日召开的2000年年度股东大会因所审议的议案涉及国家政策调整需进行修改，会议延期至2001年4月15日，并于2001年3月10日在《中国证券报》、《上海证券报》及时进行了延期公告。2001年4月15日，公司2000年年度股东大会在北京丰台区莲花池西里8号新华保险大厦召开，出席会议的股东或股东代表16人，代表股份270,195,500股，占公司股份总数的69.28%。

股东或股东代表认真审议了有关议案，以记名投票、逐项表决的方式，审议通过了以下决议：

(1)2000年度董事会工作报告；

(2)2000年度监事会工作报告；

(3)2000年度财务决算报告；

(4)公司2000年度利润分配预案；

(5)公司2000年度报告及摘要；

(6)董事会关于前次募集资金使用及效益情况的说明；

(7)公司2001年度增资配股预案；

(8)公司续聘北京中兴宇会计师事务所有限责任公司执行公司财务审计业务的议案；

(9)在公司领薪的董事2001年度薪酬的议案。

此次股东大会决议公告刊登于2001年4月17日的《中国证券报》、《上海证券报》上。

七、董事会报告

(一)报告期内的经营情况

1、主营业务的范围及其经营状况

(1)公司所处行业及在本行业中的地位

作为中国畜牧业的龙头企业，中牧股份所从事的主业正处于关系中国畜牧业健康发展的关键环节，而且又恰恰是最薄弱的环节。自上市以来，坚持优化产业结构，加大公司在生物制品领域的投资，利用现代生物技术，改造现有产业基础，大力推进旨在振兴中国畜牧业的产业升级，不断提高产品质量。同时，通过与国内外科研院所的广泛合作，以及建立企业自主研发体系，加速新产品开发和市场化进程，努力拓展市场，扩大占有份额，已成为一个生物高新技术企业，在中国畜牧业的发展中发挥着主力军的作用。

公司主要产品畜禽疫苗、多维饲料等在市场上占有较大份额，处于行业领先地位，2001年公司主要产品的销售和市场占有情况如下：

产品	销售量	市场占有率	行业排名
禽用疫苗	96.50亿羽份	32.2%	全国第一
畜用疫苗	7.83亿头份	39.2%	全国第一
特种疫苗	19.9亿毫升	52.4%	全国第一
多维饲料	1797吨	25.0%	全国第一

(2)公司主营业务简介

动物保健品行业产品包括：畜禽用疫苗、诊断液和兽用抗生素、兽用化药等几大类，其中兽用生物制品因为生物高新技术运用和新产品更新换代加快而在公司主营业务收入中占有举足轻重的地位；公司饲料行业产品包括：饲料原料、饲料添加剂、预混合饲料、配合饲料、浓缩饲料等系列产品，其中科技含量较高的复合多种维生素添加剂和预混合饲料占有较大比重；肉类行业产品包括：牛羊肉的屠宰、加工、连锁销售和国际贸易，以及熟食、腌熏肉制品加工，肉牛育肥；畜牧业生产资料贸易主要包括有关饲料、饲料原料、动物保健品及大宗畜牧业生产资料的进出口贸易。

2001年我国畜牧业经济仍经受着市场结构性调整的影响，产业和产品结构调整过程中形成的成本和风险在产品市场得到体现，畜产品以及与畜牧业相关联的生产资料价格继续呈现波动较大的趋势。市场竞争激烈，经营风险加大。公司依靠行业和产品优势，把握市场机遇，围绕主营业务，重点抓住生物制品和饲料添加剂生产销售，强化企业管理，健全内控制度，调整管理模式与框架，推进整体营销网络构架，加大科技资金投入力度，加快新产品上市，大力调整产品结构和布局，积极跟踪和开拓国际市场，继续保持了本公司在畜禽用生物制品、动物饲料和畜产品加工领域国内的行业主导地位，使公司2001年实现主营业务收入1,524,955,200.18元，主营业务利润总额305,527,209.27元，分别比2000年增长了6.78%和46.03%。

公司2001年主营业务收入和主营业务利润构成如下表：单位：人民币元

业务构成	业务收入	占主营业务收入比例	主营业务利润	占主营利润比例
饲料	930,211,287.91	61.00%	90,530,821.91	29.63%
生物制品	368,392,876.45	24.16%	200,521,108.57	65.63%
肉类产品	170,137,233.68	11.16%	10,734,206.35	3.51%

业务构成	业务收入	销售成本	毛利率
饲料	930,211,287.91	839,680,466.00	9.73%
生物制品	368,392,876.45	167,871,767.88	54.43%

2、主要供应商、客户情况

公司前五名客户销售额占公司销售总额的19.95%，前五名供应商采购金额占年度采购总额的72.36%。

3、在经营中出现的问题与困难及解决方案

2001年公司经营中遇到的主要问题是，我国畜产品结构性过剩、增速减缓和国内消费市场日渐成熟需求之间的矛盾加剧，畜产品及畜牧业相关生产资料的市场价格呈现年度内周期性大幅波动，企业间的无序竞争，加剧了经营风险和市场信息失真。同时，加入WTO后国际规则的要求与企业面临的现实环境之间的差距，将直接面对来自国际市场上资本与技术的挑战，也对企业经营决策带来不利影响。

针对年度行业经营的严峻局面，特别是市场环境未能有大的改观的情况下，公司坚持依托主业，围绕市场加大产品结构调整；发挥统一采购、统一销售和现有营销网络的优势，实施公司同行业产品配售、不同行业客户资源共享和点对点的技术服务，以及与价格调节相结合的销售服务策略；推行以资金管理为核心的中央管理体制，统一财务核算体系和费用预算管理，以及强化公司内部稽核制度和查处力度，保障资金安全；扩大高技术高效产品的生产规模，增加产量；加大科研投入，加快新产品问世，实施新产品销售责任制，促进产品更新换代；加强国际间的技术引进与经贸合作，努力开拓国际市场。充分把握畜产品和市场周期变化中的机遇，以效益为首，稳步提高市场占有率，保证经营业绩有所提高，并保持了良好的发展势头。

(二)报告期内公司投资情况

1、募集资金的运用和结果　　单位：万元

募集资金来源	承诺投资项目	项目总投资	实际投资项目	实际投资金额	完工程度
A股发行	饲用矿物盐预处理厂	2,650.00	饲用矿物盐预处理厂	2,330.95	已完成
A股发行	南京动物保健品工程	2,819.65	南京动物保健品工程	2,819.65	已完成
A股发行	郑州生物药厂洁净厂房项目	2,905.00	郑州生物药厂洁净厂房项目	2,875.47	基本完成
A股发行	兰州生物药厂洁净厂房项目	2,960.00	兰州生物药厂洁净厂房项目	2,936.61	已完成
A股发行	兼并华蓉公司及技改项目	6,296.80	兼并华蓉公司及技改项目	6,955.44	基本完成
A股发行	兰州家禽灭活苗	2,987.58	兰州家禽灭活苗	1,972.83	正在进行
A股发行	增资中牧大华安项目	8,068.00	增资中牧大华安项目	8,068.00	已完成
A股发行	收购江西生物药厂	1,800.00	收购江西生物药厂	1,818.00	已完成
A股发行	湖北中牧安达药业有限公司	4,900.00	湖北中牧安达药业有限公司	4,900.00	已完成
A股发行	中牧拓普药业有限公司	4,746.00	杭州中牧生物工程有限公司	4,746.00	已完成
A股发行	中牧研发中心项目和中牧质量监测中心项目	5,461.00	中牧研发中心项目和中牧质量监测中心项目	5,072.00	正在进行
A股发行	补充流动资金	3,142.05	补充流动资金	3,142.05	投入使用

2、尚未使用的募集资金去向：

前次募集资金未使用的数额为1099.57万元，占所募集资金总额的2.26%，公司将尽快投入并完成未完成的项目。

3、项目变更原因、程序和披露情况：

报告期内项目未变更，中牧拓普药业有限公司在工商注册的名称改为杭州中牧生物工程有限公司，投资项目的内容和投资额没有发生变化。

4、项目进度情况及收益情况：

募集资金投资项目的投入及使用，使公司的产品结构得到调整，主导产品的生产能力有所扩大，并增加了市场紧缺的禽流感、氟苯尼考等产品投放市场，增强了公司的竞争力。尤其是通过加大了生物制品的投入，提升了公司产品的技术含量，增加了产品的附加值，进一步巩固了公司在动物疫苗生产领域的龙头地位。2001年生物制品行业的新增效益已经开始体现出来，2001年公司的生物制品实现销售收入36839.2万元，实现业务利润20052.11万元，占2001年公司主营业务利润的65.63%。前次募集资金投入项目2001年效益状况如下：

(1)饲用矿物盐预处理厂建成投产后，自2001年起纳入公司饲料行业整体管理和运作范围，并作为公司生产预混合饲料的原料车间，由于未予单独核算，无法核算其效益。

(2)郑州生物药厂洁净厂房、兰州生物药厂洁净厂房、兰州家禽灭活苗车间扩建工程等项目均属在原资产基础上改扩建。提高了产品质量，扩大了生产规模，使得公司在生物制品行业竞争力显著提高，并使公司生物制品行业增加销售收入17477.62万元。

(3)收购江西生物药厂项目，该项目实施后，公司将其纳入生物制品行业整体运作之中，2001年实现销售收入5193.88万元，实现主营业务利润339.43万元。

(4)南京动物保健品工程，属中外合资企业，该公司成立后即进行车间建设，去年底前全部工程已完工，现已获得生物制品生产许可证，并已完成产品批准文号申报工作，产品已投放市场。2001年新增销售收入114万元。

(5)兼并华蓉公司及建设年产两万吨配合饲料技改项目。饲料行业竞争十分激烈，价格下降较多，2001年完成销售收入5745.96万元，实现主营业务利润163.20万元。

(6)增资中牧大华安肉类项目。该公司自2001年起实行业务重组统一销售，并加强了国际市场的开拓，市场份额扩大且产品成功出口。2001年销售收入比去年增加13943.90万元，主营业务利润增加786.73万元。

(7)湖北中牧安达药业有限公司,2000年底投产,2001年实现销售收入3219.61万元,实现业务利润256.88万元。

(8)杭州中牧生物工程有限公司,2000年底投资到位,目前正处于产品试验。

5.非募集资金投资情况:

(1)厦门金达威维生素股份有限公司:投资1010.853万元,占权益29%,2001年该公司实现税后利润617.33万元。

(2)万通证券有限公司:受让青岛企业发展有限公司的3000万元股权,使公司所占股份增加到10.3%,并收回2000年收益217.97万元。

(3)北京时代东华文化传播有限公司:投资490万元,占权益49%。正在运作,尚无收益。

(三)公司财务状况

1.报告期内主要财务情况变动情况及原因

	2001年度	2000年度	增长率(%)	主要变化原因
资产总额	1,509,455,278.04	1,390,779,614.76	8.53	销售增加
长期负债	27,807,500.00	36,247,500.00	-23.28	偿还债务
股东权益	828,842,758.80	774,516,023.64	7.01	收益增加
主营业务利润	305,527,209.27	209,218,659.38	46.03	销售增加
净利润	89,141,644.08	54,917,439.21	62.32	销售增加

说明:表中2000年主营业务利润及净利润数低于2000年年度报告披露数的原因,详见会计报表附注。

2.北京中兴宇会计师事务所有限责任公司对公司2001年年度财务报告进行了审计,并出具了无保留意见的审计报告。

(四)影响公司经营的重大事项说明

1.动物疫病蔓延的影响

2001年,受欧洲、亚洲和非洲部分地区爆发的口蹄疫和香港、澳门地区爆发的禽流感的后续影响,对我国畜牧业生产和畜产品进入国际市场提出新的挑战,面对动物疫病在世界范围爆发的潜在威胁,我国政府高度重视,加强动物疫病防治与控制,采取有效措施保障畜牧业生产和肉食品安全,对以动物防疫用生物制品为主营业务的本公司提供了市场机遇。

2.中国加入WTO的影响

中国入世,将加快中国经济融入全球一体化的步伐与进程,随着市场的开放和技术、资本、人才、管理的引入,将促使国内畜牧企业加快调整产品结构,提高产品和服务质量,中牧股份也将面临考验,同时,中国企业国际化是大势所趋,这将为以高科技为支撑,从事生物制品、动物饲料和畜产品加工的公司提供新的市场发展空间。

3.税收政策影响

本公司依照国家有关政策和规定享受的免交所得税政策于2001年12月31日到期。自2002年1月1日起,按照北京市高新技术企业享受相应的税收政策。这对本公司的经营业绩造成一定影响。

(五)新年度业务发展计划

1.依据《上市公司治理准则》,按照修订的公司章程和相关法律文件,规范管理,守法经营,同时,继续发挥独立董事和专门委员会的作用,进一步完善公司治理结构,提高公司的决策水平,保持公司持续经营能力和稳步发展。

2.全面推进企业改革和体制创新,继续转变经营观念,借鉴并运用先进的经营管理模式和机制,探索并建立适应中牧股份的管理体系与组织框架,继续保持公司在生物制品、动物饲料等主营业务在国内同行业中的领先优势和加快公司的国际化步伐。同时,考虑到中牧股份肉类行业业务相对独立,与其他主营业务的关联少,同时避免与大股东中牧集团同业竞争,拟用中牧股份持有的中牧大华安、北京华安和上海华安的股权与中牧集团南京动物保健品项目资产进行置换,以优化中牧股份的产业结构,将优势产业做强作大,增强抗风险能力。

3.充分运用公司科技委人才资源优势,增加科技投入,实施科技创新工程,完善公司研发体系和机构,发挥国内国际两个研发基地的作用,扩大国际间研发合作与技术、产品引进,以市场和效益为主导,加快科技开发和新产品研制,力争新品市场化率和销售收入比重在现有基础上大幅提高。

4.加快公司营销网络体系的规划建设,通过合理布点和优化资源配置,借助互联网技术、计算机技术和应用软件技术,建设和完善财务管理系统、采购系统、销售与客户关系系统、办公协作系统等基础平台,实现企业信息、资源共享,提升公司市场营销水平和市场竞争力。

5.继续推进以资金管理为核心的财务管理,强化实施总量控制与预算控制相结合、资金流程过程监控、费用核定标准统一的中央银行制管理办法,提高资金使用效率,有效降低企业费用;加大内部审计和稽核查处力度,完善企业内控手段和制度建设,提高公司管理水平。

6.引进人才市场化管理理念和手段,加大人事用工制度和分配制度改革与创新力度,完善分配制度体系,建立权责明确、规范有序、奖惩并重的人力资源管理体系,促进人才和智力引进,加快人员合理流动与知识更新,建立培训机制,提高员工素质。

7.重视公司持续经营能力的提升,强化投资收益和成本意识,加快投资决策的科学化,依照公司发展战略,有选择地培养并储备低投入高回报项目;加强对已实施的兴建、增资和收购项目的管理,继续推行项目法人制、工程招投标和监理制,跟踪项目适时评估,及时调整保证丰厚的回报。

8.在继续发展主导优势产业的同时,积极拓展发展空间,优化产业结构,培育公司新的利润增长点,运用产品市场、资本市场成熟技术与手段,实现公司资本的增值,为公司未来的发展奠定基础。

(六)公司2001年度利润分配预案

1.公司2001年度分配预案

经中兴宇会计师事务所有限责任公司审定,公司2001年度实现合并净利润89,141,644.08元;实现母公司净利润88,857,020.23元。根据公司章程规定,以88,857,020.23元为基数,按10%提取法定公积金8,885,702.02元,按10%提取法定公益金8,885,702.02元,加年初可供股东分配利润14,750,821.36元,累计可供股东分配利润85,836,437.55元。

根据公司2001年分配政策,公司拟定以2001年末总股本390,000,000股为基数,向全体股东每10股派发红利0.92元(含税),共计分配35,880,000.00元;不送红股,剩余49,956,437.22元结转下年度分配,除此之外,本年度不进行公积金转赠股本。

该分配预案须报股东大会审议。

2.2002年度分配政策

拟在2002年度分配利润一次;公司2001年度结转的可供股东分配利润的100%,用于2002年度的股利分配;分配全部采用派发红利形式。

具体分配方案将根据公司2002年实际情况确定。

八、监事会报告

监事会在报告期内对公司财务管理、基本建设、内控制度、执行股东大会决议、经营决策、募集资金使用以及董事、经理的经营行为进行了认真的检查和监督,较好地维护了股东和公司的利益。

(一)监事会会议情况

1.2001年2月13日召开第一届监事会第六次会议,审议通过《中牧实业股份有限公司2000年度监事会报告》。

2.2001年8月9日召开第一届监事会第七次会议,审议通过《中牧实业股份有限公司2001年度中期报告及摘要》。

3.2001年12月10日召开第一届监事会第一次临时会议,审议了《公司规范运作自查情况》。

(二)监事会对本公司2001年度各项工作的意见

1.报告期内,公司运作规范,决策程序合法,建立了完善、有效的内部控制制度;

2.公司董事、总经理和其他高级管理人员在报告期内执行公司职务时无违反法律、法规和公司章程的行为;

3.北京中兴宇会计师事务所有限责任公司对公司财务会计报表出具了无保留意见的审计报告,公司的财务会计报告真实反映了公司的财务状况和经营成果;

4.公司资产交易价格合理,无内幕交易、损害股东权益或造成公司资产流失的行为;

5.关联交易公平、公正,没有损害公司利益,也未损害他方利益。

九、重要事项

(一)重大诉讼、仲裁事项:

我公司向辽宁长春中级人民法院起诉长春大成工程开发有限公司未履行与我公司签定的"L-赖氨酸盐酸盐供货合同",涉案金额1019.3万元。法院已受理此案并于2001年11月13日开庭审理,目前尚未结案。

(二)截止到2001年12月31日,公司享受的北京市丰台区国家税务局以[丰国税所复字(2000)第4号]"减免税批复通知"中的免税期已满,自2002年1月1日起,公司按北京市规定享受高新技术企业的有关优惠政策,具体以税务部门的批复为准。

(三)报告期内公司收购及出售资产事项。

报告期内收购中亚动物保健品总公司所属成都中亚生物制药厂和兰州中亚药械厂的部分经营性资产,详细情况见重大关联交易事项。报告期内无资产出售事项。

(四)报告期内公司重大关联交易事项:

(1)为扩大公司兽药生产规模,增加产品品种,同时更有利于公司所属的兰州生物药厂和成都药械厂组织兽用生物制品的生产,并有利于公司业务拓展和兽用生物制品行业的发展,经第一届董事会2001年第四次临时会议审议通过,公司收购中亚动物保健品总公司所属成都中亚生物制药厂和兰州中亚药械厂的部分经营性资产,经中锋资产评估有限责任公司评估价格为643.43万元。经财政部财企[2000]700号文件确认,双方协议收购价格为643.43万元。此事项于2001年5月8日在《中国证券报》、《上海证券报》有详细披露。

(2)公司与中牧集团合资组建农业科技风险投资公司----北京乐道兴创业投资有限公司,中牧股份出资2000万元,占40%股份。合资公司的经营范围主要为:为农牧业及其他高科技产业、项目的创业风险投资和管理,高科技企业的资本运营和资产管理,为国内外企业提供投资咨询、管理咨询和项目中介服务,在条件成熟时组建风险投资基金,从事各类风险投资基金的投资管理,从事国家政策允许的证券投资业务。

(3)公司与中牧集团合资组建中牧房地产开发公司,中牧股份出资900万元,占18%股份。合资公司的经营范围主要为房地产开发、经营、物业管理,承揽装饰、装修工程,建筑、装饰材料的销售,房地产投资咨询。该事项在报告期内尚未实施。

以上(2)、(3)项于2001年11月13日在《中国证券报》、《上海证券报》有详细披露。

公司与关联方不存在股权、债务往来、担保等事项。

(五)报告期内公司无托管、承包资产情况,除租赁中牧集团土地和租赁丰台科技园区、天纪投资公司房屋用于办公外,无其他资产租赁事项。

(六)本报告期续聘北京中兴宇会计师事务所有限责任公司执行公司财务审计业务,年度支付报酬82万元。

(七)报告期内公司、公司董事会、董事及高级管理人员无受监管部门处罚的情况。

(八)公司或持股5%以上股东中国牧工商(集团)总公司报告期内无承诺事项。

(九)公司报告期内无《证券法》第六十二条、《公开发行股票公司信息披露实施细则》(试行)第十七条所列的重大事项。

(十)本年度担保事项:

被担保单位	项目	性质	金额	期限	备注
中国服装股份公司	流动资金	担保	5,000,000.00	2001.1.17-2002.1.17	已还
中国服装股份公司	流动资金	担保	20,000,000.00	2001.11-2002.11	
中国服装股份公司	流动资金	担保	20,000,000.00	2001.3.23—2002.3.23	

十、财务报告

(一)审计报告

中兴宇审字(2002)2018号

中牧实业股份有限公司全体股东:

我们接受委托,审计了贵公司2001年12月31日的资产负债表及合并资产负债表、2001年度的利润及利润分配表及合并利润及利润分配表以及2001年度的现金流量表及合并现金流量表。这些会计报表由贵公司负责,我们的责任是对这些会计报表发表审计意见。我们的审计是依据《中国注册会计师独立审计准则》进行的。在审计过程中,我们结合贵公司的实际情况,实施了包括抽查会计记录等我们认为必要的审计程序。

我们认为,上述会计报表符合《企业会计准则》、《企业会计制度》的有关规定,在所有重大方面公允地反映了贵公司2001年12月31日的财务状况、2001年度的经营成果及2001年度的现金流量情况,会计处理方法的选用遵循了一贯性原则。

中兴宇会计师事务所有限责任公司　　中国注册会计师:梁晓燕

中国·北京

西长安街88号首都时代广场818　　中国注册会计师:李少秦

2002年3月10日

(二)会计报表附注

一、公司的一般情况

1.基本情况

中牧实业股份有限公司(以下简称公司)是由中国牧工商(集团)总公司(以下简称中牧集团)独家发起,以募集方式设立的股份有限公司。公司于1998年12月25日经国家工商行政管理局批准注册。公司经营饲料原料、饲料、饲料添加剂、动物保健品、生物制品、畜禽制品及其产品的加工、生产、销售,畜牧业生产资料的销售;经营本企业和成员企业生产产品及技术服务;本企业和成员企业所需的原辅材料、仪器仪表、机械设备、零配件及技术的进口业务(国家限定公司经营和国家进口的商品除外);经营进料加工和"三来一补"业务;研究开发饲料新品种、饲料新技术;与以上项目相关的技术、咨询、服务等。

公司注册资本:3.9亿。

公司法人代表:区仲生。

2.合并报表的编制方法

(1)将股份公司本部及下属分支机构进行汇总,构成股份公司母公司的财务报表,下属分支机构由以下单位组成:中牧实业股份有限公司南京药械厂、中牧实业股份有限公司成都药械厂、中牧实业股份有限公司兰州生物药厂、中牧实业股份有限公司郑州生物药厂、中牧实业股份有限公司江西生物药厂、中牧实业股份有限公司北京饲料分公司、中牧实业股份有限公司北京华罗饲料添加剂厂、中牧实业股份有限公司萧山市配合饲料厂。

(2)根据财政部颁布的《企业会计制度》及相关规定,将投资比例占被投资企业股本总额50%以上的控股子公司的报表与控股公司的报表进行合并。2001年12月31日符合合并条件的公司包括:中牧大华安肉类有限公司、华安肉类有限公司、沾化华安肉类有限公司、昌图华安肉类有限公司、大厂华安肉制品公司、成都华罗畜牧饲料科技有限公司、四川中牧饲料贸易有限责任公司、湖北中牧安达药业有限公司、杭州中牧生物工程有限公司、江西中牧饲料贸易有限责任公司,*

南通中牧饲料贸易有限责任公司(因投资金额小,实现利润少本期未并表)。

(3)对投资比例占被投资企业股本总额50%(含)以下的按权益法核算。

(4)对投资比例占被投资企业股本总额20%(含)以下或无控制权、无共同控制权的按成本法核算。

二、主要会计政策

1、公司执行的会计制度

公司执行财政部制定的《企业会计制度》及相关的企业会计准则。

2、会计期间

自每年公历1月1日起至12月31日止为一个会计年度。

3、记账原则和计价基础

采用借贷记账法,按照权责发生制核算,以历史成本作为计价基础。

4、货币核算

以人民币作为记账本位币。涉及外币业务时,采用业务发生时当日中国银行公布的市场汇率(中间价)折合人民币记账。期末,按期末中国银行公布的市场汇率(中间价)进行调整,调整后的各外币账户人民币余额与原账面余额的差额列作当期汇兑损益。

5、现金等价物的确定标准

公司将期限短、流动性强、易于转换为已知金额现金、价值变动风险很小的投资,确认为现金等价物。

6、短期投资核算

(1)短期投资的成本的确定:

A、公司对于以现金购入的短期投资,按取得时实际支付的全部价款(包括税金、手续费等相关费用)减去已宣告但尚未领取的现金股利或已到期尚未领取债券利息的余额作为短期投资成本。

B、公司对于投资者投入的短期投资,按投资各方确认的价值,作为短期投资成本。

C、公司对于接受的债务人以非现金资产抵偿债务方式取得的短期投资,按应收债权的帐面价值,加支付的相关税费之和作为短期投资成本;如果所接受的短期投资中含有已宣告但未领取的现金股利,或已到付息期但尚未领取债券利息,按应收债权的帐面价值减去应收股利或应收利息,加支付的相关税费之和作为短期投资成本;涉及补价的按以下方法确认短期投资成本:收到补价的,按应收债权的帐面价值,加支付的相关税费,减补价的余额作为短期投资成本;支付补价的,按应收债权的帐面价值,加支付的相关税费,加补价之和,作为短期投资成本。

D、公司对于以非货币交易方式取得的短期投资,按换出资产的帐面价值,加支付的相关税费之和,作为短期投资成本。涉及补价的按以下方法确认短期投资成本:收到补价的,按换出资产的帐面价值,加支付的相关税费及确认的收益,减补价的余额,作为短期投资成本;支付补价的,按换出资产帐面价值,加支付的相关税费,加补价之和,作为短期投资成本。

(2)短期投资期末计价:

期末,公司对于短期投资按成本与市价孰低计价。

(3)短期投资跌价准备的计提方法:

期末按市价低于成本的差额提取短期投资跌价准备;短期投资的价值在以后期间又得以恢复时,在原已计提的跌价准备金额内转回;短期跌价准备以单项短期投资为基础计提。

(4)短期投资损益的确认:

公司对于短期投资持有期间获得的现金股利或利息,除取得时已记入应收项目外,在实际收到时作为短期投资成本的收回。待短期投资处置时,将短期投资的帐面价值与实际取得的价款的差额确认为短期投资损益。

7、应收款项坏帐核算

(1)坏账的确认标准:

公司对于因债务人破产或死亡,以其破产财产或遗产清偿后仍然不能收回的应收款项,因债务人较长时期内未履行偿债义务而逾期,并有足够的证据表明无法收回或收回的可能性及小的应收款项经董事会批准确认为坏账损失。

(2)坏账的核算方法:

坏账损失采用备抵法核算。公司根据债务单位的实际财务状况和现金流量情况,对于应收款项(包括应收帐款和其他应收款)采用账龄分析法计提坏账准备,并相应记入当年损益。公司坏账准备的计提标准和比例列示如下:

公司董事会决议:根据逾期账龄,按其余额的比例分析计提坏账准备

逾期一年(含一年,以下类推)以内的,按其余额的5%计提;

逾期一至二年的,按其余额的10%计提;

逾期二至三年的,按其余额的20%计提;

逾期三至五年的,按其余额的50%计提;

逾期五年以上的,按其余额的100%计提。

(3)逾期标准:

应收帐款的逾期:生物制品行业6个月未收回的内销应收帐款为逾期;公司饲料及其他行业3个月未收回的内销应收帐款为逾期;所有外销应收款项以合同收款日为准,到期未收回款的为逾期;其他应收款以合同收款日为准,到期未收回款的为逾期,其他应收款未签定合同且3个月未收回的为逾期。

8、存货的核算

(1)存货成本:

存货取得时按实际成本计价,领用或发出的存货,采用加权平均法计算并确定其实际成本;消耗性物料、周转材料和低值易耗品领用时,采用一次摊销的办法。

(2)存货期末计价及跌价准备的计提、核算:

期末,按成本与可变现净值孰低计价,按存货可变现的净值低于实际成本的差额计提存货跌价损失,其计提方法采用单项比较法;已计提跌价准备的存货,其价值以后又得以恢复,应在原已确认的存货跌价准备金内转回;对领用、出售已提取跌价准备的存货,不同时调整已计提的跌价准备,待期末再予以调整。

9、长期股权投资的核算

(1)长期股权投资成本:

公司对于长期股权投资在取得时按初始投资成本入帐。初始投资成本按以下方法确定:

A、公司对于以现金购入的长期股权投资,按取得时实际支付的全部价款(包括支付的税金、手续费等相关费用)作为长期股权投资的初始投资成本。实际支付的价款中包含已宣告但尚未领取的现金股利,按实际支付的价款减去已宣告但尚未领取的现金股利后的余额,作为长期股权投资的初始投资成本。

B、公司对于接受的债务人以非现金资产抵偿债务方式取得的长期股权投资,按应收债权的帐面价值,加支付的相关税费之和,作为长期股权投资的初始投资成本。涉及补价的按以下方法确认长期股权投资初始投资成本:收到补价的,按应收债权的帐面价值,加支付的相关税费,减补价的余额作为长期股权投资初始投资成本;支付补价的,按应收债权的帐面价值,加支付的相关税费,加补价之和,作为长期股权投资初始投资成本。

C、公司对于以非货币交易方式取得的长期股权投资,按换出资产的帐面价值,加支付的相关税费之和,作为长期股权投资的初始投资成本。涉及补价的按以下方法确认长期股权投资初始投资成本:收到补价的,按换出资产的帐面价值,加支付的相关税费及确认的收益,减补价的余额,作为长期股权投资初始投资成本;支付补价的,按换出资产帐面价值,加支付的相关税费,加补价之和,作为长期股权投资初始投资成本。

(2)长期股权投资核算方法:

A、对于长期股权投资占被投资单位有表决权资本总额50%以上的子公司编制合并报表,对于长期股权投资占被投资单位有表决权资本总额20%以上、50%(含)以下的采用权益法核算,对于长期股权投资占被投资单位有表决权资本总额20%(含)以下的采用成本法核算。

B、长期股权投资采用权益法核算的,公司将取得投资时的投资成本与享有被投资单位所有者权益份额的差额作为"股权投资差额"。初始投资成本超过应享有被投资单位所有者权益份额的差额(借方差),按不超过10年期限,平均摊销;初始投资成本小于应享有被投资单位所有者权益份额的差额(贷方差),按不少于10年期限,平均摊销。

(3)长期股权投资损益的确认:

A、成本法:公司对被投资单位宣告分派的接受投资后产生的利润或现金股利,按应享有的分额确认收益,公司对被投资单位宣告分派的接受投资前产生的利润或现金股利,按应享有的分额调减初始投资成本。

B、权益法:公司对被投资单位接受投资后实现的利润、按应享有的分额确认损益,公司对被投资单位接受投资前实现的利润,按应享有的分额调减初始投资成本。

C、处置股权投资时,公司将长期投资的帐面价值与实际取得的价款差额,作为投资损益。

(4)长期股权投资期末计价:

期末,公司按长期股权投资可收回金额低于账面价值孰低计价。

(5)长期股权投资减值准备的计提方法:

期末,公司按长期股权投资可收回金额低于账面价值孰低计价的差额计提减值准备。

10、长期债权投资的核算

(1)长期债权投资成本:

公司对于长期债权投资在取得时按初始投资成本入帐。初始投资成本按以下方法确定:

A、公司对于以现金购入的长期债权投资,按取得时实际支付的全部价款(包括支付的税金、手续费等相关费用)作为长期债权投资的初始投资成本。实际支付的价款中包含已到期但尚未支付的利息,按实际支付的价款减去已到期但尚未支付的利息后的余额,作为长期债权投资的初始投资成本。

B、公司对于接受的债务人以非现金资产抵偿债务方式取得的长期债权投资,按应收债权的帐面价值,加支付的相关税费之和,作为长期债权投资的初始投资成本。涉及补价的按以下方法确认长期债权投资初始投资成本:收到补价的,按应收债权的帐面价值,加支付的相关税费,减补价的余额作为长期债权投资初始投资成本;支付补价的,按应收债权的帐面价值,加支付的相关税费,加补价之和,作为长期债权投资初始投资成本。

C、公司对于以非货币交易方式取得的长期债权投资,按换出资产的帐面价值,加支付的相关税费之和,作为长期债权投资的初始投资成本。涉及补价的按以下方法确认长期债权投资初始投资成本:收到补价的,按换出资产的帐面价值,加支付的相关税费及确认的收益,减补价的余额,作为长期债权投资初始投资成本;支付补价的,按换出资产帐面价值,加支付的相关税费,加补价之和,作为长期债权投资初始投资成本。

(2)长期债权投资核算方法及损益确认:

A、公司对于长期债权依其票面价值与票面利率按期计算确认利息收入。

B、公司对于长期债权的初始成本减已到期但尚未领取的债券利息、未到期债券利息、相关税费的差额作为债券折溢价,并将折溢价于债券存续期间内在确认利息收入时采用直线法摊销。

C、公司处置长期债权投资时,对于实际取得的价款与长期债权帐面价值的差额作为投资收益。

(3)长期债权投资期末计价:

期末,公司按长期债权投资可收回金额低于账面价值孰低计价。

(4)长期债权股权投资减值准备的计提方法:

期末,公司按长期债权投资可收回金额低于账面价值孰低计价的差额计提减值准备。

11、固定资产计价及折旧方法

(1)固定资产的标准:

固定资产的标准为使用年限在一年以上的房屋建筑物、机器、机械、运输工具以及其他与生产经营有关的设备、器具、工具等;不属于生产经营主要设备的物品但单位价值在2000元以上且使用年限超过两年的。

(2)固定资产取得的计价:

固定资产按实际成本计价。取得时的成本包括买价、进口关税、运输和保险等相关费用,以及为固定资产达到预定可使用状态前所必要的支出。具体情况如下:

A、购置的不需要经过建造过程即可使用的固定资产,按实际支付的买价、包装费、运输费、安装成本、交纳的有关税金等,作为入帐价值。

B、自行建造的固定资产,按建造的固定资产达到预定可使用状态前所发生的全部支出,作为入帐价值。

C、投资者投入的固定资产,按投资各方确认的价值入帐。

D、融资租入的固定资产,按租赁开始日租赁资产的原帐面价值与最低租赁付款额的现值两者中交低者,作为入帐价值。

E、在原有固定资产的基础上进行改建、扩建的,按原有固定资产的帐面价值,加上由于改建的、扩建而使该项资产达到预定可使用状态前发生的支出,减去改建、扩建过程中发生的变价收入,作为入帐价值。

F、公司对于接受的债务人以非现金资产抵偿债务方式取得的固定资产或以应收债权换入的固定资产,按应收债权的帐面价值,加支付的相关税费之和,作为入帐价值。涉及补价的按以下方法确定:收到补价的,按应收债权的帐面价值,加支付的相关税费,减补价的余额作为入帐价值;支付补价的,按应收债权的帐面价值,加支付的相关税费,加补价之和,作为入帐价值。

G、公司对于以非货币交易方式换入的固定资产,按换出资产的帐面价值,加支付的相关税费之和,作为入帐价值。涉及补价的按以下方法确认:收到补价的,按换出资产的帐面价值,加支付的相关税费及确认的收益,减补价的余额,作为入帐价值;支付补价的,按换出资产帐面价值,加支付的相关税费,加补价之和,作为入帐价值。

H、接受捐赠的固定资产,按以下方法确定其入帐价值:捐赠方提供有关票据的,按票据上标明的金额加上应支付的相关税费,作为入帐价值;没提供有关票据的,按同类或类似固定资产的市场价格估计的金额,加上应支付的相关税费,作为入帐价值;按该接受的固定资产的预计未来现金流量现值,作为入帐价值。

I、盘盈的固定资产,按同类或类似固定资产的市场价格,减去按该项资产的新旧程度估计的损耗后的余额,作为入帐价值。

J、无偿调拨的固定资产,按调出单位的帐面价值加上发生的运输费、安装费等作为入帐价值。

(3)固定资产的折旧方法及折旧率:

固定资产折旧采用直线法计算,根据各项固定资产帐面价值及尚可年限、预计残值(原值的4%)确定折旧率及折旧额。具体固定资产的分类折旧如下:

类别	预计使用年限	年折旧率
房屋及建筑物	30年	3.2%
机器设备	5-12年	19.2%-8%
运输设备	10年	9.6%
其他固定资产	10年	9.6%

(4)固定资产的减值准备:

公司在期末,公司对固定资产进行逐项检查,对于因市价持续下跌,或技术陈旧、损坏、长期闲置等原因导致其可收回金额低于帐面价值的,将可收回金额低于其帐面价值的差额作为固定资产减值准备并记入当期损益。

12、在建工程的核算

(1)在建工程取得的计价:

公司对于在建工程按实际成本核算。在建工程达到预定可使用状态转固定资产。

(2)在建工程的减值准备:

期末,公司对在建工程进行全面检查,对长期停建并且预计在未来3年内不会重新开工的,或所建项目无论在性能上还是在技术上已经落后,并且给公司带来经济利益具有很大的不确定

性的,或有足够的证据证明所建在建工程已经发生减值的,公司将按可收回金额低于其帐面价值的差额作为在建工程减值准备,并记入当期损益。

在建工程达到预定可使用状态之时转为固定资产。

13、无形资产的核算

(1)无形资产取得的计价:

无形资产取得时按实际成本计价。

(2)无形资产摊销:

公司自无形资产取得当月起,在一定年限内分期平均摊销。具体如下:

A、土地使用权按合同规定使用年限 50 年分期摊销;

B、专有技术、特许经营权、商誉等按预计使用年限 10 年分期摊销。

C、其他无形资产如电脑网络的建设、软件的购置等预计使用年限 3 - 10 年分期摊销。

(3)无形资产期末计价:

期末,公司按无形资产帐面价值与可收回金额熟低计价,对可收回金额低于帐面价值的差额,计提无形资产减值准备。

14、长期待摊的核算

长期待摊费用在收益期内分期摊销。具体如下:

(1)发生的大修理费用,在预计下一次大修理前平均摊销;

(2)租入固定资产改良支出按租赁期与租赁资产可使用年限孰短的期限内摊销;

(3)对筹建期间发生的开办费自生产经营当月起一次记入当期损益。

(4)其他长期待摊受益期内 10 年分期摊销。

15、借款费用的核算

(1)公司对于除为购建固定资产的专门借款所发生的借款费用外,其他借款费用均于发生时确认为当期损益。记入财务费用。

(2)公司对于为购建固定资产的专门借款所发生借款费用,如下核算:

A、公司对于因借款发生的辅助费用,在购建的固定资产达到预定可使用状态之前发生的,记入固定资产成本,在购建的固定资产达到预定可使用状态之后发生的,于发生时计入当期损益。

B、公司对于为购建固定资产而借入的专门借款所发生的借款利息、折溢价的摊销、汇兑损益,满足资本化条件的,在购建的固定资产达到预定可使用状态之前发生的,记入固定资产成本,在购建的固定资产达到预定可使用状态之后发生的,于发生时计入当期损益。

16、收入实现的确认

(1)商品销售收入的确认:

公司已将商品所有权上的重要风险和报酬转移给买方,公司不再对该商品实施继续管理权和实际控制权,相关的收入已经收到或取得了收款的证据,并且与销售该商品有关的成本能够可靠计量时,确认营业收入的实现。

(2)提供劳务收入的确认:

公司对于在同一会计年度开始并完成的劳务,在劳务完成时确认收入;公司对于开始与完成不在同一会计年度的劳务,在提供劳务交易的结果能够可靠估计的情况下,在资产负债表日按完工百分比法确认劳务收入;在提供劳务交易的结果不能够可靠估计的情况下,在资产负债表日按已经发生并预计能够补偿的劳务成本金额确认劳务收入,如果预计已经发生的劳务成本不能得到补偿时,则不确认收入。

17、所得税的核算方法

采用应付税款法。

18、会计政策、会计估计变更说明

(1)会计政策、会计估计变更的理由:

按照财政部财会[2000]25 号"关于印发《企业会计制度》的通知"的要求,公司自 2001 年 1 月 1 日起执行《企业会计制度》,并根据《企业会计制度》及相关规定修改了公司的会计政策。变更如下:

(2)会计政策、会计估计变更内容:

A、期末固定资产按可收回金额低于帐面价值的差额计提固定资产减值准备。

B、期末在建工程按可收回金额低于帐面价值的差额计提在建工程减值准备。

C、期末无形资产按可收回金额低于帐面价值的差额计提无形资产减值准备。

D、对长期待摊费用—开办费的核算,由原来于公司正式成立的当月起 5 年平均摊销改为自生产经营当月起一次记入当期损益。

(3)会计政策、会计估计变更的累计影响数:

上述会计政策变更及会计差错更正已采用追溯调整法,调整了年初留存收益及相关项目的期初数,利润表及利润分配表上的上年数栏已按调整后的数字填列。由于会计政策变更累计影响数为 27,538,198.01 元;其中因开办费摊销方法改变的累积影响数为 5,755,191.54 元,因追溯调整固定资产减值准备累计影响数为:21,783,006.47 元。会计差错更正累积影响数为 7,943,830.77 元;由于会计政策调整变更、会计差错更正,调减了 2000 年度的净利润 35,482,028.78 元;少数股东损益 1,421,497.25 元;调减 2001 年期初留存收益 35,482,028.78 元,其中未分配利润调减了 28,388,474.94 元,盈余公积调减了 7,093,553.84 元;利润及利润分配表上年栏的年初未分配利润调减了 23,388,474.94 元;调减少数股东权益 1,421,497.25 元。

三、税项

1、增值税:国家税务总局国税发(1999)39 号"国家税务总局关于修订"饲料"注释及加强饲料免征增值税管理问题的通知",饲料产品免征增值税。生物药品实行简易办法按照销售额 6% 的征收率计算缴纳;兽药按照 17% 的税率计算缴纳。子公司中涉及肉类加工批发业务,按财税字(1998)31 号文享受增值税先征后返政策。

2、营业税:按其他业务收入的 5% 计算缴纳。

3、城建税及教育费附加:分别按应缴流转税的 7% 和 3% 缴纳;南京药械厂按应缴流转税的 4% 缴纳教育费附加;

4、所得税:根据北京市丰台区国家税务局丰国税所复字(2000)第四号文减免税批复通知,本公司 1999 年 9 月 1 日至 2001 年 12 月 31 日享受免征所得税待遇,其中分公司南京药械厂、郑州药械厂、兰州药械厂、成都药械厂、江西生物药厂所得税税率为 33%;合并报表范围内的成都华罗畜牧饲料科技开发有限公司、四川中牧饲料贸易有限责任公司、北京华安肉类有限公司所得税税率为 33%;中牧大华安肉类有限公司根据北京市税二字(1994)268 号文件规定,经北京市东城区国家税务局同意免缴企业所得税(每年核批)、湖北中牧安达药业有限公司根据武办发[2000]第 9 号文件批准,享受免征所得税待遇。

四、联营企业及控股子公司:

金额单位:人民币元

被投资单位名称	投资期限	期初帐面价值	本期增减额	期末帐面价值	占被投资单位注册资本比例	主营业务
华安肉类有限公司	15 年	10,167,094.36	-1,313,439.41	8,853,654.95	50.00%	肉类加工销售
中牧大华安肉类有限公司	30 年	78,112,708.35	-10,056,171.37	68,056,536.98	89.47%	肉类加工销售
中牧安达药业有限公司	30 年	48,267,517.83	-1,543,818.71	46,723,699.12	80.00%	兽药生产销售
杭州中牧生物工程有限公司	30 年	47,460,000.00	-706,423.41	46,753,576.59	75.00%	兽药生产销售
四川中牧饲料贸易有限责任公司	30 年	5,936,850.32	-197,097.75	5,739,752.57	80.00%	饲料原料销售
江西中牧饲料贸易有限公司	30 年	5,455,485.58	-90,162.36	5,365,323.22	80.00%	饲料原料销售
成都华罗畜牧饲料科技有限公司	30 年	45,584,688.34	-1,829,752.84	43,754,935.50	90.60%	饲料加工销售
济南浓缩饲料厂	无期限	23,259,811.78	-3,355,298.39	19,904,513.39	39.21%	饲料原料销售
广西华桂畜牧饲料有限公司	30 年	13,214,383.38	-2,184,312.23	11,030,071.15	35.00%	饲料原料销售
上海华安肉类有限公司	45 年	3,433,949.28	-129,054.35	3,304,894.93	50.00%	肉类加工销售
上海富宝科技投资管理有限公司	20 年	11,748,343.00	-1,841,119.50	9,907,223.50	33.00%	投资咨询
郑州穗屏饲料公司	30 年	4,353,800.00	2,176,900.00	2,176,900.00	40.00%	饲料加工销售
厦门金达威维生素有限公司	50 年		24,556,888.58	24,556,888.58	29.00%	维生素类产品生产销售
北京乐道兴创业投资公司	10 年		20,000,000.00	20,000,000.00	40.00%	风险投资
南京梅里亚动物保健有限公司	30 年	28,196,540.00	-12,041,615.74	16,154,924.26	50.00%	生物兽药生产销售
北京时代东华文化传播公司	20 年		4,900,000.00	4,900,000.00	49.00%	影视文化
南通中牧饲料贸易有限责任公司	20 年		1,424,204.71	1,424,204.71	70.00%	饲料贸易
辽宁大成农牧实业有限公司	15 年	3,599,840.93		3,599,840.93	10.22%	饲料加工销售
青岛万通证券有限公司	无期限	30,000,000.00	30,000,000.00	60,000,000.00	10.86%	证券投资咨询
深圳市量科创业投资有限公司	无期限	10,000,000.00	0.00	10,000,000.00	16.67%	风险投资咨询
澳大利亚 I-LOK 建筑新技术有限公司	10 年	11,626,650.00	0.00	11,626,650.00	20.01%	新型建材销售
北京绿之珠商品配送有限公司	20 年	4,058,555.14	-1,969,938.75	2,088,616.39	39.14%	商品配送
沾化华安肉类有限公司	30 年	14,287,661.89	-1,461,645.21	12,826,016.68	70.00%	肉类加工销售
昌图华安肉类有限公司	10 年	510,000.00	-510,000.00	0.00	51.00%	肉类加工销售
大厂肉制品有限公司	20 年	5,215,541.38	-1,923,410.00	3,292,131.38	90.00%	肉类加工销售
沈阳大华安公司	20 年	0.00	500,000.00	500,000.00	19.23%	肉类加工销售
江西江龙酒店	20 年	0.00	383,110.00	383,110.00	2.09%	饲料生产销售
四川广汉生物制品有限公司	无期限	0.00	13,250,924.08	13,250,924.08	30.00%	生化品生产销售

五、会计报表主要项目注释(金额单位:人民币元)

注释 1、货币资金

种类	期初数	期末数
现金	7,594,643.55	1,197,319.25
银行存款	198,832,314.74	135,274,459.53
其它货币资金	275,386.59	825,843.98
合计	206,702,344.88	137,297,622.76

本期货币资金减少较多,主要为公司购建固定资产支出。

注释 2、短期投资

项目	期初数	期末数
股票投资		
债券投资(国债)		28,105.00
委托投资		
合计		28,105.00

注释 3、应收股利

项目	期初数	期末数
济南浓缩饲料厂	101,328.46	1,978,429.10
合计	101,328.46	1,978,429.10

注释 4、应收帐款

帐龄	期初数			期末数		
	金额	比例%	坏帐准备	金额	比例	坏帐准备
1 年以内	249,671,417.29	86.75	6,151,537.62	230,557,565.54	79.19	3,985,886.93
1—2 年	21,139,811.90	7.34	2,135,527.92	38,318,367.09	13.16	3,831,836.71
2—3 年	7,443,670.83	2.58	2,317,679.62	8,506,947.81	2.92	2,122,373.81
3 年以上	9,533,419.13	3.33	6,373,217.30	13,772,978.32	4.73	7,830,789.52
合计	287,788,319.15	100.00	16,977,962.46	291,155,858.76	100.00	17,770,886.97

应收帐款中无持有本公司 5%(含 5%)以上股份的股东单位欠款。

欠款金额前五名的单位:

单位	金额	性质	帐龄	比例(%)
河南省防五办	17,628,874.03	货款	一年以内	5.73
湖南中牧饲料发展有限公司	12,354,699.64	货款	一年以内	4.29
山东畜牧兽医总站	6,834,357.57	货款	一年以内	2.22
宁夏区兽医站	4,281,295.77	货款	一年以内	1.39
浙江省农业厅畜牧管理局	3,686,996.71	货款	一年以内	1.28

全额计提坏帐准备的项目主要为帐龄在五年以上的应收款项,具体包括:

单位	金额	理由
安徽寿县正阳关农场	137,540.00	欠款年限长,收回难度大
佛山华康发展公司	194,293.00	欠款年限长,收回难度大
广州新希望动物营养公司	204,400.00	欠款年限长,收回难度大
沧州辰龙饲料公司	261,740.00	欠款年限长,收回难度大
佳木斯四丰山种禽厂	242,680.00	欠款年限长,收回难度大

注释 5、其他应收款

帐龄	期初数			期末数		
	金额	比例%	坏帐准备	金额	比例	坏帐准备
1 年以内	44,298,241.63	70.63	936,141.26	54,344,615.05	69.57	2,667,605.70
1-2 年	8,159,707.26	13.01	671,850.82	7,997,874.91	10.24	1,111,169.06
2-3 年	4,139,436.43	6.60	2,047,960.81	5,343,494.36	6.84	901,116.19
3 年以上	6,121,388.40	9.76	5,419,858.49	10,428,393.27	13.35	5,768,800.74
合计	62,718,773.72	100.00	9,075,811.38	78,114,377.59	100.00	10,448,691.69

其他应收款中无持有本公司 5%(含 5%)以上股份的股东单位欠款。

欠款金额前五名的单位:

单位	金额	性质	帐　龄
上海富宝科技投资管理公司	15,000,000.00	垫付款	1 年以内
兰州健乐饮料厂	1,639,113.10	电费及借款	5 年以上 1555058.28 元,1 年以内 84054.82 元
上海华安肉类有限公司	1,692,175.92	往来款	1-2 年
长春华罗	1,433,598.17	往来款	3-5 年
上海湘大新杨兽药公司	1,150,313.42	往来款	1-2 年

全额计提坏帐准备的项目主要为账龄在五年以上的应收款项,具体包括:

单位	金额	理由
兰州健乐饮料厂	1,555,058.28	以前年度计价纠纷,回收困难
兰州太阳所	188,347.63	欠款年限长,收回难度大
兰州制箱厂	117,916.37	欠款年限长,收回难度大

注释 6、预付账款

账龄	期初数		期末数	
	金额	比例%	金额	比例%
1 年以内	50,651,858.40	98.26	105,064,359.22	95.48
1—2 年	247,434.28	0.48	4,949,867.25	4.50
2—3 年	649,514.97	1.26	20,271.48	0.02
合计	51,548,807.65	100.00	110,034,497.95	100.00

本期预付账帐款的增加主要原因:

公司购买紧缺饲料原料支付的预付款货款和购买土地等支付的预付款。

帐龄超过一年未收回的原因:未及时结清支付原料款的结算余额。

预付帐款中持有本公司 5%(含 5%)以上股份的股东单位欠款:

单位名称	金额
中国牧工商(集团)总公司	7,368,346.82

预付金额前五名:

单位	金额
罗氏泰山(上海)公司	15,419,188.75
辽宁大成生化工程公司	10,190,106.83
申联生物医药公司	8,270,000.00
中国牧工商集团公司	7,368,346.82
浙江省粮油食品进出口公司	3,094,583.06

注释 7、存货

项目	期初数		期末数	
	金额	跌价准备	金额	跌价准备
原料	42,358,045.34	725,618.17	62,759,536.28	2,119,368.82
包装物	6,475,113.72	78,532.29	8,604,444.14	183,257.14
低值易耗品	2,086,546.67	344,507.50	2,254,920.41	275,364.61
在产品	25,746,646.09	103,991.47	27,834,373.26	457,335.05
产成品及库存商品	104,406,533.54	2,410,479.49	145,289,465.26	1,770,870.85
合计	181,072,885.36	3,663,128.92	246,742,739.35	4,806,196.47

存货增减变动原因:主要是由于加强春防购进疫苗生产原料及年末购进饲料贸易商品所致。

注释 8、待摊费用

项目	期初数	本期增加	本期减少	期末数	年末结存余额的原因
房租	363,590.21	3,399,603.89	3,517,362.11	245,831.99	本期发生,摊销未满一年
土地管理费	19,830.28	4,509,000.00	4,513,000.00	15,830.28	本期发生,摊销未满一年
广告费	819,178.05		819,178.05		
保险费	214,820.05	920,277.86	699,805.98	435,291.93	本期发生,摊销未满一年
修理费	189,904.49	1,282,448.40	780,871.69	691,481.20	本期发生,摊销未满一年
其他	219,960.39	1,536,842.12	1,576,193.67	180,608.84	本期发生,摊销未满一年
合计	1,827,283.48	11,648,172.27	11,906,411.51	1,569,044.24	

注释 9、长期投资

项目	期初数		本期增加	本期减少	期末数	
	金额	其中:减值准备	金额	金额	金额	其中:减值准备
长期股权投资	202,504,930.84		18,711,512.56		221,217,443.40	5,078,566.95
长期债权投资	60,000.00			60,000.00	0.00	
合计	202,564,930.84		18,711,512.56	60,000.00	221,217,443.40	5,078,566.95

长期投资增加主要是由于股权投资增加所致。

(一)长期股权投资明细

1.股票投资明细

被投资单位名称	股票性质	股票数量	投资比例	投资余额	减值准备
成都蜀都大厦股份有限公司	法人股	60341 股	0.02%	60,341.00	0.00

2.其它股权投资明细

被投资单位名称	投资期限	期初帐面价值	本期增减额	期末帐面价值
杭州中牧生物工程有限公司	30 年	45,742,673.20	-45,742,673.20	0.00
江西中牧饲料贸易有限公司	30 年	5,360,400.00	-5,360,400.00	0.00
济南浓缩饲料厂	无期限	23,259,811.78	-2,318,006.01	20,941,805.77
广西华桂畜牧饲料有限公司	30 年	13,214,383.38	-7,969,654.49	5,244,728.89
上海华安肉类有限公司	45 年	3,433,949.29	-129,054.35	3,304,894.94
上海富宝科技投资管理有限公司	20 年	11,748,343.00	-1,841,119.50	9,907,223.50
郑州穗屏饲料公司	30 年	4,353,800.00	0.00	4,353,800.00
厦门金达威维生素有限公司	50 年	0.00	15,346,008.58	15,346,008.58
北京乐道兴创业投资公司	10 年	0.00	20,000,000.00	20,000,000.00
南京梅里亚动物保健有限公司	30 年	28,196,540.00	-9,221,961.74	18,974,578.26
北京时代东华文化传播公司	20 年	0.00	4,900,000.00	4,900,000.00
南通中牧饲料公司	20 年		1,424,204.71	1,424,204.71
辽宁大成农牧实业有限公司	15 年	3,599,840.93		3,599,840.93
青岛万通证券有限公司	无期限	30,000,000.00	30,000,000.00	60,000,000.00
深圳市量科创业投资有限公司	无期限	10,000,000.00	0.00	10,000,000.00
澳大利亚 I-LOK 建筑新技术有限公司	10 年	11,626,650.00	0.00	11,626,650.00
北京绿之珠商品配送有限公司	20 年	4,058,555.14	-1,969,938.75	2,088,616.39
沈阳大华安肉类公司	20 年	0.00	500,000.00	500,000.00
四川广汉生物制品有限公司	无期限	0.00	8,900,924.08	8,900,924.08
江西江龙酒店	20 年	0.00	383,110.00	383,110.00
其他股权投资合计		194,594,946.72	14,871,093.83	201,496,386.06

3.股权投资差额

被投资单位名称	初始原值	期初数	本期增加	本期摊销	摊余价值
华安肉类有限公司	7,849,643.12	7,849,643.12		604,384.99	7,245,258.13
中牧大华安肉类有限公司	-947,875.52	0.00	-947,875.52	-47,393.78	-900,481.74
四川广汉生物制品有限公司	4,500,000.00	0.00	4,500,000.00	150,000.00	4,350,000.00
济南浓缩饲料厂	-1,481,846.24	0.00	-1,481,846.24	-444,553.86	-1,037,292.38
广西华桂畜牧饲料有限公司	8,264,774.64	0.00	8,264,774.64	2,479,432.38	5,785,342.26
厦门金达威维生素有限公司	9,868,800.00	0.00	9,868,800.00	657,920.00	9,210,880.00
江西中牧饲料贸易公司	95,085.58	0.00	95,085.58	9,508.56	85,577.02
合计	28,148,581.58	7,849,643.12	20,298,938.46	3,409,298.29	24,739,283.29

4.长期投资减值准备

被投资单位名称	期初帐面价值	本期增减额	期末帐面价值	计提原因
郑州穗屏饲料公司	0.00	2,176,900.00	2,176,900.00	经营亏损
南京梅里亚动物保健有限公司	0.00	2,819,654.00	2,819,654.00	经营亏损
江西农业大厦(江西中牧)	0.00	82,012.95	82,012.95	经营亏损
合计	0.00	5,078,566.95	5,078,566.95	

(二)长期债权投资

债券种类	面值	利率	购入金额	到期日	期初数	本期收回	本期减值准备	期末数	累计减值准备
电力建债券	65,200.00	无	65,200.00	2002 年	40,000.00	40,000.00		0.00	
河南省电力建设债券	79,753.00	无	79,753.00	2002 年	20,000.00	20,000.00		0.00	
小计	144,953.00		144,953.00		60,000.00	60,000.00		0.00	

注释 10、固定资产及累计折旧

项目	金额
固定资产原值:	504,196,020.32
累计折旧:	192,239,743.95
净值:	311,956,276.37
固定资产减值准备	21,710,957.41
固定资产净额	290,245,318.96

(1)固定资产原值

类别	期初数	本期增加	本期减少	期末数
房屋建筑	201,389,732.53	43,513,566.82	3,886,417.49	241,016,881.86
机器设备	168,778,403.96	56,549,551.33	4,833,478.43	220,494,476.86
运输设备	32,878,140.10	7,759,549.23	3,144,454.74	37,493,234.59
其它设备	4,886,922.27	344,504.74	40,000.00	5,191,427.01
合计	407,933,198.86	108,167,172.12	11,904,350.66	504,196,020.32

(2)累计折旧

类别	期初数	本期增加	本期减少	期末数
房屋建筑	71,728,131.98	9,238,349.34	1,754,385.91	79,212,095.41
机器设备	80,519,116.78	17,402,290.31	3,847,266.16	94,074,140.93
运输设备	13,518,237.16	3,449,901.86	1,234,166.92	15,733,972.10
其它设备	2,865,286.48	390,249.03	36,000.00	3,219,535.51
合计	168,630,772.40	30,480,790.54	6,871,818.99	192,239,743.95

(3)固定资产减值准备

类别	期初数	本期增加	本期减少	期末数
房屋建筑	9,841,805.28		72,049.06	9,769,756.22
机器设备	9,781,039.02			9,781,039.02
运输设备	2,160,162.17			2,160,162.17
其它设备				-
合计	21,783,006.47		72,049.06	21,710,957.41

本期固定资产增加较大,原因主要为公司在建工程完工后转入固定资产。

注释 11、在建工程

工程名称	预算数	期初金额	本期增加额	转入固定资产	本期减少额	期末余额	进度	资金来源
1.预混剂项目	29,890,000.00		20,000.00			20,000.00		
2.郑州 GMP 洁净车间工程	29,050,000.00	27,057,736.00	931.92			27,058,667.92	93%	募集资金
3.科研与质检中心项目	54,610,000.00	50,214,684.61	660,147.91			50,874,832.52	98%	募集资金
4.兰州 GMP 车间工程	29,600,000.00	16,340,094.36	7,226,034.57	23,566,128.93		0.00	已完工	募集资金
5.兰州家畜灭活苗车间	29,875,000.00	5,801,217.55	22,563,179.41	8,636,073.56		19,728,323.40	95%	募集资金
6.电脑网络		1,661,307.30			1,661,307.30	0.00	已完工	自筹资金
7.大华安建设项目	59,280,000.00	40,579,304.00	2,897,947.92	25,977,251.92	17,500,000.00	0.00	已完工	募集资金
8.北京华安基建改造		1,432,349.93		1,432,349.93		0.00	已完工	募集资金
9.成都华罗厂建设项目		19,339,887.37	2,387,232.85	21,727,120.22		0.00	已完工	募集资金
10.中牧安达车间改建	4,070,000.00	563,625.61	2,658,026.38	2,102,352.79	13,193.20	1,106,106.00	80%	募集资金
11.兰州项目合成肽	96,200,600.00	978,912.95	846,865.43	207,920.78		1,617,857.60		自筹资金
12.SPF 鸡场项目	29,780,000.00		40,000.00			40,000.00		自筹资金
合计	362,355,600.00	163,969,119.68	39,300,366.39	83,649,198.13	19,174,500.50	100,445,787.44		

在建工程增加主要是由于兰州灭火苗项目、中牧安达车间改造、肉类项目等建设所致。

注释 12、无形资产

项目	取得方式	原值	期初余额	本期增加额	本期转出额	本期摊销额	累计摊销额	期末余额	剩余摊销年限
仔猪白痢独家生产权	购买	1,630,500.00	1,548,975.00			163,050.00	244,575.00	1,385,925.00	8.5年
离心浓缩技术	购买	3,139,200.00	2,982,240.00			313,920.00	470,880.00	2,668,320.00	8.5年
江西药厂商誉	收购溢价	2,427,519.71	2,294,202.24			230,818.52	364,135.99	2,063,383.72	8.5年
土地使用权	购买	16,330,000.00	16,330,000.00			326,600.00	326,600.00	16,003,400.00	49年
萧山土地使用权	购买	1,304,123.00	1,251,959.98			26,081.56	78,244.58	1,225,878.42	47年
中牧成都土地所有权	购买	13,400,000.00		13,400,000.00		67,653.00	67,653.00	13,332,347.00	49.8年
SUN软件	购买	1,661,307.30		1,661,307.30		553,769.10	553,769.10	1,107,538.20	3年
用电所有权	购买	126,000.00	39,060.00			6,300.00	93,240.00	32,760.00	5.2年
氟苯尼考转让费	购买	1,000,000.00	1,382,000.00		382,000.00	316,666.66	316,666.66	683,333.34	3.4年
土地使用权	购买	7,069,543.80	7,069,543.80			412,390.02	412,390.02	6,657,153.78	28年
氟苯尼考饮水剂技术	购买	120,000.00		120,000.00		24,000.00	24,000.00	96,000.00	4年
华罗土地使用权	购买	6,921,493.40	6,614,767.51	270,441.90		138,429.96	174,713.95	6,746,779.45	47年
中牧武清土地使用权	购买	6,329,300.00		6,329,300.00		63,293.00	63,293.00	6,266,007.00	49年
江西中牧土地使用权	购买	597,074.00		597,074.00		23,882.92	23,882.92	573,191.08	48年
合计		62,056,061.21	39,512,748.53	22,378,123.20	382,000.00	2,666,854.74	3,214,044.22	58,842,016.99	

中牧成都土地使用权证书正在办理中。

本期内发生的单项价值在 100 万元以上且原始价值是以评估价值入帐的无形资产有:

项目	取得方式	本期增加额	本期摊销额	累计摊销额	期末余额	剩余摊销年限	评估机构	评估方法
中牧成都土地所有权	购买	13,400,000.00	67,653.00	67,653.00	13,332,347.00	49.8 年	四川评估所	市场比价法
中牧武清土地使用权	购买	6,329,300.00	63,293.00	63,293.00	6,266,007.00	49 年	黑龙江国通所	市场比价法

注释 13、短期借款

借款类别	期初数	期末数	备注
担保借款	279,500,000.00	232,100,000.00	
抵押借款	18,290,000.00	17,690,000.00	
合计	297,790,000.00	249,790,000.00	

注释 14、应付票据

收票单位	出票日期	到期日	金额	备注
川化味之素	2001/8/24	2002/2/23	4,200,000.00	*
川化味之素	2001/11/16	2002/5/15	4,000,000.00	
上海奇华顿	2001/10/22	2002/1/21	900,000.00	*
上海奇华顿	2001/11/30	2002/2/28	900,000.00	*
上海奇华顿	2001/12/28	2002/3/28	1,070,000.00	
合计			11,070,000.00	

* 截至报告日已支付

注释 15、应付账款

账龄	金额
1 年以内	136,746,520.99
1-2 年	4,003,652.26
2-3 年	595,667.50
3 年以上	2,756,644.58
合计	144,102,485.33

应付账款增加主要为年末疫苗原料国内采购量增加且未到付款期所致。

3 年以上的应付账款主要内容为:

单位名称	金额	理由
湖北生物药厂	206,005.00	债权人变动,失去联系
河北辛集第一饲料经营部	107,046.50	债权人变动,失去联系
江西省畜牧协会技术服务队	77,113.80	债权人变动,失去联系

应付账款中欠无持有本公司 5%(含)以上股份的股东单位款项。

应付账款主要单位:

单位名称	金额
东棉生物农化公司	13,986,436.69
法国安万特公司	4,679,376.69
ADM 公司	2,636,901.38

注释 16、预收货款

账龄	金额
1 年以内	70,076,107.56
1-2 年	1,895,165.82
2-3 年	1,028,621.16
3 年以上	923,481.99
合计	73,923,376.53

预收账款增加主要由于鱼粉、疫苗销售预收款所致。

预收账款中无欠持有本公司 5%(含)以上股份的股东单位款项。

超过 1 年的预收账款主要有:

单位名称	金额	理由
上海福新化工有限公司	630,000.00	长期客户预付垫底资金
青海市畜牧厅防五办	480,000.00	长期客户预付垫底资金
内蒙古区惠利兽医技术开发公司	137,612.30	长期客户预付垫底资金
广西省防检站药械咨询服务部	130,000.00	长期客户预付垫底资金

预收账款主要单位:

单位名称	金额
广州晋华贸易公司	20,700,000.00
重庆市兽医站	2,925,456.82
山东畜牧兽医站	2,816,290.20
河南省畜牧兽医总站	2,272,500.00
山东省青岛兽医站	2,205,641.95

注释 17、应付股利

期初数	本期增加	本期减少	期末数
78,000,000.00	35,880,000.00	78,000,000.00	35,880,000.00

根据公司董事会关于《公司 2001 年度分配预案及 2002 年度分配政策的议案》,“公司累计可

供股东分配利润 85,836,437.55 元,以 2001 年末总股本 390,000,000 股为基数,向全体股东每 10 股派发红利 0.92 元(税前),共计分配 35,880,000 元,剩余 49,956,437.55 元留作下年度分配。该方案须报股东大会审议后实施。"

注释 18、应交税金

项目	期初数	期末数
增值税	8,209,749.87	-3,618,169.95
城建税	596,808.59	370,516.83
企业所得税	12,433,353.85	3,950,898.61
个人所得税	182,566.08	322,956.16
营业税	85,837.31	232,595.61
房产税	176,320.13	214,842.77
土地使用税	82,835.79	54,335.78
屠宰税	6,580.98	29.22
其他	2,474.94	2,282.40
合计	21,776,527.54	1,530,287.43

应交税金的减少主要是由于上缴以前年度所得税及增值税所致。

注释 19、其他应付款

账龄	金额
1 年以内	28,764,953.10
1-2 年	15,461,399.77
2-3 年	3,911,259.64
3 年以上	11,929,645.56
合计	60,067,258.07

其他应付款中对持有本公司 5%(含 5%)以上股份的股东单位无欠款。

超过 3 年的其他应付款主要有:

单位名称	金额
华安刍类欠其他原中方股东流动资金	4,976,899.12
应付原拨改贷利息	2,795,033.23

注释 20、预提费用

项目	期初数	期末数	结存原因
预提利息	1,435,619.25	770,002.50	未付利息
房租水电费及其他	1,561,038.03	1,000,499.02	尚未支付
风险奖励基金	4,757,866.74	5,506,394.87	尚未支付
其他		546,337.79	
合计	7,754,524.02	7,823,234.18	

注释 21、一年内到期的长期负债

借款类别	期初数	期末数	备注
信用借款		5,270,000.00	免息

注释 22、长期借款

借款类别	期初数	期末数	备注
担保借款			
信用借款	28,647,500.00	15,207,500.00	
抵押借款	7,000,000.00	7,000,000.00	
合计	35,647,500.00	22,207,500.00	

注释 23、递延税款贷项

期初数	期末数
9,342,819.72	8,304,728.64

期末数为资产评估增值应纳所得税,分 10 年摊销,摊余额 8,304,728.64 元。

注释 24、股本

数量单位:万股

项目	期初数	本次变动增减(+、-)配股	送股	公积金转股	其他	小计	期末数
一、尚未流通股份							
1、发起人股份	27,000.00						27,000.00
其中:国家拥有股份							
境内法人持有股份	27,000.00						27,000.00
外资法人持有股份							
其他							
2、募集法人股							
3、内部职工股							
4、优先股或其他							
尚未流通股份合计	27,000.00						27,000.00
二、已流通股份							
1、境内上市的人民币普通股	12,000.00						12,000.00
2、境内上市的外资股							
3、境外上市的外资股							
已流通股份合计	12,000.00						12,000.00
三、股份总数	39,000.00						39,000.00

注释 25、资本公积

项目	期初数	本期增加数	本期减少数	期末数
股本溢价	303,367,457.23			303,367,457.23
资产评估增值准备	16,862,925.05			16,862,925.05
股权投资准备	445,731.50			445,731.50
其他资本公积	9,090,661.38	1,065,091.08		10,155,752.46
长期投资形成的溢价				
拨款转入				
外币资本折算差额				
接受捐赠资产				
合计	329,766,775.16	1,065,091.08		330,831,866.24

由于公司目前尚在免税期内,本期结转递延税款摊销调入资本公积-其他资本公积 1,038,091.08。

注释 26、盈余公积

项目	期初数	本期增加数	本期减少数	期末数
法定盈余公积	21,031,525.49	8,885,702.02		29,917,227.51
公益金	19,251,525.48	8,885,702.02		28,137,227.50
合计	40,283,050.97	17,771,404.04		58,054,455.01

由于会计政策变更采用追溯调整法相应调减了期初法定盈余公积及公益金。

注释 27、未分配利润

项目	2001 年 12 月 31 日	2000 年 12 月 31 日
净利润	89,141,644.08	54,917,439.21
加:年初未分配利润	14,466,197.51	48,589,170.91
其他转入		
可供分配的利润	103,607,841.59	103,506,610.12
减:提取法定盈余公积	8,885,702.02	5,520,206.31
提取法定公益金	8,885,702.02	5,520,206.30
可供股东分配的利润	85,836,437.55	92,466,197.51
减:应付优先股股利		
提取任意盈余公积		
应付普通股股利	35,880,000.00	
转作股本的普通股股利		78,000,000.00
未分配利润	49,956,437.55	14,466,197.51

会计政策、会计差错追溯调整影响数:

1、计提固定资产减值准备调减 2001 年年初未分配利润 21,783,006.47

2、转销开办费调减 2001 年年初未分配利润 5,755,191.54;

3、会计差错调减 2001 年年初未分配利润 7,943,830.77;其中涉及的项目包括主营业务收入、主营业务成本所得税等;

4、以上调整相应调减了盈余公积 7,093,553.84;

注释 28、主营业务收入

行业	2001 年度	2000 年度
饲料销售收入	930,211,287.91	1,190,629,095.18
兽药销售收入	56,213,802.14	37,542,117.71
生物制品销售收入	68,392,876.45	169,279,436.53
肉类产品销售收入	170,137,233.68	30,698,191.63
合计	1,524,955,200.18	1,428,148,841.05

销售前五名统计

单位	销售金额	占总收入比例
全国兽医总站	160,911,306.59	10.55%
上海百润贸易公司	49,762,617.84	3.26%
湖南中牧饲料公司	41,684,792.74	2.73%
北京华丰饲料公司	26,115,000.00	1.71%
厦门三九进出口贸易有限公司	25,768,480.00	1.69%
合计	304,242,197.17	19.95%

注释 29、主营业务成本

行业	2001 年度	2000 年度
饲料销售成本	839,680,466.00	1,071,843,347.30
兽药销售成本	49,491,485.25	31,306,477.00
生物制品销售成本	167,871,767.88	85,980,735.30
肉类产品销售成本	159,243,316.18	27,671,677.90
合计	1,216,287,035.31	1,216,802,237.50

注释 30、主营业务税金及附加

项目	2001 年度	计缴标准
营业税	38,381.84	5%
城建税	1,957,915.62	7%
教育费附加	855,605.68	3%
调控基金	13,203.03	1%
副食品调控基金	243,631.66	4%
地方教育发展税	32,217.77	1%
合计	3,140,955.60	

注释 31、财务费用

项目	2001 年度	2000 年度
利息支出	29,218,478.02	8,935,315.45
减:利息收入	5,193,725.93	1,429,693.71
其他	186,602.21	48,018.00
合计	24,211,354.30	7,553,639.74

本期由于流动资金借款增加,导致本期财务费用上升。

注释 32、投资收益

项目	2001 年度	2000 年度
股权投资收益	-16,483,963.56	-2,852,403.22
债权投资收益		
联营公司投资收益		
合营公司投资收益		
合计	-16,483,963.56	-2,852,403.22

股权投资收益负数增加主要是南京梅里亚动物保健品项目投产,项目开办费一次计入当期损益,及收购郑州穗屏饲料厂股权减值所致。

注释 33、补贴收入

项目	金额	来源和依据
疫苗价格下调补贴款	1,848,858.23	赣牧局(2001)01 号文
合计	1,848,858.23	

注释 34、支付的其他与经营活动有关的现金 149,493,028.60

其中主要项目:

	金额
运输费	20,887,577.89
租赁费	9,644,525.51
广告费	9,598,220.51
业务招待费	8,145,307.68
差旅费	8,100,535.63
办公费	6,189,696.43
包装费	6,069,903.23
会议费	4,754,199.82
保险费	3,950,253.34
通讯费	2,697,458.28
修理费	2,544,550.66
住房公积等	2,245,365.97
建房集资款	2,000,000.00
交通费	1,160,788.03
水电费	1,034,324.86
绿化费	598,754.02
咨询费	492,602.30
劳保费	448,836.50
合计	90,562,900.66

六、母公司会计报表主要项目附注

注释 35、应收账款

账龄	期初数 金额	比例%	坏账准备	期末数 金额	比例	坏账准备
1 年以内	212,759,945.65	87.79	5,123,490.90	199,313,351.66	79.65	2,264,957.72
1—2 年	16,883,123.81	6.97	1,781,023.03	31,468,367.55	12.57	3,037,433.21
2—3 年	4,891,001.80	2.02	1,951,806.06	6,463,308.87	2.58	1,275,441.77
3 年以上	7,811,621.92	3.22	5,416,261.80	13,000,956.30	5.20	7,431,903.51
合计	242,345,693.18	100.00	14,272,581.79	250,245,984.38	100.00	14,009,736.21

注释 36、其他应收款

账龄	期初数 金额	比例%	坏账准备	期末数 金额	比例	坏账准备
1 年以内	32,680,393.80	69.61	899,858.85	48,022,676.17	70.98	1,633,142.22
1—2 年	6,252,067.87	13.32	625,206.79	5,940,786.47	8.78	1,012,120.89
2—3 年	2,858,078.70	6.09	1,071,615.74	4,341,810.35	6.42	474,126.43
3 年以上	5,156,979.00	10.98	4,125,583.20	9,346,799.77	13.82	4,984,176.57
合计	46,947,519.37	100.00	6,722,264.58	67,652,072.76	100.00	8,103,566.11

注释 37、其他股权投资

被投资单位名称	投资期限	期初帐面价值	本期增减额	期末帐面价值	占被投资单位注册资本比例
北京华安肉类有限公司	15年	10,167,094.36	-1,313,439.41	8,853,654.95	50.00%
中牧大华安肉类有限公司	30年	78,112,708.35	-10,056,171.37	68,056,536.98	89.47%
湖北中牧安达药业有限公司	30年	48,267,517.83	-1,543,818.71	46,723,699.12	80.00%
杭州中牧生物工程有限公司	30年	47,460,000.00	-706,423.41	46,753,576.59	75.00%
四川中牧饲料贸易有限责任公司	30年	5,936,850.32	-197,097.75	5,739,752.57	80.00%
江西中牧饲料贸易有限公司	30年	5,455,485.58	-90,162.36	5,365,323.22	80.00%
成都华罗畜牧饲料科技有限公司	30年	45,584,688.34	-1,829,752.84	43,754,935.50	90.60%
济南浓缩饲料厂	无期限	23,259,811.78	-3,355,298.39	19,904,513.39	39.21%
广西华桂畜牧饲料有限公司	30年	13,214,383.38	-2,184,312.23	11,030,071.15	35.00%
上海华安肉类有限公司	45年	3,433,949.28	-129,054.35	3,304,894.93	50.00%
上海富宝科技投资管理有限公司	20年	11,748,343.00	-1,841,119.50	9,907,223.50	33.00%
郑州穗屏饲料公司	30年	4,353,800.00		4,353,800.00	40.00%
厦门金达威维生素有限公司	50年		24,556,888.58	24,556,888.58	29.00%
北京乐道兴创业投资公司	10年		20,000,000.00	20,000,000.00	40.00%
南京梅里亚动物保健有限公司	30年	28,196,540.00	-9,221,961.74	18,974,578.26	50.00%
北京时代东华文化传播公司	20年		4,900,000.00	4,900,000.00	49.00%
南通中牧饲料有限责任公司	20年		1,424,204.71	1,424,204.71	70.00%
辽宁大成农牧实业有限公司	15年	3,599,840.93		3,599,840.93	10.22%
青岛万通证券有限公司	无期限	30,000,000.00	30,000,000.00	60,000,000.00	10.86%
深圳市量科创业投资有限公司	无期限	10,000,000.00	0.00	10,000,000.00	16.67%
澳大利亚 I-LOK 建筑新技术有限公司	10年	11,626,650.00	0.00	11,626,650.00	20.01%
其他股权投资合计		80,417,663.15	48,412,481.24	428,830,144.39	

长期投资减值准备

被投资单位名称	期初帐面价值	本期增减额	期末帐面价值	计提原因
郑州穗屏饲料公司		2,176,900.00	2,176,900.00	经营亏损
南京梅里亚动物保健有限公司		2,819,654.00	2,819,654.00	经营亏损
合计	0.00	4,996,554.00	4,996,554.00	

注释 38、主营业务收入

类别	2001 年度	2000 年度
饲料销售收入	830,729,762.02	1,101,473,621.83
兽药销售收入	24,017,711.78	22,336,665.00
生物制品销售收入	368,392,876.45	169,279,436.53
合计	1,223,140,350.25	1,293,089,723.36

销售前五名统计

单位	销售金额	占总收入比例%
全国兽医总站	160,911,306.59	10.55
上海百润贸易公司	49,762,617.84	3.26
湖南中牧饲料公司	41,684,792.74	2.73
北京华丰饲料公司	26,115,000.00	1.71
厦门三九进出口贸易有限公司	25,768,480.00	1.69
合计	304,242,197.17	19.95

注释 39、主营业务成本

类别	2001 年度	2000 年度
饲料销售成本	747,665,806.12	986,307,270.12
兽药销售成本	19,864,236.86	17,363,563.52
生物制品销售成本	167,871,767.88	85,980,735.30
合计	935,401,810.86	1,089,651,568.94

注释 40、投资收益

项目	2001 年度	2000 年度
股权投资收益	-30,200,826.08	-6,497,405.40
债权投资收益		
联营公司投资收益		
合营投资收益		
合计	-30,200,826.08	-6,497,405.40

七、关联方关系及关联交易

(1)关联方的有关情况

1、存在控制关系的关联方：

关联方名称	经济性质	法定代表人	注册地	注册资本	持本公司股份	主营业务
中国牧工商(集团)总公司	国有	区仲生	北京	51,090,000.00	69.23%	畜产品生产；饲料及添加剂、动物疫苗、畜牧兽药及专用器具等生产经营。

2、存在控制关系的关联方的注册资本及其变化：

公司名称	年初数	本期增加	本期减少	期末数
中国牧工商(集团)总公司	51,090,000.00	0.00	0.00	51,090,000.00

3、存在控制关系的关联方所持股份及其变化：

公司名称	年初数	本期增加	本期减少	期末数
中国牧工商(集团)总公司	69.23%			69.23%

4、不存在控制关系的关联方：

关联方名称	经济性质	与本公司关系	法定代表人	注册地	注册资本	本公司所持股份	主营业务
深圳市量科创业投资有限公司	合资	联营企业	晏梓桂	深圳	60,000,000.00	16.67%	风险投资咨询
广西华桂畜牧饲料有限公司	国有	联营企业	周 镇	南宁	33,110,000.00	35.00%	饲料生产销售
济南浓缩饲料厂	国有	联营企业	张 慧	济南	8,417,000.00	39.21%	饲料加工销售
辽宁大成农牧实业有限公司	合资	联营企业	陈清淳	沈阳	USD4,200,000.00	10.22%	饲料加工畜禽饲养
上海华安肉类有限公司	合资	合营企业	王志良	上海	8,440,000.00	50.00%	肉类加工贸易
南京梅地亚动物保健品有限公司	合资	合营企业	卢存义	南京	USD6,800,000.00	50.00%	生物制品生产销售
青岛万通证券有限公司	国有	联营企业	刘孔青	青岛	555,555,555.56	10.80%	证券自营承销
北京绿之珠商品配送有限公司	合资	联营企业	区仲生	北京	1,0000,000.00	39.14%	商品配送
厦门金达威维生素有限公司	合资	联营企业	江 斌	厦门	USD3,000,000.00	29.00%	维生素产品生产销售
北京时代东华文化传播公司	合资	联营企业	高奇志	北京	10,000,000.00	49.00%	影视文化
四川广汉生物制品有限公司	合资	联营企业	吕长义	四川	30,000,000.00	30.00%	生化产品生产销售
北京乐道兴创业投资公司	合资	联营企业	王志良	北京	50,000,000.00	40.00%	投资\咨询
沈阳大华安公司	合资	联营企业	张淑兰	辽宁	2,600,00.00	19.23%	肉制品经营
郑州穗屏饲料公司	合资	联营企业	周 镇	郑州	23,000,000.00	40.00%	饲料生产经营

(2)关联方交易

1、与存在控制关系的关联方的交易代理

关联方	交易额	期末未结算金额
中国牧工商(集团)总公司	101,190,413.63	7,368,346.82

上期根据协议由中国牧工商(集团)总公司代理进口鱼粉、代理费按代理金额的1%交付并交货后结算；代理进口饲料添加剂、代理费按代理金额的1%交付并交货后结算。报告期支付代理费1,029,911.62元。本期股份公司已取得自营进出口权，因此此项关联交易协议基本停止执行。本期发生数为上年未完业务的延续。

2、与不存在控制关系的关联方的交易

(1)关联销售

关联方	销售交易金额	期末未结算金额
中国种畜进出口公司	7,780,000.00	
厦门金达威贸易有限公司	6,469,400.00	1,715,000.00
中亚动物保健品总公司	3,890,000.00	
广西华桂畜牧饲料有限公司	2,208,360.00	862,335.00
辽宁大成农牧实业有限公司	437,640.00	61,259.00
合计	20,785,400.00	

(2)关联采购

关联方	采购交易金额	期末未结算金额
厦门金达威贸易有限公司	2,968,900.00	262,000.00

八、财务承诺

本公司截止 2001 年 12 月 31 日无财务承诺。

九、或有事项

1、担保

被担保单位	项目	性质	金额	期限	备注
中国服装股份公司	流动资金	担保	5,000,000.00	2001.1.17-2002.1.17	已还
中国服装股份公司	流动资金	担保	20,000,000.00	2001.11-2002.11	
中国服装股份公司	流动资金	担保	20,000,000.00	2001.3.23—2002.3.23	

2、诉讼

(1)中国建设银行北京海淀支行认为本公司《上市招股说明书》中所载有关募集资金投向饲用矿物盐项目属于中国饲料发展总公司，本公司未经该行同意，将中国饲料发展总公司相关资产纳入本公司，属有意逃避中国饲料发展总公司所欠银行债务，由此将本公司作为第三被告负连带责任。该案涉及金额 2020.90 万元。此案已于 2001 年 5 月 10 日由北京第一中级人民法院作出一审裁定，驳回原告中国建设银行海淀支行以本公司作为第三被告负连带责任的偿付请求，此案现已结案。

(2)2001 年公司向长春大成生化工程公司购买原材料并预付资金，因货源紧缺该公司仅向本公司原料发送少量货物，余 10,193,106.83 元的合同未履约。我公司依法提起公诉，目前正在审理过程中。

十、期后事项

无期后事项

十一、重大事项

公司收购控股股东的全资公司——中亚动物保健品总公司的经营性资产，收购金额 643.43 万元。本关联交易公告刊登在 2001 年 5 月 8 日的《中国证券报》、《上海证券报》上。

中牧实业股份有限公司董事会

2002 年 3 月 10 日

十一、备查文件目录

1、载有公司董事长亲笔签署的年度报告正本；
2、载有公司法定代表人、总会计师、会计主管签字并盖章的财务报表；
3、载有会计师事务所盖章、注册会计师亲笔签字并盖章的审计报告正本；
4、报告期内在《中国证券报》、《上海证券报》刊登的年度报告、中期报告、公告的正本及原件；
5、公司章程。

中牧实业股份有限公司董事会

二〇〇二年三月九日

利润表及利润分配表

2001 年 1-12 月

编制单位：中牧实业股份有限公司　　　　单位：人民币元

项目	注释	2001年度 合并	2001年度 母公司	2000年度 合并	2000年度 母公司
一、主营业务收入	28/38	1,524,955,200.18	1,223,140,350.25	1,428,148,841.05	1,293,089,723.36
减：主营业务成本	29/39	1,216,287,035.31	935,401,810.86	1,216,802,237.50	1,089,651,568.94
主营业务税金及附加	30	3,140,955.60	2,694,491.94	2,127,944.17	1,735,069.45
二、主营业务利润		305,527,209.27	285,044,047.45	209,218,659.38	201,703,084.97
加：其他业务利润		1,573,303.92	345,309.45	444,409.91	66,409.91
减：营业利润		103,599,779.05	86,993,311.09	67,459,371.55	63,250,250.36
管理费用		78,149,773.00	60,600,829.05	56,367,975.39	52,800,826.93
财务费用	31	24,211,354.30	21,093,621.36	7,553,639.74	7,937,925.95
三、营业利润		101,139,606.84	116,701,595.40	78,282,082.61	77,780,491.64
加：投资收益	32/40	-16,483,963.56	-30,200,826.08	-2,852,403.22	-6,497,405.40
补贴收入	33	1,848,858.23	1,848,858.23	1,416,416.94	1,090,544.17
营业外收入		1,585,531.21	1,545,985.87	4,469,628.24	4,398,857.49
减：营业外支出		1,118,678.86	920,176.06	25,497,570.94	21,356,332.30
四、利润总额		86,971,353.86	88,975,437.36	55,818,153.63	55,416,155.60
减：所得税		144,264.56	118,417.13	1,679,407.50	214,092.54
减：少数股东损益		-2,314,554.78	0.00	-778,693.08	0.00
五、净利润		89,141,644.08	88,857,020.23	54,917,439.21	55,202,063.06
加：年初未分配利润		14,466,197.51	14,750,821.36	48,589,170.91	48,589,170.91
其他转入					
六、可供分配的利润		103,607,841.59	103,607,841.59	103,506,610.12	103,791,233.97
减：提取法定盈余公积		8,885,702.02	8,885,702.02	5,520,206.31	5,520,206.31
提取法定公益金		8,885,702.02	8,885,702.02	5,520,206.30	5,520,206.30
提取职工奖励及福利基金					
提取储备基金					
提取企业发展基金					
利润归还投资					
七、可供股东分配的利润		85,836,437.55	85,836,437.55	92,466,197.51	92,750,821.36
减：应付优先股股利					
提取任意盈余公积					
应付普通股股利		35,880,000.00	35,880,000.00		
转作股本的普通股利				78,000,000.00	78,000,000.00
八、未分配利润		49,956,437.55	49,956,437.55	14,466,197.51	14,750,821.36

资 产 负 债 表

编制单位：中牧实业股份有限公司　　　　单位：人民币元

资 产	注释	2001 年 12 月 31 日		2000 年 12 月 31 日	
		合 并	母公司	合 并	母公司
流动资产：					
货币资金	1	137,297,622.76	84,204,592.38	206,702,344.88	134,791,222.03
短期投资	2	28,105.00	13,500.00		
应收票据					
应收股利	3	1,978,429.10	1,978,429.10	101,328.46	101,328.46
应收利息					
应收帐款	4/35	273,384,971.79	236,236,248.17	270,810,356.69	228,073,111.39
其他应收款	5/36	67,665,685.90	59,548,506.65	53,642,962.34	42,725,254.79
预付帐款	6	110,034,497.95	98,249,128.18	51,548,807.65	69,926,094.70
应收补贴款		2,489,113.13	-	581,604.32	
存货	7	241,936,542.88	181,310,431.74	177,409,756.44	131,450,370.10
待摊费用	8	1,569,044.24	1,340,809.76	1,827,283.48	1,456,999.61
一年内到期的长期债权投资					
其他流动资产					
流动资产合计		836,384,012.75	662,881,645.98	762,624,444.26	608,524,381.08
长期投资：					
长期股权投资	9/37	221,217,443.40	423,893,931.39	202,504,930.84	380,478,004.15
长期债权投资		-	-	60,000.00	60,000.00
长期投资合计		221,217,443.40	423,893,931.39	202,564,930.84	380,538,004.15
其中：合并价差		24,739,283.29		7,849,643.12	
固定资产：					
固定资产原价	10	504,196,020.32	338,495,604.87	407,933,198.86	299,361,853.25
减：累计折旧	10	192,239,743.95	141,474,329.94	168,630,772.40	128,677,179.73
固定资产净值		311,956,276.37	197,021,274.93	239,302,426.46	170,684,673.52
减：固定资产减值准备	10	21,710,957.41	17,758,109.88	21,783,006.47	17,765,427.02
固定资产净额		290,245,318.96	179,263,165.05	217,519,419.99	152,919,246.50
工程物资					
在建工程	11	100,445,787.44	99,339,681.44	163,969,119.68	102,053,952.77
固定资产清理	-	-			
固定资产合计		390,691,106.40	278,602,846.49	381,488,539.67	254,973,199.27
无形资产及其他资产：					
无形资产	12	58,842,016.99	37,786,792.34	39,512,748.53	24,419,318.70
长期待摊费用		2,320,698.50	209,144.35	4,588,951.46	1,870,460.67
其他长期资产					
无形资产及其资产合计		61,162,715.45	37,995,936.65	44,101,699.95	26,289,779.37
递延税项：					
递延税款借项					
资产总计		1,509,455,278.04	1,403,374,360.55	390,779,614.76	270,325,363.87
负债和股东权益					
流动负债：					
短期借款	13	249,790,000.00	195,000,000.00	297,790,000.00	250,000,000.00
应付票据	14	11,070,000.10	11,070,000.10	2,900,000.00	2,900,000.00
应付帐款	15	144,102,485.35	115,884,847.80	76,293,355.28	82,651,902.50
预收帐款	16	73,923,376.53	65,798,355.15	17,165,510.61	14,387,370.85
应付工资		3,641,506.80	2,911,185.83	3,887,564.17	3,235,352.85
应付福利费		2,900,043.94	2,119,922.77	1,234,112.18	206,655.06
应付股利	17	35,880,000.00	35,880,000.00	78,000,000.00	78,000,000.00
应交税金	18	1,530,287.43	3,690,169.85	21,776,527.54	21,255,326.68
其他应交款		340,632.08	263,259.56	424,099.58	379,955.67
其他应付款	19	60,067,258.07	119,813,763.28	38,260,600.94	17,772,284.62
预提费用	20	7,823,234.18	7,195,368.73	7,754,524.02	6,293,048.35
预计负债					
一年内到期的长期负债	21	5,270,000.00			
其他流动负债					
流动负债合计		596,338,824.46	559,626,873.11	545,486,294.32	477,081,896.66
长期负债：					
长期借款	22	22,207,500.00	1,000,000.00	35,647,500.00	8,500,000.00
应付债券					
长期应付款		5,600,000.00	5,600,000.00	600,000.00	600,000.00
专项应付款					
其他长期负债					
长期负债合计		27,807,500.00	6,600,000.00	36,247,500.00	9,100,000.00
递延税项：					
延延税款贷项	23	8,304,728.64	8,304,728.64	9,342,819.73	9,342,819.72
负债合计		632,451,053.10	574,531,601.75	591,076,614.04	495,524,716.38
少数股东权益		48,161,466.14	-	25,186,977.08	-
股东权益：					
股本	24	390,000,000.00	390,000,000.00	390,000,000.00	390,000,000.00
减：已归还投资					
股本净额		390,000,000.00	390,000,000.00	390,000,000.00	390,000,000.00
资本公积	25	330,831,866.24	330,831,866.24	329,766,775.16	329,766,775.16
盈余公积	26	58,054,455.01	58,054,455.01	40,283,050.97	40,283,050.97
其中：公积金		28,137,227.51	28,137,227.51	19,251,525.48	19,251,525.48
未分配利润	27	49,956,437.54	49,956,437.55	14,466,197.51	14,750,821.36
股东权益合计		828,842,758.80	828,842,758.80	774,516,023.64	774,806,647.45
负债及股东权益总计		1,509,455,278.04	1,403,374,360.55	390,779,614.76	1,270,325,363.87

现 金 流 量 表

编制单位：中牧实业股份有限公司　2001 年度　单位：人民币元

项 目	注释	合 并	母公司
一、经营活动产生的现金流量：			
销售商品、提供劳务收到的现金		1,672,836,936.82	1,318,682,838.15
收到的税费返还		623,778.63	-
收到的其他与经营活动有关的现金		118,919,055.71	124,793,372.53
现金流入小计		1,792,379,771.16	1,443,476,210.68
购买商品、接受劳务支付的现金		1,273,391,686.33	960,081,578.84
支付给职工以及为职工支付的现金		79,531,382.12	66,496,205.93
支付的各项税费		62,886,196.24	56,099,041.30
支付的其他与经营活动有关的现金	34	149,493,028.60	127,010,331.94
现金流出小计		1,565,302,293.29	1,209,687,158.01
经营活动产生的现金流量净额		227,077,477.87	233,789,052.67
二、投资活动产生的现金流量：		-	-
收回投资所收到现金		30,850,000.00	40,000.00
取得投资收益所收到的现金		3,931,117.05	3,931,117.05
处置固定资产、无形资产和其他长期资产所收回的现金净额		500,138.26	287,470.00
收到的其他与投资活动有关的现金		-	-
现金流入小计		35,281,255.31	4,258,587.05
购建固定资产、无形资产和其他长期资产而支付的现金		60,145,806.08	46,864,585.99
投资所支付的现金		120,014,746.00	78,514,746.00
支付的其他与投资活动有关的现金		-	-
现金流出小计		180,160,552.08	125,379,331.99
投资活动产生的现金流量净额		-144,879,296.77	-121,120,744.94
三、筹资活动产生的现金流量：		-	-
吸收投资所收到的现金		9,520,000.00	-
其中：吸收少数股东投资收到的现金			-
借款所收到的现金		712,900,000.00	665,000,000.00
收到的其他与筹资活动有关的现金		-	-
现金流入小计		722,420,000.00	665,000,000.00
偿还债务所支付的现金		768,570,000.00	726,500,000.00
分配股利、利润或偿付利息所支付的现金		105,452,903.22	101,754,937.38
支付的其他与筹资活动有关的现金		-	-
现金流出小计		874,022,903.22	828,254,937.38
筹资活动产生的现金流量净额		-151,602,903.22	-163,254,937.38
四、汇率变动对现金的影响额		-	-
五、现金及现金等价物净增加额		-69,404,722.12	-50,586,629.65
补充资料	注释	合并	母公司
1.将净利润调节为经营活动的现金流量			
净利润		89,141,644.08	88,857,020.23
加：少数股东损益		-2,314,554.78	-
加：计提的资产减值准备		8,315,390.26	6,463,850.22
固定资产折旧		30,480,790.54	19,189,711.13
无形资产摊销		2,666,854.74	1,693,833.66
长期待摊费用摊销		2,920,214.18	2,191,348.55
待摊费用减少(减：增加)		258,239.24	116,189.85
预提费用增加(减：减少)		68,710.16	902,320.38
处置固定资产、无形资产和其他与期资产的损失(减：收益)		531,069.75	402,895.48
固定资产报废损失			-
财务费用		27,452,903.22	23,754,937.38
投资损失(减：收益)		16,483,963.56	30,200,826.08
递延税款贷项(减：借项)			
存货的减少(减：增加)		-64,526,786.44	-49,860,061.64
经营性应收项目的减少(减：增加)		-11,688,788.68	-52,862,632.42
经营性应付项目的增加(减：减少)		127,287,828.05	162,738,813.77
其他			-
经营活动产生的现金流量金额		227,077,477.87	233,789,052.67
2.不涉及现金收支的投资和筹资活动：		-	-
债务转为资本		-	-
一年内到期的可转换公司债券		-	-
融资租入固定资产		-	-
3.现金及现金等价物净增加情况：		137,297,622.76	84,204,592.38
现金的期末余额		206,702,344.88	134,791,222.03
减：现金的期初余额		-	-
加：现金等价物的期末余额		-	-
减：现金等价物的期初余额		-	-
现金及现金等价物净增加额		-69,404,722.12	-50,586,629.65

600196 上海复星实业股份有限公司

2001年年度报告摘选

一、公司基本情况简介

1、公司法定中文名称:上海复星实业股份有限公司
公司英文名称:SHANGHAI FOSUN INDUSTRIAL CO.,LTD.
公司英文名称缩写:SFIC
2、公司法定代表人:郭广昌
3、公司董事会秘书:秦学棠
联系地址:上海市宜山路1289号
联络电话:021-64958682
传真:021-64953655
电子信箱:fxdmb@public6.sta.net.cn
4、公司注册地址:上海市曹杨路510号九楼
邮政编码:200063
公司办公地址:上海市宜山路1289号
邮政编码:200233
公司国际互联网网址:http://www.fosun.com.cn
公司电子信箱:fxdmb@public6.sta.net.cn
5、公司选定的信息披露报纸:中国证券报、上海证券报
登载公司年度报告的中国证监会指定网址:http://www.sse.com
公司年度报告备置地点:上海市宜山路1289号
6、公司股票上市交易所:上海证券交易所
股票简称:复星实业　　股票代码:600196

二、会计数据和业务数据摘要

(一)本年度利润总额及构成:(合并报表)(单位:元)

项目	金额
利润总额	152,676,952.57
净利润	135,517,563.64
扣除非经常性损益后的净利润	116,708,227.03
主营业务利润	271,368,300.00
其它业务利润	3,741,634.96
营业利润	65,632,680.21
投资收益	78,436,096.61
补贴收入	6,870,096.62
营业外收支净额	1,738,079.13
经营活动产生的现金流量净额	68,151,778.03
现金及现金等价物净增减额	35,286,980.32

(二)主要会计数据和财务指标:　　(合并报表)(单位:元)

项目	2001年度	2000年度		1999年度	
		调整后	调整前	调整后	调整前
(1)主营业务收入	727,844,514.14	566,827,899.23	579,520,794.44	487,028,019.52	442,451,367.72
(2)净利润	135,517,563.64	102,569,447.45	128,515,536.10	92,509,589.71	92,156,899.95
(3)总资产	2,207,320,380.54	1,525,075,463.17	1,571,101,771.22	914,286,546.99	858,231,182.83
(4)股东权益(不含少数股东权益)	1,263,984,285.16	1,111,864,284.41	1,145,524,486.84	604,228,217.79	604,495,922.70
(5)每股收益(元/股)	0.461	0.349	0.437	0.409	0.408
按月平均加权	0.461	0.368	0.461	0.409	0.408
扣除非经常性损益	0.397	0.361	0.417	0.399	0.381
(6)每股净资产	4.303	3.785	3.90	2.673	2.674
(7)调整后的每股净资产(元/股)	4.237	3.702	3.817	2.60	2.613
(8)每股经营活动产生的现金流量净额	0.232	0.471	0.471	0.169	0.169
(9)净资产收益率(%)	10.721%	9.225%	11.22%	15.31%	15.245%

注:2001年度扣除非经常性损益的加权平均净资产收益率为9.6%.

三、股本变动及股东情况

(一)股本变动情况
1、公司股份变动情况表:

数量单位:万股

	本次变动前	本次变动增减(+、-)	本次变动后
一、未上市流通股份			
发起人股份	18,126		18,126
其中:			
境内法人持有股份	18,126		18,126
未上市流通股份合计:	18,126		18,126
二、已上市流通股份			
人民币普通股	11,250		11,250
已上市流通股份合计	11,250		11,250
三、股份总数	29,376		29,376

(二)股东情况介绍
1、截至2001年12月31日,在中国证券登记结算有限责任公司上海分公司登记在册的公司股东共有67282人。
2、公司持股前十名股东情况如下:

股东	期末持股数(万股)	持股比例(%)	类别
上海复星高科技(集团)有限公司	17138.124	58.34	发起人法人股
上海广信科技发展有限公司	616.284	2.09	发起人法人股
上海申新(集团)有限公司	170.388	0.58	发起人法人股
上海西大堂科技投资发展有限公司	170.388	0.58	发起人法人股
兴华基金	120.0073	0.41	流通股
北京财政	116.6	0.39	流通股
兴科基金	67.3588	0.23	流通股
同盛基金	55.8773	0.19	流通股
东成经贸	40.7768	0.13	流通股
包德俊	34.3854	0.11	流通股

600197 新疆伊力特实业股份有限公司

2001年年度报告摘选

一、公司基本情况简介

1、公司法定中文名称:新疆伊力特实业股份有限公司
公司中文名称缩写:伊力特
公司法定英文名称:Xinjiang Yilite Industry Co.,LTD
公司英文名称缩写:Y L T
2、公司法定代表人:徐勇辉
3、公司董事会秘书:侯宇洲
联系地址:新疆伊宁市胜利街98号伊力特大酒店404室
联系电话:(0999)8028819　5266475
传真:(0999)8028819　5266014
电子信箱:yilite5188@sina.com
4、公司注册地址:新疆新源县肖尔布拉克
公司办公地址:新疆新源县肖尔布拉克
邮政编码:835811
公司国际互联网网址:
Http://www.yilispirit.com
电子信箱:yltgf-yn@xj.cninfo.net
5、公司选定的信息披露报纸名称:《上海证券报》
登载年度报告的中国证监会指定网站的网址:http://www.sse.com.cn
公司年度报告备置地点:公司证券部
6、公司股票上市交易所:上海证券交易所
股票简称:伊力特
股票代码:600197

二、财务数据和业务数据摘要

(一)本年度主要利润指标　　(单位:人民币元)

项目	金额
利润总额	88,776,003.89
净利润	76,769,722.60
扣除非经常性损益后的净利润*	76,105,436.63
主营业务利润	101,857,455.97
其他业务利润	-81,509.72
营业利润	46,585,640.39
投资收益	42,601,077.02
补贴收入	
营业外收支净额	-410,713.52
经营活动产生的现金流量净额	19,702,128.40
现金及现金等价物净增加额	-153,363,583.57

(二)公司前三年主要会计数据和财务指标

单位:人民币元

财务指标	单位	2001年度	2000年度		1999年度	
			调整前	调整后	调整前	调整后
主营业务收入	元	351,640,124.05	353,391,080.86	353,391,080.86	422,387,187.23	422,387,187.23
净利润	元	76,769,722.60	74,522,333.43	80,891,955.96	66,991,128.01	82,931,367.47
总资产	元	949,678,163.48	955,565,468.68	955,565,468.68	973,029,053.90	973,029,053.90
股东权益(不含少数股东权益)	元	738,573,768.15	696,787,012.58	721,066,873.59	666,364,679.17	682,304,918.63
每股收益	元/股	0.35	0.34	0.37	0.304	0.376
每股净资产	元/股	3.35	3.16	3.27	3.02	3.09
调整后的每股净资产	元/股	3.35	3.16	3.27	3.02	3.09
每股经营活动产生的现金流量净额	元/股	0.09	-0.067	-0.067	0.408	0.408
净资产收益率	%	10.39	10.7	11.22	10.05	12.15

三、股本变动及股东情况

(一)股本变动情况
1.公司股本变动情况表

股份变动情况表

单位:股

	本次变动前	配股	送股	公积金转股	增发	其他	小计	本次变动后
(一)未上市流通股份								
1.发起人股份	145500000							145500000
其中:国家持有股份	134500000							134500000
境内法人持有股份	11000000							11000000
境外法人持有股份								
其他								
2.募集法人股份								
3.内部职工股								
4.优先股及其他								
其中:转配股								
5.未上市流通股份合计	145500000							145500000
(二)已上市流通股份								
1.人民币普通股	75000000							75000000
2.境内上市的外资股								
3.境外上市的外资股								
4.其他								
5.已上市流通股份合计	75000000							75000000
(三)股份总数	220500000							220500000

600198 大唐电信科技股份有限公司

2001年年度报告摘选

第一节 公司基本情况简介

一、公司法定中、英文名称及缩写
中文名称:大唐电信科技股份有限公司
简称:大唐电信
英文名称:DATANG TELECOM TECHNOLOGY CO.,LTD
简称:DATANG TELECOM
二、公司法定代表人:周寰先生
三、公司董事会秘书:付景林先生
公司证券事务代表:王芊、陈苒
联系地址:北京海淀区学院路40号
电话:0086-10-62303607
传真:0086-10-62303607
电子信箱:fjl@dt-mail.com　　cr@dt-mail.com
四、公司注册地址:北京海淀区学院路40号研一楼
公司办公地址:北京海淀区学院路40号
公司邮政编码:100083
公司国际互联网网址:http://www.dtt.com.cn
公司电子信箱:dtt@dt-mail.com
五、公司选定信息披露报纸:《中国证券报》、《上海证券报》
公司年度报告登载互联网网址:http://www.sse.com.cn
公司年度报告备置地点:北京市海淀区学院路40号公司董事会办公室
六、公司股票上市交易所:上海证券交易所
股票简称:大唐电信　　股票代码:600198

第二节 会计数据和业务数据摘要

一、本年度实现利润数及其构成

单位:元

1	利润总额	56,491,532.64
2	净利润	36,100,018.51
3	扣除非经常性损益后的净利润	10,211,545.29
4	主营业务利润	576,876,098.60
5	其他业务利润	369,309.87
6	营业利润	21,423,647.48
7	投资收益	24,438,699.64
8	补贴收入	6,760,851.86
9	营业外收支净额	3,868,333.66
10	经营活动产生的现金流量净额	-25,935,787.57
11	现金及现金等价物净增加额	65,244,415.87

注:扣除的非经常性项目及涉及金额:营业外收入6,198,616.96元,营业外支出2,330,283.30元,补贴收入1,021,573.00元(不包括软件企业的增值税返还),委托理财收益23,960,000.00元、股权转让收益1,500,000.00元、投资差额摊销470,785.82元、长期投资减值准备-363,665.16元及其所得税影响额。

二、公司前三年的主要会计数据及财务指标:

单位:元

项目	2001年	2000年		1999年	
		调整后	调整前	调整后	调整前
主营业务收入	2,051,455,333.83	2,397,623,846.86	2,397,623,846.86	1,088,745,130.71	1,088,745,130.71
净利润	36,100,018.51	69,959,618.29	178,439,756.90	115,300,343.96	126,308,453.64
总资产	5,041,600,785.80	4,445,053,168.08	4,627,043,526.06	2,452,720,234.25	2,514,297,404.71
股东权益	1,903,179,823.29	1,955,178,214.05	2,124,670,320.63	1,106,586,267.58	1,168,969,583.25
每股收益	0.0822	0.1594	0.406	0.368	0.404
每股收益(加权平均)	0.0822	0.1665	0.425	0.368	0.404
每股收益(扣除非经常性损益)	0.0233	0.1131	0.375	0.387	0.391
每股净资产	4.335	4.454	4.84	3.54	3.73
调整后的每股净资产	4.215	4.394	4.57	3.51	3.71
每股经营活动产生的现金流量净额	-0.06	-0.71	-0.71	-0.68	-0.68
净资产收益率(%)	1.90	3.58	8.40	10.42	10.81
净资产收益率(%加权平均)	1.87	4.77	11.27	11.11	11.42

第三节 股本变动及股东情况

一、股本变动情况

公司股份变动情况表

数量单位:股

	本次变动前	本次变动增减(+,-)						本次变动后
		配股	送股	公积金转股	增发	其他	小计	
一、未上市流通股份								
1、发起人股份	273,612,650	0	0	0	0	0	0	273,612,650
其中:								
国有法人股份	220,235,091	0	0	0	0	0	0	220,235,091
境内社会法人持有股份	19,717,640	0	0	0	0	0	0	19,717,640
境外法人持有股份	33,659,919	0	0	0	0	0	0	33,659,919
其他	0	0	0	0	0	0	0	0
2、募集法人股	0	0	0	0	0	0	0	0
3、内部职工股	0	0	0	0	0	0	0	0
4、优先股或其他	0	0	0	0	0	0	0	0
其中:转配股	0	0	0	0	0	0	0	0
未上市流通股份合计	273,612,650	0	0	0	0	0	0	273,612,650
二、已上市流通股份								
1、人民币普通股	165,373,750	0	0	0	0	0	0	165,373,750
2、境内上市的外资股								
3、境外上市的外资股								
4、其他	0	0	0	0	0	0	0	0
已上市流通股份合计	165,373,750	0	0	0	0	0	0	165,373,750
三、股份总数	438,986,400	0	0	0	0	0	0	438,986,400

600199 安徽金牛实业股份有限公司

2001年年度报告摘选

一、公司基本情况简介

1、公司法定中文名称:安徽金牛实业股份有限公司
中文缩写:金牛实业
公司法定英文名称:ANHUI GOLDEN CATTLE CO.,LTD
英文缩写:AGCC
2、公司法定代表人:锁炳勋
3、公司董事会秘书:陈学会
联系地址:安徽省阜阳市莲花路259号
电　话:0558-2212836转2279　　传　真:0558-2212666
电子信箱:gscxh@gold-seed.com
证券事务代表:朱火生
联系地址:安徽省阜阳市莲花路259号
电　话:0558-2212836转2258　　传　真:0558-2212666
电子信箱:henry-zhu@gvopto.com
4、公司注册地址:安徽省阜阳市河滨路302号
公司办公地址:安徽省阜阳市莲花路259号　　邮政编码:236023
公司国际互联网网址:http://www.goldcattle.com
公司电子信箱:zzjc@mail.ahbbptt.net.cn
5、公司选定的信息披露报纸名称:《中国证券报》、《上海证券报》和《证券时报》
登载公司年度报告的中国证监会指定网站的网址:http://www.sse.com.cn
公司年度报告备置地点:公司证券部
6、公司股票上市交易所:上海证券交易所
股票简称:金牛实业　　股票代码:600199

二、会计数据和业务数据摘要

1、本年度主要利润指标情况(单位:人民币元)

利润总额	40,715,668.82
净利润	35,162,946.23
扣除非经常性损益后的净利润	26,164,908.90
主营业务利润	88,762,238.42
其他业务利润	2,570,375.29
营业利润	41,888,644.03
投资收益	-11,850,783.77
补贴收入	7,241,000.00
营业外收支净额	3,436,808.56
经营活动产生的现金流量净额	142,250,249.25
现金及现金等价物净增加额	253,773,186.95

注:扣除的非经常性损益的项目和涉及金额:

补贴收入	7,241,000.00
营业外收支净额	3,436,808.56
流动资产盘盈	3,135,730.14
扣除所得税影响数	-4,815,501.37

2、截止报告期末公司前三年主要会计数据和财务指标

财务指标	2001年度	2000年度		1999年度	
		调整后	调整前	调整后	调整前
主营业务收入(元)	509,827,537.39	591,302,114.20	638,395,445.98	691,738,178.39	691,738,178.39
净利润(元)	35,162,946.23	61,435,601.40	81,507,490.76	57,404,662.09	95,088,507.08
每股收益(元/股)	0.10	0.19	0.25	0.30	0.50
全面摊薄每股收益(元/股)	0.10	0.19	0.25	0.30	0.50
加权平均每股收益(元/股)	0.10	0.19	0.25	0.30	0.50
扣除非经常性损益后的每股收益(元/股)	0.08	0.24	0.24	0.47	0.47
每股经营活动产生的现金流量净额(元/股)	0.41	-0.52	-0.52	0.22	0.22
全面摊薄净资产收益率(%)	3.65	9.30	11.24	9.12	14.25
加权平均净资产收益率(%)	3.78	9.30	11.39	9.40	15.11
扣除非经常性损益后的加权平均净资产收益率(%)	2.81	11.55	10.70	14.51	14.20

财务指标	2001年12月31日	2000年12月31日		1999年12月31日	
		调整后	调整前	调整后	调整前
总资产(元)	1,491,338,792.52	1,278,945,585.18	1,413,526,222.76	1,187,272,922.80	1,224,956,767.79
股东权益(不含少数股东权益)(元)	963,195,563.54	660,450,335.51	725,561,328.32	629,705,786.89	667,389,631.88
每股净资产(元/股)	2.78	2.04	2.25	3.31	3.51
调整后每股净资产(元/股)	2.74	2.03	2.24	3.29	3.49

三、股本变动及股东情况

(一)股本变动情况

1、公司股份变动情况表　　数量单位:万股

	本次变动前	本次变动增减(+,-)			本次变动后
		配股	送股	公积金转股	
一、未上市流通股份					
1、发起人股份	21,250.00	390.00			21,640.00
其中:					
国家持有股份					
境内法人持有股份	21,250.00	390.00			21,640.00
境外法人持有股份					
其他					
2、募集法人股份					
3、内部职工股					
4、优先股或其他					
未上市流通股份合计	21,250.00	390.00			21,640.00
二、已上市流通股份					
1、人民币普通股	11,050.00	1,950.00			13,000.00
2、境内上市的外资股					
3、境外上市的外资股					
4、其他					
已上市流通股份合计	11,050.00	1,950.00			13,000.00
三、股份总数	32,300.00	2,340.00			34,640.00

600200 江苏吴中实业股份有限公司

2001 年年度报告摘选

第一节 公司基本情况简介

1、公司法定中文名称:江苏吴中实业股份有限公司
2、公司法定英文名称:Jiangsu wuzhong industrial CO., LTD
缩写:Jiangsu wuzhong
3、公司法定代表人:赵唯一先生
4、公司董事会秘书:金建平先生
5、董事会秘书电子信箱:600200@wuzhong.com, jswz@wuzhong.com
6、董事会秘书授权代表:朱菊芳小姐
7、联系电话:0512-5272131、5618665 传真:0512-5270086
8、公司注册及办公地址:江苏省苏州市吴中区宝带东路 388 号
邮政编码:215128
9、公司网址:HTTP://www.wuzhong.com
10、公司电子信箱:info@wuzhong.com
11、公司信息披露报纸名称:中国证券报、上海证券报
12、公司年度报告登载的中国证监会指定互联网网站:http://www.sse.com.cn
13、公司年度报告备置地点:公司董秘办公室
14、公司股票上市地:上海证券交易所
15、公司股票简称:江苏吴中
16、股票代码:600200

第二节 会计数据和业务数据摘要(合并报表)

(一)公司二〇〇一年度主要会计数据

项 目	金额(人民币元)
(1)利润总额	96639037.07
(2)净利润	83195604.04
(3)除非经常性损益后的净利润	80578223.01
(4)主营业务利润	176902647.10
(5)其它业务利润	6858770.39
(6)营业利润	91107388.91
(7)投资收益	5466533.54
(8)补贴收入	589884.00
(9)营业外收支净额	-524769.38
(10)经营活动产生的现金流量净额	-34735445.27
(11)现金及现金等价物净增加额	257332874.18

注:非经常性损益是指公司正常经营损益之外的一次性或偶发性损益,本公司扣除的非经常性损益项目(1)收取资金使用费影响净利润 2473551.00 元;(2)其它营业外收支净额影响净利润-446053.97 元;(3)补贴收入影响净利润 589884.00 元,合计影响净利润 2617381.03 元。

(二)公司前三年主要会计数据和财务指标:(金额:人民币元)

项目	2001 年(或 2001 年 12 月 31 日)	2000 年(或 00 年 12 月 31 日)		1999 年(或 99 年 12 月 31 日)	
		调整前	调整后	调整前	调整后
(1)主营业务收入	668554095.40	414244143.09	414244143.09	301403056.15	301403056.15
(2)净利润	83195604.04	47961776.79	41043207.48	34585884.89	27990554.79
(3)总资产	1105587920.22	695181124.06	680995064.49	616384747.00	609056602.45
(4)股东权益(不含少数股东权益)	750190729.68	435698314.20	422184414.79	396947266.31	390351936.21
(5)每股收益(摊薄计算)	0.3001	0.359	0.307	0.259	0.210
(6)每股净资产	2.706	3.261	3.160	2.971	2.922
(7)调整后的每股净资产	2.670	3.087	3.096	2.861	2.867
(8)每股经营活动产生的现金流量净额	-0.125	0.590	0.590	-0.041	-0.041
(9)净资产收益率(%)(摊薄计算)	11.09	11.01	9.72	8.71	7.17
(10)扣除非经常性损益后加权平均净资产收益率(%)	15.91	9.37	7.92	8.29	6.56

注 1:"调整后"栏为按财政部发布的新会计准则和制度及其补充规定要求变更会计政策采用追溯调整后计算的指标。

注 2:2000 年及 1999 年涉及"扣除非经常性损益后的净利润"的指标已按中国证监会"证监会计字(2001)7 号"文要求重新计算。

(三)利润表附表

报告期利润	净资产收益率(%)		每股收益	
	全面摊薄	加权平均	全面摊薄	加权平均
主营业务利润	23.58	34.92	0.638	0.672
营业利润	12.14	17.99	0.329	0.346
净利润	11.09	16.42	0.300	0.316
扣除非经常性损益后的净利润	10.74	15.91	0.291	0.306

第三节 股本变动和股东情况

(一)股份变动情况表(单位:股)

	本期变动前	本期变动增减(+、-)						本期变动后
		配股	送股	公积金转股	增发	其它	小计	
(一)未上市流通股份								
1、发起人股份	51200000		16420000	27720000		-15000000	29140000	80340000
其中:国家持有股份								
境内法人持有股份	41200000		14420000	24720000			39140000	80340000
境外法人持有股份	10000000		2000000	3000000		-15000000	-10000000	0
其它								
2、募集法人股份	26800000		10880000	19080000		15000000	44960000	71760000
3、内部职工股	2000000	600000	700000	1200000			2500000	4500000
4、优先股或其它								
未上市流通股份合计	80000000	600000	28000000	48000000			76600000	156600000
(二)已上市流通股份								
1、人民币普通股	53600000	16080000	18760000	32160000			67000000	120600000
2、境内上市的外资股								
3、境外上市的外资股								
4、其它								
已上市流通股份合计	53600000	16080000	18760000	32160000			67000000	120600000
股份总数	133600000	16680000	46760000	80160000			143600000	277200000

600201 内蒙古金宇集团股份有限公司

2001 年年度报告摘选

一、公司基本情况简介

1、公司法定中文名称:内蒙古金宇集团股份有限公司
公司英文名称:INNER MONGOLIA JINYU GROUP CO., LTD.
公司英文名称缩写:JINYU GROUP
2、公司法定代表人:张羽中宇
3、公司董事会秘书:李树剑
董事会证券事务代表:姚艳霞
联系地址:内蒙古呼和浩特市诺和木勒大街 26 号
内蒙古金宇集团股份有限公司证券部
联系电话:(0471)5972266 转 8259、8269 传真:(0471)5972931
董事会秘书电子信箱:lisj@jinyu.com.cn
证券事务代表电子信箱:stock@jinyu.com.cn
4、公司注册地址:内蒙古呼和浩特市诺和木勒大街 26 号
公司办公地址:内蒙古呼和浩特市诺和木勒大街 26 号 邮政编码:010020
公司网址:http://www.jinyu.com.cn 公司电子信箱:info@jinyu.com.cn
5、公司选定信息披露报纸名称:《上海证券报》
公司年报指定披露网址:http://www.sse.com.cn
公司年度报告备置地点:公司证券部
6、公司股票上市交易所:上海证券交易所
股票简称:金宇集团 股票代码:600201

二、会计数据和业务数据摘要

1、公司本年度经营业绩(单位:人民币元)

项目	金额
利润总额	14,543,997.80
净利润	14,231,998.83
扣除非经常性损益后的净利润	11,443,095.57
主营业务利润	73,103,339.41
其他业务利润	911,520.37
营业利润	14,824,446.36
投资收益	-3,069,351.82
补贴收入	0.00
营业外收支净额	2,788,903.26
经营活动产生的现金流量净额	-34,545,811.11
现金及现金等价物净增加额	63,832,492.63

2、截至报告期末公司前三年的主要会计数据和财务指标

(1)前三年主要会计数据(单位:人民币元)

项目	2001 年	2000 年		1999 年
		调整前	调整后	
主营业务收入	208,264,083.09	196,735,283.33	194,183,283.33	165,621,503.34
净利润	14,231,998.83	25,901,190.16	17,834,072.32	29,481,679.56
总资产	761,726,368.48	571,090,678.44	553,004,174.90	475,718,399.04
股东权益(不含少数股东权益)	516,055,876.49	343,553,615.76	314,562,020.69	331,488,357.60

(2)主要财务指标(单位:人民币元)

项目	单位	2001 年	2000 年		1999 年
			调整前	调整后	
全面摊薄每股收益	元/股	0.130	0.267	0.184	0.314
加权平均每股收益	元/股	0.130	0.267	0.184	0.314
扣除非经常性损益后每股收益	元/股	0.105	0.1248	0.099	0.314
每股净资产	元/股	4.725	3.54	3.253	3.43
调整后的每股净资产	元/股	4.712	3.44	---	3.36
每股经营活动产生的现金流量净额	元/股	-0.316	1.008	---	-0.32
全面摊薄净资产收益率	%	2.758	7.539	5.652	9.17
加权平均净资产收益率	%	2.758	7.539	5.652	9.17
扣除非经常损益后的加权平均净资产收益率	%	2.217	3.524	3.040	9.17

3、利润表附表

报告期利润	净资产收益率(%)		每股收益(元)	
	全面摊薄	加权平均	全面摊薄	加权平均
主营业务利润	14.17	14.17	0.669	0.669
营业利润	2.87	2.87	0.136	0.136
净利润	2.76	2.76	0.130	0.130
扣除非经常性损益后的净利润	2.22	2.22	0.105	0.105

三、股本变动及股东情况

1、股本变动情况

(1)股份变动情况表(单位:万股)

	本次变动前	本次变动增减(+,-)						本次变动后
		配股	送股	公积转股	增发	其他	小计	
未上市流通股份								
1、发起人股份	2,700	+60				-100	-40	2,660
其中:								
国家持有股份	2,000	+60					+60	2,060
境内法人持有股份	700					-100	-100	600
境外法人持有股份								
其他								
2、募集法人股份	3,130					+100	+100	3,230
3、内部职工股	370.25	+111.075				-481.325	-370.25	0
4、优先股或其他								
未上市流通股份合计	6,200.25	+171.075				-481.325	-310.25	5,890
已上市流通股份								
1、人民币普通股	3,500	+1,050					+1,050	4,550
2、境内上市的外资股								
3、境外上市的外资股								
4、其他						+481.325	+481.325	481.325
已上市流通股份合计	3,500	+1,050				+481.325	+1531.325	5,031.325
股份总数	9,700.25	+1,221.075				0	+1,221.075	10,921.325

600202 哈尔滨空调股份有限公司

2001年年度报告摘选

一、公司基本情况简介

(一)公司的法定中、英文名称及缩写。
公司的法定中文名称:哈尔滨空调股份有限公司
公司的中文名称缩写:哈空调
公司的法定英文名称:Harbin Air Conditioning Co., Ltd.
(二)公司法定代表人:高延生
(三)公司董事会秘书:王作海
公司董秘联系地址:哈尔滨市道里区友谊路193号
电话:0451－4644521
传真:0451－4676205
电子信箱:hac－zq@0451.com
(四)公司注册地址:哈尔滨市南岗区高新技术产业开发区嵩山路26号楼
邮政编码:150036
公司办公地址:哈尔滨市道里区友谊路193号
邮政编码:150018
公司国际互联网网址:hac.com.cn
电子信箱:hac@hac.com.cn
(五)公司选定的信息披露报纸名称:《上海证券报》
登载公司年度报告的中国证监会指定国际互联网网址:www.sse.com.cn
公司年度报告备置地点:公司证券办公室
(六)公司股票上市交易所:上海证券交易所
股票简称:哈空调
股票代码:600202

二、会计数据和业务数据摘要

(一)公司2001年度实现的利润情况(单位:元)

项目	金额
利润总额:	68,241,100.54
净利润:	64,080,147.67
扣除非经常性损益后的净利润:	58,149,552.48
扣除的项目及金额:(1)投资收益:	1,412,328.00
(2)补贴收入:	4,398,075.95
(3)营业外收入:	319,422.98
(4)营业外支出:	199,231.74
主营业务利润:	94,409,673.48
其他业务利润:	5,249.43
营业利润:	62,310,505.35
投资收益:	1,412,328.00
补贴收入:	4,398,075.95
营业外收支净额:	120,191.24
经营活动产生的现金流量净额:	63,715,527.41
现金及现金等价物净增加额:	10,443,776.49

(二)截至报告期末公司前三年的主要会计数据和财务指标

	2000年	2001年		1999年
		调整后	调整前	
主营业务收入(万元)	27,345.80	19,132.92	19,132.92	13,271.10
净利润(万元)	6,408.01	3,341.76	5,648.49	2,953.13
总资产(万元)	61,106.54	53,853.97	56,160.71	48,531.74
股东权益(不含少数股东权益)(万元)	35,227.04	31,046.62	33,353.35	29,938.78
每股收益(元/股)	0.2869	0.2992	0.5057	0.2644
加权平均每股收益(元/股)	0.2869	0.2992	0.5057	0.2904
每股净资产(元/股)	1.5769	2.7796	2.9861	2.6804
调整后的每股净资产(元/股)	1.5729	2.7788	2.9853	2.6717
每股经营活动产生的现金流量净额(元)	0.2852	0.0083	0.0083	－0.1848
净资产收益率(%)	18.19	10.76	16.94	9.86

三、股本变动及股东情况

(一)股本变动情况

报告期初,公司总股本11,169.6万股,其中:国家股6,588.8万股,内部职工股1,580.8万股,流通股3,000万股;报告期末,公司总股本22,339.2万股,其中:国家股13,177.6万股,内部职工股3,161.6万股,流通股6,000万股。变动的原因是:公司于2001年4月9日召开的2000年度股东大会,审议通过了2000年度利润分配及资本公积金转增股本的方案:以2000年度末公司总股本11,169.6万股为基数,向全体股东按每10股派送3股,用资本公积金转增7股。本次利润分配及资本公积金转增股本实施公告刊登于2001年4月10日《上海证券报》。本次送股转增后,股本变动情况如下:

股份变动情况表

数量单位:股

	本次变动前	本次变动增减(+,-)						本次变动后
		配股	送股	公积金转股	增发	其他	小计	
一、未上市流通股份								
1.发起人股份								
其中:								
国家持有股份	65,888,000		19,766,400	46,121,600			65,888,000	131,776,000
境内法人持有股份								
境外法人持有股份								
其他								
2.募集法人股份								
3.内部职工股	15,808,000		4,742,400	11,065,600			15,808,000	31,616,000
4.优先股或其他								
未上市流通股份合计	81,696,000		24,508,800	57,187,200			81,696,000	163,392,000
二、已流通股份								
1.人民币普通股	30,000,000		9,000,000	21,000,000			30,000,000	60,000,000
2.境内上市的外资股								
3.境外上市的外资股								
4.其他								
已上市流通股份合计	30,000,000		9,000,000	21,000,000			30,000,000	60,000,000
三、股份总数	111,696,000		33,508,800	78,187,200			111,696,000	223,392,000

600203 福建福日电子股份有限公司

2001年年度报告摘选

一、公司基本情况简介

(一)法定中文名称:福建福日电子股份有限公司
法定英文名称:FUJIAN FURI ELECTRONICS CO., LTD.
英文名称缩写:FFEC
(二)法定代表人:李运武
(三)董事会秘书:卞志航
证券事务代表:王佐
联系地址:福州市五一北路169号福日大厦
联系电话:0591—3315984、3318998　　传　真:0591—3319978
电子信箱:zhihang007@163.net
(四)注册地址:福州市马尾区快安大道M9511厂房
办公地址:福州市五一北路169号福日大厦　　邮政编码:350005
国际互联网网址:http://www.furistock.com
电子信箱:furielec@pub3.fz.fj.cn
(五)公司选定的信息披露报纸:《上海证券报》
登载年度报告的国际互联网网址:http://www.sse.com.cn
年度报告备置地点:福州市五一北路169号福日大厦14层公司证券部
(六)股票上市交易所:上海证券交易所
股票简称:福日股份　　股票代码:600203

二、会计数据和业务数据摘要

(一)本年度主要利润指标　　(单位:人民币元)

项目	金额
利润总额	33,413,240.70
净利润	31,618,151.08
扣除非经常性损益后的净利润	14,790,556.59
主营业务利润	74,107,808.72
其他业务利润	11,337,840.86
营业利润	1,295,663.64
投资收益	28,320,898.16
补贴收入	2,288,555.01
营业外收支净额	1,508,123.89
经营活动产生的现金流量净额	68,484,478.86
现金及现金等价物净增减额	156,850,483.91

注:扣除的非经常性损益项目和涉及金额如下:
1、资金占用费2,666,351.59元;
2、转让福建福光光学仪器有限公司股权净收益1,860,171.23元;
3、转让福建超大集团有限公司股权净收益7,883,218.75元;
4、债券、股票及其他投资净收益3,442,369.86元;
5、营业外收支净收益975,483.06元。

(二)公司近三年的主要会计数据和财务指标(单位:人民币元)

财务指标	2001年	2000年		1999年	
		调整后	调整前	调整后	调整前
主营业务收入	798,763,918.28	558,193,435.09	592,556,928.73	707,506,040.42	914,036,205.82
净利润	31,618,151.08	50,503,801.13	59,124,402.64	42,814,403.66	42,746,351.36
总资产	1,541,095,297.58	1,292,583,420.75	1,346,237,125.36	1,257,021,147.00	1,651,407,337.34
股东权益(不含少数股东权益)	592,091,160.67	571,996,562.56	581,083,565.14	551,820,391.58	551,483,402.82
每股收益(摊薄)	0.123	0.197	0.231	0.167	0.167
每股收益(加权)	0.123	0.197	0.231	0.184	0.183
扣除非经常性损益后的每股收益	0.058	0.055	0.137	0.145	0.136
每股净资产	2.31	2.23	2.27	2.15	2.15
调整后的每股净资产	2.28	2.22	2.23	2.13	1.95
每股经营活动产生的现金流量净额	0.267	0.205	0.205	0.09	0.09
净资产收益率(摊薄)	5.34%	8.83%	10.17%	7.76%	7.75%
净资产收益率(加权)	5.38%	8.75%	10.17%	9.66%	9.07%
扣除非经常性损益后的加权平均净资产收益率	2.52%	2.44%	6.03%	7.63%	6.74%

(三)报告期利润表附表:

2001年度利润	净资产收益率(%)		每股收益(元)	
	全面摊薄	加权平均	全面摊薄	加权平均
主营业务利润	12.52	12.61	0.289	0.289
营业利润	0.22	0.22	0.005	0.005
净利润	5.34	5.38	0.123	0.123
扣除非经常性损益后的净利润	2.50	2.52	0.058	0.058

三、股本变动及股东情况

(一)股份变动情况表　　(数量单位:股)

	本次变动前	本次变动增减(+,-)						本次变动后
		配股	送股	公积金转股	增发	其他	小计	
一、未上市流通股份								
1.发起人股份	186,400,000	0	0	0	0	0	0	186,400,000
其中:								
国家持有股份	186,400,000	0	0	0	0	0	0	186,400,000
境内法人持有股份	0	0	0	0	0	0	0	0
境外法人持有股份	0	0	0	0	0	0	0	0
其他	0	0	0	0	0	0	0	0
2.募集法人股份	0	0	0	0	0	0	0	0
3.内部职工股	0	0	0	0	0	0	0	0
4.优先股或其他	0	0	0	0	0	0	0	0
未上市流通股份合计	186,400,000	0	0	0	0	0	0	186,400,000
二、已上市流通股份								
1.人民币普通股	70,000,000	0	0	0	0	0	0	70,000,000
2.境内上市的外资股	0	0	0	0	0	0	0	0
3.境外上市的外资股	0	0	0	0	0	0	0	0
4.其他	0	0	0	0	0	0	0	0
已上市流通股份合计	70,000,000	0	0	0	0	0	0	70,000,000
三、股份总数	256,400,000	0	0	0	0	0	0	256,400,000

600205　山东铝业股份有限公司

2001年年度报告摘要

第一章　公司简介

(一)公司名称:山东铝业股份有限公司

公司法定英文名称:SHANDONG ALUMINIUM INDUSTRY CO.,LTD

(二)公司法定代表人:刘兴亮

(三)公司董事会秘书:王国忠

(四)公司注册地址:山东省淄博市淄博高新技术产业开发区柳泉路北首

公司办公地址:山东省淄博市淄博高新技术产业开发区柳泉路北首

邮政编码:255086

公司国际互联网网址:http://www.sd-al.com

电子信箱:sdal@sina.com

联系地址:山东省淄博市山东铝业股份有限公司董秘室

电话:0533-2943467　　0533-2930136

董事会证券事务代表:毕卫光

联系地址:山东省淄博市山东铝业股份有限公司证券部

电话:0533-2943467　　0533-2943291

传真:0533-2985999

(五)公司选定的信息披露报纸:中国证券报、上海证券报

登载公司年度报告的国际互联网网址:http://www.sse.com.cn

公司年度报告备置地点:山东省淄博市张店区五公里路1号
山东铝业股份有限公司董秘室

(六)公司股票上市地:上海证券交易所

股票简称:山东铝业

股票代码:600205

第二章　会计数据和业务数据摘要

(一)本年度主要利润指标情况(单位:人民币元)

1、利润总额	256,692,966.49
2、净利润	224,801,342.83
3、扣除非经常性损益后的净利润	227,031,087.95
4、主营业务利润	417,276,566.41
5、其他业务利润	81,304,438.63
6、营业利润	256,197,043.96
7、投资收益	2,434,831.33
8、补贴收入	
9、营业外收支净额	-1,938,908.80
10、经营活动产生的现金流量净额	-39,606,601.33
11、现金及现金等价物净增减额	-55,020,804.78

注:扣除的非经常性损益项目和涉及金额

营业外收入	1,324,687.42
(1)处理固定资产净收益	447,801.14
(2)保险费返还	866,886.28
(3)废旧物资收入	10,000.00
营业外支出	3,263,596.22
(1)计提减值准备	-195,970.66
(2)农业赔款	158,069.40
(3)固定资产报废损失	3,301,497.48
营业外收支净额	-1,938,908.80
所得税影响数	290,836.32

(二)截至报告期末公司前三年主要会计数据和财务指标(单位:人民币元):

项　目	2001年度	2000年度调整前	2000年度调整后	1999年度
1、主营业务收入	2,253,429,067.11	2,585,274,263.79	2,585,274,263.79	1,688,007,522.83
2、净利润	224,801,342.83	421,632,844.69	383,525,496.78	155,331,363.69
3、总资产	2,502,715,724.09	2,461,594,059.66	2,419,942,671.96	1,676,444,007.45
4、股东权益(不含少数股东权益)	1,295,350,865.27	1,245,216,390.30	1,204,096,608.57	1,103,583,545.61
5、每股收益	0.401	0.753	0.685	0.277
6、每股净资产	2.31	2.22	2.15	1.97
7、调整后每股净资产	2.30	2.20	2.13	1.92
8、每股经营活动产生的现金流量净额	-0.07	0.40	0.40	-0.45
9、净资产收益率(%)	17.35	33.86	31.85	14.08
10、加权平均净资产收益率	17.99	32.08	33.24	18.23

第三章　股本变动及股东情况

(一)股本变动情况

(1)股份变动情况表

数量单位:股

	本次变动前	本次变动增减(+,-) 配股	送股	公积金转股	增发	其他(新发)	小计	本次变动后
一、未上市流通股份								
国家持有股份	400000000							400000000
未上市流通股份合计	400000000							400000000
二、已上市流通股份								
人民币普通股	160000000							160000000
已上市流通股份合计	160000000							160000000
三、股份总数	560000000							560000000

(二)股东情况介绍

(1)报告期末股东总数120233户。

(2)至报告期末公司前10名股东持股情况

股东名称	持股数(股)	占总股本比例(%)
中国铝业股份有限公司	400000000	71.43
龚惠祥	802000	0.14
金象铝业	788661	0.14
叶　萍	675400	0.12
海通太原	630000	0.11
兴和基金	319228	0.06
南方稳健	290600	0.05
赵来英	178951	0.03
胡才君	151450	0.03
刘尚林	140000	0.03

报告期内控股股东发生变更,山东铝业公司所持本公司的40000万股国有法人股,占本公司股本总额的71.43%,转由中国铝业股份有限公司持有。报告期末中国铝业股份有限公司持有本公司股份40000万股,占本公司股本总额的71.43%,中国铝业股份有限公司成为本公司的第一大股东,其所持有的股份性质仍为国有法人股。相关信息已于2001年9月12日刊登在《中国证券报》和《上海证券报》。

(3)中国铝业股份有限公司为本公司控股股东,简介如下:。

法定代表人:郭声琨

成立日期:2001年9月10日

经营范围:氧化铝、氢氧化铝、氧化铝化工产品、金属镓的生产和销售,原铝产品、碳素制品的生产和销售。

注册资本:10,499,900,153元(人民币)。

股权结构如下:

股东名称	持股数(股)	持股比例(%)
中国铝业公司	4,656,261,060	44.3
中国信达资产管理公司	1,610,332,210	15.3
中国东方资产管理公司	602,246,135	5.7
国家开发银行	554,940,780	5.3
广西开发投资有限责任公司	196,800,000	1.9
贵州省物资开发投资公司	129,430,000	1.2
境外公众股	2,749,889,968	26.2
总股本	10,499,900,153	100

中国铝业股份有限公司的控股股东为中国铝业公司,成立于2001年2月21日,注册资本为1,138,000万元,法定代表人为郭声琨。中国铝业公司是国家授权投资机构和国家控股公司试点,是中央管理的44家国有重点骨干企业之一。

第四章　董事、监事、高级管理人员和员工情况

(一)基本情况

姓　名	职　务	性别	年龄	任期起止日期	持股数量	年度报酬总额
刘兴亮	董事长	男	41	1999—2002	0	不在本公司领取
刘庆科	副董事长	男	56	1999—2002	0	不在本公司领取
梁中秀	董事	男	56	1999—2002	0	不在本公司领取
李选民	董事	男	62	1999—2002	0	不在本公司领取
罗　安	董事	男	61	1999—2002	0	不在本公司领取
彭春英	董事	男	56	1999—2002	0	不在本公司领取
高杞胜	董事	男	55	1999—2002	0	不在本公司领取
宋文清	董事	男	51	1999—2002	0	不在本公司领取
冯长森	董事	男	56	1999—2002	0	不在本公司领取
林志祥	董事	男	60	1999—2002	0	不在本公司领取
徐玉柱	董事	男	53	1999—2002	0	不在本公司领取
周光蔚	董事	男	55	1999—2002	0	不在本公司领取
金永静	董事	男	42	1999—2002	0	不在本公司领取
王再云	董事兼经理	男	39	1999—2002	0	43231元
高贵超	董事	男	36	1999—2002	0	不在本公司领取
刘云鹏	监事	男	54	1999—2002	0	不在本公司领取
陈宗生	监事	男	53	1999—2002	0	44312元
郑都然	监事	男	46	1999—2002	0	不在本公司领取

曹永旗	监事	男	44	1999—2002	0	59414元
孙昭贵	监事	男	52	1999—2002	0	不在本公司领取
张目盛	监事	男	49	1999—2002	0	不在本公司领取
赵玉琴	监事	女	47	1999—2002	0	30077元
王国忠	董事会秘书	男	41	1999—2002	0	37012元
刘春干	副经理	男	60	1999—2002	0	44299元
毛新和	总会计师	男	54	1999—2002	0	37460元
陶英君	总经济师	男	38	1999—2002	0	36315元

在本公司领取薪金的董事、监事、高管人员中，年度报酬数额30000元至40000元之间的有4人；40000元至50000元之间的有3人；50000元至60000元之间的有1人。其他董、监事在股东单位领取报酬。刘兴亮先生、刘庆科先生现任中国铝业股份有限公司山东公司总经理、副总经理职务。

(二)年度报酬情况

本公司董事、监事和高级管理人员报酬是依据公司《2001年各单位领导干部责任指标系考核办法》的规定，根据公司的经济效益情况和公司下达的考核指标情况来兑现工资和绩效奖励。

第五章 公司治理结构

公司按照《公司法》、《证券法》等法律法规以及中国证监会发布的有关上市公司治理的规范性文件要求，不断建立、完善各项规章制度。

公司严格按照《上市公司股东大会规范意见》的要求召集、召开股东大会。

公司具有独立完整的业务及自主经营能力，公司与控股股东在业务、人员、资产、机构、财务等方面分开。

公司的人员独立，公司经理、财务负责人、营销负责人和董事会秘书均未在控股股东任职；公司的资产独立完整、权属清晰；公司已按有关法律、法规的要求建立了财务、会计管理制度，独立核算，独立开立银行帐户。

由于历史原因和行业特点，公司在氧化铝、化学品氧化铝、电解铝等相关业务与控股股东业务相同，客观存在同业竞争现象。

根据《上市公司治理准则》的要求，公司拟建立包括独立董事在内的相关制度，改进董事会的人员和机构的构成。

公司监事会的人数和人员构成符合法律、法规的要求；公司监事会建立了议事规则；监事能够认真履行自己的职责，对公司财务及董事、经理和其他高级管理人员进行合规合法的监督，维护公司及股东的合法权益。

公司按相关法律、法规的要求，由董事会秘书负责信息披露工作，严格按照法律、法规和公司章程的规定，真实、准确、完整、及时地披露有关信息。

第六章 股东大会情况简介

报告期内召开了2000年度股东大会，有关情况披露如下：

会议于2001年4月18日在公司会议室召开，由山东铝业股份有限公司董事会召集、组织。本次会议共有11名出资人(受托人)出席，代表股份400,090,700股，占公司总股本的74.44%。

会议决议公告分别刊登于2001年4月19日的《中国证券报》和《上海证券报》。

第七章 董事会报告

一、公司报告期内的经营情况

(一)主营业务范围及经营状况

主营业务范围：氧化铝、氢氧化铝、多品种氧化铝、金属镓、电解铝、铝合金、铝制品、碳素制品的生产、销售。

1、主营业务收入、主营业务利润构成情况：

单位：元

	主营业务收入	主营业务利润
冶金级氧化铝	1,116,061,916.06	236,797,276.96
化学品氧化铝	182,363,949.41	39,347,859.64
铝锭	467,776,191.10	91,026,792.54
金属镓	14,384,615.37	7,064,633.45

2、主营业务收入占10%以上产品利润情况

	销售收入(元)	销售成本(元)	毛利率(%)
冶金级氧化铝	1,116,061,916.06	875,113,955.15	21.22
铝锭	467,776,191.10	375,300,552.64	19.46
化学品氧化铝	182,363,949.41	142,264,725.03	21.58

(二)主要供应商、客户情况

公司前五名供应商合计的采购金额为16,866万元，占年度采购总额的22.2%，前五名客户销售额合计为67,862万元，占公司销售总额的34.67%。

二、报告期内投资情况

报告期内公司投资24,079.83万元，比上年减少52,714.63万元，减少幅度68.64%，其中：公司投资山东山铝电子技术有限公司1500万元，占总股本的75%，该公司主要从事非接触式IC卡模块封装的生产经营，生产能力为年产IC卡3000万块。

主要投资项目情况：

1、选精矿烧结法氧化铝技术改造：该项目采用国家"九五"重点科技攻关的"铝土矿选矿预脱硅"和"富矿烧结生产氧化铝"两项技术，充分利用现有设施，对氧化铝生产系统进行技术改造，实现节能降耗、代替进口。国家经贸委以国经贸投资[2000]999号文批准了该项目，并将此项目列入第二批国债项目。该项目批准投资2.61亿元，其中贴息贷款2亿元。项目建成后，可使焙烧氧化铝的油耗降至85KG/T，氧化铝增产14万吨。该项目完成投资9109万元，项目进度为35%。

2、金属镓生产线技术改造：该项目是中铝(筹)规字[2001]035号文批准的项目。该项目采用新工艺对现有金属镓生产系统进行改造。本项目完成投资5702万元，该项目进度为95%。

3、新建5#煤粉磨：公司投资4246万元，新建了5#煤粉磨，该项目引进了转子称，可对煤粉进行计量，从而节约煤耗，目前该项目进度96%。

4、自备电厂1-3#75t锅炉脱硫改造：为使自备电厂3台锅炉达标排放，本年度开始对3台锅炉进行脱硫改造，目前完成投资1383万元，项目进度为75%。

5、5#熟料窑电收尘改造：为使5#熟料窑达标排放，本年度公司对5#熟料窑电收尘进行改造，已完成投资931万元，项目进度为90%。

三、财务状况分析

项目	2001年(元)	2000年(元)	增减(%)
总资产	2,502,715,724.09	2,419,942,671.96	3.42
长期负债	228,847,599.74	70,000,000.00	226.93
股东权益	1,295,109,000.91	1,204,096,608.5	77.56
主营业务利润	417,276,566.41	789,590,839.75	-47.15
净利润	224,801,342.83	383,525,496.78	-41.39

总资产增加系本年度经营规模扩大和投资增加所致。长期负债增加系本年度增加借款。股东权益增加系当年利润增加所致。利润减少主要是由于主导产品的销售价格较上年度有较大幅度下降，进而导致利润减少。

四、生产经营环境及宏观政策、法规变化对公司的影响

1、本公司控股股东-中国铝业股份有限公司完成了境外上市工作，对今后的公司运作将会产生积极作用。

2、中国已正式加入世界贸易组织，其法律文件的相关条款可能会对公司未来的经营活动带来一定影响。据中国加入世界贸易组织法律文件"中华人民共和国加入议定书附表8第152号减让表"的有关内容，公司主导产品氧化铝关税税率已由加入前的18%降为14%，2004年降为8%，铝锭则由加入前的9%降为5%，2001年10月开始国家通过加强进口登记制度加强了氧化铝进口的调控，并提高了2002年进口配额发放标准，但这两种产品仍将面临国际市场的较大压力。

五、2002年生产经营计划

1、主要经营目标

项目	目标
工业增加值	6亿元
销售收入	20亿元
利润总额	2.5亿元

2、主要产品产量计划

产品	产量
全部氧化铝	80万吨
化学品氧化铝	11.2万吨
铝锭	5.5万吨
铝型材	4500吨
镓	10吨

3、主要产品销售计划

产品	销量
焙烧氧化铝(不含自用)	54.8万吨
铝锭	4.2万吨
化学品氧化铝	11万吨
铝型材	4300吨
镓	10吨

4、主要产品成本费用计划

产品	成本
氧化铝	1450元/吨
铝锭	9800元/吨

5、主要工作任务与措施

(1)以适应经济全球化竞争为目标，进一步深化改革，构建新的管理体系，再造业务流程。

(2)继续推进公司治理结构的健全和规范化运作进程，加大机制创新力度。

(3)加速公司产品结构的战略性调整，提高创利产品和高附加值产品产量。

(4)创新营销管理，提高营销水平，巩固和拓展产品市场，实现销售利润最大化。

(5)以降低成本费用为中心，积极采用管理和技术措施，进一步优化指标，提高公司竞争力。

七、本次利润分配预案

经中兴宇会计师事务所审计，2001年度公司实现净利润22,480万元，提取10%的法定盈余公积金和5%的法定公益金，可供股东分配的利润为19,108.11万元，加上2000年度公司未分配利润8,507.5万元，2001年度可供股东分配的利润为27,615.62万元。根据公司实际经营情况和在2000年年报中的承诺，董事会拟以派现金方式分配，具体的分配数额为13,832万元，即每10股派2.47元(含税)。

此方案尚需提交股东大会审议通过。

董事会预计2002年度利润分配政策：2002年度利润分配一次；实现的可供股东分配的利润用于分配的比例不低于30%；上年度未分配利润用于下年度分配的比例不低于30%；2002年度利润分配采取派现金或其他方式；2002年度利润分配政策为预计方案，具体方法届时将根据公司的实际情况拟定。

第八章 监事会报告

(一)报告期内监事会会议情况及决议内容

报告期内公司召开两次监事会，具体召开时间、地点和会议内容如下：

1、2001年2月19日在公司会议室召开第一届监事会第五次会议。本次会议应出席监事7人，实际出席监事7人，符合《公司法》和《公司章程》的有关规定。会议以举手表决方式形成如下决议：

(1)2000年度监事会工作报告；

(2)公司依法运作情况；

(3)检查公司财务状况及经营成果情况；

(4)前次募集资金投向；

(5)关联交易情况。

会议公告刊登在2001年2月21日《中国证券报》和《上海证券报》上刊登披露。

2、2001年7月16日在公司会议室召开第一届监事会第六次会议。本次会议应出席监事7人，实际出席监事7人，符合《公司法》和《公司章程》的有关规定。会议以举手表决方式形成如下决议：

(1)2001 年公司中期报告;

(2)计提固定资产等减值准备;

(3)固定资产、在建工程、无形资产、委托贷款四项减值准备内部控制制度。

会议公告刊登在 2001 年 7 月 18 日《中国证券报》和《上海证券报》上刊登披露。

第九章　重要事项

(一)本年度公司无重大诉讼、仲裁事项。

(二)报告期内公司、公司董事及高级管理人员认真依法履行职责,没有发生任何受监管部门处罚的事件。

(三)报告期内控股股东发生变更,山东铝业公司所持本公司的 40000 万股国有法人股,占本公司股本总额的 71.43%,转由中国铝业股份有限公司持有。本次股份持有人变更已经国家财政部财企字[2001]427 号文的批准。公司董事会分别于 2001 年 8 月 21 日和 2001 年 9 月 12 日在《中国证券报》和《上海证券报》刊登了变更国有法人股持有人的提示性公告和股份持有人变更公告。

公司由第一次股东大会选举的全体董事、监事均无变动。

(四)公司投资山东山铝电子技术有限公司事项。

报告期内公司与北京清华文通海技术开发有限公司合资设立“山东山铝电子技术有限公司”。该公司已取得法人营业执照并与 2001 年 10 月 11 日在《中国证券报》和《上海证券报》公告。

(五)重大关联交易事项

1、主要关联方交易的定价原则

(1)土地租赁:根据本公司与山东铝业公司的土地租赁协议,本公司租赁土地共计 945,737.93 平方米,租赁期限 50 年,每年租赁费 473 万元。

(2)销售原材料、半成品、产成品:本公司向中国铝业股份公司山东公司、山东铝业公司提供的原材料及半成品,按以下原则结算:

①国家法律、法规及地方政府相应的法规、政策规定的价格及标准;

②市场一般通行的价格;

③若无可比的当地市场价格,则为推定价格(依据生产成本加上合理平均利润而构成的价格)。

(3)水、电、蒸汽:中国铝业股份有限公司山东公司向本公司提供水、电、汽的服务,按照市场外购价格加相应用水用电或运行维护费的价格结算。

2、本公司向主要关联方采购货物、接受劳务

关联方单位	本期发生数	上期发生数
中国铝业股份有限公司山东公司	1,028,119,906.65	1,529,843,456.34
山东铝业公司	117,561,523.59	86,698,324.15
山东铝业公司三产	74,165,303.38	54,004,720.24
山东铝业工程有限公司	62,136,038.88	202,805,087.31

3、本公司租赁

关联方单位	交易内容	本期发生数	上期发生数
山东铝业公司	土地租赁费	473 万元	473 万元

4、本公司向关联方销售、提供劳务

关联方单位	本期发生数	上期发生数
中国铝业股份有限公司山东公司	465,584,818.26	266,141,250.28
淄博万众实业公司	141,394,335.49	266,430.77
山东铝业公司三产	74,010,121.22	
山东铝业公司	73,915,992.61	22,075,584.00
山东铝业工程有限公司	57,099,388.98	

(六)租赁其他公司资产情况

本公司所占用的土地使用权的处置方式,经国土资源部国土资函[1999]168 号文批准,采用租赁的方式,本公司与山东铝业公司签订土地租赁协议,根据土地租赁协议,本公司租赁山东铝业公司的土地共计 945,737.93 平方米,土地租赁费为每平方米 5 元/年,上述租用土地租金每年共计 4,728,689.65 元,本公司于每一年度的年底向山东铝业公司缴纳。

(七)聘任、解聘会计师事务所情况

报告期公司继续聘请北京中兴宇会计师事务所有限责任公司为财务审计机构。公司支付给北京中兴宇会计师事务所有限责任公司年度审计费用 50 万元。

(八)根据中国证监会济南证管办济证公司字[2001]55 号文《关于辖区上市公司进行规范运作情况自查的通知》要求,公司组织有关部门按照《济南证管办辖区上市公司规范运作情况调查表》所列的项目进行了认真的自查和逐项填列。并就相关问题提出以下整改方案:

(1)关于董事会对关联交易的表决问题。报告期内由于公司非关联董事占全部董事的比例为 26.6%,按公司章程规定无法对议案进行表决,因此,关联董事在表决关联交易议案时未回避,但公司已根据有关规定,将相关议案已提交股东大会审议,关联股东按规定进行了回避。

(2)关于授权制度的问题。为进一步规范董事会、董事长、经理的行为,提高工作效率,公司将建立健全相关的授权制度,对投资等重要事项进行授权。本项工作至 2002 年 8 月前完成。

(3)关于独立董事制度的问题。根据《关于在上市公司建立独立董事制度的指导意见》和《上市公司治理准则》,公司已就相关事项进行了安排,在 2002 年上半年董事会换届时一并按要求完成。

(4)关于专业委员会和其他法人治理问题。公司已根据《中国上市公司治理准则》的要求,就相关问题按照《公司治理准则》要求对《公司章程》拟做出相应修改。同时,依法按照程序提交董事会和股东大会审议通过后实施。上述治理问题将在 2002 年 8 月底前完成。

(九)除本报告涉及的合同外,报告期内公司未签订其它重大合同,无重大担保情况发生。

第十章　财务会计报告

(一)审计报告(略)

(二)会计报表(附后)

(三)会计报表附注

1、财务报表编制的基准

2001 年本公司与北京清华文通海技术开发有限公司共同投资组建山东山铝电子技术有限公司(以下简称“山铝电子”),在山东淄博市注册,注册资本 2000 万元,本公司投资 1500 万元,占注册资本的 75%,2001 年 9 月 30 日取得工商营业执照。山铝电子的营业范围是:IC 卡芯片及模块、电子产品、集成电路、仪器仪表、光机电一体化相关产品、计算机软硬件及外部设备、电子元器件的生产销售、技术开发、技术服务等。

截至 2001 年 12 月 31 日山铝电子仍然在建,未投入生产,只编制了资产负债表,根据财政部财会二字(1996)2 号《关于合并会计报表合并范围请示的复函》,按照重要性原则,本报告期未将山铝电子纳入合并报表范围,因此 2001 年度本公司未编制合并报表。

2、会计政策变更的影响

因执行《企业会计制度》,本公司对固定资产减值和开办费进行了追溯调整,追溯调整对留存收益的累计影响数为 -34,951,814.47 元,其中:(1)计提固定资产减值准备 38,107,347.91 元;(2)摊销开办费并相应调减所得税共计影响利润 3,012,433.82 元;(3)因上述两项调整相应调减“两金”6,167,967.26 元。

第十一章　备查文件目录

1、载有公司法定代表人、总会计师、会计主管人员签名并盖章的会计报表。

2、载有中兴宇会计师事务所盖章、注册会计师签名并盖章的审计报告原件。

3、报告期内在中国证监会指定报纸(中国证券报、上海证券报)公开披露过的所有公司文件的正本及公告的原稿。

山东铝业股份有限公司

2002 年 2 月 23 日

利润及利润分配表

制表单位:山东铝业股份有限公司　　　　单位:人民币元

项　　目	注释号	年初数	年末数
一、主营业务收入	28	2,253,429,067.11	2,585,274,263.79
减:主营业务成本		1,821,410,108.35	1,773,218,796.63
主营业务税金及附加	29	14,742,392.35	22,464,627.41
二、主营业务利润		417,276,566.41	789,590,839.75
加:其他业务利润	30	81,304,438.63	72,585,512.74
减:营业费用		70,591,876.75	70,667,771.05
管理费用	31	155,960,416.69	255,383,171.01
财务费用	32	15,831,667.64	12,369,069.92
三、营业利润		256,197,043.96	523,756,340.51
加:投资收益	33	2,434,831.33	
补贴收入			
营业外收入		1,324,687.42	97,328.00
减:营业外支出	34	3,263,596.22	54,520,297.01
四、利润总额		256,692,966.49	469,333,371.50
减:所得税	35	31,891,623.66	85,807,874.72
五、净利润		224,801,342.83	383,525,496.78
加:年初未分配利润		85,075,129.87	34,775,200.45
其他转入			
六、可供分配的利润		309,876,472.70	418,300,697.23
减:提取法定盈余公积		22,480,134.28	38,051,306.30
提取法定公益金		11,240,067.14	19,025,653.14
提取职工奖励及福利基金			
提取储备基金			
提取企业发展基金			
利润归还投资			
七、可供股东分配的利润		276,156,271.28	361,223,737.79
减:应付优先股股利			
提取任意盈余公积			
应付普通股股利		138,320,000.00	280,000,000.00
转作股本的普通股股利			
八、未分配利润		137,836,271.28	81,223,737.79

资产负债表

2001年12月31日

制表单位:山东铝业股份有限公司　　单位:人民币元

资　　产	注释	年初数	年末数
流动资产:			
货币资金	1	161,975,132.25	106,954,327.47
短期投资	2	3,840,000.00	2,093,223.75
应收票据	3	196,370,344.85	204,857,464.99
应收股利			
应收利息			
应收账款	4	106,570,617.19	188,881,460.64
其他应收款	5	63,838,199.67	70,292,638.26
预付账款	6	280,570,260.02	132,242,411.41
应收补贴款			
存货	7	290,627,602.06	338,487,806.40
待摊费用			
一年内到期的长期债权投资			
其他流动资产			
流动资产合计		1,103,792,156.04	1,043,809,332.92
长期投资:			
长期股权投资	8		15,000,000.00
长期债权投资			
长期投资合计			15,000,000.00
固定资产:			
固定资产原价	9	1,854,926,875.08	2,013,291,314.49
减:累计折旧	9	631,104,983.25	753,408,131.58
固定资产净值		1,223,821,891.83	1,259,883,182.91
减:固定资产减值准备	9	38,107,347.91	37,911,377.25
固定资产净额		1,185,714,543.92	1,221,971,805.66
工程物资	10	8,613,541.00	12,099,885.80
在建工程	11	121,822,431.00	209,834,699.71
固定资产清理			
固定资产合计		1,316,150,515.92	1,443,906,391.17
无形资产及其他资产:			
无形资产			
长期待摊费用			
其他长期资产			
无形资产及其他资产合计			
递延税项:			
递延税款借项			
资产总计		2,419,942,671.96	2,502,715,724.09
负债和股东权益	注释	年初数	年末数
流动负债:			
短期借款	12	91,840,000.00	239,840,000.00
应付票据	13		74,000,000.00
应付账款	14	387,079,044.46	308,428,952.54
预收账款	15	72,588,866.89	51,525,132.04
应付工资	16	109,088,894.53	101,041,135.56
应付福利费		13,356,838.45	13,352,797.54
应付股利	17	264,000,000.00	130,416,000.00
应交税金	18	102,401,836.81	38,848,942.54
其他应交款	19	-8,059,537.78	-8,053,001.28
其他应付款	20	65,075,123.12	15,411,719.88
预提费用	21	33,874,996.91	13,947,444.62
预计负债			
一年内到期的长期负债		14,600,000.00	
其他流动负债			
流动负债合计		1,145,846,063.39	978,759,123.44
长期负债:			
长期借款	22	70,000,000.00	210,000,000.00
应付债券			
长期应付款			
专项应付款	23		18,847,599.74
其他长期负债			
长期负债合计		70,000,000.00	228,847,599.74
递延税项:			
递延税款贷项			
负债合计		1,215,846,063.39	1,207,606,723.18
股东权益:			
股本	24	560,000,000.00	560,000,000.00
减:已归还投资			
股本净额		560,000,000.00	560,000,000.00
资本公积	25	484,303,975.88	484,303,975.88
盈余公积	26	78,568,894.90	112,968,753.75
其中:公益金	26	26,189,631.63	37,656,251.25
未分配利润	27	81,223,737.79	137,836,271.28
股东权益合计		1,204,096,608.57	1,295,109,000.91
负债及股东权益总计		2,419,942,671.96	2,502,715,724.09

现金流量表

2001年度

制表单位:山东铝业股份有限公司　　单位:人民币元

项　　目	注释号	金　　额
一、经营活动产生的现金流量:		
销售商品、提供劳务收到的现金		2,158,129,127.62
收到的税费返还		-
收到的其他与经营活动有关的现金		842,077.20
现金流入小计		2,158,971,204.82
购买商品、接受劳务支付的现金		1,673,903,441.28
支付给职工以及为职工支付的现金		180,354,551.42
支付的各项税费		248,458,885.37
支付的其他与经营活动有关的现金	36	95,860,928.08
现金流出小计		2,198,577,806.15
经营活动产生的现金流量净额		-39,606,601.33
二、投资活动产生的现金流量:		-
收回投资所收到的现金		5,233,066.09
取得投资收益所收到的现金		3,456,942.05
处置固定资产、无形资产和其他长期资产		1,324,687.42
所收回的现金净额		-
收到的其他与投资活动有关的现金		-
现金流入小计		10,014,695.56
购建固定资产、无形资产和其他长期资产		156,060,434.99
而支付的现金		-
投资所支付的现金		19,499,243.31
支付的其他与投资活动有关的现金		-
现金流出小计		175,559,678.30
投资活动产生的现金流量净额		-165,544,982.74
三、筹资活动产生的现金流量:		-
吸收投资所到的现金		-
借款所收到的现金		320,000,000.00
收到的其他与筹资活动有关的现金	37	24,000,000.00
现金流入小计		344,000,000.00
偿还债务所支付的现金		46,600,000.00
分配股利、利润或偿付利息所支付的现金		145,938,154.54
支付的其他与筹资活动有关的现金	38	1,331,066.17
现金流出小计		193,869,220.71
筹资活动产生的现金流量净额		150,130,779.29
四、汇率变动对现金的影响额		-
五、现金及现金等价物净增加额		-55,020,804.78
补充资料		
1.将净利润调节为经营活动的现金流量		
净利润		224,801,342.83
加:计提的资产减值准备		20,145,443.54
固定资产折旧		128,322,156.65
无形资产摊销		-
长期待摊费用摊销		-
待摊费用减少(减:增加)		-
予提费用增加(减:减少)		-19,927,552.29
处置固定资产、无形资产和其他长期资产的损失(减:收益)		-
固定资产报废损失		3,301,497.48
财务费用		14,353,159.65
投资损失(减:收益)		-2,434,831.33
递延税款贷项(减:借项)		-
存货的减少(减:增加)		-53,305,579.87
经营性应收项目的减少(减:增加)		-248,459,862.20
经营性应付项目的增加(减:减少)		-109,077,661.48
其他		2,675,285.69
经营活动产生的现金流量金额		-39,606,601.33
2.不涉及现金收支的投资和筹资活动:		
债务转为资本		
一年内到期的可转换公司债券		
融资租入固定资产		
3.现金及现金等价物净增加情况:		
现金的期末余额		106,954,327.47
减:现金的期初余额		161,975,132.25
加:现金等价物的期末余额		-
减:现金等价物的期初余额		-
现金及现金等价物净增加额		-55,020,804.78

600206 有研半导体材料股份有限公司

2001 年年度报告摘选

一、公司基本情况简介

(一)公司法定中文名称:有研半导体材料股份有限公司
中文简称:有研硅股
公司法定英文名称:GRINM SEMICONDUCTOR MATERIALS CO.,LTD.
英文缩写:GRITEK
(二)公司法定代表人:屠海令
(三)公司董事会秘书:陶森
联系地址:北京市新街口外大街 2 号
电话(Tel):010－62355380　　传真(Fax):010－62355381
电子信箱:taosen@ gritek.com.cn
(四)公司注册地址:北京市海淀区北三环中路 43 号
公司办公地址:北京市新街口外大街 2 号　　邮政编码:100088
公司国际互联网网址:http://www.gritek.com.cn
公司电子信箱:taosen @ gritek.com.cn
(五)公司选定的信息披露报纸:《中国证券报》、《上海证券报》、《证券时报》
登载公司年度报告互联网网址:http://www.sse.com.cn
公司年度报告备置地点:北京市新街口外大街 2 号有研半导体材料股份有限公司
(六)公司股票上市交易所:上海证券交易所
股票简称:有研硅股　　股票代码:600206

二、会计数据和业务数据摘要

(一)本年度主要利润指标情况:　　(单位:人民币元)

项 目	金 额
利润总额	7,407,071.64
净利润	3,733,985.08
扣除非经常性损益后的净利润	1,273,616.76
主营业务利润	29,718,124.24
其他业务利润	1,279,799.90
营业利润	6,047,424.70
投资收益	1,425,809.45
补贴收入	31,000.00
营业外收支净额	－97,162.51
经营活动产生的现金流量净额	－18,161,406.20
现金及现金等价物净增加额	110,278,742.86

注:扣除非经常性损益项目和涉及的金额:
(1)存货盘盈－604,216.00 元
(2)固定资产处理损失 32,979.37 元
(3)委托理财收益－1,241,325.44 元,收到资金利息－642,281.25 元
(4)营业外收入－5,525.00 元

(二)公司前三年主要会计数据和财务指标(单位:人民币元)

项 目	2001 年度	2000 年度		1999 年度
		调整后	调整前	
主营业务收入	108,355,366.03	119,183,217.74	119,183,217.74	77,760,513.80
净利润	3,733,985.08	39,292,119.96	44,670,897.22	49,850,998.59
总资产	888,880,948.06	736,589,633.03	747,176,141.02	792,067,305.23
股东权益(不包含少数股东权益)	691,396,603.97	679,881,597.75	690,408,960.25	677,009,186.59
每股收益(摊薄)	0.026	0.271	0.308	0.344
每股收益(加权)	0.026	0.271	0.308	0.344
每股收益(扣除非经常性损益)	0.009	0.112	0.149	0.325
每股净资产	4.768	4.689	4.761	4.669
调整后的每股净资产	4.732	4.671	4.744	4.669
每股经营活动产生的现金流量净额	－0.125	0.130	0.130	－0.186
净资产收益率(摊薄)%	0.540	5.779	6.470	7.363
净资产收益率(加权)%	0.540	5.814	6.470	8.520
扣除非经常损益加权平均净资产收益率%	0.184	2.411	3.139	6.964

(三)利润表附表列示如下:

	2001 年			
	净资产收益率%		每股收益	
	全面摊薄	加权平均	全面摊薄	加权平均
主营业务利润	4.30	4.31	0.205	0.205
营业利润	0.87	0.88	0.042	0.042
净利润	0.54	0.54	0.026	0.026
扣除非经常性损益后净利润	0.18	0.18	0.009	0.009

注:利润表附表的利润数据是按照中国证监会《公开发行证券公司信息披露编报规则(第 9 号)》要求计算的。

三、股本变动及股东情况

(一)股本变动情况
截止 2001 年 12 月 31 日,公司股本结构如下:　　(单位:万股)

	本次变动前	本次变动增减(+,－)						本次变动后
		配股	送股	公积金转股	增发	初次公开发行	小计	
一、尚未流通股份								
1、发起人股份	8000							8000
其中:								
国家拥有股份								
境内法人持有股份	8000							8000
外资法人持有股份								
其他								
2、募集法人股								
3、内部职工股								
其中:高管股								
4、优先股或其他								
未上市流通股份合计	8000							8000
二、已上市流通股份								
1、人民币普通股	6500							6500
2、境内上市的外资股								
3、境外上市的外资股								
4、其他								
已上市流通股份合计	6500							6500
三、股份总数	14500							14500

600207 河南安彩高科股份有限公司

2001 年年度报告摘选

第一节　公司基本情况简介

1、公司名称
中文名称:河南安彩高科股份有限公司
缩写:安彩高科
英文名称:HENAN ANCAI HI－TECH Co.,LTD
缩写:ACHT
2、公司法定代表人:李留恩
3、公司董事会秘书:许应中
董事会证券事务代表:刘一
联系地址:河南省安阳市中州路南段
联系电话:0372－3932916－2533　　传　真:0372－3938035
电子信箱:achtzqb@acbc.com.cn
4、公司注册地址:河南省安阳市中州路南段
公司办公地址:河南省安阳市中州路南段　　邮政编码:455000
公司国际互联网网址:http://www.ancaigroup.com
电子信箱:acht@public.ayptt.ha.cn
5、信息披露报纸名称:《中国证券报》、《上海证券报》
登载公司年度报告的中国证监会指定网站的网址:http://www.sse.com.cn
公司年度报告备置地点:公司证券部
6、公司股票上市交易所:上海证券交易所
股票简称:安彩高科　　股票代码:600207

第二节　会计数据和业务数据摘要

(一)本年度主要利润指标情况(单位:元)

项 目	金 额
利润总额	197,357,405.03
净利润	146,969,532.59
扣除非经常性损益后的净利润	94,255,042.09
主营业务利润	401,093,642.88
其他业务利润	6,350,696.47
营业利润	199,621,937.57
投资收益	－570,003.60
补贴收入	830,723.99
营业外收支净额	－2,525,252.93
经营活动产生的现金流量净额	624,100,214.37
现金及现金等价物净增加额	523,806,611.97

(二)公司近三年主要会计数据和财务指标(单位:元)

项目	2001 年	2000 年		1999 年
		调整前	调整后	
主营业务收入	1,389,600,498.08	2,106,586,602.73	2,106,586,602.73	965,675,771.52
净利润	146,969,532.59	524,467,567.84	528,071,719.93	220,812,711.19
总资产	3,037,251,480.12	3,163,091,356.68	3,201,564,246.64	2,737,729,493.08
股东权益	2,151,589,600.77	2,092,510,068.18	2,130,982,958.14	1,822,911,238.21
每股收益(摊薄)(元/股)	0.3340	1.1920	1.2002	0.5018
每股净资产(元/股)	4.890	4.756	4.843	4.143
调整后每股净资产(元/股)	4.885	4.748	4.788	4.058
每股经营活动产生现金流量净额(元/股)	1.418	1.071	1.071	0.027
净资产收益率	6.83%	25.06%	24.78%	12.11%

注:上表利润数据按中国证监会《公开发行证券公司信息披露编报规则(第 9 号)》要求计算。

(三)报告期利润表附表

项 目	净资产收益率(%)		每股收益(元)	
	全面摊薄	加权平均	全面摊薄	加权平均
主营业务利润	18.64	18.52	0.9116	0.9116
营业利润	9.28	9.22	0.4537	0.4537
净利润	6.83	6.79	0.3340	0.3340
扣除非经常性损益后的净利润	4.38	4.35	0.2142	0.2142

第三节　股本变动及股东情况

1、股份变动情况表

数量单位:股

	本次变动前	本次变动增减(+,－)						本次变动后
		配股	送股	公积金转股	增发	其他	小计	
一、未上市流通股份								
1、发起人股份	260,000,000	0	0	0	0	0	0	260,000,000
其中:								
国家持有股份	0	0	0	0	0	0	0	0
境内法人持有股份	260,000,000	0	0	0	0	0	0	260,000,000
其他	0	0	0	0	0	0	0	0
2、募集法人股份	0	0	0	0	0	0	0	0
3、内部职工股	0	0	0	0	0	0	0	0
4、优先股或其他	0	0	0	0	0	0	0	0
其中:转配股	0	0	0	0	0	0	0	0
未上市流通股份合计	260,000,000	0	0	0	0	0	0	260,000,000
二、已上市流通股份								
1、人民币普通股	180,000,000	0	0	0	0	0	0	180,000,000
2、境内上市的外资股	0	0	0	0	0	0	0	0
3、境外上市的外资股	0	0	0	0	0	0	0	0
4、其他	0	0	0	0	0	0	0	0
已上市流通股份合计	180,000,000	0	0	0	0	0	0	180,000,000
三、股份总数	440,000,000	0	0	0	0	0	0	440,000,000

600208 中宝科控投资股份有限公司

2001 年年度报告摘选

第一章 公司简介

(一)公司法定中文名称:中宝科控投资股份有限公司
A 股简称:中宝股份　　A 股代码:600208
公司法定英文名称:ZHONGBAO KEKONG INVESMENT CO.,LTD
(二)法定代表人姓名:吕瑞峰
(三)公司董事会秘书:钱春
电子信箱:Qianchun600208@263.net
联系电话:01066214200　　传　真:01066214186
联系地址:北京西城区金融大街 23 号平安大厦 11 层
证券事务代表:高磊
电子信箱:Gaolei600208@263.net
联系电话:05732093599　　传　真:05732093599
联系地址:浙江省嘉兴市禾兴路 366 号
(四)公司注册地址:浙江省嘉兴市禾兴路 366 号
公司办公地址:北京西城区金融大街 23 号平安大厦 11 层　　邮政编码:314000
公司电子信箱:zbgf600208@263.net
公司年报备置地点:浙江嘉兴禾兴路 336 号戴梦得大厦七楼证券部
(五)信息披露媒体:网站:http://www.sse.com.cn
信息披露刊登报刊:《中国证券报》《上海证券报》
(六)公司股票上市地:上海证券交易所
公司股票简称:中宝股份　　公司代码:600208

第二章 主要财务数据和指标

(一)本年度主要会计数据:(单位:人民币元)

项目	金　额
利润总额	70,828,800.50
净利润	40,632,570.22
扣除非经常性损益后的净利润	32,736,355.56
主营业务利润	125,543,971.09
其他业务利润	11,134,570.88
营业利润	-6,201,669.06
投资收益	26,661,423.51
补贴收入	51,944,446.03
营业外收支净额	-1,575,399.98
经营活动产生的现金流量净额	-70,405,085.57
现金及现金等价物净增加额	-73,147,068.21

(二)截至报告期末公司前三年的主要会计数据和财务指标(单位:元)

指标项目	2001 年	2000 年度(调整后)	2000 年度(调整前)	1999 年度
主营业务收入	852,203,451.91	1,155,888,937.52	1,155,888,937.52	668,382,343.66
净利润	40,632,570.22	38,139,494.93	45,390,857.74	54,895,039.83
总资产	2,190,224,929.09	2,216,909,030.67	2,226,028,633.72	1,181,276,382.44
股东权益(不含少数股东权益)	602,935,847.91	571,112,335.18	578,363,698.00	563,306,787.54
每股收益(全面摊薄)	0.19	0.18	0.22	0.26
每股收益(加权平均)	0.19	0.18	0.22	0.31
扣除非经常性损益后的每股收益	0.16	0.16	0.18	0.16
每股净资产	2.88	2.73	2.77	2.69
调整后的每股净资产	2.69	2.61	2.64	2.63
每股经营活动产生的现金流量净额	-0.34	0.89	0.89	0.43
净资产收益率(全面摊薄)	6.74%	6.68%	7.85%	9.75%
净资产收益率(加权平均)	6.87%	6.55%	7.75%	10.34%
扣除非经常性损益后的净资产收益率(加权平均)	5.54%	5.77%	6.37%	16.11%

(三)报告期利润表附表

报告期利润	净资产收益率(%)		每股收益(元)	
	全面摊薄	加权平均	全面摊薄	加权平均
主营业务利润	20.82%	21.23%	0.60	0.60
营业利润	-1.03%	-1.05%	-0.03	-0.03
净利润	6.74%	6.87%	0.19	0.19
扣除非经常性损益后的净利润	5.43%	5.54%	0.16	0.16

第三章 股本变动及股东情况

(一)股本变动情况(数量单位:万股)
1、公司股份变动情况表　　数量单位:万股

	本次变动前	配股	送股	公积金转股	增发	其他	小计	本次变动后
一、未上市流通股份								
1、发起人股份	1433.9761							1433.9761
其中:								
国家持有股份	1433.9761							1433.9761
境内法人持有股份								
境外法人持有股份								
其他								
2、募集法人股份	10869.3817							10869.3817
3、内部职工股	2100							2100
4、优先股或其他								
未上市流通股份合计	14403.3578							14403.3578
二、已上市流通股份								
1、人民币普通股	6500							6500
2、境内上市的外资股								
3、境外上市的外资股								
4、其他								
已上市流通股份合计	6500							6500
三、股份总数	20903.3578							20903.3578

600209 罗顿发展股份有限公司

2001 年年度报告摘选

一、公司基本情况简介

(一)公司法定中文名称:罗顿发展股份有限公司
中文缩写:罗顿发展
公司法定英文名称:LAWTON DEVELOPMENT CO.,LTD.
英文缩写:LAWTON DEVELOPMENT
(二)公司注册地址:海南省海口市人民大道 68 号
公司办公地址:海南省海口市人民大道 68 号
邮政编码:570208
国际互联网网址:http://www.lawtonfz.com.cn
公司电子信箱:golden@public.hk.hi.cn
(三)公司法定代表人:李维
(四)公司董事会秘书:韦胜杭
董事会证券事务代表:韦钟
联系地址:海南省海口市人民大道 68 号
电　　话:(0898)66258868　　传真:(0898)66254868
邮政编码:570208
电子信箱:golden@public.hk.hi.cn
(五)公司选定的中国证监会指定报纸名称:上海证券报
中国证监会指定国际互联网网址 http://www.sse.com.cn
公司年度报告备置地点:海南省海口市人民大道 68 号公司董事会秘书办公室
(六)公司股票上市交易所:上海证券交易所
股票简称:罗顿发展　　股票代码:600209

二、会计数据和业务数据摘要

(一)本年度主要会计数据和业务数据(单位:元)

项目	金额
利润总额	72,812,001.11 元
净利润	55,817,361.42 元
扣除非经常性损益后的净利润*	54,663,088.73 元
主营业务利润	117,533,277.09 元
其他业务利润	333,345.50 元
营业利润	71,856,583.23 元
投资收益	-198,854.81 元
补贴收入	1,293,837.00 元
营业外收支净额	-139,564.31 元
经营活动产生的现金流量净额	33,965,780.01 元
现金及现金等价物净增减额	-141,854,040.77 元

注:扣除非经常性损益项目计 1,154,272.69 元,其中:营业外收支净额 -139,564.31 元,补贴收入 1,293,837.00 元。

(二)截止报告期末公司前三年的主要会计数据和财务指标(单位:元)

项目	2001 年度	2000 年度		1999 年度
		调整后	调整前	
主营业务收入	532,752,166.28	343,665,907.52	343,665,907.52	189,030,946.00
净利润	55,817,361.42	59,747,214.98	61,657,043.70	50,007,110.75
总资产	1,008,064,084.79	915,402,978.92	918,011,393.70	656,382,279.57
股东权益(不含少数股东权益)	515,285,759.68	530,190,957.46	532,100,786.18	485,177,608.98
每股收益	0.2368	0.2534	0.2615	0.3182
每股净资产	2.1858	2.2490	2.2571	3.0871
调整后的每股净资产	1.9893	2.2421	2.2502	3.0764
每股经营活动产生的现金流量净额	0.1441	0.1357	0.1357	-0.1149
净资产收益率(%)	10.83	11.27	11.59	10.31

(三)按照中国证监会《公开发行证券公司信息披露编报规则(第 9 号)》要求,本报告期利润的净资产收益率和每股收益情况如下:

报告期利润	净资产收益率(%)		每股收益(元/股)	
	全面摊薄	加权平均	全面摊薄	加权平均
主营业务利润	22.81%	21.06%	0.50	0.50
营业利润	13.94%	12.88%	0.30	0.30
净利润	10.83%	10.00%	0.24	0.24
扣除非经常性损益后的净利润	10.61%	9.79%	0.23	0.23

三、股本变动及股东情况

(一)股份变动情况表(截止 2001 年 12 月 31 日)　　数量单位:股

	本次变动前	配股	送股	公积金转股	增发	其他	小计	本次变动后
一、未上市流通股份								
1.发起人股份	160,741,864	-	-	-	-	-	-	160,741,864
其中:								
国家持有股份	-	-	-	-	-	-	-	-
境内法人持有股份	160,741,864	-	-	-	-	-	-	160,741,864
境外法人持有股份	-	-	-	-	-	-	-	-
其他	-	-	-	-	-	-	-	-
2.募集法人股	-	-	-	-	-	-	-	-
3.内部职工股	-	-	-	-	-	-	-	-
4.优先股或其他	-	-	-	-	-	-	-	-
未上市流通股份合计	160,741,864	-	-	-	-	-	-	160,741,864
二、已上市流通股份								
1.人民币普通股	75,000,000	-	-	-	-	-	-	75,000,000
2.境内上市的外资股	-	-	-	-	-	-	-	-
3.境外上市的外资股	-	-	-	-	-	-	-	-
4.其他	-	-	-	-	-	-	-	-
已上市流通股份合计	75,000,000	-	-	-	-	-	-	75,000,000
三、股份总数	235,741,864	-	-	-	-	-	-	235,741,864

600210 上海紫江企业集团股份有限公司

2001 年年度报告摘选

第一节 公司基本情况简介

一、公司法定中文名称:上海紫江企业集团股份有限公司
公司法定英文名称:SHANGHAI ZI JIANG ENTERPRISE GROUP CO.,LTD
公司英文名称缩写:ZJQY
二、公司法定代表人:郭峰
三、公司董事会秘书:高军
证券事务代表:黄冰
联系电话:(021)54421100 转 193
联系地址:上海市申富路 618 号
传 真:(021)54422693
四、公司注册地址:上海市沪闵路 5481 号
邮编:201100
公司办公地址:上海市申富路 618 号
邮编:201108
电子信箱:zjqy@zijiangqy.com
公司网址:http://www.zijiangqy.com
五、公司信息披露报纸:上海证券报、中国证券报、证券时报
登载公司年度报告的国际互联网网址:http://www.sse.com.cn
年度报告备置地点:上海市申富路 618 号公司证券部
六、公司股票上市地:上海证券交易所
股票简称:紫江企业
股票代码:600210

第二节 会计数据和业务数据摘要

一、本年度实现利润及主要现金流量指标(单位:人民币元)

财务指标名称	金 额
利润总额	256,241,315.05
净利润	197,856,021.85
扣除非经常损益后的净利润(注)	195,254,084.05
主营业务利润	350,555,540.45
其他业务利润	8,718,443.19
营业利润	221,084,104.59
投资收益	33,861,077.66
补贴收入	1,620,946.00
营业外收支净额	-324,813.20
经营活动产生的现金流量净额	264,231,058.02
现金及现金等价物净增加额	370,858,124.95

注:非经常性损益项目:

项 目	金 额
营业外收入	837,805.50
营业外支出	1,162,618.70
股票投资收益	1,754,209.82
股权转让收益	484,898.95
补贴收入	1,620,946.00
所得税影响	-933,303.77
合计	2,601,937.80

二、截止报告期末公司前三年主要会计数据及财务指标(单位:人民币元)

财务指标名称	2001 年	2000 年	1999 年
主营业务收入	1,138,597,790.32	802,524,387.11	591,552,888.42
净利润	197,856,021.85	151,579,634.79	120,576,414.51
总资产	3,737,533,613.93	2,169,256,270.39	1,688,105,718.87
股东权益(不含少数股东权益)	1,470,430,151.90	968,705,837.36	914,146,202.57
每股收益(摊薄)	0.362	0.469	0.373
每股收益(加权)	0.377	0.469	0.44
扣除非经常性损益后的每股收益	0.357	0.458	0.37
每股净资产	2.69	2.995	2.83
调整后的每股净资产	2.65	2.95	2.80
每股经营活动产生的现金流量净额	0.48	0.71	0.39
净资产收益率	13.46%	15.65%	13.19%

注 1:2001 年度股本按 546,400,071 股计算,1999、2000 年度股本按 32340 万股计算
注 2:以上数据和指标均按合并会计报表数填列、计算
注 3:扣除非经常性损益后的加权平均净资产收益率 16.49%

第三节 股本变动及股东情况

一、股份变动情况表 (数量单位:万股)

	本次变动前	本次变动增减(+/-)						本次变动后
		配股	送股	公积金转股	增发	其他	小计	
一、未上市流通股份								
1、发起人股份								
其中:								
国家拥有股份								
境内法人持有股份	15376.8			8467.8039			8467.8039	23844.6039
境外法人持有股份	8463.2	346		4851.1119			5197.1119	13660.3119
2、募集法人股								
3、内部职工股								
4、优先股或其他								
未上市流通股份合计	23840	346		13318.9158			13664.9158	37504.9158
二、已流通股份								
1、人民币普通股	8500	2550		6085.0913			8635.0913	17135.0913
2、境内上市外资股								
3、境外上市外资股								
4、其他								
已上市流通股份合计	8500	2550		6085.0913			8635.0913	17135.0913
股份总计	32340	2896		19404.0071			22300.0071	54640.0071

600211 西藏诺迪康药业股份有限公司

2001 年年度报告摘选

一、公司基本情况简介

1、公司法定名称:
中文:西藏诺迪康药业股份有限公司
英文:TIBET RHODIOLA PHARMACEUTICAL HOLDING CO.
2、公司法定代表人:陈达彬先生
3、公司董事会秘书:高自力先生
联系地址:(1)拉萨市北京中路 93 号
联系电话:(0891)6837756 联系传真:(0891)6837749
(2)成都市中新街 49 号锦贸大厦 18 楼
联系电话:(028)6653915 6656600-265 联系传真:(028)6660740
电子信箱:security@tibetpharmacy.com
4、公司注册地址:拉萨市北京中路 93 号
公司办公地址:(1)拉萨市北京中路 93 号 邮政编码:850000
(2)成都市中新街 49 号锦贸大厦 18 楼 邮政编码:610016
公司电子信箱:master@tibetpharmacy.com
5、公司选定的信息披露报纸:《中国证券报》、《上海证券报》
登载公司年度报告的中国证监会指定国际互联网址:http://www.sse.com.cn
公司年度报告备查地点:公司证券部
6、公司股票上市交易所:上海证券交易所
股票简称:西藏药业 股票代码:600211
7、其他有关资料:
公司首次注册登记日期:1999 年 7 月 14 日
公司变更注册登记日期:2002 年 1 月 7 日
公司首次注册登记地点:拉萨市宇拓路 71 号
公司变更注册登记地点:拉萨市北京中路 93 号
企业法人营业执照注册号:5400001000107 2/2
税务登记号码:国税藏字 540100710906683
公司聘请的会计师事务所名称:四川华信(集团)会计师事务所
办公地址:成都市洗面桥街 8 号

二、会计数据和业务数据摘要

1、公司本年度主要会计数据(单位:人民币元)

指标项目	2001 年度	2000 年度(调整后)	1999 年度(调整后)
利润总额	18,236,514.61	30,798,836.84	33,073,174.65
净利润	18,298,830.82	30,985,532.54	28,771,480.72
扣除非经常性损益后的净利润	15,981,029.39	30,165,903.80	27,552,270.62
主营业务利润	65,001,872.94	69,263,116.49	66,939,171.61
其他业务利润	2,850,898.96	2,857,171.98	980,135.67
营业利润	17,441,935.02	30,789,208.10	28,014,274.48
投资收益	1,189,207.90	-810,000.00	
补贴收入	177,778.19		3,839,690.07
营业外收支净额	-572,406.47	819,628.74	1,219,210.10
经营活动产生的现金流量净额	15,473,520.15	20,555,027.96	2,246,631.42
现金及现金等价物增加额	30,239,474.11	-97,962,970.94	158,928,436.28

公司前三年主要会计数据和财务指标(单位:人民币元)

指标项目	2001 年度	2000 年度		1999 年度	
		调整前	调整后	调整前	调整后
主营业务收入	74,659,338.19	83,122,877.26	83,122,877.26	82,966,800.82	82,966,800.82
净利润	18,298,830.82	35,721,759.76	30,985,532.54	33,074,986.57	28,771,480.72
总资产	608,325,276.78	528,360,907.24	518,908,406.58	436,441,044.86	432,137,539.01
股东权益	404,173,034.99	401,043,937.24	392,004,204.17	389,708,661.48	385,405,155.63
每股收益(摊薄)	0.15	0.29	0.253	0.27	0.235
每股收益(加权)	0.15	0.29	0.253	0.34	0.27
扣除非经常性损益后的每股收益	0.13	0.273	0.246	0.254	0.225
每股净资产	3.30	3.27	3.2	3.18	3.14
调整后的每股净资产	3.25	3.18	3.17	3.12	3.09
每股经营活动产生的现金流量净额	0.142	0.168	0.192	0.02	-0.01
净资产收益率(%)	4.53	8.91	7.9	8.49	7.47
扣除非经常损益后净资产收益率(%)	3.95	8.34	7.7	7.98	7.15

三、股本变动及股东情况

(一)股本变动情况
1、股份变动情况表 数量单位:万股

	本次变动前	本次变动增减(+,-)	本次变动后
一、未上市流通股份			
1、发起人股份			
其中:			
国家持有股份	7760		7760
境内法人持有股份			
境外法人持有股份			
其他			
2、募集法人股份			
3、内部职工股			
4、优先股或其他			
其中:转配股			
未上市流通股份合计	7760		7760
二、已上市流通股份			
1、人民币普通股	4500		4500
2、境内上市的外资股			
3、境外上市的外资股			
4、其他			
已上市流通股份合计	4500		4500
三、股份总数	12260		12260

600212 山东江泉实业股份有限公司

2001年年度报告摘选

第一章　公司基本情况介绍

1、公司的法定名称:
中文:山东江泉实业股份有限公司
英文:SHAN DONG JIANG QUAN INDUSTRY CO.,LTD.
英文缩写:JQSY
2、公司的法定代表人:王廷江
3、公司的董事会秘书:厉建仁
联系地址:山东省临沂市罗庄区工业街东段
联系电话:0539－8246243　　传真:0539－8283118/8241427
电子信箱:ljr@jiangquan.com.cn
公司证券事务代表:田英智
联系地址:山东省临沂市罗庄区工业街东段
联系电话:0539－8246243　　传真:0539－8283118/8241427
电子信箱:tyz@jiangquan.com.cn
4、公司的注册地址:临沂市罗庄区罗庄镇龙潭路东
公司办公地址:临沂市罗庄区罗庄镇工业街东段
邮政编码:276017
互联网址:http://www.jiangquan.com.cn
电子信箱:info@jiangquan.com.cn
5、公司选定的信息披露报纸名称:《中国证券报》、《上海证券报》
登载年度报告的证监会指定互联网网址:http://www.sse.com.cn
公司年度报告备置地点:山东江泉实业股份有限公司证券部
6、公司股票上市交易所:上海证券交易所
股票简称:江泉实业　　股票代码:600212

第二章　会计数据和业务数据摘要

1、公司本年度利润实现情况(单位:人民币元)

项目	2001年度
利润总额	95776374.72
净利润	75790647.58
扣除非经常性损益后的净利润	79881567.44
主营业务利润	130339850.03
其他业务利润	6582261.12
营业利润	102277494.58
投资收益	－2410200.00
补贴收入	0.00
营业外收支净额	－4090919.86
经营活动产生的现金流量净额	57,275,825.02
现金及现金等价物净增减额	15,134,847.21

注:非经常性损益包括营业外收支净额－4090919.86元。

2、截至报告期末公司前三年主要财务数据和指标(单位:人民币元)

项目	2001年	2000年调整后	2000年调整前	1999年
主营业务收入	835,373,006.92	783,776,671.87	783,776,671.87	533,942,778.15
净利润	75,790,647.58	78,015,998.39	85,037,498.39	76,193,994.07
总资产	1,173,914,456.39	1,096,201,806.04	1,103,223,306.04	981,621,871.82
股东权益(不含少数股东权益)	901,408,011.20	825,617,363.62	832,638,863.62	813,385,104.36
每股收益(摊薄)	0.35	0.36	0.39	0.35
每股收益(加权)	0.35	0.36	0.39	0.40
每股净资产(摊薄)	4.12	3.77	3.91	3.71
每股净资产(加权)	3.89	3.81	3.96	3.08
调整后的每股净资产	4.11	3.74	3.88	3.65
每股经营活动产生的现金流量净额	0.26	－0.18	－0.18	0.14
净资产收益率(%)	8.41	9.45	10.2	9.36

3、报告期利润表附表

	报告期利润(元)	净资产收益率%		每股收益(元)	
		全面摊薄	加权平均	全面摊薄	加权平均
主营业务利润	130,339,850.03	14.46	15.29	0.595	0.595
营业利润	102,277,494.58	11.35	12.00	0.467	0.467
净利润	75,790,647.58	8.41	8.89	0.346	0.346
扣除非经常性损益后的净利润	79,881,567.44	8.86	9.37	0.365	0.365

第三章　股本变动及股东情况

一、股份变动情况

公司股份变动情况表

数量单位:股

项目	本次变动前	本期变动增减(+,-) 配股	送股	公积转股	增发	其他	小计	本次变动后
一、未上市流通股份								
1、发起人股份	100480000.00							100480000.00
其中:								
国家持有股份								
境内法人持有股份	100480000.00							100480000.00
境外法人持有股份								
其他								
1、募集法人股份	1312000.00							1312000.00
2、内部职工股	62232000.00							62232000.00
3、优先股或其他								
未上市流通股份合计	164024000.00							164024000.00
二、已上市流通股份								
1、人民币普通股	55000000.00							55000000.00
4、境内上市的外资股								
5、境外上市的外资股								
6、其他								
已上市流通股份合计	55000000.00							55000000.00
三、股份总数	219024000.00							219024000.00

600213 扬州亚星客车股份有限公司

2001年年度报告摘选

一、公司简介

1、公司法定中文名称:扬州亚星客车股份有限公司
公司英文名称:YANGZHOU YAXING MOTOR COACH CO.,LTD.
公司英文名称缩写:YXMC
2、公司注册及办公地址:扬州市经济开发区扬子江中路188号
邮政编码:225009
公司国际互联网网址:http://www.yaxingkeche.com
公司电子信箱:yz.yxmc@public.yz.js.cn
3、公司法定代表人:翟祝平
4、董事会秘书:张榕森
联系地址:扬州市经济开发区扬子江中路188号
联系电话:0514－7850400、7882999－8120
传　　真:0514－7852329
电子信箱:yxmc_8120@sina.com
5、公司指定信息披露报纸:上海证券报
中国证监会指定国际互联网网址:http://www.sse.com.cn
公司年度报告备置地点:公司证券投资部
6、公司股票上市交易所:上海证券交易所
股票简称:亚星客车　　股票代码:600213

二、会计数据和业务数据摘要

1、本年度利润总额及构成(单位:人民币万元)

项目	金额
利润总额	5,709.14
净利润	5,326.49
*扣除非经常性损益后的净利润	5,505.92
主营业务利润	14,215.84
其他业务利润	346.70
营业利润	5,861.12
投资收益	471.93
补贴收入	0
营业外收支净额	－623.91
经营活动产生的现金流量净额	13,192.49
现金及现金等价物净增加额	－4,773.90

2、截止报告期末公司前三年主要会计数据及财务指标

财务指标	单位	2001年度	2000年度 调整前	2000年度 调整后	1999年度
主营业收入	万元	101984.22	91603.92	91603.92	104058.98
净利润	万元	5326.49	5452.84	5167.10	5904.24
总资产	万元	128660.86	116526.71	115808.29	107235.67
股东权益	万元	63077.83	61019.81	60301.40	58416.98
每股收益	元	0.28	0.29	0.27	0.311
每股净资产	元	3.32	3.21	3.17	3.07
调整后每股净资产	元	3.28	3.16	3.13	3.04
每股经营活动产生的现金流量	元	0.69	1.29	1.29	－0.02
净资产收益率	%	8.44	8.94	8.57	10.11

报告期利润	净资产收益率(%)		每股收益(元/股)	
	全面摊薄	加权平均	全面摊薄	加权平均
主营业务利润	22.54	22.58	0.75	0.75
营业利润	9.29	9.31	0.31	0.31
净利润	8.44	8.46	0.28	0.28
扣除非经常性损益后的净利润	8.73	8.74	0.29	0.29

三、股本变动及股东情况

1、股本变动情况

(1)股份变动情况表

	本次变动前	本次变动增减(+,-) 配股	送股	公积金转股	增发	其他	小计	本次变动后
一、未上市流通股份								
1、发起人股份	130,000,000							130,000,000
其中:								
国家持有股份	128,572,500							128,572,500
境内法人持有股份	1,427,500							1,427,500
境外法人持有股份								
其他								
2、募集法人股份								
3、内部职工股								
4、优先股或其他								
未上市流通股份合计	130,000,000							130,000,000
二、已上市流通股份								
1、人民币普通股	60,000,000							60,000,000
2、境内上市的外资股								
境外上市的外资股								
其他								
已上市流通股份合计	60,000,000							60,000,000
三、股份总数	190,000,000							190,000,000

600215 长春经济技术开发区开发建设(集团)股份有限公司

2001 年年度报告摘选

一、公司基本情况简介

(一)公司法定中文名称:长春经济技术开发区开发建设(集团)股份有限公司
法定中文名称缩写:长春经开
公司法定英文名称:Changchun Economic & Technical Development Zone, Development and Construction(Group)Co., Ltd.
(二)法定代表人:江　才
(三)公司董事会秘书:杨永学
董事会证券事务代表:卢　春
联系地址:吉林省长春市自由大路 118 号
联系电话:0431－4644225　　传真:0431－4630035
电子信箱:ccjk8508@mail.cetdz.com.cn
(四)公司注册地址:吉林省长春市自由大路 118 号
公司办公地址:吉林省长春市自由大路 118 号　　邮政编码:130031
公司电子信箱:ccjk8508@mail.cetdz.com.cn
(五)公司信息披露报纸名称:《上海证券报》
登载年度报告的中国证监会指定网站网址:http://www.sse.com.cn
公司年度报告备置地点:公司证券部
(六)公司股票上市交易所:上海证券交易所
股票简称:600215　　股票代码:长春经开

二、会计数据和业务数据摘要

1、本年度主要利润指标情况(单位:人民币元)

项目	金额
利润总额:	195,150,316.98
净利润:	138,632,093.09
扣除非经常性损益后的净利润:	123,888,638.54
主营业务利润:	238,212,479.45
其它业务利润:	－325,860.27
营业利润:	176,163,917.08
投资收益:	－4,734,706.69
补贴收入:	25,520,000.00
营业外收支净额:	－1,798,893.41
经营活动产生的现金流量净额:	108,577,571.78
现金及现金等价物净增加额:	212,631,123.77

注:扣除的非经常性损益项目和涉及金额　　单位:人民币元

项目	金额
所得税返还	1,6600,000.00
营业外收入	174,703.16
营业外支出	1,973,596.57
所得税影响数	57,652.04

2、至报告期末公司前三年的主要会计数据和财务指标:(单位:人民币元)

项目	2001 年	2000 年	1999 年
主营业务收入	782,679,711.55	677,105,635.34	573,552,707.41
净利润	138,632,093.09	142,617,629.66	142,578,273.52
总资产	2,693,734,441.38	2,156,444,691.61	1,797,187,093.36
股东权益(不含少数股东权益)	1,585,688,349.69	1,482,975,572.20	1,383,689,142.54
每股收益(全面摊薄)	0.45	0.47	0.56
每股收益(加权平均)	0.45	0.47	0.70
扣除非经常性损益的每股收益	0.40	0.46	0.56
每股净资产	5.18	4.85	5.43
调整后的每股净资产	5.10	4.81	5.26
每股经营活动产生的现金流量净额	0.3548	－0.6503	－1.5143
净资产收益率(%)(全面摊薄)	8.74	9.62	10.30
净资产收益率(%)(加权平均)	8.93	9.85	16.81
扣除非经常性损益的加权平均净资产收益率	7.98	8.90	16.81

3、利润表附表

报告期利润	净资产收益率(%)		每股收益(元/股)	
	全面摊薄	加权平均	全面摊薄收益	加权平均
主营业务利润	15.02	15.35	0.78	0.78
营业利润	11.11	11.35	0.58	0.58
净利润	8.74	8.93	0.45	0.45
扣除非经常性损益后的净利润	7.81	7.98	0.40	0.40

三、股本变动及股东情况

(一)股本变动情况
(1)股本变动情况表　　数量单位:万股

	本次变动前	本次变动增减(+,－)						本次变动后
		配股	送股	公积金转股	增发	其他	小计	
一、未上市流通股份								
1、发起人股份	14,064							14,064
其中:								
国家持有股份	14,064							14,064
境内法人持有股份								
境外法人持有股份								
其他								
2、募集法人股份								
3、内部职工股	7,536							7,536
4、优先股或其他								
其中:转配股								
未上市流通股份合计	21,600							21,600
二、已上市流通股份								
1、人民币普通股	9,000							9,000
2、境内上市的外资股								
3、境外上市的外资股								
4、其他								
已上市流通股份合计	9,000							9,000
三、股份总额	30,600							30,600

600216 浙江医药股份有限公司

2001 年年度报告摘选

一、公司简介

1、公司法定中文名称:浙江医药股份有限公司
公司法定英文名称:ZHEJIANG MEDICINE Co., Ltd.
公司英文名称缩写:ZMC
2、公司法定代表人:金彪
3、公司董事会秘书:张国钧
证券事务代表:俞祝军、张正义
联系地址:浙江省杭州市中河路司马渡巷 60 号
联系电话:(0571)87213883
传　　真:(0571)87213883
电子信箱:zmc3@163.com
4、公司注册及办公地址:浙江省杭州市中河路司马渡巷 60 号
邮政编码:310003
公司国际互联网网址:http://www.Chinazmc.com
公司电子信箱:zmc2@mail.hz.zj.cn
5、公司选定的信息披露报纸:中国证券报、上海证券报
登载公司年度报告的中国证监会指定国际互联网网址:http://www.sse.com.cn
公司年度报告备置地点:浙江医药股份有限公司证券部
6、公司股票上市交易所:上海证券交易所
股票简称:浙江医药　　股票代码:600216

二、会计数据和业务数据摘要

1、公司本年度主要利润指标情况(金额单位:人民币元)

项目	金额
利润总额	21,126,893.05
净利润	16,384,824.72
扣除非经常性损益后的净利润	12,629,172.32
主营业务利润	215,388,889.57
其他业务利润	1,590,455.71
营业利润	16,234,852.48
投资收益	11,219,296.47
补贴收入	300,998.33
营业外收支净额	－6,628,254.23
经营活动产生现金流量净额	98,247,476.68
现金及现金等价物净增加额	202,496,069.79

注:"扣除非经常性损益后的净利润"中扣除非经常性损益为:
①股权转让收益:8,196,582.74 元;
②营业外收入:245,345.57 元;
③营业外支出:4,686,275.91 元
以上数据已扣除所得税影响数。

2、公司前三年主要会计数据和财务指标

金额单位:人民币元

指标名称	2001 年度	2000 年度		1999 年度	
		调整前	调整后	调整前	调整后
主营业务收入	867,037,763.83	1,077,563,498.49	1,091,443,747.81	1,189,985,763.15	1,189,985,763.15
净利润	16,384,824.72	20,703,835.10	8,183,397.81	33,225,878.77	9,042,906.66
总资产	1,565,154,885.03	1,436,634,421.42	1,418,486,243.72	1,713,303,482.69	1,689,120,510.58
股东权益	599,938,416.85	633,753,119.10	597,049,709.70	612,799,284.00	588,616,311.89
每股收益(摊薄)	0.036	0.069	0.027	0.144	0.039
每股收益(加权)	0.036	0.069	0.027	0.173	0.050
扣除非经常性损益后的每股收益	0.028	0.044	0.0023	0.123	0.018
每股净资产	1.333	2.112	1.990	2.655	2.550
调整后每股净资产	1.244	1.980	1.890	2.405	2.30
每股经营活动产生的现金流量净额	0.218	0.033	0.033	－0.225	－0.225
净资产收益率	2.73%	3.27%	1.37%	5.42%	1.54%

3、净资产收益率及每股收益指标分析附表

报告期利润	净资产收益率(%)		每股收益(元)	
	全面摊薄	加权平均	全面摊薄	加权平均
主营业务利润	35.90	35.59	0.4786	0.4786
营业利润	2.71	2.68	0.0361	0.0361
净利润	2.73	2.71	0.0364	0.0364
扣除非经常性损益后的净利润	2.34	2.32	0.0312	0.0312

三、股本变动及股东情况

(一)股本变动情况

公司股份变动情况表

项目	期初数	本期增减变动(+,－)					期末数
		配股	送股	公积金转股	其他	小计	
一、未上市流通股份							
1、发起人股份							
国家拥有股份	104,278,912		5,213,945	46,925,510		52,139,455	156,418,367
境内法人持有股份	66,568,999		3,328,450	29,956,050		33,284,500	99,853,499
外资法人持有股份							
其他							
2、募集法人股	41,093,956		2,054,698	18,492,280		20,546,978	61,640,934
3、内部职工股	12,698,133		634,907	5,714,160		6,349,067	19,047,200
4、优先股							
5、其他							
未上市流通股份合计	224,640,000		11,232,000	101,088,000		112,320,000	336,960,000
二、已上市流通股份							
1、人民币普通股	75,400,000		3,770,000	33,930,000		37,700,000	113,100,000
2、境内上市的外资股							
3、境外上市的外资股							
4、其他							
已流通股份合计	75,400,000		3,770,000	33,930,000		37,700,000	113,100,000
三、股份总数	300,040,000		15,002,000	135,018,000		150,020,000	450,060,000

600217 陕西秦岭水泥股份有限公司

2001年年度报告摘选

一、公司基本情况简介

(一) 公司法定中文名称:陕西秦岭水泥股份有限公司
公司法定英文名称:Shaanxi QinLing Cement Co., ltd
英文名称缩写:QLCC
(二) 公司法定代表人姓名:祁华山
(三) 公司董事会秘书:韩保平
联系电话:0919-6231630　　传真:0919-6233344
电子信箱:hbp@qinling.com
联系地址:陕西秦岭水泥股份有限公司
证券事务代表:王建平
联系电话:0919-6231630　　传真:0919-6233344
电子信箱:wjp@qinling.com
(四) 公司注册地址:陕西省耀县县城东郊
公司办公地址:陕西省耀县县城东郊
邮政编码:727100
公司网址:HTTP://WWW.qinling.com
公司电子信箱:Webmaster @qinling.com
(五) 公司指定信息披露报刊:《中国证券报》、《上海证券报》
公司定期报告登载网站:HTTP://WWW.sse.com.cn
公司年报备置地点:本公司投资证券处
(六) 股票上市交易所:上海证券交易所
A股简称:秦岭水泥　　A股代码:600217

二、会计数据和业务数据摘要

(一)公司本年度主要业务指标　　单位:人民币元

项目	金额
利润总额	72308359.56
净利润	59688461.95
扣除非经常性损益后的净利润	60552326.05
主营业务利润	184553026.99
其他业务利润	-3314.94
营业利润	74011572.33
投资收益	-839348.67
补贴收入	
营业外收支净额	-863864.10
经营活动产生的现金流量净额	828838.48
现金及现金等价物净增加额	0.00

备注:扣除的非经常性损益项目及金额:营业外收支净额:-863864.10元

(二)截止本报告期末公司前三年的主要会计数据和财务指标　　单位:人民币元

项目	2001年度	2000年度		1999年度	
		调整前	调整后	调整前	调整后
主营业务收入	440543527.92	396371283.84	396371283.84	248390806.16	248390806.16
净利润	59688461.95	61943016.32	56177187.50	56755993.08	53900287.49
总资产	1118300155.79	989491208.81	983146556.61	841640502.04	838784796.45
股东权益(不含少数股东权益)	689323295.6	663542990.69	654921456.28	611444974.37	608589268.70
每股收益	0.145	0.30	0.27	0.27	0.265
每股净资产	1.67	3.21	3.17	2.96	2.95
调整后的每股净资产	1.66	3.16	3.11	2.93	2.91
每股经营活动产生的现金流量净额	0.002	0.16	0.16	0.14	0.14
净资产收益率	8.66	9.34	8.58	9.28	8.86

注:1. 按照中国证监会《公开发行证券公司信息披露编报规则(第9号)》要求计算的利润数据:

	报告期利润(元)	净资产收益率		每股收益	
		全面摊薄%	加权平均%	全面摊薄	加权平均
主营业务利润	184553026.99	26.77	27.19	0.447	0.564
营业利润	74011572.33	10.74	10.90	0.179	0.226
净利润	59688461.95	8.66	8.79	0.145	0.183
扣除非经常性损益后的净利润	60552326.05	8.78	8.92	0.147	0.185

2. 2001年度总股本按413000000股计算,2000年总股本按206500000股计算,1999年度总股本按206500000股计算。

三、股本变动及股东情况

(一)股本变动情况　　数量单位:万股

项 目	本次变动前	本次变动增减(+,-)						本次变动后
		配股	送股	公积金转股	增发	其他	小计	
一、未上市流通股份								
1.发起人股份	13,650.00		2,730.00	10,920.00			13,650.00	27,300.00
其中:								
国家拥有股份	8,000.00		1,600.00	6,400.00			8,000.00	16,000.00
境内法人持有股份	5,650.00		1,130.00	4,520.00			5,650.00	11,300.00
外资法人持有股份								
其 他								
2.募集法人股份								
3.内部职工股								
4.优先股或其他								
其中:转配股								
未上市流通股份合计	13,650.00		2,730.00	10,920.00			13,650.00	27,300.00
二、已流通股份								
1.人民币普通股	7,000.00		1,400.00	5,600.00			7,000.00	14,000.00
2.境内上市的外资股								
3.境外上市的外资股								
4.其 他								
已上市流通股份合计	7,000.00		1,400.00	5,600.00			7,000.00	14,000.00
三、股份总数	20,650.00		4,130.00	16,520.00			20,650.00	41,300.00

600218 安徽全柴动力股份有限公司

2001年年度报告摘选

第一节　公司基本情况简介

◆公司法定中文名称:安徽全柴动力股份有限公司
公司法定英文名称:ANHUI QUANCHAI ENGINE CO., LTD
英文缩写:QCEC
◆公司法定代表人:肖正海
◆公司董事会秘书:马国友
联系地址:安徽省全椒县襄河镇建设东路70号
电话:(0550)5018888转2289
传真:(0550)5011156,5015888
电子信箱:maguoyou@21cn.com
◆公司注册地址及办公地址:安徽省全椒县襄河镇建设东路70号
邮政编码:239500
国际互联网网址:http://www.quanchai.com.cn
电子信箱:quanchai@email.mei.net.cn
◆公司选定的信息披露报纸名称:《上海证券报》
登载公司年度报告的中国证监会指定国际互联网网址:http://www.sse.com.cn
公司年度报告备置地点:公司证券部
◆公司股票上市交易所:上海证券交易所
股票简称:全柴动力
股票代码:600218
◆公司注册登记日期:1998年11月24日
公司企业法人营业执照注册号:25922253-4
公司税务登记号码:341124704965812
◆公司未流通股票的托管机构:中国证券登记结算公司上海分公司
◆公司聘请的会计师事务所:安徽华普会计师事务所
办公地址:合肥市荣事达大道100号振信大厦九层

第二节　会计数据及业务数据摘要

一、本年度主要的会计数据:　　单位:元

项目	2001年数据
利润总额	39,250,705.88
净利润	31,219,073.58
扣除非经常性损益的净利润	30,775,720.73
主营业务利润	79,599,693.47
其他业务利润	3,018,873.76
营业利润	34,050,880.97
投资收益	4,676,792.76
补贴收入	---
营业外收支净额	523,032.15
经营活动产生的现金流量净额	65,747,462.62
现金及现金等价物净增减额	220,538,020.46

注:扣除非经常性损益的项目及金额:　　单位:元

项目	金额
营业外收支净额	523,032.15
扣除非经常性损益项目的所得税影响	-79,679.30
合计	443,352.85

二、前三年主要会计数据和财务指标:　　单位:元

项目	2001年1-12月	2000年1-12月		1999年1-12月	
		调整后	调整前	调整后	调整前
主营业务收入	447421660.62	418383828.69	41833828.69	460280273.09	460280273.09
净利润	31219073.58	52381240.15	53223208.53	96988885.71	106920797.29
每股收益(摊薄)	0.112	0.201	0.205	0.373	0.411
每股经营活动产生的现金流量净额	0.232	-0.084	-0.084	0.214	0.214
净资产收益率(%)(摊薄)	3.65	8.26	8.25	15.61	16.94

项目	2001年12月31日	2000年12月31日		1999年12月31日	
		调整后	调整前	调整后	调整前
总资产	1193318951.07	899870712.01	908675218.66	945300296.39	954104803.04
股东权益(不含少数股东权益)	856355490.49	634532614.21	645306494.17	621151374.06	631083285.64
每股净资产	3.022	2.441	2.482	2.389	2.427
调整后每股净资产	3.006	2.431	2.473	2.375	2.413

第三节　股本变动及股东情况

一、公司股份变动情况表:　　数量单位:股

项目	本次变动前	本次变动增减(+,-)					本次变动后
		配股	送股	公积金转股	增发	其他	
一、尚未流通股份							
1、发起人股份	182000000						182000000
其中:							
国家持有股份	182000000						182000000
境内法人持有股份							
境外法人持有股份							
其他							
2、募集法人股份							
3、内部职工股							
4、优先股及其他							
未上市流通股份合计	182000000						182000000
二、已上市流通股份							
1、人民币普通股	78000000	23400000					101400000
2、境内上市的外资股							
1、境外上市的外资股							
2、其他							
已上市流通股份合计	78000000	23400000					101400000
三、股份总数	260000000	23400000					283400000

600219 山东南山实业股份有限公司

2001 年年度报告摘选

一、公司基本情况简介

(一)公司法定中文名称:山东南山实业股份有限公司
公司法定英文名称:SHANDONG NANSHAN INDUSTRY&COMMERCECO.,LTD.
(二)公司法定代表人:宋建波
(三)公司董事会秘书:寇　煜
公司证券事务代表:邢美敏
联系地址:山东省龙口市东江镇南山村
电话:0535－8616188,0535－8666352　　传　真:0535－8616180
电子信箱:nanshan@public.ytptt.sd.cn
(四)公司注册地址:山东省龙口市东江镇
公司办公地址:山东省龙口市东江镇　　邮政编码:265718
公司国际互联网网址:http://www.nanshan.com.cn
电子信箱:nanshan@public.ytptt.sd.cn
(五)公司选定的信息披露报纸名称:《上海证券报》
登载年度报告的中国证监会指定网站的网址:http://www.sse.com.cn
公司年度报告备置地点:公司证券部
(六)公司股票上市交易所:上海证券交易所
股票简称:南山实业　　股票代码:600219

二、会计数据和业务数据摘要

(一)本年度主要利润指标情况(单位:人民币元)

利润总额	171,853,851.07
净利润	145,043,587.12
扣除非经常性损益后的净利润	117,543,857.72
主营业务利润	245,935,934.70
其他业务利润	9,807,669.56
营业利润	177,600,714.69
投资收益	
补贴收入	
营业外收支净额	－5,746,863.62
经营活动产生的现金流量净额	127,858,165.86
现金及现金等价物净增减额	106,314,455.14

(二)前三年主要会计数据和财务指标:(单位:人民币元)

项目	2001 年度	2000 年度		1999 年度	
		调整前	调整后	调整前	调整后
主营业务收入	1,034,029,861.60	928,022,386.45	918,811,533.43	745,934,334.89	745,934,334.89
净利润	145,043,587.12	138,637,348.24	119,621,767.12	100,548,993.81	74,121,593.81
总资产	1,800,640,165.07	1,608,537,215.62	1,568,932,215.62	1,572,473,529.19	1,546,046,129.19
股东权益(不含少数股东权益)	1,280,373,828.68	1,219,316,182.68	1,173,873,201.56	1,119,228,834.44	1,092,801,434.44
每股收益	0.56	0.54	0.47	0.39	0.29
加权平均每股收益	0.56	0.54	0.47	0.50	0.37
扣除非经常损益后的每股收益	0.46	0.53	0.40	0.37	0.37
每股净资产	4.98	4.74	4.57	4.35	4.25
调整后每股净资产	4.98	4.74	4.57	4.35	4.25
每股经营活动产生的现金流量净额	0.50	0.62	0.62	0.15	0.15
净资产收益率	11.33%	11.37%	10.19%	8.98%	8.98%
加权平均净资产收益率	11.64%	11.66%	10.38%	18.18%	13.73%
扣除非经常性损益后的加权平均净资产收益率	9.43%	11.48%	8.85%	17.08%	17.50%

三、股本变动情况

(一)股本变动情况
1、股份变动情况表　　数量单位:股

	本次变动前	本次变动增减(+、-)						本次变动后
		配股	送股	公积金转股	增发	其他	小计	
一、未上市流通股份								
1、发起人股份	122,000,000							122,000,000
其中:								
国家持有股份								
境内法人持有股份	122,000,000							122,000,000
境外法人持有股份								
其他								
2、募集法人股份								
3、内部职工股	60,000,000							60,000,000
4、优先股或其他								
未上市流通股份合计	182,000,000							182,000,000
二、已上市流通股份								
1、人民币普通股	75,000,000							75,000,000
2、境内上市的外资股								
3、境外上市的外资股								
4、其他								
已上市流通股份合计	75,000,000							75,000,000
三、股份总数	257,000,000							257,000,000

(二)股东情况
1、截止 2001 年 12 月 31 日本公司股东总数为 53539 户。
2、本公司主要股东持股情况

股东名称	持股数(股)	占总股本比例(%)	备　注
南山集团公司	122,000,000	47.47	未上市流通股份
金鑫基金	4,614,172	1.80	上市流通股份
卞玉环	1,497,500	0.58	未上市流通股份
周锐华	1,493,996	0.58	未上市流通股份
周杏英	1,490,600	0.58	未上市流通股份
南方稳健	1,229,258	0.48	上市流通股份
林德英	1,200,000	0.47	未上市流通股份
王祖宽	1,085,713	0.42	未上市流通股份
王文训	1,046,792	0.41	未上市流通股份
王国友	1,000,000	0.39	未上市流通股份

600220 江苏阳光股份有限公司

2001 年年度报告摘选

第一节　公司基本情况简介

一、公司的法定中文名称:江苏阳光股份有限公司
中文缩写:江苏阳光
公司的法定英文名称:JIANGSU SUNSHINE CO.,LTD.
英文缩写:JSSS
二、公司的法定代表人:陈丽芬女士
三、公司董事会秘书:陈浩先生
联系地址:江苏省江阴市新桥镇
电话:(0510)6121688　　传真:(0510)6121188
电子信箱:jsyg88@pub.wx.jsinfo.net
四、公司注册地址及办公地址:江苏省江阴市新桥镇马嘶桥
邮政编码:214426
公司国际互联网网址:http://www.sunshine.com.cn
电子信箱:jsyg88@pub.wx.jsinfo.net
五、公司指定信息披露报纸:《上海证券报》
登载公司年度报告的国际互联网网址:http://www.sse.com.cn
公司年度报告置备地点:公司证券部
六、公司股票上市交易所:上海证券交易所
股票简称:江苏阳光　　股票代码:600220

第二节　会计数据和业务数据摘要

(一)公司本年度主要会计数据(单位:人民币元)

项 目	2001 年度
利润总额	160,606,672.35
净利润	126,233,557.94
扣除非经常性损益后的净利润	126,303,797.10
主营业务利润	239,894,382.12
其他业务利润	4,968,120.71
营业利润	157,064,882.05
投资收益	3,612,029.46
补贴收入	-
营业外收支净额	－70,239.16
经营活动产生的现金流量净额	130,977,141.08
现金及现金等价物净增加额	－62,297,594.83

注:2001 年度扣除的非经常性损益涉及项目金额为营业外收支净额－70,239.16 元。

(二)公司前三年的主要会计数据和财务指标(单位:人民币元)

项目	2001 年度	2000 年度	1999 年度
主营业务收入	804,157,342.63	511,728,606.18	521,884,563.66
净利润	126,233,557.94	119,693,603.45	114,959,379.36
总资产	1,439,366,015.14	1,334,796,918.56	1,237,605,937.80
股东权益(不含少数股东权益)	1,279,820,666.83	1,170,832,812.13	1,066,758,291.28
每股收益(摊薄)	0.40	0.38	0.63
每股收益(加权)	0.40	0.38	0.84
扣除非经常性损益后的每股收益	0.40	0.38	0.60
每股净资产	4.15	3.75	5.81
调整后的每股净资产	4.15	3.75	5.80
每股经营活动产生的现金流量净额	0.42	0.33	0.55
净资产收益率%(摊薄)	9.86	10.22	10.78
扣除非经常性损益后的净资产收益率%(摊薄)	9.87	10.22	10.39
扣除非经常性损益后的净资产收益率%(加权平均)	10.24	10.62	25.2

(三)股东权益变动情况表

项目	股本	资本公积	盈余公积	法定公益金	未分配利润	股东权益合计
期初数	312,381,652.00	657,452,345.78	27,196,868.00	13,598,434.00	160,203,512.35	1,170,832,812.13
本期增加	-	-	16,120,590.16	6,230,346.87	126,233,557.94	108,987,854.7
本期减少	-	-	-	-	39,596,640.27	-
期末数	312,381,652.00	657,452,345.78	43,317,458.16	19,828,780.87	246,840,430.02	1,279,820,666.83
变动原因	-	-	本期提取增加	本期提取增加	经营产生利润	利润增加

第三节　股本变动及股东情况

(一)股份变动情况
1、公司股份变动情况表

数量单位:股

	本次变动前	本次变动增减(+,-)						本次变动后
		配股	送股	公积金转股	增发	其他	小计	
一、未上市流通股份								
1、发起人股份	193,381,652	–	–	–	–	–	–	193,381,652
其中:	–	–	–	–	–	–	–	–
国家持有股份	–	–	–	–	–	–	–	–
境内法人持有股份	193,381,652	–	–	–	–	–	–	193,381,652
境外法人持有股份	–	–	–	–	–	–	–	–
其他	–	–	–	–	–	–	–	–
2、募集法人股份	–	–	–	–	–	–	–	–
3、内部职工股	–	–	–	–	–	–	–	–
4、优先股或其他	–	–	–	–	–	–	–	–
其中:转配股	–	–	–	–	–	–	–	–
未上市流通股份合计	193,381,652	–	–	–	–	–	–	193,381,652
二、已上市流通股份								
1、人民币普通股	119,000,000	–	–	–	–	–	–	119,000,000
2、境内上市的外资股	–	–	–	–	–	–	–	–
3、境外上市的外资股	–	–	–	–	–	–	–	–
4、其他	–	–	–	–	–	–	–	–
已上市流通股份合计	119,000,000	–	–	–	–	–	–	119,000,000
三、股份总数	312,381,652	–	–	–	–	–	–	312,381,652

600221 海南航空股份有限公司

2001年年度报告摘选

一、公司简介

(一)公司中文名称:海南航空股份有限公司
公司英文名称:Hainan Airlines Co., Ltd.
英文缩写:HNA
(二)公司法定代表人:陈峰
(三)公司董事会秘书及证券事务代表姓名、联系方式
公司董事会秘书:张尚辉
电子信箱:sh_zhang@hnair.com
董事会证券事务代表:柏彦
电子信箱:baiyan@hnair.com
联系地址:海口市海秀路29号海航发展大厦
电话:0898-66739961
传真:0898-66739960
(四)公司注册地址:海南省海口市机场西路168号
公司办公地址:海南省海口市海秀路29号海航发展大厦
邮政编码:570206
公司国际互联网网址:http://www.hnair.com
公司电子信箱:webmaster@hnair.com
(五)公司选定的信息披露报纸:《中国证券报》、《上海证券报》、《香港文汇报》
登载公司年报的国际互联网网址:http://www.sse.com.cn
公司年度报告备置地点:海南航空股份有限公司证券业务部
(六)公司股票上市交易地点:上海证券交易所
股票简称:海南航空　　股票代码:600221
股票简称:海航B股　　股票代码:900945

二、会计数据和业务数据摘要

(一)公司本年度会计数据和业务数据:

项目	金额
利润总额(元):	140,084,757
净利润(元):	100,302,701
扣除非经常性损益后的净利润(元):	99,565,780
主营业务利润(元):	937,944,027
其他业务利润(元):	48,344,476
营业利润(元):	137,690,827
投资收益(元):	-72,227
补贴收入(元):	2,110,889
营业外收支净额(元):	355,268
经营活动产生的现金流量净额(元):	1,356,186,417
现金及现金等价物净增加额(元):	410,967,689
按国际会计准则计算的净利润	57,286,000

(二)截至报告期末公司前三年的主要会计数据和财务指标:

序号	项目	单位	2001年	2000年		1999年	
				调整前	调整后	调整前	调整后
1	主营业务收入	(元)	3,254,753,740	2,296,484,304	2,296,484,304	1,807,166,637	1,807,166,637
2	净利润	(元)	100,302,701	163,515,837	164,783,514	135,689,892	136,634,064
3	总资产	(元)	15,004,326,205	10,183,648,745	10,140,898,439	6,472,369,102	6,450,490,833
4	股东权益(不含少数股东权益)	(元)	2,184,004,969	2,145,357,553	2,127,517,437	2,025,656,884	2,006,254,596
5	每股收益	(元/股)	0.14	0.22	0.23	0.20	0.20
6	扣除非经营损益后每股收益	(元/股)	0.14	0.17	0.17	0.17	0.17
7	每股净资产	(元/股)	2.99	2.94	2.91	3.00	2.96
8	调整后的每股净资产	(元/股)	2.28	2.44	2.41	2.44	2.44
9	每股经营活动产生的现金流量净额	(元/股)	1.86	0.31	0.31	-0.14	-0.14
10	净资产收益率	(%)	4.59	7.62	7.75	6.70	6.82
11	加权平均净资产收益率	(%)	4.61	7.83	7.89	10.90	11.00

按照中国证监会《公开发行证券公司信息披露编报规则(第9号)》要求计算的利润表附表:
(单位:元)

项目	报告期利润	净资产收益率(%)		每股收益(元)	
		全面摊薄	加权平均	全面摊薄	加权平均
主营业务利润	937,944,027	42.95	43.07	1.28	1.28
营业利润	137,690,827	6.30	6.32	0.19	0.19
净利润	100,302,701	4.59	4.61	0.14	0.14
扣除非经常性损益后的净利润	99,565,780	4.56	4.57	0.14	0.14

注1:年度调整后主要数据和财务指标因会计政策、会计估计变更以及会计差错更正追溯调整以前年度计算所得。

三、股本变动及股东情况

(一)股本变动情况
1、公司股份变动情况表
数量单位:股

	本次变动前	本次变动增减(+、-)					本次变动后
		配股	送股	公积金转股	增发	其他	
一、未上市流通股							
1、发起人股							
其中:							
国家持有股份	17,289,355						17,289,355
境内法人股持有股份	117,547,200						117,547,200
2、募集法人股份							
境内募集法人股份	124,493,045						124,493,045
境外募集法人股份	108,043,201						108,043,201
3、内部职工股	64,800,000						64,800,000
未上市流通股份	432,172,801						432,172,801
二、已上市流通股份							
1、人民币普通股	221,400,000						221,400,000
2、境内上市外资股	76,680,000						76,680,000
已上市流通股份	298,080,000						298,080,000
三、股份总数	730,252,801						730,252,801

600222 河南竹林众生制药股份有限公司

2001年年度报告摘选

一、公司基本情况简介

1、公司法定中文名称:河南竹林众生制药股份有限公司
公司法定英文名称:HENAN JOYLINE&JOYSUN PHARMACEUTICAL STOCK CO., LTD.
缩写:JOYSUN
2、公司法定代表人:李景亮
3、公司董事会秘书:孙学智
证券事务代表:罗剑超
联系地址:河南省郑州高新技术产业开发区金梭路8号
电话:0371-7982194
传真:0371-7982194
电子信箱:jianchao18@sina.com
4、公司注册地址:河南省郑州高新技术产业开发区金梭路8号
公司办公地址:河南省郑州高新技术产业开发区金梭路8号
邮政编码:450001
公司国际互联网网址:http://www.joysun.com
电子信箱:joysun@www.joysun.com
5、公司选定的信息披露报纸名称:《中国证券报》、《上海证券报》
登载公司年度报告的中国证监会指定国际互联网网址:http://www.sse.com.cn
公司年度报告备置地点:公司证券部
6、公司股票上市交易所:上海证券交易所
股票简称:众生制药　　股票代码:600222

二、会计数据和业务数据摘要

1、本年度主要利润指标情况　　(单位:人民币元)

项目	金额
利润总额	33,155,944.76
净利润	29,085,631.50
扣除非经常性损益后的净利润(注)	28,226,305.06
主营业务利润	71,650,796.06
其他业务利润	53,642.53
营业利润	33,525,182.56
投资收益	-15,333.33
补贴收入	-
营业外收支净额	-353,904.47
经营活动产生的现金流量净额	55,029,196.00
现金及现金等价物增加额	6,634,594.85

注:扣除非经常性损益项目和涉及金额:
减免所得税:1,221,646.75元;
营业外收支净额:-353,904.47元;
非经常性损益总计金额为867,742.28元。

2、截至报告期末公司前三年主要会计数据和财务指标:(单位:人民币元)

项目	2001年	2000年调整后	2000年调整前	1999年调整后	1999年调整前
主营业务收入	136,082,015.46	139,922,588.09	139,922,588.09	167,561,070.41	167,561,070.41
净利润	29,085,631.05	40,249,224.94	42,874,029.85	35,046,072.99	38,440,870.57
总资产	622,909,250.24	566,836,951.04	572,856,553.53	549,278,023.34	552,672,820.92
股东权益(不含少数股东权益)	416,523,096.94	404,387,457.89	410,407,060.38	398,174,542.95	401,569,340.53
每股收益(元/股)	0.2136	0.2956	0.3149	0.2574	0.2824
每股收益(按月平均加权法计算)(元/股)	0.1494	0.2956	0.3149	0.3107	0.3408
扣除非经常性损益后的每股收益	0.2073	0.2816	0.2816	0.2844	0.2844
每股净资产(元/股)	3.0594	2.9703	3.0145	2.9246	2.9496
调整后的每股净资产(元/股)	3.0588	2.9597	3.0040	2.9161	2.9410
每股经营活动产生的现金流量净额	0.4042	0.0064	0.0064	0.7295	0.7295
净资产收益率%	6.98	9.95	10.45	8.80	9.57

三、股本变动及股东情况

1、股本变动情况:
(1)股份变动情况表:
数量单位:股

	本次变动前	本次变动增减(+、-)					本次变动后
		配股	送股	公积金转股	增发	其它	
一、未上市流通股份							
1、发起人股份	101,145,240						101,145,240
其中:							
国家持有股份	99,955,240						99,955,240
境内法人持有股份	1,190,000						1,190,000
境外法人持有股份							
其他							
2、募集法人股份							
3、内部职工股							
4、优先股或其他							
其中:转配股							
未上市流通股份合计	101,145,240						101,145,240
二、已上市流通股份							
1、人民币普通股	35,000,000						35,000,000
2、境内上市的外资股							
3、境外上市的外资股							
4、其他							
已上市流通股份合计	35,000,000						35,000,000
三、股份总数	136,145,240						136,145,240

600223 山东万杰高科技股份有限公司

2001 年年度报告摘选

(一)公司基本情况简介

1、公司法定中文名称:山东万杰高科技股份有限公司
公司英文名称:SHANDONG WANJIE HIGH - TECH CO.,LTD.
英文缩写:WJHT
2、公司法定代表人:刘东
3、公司董事会秘书:孙峰　　证券事务代表:孙国庆、吕春燕
联系地址:山东省淄博高新技术产业开发区万杰高科技股份有限公司
电　　话:0533 - 3585809　　传　　真:0533 - 3585836
电子信箱:sunfeng@wanjie.com　　sgq@wanjie.com
4、公司注册地址及办公地址:山东省淄博高新技术产业开发区
邮政编码:255086
公司国际互联网网址:http://www.wanjie.com
电子信箱:wanjie@wanjie.com
5、公司选定的信息披露报纸名称:《上海证券报》、《中国证券报》
登载公司年度报告的中国证监会指定国际互联网网址:http://www.sse.com.cn
公司年报备置地点:公司证券部
6、公司股票上市交易所:上海证券交易所
股票简称:万杰高科　　股票代码:600223

(二)会计数据和业务数据摘要

1、本年度主要利润指标情况(单位:人民币元)

项 目	金 额
利润总额	149,212,556.29
净利润	139,727,108.56
扣除非经常性损益后的净利润	139,135,836.20
主营业务利润	172,220,469.03
其他业务利润	14,347,013.95
营业利润	148,621,283.93
投资收益	------------------
补贴收入	------------------
营业外收支净额	591,272.36
经营活动产生的现金流量净额	331,741,123.09
现金及现金等价物净增加额	148,095,026.83

2、公司前三年的主要会计数据和财务指标(单位:人民币元)

项 目	2001 年	2000 年		1999 年
		调整前	调整后	
主营业务收入	1,002,739,562.61	761,963,023.11	761,963,023.11	546,295,399.31
净利润	139,727,108.56	147,001,321.19	145,324,450.93	135,624,483.35
总资产	2,531,082,903.12	2,170,017,127.35	2,167,466,819.40	1,769,079,111.90
股东权益(不含少数股东权益)	1,726,629,787.59	1,588,579,549.29	1,586,902,679.03	1,602,453,228.10
每股收益 全面摊薄	0.26	0.27	0.27	0.33
加权平均	0.26	0.31	0.31	0.38
每股净资产	3.22	2.96	2.96	3.88
调整后的每股净资产	3.21	2.95	2.95	3.88
每股经营活动产生的现金流量净额	0.62	0.31	0.31	0.15
净资产收益率(%)全面摊薄	8.09%	9.25%	9.16%	8.46%
加权平均	8.43%	8.77%	8.68%	13.76%

(三)股本变动及股东情况

1、公司股份变动情况表　　　　数量单位:万股

	本次变动前	本次变动增减(+,-) 配股	送股	公积金转股	增发	其他	小计	本次变动后
一、未上市流通股份								
1、发起人股份	32,493.50							32,493.50
其中:								
国家持有股份								
境内法人持有股份	32,493.50							32,493.50
境外法人持有股份								
其他								
2、募集法人股份								
3、内部职工股	6,831.50							6,831.50
4、优先股或其他								
未上市流通股份合计	39,325.00							39,325.00
二、已上市流通股份								
1、人民币普通股	14,300.00							14,300.00
2、境内上市的外资股								
3、境外上市的外资股								
4、其他								
已上市流通股份合计	14,300.00							14,300.00
三、股份总数	53,625.00							53,625.00

2、股东情况介绍
(1)报告期末股东总数为 113,638 人。
(2)持有公司 5%以上(含 5%)股份的股东是万杰集团公司,报告期内其持有股份无增减变动,年末持股数量为 29,178.5 万股,所持股份类别为法人股,报告期内无质押或冻结情况。
公司前 10 名股东持股情况(截止 2001 年 12 月 31 日)

名次	股东名称	持股数(股)	持股比例(%)	股份类型
1	万杰集团公司	291,785,000	54.41	法人股
2	博山万通达建筑安装公司	19,500,000	3.64	法人股
3	淄博第五棉纺织厂	5,590,000	1.04	法人股
4	山东淄博万通达工业技术研究所	2,340,000	0.44	法人股
5	淄博岜山染料化工厂	2,340,000	0.44	法人股
6	淄博市博山毛巾厂	2,340,000	0.44	法人股
7	祁崇焕	1,027,780	0.19	流通股
8	邵福喜	854,100	0.16	流通股
9	吉林证券	675,595	0.13	流通股
10	山东博山万通达经济开发公司	650,000	0.12	法人股

600225 华通天香集团股份有限公司

2001 年年度报告摘选

一、公司简介

(一)公司中文名称:华通天香集团股份有限公司
公司中文名称缩写:天香集团公司
英文名称:HuaTongTianXiang GroupCo.,Ltd.
公司英文缩写:HTTX
(二)法定代表人:陈海遂
(三)公司董事会秘书:吴唐青
授权代表:兰瑞光
联系地址:上海市黄浦区宁波路 1 号华晨集团大厦 17 楼
福州市杨桥路中闽大厦 B 座九楼
联系电话:021 - 63372666　63372066 或 0591 - 7609290
传真:021 - 63372100　0591 - 7557949
(四)公司注册地址:上海市浦东新区张江高科技园区郭守敬路 351 号 2 号楼 6 楼 A 座
公司办公地点:上海市黄浦区宁波路 1 号华晨集团大厦 17 楼
邮政编码:200002
电子信箱:txjt@sina.com
(五)公司选定的信息披露报纸名称:《中国证券报》、《上海证券报》。
登载公司年度报告的中国证监会指定国际互联网网址:http://www.sse.com.cn
公司年度报告备置地点:福建福州杨桥路中闽大厦 B 座九楼
上海市黄浦区宁波路 1 号华晨集团大厦 17 楼
(六)公司股票上市交易所:上海证券交易所
股票简称:天香集团　　股票代码:600225

二、会计数据和业务数据摘要

(一)本年度主要利润指标(单位:人民币元)

项目	金额
利润总额	9,551,262.55
净利润	8,229,988.93
扣除非经常性损益后的净利润	8,232,604.74
主营业务利润	50,529,986.35
其他业务利润	66,510.21
营业利润	- 9,800,376.43
投资收益	18,431,325.74
补贴收入	275,280.00
营业外收支净额	645,033.24
经营活动产生的现金流量净额	177,028,753.15
现金及现金等价物净增加额	- 14,821,705.85

注:扣除非经常性损益项目和涉及金额:
(1)营业外收入中非经常性损益 3,112,896.22 元;
(2)营业外支出 2,532,271.60 元;
(3)补贴收入 275,280.00 元;
(4)投资收益股票跌价准备 859,808.81 元;
合计 - 3,904.19 元,扣除所得税后影响 - 2,615.81 元。

(二)截至报告期末公司前三年的主要会计数据和财务指标(单位:人民币元)

序号	项目	2001 年度	2000 年度		1999 年度	
			追溯调整前	追溯调整后	追溯调整前	追溯调整后
1	主营业务收入	376,581,634.47	370,277,920.89	370,262,826.12	334,319,928.18	334,319,928.18
2	净利润	8,229,988.93	33,009,670.38	22,118,765.50	25,214,239.52	24,659,426.76
3	总资产	1,178,311,621.12	926,305,794.85	916,131,023.88	837,095,578.73	837,095,578.73
4	股东权益(不含少数股东权益)	399,064,837.24	401,725,753.19	390,834,848.31	375,874,607.57	375,355,794.81
5	每股收益(摊薄)	0.041	0.246	0.165	0.188	0.184
6	每股净资产(摊薄)	1.985	2.998	2.917	2.805	2.801
7	调整后的每股净资产	1.937	2.899	2.833	2.735	2.735
8	每股经营活动产生的现金流量净额	0.881	0.043	0.043	- 0.756	- 0.756
9	净资产收益率(摊薄)	2.06%	8.22%	5.66%	6.71%	6.58%
10	加权净资产收益率(扣除非经常损益)	2.084%	7.01%	4.593%	12.26%	11.359%
11	净资产收益率(加权)	2.084%	8.424%	5.724%	14.051%	13.76%

报告期利润表附表:

项目	净资产收益率(%) 加权平均	全面摊薄	每股收益(元) 加权平均	全面摊薄
主营业务利润	12.794	12.662	0.251	0.251
营业利润	- 2.481	- 2.456	- 0.049	- 0.049
净利润	2.084	2.062	0.041	0.041
扣除非经常性损益后的净利润	2.085	2.064	0.041	0.041

三、股本变动及股东情况

(一)股本变动情况
股份变动情况表　　　　数量单位:股

	本次变动前	本次变动增减(+、-) 配股	送股	公积金转股	增发	其他	小计	本次变动后
(一)未上市流通股份								
1、发起人股份								
其中:								
国家持有股份	11800000			5900000			5900000	17700000
境内法人持有股份	64534500			32267250			32267250	96801750
境外法人持有股份								
其它								
2、募集法人股份								
3、内部职工股	12665500			6332750			6332750	18998250
4、优先股或其他								
未上市流通股份合计	89000000			44500000			44500000	133500000
(二)已上市流通股份								
1、人民币普通股	45000000			22500000			22500000	67500000
2、境内上市的外资股								
3、境外上市的外资股								
4、其他								
已上市流通股份合计	45000000			22500000			22500000	67500000
股份总数	134000000			67000000			67000000	201000000

600226 浙江升华拜克生物股份有限公司

2001年年度报告摘选

一、公司简介

(一)公司法定中文名称:浙江升华拜克生物股份有限公司
A股简称:升华拜克　　A股代码:600226
公司法定英文名称:ZHEJIANG SHENGHUA BIOK BIOLOGY CO.,LTD.
英文名称缩写:BIOK
(二)公司注册地址:浙江省湖州市经济技术开发区
公司办公地址:浙江省德清县钟管工业区
邮政编码:313220
公司网址:http://www.biok.com
公司电子信箱:600226@biok.com
(三)法定代表人姓名:夏士林
(四)公司董事会秘书:陈俊标
联系电话:0572－8402738
传真:0572－8402738
电子信箱:junbchen@21cn.com
联系地址:浙江省德清县钟管工业区
证券事务代表:唐劲然
联系电话:0572－8402738
传真:0572－8402738
电子信箱:junbchen@21cn.com
(五)公司年报备置地点:公司证券部
(六)公司股票上市地:上海证券交易所
(七)信息披露媒体:
网站:http://www.sse.com.cn
定期报告刊登报刊:《中国证券报》《上海证券报》

二、会计数据和业务数据摘要

(一)本年度主要利润指标(单位:人民币元)

项目	金额
利润总额	76,223,396.08
净利润	69,677,188.35
扣除非经常性损益后的净利润*	65,345,309.15
主营业务利润	97,923,752.67
其他业务利润	361,302.13
营业利润	64,389,965.01
投资收益	5,961,172.10
补贴收入	5,682,062.91
营业外收支净额	190,196.06
经营活动产生的现金流量净额	57,557,226.71
现金及现金等价物净增加额	2,633,712.73

*扣除非经常性损益金额合计4,331,879.20元,涉及项目有:
1、资金占用费收入593,232.37元;
2、处理固定资产净损益－177,738.03元;
3、其他营业外收支净额367,934.09元;
4、补贴收入5,682,062.91元;
5、所得税影响数－2,133,612.14元;

(二)公司近三年的主要会计数据和财务指标:

财务指标	2001年度	2000年度	1999年度
主营业务收入(元)	374,736,830	204,578,945	116,387,651
净利润(元)	69,677,188	57,816,980	31,345,665
全面摊薄每股收益(元/股)	0.27	0.33	0.28
加权平均每股收益(元/股)	0.27	0.48	0.37
扣除非经常性损益的每股收益(元/股)	0.26	0.30	0.31
每股经营活动产生的现金流量净额(元/股)	0.23	0.27	0.26
全面摊薄净资产收益率(%)	14.67	13.32	7.90
加权平均净资产收益率(%)	15.38	14.21	17.82
扣除非经常性损益的加权平均每股净资产收益率(%)	14.42	11.82	17.66

财务指标	2001年12月31日	2000年度12月31日	1999年度12月31日
总资产(元)	640,144,004	545,347,978	434,171,180
股东权益(不含少数股东权益,元)	474,912,798	434,038,010	396,575,377
每股净资产(元/股)	1.87	2.50	3.63
调整后的每股净资产(元/股)	1.87	2.47	3.60

三、股本变动及股东情况

(一)股份变动情况

公司股份变动情况表　　单位:股

	本次变动前	本次变动增减(+,-)配股	送股	公积金转增股本	增发	其他	小计	本次变动后
一、未上市流通股份								
1、发起人股份	120,037,600		+24,007,520	+28,809,024			+52,816,544	172,854,144
其中:								
国家拥有股份								
境内法人持有股份	107,013,440		+21,402,688	+25,683,226			+47,085,914	154,099,354
境外法人持有股份	13,024,160		+2,604,832	+3,125,798			+5,730,630	18,754,790
其他								
2、募集法人股								
3、内部职工股								
4、优先股或其他								
未上市流通股份合计	120,037,600		+24,007,520	+28,809,024			+52,816,544	172,854,144
二、已上市流通股份								
1、人民币普通股	56,000,000		+11,200,000	+13,440,000			+24,640,000	80,640,000
2、境内上市的外资股								
3、境外上市的外资股								
4、其他								
已上市流通股份合计	56,000,000		+11,200,000	+13,440,000			+24,640,000	80,640,000
三、股份总数	176,037,600		+35,207,520	+42,249,024			+77,456,544	253,494,144

600227 贵州赤天化股份有限公司

2001年年度报告摘选

一、公司基本情况简介

1、公司名称:贵州赤天化股份有限公司
英文名称:GUIZHOU CHITIANHUA CORP.
2、法定代表人:郑才友
3、董事会秘书:杨呈祥
通讯地址:贵州省赤水市化工路贵州省贵阳市延安中路88号6楼
邮编:564707　550001
电话:0852－2878874、2878788　　传真:0852－2878332
电子信箱:chth@chitianhua.com
授权代表:王保青
通讯地址:贵州省贵阳市新天大道火炬大厦3楼　　邮编:550001
电话:0851－6841828、5283068　　传真:0851－5813068
电子信箱:chth_gy@chitianhua.com
授权代表:梅君
通讯地址:贵州省赤水市化工路　　邮编:564707
电话:0852－2878874　　传真:0852－2878332
电子信箱:chth@chitianhua.com
4、公司注册地址:贵州省贵阳市新天大道火炬大厦3楼
公司办公地址:贵州省赤水市化工路贵州省贵阳市延安中路88号6楼
邮编:564707　　550001
公司国际互联网网址:HTTP://WWW.CHITIANHUA.COM
电子信箱:chth@chitianhua.com
5、公司选定的信息披露报纸名称:《中国证券报》、《上海证券报》;登载公司年度报告的中国证监会指定国际互联网网址:HTTP://WWW.SSE.COM.CN;公司年度报告备查地点:贵州省赤水市化工路公司办公室;贵州省贵阳市新天大道火炬大厦3楼;公司国际互联网主页。
6、上市交易所:上海证券交易所
股票简称:赤天化　　股票代码:600227

二、会计数据和业务数据摘要

1、本年度主要效益指标情况(单位:人民币元)

项目	金额
利润总额	42,128,089.24
净利润	37,515,717.98
扣除非经常性损益后的净利润	6,886,114.11
主营业务利润	40,406,335.81
其他业务利润	174,850.13
营业利润	7,839,195.15
投资收益	30,219,000.72
补贴收入	0.00
营业外收支净额	4,069,893.37
经营活动产生的现金流量净额	153,762,191.11
现金及现金等价物净增加额	156,567,494.55

2、截至报告期末公司前三年的主要会计数据和财务指标:　　单位:人民币元

项目	2001年	2000年	1999年
主营业务收入	630,644,450.25	600,867,609.35	598,795,988.58
净利润	37,515,717.98	65,133,301.76	55,685,048.02
总资产	901,548,781.00	843,264,825.04	789,463,119.69
股东权益	721,123,365.35	700,607,647.37	677,974,345.61
每股收益(摊薄)	0.221	0.383	0.328
每股收益(加权)	0.221	0.383	0.557
扣除非经常性损益后的每股收益	0.041	0.215	0.328
每股净资产	4.24	4.12	3.99
调整后每股净资产	4.24	4.12	3.99
每股经营活动产生的现金流量净额	0.904	0.004	0.37
净资产收益率(%)(摊薄)	5.20	9.30	8.21
净资产收益率(%)(加权)	5.22	9.17	29.06

3、报告期利润表附表

报告期利润	净资产收益率 全面摊薄	净资产收益率 加权平均	每股收益 全面摊薄	每股收益 加权平均
主营业务利润	5.60%	5.62%	0.238	0.238
营业利润	1.09%	1.09%	0.046	0.046
净利润	5.20%	5.22%	0.221	0.221
扣除非经常性损益后的净利润	0.95%	0.96%	0.041	0.041

三、股本变动及股东情况

1、股份变动情况
(1)股份变动情况表

股份变动情况表　　数量单位:股

	本次变动前	本次变动 配股	送股	公积金转股	增发	其他	小计	本次变动后
一、未上市流通股份								
1、发起人股份								
其中:								
国家持有股份								
境内法人持有股份	100,000,000							100,000,000
境外法人持有股份								
其他								
2、募集法人股份								
3、内部职工股								
4、优先股或其他								
其中:转配股								
未上市流通股份合计	100,000,000							100,000,000
二、已上市流通股份								
1、人民币普通股	70,000,000							70,000,000
2、境内上市的外资股								
3、境外上市的外资股								
4、其他								
已上市流通股份合计	70,000,000							70,000,000
三、股份总数	170,000,000							170,000,000

600228 江西昌九化工股份有限公司

2001 年年度报告摘选

一、公司基本情况简介

(一)公司中文名称:江西昌九化工股份有限公司
缩写:昌九股份
公司英文名称:JiangXi ChangJiu Chemical IndustryCo.,Ltd.
缩写:CJCL
(二)公司法定代表人:肖建国
(三)公司董事会秘书:张浩
联系地址:江西省南昌市北京东路 98 号华赣大厦七楼
电　话:0791－8300796　　传　真:0791－8318883
电子信箱:jxcjgf@public.nc.jx.cn
公司证券事务代表:赵红旗
联系地址:江西省南昌市北京东路 98 号华赣大厦七楼
电　话:0791－8300880　　传　真:0791－8318883
电子信箱:jxcjgf@public.nc.jx.cn
(四)公司注册地址:南昌市高新区高新一路创业大厦
公司办公地址:南昌市北京东路 98 号华赣大厦七楼　　邮编:330029
电子信箱:jxcjgf@public.nc.jx.cn
(五)公司选定的信息披露报纸:《中国证券报》、《上海证券报》
登载公司年度报告的中国证监会指定国际互联网网址:Http://www.sse.com.cn
公司年度报告备置地点:公司董秘办公室
(六)公司股票上市地:上海证券交易所
股票简称:昌九股份　　股票代码:600228
(七)公司首次注册登记日期:1999 年 1 月 15 日
注册地址:南昌市高新区高新一路创业大厦
公司企业法人营业执照注册号:3600001131652
公司税务登记号码:360106705508269
公司聘请的会计师事务所名称:广东恒信德律会计师事务所有限公司
办公地址:南昌市叠山路 119 号机电大楼 8 楼

二、会计数据和业务数据摘要

(一)本年度利润总额及构成(单位:人民币元)

项目	2001 年度
利润总额	29,707,856.24
净利润	25,721,480.61
扣除非经常性损益后的净利润	23,496,319.59
主营业务利润	54,072,272.76
其它业务利润	604,591.14
营业利润	25,251,320.93
投资收益	1,838,698.81
补贴收入	2,771,312.30
营业外收支净额	－153,475.80
经营活动产生的现金流量净额	13,661,910.25
现金及现金等价物净增加额	－32,594,927.12

注:扣除的非经营性损益项目和涉及金额
1、补贴收入　2,771,312.30 元
2、营业外收支净额　－153,475.80 元

(二)公司前三年主要会计数据及财务指标(单位:人民币元)

项 目	2001 年度	2000 年度		1999 年度
		调整后	调整前	
主营业务收入	337,033,952.59	276,849,104.63	233,494,139.62	248,255,135.02
净利润	25,721,480.61	10,611,923.11	15,679,393.30	9,576,018.30
总资产	816,113,726.42	760,049,934.12	743,120,839.70	712,190,460.16
股东权益(不含少数股东权益)	458,848,274.34	441,766,793.73	450,592,185.50	443,912,792.20
每股收益	0.09	0.06	0.09	0.05
每股净资产	1.59	3.45	2.50	2.47
调整后的每股净资产	1.55	2.41	2.46	2.44
每股经营活动产生的现金流量净额	0.047	－0.05	－0.05	－0.12
净资产收益率(%)	5.61	2.40	3.48	2.16
扣除非经常性损益性后的加权平均净资产收益率(%)	5.22	3.36	3.49	2.16

三、股本变动及股东情况

(一)股份变动情况表:(数量单位:万股)

	本次变动前	本次变动增减(+、-)						本次变动后
		配股	送股	公积金转股	增发	其他	小计	
一、未上市流通股份								
1、发起人股份	12,000		1,200	6,000				19,200
其中:								
国家拥有股份								
境内法人持有股份	12,000		1,200	6,000				19,200
境外法人持有股份								
其他								
2、募集法人股								
3、高管持股								
4、优先股或其他								
其中:转配股								
未上市流通股份合计	12,000		1,200	6,000				19,200
二、已流通股份								
1、人民币普通股	6,000		600	3,000				9,600
2、境内上市的外资股								
3、境外上市的外资股								
4、其他								
已上市流通股份合计	6,000		600	3,000				9,600
三、股份总数	18,000		1,8000	9,000				28,800

600229 青岛碱业股份有限公司

2001 年年度报告摘选

一、公司基本情况简介

1、公司的法定中文名称:青岛碱业股份有限公司
公司的法定英文名称:QINGDAO SODA ASH INDUSTRIAL COMPANY LTD.
2、公司法定代表人:刘毓源
3、公司董事会秘书:丁肇远
公司证券事务代表:邹怀基
联系地址:青岛市四流北路 78 号
联系电话:0532－4822574
传　真:0532－4815402
公司证券部电子信箱:zhengquan@qdjy.com
4、公司注册地址:山东省青岛市四流北路 78 号
公司办公地址:山东省青岛市四流北路 78 号
邮政编码:266043
公司电子信箱:xxzx@qdjy.com
5、公司选定的信息披露报纸:《中国证券报》、《上海证券报》
登载公司年度报告的中国证监会指定国际互联网网址:http://www.sse.com.cn
公司年度报告备置地点:青岛碱业股份有限公司证券部
6、公司股票上市交易所:上海证券交易所
股票简称:青岛碱业
股票代码:600229

二、会计数据和业务数据摘要

1、本年度主要利润指标情况(单位:人民币元)

利润总额	82,995,508.51
净利润	67,949,774.74
扣除非经常性损益后的净利润	52,224,197.85
主营业务利润	211,614,693.79
其他业务利润	3,547,596.67
营业利润	78,898,744.63
投资收益	2,655,901.35
所得税返还	13,460,000.00
营业外收支净额	1,440,862.53
经营活动产生的现金流量净额	115,227,241.16
现金及现金等价物净增加额	54,901,702.57

2、公司近三年主要会计数据和财务指标(单位:元)

项目	2001 年度	2000 年度(调整后)	2000 年度(调整前)	1999 年度(调整后)	1999 年度(调整前)
主营业务收入	936122248.58	787921055.11	787921055.11	613217866.62	613217866.62
净利润	67949774.74	64757362.26	64757362.26	6937862.65	52367783.66
总资产	1633682629.29	1497548022.37	1542977943.38	1255112926.37	1300542847.38
股东权益(不含少数股东权益)	836120939.91	819398286.97	864828207.98	496794964.88	542224885.89
每股收益(元/股)(摊薄)	0.23	0.22	0.22	0.03	0.26
(元/股)(加权)	0.23	0.23	0.23	0.04	0.29
扣除非经常性损益后每股收益(摊薄)	0.18	0.17	0.17	0.20	0.20
每股净资产	2.83	2.78	2.93	2.42	2.64
调整后每股净资产	2.79	2.76	2.91	2.26	2.48
每股经营活动产生的现金流量净额	0.39	0.44	0.44	0.39	0.39
净资产收益率(%)[摊薄]	8.13	7.90	7.49	1.40	9.66
(%)[加权]	7.96	8.10	7.66	1.71	11.61
扣除非经常损益后的加权平均净资产收益率%	6.12	6.40	6.06	10.13	10.13
扣除非经营性损益后的净利润	52224197.85	51218365.38	51218365.38	41095317.82	41095317.82

三、股本变动及股东情况

(一)股本变动情况
(1)股本变动情况表

数量单位:股

	本次变动前	配股	送股	公积金转股	增发	其他	小计	本次变动后
一、未上市流通股份								
1、发起人股份	136840000							136840000
其中:								
国家持有股份	136840000							136840000
境内法人持有股份								
境外法人持有股份								
其他								
2、募集法人股份	28935081							28935081
3、内部职工股	34445373							34445373
4、优先股或其他	4905756							4905756
其中:								
转配股未上								
市流通股份合计	205126210							205126210
二、已上市流通股份								
1、人民币普通股	90000000							90000000
2、境内上市的外资股								
3、境外上市的外资股								
4、其他								
已上市流通股份合计	90000000							90000000
三、股份总数	295126210							295126210

600230 河北沧州大化股份有限公司

2001 年年度报告摘要

第一节 公司基本情况简介

(一)公司法定中文名称:河北沧州大化股份有限公司
公司法定英文名称:HEBEI CANGZHOU DAHUA CO.LTD
(二)公司法定代表人:杨立
(三)公司董事会秘书:王路
联系地址:河北省沧州市北环中路 66 号
联系电话:0317-3025065
传真:0317-3025065
电子信箱:zcb@mail.czdh.com.cn
证券事务代表:王游
联系电话:0317-2046143
传真:0317-3025065
电子信箱:wangyou22y@sina.com
(四)公司注册地址:河北省沧州市北环中路 66 号
办公地址:河北省沧州市北环中路 66 号沧州大化办公楼
邮政编码:061000
公司国际互联网网址:http://www.czdh.com.cn
公司电子信箱:czdh@mail.czdh.com.cn
(五)公司选定的信息披露报纸:《中国证券报》、《上海证券报》
中国证监会指定刊登公司年度报告的国际互联网网址:http://www.sse.com.cn
公司年度报告备置地点:公司证券办公室
(六)公司股票上市交易所:上海证券交易所
股票简称:沧州大化 股票代码:600230

第二节 会计数据和业务数据摘要

(一)本年度主要利润指标及现金流量情况(单位:人民币元)

项目	金额
利润总额	26942353.78
净利润	17817772.81
扣除非经常性损益后的净利润	8472089.94
主营业务利润	48647087.06
其他业务利润	601683.12
营业利润	24176898.35
投资收益	-8148045.39
补贴收入	11084426.83
营业外收支净额	-170926.01
经营活动产生的现金流量净额	64910851.83
现金及现金等价物净增加额	17632697.62

注:扣除非经常性损益涉及项目及金额(单位:人民币元)

项目	金额
债券投资收益	2000033.00
营业外支出	170926.01
流动资产盘盈	1218755.41
补贴收入	11084426.83
合计	14132289.23

(二)前三年主要会计数据和财务指标

1、主要会计数据和财务指标

项目	2001 年	2000 年		1999 年	
		追溯调整后	追溯调整前	追溯调整后	追溯调整前
主营业务收入(万元)	51642.53	54187.16	54187.16	60095.22	60095.22
净利涯(万元)	1781.78	4598.19	4993.05	4564.74	6769.81
总资产(万元)	84836.97	83553.85	85959.58	55747.63	57952.70
股东权益(万元)	64527.68	64042.56	66459.63	27326.36	29090.41
摊薄每股收益(元)	0.0687	0.1773	0.19	0.25	0.38
加权每股收益(元)	0.0687	0.1921	0.22	0.25	0.38
每股净资产(元)	2.4883	2.46	2.56	1.52	1.62
调整后每股净资产(元)	2.4329	2.46	2.56	1.49	1.58
每股经营活动产生的现金流量净额(元)	0.2503	0.079	0.079	0.213	0.213
净资产收益率(%)	2.7613	7.1799	7.51	16.70	23.27
加权净资产收益率(%)	2.7440	8.4215	9.23	16.64	21.88

(三)报告期公司扣除非经常性损益后加权平均净资产收益率为 1.3047%

第三节 股本变动及股东情况

一、股份变动情况表

(数量单位:股)

	本次变动前	本次变动增减(+,-)				本次变动后
		送股	公积金转股	其他	小计	
一、尚未上市流通股份						
1.发起人股份						
其中:						
国家拥有股份	178031620.00					178031620.00
境内法人持有股份	1300000.00					1300000.00
外资法人持有股份						
其他						
2.募集法人股						
3.内部职工股						
4.基金配售股份						
尚未流通股份合计	179331620.00					179331620.00
二、已流通股份						
1.境内上市的人民币普通股	80000000.00					80000000.00
2.境内上市的外资股						
3.境外上市的外资股						
4.其他						
已流通股份合计	80000000.00					80000000.00
三、股份总数	259331620.00					259331620.00

600231 凌源钢铁股份有限公司

2001 年年度报告摘要

一、公司基本情况简介

1、公司法定中文名称:凌源钢铁股份有限公司
公司法定英文名称:Lingyuan Iron & Steel Co.,Ltd.
2、公司法定代表人:高益荣
3、公司董事会秘书:何东生
联系地址:辽宁省凌源市钢铁路 3 号
凌源钢铁股份有限公司证券部
电话:0421-6834429 传真:0421-6831910
电子信箱:hds@lggf.com.cn
4、公司注册地址:辽宁省凌源市钢铁路 3 号
办公地址:辽宁省凌源市钢铁路 3 号 邮政编码:122500
公司国际互联网网址:http://www.lgjt.com.cn
电子信箱:lgwjch@online.ln.cn
5、公司选定的信息披露报纸:《中国证券报》
登载公司年度报告的国际互联网网址:http://www.sse.com.cn
公司年度报告备置地点:凌源钢铁股份有限公司证券部
6、公司股票上市交易所:上海证券交易所
股票简称:凌钢股份 股票代码:600231

二、会计数据和业务数据摘要

(一)本年度主要利润指标 单位:人民币元

项目	金额
利润总额	164,945,104.28
净利润	163,630,334.17
扣除非经常性损益后的净利润	127,705,729.89
主营业务利润	243,587,468.77
其他业务利润	2,942,505.52
营业利润	166,124,990.55
投资收益	0
补贴收入	0
营业外收支净额	-1,179,886.27
经营活动产生的现金流量净额	177,815,046.82
现金及现金等价物净增减额	-110,733,899.99

(二)截止报告期末公司前三年的主要会计数据和财务指标 单位:人民币元

指标名称	2000 年 1-12 月份	2001 年 1-12 月份		1999 年 1-12 月份
		调整后	调整前	
主营业务收入	1,858,681,308.36	1,594,192,423.59	1,594,192,423.59	1,314,611,503.07
净利润	163,630,334.17	139,926,890.52	141,072,698.02	109,570,116.49
总资产	1,784,876,887.71	1,536,424,763.52	1,537,570,571.02	856,140,822.65
股东权益	1,270,142,130.45	1,152,402,151.26	1,153,547,958.76	518,956,811.82
每股收益(全面摊薄)	0.528	0.45	0.46	0.52
每股收益(加权平均)	0.528	0.51	0.51	0.52
扣除非经常性损益后的每股收益(全面摊薄)	0.412	0.45	0.46	0.52
扣除非经常性损益后的每股收益(加权平均)	0.412	0.51	0.51	0.52
每股净资产	4.097	3.72	3.72	2.47
调整后的每股净资产	3.91	3.58	3.58	2.43
每股经营活动产生的现金流量净额	0.574	0.20	0.20	0.96
净资产收益率(全面摊薄)(%)	12.88	12.14	12.23	21.11
净资产收益率(加权平均)(%)	13.51	16.65	15.67	23.11
扣除非经常性损益后的净资产收益率(加权平均)(%)	10.55	16.68	15.69	

(三)报告期利润表附表

报告期利润	净资产收益率(%)				每股收益(元/股)			
	2001 年		2000 年		2001 年		2000 年	
	全面摊薄	加权平均	全面摊薄	加权平均	全面摊薄	加权平均	全面摊薄	加权平均
主营业务利润	19.18	20.12	25.52	32.70	0.786	0.786	0.95	1.06
营业利润	13.08	13.72	18.53	23.74	0.536	0.536	0.69	0.77
净利润	12.88	13.51	12.23	15.67	0.528	0.528	0.46	0.51
扣除非经常性损益后的净利润	10.05	10.55	12.25	15.69	0.412	0.412	0.46	0.51

三、股本变动及股东情况

(一)股本变动情况表

单位:股

项目	本次变动前	本次变动增减	本次变动后
一、未上市流通股份			
1、发起人股份	178,500,000		178,500,000
其中:国家持有股份	178,500,000		178,500,000
境内法人持有股份			
境外法人持有股份			
其他			
2、募集法人股份	5,000,000		5,000,000
3、内部职工股	26,500,000		26,500,000
4、优先股或其他			
其中:转配股			
未上市流通股份合计	210,000,000		210,000,000
二、已上市流通股份			
1、人民币普通股	100,000,000		100,000,000
其中:向基金配售股份			
2、境内上市的外资股			
3、境外上市的外资股			
4、其他			
已上市流通股份合计	100,000,000		100,000,000
三、股份总数	310,000,000		310,000,000

600232 浙江金鹰股份有限公司

2001 年年度报告摘选

一、公司基本情况简介

(一)公司法定中文名称:浙江金鹰股份有限公司
公司法定英文名称:Zhejiang Golden Eagle Co.,Ltd.
(二)公司法定代表人:傅国定
(三)公司董事会秘书:焦康涛
联系地址:浙江省舟山市定海区小沙镇
联系电话:0580-8021228
传真:0580-8020228
电子信箱:8021228@mail.zsptt.zj.cn
(四)公司注册及办公地址:浙江省舟山市定海区小沙镇
邮政编码:316051
公司电子信箱:gecl@mail.zsptt.zj.cn
(五)公司选定的信息披露报纸名称:中国证券报、上海证券报
登载公司年度报告的中国证监会指定国际互联网网址:http://www.sse.com.cn
公司年度报告备置地点:浙江金鹰股份有限公司证券部
(六)公司股票上市交易所:上海证券交易所
股票简称:金鹰股份　　股票代码:600232

二、会计数据和业务数据摘要

(一)公司本年度主要利润指标情况:(单位:人民币元,合并报表)

项目	金额
利润总额	68,139,679.78
净利润	55,013,969.28
扣除非经常性损益后的净利润	47,557,523.39
主营业务利润	89,478,024.34
其它业务利润	1,857,340.34
营业利润	58,926,128.42
投资收益	-10,479.83
补贴收入	10,676,284.29
营业外收支净额	-1,452,253.10
经营活动产生的现金流量净额	38,482,336.54
现金及现金等价物净增加额	-11,731,507.31

注:非经常性损益是指公司正常经营损益之外的、一次性或偶发性损益,本公司扣除的非经营性损益有:资产处置损益、补贴收入等。具体扣除项目和涉及金额:7,456,445.89 元

项目	金额
1、债务重组损失	16,240.00
2、长期股权投资差额摊销	21,691.03
3、资金占用费净收益	-232,489.52
4、各项非经常性营业外收入	-978,254.16
5、各项非经常性营业外支出	798,411.21
6、补贴收入	-9,838,474.21
7、流动资产盘盈盘亏	40,036.09
8、所得税影响	2,716,393.67

(二)公司近三年的主要会计数据和财务指标(单位:人民币元)

项目	2001 年	2000 年		1999 年	
		调整前	调整后	调整前	调整后
主营业务收入	629,816,887.92	571,462,350.80	571,462,350.80	461,359,222.12	461,359,222.12
净利润	55,013,969.28	48,617,568.28	48,780,906.01	40,147,415.67	39,782,280.67
每股收益(全面摊薄)	0.25	0.29	0.29	0.33	0.32
每股收益(加权平均)	0.25	0.32	0.32		
扣除非经常性损益后的每股收益(加权平均)	0.22	0.30	0.30		
每股经营活动产生的现金流量净额	0.18	0.35	0.35	0.22	0.22
净资产收益率(全面摊薄)(%)	12.50	12.10	12.22	27.56	27.38
净资产收益率(加权平均)(%)	12.66	15.08	15.12		
扣除非经常性损益的加权平均净资产收益率%	10.95	14.34	14.39		

项目	2001 年末	2000 年末		1999 年末	
		调整前	调整后	调整前	调整后
总资产	822,518,289.76	716,912,459.25	713,401,150.74	478,747,506.69	478,382,371.69
股东权益	440,044,976.76	401,673,516.68	399,345,980.02	145,688,328.58	145,323,193.58
每股净资产	2.01	2.39	2.37	1.18	1.18
调整后每股净资产	1.97	2.32	2.31	1.12	1.12

三、股本变动及股东情况

(一)股本变动情况

股份变动情况表　　数量单位:股

	本次变动前	本年增减变动情况(+、-)							本次变动后
		配股	送股	公积金	持股	增发	其他	小计	
一、未上市流通股份									
1、发起人股份:									
其中:									
境内法人持有股份	123347600			37004280				37004280	160351880
境外法人持有股份									
其他									
2、募集法人股份									
3、内部职工									
4、优先股或其他									
其中转配股	123347600			37004280				37004280	160351880
未上市流通股份合计	45000000			13500000				13500000	58500000
二、已上市流通股份									
1、人民币普通股									
2、境内上市的外资股									
3、境外上市的外资股	45000000			13500000				13500000	58500000
4、其他									
已上市流通股份合计									
三、股份总数	168347600			50504280				50504280	218851880

600233 大连大杨创世股份有限公司

2001 年年度报告摘选

第一章　公司简介

一、公司法定中文名称:大连大杨创世股份有限公司
公司法定英文名称:Dalian Dayang Trends Share Co.,Ltd
二、法定代表人姓名:石祥麟
三、公司董事会秘书:孙长丽
联系电话:0411-7610778　　传真:0411-7622082
电子信箱:sunchangli@dayang.net
联系地址:大连经济技术开发区哈尔滨路 23 号
四、公司注册地址:大连市杨树房经济开发小区
公司办公地址:大连经济技术开发区哈尔滨路 23 号　　邮政编码:116600
公司网址:HTTP://WWW.dayang.net/www.trands.com
公司电子信箱:dayang@mail.dlptt.ln.cn
五、定期报告刊登报刊:《中国证券报》《上海证券报》
登载公司年度报告的中国证监会指定国际互联网网址:HTTP://WWW.sse.com.cn
公司年度报告备置地点:大连经济技术开发区哈尔滨路 23 号公司证券部
六、公司股票上市地:上海证券交易所
股票简称:大连创世　　股票代码:600233

第二章　会计数据和业务数据摘要

一、本年度的主要会计数据和财务指标　　单位:元

项目	2001 年度金额
1、利润总额	47,134,634.02
2、净利润	30,598,869.48
3、扣除非经常性损益后的净利润	21,191,033.09
4、主营业务利润	49,391,375.87
5、其他业务利润	2,154,092.63
6、营业利润	30,952,250.80
7、投资收益	9,836,173.75
8、补贴收入	6,303,135.00
9、营业外收支净额	43,047.47
10、经营活动产生的现金流量净额	-12,366,768.76
11、现金及现金等价物净增加额	-46,193,541.80

注:扣除的非经常性损益项目及金额:　　单位:元

项目	金额
1、营业外收支净额	43,047.47
2、补贴收入	303,135.00
3、短期投资收益	12,443,458.86
4、以上项目的所得税影响	-3,381,831.94
合计	9,407,836.39

二、截止报告期末前三年的主要会计数据和财务指标

项目	2001 年	2000 年	1999 年
主营业务收入	297,481,562.42	288,800,491.20	235,565,854.93
净利润	30,598,869.48	29,674,037.82	27,163,357.40
总资产	550,918,595.18	539,781,279.77	256,782,520.51
股东权益	418,465,215.55	398,409,345.73	120,581,574.74
每股收益	0.28	0.27	0.36
扣除非经常性损益后每股收益	0.193	0.22	0.35
每股净资产	3.80	3.62	1.61
调整后的每股净资产	3.75	3.58	1.57
每股经营活动产生的现金流量净额	-0.11	-0.12	1.07
净资产收益率	7.31	7.45	22.53

报告期末利润表附表:

报告期利润	净资产收益率(%)		每股收益(元/股)	
	全面摊薄	加权平均	全面摊薄	加权平均
主营业务利润	11.80	11.67	0.449	0.449
营业利润	7.40	7.48	0.281	0.281
净利润	7.31	7.39	0.278	0.278
扣除非经常性损益后的净利润	5.06	5.18	0.193	0.193

三、报告期内股东权益变化情况:

项目	股本	资本公积	盈余公积	法定公益金	未分配利润	合计
期初数	110,000,000	240,166,728.59	46,844,702.80	12,250,209.79	1,397,914.34	398,409,345.73
本期增加	0	457,000.34	6,695,136.72	1,529,943.47	12,903,732.76	20,055,869.82
期末数	110,000,000	240,623,728.93	53,539,839.52	13,780,153.26	14,301,647.10	418,465,215.55

第三章　股本变动及股东情况

一、股本变动情况股本变动情况表　　单位:万股

项目	期初数	本期配股	本期送股	本期公积金转增	增发	本期其他变动	期末数
一、尚未流通股份	7,500.00						7,500.00
其中							
1、境内法人持有股份	6,000.00						6,000.00
2、内部职工股	1,500.00						1,500.00
二、已流通股份	3,500.00						3,500.00
境内上市的人民币普通股	3,500.00						3,500.00
股本总数	11,000.00						11,000.00

二、股东情况介绍

1、拥有公司股份前十名股东情况:(截止 2001 年 12 月 31 日交易结束)

名次	股东名称	年末持股数(股)	占总股本(%)	股份性质
1	大杨集团有限责任公司	60,000,000	54.545	法人股
2	董仲喜	329,600	0.300	流通股
3	兴华基金	301,200	0.274	流通股
4	王翠玉	203,100	0.185	流通股
5	耿翠兰	187,718	0.171	流通股
6	徐晓香	173,215	0.157	流通股
7	吴洪亮	171,346	0.156	流通股
8	李光荣	161,290	0.147	流通股
9	朱泰都	154,000	0.140	流通股
10	陈长盛	132,900	0.121	内部职工股

600234 太原天龙集团股份有限公司

2001年年度报告摘选

一、公司基本情况简介

(一)公司法定中文名称:太原天龙集团股份有限公司
公司法定英文名称:TAIYUAN TIANLONG GROUP CO.,LTD
(二)公司法定代表人:田根牛先生
(三)公司董事会秘书:宋逸清女士
联系地址:太原市迎泽大街291号
电　　话:0351-4040922
传　　真:0351-4810073
电子信箱:tianlongtl615@sina.com
公司董事会证券事务代表:王宏先生
联系地址:太原市迎泽大街291号证券投资管理部
电　　话:0351-4040922
传　　真:0351-4810073
(四)公司注册地址:太原市迎泽大街291号
邮政编码:030001
公司办公地址:太原市迎泽大街291号
邮政编码:030001
公司电子信箱:tianlongtl615@sina.com
(五)公司选定的信息披露报纸:《中国证券报》《上海证券报》
(六)登载公司年度报告的中国证监会指定国际互联网网址:http//www.sse.com.cn
(七)公司年度报告备置地点:公司证券投资管理部
(八)公司股票上市交易所:上海证券交易所
股票简称:天龙集团
股票代码:600234

二、会计数据和业务数据摘要

(一)本年度主要利润指标情况:
根据中国会计准则审计后的主要利润指标:　单位:元

项目	金额
利润总额	-68,383,134.30
净利润	-68,383,134.30
扣除非经常性损益后的净利润	-71,655,801.22
主营业务利润	41,930,016.55
其他业务利润	2,762,016.90
营业利润	-71,655,801.22
投资收益	2,178,409.30
补贴收入	0.00
营业外收支净额	1,094,257.62
经营活动产生的现金流量净额	-5,999,805.16
现金及现金等价物净增加额	-108,388,608.10

(二)截止报告期末公司前三年的主要会计数据和财务指标　单位:人民币元

项目　年度	2001年	2000年		1999年	
		调整后	调整前	调整后	调整前
主营业务	139,638,844.79	293,685,593.84	422,677,443.61	448,531,013.59	448,531,013.59
净利润	-68,383,134.30	14,109,342.59	19,499,342.59	5,441,335.57	18,558,381.13
总资产	679,359,152.38	408,064,685.84	449,307,335.70	298,134,837.32	335,791,370.94
股东权益(不含少数股东权益)	220,218,716.26	288,601,850.56	307,108,896.12	133,282,207.95	146,399,253.51
每股收益(元/股)	-0.73	0.15	0.21	0.09	0.29
每股净资产(元/股)	2.35	3.07	3.27	2.09	2.29
调整后每股净资产(元/股)	2.20	2.96	3.13	1.87	2.05
每股经营活动产生的现金流量净额(元/股)	-0.06	0.07	0.07	0.41	0.41
净资产收益率(%)	-31.05	4.89	6.35	4.08	12.68
扣除非经常性损益后的每股收益(元/股)	-0.76	0.13	0.18	0.09	0.29

三、股本变动及股东情况

(一)股本变动情况　单位:万股

项目	期初数	本次增减	期末数
1、未上市流通股份			
发起人股份	6386	0	6386
其中:国家持有股份	3386	0	3386
境内法人股份	1700	0	1700
内部职工股	1300	0	1300
未上市股份合计	6386	0	6386
2、已上市流通股份			
境内上市社会公众股	3000	0	3000
已上市流通股份合计	3000	0	3000
3、股份总数	9386	0	9386

(二)股东情况介绍:
1、报告期末股东总数为29446户。
2、报告期末前10名股东持股情况:　单位:万股

名次	股东名称	持股数	持股比例	股份性质
01	太原市财政局	3386	36.08	国有股
02	天龙山古文化	1627.43	17.34	法人股
03	五矿贵稀	30	0.32	法人股
04	泰和基金	25.28	0.27	流通股
05	兴业基金	20	0.21	流通股
06	季仁宝	19.55	0.21	流通股
07	赵廷松	14	0.15	流通股
08	王耘	12.84	0.14	流通股
09	赵玉梅	12	0.13	流通股
10	金嗣荫	11.07	0.12	流通股

600235 民丰特种纸股份有限公司

2001年年度报告摘选

一、公司基本情况简介

1、公司法定中文名称:民丰特种纸股份有限公司
公司法定英文名称:MINFENG SPECIAL PAPER CO.,LTD.
英文名称缩写:MFSP
2、法定代表人姓名:吕士林
3、公司董事会秘书:郑　健
联系地址:浙江嘉兴市用里街70号民丰特种纸股份有限公司证券部
联系电话:0573-2812992　传真:0573-2812992
电子信箱:mfzqb@mail.jxptt.zj.cn
证券事务代表:谢贵兴
联系电话:0573-2812992　传真:0573-2812992
电子信箱:mfzqb@mail.jxptt.zj.cn
4、公司注册地址:浙江省嘉兴市用里街70号
公司办公地址:浙江省嘉兴市用里街70号　邮政编码:314000
公司国际互联网网址:http://www.cnmfsp.com
5、公司选定的信息披露报刊:《中国证券报》、《上海证券报》
登载年度报告的国际互联网网址:http://www.sse.com.cn
公司年度报告备置地点:公司证券部
6、股票上市交易所:上海证券交易所
股票简称:民丰特纸　股票代码:600235

二、会计数据和业务数据摘要

1、本年度主要利润指标(单位:人民币元)

项目	金额
利润总额	49,159,884.36
净利润	44,924,337.19
扣除非经常性损益后的净利润	42,400,998.78
主营业务利润	85,198,028.05
其他业务利润	3,730,270.66
营业利润	36,063,805.44
投资收益	14,819,528.78
补贴收入	0.00
营业外收支净额	-1,723,449.86
经营活动产生的现金流量净额	87,466,618.59
现金及现金等价物净增减额	52,406,456.78

2、截止报告期末公司前三年的主要会计数据和财务指标

财务指标	2001年度	2000年度		1999年度	
		调整前	调整后	调整前	调整后
主营业务收入(元)	316,264,289.21	313,912,065.68	313,912,065.68	280,218,065.56	280,218,065.56
净利润(元)	44,924,337.19	44,376,538.53	40,832,399.81	42,006,779.54	41,139,029.67
全面摊薄每股收益(元/股)	0.2538	0.2507	0.2307	0.3361	0.3291
加权平均每股收益(元/股)	0.2538	0.2857	0.2629		
扣除非经常性损益后的每股收益(元/股)	0.2396	0.2333	0.2154	0.3291	0.3070
每股经营活动产生的现金流量净额(元/股)	0.4942	0.2599	0.2599	0.4513	0.4513
全面摊薄净资产收益率(%)	8.2165	8.2392	7.6039	20.8335	20.5555
加权平均净资产收益率(%)	8.0300	10.8238	9.9903	19.5132	19.1857
扣除非经常性损益后的加权平均净资产收益率(%)	7.5790	10.0731	9.3297	19.1094	17.8969

财务指标	2001年12月31日	2000年12月31日		1999年12月31日	
		调整前	调整后	调整前	调整后
总资产(元)	1,145,031,948.03	945,344,310.86	940,990,552.00	579,754,033.56	578,259,226.71
股东权益(不含少数股东权益)(元)	546,743,105.99	538,605,047.05	536,992,035.00	201,632,286.64	200,136,479.79
每股净资产(元/股)	3.0889	3.0430	3.0339	1.6131	1.6011
调整后每股净资产(元/股)	3.0620	3.0153	3.0062	1.5802	1.5682

3、报告期利润表附表

2001年度利润	净资产收益率(%)		每股收益(元)	
	全面摊薄	加权平均	全面摊薄	加权平均
主营业务利润	15.5824	15.2288	0.4813	0.4813
营业利润	6.5960	6.4462	0.4576	0.4576
净利润	8.2165	8.0300	0.2538	0.2538
扣除非经常性损益后的净利润	7.7550	7.5970	0.2396	0.2396

三、股本变动及股东情况

(一)股份变动情况表(单位:股)

	本次变动前	本次变动增减(+,-) 配股	送股	公积金转股	增发	其他	小计	本次变动后
一、未上市流通股份								
1、发起人股份	125000000							125000000
其中:								
国有法人股	123900000							123900000
境内法人持有股份	650000							650000
境外法人持有股份								
其他	450000							450000
2、募集法人股份								
3、内部职工股								
4、优先股或其他								
未上市流通股份合计	125000000							125000000
二、已上市流通股份								
1、人民币普通股	52000000							52000000
2、境内上市的外资股								
1、境外上市的外资股								
2、其他								
已上市流通股份合计	52000000							52000000
三、股份总数	177000000							177000000

600236 广西桂冠电力股份有限公司

2001年年度报告摘选

一、基本情况简介

(一)公司的法定名称
中文名称:广西桂冠电力股份有限公司
中文名称缩写:桂冠电力
英文名称:GUANGXI GUIGUAN ELECTRIC POWER CO.,LTD.
英文名称缩写:GGEP
(二)公司法定代表人:赵建国
(三)公司董事会秘书:张云
证券事务代表:罗典、李求泳
联系地址:广西南宁市民主路北四里6号
联系电话:0771-5636271　　传真电话:0771-5636271
电子信箱:ggep-600236@hotmail.com
(四)公司联系信息
公司注册地址:广西南宁市民主路北四里6号
公司办公地址:广西南宁市民主路北四里6号　　公司邮政编码:530023
公司网址:http://www.ggep.com.cn　　公司电子信箱:ggep@ggep.com.cn
(五)公司选定的报纸、指定的网站
公司选定的信息披露报纸:《中国证券报》和《上海证券报》
公司年报登载网站的网址:hhpt://www.sse.com.cn
(六)公司股票上市的交易所、股票简称和股票代码
公司股票上市交易所:上海证券交易所
公司股票简称:桂冠电力　　公司股票代码:600236

二、会计数据和业务数据摘要

(一)公司2001年度业务数据摘要

项目	金额(元)
利润总额	297,651,997.31
净利润	251,139,876.36
扣除非经常性损益后的净利润	252,001,247.45
主营业务利润	344,616,566.68
其他业务利润	40,193.11
营业利润	297,920,894.90
投资收益	3,314,167.81
补贴收入	0
营业外收支净额	-3,583,065.40
经营活动产生的现金流量净额	456,860,934.98
现金及现金等价物净增加额	20,394,787.15

注:非经常性损益是按照《公开发行证券的公司信息披露规范问答第1号—非经常性损益》的要求进行确定和计算。

(二)公司近三年主要会计数据和财务指标

项目	单位	2001年	2000年	1999年
主营业务收入	元	639,648,361.60	647,183,609.19	624,920,525.02
净利润	元	251,139,876.36	235,626,507.50	224,000,612.16
总资产	元	3,089,803,912.43	2,946,224,991.71	2,725,198,879.12
股东权益(不含少数股东权益)	元	2,501,277,831.41	2,358,195,223.66	1,658,044,654.54
每股收益(全面摊薄)	元/股	0.372	0.348	0.396
每股净资产	元/股	3.70	3.49	2.93
调整后的每股净资产	元/股	3.69	3.48	2.91
每股经营活动产生的现金流量净额	元/股	0.68	0.53	0.77
净资产收益率(全面摊薄)	%	10.04	9.99	13.51
扣除后净资产收益率(全面摊薄)	%	10.07	9.88	13.51

注:上表指标按《公开发行证券的公司信息披露内容与格式准则第2号(年度报告的内容与格式)》进行计算。

三、股本变动及股东情况

(一)报告期内公司股份变动情况表

单位:股

项目	本次变动前	配股	送股	公积金转增	增发	其他	合计	本次变动后
一、未上市流通股份								
发起人股份	493,802,967							493,802,967
其中:								
国有法人股	362,537,300							362,537,300
国家股	131,265,667							131,265,667
2、社会法人股	38,226,733							38,226,733
3、内部职工股	33,333,333							33,333,333
4、战略投资者配售	48,000,000							48,000,000
未上市流通股合计	613,363,033							613,363,033
二、已上市流通股								
人民币普通股	62,000,000							62,000,000
已上市流通股份合计	62,000,000							62,000,000
三、股份总数	675,363,033							675,363,033

(二)前10名股东持股情况表

名次	股东名称	增减变动	股份类别	报告期末持股(股)	占总股本%	质押或冻结
1	广西电力有限公司	无	国有法人股	362,537,300	53.68	无
2	广西开发投资有限责任公司	无	国家股	131,265,667	19.44	无
3	中国华电电站装备工程公司	无	流通股	8,250,000	1.22	冻结
4	黑龙江省华富发电有限公司	无	流通股	4,430,000	0.66	冻结
5	江苏省江海粮油贸易有限公司	无	流通股	4,430,000	0.66	冻结
6	黑龙江省华富电力投资有限公司	无	流通股	4,430,000	0.66	冻结
7	广西壮族自治区水电工程局	无	募集法人股	3,846,633	0.57	无
8	广西铝业开发投资股份有限公司	无	流通股	3,000,000	0.44	冻结
9	广西送变电建设公司	无	募集法人股	2,801,000	0.41	无
10	广西岩滩水电工程建设公司	无	募集法人股	2,766,667	0.41	无

600237 安徽铜峰电子股份有限公司

2001年年度报告摘选

一、公司简介

(一)公司法定中英文名称及中英文简称公司
法定中文名称:安徽铜峰电子股份有限公司
公司中文简称:铜峰电子
公司法定英文名称:ANHUI TONGFENG ELECTRONICS COMPANY LIMITED
公司英文简称:TFE
(二)公司法定代表人:陈升斌
(三)公司董事会秘书:周小平
联系地址:安徽省铜陵市石城路168号铜峰电子董事会秘书处
联系电话:0562-2819178　　传　真:0562-2831965
电子信箱:tfzhouxp@mail.ahwhptt.net.cn
(四)公司注册地址:安徽省铜陵市石城路168号
公司办公地址:安徽省铜陵市石城路168号
邮政编码:244000
公司国际互联网网址:http://www.tfe.com.cn
电子信箱:ahtfe@mail.ahwhptt.net.cn
(五)公司选定的信息披露报纸名称:《中国证券报》、《上海证券报》
登载公司年度报告的中国证监会指定国际互联网网址:http://www.sse.com.cn
公司年度报告备置地点:公司董事会秘书处
(六)公司股票上市交易所:上海证券交易所
股票简称:铜峰电子　　股票代码:600237

二、会计数据和业务数据摘要

(一)本年度公司各项会计数据(单位:人民币元)

项目	金额
利润总额	49,220,702.30
净利润	40,257,235.50
扣除非经常性损益后的净利润	27,258,677.36
主营业务利润	66,918,737.71
其他业务利润	1,327,251.15
营业利润	33,548,320.95
投资收益	14,911,878.00
补贴收入	1,398,000.00
营业外收支净额	-637,496.65
经营活动产生的现金流量净额	56,963,851.19
现金及现金等价物净增加额	-4,079,802.63

(二)公司近三年的主要会计数据和财务指标(单位:人民币元)

项目	2001年12月31日	2000年12月31日 调整后(*)	2000年12月31日 调整前	1999年12月31日
总资产	659,562,273.02	651,386,190.37	658,131,049.15	355,771,242.53
股东权益(不含少数股东权益)	453,750,100.84	423,492,865.34	429,957,038.92	121,195,272.23
每股净资产	4.54	4.23	4.30	2.02
调整后每股净资产	4.46	4.21	4.28	1.97

项目	2001年	2000年 调整后(*)	2000年 调整前	1999年
主营业务收入	214,926,962.90	176,845,803.15	176,845,803.15	147,632,975.62
净利润	40,257,235.50	20,800,617.68	27,264,791.26	23,528,972.63
每股收益(全面摊薄)	0.40	0.21	0.27	0.39
每股收益(加权平均)	0.40	0.25	0.33	0.39
每股经营活动产生的现金流量净额	0.57	0.04	0.04	0.81
净资产收益率(全面摊薄%)	8.87	4.91	6.43	19.41
净资产收益率(加权平均%)	9.07	6.90	8.95	21.50
扣除非经常性损益后每股收益(全面摊薄)	0.27	0.23	0.22	0.34
扣除非经常性损益后每股收益(加权平均)	0.27	0.27	0.27	0.34

报告期利润	净资产收益率(%) 全面摊薄	净资产收益率(%) 加权平均	每股收益(元/股) 全面摊薄	每股收益(元/股) 加权平均
主营业务利润	14.75	15.08	0.67	0.67
营业利润	7.39	7.56	0.34	0.34
净利润	8.87	9.07	0.40	0.40
扣除非经常性损益后的净利润	6.01	6.14	0.27	0.27

三、股本变动及股东情况

(一)股本变动情况表　　数量单位:股

项目	本次变动前	配股	送股	公积金转股	增发	其他	小计	本次变动后
一、未上市流通股份	60,000,000.00							60,000,000.00
1、发起人股份	60,000,000.00							60,000,000.00
其中:								
国家持有股份	7,200,000.00							7,200,000.00
境内法人持有股份	52,800,000.00							52,800,000.00
境外法人持有股份								
其他								
2、募集法人股份								
3、内部职工股份								
4、优先股或其他								
未上市流通股份合计	60,000,000.00							60,000,000.00
二、已上市流通股份	40,000,000.00							40,000,000.00
1、人民币普通股	40,000,000.00							40,000,000.00
2、境内上市的外资股								
3、境外上市的外资股								
4、其他								
已上市流通股份合计	40,000,000.00							40,000,000.00
三、股份总数	100,000,000.00							100,000,000.00

600238 海南椰岛股份有限公司

2001 年年度报告摘选

一、公司基本情况简介

(一)公司法定中文名称:海南椰岛股份有限公司
公司中文名称缩写:海南椰岛
公司法定英文名称:HAINAN YEDAO COMPANY LIMITED
公司英文名称缩写:HAINAN YEDAO CO.,LTD.
(二)法定代表人姓名:张春昌
(三)公司董事会秘书:王光新
联系地址:海南省海口市世界贸易中心 F 楼 1101 房
联系电话:0898－68520319　　传　真:0898－68520851
电子信箱:hnydlgj@hq.cninfo.net
(四)公司注册地址:海南省海口市龙华路 43 号
公司办公地址:海南省海口市世界贸易中心 F 楼　　邮政编码:570125
国际互联网网址:http:\ \ www.yedao.com
公司电子信箱:hnydlgj@hq.cninfo.net
(五)公司选定的信息披露报纸:《上海证券报》、《中国证券报》
刊登公司年度报告的国际互联网网站:http://www.sse.com.cn
公司年度报告备置地点:海南椰岛证券部
(六)公司股票上市交易所:上海证券交易所
股票名称:海南椰岛　　股票代码:600238

二、会计数据和业务数据摘要

(一)公司本年度会计数据　　单位:人民币元

项目	金　额
利润总额	48,494,935.21
净利润	44,191,063.08
扣除非经常性损益后的净利润*	47,371,175.91
主营业务利润	253,441,041.87
其他业务利润	20,178.85
营业利润	22,176,381.24
投资收益	－223,721.47
补贴收入	29,498,666.80
营业外收支净额	－2,956,391.36
经营活动产生的现金流量净额	58,370,572.61
现金及现金等价物净增加额	－44,357,523.85

(二)截止报告期末,公司前三年的主要会计数据和财务指标　　单位:人民币元

序号	项目	单位	2001 年度	2000 年度 追溯调整后	2000 年度 追溯调整前	1999 年度
1	主营业务收入	(元)	418,632,791.22	209,251,242,43	209,251,242.43	115,236,926.11
2	净利润	(元)	44,191,063.08	32,740,917,09	32,740,917.09	24,798,719.82
3	总资产	(元)	707,607,564.72	595,022,728.39	595,022,728.39	472,987,773.61
4	股东权益	(元)	423,032,281.51	371,499,029.64	373,914,244.56	351,133,327.47
5	每股收益	(元/股)	0.27	0.20	0.20	0.15
6	每股收益(扣除非经常性损益)	(元/股)	0.29	0.15	0.15	0.15
7	每股收益(加权)	(元/股)	0.27	0.20	0.20	0.19
8	每股净资产	(元/股)	2.55	2.24	2.25	2.12
9	调整后的每股净资产	(元/股)	2.48	2.23	2.24	2.11
10	每股经营活动产生的现金流量净额	(元/股)	0.35	0.22	0.22	－0.60
11	净资产收益率	(%)	10.45%	8.81%	8.76%	7.06%
12	净资产收益率(扣除非经常性损益)	(%)	11.20%	6.80%	6.75%	13.05%
13	净资产收益率(加权)	(%)	11.35%	8.91%	8.91%	12.42%

三、股本变动及股东情况

(一)股本变动情况

数量单位:股

股本结构	本次变动前	本期变动增减(+,-) 配股	送股	公积金转股	增发	其他	小计	本次变动后
一、尚未流通股份								
1、发起人股份	5,899.00							5,899.00
国家拥有股份	4,639.00							4,639.00
境内法人持有股份	1,260.00							1,260.00
境外法人持有股份								
其他								
2、募集法人股	3,301.00							3,301.00
3、内部职工股	2,400.00							2,400.00
4、优先股或其他								
尚未流通股份合计	11,600.00							11,600.00
二、已流通股份								
1、境内上市的人民币普通股	5,000.00							5,000.00
2、境内上市外资股								
3、境外上市外资股								
4、其他								
已流通股份合计	5,000.00							5,000.00
三、股份总数	16,600.00							16,600.00

(二)股东情况介绍

(1)报告期末股东总数:截止 2001 年 12 月 31 日,公司共有股东 31161 户。

(2)公司前十名股东持股情况:

序号	股东名称	股份类别	期末持股数量(万股)	比例(%)
(1)	海口市国有资产经营有限公司	国家股	4639	27.95
(2)	贵阳神采广告有限公司	法人股	760	4.58
(3)	上海新理益投资管理有限公司	法人股	674.46	4.06
(4)	海口金利隆实业公司	法人股	587.99	3.54
(5)	海南金椰城工艺陶瓷有限公司	法人股	300	1.81
(6)	海南华侨投资股份有限公司	法人股	250	1.51
(7)	海口市社会保障局	法人股	180	1.08
(8)	上海丰德发展企业有限公司	法人股	154.38	0.93
(9)	深圳市慧能(集团)有限公司	法人股	150	0.90
(10)	新海达公司	法人股	140	0.84

600239 云南红河光明股份有限公司

2001 年年度报告摘选

一、公司简介

1、公司法定中文名称:云南红河光明股份有限公司
公司中文名称缩写:红河光明
公司法定英文名称:YUNNAN HONGHE GUANGMING CO., LTD.
公司英文名称缩写:HHGM
2、公司法定代表人:王铨先生
3、公司董事会秘书:马宇鹏先生
证券事务代表:徐晖先生
联系地址:云南省开远市市西南路 120 号
电话:0873－7123420　　传真:0873－7122528
电子信箱:hhgm@hhguangming.com.cn
4、公司注册地址:云南省开远市市西南路 120 号
公司办公地址:云南省开远市市西南路 120 号
邮政编码:661600
公司国际互联网网址:http://www.hhguangming.com.cn
电子信箱:hhgm@hhguangming.com.cn
5、公司选定的信息披露报纸名称:《上海证券报》
登载公司年度报告的中国证监会指定国际互联网网址:http://www.sse.com.cn
公司年度报告备置地点:公司证券办
6、公司股票上市交易所:上海证券交易所
股票简称:红河光明　　股票代码:600239

二、会计数据和业务数据摘要

1、本年度主要利润指标情况(单位:人民币元)

项目	金额
利润总额:	24,534,959.49
净利润:	20,202,572.48
扣除非经常性损益后的净利润:	18,919,873.37
主营业务利润:	32,327,933.05
其它业务利润:	424,599.09
营业利润:	21,801,537.16
投资收益:	1,970,700.60
营业外收支净额:	762,721.73
经营活动产生的现金流量净额:	12,559,414.55
现金及现金等价物净增减额:	183,710,749.32
注:扣除的非经常性损益项目和涉及金额:	1,282,699.11
A、营业外收支净额项目:	748,208.35
(1)新股申购冻结资金利息收入:	807,650.24
(2)其它:	－59,441.89
B、资金占用费:	534,490.76

2、截止报告期末公司前三年主要会计数据和财务指标:(单位:人民币元)

项目	2001 年	2000 年 调整前	2000 年 调整后	1999 年
主营业务收入	69,411,949.75	56,443,700.60	56,443,700.60	40,152,495.95
净利润	20,202,572.48	21,068,962.10	21,068,962.10	11,139,240.49
总资产	371,272,052.85	214,802,346.81	209,910,548.03	188,745,921.29
股东权益(不含少数股东权益)	331,665,030.86	184,893,030.22	180,001,231.44	168,880,668.12
每股收益(摊薄)	0.21	0.42	0.42	0.22
每股收益(加权)	0.22	0.42	0.42	0.31
每股净资产	3.37	3.66	3.56	3.34
调整后的每股净资产	3.35	3.60	3.50	3.29
每股经营活动产生的现金流量净额	0.13	0.41	0.41	0.16
净资产收益率(%)	6.10	11.40	11.70	6.60

注:主要财务指标计算方法:

每股收益＝净利润/年度末普通股股份总数

每股净资产＝年末股东权益/年度末普通股股份总数

调整后的每股净资产＝(年度末股东权益－三年以上的应收款项净额－待摊费用－长期待摊费用)/年度末普通股股份总数

每股经营活动产生的现金流量净额＝经营活动产生的现金流量净额/年度末普通股股份总数

净资产收益率＝净利润/年度末股东权益×100%

三、股本变动及股东情况介绍

1、股本变动情况

数量单位:股

	本次变动前	本次变动增减(+、-) 配股	送股	公积金转股	增发	其他	小计	本次变动后
一、未上市流通股份								
1、发起人股份	25,558,000		14,056,900	6,389,500			20,446,400	46,004,400
其中:								
国家持有股份	9,912,000		5,451,600	2,478,000			7,929,600	17,841,600
境内法人持有股份	15,646,000		8,605,300	3,911,500			12,516,800	28,162,800
境外法人持有股份								
其他								
2、募集法人股份								
3、内部职工股	5,008,000	1,502,400	2,754,400	1,252,000			5,508,800	10,516,800
4、优先股或其他								
其中:转配股								
未上市流通股份合计	30,566,000						25,955,200	56,521,200
二、已上市流通股份								
1、人民币普通股	20,000,000	6,000,000	11,000,000	5,000,000			22,000,000	42,000,000
2、境内上市的外资股								
3、境外上市的外资股								
4、其他								
已上市流通股份合计	20,000,000	6,000,000	11,000,000	5,000,000			22,000,000	42,000,000
三、股份总数	50,566,000	7,502,400	27,811,300	12,641,500			47,955,200	98,521,200

600240 内蒙古仕奇实业股份有限公司

2001 年年度报告摘选

一、公司基本情况简介

(一)公司法定中文名称:内蒙古仕奇实业股份有限公司
公司法定英文名称:INNER MONGOLIA SHIQI INDUSTRIAL CO.,LTD
英文缩写:IMSQ
(二)公司法定代表人:于志辉
公司总经理:蒿慧敏
(三)公司董事会秘书:隋学军
联系地址:内蒙古呼和浩特市诺和木勒大街 54 号
电　话:0471-5920636　　传　真:0471-5920337
电子信箱:suixuejun@sohu.com　　邮政编码:010020
(四)公司注册地址:呼和浩特市诺和木勒大街 54 号
公司办公地址:呼和浩特市诺和木勒大街 54 号　　邮政编码:010020
(五)公司信息披露报纸名称:《中国证券报》、《上海证券报》
登载公司年度报告的国际互联网网址:http://www.sse.com.cn
公司年度报告备置地点:公司证券部
(六)公司股票上市交易所:上海证券交易所
股票简称:仕奇实业　　股票代码:600240

二、会计数据和业务数据摘要

(一)本年度主要会计数据　　单位:元

项目	金　额
利润总额	10,949,084.85
净利润	5,484,402.67
扣除非经常性损益后的净利润	-1,418,190.57
主营业务利润	33,376,691.25
其他业务利润	503,546.15
营业利润	7,621,651.30
投资收益	-4,059,244.07
补贴收入	5,000,000.00
营业外收支净额	2,386,677.62
经营活动产生的现金流量净额	-175,164,929.21
现金及现金等价物净增加额	-127,367,558.55

注:扣除非经常性损益项目及金额如下:
(1)投资子公司投资损失 2,272,140.13 元.
(2)收取的资金占用费 10,138,537.50 元.
(3)营业外收入(冻结资金利息摊销等)2,486,777.62 元.
(4)营业外支出 100,100.00 元。

(二)至报告期末公司前三年的主要会计数据和财务指标

单位:元

指标项目	2001 年度	2000 年度(调整前)	2000 年度(调整后)	1999 年度
主营业务收入	88,355,625.54	232,617,886.12	232,617,886.12	201,900,136.78
净利润	5,484,402.67	45,292,972.12	37,136,204.80	16,828,161.02
总资产	844,237,919.57	1,012,645,651.97	982,307,269.06	372,212,602.31
股东权益(不含少数股东权益)	725,675,888.27	746,401,969.29	720,191,485.60	121,206,841.36
每股收益(全面摊薄)	0.03	0.26	0.21	0.17
每股收益(加权平均)	0.03	0.33	0.27	0.17
扣除非经常性损益后每股收益	-0.01	0.26	0.24	0.18
每股净资产	4.15	4.27	4.12	1.22
调整后每股净资产	4.06	4.22	4.07	1.16
每股经营活动产生的现金流量净额	-1.00	0.36	0.17	0.32
净资产收益率(全面摊薄)	0.76%	6.07%	5.11%	13.84%
净资产收益率(加权平均)	0.76%	9.98%	8.53%	14.87%
扣除非经常性损益加权净资产收益率	-0.20%	0.34%	9.87%	15.16%

(三)报告期利润分配表附表

报告期利润	净资产收益率(%)				每股收益(元)			
	2001 年度		2000 年		2001 年度		2000 年	
	全面摊薄	加权平均	全面摊薄	加权平均	全面摊薄	加权平均	全面摊薄	加权平均
主营业务利润	4.60	4.62	12.37	20.46	0.19	0.19	0.51	0.65
营业利润	1.05	1.05	7.61	12.59	0.04	0.04	0.31	0.40
净利润	0.76	0.76	5.11	8.53	0.03	0.03	0.21	0.27
扣除非经常性损益后的净利润	-0.20	-0.20	2.60	9.87	-0.01	-0.01	0.24	0.26

注:报告期末至年度报告披露日,公司股本未发生变化

三、股本变动及股东情况

(一)股本变动情况
1、股份变动情况表　　(数量单位:股)

	本次变动前	本次变动增减(+、-)						本次变动后
		配股	送股	公积金转股	增发	其他	小计	
一、未流通股份								
1、发起人股份:	100000000							100000000
其中:国家股:								
境内法人股:	100000000							100000000
境外法人股:								
其他:								
2、募集法人股								
3、高管持股								
4、优先股或其他								
其中:转配股								
未流通股份合计	100000000							100000000
二、已流通股份								
1、人民币普通股	75000000							75000000
2、境内上市的外资股								
3、境外上市的外资股								
已流通股份合计	75000000							75000000
三、股份总数	175000000							175000000

600241 辽宁时代服装进出口股份有限公司

2001 年年度报告摘选

第一节　公司基本情况简介

1.公司法定中、英文名称及缩写
公司法定中文名称:辽宁时代服装进出口股份有限公司
公司英文名称:LIAONING TIMES GARMENTS I/EI NC.
公司法定代表人:范晓远
2.公司董事会秘书:邹明刚
联系地址:大连市中山区港湾街 7 号时代大厦
电话:0411-2798001-8695;2798317
传真:0411-2798000
电子信箱:600241times@sina.com
3.公司注册地址:大连市中山区港湾街 7 号
公司办公地址:大连市中山区港湾街 7 号时代大厦
邮政编码:116001
公司国际互联网网址:http:www.global.com/lntimes.co.
公司电子信箱:lntime@mail.dlptt.ln.cn
4.公司选定的信息披露报纸名称:《中国证券报》、《上海证券报》
刊载公司年度报告的中国证监会指定国际互联网网址:http:www.sse.com.cn
5.公司股票上市交易所:上海证券交易所
股票简称:辽宁时代　　股票代码:600241

第二节　会计数据和业务数据摘要

(一)公司本年度利润总额及构成:(单位:元,合并报表)

项目	金额
1.利润总额:	48,913,747.26
2.净利润:	31,821,594.66
3.扣除非经常性损益后的净利润:	31,645,908.30
4.主营业务利润:	103,736,445.94
5.其他业务利润:	5,840,364.34
6.营业利润:	49,790,954.90
7.投资收益:	-761,778.26
8.营业外收支净额:	-115,429.38
9.经常活动产生的现金流量净额:	-26,531,998.45
10.现金及现金等价物净增加额:	-42,731,300.85

注:扣除非经常性损益项目和金额:

项目	金额
补贴收入(出口商品贴息)	1,052,894.00
股权投资差额摊销	-761,778.26
营业外收支净额	-115,429.38
合计:	175,686.36

(二)公司近三年主要会计数据和财务指标(单位:人民币元)

项目	2001 年	2000 年	1999 年
主营业务收入:	1,363,036,869.49	1,033,812,437.32	914,068,595.61
净利润:	31,821,594.66	31,617,665.51	29,512,054.25
总资产:	619,483,000.48	617,069,314.91	291,836,406.18
股东权益(不含少数股东权益):	381,855,352.86	346,936,349.85	121,705,384.34
每股收益(摊薄):	0.3002	0.2983	0.3883
每股收益(加权):	0.3002	0.4028	0.3883
扣除非经常损益的每股收益	0.2985	0.2992	0.3923
每股净资产:	3.6024	3.2730	1.6014
调整后的每股净资产:	3.5994	3.2712	1.6007
每股经营活动产生的现金流量净额:	-0.2503	0.5316	0.6506
净资产收益率(%)	8.33	9.11	24.25

(三)按照证监会《公开发行证券公司信息披露编报规则(第九号)》要求计算的报告期净资产收益率和每股收益:(单位:人民币元)

项目	净资产收益率(%)		每股收益(元)	
	全面摊薄	加权平均	全面摊薄	加权平均
主营业务利润	27.17	28.41	0.9786	0.9786
营业利润	13.04	13.64	0.4697	0.4697
净利润	8.33	8.72	0.3002	0.3002
扣除非经常性损益后净利润	8.29	8.67	0.2985	0.2985

第三节　股本变动及股东情况介绍

(一)股本变动情况
1.股份变动情况表
辽宁时代服装进出口股份有限公司 2001 年度股份变动情况表

数量单位:股

	本次变动前	本期变动增减(+、-)	本次变动后
一、未上市流通股份			
1.发起人股份	76,000,000		76,000,000
其中:			
国家拥有股份	70,000,000		70,000,000
境内法人持有股份	6,000,000		6,000,000
境外法人持有股份			
2.募集法人股			
3.内部职工股			
4.优先股或其他			
未上市流通股份合计	76,000,000		76,000,000
二、已上市流通股份			
1.人民币普通股	30,000,000		30,000,000
2.境内上市的外资股			
3.境外上市的外资股			
4.其他			
已流通股份合计	30,000,000		30,000,000
三、股份总数	106,000,000		106,000,000

600242 广东华龙集团股份有限公司

2001 年年度报告摘选

第一章 公司基本情况简介

(一)公司的法定中、英文名称及缩写
中文名称:广东华龙集团股份有限公司
英文名称:GUANGDONG HUALONG GROUPS LIMITED COMPANY
英文名称缩写:HUALONG
(二)公司法定代表人:岑长篇
(三)公司董事会秘书:王 晓
联系地址:广东省广州市寺右新马路 111 号五羊新城广场 21 楼
联系电话:020－87377000 传 真:020－87377000
电子邮箱:00242@sina.com
(四)公司注册地址:广东省阳江市上坑路七号之一
办公地址:广东省广州市寺右新马路 111 号五羊新城广场 21 楼 邮政编码:529500
电子邮箱:gdhualong@sina.com
(五)公司选定的信息披露报纸的名称:《中国证券报》、《上海证券报》
登载年度报告的中国证监会指定网站的网址:http://www.sse.com.cn
公司年度报告备置的地点:公司董事会秘书办公室
(六)公司股票上市交易所:上海证券交易所
股票简称:华龙集团 股票代码:600242

第二章 会计数据和业务数据摘要

(一)报告期主要会计数据和业务数据 单位:人民币元

利润总额	16,339,814.86
净利润	20,324,002.39
扣除非经常性损益后的净利润	12,495,072.54
主营业务利润	28,012,919.30
其他业务利润	10,197,000.66
营业利润	14,763,241.17
投资收益	989,296.04
补贴收入	500,000.00
营业外收支净额	87,277.65
经营活动产生的现金流量净额	－40,170,481.18
现金及现金等价物净增减额	－45,916,505.78

注:扣除非经常性损益的项目、涉及金额(单位:人民币元)

扣除项目	
补贴收入	500,000.00
营业外收入	87,964.84
营业外收支	687.19
资金占用费	3,500,000.00
所得税返还	3,741,652.20
以上项目涉及金额合计	7,828,929.85

(二)截止报告期末公司前三年主要会计数据和财务指标 单位:人民币元

项目	2001 年度	2000 年度		1999 年度	
		追溯调整后	追溯调整前	追溯调整后	追溯调整前
主营业务收入	66,191,528.75	102,257,241.13	102,257,241.13	90,920,967.67	90,920,967.67
净利润	20,324,002.39	1,830,079.54	26,307,165.21	4,807,541.15	27,382,862.41
总资产	760,723,351.23	650,310,627.41	707,734,323.96	275,497,526.92	298,072,848.18
股东权益(不含少数股东权益)	487,235,295.77	467,226,622.58	525,525,196.42	147,362,709.95	169,938,031.21
每股收益(摊薄)	0.12	0.01	0.151	0.042	0.240
每股收益(加权)	0.12	0.01	0.221	0.042	0.240
每股净资产	2.80	2.68	3.020	1.29	1.49
调整后的每股净资产	2.76	2.67	3.020	1.26	1.48
每股经营活动产生的现金流量净额	－0.23	0.32	0.32	0.30	0.30
净资产收益率	4.17%	0.39%	5.01%	3.26%	16.11%

(三)报告期利润表附表

报告期利润	净资产收益率(%)		每股收益(元)	
	全面摊薄	加权平均	全面摊薄	加权平均
2001 年				
主营业务利润	5.75	5.87	0.16	0.16
营业利润	3.03	3.09	0.08	0.08
净利润	4.17	4.26	0.12	0.12
扣除非经常性损益的净利润	2.57	2.62	0.07	0.07
2000 年				
主营业务利润	6.66	16.63	0.201	0.294
营业利润	5.31	13.26	0.160	0.235
净利润	5.01	12.50	0.151	0.221
扣除非经常性损益的净利润	4.40	10.97	0.133	0.194

第三章 股本变动及股东情况

(一)股份变动情况表 单位:股

	年初数	本次变动增减(＋/－) 配股 送股 其他 小计	年末数
1、未上市流通股份			
(1)发起人股份	40869825		40869825
其中:国家持有股份			
境内法人持有股份	30817344		30817344
境外法人持有股份			
其他	10052481		10052481
(2)募集法人股份	45200200		45200200
(3)内部职工股	27959800		27959800
(4)优先股或其他			
未上市流通股份合计	114029825		114029825
2、已上市流通股份			
(1)人民币普通股	60000000		60000000
(2)境内上市的外资股			
(3)境外上市的内资股			
(4)其他			
已上市流动普通股合计	60000000		60000000
3、股份总数	174029825		174029825

600243 青海华鼎实业股份有限公司

2001 年年度报告摘选

一、公司简介

(一)公司法定名称:青海华鼎实业股份有限公司
缩写:青海华鼎
公司英文名称:QingHai HuaDing Industrial CO.,LTD.
缩写:QHHD
(二)公司法定代表人:于世光
(三)公司董事会秘书:刘文忠
联系地址:青海省西宁市解放路 16 号 邮政编码:810000
电话:0971－8224981 传真:0971－8224982
电子信箱:liuwzhd@21cn.com
证券事务代表:马新萍
联系地址:广东省广州市番禺区石楼镇石清路 12 号
邮政编码:511447
电话:020－84860333 传真:020－84869191
电子信箱:ivyma@21cn.com
(四)公司注册地址:青海省西宁市柴达木西路 101 号
邮政编码:810018
电子信箱:qhhdsyoffice@china.com
(五)公司选定的信息披露报纸名称:《上海证券报》
登载年度报告的中国证监会指定网址:http://www.sse.com.cn
公司年度报告备置地点:青海省西宁市解放路 16 号青海华鼎证券部
(六)公司股票上市的交易所:上海证券交易所
股票简称:青海华鼎 股票代码:600243

二、会计数据和业务数据摘要

(一)公司本年度实现的利润构成及现金流量(单位:人民币元)

序号	项目	金 额
1	利润总额	24,821,968.97
2	净利润	21,209,174.16
3	扣除非经常性损益后的净利润	18,986,026.02
4	主营业务利润	66,012,990.62
5	其他业务利润	2,482,159.97
6	营业利润	22,290,200.72
7	投资收益	41,337.20
8	补贴收入	0.00
9	营业外收支净额	2,490,431.05
10	经营活动产生的现金流量净额	－30,662,214.47
11	现金及现金等价物净增加额	－94,485,049.39

扣除的非经常性损益的项目及金额:
1、收取的资金占用费 302,400.00 元;
2、2000 年股票发行冻结申购资金利息当年摊销额 1,676,989.16 元;
3、其他营业外收入 813,441.89 元;
4、前两项对所得税的影响－569,682.91 元;
5、以上扣除影响净利润额计 2,223,148.14 元。

(二)截止报告期末公司前三年主要会计数据和财务指标(单位人民币元)

序	会计数据和财务指标名称	2001 年	2000 年		1999 年	
			追溯调整后	追溯调整前	追溯调整后	追溯调整前
1	主营业务收入	278,374,260.53	221,722,703.90	221,722,703.90	201,565,863.36	201,565,863.36
2	净利润	21,209,174.16	16,183,059.79	18,826,692.70	10,951,845.00	15,884,803.75
3	总资产	726,284,510.05	645,945,548.78	656,271,492.03	413,179,153.53	420,861,463.87
4	股东权益(不含少数股东权益)	398,456,144.41	385,076,970.25	395,402,913.50	139,207,910.46	146,890,220.80
5	每股收益(元/股)	0.1354	0.10	0.12	0.11	0.16
6	每股净资产(元/股)	2.54	2.46	2.52	1.37	1.45
7	调整后的每股净资产(元/股)	2.29	2.40	2.47	1.21	1.29
8	每股经营活动产生的现金流量净额(元/股	－0.20	－0.49	－0.49	0.25	0.25
9	净资产收益率(%)	5.32	4.20	4.76	7.87	10.81
10	扣除非经常性损益后的每股收益(元/股)	0.1212	0.09	0.11	0.11	0.16
11	加权净资产收益率(%)	5.36	10.39	10.70	7.60	10.29
12	扣除非经常性损益后的加权净资产收益率(%)	4.80	9.69	9.91	7.57	10.32

三、股本变动及股东情况

(一)股本变动情况
1、报告期内公司股份未发生变动(单位:股)

序	股份类别	本次变动前	本次变动	本次变动后
一	未上市流通股份			
1	发起人股份	101,600,000		101,600,000
	其中:国家持有股份	50,000,000		50,000,000
	国有法人持有股份	680,000		680,000
	境内法人持有股份	50,920,000		50,920,000
	境外法人持有股份			
	其他			
2	募集法人股			
3	内部职工股			
4	优先股或其他			
5	法人配售股份			
	未上市流通股份合计	101,600,000		101,600,000
二	已上市流通股份			
1	人民币普通股	55,000,000		55,000,000
2	境内上市的外资股			
3	境外上市的外资股			
4	其他			
	已上市流通股份合计	55,000,000		55,000,000
三	股份总数	156,600,000		156,600,000

600246 北京先锋粮农实业股份有限公司

2001 年年度报告摘选

一、公司基本情况简介

(一)公司法定中文名称:北京先锋粮农实业股份有限公司
公司法定英文名称:BEIJING PIONEER FOOD & AGRICULTURE CO., LTD
(二)公司法定代表人:段玉顺
(三)公司董事会秘书:程晓晞
董事会证券事务代表:于琛
联系地址:北京市西城区赵登禹路 277 号先锋商务楼
电话:010－66128936
传真:010－66128935
电子信箱:Chengxiaoxi@pioneer－bj.com.cn
(四)公司注册地址:北京市海淀区苏州街 29 号
公司办公地址:北京市西城区赵登禹路 277 号先锋商务楼
邮政编码:100034
(五)公司选定的信息披露报纸名称:中国证券报、上海证券报
登载公司年度报告的国际互联网址:www.sse.com.cn
公司年度报告备置地点:北京市西城区赵登禹路 277 号先锋商务楼 601 室
(六)公司股票上市交易所:上海证券交易所
股票简称:先锋股份
股票代码:600246

二、会计数据和业务数据摘要

(一)报告期主要会计数据(单位:人民币元)

项目	金 额
1、利润总额	19,551,965.14
2、净利润	15,904,210.67
3、扣除非经常性损益后的净利润	1,238,161.50
4、主营业务利润	11,699,914.74
5、其他业务利润	1,960,118.34
6、营业利润	－934,343.89
7、投资收益	16,749,911.97
8、补贴收入	－
9、营业外收支净额	3,736,397.06
10、经营活动产生的现金流量净额	－128,543,900.28
11、现金及现金等价物净增加额	－39,800,833.90

注:扣除非经常性损益后的净利润为 1,238,161.50 元,扣除项目包括短期投资(含委托投资)和营业外收支净额,金额分别为 13,198,031.59 元和 3,736,397.06 元。

依据中国证监会关于发布《公开发行证券公司信息披露编报规则》第 9 号的通知要求,公司报告期每股收益和净资产收益率如下表所示:

报告期利润	净资产收益率(%)		每股收益(元)	
	全面摊薄	加权平均	全面摊薄	加权平均
主营业务利润	3.93	4.01	0.1272	0.1272
营业利润	－0.31	－0.32	－0.0102	－0.0102
净利润	5.35	5.45	0.1729	0.1729
扣除非经常性损益后的净利润	0.42	0.42	0.0135	0.0135

(二)截止报告期末公司前三年的主要会计数据和财务指标。(单位:人民币元)

项目	2001 年	2000 年		1999 年	
		调整前	调整后	调整前	调整后
1、主营业务收入	141,970,446.03	189,469,844.47	189,469,844.47	121,134,247.00	121,134,247
2、净利润	15,904,210.67	18,067,594.82	18,779,210.18	19,495,953.77	9,886,910.13
3、总资产	693,313,725.23	414,643,962.00	417,171,490.14	202,304,189.35	195,140,102.13
4、股东权益	297,436,065.64	292,606,690.88	283,709,262.60	86,092,266.06	76,483,222.42
5、每股收益	0.1729	0.1964	0.2041	0.3145	0.1595
6、每股净资产	3.2330	3.1805	3.0838	1.3886	1.2336
7、调整后的每股净资产	3.2307	3.1521	3.0786	1.3427	1.2336
8、每股经营活动产生的现金流量净额	－1.3972	0.1469	0.1469	0.1872	0.1872
9、净资产收益率(%)	5.35%	6.17%	6.62%	22.65%	12.93%

三、股本变动及股东情况

(一)股本变动情况

	本次变动前	本次变动增减(+,－)						本次变动后
		配股	送股	公积金转股	增发	其他	小计	
一、未上市流通股份								
1、发起人股份	62000000							62000000
其中:国家持有股份	33530000							33530000
境内法人持有股份	28470000							28470000
其它:								
2、募集法人股份								
3、内部职工股								
4、优先股或其他								
其中:转配股								
未上市流通股份合计	62000000							62000000
二、已上市流通股份								
1、人民币普通股	30000000							30000000
2、境内上市的外资股								
3、境外上市的外资股								
4、其他								
已上市流通股份合计	30000000							30000000
三、股份总数	92000000							92000000

600247 吉林物华(集团)股份有限公司

2001 年年度报告摘选

一、公司基本情况简介

(一)公司法定中文名称:吉林物华(集团)股份有限公司
中文名称缩写:物华股份
公司法定英文名称:JILIN WUHUA GROUP CO., LTD
英文名称缩写:WUHUA GROUP
(二)法定代表人姓名:张玉琦
(三)公司董事会秘书:高观生
联系电话:0432－2485305
传真:0432－2452677
电子信箱:Ggs@chinawh.com
联系地址:吉林省吉林市怀德街 29 号
证券事务代表:周桂华
联系地址:吉林省吉林市怀德街 29 号
联系电话:0432－2491247
传真:0432－2452677
电子信箱:zhouhua@chinawh.com
(四)公司注册地址:吉林省吉林市怀德街 29 号
公司办公地址:吉林省吉林市怀德街 29 号
公司邮政编码:132001
公司互联网网址:http://www.chinawh.com
公司电子信箱:600247@chinawh.com
(五)公司选定的信息批露报纸为《上海证券报》
登载年度报告的中国证监会指定网站的网址:http://www.sse.com.cn
公司年度报告备置地点:公司董事会秘书处
(六)公司股票上市的交易所:上海证券交易所
公司股票简称:物华股份　　公司股票代码:600247

二、会计数据和业务数据摘要

1、公司本年度主要会计数据。

(单位:人民币元)

利润总额:	27,260,532.78
净利润:	22,682,693.80
扣除非经常性损益后的净利润:	22,676,555.73
主营业务利润:	47,772,078.63
其他业务利润:	1,230,174.97
营业利润:	27,086,347.59
投资收益:	177,407.12
补贴收入:	84,505.72
营业外收支净额:	－87,727.65
经营活动产生的现金流量净额:	－13,627,388.62
现金及现金等价物净增减额:	－37,954,394.27

扣除的非经常性损益项目及金额:①投资收益 9,360.00 元为收到的银基发展法人股 2000 年股利款。②补贴收入 84,505.72 元为本期收到的废旧物资增值税退税款。③营业外支出 87727.65 元为其他支出。

2、公司前三年主要会计数据和财务指标。

(单位:人民币元)

项目	2001 年	2000 年	1999 年
总资产	502,692,176.13	428,812,581.93	281,630,072.91
股东权益(不含少数股东权益)	346,806,837.61	321,725,984.26	150,035,446.55
每股收益(全面摊薄)	0.21	0.16	0.23
每股收益(加权平均)	0.21	0.22	0.23
扣除非经常性损益后的每股收益	0.21	0.16	0.23
每股净资产	3.15	2.92	2.00
调整后的每股净资产	3.10	2.82	1.84
净资产收益率(全面摊薄)	6.54	5.44	11.44
加权平均净资产收益率	6.81	9.44	11.41
扣除非经常性损益后加权平均净资产收益率	6.81	9.45	11.40
每股经营活动产生的现金流量净额(全面摊薄)	－0.12	0.08	0.01
主营业务收入	82,936,540.03	119,810,226.88	82,707,353.40
净利润	22,682,693.80	17,494,537.71	17,159,548.19
每股收益(全面摊薄)	0.21	0.16	0.23
每股收益(加权平均)	0.21	0.22	0.23
扣除非经常性损益后的每股收益	0.21	0.16	0.23

三、股本变动及股东情况

(一)股本变动情况

1、股份变动情况表(单位:万股)

项目	变动前	本次变动增减					变动后
		配股	送股	公积金转股	增发	其他	
一、尚未流通股份							
1、发起人股份	4800						4800
境内法人持有股份	4800						4800
2、募集法人股	1500						1500
3、内部职工股	1200						1200
尚未流通股份合计	7500						7500
二、已流通股份							
1、境内上市的人民币普通股	3500						3500
已流通股份合计	3500						3500
三、股份总数	11000						11000

600248 杨凌秦丰农业科技股份有限公司

2001年年度报告摘选

第一部分 公司简介

一、公司法定中文名称:杨凌秦丰农业科技股份有限公司
公司法定英文名称:YANGLING QINFENG AGRI. SCI. &TEC. CO., LTD.
公司中文名称缩写:秦丰农业
公司英文名称缩写:QFAC
二、公司法定代表人:庄峰
三、公司董事会秘书:李迎
联系地址:西安经济技术开发区凤城二路6号
电话:(029)6522223—8407
传真:(029)6522826
Email: QFliying@263.net
四、公司注册地址:杨凌农业高新技术产业示范区西农路六号
公司办公地址:西安经济技术开发区凤城二路6号
邮编:710016
Http://www.qinfeng—agri.com
Email:qfzykj@pub.xaonline.com
五、信息披露媒体:
报纸:《上海证券报》
网站:http://www.sse.com.cn
公司年度报告备置地点:公司董事会秘书办公室
六、公司股票上市地:上海证券交易所
股票简称:秦丰农业
股票代码:600248

第二部分 会计数据和业务数据摘要

一、本年度主要利润指标

单位:人民币元

项目	2001年1月-12月
利涯总额:	31,716,041.72
净利润:	27,221,968.88
扣除非经常性损益后的净利润:	31,634,259.97
主营业务利润:	80,066,112.93
其他业务利润:	3,746,900.06
营业利润:	36,190,731.44
投资收益:	1,615,717.24
补财收入:	0
营业外收支净额:	-6,090,406.96
经营活动产生的现金流量净额:	9,855,743.78
现金及现金等价物净增加额	-109,305,467.88

注:扣除非经营性损益涉及的项目及金额　(单位:人民币元)

项巨	金额
补贴收入:	0
营业外收支净额:	-6,090,406.96
债券投资收益	1,700,377.87
股权投资差额	-22,262.00

二、截止报告期末公司前三年主要会计数据及财务指标(合并数)

单位:元

项目	2001年	2000年		1999年
		调整前	调整后	
主营业务收入	339,538,025.71	164,196,755.12	249,634,947.32	152,672,238.29
净利润	27,221,968.88	31,150,246.13	31,150,246.13	29,067,478.50
总资产	703,370,692.84	591,274,506.40	637,236,903.33	238,237,626.42
股东权益(不含少数股东权益)	509,226,865.40	496,553,565.07	483,671,565.07	115,872,553.53
每股收益(摊薄)	0.2113	0.24	0.24	0.36
每股收益(加权)	0.2113	0.29	0.29	0.36
每股净资产	3.95	3.85	3.75	1.43
净资产收益率(%)(摊薄)	5.35	6.27	6.44	25.09
净资产收益率(%)(加权)	5.35	8.90	10	30.48
调整后的每股净资产	3.95	3.63	3.75	1.43
每股经营活动产生的现金流量净额	0.0765	0.0007	0.0007	-0.0002
扣除非常性损益后的每股收益(摊薄)	0.25	0.22	0.22	0.36
扣除非常性损益后的每股收益(加权)	0.25	0.22	0.22	0.36

注1:以2001年12月31日公司12882万股股本为计算依据;
注2:以上数据和指标均按合并会计报表数填列、计算。

第三部分 股本变动及股东情况

一、股本变动情况
段本变动情况表

数量单位:万股

项目	本次变动前	本次变动增减(+,-)						本次变动后
		配股	送股	转增	增发	其他	小计	
1、未上市流通股份	8082							8082
国有发人股	7257							7257
法人股	825							825
2、已上市流通股	4800							4800
社会公众股	4800							4800
3、股份总数	12882							12882

说明:报告期内公司无送股、转增股本等情况发生。

600250 南京纺织品进出口股份有限公司

2001年年度报告摘选

一、公司简介

(一)公司法定名称:
中文:南京纺织品进出口股份有限公司
英文:NANJING TEXTILES IMPORT & EXPORT CORP., LTD.
英文名称缩写:NANTEX
(二)公司法定代表人:单晓钟
(三)公司董事会秘书:丁杰;授权代表:侯蕾
联系地址:南京市云南北路77号十六楼
联系电话:025-3306789-1602
联系传真:025-3300518
电子信箱:djnj@jlonline.com.cn
(四)公司注册地址:南京市鼓楼区云南北路77号
公司办公地址:南京市鼓楼区云南北路77号
邮政编码:210009
公司互联网网址:http://www.nantex.com.cn
公司电子信箱:nantex@public1.ptt.js.cn
(五)公司选定的信息披露报纸:《上海证券报》
刊载公司年度报告的中国证监会指定国际互联网网址 http://www.sse.com.cn
公司年度报告备置地点:公司董事会秘书办公室
(六)公司股票上市交易所:上海证券交易所
股票简称:南纺股份
股票代码:600250

二、会计数据和业务数据摘要

(一)公司本年度主要利润指标情况(单位:元)

项目	金额
1.利润总额:	53,735,508.88
2.净利润:	41,372,523.41
3.扣除非经常性损益后的净利润:	40,678,620.91
4.主营业务利润:	228,505,337.99
5.其他业务利润:	2,408,474.35
6.营业利润:	53,021,879.00
7.投资收益:	19,727.38
8.补贴收入:	0.00
9.营业外收支净额:	693,902.50
10.经营活动产生的现金流量净额:	-326,877,697.43
11.现金及现金等价物净增加额:	353,663,263.07

注:扣除的非经常性损益项目及涉及金额

项目	金额
营业外收入:	1,859,218.84
营业外支出:	1,165,316.34

(二)公司近三年主要会计数据和财务指标:(单位:元)

序号	指标项目	2001年	2000年	1999年
1	主营业务收入	2,898,407,141.15	2,516,712,707.32	1,829,278,531.39
2	净利润	41,372,523.41	38,223,063.38	30,341,844.24
3	总资产	1,662,661,059.62	667,655,028.03	579,803,068.14
4	股东权益(不含少数股东权益)	642,116,876.36	182,787,302.87	178,785,647.59
5	每股收益	0.31	0.49	0.39
6	扣除非经常损益后的每股收益	0.31	0.38	0.28
7	每股净资产	4.79	2.35	2.30
8	调整后的每股净资产	4.71	2.11	1.24
9	每股经营活动产生的现金流量净额	-2.46	0.46	-0.32
10	净资产收益率(%)	6.51	20.91	16.97
11	扣除非经常损益后的加权平均净资产收益率(%)	21.67	25.97	22.63

三、股本变动及股东情况

(一)股本变动情况表　数量单位:股

	本次变动前	本次变动增减(+,-)						本次变动后
		配股	送股	公积金转股	增发	其他	小计	
一、未上市流通股份								
1.发起人股份	62,362,800							62,362,800
其中:								
国家持有股份	62,362,800							62,362,800
境内法人持有股份								
境外法人持有股份								
其他								
2.募集法人股份	13,358,400							13,358,400
3.内部职工股	1,941,600							1,941,600
4.优先股或其他								
未上市流通股份合计	77,662,800							77,662,800
二、已上市流通股份								
1.人民币普通股					55,000,000		55,000,000	55,000,000
2.境内上市的外资股								
3.境外上市的外资股								
4.其他								
已上市流通股份合计					55,000,000		55,000,000	55,000,000
三、股份总数	77,662,800				55,000,000		55,000,000	132,662,800

600252 广西梧州中恒集团股份有限公司

2001 年年度报告摘选

一、公司基本情况简介

1、公司法定中文名称:广西梧州中恒集团股份有限公司
公司法定英文名称:GUANGXI WUZHOU ZHONGHENG GROUP CO.,LTD.
2、公司法定代表人:尹梅克
3、董事会秘书:李澄宇
联系地址:广西梧州市蝶山一路 3 号
联系电话:0774-5830828
传真:0774-5830900、5833090
电子信箱:600252@china.com
4、公司注册地址:广西梧州市蝶山一路 3 号
公司办公地址:广西梧州市蝶山一路 3 号
邮政编码:543002
公司网址:http//www.wz-zhongheng.com
电子信箱:zhongheng@wz-zhongheng.com
5、公司选定的信息披露报纸:《中国证券报》、《上海证券报》
信息披露网站:http//www.sse.com.cn
年度报告备置地点:公司证券部
6、公司股票上市交易所:上海证券交易所
股票简称:梧州中恒
股票代码:600252

二、会计数据和业务数据摘要

1、本年度主要财务指标　　单位:元

项目	2001 年 1-12 月
利润总额	30,992,350.13
净利润	29,071,590.05
扣除非经常性损益后的净利润*	29,112,800.63
主营业务利润	46,859,855.81
其他业务利润	2,478,355.37
营业利润	25,371,977.45
投资收益	5,661,583.26
补贴收入	34,957.00
营业外收支净额	-76,167.58
经营活动产生的现金流量净额	-11,737,339.47
现金及现金等价物净增减额	-53,322,321.23

*扣除非经常性损益项目和涉及的金额

(1)处理固定资产净损失	111,979.08
(2)捐赠支出	67,652.00
(3)补贴收入	-34,957.00
(4)其他营业外收入	-103,463.50
合计	41,210.58

2、公司近三年的主要会计数据及财务指标　　单位:元

会计数据及财务指标	2001 年	2000 年		1999 年	
		调整前	调整后	调整前	调整后
主营业务收入	189,873,619.75	153,929,233.21	153,928,063.54	138,332,951.03	138,332,951.41
净利润	29,071,590.05	27,859,197.33	26,179,609.10	31,009,075.39	25,529,532.69
总资产	686,242,226.66	584,269,857.11	577,187,717.46	329,385,214.09	323,523,215.31
股东权益(不含少数股东权益)	390,695,591.41	367,905,005.09	361,656,703.02	141,430,301.89	135,950,759.19
每股收益	0.23	0.22	0.21	0.38	0.31
每股净资产	3.08	2.90	2.85	1.73	1.66
调整后的每股净资产	3.07	2.88	2.84	1.71	1.64
每股经营活动产生的现金流量净额	-0.09	-0.14	-0.14	0.64	0.64
全面摊薄净资产收益率(%)	7.44	7.57	7.24	21.93	18.78
加权平均净资产收益率(%)	7.73	14.45	14.04	18.67	15.63
扣除非经常性损益后的加权平均净资产收益率	7.74	12.30	12.85	15.67	16.67

三、股本变动及股东情况

(一)公司股本变动情况
1、公司股份变动情况表　　单位:万股

	本次变动前	本次变动增减(+,-) 配股	送股	公积金转股	增发	其他	小计	本次变动后
一、未上市流通股份								
1、发起人股份	3244.00							3244.00
其中:国家持有股份	2488.00							2488.00
境内法人持有股份	756.00							756.00
境外法人持有股份								
其他								
2、募集法人股份	3729.31							3729.31
3、内部职工股	1198.45							1198.45
4、优先股或其他								
未上市流通股份合计	8171.76							8171.76
二、已上市流通股份								
1、人民币普通股	4,500.00							4500.00
2、境内上市的外资股								
3、境外上市的外资股								
4、其他								
已上市流通股份合计	4500.00							4500.00
三、股份总数	12671.76							12671.76

600253 河南天方药业股份有限公司

2001 年年度报告摘选

一、公司简介

(一)公司法定中文名称:河南天方药业股份有限公司
公司法定英文名称:HENAN TOPFOND PHARMACEUTICAL CO.,LTD.
(二)公司法定代表人:崔晓峰
(三)公司总经理:张文学
(四)公司董事会秘书:梁耀武
联系地址:河南省驻马店市光明路 2 号
电话:0396-3813379-3096　　传真:0396-3815761
电子信箱:yaowul@163.com
(五)公司注册地址:河南省驻马店市光明路 2 号
公司办公地址:河南省驻马店市光明路 2 号　　邮政编码:463003
公司电子信箱:info@topfond.com　　公司国际互联网网址:http://www.topfond.com
(六)公司选定信息披露报纸名称:《中国证券报》、《上海证券报》
登载公司年度报告的国际互联网网址:http://www.sse.com.cn
公司年度报告备置地点:公司证券部
(七)公司股票上市交易所:上海证券交易所
股票简称:天方药业　　股票代码:600253

二、会计数据和业务数据摘要

(一)本年度主要利润指标情况　　(单位:人民币元)

项目	金　额
利润总额	74,791,263.45
净利润	54,039,775.61
扣除非经常性损益后的净利润	46,688,072.94
主营业务利润	149,234,573.30
其他业务利润	684,533.44
营业利润	74,919,560.78
投资收益	0.00
补贴收入	0.00
营业外收支净额	-128297.33
经营活动产生的现金流量净额	40,034,126.79
现金及现金等价物净增减额	-154,833,624.78

(二)截至报告期末公司前三年主要会计数据和财务指标　　(单位:人民币元)

项目	2001	2000	1999
主营业务收入	383,343,918.58	366,971,458.27	329,864,273.20
净利润	54,039,775.61	41,075,822.72	22,677,933.84
总资产	1,026,145,160.58	1,103,561,193.46	623,191,028.80
股东权益	715,384,515.22	678,070,313.56	209,756,128.34
每股收益摊薄	0.2573	0.1956	0.1512
加权	0.2573	0.2738	0.1512
每股净资产	3.4862	3.2289	0.9988
调整后的每股净资产	3.3760	3.2080	0.9917
每股经营活动产生的现金流量净额	0.191	0.1515	0.0877
净资产收益率(%)	7.55	6.04	17.2

(三)根据中国证监会《公开发行证券公司信息披露编报规则》(第 9 号)的要求,利润表附表列示如下:　　(单位:人民币元)

项目	净资产收益率(%)		每股收益	
	全面摊薄	加权平均	全面摊薄	加权平均
主营业务利润	19.75	20.51	0.6886	0.6886
营业利润	10.23	10.63	0.3568	0.3568
净利润	7.55	7.66	0.2573	0.2573
扣除非经常性损益后的净利润	6.38	6.62	0.2223	0.2223

三、股本变动及股东持股情况

(一)股本变动情况:　　数量单位:股

	本次变动前	本次变动增减(+、-) 配股	送股	公积金转股	其它	小计	本次变动后
一、未上市流通股份							
1、发起人股份	150,000,000						150,000,000
其中国家持有股份	149,849,307						149,849,307
境内法人持有股份	150,693						150,693
境外法人持有股份							
其它							
2、募集法人股							
3、内部职工股							
4、优先股或其他							
其中:转配股							
未上市流通股份合计	150,000,000						150,000,000
二、已上市流通股份							
1、人民币普通股	60,000,000						60,000,000
2、境内上市的外资股							
3、境外上市的外资股							
4、其它							
已上市流通股份合计	60,000,000						60,000,000
三、股份总数	210,000,000						210,000,000

(二)股东情况
报告期末公司前十名股东情况表(截止 2001 年 12 月 31 日)

序号	股东名称	持股数量(股)	持股占总股本的比例(%)	股份性质
1	天方集团	149,360,819	71.124	国有法人股
2	天元基金	1,386,131	0.660	流通股
3	南方稳健	624,072	0.297	流通股
4	景阳基金	204,450	0.097	流通股
5	徐道明	195,000	0.092	流通股
6	第一造纸	187,102	0.089	国有法人股
7	金石资产	184,382	0.088	流通股
8	王 杰	180,000	0.086	流通股
9	童小华	170,000	0.081	流通股
10	科汇基金	166,790	0.079	流通股

600255 安徽鑫科新材料股份有限公司

2001年年度报告摘选

一、公司基本情况简介

(一)公司法定中文名称:安徽鑫科新材料股份有限公司
公司法定英文名称:ANHUI XINKE NEW MATERIALS CO.,LTD.
英文名称缩写:AXNMC
(二)法定代表人:周瑞庭
公司总经理:姜纯
(三)董事会秘书:江斌
联系地址:安徽省芜湖市经济技术开发区珠江路23号
联系电话:(0553)5847423　　传真:(0553)5847423
电子信箱:jb600255@sina.com
公司证券事务代表:宋志刚
联系地址:安徽省芜湖市经济技术开发区珠江路23号
联系电话:(0553)5847423　　传真:(0553)5847423
电子信箱:songzg@ahxinke.com
(四)公司注册地址:安徽省芜湖市经济技术开发区珠江路23号
公司办公地址:安徽省芜湖市经济技术开发区珠江路23号　　邮政编码:241009
公司电子信箱:thinker8535@sina.com
公司互联网网址:http://www.ahxinke.com
(五)公司选定的信息披露报纸名称:《上海证券报》
登载年度报告的中国证监会指定国际互联网网址为:http://www.sse.com.cn
公司年度报告备置地点:公司董事会办公室
(六)公司股票上市交易所:上海证券交易所
公司投票简称:鑫科材料　　公司股票代码:600255

二、会计数据和业务数据摘要

根据安徽华普会计师事务所按中国会计准则审计的本公司主要会计数据和业务数据摘要如下:

(一)公司本年度主要利润指标情况

项目	金额
利润总额(元)	36,463,557.93
净利润(元)	30,013,757.78
扣除非经常性损益后的净利润(元)	30,660,924.97
主营业务利润(元)	72,191,017.54
其他业务利润(元)	2,685,460.67
营业利润(元)	32,253,047.80
投资收益(元)	1,375,824.02
补贴收入(元)	0.00
营业外收支净额(元)	2,834,686.11
经营活动产生的现金流量净额(元)	10,406,259.64
现金及现金等价物净增加额(元)	-158,654,100.19
注:扣除的非经常性损益包括:	
(1)处理固定资产损益净额:	-720,756.30
(2)罚款收支净额:	7,947.10元
(3)固定资产盘盈:	77,114.26元
(4)捐赠支出:	-30,000.00元
(5)债务重组损失:	-196,332.16元
(6)其他收支净额:	-103,894.08元
(7)所得税影响额:	318,753.99元
非经常性损益影响额合计	-647,167.19元

(二)截止报告期末公司前三年的主要会计数据和财务指标

财务指标	2001年度	2000年度	1999年度
主营业务收入(元)	698,259,168.09	715,987,611.32	508,808,236.09
净利润(元)	30,013,757.78	27,862,732.99	30,576,006.95
全面摊薄每股收益(元/股)	0.32	0.293	0.47
加权平均每股收益(元/股)	0.32	0.41	0.47
扣除非经常性损益后的每股收益(元/股)	0.32	0.286	0.47
每股经营活动产生的现金流量净额(元/股)	0.11	0.20	0.08
全面摊薄净资产收益率(%)	6.28	6.10	29.00
加权平均净资产收益率(%)	6.42	18.83	29.00
扣除非经常性损益后的加权平均净资产收益率(%)	6.56	18.34	29.00
财务指标	2001年12月31日	2000年12月31日	1999年12月31日
总资产(元)	679,957,712.83	672,813,937.25	282,746,889.39
股东权益(元)	477,644,927.18	457,100,669.40	105,432,262.83
每股净资产(元/股)	5.03	4.81	1.62
调整后每股净资产(元/股)	5.01	4.79	1.62

三、股本变动及股东情况

(一)股本变动情况
1、股本变动情况表　　单位:股

	本次变动前	本次变动增减(+、-)						本次变动后
		配股	送股	公积金转股	增发	其他	小计	
一、未上市流通股份								
1、发起人股份								
其中:国家持有股份	57,439,548						0	57,439,548
境内法人持有股份	7,560,452						0	7,560,452
境外法人持有股份								
其他								
2、募集法人股份								
3、内部职工股								
4、优先股或其他								
未上市流通股份合计	65,000,000						0	65,000,000
二、已上市流通股份								
1、人民币普通股	30,000,000						0	30,000,000
2、境内上市外资股								
3、境外上市外资股								
4、其他								
已上市流通股份合计	30,000,000						0	30,000,000
三、股份合计	95,000,000						0	95,000,000

600259 海南兴业聚酯股份有限公司

2001年年度报告摘选

一、公司简介

(一)公司名称
中文名称:海南兴业聚酯股份有限公司
英文名称:HAINAN XINGYE POLYESTER.CO.,Ltd.
(二)公司地址
公司注册及办公地址:海南省海口市港澳工业区兴业路19号
邮政编码:570314
电子信箱:Odt-xy@163.com
(三)法定代表人:刘连琏
(四)董事会秘书:欧大潭
联系地址:海南省海口市港澳工业区兴业路19号
联系电话:0898-68669470
传真:0898-68664045
电子信箱:Odt-xy@163.com
(五)公司选定的中国证监会指定报纸名称:中国证券报、上海证券报
中国证监会指定的互联网网址:http://www.sse.com.cn/
本公司年度报告置备于公司办公住所:海南省海口市港澳工业区兴业路19号
(六)公司股票上市交易所:上海证券交易所
股票简称:兴业聚酯
股票代码:600259

二、会计数据及业务数据摘要

(一)本年度利润总额及构成(单位:元)

栏目	2001年度
利润总额	-37,112,909.11
净利润	-37,213,635.73
扣除非经常性损益后的净利润	-37,815,835.73
主营业务利润	14,963,793.85
其他业务利润	-477,842.52
营业利润	-46,727,788.18
投资收益	------
补贴收入	9,017,079.07
营业外收支净额	597,800.00
经营活动产生的现金流量净额	90,950,945.59
现金及现金等价物净增加额	-119,457,851.87

说明:扣除非经常性损益项目和涉及金额:
1、申购无效资金冻结存款利息:　600,000.00元
2、赞助费:　2,200.00元
合计:　602,200.00元

(二)截止报告年度末公司前三年的主要会计数据及财务指标(单位:人民币元)

序号	栏目	2001年度	2000年度		1999年度	
			调整前	调整后	调整前	调整后
1	主营业务收入	404,766,693.56	615,965,025.94	615,965,025.94	487,443,082.86	487,443,082.86
2	净利润	-37,213,635.73	44,012,993.87	43,209,398.49	39,104,463.36	-83,491,760.59
3	总资产	1,247,909,896.93	1,348,838,367.12	1,218,363,531.21	1,020,822,822.25	887,745,357.34
4	股东权益	434,112,715.90	586,211,797.61	471,326,351.63	249,365,706.74	126,769,482.79
5	每股经营活动产生的现金流量净额	0.43	0.53	0.53	0.745	0.745
6	每股收益(摊薄)	-0.174	0.206	0.203	0.273	-0.582
7	每股收益(加权)	-0.174	0.239	0.235	0.273	-0.582
8	扣除非经常性损益后的每股收益	-0.177	0.15	0.15	0.186	-0.668
9	每股净资产	2.03	2.75	2.21	1.74	0.88
10	调整后的每股净资产	2.01	2.66	2.17	1.63	0.84
11	净资产收益率(%)	-8.57	7.51	9.17	15.68	-65.86

(三)利润表附表:

	报告期利润(摘)	净资产收益率(%)		每股收益(元/股)	
		全面摊薄	加权平均	全面摊薄	加权平均
主营业务利润	14,963,793.85	3.45	3.45	0.07	0.07
营业利润	-46,727,788.18	-10.76	-10.76	-0.22	-0.22
净利润	-37,213,635.73	-8.57	-8.57	-0.17	-0.17
扣除非经常性损益后的净利润	-37,815,835.73	-8.71	-8.71	-0.18	-0.18

三、股本变动及股东情况

(一)股本变动情况
1、股份变动情况表　　单位:万股

	本次变动前	本次变动增减(+,-)						本次变动后
		配股	送股	公积金转股	增发	其他	小计	
一、未上市流通股份								
1、发起人股份	11,880.00							11,880.00
其中:国家持有股份	2,608					+5,728		8,336.00
境内法人持有股份	9,272					-5,728		3,544.00
境外法人持有股份								
其他								
2、募集法人股份								
3、内部职工股	2,460.00							2,460.00
4、优先股或其他	2,136.61							2,136.61
未上市流通股份合计	16,476.61							16,476.61
二、已上市流通股份								
1、人民币普通股	4,863.39							4,863.39
2、境内上市的外资股								
3、境外上市的外资股								
4、其他								
已上市流通股份合计	4,863.39							4,863.39
三、股份总数	21,340.00							21,340.00

600256　新疆广汇石材股份有限公司

2001年年度报告摘要

第一章　公司基本情况简介

一、公司的法定中文名称:新疆广汇石材股份有限公司

公司英文名称:XINJIANG GUANGHUI STONE CO.,LTD

公司名称缩写:广汇股份

二、公司法定代表人:肖玉新

三、公司董事会秘书:闫金生

证券事务代表:王玉琴

联系地址:新疆维吾尔自治区乌鲁木齐市新华南路68号广汇大厦14楼(公司证券部)

电话:(0991)2851134　2869999－5617

传真:(0991)2851134

四、公司注册地址:新疆维吾尔自治区乌鲁木齐经济技术开发区上海路6号

公司办公地址:新疆维吾尔自治区乌鲁木齐经济技术开发区上海路6号

邮政编码:830026

公司国际互联网网址:www.whouse.com.cn

电子信箱:ghsc@mail.whouse.com.cn

五、公司指定信息披露报纸:《中国证券报》、《上海证券报》、《证券时报》、《新疆经济报》

登载年度报告的中国证监会指定网站的网址:http://www.sse.com.cn

公司年度报告备置地点:新疆维吾尔自治区乌鲁木齐市新华南路68号广汇大厦14楼公司证券部

六、公司股票上市交易所:上海证券交易所

股票简称:广汇股份

股票代码:600256

第二章　会计数据和业务数据摘要

一、利润情况

1、利润总额:356,120,928元

2、净利润:304,121,623元

3、扣除非经常性损益后的净利润:302,180,512元

非经常性损益总额为:1,941,111元,其中:流动资产盘盈、盘亏(管理费用)－138,856元,委托投资收益1,987,435元,营业外收入322,302元,营业外支出－229,770元

4、主营业务利润:438,433,177元

5、其他业务利润:4,109,326元

6、营业利润:354,039,765元

7、投资收益:2,050,411元

8、补贴收入:0元

9、营业外收支净额:30,752元

10、经营活动产生的现金流量净额:202,934,746元

11、现金及现金等价物净增减额:200,095,950元

二、主要会计数据和财务指标

单位:元

项　目	2001年	2000年	1999年
1、主营业务收入	2,071,830,087	719,925,211	147,857,646
2、净利润	304,121,623	147,905,251	34,288,280
3、总资产	2,114,105,971	1,116,625,738	323,011,658
4、股东权益(不含少数股东权益)	852,702,675	601,648,530	137,212,361
5、每股收益	0.506	0.418	0.27
6、每股净资产	1.418	1.70	1.081
7、调整后的每股净资产	1.407	1.678	1.04
8、每股经营活动产生的现金流量净额	0.337	－0.064	0.569
9、净资产收益率(%)	35.666	24.583	24.989
10、净资产收益率(加权平均)(%)	40.81	31.36	26.43

第三章　股本变动及股东情况

一、公司股本变动情况

	本次变动前	本次变动增减(+、-) 配股	送股	公积金转股	增发	其他	小计	本次变动后
一、未上市流通股份								
1、发起人股份	253783188		152269913	25378319			177648232	431431420
其中:								
国家持有股份	20962492		12577495	2096249			14673744	35636236
境内法人持有股份	164553020		98731812	16455302			115187114	279740134
境外法人持有股份	68267676		40960606	6826768			47787374	116055050
其他								
2、募集法人股								
3、内部职工股								
4、优先股或其他								
其中:转配股								
未上市流通股份合计	253783188		152269913	25378319			177648232	431431420
二、已上市流通股份								
1、人民币普通股	100000000		60000000	10000000			70000000	170000000
2、境内上市的外资股								
3、境外上市的外资股								
4、其他								
已上市已流通股份合计	100000000		60000000	10000000			70000000	170000000
三、股份总数	353783188		212269913	35378319			247648232	601431420

二、股东情况介绍

(一)截止2001年12月31日,公司股东总数为7283户。

(二)公司前十名股东持股情况:

股东名称(姓名)	期初数(股)	本期增加(股)	期末数(股)	持股比例(%)	股份类别
新疆广汇企业(集团)有限责任公司	159477356	111634149	271111505	45.08	法人股
富高利建筑材料有限公司	68267676	47787374	116055050	19.30	境外法人股
新疆维吾尔自治区技术改造投资公司	10151328	7105930	17257258	2.87	国有法人股
新疆维吾尔自治区哈密地区国有资产投资经营有限公司	5075664	3552965	8628629	1.43	国有法人股
新疆棉花企业(集团)公司亚西亚新技术开发公司	5075664	3552965	8628629	1.43	法人股
托里县花岗岩资源开发总公司	3806748	2664723	6471471	1.08	国有法人股
北京中咨兰德工程技术开发公司	1928752	1350126	3278878	0.55	国有法人股
华电财务			1672892	0.28	社会流通股
金融街			911941	0.15	社会流通股
一汽橡塑			893678	0.15	社会流通股

注:A、报告期内,本公司持股5%以上的股东所持股份未发生质押、冻结的情况。

B、本公司前10名股东之间不存在任何关联关系。

(三)控股股东情况

1、新疆广汇企业(集团)有限责任公司。法定代表人:孙广信。公司成立于1989年。经营范围:房地产开发、经营;高科技产品开发;机电产品(除汽车),五交化产品,通讯设备(除无线电发射装置),办公用品,农副产品(棉花经营,粮食批发除外),副食品销售;建材、花岗岩开采、加工、销售、安装;物业管理服务;餐饮娱乐;企业经营管理形象策划;文化信息交流。注册资本:20000万元。股权结构:均为自然人股东,其中:孙广信持有股份14000万元,占注册资本的70%。

2、控股股东的实际控制人:孙广信,男,现年39岁,现任新疆广汇企业(集团)有限责任公司董事长、党委副书记,兼任全国工商联常委、新疆维吾尔自治区工商联副会长、工商联直属商会会长、新疆维吾尔自治区青联副主席、青年企业家协会副会长、大型企业集团促进会副会长等职。曾任乌鲁木齐陆军学院教官,于1989年创办乌鲁木齐广汇工贸实业有限公司。曾荣获第六届全国十大杰出青年、全国十大扶贫状元、全国五一劳动奖章、全国优秀青年企业家、中国经营大师等19项省部级以上荣誉称号。

第四章　董事、监事、高级管理人员

一、基本情况

姓　名	性别	年龄	任期起止日期	在本公司职务	在股东单位职务
肖玉新	男	39	1999.3－2002.3	董事长	新疆广汇企业(集团)有限责任公司董事
何建平	男	44	1999.3－2002.3	副董事长	新疆维吾尔自治区技术改造投资公司总经理
孙广信	男	39	1999.3－2002.3	董事	新疆广汇企业(集团)有限责任公司董事长
比诺·卡连利	男	51	1999.3－2002.3	董事	富高利建筑材料有限公司总经理
杨铁军	男	38	2001.8－2002.3	董事	新疆广汇企业(集团)有限责任公司董事、副总裁
孙风元	男	45	2001.8－2002.3	董事	新疆广汇企业(集团)有限责任公司董事、副总裁
刘建民	男	40	1999.3－2002.3	董事	新疆棉花企业(集团)公司亚西亚新技术开发公司总经理
董小黎	男	42	1999.3－2002.3	董事	北京中咨兰德工程技术开发公司副总经理
吴晓求	男	42	2001.8－2002.3	独立董事	
吴长春	男	39	2001.8－2002.3	独立董事	
王立彦	男	43	2001.8－2002.3	独立董事	
高志伟	男	52	1999.3－2002.3	监事会主席	
王　斌	男	44	1999.3－2002.3	监事会副主席	
向　东	男	39	1999.3－2002.3 1999.3－2002.3	监事会副主席 副总经理	
何　健	男	45	1999.3－2002.3	监事	托里县花岗岩资源开发总公司总经理
李燕秋	女	41	1999.3－2002.3 2001.9－2002.3	监事 工程车间主任	
洪　海	男	38	1999.3－2002.3	总会计师	
马利光	男	45	1999.3－2002.3	副总经理	
赵连章	男	51	1999.3－2002.3	副总经理 总工程师	
闫金生	男	33	1999.3－2002.3	董事会秘书 证券部部长	

注:根据本公司2001年10月13日第一届董事会第十次会议决议,本公司总经理暂缺,暂由董事长负责。

(二)年度报酬情况

1、董事、监事和高级管理人员报酬的决策程序、报酬确定依据

按照公司高级管理人员薪酬的有关规定,负责行政的高级管理人员的报酬按标准执行,负责生产经营的高级管理人员结合当年完成任务情况实行浮动工资;年终所有高级管理人员实行公开述职并接受考核,考核结果经总经理办公会议讨论后,做为下一年度报酬的依据。

2、在公司领取报酬的董事、监事和高级管理人员年度报酬总额:33万元,其中只有1名董事在公司领取报酬;

3、金额最高的前三名高级管理人员的报酬总额:12.55万元;

4、独立董事暂不在公司领取报酬;

5、董事、监事、高级管理人员报酬区间:4万元以上3人,3－4万元6人。

6、不在公司领取报酬的董事、监事人员情况:

董事：何建平、孙广信、比诺·卡连利、杨铁军、孙凤元、刘建民、董小黎在股东单位领取报酬；

独立董事：吴晓求、吴长春、王立彦没有在股东单位领取报酬；

监事：何健在股东单位领取报酬。

（三）在报告期内离任的董事、监事、高级管理人员姓名及离任原因。

报告期内董事马利光、洪海、赵连章、郝震宇、郑连军离任。原因为：根据中国证券监督管理委员会《关于在上市公司建立独立董事制度的指导意见》（征求意见稿）中"董事会成员应当有三分之一以上为独立董事，其中应当至少包括一名会计专业人员"，和中国证券监督管理委员会乌鲁木齐特派员办事处"控股股东所推荐的董事人数不超过董事会成员的三分之一"的要求，并结合公司已经由单一的石材类上市公司发展成为集石材、塑钢、住宅消费服务、现代物流为一体的综合类上市公司的现状，为了尽快适应公司新的发展需求，公司控股股东代表郝震宇副董事长、马利光董事、赵连章董事、洪海董事请示辞去公司董事职务；同时，郑连军董事因工作调动已离开原股东单位，也请求辞去公司董事职务。

第五章　公司治理结构

一、公司治理基本符合《上市公司治理规则》及其他相制度的要求，但仍存在一些不足之处：

1、按中国证券监督管理委员会、上海证券交易所等国家有关规定，最新修订的《股东大会议事规则》、《董事会议事规则》、《监事会议事规则》尚未经公司股东大会审议通过；

2、尚未健全董事会下设战略、审计、提名、薪酬与考核委员会的人员配置。

上述问题将在公司 2001 年度股东大会上予以解决。

二、独立董事均认真履行了职责

2001 年 8 月 25 日，经公司 2001 年第一次临时股东大会审议通过，聘请了 3 名独立董事；每次董事会议独立董事出席人数均达到 2/3 以上，出席会议的独立董事和委托他人出席的独立董事均对审议事项发表了独立意见。

第六章　股东大会情况简介

一、股东大会的通知、召集、召开情况

报告期内公司分别于 2001 年 3 月 31 日和 2001 年 8 月 25 日召开了 2000 年度股东大会和 2001 年第一次临时股东大会，每次会议通知均按规定提前 30 天公告，会议由董事长召集，均如期召开，并经北京国方律师事务所律师现场公证。

二、股东大会通过或否决的决议及决议披露情况

1、2000 年度股东大会审议通过了如下决议：

（1）董事会工作报告；

（2）监事会工作报告；

（3）总经理工作报告；

（4）公司 2000 年度财务决算和 2001 年财务预算报告；

（5）公司 2000 年度利润分配及公积金转增方案；

（6）预计公司 2001 年利润分配政策的议案；

（7）关于变更募集资金投资项目的说明报告；

（8）关于修改公司章程相应条款的议案；

（9）关于聘请会计师事务所的议案；

本次股东大会决议于 2001 年 4 月 3 日在《上海证券报》上进行了公告。

2、2001 年第一次临时股东大会通过了如下决议：

（1）公司 2001 年中期报告及 2001 年中期报告摘要；

（2）公司 2001 年中期利润分配及公积金转增股本方案；

（3）将投资控股"新疆新天怡石材有限责任公司"的 5100 万元募集资金调整投向转为追加投资至"新疆广厦房地产交易网络有限责任公司"；

（4）郝震宇、马利光、赵连章、洪海、郑连军辞去公司董事职务的议案；

（5）增补杨铁军、孙凤元为公司董事，吴晓求、王立彦、吴长春为公司独立董事议案；

（6）就公司注册资本增加及董事人员变化对公司章程相应条款进行修改，并全权委托公司总经理班子前往有关部门办理相关手续。

本次股东大会决议于 2001 年 8 月 28 日在《中国证券报》、《上海证券报》、《证券时报》和《新疆经济报》上进行了公告。

第七章　董事会报告

一、公司经营情况

（一）主营业务的范围及其经营状况

公司经营范围：花岗岩矿山开采、加工、销售；塑钢门窗生产、销售及安装服务；房地产购销与租赁；国内商业购销（除专项审批项目）；电子商务，互联网工程开发及设计；经营进出口业务（国家限定公司经营和禁止进出口的商品除外）。

1、公司主营业务收入、主营业务利润构成情况：

报告期内公司实现主营业务收入 207183 万元，主营业务利润 43843 万元，收入与利润构成情况如下：

（1）按行业和产品划分

行业 指标	石材 金额（万元）	比例（%）	化学建材 金额（万元）	比例（%）	住宅消费服务 金额（万元）	比例（%）	现代物流 金额（万元）	比例（%）
主营业务收入	17978	8.68	10294	4.96	148170	71.52	30740	14.84
主营业务利润	9538	21.75	2870	6.55	28837	65.77	2598	5.93

（2）按地区划分

地区 指标	疆内 金额（万元）	比例（%）	疆外 金额（万元）	比例（%）
主营业务收入	203640	98.29	3543	1.71

2、主要业务经营活动情况：

2001 年，是国家"十五"规划全面实施的第一年，也是公司加大优势资源转换战略实施力度，主业结构合理延伸完成后的第一年，公司继续实行"稳步发展石材和塑钢产业，全面拓展现代物流和住宅消费服务产业"的经营战略，以加大体制创新和科技投入力度、提高经济效益和资本运行质量为主题，以"坚持速度、结构、质量、效益相统一，打好新世纪第一仗"的年度生产经营任务为目标，紧紧围绕生产经营这个中心展开经济运行活动，取得了历年来最显著的经营成果，主营业务收入和主营业务利润分别较上年增长 187.78%和 126.69%。

（1）石材产业稳步发展：一方面加大新产品开发力度，推出了"天山兰宝、天山翠宝、天山绿宝"三个具有市场竞争力的新产品，并且不断开拓出高科技、高附加值的异型新产品，以满足市场需求，扩大市场份额，产品远销全国各地及哈萨克斯坦等国家；另一方面加大技术改造力度，完成了水处理系统的改造，提高了水质和循环用水的效率，满足了产品质量要求和扩大再生产的需要，极大地降低了生产成本；同时，投资扩建工程车间，引进了石材表面烘干系统，自行研制成功石材表面处理工序及配方，解决了石材表面处理问题，产品质量进一步提高。公司已成为集矿山开采、生产加工、产品销售、专业化的售后服务为一体的全国性的石材骨干企业。

（2）塑钢产业取得新突破：紧紧围绕抓产量、重质量、降成本三条主线展开工作，产值、销售收入取得了重大突破，实现了集型材、门窗、管材、管件多个产品规格的"亿元"产业公司，取得了塑钢工业发展史上具有标志意义的业绩。同时，通过强强联合重组设立的"新疆天山塑业有限责任公司"，由于引进灵活的体制和资金优势，整体经济效益实现突破性进展，彻底实现了扭亏增盈，终于使企业摆脱困境、走出了低谷，生产经营开始步入良性发展的轨道，为上市公司带来了新的利润增长点。

（3）住宅消费服务产业实现了快速发展：广厦公司继续以商品房销售为突破口，不断提高营销人员的服务水平，全面拓展住宅消费服务市场，初步建立了以垂直型专业互联网——"广厦房网"、企业业务信息系统——"广厦业务信息系统"、企业实体销售网络——"广厦房网连销店"三套网络互为补充、相互促进的住宅消费服务体系，通过以"在线查询、离线交易"的方式开展住宅消费服务业务，实现了为消费者提供从买房、租赁换房至住宅装修、物业管理、家居绿化等专业化服务，取得了骄人的业绩。同时，公司获得"民营科技企业证书"、"计算机软件标准化审查合格证"，自行研制开发的"广厦房地产交易业务信息系统"已通过新疆维吾尔自治区科学技术成果鉴定。本主营业务属房地产业务，报告期内主营业务收入 148170 万元，主营业务成本 117664 万元，毛利率 20.59 %。

（4）现代物流产业初具规模：亚中物流公司以现代物流产业发展战略为指导，认真贯彻以保证现有客户采购供应为切入点，以对外拓展经营为突破口的经营方针，调整了整体机构框架，进行内部整合，完善管理制度，疏通服务渠道，逐步完善物流产业发展所需要的软硬件设施，初步建立了比较广泛的、稳定的供应商和客户，为"现代物流"这一新型产业的健康发展奠定了基础。本主营业务属现代物流业务，报告期内主营业务收入 30740 万元，主营业务成本 28085 万元，毛利率 8.64%。

（二）主要控股公司及参股公司的经营情况及业绩

1、新疆广汇塑钢门窗制品有限责任公司：经营范围为塑钢门窗、防盗门的制造及附件、零配件的销售；PVC 产品及附件、零配件的销售；异型焊管、金属构件、异性冷弯型钢、中空玻璃的制作和销售。钢塑门窗安装及型材彩色喷涂加工。注册资本 5000 万元，总资产 14367 万元，净利润 1988 万元。

2、新疆广厦房地产交易网络有限责任公司：经营范围为房地产开发经营；物业管理；计算机网络工程设计、开发及安装；房地产业电子商务及相应的网上信息发布、服务及其网络工程的设计与开发。注册资本 18000 万元，总资产 107400 万元，净利润 25065 万元。

3、新疆亚中物流商务网络有限责任公司：经营范围为互联网工程开发、设计，电子商务及相应的网上信息发布；国内商业购销（除专项审批的项目），仓储；货物运输。注册资本 8000 万元，总资产 16604 万元，净利润 1958 万元。

4、新疆天山塑业有限责任公司：经营范围为塑料薄膜，塑钢门窗，UPVC 型材，管材，结皮发泡板材，防盗门生产销售及附件、零配件的销售；异型焊管，冷弯型钢，中空玻璃的制作及销售；钢塑门窗安装及型材彩色喷涂加工。注册资本 2529.78 万元，总资产 6267 万元，净利润 1.14 万元。

（三）主要供应商、客户情况

向前五名供应商合计采购金额 152301 万元，占年度采购总额的 86.27%；前五名客户销售收入合计 15795 万元，占公司销售收入总额的 7.71%。

二、报告期内公司投资情况

（一）报告期内募集资金使用延续情况：

1、募集资金时承诺投资项目、项目进度与实际投资项目、进度的异同

承诺投资项目	实际投资项目	承诺投资项目、进度与实际的异同	尚未使用资金去向
本公司石材开发配套工程	本公司石材开发配套工程 新疆花岗岩矿山开发有限公司 新疆花岗岩装饰装修有限公司 新疆大漠园林绿化有限公司	承诺项目提前完成，剩余资金调整投向	
兼并托里县宏磊石材厂并完成改扩建工程	兼并托里县宏磊石材厂并完成改扩建工程 新疆广厦房地产交易网络有限责任公司	承诺项目完成 41%，剩余资金调整投向	存放银行
石材销售网络建设	石材销售网络建设	承诺投资项目与实际相同，进度慢于承诺	存放银行
补充流动资金	补充流动资金	资金使用完毕	

2、实际投资未发生变更项目情况：

——[本公司石材开发配套工程]项目，报告期内投入资金 12703.3 万元，销售收入逞逐年上升趋势。

——[石材销售网络建设]项目，报告期内投入资金 365.5264 万元，用于销售点的建设，销售收入逞逐年上升趋势。

——报告期内补充流动资金 6704.7 万元，解决了公司生产发展资金需要，促进了公司整体经济效益的提高。

3、实际投资项目发生变更情况：

[兼并托里县宏磊石材厂并完成改扩建工程]项目，由于所生产的产品市场份额日趋减少，决定暂缓改扩建工程项目，将所余募集资金变更追加对"新疆广厦房地产交易网络有限责任公司"的投资，已取得显著效益，报告期内销售收入大幅提升。

本项目的变更经公司一届九次董事会议讨论通过后，同时报上海证券交易所和中国证券监督管理委员会备案，并提请 2001 年第一次临时股东大会审议通过。

董事会决议和股东大会决议分别在 2001 年 7 月 25 日和 2001 年 8 月 28 日的《中国证券报》、《上海证券报》、《证券时报》和《新疆经济报》上。

（二）非募集资金投资项目、项目进度及收益情况

投资 1290.19 万元设立新疆天山塑业有限责任公司，占其注册资本 2529.78 万元的 51%，公司设立于 2001 年 7 月，已投产并扭亏增盈，全年完成经营收入 3105 万元，主营业务利润 471 万元。

三、报告期内公司财务状况和经营成果分析：

（一）报告期与上年财务指标对比表

单位：万元

指　标	2001 年	2000 年	增加净额	增加百分比（%）
总资产	211411	111663	99748	89.33
长期负债	0	3000	－3000	－100
股东权益	85270	60165	25105	41.73
主营业务利润	43843	19341	24502	126.68%
净利润	30412	14791	15621	105.61

（二）财务指标变动原因

报告期总资产的增加主要表现为流动资产增长较快，一方面是由于 2000 年 9 月投资设立的新疆广厦房地产交易网络有限责任公司与新疆亚中物流商务网络有限责任公司在 2001 年正常运营后，主营业务收入大幅增长；另一方面是由于报告期公司的现金流量状况较上年有了极大的改善。

公司报告期没有再增加长期借款，原有的长期借款也已到期，与上年相比总体变化不大。

股东权益增加原因系报告期实现盈利 30412 万元，比上年增长一倍以上，而收益留存率较高，

约为 82.55%。

(三)财务状况与经营成果分析

公司报告期实现了经营业绩的大幅增长,现金流量状况的改善进一步反映出经营成果的"含金量"上升,同时公司资产的流动性也有所上升,总体来看,公司在保持较强获利能力的同时,财务状况得到了较大的改善,说明公司正处于一个高速成长的阶段。

四、新年度的经营计划

2002 年,要以"内强素质、外树形象,加强管理,全面提升企业在市场中的核心竞争能力"为中心指导思想,以力争实现主营业务收入 250000 万元、主营业务成本不超过 194000 万元、各项费用不超过 11000 万元为目标,重点开展以下几项工作——

1、全面贯彻落实《上市公司治理准则》,以此为主要衡量标准,进一步建立和完善良好的公司治理结构,重点做好新一届董事会成员的换届选举工作,设立和完善战略、审计、提名、薪酬与考核委员会,进一步强化决策的科学性,全面提高公司董事、监事和总经理等高级管理人员的自身素质,树立良好的上市公司形象。

2、继续抓住国家西部大开发的历史机遇,加快优势资源转换战略的实施步伐,进一步加大花岗岩矿山建设的力度。不仅要确保内部生产的需求,更要通过出售花岗岩荒料,利用国内和国际知名石材企业的销售渠道,进一步扩大广汇石材的品牌效应,不断提高广汇石材的市场占有率。

3、进一步加大科技投入,引进专利技术,在稳步发展现有化学建材产品的基础上,不断开发和生产科技含量高、市场需求旺盛的新型化学建材产品,努力使"新疆广汇塑钢门窗制品有限责任公司"和"新疆天山塑业有限责任公司"发展成为西部地区最具竞争能力的化学建材企业。

4、加快现代物流产业的发展,切实使其成为公司新的利润增长点。要重点做好"亚中化学建材物流园"和"亚中物流配送中心"的项目实施工作,要以项目实施为突破口,不断拓展物流服务领域,尽快立足西北、乃至中亚地区的现代物流服务市场。与此同时,要进一步建设和完善"亚中物流信息系统",全面提高其物流服务功能,不断提升"亚中物流"的品牌效应。

5、进一步提高商品房销售的服务质量,不断提高市场占有率,确保商品房销售业务持续稳步的发展。同时,更要加大商品房置换、商品房租赁、装饰装修和物业管理业务的开拓力度,通过提供系列化的、全方位的住宅消费服务,满足各种不同类型的需求,建立长久的、稳定的客户群体,确保住宅消费服务产业持续、稳定、健康、快速的发展。

6、认真做好液化天然气项目的实施工作,要认真做好项目的前期筹备、设备、土建、安装、试生产及科技攻关等一系列配套工作。要做到设备采购高起点、土建工程高标准、设备安装高质量,力争早日建成,进一步优化公司产业结构,使其早日成为公司又一新的利润增长点。

五、经公司 2002 年 2 月 5 日第一届第十二次董事会议研究决定,2001 年度可供股东分配的利润 33478.9628 万元不进行分配,资本公积金 5426.1005 万元不进行转增。

第八章　监事会报告

报告期内监事会共召开三次会议,会议情况如下:

一、2001 年 2 月 17 日,监事会召开第一届第四次监事会议,会议议题如下:

1、审议公司 2000 年度监事会工作报告;

2、审议变更募集资金投资项目的说明报告。

二、2001 年 7 月 23 日,监事会召开第一届第五次监事会议,会议议题如下:

1、审议 2001 年中期报告和摘要;

2、审议 2000 年中期利润分配及公积金转增议案;

3、审议将投资控股"新疆新天怡石材有限责任公司"的 5100 万元募集资金高速追加投资至"新疆广厦房地产交易网络有限责任公司"的议案;

4、审议郝震宇、马利光、赵连章、洪海、郑连军辞去公司董事职务的议案;

5、审议增补杨铁军、孙凤元为公司董事,吴晓求、王立彦、吴长春为公司独立董事的议案;

6、审议《关于修改公司章程的议案》。

三、2001 年 10 月 13 日,监事会召开第一届第六次监事会议,会议议题如下:

1、审议《监事会议事规则》;

2、审议《关于巡检发现问题的整改报告》。

第九章　重要事项

一、本年度公司无重大诉讼、仲裁事项。

二、报告期内发生的重大关联交易事项

(一)采购

根据本公司下属新疆广厦房地产交易网络有限责任公司("广厦公司")和新疆广汇房地产开发有限公司(广汇房产)签定的商品房包销协议书,广厦公司包销广汇房产 2000 年 8 月 30 日前尚未出售的所有已经建成并验收的和未验收正在建设的商品房(含住宅、车库、铺面、库房等),并全权包销广汇房产 2000 年 8 月 31 日后新开发的所有商品房(含住宅、车库、铺面、库房等),包销价格经双方认可的中介机构评估后协商确定。2001 年度,广厦公司共购买新疆广汇房地产开发有限公司开发的 34 个小区的商品房 8,795 套,总面积 719,475.49 平方米,总价款 1,352,925,249 元。

本关联交易[本公司与广汇房产的控股股东均为——新疆广汇企业(集团)有限责任公司]占 同类交易金额的100%,双方以转帐方式结算。本关联交易所产生的利润占主营业务利润的 65.77%。广厦公司所包销广汇房产的商品房的包销价格平均为 1880.43 元/m²,销售价为 2258.59 元/m²,同类地段其他商品房的平均价格约为 1800 元/m²。价格差异较大的原因是:广汇房产开发、建设的商品房在乌鲁木齐市处于垄断地位,在乌鲁木齐市具有广泛的消费群体,已经具有很强的品牌优势,广汇房产被国家、新疆维吾尔自治区和乌鲁木齐市相关主管部门多次评定为"乌鲁木齐商品房消费者满意度最高企业"、"新疆房地产业销售放心房信誉单位"。

关联交易的必要性和持续性:首先,本关联交易体现了房地产业产销分离的经营模式。其次,广汇房产开发、建设的商品房,其质量、品牌和市场占有率均高居乌鲁木齐市所有商品房之榜首,广厦公司拥有丰富的销售经验、熟悉的本地市场、专业化的营销队伍以及广泛的客户群和销售网络。两者在各自领域突出的竞争优势构成了双方合作的基础,通过包销合作充分整合了双方的现有资源,形成优势互补、各有所长的模式,在实践中成果丰富。第三,广汇房产具有充足的土地储备和房地产开发、建设实力,能够保证广厦公司商品房销售的稳定性和持续性。同时,广厦在此成功实践的基础上,将在扩展包销对象和服务项目两方面拓展全方位的住宅消费服务。该关联交易将具有一定的持续性,关联交易额占广厦公司的业务比重也将随着住宅消费服务各项业务的全面开展而降低。

(二)销货

关联方名称	产品	金额	占总额%
新疆广汇房地产开发有限公司	石材	426,665	0.24
	塑钢门窗	230,534	0.28
	建材	7,978,298	2.60
合　计		8,635,497	0.43

(三)提供担保

截至 2001 年 12 月 31 日和 2000 年 12 月 31 日,新疆广汇企业(集团)有限责任公司为本公司提供的借款担保金额分别为 120,000,000 元和 86,000,000 元,其控股子公司新疆广汇房地产开发有限公司为本公司提供的借款担保金额分别为 40,000,000 元和 40,000,000 元。截至 2001 年 12 月 31 日,新疆化肥厂为本公司提供的借款担保金额分别为 10,600,000 元,新疆化肥厂和新疆化工集团联合为本公司提供的借款担保金额为 1,300,000 元。

(四)其他重大关联交易

根据本公司与新疆广汇房地产开发有限公司于 1998 年 4 月 28 日签定的《关于"丰泽园"综合楼租赁协议书》,本公司将"丰泽园"综合楼出租给新疆广汇房地产开发有限公司,租期自 1998 年 5 月 1 日起至 2002 年 12 月 31 日止,年租金为 4,800,000 元。

三、公司聘请天健会计师事务所有限公司对本年度财务进行审计。本年度支付天健会计师事务所有限公司审计费 75 万元(其中,中期报告审计费 25 万元,年度报告审计费 50 万元),差旅费 26.45 万元。

四、中国证监会派出机构对公司巡检情况

根据中国证券会和西安证管办对 2001 年交叉巡检的统一安排,中国证监会银川特派办于 2001 年 8 月 30 日至 9 月 4 日对本公司上市以来的运作情况进行了巡回检查,并于 2001 年 9 月 21 日下达了《限期整改通知书》。公司对巡检发现的问题进行了逐项检查,制定了相应整改措施,并于 2001 年 10 月 13 日第一届第十次董事会会议和第一届第六次监事会会议专项审议通过了整改报告。根据董事会议决议,公司指定专人负责落实了整改措施。通过此次整改,公司进一步强化了内部管理,运作进一步规范化。

整改报告书已于 2001 年 10 月 18 日刊登在《中国证券报》、《上海证券报》、《证券时报》和《新疆经济报》上。

第十章　财务报告

会计报表附注

一、主要会计政策、会计估计变更及重大会计差错更正

本公司 2000 年及以前年度执行《股份有限公司会计制度》,自 2001 年 1 月 1 日起执行《企业会计制度》。本公司调整了固定资产、在建工程、无形资产和委托贷款的相关会计政策,增加计提相关资产减值准备,并采用追溯调整法调整会计政策变更对会计报表的影响。

本公司 2001 年度经批准变更了坏账准备的计提比例,帐龄超过 3 年以上的应收款项坏账准备计提比例由 20%调整为 60%。该会计估计变更影响的当期损益金额为 2,772,565.86 元。

二、报告期合并范围发生变化

合并范围新增加了新疆天山塑业有限责任公司。

第十一章　备查文件目录

一、载有法定代表人、总会计师、会计主管签名并盖章的会计报表。

二、载有会计师事务所盖章、注册会计师签名并盖章的审计报告原件。

三、报告期内在中国证监会指定报纸上公开披露过的所有公司文件的正本及公告的原稿。

二〇〇二年二月五日

利润及利润分配表

编制单位:新疆广汇石材股份有限公司　　　　单位:人民币元

		合并数		母公司数	
	注释	2001 年度	2000 年度	2001 年度	2000 年度
主营业务收入	25	2,071,830,087	719,925,211	179,784,892	176,163,003
减:主营业务成本	25	1,614,482,642	520,156,862	83,312,688	81,117,591
主营业务税金及附加	26	18,914,268	6,357,601	1,088,069	1,057,892
主营业务利润		438,433,177	193,410,748	95,384,135	93,987,520
加:其他业务利润	27	4,109,326	2,950,742	4,147,574	2,894,207
减:营业费用		29,929,666	15,418,457	7,256,847	10,441,391
管理费用		43,765,920	19,179,309	18,119,683	13,094,676
财务费用	28	14,807,152	3,574,572	9,910,311	3,653,687
营业利润		354,039,765	158,189,152	64,244,868	69,691,973
加:投资收益	29	2,050,411	16,066,188	251,194,579	90,442,398
补贴收入		-	- -	-	
营业外收入	30	329,496	2,311,613	49,594	2,211,463
减:营业外支出	31	298,744	411,590	228,670	407,190
利润总额		356,120,928	176,155,363	315,260,371	161,938,644
减:所得税		11,786,716	15,836,383	11,138,749	14,033,393
少数股东损益		40,212,589	12,413,729	-	-
净利润		304,121,623	147,905,251	304,121,622	147,905,251
加:年初未分配利润		113,884,747	-	125,977,399	257,935
其他转入		-	-	-	-
可供分配的利润		418,006,370	147,905,251	430,099,021	148,163,186
减:提取法定盈余公积		55,477,828	22,680,336	30,412,162	14,790,525
提取法定公益金		27,738,914	11,340,168	15,206,081	7,395,262
可供股东分配的利润		334,789,628	113,884,747	384,480,778	125,977,399
减:应付优先股股利		-	-	-	-
提取任意盈余公积		-	-	-	-
应付普通股股利		53,067,478	-	53,067,478	-
转作股本的普通股股利		212,269,913	-	212,269,913	-
未分配利润		69,452,237	113,884,747	119,143,387	125,977,399

资产负债表

编制单位:新疆广汇石材股份有限公司　　单位:人民币元

		合并数		母公司数	
	注释	2001年12月31日	2000年12月31日	2001年12月31日	2000年12月31日
流动资产					
货币资金	1	501,801,047	301,705,097	228,072,909	173,288,479
短期投资		-	-	-	-
应收票据	2	306,056	50,201,711	306,056	29,206,715
应收股利		-	-	-	-
应收利息		-	-	-	-
应收账款	3	362,783,301	90,737,919	38,287,478	29,641,390
其他应收款	4	77,092,396	11,914,721	90,973,790	29,077,989
预付账款	5	344,855,152	122,122,624	60,102,347	14,367,162
应收补贴款		-	-	-	-
存货	6	489,111,802	266,623,627	42,372,303	41,687,514
待摊费用	7	3,625,131	443,708	120,000	100,346
一年内到期的长期债权投资		4,800	-	-	-
其他流动资产		-	-	-	-
流动资产合计		1,779,579,685	843,749,407	460,234,883	317,369,622
长期投资					
长期股权投资	8	36,092,336	1,500,000	638,249,723	300,992,414
长期债权投资	8	4,800	-	-	-
长期投资合计		36,097,136	1,500,000	638,249,723	300,992,414
固定资产					
固定资产原价	9	354,398,295	280,826,545,	249,140,662	231,805,794
减:累计折旧		-99,766,436	-56,858,782	-73,184,802	-55,442,036
固定资产净值		254,631,859	223,967,763	175,955,860	176,363,758
减:固定资产减值准备		-	-	-	-
固定资产净额		254,631,859	223,967,763	175,955,860	176,363,758
工程物资		-	-	-	-
在建工程	10	509,314	1,217,854	217,142	890,230
固定资产清理		-	-	-	-
固定资产合计		255,141,173	225,185,617	176,173,002	177,253,988
无形资产及其他资产					
无形资产	11	43,287,977	44,388,939	43,287,977	44,388,939
开办费		-	350,346	-	303,294
长期待摊费用		-	1,451,429		644,762
其他长期资产		-	-	-	-
无形资产及其他资产合计		43,287,977	46,190,714	43,287,977	45,336,995
资产总计		2,114,105,971	1,116,625,738	1,317,945,585	840,953,019
流动负债					
短期借款	12	270,560,000	90,000,000	160,000,000	60,000,000
应付票据	13	63,097,545	500,000	30,000,000	500,000
应付账款	14	166,482,535	108,593,792	35,262,375	14,733,705
预收账款	15	427,988,724	128,937,862	27,289,924	20,955,088
应付工资		2,957,625	2,309,928	1,586,967	807,456
应付福利费		11,540,628	7,068,237	7,625,159	6,125,572
应付股利	16	2,957,094	-	2,383,024	-
应交税金	17	59,166,787	38,505,502	55,178,291	30,102,170
其他应交款		446,784	526,389	359,093	329,336
其他应付款	18	116,638,679	25,714,721	111,831,831	33,790,972
预提费用	19	8,177,301	6,463,135	3,676,746	5,960,190
预计负债		-	-	-	-
一年内到期的长期负债		30,049,500	36,000,000	30,049,500	36,000,000
其他流动负债		-	-	-	-
流动负债合计		1,160,063,202	444,619,566	465,242,910	209,304,489
长期负债					
长期借款	20		30,000,000	-	30,000,000
应付债券		-	-	-	-
长期应付款		-	-	-	-
专项应付款		-	-	-	-
其他长期负债		-	-	-	-
长期负债合计		-	30,000,000	-	30,000,000
负债合计		1,160,063,202	474,619,566	465,242,910	239,304,489
少数股东权益		101,340,094	40,357,642	-	-
股东权益					
股本	21	601,431,420	353,783,188	601,431,420	353,783,188
资本公积	22	54,261,005	89,639,324	54,261,005	89,639,324
盈余公积	23	127,558,013	44,341,271	77,866,863	32,248,619
其中:公益金		40,879,474	13,140,560	24,315,758	9,109,677
未分配利润	24	69,452,237	113,884,747	119,143,387	125,977,399
股东权益合计		852,702,675	601,648,530	852,702,675	601,648,530
负债和股东权益总计		2,114,105,971	1,116,625,738	1,317,945,585	840,953,019

现金流量表

编制单位:新疆广汇石材股份有限公司　　单位:人民币元

	合并数		母公司数	
	2001年度	2000年度	2001年度	2000年度
经营活动产生的现金流量				
销售商品、提供劳务收到的现金	2,056,820,932	743,472,324	202,962,467	174,632,205
收到的税费返还	2,057,843	-	-	-
收到的其他与经营活动有关的现金	263,525,890	17,578,467	131,708,770	132,040
现金流入小计	2,322,404,665	761,050,791	334,671,237	174,764,245
购买商品、接受劳务支付的现金	1,890,033,106	736,310,618	81,218,379	62,861,359
支付给职工及为职工支付的现金	39,106,458	18,614,343	14,165,284	10,771,773
支付的各项税费	52,478,533	21,027,063	14,323,046	9,896,318
支付的其他与经营活动有关的现金	137,851,822	7,776,953	53,051,557	11,359,295
现金流出小计	2,119,469,919	783,728,977	162,758,266	94,888,745
经营活动产生的现金流量净额	202,934,746	-22,678,186	171,912,971	79,875,500
投资活动产生的现金流量				
收回投资所收到的现金	320,000,000	986,066,188	230,000,000	616,066,188
取得投资收益所收到的现金	2,206,107	-	6,639,170	-
处置固定资产、无形资产和其他长期资产				
而收回的现金净额	-	160,000		60,000
收到的其他与投资活动有关的现金	-	-	-	-
现金流入小计	322,206,107	986,226,188	236,639,170	616,126,188
购建固定资产、无形资产和其他长期资产				
所支付的现金	57,447,778	73,871,155	49,125,569	30,741,540
投资所支付的现金	354,800,000	971,500,000	322,701,900	818,840,552
支付的其他与投资活动有关的现金	-	-	-	-
现金流出小计	412,247,778	1,045,371,155	371,827,469	849,582,092
投资活动产生的现金流量净额	-90,041,671	-59,144,967	-135,188,299	-233,455,904
筹资活动产生的现金流量				
吸收投资所收到的现金	9,000,000	356,010,918		330,010,918
借款所收到的现金	255,000,000	120,000,000	160,000,000	90,000,000
收到的其他与筹资活动有关的现金	-	2,079,423		2,079,423
现金流入小计	264,000,000	478,090,341	160,000,000	422,090,341
偿还债务所支付的现金	125,950,500	68,480,000	95,950,500	68,480,000
分配股利、利润或偿付利息所支付的现金	50,846,625	32,461,675	45,989,742	32,540,790
支付的其他与筹资活动有关的现金	-	-	-	-
现金流出小计	176,797,125	100,941,675	141,940,242	101,020,790
筹资活动产生的现金流量净额	87,202,875	377,148,666	18,059,758	321,069,551
汇率变动对现金的影响	-	-	-	-
现金及现金等价物净增加额	200,095,950	295,325,513	54,784,430	167,489,147
将净利润调节为经营活动的现金流量				
净利润	304,121,623	147,905,251	304,121,622	147,905,251
加:少数股东损益	40,212,589	12,413,729	-	-
计提的资产减值准备	15,047,926	2,856,274	1,390,526	-366,616
固定资产折旧	22,388,356	17,048,059	17,759,907	15,807,307
无形资产摊销	1,148,015	1,933,080	1,100,962	1,933,080
长期待摊费用摊销	1,451,429	-	644,762	-
待摊费用减少(减:增加)	-3,181,423	1,795,089	-19,654	2,133,602
预提费用增加(减:减少)	1,714,166	-454,182	-2,283,445	-898,476
处置固定资产、无形资产和其他长期				
资产的损失(减:收益)	150,937	88,086	27,558	88,086
固定资产报废损失	-	-	-	-
财务费用	14,209,000	3,574,572	9,910,311	3,653,687
投资损失(减:收益)	-2,050,411	-16,066,188	-251,194,579	-90,442,398
递延税款贷项(减:借项)	-	-	-	-
存货的减少(减:增加)	-200,921,129	-230,454,748	-684,762	-5,892,102
经营性应收项目的减少(减:增加)	93,587,487	-216,343,252	-39,564,960	-42,568,483
经营性应付项目的增加(减:减少)	-91,352,183	255,105,467	107,399,010	50,601,985
其他	6,408,364	-2,079,423	23,305,713	-2,079,423
经营活动产生的现金流量净额	202,934,746	-22,678,186	171,912,971	79,875,500
不涉及现金收支的投资和筹资活动				
债务转为资本	-	-	-	-
一年内到期的可转换公司债券	-	-	-	-
融资租入固定资产	-	-	-	-
现金及现金等价物净增加情况				
货币资金的期末余额	501,801,047	301,705,097	228,072,909	173,288,479
减:货币资金的期初余额	301,705,097	6,379,584	173,288,479	5,799,332
现金等价物的期末余额	-	-	-	-
减:现金等价物的期初余额	-	-	-	-
现金及现金等价物净增加额	200,095,950	295,325,513	54,784,430	167,489,147

600258　北京首都旅游股份有限公司

2001年年度报告摘要

一、公司简介

(一)公司中文名称:北京首都旅游股份有限公司

公司英文名称:BEIJING CAPITAL TOURISM CO.,LTD

公司英文名称缩写:BCTCO.,LTD

(二)公司注册地址:北京市西城区复兴门内大街51号(民族饭店四层)

公司办公地址:北京市西城区复兴门内大街51号(民族饭店四层)

邮政编码:100031

公司网址:www.bct 2000.com

电子信箱:stock@bct2000.com

(三)公司法定代表人:刘毅

(四)公司董事会秘书:王志强

董事会证券事务代表:段中鹏

联系地址:北京市西城区复兴门内大街51号(民族饭店四层证券部)

联系电话:(010)66014466-446

传真电话:(010)66019471

王志强电子信箱:wzhq@bct2000.com

段中鹏电子信箱:dzpxx@sohu.com

(五)公司信息披露的报纸名称:《中国证券报》、《上海证券报》;登载年度报告的中国证监会指定国际互联网网址:http://www.sse.com.cn/;公司年期报告备置地点:本公司证券部。

(六)公司股票上市地:上海证券交易所

股票简称:首旅股份

股票代码:600258

(七)公司的其他有关资料

1.公司变更注册时间和地址

公司于1999年2月12日在北京市工商行政管理局办理了首次登记,注册资本为16140万元;于2000年5月17日在北京市工商行政管理局办理了变更登记,注册资本由"16,140万元"变更为"23,140万元"。

公司于2000年12月6日在北京市工商行政管理局办理了变更登记,经营范围增加了三项,即"技术开发、技术咨询、技术服务"。

2.企业法人营业执照注册号:1100001520068

3.税务登记号码:110102700217243

4.公司聘请的会计师事务所为:北京京都会计师事务所有限责任公司

办公地址为:北京建国门外大街22号赛特广场五层

二、会计数据和业务数据摘要

(一)本年度会计数据摘要(单位:人民币元)

利润总额:	100,504,144.85
净利润:	77,328,536.07
扣除非经常性损益后的净利润:	46,285,827.22
主营业务利润:	334,993,289.65
其他业务利润:	--
营业利润:	58,754,634.02
投资收益:	41,503,299.94
补贴收入:	--
营业外收支净额:	246,210.89
经营活动产生的现金流量净额:	85,387,163.15
现金及现金等价物净增加额:	-110,434,964.92

(二)近三年主要会计数据和财务指标(合并报表)

项　目	2001年	2000年(调整后)	2000年(调整前)	1999年
主营业务收入(元)	1,209,063,699.54	749,706,594.11	749,706,594.11	412,259,810.37
净利润(元)	77,328,536.07	53,858,217.03	55,263,805.82	49,330,188.31
总资产(元)	1,108,321,593.39	1,098,155,513.38	1,112,324,404.68	703,709,886.13
股东权益(元)	698,330,364.26	667,190,232.08	681,206,092.92	263,113,231.11
每股收益(元/股)	0.334	0.23	0.24	0.31
(加权)	0.334	0.25	0.27	0.31
扣除非经常性损益后的每股收益(元/股)	0.20	0.21	0.21	
每股净资产(元/股)	3.02	2.88	2.94	1.63
调整后的每股净资产(元/股)	2.94	2.79	2.85	1.54
每股经营活动产生的现金流量净额(元/股)	0.37	0.23	0.23	0.40
净资产收益率(%)	11.07%	8.07%	8.11%	18.75%

(三)根据中国证监会关于发布《公开发行证券公司信息披露编报规则》第9号通知精神,公司2000年按全面摊薄和加权平均法计算的净资产收益率及每股收益。

报告期内利润	净资产收益率(%)		每股收益(元)	
	全面摊薄	加权平均	全面摊薄	加权平均
主营业务利润	47.97	47.46	1.45	1.45
营业利润	8.41	8.32	0.25	0.25
净利润	11.07	10.96	0.33	0.33
扣除非经常性损益后的净利润	6.63	6.56	0.20	0.20

(四)本年度内股东权益的变动情况:

项目	股本	资本公积	法定盈余公积金	法定公益金	未分配利润	股东权益
年初数	23140000.00	413747566.57	10872990.14	10872990.14	296685.23	667190232.08
本期增加	-	91596.11	8780261.04	8780261.04	77328536.07	94980654.26
本期减少	-	-			63840522.08	63840522.08
年末数	23140000.00	413839162.68	19653251.18	19653251.18	13784699.22	698330364.26

变动原因:

(1)本期股本总数未发生变化。

(2)资本公积增加,为本公司所投资企业无法支付的款项和接受捐赠等,在本公司形成股权投资准备所致。

(3)盈余公积及公益金增加,为公司本年度利润分配提取所致。

(4)未分配利润增加,为本年度利润未分配留存所致。

(5)股东权益增加,为公司本年度利润未分配留存所致。

三、股本变动及股东情况

(一)股份变动情况表

股本数量单位:万股

	本次变动前	本次变动增减(十,一)						本次变动后
		配股	送股	公积金转股	增发	其他	小计	
一、未上市流通股份:								
1、发起人股	16140							16140
其中:								
国家持有股份	16000							16000
境内法人持有股份	140							140
境外法人持有股份								
其他								
2、募集法人股份	2600					-2600	-2600	
3、内部职工股								
4、优先股或其他								
未上市流通股份合计	18740							16140
二、已上市流通股份								
1、人民币普通股	4400					2600		7000
2、境内上市的外资股								
3、境外上市的外资股								
4、其他								
已上市流通股份合计	4400					2600		7000
三、股份总数	23140					0		23140

注:表中募集法人股份2600万股系公司向战略投资者配售股,分别在2001年5月11日上市500万股和2001年11月13日上市2100万股,共计2600万股,公司股份总数未发生变化。

(二)股票发行与上市情况

公司于2000年4月21日至23日采用向法人配售的方式向社会公众公开发行人民币普通股4000万股(其中向基金配售1400万股)和5月8日利用上海证券交易所股票发行系统以上网定价的方式向社会公众公开发行人民币普通股3000万股,并于2000年6月1日上市交易。公司社会公众股总数为7000万股,2000年6月1日上市交易的股份为3700万股;2000年12月1日,向基金配售股份700万上市交易;2001年5月11日,向战略投资者配售的500万股上市交易;2001年11月13日,向战略投资者配售的2100万股上市交易。至本报告期,公司向战略投资者配售股份已全部上市交易,公司上市交易股份共7000万股。

(三)股东情况介绍

(1)报告期末内本公司共有34808名股东。

(2)本公司主要股东及持股股数(前十名)

序号	股东名称	期末持股数(股)	持股比例(%)	备注
1	北京首都旅游集团有限责任公司	160000000	69.14	发起人股
2	桂林旅游发展总公司	2130000	0.92	
3	上海汽车股份有限公司	1964900	0.85	
4	中机电投资有限公司	1906540	0.82	
5	北京锦绣大地农业股份有限公司	1900000	0.82	
6	中国经济技术投资担保有限公司	1800000	0.78	
7	景宏基金	1139160	0.49	
8	景福基金	951000	0.41	
9	北京王府井百货(集团)股份有限公司	700000	0.30	
10	兴业基金	406200	0.18	

注:

(1)报告期内本公司控股股东未发生变更。

(2)报告期内本公司持股5%以上的股东未发生质押、冻结情况。

(3)报告期内本公司前十名股东不存在关联关系。

(4)北京首都旅游集团有限责任公司为持有本公司69.14%股份的法人股东。该公司为国有独资企业,法定代表人为段强。其经营范围是:受市政府委托对国有资产进行经营管理;项目投资;饭店管理;信息咨询;旅游资源开发;旅游服务;房地产项目开发;商品房销售。

四、董事、监事、高级管理人员和员工情况

(一)基本情况

姓名	性别	年龄	职务	任期起止日期	年初持股数	年末持股数
刘毅	男	42	董事长	1999.2.8–2002.2.7	0	0
隋宏	男	58	副董事长	2000.11.16–2002.2.7	0	0
杨华	男	42	董事 总经理	2000.7.24–2002.2.7	0	0
王志强	男	47	董事 董事会秘书 副总经理	1999.2.8–2002.2.7	0	0
王坚	男	49	董事 副总经理	1999.2.8–2002.2.7	0	0
赵五一	男	52	董事 总会计师	1999.2.8–2002.2.7	0	0
王诚	男	49	董事	1999.2.8–2002.2.7	0	0
韩凤岐	男	53	董事	1999.2.8–2002.2.7	0	0
陆二勇	男	51	董事	1999.2.8–2002.2.7	0	0
陈秋生	男	46	董事	1999.2.8–2002.2.7	0	0
周和平	男	47	董事	1999.2.8–2002.2.7	0	0
陆致成	男	54	董事	1999.2.8–2002.2.7	0	0
姜俊贤	男	52	董事	1999.2.8–2002.2.7	0	0
王慕曾	男	59	监事召集人	1999.2.8–2002.2.7	0	0
刘建生	男	47	监事	1999.2.8–2002.2.7	0	0
李欣	女	31	监事	1999.2.8–2002.2.7	0	0
刘寿延	男	52	党委副书记 工会主席	2000.3–2002.2.7	0	0

(二)年度报酬情况

1、公司董事、监事和高级管理人员的报酬是按照公司提出的工资成本进入公司全年预算,经公司董事会审议,并获股东大会批准生效。在公司领取报酬的前三名董事,同时也是公司的高级管理人员,其报酬总额分别为165000元、103400元、96600元。

(2)本报告期内董事、监事及高级管理人员的年度报酬情况(按实际任职月份发放计算)。

报酬区间(人民币)	人数
40000–50000	1
90000–100000	6
100001–110000	1
160000–170000	1

未在本公司领取报酬的董事、监事有:陆致成、陈秋生、周和平、姜俊贤、王诚、韩凤岐、陆二勇、王慕曾。

(3)本报告期内没有董事、监事、高级管理人员离任。

3、公司员工数量、专业构成、教育程度及退休职工人数情况

截至2001年12月31日,公司员工共2278人。其中,35岁以下员工881人,占总人数的38.67%;管理人员235人,销售人员489人,财务人员125人,其他专业技术人员及生产人员1429人;大专以上文化程度的员工969人,占总人数的42.54%;退休人员251人,占总人数的11.02%。

五、公司治理结构

(一)公司从改制上市以来,严格按照中国证监会发布的有关上市公司治理的规范性文件执行,公司的治理的实际状况与中国证监会所发文件要求基本上不存在差异。

(二)公司在本报告期未设立独立董事制度。

(三)公司与控股股东在业务、人员、资产、机构、财务等方面做到了分开,实行了业务独立、人员独立、资产完整、机构完善、财务独立。

(1)公司在劳动人事及工资管理等方面独立;总经理、副总经理等高级管理人员均在公司领取薪酬。

(2)在资产方面拥有独立经营、完整的资产。

(3)在财务方面,设立了独立的财务部门,并建立了独立的会计核算体系和财务管理制度,在银行拥有独立帐户。

(4)在业务方面实行了独立经营,按照有关法律、法规的规定,实行自主经营。

(5)在机构方面,公司按照法律、法规设立公司的要求,建立了完备的法人治理结构。

(四)公司在报告期内实行对高级管理人员的考评及激励机制及相关的奖励制度。公司在对高管理人员进行考核时,体现经营管理者的风险收入与经营业绩相结合的原则,建立较为科学的指标考核体系。公司根据考核结果实施奖励。

六、股东大会情况简介

(一)本报告期公司于2001年4月18日上午9:00在北京展览馆多功能厅召开2000年度股东大会。本次会议通知刊登在2001年3月15日的《中国证券报》和《上海证券报》上;出席本次股东大会的股东6人,代表股份161,403,500股,占总股本的69.75%,符合《公司法》、《公司章程》及《上市公司股东大会规范意见》(2000年修订)的有关规定。股东大会的召集、召开合法、有效。公司律师就股东大会的合法性出具了法律意见书。

(二)会议以记名投票方式分别合法有效地通过了如下决议:《2000年度公司董事会工作报告》;《2000年度公司财务决算方案》;《2001年度公司财务预算方案》;审议通过了《2000年度公司利润分配预案》;《公司2000年年度报告》;《关于用募股资金增资北京市旅游广告有限责任公司的提案》;《关于聘用北京京都会计师事务所的提案》;《2000年度公司监事会工作报告》。会议决议公告于2001年4月19日刊登在《中国证券报》和《上海证券报》上。

(三)本报告期内没有选举、更换董事、监事情况。

七、董事会报告

(一)公司经营情况

1.主营业务的范围及其经营状况

本公司属旅游行业。公司主营项目投资与管理;饭店经营与管理;旅游服务;旅游产品开发、销售;出租汽车客运;承办展览展示活动;餐饮服务;设计、制作、代理、发布国内及外商来华广告;技术开发、技术服务、技术咨询。其中饭店经营与管理、展览展示业务和旅行社业务的经营规模和经济效益在全国同行业中都处较为领先地位。

2、公司经营的产品或提供服务的占公司业绩的比例状况

本公司在报告期内实现主营业务收入120,906.37万元,比上年增长61.27%;实现主营业务利润33,499.33万元,比上年增长14.43%。其中酒店业务实现主营业务收入26,963.52万元,占本公司主营业务收入的22.30%,实现主营业务利润22,844.09万元;旅游服务业务实现主营业务收入88,307.83万元,占本公司主营业务收入的73.04%,比上年增长94.78%,实现主营业务利润5,707.79万元,比上年增长42.87%;展览广告业务实现主营业务收入5,635.02万元,占本公司主营业务收入的4.66%,比上年增长140.46%,实现主营业务利润4,947.45万元,比上年增长166.07%。

3、公司主要全资附属企业及控股子公司经营情况及业绩

公司名称	公司性质	控股比例	主营业务收入	主营业务利润
北京首都旅游股份有限公司民族饭店分公司	分公司		93,657,849.32	77,083,904.00
北京首都旅游股份有限公司燕京饭店分公司	分公司		47,489,808.00	41,514,839.13
北京首都旅游股份有限公司北展展览分公司	分公司		45,552,443.25	42,952,019.08
北京首都旅游股份有限公司物业管理分公司	分公司		2,063,432.82	1,949,944.04
北京神舟国际旅行社集团有限公司	子公司	83.6%	882,778,568.88	56,932,979.43
北京市京伦饭店有限责任公司	子公司	54%	126,424,060.22	107,892,224.02
北京市旅游广告有限责任公司	子公司	95%	10,797,791.05	6,522,452.22
北京市吉日礼仪庆典有限责任公司	子公司	80%	299,746.00	144,927.73

4、公司经营中出现的问题与困难及解决方案

目前,公司仍然以旅游经营为主业,面对我国加入WTO,必将给使公司经营市场竞争加剧,同时公司存在资产结构较单一,流动性不够强的状况。面对这些问题,一年来公司继续坚持"面向世界的旅游,面向旅游的高科技"为发展方向,坚持以"旅游、会展、高科技"三大主业格局,进一步加强了企业内部管理,全面提高服务质量。2001年公司全面通过了ISO9000和ISO14000的质量体系认证,使公司的服务质量上了新台阶。此外,为提高资产的流动性,公司加大了资本运营的力度,转让了持有燕京饭店的部分股权,加大了关联产业的联合,使公司在资本运作方面开创了新的局面。

(二)公司财务状况

1、公司财务状况

项目	2001年12月31日	2000年12月31日	增长比例(%)
总资产	1,108,321,593.39	1,098,155,513.38	0.93
长期负债	93,609,542.70	93,609,542.70	-
股东权益	698,330,364.26	667,190,232.08	4.67
主营业务利润	334,993,289.65	292,756,906.11	14.43
净利润	77,328,536.07	53,858,217.03	43.58

2、公司财务状况及变动的主要原因:

(1)总资产:本年增加1,016.61万元,主要是公司盈利所致。

(2)长期负债:本年与上年一致。

(3)股东权益:本年增加3,114.01万元,主要因为公司赢利所致。

(4)主营业务利润:本年增加4,223.64万元,主要是因为营业收入增加所致。

(5)净利润:本年增加2,347.03万元,主要是因为出售燕京饭店股权,投资收益增加所致。

(三)公司投资情况

1、募股资金使用情况

2000年4月底,本公司向社会公众发行A股股票7,000万股,股票发行收入总额为41,090万元,扣除发行费用1,271万元,共募集资金39,819万元。至2000年12月31日募股资金已使用38,619万元。尚未使用的募股资金为1,200万元在报告期内使用完毕。

2000年4月18日的2000年度股东大会审议通过了《关于用募股资金增资北京市旅游广告有限责任公司的提案》。

公司以原募集资金1200万元按1:6.077比例参与北京市旅游广告有限责任公司的增资,以增加该公司户外广告媒体的数量和加强广告策划、设计与制作力量,并于2001年7月11日办理完工商变更手续。增资后,该广告公司注册资本由208万元增加到1471万元,公司仍持有该广告公司95%的股份,北京京城水系旅游开发有限公司持有广告公司0.71%的股份,新增股东北京建国国际酒店管理有限公司持有广告公司4.29%的股权。增资后,广告公司在广告策划、设计与制作方面的力量得到了加强,户外广告媒体的数量也增加了20%,取得了较好的经营业绩,2001年,广告公司主营业务收入、利润总额和净利润分别比上年增加22.4%、60.12%和47.63%。

2、非募股资金投资情况

(1)2001年8月22日,公司以403.29万元自有资金参与增资北京胡同文化游览有限公司,占该公司注册资本的34%,为相对控股股东。该公司的经营范围包括:旅游服务、旅游产品开发、销售,组织胡同文化参观、人力三轮车客运服务、游览,餐饮、住宿、娱乐、摄影服务,工艺美术品、宝石的加工、批发与零售,日用百货的批发、零售,物业管理等,信息咨询。组织海外游客游览北京胡同是由该公司首次创意并实施的,该公司目前在北京胡同游览市场份额中处于主导地位。

(四)新年度的业务发展计划

新一年,首旅股份将进一步转变观念,以崭新的面貌迎接新的机遇和挑战。以发展为主题,继续完善法人治理结构,加强管理,积极推进资产结构的调整,确保公司在新的一年中在各个方面得到健康稳定的发展。

(五)董事会日常工作情况

1.报告期内董事会的会议情况及决议内容

(1)2001年3月13日,在北京民族饭店公司召开了第一届董事会第七次会议。会议审议通过了2000年度公司经营情况报告;2000年度公司财务决算方案和2001年度财务预算方案;2000年度利润分配预案和2001年度利润分配计划;2000年度公司董事会工作报告;公司2000年度报告正文及摘要;关于用募股资金增资北京市旅游广告有限责任公司的决议;关于聘用北京京都会计师事务所公司的决议;关于选举隋宏先生为公司副董事长的决议;关于召开2000年度公司股东大

会的决议。

(2)2001年8月14日，在北京民族饭店，公司召开了第一届董事会第八次会议。会议审议通过了2001年度中期报告；关于计提公司四项资产减值准备的决议；北京首都旅游股份有限公司董事会议事规则。

(3)2001年10月10日，在北京民族饭店公司召开了第一届董事会第九次会议。会议审议通过了关于组建北京燕京饭店有限责任公司的决议；关于变更设立北京首都旅游股份有限公司物业管理分公司的决议。

(4)2001年11月30日，在北京民族饭店公司召开了第一届董事会第十次会议。会议审议通过了关于转让北京燕京饭店有限责任公司部分股权的议案；北京证管办辖区上市公司规范运作自查问卷；关于公司总经理变更的决议；关于公司部分董事变更的决议；关于与海航酒店(集团)有限公司共同设立"幸运假期酒店管理有限责任公司"的决议。

以上会议决议公告均刊登于《中国证券报》、《上海证券报》上。

2、董事会对股东大会决议的执行情况

公司董事会向股东大会负责，认真执行股东大会的各项决议：

(1)完成了2001年度公司财务预算。

(2)实施了2000年度利润分配方案。以2000年12月31日的总股本23,140万股为基数，向公司全体股东每10股派发现金红利人民币1.90元(含税)，共计分配利润总额为43,966,000.00元，剩余296,685.23元结转下一年度。

(3)用募股资金向北京市旅游广告有限责任公司增资了1200万元。

(4)聘用了具有从事证券业务资格的北京京都会计师事务所进行会计报表审计、净资产验证及其他相关的咨询服务等业务。

3、本次利润分配预案

(1)本年度利润分配预案：

经北京京都会计师事务所审计，2001年度公司实现净利润77,328,536.07元，按规定提取法定公积金8,780,261.04元，按规定提取法定公益金8,780,261.04元，加上上年结转未分配利润296,685.23元，本次可供股东分配利润60,064,699.22元。

董事会提议以2001年总股本23140万股为基数，向全体股东按每10股派现金股利2.00元人民币(含税)，可分配利润支出总额为46,280,000.00元，剩余13,784,699.22元结转下年度。

以上分配预案将提交公司2001年度股东大会审议。

(2)预计2002年利润分配政策

①公司拟在2002年度分配不少于一次；

②2002年度分配主要采用派现形式，现金股息计划不少于可供股东分配利润的50%，具体分配办法董事会将根据实际情况拟定预案，由股东大会决定。

八、监事会报告

2001年度，公司监事会严格遵循有关法律、法规及《公司章程》的规定，认真履行职责。本报告期，监事会共召开了三次会议，列席了第一届董事会第七、八、九、十次会议，出席了公司2001年度股东大会。

(一)监事会本报告期内会议召开情况及通过的决议

(1)2001年3月13日召开第四次会议，会议审议通过《监事会2000年度工作报告》;《关于对用募集资金增资北京市旅游广告有限责任公司审查意见的报告》。会议决议公告刊登于2001年3月15日《中国证券报》和《上海证券报》上。

(2)2001年8月14日召开第五次会议，会议审议通过《公司2001年度中期报告及摘要》;《公司监事会议事规则》。会议决议公告刊登于2001年8月16日《中国证券报》和《上海证券报》上。

(3)2001年11月30日召开第六次会议，审议通过《北京证管办辖区上市公司规范运作自查问卷》。会议决议公告刊登于2001年12月1日《中国证券报》和《上海证券报》上。

(二)监事会对公司以下有关事项发表了独立意见

(1)公司依法运作情况。

2001年公司继续完善内部控制制度，决策程序均严格遵循《公司法》、《证券法》、《上市规则》和《公司章程》及其他有关法规制度的规定，董事会遵照并执行股东大会的各项决议。公司董事和高级管理人员自觉遵守法律、法规，忠诚敬业，在执行职务过程中未发现有违反法律、法规、公司章程或损害公司利益的行为。年度内公司无重大诉讼事项发生。

(2)公司财务情况。

监事会对公司财务制度及财务管理情况进行了认真细致的检查，认为2001年度财务决算报告真实反映公司当期的经营结果和财务状况，圆满完成了年初股东大会通过的盈利预测指标。北京京都会计师事务所出具了无保留意见的审计报告。

(3)公司最近一次募集资金实际投入项目情况。

公司2001年6月完成了用募集资金1200万元增资北京市旅游广告有限责任公司的项目。至此，公司已将2000年6月上市募集的39,819万元资金全部投入项目中。

(4)公司收购、出售资产事项。

监事会认真审查了公司转让持有的北京燕京饭店有限责任公司60%股权的协议书，及北京京都会计师事务所有限责任公司出具的审计报告，认为本次交易价格遵循公平交易、市场价格为准，没有内部交易行为，没有损害股东权益和造成公司资产流失的情况。

(5)关联交易事项。

公司与控股股东之间的关联交易公平，程序合法，交易价格原则上未偏离市场独立第三方的价格，未发现有损害股东利益的行为。

九、重要事项

(一)重大诉讼、仲裁事项

本报告期公司无重大诉讼、仲裁事项。

(二)公司董事及高级管理人员受监管部门处罚的情况

本报告期公司、公司董事及高级管理人员无受监管部门处罚的情况。

(三)重大关联交易事项

本报告期内公司无重大的关联交易事项。

(四)收购、出售资产事项

本报告期内公司将持有北京燕京饭店有限责任公司60%的股权分别转让给海航酒店(集团)有限公司及中国新华航空有限责任公司各30%。本次资产的出售对公司的持续经营及2001年的利润完成情况没有影响。详细情况见2001年12月1日在《中国证券报》和《上海证券报》上披露的第一届董事会第十次会议的决议公告。

(五)会计师事务所

本报告期内聘用北京京都会计事务所为财务审计机构，审计费用为85万元人民币。

(六)关于所得税事项

由于上市公司所得税返还政策自2002年1月1日终止。此后，公司将按照国家新的规定缴纳企业所得税，这将对公司部分财务指标有一定的影响。

(七)加入WTO的影响

中国加入WTO后，与本公司相关的主要条款是旅行社和旅游经营者的市场准入限制和国民待遇限制。对本公司的相关业务如中国公民出境游没有影响，对入境游和国内游市场有所冲击。本公司将积极采取相关措施应对加入WTO所带来的变化。

十、财务报告

1、审计报告

北京京都会计师事务所中国注册会计师童登书、何德明对本公司报告期财务报告进行了审计，并出具无保留意见的审计报告。

审 计 报 告

北京京都审字(2002)第0168号

北京首都旅游股份有限公司全体股东：

我们接受委托，审计了北京首都旅游股份有限公司(以下简称贵公司)二〇〇一年十二月三十一日公司及合并资产负债表、二〇〇一年度公司及合并利润表、利润分配表和现金流量表。这些会计报表由贵公司负责，我们的责任是对这些会计报表发表审计意见。我们的审计是根据《中国注册会计师独立审计准则》进行的。在审计过程中，我们结合贵公司实际情况，实施了包括抽查会计记录等我们认为必要的审计程序。

我们认为，上述会计报表的编制符合《企业会计准则》及《股份有限公司会计制度》的有关规定，在所有重大方面公允地反映了贵公司二〇〇一年十二月三十一日的财务状况和二〇〇一年度的经营成果和现金流量情况，会计处理方法的选用遵循了一贯性原则。

北京京都会计师事务所有限责任公司 **中国注册会计师**

童登书

北京建国门外大街22号赛特广场五层 **中国注册会计师**

何德明

二〇〇二年二月十日

2、会计报表(附后)

3、会计报表附注

(1)会计政策、会计估计的变更

本公司原执行《股份有限公司会计制度》。根据财政部财会字(2000)25号、财会字(2001)17号文的有关规定，本公司自2001年1月1日起执行《企业会计制度》及其补充规定，并改变以下会计政策：

①开办费原按五年期限摊销，现改为生产经营当月起一次计入当期损益；

②期末固定资产原按账面价值计价，现改为按账面价值与可收回金额孰低计价，对可收回金额低于账面价值的差额，计提固定资产减值准备；

③期末在建工程原按账面价值计价，现改为按账面价值与可收回金额孰低计价，对可收回金额低于账面价值的差额，计提在建工程减值准备；

④期末无形资产原按账面价值计价，现改为按账面价值与可收回金额孰低计价，对可收回金额低于账面价值的差额，计提无形资产减值准备。

本公司开办费会计政策的变更，采用未来适用法；固定资产、在建工程、无形资产减值准备采用追溯调整法进行调整。

本公司由于计提固定资产减值准备，调整了2001年年初留存收益及相关项目期初数；利润表、利润分配表2000年度数栏，已按调整后数字填列。上述会计政策变更的累积影响数为3,362,418.37元，其中固定资产计价方法变更的累积影响数为3,652,079.70元，因计提固定资产减值准备折旧累积影响数为-289,661.33元。由于会计政策变更，调减了2000年年度净利润1,405,588.79元，调减了2001年年初留存收益3,209,387.91元，其中，未分配利润调减2,547,192.11元，盈余公积调减662,195.80元。利润分配表2000年年初未分配利润调减1,443,039.30元。

(2)重大会计差错的更正

①本公司控股子公司－北京神舟国际旅行社集团有限公司，在编制2000年度会计报表时，未弥补以前年度累计亏损而按当年实现的净利润计提盈余公积。本公司编制2000年度合并会计报表时，据此多补提子公司盈余公积1,367,151.60元。本公司已对2000年度的会计处理予以更正，由此，调增了2001年年初未分配利润1,367,151.60元，调减了2001年年初盈余公积1,367,151.60元。

②本公司联营企业—北京首都旅游汽车集团股份有限公司2000年度实施增资扩股，本公司2000年度权益法核算时多计股权投资准备10,806,472.93元。本公司已对2000年度的会计处理予以更正，由此，调减了2001年年初资本公积10,806,472.93元，调减了长期股权投资10,806,472.93元。

利润分配表

编制单位:北京首都旅游股份有限公司　　单位:人民币元

项　目	附注	2001年度		2000年度	
		合并数	母公司	合并数	母公司
一、净利润		77,328,536.07	77,353,186.42	53,858,217.03	53,678,290.10
加:年初未分配利润		296,685.23	1,636,390.26	2,564,951.20	2,659,758.18
其他转入					
二、可供分配的利润		77,625,221.30	78,989,576.68	56,423,168.23	56,338,048.28
减:提取法定盈余公积		8,780,261.04	7,735,318.64	6,080,241.50	5,367,829.01
提取法定公益金		8,780,261.04	7,735,318.64	6,080,241.50	5,367,829.01
三、可供股东分配的利润		60,064,699.22	63,518,939.40	44,262,685.23	45,602,390.26
减:应付优先股股利					
提取任意盈余公积					
应付普通股股利		46,280,000.00	46,280,000.00	43,966,000.00	43,966,000.00
转作股本的普通股股利					
四、未分配利润		13,784,699.22	17,238,939.40	296,685.23	1,636,390.26

资产负债表

编制单位:北京首都旅游股份有限公司　　单位:人民币元

项　目	附注	2001年12月31日		2000年12月31日	
		合并数	母公司	合并数	母公司
流动资产:					
货币资金	6.01	186,228,485.36	64,148,709.76	296,663,450.28	179,661,599.23
短期投资	6.02	86,821,215.20	77,821,215.20	21,580.00	
应收票据	6.03	1,365,089.43		682,165.11	
应收股利					1,409,326.50
应收账款	6.04	67,317,668.81	1,553,390.74	69,527,505.52	1,613,424.12
其他应收款	6.05	58,566,225.67	53,036,304.32	8,219,534.22	4,012,747.35
预付账款	6.06	10,422,658.77		10,729,935.58	
应收补贴款					
存货	6.07	17,194,878.67	2,330,943.66	16,997,127.06	2,731,537.37
待摊费用	6.08	949,639.96	64,730.00	10,631,168.56	49,026.34
一年内到期的长期债权投资					
其他流动资产					
流动资产合计		428,865,861.87	198,955,293.68	413,472,466.33	189,477,660.91
长期投资:					
长期股权投资	6.09	211,092,910.57	336,932,899.13	187,856,128.68	294,518,052.89
长期债权投资					
长期投资合计		211,092,910.57	336,932,899.13	187,856,128.68	294,518,052.89
固定资产:					
固定资产原价	6.1	842,328,385.49	572,642,319.53	787,677,214.58	519,459,958.33
减:原计折旧	6.1	403,268,961.79	210,626,994.13	462,651,096.63	287,761,537.32
固定资产净值	6.1	439,059,423.70	362,015,325.40	325,026,117.95	231,698,421.01
减:固定资产减值准备	6.1	2,991,460.67	2,226,308.37	3,652,079.70	2,886,927.40
固定资产净额		436,067,963.03	359,789,017.03	321,374,038.25	228,811,493.61
工程物资					
在建工程	6.11	4,425,280.47	4,425,280.47	152,194,814.85	152,194,814.85
固定资产清理				22,148.04	22,148.04
固定资产合计		440,493,243.50	364,214,297.50	473,591,001.14	381,028,456.50
无形及其他资产:					
无形资产	6.12	13,374,366.04		13,745,018.20	
长期待摊费用	6.13	8,595,211.41	3,937,939.03	4,790,899.03	964,423.32
其他长期资产	6.14	5,900,000.00		4,700,000.00	
无形及其他资产合计		27,869,577.45	3,937,939.03	23,235,917.23	964,426.32
资产总计		1,108,321,593.39	904,040,429.34	1,098,155,513.38	865,988,593.62
流动负债:					
短期借款	6.15	30,000,000.00		40,000,000.00	
应付票据				8,880,000.00	
应付账款	6.16	95,835,329.22	9,249,833.64	107,541,355.96	12,298,325.25
预收账款	6.17	11,967,439.60	7,180,521.67	7,124,278.85	4,050,902.00
应付工资	6.18	8,296,647.51	2,616,957.24	6,998,100.04	1,872,927.80
应付福利费		7,360,364.17	4,782,959.61	5,012,008.76	3,107,563.54
应付股利	6.19	46,280,000.00	46,280,000.00	43,966,000.00	43,966,000.00
应交税金	6.20	9,021,540.78	3,904,229.70	16,130,454.95	8,769,995.10
其他未交款	6.21	100,597.81	102,569.70	180,828.77	152,919.88
其他应付款	6.22	40,088,075.28	27,828,064.94	52,041,073.04	35,010,933.68
预提费用	6.23	9,028,534.23	6,218,778.94	3,689,599.73	
预计负债	6.24	7,952,705.00	7,952,705.00		
一年内到期的长期负债					
其他流动负债					
流动负债合计		265,931,233.60	116,116,620.44	291,563,700.10	109,229,567.25
长期负债:					
长期借款	6.25	89,785,892.70	89,785,892.70	89,785,892.70	89,785,892.70
应付债券					
长期应付款					
专项应付款					
其他长期负债		3,823,650.00		3,823,650.00	
长期负债合计		93,609,542.70	89,785,892.70	93,609,542.70	89,785,892.70
负债合计		359,540,776.30	205,902,513.14	385,173,242.80	199,015,459.95
少数股东权益		50,450,452.83		45,792,038.50	
所有者权益:					
股本	6.26	231,400,000.00	231,400,000.00	231,400,000.00	231,400,000.00
资本公积	6.27	413,839,162.68	413,839,162.68	413,747,566.57	413,747,566.57
盈余公积	6.28	39,306,502.36	35,659,814.12	21,745,980.28	20,189,176.84
其中:公益金	6.28	19,653,251.18	17,829,907.06	10,872,990.14	10,094,588.42
未分配利润	6.29	13,784,699.22	17,238,939.40	296,685.23	1,636,390.26
所有者权益合计		698,330,364.26	698,137,916.20	667,190,232.08	666,973,133.67
负债及所有者权益总计		1,108,321,593.39	904,040,429.34	1,098,155,513.38	865,988,593.62

利　润　表

编制单位:北京首都旅游股份有限公司　　单位:人民币元

项　目	附注	2001年度		2000年度	
		合并数	母公司	合并数	母公司
一、主营业务收入	6.3	1,209,063,699.54	188,763,533.39	749,706,594.11	166,241,841.73
减:主营业务成本	6.31	852,555,950.01	14,963,536.20	438,782,667.84	13,183,066.35
主营业务税金及附加	6.32	21,514,459.88	10,299,290.94	18,167,020.16	8,978,404.41
二、主营业务利润		334,993,289.65	163,500,706.25	292,756,906.11	144,080,370.97
加:其他业务利润					
减:营业费用		104,775,565.03	47,894,767.88	98,679,761.81	52,896,503.11
管理费用		167,143,462.92	71,156,503.57	123,402,881.12	50,482,892.50
财务费用	6.33	4,319,627.68	1,433,503.69	1,692,897.60	1,301,001.07
三、营业利润		58,754,634.02	43,015,931.11	68,981,365.58	39,399,974.29
加:投资收益	6.34	41,503,299.94	45,557,650.52	11,359,882.30	23,594,197.09
补贴收入					
营业外收入	6.35	867,024.55	411,157.73	8,843,428.14	8,655,401.28
减:营业外支出	6.36	620,813.66	220,488.72	3,252,986.92	1,622,280.20
四、利润总额		100,504,144.85	88,764,250.64	85,931,689.10	70,027,292.46
减:所得税		20,646,175.82	11,411,064.22	26,498,194.60	16,349,002.36
少数股东本期收益		2,529,432.96		5,575,277.47	
五、净利润		77,328,536.07	77,353,186.42	53,858,217.03	53,678,290.10

现金流量表

编制单位:北京首都旅游股份有限公司　　单位:人民币元

项　目	附注	合并数	母公司
一、经营活动产生的现金流量:			
销售商品、提供劳务收到的现金		1,160,339,282.85	191,651,510.40
收到的税费返还		11,141,842.33	11,141,842.33
收到的其他与经营有关的现金	6.37	85,280,273.55	59,186,783.97
现金流入小计		1,256,761,398.73	261,980,136.70
购买商品、接受劳务支付的现金		808,762,861.47	18,112,212.74
支付给职工以及为职工支付的现金		99,708,905.78	39,251,910.02
支付的各项税费		73,664,395.31	48,876,672.52
支付的其他与经营活动有产的现金	6.38	189,238,073.02	102,395,681.95
现金流出小计		1,171,374,235.58	208,636,477.23
经营活动产生的现金流量净额		85,387,163.15	53,343,659.47
二、投资活动产生的现金流量:			
收回投资所收到的现金		185,428,966.75	131,322,784.24
取得投资收益所收到的现金		14,763,225.22	17,349,712.71
处置固定资产、无形资产和长期资产收回的现金净额		648,588.12	565,359.00
收到的其他与投资活动有关的现金	6.39	2,390,681.79	
现金流入小计		203,231,461.88	149,237,855.95
购建固定资产、无形资产和其他长期资产支付的现金		114,847,944.25	97,645,058.78
投资所支付的现金		219,977,865.20	171,855,300.59
支付的其他与投资活动有关的现金	6.4	3,160,545.52	3,160,545.52
现金流出小计		337,986,354.97	272,660,904.89
投资活动产生的现金流量净额		-134,754,893.09	-123,423,048.94
三、筹资活动产生的现金流量:			
吸收投资收到的现金		3,942,321.30	
借款收到的现金		150,000,000.00	105,000,000.00
收到的其他与筹资活动有关的现金			
现金流入小计		153,942,321.30	105,000,000.00
偿还债务所支付的现金		160,000,000.00	105,000,000.00
分配股利、利润或偿付利息所支付的现金		55,387,945.65	45,433,500.00
支付的其他与筹资活动有关的现金			
现金流出小计		215,387,945.65	150,433,500.00
筹资活动产生的现金流量净额		-61,445,625.35	-45,433,500.00
四、汇率变动对现金的影响		378,389.37	
五、现金流量净增加额		-110,434,964.92	-115,512,889.47
附注:			
1、将净利润调节为经营的现金流量			
净利润		77,328,536.07	77,353,186.42
加:少数股东本期收益		2,529,432.96	
计提的资产减值准备		99,398.25	27,619.72
固定资产折旧		42,468,421.32	23,424,211.88
无形资产摊销		370,652.16	
长期待摊费用摊销		2,394,956.84	1,040,904.91
待摊费用的减少(减增加)		9,681,528.60	-15,703.66
预提费用的增加(减减少)		4,970,609.94	5,850,454.38
处置固定资产、无形资产和其他长期资产的损失(减收益)		110,624.45	106,814.65
固定资产报废损失		49,901.12	49,019.32
财务费用		5,631,263.80	1,467,500.00
投资损失(减收益)		-41,503,299.94	-45,557,650.52
递延税款贷项(减借项)			
存货的减少(减增加)		-197,751.61	400,593.71
经营性应收项目的减少(减增加)		-48,346,904.06	4,550,586.82
经营性应 项目的增加(减减少)		29,799,793.25	-15,353,878.16
其他			
经营活动产生的现金流量净额		85,387,163.15	53,343,659.47
2、不涉及现金收支的投资和筹资活动			
债务转为资本			
一年内到期的可转换公司债券			
融资租入固定资产			
3、现金及现金等价物净增加情况			
货币资金的期末余额		186,228,485.36	64,148,709.76
减:货币资金的期初余额		296,663,450.28	179,661,599.23
加:现金等价物的期末余额			
减:现金等价物的期初余额			
现金及现金等价物净增加额		-110,434,964.92	-115,512,889.47

600260 湖北凯乐新材料科技股份有限公司

2001 年年度报告摘选

一、公司基本情况简介

(一)公司法定中、英文名称及缩写:
1、中文名称:湖北凯乐新材料科技股份有限公司
2、英文名称:KAILE NEW MATERIAL SCIENCE AND TECHNOLOGY CO. LTD. HUBEI
3、英文名称缩写:KAILE SCIENCE AND TECHNOLOGY
(二)公司法定代表人:朱弟雄
(三)公司董事会秘书及证券事务代表的姓名、联系地址、电话、传真:
1、董事会秘书:陈杰
2、董事会证券事务代表:王政　　罗忠杰
3、联系地址:湖北省公安县斗湖堤镇城关
4、联系电话:0716－5224433　　0716－5237491
5、传　　真:0716－5224433
(四)公司注册地址、办公地址、邮政编码、国际互联网网址及电子信箱:
1、注册及办公地址:湖北省公安县斗湖堤镇城关
2、邮政编码:434300
3、国际互联网网址:http://www.kaile.com.cn
4、电子信箱:kailegroup@163.net
(五)公司选定的信息披露报纸名称、登载公司年报的中国证监会指定国际互联网网址、公司年度报告备置地点:
1、信息披露报纸名称:《中国证券报》、《上海证券报》、《证券时报》
2、中国证监会指定的国际互联网网址:http://www.sse.com.cn
3、年度报告备置地点:公司证券部
(六)公司股票上市交易所、股票简称和股票代码:
1、上市交易所:上海证券交易所
2、股票简称:凯乐科技
3、股票代码:600260

二、会计数据及业务数据摘要

(一)本年度主要利润指标情况(单位:人民币元)

项　目	金　额
利润总额	105,268,549.28
净利润	90,506,409.25
扣除非经常性损益后的净利润	86,319,077.04
主营业务利润	133,160,892.36
其他业务利润	0.00
营业利润	96,317,678.95
投资收益	3,616,838.00
补贴收入	0.00
营业外收支净额	5,334,032.33
经营活动产生的现金流量净额	41,738,737.16
现金及现金等价物净增加额	－41,217,072.62

(二)截止报告期末公司前三年主要会计数据和财务指标

1、截止报告期末公司前三年调整后主要会计数据和财务指标(单位:人民币元)

项　目	2001	2000	1999
主营业务收入(元)	430,840,854.82	306,580,836.02	261,286,672.96
净利润(元)	90,506,409.25	57,932,806.06	34,243,838.68
总资产(元)	1,048,604,486.59	1,016,178,739.33	361,330,551.12
股东权益(元)	820,010,208.35	764,679,799.10	219,626,950.16
每股收益(元/股)	0.51	0.33	0.28
净资产收益率(%)	11.04	7.58	15.59
每股净资产(元/股)	4.66	4.35	1.82
调整后的每股净资产(元/股)	4.65	4.34	1.81
每股经营活动产生的现金流量净额(元/股)	0.24	0.53	0.44

(三)报告期内股东权益变动情况(单位:人民币元)

项　目	期初数	本期增加	本期减少	期末数
股本	175,880,000.00	8,000,000.00	8,000,000.00	175,880,000.00
资本公积	467,840,042.88			467,840,042.88
盈余公积	30,981,413.40	22,626,602.30		53,608,015.70
法定公益金	10,327,137.81	4,525,320.46		14,852,458.27
未分配利润	89,978,342.82	90,506,409.25	57,802,602.30	122,682,149.77
股东权益	764,679,799.10	121,133,011.55	65,802,602.30	820,010,208.35
合计	1,539,686,736.01	246,791,343.56	131,605,204.60	1,654,872,874.97

三、股本变动及股东情况

1、股本变动情况表　　(单位:万股)

项目	期初数	本次变动增减(+,-) 发行新股	配股	送股	其他	小计	期末数
一、尚未流通股份							
1、发起人股份	9,070.40						9,070.40
其中:							
国家持有股份	1,500.00						1,500.00
境内法人持有股份	7,570.40						7,570.40
境外法人持有股份							
其他							
2、募集法人股份	600.00						600.00
3、内部职工股	2,417.60						2,417.60
4、优先股或其他							
未上市流通股份合计	12,088.00						12,088.00
二、已上市流通股份							
1、境内上市人民币普通股	5,500.00						5,500.00
2、境内上市的外资股							
3、境外上市的外资股							
4、其他							
已上市流通股份合计	5,500.00						5,500.00
三、股份总数	17,588.00						17,588.00

600261 浙江阳光集团股份有限公司

2001 年年度报告摘选

一、公司基本情况简介

(一)公司法定中、英文名称及缩写
1、中文名称:浙江阳光集团股份有限公司
2、英文名称:ZHEJIANG YANKON GROUP CO., LTD
3、中文名称缩写:浙江阳光
4、英文名称缩写:ZHEJIANG YANKON
(二)公司注册地址、办公地址、邮政编码、网址及电子信箱
1、注册地址:浙江省上虞市凤山路 129 号
2、办公地址:浙江省上虞市凤山路 129 号阳光大厦
3、邮政编码:312300
4、公司网址:www.yankon.com
5、电子信箱:yankon@yankon.com
(三)公司法定代表人:陈森洁
(四)公司董事会秘书及证券事务代表姓名、联系方式:
1、公司董事会秘书:吴青谊
2、董事会证券事务代表:任锋
3、联系地址:浙江省上虞市凤山路 129 号
4、联系电话:(0575)2027721
5、传真:(0575)2027720
6、电子信箱:wuqy@yankon.com; renfeng@yankon.com
(五)公司选定的中国证监会指定报纸名称:《上海证券报》、《中国证券报》
中国证监会指定的国际互联网网址:http://www.sse.com.cn
公司年度报告备置地点:浙江阳光集团股份有限公司董事会办公室
(六)公司股票上市交易所:上海证券交易所
股票简称:浙江阳光　　　股票代码:600261

二、会计数据和业务数据摘要

一、本年度公司主要经营数据:(单位:人民币元)

项目	2001
利润总额	77,611,063.29
净利润	64,153,269.43
扣除非经常性损益后的净利润 *	47,372,862.02
主营业务利润	143,717,404.63
其他业务利润	3,687,380.78
营业利润	74,978,006.92
投资收益	3,256,178.75
补贴收入	2,196,558.56
营业外收支净额	－2,819,680.94
经营活动产生的现金流量净额	78,951,827.58
现金及现金等价物净增加额	－2,326,025.97

* 注:扣除的非经常性损益金额合计 16,780,407.41 元,涉及的项目有:
(1)所得税返还 12,171,869.00 元;
(2)技术改造购买固定资产设备抵免所得税 2,332,040.00 元;
(3)出口项目贴息 2,196,558.56 元;
(4)非货币性交易收益 1,285,814.29 元;
(5)报废固定资产损失－1,094,162.74 元;
(6)其他 52,330.82 元;
(7)所得税影响额－164,042.52 元;

二、前三年主要会计数据和财务指标:(单位:人民币元)

项目	2001 年 12 月 31 日	2000 年 12 月 31 日 调整后 *	调整前	1999 年 12 月 31 日
总资产	763,230,271.68	666,846,837.04	666,744,363.28	291,771,381.66
股东权益(不含少数股东权益)	542,145,198.87	495,172,382.01	495,069,908.25	87,139,970.90
每股净资产	4.4	4.02	4.02	1.05
调整后每股净资产	4.31	3.91	3.91	0.97

项目	2001 年	2000 年 调整后 *	调整前	1999 年
主营业务收入	583,300,519.15	303,428,304.45	303,428,304.45	169,697,636.18
净利润	64,153,269.43	46,720,042.89	46,617,569.13	22,788,130.66
每股收益(全面摊薄)	0.52	0.38	0.38	0.27
每股收益(加权平均)	0.52	0.47	0.47	0.27
扣除非经常性损益后每股收益(全面摊薄)	0.38	0.28	0.28	0.27
扣除非经常性损益后每股收益(加权平均)	0.38	0.35	0.35	0.27
每股经营活动产生的现金流量净额	0.64	0.23	0.23	0.18
净资产收益率(全面摊薄)	11.83%	9.44%	9.42%	26.15%
净资产收益率(加权平均)	12.17%	18.72%	18.69%	24.23%
扣除非经常性损益后净资产收益率(加权平均)	8.98%	13.9%	13.86%	—

三、股本变动及股东情况

1、公司股份变动情况表:　　数量单位:股

	本次变动前	本次变动增减(+,-) 配股	送股	公积金转股	增发	其它	小计	本次变动后
一、未上市流通股份	83,160,000							83,160,000
1、发起人股份								
其中:								
国家持有股份	64,748,400							64,748,400
境内法人股持有股份								
境外法人持有股份	18,411,600.00							18,411,600.00
其他								
2、募集法人股份								
3、内部职工股	83,160,000.00							83,160,000.00
4、优先股或其他								
未上市流通股份合计	40,000,000.00							40,000,000.00
二、已上市流通股份								
1、人民币普通股								
2、境内上市的外资股								
1、境外上市的外资股	40,000,000.00							40,000,000.00
2、其他								
已上市流通股份合计								
三、股份总数	123,160,000.00							123,160,000.00

600262 内蒙古北方重型汽车股份有限公司

2001 年年度报告摘选

一、公司基本情况简介

(一)公司法定中文名称:内蒙古北方重型汽车股份有限公司
公司法定英文名称:Inner Mongolia North Hauler Joint Stock Co.,Ltd.
英文名称缩写:NHL
(二)法定代表人姓名:周宝亮
(三)公司董事会秘书:张勇
联系电话:0472-3331144　传真:0472-3335742
电子信箱:nhlzq1@public.nm.cninfo.net
联系地址:014030　内蒙古包头市青山区
董事会证券事务代表:赵军
联系电话:0472-3331144　传真:0472-3335330
电子信箱:nhlzq2@public.nm.cninfo.net
联系地址:014030　内蒙古包头市青山区
(四)公司注册地址:内蒙古自治区包头稀土高新技术产业开发区
公司办公地址:内蒙古包头市青山区
邮政编码:014030
公司网址:HTTP://WWW.chinanhl.com
公司电子信箱:nhllc@public.hh.nm.cn
(五)信息披露刊登报纸:《中国证券报》、《上海证券报》、《证券日报》
登载年度报告的网址:HTTP://www.sse.com.cn
公司年度报告备置地点:公司证券部
(六)公司股票上市地:上海证券交易所
股票简称:北方股份　股票代码:600262

二、会计数据和业务数据摘要

(一)本年度主要会计数据　单位:元

项目	金额
1、利润总额	22,573,766.47
2、净利润	18,944,913.85
3、扣除非经常性损益后的净利润	13,469,662.27
4、主营业务利润	49,780,822.17
5、其他业务利润	-414,722.12
6、营业利润	17,098,514.89
7、投资收益	5,080,427.56
8、补贴收入	---
9、营业外收支净额	394,824.02
10、经营活动产生的现金流量净额	-18,703,110.03
11、现金及现金等价物净增加额	-14,516,863.3

注:扣除非经常性损益项目和涉及金额:
1、投资收益:5,080,427.56 元
2、营业外收支净额:394,824.02 元

(二)公司近三年的主要会计数据和财务指标

财务指标	单位	2001 年度	2000 年度	1999 年度
主营业务收入	元	227,946,008.19	234,642,058.22	267,657,310.55
净利润	元	18,944,913.85	33,738,816.14	39,125,459.72
总资产	元	844,347,481.51	784,392,477.60	377,863,595.45
股东权益(不含少数股东权益)	元	571,242,957.73	559,098,043.88	120,129,227.74
每股收益(摊薄)	元/股	0.1114	0.199	0.340
每股收益(加权)	元/股	0.1114	0.237	0.340
扣除非经常性损益后的每股收益(摊薄)	元/股	0.0792	0.180	0.242
扣除非经常性损益后的每股收益(加权)	元/股	0.0792	0.180	0.242
每股净资产	元/股	3.360	3.289	1.045
调整后的每股净资产	元/股	3.322	3.254	1.039
每股经营活动产生的现金流量净额	%	-0.081	-0.846	1.011
净资产收益率(摊薄%)	%	3.3164	6.04%	32.57%
净资产收益率(加权%)	%	3.332	9.47%	32.35%

(三)报告期利润表附表　单位:元

报告期利润	净资产收益率		每股收益	
	全面摊薄	加权平均	全面摊薄	加权平均
主营业务利润	8.7145	8.7554	0.2928	0.2928
营业利润	2.9932	3.0073	0.1006	0.1006
净利润	3.3164	3.3320	0.1114	0.1114
扣除非经常性损益后的净利润	2.3580	2.3690	0.0792	0.0792

三、股本变动及股东情况

(一)公司股本变动情况　单位:万股

	本次变动前	本次变动增减(+,-)						本次变动后
		配股	送股	公积金转增股	增发	其他	小计	
一、尚未流通股份	11,500.00							11,500.00
1、发起人股份	11,500.00							11,500.00
其中:								
国家持有股份	7,107.00							7,107.00
境内法人寺有股份	115.00							115.00
境外法人寺有股份	4,278.00							4,278.00
其他								
2、募集法人股								
3、内部职工股								
4、优先股或其他								
未上市流通股份合计	11,500.00							11,500.00
二、已流通股份	5,500.00							5,500.00
1、人民币普通股	5,500.00							5,500.00
2、境内上市的外资股								
3、境外上市的外资股								
4、其他								
已上市流通股份合计	5,500.00							5,500.00
三、股份总数	17,000.00							17,000.00

600265 云南景谷林业股份有限公司

2001 年年度报告摘选

一、公司简介

(一)公司法定中、英文名称及缩写
公司法定中文名称:云南景谷林业股份有限公司
公司中文名称缩写:景谷林业
公司法定英文名称:YUNNAN JINGGU FORESTRY CO.,LTD
英文名称缩写:YJFC
(二)公司法定代表人:任向前
(三)公司董事会秘书:滕仕喜
联系电话:0879-5224720
证券事务代表:高伟
联系电话:0879-5226908　传　真:0879-5228008
联系地址:云南省景谷傣族彝族自治县威远路 47 号
(四)公司注册地址:云南省景谷傣族彝族自治县振兴路 83 号
公司办公地址:云南省景谷傣族彝族自治县威远路 47 号　邮政编码:666400
(五)公司选定的信息披露报纸名称:《中国证券报》、《上海证券报》、《证券时报》
登载公司年度报告的中国证监会指定国际互联网网址:http://www.sse.com.cn
公司年度报告备置地点:云南景谷林业股份有限公司证券部
(六)公司股票上市交易所:上海证券交易所
股票简称:景谷林业　股票代码:600265

二、会计数据和业务数据摘要

(一)本年度主要利润指标(以下数据均为合并报表)　单位:元

项目	金额
利润总额	27,664,669.38
净利润	22,631,007.82
扣除非经常性损益后的净利润*	21,180,887.09
主营业务利润	55,730,126.95
其他业务利润	141,530.05
营业利润	19,016,665.12
投资收益	823,352.45
补贴收入	5,862,298.52
营业外收支净额	1,962,353.29
经营活动产生的现金流量净额	-62,188,489.23
现金及现金等价物净增加额	-18,823,737.69

(二)公司近三年主要会计数据及财务指标

项目	单位	2001 年度	2000 年度		1999 年度
			调整后	调整前	
主营业务收入	元	185,817,805.77	154,344,817.16	154,344817.16	161,613,400.73
净利润	元	22,631,007.82	6,545,594.15	25,482,692.89	21,135,094.31
总资产	元	564,810,581.51	495,951,802.48	514,888,901.22	287,562,906.89
股东权益	元	308,925,414.38	285,717,841.91	309,119,299.70	100,336,606.81
全面摊薄每股收益	元	0.22	0.06	0.24	0.33
加权平均每股收益	元	0.22	0.08	0.31	0.33
扣除非经常性损益后的每股收益	元	0.20	0.30	0.19	0.24
每股净资产	元	2.94	2.72	2.94	1.54
调整后的每股净资产	元	2.77	2.67	2.83	1.46
每股经营活动产生的现金流量净额	元	-0.59	0.26	0.26	0.21
全面摊薄净资产收益率	%	7.33	2.29	8.24	21.06
加权平均净资产收益率	%	7.62	3.53	13.09	21.06
扣除非经常性损益后的加权平均净资产收益率	%	6.86	8.56	6.46	21.07

(三)报告期利润表附表

2001 年度利润	净资产收益率		每股收益	
	全面摊薄%	加权平均%	全面摊薄(元/股)	加权平均(元/股)
主营业务利润	18.04	18.76	0.53	0.53
营业利润	6.16	6.40	0.18	0.18
净利润	7.33	7.62	0.22	0.22
扣除非经常性损益后的净利润	6.86	7.13	0.20	0.20

三、股本变动及股东情况

(一)公司股份变动情况表　数量单位:万股

项目	本次变动前	本次变动增减(+,-)						本次变动后
		配股	送股	公积金转股	增发	其它	小计	
一、未上市流通股份								
1、发起人股份	6500							6500
其中:国家持有股份	6132							6132
境内法人持有股份	368							368
境外法人持有股份								
其他								
2、募集法人股份								
3、内部职工股								
4、优先股或其他								
未上市流通股份合计	6500							6500
二、已上市流通股份								
1、人民币普通股	4000							4000
2、境内上市的外资股								
3、境外上市的外资股								
4、其他								
已上市流通股份合计	4000							4000
三、股份总数	10500							10500

600263　路桥集团国际建设股份有限公司

2001年年度报告摘要

一、公司基本情况简介

1、公司法定中文名称：路桥集团国际建设股份有限公司
公司法定英文名称：CRBC INTERNATIONAL Co.,LTD.
2、公司法定代表人：马国栋
3、公司董事会秘书：蔺成新
联系地址：北京东城区东中街9号东环广场A座写字楼八层
邮　　编：100027
联系电话：010－64181166
传　　真：010－64182080
电子信箱：lcx@crbcint.com
4、公司注册地址：北京市海淀区中关村南大街甲56号方圆大厦
公司办公地址：北京东城区东中街9号东环广场A座写字楼八层
邮编：100027
公司网址：http://www.crbcint.com
电子信箱：int@crbcint.com
5、公司选定的信息披露报纸名称：《中国证券报》、《上海证券报》
刊登公司年度报告的国际互联网网址：http://www.sse.com.cn
公司年度报告备置地点：公司董事会秘书处
6、公司股票上市交易所：上海证券交易所
股票简称：路桥建设
股票代码：600263

二、会计数据和业务数据摘要

（一）公司本年度利润指标情况（金额单位：人民币元）：

项目	金额
利润总额	47,848,877.13
净利润	43,329,696.80
扣除非经常性损益后的净利润	46,419,814.02
主营业务利润	140,099,780.34
其他业务利润	2,715,938.53
营业利润	31,210,582.67
投资收益	19,728,411.68
补贴收入	－
营业外收支净额	－3,090,117.22
经营活动产生的现金流量净额	130,423,108.20
现金及现金等价物净增加额	(686,352,313.87)

＊扣除非经常性损益项目为：营业外收入为1,339,837.41元，营业外支出为4,429,954.63元，合计调整净额为3,090,117.22元。

（二）近三年主要会计数据和财务指标

项目/年度	2001年度	2000年度		1999年度	
		调整前	调整后	调整前	调整后
主营业务收入	1,636,112,483.38	1,685,640,793.43	1,774,293,908.59	1,570,208,687.45	1,623,250,908.47
净利润	43,329,696.80	81,031,233.78	57,402,192.04	75,929,543.76	71,970,446.12
总资产	2,664,760,663.92	2,748,790,181.71	2,683,567,768.38	1,654,218,209.10	1,633,428,156.26
股东权益(不含少数股东权益)	1,348,633,489.66	1,385,361,814.41	1,320,249,724.50	526,912,939.93	522,953,842.29
每股收益(摊薄)	0.11	0.199	0.141	0.259	0.246
每股收益(加权)	0.11	0.238	0.168	0.259	0.246
每股净资产	3.304	3.394	3.235	1.798	1.784
调整后每股净资产	3.137	3.348	3.160	1.750	1.730
每股经营活动产生的现金流量净额	0.320	(0.054)	(0.054)	0.128	0.128
净资产收益率	3.21%	5.85%	4.35%	14.41%	13.76%
加权平均净资产收益率	3.23%	8.94%	6.44%	14.41%	13.76%
全面摊薄净资产收益率	3.21%	5.85%	4.35%	14.41%	13.76%
扣除非经常性损益后的净利润的加权净资产收益率	3.45%	8.20%	7.53%	14.19%	13.54%

（三）利润表附表：

项目名称	报告期利润(元)	净资产收益率(%)		每股收益(元/股)	
		全面摊薄	加权平均	全面摊薄	加权平均
主营业务利润	140,099,780.34	10.39%	10.44%	0.34	0.34
营业利润	31,210,582.67	2.31%	2.32%	0.08	0.08
净利润	43,329,696.80	3.21%	3.23%	0.11	0.11
扣除非经常性损益后的净利润	46,419,814.02	3.44%	3.44%	0.11	0.11

（四）本年度股东权益变动情况

项目	股本	资本公积	盈余公积	法定公益金	未分配利润	股东权益合计
期初数	408,133,010	857,550,850.46	25,066,225.98	10,751,493.87	29,526,820.85	1,320,249,724.50
本年增加	0	1,880,743.37	16,167,553.71	6,015,129.93	43,329,696.80	45,232,755.46
本年减少	0	0	4,605,000.00	4,605,000.00	28,411,544.01	16,848,990.30
期末数	408,133,010	859,431,593.83	36,628,779.69	12,161,623.8056	44,444,973.64	1,348,633,489.661

三、股本变动及股东情况

1、公司股本变动情况

公司股份变动情况表

数量单位：股

项　　目	本次变动前	本次变动增减(＋,－) 配股	送股	公积金转股	增发	其他	小计	本次变动后
一、未上市流通股份								
1、发起人股份	293,133,010							293,133,010
其中：								
国家持有股份	293,133,010							293,133,010
境内法人持有股份								
其他								
2、募集法人股	57,500,000					－57,500,000	－57,500,000	
3、内部职工股								
4、优先股或其他								
未上市流通股份合计	350,633,010					－57,500,000	－57,500,000	293,133,010
二、已上市流通股								
1、人民币普通股	57,500,000					57,500,000	57,500,000	115,000,000
2、境内上市的外资股								
1、境外上市的外资股								
2、其他								
已上市股份合计	57,500,000					57,500,000	57,500,000	115,000,000
三、股份总数	408,133,010							408,133,010

2、公司股东持股情况

（1）截止2001年12月31日，公司在册股东总数为68,708户。

（2）本报告期末公司前10名股东持股情况：

股东名称	期末持股数	持股比例	股份性质
1、中国路桥(集团)总公司	291,508,010	71.42%	发起人法人股
2、中国港湾(集团)总公司	7,939,545	1.95%	社会公众股
3、万向集团公司	941,770	0.23%	社会公众股
4、景宏基金	843,696	0.21%	社会公众股
5、中交第一公路勘察设计研究院	650,000	0.16%	发起人法人股
6、中交第二公路勘察设计研究院	585,000	0.14%	发起人法人股
7、景福基金	519,704	0.13%	社会公众股
8、李刚民	439,600	0.11%	社会公众股
9、通力勘察设计工程公司	405,000	0.10%	社会公众股
10、京津塘高速公路北京市公司	400,500	0.10%	社会公众股

（3）持有5%以上的法人股东中国路桥(集团)总公司本报告期内所持股份未发生质押、冻结情况。

（4）前十名股东之间，中交第一公路勘察设计研究院、中交第二公路勘察设计研究院为第一大股东中国路桥(集团)总公司之全资子公司。除此之外，公司未知其他7名股东之间有无关联关系。

3、控股股东情况简介

中国路桥(集团)总公司为本公司控股股东，其持股比例为71.42%，计291,508,010股。

该公司是国家520户重点企业之一，是我国路桥建筑行业最大的国际化集团和最大的龙头企业。1979年2月成立，注册地址为北京市安定门外大街丙88号，法定代表人周纪昌，注册资本38832万元人民币。是以国内外公路桥梁建设为主业，集工程科研、施工、设计咨询、监理、基础建设投资、实业投资、房地产开发、智能交通管理、国内外贸易、设备租赁等为一体的跨行业、跨地区、跨国经营的大型国有独资公司。

四、董事、监事、高级管理人员和员工情况

1、现任董事、监事、高级管理人员基本情况

姓　名	性别	职　　务	年龄	任期起止日期	年初持股数	期末持股数
马国栋	男	董事长	59	1999.3－2002.3	0	0
毛志远	男	副董事长兼总经理	44	1999.3－2002.3	0	0
马嗣俊	男	董事	57	1999.3－2002.3	0	0
蔺成新	男	董事、副总兼董秘	57	1999.3－2002.3	0	0
陈玉胜	男	董事	46	1999.3－2002.3	0	0
王小光	男	董事	44	1999.3－2002.3	0	0
侯金龙	男	董事	49	2001.10－2002.3	0	0
杨俭存	男	董事	52	1999.3－2002.3	0	0
李晓东	男	董事	46	1999.3－2002.3	0	0
闻志祥	男	监事会主席	50	1999.3－2002.3	0	0
喻文学	男	监事	61	1999.3－2002.3	0	0
郑家庆	男	监事	59	1999.3－2002.3	0	0
董付堂	男	监事	33	1999.3－2002.3	0	0
郑　凯	男	监事	33	1999.3－2002.3	0	0
赵　云	男	副总经理	39	1999.3－2002.3	0	0
姚海冬	男	副总经理	44	1999.3－2002.3	0	0
陈　宁	男	财务总监	34	1999.3－2002.3	0	0

说明：董事、监事、高级管理人员均未曾持有本公司股份

2、报告期内董事、监事、高级管理人员在股东单位任职情况：

董事长马国栋在本公司控股股东中国路桥(集团)总公司任党委书记兼副总裁；

董事马嗣俊在本公司控股股东中国路桥(集团)总公司任副总裁；

董事陈玉胜在本公司控股股东中国路桥(集团)总公司任副总裁；

董事侯金龙在本公司控股股东中国路桥(集团)总公司之全资子公司路桥集团第一公路工程局任局长；

董事杨俭存在本公司控股股东中国路桥(集团)总公司之全资子公司路桥集团第二公路工程局任局长；

监事会主席闻志祥在本公司控股股东中国路桥(集团)总公司之全资子公司路桥集团第一公路工程局任党委书记；

监事喻文学曾在本公司股东单位中交第一公路勘察设计研究院任副院长，现已退休；

监事郑家庆在本公司股东单位中交第二公路勘察设计研究院任党委书记。

3、董事、监事、高级管理人员年度报酬情况

根据《公司章程》的有关规定,公司董事、监事的报酬由股东大会决定。截止目前为止,公司未向其董事、监事支付报酬。在公司领取报酬的董事、监事为因其在公司担任董事、监事外的其他职务而领取薪酬。

根据《公司章程》的有关规定,公司高级管理人员的报酬由董事会决定的《路桥集团国际建设股份有限公司员工薪酬管理办法》执行,薪酬由岗位薪酬和年度考核完成经营目标的效益薪酬组成。

报告期内,本公司17名董事、监事及高级管理人员中8人在公司领取报酬。年度报酬总额为82.6万元。4万至6万的2人;6万至12万的3人;12万至17万3人。金额最高的前三名董事报酬总额为42.3万元;金额最高的前三名高级管理人员报酬总额为40.1万元;

报告期内,马国栋、马嗣俊、陈玉胜、侯金龙、杨俭存、李晓东、闻志祥、喻文学、郑家庆因未在公司担任董、监事外的其他职务而未在公司领取报酬。除李晓东在公司控股子公司西安筑路机械有限公司领取报酬外,其他人因其在股东单位任职而领取报酬。

4、报告期内董事、监事、高级管理人员离任情况

2001年10月22日第一届董事会第十次会议审议通过同意孙大权提出的因工作变动辞去公司董事职务的请求,并补选侯金龙为公司董事。2001年11月26日在2001年第二次临时股东大会上审议通过侯金龙为公司董事。

五、公司治理结构

1、公司治理情况

公司严格按照《公司法》、《证券法》和中国证监会有关法律法规的要求,不断完善公司法人治理结构,建立现代企业制度,规范公司运作,加强信息披露工作。公司制定了《公司章程》、《股东大会议事规则》、《董事会议事规则》、《监事会议事规则》和《总经理工作细则》。并根据中国证监会和国家经贸委2002年1月7日发布的《上市公司治理准则》的要求进行了修改规范。目前,公司治理结构情况如下:

(1)关于股东与股东大会:公司能够确保所有股东,特别是中小股东享有平等地位,确保所有股东能够充分行使自己的权利,公司设立了和股东沟通的有效渠道;公司严格按照《股东大会规范意见》的要求召集、召开股东大会。在会场的选择上尽可能地让更多的股东能够参加股东大会,行使股东的表决权,并聘请有证券从业资格的律师出席股东大会并出具法律意见;公司关联交易公平合理,并且关联交易定价依据予以充分披露,关联股东在表决时放弃表决权。

(2)关于控股股东与上市公司之间的关系:控股股东行为规范,没有超越股东大会直接或间接干预公司的决策和经营活动;公司与控股股东在人员、资产、财务、机构和业务方面相互独立,公司具有独立完整的业务及自主经营能力;公司董事会、监事会和内部机构能够独立运作。公司重大决策按照程序依法作出。

(3)关于董事与董事会:公司严格按照《公司章程》规定的董事选聘程序选举董事,公司董事会的人数和人员构成符合法律、法规的要求,公司董事能够以认真负责的态度出席董事会和股东大会,熟悉有关法律法规,了解作为董事的权利、义务和责任。公司按照《关于在上市公司建立独立董事制度的指导意见》的要求,已将独立董事制度以及设立董事会下设提名、薪酬与考核等专门委员会的议案提交本次会议审议,并提交公司2001年度股东大会通过。

(4)关于监事和监事会:公司监事会人数和人员构成符合法律、法规的要求;公司监事会能够依据国家有关法律、法规和公司章程认真履行监事会的职责,对公司财务状况和公司董事、高级管理人员的经营行为的合法合规性进行监督。

(5)关于绩效评估和激励机制:公司经理人员的聘任公开、公平、公正,符合法律法规和公司章程的规定。公司正积极着手建立公正、透明的董事、监事和经理人员的绩效评价标准和激励约束机制;公司将在适当时机推出股票期权激励机制。

(6)关于利益相关者:公司能够充分尊重和维护银行及其他债权人、员工、业主、供应商等利益相关者的合法权利;与利益相关者积极合作,共同推动公司持续、健康发展。

(7)关于信息披露与透明度:公司董事会秘书负责对外信息披露工作以及接待股东的来访和咨询;公司制定了《信息披露实施办法》,严格按照有关法律法规和《公司章程》的要求,真实、准确、完整、及时地披露有关信息。

2、独立董事情况

报告期内,公司未设独立董事。公司董事会根据中国证监会发布的《关于上市公司建立独立董事制度的指导意见》要求,已将2名独立董事人选以及有关制度提交本次会议审议并提交2001年度股东大会审议通过。

六、股东大会情况简介

报告期内,公司共召开三次股东大会,其中一次年度股东大会和二次临时股东大会。

1、公司于2001年3月28日在《中国证券报》、《上海证券报》上刊登了召开2000年股东大会的通知,并于2001年4月28日在北京东方花园饭店召开。出席会议的股东及股东代表共7人,代表股份313,133,010股,占公司总股本的76.723%。会议以记名投票表决的方式通过了如下决议:

(1)审议通过了公司2000年董事会工作报告;

(2)审议通过了公司2000年监事会工作报告;

(3)审议通过了公司2000年财务决算方案及2001年财务预算方案;

(4)审议通过了公司2000年度利润分配方案;

(5)审议通过了修改公司章程的议案;

(6)审议通过了公司2000年报告及年度报告摘要。

公司2000年度股东大会决议公告刊登于2001年5月8日的《中国证券报》、《上海证券报》上。

2、公司于2001年5月16日在《中国证券报》、《上海证券报》上刊登了召开2001年第一次临时股东大会的通知,并于2001年6月19日在北京东方花园饭店召开。出席会议的股东及股东代表共10人,代表股份325,803,205股,占公司总股本的79.828%。会议以记名投票表决的方式通过了如下决议:

(1)审议通过了公司关于变更部分募集资金投向的议案;

(2)审议通过了公司关于收购中国路桥集团(香港)有限公司持有的中基建设部分股权的议案;

(3)审议通过了关于授权公司董事会全权办理本次股权收购有关具体事宜的议案;

公司2001年第一次临时股东大会决议公告刊登于2001年6月20日的《中国证券报》、《上海证券报》上。

3、公司于2001年10月23日在《中国证券报》、《上海证券报》上刊登了召开2001年第二次临时股东大会的通知,并于2001年11月26日在北京东方花园饭店召开。出席会议的股东及股东代表共9人,代表股份304,035,555股,占公司总股本的74.49%。会议以记名投票表决的方式通过了如下决议:

(1)审议通过了公司与中国路桥集团(香港)有限公司资产置换的议案及其《资产置换协议》;

(2)审议通过了关于提请股东大会授权公司董事会全权办理本次资产置换有关具体事宜的议案;

(3)审议通过了关于变更募集资金投向的议案;

(4)审议通过了关于调整董事会成员的议案;

(5)审议通过了关于关联交易和同业竞争说明的议案。

公司2001年第二次临时股东大会决议公告刊登于2001年11月27日的《中国证券报》、《上海证券报》上。

七、董事会报告

(一)公司报告期内主要经营情况

1、公司主营业务范围及经营状况

(1)公司主要从事国内外公路、桥梁、机场、港口、隧道、给排水及其他土木工程建设总承包;建筑机械开发、制造、销售;公路收费经营;高科技产品开发;交通工程管理咨询;房地产咨询;自有房屋租赁;计算机系统、智能交通、智能建筑的设计和安装;实业投资、风险投资和高科技项目投资。

(2)公司主营业务经营状况

为保证公司生产经营实现可持续发展,确保募集资金投资收益,公司在年初就明确提出了"加强市场拓展力度,扩大市场占有份额,全力推进结构调整,培育核心竞争能力"的经营指导思想,经过董事会、经营层和全体员工团结拼搏,报告期内新签合同额237,434万元,比去年同期增长23.24%,其中:签定施工建筑工程合同210,248万元,工业销售合同27,186万元;完成营业收入163,611.25万元,与去年同期相比下降7.78%,其中:施工建筑工程完成营业收入140,013.45万元,与去年同期相比下降9.68%;实现利润总额4,784.89万元,与去年同期相比下降25.71%。

2001年公司基本完成了"维持公司传统业务现有的投资和业务规模,逐步调整资产、产业和收益结构"的发展战略。逐步形成工程施工、投资与物业管理、工业制造、智能电子等几大支柱产业。

a.主营业务收入和主营业务毛利分行业构成如下:

行业	主营业务收入	主营业务成本	主营业务毛利	毛利率
工业	248,590,659.81	179,629,275.37	68,961,384.44	27.74%
施工建筑业	1,400,134,490.60	1,282,089,591.90	118,044,898.70	8.43%
租赁服务业	1,677,008.18	1,010,556.75	666,451.43	39.74%
内部合并抵销	(14,289,675.21)	(10,234,171.15)	(4,055,504.06)	-
合计	1,636,112,483.38	1,452,495,252.87	183,617,230.51	11.22%

b.主营业务收入和主营业务毛利分地区构成如下:

地区	主营业务收入	主营业务成本	主营业务毛利	毛利率
西南	188,295,815.58	173,337,248.15	14,958,567.43	7.94%
西北	308,004,272.86	238,245,916.30	69,758,356.56	22.65%
华东	470,298,998.82	418,616,307.00	51,682,691.82	10.99%
华南	29,498,166.96	24,838,190.56	4,659,976.40	15.80%
华中	82,180,041.15	71,244,707.61	10,935,333.54	13.31%
华北	497,997,930.53	457,215,760.76	40,782,169.77	8.19%
境外	59,837,257.48	68,997,122.49	(9,159,865.01)	-15.31%
合计	1,636,112,483.38	1,452,495,252.87	183,617,230.51	11.22%

(3)报告期内公司主营为路桥工程施工和筑路机械的制造、销售,由于2001年收购的中基建设投资有限公司25.6%股权和资产置换置入的中怡香港有限公司100%的股权,公司主营业务增加了公路收费经营和物业出租两项业务,这两项业务每年可获得稳定的现金流入,增强了公司抗风险能力和应变能力,逐步使公司转变成一间财务结构健康、收入稳定,利润稳步增长的上市公司,给全体股东带来更好的回报。

2、主要控股公司及参股公司经营业绩

(1)西安筑路机械有限公司

本公司持有西安筑路机械有限公司93.75%的股权。该公司成立于1999年10月,2001年11月6日公司对其进行增资,注册资本15,988万元,法定代表人李晓东,公司主营业务为筑养路机械开发、设计、制造、销售。报告期内实现主营收入23,272.65万元,净利润1,326.69万元。

(2)北京瑞拓电子技术发展有限公司

本公司持有北京瑞拓电子技术发展有限公司52%的股权。该公司成立于1993年2月,注册资本1,000万元,法定代表人毛志远,公司主营业务为道路收费、通讯、监控、标志等智能交通系统;结构化综合布线、楼宇自控、卫星天线、电缆电视等智能建筑系统集成服务;计算机软件应用系统开发,提供信息网络的全面解决方案等计算机系统集成服务。报告期内实现主营收入1,586.41万元,净利润127.63万元。

(3)路桥集团基础建设投资有限公司

本公司持有路桥集团基础建设投资有限公司100%的股权。该公司成立于1993年8月,注册资本1万港元,法定代表人毛志远,公司主营业务为投资及控股公司。报告期内实现主营收入167.70万元,净利润1,359.59万元。

3、主要客户和供应商情况

本公司及附属子公司向前五名供应商合计的采购额为102,546,620元人民币,占本公司及附属子公司年度采购总额的14.31%。

本公司及附属子公司前五名客户主营业务收入的总额为628,189,146.96元人民币,占本公司及附属子公司主营业务收入的38.40%。

4、经营中出现的问题与困难及解决方案

2001年公司在生产经营中主要出现以下问题与困难:

(1)国内公路建设市场由于大量施工企业迅速膨胀,竞争日趋激烈;筑路机械产品的市场竞争也进一步加剧。

(2)公司所属两个驻外机构———肯尼亚和萨那办事处由于受非洲和中东经济停滞不前的拖累,承包市场处于萎缩的低谷,基本没有开工新的项目。尤其是美国对阿富汗实施军事打击以来,也门工程承包市场基本陷入停滞状态。

针对上述问题与困难,公司主要采取以下应对措施:

(1)调整了公司的资产结构、产业结构和收益结构,通过收购和置入成熟性盈利性资产,公司每年可获得稳定的现金流入,提高公司整体盈利水平和抗风险能力。

(2)加强技术创新和质量管理,采用新技术、新工艺,提高施工能力。

(3)加强合同管理,强化变更索赔力度。

(4)科学管理机械设备,严格控制材料采购,努力降低施工成本。

(5)加强工程款的催收,实行资金集中管理,强化会计基础工作。

(6)加大筑路机械新产品开发力度,2001年先后推出技术含量高、具有环保概念10个新品种,提高了市场竞争力。

(二)公司报告期内投资情况

1、募集资金使用情况

截止2001年募集资金使用情况见下表:

募集资金投资项目	招股说明书中披露计划投资	变更募集资金金额	实际募集资金投资计划	募集资金已使用情况 2000年实际使用	2001年实际使用	累计使用	进度(%)
一、购置施工设备	54,750	45,000	9,750	3,520	3,435.9	6,955.9	71.34%
二、西安筑路机械有限公司的技术改造	23,225	15,225	8,000	2,008.8	5,003.8	7,012.6	87.66%
1."九五"技术改造	5,000	3,000	2,000	617.5	1,441	2,058.5	102.93%
2.系列高等级公路养护设备引进开发	3,500	1,300	2,200	319.3	975.7	1,295	58.86%
3.大宽度沥青摊铺机消化吸收	2,025	1,072	953	386	608	994	104.3%
4.计算机集成制造系统(XZ-CIMS)	803	0	803	322	296.1	618.1	76.97%
5.综合信息系统	424	424	0	0	0	0	0
6.GTLY7500型高密实度履带式摊铺机开发、生产	4,000	4,000	0	0	0	0	0
7.移动式沥青搅拌设备技术引进	4,473	4,473	0	0	0	0	0
8.中置式稳定/再生拌和机国产化改造	3,000	956	2,044	364	1,683	2,047	100.15%
三、补充流动资金	3,496	0	3,496	3,496	-	3,496	100%
1.工程部	1,496	0	1,496	1,496	-	1,496	100%
2.补充西筑流动资金	2,000	0	2,000	2,000	-	2,000	100%
四、收购中基25.6%的股权	—	—	45,000	-	45,000	45,000	100%
五、支付股权置换差价款	—	—	15,225	-	9,135	9,135	60%
合计	81,471	60,225	81,471	9,024.8	62,574.7	71,599.5	87.88%

2、尚未使用的募集资金去向

由于募集资金项目正在开展,截止2001年12月31日尚有未投入使用的募集资金9,871.5万元存放在银行,其安全性有足够保证。

3、项目进度及收益情况

(1)2001 年度购置施工设备 3,435.9 万元,累计投入 6,955.9 万元。购置的施工设备已经用于公司的施工生产中,提高了公司的技术装备水平,大大提高了公司的生产能力,使公司在建的主要施工项目进度得到较大提高,产生了较好的经济效益和社会效益。

(2)西安筑路机械有限公司(以下简称"西筑公司")技改项目:2001 年度投入使用 5,003.8 万元,累计完成投资 7,012.6 万元。

a."九五"技术改造项目

"九五"技术改造项目总投资 2000 万元,2001 年度完成投资 1,441 万元,累计完成投资 2,058.5 万元,该项目已全部完成。该项目在西安高新技术开发区购买厂房 5725.39 平方米和设备,作为公司研发中心、合资公司、租赁公司及主要部门的办公地点,既改变了办公环境,又改善了企业形象。新购置的设备,特别是汽车吊在生产中发挥了很大作用。

b.系列高等级公路养护设备引进开发项目

该项目总投资 2,200 万元,2001 年度完成投资 975.72 万元,累计完成投资 1,295 万元。该项目目前已试生产四台沥青稀浆封层机,其中已销售三台;生产乳化沥青设备两台并已销售,实现销售收入 1,078 万元;试生产 TP-4 综合养护车一台,正待鉴定,将很快产生效益。

c.大宽度沥青摊铺机消化吸收项目

该项目总投资 953 万元,2001 年完成投资 608 万元,累计完成投资 994 万元,已经全部完成。该项目产品 LTI200 沥青摊铺机已生产 32 台,并全部销售,累计实现销售收入 6,669 万元,经济效益显著。

d.计算机集成制造系统

该项目总投资 803 万元,2001 年完成投资 296.1 万元,累计完成投资 618.1 万元。目前计算机工作站已建成投入运行,在产品设计开发、物资供应管理、生产管理和销售管理中发挥了重大作用,使西筑公司依靠现代化的高科技手段,走上科技创新之路。

e.中置式稳定/再生拌合机国产化改造

该项目总投资 2,044 万元,2001 年完成投资 1,683 万元,累计完成投资 2,047 万元。WBZ450 中置式稳定/再生拌合机已试制一台,已鉴定和验收,并租赁给用户使用,即将小批量生产,该产品填补了国内空白,是目前国内拌合深度和功率最大的机型,将产生较好的经济效益。

(3)收购股权:2001 年度支付股权转让款 45,000 万元,占该次收购股权款 100%。

鉴于公司目前所处的经营环境与公司募股时的市场情况已有一定的差别,尤其是公司在国外承包市场的政治、经济环境发生了较大的变化,按 2001 年 6 月 19 日召开的 2001 年第一次临时股东大会审议通过的《公司关于变更部分募集资金投向的议案》,将招股说明书所列购置施工设备部分募集资金 45,000 万元的投向变更为收购中国路桥集团(香港)有限公司持有的中基建设投资有限公司 25.6%股权。目前中基建设收益主要来自于其投资项目的公路收费,这些项目收益稳定性好、利润率高。收购完成后,将改善公司的资产结构、业务结构和财务结构,形成公司稳定的收益来源。2001 年本公司实现股权投资收益 1,336.89 万元。

(4)资产置换:2001 年度支付资产置换差价款 9,135 万元,占该次资产置换差价款的 60%。

鉴于公司目前经营环境与公司募股时的市场情况发生较大变化,公司所属肯尼亚办事处、萨那办事处所在国的政治局势不稳,经济发展持续低迷,受其影响上述两国的承建工程项目将会明显减少,效益持续滑坡。尤其是美国对阿富汗实施军事打击以来,也门工程承包市场受到严重影响。目前,除本公司外,其他外国公司包括中国驻也门的其他公司都纷纷撤离,本公司的经营也将受到较大影响。为提高公司整体资产质量,按 2001 年 11 月 26 日召开的 2001 年第二次临时股东大会审议通过的《关于变更募集资金投向的议案》和《公司与中国路桥集团(香港)有限公司资产置换的议案及其<资产置换协议>》,公司变更部分募集资金投向,以货币资金 15,225 万元和肯尼亚办事处及萨那办事处的所有资产(含相关负债)作为代价置换中国路桥集团(香港)有限公司持有的中怡香港有限公司 100%的股权。2001 年公司从中怡香港有限公司实现股权收益 22.70 万元。

除上述已投入使用的募集资金外,截止 2001 年 12 月 31 日,累计使用募集资金 71,599.5 万元(包括变更项目),尚未投入使用的募集资金为 9,871.5 万元。

4、其它投资情况

(1)2001 年 1 月 18 日,公司投资清华紫光科技创新投资有限公司 2,400 万元,公司公告刊登于 2001 年 1 月 20 日的《中国证券报》和《上海证券报》上。

(2)2001 年 4 月 16 日,公司出资 2 元收购中国路桥集团(香港)有限持有的路桥集团基础建设投资有限公司 100%的股权。

(3)2001 年 7 月 23 日,公司出资 624 万元收购中国路桥(集团)总公司持有的北京瑞拓电子技术发展有限公司 52%股权,公司公告刊登于 2001 年 7 月 23 日的《中国证券报》和《上海证券报》上。

(4)与中山市三角镇砂石土方工程公司合资设立路桥华南工程有限公司

2000 年 11 月 1 日,公司 2000 年临时股东大会审议通过的《北京、河北、广东三个工程部改制方案》,公司以广东工程部资产作价 6650.75 万元与中山市三角镇砂石土方工程公司合资设立路桥华南工程有限公司。

2002 年 2 月 8 日经中山市工商行政管理局批准设立的路桥华南工程有限公司,注册资本为人民币 6850.75 万元,其中,路桥集团国际建设股份有限公司以资产作价 6650.75 万元,占公司注册资本的 97.08%;中山市三角镇砂石土方工程公司以现金 200 万元出资,占公司注册资本的 2.92%。

(三)报告期内财务状况及经营成果分析

项目	2001 年 12 月 31 日	2000 年 12 月 31 日	增减(%)
总资产	2,664,760,663.92	2,683,567,768.38	-0.70%
长期负债	118,590,041.90	130,195,302.39	-8.91%
股东权益	1,348,633,489.66	1,320,249,724.50	2.15%
项目	2001 年度	2000 年度	增减(%)
主营业务收入	1,636,112,483.38	1,774,293,908.59	-7.78%
主营业务利润	140,099,780.34	169,612,361.96	-17.40%
净利润	43,329,696.80	57,402,192.04	-24.52%

*主要变动原因:

1、总资产减少主要是公司进行股权收购及资产置换所致;

2、长期负债减少主要是银行长期贷款减少所致;

3、股东权益增加主要是本年未分配利润增加所致;

4、主营业务收入减少主要是由于国内外市场竞争激烈,上半年新项目开工不足所致;

5、主营业务利润减少主要是由于公司海外两个办事处和河北工程部本年产生亏损所致;

(四)生产经营环境以及宏观政策、法规的变化对公司的影响

1、2001 年 11 月中国加入 WTO,公司面临机遇和挑战,一方面外国承包商由于拥有强大的资金、技术、人才等优势,市场竞争将更加激烈,另一方面加入 WTO 后,将有利于改善建筑业投资环境,更多的吸引外资;有利于进一步完善建筑有关的法律法规,加强法律法规的透明性;有利于规范国内建筑市场的运作方式。由于我公司是中国最早参与国际工程承包市场的公司之一,拥有数十年的国际工程承包经验,只要充分发挥我们自身的优势,更多的吸收国际先进的管理和技术经验,入世后机遇大于挑战。

2、"十五"期间,我国公路建设将继续保持投资良好的势头。其中"两纵两横,三个重要路段"将全面实施,"五纵七横"国道主干线将完成 2.6 万公里,尤其是西部大开发都将为公司发展提供广阔的发展空间。

3、根据北京市国家税务局京税所[2000]710 号文件,本公司境内所得税 1999 年 4 月 1 日-2001 年 12 月 31 日按税率 7.5%征收,自 2002 年 1 月 1 日起按法定税率 15%征收所得税。

4、根据陕西省国家税务局陕国税[2001]108 号文件,本公司的控股子公司西安筑路机械有限公司从 2000 年 1 月 1 日起至 2001 年 12 月 31 日免征企业所得税两年;自 2002 年 1 月 1 日按 15%征收企业所得税。

(五)2002 年度经营计划

2002 年,公司将在发展战略的指导下,"以强化市场开拓为龙头,以整合优化配置资源为动力,以转换机制建立新机制为基础,以管理创新为重点"全面提高公司的核心竞争力,努力实现公司确定的"向管理要效益"的奋斗目标,为股东追求稳定的回报。2002 年度主要经营目标:合同额 233,000 万元,主营业务收入 175,000 万元。

1、进一步完善法人治理结构,建立科学的决策机制和管理制度。全面贯彻《上市公司治理准则》、《关于在上市公司建立独立董事的指导意见》等法律、法规,重点做好新一届董事会的换届选举,聘任独立董事,设立和完善战略、审计、提名、薪酬和考核委员会工作。做好《股东大会议事规则》、《独立董事工作制度》等制度建设工作。进一步完善决策的科学性,提高公司经营管理水平,实现公司和全体股东合法利益最大化。

2、进一步建立规范的工程施工管理模式,在工程管理中实现 5 个统一,即:一是工程分包与结算集中统一;二是材料采购集中统一;三是机械设备管理集中统一;四是标后预算集中统一;五是成本控制集中统一;从源头上抓管理,从源头上抓效益。

3、进一步加大市场开发力度,提高市场知名度,扩大市场占有份额。市场对企业发展起着决定性的作用,在 2002 年施工企业要多拿国家重点公路建设项目,多拿技术含量高、附加值高、有影响力的"高、精、尖"特大建设项目,提高路桥建设知名度,提高路桥建设品牌影响力。筑路机械制造企业必须以市场为导向,以销售为龙头,以售后服务为基础,积极主动面对市场,使销售份额再上新台阶。

4、进一步推进公司管理创新,不断提升公司核心竞争力。在管理上重点推进以成本控制为核心内容的财务管理,建立科学严谨的理财之道。主要抓好:一是资金利用效果管理;二是资金成本管理;三是资金支出管理;四是公司内部资金调配管理;五是应收帐款和库存占用资金管理;六是贷款和对外担保的管理;七是对高风险和长期投资的管理;八是开源节流、增收节支的管理。尤其是加强以财务管理为中心的信息化建设,为控制成本,扩大效益,提供现代化管理手段。

5、进一步加强以质量提升管理为中心的 ISO9000 质量认证、复验工作。产品质量是企业生存之本,同时也是企业提升效益能力的基础。为此,施工企业要创省、部级、国家级优质工程;筑机制造企业要创符合中国国情的养护、摊铺、搅拌等高质量筑机产品。

6、进一步积极稳妥实施公司战略方针和远景目标规划,整合、调整、优化资源配置,形成以"工程施工、投资与物业管理、工业制造、智能电子"为支柱产业的稳定收益点,为搞好资本运营打下基础。

7、进一步推进"以人为本"的人才战略,吸纳、培养、造就、储备一批人才。在人力资源中,强力推进靠"事业、感情、激励、培养、成长"留人的政策。合理配置人力资源,为人才成长营造良好的企业环境,为提高经济效益做好人力资本的支持。

(六)本次利润分配预案

经华证会计师事务所审计,2001 年度母公司实现净利润 47,385,200.87 元,根据《公司法》和公司章程规定,提取 10%法定盈余公积金 4,738,520.08 元和 10%法定公益金 4,738,520.08 元后,本年度可供股东分配利润 37,908,160.71 元,上年度结转未分配利润 36,457,131.46 元,经董事会决定,从可供分配利润中,按 2001 年年度末总股本 408,133,010 股为基数,每 10 股派现 0.3 元(含税)计 12,243,990.30 元,尚余 62,121,301.87 元,结转 2002 年度。

(七)下年度利润分配政策

公司拟在 2002 年结束后分配利润一次,公司下一年度实现净利润用于分配的比例为 20%左右,公司本年度未分配利润用于下一年度的分配比例为 10%~30%左右。分配拟采取现金红利的分配方式,预计 2002 年度资本公积金不转增股本。2002 年度利润分配方案为预计方案,具体分配方案依当时实际情况由董事会提出预案后报股东大会审议通过。

八、监事会报告

2001 年,公司监事会根据《公司法》、《证券法》、《公司章程》以及相关的法规,本着对股东负责的态度,尽职地履行了监事会的各项职责。

本年度公司监事会共召开了五次会议。

(一)监事会召开情况:

1、2001 年 3 月 26 日召开第一届监事会第五次会议,审议通过《2000 年度监事会工作报告》、《2000 年度报告及报告摘要》;

2、2001 年 5 月 14 日召开第一届监事会第六次会议,监督第一届董事会第六次董事会审议公司收购中国路桥集团(香港)有限公司持有的中基建设投资有限公司 25.6%股权事宜并形成决议的全过程;

3、2001 年 8 月 14 日召开第一届监事会第七次会议,审议通过《2001 年度中期报告及摘要》、《2001 年度中期利润分配预案》、《关于计提新增四项资产减值准备议案》

4、2001 年 10 月 22 日召开第一届监事会第八次会议,监督第一届董事会第八次会议审议公司变更募集资金投向、以货币资金 15,225 万元和肯尼亚办事处及萨那办事处的所有资产(含相关负债)作为代价置换中国路桥集团(香港)有限公司持有的中怡香港有限公司 100%的股权事宜并形成决议的全过程;

5、2001 年 11 月 26 日召开第一届监事会第九次会议,逐条审议并一致通过了公司的自查报告。

(二)监事会对公司 2001 年度有关事项的独立意见

1、公司依法运作情况

报告期内,公司监事会根据国家有关法律、法规,对公司股东大会、董事会的召开程序、决议事项,董事会对股东大会决议的执行情况,公司高级管理人员勤勉任职及公司管理制度的执行情况等进行了监督,列席了历次董事会和股东大会并监督了决议表决情况。监事会认为,公司能严格按照《公司法》、《证券法》及《公司章程》和国家相关法律、法规规范运作,公司建立和完善了相关的内部控制制度,公司董事、高级管理人员均能履行诚信、勤勉义务,没有发现公司董事、高级管理人员执行公司职务时有违反法律、法规、公司章程或损害公司利益行为。

2、检查公司财务情况

报告期内,监事会对《2001 年中期报告》进行了审议,认为该报告真实地反映了公司 2001 年度中期财务状况和经营成果。

报告期内,华证会计师事务所对公司 2001 年度的财务报表进行了审计并出具了标准无保留意见的《审计报告》,该报告客观、真实地反映了公司的财务状况和经营成果。

3、检查公司募集资金投向意见

(1)监事会监督了一届八次、十次董事会和 2001 年第一、第二次临时股东大会关于变更募集资金投向的议案,监事会认为,变更程序合法,符合公司发展实际,对提高本公司经营水平和盈利能力具有重要意义。

(2)报告期内其它募集资金项目均按《招股说明书》中使用计划进行。

4、检查公司收购、出售资产情况

公司在收购、出售资产过程中,程序规范合理,交易价格公允,无内幕交易,无损害股东权益或造成公司资产流失的行为。

5、检查关联交易情况

报告期内,监事会监督检查了公司的各项关联交易,认为公司的各项关联交易遵循了公开、公平、公正的原则,没有违反法律、法规和公司章程的情况,不存在损害公司及公司非关联股东利益的情况。

九、重要事项

(一)本年度公司无重大诉讼、仲裁事项

(二)报告期内收购及出售资产、吸收合并事项

2001 年 1 月 18 日,公司投资清华紫光科技创新投资有限公司 2,400 万元,公司公告刊登于 2001 年 1 月 20 日的《中国证券报》和《上海证券报》上。

其他见"报告期内重大关联交易事项"

(三)报告期内重大关联交易事项

1、购销商品、提供劳务发生的关联交易

详见有关会计报表附注

2、资产、股权转让发生的关联交易

报告期内,公司与其控股股东中国路桥(集团)总公司及其全资子公司中国路桥集团(香港)有限公司实施了下列资产或权益的收购或出售的关联交易。众鑫律师事务所对报告期内的关联

交易出具了法律意见书，刊登于2001年10月23日的《中国证券报》、《上海证券报》上。

(1)2001年6月19日，经公司2001年第一次临时股东大会会决议通过，公司出资4.5亿元收购中国路桥集团(香港)有限公司持有的中基建设投资有限公司25.6%的股权。本次交易的审计和评估基准日均为2000年12月31日。

根据沪江德勤会计师事务所出具的德师报(审)字(01)第P0435号《审计报告》，中基建设投资有限公司2000年12月31日的总资产为281,348万元，总负债为248,197万元，所有者权益为18,459万元。

根据中发国际资产评估有限责任公司出具的(2001)中发评报字第030号《资产评估报告书》，截至2000年12月31日，中基建设投资有限公司的资产总额为216,819.91万元，负债总额为40,944.98万元，净资产为175,874.93万元；中基建设25.6%的股权评估价值为人民币45,023.98万元。

本次收购价格以评估价值为基础，经交易双方协商确定为45,000万元。并在协议生效之日起，在七个工作日内，将交易总金额的51%即人民币22950万元一次性支付至出售方指定帐户，在2001年12月31日前支付其余49%股权转让款，即人民币22050万元。

(2)2001年4月16日，公司出资收购中国路桥集团(香港)有限公司持有的路桥集团基础建设投资有限公司100%的股权，本次交易的审计基准日为2000年12月31日。

根据沪江德勤会计师事务所出具的德师报(审)字(01)第P0647号《审计报告》，路桥基础2000年12月31日的总资产为0万元，负债为67181元，所有者权益为－67181元。

2001年4月10日，该公司之股东中国路桥集团(香港)有限公司已承诺将免除其应收该公司款项港元58,342元，并且承担该公司剩余之负债港元5,000元。

经交易双方协商，该收购价格为人民币贰元。

(3)2001年7月23日，公司出资624万元收购中国路桥(集团)总公司在北京瑞拓电子技术发展有限公司所持有的占注册资本总额52%的股权，本次交易的审计和评估基准日均为2000年12月31日。

根据华证会计师事务所出具的华证审字[2001]第018号《审计报告》，瑞拓公司2000年12月31日的总资产为14,253,947.70元，负债为3,083,581.03元，所有者权益为11,170,366.67元。

根据中发资产评估有限责任公司出具的中发报评字(2001)第025号《资产评估报告书》，截至2000年12月31日，瑞拓公司的资产总额为1428.54万元，负债为308.36万元，净资产为1120.18万元；瑞拓公司52%的股权评估价值为人民币583.64万元。

在本次交易中，路桥建设以人民币624万元受让路桥集团在瑞拓公司所持有的占注册资本总额52%的股权，同时，深圳粤龙将其持有的瑞拓公司20%股权转让给路桥集团。由此，路桥建设和路桥集团分别持有瑞拓公司52%和48%的股权。

本次收购价格以评估价值为基础，经交易双方协商确定为624万元。并在协议生效之日起一个月内，一次性支付给出售方指定帐户。

(4)2001年11月27日，经公司2001年第二次临时股东大会会决议通过，公司以萨那－肯尼亚办事处的所有资产(含相关负债)与路桥香港所持有的中怡公司的100%股权相置换，差额部分以货币资金补足支付，本次交易的审计和评估基准日均为2001年7月31日。

根据武汉众环会计师事务所有限责任公司出具的武会众字0430号《审计报告》，中怡公司2001年7月31日的总资产为36612.39万元，净资产为35575.30万元。

根据中发国际资产评估有限责任公司出具的(2001)中发评报字第056号《资产评估报告书》，截至2001年7月31日，中怡公司的总资产为41895.06万元，净资产为40857.97万元。

根据武汉众环会计师事务所有限责任公司出具的武众会字0431号《审计报告》，萨那－肯尼亚办事处2001年7月31日的总资产为66382.11万元，净资产为26615.92万元。

根据中发国际资产评估有限责任公司出具的(2001)中发评报字057号《资产评估报告书》，截至2001年7月31日，萨那－肯尼亚办事处的总资产为65292.95万元，净资产为25526.76万元。

本次交易的定价原则是以置入资产和置出资产的评估值为基准，差额部分15,331.21万元，经双方协商达成协议，由路桥建设以15,225万元补足支付。

结算方式：在协议生效之日起的一周内，完成公司肯尼亚办事处和萨那办事处资产的移交手续；六个月内，完成中怡公司的股权过户并办理完毕相关的工商变更登记手续；完成登记手续之日起一周内，公司支付上述差额款15,225万元的60%，计9,135万元；并在6个月内，支付上述价款差额15,225万元的剩余部分，计6,090万元。

(四)公司应披露重大合同及其履行情况

1、本公司没有发生托管、承包、融资租赁其他公司资产或其他公司托管、承包、融资租赁本公司资产的事项。

2、本报告期内公司未发生重大担保事项。

3、本报告期内公司没有发生委托他人进行现金资产管理事项，未来也没有委托理财计划。

(五)聘任、解聘会计师事务所及报酬情况

鉴于中天勤会计师事务所已被吊销执业资格，2001年11月26日公司第一届董事会第十一次会议通过解聘中天勤会计师事务所，聘任华证会计师事务所为公司2001年度审计机构。根据有关规定，上述议案需提交下次股东大会追认通过。

支付费用情况：

	2001年	2000年
财务审计费(元)	720,000.00	650,000.00

上述审计发生的差旅费、食宿费由本公司实数承担。

(六)报告期内无公司、公司董事会及董事、高级管理人员受到中国证监会稽查、中国证监会行政处罚、通报批评、证券交易所公开谴责的情形。

十、财务报告

(一)审计报告

华证证字[2002]第168号

路桥集团国际建设股份有限公司全体股东：

我们接受委托，审计了贵公司2001年12月31日的合并资产负债表和母公司的资产负债表，2001年度合并利润及利润分配表和母公司的利润及利润分配表，2001年度的合并现金流量表和母公司的现金流量表。这些会计报表由贵公司负责。我们的责任是对这些会计报表发表审计意见。我们的审计是依据《中国注册会计师独立审计准则》进行的。在审计过程中，我们结合贵公司实际情况，实施了包括抽查会计记录、审核有关证据等我们认为必要的审计程序。

我们认为，上述会计报表符合《企业会计准则》和《企业会计制度》的有关规定，在所有重大方面公允地反映了贵公司2001年12月31日的财务状况及2001年度经营成果和现金流动情况，会计处理方法的选用遵循了一贯性原则。

华证会计师事务所有限公司　　中国注册会计师　金任宏

中国　北京　　中国注册会计师　李　瑛

2002年2月25日

2002年4月3日(见注释六－33)

(二)会计报表：见附表

(三)会计报表附注

1、本年度会计政策、会计估计变化及会计差错的影响

本公司自2001年1月1日起执行《企业会计制度》，与原执行的《股份有限公司企业会计制度》相比，主要有以下会计政策变更事项：

(1)期末固定资产原不计提减值准备，现每期末对固定资产进行逐项检查，若因市价持续下跌，或技术陈旧、损坏、长期闲置等原因导致其可收回金额低于账面价值的，将可收回金额低于其账面价值的差额作为固定资产减值准备；

(2)期末在建工程原不计提减值准备，现每期末对在建工程进行逐项检查，对于可收回金额低于账面价值的，按其可收回金额低于账面价值的差额，计提在建工程减值准备；

(3)期末无形资产原不计提减值准备，现每期末逐项检查无形资产预计给企业带来未来经济利益的能力，按账面价值与可收回金额孰低计量，对预计可收回金额低于其账面价值的差额，计提减值准备；

(4)开办费原从开始生产经营当月起，按直线法摊销，现在开始生产经营的当月一次性计入开始生产经营当月的损益。

(5)本年度开始执行《建造合同》，在建造合同的结果能够可靠地估计的情况下，按照完工百分比法在资产负债表日确认合同收入和费用。

上述会计政策的变更已采用追溯调整法，调整2001年年初留存收益及相关项目期初数；利润表及利润分配表的2000年度对比数据，已按调整后数反映。

会计政策变更对年初未分配利润的影响数如下：

内容	2000年度	2000年度以前	备注
固定资产减值准备 RMB	(10,833,844.60)		
在建工程	(371,461.28)		
建造合同	(5,678,448.55)	(36,365,641.55)	
其中：			
盈余公积			
法定盈余公积	(2,236,884.47)	(4,545,705.20)	
法定公益金	(2,236,884.47)	(4,545,705.20)	
任意盈余公积	(938,656.80)		

(6)本报告期会计差错更正如下：

由于多计收入及成本，调减2000年度净利润(805,082.64)元，相应调减盈余公积和公益金(426,693.75)元。

2、税项：

纳入合并会计报表各单位适用的主要税种及税率列示如下：

税项	计税基础	税率
增值税	商品销售收入	17%
营业税	工程施工收入	3%
	公路通行费收入	5%
	房屋租赁、服务业务收入	5%
城市维护建设税	营业税(或已交增值税)	1－7%
教育费附加	营业税(或已交增值税)	2－3.5%
企业所得税：		
本公司境内单位	应纳税所得额＊	7.5%
本公司国外办事处	应纳税所得额＊＊	16.5%
西安筑路机械有限公司	应纳税所得额＊＊＊	15%
北京瑞拓电子技术发展有限公司	应纳税所得额＊＊＊＊	15%
路桥集团基础建设投资有限公司	应纳税所得额＊＊＊＊＊	16%

＊根据北京市国家税务局京国税所[2000]710号文件，本公司境内所得1999年4月1日起至2001年12月31日在原法定税率15%的基础上享受减半征收所得税的优惠，即在该期间实际税率为7.5%。

＊＊根据财政部、国家税务局财税字[1997]116号文的有关规定，本公司国外办事处的境外所得，按境外应纳税所得额的16.5%计缴所得税。

＊＊＊根据陕西省国家税务局陕国税函[2001]108号文件，西安筑路机械有限公司从2000年1月1日起至2001年12月31日免征企业所得税两年；免征期满后，减按15%的税率征收企业所得税。

＊＊＊＊根据国务院国函[1988]74号文件及北京市人民政府京政办发[1988]49号文件的有关规定，该公司所得税税率为15%。

＊＊＊＊＊根据香港税务条例第112章之规定"本港居民可从海外赚取利润而无须在本港纳税"，本年度路桥集团基础建设投资有限公司所得均非来自香港，故不计缴所得税。

3、合并范围

(1)本公司所控制的境内外所有子公司及合营企业情况及合并范围：

子公司全称	注册地	法定代表人	注册资本		拥有股权	投资额		主营业务	是否合并
西安筑路机械有限公司	西安市	李晓东	RMB	15,988万元	93.75%	RMB	14,988万元	筑、养路机械制造	是
路桥集团基础建设投资有限公司	香港	毛志远	HKD	10,000元	100%	HKD	10,000元	基础建设投资	是
北京瑞拓电子发展有限公司	北京	毛志远	RMB	1000万元	52%	RMB	624万元	综合布线工程电子工程设计施工	是
中怡香港有限公司＊＊	香港	毛志远	HKD	10,000元	100%	HKD	10,000元	房屋租赁	是
西安西筑阿伦机械有限公司＊	西安	李晓东	RMB	415万元	50%	RMB	207.5万元	筑、养路机械制造	是

＊因西安筑路机械有限公司对西安西筑阿伦机械有限公司的财务、经营决策有决定权，故已纳入西安筑路机械有限公司的合并范围。

＊＊中怡香港有限公司属路桥集团基础建设投资有限公司的全资子公司。(详见注释十二)

(2)本期合并范围发生变动

依据本公司2001年2月12日总经理办公会会议纪要，本公司以现金HKD10,000元出资收购中国路桥集团(香港)有限公司之全资子公司路桥集团基础建设投资有限公司，持有其100%股权，并将其纳入本年度合并范围。

依据本公司2001年7月23日公司与中国路桥(集团)总公司签定的《股权转让协议》，以现金RMB624万元出资收购中国路桥(集团)总公司持有的北京瑞拓电子技术发展有限公司52%股权，并将其纳入本年度合并范围。

本公司根据2001年10月本公司与中国路桥集团(香港)有限公司签定资产置换协议及2001年第二次临时股东大会决议，自2001年8月1日起将本公司所属的两个海外办事处(萨那和肯尼亚)置换出去，相应减少本公司的资产66,382.12万元，负债39,766.19万元。(详见注释十二)

(3)公司报告期内新增企业的购买日及其确定方法。

本公司根据财政部财会(1998)66号文关于公司购买其他企业确定股权购买日应符合的条件，确定本公司对路桥集团基础建设投资有限公司收购股权的购并日为2001年4月30日，主要基于以下几点考虑：

a.本公司总经理办公会于2001年2月12日通过了关于收购路桥集团基础建设投资有限公司100%股权的《股权转让协议》。

b.2001年4月25日办理了工商变更手续，已拥有对路桥集团基础建设投资有限公司的财务和经营权。

根据财政部财会(1998)66号文关于公司购买其他企业确定股权购买日应符合的条件，本公司对北京瑞拓电子发展有限公司收购股权的购并日确定为2001年8月30日，主要基于以下几点考虑：

a.本公司总经理办公会于2001年7月16日通过了关于收购北京瑞拓电子发展有限公司52%股权的《股权转让协议》。

b.本公司已于8月份支付了股权购买价款。

c.2001年8月30日前已实质参与、控制对北京瑞拓电子发展有限公司的财务和经营决策。

(4)本公司联营公司概括如下：

联营公司全称	注册地	法定代表人	注册资本	拥有股权	投资额	主营业务	是否合并
中基建设投资有限公司	香港	周纪昌	HKD100000万元	25.60%	RMB45000万元	基础建设投资	否

4、关联方关系及其交易

(1)关联方概况

1)与本公司存在关联关系的关联方。

a.存在控制关系的本公司股东

拥有本公司　　经济性质　法定

企业名称	注册地址	注册资本	股份比例	主营业务	与本公司关系	或类型	代表人
中国路桥(集团)总公司	北京	RMB38,832万元	71.42%	国内外公路桥梁承包、设计、施工	本公司母公司	全民所有制	周纪昌

b.存在控制关系的关联方的注册资本及其变化

企业名称	期初余额	本期增加	期末余额
中国路桥(集团)总公司	RMB 388,320,000.00	RMB —	RMB 388,320,000.00

2)不存在控制关系的关联方关系的性质

企业名称	与本公司关系
路桥(集团)第一公路工程局	中国路桥(集团)总公司之子公司
路桥(集团)第二公路工程局	中国路桥(集团)总公司之子公司
西安筑路机械厂	中国路桥(集团)总公司之子公司
新津筑路机械厂	中国路桥(集团)总公司之子公司
中国路桥集团(香港)有限公司	中国路桥(集团)总公司之子公司
中交第一公路勘察设计研究院	本公司股东

(2)关联方交易事项

1)采购货物

本公司本期及上年向关联方采购货物有关明细资料如下：

关联方名称	2001-12-31	2000-12-31
新津筑路机械厂	RMB 274,000.00	RMB —
路桥(集团)第一公路工程局	1,101,512.33	1,129,877.65
路桥(集团)第一公路工程局凯通物资公司	1,256,251.63	—
路桥(集团)第二公路工程局第二工程处	33,099,236.00	10,878,834.16
合　计	RMB 35,730,999.96	RMB 12,008,711.81

本公司向上述关联方采购货物采用市场订价原则。本公司本年向关联方采购货物占年采购总额的5.29%。

2)销售货物

本公司本年及上年向关联方销售货物有关明细资料如下：

关联方名称	2001年度	2000年度
路桥(集团)第二公路工程局第二工程处	RMB 143,061.90	—
路桥(集团)第一公路工程局华祥工程公司	360,851.96	—
路桥(集团)第一公路工程局第四工程处	675,213.68	684,123.08
路桥(集团)第二公路工程局第六工程处	2,256,410.26	2,256,410.26
中国路桥(集团)总公司	24,307.69	—
合　计	RMB 3,459,845.49	RMB 2,940,533.34

本公司向上述关联方销售货物采用市场价格定价。本公司本年向关联方销售货物占年销售额的0.21%。

3)机械租赁

本公司本年及上年向关联方出租机械设备有关明细资料如下：

关联方名称	2001-12-31	2000-12-31
路桥(集团)第二公路工程局袁浦大桥项目部	RMB 573,031.00	—
交通部公路二局二处物业中心	9,062.00	—
路桥(集团)第一公路工程局	379,217.00	—
路桥(集团)第一公路工程局五公司	367,905.00	—
路桥(集团)第一公路工程局华祥公司	184,000.00	480,000.00
路桥(集团)第二公路工程局第二工程处	1,581,440.60	612,251.00
路桥(集团)第一公路工程局厦门工程处	—	3,191,792.85
合　计	RMB 3,094,655.60	RMB 4,284,043.85

4)接受劳务

关联方本年及上年向本公司提供劳务有关明细资料如下：

关联方名称	2001年度	2000年度
路桥(集团)第二公路工程局第二工程处	RMB 3,064,082.94	RMB 9,138,053.50
路桥(集团)第一公路工程局四公司	—	1,712,899.20
路桥(集团)第二公路工程局西安萌兴公司	1,768,249.00	—
合　计	RMB 4,832,331.94	RMB 10,850,952.70

关联方向本公司提供劳务采用市场价格定价。

5)自关联方分包工程收入

本公司本年及上年自关联方分包工程获取工程收入有关明细资料如下：

关联方名称	2001年度	2000年度
中国路桥(集团)总公司	RMB 6,543,384.90	RMB —
路桥(集团)第一公路工程局南方公司	—	6,551,856.00
路桥(集团)第一公路工程局五公司	—	20,550,787.00
合　计	RMB 6,543,384.90	RMB 27,102,643.00

自关联方分包工程采用市场投标价格定价。

6)支付土地租赁费

本公司本年及上年向关联方支付土地租赁费有关明细资料如下：

关联方名称	2001年度	2000年度
西安筑路机械厂	RMB 2,822,467.80	RMB 2,822,467.80

1999年3月25日，本公司与西安筑路机械厂签定的租用土使用权协议规定：西安筑路机械厂向本公司出租以出让方式取得的国有土地使用权，租赁期限为50年，确定土地租金为每年2,822,476.80元人民币。本公司每两年支付一次租金，在第二年结束前的十个工作日内缴清。

7)受让关联方股权

2001年5月14日，本公司与中国路桥集团(香港)有限公司签定股权转让协议，本公司以现金受让中基建设投资有限公司25.6%的股权。根据中基建设投资有限公司业经评估的2000年12月31日净资产价值，协议25.6%的股权作价为人民币45000万元，股权转让基准日为2001年6月30日。受让股权的价款45000万元已全部支付。

2001年4月，本公司与中国路桥集团(香港)有限公司签定股权转让协议，本公司以现金HKD2元出资收购中国路桥集团(香港)有限公司之全资子公司路桥集团基础建设投资有限公司，受让其100%股权，股权转让基准日为2001年4月30日。

8)资产置换

2001年10月30日，本公司与中国路桥(香港)有限公司签定协议，以所拥有的肯尼亚办事处和萨那办事处的全部资产置换中国路桥(香港)有限公司所属中怡香港有限公司100%的股权，股权转让基准日为2001年11月30日，其中中怡香港有限公司2001年7月31日经评估后净资产价值为40857.97万元，本公司海外办事处2001年7月31日经评估后的净资产价值为25,526.76万元，协议约定本次资产置换以资产评估值为基础(财政部办公厅财办企[2001]1157号出具合规性审核意见)，作价差额部分由本公司向中国路桥(香港)有限公司支付补价款15225万元。本公司于2001年第二次临时股东会通过了上述资产置换协议。截止2001年11月30日本公司已支付补价款9135万元。

9)担保

截止2001年12月31日，路桥(集团)第一公路工程局为本公司11,000,000.00元银行借款提供担保；

截止2001年12月31日，路桥(集团)第二公路工程局为西安筑路机械有限公司217,708,631.45元银行借款提供担保；

截止2001年12月31日，交通部第一公路勘察设计院为西安筑路机械有限公司9,570,000.00元银行借款提供担保。

10)抵押

截止2001年12月31日，路桥(集团)第二公路工程局以其所有的土地使用权为本公司4,500,000.00元银行借款提供抵押保证；

截止2001年12月31日，西安筑路机械厂以其所拥有的土地使用权为西安筑路机械有限公司45,320,000.00元银行借款提供抵押保证；

截止2001年12月31日，本公司以广东工程部原值6,030,000.00元的机器设备为本公司3,000,000.00元银行借款提供抵押保证；

11)支付综合服务费

本年及上年关联方为本公司提供办公楼、生活设施及其他物业管理，本公司根据《综合服务协议》向关联方支付综合服务费有关明细资料如下：

关联方名称	2001-12-31	2000-12-31
西安筑路机械厂	RMB 1,940,000.00	RMB 1,940,000.00
路桥(集团)第二公路工程局第二工程处	—	428,079.00
路桥(集团)第一公路工程局二公司	—	2,354,162.40
路桥(集团)第一公路工程局四公司	—	1,285,766.24
合　计	RMB 1,940,000.00	RMB 6,008,007.64

1999年4月20日中国路桥(集团)总公司与本公司签定关于西安筑路机械有限公司的《综合服务协议》约定：西安筑路机械厂向本公司提供有偿服务；综合服务的范围包括厂区、生活区卫生清洁、绿化、职工住房、职工食堂、图书馆、离退休职工活动中心、班车、中小学及幼儿托管等；服务费用按国家规定的价格或参照市场价格，按公平合理原则协商确定；各项费用总额为194万元，按年支付。

根据中国路桥(集团)总公司路桥财字[2001]600号《关于免收管理费和综合服务费的通知》，路桥(集团)第一公路工程局及路桥(集团)第二公路工程局决定不向本公司收取综合服务费。

(3)关联方应收应付款项余额

应收账款

关联方名称	2001-12-31 金额	2001-12-31 比例	2000-12-31 金额	2000-12-31 比例
路桥(集团)第一公路工程局凯通物资公司	RMB 5,775.50	0.0018%	RMB —	—
路桥(集团)第一公路工程局华祥工程公司	754,712.44	0.2311%	—	—
路桥(集团)第一公路工程局海南工程处	1,185,357.31	0.3630%	—	—
中国路桥(集团)总公司	269,579.29	0.0826%	1,968,440.00	0.37%
路桥(集团)第二公路工程局	52,408.80	0.0160%	5,536,382.40	1.05%
路桥(集团)第一公路工程局	276,757.00	0.0848%	—	—
路桥(集团)第一公路工程局厦门工程处	—	—	1,141,792.85	0.22%
路桥(集团)第一公路工程局南方公司	—	—	1,185,357.31	0.22%
路桥(集团)第一公路工程局五公司	—	—	4,593,026.20	0.87%
新津筑路机械厂	—	—	1,605,000.00	0.30%
小　计	RMB 2,544,590.34	0.7793%	RMB16,029,998.76	3.03%

其他应收款

关联方名称	2001-12-31 金额	2001-12-31 比例	2000-12-31 金额	2000-12-31 比例
交通部公路二局二处物业中心	4,131.72	0.00178%	—	—
路桥(集团)第二公路工程局袁浦大桥项目部	2,476,615.32	1.06658%	—	—
路桥(集团)第二公路工程局西安萌兴公司	372,588.83	0.16046%	—	—
路桥(集团)第二公路工程局	9,814,552.68	4.22672%	9,814,552.68	7.20%
路桥(集团)第一公路工程局	76,575.95	0.03298%	—	—
西安筑路机械厂	20,479,779.96	8.81980%	16,226,873.26	11.91%
新津筑路机械厂	621,482.50	0.26765%	579,882.50	0.43%
路桥(集团)第一公路工程局四公司修理厂	—	—	203,654.80	0.15%
路桥(集团)第二公路工程局第二工程处	9,877,939.23	4.25400%	11,245,728.78	8.25%
路桥(集团)第二公路工程局第三工程处	—	—	1,723,844.36	1.26%
小　计	RMB 43,723,666.19	18.82997%	RMB39,794,536.38	29.200%

预付账款

关联方名称	2001-12-31 金额	2001-12-31 比例	2000-12-31 金额	2000-12-31 比例
路桥(集团)第二公路工程局第二工程处	RMB 2,875,560.76	2.16828%	RMB —	—
路桥(集团)第二公路工程局	484,891.64	0.36563%	—	—
中国路桥(集团)总公司	784,894.58	0.59184%	784,894.58	0.78%
路桥(集团)第一公路工程局机械厂	—	—	313,561.50	0.31%
小　计	RMB 4,145,346.98	3.12575%	RMB1,098,456.08	1.09%

应付账款

关联方名称	2001-12-31 金额	2001-12-31 比例	2000-12-31 金额	2000-12-31 比例
路桥(集团)第二公路工程局第二工程处	RMB 101,750.44	0.02740%	RMB —	—
路桥(集团)第二公路工程局第二工程处修理厂	201,954.93	0.05439%	—	—
路桥(集团)第二公路工程局西安萌兴公司	696,513.57	0.18757%	—	—
路桥(集团)第一公路工程局机械厂	44,583.00	0.01200%	—	—
新津筑路机械厂	163,909.00	0.04414%	674,000.00	0.20%
路桥(集团)第一公路工程局租赁站	245,939.60	0.06623%	—	—
西安筑路机械厂	284,040.00	0.07649%	—	—
路桥(集团)第一公路工程局凯通物资公司	465,159.99	0.12527%	—	—
路桥(集团)第一公路工程局机械厂	341,640.00	0.09200%	1,105,097.65	0.33%
路桥(集团)第一公路工程局五公司	367,905.00	0.09908%	—	—
中国路桥(集团)总公司	512,000.00	0.13788%	—	—
小　计	RMB 3,425,395.53	0.92245%	RMB1,779,097.65	0.53%

其他应付款

关联方名称	2001-12-31 金额	2001-12-31 比例	2000-12-31 金额	2000-12-31 比例
路桥(集团)第二公路工程局第二工程处	RMB 178,456.26	0.08598%	RMB	—
路桥(集团)第二公路工程局第二工程处修理厂	625,094.61	0.30119%	—	—
新津筑路机械厂	524,000.00	0.25248%	—	—
路桥(集团)第一公路工程局	690,168.06	0.33254%	—	—
中国路桥(集团)总公司	861,468.64	0.41508%	98,180,773.11	44.62%
路桥集团第一公路工程局二公司	—	—	3,541,201.12	1.61%
小　计	RMB 2,879,187.57	1.38727%	RMB101,721,974.23	46.23%

十一、备查文件

1、载有董事长亲笔签名的2001年年度报告；
2、载有法定代表人、财务负责人和会计主管人员签名并盖章的会计报表；
3、载有会计师事务所盖章、注册会计师签名并盖章的审计报告原件；
4、报告期内在中国证监会指定报纸上公开披露过的所有公司文件的正本及公告原稿；
5、公司章程。

路桥集团国际建设股份有限公司
董 事 会
二〇〇二年四月五日

合并资产负债表

编制单位:路桥集团国际建设股份有限公司 单位:人民币元

	附注	2001-12-31	2000-12-31
资产			
流动资产:			
货币资金	1	RMB 304,554,977.36	RMB 993,018,361.13
短期投资	2	2,111,069.90	-
应收票据	3	8,600,000.00	-
应收股利	4	1,973,450.00	-
应收利息		-	-
应收账款	5	323,277,334.02	520,221,886.43
其他应收款	6	229,435,170.84	134,923,670.36
预付账款	7	132,619,423.35	100,552,968.20
应收补贴款		-	-
存货	8	191,204,193.79	440,021,374.73
工程施工	9	306,882,374.74	117,386,925.54
待摊费用	10	1,794,648.72	4,148,018.03
一年内到期的长期债权投资		-	-
待处理流动资产净损失		-	91,681.42
其他流动资产		-	-
流动资产合计		1,502,452,642.72	2,310,364,885.84
长期投资:			
长期股权投资	11	541,056,246.32	32,027,904.97
长期债权投资		-	-
长期投资合计		541,056,246.32	32,027,904.97
其中:股权投资差额	11	132,274,450.39	-971,841.71
固定资产:			
固定资产原价	12	848,870,309.90	797,803,011.30
减:累计折旧	12	228,244,068.84	452,725,261.10
固定资产净值		620,626,241.06	345,077,750.20
减:固定资产减值准备		13,316,801.48	15,437,751.77
固定资产净额		607,309,439.58	329,639,998.43
工程物资		-	-
在建工程	13	6,242,644.51	5,571,651.69
固定资产清理		-	489,830.09
固定资产合计		613,552,084.09	335,701,480.21
无形资产及其他资产:			
无形资产	14	1,692,075.00	-
长期待摊费用	15	3,446,004.06	2,134,687.47
其他长期资产	16	2,561,611.73	3,338,809.89
无形资产及其他资产合计		7,699,690.79	5,473,497.36
资产总计		2,664,760,663.92	2,683,567,768.38
负债及股东权益			
流动负债:			
短期借款	17	253,820,000.00	291,020,000.00
应付票据	18	10,008,322.26	6,800,000.00
应付账款	19	371,337,492.58	333,550,361.51
预收账款	20	191,611,598.12	184,400,602.11
应付工资	22	9,583,004.09	34,975,326.35
应付福利费		20,354,455.43	18,434,024.60
应付股利	23	13,334,100.67	33,286,328.99
应交税金	24	42,074,323.92	35,803,889.02
其他应交款	25	1,651,339.50	5,481,695.95
其他应付款	21	207,543,935.70	215,897,311.81
预提费用	26	8,186,883.98	34,186,516.68
一年内到期的长期负债	27	43,700,000.00	21,720,000.00
工程结算	9	5,800,031.59	6,834,041.86
其他流动负债		-	-
流动负债合计		1,179,005,487.84	1,222,390,098.88
长期负债:			
长期借款	28	116,578,631.45	128,208,631.45
应付债券		-	-
专项应付款	29	2,011,410.45	1,986,670.94
其他长期负债		-	-
长期负债合计		118,590,041.90	130,195,302.39
负债合计		1,297,595,529.74	1,352,585,401.27
少数股东权益		18,531,644.52	10,732,642.61
股东权益:			
股本	30	408,133,010.00	408,133,010.00
减:已归还投资		-	-
股本净额	30	408,133,010.00	408,133,010.00
资本公积	31	859,431,593.83	857,550,850.46
盈余公积	32	36,628,779.69	25,066,225.98
其中:法定公益金		12,161,623.80	10,751,493.87
外币折算差额		-4,867.50	-27,182.79
未分配利润	33	44,444,973.64	29,526,820.85
股东权益合计		1,348,633,489.66	1,320,249,724.50
负债及股东权益总计		2,664,760,663.92	2,683,567,768.38

母公司资产负债表

编制单位:路桥集团国际建设股份有限公司 单位:人民币元

	附注	2001-12-31	2000-12-31
流动资产:			
货币资金		RMB 206,339,377.49	RMB 849,759,003.59
短期投资		1,342,210.00	-
应收股利		7,670,781.92	9,535,322.74
应收利息		-	-
应收账款	1	162,149,766.29	391,454,961.20
其他应收款	2	1,038,784,689.84	95,400,525.00
预付账款		94,717,964.48	68,172,423.78
应收补贴款		-	-
存货		68,017,234.66	313,907,150.23
工程施工		306,882,374.74	117,386,925.54
减:预计损失准备		-	-
待摊费用		1,794,648.72	4,148,018.03
一年内到期的长期债权投资		-	-
待处理流动资产净损失		-	91,681.42
流动资产合计		1,887,699,048.14	1,849,856,011.53
长期投资:			
长期股权投资	3	244,505,804.28	192,212,461.23
长期债权投资		-	-
长期投资合计		244,505,804.28	192,212,461.23
其中:股权投资差额	3	122,067.51	-971,841.71
固定资产:			
固定资产原价		263,303,467.73	686,986,238.31
减:累计折旧		137,652,963.10	392,571,501.30
固定资产净值		125,650,504.63	294,414,737.01
减:固定资产减值准备		10,876,233.58	13,466,672.98
固定资产净额		114,774,271.05	280,948,064.03
工程物资		-	-
在建工程		790,000.00	1,657,913.67
固定资产清理		-	489,830.09
固定资产合计		115,564,271.05	283,095,807.79
无形资产及其他资产:			
长期待摊费用		2,980,617.91	2,134,687.47
其他长期资产		2,561,611.73	3,338,809.89
无形资产及其他资产合计		5,542,229.64	5,473,497.36
资产总计		2,253,311,353.11	2,330,637,777.91
负债及股东权益			
流动负债:			
短期借款	17	RMB 141,500,000.00	RMB 190,700,000.00
应付票据		-	-
应付账款		305,646,912.73	274,595,964.71
预收账款		185,164,650.35	181,076,609.44
应付工资		9,691,553.92	34,975,326.36
应付福利费		16,674,140.14	15,054,104.14
应付股利		12,259,590.35	32,650,640.80
应交税金		30,764,573.57	31,596,101.06
其他应交款		1,342,956.53	5,366,663.44
其他应付款		189,501,974.20	209,262,992.91
预提费用		2,275,976.00	28,275,608.70
工程结算		5,800,031.59	6,834,041.86
预计负债		-	-
流动负债合计		900,622,359.38	1,010,388,053.42
长期负债:			
长期借款		-	-
应付债券		-	-
专项应付款		-	-
其他长期负债		-	-
长期负债合计		-	-
负债合计		900,622,359.38	1,010,388,053.42
股东权益:			
股本		408,133,010.00	408,133,010.00
减:已归还投资		-	-
股本净额		408,133,010.00	408,133,010.00
资本公积		859,431,593.83	857,550,850.46
盈余公积		23,007,955.53	18,135,915.36
其中:法定公益金		9,201,477.76	10,678,447.94
外币折算差额		-4,867.50	-27,182.79
未分配利润		62,121,301.87	36,457,131.46
股东权益合计		1,352,688,993.73	1,320,249,724.49
负债及股东权益总计		RMB 2,253,311,353.11	RMB 2,330,637,777.91

合并利润及利润分配表

编制单位:路桥集团国际建设股份有限公司　　单位:人民币元

	附注	2001 年度	2000 年度
一、主营业务收入	34	RMB 1,636,112,483.38	RMB 1,774,293,908.59
减:主营业务成本	34	1,452,495,252.87	1,571,654,521.28
主营业务税金及附加	35	43,517,450.17	33,027,025.35
二、主营业务利润		140,099,780.34	169,612,361.96
加:其他业务利润	36	2,715,938.53	6,915,156.35
减:营业费用		10,291,237.04	7,682,621.65
管理费用		94,539,288.63	76,989,007.43
财务费用	37	6,774,610.53	14,288,256.64
三、营业利润		31,210,582.67	77,567,632.59
加:投资收益	38	19,728,411.68	-108,424.06
营业外收入		1,339,837.41	5,986,785.55
减:营业外支出		4,429,954.63	19,039,658.86
四、利润总额		47,848,877.13	64,406,335.22
减:所得税		3,182,174.34	4,730,219.66
少数股东损益		1,337,005.99	2,273,923.52
五、净利润		43,329,696.80	57,402,192.04
加:年初未分配利润		29,526,820.85	22,670,442.03
其他转入		-	-
六、可供分配的利润		72,856,517.65	80,072,634.07
减:提取法定盈余公积		6,047,964.13	6,596,332.57
提取法定公益金		6,015,129.93	6,596,332.57
七、可供股东分配的利润		60,793,423.59	66,879,968.93
减:提取任意盈余公积		4,104,459.65	4,702,507.28
应付普通股股利		12,243,990.30	32,650,640.80
转作股本的普通股股利		-	-
八、未分配利润		RMB 44,444,973.64	RMB 29,526,820.85

合并现金流量表

编制单位:路桥集团国际建设股份有限公司　　单位:人民币元

	附注	2001 度
一、经营活动产生的现金流量:		
销售商品、提供劳务收到的现金		RMB 1,588,512,649.07
收到的税费返还		22,228.02
收到的其他与经营活动有关的现金	39	228,908,293.70
现金流入小计		1,817,443,170.79
购买商品、接受劳务支付的现金		1,313,995,722.48
支付给职工以及为职工支付的现金		82,760,8
支付的各项税费		60,653,140.86
支付的其他与经营活动有关的现金	40	229,610,355.51
现金流出小计		1,687,020,062.59
经营活动产生的现金流量净额		130,423,108.20
二、投资活动产生的现金流量:		
取得投资收益所收到的现金		13,187,447.35
处置固定资产、无形资产和其他长期资产收回的现金净额		896,294.84
现金流入小计		14,083,742.19
购建固定资产、无形资产和其他长期资产所收回的现金		102,439,978.03
投资所支付的现金		617,680,140.87
支付的其他与投资活动有关的现金		-
现金流出小计		720,120,118.90
投资活动产生的现金流量净额		-706,036,376.71
三、筹资活动产生的现金流量:		
吸收权益性投资所收到的现金		-
借款所收到的现金		359,303,010.00
收到的其他与筹资活动有关的现金		419,431.10
现金流入小计		359,722,441.10
偿还债务所支付的现金		383,670,000.00
发生筹资费用所支付的现金		-
分配股利、利润或偿付利息支付的现金		68,307,805.93
支付的其他与筹资活动有关的现金		18,476,731.89
现金流出小计		470,454,537.82
筹资活动产生的现金流量净额		-110,732,096.72
四、汇率变动对现金的影响		-6,948.64
五、现金及现金等价物净增加额		-686,352,313.87
附注:		
1、将净利润调节为经营活动的现金流量:		
净利润		43,329,696.80
加:少数股东本期损益		1,337,005.99
计提的资产减值准备		-3,156,524.06
计提的固定资产折旧		75,268,408.16
无形资产摊销		207,600.00
长期待摊费用摊销		1,617,300.46
待摊费用减少		354,247.47
预提费用增加(减:减少)		7,118,261.22
处置固定资产、无形资产和其他长期资产的损失(减:收益)		1,446,423.07
财务费用		6,774,610.53
投资损失(减:收益)		-19,728,411.68
存货的减少(减:增加)		-213,365,151.08
经营性应收项目的减少(减:增加)		-90,291,079.08
经营性应付项目的增加(减:减少)		319,510,720.40
经营活动产生的现金流量净额		130,423,108.20
2、现金及现金等价物净增加情况:		
现金的期末余额		304,554,977.36
减:现金的期初余额		993,018,361.13
加:现金等价物的期末余额		2,111,069.90
减:现金等价物的期初余额		-
现金及现金等价物净增加额		-686,352,313.87

母公司利润及利润分配表

编制单位:路桥集团国际建设股份有限公司　　单位:人民币元

	附注	2001 年度	2000 年度
一、主营业务收入	4	RMB 1,400,134,490.60	RMB 1,550,238,590.33
减:主营业务成本	4	1,282,089,591.90	1,407,211,667.29
主营业务税金及附加		40,585,154.59	31,599,844.01
二、主营业务利润		77,459,744.11	111,427,079.03
加:其他业务利润		1,307,222.56	3,508,377.20
减:营业费用		-	-
管理费用		63,963,840.36	52,564,441.12
财务费用		-4,598,799.39	-443,284.04
三、营业利润		19,401,925.70	62,814,299.15
加:投资收益	5	31,489,769.75	12,012,593.22
营业外收入		1,252,390.02	5,630,141.64
减:营业外支出		2,056,606.69	18,324,622.30
四、利润总额		50,087,478.78	62,132,411.71
减:所得税		2,702,277.91	4,730,219.66
少数股东损益		-	-
五、净利润		47,385,200.87	57,402,192.05
加:年初未分配利润		36,457,131.46	23,873,196.47
其他转入		-	-
六、可供分配的利润		83,842,332.33	81,275,388.52
减:提取法定盈余公积		4,738,520.08	6,083,808.13
提取法定公益金		4,738,520.08	6,083,808.13
七、可供股东分配的利润		74,365,292.17	69,107,772.26
减:提取任意盈余公积		-	-
应付普通股股利		12,243,990.30	32,650,640.80
转作股本的普通股股利		-	-
八、未分配利润		RMB 62,121,301.87	RMB 36,457,131.46

母公司现金流量表

编制单位:路桥集团国际建设股份有限公司　　单位:人民币元

	附注	2001 度
一、经营活动产生的现金流量:		
销售商品、提供劳务收到的现金		RMB 1,318,509,262.16
收到的税费返还		22,228.02
收到的其他与经营活动有关的现金		218,298,277.14
现金流入小计		1,536,829,767.32
购买商品、接受劳务支付的现金		1,133,176,173.69
支付给职工以及为职工支付的现金		58,183,176.57
支付的各项税费		36,197,354.28
支付的其他与经营活动有关的现金		181,201,379.96
现金流出小计		1,408,758,084.50
经营活动产生的现金流量净额		128,071,682.82
二、投资活动产生的现金流量:		
取得投资收益所收到的现金		13,187,447.35
处置固定资产、无形资产和其他长期资产收回的现金净额		754,794.84
现金流入小计		13,942,242.19
购建固定资产、无形资产和其他长期资产所支付的现金		80,160,233.79
投资所支付的现金		613,579,024.70
支付的其他与投资活动有关的现金		-
现金流出小计		693,739,258.49
投资活动产生的现金流量净额		-679,797,016.30
三、筹资活动产生的现金流量:		
吸收权益性投资所收到的现金		-
借款所收到的现金		224,483,010.00
收到的其他与筹资活动有关的现金		385,141.01
现金流入小计		224,868,151.01
偿还债务所支付的现金		271,200,000.00
发生筹资费用所支付的现金		-
分配股利、利润或偿付利息支付的现金		44,012,958.20
支付的其他与筹资活动有关的现金		-
现金流出小计		315,212,958.20
筹资活动产生的现金流量净额		-90,344,807.19
四、汇率变动对现金的影响		-7,275.43
五、现金及现金等价物净增加额		RMB -642,077,416.10
附注:		
1、将净利润调节为经营活动的现金流量:		
净利润		RMB 47,385,200.87
加:少数股东本期损益		-
计提的资产减值准备		-3,617,680.85
计提的固定资产折旧		56,318,473.94
无形资产摊销		23,136.00
长期待摊费用摊销		1,504,965.86
待摊费用减少		354,247.47
预提费用增加(减:减少)		7,118,261.22
处置固定资产、无形资产和其他长期资产的损失(减:收益)		1,435,609.49
财务费用		-4,598,799.39
投资损失(减:收益)		-31,489,769.75
存货的减少(减:增加)		-223,325,752.75
经营性应收项目的减少(减:增加)		-27,943,587.88
经营性应付项目的增加(减:减少)		304,907,378.59
经营活动产生的现金流量净额		128,071,682.82
2、现金及现金等价物净增加情况:		
现金的期末余额		206,339,377.49
减:现金的期初余额		849,759,003.59
加:现金等价物的期末余额		1,342,210.00
减:现金等介物的期初余额		RMB -

600266 北京城建投资发展股份有限公司

2001年年度报告摘要

一、公司基本情况简介

(一)公司名称
中文名称:北京城建投资发展股份有限公司
英文名称:BEIJING URBAN CONSTRUCTION INVESTMENT & DEVELOPMENT CO.,LTD
英文缩写:BUCID
(二)公司法定代表人:佟永贵
(三)公司董事会秘书:杨运成
联系地址:北京市朝阳区北土城西路11号城建开发大厦
联系电话:(010)62035969转608　(010)62260806
传　真:(010)62223073
电子信箱:yyc@gf-bucg.com
(四)公司注册地址:北京市海淀区学院南路62号
公司办公地址:北京市朝阳区北土城西路11号城建开发大厦
邮政编码:100029
公司国际互联网网址:www.bucid.com
电子信箱:tz@bucid.com
(五)信息披露报纸名称:《中国证券报》、《上海证券报》
登载公司年度报告的中国证监会指定国际互连网网址:http://www.sse.com.cn
公司年度报告备置地点:
北京市朝阳区北土城西路11号城建开发大厦
北京城建投资发展股份有限公司投资证券部
(六)公司股票上市交易所:上海证券交易所
股票简称:北京城建
股票代码:600266
(七)其他有关资料:

公司首次注册登记日期:	1998年12月30日
公司首次注册登记地点:	北京市工商行政管理局
公司报告期变更注册登记日期:	2001年6月15日
公司报告期变更注册登记地点:	北京市工商行政管理局
公司的企业法人营业执照注册号:	1100001520059
公司的税务登记号码:	地税京字110108633715698000号
公司聘请的会计师事务所名称:	北京京都会计师事务所有限责任公司
办公地址:	北京市朝阳区建国门外大街22号赛特广场五层

二、会计数据和业务数据摘要

(一)公司本年度实现　(单位:人民币元)

利润总额	178,393,835.26
净利润	142,976,587.19
扣除非经常性损益后的净利润	136,958,386.78
主营业务利润	154,713,089.00
其他业务利润	23,697,959.53
营业利润	97,862,380.16
投资收益	80,660,758.69
营业外收支净额	-129,303.59
经营活动产生的现金流量净额	229,318,914.96
现金及现金等价物净增加额	-329,875,781.76

注:"扣除非经常性损益"项目合计6,018,200.41元,涉及项目有:

减:资金占用费—城建开发公司	12,008,916.28
资金占用费—重庆燕城公司	1,676,700.00
资金占用费—东华公司1—6月	4,607,525.12
减项小计	18,293,141.40
加:短期投资跌价准备	11,932,465.54
长期投资跌价准备	213,171.86
营业外支出	129,303.59
加项小计	12,274,940.99

(二)截止报告期末公司前三年主要会计数据和财务指标
追溯调整后　(单位:人民币元)

项　目	2001年	2000年	1999年
主营业务收入	1,064,117,392.99	7,208,431,645.37	5,875,553,264.49
净利润	142,976,587.19	147,042,689.54	133,518,293.48
总资产	4,744,098,498.99	6,739,126,945.67	4,521,362,620.88
股东权益	1,515,838,754.63	1,439,706,595.93	1,510,245,787.84
每股收益(摊薄)	0.2383	0.3676	0.3338
每股收益(按月平均加权)	0.2383	0.3676	0.3338
扣除非经常性损益后的每股收益	0.2283	0.3613	0.3260
每股净资产	2.5264	3.5993	3.7756
调整后的每股净资产	2.5186	3.5253	3.7658
每股经营活动产生的现金流量净额	0.3822	-0.5165	-0.2098
净资产收益率(摊薄)	9.43%	10.21%	8.84%
追溯调整前			
主营业务收入		7,208,431,645.37	5,875,553,264.49
净利润		147,292,599.20	174,521,508.93
总资产		6,739,376,855.33	4,567,455,320.02
股东权益		1,439,956,505.59	1,556,338,486.98
每股收益(摊薄)		0.3682	0.4363
每股收益(按月平均加权)		0.3682	0.4363
扣除非经常性损益后的每股收益		0.3619	0.4285
每股净资产		3.5999	3.8908
调整后的每股净资产		3.5364	3.8811
每股经营活动产生的现金流量净额		-0.5165	-0.2098
净资产收益率(摊薄)		10.23%	11.21%

(三)根据中国证监会发布的《公开发行证券公司信息披露编报规则(第9号)》通知精神,公司2001年按全面摊薄法和加权平均法计算的净资产收益率及每股收益。

报告期利润	净资产收益率(%) 全面摊薄	加权平均	每股收益(元) 全面摊薄	加权平均
主营业务利润	10.21%	10.20%	0.2579	0.2579
营业利润	6.46%	6.45%	0.1631	0.1631
净利润	9.43%	9.43%	0.2383	0.2383
扣除非经常性损益后的净利润	9.04%	9.03%	0.2283	0.2283

(四)报告期内股东权益变动情况

单位:人民币元

项目	股本	资本公积	盈余公积	其中:法定公益金	未分配利润	股东权益合计
期初数	400,000,000.00	871,083,707.70	70,493,225.60	24,651,042.11	115,793,555.51	1,457,370,488.81
本期增加	200,000,000.00	6,264,988.40	31,124,108.99	9,926,602.05	142,976,587.19	380,365,684.58
本期减少		200,000,000.00	12,773,309.77	5,411,070.15	109,124,108.99	321,897,418.76
期末数	600,000,000.00	677,348,696.10	88,844,024.82	29,166,574.01	149,646,033.71	1,515,838,754.63
变动原因	资本公积转增股本	增加:无效申购利息转入 减少:转增股本	增加:本期实际提取 减少:置出16家权益	增加:本期实际提取 减少:置出16家资产	增加:本期净利润 减少:计提两金、分配股利	

三、股本变动及股东情况

(一)股本变动情况
1、截止2001年12月31日股本变动情况表

数量单位:万股

股份类别	期初数	本次变动增减(+,-) 配股	送股	公积金转股	其他	小计	期末数
一、尚未流通股份							
1、发起人股份	30000			15000			45000
其中:							
国家拥有股份	30000			15000			45000
境外法人持有股份							
外资法人持有股份							
其他							
2、募集法人股							
3、内部职工股							
4、优先股							
尚未流通股份合计	30000			15000			45000
二、已流通股份							
1、境内上市的人民币普通股	10000			5000			15000
2、境内上市的外资股							
3、境外上市的外资股							
4、其他							
已流通股份合计	10000			5000			15000
三、股份总数	40000			20000			60000

2、股票发行与上市情况

经中国证券监督管理委员会证监发字[1998]305号、证监发字[1998]306号文批准,公司于1998年12月9日通过上海证券交易所交易系统采用上网定价方式,成功地向社会公众发行了人民币普通股8750万股,并向证券投资基金配售人民币普通股1250万股,共计10000万股,每股发行价8.43元。发行后公司总股本为40000万股,其中30000万股由发起人北京城建集团有限责任公司(以下简称"集团公司")持有,占总股本的75%,10000万股由社会公众持有,占总股本的25%。

经中国证券监督管理委员会和上海证券交易所上证上字[1999]第7号《上市通知书》批准,公司向社会公众发行的8750万股股票已于1999年2月3日在上海证券交易所上市交易;向证券投资基金配售的1250万股股票已于1999年4月5日在上海证券交易所上市交易。

报告期内公司股本结构变动情况说明:公司2000年年度股东大会审议通过以2000年末总股本40000万股为基数,实施向全体股东每10股派现金5元(含税),以资本公积金每10股转增5股的方案,转增股份已于2001年6月8日上市流通,公司股本总数由年初的40000万股增加到60000万股,详见2001年6月2日《中国证券报》和《上海证券报》。

(二)报告期内股东情况介绍

1、截止2001年12月31日,公司在中国证券登记结算有限责任公司上海分公司登记的股东共有105421户,持股60000万股。其中:国有法人股股东1户,持股45000万股;社会公众股股东105420户,持股15000万股。

2、报告期内持有本公司5%以上股份的股东为集团公司,期初持有30000万股国有法人股,报告期末持有股数达到45000万股,股份增加15000万股系公司资本公积金转增股本所致,其所持股份未发生质押、冻结等情况。

3、公司主要股东持股情况(前十名股东)

截止2001年12月31日,拥有公司股份的前10名股东持股情况如下:

股东名称	持股数量(万股)	占总股本(%)	持股类别
北京城建集团有限责任公司	45,000.00	75.00	国有法人股
普丰基金	306.67	0.51	流通股

汉盛基金	100.54	0.17	流通股
泛友创业	40.10	0.07	流通股
隆元基金	34.12	0.06	流通股
兴和基金	33.13	0.06	流通股
同智基金	24.02	0.04	流通股
许云正	23.69	0.04	流通股
吕巾	23.31	0.04	流通股
方梁	23.18	0.04	流通股

说明:前十名股东中,二至十名股东为流通股股东,公司未知其是否存在关联关系。

4、公司控股股东情况:

集团公司是唯一持有公司10%以上股份的股东,其持有公司股份的比例为75%,系本公司控股股东。

集团公司法定代表人是佟永贵先生,成立于1993年11月08日,主要经营范围:授权进行国有资产经营管理,承担各类型工业、能源、交通、民用、市政工程建设项目总承包,房地产开发、商品房销售,机械施工,设备安装;商品混凝土、钢木制品、建筑机械、设备制造及销售,建筑机械设备及车辆租赁,仓储、运输服务,购销金属材料、建筑材料、化工轻工材料、机械电器设备、木材,零售汽车(不含小轿车),饮食服务;物业管理。注册资本30210万元人民币,持有公司股份总额为45000万股,占公司总股本60000万股的75%。股权结构为国有独资。

4、报告期内公司控股股东未发生变更。

四、董事、监事和高级管理人员情况

(一)基本情况

1、董事基本情况

姓　名	职务	性别	年龄	任期起止日期	年初持股数量	年末持股数量
佟永贵	董事长	男	61	1998.12－2001.12	0	0
马于明	副董事长	男	60	1998.12－2001.12	0	0
郁志桐	副董事长	男	58	1998.12－2001.12	0	0
王亚忠	董事	男	50	1998.12－2001.12	0	0
王立平	董事	女	43	1998.12－2001.12	0	0
崔玉春	董事	男	58	1998.12－2001.12	0	0
王秉云	董事	男	60	1998.12－2001.12	0	0
赵广义	董事、总经理	男	48	1998.12－2001.12	0	0
严复民	董事、党委书记	男	57	1999.10－2001.12	0	0

2、监事基本情况

姓　名	职务	性别	年龄	任期起止日期	年初持股数量	年末持股数量
崔正涛	监事长	男	58	1999.10－2001.12	0	0
付士明	监事、工会主席	男	58	1999.10－2001.12	0	0
汤舒畅	监事	男	41	1999.10－2001.12	0	0
张修尧	监事	男	49	1998.12－2001.12	0	0
孙树林	监事	男	60	1998.12－2001.12	0	0

3、高级管理人员基本情况

姓　名	职务	性别	年龄	任期起止日期	年初持股数量	年末持股数量
李　文	副总经理	男	47	1998.12－2001.12	0	0
杨运成	董事会秘书	男	46	1998.12－2001.12	0	0
	兼副总经理			2001.06－2001.12		
高登广	副总经理	男	56	2001.06－2001.12	0	0
周维顺	总会计师	男	47	1998.12－2001.12	0	0

4、董事、监事在股东单位任职情况

公司控股股东为集团公司,其中公司董事长佟永贵先生任集团公司董事长,公司副董事长马于明先生任集团公司党委书记、副董事长,公司副董事长郁志桐先生任集团公司总经理、副董事长,公司董事王亚忠先生任集团公司副总经理,公司董事王立平女士任集团公司总经济师,公司董事崔玉春先生任集团公司副总会计师,公司董事王秉云先生任集团公司副总工程师。公司监事汤舒畅先生任集团公司资本运营部副经理,公司监事张修尧先生任集团公司计划财务部副经理,公司监事孙树林先生任北京城建一建设工程有限公司工会主席。

(二)年度报酬情况

1、董事、监事、高级管理人员报酬的决策程序、确定依据公司董事、监事及高级管理人员实行年薪制。本年度公司董事、监事及高级管理人员年薪报酬由公司董事会审定,其基本岗薪(月薪)根据所担任的职务按月支付,效益岗薪的确定按年薪制考核办法,即经营收入、利润等其他辅助指标的完成情况按年度考核兑现。

2、报告期内董事、监事、高级管理人员领取报酬情况

报告期内,在本公司领取报酬的董事、监事及高级管理人员共8人,其中:金额最高的前三名董事的报酬总额计479466元,金额最高的前三名高级管理人员的报酬总额计398150元。报告期内公司董事、监事及高级管理人员年度报酬数额区间为:130000元—140000元6人,150000元－－160000元1人,170000元—180000元2人。公司有6名董事、3名监事共9人不在本公司领取报酬。

(三)报告期内董事、监事、高级管理人员任职变动情况

报告期内,原副总经理谭晓春先生于2001年4月调任集团公司总经理助理,不再担任本公司副总经理职务。董事、总工程师王秉云先生于2001年11月调任集团公司副总工程师,继续为公司董事,不再担任公司总工程师职务;董事会秘书杨运成先生于2001年6月兼任副总经理;高登广先生于2001年6月任副总经理。

五、公司治理结构

(一)公司治理的现状

1、公司建立法人治理结构情况

公司严格按照《公司法》、《证券法》及其他有关法律法规的要求,建立了完善的法人治理结构。股东大会、董事会、监事会和总经理职权明确,能够严格履行决策程序,做到了各司其职。公司法人治理结构运行正常有序。2001年公司实施了大规模的资产置换,置出建筑施工类资产,置入房地产类资产,形成以房地产开发为主业、以金融和高科技为两翼的产业定位。经董事会决定,公司及时调整了经营管理班子,充实了房地产开发、投资方面专业人员,满足公司"一主两翼"产业发展的需要。资产置换后,公司组织结构也发生了变化,置出18家建筑施工企业,置入北京城建承发包有限责任公司(以下简称"承发包公司")现已更名为北京城建兴华地产有限公司(以下简称"兴华公司")等房地产开发企业。公司对原拥有100%股权的兴华公司进行了增资改制,出资18000万元,占注册资本的90%,同时吸收自然人和职工出资入股,建立起规范的法人治理结构。

2、公司规范运作情况

公司上市以来,按照有关法律法规和公司章程规范运作。股东大会、董事会、监事会会议召开程序和表决结果合法有效。

公司确保所有股东享有平等地位,并能够充分行使自己的权利。通过各种方式尽可能扩大股东参与股东大会的比例,确保股东的知情权和参与权。公司与控股股东在人员、资产、财务上分开,在机构、业务上各自独立。没有发生控股股东直接或间接干预公司决策和生产经营活动的行为。

公司指定董事会秘书负责信息披露工作,并设立董事会秘书部,严格按照有关规定真实、准确、完整、及时地披露信息,未发生虚假记载、误导性陈述或重大遗漏。

3、公司章程和已经制定的治理细则的执行情况

公司制定了《董事会议事规则》、《监事会议事规则》、《总经理工作细则》、《投资管理办法》、《证券管理办法》等文件。2001年根据中国证监会颁布的《上市公司股东大会规范意见》和《关于在上市公司建立独立董事制度的指导意见》,公司制定了股东大会议事规则,修订了公司章程。公司章程和上述文件在公司运作中得到认真贯彻执行。

4、贯彻《上市公司治理准则》,改善公司治理的计划

对照《上市公司治理准则》,公司认真进行了自查,并制定了再次修订公司章程、修订或新制定一揽子治理细则的计划。包括完善股东大会、董事会、监事会议事规则和总经理工作细则,聘任独立董事并建立独立董事工作制度和董事会各专门委员会议事规则,建立和完善董事、监事和经理人员的绩效评价标准和程序等等。公司将以规范和发展为主线,以追求公司价值的最大化和股东利益的最大化为目标,进一步改善公司治理结构,建立高效的运行机制和激励约束机制,规范公司治理,推动公司持续健康发展。

(二)公司与控股股东在业务、人员、资产、机构、财务等方面的分开情况

本公司的控股股东为集团公司。

1、在业务方面:公司与控股股东集团公司在业务方面分开,公司具有独立完整的业务及自主经营能力。

2、在机构和人员方面:本公司控股股东集团公司派出董事参与公司董事会经营决策,本公司高级管理人员未在集团公司担任任何职务,公司机构独立,人员与集团公司完全分离,自成体系。

3、在资产方面:本公司与集团公司产权关系明确,拥有独立的生产系统、销售系统和配套设施。

4、在财务方面:本公司设立独立的财务会计部门,建立独立的会计核算体系和财务管理制度,并根据上市公司有关会计制度的要求,独立进行财务决策,公司拥有独立的银行帐户,依法独立纳税。

(三)报告期内对高级管理人员的考评及激励机制、相关奖励制度的建立、实施情况

公司对高级管理人员实行年度经营责任目标考核及奖罚制度,具体办法是:根据公司年度经营计划确定年度经营责任目标,年终对责任目标实际完成情况进行综合考评,考评结果决定高级管理人员的当年薪酬收入。完成当年经营目标时不奖不罚,超额完成或未完成责任目标的按综合评价增减分和相应的分值进行奖罚,同时对风险收入和奖励部分实行延期支付。对高级管理人员的考核由公司董事会组织实施,考评结果由公司董事会审批。

六、股东大会情况简介

2001年3月24日公司董事会在《中国证券报》、《上海证券报》发布公告,于2001年4月26日在北京北苑宾馆召开2000年年度股东大会。此次股东大会决议刊登在2001年4月27日《中国证券报》、《上海证券报》上。

七、董事会报告

(一)公司报告期内的经营情况

1、主营业务的范围及其经营状况

公司所在行业分资产置换前、后两个阶段。1－4月份资产置换前公司所在行业为建筑业,主营业务范围包括工业与民用、能源、交通、市政、地铁、公共建筑建设项目工程总承包等;资产置换后公司所在行业是房地产业,主要经营业务范围包括:房地产开发、销售商品房;投资及投资管理;销售金属材料、木材、建筑材料、机械电器设备;信息咨询(不含中介服务);环保技术材料、技术服务等。

报告期内,公司顺利实施了资产置换,着力理顺关系,整合资源,加强管理,做强房地产开发主业,打造金融和高科技两翼,生产经营业绩显著。实现主营业务收入106411.74万元,实现利润17839.38万元,每股收益0.24元。主要工作有以下六项:

一是顺利完成了资产置换。公司2001年与控股股东集团公司进行了大规模资产置换,置出资产包括原有16家控股子公司和2家分公司的投资权益、建筑施工类资产和负债及其占用的资金,置入资产包括集团公司拥有的原承发包公司100%的股权、北京城建房地产开发有限公司(以下简称"开发公司")31.5%的股权、大柳树房地产项目资产和现金。资产置换标的额为23.39亿元。

2001年初公司启动资产置换工作,4月26日公司2000年度股东大会通过了资产置换方案。7月14日《中国证券报》和《上海证券报》披露了金诚律师事务所为我公司出具的资产置换实施结果的无保留法律意见书,标志着资产置换工作顺利完成。通过本次置换,公司主业由劳动密集型、收益较低的建筑施工业转为资本密集型、收益较高的房地产业,实现了产业升级和主业转型,初步形成了"以房地产开发为主业、以金融和高科技为两翼"的产业定位,获得了更为良好的产业发展环境。

二是生产经营良性运行。1－4月份公司经营仍以建筑业为主。公司承担的一批重点关注工程,经科学组织和严格管理,施工进展顺利。国家重点工程北京西四环路工程,北京市重点工程大运村工程、京开高速公路工程和国际俱乐部工程均高质量按期完工;以色列大使馆工程、北京西外大街改造、德外大街改造、城市轻轨、公路一环、北京地铁5号线试验段、八达岭三期等工程,施工质量和进度获得社会良好评价。1－4月份完成建筑业产值16.6亿元,实现利润5,277.15万元;开复工面积694万平方米,其中新开116.7万平方米,竣工59.7万平方米。5－12月份公司以房地产开发为主业。公司及所属子公司运作的主要房地产项目有28项。其中北苑家园地处奥运商圈,占地面积104公顷,总规划面积217万平方米,定位为精品住宅综合社区,截至2001年底,累计竣工面积近50万平方米,销售业绩显著,2001年共销售26.5万平方米,回收资金近10亿元;同时,北苑家园在中国房地产协会、北京市国土资源和房屋管理局主办的2001年中国房地产成功经营模式推介活动中被评为"大型综合社区"奖,并被朝阳区房地局评为2001年度"十大放心楼盘"。北苑家园80万平方米的地热工程已经启动,将进一步提高小区品质。东直门综合交通枢纽暨东华广场商务区项目(以下简称"东直门项目"),被列为北京市2001年60项重大项目之一,总占地面积14.3万平方米,建设总规模62.7万平方米,已完成大规模拆迁工作,优化了项目规划设计方案。大柳树项目毗邻中关村大街,占地约3.18公顷,总建筑面积15.03万平方米,定位于办公式公寓和高档住宅楼,完成了前期策划和规划设计,现正在进行开工前的准备工作。西三旗西二里项目具备了开工条件。5－12月份公司开复工面积72.5万平方米,其中新开31.3万平方米,竣工27.4万平方米,销售26.5万平方米,主营业务收入99691.76万元,实现利润10860.79万元。

三是理顺了产权关系。资产置换后,公司突出整体和规范运作,初步形成了以公司本部为母体,以兴华公司、北京城建东华房地产开发有限责任公司(以下简称"东华公司")为控股子公司,以开发公司、北京科技园建设股份有限公司(以下简称"北京科技园")等为参股公司,以北京市东湖房地产公司(以下简称"东湖公司")、重庆燕城房地产开发有限责任公司(以下简称"燕城公司")为托管公司的较为清晰的组织架构。兴华公司完成改制并增资扩股至2亿元,建立起规范的法人治理结构。在持有东华公司30%股权的基础上,出资1,500万元受让开发公司持有的东华公司30%的股权,取得了对东华公司的控股权。根据与集团公司签订的托管协议,对东湖公司、

燕城公司两个托管公司进行了全面实质性的管理。

四是企业管理得到加强。制定了股东大会议事规则，修订了公司章程，以规范运作。修订了投资管理暂行办法，规范投资行为。制定了从项目筛选到物业管理的开发全过程 13 个管理制度，加强了房地产业务流程的管理。兴华公司通过了 ISO9001:2000 质量管理体系认证。开发公司通过了 ISO9000 族质量管理体系监督审核。

五是充分利用了社会资源。公司与北京赛迪时代信息产业股份有限公司（以下简称“赛迪时代公司”）签署了“驻地网宽带建设”战略性合作协议。东华公司与香港康实投资有限公司（英文全称：STRONG GROUND INVESTMENTS LIMITED）签署了东直门项目合作合同。开发公司下属单位城和房地产开发有限公司与美国三易公司签署了代理销售、共同开发花市枣园的协议。兴华公司与北京市能源投资公司和北京市地勘院发起设立北京市天银地热开发有限公司，并与冰岛 ENEX 公司和 Orkuveita 公司达成合作意向。东湖公司与韩国佳皇公司签订了合作开发协议。上述合作，促进了项目开发，有利于提高项目的开发品质。

六是加强了投资监管。公司分别投资 15,000 万元、6000 万元和 6,060 万元参与发起设立北京首都国际投资管理有限责任公司（以下简称“首都国际投资公司”）、赛迪时代公司和深圳市中科招商创业投资有限公司（以下简称“中科招商投资公司”）；投资 250 万元参股深圳市中科招商创业投资管理有限公司（以下简称“中科招商投资管理公司”）。上述公司均已完成工商登记，运转基本正常。公司投资的深圳市国信证券有限责任公司（以下简称“国信证券公司”）、北京科技园和首都国际投资公司 2001 年分别实现投资收益 2150.91 万元、1969.86 万元和 990.98 万元。公司还对投资参股公司开展了一次拉网式调研，初步掌握了投资参股公司的经营、财务、人力资源以及发展规划等情况，为进一步做好资本运作提供了依据。

2、主要控股公司及参股公司的经营情况及业绩

单位名称	主营业务收入（元）	净利润（元）	开复工面积（万平方米）	销售面积（万平方米）
北京城建兴华地产有限公司	996,917,620.00	73,013,903.10	72.54	26.49
北京城建东华房地产开发有限责任公司		－883,769.75		
北京城建房地产开发有限责任公司	1,081,254,182.72	48,286,067.78	99.22	17.10

3、在经营中出现的问题及解决方案

主要是投入产出比例不够合理。针对这种状况，加大销售和资产变现力度，加快资金回笼，使开复工面积、竣工面积、销售面积和投入产出比例趋向协调合理。

4、关于 2001 年实现净利润的说明

公司在 2001 年 3 月 24 日有关证券报上，曾向社会披露资产置换可行性分析报告，报告中预计资产置换后 2001 年实现净利润 20000 万元。经北京京都会计师事务所确认，2001 年实际实现净利润 14297.66 万元，与预计相比减少了 5702.34 万元，降低 28.51%，减少的主要原因是：

(1)根据财政部财会[2000]3 号文“关于印发《股份有限公司税收返还等有关会计政策处理规定》的通知”，未实际收到所得税返还资金时企业不能作收益处理，因此影响公司本年净利润 3000 多万元；

(2)由于会计政策的变更，即公司《关于计提八项减值准备的有关规定》，本年计提短期投资跌价准备 1193 万元。

（二）报告期内的投资情况

2000 年公司对外投资金额为 38,504.46 万元，报告期内公司对外投资金额为 28,810 万元，比上年度减少 9,694.46 万元，减少幅度为 25.18%。报告期内公司主要投资项目如下：

名　　称	主要经营活动	注册资本（万元）	投资额（万元）	所占比例
北京首都国际投资管理有限责任公司	高新技术创业投资；项目投资及管理；投资咨询等	55100	15000	27.22%
北京赛迪时代信息产业股份有限公司	信息服务、软件开发与销售；智能化小区建设；展览展示等	14600	6000	41.1%
深圳市中科招商创业投资有限公司	高新技术产业和其他技术创新投资；投资咨询；资产委托管理等	30000	6060	20%
深圳市中科招商创业投资管理有限公司	受托管理创业资本；投资咨询业务；委托资产管理和实业投资等	2000	250	12.5%
收购北京城建房地产开发有限公司持有的北京城建东华房地产开发有限责任公司30%的股权	房地产开发；商品房销售；自有房屋的物业管理等	5000	1500	30%
合　　计			28810	

1、募集资金的投资情况

(1)公司在报告期内没有募集资金，亦无报告期之前募集资金延续到本报告期使用的情况。

(2)公司以前年度使用前次募集资金对“耐泰安”建筑材料生产线项目的 1,200 万元投资、用于购买高速公路、地铁盾购设备及建筑施工设备的 23,709 万元投资和用于受让集团公司持有的北京城建地铁地基市政工程有限公司等四家公司股权的 3,998.2 万元投资，报告期内在公司与集团公司进行的资产置换中作为置出资产置换给集团公司，自 2001 年 5 月 1 日起公司对上述投资不再拥有财产权和收益权。

(3)2000 年 4 月公司使用募集资金 28000 万元参与发起设立了北京科技园，由于个别股东资金至今未到位，2001 年 11 月 20 日，经北京科技园一届五次董事会审议，拟实施减资。该公司注册资本由原来的 163000 万元减至 130000 万元，本公司所占股权比例由原来的 17.17%增至 21.54%。报告期内获得投资收益 1969.86 万元。

2、非募集资金投资情况

(1)参与发起设立首都国际投资公司。该公司注册资本金 55,100 万元，公司出资 15,000 万元，占注册资本的 27.22%。报告期内公司获得投资收益 990.98 万元。

(2)参与发起设立赛迪时代公司。该公司注册资本金 14,600 万元，公司出资 6,000 万元，占注册资本的 41.1%。该公司于 2001 年 9 月完成工商注册登记，公司运转基本正常。

(3)公司与中科招商投资管理公司、中国华录集团有限公司、东胜市鄂尔多斯羊绒实业发展有限责任公司等六家股东共同设立深圳市北大招商创业投资有限公司，2001 年 9 月该公司更名为深圳市中科招商创业投资有限公司，注册资本金 30,000 万元，公司出资 6,060 万元，拥有 20%的股权。该公司主要投资信息产业、新材料、生物工程及其他高成长行业。报告期内公司获得投资收益 19.05 万元。

(4)参股中科招商投资管理公司，该公司原名北大招商创业投资管理有限公司，2000 年 11 月由北京大学、招商局蛇口工业区和二十一世纪科技投资有限公司及部分高层管理人员共同发起设立，注册资本金 1000 万元，主要受托管理和经营其他机构或企业的创业资本，受托投资高新技术产业和其他创新产业的项目与企业。2001 年 8 月，北京大学将其持有的所有股份转让给中国科学院研究生院，并更名为“中科招商创业投资管理有限公司”。2001 年 9 月，中科招商投资管理公司进行增资扩股，注册资本金增至 2000 万元，本公司出资 250 万元，占总股本的 12.5%，本公司投入资金于 2001 年 11 月 13 日到位。由于公司资金到位较晚，本年度未获投资收益。

(5)公司出资 1,500 万元受让开发公司持有的东华公司 30%的股权（公司原持有东华公司 30%股权），报告期已将该公司会计报表纳入合并范围。

2001 年 11 月 19 日，东华公司与康实投资有限公司签订了《北京市东直门综合交通枢纽暨东华广场商务区项目合作合同》，按合同约定康实投资有限公司应向东华公司支付项目前期及“三通一平”补偿费用，总额为人民币 13.3 亿元，合同订金已在报告期内到位。（详见 2001 年 11 月 21 日《中国证券报》）

(6)2001 年 9 月 28 日公司一届三十一次董事会会议通过了《关于兴华公司减资改制的议案》。公司实施资产置换后，兴华公司 71571.14 万元净资产全部计入本公司的长期投资，其中实收资本（注册资本金）5030.92 万元，占 7.03%，其余的 92.97%为资本公积，资本结构比例失调。此次兴华公司注册资本金由 5030.92 万元减至 1581.58 万元，资本公积作相应减少，使兴华公司净资产减至 22500 万元，被减少的注册资本金及其权益（资本公积）49071.14 万元计入对本公司的负债，由兴华公司偿还。为了优化兴华公司的股权结构，兴华公司随之进行改制，增加注册资本金，并吸收兴华公司高级管理人员和职工持股会入股，成为多元投资主体的有限责任公司。改制后兴华公司注册资本金为 20000 万元，其中本公司以资本公积转增形式出资 18000 万元，占注册资本金的 90%；自然人及职工持股会按兴华公司减资后剩余净资产折价，溢价出资，占注册资本金的 10%。兴华公司改制后，已初步建立起科学规范的公司法人治理结构，将获得更快的发展。

(7)经公司一届三十二次董事会审议，拟出资 2700 万元收购兴华公司持有的开发公司 18%的股权，收购完成后公司直接持有开发公司 49.5%股权，成为其第一大股东，目前该项收购的有关手续正在办理中。

3、其他

(1)2001 年 7 月 12 日公司一届二十八次董事会上审议通过了《关于认购北京市商业银行股份有限公司股份的议案》，拟认购北京市商业银行 2000 万股股份，每股 1.5 元，共计 3000 万元人民币。由于投资环境发生变化，经公司董事会审议，不再对该项目实施投资。

(2)2001 年 5 月 22 日公司一届二十五次董事会上审议通过了《关于参与发起设立国信创业投资有限责任公司的议案》，公司拟出资 3,000 万元，占注册资本的 15%。由于市场环境发生变化，该公司暂停筹备，是否继续设立，有待主发起人国信证券公司董事会决议。

(3)国信证券网络有限公司（以下简称“网络公司”）由国信证券公司邀请深圳国际信托投资公司等 6 家股东发起设立，主要进行数据库及计算机网络服务等。注册资本金 5000 万元，本公司出资 100 万元，占总股本的 2%，投资资金于 2000 年 9 月到位。由于政策原因，网络公司于 2001 年 3 月停止运营，目前，网络公司的业务和人员均转入国信证券电子商务总部继续运行，公司资产暂委托国信证券公司代为管理。关于该公司的存续问题，有待该公司董事会决议。

(4)2001 年 4 月 27 日披露的《北京城建股份有限公司资产置换方案》中提出资产置换后，公司拟发起设立北大建业生物工程开发有限责任公司，由于市场环境发生了变化，经公司董事会审议，不再设立该公司。

(5)2001 年 4 月 27 日披露的《北京城建股份有限公司资产置换方案》中提出资产置换后，公司拟发起设立北京城建环保科技有限责任公司，由于公司产业结构的调整，暂缓设立该公司。

（三）报告期内的财务状况、经营成果

单位：人民币元

项目	2001 年度	2000 年度	增减（%）
总资产	4,744,098,498.99	6,739,126,945.67	－29.60
长期负债	502,000,000.00	876,264,988.40	－42.71
股东权益	1,515,838,754.63	1,439,706,595.93	5.29
主营业务利润	154,713,089.00	891,061,367.91	－82.64
净利润	142,976,587.19	147,042,689.54	－2.77

说明：上述指标中本年总资产、长期负债和主营业务利润比上年大幅减少是因为资产置换主营业务发生变化的原因，详见审计报告附注第十一项。

（四）生产经营环境以及宏观政策、法规发生重大变化对公司的影响

根据财政部财会[2000]25 号财会(2001)17 号文的有关规定，本公司自 2001 年 1 月 1 日起执行《企业会计制度》及其补充规定，会计政策、会计估计变更及其影响说明如下：

1、开办费原按五年期限摊销，现改为生产经营当月一次性进入当期损益；

2、期末固定资产原按帐面价值计价，现改为按帐面价值与可收回金额孰低计价。对单项固定资产可收回金额低于帐面价值的差额，计提固定资产减值准备。

上述会计政策变更累计影响数为 249,909.66 元，其中开办费处理方法改变的累计影响数为 249,909.66 元。

（五）新年度的经营计划

2002 年经营计划是：主营业务收入 22.61 亿元；实现净利润 1.65 亿元；开复工面积 195.3 万平方米，其中，新开 83.1 万平方米，竣工 63.1 万平方米；房屋销售面积 46 万平方米。公司 2002 年将进一步理顺关系，整合资源，重点加强开发策划、销售、物业管理，打造北京城建地产品牌；进一步完善法人治理结构，切实加强企业管理，规范运作；制定实施发展战略，培育公司的核心竞争力，推动公司持续、快速、健康发展。

一是开拓房地产市场，进一步加强开发策划、营销、物业管理，精心打造北京城建地产品牌。公司坚持统筹安排、适度开源的原则，形成双“品”字型格局。在北京，以京城北部为重点，向西部和东部扩展，开发三大片具有一定规模的住宅小区。在全国，确立了以北京市场为重点，兼顾上海和重庆市场的开发策略，以开发公司下属单位上海京城房地产开发公司和重庆燕城公司现有项目开发为切入点，形成一定的开发规模。强化公司的整体策划功能，对大的品牌项目策划，招标引入国内外知名的咨询机构。做好成泉项目和小营项目市场定位，完善规划，尽快开工。组建销售中心，加大销售力度，提高价值实现能力。组建物业管理公司，树立北京城建物业品牌。强化质量创优意识，把质量创优作为打造品牌的重要环节来抓。抓好北苑家园六区、二区建设。东直门项目四月底之前交通枢纽部分开工。大柳树项目将陆续全面开工。推行项目成本计划管理，强化开发过程成本控制，建立完善的财务成本分析制度。严格实施招标制度，提高开发项目的科技含量，降低成本。

二是进一步整合资源，做强主业，做精两翼。受让集团公司持有的燕城、东朔等公司的股权，进一步清理整顿项目公司。整合公司的策划、销售、物业管理等专业力量，依托集团公司的设计、施工优势，通过与房地产中介机构等建立松散型战略合作伙伴关系，形成从项目策划、工程管理、广告销售到物业管理一条龙的开发业务链。对投资参股的金融和高科技类公司，加强监管，使两翼更加精干、高效，努力实现两翼与主业的互动发展。

三是做好增发融资工作，强化资金管理，实现资金良性运转。从健全组织、选好项目、理顺关系、规范运作等方面，做好增发融资工作。争取下半年报送增发计划，年内或明年上半年完成增发工作。此外，对组建房地产投资基金、房地产金融租赁、房地产投资信托等融资方式进行积极探索。加强资金的计划管理，公司对直属项目运营部和控股子公司的资金筹措进行统一管理，对资金进行监控和调剂使用。控制贷款规模，减少财务费用。盘活存量资产，加大销售力度，尽快回笼资金，实现滚动开发，使资金步入良性循环的轨道。

四是加强企业管理，规范运作。2002 年是公司管理年。一季度制定和实施公司发展战略。在公司内部建立企业信息管理平台，实现办公自动化。建立畅通的政策信息渠道，专人负责对市场状况、宏观政策导向等信息进行收集、分析。狠抓各项管理制度落实。同时启动贯彻 ISO9001：2000 质量管理标准和 ISO14000 环境管理标准工作。严格履行投资决策程序，控制投资风险。建立财务风险管理制度，定期对公司的整体经营风险进行分析，提出控制风险对策。贯彻《上市公司治理准则》，修改公司章程，完善董事会、监事会议事规则，聘请独立董事，组建董事会专业委员会，按时完成董事会换届工作。完善信息披露制度，加强内部信息的管理与控制。

五是建立市场化的薪酬机制，开发人力资本资源。完善经营者年薪制、岗薪制、项目工薪制，强化企业激励和约束机制。除引进外部人才外，加大员工培训力度，分层次培养企业经营者队伍、开发项目职业经理人队伍和高层次专业人才队伍，满足公司发展需要。

六是进一步推进企业文化建设，提高企业整体素质。全面推进以“北京城建地产”和“北京城建物业”品牌为载体的企业文化建设，内聚人心，外塑形象。对开发的产品逐步统一标识、案名，有计划有目的地推广展示形象，塑造城建地产特色风格。适时进行品牌输出，开展品牌经营。强化企业的团队精神、员工的敬业精神和创新精神，增强公司的凝聚力。

（六）公司利润分配预案

1、公司 2001 年度利润分配预案

经北京京都会计师事务所有限责任公司确认,公司 2001 年实现净利润 144,646,109.06 元,按 10%提取法定公积金 14,464,610.91 元,按 5%提取公益金 7,232,305.45 元,加上年初未分配利润 115,793,555.51 元,总共可供分配利润 238,742,748.21 元。

本年度利润分配预案为:以 2001 年末总股本 60000 万股为基数,每 10 股派现金 1.30 元(含税),预计支付红利 78,000,000.00 元。

该预案需经公司股东大会审议通过后实施。

2、公司 2002 年度预计利润分配政策

(1)公司拟在 2002 年度分配利润一次;

(2)公司 2002 年实现的净利润,拟用于股利分配的比例约为 30%左右;公司 2001 年度未分配利润,拟用于下一年度股利分配的比例约为 30%左右;

(3)2002 年利润分配主要采取送红股、派现金或两者相结合的形式;如采取送红股与派现金相结合形式,现金股息约占股利分配的 50%左右。

上述利润分配政策为预计方案,董事会根据公司 2002 年实际经营情况保留对该政策进行调整的权利。

八、监事会报告

(一)报告期内监事会的工作情况

报告期内,公司监事会认真履行《公司法》、《证券法》和《公司章程》所赋予的职责,认真开展工作,共召开三次会议,并列席了全年董事会会议。

1、2001 年 3 月 22 日公司召开了第一届监事会第六次会议。会议审议通过了公司 2000 年度财务决算报告、2000 年年报及年报摘要、监事会工作报告、资产置换方案、资产置换协议及相关关联交易协议。会议决议公告刊登于 2001 年 3 月 24 日《中国证券报》、《上海证券报》。

2、2001 年 8 月 15 日公司召开了第一届监事会第七次会议。会议审议通过了公司 2001 年中期报告。会议决议公告刊登于 2001 年 8 月 20 日《中国证券报》、《上海证券报》。

3、2001 年 12 月 10 日公司召开了第一届监事会第八次会议。会议审议通过了公司规范运作自查报告。

(二)监事会对公司 2001 年度工作的意见

1、2001 年公司按照《公司法》、《证券法》及其他有关法律法规和公司章程,依法经营,规范运作,决策程序合法。公司董事、经理能认真履行法律、法规及公司章程赋予的职权,未发现有违反法律、法规、公司章程或损害公司利益的行为。

2、监事会认真检查了本年度公司的财务情况,认为北京京都会计师事务所有限责任公司出具的无保留意见审计报告符合公司实际,真实地反映了公司的财务状况和经营成果。

3、公司 1998 年上市募集资金,实际投入项目根据 1999 年度第二次临时股东大会决议发生变更,变更的程序、手续合法。

4、报告期内,公司发生出资 1500 万元收购东华公司 30%的股权、出资 2700 万元收购开发公司 18%的股权等收购资产行为,交易价格合理,没有发现内幕交易,没有损害其他股东的权益或造成公司资产流失。

5、报告期内,公司与大股东集团公司进行了资产置换,对此公司披露了关联交易公告。此项关联交易是公平的,未发现有损害公司利益的行为。

九、重要事项

(一)重大诉讼、仲裁事项

1、2000 年年度报告中披露的重大诉讼与仲裁事项

(1)北京城建一建设工程有限公司向北京市仲裁委员会提出仲裁申请,要求被申请人北京世华房地产开发有限公司支付工程款及利息 34,330,034 元,北京市仲裁委已于 2000 年 9 月 25 日作出裁决,裁决北京世华房地产开发有限公司支付工程款及利息 34,330,034 元,现该案正在强制执行阶段。该仲裁事项已随股权转让及资产置换的完成,全部置入集团公司,本公司不再对其承担责任。

(2)北京城建一建设工程有限公司诉北京北新房屋开发经营公司,要求其支付工程款及利息 32,090,000 元,朝阳区人民法院于 2000 年 9 月 18 日作出裁决,裁决支付工程款及利息 38,000,000 元,2000 年 10 月 19 日已申请强制执行,目前经市政府出面协调,双方已达成还款协议,并于 2001 年 6 月 29 日收回工程款 20,000,000 元。该诉讼事项已随股权转让及资产置换的完成,全部置入集团公司,本公司不再对其承担责任。

2、报告期内公司无重大诉讼、仲裁事项。

(二)公司在报告期内资产置换及收购事项的简要情况及进程

1、报告期内公司资产置换事项的简要情况及进程

(1)2001 年 3 月 22 日,公司召开一届二十三次董事会会议审议并通过了《资产置换方案》及有关议案,决定以建筑施工类资产与控股股东集团公司房地产类资产进行置换,评估基准日为 2000 年 12 月 31 日。同日,北京市金诚律师事务所为本次资产置换出具了法律意见书(公司董事会决议公告、《关联交易公告》、法律意见书详见 2001 年 3 月 24 日《中国证券报》、《上海证券报》)。

(2)2001 年 3 月 27 日,光大证券有限责任公司为本次资产置换出具了《独立财务顾问报告》(详见 2001 年 3 月 28 日《中国证券报》、《上海证券报》)。

(3)2001 年 4 月 16 日,公司就本次资产置换的评估结果确认情况及资产置换差额按不同方式抵补的具体金额事宜出具说明,同日北京市金诚律师事务所出具补充法律意见书,2001 年 4 月 17 日,光大证券有限责任公司出具补充独立财务顾问报告(详见 2001 年 4 月 18 日《中国证券报》、《上海证券报》)。

(4)2001 年 4 月 26 日,公司 2000 年度股东大会审议通过了《资产置换方案》及有关议案,并授权董事会全权办理相关事宜(公司股东大会公告详见 2001 年 4 月 27 日《中国证券报》、《上海证券报》)。

(5)本次资产置换的内容

公司置出资产包括:A、公司拥有的 16 家建筑施工企业的投资权益 36,962.33 万元;B、公司拥有的建筑施工类资产及相关负债(包括总承包部和盾构分公司),其中固定资产 21,265.80 万元、流动资产 74,670.64 万元、其他资产 87.96 万元,相关负债 16,203.40 万元。上述两项资产净值为 119,643.79 万元;C、16 家建筑施工企业占用公司的资金 114,273 万元;上述置出资产净值总计 233,916.79 万元。置入公司资产包括:A、集团公司拥有的承发包公司 100%股权,资产净值为 71,701.12 万元;B、集团公司拥有的开发公司 31.5%的股权,即 4,844.32 万元;C、集团公司拥有的房地产类资产,即大柳树项目,该项目评估价值为 16,234.72 万元;D、现金类资产,根据公司 2000 年度股东大会决议,2000 年度公司按 0.5 元/股的比例分配现金红利,集团公司按持股数额应分得现金红利 15,000 万元,该笔资金作为集团公司资产置入公司;上述置入资产共计 107,780.16 万元(其中非现金类资产已经中和会计师事务所有限公司评估并经北京市财政局确认)。置出、置入资产净值差额 126,136.63 万元,加上在资产置换实施阶段公司收取置出的 16 家控股子公司和 2 家分公司 2001 年 5—6 月份的资金占用费 2,151.37 万元,合计为 128,288 万元,分别由集团公司承担公司银行借款人民币 2 亿元;一公司、二公司、三公司、四公司、五公司、七公司、八公司、亚泰公司、地铁公司等分别承担公司银行借款共计人民币 7 亿元;集团公司对公司控股的东华公司的债权 5,200 万元、对开发公司的债权 3,596 万元以及集团公司下属 13 家企业对承发包公司的债权 29,492 万元等方式抵偿。

(6)2001 年 6 月 30 日,公司与集团公司签署了《资产置换结果确认书》,确认双方已根据《资产置换方案》、《资产置换协议》等文件完成了置换工作,相关资产已移交资产置入方并由置入方予以实际控制,必要的法律手续和财务调入帐手续已依法完成;自置换完成日起,基于置入资产所存在的权利和义务,均由资产置入方享有和承担;任何一方因对方违反《资产置换协议》及相关补充协议、确认书、承诺书而对第三方承担的义务和责任,均由违约方予以全额补偿。

(7)2001 年 7 月 14 日,公司就资产置换完成情况予以公告,同日公告北京市金诚律师事务所就本次资产置换实施结果出具的法律意见书(详见 2001 年 7 月 14 日《中国证券报》、《上海证券报》)。

2、报告期内公司收购事项的简要情况及进程

(1)经公司一届二十五次董事会会议决定,出资 1,500 万元受让开发公司持有的东华公司 30%的股权。报告期内已完成收购的相关手续。(公司董事会决议公告详见 2001 年 6 月 6 日《中国证券报》、《上海证券报》)

(2)经公司一届三十二次董事会审议,拟出资 2700 万元收购兴华地产公司持有的开发公司 18%的股权,收购完成后公司直接持有开发公司 49.5%股权,成为其第一大股东,有关手续正在办理之中。(公司董事会决议公告详见 2001 年 9 月 28 日《中国证券报》、《上海证券报》)

3、兴华公司减资及增资过程说明

具体内容详见董事会报告(二).2 非募集资金投资情况(6)。

(三)报告期内收购及出售资产、吸收合并事项对公司财务状况和经营成果的影响。

1、资产置换事项的影响

通过资产置换,公司已顺利实现产业升级,形成了"以房地产为主业,以金融、高科技为两翼"的新的产业定位,资产质量得到较大改善,市场形象得到很大提高,为公司持续健康发展奠定了基础。

2、收购事项的影响

本公司于 2001 年 6 月 22 日受让开发公司持有东华公司 30%股权,本公司因此拥有东华公司 60%股权,自 2001 年 7 月 1 日起纳入合并会计报表合并范围,使报告期内公司减少收益 397696.38 元。

(四)公司在报告期内发生的重大关联交易事项

1、与存在控制关系关联方的关联交易

(1)资产置换:具体说明见会计报表附注十一。

(2)担保:集团公司为本公司的 82,900 万元短期借款、39,000 万元长期借款提供担保;本公司为兴华公司及东华公司 24,000 万元短期借款、10,000 万元长期借款提供担保。

(3)提供资金:本公司之子公司东华公司向集团公司临时借款 10,000 万元,应付资金占用费 468,600 元。

(4)租赁:本公司 2001 年 1-4 月租用集团公司办公用房支付租金 902,767 元;5-12 月使用开发公司办公用房,并协议不收取房租。

2、与不存在控制关系关联方的关联交易

(1)提供劳务:本公司控股子公司兴华公司及东华公司接受附注七.1.B 中提及的非控制关系关联方 2001 年提供劳务 422,319,072 元,该等劳务为建筑施工类劳务,系根据国家及北京市有关工程施工招标规定,参照市场化原则发生,交易价格公允合理。

(2)资金占用:本公司为开发公司提供资金 22,400 万元,本年已归还 3,579 万元,收取资金占用费 1200.89 万元。本公司为燕城公司提供资金 1,100 万元,收取资金占用费 167.7 万元;本公司为北京城建美尔广告有限公司提供资金 50 万元。本公司收取置出 16 家施工类子公司 1-6 月资金占用费 4,501.86 万元。

(3)担保:本公司为开发公司 12,900 万元银行借款提供担保。

(4)综合服务费:本公司应收取已置出 16 家施工类子公司 1-4 月综合管理费 740 万元。

(五)重大合同及其履行情况

1、托管、承包、租赁其他公司资产或其他公司托管、承包、租赁公司资产事宜

(1)2001 年 3 月 22 日集团公司与公司签订关于东湖公司股权托管协议及燕城公司股权托管协议,约定:集团公司委托公司全权管理其持有的东湖公司、燕城公司的全部股权,行使除增加或减少注册资本、分立或合并、转让或收购占公司净资产 50%以上的资产、解散与清算、发行公司债券、变更公司组织形式以外的股东权利,托管期限为协议签订之日起 5 年,托管费用按集团公司获取东湖公司、燕城公司投资收益的 10%标准计取,由集团公司在每个会计年度结束后三个月内向公司支付。

(2)报告期内公司没有承包、租赁其他公司资产或其他托管、承包、租赁公司资产的事项。

2、重大担保事项

(1)2000 年年度报告中披露的一项担保合同已随公司股权转让、资产置换完成置入集团公司,并于 2001 年 6 月 30 日前完成合同主体变更,银行已备案。

(2)2001 年中期报告披露的对外担保的履行情况

公司为兴华公司向农行亚运村支行贷款 40,000,000 元提供担保,担保期限自 2001 年 6 月 14 日至 2002 年 6 月 13 日——担保有效期内,合同正在履行。

(3)2001 年下半年公司签订的对外担保合同情况

①公司为开发公司向招商银行双榆树支行贷款 10,000,000 元提供担保,担保期限自 2001 年 7 月 9 日至 2002 年 3 月 9 日——担保有效期内,合同正在履行。

②公司为开发公司向华夏银行西单支行贷款 19,000,000 元提供担保,担保期限自 2001 年 7 月 31 日至 2002 年 5 月 31 日——担保有效期内,合同正在履行。

③公司为开发公司向交通银行亚运村支行贷款 25,000,000 元提供担保,担保期限自 2001 年 8 月 10 日至 2002 年 8 月 9 日——担保有效期内,合同正在履行。

④公司为开发公司向交通银行亚运村支行贷款 75,000,000 元提供担保,担保期限自 2001 年 8 月 22 日至 2002 年 8 月 21 日——担保有效期内,合同正在履行。

⑤公司为东华公司向招商银行东三环支行贷款 50,000,000 元提供担保,担保期限自 2001 年 10 月 31 日至 2002 年 7 月 31 日——担保有效期内,合同正在履行。

⑥公司为兴华公司向招商银行展览路支行贷款 30,000,000 元提供担保,担保期限自 2001 年 11 月 16 日至 2002 年 11 月 16 日——担保有效期内,合同正在履行。

⑦公司为东华公司向浦发银行翠微路支行贷款 100,000,000 元提供担保,担保期限自 2001 年 11 月 23 日至 2002 年 5 月 22 日——担保有效期内,合同正在履行。

⑧公司为兴华公司向招商银行展览路支行贷款 20,000,000 元提供担保,担保期限自 2001 年 12 月 27 日至 2002 年 12 月 27 日——担保有效期内,合同正在履行。

⑨公司为东华公司向交通银行东单支行贷款 50,000,000 元提供担保,担保期限自 2001 年 4 月 29 日至 2003 年 4 月 28 日——担保有效期内,合同正在履行。

⑩公司为东华公司向交通银行东单支行贷款 50,000,000 元提供担保,担保期限自 2001 年 4 月 30 日至 2003 年 4 月 29 日——担保有效期内,合同正在履行。

(4)2001.4.30-2001.12.30 置入公司的房地产企业对外担保情况

①兴华公司为北京德胜投资有限责任公司(以下简称"北京德胜投资有公司")向北京市商业银行德外支行贷款 300,000,000 元提供担保,担保金额 90,000,000 元,担保期限自 2001 年 5 月 23 日至 2004 年 5 月 23 日——正在履行。

②兴华公司为北京德胜投资公司向中国工商银行祥普支行贷款 200,000,000 元提供担保,担保金额 60,000,000 元,担保期限自 2001 年 7 月 4 日至 2003 年 7 月 4 日——正在履行。

③兴华公司为北京德胜投资公司向北京市商业银行德外支行贷款 200,000,000 元提供担保,

担保金额60,000,000元,担保期限自2001年10月17日至2004年10月17日——正在履行。

注:根据兴华公司与北京德胜投资公司的约定:对于2001年度北京德胜投资公司对外借款700,000,000元,兴华公司给予总贷款额30%的连带担保责任。

④开发公司对其开发的方安苑、西三旗、西直门、银地、电子城、学清路项目商品房销售按揭贷款提供开发商保证,担保金额合计188,277,432元。

3.委托资产管理、委托贷款事项

报告期内公司未发生委托他人进行现金资产管理事项,也未发生委托贷款事项。

4.其他重大合同

(1)2000年年度报告及2001年中期报告披露的重大合同履行情况

2000年年度报告中签订的8个重大合同截至2001年4月30日均正在实施,没有变化。

说明:2001年4月26日经公司2000年年度股东大会批准,公司将拥有的16家控股子公司和2个分公司的投资权益、建筑施工类资产和负债等与集团公司拥有2家房地产开发类企业的投资权益及开发项目等进行资产置换,资产置换的基准日为2001年4月30日。本报告内容所涉及公司置出的16家建筑施工类控股子公司、2家分公司的报告期为2001年1月1日至4月30日;置入2家房地产开发类企业的报告期为2001年5月1日至12月31日。

①基准日后,以前年度披露的涉及公司置出的16家建筑施工类控股子公司及2家分公司签订施工合同的建设工程项目,随股权的转让、资产置换的完成,置入集团公司,自2001年5月1日起公司不再对其承担责任;

②基准日后,以公司控股子公司名义对外签订的施工合同的建设工程项目,随股权转让、资产置换的完成由集团公司全面接管;对基准日后以公司名义对外签订的未完工程项目的合同已办理了合同主体变更手续并备案。

(2)2001年下半年新签订的重大合同

①土地使用权出让合同

A、公司2001年6月26日与北京市国土资源和房屋管理局签订海淀区大柳树项目土地使用权出让合同,标的金额88,530,000元,建筑面积:160,550M2----合同正在履行。

B、兴华公司于2001年9月25日与北京市国土资源及房屋管理局签订了朝阳区立水桥北苑505#、506#楼土地出让合同,标的金额18,446,428元,建筑面积:52,466M2----合同正在履行。

C、兴华公司于2001年9月25日与北京市国土资源及房屋管理局签订了朝阳区立水桥北苑507#、508#项目土地出让合同,标的金额16,064,048元,建筑面积:48,486M2----合同正在履行。

D、兴华公司于2001年9月25日与北京市国土资源及房屋管理局签订了朝阳区立水桥北苑509#、510#住宅楼及地下车库土地出让合同,标的金额19,629,048元,建筑面积:61,952M2----合同正在履行。

E、兴华公司于2001年9月25日与北京市国土资源及房屋管理局签订了朝阳区立水桥北苑511#-515#住宅楼土地出让合同,标的金额40,008,276元,建筑面积:116,902M2----合同正在履行。

②重大房地产开发合同

东华公司2001年11月19日与康实投资有限公司签订《东直门综合交通枢纽暨东华广场商务区项目合作合同》,标的金额1,330,000,000元,-------已于2001年11月22日在《中国证券报》披露。

(六)公司或持股5%以上股东在报告期内或持续到报告期内的承诺事项的履行情况

公司于2001年12月28日在《中国证券报》和《上海证券报》上刊登公告,对公司资产置换过程中发生的两项应收款提出了解决方案。2001年12月31日集团公司以现金偿还所欠兴华公司款项72,214,942.44元。由于该项应收款缘于兴华公司委托集团公司投资、兴华公司实际出资北京中关村永丰产业基地发展有限责任公司项目,兴华公司于2001年12月30日完成增资扩股后,正进行收购集团公司持有的北京中关村永丰产业基地发展有限责任公司股权工作。2001年12月31日开发公司(公司收购原兴华公司持有的18%股权后,直接持有开发公司49.5%股权,成为开发公司的第一大股东)部分偿还公司欠款。2002年公司将与开发公司合并报表。公司应收开发公司剩余款项将通过收购开发公司有开发前景的开发项目或增持开发公司股份予以解决。

(七)聘任、解聘会计师事务所情况及支付报酬情况

报告期内,公司聘请北京京都会计师事务所有限责任公司负责本公司的审计工作,本次年度报告审计费用60万元。

(八)公司、公司董事及高级管理人员受监管部门检查的情况

报告期内,公司、公司董事会、董事及其他高级管理人员无受中国证监会稽查、中国证监会行政处罚、通报批评、证券交易所公开谴责的情形。

十、财务会计报告

(一)审计报告

审 计 报 告

北京京都审字(2002)第0508号

北京城建投资发展股份有限公司全体股东:

我们接受委托,审计了北京城建投资发展股份有限公司(以下简称贵公司)二〇〇一年十二月三十一日公司及合并资产负债表、二〇〇一年度公司及合并利润表及利润分配表、二〇〇一年度公司及合并现金流量表。这些会计报表由贵公司负责,我们的责任是对这些会计报表发表审计意见。我们的审计是根据《中国注册会计师独立审计准则》进行的。在审计过程中,我们结合贵公司实际情况,实施了包括抽查会计记录等我们认为必要的审计程序。

我们认为,上述会计报表的编制符合《企业会计准则》和《企业会计制度》的有关规定,在所有重大方面公允地反映了贵公司二〇〇一年十二月三十一日的财务状况及二〇〇一年度的经营成果和现金流量情况,会计处理方法的选用遵循了一贯性原则。

北京京都会计师事务所有限责任公司　　中国注册会计师　关黎明

北京建外大街22号赛特广场五层　　中国注册会计师　郑建彪

二〇〇二年三月二十八日

(二)会计报表(附后)

(三)会计报表附注

会计报表附注

一、公司简介

北京城建投资发展股份有限公司(即原北京城建股份有限公司,以下简称"本公司"),系经北京市人民政府京政函[1998]57号文批准,由北京城建集团有限责任公司(以下简称"城建集团")独家发起,以募集方式设立的股份有限公司。经中国证券监督管理委员会证监发字(1998)305号批复批准,本公司于1998年12月9日在上海证券交易所发行人民币普通股10,000万股,注册资本40,000万元,总股本40,000万股。

根据本公司2000年年度股东大会审议通过的《2000年度利润分配预案及资本公积金转增股本方案》,本公司以2000年12月31日总股本40,000万股为基数,以资本公积金每10股转增5股(每股面值1元)。本次变更共转增股本20,000万股,变更后注册资本为人民币60,000万元。

根据本公司2000年年度股东大会审议通过的本公司与城建集团签署的《资产置换协议》及《资产置换补充协议》,本公司于2001年4月30日以建筑施工类资产与城建集团所拥有的房地产类资产进行了置换(具体说明见附注十一)。同时根据本公司2000年年度股东大会决议,经北京市工商行政管理局核准,本公司名称变更为"北京城建投资发展股份有限公司"。经营范围变更为:房地产开发、销售商品房;投资及投资管理;销售金属材料、木材、建筑材料、机械电器设备;信息咨询(不含中介服务);环保技术开发、技术服务。法定代表人:佟永贵。

二、公司主要会计政策、会计估计和合并会计报表的编制方法

1.会计制度

本公司执行《企业会计准则》和《企业会计制度》及其补充规定。

2.会计年度

本公司会计年度自公历1月1日至12月31日。

3.记帐本位币

本公司以人民币为记帐本位币。

4.记帐基础和计价原则

本公司以权责发生制为记账基础,以实际成本为计价原则。

5.外币业务折算方法

本公司年度内发生的外币业务,按业务发生时当日中国人民银行公布的市场汇价(中间价)折合为本位币记帐;结算日对外币余额按中国人民银行公布的市场汇价(中间价)进行调整,差额计入当期损益。

6.现金等价物的确认标准

本公司将所持有的期限短、流动性强、易于转换为已知金额现金、价值变动风险小的投资确定为现金等价物。

7.短期投资核算方法

本公司短期投资在取得时按实际投资成本计价;收益的确认以实际收到并不再持有该项投资时确认收益的实现;期末对短期投资按投资成本与市价孰低计量,对市价低于成本的差额,按单项投资计提投资跌价准备。

8.坏帐核算方法

本公司采用备抵法核算坏帐损失。根据债务单位的实际财务状况和现金流量情况,本公司对期末应收款项(包括应收帐款和其他应收款)采用帐龄分析法计提坏帐准备,各帐龄坏帐准备的计提比例如下:

帐龄	计提比例
一年以内	5%
一至二年	10%
二至三年	15%
三年以上	20%

本公司坏帐的确认标准为:

(1)债务人破产或死亡,以其破产财产或者遗产清偿后仍无法收回的应收款项。

(2)因债务人逾期未履行偿债义务,超过三年仍不能收回的应收款项。

9.存货核算方法

本公司的存货分为库存材料、周转材料、工程施工、物资采购、开发成本、开发产品、出租开发产品、低值易耗品等。

存货的盘存制度为永续盘存制,各类存货取得时按实际成本入账,低值易耗品领用时采用一次摊销法摊销。

在土地、房屋、配套设施和代建工程开发过程中发生的各项费用按实际成本入帐。区域内非营业性的文教、卫生、行政管理、市政公用配套设施,无偿交付管理部门使用,其所需建设费用即公共配套设施费用,按实际成本计入开发成本。开发产品竣工验收时按实际成本转入开发产品。用于出租的房屋在签定出租合同、协议后,按房屋实际成本转入出租开发产品。出租开发产品按预计可使用年限分期摊销。

期末本公司在对存货进行全面盘点的基础上,对存货遭受毁损、全部或部分陈旧过时或销售价格低于成本等原因,预计其成本不可收回的部分,按单个存货项目提取存货跌价准备。

10.长期投资核算方法

(1)长期债权投资

本公司长期债权投资按取得时的实际成本作为初始投资成本入账。处置长期债权投资时,按实际取得的价款与长期债权投资账面价值的差额,作为当期投资损益。

(2)长期股权投资

本公司对外股权投资,按投资时实际支付的价款或确定的价值记帐。对被投资单位的投资占该单位资本总额20%以下,或对被投资单位的投资虽占该单位资本总额20%或20%以上,但不具有重大影响,采用成本法核算;对被投资单位的投资占该单位资本总额20%或20%以上,或虽然投资不足20%但有重大影响,采用权益法核算;对被投资单位的投资占该单位资本总额50%以上或20%以上有实际控制权,采用权益法核算,并合并会计报表。

(3)长期投资减值准备

本公司期末对长期投资逐项进行检查,由于市价持续下跌或被投资单位经营状况恶化等原因导致其可收回金额低于账面价值的,计提长期投资减值准备。计提时,按单项投资可收回金额低于账面价值的差额确认长期投资减值准备。

本公司股权投资差额按10年期限平均摊销。

11.固定资产计价和折旧方法

本公司固定资产是指使用年限超过一年的房屋建筑物、机器设备、运输设备和其他设备,以及不属于生产经营主要设备、使用期限超过两年、单位价值在2000元以上的设备、器具、工具等。固定资产以实际成本计价。

本公司固定资产采用平均年限法计算折旧。按固定资产的类别、估计经济使用年限和扣除残值(预计残值率为4%)确定其折旧率,本公司确定各类固定资产年折旧率如下:

类别	估计经济使用年限	年折旧率
房屋及建筑物	25--40年	2.4--3.84%
施工设备	7--13年	7.38--13.71%
运输设备	5--10年	9.6—19.2%
其他设备	5--10年	9.6—19.2%

本公司期末对固定资产逐项进行检查,由于技术陈旧或损坏、长期闲置等原因,导致其可收回金额低于账面价值的,按可收回金额低于账面价值的差额计提固定资产减值准备。

12.无形资产计价及摊销方法

本公司无形资产按取得时的实际成本入账,采用直线法摊销。在预计年限、合同规定的受益年限、法律规定的有效年限三者之中的较短年限内,自取得当月起平均摊销。如合同没有规定受益年限,法律也没有规定有效年限的,自取得当月起在10年内平均摊销。

本公司期末检查各项无形资产预计给企业带来未来经济效益的能力,对预计可收回金额低于其账面价值的,其差额计提无形资产减值准备。

13.借款费用的会计处理

本公司为购建固定资产而借入的专门借款发生的利息、折价或溢价的摊销和辅助费用,以及因外币借款发生的汇兑差额,在购建固定资产达到预定可使用状态之前予以资本化,计入资产的原始价值;在购建固定资产达到预定可使用状态之后,计入当期损益。

为开发房地产而借入的资金所发生的利息等借款费用在开发产品完工之前计入开发成本;在完工之后而发生的利息等借款费用计入财务费用。

其他借款费用均于发生当期确认为费用,计入当期财务费用。

14.收入确认原则

房地产销售收入：本公司已将与房地产有关的所有权上的重要风险和报酬转移给买方，不再对该房地产实施与所有权相关的继续管理权和实际控制权，相关的收入已经收到或取得了收款的证据，并且与销售该房地产有关的成本能够可靠地计量时，确认营业收入的实现。

分期收款销售收入：按合同约定的收款日期分期确认收入。

经营租赁的租金收入：在租赁期内的各个期间按直线法确认收入。

建筑总包工程管理费收入：按一定时期完工形象工程进度确认收入。

劳务收入：劳务已经完成，相关经济利益能够流入企业，或劳务的完工程度能可靠地确定，劳务的收入与成本能够可靠地计量时，确认收入的实现。

他人使用本公司资产而发生的收入：他人使用本公司资金发生的利息收入，按使用资金的时间和适用利率计算确定；发生的其他资产使用费收入按合同或协议规定的收费时间和方法计算确定。

上述收入的确定并应同时满足：1)与交易相关的经济利益能够流入公司；2)收入的金额能够可靠地计量。

15、所得税的会计处理方法

本公司所得税的会计处理采用应付税款法。

16、会计政策、会计估计的变更

根据财政部财会[2000]25 号、财会(2001)17 号文的有关规定，并经本公司董事会决议，本公司自 2001 年 1 月 1 日起执行《企业会计制度》及其补充规定，会计政策、会计估计变更及其影响说明如下：

(1)开办费原按五年期限摊销，现改为生产经营当月一次性进入当期损益；

(2)期末固定资产原按帐面价值计价，现改为按帐面价值与可收回金额孰低计价。对单项固定资产可收回金额低于帐面价值的差额，计提固定资产减值准备。

对于上述会计政策变更已采用追溯调整法，调整了 2001 年年初数留存收益及相关项目期初数；利润表、利润分配表 2000 年度数栏，已按调整后数字填列。上述会计政策变更累计影响数为 249,909.66 元，其中开办费处理方法改变的累计影响数为 249,909.66 元，相应调减了 2000 年度净利润 249,909.66 元，调减了 2001 年年初留存收益 249,909.66 元，其中未分配利润调减 212,423.21 元，盈余公积 37,486.45 元。

17、合并会计报表编制方法

本公司对持有股份占被投资单位有表决权资本总额 50%以上(不含 50%)，或虽不超过 50%，但对被投资单位有实质控制权的，列入合并报表范围。

本公司合并会计报表系根据财政部财会字(1995)11 号《关于印发〈合并会计报表暂行规定〉的通知》的规定，以母公司与纳入合并范围的子公司的会计报表及其他有关资料为依据，合并各项目数据编制而成，合并时，公司的重大内部交易和资金往来均相互抵销。

三、税项

项目	计税依据	税率
营业税	应税营业额	3%、5%
城市维护建设税	应纳流转税额	7%
企业所得税	应纳税所得额	33%

四、控股子公司及合营企业

1、截至 2001 年 12 月 31 日止，本公司控股子公司及合营企业概况如下：

公司名称	注册资本	经营范围	投资额	投资比例	是否合并
北京城建兴华地产有限公司(原北京城建工程承发包有限责任公司)	20,000	房地产开发经营、销售商品房；承发包市政建设工程及房屋配套工程等	18,000 万	90%	是
北京城建东华房地产开发有限责任公司	5,000 万	房地产开发经营；销售商品房；自有房屋的物业管理等	3,000 万	60%	是

其中：北京城建兴华地产有限公司控股子公司如下：

公司名称	注册资本	经营范围	投资额	投资比例	是否合并
青岛市京城房地产公司	500 万元	房地产经营、工程咨询、建筑材料批发、零售等。	500 万元	100%	否
威海新时代房地产开发公司	400 万元	房地产经营、建筑材料、建筑机械、产品的批发、零售等。	200 万元	50%	否

说明：2001 年 12 月 30 日北京城建兴华地产有限公司股权变动，本公司持股比例由 100%变更为 90%。

2、报告期合并会计报表变化范围：

根据本公司 2000 年年度股东大会审议通过的本公司与城建集团签署的《资产置换协议》及《资产置换补充协议》，本公司于 2001 年 4 月 30 日以建筑施工类资产与城建集团所拥有的房地产类资产(包括北京城建兴华地产有限公司的 100%的股权、北京城建房地产开发有限公司 31.5%的股权)进行了置换，因此本报告期的合并会计报表合并范围发生了以下变化：

a、本报告期期初的合并会计报表合并范围包括本公司原所控制的 16 家子公司(即北京城建一建设工程有限公司、北京城建二建设工程有限公司、北京城建三建设工程有限公司、北京城建四建设工程有限责任公司、北京城建五建设工程有限公司、北京城建七建设工程有限公司、北京城建八道桥工程有限公司、北京城建九建设安装工程有限公司、北京城建亚泰建设工程有限公司、北京城建长城装饰建设工程有限责任公司、北京城建地铁地基市政工程有限公司、北京城建六建设工程有限公司、北京城建科鹏爆破有限责任公司、北京城建耐泰安建材有限责任公司、北京城建锅炉管道安装有限公司、北京港源建筑装饰工程有限公司)的个别会计报表。由于附注十一所述的相关资产置换，根据《合并会计报表暂行规定》，自 2001 年起本公司不再将上述 16 家子公司的个别会计报表纳入合并会计报表范围，仅对其 2001 年 1 月至 4 月净利润进行权益法核算。

b、本公司对北京城建兴华地产有限公司的 100%股权收购于 2001 年 4 月 30 日完成，自 2001 年 5 月 1 日起将其纳入合并会计报表合并范围。

c、本公司于 2001 年 6 月 22 日受让北京城建房地产开发有限公司持有北京城建东华房地产开发有限责任公司 30%股权，本公司因此拥有北京城建东华房地产开发有限责任公司 60%股权，该公司自 2001 年 7 月 1 日起纳入合并会计报表合并范围。

3、报告期期末合并会计报表未予合并情况

公司名称	未合并原因	未予合并会计报表的子公司			
		资产总额	净资产	销售收入	净利润
青岛市京城房地产公司	拟出售	6,687,570.27	4,725,416.45	0.00	0.00
威海新时代房地产开发公司	拟出售	3,933,541.25	3,794,506.84	0.00	0.00

说明：本公司已对上述未纳入合并会计报表的子公司的长期股权投资进行了权益法核算。

五、母公司会计报表编制基准

母公司 2000 年 12 月 31 日资产负债表由总承包部、盾构分公司及本部的会计报表汇总生成，2001 年 12 月 31 日资产负债表由大柳树项目部及本部的会计报表汇总生成；2001 年度利润表则由工程总承包部、盾构分公司 1－4 月利润表及本部 1－12 月利润表汇总生成。

六、会计报表主要项目注释

由于实施资产置换，本公司 2001 年度会计报表期初数与期末数(资产负债表)、上年同期数与本期数(利润表)变化幅度较大，本期增、减数中包含了附注十一所述的资产置换因素。

1、货币资金

	2001.12.31	2000.12.31
现　金	469,681.96	14,423,262.41
银行存款	340,349,055.33	641,033,513.61
其他货币资金	0.00	15,237,743.03
	340,818,737.29	670,694,519.05

2、短期投资

(1)短期投资分项目列示如下：

项目	2001.12.31	2000.12.31
股票投资	30,000,000.00	30,000,000.00
减：短期投资跌价准备	11,932,465.54	0.00
	18,067,534.46	30,000,000.00

(2)短期投资跌价准备

项目	2001.01.01	本期增加	本期转回	2001.12.31
股票投资	0.00	11,932,465.54	0.00	11,932,465.54

说明：a、股票市价来源于证券交易所 2001 年 12 月 31 日收盘价。

b、截至报告日止不存在投资变现的重大限制。

3、应收股利

被投资单位	2001.12.31	2000.12.31
置出 16 家子公司 2000 年度股利分配	41,503,737.08	0.00

4、应收帐款

(1)合并数

A、帐龄分析、百分比及坏帐准备

帐　龄	2001.12.31		2000.12.31	
	金额	比例%	金额	比例%
一年以内	0.00	0.00%	2,326,023,425.43	88.60%
一至二年	0.00	0.00%	243,883,983.65	9.29%
二至三年	0.00	0.00%	38,870,171.63	1.48%
三年以上	913,671.06	100.00%	16,532,101.69	0.63%
	913,671.06	100.00%	2,625,309,682.40	100.00%
坏帐准备	182,734.21		149,826,515.72	
	730,936.85		2,475,483,166.68	

B、坏帐准备

2001.01.01	本期增加	本期转回	本期转出	2001.12.31
149,826,515.72	182,734.21	0.00	149,826,515.72	182,734.21

说明：本公司与关联方的应收款项不计提坏帐准备，本公司之子公司与其关联方的应收款项不计提坏帐准备。

C、截至 2001 年 12 月 31 日止持本公司 5%以上股份的股东单位欠款：

单位名称	金额	性质
北京城建集团有限责任公司物资供应分公司	913,671.06	房租款

(2)母公司

A、帐龄分析、百分比及坏帐准备

帐　龄	2001.12.31		2000.12.31	
	金额	比例%	金额	比例%
一年以内	0.00	0.00	134,949,939.43	96.84%
一至二年	0.00	0.00	4,279,823.86	3.07%
二至三年	0.00	0.00	130,950.00	0.09%
	0.00	0.00	139,360,713.29	100.00%
坏帐准备	0.00		6,460,224.43	0.00
			132,900,488.86	

B、坏帐准备

2001.01.01	本期增加	本期转回	本期转出	2001.12.31
6,460,224.43	0.00	0.00	6,460,224.43	0.00

5、其他应收款

(1)合并数

A、帐龄分析、比例及坏帐准备

帐龄	2001.12.31		2000.12.31	
	金额	比例%	金额	比例%
一年以内	403,657,720.40	90.45%	372,725,312.63	83.16%
一至二年	38,859,342.81	8.71%	67,697,815.70	15.10%
二至三年	0.00	0.00%	2,237,039.46	0.50%
三年以上	3,740,183.18	0.84%	5,543,773.28	1.24%
	446,257,246.39	100.00%	448,203,941.07	100.00%
坏帐准备	3,767,173.48		20,368,627.05	
	442,490,072.91		427,835,314.02	

B、坏帐准备

2001.01.01	本期增加	本期转回	本期转出	2001.12.31
20,368,627.05	3,767,173.48	6,630,000.00	13,738,627.05	3,767,173.48

说明：本公司与关联方的应收款项不计提坏帐准备，本公司之子公司与其关联方的应收款项不计提坏帐准备。

C、截至 2001 年 12 月 31 日止，欠款前五名客户金额合计 403,363,629.74 元，占其他应收款总额的 90.39%。

D、截至 2001 年 12 月 31 日止持本公司 5%以上股份的股东单位欠款：

单位名称	金额	欠款时间	欠款原因
城建集团	77,413,173.53	2001 年	往来款

(2)母公司

A、帐龄分析、比例及坏帐准备

帐龄	2001.12.31		2000.12.31	
	金额	比例%	金额	比例%
一年以内	1,231,912,878.85	99.15%	1,728,343,546.31	98.24%
一至二年	10,503,534.30	0.85%	31,000,000.00	1.76%
	1,242,416,413.15	100.00%	1,759,343,546.31	100.00%
坏帐准备	0.00		6,648,765.96	
	1,242,416,413.15		1,752,694,780.35	

B、坏帐准备

2001.01.01	本期增加	本期转回	本期转出	2001.12.31
6,648,765.96	0.00	6,630,000.00	18,765.96	0.00

C、截至 2001 年 12 月 31 日止，欠款前五名金额总计 1,228,890,430.56 元，占其他应收款总额的 98.91%。

D、截至 2001 年 12 月 31 日止，持本公司 5%以上股份的股东单位欠款：

单位名称	金额	欠款时间	欠款原因
城建集团	89,413,173.53	2001 年	往来款

6、预付帐款

A、帐龄分析及比例

帐龄	2001.12.31		2000.12.31	
	金额	比例%	金额	比例%
一年以内	205,192,036.08	67.32%	189,482,844.07	99.81%
一至二年	83,355,066.20	27.34%	308,944.50	0.16%
二至三年	6,993,460.00	2.29%	50,000.00	0.03%
三年以上	9,300,000.00	3.05%	0.00	0.00%

304,840,562.28	100.00%	189,841,788.57	100.00%

B、一年以上预付帐款为尚未结算工程款。

C、不存在预付持本公司5%以上股份的股东单位款项。

7、存货及存货跌价准备

A、分项列示如下：

项　目	2001.12.31	2000.12.31
开发成本	2,418,178,456.60	46,968,000.00
开发产品	288,084,372.94	0.00
出租开发产品	6,213,033.47	0.00
周转材料	0.00	61,694,491.24
库存材料	0.00	174,478,670.28
工程施工	0.00	1,434,494,756.53
物资采购	0.00	2,897,532.85
低值易耗品	0.00	20,820,306.37
	2,712,475,863.01	1,741,353,757.27
存货跌价准备	0.00	0.00
	2,712,475,863.01	1,741,353,757.27

说明：截至2001年12月31日止，本公司不存在存货成本高于市价的情形。

B、开发成本

项目名称	开工时间	预计竣工时间	预计总投资	2000.12.31	2001.12.31
北苑居住区工程(北苑家园)	1997年	2005年12月	64亿	0.00	1,417,947,814.31
大柳树开发项目	2002年4月20日	2003年12月31日	6亿	0.00	207,446,971.11
东直门枢纽工程	2002年4月18日	2003年12月31日	2.1亿	0.00	609,347,641.18
西三旗西二里				46,968,000.00	49,450,290.00
四道口项目				0.00	248,758.00
62号院项目				0.00	111,000.00
小营项目				0.00	400,000.00
代建工程成本				0.00	133,225,982.00
				46,968,000.00	2,418,178,456.60
存货跌价准备				0.00	0.00
				46,968,000.00	2,418,178,456.60

说明：a、西三旗西二里49,450,290.00元已于2002年转让。

b、四道口项目248,758.00元、62号院项目111,000.00元、小营项目400,000.00元均为前期费用，正在办理立项。

c、开发成本中133,225,982.00元为北京城建兴华地产有限公司代建工程成本。

C、开发产品

项目名称	竣工时间	2001.01.01	本期增加	本期减少	2001.12.31
北苑家园三区((301＃－313＃)	1999－2001年	0.00	685,817,572.45	521,739,396.41	164,078,176.04
北苑家园四区((407＃－409＃)	1999－2001年	0.00	140,886,600.89	137,452,156.01	3,434,444.88
北苑家园五区((501＃－504＃)	2001年	0.00	259,440,925.97	138,869,173.95	120,571,752.02
		0.00	1,086,145,099.31	798,060,726.37	288,084,372.94

D、出租开发产品

项目名称	2001.01.01	本期增加	本期减少	2001.12.31
北苑家园底墒	0.00	6,213,033.47	0.00	6,213,033.47

8、待摊费用

项目	2001.01.01	本期增加	本期减少	2001.12.31
报刊费	51,631.60	0.00	51,631.60	0.00
场地租赁费	408,500.00	0.00	408,500.00	0.00
物业管理费	244,790.00	0.00	244,790.00	0.00
租赁费	430,766.67	0.00	430,766.67	0.00
修理费	27,125.53	0.00	27,125.53	0.00
冬煤	81,447.90	0.00	81,447.90	0.00
	1,244,261.70	0.00	1,244,261.70	0.00

9、长期投资

(1)合并数

项　目	2001.01.01	本期增加	本期减少	2001.12.31
长期债权投资	530,000.00	0.00	530,000.00	0.00
长期股权投资	658,756,990.57	410,967,294.41	232,719,135.04	837,005,149.94
其中：其他股权投资	656,406,967.69	432,011,073.71	231,776,723.35	856,641,318.05
股权投资差额		2,498,644.65	161,883.75	2,336,760.90
合并价差	2,350,022.88	－23,542,423.95	780,527.94	－21,972,929.01
减：长期投资减值准备	0.00	213,171.86	0.00	213,171.86
	659,286,990.57	410,754,122.55	233,249,135.04	836,791,978.08

说明：a、其他长期股权投资期初数比2000年报减少249,909.66元的原因系北京城建东华房地产开发有限责任公司追溯调整开办费所致。

b、长期投资－其他股权投资本期减少系由于(1)本年度自5月1日起将北京城建兴华地产有限公司纳入了合并报表，故对该公司来广营项目的投资19,800万元，期初反映在长期投资，期末被抵销。(2)本年度对北京城建东华房地产开发有限责任公司股权投资比例自7月1日由原30%变更为60%，并纳入合并报表，对该公司投资14,748,770.04元期初反映在长期投资，期末被抵销；(3)由于置换置出16家子公司相应期末减少上述公司对其下属公司投资19,027,953.31元，该投资期初反映在长期投资。

A、长期债权投资

债券种类	2001.01.01	本期增加	本期减少	2001.12.31
1987年电力建设债券	40,000.00	0.00	40,000.00	0.00
1987年国库券	195,000.00	0.00	195,000.00	0.00
1988年国库券	195,000.00	0.00	195,000.00	0.00
1987年电力建设债券	100,000.00	0.00	100,000.00	0.00
	530,000.00	0.00	530,000.00	0.00

B、长期股权投资

a、其他股权投资明细：

a－1截至2001年12月31日止，投资明细

被投资单位名称	投资比例	初始投资成本	核算方法
北京城建美尔广告有限公司	35%	350,000.00	权益法
北京城建国际工程有限责任公司	20%	10,000,000.00	权益法
北京科技园建设股份有限公司	17.17%	280,000,000.00	权益法
深圳市中科招商创业投资有限公司	20%	60,600,000.00	权益法
北京赛迪时代信息产业股份有限公司	41.1%	60,000,000.00	权益法
北京首都国际投资管理有限责任公司	27.22%	150,000,000.00	权益法
北京城建房地产开发有限公司	49.5%	71,560,701.81	权益法
国信证券有限责任公司	4.9%	127,400,000.00	成本法
深圳市国信证券网络有限公司	2%	1,000,000.00	成本法
深圳市中科招商创业投资管理有限公司	12.5%	2,500,000.00	成本法
青岛市京城房地产公司	100%	5,000,000.00	权益法
威海新时代房地产开发公司	50%	2,000,000.00	权益法
北京城承物业管理有限责任公司	24.67%	740,000.00	权益法
北京腾宇拆迁有限责任公司	10%	200,000.00	权益法
北京德胜投资有限责任公司	30%	15,000,000.00	权益法
北京天银地热有限责任公司	28.57%	20,000,000.00	权益法

a－2权益变动情况

被投资单位名称	本期追加投资	本期增减权益		累计权益
		本期增加	本期分回股利	
北京城建美尔广告有限公司	0.00	26,924.01	0.00	57,168.35
北京城建国际工程有限责任公司	0.00	2.20	0.00	2.20
北京科技园建设股份有限公司	0.00	19,698,628.59	0.00	19,698,628.59
深圳市中科招商创业投资有限公司	60,600,000.00	190,543.81	0.00	190,543.81
北京赛迪时代信息产业股份有限公司	54,000,000.00	－2,614,428.61	0.00	－2,614,428.61
北京首都国际投资管理有限责任公司	150,000,000.00	9,909,770.57	0.00	9,909,770.57
北京城建房地产开发有限公司	71,560,701.81	23,024,815.40	0.00	23,024,815.40
深圳市中科招商创业投资管理有限公司	2,500,000.00	0.00	0.00	0.00
青岛市京城房地产公司	0.00	0.00	0.00	－487,755.41
威海新时代房地产开发公司	0.00	0.00	0.00	－86,084.52
北京城建城承物业管理有限责任公司	290,000.00	101,172.90	0.00	58,722.86
北京腾宇拆迁有限责任公司	－250,000.00	173,840.90	1,991,700.00	537,394.50
北京德胜投资有限责任公司	0.00	1,838.50	0.00	1,838.50
北京天银地热有限责任公司	20,000,000.00	0.00	0.00	0.00
	358,700,701.81	50,513,108.27	1,991,700.00	50,290,616.24

说明：本期因置入而增加的权益为24,788,963.63元。其中：青岛市京城房地产公司4,512,244.59元；威海新时代房地产开发公司1,913,915.48元；北京城承物业管理有限公司407,549.96元；北京腾宇拆迁有限责任公司2,805,253.60元；北京德胜投资有限责任公司15,000,000.00元；北京城建美尔广告有限公司150,000.00元。

a－3投资变动情况

被投资单位名称	2001.01.01	本期增减权益	2001.12.31
北京城建美尔广告有限公司	230,244.34	176,924.01	407,168.35
北京城建国际工程有限责任公司	10,000,000.00	2.20	10,000,002.20
北京科技园建设股份有限公司	280,000,000.00	19,698,628.59	299,698,628.59
深圳市中科招商创业投资有限公司	0.00	60,790,543.81	60,790,543.81
北京赛迪时代信息产业股份有限公司	6,000,000.00	51,385,571.39	57,385,571.39
北京首都国际投资管理有限责任公司	0.00	159,909,770.57	159,909,770.57
北京城建房地产开发有限公司	0.00	94,585,517.21	94,585,517.21
国信证券有限责任公司	127,400,000.00	0.00	127,400,000.00
深圳市国信证券网络有限公司	1,000,000.00	0.00	1,000,000.00
深圳市中科招商创业投资管理有限公司	0.00	2,500,000.00	2,500,000.00
青岛市京城房地产公司	0.00	4,512,244.59	4,512,244.59
威海新时代房地产开发公司	0.00	1,913,915.48	1,913,915.48
北京城承物业管理有限责任公司	0.00	798,722.86	798,722.86
北京腾宇拆迁有限责任公司	0.00	737,394.50	737,394.50
北京德胜投资有限责任公司	0.00	15,001,838.50	15,001,838.50
北京天银地热有限责任公司	0.00	20,000,000.00	20,000,000.00
	424,630,244.34	432,011,073.71	856,641,318.05

a－4由于资产置换投资变动情况

被投资单位名称	2001.01.01	本期置出	2001.12.31
承德钢铁股份有限公司	1,000,000.00	1,000,000.00	0.00
北京望京谊合混凝土有限责任公司	2,301,974.31	2,301,974.31	0.00
北京博维信物资贸易有限公司	1,000,000.00	1,000,000.00	0.00
北京铱星世纪数字应用开发有限责任公司	1,000,000.00	1,000,000.00	0.00
北京城建弘大拆迁有限责任公司	100,000.00	100,000.00	0.00
北京城建德信装饰工程有限公司	3,930,053.42	3,930,053.42	0.00
长龙国际工程有限公司	539,000.00	539,000.00	0.00
北京长城伟立装饰工程有限责任公司	312,116.98	312,116.98	0.00
北京城建新兴装饰工程有限责任公司	244,808.60	244,808.60	0.00
北京泰福恒房地产开发有限责任公司	600,000.00	600,000.00	0.00
北京东北亚国际大有限公司	8,000,000.00	8,000,000.00	0.00
	19,027,953.31	19,027,953.31	0.00

b、股权投资差额、

b－1股权投资差额明细

被投资单位名称	初始金额	形成原因	摊销期限
北京城建房地产开发有限公司	2,388,946.73	购买价高于净资产	10年
北京城承物业管理有限责任公司	234,014.58	股权比例变动投资差	10年
北京腾宇拆迁有限责任公司	－124,316.66	股权比例变动投资差	10年

b－2股权投资差额变动情况

被投资单位名称	2001.01.01	本期增加	本期摊销	摊余金额	未摊期限
北京城建房地产开发有限公司	0.00	2,388,946.73	159,263.12	2,229,683.61	112个月
北京城承物业管理有限责任公司	0.00	234,014.58	7,800.49	226,214.09	116月
北京腾宇拆迁有限责任公司	0.00	－124,316.66	－5,179.86	－119,136.80	115月
	0.00	2,498,644.65	161,883.75	2,336,760.90	

c、合并价差

被投资单位名称	2001.01.01	本期增加	本期摊销	本期置出	2001.12.31
北京城建兴华地产有限公司	0.00	－23,542,423.95	－1,569,494.94	0.00	－21,972,929.01
北京城建四建设工程有限责任公司	5,369,218.01	0.00	0.00	5,369,218.01	0.00
北京城建六建设工程有限公司	－1,479,986.79	0.00	0.00	－1,479,986.79	0.00
北京城建地铁地基市政工程有限公司	554,947.42	0.00	0.00	554,947.42	0.00
北京城建长城装饰工程有限责任公司	－511,925.57	0.00	0.00	－511,925.57	0.00
北京港源建筑装饰工程公司	－1,582,230.19	0.00	0.00	－1,582,230.19	0.00
	2,350,022.88	－23,542,423.95	－1,569,494.94	2,350,022.88	－21,972,929.01

C、长期投资减值准备：对青岛市京城房地产公司的投资，由于其可收回金额低于账面价值而提取减值准备213,171.86元。

(2)母公司

项目	2001.01.01	本期增加	本期减少	2001.12.31
长期股权投资	1,007,002,327.12	697,686,448.62	387,722,204.51	1,316,966,571.23
其中：其他股权投资	1,004,652,304.24	718,839,925.84	386,782,413.45	1,336,709,816.63
股权投资差额	2,350,022.88	－21,153,477.22	939,791.06	－19,743,245.40
减：长期投资减值准备	0.00	0.00	0.00	0.00
	1,007,002,327.12	697,686,448.62	387,722,204.51	1,316,966,571.23

A、其他股权投资明细：

a、截至2001年12月31日止投资明细如下：

被投资单位名称	投资比例	初始投资成本	核算方法
北京城建美尔广告有限公司	20%	200,000.00	权益法
北京城建国际工程有限责任公司	20%	10,000,000.00	权益法
北京科技园建设股份有限公司	17.17%	280,000,000.00	权益法
深圳市中科招商创业投资有限公司	20%	60,600,000.00	权益法
北京赛迪时代信息产业股份有限公司	41.1%	60,000,000.00	权益法
北京首都国际投资管理有限责任公司	27.22%	150,000,000.00	权益法
北京城建房地产开发有限公司	49.5%	71,560,701.81	权益法
国信证券有限责任公司	4.9%	127,400,000.00	成本法
深圳市国信证券网络有限公司	2%	1,000,000.00	成本法
深圳市中科招商创业投资管理有限公司	12.5%	2,500,000.00	成本法
北京城建东华房地产开发有限责任公司	60%	15,000,000.00	权益法
北京城建兴华地产有限公司	90%	225,000,000.00	权益法
来广营项目	项目投资	198,000,000.00	

b、权益变动情况

被投资单位名称	本期增减权益			累计权益
	本期追加投资	本期增加	本期减少	
北京城建美尔广告有限公司	0.00	26,924.01	0.00	57,168.35
北京城建国际工程有限责任公司	0.00	2.20	0.00	2.20
北京科技园建设股份有限公司	0.00	19,698,628.59	0.00	19,698,628.59
深圳市中科招商创业投资有限公司	60,600,000.00	190,543.81	0.00	190,543.81
北京赛迪时代信息产业股份有限公司	54,000,000.00	-2,614,428.61	0.00	-2,614,428.61
北京首都国际投资管理有限责任公司	150,000,000.00	9,909,770.57	0.00	9,909,770.57
北京城建房地产开发有限公司	71,560,701.81	23,024,815.40	0.00	94,585,517.21
深圳市中科招商创业投资管理有限公司	2,500,000.00	0.00	0.00	0.00
北京城建东华房地产开发有限责任公司	15,000,000.00	-397,696.38	0.00	-648,926.34
北京城建兴华地产有限公司	225,000,000.00	73,013,903.10	2,182,362.25	70,831,540.85
	578,660,701.81	120,670,100.44	2,182,362.25	192,009,816.63

说明：本公司对北京城建兴华地产有限公司初始投资成本为689,986,589.48元，2001年12月3日北京城建兴华地产有限公司董事会决议归还本公司投资490,711,375.68元，本公司2001年12月30日在北京城建兴华地产有限公司的留存收益转增资本25,724,786.20元(包括本期权益2,182,362.25元)。

c、投资变动情况

被投资单位名称	2001.01.01	本期增减权益	2001.12.31
北京城建美尔广告有限公司	230,244.34	26,924.01	257,168.35
北京城建国际工程有限责任公司	10,000,000.00	2.20	10,000,002.20
北京科技园建设股份有限公司	280,000,000.00	19,698,628.59	299,698,628.59
深圳市中科招商创业投资有限公司	0.00	60,790,543.81	60,790,543.81
北京赛迪时代信息产业股份有限公司	6,000,000.00	51,385,571.39	57,385,571.39
北京首都国际投资管理有限责任公司	0.00	159,909,770.57	159,909,770.57
北京城建房地产开发有限公司	0.00	94,585,517.21	94,585,517.21
国信证券有限责任公司	127,400,000.00	0.00	127,400,000.00
深圳市国信证券网络有限公司	1,000,000.00	0.00	1,000,000.00
深圳市中科招商创业投资管理有限公司	0.00	2,500,000.00	2,500,000.00
北京城建东华房地产开发有限责任公司	14,748,770.04	14,602,303.62	29,351,073.66
北京城建兴华地产有限公司	0.00	295,831,540.85	295,831,540.85
来广营项目	198,000,000.00	0.00	198,000,000.00
	637,379,014.38	699,330,802.25	1,336,709,816.63

d、由于资产置换投资变动情况

被投资单位名称	投资比例	2001.01.01	2001年1-4月权益增减	2001.04.30置出金额	2001.12.31
北京城建一建设工程有限公司	56.87%	37,041,917.56	2,860,778.27	39,902,695.83	0.00
北京城建二建设工程有限公司	59.75%	38,392,570.22	2,053,925.69	40,446,495.91	0.00
北京城建三建设工程有限公司	56.21%	34,138,094.70	599,134.87	34,737,229.57	0.00
北京城建四建设工程有限责任公司	58.35%	53,998,977.86	4,309,953.24	58,308,931.10	0.00
北京城建五建设工程有限公司	58.78%	36,778,980.04	3,548,372.26	40,327,352.30	0.00
北京城建七建设工程有限公司	65.36%	29,606,072.01	1,218,340.35	30,824,412.36	0.00
北京城建八道桥工程有限公司	55.40%	34,135,867.03	1,932,593.28	36,068,460.31	0.00
北京城建九建设安装工程有限公司	58.61%	27,273,168.26	633,649.56	27,906,817.82	0.00
北京城建六建设工程有限公司	52.58%	3,334,583.05	20,468.34	3,355,051.39	0.00
北京城建地铁地基市政工程有限公司	71.70%	12,746,693.15	794,074.84	13,540,767.99	0.00
北京城建长城装饰工程有限责任公司	51%	9,000,000.01	81,825.24	9,081,825.25	0.00
北京城建锅炉管道安装有限公司	52.83%	6,503,966.82	371,234.30	6,875,201.12	0.00
北京城建亚泰建设工程有限公司	52.21%	23,570,488.93	1,070,739.09	24,641,228.02	0.00
北京城建科鹏爆破有限责任公司	66.67%	1,003,146.97	1,331.34	1,004,478.31	0.00
北京城建耐泰安建材有限责任公司	66.67%	9,352,728.37	-106,014.23	9,246,714.14	0.00
北京港源建筑装饰工程公司	51.00%	10,396,034.88	118,717.15	10,514,752.03	0.00
		367,273,289.86	19,509,123.59	386,782,413.45	0.00

B、股权投资差额、

a、股权投资差额明细

被投资单位名称	初始金额	形成原因	摊销期限
北京城建兴华地产有限公司	-23,542,423.95	购买价低于净资产	10年
北京城建房地产开发有限公司	2,388,946.73	购买价高于净资产	10年

b、股权投资差额变动情况

被投资单位名称	2001.01.01	本期增加	本期摊销	摊余金额	未摊期限
北京城建兴华地产有限公司	0.00	-23,542,423.95	-1,569,494.94	-21,972,929.01	112个月
北京城建房地产开发有限公司	0.00	2,388,946.73	159,263.12	2,229,683.61	112个月
	0.00	-21,153,477.22	-1,410,231.82	-19,743,245.40	

c、由于资产置换股权投资差额变动情况

被投资单位名称	2001.01.01	本期置出	2001.12.31
北京城建四建设工程有限责任公司	5,369,218.01	5,369,218.01	0.00
北京城建六建设工程有限公司	-1,479,986.79	-1,479,986.79	0.00
北京城建地铁地基市政工程有限公司	554,947.42	554,947.42	0.00
北京城建长城装饰工程有限责任公司	-511,925.57	-511,925.57	0.00
北京港源建筑装饰工程公司	-1,582,230.19	-1,582,230.19	0.00
	2,350,022.88	2,350,022.88	0.00

10、固定资产及累计折旧

A、固定资产原价

资产类别	2001.01.01	本期增加	其中:本期置入	本期减少	其中:本期置出	2001.12.31
房屋及建筑物	45,631,285.36	63,023,102.56	47,664,849.99	60,989,537.93	45,631,285.36	47,664,849.99
施工设备	665,018,400.07	0.00	0.00	665,018,400.07	665,018,400.07	0.00
运输设备	83,830,235.45	3,364,948.00	1,750,015.00	84,839,935.45	83,830,235.45	2,355,248.00
其他设备	39,813,534.51	1,660,095.00	581,218.00	40,027,384.51	39,813,534.51	1,446,245.00
	834,293,455.39	68,048,145.56	49,996,082.99	850,875,257.96	834,293,455.39	51,466,342.99

B、累计折旧

资产类别	2001.01.01	本期增加	其中:本期置入	本期减少	其中:本期置出	2001.12.31
房屋及建筑物	6,072,382.33	6,458,141.04	3,495,222.95	8,259,594.32	6,072,382.33	4,270,929.05
施工设备	301,959,615.29	0.00	0.00	301,959,615.29	301,959,615.29	0.00
运输设备	54,648,844.27	1,243,704.85	464,864.92	55,426,184.04	54,648,844.27	466,365.08
其他设备	21,707,216.69	395,040.92	233,852.80	21,752,285.78	21,707,216.69	349,971.83
	384,388,058.58	8,096,886.81	4,193,940.67	387,397,679.43	384,388,058.58	5,087,265.96

C、净值

2001.01.01	2001.12.31
449,905,396.81	46,379,077.03

说明：截至2001年12月31日止，本公司不存在可收回金额低于账面价值的情形。

11、无形资产

类别	2001.01.01	本期增加	本期减少	2001.12.31
土地使用权	29,868,037.50	0.00	29,868,037.50	0.00
土地评估增值	1,068,955.20	0.00	1,068,955.20	0.00
	30,936,992.70	0.00	30,936,992.70	0.00

12、长期待摊费用

类别	2001.01.01	本期增加	本期减少	2001.12.31
开办费	3,029,947.72	0.00	3,029,947.72	0.00
装修费	579,407.08	0.00	579,407.08	0.00
租地费	510,000.00	0.00	510,000.00	0.00
用电使用权	1,974,000.00	0.00	1,974,000.00	0.00
电话使用权	165,910.00	0.00	165,910.00	0.00
	6,259,264.80	0.00	6,259,264.80	0.00

13、其他长期资产

类　别	2001.01.01	本期增加	本期减少	2001.12.31
临时设施原值	137,322,361.41	0.00	137,322,361.41	0.00
减:临时设施摊销	81,436,867.91	0.00	81,436,867.91	0.00
临时设施净值	55,885,493.50	0.00	55,885,493.50	0.00

14、短期借款

借款类别	2001.12.31	2000.12.31
银行借款	1,269,000,000.00	1,503,710,000.00
其中:保证借款	1,069,000,000.00	1,473,710,000.00
信用借款	200,000,000.00	30,000,000.00

说明：a、城建集团为本公司82,900万元借款提供担保。

b、本公司为北京城建兴华地产有限公司及北京城建东华房地产开发有限责任公司24,000万元借款提供保证。

c、本公司信用借入20,000万元借款。

15、应付票据

2001.01.01	本期增加	本期减少	2001.12.31
72,400,000.00	0.00	72,400,000.00	0.00

16、应付帐款

2001.12.31	2000.12.31
215,786,374.82	895,121,048.72

说明：帐龄超过3年的大额应付账款274万元系工程未结算尾款。

不存在欠持本公司5%以上股份的股东单位的款项。

17、预收帐款

2001.12.31	2000.12.31
826,834,093.56	232,021,484.47

说明：a、预收帐款中预收房产款223,981,142.58元，均为本年发生。

b、帐龄超过1年的预收帐款为487,108,006.95元，其中预收未完代建工程款325,178,574.58元。

c、不存在欠持本公司5%以上股份的股东单位的款项。

18、应付工资

年末余额19,925,080.38元全部为工效挂钩工资结余。

19、应付股利

股东名称	2001.12.31	2000.12.31
境内法人股—城建集团	58,500,000.00	150,000,000.00
社会流通股	19,500,000.00	50,000,000.00
	78,000,000.00	200,000,000.00

20、应交税金

税　项	2001.12.31	2000.12.31
营业税	12,392,710.02	437,081,984.09
城市维护建设税	867,489.70	31,107,863.76
企业所得税	15,469,893.15	219,856,329.11
个人所得税	125,173.60	688,800.46
增值税	0.00	15,521.34
	28,855,266.47	688,750,498.76

21、其他应交款

项目	计缴标准	2001.12.31	2000.12.31
教育费附加	流转税额3%	371,781.30	15,069,914.10

22、其他应付款

2001.12.31	2000.12.31
180,671,469.84	374,141,752.33

a、应付持本公司5%以上股份的股东单位的款项如下：

债权人名称	2001.12.31	性质
城建集团	468,600.00	资金占用费

b、截至2001年12月31日止大额款项如下：

债权人单位	金额	性质
市政基建项目	104,063,349.92	市政工程专项款
北京城承物业管理有限责任公司	14,684,305.42	代垫款项
北京腾宇拆迁工程有限责任公司	13,000,000.00	暂借款
康实投资有限公司	5,000,000.00	项目保证金

23、预提费用

项　目	2001.12.31	2000.12.31
配套设施费	56,289,533.36	0.00
销售代理费	2,554,999.92	0.00
修理费	0.00	4,645,730.44
预提工程费	0.00	6,487,466.39
租赁费	0.00	270,173.36
预提利息	0.00	876,990.72
	58,844,533.28	12,280,360.91

24、长期借款

借款类别	2001.12.31	2000.12.31
银行借款	490,000,000.00	870,000,000.00
其中:保证借款	490,000,000.00	870,000,000.00

说明：a、城建集团为本公司39,000万元借款提供保证；

b、本公司为控股子公司北京城建东华房地产开发有限责任公司10,000万元借款提供保证。

25、股本

股份类别	2001.01.01	本期增减				2001.12.31
		配股送股	转增股	其它	小计	
A、尚未流通股份						
境内法人持有股份	300,000,000	0	150,000,000	0	150,000,000	450,000,000
B、已流通股份						
境内上市人民币普通股	100,000,000	0	50,000,000	0	50,000,000	150,000,000
股份总数	400,000,000	0	200,000,000	0	200,000,000	600,000,000

说明：a、根据本公司2000年年度股东大会审议通过的《2000年度利润分配预案及资本公积金转增股本方案》，以2000年12月31日总股本40,000万股为基数，按资本公积金每10股转增5股(每股面值1元)。2001年6月2日本公司发布了“北京城建股份有限公司关于2000年利润分配及资本公积金转增股本的公告”，本次转增股本的股权登记日为2001年6月7日，除权日为2001年6月8日。本次变更共转增股本20,000万股，变更后注册资本为人民币60,000万元，并经北京

京都会计师事务所有限责任公司北京京都验字(2001)第 0039 号验资报告验证。

b、截至 2001 年 12 月 31 日止,持本公司 5%及 5%以上股份的股东为城建集团(持 75%)。

26、资本公积

项目	2001.01.01	本期增加	本期减少	2001.12.31
股本溢价	729,100,885.48	6,264,988.40	200,000,000.00	535,365,873.88
资产评估增值	155,034.67	0.00	0.00	155,034.67
其他资本公积转入	141,827,787.55	0.00	0.00	141,827,787.55
	871,083,707.70	6,264,988.40	200,000,000.00	677,348,696.10

说明:a、本期增加系将长期应付款中无效申购利息未摊销余额一次性转入资本公积。

b、本期减少原因系资本公积转增股本所致。

27、盈余公积

项目	2001.01.01	本期增加	本期减少	2001.12.31
法定盈余公积	45,842,183.49	21,197,506.94	7,362,239.62	59,677,450.81
法定公益金	24,651,042.11	9,926,602.05	5,411,070.15	29,166,574.01
	70,493,225.60	31,124,108.99	12,773,309.77	88,844,024.82

说明:a、本期增加系本期实际提取数。

b.本期减少系置出 16 家施工类控股子公司所致。

28、未分配利润

项 目	金 额
净利润	142,976,587.19
加:年初未分配利润	115,793,555.51
减:提取法定公积金	21,197,506.94
提取法定公益金	9,926,602.05
已分配普通股股利	78,000,000.00
未分配利润	149,646,033.71

说明:a、年初未分配利润比 2000 年年末未分配利润增加 17,663,892.88 元,原因如下:

根据附注十一所示的相关资产置换方案,由于报告期合并会计报表范围的变化(附注四所示),本公司于 2001 年 5 月 1 日置出原控股 16 家施工类的子公司时,本期期初未分配利润相应还原本公司 2000 年度合并会计报表的所合并抵消的年末未分配利润而调增了 12,773,309.77 元(即 2000 年 12 月 31 日合并数与母公司数的差额)、以及母公司相应还原了所置出的北京城建盾构工程分公司 2001 年初未分配利润而调增了 4,890,583.11 元。

b、根据 2001 年 3 月 28 日本公司第一届三十三次董事会决议,2001 年度利润分配预案为:以 2001 年末总股本为基数,每 10 股派发现金 1.30 元(含税)。

29、主营业务收入

(1)合并数

项 目	2001 年度	2000 年度
建筑施工收入	67,199,772.99	7,208,431,645.37
房地产开发收入	996,917,620.00	0.00
	1,064,117,392.99	7,208,431,645.37

(2)母公司

项 目	2001 年度	2000 年度
建筑施工收入	67,199,772.99	1,623,270,346.69

30、主营业务成本

(1)合并数

项 目	2001 年度	2000 年度
建筑施工成本	56,078,921.50	6,125,663,377.68
房地产开发成本	796,343,322.30	0.00
	852,422,243.80	6,125,663,377.68

(2)母公司

项 目	2001 年度	2000 年度
建筑施工成本	56,078,921.50	1,392,926,890.12

说明:a、2001 年度建筑施工收入成本来源于置换前本公司原总承包部及盾构分公司 1－4 月建筑施工收入成本。

b、本公司 2001 年度房地产开发收入主要是销售个人住宅商品房收入,由于商品房销售收入比较分散,故前五名客户收入合计 25,627,153.84 元为建筑施工收入,占本年主营业务收入的 2.4%。

31、主营业务税金及附加

项目	计缴标准	2001 年度	2000 年度
营业税	应税收入的 3%、5%	51,801,873.19	174,278,999.80
城建税	流转税额 7%	3,626,131.05	12,199,529.99
教育费附加	流转税额 3%	1,554,055.95	5,228,369.99
		56,982,060.19	191,706,899.78

32、其他业务利润

项目	2001 年度			2000 年度		
	其他业务收入	其他业务支出	其他业务利润	其他业务收入	其他业务支出	其他业务利润
设备租赁	8,214,250.25	7,714,374.15	499,876.10	0.00	0.00	0.00
房屋租金	3,548,236.44	195,153.01	3,353,083.43	0.00	0.00	0.00
建筑总包工程管理费	21,000,000.00	1,155,000.00	19,845,000.00	0.00	0.00	0.00
加工修理	0.00	0.00	0.00	136,500.00	7,507.50	128,992.50
汽车租赁	0.00	0.00	0.00	23,800.00	23,775.34	24.66
运输	0.00	0.00	0.00	17,017,038.48	11,002,287.56	6,014,750.92
混凝土	0.00	0.00	0.00	13,830,242.15	10,853,892.89	2,976,349.26
沥青	0.00	0.00	0.00	55,888,646.48	51,263,738.37	4,624,908.11
	32,762,486.69	9,064,527.16	23,697,959.53	86,896,227.11	73,151,201.66	13,745,025.45

33、财务费用

项目	2001 年度	2000 年度
利息支出	99,269,547.83	134,438,757.79
减:利息收入	73,837,760.25	46,974,179.60
汇兑损失	0.00	305,007.36
手续费	54,012.80	703,743.68
	25,485,800.38	88,473,329.23

说明:本公司利息收入中包括收取置出 16 家子公司资金占用费 3,295.13 万元。

34、投资收益

(1)合并数

类别	2001 年度	2000 年度
股权投资收益	91,398,784.90	7,688,246.11
其中:权益法核算	69,889,666.40	5,278,296.63
成本法核算	21,509,118.50	2,325,146.01
股权转让收益	0.00	84,803.47
股权投资差额摊销	1,407,611.19	－235,556.08
减:长期投资减值准备	213,171.86	0.00
短期投资跌价准备	11,932,465.54	0.00
	80,660,758.69	7,452,690.03

说明:本期权益法核算投资收益包括:a、北京城建美尔广告有限公司等 14 家公司 2001 年度投资收益 50,513,108.27 元;b、置出 16 家子公司 2001 年 1－4 月投资收益 19,509,123.59 元;c、北京城建东华房地产开发有限责任公司 2001 年 1－6 月投资收益－132,565.46 元。

(2)母公司

类别	2001 年度	2000 年度
股权投资收益	163,870,704.78	76,544,116.43
其中:权益法核算	142,361,586.28	74,731,108.76
成本法核算	21,509,118.50	1,728,204.20
股权转让收益	0.00	84,803.47
股权投资差额摊销	1,410,231.82	－235,556.08
减:短期投资跌价准备	11,932,465.54	0.00
	153,348,471.06	76,308,560.35

说明:A、本期权益法核算投资收益包括 a、北京城建美尔广告有限公司等 10 家公司投资收益 122,852,462.69 元;b、置出 16 家子公司 2001 年 1－4 月投资收益 19,509,123.59 元。

B、本公司投资收益不存在汇回的重大限制。

35、营业外收入

项目	2001 年度	2000 年度
处置固定资产净收益	0.00	2,313,234.51
无效申购资金利息收入	0.00	3,132,494.20
违约金	0.00	－8,896.50
其他	0.00	614,740.24
		6,051,572.45

36、营业外支出

项目	2001 年度	2000 年度
处置固定资产净损失	87,733.33	3,421,151.57
捐赠	0.00	6,000.00
罚款	0.00	4,680.00
滞纳金	41,570.26	0.00
其他	0.00	90,575.00
	129,303.59	3,522,406.57

37、收到的其他与经营活动有关的现金

项 目	金 额
置出的子公司还款	506,000,000.00
置出的子公司综合服务费	2,677,000.00
置出的子公司资金占用费	2,460,025.75
北京城建东华房地产开发有限责任公司 2001 年 6 月还款	50,000,000.00
北京城建兴华地产有限公司还款	20,000,000.00
北京城建房地产开发有限公司还款	35,785,057.56
北京城建兴华地产有限公司收房改款	9,877,464.56
收北京腾宇拆迁有限责任公司借款	13,000,000.00
房租	6,902,682.77
利息收入	1,492,036.61
青岛市京城房地产公司还款	5,000,000.00

38、支付的其他与经营活动有关的现金

项 目	金 额
置出的子公司借款	15,600,000.00
北京城建房地产开发有限公司借款及往来款	229,000,000.00
北京城建东华房地产开发有限责任公司 2001 年 6 月借款	120,000,000.00
五维地下工程公司借款	15,000,000.00
重庆燕城房地产开发有限责任公司借款	11,000,000.00
本公司工会借款	1,000,000.00
差旅费	3,071,751.74
办公费	7,669,187.80
业务招待费	1,939,468.33
中介咨询费	1,330,524.77
广告宣传费	7,302,780.30
房展费用	1,842,865.00
销售代理费	9,000,000.00

39、收到的其他与投资活动有关的现金

北京城建东华房地产开发有限责任公司 2001 年 6 月 30 日及北京城建兴华地产有限公司 2001 年 4 月 30 日货币资金余额 218,872,213.41 元

40、支付的其他与投资活动有关的现金

置出的 16 家控股子公司 2000 年 12 月 31 日货币资金余额及 2 家分公司 2001 年 4 月 30 日货币资金余额 426,436,012.94 元

41、两年变动幅度较大科目的说明

由于附注十一所述的相关资产置换的实施导致下述科目变动幅度较大,其中资产负债类变动幅度超过 30%,且占资产总额 5%以上的科目有:货币资金、应收帐款、存货、固定资产、应付帐款、预收账款、应交税金、长期借款、少数股东权益;损益类变动幅度超过 30%,且占当期利润总额 10%以上科目有:主营业务收入、主营业务成本、主营业务税金及附加、管理费用、营业费用、财务费用、投资收益。

七、关联方关系及其交易

1、关联方概况

A、存在控制关系的关联方概况

a、关联方名称及与本公司关系

关联方名称	与本公司关系
北京城建集团有限责任公司	控股股东
北京城建兴华地产有限公司	控股子公司
北京城建东华房地产开发有限责任公司	控股子公司
青岛市京城房地产公司	控股子公司
威海新时代房地产开发公司	控股子公司

b.关联方概况

关联方名称	注册地	性质	法定代表人	主营业务
北京城建集团有限责任公司	北京	国有独资	佟永贵	各类型工业、能源、交通、民用、市政等工程建设项目总承包,设备安装,承包本行业国际招标工程
北京城建兴华地产有限公司	北京	有限责任	高登广	房地产开发经营、销售商品房;承发包市政建设工程及房屋配套工程;建筑技术咨询;销售建筑材料、建筑施工机械、汽车配件;仓储服务
北京城建东华房地产开发有限责任公司	北京	有限责任	郁志桐	房地产开发、销售商品房、自有房屋的物业管理
青岛市京城房地产公司	青岛	国有企业	石建设	房地产经营、工程咨询、建筑材料批发、零售
威海新时代房地产开发公司	威海	联营企业	牟同生	房地产经营、建筑材料、建筑机械、产品的批发、零售

c、关联方注册资本及其变化

单位:万元

关联方名称	2001.01.01	本期增加	本期减少	2001.12.31
北京城建集团有限责任公司	30,210	0	0	30,210
北京城建兴华地产有限公司	5,030.92	14,969.08	0	20,000
北京城建东华房地产开发有限责任公司	5,000	0	0	5,000
青岛市京城房地产公司	500	0	0	500
威海新时代房地产开发公司	400	0	0	400

d.关联方所持股份或拥有权益及其变化

单位:万元

关联方名称	2001.12.31		2000.12.31	
	股份(权益)	比例	股份(权益)	比例
北京城建集团有限责任公司	45,000	75%	30,000	75%
北京城建兴华地产有限公司	18,000	90%		
北京城建东华房地产开发有限责任公司	3,000	60%	1,500	30%
青岛市京城房地产公司	500	100%		
威海新时代房地产开发公司	200	50%		

B、不存在控制关系的关联方及与本公司关系

关联方名称	与本公司关系
北京城建房地产开发有限公司	同一控股股东
北京城建一建设工程有限公司	同一控股股东
北京城建二建设工程有限公司	同一控股股东
北京城建三建设工程有限公司	同一控股股东
北京城建四建设工程有限责任公司	同一控股股东
北京城建五建设工程有限公司	同一控股股东
北京城建六建设工程有限公司	同一控股股东
北京城建七建设工程有限公司	同一控股股东
北京城建八道桥工程有限公司	同一控股股东
北京城建九建设安装工程有限公司	同一控股股东
北京城建地铁地基市政工程有限公司	同一控股股东
北京城建亚泰建设工程有限公司	同一控股股东
北京城建新创工程有限责任公司	同一控股股东
北京城建集团有限责任公司钢木制品分公司	同一控股股东
北京城建德信装饰工程有限公司	同一控股股东
北京城建新业工程有限责任公司	同一控股股东
北京城建新隆工程有限责任公司	同一控股股东
重庆燕城房地产开发有限责任公司	同一控股股东
北京城建美尔广告有限公司	参股公司
北京城承物业管理有限责任公司	参股公司
北京腾宇拆迁工程有限责任公司	参股公司

2、关联交易

A、与存在控制关系关联方的关联交易

(1)资产置换:具体说明见附注十一。

(2)担保:城建集团为本公司的82,900万元短期借款、39,000万元长期借款提供保证;本公司为北京城建兴华地产有限公司及北京城建东华房地产开发有限责任公司24,000万元短期借款、10,000万元长期借款提供保证。

(3)提供资金:本公司之子公司北京城建东华房地产开发有限责任公司向城建集团临时借款10,000万元,应付资金占用费468,600元。

(4)租赁:本公司2001年1-4月租用城建集团办公用房支付租金902,767元;5-12月使用北京城建房地产开发有限公司办公用房,并协议不收取房租。

B、与不存在控制关系关联方的关联交易

(1)提供劳务:本公司控股子公司北京城建兴华地产有限公司接受附注七.1.B中除北京城建房地产开发有限公司、重庆燕城房地产开发有限责任公司、北京城建美尔广告有限公司、北京城承物业管理有限责任公司、北京腾宇拆迁工程有限责任公司外非控制关系关联方提供劳务共计422,319,072元。

(2)资金占用:本公司为北京城建房地产开发有限公司提供资金22,400万元,本年已归还3,579万元,收取资金占用费1,200.89万元。本公司为重庆燕城房地产开发有限责任公司提供资金1,100万元,收取资金占用费167.7万元;本公司为北京城建美尔广告有限公司提供资金50万元。本公司收取置出16家施工类子公司1-6月资金占用费3,295.13万元。

(3)担保:本公司为北京城建房地产开发有限公司12,900万元银行借款提供担保。

(4)综合服务费:本公司应收取已置出16家施工类子公司1-4月综合管理费955万元。

3、关联方未结算金额

关联方名称	帐户性质	2001.12.31	性质
北京城建集团有限责任公司	应收帐款	913,671.06	房租
	其他应收款	77,413,173.53	往来款
	其他应付款	468,600.00	资金占用费
北京城建房地产开发有限公司	其他应收款	258,964,108.72	暂借及垫付款
重庆燕城房地产开发有限责任公司	其他应收款	22,676,700.00	暂借款及利息
青岛市京城房地产公司	其他应收款	1,511,683.18	代垫款
威海新时代房地产开发公司	其他应收款	2,106,122.43	代垫款
已置出控股16家施工类子公司	其他应收款	7,400,000.00	综合服务费
北京城承物业管理有限责任公司	其他应付款	14,684,305.42	借款及代垫款项
北京腾宇拆迁工程有限责任公司	其他应付款	13,000,000.00	暂借款

八、或有事项

截至2001年12月31日止,本公司之子公司北京城建兴华地产有限公司为银行向商品房承购人发放的总额为390,536,200.00元(银行与商品房承购人签订的借款合同金额)个人住房抵押贷款提供保证。该保证责任在商品房承购人取得房屋所有权证并办妥抵押登记后解除。

公司之子公司北京城建兴华地产有限公司为其参股公司北京德胜投资有限责任公司15,000万元银行借款提供保证。

本公司为北京城建房地产开发有限公司12,900万元银行借款提供保证。

本公司不存在其他应披露的未决诉讼等或有事项。

九、承诺事项

截至2001年12月31日止本公司不存在应披露的承诺事项。

十、资产负债表日后事项中的非调整事项

本公司2002年3月15日已归还华夏银行4,500万元借款。

根据本公司与北京新奥广厦房地产开发有限公司2002年3月6日签订的北京海淀区西三旗西二里住宅小区房地产项目转让合同,本公司将西三旗西二里项目转让给北京新奥广厦房地产开发有限公司,转让总价为10,420万元。

2001年11月19日,北京城建东华房地产开发有限责任公司(以下简称"东华公司")与康实投资有限公司(以下简称"康实公司")签订合作合同,除综合交通枢纽由东华公司负责建设管理并交付使用、康实公司承担全部建设费用(交通枢纽初步设计费用由东华公司承担)外,东华广场商务区项目的其它部分以康实公司向东华公司支付前期及"三通一平"等费用为前提,东华公司将东华广场商务区项目其余部分转让给康实公司开发、投资、建设和经营,康实公司将向东华公司支付项目前期及"三通一平"的补偿费13.3亿元人民币;北京市发展计划委员会于2002年3月25日合作成立"北京东华广场置业有限责任公司"共同合作开发建设东直门综合交通枢纽暨东华广场商务区项目中交通枢纽以外的商品房及其配套设施项目。

除上述内容外,本公司不存在其他应披露的资产负债表日后事项。

十一、其他重要事项

1、资产置换:根据2000年年度股东大会审议通过的本公司与城建集团签署的《资产置换协议》及《资产置换补充协议》,本公司于2001年4月30日以建筑施工类资产(包括:对子公司北京城建一建设工程有限公司、北京城建二建设工程有限公司、北京城建三建设工程有限公司、北京城建四建设工程有限责任公司、北京城建五建设工程有限公司、北京城建七建设工程有限公司、北京城建八道桥工程有限公司、北京城建九建设安装工程有限公司、北京城建亚泰建设工程有限公司、北京城建长城装饰建设工程有限责任公司、北京城建地铁地基市政工程有限公司、北京城建六建设工程有限公司、北京城建科鹏爆破有限责任公司、北京城建耐泰安建材有限责任公司、北京城建锅炉管道安装有限公司、北京港源建筑装饰工程有限公司中拥有的权益;对分公司北京城建盾构工程分公司、北京城建股份有限公司工程总承包部的资产及相关负债;本公司为子公司、分公司购置的设备;本公司对子公司及分公司的债权等)与城建集团所拥有的房地产类资产(包括北京城建兴华地产有限公司的100%的股权、北京城建房地产开发有限公司31.50%的股权等)进行了置换。

2、本次资产置换以2000年12月31日为基准日,置换实施日为2001年4月30日,置入资产及置出资产财务状况简要列示如下:

置出资产	2000.12.31账面价值	2000.12.31评估价值	2001.4.30账面价值
流动资产	801,730,918.59	807,505,813.36	869,085,900.27
长期股权投资	369,623,312.74	409,420,414.58	389,132,436.33
固定资产净值	152,455,268.73	135,487,973.26	145,482,304.48
在建工程	48,032,900.00	48,032,900.00	48,032,900.00
资产总额	1,371,842,400.06	1,400,447,101.20	1,451,733,541.08
减:负债总额	150,000,000.00	150,000,000.00	150,000,000.00
净资产	1,221,842,400.06	1,250,447,101.20	1,301,733,541.08
置入资产	2000.12.31账面价值	2000.12.31评估价值	2001.5.1入账价值
长期股权投资-北京城建兴华地产有限公司(100%股权)	27,500,916.66	879,358,361.05	689,986,589.48
长期股权投资-北京城建房地产开发有限公司(31.5%股权)	47,250,000.00	48,443,182.11	46,949,648.54
其他应收款-大柳树项目	0.00	0.00	162,260,604.00
其他应收款-北京城建集团有限责任公司	0.00	0.00	19,651,558.53
	74,750,916.66	927,801,543.16	918,848,400.55
补价			382,885,140.53

说明:a、根据中和会计师事务所有限责任公司于2001年3月9日出具的和评报字[2001]第4015-1、[2001]第4015-2号评估报告,本公司换出资产1,301,733,541.08元,相应换入资产入帐价值918,848,400.55元,因此城建集团应支付本公司的补价为382,885,140.53元。截至2001年12月31日止,资产置换相关法律手续已经办理完毕。

b、经上述置换资产后,本公司的主营业务由建筑施工类业务变更为房地产开发类业务。

c、换出的长期股权投资16家施工类控股子公司的明细余额见本报告附注六9(2)-d。

d、其他应收款-大柳树项目原含在本公司对北京城建兴华地产有限公司的长期股权投资中,本公司于2001年度成立大柳树项目运营部单独核算,并纳入母公司会计报表核算范围内。

3、本公司2001年度对外重大投资如下:

(1)对北京首都国际投资管理有限责任公司投资15,000万元,投资比例27.22%,2001年度产生投资收益9,909,770.57元。

(2)对深圳市中科招商创业投资有限公司投资6,060万元,投资比例20%,2001年度投资收益190,543.81元。

(3)对北京赛迪时代信息产业股份有限公司本期追加投入5,400万元,投资比例41.10%,2001年度投资收益-2,614,428.61元。

十一、备查文件

1、载有董事长亲笔签名并盖章的年度报告正文;
2、载有法定代表人、总会计师、会计主管人员亲笔签名并盖章的财务报告;
3、载有会计师事务所盖章、注册会计师亲笔签名并盖章的审计报告;
4、报告期内在《中国证券报》、《上海证券报》刊登的公司有关公告正本;
5、公司章程。

北京城建投资发展股份有限公司
董事会
2002年3月28日

利 润 分 配 表

编制单位：北京城建投资发展股份有限公司　　单位：人民币元

项　目	附注	2001 年度 合并	2001 年度 母公司	2000 年度 合并	2000 年度 母公司
一、净利润		142,976,587.19	144,646,109.06	147,042,689.54	147,042,689.54
加：年初未分配利润		115,793,555.51	115,793,555.51	185,916,686.29	185,916,686.29
其他转入					
二、可供分配的利润		258,770,142.70	260,439,664.57	332,959,375.83	332,959,375.83
减：提取法定盈余公积		21,197,506.94	14,464,610.91	22,066,508.57	14,704,268.95
提取法定公益金		9,926,602.05	7,232,305.45	12,763,204.63	7,352,134.48
三、可供股东分配的利润		227,646,033.71	238,742,748.21	298,129,662.63	310,902,972.40
减：应付优先股股利					
提取任意盈余公积					
应付普通股股利		78,000,000.00	78,000,000.00	200,000,000.00	200,000,000.00
转作股本的普通股股利					
四、未分配利润		149,646,033.71	160,742,748.21	98,129,662.63	110,902,972.40

资 产 负 债 表

编制单位：北京城建投资发展股份有限公司　　单位：人民币元

项　目	附注	2001 年 12 月 31 日 合并	2001 年 12 月 31 日 母公司	2000 年 12 月 31 日 合并	2000 年 12 月 31 日 母公司
流动资产					
货币资金	6.1	340,818,737.29	255,931,708.17	670,694,519.05	258,407,677.35
短期投资	6.2	18,067,534.46	18,067,534.46	30,000,000.00	30,000,000.00
应收票据				400,000.00	
应收股利	6.3	41,503,737.08	41,503,737.08		47,159,293.08
应收利息					
应收账款	6.4	730,936.85		2,475,483,166.68	132,900,488.86
其他应收款	6.5	442,490,072.91	1,242,416,413.15	427,835,314.02	1,752,694,780.35
预付账款	6.6	304,840,562.28		189,841,788.57	38,705,986.69
应收补贴款					
存货	6.7	2,712,475,863.01	257,257,019.11	1,741,353,757.27	105,163,069.25
待摊费用	6.8			1,244,261.70	
一年内到期的长期债权投资					
其他流动资产					
流动资产合计		3,860,927,443.88	1,815,176,411.97	5,536,852,807.29	2,365,031,295.58
长期投资：					
长期股权投资	6.9	836,791,978.08	1,316,966,571.23	658,756,990.57	1,007,002,327.12
长期债权投资	6.9			530,000.00	
长期投资合计		836,791,978,08	1,316,966,571.23	659,286,990.57	1,007,002,327.12
固定资产：					
固定资产原价	6.1	51,466,342.99		834,293,455.39	223,092,545.35
减：累计折旧	6.1	5,087,265.96		384,388,058.58	58,467,492.88
固定资产净值		46,379,077.03		449,905,396.81	164,625,052.47
减：固定资产减值准备					
固定资产净额		46,379,077.03		449,905,396.81	164,625,052.47
工程物资					
在建工程					
固定资产清理					
固定资产合计		46,379,077.03		449,905,396.81	164,625,052.47
无形资产及其他资产					
无形资产	6.11			30,936,992.70	
长期待摊费用	6.12			6,259,264.80	
其他长期资产	6.13			55,885,493.50	879,585.39
无形资产及其他资产合计				93,081,751.00	879,588.39
递延税项：					
递延税款借项					
资产总计		4,744,098,498.99	3,132,142,983.20	6,739,126,945.67	3,537,538,260.56
流动负债：					
短期借款	6.14	1,269,000,000.00	1,029,000,000.00	1,503,710,000.00	750,000,000.00
应付票据	6.15			72,400,000.00	
应付账款	6.16	215,786,374.82	6,162,240.98	895,121,048.72	97,026,225.56
预收账款	6.17	826,834,093.56		232,021,484.47	36,397,912.56
应付工资	6.18	19,925,080.38	3,168,600.00	41,174,005.34	5,748,876.16
应付福利费		4,043,421.31	1,135,311.62	61,884,826.16	3,018,023.26
应付股利	6.19	78,000,000.00	78,000,000.00	200,000,000.00	200,000,000.00
应交税金	6.20	28,855,266.47	62,064.03	688,750,498.76	26,716,393.29
其他应交款	6.21	371,781.30		15,069,914.10	290,709.76
其他应付款	6.22	180,671,469.84	107,106,490.07	374,141,752.33	172,368,535.64
预提费用	6.23	58,844,533.28		12,280,360.91	
预计负债					
一年内到期的长期负债					
其他流动负债					
流动负债合计		2,682,332,020.96	1,224,634,706.70	4,096,553,890.79	1,291,566,676.23
长期负债：					
长期借款	6.24	490,000,000.00	390,000,000.00	870,000,000.00	800,000,000.00
应付债券					
长期应付款		12,000,000,00			
专项应付款					
其他长期负债				6,264,988.40	6,264,988.40
长期负债合计		502,000,000.00	390,000,000.00	876,264,988.40	806,264,988.40
递延税项：					
递延税款贷项					
负债合计		3,184,332,020.96	1,614,634,706.70	4,972,818,879.19	2,097,831,664.63
少数股东权益		43,927,723.40		326,601,470.55	
股东权益：					
股本	6.25	600,000,000.00	600,000,000.00	400,000,00000	400,000,000.00
资本公积	6.26	677,348,696.10	677,348,696.10	871,083,707.70	871,083,707.70
盈余公积	6.27	88,844,024.82	79,416,832.19	70,493,225.60	57,719,915.83
其中：法定公益金		29,166,574.01	26,472,277.41	24,651,042.11	19,239,971.96
未分配利润	6.28	149,646,033.71	160,742,748.21	98,129,662.63	110,902,972.40
未确认的投资损失					
外币报表折算差额					
股东权益合计		1,515,838,754.63	1,517,508,276.50	1,439,706,595.93	1,439,706,595.93
负债和股东权益总计		4,744,098,498.99	3,132,142,983.20	6,739,126,945.67	3,537,538,260.56

利　润　表

编制单位：北京城建投资发展股份有限公司　　单位：人民币元

项　目	附注	2001 年度 合并	2001 年度 母公司	2000 年度 合并	2000 年度 母公司
一、主营业务收入	6.29	1,064,117,392.99	67,199,772.99	7,208,431,645.37	1,623,270,346.69
减：主营业务成本	6.3	852,422,243.80	56,078,921.50	6,125,663,377.68	1,392,926,890.12
主营业务税金及附加	6.31	56,982,060.19	2,151,591.09	191,706,899.78	43,137,264.21
二、主营业务利润		154,713,089.00	8,969,260.40	891,061,367.91	187,206,192.36
加：其他业务利润	6.32	23,697,959.53	499,876.10	13,745,025.45	2,442,418.74
减：营业费用		20,502,141.36			
管理费用		34,560,726.63	3,647,163.36	550,132,530.20	120,315,913.93
财务费用	6.33	25,485,800.38	14,482,764.88	88,473,329.23	－3,905,962.66
三、营业利润		97,862,380.16	－8,660,791.74	266,200,533.93	73,238,659.83
加：投资收益	6.34	80,660,758.69	153,348,471.06	7,452,690.03	76,308,560.35
补贴收入					
营业外收入	6.35			6,051,572.45	3,799,239.89
减：营业外支出	6.36	129,303.59	41,570.26	3,522,406.57	394,100.67
四、利润总额		178,393,835.26	144,646,109.06	276,182,389.84	152,952,359.40
减：所得税		35,594,002.02		77,834,591.80	5,909,669.86
减：少数股东收益		－176,753.95		51,305,108.50	
加：未确认的投资损失					
五、净利润		142,976,587.19	144,646,109.06	147,042,689.54	147,042,689.54

现 金 流 量 表

编制单位：北京城建投资发展股份有限公司　　单位：人民币元

项　目	附注	2001 年度 合并	2001 年度 母公司
一、经营活动产生的现金流量：			
销售商品、提供劳务收到的现金		1,050,599,822.53	57,881,992.31
收到的税费返还		–	–
收到的其他与经营活动有关的现金	6.37	715,950,576.52	677,082,146.80
现金流入小计		1,766,550,399.05	734,964,139.11
购买商品、接受劳务支付的现金		904,339,868.64	99,665,698.37
支付给职工以及为职工支付的现金		47,299,621.86	28,836,740.39
支付的各项税费		94,023,516.37	25,527,248.35
支付的其他与经营活动有关的现金	6.38	491,568,477.22	423,131,668.17
现金流出小计		1,537,231,484.09	577,161,355.28
经营活动产生的现金流量净额		229,318,914.96	157,802,783.83
二、投资活动产生的现金流量：			
收回投资所收到的现金		–	–
取得投资收益所收到的现金		27,164,674.50	27,164,674.50
处置固定资产、无形资产和其他长期资产所收回的现金净额		111,100.00	–
收到的其他与投资活动有关的现金	6.39	218,872,213.41	–
现金流入小计		246,147,987.91	27,164,674.50
购建固定资产、无形资产和其他长期资产所支付的现金		30,801,491.02	29,268,689.02
投资所支付的现金		302,390,000.00	282,100,000.00
支付的其他与投资活动有关的现金	6.4	426,436,012.94	14,149,171.24
现金流出小计		759,627,503.96	325,517,860.26
投资活动产生的现金流量净额		－513,479,516.05	－298,353,185.76
三、筹资活动产生的现金流量：			
吸收投资所收到的现金		25,000,000.00	–
借款所收到的现金		1,881,000,000.00	1,569,000,000.00
收到的其他与筹资活动有关的现金		–	–
现金流入小计		1,906,000,000.00	1,569,000,000.00
偿还债务所支付的现金		1,796,000,000.00	1,300,000,000.00
分配股利、利润或偿付利息所支付的现金		155,715,180.67	130,925,567.25
支付的其他与筹资活动有关的现金		–	–
现金流出小计		1,951,715,180.67	1,430,925,567.25
筹资活动产生的现金流量净额		－45,715,180.67	138,074,432.75
四、汇率变动对现金的影响		–	–
五、现金及现金等价物净增加额		－329,875,781.76	－2,475,969.18
现金流量表－－补充资料			
1、将净利润调节为经营活动现金流量：			
净利润		142,976,587.19	144,646,109.06
加：少数股东损益		－176,753.95	–
加：计提的资产减值准备		5,689,774.92	5,302,465.54
固定资产折旧		7,864,644,24	7,223,485.05
无形资产摊销		–	–
长期待摊费用摊销		54,575.55	–
待摊费用减少（减：增加）		–	–
预提费用增加（减：减少）		58,844,533.28	–
处置固定资产、无形资产和其他长期资产的损失（减：收益）		87,733.33	–
固定资产报废损失		–	–
财务费用		98,719,334.08	91,276,320.66
投资损失（减：收益）		－78,859,290.01	－153,280,936.60
递延税款贷项（减：借项）		–	–
存货的减少（减：增加）		－345,458,531.38	－40,534,374.50
经营性应收项目的减少（减：增加）		342,830,052.65	139,727,099.45
经营性应付项目的增加（减：减少）		－3,830,568.72	－37,134,208.61
其他（临时设施摊销）		576,823.78	576,823.78
经营活动产生的现金流量净额		229,318,914.96	157,802,783.83
2、不涉及现金收支的投资和筹资活动：			
债务转为资本		6,264,988.40	6,264,988.40
一年内到期的可转换公司债券		–	
融资租入固定资产		–	
3、报告期内购买和处置子公司及其他营业单位（即资产置换）			
资产置换中因置出而减少本公司的施工类资产		1,301,733,541.08	1,301,733,541.08
其中：减少本公司长期股权投资余额		389,132,436.33	389,132,436.33
减少本公司固定资产和在建工程净额		193,515,204.48	193,515,204.48
资产置换中因置入而增加本公司的房地产开发类资产		899,196,842.02	899,196,842.02
其中：增加本公司长期股权投资余额		736,936,238.02	736,936,238.02
资产置换中本公司相应应收到的置换差价		382,885,140.53	382,885,140.53
其中：报告期内置换差价以现金支付的部分		–	–
资产置换中所置出施工类子公司、分公司本身的期初现金余额		426,436,012.94	14,149,171.24
资产置换中所置入房地产开发类子公司本身的购买日现金余额		136,718,691.92	
4、现金及现金等价物净增加情况：			
现金的期末余额		340,818,737.29	255,931,708.17
减：现金的期初余额		670,694,519.05	258,407,677.35
加：现金等价物的期末余额		–	
减：现金等价物的期初余额		–	
现金及现金等价物净增加额		－329,875,781.76	－2,475,969.18

600267 浙江海正药业股份有限公司

2001 年年度报告摘选

第一章　公司基本情况简介

一、公司法定中文名称：浙江海正药业股份有限公司
法定英文名称：ZHEJIANG HISUN PHARMACEUTICAL CO.，LTD
英文名称缩写：HISUN
二、公司法定代表人：白骅先生
三、公司董事会秘书：张薇女士
联系地址：浙江省杭州市华浙广场 1 号 19 层 B 座　　邮政编码：310006
电话：(0571)85278141、(0576)8827809　　传真：(0571)85270053
电子信箱：zw600267@mail.hz.zj.cn
四、公司注册地址：浙江省台州市椒江区外沙路 46 号
公司办公地址：浙江省台州市椒江区外沙路 46 号　　邮政编码：318000
驻杭州办事处：浙江省杭州市华浙广场 1 号 19 层　　邮政编码：310006
公司国际互联网网址：http://www.china-hisun.com
公司电子信箱：zw600267@mail.hz.zj.cn
五、公司选定的信息披露报纸：《中国证券报》、《上海证券报》
登载公司年度报告的中国证监会指定互联网网址：http://www.sse.com.cn
公司年度报告备置地点：公司证券部
六、公司股票上市交易所：上海证券交易所
股票简称：海正药业　　股票代码：600267

第二章　会计数据和业务数据摘要

一、公司报告期主要财务数据(单位：人民币元)

项目	2001 年
利润总额	58,071,776.90
净利润	48,542,565.23
扣除非经常性损益后的净利润	48,011,756.83
主营业务利润	195,448,320.63
其他业务利润	2,379,417.84
营业利润	54,650,969.72
投资收益	1,988,573.21
补贴收入	700,000.00
营业外收支净额	732,233.97
经营活动产生的现金流量净额	69,136,622.50
现金及现金等价物净增减额	-100,390,596.03

注："扣除非经常性损益后的净利润"中的非经常性损益涉及的项目及金额：
①流动资产盘盈、盘亏损溢 -107,753.50 元；
②营业外收入 2,256,298.75 元；
③营业外支出 -1,524,064.78 元；
④所得税影响额 -93,672.07 元。

二、公司前三年主要会计数据和财务指标(单位：人民币元)

指标	2001 年	2000 年	1999 年
主营业务收入	575,832,307.45	518,004,030.49	357,911,101.27
净利润	48,542,565.23	51,017,800.26	47,280,572.83
全面摊薄每股收益	0.195	0.327	0.408
加权平均每股收益	0.231	0.385	0.408
扣除非经常性损益后的每股收益	0.192	0.418	0.450
每股经营活动产生的现金流量净额	0.277	0.357	0.281
全面摊薄净资产收益率(%)	6.35	6.95	20.54
加权平均净资产收益率(%)	6.40	11.41	22.89
扣除非经常性损益后净利润的加权平均净资产收益率(%)	6.31	12.40	25.26
指标	2001 年末	2000 年末	1999 年末
总资产	1,298,921,957.79	1,197,012,491.89	667,476,673.97
股东权益(不含少数股东权益)	764,801,285.41	734,598,995.57	230,164,214.18
每股净资产	3.064	4.709	1.984
调整后的每股净资产	3.054	4.694	1.976

注：以上数据根据公司合并会计报表数据填列或计算后填列。

三、报告期利润表附表

报告期利润	净资产收益率(%)		每股收益(元)	
	全面摊薄	加权平均	全面摊薄	加权平均
主营业务利润	25.56	25.76	0.783	0.928
营业利润	7.15	7.20	0.219	0.260
净利润	6.35	6.40	0.195	0.231
扣除非经常性损益后的净利润	6.27	6.31	0.192	0.228

第三章　股本变动及股东情况

一、股本变动情况：

股本变动情况表

项目	本次变动前	本次变动增减(+，-)						本次变动后
		配股	送股	公积金转股	增发	其他	小计	
一、未上市流通股份								
1、发起人股份								
其中：国家持有股份	86,671,600		26,001,480	26,001,480			52,002,960	138,674,560
境内法人持有股份	27,828,400		8,348,520	8,348,520			16,697,040	44,525,440
境外法人持有股份	1,500,000		450,000	450,000			900,000	2,400,000
其他								
2、募集法人股								
3、内部职工股								
4、优先股或其他								
未上市流通股份合计	116,000,000		34,800,000	34,800,000			69,600,000	185,600,000
二、已上市流通股份								
1、人民币普通股	40,000,000		12,000,000	12,000,000			24,000,000	64,000,000
2、境内上市的外资股								
3、境外上市的外资股								
4、其他								
已上市流通股份合计	40,000,000		12,000,000	12,000,000			24,000,000	64,000,000
三、股份总数	156,000,000		46,800,000	46,800,000			93,600,000	249,600,000

600268 国电南京自动化股份有限公司

2001 年年度报告摘选

一、公司基本情况简介

1、公司法定中文名称：国电南京自动化股份有限公司
公司英文名称：Guodian Nanjing Automation Co.，LTD
公司英文名称缩写：SAC
2、公司法定代表人：江自生
3、公司信息披露机构：证券部
董事会秘书：邹峰
证券事务代表：肖宁
联系电话：025-3410173　025-3418700-3020　　传真：025-3418700-3021
联系地址：江苏南京市新模范马路 38 号综合楼五层
4、公司注册地址：江苏南京市江宁高新技术开发区中新路
公司办公地址：江苏南京市新模范马路 38 号　　邮政编码：210003
公司国际互联网网址：http://www.sac-china.com
公司电子信箱：s_dept@sac-china.com
5、公司信息披露的报刊为《中国证券报》、《上海证券报》
登载公司年度报告的中国证监会指定的国际互联网网址：http://www.sse.com.cn
公司年报备置地点：江苏南京市新模范马路 38 号综合楼五层证券部
6、公司股票上市地：上海证券交易所
股票简称：国电南自　　股票代码：600268

二、会计数据和业务数据摘要

(一)利润情况(单位：元，合并报表)

项目	金额
1、利润总额：	31,991,131.90
2、净利润：	28,463,455.40
3、扣除非经营性损益后的净利润：	14,288,575.01
4、主营业务利润：	127,221,953.01
5、其他业务利润：	4,709,814.20
6、营业利润：	31,425,191.18
7、投资收益：	208,737.48
8、补贴收入：	1,022,236.96
9、营业外收支净额：	-665,033.72
10、经营活动产生的现金净流量：	-22,176,834.55
11、现金及现金等价物净增加额：	-38,167,480.35

注：非经常性损益的项目有营业外支出 483,915.78 元；科研补贴 300,000.00 元；变更会计估计 14,358,796.17 元。

(二)截至报告期末公司前三年的主要会计数据及财务指标　　单位：元

项目	2001 年	2000 年		1999 年
		调整后	调整前	
主营业务收入	545,791,668.67	419,168,899.76	419,168,899.76	381,533,670.26
净利润	28,463,455.40	48,547,169.25	47,358,791.56	33,556,161.90
总资产	896,674,910.54	761,129,539.95	765,504,116.64	645,247,098.60
股东权益	473,189,840.08	448,072,041.88	452,443,172.58	428,684,381.02
每股收益	0.241	0.413	0.401	0.284
每股收益(加权平均)	0.241	0.413	0.401	0.367
每股收益(扣除非经营性损益)	0.121	0.413	0.402	0.258
每股净资产	3.890	3.797	3.83	3.63
调整后的每股净资产	3.783	3.749	3.73	3.57
每股经营活动产生的现金流量净额	-0.19	-0.37	-0.37	-0.3
净资产收益率(%)	6.20	10.83	10.47	7.83
净资产收益率(%加权平均)	6.16	10.72	10.47	18.32

(三)按照中国证监会《公开发行证券公司信息披露编报规则(第九号)》要求计算的利润数据：

报告期利润	净资产收益率(%)		每股收益(人民币元/股)	
	全面摊薄	加权平均	全面摊薄	加权平均
主营业务利润	27.72	27.52	1.08	1.08
营业利润	6.85	6.80	0.27	0.27
净利润	6.20	6.16	0.24	0.24
扣除非经常性损益后的净利润	3.11	3.09	0.12	0.12

(四)报告期内股东权益变动情况

项目	股本	资本公积	盈余公积	其中：法定公益金	未分配利润	股东权益合计
期初数	118,000,000.00	303,555,061.24	14,257,911.31	4,752,637.10	12,259,069.33	448,072,041.88
本期增加			9,426,803.07	3,142,267.69	1,530,995.13	10,957,798.20
本期减少						
期末数	118,000,000.00	303,555,061.24	23,684,714.38	7,894,904.79	13,790,064.46	459,029,840.08

变动原因：
(1)盈余公积和法定公益金的增加系本年度利润提取数额。
(2)未分配利润的变动原因系本年度净利润增加所致。

三、股本变动及股东情况

(一)股本变动情况

1、公司股份变动情况表　　数量单位：万股

项目	本次变动前	本次变动增减(+，-)						本次变动后
		配股	送股	公积金转股	增发	其他	小计	
一、未上市流通股份								
1、发起人股份	7800							7800
其中：国家持有股份								
境内法人持有股份	7800							7800
境外法人持有股份								
其他								
2、募集法人股份								
3、内部职工股								
4、优先股或其他								
其中：转配股								
未上市流通股份合计	7800							7800
二、已上市流通股份								
1、人民币普通股	4000							4000
2、境内上市的外资股								
3、境外上市的外资股								
4、其他								
已上市流通股份合计	4000							4000
三、股份总数	11800							11800

600269 江西赣粤高速公路股份有限公司

2001年年度报告摘选

一、公司基本情况简介

1、公司法定中文名称:江西赣粤高速公路股份有限公司
公司法定英文名称:Jiangxi Ganyue Expressway CO.,LTD.
2、法定代表人:夏增与
公司总经理:吴绍明
3、董事会秘书:熊长水
联系地址:南昌市洪城路508号方兴大厦6楼
联系电话:0791-6532505 6532506 6504265
传　　真:0791-6507178
电子信箱:Xiongcsh @163.net
4、公司注册地址:南昌市北京西路69号省府大院西二路12号
公司办公地址:南昌市洪城路508号方兴大厦5、6楼
邮政编码:330025
公司国际互联网网址:http://www.jxexpressway.com
电子信箱:Xiongcsh@163.net
5、公司选定的信息披露报刊:《上海证券报》、《证券时报》
登载年度报告的国际互联网网址:http://www.sse.com.cn
年度报告备置地点:公司综合管理部
6、股票上市交易所:上海证券交易所
股票简称:赣粤高速　　股票代码:600269

二、财务数据和业务数据摘要

1、本年度主要利润指标

(单位:元)

利润总额	285,084,579.69
净利润	179,223,382.96
扣除非经常性损益后的净利润*	175,442,344.26
主营业务利润	239,926,683.06
其他业务利润	356,655.28
营业利润	221,155,777.37
投资收益	6,673,553.21
补贴收入	57,089,423.28
营业外收支净额	165,825.83
经营活动产生的现金流量净额	301,542,267.28
现金及现金等价物净增减额	-17,296,197.26

注:扣除非经常性损益项目和涉及金额:
(1)短期投资收益3,938,921.55元;
(2)路损赔偿收支净额165,825.83元;
(3)股权投资差额摊销1,538,593.97元;
(4)非经常性损益项目所得税影响数-1,862,302.65元。

2、公司近三年主要会计数据及财务指标

财务指标	单位	2001年度	2000年度	1999年度
主营业务收入	元	387201398.00	283169110.00	235293508.00
净利润	元	179223382.96	176075711.37	166836018.39
总资产	元	4084968361.79	3979439799.13	1726282715.49
股东权益(不含少数股东权益)	元	2633078267.20	2524454884.24	1197215612.87
全面摊薄每股收益	元/股	0.51	0.499	0.716
加权平均每股收益	元/股	0.51	0.559	0.410*
扣除非经常性损益的每股收益	元/股	0.50	0.464	0.716
每股净资产	元/股	7.46	7.15	5.14
调整后的每股净资产	元/股	7.46	7.15	5.14
每股经营活动产生的现金流量净额	元/股	0.85	0.28	0.86
全面摊薄净资产收益率	%	6.81	6.97	13.93
加权平均净资产收益率	%	6.86	8.18	13.38
扣除非经常性损益的加权平均净资产收益率	%	6.71	7.79	13.38

* 1999年5月,经公司1999年第二次(临时)股东大会审议通过,并经江西省股份制改革及股票发行联审小组赣股[1999]04号文批准,公司在原有股本7.54亿股的基础上,按3.23605:1进行缩股,将公司总股本变更为2.33亿股。1999年期初公司总股本为7.54亿股,1999年期末总股本为2.33亿股。

三、股本变动及股东情况

1、公司股本变动情况
(1)公司股份变动情况表
股份变动情况表　　单位:股

	本次变动前	本次变动增减(+、-)						本次变动后
		配股	送股	公积金转股	增发	其它	小计	
(一)未上市流通股份								
(1)发起人股份	233000000							233000000
其中:国家持有股份	231764033							231764033
境内法人持有股份	1235967							1235967
境外法人持有股份								
其他								
(2)募集法人股								
(3)内部职工股								
(4)优先股或其他								
其中:转配股								
(5)向战略投资者配售股份	27600000					-22600000	-22600000	5000000
未上市流通股份合计	260600000					-22600000	-22600000	238000000
(二)已上市流通股份								
(1)人民币普通股	92400000					22600000	22600000	115000000
(2)境内上市的外资股								
(3)境外上市的外资股								
(4)其它								
已上市流通股份合计	92400000					22600000	22600000	115000000
(三)股份总数	353000000					0	0	353000000

600272 上海开开实业股份有限公司

2001年年度报告摘选

第一章　公司基本情况简介

一、公司法定中文名称:上海开开实业股份有限公司
公司法定英文名称:SHANGHAI KAIKAI INDUSTRY COMPANY LIMITED
公司英文名称缩写:SHKK
二、公司法定代表人:江玉森
三、公司董事会秘书:徐笑白
联系地址:上海市万航渡路888号24层(开开广场)
董事会秘书室
联系电话:86-21-62127558
传真:86-21-62127558
四、公司注册、办公地址:上海市万航渡路888号
邮政编码:200042
公司国际互联网网址:http://www.e-kaikai.com.
公司电子信箱:kaikaidm@public3.sta.net.cn
五、公司选定的信息披露报刊:《上海证券报》、《香港文汇报》。
登载公司年度报告的中国证监会指定的国际互联网网址:http://www.sse.com.cn
公司年度报告备置地点:上海市万航渡路888号24层董事会秘书室
六、公司股票上市地:上海证券交易所
股票简称及代码:A股:开开实业 600272
　　　　　　　　B股:开开B股 900943

第二章　会计数据和业务数据摘要

一、经上海立信长江会计师事务所有限公司(境内)审计,公司本年度主要指标(合并报表)如下:

金额单位:人民币元

利润总额	67,088,986.31
净利润	49,258,879.46
扣除非经常性损益后的净利润	29,850,344.11
主营业务利润	165,284,180.73
其他业务利润	22,322,352.99
营业利润	41,617,072.18
投资收益	23,030,783.68
补贴收入	1,962,623.54
营业外收支净额	478,506.91
经营活动产生的现金流量净额	71,022,592.55
现金及现金等价物净增加额	256,317,602.91
扣除非经常性损益项目和涉及的金额	

注:扣除非经常性损益项目和涉及的金额:

(1)委托理财:	12,736,643.84
(2)股票股权转让收益:	8,614,969.23
(3)退税收入:	1,962,623.54
(4)营业外收支净额:	478,506.91
(5)股权投资差额摊销:	-926,014.31
(6)无效申购冻结利息收入:	1,031,032.53
(7)非经常性损益项目影响所得税	-4,489,226.39

二、截止报告年度末公司前三年的主要会计数据及财务指标

指标项目	2001年	2000年		1999年	
		调整前	调整后	调整前	调整后
主营业务收入(元)	1,114,928,183	575,200,781	573,862,663	390,526,500	390,526,500
净利润(元)	49,258,879	29,598,132	31,424,169	26,460,663	21,197,615
总资产(元)	1,937,176,968	1,015,476,157	947,477,455	966,024,884	892,748,888
股东权益(元)	808,696,926	436,149,182	368,150,480	425,170,411	351,894,415
每股收益(元/股)	0.203	0.149	0.159	0.134	0.107
每股净资产(元/股)	3.328	2.203	1.859	2.147	1.777
调整后每股净资产(元/股)	3.299	2.113	1.824	2.058	1.758
每股经营活动产生的现金流量净额(元/股)	0.292	0.976	0.976	0.156	0.156
净资产收益率(%)	6.091	6.786	8.536	6.224	6.024
净利润的加权每股收益(元/股)	0.223	0.149	0.159	0.134	0.107
净利润的加权净资产收益率(%)	8.370	6.727	8.730	6.129	1.678
扣除非经常性损益后的每股收益(元)	0.123	0.149	0.158	0.121	0.094
扣除非经常性损益后的净利润的加权净资产收益率(%)	5.073	6.714	8.712	5.567	5.245

第三章　股本变动及股东情况

一、股本变动情况
1、股本结构情况(单位:股)

	期初数	增发	年末数	比例
①尚未流通股份				
国家股	80,090,200		80,090,200	32.96%
募集法人股	22,909,800		22,909,800	9.43%
内部职工股	15,000,000		15,000,000	6.17%
未上市流通股份合计	118,000,000		118,000,000	48.56%
②已流通股份				
境内上市的外资股	80,000,000		80,000,000	32.92%
人民币普通股		45,000,000	45,000,000	18.52%
已上市流通股份合计	80,000,000	45,000,000	125,000,000	51.44%
③股份总数	198,000,000	45,000,000	243,000,000	100.00%

600270 中外运空运发展股份有限公司

2001 年年度报告摘要

第一章 公司简介

一、公司中文名称：中外运空运发展股份有限公司
公司英文名称：Sinotrans Air Transportation Development Co., Ltd.
二、公司法定代表人：张斌
三、董事会秘书：周波
董事会证券事务代表：张欣
联系地址：北京市海淀区西三环北路 21 号久凌大厦
联系电话：010 - 68405635
传真：010 - 68405629
电子信箱：stock@sinoair.com
四、公司注册地址：北京市海淀区西三环北路 21 号久凌大厦
办公地址：北京市海淀区西三环北路 21 号久凌大厦
邮政编码：100089
电子信箱：stock@sinoair.com
五、选定的信息披露报纸名称：《中国证券报》、《上海证券报》
登载公司年度报告的中国证监会指定互联网网址：http://www.sse.com.cn
公司年报备置地点：公司投资部
六、公司股票上市交易所：上海证券交易所
股票简称：外运发展
股票代码：600270
七、其他有关资料：
1.公司注册登记日期：1999 年 10 月 11 日
2.公司注册登记地点：国家工商行政管理局
3.企业法人营业执照注册号：1000001003241
4.税务登记号码：110108710925323
5.聘请的会计师事务所名称：信永中和会计师事务所
6.办公地址：北京市东城区朝阳门北大街 8 号富华大厦 C 座 11 - 12 层

第二章 会计数据和业务数据摘要

一、2001 年主要会计数据（单位：元）

项　目	金　额
利润总额	465,784,814.47
净利润	230,878,579.27
扣除非经常性损益的净利润	229,904,165.32
主营业务利润	917,978,519.11
其他业务利润	11,231,643.26
营业利润	444,092,505.54
投资收益	20,717,894.98
补贴收入	0.00
营业外收支净额	974,413.95
经营活动产生的现金流量净额	341,446,605.03
现金及现金等价物净增加额	-33,162,315.00

二、前三年的主要会计数据和财务指标（单位：元）

指标项目	2001 年度	2000 年度	1999 年度
主营业务收入	1,471,924,808.86	1,045,690,746.34	785,788,620.93
净利润	230,878,579.27	176,899,235.00	161,858,454.64
总资产	2,244,605,062.47	1,988,090,366.69	895,663,249.64
股东权益（不含少数股东权益）	1,549,448,795.85	1,378,631,203.99	335,636,103.49
每股收益（摊薄）	0.7573	0.64	0.78
每股收益（加权）	0.7933	0.85	0.78
每股净资产（摊薄）	5.0822	4.97	1.62
调整后的每股净资产	4.8558	4.71	1.43
扣除非经常性损益后的每股收益	0.7541	0.62	0.78
每股经营活动产生的现金流量净额	1.1170	0.94	0.79
净资产收益率(%)	14.90	12.55	48.22

注：2000 年度财务数据有所调整，原因如下：

由于本公司的子公司中外运—欧西爱斯国际快递有限公司 2001 年对其 2000 年度利润进行分配时用未分配利润支付了 2000 年度应付给外运公司的协作费，使得本公司 2000 年度会计报表中对其投资收益比应计收益增加 3,491,598.44 元。本期本公司对其进行了追溯调整，调减 2000 年度净利润 3,491,598.44 元，调减 2000 末留存收益 3,491,598.44 元，其中：盈余公积调减 523,739.76 元，未分配利润调减 2,967,858.68 元，并对 2000 年度会计报表相关项目进行了调整。

三、利润表附表

报告期利润	2001 年度			
	净资产收益率		每股收益	
	全面摊薄	加权平均	全面摊薄	加权平均
主营业务利润	59.25%	61.44%	3.0110	3.1544
营业利润	28.66%	29.72%	1.4566	1.5260
净利润	14.90%	15.45%	0.7573	0.7933
扣除非经常损益后净利润	14.84%	15.39%	0.7541	0.7900

四、报告期内股东权益变动情况（单位：元）

项　目	股　本	资本公积	盈余公积	法定公益金	未分配利润	股东权益合计
期初数	277160000.00	1014855011.82	31498091.66	10499363.89	55118100.51	1378631203.99
本期增加	27716000.00	914212.59	34631786.89	11543928.96	107555592.38	170817591.86
本期减少						
期末数	304876000.00	1015769224.41	66129878.55	22043292.85	162673692.89	1549448795.85
变动原因	注 1	注 2	注 3	注 4	注 5	

注 1：本公司本年度实施 2000 年每 10 股送红股 1 股的利润分配方案，总股本增至 30,487.6 万股，每股面值人民币 1 元，已经中天信会计师事务所"中天会资字(2001)第 008 号"验资报告验证。

注 2：本公司资本公积本期增加 914,212.59 元，系本公司华东分公司接受美国联合包裹运输有限公司捐赠的汽车所致。

注 3 - 5：期初数变化是由于本公司的子公司中外运—欧西爱斯国际快递有限公司 2001 年对其 2000 年度利润进行分配时用未分配利润支付了 2000 年度应付给外运公司的协作费，使得本公司 2000 年度会计报表中对其投资收益比应计收益增加 3,491,598.44 元。本期本公司对其进行了追溯调整，调减 2000 年度净利润 3,491,598.44 元，调减 2000 末留存收益 3,491,598.44 元，其中：盈余公积调减 523,739.76 元，未分配利润调减 2,967,858.68 元，并对 2000 年度会计报表相关项目进行了调整。

第三章 股本变动及股东情况

一、股本变动情况（截止 2001 年 12 月 31 日）

1.股份变动情况表

	期初数	本次变动增减(+、-)						期末数
		配股	送股	公积金转股	增发	其他	小计	
一、未上市流通股份								
1.发起人股份	207,160,000		20,716,000				20,716,000	227,876,000
其中：								
国家持有股份								
境内法人持有股	207,160,000		20,716,000				20,716,000	227,876,000
境外法人持有股								
其他								
2.募集法人股								
3.高管持股								
4.优先股或其他								
其中转配股								
未上市流通股份合计	207,160,000		20,716,000					227,876,000
二、已流通股份								
1.人民币普通股	70,000,000		7,000,000				7,000,000	77,000,000
2.境内上市的外资股								
3.境外上市的外资股								
4.其他								
已上市流通股份合计	70,000,000		7,000,000				7,000,000	77,000,000
三、股份总数	277,160,000		27,716,000				27,716,000	304,876,000

2.股票发行与上市情况

1999 年 9 月 28 日，经国家经济贸易委员会国经贸企改(1999)939 号文批准，由中国对外贸易运输(集团)总公司、中国机械进出口(集团)有限公司、北京首都旅游股份有限公司、北京市农工商联合总公司和北京海诚电讯技术有限公司共同发起设立中外运空运发展股份有限公司。股本总额 20,716 万元，每股面值 1 元人民币。

2000 年 11 月 27 日，经中国证券监督管理委员会证监发行字(2000)156 号文核准，公司于 2000 年 11 月 30 日向社会公开发行了人民币普通股 7,000 万股，每股发行价为 14.30 元，并于 2000 年 12 月 28 日在上海证券交易所上市交易，股票代码：600270，股票简称：外运发展。

公司在报告期内实施 2000 年度利润分配方案，以 2000 年末公司总股本 277,160,000 股为基数，每 10 股派送红股 1 股。新增可流通红股 7,000,000 股于 2001 年 6 月 1 日上市流通。

二、股东情况介绍

1.截止 2001 年 12 月 31 日，股东总数 25,787 户。其中未流通法人股股东 5 户，流通股股东 25,782 户。

2.公司前十名股东名单如下：

股东名称	期初持股数	期末持股数	占总股本比例(%)
中国对外贸易运输(集团)总公司	195,000,000	214,500,000	70.36
中国机械进出口(集团)有限公司	9,000,000	9,900,000	3.24
同盛基金	4,000,000	8,254,579	2.71
海通证券	5,440,321	5,912,245	1.94
汉兴基金	0	4,103,387	1.35
基金安信	0	2,800,828	0.92
裕隆基金	101000	2,298,177	0.75
北京首都旅游股份有限公司	2,000,000	2,200,000	0.72
通乾基金	0	1,589,405	0.52
同益基金	1,059,000	1,364,564	0.45

说明：

①前 10 名股东中，第 1、2、8 名为未上市流通股股东，第 3、4、5、6、7、9、10 名为流通股股东。

②前 10 名股东中同盛基金、同益基金同属于长盛基金管理公司。

③持股 5%以上的法人股股东是：中国对外贸易运输(集团)总公司。

④持股 5%以上的法人股股东所持股份未发生质押、冻结等情况。

3.持股 10%以上的法人股东情况简介：

公司名称：中国对外贸易运输(集团)总公司

法定代表人：罗开富

公司主营各类进出口货物的承运和代理；办理国际多式联运和仓储业务；对外租船；经国家批准的三类商品的进口；承担国(境)外与对外贸易运输有关的工程项目；对外派遣与上述项目有关的工程技术人员以及服务行业的劳务人员；国(境)外承包工程和海外企业所需设备材料的出口业务。

4.报告期内，控股股东中国对外贸易运输(集团)总公司未发生变动。

第四章　董事、监事、高级管理人员和员工情况

一、基本情况

1.董事、监事及高级管理人员

姓名	性别	年龄	职务	任期	年初持股	年度内增加	年末持股
张　斌	男	45	董事长	1999.10－2002.10	0	0	0
刘学德	男	50	副董事长	2000.9－2002.10	0	0	0
苏玉民	男	44	董事	1999.10－2002.10	0	0	0
刘　毅	男	41	董事	1999.10－2002.10	0	0	0
尹建华	男	46	董事、常务副总	1999.10－2002.10	0	0	0
刘洪苓	女	47	董事	1999.10－2002.10	0	0	0
虞健民	男	36	董事	1999.10－2002.10	0	0	0
张　葵	女	39	董事、财务总监	1999.10－2002.10	0	0	0
曹晓东	女	50	董事	1999.10－2002.10	0	0	0
潘德源	男	52	监事	1999.10－2002.10	0	0	0
甄江苏	女	52	监事	1999.10－2002.10	0	0	0
郝文宁	男	29	监事	1999.10－2002.10	0	0	0
高　伟	男	35	总经理		0	0	0
唐志兰	女	36	副总经理		0	0	0
张晨梅	女	36	副总经理		0	0	0
周　波	男	29	董事会秘书		0	0	0

2.公司人员情况

公司现有员工总数为2876人,其中总部管理人员40人;业务人员1375人,销售人员324人,技术人员32人,财务人员237人,行政人员266人(其中部门经理以上管理人员181人),其他人员602人(其中临时员工399人)。

按学历分,大学及大学以上学历419人,占总人数的14.58%,大专学历853人,占总人数的29.66%,公司退休职工188人。

二、年度报酬情况

董事长的报酬由控股公司中国外运(集团)总公司确定并发放。公司高级管理人员的报酬由公司人力资源部提出薪酬方案,公司办公会讨论通过执行。

在股份公司领取报酬的现任董事、监事和高级管理人员的年度报酬总额143.93万元,金额最高的前三名董事的报酬总额为61万元,金额最高的前三名高级管理人员的报酬总额为61.3万元。

不在公司领取报酬、津贴的董事、监事的姓名是张斌、苏玉民、刘毅、刘洪苓、虞健民、潘德源、甄江苏。

第五章　公司治理结构

公司上市以来,严格按照《公司法》、《证券法》、《上市公司章程指引》、《股东大会规范意见》、《上海证券交易所股票上市规则》以及中国证监会和上海证券交易所发布的有关上市公司治理的规范性文件,不断完善公司法人治理结构,规范公司运作,制定了《公司章程》、《董事会议事规则》、《监事会议事规则》、《信息披露的有关规定》等一系列公司治理规则。

1.股东与股东大会:公司能够确保所有股东享有平等地位,行使股东权利;公司根据《股东大会规范意见》和《公司章程》规范股东大会召集、召开程序,并有律师出席见证;公司关联交易公平合理,并对定价依据予以充分披露。

2.控股股东与上市公司的关系:控股股东通过股东大会依法行使出资人权利,没有超越股东大会直接或间接干预公司的决策和经营活动;控股股东与上市公司之间人员、资产、财产分开,机构、业务独立,公司董事会、监事会和内部机构能够独立运作。

3.董事与董事会:公司按照《公司章程》规定的选聘程序选聘董事;公司董事会人数和人员构成符合法律、法规和《公司章程》的规定;董事能够积极参加有关培训,熟悉有关法律、法规,能够依法勤勉履行职责。报告期内本公司尚未设立独立董事,预计该项工作将于2002年年度股东大会后完成。

4.监事与监事会:公司监事会的人数和人员构成符合法律、法规和《公司章程》的规定;监事能够本着向全体股东负责的精神,认真履行监督职能,对公司财务以及公司董事、经理和其他高级管理人员履行职责的合法合规性进行监督,维护公司及股东的合法权益。

5.绩效评价与激励约束机制:公司已经建立并将不断完善绩效评价和激励约束机制;经理人员的聘任公开、透明,符合法律、法规和《公司章程》的规定。

6.相关利益者:公司能够充分尊重和维护银行及其他债权人、职工、货主、供应商等其他利益相关者的合法权利,积极合作,共同推动公司持续、健康发展。

7.关于信息披露与透明度:公司能够按照《上海证券交易所股票上市规则》、《公司章程》以及《公司信息披露的有关规定》的规定,切实履行持续信息披露义务,保证所有股东有平等的机会获得信息;公司能够按照有关规定及时披露大股东的有关资料和股份的变化情况。

目前公司正根据《上市公司治理准则》以及相关法规制订或修订《公司章程》和其他公司治理准则,进一步加强公司治理工作,并将继续根据法规的最新要求不断完善公司治理结构。

第六章　股东大会情况简介

一、报告期内召开的股东大会情况:

报告期内召开股东大会一次。

本公司于2001年3月28日在《中国证券报》、《上海证券报》上刊登召开2000年度股东大会的通知,并于2001年5月9日在久凌大厦召开。股东及股东代表18人出席了会议,持有(代表)公司股份216,981,001股,占公司有表决权股份总数的78.29%,符合《公司法》、《公司章程》及其他有关法律、法规的规定。经审议表决,会议通过了如下决议:

1.审议通过《公司董事会2000年年度工作报告》:

同意216,981,001股,反对0股,弃权0股;

2.审议通过《公司监事会2000年年度工作报告》:

同意216,981,001股,反对0股,弃权0股;

3.审议通过《公司2000年年度财务报告》:

同意216,981,001股,反对0股,弃权0股;

4.审议通过《关于2000年利润分配的议案》:

同意216,981,001股,反对0股,弃权0股;

5.审议通过《公司2001年财务预算的议案》:

同意216,981,001股,反对0股,弃权0股;

6.审议通过《关于修改公司章程的议案》:

同意216,981,001股,反对0股,弃权0股。

本次股东大会决议公告刊登于2001年5月10日《中国证券报》、《上海证券报》。

二、报告期内公司董事未发生变动,公司监事未发生变动。

第七章　董事会报告

一、公司经营情况

1.公司所处行业及地位

公司所处的行业是物流运输行业,具体涉及国际航空货运代理业、国际航空快递业、国内物流综合服务业。公司在上述三项细分行业中占有不同的地位。国际航空货运代理业务是由公司自营部分体现的,公司在我国该行业中处在相对领先的地位,是目前国内规模最大的国际航空货运代理企业之一,但由于该行业进入壁垒较低,竞争激烈,公司的市场份额在10%以下,未能处于主导地位。国际航空快递业务主要是通过公司自营及参股的合资公司的经营体现的,公司在该行业中处于主导地位,有接近50%的市场份额。国内物流综合服务是一个新兴的、业务内容涵盖广泛的行业,正处于起步阶段,公司正在逐步加大在该市场的投入,力争成为国内航空物流运输企业的领先者。

单位:元

项目	金额
营业收入	1,471,924,808.86
营业成本	509,142,472.55
利润总额	465,784,814.47
净利润	230,878,579.27

2.公司主营业务的范围及其经营状况

(1)主要经营范围为:

承办空运进出口货物的国际运输代理业务,包括:揽货、分拨、订舱、包机、仓储、中转、物流服务、国际多式联运、集装箱拼装拆箱、结算运杂费、报关、报验、保险、相关的短途运输服务、咨询业务;经营国际快递(不含私人信函)业务;与以上业务相关的咨询、服务、展览、技术交流;资产管理;实业投资;国内航线除香港、澳门、台湾航线外的航空客、货运销售代理业务。

(2)业务经营状况

本年度公司的主营业务保持了平稳增长的势头,2001年全年货运代理总量分别为,进口59,812吨,出口33,424吨,国内货运21,268吨;快件代理总量分别为,进口687,303票,出口991,717票。2001年公司主营业务收入(含中外运－敦豪合并报表)比去年同期增长426,234,062.52元,净利润230,878,579.27元,比去年同期增长30.51%。

(3)公司主要全资附属企业及控股子公司的经营情况及业绩

	注册资本	投资额	持股比例	报告期内主营业务收入	报告期内实现利润
中外运—敦豪国际航空快件有限公司	1,300万美元	650万美元	50%	1,032,058,707.27元	220,999,551.49元
宁波外运国际航空货运有限公司	300万人民币	180万人民币	60%	3,343,096.73元	797,041.71元
大连京大国际货运代理公司	600万人民币	360万人民币	60%	3,434,270.81元	711,511.72元
北京中外运网络科技有限公司	500万人民币	350万人民币	70%	0.00	0.00
上海华服商贸有限公司	110万人民币	100万人民币	90%	6,973,464.62	387,100.89元

二、公司投资情况

1.报告期内募集资金使用情况(单位:万元)

项目名称	投资金额	2000年度实际投入金额	报告期内实际投入金额	完成进度
北京空港物流中心	15,344	42	124.91	1.09%
中外运上海浦东国际机场物流中心	19,800	1,000	2,000	15.15%
收购集团公司下属省市公司的空运资产	5,395	0	5,395	100%
综合物流配送系统	16,615	0	1521.37	9.16%
综合物流信息网络系统	13,726	1,680	204.88	13.73%
收购北京空港快件监管中心	6,090	5,845	0	96%
补充流动资金	20,630	380	20,250	100%
合计	97,600	8,947	29,496.16	39.39%

2.报告期内非募集资金的投资:

报告期内,为落实募集资金投资项目"收购集团公司下属省市公司的空运资产项目",公司一届十四次董事会决议,同意以按照国家财政部确认的评估值加上述项目涉及的空运资产2001年1月至8月的净利润(经审计后确定)之和作为交易最终价格,总额为6479.65万元。除公司招股说明书中披露的该项目投入的金额(5,395万元)外,剩余部分以公司自有资金解决,合计1084.65万元。

3.公司财务情况(单位:元)

项　目	金　额
利润总额	465,784,814.47
净利润	230,878,579.27
扣除非经常性损益的净利润	229,904,165.32
主营业务利润	917,978,519.11
其他业务利润	11,231,643.26
营业利润	444,092,505.54
投资收益	20,717,894.98
补贴收入	0.00
营业外收支净额	974,413.95
经营活动产生的现金流量净额	341,446,605.03

4.生产经营环境、宏观政策、法规的变化对公司的影响

(1)世界经济进入全面衰退,其深度和广度超过亚洲金融危机,美国、日本、欧洲三大经济主体同时陷入低潮,其产生的影响是世界性的。同时,美国9.11事件对全球的影响还在不断加深。世界经济的严峻形势对国际航运市场影响严重。货运量的增长有限,运力过剩的矛盾愈加突出,加之航运市场的波动周期缩短,波动程度加剧,运费继续下跌,服务费用调整频繁以及货量和货物流向发展的不平衡,航运企业之间竞争的进一步加剧等等,都会直接影响公司的发展速度。

(2)世界贸易组织所推动的全球贸易自由化和由此扩展到全球服务贸易的自由化进程正在加快,区域性经济组织的合作在不断扩展和深化,以现代信息为特点的新时代的科技进步日新月异,商品、资金、技术、人才、服务和信息在世界范围内的自由流动,必将促进世界资源的合理配置与市场容量的不断扩大,并由此推动世界贸易的新发展。

(3)我国已经成为WTO的正式成员,国内经济发展的环境趋于改善,将有利于我国的进出口贸易;国家还将采取各项促进经济发展的政策,特别是鼓励外经贸发展的政策措施将陆续出台,这将更加有利于公司的发展。从另一方面看,跨国货代、物流企业将利用我国放宽准入条件,加快在中国市场的布局,增加公司所处的市场的竞争程度。并且政府职能的转变,行业性政策法规的出台或修改,将直接冲击传统的商业模式,对公司所经营的业务发生现实、深远甚至严重的影响。

5.2002年的业务发展规划

2002年是中国加入世界贸易组织的第一年,虽然世界经济低速增长,但由于我国国内经济形势总体保持良好态势,以及外国投资的快速进入,中国在世界制造业的地位的提升,有利于我国进出口贸易的发展,从而带动进出口货运和国内物流市场的增长。公司力争在2002年达到营业收入173,069万元,比上年实际增长17.58%;营业成本73,723万元,比上年实际增长44.80%;利润总额50,687万元,比上年实际增长8.82%。

公司将利用网络优势,从预算管理、市场推广、IT系统建设、治理结构、人力资源等一系列方面来支持公司的发展,实现公司的经营目标。

(1)推行全面预算管理体系

对公司的成本进行分析,更有效地细化成本核算工作,加强成本、费用控制,分析成本、费用对于收入的支持和有效性;将按照月、季、年报的方式对预算完成情况进行反馈和监控,对预算报表进行统一管理,预算执行情况分析也将结合相关业务分析、财务分析一起成为公司的日常工作。同时,对于预算反馈的准确性、合理性,也将通过内审、外审的结合,进行检测和验证;对预算完成情况的评价也将成为绩效考核的重要依据之一。

(2)集中采购运力,降低成本,提高公司在航空货运市场的地位

为降低作业成本、开辟优势航线、提高公司的市场竞争能力,公司将利用网络扩张,内部三级治理结构已初步形成,具备一定的组织保障的机会,着手推进航空运力的集中采购工作,迅速扩大公司在国际航空货运市场及主要国内口岸市场的竞争能力。

(3)加快公司海外代理网络的建设

为迎接加入世界贸易组织的挑战,适应进出口业务快速增长,公司在2002年度将采取多种方式加快海外代理网络的建设。公司将在欧洲、香港建立附属公司,同时制订统一的国外代理使用、管理办法,减少代理在同一个地区的使用数量,建立合理的代理管理模式和代理网络。

(4)推进一体化的营销体系的建设

为推进一体化的营销体系的建设,公司将在35家分公司的市场营销部的基础上,采取如下措施,加快营销体系的建设:

①首先统一规范各分公司的营销机构的设置,并制定有关营销体系的管理制度,明确公司销售价格体系管理、产品管理、客户资源管理、销售队伍和客户服务队伍的招聘、激励、培训、考核管理的原则;

②要建立公司的营销情报系统,加强市场研究,及时准确掌握市场动态,在公司内部真正形成以市场为导向的经营意识。

③加强销售队伍建设,培养一支出色的销售队伍。

④规范客户服务的工作流程和工作标准,加强客户服务人员培训,提高客户服务的质量,树立公司优质服务的品牌形象。

⑤加强公司客户资源的管理,各级公司要对公司内部客户资源进行系统管理,对于公司级大客户和区域级大客户要分别由总部和区域公司进行监控。

⑥利用上市公司的优势,做好市场推广工作。

(5)按照预算的要求,有计划地调整产品结构

公司将在保持快件市场的主导地位的同时,加大在国际货运、物流市场的投入力度,通过人员培训、整合区域内销售、物流配送网络、增加物流班车等方式发挥公司的网络优势,增加国际货运、物流业务的收入,同时,确实树立以客户为中心的服务意识,建立质量评价体系,提升公司的整体服务水准。

(6)在系统内全面推行CRG岗位评估体系,建立绩效评价体系,进行薪酬改革,加大员工培训力度

随着公司网络的扩大,分公司数目的增加,公司的经营规模和员工队伍不断壮大,迫切需要在经营管理、业务拓展方面的优秀人才。提高人力资源的管理水平,做到员工能进能出、能上能下,吸引、培养并留住有效人才,发挥员工的潜能,做到人力资源的优化配置与合理使用,将是人力资源工作的发展方向和工作目标。为实现人力资源的工作目标,公司在2002年将在引入先进的CRG岗位评估体系的基础上,重点进行组织结构调整、岗位评估、薪酬体系、绩效评价及员工培训等工作。

(7)加快公司的信息化建设

公司将在2002年对原货运信息管理系统进行改造和完善,为公司在今后的全面管理提供业务数据依据,为实现业务宏观管理,操作自动化,办公自动化及各类数据共享奠定基础,同时,通过客户自服务系统为客户提供更加完善的服务。

(8)加快北京、上海物流中心的建设,并以此为契机带动相关业务的发展

首都机场和上海浦东国际机场是我国主要的门户机场,为支持股份公司国际货运和国内物流业务的发展,公司决定在北京和上海兴建大型物流仓储设施。北京、上海机场兴建大型物流仓储设施竣工完毕后将满足客户对仓储和物流的需求,并能巩固公司在我国华北和华东航空货运和综合物流行业的领先地位。公司将利用两个物流中心项目的契机,引入先进的物流管理模式,配以先进IT支持,发掘具有物流需求的客户,带动国际货运、物流业务的发展。

(9)研究入关后的政治、经济形势的变化,制订公司的发展战略与策略

外经贸部颁布的中国加入世界贸易组织法律,承诺包括物流在内的服务行业在三年内放开。对于我们而言,激烈的竞争已经开始。根据这一情况,我们必须深入分析加入世界贸易组织后,中国市场可能发生的变化,根据公司的情况,制订公司未来三年的发展战略与策略,作为股份未来发展的依据。

三、董事会日常工作情况

1.报告期内董事会的会议情况及决议内容:

2001年度本公司董事会共召开11次会议。

(1)2001年3月26日第一届第八次董事会会议在公司会议室召开,应到董事9人,实到9人,3名监事列席会议,符合《公司法》、《公司章程》的有关规定。会议审议并通过了如下议案及决议:

a.《关于董事会2000年度报告的议案》;

b.《关于公司2000年度财务评估的议案》;

c.《关于公司2000年度报告和年度报告摘要的议案》;

d.《关于2000年利润分配的议案》;

e.《关于2001年利润分配政策的议案》;

f.《关于公司2001年财务预算的议案》;

g.《关于设立黑龙江等24家分公司的议案》;

h.《关于修改公司章程的议案》;

i.《关于批准公司<公司董事会议事规则>和<公司信息披露的有关规定>的议案》;

j.《关于召开2000年度股东大会的议案》。

(2)2001年4月26日第一届第九次董事会会议在公司会议室召开,应到董事9人,实到5人,书面委托4人,1名监事列席会议,符合《公司法》、《公司章程》的有关规定。会议审议并通过了关于成立中外运空运(上海外高桥)物流有限公司的议案及决议;

(3)2001年5月9日第一届第十次董事会会议在久凌大厦2层召开,应到董事9人,实到6人,1名监事列席,符合《公司法》、《公司章程》的有关规定。会议审议并通过了关于成立上海中外运松江物流有限公司的议案及决议;

(4)2001年6月26日第一届第十一次董事会会议在公司会议室召开,应到董事9人,实到4人,书面委托4人。1名监事列席会议,符合《公司法》、《公司章程》的有关规定。会议审议并通过了关于设立济南等五家分公司的议案及决议;

(5)2001年8月13日第一届第十二次董事会会议在公司会议室召开,应到董事9人,实到7人,书面委托2人,3名监事列席会议,符合《公司法》、《公司章程》的有关规定。会议审议并通过了如下议案及决议:

a.《关于公司2001年中期报告和中期报告摘要的议案》;

b.《关于公司2001年中期利润分配的议案》;

c.《关于按<企业会计制度>计提"八项准备"及新会计准则对公司财务状况影响的报告》;

d.《关于公司部分高级管理人员变更的议案》。

(6)2001年10月18-19日第一届第十三次董事会会议采取通讯方式召开,应到董事9人,实到8人,符合《公司法》、《公司章程》的有关规定。会议审议并通过了关于受让上海航星国际货运有限公司部分股权的议案及决议;

(7)2001年10月29-31日第一届第十四次董事会会议采取通讯方式召开,应到董事9人,实到9人,符合《公司法》、《公司章程》的有关规定。会议审议并通过了关于落实募集资金投向项目的议案》;

(8)2001年11月6日第一届第十五次董事会会议采取通讯方式召开,应到董事9人,实到8人,符合《公司法》、《公司章程》的有关规定。会议审议并通过了关于落实募集资金投资项目资金来源的议案及决议;

(9)2001年11月22-26日第一届第十六次董事会会议采取通讯方式召开,应到董事9人,实到9人,符合《公司法》、《公司章程》的有关规定。会议审议并通过了关于中外运空运(上海外高桥)物流有限公司名称变更的议案及决议;

(10)2001年12月3-5日第一届第十七次董事会会议采取通讯方式召开,应到董事9人,实到6人,符合《公司法》、《公司章程》的有关规定,会议审议并通过了关于受让大连京大国际货运代理公司部分股权的议案及决议;

(11)2001年12月18日第一届第十八次董事会会议在金运大厦16层会议室召开,应到董事9人,实到7人,书面委托2人,符合《公司法》、《公司章程》的有关规定。会议审议并通过了如下议案及决议:

a.《上市公司规范运作自查问卷》;

b.《关于收购中国外运(集团)浙江有限责任公司所持有的宁波外运国际航空货运有限公司60%的股权的议案》。

2.董事会对股东大会决议的执行情况

报告期内,董事会根据《公司法》、《公司章程》及有关法律、法规的要求,严格按照股东大会的决议和授权,认真执行股东大会通过的各项决议内容。

公司在报告期内实施2000年度利润分配方案:以2000年末公司总股本277,160,000股为基数,按每10股派送现金红利人民币1.00元(含税),按每10股派送红股1股(每股面值1元)。股权登记日2001年5月31日,新增可流通红股7,000,000股于2001年6月1日上市流通,红利发放日为2001年6月8日。本次利润分配实施后,公司总股本变更为304,876,000股。

四、本次利润分配预案、公积金转增股本预案

公司报告期内实现净利润230,878,579.27元,按10%比例提取法定公积金23,087,857.93元,按5%比例提取法定公益金11,543,928.96元。2000年度未分配利润为55,118,100.51元,其中27,716,000.00元已分配转做股本。可供股东分配的利润为223,648,892.89元。

本次年终分配拟以每10股派送1股红股转增1股派发现金红利2元(含税),总计派发现金60,975,200.00元,剩余利润作为未分配利润留存。

以上分配预案需经股东大会审议通过。

五、其他报告事项:

本报告期内公司选定《中国证券报》、《上海证券报》作为公司指定信息披露刊物。

第八章　监事会报告

一、本年度未召开监事会会议,列席董事会五次。

二、监事会依照《公司法》和公司章程履行职责情况。

1.对董事会的重大决策和经营行为进行监督:

监事会全体成员本着对公司和全体股东负责的精神,认真地履行了股东大会授予的监督职能。列席了2001年度历次董事会会议及重要的总经理办公会议,出席了股东大会,并对会议中讨论的问题充分发表了意见。对公司的经营规划、投资决策、重要人事安排、董事会行使授权情况进行了必要的参与和监督。监事会认为本年度公司能按照《公司法》、《证券法》、《上海证券交易所股票上市规则》及其他有关法律、法规及制度规范运作,公司的经营班子团结进取,廉洁自律,恪尽职守,科学决策,合法经营,未发现明显投资失误,经营作风稳健,经营业绩优良。

2.对公司董事会成员及高级管理人员的经营管理行为进行监督:

董事会成员及公司全体高级管理人员忠于职守,未发现违反法律、法规、公司章程或损害公司利益的行为。

3.对公司的财务管理情况进行监督:

公司财务制度严明,操作规范,未发现违反财务制度和侵害股东权益的现象。根据信永中和会计师事务所有限责任公司出具的第XYZH/A502005号《审计报告》,监事会认为:公司2001年的财务核算体制是合理的,会计事项的处理、全年报表的编制及公司执行的会计制度符合《企业会计准则》和《股份制企业会计制度》要求,财务报告真实反映了公司的财务状况和经营成果。

4.对募股资金使用情况进行监督:

公司最近一次募集资金是在2000年完成的,使用情况已经在年度报告有关内容中披露。

5.对公司关联交易进行监督:

公司与关联企业之间的关联交易,遵照公平、公正的市场原则进行,在本年度无任何高于或低于正常售价的情况。

第九章　重要事项

一、本年度公司无重大诉讼、仲裁事项。

二、报告期内公司收购及出售资产、吸收合并等事项:

根据公司董事会第一届第十四次、第十五次会议关于落实募集资金投资项目的决议,公司决定以经国家财政部确认的评估值加上中国外运(集团)总公司下属省市公司的空运资产2001年1月至8月净利润(经审计后确定)之和作为交易最终价格,实施本公司招股说明书中披露的募集资金投向项目"收购集团公司下属省市公司的空运资产项目"和"综合物流配送系统项目"。

该事项详情刊登于2001年11月8日《中国证券报》、《上海证券报》,临时报告编号为临2001-009号。

三、报告期内重大关联交易事项:

1.购销商品、提供劳务发生的关联交易:

(1)中国对外贸易运输(集团)总公司(以下称集团总公司)下属的各省、市公司需通过本公司中转出口货物,由本公司负责安排出运,按照市场价格收取运费和服务费。国外代理通过本公司中转进口至国内各省、市外运公司之货物,由本公司收取口岸操作劳务费,对于运费到付货物,由本公司委托有关集团总公司的省、市外运公司收取到付运费;

(2)本公司与集团总公司于1999年12月签署了《关于在快件业务方面实行统一结算的协议书》,由本公司根据统一标准,负责整个外运集团的快件结算。各省、市外运公司通过本公司中转出口之国际快件,由本公司负责集货、制单、报关、出运,本公司向内地各省、市外运公司收取出口快件费,并与国外各快件公司结算国际段网络费用,与航空公司结算一程国际段运费。本公司与国外各快件公司签订协议,国外进口快件经本公司中转至各地省、市外运公司,各地省、市外运公司负责目的地快件派送,并由本公司支付目的地派送费;

(3)本公司与集团总公司于2000年4月10日签署了《综合服务协议书》,由集团总公司根据统一的政策和价格向本公司提供职工住房、信息技术服务等。本公司本年度向集团总公司支付综合服务费4,800,000元;

2.资产、股权转让发生的关联交易:

(1)本公司分别与集团总公司及其下属省、市公司中国外运大连公司、中国外运上海公司、中国外运钱塘公司、中国外运金陵公司、中国外运上海储运公司、中国外运华南公司、中国外运江苏公司及中国外运深圳公司签订了房屋租赁协议,涉及金额合计10,414,652.35元;

(2)本公司与集团总公司于2000年3月20日签署《资产收购协议书》,约定本公司在公开发行股票后,以部分募集资金收购集团总公司下属的其他从事空运业务的公司的资产。本公司报告期内实施了上述协议,向集团总公司购买了其所属中国航空货运代理公司黑龙江公司等23家航空货运代理公司的资产,以及其所属北京空运公司持有的大连京大国际货运代理公司60%股权投资、中国外运浙江公司持有的宁波外运国际航空货运有限公司60%的股权和北京空运公司持有的金鹰国际货运代理有限公司30%股权。上述收购资产的评估基准日为2000年12月31日,收购基准日为2001年8月31日,收购价格系根据财政部确认的上述资产评估值,加上述资产2001年1至8月经审计后确定的净利润之和确定,本次收购的最终收购价格为人民币8001万元。

3.公司与关联方存在的债权、债务往来、担保等事项:

(见审计报告七、5)

4.其他重大关联交易:

本公司与中国对外贸易运输(集团)总公司于2000年4月签署了《商标使用许可合同》,由本公司无偿使用集团公司注册号为779072的"SINOTRANS"商标。该合同有效期五年,同时规定给予本公司永久性的无偿许可。

四、重大合同(含担保等)及其履行情况

1.报告期内无重大托管、承包、租赁其他公司资产或其他公司托管、承包、租赁本公司资产的

事项。

2.报告期内无重大担保事项。

3.委托其他人进行现金资产管理事项：

报告期内本公司与中信证券股份有限公司共签署了一份委托理财协议，协议有效期为2001年7月16日至2001年12月31日，委托申购新股共8次。上述协议的签署均未违反国家及公司的有关规定，且均已执行完毕，共实现投资收益4.00万元。

4.报告期内无其他重大合同。

五、报告期内公司或持股5%以上股东没有在本公司招股说明书、指定报纸、网站上披露的承诺事项。

六、本年度聘请信永中和会计师事务所的报酬为人民币捌拾玖万元整，外勤费用按实报实销处理。

2000年度公司聘请中天信会计师事务所为本公司完成2000年度审计工作，报酬为人民币叁拾玖万元(含外勤费用)。

七、报告期内，公司、公司董事会及董事不存在受中国证监会稽查、中国证监会行政处罚、通报批评、证券交易所公开谴责的情况。

第十章 财务会计报告

会计报表(见附表)

一、审计报告

XYZH/A502005

中外运空运发展股份有限公司全体股东：

我们接受委托，审计了中外运空运发展股份有限公司(以下简称"贵公司")2001年12月31日的资产负债表(母公司及合并)、2001年度利润及利润分配表(母公司及合并)和现金流量表(母公司及合并)。这些会计报表的编制由贵公司负责，我们的责任是对会计报表发表审计意见。我们的审计是依据《中国注册会计师独立审计准则》的规定进行的。我们抽查了有关会计记录和凭证，并完成了当时情况下我们认为必要的其他审计程序。

我们认为，上述会计报表符合《企业会计准则》和《企业会计制度》的有关规定，在所有重大方面公允地反映了贵公司2001年12月31日的财务状况、2001年度经营成果和现金流量情况，会计处理方法的选用符合一贯性原则。

信永中和会计师事务所　　注册会计师　张克

注册会计师　李毅

2002年3月25日

二、会计报表附注

一、公司的基本情况

中外运空运发展股份有限公司(以下简称"本公司")系经中华人民共和国国家经济贸易委员会"国经贸企改[1999]939号"文批准，由中国对外贸易运输(集团)总公司(以下简称"中外运总公司")作为主要发起人，联合中国机械进出口(集团)有限公司等企业，以发起设立方式设立的股份有限公司。本公司于1999年10月11日在国家工商行政管理局注册登记成立，注册资本为人民币20,716万元。

2000年11月30日，经中国证券监督管理委员会批准，本公司在上海证券交易所向社会公众公开发行人民币普通股7,000万股，公开募股后，总股本增至27,716万股。2001年6月，本公司实施2000年度每10股送红股1股的利润分配方案，总股本增至30,487.6万股，每股面值人民币1元，注册资本变更为人民币30,487.6万元。

本公司的经营范围：承办空运进出口货物的国际运输代理业务，包括：揽货、分拨、订舱、包机、仓储、中转、物流服务、集装箱拼装拆箱、结算运杂费、报关、报验、保险、相关的短途运输服务及咨询业务；经营国际快递(不含私人信函)业务；与以上业务相关的咨询、服务、展览、技术交流；资产管理；实业投资。

二、公司采用的主要会计政策、会计估计和合并会计报表的编制方法

1、会计制度

本公司执行《企业会计准则》和《企业会计制度》。

2、会计年度

本公司的会计年度为公历1月1日至12月31日。

3、记帐本位币

本公司以人民币为记账本位币。

4、记帐基础和计价原则

本公司会计报表以权责发生制为记帐基础，除本公司成立时股东所投入的资产与负债以评估值入帐外，均以历史成本为计价原则。

5、外币业务核算方法

外币业务按业务发生当日中国人民银行公布的市场汇价折算为人民币记帐，资产负债表日的外币货币性资产和负债按该日中国人民银行公布的市场汇价进行调整，产生的汇兑损益计入当期损益。

6、现金等价物的确定标准

现金等价物是指本公司持有的期限短(一般是指从购买日起三个月内到期)、流动性强、易于转换为已知金额现金、价值变动风险很小的投资。

7、坏帐核算方法

应收款项坏帐的确认标准：因债务人破产等原因导致不能收回的应收款项，以及其他相关证据确凿表明不能收回的应收款项确认为坏账损失。

应收款项坏账的核算方法：坏账损失采用备抵法核算，冲减坏账准备。

坏账准备的核算方法：本公司在对应收款项的回收可能性作出具体评估后计提坏账准备。应收款项坏账准备计提比例一般为期末余额的5%。

8、存货核算方法

本公司存货主要包括低值易耗品等。

存货取得的计价方法：存货取得时按实际成本记账。

存货发出的计价方法：低值易耗品采用一次摊销法。

本公司期末存货按成本与可变现净值孰低计价，并按单个存货计提存货跌价准备。

9、长期投资核算方法

本公司长期投资主要包括长期股权投资等。

长期股权投资的成本按投资时实际支付的价款或确定的价值入帐。本公司对投资额占被投资企业可表决权资本20%以下的股权投资采用成本法核算；对投资额占被投资企业可表决权资本20%以上的股权投资采用权益法核算。

股权投资差额的摊销方法和期限：以直线法按10年摊销。

长期投资减值准备的确认标准和计提方法：当长期投资由于市价持续下跌或被投资企业经营状况恶化等原因导致其可收回金额低于帐面价值，并且这种降低的价值在可预计的未来期间内难以恢复时，按其可收回金额低于长期投资账面价值的差额，计提长期投资减值准备。

10、固定资产计价和折旧方法

本公司固定资产包括房屋建筑物、机器设备、运输设备和工具等。

固定资产是指使用期限在一年以上的房屋、建筑物和其他主要生产经营设备，以及单位价值在2,000元以上并且使用期限超过两年的非主要生产经营设备。

本公司成立时，股东投资入股的固定资产按经批准的评估值计价；其他购置或新建固定资产均按原始成本计价。

固定资产折旧以预计使用年限在预留3%残值后采用直线法计算，年折旧率如下：

类别	年折旧率
房屋建筑物	3.23%
机器设备	19.40%
运输设备	19.40%
其他设备	19.40%

本公司对于实质上已发生了减值(如功能过剩、开工长期不足、重置价值大幅度下降、固定资产收益率远低于正常的资金收益率等)的固定资产，按该资产可变现值低于帐面净值的差额计提减值准备，对于存在下列情况之一的固定资产，全额计提减值准备：

(1)长期闲置不用，在可预见的未来不会再使用，且已无转让价值的固定资产；

(2)由于技术进步等原因，已不可使用的固定资产；

(3)虽然固定资产尚可使用，但使用后产生大量不合格品的固定资产；

(4)已遭毁损，以至于不再具有使用价值和转让价值的固定资产。

11、在建工程核算方法

本公司在建工程以实际发生成本入账。实际成本包括机器设备的购置成本、工程建筑费用及其他直接费用，以及建设期间专门用于在建工程的借款的利息费用与汇兑损益等。

在建工程结转固定资产的时点：所购建的固定资产在达到预定可使用状态之日起结转固定资产，次月开始计提折旧；若尚未办理竣工决算手续，则先予估价值结转固定资产并计提折旧，办理竣工决算手续后再进行帐面价值的调整。

本公司于每年年度终了，对在建工程进行全面检查，当存在下列一项或若干项情况时，则计提在建工程减值准备：

(1)长期停建并且预计在未来2年内不会重新开工的在建工程；

(2)所建项目无论在性能上，还是在技术上已经落后，并且给企业带来的经济利益具有很大的不确定性；

(3)其他足以证明在建工程已经发生减值的情形。

12、无形资产计价及摊销方法

本公司的无形资产在取得时，按实际成本入帐。

无形资产在受益于本公司时，按照该无形资产的受益期限平均摊销。其中，土地使用权按50年平均摊销。

无形资产减值准备：本公司按无形资产可收回金额低于账面净值的差额计提无形资产减值准备。

13、长期待摊费用摊销方法

长期待摊费用的入账及摊销：本公司长期待摊费用是指企业已经支出，但摊销期限在1年以上(不含1年)的各项费用，如房屋费用、房屋装修费用和电脑软件费用等，在费用项目的受益期限内分期平均摊销。

14、借款费用的会计处理方法

借款费用是指企业因借款而发生的利息、债券折价或溢价的摊销，以及因外币借款而发生的汇兑差额。除为购建固定资产而借入的专门借款所发生的借款费用外，其他借款费用均于发生当期确认为费用，直接计入当期损益。

为购建固定资产而发生的借款费用，在固定资产达到预定可使用状态前所发生的部分予以资本化，计入所建造的固定资产价值；在固定资产达到预定可使用状态后所发生的，直接计入当期损益。

15、收入确认的方法

本公司主营业务为提供货运进出口和快件进出口代理服务，收入确认时以劳务已提供、相关收入已经收到或取得了收款的证据，并且与提供劳务相关的成本能够可靠地计量时，确认营业收入的实现。

16、所得税的会计处理方法

本公司按规定从当期利润中扣除所得税，采用应付税款法核算。

17、主要会计政策、会计估计变更和会计差错更正的说明

本公司原执行《股份有限公司会计制度》，按照财政部的有关规定，本公司自2001年1月1日起执行《企业会计制度》，会计政策做如下变更：

(1)开办费原按5年期平均摊销，现改为开始生产经营当月起一次摊销。本公司开办费本期期初余额4,012,918.42元一次性计入本期损益，未做追溯调整。

(2)期末固定资产、在建工程和无形资产原不计提减值准备，现改按单项资产项目帐面价值高于可收回金额的差额提取减值准备。该等会计政策的变更对本公司本期财务状况、经营成果没有影响。

由于本公司的子公司中外运－欧西爱斯国际快递有限公司2001年对其2000年度利润进行分配时用未分配利润支付了2000年度应付给外运公司的协作费，使得本公司2000年度会计报表中对其投资收益比应计收益增加3,491,598.44元。本期本公司对其进行了追溯调整，调减2000年度净利润3,491,598.44元，调减2000年末留存收益3,491,598.44元，其中：盈余公积调减523,739.76元，未分配利润调减2,967,858.68元，并对2000年度会计报表相关项目进行了调整。

18、合并会计报表编制方法

根据财政部《合并会计报表暂行规定》，本公司2001年度会计报表为合并报表。合并范围为本公司拥有其50%以上权益性资本的被投资企业，或虽不足50%以上但具有实质控制权的子公司。合并会计报表系按《合并会计报表暂行规定》及有关补充规定的要求编制，所有公司间的重大交易和往来均在合并会计报表中抵销。

三、税项

1.企业所得税

本公司及所属各分公司按属地纳税的原则在各地缴纳企业所得税。其中深圳、厦门分公司的企业所得税率为15%；重庆分公司的企业所得税率为24%；其他分公司及公司本部的企业所得税率为33%。根据北京市海淀区国家税务局"(2001)海国税减免二(所)字第322号"减税、免税批复通知，本公司公司本部2001年减半征收所得税一年。根据上海市财政局第四分局"沪财四发(2000)219号"批复，本公司华东分公司2000至2002年享受浦东新区所得税优惠政策，减按15%的税率缴纳企业所得税。

本公司会计报表合并单位中外运－敦豪国际航空快件有限公司是一家中外合资企业，本期在全国各地分设42家分公司，经国家税务总局批准，分公司的所得税是按各地分公司在当地适用的所得税率计算，由其公司总部集中缴纳。其中深圳、厦门、海南、珠海和汕头分公司的税率为16.5%(15%的企业所得税税率和1.5%地方所得税税率)，其他分公司的税率为25.5%(24%的企业所得税税率和1.5%地方所得税税率)

2.营业税

本公司物流、航空快件业务的收入按3%的税率计缴营业税，货运代理业务、仓储和佣金的收入按5%的税率计缴营业税。

3.城建税

本公司按照应纳营业税额的7%计缴城建税。

4.教育费附加

本公司按照应纳营业税额的3%计缴教育费附加。

四、控制的子公司及合营企业

截止至2001年12月31日，本公司所控制的子公司情况如下：

公司名称	注册资本	实际投资额	所占比例	经营范围	性质
中外运－敦豪国际航空快件有限公司	1,300万美元	650万美元	50.00%	航空快递	中外合资
宁波外运国际航空货运有限公司	300万人民币	180万人民币	60.00%	货运代理	有限公司
大连京大国际货运代理公司	600万人民币	360万人民币	60.00%	货运代理	联营企业
北京中外运网络科技有限公司	500万人民币	350万人民币	70.00%	电子信息	有限公司
上海华服商贸有限公司	110万元人民币	100万元人民币	90.00%	服务代理	有限公司

本公司 2001 年度向中外运总公司购买了宁波外运国际航空货运有限公司 60% 的股权和大连京大国际货运代理公司 60% 的股权，股权购买日为 2001 年 8 月 31 日，股权购买日系根据财政部的有关规定确定。北京中外运网络科技有限公司由本公司与中外运总公司出资设立，成立时间为 2001 年 12 月 11 日。

本公司 2001 年度纳入合并会计报表范围的单位为中外运－敦豪国际航空快件有限公司和宁波外运国际航空货运有限公司，比 2001 年增加了宁波外运国际航空货运有限公司。其他公司的年末资产总额、年度销售收入及净利润在本公司中所占比例均在 10% 以下，根据财政部的有关规定，遵循重要性原则，本年度均未将其纳入合并会计报表范围。

本公司虽只拥有中外运－敦豪国际航空快件有限公司(以下简称"敦豪公司")股权的 50%，但其 6 名董事会成员中由本公司派出的有 3 人，董事长由本公司派出人员担任，副总经理、财务负责人和人事部经理均为本公司委派，各分公司的经理和主要管理人员也均为本公司委派。因此，本公司对其具有实质控制权，故将其纳入合并会计报表的范围。

五、财务报表项目附注

1、货币资金

单位：人民币元

项目	2001.12.31	2001.12.31
现金	1,464,625.34	877,991.91
银行存款	1,303,691,346.50	1,338,638,505.80
其他货币资金	13,342,632.87	12,144,422.00
合计	1,318,498,604.71	1,351,660,919.71

本公司 2001 年 12 月 31 日其他货币资金主要为存放于非银行金融机构的存款和在途货币资金。

期末货币资金中包括以下外币资金：

单位：人民币元

外币名称	外币	折算汇率	2001.12.31
美元	24,580,248.64	8.2766	203,440,885.89
港币	8,278,966.82	1.0606	8,780,672.21
合计			212,221,558.10

2、应收票据

单位：人民币元

票据种类	2001.12.31	2000.12.31
银行承兑汇票	50,000.00	0.00
商业承兑汇票	721,170.78	446,398.90
合计	771,170.78	446,398.90

3、应收股利

单位：人民币元

单位名称	内容	2001.12.31
金鹰国际货运代理有限公司	以前年度分红	3,852,832.73
华力环球运输有限公司	以前年度分红	747,485.68
上海华服商贸有限公司	以前年度分红	358,255.01
大连京大国际货运代理公司	以前年度分红	368,058.20
福建运输物业管理有限公司	以前年度分红	3,000.00
合计		5,329,631.62

4、应收账款

应收账款账龄分析如下：

单位：人民币元

账龄	2001.12.31			2000.12.31		
分析	金额	比例	坏账准备	金额	比例	坏账准备
一年以内	239,674,189.36	94.72%	11,983,709.46	181,286,090.71	94.12%	9,064,304.54
一年至二年	7,156,627.22	2.83%	845,921.99	8,247,830.72	4.28%	412,391.54
二年至三年	4,670,284.76	1.85%	900,350.46	1,580,590.49	0.82%	79,029.52
三年以上	1,532,147.70	0.60%	811,027.68	1,495,940.49	0.78%	74,797.02
合计	253,033,249.04	100.00%	14,541,009.59	192,610,452.41	100%	9,630,522.62
净额	238,492,239.45			182,979,929.79		

应收账款比上年增加较多，主要原因为本公司本期新收购了 23 家分公司及并表单位敦豪公司本期新增设了 15 家分公司所致。

截止 2001 年 12 月 31 日应收账款欠款金额前五名合计欠款 42,815,253.69 元，占应收账款期末余额的比例为 16.92%。

应收账款年末余额中有应收中外运总公司款 118,090.77 元，应收关联单位款项合计 38,316,309.43 元。

本公司 2001 年末除按 5% 的比例对应收账款计提坏账准备外，另对部分应收账款进行了个别分析计提，其中对共计 1,196,054.83 元应收账款全额计提了坏账准备。

5、其他应收款

其他应收款账龄分析如下：

单位：人民币元

账龄	2001.12.31			2000.12.31		
分析	金额	比例	坏账准备	金额	比例	坏账准备
一年以内	63,569,316.08	72.23%	3,178,465.80	57,976,404.59	88.15%	2,898,820.23
一年至二年	16,928,863.45	19.24%	912,909.64	6,397,977.68	9.73%	319,898.88
二年至三年	1,273,756.92	1.45%	63,687.84	1,272,654.15	1.94%	63,632.71
三年以上	6,234,759.12	7.08%	763,937.96	121,600.00	0.18%	6,080.00
合计	88,006,695.57	100.00%	4,919,001.24	65,768,636.42	100%	3,288,431.82
净额	83,087,694.33			62,480,204.60		

其他应收款比上年增加较多，主要原因为本公司本期新收购了 23 家分公司及并表单位敦豪公司本期新增设了 15 家分公司所致。

截止 2001 年 12 月 31 日应其他收款欠款金额前五名合计欠款 51,973,199.46 元，占应收账款期末余额的比例为 59.06%。

其他应收款年末余额中有应收中外运总公司款376,047.78元，有应收关联单位款 10,312,035.79 元。

本公司 2001 年末除按 5% 的比例对其他应收款计提坏账准备外，另对部分其他应收款进行了个别分析计提，其中对共计 476,000 元其他应收款全额计提了坏账准备。

6、预付账款

预付账款账岭分析如下：

单位：人民币元

账岭	2001.12.31		2000.12.31	
分析	金额	比例	金额	比例
一年以内	79,673,574.00	100.00%	100,458,669.60	100.00%
合计	79,673,574.00	100.00%	100,458,669.60	100.00%

预付账款中有预付中外运总公司款 423,018.06 元，有预付关联单位款 692,074.06 元。

7、存货及跌价准备

单位：人民币元

项目	2001.12.31		2000.12.31	
	金额	跌价准备	金额	跌价准备
低值易耗品	1,677,870.39	0.00	1,076,684.96	0.00
合计	1,677,870.39	0.00	1,076,684.96	0.00
净额	1,677,870.39		1,076,684.96	

公司存货主要是低值易耗品，领用时一次计入损益，故当期不计提存货跌价准备。

8、待摊费用

单位：人民币元

项目名称	2001.12.31	2000.12.31	性质及结存原因
汽车费用	1,945,281.78	1,159,979.19	按权责发生制应在 2002 年摊销
办公租房及房屋维修费	4,308,541.84	2,725,538.03	按权责发生制应在 2002 年摊销
设备维修费及配件费	190,181.78	709,651.95	按权责发生制应在 2002 年摊销
其他财产保险	1,356,028.97	220,532.34	按权责发生制应在 2002 年摊销
广告费	26,413.50	948,416.21	按权责发生制应在 2002 年摊销
其他	1,910,653.04	1,217,075.55	按权责发生制应在 2002 年摊销
合计	9,737,100.91	6,981,193.27	

9、长期股权投资

1)长期股权投资包括：

单位：人民币元

项目	2001.12.31	2000.12.31
股票投资	0.00	0.00
对子公司投资	113,290,521.67	60,233,873.35
对联营企业投资	5,073,623.34	0.00
合计	118,364,145.01	60,233,873.35

2)长期股权投资明细如下：

单位：人民币元

被投资单位名称	投资期限	占被投资单位比例	初始投资金额	本期追加投资	2001.12.31	2000.12.31
中外运欧西爱斯国际快递有限公司	15 年	50%	50 万美元		21,553,311.50	17,953,624.08
华捷国际运输代理有限公司	20 年	50%	60 万美元	18 万美元	10,753,144.73	9,483,230.37
华力环球运输有限公司	20 年	20%	30 万美元		8,752,899.01	7,831,305.94
金鹰国际货运代理有限公司	20 年	50%	24.8 万美元	37.2 万美元	48,222,997.38	14,782,641.78
上海华服商贸有限公司	10 年	90%	100 万人民币		1,070,190.44	1,084,741.36
中外运空港物流有限公司	10 年	44%	440 万人民币		3,853,944.97	4,400,000.00
杭州经济技术经贸外运有限公司	10 年	40%	20 万人民币		308,959.65	302,222.99
北京中外运国际旅行社有限公司	20 年	50%	100 万人民币		748,942.75	974,256.93
大连京大国际货运代理公司	10 年	60%		360 万人民币	5,073,623.34	0.00
福建运输物业管理有限公司	5 年	10%		10 万人民币	115,420.48	0.00
上海沪皖物流有限公司	5 年	36.3%		20 万人民币	140,256.78	0.00
北京中外运网络科技有限公司	50 年	70%		350 万人民币	3,500,000.00	0.00
北京友和报关有限公司	15 年	10%	20 万人民币		200,000.00	200,000.00
股权投资差额					14,070,453.98	3,221,849.90
合　计					118,364,145.01	60,233,873.35

本公司本年度对长期股权投资期初数进行了调整，调减了 3,491,598.44 元，具体原因见附注二、17。

鉴于本公司 2001 年度各被投资单位的收益水平和财务状况较好，故未计提长期投资减值准备。

3)股权投资差额

单位：人民币元

被投资单位名称	原始金额	形成原因	摊销期限	本年摊销	2001.12.31
中外运－敦豪国际航空快件有限公司	3,456,473.25	收购其股权所产生的差异	10	354,647.33	2,765,178.60
中外运欧西爱斯国际快递有限公司	15,580.79	收购其股权所产生的差异	10	1,558.08	12,464.63
华捷国际运输代理有限公司	－8,547.30	收购其股权所产生的差异	10	－854.73	－6,837.83
金鹰国际货运代理有限公司	11,721,705.17	收购其股权所产生的差异	10	473,926.49	11,236,257.14
上海华服商贸有限公司	1,000.00	收购其股权所产生的差异	10	100.00	900.00
宁波外运国际航空货运有限公司	－12,018.91	收购其股权所产生的差异	5	－801.26	－11,217.65
大连京大国际货运代理公司	76,250.78	收购其股权所产生的差异	10	2,541.69	73,709.09
合　计	15,250,443.78			822,117.60	14,070,453.98

10、固定资产及折旧

单位：人民币元

固定资产原值	2000.12.31	本期新增	本期减少	2001.12.31
房屋及建筑物	35,775,191.74	8,557,385.50	0.00	44,332,577.24
机器设备	95,487,404.96	57,521,878.97	19,627,050.61	133,382,233.32
运输工具	147,493,818.34	90,250,339.57	20,078,309.93	217,665,847.98
其他	12,302,315.70	11,630,872.37	1,583,493.85	22,349,694.22
合计	291,058,730.74	167,960,476.41	41,288,854.39	417,730,352.76
累计折旧	2000.12.31	本期新增	本期减少	2001.12.31
房屋及建筑物	10,344,493.64	1,915,833.01	3,061.08	12,257,265.57
机器设备	41,363,944.72	20,633,016.47	12,082,375.72	49,914,585.47
运输工具	85,096,197.14	41,099,017.18	16,476,109.20	109,719,105.12
其他	6,286,230.41	5,449,077.34	696,155.85	11,039,151.90
合计	143,090,865.91	69,096,944.00	29,257,701.85	182,930,108.06
净值	147,967,864.83	98,863,532.41	12,031,152.54	234,800,244.70

本公司 2001 年新增固定资产 9,886 万元(净值)，主要为本公司新收购了 23 家分公司及并表单位敦豪公司新增设了 15 家分公司所致。

本公司本年度固定资产不存在减值情况。

11、在建工程

单位：人民币元

项目名称	工程预算	2000 年	本期增加	本期转固	其他减少	2001 年	资金来源	进度
北京空港国际仓储中心快件库	6090 万元	0.00	58,450,000.00	0.00	0.00	58,450,000.00	募集资金	96%
黄田机场 38 号院办公楼	800 万元	0.00	6,514,444.40	0.00	0.00	6,514,444.40	自筹	80%
成都分公司办公楼	1950 万元	0.00	3,500,782.88	0.00	0.00	3,500,782.88	募集资金	18%
其他零星工程		0.00	175,752.00	0.00	124,220.00	51,532.00	自筹	
合　计		0.00	68,640,979.28	0.00	124,220.00	68,516,759.28		

本公司本年度在建工程中不含借款利息，不存在减值情况。

12、无形资产

单位：人民币元

项目名称	取得方式	原值	2001.01.01	本期增加	本期转出	本期摊销	2001.12.31	累计摊销额	剩余摊销年限
土地使用权	资产置换	28,276,529.04	27,710,998.46	0.00	0.00	565,530.59	27,145,467.87	1,131,061.17	48 年
合　计		28,276,529.04	27,710,998.46	0.00	0.00	565,530.59	27,145,467.87	1,131,061.17	

本公司无形资产均为土地使用权，未发现减值情况。

13、长期待摊费用

单位：人民币元

内容	原始价值	2000.12.31	本期增加	本期摊销	累计摊销	2001.12.31	剩余摊销年限
电脑软件	5,239,734.83	3,415,213.07	1,824,521.76	1,009,463.57	1,009,463.57	4,230,271.26	2－5 年
房租预付款	15,016,704.90	9,510,215.24	3,503,823.60	1,437,076.07	3,439,742.13	11,576,962.77	1－45 年
房屋装修费	66,761,422.69	24,655,257.92	28,287,331.64	13,210,542.07	27,029,375.20	39,732,047.49	2－5 年
电话费押金	338,835.64	127,532.51	211,303.13	50,071.24	50,071.24	288,764.40	1－2 年
通讯设施	2,514,350.64	1,965,839.21	164,325.11	590,819.69	975,006.01	1,539,344.63	1－2 年
其他	2,891,346.80	0.00	1,813,837.07	600,619.95	1,678,129.68	1,213,217.12	1－5 年
开办费	6,952,640.15	4,012,918.42		4,012,918.42	6,952,640.15	0.00	
合计	101,035,966.42	43,686,976.37	37,126,073.08	22,232,441.78	42,455,358.75	58,580,607.67	

14、应付账款

本公司应付账款 2001 年 12 月 31 日余额为 181,621,078.99 元，其中有应付中外运总公司款 202,190.51 元，应付关联单位款项共计 10,920,240.51 元。

15、预收账款

本公司预收账款2001年12月31日余额为43,993,169.63元，其中预收关联单位款项共计 2,776,598.15 元。预收账款期末余额中无持本公司 5% 以上股份的主要股东单位的预收款项。

16、应付股利

单位:人民币元

单位名称	2001.12.31	2000.12.31	原因
中国对外贸易运输(集团)总公司	42,898,206.00	92,136,903.98	2001年度分配
中国机械进出口(集团)有限公司	2,880,770.00	4,673,550.89	2001年度分配
北京首都旅游股份有限公司	639,555.20	1,042,780.42	2001年度分配
北京市农工商联合总公司	211,718.40	344,695.79	2001年度分配
北京海诚电讯技术有限公司	159,888.80	258,521.85	2001年度分配
社会公众股	15,401,061.60	7,001,061.60	2001年度分配
宁波外运国际航空货运有限公司职工持股会	690,836.92	0.00	2001年度分配
合　计	62,882,036.92	105,457,514.53	2001年度分配

宁波外运国际航空货运有限公司职工持股会为并表单位宁波外运国际航空货运有限公司的股东,其持有该公司40%的股权。本年度该公司宣告发放股利1,727,092.30元,其中应支付宁波外运国际航空货运有限公司职工持股会690,836.92元。

17、应交税金

单位:人民币元

税种	适用税率	2001.12.31	2000.12.31
营业税	3%或5%	5,265,644.07	5,731,110.26
城建税	7%	179,620.58	179,743.35
企业所得税	33%/15%/24%	24,306,192.29	26,845,094.42
个人所得税	8级超额累进	925,699.29	734,178.97
其他地方税		114,056.33	581,259.75
房产税		2,258.15	277.02
合　计		30,793,470.71	34,071,663.77

本公司及所属分公司按属地纳税的原则在各地缴纳企业所得税,各分公司执行的税率见附注三、1。

18、其他应付款

本公司其他应付款2001年12月31日余额为97,213,326.27元,比上年增长较多,主要因为本公司本期新收购了23家分公司以及并表单位敦豪公司本期新增设了15家分公司所致。

其他应付款年末余额中应付中外运总公司款14,764,501.52元,应付关联单位款项共计30,166,403.18元。

19、预提费用

单位:人民币元

项目名称	2001.12.31	2000.12.31	2001年结存原因
办公用房租赁费	554,996.20	1,012,000.50	预提2001年应负担房租
租金	323,655.94	275,000.00	预提2001年12月应负担租金
汽车修理费	419,897.00	1,250.00	预提汽车修理费
水电费	205,909.43	197,927.03	预提2001年12月水电费
审计费	416,730.94	271,637.99	预提2001年审计费
广告费	380,000.00	0.00	预提广告费
代理费	2,429,074.34	0.00	预提2001年12月代理费
运输费	2,195,287.34	0.00	预提2001年12月运输费
其他	2,119,899.54	1,682,166.74	预提2001年12月其他杂项费用
合计	9,045,450.73	3,439,982.26	

20、其他长期负债

本公司其他长期负债2001年12月31日的余额为8,947,336.54元,系本公司2000年股票发行冻结无效申购资金利息款,原始金额为14,912,227.58元,公司从2000年起分5年转入营业外收入,本期转入2,982,445.52元。

21、股本

单位:股

项　目	2000.12.31	本次变动增减(+,-)					2001.12.31
		发行新股	配股	送股	公积金转股	小计	
一、尚未流通股份							
1、发起人股份	207,160,000.00			20,716,000.00		20,716,000.00	227,876,000.00
其中:国家拥有股份							
境内法人持有股份	207,160,000.00			20,716,000.00		20,716,000.00	227,876,000.00
外资法人持有股份							
其他							
2、募集法人股							
3、内部职工股							
4、优先股或其他							
尚未流通股份合计	207,160,000.00			20,716,000.00		20,716,000.00	227,876,000.00
二、已流通部分							
1、境内上市的人民币普通股	70,000,000.00			7,000,000.00		7,000,000.00	77,000,000.00
2、境内上市的外资股							
3、境外上市的外资股							
4、其他							
已流通股份合计	70,000,000.00			7,000,000.00		7,000,000.00	77,000,000.00
股份总额	277,160,000.00			27,716,000.00		27,716,000.00	304,876,000.00

本公司本年度实施2000年每10股送红股1股的利润分配方案,总股本增至30,487.6万股,每股面值人民币1元,已经中天信会计师事务所"中天会资字(2001)第008号"验资报告验证。

22、资本公积

单位:人民币元

项目	2000.12.31	本期增加	本期减少	2001.12.31
股本溢价	1,008,829,364.89	0.00	0.00	1,008,829,364.89
接受捐赠非现金资产准备	206,000.00	914,212.59	0.00	1,120,212.59
股权投资准备	2,397,743.81	0.00	0.00	2,397,743.81
其它	3,421,903.12	0.00	0.00	3,421,903.12
合计	1,014,855,011.82	914,212.59	0.00	1,015,769,224.41

本公司资本公积本期增加914,212.59元,系本公司华东分公司接受美国联合包裹运输有限公司捐赠的汽车所致。

23、盈余公积

单位:人民币元

项目	2000.12.31	本期增加	本期减少	2001.12.31
法定盈余公积金	20,998,727.77	23,087,857.93	0.00	44,086,585.70
公益金	10,499,363.89	11,543,928.96	0.00	22,043,292.85
合计	31,498,091.66	34,631,786.89	0.00	66,129,878.55

24、未分配利润

单位:人民币元

项目	2001.12.31	2000.12.31
年初未分配利润	55,118,100.51	19,400,186.10
加:本年度净利润	230,878,579.27	176,899,235.00
减:提取法定盈余公积金	23,087,857.93	17,689,923.50
提取法定公益金	11,543,928.96	8,844,961.75
提取任意盈余公积金	0.00	0.00
减:分配的普通股股利	60,975,200.00	114,646,435.34
转作股本的普通股股利	27,716,000.00	0.00
年末未分配利润	162,673,692.89	55,118,100.51

根据本公司第一届董事会第二十次会议的有关决议,本公司拟以2001年12月31日总股本为基数,实施每10股送1股转增1股派发现金红利2元(含税)的利润分配预案,剩余利润作为未分配利润留存。该决议尚需股东大会讨论通过。

25、主营业务收入、主营业务成本

主营业务收入、主营业务成本分项报表

单位:人民币元

行　业	主营业务收入		主营业务成本	
	2001年度	2000年度	2001年度	2000年度
货运代理收入	292,065,883.17	270,045,468.67	97,626,207.39	106,489,364.64
快件代理收入	1,160,785,831.47	748,981,865.70	403,871,492.06	161,528,929.02
其他收入	19,073,094.22	26,663,411.97	7,644,,773.10	5,760,368.09
合　计	1,471,924,808.86	1,045,690,746.34	509,142,472.55	273,778,661.75

主营业务收入、主营业务成本地区分布报表

单位:人民币元

地　区	主营业务收入		主营业务成本	
	2001年度	2000年度	2001年度	2000年度
华　北	288,745,618.01	208,272,691.46	62,395,871.42	44,129,770.04
华　东	786,649,617.18	578,576,768.65	281,901,594.54	134,353,577.83
华　南	323,600,681.46	211,119,884.26	144,047,020.76	79,774,086.90
西　南	22,410,481.23	12,153,270.45	6,323,697.21	5,816,613.16
西　北	14,280,781.14	7,959,141.24	4,977,273.68	445,046.86
东　北	36,237,629.84	27,608,990.28	9,497,014.94	9,259,566.96
小　计	1,471,924,808.86	1,045,690,746.34	509,142,472.55	273,778,661.75
公司内各业务分部门相互抵消	0.00	0.00	0.00	0.00
合　计	1,471,924,808.86	1,045,690,746.34	509,142,472.55	273,778,661.75

本公司2001年度主营业务收入和主营业务成本均较上年有大幅增长,主要原因为并表单位敦豪公司本年度业务规模扩大,并且其主营业务收入和主营业务成本的核算口径发生了变化,上年度该公司将直接成本抵减收入后的差额作为报表的主营业务收入,将营业费用列示为报表 的主营业务成本,本年度该公司不再作上述处理,报表上的主营业务收入、主营业务成本和营业费用反应了其直接的营业收入、营业成本和营业费用。

本公司前5名客户销售额为92,908,312.55元,占主营业务收入总额比例6.31%。

26、主营业务税金及附加

单位:人民币元

项目名称	计缴标准	2001年度	2000年度
营业税	收入的3-5%	41,987,275.54	31,889,296.85
城建税	应交流转税的7%	2,027,462.10	1,539,514.72
教育费附加	应交流转税的3%	578,772.41	438,993.35
其他		210,307.15	159,495.85
合计		44,803,817.20	34,027,300.77

27、财务费用

单位:人民币元

项目	2001年度	2000年度
利息支出	13,233.61	27,202.09
减:利息收入	18,857,180.26	7,257,121.90
汇兑损失	808,583.60	342,372.64
减:汇兑收益	1,976,655.48	1,587,590.29
其他	436,218.54	509,728.56
合计	-19,575,799.99	-7,965,408.90

28、投资收益

单位:人民币元

项　目	2001年度	2000年度
股票投资收益	40,038.79	0.00
联营、合营公司分利	72,463.85	66,121.52
期末调整被投资公司权益净增减额	21,427,509.94	13,541,652.34
股权投资差额摊销	-822,117.60	-357,872.20
合　计	20,717,894.98	13,249,901.66

本公司按照权益法核算投资收益组成情况如下:

单位:人民币元

项　目	2001年度	2000年度
中外运欧西爱斯国际快递有限公司	7,599,687.42	5,823,851.45
华捷国际运输代理有限公司	937,890.36	761,248.17
华力环球运输有限公司	1,447,256.47	1,664,400.43
金鹰国际货运代理有限公司	11,277,405.72	5,120,610.24
上海华服商贸有限公司	348,390.80	177,933.55
中外运空港物流有限公司	-546,055.03	0.00
杭州经济技术经贸外运有限公司	6,736.66	19,351.57
北京中外运国际旅行社有限公司	-225,314.18	-25,743.07
大连京大国际货运代理公司	581,511.72	0.00
合　计	21,427,509.94	13,541,652.34

本公司投资收益汇回不存在重大限制。

29、转作职工福利及奖励基金的利润

本年度转作职工福利及奖励基金的利润为23,362,343.70元,系本公司本期合并的敦豪公司按《外商投资企业会计制度》的有关规定,从税后利润中计提的职工福利及奖励基金。

30、当地外运协作费

本年度当地外运协作费为1,498,960.00元。当地外运协作费是指本公司并表单位敦豪公司在各地区成立新的分公司之前,其进出口快件业务是由当地外运公司负责承接和派送,产生的收入归当地外运公司所有,而新的分公司成立以后,敦豪公司将直接承接快件的收取和派送业务,抢占了当地外运公司的市场份额,影响了当地外运公司的利益。另外,新成立的敦豪分公司得到了当地外运公司人力和业务的支持,也保证了敦豪新设分公司业务的顺利开展。为减轻当地外运公司的损失并对当地外运公司的支持给予回报,根据敦豪公司董事会决议,将新成立的分公司净利润在一定的年限按一定比例作为对当地外运公司的补偿。

31、支付的其他与经营活动有关的现金

单位:人民币元

项　目	金　额
办公费	7,312,519.78
支付集团综合服务费	4,800,000.00
房屋、水、电	3,386,367.36
中介费	2,960,356.95
赞助费	1,300,000.00
会议费	852,485.35
差旅费	398,956.40
其他	6,441,641.36
合计	27,452,327.20

六、母公司会计报表主要项目注释

1、应收账款

应收账款体账龄分析如下:

单位:人民币元

账龄分析	2001.12.31			2000.12.31		
	金　额	比　例	坏账准备	金　额	比　例	坏账准备

1年以内	141,474,691.49	92.04%	7,073,734.57	110,022,471.34	94.12%	5,501,123.57
1-2年	6,150,519.91	4.00%	808,024.25	5,653,491.72	4.84%	282,674.59
2-3年	4,548,092.83	2.96%	894,240.86	923,987.83	0.79%	46,199.39
3年以上	1,532,147.70	1.00%	811,027.68	291,822.96	0.25%	14,591.14
合　计	153,705,451.93	100.00%	9,587,027.36	116,891,773.85	100.00%	5,844,588.69
净　额	144,118,424.57			111,047,185.16		

截止至 2001 年 12 月 31 日，母公司应收账款中有应收中外运总公司款 101,797.77 元。

2、其他应收款

其他应收款账龄分析如下：

单位：人民币元

账　龄 分　析	2001.12.31 金　额	比　例	坏账准备	2000.12.31 金　额	比　例	坏账准备
1年以内	13,559,985.07	39.68%	677,999.25	6,638,359.29	34.97%	331,917.96
1-2年	15,176,033.15	44.40%	835,526.58	6,471,804.50	34.09%	323,590.23
2-3年	713,860.79	2.09%	35,693.04	752,659.40	3.96%	37,632.97
3年以上	4,725,620.14	13.83%	688,481.01	5,121,600.00	26.98%	256,080.00
合　计	34,175,499.15	100.00%	2,237,699.88	18,984,423.19	100.00%	949,221.16
净　额	31,937,799.27			18,035,202.03		

截止至 2001 年 12 月 31 日，母公司其他应收款中有应收中外运总公司款 376,047.78 元。

3、长期股权投资

a)长期股权投资包括

：

单位：人民币元

项目	2001 年	2000 年
股票投资	0.00	0.00
对子公司投资	325,028,562.71	232,912,111.38
对联营企业投资	5,073,623.34	
合计	330,102,186.05	232,912,111.38

2)长期股权投资明细如下：

单位：人民币元

被投资单位名称	投资期限	占被投资单位比例	初始投资金额	追加投资额	2001.13.31	2000.12.31
中外运-敦豪国际航空快运有限公司	50年	50%	515万美元	135万美元	209,211,819.39	172,878,238.03
中外运欧西爱斯国际快递有限公司	15年	50%	50万美元		21,553,311.50	17,953,624.08
华捷国际运输代理有限公司	20年	50%	60万美元	18万美元	10,753,144.73	9,483,230.37
华力环球运输有限公司	20年	20%	30万美元		8,752,899.01	7,831,305.94
金鹰国际货运代理有限公司	20年	50%	24.8万美元	37.2万美元	48,222,997.38	14,782,641.78
上海华服商贸有限公司	10年	90%	100万人民币		1,070,190.44	1,084,741.36
中外运空港物流有限公司	10年	44%	440万人民币		3,853,944.97	4,400,000.00
杭州经济技术经贸外运有限公司	10年	40%	20万人民币		308,959.65	302,222.99
北京中外运国际旅行社有限公司	20年	50%	100万人民币		748,942.75	974,256.93
宁波外运国际航空货运有限公司	5年	60%		360万人民币	2,726,221.65	0.00
大连京大国际货运代理公司	10年	60%		180万人民币	5,073,623.34	0.00
福建运输物业管理有限公司	5年	10%		10万人民币	115,420.48	0.00
上海沪皖物流有限公司	10年	36.3%		20万人民币	140,256.78	0.00
北京中外运网络科技有限公司	50年	70%	350万人民币	350万人民币	3,500,000.00	0.00
股权投资差额					14,070,453.98	3,221,849.90
合　计					330,102,186.05	232,912,111.38

母公司本年度对长期股权投资期初数进行了调整，调减了 3,491,598.44 元，具体原因见附注二、17)。

4、主营业务收入、主营业务成本

主营业务收入、主营业务成本分项报表

单位：人民币元

行业	主营业务收入 2001 年度	2000 年度	主营业务成本 2001 年度	2000 年度
货运代理收入	246,498,671.04	270,045,468.67	87,060,531.54	126,742,412.39
快件代理收入	175,221,402.60	133,455,757.04	43,815,723.87	45,011,708.17
其他	14,802,931.22	26,663,411.91	7,319,680.01	6,855,923.17
合计	436,523,004.86	430,164,637.62	138,195,935.42	178,610,043.73

主营业务收入、主营业务成本地区分布报表

单位：人民币元

地　区	主营业务收入 2001 年度	2000 年度	主营业务成本 2001 年度	2000 年度
华　北	99,839,823.63	109,533,447.19	9,470,304.69	37,925,623.73
华　东	190,919,179.58	211,744,560.79	81,998,970.90	76,082,211.74
华　南	110,387,322.01	84,017,540.68	37,219,533.59	52,352,671.66
西　南	11,938,405.73	7,689,797.90	1,912,083.60	4,629,328.31
西　北	7,838,495.71	4,529,331.69	4,354,092.42	394,989.06
东　北	15,599,778.20	12,649,959.37	3,240,950.22	7,225,219.23
小　计	436,523,004.86	430,164,637.62	138,195,935.42	178,610,043.73
公司内各业务分部间相互抵消	0.00	0.00	0.00	0.00
合　计	436,523,004.86	430,164,637.62	138,195,935.42	178,610,043.73

5、投资收益

投资收益组成情况如下：

单位：人民币元

项　目	2001 年度	2000 年度
股票投资收益	40,038.79	0.00
期末调整的被投资公司权益净增减额	120,724,338.86	98,817,087.99
股权投资差额摊销	-822,117.60	-357,872.20
股权转让收益	0.00	0.00
合计	119,942,260.05	98,459,215.79

按照权益法核算投资收益组成情况如下：

单位：人民币元

项　目	2001 年度	2000 年度
中外运-敦豪国际航空快件有限公司	98,818,603.89	85,275,435.65
中外运欧西爱斯国际快递有限公司	7,599,687.42	5,823,851.45
华捷国际运输代理有限公司	937,890.36	761,248.17
华力环球运输有限公司	1,447,256.47	1,664,400.43
金鹰国际货运代理有限公司	11,277,405.72	5,120,610.24
上海华服商贸有限公司	348,390.80	177,933.55
中外运空港物流有限公司	-546,055.03	0.00
杭州经济技术经贸外运有限公司	6,736.66	19,351.57
北京中外运国际旅行社有限公司	-225,314.18	-25,743.07
宁波外运国际航空货运有限公司	478,225.03	0.00
大连京大国际货运代理公司	581,511.72	0.00
合计	120,724,338.86	98,817,087.99

七、关联方关系及其交易

1、存在控制关系的关联方

企业名称	注册地址	主营业务	与本公司关系	经济性质	法　定代表人
中国对外贸易运输(集团)公司	北京	贸易运输	母公司	国有企业	罗开富
中外运-敦豪国际快件有限公司	北京	航空快递	子公司	中外合资	张斌
宁波外运国际空货运有限公司	宁波	货运代理	子公司	有限公司	徐夏忠
大连京大国际货运代理公司	大连	货运代理	子公司	联营企业	刘景贤
北京中外运网络科技有限公司	北京	电子信息	子公司	有限公司	张建卫
上海华服商贸有限公司	上海	服务代理	子公司	有限责任	曹晓东

2、存在控制关系的关联方注册资本及其变化

企业名称	2000.12.31	本期增加	本期减少	2000.12.31
中国对外贸易运输(集团)总公司	15000 万元人民币			15000 万元人民币
中外运-敦豪国际快件有限公司	1030 万美元	270 万美元		1300 万美元
宁波外运国际航空货运有限公司	300 万元人民币			300 万元人民币
大连京大国际货运代理公司	600 万元人民币			600 万人民币
北京中外运网络科技有限公司		500 万人民币		500 万人民币
上海华服商贸有限公司	110 万元人民币			110 万元人民币

3、存在控制关系的关联方所持股份或权益及其变化

企业名称	2000.12.31 金额	比例	本期增加 金额	比例	本期减少 金额	比例	2000.12.31 金额	比例
中国对外贸易运输(集团)总公司	19500 万元	70.36%	1950 万元				21450 万元	70.36%
中外运-敦豪国际快件有限公司	515 万美元	50.00%	135 万美元				650 万美金	50.00%
宁波外运国际航空货运有限公司			180 万元	60.00%			180 万元	60.00%
大连京大国际货运代理有限公司			360 万元	60.00%			360 万元	60.00%
北京中外运网络科技有限公司			350 万元	70.00%			350 万元	70.00%
上海化服商贸有限公司	100 万元	90.00%					100 万元	90.00%

4、不存在控制关系的关系方及本公司关系

与本公司同一母公司

序号	关联方名称	与本公司关系	备注
1	中外运-国际联运代理公司	同为中外运总公司的子公司	
2	中外运-天地国际快递有限公司	同为中外运总公司的子公司	
3	中外运-联合包裹运输有限公司	同为中外运总公司的子公司	
4	中国外运深圳公司	同为中外运总公司的子公司	
5	中国外运唐山公司	同为中外运总公司的子公司	
6	中国外运大连公司	同为中外运总公司的子公司	
7	中国外运内蒙古公司	同为中外运总公司的子公司	
8	中国外运江西公司	同为中外运总公司的子公司	
9	中国外运浙江公司	同为中外运总公司的子公司	
10	中国外运江苏公司	同为中外运总公司的子公司	
11	中国外运广东公司	同为中外运总公司的子公司	
12	中国外运辽宁公司	同为中外运总公司的子公司	
13	中国外运东莞公司	同为中外运总公司的子公司	
14	中国外运陕西公司	同为中外运总公司的子公司	
15	中国外运湖北公司	同为中外运总公司的子公司	
16	中国外运武汉公司	同为中外运总公司的子公司	
17	中国外运上海公司	同为中外运总公司的子公司	
18	中国外运钱塘公司	同为中外运总公司的子公司	
19	中国外运金陵公司	同为中外运总公司的子公司	
20	中国外运河南公司	同为中外运总公司的子公司	
序号	关联方名称	与本公司关系	备注
21	中国外运山东公司	同为中外运总公司的子公司	
22	中国外运安徽公司	同为中外运总公司的子公司	
23	中国外运厦门公司	同为中外运总公司的子公司	
24	中国外运上海储运公司	同为中外运总公司的子公司	
25	中国外运沈阳公司	同为中外运总公司的子公司	
26	中国外运吉林公司	同为中外运总公司的子公司	
27	中国外运湖南公司	同为中外运总公司的子公司	
28	中国外运广西公司	同为中外运总公司的子公司	
29	中国外运海南公司	同为中外运总公司的子公司	

合营及联营企业

序号	关联方名称	与本公司关系	本公司持有股份	主营业务
1	中外运-欧西爱斯国际快递有限公司	合营企业	50%	航空快递
2	华力环球运输有限公司	联营企业	20%	货运代理
3	华捷国际运输代理有限公司	合营企业	50%	货运代理
4	金鹰国际货运代理有限公司	合营企业	50%	货运代理
5	中外运空港物流有限公司	联营企业	44%	货运代理
6	杭州经济技术经贸外运有限公司	联营企业	40%	技术、贸易
7	北京中外运国际旅行社有限公司	合营企业	50%	旅游服务
8	福建运输物业管理有限公司	联营企业	10%	物业管理、装饰装潢
9	上海沪皖物流有限公司	联营企业	36.3%	商品管理、劳务咨询
10	北京友和报关有限公司	联营企业	10%	代理报关

5、关联方应收应付款项余额

应收账款

单位：人民币元

关联方名称	2001.12.31	2000.12.31
中国对外贸易运输(集团)总公司	118,090.77	0.00
中外运-欧西爱斯国际快递有限公司	7,930,312.37	0.00
中外运国际联运代理公司	127,356.50	0.00
金鹰国际货运代理有限公司(上海分公司)	18,233,334.95	15,011,793.69
中国外运陕西公司	0.00	458,407.46
中国外运浙江公司	1,369,112.15	166,577.00
中国外运江苏公司	2,206,830.15	0.00
中国外运山东公司	168,549.00	0.00
中国外运广东公司	4,168,880.29	0.00
中国外运湖北公司	104,646.07	0.00
中国外运武汉公司	194,463.10	0.00
中国外运唐山公司	113,619.50	0.00
中国外运河南公司	887,624.71	0.00
中国外运内蒙古公司	506,800.21	0.00
中国外运湖南公司	928,966.49	0.00
中外运-天地国际快递有限公司	1,157,648.17	0.00
中国外运深圳分公司	100,075.00	0.00
合计	38,316,309.43	15,636,778.15

预付账款

单位：人民币元

关联方名称	2001.12.31	2000.12.31
中国对外贸易运输(集团)总公司	423,018.06	0.00
中国外运安徽公司	269,056.00	0.00
合计	692,074.06	0.00

其他应收款

单位：人民币元

关联方名称	2001.12.31	2000.12.31	备注
中国外运广西公司	345,251.17	0.00	
中国对外贸易运输(集团)总公司	376,047.78	0.00	
杭州经济技术经贸外运有限公司	900,000.00	0.00	
中国外运浙江公司	0.00	3,321,802.00	
中国外运河南公司	2,820,577.70	0.00	
中国外运湖北公司	1,714,907.91	0.00	

中国外运福建厦门公司	1,586,773.69	0.00
中国外运湖南公司	1,019,529.13	0.00
中外运江西公司	1,548,948.41	0.00
合计	10,312,035.79	3,321,802.00

应付账款

单位:人民币元

关联方名称	2001.12.31	2000.12.31	备注
中国对外贸易运输(集团)总公司	202,190.51	0.00	
中外运-欧西爱斯国际快递有限公司	5,762,756.50	0.00	
中国外运浙江公司	735,072.80	24,530.00	
中国外运江苏公司	980,234.80	1,206,918.79	
中国外运广东公司	1,294,850.14	709,674.54	
中国外运安徽公司	174,204.00	0.00	
中国外运福建厦门公司	824,408.51	0.00	
中国外运海南公司	24,506.69	462,522.61	
中外运-天地国际快递有限公司	158,371.67	0.00	
中外运深圳分公司	763,644.89	785,044.89	
合计	10,920,240.51	3,188,690.83	

预收账款

单位:人民币元

关联方名称	2001.12.31	2000.12.31	备注
中国外运湖南公司	2,063,400.00	0.00	
中外运联合包裹运输有限公司	713,198.15	0.00	
合计	2,776,598.15	0.00	

其他应付款

单位:人民币元

关联方名称	2001.12.31	2000.12.31	备注
中国对外贸易运输(集团)总公司	14,764,501.52	5,239,105.41	
中外运空港物流有限公司	8,060,000.00	0.00	
中国外运沈阳公司	938,562.15	0.00	
中国外运吉林公司	315,474.20	0.00	
中国外运大连外运有限公司	0.00	1,006,313.46	
中国外运辽宁公司	0.00	670,755.67	
中国外运东莞公司	0.00	635,308.03	
中国外运陕西公司	0.00	540,054.31	
中国外运浙江公司	1,511,912.85	0.00	
中国外运江苏公司	969,985.89	0.00	
中国外运内蒙古公司	248,451.73	0.00	
中国外运福建厦门公司	1,968,517.76	422,747.30	
中国外运湖南公司	505,663.74	0.00	
中国外运深圳分公司	883,333.34	0.00	
合计	30,166,403.18	8,514,284.18	

6、重大关联交易事项

(1)货运进出口业务

中外运总公司下属的各省、市公司需通过本公司转出口货物,由本公司负责安排出运,按照市场价格收取运费和服务费。国外代理通过本公司中转进口到国内各省、市外运公司之货物,由本公司收取口岸操作劳务费,对于运费到付货物,由本公司委托有关中外运总公司的省、市外运公司收取到付运费。

(2)快件业进出口务

本公司与中外运总公司于 1999 年 12 月签署了《关于在快件业务方面实行统一结算的协议书》,由本公司根据统一标准,负责整个外运集团的快件结算。各省、市外运公司通过本公司中转出口之国际快件,由本公司负责集货、制单、报关、出运,本公司向内地各省、市外运公司收取出口快件费,并与国外各快件公司签订协议,国外进口快件经本公司中转到各地省、市外运公司,各地省、市外运公司负责目的地快件派送,并由公司支付目的地派送费。

(3)房屋租赁

本公司分别与中外运总公司及其下属省、市公司中国外大连公司、中国外运上海公司、中国外运钱塘公司、中国外运金陵公司、中国外运上海储运公司、中国外运华南公司、中国外运江苏公司及中国外运深圳公司签订了房屋租赁协议,具体情况如下:

单位:人民币元

出租人	年租金
中国对外贸易运输(集团)总公司	3,436,560.00
中国外运大连公司	300,000.00
中国外运上海公司	3,209,098.98
中国外运钱塘公司	1,545,646.86
中国外运金陵公司	463,846.51
中国外运上海储运公司	570,000.00
中国外运江苏公司	642,600.00
中国外运深圳公司	246,900.00
合计	10,414,652.35

(4)综合服务

本公司与中外运总公司于 2000 年 4 月 10 日签署了《综合服务协议书》,由中外运总公司根据统一的政策和价格向本公司提供职工住房、信息技术服务等。本公司本年度向中外运总公司支付综合服务费 4,800,000 元。

(5)商标使用

本公司与中外运总公司于 2000 年 4 月份签署了《商标使用许可合同》,由本公司无偿使用中外总公司注册号为 779072 的"SINOTRANS"的商标。该合同有效期 5 年,同时规定给予本公司永久的无偿许可。

(5)资产收购

本公司本期向中外运总公司购买了其所属中国航空货运代理公司黑龙江公司等 23 家航空货运代理公司的资产,以及其所属北京空运公司持有的大连京大国际货运代理公司 60% 股权、中国外运浙江公司持有的宁波外运国际航空货运代理有限公司 60% 的股权和北京空运公司持有的金鹰国际货运代理有限公司 30% 股权。上述收购资产的评估基准日为 2000 年 12 月 31 日,收购基准日为 2001 年 8 月 31 日,收购价格系根据财政部确认的上述资产评估值,加上述资产 2001 年至 8 月经审计后确定的净利润之和确定,本次收购的最终收购价格为人民币 8001 万元。

八、或有事项

本公司没有需说明的或有事项。

九、承诺事项

本公司没有需说明的承诺事项。

十、资产负债表日后事项

本公司没有需说明的资产负债表日后事项。

补充资料

一、按照《公开发行证券的公司信息披露编报规则第九号—净资产收益率和每股收益的计算及披露》的要求,全面摊薄和加权平均计算的净资产收益率及每股收益列示如下:

报告期利润	净资产收益率		每股收益	
	全面摊薄	加权平均	全面摊薄	加权平均
主营业务利润	59.25%	61.44%	3.0110	3.1544
营业利润	28.66%	29.72%	1.4566	1.5260
净利润	14.90%	15.45%	0.7573	0.7933
扣除非经常性损益后的净利润	14.84%	15.39%	0.7541	0.7900

二、资产减值准备明细表列示如下:

单位:人民币元

项目	2001.1.1	本期增加数	本期转回数	2001.12.31
一、坏账准备合计	12,918,954.44	7,342,771.20	801,714.81	19,460,010.83
其中:应收账款	9,630,522.62	5,338,221.24	427,734.27	14,541,009.59
其他应收款	3,288,431.82	2,004,549.96	373,980.54	4,919,001.24
二、短期投资跌价准备合计	0.00	0.00	0.00	0.00
其中:股票投资	0.00	0.00	0.00	0.00
债券投资	0.00	0.00	0.00	0.00
三、存货跌价准备合计	0.00	0.00	0.00	0.00
其中:产成品	0.00	0.00	0.00	0.00
原材料	0.00	0.00	0.00	0.00
配件	0.00	0.00	0.00	0.00
四、长期投资减值准备合计	0.00	0.00	0.00	0.00
其中:长期股权投资	0.00	0.00	0.00	0.00
长期债权投资	0.00	0.00	0.00	0.00
五、固定资产减值准备合计	0.00	0.00	0.00	0.00
其中:房屋建筑物	0.00	0.00	0.00	0.00
机器设备	0.00	0.00	0.00	0.00
六、无形资产减值准备	0.00	0.00	0.00	0.00
其中:专利权	0.00	0.00	0.00	0.00
商标权	0.00	0.00	0.00	0.00
七、在建工程减值准备	0.00	0.00	0.00	0.00
八、委托贷款减值准备	0.00	0.00	0.00	0.00

第十一章　备查文件目录

一、载有法定代表人、总会计师、会计主管人员签名并盖章的会计报表。
二、载有会计师事务所盖章、注册会计师签名并盖章的审计报告正本。
三、报告期内在中国证监会指定报纸上公开披露过的所公司文件的正本及公告的原稿。
四、载有公司董事长签名的年报正本。

中外运空运发展股份有限公司
董事会
2002 年 3 月 25 日

中外运空运发展股份有限公司
利润及利润分配表

单位:人民币元

项目	附注	合并数		母公司	
		2001 年度	2000 年度	2001 年度	2000 年度
一、主营业务收入	五、25	1,471,924,808.86	1,045,690,746.34	436,523,004.86	430,164,637.62
减:主营业务成本	五、25	509,142,472.55	273,778,661.75	138,195,935.42	178,610,043.73
主营业务税金及附加	五、26	44,803,817.20	34,027,300.77	18,740,052.65	14,600,657.45
二、主营业务利润		917,978,519.11	737,884,783.82	279,587,016.79	236,953,936.44
加:其他业务利润		11,231,643.26	7,618,464.13	7,558,627.47	6,947,450.28
减:营业费用		271,990,194.33	271,532,913.66	90,574,869.27	90,696,896.07
管理费用		232,703,262.49	188,948,309.28	74,707,748.36	63,997,376.87
财务费用	五、27	-19,575,799.99	-7,965,408.90	-17,577,853.13	-5,128,181.56
三、营业利润		444,092,505.54	346,987,433.91	139,440,879.76	94,335,295.34
加:投资收益	五、28	20,717,894.98	13,249,901.66	119,942,260.05	98,459,215.79
补贴收入		0.00	0.00	0.00	0.00
营业外收入		3,942,413.11	7,209,203.66	3,410,283.95	3,350,659.95
减:营业外支出		2,967,999.16	3,327,066.03	570,616.28	1,226,352.20
四、利润总额		465,784,814.47	364,119,473.20	262,222,807.48	194,918,818.88
减:所得税		110,907,510.92	81,913,624.44	31,344,228.21	18,019,583.88
少数股东损益		99,137,420.58	85,275,435.64	0.00	0.00
转作职工福利奖励基金的利润	五、29	23,362,343.70	19,548,843.47	0.00	0.00
当地外运协作费	五、30	1,498,960.00	482,334.65	0.00	0.00
五、净利润		230,878,579.27	176,899,235.00	230,878,579.27	176,899,235.00
加:年初未分配利润		55,118,100.51	19,400,186.10	55,118,100.51	19,400,186.10
盈余公积转入		0.00	0.00	0.00	0.00
六、可供分配的利润		285,996,679.78	196,299,421.10	285,996,679.78	196,299,421.10
减:提取法定盈余公积		23,087,857.93	17,689,923.50	23,087,857.93	17,689,923.50
提取法定公益金		11,543,928.96	8,844,961.75	11,543,928.96	8,844,961.75
七、可供股东分配利润		251,364,892.89	169,764,535.85	251,364,892.89	169,764,535.85
减:应付优先股股利		0.00	0.00	0.00	0.00
提取任意盈余公积		0.00	0.00	0.00	0.00
应付普通股股利		60,975,200.00	114,646,435.34	60,975,200.00	114,646,435.34
转作股本的普通股股利		27,716,000.00	0.00	27,716,000.00	0.00
八、未分配利润		162,673,692.89	55,118,100.51	162,673,692.89	55,118,100.51

补充资料	本年累计数	上年实际数
1、出售、处置部门或被投资单位所得收益	0.00	0.00
2、自然灾害发生的损失	0.00	0.00
3、会计政策变更增加(或减少)利润总额	0.00	0.00
4、会计估计变更增加(或减少)利润总额	0.00	0.00
5、债务重组损失	0.00	0.00
6、其他	0.00	-3,491,598.44

后附会计报表附注为本会计报表的组成部分

中外运空运发展股份有限公司
资产负债表

单位:人民币元

资　产	附注	合并数		母公司	
流动资产:		2001年12月31日	2000年12月31日	2001年12月31日	2000年12月31日
货币资金	五、1	1,318,498,604.71	1,351,660,919.71	1,110,280,378.84	1,173,147,021.62
短期投资		0.00	0.00	0.00	0.00
应收票据	五、2	771,170.78	446,398.90	50,000.00	0.00
应收股利	五、3	5,329,631.62	2,392,033.36	6,365,887.00	2,392,033.36
应收利息		0.00	0.00	0.00	0.00
应收账款	五、4	238,492,239.45	182,979,929.79	144,118,424.57	111,047,185.16
其他应收款	五、5	83,087,694.33	62,480,204.60	31,937,799.27	18,035,202.03
预付账款	五、6	79,673,574.00	100,458,669.60	75,903,936.07	90,028,791.01
应收补贴款		0.00	0.00	0.00	0.00
存货	五、7	1,677,870.39	1,076,684.96	258,149.64	36,832.80
待摊费用	五、8	9,737,100.91	6,981,193.27	2,699,566.15	1,268,485.02
一年内到期的长期债权投资		0.00	0.00	0.00	0.00
其他流动资产		0.00	0.00	0.00	0.00
流动资产合计		1,737,267,886.19	1,708,476,034.19	1,371,614,141.54	1,395,955,551.00
长期资产:					
长期股权投资	五、9	118,364,145.01	60,233,873.35	330,102,186.05	232,912,111.38
长期债权投资		0.00	0.00	0.00	0.00
长期投资合计		118,364,145.01	60,233,873.35	330,102,186.05	232,912,111.38
其中:合并价差		0.00	0.00	0.00	0.00
固定资产:					
固定资产原值	五、10	417,730,352.76	291,058,730.74	136,554,900.46	81,582,031.39
减:累计折旧	五、10	182,930,108.06	143,090,865.91	56,342,502.36	37,459,728.54
固定资产净值	五、10	234,800,244.70	147,967,864.83	80,212,398.10	44,122,302.85
减:固定资产减值准备	五、10	0.00	0.00	0.00	0.00
固定资产净额		234,800,244.70	147,967,864.83	80,212,398.10	44,122,302.85
工程物资		0.00	0.00	0.00	0.00
在建工程	五、11	68,516,759.28	0.00	68,516,759.28	0.00
固定资产清理		-70,048.25	14,619.49	31,351.75	7,905.39
固定资产合计		303,246,955.73	147,982,484.32	148,760,509.13	44,130,208.24
无形资产及其他资产:					
无形资产	五、12	27,145,467.87	27,710,998.46	27,145,467.87	27,710,998.46
长期待摊费用	五、13	58,580,607.67	43,686,976.37	16,893,045.73	17,299,408.08
其他长期资产		0.00	0.00	0.00	0.00
无形资产及其他资产合计:		85,726,075.54	71,397,974.83	44,038,513.60	45,010,406.54
递延税项					
递延税款借项		0.00	0.00	0.00	0.00
资产总计		2,244,605,062.47	1,988,090,366.69	1,894,515,350.32	1,718,008,277.16
负债和股东权益	附注	合并数		母公司	
流动负债:		2001年12月31日	2000年12月31日	2001年12月31日	2000年12月31日
短期借款		0.00	0.00	0.00	0.00
应付票据		0.00	0.00	0.00	0.00
应付账款	五、14	181,621,078.99	150,191,748.39	148,429,411.89	132,814,565.74
预收账款	五、15	43,993,169.63	40,361,295.35	36,320,106.90	38,544,288.59
应付工资		8,462,276.27	9,006,532.91	4,851,596.91	6,018,566.83
应付福利费		39,203,373.03	30,260,385.50	9,882,590.62	7,413,816.71
应付股利	五、16	62,882,036.92	105,457,514.53	62,191,200.00	105,457,514.53
应交税金	五、17	30,793,470.71	34,071,663.77	8,415,010.34	9,497,177.99
其他应交款		154,069.12	125,013.25	151,721.51	125,013.25
其他应付款	五、18	97,213,326.27	50,210,276.60	63,087,557.39	24,211,973.17
预提费用	五、19	9,045,450.73	3,439,982.26	978,644.44	1,837,644.24
预计负债		0.00	0.00	0.00	0.00
一年内到期的长期负债		0.00	0.00	0.00	0.00
其他流动负债		0.00	0.00	0.00	0.00
流动负债合计		473,368,251.67	423,124,412.56	334,307,840.00	325,920,561.05
长期负债					
长期借款		0.00	0.00	0.00	0.00
应付债券		0.00	0.00	0.00	0.00
长期应付款		0.00	0.00	0.00	0.00
专项应付款		0.00	0.00	0.00	0.00
其他长期负债	五、20	8,947,336.54	11,929,782.06	8,947,336.54	11,929,782.06
长期负债合计		8,947,336.54	11,929,782.06	8,947,336.54	11,929,782.06
递延税项					
递延税款贷项		1,811,377.93	1,526,730.06	1,811,377.93	1,526,730.06
负债合计		484,126,966.14	436,580,924.68	345,066,554.47	339,377,073.17
少数股东权益:					
少数股东权益		211,029,300.48	172,878,238.02	0.00	0.00
股东权益					
股本	五、21	304,876,000.00	277,160,000.00	304,876,000.00	277,160,000.00
资本公积	五、22	1,015,769,224.41	1,014,855,011.82	1,015,769,224.41	1,014,855,011.82
盈余公积	五、23	66,129,878.55	31,498,091.66	66,129,878.55	31,498,091.66
其中:公益金		22,043,292.85	10,499,363.89	22,043,292.85	10,499,363.89
未分配利润	五、24	162,673,692.89	55,118,100.51	162,673,692.89	55,118,100.51
股东权益合计		1,549,448,795.85	1,378,631,203.99	1,549,448,795.85	1,378,631,203.99
负债和股东权益总计		2,244,605,062.47	1,988,090,366.69	1,894,515,350.32	1,718,008,277.16

后附会计报表附注为会计报表的组成部分

中外运空运发展股份有限公司
2001 年度现金流量表

单位:人民币元

项　　目	行次	母公司	合并
一、经营活动产生的现金流量:			
销售商品、提供劳务收到的现金	1	1,390,430,226.40	2,194,044,984.51
收取的租金	2	0.00	0.00
收到的税费返还	3	1,002,881.35	1,002,881.35
收到的其他与经营活动有关的现金	4	15,155,756.80	24,289,458.38
现金流入小计	5	1,406,588,864.55	2,219,337,324.24
购买商品、接受劳务支付的现金	6	1,076,205,907.28	1,353,124,499.87
经营租赁所支付现金	7	78,726,373.72	78,726,373.72
支付给职工及为职工支付的现金	8	80,552,793.25	250,064,544.84
支付的各项税费	9	58,751,469.46	168,522,973.58
支付的其他与经营活动有关的现金	10	23,729,420.63	27,452,327.20
现金流出小计	11	1,317,965,964.34	1,877,890,719.21
经营活动产生的现金流量净额	12	88,622,900.21	341,446,605.03
二、投资活动产生的现金流量:			
收回投资所收到的现金	13	12,248,452.63	12,248,452.63
取得投资收益所收到的现金	14	69,804,283.61	7,391,724.93
处置固定资产、无形资产和其他长期资产而收回的现金净额	15	568,168.97	1,046,704.87
收到的其他与投资活动有关的现金	16	9,851,533.06	12,146,391.42
现金流入小计	17	92,472,438.27	32,833,273.85
购建固定资产、无形资产和其他长期资产所支付的现金	18	42,457,981.26	144,408,667.24
投资所支付的现金	19	68,989,824.00	68,989,824.00
支付的其他与投资活动有关的现金	20	31,900,685.97	31,900,685.97
现金流出小计	21	143,348,491.23	245,299,177.21
投资活动产生的现金流量净额		-50,876,052.96	-212,465,903.36
三、筹资活动产生的现金流量:	22		
吸收投资所收到的现金	23	0.00	0.00
借款所收到的现金	24	0.00	0.00
收到的其他与筹资活动有关的现金	25	0.00	0.00
现金流入小计	26	0.00	0.00
偿还债务所支付的现金	27	0.00	0.00
分配股利或利润或偿付利息所支付的现金	28	100,612,923.32	163,097,945.85
支付的其他与筹资活动有关的现金	29	0.00	0.00
现金流出小计	30	100,612,923.32	163,097,945.85
筹资活动产生的现金流量净额	31	-100,612,923.32	-163,097,945.85
四、汇率变动对现金的影响额	32	-566.71	954,929.18
五、现金及现金等价物净增加额	33	-62,866,642.78	-33,162,315.00
项　　目		母公司	合　并
附　　注			
1、不涉及现金收支的投资和筹资活动	1		
以固定资产偿还债务	2	0.00	0.00
以投资偿还债务	3	0.00	0.00
以固定资产进行长期投资	4	0.00	0.00
以存货偿还债务	5	0.00	0.00
融资租赁固定资产	6	0.00	0.00
2、将净利润调节为经营活动的现金流量:			
净利润	7	230,878,579.27	230,878,579.27
加:少数股东损益	8	0.00	99,137,420.58
计提的资产减值准备	9	5,030,917.39	6,541,056.39
固定资产折旧	10	16,313,341.16	33,309,778.87
无形资产摊销	11	565,530.59	565,530.59
长期待摊费用摊销	12	5,744,438.91	22,232,441.78
待摊费用的减少(减:增加)	13	-1,098,049.94	-2,755,907.64
预提费用的增加(减:减少)	14	-1,076,036.07	5,605,468.47
处置固定资产、无形资产和其他长期资产的损失(减收益)	15	31,040.29	1,077,959.67
固定资产报废损失	16	0.00	0.00
财务费用	17	-17,577,853.13	-20,743,871.87
投资损失(减收益)	18	-119,942,260.05	-20,717,894.98
递延税款贷项(减借项)	19	-284,647.87	-284,647.87
存货的减少(减增加)	20	-221,316.84	-601,185.43
经营性应收项目的减少(减增加)	21	-46,080,457.20	-68,566,179.28
经营性应付项目的增加(减减少)	22	19,543,579.83	57,315,737.00
其他	23	-3,203,906.12	-1,547,680.52
经营活动产生的现金流量净额	24	88,622,900.21	341,446,605.03
3、现金及现金等价物的净增加情况:			
货币资金的期末余额	25	1,110,280,378.84	1,318,498,604.71
减:货币资金的期初余额	26	1,173,147,021.62	1,351,660,919.71
现金等价物的期末余额	27	0.00	0.00
减:现金等价物的期初余额	28	0.00	0.00
现金及现金等价物净增加额	29	-62,866,642.78	-33,162,315.00

后附会计报表注为本会计报表的组成部分。

单位负责人:张斌　　财务负责人:张葵　　制表人:闫三永

600275 湖北武昌鱼股份有限公司

2001年年度报告摘选

一、公司基本情况简介

(一)公司法定中文名称：湖北武昌鱼股份有限公司
公司法定英文名称：Hubei Wuchangyu CO.,LTD
英文名称缩写：wcy
(二)法定代表人姓名：傅小安
(三)公司董事会秘书：熊国胜
联系电话：0711－3200331　　传　真：0711－3200330
电子信箱：wuchangyu@371.net
联系地址：湖北鄂州
证券事务代表：李强
联系电话：0711－3200330　　传　真：0711－3200330
电子信箱：li731004@263.net
(四)公司注册地址：湖北省鄂州市鄂城区南浦南路特一号
公司办公地址：湖北省鄂州市鄂城区南浦南路特一号　　邮政编码：436000
公司网址：HTTP://www.wuchangyu.com.cn
公司电子信箱：wcy-ez@ez-mail.hb.cninfo.net
(五)信息披露报刊：《中国证券报》、《上海证券报》、《证券时报》
登载年度报告的中国证监会指定网站网址：HTTP://www.sse.com.cn
公司年报备置地点：公司投资发展部
(六)公司股票上市地：上海证券交易所
股票简称：武昌鱼　　　股票代码：600275

二、会计数据和业务数据摘要

1、本年度主要利润指标

单位：元

项目	金额
利润总额	59,679,811.27
净利润	48,489,364.29
扣除非经常性损益后的净利润	46,119,414.99
主营业务利润	35,867,269.99
其它业务利润	40,634,427.91
营业利润	57,621,186.56
投资收益	－1,864,875.52
补贴收入	3,000,000.00
营业外收支净额	923,500.23
经营活动产生的现金流量净额	187,587,079.91
现金及现金等价物净增减额	－79,973,210.15

注：扣除非经常性项目合计2,369,949.30元，其中：
1、收取资金占用费898,149.71元；
2、营业外收支净额－538,200.41元；
3、补贴收入2,010,000.00元(税后)。

2、公司近三年主要会计数据及财务指标

金额单位：元

项目	2001年度	2000年度		1999年度	
		调整前	调整后	调整前	调整后
主营业务收入	89,777,756.74	112,300,055.15	112,300,055.15	109,355,578.09	109,355,578.09
净利润	48,489,364.29	68,359,689.57	66,306,416.59	57,318,749.31	35,231,491.13
总资产	887,488,065.68	878,096,947.07	857,586,415.91	322,412,632.53	300,325,374.35
股东权益(不含少数股东权益)	739,257,225.67	729,583,246.54	705,442,715.38	200,598,410.97	178,511,152.79
每股收益	0.1983	0.2795	0.2711	0.3283	0.2018
每股净资产	3.0225	2.9830	2.8843	1.1490	1.0225
调整后的每股净资产	3.0195	2.9797	2.8831	1.1344	1.0128
每股经营活动产生的现金流量净额	0.7670	－0.2603	－0.2603	0.1995	0.1995
净资产收益率%	6.56	9.37	9.40	28.57	19.74

3、报告期利润表附表

2001年度利润	净资产收益率(%)		每股收益(元)	
	全面摊薄	加权平均	全面摊薄	加权平均
主营业务利润	4.85	4.92	0.1466	0.1466
营业利润	7.79	7.90	0.2356	0.2356
净利润	6.56	6.65	0.1983	0.1983
扣除非经营性损益后的净利润	6.24	6.32	0.1886	0.1886

三、股本变动及股东情况

(一)公司股本变动情况
1、股本变动情况表

数量单位：股

项目	本次变动前	本次变动增减(＋,－)						本次变动后
		配股	送股	公积金转股	增发	其他	小计	
一、未上市流通股份								
1、发起人股份	174,580,900							174,580,900
其中：国家持有股份	172,765,500							172,765,500
境内法人持有股份	1,815,400							1,815,400
境外法人持有股份								
其他								
2、募集法人股份								
3、内部职工股								
4、优先股或其他								
未上市流通股份合计								
二、已流通股份	70,000,000							70,000,000
1、人民币普通股	70,000,000							70,000,000
2、境内上市的外资股								
1.1境外上市的外资股								
2.2其他								
三、已上市流通股份合计	70,000,000							70,000,000

600277 内蒙古亿利科技实业股份有限公司

2001年年度报告摘选

一、公司基本情况简介

公司法定中文名称：内蒙古亿利科技实业股份有限公司
中文缩写：亿利科技
公司英文名称：Inner Mongolia YiLi Science and Technology Industry Co.,Ltd.
英文缩写：YLKJ
公司法定代表人：王文彪先生
公司董事会秘书：王景晟先生
证券事务代表：闫树春先生
办公地址：内蒙古鄂尔多斯市东胜区鄂尔多斯西街亿利科技大厦
联系电话：0477－8372708　　传真：0477－8371744
公司注册地址：内蒙古鄂尔多斯市伊金霍洛西街30号
邮政编码：017000
公司国际互联网网址：http://www.elion.com.cn
电子信箱：yilicor@public.hh.nm.cn;
公司指定信息披露报纸：《中国证券报》、《上海证券报》
登载公司年度报告的国际互联网网址：http://www.sse.com.cn
年度报告备置地点：公司证券部
公司股票上市交易所：上海证券交易所
公司股票简称：亿利科技　　公司股票代码：600277

二、会计数据和业务数据摘要

1、公司本年度会计数据

单位：人民币元

项目	金额
利润总额	37,397,262.35
净利润	32,561,258.50
扣除非经常性损益后的净利润	31,568,471.33
主营业务利润	81,635,977.12
其他业务利润	2,016,839.69
营业利润	36,529,277.44
投资收益	0
补贴收入	111,900.00
营业外收支净额	756,084.91
经营活动产生的现金流量净额	－17,735,972.69
现金及现金等价物净增加额	－67,465,183.42
注：扣除非经常性损益项目和涉及金额：	
1、清理固定资产净收益	61,034.02
2、固定资产盘盈	901,030.00
3、补贴收入	111,900.00
4、罚款、滞纳金支出	105,156.14
5、固定资产减值准备	82,505.93
6、捐赠、赞助等其他支出	18,317.04
7、资金占用费	300,000.00
8、非经常性损益所得税影响数	－175,197.74
9、合	计992,787.17

2、公司近三年财务指标　　单位：人民币元

指标项目	2001年度	2000年度	1999年度
主营业务收入	226,836,440.86	208,700,774.10	182,159,655.37
净利润	32,561,258.50	27,519,741.24	11,720,137.40
总资产	972,615,229.15	916,723,010.24	378,237,488.65
股东权益	697,130,753.46	677,691,828.48	155,804,241.68
每股收益(全面摊薄)	0.206	0.174	0.117
每股收益(加权平均)	0.206	0.222	0.117
扣除非经常性损益后的每股收益	0.1998	0.212	0.172
每股净资产	4.412	4.289	1.558
调整后的每股净资产	4.387	4.256	1.544
每股经营活动产生的现金流量净额	－0.112	－0.141	0.084
全面摊薄净资产收益率(%)	4.67	4.06	7.52
加权平均净资产收益率(%)	4.68	7.28	8.36
扣除非经常性损益后加权平均净资产收益率(%)	4.53	8.85	12.25

3、报告期利润表附表：

报告期利润	净资产收益率%		每股收益(元)	
	全面摊薄	加权平均	全面摊薄	加权平均
主营业务利润	11.71%	11.72%	0.5167	0.5167
营业利润	5.24%	5.25%	0.2312	0.2312
净利润	4.67%	4.68%	0.2061	0.2061
扣除非经常性损益后净利润	4.53%	4.53%	0.1998	0.1998

注：上表数据是根据中国证监会关于发布《公开发行证券公司信息披露编报规则》第9号通知精神计算。

三、股份变动及股东情况

1、股份变动情况表(截止2001年12月31日)

	期初数	本次变动增减(＋,－)						期末数
		配股	送股	公积金转股	增发	其他	小计	
一、未上市流通股份								
1、发起人股份	100,000,000							100,000,000
其中：国有法人股份	97,371,000							97,371,000
境内法人持有股份	2,629,000							2,629,000
未上市流通股份合计	100,000,000							100,000,000
二、已上市流通股份								
1、人民币普通股	58,000,000							58,000,000
2、境内上市外资股								
3、境外上市外资股								
4、其他								
已上市流通股份合计	58,000,000							58,000,000
三、股份总数	158,000,000							158,000,000

600276 江苏恒瑞医药股份有限公司

2001年年度报告摘要

一、公司基本情况简介

1、公司法定中文名称:江苏恒瑞医药股份有限公司

公司中文名称缩写:恒瑞医药

公司法定英文名称:JIANGSU HENGRUI MEDICINE CO.,LTD.

公司英文名称缩写:HR

2、公司法定代表人:孙飘扬

3、公司董事会秘书:陈学民

联系地址:连云港市新浦人民东路145号

联系电话:0518-5457194

传真:0518-5452340

电子信箱:600276@sina.com

4、公司注册地址:连云港市经济技术开发区黄河路38号　　邮政编码:222007

公司办公地址:连云港市新浦区人民东路145号　　邮政编码:222002

公司国际互联网网址:http://www.hrs.com

公司电子信箱:600276@pub.lyg.jsinfo.net

5、公司选定的信息披露报纸:《上海证券报》

登载公司年度报告的中国证监会指定国际互联网网址:

http://www.sse.com.cn

公司年度报告备置地点:江苏恒瑞医药股份有限公司董秘办

6、公司股票上市交易所:上海证券交易所

股票简称:恒瑞医药

股票代码:600276

二、会计数据和业务数据摘要

1、公司本年度主要利润指标情况(金额单位:人民币元)

利润总额:97,665,461.26

净利润:81,155,081.33

扣除非经常性损益后的净利润:62,949,303.09

主营业务利润:371,069,659.74

其他业务利润:3,253,309.03

营业利润:87,975,360.90

投资收益:3,254,434.06

补贴收入:1,064,638.98

营业外收支净额:5,371,027.32

经营活动产生的现金流量净额:11,487,104.94

现金及现金等价物净增加额:-212,637,329.00

注:非经常性损益涉及的项目和金额:18,205,778.24

①2000年新股发行过程中冻结的无效申购资金利息报告期内分摊的部分5,135,778.24元;②所得税返还13,070,000.00。

2、截止报告期末公司前三年的主要会计数据和财务指标

金额单位:人民币元

指标名称	2001年	2000年	1999年
主营业务收入	634,268,947.69	484,707,192.06	413,929,931.49
净利润	81,155,081.33	65,271,386.36	51,332,467.70
总资产	1,119,024,142.95	986,273,264.76	463,707,546.17
股东权益(不含少数股东权益)	743,061,762.78	670,432,577.19	160,429,672.90
每股收益(全面摊薄)	0.382	0.491	0.553
每股收益(加权平均)	0.382	0.635	0.553
扣除非经常性损益后的每股收益	0.296	0.429	0.553
每股净资产	3.496	5.047	1.728
调整后的每股净资产	3.459	5.008	1.627
每股经营活动产生的现金流量净额	0.054	0.148	0.365
净资产收益率%(全面摊薄)	10.92	9.74	32.00
净资产收益率%(加权平均)	11.45	21.07	38.09

3、报告期利润分配表附表

报告期利润	净资产收益率%		每股收益	
	全面摊薄	加权平均	全面摊薄	加权平均
主营业务利润	49.94	52.35	1.746	1.746
营业利润	11.84	12.41	0.414	0.414
净利润	10.92	11.45	0.382	0.382
扣除非经营性损益后的净利润	8.47	8.88	0.296	0.296

注:①以上数据根据公司合并会计报表数填列数填列或计算后填列。

②报告期末至报告披露日,公司股本未发生变化。

三、股本变动及股东情况

(一)股本变动情况

1、股份变动情况表

数量单位:股

	本次变动前	本次变动增减(+,-) 配股	送股	公积金转股	增发	转(受)让	小计	本次变动后
一、未上市流通股份								
1、发起人股份	92850000		27855000	27855000			55710000	148560000
其中:国家持有股份	82565000		24769500	24769500			49539000	132104000
境内法人持有股份	10285000		3085500	3085500			6171000	16456000
境外法人持有股份								
其他								
2、募集法人股份								
3、内部职工股								
4、优先股或其他								
其中:转配股								
未上市流通股份合计	92850000		27855000	27855000			55710000	148560000
二、已上市流通股份								
1、人民币普通股	40000000		12000000	12000000			24000000	64000000
2、境内上市的外资股								
3、境外上市的外资股								
4、其他								
已上市流通股份合计	40000000		12000000	12000000			24000000	64000000
三、股份总数	132850000		39855000	39855000			79710000	212560000

(二)公司股东情况介绍

1、截止2001年12月31日,公司股东总数为23046户。

2、截止2001年12月31日,公司前十名股东持股情况(单位:股)

序号	股东名称	期初持股数	期末持股数量	占总股本比例(%)	持股性质
1	连云港恒瑞集团有限公司	82565000	132104000	62.15	国家股
2	中国医药工业公司	9285000	14856000	6.99	国有法人股
3	安信基金		4933154	2.32	公众股
4	安顺基金		3017956	1.42	公众股
5	景福基金		2293425	1.08	公众股
6	华安创新		1305849	0.61	公众股
7	泰和基金		1282763	0.60	公众股
8	赫丽华		810856	0.38	公众股
9	李玉清		775000	0.36	公众股
10	沈　叶		774900	0.36	公众股

注:①持有本公司5%以上(含5%)股份的股东所持股份没有质押或冻结的情况。

②安信基金、安顺基金、华安创新分别同属于一个基金管理公司。

3、公司控股股东情况

①公司控股股东为连云港恒瑞集团有限公司,所持有的公司股份为国家股,占公司总股本的62.15%。法定代表人:徐維钰,成立日期:1998年12月,注册资本:15000万元,经营范围:政府授权范围内的国有资产、控股、参股子公司中股权属于集团公司的国有资产和政府授权的其它国有资产的管理营运,为国有独资公司。

②报告期内本公司无控股股东变更情况。

4、控股股东的控股股东或实际控制人情况:

本公司控股股东连云港恒瑞集团有限公司的实际控制人为连云港市国有资产管理委员会。

四、董事、监事、高级管理人员和员工情况

(一)现任公司董事、监事、高级管理人员的情况

1、基本情况　　单位:股

姓名	职务	性别	年龄	任期	年初持股数	年末持股数
孙飘扬	董事长	男	44	2000.3-2003.3	0	0
李永安	副董事长、总经理	男	45	2000.3-2003.3	0	0
周启群	董事、副总经理	男	58	2000.3-2003.3	0	0
徐根华	董事、副总经理	男	40	2000.3-2003.3	0	0
王述东	董事	男	40	2000.3-2003.3	0	0
周锡富	监事长	男	50	2000.3-2003.3	0	0
徐金官	监事	男	39	2000.3-2003.3	0	0
汪广汉	监事	男	39	2000.3-2003.3	0	0
陈洪民	监事	女	47	2000.3-2003.3	0	0
崔　健	监事	男	32	2000.3-2003.3	0	0
张永强	副总经理	男	36	2001.6-2003.3	0	0
周云曙	副总经理	男	31	2001.3-2003.3	0	0
陈永江	副总工程师	男	38	2000.3-2003.3	0	1280
陈学民	董事会秘书	男	34	2000.3-2003.3	0	0
孙杰平	财务总监	男	32	2000.3-2003.3	0	0

说明:①董事长孙飘扬先生兼任连云港恒瑞集团有限公司董事、总经理,任职期限为2002年至2005年;副董事长李永安先生兼任连云港恒瑞集团有限公司董事(任职期限为2002年至2005年)、副书记;董事王述东先生兼任中国医药工业公司国内处处长。

②监事长周锡富先生和监事汪广汉先生分别兼任连云港恒瑞集团有限公司工会主席和财务部副部长。

③陈永江所持股份报告期内发生变动,是因为在二级市场购买公司股票后,公司送转股份所致。

2、年度报酬情况

①公司高级管理人员以及兼任高级管理或重要岗位职务的董事、监事报酬按连云港市政府有关经营者年薪制方案发放。未兼任公司高级管理或重要岗位职务的董事、监事报酬按所在岗位工资标准或经济责任制考核标准,视其任务完成情况,再给予另外奖励。

②本年度在公司领取报酬的现任董事、监事和高管人员的年度报酬总额共计174万元;金额最高的前三名董事的报酬总额为100万元;金额最高的前三名高管人员的报酬总额为62万元。

③本年度在公司领取薪酬的董事、监事、高级管理人员年度报酬区间:5万元以下的1人,6-10万元的4人,11-20万元的4人,20万元以上的3人。董事王述东先生,监事周锡富先生、汪广汉先生不在公司领取报酬、津贴,分别在股东单位中国医药工业公司和连云港恒瑞集团有限公司领取报酬、津贴。

3、报告期内,公司没有董事、监事、高级管理人员离任情况。经公司二届四次董事会(于2001年2月27日召开)审议,聘任周云曙先生为公司副总经理;经公司二届五次董事会(于2001年6月14日召开)审议,聘任张永强先生为公司副总经理。

(二)公司员工情况

报告期内公司共有员工1660人,其中生产人员727人,销售人员493人,研究及技术人员243人,财务人员45人,行政人员137人,其它人员15人。以上人员中本科及以上学历284人,大专学历277人。

公司没有需要承担费用的离退休职工。

五、公司治理结构

(一)公司治理情况

公司严格按照《公司法》、《证券法》和中国证监会有关法律法规的要求,不断完善公司法人治理结构、建立现代企业制度、规范公司运作,公司制定、完善了《公司章程》、《股东大会议事规则》、《董事会议事规则》、《监事会议事规则》、《总经理工作细则》。这些规则符合中国证监会和国家经贸委于2002年1月7日发布的《上市公司治理准则》规范性文件的基本要求,具体情况如下:

1、关于股东与股东大会:公司能够确保所有股东、特别是中小股东享有平等地位,确保所有股东能充分行使自己的权利;公司建立了股东大会的议事规则,能够严格按照《股东大会规范意见》的要求召集、召开股东大会,在会场的选择上尽可能地让更多的股东能够参加股东大会,行使股东大会的表决权;公司关联交易公平合理。

2、关于控股股东与公司的关系:控股股东行为规范,没有超越股东大会直接或间接干预公司的决策和经营活动;公司与控股股东在人员、资产、财务、机构和业务方面做到"五分开",公司具有独立完整的业务及自主经营能力;公司董事会、监事会和内部机构能够独立运作。

3、关于董事与董事会:公司严格按照《公司章程》规定的董事选聘程序选举董事,并将进一步完善董事的选聘程序;公司董事会人数和人员构成符合法律、法规的要求;公司董事会建立了《董事会议事规则》,各位董事能够以认真负责的态度出席董事会和股东大会,能够积极参加有关培训,熟悉有关法律、法规,了解作为董事的权利、义务和责任;公司已在《公司章程》中增加了关于独立董事的相关内容,并按中国证监会的要求,已选定独立董事的合适人选,待年度股东大会上选举产生。董事会专门委员会将根据准则要求设立。

4、关于监事和监事会:公司监事会的人数和人员构成符合法律、法规的要求;公司监事会建立了《监事会议事规则》;公司监事能够认真履行自己的职责,能够本着对股东负责的精神,对公司财务以及公司董事、经理和其它高级管理人员履行职责的合法、合规性进行监督。

5、关于绩效评价与激励约束机制:公司已建立了企业效绩评价考核办法,使经营者的收入与企业经营业绩相挂钩,高级管理人员的聘任公开、透明,符合法律、法规的规定。

6、关于相关利益者:公司能够充分尊重和维护银行及其他债人、职工、消费者等其它相关者的合法权益,共同推动公司持续、健康地发展。

7、关于信息披露与透明度:公司指定董事会秘书负责信息披露工作,负责接待股东来访及咨询;公司能够严格按照法律、法规和《公司章程》的规定,真实、准确、完整及时地披露有关信息,并确保所有股东有平等的机会获得信息;公司能够按照有关规定,及时披露大股东或公司实际控制人的详细资料和股份变化情况。

公司自成立以来,一贯严格按照《公司法》、《证券法》等有关法律、法规的要求规范运作,并将严格按照《上市公司治理准则》的要求,不断完善公司的治理结构,切实维护中小股东的利益,厚报股东、厚报社会。

(二)独立董事履行职责情况

报告期内公司尚未聘请独立董事。董事会正根据中国证监会发布的《关于在上市公司建立独立董事制度的指导意见》的规定要求,选定了独立董事的合适人选,待年度股东大会上选举产生。

六、股东大会情况简介

报告期内公司召开了两次股东大会。

(一)2000年度股东大会

2001年2月27日公司二届四次董事会审议通过,决定于2001年4月18日召开2000年度股东大会,并于2001年3月1日在《上海证券报》上刊登了关于召开2000年度股东大会及其审议内容的公告。

2001年4月18日上午,在连云港龙湾大酒店一楼会议室召开了2000年度股东大会,出席大会的股东及股权代表共4人,代表股份数96404772股,占公司总股本的72.57%,公司董事、监事及其他高级管理人员列席了会议。大会以记名方式投票表决,逐项审议通过了如下决议:1、审议通过了《公司2000年度董事会工作报告》;2、审议通过了《公司2000年度监事会工作报告》;3、审议通过了《公司2000年度报告及摘要》;4、审议通过了《公司2000年度财务决算报告》;5、审议通过了《公司2000年度分配预案》;6、审议通过了《公司2001年度预计利润分配政策》;7、审议通过了《关于续聘江苏苏亚金诚会计师事务所为公司2001年度审计机构的议案》。

以上决议公告已于2001年4月19日在《上海证券报》上刊登。

(二)2000年度第一次临时股东大会

2001年6月14日公司二届五次董事会审议通过,决定于2001年7月18日召开2001年度第一次临时股东大会,并于2001年6月15日在《上海证券报》上刊登了关于召开2001年度第一次临时股东大会及其审议内容的公告。

2001年7月18日上午,在连云港北固山庄二楼会议室召开了2001年第一次临时股东大会。出席本次股东大会的股东及股权代表共4人,代表股份数155468371股,占公司总股本的73.14%,公司四名董事、三名监事及其他高级管理人员列席了会议。大会以记名方式投票表决,逐项审议通过了如下决议:1、审议通过了《关于授权公司董事会投资权限的议案》;2、审议通过了《关于修改公司章程的议案》;3、审议通过了《关于在上海投资的议案》。

以上决议公告已于2001年7月19日在《上海证券报》上刊登。

(三)报告期内公司无选举、更换公司董事、监事情况

七、董事会报告

(一)报告期内的经营情况

1、主营业务的范围及其经营状况

①公司属医药行业。主要从事化学原料药及片剂、针剂、胶囊、粉针等西药制剂的开发、制造和销售;药用SP复合膜、PTP铝箔的制造和销售。2001年,面对竞争激烈、复杂多变的内外部环境,公司在董事会的领导下,更新观念,开拓进取,紧紧围绕"结构调整,产业升级"的总体要求,坚持主业做大做强做精的经营方针,根据市场形势和公司实际情况,坚持科技创新,加大技改力度,完善市场管理体系,强化销售,取得了较好的经营业绩。

本年度公司主营业务收入完成63427万元,主营业务利润完成37107万元,利润总额9767万元,净利润8116万元,分别比去年同期增长30.86%、46.67%、19.27%、24.33%。

公司主营业务收入的构成如下:

	销售收入(万元)	占公司主营业务收入的比重
一、药品	47620	75.08
其中:抗肿瘤药品	20656	32.57
麻醉镇痛药品	2749	4.33
抗感染类药品	16907	26.66
其他药品	7308	11.52
二、药用包装材料	15807	24.92
其中:PTP系列产品	6252	9.86
SP系列产品	9555	15.06
合计	63427	100

主营业务利润的构成如下:

	主营业务利润(万元)	占公司主营业务利润比例
一、药品	33433	90.10
其中:抗肿瘤药品	18186	49.02
麻醉镇痛药品	1945	5.24
抗感染类药品	8510	22.93
其他药品	4792	12.91
二、药用包装材料	3674	9.90
其中:PTP系列产品	883	2.38
SP系列产品	2791	7.52
合计	37107	100

②占主营业务收入或主营业务利润10%以上的主要产品的销售收入、销售成本、毛利率:

单位:万元

	产品销售收入	产品销售收本	毛利率(%)
抗肿瘤药	20656	2470	88.04
抗感染类药	16907	8397	50.33
PTP系列产品	6252	5369	14.12
SP系列产品	9555	6764	29.21

2、主要供应商、客户情况

公司药品前五名供应商合计采购金额为3898万元,占其年度采购总额的29.98%;药用包装材料前五供应商合计采购金额为5918万元,占其年度采购总额的48.41%。公司药品前五名客户销售额合计为2930万元,占其销售总额的比例为6.15%;药用包装材料前五名客户销售额合计为2800万元,占其销售总额的比例为17.46%。

3、关于2001年度盈利预测完成情况

2000年,公司股票首次发行,当时根据要求在招股说明书中披露了2001年度盈利预测。其中销售收入54148.74万元,主营业务利润27054.89万元,营业费用9700万元,管理费用7235万元,财务费用990万元,利润总额9049.89万元,净利润6030.54万元。报告期内上述指标分别增长17.13%、37.15%、73.80%、47.95%、8.22%、7.92%、34.58%,主要是因为公司部分募集资金项目投产后带来一定收益,同时也增加了公司营销及管理方面的费用支出。而且公司加大产品结构调整力度,奥沙利铂等一批新产品投放市场后,得到了较好的回报。另外,公司招股说明书中披露的2001年度盈利预测是按法定税率(33%)测算的净利润,报告期内公司收到税收返还1307万元。

(二)报告期内的投资情况

1、报告期内募集资金运用情况

公司于2000年9月以每股11.98元的发行价发行人民币普通股4000万股,实募资金46660万元。截止报告期末,募集资金实际投入的项目与招股说明书承诺项目一致,实际投入36760万元(包括已注入的流动资金5249万元),余额存于银行及购买变现性强的债券。承诺投资项目与实际投资项目如下:

单位:万元

序号	承诺投资项目	计划投资总额	实际投资项目	累计投资额	进度(%)
1	抗肿瘤药等国家级新药制剂技改项目	15414	抗肿瘤药等国家级新药制剂技改项目	12990	84.3
2	省级企业技术中心技改项目	2456	省级企业技术中心技改项目	2456	100
3	药品包装用纸/铝/塑复合膜技改项目	3185	药品包装用纸/铝/塑复合膜技改项目	2483	80
4	药用铝塑复合易撕膜技改项目	4361	药用铝塑复合易撕膜技改项目	3100	71.1
5	铝塑复合软管技改项目	4615	铝塑复合软管技改项目	3400	73.4
6	粘合剂技改项目	2783	粘合剂技改项目	1000	35.9
7	药用复合成型材料技改项目	4550	药用复合成型材料技改项目	3200	70.3
8	国家二类新药来曲唑原料药技改项目	3306	国家二类新药来曲唑原料药技改项目	3306	100
9	凹印制版生产线技改项目	1170	凹印制版生产线技改项目	0	0
10	建立国内营销网络项目	2595	建立国内营销网络项目	2600	100
11	补充公司流动资金	2225	补充公司流动资金	2225	100
合计		46660		36760	

具体情况说明如下:

①抗肿瘤药等国家级新药制剂项目技改项目

该项目计划总投资15414万元,其中固定资产投资12814万元,铺底流动资金2600万元。该项目共投入资金12990万元,报告期内资金投入6600万元(含铺底流动资金2600万元),其中抗肿瘤冻干粉针车间和无菌分装粉针车间已通过了国家GMP认证,并实现销售收入18875万元,实现利润总额3822万元。针剂车间引进的1条安瓿/西林瓶洗、灌、封联动生产线(德国BOSCH公司),1条安瓿/西林瓶托盘联动包装线(意大利马可西尼公司)等设备已安装完毕,现正进行设备调试及GMP认证工作,预计2002年全部竣工投产。

②省级企业技术中心技改项目

该项目总投资2456万元。截止报告期,该项目共投入资金2456万元,报告期内资金投入556万元,已全部完成投资,该技术中心已被认定为国家级企业技术中心,并被国家经贸委、财政部、国家税务总局、海关总署确认为第八批享受优惠政策的企业技术中心。该项目的完成,增强了公司的科研力量,支持公司的稳定、可持续发展。

③药品包装用纸/铝/塑复合膜袋技改项目

该项目总投资3185万元,其中固定资产投资2700万元,铺底流动资金485万元。该项目共投入资金2483万元,报告期内资金投入2300万元,主体工程已完工,干法复合机、八色柔版印刷机

等引进设备已到货,目前正在进行设备安装。预计 2002 年中期竣工投产。

④药用铝塑复合易撕膜技改项目

该项目总投资 4361 万元,其中固定资产投资 3946 万元,铺底流动资金 415 万元。报告期内该项目共投入资金 3100 万元,主体工程已完工,挤出复合机等引进设备已到货,目前正在进行设备安装。预计 2002 年中期竣工投产。

⑤铝塑复合软管技改项目

该项目总投资 4615 万元,其中固定资产投资 4103 万元,铺底流动资金 512 万元。报告期内该项目共投入资金 3400 万元,主体工程已完工,完成了制管机等引进设备的合同签约(预计 2002 年 2 月到货)。预计 2002 年中期竣工投产。

⑥粘合剂技改项目

该项目总投资 2783 万元,其中固定资产投资 2463 万元,铺底流动资金 320 万元。报告期内该项目共投入资金 1000 万元。预计 2002 年中期完成投资。

⑦药用复合成型材料技改项目

该项目总投资 4550 万元,其中固定资产投资 4020 万元,铺底流动资金 530 万元。报告期内该项目共投入资金 3200 万元,主体工程已完工,八色凹板印刷机等引进设备已到货。预计 2002 年中期竣工投产。

⑧国家二类新药来曲唑原料药生产线技改项目

该项目总投资 3306 万元,其中固定资产投资 2882 万元,铺底流动资金 424 万元。报告期内该项目共投入募集资金 3306 万元(含铺底流动资金 424 万元),已全部完成。该项目的完成,已满足公司来曲唑片剂(商品名芙瑞)所需的原料药。

⑨凹印制版生产线技改项目

该项目总投资 1170 万元,其中固定资产 956 万元,铺底流动资金 214 万元。报告期内该项目募集资金尚未投入。由于近期国内新上马了不少制版厂,制版市场竞争激烈,产品销售价格已下降了近 20%,国内制版市场已被大的制版集团所控制,并且他们在制版交货期、质量和价格方面已占很大优势,再上该项目已无必要。为了集中精力做好主业,公司拟改变该项目投向。

⑩建立国内营销网络项目

该项目总投资 2595 万元。该项目 2000 年底共投入资金 2600 万元,已全部完成。该项目的完成,对公司的销售起到了很大的促进作用。

2、报告期内非募集资金投资项目情况

①公司于 2001 年 7 月 18 日召开 2001 年第一次临时股东大会,决定在上海成立上海恒瑞医药股份有限公司,建立自己的创新研究基地,其中公司拥有 75% 股权。2001 年度,本公司投入资金 810 万元,土地已购买,药品生产许可证、营业执照已拿到,正进行厂房设计等工作。

②公司于 2001 年 7 月 26 日召开二届六次董事会,决定成立成都恒瑞制药有限公司,其中公司拥有 51% 股权。2001 年度,本公司共投入资金 900 万元,营业执照已拿到,土建工程已封顶,现正进行设备安装等工作。

③公司二届七次董事会(通讯方式),决定引进一条非 PVC 软袋输液生产线,项目固定资产投资约为 2700 万元人民币。2001 年度,实际投入资金 2700 万元。目前,厂房局部改造、设备安装完毕,正进行设备调试及 GMP 认证工作。该项目还未产生效益。

④公司二届七次董事会(通讯方式),决定用自有资金受让连云港明大医药科技投资有限公司其中的 100 万股股份,再对明大公司进行增资 500 万元,增资后明大公司注册资本变更为 1000 万元,其中本公司占 60% 的股权。目前,还未产生投资收益。

(三)公司财务状况

本年度公司财务状况较上一年度有了进一步的改善,江苏苏亚金诚会计师事务所出具了标准无保留意见的审计报告。

单位:元

项目	2001 年	2000 年	增减(%)
总资产	1,119,024,142.95	986,273,264.76	+13.46
长期负债	120,000,000.00	123,807,867.92	-3.07
股东权益(不含少数股东权益)	743,061,762.78	670,432,577.19	+10.83
主营业务利润	371,069,659.74	253,003,621.41	+46.67
净利润	81,155,081.33	65,271,386.36	+24.33

财务指标变动情况主要原因:

1、总资产的增加是因为公司应收帐款、留存收益增加所致。

2、长期负债的减少是因为公司其它长期负债减少所致。

3、股东权益的增加是因为公司留存收益增加所致。

4、主营业务利润和净利润的增加是因为公司主营业务收入增加、调整产品结构和营销策略所致。

(四)生产经营环境及宏观政策、法规对公司的影响

1、我国加入 WTO,一方面强化知识产权执法力度,另一方面将调低药品进口关税,医药市场的竞争将更加激烈。目前公司开发了较多的国家级新药,将使公司近几年内受益,且在价格上具有较大的竞争优势。从长远看,公司应加快技术创新能力的建设,尽快拥有自主知识产权的产品,积极参与国际市场的竞争。

2、2001 年底,国家计委限定了 383 种药品最高零售价,这次调整涉及到公司部分药品,将对公司的利润产生一定程度的影响。公司一方面继续调整产品结构,加快开发高附加值、高利润的新产品,并加大新药销售力度。另一方面,对产品进行工艺改进,进一步提高产品质量,降低产品生产成本,增强市场竞争能力。

(五)2002 年度的业务发展计划

公司将继续坚持以市场为导向,完善科研体系,突出创新工作,拓宽研究领域,强化质量管理,努力实现 2002 年经营业绩再上新台阶。公司主营业务收入力争达到 7.5 亿元,且新产品开发力争有较大进展。为此,公司将着重抓好以下几项工作:

1、加大科研投入,续抓好科技创新工作。一是充分利用和发挥国家级企业技术中心的优势,结合博士后流动工作站的建设,大力引进高层次科研人才,进行新药创新工作;二是加快上海研究发中心的建设,利用好上海科技、人才优势,积极引进国外专家学者;三是进一步加强与科研院所的合作,尤其是创新实验室的工作,力争有二个创新药品进入临床研究;四是加大与国外公司合作开发新药的力度。五是集中人力、物力抓好在研项目的工作进度,抓紧做好已进入临床研究药品的报批工作,重点抓好布托啡诺、普仑司特、氯雷他定等新药的上市工作,力争 2002 年获 10 个以上新药证书,培育新的利润增长点。

2、加快新产品推广的力度,加大注射用阿曲库胺、吡格列酮、脱氧氟脲苷、拓扑替康以及正处于成长期的奥沙利铂等新药的推广力度。

3、加大技术改造力度,做好水针、输液、头孢等车间的 GMP 认证工作,确保通过。

4、加快上海恒瑞公司的建设速度,做好成都恒瑞公司的生产、销售工作,有效增加投资收益,推动企业做强做大。

5、进一步完善公司的法人治理结构,建立科学的决策机制和管理机制。

6、加强人力资源开发和利用,建立人员评价、激励机制,优化员工队伍结构,进一步营造公司的人才优势,增强驾驭企业的能力。重点引进科技型、管理型的人才,全面提高公司的整体素质。

7、进一步强化企业管理,压缩费用,降低成本。在各项业务决策、经营活动中,坚持制度化、规范化、程序化;强化财务管理职能,加强财务审计、财务监督、强化内部控制。

(六)本次利润分配预案或资本公积金转增股本预案

经江苏苏亚金诚会计师事务所审计,公司 2001 年度实现净利润 81,155,081.33 元,加上历年留存的 71,540,865.93 元(已调整公司原住房周转金借方余额减少的年初未分配利润数),本次可供分配的利润为 152,695,947.25 元;母公司和控股子公司分别提取 10% 法定公积金和 10% 法定公益金,按权益法核算合并提取的法定公积为 8,601,211.09 元,法定公益金为 8,601,211.09 元,本年度可供股东分配利润共 135,493,525.07 元。扣除 2000 年度按 13285 万股为基数,每 10 股送红股 3 股,共计 39,855,000.00 元,尚余 95,638,525.07 元可供股东分配。

董事会提议以 2001 年末总股本 21256 万股为基数,向全体股东按每 10 股送红股 2 股,每 10 股派现金 0.5 元(含税),总计可分配利润支出总额为 53,140,000.00 元,剩余 42,498,525.07 元结转下年度;本年度不进行公积金转增股本。

以上预案需提交 2001 年度股东大会审议通过后实施。

八、监事会报告

(一)报告期内监事会会议情况及决议内容

报告期内公司监事会共召开 3 次会议,会议的主要内容和决议摘要如下:

1、公司于 2001 年 2 月 27 日召开监事会二届二次会议,应到监事 5 人,实到 5 人,会议审议通过了《公司 2000 年度监事会工作报告》。会议决议内容刊登在 2001 年 3 月 1 日的《上海证券报》。

2、公司于 2001 年 6 月 14 日召开监事会二届三次会议,应到监事 5 人,实到 5 人,会议审议通过了公司《监事会工作细则》。会议决议内容刊登在 2001 年 6 月 15 日的《上海证券报》。

3、公司于 2001 年 7 月 26 日召开监事会二届四次会议,应到监事五人,实到监事三人,监事徐金官先生、崔健先生分别委托监事周锡富先生、汪广汉先生出席并代为表决。会议审议通过了以下事项:公司 2001 年中期报告正文及中期报告摘要;公司关于计提资产减值准备的报告。会议决议内容刊登在 2001 年 7 月 30 日的《上海证券报》。

(二)监事会对相关事项发表独立意见

①公司依法运作情况:2001 年度公司董事会按照股东大会的决议要求,切实履行了各项决议,其决策程序符合《公司法》和《公司章程》的有关规定。公司董事、高级管理人员在履行职责和行使职权时,以公司利益为出发点,没有违反法律、法规、公司章程的行为,也没有损害公司利益的行为。

②检查公司财务情况:公司监事会认为,报告期内江苏苏亚金诚会计师事务所出具的无保留意见的审计报告真实地反映了公司的财务状况和经营成果

③公司发行股票募集的资金正在按承诺投入项目按计划实施,报告期内没有发生变更。

④公司收购、出售资产交易情况。

公司在报告期内将所持有的两公司股权分别进行转让,该交易不是关联交易。交易双方本着公平、诚信的原则,定价合理,在交易过程中无内幕交易,也不存在损害中小股东的行为。

⑤公司与控股股东连云港恒瑞集团有限公司之间人员独立、资产完整、财务独立。公司与控股股东之间在土地租赁、综合服务等方面签订的关联交易均体现了公平原则,没有发生损害公司利益的情况。

⑥2000 年,公司股票首次发行,当时根据要求在招股说明书中披露了 2001 年度盈利预测,其中净利润 6030.54 万元。报告期内实现净利润 8115.51 万元,较利润预测高 34.58%,主要是因为公司加大产品结构调整力度,奥沙利铂等一批新产品投放市场后,得到了较好的回报。另外,公司招股说明书中披露的 2001 年度盈利预测是按法定税率(33%)测算的净利润,报告期内公司收到税收返还 1307 万元。对董事会的上述说明,监事会表示同意。

九、重要事项

(一)本年度公司无重大诉讼、仲裁事项。

(二)报告期内,收购及出售资产情况

1、经公司董事会二届七次会议决议,公司将所持有的连云港豪森制药有限公司 15% 股权全部转让给明大公司。经江苏苏亚金诚会计师事务所有限公司审计,苏亚金审[2001]第 229 号审计报告,截止 2001 年 9 月 30 日,连云港豪森制药有限公司所有者权益合计为 31,553,893.62 元人民币,本公司应享有的权益为 473.3 万元。经双方协商确定,本次转让金额为 500 万元人民币。公司已于 2001 年 12 月 29 日得到上述款项。

2、为了加强主业,公司决定将本公司所持北京先迈医药有限公司 51% 的股权,全部转让给北京欣宁医药科技开发有限公司,转让价格经双方协商为 102 万元。公司已于 2002 年 1 月得到上述款项。

(三)报告期内,公司无重大关联交易事项。

(四)报告期内公司无重大合同、无担保、无委托资产管理事项。

(五)报告期内公司续聘江苏苏亚金诚会计师事务所为公司财务审计机构,报告年度支付给聘任会计师事务所的报酬如下:

项目	2000 年度	2001 年度	备注
财务审计费	15	20	
其它费用	2.4	-	为公司分红送股及转增股本的验资费用
支付情况	已支付	尚未支付	

(六)报告期内公司、公司董事及高级管理人员未曾受监管部门稽查、行政处罚、通报批评。

(七)其它重大事项

1、公司本年度所得税按 33% 法定税率征收,再返还 18%,实缴 15% 的政策。此项优惠政策按国家有关规定 2002 年 1 月 1 日起终止。2002 年公司将按 33% 上缴所得税,将对公司净利润产生一定影响。

2、中国加入世贸组织相关条款对公司未来经营活动的影响根据我国加入 WTO 相关医药方面的协议,对我国医药方面的不利影响主要有以下几个方面:

①加强对知识产权的保护。我国从 1993 年开始就对国外药品实施了不同形式、不同程度的保护,加入 WTO 以后,我国仿制药将受到进一步限制。由于公司技术创新能力较弱,因此迫切需要加大公司的科技开发能力。

②关税降低。入世前,我国进口药品关税在 14% 左右,按照协议逐步降低到 2003 年 6.5-5.5% 水平。我国正在实行新的医疗保险制度,进口化学药品制剂,由于价格高,很难进入公费报销目录,故进口药品量不会有大幅增长。

③市场开放。2003 年 1 月 1 日后,中国将开放医药流通领域,届时医药流通领域将会受到较大冲击。

十、财务报告

(一)审计报告

以下是江苏苏亚金诚会计师事务所苏亚金审字[2002]第88号审计报告。

江苏恒瑞医药股份有限公司全体股东：

我们接受委托，审计了贵公司2001年12月31日的资产负债表及合并资产负债表，2001年度的利润表及利润分配表与合并利润表及利润分配表，2001年度现金流量表及合并现金流量表。这些会计报表由贵公司负责，我们的责任是对这些会计报表发表审计意见。我们的审计是依据中国注册会计师独立审计准则进行的。在审计过程中，我们结合贵公司的实际情况，实施了包括抽查会计记录等我们认为必要的审计程序。

我们认为，上述会计报表符合《企业会计准则》和《企业会计制度》的有关规定，在所有重大方面公允地反映了贵公司2001年12月31日的财务状况和2001年度的经营成果及现金流量情况，会计处理方法的选用遵循了一贯性原则。

江苏苏亚金诚会计师事务所有限公司　　主任会计师(授权)：骆祖延

中国．江苏　　中国注册会计师：季作云

会计报表审计报告日期：2002年1月29日

期后事项审计报告日期：2002年3月8日

(二)会计报表(见附表)

(三)会计报表附注

会计政策、会计估计的变更：

公司及控股子公司原执行《股份有限公司会计制度》，根据财政[2000]25号文《关于印发<企业会计制度>的通知》、财会字[2001]17号文《关于印发贯彻实施<企业会计制度>有关政策衔接问题的规定的通知》等文件规定，公司从2001年1月1日起执行新的《企业会计制度》和《企业会计准则》及其补充规定，改变以下会计政策：

①期末固定资产按账面净值计价，现改为按固定资产净值与可收回金额孰低计价，对可收回金额低于帐面净值的差额，计提固定资产减值准备。

②期末在建工程按帐面价值计价，现改为按在建工程帐面价值与可收回金额孰低计价，对可收回金额低于帐面价值的差额，计提在建工程减值准备。

公司及控股子公司本期固定资产、在建工程状况良好，未出现可收回金额低于帐面价值的情况，未计提固定资产减值准备、在建工程减值准备，对本期影响数为零，累积影响数为零。

江苏恒瑞医药股份有限公司

董　事　会

2002年3月7日

合并利润分配表

会计期间：2001年度

编制单位：江苏恒瑞医药股份有限公司　　单位：元

项　目	注释	本年实际	上年实际
一、净利润		81,155,081.33	65,271,386.36
加年初未分配利润：		64,945,001.81	27,024,264.73
其他转入	十、3	6,595,864.11	
二、可供分配的利润		152,695,947.25	92,295,651.09
减：提取法定盈余公积		8,601,211.09	7,032,824.64
提取法定公益金		8,601,211.09	7,032,824.64
提取职工奖励及福利基金		-	
提取储备基金		-	
提取企业发展利基金		-	
利润归还投资		-	
三、可供投资者分配的利润		135,493,525.07	78,230,001.81
减：应付优先股股利		-	
提取任意盈余公积		-	
应付普通股股利		10,628,000.00	13,285,000.00
转作资本(或股本)的普通股股利		39,855,000.00	
四、未分配利润		85,010,525.07	64,945,001.81

利润分配表(母公司)

会计期间：2001年度

编制单位：江苏恒瑞医药股份有限公司　　单位：元

项　目	注释	本年实际	上年实际
一、净利润		81,155,081.33	65,271,386.36
加：年初未分配利润		68,940,496.63	30,008,387.55
其他转入		2,048,176.11	
二、可供分配的利润		152,143,754.07	95,279,773.91
减：提取法定盈余公积		8,115,508.13	6,527,138.64
提取法定公益金		8,115,508.13	6,527,138.64
提取职工奖励及福利基金		-	
提取储备基金		-	
提取企业发展利基金		-	
利润归还投资		-	
三、可供投资者分配的利润		135,912,737.81	82,225,496.63
减：应付优先股股利		-	
提取任意盈余公积		-	
应付普通股股利		10,628,000.00	13,285,000.00
转作资本(或股本)的普通股股利		39,855,000.00	
四、未分配利润		85,429,737.81	68,940,496.63
加：未确认的投资损失		-	

合并利润表

会计期间：2001年度

编制单位：江苏恒瑞医药股份有限公司　　单位：元

项　目	注释	本年累计数	上年数
一、主营业务收入	五、27	634,268,947.69	484,707,192.06
减：主营业务成本	五、28	255,391,928.40	226,709,346.50
主营业务税金及附加	五、29	7,807,359.55	4,994,224.15
二、主营业务利润		371,069,659.74	253,003,621.41
加：其他业务利润		3,253,309.03	4,054,609.98
减：营业费用		168,590,037.08	111,794,602.27
管理费用		107,043,997.55	65,100,348.08
财务费用	五、30	10,713,573.24	5,945,789.96
三、营业利润		87,975,360.90	74,217,491.08
加：投资收益	五、31	3,254,434.06	-865,935.79
补贴收入	五、32	1,064,638.98	2,117,458.15
营业外收入	五、33	8,395,416.80	8,809,888.76
减：营业外支出		3,024,389.50	2,391,685.13
四、利润总额		97,665,461.26	81,887,217.07
减：所得税		16,261,562.55	16,349,680.18
少数股东损益		248,817.38	266,150.53
五、净利润		81,155,081.33	65,271,386.36
补充资料：			
项目		本年累计数	上年实际数
1、出售、处置部门或被投资单位所得收益		4,129,256.23	-
2、自然灾害发生的损失		-	-
3、会计政策变更增加(或减少)利润总额		-	-
4、会计估计变更增加(或减少)利润总额		-	-
5、债务重组损失		-	-
其他			

利润表(母公司)

会计期间：2001年度

编制单位：江苏恒瑞医药股份有限公司　　单位：元

项　目	注释	本年累计数	上年数
一、主营业务收入	六、4	476,200,519.14	325,450,395.15
减：主营业务成本	六、5	135,131,181.83	102,690,461.67
主营业务税金及附加		6,736,753.27	4,235,052.35
二、主营业务利润		334,332,584.04	218,524,881.13
加：其他业务利润		660,201.81	426,188.57
减：营业费用		155,645,832.09	99,354,515.09
管理费用		91,635,747.60	49,847,827.48
财务费用		4,889,542.06	2,462,363.96
三、营业利润		82,821,664.10	67,286,363.17
加：投资收益	六、6	8,061,640.08	4,115,144.22
补贴收入		-	984,124.74
营业外收入		7,678,529.46	7,943,505.36
减：营业外支出		2,113,922.13	1,776,454.24
四、利润总额		96,447,911.51	78,552,683.25
减：所得税		15,292,830.18	13,281,296.89
少数股东损益		-	
五、净利润		81,155,081.33	65,271,386.36
补充资料：			
项目		本年累计数	上年实际数
1、出售、处置部门或被投资单位所得收益		4,129,256.23	-
2、自然灾害发生的损失		-	-
3、会计政策变更增加(或减少)利润总额		-	-
4、会计估计变更增加(或减少)利润总额		-	-
5、债务重组损失		-	-
6、其他		-	-

合并资产负债表

2001 年 12 月 31 日

编制单位：江苏恒瑞医药股份有限公司　　　　单位：元

资　　产	注释	期末数	年初数
流动资产：			
货币资金	五、1	148,477,588.44	359,859,736.42
短期投资	五、2	122,493,620.38	123,748,801.40
应收票据	五、3	2,524,462.86	1,029,200.00
应收股利		-	-
应收利息		-	-
应收账款	五、4	208,723,190.88	138,409,375.68
其他应收款	五、5	80,668,875.60	56,903,265.92
预付账款	五、6	39,231,228.25	8,600,604.23
应收补贴款		-	918,583.41
存货	五、7	83,127,110.66	96,219,303.86
待摊费用		-	-
一年内到期的长期债权投资		-	
其他流动资产		-	
流动资产合计		685,246,077.07	785,688,870.92
长期投资：		-	
长期股权投资	五、8	5,696,000.00	1,566,734.77
长期债权投资	五、9	1,000.00	1,000.00
长期投资合计		5,697,000.00	1,567,743.77
固定资产：		-	
固定资产原价	五、10	396,889,959.97	221,959,465.76
减：累计折旧	五、10	113,224,575.92	95,543,207.09
固定资产净值	五、10	283,665,384.05	126,416,258.67
减：固定资产减值准备		-	
固定资产净额	五、10	283,665,384.05	126,416,258.67
工程物资		-	
在建工程	五、11	136,826,001.81	68,750,524.73
固定资产清理		-	
固定资产合计		420,491,385.86	195,166,783.40
无形资产及其他资产：	-		
无形资产	五、12	2,157,300.00	
长期待摊费用	五、13	5,432,380.02	3,849,866.67
其他长期资产		-	
无形资产及其他资产合计		7,589,680.02	3,849,866.67
递延税项：		-	
递延税款借项		-	
资产总计		1,119,024,142.95	986,273,264.76
负债和所有者权益(股东权益)	注释	期末数	年初数
流动负债：			
短期借款	五.14	73,400,000.00	59,880,000.00
应付票据	五.15	3,000,000.00	3,000,000.00
应付账款	五.16	37,266,729.38	40,591,372.33
预收账款	五.16	3,220,178.68	9,269,054.19
应付工资	五.17	12,209,415.07	9,713,842.91
应付福利费		1,759,558.91	2,015,064.69
应付股利	五.18	10,628,000.00	13,285,000.00
应交税金	五.19	12,088,445.98	28,658,393.07
其他应交款	五.20	3,534,436.59	2,436,897.81
其他应付款	五.16	25,427,491.32	18,648,681.66
预提费用		-	400,000.00
预计负债		-	
一年内到期的长期负债	五.21	58,500,000.00	2,000,000.00
其他流动负债		-	
流动负债合计		241,034,255.93	189,898,306.66
长期负债：		-	
长期借款	五.22	120,000,000.00	120,800,000.00
应付债券		-	-
长期应付款		-	-
专项应付款		-	-
其他长期负债		-	3,007,867.92
长期负债合计		120,000,000.00	123,807,867.92
递延税项：		-	
递延税款贷项		-	
负债合计		361,034,255.93	313,706,174.58
少数股东权益		14,928,124.24	2,134,512.99
所有者权益(股东权益)：		-	
实收资本(股本)	五.23	212,560,000.00	132,850,000.00
减：已归还投资		-	
实收资本净额		212,560,000.00	132,850,000.00
资本公积	五.24	394,806,583.61	430,532,327.38
盈余公积	五.25	50,684,654.10	42,105,248.00
其中：法定公益金	五.25	23,098,191.64	21,052,624.00
未分配利润	五.26	85,010,525.07	64,945,001.81
所有者权益合计		743,061,762.78	670,432,577.19
负债及所有者权益合计		1,119,024,142.95	986,273,264.76

资产负债表(母公司)

会计期间：2001 年度

编制单位：江苏恒瑞医药股份有限公司　　　　单位：元

资　　产	注释	期末数	年初数
流动资产：			
货币资金		101,197,494.66	334,057,851.18
短期投资		122,493,620.38	123,748,801.40
应收票据		-	-
应收股利		-	-
应收利息		-	-
应收账款	六、1	152,468,100.42	83,499,369.56
其他应收款	六、2	230,048,644.63	76,389,585.48
预付账款		35,935,010.33	8,309,540.52
应收补贴款		-	-
存货		58,723,678.35	62,332,147.90
待摊费用		-	-
一年内到期的长期债权投资		-	-
其他流动资产		-	-
流动资产合计		700,866,548.77	688,337,296.04
长期股权投资	六、3	58,403,636.32	41,426,490.52
长期债权投资		-	-
长期投资合计		58,403,636.32	41,426,490.52
固定资产：			
固定资产原价		244,664,843.55	74,821,398.16
减：累计折旧		25,649,679.78	18,598,713.82
固定资产净值		219,015,163.77	56,222,684.34
减：固定资产减值准备		-	-
固定资产净额		219,015,163.77	56,222,684.34
工程物资		-	-
在建工程		4,635,633.75	66,915,884.62
固定资产清理		-	-
固定资产合计		223,650,797.52	123,138,568.96
无形资产及其他资产：			
无形资产		-	-
长期待摊费用		949,150.91	763,166.67
其他长期资产		-	-
无形资产及其他资产合计		949,150.91	763,166.67
递延税项：			
递延税款借项		-	-
资产总计		983,870,133.52	853,665,522.19
负债和股东权益	注释	期末数	年初数
流动负债：			
短期借款		45,500,000.00	29,800,000.00
应付票据		-	-
应付账款		22,390,058.21	20,886,763.90
预收账款		-	1,645,448.99
应付工资		8,053,596.97	5,558,024.81
应付福利费		2,356,020.40	2,097,290.65
应付股利		10,628,000.00	13,285,000.00
应交税金		10,498,524.17	24,000,277.62
其他应交款		2,424,926.75	1,679,156.70
其他应付款		10,957,244.24	12,449,626.33
预提费用		-	-
预计负债		-	-
一年内到期的长期负债		37,000,000.00	-
其他流动负债		-	-
流动负债合计		149,808,370.74	111,401,589.00
长期负债：			
长期借款		91,000,000.00	69,800,000.00
应付债券		-	-
长期应付款		-	-
专项应付款		-	-
其他长期负债		-	2,031,356.00
长期负债合计		91,000,000.00	71,831,356.00
递延税款贷项		-	-
负债合计		240,808,370.74	183,232,945.00
少数股东权益			
股东权益：			
股本		212,560,000.00	132,850,000.00
减：已归还投资		-	
股本净额		212,560,000.00	132,850,000.00
资本公积		394,806,583.61	430,532,327.38
盈余公积		50,265,441.36	38,109,753.18
其中：法定公益金		23,095,056.64	19,054,876.59
未分配利润		85,429,737.81	68,940,496.63
股东权益合计		743,061,762.78	670,432,577.19
负债及股东权益合计		983,870,133.52	853,665,522.19

合并现金流量表

会计期间:2001年度

编制单位:江苏恒瑞医药股份有限公司　　单位:元

项　　目	注释	金额
一、经营活动产生的现金流量:		
销售商品、提供劳务收到的现金		689,755,151.06
收到的税费返还		13,247,835.57
收到的其他与经营流动有关的现金		1,992,872.86
现金流入小计		704,995,859.49
购买商品、接受劳务支付的现金		280,208,148.87
支付给职工以及为职工支付的现金		46,606,908.17
支付的各项税费		128,219,033.71
支付的其他与经营活动有关的现金	五.34	238,474,663.80
现金流出小计		693,508,754.55
经营活动产生的现金流量净额		11,487,104.94
二、投资活动产生的现金流量:		-
收回投资所收到的现金		49,805,075.08
取得投资收益所收到的现金		7,383,690.23
处置固定资产、无形资产和其他长期资产所收回的现金净额		595,000.00
收到的其他与投资活动有关的现金		-
现金流入小计		57,783,765.31
购建固定资产、无形资和其他长期资产所支付的现金		275,580,217.76
投资所支付的现金		54,999,681.87
支付的其他与投资活动有关的现金		9,119,800.00
现金流出小计		339,699,699.63
投资活动产生的现金流量净额		-281,915,934.32
三、筹资活动产生的现金流量		-
吸收投资所收到的现金		12,650,000.00
借款所收到的现金		443,300,000.00
收到的其他与筹资活动有关的现金		-
现金流入小计		455,950,000.00
偿还债务所支付的现金		362,380,000.00
分配股利、利润和偿付利息所支付的现金		35,822,464.70
支付的其他与筹资活动有关的现金		-
现金流出小计		398,202,464.70
筹资活动产生的现金流量净额		57,747,535.30
四、汇率变动对现金的影响额		43,965.08
五、现金及现金等价物净增加额		-212,637,329.00
1、将净利润调节为经营活动的现金流量:		-
净利润		81,155,081.33
加:少数股东收益		248,817.38
计提的资产减值准备		7,010,234.52
固定资产折旧		17,875,279.92
无形资产摊销		-
长期待摊费用摊销		717,600.00
待摊费用的减少(减:增加)		-
预提费用的增加(减:减少)		-400,000.00
处置固定资产、无形资产和其他长期资产的损失(减:收益)		-
固定资产报废损失		-
财务费用		10,703,974.91
投资损失(减收益)		-3,254,434.06
递延税款贷项(减:借项)		-
存货的减少(减:增加)		11,912,193.20
经营性应收项目的减少(减:增加)		-86,051,706.35
经营性应付项目的增加(减:减少)		-28,429,935.91
其他		-
经营活动产生的现金流量净额		11,487,104.94
2、不涉及现金收支的投资和筹资活动		-
债务转为资本		-
一年内到期的可转换公司债券		-
融资租入固定资产		-
3、现金及现金等价物净增加情况:		-
现金的期末余额		148,477,588.44
减:现金的期初余额		359,859,736.42
加:现金等价物的期末余额		122,493,620.38
减:现金等价物的期初余额		123,748,801.40
现金及现金等价物净增加额		-212,637,329.00

现金流量表(母公司)

会计期间:2001年度

编制单位:江苏恒瑞医药股份有限公司　　单位:元

项　　目	金额
一、经营活动产生的现金流量:	
销售商品、提供劳务收到的现金	499,961,146.95
收到的税费返还	9,120,000.00
收到的其他与经营活动有关的现金	1,448,324.16
现金流入小计	510,529,471.11
购买商品、接受劳务支付的现金	139,307,737.28
支付给职工以及为职工支付的现金	35,406,485.41
支付的各项税费	108,036,392.16
支付的其他与经营活动有关的现金	223,855,990.14
现金流出小计	506,606,604.99
经营活动产生的现金流量净额	3,922,866.12
二、投资活动产生的现金流量净额	
收回投资收益的收到的现金	49,765,475.08
取得投资收益所收到的现金	7,344,090.23
处置固定资产、无形资产和其他长期资产所收回的现金净额	60,000.00
收到的其他与投资活动有关的现金	-
现金流入小计	57,169,565.31
购建固定资产、无形资产和其他长期投资所支付的现金	135,369,601.96
投资所支付的现金	64,999,681.87
支付的其他与投资活动有关的现金	139,119,800.00
现金流出小计	339,489,083.83
投资活动产生的现金流量净额	-282,319,518.52
三、筹资活动产生的现金流量	
吸收投资所收到的现金	-
借款所收到的现金	388,000,000.00
收到的其他与筹资活动有关的现金	-
现金流入小计	388,000,000.00
偿还债务所支付的现金	314,100,000.00.
分配股利、利润和偿付利息所支付的现金	29,618,885.14
支付的其他与筹资活动有关的现金	-
现金流出小计	343,718,885.14
筹资活动产生的现金流量净额	44,281,114.86
四、汇率变动对现金流量净额	-
五、现金及现金等价物净增加额	-234,115,537.54
补充资料	
1、将净利润调节为经营活动的现金流量:	
净利润	81,155,081.33
加:少数股东收益	
计提的资产减值准备	5,312,711.54
固定资产折旧	7,050,965.96
无形资产摊销	-
长期待摊费用摊销	140,500.00
待摊费用的减少(减:增加)	-
预提费用的增加(减:减少)	-
处置固定资产、无形资产和其他长期资产的损失(减:收益)	-
固定资产报废损失	-
财务费用	4,889,542.06
投资损失(减:收益)	-8,061,640.08
递延税款贷项(减:减少)	-
存货的减少(减:增加)	3,608,469.55
经营性应收项目的减少(减:增加)	-73,868,892.03
经营性应付项目的增加(减:减少)	-16,303,872.21
其他	-
经营活动产生的现金流量净额	3,922,866.12
2、不涉及现金收支的投资和筹资活动	
债务转为资本	-
一年同内到期的可转换公司债券	-
融资租入固定资产	-
3、现金及现金等价物净增加情况:	
现金的期末余额	101,197,494.66
减:现金的期初余额	334,057,851.18
加:现金等价物的末余额	122,493,620.38
减:现金等价物的期初余额	123,748,801.40
现金及现金等价物净增加额	-234,115,537.54

600278 东方国际创业股份有限公司

2001 年年度报告摘选

一、公司基本情况简介

1、公司法定中、英文名称及缩写
中文名称:东方国际创业股份有限公司
英文名称:ORIENT INTERNATIONAL ENTERPRISE, LTD.
英文名称缩写:OIE
2、公司法定代表人:王祖康
3、公司董事会秘书:黄大瑜
董事会证券事务代表:朱蓓　孟伟
联系地址:上海市娄山关路 85 号 A 座
电话:021－62785521　传真:021－62784020
电子信箱:sob@oie.com.cn
4、公司注册地址:上海市浦东新区陆家嘴路 166 号
公司办公地址:上海市娄山关路 85 号 A 座　邮政编码:200336
公司国际互联网网址:http://www.oie.com.cn　公司电子信箱:oiehq@oie.com.cn
5、公司选定的信息披露报刊为《上海证券报》
登载公司年度报告的中国证监会指定国际互联网网址:http://www.sse.com.cn
公司年度报告备置地点:上海市娄山关路 85 号 A 座
6、公司股票上市交易所:上海证券交易所
股票简称:东方创业　股票代码:600278

二、会计数据和业务数据摘要

1、本年度会计数据摘要(单位:人民币元)

项目	金额
利润总额:	123,993,614.15
净利润:	95,245,046.09
扣除非经常性损益后的净利润:	62,499,703.86
主营业务利润:	341,262,549.78
其他业务利润:	12,042,653.61
营业利润:	51,340,200.19
投资收益:	61,958,056.40
补贴收入:	10,909,357.47
营业外收支净额:	－213,999.91
经营活动产生的现金流量净额:	141,059,741.97
现金及现金等价物净增加额:	149,882,517.40

注:扣除的非经常性损益项目和涉及净利润金额:

项目	金额
补贴收入:	10,909,357.47
处理下属被投资单位股权损益:	3,370,704.97
其他投资收益	21,336,853.92
资金占用费	3,361,393.74
营业外收支净额:	－213,999.91
合并价差摊入:	－240,378.16
合计(扣除所得税因素)	32,745,342.23

2、近三年主要会计数据和财务指标(合并报表)

项目	2001 年	2000 年		1999 年	
		调整后	调整前	调整后	调整前
主营业务收入(元)	2,698,563,179.24	2,779,714,071.78	2,779,714,071.78	2,096,710,712.93	2,096,710,712.93
净利润(元)	95,245,046.09	91,427,778.61	98,247,378.61	76,206,830.45	76,206,830.45
总资产(元)	2,081,022,025.44	2,047,454,153.42	2,090,053,522.34	1,700,895,056.42	1,738,307,352.20
股东权益(元)	949,265,571.30	893,499,551.92	935,304,205.39	376,213,413.14	412,189,557.78
每股收益(元/股)	0.30	0.29	0.31	0.32	0.32
扣除非经常性损益后的每股收益(元/股)	0.20	0.23	0.25	0.30	0.30
加权每股收益(元/股)	0.30	0.33	0.35	0.32	0.32
每股净资产(元/股)	2.97	2.79	2.92	1.57	1.72
调整后的每股净资产(元/股)	2.85	2.58	2.69	1.19	1.32
每股经营活动产生的现金流量净额(元/股)	0.44	0.05	0.05	0.57	0.57
净资产收益率(%)	10.03%	10.23%	10.50%	20.26%	18.49%
加权净资产收益率(%)	10.03%	13.78%	13.98%	20.38%	18.59%
扣除非经常性损益后的加权净资产收益率	6.58%	－－	－－	－－	－－

三、股本变动及股东情况

1、股本变动情况
(1)股份变动情况表　数量单位:股

	本次变动前	比例	募股	送股	公积金转股	增发	其他	小计	本次变动后	比例
一、尚未上市流通股份										
1.发起人股份	240,000,000.00	75.00%							240,000,000.00	75.00%
其中:										
(1)国家拥有股份	236,890,500.00	74.03%							236,890,500.00	74.03%
(2)境内法人持有股份	3,109,500.00	0.97%							3,109,500.00	0.97%
(3)境外法人持有股份										
(4)其他										
2.募集法人股份										
3.内部职工股										
4.优先股或其他										
其中:转配股										
基金配售股份										
柜台交易公司内部职工股份										
战略投资者配售股份	40,000,000.00	12.50%					－40,000,000.00		0.00	0.00%
一般法人配售股份										
未上市流通股份合计	280,000,000.00	87.50%							240,000,000.00	75.00%
二、已上市流通股份										
1.人民币普通股	40,000,000.00	12.50%					＋40,000,000.00		80,000,000.00	25.00%
2.境内上市的外资股										
3.境外上市的外资股										
4.其他										
已上市流通股份合计	40,000,000.00	12.50%					＋40,000,000.00		80,000,000.00	25.00%
三、股份总数	320,000,000.00	100.00%							320,000,000.00	100.00%

600279 重庆港九股份有限公司

2001 年年度报告摘选

一、公司基本情况简介

1、公司法定中文名称:重庆港九股份有限公司
公司法定中文缩写:重庆港九
公司法定英文名称:CHONGQING GANGJIU CO., LTD
公司法定英文缩写:CQGJ
2、公司法定代表人:张延礼先生
3、公司董事会秘书:李毓坚先生
联系地址:重庆市九龙坡区盘龙镇盘龙五村 113－13 号
联系电话:023－63725685　传　真:023－63801564
电子信箱:luyuj@cqgj.com.cn
4、公司注册地址:重庆市九龙坡区盘龙镇盘龙五村 113－13 号
邮政编码:400051
公司办公地址:重庆市九龙坡区盘龙镇盘龙五村 113－13 号　邮政编码:400011
公司国际互联网网址:http://www.cqgj.com.cn
公司电子信箱:cqgj@cqgj.com.cn
5、公司选定的信息披露报纸:《上海证券报》、《中国证券报》、《证券时报》
登载公司年度报告的中国证监会指定国际互联网网址:http://www.sse.com.cn
公司年度报告备置地点:本公司董事会办公室
6、公司股票上市交易所:上海证券交易所
股票简称:重庆港九　股票代码:600279

二、会计数据和业务数据摘要

1、公司本年度主要利润指标情况(金额单位:人民币元)

项目	2001 年度
利润总额:	51,431,840.41
净 利 润:	43,582,411.86
扣除非经常性损益后的净利润:	21,243,919.21
主营业务利润:	35,447,380.98
其他业务利润:	14,641,572.64
营业利润:	24,992,846.13
投资收益:	22,198,621.76
补贴收入:	3,000,000.00
营业外收支净额:	1,240,372.52
经营活动产生的现金流量净额:	18,970,647.11
现金及现金等价物净增加额:	－2,842,058.87

注:非经常性损益涉及的项目和金额:

项目	金额
(1)投资收益:	22,198,621.76 元
(2)营业外收入:	2,911,141.87 元
(3)营业外支出:	1,670,769.35 元
(4)补贴收入:	3,000,000.00 元

2、截止报告期末公司前三年的主要会计数据和财务指标　金额单位:人民币元

指标名称	2001 年	2000 年		1999 年	
		调整后	调整前	调整后	调整前
主营业务收入	102,966,231.57	70,769,761.82	70,769,761.82	53,002,742.84	53,002,742.84
净利润	43,582,411.86	35,366,671.18	47;814,427.70	22,303,248.76	32,015,002.68
总资产	854,019,757.89	792,357,605.14	814,517,115.58	204,616,877.99	214,328,631.91
股东权益	707,916,942.67	687,173,626.81	709,333,137.25	158,729,982.01	168,441,735.93
每股收益(全面摊薄)	0.191	0.155	0.209	0.157	0.225
每股收益(加权平均)	0.191	0.198	0.268	0.157	0.225
扣除非经常性损益后的每股收益	0.093	0.172	0.185	0.222	0.222
每股净资产	3.100	3.100	3.109	1.115	1.183
调整后的每股净资产	3.062	2.970	3.067	1.070	1.138
每股经营活动产生的现金流量净额	0.083	0.058	0.058	0.172	0.172
净资产收益率%(全面摊薄)	6.16	5.15	6.74	14.05	19.01
净资产收益率%(加权平均)	6.15	8.82	11.74	14.05	19.01

3、报告期利润表附表

报告期利润	净资产收益率(%)		每股收益(元)	
	全面摊薄	加权平均	全面摊薄	加权平均
主营业务利润	5.01	5.00	0.155	0.155
营业利润	3.53	3.53	0.109	0.109
净利润	6.16	6.15	0.191	0.191
扣除非经常性损益后的净利润	3.00	3.00	0.093	0.093

三、股本变动及股东情况

1、股本变动情况
(1)股份变动情况表　单位:股

项目	本次变动前	配股	送股	公积金转增股本	增发	其他	小计	本次变动后
一、尚未流通股份								
1、发起人股份	142,390,960							142,390,960
其中:国家持有股份								
境内法人持有股份	142,390,960							142,390,960
境外法人持有股份								
其他								
2. 募集法人股份								
3. 内部职工股								
4. 优先股或其他								
未上市流通股份合计	142,390,960							142,390,960
二、已流通股份								
1.人民币普通股	86,000,000							86,000,000
2.境内上市的外资股								
3.境外上市的外资股								
4.其他								
已上市流通股份合计	86,000,000							86,000,000
三、股本总数	228,390,960							228,390,960

600280 南京中央商场股份有限公司

2001年年度报告摘要

第一章 公司基本情况简介

公司法定名称:中文:南京中央商场股份有限公司
中文缩写:南京中商
英文:NANJING CENTRAL EMPORIUM CO.,LTD.
英文缩写:NJZS
公司法定代表人:胡晓军
公司董事会秘书:陶华　　公司证券事务代表:官国宝
联系地址:南京市白下区中山南路79号
联系电话:025-4717725　　传 真:025-4722766
电子信箱:zyscth@publi1.ptt.js.cn
公司注册地址:南京市白下区中山南路79号
公司办公地址:南京市白下区中山南路79号　　邮政编码:210005
公司电子信箱:zyscth@publi1.ptt.js.cn
公司选定的信息披露报纸:《中国证券报》、《上海证券报》
登载公司年度报告的中国证监会指定网址 http://www.sse.com.cn
公司年度报告备置地点:公司证券投资部
公司股票上市交易所:上海证券交易所
股票简称:南京中商　　股票代码:600280

第二章 会计数据和业务数据摘要

一、公司本年度主要会计数据(单位:元)

	2001年度
利润总额:	39,956,207.57
净利润:	34,386,723.01
扣除非经常性损益后的净利润:	30,582,480.04
主营业务利润:	162,468,257.29
其它业务利润:	4,968,545.12
营业利润:	36,584,206.52
投资收益:	4,033,107.13
补贴收入:	------
营业外收支净额:	--661,106.08
经营活动产生的现金流量净额:	52,128,746.42
现金及现金等价物净增加额:	5,625,529.08

注:扣除的非经常性损益项目涉及金额3,804,242.97元。其中:
资金占用费用4,366,183.14
营业外收入　1,292,892.59
营业外支出　-1,854,832.76

二、截止报告期末公司前三年主要会计数据和财务指标(单位:元)

项目	2001年	2000年		1999年	
		调整后	调整前	调整后	调整前
主营业务收入	965,856,528.65	688,615,815.40	686,171,698.64	779,136,859.84	779,136,859.84
净利润	34,386,723.01	26,596,713.33	26,596,713.33	24,030,456.43	28,023,852.15
总资产	788,983,943.48	790,073,371.15	792,899,493.09	502,956,411.05	506,949,806.77
股东权益(不含少数股东权益)	431,028,320.54	408,767,684.83	418,409,800.96	200,392,562.39	204,385,958.11
每股收益(摊薄)	0.28	0.22	0.22	0.28	0.32
每股收益(加权)	0.28	0.28	0.28	0.28	0.32
扣除非经常性损益后的每股收益(摊薄)	0.25	0.21	0.21	0.28	0.33
每股净资产	3.55	3.37	3.45	2.32	2.37
调整后的每股净资产	3.46	3.24	3.34	2.20	2.25
每股经营活动产生的现金流量净额	0.43	0.39	0.39	1.79	1.79
净资产收益率(%)	7.98	6.51	6.36	11.99	13.71
净资产收益率(加权%)	8.07	10.15	9.82	11.75	13.57
扣除非经常性损益后加权平均净资产收益率(%)	7.18	9.77	9.77	11.75	13.57

本年度利润表附表

项目	净资产收益率(%)		每股收益(元)	
	全面摊薄	加权平均	全面摊薄	加权平均
主营业务利润	37.69	38.14	1.34	1.34
营业利润	8.49	8.59	0.30	0.30
净利润	7.98	8.07	0.28	0.28
扣除非经常性损益后的净利润	7.10	7.18	0.25	0.25

第三章 股本变动及股东情况

一、股本变动情况

单位:股

	本次变动前	本次变动增减(+/-)					本次变动后
		配股	送股	公积金转股	其他	小计	
一、未上市流通股份							
1、发起人股份	32,624,289					----	32,624,289
其中:							
国家持有股份	32,624,289					----	32,624,289
境内法人持有股份							
境外法人持有股份							
其它							
2、募集法人股份	31,680,000					----	31,680,000
3、内部职工股	5,956,584					----	5,956,584
4、其他(社会法人股)	16,000,000					----	16,000,000
其中:转配股							
未上市流通股份合计	86,260,873					----	86,260,873
二、已上市流通股份							
1、人民币普通股	35,000,000					----	35,000,000
2、境内上市的外资股							
3、境外上市的外资股							
4、其他							
已上市流通股份合计	35,000,000					----	35,000,000
股份总数	121,260,873					----	121,260,873

600281 太原化工股份有限公司

2001年年度报告摘要

第一节 公司简介

一、公司法定中文名称:太原化工股份有限公司
公司法定英文名称:Taiyuan Chemical Industry Co.,Ltd.
英文缩写:TCICL
二、公司法定代表人:余乾元
三、公司董事会秘书:吴洪山
联系地址:山西省太原市文源巷15号
电　　话:0351-4181612
传　　真:0351-4180791
电子信箱:THGF@public.ty.sx.cn
四、公司注册地址:山西省太原市学府西街高科技园区工西三条2号
公司办公地址:山西省太原市文源巷15号
邮编:030001
公司国际互联网网址:www.THGF.com.cn
电子信箱:THGF@public.ty.sx.cn
五、公司信息披露报刊名称:《中国证券报》、《上海证券报》《证券时报》
登载公司年度报告的中国证监会指定国际互联网网址:http://www.sse.com.cn
公司年度报告备置地点:公司董事会秘书处
六、公司股票上市交易所:上海证券交易所
股票简称:太化股份　　股票代码:600281

第二节 会计数据和业务数据摘要

(一)本年度实现利润总额及构成情况(单位:人民币元)

项目	金 额
利润总额	48,832,475.58
净利润	40,910,594.57
扣除非经常性损益后的净利润	29,912,575.87
主营业务利润	119,325,792.27
其他业务利润	-2,058,687.44
营业利润	35,893,630.06
投资收益	5,879,798.83
补贴收入	534,883.33
营业外收支净额	6,524,163.36
经营活动产生的现金流量净额	91,681,736.84
现金及现金等价物净增加额	29,904,470.85

(二)截止报告期末前三年主要会计数据和财务指标(单位:人民币元)

项目	2001年	2000年		1999年	
		调整后	调整前	调整后	调整前
主营业务收入	711,788,581.12	785,448,247.86	785,448,247.86	709,373,766.42	709,373,766.42
净利润	40,910,594.57	51,060,030.73	46,278,382.74	48,002,617.38	38,319,256.88
总资产	1,981,978,929.26	1,776,883,840.50	1,774,181,242.47	1,095,393,553.98	1,095,393,553.98
股东权益(不含少数股东权益)	1,026,654,812.49	994,173,585.92	979,565,256.75	407,089,215.30	397,262,534.12
每股收益(全面摊薄)	0.114	0.142	0.129	0.189	0.151
每股收益(加权平均元/股)	0.114	0.182	0.165	0.189	0.151
扣除非经常性损益后的每股收益(加权)	0.083	0.190	0.149	0.192	0.151
每股净资产(元/股)	2.861	2.770	2.729	1.603	1.565
调整后的每股净资产(元/股)	2.782	2.710	2.665	1.483	1.444
每股经营活动产生的现金流量净额(元/股)	0.255	-0.179	-0.179	-	-
净资产收益率(%)(全面摊薄)	3.99	5.14	4.72	11.79	9.65
净资产收益率(%)(加权平均)	4.03	8.93	8.27	16.89	13.72
扣除非经常损益后的净资产收益率(%)(加权)	2.95	9.31	7.44	17.11	13.94

第三节 股本变动及股东情况

(一)股本变动情况
股份变动情况表(截止2001年12月31日)

数量单位:股

项目	本次变动前	本期变动增减(+,-)						本次变动后
		配股	送股	公积金转股	增发	其他	小计	
一、未上市流通股								
1.发起人股份								
其中:								
国家持有股份	248,376,000							248,376,000
境内法人持有股份	5,530,000							5,530,000
境外法人持有股份								
其他								
2.募集法人股份								
3.内部职工股								
4.优先股及其他								
其中:转配股								
未上市流通股合计	253,906,000							253,906,000
二、已上市流通股								
1.人民币普通股	105,000,000							105,000,000
2.境内上市的外资股								
3.境外上市的外资股								
4.其他								
已上市流通股合 计	105,000,000							105,000,000
三、股份总数	358,906,000							358,906,000

600282 南京钢铁股份有限公司

2001 年年度报告摘选

第一章 公司基本情况简介

一、公司法定中文名称:南京钢铁股份有限公司
公司法定英文名称:Nanjing Iron & Steel Co., Ltd.
二、公司法定代表人:肖同友
三、公司董事会秘书:徐林
联系地址:江苏省南京市大厂区卸甲甸
电话:025-7056780　　传真:025-7052184
电子信箱:webmaster@600282.net
四、公司注册地址:江苏省南京市大厂区卸甲甸
公司办公地址:江苏省南京市大厂区卸甲甸
邮政编码:210035
公司互联网网址:http://www.600282.net
电子信箱:webmaster@600282.net
五、公司选定的信息披露报纸:《中国证券报》《上海证券报》
登载年度报告的中国证监会指定网站的网址:http://www.sse.com.cn
公司年度报告备置地点:公司证券部
六、公司股票上市交易所:上海证券交易所
股票简称:南钢股份　　股票代码:600282

第二章 会计数据和业务数据摘要

一、公司本年度主要会计数据

项 目	金 额
利润总额	241,469,332.65
净利润	206,185,874.20
扣除非经常性损益后的净利润	208,827,026.55
主营业务利润	369,838,904.72
其他业务利润	3,251,879.08
营业利润	246,204,028.65
营业外收支净额	-4,734,696.00
经营活动产生的现金流量净额	233,791,063.36
现金及现金等价物净增加额	70,978,192.17

二、截止报告期末公司前三年主要会计数据和财务指标(单位:元)

指标项目	2001 年	2000 年		1999 年	
		调整后	调整前	调整后	调整前
主营业务收入	4,001,026,137.19	3,389,775,529.32	3,389,775,529.32	2,693,517,579.35	2,693,517,579.35
净利润	206,185,874.20	201,485,026.56	208,960,651.34	142,204,527.61	147,682,263.81
总资产	2,582,196,411.05	2,581,824,870.28	2,594,778,231.27	1,816,258,082.62	1,821,735,818.82
股东权益	1,600,172,230.23	1,494,786,356.03	1,507,739,717.02	577,451,669.91	582,929,406.11
每股摊薄收益	0.41	0.48	0.50	0.47	0.49
每股加权收益	0.41	0.61	0.63	0.47	0.49
扣除非经常性损益后的每股收益	0.41	0.49	0.48	0.48	0.49
每股净资产	3.17	3.56	3.59	1.92	1.94
调整后的每股净资产	3.13	3.53	3.56	1.88	1.90
每股经营活动产生的现金流量净额	0.46	1.11	1.11	0.3	0.3
全面摊薄净资产收益率(%)	12.89	13.48	13.86	25.03	25.33
加权平均净资产收益率(%)	12.90	23.22	23.83	22.58	28.32
扣除非经常性损益后的加权平均净资产收益率(%)	13.07	23.52	23.18	23.45	24.21
扣除非经常性损益后的全面摊薄净资产收益率(%)	13.05	13.65	13.48	25.57	26.27

第三章 股本变动及股东情况

一、本变动情况

股本变动情况表　　(单位:股)

	本次变动前	本次增加数(+)	本次变动后	送股
一、未上市流通股份				
1.发起人股份	300,000,000	60,000,000	360,000,000	
其中:国家持有股份	298,000,000	59,600,000	357,600,000	
境内法人持有股份	2,000,000	400,000	2,400,000	
境外法人持有股份				
其他				
2.募集法人股份				
3.内部职工股				
4.优先股或其他				
未上市流通股份合计	300,000,000	60,000,000	360,000,000	
二、已流通股份				
1.人民币普通股	120,000,000	24,000,000	144,000,000	
2.境内上市的外资股				
3.境外上市的外资股				
4.其他				
已上市流通股份合计	120,000,000	24,000,000	144,000,000	
三、股份总数	420,000,000	84,000,000	504,000,000	

二、股东情况介绍
1、报告期末股东总数:75,286 户
2、报告期末前 10 名股东持股情况(单位:股)

股东名称	期末持股数量	期内增减	持股性质	占总股的比例%
1.南京钢铁集团有限公司	357,600,000	59,600,000	国有股	70.95
2.中国冶金进出口江苏公司	600,000	100,000	国有法人股	0.12
3.冶金工业部北京钢铁设计总院	600,000	100,000	国有法人股	0.12
4.江苏省冶金物资供销公司	600,000	100,000	国有法人股	0.12
5.中国第二十冶金建设公司	600,000	100,000	国有法人股	0.12
6.兴和基金	282,868	不详	社会公众股	0.06
7.董国荣	277,500	不详	社会公众股	0.06
8.吴硕丰	240,528	不详	社会公众股	0.05
9.徐大方	224,767	不详	社会公众股	0.04
10.赵淑芳	200,000	不详	社会公众股	0.04

600283 钱江水利开发股份有限公司

2001 年年度报告摘选

一、公司基本情况简介

1、公司的法定中、英文名称及缩写
中文名称:钱江水利开发股份有限公司
英文名称:QIANJIANG WATER RESOURCES DEVELOPMENT CO., LTD
英文缩写:QJSL
2、公司法定代表人:王猛照
3、公司董事会秘书及其证券事务代表的姓名、联系地址、电话、传真、电子信箱
公司董事会秘书:王林江
证券事务代表:贾庆洲
联系电话:0571—88822250　　0571—88805888—1088
传真:0571—88822251
联系地址:浙江省杭州市天目山路 166 号投资大厦 10 楼
4、公司注册地址、公司办公地址及其邮政编码、公司国际互联网网址、电子信箱
公司注册及办公地址:浙江省杭州市天目山路 166 号投资大厦
邮政编码:310007
公司网址:http://WWW.QJWATER.COM
公司电子信箱:qjwrj@public.hz.zj.cn
5、公司选定的信息披露报纸名称,登载年度报告的中国证监会指定网站的网址,公司年度报告备置地点。
公司信息披露报刊名称:《上海证券报》、《证券时报》、《中国证券报》
登载年度报告的国际互联网网址:http://www.see.com.cn
公司年度报告备置地点:公司证券部
6、公司股票上市交易所、股票简称和股票代码
公司股票上市交易所:上海证券交易所
股票简称:钱江水利　　股票代码:600283

二、会计数据和业务数据摘要

1、本年度主要利润指标　　单位:元

利润总额	67,794,144.68
净利润	52,592,742.09
扣除非经常性损益后的净利润	53,478,408.55
主营业务利润	98,286,952.52
其他业务利润	417,058.87
营业利润	55,091,393.33
投资收益	13,474,367.68
补贴收入	500,000.00
营业外收支净额	-1,271,616.33
经营活动产生的现金流量净额	34,827,495.86
现金及现金等价物净增减额	-557,265,632.99

注:扣除非经营性损益项目和涉及金额

营业外收入:	75,760.00 元
营业外支出:	1,240,788.96 元
合并价差摊入:	68,751.42 元
所得税影响额:	-348,113.92 元

2、公司近三年主要会计数据及财务指标　　单位:元

会计数据	2001 年度	2000 年度	1999 年度
主营业务收入	164,882,958.82	145,952,839.17	155,223,415.88
净利润	52,592,742.09	45,363,044.76	61,656,399.95
全面摊薄每股收益	0.1843	0.1590	0.3079
加权平均每股收益	0.1843	0.2047	0.3078
扣除非经营性损益后的每股收益	0.1873	0.1573	0.3174
每股经营活动产生的现金流量净额	0.1221	-0.2195	0.3540
全面摊薄净资产收益率(%)	6.1481	5.3735	19.8000
加权平均净资产收益率(%)	6.0996	9.9488	19.8000
扣除非经营性损益后净利润的加权平均净资产收益率(%)	6.1970	10.3312	17.8881
会计数据和财务指标	2001 年末	2000 年末	1999 年末
总资产	1,191,612,669.74	1,343,562,344.79	560,916,864.95
股东权益(不含少数股东权益)	855,435,989.27	835,939,786.62	311,431,272.34
每股净资产	2.9981	2.9297	1.5546
调整后的每股净资产	2.4830	2.4155	1.5023

三、股本变动及股东情况

1、股本变动情况　　数量单位:股
(1)公司股份变动情况表

	本次变动前	本次变动增减(+、—)						本次变动后
		配股	送股	公积金转股	增发	其他	小计	
一、未上市流通股份								
1、发起人股份								
其中:国家持有股份	60330000							60330000
境内法人持有股份	139670000							139670000
境外法人持有股份								
其他	330000							330000
2、募集法人股份								
3、内部职工股								
4、优先股或其他								
未上市流通股份合计	200330000							200330000
二、已上市流通股份								
1、人民币普通股	85000000							85000000
2、境内上市的外资股								
1、境外上市的外资股								
2、其他								
已上市流通股份合计	85000000							85000000
三、股份总数	285330000							285330000

600285 河南羚锐制药股份有限公司

2001 年年度报告摘选

一、公司基本情况简介

(一)公司法定中文名称:河南羚锐制药股份有限公司
中文名称缩写:羚锐股份公司
法定英文名称:Henan Lingrui Pharmaceutical Co.,Ltd
英文名称缩写:LRGF
(二)法定代表人姓名:熊维政
(三)公司董事会秘书:都强
证券事务代表:陈燕
联系地址:河南省新县向阳路 232 号
联系电话:0397-2987888
传真:0397-2987888
电子信箱:dou_qiang@sina.com
(四)公司注册地址:河南省新县向阳路 232 号
公司办公地址:河南省新县向阳路 232 号
邮政编码:465550
公司国际互联网网址:http://www.lingrui.com
电子信箱:info@lingrui.com
(五)信息披露报刊名称:《中国证券报》
登载年度报告的中国证监会指定网址:http://www.sse.com.cn
年度报告备置地点:公司董事会办公室
(六)公司股票上市交易所:上海证券交易所
股票简称:羚锐股份
股票代码:600285

二、会计数据和业务数据摘要

(一)本年度的主要会计数据和财务指标(单位:人民币元)

项目	2001 年度金额
利润总额	29,409,452.21
净利润	25,107,218.50
扣除非经常性损益后的净利润	20,665,577.65
主营业务利润	123,282,428.65
其他业务利润	90,991.17
营业利润	23,213,641.26
投资收益	1,754,170.10
补贴收入	2,000,000.00
营业外收支净额	2,441,640.85
经营活动产生的现金流量净额	3,411,013.97
现金及现金等价物净增加额	-90,573,797.80

注:扣除的非经常性损益项目和涉及金额(单位:人民币元)

补贴收入:2,000,000.00 元;罚款收入:26,108.52 元;新股申购冻结资金利息:3,511,245.02 元;处理固定资产净收益:9,231.00;其他:34,855.36 元,合计:5,581,421.90 元。捐赠支出:906,639.00 元;罚款及补偿费等:111,435.45 元;固定资产减值准备:89,470.77 元;其他:32,235.83 元,合计:1 139,781.05 元。

扣除非经常性损益项目的净额为 4,441,640.85 元。

(二)截至报告期末前三年的主要会计数据和财务指标(单位:人民币元)

会计数据和财务指标	2001 年	2000 年	1999 年
主营业务收入	172,176,395.86	130,734,521.66	103,979,019.72
净利润	25,107,218.50	23,554,530.20	21,764,951.64
总资产	560,376,578.20	503,237,928.58	175,023,127.74
股东权益	401,789,548.35	386,718,329.85	62,300,088.30
每股收益	0.25	0.235	0.36
加权平均每股收益	0.25	0.335	0.36
扣除非经常性损益后的每股收益	0.21	0.237	0.36
每股净资产	4.00	3.853	1.03
调整后的每股净资产	3.85	3.818	1.0012
每股经营活动产生的现金流量净额	0.034	0.037	0.0233
净资产收益率(%)	6.25%	6.091%	34.93%
扣除非经常性损益后的净资产收益率(%)	5.14%	6.151%	34.93%
扣除非经常性损益后的加权平均净资产收益率(%)	5.18%	8.695%	35.87%

三、股本变动及股东情况

(一)股本变动情况
1、段本变动情况表

单位:股

	本次变动前	期间变动增减(+,-) 配股	送股	公积金转股	其他	小 计
一、未上市流通股份						
1、发起人股份	60,360,000					
其中:国家拥有股份	40,743,000				15,090,000	-15,090,000
境内法人持有股份	6,036,000				+15,090,000	+15,090,000
境外法人持有股份	12,494,520					
其他	1,086,480					
2、募集法人股份						
3、内部职工股						
4、优先股或其他						
未上市流通股份合计	60,360,000				0	0
二、已上市流通股份						
1、人民币普通股	40,000,000					
2、境内上市的外资股						
3、境外上市的外资股						
4、其他						
已上市流通股份合计	40,000,000					
三、股份总数	100,360,000				0	0

600286 湖南国光瓷业集团股份有限公司

2001 年年度报告摘选

第一节　公司基本情况简介

一、公司法定中文名称:湖南国光瓷业集团股份有限公司
公司法定英文名称:HuNan GuoGuang Ceramic Group CO.,LTD.
公司法定英文名称缩写:HNGG
二、公司法定代表人:张晓游先生
三、公司董事会秘书:唐治先生
联系地址:湖南省长沙市芙蓉中路松桂园海东青大厦八楼
联系电话:0731-4330333　传真号码:0731-4313467
电子信箱:tzimail@sina.com
董事会证券事务代表:张钰先生
联系地址:湖南省长沙市芙蓉中路松桂园海东青大厦八楼
联系电话:0731-4331995-830　传真号码:0731-4313467
电子信箱:zhyumail@sina.com
四、公司注册地址:株洲市高新技术产业开发区创业服务中心 A1 栋 3 层
公司办公地址:湖南省醴陵市花园庵 270 号
邮政编码:412200
公司国际互联网网址:http://www.guoguang-ceramic.com
公司电子信箱:hngg@mail.zz.hn.cn
五、公司选定的信息披露报刊:《上海证券报》、《中国证券报》
登载年度报告的中国证监会指定网站的网址:http://www.sse.com.cn
公司年度报告备置地点:公司董事会秘书处
六、公司股票上市交易所:上海证券交易所
股票简称:国光瓷业　　股票代码:600286

第二节　会计数据和业务数据摘要

一、本年度主要利润指标情况:　(单位:人民币元)

项目	金额
利润总额	34,317,740.67
净利润	27,928,773.69
扣除非经常性损益后的净利润	28,094,132.48
主营业务利润	111,782,692.12
其他业务利润	1,349,072.25
营业利润	31,876,306.25
投资收益	2,786,733.25
补贴收入	0.00
营业外收支净额	-345,298.83
经营活动产生的现金流量净额	43,026,889.29
现金及现金等价物净增减额	-64,528,030.18

扣除非经常性损益项目如下(单位:人民币元)

项目	金额
a、股权转让收益	150,759.08
b、处理固定资产净损失	102,687.71
c、债务重组损失等	15,000.00
d、罚没收入等其他收入	477,652.11
e、罚款支出、非常损失等其他损失	705,263.23
合 计	-194,539.75

二、截止报告期末公司前三年主要会计数据和财务指标　单位:人民币元

指标项目	2001 年	2000 年	1999 年
主营业务收入	359,259,705.89	248,638,579.88	182,286,776.33
净利润	27,928,773.69	25,981,097.76	18,975,626.68
总资产	918,212,654.53	682,512,419.51	570,596,701.05
股东权益(不含少数股东权益)	331,506,851.15	308,328,077.46	291,846,979.70
每股收益	0.294	0.273	0.200
每股净资产	3.49	3.246	3.072
调整后的每股净资产	3.46	3.224	3.065
每股经营活动产生的现金流量净额	0.453	0.49	-0.13
净资产收益率(%)			
全面摊薄	8.42	8.43	6.50
加权平均	8.67	8.52	13.34
扣除非经常性损益后的加权平均净资产收益率	8.72	8.73	14.73

第三节　股本变动及股东情况

一、股本变动情况
(一)股份变动情况表
截止 2001 年 12 月 31 日,公司总股本 9500 万股,其股权结构及变动增减如下:

(数量单位:股)

	本次变动前	本次变动增减(+,-) 配股	送股	公积金转股	增发	其他	小计	本次变动后
一、未上市流通股份								
1、发起人股份	30000000							30000000
其中:								
国家持有股份	30000000							30000000
境内法人持有股份	0							0
境外法人持有股份	0							0
其他								
2、募集法人股份	2400000							2400000
3、内部职工股	0							0
4、优先股或其他	27600000							27600000
未上市流通股份合计	60000000							60000000
二、已上市流通股份								
1、人民币普通股	35000000							35000000
2、境内上市的外资股								
3、境外上市的外资股								
4、其他								
已上市流通股份合计	35000000							35000000
三、股份总数	95000000							95000000

600287 江苏舜天股份有限公司

2001 年年度报告摘选

一、公司基本情况简介

(一)公司法定中文名称:江苏舜天股份有限公司
公司法定英文名称:Jiangsu Sainty Corp., Ltd.
(二)公司法定代表人:董启彬
(三)公司董事会秘书:杨青峰
联系地址:南京市建邺路 98 号舜天大厦
电话:025－4208688－82068
传真:025－4201927
电子信箱:yqf@jsgmt.com
(四)公司注册地址:南京市建邺路 98 号
公司办公地址:南京市建邺路 98 号舜天大厦
邮政编码:210004
公司国际互联网网址:http://www.jsgmt.com
电子信箱:webmaster@jsgmt.com
(五)公司选定的信息披露报刊:《上海证券报》
登载年度报告的中国证监会指定网站的网址:http://www.sse.com.cn
公司年度报告备置地点:南京市建邺路 98 号舜天大厦
(六)公司股票上市交易所:上海证券交易所
股票简称:江苏舜天　　　股票代码:600287
(七)其他有关资料
公司首次注册登记日期:1993 年 12 月 28 日
公司首次注册登记地点:南京市珠江路 185 号
公司最新变更注册登记日期:2001 年 5 月 15 日
公司最新变更注册登记地点:南京市建邺路 98 号
企业法人营业执照注册号:3200001101893
税务登记号码:320105134775688
公司聘请的会计师事务所名称:江苏天衡会计师事务所有限公司
会计师事务所办公地址:南京市正洪街 18 号东宇大厦 8 楼
公司聘请的律师事务所名称:江苏世纪同仁律师事务所
律师事务所办公地址:南京市北京西路 26 号 4－5 楼

二、会计数据和业务数据摘要

(一)公司本年度会计数据摘要(单位:人民币元)

项目	金额
利润总额	149,460,269.80
净利润	122,745,000.27
扣除非经常性损益后的净利润 *	103,696,346.54
主营业务利润	328,226,357.34
其他业务利润	1,352,992.44
营业利润	126,129,454.32
投资收益	12,518,323.22
补贴收入	8,090,731.01
营业外收支净额	2,721,761.25
经营活动产生的现金流量净额	－44,193,517.86
现金及现金等价物净增加额	－73,343,421.45

(二)截止报告期末公司前三年的主要会计数据和财务指标(单位:人民币元)

	2001 年	2000 年	1999 年
主营业务收入	2,960,898,976.24	2,482,840,514.92	1,873,537,447.67
净利润	122,745,000.27	90,699,027.72	70,772,704.16
总资产	1,486,931,989.35	1,391,158,060.05	864,680,964.65
股东权益(不含少数股东权益)	692,876,647.54	669,950,526.69	225,572,238.64
每股收益	0.7306	0.5939	0.6278
每股净资产	4.1243	4.3866	2.0011
调整后的每股净资产	4.0590	3.8676	1.4773
每股经营活动产生的现金流量净额	－0.2631	0.4088	0.4166
净资产收益率(%)	17.72	13.54	31.37

(三)利润表附表

2001 年度利润	净资产收益率(%)		每股收益(元)	
	全面摊薄	加权平均	全面摊薄	加权平均
主营业务利润	47.37	49.41	1.9537	1.9537
营业利润	18.20	18.99	0.7508	0.7508
净利润	17.72	18.48	0.7306	0.7306
扣除非经常性损益后的净利润	14.97	15.61	0.6172	0.6172

三、股本变动及股东情况

(一)股本变动情况
1、股份变动情况表(单位:股)

	本次变动前	本次变动增减(+,-)						本次变动后
		配股	送股	公积金转股	增发	其他	小计	
一、未上市流通股份								
1、发起人股份	92,225,900		9,222,590					101,448,490
其中:国家持有股份	92,225,900		9,222,590					101,448,490
境内法人持有股份								
境外法人持有股份								
其他								
2、募集法人股份	17,681,853		1,768,185					19,450,038
3、内部职工股	2,818,147		281,815					3,099,962
4、优先股或其他								
未上市流通股份合计	112,725,900		11,272,590					123,998,490
二、已上市流通股份								
1、人民币普通股	40,000000		4,000,000					44,000,000
2、境内上市的外资股								
3、境外上市的外资股								
4、其他								
已上市流通股份合计	40,000,000		4,000,000					44,000,000
三、股份总数	152,725,900		15,272,590					167,998,490

600288 大恒新纪元科技股份有限公司

2001 年年度报告摘选

一、公司基本情况简介

(一)公司法定中文名称
大恒新纪元科技股份有限公司
公司法定英文名称及缩写
Daheng New Epoch Technology, Inc.
缩写:DHKJ
(二)公司注册地址:北京市海淀区中关村大街 22 号中科大厦十一层
公司办公及通讯地址:北京市海淀区中关村大街 22 号中科大厦十一层
邮政编码:100080
公司因特网网址 http://www.dhxjy.com.cn
投资者可以通过上述网址取得公司年报及其它有关信息
(三)公司法定代表人:张家林
(四)公司咨询服务机构董事会秘书处
电话:010－62628443
传真:010－62628384
电子信箱:newepoch@public2.bta.net.cn
董事会秘书:严宏深　　　董事会证券事务代表:潘裕民
(五)公司选定的信息披露报纸名称
中国证券报、上海证券报
刊登公司年报的中国证监会指定的因特网网址:http://www.see.com.cn
公司年度报告置备地点:北京市海淀区中关村大街 22 号中科大厦十一层
公司董事会秘书处:北京市海淀区中关村大街 22 号中科大厦十一层
(六)股票上市交易所:上海证券交易所
股票简称:大恒科技　　　股票代码:600288

二、会计数据和业务数据摘要

(一)2001 年度公司主要经营指标　　(单位:人民币元)

项目	金额
1、利润总额	68,452,209.86
2、净利润	46,736,271.76
3、扣除非经常性损益后的净利润	42,065,244.77
4、主营业务利润	166,685,222.05
5、其他业务利润	8,037,607.42
6、营业利润	50,252,705.55
7、投资收益	12,819,115.73
7、补贴收入	1,080,820.17
9、营业外收支净额	4,299,568.41
10、经营活动产生的现金流量净额	－12,982,743.50
11、现金及现金等价物净增加额	－8,438,734.17

说明:"扣除非经常性损益后的净利润"扣除的项目及金额如下:

项目	涉及金额(元)
补贴收入	1,080,820.17
营业外收入	4,729,077.28
营业外支出	－429,508.87
所得税影响	－709,361.59
合计	4,671,026.99

(二)截止 2001 年末,公司前三年主要会计数据和财务指标

项目	2001 年	2000 年	1999 年
主营业务收入(万元)	1,347,309,834.96	1,188,361,116.14	818,448,321.65
净利润(万元)	46,736,271.76	37,482,687.36	29,307,799.39
总资产(万元)	1,251,984,124.28	1,219,377,277.46	682,809,768.36
股东权益(万元)(不含少数股东权益)	673,028,441.16	639,952,946.64	179,617,029.00
每股收益(元/股)			
－－(加权平均)	0.3338	0.40	0.33
－－(全面摊薄)	0.3338	0.27	0.33
每股净资产(元)	4.81	4.57	2.00
调整后的每股净资产(元)	4.78	4.54	1.90
每股经营生产活动产生的现金流量净额	－0.09	0.32	
净资产收益率(加权)	7.05%	15.96%	
净资产收益率(摊薄)	6.94%	5.86%	
扣除非经常性损益后的净资产收益率(摊薄)	6.24%	5.04%	
扣除非经常性损益后的净资产收益率(加权)	6.34%	13.83%	

(三)按照中国证监会《公开发行证券公司信息披露编报规则(第 9 号)》要求计算的利润数据:

报告期利润(元)	全面摊薄净资产收益率(%)	加权平均净资产收益率(%)	全面摊薄每股收益率(元/股)	加权平均每股收益率(元/股)
主营业务利润	24.77%	25.13%	1.1906	1.1906
营业利润	7.47%	7.58%	0.3589	0.3589
净利润	6.94%	7.05%	0.3338	0.3338
净利扣除非经常性损益后的净利润	6.24%	6.34%	0.3005	0.3005

三、股本变动及股东介绍

(一)报告期内,公司股本结构未发生变动。
前十名股东持股情况:

序号	股东名称	年末持股数量(股)	占总股本百分比
1	中国新纪元有限公司	60,000,000	42.86%
2	中国华星汽车贸易(集团)公司	30,000,000	21.43%
3	安徽证券	618,325	0.44%
4	范玉华	498,303	0.36%
5	银河证券	340,092	0.24%
6	哈里实业	228,027	0.16%
7	哈市国投	174,300	0.12%
7	宋淑侠	171,500	0.12%
9	翔智医药	159,630	0.11%
10	章伟	105,043	0.08%

600289 哈尔滨亿阳信通股份有限公司

2001年年度报告摘选

一、公司基本情况简介

(一)公司法定中、英文名称
1.中文名称:哈尔滨亿阳信通股份有限公司
2.英文名称:Bright Oceans Inter - Telecom Corporation
(二)公司法定代表人:邓伟
(三)公司董事会秘书:
1.公司董事会秘书:郭士斌
2.联系地址:北京中关村海淀南路19号、哈尔滨高新技术产业开发区1号楼
3.电话:010 - 82666789、0451 - 2326789
4.传真:010 - 82666332、0451 - 2320579
5.电子信箱:gsb@boco.com.cn
(四)公司注册地址、办公地址、邮政编码及电子信箱:
1.公司注册地:哈尔滨高新技术产业开发区1号楼
2.公司办公地址:北京中关村海淀南路19号、哈尔滨高新技术产业开发区1号楼
3.公司邮政编码:北京100080、哈尔滨150090
4.公司互联网址:http://www.boco.com.cn
5.公司电子信箱:gsb@boco.com.cn
(五)公司选定的信息披露报纸名称、登载公司年度报告的中国证监会指定国际互联网网址,公司年度报告备置地点:
1.信息披露报纸:《中国证券报》、《上海证券报》
2.证监会指定的国际互联网网址:http://www.sse.com.cn
3.年度报告备置地点:公司投资发展部办公室
(六)公司股票上市交易所、股票简称和股票代码:
1.上市交易所:上海证券交易所
2.股票简称:亿阳信通
3.股票代码:600289

二、会计数据和业务数据摘要

(一)利润情况:

1.利润总额:	97,106,422.68元
2.净利润:	73,453,236.18元
3.扣除非经常性损益后的净利润:	93,302,817.35元
4.主营业务利润:	217,536,811.82元
5.其他业务利润:	2,895,675.12元
6.营业利润:	104,034,473.57元
7.投资收益:	50,000.00元
8.营业外收支净额:	-7,552,660.68元
9.经营活动产生的现金流量净额:	233,785,564.77元
10.现金及现金等价物净增加额:	44,441,743.24元

(二)公司前三年的主要会计数据及财务指标: 单位:元

项目	2001年	2000年	1999年
主营业务收入	620,377,092.59	473,634,284.82	248,749,791.52
净利润	73,453,236.18	57,562,590.89	43,622,190.78
总资产	1,365,211,191.79	1,377,621,242.02	340,270,935.73
股东权益(不含少数股东权益)	888,706,757.92	837,703,389.84	94,488,243.90
每股收益摊薄	0.694	0.544	0.662
加权	0.694	0.600	0.662
扣除非经常性损益每股收益	0.881	0.528	0.657
每股净资产	8.39	7.91	1.43
调整后的每股净资产	8.39	7.87	1.42
每股经营活动产生的现金流量净额	2.21	-1.86	0.13
净资产收益率摊薄	8.27%	6.87%	46.17%
加权	8.40%	8.46%	45.92%
扣除非经常性损益加权平均净资产收益率	10.50%	6.67%	45.82%

(三)利润表附表

报告期利润	净资产收益率		每股收益	
	全面摊薄	加权平均	全面摊薄	加权平均
主营业务利润	24.48%	22.98%	2.054	2.054
营业利润	11.71%	11.69%	0.982	0.982
净利润	8.27%	8.40%	0.694	0.694
扣除非经常性损益后的净利润	10.50%	10.55%	0.881	0.881

注:该指标是按照《公开发行证券公司信息披露编报规则第九号》规定计算的。

三、股本变动及股东情况

(一)股份变动情况表:

数量单位:万股

	本次变动前	本次变动增减(+,-)						本次变动后
		配股	送股	公积金转股	募股	其他	小计	
一、未上市流通股份								
1、发起人股份								
其中:								
国有法人股份								
境内法人持有股份	6,589							6,589
境外法人持有股份								
其他								
2、募集法人股								
3、优先股或其他								
其中:								
转配股								
未上市流通股份合计	6,589							6,589
二、已流通股份								
1、人民币普通股	4,000							4,000
2、境内上市的外资股								
3、境外上市的外资股								
4、其他								
已上市流通股份合计	4,000							4,000
三、股份总数	10,589							10,589

600290 苏福马股份有限公司

2001年年度报告摘选

第一节 公司基本情况简介

(一)公司法定中文名称:苏福马股份有限公司
公司法定英文名称:SUFOMA CO.,LTD
英文名称缩写:SUFOMA
(二)公司法定代表人:葛仁优
(三)公司董事会秘书:胡其新
联系电话:0512—7513621
传真:0512—7513633
电子信箱:sufoma@pub.sz.jsinfo.net
联系地址:江苏省苏州市西大营门57号
证券事务代表:王晴
联系电话:0512—7513621
传真:0512—7513633
电子信箱:sufoma@pub.sz.jsinfo.net
(四)公司注册地址:江苏省苏州市新区何山花园8幢103室
公司办公地址:江苏省苏州市金阊区西大营门57号
邮政编码:215003
公司网址:HTTP://WWW.SUFOMA.COM
公司电子信箱:sufoma@pub.sz.jsinfo.net
(五)信息披露媒体:网站:HTTP://WWW.SSE.COM.CN
年度报告刊登报刊:《中国证券报》《上海证券报》
公司年报备置地点:公司董秘室
(六)公司股票上市地:上海证券交易所
股票简称:苏福马
股票代码:600290

第二节 会计数据和业务数据摘要

1.本年度会计数据摘要(单位:人民币元)

项目	2001年度	2000年度(调整后)	2000年度(调整前)	1999年度
利润总额	16279503.72	14382199.71	15668252.94	12575226.99
净利润	12580077.07	14382199.71	15668252.94	10036778.85
扣除非经常性损益后的净利润	10606848.10	14071118.33	13971513.20	9025885.00
主营业务利润	45294624.55	39211969.66	39211969.66	37106300.89
其他业务利润	3317402.82	1465056.20	1465056.20	289912.82
营业利润	14305274.75	14071118.33	14071118.33	11564333.14
投资收益	2241446.17	-99605.13	-99605.13	
补贴收入				650000.00
营业外收支净额	-267217.20	410686.51	1696739.74	360893.85
经营活动产生的现金流量净额	-15726227.09	22208523.63	22208523.63	10819320.79
现金及现金等价物净增加额	-55522465.54	136400611.45	136400611.45	4509295.24

2.截止报告期末公司近三年主要会计数据和财务指标(单位:人民币元)

项目	2001年	2000年(调整前)	2000年(调整后)	1999年
主营业务收入	150539724.99	158617720.55	158617720.55	116244295.00
净利润	12580077.07	15668252.94	14382199.71	10036778.85
总资产	418107444.34	374926752.07	371260069.19	242428301.09
股东权益(不含少数股东权益)	216887566.67	212831415.64	208228613.63	78251282.70
每股收益(摊薄)	0.15	0.19	0.17	0.19
每股收益(平均加权)	0.15	0.27	0.25	0.19
每股收益(扣除非经常性损益)	0.13	0.17	0.17	0.17
每股净资产	2.61	2.56	2.56	1.48
调整后的每股净资产	2.51	2.52	2.52	1.41
每股经营活动产生的现金流量净额	-0.19	0.27	0.27	0.20
净资产收益率(摊薄)	5.80%	7.36%	6.76%	12.83%
净资产收益率(加权平均)	5.86%	14.42%	13.31%	13.71%
扣除非经营性损益后的加权净资产收益率	4.94%	--	12.93%	12.32%

3.利润分配表附表

报告期利润	净资产收益率(%)		每股收益(元/股)	
	全面摊薄	加权平均(ROE)	全面摊薄	加权平均
主营业务利润	20.88	21.11	0.55	0.55
营业利润	6.60	6.67	0.17	0.17
净利润	5.80	5.86	0.15	0.15
扣除非经常性损益后的净利润	4.89	4.94	0.13	0.13

第三节 股本变动及股东情况

(一)股本变动情况

股本变动情况表　　数量单位:股

	本次变动前	本次变动增减(+、-)	本次变动后
一、未上市流通股份			
发起人股份	53,000,000	0	53,000,000
其中:国有法人持有股份	49,923,235	0	49,923,235
境内法人持有股份	3,076,765	0	3,076,765
未上市流通股份合计	53,000,000	0	53,000,000
二、已流通股份			
人民币普通股	30,000,000	0	30,000,000
已上市流通股份合计	30,000,000	0	30,000,000
三、股份总数	83,000,000	0	83,000,000

600291 内蒙古西水创业股份有限公司

2001 年年度报告摘选

一、公司基本情况简介

(一)公司法定中文名称:内蒙古西水创业股份有限公司
公司法定英文名称:Xishui Strong Year Co., Ltd Inner Mongolia
(二)公司法定代表人:蒋本华
(三)公司董事会秘书:白雪峰
授权代表:谢圣正
联系地址:内蒙古乌海市海南区
电　　话:0473—4663855　　传真:0473—4663855
电子信箱:xzzssnc@email.nm.cninfo.net
(四)公司注册地址:内蒙古乌海市
公司办公地址:内蒙古乌海市海南区　　邮政编码:016032
(五)公司选定的信息披露报纸名称:中国证券报、上海证券报
登载公司年度报告的中国证监会指定国际互联网网址:http://www.sse.com.cn
公司年度报告备置地点:公司证券部
(六)公司股票上市地:上海证券交易所
股票简称:西水股份　　股票代码:600291

二、会计数据和业务数据摘要

(一)本年度实现利润总额及构成情况(单位:人民币元)

项 目	金 额
利润总额	37,870,213.95
净利润	25,578,269.05
扣除非经营性损益后的净利润	28,068,330.71
主营业务利润	110,840,172.46
营业利润	40,360,275.61
投资收益	－89,250.00
补贴收入	0.00
营业外收支净额	－2,400,811.66
经营活动产生的现金流量净额	36,252,714.40
现金及现金等价物净增加额	－20,028,582.81
扣除的非经常性损益项目和涉及金额	－2,490,061.66

注:扣除的非经常性损益是指营业外收支净额－2,400,811.66 元及资产处置收益－89,250.00 元。

(二)近三年主要会计数据的财务指标(单位:人民币元)

项目	2001 年	2000 年(调整前)	2000 年(调整后)	1999 年
主营业务收入	227,260,404.64	176,039,765.65	176,039,765.65	145,981,375.23
净利润	25,578,269.05	32,543,640.28	32,543,640.28	20,891,175.31
总资产	947,941,606.48	815,269,517.92	796,030,568.41	422,728,166.68
股东权益	545,971,000.87	541,081,200.27	521,843,350.76	157,887,559.99
每股收益	0.16 元/股	0.20 元/股	0.20 元/股	0.21 元/股
每股收益(加权)	0.16 元/股	0.26 元/股	0.26 元/股	0.21 元/股
扣除非经常性损益后的每股收益	0.18 元/股	0.18 元/股	0.18 元/股	0.18 元/股
每股净资产	3.41 元/股	3.38 元/股	3.26 元/股	1.58 元/股
调整后的每股净资产	3.32 元/股	3.28 元/股	3.16 元/股	1.45 元/股
每股经营活动产生的现金流量净额	0.23 元/股	－0.20 元/股	－0.20 元/股	－0.05 元/股
净资产收益率(%)	4.68	6.01	6.23	13.23
净资产收益率(加权%)	4.72	9.95	10.50	14.17

(三)报告期内股东权益变动情况及说明(单位:元)

项目	股本	资本公积	盈余公积	其中:法定公益金	未分配利润	股东权益合计
期初数	16000000.00	341,250,886.12	8,398,159.00	4,199,079.50	12,193,205.64	521,842,250.76
本期增加	0.00	4,150,481.16	7,580,511.60	3,790,255.80	12,397,757.45	24,128,750.11
本期减少	0.00					
期末数	16000000.00	345,401,367.18	15,978,670.60	7,989,335.30	24,590,963.09	545,971,000.87

变动原因:

1、年度内资本公积增加因会计政策的调整,对固定资产及在建工程计提减值准备并进行追溯调整所致;

2、年度内盈余公积、公益金、未分配利润增加是本年度实现利润所致。

三、股本变动及股东情况介绍

(一)股本变动情况

报告期内本公司股本未发生变动,结构如下:

公司股本情况表

数量单位:股

	本次变动前	配股	送股	公积金转股	增发	其他	小计	本次变动后
尚未流通股份								
1.发起人股份	100,000,000.00							100,000,000.00
其中:								
国家持有股份	53,260,000.00							53,260,000.00
境内法人持有股份	46,740,000.00							46,740,000.00
其他								
2.募集法人股								
3.基金持有股份								0.00
4.公司职工股								0.00
尚未流通股份合计	100,000,000.00							100,000,000.00
二、已上市流通股份								
境内上市人民币普通股	60,000,000.00							60,000,000.00
其他								
已流通股份合计								60,000,000.00
三、股份总数	160,000,000.00							160,000,000.00

600292 重庆九龙电力股份有限公司

2001 年年度报告摘选

一、公司简介

(一)公司中文名称:重庆九龙电力股份有限公司
公司中文名称缩写:九龙电力
公司英文名称:CHONGQING JIULONG ELECTRIC POWER CO., LTD
公司英文名称缩写:JLEP
(二) 法定代表人:叶明
(三) 公司董事会秘书:张奇
证券事务代表:黄青华
联系地址:重庆市九龙坡区渝州路 37 号
电　　话:(023)68637303　69080812
传　　真:(023)68635244
(四) 公司注册地址:重庆市高新技术产业开发区九龙园区盘龙村 113 号
邮政编码:400051
公司办公地址:重庆市九龙坡区渝州路 37 号
邮政编码:400041
公司网址:http://www.jiulon.com
电子信箱:cqjl@jiulon.com
(五) 公司选定的信息披露报纸为:《中国证券报》、《证券时报》、《上海证券报》,登载公司年度报告的中国证监会指定的国际互联网网址为:http://www.sse.com.cn,公司年度报告备置地点:重庆市九龙坡区渝州路 37 号。
(六) 公司股票上市交易所:上海证券交易所
股票简称:九龙电力　　股票代码:600292

二、会计数据和业务数据摘要

(一) 本年度主要会计数据　　单位:人民币元

项目	金额
利润总额:	90,629,938.68
净利润:	75,612,070.37
扣除非经常性损益后的净利润(非经常性损益已扣所得税):	57,408,136.36
主营业务利润:	90,866,924.39
其他业务利润:	1,358,671.12
营业利润:	68,368,689.69
投资收益:	25,235,682.32
补贴收入:	0
营业外收支净额:	－2,974,433.33
经营活动产生的现金流量净额:	141,284,876.80
现金及现金等价物净增加额:	－54,019,375.01

注:扣除的非经常性损益项目和涉及金额:

项目	金额
1、营业外收入:	2,024,689.91
2、营业外支出:	4,999,123.24
3、债权投资收益	24,198,678.90
4、股票投资收益	192,147.38
5、所得税影响	3,212,458.94

(二)截止报告期末公司前三年主要会计数据和财务指标　　单位:人民币元

项目	2001 年	2000 年调整前	2000 年调整后	1999 年调整前	1999 年调整后
主营业务收入	313,817,068.01	277,518,124.82	278,009,305.16	302,925,335.65	302,925,335.65
净利润	75,612,070.37	73,202,919.90	70,977,100.42	69,213,251.86	65,784,466.74
总资产	1,070,640,230.99	1,039,404,023.02	1,023,857,498.66	607,097,428.19	596,048,920.46
股东权益(不含少数股东权益)	785,255,598.15	756,367,855.07	743,093,527.78	194,922,900.39	183,874,392.66
全面摊薄每股收益(元/股)	0.452	0.438	0.424	0.645	0.613
加权平均每股收益(元/股)	0.452	0.624	0.605	0.645	0.613
扣除非经常性损益每股收益(%)	0.343	0.430	0.432	0.643	0.621
每股净资产(元/股)	4.70	4.52	4.44	1.82	1.71
调整后每股净资产(元/股)	4.69	4.52	4.44	1.81	1.70
每股经营活动产生的现金净额(元/股)	0.84	0.26	0.26	1.82	1.82
全面摊薄净资产收益率(%)	9.63	9.68	9.55	35.51	35.78
加权平均净资产收益率(%)	9.68	22.99	23.17	42.32	43.57

三、股本变动及股东情况

(一) 股本变动情况

重庆九龙电力股份有限公司二〇〇一年度股份变动情况表　　数量单位:股

	本次变动前	配股	送股	公积金转股	增发	其他	小计	本次变动后
一、未上市流通股份								
1、发起人股份	86,291,000.00							86,291,000.00
其中:								
国家持有股份	78,291,000.00							78,291,000.00
境内法人持有股份	8,000,000.00							8,000,000.00
境外法人持有股份								
其他								
2、募集法人股	20,959,000.00							20,959,000.00
3、内部职工股								
4、优先股或其他								
未上市流通股份合计	107,250,000.00							107,250,000.00
二、已上市流通股份								
1、人民币普通股	60,000,000.00							60,000,000.00
2、境内上市的外资股								
3、境外上市的外资股								
4、其他								
已流通股份合计	60,000,000.00							60,000,000.00
三、股份总数	167,250,000.00							167,250,000.00

600293 湖北三峡新型建材股份有限公司

2001 年年度报告摘选

一、公司简介

(一)公司法定中文名称:湖北三峡新型建材股份有限公司
英文名称:Hubei Sanxia New Building Materials Co.,Ltd
(二)公司法定代表人:吕宗林
(三)公司董事会秘书:张光春
授权代表:张金奎
联系地址:湖北省当阳市经济技术开发区
联系电话:0717-3280108
传　　真:0717-8934018
电子信箱:SXZGC@163.net
(四)公司注册地址:湖北省当阳市经济技术开发区
公司办公地址:湖北省当阳市经济技术开发区
电子信箱:DYSXXZ@163.net
邮政编码:444105
(五)公司选定的信息披露报纸:《中国证券报》、《上海证券报》、《证券时报》
证监会指定的公司登载年度报告的国际互联网网址:http://www.sse.com.cn
公司年度报告备置地点:公司董事会秘书室
(六)公司股票上市交易所:上海证券交易所
股票简称:三峡新材
股票代码:600293

二、会计数据和业务数据摘要

(一)二00一年度主要利润指标情况:　　(单位:人民币元)

项目	金　额
1、利润总额:	38,279,058.79
2、净利润:	32,208,066.25
3、扣除非经常性损益后的净利润:	16,951,681.83
4、主营业务利润:	60,984,736.06
5、其他业务利润:	188,782.36
6、营业利润:	30,680,715.81
7、投资收益:	4,599,562.52
8、补贴收入:	
9、营业外收支净额:	2,998,780.46
10、经营活动产生的现金流量净额:	44,205,415.31
11、现金及现金等价物净增加额:	-222,666,671.22

扣除的非经常性损益科目及金额为:投资收益1,435,676.00元,收取资金占用费4,803,712.16元,所得税返还款7,007,813.35元,营业外收支净额2,009,182.91元。

(二)截止报告期末近三年主要会计数据和财务指标

指标项目	2001年	2000年		1999年	
		调整前	调整后	调整前	调整后
1、主营业务收入(元)	260,174,212.86	402,314,204.77	232,408,416.16	327,098,837.94	221,700,189.20
2、净利润(元)	32,208,066.25	43,766,618.11	43,411,017.19	46,892,181.69	40,552,000.12
3、总资产(元)	1,094,425,764.95	1,297,126,039.82	1,013,197,285.54	695,892,734.29	668,298,961.33
4、股东权益(不含少数股东权益)(元)	719,691,311.96	692,758,245.71	692,758,245.71	249,161,001.48	221,567,228.52
5、每股收益(元/股)	0.1526	0.2074	0.206	0.30	0.26
6、扣除非经常性损益后的每股收益(元/股)	0.0803	0.1905	0.2107	0.30	0.18
7、每股净资产(元/股)	3.411	3.4249	3.28	1.60	1.42
8、调整后的每股净资产(元/股)	3.404	3.4080	3.27	1.56	1.38
9、每股经营活动产生的现金流量净额(元/股)	0.210	0.1198	-0.066	0.53	0.34
10、净资产收益率(%)	4.48	6.06	6.27	18.82	18.30
11、扣除非经常性损益后的加权平均净资产收益率(%)	2.37	10.52	13.36	18.13	18.07

三、股本变动及股东情况

(一)股份变动情况表　　(数量单位:万股)

	本次变动前	本次变动增减(+,-)						本次变动后
	2000年12月31日	配送	送股	公积金转股	增发	其他	小计	2001年12月31日
一、未上市流通股份						-2000	-2000	
1、发起人股份	9298.9							7298.9
其中:								
国家持有股份	6923.8							6923.8
境内法人持有股份	2375.1					-2000	-2000	375.1
境外法人持有股份								
其他								
2、募集法人股份	3493.1					2000	2000	5493.1
3、内部职工股	2808							2808
4、优先股或其他								
其中:转配股								
未上市流通股份合计	15600							15600
二、已上市流通股份								
1、人民币普通股	5500							5500
2、境内上市的外资股								
3、境外上市的外资股								
4、其他								
已上市流通股份合计	5500							5500
三、股份总数	21100							21100

600295 内蒙古鄂尔多斯羊绒制品股份有限公司

2001 年年度报告摘选

(一)公司基本情况简介

1、公司名称:内蒙古鄂尔多斯羊绒制品股份有限公司
英文名称:INNER MONGOLIA EERDUOSI CASHMERE PRODUCTS CO.,LTD.
2、法定代表人:王林祥
3、董事会秘书:李成君
联系地址:内蒙古鄂尔多斯市东胜区达拉特南路102号
电话:0477—8543509
传真:0477—8523812
电子信箱:lcj600295@163.com
4、注册地址、办公地址:内蒙古鄂尔多斯市东胜区达拉特南路102号
邮编:017000
http://www.chinaerdos.com
5、公司信息披露报纸名称:《上海证券报》、《香港商报》、《南华早报》,
登载公司年度报告的中国证监会指定的国际互联网网址:
http://www.sse.com.cn
公司年度报告备置地点:公司本部
6、股票上市交易所:上海证券交易所
股票简称:鄂绒B股　　鄂尔多斯
股票代码:900936　　600295
7、公司首次注册时间:1995年10月14日
地点:内蒙古东胜市达拉特南路102号
变更注册登记日期:2001年4月18日
地点:内蒙古东胜市达拉特南路102号

(二)会计数据和业务数据摘要

1、公司本年度会计数据摘要(按中国会计准则)

利润总额:	318,819,762元;
净利润:	230,683,893元;
扣除非经常性损益的净利润:	227,844,418元;
主营业务利润:	616,090,562元;
其他业务利润:	9,455,224元;
营业利润:	320,808,001元;
投资收益:	-4,878,334元;
补贴收入:	50,620元;
营业外收支净额:	2,839,475元;
经营活动产生的现金流量净额:	44,891,641元;
现金及现金等价物净增加额:	44,834,953元;

2、截止报告期末公司前三年的主要会计数据和财务指标

中国会计制度(合并数)

	2001年度	2000年度	1999年度
主营业务收入(元)	2,427,947,819	1,821,818,156	1,479,731,279
净利润(元)	230,683,893	206,399,189	111,785,055
总资产(元)	3,911,307,692	3,401,631,873	2,451,021,740
股东权益(不含少数股东权益)(元)	2,924,460,472	1,562,444,253	1,513,005,064
每股收益(元/股)	0.45	0.47	0.26
每股净资产(元/股)	5.67	3.58	3.47
调整后的每股净资产(元/股)	5.64	3.55	3.44
每股经营活动产生的现金流量净额(元/股)	0.09	-0.59	1.07
净资产收益率(%)	7.89	13.21	7.39
加权平均每股收益(元/股)	0.47	0.47	0.26
加权平均净资产收益率(%)	8.65	12.77	7.22
扣除非经常性损益后的每股收益(元)	0.44	0.48	0.25

3、报告期利润表附表

报告期利润	净资产收益率		每股收益	
	全面摊薄	加权平均	全面摊薄	加权平均
主营业务利润	21.07	23.09	1.19	1.24
营业利润	10.97	12.02	0.62	0.65
净利润	7.89	8.65	0.45	0.47
扣除非经营性损益后净利润	7.79	8.54	0.44	0.46

(三)股本变动及股东情况

1、股本变动情况

公司股份变动情况表

数量单位:股

	本次变动前	本次变动增减(+,-)						本次变动后
		配股	送股	公积金转股	增发	其他	小计	
一、未上市流通股份								
1、发起人股份	226,000,000							226,000,000
其中:								
国家持有股份	226,000,000							226,000,000
境内法人持有股份								
境外法人持有股份								
其他								
2、募集法人股份								
3、内部职工股								
4、优先股或其他								
未上市流通股份合计	226,000,000							226,000,000
二、已上市流通股份								
1、人民币普通股					+80,000,000		+80,000,000	80,000,000
2、境内上市的外资股	210,000,000							210,000,000
1,1、境外上市的外资股								
2,2、其他								
已上市流通股份合计	210,000,000				+80,000,000		+80,000,000	290,000,000
三、股份总数	436,000,000				+80,000,000		+80,000,000	516,000,000

600296 兰州铝业股份有限公司

2001 年年度报告摘选

一、公司基本情况简介

1、公司法定中文名称:兰州铝业股份有限公司
公司法定英文名称:Lanzhou Aluminium Co.,Ltd
2、公司法定代表人:冯诗伟
3、公司董事会秘书:李智勇
联系地址:甘肃省兰州市西固区山丹街 375 号
联系电话:0931-7567057　　传真:0931-7558888
电子信箱:LZLC@public.lz.gs.cn
4、公司注册地址:兰州市城关区东岗西路 316 号
公司办公地址:兰州西固区山丹街 375 号
邮政编码:730060
公司国际互联网网址:http://www.lzalco.com
电子信箱:LZLC@public.lz.gs.cn
5、公司选定的信息披露报纸名称:《中国证券报》、《上海证券报》
登载年度报告的中国证监会指定网站的网址:http://www.sse.com.cn
公司年度报告备置地点:甘肃省兰州市西固区山丹街 375 号
兰州铝业股份有限公司证券期货部
6、公司股票上市交易所:上海证券交易所
股票简称:兰州铝业　　股票代码:600296

二、会计数据和业务数据摘要

(一)本年度主要会计数据情况:

项目	2001 年
利润总额	98,322,961.52
净利润	89,258,510.46
扣除非经常性损益后的净利润	75,901,129.31
主营业务利润	177,890,840.05
其他业务利润	3,957,422.57
营业利润	83,176,510.59
投资收益	16,158,890.99
期货损益	2,175,352.64
营业外收支净额	-3,187,792.70
经营活动产生的现金流量净额	103,515,205.42
现金及现金等价物净增减额	-328,570,151.13
注:扣除的非经常性损益项目和金额	13,357,381.15
1、投资收益	16,158,890.99
2、固定资产清理净收益	-187,271.99
3、其他收入	377,224.80
4、利息收支净额	-511,045.28
5、非经常性损益项目所得税影响数	-2,480,417.37

(二)截止报告期末公司前三年的主要会计数据和财务指标情况:

项目	单位	2001 年	2000 年	1999 年
主营业务收入	元	1,289,764,134.42	1,246,195,441.15	1,025,536,274.32
净利润	元	89,258,510.46	93,260,065.30	69,640,444.40
总资产	元	2,503,529,450.62	2,034,922,122.89	830,556,384.50
资产负债率	%	52.09	44.30	66.56
股东权益 (不含少数股东权益)	元	1,199,487,419.07	1,133,425,550.25	277,754,508.95
每股收益(摊薄)	元/股	0.303	0.316	0.376
(加权)	元/股	0.303	0.404	0.376
扣除非经常性损益的 每股收益(摊薄)	元/股	0.257	0.283	0.394
每股净资产	元/股	4.066	3.842	1.501
调整后的每股净资产	元/股	4.050	3.827	1.488
每股经营活动产生的 现金流量净额	元/股	0.351	0.239	0.448
净资产收益率(摊薄)	%	7.44	8.23	25.07
(加权)	%	7.57	13.95	25.07

(三)利润分配表附表

报告期利润		净资产收益率		每股收益	
		全面摊薄	加权平均	全面摊薄	加权平均
主营业务利润	177,890,840.05	14.83%	15.09%	0.603	0.603
营业利润	83,176,510.59	6.93%	7.06%	0.282	0.282
净利润	89,258,510.46	7.44%	7.57%	0.303	0.303
扣除非经常性损益后的净利润	75,901,129.31	6.33%	6.44%	0.257	0.257

三、股本变动及股东情况

(一)股份变动情况表

公司股份变动情况表

数量单位:股

	本次变动前	本次变动增减(+,-)						本次变动后
		配股	送股	公积金转股	增发	其他	小计	
一、未上市流通股份								
1、发起人股份								
其中:								
国家持有股份	184651330							184651330
境内法人持有股份	353150							353150
境外法人持有股份								
其他								
2、募集法人股								
3、内部职工股								
4、优先股或其他	55000000					-55000000	-55000000	
未上市流通股份合计	240004480					-55000000	-55000000	185004480
二、已上市流通股份								
1、人民币普通股	55000000					55000000	55000000	110000000
2、境内上市的外资股								
境外上市的外资股								
其他								
已上市流通股份合计	55000000					55000000	55000000	110000000
三、股份总数	295004480							295004480

600297 大连美罗药业股份有限公司

2001 年年度报告摘选

一、公司基本情况简介

(一)公司法定中文名称:大连美罗药业股份有限公司
中文名称缩写:美罗药业
公司法定英文名称:DALIAN MERRO PHARMACEUTICAL CO.,LTD
英文名称缩写:MERRO PHARMACEUTICAL
(二)法定代表人姓名:张成海
(三)公司董事会秘书:唐大勇
联系地址:大连市中山区中山路 112 号
联系电话:0411-3631991-905
传真:0411-3606084
电子信箱:tangday@163.com
(四)公司注册地址:大连高新技术产业园区七贤岭敬贤街 29 号
公司办公地址:大连市中山区中山路 112 号
邮政编码:116001
公司国际互联网网址:www.merro.com.cn
公司电子信箱:merro@mail.dlptt.ln.cn
(五)公司选定的信息披露报刊:《中国证券报》、《上海证券报》
登载公司年度报告的中国证监会指定网址:http://www.sse.com.cn
公司年报备置地点:公司证券投资部
(六)公司股票上市地:上海证券交易所
股票简称:美罗药业
股票代码:600297

二、会计数据和业务数据摘要

(一)本年主要利润指标

(单位:人民币元)

项目	2001 年 12 月 31 日
1、利润总额	41,730,323.97
2、净利润	42,215,390.31
3、扣除非经常损益后的净利润	33,220,525.84
4、主营业务利润	116,123,440.57
5、其他业务利润	177,832.89
6、营业利润	37,184,920.21
7、投资收益	-468,002.20
8、补贴收入	
9、营业外收支净额	8,994,864.47
10、经营活动产生的现金流量净额	8,574,283.63
11、现金及现金等价物净增加额	-132,826,984.77

(二)报告期末公司前三年的主要会计数据和财务指标

(单位:人民币元)

项目	2001 年	2000 年	1999 年
1、主营业务收入	612,757,456.07	567,742,495.72	436,150,962.70
2、净利润	42,215,390.31	28,924,076.09	13,499,983.81
3、总资产	890,937,379.85	834,126,239.09	370,635,760.69
4、股东权益	528,514,610.97	506,856,904.91	113,682,488.82
5、每股收益(摊薄)	0.37	0.25	0.18
6、每股收益(加权)	0.37	0.35	0.18
7、扣除非经常性损益后的每股收益	0.29	0.22	0.18
8、每股净资产	4.60	4.41	1.52
9、调整后的每股净资产	4.50	4.34	1.47
10、每股经营活动产生 的现金流量净额	0.07	0.53	
11、净资产收益率(摊薄%)	7.99	5.71	11.88
12、扣除非经常性损益后 净资产收益率(加权平均%)	6.29	11.73	11.88

*注:扣除的非经常性损益项目和金额

(单位:人民币元)

项目	金额
所得税返还	5,720,000.00
报告期内分摊的冻结无效申购资金利息	3,274,864.47

三、股本变动及股东情况

(一)股本变动情况

公司股份变动情况表　　单位:股

	本次变动前	本次变动增减(+,-)						本次变动后
		配股	送股	公积金转股	增发	其他	小计	
一、未上市流通股份	75,000,000							75,000,000
1、发起人股份								
其中:								
国家持有股份								
境内法人持有股份	75,000,000							75,000,000
境外法人持有股份								
其他								
2、募集法人股份								
3、内部职工股								
4、优先股或其他								
未上市流通股份合计								
二、已上市流通股份	75,000,000							75,000,000
1、人民币普通股								
2、境内上市的外资股	40,000,000							40,000,000
3、境外上市的外资股								
4、其他								
已上市流通股份合计	40,000,000							40,000,000
三、股份总数	115,000,000							115,000,000

600298 湖北安琪酵母股份有限公司

2001年年度报告摘选

一、公司基本情况简介

1.公司法定中文名称:湖北安琪酵母股份有限公司
公司法定英文名称:HUBEI ANGEL YEAST CO.,LTD
2.公司法定代表人:俞学锋
3.公司负责信息披露事务人员
董事会秘书:周帮俊
联系电话:0717-6352865　　联系传真:0717-6352865
电子信箱:HQL@ANGEL.COM.CN
证券事务代表:胡杨
联系电话:0717-6352865　　联系传真:0717-6352865
电子信箱:D.ZJB@ANGEL.COM.CN
联系地址:湖北省宜昌市中南路24号
4.公司注册地址:湖北省宜昌市中南路24号
公司办公地址:湖北省宜昌市中南路24号　　公司邮政编码:443003
公司互联网址:HTTP://WWW.ANGEL.COM.CN
公司电子信箱:ANGEL@ANGEL.COM.CN
5.信息披露报刊名称:《中国证券报》、《上海证券报》
登载公司年报网址:HTTP://WWW.SSE.COM.CN
公司年报备置地点:公司证券部
6.公司上市地点:上海证券交易所
股票简称:安琪酵母
股票代码:600298

二、会计数据和业务数据摘要

(一)公司本年度主要利润指标情况(单位:人民币元)

序号	项目	金　额
1	利润总额:	58,615,346.99
2	净利润:	49,413,552.83
3	扣除非经营性损益后的净利润:	43,990,035.24
4	主营业务利润:	96,358,904.23
5	其它业务利润:	-51,301.24
6	营业利润:	52,850,707.10
7	投资收益:	7,294,282.06
8	营业外收支净额:	-1,529,642.17
9	经营活动产生的现金流量净额:	41,498,795.79
10	现金及现金等价物净增减额:	161,803,896.74

注:扣除的非经常性损益项目和金额(单位:人民币元)

项目	金额
营业外收支净额	-1,529,642.17
投资收益	7,294,282.06
技改投资固定资产国产设备抵税	1,147,201.84
技改贷款贴息返还	250,000.00
所得税影响	-1,738,324.14
合计	5,423,517.59

(二)截止报告期末公司前三年主要会计数据和财务指标(单位:人民币元)

项目	2001年		2000年		1999年	
	全面摊薄	加权平均	全面摊薄	加权平均	全面摊薄	加权平均
1、主营业务收入	237,579,144.72		184,038,896.19		153,345,535.71	
2、净利涯	49,413,552.83		38,569,032.38		16,090,595.29	
3、总资产	664,771,463.27		590,086,420.71		192,776,973.92	
4、股东权益	551,974,728.66		516,131,175.83		90,310,839.95	
5、每股收益	0.3641	0.3641	0.2842	0.3432	0.1598	0.1598
6、扣除非经常性损益的每股收益	0.3242	0.3242	0.2758	0.3331	0.1596	0.1596
7、每股净资产	4.0676		3.8035		0.8968	
8、调整后的每股净资产	4.0567		3.7553		0.8963	
9、每股经营活动中产生的现金流量净额	0.3058		0.2108		0.4789	
10、净资产收益率(%)	8.95	9.14	7.47	14.35	17.82	17.82

(三)报告期末利润表附表

报告期利润	净资产收益率(%)		每股收益(元/股)	
	全面摊薄	加权平均	全面摊薄	加权平均
主营业务利润	17.46	17.82	0.7101	0.7101
营业利润	9.57	9.77	0.3895	0.3895
净利润	8.95	9.14	0.3641	0.3641
扣除非经常性损失后的净利润	7.97	8.13	0.3242	0.3242

三、股本变动及股东情况

(一)股本变动情况
1、股份变动情况表(单位:万股)

	期初数	本次变动增减(+,-)						期末数
		配股	送股	公积金转增	增发	其他	小计	
一、未上市流通股份								
1、发起人股份	10,070							10,070
其中:								
国家持有股份	7,970							7,970
境内法人持有股份	2,100							2,100
境外法人持有股份								
其他								
2、募集法人股份								
3、内部职工股								
4、优先股或其他								
其中:转配股								
未上市流通股份合计	10,070							10,070
二、已上市流通股方法								
1、人民币普通股	3,500							3,500
2、境内上市的外资股								
3、境外上市的外资股								
4、其他								
已上市流通股份合计	3,500							3,500
三、股份总数	13,570							13,570

600299 星辰化工新材料股份有限公司

2001年年度报告摘选

第一章　公司基本情况简介

一、公司法定中文名称:星辰化工新材料股份有限公司
公司法定英文名称:XING CHEN NEW CHEMICAL MATERIAL CO.,LTD
二、公司法定代表人:刘宪秋
三、公司董事会秘书:陈凤林
董事会证券事务代表:刘佳
联系地址:北京市海淀区花园东路30号花园商务会馆
电话:010-82070614
传真:010-82070735
信箱:XCHG@163bj.com
四、公司注册地址:北京市海淀区海淀路19-1号
邮政编码:100080
公司办公地址:北京市海淀区花园东路30号花园商务会馆
邮政编码:100083
公司网址:http://www.star-nm.com
五、公司选定的信息披露报纸名称:《上海证券报》
登载公司年度报告的国际互联网网址:http://www.sse.com.cn
公司年度报告备置地点:本公司证券部
六、公司股票上市交易所:上海证券交易所
股票简称:星新材料
股票代码:600299

第二章　会计数据和业务数据摘要

一、公司本年度主要会计数据和业务数据(合并报表)　　单位:人民币(元)

项目	金额
利润总额	59,539,744.91
净利润	48,705,898.10
扣除非经常性损益后的净利润	46,926,685.21
主营业务利润	91,245,349.92
其他业务利润	9,269,824.36
营业利润	60,216,416.28
投资收益	--
补贴收入	--
营业外收支净额	-676,671.37
经营活动产生的现金流量净额	237,470,416.71
现金及现金等价物净增加额	29,214,682.53

二、公司近三年主要会计数据和财务指标:

项目	单位	2001年	2000年	1999年
主营业务收入	万元	55,825	42,795	42,111
净利润	万元	4,871	6,162	6,145
总资产	万元	171,716	122,288	49,091
股东权益	万元	75,948	76;430	22,210
每股收益	元	0.203	0.26	0.38
扣除非经营损益后的每股收益	元	0.196	0.22	0.38
每股净资产	元	3.16	3.18	1.39
调整后每股净资产	元	3.14	3.16	1.34
每股经营活动产生的现金流量净额	元	0.989	-1.06	0.46
净资产收益率	%	6.18	8.06	27.67

三、报告期利润表附表

报告期利润	净资产收益率(%)		每股收益(元)	
	全面摊薄	加权平均	全面摊薄	加权平均
主营业务利润	11.65	12.02	0.38	0.38
营业利润	7.69	7.93	0.25	0.25
净利润	6.22	6.42	0.20	0.20
扣除非经常性损益后的净利润	5.99	6.18	0.20	0.20

第三章　股本变动及股东情况

一、股本变动情况
(一)股本变动情况表:

数量单位:万股

项目	本次变动前	本次变动增减(+,-)						本次变动后
		配股	送股	公积金转股	增发	其他	小计	
1、未上市流通股份								
(1)发起人股份	16,000							16,000
其中:								
国家持有股份								
境内法人持有股份	16,000							16,000
其他								
(2)募集法人股份								
(3)内部职工股								
(4)优先股或其他								
其中:转配股								
(5)基金配售股份								
未上市流通股份合计	16,000							16,000
2、已上市流通股份								
(1)人民币普通股	8,000							8,000
(2)境内上市的外资股								
(3)境外上市的外资股								
(4)其他								
已上市流通股份合计	8,000							8,000
3、股份总数	24,000							24,000

600300 徐州维维食品饮料股份有限公司

2001 年年度报告摘选

一、公司基本情况简介

1、公司的法定中、英文名称及缩写
法定中文名称：徐州维维食品饮料股份有限公司
法定英文名称：XuZhou V V Food & Beverage Co.,Ltd.
公司中文名称缩写：维维股份　　公司英文名称缩写：VVFB
2、公司法定代表人：崔桂亮
3、公司董事会秘书：丁金礼
授权代表：李平
联系地址：江苏省徐州市城南开发区维维集团总部
联系电话：0516－3290169　　传真：0516－2704888
电子信箱地址：vvgroup99@sina.com
4、公司注册地址：江苏省徐州市建国东路 205 号
公司办公地址：江苏省徐州市城南开发区维维集团总部　　邮编：221111
公司电子信箱：vvzjb@21cn.com
5、公司选定的信息披露报纸名称：《中国证券报》、《上海证券报》
登载年度报告的国际互联网网址：http://www.sse.com.cn
公司年度报告备置地点：公司证券部
6、公司股票上市交易所：上海证券交易所
股票简称：维维股份　　股票代码：600300

二、会计数据和业务数据摘要

1、2001 年主要会计数据(单位：元)

项目	金额
利润总额	146,952,526.16
净利润	116,097,029.31
扣除非经常性损益后的净利润	97,601,136.44
主营业务利润	196,948,137.17
其它业务利润	72,411,230.42
营业利润	129,326,786.85
投资收益	15,129,846.44
补贴收入	
营业外收支净额	2,495,892.87
经营活动产生的现金流量净额	99,522,203.21
现金及现金等价物净增加额	13,730,265.37

注：非经常性损益项目说明：
(1)新股申购冻结资金利息 5,440,637.84 元
(2)所得税返还 16,000,000.00 元
(3)罚款收入 212,028.37 元
(4)处置资产损失 2,212,695.54 元
(5)罚款支出 425,077.80 元
(6)赞助支出 519,000.00 元
小计：18,495,892.87 元

2、前三年主要会计数据和财务指标

	2001 年	2000 年调整前	2000 年调整后	1999 年
主营业务收入(元)	1,082,538,633.84	928,256,689.78	928,256,689.78	917,507,135.89
净利润(元)	116,097,029.31	118,593,137.60	104,338,302.16	109,589,676.49
总资产(元)	1,730,656,585.97	1,607,020,677.97	1,592,765,842.53	707,086,773.62
股东权益(元)	1,278,588,218.04	1,261,136,653.96	1,246,881,818.52	246,438,451.48
每股收益(元)	0.35	0.36	0.32	0.48
每股净资产(元)	3.87	3.82	3.78	1.07
调整后的每股净资产(元)	3.84	3.75	3.71	0.99
每股经营活动产生的现金流量净额(元)	0.30	0.28	0.28	0.22
净资产收益率(%)	9.08	9.4	8.37	44.47
加权平均的每股收益(元)	0.35	0.42	0.37	0.52
加权平均的净资产收益率(%)	8.89	14.76	13.11	38.48
扣除非经常性损益后的每股收益(元)	0.2958	0.34	0.34	0.30
扣除非经常性损益后的加权净资产收益率(%)	7.48	13.9	14.03	24.08

3、报告期利润表附表
净资产收益率和每股收益：

报告期利润	净资产收益率(%)		每股收益(元)	
	全面摊薄	加权平均	全面摊薄	加权平均
主营业务利润	15.40	15.08	0.5968	0.5968
营业利润	10.11	9.91	0.3919	0.3919
净利润	9.08	8.89	0.3518	0.3518
扣除非经常性损益后的净利润	7.63	7.48	0.2958	0.2958

三、股本变动和股东情况

(1)股份变动情况表　　数量单位：万股

	本次变动前	本次变动增减(+,-)						本次变动后
		发行新股	送股	公积金转股	增发	其他	小计	
一、未上市流通股份								
1.发起人股份								
其中：国家持有股份								
境内法人持有股份	14,720							14,720
境外法人持有股份	8,280							8,280
其他								
2.战略投资者配售股份	5,000					-5,000		
3.内部职工股								
4.优先股或其他								
其中：转配股								
未上市流通股份合计	28,000							23,000
二、已上市流通股份								
1.人民币普通股	5,000					5,000		10,000
2.境内上市的外资股								
3.境外上市的外资股								
4.其他								
已上市流通股份合计	5,000							10,000
三、股份总额	33,000							33,000

600301 南宁化工股份有限公司

2001 年年度报告摘选

一、公司简介

(一)公司法定中、英文名称及缩写
公司法定中文名称：南宁化工股份有限公司
中文名称缩写：南化股份
公司法定英文名称：Nanning Chemical Industry Co.,Ltd
英文名称缩写：NNCI
(二)公司法定代表人：赖晓杨先生
(三)公司董事会秘书：高友志先生
证券事务代表：戴素霞女士
联系地址：广西南宁市亭洪路 80 号
电话：0771－4835135　0771－4821093　　传真：0771－4835643　0771－4821093
电子信箱：nhzz@nn.gx.cninfo.net
(四)公司注册地址：广西南宁市亭洪路 80 号
公司办公地址：广西南宁市亭洪路 80 号　　邮政编码：530031
公司互联网网址：http://www.nh.com.cn/
公司电子信箱：nh@nn.col.com.cn
(五)公司选定的信息披露报纸名称：《上海证券报》
登载公司年度报告的国际互联网网址：http://www.sse.com.cn/
公司年度报告备置地点：公司证券部
(六)公司股票上市交易所：上海证券交易所
股票简称：南化股份　　股票代码：600301

二、会计数据和业务数据摘要

(一)公司本年度利润总额及其构成　　(单位：人民币元)

项目	2001 年 1—12 月
利润总额	27,042,997.01
净利润	22,936,034.18
扣除非经常性损益后的净利润	23,551,197.98
主营业务利润	81,657,648.63
其它业务利润	-580,516.22
营业利润	23,976,369.93
投资收益	3,681,790.88
补贴收入	-
营业外收支净额	615,163.80
经营活动产生的现金流量净额	47,807,628.30
现金及现金等价物净增减额	6,476,497.68

注：公司已扣除的非经常性损益项目具体如下：

项 目	金额(元)
营业外收入	23,489.92
营业外支出	638,653.72

营业外收支净额 615,163.80 元(具体见会计报表附注六(31)、(32))。

(二)截至报告年度末公司前三年主要会计数据和财务指标

项目	单位	2001 年度	2000 年度		1999 年度	
			调整后	调整前	调整后	调整前
主营业务收入	元	449,670,334.95	462,610,075.14	462,610,075.14	283,236,364.17	283,236,364.17
净利润	元	22,936,034.18	36,015,261.22	40,214,976.42	20,289,110.16	20,289,110.16
总资产	元	759,078,500.87	681,098,358.76	674,796,783.70	517,266,025.22	517,266,025.22
股东权益(不含少数股东权益)	元	524,165,386.01	516,740,924.12	522,290,083.55	175,046,159.31	169,994,558.53
每股收益(摊薄)	元	0.12	0.19	0.22	0.181	0.181
每股收益(加权)	元	0.12	0.19	0.28	0.181	0.181
扣除非经常性损益后的每股收益	元	0.13	0.19	0.27	0.175	0.181
每股净资产	元	2.83	2.80	2.83	1.514	1.514
调整后的每股净资产	元	2.83	2.80	2.83	1.514	1.514
每股经营活动产生的现金流量净额	元	0.258	0.191	0.191	-0.096	-0.096
净资产收益率(摊薄)	%	4.38	6.97	7.7	11.59	11.94
净资产收益率(加权)	%	4.33	11.24	11.61	11.59	11.98
扣除非经常性损益后的净资产收益率(摊薄)	%	4.49	6.80	7.53	11.21	11.94

三、股本变动及股东情况

(一)公司股本变动情况
1.公司股份变动情况表

数量单位：股

	本次变动前	本次变动增减(+,-)						本次变动后
		配股	送股	公积金转股	增发	其他(可转债转股)	小计	
一、未上市流通股份								
1、发起人股份	112,257,795							112,257,795
其中：								
国家持有股份								
境内法人持有股	112,257,795							112,257,795
境外资法人持有股份								
其他								
2、募集法人股								
3、内部职工股								
4、优先股或其他								
未上市流通股份合计	112,257,795							112,257,795
二、已上市流通股份								
1、人民币普通股	72,448,292					442,053	442,053	72,890,345
2、境内上市的外资股								
3、境外上市的外资股								
4、其他								
已上市流通股份合计	72,448,292					442,053	442,053	72,890,345
三、股份总数	184,706,087					442,053	442,053	185,148,140

600302 西安标准工业股份有限公司

2001 年年度报告摘选

一、公司简介

(一)公司法定中文名称：西安标准工业股份有限公司
中文缩写：标准股份
公司法定英文名称：Xi' an typical industries co., ltd.
(二)公司法定代表人：黄省身先生
(三)公司董事会秘书及授权代表：李剑萍女士
联系地址：西安市高新技术产业开发区高新路 42 号金融大厦九层
电话：(029)8313626　传真：(029)8329701
邮政编码：710075
电子信箱：lijianp68112@sina.com.cn
(四)公司注册地址及办公地址：西安市高新技术产业开发区高新路 42 号金融大厦九层
邮政编码：710075
国际互联网网址：www.Chinatypical.com
E-mail：typical@chinatypical.com
(五)公司选定的信息披露报纸名称：《上海证券报》、《中国证券报》
登载公司年度报告的指定国际互联网网址：http://www.sse.com.cn
年度报告置备地点：公司年度报告置备于公司办公地址，以供股东及投资者查询。
(六)公司股票上市交易所、股票简称和股票代码：
公司股票上市交易所：上海证券交易所
股票简称：标准股份　　股票代码：600302

二、会计数据及业务数据摘要

(一)公司本年度实现的利润总额	88,925,741.96
其中 净利润	70,373,170.11
扣除非经营性损益后的净利润	72,450,256.95
主营业务利润	171,788,894.18
营业利润	90,268,448.62
投资收益	734,380.18
营业外收支净额	2,107,317.84
经营活动产生的现金流量净额	78,760,011.63
现金及现金等价物净增加额	-22,973,606.63

扣除的非经常性损益项目计-2,077,086.84 元，其中：
1.营业外收支净额-2,107,317.84 元
(1)处理固定资产净损失：1,791,472.33 元
(2)捐赠支出：318,000.00 元
(3)其他零星非经常性收益：2,154.49 元；
2.补贴收入 30,231.00 元
(1)出口贸易贴息：30,231.00 元。

(二)公司前三年主要会计数据和财务指标：　(单位：元)

项目	2001 年	2000 年	2000 年追溯调整数	1999 年
主营业务收入	519,188,085.85	574,834,762.25	574,834,762.25	339,090,799.76
净利润	70,373,170.11	60,727,021.59	60,902,705.31	247,732,386.11
总资产	931,791,460.69	914,266,637.08	914,266,637.08	426,213,877.15
股东权益	650,948,600.80	588,515,921.91	588,515,921.91	168,052,859.32
每股收益(摊薄)	0.221	0.381	0.382	0.21
每股收益(加权)	0.221	0.381	0.382	
扣除非经常损益后的每股收益(摊薄)	0.227	0.384	0.376	0.21
每股净资产	2.04	3.69	3.69	1.46
调整后的每股净资产	2.034	3.68	3.68	1.41
每股经营活动产生的现金流量净额(元)	0.247	0.49	0.49	-
净资产收益率(%)	10.81	10.32	10.35	14.72
扣除非经常性损益后的净资产收益率(加权,%)	11.62	9.55	10.30	14.72

(报告期利润指标说明事项)

项目	净资产收益率(%)		每股收益(元/股)	
	摊薄	加权	摊薄	加权
主营业务利润	26.39	27.54	0.539	0.539
营业利润	13.87	14.47	0.283	0.283
净利润	10.81	10.81	0.221	0.221
扣除非经常性损益后的收益(摊薄)	11.13	11.62	0.227	0.227

三、股本变动及股东情况

(一)股本变动情况(截至 2001 年 12 月 31 日)
1.股份变动情况表　(数量单位：股)

	本次变动前	本次变动增减(+、-)					本次变动后
		配股	送股	公积金转股	其他	小计	
一.未上市流通股份							
1.发起人股份	114,504,902			114,504,902		114,504,902	229,009,804
其中：							
国家持有股份	98,031,350			98,031,350		98,031,350	196,062,700
境内法人持有股份	16,473,552			16,473,552		16,473,552	32,947,104
境外法人持有股份							
其他							
2.募集法人股							
3.内部职工股							
4.优先股或其他							
其中：转配股							
未上市流通股合计	114,504,902			114,504,902		114,504,902	229,009,804
二.已流通股份							
1.人民币普通股	45,000,000			45,000,000		45,000,000	90,000,000
2.境内上市外资股							
3.境外上市外资股							
4.其他							
已上市流通股合计	45,000,000			45,000,000		45,000,000	90,000,000
三.股份总数	159,504,902			159,504,902		159,504,902	319,009,804

600303 丹东曙光车桥股份有限公司

2001 年年度报告摘选

第一节　公司简介

1、公司名称：丹东曙光车桥股份有限公司
英文名称：DANDONG SHUGUANG VEHICLE AXLE COMPANY LIMITED
2、公司法定代表人：李进巅
3、公司董事会秘书：那涛
联系地址：丹东市振安区曙光路 50 号
电话：0415-4146825
传真：0415-4142821
E-Mail 信箱：dongban@chinasgaxle.com
4、公司注册地址：丹东市振安区曙光路 50 号
公司办公地址：丹东市振安区曙光路 50 号
邮政编码：118001
公司国际互连网地址：www.chinasgaxle.com
E-Mail 信箱：shuguang@chinasgaxle.com
5、公司选定的信息披露报纸名称：《中国证券报》、《上海证券报》
登载公司年度报告的中国证监会指定国际互联网网址：http://www.sse.com.cn
6、公司股票上市地：上海证券交易所
股票简称：曙光股份
股票代码：600303

第二节　会计数据和业务数据摘要

1、本年度利润总额及构成

项目	单位：人民币元
利润总额	52,832,026.55
净利润	34,727,984.75
扣除非经常性损益后的净利润	32,643,604.91
主营业务利润	100,632,169.65
其他业务利润	1,546,966.87
营业利润	47,967,338.68
投资收益	5,396,766.00
补贴收入	1,605,889.45
营业外收支净额	-2,137,967.58
经营活动产生的现金流量净额	28,434,653.22
现金及现金等价物净增减额	-23,043,166.97

2、近三年的主要会计数据及财务指标：

项目	2001 年	2000 年	1999 年
主营业务收入	348,834,007.22	352,871,716.11	181,146,861.22
净利润	34,727,984.75	31,598,783.19	17,496,175.20
总资产	922,387,595.75	807,533,478.44	281,661,827.40
股东权益(不含少数股东权益)	434,025,383.01	430,002,626.51	78,214,803.32
每股收益(摊薄)	0.21	0.35	0.35
(加权)	0.21	0.63	0.39
每股净资产	2.68	4.78	1.56
调整后的每股净资产	2.67	4.73	1.41
每股经营活动产生的现金流量净额	0.18	0.49	0.72
净资产收益率(摊薄)	8.00%	7.35%	25.82%
(加权)	7.76%	33.61%	27.70%

3、利润表附表：

报告期利润	净资产收益率		每股收益	
	全面摊薄	加权平均	全面摊薄	加权平均
主营业务利润	23.19%	22.49%	0.62	0.62
营业利润	11.05%	10.72%	0.30	0.30
净利润	8.00%	7.76%	0.21	0.21
扣除非经常性损益后的净利润	7.52%	7.30%	0.20	0.20

第三节　股本变动及股东情况

1、股本变动情况

数量单位：股

	本次变动前	本次变动增减(+,-)						本次变动后
		配股	送股	公积金转股	增发	其他	小计	
一、未上市流通股份								
1、发起人股份								
其中：国家持有股份	38750000			31000000			31000000	69750000
境内法人持有股份								
境外法人持有股份								
其他	38750000			31000000			31000000	69750000
2、募集法人股份								
3、内部职工股								
4、优先股或其他	11250000			9000000			9000000	20250000
其中：转配股								
未上市流通股份合计								
二、已上市流通股份	50000000			40000000			40000000	90000000
1、人民币普通股								
2、境内上市的外资股	40000000			32000000			32000000	72000000
3、境外上市的外资股								
4、其他								
已上市流通股份合计	40000000			32000000			32000000	72000000
三、股份总数	90000000			72000000			72000000	162000000

600305 江苏恒顺醋业股份有限公司

2001 年年度报告摘选

一、公司基本情况简介

1、法定中文名称:江苏恒顺醋业股份有限公司
法定英文名称:jiangsu hengshun vinegar - industry co., ltd.
2、法定代表人:叶有伟
3、董事会秘书:王明法
证券事务代表:刘焱
电话:(0511)5233758、(0511)5230222 - 3141
传真:(0511)5230209
联系地址:江苏镇江市中山西路 84 号
E - MAIL: hengshun@zjhengshun.com 或 zqb@zjhengshun.com
4、注册地址:江苏镇江市中山西路 84 号
办公地址:江苏镇江市中山西路 84 号
邮政编码:212004
国际互联网网址:http//www.zjhengshun.com
5、信息披露报纸:中国证券报、上海证券报
登载年度报告网址:http//www.sse.com.cn
年度报告备置地点:公司证券投资部
6、公司股票上市交易所:上海证券交易所
股票简称:恒顺醋业　　股票代码:600305

二、会计数据与业务数据摘要

1、公司本年度主要财务指标(合并报表口径)(单位:人民币元)

利润总额	36,683,482.20
净利润	24,622,275.76
扣除非经常性损益后的净利润	20,161,918.26
主营业务利润	59,860,417.83
其他业务利润	310,006.55
营业利润	38,288,773.71
投资收益	(683,857.10)
补贴收入	0
营业外收支净额	(921,434.41)
经营活动产生的现金流量净额	5,053,224.41
现金及现金等价物增加净额	87,802,911.93

注:扣除的非经常性损益及涉及金额(单位:人民币元)

项目	涉及金额
资金占用费(注)	6,657,250.00
所得税税率	33%
扣税后金额	4,460,357.5

注:请见公司重大事项说明。

2、公司前三年主要会计数据和财务指标　　(单位:人民币万元或元)

项目	2001 年	2000 年 调整后	2000 年 调整前	1999 年 调整后	1999 年 调整前
主营业务收入	17409.50	14311.21		12618.47	
净利润	2462.23	1760.21		2113.49	
总资产	47334.13	19340.67		19117.82	
股东权益(不含少数股东权益)	37506.90	9958.21		8938.78	
全面摊薄每股收益	0.1936	0.202		0.24	
加权平均每股收益	0.1989	0.202		0.26	
扣除非经常性损益后的每股收益	0.1586	0.203		0.24	
每股净资产	2.9498	1.1427		1.0257	
调整后的每股净资产	2.9184	1.1261		1.0124	
每股经营活动产生的现金流量净额	0.0397	0.3154		0.1882	
摊薄净资产收益率%	6.5647	17.68		23.64	
加权净资产收益率%	6.8007	18.75		23.81	
扣除非经常性收益后的加权净资产收益率	5.57	18.89		23.78	

因公司 2001 年上市时财务指标已按新的《企业会计制度》做了追溯调整,故不存在调整前财务报表问题。

3、利润表附表

根据中国证监会《公开发行证券公司信息披露编报规则第 9 号》的要求计算的净资产收益率和每股收益如下:

报告期利润	2001 年度 净资产收益率 全面摊薄	2001 年度 净资产收益率 加权平均	2001 年度 每股收益 全面摊薄	2001 年度 每股收益 加权平均	2000 年度 净资产收益率 全面摊薄	2000 年度 净资产收益率 加权平均	2000 年度 每股收益 全面摊薄	2000 年度 每股收益 加权平均
主营业务利润	15.96	16.53	0.47	0.48	55.39	58.76	0.63	0.63
营业利润	10.21	10.58	0.30	0.31	27.80	29.50	0.32	0.32
净利润	6.56	6.8	0.19	0.20	17.68	18.75	0.20	0.20
扣除非经常性损益后净利润	5.38	5.57	0.16	0.16	17.81	18.89	0.20	0.20

三、股本变动及股东情况

1、股份变动情况
(1)股份变动情况表(单位:万股)

项目	本次变动前	本次变动增减(+-)	本次变动后
一、未上市流通股份			
发起人股份	8715	0	8715
其中:			
国有法人股	8279.25		8279.25
法人股	435.75		435.75
未上市流通股份合计	8715	0	8715
二、已上市流通股份			
人民币普通股	0	4000	4000
已上市流通股合计	0	4000	4000
三、股份总数	8715	4000	12715

600306 沈阳商业城股份有限公司

2001 年年度报告摘选

一、公司基本情况简介

(一)公司法定中文名称:沈阳商业城股份有限公司
公司英文名称:ShenYang Commercial City Co., Ltd
(二)公司法定代表人(董事长):张殿华
(三)公司董事会秘书:张黎明
联系地址:沈阳市沈河区中街路 212 号
办公电话:024 - 24865838　　传　真:024 - 24848007
电子信箱:Sycgf@e - syc.com.cn
公司证券事务代表:张建佐
联系地址:沈阳市沈河区中街路 212 号
办公电话:024 - 24848874　　传　真:024 - 24865832
电子信箱:Sycgf@e - syc.com.cn
(四)公司注册地址:沈阳市沈河区中街路 212 号
公司办公地址:沈阳市沈河区中街路 212 号　　邮政编码:110011
公司网址:www.e - syc.com.cn
电子信箱:Sycgf@e - syc.com.cn
(五)公司信息披露的报刊为《上海证券报》和《中国证券报》
登载公司年度报告的中国证监会指定的国际互联网网址:http://www.sse.com.cn
公司年度报告备置地点:沈阳市沈河区中街路 212 号(公司证券处办公地)
(六)公司股票上市交易所:上海证券交易所
股票简称:商业城　　股票代码:600306

二、会计数据和业务数据摘要

(一)本年度主要财务数据列示:

(单位:元)

利润总额:	29,255,467.17
净利润:	30,352,568.83
扣除非经常性损益后的净利润:	17,645,041.20
主营业务利润:	140,217,370.88
其他业务利润:	9,457,233.12
营业利润:	27,037,678.55
投资收益:	
补贴收入:	1,000,000.00
营业外收支净额:	1,217,788.62
经营活动产生的现金流量净额:	43,717,993.77
现金及现金等价物净增减额:	- 125,237,056.04

(二)截止报告期末公司前三年主要会计数据和财务指标:

(金额单位:元)

项目	2001 年	2000 年 调整后	2000 年 调整前	1999 年
主营业务收入	997,277,848.59	836,476,031.86	836,476,031.86	821,386,706.54
净利润	30,352,568.83	26,474,252.57	26,474,252.57	18,425,724.26
总资产	665,268,597.47	657,350,843.65	694,129,652.71	321,853,120.70
股东权益(不含少数股东权益)	409,527,606.51	387,287,451.54	393,201,197.61	118,455,470.23
每股收益	0.17	0.19	0.19	0.24
每股净资产	2.30	2.83	2.87	1.57
调整后的每股净资产	2.28	2.81	2.81	1.58
每股经营活动产生的现金流量净额	0.25	0.51	0.51	0.03(8 - 12 月)
净资产收益率%	7.41	6.84	6.73	15.55

(三)公司按中国证监会《公开发行证券公司信息披露编报规则》(第 9 号)要求计算的 2001 年净资产收益率和每股收益。

报告期利润	净资产收益率% 全面摊薄	净资产收益率% 加权平均	每股收益(元) 全面摊薄	每股收益(元) 加权平均
主营业务利润	34.24	36.07	0.79	0.79
营业利润	6.6	6.96	0.15	0.15
净利润	7.41	7.81	0.17	0.17
扣除非常性损益后的净利润	4.31	4.54	0.10	0.10

三、股本变动及股东情况

(一)股本变动情况表

数量单位:股

	本次变动前	配股	送股	公积金转增股	增发	其他	小计	本次变动后
一、股份								
1、发起人股份	75,000,000			22,500,000				95,500,000
其中:国家持有股份								
境内法人持有股份	75,000,000			22,500,000				95,500,000
境外法人持有股份								
其他								
2、募集法人股份								
其中:国家持有股份	12,275,000			3,682,500				15,957,000
境内法人持有股份	950,910			285,273				1,236,183
内部职工股	3,804,027			1,141,208				4,945,235
未上市流通股份合计	92,029,037			27,608,981				119,638,918
二、已流动股份								
1、人民币普通股	45,000,000			13,500,000				58,500,000
2、境内上市外资股								
3、境外上市外资股								
4、其他								
已上市流通股份合计	45,000,000			13,500,000				58,500,000
三、股份总数	137,029,937			41,108,981				178,138,918

(表头"本次变动增减(+、-)"跨配股、送股、公积金转增股、增发、其他、小计各列)

600307 甘肃酒钢集团宏兴钢铁股份有限公司

2001年年度报告摘选

一、公司基本情况简介

1、公司法定中文名称:甘肃酒钢集团宏兴钢铁股份有限公司
公司英文名称:Gan Su Jiu Steel Group Hong Xing Iron & Steel Co,Ltd.
公司英文名称缩写:JGHX
2、公司法定代表人:马鸿烈
3、公司董事会秘书:刘延齐
联系地址:甘肃省嘉峪关市雄关东路12号
联系电话:(0937)6715510 6715370 传真:(0937)6715507
电子信箱:jghxgf@sina.com
4、公司注册及办公地址:甘肃省嘉峪关市雄关东路12号
邮政编码:735100
公司网址:http://www.jiugang.com
公司电子信箱:jgggb@public.lz.gs.cn
5、公司选定的信息披露报纸:《中国证券报》、《上海证券报》、《证券时报》
登载年报的国际互联网网址:http://www.sse.com.cn
公司年度报告备置地点:公司证券投资部
6、公司股票上市交易所:上海证券交易所
股票简称:酒钢宏兴 股票代码:600307

二、会计数据和业务数据摘要

(一)公司本年度主要利润指标情况(金额单位:人民币元)

项目	2001年度
利润总额	253,575,640.58
净利润	267,263,324.74
扣除非经常性损益后的净利润	166,527,430.93
主营业务利润	367,882,643.66
其他业务利润	6,695,392.69
营业利润	255,289,659.47
投资收益	---
补贴收入	---
营业外收支净额	-1,714,018.89
经营活动产生的现金流量净额	561,603,720.12
现金及现金等价物净增减额	-772,428,916.95
注:"扣除非经常性损益后的净利润"中扣除非经常性损益计	100,735,893.81元:
所得税返还	100,960,000.00
捐赠支出	119,980.00
赞助支出	40,000.00
其它支出	64,126.19

(二)公司近三年主要会计数据和财务指标:

金额单位:人民币元

指标名称	2001年度	2000年度	1999年度
主营业务收入	3,415,606,308.84	3,122,791,235.85	2,929,262,839.94
净利润	267,263,324.74	160,953,192.34	142,554,558.50
总资产	3,364,122,729.88	3,001,888,590.30	1,870,468,696.07
股东权益	2,082,974,022.76	1,939,470,698.02	824,906,657.73
每股收益(加权)	0.37	0.30	0.27
每股收益(摊薄)	0.37	0.22	0.27
扣除非经常性损益后的每股收益(加权)	0.23	0.29	0.23
扣除非经常性损益后的每股收益(摊薄)	0.23	0.21	0.23
每股净资产	2.86	2.66	1.56
调整后每股净资产	2.76	2.57	1.56
每股经营活动产生的现金流量净额	0.77	0.31	0.14
净资产收益率(加权)	12.89%	17.46	17.64
净资产收益率(摊薄)	12.83%	8.30	17.28
扣除非经常性损益后的净资产收益率(加权)	8.03%	16.87	15.31
扣除非经常性损益后的净资产收益率(摊薄)	7.99%	8.02	15.00

(三)报告期利润表附表:

报告期利润	2001年度			
	净资产收益率%		每股收益	
	全面摊薄	加权平均	全面摊薄	加权平均
主营业务利润	17.66	17.75	0.51	0.51
营业利润	12.26	12.31	0.35	0.35
净利润	12.83	12.89	0.37	0.37
扣除非经常性损益后的净利润	7.99	8.03	0.23	0.23

三、股本变动及股东情况

(一)公司股本变动情况

数量单位:万股

	本次变动前	本次变动增减(+,-)						本次变动后
		配股	送股	公积金转股	增发	其他	小计	
一、未上市流通股份								
1.发起人股份								
其中:								
国家持有股份	51500							51500
境内法人持有股份	1300							1300
未上市流通股份合计	52800							52800
二、已上市流通股份								
1、人民币普通股	20000							20000
已上市流通股份合计	20000							20000
三、股份总数	72800							72800

600308 山东华泰纸业股份有限公司

2001年年度报告摘选

一、公司简介

(一)公司的法定中文名称:山东华泰纸业股份有限公司
公司的法定英文名称:Shandong Huatai Paper Co.,Ltd.
公司英文缩写:SDHT
(二)公司法定代表人:李建华
(三)公司董事会秘书:李刚
联系地址:山东省东营市广饶县大王镇
联系电话:0546-6871957 传 真:0546-6871957
电子信箱:ligang-HTGF@163.com
证券事务代表:田居龙
联系地址:山东省东营市广饶县大王镇
联系电话:0546-6888889 传 真:0546-6888018
电子信箱:cio@huatai.com
(四)公司注册地址:山东省东营市广饶县大王镇
公司办公地址:山东省东营市广饶县大王镇 邮政编码:257335
公司网址:http://www.huatai.com
电子信箱:htltd@huatai.com
(五)公司选定的信息披露报纸:《上海证券报》、《中国证券报》
登载公司年度报告的中国证监会指定国际互联网网址:http://www.sse.com.cn
公司年度报告备置地点:本公司证券部
(六)公司股票上市交易所:上海证券交易所
股票简称:华泰股份 股票代码:600308

二、会计数据和业务数据摘要

(一)本年度主要利润指标情况 (单位:人民币元)

项目	金额
1、利润总额	139,655,374.16
2、净利润	114,240,984.92
3、扣除非经营性损益的净利润	110,248,121.83
4、主营业务利润	195,260,725.28
5、其他业务利润	1,352,270.77
6、营业利润	134,809,629.41
7、投资收益	2,208,866.51
8、补贴收入	852,881.66
9、营业外收支净额	1,783,996.58
10、经营活动产生的现金流量净额	53,450,063.65
11、现金及现金等价物净增加额	-235,822,788.39

(二)截止本报告期末公司前三年主要会计数据及财务指标(单位:人民币元)

项目	2001年	2000年	1999年
主营业务收入	714,582,177.72	626,176,819.82	504,940,783.29
净利润	114,240,984.92	87,821,948.37	70,408,879.08
总资产	2,636,332,274.92	2,371,376,196.79	971,365,716.86
股东权益(不含少数股东权益)	1,460,619,747.39	1,357,021,666.94	269,924,888.42
每股收益(元/股)	0.59	0.46	0.69
每股收益(加权)(元/股)	0.73	0.70	0.69
每股收益(扣除非经营性损益)	0.57	0.43	0.67
每股净资产(元/股)	7.59	7.05	2.63
调整后每股净资产(元/股)	7.59	7.04	2.61
每股经营活动产生的现金流量净额	0.28	0.20	0.97
净资产收益率(摊薄)(%)	7.82	6.47	26.08
净资产收益率(加权)(%)	9.88	15.19	26.08

(三)报告期利润指标说明:

报告期利润	净资产收益率(%)		每股收益	
	全面摊薄	加权平均	全面摊薄	加权平均
主营业务利润	13.37	13.81	1.01	1.01
营业利润	9.23	9.53	0.70	0.70
净利润	7.82	8.08	0.59	0.59
扣除非经常损益后的净利润	7.55	7.80	0.57	0.57

三、股本变动及股东情况介绍

(一)股本变动情况
1、股本变动情况表

数量单位:股

	本次变动前	本次变动增减(+,-)						本次变动后
		配股	送股	公积金转股	增发	其它	小计	
1)未上市流通股份								
①发起人股份	76,823,308							76,823,308
其中:								
国家持有股份								
境内法人持有股份	76,823,308							76,823,308
境外法人持有股份								
其它								
②募集法人股份								
③内部职工股	25,650,000							25,650,000
其中:高管持股	236,969							236,969
④优先股或其他								
其中:转配股								
未上市流通股份合计	102,473,308							102,473,308
2)已上市流通股份								
①人民币普通股	90,000,000							90,000,000
②境内上市的外资股								
③境外上市的外资股								
④其他								
已上市流通股份合计	90,000,000							90,000,000
3)股份总数	192,473,308							192,473,308

600309　烟台万华聚氨酯股份有限公司

2001 年年度报告摘要

第一章　公司基本情况简介

一、公司名称：

公司法定中文名称：烟台万华聚氨酯股份有限公司

公司法定英文名称：Yantai Wanhua Polyurethane Co.,Ltd.

二、公司法定代表人：丁建生

三、公司董事会秘书：郭兴田

电话：0535－6837888 转 8282；0535－6837894

证券事务代表：张道辉

联系地址：烟台市幸福南路 7 号

电话：0535－6837888 转 8537；0535－6837894

传真：0535－6837894

电子信箱：stock@ytpu.com

四、公司注册地址：烟台市幸福南路 7 号

公司办公地址：烟台市幸福南路 7 号

公司英文办公地址：No7,Xingfu South Road,Yantai Shandong Province,P.R.China

邮政编码：264002

公司国际互联网网址：http://www.ytpu.com

电子信箱：stock@ytpu.com

五、公司信息披露报纸名称：中国证券报、上海证券报

登载公司年报的中国证监会指定网站网址：http://www.sse.com.cn

公司年度报告备置地点：公司证券部

六、公司股票上市交易所：上海证券交易所

股票简称：烟台万华

股票代码：600309

第二章　会计数据和业务数据摘要

一、公司本年度主要利润指标情况（金额单位：人民币元）

项目	金额
1、利润总额：	114,391,400.66
2、净利润：	100,728,393.18
3、扣除非经常性损益后的净利润：	105,065,645.70
4、主营业务利润：	204,088,816.92
5、其他业务利润：	359,082.30
6、营业利润：	120,670,767.94
7、投资收益：	323,331.55
8、补贴收入：	0.00
9、营业外收支净额：	－6,602,698.83
10、经营活动产生的现金流量净额：	84,766,521.49
11、现金及现金等价物净增加额：	－265,703,372.12

二、截至报告期末公司前三年的主要会计数据和财务指标

（金额单位：人民币元）

项目	2001 年	2000 年	1999 年
1、主营业务收入	571,288,456.37	344,853,089.67	210,406,102.94
2、净利润	100,728,393.18	49,803,512.36	26,280,076.58
3、总资产	726,705,994.51	757,607,653.79	258,737,758.28
4、股东权益（不含少数股东权益）	653,798,259.77	601,069,866.59	128,306,554.23
5、每股收益	0.42	0.42	0.33
6、每股收益（加权）	0.42	0.62	0.33
7、每股收益（扣除非经常性损益）	0.44	0.44	0.28
8、每股净资产	2.72	5.01	1.60
9、调整后的每股净资产	2.72	5.01	1.60
10、每股经营活动产生的现金流量净额	0.35	0.70	0.68
11、净资产收益率（%）	15.41	8.29	20.48
12、净资产收益率（加权）（%）	15.46	32.51	19.39

第三章　股本变动及股东情况

一、股本变动情况

1、股份变动情况表

项目	本次变动前	本次变动增减			本次变动后
		送股	转增	小计	
一、未上市流通股					
1、发起人股份	80,000,000	16,000,000	64,000,000	80,000,000	160,000,000
其中：					
国家持有股份	78,000,000	15,600,000	62,400,000	78,000,000	156,000,000
境内法人持有股份	2,000,000	400,000	1,600,000	2,000,000	4,000,000
境外法人持有股份					
其他					
2、募集法人股份					
3、内部职工股份					
4、优先股或其他					
未上市流通股份合计	80,000,000	16,000,000	64,000,000	80,000,000	160,000,000
二、已上市流通股份					
1、人民币普通股	40,000,000	8,000,000	32,000,000	40,000,000	80,000,000
2、境内上市的外资股					
3、境外上市的外资股					
4、其他					
已上市流通股合计	40,000,000	8,000,000	32,000,000	40,000,000	80,000,000
三、股份总数	120,000,000	24,000,000	96,000,000	120,000,000	240,000,000

二、股东情况介绍

1、报告期末股东总数为 29,434 户，其中发起人 5 户，社会公众股 29,429 户。

2、持有本公司 5% 以上（含 5%）股份的股东只有烟台万华合成革集团有限公司一家，年度内由于本公司实施每 10 股送 2 股转增 8 股的分配方案，其持有的国有法人股由 7,460 万股增加到期末的 14,920 万股，所持股份无质押或冻结情况。

由于烟台万华合成革集团有限公司已实施债转股，其持有的本公司股份投入新成立的“烟台万华华信合成革有限责任公司”，新公司将成为本公司第一大股东，万华集团将不再直接持有本公司股份，以上信息公司已于 2001 年 10 月 30 日以临 2001－017 号公告刊登在“中国证券报”和“上海证券报”，股权过户手续需经国家有关部门批准后实施。

公司期末前 10 名股东持股情况

股东名称	持有股数（股）	占总股本的比例	股权性质
1、烟台万华合成革集团有限公司	149,200,000	62.167%	国有法人股
2、东方证券	5,837,084	2.432%	社会公众股
3、安信基金	5,146,168	2.144%	社会公众股
4、烟台东方电子信息产业集团有限公司	4,000,000	1.667%	国有法人股
5、烟台冰轮股份有限公司	4,000,000	1.667%	法人股
6、泰和基金	3,963,375	1.651%	社会公众股
7、安顺基金	3,542,812	1.476%	社会公众股
8、华安创新	3,194,824	1.331%	社会公众股
9、烟台氨纶集团有限公司	2,000,000	0.833%	国有法人股
10、广发证券	1,613,926	0.672%	社会公众股

本公司前 10 名股东之间不存在关联关系

3、持股 10%（含 10%）以上的法人股东只有一家：烟台万华合成革集团有限公司，为本公司控股股东，系国有独资公司，成立于 1995 年 9 月 28 日，其前身是烟台合成革总厂，该公司法定代表人李建奎，注册资本 23,440 万元人民币，经营范围：聚氨酯和聚氨酯树脂原料及产品、工业气体、烧碱、氯产品的制造加工销售、水电暖供应、机电仪安装维修、防腐保温工程施工、轻化工设备设计制造、容器、机械设备制造、电器安装、仪表安装调试、经济信息咨询、技术转让服务、制鞋材料、钢材、木材、水泥、化工产品（不含化学危险品）、普通机械及配件的批发零售、汽车运输服务、许可范围内的进出口业务、场地、设备设施租赁、仓储、日用百货、糖茶酒、土产杂品、五金交电、装饰材料、洗涤剂电瓶用液的批发零售、净化饮用水的生产批发零售。

第四章　董事、监事、高级管理人员情况

一、基本情况

姓名	职务	性别	年龄	任期起止日期	持股数 期初	持股数 期末
丁建生	董事长总经理	男	48	2001.12－2004.12	0	0
李建奎	董事	男	49	2001.12－2004.12	0	0
曲进胜	董事	男	53	2001.12－2004.12	0	0
于文祥	董事	男	50	2001.12－2004.12	0	0
张有安	董事副总经理	男	42	2001.12－2004.12	0	0
郭兴田	董事、董事会秘书副总经理	男	41	2001.12－2004.12	0	0
刘立新	董事	男	48	2001.12－2004.12	0	0
王雷	董事	男	39	2001.12－2004.12	0	0
吕洪杰	董事	男	35	2001.12－2004.12	0	0
尹仪民	独立董事	男	63	2001.12－2004.12	0	0
姜培维	独立董事	男	39	2001.12－2004.12	0	0
李云生	监事会召集人	男	39	2001.12－2004.12	0	0
沈萍	监事	女	48	2001.12－2004.12	0	0
臧运建	监事	男	40	2001.12－2004.12	0	0
汤光武	监事	男	51	2001.12－2004.12	0	0
周喆	监事	男	40	2001.12－2004.12	0	0
马德强	监事	男	39	2001.12－2004.12	0	0
赵军生	监事	男	41	2001.12－2004.12	0	0
廖增太	副总经理总工程师	男	40	2001.12－2004.12	0	0
孙毅	副总经理	男	47	2001.12－2004.12	0	0
寇光武	总会计师	男	37	2001.12－2004.12	0	0

公司董事、监事和高级管理人员均未持有本公司股票。

二、董事、监事在股东单位任职情况

姓名	股东单位	股东单位任职	任期起止日期
李建奎	烟台万华合成革集团有限公司	董事长、党委书记	1997.7 省政府任命至今
曲进胜	烟台万华合成革集团有限公司	副董事长、总经理	1997.7 省政府任命至今
于文祥	烟台万华合成革集团有限公司	常务副总经理	1996.10 省政府任命至今
刘立新	烟台冰轮股份有限公司	董事、董事会秘书	1999.4－2002.4
王雷	红塔兴业投资有限公司	总裁	1998.10－2001.12
李云生	烟台万华合成革集团有限公司	审计处处长	2000.9－2003.3
沈萍	烟台万华合成革集团有限公司	工会副主席	1996.7－职代会改选
臧运建	烟台万华合成革集团有限公司	资产财务部副部长	1999.6－2002.6

三、年度报酬情况

公司高管人员及兼任公司高级管理岗位的董事、监事的报酬均参照烟台市人事局和劳动局有关工资管理和等级标准的规定，结合企业自身的情况并按上述人员的行政职务逐月发放。

公司现任董事、监事和高级管理人员共 21 人，其中在本公司领取报酬的共 10 人，2001 年年度报酬总额（包括基本工资各项奖金福利补贴住房津贴及其他津贴等）为 73.79 万元，其中，金额最

高的前三名董事的报酬总额为23.09万元;金额最高的前三名高级管理人员的报酬总额为23.38万元;公司董事、监事和高级管理人员的年度报酬数额区间为:3-6万元的2人;7-9万元的7人;10-13万元的1人。

公司于2001年12月12日聘任了2名独立董事,2001年度未发放津贴,根据2001年12月12日公司临时股东大会决议,决定给予每位独立董事每年2万元的津贴,独立董事出席公司董事会和股东大会的差旅费及按《公司章程》行使权利所需的合理费用据实报销。

不在公司领取报酬的董事、监事情况

姓名	职务	领取报酬单位
李建奎	董事	烟台万华合成革集团有限公司
曲进胜	董事	烟台万华合成革集团有限公司
于文祥	董事	烟台万华合成革集团有限公司
刘立新	董事	烟台冰轮股份有限公司
王　雷	董事	红塔兴业投资有限公司
尹仪民	独立董事	化工部规划院
姜培维	独立董事	新华会计师事务所有限公司
李云生	监事	烟台万华合成革集团有限公司
沈　萍	监事	烟台万华合成革集团有限公司
臧运建	监事	烟台万华合成革集团有限公司
汤光武	监事	烟台氨纶股份有限公司

四、董事、监事、高级管理人员任职情况

在报告期内无离任的董事、监事、高级管理人员。

公司第一届董事会和第一届监事会于2001年12月届满,公司于2001年12月12日召开了2001年第一次临时股东大会。大会以记名投票表决的方式选举李建奎先生、曲进胜先生、于文祥先生、丁建生先生、郭兴田先生、张有安先生、刘立新先生、王雷先生、吕洪杰先生、尹仪民先生、姜培维先生等十一人为公司第二届董事会董事,其中尹仪民、姜培维二人为公司独立董事,选举李云生先生、沈萍女士、汤光武先生、臧运建先生等4人为公司第二届监事会股东代表监事;另外,根据公司2001年11月5日首届五次职工代表大会《关于选举第二届职工代表监事的决议》,选举周吉先生、马德强先后、赵军先生为公司第二届监事会职工代表监事。

随后,公司于12月16日召开了二届一次董事会,会上选举丁建生先生任公司第二届董事会董事长;由董事长提名聘任郭兴田先生继续担任公司董事会秘书;由董事长提名聘任丁建生先生继续担任公司总经理;由总经理提名聘任张有安先生担任公司副总经理、聘任廖增太先生担任公司副总经理兼总工程师、聘任郭兴田先生担任公司副总经理、聘任孙毅先生担任公司副总经理、聘任寇光武先生担任公司总会计师兼财务负责人。

同日,公司召开了二届一次监事会,会议选举李云生先生继续担任监事会召集人。

第五章　公司治理结构

一、公司治理的实际状况

1、股东与股东大会方面

公司股东作为公司的所有者,享有法律、行政法规和公司章程规定的按其持有的股份享有合法平等的权利。

公司股东大会根据《公司法》、《证券法》、《上海证券交易所股票上市规则》、《上市公司股东大会规范意见》及《本公司公司章程》制定了规范的《股东大会议事规则》,就股东大会的性质和职权、召开的条件、通知、议事内容及提案、股东资格认定与登记、会议签到、议事程序、股东大会表决、大会纪律、会议记录、休会与散会、决议的执行和信息披露等内容作了明确的规定。

在关联交易方面,公司在遵循平等、自愿、等价、有偿原则的前提下,与关联人之间全面签订了书面协议,以保证相互之间的交易既不损害本公司的利益,也不损害关联方的利益,并按有关规定及时披露关联交易信息,同时,公司采取了有效措施,以防止股东及其关联方以各种形式占用或转移公司的资金、资产及其他资源,公司也不为股东及其关联方提供任何担保,在关联交易的具体操作程序上,《公司章程》和《股东大会议事规则》都有明确的规定。

2、与控股股东关系方面

公司改制时建立了合理制衡的股权结构:控股股东为本公司主业服务的存续企业或机构均按照专业化、市场化的原则改组为专业化公司,并根据商业原则与本公司签订了有关协议。

控股股东全面支持本公司深化劳动、人事、分配制度改革,转换经营管理机制,建立管理人员竞聘上岗、能上能下、职工择优录用、能进能出、末位淘汰收入分配能增能减、有效激励的各项制度。

控股股东对本公司董事、监事候选人的提名,严格遵循法律、法规和《公司章程》规定的条件和程序,提名的董事、监事候选人均具备相关专业知识和决策、监督能力,公司的重大决策均由股东大会和董事会依法作出。

在公司独立运作方面,控股股东与本公司做到了在人员、资产、财务、机构、业务方面的彻底分开,各自独立核算、独立纳税、独立承担责任和风险。

3、董事与董事会方面

公司董事会目前拥有董事11人,其中独立董事2人,董事会的人数及人员构成符合当前有关法律、法规的要求,公司在《公司章程》中规定了规范、透明的董事选聘程序,保证董事选聘公开、公平、公正、独立,公司董事会成员具备合理的专业结构,具备履行职务所必需的知识、技能和素质,董事会建立了规范的董事会议事规则,以确保董事会的高效运作和科学决策,另外,目前公司按照有关规定聘用独立董事两名,他们在公司的决策中均发挥了应有的作用。

4、监事与监事会方面

公司监事会共有监事7人,其中股东代表监事4人,职工代表监事3人,部分监事具有法律、会计等方面的专业知识或工作经验,监事会的人员和结构能够保证独立有效地行使对董事、经理和其他高级管理人员及公司财务的监督和检查。

监事会建立了规范的监事会议事规则、并严格按规则行使职权。

5、信息披露与透明度方面

本公司建立了规范的信息披露制度,公司除了按照强制性规定披露信息外,还主动、及时地披露所有可能对股东和其它利益相关者决策产生实质性影响的信息,并保证所有股东有平等的机会获得信息。

公司董事会秘书负责信息披露事项,包括建立信息披露制度、接待来访、回答咨询、联系股东、向投资者提供公司公开披露的资料等。

二、公司独立董事履行职责情况

公司目前有两名独立董事,均为2001年12月12日公司临时股东大会选举产生的,首次参与了12月16日公司召开的第二届董事会第一次会议,对聘任公司高级管理人员事宜发表了独立意见,同意公司聘任的总经理、副总经理、董事会秘书、总工程师和总会计师人选。

三、公司治理结构与《上市公司治理准则》存在的差异

目前公司治理结构与《上市公司治理准则》存在的差异主要有:

1、在董事的选举过程中,公司尚未实行累积投票制度。

2、公司董事会下除已设立薪酬委员会外,尚未设立战略、审计、提名等委员会。

3、公司尚未建立对高级管理人员的考评及激励机制,以及相应的奖励制度。

第六章　股东大会情况简介

报告期内公司召开了2000年年度股东大会和2001年第一次临时股东大会。

一、2001年3月8日公司一届八次董事会决议通知于2001年4月10日上午9时召开2000年年度股东大会,大会以记名投票表决的方式通过了下列议案:

1、《公司2000年度董事会工作报告》;

2、《公司2000年度监事会工作报告》;

3、《公司2000年度财务决算报告及2001年财务预算报告》;

4、《公司2000年度利润分配方案》;

5、《公司章程修改方案》;

6、《关于授权董事会办理股权变更及营业执照注册资本变更手续的议案》;

7、《关于续聘会计师事务所的议案》;

8、《关于适应扩产要求修改关联交易协议的议案》;

此议案在进行表决时关联股东烟台万华合成革集团有限公司提出了回避申请,不参加此项议案的表决。

9、《关于8万吨MDI技术开发及技改立项的议案》

10、《关于在董事会下设立薪酬委员会并授权编制公司员工股权计划的议案》;

本次大会经华堂律师事务所律师孙广亮见证并出具了法律意见书。

会议决议公告刊登在4月11日的中国证券报和上海证券报。

二、2001年11月8日公司一届十一次董事会决议通知于2001年12月12日上午8时召开2001年第一次临时股东大会,大会以记名投票表决的方式通过了以下决议:

1、选举李建奎先生、曲进胜先生、于文祥先生、丁建生先生、郭兴田先生、张有安先生、刘立新先生、王雷先生、吕洪杰先生、尹仪民先生、姜培维先生等十一人为公司第二届董事会董事,其中尹仪民、姜培维二人为公司独立董事。

2、选举李云生先生、沈萍女士、汤光武先生、臧运建先生等4人为公司第二届监事会股东代表监事;另外,根据公司2001年11月5日首届五次职工代表大会《关于选举第二届职工代表监事的决议》,选举周吉先生、马德强先生、赵军先生为公司第二届监事会职工代表监事。

3、审议通过了《关于公司独立董事津贴标准的议案》;

4、审议通过了《关于增加公司经营范围的议案》;

5、审议通过了《公司章程修改方案》;

6、审议通过了《公司信息披露规则》;

7、审议通过了《公司股东大会议事规则》;

本次大会经华堂律师事务所律师孙广亮见证并出具了法律意见书。

会议决议公告刊登在12月13日的"中国证券报"和"上海证券报"。

本年度召开的股东大会没有被否决的决议。

第七章　董事会报告

一、公司的经营情况

(一)主营业务的范围及其经营状况,

1、报告期内公司主营业务收入、主营业务利润的构成情况,

公司主要从事聚氨酯(MDI)及其助剂、异氰酸酯(MDI)及衍生产品的开发、生产和销售。2001年,公司实现主营业务收入571,288,456.37元,比去年同期增长65.67%;实现主营业务利润204,088,816.92,比去年同期增长83.75%,主营业务收入、主营业务利润构成如下:

产品	2001年			2000年		
	业务收入(元)	占主营业务收入比重	占主营业务利润比重	业务收入(元)	占主营业务收入比重	占主营业务利润比重
纯MDI	273940050	47.95%	60.10%	178714883	51.82%	70%
聚合MDI	237368459	41.55%	29.60%	120671256	34.99%	19%
液化MDI	24157215	4.23%	6.00%	18246186	5.29%	7%
MDA	8701878	1.52%	2.30%	4068353	1.18%	0.5%
其他	27120854	4.75%	2.00%	23151411	6.72%	3.5%
合计	571288456	100%	100%	344853089	100%	100%

主营业务收入和主营业务利润的地区构成:

地区	主营收入	主营利润
山东东北区	257904142.53	92134456.32
华北区	38438708.16	13731960.42
华南区	150366908.36	53717529.37
华东区	83448041.31	29811230.80
西南区	10762821.37	3844942.87
西北区	19205119.65	6860895.06
国外	11162714.99	3987802.08
合计	571288456.37	204088816.92

2、公司所处行业属高分子新材料原料行业,2001年公司生产经营的主要产品销售量约占国内市场份额的20%,占主营业务收入或主营业务利润总额10%以上的产品主要是纯MDI和聚合MDI,其销售收入、产品销售成本、毛利率如下表:

主要产品	销售收入	销售成本	毛利率
纯MDI	273940050	148,727,125	45.71%
聚合MDI	237368459	175,737,715	25.97%

(二)公司主要供应商、客户情况:

公司向前五名供应商合计的采购金额17804万元,占年度采购总额的39.25%;前五名客户销售额合计13750万元,占公司销售总额的24.07%。

(三)在经营中出现的问题与困难及解决方案

1、随着公司《年产4万吨MDI高技术产业化示范工程》项目的完成,公司的主营产品纯MDI和聚合MDI产品产量和产品质量均有大幅度的提高,而此时市场对本公司的发展情况尚不了解。为此,2001年公司加大了市场推介力度,通过专家咨询评估会和用户推介座谈会,逐步扭转了客户中国产货不如进口货的习惯认识,实现了产销平衡,国内市场占有率上升到20%,并使公司产品国内市场销售价格高于日本产品,与欧美产品接近。

2、2001年由于世界经济步入衰退,国际MDI市场需求下降,价格下滑,而中国市场虽然对MDI的需求仍然处于上升趋势,但由于本公司产量的大幅度上升和国内市场国际化的原因导致国内MDI市场价格下跌,面对严峻的竞争形势,公司一方面加大了科技投入,优化工艺,降低能耗;另一方面加强了比价管理,全面降低采购成本,保持了经济效益的快速增长。

3、本年度公司提前实现了由生存到发展的战略目标,由于公司运行时间较短而发展速度又太快,致使基础管理工作不适应公司经营的快速发展,为此公司在聘请通用管理咨询公司对公司的营销体系、人力资源管理体系、内部考评体系等进行重新组合的基础上,又聘请"德勤咨询(上

海)有限公司"对公司的财务管理体系进行测评、诊断,并参照国际先进经验进行重新整和,从制度上最大限度地规避财务风险,实现经营与管理的同步发展。

二、公司的投资情况

(一)募集资金使用情况:

募集资金项目	计划投资额	实际投资额	资金投入比重	完工情况	尚余资金
年产四万吨 MDI 高技术产业化示范工程及补充项目配套资金	23770	22390	94%	已完工	1380
2、MDA 生产装置技术改造项目	3047	2162	71%	已完工	885
3、3000 吨/年液化 MDI 装置技改项目	4657	3120	67%	已完工	1537
4、苯胺装置技术改造项目	4190			未动工	4190
5、聚氨酯研究发展中心技术改造项目	2980	2114	71%	在建	866
6、补充企业生产流动资金	4852	4852	100%	已补充	0
合计	43496	34638	80%		8858

上述投资,截止 2001 年 12 月 31 日,仅《苯胺装置技术改造项目》4190 万元投资未按承诺进度计划开工,原因是由于苯胺项目的建设主要取决于上游氯碱厂的副产品氢气,由于烟台氯碱厂氯碱扩能改造项目尚未竣工,导致本项目相应顺延,该项目将根据氯碱改造项目的进度安排组织实施。

上述投资中已完工的项目有:

1、《年产 4 万吨 MDI 高技术产业化示范工程及补充项目配套资金项目》计划投资 23770 万元。其中固定资产投资 20092 万元,项目流动资金 3678 万元,该项目已于 2001 年通过国家计委组织的竣工验收,并被国家计委授予"国家高技术产业化示范工程"。项目竣工后,截止 2001 年 9 月 30 日,该项目实际投入 22390 万元,为原计划 23770 万元的 94%,节余资金 1380 万元;

2、《MDA 生产装置技术改造项目》累计完成投资额 2162 万元,该项目已完工(待验收),并已投入生产,比承诺投资节省 885 万元;

3、《3000 吨/年液化 MDI 装置技术改造项目》累计完成投资额 3120 万元,该项目已完工(待验收),并已投入生产,比承诺投资节省 1537 万元。

以上三个项目均按计划或提前完成了项目施工,三个项目共计节余资金 3802 万元,项目投资比计划减少的主要原因是:

1、在项目投资过程中,原拟进口的部分设备,部分采用了国产化(上述第二、第三个项目设备国产化率比计划有较大幅度提高),设备采购价格大幅度下降;

2、通过比质比价、招标采购,工程投资大大节省;

3、项目管理及监理机制的引入,不但使施工质量明显提高,同时施工速度也明显加快,节约了施工成本。

公司董事会已提请股东大会将上述节余资金 3802 万元变更用途,用于补充企业流动资金,待报股东大会审议通过后实施。

报告期末上市募集资金项目中尚未投资及节余资金,均以存款形式存于银行。

(二)报告期内非募集资金投资项目主要有:

(1) 公司对红塔创新投资股份有限公司投资已追加至 2000 万元,2001 年共计从红塔创新股份有限公司取得投资收益 50 万元;

(2) 年产 8 万吨 MDI 技改项目前期投入 4775 万元;

(3) 年度累计证券投资 6363 万元,期末帐面浮亏 17.6 万元;

以上(2)、(3)项为 2001 年新增投资项目。

三、公司的财务状况和经营成果

	2001 年度	2000 年度	增减数	增减幅度
总资产	726,705,994.51	757,607,653.79	-30,901,659.28	-4.08%
长期负债		10,000,000.00	-10,000,000.00	-100%
股东权益	653,798,259.77	601,069,866.59	52,728,393.18	8.78%
主营业务利润	204,088,816.92	111,068,404.86	93,020,412.06	83.75%
净利润	100,728,393.18	49,803,512.36	50,924,880.82	102.26%

增减变动说明:

1、总资产减少的主要原因是用货币资金偿还长,短期贷款 8410 万元;

2、长期负债减少的主要原因是本期偿还了 1000 万元的长期贷款;

3、股东权益增加的主要原因是报告期内实现的净利润;

4、主营业务利润增加的主要原因是销售量的大幅度增长以及产量提高产生的规模效益引起的单位成本的下降,即单位产品获利能力的提高;

5、净利润增加的主要原因是由于公司主营业务利润的增长。另外享受一定的税收优惠政策也是造成净利润增加的另一原因。

四、生产经营环境以及宏观政策的变化对公司的影响

1、日圆贬值后原产日本的 MDI 产品在中国市场的价格优势将尤为突出,这将有可能导致国内 MDI 市场价格的进一步下滑;

2、由于世界经济发展放缓,而我国经济仍保持较高的增长速度,这将使国际同行更加重视中国市场的开拓,而 2002 年随着本公司 8 万吨 MDI 技改项目的推进,产量将进一步提升,这将加剧国内 MDI 市场的竞争;

3、报告期内公司所得税享受先征 33%后返 18%的优惠政策,2002 年度公司将不再享受此政策,预计将会对公司未来的收益产生一定影响。另外,根据国家经济贸易委员会国经贸投资[2001]1000 号"关于印发第二批国家重点技术改造'双高一优'项目导向计划的通知",公司年产 8 万吨 MDI 技术改造项目被列入"双高一优"项目导向计划,该项目将享受进口设备减免税和国产设备抵免新增所得税的优惠,该项所得税优惠政策可部分抵消因所得税率提高而带来的不利影响;

4、中国入世后,纯 MDI 和聚合 MDI 关税分别由 10%和 12%降至 6.5%,这将导致 MDI 产品的价格下调。但同时入世后,相关的生产原料,机械设备等的进口关税也会相应调整,国内相关行业的产品价格也会随之大幅调整,并且随着烟台万华生产能力的提高,规模效益将大幅显现,单位生产成本也将随之降低。

五、公司新年度的经营计划

为实现公司全面的战略转型,尽快将公司发展成为国内国际并举的综合性公司,在新的一年里,公司将从管理理念、组织构架、人员素质等多个方面入手,在集中精力完成年产 8 万吨 MDI 技改项目的同时,重点抓好市场建设,促进低成本战略工程的实施,力争使主营业务收入有较大幅度增长,实现经营业绩的稳步提高。

1、加快年产 8 万吨 MDI 技改项目步伐,力争产品产量和产品国内市场占有率有较大幅度的提高,用规模效益来抵减价格下降对公司效益的影响。

2、启动市场建设工程,完善市场营销网络

为保证公司在未来几年内,逐步发展成为国内国际并举的综合性公司,公司从 2002 年开始着手扎扎实实地实施市场建设工程,认真做好入世应对工作,通过市场销售网络、市场服务网络、市场信息网络的建设,提高公司的决策应变能力,从营销方式上尽快与国际接轨。

3、加大管理创新力度,全面实施低成本战略

为消化进口关税降低、所得税率提高等不利因素的影响,公司 2002 年将采取优化工艺,降低消耗,提高运转率,发挥规模优势,实施招标采购,降低采购成本,推行全面预算管理,节约费用开支等一系列措施,同时加大目标管理和考核的力度,严格检查考核和奖罚兑现,使之落到实处,保证经营业绩的稳步提高。

4、加快新建 16 万吨 MDI 项目的前期工作,尽快培育新的利润增长点。

六、本次利润分配预案或资本公积金转增股本预案

(一)2001 年度利润分配预案

经山东乾聚有限责任会计师事务所审计,本公司 2001 年度实现净利润 100,728,393.18 元,按《公司章程》有关规定,按 10%提取法定盈余公积 10,072,839.32 元,按 10%提取法定公益金 10,072,839.32 元,按 5%提取任意盈余公积 5,036,419.66 元,加计以前年度未分配利润后,本年度可供股东分配的利润为 76,898,929.14 元。本次利润分配方案:以 2001 年末总股本 240,000,000 股为基数,用可供股东分配的利润向全体股东每 10 股送红股 1 股,向全体股东每 10 股派发 2 元现金红利(含税),共计分配利润总额为 72,000,000 元,剩余利润为 4,898,929.14 元结转下年分配;为了使公司经营规模的发展与公司股本扩张保持适当的比例,同时考虑到本公司与国际同类化工企业相比股本过小,而本公司也积累了一定的资本公积金,因此决定以 2001 年末总股本 240,000,000 股为基数,用资本公积金向全体股东每 10 股转增 5 股,总计转增 120,000,000 股,转增后资本公积金剩余 222,010,338.91 元,以上分配预案需提请年度股东大会审议通过后实施。

以上分配预案与公司去年年报的预计相符合。

(二)预计 2002 年度利润分配政策:

1、公司下一年度至少分配一次;

2、公司 2002 年实现的净利润用于股利分配的比例不低于 30%,2001 年度未分配利润用于下一年度股利分配的比例为 100%;

3、分配采取派发现金或派发现金与送红股组合的形式,现金股息占股利分配的比例为不低于 30%;

4、公司下一年度用资本公积金转增股本不超过一次,转增数占公司资本公积金的比例不超过 70%;

5、具体分配将根据公司发展情况由股东大会决定。

第八章　监事会报告

一、报告期内监事会共召开了 5 次会议,分别是:

(一)2001 年 3 月 8 日公司第一届监事会第七次会议通过如下决议:

1、宣读公司职工代表大会职工监事选举结果,增选马德强先生为公司新任职工监事;

2、审议通过《2000 年监事会工作报告》;

3、审议通过《公司 2000 年度决算报告》;

4、审议通过了由山东乾聚有限责任会计师事务所出具的 2000 年度《审计报告》;

5、审议通过《2000 年利润分配预案及 2001 年利润分配政策》;

6、审议通过《公司 2000 年年度报告及摘要》。

(二)2001 年 8 月 8 日第一届监事会第八次会议通过如下决议:

1、审议通过《关于将上市前留存的应付股利在原有发起股东间分配的实施方案》;

2、审议通过《公司 2001 年中期报告》及《公司 2001 年中期报告摘要》;

3、审议通过《2001 年中期利润分配方案》;

公司中期不进行利润分配,也不进行公积金转增股本。

4、审议通过《关于会计政策变更的议案》。

(三)2001 年 10 月 24 日公司第一届监事会第九次会议通过了《公司 2001 年第三季度季度报告》。

(四)2001 年 11 月 8 日公司第一届监事会第十次会议通过了《监事会换届选举提名第二届公司监事候选人的议案》。另外,会议宣读了公司 2001 年 11 月 5 日首届五次职工代表大会《关于选举第二届职工代表监事的决议》。

(五)2001 年 12 月 16 日公司第二届监事会第一次会议同意由李云生先生继续担任公司监事会召集人。

二、通过对本年度公司各方面的考察监事会认为:

(一)公司依法运作,决策程序合法,并建立了较为完善的内部控制制度,未发现公司董事、经理执行公司职务时有违反法律、法规、公司章程或损害公司利益的行为。

(二)通过对公司财务情况的检查,认为山东乾聚有限责任会计师事务所出具的财务审计报告能够真实反映公司的财务状况和经营成果。

(三)公司最近一次募集资金实际投入项目中《苯胺装置技术改造项目》4190 万元承诺建设期为 1 年,实际到报告期末为止尚未进行工程实施。主要原因是由于苯胺项目的建设主要取决于上游氯碱厂的副产品氢气,由于烟台氯碱厂氯碱扩能改造项目延期,导致本项目相应顺延,因此苯胺装置技术改造项目也将根据氯碱改造项目的进度安排组织实施,监事会将及时跟踪项目进度,督促公司完成上述项目。另外,年产 4 万吨 MDI 高技术产业化示范工程项目及补充配套资金实际投入 22390 万元,为原计划 23770 万元的 94%,该项目已完工并验收,比承诺投资节省 1380 万元;MDA 生产装置技术改造项目累计完成投资额 2162 万元,该项目已完工(待验收),并已投入生产,比承诺投资节省 885 万元;3000 吨/年液化 MDI 装置技术改造项目累计完成投资额 3120 万元,该项目已完工(待验收),并已投入生产,比承诺投资节省 1537 万元。以上三个完工项目共节余资金 3802 万元,同意董事会提请股东大会将此部分节余资金变更用途,用于补充企业流动资金。

募集资金其他投资项目与承诺投入项目一致。

(四)公司收购出售资产交易价格合理,未发现内幕交易行为,也未发现有损害股东的权益或造成公司资产流失的情况。

(五)公司与关联方遵循公平原则全面签定了关联交易协议,报告期内发生的关联交易公平、程序合法,未发现有损害上市公司利益的行为。

第九章　重要事项

一、公司重大诉讼、仲裁事项

本年度公司无重大诉讼、仲裁事项。

二、公司收购及出售资产、吸收合并事项

报告期内公司除收购烟台万华合成革集团有限公司"化工原料铁路专用线储运系统、仓储系统和产品化验检验分析系统"外,无其他收购及出售资产、吸收合并等事项,上述收购行为加快了年产 4 万吨 MDI 高技术产业化示范工程及补充资金项目的进度,并使公司的供销、系统更加完善、独立于控股股东,提高了公司的生产、销售运转效率。

上述收购"化工原料铁路专用线储运系统、仓储系统和产品化验检验分析系统"的具体实施内容祥见 2001 年 6 月 13 日"中国证券报"和"上海证券报"刊登的公司关联交易公告,该项收购已全部完成,目前正在办理因该项资产而增加公司经营范围的相关手续。

三、公司重大关联交易事项

(一)关联方关系明细项目列示如下：

1、存在控制关系的关联方

公司名称	注册地址	主营业务	与本公司关系	经济性质或类型	法定代表人
烟台万华合成革集团有限公司	芝罘区幸福南路7号	聚氨酯和聚氨树酯原料及产品工业气体等产品制造和加工销售等	母公司	国有独资	李建奎

2、存在控制关系的关联方的注册资本及其变化

公司名称	期初数(万元)	本期增加数	本期减少数	期末数(万元)
烟台万华合成革集团有限公司	23440			23440

3、存在控制关系的关联方所持股份及其变化

公司	期初数		本期增加数		本期减少数		期末数	
	金额	比例%	金额	比例%	金额	比例%	金额	比例%
烟台万华合成革集团有限公司	7460万元	62.17	7460万元				14920万元	62.17

4、不存在控制关系的关联方关系的性质

企业名称	与本公司的关系
烟台华力热电股份有限公司	同一母公司
烟台华大化学工业有限公司	同一母公司
烟台氯碱厂	母公司的控股单位

(二)关联方合同及交易事项

1、定价原则

根据公司2001年1月1日与各关联方签定的有关综合服务协议、产品购销合同及生产辅助购销合同等协议的规定，有国家定价的按国家定价，无国家定价的有同类可比市场价格的按市场价格定价，无市场价格的按协议价格定价。

2、关联方交易

(1) 销售货物

公司本年度向关联方销售货物明细如下：

关联方名称	2001年		2000年	
	销售金额	占总额比例	销售金额	占总额比例
烟台万华合成革集团有限公司	9,897,759.26	1.73%	10,709,556.00	3.11%
烟台华大化学工业有限公司	48,524,155.98	8.49%	41,895,416.00	12.15%

(2) 采购货物

公司2001年度向关联方采购货物明细如下：

关联方名称	2001年		2000年	
	金额	占总额比例	金额	占总额比例
烟台氯碱厂	37,516,284.49	8.27%	26,666,060.95	8.39%
烟台华力热电股份有限公司	42,804,963.44	9.44%	27,723,053.85	8.72%
烟台万华合成革集团有限公司	20,126,765.23	4.44%	23,591,835.98	7.42%

(3) 关联交易的必要性和持续性：

该关联交易保障了烟台万华正常的生产经营，以短距离、交通便利的优势，避免了人财物的浪费，为烟台万华的后续扩大再生产提供了条件。

(三)资产、股权转让发生的关联交易

2001年6月12日，本公司召开的第一届董事会2001年第二次临时会议；审议通过了《关于向烟台万华合成革集团有限公司购买化工原料铁路专用线和相关系统的议案》，向烟台万华合成革集团有限公司所购买资产是化工原料铁路专用线运输储运系统、仓储系统和产品化验检验分析系统，本次交易经山东正源和信有限责任会计师事务所以鲁正会评报字[2001]4001号出具评估报告书，并经山东省财政厅以鲁财国资[2001]61号文审检同意，总评估价值为3555.47万元。其中，房屋1481.69万元，铁路专用线1822.39万元，机器设备251.39万元，在中介机构评估的基础上，经双方协商按上述固定资产作价28,800,045.57元，上述关联交易公告已刊登于2001年6月13日的"中国证券报"和"上海证券报"。

(四)截止到2001年12月31日，公司与所有关联方互不欠款，公司未提供任何担保。

(三)其他关联交易事项。

1、公司于1999年1月1日与烟台万华合成革集团有限公司签定的《国有土地使用权租赁合同》，租赁期50年，年租金100万元。

2、公司于2000年10月2日与烟台万华合成革集团有限公司签定了《国有土地使用权租赁合同》，租赁期20年，年租金223.5万元。

本公司对上述两项租金已按合同全部支付。

四、公司无委托他人进行现金资产管理事项。

五、公司或持股5%以上股东在报告期内或持续到报告期内的承诺事项及承诺履行情况。

本公司及大股东烟台万华合成革集团有限公司于2000年12月股票发行之前曾承诺：在公司股票发行后三个月内，李建奎先生将辞去本公司董事长或万华集团公司董事长职务，以解决本公司董事长双重任职问题。

2001年3月8日公司一届八次董事会上，根据证监会证监发字[1998]259号文的要求和招股说明书中的承诺，李建奎先生正式辞去了本公司董事长职务，会议选举丁建生先生担任本公司董事会新任董事长。

六、公司聘任、解聘会计师事务所及报酬情况

1、2001年度公司聘用的会计师事务所"山东乾聚有限责任会计师事务所"系经2001年3月8日公司第一届董事会第八次会议提议，经2001年4月10日公司2000年度股东大会审议续聘的，聘用程序符合《公司法》等法规要求。

2、公司支付2001年度审计机构审计费用履行了以下程序：(1)、公司在最大范围内对我国上市公司普遍的审计费用进行了解，特别是对山东省各上市公司的审计费用进行了比较；(2)、公司在对山东乾聚有限责任会计师事务所以前年度的审计工作情况以及该所的内部规范控制和业务发展情况进行了充分了解后，根据公司董事会和股东大会的聘用决定，与该所签定了"审计业务约定书在约定书中确定了支付该所的年度审计费用。

3、公司支付山东乾聚有限责任会计师事务所审计费用情况：

公司与山东乾聚有限责任会计师事务所协定的审计收费标准是根据国际惯例，按照其合伙人和项目组其它成员的实际工作时间以及应用的技术水平与经验确定，公司上市材料审计与2000年度报告审计共计协议支付费用130万元；2001年度审计参加人员、工作时间和收费确定如下：

	级别	人员(人)	工作日(天)	总工作量人*天	计费标准[元/(人*天)]	总计费额(元)
年度审计	高级合伙人	2	2	4	3000	12000
	高级经理	2	5	10	2300	23000
	经理	2	25	50	1800	90000
	审计员	9	20	180	700	126000
	合计					251000
其它审计	验资及关联交易独立财务顾问报告					49000
合计						300000

在山东乾聚有限责任会计师事务所的审计过程中，发生的市内交通费按实际发生额由烟台万华另行承担。

上述费用在报告出具后10个工作日内由公司一次性支付。

七、所得税优惠政策终止对公司未来业绩的影响

报告期内公司所得税享受先征33%后返18%的优惠政策，2002年度公司将不再享受此政策，预计将会对公司未来的收益产生一定影响。另外，根据国家经济贸易委员会国经贸投资[2001]1000号"关于印发第二批国家重点技术改造'双高一优'项目导向计划的通知"，公司年产8万吨MDI技术改造项目被列入"双高一优"项目导向计划，该项目将享受进口设备减免税和国产设备抵免新增所得税的优惠，该项所得税优惠政策可部分抵消因所得税率提高而带来的不利影响。

八、中国加入世界贸易组织对公司未来经营活动的影响

1、关税方面：

中国入世后，纯MDI和聚合MDI关税已降至6.5%(之前纯MDI和聚合MDI关税将分别为10%和12%)，这将导致MDI产品的价格下调。但同时入世后，相关的生产原料，机械设备等的进口关税也会相应调整，国内相关行业的产品价格也会随之大幅调整，并且随着烟台万华生产能力的提高，单位生产成本降低，规模效益将大幅显现。

2、市场压力

入世以后，国门打开，面对全球最大的市场－中国，各跨国公司必将进一步加大市场开拓力度，并且已开始纷纷酝酿在中国设厂，因此入世后的市场竞争将更加激烈，但由于烟台万华靠近市场，具有明显的服务优势，因此，国内MDI行业只要采取正确的营销策略，加大市场开拓力度，提高服务质量，将仍然能够提高国内市场的占有率。

3、市场环境

2001年，国内MDI消耗量为21万吨，2002年预计以12%的速度递增，而目前世界上只有少数公司可以生产MDI产品，主要为国际几大化工巨头，他们在中国都有办事机构和分公司，从这一层面讲烟台万华的竞争对手一直是国际上的顶级跨国公司，入世后这一竞争格局不会改变，并且市场经济的进程会进一步加快，将为企业提供更良好的市场竞争机制。

4、市场机会

入世后，中国作为世贸组织的一员，享受无条件的，多边的永久和稳定的最惠国待遇及国民待遇。同时，作为发展中国家，我国对大多数发达国家出口的工业品及半制成品将享受普惠制待遇，这无疑增加了国际贸易机会。MDI行业尤其如此，MDI属于朝阳产业，通常年增长率为GDP增长值的1.5－2倍，但由于制造技术复杂，国际上生产厂家不多，尤其是一些发展中国家存在着严重的地区不平衡，因此，入世后会加快公司实施国际化、全球化的步伐，提升产品在国际市场的竞争力。

综上所述，入世后，会对国内的MDI产业产生一定程度的冲击，但同时也给企业提供了公平的市场环境和更多的市场机会，为此，公司将认清形势，制定合理的应对措施，抓住机遇，积极开拓市场，进一步提高企业的国际综合竞争力。

九、在报告期内，公司、公司董事会及公司董事没有受到中国证监会稽查、行政处罚、通报批评及证券交易所公开谴责的情形，根据中国证监会济南证券监管办公室济证公司字[2001]55号《关于辖区上市公司进行规范运作情况自查的通知》精神，公司对表中的各项内容逐项进行了自查，认为公司整体的规范运作情况是好的，对个别内容尚不能满足规范运作条件的，公司都制定了详尽的整改方案，并将整改方案公布在2002年1月24日的"中国证券报"和"上海证券报"上。

第十章 财务报告

审计报告

乾聚审字[2002]26号

烟台万华聚氨酯股份有限公司全体股东：

我们接受委托，审计了贵公司2001年12月31日的资产负债表，2001年度的利润表、利润分配表和现金流量表，这些会计报表由贵公司负责，我们的责任是对这些会计报表发表审计意见，我们的审计是依据《中国注册会计师独立审计准则》进行的。在审计过程中，我们结合贵公司的实际情况，实施了包括抽查会计记录等我们认为必要的审计程序。

我们认为，上述会计报表符合《企业会计准则》和《企业会计制度》的有关规定，在所有重大方面公允地反映了贵公司2001年12月31日的财务状况及2001年度的经营成果和现金流量情况，会计处理方法的选用遵循了一贯性原则。

山东乾聚有限责任会计师事务所　　中国注册会计师　车云

地址：中国·烟台　　中国注册会计师　江平

二00二年二月二十三日

会计报表见附表

财务报表附注

本年度会计政策、会计估计变更的影响

公司原执行《股份有限公司会计制度》，根据财政部财会字[2002]25号文《关于印发<企业会计制度>的通知》，财会字[2001]17号《关于印发贯彻实施<企业会计制度>有关政策衔接问题的规定的通知》等文件的规定，公司从2001年1月1日起执行《企业会计制度》及其补充规定，改变以下会计政策：

(1)期末固定资产原按账面净值计价，现改为按固定资产帐面价值与可收回金额孰低计量，对可收回金额低于帐面净值的差额，计提固定资产减值准备。

(2)期末在建工程原按帐面价值计价，现改变如在建工程存在减值情殂，则计提在建工程减值准备；

(3)期末无形资产原按帐面价值计价，现改为按无形资产帐面价值与可收回金额孰低计量，对可收回金额低于账面价值的差额，计提无形资产减值准备。

公司依据上述会计政策对本期会计报表各相关项目进行检查，未发现各项减值因素的存在，未计提减值准备，故上述会计政策变更未对本期及前期会计报表产生影响。

资产负债表日后事项

截止审计报告日，企业无应披露的重大资产负债表日后事项。

董事长：丁建生

烟台万华聚氨酯股份有限公司董事会

二零零二年一月二十五日

资 产 负 债 表

编制单位:烟台万华聚氨酯股份有限公司　　单位:人民币元

资　产	附注	2001年12月31日	2000年12月31日
流动资产:			
货币资金	1	175,295,229.29	440,998,601.41
短期投资	2	13,192,007.01	
应收票据	3	5,122,036.10	3,532,320.00
应收股利			
应收利息			
应收帐款	4	22,445,517.02	10,872,066.15
其他应收款	5	3,158,825.23	1,820,252.08
预付帐款	6	28,927,870.52	14,437,415.30
应收补贴款			
存货	7	44,425,718.57	51,274,560.89
待摊费用			
一年内到期的长期债权投资			
其他流动资产			
流动资产合计		292,567,203.74	522,935,215.83
长期投资:			
长期股权投资	8	20,000,000.00	10,000,000.00
长期债权投资			
长期投资合计		20,000,000.00	10,000,000.00
固定资产:			
固定资产原价	9	414,117,346.32	395,058,089.24
减:累计折旧	9	112,440,658.34	170,385,651.28
固定资产净值		301,676,687.98	224,672,437.96
减:固定资产减值准备			
固定资产净额		301,676,687.98	224,672,437.96
工程物资			
在建工程	10	112,462,102.79	
固定资产清理			
固定资产合计		414,138,790.77	224,672,437.96
无形资产及其他资产:			
无形资产			
长期待摊费用			
其他长期资产			
无形资产及其他资产合计			
递延税项:			
递延税款借项			
资产总计		726,705,994.51	757,607,653.79
负债和股东权益	附注	2001年12月31日	2000年12月31日
流动负债:			
短期借款			59,100,000.00
应付票据			3,200,000.00
应付帐款	11	10,369,072.91	24,058,913.00
预收帐款	12	4,295,723.77	17,087,442.91
应付工资	13	5,411,186.20	496,897.79
应付福利费		2,997,262.64	1,514,277.71
应付股利	14	48,000,000.00	17,570,356.07
应交税金	15	-2,591,667.61	3,850,083.97
其他应交款	16	116,223.01	39,352.00
其他应付款	17	3,640,374.00	4,555,785.21
预提费用	18	669,559.82	64,678.54
预计负债			
一年内到期的长期负债			15,000,000.00
其他流动负债			
流动负债合计		72,907,734.74	146,537,787.20
长期负债:			
长期借款			10,000,000.00
应付债券			
长期应付款			
专项应付款			
其他长期负债			
长期负债合计			10,000,000.00
递延税项:			
递延税款贷项			
负债合计		72,907,734.74	156,537,787.20
少数股东权益			
股东权益:			
股本	19	240,000,000.00	120,000,000.00
减:已归还投资			
股本净额		240,000,000.00	120,000,000.00
资本公积	20	342,010,338.91	438,010,338.91
盈余公积	21	42,888,991.72	17,706,893.42
其中:法定公益金		17,681,198.22	7,608,358.90
未分配利润	22	28,898,929.14	25,352,634.26
股东权益合计		653,798,259.77	601,069,866.59
负债和股东权益总计		726,705,994.51	757,607,653.79

利　润　表

编制单位:烟台万华聚氨酯股份有限公司　　单位:人民币元

项　目	附注	2001年度	2000年度
一、主营业务收入	23	571,288,456.37	344,853,089.67
减:主营业务成本	24	363,108,488.54	231,885,194.97
主营业务税金及附加	25	4,091,150.91	1,899,489.84
二、主营业务利润		204,088,816.92	111,068,404.86
加:其他业务利润		359,082.30	857,106.07
减:营业费用		20,799,956.31	9,684,022.51
管理费用		64,562,414.72	32,842,193.23
财务费用	26	-1,585,239.75	5,950,327.60
三、营业利润		120,670,767.94	63,448,967.59
加:投资收益	27	323,331.55	
补贴收入			2,529,000.00
营业外收入		71,720.00	3,645,802.90
减:营业外支出	28	6,674,418.83	9,367,649.88
四、利润总额		114,391,400.66	60,256,120.61
减:所得税	29	13,663,007.48	10,452,608.25
五、净利润		100,728,393.18	49,803,512.36

现　金　流　量　表

编制单位:烟台万华聚氨酯股份有限公司　　单位:人民币元

		2001年度	2000年度
一、经营活动产生的现金流量			
销售商品、提供劳务收到的现金		643,929,683.94	430,912,696.16
收到的税费返还		22,217,399.98	2,529,000.00
收到的其他与经营活动有关的现金		1,907,119.65	856,341.78
现金流入小计		668,054,203.57	434,298,037.94
购买商品、接受劳务支付的现金		447,381,165.74	303,178,065.77
支付给职工以及为职工支付的现金		30,401,472.58	13,762,056.44
支付的各种税费		85,557,290.21	27,237,236.69
支付的其他与经营活动有关的现金	30	19,947,753.55	6,034,624.67
现金流出小计		583,287,682.08	350,211,983.57
经营活动产生的现金流量净额		84,766,521.49	84,086,054.37
二、投资活动产生的现金流量:			
收回投资所收到的现金		76,103,114.42	
取得投资收益所收到的现金		500,000.00	
处置固定资产、无形资产和其他长期资产收回的现金净额		45,792.00	
收到的其他与投资活动有关的现金		104,129.98	
现金流入小计		76,753,036.40	
购建固定资产、无形资产和其他长期资产支付的现金		224,926,994.28	97,333,763.25
投资所支付的现金		100,140,432.90	10,000,000.00
支付的其他与投资活动有关的现金			
现金流出小计		325,067,427.18	107,333,763.25
投资活动产生的现金流量净额		-248,314,390.78	-107,333,763.25
三、筹资活动产生的现金流量			
吸收投资所收到的现金			440,120,800.00
借款所收到的现金		30,000,000.00	184,100,000.00
收到的其他与筹资活动有关的现金			3,645,694.36
现金流入小计		30,000,000.00	627,866,494.36
偿还债务所支付的现金		114,100,000.00	176,730,000.00
分配股利、利润和偿付利息所支付的现金		18,055,502.83	18,763,482.50
支付的其他与筹资活动有关的现金			
现金流出小计		132,155,502.83	195,493,482.50
筹资活动产生的现金流量净额		-102,155,502.83	432,373,011.86
四、汇率变动对现金的影响			
五、现金及现金等价物增加净额		-265,703,372.12	409,125,302.98
附注:		2001年度	2000年度
1.将净利润调节为经营活动现金流量:			
净利润		100,728,393.18	49,803,512.36
加:计提的资产减值准备		3,370,537.15	873,941.00
固定资产折旧		29,063,705.30	26,279,195.08
无形资产摊销			
长期待摊费用摊销			
待摊费用减少(减:增加)			
预提费用增加(减:减少)		604,881.28	64,678.54
处置固定无形和其他长期资产的损失(减:收益)		-71,720.00	
固定资产报废损失		6,562,457.61	9,345,588.92
财务费用		269,880.50	6,114,872.50
投资损失(减:收益)		-1,839,422.27	
递延税款贷项(减:借项)			
存货的减少(减:增加)		6,383,536.33	-21,761,071.41
经营性应收项目的减少(减:增加)		-29,741,149.92	-2,101,423.93
经营性应付项目的增加(减:减少)		-30,564,577.67	15,466,761.31
其他			
经营活动产生的现金流量净额		84,766,521.49	84,086,054.37
2.不涉及现金收支的投资和筹资活动:			
债务转为资本			
一年内到期的可转换公司债券			
融资租入固定资产			
3.现金及现金等价物净增加情况:			
货币资金的期末余额		175,295,229.29	440,998,601.41
减:现金的期初余额		440,998,601.41	31,873,298.43
加:现金等价物的期末余额			
减:现金等价物的期初余额			
现金及现金等价物净增加额		-265,703,372.12	409,125,302.98

600310 广西桂东电力股份有限公司

2001年年度报告摘选

第一章 公司基本情况

一、公司法定中英文名称及缩写：
公司法定中文名称：广西桂东电力股份有限公司　　公司中文名称缩写：桂东电力
公司英文名称：Guangxi Guidong Electric Power Co.,LTD　　公司英文名称缩写：GDEP
二、公司法定代表人：温昌伟
三、公司董事会秘书：刘世盛
联系地址：广西贺州市平安西路12号
电话：0774—5297881,5283977　　电子信箱：Liushisheng@gdep.com.cn
证券事务代表：陆培军
联系地址：广西贺州市平安西路12号
电话：0774—5297796,5283977　　传真：0774—5285255
电子信箱：Lupeijun@gdep.com.cn
四、公司注册地址：广西贺州市平安西路12号
公司办公地址：广西贺州市平安西路12号　　邮政编码：542800
公司国际互联网网址：http://www.gdep.com.cn
公司电子信箱：600310@gdep.com.cn
五、公司选定的信息披露报纸名称：中国证券报、上海证券报
刊载公司年度报告的中国证监会指定国际互联网网址：http://www.sse.com.cn
公司年度报告备置地址：广西贺州市平安西路12号公司证券部
六、公司股票上市交易所：上海证券交易所
股票简称：桂东电力　　股票代码：600310

第二章 会计数据和业务数据摘要

一、本年度实现的利润情况

利润总额：	75,022,518.33元
净利润：	59,396,513.71元
扣除非经常性损益后的净利润：	60,172,146.60元
主营业务利润：	107,101,113.58元
其他业务利润：	-2,162.15元
营业利润：	77,371,986.24元
投资收益：	-1,573,835.02元
补贴收入：	0元
营业外收支净额：	-775,632.89元
经营活动产生的现金流量净额：	128,031,410.46元
现金及现金等价物净增加额：	170,380,411.46元

▲注：扣除的非经常性损益项目及涉及金额：
1、营业外支出：791,903.51元；
2、营业外收入：16,270.62元。

二、报告期末公司前三年的主要会计数据和财务指标

项目	2001年	2000年	1999年
主营业务收入(元)	279,808,520.97	400,136,833.92	339,147,063.67
净利润(元)	59,396,513.71	46,513,330.07	46,606,769.62
总资产(元)	809,062,877.63	291,297,250.49	375,127,653.14
股东权益(元)(不含少数股东权益)	585,392,239.03	186,732,081.67	179,331,251.60
每股收益(元/股)	0.3789	0.4162	0.4171
加权(元/股)	0.3882	0.4162	0.4171
扣除非经常性损益后的每股收益(元/股)	0.3839	0.43	0.4138
每股净资产(元/股)	3.7346	1.67	1.60
调整后的每股净资产(元/股)	3.7326	1.67	1.60
每股经营活动产生的现金流量净额(元/股)	0.8168	0.29	0.46
净资产收益率(%)	10.15	24.91	25.99
扣除非经常性损益后的加权平均净资产收益率(%)	10.55	23.90	23.34

三、报告期利润表附表

项目	2001年				
	报告期利润	净资产收益率(%)		每股收益(元/股)	
		全面摊薄	加权平均	全面摊薄	加权平均
主营业务利润	107,101,113.58	18.30%	18.77%	0.6833	0.7000
营业利润	77,371,986.24	13.22%	13.56%	0.4936	0.5057
净利润	59,396,513.71	10.15%	10.41%	0.3789	0.3882
扣除非经常性损益后的净利润	60,172,146.60	10.28%	10.55%	0.3839	0.3933

注：上述指标按照中国证监会《公开发行证券公司信息披露编报规则第9号—净资产收益率和每股收益的计算及披露》的有关规定计算。

第三章 股本变动及股东情况

一、股本变动情况
(一)股份变动情况表：

广西桂东电力股份有限公司股份变动情况表

数量单位：股

	本次变动前	本次变动增减(+,-)						本次变动后
		配股	送股	公积金转股	A股发行	其他	小计	
一、未上市流通股份								
1、发起人股份	111750000							111750000
其中：								
国家持有股份	110750000							110750000
境内法人持有股份	1000000							1000000
境外法人持有股份								
其他								
2、募集法人股份								
3、内部职工股								
4、优先股或其他								
未上市流通股份合计	111750000							111750000
二、已上市流通股份								
1、人民币普通股					45000000			45000000
2、境内上市的外资股								
3、境外上市的外资股								
4、其他					45000000			45000000
三、股份总数	111750000				45000000			156750000

600311 甘肃荣华实业(集团)股份有限公司

2001年年度报告摘选

一、公司基本情况简介

1、公司法定中文名称：甘肃荣华实业(集团)股份有限公司
公司法定英文名称：GANSU RONGHUA INDUSTRY GROUP CO.,LTD.
2、法定代表人：张严德
公司总经理：刘　永
3、董事会秘书：程　浩
联系地址：甘肃省武威市东关街荣华路1号
联系电话：0935-6151222　　传　真：0935-6151333
电子信箱：miricale@sina.com
4、公司注册地址：甘肃省武威市东关街荣华路1号
公司办公地址：甘肃省武威市东关街荣华路1号
邮政编码：733000
公司国际互联网网址：http://www.ronghua.cc
5、公司选定的信息披露报刊：《中国证券报》、《上海证券报》、《证券时报》
登载年度报告的国际互联网网址：http://www.sse.com.cn
年度报告备置地点：公司证券部
6、股票上市交易所：上海证券交易所
股票简称：荣华实业　　股票代码：600311

二、会计数据和业务数据摘要

1、本年度主要利润指标

	(单位：人民币元)
利润总额	68,603,975.63
净利润	64,777,145.37
扣除非经常性损益后的净利润*	45,315,295.90
主营业务利润	95,022,991.50
其他业务利润	0
营业利润	68,665,284.03
投资收益	0
补贴收入	0
营业外收支净额	-61,308.40
经营活动产生的现金流量净额	128,114,372.22
现金及现金等价物净增减额	302,238,797.61

注：扣除非经常性损益项目和涉及金额：
所得税减免：19,523,157.87元；营业外支出：61,308.40元

2、公司近三年主要会计数据及财务指标

财务指标	单位	2001年度	2000年度	1999年度
主营业务收入	元	479,606,024.59	425,126,201.97	391,576,237.90
净利润	元	64,777,145.37	44,042,432.17	38,766,741.24
总资产	元	1,244,658,168.85	399,055,346.47	402,888,366.32
股东权益(不含少数股东权益)	元	955,171,592.27	217,343,740.02	199,701,307.85
全面摊薄每股收益	元/股	0.32	0.37	0.32
加权平均每股收益	元/股	0.40	0.37	0.32
扣除非经常性损益的每股收益	元/股	0.23	0.37	0.32
每股净资产	元/股	4.78	1.81	1.66
调整后的每股净资产	元/股	4.78	1.80	1.66
每股经营活动产生的现金流量净额	元/股	0.64	0.46	0.03
全面摊薄净资产收益率	%	6.78	20.26	19.41
加权平均净资产收益率	%	11.17	21.73	19.41
扣除非经常性损益的加权平均净资产收益率	%	7.82	21.73	19.41

3、报告期利润表附表

2001年度利润	净资产收益率(%)		每股收益(元)	
	全面摊薄	加权平均	全面摊薄	加权平均
主营业务利润	9.95	16.39	0.48	0.59
营业利润	7.19	11.84	0.34	0.43
净利润	6.78	11.17	0.32	0.40
扣除非经常性损益后的净利润	4.74	7.82	0.23	0.28

注：利润表附表的净资产收益率和每股收益是按照中国证监会《公开发行证券公司信息披露编报规则(第9号)》的有关规定计算。

三、股本变动及股东情况

1、公司股本变动情况
(1)股份变动情况表

(数量单位：股)

	本次变动前	本次变动增减(+,-)					
		配股	送股	公积金转股	增发	其他	小计
一、尚未流通股份							
1、发起人股份	120,000,000						120,000,000
其中：							
国家拥有股份	48,000,000						48,000,000
境内法人持有股	72,000,000						72,000,000
境外法人持有股份							
其他							
2、募集法人股							
3、内部职工股							
4、优先股或其他							
尚未流通股份合计	120,000,000						120,000,000
二、已流通股份							
1、人民币普通股	0					80,000,000	80,000,000
2、境内上市的外资股							
3、境外上市的外资股							
已流通股份合计	0					80,000,000	80,000,000
三、股份合计	120,000,000					80,000,000	200,000,000

600312 河南平高电气股份有限公司

2001 年年度报告摘选

一、公司基本情况简介

(一)公司法定中、英文名称及缩写
公司法定中文名称:河南平高电气股份有限公司
公司中文名称缩写:平高电气
公司英文名称:HENAN PINGGAO ELECTRIC CO.,LTD.
公司英文名称缩写:HPEC
(二)公司法定代表人:张炳文
(三)公司董事会秘书:刘伟
证券事务代表:程占彪
联系地址:河南省平顶山市南环东路 22 号
电话:0375-3804064
传真:0375-3887040
电子信箱:tyzqb@public.pdptt.ha.cn
(四)公司注册地址:河南省平顶山市南环东路 22 号
公司办公地址:河南省平顶山市南环东路 22 号
邮政编码:467001
公司国际互联网网址:http://www.pinggao.com
公司电子信箱:pinggao@pinggao.com
(五)公司选定的信息披露报纸名称:中国证券报、上海证券报
登载公司年度报告的中国证监会指定国际互联网网址:http://www.sse.com.cn
公司年度报告备置地点:公司证券部
(六)公司股票上市交易所:上海证券交易所
股票简称:平高电气
股票代码:600312

二、会计数据和业务数据摘要

(一)本年度主要利润指标 单位:元

利润总额	52,968,599.30
净利润	44,107,808.92
扣除非经常性损益后的净利润 *	33,533,808.92
主营业务利润	123,956,565.70
其他业务利润	3,984,264.57
营业利润	54,496,123.55
投资收益	---
补贴收入	---
营业外收支净额	-1,527,524.25
经营活动产生的现金流量净额	-35,294,002.59
现金及现金等价物净增加额	541,430,318.93

(二)公司近三年主要会计数据及财务指标

项目	单位	2001 年度	2000 年度	1999 年度
主营业务收入	元	493,187,635.97	500,464,298.04	510,318,347.13
净利润	元	44,107,808.92	33,183,986.67	35,549,381.69
总资产	元	1,318,099,425.70	550,400,593.44	488,519,219.94
股东权益(不含少数股东权益)	元	881,812,985.58	172,809,036.59	155,549,381.69
全面摊薄每股收益	元/股	0.24	0.18	0.29
加权平均每股收益	元/股	0.25	0.26	0.29
扣除非经常性损益后的每股收益	元/股	0.18	0.25	0.28
每股净资产	元	4.81	1.40	1.26
调整后的每股净资产	元	4.81	1.40	1.26
每股经营活动产生的现金流量净额	元	-0.19	0.49	0.23
全面摊薄净资产收益率		5.00%	12.86%	22.85%
加权平均净资产收益率		5.13%	18.57%	22.85%
扣除非经常性损益后的加权平均净资产收益率		3.90%	17.86%	22.22%

(三)报告期利润表附表

2001 年度利润	净资产收益率(%)		每股收益(元)	
	全面摊薄	加权平均	全面摊薄	加权平均
主营业务利润	14.06	14.41	0.68	0.69
营业利润	6.18	6.33	0.30	0.31
净利润	5.00	5.13	0.24	0.25
扣除非经常性损益后的净利润	3.80	3.90	0.18	0.19

三、股本变动及股东情况

(一)公司股本变动情况表

单位:股

	本次变动前	本次变动增减(+,-)						本次变动后
		配股	送股	公积金转增	增发	其它	小计	
一、未上市流通股份								
发起人股份	123,500,000							123,500,000
其中:								
国有法人股份	48,782,500							48,782,500
未上市流通股份合计	123,500,000							123,500,000
二、已上市流通股份								
人民币普通股						60,000,000	60,000,000	60,000,000
已上市流通股份合计						60,000,000	60,000,000	60,000,000
三、股份总数	123,500,000					60,000,000	60,000,000	183,500,000

600313 中垦农业资源开发股份有限公司

2001 年年度报告摘选

一、公司基本情况简介

(一)公司法定中文名称:中垦农业资源开发股份有限公司
公司法定英文名称:ZHONGKEN AGRICULT RAL RESOURCE DEVELOPMENT CO.,LTD.
英文名称缩写:ZARD
(二)法定代表人姓名:李润福
(三)公司董事会秘书:黄桂河
联系电话:010-68081390
传　　真:010-68083262
联系地址:北京市西城区月坛北街 2 号月坛大厦 C501
(四)公司注册地址:北京市丰台区科学城 10D 地块 2 号楼
公司办公地址:北京市西城区月坛北街 2 号月坛大厦 C501
邮政编码:100045
(五)公司选定的信息披露报纸:《中国证券报》、《上海证券报》
网站:HTTP://WWW.SSE.COM.CN
公司年度报告备置地点:公司董事会秘书处
(六)公司股票上市交易所:上海证券交易所
A 股简称:中农资源
A 股代码:600313

二、主要财务数据和指标

(一)公司本年度主要的利润指标 单位:元

项目	本期数
利润总额	15,848,375.65
净利润	6,104,923.45
扣除非经常性损益后的净利润 *	-4,798,987.48
主营业务利润	94,700,549.93
其他业务利润	5,229,666.15
营业利润	3,959,810.12
投资收益	14,973,074.53
补贴收入	1,964,189.22
营业外收支净额	-5,048,698.22
经营活动产生的现金流量净额	-175,338,043.03
现金及现金等价物净增减额	-118,057,067.36

* 注:扣除的非经常性损益项目和金额 单位:元

项目	金额
支付的占用费	-1,483,027.87
补贴收入	1,118,605.76
营业外收入	766,752.95
营业外支出	3,956,068.44
投资收益	14,970,591.85
流动资产盘亏	-512,943.32

(二)截止报告期末公司近两年主要会计数据和财务指标

项目	2001 年	2000 年	
		调整前	调整后
主营业务收入	1,871,235,551.02	1,666,899,079.28	1,666,899,079.28
净利润	6,104,923.45	20,270,035.63	18,426,645.94
总资产	1,364,161,216.33	1,344,929,394.90	1,343,031,340.29
股东权益(不含少数股东权益)	756,424,091.89	749,985,644.23	748,142,254.54
每股收益	0.0242	0.0804	0.0731
每股净资产	2.9993	2.9738	2.9665
调整后的每股净资产	2.9438	2.9136	2.9127
每股经营活动产生的现金流量净额	-0.6952	-0.4523	-0.4523
净资产收益率(%)	0.0081	0.02700	0.0246
扣除非经常性损益的加权平均净资产收益率	-0.0064	0.0694	0.0696

(三)按照证监会《公开发行证券公司信息披露编报规则第 9 号》要求编制的利润表附表:

	净资产收益率(%)				每股收益(元)			
	全面摊薄		加权平均		全面摊薄		加权平均	
	2001	2000	2001	2000	2001	2000	2001	2000
主营业务利润	0.1252	0.1200	0.1261	0.3444	0.3755	0.3559	0.3755	0.5213
营业利润	0.0052	0.0307	0.0053	0.0880	0.0157	0.091	0.0157	0.1333
净利润	0.0081	0.0246	0.0081	0.0707	0.0242	0.0731	0.0242	0.1070
扣除非经常性损益后的净利润	-0.0063	0.0242	-0.0064	0.0694	-0.019	0.072	-0.019	0.1054

三、股本变动及股东情况

1、股份变动情况表 数量单位:股

	本次变动前	本次变动增减(+,-)						本次变动后
		配股	送股	公积金转股	增发	其他	小计	
一、尚未上市流通股份								
1、发起人股份	172,200,000.00							172,200,000.00
其中:								
国家持有股份	171,500,000.00							171,500,000.00
境内法人持有股份	350,000.00							350,000.00
境外法人持有股份	350,000.00							350,000.00
其他								
2、募集法人股份								
3、内部职工股								
4、优先股或其他								
未上市流通股份合计	172,200,000.00							172,200,000.00
二、已上市流通股份								
1、人民币普通股	80,000,000.00							80,000,000.00
2、境内上市的外资股								
3、境外上市的外资股								
4、其他								
已上市流通股份合计	80,000,000.00							80,000,000.00
三、股份总数	252,200,000.00							252,200,000.00

600315 上海家化联合股份有限公司

2001 年年度报告摘选

第一章 公司基本情况简介

一、公司的法定中文名称:上海家化联合股份有限公司
英文名称:Shang hai Jahwa United Co.,Ltd.
二、公司法定代表人:葛文耀
三、公司董事会秘书:冯珺
联系地址:上海市保定路 527 号
联系电话:65456400-3725　　传真:65458990
电子信箱:fengj@jahwa.com.cn
证券事务代表:曾巍
联系地址:上海市保定路 527 号
联系电话:65456400-3374　　传真:65458990
电子信箱:zhengq@jahwa.com.cn
四、公司注册地址:上海市保定路 527 号
办公地址:上海市保定路 527 号　　邮政编码:200082
国际互联网网址:http://www.jahwa.com.cn
电子信箱:zhengq@jahwa.com.cn
五、公司信息披露报纸:《中国证券报》、《上海证券报》
网站:http://www.sse.com.cn
年度报告备置地点:上海市保定路 527 号董事会秘书办公室
六、公司股票上市交易所:上海证券交易所
股票简称:上海家化　　股票代码:600315

第二章 会计数据和业务数据摘要

一、本年度主要会计指标

单位:元

项目	金额
利润总额	85,330,300.11
净利润	72,975,839.94
扣除非经常性损益后的净利润	72,079,167.13
主营业务利润	469,371,651.59
其他业务利润	1,119,324.26
营业利润	82,305,948.70
投资收益	-2,039,196.13
补贴收入	4,933,636.54
营业外收支净额	129,911.00
经营活动产生的现金流量净额	66,722,898.86
现金及现金等价物净增减额	542,930,105.90

二、公司近三年主要会计数据和财务指标

项目	单位	2001 年	2000 年(调整后)	2000 年(调整前)	1999 年
主营业务收入	元	1,305,853,059.24	1,187,217,478.32	1,187,217,478.32	1,074,959,477.61
净利润	元	72,975,839.94	47,498,905.00	57,264,018.51	35,510,667.55
总资产	元	1,503,664,685.46	786,716,191.72	804,868,885.22	872,106,352.48
股东权益(不含少数股东权益)	元	1,070,350,371.54	286,771,149.86	304,923,843.36	263,989,975.32
每股收益(全面摊薄)	元/股	0.2703	0.2500	0.3014	0.1235
每股收益(加权平均)	元/股	0.2843	0.2135	0.2574	0.1409
扣除非经营性损益的每股收益	元/股	0.2670	0.3007	0.3007	0.1283
每股净资产	元/股	3.9643	1.5093	1.6049	0.9183
调整后每股净资产	元/股	3.8781	1.4005	1.4960	0.8157
每股经营活动产生现金流量净额	元/股	0.2471	0.7897	0.7897	0.3459
净资产收益率(全面摊薄)	%	6.82	16.56	18.78	13.45
净资产收益率(加权平均)	%	7.78	16.51	19.57	14.42
扣除非经营性损益的净资产收益率	%	6.73	19.93	18.74	13.97
扣除非经营性损益的净资产收益率(加权平均)	%	7.69%	19.86%	19.53%	15.79%

利润表(附表)

报告期利润	净资产收益		每股收益(元/股)	
	摊薄	加权	摊薄	加权
主营业务利润	43.85%	50.05%	1.74	1.83
营业利润	7.69%	8.78%	0.30	0.32
净利润	6.82%	7.78%	0.27	0.28
扣除非经常性损益后的净利润	6.73%	7.69%	0.27	0.28

第三章 股本变动及股东情况

第一节 公司股本变动情况

公司股份变动情况表　　数量单位:股

	本次变动前	本次变动增减(+,-)						本次变动后
		配股	送股	公积金转股	增发	A股上市	小计	
(一)未上市流通股份								
1、发起人股份								
其中:								
国家持有股份	89,965,000							89,965,000
境内法人持有股份	24,035,000							24,035,000
境外法人持有股份	76,000,000							76,000,000
其他								
2、募集法人股份								
3、内部职工股								
4、优先股或其他								
未上市流通股份合计	190,000,000							190,000,000
(二)已上市流通股份								
1、人民币普通股						+80,000,000	+80,000,000	80,000,000
2、境内上市的外资股								
1、境外上市的外资股								
2、其他								
已上市流通股份合计						+80,000,000	+80,000,000	80,000,000
(三)股份总数	190,000,000					+80,000,000	+80,000,000	270,000,000

600316 江西洪都航空工业股份有限公司

2001 年年度报告摘选

一、公司简介

(一)公司法定中文名称:江西洪都航空工业股份有限公司
公司法定英文名称:JIANGXI HONGDU AVIATION INDUSTRY CO.,LTD.
英文名称缩写:HDAA
(二)法定代表人姓名:田民
(三)公司董事会秘书:陈文浩
联系电话:0791-8467844　　传真:0791-8467844
电子信箱:hdaajx@public.nc.jx.cn
联系地址:江西省南昌市新溪桥 5001 信箱 512 分箱
证券事务代表:刘定柏
联系电话:0791-8469749　　传真:0791-8467843
电子信箱:zqb@hongdu-avation.com
(四)公司注册地址:南昌高新技术产业开发区南飞点
公司办公地址:南昌市新溪桥　　邮政编码:330024
公司国际网址:HTTP://www.HONGDU-AVIATION.COM
公司电子信箱:hdaajx@public.nc.jx.cn
(五)公司选定的信息披露报刊为:《中国证券报》、《上海证券报》
刊登公司年度报告的指定网站:http://www.sse.com.cn
公司的年报及其他文件备置地点:江西洪都航空工业股份有限公司证券部
(六)公司股票上市地:上海证券交易所
A 股简称:洪都航空　　A 股代码:600316

二、会计数据和业务数据摘要

(一)公司 2001 年度主要业务数据:

项目	金额(单位:元)
利润总额	63,430,563.14
净利润	63,430,563.14
扣除非经常性损益后的净利润	44,039,190.31
减:投资收益	18,027,875.62
营业外收入	2,374,814.04
加:营业外支出	1,011,316.83
主营业务利润	63,412,174.41
其它业务利润	-371,120.13
营业利润	44,039,190.31
投资收益	18,027,875.62
补贴收入	
营业外收支净额	1,363,497.21
经营活动产生的现金流量净额	17,580,156.32
现金及现金等价物净增加额	-192,674,595.99

(二)前三年主要会计数据和财务指标:

项目	2001.12.31	2000.12.31	1999.12.31
主营业务收入(元)	441,676,090.52	288,713,989.92	269,318,954.06
净利润(元)	63,430,563.14	41,063,718.28	30,056,359.47
总资产(元)	1,252,831,134.35	1,220,886,271.07	253,082,270.40
股东权益(元)	1,056,314,978.13	1,013,884,414.99	121,454,823.09
每股收益(摊薄,元)	0.30	0.29	0.38
每股收益(加权,元)	0.30	0.48	0.38
扣除非经常性损益后的每股收益(摊薄,元)	0.21	0.29	0.38
扣除非经常性损益后的每股收益(加权,元)	0.21	0.48	0.38
每股净资产(元)	5.03	7.24	1.52
调整后每股的净资产(元)	5.03	7.23	1.52
每股经营活动产生的现金流量净额(元)	0.08	0.62	
净资产收益率(加权,%)	6.07	18.96	24.75
净资产收益率(摊薄,%)	6.00	4.05	24.75

(三)利润分配表附表:

项目	报告期利润	净资产收益率(%)		每股收益(元)	
		全面摊薄	加权平均	全面摊薄	加权平均
主营业务利润	63,412,174.41	6.00	6.07	0.30	0.30
营业利润	44,039,190.31	4.17	4.21	0.21	0.21
净利润	63,430,563.14	6.00	6.07	0.30	0.30
扣除非经常性损益后的净利润	44,039,190.31	4.17	4.21	0.21	0.21

三、股本变动及股东情况

(一)股本变动情况　　单位:万股

股本结构	本次变动前	本期变动(+,-)						本次变动后
		配股	送股	公积金转股	增发	其它	小计	
一、未上市流通股份								
1、发起人股份	8,000			4,000			4,000	12,000
国家持有股份								
境内法人持有股份	8,000			4,000			4,000	12,000
境外法人持有股份								
其他								
2、募集法人股								
3、内部职工股								
4、优先股或其他								
尚未流通股份合计	8,000			4,000			4,000	12,000
二、已上市流通股份								
1、人民币普通股	6,000			3,000			3,000	9,000
2、境内上市外资股								
3、境外上市外资股								
4、其他								
已流通股份合计	6,000.00			3,000			3,000	9,000
三、股份总数	14,000.00			7,000			7,000	21,000

600317 营口港务股份有限公司

2001 年年度报告摘选

第一节 公司基本情况简介

一、公司法定中英文名称及缩写
1、中文名称:营口港务股份有限公司,简称:营口港
2、英文名称:YINGKOU PORT LIABILITY CO.,LTD
二、公司法定代表人:关学诠
三、公司董事会秘书姓名、联系地址、电话、传真、电子信箱
1、董事会秘书:杨会君先生
2、联系地址:辽宁营口鲅鱼圈区新港大路1号
3、电话:0417-6268507
4、传真:0417-6268506
5、电子信箱:yangdm.ykp@sina.com
四、公司注册地址、办公地址、邮政编码、互联网网址及电子信箱。
1、注册地址:辽宁省营口市鲅鱼圈区新港大路一号
2、办公地址:辽宁省营口市鲅鱼圈区新港大路一号
3、邮政编码:115007
4、互联网址:WWW.YKPLC.COM
5、电子信箱:YKPLC@YKPORT.COM.CN
五、公司选定的信息披露报纸名称,登载公司年度报告的中国证监会指定国际互联网网址,公司年度报告备置地点:
1、信息披露报纸:《上海证券报》
2、证监会指定的国际互联网网址:http://www.sse.com.cn
3、报告备置地点:公司董事会秘书处
六、公司股票上市交易所、股票简称和股票代码
1、上市交易所:上海证券交易所
2、股票简称:营口港,股票代码:600317

第二节 会计数据和业务数据摘要

1、2001 年度主要利润指标　　单位:人民币元

项目	金额
利润总额	70,503,204.16
净利润	45,936,292.19
扣除非经常性损益后的利润	42,311,994.26
主营业务利润	100,868,206.87
其他业务利润	1,860,527.48
营业利润	70,591,712.78
投资收益	0.00
补贴收入	0.00
营业外收支净额	-88,508.62
经营活动产生的现金流量净额	20,363,287.57
现金及现金等价物净增加额	-26,550,530.03

注:扣除非经常性损益项目及金额:
①开办费余额一次性摊销:3,535,789.31 元
②处理固定资产净损失:83,508.62 元
③罚款支出:5000.00 元

2、近三年主要会计数据及财务指标

项目	2001 年	2000 年
主营业务收入(万元)	20,390.7	23,759.7
净利润(万元)	4,593.6	4,408.7
总资产(万元)	38,602.2	40,534.4
股东权益(万元)	25,021.2	22,318.1
每股收益(摊薄)(元/股)	0.306	0.294
每股收益(加权)(元/股)	0.306	0.294
每股收益(扣除非经常性损益)(元/股)	0.282	0.293
每股净资产(元/股)	1.673	1.488
调整后每股净资产(元/股)	1.669	1.453
每股经营活动产生的现金流量净额(元/股)	0.136	0.437
净资产收益率(按净利润全面摊薄)(%)	18.3	19.8
净资产收益率(按净利润加权平均)(%)	18.6	28.5

3、按照中国证监会《公开发行证券公司信息披露编报规则(第9号)》要求计算本年度利润的净资产收益率和每股收益

报告期利润	净资产收益率(%)		每股收益(元)	
	全面摊薄	加权平均	全面摊薄	加权平均
主营业务利润	40.18	40.98	0.67	0.67
营业利润	28.12	28.68	0.47	0.47
净利润	18.3	18.66	0.31	0.31
扣除非经常性损益后的净利润	16.8	17.3	0.28	0.28

4、报告期内股东权益变动情况:

项目	股本	资本公积	盈余公积	法定公益金	未分配利润	股东权益合计
期初数	150000000	66585100	3659652.73	2927722.18	9152.38	223181627.29
本期增加			4593629.22	3674903.28	37667759.59	45936292.17
本期减少					18096688.96	18096688.96
期末数	150000000	66585100	8253281.95			
变动原因:			提取增加	提取增加	增加为新增 减少为支付股利	

第三节 股本变动及主要股东情况

一、股本变动情况
本年度本公司的股本和股本结构未发生变化。
二、股东情况介绍
1、报告期末股东总数:5 户
2、股东持股情况:

股东名称	股份数(万股)	所占比例(%)
营口港务局	14,862.00	99.08
大连吉粮海运有限公司	34.50	0.23
辽宁省五金矿产进出口公司	34.50	0.23
吉林省利达经济贸易中心	34.50	0.23
中粮辽宁粮油进出口公司	34.50	0.23
总股本	15,000.00	100.00

600318 安徽巢东水泥股份有限公司

2001 年年度报告摘选

一、公司基本情况简介

(一)公司法定中文名称:安徽巢东水泥股份有限公司
公司法定英文名称:ANHUI CHAODONG CEMENT CO.,LTD.
(二)法定代表人:陈学祥
(三)董事会秘书:谢旻　　证券事务代表:高海龙
联系地址:安徽省巢湖市长江西路 269 号
联系电话:0565-2391720　　传　真:0565-2391720,2391918
电子信箱:cddms@sina.com
(四)公司注册地址:安徽省巢湖市健康路 238 号
公司办公地址:安徽省巢湖市长江西路 269 号　　邮政编码:238001
公司国际互联网网址:http://www.cdgfgs.com
电子信箱:cddms@sina.com
(五)公司选定的信息披露报刊:《上海证券报》
登载年度报告的国际互联网网址:http://www.sse.com.cn
年度报告备置地点:公司董秘室
(六)股票上市交易所:上海证券交易所
股票简称:巢东股份　　股票代码:600318

二、会计数据和业务数据摘要

(一)本年度的主要会计数据和财务指标　　单位:元

项目	2001 年度金额
利润总额	37,291,290.31
净利润	31,259,816.15
扣除非经常性损益后的净利润	24,115,837.89
主营业务利润	146,350,688.06
其他业务利润	489,101.99
营业利润	27,700,936.35
投资收益	8,917,211.37
补贴收入	1,006,966.64
营业外收支净额	-333,824.05
经营活动产生的现金流量净额	58,316,995.76
现金及现金等价物净增减额	-68,740,876.54

注:扣除非经常性损益项目和涉及金额　　单位:元

项目	金额
营业外收入	63,978.57
营业外支出	-287,640.68
存货盘盈和盘亏	692,940.99
支付和收取的资金占用费	562,752.05
委托投资收益	69,948.33
国债投资收益	46,865.38
所得税影响额	3,010,362.12

(二)截止报告期末前三年的主要会计数据和财务指标　　单位:元

会计数据和财务指标	2001 年	2000 年		1999 年
		调整后	调整前	
主营业务收入	516,611,459.12	422,645,074.72	422,645,074.72	455,181,702.27
净利润	31,259,816.15	34,442,389.81	35,401,209.19	41,847,315.67
每股收益	0.16	0.17	0.18	0.35
加权平均每股收益	0.16	0.27	0.28	0.35
扣除非经常性损益后的每股收益	0.12	0.20	0.21	0.35
每股经营活动产生的现金流量净额	0.29	0.18	0.18	---
净资产收益率(%)	5.23	15.19	15.50	22.02
扣除非经常性损益后的净资产收益率(%)	4.03	4.93	5.03	22.02
扣除非经常性损益后的加权平均净资产收益率(%)	4.11	12.70	12.96	22.02

单位:元

会计数据和财务指标	2001 年末	2000 年末		1999 年末
		调整后	调整前	
总资产	1,440,211,745.28	1,001,097,488.22	1,002,270,807.68	508,966,893.23
股东权益(不含少数股东权益)	598,082,861.80	586,940,417.57	588,072,017.95	190,009,815.37
每股净资产	2.99	2.93	2.94	1.58
调整后的每股净资产	2.99	2.93	2.94	1.58

三、股本变动及股东情况

(一)股本变动情况
股本变动情况表　　单位:股

项目	本次变动前	期间变动增减(+,-)					本次变动后
		配股	送股	公积金转股	其他	小计	
一、未上市流通股份							
1、发起人股份	120,000,000						120,000,000
其中:国家拥有股份	107,735,000						107,735,000
境内法人持有股份	12,265,000						12,265,000
境外法人持有股份							
其他							
2、募集法人股份							
3、内部职工股							
4、优先股或其他							
未上市流通股份合计	120,000,000						120,000,000
二、已上市流通股份							
1、人民币普通股	80,000,000						80,000,000
2、境内上市的外资股							
3、境外上市的外资股							
4、其他							
已上市流通股份合计	80,000,000						80,000,000
三、股份总数	200,000,000						200,000,000

600319 潍坊亚星化学股份有限公司

2001 年年度报告摘选

一、公司基本情况简介

1、公司法定中文名称:潍坊亚星化学股份有限公司
公司法定英文名称:WEIFANG YAXING CHEMICAL CO.,LTD
2、法定代表人姓名:陈华森
3、公司董事会秘书:汪波
联系电话:0536-8667941　　传　真:0536-8666877
联系地址:山东省潍坊市奎文区鸢飞路 899 号
证券事务代表:李念法
联系电话:0536-8663853　　传　真:0536-8663853
4、公司注册地址:山东省潍坊市奎文区鸢飞路 899 号
公司办公地址:山东省潍坊市奎文区鸢飞路 899 号
邮政编码:261031
公司网址:HTTP://WWW.chinayaxing.com
公司电子信箱:info@chinayaxing.com
5、公司选定的信息披露报纸:《中国证券报》、《上海证券报》
登载年度报告的中国证监会指定网站网址:HTTP://WWW.sse.com.cn
公司年报备置地点:公司证券部
6、公司股票上市地:上海证券交易所
股票简称:亚星化学　　股票代码:600319

二、会计数据和业务数据摘要

(一)主要会计数据(单位:人民币元)

项目	2001 年度
利润总额	69,355,632.11
净利润	61,090,729.31
扣除非经常性损益后的净利润	53,193,500.57
主营业务利润	112,145,063.01
其他业务利润	668,764.12
营业利润	60,315,427.86
投资收益	0.00
补贴收入	0.00
营业外收支净额	9,040,204.25
经营活动产生的现金流量净额	67,959,239.61
现金及现金等价物净增减额	436,069,498.45

＊注:扣除的非经常性损益项目和金额:

项目	金额
冻结资金利息收入	6,979,818.67
处理固定资产净损益	33,268.29
盘盈流动资产	67,383.99
违约金收入	1,868,810.00
减值准备	-50,692.33
转销无形资产-烧碱微机应用技术	-126,366.63
所得税影响	-1,083,992.87
其他	208,999.62
合计	7,897,228.74

(二)公司前三年主要会计数据和财务指标(单位:人民币元)

项目	2001 年度	2000 年度(调整后)	2000 年度(调整前)	1999 年度(调整后)	1999 年度(调整前)
主营业务收入	597,642,456.09	502,616,841.63	502,616,841.63	444,387,305.15	444,387,305.15
净利润	61,090,729.31	67,273,836.89	70,297,916.03	25,153,927.04	59,765,249.08
总资产	1,317,176,244.53	679,919,506.80	717,554,907.98	707,601,221.73	742,212,543.77
股东权益	988,374,634.18	235,371,193.78	273,006,594.96	214,223,406.39	248,834,728.43
全面摊薄每股收益	0.194	0.286	0.298	0.107	0.254
加权平均每股收益	0.202	0.286	0.298	0.107	0.254
扣除非经常性损益后的每股收益	0.169	0.296	0.296	0.258	0.258
每股净资产	3.132	0.999	1.159	0.909	1.056
调整后每股净资产	3.089	0.956	1.116	0.839	0.986
每股经营活动产生的现金流量净额	0.215	0.426	0.426	0.211	0.211
全面摊薄净资产收益率	6.18	28.58	25.75	11.74	24.02
加权平均净资产收益率	7.05	29.93	25.78	8.26	18.57
扣除非经常损益后的加权平均净资产收益率	6.14	31.24	26.91	19.97	18.89

(三)股东权益变动情况:(单位:人民币元)

项目	期初数	本期增加	本期减少	期末数
股本	235,594,000.00	80,000,000.00	0.00	315,594,000.00
资本公积	33.30	656,851,020.86	755,149.77	656,095,904.39
盈余公积	4,346,151.44	11,304,347.68	0.00	15,650,499.12
其中:法定公益金	4,346,151.44	5,652,173.84	0.00	9,998,325.28
未分配利润	-4,568,990.96	61,090,729.31	55,487,507.68	1,034,230.67
股东权益	235,371,193.78	809,246,097.85	56,242,657.45	988,374,634.18

三、股本变动及股东情况

(一)股本变动情况

1、股份变动情况表(单位:万股)

项目	本次变动前	配股	送股	公积金转股	增发	其他	本次变动后
一、未上市流通股份							
境内法人持有股份	15,384.29						15,384.29
境外法人持有股份	8,175.11						8,175.11
尚未流通股份合计	23,559.40						23,559.40
二、已上市流通股份							
境内上市的人民币普通股					8,000.00		8,000.00
已流通股份合计					8,000.00		8,000.00
股份总数	23,559.40				8,000.00		31,559.40

600320 上海振华港口机械(集团)股份有限公司

2001 年年度报告摘选

第一节　公司基本情况简介

1、公司法定中文名称:上海振华港口机械(集团)股份有限公司
(原名:上海振华港口机械股份有限公司)
公司英文名称:Shanghai Zhenhua Port Machinery Co.,Ltd.
公司英文名称缩写:ZPMC
2、公司法定代表人:刘怀远
3、公司董事会秘书高莉娟
联系地址:上海市浦东南路 3470 号
电话:021-58396666　　传真:021-58399555
电子信箱:zpmc@public.sta.net.cn
证券事务代表:彭炳华
联系地址:上海市浦东南路 3470 号
电话:021-58396666　　传真:021-58399555
电子信箱:zpmc@public.sta.net.cn
4、公司注册地址:上海市浦东南路 3470 号
公司办公地址:上海市浦东南路 3470 号　　邮编:200125
国际互联网网址:http://www.zpmc.com
电子信箱:zpmc@public.sta.net.cn
5、公司信息披露
报纸:《上海证券报》、《香港文汇报》
国际互联网网址:http://www.sse.com.cn
公司年报备置地点:本公司董事会秘书处
6、公司股票上市地址:上海证券交易所
股票代码:600320　　900947
股票简称:振华港机　　振华 B 股

第二节　会计数据和业务数据摘要

(一)经普华永道中天会计师事务所有限公司(境内)审计,公司本年度主要利润指标(合并报表)如下:

金额单位:人民币元

项目	金额
利润总额	213,603,508
净利润	191,532,232
扣除非经常性损益后的净利润	178,398,003
主营业务利润	321,072,098
其他业务利润	22,612,646
营业利润	201,336,956
投资收益	1,567,385
补贴收入	2,606,925
营业外收支净额	8,092,242
经营活动产生的现金流量净额	(202,318,031)
现金及现金等价物净增加额	(671,121,817)
扣除非经常性损益项目和涉及的金额(税前)	14,593,588

(二)前三年主要会计数据和财务指标　　金额单位:人民币元

指标项目	2001 年	2000 年	1999 年
主营业务收入	2,885,460,045	2,156,858,595	1,365,071,618
净利润	191,532,232	124,245,805	90,118,140
总资产	4,467,633,868	3,866,426,653	2,276,416,896
股东权益(不含少数股东权益)	1,805,331,883	1,705,099,651	826,605,276
每股净资产(元/股)	3.95	3.73	2.24
调整后每股净资产(元/股)	3.95	3.57	2.22
每股经营活动产生的现金流量净额	(0.44)	(1.44)	(0.07)
每股收益(全面摊薄)	0.42	0.27	0.24
每股收益(扣除非经常性损益)	0.39	0.27	0.24
每股收益(加权平均)	0.42	0.34	0.24
每股收益(扣除非经常性损益)	0.39	0.34	0.24
净资产收益率%(全面摊薄)	10.61	7.29	10.09
净资产收益率%(加权平均)	10.61	14.09	11.07

注:上表数据按中国证监会《公开发行证券公司信息披露编报规则(第九号)》
全面摊薄和加权平均计算的净资产收益率及每股收益:

金额单位:人民币千元

项目	报告期利润	净资产收益率(%)				每股收益(元)			
		全面摊薄		加权平均		全面摊薄		加权平均	
		2001 年	2000 年	2001 年	2000 年	2001 年	2000 年	2001 年	2000 年
主营业务利润	321,072	18	12.7	18	24.55	0.70	0.47	0.70	0.59
营业利润	201,337	11	8.13	11	15.72	0.44	0.30	0.44	0.38
净利润	191,532	11	7.29	11	14.09	0.42	0.27	0.42	0.34
扣除非经常性损益后的净利润	178,398	10	7.29	10	14.09	0.39	0.27	0.39	0.34

第三节　股本变动及股东情况介绍

(一) 股本变动情况

数量:单位股

	本次变动前	本次变动增减(+ -) 其它	小计	本次变动后
一未上市流通股份				
1、发起人股份	258,500,000			258,500,000
其中:				
境内法人持有股份	160,556,000			160,556,000
境外法人持有股份	97,944,000			97,944,000
2、募集法人股份				
3、内部职工股				
4、增发股份	17,600,000	-17,600,000	-17,600,000	
未上市流通股份合计	276,100,000			258,500,000
二、已上市流通股份				
1、人民币普通股	70,400,000	17,600,000	17,600,000	88,000,000
2、境内上市的外资股	110,000,000			110,000,000
已上市流通股份合计	180,400,000			198,000,000
三股份总数	456,500,000			456,500,000

600321 四川国栋建设股份有限公司

2001 年年度报告摘选

第一节 公司基本情况简介

(一) 公司法定中文名称：四川国栋建设股份有限公司
公司法定英文名称：SiChuan GuoDong Construction Co.,Ltd
(二)公司法定代表人姓名：王春鸣
(三)公司董事会秘书：王效明
公司证券事务代表：胡海涛
联系电话：(028)5805811
传　　真：(028)5804146
电子信箱：Guodong@Chengdunet.com
联系地址：四川省双流县黄水镇板桥
(四)公司注册地址：四川省成都市双流板桥
公司办公地址：四川省成都市双流板桥
邮政编码：610206
公司网址：HTTP://WWW.CHINAGUODONG.COM
公司电子信箱：Guodong@Chengdunet.com
(五)公司信息披露报纸：《中国证券报》、《上海证券报》、《证券时报》
登载公司年度报告的网址：HTTP://WWW.SSE.COM.CN
公司中报备置地点：四川省成都市双流板桥公司证券部
(六) 公司股票上市地：上海证券交易所
公司股票简称：国栋建设
公司股票代码：600321

第二节 会计数据和业务数据摘要

(一)本年度利润总额及构成(单位：元)

利润总额	73,590,584.92
净利润	61,904,182.44
扣除非经常性损益后的净利润	59,992,421.92
主营业务利润	83,634,779.75
其他业务利润	1,807,666.67
营业利润	71,341,454.90
投资收益	4,738,888.89
补贴收入	0.00
营业外收支净额	-2,489,758.87
经营活动产生的现金流量净额	1,496,769.37
现金及现金等价物净增减额	667,357,490.72

(二)报告期末公司前三年的主要会计数据和财务指标(单位：千元)

指标项目	2001 年	2000 年(调整后)	2000 年(调整前)	1999 年
主营业务收入	341,043.68	331,408.89	331,408.39	316,180.12
净利润	61,904.18	61,371.68	63,522.05	57,246.31
总资产	1,295,455.71	281,021.66	283,172.03	245,185.80
股东权益(不含少数股东权益)	1,050,374.01	143,847.11	145,977.48	181,363.42
每股收益(元)	0.35	0.58	0.60	0.54
每股净资产(元)	5.99	1.36	1.38	1.72
调整后的每股净资产	5.99	1.36	1.36	1.72
每股经营活动产生的现金流量净额	0.01	0.18	0.18	0.20
净资产收益率(%)	5.89	42.66	43.51	31.56

第三节 股本变动及主要股东情况

一、股本变动情况
(一)股本变动情况表

单位：万股

	本次变动前	本次变动增减(+ -)						本次变动后
		配股	送股	公积金转股	增发	其他	小计	
一、尚未流通股份								
1、发起人股份	9,270							9,270
国家拥有股份								
境内法人持有股份	9,270							9,270
境外法人持有股份								
其他								
2、募集法人股								
3、内部职工股	1,250							1,250
4、优先股或其他								
尚未流通股份合计	10,520							10,520
二、已流通股份								
1、人民币普通股						7,000	7,000	7,000
2、境内上市的外资股								
3、境外上市的外资股								
4、其他								
已上市流通股份合计						7,000	7,000	7,000
三、股份总数	10,520					7,000	7,000	17,520

二、主要股东持股情况介绍
(一)截止 2001 年 12 月 31 日公司股东总数为 51987 户
(二)公司主要股东持股情况：
截止 2001 年 12 月 31 日公司前 10 名股东持股情况

序号	股东名称	持股数	持股比例(%)
1	四川国栋建设集团有限公司	92,700,000	52.91
2	金泰基金	2,882,097	1.64
3	金鑫基金	2,264,746	1.29
4	裕阳基金	1,090,217	0.62
5	南方稳健	843,760	0.48
6	景宏基金	558,000	0.32
7	同益基金	524,200	0.30
8	刘玉琼	352,500	0.20
9	汪少渊	350,000	0.20
10	刘丰	300,000	0.17

600322 天津市房地产发展(集团)股份有限公司

2001 年年度报告摘选

一、公司基本情况简介

1、公司法定中文名称：天津市房地产发展(集团)股份有限公司
中文名称缩写：天房发展
公司法定英文名称：Tianjin Reality Development (Group) Co.,Ltd.
英文名称缩写：TJRP.
2、公司法定代表人：吴延龙
3、公司董事会秘书：陈长来
联系地址：天津市和平区常德道 80 号
联系电话：(022)23122254
传真：(022)23122254
电子信箱：CCL1127@eyou.com.cn
4、公司注册地址：天津市和平区常德道 80 号
公司办公地址：天津市和平区常德道 80 号
邮政编码：300050
公司国际互联网网址：http://www.tfgroup.com.cn
电子信箱：fdcdkf@eyou.com
5、公司选定的信息披露报纸名称：《中国证券报》、《上海证券报》
登载年度报告指定网站的网址：http://www.sse.com.cn
公司年度报告备置地点：天津市和平区常德道 80 号公司证券部
6、公司股票上市交易所：上海证券交易所
股票简称：天房发展
股票代码：600322

二、会计数据和业务数据摘要

1、报告期主要会计数据和业务数据

单位：人民币元

利润总额	92,936,484.09
净利润	66,301,936.10
扣除非经常损益后的净利润	68,312,801.47
主营业务利润	139,270,329.71
其他业务利润	18,647,770.17
营业利润	61,469,185.12
投资收益	33,478,164.34
补贴收入	0.00
营业外收支净额	-2,010,865.37
经营活动产生的现金流量净额	-211,180,031.92
现金及现金等价物净增加额	259,882,611.85

2、截止报告期期末，公司前三年主要会计数据和财务指标

项目	2001 年	2000 年调整前	2000 年调整后	1999 年
主营业务收入	608,679,018.01	586,872,370.05	586,872,370.05	387,601,848.84
净利润	66,301,936.10	64,404,291.08	66,903,564.57	65,775,854.73
总资产	3,059,129,286.02	2,563,699,215.91	2,560,248,251.33	2,560,571,766.81
股东权益(不含少数股东权益)	1,637,303,329.51	1,039,235,821.06	1,041,687,358.45	1,006,873,628.23
每股收益(摊薄)	0.1565	0.2053	0.2133	0.21
每股收益(加权)	0.1892	0.2053	0.2133	0.21
扣除非经营性损益后每股收益	0.1612	0.1664	0.1664	0.04
每股净资产	3.8642	3.3128	3.3206	3.21
调整后的每股净资产	3.8210	3.2782	3.2864	3.16
每股经营活动产生的现金流量净额	-0.4984	0.2624	0.2625	-0.62
净资产收益率(摊薄%)	4.0495	6.1973	6.4226	6.54
净资产收益率(加权平均%)	5.2724	6.1973	6.4226	6.54

3、按照中国证监会《公开发行证券公司信息披露编报规则(第九号)》要求计算的利润数据：

报告期利润	净资产收益率%		每股收益	
	全面摊薄	加权平均	全面摊薄	加权平均
主营业务利润	7.7579	10.1008	0.2998	0.3625
营业利润	3.7543	4.8881	0.1451	0.1754
净利润	4.0495	5.2724	0.1565	0.1892
扣除非经常性损益后的净利润	4.1723	5.4323	0.1612	0.1950

三、股本变动及股东情况

(一)股本变动情况(截止 2001 年 12 月 31 日)

单位：股

股份类别	本次变动前	本次变动增减(+,-)						本次变动后
		配股	送股	公积金转股	发行新股	其他	小计	
一、未上市流通股份								
1、发起人股份	188707417				-11000000	+750000	-10250000	178457417
其中：国家持有股份	188707417				-11000000	+750000	-10250000	178457417
境内法人持有股份								
境外法人持有股份								
其他								
2、募集法人股份	51218500					-750000	-750000	50468500
3、内部职工股	73781500							73781500
4、优先股或其他								
未上市流通股份合计	313707417							302707417
二、已上市流通股份					+121000000		+121000000	121000000
1、人民币普通股					+121000000		+121000000	121000000
2、境内上市的外资股								
3、境外上市的外资股								
4、其他								
已上市流通股份合计					+121000000	0	+121000000	121000000
三、股份总数	313707417				+110000000	0	+110000000	423707417

600323 南海发展股份有限公司

2001年年度报告摘选

第一章 公司简介

一、公司的法定中文名称:南海发展股份有限公司
公司的法定英文名称:NANHAI DEVELOPMENT CO., LTD.
二、公司法定代表人:谢育智
三、公司董事会秘书:郭展全
联系地址:广东省南海市桂城南桂东路43号三楼
电话:0757-6280996　　传真:0757-6236551
电子邮箱:nhfz@pub.nanhai.net.cn
证券事务代表:黄春然
联系地址:广东省南海市桂城南桂东路43号三楼
电话:0757-6280996　　传真:0757-6236551
电子邮箱:huangchunran@sohu.com
四、公司注册及办公地址:广东省南海市桂城南桂东路43号
公司电子邮箱:nhfz@pub.nanhai.net.cn　　邮政编码:528200
五、公司选定的信息披露报纸:中国证券报、上海证券报、证券时报
登载公司年度报告的中国证监会指定国际互联网网址:
http://www.sse.com.cn
公司年度报告备置地点:广东省南海市桂城南桂东路43号三楼
六、公司股票上市地:上海证券交易所
股票简称:南海发展　　股票代码:600323

第二章 会计数据和业务数据摘要

一、本年度主要会计数据(单位:元)

项目	金额
利润总额	91,224,668.05
净利润	73,185,827.83
扣除非经常性损益后的净利润	61,631,453.16
主营业务利润	107,803,192.36
其他业务利润	3,017,323.15
营业利润	90,952,247.38
投资收益	405,437.00
补贴收入	0
营业外收支净额	-133,016.33
经营活动产生的现金流量净额	146,330,607.06
现金及现金等价物净增加额	-10,445,935.26

二、前三年主要会计数据和财务指标(单位:元)

项目	2001年		2000年	1999年
	调整前	调整后		
主营业务收入	218,424,013.96	131,675,738.73	131,675,738.73	30,044,340.06
净利润	73,185,827.83	39,798,257.54	32,005,471.47	19,198,740.13
总资产	893,738,048.34	967,967,412.94	960,174,626.87	460,439,387.22
股东权益(不含少数股东权益)	678,574,104.46	651,801,561.30	644,008,775.23	245,881,845.76
每股收益(全面摊薄)	0.35	0.19	0.15	0.13
每股收益(加权平均)	0.35	0.28	0.22	0.13
扣除非经常性损益后的每股收益	0.30	0.19	0.19	0.04
每股净资产	3.25	3.13	3.09	1.71
调整后每股净资产	3.20	3.07	3.05	1.71
每股经营活动产生的现金流量净额	0.70	0.35	0.35	0.23
净资产收益率(全面摊薄)	10.79%	6.11%	4.97%	7.81%
净资产收益率(加权平均)	10.75%	14.97%	12.22%	8.14%
扣除非经常性损益后的加权平均净资产收益率	9.06%	15.17%	15.47%	2.63%

三、利润表附表:

报告期利润	净资产收益率		每股收益(元)	
	全面摊薄	加权平均	全面摊薄	加权平均
主营业务利润	15.89%	15.84%	0.52	0.52
营业利润	13.40%	13.36%	0.44	0.44
净利润	10.79%	10.75%	0.35	0.35
扣除非经常性损益后的净利润	9.08%	9.06%	0.30	0.30

第三章 股本变动及股东情况

一、股本变动情况
(一)股份变动情况表(数量单位:股)

	本次变动前	本次变动增减(+,-)						本次变动后
		配股	送股	公积金转股	增发	其它	小计	
一、尚未流通股份								
1、发起人股份	76,094,508							76,094,508
其中:								
国家持有股份								
境内法人持有股份	76,094,508							76,094,508
境外法人持有股份								
其他								
2、募集法人股份	64,350,000							64,350,000
3、内部职工股	3,069,660							3,069,660
4、优先股或其他								
未上市流通股份合计	143,514,168							143,514,168
二、已上市流通股份								
1、人民币普通股	65,000,000							65,000,000
2、境内上市的外资股								
3、境外上市的外资股								
4、其他								
已上市流通股份合计	65,000,000							65,000,000
三、股份总数	208,514,168							208,514,168

600328 内蒙古兰太实业股份有限公司

2001年年度报告摘选

一、公司基本情况

1、公司法定中文名称:内蒙古兰太实业股份有限公司
2、公司法定英文名称:INNER MONGOLIA LANTAI INDUSTRIAL CO., LTD
3、公司法定代表人:王刚
公司总经理:侯瑛
4、公司董事会秘书、证券事务代表、地址、电话、传真
董事会秘书:李晶
联系电话:0483-8838636
电子信箱:jltyhb@public.hh.nm.cn
证券事务代表:赵双云
联系电话:0483-8838620
电子信箱:600328@sina.com
联系地址:内蒙古自治区阿拉善左旗吉兰泰镇
传真:0483-8838735
5、公司注册地址:内蒙古自治区阿拉善左旗吉兰泰镇
公司办公地址:内蒙古自治区阿拉善左旗吉兰泰镇
邮政编码:750333
公司国际互联网网址:http://www.lantai.net.cn
公司电子信箱:yhjtgs@public.hh.nm.cn
6、公司选定的信息披露报刊:《中国证券报》、《上海证券报》
登载公司年度报告的国际互联网网址:http://www.sse.com.cn
公司年度报告备置地点:本公司证券部
7、公司股票上市交易所、股票简称及证券代码:
上市交易所:上海证券交易所
股票简称:兰太实业　　股票代码:600328

二、会计数据和业务数据摘要

(一)主要会计数据和业务数据　　(单位:人民币元)

项目	期末数
利润总额	48,095,364.12
净利润	39,668,698.74
扣除非经常性损益后的净利润	33,893,504.55
主营业务利润	132,167,790.99
其他业务利润	2,549,704.35
营业利润	43,019,331.33
投资收益	-343,655.70
补贴收入	
营业外收支净额	5,419,688.49
经营活动产生的现金流量净额	39,417,573.00
现金及现金等价物净增减额	-26,631,530.43
扣除的非经常性损益项目及金额*	5,775,194.19

注:扣除的非经常性损益项目及金额:
1、营业外收支净额:　　5,419,688.49元
2、股权投资差额:　　355,505.70元

(二)公司前三年主要会计数据和财务指标。　　(单位:人民币元)

项目	2001年	2000年		1999年	
		调整前	调整后	调整前	调整后
主营业务收入	269,137,053.28	250,601,885.56	250,601,885.56	232,057,878.75	232,057,878.75
净利润	39,668,698.74	37,691,164.06	26,158,181.70	32,011,320.51	16,470,099.85
总资产	1,193,659,693.11	984,568,126.02	973,035,143.66	549,469,565.89	533,928,345.23
股东权益(不含少数股东权益)	634,851,322.41	634,342,529.62	622,809,547.26	173,312,152.39	157,770,931.73
每股收益(摊薄)	0.23	0.22	0.15	0.28	0.15
每股收益(加权)	0.23	0.34	0.23	0.28	0.15
每股净资产	3.68	3.67	3.61	1.54	1.40
调整后每股净资产	3.65	3.63	3.56	1.35	1.21
每股经营活动产生的现金流量净额	0.23	0.12	0.12	-0.25	-0.25
净资产收益率(%)	6.25	5.94	4.20	18.46	10.44

注:会计政策及会计差错更正所造成的影响:1999年至2000年股东权益的累积影响数为27,074,203.02元,其中:计提固定资产减值准备的累积影响数为19,703,484.62元;计提在建工程减值准备的累积影响数为2,600,000.00元;计提无形资产减值准备的累积影响数为4,770,718.40元。

(三)报告期利润表附表

项目	净资产收益率(%)		每股收益(元)	
	全面摊薄	加权平均	全面摊薄	加权平均
主营业务利润	20.45	20.21	0.77	0.77
营业利润	6.57	6.50	0.25	0.25
净利润	6.05	5.99	0.23	0.23
扣除非经营性损益后的利润	5.33	5.27	0.23	0.23

三、股本变动及股东情况

(一)公司股本变动情况
1、公司股份变动情况表　　(单位:股)

项目	变动前	本次变动增减					变动后
		配股	送股	公积金转股	增发	其他	
一、未上市流通股份							
1、发起人股份	112,652,899						112,652,899
其中:国家持有股份	102,252,899						102,252,899
境内法人持有股份	10,400,000						10,400,000
2、募集法人股							
3、内部职工股							
4、优先股及其他							
未上市流通股份合计	112,652,899						112,652,899
二、已上市流通股份							
1、人民币普通股	60,000,000						60,000,000
2、其他							
已上市流通股份合计	60,000,000						60,000,000
三、股份总数	172,652,899						172,652,899

600326　西藏天路交通股份有限公司

2001年年度报告摘要

第一节　重要提示

本公司董事会及其董事保证本报告所载资料不存在任何虚假记载、误导性陈述或者重大遗漏，并对其内容的真实性、准确性和完整性负个别及连带责任。本年度报告摘要摘自年度报告全文，投资者欲了解详细内容，应阅读年度报告全文。

第二节　公司基本情况简介

一、公司法定中文名称：西藏天路交通股份有限公司
公司法定中文名称缩写：西藏天路
公司法定英文名称：TIBET TIANLU COMMUNICATIONS CO.,LTD.
公司法定英文名称缩写：TTC
二、公司法定代表人：尼玛（先生）
三、公司董事会秘书：饶邦骥（女士）
联系地址：西藏拉萨市夺底路14号
公司英文联系地址：ADDRESS：NO.14DUODI ROAD，LHASA，TIBET.
电话：0891－6322208　　传真：0891—6333071
四、公司注册地址：西藏拉萨市夺底路14号
公司办公地址：西藏拉萨市夺底路14号
邮政编码：850000
电子邮箱：xztlgf@163.net
五、公司选定的信息披露报纸名称：《中国证券报》、《上海证券报》
登载公司年度报告的中国证监会指定国际互联网址：http://www.sse.com.cn
公司年度报告备置地点：公司董事会办公室
六、公司股票上市交易所：上海证券交易所
股票简称：西藏天路
股票代码：600326

第三节　会计数据和业务数据摘要

一、公司本年度会计数据和业务数据　　（单位：人民币元）

项目	本期数
利润总额	27,038,989.19
净利润	23,740,493.88
扣除非经常性损益后的净利润＊	31,365,790.82
主营业务利润	61,658,042.37
其他业务利润	－143,644.41
营业利润	35,324,771.15
投资收益	－1,877,813.42
补贴收入	0.00
营业外收支净额	－6,407,968.54
经营活动产生的现金流量净额	38,171,264.09
现金及现金等价物净增加额	295,863,450.13

注：＊扣除的非经常性损益项目和涉及金额　　（单位：人民币元）

项目	金额
营业外收支净额	－6,407,968.54
所得税影响数	1,217,328.40

二、截至报告期末公司前三年的主要会计数据和财务指标　　（单位：人民币元）

项目	2001年	2000年		1999年	
		调整后	调整前	调整后	调整前
主营业务收入	342,566,125.77	251,914,918.93	255,081,914.25	206,736,016.34	212,432,890.13
净利润	23,740,493.88	11,759,250.77	10,609,021.05	9,071,019.67	14,370,565.27
总资产	564,299,409.57	251,818,268.05	269,936,825.25	186,482,923.87	206,949,101.70
股东权益（不含少数股东权益）	374,487,978.56	92,004,455.30	96,631,204.31	85,245,204.53	86,022,183.26
每股收益：（摊薄）	0.2374	0.1960	0.1768	0.1512	0.2395
（加权）	0.2456	0.1960	0.1768	0.1512	0.2395
每股净资产	3.7449	1.5334	1.6105	1.4208	1.4337
调整后的每股净资产	3.7358	1.5307	1.5826	1.4039	1.4112
每股经营活动产生的现金流量净额	0.3817	0.8679	0.8698	－0.2989	－0.2989
净资产收益率（%）：					
（摊薄）	6.34%	12.78%	10.98%	10.64%	16.71%
（加权）	6.82%	13.47%	11.62%	12.75%	17.85%
扣除非经常性损益后的净资产收益率（%）：（摊薄）	8.38%	15.18%	15.79%	19.40%	17.52%
（加权）	9.01%	15.99%	16.29%	23.26%	18.64%

第四节　股本变动及股东情况

一、公司股份变动情况表　　数量单位：股

	本次变动前	本次变动增减（＋，－）配股	送股	公积金转股	增发	其他	小计	本次变动后
一、未上市流通股份								
1、发起人股份	60,000,000							60,000,000
其中：国家持有股份								
境内法人持有股份	60,000,000							60,000,000
境外法人持有股份								
其他								
2、募集法人股份								
3、内部职工股								
4、优先股或其他								
未上市流通股份合计								
二、已上市流通股份								
1、人民币普通股					40,000,000			40,000,000
2、境内上市的外资股								
1、境外上市的外资股								
2、其他								
已上市流通股份合计					40,000,000			40,000,000
三、股份总数	60,000,000				40,000,000			100,000,000

注：报告期内公司无送股、转赠股本的情形。

报告期内公司控股股东西藏公路工程总公司及未流通股股东无变化，所持股份未发生增减变动情况，也未有关联、质押或冻结情况。其余流通股东是否存在关联及质押，本公司不清楚。

二、股东情况介绍

（一）报告期末公司股东总数13,278户

（二）公司主要股东持股情况：（单位：股）

名次	股东名称	增减变动情况	本期末持股数量	持股比例（%）	股份类别	质押、冻结情况
1	西藏公路工程总公司	无	36,678,842.58	36.68	国有法人股	无
2	西藏自治区交通工业总公司	无	8,748,839.18	8.75	国有法人股	无
3	西藏拉萨汽车运输总公司	无	7,152,908.35	7.15	国有法人股	无
4	西藏自治区汽车工业贸易总公司	无	6,899,048.49	6.99	国有法人股	无
5	西藏区交通厅格尔木运输总公司	无	430,361.40	0.43	国有法人股	无
6	建邦投资		120,000	0.12	流通股	不祥
7	正瑞投资		115,700	0.12	流通股	不祥
8	程启菁		104,100	0.10	流通股	不祥
9	张树军		102,100	0.10	流通股	不祥
10	赖风月		89,907	0.09	流通股	不祥

注：1、西藏公路工程总公司为公司控股股东，其持有本公司股份3667.88万股为未上市流通的国有法人股，持有股份占公司总股本的36.68%。

2、公司第一至第五大股东均为国有法人股，隶属西藏自治区交通厅，其主营业务均无关联关系。

（三）公司控股股东及公司控股股东实际控制人情况

1、公司控股股东情况

公司控股股东名称：西藏公路工程总公司

注册地址：拉萨市夺底路14号

法定代表人：罗丹

成立日期：1959年

注册资本：人民币5924万元

主要业务和产品：建筑设备安装

股权结构：国有企业

2、公司控股股东实际控制人情况

公司控股股东实际控制人：西藏自治区交通厅

法定代表人：加措

单位性质：政府行政部门

主要职能：主管全区交通公路建设、运输行业

西藏交通厅注册地址：拉萨市罗布林卡路10号

第五节　董事、监事和高级管理人员

一、董事、监事及高级管理人员的基本情况

姓名	性别	年龄	职务	任期起止日期	年初持股数（股）	年末持股数（股）
尼　玛	男	55岁	董事长	1999.9—2002.3	0	0
扎西江措	男	35岁	副董事长兼总经理	1999.3—2002.3	0	0
饶邦骥	女	47岁	副董事长兼董事会秘书	1999.3—2002.3	0	0
赵　锐	男	46岁	董事兼副总经理	1999.3—2002.3	0	0
田　根	男	43岁	董事兼副总经理	1999.3—2002.3	0	0
李留丰	男	44岁	董事兼副总经理	1999.3—2002.3	0	0
边连仲	男	48岁	董事	1999.3—2002.3	0	0
旦增木龙	男	59岁	董事	1999.9—2002.3	0	0
平　措	男	54岁	董事	1999.3—2002.3	0	0
达瓦次仁	男	43岁	董事	1999.3—2002.3	0	0
胡　浩	男	31岁	董事	1999.3—2002.3	0	0
洛桑曲加	男	53岁	监事会主席	1999.3—2002.3	0	0
强巴珍珠	男	55岁	监事	1999.3—2002.3	0	0
刘　海	女	45岁	监事	1999.3—2002.3	0	0
肖慈祥	男	37岁	副总经理	1999.3—2002.3	0	0
林素明	男	33岁	总工程师	1999.3—2002.3	0	0
李　忠	男	33岁	财务负责人	1999.3—2002.3	0	0
方权立	男	43岁	董事会秘书授权代表	1999.3—2002.3	0	0

注：1、董事单增木龙先生在公司第二大股东西藏自治区交通工业总公司任职，任该公司党委书记。

二、董事、监事及高级管理人员的年度报酬情况

（一）公司董事、监事和高管人员的报酬，是根据二000年二月二十一日召开的公司1999年度股东大会，审议通过的《公司董事、监事及高管人员收入分配方案》执行。董事、监事及高管人员

的年度报酬确定依据是企业基本工资加岗位津贴、奖金三方面组成。

(二)公司董事、监事和高管人员共计16人在公司领取的年度报酬总额:(包括基本工资、各项奖金、福利、补贴、住房津贴及其他津贴等)621,623.18元。

(三)金额最高的前三名董事的报酬总额:151,260.32元

(四)金额最高的前三名高级管理人员的报酬总额:104,328.04元

(五)年度报酬在1~3万元之间有2人,在3~4万元之间有8人,在4~5万元之间有6人;

(六)公司董事单增木龙在公司第二大股东西藏自治区交通工业总公司任职,并在该公司领取报酬,不在本公司领取报酬。

三、在报告期内公司董事、监事及高级管理人员的离任、解聘、聘任情况

在报告期内,公司总工程师林素明因工作关系调离公司。除此之外公司董事、监事、董事会秘书及其他高级管理人员无离任、聘任或解聘情况。

第六节 公司治理结构

一、公司治理的实际状况

公司严格按照《公司法》《证券法》和中国证监会有关法律法规的要求,不断完善公司法人治理结构,规范公司运作。公司制订了《公司章程》《股东大会议事规则》《董事会议事规则》《监事会议事规则》和《法定代表人授权管理规定》等。这些规则符合中国证监会和国家经贸委发布的《上市公司治理准则》的有关要求。

(一)建立健全和完善了公司股东大会、董事会、监事会的议事规则、决策程序及工作程序。公司严格按照《公司章程》规定的董事会、监事会选聘程序选举公司董事、监事,公司董事会、监事会的人数和人员构成符合法律、法规的要求。公司各项工作均严格按规则和程序进行,确保了股东大会、董事会、监事会的工作效率和科学决策。并认真履行有关法律法规和公司章程规定的职责,确保公司遵守法律法规的规定,公平对待所有股东,并关注其他利益相关者的利益。

(二)公司各位董事能够认真负责的态度出席董事会和股东大会,能够积极参加有关培训,熟悉有关法律法规,行使董事的权利、义务和责任。

(三)公司2001年忠实履行持续信息披露义务,严格按照法律、法规和公司章程规定的信息披露的内容和格式要求,真实、准确、完整、及时地披露信息。公司指定董事会秘书负责信息披露工作、接待股东来访和咨询。建立了能够确保股东对法律、行政法规所规定的公司重大事项享有知情权和参与决定权的信息披露制度。

(四)公司成立以来着力于规范与控股股东之间的关系,公司的重大决策,均由股东大会依法做出,控股股东没有干预公司的决策及依法开展的生产经营活动。公司控股股东也没有利用其特殊地位要求公司为其承担额外的服务和责任,没有损害过公司及其他股东的权益。

(五)公司做到了人员、资产、财务三分开,独立核算、独立承担责任和风险,独立在银行开户及对外结算,依法独立进行纳税申报和缴纳。控股股东除董事之外的其他人员没有兼任公司高级管理人员。公司拥有独立的生产、供销、财务系统,有健全的财务、会计管理制度,在人员、机构、核算等方面完全与控股股东公司分开。公司的董事会、经理层及相应的管理机构功能健全、独立运作,控股股东没有干预公司内部机构的设立和运作,也没有以其他形式影响公司的独立性。

(六)明确监事会的职责,健全和发挥监事会的监督功能

公司监事会向全体股东负责,以财务监督为核心,严格履行对公司董事、经理及其他高级管理人员的尽职情况监督的职能,保护公司资产安全,降低公司的财务和经营风险,维护公司及股东的合法权益。

公司自成立以来,严格按照《公司法》等有关法律法规的要求规范运作,今后将一如既往的特别是按照《上市公司治理规则》的要求做好公司的各项工作。

二、与上市公司治理准则对比存在的差异

公司目前尚未建立独立董事制度和设立董事会专门委员会。

三、改进公司治理的具体计划和措施。

公司董事会根据中国证监会发布的《关于在上市公司建立独立董事制度的指导意见》的规定要求,正积极起草和修订相关规则,物色独立董事人选,于2002年6月30日前按照有关规定建立独立董事制度,并根据公司自己情况适时设立战略决策、审计、提名、薪酬与考核等专门委员会。

第七节 股东大会情况简介

一、2000年度股东年会

召开2000年度股东年会的通知公告,于2001年4月17日在《中国证券报》《上海证券报》刊登,会议于2001年5月28日上午在西藏拉萨召开,会议由公司董事长尼玛主持。大会以举手投票的方式逐一表决通过了以下决议:

(一)公司2000年年度报告;

(二)公司2000年度董事会工作报告;

(三)公司2000年度监事会工作报告;

(四)公司2000年度财务决算方案及2001年财务预算方案;

(五)公司2000年度利润分配方案

2000年公司实现净利润为10,609,021.05元,提取10%法定盈余公积金1,060,902.11元和5%法定公益金530,451.05元后,可供股东分配利润9,017,667.89元。按公司股票发行后总股本10000万股为基数,每10股派发现金0.50元(含税),共计派发现金5,000,000.00元,余额4,017,667.89元不分配,结转2001年度;

(六)公司关于续聘四川君和会计师事务所有限责任公司的方案。

二、临时股东大会情况

召开2001年第一次临时股东大会的通知公告,于2001年8月21日在《中国证券报》《上海证券报》刊登,会议于2001年9月20日上午在西藏拉萨召开,会议由公司董事长尼玛主持。大会以举手投票的方式逐一表决通过了以下决议:

(一)审议通过了将公司原计划投资1000t/d级带改进型分解炉的五级预热分解窑水泥生产线改扩建项目的14,103.31万元,变更为:

1.公司与西藏高争建材股份有限公司共同出资组建西藏高天水泥有限责任公司(暂定名);公司出资6,910.62万元占股份49%。

2.公司参股西藏高争建材股份有限公司,公司出资2040万元,持有1500万股,占西藏高争23.08%的股份,成为西藏高争第二大股东。

3.公司出资1000万元与中铁二局股份有限公司共同出资组建西藏天铁路桥工程有限责任公司(暂定名、以下简称:天铁公司);天铁公司建设资质为二级,经营范围为公路、桥梁、隧道、工业与民用建筑、装饰装修、园林绿化、市政建设、水利水电工程的设计施工,钢结构制造与安装,场道工程。

4.追加2,252.69万元用于更新公路工程机械设备。

5.投资400万元用于改扩建汽车展场。

(二)暂缓实施汽车修配厂改扩建项目。

(三)公司追溯调整固定资产减值准备、追溯调整开办费、追溯调整2000年度重大会计差错说明的方案。

(四)公司2001年中期利润分配预案的方案。

公司2001年中期不进行利润分配,也不进行资本公积金转增股本,2001年度利润分配于年终进行。

(五)审议修改《公司章程》,在《公司章程》中增加经营项目:

1.对外经济技术合作业务,其对外经营范围为:(1)承包境外公路工程和境内国际招标工程;(2)上述境外工程所需的设备、材料出口;(3)对外派遣实施上述境外工程所需的劳务人员;

2.工业与民用建筑施工二级、装饰二级;

3.承担大二型及以下水利水电建筑工程施工、基础处理施工,中型及以下水利水电工程机电设备安装、金属结构制作安装;电压等级为110KV及以下输变电工程施工与安装水利水电工程施工(二级资质)。

(六)2001年第一次临时股东大会对董事会提出的"为改扩建水泥生产线项目预留1500万元的工程预备费用的提案",根据《公司法》第106条之规定,以同意2332.12万股,占到会股东所代表股份数的38.87%;反对0股;弃权3667.88万股,占到会股东所代表股份数的61.13%。此议案未获本次股东大会通过。

三、股东大会决议刊登的信息披露报纸及披露日期

1.2000年度股东大会决议公告于2001年5月29日在《中国证券报》《上海证券报》上刊登。

2.2001年第一次临时股东大会决议公告于2001年9月21日在《中国证券报》《上海证券报》上刊登。

第八节 董事会报告

一、公司经营情况

(一)公司经营范围:公路、桥梁的建设(壹级);与公路建设相关的建筑材料(含水泥制品)生产、销售;汽车贸易(含小轿车)及汽车筑路机械零配件的经营;汽车维修;塑料制品;货物运输、长短途客运;制氧业务等。

公司主营业务为公路工程施工的基础设施建设,主要承担西藏自治区内的公路、桥梁的建设任务。其公路及桥梁施工能力、工程施工质量、公路建设市场占有率、高等级公路施工市场占有率、工程机械设备的先进程度及拥有量在西藏自治区内一直处于领先地位。公司的公路工程施工业务,始终保持占有西藏公路工程建设市场20%的份额,其中在高等级公路建设中占有50%以上的市场份额.

(二)主营业务收入

公司2001年主营业务收入共计342,566,125.77元,主营业务利润61,658,042.37元,净利润23,740,493.88元,其中公路工程主营业务收入244,570,252.64元。

公司2001年承建的公路工程建设项目有10个,其中,续建工程3个(青藏公路羊八井至拉萨改建工程B标段、川藏公路拉月茶场至鲁朗段、川藏公路病害整治工程海通沟段)。新建工程7个(青藏公路拉萨西郊出口路面整治工程;日喀则至江孜公路改建工程A标段;川藏公路南线102工程;青海省李家峡至坎布拉旅游二级公路;川藏公路海通沟段保通工程;拉萨市夺底乡乡村公路;国道317线妥坝至昌都段达玛拉山保通工程;国道317线妥坝至昌都段公路改建工程第A合同段。)

1.续建工程

(1)国道109线青藏公路羊八井至拉萨改建工程第B合同段,全长43KM,该工程为跨年度工程,开工时间为2000年4月,工程计划总投资13,108万元,计划2001年12月竣工。公司2001年完成投资6,853万元,截止2001年12月31日工程已全部竣工,已通过交工验收。

(2)国道318线川藏公路拉月茶场至鲁朗公路,全长30.9KM,开工时间为2000年11月,工程计划总投资5,794万元,计划2001年12月竣工。公司2001年完成投资4,257万元,截止2001年12月31日工程已全部竣工,并通过验收。

(3)国道318线川藏公路海通沟病害整治工程,全长33.92KM,该工程为跨年度工程,开工时间为2000年5月,工程计划总投资7,920万元,计划2002年4月竣工。在公司严格的管理,科学的安排下,此工程提前完工。截止2001年12月31日工程已全部竣工,并通过验收。

2.新建工程

(1)青藏公路拉萨西郊出口路面整治工程,全长13.739KM,开工时间为2001年3月,工程计划总投资1,934万元,截止2001年12月31日工程已全部竣工,并通过验收。

(2)省道204线日喀则至江孜公路改建工程A合同段,全长23.09931KM,开工时间为2001年6月,工程投资5,061万元,计划2002年12月竣工。该工程为2001年开工的跨年度在建工程,截止2001年12月31日公司已完成投资3144万元。

(3)川藏公路南线102工程,全长616.23M,开工时间为2001年6月,工程计划总投资3,350万元,计划竣工时间为2002年6月。截止2001年12月31日完成投资286万元,工程尚未计量。

(4)青海省李家峡至坎布拉旅游二级公路(路基工程),全长10KM,开工时间为2001年5月,工程计划总投资1,544万元,计划竣工时间为2001年11月。该工程由于设计变更,自然条件恶劣,冬季不允许施工,故尚未竣工。截止2001年12月31日已完成投资138万元,该工程尚未计量。

(5)川藏公路海通沟段保通工程,全长3.588KM,该工程为整治工程,开工时间为2001年8月,工程计划总投资1,386万元,计划竣工时间为2002年7月。在公司严格的管理,科学的安排下,此工程提前完工。截止2001年12月31日已完成投资1,386万元,工程已全部竣工,并通过验收。

(6)拉萨市夺底乡乡村公路,全长4.018KM,该工程开工时间为2001年9月,工程计划总投资422万元,计划竣工时间为2001年11月。截止2001年12月31日已完成投资422万元,工程已竣工验收。

(7)国道317线妥坝至昌都段达玛拉山保通工程,该工程为长108KM范围内的防护工程等,开工时间定于2001年11月3日,2002年6月底完工,承包总金额为人民币1,404.6843万元。该工程由于气候原因冬季不允许施工,2001年只作了开工前期准备工作。

(8)国道317线妥坝至昌都段公路改建工程第A合同段(K353+350-372+080),长约28M。计划开工时间为2001年11月,该工程工期为36个月,承包总金额为人民币11,383.3733万元。该工程由于气候原因冬季不能施工,2001年只作了开工前期准备工作。

(三)主要供应商、客户情况

公司本年度前五名供应商分别是:东风汽车贸易公司,青海省交通物资公司,北京汽车制造厂,解放汽车贸易总公司,长安汽车集团有限责任公司兰州销售分公司。采购金额合计占本年度采购总额的53.48%。

公司本年度前五名客户分别是:西藏自治区交通厅重点公路建设项目管理中心,西藏格尔木运输公司,拉萨交通局,西藏汽车工业贸易公司格尔木公司,西藏自治区外贸运输公司车队。销售额合计占公司销售总额的75.1%。

二、公司投资情况

(一)募集资金项目实施进度情况

1.1000t/d级带改进型分解炉的五级预热预分解水泥生产线计划投入14103.31万元,截至2001年12月31日累计投入1,142.48万元用于该项目的实施。

该项目经公司2001年第一次临时股东大会决议通过已变更资金投向。

2.工程施工机械设备技改项目计划投入4900万元,截至2001年12月31日累计投入4,610.10万元用于该项目的实施。该项目实施后,进一步的提高了公司工程施工机械化程度,其中国道109线羊八井--拉萨改建工程已全面采用机械化施工,各项目部的施工水平、施工进度、施工质量均明显好于往年。该项目的实施为公司争做精品工程提供了良好的硬件设施支持。

该项目基本按公司所承诺的进度逐步实施。并经公司2001年第一次临时股东大会决议通过追加投资2,252.69万元。

3.更新大吨位载货汽车计划投入2500万元,截至2001年12月31日累计投入687.50万元用于该项目的实施。更新大吨位运输设备24台,使公司的效益得到了明显改善,降低了成本、提高了效率,市场竞争力也得到相应提高。

该项目未达到公司所承诺的进度,其原因是:公司目前面临燃油价格居高不下和西藏运输市场运费持续走低的市场状况,加之青藏铁路已全面开工,2006年青藏铁路建成通车后,对西藏的公路运输市场将构成激烈的竞争态势。为了规避风险,公司拟逐渐退出西藏的公路运输市场,不再投资组建大规模的专业运输公司。目前已更新大吨位运输设备24台,基本能满足公司内部的运输任务,因此公司对此项目的继续实施持谨慎的态度,有待于进一步对市场进行充分的调研后再做出决策。

该事项经公司2001年第一次临时股东大会决议通过。

4.公司计划投入4713万元用于汽车修配厂该扩建项目,该项目按当时市场情况是可行的。

但随着时间的推移,汽车行业更新换代进度加快,质量得到较大提升因而对维修的需求相对减少,汽车修配市场已发生了很大的变化,行业整体出现疲软。特别是我国入世,为我国汽车行业的发展带来了机遇,同时也面临巨大的挑战。考虑到以上的市场风险因素,为了降低投资风险,本着为广大股民负责的态度,本公司拟暂缓实施该项目。

该事项经公司 2001 年第一次临时股东大会决议通过暂缓实施。

5、根据股东大会对董事会授权,公司在汽贸分公司原有的营业场地上投资 400 万元改扩建具有一定规模的汽车交易展场,截至 2001 年 9 月 30 日已完成投资 414.7 万元,并建成投入使用。

该事项经公司 2001 年第一次临时股东大会决议通过由自有资金实施改为由募集资金进行投入。

(二)募集资金项目变更及披露情况

1、募集资金项目投向的变更

公司原计划用于投资 1000t/d 级带改进型分解炉的五级预热分解窑水泥生产线改扩建项目的 14,103.31 万元,经公司 2001 年 8 月 4 日第一届董事会第四次会议审议通过,并提交 9 月 20 日公司 2001 年第一次临时股东大会审议通过变更为:

(1)公司与西藏高争建材股份有限公司共同出资组建西藏高天水泥有限责任公司(暂定名);公司出资 6,910.62 万元占股份 49%。

(2)公司参股西藏高争建材股份有限公司,公司出资 2040 万元,持有 1500 万股,占西藏高争 23.08%的股份,成为西藏高争第二大股东。

(3)公司出资 1000 万元与中铁二局股份有限公司共同出资组建西藏天铁路桥工程有限责任公司(暂定名、以下简称:天铁公司);天铁公司建设资质为二级,经营范围为公路、桥梁、隧道、工业与民用建筑、装饰装修、园林绿化、市政建设、水利水电工程的设计施工,钢结构制造与安装,场道工程。

(4)追加 2,252.69 万元用于更新公路工程机械设备。

(5)投资 400 万元用于改扩建汽车展场。

2、暂缓实施、中止和暂停的项目

(1)经公司 2001 年 8 月 4 日第一届董事会第四次会议审议通过,并提交 9 月 20 日公司 2001 年第一次临时股东大会审议通过暂缓实施汽车修配厂改扩建项目。

(2)公司接到中铁二局股份有限公司第四公司的《关于停止组建"西藏天铁路桥工程有限公司"有关工作的函》鉴于客观原因,中止了双方的合作。关于停止组建"西藏天铁路桥工程有限公司"的公告,公告编号临 2001—013,2001 年 12 月 4 日在《中国证券报》《上海证券报》上刊登。

(3)鉴于西藏自治区人民政府对拉萨地区水泥建材企业的整体规划方案即将出台,公司原计划与与西藏高争建材股份有限公司共同出资组建西藏高天水泥有限责任公司(暂定名);投资建设 1000t/d 级带改进型分解炉的五级预热分解窑水泥生产线项目暂停实施,待自治区统一规划正式出台后予以实施。"关于新建水泥生产线项目暂停实施"的公告,公告编号临 2001—014,于 2001 年 12 月 11 日在《中国证券报》《上海证券报》上刊登。

由于以上项目的变更涉及到公司募集资金的使用,因此具体事宜将提交公司董事会、股东大会决议后另行公告。未实施和暂缓实施项目所剩余且尚未安排投向的募股资金,公司将根据科学审慎的原则进行投资决策,尽快寻找新的投资项目。

(三)尚未使用的募集资金去向:

本公司在募集资金实际投向中,除汽车修理厂改扩建项目由于市场因素拟暂缓实施;工程施工机械设备技改项目实施了 64.45%;更新大吨位载货车辆项目实施了 27.5%以外;其他项目都与《招股说明书》承诺的投资项目相比做了一些调整。截止 2001 年 12 月 31 日公司已经投入使用的募集资金 6,854.78 万元,占公开发行实际募集资金 26,252.08 万元的 26.14%,占《招股说明书》承诺的募集资金投资项目计划用款 26,216.00 万元的 26.14%。尚未使用的募集资金 19,376.23 万元,占公开发行实际募集资金 26,252.08 万元的 73.80%,占《招股说明书》承诺的募集资金投资项目计划用款 26,216.00 万元的 73.90%。尚未使用的资金 19,376.23 万元仍足额存放在本公司指定的银行帐户中。

附表:

募集资金投资项目变更前、后实施情况对比一览表(表一)

(单位:万元)

一、募集资金承诺投资项目	计划投资金额	募集资金变更、追加投资	合计计划投资	截止 2001 年 12 月 31 日已投资金额	尚未投资金额	已投资部分占投资金额的比例
1、1000t/d 级带改进型分解炉的五级预热预分解窑水泥生产线改扩建项目	14,103.31	-7,192.69	6,910.62	1,142.48	5,768.14	16.53%
2、工程施工机械设备技改项目	4,900.00	2,252.69	7,152.69	4,610.10	2,542.59	64.45%
3、汽车修理厂改扩建项目	4,713.00	0.00	4,713.00	暂缓实施	4,713.00	0.00
4、更新大吨位载货车辆项目	2,500.00	0.00	2,500.00	687.50	1,812.50	27.50%
合计	26,216.31	4,940.00	21,276.31	6,440.08	14836.23	30.26%
二、募集资金变更投资项目	计划投资金额			截止 2001 年 12 月 31 日已投资金额	尚未投资金额	已投资部分占投资金额的比例
1、西藏高天水泥有限责任公司	6,910.62			1,142.48	5,768.14	16.53%
2、西藏高争建材股份有限公司	2,040.00			0.00	2,040.00	0.00
3、西藏天铁路桥工程有限责任公司	1,000.00			0.00	1,000.00	0.00
4、汽车展场改扩建项目	400.00			414.70	0.00	103.67%
合计	10,350.62			1,557.18	8,808.14	15.04%
三、尚未确定投资项目的余留资金	1,500.00			0.00	1,500.00	0.00

募集资金变更后投资项目实施情况一览表(表二)

(单位:万元)

募集资金投资项目	计划投资金额	截止 2001 年 12 月 31 日已投资金额	尚未投资金额	已投资部分占投资金额的比例
1、西藏高天水泥有限责任公司	6,910.62	1,142.48	5,768.14	16.53%
2、西藏高争建材股份有限公司	2,040.00	0.00	2,040.00	0.00
3、西藏天铁路桥工程有限责任公司	1,000.00	0.00	1,000.00	0.00
4、汽车展场改扩建项目	400.00	414.70	0.00	103.67%
5、工程施工机械设备技改项目	7,152.69	4,610.10	2,542.59	64.45%
6、更新大吨位载货车辆项目	2,500.00	687.50	1,812.50	27.50%
7、尚未确定投资项目的剩余资金	6,213.00	0.00	6,213.00	0.00
其中:<1>汽车修理厂改扩建项目	4,713.00	暂缓实施	4,713.00	0.00
<2>尚未确定投资项目的余留资金	1,500.00	0.00	1,500.00	0.00
合计	26,216.31	6,854.78	19,376.23	26.14%

三、公司财务状况、经营成果

(一)财务状况及分析

项目	2001 年(元)	2000 年(元)	增减(%)
总资产	564,299,409.57	251,818,268.05	124.09
长期负债	58,000,000.00	28,000,000.00	107.14
股东权益	374,487,978.56	92,004,455.30	307.03
主营业务利润	61,658,042.37	39,719,120.35	55.24
净利润	23,740,493.88	11,759,250.77	101.89

本报告期,公司的财务状况较上一年度有了较大的改善,其具体分析如下:

1、2001 年 12 月 31 日,公司的总资产较上年度增加了 124.09%,主要系公司 2000 年 12 月 25 日通过上海证券交易所成功上网定价发行每股面值 1.00 元的人民币普通股 4,000 万股,共募集资金 26,252.08 万元,募集资金于 2001 年 1 月 3 日全部存入本公司帐户所致。

2、2001 年 12 月 31 日,公司长期负债较上年度增加了 107.14%,主要系本年度增加了一笔 2 年期 3,000 万元的财政贴息贷款。

3、2001 年 12 月 31 日,公司股东权益较上年度增加了 307.03%,主要系本公司 2000 年 12 月 25 日通过上海证券交易所成功上网定价发行每股面值 1.00 元的人民币普通股 4,000 万股,社会公众股股本溢价 222,520,800.00 元;

冻结申购资金利息收入 4,693,282.33 元,依据《企业会计制度》相关规定计入资本公积;

无法支付的应付款项 1,322,587.05 元,依据《企业会计制度》相关规定计入资本公积;

利差返还 206,360.00 元,依据西藏自治区财政厅规定计入资本公积;

以及依据本年度实现的净利润计提"两金"和"未分配利润"转入所致。

4、2001 年度主营业务利润较上一年度增加了 55.24%,主要系本年度公路工程收入和汽车销售收入较上年大幅提升所致。

5、2001 年净利润较上一年度增加了 101.89%,主要系本年度公路工程收入和收入毛利较上年增加较大所致。

(二)利润构成及分析

报告期内公司主营业务收入构成情况如下:

主营业务项目	主营业务收入(元)	比例(%)
公路工程	244,570,252.64	71.39
汽车贸易	85,938,066.32	25.09
货物运输	9,506,578.00	2.78
建筑材料	2,551,228.81	0.74
合计	342,566,125.77	100

报告期内主营业务利润构成情况如下:

主营业务项目	主营业务利润(元)	比例(%)
公路工程	52,352,055.25	84.91
汽车贸易	7,110,137.41	11.53
货物运输	3,650,922.35	5.92
建筑材料	-1,455,072.64	-2.36
合计	61,658,042.37	100

四、生产经营环境及政策法规变化对公司的影响

(一)公司根据国家关于水泥工业"总量控制,结构调整"政策及环保政策和西藏自治区人民政府第 19 次常务会议精神,在提前关闭了建材水泥厂两条机立窑水泥生产线后,又暂停了公司独家对原计划的 1000t/d 级带改进型分解炉的五级预热预分解窑水泥生产线项目的建设,转而与西藏高争建材股份有限公司共同出资组建高天水泥有限责任公司(暂定名)。而后又根据西藏自治区人民政府[2001]246 号文《西藏自治区人民政府专题会议纪要》对拉萨地区环境治理、保护,拟按日产 3000 吨水泥生产线的规模,重新立项选址建设,拟规划筹建新水泥集团企业的整体,因而公司与西藏高争建材股份有限公司共同出资组建西藏高天水泥有限责任公司(暂定名),投资建设 1000t/d 级带改进型分解炉的五级预热分解窑水泥生产线项目暂停实施,待西藏自治区人民政府对拉萨地区水泥建材企业的整体规划方案出台后,再按照自治区统一规划予以实施。

由于投资环境和政策的变化,以上募集资金的投资项目经过几次反复以至于项目的暂停实施,将对公司 2002 年的生产经营以及 2002 年财务状况和经营成果产生一定影响。

(二)本公司过去在公路建设上享受国家和地方政府的优惠政策,承担的指令性施工任务较多。随着我国加入 WTO 后与国际市场接轨,公路建设市场的招投标制度的全面实施及西藏区内建筑市场的开放,公司所承担的指令性施工任务基本没有,今后施工任务将主要依靠投标取得,加之区外大型建筑企业参与西藏建筑市场的日益增强,公司须提高应变能力,加大应对措施的研究、制定和实施力度,以确保公司的市场占有率。

(三)随着"西部大开发"战略的实施和国家"十五"规划,中央加大了对西藏基础设施建设的投资力度,随着铁路、公路、电站、水利、机场等一大批基础设施建设的陆续启动,西藏基础设施建设市场前景看好,特别是"十五"期间,西藏公路基本建设计划投资将达到 120 亿。面对千载难逢的历史机遇,公司将充分发挥自身的优势,紧紧抓住机遇,积极参与市场竞争,增强实力,促进公司全面发展,进一步提高公司在西藏自治区内的公路建设市场份额,逐步向区外市场拓展。

五、新年度经营计划

(一)2002 年公司经营目标

随着西部大开发战略的实施,西藏"十五"规划中公路建设投资力度加大,公司将紧紧抓住这以千载难逢的历史机遇,进一步提高主营业务的市场占有率,公司将在力保区内 20%的公路基础建设市场份额和 50%的高等级公路建设的市场份额基础上,继续加大区内外公路工程建设的投标力度,扩大区内外公路建设的市场占有率,2002 年本公司预计实现主营业务收入 42,027.74 万元;进一步推进和完善项目施工法;加强内部管理和监控力度;进一步优化资源配置,充分降低费用成本,2002 年本公司预计主营业务成本 34,913.80 万元;进一步解放思想、深化改革,立足于体制创新、技术创新和机制创新,进一步完善法人治理结构,提高募集资金使用效率,推动企业产业升级,凭借公司长期以来良好的企业信誉,丰富的高原施工经验和通过技术改造所提高的机械化施工能力,不断提高企业的核心竞争能力,实现公司主营业务收入及利润的稳步增长。

(二)为实现上述经营目标,公司拟采取以下措施

1、进一步增强企业的经济实力和市场竞争能力,提高决策水平,制定符合公司实际的中长远发展战略规划。组建资产管理分公司,对公司资产进行统一管理。健全管理机制,实现资源的动态配置和效益的最大化。

2、继续抓好募集资金的使用和管理,积极推进与高争股份有限公司共同出资新建水泥厂项目;进一步抓紧落实工程机械设备更新工作;

3、进一步加强对招投标市场的研究,加大招投标力度,提高中标率;搞好市场信息的调研工作,建立项目储备库;努力使公司已取得的水利水电、工民建领域资质在最短的时间内转化为公司新的经济增长点;

4、继续加强成本控制和管理,狠抓工程质量,在确保区内市场份额的同时,主动出击,占领区外市场,落实公司"ISO9000"质量体系认证工作的步伐;

5、大力开发人力资源,制定职工培训计划,建立企业经营管理人才库,加强人才培养和引进工作,提高员工素质按照公开、平等、竞争、择优原则,优化人才资源配置,促进人才合理流动;

6、进一步完善和规范公司法人治理结构,发挥董事会对重大问题决策作用和监事会有效监督的作用,建立和完善独立董事制度,明确股东大会、董事会、监事会和经理层的职责,形成各负其责、协调运转、有效制衡的公司法人治理结构;

六、本次利润分配预案和资本公积金转赠股本预案

(一)利润分配预案

经四川君和会计师事务所审计,公司 2001 年度实现税后利润 23,740,493.88 元,按《公司章程》的有关规定计提 10%的法定公积金 2,374,049.39 元和 10%的公益金 2,374,049.39 元,加上 2000 年度未分配利润 4,995,363.16 元,2001 年度可供股东分配利润为 23,987,758.26 元,公司拟向全体股东每 10 股派 1.00 元现金红利(含税),剩余 13,987,758.26 元结转以后的年度分配。

(二)公司拟用资本公积金每 10 股转增 8 股。

第九节　监事会报告

一、监事会会议情况

报告期内公司监事会按照《公司法》赋予的职责和公司章程的规定,认真、规范地开展工作,对股东大会的决议情况及公司财务状况进行了监督。监事会列席董事会议,对重大经营决策提

出建议性意见。2001年度共召开三次监事会议,通过以下事项:

(一)2001年4月13日在西藏拉萨召开第一届三次监事会议,3名监事全部出席会议,会议审议通过了《2000年度监事会工作报告》;审议通过了《公司2000年度报告及年度报告摘要》;审议通过了《公司2000年度利润分配预案及2001年度利润分配政策预案》。

(二)2001年8月4日在西藏拉萨召开了第一届四次监事会议,3名监事全部到会,会议审议通过了《公司2001年中期报告及摘要》;审议通过了《公司2001年中期财务报告(未经审计)》;审议通过了《公司2001年中期利润分配预案》。

(三)2001年9月20日在西藏拉萨召开了第一届五次监事会议,3名监事全部出席会议,审议通过了《变更募集资金投向的方案》,具体内容如下:审议将公司原计划用于投资1000t/d级带改进型分解炉的五级预热分解窑水泥生产线改扩建项目的14,103.31万元,变更为:(1)、公司与西藏高争建材股份公司共同出资组建高天水泥有限责任公司(暂定名),公司出资6910.62万元,占股份49%。(2)、公司参股西藏高争建材股份有限公司,公司出资2040万元,持有1500万股,占西藏高争23.08%的股份,成为西藏高争第二大股东。(3)、公司出资1000万元与中铁二局股份有限公司共同出资组建西藏天铁路桥工程有限责任公司(暂定名,以下简称:天铁公司),天铁公司建设资质为二级,经营范围为公路、桥梁、隧道、工业与民用建筑、装饰装修、园林绿化、市政建设、水利水电工程的设计施工、钢结构制造与安装、场道工程。(4)、追加2,252.69万元用于更新公路工程机械设备。(5)、投资400万元用于改扩建汽车展场。(6)、为改扩建水泥生产线项目预留1500万元的工程预备费用。

二、监事会独立意见

本监事会认为:2001年度公司主营业务收入比去年同期大幅度增长,圆满完成股东大会提出的各项经济指标。公司坚持以提高经济效益为中心,强化企业管理,规范运作,取得了一定经验。公司在经营活动中依法经营,依法纳税,未发生任何违犯中华人民共和国法律、法规及政策规定的行为。

第十节　重要事项

一、重大诉讼、仲裁事项

本年度公司无重大诉讼、仲裁事项。

二、收购及出售资产、吸收合并事项

本年度公司无收购及出售资产、吸收合并事项。

三、重大关联交易事项

(一)购销商品、提供劳务发生的关联交易

本公司的购货、产品(商品)销售均执行市场价。

(二)1999年5月18日,本公司与母公司及发起企业签订《综合服务协议》、《土地租赁协议》、《房屋租赁协议》,公司每年向其支付243.93万元以获得日常生产经营和生活必须的服务。截止2001年12月31日,公司已支付986,285.38元。

四、重大合同

报告期内公司各项业务合同履行正常,无重大合同纠纷。

公路工程施工承包合同

1、2001年5月25日,本公司、中铁二局股份有限公司联合体(承包单位)与西藏自治区交通厅重点公路建设项目管理中心(建设单位)签署施工承包合同,由承包单位承包川藏公路南线102工程,承包总金额为人民币3,350.1335万元。

2、2001年5月28日,本公司(承包单位)与西藏自治区交通厅重点公路建设项目管理中心(建设单位)签署施工承包合同,由本公司承包省道204线日喀则至江孜公路改建工程第A合同段,承包总金额为人民币5,060.6423万元。

3、2001年10月12日,本公司(承包单位)与西藏自治区交通厅重点公路建设项目管理中心(建设单位)签署施工承包合同,由本公司承包国道317线妥坝至昌都段公路改建工程第A合同段K352+350－372+080,承包总金额为人民币11,383.3733万元。

五、公司聘任会计师事务所及支付给会计师事务所的报酬情况

报告期内公司聘任四川君和会计师事务所有限责任公司负责公司审计工作,2001年公司支付给会计师事务所的审计费350,000.00元,差旅费16,060.00元,食宿费17,279.00元,合计383,339.00元。

六、公司、公司董事会及董事在报告期内未有受中国证监会稽查、中国证监会行政处罚、通报批评、证券交易所公开谴责的情况

报告期内公司、公司董事会及董事在报告期内未有受中国证监会稽查、中国证监会行政处罚、通报批评、证券交易所公开谴责。

七、中国加入WTO对公司未来经营活动的影响

入世对我们的经营环境、经营理念的方面无可置疑的将产生巨大的影响,国内外基础设施建设企业进入西藏建筑市场,势必对西藏现有的基础设施建设企业带来一定的冲击,行业竞争将会进一步加剧。我公司目前虽然是西藏公路建设行业的龙头企业之一,但在规模、技术、管理等方面与国内国外同行业的企业相比,还有一定的差距。

再加之公司拟新建的水泥项目将与国内其他水泥厂家一样,也将面对"入世"后的考验和挑战。虽然目前"入世"的因素在短期内不会对公司造成太大的冲击,但今后市场竞争带来的风险对公司未来经营活动将产生较大的影响。

八、所得税优惠政策

根据《中华人民共和国企业所得税暂行条例》第八条的规定,以及西藏自治区人民政府藏政发(1993)121号文藏政函(1998)48号文,西藏自治区国税局藏国税函(1999)114号文,本公司从批准成立之日起,按15%税率缴纳企业所得税。2000年9月20日自治区国家税务局根据自治区人民政府(藏政发[2000]39号)《关于区内企业参照招待招商引资政策规定有关问题的通知》精神,下发了(藏国税函[2000]106号《关于统一区内企业所得税税率的通知》从2001年1月1日起区内企业统一执行15%的企业所得税政策,对公司未来业绩存在重大影响。

第十一节　财务报告

一、会计政策变更及其影响:

本公司2001年1月1日前执行《股份有限公司会计制度》及其补充规定,根据财政部财会字(2000)25号文《关于印发〈企业会计制度〉的通知》、财会字(2001)17号文《关于印发贯彻实施〈企业会计制度〉有关政策衔接问题的规定的通知》等文件的规定,从2001年1月1日起执行《企业会计制度》及补充规定,改变以下会计政策:

(一)开办费原按五年期限摊销,现改为于开始生产经营当月一次性转入当期损益。

(二)固定资产原不计提减值准备,现改为本公司在会计期末,对固定资产逐项进行检查,如果由于市价持续下跌,或技术陈旧、损坏、长期闲置等原因导致其可收回金额低于帐面价值的,将可收回金额低于其帐面价值的差额作为固定资产减值准备;如果固定资产实质上已经发生了减值,本公司亦计提减值准备。本公司固定资产减值准备按单项资产计提。

(三)在建工程原不计提减值准备,现改为本公司在会计期末,对在建工程进行全面检查,如果有证据表明在建工程已经发生了减值,对可收回金额低于帐面价值的差额,计提在建工程减值准备。

(四)无形资产原不计提减值准备,现改为本公司在会计期末,检查各项无形资产预计给公司带来未来经济利益的能力,对预计可收回金额低于其帐面价值的差额,计提无形资产减值准备。

上述会计政策变更已采用追溯调整法,2001年度比较会计报表相关项目的年初数或上年数已按调整后的数字填列。上述会计政策变更的累积影响数为－5,299,545.60元,其中:因开办费处理方法改变的累积影响数为－797,916.42元,因固定资产处理方法改变的累积影响数为－4,501,629.18元。由于会计政策变更,调减2001年年初留存收益794,931.84元,其中盈余公积调减了794,931.84元;调减2001年年初应付股利4,504,613.76元。

由于本公司2000年度以前实现的净利润已全额分配给五家发起人股东,故上述会计政策变更追溯调整涉及未分配利润－4,504,613.76元,经五家发起股东同意,已同时调整应付五家发起人股东的应付股利项目,由原发起股东承担。

二、重大会计差错更正及其说明:

(一)根据2001年4月13日第一届董事会第三次会议决议2000年度分配预案、2000年度股东年会决议分配方案:按公司股票发行后总股本10,000万股为基数,每10股派0.5元(含税),共计派发现金5,000,000.00元。该事项本应作2000年资产负债表日后调整事项,调整2000年度会计报表,但由于本公司工作失误而未作调整。

(二)2001年6月,西藏自治区国家税务局直属征收分局对本公司2000年度的企业所得税进行了清算,6月18日下达[2001]藏国税直征一科字第18号《税务处理决定书》对所得税清算结果的通知。2000年度少计所得税2,514,642.36元,流转税费417,177.64元。本公司已按税务局的处理决定书补缴了少交的所得税和流转税费1,566,198.95元。

(三)2000年收到青藏公路机械购置费1,527,183.80元,因当时机械购置事宜与西藏交通厅未协商好,当年未确认收入。2001年协商后由本公司购置施工机械,因此应将此机械购置费计入2000年度的收入。

(四)2000年12月在羊八井到拉萨段公路工程施工中,爆破时不慎炸破输油管道,公司预计赔偿损失400万元,已列入2000年度"营业外支出"。2001年9月与受损方就赔偿问题达成赔偿协议,赔偿金额1,216,056.51元,剩余2,783,943.49元,应调整2000年度会计报表。

本公司对上述会计差错进行了更正,2001年度比较会计报表相关项目的年初数或上年数已按更正后的数字填列。上述会计差错更正增加2000年度利润4,311,127.29元,减少2000年度利润3,160,897.57元,增减相抵后使2000年度净利润增加1,150,229.72元。相应调增2001年年初留存收益1,150,229.72元,其中未分配利润调增了977,695.26元,盈余公积调增了172,534.46元。

三、合并会计报表编制方法:

(一)合并会计报表的编制执行财政部颁布的《合并会计报表暂行规定》及其补充规定。以本公司和纳入合并范围的子公司的会计报表以及其他有关资料为依据,合并各项目数据编制而成,母公司与子公司之间的重大内部交易和内部往来予以抵销。

(二)纳入合并范围的子公司情况如下:(金额单位:人民币元)

子公司名称	性质	注册资本	实际投资额	本公司所持股权比例	主营业务
西藏日喀则地区宗山水泥有限责任公司	有限责任	5,030,000	2,565,300	51%	水泥生产销售

注:该公司今年已停产,在编制2001年度会计报表时未纳入合并,编制比较会计报表时年初数不包含该公司数。由于本公司应合并报表的子公司只有一家,故2001年度不需要编制合并会计报表。

四、控股子公司及合营企业

子公司名称	性质	注册资本	实际投资额	本公司所持股权比例	主营业务
西藏日喀则地区宗山水泥有限责任公司	有限责任	5,030,000	2,565,300	51%	水泥生产销售
西藏山南地区水泥厂	有限责任	5,500,000	1,720,000.00	49%	水泥生产销售

1、本公司对西藏山南地区水泥厂按权益法进行核算。

2、西藏日喀则地区宗山水泥有限责任公司本年度未纳入合并报表,主要是由于该公司本年已停产。

本年度合并报表范围发生变更的内容、原因:本年西藏日喀则地区宗山水泥有限责任公司未纳入合并,主要是该公司已停产。公司已将此项投资成本超过本公司帐面价值的差额计入投资损失,将此项长期投资减记为零。

第十二节　备查文件目录

一、载有法定代表人、主管会计工作负责人(如设置总会计师,须为总会计师)、会计机构负责人(会计主管人员)签名并盖章的会计报表。

二、载有会计师事务所盖章、注册会计师签名并盖章的审计报告原件。

三、报告期内在中国证监会指定报纸上公开披露过的所有公司文件的正本及公告的原稿。

文件存放地:公司董事会办公室

西藏天路交通股份有限公司董事会

2002年2月5日

利润表及利润分配表

编制单位:西藏天路交通股份有限公司　2001年度　单位:人民币元

项　　目	附注	本年实际数	上年实际数
一、主营业务收入	6.26	342,566,125.77	251,914,918.93
减:主营业务成本	6.26	272,825,024.73	206,212,457.16
主营业务税金及附加	6.27	8,083,058.67	5,983,341.42
二、主营业务利润(亏损以"－"号填列		61,658,042.37	39,719,120.35
加:其他业务利润(亏损以"－"号填列)		－143,644.41	68,387.92
减:营业费用		3,243,139.36	3,115,306.69
管理费用	6.28	27,320,147.24	19,207,394.18
财务费用	6.29	－4,373,659.79	－468,442.63
三、营业利润(亏损以"－"号填列)		35,324,771.15	17,933,250.03
加:投资收益(亏损以"－"号填列)	6.3	－1,877,813.42	309,061.25
补贴收入			
营业外收入	6.31	853,777.04	207,728.70
减:营业外支出	6.31	7,261,745.58	2,074,889.10
四、利润总额(亏损以"－"号填列)		27,038,989.19	16,375,150.88
减:所得税	6.32	3,298,495.31	4,615,900.11
五、净利润(净亏损以"－"号填列)		23,740,493.88	11,759,250.77
加:年初未分配利润		4,995,363.16	
其他转入			
六、可供分配的利润		28,735,857.04	11,759,250.77
减:提取法定盈余公积	6.24	2,374,049.39	1,175,925.08
提取法定公益金	6.24	2,374,049.39	587,962.53
提取职工奖励及福利基金			
提取储备基金			
提取企业发展基金			
利润归还投资			
七、可供投资者分配的利润		23,987,758.26	9,995,363.16
减:应付优先股股利			
提取任意盈余公积			
应付普通股股利	6.25	10,000,000.00	5,000,000.00
转作股本的普通股股利			
八、未分配利润		13,987,758.26	4,995,363.16

资产负债表

编制单位:西藏天路交通股份有限公司　2001年12月31日　单位:人民币元

资产	附注	年末数	年初数
流动资产:			
货币资金	6.1	362,123,255.53	66,259,805.40
短期投资	6.2	2,575,648.99	2,048,217.12
应收票据			
应收股利			
应收利息			
应收账款	6.3	31,701,476.97	21,903,781.64
其他应收款	6.4	29,683,419.84	19,671,861.88
预付账款	6.5	12,656,223.37	10,435,951.07
应收补贴款			
存货	6.6	29,007,185.65	49,560,435.58
待摊费用	6.7	270,526.00	209,983.18
一年内到期的长期债权投资			
其他流动资产			
流动资产合计		468,017,736.35	170,090,035.87
长期投资:			
长期股权投资	6.8	774,151.31	1,709,493.46
长期债权投资			
长期投资合计		774,151.31	1,709,493.46
固定资产:			
固定资产原价	6.9	201,291,459.55	178,099,979.20
减:累计折旧		104,918,616.49	104,365,453.27
固定资产净值		96,372,843.06	73,734,525.93
减:固定资产减值准备		12,904,516.51	6,118,685.35
固定资产净额		83,468,326.55	67,615,840.58
工程物资			
在建工程	6.1	11,424,759.48	12,402,898.14
固定资产清理			
固定资产合计		94,893,086.03	80,018,738.72
无形资产及其他资产:			
无形资产			
长期待摊费用	6.11	614,435.88	
其他长期资产			
无形及其他资产合计		614,435.88	
递延税项:			
递延税款借项			
资产总计		564,299,409.57	251,818,268.05
负债和股东权益	附注	年末数	年初数
流动负债:			
短期借款	6.12	913,147.05	913,147.05
应付票据			
应付账款	6.13	68,481,515.16	66,900,450.29
预收帐款	6.14	39,587,194.51	40,526,533.28
应付工资	6.15	2,770,004.08	
应付福利费		1,119,252.29	466,131.15
应付股利	6.16	8,087,318.83	4,271,788.75
应交税金	6.17	3,020,465.52	2,280,877.24
其他应交款	6.18	-34,611.93	-6,344.02
其他应付款	6.19	7,461,879.85	16,142,343.63
预提费用	6.20	405,265.65	318,885.38
预计负债			
一年内到期的长期借款			
其他流动负债			
流动负债合计		131,811,431.01	131,813,812.75
长期负债:			
长期借款	6.21	58,000,000.00	28,000,000.00
应付债券			
长期应付款			
专项应付款			
其他长期负债			
长期负债合计		58,000,000.00	28,000,000.00
递延税项:			
递延税款贷项			
负债合计		189,811,431.01	159,813,812.75
股东权益:			
股本	6.22	100,000,000.00	60,000,000.00
减:已归还投资			
股本净额		100,000,000.00	60,000,000.00
资本公积	6.23	252,393,627.85	23,650,598.47
盈余公积	6.24	8,106,592.45	3,358,493.67
其中:公益金		3,493,547.27	1,119,497.88
未分配利润	6.25	13,987,758.26	4,995,363.16
股东权益合计		374,487,978.56	92,004,455.30
负债及股东权益合计		564,299,409.57	251,818,268.05

利润表附表

编制单位:西藏天路交通股份有限公司　2001年度　单位:人民币元

报告期利润	净资产收益率		每股收益	
	全面摊薄净资产收益率%	加权平均净资产收益率%	全面摊薄每股收益(元/股)	加权平均每股收益(元/股)
主营业务利润	16.46	17.72	0.6166	0.6378
营业利润	9.43	10.15	0.3532	0.3654
净利润	6.34	6.82	0.2374	0.2456
扣除非经常性损益后的净利润	8.38	9.01	0.3137	0.3245

现金流量表

编制单位:西藏天路交通股份有限公司　2001年度　单位:人民币元

项目	行次	金额
一、经营活动产生的现金流量:	1	
销售商品、提供劳务收到的现金	2	331,849,703.95
收到的税费返还	3	2,711,000.00
收到的其他与经营活动有关的现金	4	1,235,096.73
现金流入小计	5	335,795,800.68
购买商品、接收劳务所支付的现金	6	245,463,111.77
支付给职工以及为职工支付的现金	7	28,303,653.98
支付的各项税费	8	8,462,227.31
支付的其他与经营活动有关的现金	9	15,395,543.53
现金流出小计	10	297,624,536.59
经营活动产生的现金流量净额	11	38,171,264.09
二、投资活动产生的现金流量:	12	
收回投资所收到的现金	13	
取得投资收益所收到的现金	14	612,524.72
处置固定资产、无形资产和其他长期资产而收回的现金净额	15	1,478,700.00
收到的其他与投资活动有关的现金	16	
现金流入小计	17	2,091,224.72
购建固定资产、无形资产和其他长期资产所支付的现金	18	30,196,428.53
投资所支付的现金	19	2,064,535.64
支付的其他与投资活动有关的现金	20	12,651.60
现金流出小计	21	32,273,615.77
投资活动产生的现金流量净额	22	-30,182,391.05
三、筹资活动产生的现金流量:	23	
吸收投资所收到的现金	24	265,680,800.00
借款所收到的现金	25	30,000,000.00
收到的其他与筹资活动有关的现金	26	4,693,282.33
现金流入小计	27	300,374,082.33
偿还债务所支付的现金	28	4,500,000.00
分配股利、利润或偿还利息所支付的现金	29	6,929,505.24
支付的其他与筹资活动有关的现金	30	1,070,000.00
现金流出小计	31	12,499,505.24
筹资活动产生的现金流量净额	32	287,874,577.09
四、汇率变动对现金流量的影响	33	
五、现金及现金等价物净增加额	34	295,863,450.13
1、将净利润调节为经营活动的现金流量:	35	
净利润	36	23,740,493.88
加:计提的资产减值准备	37	8,472,051.68
固定资产折旧	38	11,189,197.40
长期待摊费用摊销	39	
待摊费用减少(减:增加)	40	225,247.18
预提费用增加(减:减少)	41	86,380.27
处置固定资产、无形资产和其他长期资产的损失(减收益)	42	-559,897.17
固定资产报废损失	43	336,099.31
财务费用	44	-4,373,659.79
投资损失(减:收益)	45	-594,632.50
递延税款贷项(减:借项)	46	
存货的减少(减:增加)	47	20,553,249.93
经营性应收项目的减少(减增加)	48	-22,345,947.82
经营性应付项目的增加(减减少)	49	1,442,681.72
其他	50	
经营活动产生的现金流量净额	51	38,171,264.09
2、不涉及现金收支的投资和筹资活动:	52	
债务转为资本	53	
一年内到期的可转换公司债券	54	
融资租入固定资产	55	
3、现金及现金等价物净增加情况:	56	
现金的期末余额	57	362,123,255.53
减:现金的期初余额	58	66,259,805.40
加:现金等价物的期末余额	59	
减:现金等价物的期初余额	60	
现金及现金等价物净增加额	61	295,863,450.13

600329 天津中新药业集团股份有限公司

2001年年度报告摘选

第一章　公司基本情况简介

(一)公司法定中文名称:天津中新药业集团股份有限公司
中文名称缩写:中新药业
公司法定英文名称:
TIANJIN ZHONGXIN PHARMACEUTICAL GROUP CORPORATION LIMITED
英文名称缩写:TZXP
(二)公司法定代表人:詹原竞
(三)公司董事会秘书:莫浩
联系电话:022-27020926
传　　真:022-27020926
电子信箱:tzxp@public1.tpt.tj.cn
联系地址:天津市南开区白堤路17号中新大厦
"A"股证券事务代表:封浩
"S"股证券事务代表:侯薇
联系电话:022-27020892
传真:022-23050559
电子信箱:tzxp@public1.tpt.tj.cn
(四)公司注册地址:天津市南开区白堤路119号
公司办公地址:天津市南开区白堤路17号中新大厦
邮政编码:300193
公司网址:HTTP://WWW.PHARMTZXP.COM
电子信箱:tzxp@public1.tpt.tj.cn
(五)信息披露媒体:网站:HTTP://WWW.SSE.COM.CN
HTTP://WWW.SES.COM.SG
定期报告刊登报刊:《中国证券报》《上海证券报》
公司年报备置地点:中国天津市南开区白堤路17号中新大厦七楼
天津中新药业集团股份有限公司办公地
(六)公司股票上市地:新加坡股票交易所(Securities Exchange of Singapore)
上海证券交易所
A股简称:中新药业
A股代码:600329

第二章　主要财务数据和指标

(一)本年度主要合并会计指标　　单位:人民币元

项目	金额
1.利润总额	85,568,000
2.净利润	64,441,000
3.扣除非经常性损益后的净利润	64,441,000
4.主营业务利润	570,085,000
5.其他业务利润	7,616,000
6.营业利润	55,057,000
7.长资收益	26,453,000
8.补贴收入	233,000
9.营业外收支净额	3,825,000
10.经营活动产生的现金流量净额	157,726,000
11.现金及现金等价物净增减额	144,711,000

(二)公司近三年的主要会计数据和指标

项目	单位	2001年	2000年	1999年
主营业务收入	元	1,521,939,000	822,646,000	412,366,000
净利润	元	64,441,000	86,474,000	114,480,000
总资产	元	2,719,735,000	2,512,656,000	1,449,572,000
股东权益(不含少数股东权益)	元	1,449,568,000	1,052,352,000	1,059,705,000
每段收益(摊薄)	元/股	0.17	0.26	0.35
每段收益(加权)	元/股	0.18	0.26	0.35
扣除非经营性损益的每股收益(摊薄)	元/股	0.17	0.26	0.35
每股净资产	元/股	4.09	3.19	3.21
调整后每股净资产	元/股	4.02	3.12	3.19
净资产收益率(摊薄)	%	4.26	7.54	10.11
每股经营活动产生的现金流量净额	元/股	0.43	-0.043	0.21

第三章　股本变动及主要股东持股情况

(一)股本变动情况:
1、公司股份变动情况表

单位:股

	本次变动前	配股	送股	公积金转股	增发	(其他)发行A股	小计	本次变动后
一、未上市流通股份								
1.发起人股份								
其中:	194,654,360							194,654,360
国家持有股份	194,654,360							194,654,360
境内法人持有股份								
境外法人持有股份								
其他								
2.募集法人股份	12,050,000							12,050,000
3.内部职工股	22,950,000							22,950,000
4.优先股或其他								
未上市流通股合计	229,654,360							229,654,360
二、已上市流通股份								
1.人民币普通股						40,000,000	40,000,000	40,000,000
2.境内上市外资股								
3.境外上市外资股	100,000,000							100,000,000
4.其他								
已上市流通股份合计	100,000,000					40,000,000		140,000,000
三、股份总数	329,654,360					40,000,000		369,654,360

600330 浙江天通电子股份有限公司

2001年年度报告摘选

一、公司基本情况简介

1、公司法定中文名称:浙江天通电子股份有限公司
A股简称:天通股份
A股代码:600330
公司法定英文名称:ZheJiang Tiantong Electronics Co.,LTD
英文名称缩写:TDG
2、公司法定代表人:潘广通
3、公司董事会秘书:许丽秀
联系地址:浙江省海宁市龙祥写字楼十八层
联系电话:0573-7230878
传真:0573-7230228
电子信箱:tdga@mail.jxptt.zj.cn
4、公司注册地址:浙江省海宁市郭店镇建设路11号
公司办公地址:浙江省海宁市龙祥写字楼十八层
邮政编码:314400
公司国际互联网网址:http://www.tdgcore.com
电子信箱:tdgs@mail.jxptt.zj.cn
5、公司选定的信息披露报纸:《中国证券报》、《证券时报》、《上海证券报》
登载公司年报的中国证监会指定网站的网址:http://www.sse.com.cn
6、公司年报备置地点:浙江省海宁市龙祥写字楼十八层本公司董事会秘书处
7、公司股票上市交易所:上海证券交易所

二、会计数据和业务数据摘要

(一)本年度主要会计数据情况:

项目	2001年
利润总额	73,702,218.22
净利润	69,220,669.17
扣除非经常性损益后的净利润	63,296,265.00
主营业务利润	108,460,012.56
其他业务利润	120,059.46
营业利润	62,078,833.33
投资收益	7,425,541.50
补贴收入	6,056,554.00
营业外收支净额	-1,858,710.61
经营活动产生的现金流量净额	91,431,676.16
现金及现金等价物净增减额	91,366,384.73

注:扣除的非经常性损益项目和金额

项目	金额
1.投资收益	7,023,021.50
2.技术改造及出口质押贴息	2,334,560.00
3.营业收支净额	-1,858,710.61
4.存货减值准备	-694,780.21
5.存货盘点盈亏	165,796.58
6.所得税影响额	-1,045,483.09

(二)截止报告期末公司近三年的主要会计数据和财务指标情况:

财务指标	2001年	2000年(已调整)	1999年(已调整)
主营业务收入(元)	269,043,679.61	251,844,919.60	157,279,073.25
净利润(元)	69,220,669.17	48,004,337.55	28,005,023.23
每股收益(摊薄,元/股)	0.302	0.425	0.248
(加权,元/股)	0.306	0.425	0.248
扣除非经常性损益的每股收益(摊薄,元/股)	0.276	0.447	0.273
每股经营活动产生的现金流量净额(元/股)	0.398	0.814	0.345
净资产收益率(摊薄,%)	12.56	31.88	23.99
(加权,%)	13.58	33.99	22.15
指标	**2001年12月31日**	**2000年12月31日**	**1999年12月31日**
总资产(元)	705,634,714.85	381,718,005.21	279,632,470.25
资产负债率(%)	21.93	60.55	58.25
股东权益(不含少数股东权益,元)	550,917,061.44	150,578,504.34	116,758,974.88
每股净资产(元/股)	2.401	1.333	1.033
调整后的每股净资产(元/股)	2.398	1.318	1.024

三、股本变动及股东情况

(一)股份变动情况

公司股份变动情况表　　单位:股

	本次变动前	配股	送股	公积金转增	增发	其他	本次变动后
一、未上市流通股							
1.发起人股份							
其中:							
国家持有股份							
境内法人持有股份	44900768			22450384			67351152
境外法人持有股份							
其他	68079232			34039616			102118848
2.募集法人股							
3.内部职工股							
4.优先股或其他							
未上市流通股份合计	112980000			56490000			169470000
二、已上市流通股份							
1.人民币普通股	0			20000000		40000000	60000000
2.境内上市的外资股							
3.境外上市的外资股							
4.其他							
已上市流通股份合计	0			20000000		40000000	60000000
三、股份总数	112980000			76490000		40000000	229470000

600331 四川宏达化工股份有限公司

2001年年度报告摘要

一、公司基本情况简介

一、公司法定中文名称:四川宏达化工股份有限公司
公司法定英文名称:Sichuan Hongda Chemical Industry Co.,Ltd.
二、公司法定代表人:刘沧龙
三、公司董事会秘书:王延俊
证券事务代表:王礼春
联系地址:四川省成都市锦里东路2号
电话:028—6141081
传真:028—6140372
电子信箱:hongdazqb@163.net
四、公司注册地址:四川省什邡市民主镇
邮政编码:618418
公司办公地址:四川省成都市锦里东路2号宏达大厦
邮政编码:610041
电子信箱:hongdazqb@163.net
五、公司信息披露报纸名称:上海证券报
登载公司年报的中国证监会指定网站网址:http://www.sse.com.cn
公司年度报告备置地点:公司董事会秘书处
六、公司股票上市交易所:上海证券交易所
股票简称:宏达股份
股票代码:600331

二、会计数据和业务数据摘要

(一)本年度主要会计数据情况 (单位:人民币元)

项目	金额
利润总额	32,912,983.99
净利润	22,238,564.54
扣除非经常性损益后的净利润	21,148,694.90
主营业务利润	82,774,009.84
其他业务利润	276,942.85
营业利润	32,046,312.89
投资收益	—
补贴收入	22,239.94
营业外收支净额	844,431.16
经营活动产生的现金流量净额	52,348,567.61
现金及现金等价物净增减额	477,291,536.75
注:扣除的非经常性损益项目和金额	
1、技术改造贴息	760,000.00
2、营业外收支净额	844,431.16
3、补贴收入	22,239.94
4、所得税影响额	536,801.46

(二)截止报告期末公司近三年的主要会计数据和财务指标情况:

财务指标	2001年	2000年	1999年
主营业务收入(元)	372,461,360.30	347,328,400.42	282,504,512.41
净利润(元)	22,238,564.54	36,571,048.71	43,126,622.10
总资产(元)	1,145,447,720.32	521,446,977.92	445,115,638.17
股东权益(不含少数股东权益)	661,571,413.85	217,121,054.33	180,550,005.62
每股收益(摊薄,元/股)	0.1711	0.4571	0.5391
(加权,元/股)	0.2687	0.4571	0.5391
扣除非经营性损益的每股收益(摊薄,元/股)	0.1627	0.4700	0.4206
每股净资产(元/股)	5.09	2.71	2.26
调整后每股净资产(元/股)	5.06	2.67	2.21
每股经营活动产生的现金流量净额(元/股)	0.402	-0.528	0.715
净资产收益率(摊薄,%)	3.36	16.84	23.89
(加权,%)	8.90	17.68	23.69

(三)利润表附表

单位:人民币元

报告期利润	净资产收益率(%)		每股收益(元/股)	
	全面摊薄	加权平均	全面摊薄	加权平均
主营业务利润	12.51	33.11	0.6367	1.0000
营业利润	4.84	12.82	0.2465	0.3871
净利润	3.36	8.90	0.1711	0.2687
扣除非经常性损益后的净利润	3.20	8.46	0.1627	0.2555

三、股本变动及股东情况

一、股本变动情况:
(一)股本变动情况:
1、股份变动情况表:

项目	2001.1.1	本年增(减)变动 送股	公积金转股	其他	小计	2001.12.31
一、尚未流通的股份						
1.发起人股份	78,000,000.00					78,000,000.00
其中:境内法人拥有股份	78,000,000.00					78,000,000.00
2.内部职工股份	2,000,000.00					2,000,000.00
尚未流通股份合计	80,000,000.00					80,000,000.00
二、已流通股份						
境内上市的人民币普通股*				50,000,000.00	50,000,000.00	50,000,000.00
三、股本总额	80,000,000.00			50,000,000.00	50,000,000.00	130,000,000.00

报告期内公司无送股、转增股本或内部职工股上市的情形。

*2001年11月7日经中国证券监督管理委员会以证监发行字[2001]95号文批复同意本公司首次向社会公众公开发行人民币普通股股票5,000万股。该股票于2001年12月6日在上海证券交易所通过网上累计投标询价的方式发行,并于2001年12月20日在上海证券交易所挂牌上市。本公司于2001年12月29日办理了工商变更登记手续。

二、股东情况

1、报告期末股东总数为30714户。

2、公司前十名股东持股情况(截止2001年12月31日)

序号	持有股数(股)	股东名称	期初数(股)	本期增加	本期减少	期末数(股)	变动原因
1	27872000	什邡宏达发展有限公司	27872000			27872000	
2	20912000	广汉市平原实业发展有限公司	20912000			20912000	
3	14800000	绵阳市益多园房地产开发有限责任公司	14800000			14800000	
4	12208000	成都宏昌化工建材商贸公司	12208000			12208000	
5	1920000	川化集团有限责任公司	1920000			1920000	
6	785200	泰和基金	0	785200		785200	购买流通股
7	510946	张伦贤	0	510946		510946	购买流通股
8	306000	邱朗葆	0	306000		306000	购买流通股
9	288000	什邡市电力公司	288000			288000	
10	283000	中信证券	0	283000		283000	购买流通股

本公司上述股东中什邡宏达发展有限公司与广汉市平原实业发展有限公司属人员关联企业,即什邡宏达的控股股东刘沧龙与广汉市平原实业发展有限公司的董事长刘汉是堂兄弟关系。除此以外,其他股东之间无关联关系。

3、公司控股股东情况介绍
控股股东名称:什邡宏达发展有限公司
法定代表人:赵道全先生
成立时间:1999年5月13日
注册资本:3,000万元(人民币)
股权结构:本公司董事长刘沧龙持有其96.6%的股份,刘海龙持有其3%的股份,赵道全持有其0.4%的股份
结营范围:主营业务为化工产品、有色金属的生产销售
4、公司控股股东的控股股东情况介绍
本公司控股股东什邡宏达发展有限公司,其实际控制人为刘沧龙先生。
本公司控股股东的控股股东情况如下:

刘沧龙先生 男 46岁,大专文化,高级经济师。从事经营管理工作22年,四川省宏达联合化工总厂创办人,四川省政协委员,德阳市人大代表,曾荣获"全国优秀企业厂长(经理、董事长)"、"四川省优秀企业经营者"等称号,现成都理工大学客座教授、四川宏达(集团)有限责任公司董事长、本公司董事长、核心技术人员。1992年组织硫酸废水综合利用新科研项目,获四川省乡镇企业科技进步三等奖;1995年组织研制硫精矿改为锌精矿生产焙砂、尾气制酸新工艺,获四川省乡镇企业局科技进步二等奖,德阳市政府科技进步三等奖,德阳市乡镇企业局新工艺一等奖,什邡县政府科技进步一等奖;

四、董事、监事、高级管理人员和员工情况

(一)董事、监事、高级管理人员基本情况

持股数(万股)

姓名	性别	职务	年龄	任期起止日期	期初数	期末数
刘沧龙	男	董事长	46	2002.2—2005.2	4.24	4.24
刘汉	男	副董事长	36	2002.2—2005.2	5.6	5.6
刘海龙	男	董事、总经理	52	2002.2—2005.2	0.16	0.16
孙晓东	男	董事	32	2002.2—2005.2		
高潮	男	董事	46	2002.2—2005.2	0.48	0.48
周佑禄	男	董事	48	2002.2—2005.2	0.32	0.32
周子江	男	董事	50	2002.2—2005.2		
孙传敏	男	独立董事	48	2002.2—2005.2		
邓长根	男	独立董事	53	2002.2—2005.2		
王保林	男	监事会召集人	52	2002.2—2005.2	2.56	2.56
王怀俊	男	监事	36	2002.2—2005.2	0.16	0.16
胡世清	女	监事	31	2002.2—2005.2		
张照海	男	副总经理	46	2002.2—2005.2	3.36	3.36
包维春	男	总会计师	36	2002.2—2005.2		
葛益馨	男	总工程师	57	2002.2—2005.2	0.64	0.64
王延俊	男	董事会秘书	28	2002.2—2005.2		

注:1、发行前三年上述人员持股数量及持股比例没有发生变化,2002年2月董事、监事、高级管理人员进行换届选举,换届后董事、监事、高级管理人员任职未发生变化。

本公司所有董事、监事、高级管理人员和核心技术人员持有本公司股份数额为175,200股,占本公司本次发行前总股本的0.212%;所持股份没有质押或冻结的情况。

2、报告期内董事、监事、高级管理人员在股东单位任职情况
(1)副董事长刘汉先生在本公司控股股东广汉市平原实业发展有限公司任董事长。
(2)董事孙晓东先生在本公司控股股东绵阳市益多园房地产开发有限责任公司任董事长。
(3)董事高潮先生在本公司控股股东成都宏昌化工建材商贸公司任法定代表、总经理。
本公司董事、监事、高级管理人员和核心技术人员享有的福利、劳动保险、劳动保险、养老退

休金和医疗保险等待遇均按国家和四川省有关法律、法规执行。

现任董事、监事、高级管理人员在公司领取的年度报酬总额为79.56万元。金额最高的前三名高级管理人员在公司领取报酬,总额为42.48万元。在公司领取薪资金额最高的前三名董事(只有二名董事),总额为32.4万元。

公司现任董事、监事、高级管理人员共16人,在公司领取报酬的9人,其中年度报酬数额在5万元以下的1人,年度报酬数额在5—10万元之间的有4人,年度报酬数额在10—18万元之间的4人。

未在公司领取报酬、津贴的董事、监事情况如下:

姓 名	性别	职务	报酬、津贴领取单位
刘 汉	男	副董事长	在股东单位领取报酬
孙烧东	男	董事	在股东单位领取报酬
周子江	男	董事	在股东单位领取报酬
周佑禄	男	董事	在股东单位领取报酬
高 潮	男	董事	在股东单位领取报酬

公司于2001年4月2日聘任了2位独立董事,根据公司2001年第一次临时股东大会决议,独立董事津贴每年12000元,2001年度津贴在报告期内未支付,已于2002年2月支付。独立董事出席公司董事会和股东大会的差旅费及按《公司章程》行使权利所需的合理费用据实报销。

(三)报告期内董事、监事、高级管理人员离任情况及原因

报告期内没有董事、监事、高级管理人员离任及解聘公司总经理、董事会秘书的情况。

五、公司治理结构

(一)公司治理情况

公司严格按照《公司法》《证券法》《公司章程》和其它有关法律、法规的要求,按照中国证监会和国家经贸委与2002年1月7日发布的《上市公司治理准则》的规范性文件的要求,进一步完善了公司法人治理结构,主要内容如下:

1、关于股东与股东大会:为确保所有股东,特别是中小股东享有平等地位,公司制订了《股东大会议事规则》,确保所有股东能够充分行使自己的权利;公司严格按照股东大会规范意见的要求召集、召开股东大会,行使股东的表决权;

2、关于第一大股东与上市公司的关系:第一大股东行为规范,没有直接或间接干预公司决策和经营活动的行为;公司与第一大股东再人员、资产、财务、机构和业务方面做到了五分开,公司董事会、监事会和内部机构能够独立运作,控股股东与公司独立核算、独立承担责任和风险。

3、关于董事和董事会:公司严格按照《公司章程》规定的董事选举程序选举董事;公司董事会的人数和人员构成符合法律、法规的要求;公司董事会订立了《董事会议事规则》公司董事能够以认真负责的态度出席董事会和股东大会,并能忠实、诚信、勤勉地履行职责;积极地学习有关法律法规,了解作为董事的权利、义务和责任;

4、监事和监事会:公司监事会的人数和人员构成符合法律、法规的规定;公司监事会订立了《监事会议事规则》;公司监事能够认真履行自己的职责,能够本着对股东负责的精神,对公司财务、经营及董事、经理和其他高级管理人员履行职责的合法合规性进行监督。

5、关于绩效与激励机制约束机制:公司正积极着手建立公正、透明的董事和经理人员的绩效评价标准和激励约束机制;经理人员的聘任公开、透明,符合法律法规的规定。

6、关于利益相关者:公司能够充分尊重和维护银行及其它债权人、公司员工及公司客户等其他利益相关者地合法权利,并与其积极合作,共同推动公司持续、健康地发展。同时,公司特别关注环境保护和其他公益事业的发展。

7、关于信息披露工作与透明度:公司指定董事会秘书负责信息披露工作、接待股东咨询;公司能够严格按照法律法规和公司章程的规定,真实、准确、完整、及时地披露有关信息,并保证所有股东享有平等的机会获取信息。

(二)独立董事履行职责情况

公司董事会根据中国证监会发布的《关于在上市公司独立董事制度的指导意见》的规定要求,于2001年4月增设了两名独立董事,在一系列的重大决议中发表了独立意见,公司董事会还将再聘任一名会计专业人士作为公司独立董事,并于2002年6月30日以前完善独立董事制度。

六、股东大会情况简介

2001年公司共召开二次股东大会,即2001年第一次临时股东大会和年度股东大会。

(一)公司于2001年3月1日将公司2001年第一次临时股东大会会议通知(包括召开时间、地点)、审议事项及其他事项等相关议案送达公司各股东。

(二)公司2001年第一次临时股东大会于2001年4月2日在四川宏达化工股份有限公司会议室召开。大会由刘沧龙董事长主持,参加大会股东及股东代表11人,代表股份78110400股,占公司总股份的97.638%,符合《公司法》和《公司章程》的规定。大会由董事长刘沧龙先生主持。

会议审议通过了以下决议:

1、会议审议通过了聘请孙传敏先生和邓长根先生为公司独立董事的议案;

2、会议审议通过了公司《章程》修改的议案;

3、会议审议通过了支付独立董事报酬的议案。

(三)公司于2001年5月14日将公司2000年度股东大会的股东大会会议通知(包括召开时间、地点)、审议事项及其他事项等相关议案送达公司各股东。

(四)公司2000年度股东大会于2001年6月15日在四川宏达化工股份有限公司二楼会议室召开。大会由董事长刘沧龙先生主持,参加大会股东及股东代表10人,代表股份78032000股,占公司总股份的97.54%,符合《公司法》和《公司章程》的规定。大会由董事长刘沧龙先生主持。

会议审议通过了以下决议:

1、会议审议通过了2000年度董事会工作报告;

2、会议审议通过了2000年度监事会工作报告;

3、会议审议通过了2000年度财务报告;

4、会议审议通过了2000年度利润分配预案;

5、会议审议通过了公司发行前的滚存利润由发行后的新老股东共享议案;

6、会议审议通过了续聘财务审计机构的议案;

7、会议审议通过了公司于2001年1月1日起执行《企业会计制度》的议案。

七、董事会报告

(一)公司经营情况

1.主营业务范围及经营情况

2001年,公司以提高经济效益为中心,不断增强综合竞争力,锌锭产品受国际价格波动较大的情况下,公司通过扩大生产规模,注重技术进步,强化各项管理,深挖内部潜力,降低成本费用,调整营销策略,取得了较好的经营成果。

公司目前主要产品所处行业分别为冶金业和化工业,情况如下:

(1)主营业务收入

项目	2001年	2000年
化工业	186,712,555.20	187,254,059.75
冶金业	185,748,805.10	160,074,340.67
合计	372,461,360.30	347,328,400.42

(2)按销售地区列示

项目	2001年	2000年
东北地区	17,169,711.78	11,629,415.04
华北地区	9,112,116.96	1,794,550.61
华中地区	5,479,448.73	7,641,001.65
华东地区	180,629,312.69	92,701,873.86
华南地区	4,845,659.09	5,896,527.68
西北地区	533,721.49	1,291,351.18
西南地区	144,584,693.82	224,647,058.75
国外	10,106,695.74	1,726,621.65
合计	372,461,360.30	347,328,400.42

(3)主营业务利润

项目	2001年	2000年
化工业	45,419,421.89	42,372,661.76
冶金业	37,354,587.95	48,025,985.44
合计	82,774,009.84	90,398,647.20

(4)产品销售毛利率

项目	2001年	2000年
化工业	24.33%	22.63%
冶金业	20.11%	30.00%

2、公司主要控股公司及参股公司的经营情况及业绩

控股子公司的经营情况:

四川安县宏达化工有限公司,主营业务为工业硫酸、普通过磷酸钙、复混肥、萘乙酮的生产和销售,主要产品为普通过磷酸钙、工业硫酸和复混肥。公司持有四川安县宏达化工有限公司98%的股份。本报告期内,该公司全年实现主营业务收入1,055.05万元,净利润-6.38万元。

3、主要供应商、客户情况

2001年,公司向前五名供应商合计的采购金额占年度采购总额的11.31%,向前五名客户销售金额占公司全年销售总额的25.28%。

(二)公司投资情况

1.募集资金情况

(1)募集资金承诺投资项目与实际投资情况

公司于2001年12月采用上网发行方式向社会公开发行了人民币A种股票5000万股,扣除发行费用后的实际募集资金为44,167.4万元。全部用于《招股说明书》中承诺的使用项目,截止报告期末实际共投入资金11,568.57万元

承诺投资项目	计划投资(万元)(不含流动资金)	已完成投资(万元)	未完成投资(万元)	完成进度(%)
1、年产3万吨电解锌技改工程				
2、年产2万吨氧化锌技改工程	12,439	8,438.2	4,000.8	80
3、年产6万吨烟气硫酸技改工程				
4、硫酸配套3000KM余热发电及生产配套技改工程	4,130			
5、年产20万吨硫基三元复合肥技改工程	4,600			
6、年产3万吨(100% P2O5)湿法磷酸技改工程	3,206	3,130.37	75.63	98
7、年产18万吨硫磺制酸技改工程	3,982			
8、年产2万吨硫酸锌技改工程	3,391			
9、年产2万吨磷酸二氢钾技改工程	3,437			
合 计	35,185	11,568.57	4,076.43	

(2)尚未使用的募集资金情况

公司2001年12月公开发行股票5000万股,扣除发行费用后的实际募集资金为44,167.40万元,截止2001年底,公司完成投资11,568.57万元,尚有32,598.83万元存入银行。

2、非募集资金投资项目情况

报告期内,公司运用自有资金投资777万元修建民金公路,截止报告期末已全面竣工投入使用;公司运用自有资金900万元投资电解锌技改工程,并于2001年3月竣工投产,该工程计划950万元,截止报告期末已完成投资900万元。

(三)公司财务状况

项目	2001年(元)	2000年(元)	增减(%)
总资产	1,145,447,720.32	521,446,977.92	119.67
长期负债	102,859,960.00	105,980,000.00	-2.94
股东权益	661,571,413.85	217,121,054.33	204.70
主营业务利润	82,774,009.84	90,398,647.20	-8.43
净利润	22,238,564.54	36,571,048.71	-39.19

变动原因:总资产及股东权益增长的原因主要是发行流通股和发行股票溢价所致;净利润减少的原因主要是销售费用、财务费用、管理费用增加;锌锭价格下跌、锌锭原料价格上涨。

(四)公司生产经营环境及宏观政策发生重大变化的影响

中国成为世界贸易组织正式成员,对公司而言是利大于弊:加入世贸后,将有利于扩大锌产品和部份化工产品进一步拓展国际市场,对公司锌锭产品的生产和销售将产生积极影响。

1、不利因素:

中国加入WTO,对我国化肥行业的冲击无疑是巨大的。一是直接冲击,最主要表现在价格上。由于国际化肥企业在资源、生产设备、生产工艺、生产规模等多方面有优势,因而国际市场上绝大多数品种的化肥价格均低于我国国内。二是间接冲击,加入WTO,不仅对化肥本身造成强大的冲击,而且对与化肥行业息息相关的农业也有巨大冲击。我国是个名副其实的农业大国,但却不是农业强国。美国、加拿大等国农业机械化水平非常高,耕作成本很低,具有明显的价格优势,加入WTO后,将会有大量质优价廉的农产品进入我国,据有关专家估计,我国农民每年将减少收入500-600亿元。农民收入减少了,用肥水平自然会下降,这对化肥行业而言,无疑是有影响的。

2、有利因素:

(1)冲击虽然较大,但对化肥行业而言,加入WTO,也并非是"百弊而无一利"。目前我国化肥市场是无序竞争,各种非正当竞争手段层出不穷,加入WTO后,可以有效地净化市场竞争环境,这对真正有实力的企业、对正规企业无疑是件好事。

(2)可以促进化肥产业结构调整、技术升级,使目前失衡的化肥结构趋于合理,提高我国整个化肥行业的竞争力。

(3)可以扩大出口。相对于众多第三世界国家而言,我们可以扩大对东南亚等周边缺肥国家的出口,可以利用我们的技术和管理经验直接参加国际市场竞争。

(五)华证会计师事务所出具了标准无保留意见的审计报告。

(六)公司新年度的业务发展计划

2002年公司将继续坚持以经济效益为中心,以化肥、电解锌等为主导产品,以科技为先导,吸收应用科研成果,不断提高产品的科技含量和附加值,提高产品档次,以股东利益最大化为目标,加快发展步伐。根据公司的实际情况,争取给投资者以较好的回报。

为了实现上述经营目标,公司拟采取以下措施:

1、充分利用资源综合利用、化肥与冶金有机结合的自身优势,进一步加大新产品的开发,确保公司主营业务的持续、稳定、健康发展。

2、抓好项目建设,加强对工程进度的管理、现场施工的监督,财务的审计。保证项目高质量

地及时建成投产，创造新的利润增长点。

3、加强营销队伍管理，优化营销人员素质结构，强化现代市场营销观念，加强市场信息的收集、分析，利用我国加入 WTO 的有利形势，建立完善的市场营销网络，立足国内，积极开拓国际市场。

4、继续完善和落实公司内部目标责任制，加强企业内部管理，强化成本目标管理，挖掘内部潜力，降低管理费用，提高管理效率。

5、坚持任人唯贤、人才为本的理念、实施人才战略，引进各类管理和专业技术人才，注重企业内部的人才培养，实行有效的激励和约束机制，提高管理和科研水平。

6、强化技术进步，进一步提升工艺水平和产品科技含量，充分运用技术手段降低成本，提高质量增强获利能力。

7、进一步完善企业的法人治理结构。依照中国证券监督委员会、国家经贸委联合发布的《上市公司治理准则》的要求，规范股东大会、关联交易和控股股东的行为，健全独立董事制度，保障公司规范化运作。

(七)董事会日常工作情况

1、报告期内董事会的会议情况及决议内容

报告期内董事会共召开了三次会议。

①公司第二届第十五次董事会决议于 2001 年 2 月 26 日在公司 2 楼会议室召开，审议通过了如下决议：

A、《关于聘请独立董事的议案》；

B、《关于修改公司《章程》第九十三条的议案》。

②公司第二届第十六次董事会决议于 2001 年 3 月 12 日在公司 2 楼会议室召开，审议通过了如下决议：

A、《2000 年度工作总结和 2001 年度工作计划》；

B、《2000 年度财务报告》；

C、《2000 年度利润分配预案》；

D、《关于公司发行前的滚存利润由发行后的新老股东共享的议案》；

E、《关于续聘财务审计机构议案》；

F、《关于公司 2001 年 1 月 1 日起执行"企业会计制度"》；

G、《关于同意召开年度股东大会的议案》。

③公司第二届第十七次董事会决议于 2001 年 12 月 28 日在宏达大厦 28 楼会议室召开，审议通过了如下决议：

《关于公司变更注册资本的议案》

2、董事会对股东大会的执行情况

根据 2000 年度股东大会决议和授权，公司董事会实施了 2000 年度利润分配方案：将 2000 年度实现的净利润按 10%、10%、8%提取法定盈余公积金、法定公益金、任意盈余公积金后的滚存未分配利润由公司股票发行后的新老股东共享。

(八)本次利润分配预案或资本公积金转增预案

经华证会计师事务所有限公司审计，本公司2001年实现利润32,912,983.99元，净利润为22,238,564.54元。根据《公司法》和《公司章程》的规定分别按 10%、10%、8%提取法定盈余公积2,223,856.45 元、法定公益金 2,223,856.45 元、任意盈余公积 1,779,085.16 元，加上 2001 年年初未分配利润 72,802,311.73 元，可供股东分配的利润为 88,814,078.21 元。

董事会决定本次利润分配的预案为：拟以公司 2001 年末总股本 13000 万股为基数，向全体股东每 10 股派发现金红利 1.5 元(含税)，计 19,500,000 元，剩余 69,314,078.21 元结转以后年度分配，资本公积金本次不转增股本。

以上利润分配预案和资本公积金转增股本预案需提交年度股东大会审议。

(九)预计 2002 年度的利润分配政策

公司 2002 年度拟分配利润一次：当年实现净利润提取法定盈余公积金、法定公益金、任意盈余公积金后，加上上年结转未分配利润，分配现金股利的比例不低于 20%，不送红股。公司 2002 年度资本公积金是否转增股本将视公司的发展情况而定。如果转增，转增比例高于每 10 股转增 3 股。

八、监事会报告

(一)报告期内监事会会议情况：

2001 年度，公司监事会共召开了两次会议，具体情况如下：

1、2001 年 2 月 26 日召开了监事会 2001 年第一次会议

①会议审议通过了董事会《关于聘请独立董事的议案》；

②会议审议通过了董事会《关于修改公司《章程》第九十三条的议案》。

2、2001 年 3 月 12 日召开了监事会 2001 年第二次会议

①会议审议通过了《2000 年度监事会报告》；

②会议审议通过了《2000 年度董事会工作报告》；

③会议审议通过了董事会《关于 2000 年度利润分配预案》；

根据《公司法》及公司章程的有关规定，监事列席了董事会会议。

(二)监事会对公司 2001 年度有关事项的独立意见

1、公司依法运作情况：

公司董事会根据国家有关法律、法规，对公司股东大会、董事会的召开程序、决议事项、董事会对股东大会决议的执行情况，公司高级管理人员执行职务情况及公司管理制度等进行了监督，认为公司董事会 2001 年度的工作能严格按照《公司法》、《证券法》、《公司章程》及其它有关法规制度进行规范运作，工作认真负责，完善了内部管理和内部控制制度，建立了比较规范的股东大会和董事会议事规则等良好的内控机制，重大事项的决策程序是合法有效的。公司董事、经理及其他高管人员执行职务时没有违反法律、法规、公司章程和损害公司利益的行为。

2、检查公司财务的情况：

公司监事会对公司的财务制度和财务状况进行了认真细致的检查，认为公司 2001 年度财务报告真实地反映了公司的财务状况和经营成果，华证会计师事务所出具的审计意见和有关事项作出的评价是客观公正的。

3、公司本次募集资金实际投入与《招股说明书》中披露的项目一致，项目进展按计划进行。

4、监事会对公司的关联交易进行了认真审核，严格把关，认为公司关联交易行为遵循公平合理、自愿诚信的原则，没有损害上市公司利益，无内幕交易，无损害股东权益或造成公司资产流失的交易行为。

九、重要事项

(一)报告期内公司无重大诉讼、仲裁事项。

(二)报告期内公司无重大收购及出售资产、吸收合并事项

(三)报告期内公司关联交易事项

1、存在控制关系的关联方：

企业名称	注册地址	主营业务	与本企业关系	经济性质或类型	法定代表人
什邡宏达发展有限公司	四川什邡	化工产品、有色金属的生产销售	本公司第一大股东	有限责任	赵道全

2、不存在控制关系的关联方关系的性质

企业名称	与本企业的关系
广汉市平原实业发展有限公司	本公司股东(第二大)之一
绵阳市益多园房地产开发有限责任公司	本公司股东(第三大)之一
成都宏昌化工建材商贸公司	本公司股东(第四大)之一
川化集团有限责任公司	本公司股东(第五大)之一
什邡市电力公司	本公司股东(第六大)之一
四川宏达(集团)有限公司	与本公司同一董事长
四川省蜀星企业发展有限责任公司	本公司董事长控股之公司
四川汉龙(集团)有限公司	本公司副董事长系该公司法人代表
成都江南房地产开发有限公司	四川宏达(集团)有限公司的下属公司

3、关联公司交易事项

(1)代垫款项

本公司之关联公司四川宏达(集团)有限公司 2001 年为本公司代垫工程款人民币 7,105,481.39 元，代垫电费 10,000,000.00 元，代垫其他费用 7,035,698.82 元，上述代垫的款项截至 2001 年 12 月 31 日止尚有人民币 4,868,813.53 元未归还。

本公司之关联公司四川省蜀星企业发展有限责任公司 2001 年为本公司代垫工程款人民币 1,105,544.00 元，上述代垫的款项截至 2001 年 12 月 31 日止尚未归还。

(2)购买资产

1999 年 12 月 25 日，经本公司 1999 年第四次临时股东大会决议，本公司与成都江南房地产开发有限公司签订购销合同，购买该公司商品房宏达大厦，该大厦建筑面积为 27776.25 平方米，总价款为人民币 141,186,200.00 元。本公司 2000 年前支付人民币 100,000,000.00 元，2000 年支付人民币 20,000,000.00 元，2001 年支付人民币 21,186,200.00 元，截止 2001 年 12 月 31 日，本公司已支付全部购房款。

2001 年 10 月 9 日，本公司与成都江南房地产开发有限公司签订委托装修协议，委托成都江南房地产开发有限公司装修宏达大厦，协议总价款人民币 10,000,000.00 元，本公司 2001 年支付房屋装修工程款人民币 8,513,800.00 元，已结算价款人民币 4,646,305.67 元。

(3)担保事项

截止 2001 年 12 月 31 日，四川宏达(集团)有限公司和什邡宏达发展有限公司分别为本公司借款人民币 4500 万元和 4000 万元提供担保。

4、报告期内本公司没有重大托管、承包、租赁其他公司资产或其他公司托管、承包、租赁本公司资产的事项。

5、报告期内本公司未发生担保事项。

6、报告期内本公司没有发生委托他人进行现金资产管理事项，未来也没有委托理财计划。

(四)公司或持股 5%以上股东在报告期或持续到报告期内的承诺事项及承诺履行情况

控股股东承诺不与公司同业竞争。

(五)2001 年度，本公司聘请华证会计师事务所为公司审计机构，支付审计费 56 万元，差旅费 2.1 万元(其中：年报审计费 33 万元，上市审计费 20 万元，股票融资验资费 3 万元)。

2000 年度，本公司支付审计费 70 万元，差旅费 5 万元(其中：年报审计费 20 万元，上市审计费 50 万元)。

(六)在报告期内公司、公司董事会及董事、高级管理人员在报告期内没有受到中国证监会稽查、中国证监会行政处罚、通报批评、证券交易所公开谴责的情形。

十、财务报告

(一)审计意见

公司 2001 年财务报告已经华证会会计师事务所审计，并出具了华证字[2002]第 155 号标准无保留意见的审计报告。

(二)经审计的财务报表(见附表)

(三)会计报表附注

1、会计政策、会计估计变更说明

本公司自 2001 年 1 月 1 日起执行《企业会计制度》，与原执行的《股份有限公司企业会计制度》相比，主要有以下会计政策变更事项：

(1)期末固定资产原不计提减值准备，现每期末对固定资产进行逐项检查，若因市价持续下跌，或技术陈旧、损坏、长期闲置等原因导致其可收回金额低于账面价值的，将可收回金额低于其账面价值的差额作为固定资产减值准备；

(2)期末在工程原不计提减值准备，现每期末对在建工程进行逐项检查，对于可收回金低于账面价值的，按其可收回金额低于价值的差额，计提在建工程减值准备；

(3)期末无形资产原不计提减值准备，现每期末逐项检查无形资产预计给企业带来未来经济利益的能力，按账面价值与可收回金额孰低计量，对预计可收回金低于其账面价值的差额，计提减值准备；

(4)开办费原从开始生产经营当月起，按直线法摊销，现在开始生产经营的当月一次性计入开始生产经营当月的损益。因开办费计提方法变更的累积影响数为人民币 264,010.34 元。由于会计政策变更，调减了 1999 年度的净利润人民币 403,903.84 元，调减了 1999 年度的盈余公积人民币 113,093.07 元，调减 2000 年年初的留存收益人民币 290,810.77 元，调增了 2000 年度的净利润人民币 37,222.81 元，调增了 2000 年度的盈余公积人民币 10,422.38 元，调减了 2001 年年初的留存收益人民币 264,010.34 元。

2、资产负债表日后事项

(1)资产负债表日后调整事项

根据 2002 年 3 月 26 日本公司董事会决议，2001 年度实现的净利润分别按 10%、10%、8%的比例提取法定盈余公积金、任意盈余公积后，向全体股东按每 10 股派发现金股利人民币 1.50 元，剩余分配利润人民币 69,314,078.21 元结转下年度。

(2)资产负债表日后非调整事项

①截止 2002 年 3 月 17 日，本公司已将应收票据人民币 4,835,000.00 元背书转 让，并向银行贴现应收票据人民币 500,000.00 元。

②截止 2002 年 3 月 17 日，本公司已归还到期之银行借款人民币 37,150,000.00。

③截止 2002 年 3 月 17 日，本公司已支付到期之应付票据 4,000,000.00 万元。

④2002 年 1 月 15 日，本公司与四川寰宇投资有限公司签署了出资协议书，双方以现金方式出资组建四川华宏经济技术投资有限公司，公司注册资本 3800 万元，本公司出资 3610 万元，拥有其 95%的权益，上述资本业经四川协谊会计师事务所有限责任公司以川协谊验[2002]第 49 号验报告验证在案。该公司于 2002 年 2 月 6 日领取企业法人营业执照，营业执照注册号为成工商(高新)字 510109100218。

会计报表(见附表)

十一、备查文件目录

一、载有法定代表人、主管会计工作负责人员签名并盖章的会计报表。

二、载有会计师事务所盖章，注册会计师亲笔签字并盖章的审计报告原件。

三、报告期同在中国证监会指定的报刊上公开披露过的所有公司文件的正本及公告原稿。

四川宏达化工股份有限公司董事会

二〇〇二年三月二十六日

合并利润表附表

编制单位:四川宏达化工股份有限公司　　单位:人民币元

报告期利润	净资产收益率(%)		每股收益(元/股)	
	全面摊薄	加权平均	全面摊薄	加权平均
主营业务利润	12.51	33.11	0.6367	1
营业利润	4.84	12.82	0.2465	0.3871
净利润	3.36	8.9	0.1711	0.2687
扣除非经常性损益后的净利润	3.20	8.46	0.1627	0.2555

合并资产负债表

编制单位:四川宏达化工股份有限公司　　单位:人民币元

资产类	附注	2001.12.31	2000.12.31
流动资产:			
货币资金	五.1	499,642,106.25	22,350,569.50
短期投资		- -	- -
应收票据	五.2	6,885,000.00	30,000.00
应收股利		- -	- -
应收利息		- -	- -
应收账款	二.9、五.3	55,234,204.86	49,255,193.50
其他应收款	二.9、五.4	6,909,127.01	12,868,499.60
预付账款	五.5	37,983,983.45	149,431,904.24
应收补贴款		- -	- -
存货	二.10、五.6	41,707,348.67	38,091,238.64
待摊费用	五.7	727,139.86	458,052.89
待处理流动资产净损失		- -	- -
一年内到期的长期债权投资		- -	- -
其他流动资产		- -	- -
流动资产合计		649,088,910.10	272,485,458.37
长期投资:			
长期股权投资		- -	- -
长期债权投资		- -	- -
长期投资合计		- -	
其中:股权投资差额		- -	
固定资产:			
固定资产原值	二.12、五.8	510,745,688.66	315,942,559.54
减:累计折旧	二.12、五.8	142,485,953.63	121,182,120.55
固定资产净值	二.12、五.8	368,259,735.03	194,760,438.99
减:固定资产减值准备	二.12、五.8	- -	- -
固定资产净额	二.12、五.8	368,259,735.03	194,760,438.99
工程物资		8,882,014.03	220,453.38
在建工程	二.13、五.9	89,510,942.15	25,006,598.41
固定资产清理		- -	
固定资产合计		466,652,691.21	219,987,490.78
无形资产及其他资产:			
无形资产	二.15、五.10	29,450,519.01	28,604,828.77
长期待摊费用	二.16、五.11	255,600.00	369,200.00
其他长期资产		- -	- -
无形资产及其他资产合计		29,706,119.01	28,974,028.77
递延税项:			
递延税款借项		- -	- -
资产总计		1,145,447,720.32	521,446,977.92
负债及股东权益类	附注	2001.12.31	2000.12.31
流动负债:			
短期借款	五.12	238,330,000.00	126,330,000.00
应付票据	五.13	4,000,000.00	14,900,000.00
应付账款	五.14	32,217,923.06	17,615,291.63
预收账款	五.15	30,115,541.83	9,732,049.13
应付工资	五.16	1,065,802.93	183,001.48
应付福利费	五.17	6,016,337.93	4,039,142.27
应付股利		19,500,000.00	- -
应交税金	二.21、五.18	-5,012,827.24	13,128,502.47
其他应交款	五.19	61,822.03	596,213.98
其他应付款	五.20	25,177,723.78	7,903,911.19
预提费用	五.21	4,349,002.00	1,790,708.00
预计负债		- -	- -
一年内到期的长期负债	五.22	4,200,000.00	- -
其他流动负债		- -	- -
流动负债合计		360,021,326.32	196,218,820.15
长期负债:			
长期借款	五.23	101,440,000.00	105,640,000.00
应付债券		- -	- -
长期应付款		- -	- -
专项应付款	五.24	1,419,960.00	340,000.00
其他长期负债		- -	- -
长期负债合计		102,859,960.00	105,980,000.00
递延税项:			
递延税款贷项	二.19、五.25	1,919,777.43	1,919,777.43
负债合计		464,801,063.75	304,118,597.58
递延收益	五.26	18,866,063.48	- -
少数股东权益		209,179.24	207,326.01
股东权益:			
股本	五.27	130,000,000.00	80,000,000.00
减:已归还投资		- -	- -
股本净额	五.27	130,000,000.00	80,000,000.00
资本公积	五.28	395,609,524.91	3,897,729.93
盈余公积	五.29	66,647,810.73	60,421,012.67
其中:法定公益金	五.30	23,752,518.50	21,528,662.05
未分配利润	五.30	69,314,078.21	72,802,311.73
股东权益合计		661,571,413.85	217,121,054.33
负债及投东权益总计		1,145,447,720.32	521,446,977.92

(所附注释系合并会计报表的组成部分)

合并利润及利润分配表

编制单位:四川宏达化工股份有限公司　　单位:人民币元

项　　目	附注	2001年度	2000年度
一.主营业务收入	二.20、五.31	372,461,360.30	347,328,400.42
减:主营业务成本	五.32	288,684,539.64	256,377,351.12
主营业务税金及附加	五.33	1,002,810.82	552,402.10
二.主营业务利润		82,774,009.84	90,398,647.20
加:其他业务利润	五.34	276,942.85	-270,024.56
减:营业费用		17,232,857.42	9,444,604.33
管理费用		14,608,907.38	12,829,924.05
财务费用	五.35	19,162,875.00	11,785,589.51
三.营业利润		32,046,312.89	56,068,504.75
加:投资收益		- -	- -
补贴收入		22,239.94	3,975.78
营业外收入	五.36	928,012.34	29,916.75
减:营业外支出	五.37	83,581.18	689,654.63
四.利润总额		32,912,983.99	55,412,742.65
减:所得税	二.21	10,672,566.22	18,836,333.85
少数股东损益		1,853.23	5,360.09
五.净利润		22,238,564.54	36,571,048.71
加:年初未分配利润		72,802,311.73	46,471,156.65
其他转入		- -	- -
六.可供分配利润		95,040,876.27	83,042,205.36
减:提取法定盈余公积		2,223,856.45	3,657,104.87
提取法定公益金		2,223,856.45	3,657,104.87
七.可供股东分配的利润		90,593,163.37	75,727,995.62
减:应付优先股股利		- -	- -
提取任意盈余公积		1,779,085.16	2,925,683.89
应付普通股股利		19,500,000.00	- -
转作股本的普通股股利		- -	- -
八.未分配利润		69,314,078.21	72,802,311.73

合并现金流量表

编制单位:四川宏达化工股份有限公司　　单位:人民币元

项　　目	附注	2001年度
一.经营活动产生的现金流量		
销售商品、提供劳务收到的现金		379,060,721.42
收到的税费返还		959.5
收到的其他与经营活动有关的现金	五.38	32,524,480.94
现金流入小计		411,586,161.86
购买商品、接受劳务支付的现金		260,995,048.82
支付给职工以及为职工支付的现金		22,447,930.70
支付的各项税费		50,551,169.49
支付的其他与经营活动有关的现金	五.39	25,243,445.24
现金流出小计		359,237,594.25
经营活动产生的现金流量净额		52,348,567.61
二.投资活动产生的现金流量		
收回投资所收到的现金		- -
取得投资收益收到的现金		- -
处置固定资产、无形资产和其他长期资产而收回的现金净额		2,500.00
收到的其他与投资活动有关的现金		- -
现金流入小计		2,500.00
购建固定资产、无形资产和其他长期资产所支付的现金		133,361,334.95
投资所支付的现金		- -
支付的其他与投资活动有关的现金		- -
现金流出小计		133,361,334.95
投资活动产生的现金流量净额		-133,358,834.95
三.筹资活动产生的现金流量		
吸收投资所收到的现金		448,331,500.00
借款所收到的现金		238,330,000.00
收到的其他与筹资活动有关的现金	五.40	19,724,194.61
现金流入小计		706,385,694.61
偿还债务所支付的现金		126,330,000.00
发生筹资费用所支付的现金		- -
分配股利、利润或偿付利息所支付的现金		20,240,630.77
支付的其他与筹资活动有关的现金	五.41	1,513,259.75
现金流出小计		148,083,890.52
筹资活动产生的现金流量净额		558,301,804.09
四.汇率变动对现金的影响		- -
五.现金及现金等价物净增加额	二.7	477,291,536.75
补充资料		
1.将净利润调节为经营活动的现金流量:		
净利润		22,238,564.54
加:少数股东本年损益		1,853.23
加:计提的资产减值准备		-596,374.90
固定资产折旧		22,189,950.84
无形资产摊销		654,234.76
长期待摊费用摊销		113,600.00
待摊费用的减少		-269,086.97
预提费用的增加		2,558,294.00
处置固定资产、无形资产和其他长期资产的损失(减收益)		62,652.97
固定资产报废损失		- -
财务费用		20,244,077.31
投资损失(减收益)		- -
递延税款贷项(减借项)		- -
存货的减少(减增加)		-3,447,106.57
经营性应收项目的减少(减增加)		-25,008,925.20
经营性应付项目的增加(减减少)		13,606,833.60
其他		- -
经营活动产生的现金流量净额		52,348,567.61
2.不涉及现金收支的投资和筹资活动		
债务转为资本		- -
一年内到期的可转换债券		- -
融资租入固定资产		- -
3.现金及现金等价物净增加情况:		
货币资金的期末余额		499,642,106.25
减:货币资金的期初余额		22,350,569.50
现金等价物的期末余额		- -
减:现金等价物的期初余额		- -
现金及现金等价物净增加额		477,291,536.75

600332 广州药业股份有限公司

2001年年度报告摘要

一、公司基本情况简介

1. 公司法定中文名称：广州药业股份有限公司
   中文名称缩写：广州药业
   英文名称：Guangzhou Pharmaceutical Company Limited
   英文名称缩写：GPC
2. 公司法定代表人：蔡志祥
3. 公司董事会秘书：何舒华
   联系地址：中国广东省广州市沙面北街45号
   电话：(8620)81218117
   传真：(8620)81216408
   董事会秘书电子邮箱：hesh@gpc.com.cn
4. 公司注册及办公地址：中国广东省广州市沙面北街45号
   邮政编码：510130
   公司国际互联网网址：http://www.gzphar.com
   电子邮箱：sec@gpc.com.cn
   在香港办事机构地点：香港金钟道89号力宝中心第2座20楼2005室
5. 公司选定的信息披露报纸：中国《上海证券报》
   香港《香港经济日报》、《Hong Kong iMail》(英文报)
6. 中国证监会指定登载公司年度报告的国际互联网网址：http://www.sse.com.cn
   香港登载公司年度报告互联网网址：http://www.hkex.com.hk
7. 公司年度报告备置地点：中国广东省广州市沙面北街45号二楼
   广州药业股份有限公司董事会秘书处
8. 股票上市交易所名称及编码：A股：上海证券交易所
   代码：600332
   公司简称：广州药业
   H股：香港联合交易所有限公司
   代码：0874
   公司简称：广州药业
9. 公司沿革及经营业务范围：

广州药业股份有限公司(以下简称「广州药业」或「本公司」)是由广州医药集团有限公司(以下简称「广药集团」)属下的八家中成药制造企业和三家医药贸易企业重组后，于一九九七年九月一日在中华人民共和国成立的股份有限公司。一九九七年十月三十日，本公司发行的H股在香港联合交易所有限公司(以下简称「联交所」)上市。二零零一年一月十日，经中国证监会核准，本公司在上海证券交易所(以下简称「上交所」)发行7,800万股人民币普通股(A股)股票；二零零一年二月六日，本公司A股股票正式在上交所上市。

广州药业及其附属企业(以下简称「本集团」)主要从事(i)中成药的制造与销售；(ii)西药、中药和医疗器械的批发、零售和进出口业务。

二、会计数据和业务数据摘要

(一)本年度利润总额及其构成

1、按中国会计准则及制度编制的账项

项　目	二零零一年(人民币千元)
利润总额	260,137
净利润	146,134
扣除非经常性损益的净利润(注)	147,580
主营业务利润	1,148,025
其它业务利润	36,061
营业利润	262,425
投资收益	-841
补贴收入	3,512
营业外收支净额	-4,959
经营活动产生的现金流量净额	140,154
现金及现金等价物净增加额	379,067

注：所扣除的非经常性损益包括补贴收入3,512千元，营业外收支净额-4,959千元。

2、中国与香港不同会计准则之报表差异说明

按中国会计准则及制度与按香港普遍采纳之会计原则计算的净资产与净利润之差异分析(截至二零零一年十二月三十一日止)

	集团	
	二零零一 人民币千元	二零零零 人民币千元
按中国会计准则编制之净资产	2,172,910	1,326,404
坏账准备	(33,905)	(28,520)
资本化之递延费用	79,463	89,909
固定资产重估价值的分别	136,758	138,733
多计提的研究开发费用	17,463	17,463
未确认之固定资产及在建工程减值	-	50,119
少数股东权益差异	(12,913)	(19,618)
董事会宣告之股利	48,654	24,327
按香港会计准则编制之净资产	2,408,430	1,598,817
	二零零一 人民币千元	二零零零 人民币千元
按中国会计准则编制之净利润	146,134	141,214
固定资产及在建工程减值准备	(50,119)	-
递延费用之摊销	(10,446)	(10,448)
固定资产重估增值部分所计提之折旧	(1,975)	(1,444)
冲销多计提之研究开发费用	-	11,525
确认补助收入	3,061	13,185
呆坏存货处理	-	(17,255)
于以前年度已确认之拆迁补偿	-	(7,947)
多计之销售成本	(2,229)	-
本年回收之坏账	2,796	-
于税后利润计提之职工福利基金	(1,334)	-
少数股东权益的变动差异	9,980	6,420
按香港会计准则编制之净利润	95,868	135,250

(二)主要会计数据及财务指针

1、按中国会计准则及制度编制的账项(人民币)

指标项目	二零零一年	二零零零年		一九九九年
		调整前	调整后	
主营业务收入(千元)	5,334,029	4,222,857	4,222,857	3,454,490
净利润(千元)	146,134	146,234	141,214	128,663
总资产(千元)	3,697,239	3,063,915	3,017,797	3,001,287
股东权益(不含少数股东权益)(千元)	2,172,910	1,373,105	1,326,404	1,365,972
每股收益(元)	0.18	0.20	0.19	0.18
每股净资产(元)	2.68	1.87	1.81	1.86
调整后每股净资产(元)	2.59	1.74	1.68	1.70
每股经营活动产生的现金流量净额(元)	0.17	0.39	0.39	0.40
净资产收益率(摊薄)%	6.73	10.65	10.65	9.42
净资产收益率(加权)%	7.04	10.15	10.02	9.72
扣除非经常性损益后净利润的加权平均净资产收益率%	7.11	8.78	8.96	8.61

2、按香港普遍采纳之会计原则编制的账项(人民币)

指标项目	二零零一年	二零零零年	一九九九年	一九九八年	一九九七年
营业额(千元)	5,334,029	4,222,857	3,454,492	3,326,658	3,056,512
除税前盈利(千元)	205,987	204,572	178,115	161,921	183,262
股东应占盈利(千元)	95,868	135,250	128,688	123,724	128,417
总资产(千元)	3,877,969	3,256,426	3,072,057	2,998,567	3,102,140
总负债(千元)	1,469,539	1,657,609	1,593,832	1,612,385	1,795,707
股东权益(千元)	2,408,430	1,598,817	1,478,225	1,386,182	1,306,433
每股收益(元)	0.119	0.185	0.176	0.169	0.23
每股净资产(元)	2.97	2.18	2.02	1.89	1.78
净资产收益率%	3.98	8.46	8.71	8.93	9.83
股东权益比率%	62.11	49.10	48.12	46.23	42.11
资产负债率%	37.89	50.90	51.88	53.77	57.89

注：资产负债率乃根据以此式计算：负债总值÷资产总值×100%。

3、按照中国证监会《公开发行证券公司信息披露编报规则(第9号)》要求计算的财务指针：

报告期利润	净资产收益率		每股收益(元)	
	全面摊薄	加权平均	全面摊薄	加权平均
主营业务利润	52.83%	55.30%	1.4157	1.5664
营业利润	12.08%	12.64%	0.3236	0.3581
净利润	6.73%	7.04%	0.1802	0.1994
扣除非经常性损益后的净利润	6.79%	7.11%	0.1820	0.2014

三、股本变动及股东情况

(一)股份变动情况

1、股份变动情况表(数量单位：股)

	本次变动前	本次变动增减(+,-) 配股	送股	公积金转股	增发	其它	小计	本次变动后
一、未上市流通股份								
1、发起人股份								
其中：								
国家持有股份	513,000,000							513,000,000
境内法人持有股份								
境外法人持有股份								
其它								
2、募集法人股份								
3、内部职工股								
4、优先股或其它								
未上市流通股份合计	513,000,000							513,000,000
二、已上市流通股份								
1、人民币普通股					78,000,000			78,000,000
2、境内上市的外资股								
3、境外上市的外资股(H股)	219,900,000							219,900,000
4、其它								
已上市流通股份合计	219,900,000				78,000,000			279,900,000
三、股份总数	732,900,000				78,000,000			810,900,000

2、股票发行及上市情况

二零零一年一月十日，本公司A股股票在上交所发行，发行价格为每股9.8元人民币，发行数量为7,800万股；二零零一年二月六日，本公司A股股票在上交所上市。

A股发行后，本公司总股本为81,090万股，其中，国家股(未流通股)为51,300万股，约占总股本的63.26%；A股(流通股)为7,800万股，约占总股本的9.62%；H股(流通股)为21,990万股，约占总股本的27.12%。

3、内部职工股情况

本公司无内部职工股。

(二)股东情况介绍

1、报告期末股东总数

截止二零零一年十二月三十一日，持有本公司股票的股东户数为62,670户，其中，发起人国家股代表1户，境内上市人民币普通股(A股)62,632户，境外上市外资股(H股)37户。

2、主要股东持股情况

(1)根据香港证券(披露权益)条例(「权益披露条例」)第396章证券(披露权益)条例(「权益披露条例」)，第十六(一)条而设置之本公司主要股东登记册显示，下列人士或公司于二零零一年十二月三十一日当日持有本公司已发行股本10%或以上的重大权益，但此等权益并未包括于本报告其它部分披露之董事、监事及高级管理人员之权益：

(i)广药集团持有51,300万股国家股，为本公司已发行国家股的全部，持股数占本公司已发行总股本约63.26%。

(ii)根据香港中央结算(代理人)有限公司申明，于二零零一年十二月三十一日当日，下列之中央结算系统参与者在中央结算系统股票户口内持有本公司超过本公司已发行H股股份总数的10%或以上：

股东名称	持股种类	持有股份数目	占已发行H股百分比
国泰君安证券(香港)有限公司	H股	26,342,000	约11.98%
香港上海　丰银行	H股	26,293,950	约11.96%

除上述所披露外，就董事所知，并无任何其它人士于二零零一年十二月三十一日当日拥有本公司已发行股本10%或以上的权益。

(2)截至二零零一年十二月三十一日止，本公司前十名最大股东情况如下：

股东名称	持股种类	持股数(股)	占总股本比例(%)
广州医药集团有限公司	国家股	513,000,000	约63.26
香港中央结算(代理人)有限公司	H股	218,683,000	约26.97
兴和基金	A股	337,108	约0.04
邓大凯	A股	305,740	约0.04
德井百货	A股	160,600	约0.02
南方稳健	A股	151,212	约0.02
天元基金	A股	139,000	约0.02
孙西甡	A股	135,530	约0.02
张腊	A股	123,000	约0.02
谢凤华	A股	115,000	约0.01

注：持有本公司股份之前10名股东除南方稳健和天元基金同属于南方基金管理有限公司外，其它股东之间不存在关联关系。

(3)持股10%以上(含10%)的法人股东情况

控股股东名称：广州医药集团有限公司

法定代表人：蔡志祥

成立日期：一九九六年八月七日

注册资本：壹拾亿零柒佰柒拾万元

公司类别：有限责任公司

股权结构：国有独资

经营范围：国有资产的经营、投资。生产、销售：医药中间体、中西成药、中药材、生物技术产品、医疗器械、制药机械、药用包装材料、保健食品及饮料、卫生材料及医药整体相关的商品。与医药产品有关的进出口业务，及房地产开发。

(4)本报告期内广药集团所持有的本公司股份未有质押或冻结的情况。

本报告期内，广药集团计划以其持有的部分本公司国家股用于广州白云山制药股份有限公司(白云山股份)债务重组，涉及股份12,263万股，约占本公司总股本的15.12%。因此，随着白云山股份重组有关协议的逐步履行完毕，该等股份将被质押或转让，本公司将按规定及时披露相关信息。

(5)本年度内本公司或其任何附属公司概无买卖或购回本公司之股份。

(6)报告期内，本公司控股股东未发生变更。

(三)优先认股权

本公司章程及中国法律并无要求本公司按照持有股份比例发行新股予现有股东之优先认购股权条款。

四、董事、监事、高级管理人员和员工情况

(一)董事、监事、高级管理人员情况

1、董事、监事、高级管理人员履历简介

姓名	性别	年龄	职务	持有本公司股份数量
蔡志祥	男	52	董事长	0
李益民	男	51	副董事长	0
陈翔志	男	39	注1	0
冯赞胜	男	51	董事	0
朱幼麟	男	57	独立非执行董事	0
吴　张	男	44	独立非执行董事	0
刘锦湘	男	61	独立非执行董事	0
张伯华	男	69	独立非执行董事	0
黄卜仁	男	65	独立非执行董事	0
陈灿英	男	52	监事会主席	0
罗继东	男	48	监事	0
谭思马	男	38	监事	0
周跃进	男	44	董事兼总经理(注2)	0
黎德成	男	41	副总经理	0
江士杰	男	66	财务总监	0
何舒华	男	45	董事会秘书兼副总经理	0

注1：陈翔志先生报告期内曾任本公司董事兼总经理。2001年12月由于工作调动原因辞去总经理职务；本公司2002年3月27日召开的临时股东大会审议批准其提出的辞去董事的辞呈。

注2：周跃进先生2001年12月起任本公司总经理；经2002年3月27日召开的临时股东大会审议批准，聘任其为本公司董事。

2、董事、监事在股东单位任职情况

蔡志祥董事长同时在本公司控股股东广药集团担任董事长职务；

李益民副董事长同时在本公司控股股东广药集团担任副董事长、总经理职务；

陈灿英监事会主席同时在本公司控股股东广药集团担任纪委书记、工会主席。

3、年度报酬情况

本年度，在公司领取报酬的董事、监事和高级管理人员的年度报酬总额为352万元；报酬金额最高的前三名董事的报酬总额为158万元；报酬金额最高的前三名高级管理人员的报酬总额为71万元。

独立董事的津贴及其它待遇情况如下：单位：万元

姓名	二零零一年度津贴	其它待遇
朱幼麟	9.52	无
吴　张	4.26	无
刘锦湘	5.95	无
张伯华	9.52	无
黄卜仁	2.01	无

在公司领取报酬的董事、监事、高级管理人员共16人，本年度报酬总额为352万元，其中10万元以下7人，10万元至40万元4人，40万元以上5人。

报酬决策程序：本公司董事及监事领取薪酬均由董事会提出建议，经年度股东周年大会普通决议通过授权董事会决定公司董事、监事服务报酬金额及支付方法。高级管理人员的报酬金额及支付方法则由董事会结合公司年度业绩及个人绩效考评确定。

4、在报告期内离任的董事、监事及高级管理人员及离任原因

本报告期内，陈翔志总经理因工作调动原因而提出辞任；肖承副总经理因退休而提出辞任。

注：报告期后，经二零零二年第一次临时股东大会审议批准，聘任周跃进为公司董事。

5、董事及监事的服务合约

各董事及监事与本公司订立书面服务合约，主要方面如下：

每份合约由二零零零年十月十八日开始，至二零零三年第三届董事会成员选举产生之日止；公司董事的委任期约为三年，至二零零三年第三届董事会成员选举产生之日，任期届满可以连选连任。

上述的董事及监事服务合约中并无关于在任期未届满期间终止服务合约需作补偿之条款，亦无对任期届满后不再连任而需作补偿之条款。

(二)员工情况

二零零一年末公司在册员工人数为8,320人

其中：生产人员　2,608人

技术人员　863人

财务人员　307人

行政人员　1,509人

销售服务人员　3,033人

本公司持有硕士文凭以上的员工有34人，本科文凭以上的员工有465人，另外，退休职工有3,905人。截至二零零一年十二月三十一日止年度人工成本约为人民币3.76亿元。

本集团员工的薪酬包括工资、奖金及其它福利计划。本集团在遵循中国有关法律及法规的情况下，视乎员工的业绩、资历、职务等因素，对不同的员工执行不同的薪酬标准。

五、公司治理结构

(一)公司治理情况

本公司成立及上市以来，严格按照《公司法》、《证券法》和中国证监会有关法律法规的要求，不断完善公司法人治理结构，规范运作，加强公司信息披露工作。

本公司依据《上市公司章程指引》、《到境外上市公司章程必备条款》、《上市规则》等制定了《公司章程》。中国证监会和国家经贸委于二零零二年一月七日颁布了《上市公司治理准则》后，本公司根据该准则完善了《公司章程》、《股东大会议事规则》、《董事会议事规则》、《独立董事制度》、《监事会议事规则》、《信息披露制度》、《总经理工作细则》和《企业内部财务管理制度》等治理细则。其中，《公司章程》修正案及《股东大会议事规则》准备提呈二零零一年度股东大会审议。

1.关于本公司股东与股东大会：公司平等对待全体股东，保护全体股东的合法权益；严格按照《股东大会规范意见》的要求召集、召开股东大会。于报告期内，本公司共召开了一次股东周年大会及一次临时股东大会，每次出席的股东人数及其代表股份数均符合《公司法》和《公司章程》的有关规定，在会场的选择上尽可能地让更多的股东能够参加股东大会。

2.关于控股股东与上市公司的关系：本公司控股股东广药集团行为规范，没有超越股东大会直接或间接干预本公司的决策和经营活动；控股股东对本公司董事、监事侯选人的提名，严格遵循相关法规和《公司章程》规定的条件和程序；本公司与控股股东在业务、人员、资产、机构、财务方面做到「五分开」，本公司董事会、监事会和内部组织机构能够独立规范运作。本公司关联交易公平合理，并对定价依据、关联交易协议的订立及履行情况予以及时充分的披露。

3.关于董事与董事会：本公司严格按照《公司章程》所规定的董事选聘程序选举董事；本公司董事会的人数和人员构成符合法律、法规的要求；本公司董事会建立了董事会议事规则，本公司各位董事能够以忠实、诚信、勤勉的的态度履行职责，并积极参加有关培训，熟悉有关的法律法规，了解作为董事的权利义务和责任；本公司严格按照有关规定建立了独立董事制度和董事会专门委员会，并充分发挥了独立董事的积极作用。

4.关于监事和监事会：本公司监事会的人数和人员构成符合法律、法规的要求，本公司监事会建立了监事会的议事规则，本公司监事能够本着对股东负责的精神认真履行自己的职责，对本公司财务以及董事、经理人员履行职责的合法性、合规性进行有效监督。

5.关于相关利益者：本公司能够充分尊重和维护银行及其它债权人、职工、客户等其它利益相关者的合法权益，关注环境保护、公益事业等问题，力求本公司持续、健康地发展。

6.关于信息披露与透明度：本公司指定由董事会秘书负责信息披露工作并接待股东来访，负责相关事务咨询，及时处理股东来函，根据股东要求邮寄所需的资料；本公司能够始终按照法律法规及《公司章程》的规定，本着诚信、勤勉的原则，客观、真实、准确、及时、完整地披露有关信息，并确保全体股东在平等的基础上获得信息；本公司能够按照有关规定，及时披露大股东或本公司实际控制人的详细资料和股份变化等情况。

在《公司章程》修正案、《股东大会议事规则》等获得二零零一年度股东大会审议通过后，本公司还将尽快制定《董事会投资管理委员会议事规则》、《董事会审计委员会议事规则》、《董事会提名委员会议事规则》、《董事会薪酬与考核委员会议事规则》，建立及健全董事会下属委员会运作机构，使董事会的决策更加规范、科学和高效。

(二)独立董事履行职责情况

独立董事能够按照相关法律、法规、公司章程的要求，认真履行职责，维护公司整体利益，使中小股东的合法权益不受损害，并对公司的经营发展提出良好之建议。日常独立董事独立履行职责，不受公司主要股东、实际控制人、以及其它与上市公司存在利害关系的单位或个人的影响。

(三)董事、监事及高级管理人员的考评及激励机制、相关奖励制度

本公司长期激励机制方案已经二零零一年第一次临时股东大会审议批准，自二零零一年度起实施。本次长期激励机制的实施对象包括本公司董事(不包括独立董事)、监事(不包括外部监事)、高级管理人员、中级管理人员和主要技术骨干，以达到设定的业绩目标为实施前提，由此实现股权激励和公司业绩考核、岗位绩效考核紧密挂钩。本公司成立董事会属下的薪酬与考核委员会，负责研究及审查董事、监事及高级管理人员的考核标准、薪酬政策与方案。

六、股东大会情况简介

(一)报告期内本公司召开了一次年度股东大会和一次临时股东大会

1.本公司于二零零一年四月二十日召开的第二届第四次董事会会议通过召开二零零零年度股东大会的决议，并于四月二十三日在《中国证券报》、《上海证券报》、《香港经济日报》、《Hong Kong iMail》刊登通告。二零零一年六月十五日上午，二零零零年度股东大会在本公司会议室召开，出席会议的股东和股东授权代表3人，代表本公司股份513,006,200股，约占本公司股份总数的63.26%，符合《公司法》和本公司章程要求，本公司董事、监事出席了本次会议，会议通过了如下决议：

(1)本公司二零零零年度董事会工作报告；

(2)本公司二零零零年度监事会工作报告；

(3)本公司二零零零年度经审核的财务报告；

(4)本公司二零零零年度末的核数师报告；

(5)续聘任期届满的公司核数师(广州羊城会计师事务所有限公司)及国际核数师(罗兵咸永道会计师事务所)，并授权本公司董事会决定其酬金；

(6)本公司二零零零年度利润分配及派息方案；

(7)授权董事会决定二零零一年度本公司董事及监事服务报酬总金额；

(8)授权董事会依照有关规定在有关期间内配发及发行新股份，并授权董事会据此对本公司章程作出适当及必要的修改和办理有关的变更登记手续。

该股东大会决议公告刊登于二零零一年六月十八日的《中国证券报》、《上海证券报》、《香港经济日报》、《Hong Kong iMail》。

2.本公司于二零零一年九月二十七日召开的第二届第八次董事会会议通过召开二零零一年第一次临时股东大会的决议，并于二零零一年九月二十八日在《中国证券报》、《上海证券报》、《香港经济日报》、《Hong Kong iMail》刊登通告。二零零一年十一月十二日上午，二零零一年第一次临时股东大会在本公司会议室召开，出席会议的股东和股东授权代表6人，代表股份513,414,000股，约占本公司股份总数的63.31%，符合《公司法》和本公司章程要求，本公司董事、监事出席了本次会议，会议通过了如下决议：

同意本公司下属全资企业广州市医药公司购买广州医药集团有限公司下属全资企业广州市医药物资供应公司拥有的穗康大楼的关联交易。该关联交易标的为广州市医药物资供应公司拥有的座落于广州市荔湾区上九路82号的穗康大楼，交易双方约定按照评估值39,239,480.00元人

民币作为本次资产买卖的交易价格。

该股东大会决议公告刊登于二零零一年十一月十三日的《中国证券报》、《上海证券报》、《香港经济日报》、《Hong Kong iMail》。

(二)报告期后至年报公布之日召开股东大会情况

本公司于二零零二年二月七日召开的第二届第十次董事会会议通过召开二零零二年第一次临时股东大会的决议,并于二零零二年二月八日在《中国证券报》、《上海证券报》、《香港经济日报》、《Hong Kong iMail》刊登通告。二零零二年三月二十七日上午,二零零二年第一次临时股东大会在本公司会议室召开,出席会议的股东和股东授权代表3人,代表股份731,556,999股,约占本公司股份总数的90.22%,符合《公司法》和本公司章程要求,本公司董事、监事出席了本次会议,会议通过了如下决议:

(1)接受陈翔志先生提出辞去本公司董事的辞呈,并选举周跃进先生为新任董事的议案;

(2)董事会下设薪酬与考核委员会的议案;

(3)本公司实施长期激励机制方案的议案。

该股东大会决议公告刊登于二零零二年三月二十八日的《中国证券报》、《上海证券报》、《香港经济日报》、《Hong Kong iMail》。

七、董事会报告

(除特别注明外,本报告涉及的财务数据均节录自本集团按中国会计准则编制之账项)

(一)管理层讨论与分析

1、经营情况分析

(1)本集团所处行业及在行业中所处地位

本集团属医药行业,以销售额计算,本集团是目前中国最大的中成药制造商之一,也是国内三大医药贸易企业之一。

(2)经营状况分析

(i)主营业务及地区分析

二零零一年是本集团自一九九七年在香港上市以来的第四个完整会计年度及在国内上市以来的第一个完整会计年度。报告期内,中国加入WTO,国内医疗卫生体制改革,药品分类管理制度、医药产品价格政策和城镇职工基本医疗保险制度的进一步实施等因素对中国医药市场产生了重大的影响。面对挑战与机遇并存的市场环境,本集团采取了一系列的对策措施,使本集团的经营业绩保持稳定的持续增长。

按合并报表计算,二零零一年度本集团中国会计准则编制和按香港会计准则的营业额均为5,334,029千元,同比增长26.31%;按中国会计准则,除税前利润为260,137千元,同比增长20.92%;按香港会计准则,除税前盈利205,987千元,同比增长0.69%。

本年度各主要业务的营业额及主营业务利润如下:

	营业额		主营业务利润
	按中国会计准则人民币千元	按香港会计准则人民币千元	按中国会计准则人民币千元
主要业务:			
制造及销售	1,634,887	1,634,887	826,180
贸易批发	3,281,570	3,281,570	235,566
零售	357,170	357,170	80,156
进出口	60,402	60,402	6,123
	3,699,142	3,699,142	321,845
	5,334,029	5,334,029	1,148,025

制造业务及贸易业务的地区销售情况(单位:千元)

	制造业		商业		合并
地区	销售额	占制造业务销售额比重%	销售额	占贸易业务销售额比重%	
华南	1,108,068	67.78%	3,147,133	85.08%	4,255,201
华东	202,029	12.36%	184,398	4.98%	386,427
华北	103,216	6.31%	100,964	2.73%	204,180
东北	97,970	5.99%	55,030	1.49%	153,000
西南	62,487	3.82%	90,606	2.45%	153,093
西北	36,807	2.25%	60,609	1.64%	97,416
出口	24,310	1.49%	60,402	1.63%	84,712
合计	1,634,887	100.00%	3,699,142	100.00%	5,334,029

主要品种的销售情况(单位:万元)

	二零零一年度	
产品类型	销售收入	毛利润
清热解毒药	36,488.02	16,939.07
糖尿病药	31,093.21	19,037.41
止咳化痰利肺药	17,765.34	8,531.97
疏风活血药	16,417.62	9,591.97
胃肠用药	8,373.64	3,861.46

(ii)中成药制造业务

二零零一年度本集团制造业务(「制造业务」)按中国会计准则及香港会计准则编制的营业额均为1,634,887千元,同比增长26.23%;按中国会计准则,除税前盈利为186,582千元,同比增长17.78%;按香港会计准则,除税前盈利为150,716千元,同比下降5.64%。制造业务的营业额及按中国会计准则计算的除税前盈利均达到了历史最好水平。

本年度,制造业务加大市场拓展力度,加强对重点城市和终端销售市场的技术推介和广告宣传工作,做好市场细分和定位,整合经销商。此外,制造业务注重对销售市场和销售客户分析,实时监察销售情况,及时调整营销策略,有效地促进了重点产品销量的增长。

二零零一年度年销售额1,000万元以上的品种有30个,其中,年销售额1亿元以上的品种有3个,年销售额5,000万元至1亿元以内的品种有5个。高附加值重点产品销量的显著增长,是制造业务盈利增长的主要因素。

制造业务重视生产成本及费用控制。报告期内,主要产品的平均单位成本比去年同期下降4.57个百分点,经营费用率比去年同期下降2.67个百分点,对制造业务利润的增长起到重要作用。

加快企业技术改造和GMP实施步伐。报告期内,制造业务基本完成的重大技术改造项目,包括广州中一药业有限公司(前称广州中药一厂)的消渴丸生产线技术改造;广州奇星药厂引进微波干燥线;广州羊城药业股份有限公司丸剂车间GMP改造等。目前正在进行的技改项目有广州中一药业有限公司的迁厂技术改造、广州星群药业股份有限公司的迁厂改造、广州潘高寿药业股份有限公司膏露车间GMP改造、广州敬修堂(药业)股份有限公司的栓剂车间技改工程等多个技术改造项目。上述技术改造将有助于提高企业的生产技术和生产能力,进一步增强本集团主营业务的核心竞争力。

调整企业结构,优化资源配置。二零零一年二月二十一日,经本公司第二届第三次董事会会议决议,由广州中药一厂吸收合并广州众胜药厂。该项合并进一步优化了企业内部资源配置,增强了企业持续发展后劲及抗风险能力。合并后广州中药一厂销售额比上年同期两厂合计销售额增长29.08%,税前利润增长38.53%。

加大技术创新的投入,加快新产品的研发工作。报告期内,本公司原广京中药技术创新中心30%的股权转让予广州市医药工业研究所,原广京中药技术创新中心更名为广州汉方现代中药研究开发公司。年内该公司已完成了现代化中药研究中心的建设工作,并正在开展一类新药、二类新药等四个中药产品项目的研发工作。

为进一步提高本公司研发能力,开拓生物医药研制新领域,本公司于二零零一年八月二十七日成立广州拜迪生物医药有限公司。该公司目前已着手进行抗乙型肝病毒DNA疫苗等4个产品的研究和生物医药研究中心的建设工作,并积极寻求有市场潜力和发展前景的合作项目。

报告期内,投产的有"石斛夜光颗粒"、"益妇止血丸"、"胃热清"等3个产品,已完成临床研究的有PHY(冠心疾病治疗用药)等3个产品,正在研究开发的有"风湿平"、"四逆缓释剂"、"洁源胶囊"、"热咳清颗粒"、"抗乙型肝病毒DNA疫苗"、"植物血球凝集素"等多个产品。

本公司有力地推进了制造企业ERP项目的实施工作,年内完成了五家工业企业ERP项目的实施工作,目前广州中一药业有限公司和广州羊城药业股份有限公司正处于实施阶段;同时,本公司亦积极推进商业ERP项目的实施和企业数据分析系统建设工作。计算器网络信息系统和ERP管理系统的实施,对加强本公司的资源管理,规范和优化企业的业务流程,降低营运成本和加速资金的周转,提高企业对市场变化的适应能力起到了重要的作用。

报告期内,制造业务的存货周转天数和应收账款周转天数分别比去年同期加速37天和24天。

(iii)医药贸易业务(包括批发、零售和进出口)

二零零一年度本集团贸易业务("贸易业务")按中国会计准则及香港会计准则编制的营业额均为3,699,142千元,同比增长26.35%。按中国会计准则,除税前盈利为73,555千元,同比增长29.68%;按香港会计准则,除税前盈利55,271千元,同比增长23.24%。贸易业务的营业额和除税前盈利均达到历史最好水平。

本报告期内,根据国家医药改革一系列政策的逐步实施,本集团贸易业务密切跟踪市场变化,把握发展时机,适时推行应变策略。一是充分利用品种经销代理制,开发新药特药经营品种,精心培育适应市场需求的梯队式代理品种,年内新增代理品种477个;二是促进本集团内部工商企业之间的合作,构筑实力雄厚的经营网络;三是加强物流管理及优化业务流程,提高连锁网络的配送效率。

报告期内,广州市全面放开医药零售市场及实行医院用药招标采购制度,直接推动了医药销售终端市场的白热化竞争。贸易业务根据市场的变化,加强批发力量、拓展零售网络,以调整网点布局,全面提升贸易业务的竞争优势。尤其是广州健民医药连锁药店以其规模庞大、商誉良好、网络广阔、品种齐全的优势在广州市及周边重点城市占据首要地位。目前,本集团已有11家连锁店列入广州市城镇职工基本医疗保险首批定点零售药店,占广州市定点药店的37%。年内,本集团新增零售网点100家,其中,直营连锁店11家,加盟特许连锁店89家。截至二零零一年十二月三十一日,本集团的医药零售网点共有273家,其中,主营中药的"采芝林"药业连锁店173家,主营西药的「健民」医药连锁店100家。按二零零一年销售额计算,"健民医药连锁店"和"采芝林药业连锁店"分别名列全国八大医药连锁企业的第四位和第七位。

受到国内医药市场激烈竞争和药品降价等因素的影响,二零零一年贸易业务的销售毛利率同比下降1.46个百分点。为了确保盈利的能力稳定增长,贸易业务在积极扩大销售的同时,加强营运费用的目标管理,努力降低营运成本,完善库存商品的监控管理,定期分析商品库存和销售情况,做好销售客户的信用管理,加速应收账款的回笼。销售额的大幅度增加、费用率的下降、资金周转速度的加快,确保了贸易业务盈利的稳定和增长。

(3)本公司持股超过50%的控股子公司经营之情况及业绩(单位:人民币千元)

企业名称	主要产品及业务性质	总资产	净资产	净利润
广州中一药业有限公司	消渴丸等中成药制造	335,669	248,400	44,449
广州陈李济药厂	乌鸡白凤丸等中成药制造	296,112	167,891	17,101
广州奇星药厂	华佗再造丸等中成药制造	171,356	152,669	13,532
广州医药有限公司	西药、医疗器械销售	1,227,991	329,492	30,763
广州市药材公司	中药材、中成药销售	320,292	86,233	3,815
广州市医药进出口公司	中成药、西药药品进出口	71,548	18,398	313
广州星群药业股份有限公司	夏桑菊等中成药制造	277,538	177,356	15,047
广州敬修堂药业股份有限公司	清热消炎宁等中成药制造	157,992	85,674	1,187
广州潘高寿药业股份有限公司	蜜炼川贝枇杷膏等中成药制造	279,186	175,359	13,860
广州羊城药业股份有限公司	保济丸等中成药制造	151,181	124,809	13,743
广州拜迪生物医药有限公司	生物医药研发、制造	20,022	20,000	0
广州汉方现代中药研究开发有限公司	中成药研发、制造	11,234	11,099	-391

注:(i)广州中药一厂已于二零零二年一月一日改制为广州中一药业股份有限公司;(ii)广州市医药公司已于二零零一年十二月二十一日改制为广州医药有限公司。

本公司无单个参股公司的投资收益对公司净利润影响达到10%以上。

(4)主要供货商及主要客户情况:本集团向前五名供货商合计的采购金额为766,081千元,约占年度采购总额的比例为18%;其中最大供货商的采购金额为213,262千元,占年度总采购额约5.12%。前五个客户销售额合计368,857千元,占公司销售总额的比例为6.92%;其中最大客户销售额为140,525千元,占集团年度销售总额2.63%。

据董事所知,无任何董事或彼等之联系人士或拥有本公司已发行股本5%以上的股东于本集团前五名供货商及客户中拥有任何权益。

(5)在经营中出现的问题与困难及解决方案

国家进一步深化医疗体制改革,采取包括降低383种药品价格、实施医院用药采购招标制度在内的一系列措施,对本公司制造业务和贸易业务造成一定的影响,尤其是导致本公司贸易业务毛利率的下降。针对上述困难,本公司一是拓展医药市场,加强批发力量;二是拓展医药零售市场,积极筹办定点药房,提高市场零售终端覆盖率;三是通过积极参与医院用药集中招标采购活动,全面拓展医疗机构终端市场,提高处方药销售。本公司通过上述措施,确保了主营业务收入的显著增长。

(6)净利润实现数与净利润预测数的比较

按中国会计准则,二零零一年本集团实现净利润146,134千元,达到本公司二零零一年增发A股时编制的盈利预测报告中之净利润预测值130,445千元的目标。

2、公司投资情况

(1)发行H股募集资金的使用情况

本公司于一九九七年十月发行219,900,000股H股,募集资金中尚余904万元延续至本报告期使用(现代化技术工程中心建设项目)。本公司于一九九八年与北京中医药大学共同组建了广京中药技术创新中心,二零零一年二月北京中医药大学将其持有的广京中药技术创新中心30%的股权转让予广州市医药工业研究所,广京中药技术创新中心更名为广州汉方现代中药研究开发有限公司。截止二零零一年六月三十日,发行H股募集资金尚余的904万元已按招股书承诺全部投入完毕。该项目作为新药、新制剂、新工艺技术平台,提高了本公司新产品研制开发的能力。

(2)报告期内发行A股募集资金运用情况

经中国证监会核准,二零零一年一月十日,本公司在境内以每股9.80元的价格发行7,800万股A股股票,募集资金净额为73,799万元。报告期内,共计投入A股募集资金28,661万元,尚未使用的资金暂时存放于银行或作为企业流动资金运用,本公司将根据项目实施进度分批投入。

截止报告期末,本公司发行A股募集资金实际投入的项目与招股意向书承诺项目全部一致。具体运用情况如下(单位:万元):

类别	项目名称	募股计划投入资金	报告期累计投入金额	工程进度
重点产品技术改造及新产品产业化				
小丸类	消渴丸技改	2,980	1,463	70%
	保济丸技改	1,100	872	80%
	新产品胃热清产业化	2,900	233	30%
	引进高速全自动小丸生产线技改	1,100	194	30%
	华佗再造丸技改	1,700	350	40%
	喉疾灵、补脾益肠小丸技改	2,910	820	30%
口服液	引进口服液生产线技改	2,950	63	20%
	新产品克感利咽口服液产业化	1,960	86	30%
冲剂类	虚汗停颗粒冲剂技改	1,200	237	30%
	引进高速全自动颗粒剂生产线技改	2,990	2,030	70%
	小儿速效感冒冲剂技改	2,300	1,800	70%
片剂类	新产品妇炎消泡腾片产业化	2,950	305	30%
	健脾理肠片、清热暗疮片技改	1,780	96	30%
	膏露车间技改	2,950	1,063	40%
	栓剂车间技改	1,200	431	50%
新技术基地				
中药现代化提取分离纯化技术产业化基地		2,990	20	1%
超临界				
CO2萃取技术产业化基地		2,990	0	0

商业类				
销售网络扩张项目	增设健民连锁店	8,930	6,108	60%
	增设采芝林连锁店	5,950	1,621	50%
物流中心技改		2,000	100	20%
商业 ERP 系统技改		2,000	500	30%
生物医药研究开发中心		8,000	2,300	20%
补充流动资金		5,000	7,969(注)	100%
合计		70,830	28,661	-

注:本公司发行 A 股实际募集资金净额为 73,799 万元,超出预计募集资金部分(2,969 万元)均作为补充企业流动资金使用。

上述投资项目资金投入及进展情况如下:

(i)重点产品技术改造及新产品产业化项目:此项目包括小丸类、口服液类、冲剂类、片剂类、膏露车间、栓剂车间的技术改造和新产品产业化项目,项目总投资 32,970 万元。报告期内,累计投入募集资金 10,043 万元,均按 GMP 要求用于新建、扩建生产车间、购置部分生产线及其辅助设备等。上述项目中消渴丸技改已大部分完成,报告期内比去年同期新增销售收入 4,301 万元,新增毛利润 2,067 万元。其它项目大部分尚处于建设期,尚未产生效益。该等项目的实施,确保了本公司下属企业可以在国家规定的期限内完成 GMP 改造,为今后扩大生产能力,进一步提高产品的市场占有率和竞争力打下坚实的基础。

(ii)中药新技术产业化基地项目:此项目包括中药现代化提取分离纯化技术产业化基地和超临界 CO2 萃取技术应用产业化基地两个项目,总投资 5,980 万元,已完成基地的选址工作,目前正在进行项目的基建和设备招标工作。

(iii)销售网络扩张项目:项目总投资 14,880 万元,报告期内投入 7,729 万元,新增 43 家医药连锁店。上述连锁店的增设,为本公司新增销售收入 6,405 万元。

(iv)黄金围现代化商业物流中心技术改造项目:本项目计划以募集资金投入 2,000 万元,目前已投入 100 万元用于购置部分配套设备。

(v)商业 ERP 系统技术改造项目:本项目计划以募集资金投入 2,000 万元,报告期投入 500 万元用于引进服务器二台、配置国产设备一批。目前正在实施软件和硬件升级,改造广域网络和工作站网络的工作。

(vi)生物医药研究开发中心建设项目:二零零一年八月,本公司控股 82% 的广州拜迪生物医药有限公司成立,该公司注册资金 2,000 万元人民币。报告期内已投资 2,300 万元,主要用于项目用地的购置,目前正在进行 3,000 平方米的研究开发实验室和中试车间的施工。

(3)报告期内非募集资金投资的情况

报告期内,经本公司第二届第二次董事会会议批准,本公司出资人民币 1,072.5 万元认购光大银行法人股 550 万股,占该行扩股后总股数 58.91 亿股的 0.093%。

3、公司财务状况(单位:人民币千元)

(1)公司财务状况

按中国会计准则 (单位:人民币千元)

项目	二零零一年 十二月三十一日	二零零零年 十二月三十一日	增减(+%)
总资产	3,697,239	3,017,797	22.51%
长期负债	23,854	84,573	-71.79%
股东权益	2,172,910	1,326,404	63.82%
	二零零一年度	二零零零年度	增减(+%)
主营业务利润	1,148,025	1,001,733	14.60%
净利润	146,134	141,214	3.48%

按香港会计准则(单位:人民币千元)

项目	二零零一年 十二月三十一日	经重列 二零零零年 十二月三十一日	增减(+%)
总资产	3,877,969	3,256,426	19.09%
长期负债	10,000	65,000	-84.62%
股东权益	2,408,430	1,598,817	50.64%
	二零零一年度	二零零零年度	增减(+%)
经营盈利	215,384	208,670	3.22%
净利润	95,868	135,250	-29.12%

变动原因:

(i)总资产:报告期内,本公司总资产从 30.18 亿元增长至 36.97 亿元,年内本公司通过增发 A 股募集资金 7.3799 亿元,为总资产显著增长的主要原因。

(ii)长期负债:年内,本公司长期负债从 8,457 万元下降至 2,385 万元,主要原因是企业如期归还了到期的长期借款。

(iii)股东权益:报告期内,本公司股东权益从 13.26 亿元上升至 21.73 亿元,主要原因是募集资金的增加和税后利润的增加。

(iv)主营业务利润:年内,本公司主营业务利润的增长来自于销售收入的大幅度增长。

(v)净利润:报告期内,按中国会计准则计算,本公司净利润为 1.4613 亿元,比二零零零年增长 3.48%。税率变动、部分退税尚未返还等是净利润增长幅度小于税前利润增长幅度的主要原因。按香港会计准则计算的净利润为 9,587 万元,比按中国会计准则计算的净利润相差 5,026 万元,主要原因是企业执行新的会计制度,增提了四项减值准备 5,012 万元,按国家财务部规定可调整年初留存收益,而按香港会计准则,须全数进入当期损益。

(2)资金流动性、财政资源及资本结构情况

于二零零一年十二月三十一日,本集团之长期借款为人民币 1,000 万元,该借款为人民币定息借款,将于二零零三年到期。于二零零一年十二月三十一日,本集团的现金及现金等价物为人民币 86,741 万元,其中约 87% 及 13% 分别为人民币及港币。

(3)资本性开支

本集团预计二零零二年资本性开支约为人民币 3.40 亿元,本集团的资金来源完全能够满足资本性开支计划和日常运营等所需资金。

(4)外贸风险

本集团大部份收入、支出、资产及负债均为人民币或以人民币结算,所以并无重大的外贸风险。

(5)或有负债

截止二零零一年十二月三十一日止,本集团并无重大或有负债。

(6)集团资产抵押详情

于二零零一年十二月三十一日,本集团之银行借款是以账面净值人民币 13,760.6 万元的固定资产作抵押。

4、生产经营环境和宏观政策的变化及对公司的影响

根据国家规定,各地实行的上市公司企业所得税优惠政策保留到二零零一年十二月三十一日止,本公司及所属企业二零零一年所得税先按 33% 缴交后,地方返还 10.8%(实征 22.2%),上半年已返还约人民币 1,300 万元,下半年返还款将于年度审计清算后进行,预计在二零零二年尚可获得返还款约人民币 1,800 万元。自二零零二年一月起,实缴税率为 33%,这将对公司今后的税后净利润产生一定影响。

5、新年度的业务发展计划

二零零二年,本公司销售收入预计比去年同期增长 10% 或以上。

二零零二年,本公司将以加快 A 股投资项目建设为重点;以市场为导向,做好市场研究和市场细分工作,重点拓展拳头产品在省外各大城市的销售;加强企业研发能力,促进企业技术改造和制造业水平升级;加大企业改革力度,深入推进企业内部资源优化配置工作,努力降低成本费用;提高资本运营能力,积极探索兼并、收购等投资方式,培育企业持续发展的新增长点,增强企业的核心竞争能力。具体措施如下:

(1)实施品牌营销策略,拓展终端市场网络

以细化市场为导向,以重点产品为核心,以品牌宣传为辅助,加大力度拓展销售网络,精心培育适应市场需求的梯队式产品,积极推进品牌营销和核心产品的市场拓展工作,保持制造业务和贸易业务销售业绩的持续增长。

(2)利用技术创新体系,加强产品研发工作

研发工作的重点是推进中药现代化进程和加强生物医药产品的研发,进一步提高公司核心竞争力和持续发展能力。二零零二年,本公司将积极申报建立「国家中药制药工程研究中心」;进一步推进毛冬青琥酯钠(中药一类新药)、四逆缓释片(中药二类新药)、洁源胶囊(治疗尿毒症二类新药)等中药研发项目;加速抗乙肝 DNA 疫苗和假单胞活性蛋白等生物医药项目的临床前实验工作。此外,本公司正在洽谈已进入临床试验或已获得新药证书的生物制品、新药的技术转让项目,将争取尽早进入产业阶段并取得经济效益。

(3)加速企业技术改造,实施 GMP 改造项目

二零零二年度,本集团将重点抓好广州中一药业有限公司、广州星群药业股份有限公司迁厂等大型技改工程实施工作,争取在二零零三年底前全面完成制造企业的 GMP 改造及认证。

(4)提高企业管理水平,推进 ERP 系统实施

二零零二年度,本集团计划一是全面完成制造业 ERP 系统的实施工作;二是加速商业 ERP 系统的实施工作,年内争取完成广州市药材公司主要部门的 ERP 实施和改进完善广州医药公司 ERP 系统等工作;三是建立企业资料分析系统与 ERP 的数据接口;四是进一步完善信息网站的建设;五是建立公司的电子商务平台,积极探索电子商务技术的推广应用;六是争取获得 SAP 客户协作中心的认证。

(5)深化企业体制改革,充分发挥人才优势

本集团将继续推进企业内部资源的合理配置,深化企业体制改革,逐步建立投资主体多元化的激励机制和完善现代企业管理机制。二零零二年内拟逐步实施全资企业的转制工作,积极进行经营者持股的试点工作。同时,本集团将利用长期激励机制的积极效应,培育和引进一批专业技术人才及管理技术人才,不断提高企业的综合素质。

(6)增强资本运营力度,加速企业拓展步伐

本集团将引进资本运营专业人才,进一步加强资本运作力度,通过积极引进境内外战略投资者等多种形式,逐步实现股权结构的多元化。同时,围绕核心业务,积极寻求有发展潜力的相关产业投资项目,加快并购、重组步伐,努力培育新的利润增长点,为企业今后的长期发展奠定基础。

二零零二年,本公司将继续勤勉进取、务实创新的精神,为股东创造更好的回报。

(二)利润分配预案或资本公积金转增股本预案

1、本年度利润分配预案与资本公积金转增股本预案

根据中国会计准则及制度,本公司二零零一年度净利润为 146,134 人民币千元,减除期初分配利润负数人民币 27,438 千元后,可供分配利润为 118,696 千元。董事会建议派发二零零一年全年股息为每股人民币 0.06 元(A 股含税),派发此项末期股息建议如在二零零二年六月七日举行之周年股东大会获得通过,将于二零零二年六月二十一日或之前派发予二零零二年五月一十三日(星期三)收市后名列于本公司股东名册的 H 股股东;A 股股东的股权登记日、股息派发日及派发方式另行公告。

本年度不进行资本公积金转增股本。

2、本年度利润分配预案与二零零零年年度报告预计的分配政策差异说明

本公司在二零零零年度报告中预计二零零一年度进行两次利润分配,实际拟分配一次。主要原因是考虑到按照中国证监会的规定,派发股息前必须要由核数师对公司的财务报告进行审计。本公司预计不能在规定的时间内完成境内外审计工作,因此,二零零一年中期未派发股息。

3、预计二零零二年度利润分配政策

二零零二年度,公司预计进行利润分配一次;二零零二年度的净利润及二零零一年末未分配利润用于股利分配的比例不低于 30%,利润分配方式将采用派现金的方式;公司计划二零零二年度不进行资本公积金转增股本。以上分配政策为预计方案,本公司董事会保留根据公司实际情况对该政策进行调整的权利。

(三)最佳应用守则

本公司在二零零一年度内均有遵守《香港联合交易所有限公司证券上市规则》附录十四所载列之最佳应用守则。

(四)其它事项

1、为进一步建立现代企业制度,本公司逐步推行附属企业改制工作。二零零一年十二月二十一日,广州市医药公司改制为「广州医药有限公司」;二零零二年一月一日广州中药一厂改制为「广州中一药业有限公司」。上述两家公司经改制实施企业经营者和核心骨干持股经营机制,有效地促进了企业的持续性发展。

2、本公司于二零零一年十月十九日与独立第三方英国 Opalmind International Holding Limited 签署合同,双方同意以合作形式在英国伦敦设立广州药业(英国)有限公司(下简称「该公司」)。本公司以「广州药业」及「采芝林」的品牌在英国及欧共体国家的独家使用权出资,将占该公司总股本的 20%;Opalmind International Holding Limited 以现金出资,将占该公司总股本的 80%。该公司注册资金为 150 万英镑,企业类型为有限公司,经营范围主要包括中医药及天然保健品、营养补充剂的销售及开设连锁店。截至二零零一年十二月三十一日止,设立该公司的有关法定手续正在办理之中。

3、本公司已于二零零一年八月二十七日独资成立广州拜迪生物医药有限公司,其中,本公司持股 82%,广州市医药工业研究所持股 10%,广州拜迪生物医药有限公司管理层个人持股 8%。该公司注册资本金 2,000 万元人民币,企业类型为有限责任公司,经营范围包括从事药品研究开发及戒毒药品的研制,承接医药产品、新药的药理、药效、毒理研究项目,医药技术咨询服务,批发和零售贸易。

4、本公司计划于二零零二年在美国设立第一级证券存托凭证(ADR)。本公司已于二零零二年二月二十七日获得中国证监会同意本公司设立 ADR 的核准,并已于二零零二年三月七日与纽约银行签订协议书,委任纽约银行担任设立 ADR 的存托银行。

5、员工住房

根据广州医药集团与本公司签订之职工住房服务合同,广州医药集团同意以优惠房价向本集团的职工出售住房。本公司将按照优惠房价与广州医药集团在建设或购入该职工住房的成本并扣除累积折旧后之差额补贴给广州医药集团。于二零零一年十二月三十一日,须向广州医药集团支付的职工住房改造款合共约人民币 62,030 千元(二零零零年:人民币 62,030 千元)。

此外,本集团已建设或购入部分职工住房。于二零零一年十二月三十一日,处置该等住房的收入与其建设或购入的成本之差额合共人民币 42,437 千元。(二零零零年:人民币 42,437 千元)。

相应地,上述之职工住房改造款于二零零一年十二月三十一日合共为人民币 104,467 千元(二零零零年:人民币 104,467 千元)。根据中国财政部财企[2000]29 号文件《关于企业住房制度改革中有关财务处理问题的通知》的规定,上述之职工住房改造款应计入二零零一年十二月三十一日法定账目的年初未分配利润,由此造成年初未分配利润的借方余额,则可在董事会批准下以法定公益金、盈余公积金及资本公积金弥补。此处理办法已于按中国会计准则及制度编制的财务会计报告中处理。

按香港普遍采纳会计原则,本集团将以递延职工住房改造款的形式,按职工的平均剩余服务年 限,即十年,按直线法平均摊销。本集团于二零零一年十二月三十一止,累计摊销人民币 25,004 千元。其中,二零零一年摊销人民币 10,446 千元,于二零零一年十二月三十一日,上述递延职工住房改造款余额为人民币 79,463 千元。本公司董事会认为,如果上述递延职工住房改造款余额在二零零一年度摊销,则本公司于二零零一年十二月三十一日的总资产值将减少约人民币 79,463 千元。广州市人民政府穗府[2000]18 号文所陈述的对无分配住房及住房未达标老职工的一次性住房补贴的问题,董事会认为该文件对本集团不具有强制性约束力。从二零零一年开始,本集团将根据各企业的实际情况制定职工住房补贴政策。

6、法定资料

按《香港联合交易所有限公司证券上市规则》附录十六第 45 条第(5)段的规定,须载列于本公司截至二零零一年十二月三十一日止年度业绩公告的所有资料将刊登于香港联合交易所有限公司的网页。

八、监事会报告书

(一)监事会工作情况:

本报告期内监事会共召开四次会议,主要情况如下:

1、第二届第二次监事会会议于二零零一年四月二十日召开,并通过如下决议案:

监事会二零零零年度工作报告。

2、第二届第三次监事会会议于二零零一年八月十七日召开，并通过如下决议案：

二零零一年度中期业绩报告；

二零零一年度中期未经审核的财务报告及利润分配方案；

本公司执行《企业会计制度》提取固定资产等四项减值准备及建立相应内部控制制度的议案；

本公司实施长期激励机制的议案；

关于召开二零零一年第一次临时股东大会的方案。

3、第二届第四次监事会会议于二零零一年九月二十七日召开，并通过如下决议案：

审议通过关于本公司下属全资企业广州市医药公司购买广州医药集团有限公司（以下简称「广药集团」）下属全资企业广州市医药物资供应公司拥有的穗康大楼的关联交易的议案；

本公司成立独立董事委员会的议案；

召开本公司二零零一年度第一次临时股东大会的议案。

4、第二届第五次监事会会议于二零零一年十二月十八日召开，并通过如下决议案：

本公司委托纽约银行设立第一级美国证券存托凭证计划的议案；

本公司董事兼总经理陈翔志先生提出辞去总经理一职的辞呈，并审议通过聘任周跃进先生为总经理的议案；

关于广州市医药公司和广州中药一厂改制为有限责任公司的议案。

（二）监事会对本公司二零零一年度的工作事项评价

1、报告期内本公司运作规范，企业经营管理层所作经营决策符合国家的法律、法规、公司章程及上市规则，符合本公司的发展前景以及符合股东的权益实施有效的监管，没有发现董事和高级管理人员违反法律、法规、《公司章程》或损害公司和股东利益的行为。

2、本年度国内及国际会计师所出具的审计报告无保留意见和解释性说明。经检查公司财务状况，确认财务报告如实地反映财务状况和经营成果。

3、公司募集资金的投入情况与招股说明书所载基本一致。

4、公司收购、出售资产交易价格合理，无发现内幕交易，无损害部分股东的权益或造成公司资产流失。

5、关联交易公平合理，并无损害上市公司利益。

九、重要事项

1、报告期内，本集团无重大诉讼事项。

本集团附属企业广州陈李济药厂在报告期内与香港陈李济制药厂涉及的商标使用及产品外包装争议纠纷，双方已于开庭前达成了和解，并已签订《协议书》双方同意撤诉。董事会认为该项诉讼并不构成对本集团经营和资产的重大不利影响，但为使本公司股东全面了解该案的情况，现将该事实情况介绍如下：

一九九七年八月，香港陈李济制药厂有限公司及其美国经销商苏氏有限公司以侵犯「陈李济」、「杏和堂」商标及产品外观包装为由向美国加利福尼亚州法院起诉本集团附属企业广州陈李济药厂的美国经销商美国国盛行贸易有限公司。一九九八年八月，原告方申请增加广州陈李济药厂为被告。二零零一年九月，原、被告各方依照美国加州的法律程序，在香港进行了开庭前的强制性和解程序。二零零一年十二月四日，香港陈李济制药厂有限公司与广州陈李济药厂的授权代表就本案争议事项的处理签订了《协议书》，同意撤诉，广州陈李济药厂同意向香港陈李济制药厂有限公司支付在美国和香港的诉讼或法律程序的补偿费 10 万美元。涉及本案的撤诉申请正在办理之中。

2、报告期内，本公司下属企业中发生一项吸收合并事项：根据本公司第二届第三次董事会会议决议，本公司下属全资子公司广州中药一厂吸收合并广州众胜药厂。吸收合并工作已严格按照法律法规有关规定，于二零零一年八月十四日全面实施完毕。广州众胜药厂的法人资格即日起取消，其全部债权债务由广州中药一厂继承。

除此以外，本公司无其它重大收购及出售资产事项。

3、重大关联交易事项

（1）报告期内，本公司进行一项关于本公司附属全资企业广州市医药公司（现为广州医药有限公司）购买广药集团附属全资企业广州市医药物资供应公司拥有的穗康大楼的关联交易。该关联交易标的为广州市医药物资供应公司拥有的座落于广州市荔湾区上九路 82 号的穗康大楼，交易双方约定按照评估值 39,239,480 元人民币作为本次资产买卖的交易价格。

该项关联交易已经本公司董事会及临时股东大会审议批准。本公司独立董事、独立财务顾问及律师亦就该项交易发表了意见，一致认为本项关联交易遵循了商业原则，交易是公平、公正、公允的，符合本公司和全体股东的最大利益。

本公司已按照有关规定，就该项关联交易在二零零一年九月二十八日在《中国证券报》、《上海证券报》、香港《经济日报》、《Hong Kong iMail》作出详细的信息披露。

目前，已完成该项资产的产权变更登记手续

（2）其它关联交易事项见本公司财务报表附注。

4、重大合同及履行情况

（1）报告期内，本公司未发生因托管、承包、租赁其它公司资产或其它公司托管、承包、租赁本公司资产，而为本公司带来达到本年度利润总额 10％以上利润的事项。

（2）报告期内，本公司无重大担保事项。

（3）委托资产管理事项

经本公司第二届第五次董事会会议书面批准，本公司以自有资金委托南方证券有限公司进行国债及证券投资，委托金额为人民币 3,000 万元，委托期限为二零零一年七月二十六日至二零零一年十二月三十一日。截止二零零一年十二月三十一日，本公司已全部收回上述资金本金，并获得利润 316 万元。

本公司附属企业广州陈李济药厂以自有资金委托东北证券有限公司进行资产管理，委托金额为人民币 2,000 万元，委托期限为二零零一年七月二十六日至二零零二年七月二十六日。

本公司附属企业广州羊城药业股份有限公司和广州潘高寿药业股份有限公司委托大鹏证券有限公司进行国债投资，委托金额分别为人民币 2,000 万元和人民币 2,500 万元，委托期限为二零零一年七月二十六日至二零零二年七月二十六日。

除上述所披露外，本公司于报告期内无其它重大合同。

5、公司或持股 5％以上股东对承诺事项的履行情况：

（1）本公司控股股东广药集团于二零零零年十月十九日向本公司作出《关于避免同业竞争的承诺》：在广药集团为本公司的直接或间接控股股东的情况下，广药集团及其下属企业均不会直接或间接经营、从事与本公司及其附属企业产生竞争的业务，亦不会直接或间接进行研制、生产、经营任何同类型产品。

报告期内，广药集团因重组广州白云山制药股份有限公司（白云山股份）而作出关于同业竞争的说明，本公司与白云山股份之间在小部分产品上存在同业竞争的现象，虽然该同业竞争不存在损害本公司与白云山股份利益的行为以及不存在关联方之间发生不正常利益的转移行为等，但是广药集团承诺：在遵守国家有关法律法规及中国证监会有关规定的前提下，在广药集团范围内（包括控股的上市公司），通过合理合法的渠道，尽快调整产品结构，在两年内解决已存在的同业竞争问题，并避免产生新的同业竞争。

（2）本公司二零零一年增发 A 股所募集的资金实际投入项目和承诺投入项目一致。（具体情况参见募集资金使用情况一节）。

6、本报告期内，本公司分别向广州羊城会计师事务所有限公司及罗兵咸永道会计师事务所支付报酬 95 万元及 245 万元，其中，广州羊城会计师事务所有限公司关于二零零零年度审计 60 万元，二零零一年中期审阅 20 万元，验资 15 万元；罗兵咸永道会计师事务所关于二零零零年度审计 196 万元，二零零一年中期审阅 49 万元。

7、本公司、公司董事会及董事在报告期内无受到中国证监会稽查、中国证监会行政处罚、通报批评、证券交易所公开谴责的情形。

8、企业所得税及地方政府退税优惠

根据广州市财政局穗财法[2000]1063 号文件，广州市上市公司的二零零一年企业所得税先按 33％的法定税率征收后，对超过 15％的地方收入部分（18％的 60％部分）给予先征后财政返还。据此，地方政府退税优惠的税率实际为 10.8％，即本公司及直属子公司二零零一年实际税负为 22.2％。二零零一年上半年返还约 1,300 万元，下半年返还清算工作将于二零零二年上半年进行，预计可返还金额人民币约 1,800 万元。以上税收优惠政策截止至二零零一年底结束，自二零零二年一月一日起本公司将按现行税法规定缴纳企业所得税。

9、中国加入世界贸易组织（WTO）法律文件对本公司未来经营活动影响

中国加入 WTO 法律文件在医药行业方面的承诺包括：（1）药品知识产权保护；（2）减免药品关税；（3）开放药品分销服务和医疗服务市场；（4）取消大型医疗器械进口管制。

上述前三条承诺将对本公司经营活动带来一定的影响：

（1）对专利药品仿制的限制。目前我国多数的西药为仿制产品，加入 WTO 后只能仿制或生产专利过期的药品或自行开发新药。虽然，中成药制造行业具有一定的竞争优势，受到的冲击较少，但仍会有一定的间接影响。

（2）我国承诺二零零三年起允许外国企业从事全方位的销售服务，包括药品的采购、仓储配送、批发零售和售后服务等，这将会对我国医药传统的批发、零售运作模式产生重大的影响。

（3）药品平均关税降低约 60％，从目前约 14.2％降低到约 6％左右，关税的降低将导致进口药品价格下降 10％，增强进口药品的竞争力，但由于目前我国国产药品与进口药品存在很大的价格差异，估计对进口药品进出量的影响有限。

针对上述影响，本公司制定了以下对策措施：一是加大新产品的研发投入和新技术运用，特别是加大中成药和生物医药的研究开发；二是加快对现有产品的筛选和重点产品的二次开发工作；三是注重做好产品技术专利申请和知识产权保护工作；四是积极引进现代物流管理技术，在制造、批发、零售业务推广计算器网络信息技术的应用；五是扩大市场销售网络和提高重点产品的市场份额。

十、财务报告

（一）会计报表（按中国会计准则）（附后）

（二）会计报表附注（按中国会计准则）

1、会计政策、会计估计的变更

本集团原执行《股份有限公司会计制度》。根据财政部财会字[2000]25 号《关于印发 <企业会计制度> 的通知》、财会字[2001]17 号《关于印发贯彻实施 <企业会计制度> 有关政策衔接问题的规定的通知》等文件的规定，并经董事会同意，本集团从二零零一年一月一日起执行《企业会计制度》，改变了以下会计政策：

（1）期末固定资产原按实际成本计价，现改为按固定资产账面价值与可收回金额孰低计价，对可收回金额低于账面价值的差额，计提固定资产减值准备；

（2）期末在建工程原按实际成本计价，现改为按在建工程账面价值与可收回金额孰低计价，对可收回金额低于账面价值的差额，计提在建工程减值准备；

（3）期末无形资产原按实际成本计价，现改为按无形资产账面价值与可收回金额孰低计价，对可收回金额低于账面价值的差额，计提无形资产减值准备。

对于上述会计政策的变更，本集团采用追溯调整法进行会计处理，调整了期初留存收益及相关项目的期初数；利润表及利润分配表上年累计数已按调整后的数字填列。上述会计政策变更累计调减了二零零一年年初未分配利润人民币 28,021,923.81 元，累计调减了盈余公积年初数人民币 18,243,272.21 元，调减了二零零零年度净利润人民币 5,019,951.62 元，调减了二零零零年年初未分配利润人民币 24,669,668.79 元。

2、合并会计报表合并范围变化情况

（1）本公司的子公司广州中药一厂（现为广州中一药业有限公司）于报告期内吸收合并了广州众胜药厂，所以广州众胜药厂不再纳入本期的合并报表范围。

（2）本集团持有子公司股权超过 50％而没有将其纳入合并范围的情况包括：

本公司持有广州汉方中药技术创新中心有限公司（原名广州广京中药技术创新中心有限公司）、广州拜迪生物医药有限公司和广州市医药商品展销商场的股权比例分别为 90％、82％和 80％。由于这 3 家公司的资产总额、销售收入及净利润中本公司所拥有的数额，占本公司与所有子公司资产总额的合计额、销售收入的合计额及本公司各期净利润额的比率在 10％以下，本公司根据重要性原则，没有将这 3 家公司纳入合并范围；

本集团持有广州星群经贸发展公司及广东星华保健饮料有限公司的股权比例分别为 51％及 53％。由于根据有关合同、章程，本公司对这两家公司的生产经营不具有实质控制权，因此没有将这两个子公司纳入合并范围；

（3）本集团属下的广州奇星药业有限公司是外商投资企业，本会计年度仍执行《中华人民共和国外商投资企业会计制度》，尚未按照《企业会计制度》的有关规定计提资产减值准备。本集团在编制合并会计报表时已按「主要会计政策、会计估计及合并报表编制方法」中所披露的相关会计政策对其资产减值准备进行了调整。

（三）按香港普遍采纳会计原则编制业绩

综合损益表

截至二零零一年十二月三十一日止年度

（按香港普遍采纳会计原则编制）

	附注	二零零一年 人民币千元	经重列 二零零零年 人民币千元
营业额	1	5,334,029	4,222,857
销售成本		(4,165,306)	(3,201,332)
毛利		1,168,723	1,021,525
其它收益	1	73,734	82,708
分销成本		(414,876)	(367,132)
行政开支		(575,151)	(481,234)
其它经营开支		(7,320)	(7,990)
扣除融资成本前之经营盈利	2	245,110	247,877
融资成本	3	(29,726)	(39,207)
经营盈利		215,384	208,670
应占盈利减亏损			
共同控制实体		(9,906)	(841)
联营公司		509	(3,257)
除税前盈利		205,987	204,572
税项	4	(105,084)	(59,745)
除税后盈利		100,903	144,827
少数股东权益		(5,035)	(9,577)
本年净利润		95,868	135,250
股息	5	48,654	38,985
每股盈利	6	人民币 0.119 元	人民币 0.185 元

1. 营业额、收益及分部资料

本集团主要从事中成药制造及销售，以及西药、中成药、中药材及各种医疗仪器的批发、零售及进出口业务。本年度列账之收益如下：

	二零零一年 人民币千元	二零零零年 人民币千元
营业额		
销售货品	5,334,029	4,222,857
其它收益		
技术发展补助（附注）	3,061	21,896
利息收入	22,523	13,947
投资物业之总租金收入	20,932	20,508
其它物业之租金收入减支出	8,608	8,374
供货商推广收入	8,755	9,466
专利费收入	1,127	1,492
来自非上市投资之收入	8,728	7,025
	73,734	82,708

总收益	5,407,763	4,305,565

附注：

本集团附属公司从当地政府获得共人民币 3,061,000 的技术发展补助(二零零零年:人民币 8,711,000 元)。根据有关批文,本集团需要从税后利润中将一笔相等于此等补助金额之款项分配至资本公积。

集团经营以下主要业务分部:

- 制造中成药
- 批发西药、中成药、中药材及医疗器械
- 零售西药、中成药、中药材及医疗器械
- 进出口西药

集团其它业务主要为持有投资物业及投资证券,两者的规模皆不足以作出独立报告。

因海外市场之业务占集团综合营业额及经营业绩不足 10%,则毋须呈列地区营业额和经营业绩之分析。

	制造 二零零一年 人民币千元	批发 二零零一年 人民币千元	零售 二零零一年 人民币千元	进出口 二零零一年 人民币千元	抵销 二零零一年 人民币千元	集团 二零零一年 人民币千元
营业额						
外部	1,634,887	3,281,570	357,170	60,402	–	5,334,029
内部	29,711	274,911	–	–	(304,622)	–
总计	1,664,598	3,556,481	357,170	60,402	(304,622)	5,334,029
分部业绩	176,984	66,287	7,449	1,513	(10,970)	241,263
未分配成本						3,847
经营盈利						245,110
融资成本						(29,726)
应占盈利减亏损						
共同控制实体	(9,906)	–	–	–	–	(9,906)
联营公司	509	–	–	–	–	509
除税前盈利						205,987
税项						(105,084)
除税后盈利						100,903
少数股东权益						(5,035)
股东应占盈利						95,868
分部资产	1,597,486	1,253,447	183,256	64,784	(85,017)	3,013,956
共同控制实体投资	29,832	–	–	–	–	29,832
联营公司投资	2,912	–	–	–	–	2,912
未分配资产						831,269
总资产						3,877,969
分部负债	340,910	935,140	75,382	47,746	(85,017)	1,314,161
未分配负债						31,680
总负债						1,345,841
资本开支	84,230	56,706	8,364	218	–	149,518
折旧	58,882	24,457	2,101	239	–	85,679
摊销开支	7,401	3,015	–	30	–	10,446
减值开支	37,947	9,807	2,365	–	–	50,119
	制造 二零零零年 人民币千元	批发 二零零零年 人民币千元	零售 二零零零年 人民币千元	进出口 二零零零年 人民币千元	抵销 二零零零年 人民币千元	集团 二零零零年 人民币千元
营业额						
外部	1,295,155	2,469,538	388,807	69,357	–	4,222,857
内部	110,330	70,689	–	–	(181,019)	–
合计	1,405,485	2,540,227	388,807	69,357	(181,019)	4,222,857
分部业绩	181,365	61,042	12,471	942	(3,719)	252,101
未分配成本						(4,224)
经营盈利						247,877
融资成本						(39,207)
应占盈利减亏损						
共同控制实体	(841)	–	–	–	–	(841)
联营公司	(3,257)	–	–	–	–	(3,257)
除税前盈利						204,572
税项						(59,745)
除税后盈利						144,827
少数股东权益						(9,577)
股东应占盈利						135,250
分部资产	1,564,355	1,089,687	132,206	29,787	(28,893)	2,787,142
共同控制实体投资	39,738	–	–	–	–	39,738
联营公司投资	2,967	–	–	–	–	2,967
未分配资产						426,579
总资产						3,256,426
分部负债	547,262	864,244	55,735	21,415	(28,893)	1,459,763
未分配负债						106,705
总负债						1,566,468
资本开支	97,606	58,140	9,830	94	–	165,670
折旧	50,877	11,933	1,872	201	–	64,883
摊销开支	7,403	3,015	–	30	–	10,448

2 扣除融资成本前之经营盈利

扣除融资成本前之经营盈利已计入及扣除下列项目:

	二零零一年 人民币千元	二零零零年 人民币千元
计入		
计入由于增持附属公司股份		
所产生的负商誉	4,526	–
扣除		
固定资产之折旧及摊销	85,679	64,883
减值支出(附注)	50,119	–
有关投资物业之支出	3,971	4,070
出售固定资产亏损	655	895
出售投资证券亏损	–	3,685
研究及开发成本	17,624	9,429
核数师酬金	3,400	2,500
员工成本:		
递延费用摊销	10,446	10,448
职工退休费用	64,544	62,075
薪金、工资及其它福利支出	376,147	354,106
土地及楼宇经营租赁	26,327	21,829

附注:减值支出包括

	人民币千元
固定资产	38,191
在建工程	11,928
	50,119

减值的成因主要由于生产线的技术改造及设备更新所引致。

3 融资成本

	二零零一年 人民币千元	二零零零年 人民币千元
银行贷款及透支之利息	30,504	43,143
其它附带之借贷成本	513	1,281
实际借贷成本总额	31,017	44,424
减:资本化作为在建工程之成本	(1,291)	(5,217)
	29,726	39,207

从一般借贷得来并用作开发在建工程之资金所用之资本化比率约为 5.94%(二零零零年:5.94%)。

4 税项

	二零零一年 人民币千元	二零零零年 人民币千元
在综合损益表支销之税项如下:		
中国企业所得税	104,912	59,525
应占税项如下		
共同控制实体	–	–
联营公司	172	220
	105,084	59,745

根据广州市财政局[2000]1063 号文件规定,广州市上市公司的企业所得税于二零零一年按 33%的法定税率征收后,对其中超过 15%的归属地方政府的部分(即所得税 18%的 60%)给予返还。故此现行所得税退税率为 10.8%。本公司及主要子公司于二零零一年实际所得税率为 22.2%。

于本年度,本集团已收到有关二零零一年一至六月已付税款的退税为人民币 13,016,000 元。此等退税已冲减本年度支销之税项。

有关本年度余下之应收退税款,本集团已向有关部门申请此等退税,并预计于二零零二年度收到。此等退税将会于收到时入账。

集团属下于中国以外地方成立的公司乃根据彼等经营的国家的税务法律按应课税收入缴付所得税。

由于税务时差对本公司及集团影响轻微,故并无在账目中作出递延税项准备。(二零零零年:无)

5 股息

	二零零一年 人民币千元	二零零零年 人民币千元
已派中期股息每国家股及 H 股人民币零元		
(二零零零年:人民币 0.02 元)	–	14,658
拟派末期股息每国家股及 H 股人民币 0.06 元		
(二零零零年:人民币 0.03 元)	48,654	24,327
	48,654	38,985

附注:

(a)按照经修订之会计准则第 9 号(经修订)「资产负债表日后事项」,本集团于结算日后才建议或宣布派发之股息不再于结算日确认为负债。此项新会计政策已追溯应用,而比较数字亦已重列以符合经修订之政策。

在此前所记录于资产负债表日后记录并宣布派发的股息已在一九九九年十二月三十一日及二零零零年十二月三十一日之期末报表中预提,金额分别为人民币21,987,000元及人民币24,327,000 元。根据本集团上述所提及的新会计政策,此预提金额已在二零零零年一月一日及二零零一年一月一日之期初保留盈余中冲销,并已记录于实际派发期间。

如附注7所详述,此项改变导致二零零一年一月一日之期初保留盈余增加了人民币 24,327,000 元(二零零零年一月一日:人民币 21,987,000 元),此乃二零零零年(一九九九年)度拟派末期股息准备之拨回数额,虽然有关股息于结算日后始作宣派,惟过往于二零零零年十二月三十一日(一九九九年十二月三十一日)入账列为负债。

(b)董事于二零零二年四月四日召开会议并宣布普通股每股分派末期股息,人民币 48,654,000 元。拟派股息在相关科目不再作为应付股利反映,而作为于二零零一年十二月三十一日保留盈余之部分反映。

6 每股盈利

截至二零零一年十二月三十一日止年度每股盈利是根据净盈利人民币 95,868,000 元(二零零零年:人民币 135,250,000)及已发行普通股数之加权平均数 808,976,712 股计算(二零零零年:732,900,000 股)。

7 保留盈余

	集　团 人民币千元
于二零零零年一月一日,如前呈报	33,798
采纳会计准则第 9 号(经修订)之影响	21,987
于二零零零年一月一日,经重列	55,785
一九九九年已派末期股息	(21,987)
当年净利润	135,250
转拨至保留基金	(95,393)
股东应占溢利	39,857
转拨自保留基金	55,235
二零零零年已派中期股息	(14,658)
	114,232
相当于:	
二零零零年拟派末期股息	24,327
其它	89,905
于二零零零年十二月三十一日之保留盈余	114,232
公司及附属公司	118,094
共同控制实体	(2,261)
联营公司	(1,601)
于二零零零年十二月三十一日之保留盈余	114,232
二零零一年一月一日,如前呈报	89,905
采纳会计准则第 9 号(经修订)之影响	24,327
二零零一年一月一日,经重列	114,232
二零零零年已派末期股息	(24,327)
当年净利润	95,868
转拨至保留基金	(76,339)
股东应占溢利	19,529
转拨自保留基金	16,519
	125,953
相当于:	
二零零一年拟派末期股息	48,654
其它	77,299
于二零零一年十二月三十一日	125,953
公司及附属公司	139,777
共同控制实体	(12,167)
联营公司	(1,657)
二零零一年十二月三十一日	125,953

广州药业股份有限公司
董事会
二〇〇二年四月四日

合并利润分配表

二零零一年度　　货币单位:人民币元

项目	本年累计数	上年累计数
一、净利润	146,133,840.61	141,214,231.15
加:年初未分配利润	(27,437,812.57)	(75,301,031.07)
加:其它转入	–	–
二、可供分配的利润	118,696,028.03	65,913,200.08
减:提取法定盈余公积	26,095,588.94	32,632,400.69
减:提取法定公益金	18,589,803.77	32,632,300.80
减:提取职工奖励及福利基金	1,334,327.55	976,655.58
减:提取储备基金	667,163.78	488,327.79
减:提取企业发展基金	667,163.78	488,327.79
减:利润归还投资	–	–
三、可供股东分配的利润	71,341,980.21	(1,304,812.57)
减:应付优先股股利	–	–
减:提取任意盈余公积	22,156,026.40	–
减:应付普通股股利	48,651,000.00	26,133,000.00
减:转作股本的普通股股利	–	–
四、未分配利润	531,953.81	(27,437,812.57)

合并资产负债表

二零零一年十二月三十日　　货币单位:人民币元

资产	年末数	年初数
流动资产:		
货币资金	867,407,649.48	488,340,878.45
短期投资	67,988,074.44	–
应收票据	46,710.00	2,596.27
应收股利	6,080,075.49	3,013,835.00
应收利息	–	–
应收账款	547,182,576.57	465,904,603.69
其它应收款	134,310,382.41	174,769,981.55
预付账款	41,166,801.83	8,425,742.30
应收补贴款	5,673,066.90	3,142,220.86
存货	833,327,684.61	793,748,434.71
待摊费用	72,488,002.63	59,271,091.50
一年内到期的长期债权投资	–	–
其它流动资产	–	–
流动资产合计	2,575,670,964.35	1,996,619,384.33
长期投资:		
长期股权投资	107,467,122.39	78,989,944.21
长期债权投资	–	187,200.00
长期投资合计	107,467,122.39	79,177,144.21
固定资产:		
固定资产原价	1,120,412,464.14	973,948,398.77
减:累计折旧	387,675,891.33	330,510,825.50
固定资产净值	732,736,572.81	643,437,573.27
减:固定资产减值准备	24,753,795.66	21,504,888.44
固定资产净额	707,982,777.15	621,932,684.83
工程物资	–	–
在建工程	174,211,477.32	191,069,658.07
固定资产清理	–	(1,500.00)
固定资产合计	882,194,254.47	812,967,842.90
无形资产及其它资产:		
无形资产	102,137,518.11	102,426,482.69
长期待摊费用	29,768,646.47	26,606,042.65
其它长期资产	–	–
无形资产及其它资产合计	131,906,164.58	129,032,525.34
递延税项:		
递延税款借项	–	–
资产总计	3,697,238,505.79	3,017,796,896,78
负债及东权益	年末数	年初数
流动负债:		
短期借款	387,680,000.00	478,000,000.00
应付票据	682,237.50	–
应付账款	558,201,710.52	516,726,227.60
预收账款	40,126,980.26	29,738,338.70
应付工资	78,160,241.50	111,024,667.40
应付福利费	42,466,305.75	33,778,720,32
应付股利	49,198,495.25	29,430,097.16
应交税金	28,911,407,61	45,028,421.51
其它应交款	3,443,835.26	3,237,358.22
其它应付款	151,264,229.61	226,017,338.89
预提费用	4,553,878.05	4,925,873,31
预计负债	–	–
一年内到期的长期负债	45,000,000.00	34,000,000.00
其它流动负债	–	–
流动负债合计	1,389,689,321.31	1,511,907,043.11
长期负债:		
长期借款	10,000,000.00	65,000,000.00
应付债券	–	–
长期应付款	8,854,221.43	14,119,798.94
专项应付款	–	–
其它长期负债	5,000,000.00	5,453,431.26
长期负债合计	23,854,221.43	84,573,230.20
递延税项:		
递延税款贷项	–	–
负债合计	1,413,543,542.74	1,596,480,273.31
少数股东仅益	110,785,180.18	94,912,997.51
股东权益:		
股本	810,900,000.00	732,900,000.00
减:已归还投资	–	–
股本净额	810,,900,000.00	732,900,000.00
资本公积	1,110,457,074.10	445,108,742.81
盈余公积	251,020,754.95	175,832,695.73
其中:法定公益金	92,757,528.43	72,431,278.39
未分配利润	531,953.81	(27,437,812.57)
股东权益合计	2,172,909,782.87	1,326,403,625.96
负债及股东权益总计	3,697,238,505.79	3,017,796,896.78

利润分配表

二零零一年度　　货币单位:人民币元

项目	本年累计数	上年累计数
一、净利润	150,115,703,76	148,804,219.60
加:年初未分配利润	72,283,000.52	(9,248,845.64)
加:其它转入	–	–
二、可供分配的利润	222,398,704.28	139,555,373.96
减:提取法定盈余公积	15,011,570.38	14,143,686.72
减:提取法定公益金	7,505,785.19	14,143,686.72
减:提取职工奖励及福利基金	–	–
减:提取储备基金	–	–
减:提取企业发展基金	–	–
减:利润归还投资	–	–
三、可供股东分配的利润	199,881,348.71	111,268,000.52
减:应付优先股股利	–	–
减:提取任意盈余公积	–	–
减:应付普通股股利	48,654,000.00	38,985,000.00
减:转作股本的普通股股利	–	–
四、未分配利润	151,227,348.71	72,283,000.52

资产负债表

二零零一年十二月三十一日　　货币单位:人民币元

资产	年末数	年初数
流动资产:		
货币资金	333,582,586.83	128,224,828.98
短期投资	3,051,935.55	–
应收票据	–	–
应收股利	20,710,385.91	3,399,486.99
应收利息	–	–
应收账款	–	–
其它应收款	340,009,236,97	240,604,539.88
预付账款	–	–
应收补贴款	–	–
存货	–	–
待摊费用	–	–
一年内到期的长期债权投资	–	–
其它流动资产	–	–
流动资产合计	697,354,145.26	372,228,855.85
长期投资:		
长期股权投资	1,511,549,290.82	1,034,179,534.34
长期债权投资	–	–
长期投资合计	1,511,549,290.82	1,.034,179,534.34
固定资产:		
固定资产原价	30,074,896.76	26,325,190.76
减:累计折旧	4,833,509.98	3,064,431.00
固定资产净值	25,241,386.78	23,260,759.76
减:固定资产减值准备	–	–
固定资产净额	25,241,386.78	23,260,759.76
工程物资	–	–
在建工程	–	–
固定资产清理	–	–
固定资产合计	25,241,386.78	23,260,759.76
无形资产及其它资产:		
无形资产	–	–
长期待摊费用	2,209,641.77	3,035,773.13
其它长期资产	–	–
无形资产及其它资产合计	2,209,641.77	3,035,773.13
递延税项:		
递延税款借项	–	–
资产总计	2,236,354,464.63	1,432,704,923.08
负债及股东权益	年末数	年初数
流动负债:		
短期借款	–	30,000,000.00
应付票据	–	–
应付账款	–	–
预收账款	–	–
应付工资	2,629,148.66	2,629,148.66
应付福利费	2,098,445.50	1,508,741.73
应付股利	48,676,906.39	24,357,008.29
应交税金	316,535.72	67,207.95
其它应交款	11,116.36	7,577.98
其它应付款	6,230,507.00	41,762,503.53
预提费用	2,300,000.00	3,090,965.00
预计负债	–	–
一年内到期的长期负债	–	–
其它流动负债	–	–
其它流动负债合计	62,262,659.63	103,423,153.14
长期负债:		
长期借款	–	–
应付债券	–	–
长期应付款	–	–
专项应付款	–	–
其它长期负债	–	–
长期负债合计		–
递延税项:		
递延税款贷项	–	–
负债合计	62,262,659.63	103,423,153.14
股东权益:		
股本	810,900,000.00	732,900,000.00
减:已归还投资	–	–
股本净额	810,900,000.00	732,900,000.00
资本公积	1,110,457,074.10	445,108,742.81
盈余公积	101,507,382.18	78,990,026.61
其中:法定公益金	44,411,290.37	36,905,505.18
未分配利润	151,227,348.71	72,283,000,52
股东权益合计	2,174,091,805.00	1,329,281,769.94
负债及股东权益总计	2,236,354,464.63	1,432,704,923.08

利 润 表

二零零一年度　　　货币单位：人民币元

项　　目	本年累计数	上年累计数
一、主营业务收入	–	–
减：主营业务成本	–	–
减：主营业务税金及附加	–	–
二、主营业务利润	–	–
加：其它业务利润	5,102,306.96	2,433,359.33
减：营业费用	–	–
减：管理费用	22,771,419.12	13,594,661.68
减：财务费用	(15,726,448.75)	(5,357,377.21)
三、营业利润	(1,924,663.41)	(5,803,925.14)
加：投资收益	152,275,101.82	154,736,079.55
加：补贴收入	–	–
加：营业外收入	83.13	10,344.91
减：营业外支出	216,817.78	138,279.72
四、利润总额	150,115,703.76	148,804,219.60
减：所得税	–	–
五、净利润	150,115,703.76	148,804,219.60
补充资料：		
序号项目	本年累计数	上年实际数
1、出售、处置部门或被投资单位所得收益	–	–
2、自然灾害发生的损失	–	–
3、会计政策变更增加(或减少)利润总额	–	(5,019,951.62)
4、会计估计变更增加(或减少)利润总额	–	–
5、债务重组损失	–	–
6、其它	–	–

合 并 利 润 表

二零零一年度　　　货币单位：人民币元

项　　目	本年累计数	上年累计数
一、主营业务收入	5,334,028,710.18	4,222,857,015.97
减：主营业务成本	4,163,902,618.51	3,201,331,862.39
减：主营业务税金及附加	22,101,346.38	19,792,568.06
二、主营业务利润	1,148,024,745.29	1,001,732,585.06
加：其它业务利润	36,060,658.31	36,439,662.67
减：营业费用	392,775,296.09	348,172,061.02
减：管理费用	521,682,481.40	466,504,180.72
减：财务费用	7,203,000.95	27,913,527.64
三、营业利润	262,424,625.16	195,582,478.81
加：投资收益	(840,626.60)	4,647,887.81
加：补贴收入	3,511,998.57	9,288,486.45
加：营业外收入	6,524,440.99	18,407,208.86
加：营业外支出	11,483,024.46	12,787,569.70
四、利润总额	260,137,413.66	215,138,492.23
减：所得税	103,209,535.64	62,956,600.32
少数股东损益	10,794,037.41	10,967,660.76
五、净利润	146,133,840.61	141,214,231.15
补充资料：		
序号项目	本年累计数	上年实际数
1、出售、处置部门或被投资单位所得收益	595,612.06	–
2、自然灾害发生的损失	–	–
3、会计政策变更增加(或减少)利润总额	–	(5,019,951.62)
4、会计估计变更增加(或减少)利润总额	–	–
5、债务重组损失	–	–
6、其它	–	–

现 金 流 量 表

二零零一年度　　　货币单位：人民币元

项　　目	金额
一、经营活动产生的现金流量	
销售商品、提供劳务收到的现金	–
收到的税费返还	–
收到的其它与经营活动有关的现金	16,037,734.04
现金流入小计	16,037,734.04
购买商品、接受劳务支付的现金	–
支付给职工以及为职工支付的现金	6,133,666.97
支付的各项税费	209,253.69
支付的其它与经营活动有关的现金	11,022,265.70
现金流出小计	17,365,186.36
经营活动产生的现金流量净额	-1,327,452.32
二、投资活动产生的现金流量	
收回投资所收到的现金	30,000,000.00
取得投资收益所收到的现金	76,255,843.38
处置固定资产、无形资产和其它长期资产收回的现金净额	–
收到的其它投产活动有关的现金	–
现金流入小计	106,255,834.38
购建固定资产、无形资产和其它长期资产所支付的现金	4,063,206.00
投资所支付的现金	434,769,427.74
支付的其它与投资活动有关的现金	120,710,853.09
现金流出小计	559,543,486.83
投资活动产生的现金流量净额	-453,287,643.45
三、筹资活动产生的现金流量	
吸收投资所收到的现金	764,400,000.00
借款所收到的现金	–
收到的其它与筹资活动有关的现金	–
现金流入小计	764,400,000.00
偿还债务所支付的现金	56,325,500.00
分配股利、利润或偿付利息所支付的现金	24,334,101.90
支付的其它与筹资活动有关的现金	23,858,822.28
现金流出小计	104,518,424.18
筹资活动产生的现金流量净额	659,881,575.82
四、率变动对现金的影响额	91,277.80
五、现金及现金等价物净增加额	205,357,757.85

合 并 现 金 流 量 表

二零零一年度　　　货币单位：人民币元

项　　目	金额
一、经营活动产生的现金流量	
销售商品、提供劳务收到的现金	6,205,940,804.18
收到的税费返还	14,918,951.66
收到的其它与经营活动有关的现金	233,569,168.25
现金流入小计	6,454,428,924.09
购买商品、接受劳务支付的现金	4,901,928,652.66
支付给职工以及为职工支付的现金	433,834,965.83
支付的各项税费	437,450,763.68
支付的其它与经营活动有关的现金	541,060,331.92
现金流出小计	6,314,274,714.09
总营活动产生的现金流量净额	140,154,209.99
二、投资活动产生的现金流量	
收回投资所收到的现金	231,896.00
取得投资收益所收到的现金	5,413,764.22
处置固定资产、无形资产和其它长期资产收回的现金净额	2,899,405.95
收到的其它与投资活动有关的现金	4,357,556.00
现金流入小计	12,902,622.17
购建固定资产、无形资产和其它资产所支付的现金	160,436,118.56
投资所支付的现金	95,038,074.44
支付的其它与投资活动有关的现金	41,014,249.91
现金流出小计	296,488,442.91
投资活动产生的现金流量净额	-283,585,820.74
三、筹资活动产生的现金流量	
吸收投资所收到的现金	764,400,000.00
子公司吸收少数股东权益性投资所收到的现金	13,622,178.00
借款所收到的现金	417,680,000.00
收到的其它与筹资活动有关的现金	543,895.00
现金流入小计	1,196,246,073.00
偿还债务所支付的现金	635,753,109.28
分配股利、利润或偿付利息所支付的现金	6,364,601.91
子公司支付少数筹资活动有关的现金	4,118,529.11
支付的其它与筹资活动有关的现金	27,602,697.22
现金流出小计	673,838,937.52
筹资活动产生的现金流量净额	522,407,135.48
四、率变动对现金的影响额	91,246.30
五、现金及现金等价物净增加额	379,066,771.03
补充资料	金额
一、将净利润调节为经营活动的现金流量：	
净利润	146,133,840.61
少数股东损益	10,794,037.41
加：计提的资产减值准备	3,043,046.36
固定资产折旧	67,497,049.83
无形资产摊销	3,143,805.97
长期待摊费用摊销	12,980,806.82
待摊费用减少(减：增加)	-13,216,911.13
预提费用增加(减：减少)	-371,995.26
处置固定资产、无形资产和	
其它长期资产的损失(减：收益)	334,292.48
固定资产报废损失	629,466.05
财务费用	10,467,856.30
投资损失(减：收益)	-840,626.60
递延税款贷项(减：借款)	–
存货的减少(减：增加)	-39,579,249.90
经营性应付项目的减少(减：增加)	-86,808,793.39
经营性应付项目的增加(减：减少)	25,751,821.93
其它	195,762.52
经营活动产生的现金流量净额	140,154,209.99
二、不涉及现金收支的投资和筹资活动：	
债务转为资本	–
一年内到期的可转换公司债券	–
融资租入固定资产	–
三、现金及现金等价物净增加情况：	
现金的期末余额	867,407,649.48
减：现金的期初余额	488,340,878.45
加：现金等价物的期末余额	–
减：现金待价物的期初余额	–
现金及现金等价物净增加额	379,066,771.03

600333 长春燃气股份有限公司

2001 年年度报告摘选

第一章　公司基本情况简介

一、公司法定中、英文名称及缩写
中文名称:长春燃气股份有限公司
公司法定英文名称:Changchun Gas Co., Ltd
二、公司法定代表人:张俊明
三、公司董事会秘书:孙树怀
电话:0431—5668756
传真:0431—5668761
电子信箱:shuhuai-419@sina.com.cn
四、公司注册地址:长春市朝阳区同志街 48 号
公司办公地址:长春市同志街 48 号长春燃气股份有限公司办公大楼
邮政编码:130021
电子信箱:changchunranqi@mail.china.com
五、公司选定的信息披露报纸:《中国证券报》、《上海证券报》
登载公司年度报告的中国证监会指定国际互联网网址:http://www.sse.com.cn
公司年度报告备置地点:长春市同志街 48 号长春燃气办公大楼
六、公司股票上市交易所:上海证券交易所
股票简称:长春燃气
股票代码:600333

第二章　会计数据和业务数据摘要

一、2001 年度公司主要经营指标(单位:人民币元)

项目	金额
利润总额:	102,911,001.16
净利润:	83,689,357.05
扣除非经常性损益后的净利润:	81,930,742.15
主营业务利润:	107,963,967.58
其他业务利润:	19,691,586.29
营业利润:	102,791,962.42
投资收益:	502,494.09
补贴收入:	0.00
营业外收支净额:	383,455.35
经营活动产生的现金流量净额:	53,327,959.26
现金及现金等价物净增减额:	-188,042,884.68

注:扣除非经常损益项目和涉及金额(扣除所得税后净额):

单位:人民币元

项目	金额
委托投资损益	1,141,099.50
流动资产的盘盈盘亏	943,452.44
营业外收入	3,852.14
营业外支出	329,789.19
合计	1,758,614.90

二、截止 2001 年末公司前三年主要会计数据和财务指标(单位:人民币元)

项目	2001	2000	1999
主营业务收入	406,832,856.91	286,808,296.17	273,154,054.84
净利润	83,689,357.05	43,563,635.90	31,045,119.55
总资产	1,051,906,214.93	842,148,579.07	474,677,415.79
股东权益(不含少数股东权益)	722,695,525.81	652,006,827.49	275,270,291.59
每股收益	0.35	0.18	0.18
每股净资产	3.02	2.78	1.53
调整后的每股净资产:	3.02	2.64	1.53
每股经营活动产生的现金流量净额:	0.22	0.07	0.07
全面摊薄净资产收益率(%)	11.58%	6.68%	11.66%

三、报告期利润表附表

报告期利润	净资产收益率(%)		每股收益(元)	
	全面摊薄	加权平均	全面摊薄	加权平均
主营业务利润	14.94	15.32	0.35	0.35
营业利润	14.22	14.59	0.43	0.43
净利润	11.58	11.87	0.35	0.35
扣除非经营性损益后的净利润	11.34	11.63	0.34	0.34

第三章　股本变动及股东情况

一、股本变动情况:
(一)股份变动情况表

单位:股

股份类别	本次变动前	本次变动增减(+,-) 配股	送股	公积金转增	增发	小计	本次变动后
一、未流通股份							
1、发起人股份	144,000,000						144,000,000
其中:							
国家股							
国有法人股	144,000,000						144,000,000
外资法人股							
境内法人股							
其 他							
2、募集法人股							
3、内部职工股	35,136,000						35,136,000
4、优先股或其他							
尚未流通股份合计	179,136,000						179,136,000
二、已流通股份							
1、A 股	60,000,000						60,000,000
2、B 股							
3、境外上市的外资股							
4、其他							
已流通股份合计	60,000,000						60,000,000
三、股份总数	239,136,000						239,136,000

600335 中外建发展股份有限公司

2001 年年度报告摘选

一、公司简介

1、公司的法定中、英文名称及缩写。
中文名称:中外建发展股份有限公司
中文缩写:中发展
英文名称:China Construction International Development Co., Ltd.
英文缩写:CCID
2、公司法定代表人:孙　明
3、公司董事会秘书:冯小宇
董事会秘书授权代表:盛志兵
联系地址:天津市河东区津塘路 156 号
电话:022-24935580　　传真:022-24935580
电子信箱:cciddmc@yeah.net
4、公司注册地址,公司办公地址及其邮政编码,公司国际互联网网址、电子信箱。
注册地址:天津市华苑产业区火炬大厦 410 室
办公地址:天津市河东区津塘路 156 号　　邮政编码:300180
互联网网址:WWW.21CU.net.cn　　电子信箱:cciddmc@yeah.net
5、公司选定的信息披露报纸名称、登载公司年度报告的中国证监会指定国际互联网网址,公司年度报告备置地点。
信息披露报纸名称:《中国证券报》、《上海证券报》
证监会指定的网址:http://www.sse.com.cn　　公司年度报告备置地点:公司董事会秘书处
6、公司股票上市交易所、股票简称和股票代码。
上市交易所:上海证券交易所
股票简称:中发展　　股票代码:600335

二、会计数据和业务数据摘要

1、本年度公司主要利润指标情况　　单位:元

指标项目	
利润总额	3,165,130.54
净利润	2,236,650.46
扣除非经常性损益后的净利润	-10,787,203.03
主营业务利润	40,963,145.31
其他业务利润	648,539.19
营业利润	3,137,490.48
投资收益	33,551.91
补贴收入	0
营业外收支净额	-5911.85
经营活动产生的现金流量净额	-10,848,378.50
现金及现金等价物净增加额	117,749,338.80

注:扣除的非经常性损益项目为营业外收入 284,598.67、营业外支出 290,510.52、存货盘亏 253,940.53、国债专项贷款贴息收入 8,060,000 元、收取的资金占用费 7,522,032.96 元。

扣除以上项目所得税影响数 2,298,327.09 元。

2、截止 2001 年末公司前三年的主要会计数据和财务指标。

项目	2001 年	2000 年 调整前	2000 年 调整后	1999 年 调整前	1999 年 调整后
主营业务收入(元)	183,494,982.33	226,156,107.31	226,156,107.31	293,004,251.42	293,004,251.42
净利润(元)	2,236,650.46	16,700,885.56	16,428,183.55	23,029,973.24	5,059,871.12
总资产(元)	697,702,171.32	547,442,158.70	529,018,625.96	511,301,825.48	493,264,302.58
股东权益(元)	322,311,488.71	133,648,625.60	115,405,821.47	56,283,710.04	137,913,607.92
全面摊薄每股收益(元)	0.0192	0.2045	0.2013	0.2821	0.0620
加权平均每股收益(元)	0.0199	0.2045	0.2013	0.2821	0.0620
每股净资产(元)	2.7636	1.6373	1.4138	1.9146	1.6895
调整后的每股净资产(元)	2.7128	1.5699	1.3465	1.8921	1.6670
每股经营活动产生的现金流量净额(元)	-0.093	0.3277	0.3277	-0.4391	-0.4391
净资产收益率(%)	0.69	12.5	14.24	14.74	3.67

报告期利润	净资产收益率(%)		每股收益(元/股)	
	全面摊薄	加权平均	全面摊薄	加权平均
主营业务利润	12.71	13.15	0.3512	0.3649
营业利润	0.97	1.01	0.0269	0.0280
净利润	0.69	0.72	0.0192	0.0199
扣除非经常性损益后的净利润	-3.35	-3.46	-0.1002	-0.1041

三、股本变动及股东情况

1、股本变动情况
(1)股本变动情况表:

公司股东变动情况　　单位:万股

	本次变动前	本次变动增减 配股	送股	公积金转股	增发	首发	小计	本次变动后
一、未上市流通股份								
1、发起人股份								
其中:								
国家拥有股份	7,854.56							7,854.56
境内法人持有股份	308.30							308.30
境外法人持有股份								
2、募集法人股份								
3、内部职工股								
4、优先股或其他								
其中:转配股								
未上市流通股份合计	8,162.86							8,162.86
二、已流通股份								
1、人民币普通股						3,500		3,500.00
2、境内上市的外资股								
3、境外上市的外资股								
4、其他								
已上市流通股份合计								
三、股份总数	8,162.86					3,500		11,662.86

600336 青岛澳柯玛股份有限公司

2001 年年度报告摘选

一、公司基本情况简介

(一)公司法定中文名称:青岛澳柯玛股份有限公司
公司中文名称缩写:澳柯玛
公司法定英文名称:QINGDAO AUCMA COMPANY LIMITED
公司英文名称缩写:AUCMA
(二)公司法定代表人:鲁群生
(三)公司董事会秘书:孙　武
联系地址:青岛经济技术开发区前湾港路 315 号
联系电话:0532－6765129　　传　真:0532－6765166
电子信箱:sunwu@aucma.com.cn
证券事务代表:王洪阳
联系电话:0532－6765129　　传　真:0532－6765166
电子信箱:wanghy@aucma.com.cn
(四)公司注册地址:青岛经济技术开发区前湾港路 315 号
公司办公地址:青岛经济技术开发区前湾港路 315 号　　邮政编码:266510
公司国际互联网网址:http://www.aucma.com.cn
公司电子信箱:dmb@aucma.com.cn
(五)公司指定的信息披露报纸:《中国证券报》、《上海证券报》、《证券时报》
刊登公司年度报告的国际互联网网址:http://www.sse.com.cn
公司年度报告备置地点:公司董事会秘书办公室
(六)公司股票上市交易所:上海证券交易所
股票名称:澳柯玛　　股票代码:600336

二、会计数据和业务数据摘要

(一)本年度主要会计数据　　(单位:元)

项目	金　额
利润总额	55,313,837.63
净利润	45,153,522.93
扣除非经常损益后的净利润	36,833,182.31
主营业务利润	230,695,246.35
其他业务利润	979,202.62
营业利润	46,402,848.65
投资收益	3,693,145.76
补贴收入	0
营业外收支净额	5,217,843.22
经营活动产生的现金流量净额	108,545,841.11
现金及现金等价物净增加额	17,765,463.51

备注:扣除的非经常性损益项目如下:

营业外收支净额:	5,217,843.22 元
免付土地使用费:	537,753.70 元
资金占用费:	4,033,039.10 元

以上合计 9,788,636.02 元,扣除 15%所得税影响后的非经常性损益为 8,320,340.62 元

(二)公司近三年主要会计指标　　(单位:元)

项目	2001 年(合并)	2000 年	1999 年
主营业务收入	1,063,127,740.68	535,718,507.49	707,755,366.45
净利润	45,153,522.93	26,294,346.75	59,089,579.97
总资产	3,202,097,655.75	2,201,620,695.28	1,316,798,697.04
股东权益	1,187,947,355.78	1,170,494,294.22	428,259,579.97
每股收益(摊薄)	0.1324	0.077	0.235
每股收益(加权)	0.1324	0.105	0.235
扣除非经常损益后的每股收益	0.108	0.010	0.140
每股净资产	3.48	3.43	1.71
调整后的每股净资产	3.47	3.42	1.71
每股经营活动产生的现金流量净额	0.32	1.29	－0.30
净资产收益率(%)摊薄	3.80	2.25	13.80
净资产收益率(%)加权	3.83	5.96	14.8
扣除非经常损益的加权平均净资产收益率(%)	3.12	1.19	11.9

(三)报告期利润表附表

报告期利润	净资产收益率(%)		每股收益(元/股)	
	全面摊薄	加权平均	全面摊薄	加权平均
主营业务利润	19.42	19.56	0.6765	0.6765
营业利润	3.91	3.94	0.1361	0.1361
净利润	3.80	3.83	0.1324	0.1324
扣除非经常性损益后的净利润	3.10	3.12	0.1080	0.1080

三、股本变动及股东情况

(一)股份变动情况

	本次变动前	本次变动增减(＋－)						本次变动后
		配股	送股	公积金转股	增发	其它	小计	
一、未上市流通股份								
1、发起人股份	341,036,000							341,036,000
其中:								
国家持有股份	249,336,000							249,336,000
境内法人持有股份	1,700,000							1,700,000
境外法人持有股份								
其它								
2、募集法人股份								
3、内部职工股								
4、优先股或其他								
未上市流通股份合计	251,036,000							251,036,000
二、已上市流通股份								
1、人民币普通股	90,000,000							90,000,000
2、境内上市的外资股								
3、境外上市的外资股								
4、其他								
已上市流通股份合计	90,000,000							90,000,000
三、股份总数	341,036,000							341,036,000

600337 美克国际家具股份有限公司

2001 年年度报告摘选

一、公司简介

1、公司的法定中、英文名称及缩写
公司法定中文名称:美克国际家具股份有限公司
公司简称:美克股份
公司英文名称:Markor Furniture International Co., Ltd
2、公司法定代表人:冯东明
3、公司董事会秘书:黄　新
证券事务代表:罗　军
联系地址:新疆乌鲁木齐市北京南路 26 号
电话:0991－3836028
传真:0991－3828180、0991－3836028
电子信箱:mkzq@markor.com.cn
4、公司注册地址:新疆乌鲁木齐经济技术开发区迎宾南路 15 号
公司办公地址:新疆乌鲁木齐经济技术开发区迎宾南路 15 号
邮编:830014
国际互联网网址:http://www.markorfurniture.com
电子信箱:mkzq@markor.com.cn
5、公司信息披露报刊:《中国证券报》、《上海证券报》
公司登载年度报告的国际互联网网址:http://www.sse.com.cn
公司年度报告备置地点:公司证券部
6、公司股票上市交易所:上海证券交易所
股票简称:美克股份　　股票代码:600337

二、会计数据和业务数据摘要

(一)本年度主要利润指标情况:(单位:人民币元)

项目	金　额
利润总额	52,306,471.92
净利润	43,974,563.72
扣除非经常性损益后的净利润	31,233,100.39
主营业务利润	86,046,723.95
其他业务利润	25,550.00
营业利润	42,787,314.71
投资收益	2,844,037.96
补贴收入	580,221.88
营业外收支净额	6,094,897.37
经营活动产生的现金流量净额	38,620,771.28
现金及现金等价物净增加额	－193,659,601.78

(二)公司近三年主要会计数据和财务指标:(单位:人民币元)

项目	2001 年	2000 年
主营业务收入	271,268,383.77	236,063,241.38
净利润	43,974,563.72	37,156,047.17
总资产	779,500,299.01	754,947,744.63
股东权益(不含少数股东权益)	623,486,717.43	588,720,153.71
每股收益(元/股)(摊薄)	0.48	0.40
每股收益(元/股)(加权)	0.48	0.67
每股收益(元/股)(扣除非经常性损益后)	0.34	0.34
每股净资产(元/股)	6.77	6.39
调整后的每股净资产(元/股)	6.74	6.36
每股经营活动产生的现金流量净额(元/股)	0.42	－0.02
净资产收益率(%)	7.05	6.31

(三)利润表附表

报告期利润	净资产收益率(%)		每股收益	
	全面摊薄	加权平均	全面摊薄	加权平均
主营业务利润	13.80	14.09	0.93	0.93
营业利润	6.86	7.01	0.46	0.46
净利润	7.05	7.20	0.48	0.48
扣除非经常性损益后的净利润	5.01	5.11	0.34	0.34

三、股本变动及股东情况

(一)股本变动情况

1、股份变动情况表(单位:股)

	本次变动前	本次变动增减(＋,－)						本次变动后
		配股	送股	公积金转股	增发	其他	小计	
一、未上市流通股份								
1、发起人股份	52080000	－	－	－	－	－	－	52080000
其中:								
国家持有股份	8853600	－	－	－	－	－	－	8853600
境内法人持有股份	30206400	－	－	－	－	－	－	30206400
境外法人持有股份	13020000	－	－	－	－	－	－	13020000
其他	－	－	－	－	－	－	－	－
2、募集法人股份	－	－	－	－	－	－	－	－
3、内部职工股	－	－	－	－	－	－	－	－
4、优先股或其他	－	－	－	－	－	－	－	－
未上市流通股份合计	52080000	－	－	－	－	－	－	52080000
二、已上市流通股份								
1、人民币普通股	40000000	－	－	－	－	－	－	40000000
2、境内上市的外资股	－	－	－	－	－	－	－	－
3、境外上市的外资股	－	－	－	－	－	－	－	－
4、其他	－	－	－	－	－	－	－	－
已上市流通股份合计	40000000	－	－	－	－	－	－	40000000
三、股份总数	92080000	－	－	－	－	－	－	92080000

600338 西藏珠峰工业股份有限公司

2001 年年度报告摘选

第一节 公司基本情况简介

1、公司法定中文名称:西藏珠峰工业股份有限公司
公司法定英文名称:TIBET SUMMIT INDUSTRY CO.,LTD
2、公司法定代表人:旦增
3、公司董事会秘书:赵琪云
联系地址:四川省成都市一环路西一段 161 号珠峰大厦
联系电话:028—87030618 转 222、306　　传真:028—87042657
电子信箱:zqy_zf@yahoo.com.cn
4、公司注册地址:西藏自治区拉萨市北京中路 65 号　　邮政编码:850000
办公地址:成都市一环路西一段 161 号珠峰大厦　　邮政编码:610072
国际互联网网址:http://www.zfmotor.com
电子邮件信箱:E-mail:zfmotor@mail.sc.cninfo.net
5、公司选定的信息披露报纸:《上海证券报》、《中国证券报》
登载公司年度报告的中国证监会指定网站的网址:http://www.sse.com.cn
公司年度报告备置地点:本公司董事会办公室
6、公司股票上市交易所:上海证券交易所
股票简称:珠峰摩托　　股票代码:600338

第二节 会计数据和业务数据摘要

1、公司本年度主要经济指标完成情况。　　(单位:人民币元)

项目	金 额
利润总额	32,170,060.41
净利润	30,872,278.24
扣除非经常性损益后的净利润	28,947,903.42
主营业务利润	84,690,512.47
其他业务利润	6,192,978.07
营业利润	4,782,648.73
投资收益	15,564,724.35
补贴收入	12,233,000.00
营业外收支净额	-410,312.67
经营活动产生的现金流量净额	-96,551,115.02
现金及现金等价物净增减额	-146,435,590.31

注:扣除非经常性损益的项目

项目	金额
营业外收入	3,989,668.50
营业外支出	4,399,981.17
收取的资金占用费	2,334,687.49
合计	1,924,374.82

2、截止报告期末公司前三年的主要会计数据和财务指标(单位:人民币元)

项目	2001 年	2000 年		1999 年	
		调整前	调整后	调整前	调整后
主营业务收入	568,112,875.12	1,010,594,352.37	1,010,594,352.37	1,007,661,497.38	1,007,661,497.38
净利润	30,872,278.24	33,272,109.76	31,308,620.67	52,289,599.28	50,431,383.15
总资产	1,015,859,820.53	1,088,493,720.92	1,083,625,392.87	621,893,119.15	619,978,452.76
股东权益(不含少数股东权益)	610,715,214.21	591,547,689.09	587,725,983.87	203,789,305.01	201,931,088.88
每股收益	0.20	0.21	0.20	0.48	0.47
每股净资产	3.86	3.74	3.71	1.88	1.86
调整后的每股净资产	3.83	3.70	3.68	1.82	1.82
每股经营活动产生的现金流量净额	-0.61	0.75	0.75	-0.98	-0.98
净资产收益率	5.06%	5.62%	5.33%	25.66%	24.97%
净资产收益率(扣除非经常性损益后)	4.74%	3.84%	4.19%	22.15%	21.43%

3、按照中国证监会《公开发行证券公司信息披露编报规则第 9 号》的规定计算的利润数据:

报告期利润	净资产收益率(%)				每股收益(元)			
	全面摊薄		加权平均		全面摊薄		加权平均	
	2001 年	2000 年	2001 年	2000 年	2001 年	2000 年	2001 年	2000 年
主营业务利润	13.87	21.32	14.04	57.58	0.53	0.79	0.54	1.16
营业利润	0.78	2.92	0.79	7.90	0.03	0.11	0.03	0.16
净利润	5.06	5.33	5.12	14.39	0.20	0.20	0.20	0.29
扣除经常性损益后的净利润	4.74	4.19	4.80	11.31	0.18	0.16	0.18	0.23

第三节 股本变动及股东情况

1、股份变动情况表(截止 2001 年 12 月 31 日)　　数量单位:股

股份类别	本次变动前	本次变动增减(±)						本次变动后
		配股	送股	公积金转增	增发	其他	小计	
一、未上市流通股份								
1、发起人股份								
其中:国家持有股份	42,250,000							42,250,000
境内法人持有股份	66,083,333							66,083,333
境外法人持有股份								
其他								
2、募集法人股份								
3、内部职工股								
其中:高管股								
4、优先股及其他								
其中:转配股								
未上市流通股份合计	108,333,333							108,333,333
二、已上市流通股份								
1、人民币普通股	50,000,000							50,000,000
2、境内上市的外资股								
3、境外上市的外资股								
4、其他								
已上市流通股份合计	50,000,000							50,000,000
三、股份总数	158,333,333							158,333,333

600339 新疆独山子天利高新技术股份有限公司

2001 年年度报告摘选

第一节 公司基本情况简介

1、公司名称:
公司法定中文名称:新疆独山子天利高新技术股份有限公司
公司法定英文名称:Xinjiang Dushanzi TianLi High&NewTech Co.,Ltd,P.R.C.
英文名称缩写:TLGX
2、公司法定代表人:付德新
3、公司董事会秘书:马新海
董事会证券事务代表:张锋刚
电话:0992-3680703、0992-3872308　　传真:0992-3680651
电子信箱:600339@sina.com　tlgx_zhangfg@sina.com
联系地址:新疆独山子区北京路 3 号天利高新董事会秘书办公室
4、公司注册地址:新疆克拉玛依市独山子区北京路 3 号
公司办公地址:新疆克拉玛依市独山子区北京路 3 号　　公司邮政编码:833600
公司国际互联网网址:HTTP:/WWW.TLHNT.COM;600339.COM
电子邮件地址:tlgx@sina.com
5、公司选定的信息披露报纸:《中国证券报》、《上海证券报》、《证券时报》
指定国际互联网网址:http://www.sse.com.cn
公司年度报告备置地点:公司证券部
6、公司股票上市交易所:上海证券交易所
股票简称:天利高新　　股票代码:600339

第二节 会计数据和业务数据摘要

一、本年度利润总额及构成(单位:人民币元)

序号	项目	2001 年
1	利润总额	60,402,590.28
2	净利润	51,653,206.57
3	扣除非经常性损益后的净利润	54,367,682.88
4	主营业务利润	98,051,860.23
5	其他业务利润	3,341,238.78
6	营业利润	59,729,107.23
7	投资收益	2,662,985.78
8	补贴收入	502,262.80
9	营业外收支净额	-2,491,765.53
10	经营活动产生的现金流量净额	-8,192.72
11	现金及现金等价物净增减额	-12,786,840.11

注 1:扣除非经常性损益的项目:

序号	项目	金额(人民币元)
1	营业外收入	20,566.50
2	营业外支出	2,512,332.03
3	委托投资收益	1,103,660.00
4	开办费一次性摊销	1,326,370.78
5	合计	2,714,476.31

二、公司近三年主要会计数据及财务指标(单位:人民币元)

指标项目	单位	2001 年度	2000 年度调整前	2000 年度调整后	1999 年度
主营业务收入	元	335,500,984.00	311,769,414.30	311,769,414.30	230,709,452.34
净利润	元	51,653,206.57	36,081,927.82	32,208,616.04	31,427,108.03
总资产	元	899,944,505.59	794,185,834.40	790,312,522.62	293,303,950.15
股东权益	元	629,703,831.70	608,708,904.42	604,835,592.64	173,336,776.60
每股收益(摊薄)	元/股	0.22	0.212	0.189	0.286
每股收益(加权)	元/股	0.22	0.328	0.293	0.286
扣除非经常性损益后的每股收益(摊薄)	元/股	0.23	0.207	0.184	/
扣除非经常性损益后的每股收益(加权)	元/股	0.23	0.32	0.285	/
每股净资产	元/股	2.65	3.58	3.56	1.58
调整后的每股净资产	元/股	2.64	3.56	3.54	1.55
每股经营活动产生的现金流量净额	元/股	0	0.249	0.249	0.47
净资产收益率	%	8.20	5.93	5.34	18.13

注:报告期利润表附表:

报告期利润	净资产收益率%		每股收益(元/股)	
	全面摊薄	加权平均	全面摊薄	加权平均
主营业务利润	15.57	15.55	0.41	0.41
营业利润	9.49	9.47	0.25	0.25
净利润	8.20	8.19	0.22	0.22
扣除非经常性损益后的净利润	8.63	8.62	0.23	0.23

第三节 股本变动及股东情况

一、股份变动情况
1、股份变动情况表(数量单位:万股)

	本次变动前	本次变动增减(+,-)					本次变动后
		配股	送股	公积金转股	其他	小计	
一、未上市流通股份							
1.发起人股份							
其中:							
国有法人股份	9980.44			3992.176		3992.176	13972.616
境内法人持有股份	1019.56			407.824		407.824	1427.384
境外法人持有股份							
其他							
2.募集法人股份							
3.内部职工股							
4.优先股及其他							
未上市流通股份合计	11000.00			4400.00		4400.00	15400.00
二、已上市流通股份							
1.人民币普通股	6000.00			2400.00		2400.00	8400.00
2.境内上市的外资股							
3.境外上市的外资股							
4.其他							
已上市流通股份合计	6000.00			2400.00		2400.00	8400.00
三、股份总数	17000.00			6800.00		6800.00	23800.00

600345 武汉长江通信产业集团股份有限公司

2001年年度报告摘选

一、公司简介

(一)公司名称:武汉长江通信产业集团股份有限公司
英文名称:Wuhan Yangtze Communication Industry Group Co.,Ltd
英文缩写:YCIG
(二)公司法定代表人:熊瑞忠
(三)董事会秘书:胡湘建
联系地址:武昌珞瑜路200-1号东湖新技术开发区管理大楼11层
电话:027-87411083
传真:027-87411083
E-Mail地址:hxj@ycig.com.cn
证券事务代表:蔡丽华
电话:027-87426652
传真:027-87411083
E-Mail地址:clh@ycig.com.cn
联系地址:武昌珞瑜路200-1号东湖新技术开发区管理大楼11层
(四)公司注册地址及办公地址:武昌珞瑜路200-1号东湖新技术开发区管理大楼11层
注册地址及办公地址邮政编码:430070
公司国际互联网网址:http://www.ycig.com/
E-Mail地址:ccigof@public.wh.hb.cn
(五)公司选定的信息披露报纸:《上海证券报》、《中国证券报》、《证券时报》
刊登公司年度报告的中国证监会指定国际互联网网址:http://www.sse.com.cn
公司年度报告备置地址:公司董事会秘书处
(六)公司股票上市交易所:上海证券交易所
股票简称:长江通信
股票代码:600345

二、会计数据和业务数据摘要

(一)本年度主要会计数据和业务数据(单位:元)

利润总额:	197,859,128.36
净利润:	199,529,581.03
扣除非经常性损益后的净利润:	198,549,925.37
主营业务利润:	59,264,065.07
其他业务利润:	31,538.35
营业利润:	-12,329,037.42
投资收益:	209,666,661.52
补贴收入:	3,915,148.60
营业外收支净额:	-3,393,644.34
经营活动产生的现金流量净额:	-95,027,746.16
现金及现金等价物净增加额:	-148,936,840.91

(二)公司前三年的主要会计数据和财务指标(单位:元)

项目	2001年	2000年		1999年
		调整前	调整后	
(1)主营业务收入	389,556,202.34	289,361,903.19	266,596,848.96	292,197,661.21
(2)净利润	199,529,581.03	92,776,321.42	77,930,776.27	69,209,920.92
(3)总资产	1,333,955,438.82	1,084,063,669.14	1,047,616,988.50	669,204,205.15
(4)股东权益(不含少数股东权益)	891,794,109.77	750,709,177.05	702,863,631.90	303,332,855.63
(5)每股收益	1.21	0.56	0.47	0.58
(6)每股净资产	5.40	4.55	4.26	2.53
(7)调整后的每股净资产	5.35	4.47	4.23	2.44
(8)每股经营活动产生的现金流量净额	-0.58	0.37	0.37	0.70
(9)净资产收益率	22.37%	12.36%	11.09%	22.82%

(三)根据中国证监会关于发布《公开发行证券公司信息披露编报规则》第9号通知精神,公司2001年按全面摊薄法和加权平均法计算的净资产收益率和每股收益:

报告期利润	净资产收益率		每股收益	
	全面摊薄	加权平均	全面摊薄	加权平均
主营业务利润	6.65%	7.38%	0.36	0.36
营业利润	-1.38%	-1.54%	-0.07	-0.07
净利润	22.37%	24.86%	1.21	1.21
扣除非经常性损益后的净利润	22.26%	24.74%	1.20	1.20

三、股本变动及股东情况介绍

(一)股本变动情况
股本变动情况:本报告期内,公司股本无变动。
股本变动情况表

单位:万股

项目	期初数	本期配股	本期送股	本期公积金转增股本	增发	本期其他变动	期末数
一、尚未流通股份	12,000.00						12,000.00
二、已流通股份	4,500.00						4,500.00
股本总数	16,500.00						16,500.00

(二)股东情况介绍
1、报告期末公司股东总数29240户。
2、公司前十名股东持股情况(截止至2001年12月29日交易结束)(单位:万股)

序号	股东名称	股权性质	期末持股数	持股比例(%)
1	武汉长江光通信产业有限公司	国有法人股	5570	33.76
2	武汉正信国有资产经营有限公司	国家股	4850	29.39
3	青岛金牛经济信息有限公司	法人股	940	5.70
4	武汉新能实业发展有限公司	法人股	351	2.31
5	华安证券	流通股	91.3	1.38
6	长江经济联合发展(集团)股份有限公司武汉分公司	法人股	149	0.90
7	安顺基金	流通股	99.94	0.61
8	南方证券	流通股	80.75	0.49
9	华中科技实业总公司	国有法人股	80	0.48
10	汉兴基金	流通股	70.01	0.42

600346 大连冰山橡塑股份有限公司

2001年年度报告摘选

第一章 公司基本情况简介

一、公司法定中文名称:大连冰山橡塑股份有限公司
公司法定英文名称:Dalian Bingshan Rubber & Plastics CO.,LTD.
二、法定代表人:穆传江
公司总经理:刘庆禄
三、董事会秘书:谢利克
联系地址:大连市甘井子区周水子广场1号
联系电话:0411-6641861转6108、6220　　传真:0411-6641645
电子信箱:xlk@dlrpm.com
四、公司注册地址:大连市甘井子区周水子广场1号
公司办公地址:大连市甘井子区周水子广场1号　　邮政编码:116033
公司国际互联网网址:http://www.dlrpm.com
电子信箱:office@dlrpm.com
五、公司选定的信息披露报刊:《上海证券报》、《中国证券报》
年度报告备置地点:公司证券部
六、股票上市交易所:上海证券交易所
股票简称:冰山橡塑　　股票代码:600346

第二章 财务数据和业务数据摘要

一、公司本年度主要利润指标

单位:元

利润总额	21,042,399.68
净利润	15,952,621.88
扣除非经常性损益后的净利润	15,606,410.31
主营业务利润	71,874,520.66
其他业务利润	420,911.87
营业利润	19,727,655.85
投资收益	798,010.15
补贴收入	66,223.00
营业外收支净额	450,510.68
经营活动产生的现金流量净额	4,116,385.01
现金及现金等价物净增减额	174,430,435.16

二、公司近三年主要数据及财务指标

财务指标	单位	2001年度	2000年度		1999年度	
			调整前	调整后	调整前	调整后
主营业务收入	元	222,529,837.93	210,913,207.76	210,913,207.76	200,478,776.60	200,478,776.60
净利润	元	15,952,621.88	13,805,052.62	11,144,941.29	12,643,369.34	6,610,080.15
总资产	元	530,270,936.83	334,537,103.17	325,843,702.65	346,658,877.16	340,625,587.97
股东权益(不含少数股东权益)	元	311,487,939.95	130,185,132.45	121,491,731.93	114,266,335.83	108,233,046.64
全面摊薄每股收益	元/股	0.15	0.197	0.159	0.181	0.09
加权平均每股收益	元/股	0.20	0.197	0.159	0.181	0.09
扣除非经常性损益的每股收益	元/股	0.15	0.197	0.159	0.181	0.09
每股净资产	元/股	2.97	1.86	1.74	1.62	1.55
调整后的每股净资产	元/股	2.95	1.86	1.73	1.58	1.50
每股经营活动产生的现金流量净额	元/股	0.04	0.128	0.128	-0.12	-0.12
全面摊薄净资产收益率	%	5.12	10.60	9.17	11.06	5.80
加权平均净资产收益率	%	8.40	10.99	9.41	11.71	6.42
扣除非经营性损益的加权平均净资产收益率	%	8.27	10.99	9.41	11.71	6.42

三、公司报告期利润附表

2001年度利润	净资产收益率(%)		每股收益(元)	
	全面摊薄	加权平均	全面摊薄	加权平均
主营业务利润	23.07	37.99	0.69	0.88
营业利润	6.33	10.43	0.19	0.24
净利润	5.12	8.40	0.15	0.20
扣除非经营性损益后的净利润	5.02	8.27	0.15	0.19

第三章 股本变动及股东情况

一、公司股本变动情况
1、股本变动情况表

公司股份变动情况表

单位:股

	本次变动前	本次变动增减(+,-)						本次变动后
		配股	送股	公积金转股	增发	首发	小计	
(一)未上市流通股份								
(1)发起人股份	70,000,000					-3,500,000	-3,500,000	66,500,000
其中:国家持有股份	67,330,000					-3,500,000	-3,500,000	63,830,000
境内法人持有股份	2,670,000							2,670,000
境外法人持有股份								
其它								
(2)募集法人股								
(3)内部职工股								
(4)优先股或其它								
(5)向战略投资者配售股份								
未上市流通股份合计	70,000,000					-3,500,000	-3,500,000	66,500,000
(二)已上市流通股份								
(1)人民币普通股						+38,500,000	+38,500,000	38,500,000
(2)境内上市的外资股								
(3)境外上市的外资股								
(4)其它								
已上市流通股份合计						+38,500,000	+38,500,000	38,500,000
(三)股份总数	70,000,000					+35,000,000	+35,000,000	105,000,000

600350 山东基建股份有限公司

2001 年年度报告摘选

第一章 公司基本情况简介

1、公司中文名称:山东基建股份有限公司
公司英文名称:SHANDONG INFRASTRUCTURE COMPANY LIMITED
公司英文名称缩写:SDICL
2、公司法定代表人:张俊仁
3、公司董事会秘书:王大为
公司证券事务代表:赵晓玲、马宁
联系电话:0531-2662952
传真号码:0531-2662950
联系地址:济南市经十路 71 号山东大学科技园创业中心
电子邮箱:sdiclzd@jn-public.sd.cninfo.net
4、公司注册地址:济南市泺源大街 22 号中银大厦 15 楼
邮政编码:250063
公司办公地址:济南市经十路 71 号山东大学科技园创业中心
邮政编码:250061
公司国际互联网网址:www.sdicl.com
5、公司选定的信息披露报纸:《中国证券报》、《上海证券报》
登载年度报告的中国证监会指定网站网址:www.sse.com.cn
公司年度报告备置地点:公司董事会秘书处、上海证券交易所
6、公司股票上市交易所:上海证券交易所
股票简称:山东基建 股票代码:600350

第二章 会计数据和业务数据摘要

一、本年度主要会计数据和业务数据 单位:元

项目	2001 年度
利润总额	446,759,203
净利润	391,369,977
扣除非经常性损益后的净利润	370,103,947
主营业务利润	519,897,665
其他业务利润	3,973,473
营业利润	415,895,346
投资收益	5,395,557
补贴收入	19,600,000
营业外收支净额	5,868,300
经营活动产生的现金流量净额	581,007,421
现金及现金等价物净增加额	146,448,544
注:扣除的非经常性损益总额为	21,266,030
其中:营业外收入	5,958,800
营业外支出	-90,500
补贴收入	19,600,000
所得税影响	-4,202,270

二、公司近两年的主要会计数据和财务指标 单位:元

项目	2001 年	2000 年
主营业务收入	792,574,490	741,302,571
净利润	391,369,977	375,196,775
总资产	6,272,817,073	6,282,439,195
股东权益(不含少数股东权益)	4,515,046,269	4,456,265,606
每股收益(摊薄)	0.14	0.13
每股收益(加权)	0.14	0.13
扣除非经常性损益后的每股收益(摊薄)	0.13	0.13
扣除非经常性损益后的每股收益(加权)	0.13	0.13
每股净资产	1.58	1.56
调整后的每股净资产	1.58	1.56
每股经营活动产生的现金流量净额	0.20	0.21
净资产收益率(%)	8.70%	8.40%
加权平均净资产收益率(%)	8.40%	8.20%

依据中国证监会《公开发行证券公司信息披露编报规则第 9 号》要求计算的净资产收益率和每股收益:

报告期利润	净资产收益率		每股收益	
	全面摊薄	加权平均	全面摊薄	加权平均
主营业务利润	11.50%	11.20%	0.18	0.18
营业利润	9.20%	8.90%	0.15	0.15
净利润	8.70%	8.40%	0.14	0.14
扣除非经常性损益后的净利润	8.20%	8.00%	0.13	0.13

第三章 股本变动及股东情况

一、股本变动情况
(一)股份变动情况表 数量单位:股

	本次变动前	本次变动增减(+,-)						本次变动后
		配股	送股	公积金转股	增发	其他	小计	
一、未上市流通股份								
1、发起人股份	2,858,800,000							2,858,800,000
其中:								
国家持有股份	2,858,800,000							2,858,800,000
境内法人持有股份								
境外法人持有股份								
其他								
2、募集法人股份								
3、内部职工股								
4、优先股或其他								
未上市流通股份合计	2,858,800,000							2,858,800,000
二、已上市流通股份								
1、人民币普通股								
2、境内上市的外资股								
1、境外上市的外资股								
2、其他								
已上市流通股份合计								
三、股份总数	2,858,800,000							2,858,800,000

600356 牡丹江恒丰纸业股份有限公司

2001 年年度报告摘选

一、公司基本情况简介

1、公司法定中文名称:牡丹江恒丰纸业股份有限公司公司
法定英文名称:MUDANJIANG HENGFENG PAPER CO.,LTD.
2、公司法定代表人:李荣华
3、公司董事会秘书:李荣伟
证券事务代表:关兴凯
联系地址:黑龙江省牡丹江市阳明区造纸路 11 号
电话:0453-6331111-6451
传真:0453-6330989
电子信箱:sh356@hengfengpaper.com
4、公司注册及办公地址:黑龙江省牡丹江市阳明区造纸路 11 号
邮政编码:157013
公司国际互联网网址:http://www.hengfengpaper.com
公司电子信箱:sh356@hengfengpaper.com
5、公司选定的信息披露报纸名称:《中国证券报》、《上海证券报》
登载公司年度报告的中国证监会指定网站的网址:http://www.sse.com.cn
公司年度报告备置地点:公司证券部
6、公司股票上市交易所:上海证券交易所
股票简称:恒丰纸业
股票代码:600356

二、会计数据和业务数据摘要

(一)本年度主要利润指标 单位:元

项目	金额
利润总额	67,593,480.42
净利润	45,694,782.87
扣除非经常性损益后的净利润	46,359,900.26
主营业务利润	130,584,954.08
其他业务利润	
营业利润	68,258,597.81
投资收益	
补贴收入	
营业外收支净额	-665,117.39
经营活动产生的现金流量净额	4,597,526.73
现金及现金等价物净增减额	(178,502,218.14)

注:扣除的非经常性损益项目和涉及金额
1、营业外收入 253,500.00 元
2、营业外支出 918,617.39 元

(二)公司前三年主要会计数据和财务指标

项目	单位	2001 年度	2000 年度		1999 年度	
			调整后	调整前	调整后	调整前
主营业务收入	元	368,794,220.70	334,165,485.22	334,165,485.22	298,327,863.52	298,327,863.52
净利润	元	45,694,782.87	36,539,757.32	39,362,202.97	22,959,544.91	32,642,379.75
总资产	元	656,006,785.57	663,750,882.38	669,614,804.55	364,531,034.32	376,957,595.61
股东权益(不含少数股东权益)	元	490,793,459.10	452,098,676.23	457,962,598.40	152,117,560.59	161,800,395.43
每股收益(全面摊薄)	元/股	0.33	0.26	0.28	0.23	0.33
每股收益(加权平均)	元/股	0.33	0.26	0.28	0.23	0.33
每股收益(扣除非经常性损益后)	元/股	0.33	0.28	0.28	0.23	0.33
每股净资产	元/股	3.51	3.23	3.27	1.52	1.61
调整后的每股净资产	元/股	3.50	3.16	3.24	1.51	1.49
每股经营活动产生的现金流量净额	元/股	0.03	0.11	0.11	0.95	0.95
净资产收益率(全面摊薄)	%	9.31	8.08	8.59	15.09	20.17
净资产收益率(加权平均)	%	9.62	20.29	21.68	11.64	15.93
扣除非经常性损益后的加权平均净资产收益率	%	9.76	20.41	21.80	11.81	16.10

注:1)计算 1999 年财务指标用的总股本为 10,000 万股;
2)计算 2000、2001 年财务指标用的总股本为 14,000 万股。

(三)按照中国证监会《公开发行证券公司信息披露编报规则(第 9 号)》要求计算本年度利润的净资产收益率和每股收益。

报告期利润	净资产收益率(%)		每股收益(人民币元/股)	
	全面摊薄	加权平均	全面摊薄	加权平均
主营业务利润	26.61	27.49	0.9327	0.9327
营业利润	13.91	14.37	0.4876	0.4876
净利润	9.31	9.62	0.3264	0.3264
扣除非经营性损益后的净利润	9.45	9.76	0.3311	0.3311

三、股本变动及股东情况

(一)公司股份变动情况表

数量单位:股

	本次变动前	本次变动增减(+,-)						本次变动后
		配股	送股	公积金转股	增发	其他	小计	
一、未上市流通股份								
1、发起人股份	80,000,000							80,000,000
其中:								
国家持有股份	79,800,000							79,800,000
境内法人持有股份	200,000							200,000
境外法人持有股份其他								
2、募集法人股份								
3、内部职工股	20,000,000							20,000,000
4、优先股或其他								
未上市流通股份合计	100,000,000							100,000,000
二、已上市流通股份合计								
1、人民币普通股	40,000,000							40,000,000
2、境内上市的外资股								
3、境外上市的外资股								
4、其他								
已上市流通股份合计	40,000,000							40,000,000
三、股份总数	140,000,000							140,000,000

600358 国旅联合股份有限公司

2001年年度报告摘选

第一章 公司基本情况简介

1、公司中文名称:国旅联合股份有限公司
公司英文名称:CHINA UNITED TRAVEL CO. LTD
缩写:CUTC
2、公司法定代表人:李禄安
3、公司董事会秘书:李鲤
联系地址:中国南京市汉中路89号金鹰国际商城18楼A座
邮政编码:210029
电话:(025)4711182
传真:(025)4711192
电子信箱:xuzhibin@cutc.com.cn
证券事务代表:徐志斌
联系地址:中国南京市汉中路89号金鹰国际商城18楼A座
邮政编码:210029
电话:(025)4700028-806
传真:(025)4711192
电子信箱:xuzhibin@cutc.com.cn
4、公司注册地址及办公地址:中国南京市汉中路89号金鹰国际商城18楼A座
邮政编码:210029
5、公司信息披露报纸名称:《上海证券报》
公司年报登载互联网址:http://www.sse.com.cn
公司年度报告备置地点:国旅联合股份有限公司董事会秘书处
6、公司股票上市交易所:上海证券交易所
股票简称:国旅联合
股票代码:600358

第二章 会计数据及业务数据摘要

1、本年度主要利润指标情况(单位:人民币元)

项目	金额
利润总额	13,750,944.19
净利润	12,833,485.55
扣除非经常性损益后的净利润	834,915.90
主营业务利润	59,255,266.37
其他业务利润	1,004,962.48
营业利润	-3,653,008.28
投资收益	21,797,363.32
补贴收入	1,315.00
营业外收支净额	-4,394,725.85
经营活动产生的现金流量净额	17,587,468.16
现金及现金等价物增减额	-70,895,750.68

2、截止报告期末公司前三年的主要会计数据及财务指标(单位:人民币元)

项目	2001年	2000年(调整后)	1999年(调整后)
主营业务收入	108,374,975.88	87,471,836.50	88,155,610.81
净利润	12,833,485.55	17,186,216.64	5,417,001.49
总资产	572,863,126.44	521378961.72	207,947,428.37
股东权益(不含少数股东权益)	411,817,750.76	401,597,807.72	112,668,705.04
每股收益	0.092	0.123	0.060
每股净资产	2.964	2.869	1.252
调整后的每股净资产	2.83	2.80	1.19
每股经营活动产生的现金流量净额	0.126	0.074	0.304
净资产收益率(%)	3.12	4.28	4.81
扣除非经常性损益后的加权平均净资产收益率(%)	0.20	3.71	5.02

利润表附表

报告期利润	净资产收益率(%)		每股收益(元)	
	全面摊薄	加权平均	全面摊薄	加权平均
主营业务利润	14.39	14.57	0.42	0.42
营业利润	-0.89	-0.90	-0.03	-0.03
净利润	3.12	3.16	0.09	0.09
扣除非经常性损益后的净利润	0.2	0.21	0.01	0.01

第三章 股本变动及股东情况

1、股份变动情况
(1)段份变动情况表

	本次变动前	本次变动增减(+,-)						本次变动后
		配股	送股	公积金转股	增发	其他	小计	
一、未上市流通股份	90,000,000							90,000,000
1、发起人段份								
其中								
国家持有段份								
境内法人持有股份	90,000,000							90,000,000
境外法人持有股份								
其他								
2、募集法人股份								
3、内部职工股								
4、优先股或其他								
其中:转配股								
未上市流通股份合计	90,000,000							90,000,000
二、已上市流通股份	50,000,000							50,000,000
1、人民币普通股	50,000,000							50,000,000
2、境内上市的外资股								
3、境外上市的外资股								
4、其他								
已上市流通股份合计	50,000,000							50,000,000
三、股份总数	140,000,000							140,000,000

600359 新疆塔里木农业综合开发股份有限公司

2001年年度报告摘选

一、公司简介

(一)公司法定中文名称:新疆塔里木农业综合开发股份有限公司
英文名称:Xinjiang Talimu Agriculture Development Co., Ltd.
英文缩写:XTAD
(二)公司法定代表人:沙敬禹
(三)公司董事会秘书:李新海
联系地址:新疆阿克苏市健康路3号社会保险大楼5层
电话:(0997)2134083
传真:(0997)2130840
E-mail:xinhai-li@21cn.com
董事会证券事务代表:张春疆
电话:(0997)2125499
E-mail:chunjiang-zhang@21cn.com
(四)公司注册地址:新疆阿拉尔南口镇迎宾路1号
邮政编码:843301
公司办公地址:新疆阿克苏市健康路3号社会保险大楼5层
邮政编码:843000
公司网址:http://www.600359.com
公司电子信箱E-mail:nyshg-ak@xj.cninfo.net
(五)公司指定信息披露报刊:《中国证券报》、《上海证券报》
公司年度报告登载网址:http://www.sse.com.cn
公司年度报告备置地点:本公司办公地点和上海证券交易所
(六)公司股票上市地:上海证券交易所
股票简称:新农开发
股票代码:600359

二、会计数据和业务数据摘要

(一)本年度会计数据摘要(单位:元)

项目	金额
利润总额	5,204,420.95
净利润	4,410,875.27
扣除非经常性损益后的净利润	-2323786.34
主营业务利润	102,082,334.71
其它业务利润	5,185,225.01
营业利润	-1,530,240.66
投资收益	6,646,895.29
补贴收入	-
营业外收支净额	87,766.32
经营活动产生的现金流量净额	-98,637,193.45
现金及现金等价物净增加额	88,342,718.59

说明:扣除非经常性损益后的净利润所扣除项目系投资收益6646895.29元和营业外收支净额87766.32元。

(二)截止报告期末公司前三年的主要会计数据和财务指标(单位:元)

项目	2001年	2000年		1999年
		调整后	调整前	
主营业务收入	537,671,097.60	685,664,679.47	685,664,679.47	632,616,731.01
净利润	4,410,875.27	95,749,372.73	89,059,463.34	67,243,742.21
总资产	1,743,710,767.82	1,240,038,024.78	1,296,416,125.74	1,262,630,307.97
股东权益	984,972,679.85	675,782,812.44	731,384,952.88	716,834,145.68
每股收益:(摊薄)	0.014	0.326	0.303	0.229
(加权)	0.015	—	—	0.248
(扣除非经常性损益)	-0.007	—	0.288	0.214
每股净资产	3.068	2.299	2.488	2.443
调整后每股净资产	1.945	1.072	1.258	2.130
净资产收益率%				
(摊薄)	0.4	14.2	12.18	9.38
(加权)	0.6	—	—	10.98
每股经营活动产生的现金流量净额(元/股)	-0.307	0.407	0.407	0.206

三、股本变动及股东情况

(一)股本变动情况
1、股份变动情况表

	报告期初	报告期内变动增减(+,-)					报告期末
		配股	送股	公积金转股	其它	小计	
一、未上市流通股份							
1、发起人股份							
其中:							
国家持有股份	204000000						204000000
境内法人持有股份							
外资法人持有股份							
其它							
2、募集法人股							
3、内部职工股							
4、优先股或其它							
其中:转配股							
未上市流通股份合计	204000000						204000000
二、已上市流通股份							
1、人民币普通股票	90000000		27000000			27000000	117000000
2、境内上市外资股							
3、境外上市外资股							
4、其它							
已流通股份合计	90000000		27000000			27000000	117000000
三、股份总数	321000000		27000000			27000000	321000000

600360 吉林华微电子股份有限公司

2001 年年度报告摘选

第一章 公司基本情况简介

1、公司名称
中文名称:吉林华微电子股份有限公司
缩　　写:华微电子
英文名称:JiLin Sino - Microelectronics Co.,Ltd
2、公司法定代表人:夏增文
3、公司董事会秘书:丁大月
证券事务代表:赫荣刚
联系地址:吉林省吉林市深圳街 99 号
联系电话:(0432)4678411
传　　真:(0432)4665812
电子信箱:zg6666@mail.jl.com
4、公司注册地址:吉林市丰满区长江街 100 号
公司办公地址:吉林省吉林市深圳街 99 号
邮政编码:132013
5、信息披露报纸名称:《上海证券报》《证券时报》
登载公司年度报告的中国证监会指定网站的网址:HTTP://WWW.sse.com.cn
公司年度报告备置地点:吉林华微电子股份有限公司证券投资部
6、公司股票上市交易所:上海证券交易所
股票简称:华微电子(A 股)　　股票代码:600360

第二章 会计数据和业务数据摘要

第一节 本年度公司主要经营指标
本年度公司主要经营数据:　　单位:元

项目	金额
利润总额	31,347,193.61
净利润	25,932,624.74
扣除非经营性损益后的净利润	26,209,745.11
主要业务利润	76,475,705.42
其他业务利润	2,057,670.66
营业利润	31,728,575.57
投资收益	-270,977.16
补贴收入	
营业外收支净额	-110,404.80
经营活动产生的现金流量净额	11,340,269.01
现金及现金等价物净增减额	139,769,688.21

第二节 公司前三年主要会计数据及财务指标
公司前三年主要会计数据及财务指标　　单位:元

指标项目	2001 年	2000 年	
		调整后	调整前
主营业务收入	232,591,787.40	180,714,749.52	180,714,749.52
净利润	25,932,624.74	18,330,223.21	21,231,674.36
总资产	918,549,791.90	381,562,443.63	386,733,699.20
股东权益(不含少数股东权益)	569,966,794.50	123,369,109.20	127,869,338.52
全面摊薄每股收益	0.22	0.27	0.31
加权平均每股收益	0.25	0.27	0.31
扣除非经常性损益后的每股收益	0.22	0.27	0.31
每股净资产	4.83	1.81	1.89
调整后的每股净资产	4.78	1.80	1.87
每股经营活动产生的现金流量净额	0.10	-0.30	-0.30
全面摊薄净资产收益率(%)	4.55	14.86	16.60
加权平均净资产收益率(%)	5.63	13.83	18.11
扣除非经常性损益后净资产收益率(%)	4.60	14.89	16.60

第三节 利润分配表附表
利润分配表附表:

	报告期利润	净资产收益率(%)		每股收益(元)	
		全面摊薄	加权平均	全面摊薄	加权平均
主营业务利润	76,475,705.42	13.42	16.61	0.65	0.72
营业利润	31,728,575.57	5.57	6.89	0.27	0.30
净利润	25,932,624.74	4.55	5.63	0.22	0.25
扣除非经常性损益后的净利润	26,209,745.11	4.60	5.69	0.22	0.25

第三章 股本变动及股东情况

第一节 股本变动情况
公司股本变动情况表　　单位:万股

	本次变动前	本次变动增减(+,-)						本次变动后
		配股	送股	公积金转股	增发	其他	小计	
一、未上市流通股份								
1、发起人股份	6800							6800
其中:								
国家持有股份	6600							6600
境内法人持有股份	200							200
境外法人持有股份								
其他								
2、募集法人股份								
3、内部职工股								
4、优先股或其他								
未上市流通股份合计	6800							6800
二、已上市流通股份					5000			5000
1、人民币普通股					5000			5000
2、境内上市的外资股								
3、境外上市的外资股								
4、其他					5000			5000
已上市流通股份合计								
三、股份总数	6800				5000			11800

600361 北京华联商厦股份有限公司

2001 年年度报告摘选

一、公司基本情况简介

(一)公司名称及缩写:
公司法定名称:北京华联商厦股份有限公司
公司名称缩写:北京华联
(二)公司法定代表人:吉小安
(三)公司董事会秘书:牛晓华
证券事务代表:周剑军
联系地址:北京市西城区阜外大街 1 号
联系电话:(010)88363718
传真:(010)68364733
电子信箱:hlzqb@sina.com
(四)公司注册地址:北京市西城区阜外大街 1 号四川经贸大厦负 2 层 3 号
公司办公地址:北京市西城区阜外大街 1 号
邮政编码:100037
公司国际互联网网址:www.ec960.com
公司电子信箱:hlzqb@sina.com
(五)公司选定的信息披露报纸名称:《中国证券报》《上海证券报》《证券时报》
登载年度报告证监会指定网站:http://www.sse.com.cn/
公司年度报告备置地点:公司证券部、上海证券交易所
(六)公司股票上市交易所:上海证券交易所
股票简称:北京华联
股票代码:600361

二、会计数据和业务数据摘要

(一)本年度主要利润指标:

项目	金额(元)
1.利润总额	73,336,102.01
2.净利润	45,817,353.87
3.扣除非经常性损益后的净利润	44,481,992.65
4.主营业务利润	192,533,765.14
5.其他业务利润	28,141,852.11
6.营业利润	72,308,530.44
7.投资收益	-307,789.65
8.补贴收入	
9.营业外收支净额	1,335,361.22
10.经营活动产生的现金流量净额	55,465,260.08
11.现金及现金等价物净增减额	491,840,167.66

(二)公司近三年的主要会计数据和财务指标:

序号	项目	2001 年度	2000 年度	1999 年度
1	主营业务收入(元)	1,243,678,820.01	975,415,622.52	443,875,180.44
2	净利润(元)	45,817,353.87	31,542,327.39	9,785,418.33
3	总资产(元)	1,540,299,162.04	432,276,371.73	188,532,268.45
4	股东权益(元)	554,582,692.37	101,035,469.44	68,138,967.24
5	每股收益(元/股)(摊薄)	0.36	0.42	0.16
	(加权)	0.57	0.42	0.16
6	每股净资产(元/股)	4.42	1.34	1.14
7	调整后的每股净资产(元/股)	4.05	1.05	1.18
8	每股经营活动产生的现金流量净额	0.44	1.68	----
9	净资产收益率(%)(摊薄)	8.26	31.22	14.36
	(加权)	29.80	37.59	15.49

说明:本公司的主要经营场所大都是租赁物业后,按照公司统一要求进行装修改造。公司长期待摊费用核算的是租赁物业的装修改造支出,按照租赁期或受益期孰短年限进行摊销。基于公司的实际情况及行业特点,在计算调整后每股净资产时没有扣除长期待摊费用。

(三)报告期利润表附表:

项目	报告期利润(元)	净资产收益率		每股收益(元/股)	
		全面摊薄	加权平均	全面摊薄	加权平均
主营业务利润	192,533,765.14	34.72%	125.21%	1.53	2.41
营业利润	72,308,530.44	13.04%	47.02%	0.58	0.91
净利润	45,817,353.87	8.26%	29.80%	0.36	0.57
扣除非经常性损益后的净利润	44,481,992.65	8.10%	29.21%	0.35	0.56

三、股本变动及股东情况

(一)股份变动情况表　　数量单位:股

	本次变动前	本次变动增减(+,-)						本次变动后
		配股	送股	公积金转增	增发	其他	小计	
一、未上市流通股份								
1、发起人股份	75572900							75572900
其中:								
国家持有股份								
境内法人持有股份	75572900							75572900
境外法人持有股份								
其他								
2、募集法人股								
3、内部职工股								
4、优先股或其他								
未上市流通股份合计	75572900							75572900
二、已上市流通股份								
1、人民币普通股					50000000		50000000	50000000
2、境内上市的外资股								
境外上市的外资股								
其他								
已上市流通股份合计					50000000		50000000	50000000
三、股份总数	75572900				50000000		50000000	125572900

600362 江西铜业股份有限公司

2001年年度报告摘要

一、公司简介

1 法定中文名称:江西铜业股份有限公司

中文名缩写:江西铜业

法定英文名称:Jiangxi Copper Company Limited

英文名称缩写:JCCL

2 法定代表人:何昌明

3 董事会秘书:黄东风

联系地址:江西省贵溪市冶金大道15号

联系电话:0701－3777735

传真:0701－3777013

电子信箱:jccl@jxcc.com

4 公司注册及办公地址:江西省贵溪市冶金大道15号

邮政编码:335424

传真:0701－3777013

公司国际互联网址:http://www.jxcc.com

电子信箱:jccl@jxcc.com

公司在香港营业地点:香港弯仔港弯道1号会展广场办公大楼49楼4901室

5 公司信息批露报纸名称:《中国证券报》、《香港经济日报》、《HongKongiMail》(英文报)

公司年度报告登载网址:http://www.sse.com.cn

http://www.hkex.com.hk

公司年度报告备置地点:江西省贵溪市冶金大道15号

江西铜业股份有限公司董事会秘书室

6 股票上市地点(A股):上海证券交易所

股票上市地点(H股):香港联交所(第二上市地:伦敦证券交易所)

股票代码(A股/H股):600362/0358

股票简称(A股/H股):江西铜业

7 其它相关资料:

公司注册日期:1997年1月24日

公司注册地点:中华人民共和国江西省贵溪市冶金路15号

公司营业执照注册号:企股国副字第000732号

公司税务登记号:36062162591217

公司聘请会计师事务所:沪江·德勤会计师事务所(境内)

办公地点:中国上海市黄浦路99号上海滩国际大厦16楼

公司聘请会计师事务所:德勤·关黄陈方会计师行(境外)

办公地点:香港干诺道中111号永安中心26楼

二、会计数据和业务数据摘要

1、按中国会计准则编制会计数据与业务数据摘要

	2001年 人民币千元
利润总额	301,659
净利润	301,435
扣除非经常性损益后的净利润	304,273
主营业务利润	655,349
其它业务利润	7,557
营业利润	322,989
投资收益	1,820
补贴收入	98
营业外收支净额	(23,249)
经营活动产生的现金流量净额	640,292
现金及现金等价物净增加额	314,957

注:扣除非经常性损益的项目、涉及的金额

项目	涉及金额 人民币千元
补贴收入	98
其它	(2,936)
非经常性损益对所得税的影响数	0

2、前三年主要会计数据及财务指标(按中国会计准则编制)

项目	2001年 人民币千元	2000年 人民币千元	1999年 人民币千元
主营业务收入	2,995,793	3,524,512	2,712,183
净利润	301,435	108,660	23,151
总资产	8,460,149	7,749,142	7,231,203
股东权益(不含少数股东权益)	4,572,800	3,898,782	3,814,463
每股收益	0.11	0.045	0.011
扣除非经常性损益后的每股收益	0.11	0.045	0.011
每股净资产	1.72	1.60	1.57
调整后的每股净资产	1.71	1.59	1.57
每股经营活动产生的现金流量净额	0.24	0.28	0.16
净资产收益率(%)	6.59	2.79	0.61
加权平均净资产收益率(%)	7.44	2.81	0.61
扣除非经常性损益后的净资产收益率(%)	6.65	2.79	0.71

注:以上会计数据及财务指标均以合并会计报表数计算和填列

3、净资产收益率和每股收益指标(按中国会计准则编制)

	净资产收益率(%)		每股收益(元/股)	
	全面摊薄	加权平均	全面摊薄	加权平均
主营业务利润	14.33	16.18	0.25	0.27
营业利润	7.06	7.98	0.12	0.13
净利润	6.59	7.44	0.11	0.12
扣除非经常性损益后的净利润	6.65	7.51	0.11	0.13

注:以上指标按照中国证券会《公开发行证券公司信息披露编报规则第九号》的要求计算和填列。

4、国际会计准则与中国会计准则计算差异

本公司按国际会计准则与按中国会计准则计算的净利润与净资产差异如下:

	2001年 人民币千元 净利润	2001年12月31日 人民币千元 净资产
根据中国会计准则编制财务报表金额	301,435	4,572,800
按国际会计准则调整:		
－按国际会计准则记入损益的发行人民币普通股(A股)申购冻结资金应计利息	10,938	
－按国际会计准则不能计列的经董事会批准的应付普通股股利		133,202
按国际会计准则编制财务报表金额	312,373	4,706,002

三、股本变动及股东情况

(一)股本变动情况

1、股本变动情况表

	变动前(股)	增　　发	变动后(股)
一、未上市流通股份			
1、发起人股份			
其中:境内国有法人股	1,275,556,200		1,275,556,200
境内其他法人股份	2,000,000		2,000,000
境外法人持有股份			－
其它			－
2、已发行未上市A股		230,000,000	230,000,000
3、内部职工股			－
4、优先股或其它			－
未上市流通股份合计	1,277,556,200	230,000,000	1,507,556,200
二、已上市流通股份			－
1、人民币普通股			
2、境内上市外资股			－
3、境外上市外资股	1,156,482,000		1,156,482,000
上市流通股份合计	1,156,482,000		1,156,482,000
三、股份总数	2,434,038,200	230,000,000	2,664,038,200

注:(1)境外上市外资股含有发起人国际铜业5亿股H股,该等股份从1997年起的三年后可转让并流通。

(2)已发行未上市流通A股是指本公司于2001年12月21日向国内投资者发行2.3股A亿股,该等股票于2002年1月11日在上海交易所上市流通。

2、股票发行与上市情况

2001年12月21日,经中国证监会证监发行字2001(61)号文件核准,本公司A股股票首次在国内发行,发行价格为每股2.27元人民币,发行数量23,000万股。2002年1月11日,本公司A股股票在上海证券交易所正式挂牌上市交易。本次发行A股共获募集资金总额为52,210万元,扣除发行费用后净募集资金约为49,485万元于2001年12月28日全部到帐。获得冻结资金利息约1,094万元因结息期限未到而尚未进帐。

(二)股东情况介绍

1、报告期末股东数量

截至2001年12月31日止,持有本公司股票的股东总数为130,247名,其中,H股股东人数为4,122名,A股股东人数为126,125名。

2、公司前十大股东持股情况

股东名称	年末持股数(股)	占总股本百分比(%)	持股类别
1.江西铜业公司	1,275,556,200	47.881	国有法人股
2.HKSCC NOMINEES LIMITED	1,131,953,000	42.490	H股
其中:国际铜业	500,000,000	18.768%	H股(发起人)
3.华夏成长基金	2,161,000	0.081	A股
4.华安创新基金	1,389,000	0.052	A股
5.兴和基金	1,319,000	0.050	A股
6.天华基金	1,282,000	0.048	A股

7.SONG ZHEN YUAN	1,095,000	0.041	H股
8.兴华基金	1,030,000	0.039	A股
9.深圳宝恒(集团)股份有限公司	1,000,000	0.038	法人股
10.HSBC NOMINEES (HONG KONG) LIMITED	908,000	0.034	H股

注:(1)持有本公司5%以上股份的股东其持股数量并无变化。

(2)除江西铜业公司外,本公司并不知悉持有本公司股份的前十名股东之间有无关联关系。

(3)国际铜业所持本公司H股股份于1997年上市日全部抵押给中国银行(香港)有限公司,除此以外,持有本公司5%以上股份的其它股东其所持股份没有抵押或冻结情况。

3、持股10%以上的主要法人股东情况

江西铜业公司持有本公司股份12.76亿股(内资股),占总股本的47.881%,为本公司第一大股东,该公司成立于1979年7月1日,其法定代表人为何昌明先生,其注册资本为389,606万元,主要业务为有色金属矿、非金属矿、有色金属冶炼压延加工产品等。江西铜业公司是江西省人民政府直接管理的国有企业,其股权全部由江西省人民政府持有。

香港中央结算(代理人)有限公司作为本公司H股的结算公司,以代理人身份持有本公司股份1,131,953,000股H股,占本公司总股本的42.49%。香港中央结算(代理人)有限公司是中央结算及交收系统成员,为客户进行证券登记及托管业务。其中,国际铜业通过香港中央结算(代理人)持有本公司5亿股(H股),占总股本的18.768%,该公司于1995年11月7日在香港注册成立,由银建国际实业有限公司、中国有色金属(香港)控股有限公司各持50%的股份;主要业务为投资控股。该公司所持本公司股份已于1997年本公司股票上市日全部抵押给中国银行(香港)有限公司。2001年9月,依据有关方签定的协议,中国五矿香港控股有限公司取得中国有色金属(香港)控股有限公司所持该公司50%的股份。

四、公司董事、监事、高级管理人员及员工情况

(一)公司董事、监事、高级管理人员情况

1、基本情况

姓名	性别	年龄	任职起止日期	职务	年初持股	年末持股
何昌明	男	60	2000.6.8-2003.6.8	董事长	无	无
戚怀英	女	60	2000.6.8-2003.6.8	执行董事	无	无
杜新民	男	59	2000.6.8-2003.6.8	执行董事、财务总监	无	无
王赤卫	男	49	2000.6.8-2003.6.8	执行董事、副总经理	无	无
袁则平	男	57	2001.1.19-2003.6.8	执行董事	无	无
高建民	男	43	2000.6.8-2003.6.8	外部执行董事	无	无
崔贵生	男	55	2000.6.8-2002.6.8	外部执行董事	无	无
孙传尧	男	58	2000.6.8-2003.6.8	独立非执行董事	无	无
龙　涛	男	50	2000.6.8-2002.6.8	独立非执行董事	无	无
史忠良	男	57	2000.10.25-2003.6.8	独立非执行董事	无	无
刘新熙	男	47	2001.5.17-2003.6.8	独立非执行董事	无	无
王振坤	男	57	2000.6.8-2003.6.8	监事	无	无
刘思根	男	61	2000.6.8-2003.6.8	监事	无	无
杨其敏	男	59	2000.6.8-2003.6.8	监事	无	无
朱锦彦	男	59	2000.6.8-2003.6.11	监事	无	无
杨明洁	女	45	2001.3.15-2003.6.12	监事	无	无
李贻煌	男	40	2001.3.8起任职	总经理	无	无
刘跃伟	男	42	2001.3.10起任职	副总经理	无	无
刘江浩	男	41	2001.11.21起任职	总工程师	无	无
黄东风	男	43	2000.10.12起任职	董事会秘书	无	无

注:(1)报告期内,本公司董事、监事及高级管理人员并未持有本公司股票,。

(2)在股东单位任职的董事、监事任职情况及任职期间

姓名	任职情况	任职期间
何昌明	江西铜业公司总经理	1993年5月起任职
戚怀英	江西铜业公司党委书记	1997年12月起任职
杨明洁	江西铜业公司财务处副处长	2001年11月起任职

2、年度薪酬情况

根据本公司章程规定,公司董事、监事报酬的决策程序由公司股东大会审议批准,高级管理人员的报酬由公司董事会审议批准。

公司董事、监事、高级管理人员的报酬确定依据是股东大会批准/或董事会会议决议;董事服务合约;及本公司年度经营业绩的增长记录。

2001年度本公司董事、监事、高级管理人员酬金总额为219万元。其中:23万元—26万元5人;9万元—12万元6人;3万元—5万元4人。

4名独立非执行董事2001年度津贴总额为4万元。

独立非执行董事	2001年津贴
龙　涛	10,000
孙传尧	10,000
史忠良	10,000
刘新熙	10,000

最高报酬前三名董事年报酬总额为78万元,最高报酬前三名高级管理人员年报酬总额为62万元。

本公司监事会主席王振坤先生、监事刘思根先生、监事杨其敏先生、监事朱锦彦先生在控股股东江西铜业公司领取报酬。

(二)年内董事、监事、高级管理人员离任情况

年内,原公司执行董事张水鉴先生因工作调动,辞任公司执行董事职务,增补袁则平先生为公司执行董事;原公司独立非执行董事王云杰先生因工作原因,辞任公司独立非执行董事职务,增补刘新熙先生为公司独立非执行董事;原公司监事蔡继华先生因工作调动,辞任公司监事职务,增补杨明洁女士为公司监事。原公司总经理何昌明先生因工作需要,辞去公司总经理职务。

(三)年内公司高级管理人员的聘任情况

2001年3月8日,经公司董事会审议批准,聘任李贻煌先生为本公司总经理。2001年3月10日,经公司总经理提名并由董事会审议批准,聘任刘跃伟先生为本公司副总经理,2001年11月21日,聘任刘江浩先生为本公司总工程师。

(四)员工情况

于2001年12月31日,本公司共有员工总人数11,189人。其中生产人员8,609人,工程技术人员858人,管理人员1,273人,其它辅助人员449人。

员工教育程度:大专及以上学历的员工约占总人数14.9%,中专及高中学历的员工约占总人数的49.8%,初中及以下学历员工约占总人数的35.3%。

本公司无离退休人员。

五、公司治理结构

(一)公司治理情况

本公司章程在股东及股东大会、董事及董事会、监事及监事会、高级管理层、关联交易制度、信息披露制度等方面均有详细的规定,符合上市地的有关规定。

本公司于1997年1月建立了独立董事制度,于1998年8月成立了由独立董事组成的独立审核委员会。

本公司股东大会、董事会、监事会的召开及其日常运作均严格遵循了本公司章程的各项规定。

根据中国政府有关部门下发的《上市公司治理准则》,本公司还需要制定股东大会等议事规则及信息披露制度。

(二)独立董事履行职责情况

本公司董事会11名董事成员中有6名外部董事,其中4名为独立非执行董事,分别从业于矿业、经济、法律、会计等领域,在各自专长的领域中均有多年丰富的经验。

按照香港联合交易所上市规则及有关规定,由本公司4名独立非执行董事组成了董事会下辖的独立审核委员会,对本公司的重大关联交易、持续性关联交易、财务报表等进行审核,检查公司内控制度,防范财务风险等,,提高了本公司董事会决策的客观性和科学性,维护了中小股东利益。

(三)公司与控股股东在人员、资产、财务、机构、业务等方面的分开情况

(1)本公司业务和资产独立情况

本公司拥有德兴铜矿、永平铜矿和贵溪冶炼厂的主要资产,包含了从采矿、选矿到冶炼的完整生产线,能够独立从事铜的采、选、冶业务,本公司生产过程独立完整,同时本公司供应采购与销售系统独立完整,资产完整独立。

(2)人员和机构独立情况

本公司的总经理、副总经理、财务总监、总工程师、董事会秘书等高管人员均专职在本公司工作并领取薪酬,没有在控股股东江西铜业公司担任任何职务;本公司的员工和机构独立于控股股东江西铜业公司。

(3)财务独立情况

本公司设有独立的财务工作机构,建立了独立的会计核算体系,并制定了一系列财务会计制度和财务管理制度;本公司独立在银行开户,独立纳税。本公司根据公司《章程》和公司有关规定独立作出财务决策,资金使用亦不受江西铜业公司的干预。

高级管理人员的考评、激励和约束机制。

本公司高级管理人员实行与业绩挂钩的年薪制,本公司董事酬金由股东大会决定,公司经理层年薪由董事会进行奖罚。公司正积极探索进一步完善对高级管理人员的考评、激励和约束机制。

六、股东大会情况简介

1、2000年度股东大会

2001年5月17日,本公司在江西省贵溪市冶金大道15号本公司大楼会议室召开2000年股东周年大会。

会议由董事长何昌明先生主持。会议审议及批准了《二〇〇〇年度董事会报告》、《二〇〇〇年度监事会报告》、《二〇〇〇年度监事报酬》、《二〇〇〇年度经审核的财务报表及核数师报告》、《二〇〇〇年度利润分配方案》以及关于续聘会计师事务所、接受王云杰先生辞退本公司独立非执行董事、委任刘新熙先生为本公司独立非执行董事等事项。

2000年度股东大会会议通知及会议决议公告分别刊登于2001年3月17日和2001年5月18日的《中国证券报》、《南华早报》、《香港经济日报》、《HongKongiMail》。

2、2001年第一次临时股东大会

2001年1月19日,本公司在江西省贵溪市冶金大道15号本公司大楼会议室召开2001年第一次临时股东大会。会议由董事长何昌明先生主持。

会议审议通过普通决议案:《接纳张水鉴先生辞去本公司执行董事职务》、选举袁则平先生为本公司执行董事》、本公司与江西铜业公司订立的《武山铜矿收购协议》,以及持续性关联交易协议,包括《综合供应协议》、《综合工业服务协议》、《综合其它服务协议》。

会议审议通过特别决议案:《公募发行人民币普通股(A股)发行方案》、《江西铜业股份有限公司关于前次募集资金使用情况的说明》、《A股发行募集资金的投资或收购项目》。

股东大会会议通知及会议决议公告分别刊登于2000年12月5日和2001年1月19日的《南华早报》、《香港经济日报》、《中国证券报》和《上海证券报》

3、2001年第二次临时股东大会

2001年10月23日,本公司在江西省贵溪市冶金大道15号本公司大楼会议室召开股东大会。会议由执行董事戚怀英女士主持。会议审议通过了本公司与江西铜业公司签订的《加工协议》

股东大会会议通知及会议决议公告分别刊登于2001年9月7日和2001年10月24日的《南华早报》和《Hong Kong iMail》。

七、董事会报告

1、公司所处行业及行业地位

本公司是集采矿、选矿、冶炼为一体的国内最大的综合性铜生产企业,属于有色金属行业。本公司拥有中国两座最大的已开采的露天铜矿——德兴铜矿及永平铜矿,铜金属储量占全国铜行业第一;同时拥有一座中国最大规模的现代化铜冶炼厂,年生产能力为20万吨,目前正在进行贵冶三期技术改造工程。项目建成投产后,年生产能力可达35—40万吨,将跻身于世界大型铜矿业公司前列。

2、公司主营业务范围

本公司是中国一间综合性铜生产企业,本公司经营铜采矿、选矿、熔炼与精炼业务,生产阴极铜及副产品,包括硫精矿、硫酸、及黄金、白银。本公司也为客户根据来料加工安排进行熔炼与精炼服务,本公司的附属公司主要集中于硫酸销售业务。

3.公司经营情况

按产品说明主营业务收入构成

	2001 年 人民币千元	2000 年 人民币千元
阴极铜	1,855,765	2,555,328
黄金	492,241	409,442
其它(白银、硫酸等)	357,097	474,578
代加工	290,690	85,164
	2,995,793	3,524,512

按销售地域说明主营业务收入构成

	2001 年 人民币千元	2000 年 人民币千元
中国大陆	2,925,824	3,010,191
韩国	–	341,289
其它地区	69,969	173,032
	2,995,793	3,524,512

(1)经营业绩

年内,本公司包括加工铜在内的铜的产量较上年增长16.5%,由于自营铜减少及加工铜增加及铜价下跌等使主营业务收入较上年减少52,872万元(或减少:15.0%),达致299,579万元,但实现主营业务利润较上年增加13,583万元(或增加:26.1%),为65,535万元。按中国会计准则编制的净利润30,143万元,完成本年度A股招股说明书披露的盈利预测的99.8%;较上年增加了19,277万元(或增加:177.4%),按国际会计准则编制的净利润31,237万元,较上年增加了20,371万元(或增加:187 5%)。产销量的增长及经营业绩增长分析参见本报告"七、董事会报告中(3)经营策略及6、经营业绩分析"。

(2)困难与挑战

2001年,世界经济增长放缓,特别是美国经济在9.11恐怖袭击后出现十年来的首次衰退,全球经济增长进一步放慢,使得世界铜消费首次出现15年来的下降。年内,据国际铜研究小组初步预计,全球精炼铜消费量约为1472.5万吨,较上年下降3.5%,产量约为1547.8万吨,较上年增长4.7%。年末,LME铜库存高达79.9万吨。全球铜价延续去年9月后的跌势,继续向下,在2001年11月3日创下1986年以来的新低,跌至1336美元/吨。其后,受全球主要大型铜生产商纷纷宣布减产消息影响,铜价止跌回稳。LME三月期铜全年均价约为72.5美分/磅,比上年下跌约13.2%。

虽然全球经济衰退,但中国经济仍取得7.3%的增长,提振了国内的铜消费增长。年内,国内精铜产量约为142.5万吨,增长大约7.0%;铜消费量预计增长约13.0%,成为世界铜消费市场暗淡中的亮点。但国内铜价紧贴国际铜价走势持续下跌。上海金属交易所三月期货铜全年平均含税价格为16,223元/吨,折合价约为76.0美分/磅,较上年下跌13.0%。

年内,本公司销售阴极铜平均价格(含税价)为16,592元/吨,较上年下挫8.5%;收取的阴极铜加工费(含税价)为3,447元/吨,比上年下降14.2%。

(3)经营策略

●扩大产量,提升矿山能力

贵冶二期自2000年下半年投产以来运转顺利,实现了达产达标。全年生产包括加工在内的阴极铜产量为226,263吨,比上年增长16.5%,黄金6,723公斤,白银115,043公斤,硫酸82.3万吨,硫精矿72.8万吨,分别比上年增长25.4%;69.1%;8.2%和8.0%。

本公司所属主要矿山之一的德兴铜矿日均9万吨选矿处理能力经过多年努力,也于年内实现了这一目标,本公司矿山生产能力有了提升。本公司全年生产铜精矿含铜127,674吨,较上年提高7.3%;铜精矿含金4,705公斤,较上年增长12.6%。由于自产矿生产阴极铜现金成本低于外购矿生产的阴极铜现金成本;及冶炼产品的增长相对地降低了单位生产成本中的固定费用由此提高了本公司年内盈利能力。

●产品销售结构得到调整,毛利率增长

年内,本公司加强产品销售结构调整,黄金、白银销售量分别增长27.0%及85.1%;同时提高来料加工铜比例,相对减少外购矿生产阴极铜比例,因此尽管营业收入减少15.0%,但由于黄金、白银的毛利贡献高,加工铜毛利率相对稳定,从而拉动了全年主营业务利润率比上年提高了7.2个百分点。

●提高金属回收率,严格成本控制,实现成本降低目标年内,本公司德兴铜矿矿山铜的选矿回收率较上年提高1.124个百分点,增产铜精矿含铜约1,450吨,银的选矿回收率较上年提高2.6个百分点,增产铜精矿含银约740公斤。效率的提高,加上本公司严格的成本控制制度,阴极铜单位销售成本下降大约8%,自产矿生产的每磅铜现金生产成本降低大约14.0%,为39美分/磅。每磅铜现金销售成本为51美分/磅。

●管理制度创新,节省检修时间,节约维修费用

2001年本公司实施管理制度创新计划,借鉴并吸收了国际先进闪速冶炼技术,将过往每年需停炉一次大修,改为三年停炉两次大修。本公司贵冶自2000年度大修后,2001年没有停炉检修,下次维修将在2002年进行。

●开拓市场,化工产品销售有转机

年内,连续四年下跌的硫酸销售价格于本年度出现转机,价格回升了25.3%;硫精矿价格跌幅减缓。硫酸及硫精矿销售量分别增长了4.0%及20.3%。

4、主要供应商和客户情况

本公司前五名供应商的采购总额占本公司采购总额的27.8%,对前五名客户的销售总额占销售总额的37.5%。

5、财务状况(按中国会计准则)

	2001末 人民币千元	2000年末 人民币千元	增加(减少) 人民币千元	增加(减少) %
总资产	8,460,149	7,749,142	711,007	9.2
总负债	3,886,655	3,849,720	36,935	1.0
其中:长期负债	1,965,831	2,032,701	-66,870	-3.3
少数股东权益	694	639	55	8.6
所有者权益	4,572,800	3,898,782	674,018	17.3

注:(1)总资产增加的主要原因是年内购建了固定资产、发行A股后货币资金的增加;及增加原料储备大约9078吨。(2)所有者权益增加的主要原因是增发2.3亿股A股;及年内的生产经营实现了资本增值。

于年末,本公司流动资产净值为72,541万元,流动比率为1.38。其中银行结余及现金持有68,333万元;比上年增加31,452万元,增加的主要原因是年内A股净募集资金尚未动用而存放于银行。

于年末,本公司银行借款总额为299,859万元,其中一年内须予偿还的借款约为116,167万元,一年至二年内须予偿还的借款约为79,581万元,二至五年内须予偿还的借款约为52,140万元,五年以上须予偿还的借款约为51,971万元。所有银行借款利率介于4.5%至6.2%之间(2000年:5.6%至8.5%)。

年内,本公司经营性现金流入净额为64,029万元;筹资活动产生的现金流量净额为29,364万元;投资活动产生的净现金流出为61,897万元。本年度总现金流入净额为31,496万元。

本公司长期秉承审慎理财、稳健经营的原则,强调财务风险的控制及资金的安全运作,不对本公司以外的其它任何公司(包括控股公司)及团体提供任何信用担保与资金拆借,在各家银行一直保持着良好的信誉,持续融资能力较强。

稳健的财务政策;良好的银行信用;充裕的经营现金流;及严格的资金内控与安全制度为本公司的健康、稳定发展建立了可靠的财务保障体系。

6、经营业绩分析

	2001年 人民币千元	2000年 人民币千元	增加(减少) 人民币千元	增加(减少) %
主营业务收入	2,995,793	3,524,512	(528,719)	(15.0)
主营业务利润	655,349	519,515	135,834	26.1
净利润	301,435	108,660	192,775	177.4

2001年,本公司实现净利润30,144万元,比上年增加19,278万元(或增长177.4%),完成本年度A股招股说明书披露的盈利预测的99.8%;净利润增长原因如下:

●主营业务利润净增加13,583万元

2001年,主营业务利润为65,535万元,较上年增加13,584万元(或增长:26.1%)。主要增长原因如下:

(1)销售量增加,增加主营业务利润13,444万元,其中:阴极铜(含加工铜在内)销售量增加,增加盈利5,166万元;金银等产品销售量增加,增加盈利8243万元。

(2)产品销售价格降低,减少主营业务利润23,581万元。其中,阴极铜销售价格(含税价)下跌8.5%,减少盈利17274万元,阴极铜加工费下跌14.2%,减少盈利4802万元。

本公司阴极铜销售价格为16,592元/吨,比上海金属期货交易所年均价格高出约2.3%,主要是由于上半年本公司阴极铜销售量大于下半年销售量,而铜价上半年高于下半年价格。

(3)产品单位销售成本下降,增加主营业务利润23,770万元。成本下降主要是本公司生产的阴极铜基本来自本公司自产铜精矿,使成本下降8.0%,外来的铜精矿转为加工方式,其产量的增加使单位固定费用下降,加工铜单位销售成本下降21.3%;其他副产品销售成本也有不同程度下降。

●期间费用净减少5375万元

(1)年内,本公司管理费用支出为15,462万元,比上年减少6,605万元(或减少29.9%)。减少的原因主要是年内本公司采取强有力的措施,积极对以前年度已提取坏帐准备的应收款项加以催收,取得一定成效。本年度减少坏帐准备提取数额2,396万元,同时,收回了过往年度已作呆帐损失的应收帐款2,814万元。

(2)年内营业费用为3,158万元,比上年减少398万元(或减少11.2%)。减少的主要原因是出口铜较上年大幅减少,因此记入营业费用的相关出口费用相应减少。

(3)财务费用为15,372万元,比上年增加1,627万元(或增加11.8%)。增加主要原因是随购建固定资产交付相应增加财务费用。

●其它业务利润、投资收益、营业外收入等增加,增加盈利546万元,营业外支出增加,减少盈利229万元,合计增加盈利317万元。

7、A股募集资金使用情况

2001年12月21日,本公司发行23,000万股A股,净募集资金约为49,485万元。年内该等募集资金尚未动用,全部作为货币资金存于银行。

8、非募集资金使用情况

(1)贵冶三期技改工程建设按计划稳步推进,年内完成投资约15,748万元,完成投资预算约10%。贵冶三期工程预算总投资大约15亿元,投资资金来源主要是A股募集资金、国家贴息贷款和自筹资金。

(2)年内,德兴铜矿日处理能力9万吨达产工程项目投资额为22,570万元。完成预算总投资约79%。年末,德兴铜矿日处理能力已基本达到日处理能力9万吨。

(3)于2001年8月20日与2001年12月30日,本公司分别支付用于收购江西富家坞铜业有限公司铜矿采矿权及采矿和选矿设施等有效资产收购价款5,000万元及1,500万元,剩余收购价款4,500万元于2002年支付。

9、附属公司

于年末,本公司拥有萧山铜达化工有限公司60%的权益约104万元。该公司主要业务为硫酸销售业务。

10、下年度经营环境、经营计划与经营策略

(一)经营环境

(1)2002年铜价预期

2002年,预期世界第一大铜消费国美国的经济复苏及第二大铜消费国中国继续保持7%的国民经济增长率,将刺激全球铜消费市场回暖;而2001年11月的全球铜生产商宣布的减产计划也有助于缓解2002年铜供需矛盾,铜价在此利好的引导下将会有所回升。但受2001年末留下的全球铜库存的高企影响,铜价的回升幅度将在一定程度上受到压抑,因此,2002年国内外铜价总体趋势将逐步走出低谷,振荡回升。预期全年平均价格谨慎乐观,仅略高于2001年的72.5美分/磅。

2002年1季度,LME铜价虽比2001年4季度价格回升了9.1%,为71.6美分/磅,但与2001年1季度同期比仍有11.1%的下跌。上海金属期货交易所1-2月累计平均铜价为15652元/吨(含税),比2001年4季度价格回升了7.1%,但与2001年同期比下跌11.9%。2002年1季度铜价对本公司上半年的生产经营及盈利产生一定的压力。

(2)中国加入WTO对本公司的影响

中国在加入WTO前,一般贸易的进口铜原料关税为零关税,出口精铜的关税为2%的低关税;中国在加入WTO前,一般贸易的铜产品进出口配额限制取消;中国在加入WTO前,国内铜价走势紧贴国际铜价走势而已经接轨,因此,中国加入WTO后,税收减让政策及铜市场开放政策不会对本公司产生不利影响。

(3)税收优惠政策

本公司作为一间外商投资企业,自1997年起享受的"两免三减半"的所得税优惠政策于2001年末执行期满。

自2002年起,本公司将根据国家税务总局国税发[1999]172号文及江西省国家税务局赣国税函[2001]122号文的批复,从2002年起至2004年,本公司所得税率仍适用16.5%。

于2000年末剩余的5,563万元购买国产设备投资可用作抵免新增企业所得税税额已全部用

作抵扣 2001 年度所得税税额。2001 年发生的购买国产设备投资可用作抵免企业新增所得税税额为 1304 万元,其中用于抵免 2001 年当年新增企业所得税额 140 万元,剩余 1164 万元将用作 2001 年的以后年度继续予以抵免。

(二)经营计划

本公司在借鉴和吸收国际先进闪速冶炼技术基础上,于 2001 年推行新的冶炼设备管理与维修制度,将过往每年停炉大修一次改为三年停炉两次维修制度。按照新的维修制度,2002 年将停炉进行年度检修(上次维修发生在 2000 年)。与此同时,贵冶三期技术改造主体工程也会在本年度进入新老系统安装与对接,为节省停炉次数和时间,年修工程与对接工程将在 2002 年 4 月 1 日起停炉 60 天同时予以维修及安装对接。受此影响,2002 年产量、维修费用、营业额及盈利将会受到一定影响。

(一)2002 年产量计划

产品名称	2002 年计划
阴极铜(万吨)	20.7
黄金(公斤)	6000
白银(吨)	102.0
硫酸(万吨)	68.0
硫精矿(万吨)	90.9

(二)2002 年扩建计划

(1)继续稳步推进贵冶三期技术改造工程建设,力争于 2002 年底完成主体工程建设计划,实现 2003 年本公司年综合铜生产能力 35—40 万吨的战略目标,进一步提升德兴铜矿生产能力,力争达到矿石日处理量 10 万吨的目标。

(2)扩大及延伸本公司经营领域,拓展新业务,2002 年 3 月 11 日,本公司与江西铜业公司订立合资协议,共同组建一个年产无氧铜杆线 15 万吨的江西铜业铜材有限责任公司。本公司投资现金 9,000 万元,占 60%股份,江西铜业公司投资现金 6,000 万元,占 40%股份。

(三)经营策略

(1)加强生产、维修、技改工程的管理,尽量缩短检修时间,同时节约检修费用等。

(2)收购武山矿后 2002 年本公司自产铜精矿含铜产量将增长大约 7%,加上上年增加的原料储备,可进一步抵御因减产引发的国际铜原料市场供应及其价格风险。

(3)利用科技进步及技术攻关,努力提高铜精矿回收率及自产精矿品位,提高电解电流密度增加阴极铜产量,同时有利于成本降低。

(4)根据 2001 年 9 月 3 日与江西铜业公司签定的《专项铜加工协议》继续做好加工铜与自营铜的生产经营衔接工作。

(5)积极寻找原料资源,订立铜精矿长单供应意向协议,寻找合作伙伴,共同开发国内外铜资源,保证本公司冶炼能力增长的需要。

11、董事会日常工作情况

(1)年内本公司召开了五次董事会会议

2001 年 3 月 16 日,本公司召开第二届第四次董事会会议,审议批准本公司 2000 年度业绩报告及经审计的财务报告的决议;审议 2000 年度利润分配预案及末期股息派发预案,提交 2000 年度股东周年大会批准;审议独立董事王云杰先生的辞职及提名刘新熙先生为独立董事候选人的决议,提交 2000 年度股东周年大会批准;审议批准张水鉴先生辞去副总经理职务决议;审议批准独立审核委员会组成人数增加到 4 名独立董事并委任黄东风先生为独立审核委员会秘书的决议;决定召开 2000 年度股东周年大会。

2001 年 4 月 11 日,本公司以书面形式召开第二届五次董事会会议,审议并批准了本公司公募增发 A 股,符合中国政府有关上市规定。

2001 年 8 月 27 日,本公司召开第二届第六次董事会会议,审议批准本公司 2001 年度中期业绩报告及未经审计的中期财务报告的决议;审议批准董事兼副总经理戚怀英女士辞去本公司副总经理职务的决议;审议批准重新评估固定资产使用年限的调整决议。

2001 年 8 月 31 日,本公司以书面形式召开第二届七次董事会会议,审议批准本公司与江西铜业公司签定的加工铜的关联交易合同的决议。

2001 年 11 月 21 日,本公司以书面形式召开第二届八次董事会,审议批准刘江浩先生为本公司总工程师职务的决议。

(2)董事会对股东大会决议的执行情况

年内,本公司董事会充分行使股东大会授予权利,严格按照公司《章程》和《中华人民共和国公司法》赋予的职权履行了职责,股东大会的决议全部付诸实施。

12、利润分配

2001 年度利润分配方案:

经审计,本公司按中国会计准则计算的税后利润为人民币 301,434,708 元,按国际会计准则计算的税后利润为人民币 312,495,000 元。

董事会建议,按中国会计准则计算的税后利润,提取法定公积金 10%为 30,155,893 元,提取公益金 10%为 30,149,682 元和提取任意盈余公积金 20%为 60,345,957 元。

董事会建议向全体股东派发截至 2001 年 12 月 31 日止财政年度之末期股息,每股人民币 0.05 元(含税),合计金额约为人民币 133,201,910 元(2000 年:24,340,382 元)。未分配利润人民币 313,022,748 元结转下年度。

末期股息之内资股股息以人民币派发和支付,H 股股息以人民币宣派,以港币支付(此值将按 2002 年 6 月 12 日之前的一个星期中国人民银行公布的人民币兑换港币的平均值计算)。2002 年 5 月 13 日(星期一)至 6 月 12 日(星期三)(首尾两天包括在内)期间暂停办理 H 股股东名册过户手续。H 股股东的股息将于 2002 年 7 月 5 日(星期五)派发予 2002 年 5 月 21 日(星期二)登记在本公司 H 股股东名册的股东。A 股股东的股权登记及派息日在本公司申请获得中国证券结算登记有限公司上海分公司受理后,按有关规定另行公告。

该股息分配方案有待于 2002 年 6 月 12 日召开的股东周年大会批准。

下年度利润分配政策本公司董事会预计 2002 年利润分配为:提取 10%法定公积金;提取 10%法定公益金;经股东大会决议,提取任意公积金;支付普通股现金股利一次,分配股利总额不低于 2002 当年实现净利润的 30%,本公司 2001 年度未分配利润用作股利分配的比例不低于 10%。本公司将不实施资本公积金转增股本方案。本公司董事会保留根据本公司实际情况调整分配政策的权利。

13、购买、出售或赎回本公司上市证券

于年内,本公司或其附属公司概无购买、出售或赎回本公司上市证券。

14、最佳应用守则

本公司于年内一直遵守香港联合交易所有限公司(下称「香港联交所」)证券上市规则的附录 14 之最佳应用守则。

15、详尽业绩公布

一份按证券上市规则附录 16 第 45(1)至 45(3)段要求的所有资料的详尽业绩将于限期内刊于香港联交所网页上

承董事会命

董事长

何昌明

中华人民共和国,江西

2002 年 4 月 11 日

八、监事会报告书

(一)监事会工作情况

本报告期内,监事会共召开两次会议

1、2001 年 3 月 16 日,公司第二届三次监事会于本公司 13 楼会议室召开。会议由监事会主席王振坤先生主持,应到监事 5 人,实到监事 4 人。符合《公司法》及《公司章程》的有关规定。会议审议并通过了《2000 年年度报告》的决议、《2000 年年度监事会报告》的决议及委任杨明洁女士为监事会审计部副主任的决议,核对了董事会拟提交 2000 年股东周年大会的财务报告和利润分配方案。

2、2001 年 8 月 27 日,公司第二届四次监事会于公司 13 楼会议室召开,会议由监事会主席王振坤先生主持,应到监事 5 人,实到监事 5 人。会议审阅了公司 2001 年中期业绩报告。

3、报告期内,监事会监事列席了公司二届四次董事会及二届六次董事会,出席了 2000 年股东周年大会及 2001 年第一、二次临时股东大会。

(二)监事会对 2001 年公司有关事项的独立意见

监事会按照《公司法》和《公司章程》行使职权,在本报告期内对公司财务管理,内控制度,执行股东大会决议、经营决策及董事会和经理的决策,以及经营行为进行了认真的检查和监督。现对以下事项发表独立意见:

1、公司依法运作情况

公司内部控制制度完善,决策程序合法,公司董事、经理执行公司职务时无违反法律、法规、公司章程或损害公司利益的行为。

2、检查公司财务情况

对会计事务所出具的公司 2001 年度的审计意见,监事会认为审计意见真实的反映了公司财务状况和经营成果。

3、公司本年度募集资金于 12 月 28 日到帐并存于银行。于年末,该等募集资金尚未使用。

4、报告期内公司无收购、出售资产事项。

5、关联交易公平、公正,无损害上市公司利益的情况。

监事会主席

王振坤

中华人民共和国,江西

2002 年 4 月 11 日

九、重要事项

(一)年内,本公司无重大诉讼、仲裁事项。

(二)年内本公司无重大收购及出售资产、吸收合并事项。

(三)2002 年 4 月 1 日起,本公司贵溪冶炼厂贵冶三期技术改造主体工程进入新老系统的安装与对接,同时现有主要生产工艺及设备按三年二修的计划,进行停产检修。这一停产计划期限约为 60 天,一定程度上将减少本年度产量及增加维修费用。

(四)关联交易 1、本公司与江西铜业公司订立了若干协议,包括综合供应合约、销售合同、综合工业服务协议、房地产租约及其他综合服务协议。根据此等协议,本公司将会(其中包括)向江西铜业公司及其关联公司采购铜精矿、紫杂铜及辅助工业产品、销售阴极铜、硫酸、废料、洗净残渣及黑铜泥,取得多项工业、社会及其它服务,及租赁物业和土地使用权。此外,本集团已于 2001 年 9 月 3 日与江铜签订了一份加工协议,本集团被委任为独家对由江西铜业公司进口的铜精矿、粗铜和废铜进行加工成为阴极铜,并为对该等阴极铜在中国销售及分销。本公司还与江西铜业公司签订一份收购协议,据此,本公司向江西铜业公司收购武山铜矿的经营性资产、有关负债及其采矿权。

年内本公司与江西铜业公司或其控制的公司发生的购买商品、提供加工及劳务服务的关联交易情况如下:

关联方/关联交易内容	交易金额(万元)	定价原则	结算价	结算方式	占同类交易金额的比例(%)
与江西铜业公司或其控制的公司提供来料加工服务	21,579	市场价	市场价	现金	74%
销售电铜、硫酸	18,106	市场价	市场价	现金	9%
销售辅助工业产品	7,325	市场价	市场价	现金	53%
销售副产品	1,363	市场价	市场价	现金	100%
购入铜精矿	14,294	市场价	市场价	现金	84%
购入紫杂铜	13,852	市场价	市场价	现金	100%
购入辅助工业产品	20,634	当地市场价	市场价	现金	43%
铁路运输租赁费用	717	实际成本+税金	实际成本+税金	现金	100%
土地使用权租金费用	1,500	国家定价	国家定价	现金	100%
办公室租金费用	401	合同价	合同价	现金	100%
员工宿舍及使用公共设施租金费用	1469	以实际成本为准按员工比例分摊	成本价	现金	100%
修理及维护服务予本公司	8,163	机电维修按有色行业标准、汽车维修按江西省标准执行	行业标准和地方政府标准价格	现金	90%
建设服务予本公司	2,742	按江西省费用定额执行	市场价	现金	54%
运输服务予本公司	4,227	生产专用车辆按实际成本+税金定价,其它车辆按江西省定价执行	成本价和市场价	现金	99%
提供水及输电	2,926	实际成本+税金	成本价	现金	74%
工业用供水给予本公司	1,843	实际成本+税金	成本价	现金	100%
期货经纪代理服务予本公司	99	按国家规定的期货代理费用标准执行	市场价	现金	100%
提供运输及装卸服务	1,176	德铜香泗站运输费 18 元/吨	成本价	现金	100%
环境绿化服务予本公司	326	实际成本按人员比例分摊	成本价	现金	100%

社会福利及支持服务予本公司	8,365	福利及医疗服务按工资总额的 18%,其它以实际成本按人员或资产比例分摊	成本价	现金	100%

以上关联交易是本公司在日常及正常业务过程中订立;且按一般商业条款或按与提供予或从独立第三者相同(或更优惠)的条款订立;就本公司股东而言,属公平合理。以上关联交易按不同类别分别在规定的限额内交易,没有超出香港联交所豁免或独立股东大会批准的上限。

2、债权债务往来情形

性质	科目	金额(万元)	形成原因
债权	应收帐款	722	正常的应收结算款,包括期货保证金等
	其它应收款	1,586	
	预付帐款	1,101	按商业条款的正常预付货款等
	应收票据	577	江铜及其控制公司支付给本公司的经背书的银行承兑汇票
	合计	3,986	
债务	应付票据	2,300	公司开出的向江铜及其控制公司支付的银行承兑汇票
	应付帐款	3,821	应付江铜及其控制公司的正常货款和结算款,主要是供应合同和《工业服务合同》项下的交易
	预收帐款	112	按正常的商业条款收取的预收货款
	其它应付款	13,117	公司应付给江铜及其控制公司的正常结算款,主要是《综合服务合同》项下的交易
	一年内到期的长期负债	187	采矿权转让费摊销
	长期应付款	4,491	应付给江铜的采矿权转让费
	合计	24,028	

上述与控股股东的债权、债务往来主要是赊购、赊销等正常商业行为,对公司财务状况没有不良影响。

3、本公司已于 2002 年 1 月正式完成收购武山铜矿的经营性资产、有关负债及其采矿权。该收购事项的详细资料已载于本公司 A 股招股书内。

(五)重大合同及履行情况

1、年内本公司无重大托管、承包、租赁其它公司资产或其它公司托管、承包、租赁本公司资产事项。

2、年内,本公司无重大担保事项。

3、年内,本公司没有重大委托理财事项。

4、年内,本公司未在金融机构或非金融机构存有委托存款,也没有发生所存放的定期存款到期末不能收回的情况。

5、于 2002 年 3 月 11,本公司与江西铜业公司就建立一家合资企业(可享受中外合资企业待遇)以生产和加工无氧铜杆签定了合资协议。

(六)公司章程修改

2001 年 1 月 19 日,本公司临时股东大会以特别决议案通过了一项授权董事会(或董事会委任的董事小组)在 A 股发行完成后,办理公司注册资本和公司章程修订的登记手续。

2001 年 12 月 31 日,本公司董事会委任的董事小组依据 2001 年 1 月 19 日特别决议案,对本公司章程部分内容修订如下:

第二十一条"公司成立后发行普通股 65,648.2 万股,均为境外上市外资股(H 股),占公司可发行的普通股总数的 26.97%。公司经前款所述发行股份后的股本结构为:普通股 243,403.82 万股,其中发起人持有 177,755.62 万股(包括内资股和外资股(H 股),该等发起人股根据《公司法》自公司设立之日起三年内不可转让),其它境外上市外资股(H 股)股东持有 65,648.2 万股。",修改为"公司成立后发行 65,648.2 万股境外上市外资股(H 股)以及 23,000 万股境内上市内资股(A 股),均为普通股,分别占公司普通股总数的 24.64%和 8.63%。公司经前款所述发行股份后的股本结构为:普通股 266,403.82 万股,其中发起人持有 177,755.62 万股(包括内资股和外资股(H 股),该等发起人股根据《公司法》自公司设立之日起三年内不可转让),其它境外上市外资股(H 股)股东持有 65,648.2 万股,境内上市内资股股东持有 23,000 万股。"

第二十四条"公司注册资本为人民币 243,403.82 万元。",修改为"公司注册资本为人民币 266,403.82 万元。"

(七)公司聘请会计师事务所情况

1、2001 年度,本公司继续聘请德勤·关黄陈方会计师行(香港)担任本公司境外财务报告审计工作,继续聘请沪江德勤会计师事务所(上海)担任本公司境内财务报告审计。本公司董事会建议并提请 2001 年度股东大会审议继续聘请该等会计师事务所担任本公司 2002 年度境内外财务报告审计工作。

2、年内公司实际支付会计师事务所的报酬

	2001 年	2000 年
年度审计费	278 万港币	155 万港元
A 股发行审计费	390 万港币	–
A 股发行盈利预测审计费	5 万人民币	–
A 股募集资金验资审计费	3 万人民币	–
其它(差旅费、食宿费)	6 万元人民币	16 万元人民币

(八)年内,本公司及其董事会、董事、监事、高级管理人员没有受到中国证监会稽查、中国证监会行政处罚、通报批评、证券交易所公开谴责的情形。

十、财务报告

1、审计报告

江西铜业股份有限公司全体股东:

我们接受委托,审计了贵公司 2001 年 12 月 31 日公司及合并的资产负债表,该年度公司及合并的利润及利润分配表和现金流量表。这些会计报表由贵公司负责,我们的责任是对这些会计报表发表审计意见。我们的审计是依据中国注册会计师独立审计准则进行的。在审计过程中,我们结合贵公司实际情况,实施了包括抽查会计记录等我们认为必要的审计程序。

我们认为,上述会计报表符合《企业会计准则》及《企业会计制度》的有关规定,在所有重大方面公允地反映贵公司 2001 年 12 月 31 日公司及合并的财务状况及 2001 年度公司及合并的经营成果和现金流量,会计处理方法的选用遵循了一贯性原则。

沪江德勤会计师事务所　　　　中国注册会计师　胡　凡　　张　颖

中国·上海

2002 年 4 月 11 日

2、三要会计政策、会计估计、和合并会计报表的编制方法

●会计估计

本公司成立后新购建的固定资产以历史成本计价,并从其投入使用的次月起,采用直线法提取折旧。估计残值为原值的 10%。

从 2001 年 1 月 1 日起,董事重新评估固定资产之可使用年期,经评估后,认为固定资产按以下估计可使用年期作出折旧更为适当:

	2001 年 1 月 1 日前 折旧年限	2001 年 1 月 1 日后 折旧年限	2001 年 1 月 1 日前 年折旧率	2001 年 1 月 1 日后 年折旧率
房屋建筑物	12 – 40	12 – 40	2.25 – 7.50%	2.25 – 7.50%
机器设备	10 – 21	10 – 25	4.29 – 9.00%	3.60 – 9.00%
运输设备	9 – 11	10 – 12	8.18 – 10.00%	7.50 – 9.00%

董事认为更改后的固定资产之估计可使用年期能公平地反映固定资产现时之状况及用途。因此,从 2001 年 1 月 1 日开始,固定资产之账面值乃按其余下估计可使用年期以直线法计算折旧。其估计可使用年期之评估改动减少本年度之折旧费用约人民币 4382 万元。

●会计政策变更

根据财政部规定,从 2001 年 1 月 1 日起公司开始执行《企业会计制度》,并按财政部财会(2001)17 号《关于贯彻实施企业会计制度有关政策衔接问题的规定》的要求进行了衔接调整。由此引起的会计政策变更主要是固定资产、在建工程及无形资产由原来的不计提资产减值准备,改为按规定计提资产减值准备。经检查,上述会计政策的变更对公司以前年度的财务状况和经营成果无影响。对本年度的财务状况和经营成果的影响为人民币 836 万元。

除上述会计估计及会计政策变更外,本公司财务报告采用的其它会计准则与二零零零年十二月三十一日止年度财务报告中所采用的准则一致。

3、按中国会计准则及按国际会计准则编制的资产负债表、利润及利润分配表、现金流量表会计报表(附后)

4、按国际会计准则编制的会计报表附注

(1)营业额即本年度内售货及服务提供的已收及应收款项净额。本集团营业额的分析细列如下:

	二零零一年 人民币千元	二零零零年 人民币千元
货品销售	2,705,103	3,439,348
来料加工服务	290,690	85,164
	2,995,793	3,524,512

本公司年内营业额及本年溢利绝大部份是来自生产及销售电解铜及其它副产品。董事认为生产这些产品之工序有着非常紧密的关连并且有共同风险与回报,因此,这些活动被视为同一业务。

本公司本年度地区市场之营业额的分析细列如下:

	二零零一年 人民币千元	二零零零年 人民币千元
中国	2,925,824	3,010,191
南韩	–	341,289
其它	69,969	173,032
	2,995,793	3,524,512

所有本公司生产设备均座落在中国。

(2)2001 年销售及服务成本中分别包括数额约人民币 4,040,000 元(2000 年:无)及约人民币 6,105,000 元(2000 年:无)为回拨以前年度为硫精矿存货作减值至可变现值之准备及为备件存货减值至可变现值。

(3)其它经营收入

本集团之其它经营收入的分析细列如下:

	2001 年 人民币千元	2000 年 人民币千元
发行 A 股募集资金之利息收入	10,938	–
其它银行利息收入	3,497	4,450
其它利息收入	6,446	–
保险索偿弥补	7,655	–
期货合约于到期日前平仓盈利	–	2,936
其　它	17,563	5,921
合　计	46,099	13,307

(4)2001 年其它经营费用包括数额约为人民币 4,365,000 元(2000 年:无)为期货合约于到期前平仓亏损。

(5)根据中国外资企业及外国企业所得税法及江西省税务局的确认,本公司作为一间中外合资股份有限公司,自首个获利年度起豁免缴交两年中国企业所得税,其后三年可减免以 33%税率计算之统一所得税的 50%。本公司正处于第三个可减免 50%企业所得税之年度,故本公司年内之企业所得税率为 16.5%。

根据财政部和国家税务总局于 2000 年 1 月 14 日所发出之通知及经江西省国家税务局的确认,本公司(为一间中外合资股份有限公司)购置国产设备投资的 40%可从购置设备当年比前一年新增的中国企业所得税中抵免,但该可抵免金额不得超过该企业当年比设备购置的前一年新增的中国企业所得税税额。未予抵免的投资额,可以用于以后年度延续抵免,惟延续抵免的期限最长不得超过五年。于 2001 年 12 月 31 日,未予抵免的投资额为约人民币 11,640,000 元(2000 年:人民币 55,600,000 元)。

附属公司是按照 2001 年度中国企业所得税按其当年应课税溢利 33%(2000 年:33%)计算。

于 2001 年 12 月 31 日,由于还没有和当地税务机关达成关于呆账拨备用作扣税用途之协议,董事认为没有足够理由支持部份或全部之呆帐准备金额约人民币 86,000,000 元(2000 年:人民币 117,000,000 元)能够作扣税用途,因此可能递延税项资产金额约人民币 28,000,000 元(2000 年:人民币 39,000,000 元)不予确认。

(6)本年度本公司转入法定公积金及法定公益金之数额乃分别按中国会计准则计算之本年溢利中提取 10%(2000 年:10%)。本年度转入任意公积金乃按中国会计准则计算之本年溢利中提取 20%(2000 年:15%)。

本年度附属公司转入法定公积金及法定公益金之数额乃按中国会计准则计算之本年溢利中分别提取 10%(2000 年:10%)和 5%(2000 年:5%)。于年内,附属公司收到上年度中国企业所得税退款,此金额按当地税务机关要求转入任意公积金。

(7)2001 年之每股基本盈利乃根据本年溢利人民币 313,373,000 元(2000 年:人民币 108,661,000 元)及本年度内已发行股份之加权平均数目 2,440,969,707 股(2000 年:2,434,038,200 股)计算。

(8)2001 年,固定资产折旧计提数额为人民币 369,507,000 元(2000 年:人民币 369,017,000 元)。

综合收益表(按国际会计准则)

截至2001年12月31日止年度

		2001年	2000年
		人民币千元	人民币千元
营业额		2,995,793	3,524,512
销售及服务成本		-2,342,509	-3,004,086
毛利		653,284	520,426
其它经营收入		46,099	13,307
销售费用		-31,583	-35,562
管理费用		-161,491	-221,584
其它经营费用		-30,645	-25,482
经营溢利		475,664	251,105
利息支出		-163,067	-142,240
除税前溢利		312,597	108,865
税项		-102	-98
除税后溢利		312,495	108,767
少数股东权益		-122	-106
本年溢利		312,373	108,661
分配:			
转入储备		-120,652	-38,089
本年度之保留溢利		191,721	70,572
股息		133,202	24,340
每股基本盈利		人民币0.128元	人民币0.045元
除本年溢利外并没有其它已确认溢利或亏损。			

综合现金流量表(按国际会计准则)

截至2001年12月31日止年度

	附注	2001	2000
		人民币千元	人民币千元
经营业务之现金净额		649,346	686,724
投资业务			
收取利息		9,943	4,450
出售固定资产所得款项		-	9
抵押银行存款减少(增加)		440	-2,331
购买固定资产		-631,562	-681,597
收取保险索偿弥补款项		7,655	-
购入其它投资		-5,610	-
购入证券投资		-31,415	-
出售证券投资所得款项		32,000	-
投资业务之已用现金净额		-618,528	-679,469
融资			
支付利息		-180,366	-180,646
派发股息		-24,340	-
派发股息予一名少数股东		-68	-193
发行A股募集资金(已扣除发行费用)		494,847	-
收取政府补助		84,000	-
新增贷款		1,757,478	1,679,517
偿还银行贷款		-1,836,046	-1,366,771
偿还其它应付款		-1,870	-1,870
融资现金流入净额		293,635	130,037
现金及现金等值项目之净增加		314,957	137,292
年初之现金及现金等值项目		366,103	228,811
年末之现金及现金等值项目			
一银行结余及现金		681,060	366,103

利润及利润分配表(按中国会计准则编制)

截至2001年12月31日止年度　　人民币:元

项　目	合并本年数	合并上年数	公司上年数
一、主营业务收入	2,995,793,128	3,524,512,353	3,523,239,289
减:主营业务成本	2,308,749,019	2,973,790,389	2,973,772,970
主营业务税金及附加	31,695,301	31,207,408	31,207,408
二、主营业务利润	655,348,808	519,514,556	518,258,911
加:其它业务利润	7,556,704	6,828,685	6,828,685
减:营业费用	31,582,808	35,561,778	34,970,537
管理费用	154,616,619	220,672,712	220,296,429
财务费用	153,717,014	137,442,302	137,452,238
三、营业利润	322,989,071	132,666,449	132,368,392
加:投资收益	1,819,980	-	159,616
补贴收入	98,359	66,330	-
营业外收入	4,442,645	1,534,108	1,534,108
减:营业外支出	27,691,216	25,402,494	25,402,494
四、利润总额	301,658,839	108,864,393	108,659,622
减:所得税	101,973	98,359	-
少数股东损益	122,158	106,412	-
五、净利润	301,434,708	108,659,622	108,659,622
加:年初未分配利润	265,441,482	219,210,880	219,212,182
六、可供分配的利润	566,876,190	327,870,502	327,871,804
减:提取法定盈余公积	30,155,893	10,877,944	10,865,962
提取法定公益金	30,149,682	10,871,953	10,865,962
七、可供股东分配的利润	506,570,615	306,120,605	306,139,880
减:提取任意盈余公积	60,345,957	16,338,741	16,298,943
应付普通股股利	133,201,910	24,340,382	24,340,382
八、未分配利润	313,022,748	265,441,482	265,500,555
补充资料:		合并及公司本年数	合并及公司上年数
1、会计估计变更增加利润总额		43,817,000	-
2、补贴收入		98,359	66,330
3、其它		-2,935,840	-

综合资产负债表(按国际会计准则)

于2001年12月31日

	附注	2001	2000
		人民币千元	人民币千元
非流动资产			
固定资产		5,725,070	5,459,547
其它资产		89,865	93,455
其它投资		5,610	-
		5,820,545	5,553,002
流动资产			
存货		1,576,283	1,418,195
应收账款及其它应收款		384,677	408,132
预付税项		4,693	4,693
证券投资		1,235	-
抵押银行结余		2,268	2,708
银行结余及现金		681,060	366,103
		2,650,216	2,199,831
流动负债			
应付账款及其它应付款		636,532	705,113
应付税项		34	21
已收政府补助		84,000	-
银行借贷-须于一年内偿还		1,161,668	1,091,236
		1,882,234	1,796,370
流动资产净值		767,982	403,461
		6,588,527	5,956,463
股本及储备			
股本		2,664,038	2,434,038
储备		2,041,964	1,489,084
		4,706,002	3,923,122
少数股东权益		694	640
非流动负债			
银行借贷-须于一年后偿还		1,836,920	1,985,920
其它应付款-须于一年后偿还		44,911	46,781
		1,881,831	2,032,701
		6,588,527	5,956,463

资产负债表(按中国会计准则编制)

于2001年12月31日

单位:人民币元

资　产	合并年末数	公司年末数	合并年初数	公司年初数
流动资产:				
货币资金	683,327,945	682,754,028	368,811,075	368,295,229
短期投资	1,235,053	1,235,053	-	-
应收票据	32,970,563	31,355,943	18,801,578	16,936,578
应收利息	10,937,654	10,937,654	-	-
应收账款	177,743,253	178,270,442	190,366,903	191,830,570
其它应收款	42,923,116	42,825,368	126,913,966	126,682,857
预付账款	112,812,279	112,812,279	70,279,756	70,279,756
存货	1,576,282,316	1,576,227,466	1,418,194,777	1,417,720,599
待摊费用	8,000,000	8,000,000	16,010,196	16,010,196
流动资产合计	2,646,232,179	2,644,418,233	2,209,378,251	2,207,755,785
长期投资				
长期股权投资	5,610,000	6,650,594	-	959,204
固定资产:				
固定资产原价	9,701,846,552	9,701,757,594	9,260,103,317	9,260,014,359
减:累计折旧	4,640,957,581	4,640,877,563	4,295,668,054	4,295,615,036
固定资产净值	5,060,888,971	5,060,880,031	4,964,435,263	4,964,399,323
减:固定资产减值准备	8,359,916	8,359,916	-	-
固定资产净额	5,052,529,055	5,052,520,115	4,964,435,263	4,964,399,323
在建工程	664,541,070	664,541,070	479,101,620	479,101,620
固定资产合计	5,717,070,125	5,717,061,185	5,443,536,883	5,443,500,943
无形资产及其它资产				
无形资产	89,864,900	89,864,900	93,454,900	93,454,900
长期待摊费用	1,371,495	1,371,495	2,771,495	2,771,495
无形资产及其它资产合计	91,236,395	91,236,395	96,226,395	96,226,395
资产总计	8,460,148,699	8,459,366,407	7,749,141,529	7,748,442,327
负债及股东权益	合并年末数	公司年末数	合并年初数	公司年初数
流动负债:				
短期借款	989,668,243	989,668,243	911,230,000	911,230,000
应付票据	118,871,825	118,871,825	92,038,977	92,038,977
应付账款	229,060,232	229,060,232	288,380,794	288,380,794
预收账款	22,367,012	22,367,012	28,881,691	28,881,691
应付福利费	382,088	371,488	134,952	117,198
应付股利	133,201,910	133,201,910	24,340,382	24,340,382
应交税金	-2,267,842	-2,336,071	39,552,067	39,549,630
其它应交款	17,750,994	17,743,599	20,195,334	20,187,843
其它应付款	235,419,998	235,417,659	228,288,290	228,256,239
预提费用	2,500,000	2,500,000	2,100,000	2,100,000
一年内到期的长期负债	173,870,000	173,870,000	181,876,423	181,876,423
流动负债合计	1,920,824,460	1,920,735,897	1,817,018,910	1,816,959,177
长期负债				
长期借款	1,836,920,000	1,836,920,000	1,985,920,000	1,985,920,000
长期应付款	44,911,000	44,911,000	46,781,000	46,781,000
专项应付款	84,000,000	84,000,000	-	-
长期负债合计	1,965,831,000	1,965,831,000	2,032,701,000	2,032,701,000
负债合计	3,886,655,460	3,886,566,897	3,849,719,910	3,849,660,177
少数股东权益	693,729	-	639,469	-
股东权益:				
股本	2,664,038,200	2,664,038,200	2,434,038,200	2,434,038,200
资本公积	1,292,747,042	1,292,747,042	1,016,962,480	1,016,962,480
盈余公积	302,991,520	302,854,799	182,339,988	182,280,915
其中:公益金	62,328,331	62,315,695	34,345,417	34,338,992
未分配利润	313,022,748	313,159,469	265,441,482	265,500,555
股东权益合计	4,572,799,510	4,572,799,510	3,898,782,150	3,898,782,150
负债及股东权益总计	8,460,148,699	8,459,366,407	7,749,141,529	7,748,442,327

现金流量表(按中国会计准则编制)

截至2001年12月31日止年度

单位:人民币元

项　目	合并本年数	公司本年数	合并上年数	公司上年数
一、经营活动产生的现金流量:				
销售商品、提供劳务收到的现金	4,428,927,838	4,425,139,560	4,171,326,203	4,165,350,882
收到的税费返还	98,359	-	66,330	-
收到的其它与经营活动有关的现金	91,544,851	91,411,490	20,243,625	20,309,413
现金流入小计	4,520,571,048	4,516,551,050	4,191,636,158	4,513,645,625
购买商品、接受劳务支付的现金	3,218,879,210	3,215,875,253	2,904,877,495	2,900,093,788
支付给职工以及为职工支付的现金	221,637,919	221,550,169	202,313,316	202,244,099
支付的各项税费	268,902,966	268,655,606	213,853,722	213,620,227
支付的其它与经营活动有关的现金	170,859,185	170,400,077	199,202,813	198,379,837
现金流出小计	3,880,279,280	3,876,481,105	3,520,247,346	3,514,337,951
经营活动产生的现金流量净额	640,291,768	640,069,945	671,388,812	671,322,344
二、投资活动产生的现金流量:				
收回投资所收到的现金	30,000,698	30,000,698	-	-
取得投资收益所收到的现金	1,999,302	2,101,149	-	291,378
处置固定资产、无形资产和其它长期资产所收回的现金净额	7,675,944	7,675,944	-	-
收到的其它与投资活动有关的现金	9,942,592	9,936,599	4,450,086	4,440,149
现金流入小计	49,618,536	49,714,390	4,450,086	4,731,527
购建固定资产、无形资产和其它长期资产所支付的现金	631,561,564	631,561,564	669,849,618	669,816,718
投资所支付的现金	37,025,073	37,025,073	-	-
现金流出小计	668,586,637	668,586,637	669,849,618	669,816,718
投资活动产生的现金流量净额	-618,968,101	-618,872,247	-665,399,532	-665,085,191
三、筹资活动产生的现金流量:				
吸收投资所收到的现金	494,846,908	494,846,908	-	-
借款所收到的现金	1,757,478,243	1,757,478,243	1,679,516,953	1,679,516,953
收到的其它与筹资活动有关的现金	84,000,000	84,000,000	-	-
现金流入小计	2,336,325,151	2,336,325,151	1,679,516,953	1,679,516,953
偿还债务所支付的现金	1,836,046,423	1,836,046,423	1,366,771,332	1,366,771,332
分配股利、利润或偿付利息所支付的现金	204,774,906	204,707,008	179,572,329	179,378,076
其中:子公司支付少数股东股利	67,898	-	194,253	-
支付的其它与筹资活动有关的现金	1,870,000	1,870,000	1,870,000	1,870,000
现金流出小计	2,042,691,329	2,042,623,431	1,548,213,661	1,548,019,408
筹资活动产生的现金流量净额	293,633,822	293,701,720	131,303,292	131,497,545
四、汇率变动对现金的影响	-	-	-	-
五、现金及现金等价物净增加额	314,957,489	314,899,418	137,292,572	137,734,698
补充资料				
1、将净利润调节为经营活动现金流量:				
净利润	301,434,708	301,434,708	108,659,622	108,659,622
加:少数股东损益	122,158	-	106,412	-
计提或转销的资产减值准备	-20,462,629	-20,462,629	22,244,130	22,244,130
固定资产折旧	361,496,794	361,469,794	369,017,596	369,011,596
无形资产摊销	3,590,000	3,590,000	3,590,000	3,590,000
长期待摊费用摊销	1,400,000	1,400,000	1,492,344	1,492,344
待摊费用的减少(减:增加)	8,010,196	8,010,196	-16,010,196	-16,010,196
预提费用的增加(减:减少)	400,000	400,000	-	-
处置固定资产、无形资产和其它长期资产的损失(减:收益)	-2,204,931	-2,204,931	6,106,538	6,106,538
财务费用	153,124,633	153,130,626	136,522,258	136,532,195
投资损失(减:收益)	-1,819,980	-2,003,217	-	-159,616
存货的减少(减:增加)	-160,113,032	-160,532,360	-81,169,064	-81,441,590
经营性应收项目的减少(减:增加)	71,201,649	71,754,386	22,338,099	20,067,422
经营性应付项目的增加(减:减少)	-75,887,798	-75,916,628	98,491,073	101,229,899
经营活动产生的现金流量净额	640,291,768	640,069,945	671,388,812	671,322,344
2、不涉及现金收支的投资和筹资活动:	-	-	-	-
3、现金及现金等价物净增加情况:				
货币资金的期末余额	681,060,165	680,486,248	366,102,676	365,586,830
减:货币资金的期初余额	366,102,676	365,586,830	228,810,104	227,852,132
现金及现金等价物净增加额	314,957,489	314,899,418	137,292,572	137,734,698

600363 江西联创光电科技股份有限公司

2001 年年度报告摘选

第一章　公司基本情况简介

一、公司法定中文名称:江西联创光电科技股份有限公司
公司法定英文名称:JIANGXI LIANCHUANG OPTOELECTRONIC SCIENCE AND TECHNOLOGY CO.,LTD.
二、公司法定代表人:韩盛龙
三、公司董事会秘书:姚伟彪
联系地址:南昌市国家高新产业开发区火炬大街 125 号
联系电话:0791－8108479
传真电话:0791－8105326
电子信箱:YWB100172@163.COM
四、公司注册地址:南昌市国家高新产业开发区火炬大街 125 号
邮政编码:330029
公司国际互联网地址:HTTP//WWW.LIANCHUANG.COM.CN
公司 E－MAIL:LCKJGS@PUBLIC.NC.JX.CN
五、公司选定的信息披露报刊:《上海证券报》
登载公司年度报告的中国证监会指定的国际互联网网址:HTTP//WWW.SSE.COM.CN
公司年度报告备置地点:公司办公室
六、公司股票上市交易所:上海证券交易所
股票简称:联创光电
股票代码:600363

第二章　会计数据和业务数据摘要

一、2001 年度利润实现情况(单位:人民币元)

项目	金额
利润总额:	43,562,828.81
净利润:	20,210,090.09
扣除非经常性损益后的净利润:	17,279,335.28
主营业务利润:	154,790,963.33
其他业务利润:	1,909,874.31
营业利润:	36,202,021.34
投资收益:	1,634,476.40
补贴收入:	6,434,994.14
营业外收支净额:	－708,663.07
经营活动产生的现金流量净额:	3,4920,877.16
现金及现金等价物净增加额:	220,173,921.50

二、主要会计数据和财务指标

指标	2001 年	2000 年(会计政策及会计差错变更前后)		1999 年
		变更前	变更后	
主营业务收入(万元)	63234	47411	47411	32435
净利润(万元)	2021	1703	1711	2036
总资产(万元)	110231	70130	70060	54380
股东权益(不含少数股东权益)(万元)	60110	17914	17887	17033
每股收益(摊薄)(元)	0.1226	0.1625	0.1632	——
每股收益(加权)(元)	0.1349	0.1625	0.1632	——
扣除非经常损益后的每股收益(加权)(元)	0.1153	0.1253	0.1261	——
每股净资产(元)	3.6473	1.7093	1.7067	——
调整后每股净资产(元)	3.6000	1.6590	1.6340	——
每股经营活动产生的现金流量净额(元)	0.2118	0.099	0.099	——
净资产收益率(摊薄)	3.36%	9.51%	9.56%	——
净资产收益率(加权)	4.07%	9.51%	9.56%	——
扣除非经常性损益后的净资产收益率(加权)	3.48%	7.52%	7.57%	——

三、利润分配表附表

报告期利润	净资产收益率(%)		每股收益(元/股)	
	全面摊薄	加权平均	全面摊薄	加权平均
主营业务利润	25.75	31.23	0.9392	1.0332
营业利润	6.02	7.30	0.2196	0.2416
净利润	3.36	4.07	0.1226	0.1349
扣除非经常性损益后的净利润	2.87	3.48	0.1048	0.1153

第三章　股本变动及股东情况

一、报告期内公司股份变动情况(如下表):

单位:万股

	本次变动前	配股	送股	公积金转股	增发	其他	小计	本次变动后
一、未上市流通股份	10480.30							10480.30
1、发起人股份	10480.30							10480.30
其中:国家持有股份	0.00							0.00
境内法人持有股份	10480.30							10480.30
境外法人持有股份	0.00							0.00
其他	0.00							0.00
2、募集法人股	0.00							0.00
3、内部职工股	0.00							0.00
4、优先股或其他	0.00							0.00
未上市流通股份合计	10480.30							10480.30
二、已上市流通股份								
1、人民币普通股	0.00					6000.00	6000.00	6000.00
2、境内上市的外资股	0.00							0.00
境内上市的外资股	0.00							0.00
其他	0.00							0.00
已上市流通股份合计	0.00					6000.00	6000.00	6000.00
三、股份总数	10480.30					6000.00	6000.00	16480.30

600365 通化葡萄酒股份有限公司

2001 年年度报告摘选

一、公司基本情况简介

1、公司法定名称
中文名称:通化葡萄酒股份有限公司
英文名称:TONGHUA GRAPE WINE CO.,LTD　　缩写:THGW
2、公司法定代表人:于永利
3、公司董事会秘书:高振才
联系地址:吉林省通化市前兴路 28 号
联系电话:(0435)3948012　　电子信箱:gaozhencai@163.com
证券事务代表:洪恩杰
联系地址:吉林省通化市前兴路 28 号
联系电话:(0435)3948012　　传真:(0435)3949616
电子信箱:hongenjie@ sohu.com.cn
4、公司注册地址:通化市前兴路 28 号
公司办公地址:通化市前兴路 28 号　　邮政编码:134002
公司国际互联网址:http//www.thptj.com.cn
公司电子信箱:thptj@mail.jl.cn
5、公司指定的信息披露报纸:《上海证券报》、《中国证券报》
公司登载年报网址:http//www.sse.com.cn　　公司年报备置地点:公司证券部
6、公司股票上市交易所:上海证券交易所
股票简称:通葡萄酒　　股票代码:600365

二、会计数据与业务数据摘要

(一)本年度主要利润指标情况　　单位:元

项目	金额
利润总额	29,097,565.37
净利润	16,562,837.62
扣除非经常性损益后的净利润	15,564,589.32
主营业务利润	51,493,233.05
其它业务利润	－3,003.83
营业利润	28,099,317.07
投资收入	－
补贴收入	840,000.00
营业外收支净额	158,248.30
经营活动产生的现金流量净额	－24,468,390.10
现金及现金等价物净增减额	－307,844,521.75

注:扣除非经常性损益项目和涉及金额
1、补贴收入:　840,000.00 元
2、营业外收支净额:　158,248.30 元

(二)公司近三年主要财务数据与财务指标　　单位:元

指标项目	2001 年度	2000 年度		1999 年度
		调整前	调整后	
主营业务收入	128,556,854.48	138,314,671.72	138,314,671.72	126,714,908.13
净利润	16,562,837.62	20,024,783.55	11,432,981.49	18,227,713.63
每股收益	0.1183	0.1430	0.0817	0.2278
调整后的每股净收益	0.1112	0.2503	0.1011	0.2278
净资产收益率摊薄%	3.0665	3.76	2.1837	17.94
指标项目	**2001 年 12 月 31 日**	**2000 年 12 月 31 日**		**1999 年 12 月 31 日**
		调整前	调整后	
总资产	632,055,843.69	679,297,035.07	670,705,233.01	292,563,119.92
股东权益(不含少数股东权益)	540,121,327.89	532,150,292.32	523,558,490.26	101,599,308.77
每股净资产	3.8580	3.8011	3.7397	1.27
调整后的每股净资产	3.8280	3.7846	3.7233	1.2104
净资产收益率加权%	3.1143	17.94	10.6536	17.94
每股经营活动产生的现金流量净额	－0.1748	0.1774	0.1774	－0.3641

(三)报告期利润表

报告期利润	净资产收益率(%)		每股收益(元)	
	全面摊薄	加权平均	全面摊薄	加权平均
主营业务利润	9.5336	9.6821	0.3678	0.3678
营业利润	5.2024	5.2834	0.2007	0.2007
净利润	3.0665	3.1143	0.1183	0.1183
扣除非经营性损益后的净利润	2.8817	2.9266	0.1112	0.1112

三、股本变动及股东情况

(一)股份变动情况
(1)公司股份变动情况表　　数量单位:股

股份类型	本次变动前	本次变动增减(＋－)						本次变动后
		配股	送股	公积金	增发	其它	小计	
一、未上市中心流通股份								
1、发起人股份	80,000,000							80,000,000
其中:								
国家持有股份								
境内法人持有股份	80,000,000							80,000,000
外境法人持有股份								
其它								
2、募集法人股份								
3、内部职工股份								
4、优先股或其它								
未上市流通股份合计	80,000,000							80,000,000
二、已上市流通股份								
1、境内上市的人民币普通股	60,000,000							60,000,000
2、境内上市的外资股								
1、境外上市的外资股								
2、其它								
已上市流通股份合计	60,000,000							60,000,000
三、股份总数	140,000,000							140,000,000

600366 宁波韵升(集团)股份有限公司

2001年年度报告摘选

一、公司基本情况简介

1、公司法定中文名称:宁波韵升(集团)股份有限公司
公司法定英文名称:NINGBO YUNSHENG(GROUP) CO.,LTD.
2、公司法定代表人:竺韵德
3、公司董事会秘书:应新异
证券事务代表:朱佩红
联系地址:浙江省宁波市江东民安路348号
联系电话:0574-87776939　　传　真:0574-87776466
电子信箱:zqb@yunsheng.com
4、公司注册地址:浙江省宁波市江东民安路348号
公司办公地址:浙江省宁波市江东民安路348号　　邮政编码:315040
公司国际互联网网址:www.yunsheng.com　　电子信箱:zqb@yunsheng.com
5、公司选定的信息披露报纸:《中国证券报》、《上海证券报》
登载年度报告的中国证监会指定网站的网址:http:/www.sse.com.cn
年度报告备置地点:浙江省宁波市江东民安路348号
6、公司股票上市交易所:上海证券交易所
股票简称:宁波韵升　　股票代码:600366

二、会计数据和业务数据摘要

(一)本年度主要利润指标(单位:人民币元)

项目	金额
1.利润总额	76586248.98
2.净利润	64792884.02
3.扣除非经常性损益后的净利润	46296857.70
4.主营业务利润	101073541.55
5.其他业务利润	3576516.93
6.营业利润	54935294.19
7.投资收益	-109076.17
8.补贴收入	21853285.95
9.营业外收支净额	-93254.99
10.经营活动产生的现金流量净额	33886226.94
11.现金及现金等价物净增加额	-240268316.20

注:扣除非经常性损益后的净利润=净利润-资产处置损益-临时性获得的补贴收入-合并价差摊入等。

扣除非经常性损益明细表

项目	金额
1.补贴收入	21853285.95
2.营业外收入	985741.78
其中 固定资产盘盈	67853.50
处理固定资产净收益	314922.00
罚款收入	34893.44
赔款收入	13130.00
其他	554942.84
3.营业外支出	1078996.77
其中:固定资产盘亏	578.74
处理固定资产净损失	438638.92
水利建设基金	123595.93
捐赠支出	120000.00
罚款支出	2021.94
其他	394161.24
合计	21760030.96
4.所得税影响额	3264004.64
非经常性损益税后影响额	18496026.32

(二)前三年主要会计数据和财务指标(合并报表)单位:元

财务指标	2001年度	2000年度	1999年度
主营业务收入	418837703.43	293972017.96	221833949.78
净利润	64792884.02	36048539.04	36008475.75
每股收益(摊薄)	0.3399	0.2836	0.4235
每股收益(加权)	0.3399	0.3681	0.4235
每股经营活动产生的现金流量	0.1777	0.1364	0.4775
净资产收益率(摊薄%)	11.52	6.96	25.56
净资产收益率(加权%)	11.83	15.76	25.56
财务指标	2001年12月31日	2000年度12月31日	1999年12月31日
总资产	798527807.08	843608258.28	381417303.45
股东权益	562449733.75	515102062.27	152598562.73
每股净资产	2.9502	4.0758	1.6569
调整后的每股净资产	2.8657	3.9903	1.5679

三、股本变动及股东情况

(一)公司股本变动情况
1、股份变动情况表(单位:股)

	本次变动前	本次变动增减(+,-)						本次变动后
		配股	送股	公积金转股	增发	其他	小计	
一、未上市流通股份								
1、发起人股份	90,120,000			45,060,000			45,060,000	135,180,000
其中:								
国家持有股份								
境内法人持有股份	90,120,000			45,060,000			45,060,000	135,180,000
境外法人持有股份								
其他								
2、募集法人股份								
3、内部职工股	1,980,000			990,000			990,000	2,970,000
4、优先股或其他								
未上市流通股份合计	92,100,000			46,050,000			46,050,000	138,150,000
二、已上市流通股份								
1、人民币普通股	35,000,000			17,500,000			17,500,000	52,500,000
2、境内上市的外资股								
3、境外上市的外资股								
4、其他								52,500,000
已上市流通股份合计	35,000,000			17,500,000			17,500,000	52,500,000
三、股份总数	127,100,000			63,550,000			63,550,000	190,650,000

600367 贵州红星发展股份有限公司

2001年年度报告摘选

一、公司基本情况简介

1、公司法定名称:贵州红星发展股份有限公司
公司英文名称:GUIZHOU REDSTAR DEVELOPING CO.,LTD.
2、公司法定代表人:姜志光
3、公司董事会秘书:温　霞
联系电话:(0853)6780066
联系地址:贵州省安顺市镇宁县丁旗镇
传真:(0853)6780074
电子信箱:wenxia168@21cn.com
证券事务授权代表:陈频
联系电话:(0853)6780388
电子信箱:chenping168@21cn.com
联系地址:贵州省安顺市镇宁县丁旗镇
传真:(0853)6780074
4、公司注册地址:贵州省安顺市镇宁县丁旗镇　　邮政编码:561206
办公地址:贵州省安顺市镇宁县丁旗镇　　邮政编码:561206
公司网址:http://www.hxfz.com.cn
公司电子信箱:rsfz@21cn.com
5、公司选定的信息披露报纸名称:《上海证券报》、《证券时报》
登载公司年度报告的国际互联网网址:http://www.sse.com.cn
公司年度报告备置地点:本公司档案室
6、公司股票上市地:上海证券交易所
公司股票简称:红星发展
公司股票代码:600367

二、会计数据和业务数据摘要

1、本年度实现利润总额及其构成　　单位:元

项目	金　额
利润总额	101,580,687.26
净利润	80,238,459.21
扣除非经营性损益后的净利润	80,612,529.84
主营业务利润	178,423,962.96
其他业务利润	543,214.24
营业利润	101,954,757.89
投资收益	-228,925.08
补贴收入	
营业外收支净额	-145,145.55
经营活动产生的现金流量净额	43,989,039.48
现金及现金等价物净增加额	379,614,652.15

2、本年度末前三年的主要会计数据和财务指标

项目	单位	2001年	2000年	1999年
主营业务收入	元	357386635.94	252309769.61	197041881.31
净利润	元	80238459.21	51103034.19	35758242.80
总资产	元	724340334.65	279268991.77	274557213.42
股东权益(不含少数股东权益)	元	565192174.68	126033073.93	103947113.19
每股收益(摊薄)	元/股	0.80	0.73	0.51
每股收益(加权)	元/股	0.84	0.73	
扣除非经营性损益的每股收益	元/股	0.81	0.79	0.51
每股净资产	元/股	5.65	1.80	1.48
调整后的每股净资产	元/股	5.64	1.77	1.45
每股经营活动产生的现金流量净额	元/股	0.44	0.72	
净资产收益率(摊薄)	%	14.20	40.55	34.40
加权平均净资产收益率	%	16.63	40.55	34.40
扣除非经营性损益后的加权净资产收益率	%	16.70	43.61	34.40

净资产收益率和每股收益

2001年度利润	净资产收益率(%)		每股收益(元)	
	全面摊薄	加权平均	全面摊薄	加权平均
主营业务利润	31.57	36.97	1.78	1.88
营业利润	18.04	21.13	1.02	1.07
净利润	14.20	16.63	0.80	0.84
扣除非经营性损益后的净利润	14.26	16.70	0.81	0.85

三、股本变动及股东情况

1、股本变动情况
股份变动情况表

	本次变动前	本次变动增减(+,-)						本次变动后
		配股	送股	公积金转股	增发	其他	发行	
一、未上市流通股份								
1、发起人股份	70000000							70000000
其中:								
国家持有股份	68600000							68600000
境内法人持有股份	1400000							1400000
境外法人持有股份								
其他								
2、募集法人股份								
3、内部职工股								
4、优先股或其他								
其中:转配股								
未上市流通股份合计								
二、已上市流通股份								
1、人民币普通股							30000000	30000000
2、境内上市外资股								
3、境外上市外资股								
4、其他								
已上市流通股份合计								
三、股份总数	70000000						30000000	100000000

600368 广西五洲交通股份有限公司

2001 年年度报告摘选

一、公司基本情况简介

(一)中文名称:广西五洲交通股份有限公司
英文名称:GUANGXI WUZHOU COMMUNICATIONS CO.,LTD.
(二)法定代表人:王维平
(三)董事会秘书:陈仕岳
董事会证券事务代表:孔庆丰
联系地址:广西南宁市新民路 48 号广西五洲交通股份有限公司
联系电话:0771-2838485　2838463
传真:0771-2813368　2838463
电子信箱:wzjt@nn-mail.gx.cninfo.net
(四)注册地址:广西南宁市新民路 48 号
办公地址:广西南宁市新民路 48 号
邮政编码:530012
(五)公司指定的信息披露报纸:《中国证券报》、《上海证券报》
登载公司年报的中国证监会指定国际互联网网址:http://www.sse.com.cn
公司年度报告备置地址:广西南宁市新民路 48 号公司办公楼四楼公司证券部
(六)股票上市交易所:上海证券交易所
股票简称:五洲交通
股票代码:600368

二、会计数据和业务数据摘要

(一)本年度主要利润指标情况　(单位:元)

项目	金　额
利润总额	121,926,550.84
净利润	131,238,329.52
扣除非经常性损益后的净利润	103,043,611.85
主营业务利润	91,356,922.93
其他业务利润	27,177,506.64
营业利润	121,687,494.48
投资收益	255,422.98
补贴收入	-
营业外收支净额	-16,366.62
经营活动产生的现金流量净额	135,798,404.54
现金及现金等价物净增加额	-482,298,415.44

说明:扣除的非经营性损益项目及涉及金额

项目	金　额
营业外收支净额	-16,366.62
收到的所得税返还	28,211,084.29

(二)截止报告期末近三年主要会计数据和财务指标　(单位:元)

项目	2001 年	2000 年	1999 年
主营业务收入	137,184,467.00	135,032,054.00	133,178,424.00
净利润	131,238,329.52	82,964,942.77	97,540,522.62
总资产	1,347,975,844.76	1,408,437,871.65	936,479,572.36
股东权益	1,037,568,984.36	937,013,767.71	466,119,928.69
每股收益(摊薄)	0.30	0.19	0.27
每股收益(加权)	0.30	0.23	0.27
扣除非经常性损益后的每股收益(摊薄)	0.23	0.18	0.22
扣除非经常性损益后的每股收益(加权)	0.23	0.22	0.22
每股净资产	2.35	2.12	1.29
调整后的每股净资产	2.35	2.12	1.29
每股经营活动产生的现金流量净额	0.31	0.11	0.35
净资产收益率	12.65%	8.45%	20.93%

(三)报告期利润表附表

	报告期利润(元)	净资产收益率		每股收益(元)	
		全面摊薄	加权平均	全面摊薄	加权平均
主营业务利润	91,356,922.93	8.80%	9.11%	0.21	0.21
营业利润	121,687,494.48	11.73%	12.14%	0.28	0.28
净利润	131,238,329.52	12.65%	13.09%	0.30	0.30
扣除非经常性损益后的净利润	103,043,611.85	9.93%	10.28%	0.23	0.23

三、股本变动及股东情况

(一)股本变动情况
1.股份变动情况表　单位:万股

	期初数	本次变动增减(+,-)					期末数
		配股	送股	公积金转股	其他	小计	
(1)尚未流通股份							
①发起人股份							
其中:							
国家拥有股份	2,480	-	-	-	-	-	2,480
境内法人拥有股份	31,520	-	-	-	-	-	31,520
外资法人持有股份							
其他							
②募集法人股							
③内部职工股	2,200	-	-	-	-	-	2,200
④优先股或其他							
尚未流通股份合计	36,200	-	-	-	-	-	36,200
(2)已流通股份							
①普通股	8000	-	-	-	-	-	8,000
②境内上市的外资股							
③境外上市的外资股							
④其他							
已流通股份合计	8,000	-	-	-	-	-	8,000
(3)股份总数	44,200	-	-	-	-	-	44,200

600369 重庆长江水运股份有限公司

2001 年年度报告摘选

第一节　公司基本情况简介

一、公司法定中文名称:重庆长江水运股份有限公司
中文名称缩写:长运股份
英文名称:CHONGQING CHANGJIANG RIVER WATERTR ANSPORT CO.,LTD
英文名称缩写:CCRWT
二、公司法定代表人:陈建威(先生)
三、公司董事会秘书:饶正力(女士)
证券事务代表:庞勇(先生)
电话:(023)63800217　63819926
传真:(023)63819708
电子信箱:Raozhengli@sina.com.cn
四、公司办公地址:重庆市渝中区陕西路 1 号三峡宾馆 18 楼
邮编:400011
电子信箱:Cqchangyun@online.cq.cn
网址:www.chinarivertransport.com
五、公司指定信息披露报纸:《中国证券报》、《上海证券报》。
登载年度报告的国际互联网网址:http//www.sse.com.cn
年度报告备置地:重庆长江水运股份有限公司董事会秘书处
六、公司股票上市交易所:上海证券交易所
股票简称:长运股份
股票代码:600369

第二节　会计数据和业务数据摘要

一、本公司本年利润及构成(单位:元)

项　目	2001 年度
利润总额	20,014,686.88
净利润	16,266,351.97
扣除非经常性损益后的净利润	8,027,318.10
主营业务利润	20,788,448.16
其他业务利润	9,900,523.29
营业利润	12,312,699.02
投资收益	7,852,318.00
补贴收入	0
营业外收支净额	-150,330.14
经营活动产生的现金流量净额	-110,310,635.69
现金及现金等价物净增加额	-223,979,200.48

二、公司前三年主要会计数据和财务指标　单位:元

项目	2001 年	2000 年		1999 年	
		调整前	调整后	调整前	调整后
主营业务收入	110,974,858.91	155,547,613.11	155,547,613.11	142,882,101.06	142,882,101.06
净利润	16,266,351.97	27,738,570.55	21,174,872.12	30,295,710.91	21,751,525.25
总资产	1,061,509,299.36	833,746,201.31	817,657,657.24	387,964,271.95	355,340,973.24
股东权益	559,569,627.52	562,576,571.61	546,601,024.92	157,547,316.27	124,924,017.56
每股收益(摊薄)(元/股)	0.094	0.161	0.125	0.296	0.213
每股收益(加权)(元/股)	0.094	0.271	0.198	0.296	0.213
扣除非经常性损益后的每股收益(摊薄)	0.047	0.099	0.099	0.247	0.255
每股净资产(元/股)	3.248	3.265	3.172	1.540	1.221
调整后的每股净资产(元/股)	3.22	3.253	3.135	1.513	1.194
每股经营活动产生的现金流量净额	-0.64	0.448	0.448	0.906	0.906
净资产收益率摊薄(%)	2.91	4.93	4.100	19.23	17.41
净资产收益率加权(%)	2.94	18.18	15.15	20.54	17.50

三、报告期利润表附表

报告期利润	金额(元)	净资产收益率(%)		每股收益(元)	
		全面摊薄	加权平均	全面摊薄	加权平均
主营业务利润	20,788,448.16	3.72	3.76	0.121	0.121
营业利润	12,312,699.02	2.20	2.31	0.071	0.071
净利润	16,266,351.97	2.91	2.94	0.094	0.094
扣除非经常性损益后的净利润	8,027,318.10	1.43	1.45	0.047	0.047

第三节　股本变动及股东情况

一、股本变动情况
(一)股本变动情况表

单位:股

	本次变动前	本次变动增减(+,-)						本次变动后
		配股	送股	公积金转股	增发	其它	小计	
一、未上市流通股份								
1、发起人股份								
其中:								
国家持有股份	28,888,046							28,888,046
境内法人持有股份	70,854,454							70,854,454
境外法人持有股份								
其他								
2、募集法人股份								
3、内部职工股	2,557,500							2,557,500
4、优先股或其他								
未上市流通股份合计	102,300,000							102,300,000
二、已流通股份								
1、人民币普通股	70,000,000							70,000,000
2、境内上市的外资股								
3、境外上市的外资股								
4、其他								
三、股份总数	172,300,000							172,300,000

600372 江西昌河汽车股份有限公司

2001年年度报告摘选

第一节 公司简介

一、公司法定中文名称:江西昌河汽车股份有限公司
公司的法定英文名称:JIANGXI CHANGHE AUTOMOBILE CO.,LTD
二、公司法定代表人:吴全先生
三、公司董事会秘书:杜端甫先生
联系地址:江西省景德镇市东郊
电话:0798—8448974
传真:0798—8448974
四、公司注册地址:江西省景德镇市
公司办公地址:江西省景德镇市
邮政编码:333002
电子信箱:chgufen@public1.jd.jx.cn
五、公司选定的信息披露报纸:《上海证券报》
登载年度报告的中国证监会指定网站的网址:www.sse.com.cn
公司年度报告备置地点:公司证券部
六、公司股票上市交易所:上海证券交易所
股票简称:昌河股份
股票代码:600372

第二节 会计数据和业务数据摘要

年度主要的会计数据: 单位:元

项目	金额
利润总额	85,258,894.11
净利润	86,938,661.92
* 扣除非经常性损益后的净利润	86,556,017.85
主营业务利润	522,781,615.13
其他业务利润	1,582,513.46
营业利润	87,017,773.75
投资收益	1,023,501.66
补贴收入	
营业外收支净额	-2,782,381.30
经营活动产生的现金流量净额	179,358,530.20
现金及现金等价物净增减额	793,612,620.85

* 注:扣除非经常性损益的项目及金额: 单位:元

项目	金额
营业外收入	4,900,992.89
营业外支出(扣除"职工子女教育费")	4,364,532.38
扣除非经常性损益项目的所得税影响	153,816.44

公司前三年的主要会计数据和财务指标:

单位:元

项目	2001年	2000年	1999年
主营业务收入	3,328,468,798.16	2,826,881,340.91	2,940,183,959.13
净利润	86,938,661.92	90,754,752.72	85,130,790.85
总资产	3,288,799,988.43	2,071,888,942.89	2,113,645,869.68
股东权益(不含少数股东权益)	1,288,617,567.62	538,125,630.82	447,370,878.10
每股收益	0.21	0.30	0.28
每股净资产	3.14	1.79	1.49
调整后的每股净资产	3.14	1.79	1.49
每股经营活动产生的现金流量净额	0.44	1.07	
净资产收益率	6.75%	17%	21%

利润表附表:

报告期利润	净资产收益率		每股收益	
	全面摊薄	加权平均	全面摊薄	加权平均
主营业务利润	40.57%	55.25%	1.28	1.47
营业利润	6.75%	9.20%	0.21	0.25
净利润	6.75%	9.19%	0.21	0.24
扣除非经常性损益后的净利润	6.74%	9.19%	0.21	0.24

第三节 股本变动及股东情况

一、公司股份变动情况表:

单位:股

	本次变动前	本次变动增减(+,-)						本次变动后
		配股	送股	公积金转股	增发	其他	小计	
一、未上市流通股份								
1、发起人股份	300000000							300000000
其中:								
国家持有股份	263859271							263859271
境内法人持有股份	36140729							36140729
境外法人持有股份								
其他								
2、募集法人股份								
3、内部职工股								
4、优先股或其他								
未上市流通股份合计	300000000							300000000
1、人民币普通股						110000000	110000000	110000000
2、境内上市的外资股								
1、1、境外上市的外资股								
2、2、其他								
已上市流通股份合计								110000000
三、股份总数	300000000							300000000

600376 北京天鸿宝业房地产股份有限公司

2001年年度报告摘选

一、公司简介

(一)公司名称:
中文名称:北京天鸿宝业房地产股份有限公司
英文名称:BEIJING TIANHONG BAOYE REAL ESTATE CO.,LTD.
(二)公司法定代表人:赵东杰
(三)董事会秘书:龚谦炜
证券事务代表:钟宁
联系地址:北京市东城区安定门外大街183号京宝花园M207室(邮政编码:100011)
联系电话:(010)64256268 联系传真:(010)64256258
电子信箱:gqw@tianhong-baoye.com.cn
(四)公司注册地址:北京市昌平区回龙观镇龙禧苑云趣园三区11号楼1层
(邮政编码:102208)
公司办地址:北京市东城区安定门外大街183号京宝花园二层
(邮政编码:100011)
公司国际互联网网址:http://www.tianhong-baoye.com.cn
(五)公司选定的信息披露报纸名称:《中国证券报》、《上海证券报》
登载公司年报的中国证监会指定国际互联网网址:http://www.sse.com.cn
公司年度报告备置地点:公司证券部
(六)股票上市交易所:上海证券交易所
股票简称:天鸿宝业 股票代码:600376

二、会计数据和业务数据摘要

一、本年度主要利润指标 (单位:元)

项目	金额
利润总额:	47,709,752.24
净利润:	47,709,752.24
扣除非经常性损益后的净利润:	32,343,833.38
主营业务利润:	55,450,976.36
其他业务利润:	10,463,992.00
营业利润:	46,511,754.88
投资收益:	2,048,711.31
补贴收入:	0
营业外收支净额:	-850,713.95
经营活动产生的现金流量净额:	-110,633,023.18
现金及现金等价物净增加额:	263,992,650.04

二、截止报告期末公司前三年主要会计数据和财务指标 (单位:元)

项目	2001年	2000年	1999年
主营业务收入	273,662,875.06	350,962,221.13	158,057,504.05
净利润	47,709,752.24	72,751,614.31	35,055,385.45
总资产	1,033,594,129.60	537,420,111.88	642,996,782.92
股东权益(不含少数股东权益)	649,677,949.47	220,714,502.08	195,737,887.77
全面摊薄每股收益	0.44	1.07	0.51
加权平均每股收益	0.45	1.07	0.51
扣除非经常性损益后的每股收益	0.30	0.40	0.27
每股净资产	6.00	3.23	2.87
调整后的每股净资产	6.00	3.23	2.87
每股经营活动产生的现金流量净额	-1.02	0.29	-0.84
全面摊薄的净资产收益率%	7.34	32.96	17.91
加权平均的净资产收益率%	7.74	34.28	18.01

三、股本变动及股东情况

一、股份变动情况表

公司股份变动情况表 数量单位:股

	本次变动前	本次变动增减(+,-)						本次变动后
		配股	送股	公积金转股	增发	其他	小计	
一、未上市流通股份								
1、发起人股份	68,250,000							68,250,000
其中:国家持有股份								
境内法人持有股份	68,250,000							68,250,000
境外法人持有股份								
其他								
2、募集法人股份								
3、内部职工股								
4、优先股或其他								
未上市流通股份合计	68,250,000							68,250,000
二、已上市流通股份					40,000,000		40,000,000	40,000,000
1、人民币普通股					40,000,000		40,000,000	40,000,000
2、境内上市的外资股								
3、境外上市的外资股								
4、其他								
已上市流通股份合计					40,000,000		40,000,000	40,000,000
三、股份总数	68,250,000				40,000,000		40,000,000	108,250,000

二、股东情况
(一)报告期末股东总数为21,559户。
(二)前10名股东持股情况表 (单位:股)

名次	股东名称	期末持股量(股)	占总股本比例(%)	股份性质
1	北京天鸿集团公司	36,000,000	33.26	国有法人股
2	海南宝华实业股份有限公司	17,500,000	16.17	社会法人股
3	北京市房地产开发经营深圳公司	9,830,000	9.08	国有法人股
4	京华房产有限公司	2,600,000	2.40	社会法人股
5	北京宝信实业发展公司	1,320,000	1.22	社会法人股
6	银河证券	770,647	0.69	流通股
7	北京宝华饭店	500,000	0.46	社会法人股
8	北京市房屋建筑设计院	500,000	0.46	国有法人股
9	景宏基金	247,000	0.23	流通股
10	康金梅	199,981	0.18	流通股

600377 江苏宁沪高速公路股份有限公司

2001年年度报告摘要

一、公司简介

（一）本公司法定中文名称：江苏宁沪高速公路股份有限公司
本公司法定英文名称：Jiangsu Expressway Company Limited
中文名称缩写：宁沪高速
英文名称缩写：Jiangsu Expressway
（二）本公司法定代表人：沈长全
（三）本公司董事会秘书：姚永嘉
联系电话：8625－4469332
证券事务代表：江涛、楼庆、边庆梅
联系电话：8625－4200999－4706、4705
传真：8625－4466643
电子信箱：nhgs@public1.ptt.js.cn
联系地址：中华人民共和国江苏省南京市石鼓路69号江苏交通大厦
（四）本公司注册地址：中华人民共和国江苏省南京市石鼓路69号江苏交通大厦
本公司办公地址：中华人民共和国江苏省南京市石鼓路69号江苏交通大厦
邮政编码：210004
本公司网址：http://www.jsexpressway.com
本公司电子信箱：nhgs@public1.ptt.js.cn
（五）定期报告刊登报刊：《上海证券报》、《中国证券报》
《南华早报》、《香港经济日报》
信息披露指定网站：http://www.sse.com.cn
定期报告备置地点：上海市浦东南路528号上海证券交易所；
香港中环德辅道中199号维德广场2楼香港中央结算（证券登记）有限公司；
江苏省南京市石鼓路69号江苏交通大厦公司本部
（六）本公司股票上市地：上海证券交易所　　香港联合交易所
A股简称：宁沪高速　　H股简称：江苏宁沪
A股代码：600377　　H股代码：0177
（七）本公司介绍

江苏宁沪高速公路股份有限公司（[本公司]）于一九九二年八月一日在中华人民共和国江苏省注册成立为股份有限公司。本公司主要从事投资、建设、经营和管理沪宁高速公路江苏段（[沪宁高速公路]）及有关江苏省境内的收费公路，并发展该等公路沿线的客运及其他辅助服务业（包括加油、餐饮、购物、汽车维修、广告及住宿等）。

本公司为江苏交通基建唯一的上市公司。一九九七年六月二十七日本公司发行的H股在香港联合交易所有限公司（[香港联交所]）上市。二00一年一月十六日本公司发行的A股在上海证券交易所（[上交所]）上市。

本公司于一九九七年与华建交通经济开发中心合资设立江苏锡澄高速公路有限责任公司（[锡澄公司]）及江苏广靖高速公路有限责任公司（[广靖公司]）。锡澄公司及广靖公司分别从事锡澄高速公路及广靖高速公路的建设和经营管理，该等高速公路均于一九九九年九月建成并通车。锡澄公司与广靖公司于二零零一年四月十二日合并组成江苏广靖锡澄高速公路有限责任公司（[广靖锡澄公司]）。

于二零零一年十一月，本公司与南京市鼓楼区湖南路劳务公司合资设立南京双狮楼酒店有限责任公司（[双狮楼]），双狮楼从事制售中餐的业务。

本公司、广靖锡澄公司及双狮楼合称为本集团。

二、会计数据和业务数据摘要

本公司编制的二零零一年度财务报告，已经安达信·华强会计师事务所审计，并出具了无保留意见的审计报告。

（一）截至二零零一年十二月三十一日，按中国会计准则，本集团主要财务状况如下：

单位：人民币千元

项目	金额
利润总额	940,590
净利润	780,864
扣除非经常性损益后的净利润	625,593
主营业务利润	1,017,568
其他业务利润	22,915
营业利润	909,549
投资收益	37,193
补贴收入	－
营业外收支净额	－6,151
经营活动产生的现金流量净额	1,089,528
现金及现金等价物净增减额	－86,136

（二）截至二零零一年十二月三十一日，按国际会计准则，本集团主要财务状况如下：

单位：人民币千元

项目	金额
收入、净额	1,829,552
利润总额	1,027,871
净利润	841,240
营业利润	978,633
经营活动产生的现金流量净额	1,092,958
现金及现金等价物净增减额	－79,059

（三）境内外不同会计准则差异说明：

本集团依中国会计准则及有关法规编制了法定财务报表。依照中国会计准则和国际会计准则之差异导致了法定财务报表与依国际会计准则编制之财务报表产生差异，该差异主要汇总如下：

	除税及少数股东损益后综合溢利		股东权益	
	二零零一年度 人民币千元	二零零零年度 人民币千元	二零零一年 十二月三十一日 人民币千元	二零零零年 十二月三十一日 人民币千元
重编后法定报表所载	780,864	691,487	13,470,559	13,319,413
依国际会计准则所作调整：				
－回转法定报表会计政策变更影响数	－	(603)	－	－
－土地使用权摊销	36,920	－	36,920	－
－不动产、厂场及设备评估增值及其折旧和摊销	30,730	26,570	(1,618,152)	(1,648,882)
－出售员工宿舍损失	－	(31,866)	(8,237)	(8,237)
－递延税项	(14,351)	2,718	(14,351)	－
－持有至到期日之投资利息	7,077	－	7,077	－
－于期后建议之股利	－	－	629,718	453,397
依照国际会计准则编制之财务报表所载	841,240	688,306	12,503,53	12,115,691

（四）扣除的非经常性损益项目和金额：

（单位：人民币千元）

	二零零一年度		二零零零年度	
	本集团	本公司	本集团	本公司
营业外收入	8,529	7,297	9,414	9,414
营业外支出	(14,680)	(14,299)	(6,501)	(4,505)
所得税返还	163,430	163,430	122,627	122,627
长期股权投资差额摊销	(6,026)	(6,026)	259	259
所得税影响	4,018	4,299	(1,047)	(1,706)
	155,271	154,701	124,752	126,090

（五）按中国会计准则，本集团前五年主要会计数据和财务指标：

（单位：人民币千元）

项目	二零零一年	二零零零年 重编后	二零零零年 重编前	一九九九年
主营业务收入	1,625,992	1,381,696	1,381,696	1,138,385
净利润	780,864	691,486	691,486	604,868
总资产	14,914,400	15,057,227	15,057,227	14,519,176
负债合计	1,312,496	1,608,363	1,584,734	1,684,771
少数股东权益	131,345	129,451	129,451	343,953
股东权益	13,470,559	13,319,413	13,343,042	12,490,452
每股收益	0.16元	0.14元	0.14元	0.12元
每股净资产	2.67元	2.64元	2.65元	2.56元
调整后的每股净资产	2.67元	2.64元	2.65元	2.56元
每股经营活动产生的现金流量净额	0.22元	0.20元	0.20元	0.18元
净资产收益率	5.8%	5.2%	5.2%	4.8%
加权平均净资产收益率	5.7%	5.4%	5.4%	4.8%

注：1、一九九七年十二月三十一日股本加权平均数为4,298,509,144股。

2、根据财政部财会[2001]5号文件，本公司出售住房给职工共计人民币23,629千元，于二零零零年列住房周转金，于二零零一年调整减少年初未分配利润。

（六）按中国会计准则，报告期内股东权益变动情况

单位：人民币元

项目	期初数	本期增加	本期减少	期末数	变动原因
股本	5,037,747,500	/	/	5,037,747,500	/
资本公积	7,484,538,998	/	/	7,484,538,998	/
盈余公积	334,596,559	128,024,567	/	462,621,126	按规定提取
其中：					
法定公益金	111,532,186	42,674,855	/	154,207,041	按规定提取
未分配利润	462,530,407	780,863,985	757,743,005	485,681,387	利润及利润分配
股东权益	13,319,413,464	908,888,552	757,743,005	13,470,559,011	

（七）利润表附表

报告期利润	净资产收益率 全面摊簿	净资产收益率 加权平均	每股收益 全面摊簿	每股收益 加权平均
主营业务利润	7.6%	7.4%	0.20	0.20
营业利润	6.8%	6.6%	0.18	0.18
净利润	5.8%	5.7%	0.16	0.16
扣除非经常性损益后的净利润	4.6%	4.6%	0.12	0.12

三、股本变动及股东情况

（一）股份变动情况表

本公司股份变动情况表

单位：股

股本结构	本次变动前	配股	送股	公积金转股	增发	其他	本期变动后
一、未上市流通股份							
1、发起人股份	3,381,214,600						3,381,214,600
其中							
国家持有股份	2,781,743,600						2,781,743,600
境内法人持有股份	599,471,000						599,471,000
境外法人持有股份							
其他							
2、募集法人股	284,532,900						284,532,900
3、内部职工股							
4、优先股或其他							
未上市流通股份合计	3,665,747,500						3,665,747,500
二、已上市流通股份							
1、人民币普通股	150,000,000						150,000,000
2、境内上市外资股							
境外上市外资股	1,222,000,000						1,222,000,000
其他							
已上市流通股份合计	1,372,000,000						1,372,000,000
三、股份总数	5,037,747,500						5,037,747,500

注：报告期内，本公司未发生股份总数及结构变动的情况。

（二）主要股东持股情况介绍

1、报告期末股东数截止二零零一年十二月三十一日止，列于本公司股东名册上的境内股东共计55,129户。

2、本公司主要股东持股情况

截止二零零一年十二月三十一日,拥有本公司股份前十名股东情况:

名次	股东名称	本期末持股数(股)	本期持股变动增减情况(+-)	持股占总股本比例(%)	持有股份的质押或冻结情况	股份性质
1	江苏交通控股有限公司	2,781,743,600		55.22		国家股
2	华建交通经济开发中心	597,471,000		11.86		国有法人股
3	The Capital Group Companies Inc	154,696,000	-57,516,000	3.07		H股
4	银河证券有限责任公司	19,410,270	19,410,270	0.39		A股
5	华夏证券有限责任公司	16,660,000		0.33		社会法人股
6	申银万国证券股份有限公司	14,450,000		0.29		社会法人股
7	Winner Glory Development Ltd	12,000,000		0.24		H股
8	江苏鑫苏投资管理公司	8,484,000	-86,000	0.17		社会法人股
9	融证投资	7,115,836	7,115,836	0.14		A股
10	江苏汇远房地产发展实业公司	6,200,000		0.12		社会法人股

注:十大股东持股相关情况说明:

(1)据本公司所知,本公司前十名股东之间不存在关联关系;

(2)报告期内,本公司没有收到持股5%以上的法人股东所持股份发生质押、冻结等情况的通知;

(3)报告期内,没有发生本公司关联方、战略投资者和一般法人因配售新股而成为本公司前十名股东的情况。

3、控股股东——江苏交通控股有限公司

本公司控股股东江苏交通控股有限公司([交通控股公司])是在本公司原控股股东江苏交通投资公司的基础上,根据苏政复[2000]132号《省政府关于成立江苏交通控股有限公司的批复》,于二零零零年九月十五日正式变更成立的。该公司持有本公司2,781,743,600股股份,占本公司总股本的55.22%。

交通控股公司由省政府出资设立,授权其为具有投资性质的国有资产经营单位和投资主体,法人代表:沈长全,注册资本人民币46亿元,其经营范围为:在省政府授权范围内,从事国有资产经营、管理;有关交通基础设施、交通运输及相关产业的投资、建设、经营和管理;实业投资,国内贸易(国家有专项规定的报经审批后经营)。

四、董事、监事、高级管理人员和员工情况

(一)基本情况

姓名	性别	年龄	职务	任期(注1)	年初数	年内增减增减变动	年度末持股数(注2)
沈长全	男	54	董事长	2001年4月起三年	0	0	0
周建强	男	49	董事	2001年4月起三年	0	0	0
朱耀庭	男	61	董事	2001年4月起三年	0	0	0
陈祥辉	男	39	董事、总经理	2001年4月起三年	0	0	0
李大鹏	男	49	董事、副总经理	2000年5月起三年	0	0	0
刘步存	男	52	董事、副总经理	2000年5月起三年	0	0	0
范玉曙	女	50	董事	2000年5月起三年	0	0	0
崔小龙	男	41	董事	2001年4月起三年	0	0	0
王正义	男	44	董事	2000年5月起三年	0	0	0
张永珍	女	70	独立董事	2000年5月起三年	0	0	0
方鋻	男	63	独立董事	2000年5月起三年	0	0	0
钟章万	男	59	监事会主席	2000年5月起三年	0	0	0
贾大康	男	59	监事	2000年5月起三年	0	0	0
徐扬	男	30	监事	2001年4月起三年	0	0	0
杜文毅	男	39	监事	2001年4月起三年	0	0	0
马宁	女	46	监事	2001年4月起三年	0	0	0
吴赞平	男	38	副总经理		0	0	0
姚永嘉	男	38	董事会秘书		0	0	0
林志华	男	38	香港董事会秘书		0	0	0
刘伟	女	46	财务会计部经理		0	0	0

注:

1、本公司或有关董事、监事可以不少于三个月事先书面通知终止合同;

2、包括其配偶或子女及其通过控制30%或以上股本的公司。

沈长全先生兼任交通控股公司董事长;周建强先生兼任交通控股公司总经理;朱耀庭先生兼任华建中心总经理;范玉曙女士兼任交通控股公司财务审计部经理;崔小龙先生兼任交通控股公司投资发展部经理;王正义先生兼任交通建设集团董事长;徐扬先生兼任交通控股公司办公室主任;杜文毅先生兼任交通控股公司财务审计部经理;马宁女士兼任华建中心行政人事部副经理。

2、年度报酬情况

(1)董事、监事和其他高级管理人员的报酬按照本公司与其所签定的薪酬协议提取。

(2)现任董事、监事和其他高级管理人员的年度报酬总额为2,120千元,金额最高的前三名董事的报酬总额为390千元,金额最高的前三名高级管理人员的报酬总额为360千元。

(3)董事、监事和其他高级管理人员年度报酬区间在10-15万元,属第一级共19人。

(4)本公司支付给两位独立董事的津贴为每人每年港币10万元。

(5)沈长全先生、周建强先生、朱耀庭先生、范玉曙女士、崔小龙先生、王正义先生、张永珍女士、方鋻先生、徐扬先生、杜文毅先生、马宁女士未在公司领取报酬。

(6)张永珍女士、方鋻先生除津贴外未在公司领取报酬。

(7)本公司在职董事目前采用的社会统筹养老保险,人均每年缴付人民币7,354元,本公司不为退休董事支付任何退休金。

3、报告期内董事、监事和高级管理人员变动情况

(1)经二零零一年二月二十日召开的第三届五次董事会会议和二零零一年四月九日召开的二零零一年度第一次临时股东大会审议通过,同意章俊元先生、乐家骅先生、徐轶群女士因工作变动原因,张全庚先生因退休原因辞去本公司董事职务,同意沈长全先生、周建强先生、朱耀庭先生、陈祥辉先生、崔小龙先生当选为本公司董事。

(2)经二零零一年二月二十日召开的第三届二次监事会会议和二零零一年四月九日召开的二零零一年度第一次临时股东大会审议通过,同意耿流玉先生、吴赞平先生、邢国强先生因工作变动原因辞去本公司监事职务,同意徐扬先生、杜文毅先生、马宁女士当选为本公司监事。

(3)本公司于二零零一年八月二十一日召开的第三届八次董事会聘任吴赞平先生为本公司副总经理。

五、本公司治理结构

(一)本公司治理状况

本着保护广大投资者权益的原则,本公司参照《上市公司治理准则》并结合自身的特点和需要,进一步完善了公司治理结构,具体表现在:

1、平等对待所有股东,保护股东合法权益

(1)本公司公平对待所有股东特别是中小股东,一贯坚持禁止本公司股东和内幕人员进行内幕交易及损害本公司和股东权益的关联关系;

(2)保护股东合法权益,本公司对法律、行政法规所规定的重大事项均在境内外监管机构指定的信息披露报章及网站进行了及时、准确、完整的披露,以保证股东的知情权和参与决定权;

(3)本公司正着手开展股东大会议事规则的制定工作,明确股东大会是本公司的最高权利机构,健全和完善股东大会的议事规则和决策程序,保证会议召开程序、议事程序的合法性、有效性;

(4)不断规范控股股东与本公司之间的关系,本公司与控股股东严格按照法律规定行使出资人的权利,无利用其特殊地位谋取额外利益的情况发生;本公司的重大决策完全由股东大会依法作出;本公司董事、监事的选举及高级管理人员的聘任、解聘均严格遵循法律、行政法规、公司章程规定的程序;

(5)本报告期内不存在股东以各种形式占用、转移本公司的资产、资金及其他资源,也无为股东及其关联单位提供担保的情况发生。

2、董事会认真履行了诚信勤勉义务与责任

(1)本公司董事会自始至终贯彻向股东大会负责的方针,严格按照法律、行政法规和公司章程的规定行使职权,平等对待所有股东;

(2)本公司正着手开展董事会议事规则的制定工作,明确董事会是公司股东大会的执行机构,对本公司的经营投资及内部管理作出决策,为董事会日常工作以及会议的召开提供规范及指导性意见,以确保工作效率和科学决策;

(3)本公司董事会遵循有关法律、法规、规则及公司章程的规定,严格履行股东大会的决议、招股说明书以及其他方式作出的承诺;

(4)本公司建立独立董事制度,逐步完善独立董事工作细则,董事会下目前正在设立战略委员会、提名、薪酬与考核委员会、审计委员会,并分别制定工作细则,进一步完善独立董事制度。

(5)本公司通过规范董事会秘书工作,充分发挥董事会秘书的积极作用,做好本公司与监管机构的沟通,保证董事会工作程序合法有效,保证本公司规范运作。

(6)本公司董事会秘书认真记录和整理董事会会议所议事项,实行出席会议的董事和记录人在会议记录上签名的制度,并妥善地保存了会议记录。

3、充分发挥监事会的监督作用

(1)本公司监事会向全体股东负责,在具体工作中以财务监督为核心,同时对本公司董事、经理及其他高级管理人员的尽职情况进行了监督,保护了本公司资产安全,降低了本公司财务和经营风险,维护了本公司和股东的合法权益;

(2)本公司正着手开展监事会议事规则的制定工作,明确监事会对本公司董事会的决策以及执行股东大会决议情况进行监督的职责,并明确对经营管理层经营工作进行监督,监事会的工作将严格按照规则及程序进行;

(3)本公司监事会成员具有法律、财务等方面的知识,具有与股东、职工和其他相关利益者进行广泛交流的能力,保证了其监督工作的开展;

(4)本公司实行出席会议的监事和记录人在会议记录上签名的制度,并妥善保存会议记录。

4、本公司严格按照法律、法规和公司章程规定的信息披露的内容和格式要求,真实、准确和完整地披露了可能对广大投资者的决策产生实质性影响的信息,确保所有股东有平等的机会获得信息,提高公司透明度。

(二)独立董事履行职责情况

本公司董事会目前有两位符合香港联交所、上海交易所上市规则任职要求的独立董事,独立董事按照相关法律、法规和公司章程的要求,忠实履行诚信与勤勉义务,维护公司整体利益,尤其关注中小股东的合法权益不受损害,在本公司的关联交易、重大事项的审议中发表独立意见,履行独立职责。

本公司正在积极物色其他独立董事人选,决定增设两名独立董事,达到中国证监会发布的《关于上市公司建立独立董事制度的指导意见》的要求,充分发挥独立董事作用,完善公司法人治理结构。

(三)公司与控股股东在业务、资产、人员、机构、财务上分开情况

本公司与控股股东交通控股公司在业务、资产、人员、机构、财务上分开,本公司的人员独立、财务独立、资产完整、机构独立,具有独立完整的生产经营法人实体。

六、股东大会情况简介

报告期内本公司召开了两次股东大会

1、二零零一年四月九日召开的二零零一年第一次临时股东大会,决议公告分别刊登于二零零一年四月十日的中国证券报、上海证券报、香港南华早报、香港经济日报。

2、二零零一年四月十一日召开的二零零零年度股东周年大会,决议公告分别刊登于二零零一年六月九日的中国证券报、上海证券报、香港南华早报、香港经济日报。

七、董事会报告

1、本集团业务及财务业绩

本公司主要从事投资、建设、经营和管理沪宁高速公路及其江苏省境内的公路,并发展该等公路沿线的客运及其辅助服务业(包括加油、餐饮、购物、汽车维修、广告及住宿等)。

2、本集团财务状况(按中国会计准则)

项目	二零零一年(千元)	二零零零年(千元)(重编后)	增减(%)
总资产	14,914,400	15,057,227	-0.94
流动负债	1,014,683	1,350,577	-24.87
长期负债	297,813	257,786	15.53
少数股东权益	131,345	129,451	1.46
股东权益	13,470,559	13,319,413	1.13
主营业务利润	1,017,568	881,805	15.40
净利润	780,864	691,487	12.93

主要变动原因:

1、总资产、流动负债减少的主要原因为本公司归还了370,000千元银行贷款。

2、长期负债增加的主要原因为华建交通经济中心根据总承包合同投入广靖锡澄公司工程款。

3、主营业务利润、净利润增长的主要原因为经营活动、投资活动产生的盈利。

本集团截止二零零一年十二月三十一日止年度之综合业绩和本公司及本集团于二零零一年十二月三十一日按国际会计准则之财务状况,已分别列载于本年报审计报告。

3、利润分配预案

根据财政部有关规定和本公司章程,当按中华人民共和国会计准则和按国际会计准则审计,利润有差异时,以低者为准。

经安达信·华强会计师事务所审计:本公司二零零一年度实现净利润780,863,985元,根据《公司章程》规定,提取10%的法定公积金、5%的法定公益金,加上年初未分配利润462,530,407元,本次可供分配利润合计1,243,394,392元,本公司董事会以总股本5,037,747,500股为基数,建议向全体股东派发末期股息每十股人民币1.25元(含税)。

以上董事会建议之利润分配方案,提呈二零零一年度股东周年大会审议批准,派发末期股息的具体日期和程序另行公告。

4、预计二零零二年度利润分配政策

二零零二年本公司将分配一次现金红利,其分配比例将不低于该年度净利润的50%。历年累积的未分配利润不用于二零零二年利润分配。

5、税收政策的变化对公司财务状况产生的影响

根据国家财政部于二零零零年十月颁布的"财税[2000]99号"文,规定上市公司先按33%的法定税率缴纳所得税后,返还18%,实际税负为15%,并将此优惠政策保留到二零零一年十二月三十一日。从二零零二年度开始,国家将取消上述优惠政策,将会对本公司的盈利产生一定的负面影响。

6、董事会日常工作情况

(1)二零零一年二月二十日召开了第三届五次董事会,决议公告分别刊登于二零零一年二月二十一日的中国证券报、上海证券报、香港南华早报、香港经济日报。

(2)二零零一年四月九日召开了第三届六次董事会,决议公告分别刊登于二零零一年四月十日的中国证券报、上海证券报、香港南华早报、香港经济日报。

(3)二零零一年四月十一日召开了第三届七次董事会,决议公告分别刊登于二零零一年四月十二日的中国证券报、上海证券报、香港南华早报、香港经济日报。

(4)二零零一年八月二十一日召开的三届八次董事会,决议公告分别刊登于二零零一年八月二十二日的中国证券报、上海证券报、香港南华早报、香港经济日报。

(5)二零零一年九月四日召开的董事小组会议，批准购买国投交通实业公司持有的扬子大桥公司部分股权协议。

7、董事会对股东大会决议的执行情况

本公司二零零零年度的利润分配方案的实施情况：

经本公司二零零零年度股东周年大会决定，本公司以总股本 5,037,747,500 股为基数向公司股东每股派发现金红人民币 0.09元(含税)，共计人民币 453,397,275元。

本公司于二零零一年六月九日在《中国证券报》、《上海证券报》、《南华早报》、《香港经济日报》上同时刊登"分红派息"公告，确定股权登记日为二零零一年六月十四日，除息日为二零零一年六月十五日，红利发放日为二零零一年六月二十一日，已实施了上年度利润分配方案。

A股流通股股东的红利由中国证券登记结算有限责任公司上海分公司统一发放；H股股东的红利由香港中国银行代理发放；国家股股东、法人股股东的红利由华泰证券有限责任公司代理发放。

八、管理层讨论与分析

(一)业务经营分析

1、业绩综述

二零零一年，本集团所辖的收费路桥资产仍然保持着较高的增长势头，沪宁高速公路、广靖高速公路、锡澄高速公路以及江阴长江公路大桥、宁沪二级公路均全面超额完成年度计划。本集团二零零一年度的总收入达到约人民币 1,919,781 千元，扣除收入相关税金后收入净值约为人民币 1,829,553 千元，比去年同期增长约 18.58%。

其收入构成及比例如下：

项　目	2001 年收入(千元人民币)	占总收入比例(%)	相对 2000 年增长(%)
沪宁高速公路通行费收入	1,152,162	60.00	19.24
宁沪二级公路通行费收入	224,961	11.70	-1.00
宁连公路南京段通行费收入	50,412	2.60	-6.40
广靖锡澄高速公路通行费收入	198,457	10.30	47.83
其他业务收入	293,789	15.40	23.48
合　计	1,919,781	100	18.58

经安达信·华强会计师事务所审计，按中国会计准则，二零零一年度本集团税后利润约为人民币 780,863,985 元，每股盈利约为人民币 0.155 元，比上年同期上升 12.93%。按国际会计准则除税后溢利约为人民币 841,240,000 元，每股盈利约为人民币 0.167 元，比上年同期上升 22.22%.

2、核心资产——沪宁高速公路

二零零一年，随着中国及江苏经济持续稳定的增长及北京至上海高速公路全线开通的影响，已投入运营第五年的沪宁高速公路交通量及通行费收入继续保持两位数的增长幅度。

二零零一年一至十二月，沪宁高速公路累计通过车辆达 2,444 万辆，日均全程交通量约为 21,013 辆，与二零零零年同期相比增长约 16.18%。全年平均车种构成比例一类车至六类车分别约占 44.21%、25.31%、21.14%、7.77%、1.38%及 0.19%，车型结构相对稳定。

二零零一年一至十二月沪宁高速公路累计通行费收入约为人民币 1,152,162 千元，日均收费额约为 3,156.6 千元，比二零零零年度增长约 19.24%。

非主营业务

二零零一年经营发展公司实现营业收入约 283,733 千元，实现利润约 19,978 千元。其中，广告经营通过内引外联，扩大了广告业务，二零零一年实现广告收入 21,996 千元，比去年同期翻了近一番。

现代路桥公司在完成沪宁高速公路路面整治专项工程的同时，在面向市场、参与社会竞争方面做了一定的尝试。全年共实现营业收入 39,603 千元，实现利润 1,057 千元。其中，对外承接工程营业收入达 20,919 千元。

3、其他资产

宁沪二级公路

二零零一年通过宁沪二级公路收费站日均收费车辆约为 42,434 辆，较去年同期上升了 0.18%，日均收费额约为人民币 616.3 千元，与二零零零年收入基本持平。

宁连公路南京段

由于北京至上海高速公路的全线通车，路网流量重新分配及南京段部分路段维修，二零零一年，宁连公路南京段的车流量与收费额呈下降态势，通过该路段的日均收费车辆为 9,450 辆，日均收费额为 138.1 千元，分别比去年同期下降 4.93%及 6.17%。

广靖、锡澄高速公路

二零零一年广靖高速公路日均全程交通量 13,562 辆，日均收费额约人民币 236 千元，与去年同期相比分别增长 51.08%、53.36%；锡澄高速公路日均全程交通量 12,049 辆，日均收费额约 307.7 千元，分别比去年同期增长 34.43%、44.58%。二零零一年，广靖锡澄公司为本集团创造盈利 72,633 千元。

江阴长江公路大桥

二零零一年日均过桥交通量为 15,555 辆，日均收费额为人民币 700.4 千元，分别比去年同期增长 9.83%、52.01%，交通量和收费额将继续保持增长势头。本公司于二零零一年九月四日增持了扬子大桥公司 8.83%的股份，二零零一年度为本公司贡献利润 9,496 千元，成为本集团今后新的利润增长点。

(五)在经营中出现的问题与困难及解决方案

随着国家宏观经济调控政策继续向基建项目倾斜，本公司凭借基建项目的优势与内部科学完善的管理，经营收益将稳定增长，目前在经营过程中尚未遇到重大问题与困难。

(六)公司投资情况

请参阅本报告"重要事项"。

(七)新年度业务发展计划

从本公司的可持续发展出发，二零零二年，本公司仍将前瞻性地开展公司近期规划和中长期发展方向的战略研究，开展沪宁高速公路江苏段和宁沪二级公路拓宽改造的可行性研究，尽早实现宁沪二级公路收费站点布局的调整，充分挖掘通行费征收的潜力，以求更好地发挥这两条道路的经济效益。

收费公路业务仍将是本公司的核心业务，它为本公司提供了强大的现金流，也为本公司的发展提供了坚实的基础保证。本公司将继续有选择地参与投资或收购优良的交通基础设施项目及收费公路项目，开辟新的利润增长点，不断为本公司的发展注入新的血液，进一步扩大本公司资产规模。完成苏嘉杭高速公路有限责任公司 33.33%股权的收购，并积极尝试跨行业发展。

全面开展 ISO9000 系列质量认证体系的贯标工作，完成体系的建立，争取年底前进入试运转，以提高本公司所属高等级公路的管理和服务水平，将本公司建设成为领先的收费公路经营者。

建立符合现代企业制度的人力资源管理机制，切实改变人力资源管理的理念，根据本公司的发展规划做好人力资源规划，有针对性地加强员工培训和人才招聘，建立合理的薪酬、绩效考核与奖励评估体系，引导内部人才合理流动，培养和储备适应本公司未来发展方向的人才。

九、监事会报告

报告期内监事会会议情况

1、二零零一年二月二十日召开的第三届二次监事会，会议审议通过以下事项：提议徐扬先生、杜文毅先生、马宁女士担任本公司监事；同意耿流玉先生、吴赞平先生、邢国强先生因工作变动原因辞去本公司监事职务。决议公告分别刊登于二零零一年二月二十一日的中国证券报、上海证券报、香港南华早报、香港经济日报。

2、二零零一年三月二十三日召开的第三届三次监事会，对公司二零零零年度业绩报告进行了认真地审查并通过。

3、二零零一年四月十一日召开的第三届四次监事会，审议通过以下事项：同意本公司二零零零年度的监事会工作报告。决议公告分别刊登于二零零一年四月十二日的中国证券报、上海证券报、香港南华早报、香港经济日报。

4、二零零一年八月二十一日召开的第三届五次监事会，会议审议通过以下事项：同意本公司二零零一年度中期业绩报告及摘要。决议公告分别刊登于二零零一年八月二十二日的中国证券报、上海证券报、香港南华早报、香港经济日报。

十、重要事项

(一)重大诉讼、仲裁事项

报告期内本公司没有重大诉讼、仲裁事项发生。

(二)收购资产情况

本公司利用 A 股剩余募股资金人民币 141,829,782 元，于二零零一年九月四日与国家开发投资公司签定一份收购协议，收购其持有的扬子大桥公司股份 188,650,000 股(占该公司总股本的 8.83%)，总代价为人民币 244,189,503.25 元，资金不足部分由本公司自有资金支付。

扬子大桥公司主要负责江阴长江公路大桥的经营、管理及车辆通行费的收取使用，江阴长江公路大桥连接本公司持有 85%股权的广靖高速公路和锡澄高速公路，北连接南京南通高速公路与新沂至江都高速公路，南接沪宁高速公路，构成同江至三亚及北京至上海两条国道主干线的重要路段。

该项收购完成后，扬子大桥公司成为由本公司持有 26.66%权益的联属公司，收购事项扩大了本公司现时的资产基础，并与本公司的业务增长重点相配合。本公司董事会认为，透过该项收购增加分享扬子大桥公司的盈利，将会成为本公司今后利润新的增长点。

(三)重大关联交易事项

关联方系指企业在财务或经营决策中，如果一方有能力直接或间接地控制另一方或对另一方施加重大影响。同时如果两方同受一方控制或重大影响，亦将其视为关联方本公司之关联公司。

1、本公司主要关联方：

名　称	与本公司关系
交通控股公司	本公司的最终控股股东
广靖锡澄公司	本公司之附属公司
双狮楼	本公司之附属公司
快鹿公司	本公司之联营公司

2、关联公司交易

于二零零一年度，本公司与关联公司之重大交易如下：

江苏交通控股有限公司

本公司于一九九八年向中国银行江苏省分行获得借款额度计约 9,800,000 美元(折合人民币 81,140,000 元)，用于进口机器设备及技术。于二零零一年十二月三十一日，尚未使用的借款额度约为 2,912,000 美元，折合人民币 18,142,000 元(二零零零年：3,741,000 美元，折合人民币 30,979,000 元)。上述借款额度由江苏交通控股有限公司提供担保。

(四)重大合同及其履行情况

1、重大托管、承包、租赁事项

截止二零零一年十二月三十一日，本公司没有发生重大托管、承包、租赁事项。

2、重大担保

截止二零零一年十二月三十一日，本公司没有为任何股东及关联人事及其他公司进行担保。

3、委托理财情况

报告期内，本公司利用自有资金人民币 2.1 亿元进行短期委托理财，其中与国通证券有限责任公司签定了 1 亿元的资产委托管理协议，协议期限从二零零一年三月十九日至二零零二年三月十九日；与苏州市投资公司签订了 1.1 亿元资产委托管理协议，协议期限从二零零一年五月十日至二零零二年五月十日。上述委托理财经公司决策层讨论通过。截止二零零一年十二月三十一，由于委托协议尚未到期，本公司与受托方未进行资金结算，从帐面市值计算，委托资金的盈亏基本持平，本公司已计提投资减值准备 765 千元。委托协议到期后，本公司即将委托资金收回，目前暂无委托理财计划。

4、其他重大合同

截止二零零一年十二月三十一日，本公司正在履行的重大合同包括：

(1)本公司先后与有关银行签定的共涉及人民币 587,363,768 元金额之借款合同(正在履行)，其中涉及金额人民币 57,363,768 元的借款合同，由交通控股公司作为本公司的担保人。其中较为重要的合同是本公司(借款人)与中国银行江苏分行(贷款人或"转贷行")于一九九八年十月十五日在南京签定的转贷协议。其主要内容包括：(1)贷款金额及用途：协议中所指的贷款限于中国技术进出口总公司就沪宁高速公路项目所需设备和技术与出口商 INDRASCA, S.A.公司签定的商务合同总价款中外汇部分 9,804,269.50 美元；(2)贷款期限：根据"国外贷款协议"的规定，本贷款中政府贷款部分的用款期为商务合同生效后的 12 个月内，首次还款日为二零零七年一月十六日，贷款期限三十年，其中宽限期十年，还款期二十年，分四十次每半年等额偿还一次；买方信贷部分的用款期为商务合同生效后十个月内，首次还款日不得迟于一九九九年七月，贷款期限为七年，分十四次每半年等额偿还一次。

(2)本公司一九九九年四月八日与江苏省宁连宁通公路管理处签定的《南京至连云港公路南京段路政委托营运养护管理合同》(正在履行)，该合同的主要内容是：本公司以每年收取宁连公路南京段公路车辆通行费总收入的 17%的总价格，委托江苏省宁连宁通公路管理处对宁连公路南京段进行经营及养护的管理，二零零一年共应支付人民币 8,570,100 元。

(五)承诺事项

1、本公司董事会承诺二零零一年度利润分配方案：二零零一年分配一次红利，分配比例不低于该年度净利润的 50%。

二零零一年利润分配方案完全根据以上董事会决议，具体分配方案请参见董事会报告中的"本年度利润分配预案"。

2、报告期内本公司持股 5%以上股东没有在指定报纸和网站上披露承诺事项。

(六)聘任会计师事务所情况

本公司在过去三年任何一年，没有发生更换核数师事项。

二零零一年六月八日召开的年度股东大会继续聘任香港安达信公司及安达信·华强会计师事务所为本公司的境内外会计师。

本集团二零零一年度应支付给会计师事务所的财务审计费用人民币 125 万元，此外本公司并未支付任何其他费用。

自二零零二年度起，公司支付给会计师事务所的财务审计费用由公司董事会提出议案，提交股东大会审议通过后确定。

(七)监管机构处罚情况

本年度内，本公司、本公司董事会、董事及高级管理人员没有受到监管部门处罚批评及其他公开谴责的情况。

(八)其它重大事项：

广靖公司、锡澄公司合并事项

为了降低成本，精简机构，提高效率，本公司附属江苏广靖高速公路有限责任公司和江苏锡澄高速公路有限责任公司于二零零一年四月十二日(即合并所组成的江苏广靖锡澄高速公路有限责任公司获发营业执照之日)完成合并。本公司在广靖锡澄公司的持股量与公司在广靖公司和锡澄公司的原有持股量(85%)相同，而新公司将持有广靖公司和锡澄公司的资产并承担其所有债权债务。

投资设立双狮楼酒店有限责任公司

于二零零一年十一月，本公司与南京市鼓楼区湖南路劳务公司合资设立南京双狮楼酒店有限责任公司，投资金额为人民币 960 千元，占该公司 95.05%的权益。双狮楼从事制售中餐的业务。

十一、财务报告

利润及利润分配表(续)

编制单位:江苏宁沪高速公路股份有限公司及其子公司　　二〇〇一年度及二〇〇〇年度　　金额单位:人民币元

报告期利润	附注	本年实际数							
		本集团				本公司			
		净资产收益率		每股收益		净资产收益率		每股收益	
		全面摊薄	加权平均	全面摊薄	加权平均	全面摊薄	加权平均	全面摊薄	加权平均
主营业务利润	31	7.6%	7.4%	0.20	0.20	6.6%	6.5%	0.18	0.18
营业利润	31	6.8%	6.6%	0.18	0.18	5.7%	5.7%	0.16	0.16
净利润	31	5.8%	5.7%	0.16	0.16	5.8%	5.7%	0.16	0.16
扣除非经常性损益后的净利润	31	4.6%	4.6%	0.12	0.12	4.6%	4.6%	0.12	0.12
报告期利润	附注	上年实际数(重编后,附注2(t))							
		本集团				本公司			
		净资产收益率		每股收益		净资产收益率		每股收益	
		全面摊薄	加权平均	全面摊薄	加权平均	全面摊薄	加权平均	全面摊薄	加权平均
主营业务利润	31	6.6%	6.9%	0.18	0.18	6.0%	6.3%	0.16	0.16
营业利润	31	5.9%	6.2%	0.16	0.16	5.4%	5.6%	0.14	0.15
净利润	31	5.2%	5.4%	0.14	0.14	5.2%	5.4%	0.14	0.14
扣除非常性损益后的净利润	31	4.3%	4.4%	0.11	0.11	4.2%	4.4%	0.11	0.11

合并利润及利润分配表

编制单位:江苏宁沪高速公路股份有限公司及其子公司　　二〇〇一年度及二〇〇〇年度　　金额单位:人民币元

项　目	附注	本集团		本公司	
		本年实际数	上年实际数(重编后,附注2(t))	本年实际数	上年实际数(重编后,附注2(t))
一、主营业务收入	25	1,625,991,870	1,381,696,175	1,427,535,350	1,247,444,169
减:主营业务成本		(518,194,612)	(423,206,347)	(456,597,629)	(375,223,201)
主营业务税金及附加	26	(90,228,874)	(76,684,512)	79,228,212)	(69,233,536)
二、主营业务利润		1,017,568,384	881,805,316	891,709,509	802,987,432
加:其他业务利润	27	22,915,383	25,763,424	19,977,701	25,424,383
减:营业费用					
管理费用		(127,644,353)	(84,407,349)	(122,471,779)	(80,217,351)
财务费用	28	(3,290,694)	(31,991,115)	(4,773,647)	(32,574,258)
三、营业利润		909,548,720	791,170,276	784,441,784	715,620,206
加:投资收益	29	37,192,541	34,181,529	108,322,995	96,808,887
补贴收入		–	–	–	–
营业外收入		8,529,024	9,414,326	7,297,358	9,414,326
减:营业外支出		(14,680,223)	(6,501,350)	(14,299,107)	(4,504,881)
四、利润总额		940,590,062	828,264,781	885,763,030	817,338,538
减:所得税		(146,986,723)	(125,726,422)	(104,899,045)	(125,726,422)
少数股东权益		(12,739,354)	(11,051,886)	–	–
五、净利润		780,863,985	691,486,473	780,863,985	691,612,116
加:年初未分配利润		462,530,407	337,284,225	473,584,303	339,111,279
其他转入		–	–	–	–
六、可供分配的利润		1,243,394,392	1,028,770,698	1,254,448,288	1,030,723,395
减:提取法定盈余公积	23	(85,349,712)	(75,228,679)	(78,086,399)	(69,161,212)
提取法定公益金	23	(42,674,855)	(37,614,337)	(39,043,199)	(34,580,605)
提取职工奖励及福利基金		–	–	–	–
提取储备基金		–	–	–	–
提取企业发展基金		–	–	–	–
利润归还投资		–	–	–	–
七、可供投资者分配的利润		1,115,369,825	915,927,682	1,137,318,690	926,981,578
减:应付优先股股利		–	–	–	–
提取任意盈余公积		–	–	–	–
应付普通股股利	24	(629,718,438)	(453,397,275)	(629,718,438)	(453,397,275)
转作股本的普通股股利		–	–	–	–
八、未分配利润		485,651,387	462,530,407	507,600,252	473,584,303

资产减值准备明细表

编制单位:江苏宁沪高速公路股份有限公司　　二〇〇一年度及二〇〇〇年度　　金额单位:人民币元

项　目	本公司							
	本年实际数				上年实际数(重编后,附注2(t))			
	年初余额	本年增加数	本年转回数	年末余额	年初余额	本年增加数	本年转回数	年末余额
坏账准备合计	433,141	593,265	(6,877)	1,019,529	728,440	–	(295,299)	433,141
项目其中:应收账款	157,045	183,966	(6877)	334,134	163,571	–	(6526)	157,045
其他应收款	276,096	409,299	–	685,395	564,869	–	(288,773)	276,096
一、短期投资跌价准备合计	–	765,337	–	765,337				
其中:股票投资	–	765,337	–	765,337	–	–	–	–
债券投资	–	–	–					
二、存货跌价准备合计	–	–	–					
其中:库存商品	–	–	–					
原材料	–	–	–					
三、长期投资减值准备合计	–	–	–	–	–	–	–	
其中:长期股权投资	–	–	–	–	–	–	–	
长期债权投资	–	–	–	–	–	–	–	
四、固定资产减值准备合计	–	–	–	–	–	–	–	
其中:房屋、建筑物	–	–	–	–	–	–	–	
机器设备	–	5,040,000	(5,040,000)	–	–	–	–	–
五、无形资产减值准备	–	–	–					
其中:专利权	–	–	–					
商标权	–	–	–					
六、在建工程减值准备	–	–	–					
委托贷款减值准备	–	–	–					
七、在建工程减值准备								
八、委托贷减值准备								

合并资产减值准备明细表

编制单位:江苏宁沪高速公路股份有限公司及其子公司　　二〇〇一年度及二〇〇〇年度　　金额单位:人民币元

项　目	本集团							
	本年实际数				上年实际数(重编后,附注2(t))			
	年初余额	本年增加数	本年转回数	年末余额	年初余额	本年增加数	本年转回数	年末余额
一、坏账准备合计	433,141	636,506	(6,877)	1,062,770	602,797	–	(169,656)	433,141
其中:应收账款	157,045	199,464	(6,877)	349,632	163,571	–	(6,526)	157,045
其他应收款	276,096	437,042	–	713,138	439,226	–	(163,130)	276,096
二、短期投资跌价准备合计	–	765,337	–	765,337	–	–	–	–
其中:股票投资	–	765,337	–	765,337	–	–	–	–
债券投资	–	–	–	–	–	–	–	–
三、存货跌价准备合计	–	–	–	–	–	–	–	–
其中:库存商品	–	–	–	–	–	–	–	–
原材料	–	–	–	–	–	–	–	–
四、长期投资减值准备合计	–	–	–	–	–	–	–	–
其中:长期股权投资	–	–	–	–	–	–	–	–
长期债权投资	–	–	–	–	–	–	–	–
五、固定资产减值准备合计	–	–	–	–	–	–	–	–
其中:房屋、建筑物	–	–	–	–	–	–	–	–
机器设备	–	5,040,000	(5,040,000)	–	–	–	–	–
六、无形资产减值准备合计	–	–	–	–	–	–	–	–
其中:专利权	–	–	–	–	–	–	–	–
商标权	–	–	–	–	–	–	–	–
七、在建工程减值准备	–	–	–	–	–	–	–	–
八、委托贷款减值准备	–	–	–	–	–	–	–	–

资产负债表

二〇〇一年及二〇〇〇年十二月三十一日

编制单位:江苏宁沪高速公路股份有限公司及其子公司

金额单位:人民币元

资　产	附注	本集团		本公司	
		年末数	年初数(重编后,附注2(t))	年末数	年初数(重编后,附注2(t))
流动资产:					
货币资金	5	775,622,715	970,993,022	642,437,403	861,995,435
短期投资	6	109,234,663	-	109,234,663	-
应收票据		-	-	-	
应收股利	9	10,750,250	11,516,800	10,750,250	11,516,800
应收利息	9	542,738	4,498,170	542,738	4,498,170
应收账款	7	17,131,981	7,695,181	16,372,546	7,695,181
其他应收款	8,30	21,264,917	14,958,160	30,447,029	13,528,739
预付账款		8,859,161	3,720,036	7,258,372	3,390,352
应收补贴款		-	-	-	-
存货		5,815,225	6,755,249	5,276,401	6,696,949
待摊费用		-	-	-	-
一年内到期的长期债权投资		-	-	-	-
其他流动资产		-	-	-	-
流动资产合计		949,221,650	1,020,136,618	822,319,402	909,321,626
长期投资:					
长期股权投资	10	862,394,161	612,981,049	3,020,394,112	2,677,138,878
长期债权投资		-		-	-
长期投资合计		862,394,161	612,981,049	3,020,394,112	2,677,138,878
固定资产:					
固定资产原价	11	12,777,384,822	10,317,985,917	10,269,037,829	7,815,378,915
减:累计折旧	11	(1,263,658,944)	(780,496,973)	(1,195,573,016)	(745,335,156)
固定资产净值		11,513,725,878	9,537,488,944	9,073,464,813	7,070,043,759
减:固定资产减值准备		-	-	-	-
固定资产净额		11,513,725,878	9,537,488,944	9,073,464,813	7,070,043,759
工程物资		-	-	-	-
在建工程	12	13,438,870	63,152,036	3,124,676	61,455,313
固定资产清理		6,381	(17,901)	6,381	(17,901)
固定资产合计		11,527,171,129	9,600,623,079	9,076,595,870	7,131,481,171
无形资产及其他资产:					
无形资产	13	1,573,336,663	3,819,273,317	1,573,336,663	3,819,273,317
长期待摊费用	14	2,276,242	4,213,260	-	3,949,152
其他长期资产		-	-	-	-
无形资产及其他资产合计		1,575,612,905	3,823,486,577	1,573,336,663	3,823,222,469
递延税项:					
递延税款借项		-	-	-	-
资产总计		14,914,399,845	15,057,227,323	14,492,646,047	14,541,164,144
负债及股东权益					
流动负债:					
短期借款	15	210,000,000	580,000,000	210,000,000	580,000,000
应付票据		-	-	-	-
应付账款	16	66,051,216	167,030,903	48,247,701	15,909,331
预收账款		1,695,444	-	1,695,444	-
应付工资		12,557,000	12,401,834	12,557,000	12,401,834
应付福利费		9,099,006	6,620,233	8,022,477	5,939,466
应付股利		642,387,088	475,792,338	637,507,359	466,398,235
应交税金	17	(3,481,960)	31,498,528	(7,259,532)	30,817,000
其他应交款		-	-	-	-
其他应付款	18,30	71,672,284	73,795,935	56,300,897	63,561,413
预提费用		-	-	-	-
预计负债		-	-	-	-
一年内到期的长期负债	19	4,702,772	3,437,017	4,702,772	3,437,017
其他流动负债		-	-	-	-
流动负债合计		1,014,682,850	1,350,576,788	971,774,118	1,178,464,296
长期负债:					
长期借款	19	50,312,918	43,286,384	50,312,918	43,286,384
应付债券		-	-	-	-
长期应付款	20	247,499,999	214,499,999	-	-
专项应付款		-	-	-	-
其他长期负债		-	-	-	-
长期负债合计		297,812,917	257,786,383	50,312,918	43,286,384
递延税项:					
递延税款贷项		-	-	-	-
负债合计		1,312,495,767	1,608,363,171	1,022,087,036	1,221,750,680
少数股东权益		131,345,067	129,450,688	-	-
股东权益:					
股本	21	5,037,747,500	5,037,747,500	5,037,747,500	5,037,747,500
减:已归还投资		-	-	-	-
股本,净额		5,037,747,500	5,037,747,500	5,037,747,500	5,037,747,500
资本公积	22	7,484,538,998	7,484,538,998	7,484,538,998	7,484,538,998
盈余公积	23	462,621,126	334,596,559	440,672,261	323,542,663
其中:法定公积金	23	154,207,041	111,532,186	146,890,753	107,847,554
未分配利润	24	485,651,387	462,530,407	507,600,252	473,584,303
股东权益合计		13,470,559,011	13,319,413,464	13,470,559,011	13,319,413,464
负债及股东权益合计		14,914,399,845	15,057,227,323	14,492,646,047	14,541,164,144

现金流量表

二〇〇一年度及二〇〇〇年度

编制单位:江苏宁沪高速公路股份有限公司及其子公司

金额单位:人民币元

项　目	附注	本集团		本公司	
		本年实际数	上年实际数重编后,附注2(t)	本年实际数	上年实际数重编后,附注2(t)
一、经营活动产后现金流量:					
销售商品、提供劳务收到现金		1,942,617,732	1,643,967,789	1,709,031,288	1,492,172,685
收到的税费返还		163,430,000	239,033,750	163,430,000	239,033,750
收到的其他与经营活动有关的现金		8,529,024	9,414,326	7,297,358	9,414,326
现金流入小计		2,114,576,756	1,892,415,865	1,879,758,646	1,740,620,761
购买商品、接受劳务支付的现金		(345,688,636)	(263,541,594)	(326,953,274)	(252,170,932)
支付给职工以及为职工支付的现金		(116,501,610)	(80,080,871)	(103,577,738)	(70,679,776)
支付的各项税费		(443,540,562)	(431,415,835)	(393,721,632)	(419,320,397)
支付的其他与经营活动有关的现金		(119,317,569)	(112,234,856)	(98,286,364)	(92,748,666)
现金流出小计		(1,025,048,377)	(887,273,156)	(922,539,008)	(834,919,771)
经营活动产生的现金流量净额		1,089,528,379	1,005,142,709	957,219,638	905,700,990
二、投资活动所产生的现金流量:					
收回投资所收到的现金		12,283,200	5,800,000	12,283,200	5,800,000
取得投资收益所收到的现金		25,685,732	23,661,700	113,005,345	33,067,192
处置固定资产、无形资产和其他长期资产					
所收回的现金净额		-	-	-	-
收到的其他与经营活动有关的现金		19,863,836	15,600,872	18,380,883	14,881,305
现金流入小计		57,832,768	45,062,572	143,669,428	53,748,497
购建固定资产、无形资产和其他长期资产					
所支付的现金		(167,566,951)	(501,076,818)	(17,610,663)	(489,369,690)
投资所支付的现金		(244,189,503)	(472,670,218)	(354,220,784)	(472,670,218)
支付的其他与经营活动有关的现金		-	-	-	-
现金流出小计		(411,756,454)	(973,747,036)	(371,831,447)	(962,039,908)
投资活动所产生的现金流量净额		(353,923,686)	(928,684,464)	(228,162,019)	(908,291,411)
三、筹资活动所产生的现金流量:					
吸收投资所收到现金		33,000,000	618,345,000	-	618,345,000
借款所收到的现金		12,861,511	18,761,800	12,861,511	18,761,800
收到的其他与筹资活动有关的现金		-	-	-	-
现金流入小计		45,861,511	637,106,800	12,861,511	637,106,800
偿还债务所支付的现金		(374,569,222)	(203,437,516)	(374,569,222)	(203,437,516)
分配股利、利润或偿付利息所支付的现金		(493,032,626)	(487,895,760)	(477,673,277)	(486,235,967)
支付的其他与筹资活动有关的现金		-	-	-	-
现金流出小计		(867,601,848)	(691,333,276)	(852,242,499)	(689,673,483)
筹资活动产生的现金流量净额		(821,740,337)	(54,226,476)	(839,380,988)	(52,566,683)
四、汇率变动对现金的影响		-	-	-	-
五、现金及现金等价物净(减少)增加额		(86,135,644)	22,231,769	(110,323,369)	(55,157,104)
附注					
1、将净利润调节为经营活动的现金流量:					
净利润		780,863,985	691,486,473	780,863,985	691,612,116
(1)加:计提(转回)的资产减值准备		629,629	(169,656)	586,368	(295,299)
少数股东损益		12,739,354	11,051,886	-	-
固定资产折旧		307,995,593	218,102,143	275,071,482	189,957,734
无形资产摊销		64,140,078	76,309,328	64,140,078	76,309,328
长期待摊费用摊销		4,213,260	8,661,485	3,949,152	8,578,888
待摊费用的减少(减:增加)		-	-	-	-
预提费用的增加(减:减少)		-	-	-	-
处置固定资产、无形资产和其他长期		-	-	-	-
资产的损失(减:收益)		-	-	-	-
固定资产报废损失		13,553,703	457,241	13,553,703	457,241
财务费用		3,155,559	31,971,728	4,638,512	32,691,295
投资收益		(37,192,541)	(34,181,529)	(108,322,995)	(96,808,887)
递延税款贷项:(减:借项)		-	-	-	-
存货的减少(减:增加)		940,024	(1,802,652)	1,420,548	(1,744,352)
经营性应收项目的减少(减:增加)		(26,745,761)	124,632,812	(35,283,493)	(129,917,310)
经营性应付项目的增加(减:减少)		(34,764,504)	(121,376,550)	(43,397,702)	(124,974,384)
经营活动产生的现金流量净额		1,089,528,379	1,005,142,709	957,219,638	905,700,990
(2)不涉及现金收支的投资和筹资活动:					
债务转为资本		-	-	-	
2、一年内到期的可转换公司债券		-	-	-	
融资租入的固定资产		-	-	-	-
3、现金及现金等价物净(减少)增加情况:					-
现金及现金等价物的年末余额		884,857,378	970,993,022	751,672,066	861,995,435
现金及现金等价物的年初余额		(970,993,022)	(948,761,253)	(861,995,435)	(917,152,539)
现金及现金等价物净(减少)增加额		(86,135,644)	22,231,769	(110,323,369)	(55,157,104)

600378 四川天一科技股份有限公司

2001 年年度报告摘选

第一节　公司基本情况简介

一、公司法定中文名称:四川天一科技股份有限公司
公司名称缩写:天科股份
公司英文名称:SICHUAN TIANYI SCIENCE & TECHNOLOGY CO.,LTD.
公司英文名称缩写:CTYC
二、公司法定代表人:冯孝庭
三、公司董事会秘书:杨重谊
公司董事会证券事务代表:
联系电话:028-5963659
电子信箱:yzy@tianke.com
传　　真:028-5881997
四、公司注册地址:成都高新区高朋大道 5 号
公司办公地址:成都外南机场路 445 信箱
邮编:610225
公司网址:http//www.tianke.com
电子信箱:ccty@mail.sc.cninfo.net
五、公司信息披露报纸:《上海证券报》、《中国证券报》
登载公司年度报告的国际互联网网址:http//www.sse.com.cn
公司年度报告备置地:公司证券部
六、公司股票上市地:上海证券交易所
股票简称:天科股份
股票代码:600378

第二节　会计数据和业务数据摘要

一、公司本年度财务数据　(单位:元)

项 目	本 期 数
利润总额	23,632,722.68
净利润	23,592,631.30
扣除非经常性损益后的净利润*	22,122,310.44
主营业务利润	38,567,430.69
其它业务利润	707,597.53
营业利润	21,984,427.72
投资收益	1,822,963.99
补贴收入	
营业外收支净额	-174,669.03
经营活动产生的现金流量净额	13,331,411.34
现金及现金等价物净增减额	-75,801,961.58

*注:扣除的非经常性损益项目和金额　单位:元

项 目	本期数
投资收益	1,822,963.99
营业外收入	14,510.92
营业外支出	189,179.95
会计政策变更减少的利润	177,974.10

二、近三年的主要会计数据和财务指标(单位:元)

项目	2001 年	2000 年(追溯调整后)	2000 年(追溯调整前)	1999 年(追溯调整后)	1999 年(追溯调整前)
主营业务收入	142,808,109.76	138,653,147.05	138,653,147.05	128,380,557.49	128,380,557.49
净利润	23,592,631.30	21,941,778.25	24,097,761.90	17,596,671.06	20,585,738.20
总资产	524,185,622.24	488,113,217.23	493,258,268.02	181,328,881.82	185,440,877.72
股东权益(不含少数股东权益)	412,098,374.80	394,596,581.00	399,741,631.79	106,916,064.72	111,028,060.62
每股收益	0.157	0.19	0.21	0.25	0.29
每股净资产	2.74	3.45	3.45	1.51	1.57
调整后每股净资产	2.73	3.41	3.44	1.51	1.56
每股经营活动产生的现金流量净额	0.09	0.02	0.02		
净资产收益率(%)	5.72	5.56	6.03	16.46	18.54

三、报告期利润表附表:

报告期利润	净资产收益率(%)		每股收益	
	全面摊薄	加权平均	全面摊薄	加权平均
主营业务利润	9.36	9.49	0.256	0.256
营业利润	5.33	5.41	0.146	0.146
净利润	5.72	5.81	0.157	0.157
扣除非经常性损益后的净利润	5.37	5.44	0.147	0.147

第三节　股本变动及股东情况

一、股份变动情况表

(单位:万股)

项 目	期初数	本期配股	本期送股	本期公积金转增股本	增发	本期其他变动	期末数
(一)尚未流通股份							
1.发起人股份	7,072.39			2,121.72			9,194.11
其中:国有股	6,428.89			1,928.67			8,357.56
境内法人持有股份	643.50			193.05			836.55
境外法人持有股份							
其他							
2.定向法人股							
3.内部职工股							
4.优先股及其他							
未上市流通股份合计	7,072.39			2,121.72			9,194.11
(二)已流通股份							
1.人民币普通股	4,500.00			1,350.00			5,850.00
2.境内上市的外资股							
3.境外上市的外资股							
4.其他							
已上市流通股份合计	4,500.00			1,350.00			5,850.00
股本总数	11,572.39			3,471.72			15,044.11

600379 陕西宝光真空电器股份有限公司

2001 年年度报告摘选

一、公司基本情况简介

1、公司中文名称:陕西宝光真空电器股份有限公司
公司英文名称:Shaanxi Baoguang Vacuum Electronic Apparatus Co.Ltd
英文名称缩写:BVEA
2、公司法定代表人:杨宝立
3、公司董事会秘书:金宝长
公司证券事务代表:沈红刚
联系电话:0917-6788528
传真:0917-6788528
互联网网址:www.baoguang.com.cn
电子信箱:office@baoguang.com.cn
联系地址:陕西省宝鸡市高新技术开发区英达路五号
4、公司注册地址:陕西省宝鸡市高新技术开发区英达路五号
公司办公地址:陕西省宝鸡市高新技术开发区英达路五号
邮政编码:710006
公司电子信箱:office@baoguang.com.cn
5、定期报告刊登报刊:《中国证券报》、《上海证券报》
刊登公司年度报告的国际互联网网址:http://www.sse.com.cn
年度报告备置地点:陕西宝光真空电器股份有限公司董事会秘书办公室
6、公司股票上市交易所:上海证券交易所
股票简称:宝光股份
股票代码:600379

二、会计数据和业务摘要

一、本年度主要的会计数据:　单位:元

项目	2001 年数据
利润总额	15,625,836.39
净利润	12,487,000.41
扣除非经常性损益的净利润*	13,500,143.35
主营业务利润	90,313,508.86
其他业务利润	2,986,097.61
营业利润	15,762,332.23
投资收益	0.00
补贴收入	98,500.00
营业外收支净额	-234,995.84
经营活动产生的现金流量净额	5,993,343.41
现金及现金等价物净增加额	158,101,076.81
注:扣除非经常性损益的项目和涉及金额:	
(1)营业外收入:	45,076.32
(2)营业外支出:	280,072.16
(3)补贴收入:	98,500.00
(4)流动资产盘亏:	915,288.13

二、公司最近三年主要会计数据和财务指标:

单位:元

财务指标	2001 年	2000 年	1999 年
主营业务收入(元)	240,354,905.67	216,719,469.08	170,477,171.80
净利润(元)	12,487,000.41	6,283,793.36	3,406,048.12
总资产(元)	512,503,191.42	336,037,631.63	326,697,492.06
股东权益(元)	248,293,758.26	107,429,798.00	98,164,209.85
每股收益(元/股)	0.0790	0.0582	0.0315
每股收益(加权)(元/股)	0.1156	0.0582	0.0315
扣除非经常性损益每股收益(元/股)	0.0854	0.0558	0.0346
每股净资产(元/股)	1.5715	0.9947	0.9089
调整后每股净资产(元/股)	1.4668	0.8824	0.7724
每股经营活动产生的现金流量净额(元)	0.0379	0.0550	0.0055
净资产收益率(摊薄)(%)	5.029	5.849	3.470
净资产收益率(加权)(%)	11.11	6.20	3.18
扣除非经常性损益净资产收益率(%)	5.44	5.61	3.81

三、股本变动及股东情况

一、公司股本变动情况
公司股份变动情况表:
1999 年-2001 年公司股份变动情况

数量单位:万股

项目 股份类型	1999.12.31	2000.12.31	2001 年 1-12 月变动增减(+.-) 配股	送股	公积金转股	增发	其他	小计	2001.12.31
一.未上市流通股份									
1.发起人股份	10,800	10,800							10,800
其中:									
国家持有股份									
境内法人持有股份	10,800	10,800							10,800
境外法人持有股份									
其他									
2.募集法人股									
3.内部职工股									
4.优先股或其他									
其中:转配股									
未上市流通股份合计	10,800	10,800							10,800
二.已上市流通股份									
1.人民币普通股							5000	5000	5000
2.境内上市的外资股									
3.境外上市的外资股									
4.其他									
已上市流通股份合计							5000	5000	5000
三.股份总数	10,800	10,800							15,800

600380 深圳太太药业股份有限公司

2001 年年度报告摘选

第一章 公司基本情况简介

一、公司的法定中文名称:深圳太太药业股份有限公司
英文名称:Shenzhen Taitai Pharmaceutical Company Limited
中文名称缩写:太太药业
二、公司法定代表人:朱保国
三、公司董事会秘书:邱庆丰
联系地址:深圳市罗湖区深南东路 5002 号地王商业大厦 23F
电话:0755－2478966
传真:0755－2478967
电子信箱:taitai@taitai.com
四、公司注册地址:深圳市南山区第五工业区太太药业工业大厦
邮政编码:518057
公司办公地址:深圳市罗湖区深南东路 5002 号地王商业大厦 23F
邮政编码:518008
公司国际互联网网址:http://www.taitai.com
电子信箱:taitai@taitai.com
五、公司选定的信息披露报纸名称:《证券时报》、《上海证券报》、《中国证券报》
登载年度报告的中国证监会指定网站的网址:http://www.sse.com.cn
公司年度报告备置地点:公司办公地址、上海证券交易所
六、公司股票上市交易所:上海证券交易所
股票简称:太太药业
股票代码:600380

第二章 会计数据和业务数据摘要

一、本年度主要会计和业务数据

项目	单位:元
利润总额	219,098,358.45
净利润	200,618,059.90
扣除非经常性损益后的净利润	203,352,562.45
主营业务利润	490,103,634.30
其他业务利润	－1,684,689.03
营业利润	158,695,934.89
投资收益	1,948,793.27
补贴收入	1,705,000.00
营业外收支净额	56,748,630.29
经营活动产生的现金流量净额	223,788,778.12
现金及现金等价物净增减额	927,574,849.58

注:扣除非经常性损益项目和涉及金额:
1、补贴收入:1,705,000.00
2、营业外收入:347,536.49
3、营业外支出:－5,008,755.46

二、公司近三年主要会计数据及财务指标

财务指标	单位	2001 年度	2000 年度		1999 年度
			调整后	调整前	
主营业务收入	元	678,817,966.56	674,605,315.69	677,752,172.52	487,466,411.46
净利润	元	200,618,059.90	155,999,285.85	164,790,597.17	53,250,371.45
总资产	元	2,327,350,377.63	739,794,877.87	759,520,278.19	682,035,772.95
股东权益(不含少数股东权益)	元	1,981,154,228.97	232,365,625.52	257,747,095.81	189,891,487.61
每股收益	元/股	0.7401	0.7758	0.8195	0.2913
每股净资产	元/股	7.3084	1.1556	1.2818	1.0388
调整后的每股净资产	元/股	7.2948	1.0981	1.2266	1.0201
每股经营活动产生的现金流量净额	元/股	0.8255	0.8534	0.8534	0.6007
净资产收益率	%	10.13%	67.14%	63.93%	28.04%

三、利润表附表列示如下

	净资产收益率(%)				每股收益(元/股)			
	全面摊薄		加权平均		全面摊薄		加权平均	
	2001	2000	2001	2000	2001	2000	2001	2000
主营业务利润	24.74%	211.23%	37.96%	233.28%	1.8080	2.4410	2.0259	2.4410
营业利润	8.01%	52.28%	12.29%	57.73%	0.5854	0.6041	0.6560	0.6041
净利润	10.13%	67.14%	15.54%	74.14%	0.7401	0.7758	0.8293	0.7758
扣除非经常性损益后的净利润	10.26%	67.94%	15.75%	75.03%	0.7502	0.7851	0.8406	0.7851

第三章 股本变动及股东情况

一、公司股本变动情况表

数量单位:股

股本结构	期初数	报告期变动增减(+、-)						本次变动后
		配股	送股	公积金转股	增发	其他	小计	
一、未上市流通股份								
1、发起人股份	201,080,000							201,080,000
其中:								
国家持有股份								
境内法人持有股份	150,810,000							150,810,000
境外法人持有股份	50,270,000							50,270,000
其他								
2、募集法人股								
3、内部职工股								
4、优先股或其他								
未上市流通股份合计	201,080,000							201,080,000
二、已上市流通股份								
1、人民币普通股					70,000,000		70,000,000	70,000,000
2、境内上市的外资股								
3、境外上市的外资股								
4、其他								
已上市流通股份合计					70,000,000		70,000,000	70,000,000
三、股份总数	201,080,000				70,000,000		70,000,000	271,080,000

600381 青海白唇鹿股份有限公司

2001 年年度报告摘选

一、公司基本情况简介

(一)公司法定中文名称:青海白唇鹿股份有限公司
公司法定英文名称:QINGHAI BAICHUNLU CO.,LTD.
(二)公司法定代表人:黄贤优
(三)公司董事会秘书:李 喆
联系电话:(0971)5134240
传 真:(0971)5134240
电子信箱:bcllizhe@163.com
联系地址:青海省西宁市小桥大街 36 号
证券事务代表:张霄雁
电子信箱:bclzxy@163.com
联系电话:(0971)5130792－8005
传 真:(0971)5134240
(四)公司注册地址:青海省西宁市小桥大街 36 号
公司办公地址:青海省西宁市小桥大街 36 号
邮政编码:810003
公司网址:http://www.qhbcl.com
公司电子信箱:qhbcl@qhbcl.com
(五)公司选定的信息披露报纸名称:《上海证券报》、《证券时报》
登载年度报告的中国证监会指定的网站网址:HTTP://WWW.SSE.COM.CN
公司年度报告备置地点:公司董事会秘书办公室
(六)公司股票上市交易所:上海证券交易所
股票简称:白唇鹿　　股票代码:600381

二、主要财务数据和业务数据摘要

(一)本年度利润实现情况　　单位:人民币元

指标名称	业务数据
利润总额	23,680,294.98
净利润	19,468,512.38
扣除非经常性损益后的净利润	19,534,848.73
主营业务利润	48,915,732.16
其他业务利润	1,760,516.16
营业利润	23,921,871.55
投资收益	－175,240.22
补贴收入	28,000.00
营业外收支净额	－94,336.35
经营活动产生的现金流量净额	－10,643,766.66
现金及现金等价物净增加额	189,745,655.36

(二)截止报告期末前三年的主要会计数据和财务指标　　单位:人民币元

项目	2001 年	2000 年		1999 年	
		调整前	调整后	调整前	调整后
主营业务收入	142,992,748.03	104,294,586.44	104,294,586.44	97,784,251.62	97,784,251.62
净利润	19,468,512.38	17,643,761.73	13,949,326.33	15,496,311.48	9,955,066.88
总资产	598,919,728.52	305,706,420.41	295,016,625.86	241,420,410.02	235,879,165.42
股东权益	328,224,728.58	112,757,092.25	103,521,412.25	109,363,330.52	103,822,085.92
每股收益	0.1770	0.2353	0.1860	0.2066	0.1327
每股净资产	2.98	1.50	1.38	1.46	1.38
调整后的每股净资产	2.96	1.49	1.37	1.46	1.38
每股经营活动产生的现金流量净额	－0.09	0.06	0.06	0.94	0.94
净资产收益率	5.93%	15.65%	13.48%	14.17%	9.59%

(三)报告期利润表附表

报告期利润	净资产收益率(%)		每股收益(元)	
	全面摊薄	加权平均	全面摊薄	加权平均
主营业务利润	14.90	19.19	0.4447	0.4975
营业利润	7.29	9.39	0.2175	0.2433
净利润	5.93	7.64	0.1770	0.1980
扣除非经常性损益后的净利润	5.96	7.67	0.1775	0.1986

三、股本变动及股东情况

(一)股本变动情况

股份变动情况表

	本次变动前	本次变动增减(+、—)					本次变动后
		配股	送股	公积金转股	增发	其他	小计
一、未上市流通股份							
1、发起人股份	75,000,000						75,000,000
其中:							
国家持有股份	73,990,000						73,990,000
境内法人持有股份	1,010,000						1,010,000
境外法人持有股份							
其他							
2、募集法人股							
3、内部职工股							
4、优先股或其他							
其中:转配股							
未上市流通股份合计	75,000,000						75,000,000
二、已上市流通股份							
1、人民币普通股					35,000,000	35,000,000	35,000,000
2、境内上市的外资股							
3、境外上市的外资股							
4、其他							
已上市流通股份合计					35,000,000	35,000,000	35,000,000
三、股份总数	75,000,000				35,000,000	35,000,000	110,000,000

600382 广东明珠球阀集团股份有限公司

2001 年年度报告摘选

一、公司简介

1、公司法定中文名称：广东明珠球阀集团股份有限公司
公司法定英文名称：Guangdong Mingzhu Ball Valve Group Co.,Ltd.
英文名称缩写：GDMZH
2、公司法定代表人：张坚力
3、公司董事会秘书：欧阳璟
联系地址：广东省兴宁市兴城镇赤巷口
联系电话：0753－3338549
传真：0753－3324118
电子信箱：oyj@gdmzh.com
4、证券事务代表：赵永前
联系地址：广东省兴宁市兴城镇赤巷口
联系电话：0753－3337589　　传真：0753－3324118
电子信箱：zyq@gdmzh.com
5、公司注册地址：广东省兴宁市兴城镇赤巷口
公司办公地址：广东省兴宁市兴城镇赤巷口
邮政编码：514500
公司国际互联网网址：http://www.gdmzh.com
公司电子信箱：600382@gdmzh.com
6、选定的信息披露报纸名称：《中国证券报》
登载年度报告的中国证监会指定国际互联网网址：http://www.sse.com.cn
公司年度报告备置地点：本公司证券部
7、股票上市交易所：上海证券交易所
股票简称：广东明珠　　股票代码：600382

二、会计数据和业务数据摘要

（一）本年度主要业务数据（单位：元）

项 目	金 额
利润总额	48,479,411.41
净利润	32,825,812.74
扣除非经常性损益后的净利润	21,738,564.94
主营业务利润	65,554,172.76
其他业务利润	2,990,180.51
营业利润	35,335,225.49
投资收益	8,400,946.02
补贴收入	4,400,000.00
营业外收支净额	343,239.90
经营活动产生的现金流量净额	11,317,691.93
现金及现金等价物净增加额	390,986,313.20

（二）近三年的主要会计数据和财务指标（单位：元）

会计数据和财务指标名称	2001 年	2000 年	1999 年
主营业务收入	358,397,608.04	343,256,457.28	322,923,792.37
净利润	32,825,812.74	23,407,532.14	20,539,975.56
总资产	1,046,770,574.51	406,574,288.17	385,605,643.02
股东权益（不含少数股东权益）	488,203,891.77	161,244,168.19	165,273,061.93
每股收益（加权）	0.20	0.21	0.10
每股收益（摊薄）	0.19	0.21	0.19
扣除非经常性损益的每股收益	0.12	0.21	0.10
每股净资产	2.86	1.49	1.49
调整后的每股净资产	2.86	1.46	1.41
每股经营活动产生的现金流量净额	0.066	0.93	0.14
净资产收益率（摊薄）	6.72	14.18	12.43
净资产收益率（加权）	7.34	13.23	7.38
扣除非经常性损益后的净资产收益率（摊薄）	4.12	0.21	0.19
扣除非经常性损益后的净资产收益率（加权）	4.50	0.21	0.10

报告期利润表附表

2001 年度	净资产收益率		每股收益	
	全面摊薄	加权平均	全面摊薄	加权平均
主营业务利润	13.43%	14.66%	0.38	0.40
营业利润	7.24%	7.90%	0.21	0.21
净利润	6.72%	7.34%	0.19	0.20
扣除非经常性损益后净利润	4.12%	4.50%	0.12	0.12

三、股本变动及股东情况

公司股份变动情况表　　单位：万股

项 目	本次变动前	本次变动增减（+、-）						本次变动后
		配股	送股	公积金转股	增发	其他	小计	
一、未上市流通股份	4,524.83							4,524.83
(1)发起人股份								
其中								
国有股	2,405.31							2,405.31
境内法人持有股份	2,119.52							2,119.52
境外法人持有股								
其他								
(2) 募集法人股	6,562.50							6,562.50
(3) 内部职工股								
优先股或其他								
其中：转配股								
未上市流通股合计	11,087.33							11,087.33
二、已上市流通股份								
1、人民币普通股					6,000.00		6,000.00	6,000.00
2、境内上市的外资股								
3、境外上市的外资股								
4、其他								
已上市流通股合计					6,000.00		6,000.00	6,000.00
三、股份总数	11,087.33				6,000.00		6,000.00	17,087.33

600383 金地（集团）股份有限公司

2001 年年度报告摘选

第一章　公司基本情况简介

一、公司法定中文名称：金地（集团）股份有限公司
公司法定英文名称：Goldfield Industries Inc.
二、公司法定代表人：凌克
三、公司董事会秘书：郭国强
电子信箱：ggq@goldenfield.com
公司证券事务代表：张晓瑜
电子信箱：zxy@goldenfield.com
联系地址：深圳市福田区福强路金地大厦
电话：0755－3303333
传真：0755－3844555
四、公司注册地址：深圳市福田区沙咀路金地宾馆 3 楼
公司办公地址：深圳市福田区福强路金地大厦
邮政编码：518048
国际互联网网址：www.goldenfield.com
公司电子信箱：zxy@goldenfield.com
五、公司选定的信息披露报纸：《中国证券报》、《证券时报》
登载年度报告的中国证监会指定网站网址：www.sse.com.cn
公司年度报告备置地点：公司董事会秘书处
六、公司股票上市交易所：上海证券交易所
股票简称：金地集团
股票代码：600383

第二章　会计数据和业务数据摘要

一、2001 年度主要会计数据和财务指标情况：　　（单位：元）

项目	金额
利润总额：	141,146,722.87
净利润：	120,277,004.32
扣除非经常性损益后的净利润：	120,738,752.97
主营业务利润：	220,022,833.80
其他业务利润：	1,744,240.58
营业利润：	141,428,309.76
投资收益：	－20,048.12
补贴收入：	78,136.00
营业外收支净额：	－339,674.77
经营活动产生的现金流量净额：	－349,226,933.02
现金及现金等价物净增减额：	818,838,187.25

二、截至报告期末前三年主要会计数据和财务指标　　（单位：除比率指标外为元）

项目	2001	2000	1999
主营业务收入	662,936,120.72	578,997,717.52	296,664,510.46
利润总额	141,146,722.87	99,092,442.33	60,061,478.82
净利润	120,277,004.32	84,163,013.70	50,782,326.68
总资产	2,269,934,364.28	1,132,508,511.25	652,975,138.45
股东权益（不含少数股东权益）	1,274,953,937.40	370,660,929.76	353,828,327.02
每股收益（全面摊薄）	0.445	0.468	0.282
每股收益（加权平均）	0.458	0.468	0.282
扣除非经常性损益后的每股收益	0.447	0.473	0.282
每股净资产	4.722	2.059	1.966
调整后每股净资产	4.718	1.929	1.951
每股经营活动产生的现金流量净额	－1.293	2.069	－0.356
净资产收益率（全面摊薄）	9.43%	22.71%	14.35%
净资产收益率（加权平均）	10.08%	22.20%	14.45%
扣除非经常性损益后净资产收益率（全面摊薄）	9.47%	22.97%	14.21%
扣除非经常性损益后净资产收益率（加权平均）	10.12%	22.46%	14.79%

第三章　股本变动及股东情况

一、股份变动情况表（截至 2001 年 12 月 31 日）　　（单位：万股）

	本次变动前	本次变动增减（+，-）						本次变动后
		配股	送股	公积金转股	增发	其他	小计	
一、未上市流通股份								
1、发起人股份								
其中：								
国家持有股份	1,100							1,100
境内法人持有股份	880							880
境外法人持有股份	1,100							1,100
其他								
2、募集法人股份	14,920							14,920
3、内部职工股								
4、优先股或其他								
未上市流通股份合计	18,000							18,000
二、已上市流通股份								
1、人民币普通股					9,000		9,000	9,000
2、境内上市的外资股								
3、境外上市的外资股								
4、其他								
已上市流通股份合计					9,000		9,000	9,000
三、股份总数	18,000				9,000		9,000	27,000

600385 山东金泰集团股份有限公司

2001 年年度报告摘选

第一节 公司基本情况简介

1、公司法定名称:山东金泰集团股份有限公司
公司英文名称:SHANDONG JINTAI GROUP CO.,LTD.
英文名称缩写:SDJT
2、公司法定代表人:荣新建
3、公司董事会秘书:范智胜
联系地址:山东省济南市洪楼西路 29 号
邮政编码:250100
电话:0531-8902341　　传真:0531-8902341
电子信箱:jtjt@public.jn.sd.cn
证券事务代表:张迎
联系地址:山东省济南市洪楼西路 29 号
邮政编码:250100
电话:0531-8902606-2301　　传真:0531-8902341
电子信箱:jtjt@public.jn.sd.cn
4、公司注册地址:山东省济南市山大北路 56 号
公司办公地址:山东省济南市洪楼西路 29 号
邮政编码:250100
公司国际互联网网址:www.jintai.com.cn
公司电子信箱:jtjt@jn-public.sd.cninfo.net
5、公司选定的信息披露报纸名称:《中国证券报》、《上海证券报》
登载公司年报的中国证监会指定国际互联网网址:www.sse.com.cn
公司年度报告备置地点:公司董事会办公室
6、公司股票上市交易所:上海证券交易所
股票简称:山东金泰　　股票代码:600385

第二节 会计数据和业务数据摘要

1、公司本年度主要利润指标(单位:人民币元):

项目	2001 年
利润总额	12,052,970.58
净利润	11,790,007.18
扣除非经常性损益后的净利润	12,271,939.08
主营业务利润	37,231,657.81
其他业务利润	-401,537.47
营业利润	10,364,953.82
投资收益	2,160,000.00
补贴收入	46,588.91
营业外收支净额	-518,572.15
经营活动产生的现金流量净额	26,915,683.00
现金及现金等价物净增加额	6,859,613.03

2、报告期末公司前三年的主要会计数据和财务指标(单位:人民币元):

项目	2001 年	2000 年	1999 年
主营业务收入	171,596,892.45	162,225,857.82	172,755,448.44
净利润	11,790,007.18	13,301,181.59	15,519,779.13
总资产	428,349,864.34	425,347,285.07	375,923,665.42
股东权益(不含少数股东权益)	185,879,500.03	177,756,366.15	166,220,263.76
每股收益	0.08	0.19	0.22
每股净资产	1.32	2.52	2.35
调整后的每股净资产	1.23	2.18	2.09
每股经营活动产生的现金流量净额	0.19	0.45	0.29
净资产收益率(%)	6.04	7.48	9.34

3、报告期内股东权益变动情况(单位:人民币元):

项目	股本	资本公积	盈余公积	法定公益金	未分配利润	股东权益
年初数	70661824	52376751.29	12664642.58	4221547.53	46995410.56	187000801.86
本期增加	70661824		1721256.51	573752.17	9494998.50	11790007.18
本期减少	35330912				38864003.20	3533091.20
年末数	141123648	17045839.29	14385899.09	4795299.70	17626405.86	195257717.84

第三节 股本变动及股东情况

1、公司股本变动情况:
(1)股份变动情况表

单位:股

	本次变动前	本次变动增减(+,-)						本次变动后
		配股	送股	公积金转股	增发	其他	小计	
一、未上市流通股份	36744324		18372162	18372162				73488648
1、发起人股份								
其中:								
国家持有股份								
境内法人持有股份	36744324		18372162	18372162				73488648
境外法人持有股份								
其他								
2、募集法人股								
3、内部职工股								
4、优先股或其他								
未上市流通股份合计	36744324		18372162	18372162				73488648
二、已上市流通股份	33917500		16958750	16958750				67835000
1、人民币普通股	33917500		16958750	16958750				67835000
2、境内上市的外资股								
3、境外上市的外资股								
4、其他								
已上市流通股份合计	33917500		16958750	16958750				67835000
股份总数	70661824		35330912	35330912				141323648

600386 北京巴士股份有限公司

2001 年年度报告摘选

一、公司基本情况简介

(一)公司法定中、英文名称及缩写
公司法定中文名称:北京巴士股份有限公司
公司中文名称缩写:北京巴士
公司英文名称: BEIJING BASHI CO.,LTD
(二)公司法定代表人:赵文芝
(三)公司董事会秘书:傅世学
证券事务代表:汤世华
联系地址:北京市海淀区紫竹院路 32 号
电话:010-68477383　　传真:010-68731430
电子信箱:BJBASHI@BTAMAIL.NET.CN
(四)公司注册地址:北京市海淀区紫竹院路 32 号
公司办公地址:北京市海淀区紫竹院路 32 号　　邮政编码:100044
公司电子信箱:BJBASHI@BTAMAIL.NET.CN
(五)公司年度报告备置地点:北京市海淀区紫竹院路 32 号
公司选定的信息披露报纸名称:《中国证券报》、《上海证券报》
登载公司年度报告的中国证监会指定国际互联网网址:HTTP://WWW.SSE.COM.CN
公司年度报告备置地点:北京巴士股份有限公司证券部
(六)公司股票上市交易所:上海证券交易所
股票简称:北京巴士
(七)股票代码:600386
(八)其他有关资料:
公司首次注册或变更注册登记日期、地点:1999 年 6 月北京市工商管理局
企业法人营业执照注册号:1100001045426(2-2)
税务登记号码:11010870022577X
公司聘请的会计师事务所名称、办公地址:北京京都会计师事务所有限责任公司北京市朝阳区建国门外大街 22 号

二、会计数据和业务数据摘要

(一)本年度主要利润指标

项目	金额
利润总额	120,240,791.35
净利润	70,762,021.41
扣除非经常性损益后的净利润	68,360,780.63
主营业务利润	221,436,779.30
其他业务利润	28,914,604.93
营业利润	116,581,549.07
投资收益	2,435,300.82
补贴收入	
营业外收支净额	1,223,941.46
经营活动产生的现金流量净额	134,834,101.95
现金及现金等价物净增加额	551,236,222.54

注:扣除非经常性损益项目和涉及金额:
1.委托理财收益的净利润 1,581,200.00 元
2.营业外收支净额的净利润 820,040.78 元

(二)公司近三年主要会计数据及财务指标

项目	单位	2001 年度	2000 年度(调整后)	2000 年度(调整前)	1999 年度
主营业务收入	元	952,128,416.22	532,459,876.16	532,459,876.16	330,855,584.36
净利润	元	70,762,021.41	64,124,914.63	73,030,427.50	69,261,183.43
总资产	元	2,222,885,564.09	853,786,948.19	862,692,461.06	548,097,267.76
股东权益(不含少数股东权益)	元	1,121,529,007.72	315,138,920.26	324,044,433.13	277,322,679.90
全面摊薄每股收益	元/股	0.28	0.37	0.42	0.40
加权平均每股收益	元/股	0.29	0.37	0.42	0.40
扣除非经常性损益后每股收益	元/股	0.29	0.41	0.42	0.40
每股净资产	元/股	4.45	1.83	1.88	1.61
调整后的每股净资产	元/股	4.38	1.77	1.82	1.56
每股经营活动产生的现金流量净额	元/股	0.54	0.53	0.53	0.25
全面摊薄净资产收益率	%	6.31	20.35	22.54	24.97
加权平均净资产收益率	%	6.63	22.65	23.29	23.79
扣除非经常性损益后加权平均净资产收益率	%	6.40	25.57		27.59

注:上表利润数据按中国证监会《公开发行证券公司信息披露编报规则(第九号)》要求计算。

(三)报告期利润表附表

2001 年度利润	净资产收益率(%)		每股收益(元)	
	全面摊薄	加权平均	全面摊薄	加权平均
主营业务利润	19.74	20.74	0.88	0.90
营业利润	10.39	10.92	0.46	0.47
净利润	6.31	6.63	0.28	0.29
扣除非经常性损益后的净利润	6.10	6.40	0.27	0.28

三、股本变动及股东情况

(一)股份变动情况表

数量单位:股

	本次变动前	本次变动增减(+,-)						本次变动后
		配股	送股	公积金转股	增发	其他	小计	
一、未上市流通股份								
发起人股份	172,000,000							172,000,000
其中:国有法人股份	171,570,000							171,570,000
未上市流通股份合计	172,000,000							172,000,000
二、已上市流通股份					80,000,000		80,000,000	
人民币普通股					80,000,000		80,000,000	
已上市流通股份合计								
三、股份总数	172,000,000				70,000,000			252,000,000

600388 福建龙净环保股份有限公司

2001年年度报告摘要

第一节 公司简介

1.公司法定中文名称:福建龙净环保股份有限公司
公司英文名称:Fujin Longking Co.,LTD
2.公司法定代表人:周苏华
3.公司董事会秘书:陈培敏
联系地址:福建省龙岩市新罗区陵园路81号
联系电话:0597－2210288
传真:0597－2290903
电子信箱:lyzhy@public.lyptt.fj.cn
证券事务代表:陈健辉
联系电话:0597－2210288
传真:0597－2290903
4.公司注册地址:福建省龙岩市新罗区陵园路81号
公司办公地址:福建省龙岩市新罗区陵园路81号
邮政编码:364000
电子信箱:longking@public.lyptt.fj.cn
5.公司选定的信息披露报纸:《中国证券报》和《上海证券报》
年度报告摘要披露网址:www.sse.com.cn
公司年度报告备置地点:福建省龙岩市新罗区陵园路81号
6.公司股票上市地点:上海证券交易所
股票简称:龙净环保
股票代码:600388

第二节 会计资料和业务资料摘要

一、本年度主要利润指标情况:（单位:人民币元）

项目	金额
利润总额	41,280,308.66
净利润	37,134,270.26
扣除非经常性损益后的净利润	38,239,232.74
主营业务利润	80,931,700.17
其它业务利润	8,555,495.03
营业利润	33,631,824.83
投资收益	5,536,739.69
补贴收入	3,411,700.00
营业外收支净额	－1,299,955.86
经营活动产生的现金流量净额	－13,731,180.00
现金及现金等价物净增加额	－60,971,060.11

注:扣除的非经常性损益项目和涉及金额
(1)营业外收支净额: －1,299,955.86元
(2)扣除所得税影响数: (1,299,955.86×15%)＝194,993.38元
合计: －1,104,962.48元

二、近三年主要会计资料和财务指标(单位:人民币元)

项目	2001年度	2000年度调整数	2000年度	1999年度
主营业务收入	351,779,383.48	185,156,109.84	185,156,109.84	146,220,086.68
净利润	37,134,270.26	18,987,835.09	19,581,733.11	13,553,523.54
总资产	917,754,437.62	845,711,621.13	848,098,242.63	359,316,671.88
股东权益	619,610,464.36	582,795,346.60	585,181,968.10	127,455,922.86
每股收益(摊薄)	0.222	0.114	0.117	0.133
每股收益(加权)	0.222	0.186	0.192	0.249
扣除非经常性收益后的每股收益	0.229	0.103	0.082	0.103
每股净资产	3.710	3.490	3.504	1.250
调整后每股净资产	3.702	3.483	3.490	1.247
每股经营活动产生的现金流量净额	－0.082	0.157	0.157	0.013
净资产收益率(%)	5.99	3.26	3.35	10.63

三、净资产收益率

报告期利润	净资产收益率(%)		每股收益(元/股)	
	全面摊薄	加权平均	全面摊薄	加权平均
主营业务利润	13.06	13.46	0.48	0.48
营业利润	5.43	5.59	0.20	0.20
净利润	5.99	6.18	0.22	0.22
扣除非经常性损益后的利润	6.17	6.36	0.229	0.229

第三节 股本变动及股东情况

一、股本变动情况
1.股份变动情况表(数量单位:股)

项目	本次变动前	配股	送股	公积金转股	增发	其它	小计	本次变动后
一、未上市流通股份								
1.发起人股份	50,000,000							50,000,000
其中:国家持有股份	22,465,798							22,465,798
境内法人持有股份	27,534,202							27,534,202
境外法人持有股份								
其它								
2.募集法人股份	52,000,000							52,000,000
3.内部职工股								
4.优先股或其它								
其中:转配股								
未上市流通股份合计	102,000,000							102,000,000
二、已上市流通股份								
1.人民币普通股	65,000,000							65,000,000
2.境内上市的外资股								
3.境外上市的外资股								
4.其它								
已上市流通股份合计								
三、股份总数	167,000,000							167,000,000

600389 南通江山农药化工股份有限公司

2001年年度报告摘要

一、公司简介

(一)公司法定名称中文:南通江山农药化工股份有限公司
英文:Nantong Jiangshan Agrochemical & Chemicals Co.Ltd
缩写:Jiangshan Co.Ltd
(二)公司法定代表人:蔡建国
(三)公司董事会秘书:陶坤山
董事会证券事务代表:宋金华
联系地址:江苏省南通江山农药化工股份有限公司董事会秘书室
电　　话:0513—3517961　　传　真:0513—3521807
电子信箱:jsgf@pub.nt.jsinfo.net
(四)公司注册地址及公司办公地址:江苏省南通市姚港路35号公司
国际互联网网址:www.jsac.com.cn
电子信箱:jspc@public.nt.js.cn
(五)公司选定的信息披露报纸名称:《上海证券报》、《中国证券报》
登载公司年度报告的中国证监会指定国际互联网网址:http://www.sse.com.cn
(六)公司股票上市交易所:上海证券交易所
股票简称:江山股份　　股票代码:600389

二、会计数据和业务数据摘要

(一)主要利润指标情况(单位:人民币元)

项目	金额
利润总额	48,854,632.43
净利润	37,470,080.28
扣除非经常性损益后的净利润	36,666,844.82
主营业务利润	120,790,525.83
其他业务利润	6,308,646.42
营业利润	52,346,272.62
投资收益	－2,167,059.97
补贴收入	446,147.00
营业外收支净额	－1,770,727.22
经营活动产生的现金流量净额	72,080,084.47
现金及现金等价物增加额	－26,023,055.00

注:公司已扣除的非经常性损益项目具体明细如下:

项目	金额
补贴收入	446,147.00
技改贴息	1,800,000.00
营业外收支净额	－1,770727.22
长期股权投资差额摊销损益	324,538.82
股权投资处置损益	239,052.81
合计	1,039,011.41

(二)截至报告期末公司前三年主要会计数据和财务指标

项目	2001年	2000年		1999年	
		调整后	调整前	调整后	调整前
主营业务收入(元)	588,816,716.13	522,577,948.23	522,577,948.23	455,036,750.01	455,036,750.01
净利润(元)	37,470,080.28	27,705,181.44	31,439,285.80	34,031,201.59	37,365,808.70
总资产(元)	775,468,283.95	719,994,124.57	725,576,719.39	401,535,001.35	404,869,608.46
股东权益(元)	431,819,177.01	396,480,232.12	403,548,943.58	117,007,800.01	120,342,407.12
每股收益(元/股)	0.250	0.185	0.210	0.309	0.340
加权每股收益(元/股)	0.250	0.252	0.286	0.176	0.208
扣除非经常性损益后的每股收益(元/股)	0.244	0.185	0.198	0.308	0.217
每股净资产(元/股)	2.879	2.643	2.690	1.064	1.094
调整后的每股净资产(元/股)	2.861	2.612	2.659	1.039	1.045
每股经营活动产生的现金流量净额(元/股)	0.481	0.235	0.235	0.153	0.153
净资产收益率(%)	8.83	6.99	7.79	29.08	31.05
加权平均净资产收益率(%)	9.02	20.65	23.11	14.97	18.56

(三)按照中国证监会《公开发行证券公司信息披露编报规则》(第9号)要求计算的相关指标

报告期利润	净资产收益率		每股收益	
	全面摊薄	加权平均	全面摊薄	加权平均
主营业务利润	27.97	29.09	0.805	0.805
营业利润	12.12	12.61	0.349	0.349
净利润	8.68	9.02	0.250	0.250
扣除非经常性损益后的净利润	8.49	8.83	0.244	0.244

三、股本变动及股东情况

(一)股本变动情况
1.股份变动情况表(数量单位:股)

项目	本次变动前	配股	送股	公积金转股	增发	其他	小计	本次变动后
一、未上市流动股份								
1.发起人股份	110,000,000							110,000,000
其中:								
国家持有股份	99,500,000							99,500,000
境内法人持有股份	10,500,000							10,500,000
境外法人持有股份								
其他								
2.募集法人股份								
3.内部职工股								
4.优先股或其他								
其中.转配股								
未上市流动股份	110,000,000							110,000,000
二、已上市流动股份								
1.人民币普通股	40,000,000							40,000,000
2.境内上市的外资股								
3.境外上市的外资股								
4.其他								
已上市流动股份合计	40,000,000							40,000,000
三、股份总数	150,000,000							150,000,000

600390 金瑞新材料科技股份有限公司

2001 年年度报告摘选

一、公司基本情况简介

(一)公司法定中文名称:金瑞新材料科技股份有限公司
公司法定英文名称:Kingray New Materials Science&Technology Co., Ltd.
(二)公司法定代表人:张经生
(三)公司董事会秘书:杜维吾
联系地址:湖南省长沙市岳麓区麓山南路 1 号
联系电话:0731-8657382　　传真:0731-8829998
电子信箱:Duweiwu@king-ray.com.cn
(四)公司注册地址:湖南省长沙市岳麓区麓山南路 1 号
公司办公地址:湖南省长沙市岳麓区麓山南路 1 号　　邮政编码:410012
公司国际互联网网址:www.king-ray.com　www.king-ray.com.cn
公司电子信箱:kingray@public.cs.hn.cn
(五)公司选定的信息披露报纸:《上海证券报》、《中国证券报》
登载公司年度报告的中国证监会指定网站网址:www.sse.com.cn
公司年度报告备置地点:公司证券投资部
(六)公司股票上市交易所:上海证券交易所
股票简称:金瑞科技　　股票代码:600390

二、会计数据和业务数据摘要

(一)公司本年度会计和业务数据摘要

项 目	金额(元)
利润总额	34,432,523.90
净利润	31,096,642.01
扣除非经常性损益后的净利润	24,946,132.80
主营业务利润	42,510,501.01
其他业务利润	4,516,309.54
营业利润	16,115,677.57
投资收益	12,166,337.12
补贴收入	-
营业外收支净额	6,150,509.21
经营活动产生的现金流量净额	-32,806,909.22
现金及现金等价物净增加额	-277,646,553.90

(二)截止报告期末公司前三年主要会计数据和财务指标(单位:元)

项目	2001 年度	2000 年度调整后	1999 年度调整后
主营业务收入	225,675,360.89	223,991,728.46	179,237,525.24
净利润	31,096,642.01	26,561,576.58	24,450,876.00
总资产	863,575,587.75	899,067,468.74	209,099,289.90
股东权益	686,800,247.08	671,641,232.13	94,439,810.66
每股收益	0.29	0.25	0.37
扣除非经常性损益后每股收益	0.23	0.31	0.47
每股净资产	6.44	6.29	1.42
调整后的每股净资产	6.31	6.23	1.32
每股经营活动产生的现金流量净额	-0.31	0.11	-
净资产收益率(%)	4.53	3.95	25.89

项目	2000 年度调整前	1999 年度调整前
主营业务收入	223,991,728.46	179,237,525.24
净利润	33,077,412.66	31,207,961.77
总资产	912,581,640.26	215,856,375.67
股东权益	695,584,153.98	101,196,896.43
每股收益	0.31	0.47
扣除非经常性损益后的每股收益	0.31	0.47
每股净资产	6.52	1.52
调整后的每股净资产	6.47	1.46
每股经营活动产生的现金流量净额	0.11	-
净资产收益率(%)	4.76	30.84

(三)按中国证监会《公开发行证券公司信息披露编报规则》第 9 号通知精神计算的净资产收益率和每股收益

项目	净资产收益率(%)		每股收益(元)	
	全面摊薄	加权平均	全面摊薄	加权平均
主营业务利润	6.19	6.30	0.40	0.40
营业利润	2.35	2.39	0.15	0.15
净利润	4.53	4.61	0.29	0.29
扣除非经常性损溢后的净利润	3.63	3.69	0.23	0.23

三、股本变动及股东情况

1、股份变动情况表　　数量单位:股

	本次变动前	本次变动增减(+,-) 配股	送股	公积金转股	增发	其他	小计	本次变动后
一、未上市流通股份								
1.发起人股份								
其中:								
国家持有股份	66,700,000							66,700,000
境内法人持有股份								
境外法人持有股份								
其他								
2.募集法人股份								
3.内部职工股								
4.优先股或其他								
未上市流通股份合计	66,700,000							66,700,000
二、已上市流通股份								
1.人民币普通股份	40,000,000							40,000,000
2.境内上市的外资股								
3.境外上市的外资股								
4.其他								
已上市流通股份合计								
三、股份总数	106,700,000							106,700,000

600391 四川成发航空科技股份有限公司

2001 年年度报告摘选

第一章　公司基本情况简介

一、公司法定中文名称:四川成发航空科技股份有限公司
公司法定英文名称:SICHUAN CHENGFA AERO-SCIENCE & TECHNOLOGY CO., LTD.
二、法定代表人:景济南
三、董事会秘书:杨　光
证券事务代表:李志伟
联系地址:四川成都双桥子
联系电话:028-4509005　　传　真:028-4506406
四、公司注册地址:成都高新区高朋大道 11 号科技工业园区
公司办公地址:成都市双桥子　　邮政编码:610067
五、公司选定的信息披露报刊:《上海证券报》《证券时报》
登载年度报告的国际互联网网址:http://www.sse.com.cn
年度报告备置地点:公司投资管理部
六、股票上市交易所:上海证券交易所
股票简称:成发科技　　股票代码:600391

第二章　财务数据和业务数据摘要

一、本年度主要利润指标(单位:元)

项目	金额
利润总额	35,124,542.66
净利润	35,124,542.66
扣除非经常性损益后的净利润	35,913,338.26
主营业务利润	71,977,114.95
其他业务利润	691,356.09
营业利润	35,913,338.26
投资收益	-
补贴收入	-
营业外收支净额	-788,795.60
经营活动产生的现金流量净额	28,664,523.85
现金及现金等价物净增减额	257,245,206.96

二、公司近三年主要会计数据及财务指标

财务指标	单位	2001 年度	2000 年度	1999 年度
主营业务收入	元	204,419,390.08	179,674,380.82	138,842,989.20
净利润	元	35,124,542.66	30,176,032.48	13,556,832.62
总资产	元	663,312,716.83	376,744,837.87	292,904,452.90
股东权益(不含少数股东权益)	元	449,947,258.88	141,412,465.06	130,371,285.48
全面摊薄每股收益	元/股	0.25	0.34	0.15
加权平均每股收益	元/股	0.39	0.34	0.15
扣除非经常性损益的每股收益	元/股	0.26	0.34	0.15
每股净资产	元/股	3.21	1.57	1.45
调整后的每股净资产	元/股	3.21	1.57	1.45
每股经营活动产生的现金流量净额	元/股	0.20	0.32	
全面摊薄净资产收益率	%	7.81	33.53	15.06
加权平均净资产收益率	%	22.09	33.53	15.06
扣除非经常性损益的加权平均净资产收益率	%	22.53	33.53	15.06

三、报告期利润表附表

项 目	净资产收益率(%)		每股收益(元)	
2001 年度利润	全面摊薄	加权平均	全面摊薄	加权平均
主营业务利润	16.00	40.57	0.51	0.80
营业利润	7.98	20.24	0.26	0.40
净利润	7.81	22.09	0.25	0.39
扣除非经营性损益后的净利润	7.98	20.24	0.26	0.40

注:利润表附表的利润数据是按照中国证监会《公开发行证券公司信息披露编报规则(第 9 号)》要求计算的。

四、报告期内股东权益变动情况

单位:元

项 目	期初数	本期增加	本期减少	期末数	变动原因
股本	90,000,000	50,000,000		140,000,000	发行流通股
资本公积	40,371,285.48	223,410,251.16		263,781,536.64	发行股票溢价和利息收入
盈余公积	3,017,603.25	3,512,454.27	-	6,530,057.52	计提
法定公益金	1,508,801.62	1,756,227.13	-	3,265,028.75	计提
未分配利润	6,514,774.71	29,855,861.26		36,370,635.97	本年利润增加
股东权益合计	141,412,465.06	308,534,793.82		449,947,258.88	因股票发行和本年利润增加

第三章　股本变动及股东情况

一、公司股本变动情况
(一)公司股份变动情况表　　单位:股

	本次变动前	本次变动增减(+,-) 发行股份	配股	送股	公积金转股	增发	其他	小计	本次变动后
一、未上市流通股份									
1、发起人股份	90,000,000.00								90,000,000.00
其中:									
国家持有股份									
境内法人持有股份	90,000,000.00								90,000,000.00
境外法人持有股份									
其他									
2、募集法人股份									
3、内部职工股									
4、优先股或其他									
5、向战略投资者配售股份									
未上市流通股份合计	90,000,000.00								90,000,000.00
二、已上市流通股份									
1、人民币普通股		50,000,000.00						50,000,000.00	50,000,000.00
2、境内上市的外资股									
3、境外上市的外资股									
4、其他									
已上市流通股份合计		50,000,000.00						50,000,000.00	50,000,000.00
三、股份总数	90,000,000.00	50,000,000.00						50,000,000.00	140,000,000.00

600393 广州东华实业股份有限公司

2001年年度报告摘选

一、公司基本情况简介

(一)公司中文名称:广州东华实业股份有限公司
英文名称:GUANGZHOU DONGHUA ENTERPRISE CO.LTD.
英文缩写:GZDH
(二)公司法定代表人:陈鸿允
(三)公司董事会秘书:蔡锦鹭
联系地址:广州市寺右新马路111—114号五羊新城广场三十楼
联系电话:020-87393888-8339　　传真:020-87371634
电子信箱:cjldh@gzdonghua.com
证券事务代表:王德涛
联系地址:广州市寺右新马路111—114号五羊新城广场三十楼
联系电话:020-87393888-8383　　传真:020-87371634
电子信箱:stock@gzdonghua.com
(四)公司注册地址:广州市寺右新马路111-114号五羊新城广场三十楼
公司办公地址:广州市寺右新马路111—114号五羊新城广场三十楼
邮政编码:510600
公司国际互联网网址:http://www.gzdh.com.cn
公司电子信箱:gzdh@gzdonghua.com
(五)公司选定的信息披露报纸名称:《上海证券报》、《中国证券报》
登载公司年度报告的中国证监会指定国际互联网网址:http://www.sse.com.cn
公司年度报告备置地点:公司证券部
(六)公司股票上市交易所:上海证券交易所
股票简称:东华实业　　股票代码:600393

二、会计数据和业务数据摘要

(一)本年度主要利润指标(单位:人民币元)

项目	金额
利润总额	71,193,067.84
净利润	47,033,493.21
扣除非经常性损益后的净利润	8,901,968.92
主营业务利润	125,237,988.18
其他业务利润	3,187,110.26
营业利润	70,200,047.94
投资收益	-2,410,720.43
补贴收入	-
营业外收支净额	3,403,740.33
经营活动产生的现金流量净额	-97,083,733.48
现金及现金等价物净增额	-10,095,261.68
说明:非经常性损益的项目和涉及金额:	38,131,524.29
1、营业外收入	4,512,694.10
2、营业外支出	-1,108,953.77
3、会计估计变更	34,727,783.96

(二)截止报告期末公司前三年主要会计数据及财务指标　　单位:人民币元

项目	2001年	2000年	1999年
主营业务收入	217,242,317.8	243,003,847.68	174,054,511.19
净利润	47,033,493.21	52,285,030.75	42,815,373.07
总资产	784,690,368.05	706,995,216.40	671,535,497.23
股东权益(不含少数股东权益)	421,550,254.21	384,516,761.00	347,459,202.71
每股收益(全面摊薄)	0.2352	0.5229	0.4282
每股收益(加权平均)	0.4031	0.5229	0.4282
每股净资产	2.108	3.845	3.475
调整后的每股净资产	1.942	3.6954	3.3181
每股经营活动产生的现金流量净额	-0.4854	0.4086	0.4952
净资产收益率(%)	11.16	13.60	12.32
扣除非经常性损益后的净资产收益率(%)	2.11	13.76	12.39

(三)利润分配表附表

项目	净资产收益率(%)		每股收益	
	全面摊薄	加权平均	全面摊薄	加权平均
主营业务利润	29.71	31.07	0.6262	1.07347
营业利润	16.65	17.42	0.3510	0.6017
净利润	11.16	11.67	0.2352	0.4031
扣除非经常性损益后的净利润	2.11	2.21	0.0445	0.0763

三、股本变动及股东情况

(一)股本变动情况

数量单位:股

	本次变动前	本次变动增减(+-)						本次变动后
		配股	送股	公积金转股	增发	其他	小计	
一、未上市流通股份								
1、发起人股份	70,000,000		70,000,000				70,000,000	140,000,000
其中								
国家持有股份	70,000,000		70,000,000				70,000,000	140,000,000
境内法人持有股份								
境外法人持有股份								
其他								
2、募集法人股份	2,368,100		2,368,100				2,368,100	4,736,200
3、内部职工股								
4、优先股或其他								
未上市流通股合计	72,368,100		72,368,100				72,368,100	144,736,200
二、已上市流通股份								
1、人民币普通股	27,631,900		27,631,900				27,631,900	55,263,800
2、境内上市的外资股								
3、境外上市的外资股								
4、其他								
已上市流通股份合计	27,631,900		27,631,900				27,631,900	55,263,800
三、股份总数	100,000,000		100,000,000				100,000,000	200,000,000

600396 沈阳金山热电股份有限公司

2001年年度报告摘选

第一章　公司简介

1.公司法定中文名称:沈阳金山热电股份有限公司
公司法定英文名称:SHENYANG JINSHAN THERMOELEC-TRIC CO.,LTD
2.公司法定代表人:钟俊
3.公司董事会秘书:薛滨　　授权代表:黄宾
公司董事会秘书电子信箱:syjsrd@online.ln.cn
授权代表电子信箱:zq@syjsrd.com
联系地址:沈阳市和平北大街68号
联系电话:22871446或22872718-320,321
传真:22872701　　公司网址:http://www.syjsrd.com
4.公司注册地址:沈阳市苏家屯区丁香街192号
邮政编码:110101
公司办公地址:沈阳市和平北大街68号　　邮政编码:110002
5.公司信息披露的报纸名称:《中国证券报》、《上海证券报》
中国证监会指定网址:http://www.sse.com.cn
公司年报备置地点:公司证券部
6.公司上市交易所:上海证券交易所
股票简称:金山股份　　股票代码:600396

第二章　会计数据和业务数据摘要

一、财务指标　　单位:人民币元

利润总额:	23780156.72
净利润:	20680314.25
扣除非经常性损益后的净利润:	8736551.28
主营业务利润:	40670237.06
其他业务利润:	266536.25
营业利润:	19364690.98
投资收益:	4442492.10
补贴收入:	573324.60
营业外收支净额:	-600350.96
经营活动产生的现金流量净额:	415155.82
现金及现金等价物净增加额:	69208328.00

二、各期会计数据对比

项目	2001	2000	1999
主营业务收入(千元)	104746.41	92081.08	79415.79
净利润(千元)	20680.31	13573.85	13683.46
总资产(千元)	563880.86	267309.08	242125.11
股东权益(不含少数股东权益)(千元)	404648.31	103949.04	97980.53
每股收益(摊薄)(元)	0.16		
每股收益(加权)(元)	0.17	0.19	0.16
每股净资产(摊薄)(元)	3.11		
每股净资产(加权)(元)	2.86	1.25	1.13
调整后的每股净资产(元)	3.11	1.25	1.13
每股经营活动产生的现金流量净额(元)	0.003	0.19	-0.71
净资产收益率(摊薄)(%)	2.16		
净资产收益率(加权)(%)	2.57	15.43	13.91

三、业务简况

2001年,完成发电量12,578万千瓦小时,比去年同期增长1.5%;完成供电量10,052万千瓦小时,比去年同期增长1.8%。主设备大修计划完成率90%;供热、供汽量146.35万百万千焦,供热面积221万平方米。

四、股东权益情况(单位:千元)

项目	股本	资本公积金	盈余公积金	法定公益金	未分配利润	股东权益合计
期初数	85000	55.44	9120.42	2605.83	9773.18	103949.04
本期增加	45000	235018.96	5790.49	1654.43	14889.82	300699.27
本期减少						
期末数	130000	235074.4	14910.91	4260.26	24663	404648.31

第三章　股本变动及股东情况

一、股东变动情况

沈阳金山热电股份有限公司股份变动情况表　　单位:股

	本次变动前	本次变动增减(+、—)	本次变动后
一、未上市流通股份	85000000		85000000
1、发起人股份	85000000		85000000
其中国家持有股份	72830000		72830000
2、募集法人股份	12170000		12170000
未上市流通股份合计	85000000		
二、已上市流通股份		45000000	45000000
1、人民币普通股		45000000	45000000
已上市流通股份合计		45000000	45000000
三、股份总数	85000000	45000000	130000000

二、股东情况

1.截至2001年12月31日沈阳金山热电股份有限公司在册股东24921名,流通股股东24916名。

2.公司前十名股东持股情况(单位:万股)

股东名称	期末持股数	占总股本比例(%)	
(1)沈阳市冶金国有资产经营公司	7283.00	56.02	(非流通股)
(2)东方铜业	1000.00	7.69	(非流通股)
(3)沈阳电通科技开发公司	317.85	2.45	
(4)景福基金	234.00	1.80	
(5)沈阳八达通讯公司	225.22	1.73	
(6)沈阳线材厂	100.00	0.77	(非流通股)
(7)沈阳金天实业有限公司	100.00	0.77	(非流通股)
(8)沈阳东调通信	39.99	0.31	
(9)景博基金	31.50	0.24	
(10)同益基金	26.98	0.21	

600395 贵州盘江精煤股份有限公司

2001年年度报告摘要

一、公司简介

(一)公司法定中文名称:贵州盘江精煤股份有限公司
公司法定英文名称:Guizhou Panjiang Refined Coal Co.,Ltd.
英文名称缩写:PJRC
(二)法定代表人姓名:郑华
(三)公司董事会秘书:伍正斌
联系地址:贵州省六盘水市红果经济开发区干沟桥
联系电话:0858-3703046
传真:0858-3700328
电子信箱:pjwzb@163.com
证券事务代表:杨玉礼
联系电话:0851-6810186
传真:0851-6810503
电子信箱:pjyyl@up369.com
(四)公司注册地址:贵州省六盘水市红果经济开发区
公司办公地址:贵州省六盘水市红果经济开发区干沟桥
邮政编码:553536
公司网址:HTTP://www.
(五)信息披露媒体:网站:HTTP://www.sse.com.cn
定期报告刊登报刊:《中国证券报》、《上海证券报》
公司年报备置地点:公司董事会秘书处
(六)公司股票上市地:上海证券交易所
股票简称:盘江股份
股票代码:600395

二、会计数据和业务数据摘要

(一)本年度主要会计数据:(单位:人民币元)

项　目	金　额
利润总额	79,282,591.64
净利润	68,594,330.31
扣除非经常性损益后的净利润	68,921,058.69
主营业务利润	148,615,676.57
其他业务利润	64,670.60
营业利润	79,609,320.02
投资收益	-
补贴收入	-
营业外收支净额	-326,728.38
经营活动产生的现金流量净额	35,511,378.24
现金及现金等价物净增加额	706,830,067.82

注:非经常性损益涉及项目及金额

项　目	金　额
营业外收支净额	-326,728.38

(二)公司成立后完整会计年度的主要会计数据和财务指标:(单位:人民币元)

项　目	2001年	2000年	
		调整后	调整前
主营业务收入	493,218,189.56	470,349,552.56	470,349,552.56
净利润	68,594,330.31	49,440,139.36	49,664,293.95
总资产	1,391,446,321.47	730,289,182.31	730,513,336.90
股东权益	1,185,508,854.42	388,807,314.31	389,031,468.90
每股收益(摊薄)	0.185	0.197	0.198
每股收益(加权)	0.207	0.197	0.198
每股净资产	3.193	1.547	1.548
调整后的每股净资产	3.191	1.544	1.545
每股经营活动产生的现金流量净额	0.096	0.096	0.096
净资产收益率(摊薄)	5.79%	12.72%	12.77%
净资产收益率(加权)	7.59%	12.91%	12.97%

(三)报告期利润表附表:

项　目	净资产收益率(%)		每股收益(元)	
	全面摊薄	加权平均	全面摊薄	加权平均
主营业务利润	12.54	16.45	0.400	0.449
营业利润	6.72	8.81	0.214	0.240
净利润	5.79	7.59	0.185	0.207
扣除非经常性损益后的净利润	5.81	7.63	0.186	0.208

注:利润表附表是按中国证券监督管理委员会《公开发行证券的公司信息披露编报规则第九号》的规定计算的。

(四)报告期内股东权益变动情况:(单位:人民币元)

项目	股本	资本公积	盈余公积	法定公益金	未分配利润	合计
期初数	251,300,000.00	119,710,828.20	4,290,985.06	2,145,492.53	11,360,008.52	388,807,314.31
本期增加	120,000,000.00	638,403,316.22	6,859,433.03	3,429,708.52	68,594,330.31	837,286,788.08
本期减少		30,296,106.42			10,289,141.55	40,585,247.97
期末数	371,300,000.00	727,818,038.00	11,150,418.09	5,575,201.05	69,665,197.28	1,185,508,854.42
变动原因	发行新股	股本溢价及申购资金冻结期间利息	计提盈余公积	计提公益金	本年实现可供分配利润	

三、股本变动及股东情况

(一)公司股份变动情况

报告期内,公司股份变动情况如下表。

贵州盘江精煤股份有限公司股份变动情况表

数量单位:股

	本次变动前	本次变动增减(+、-)						本次变动后
		配股	送股	发行新股	增发	其他	小计	
一、未上市流通股份								
1、发起人股份	251,300,000.00			251,300,000.00				
其中								
国家持有股份								
境内法人持有股份	251,300,000.00			251,300,000.00				
境外法人持有股份								
其他								
2、募集法人股								
3、内部职工股								
4、优先股或其他								
未上市流通股份合计	251,300,000.00							251,300,000.00
二、已上市流通股份								
1、人民币普通股				12,000,000.00				120,000,000.00
2、境内上市的外资股								
境外上市的外资股								
其他								
已上市流通股份合计								120,000,000.00
三、股份总数	251,300,000.00			12,000,000.00				371,300,000.00

(二)股票发行与上市情况

经中国证券监督管理委员会证监发行字[2001]25号文核准,公司于2001年4月9日在上海证券交易所采用上网定价发行的方式,以6元/股的发行价格向社会公众发行人民币普通股12,000万股,并于2001年5月31日在上海证券交易所全部上市流通。

(三)股东情况

截止到2001年12月31日,公司股东总户数92579户,其中未流通法人股股东8户,流通股股东92571户。

1、公司主要股东持股情况

2001年12月31日拥有本公司股份前十名股东情况表

股东名称	本期末持股数(股)	本期持股变动增减情况(+-)	持股占总股本比例(%)	持有股份的质押或冻结情况	股份类别
盘江煤电(集团)有限公司	240,000,000		64.64	7200万股被冻结。	未流通股
中国煤炭工业进出口集团公司	2,800,000		0.75		未流通股
贵阳特殊钢有限公司	2,700,000		0.73		未流通股
福建省煤炭工业(集团)有限公司	2,000,000		0.54		未流通股
贵州省煤矿设计研究院	1,500,000		0.40		未流通股
中煤工程设计咨询集团重庆设计研究院	1,000,000		0.27		未流通股
防城港务局	800,000		0.22		未流通股
普惠基金	666,000		0.18		流通股
贵州煤炭实业总公司	500,000		0.13		未流通股
财政证券	430,000		0.12		流通股

注:上述股东中,除两户流通股东未知其有无关联关系外,其余八户法人股东之间不存在关联关系。

2、控股股东情况

控股股东名称:盘江煤电(集团)有限责任公司

法定代表人:张世新

成立日期:1997年1月18日

注册资本:5.2374亿元

公司类别:国有独资公司

经营范围:原煤开采、洗选精煤、特殊加工煤、焦炭、建材、建筑安装设计、机电修配加工、铁合金冶炼、电力、汽车修理、矿用风筒及橡胶制品、养殖、种植、化工、冶炼;自营出口:焦炭、金属镁、电解铝;自营进口:本企业生产、科研所需的原辅材料、机械设备、仪器仪表的零配件。

持有本公司5%以上股份的股东只有公司的控股股东盘江煤电(集团)有限责任公司,该公司持有本公司股份2.4亿股,占本公司总股份的64.64%,报告期内,其所持法人股份总数没有变动,其所持本公司股份中的7200万股(占其所持本公司股份的0.3%)于2001年9月14日被北京市高级人民法院冻结,冻结期限为一年。

报告期内,本公司控股股东没有发生变化。

四、董事、监事、高级管理人员和员工情况

(一)董事、监事、高级管理人员基本情况

董事、监事、高级管理人员基本情况如下表。

董事、监事、高级管理人员基本情况表

姓　名	性别	年龄	职务	任期	年初持股数	年末持股数
郑　华	男	35	董事长	2000.9－2002.10	0	0
林泽民	男	56	副董事长	1999.10－2002.10	0	0
郭可沐	男	55	董事	1999.10－2002.10	0	0
陈富庆	男	42	董事	2000.9－2002.10	0	0
王立军	男	39	董事、总经理	1999.10－2002.10	0	0
石文增	男	58	董事、党委书记	1999.10－2002.10	0	0
辛　华	男	46	董事	2000.9－2002.10	0	0
张利兴	男	49	监事会主席	1999.10－2002.10	0	0
薛若冰	女	55	监事	1999.10－2002.10	0	0
尤国良	男	49	监事	1999.10－2002.10	0	0
任碧初	男	52	监事	2000.6－2002.10	0	0
肖时华	男	43	监事	2000.6－2002.10	0	0
伍正斌	男	51	董秘	1999.10－2002.10	0	0
王志和	男	52	总会计师		0	0
王　廉	男	55	总经济师		0	0
邓长春	男	39	总工程师		0	0
何宗辉	男	37	副总经理		0	0

(二)董事、监事在股东单位的任职情况

董事、监事在股东单位的任职情况如下表。

董事、监事在股东单位的任职情况表

姓　名	职　　务	任　职　单　位
郑　华	副董事长、总经理、党委委员	盘江煤电(集团)有限责任公司
林泽民	董事、总经济师、财务负责人	盘江煤电(集团)有限责任公司
郭可沐	副总经理	中国煤炭工业进出口集团公司
陈富庆	总工程师	盘江煤电(集团)有限责任公司
张利兴	党委副书记、工会主席、纪委书记	盘江煤电(集团)有限责任公司
薛若冰	总会计师	贵阳特殊钢有限责任公司
尤国良	审计部主任	盘江煤电(集团)有限责任公司

(三)董事、监事、高级管理人员年度报酬情况

报酬支付原则:目前,公司尚未实行高级管理人员年薪制,在公司领取报酬的高级管理人员的工资、福利待遇参照煤炭行业工资管理办法执行。

不在公司领取报酬的董事、监事的报酬由派出的股东方支付,公司不单独(额外)为其提供工资、津贴、福利。不在公司领取报酬的董事、监事共7人:郑华、林泽民、郭可沐、陈富庆、张利兴、薛若冰、尤国良。

在公司领取报酬的董事、监事有王立军、石文增、辛华、任碧初、肖时华。

在公司领取报酬的董事、监事、高级管理人员领取报酬总额为56.1万元,其中:6万元以上的2人,4万元以上的8人。

在公司领取报酬的金额最高的前三名董事的报酬总额为17.8万元,在公司领取报酬的金额最高的前三名高级管理人员的报酬总额为17.2万元。

(四)报告期内无离任的董事、监事、高级管理人员。

(五)员工情况

截止2001年12月31日,公司共有在册员工6934人,其构成情况如下表:

贵州盘江精煤股份有限公司员工构成情况表

期末人数	学历构成						专业构成				
	本科	专科	中专	技校高中	初中	小学以下	生产人员	销售人员	技术人员	财务人员	行政人员
6934	92	106	226	1234	4793	483	5997	230	168	41	498
比例(%)	1.3	1.5	3.3	17.8	69.1	7	86.5	3.3	2.4	0.6	7.2

五、公司治理结构

(一)公司治理情况

公司严格按照我国《公司法》、《证券法》和其他有关法律、法规的要求,不断完善公司法人治理结构,规范公司运作。公司制定了《公司章程》、《股东大会议事规则》、《董事会议事规则》、《监事会议事规则》、《总经理工作细则》、《公司信息披露制度》等公司治理文件。公司正按中国证监会和国家经贸委于2002年1月7日发布的《上市公司治理准则》规范性文件的要求,研究修改《公司章程》和股东大会、董事会、监事会议事规则等公司治理制度。目前公司治理结构如下:

1、股东与股东大会。公司能够确保所有股东,特别是中小股东享有平等地位,确保所有股东能够充分行使自己的权利;公司制定了股东大会议事规则,严格按照《上市公司股东大会规范意见》的要求召集、召开股东大会,在会场的选择上尽可能让更多的股东能够方便参加股东大会,行使股东的表决权;公司对法律、法规所规定的重大事项均在中国证监会指定的信息披露报纸及网站进行了及时、准确、完整的披露,以保证广大股东的知情权和参予决定权;公司关联交易公平合理,对有关关联交易予以充分披露。

2、控股股东与上市公司的关系。本公司控股股东行为规范,按照法律规定行使出资人的权利,没有超越股东大会直接或间接干预公司的决策和经营活动;公司与控股股东在人员、资产、财务做到"三分开",公司董事、监事的选举和高级管理人员的聘任、解聘均严格遵循法律、法规、《公司章程》规定的程序;公司董事会、监事会和内部机构独立运作。报告期内不存在股东占用转移公司资产、资金及其他资源,公司也无为股东及其关联单位提供担保。

3、董事与董事会。公司严格按照《公司章程》规定的董事选聘程序选举董事;公司董事会人数和人员构成符合法律、法规的要求;公司董事会制定了董事会议事规则,董事能够以认真负责的态度出席董事会和股东大会,能够积极参加有关培训,熟悉有关法律、法规,了解作为董事的义务和责任;公司已按要求将拟推荐作为公司独立董事侯选人的资料报公司所在地证券监管特派员办事处审查,按照有关规定建立独立董事制度。

4、监事和监事会。公司监事会人数和人员构成符合法律、法规的要求;公司监事会制定了监事会议事规则;监事能够认真履行自己的职责,本着对股东负责的精神,在具体工作中以财务监督为核心,同时对公司董事、经理和其他高级管理人员履行职责进行监督,保证公司资产安全,降低公司财务和经营风险,维护公司和股东的合法权益。

5、绩效评价与激励约束机制。公司对经理人员的聘任公开、透明,符合法律、法规的规定,并建立了《经理班子考核办法》。

6、相关利益者。公司充分尊重和维护银行和其他债权人、职工、消费者等其他利益相关者的合法权益,共同推动公司持续、健康地发展。

7、信息披露与透明度。公司由董事会秘书负责信息披露工作,接待股东来访和咨询;公司建立了信息披露制度并将进一步修改、完善,公司能够按照法律、法规和《公司章程》的规定,真实、准确、完整、及时地披露有关信息,并确保所有股东有平等的机会获得信息;公司能够按照有关规定及时披露大股东或公司实际控制人的详细资料和股份的变化情况。

本公司自成立以来,严格按照我国《公司法》、《证券法》和《公司章程》的规定规范运作,并将一如既往地按照有关法律、法规、《上市公司治理准则》等要求规范运作,努力寻求利润最大化,切实维护中小股东的利益。

(二)独立董事制度建立情况

公司根据中国证监会发布的《关于在上市公司建立独立董事制度的指导意见》的要求,已将拟推荐作为公司独立董事侯选人的有关资料报公司所在地的证券监管特派员办事处审查,2002年6月30日前按照有关规定建立公司独立董事制度。

(三)公司与控股股东在人员、资产、财务、机构和业务等方面的分开情况

公司与控股股东在人员、资产、财务、机构和业务等方面已经分开,具有独立完整的业务和独立自主的生产经营能力。

1、人员分开。公司在劳动、人事及工资管理方面设立了独立的劳动人事部门进行管理,总经理、副总经理、"三总师"、董事会秘书等高级管理人员均在本公司领取薪酬,且均未在股东单位兼职或领取薪酬。

2、资产完整。公司拥有完整、独立的产、供、销系统,拥有完整的土地使用权和采矿权等无形资产。

3、财务独立。公司设有独立的财务部门,并建立了内部会计核算体系和财务管理制度,在银行独立开户。

4、机构独立。公司设有证券投资部、财务部、人事部、生产管理部、供应销售部、办公室、董事会秘书处等机构。这些机构完全独立于控股股东的组织机构,不存在与控股股东的组织机构合署办公的情况。

5、业务独立。公司的业务独立于控股股东,具有独立完整的业务管理及自主经营能力。

(四)对高级管理人员的考评及激励机制。

公司制定了总经理工作细则及各项具体工作制度,对高级管理人员的工作进行约束;公司制定了《经理班子考核办法》,采取岗位技能工资加浮动奖金的方式,在年底考评的基础上,根据指标完成情况,确定高级管理人员的年度奖罚。

六、股东大会简介

报告期内公司召开年度股东大会一次。召开股东大会的通知分别刊登于2001年5月26日的《中国证券报》和《上海证券报》上。本次股东大会于2001年6月29日在贵阳盘江大厦召开,会议由董事长郑华先生主持,大会审议通过了以下报告和议案:

1、审议通过2000年度董事会工作报告;

2、审议通过2000年度监事会工作报告;

3、审议通过2000年度财务决算方案和2001年度财务预算方案;

4、审议通过2000年度利润分配预案;

5、审议通过股东大会、董事会和监事会议事规则;

6、审议通过修改《公司章程》议案;

7、审议通过续聘天一会计师事务所有限责任公司为本公司2001年度财务审计机构的议案。

本次股东大会决议公告分别刊登于2001年6月30日的《中国证券报》和《上海证券报》上。

七、董事会报告

(一)主营业务范围及经营情况

1、公司所处的行业及地位

本公司属煤炭行业。公司是集原煤开采和煤炭加工为一体的大型煤炭企业,可生产灰分8%－12%等级的精煤,并能根据用户的需要生产特殊加工煤。公司煤炭产品低硫、低灰、微磷、发热量高,在市场上有较强的竞争力。2001年共销售商品煤250.69万吨。其中出口煤炭12.16万吨。

2、公司主营业务范围及经营情况

本公司的主营业务为原煤开采、洗选加工及销售。

2 001年,公司主营业务收入493,218,189.56元,与2000年相比增加22,868,637元,增长4.86%。主营业务收入占2001年全部销售收入总额的99.68%。

2001年,公司共生产原煤1,610,165吨,比2000年的2,133,515吨减少523,350吨,下降24.53%。原煤产量下降比较大的是火铺矿,2001年比2002年下降40.4%,主要原因是生产系统进行调整。

3、公司主营业务收入、利润构成

公司主营业务收入、利润构成如下:

产　品	收　入		利　润	
	金额(元)	比例(%)	金额(元)	比例(%)
洗精煤	355,840,774.51	72.15	107,218,480.53	72.14
洗混煤	137,377,415.05	27.85	41,397,196.04	27.86
合　计	493,218,189.56	-	148,615,676.57	-

(二)主要控股公司及参股公司的经营情况及业绩

经公司2001年12月13日临时董事会议决议(决议公告见2001年12月14日《中国证券报》、《上海证券报》),公司投资1000万元参股华创证券经纪有限责任公司(以下简称:"华创公司")。本公司持有华创公司股份1000万股,占该公司总股份的5%。华创公司由贵州实联信托投资公司等企业共同出资设立,于2002年1月22日成立,注册资本2亿元人民币。主要业务为:证券的代理买卖,代理还本付息、分红派息,证券代保管、鉴证,代理登记开户。

(三)主要供应商、客户情况

1、2001年,公司向前五名供应商合计采购金额占年度采购总额的42.75%。

2、2001年,公司向前五名客户合计销售金额占年度销售总额的69.71%。

(四)经营中出现的问题与困难及解决办法

2001年国内外煤炭市场供需矛盾得到缓解,但市场竞争依然激烈。全年煤价稳中有升,煤炭价格出现恢复性上扬。公司在生产经营中出现的问题与困难主要是:因公司的矿井原煤生产能力低于选煤厂的加工能力,加上2001年火铺矿因进行调整,原煤产量下降,需外购部份原料煤入洗,另外由于运力的影响,公司以运定产的局面还没有根本性好转,运输销售有一定困难。

面对上述问题和困难,公司以盘江股份上市为契机,加大改革力度,进一步搞活经营机制;以科技创新为灵魂,以市场为导向,抓住煤炭市场渐暖的有利时机,着重实施开拓国内外市场,提高质量,增加销量的战略。在抓好主营业务的同时,抓紧抓好发行股票所募资金投资项目的建设,加快公司发展步伐。采取的主要措施是:

1、进一步解放思想,更新观念,以人为本,加强管理,调动职工的积极性,提高工作效率;

2、以营销为龙头,最大限度地开拓市场,以产品的质量、价格、服务参予竞争,创品牌、创名牌、创企业自身的信誉,不断增强对市场变化的应变能力,提高竞争力;

3、进一步加强成本控制,努力挖潜,增收节支,提高资金运用效率。认真抓好安全管理,搞好安全工作,保证安全生产;

4、加快火铺矿井的调整步伐,保质保量完成调整任务,为今后的生产发展打下良好的基础;

5、加强生产管理,提高劳动效率,增加原煤产量,尽可能减少外购的入洗原料煤;

6、加强与铁路等运输部门的协作,积极争取运力,多运多销,搞好运输销售。

(五)投资情况

报告期内,公司投资额合计 33,922,981.21 元,比上年的 17,409,326.78 元增加 16,513,654.43 元,增长 94.8%。

1、募集资金使用情况

(1)募集资金额及到位情况

经中国证券监督管理委员会证监发行字[2001]25 号文核准,公司于 2001 年 4 月 9 日在上海证券交易所采用上网定价发行的方式,向社会公众发行人民币普通股 12,000 万股,募集资金 7.2 亿元,扣除发行费用后实际可用募集资金 69806.49 万元。

(2)承诺投入项目和实际投入情况

本公司的《招股说明书》承诺募集资金共投入五个项目。截止 2001 年 12 月 31 日,募集资金投入情况如下:

承诺投资项目	实际投入项目	承诺投资金额(万元)	已投入金额(万元)
1、投资建设火铺矸石电厂	与承诺投入相同	24,318.00	116.32
2、投资建设盘北矸石电厂	与承诺投入相同	17,600.00	100.82
3、投资建设生产矿井煤层气利用工程	与承诺投入相同	10,098.00	
4、投资建设优质高效煤炭洗选示范工程	与承诺投入相同	12,388.00	223.13
5、投资收购盘北选煤厂项目	与承诺投入相同	22,190.43	

尚未使用的募集资金去向:截止 2001 年 12 月 31 日,公司募集资金已投入使用 440.27 万元,剩余 69366.22 万元。该项资金现存入银行,根据项目进度需要再进行投入。

(3)项目进度及收益情况:

报告期内,承诺投资的 5 个项目进展情况如下:

建设火铺矸石电厂和盘北矸石电厂已成立项目部开展前期工作。其中,火铺矸石电厂已投入 116.32 万元,盘北矸石电厂已投入 100.82 万元;

建设优质高效煤炭洗选示范工程,已投资 223.13 万元,已完成总工程量的 1.8%;

建设生产矿井煤层气利用项目,已成立项目领导小组,负责前期准备工作;

收购盘北选煤厂项目,因国家对盘江煤电集团公司实施债转股工作尚未完成,经公司董事会一届八次会议决议同意暂缓收购盘北选煤厂。

上述项目因尚未建成投产(盘北选煤厂未收购),故未产生收益。

2、非募集资金投资情况

公司用自有资金 1000 万元投资参股华创证券经纪有限责任公司,占其股份总额的 5%。公司用自有资金 1952.03 万元购建固定资产。

(六)财务状况

2001 年,公司的财务状况较上一年有了进一步的改善,天一会计师事务所有限责任公司为本公司出具了标准无保留意见的审计报告。具体分析如下:

(1)2001 年 12 月 31 日,公司总资产 1,391,446,321.47 元,比上年 730,289,182.31 元增加 90.53%。

(2)2001年12月31日,公司负债为205,937,467.05元,比上年341,481,868.00元减少 39.69%。

(3)2001 年 12 月 31 日,公司股东权益 1,185,508,854.42 元,比上年 388,807,314.31 元增加 204.91%。

(4)2001 年度公司主营业务利润 148,615,676.57 元,比上年度 161,162,191.83 元减少 7.79%。

(5)2001 年度公司实现净利润 68,594,330.31 元,比上年度 49,440,139.36 元增长 38.74%。

(七)生产经营环境及宏观政策发生重大变化的影响

1、国家税收政策对公司经营成果的影响

按照财政部财税[2000]99 号文《关于进一步认真贯彻落实国务院 <关于纠正地方自行制定税收先征后返政策的通知>》规定,2002 年 1 月 1 日起,公司将不再享受税收先征后返优惠政策(2001 年,按照贵州省人民政府黔府函[1999]33 号文件《省人民政府关于盘江精煤股份有限公司(筹)所得税缴纳有关问题的批复》精神,公司享受企业所得税先征后返的优惠政策,即先按 33%的法定税率征收,再返还 18%,实征 15%。),这将在一定程度上影响公司的利润指标。

2、我国加入 WTO 对公司的影响

随着我国正式加入 WTO,对煤炭行业而言,国外煤炭企业向我国出口煤炭的机会增加,同时也大大地改善了我国煤炭产品的出口环境,这对本公司的煤炭出口业务提供了一个好的环境。

3、国家宏观经济环境对公司的影响

2002 年,我国政府在继续坚持扩大内需方针的同时,继续实施积极的财政政策,国民经济将持续向好,电力、冶金、建材等行业对煤炭的需求也将进一步增加。同时,我国政府将继续采取煤炭生产总量调控、依法关闭那些产品质量低劣、破坏资源、污染环境、不符合安全生产条件的小煤矿及扩大煤炭出口等措施,进一步改善煤炭市场供求关系。预计 2002 年煤炭市场供需总体保持基本平衡,部分地区受运输影响供应相对紧张。

(八)2002 年度经营计划

2002 年,是我国加入 WTO 后的第一年,市场开放无论在广度和深度上都将进一步扩大。在新的一年里,公司面临的挑战与机遇齐现,困难与问题并存。对此,公司将抓住机遇,迎接挑战,加快发展。公司将本着积极主动,慎重稳妥的原则,抓好主业,加强在建工程项目的建设和火铺矿井的调整。在火铺矿井继续调整的情况下,努力完成主营收入 51515 万元,主营业务成本 8100 万元。

为此,重点做好以下工作:

1、继续做好做大主营业务。抓好原煤和洗精煤的生产,增加产品产量,增加销量;

2、优化营销策略,建立现代营销观念与制度,提高营销队伍的整体素质,强化营销任务的考核和业务知识的培训,实行工资收入和销售额、销售费用、货款回笼额挂钩的办法,扩大公司产品的市场占有率;

3、继续加强企业管理,通过推进内部管理科学化、规范化,从计划、采购、生产、仓储、财务等各个环节加强生产成本控制。通过加强审计管理、预算管理、费用管理,进一步降低成本,以保证 2002 年度利润目标的实现;

4、加大科技投入,搞好技术创新,提高效率,最大限度地发挥公司地理区位优势、资源优势、洗煤技术优势的基础上,顺应入世对煤炭的要求,探索煤炭洁净技术,提高产品的附加值,提高企业竞争力;

5、强化质量管理,从生产过程的各个环节、公司工作的各个方面抓好质量工作。全面提高产品质量和工作质量,为公司的全方位发展奠定基础;

6、抓好产品结构调整。加强与用户联系,搞好市场调查,及时向生产部门反馈用户意见,根据市场需求,适时调整产品结构,增加适销对路产品,扩大产品销售业绩。

7、坚持"安全第一,预防为主"的方针,不折不扣地抓好安全生产;

8、重视环境保护工作。继续加大环保投入和污染治理力度,进一步落实环保责任制,做到责任到位、投入到位、措施到位,实现环保考核指标全面达标。

9、加大制度建设。公司将在原有制度进行补充、调整、完善的基础上加大贯彻执行经营目标管理制度的落实、考核、奖惩力度,使公司经营管理制度发挥应有的激励和约束作用。

(九)董事会日常工作情况

1、董事会会议情况

董事会一届七次会议于 2001 年 5 月 21 日在公司二楼会议室召开,会议由董事长郑华先生主持,会议通过如下议案:

(1)公司 2000 年度董事会工作报告并提交股东会审议;

(2)公司 2000 年度总经理工作报告;

(3)公司上市公告书暨 2000 年年度财务报告;

(4)公司 2000 年度财务决算方案及 2001 年度财务预算方案并提交股东大会审议;

(5)公司 2000 年度利润分配预案并提交股东大会审议;

(6)修改《公司章程》议案并提交股东大会审议;

(7)召开公司 2000 年度股东大会的有关事项;

(8)公司股东会、董事会议事规则并提交股东会审议;

(9)公司信息披露制度;

(10)关于续聘天一会计师事务所的议案。

本次董事会决议分别刊登于 2001 年 5 月 26 日的《中国证券报》、《上海证券报》和《证券时报》上。

董事会一届八次会议于 2001 年 8 月 5 日在公司二楼会议室召开,会议由董事长郑华先生主持,会议通过如下议案:

(1)2001 年中期报告及其摘要;

(2)2001 年度中期利润分配预案;

(3)计提固定资产、无形资产、在建工程、委托贷款减值准备办法的议案;

(4)暂缓收购盘北选煤厂的议案;

(5)增设公司内部机构和对部分原内部机构进行调整的方案;

(6)《贵州盘江精煤股份有限公司经理班子考核办法》。

本次董事会议决议分别刊登于 2001 年 8 月 6 日的《中国证券报》和《上海证券报》上。

董事会临时会议于 2001 年 12 月 13 日在公司二楼会议室召开,会议由董事长郑华先生主持。会议通过《关于投资参股华创证券经纪公司项目建议书》的议案。

本次董事会临时会议决议分别刊登于 2001 年 12 月 14 日的《中国证券报》和《上海证券报》上。

2、董事会对股东大会的执行情况

报告期内,董事会认真完成了股东大会的有关决议事项。

(十)2001 年度利润分配预案或资本公积金转增股本预案

经天一会计师事务所有限责任公司审计确认,公司 2001 年度净利润为 68,594,330.31 元。按照我国《公司法》和《公司章程》的规定,按净利润的 10% 提取法定盈余公积金 6,859,433.03 元,按净利润的 5% 提取法定公益金 3,429,708.52 元,公司可供股东分配的净利润 69,665,197.28 元(含年初未分配利润 11,360,008.52 元)。根据公司的实际情况,董事会建议 2001 年度利润分配预案为:(1)每 10 股分配现金股利 1.00 元(含税);(2)2001 年度不进行资本公积金转增股本。本议案尚待提交股东大会审议通过。

(十一)2002 年度利润分配政策

1、公司拟在 2002 年度进行一次利润分配;

2、公司 2002 年度实现的净利润用于股利分配的比例不低于 50%,利润分配采用现金分配或《公司章程》规定的其他形式。具体分配方案将根据公司的实际情况而定。

八、监事会报告

(一)监事会工作情况及所发表的意见

1、监事会会议情况

监事会一届三次会议于 2001 年 5 月 21 日在公司召开,会议由监事会主席张利兴先生主持。会议审议通过了如下决议或议案:

(1)2000 年度监事会工作报告;

(2)公司 2000 年度财务报告;

(3)通过《贵州盘江精煤股份有限公司监事会议事规则》,同意提交股东大会审议。

本次监事会议决议分别刊登于 2001 年 5 月 26 日的《中国证券报》、《上海证券报》和《证券时报》上。

监事会一届四次会议于 2001 年 8 月 5 日在公司召开,会议由监事会主席张利兴先生主持。会议经过审议,通过了以下决议或议案:

(1)公司 2001 年中期报告及其摘要;

(2)公司 2001 年度中期利润分配预案;

本次监事会议决议分别刊登于 2001 年 8 月 6 日的《中国证券报》和《上海证券报》上。

2、监事会工作报告

2001 年公司监事会坚持贯彻中国证监会"法制、监督、自律、规范"的八字方针,根据国家有关法律、法规,紧紧围绕股东大会形成的各项决议,依据我国《公司法》、《证券法》和《公司章程》赋予的权力认真履行职责,保证公司更加稳健快速发展,较好地维护股东的合法权益。一年来,监事会通过列席和参加董事会、股东大会,了解和掌握公司的经营和财务状况;对公司股东大会、董事会的召开程序、决策事项,董事会对股东大会决议的执行情况,公司高级管理人员执行职务的情况及公司管理制度的执行情况等进行了监督。认为公司本届董事会在过去的一年里工作是认真负责的,公司的经营决策科学、合理,公司的各项管理制度较为健全并得到了切实执行;公司董事会、经营班子及全体高级管理人员在执行职务时没有违反法律、法规和《公司章程》,没有发生损害公司利益和股东权益的情况。本年度主要工作如下:

(1)加强对董事、经理班子人员的监督检查。重点监督能否依法经营,廉洁经营,能否正确行使《公司章程》和股东赋予的权力。监事会认为:一年来,公司的决策程序符合有关法律规定,逐步建立并完善内部控制制度,公司管理和业务经营活动符合国家有关法律、法规和《公司章程》的规定。

(2)依法实施财务监督。监事会2001年7月和2002年初对公司2001年度财务情况进行了检查,对公司的会计资料和董事会拟提交给股东大会的财务报告进行了核对,并确认天一会计师事务所有限责任公司对公司2001年度财务会计出具的标准无保留意见的财务报告。监事会认为,公司财务报告内容准确、真实、客观地反映了公司的财务状况和经营成果。

(3)对公司在报告期内首次发行股票募集资金的使用进行检查。公司本次募集资金实际投入项目与承诺投入项目一致,不存在变更投资的情况。

(4)公司的关联交易遵循"公平、公正、合理"的原则,符合有关规定,未发现内幕交易和损害公司权益或造成公司资产流失的行为。

九、重要事项

(一)报告期内公司无重大诉讼、仲裁事项。

(二)报告期内公司无收购及出售资产、吸收合并事项。

(三)报告期内公司关联交易情况

1、购销商品、提供劳务发生的关联交易:

(1)公司于2001年2月23日与盘江煤电集团签订《原煤购销合同》。公司因生产需要,向盘江煤电集团购买原煤,盘江煤电集团向公司销售的原煤价格按其质量等级比照当地市场价格确定。报告期内,公司向盘江煤电集团购买原煤共1,986,029吨,向其支付购煤款164,411,553.75元。

(2)公司于2001年2月23日与盘江煤电集团控股的子公司贵州盘江电力股份有限公司签订《混煤购销合同》。贵州盘江电力股份有限公司向公司采购混煤,公司向贵州盘江电力股份有限公司销售的混煤价格按其质量等级比照当地市场价格确定。报告期内,公司向贵州盘江电力股份有限公司共销售混煤68,230吨,收取售煤款4,723,846.83元。

(3)公司与盘江煤电集团签订《综合服务协议》及《补充协议》。服务期限为10年。

生产性服务:公司老屋基选煤厂的二、三车间的生产用电由盘江煤电集团代缴,公司按贵州省网上电价标准向盘江煤电集团支付电费;盘江煤电集团向公司提供房屋租赁、车辆、通讯等服务,公司每年支付28万元,按季结算;盘江煤电集团负责公司的矿山救护、公安保卫、消防卫生、绿化工作,公司每年支付32万元,按季结算;铁路运输,由铁道部统一向盘江煤电集团下达计划,盘江煤电集团承诺在其铁路运销煤炭的国家计划中,优先安排及满足公司的煤炭运销,并保证满足公司年生产能力85%以上的运销需求。

报告期内,公司已按协议向盘江煤电集团支付上述费用共计9,354,221.84元。根据《〈综合服务办议〉的补充协议》支付盘江煤电(集团)有限责任公司2001年安全管理及矿山救护费用5,400,000.00元、货物运输费3,052,436.53元、修理费301,785.31元。

生活后勤服务:盘江煤电集团按照其对自己公司职工的收费标准,收取其向公司职工提供的食堂、浴池、医疗、学校等服务的费用;盘江煤电集团与公司相互提供的供水、供暖服务,按照国家政策,按季结算;公司职工住房及其配套设施和相关服务,租金及费用按照盘江煤电集团职工同等的价格由公司职工向盘江煤电集团交纳,住房改革由盘江煤电集团统一考虑,公司职工与盘江煤电集团职工享有同等权利。

(4)公司与盘江煤电集团签订《委托采购协议》及《补充协议》。公司委托盘江煤电集团统一采购生产性辅助材料,及部分生产用设备,公司按照盘江煤电集团实际采购成本加3%的综合费用,按月结算。报告期内,公司向盘江煤电集团采购材料、设备共计73,131,985.90元。

(5)公司与盘江煤电集团签订《土地租赁合同》。公司向盘江煤电集团租用生产用地906,548.76平方米,租赁期50年,年租金为3,771,116元,公司每年的1月31日和7月31日分两次支付土地租赁费。报告期内,公司已支付土地租赁费3,771,116.00元。

(6)公司与盘江煤电集团签订《资产收购协议》。经中华财务会计咨询公司评估,贵州省国有资产管理局确认,公司将用募集资金2.2亿元收购盘北选煤厂。由于国家对盘江煤电集团实施债转股工作尚未完成,公司董事会一届八次会议通过决议,暂缓收购,待国家对盘江煤电集团实施债转股工作完成后,再按协议进行收购。

(7)公司与盘江煤电集团签订《采矿权转让协议》。盘江煤电集团以经北京海地人资源咨询有限公司评估,国土资源部确认的火铺矿、老屋基矿的采矿权转让给公司,期限分别为30年和20年,金额为5,241.73万元。报告期内,公司向盘江煤电集团支付采矿权转让费1,747,300.00元。

(8)公司长期借款4100万元由盘江煤电(集团)有限责任公司提供担保。

(9)2001年7月10日,公司与公司发起人之一贵州省煤矿设计研究院分别签订两份《建设工程设计合同》,委托其承担公司盘北煤泥矸石电厂工程设计和初、详勘任务。合同标的额分别为155万元和35万元,报告期内没有付款。

(10)2001年7月25日,公司与公司发起人之一贵州煤炭实业总公司签订房屋《租赁合同书》,租赁期3年,自2001年9月1日至2004年8月31日,每年支付租金36万元。报告期内已按协议支付租金36万元。

(四)公司或持股5%以上股东对公开披露承诺事项的履行情况:

1、公司在刊登于2001年4月5日《中国证券报》、《上海证券报》、《证券时报》和上海证券交易所网站(http//www.sse.com.cn)的本公司招股说明书概要及全文中承诺:

(1)本公司将聘请为本公司审计的会计师事务所在年度审计时对本公司当年的原煤生产量及其从盘江煤电集团采购的原煤量作专项说明,并充分披露。公司聘请的为本公司审计的天一会计师事务所有限公司,对本公司2000年有关原煤开采及外购原煤量进行了说明。此说明刊登于2001年5月26日《中国证券报》、《上海证券报》、《证券时报》。

(2)本公司将在2000年年度股东大会召开时增选两名以上独立董事。公司一届七次董事会会议通过决议:鉴于中国证监会相关规定尚未出台,待有关规定出台后,即按照规定设立公司独立董事。公司一届七次董事会会议决议公告刊登于2001年5月26日《中国证券报》、《上海证券报》、《证券时报》。

公司已将拟推荐作为公司独立董事侯选人的有关资料报公司所在地的证券监管特派员办事处审查,2002年6月30日前按照有关规定建立公司独立董事制度。

2、本公司控股股东盘江煤电集团在刊登于2001年4月5日《中国证券报》、《上海证券报》、《证券时报》和上海证券交易所网站(http//www.ssc.com.cn)的本公司招股说明书概要及全文中承诺:

(1)不在中国境内外,以任何方式从事任何直接或间接与本公司的业务构成竞争或可能构成竞争的业务或活动,并将促使下属全资子公司、分公司、控股公司和附属企业遵循以上承诺。

(2)在煤炭设备租赁、技术改造、交通运输等与本公司生产经营有直接和间接关系的各方面给予本公司与其自身下属企业平等或优先的地位,保证不影响本公司的生产和经营。

(3)不利用控股股东地位影响本公司火铺矿、老屋基矿的原煤开采,确保两矿按实际生产能力生产的原煤优先用于本公司洗选。

(4)在适当的时候确保本公司以公允的价格购买或以承包、租赁、托管等方式经营盘江煤电集团与本公司可能构成竞争的资产和业务。

报告期内,盘江煤电集团均信守以上承诺。

(五)报告期内公司没有发生托管、承包、租赁资产事项。

(六)报告期内公司无担保合同。

(七)到目前为止,没有发生委托他人进行现金资产管理事项。

(八)其他重大合同

报告期内,公司签订的合同均能顺利执行。

(九)报告期内公司聘任的会计师事务所没有发生变更,仍为天一会计师事务所有限责任公司。

2001年度审计费用为32万元,尚未向该所支付。

除承担上述费用和该所为公司审计时的食宿费用外,公司不承担其他费用。

(十)其他重要事项

1、控股股东盘江煤电(集团)有限责任公司持有本公司国有法人股的7200万股被冻结,期限为一年。公司已于2001年9月25日在《中国证券报》、《上海证券报》上进行公告。

2、按照财政部财税[2000]99号文《关于进一步认真贯彻落实国务院 < 关于纠正地方自行制定税收先征后返政策的通知 >》和贵州省人民政府黔府函[1999]33号文件《省人民政府关于盘江精煤股份有限公司(筹)所得税缴纳有关问题的批复》的规定,截至2001年12月31日,公司的企业所得税继续享受先按33%的法定税率征收,再返还18%(实征15%)的优惠政策。根据财政部财会[2000]3号文《股份有限公司税收返还等有关会计处理规定》,实行所得税先征后返的公司,应当在实际收到返还的所得税时,冲减收到当期的所得税费用。报告期内实际收到所得税返还12,825,913.60元。

十、财务报告

(一)审计报告

公司2001年度财务报告经天一会计师事务所有限责任公司注册会计师张再鸿、王琴珠审计后,出具了无保留意见的天一审字(2002)第4--136号审计报告。

审 计 报 告

天一审字(2002)第4-136号

贵州盘江精煤股份有限公司全体股东:

我们接受委托,审计了贵公司2001年12月31日的资产负债表及2001年度的利润及利润分配表和现金流量表。这些会计报表由贵公司负责,我们的责任是对这些会计报表发表审计意见。我们的审计是依据《中国注册会计师独立审计准则》进行的。在审计过程中,我们结合贵公司的实际情况,实施了包括抽查会计记录等我们认为必要的审计程序。

我们认为,上述会计报表符合《企业会计准则》和《企业会计制度》的有关规定,在所有重大方面公允地反映了贵公司2001年12月31日的财务状况及2001年度的经营成果和现金流量情况,会计处理方法的选用遵循了一贯性原则。

天一会计师事务所有限责任公司　　中国注册会计师:张再鸿

地址:北京市西城区金融街27号　　中国注册会计师:王琴珠

投资广场A座1804

2002年3月15日

(二)会计报表(附后)。

(三)会计报表附注

会计政策、会计估计的变更:

根据财政部财会字(2000)25号文件《关于印发(企业会计制度)的通知》、财会字(2001)17号文件《关于印发贯彻实施(企业会计制度)有关政策衔接问题的规定的通知》和《实施(企业会计制度)及其相关准则问题解答》等的精神,公司从2001年1月1日起执行《企业会计制度》、《企业会计准则》及其补充,并按规定作如下调整:

1、已于2001年6月将未摊销的开办费余额转入当期损益,影响本年利润总额270,580.96元;

2、计提固定资产减值准备采用追溯调整法,调整了期初留存收益及相关项目的期初数,影响2000年固定资产减值准备增加224,154.59元,营业外支出增加224,154.59元,利润总额、净利润和可供分配利润均减少224,154.59元,法定盈余公积金减少22,415.46元,法定公益金减少11,207.73元,未分配利润减少190,531.40元。

十一、备查文件目录

(一)载有法定代表人、总会计师、会计主管签名并盖章的会计报表;

(二)载有会计师事务所盖章、注册会计师签名并盖章的审计报告原件;

(三)报告期内在《中国证券报》、《上海证券报》、《证券时报》上公开披露过的所有公司文件的正本及公告原稿。

贵州盘江精煤股份有限公司董事会

2002年4月12日

资产负债表(资产方)

2001年12月31日

编制单位:贵州盘江精煤股份有限公司　　金额单位:人民币元

资　产	注释	2001年12月31日	2000年12月31日
流动资产:			
货币资金	注1	709,675,993.99	2,845,926.17
短期投资			
应收票据	注2	97,100,000.00	83,102,867.19
应收股利			
应收利息			
应收账款	注3	127,899,421.50	208,503,322.93
其他应收款	注4	6,928,199.21	3,463,824.89
预付账款	注5	806,002.99	820,235.34
应收补贴款	注6	43,255.57	3,024,941.15
存货	注7	56,197,693.15	39,282,654.42
待摊费用	注8	257,760.00	
一年内到期的长期债权投资			
其他流动资产			
流动资产合计		998,908,326.41	341,043,772.09
长期投资:			
长期股权投资	注9	10,000,000.00	
长期债权投资			
长期投资合计		10,000,000.00	
固定资产:			
固定资产原价	注10	750,272,605.38	735,833,264.31
减:累计折旧	注10	426,323,710.58	397,880,581.82
固定资产净值	注10	323,948,894.80	337,952,682.49
减:固定资产减值准备	注11	224,154.59	224,154.59
固定资产净额		323,724,740.21	337,728,527.90
工程物资	注12	684,067.93	
在建工程	注13	8,845,679.92	46,107.71
固定资产清理			
固定资合计		333,254,488.06	337,774,635.61
无形资产及其他资产:			
无形资产	注14	48,922,700.00	50,670,000.00
开办费			360,774.61
长期待摊费用	注15	360,807.00	440,000.00
其他长期资产			
无形资产及其他资产合计		49,283,507.00	51,470,774.61
递延税项:			
递延税款借项			
资产总计		1,391,446,321.47	730,289,182.31

资产负债表(负债及股东权益方)

编制单位:贵州盘江精煤股份有限公司　　金额单位:人民币元

负债和股东权益	注释	2001年12月31日	2000年12月31日
流动负债:			
短期借款	注16	17,000,000.00	17,000,000.00
应付票据			
应付账款	注17	43,286,127.44	88,515,997.88
预收账款	注18	2,759,400.41	
应付工资	注19	9,283,571.59	9,431,965.60
应付福利费		-1,494,067.73	-801,335.74
应付股利			25,113,364.48
应交税金	注20	1,702,928.59	33,558,788.33
其他应交款	注21	-60,250.62	42,625.91
其他应付款	注22	33,537,057.37	66,950,461.54
预提费用			
预计负债			
一年内到期的长期负债			
其他流动负债			
流动负债合计		106,014,767.05	239,811,868.00
长期负债:			
长期借款	注23	51,000,000.00	51,000,000.00
应付债券			
长期应付款	注24	48,922,700.00	50,670,000.00
专项应付款			
其他长期负债			
长期负债合计		99,922,700.00	101,670,000.00
递延税项:			
递延税款贷项			
负债合计		205,937,467.05	341,481,868.00
股东权益:			
股本	注25	371,300,000.00	251,300,000.00
减:已归还投资			
股本净额		371,300,000.00	251,300,000.00
资本公积	注26	727,818,038.00	119,710,828.20
盈余公积	注27	16,725,619.14	6,436,477.59
其中:法定公益金		5,575,201.05	2,145,492.53
未分配利润	注28	69,665,197.28	11,360,008.52
股东权益合计		1,185,508,854.42	388,807,314.31
负债和股东权益总计		1,391,446,321.47	730,289,182.31

利润及利润分配表

2001年度

编制单位:贵州盘江精煤股份有限公司　　金额单位:人民币元

项　目	注释	2001年度	2000年度
一、主营业务收入	注29	493,218,189.56	470,349,552.56
减:主营业务成本	注29	339,255,636.72	304,014,061.01
主营业务税金及附加	注30	5,346,876.27	5,173,299.72
二、主营业务利润		148,615,676.57	161,162,191.83
加:其他业务利润		64,670.60	-371,451.37
减:营业费用	注31	39,999,926.97	51,945,071.87
管理费用		31,318,925.65	30,002,984.00
财务费用	注32	-2,247,825.47	4,448,253.28
三、营业利润		79,609,320.02	74,394,431.31
加:投资收益			
补贴收入			
营业外收入		128,210.49	10,000.00
减:营业外支出		454,938.87	508,245.26
四、利润总额		79,282,591.64	73,896,186.05
减:所得税	注33	10,688,261.33	24,456,046.69
五、净利润		68,594,330.31	49,440,139.36
加:年初未分配利润		11,360,008.52	-6,530,288.77
其他转入			
六、可供分配的利润		79,954,338.83	42,909,850.59
减:提取法定盈余公积		6,859,433.03	4,290,985.06
提取法定公益金		3,429,708.52	2,145,492.53
提取职工奖励及福利基金			
提取储备基金			
提取企业发展基金			
利润归还投资			
七、可供投资者分配的利润		69,665,197.28	36,473,373.00
减:应付优先股股利			
提取任意盈余公积			
应付普通股股利			25,113,364.48
转作股本的普通股股利			
弥补累计亏损			
八、未分配利润		69,665,197.28	11,360,008.52

现金流量表

2001年度

编制单位:贵州盘江精煤股份有限公司　　金额单位:人民币元

项　目	注释	金　额
一、经营活动产生的现金流量:		
销售商品、提供劳务收到的现金		533,179,715.58
收到的税费返还		12,825,913.60
收到的其他与经营活动有关的现金		4,753,349.55
现金流入小计		550,758,978.73
购买商品、接受劳务支付的现金		318,820,276.40
支付给职工以及为职工支付的现金		60,326,583.19
支付的各项税费		103,779,581.69
支付的其他与经营活动有关的现金	注34	32,321,159.21
现金流出小计		515,247,600.49
经营活动产生的现金流量净额		35,511,378.24
二、投资活动产生的现金流量:		
收回投资所收到的现金		
取得投资收益所收到的现金		
处置固定资产、无形资产和其他长期资产所收回的现金净额		
收到的其他与投资活动有关的现金		
现金流入小计		
购建固定资产、无形资产和其他长期资产所支付的现金		23,238,913.28
投资所支付的现金		10,000,000.00
支付的其他与投资活动有关的现金		684,067.93
现金流出小计		33,922,981.21
投资活动产生的现金流量净额		-33,922,981.21
三、筹资活动产生的现金流量:		
吸收投资所收到的现金		702,360,000.00
借款所收到的现金		
收到的其他与筹资活动有关的现金	注35	44,749,565.95
现金流入小计		747,109,565.95
偿还债务所支付的现金		
分配股利、利润或偿付利息所支付的现金		29,193,151.98
支付的其他与筹资活动有关的现金	注36	12,674,743.18
现金流出小计		41,867,895.16
筹资活动产生的现金流量净额		705,241,670.79
四、汇率变动对现金的影响		
五、现金及现金等价物净增加额		706,830,067.82
1.将净利润调节为经营活动的现金流量:		
净利润		68,594,330.31
加:少数股东损益		
计提的资产减值准备		-8,030,725.07
固定资产折旧		28,443,128.76
无形资产摊销		1,747,300.00
长期待摊费用摊销		439,967.61
待摊费用及减少(减:增加)		-257,760.00
预提费用增加(减:减少)		
处置固定资产、无形资产和其他长期资产损失(减:收益)		
固定资产报废损失		
财务费用		-2,214,002.14
投资损失(减:收益)		
递延税款贷项(减:借项)		
存货的减少(减:增加)		-16,915,038.73
经营性应收项目的减少(减:增加)		56,572,880.11
经营性应付项目的增加(减:减少)		-92,868,702.61
其他		
经营活动产生的现金流量净额		35,511,378.24
2.不涉及现金收支的投资和筹资活动:		
债务转为资本		
一年内到期的可转换公司债券		
融资租入固定资产		
3.现金及现金等价物净增加情况:		
现金的期末余额		709,675,993.99
减:现金的期初余额		2,845,926.17
现金等价物的期末余额		
减:现金等价物的期初余额		
现金及现金等价物净增加额		706,830,067.82

600397 安源实业股份有限公司

首次公开发行股票招股说明书摘要

第一章 释 义

在本招股说明书摘要中,除非另有说明,下列简称具有如下意义:

公司、本公司、发行人:	指安源实业股份有限公司
主发起人、集团公司:	指萍乡矿业集团有限责任公司
主承销商:	指兴业证券股份有限公司
上市推荐人:	指兴业证券股份有限公司 华泰证券有限责任公司
本次发行:	指本次经中国证监会核准向社会公众公开发行8,000万股普通股
股票:	指本次向社会公众公开发行的8,000万股每股面值1.00元的人民币普通股(A股)股票
二级市场投资者:	指在上海证券交易所或深圳证券交易所开立帐户的境内自然人和法人(国家法律、法规禁止者除外)
承销团:	指以兴业证券股份有限公司为主承销商的为本次发行而组成的承销团
中国证监会:	指中国证券监督管理委员会
上交所、沪市:	指上海证券交易所
深交所、深市:	指深圳证券交易所
公司章程:	指安源实业股份有限公司章程
元:	指人民币元
煤矸石:	指煤炭开采和洗选加工过程中排出的工业废渣

第二章 本次发行概况

一、股票种类:人民币普通股

二、每股面值:1.00元

三、公开发行股数:8000万股

四、公开发行股数占发行后总股本的比例:36.364%

五、预计每股发行价:5.99元/股

六、发行市盈率:16.64倍(按2001年净利润和2001年末总股本全面摊薄计算)

七、发行前每股净资产:1.65元(按2001年12月31日的净资产计算)

八、发行后每股净资产:3.14元(已扣除发行费用)

九、发行方式:向二级市场投资者定价配售

十、发行对象:于《招股说明书》刊登前一日,持有沪市或深市已上市流通人民币普通股(A股)股票的收盘市值不少于10,000元的二级市场投资者。沪市、深市二级市场投资者均可参加申购。申购时,投资者分别使用其所持的沪市、深市上市流通股票市值。

十一、承销方式:由承销团余额包销

十二、本次发行预计实收募股资金:46,044.68万元

十三、发行费用

发行费用预计为1875.32万元,其中:承销费用1437.60万元,审计费用79.00万元,资产评估费用45.00万元,土地估价费用38.00万元,矿产资源评估费用15.00万元,律师费用90.00万元,发行手续费用167.72万元,审核费用3.00万元。

十四、本次发行的有关当事人

1、发行人:安源实业股份有限公司

法定代表人:徐绍芳

注册地址:江西省萍乡市昭萍东路3号

电话:0799-6581363

传真:0799-6581171

联系人:陈松柳

2、主承销商:兴业证券股份有限公司

法定代表人:兰荣

注册地址:福建省福州市湖东路99号

电话:0591-7612564 7613888

传真:0591-7542524

联系人:詹政 吴红雨 冯建凯 李宏业

3、承销团其他成员

①副主承销商:无锡证券有限责任公司

法定代表人:范炎

注册地址:无锡市中山路153号时代中心大厦16楼

电话:0510-2768480

传真:0510-2768480

联系人:张志伟

②副主承销商:大通证券股份有限公司

法定代表人:张凯华

注册地址:大连市中山区人民路24号

电话:010-88091932

传真:010-88092323

联系人:信蓓

③副主承销商:东北证券有限责任公司

法定代表人:李维雄

注册地址:吉林省长春市长春大街142号

电话:0431-8910419

传真:0431-8931919

联系人:王欣

④分销商:泰阳证券有限责任公司

法定代表人:谭载阳

注册地址:湖南省长沙市新建西路1号

电话:021-62521629

传真:021-62527096

联系人:梅君敏

⑤分销商:国通证券有限责任公司

法定代表人:万建华

注册地址:深圳市深南中路34号华强佳和大厦A座9层

电话:021-68407045

传真:021-68407811

联系人:朱俊峰 冯文敏

⑥分销商:光大证券有限责任公司

法定代表人:王明权

注册地址:上海市浦东新区浦东南路528号上海证券大厦

电话:010-68561452

传真:010-68561536

联系人:张琰

⑦分销商:北京证券有限责任公司

法定代表人:卢克群

注册地址:北京市海淀区车公庄西路乙19号华通大厦B座10-17层

电话:010-88018652

传真:010-88018652

联系人:程前

⑧分销商:国海证券有限责任公司

法定代表人:黄兆鹏

注册地址:南宁市教育路7-1号

电话:0771-5319460

传真:0771-5317483

联系人:宋生连

⑨分销商:华龙证券有限责任公司

法定代表人:张文武

注册地址:兰州市城关区科技街139号

电话:010-68313388-520

传真:010-68313388-520

联系人:付勇

⑩分销商:新华证券有限公司

法定代表人:张建林

注册地址:长春市朝阳区同志街64号

电话:0431-7680480

传真:0431-7680477

联系人:钟荣霖

4、上市推荐人:

(1)兴业证券股份有限公司

(2)华泰证券有限责任公司

法定代表人:吴万善

注册地址:南京市中山东路90号

电话:021-68419797

传真:021-68816999

联系人:傅津

5、发行人律师事务所:北京市中银律师事务所

法定代表人:唐金龙

注册地址:北京市西城区金融大街23号平安大厦609室

电话:010—66213815

传真:010—66213817

经办律师：唐金龙　彭山涛

6、会计师事务所：广东恒信德律会计师事务所有限公司

法定代表人：詹铁军

注册地址：珠海市香洲康宁路1618号

电话：0791－6829127

传真：0791－6829301

经办注册会计师：李文智　廖卫平

7、资产评估机构：江西中昊会计师事务所有限责任公司

法定代表人：熊靖

注册地址：江西省南昌市中山路470号

电话：0791－6631443

传真：0791－6631624

联系人：欧阳琪　陈峰

8、股票登记机构：中国证券登记结算有限责任公司上海分公司

中国证券登记结算有限责任公司深圳分公司

十五、预计发行时间表

T－2日或之前刊登招股说明书摘要；

T－1日或之前刊登发行公告

T日投资者申购，无需缴款，交易所确认有效申购、配号；

T＋1日公布配号结果、摇号抽签；

T＋2日公布中签结果；

T＋3日向中签投资者收取新股认购款，划入股票登记机构指定帐户；

T＋4日中签的认购款扣除发行手续费后划至主承销商指定的银行帐户；

T＋5主承销商在收到划转的认购股款后，按承销协议将此款划入发行人指定的银行帐户。

本次股票发行结束后将尽早在交易所挂牌交易。

第三章　主要风险因素及对策

投资者在评价发行人本次发行的股票时，除本招股说明书提供的其它资料外，应特别认真地考虑下述各项风险因素。公司目前存在及本次发行后预计存在风险按照重要性原则或影响投资者决策程度大小排序分别列示如下：

1、煤炭资源储量不足的风险

本公司截止2000年，煤炭资源储量为1447.8万吨，按照公司目前年开采100万吨的速度，2015年以后公司的煤炭资源将开始枯竭。目前煤炭业务销售收入占公司总收入的38.2%，如果公司重点发展的煤矸石综合利用和客车制造业务在如此长的时间内仍未能实现产业替代的战略目标，将对公司的经营业绩造成重大影响。

针对上述风险，公司规划在保持现有煤炭产品生产的基础上，逐步加大对煤矸石综合利用和客车制造业务的投入，降低煤炭业务收入在公司主营收入中的比重，实现产业替代。本次公司募股资金将全部用于公司煤矸石综合利用和客车制造业务，煤炭产品销售收入占主营业务收入比重将从2001年的42.22%下降为2005年的19.76%，利润所占比重将由2001年的50.74%下降为2005年的16.01%。随着该等业务的进一步扩大，煤炭产品对公司的收入和利润贡献将逐步减少，公司煤炭业务十五年后可以平稳淡出。

2、公司电力产品主要供应控股股东的风险

2001年公司煤矸石发电量为20,321万kwh，营业收入为55,205,382.25元，占公司业务总收入的12.31%，其中供主发起人使用的电量占总发电量的45.98%，主发起人2001年用电量为17,176万kwh，其中由公司煤矸石发电厂提供电力为9,345万kwh，占其总用电量的54.41%。历史上煤矸石发电厂一直向主发起人供电，并于1999年与当地供电局并网，如果主发起人因经济原因无力支付或利用控股股东地位拖欠本公司供电服务费用，将在短期内对本公司的经济效益产生较大影响。

公司主发起人为国家大一型企业，注册资本24000万元，2000年总资产18.9亿元，资产负债率为57.68%，实现利润8465万元，经济效益呈良好的发展趋势。主发起人长期以来生产经营所需电力主要依赖本公司提供，和本公司有着长期的密不可分的业务合作关系，公司至今未出现主发起人利用控股股东地位拒付或拖欠公司供电费用的情况。为切实保障中小股东的合法利益，公司经与主发起人协商，对主发起人的供电费用每月向公司结清。

此外公司已与当地供电部门订立了上网供电协议，依据《中华人民共和国电力法》、《电网调度管理条例》、《关于电网与电厂、电网与电网并网运行的规定〈试行〉》等国家有关法规和政策，集团公司与萍乡供电局就高坑电厂和安源电厂所在的高—安小网并入地区电网达成了并网协议，公司设立后已将此协议进行了主体变更。协议就并网范围及并网点、产权分界和安全责任划分、电能计量点及计量方式、电量电价及计费结算和调度管理等方面作了明确界定。协议的签定标志着公司的煤矸石发电业务由原来的自发自供逐步向市场化自主经营过渡。并网的实施为公司的煤矸石业务的进一步发展开辟了一条渠道，也使煤矸石发电本身的优势得到更为具体的体现。公司的高－安小网的35KV供电网络与萍乡供电局丹江35KV电网联网后，供电辐射面积约为86平方公里，供电用户435户，年供电量为1.8亿kwh。因此，公司煤矸石发电业务，有能力也有条件参与市场的自主经营。公司电力产品主要供应控股股东的风险由此得到了有效控制。

3、业务类别之间相关性差的管理风险

公司作为国家政策支持的煤炭转型企业，主营业务涉及煤炭及煤矸石综合利用和客车制造业务，由于公司的业务类别之间相关性差，不同业务种类的资源配置和经营管理上存在差异，公司存在着管理风险。

改制以前，集团公司通过长期的实践，形成了一整套的有效管理模式：在集团公司的经营管理上各分公司的资产均各自独立于集团公司其他资产，业务及生产经营产、供、销系统均各自独立于集团公司其他生产单位。分公司的经营者由集团公司委派，分公司的销售货款统一回笼集团公司的结算中心，由集团公司集中对银行办理信贷、结算业务，集中对税务部门办理税收清算、通用物资（如：钢材、备品配件等）由集团公司集中采购。事实证明集团公司在长期实践中形成的"集中管理下相对独立运作"经营管理模式是行之有效的。

公司改制后，各分公司的人员、业务、供产销系统随相应的经营性资产进入股份公司，进入公司的资产基本保持了原有的运营模式，公司承继了集团公司经长期实践证明已经成功的"集中管理下相对独立运作"的分公司管理模式：各分公司在生产经营方面拥有高度的自主权，并拥有独立、完整的供产销系统；各分公司经营者由公司选派；公司集中管理资金（如：银行信贷、货款回笼、税收缴纳等），分公司独立核算盈亏；通用物资（如：钢材、油料、机电产品）由公司集中采购，专用物资（如：底盘、发动机、压缩机）由分公司自行采购。加之股份公司规范化的法人治理结构的推行和不断完善，公司业务类别间相关性差的管理风险将能有效控制。

4、财政支持优惠政策变动风险

根据江西省人民政府赣府字［2001］18号《关于给予安源实业股份有限公司财政支持优惠政策的批复》的规定，江西省政府通过财政支出渠道安排资金对公司给予支持，在公司上市前，按公司依率上缴的所得税由省财政列入预算补贴给公司；在公司上市后，按公司依率上缴的所得税中的18个百分点由省财政列入预算补贴给公司。即公司享受的财政支持优惠政策在上市后将发生变化，所享受的补贴收入从依率上缴所得税额的100%下降到54.55%。2001年公司收到补贴收入1625万元，若按上市后的财政支持优惠政策执行，将减少补贴收入738.56万元，占当年利润总额的11.05%。如果上述财政支持优惠政策全部取消，公司将减少补贴收入1625万元，占当年利润总额的24.31%。

根据2002年1月30日江西省第九届人民代表大会第六次会议《关于通过江西省2001年省级总预算执行情况和2002年省级总预算的决议》，江西省2001年省级总预算政策性补贴支出4.1亿元，完成预算的100%；省本级预算政策性补贴支出3.2亿元，完成预算的100%；江西省2002年省级总预算安排政策性补贴支出4.1亿元，省本级预算安排政策性补贴支出3.2亿元。

经北京中银律师事务所核查认为：江西省人民政府赣府字［2001］18号文规定通过省财政支出渠道安排资金，对股份公司给予支持的行为，符合国发［2000］2号文第二条规定"对于需要国家财政扶持的领域，原则上应通过财政支出渠道安排资金。"的精神。公司所享受的江西省人民政府的财政补贴不属《补贴与反补贴协定》（ASCM）第3条规定的禁止性补贴，因而也不属于中国政府在《中华人民共和国加入议定书》中承诺取消的补贴的范围。股份公司上市后将一直享受上述文件规定的财政补贴优惠政策，除非江西省人民政府决定停止执行赣府字［2001］18号文或另行规定财政补贴期限。

针对财政支持优惠政策变动对公司利润的影响，公司将积极抓住市场机遇，不断扩大现有产品的生产能力，适应市场需要，调整产品结构，增加高附加值产品，提高公司盈利能力；同时，加快募股资金投资项目建设，提高资金的使用效率，使募股资金尽早产生效益，以降低因政策变动造成的影响。

5、短期借款余额较大和长期借款偿债期相对集中风险

截止2001年12月31日，公司短期借款6370万元，其中有3500万元于2002年10月、11月到期，长期借款7490万元到期日集中在2002年11月下旬，上述债务均由萍乡矿业集团有限责任公司提供担保。由于短期借款和长期借款偿还期过于集中，将对本公司的负债结构和现金流量造成一定的影响。

由于公司目前各项业务健康发展，现金流量情况及各项流动性指标良好（2001年12月31日的流动比率为1.44，速动比率为1.22，长期负债比率为0.29，资产负债率为57.64%，2001年度现金及现金等价物净增加额为6784.40万元），因此，具有较好的抵御财务风险的能力。

同时公司就上述债务偿还已安排了还款计划如下：

款项来源	2002年还款计划
贷款回笼	7000万元
贷款展期	4000万元
合　计	11000万元

本公司有较高的信誉度，并与当地各贷款银行建立了长期业务关系，可以通过展期、续贷等方式化解贷款到期集中的风险。

6、资本市场持续融资的风险

本次公开发行募股资金到位后，公司净资产增幅将达200%，根据公司募股资金投资计划，发行当年募股资金投资项目均尚未能产生效益；而根据工作计划，公司现有业务在2001年虽有一定增长，但远跟不上净资产的增幅，预计发行当年的净资产收益率将比2001年有较大幅度的下降。根据公司2001年的收益情况，发行后的摊薄净资产收益率将降为7.22%。如出现上述项目未能按期达产并产生效益，同时公司现有业务不能保持目前的盈利水平的情况，公司存在通过资本市场持续融资的风险。

针对上述风险，公司将采取以下措施：第一，在投资项目产生效益前，充分挖掘公司现有产品的生产能力，尤其是加大客车及配套产品市场开拓力度，提高现有业务的收益水平；第二，募股资金到位后，公司将加快项目建设，提高资金的使用效率，使募股资金尽早发挥效益；第三，发挥财务杠杆的作用，加强财务管理和资金管理，提高资金使用效率，降低财务费用。

7、市场开发不足风险

公司主要经营业务在不同程度上存在市场开发不足的风险：

煤矸石综合开发利用业务：公司此项业务目前主要为煤矸石发电业务，公司电力主要对主发起人销售，且已并入当地电网，目前市场开发风险不大。根据公司发展规划，公司拟拓展煤矸石综合开发利用新领域，本次发行募集资金将投资3e粉煤灰轻质墙板、多功能新型建材和灰渣超细粉等三个新产品（详见第十二章"本次募集资金运用"），因此，公司煤矸石综合开发利用业务可能存在新产品市场开发不足的风险。

客车制造业务：本次公司计划募集资金投入大型客车生产线技改，在保持单班年产1200辆客车的基础上，形成800辆中档客车的生产能力。同时，公司还将进行大型客车空调生产线技改，形成年产大型客车空调2000台的能力。目前，由于我国汽车工业的高速发展，市场竞争日趋激烈，国内客车工业联合、兼并的趋势和市场集中程度不断提高，公司在现有的销售地域内将面临更强大的竞争对手，市场的进一步开发存在更加激烈的竞争。本次募集资金投资项目达产后，公司的客车及客车空调生产能力将大幅提高，公司此项业务由此存在着市场开发不足的风险。

公司煤矸石综合开发利用业务本次投资开发生产的三个新产品，系利用煤矸石等固体废弃物作为原料进行加工生产，因此，和其他企业生产的同类产品相比具有低成本的优势，公司将充分发挥这一优势，利用国家支持发展新型建材的契机，加大市场开发力度，以公司所在地为中心，辐射周边邻近城市等。公司客车制造业务具有"小批量、多品种"的特点，能迅速适应市场需求变化，目前公司客车销售市场，已经形成了以上海为龙头，遍及北京、天津等28个省市的自营销售网络，客车空调市场也已形成了包括上海、天津、江苏等16个省市的客车生产厂及客车运输公司的自有营销网络。本次募股资金到位后，公司的经济实力将大大加强，公司一方面将通过技术改造，加强公司客车外观设计和车身技术的优势，提高产品的科技含量，降低成本，提高产品的竞争力；另一方面进一步加强销售网络的建设，靠大联强，客车制造厂已与上海申沃客车有限公司签订了合作协议，利用沃尔沃的底盘优势、品牌优势和本公司的车身开发制造优势共同开发市场，降低和化解市场开发风险（详见第十一章"业务发展目标"）。

8、受商业周期负面影响的风险

本公司主要产品在国民经济的景气程度发生变化时，均可能产生一定的负面影响，按影响程度大小顺序列示如下：首先，公司煤矸石综合开发利用业务中3e粉煤灰轻质墙板、多功能新型建材、灰渣超细粉等产品虽然受到国家政策扶持，同时具有低成本的优势，但由于属于建材类产品，

容易受商业周期影响;其次,公司业务中的原煤生产,其销售量和价格受商业景气程度影响较大;第三,公司的客车业务主要为城市公交用的大中型客车,目前国内需求仍有较大缺口,短期内受商业周期影响不大。公司的客车空调为新型环保产品,目前市场潜力较大,短期内受商业周期影响不大。但从长期而言,公司的客车和客车空调业务仍存在受商业周期影响的风险因素;第四,公司的煤矸石发电业务受国家政策支持,已并入当地电网,主要对主发起人销售,受商业周期影响较小。

9、原材料供应风险

本公司生产所需的原材料及零部件主要是煤矸石、R134a制冷剂、压缩机、冷凝风机、蒸发风机、钢材、发动机、客车底盘等,上述原材料除煤矸石外,大部分通过国内市场购买,因此对原材料生产企业存在一定的依赖性。公司2001年度采购上述主要原材料成本结构如下表列示:

原材料名称	金额(万元)	所占比例(%)
底盘(辆)	5,491	44.56
客车装饰件(件)	3,450	28.00
钢材(KG)	1,086	8.81
压缩机(台)	443	3.59
客车发动机(台)	788	6.39
前后桥	46	0.37
风机(只)	118	0.96
客车空调外壳(套)	842	6.83
客车空调发动机(台)	44	0.36
R134a(KG)	15	0.12
合　计	12,323	100.00

由上表可以看出,公司主要原材料中客车底盘、装饰件、钢材、压缩机、客车发动机、前后桥等材料所占比重较大,若上述原材料生产企业受国家宏观经济政策导向、通货膨胀等因素的影响,产品价格出现大幅波动,势必引起本公司生产成本的波动,给正常的生产经营带来影响。

上述主要原材料公司近年采购价格变动情况:

原材料名称	1999年	2000年	2001年
底盘(万元/每辆)	5.4-6.5	5.2—6.5	5.2—6.5
钢材(元/KG)	2.55	2.35	2.20
压缩机(元/台)	7600	7500	7400
发动机(万元/台)	5.4	5.2	5.2

由上表看出,公司目前主要原材料采购成本基本稳定,部分原材料价格呈逐步降低趋势,因此目前公司的原材料供应风险尚不突出。

公司煤矸石综合利用业务主要原料为煤矸石,年消耗量约为56万吨,目前公司煤矸石累计堆放量为3400万吨,可供60年的需求量,而且现在每年新增排放量约117万吨,因此,公司目前煤矸石综合利用项目尚不存在原材料供应风险。但是,随着公司煤矸石综合利用领域的拓展和新项目开发,以及煤矿资源的枯竭,从长远而言,仍然存在着煤矸石供应的风险。

10、经营场所过度集中的风险

公司目前主要生产经营场所集中在江西省萍乡市,若该地区一旦发生各类严重自然灾害等不可抗力因素导致的重大危机,公司由于生产经营场所过度集中,将产生重大风险。

11、应收账款发生坏账的风险

公司截止2001年12月31日应收账款余额为11844万元,其中一年内到期的10912万元,占92.13%,1—2年内到期的810万元,占6.84%,虽然目前公司应收账款从账龄结构来看风险不大,同时公司已按国家有关规定计提了有关坏账准备,并积极采取措施回收货款,但由于应收账款绝对金额较大,因此仍然存在着应收账款发生坏账风险的可能。

12、资产流动性的风险

2001年12月末,公司流动比率为1.44,速动比率为1.22,目前资产流动性各项指标良好,但是本次公开发行募股资金投资项目建成后,公司固定资产比重上升,将导致上述流动性指标有所下降,存在着一定的资产流动性风险。

公司新建项目投产之前,上述流动性指标确实存在下降的因素,但是,随着项目达产后,新生产线投入运营,公司的生产经营规模将上一个新的台阶,资产流动性风险将逐步减轻。

13、对外投资及或有负债的风险

截止2001年12月,公司无对外投资及或有负债,因此目前尚不存在上述风险及对外投资引起的财务失控风险,但是随着公司生产经营活动的开展,本公司今后根据实际情况需要,有可能进行适当的可控制风险的对外投资,但仍不排除今后发生上述风险的可能。

14、大股东控制风险

萍乡矿业集团有限责任公司是本公司控股股东,目前持有公司96.47%的股份,本次股票发行成功后,仍持有本公司61.39%的股份,处于绝对控股地位,因此,存在着控股股东利用控制地位损害股份公司和小股东利益的可能,由此存在着一定风险。

公司上市后,将对管理机制进行进一步的调整和改革,不断完善公司法人治理结构,通过增加独立董事、独立监事减少大股东控制风险。

15、组织模式和管理制度的风险

公司改制后,根据国家有关政策规范运作,形成了较为完善的组织模式和系统的管理制度,依法建立健全了规范的法人治理结构,形成了一整套完整的内部激励机制和约束机制,但是由于公司改制以前,长期计划经济体制下形成的运作观念难免会对公司的运营模式产生一定影响,因此存在一定风险。

16、产品技术更新风险

公司目前的煤矸石发电业务采用流化床燃烧技术,在全国煤炭系统同类电厂中,各项技术指标及经济效益处于前列,中参数电站沸腾锅炉的流化床燃烧技术的应用在全国处于领先位置;大型客车、客车空调的生产技术属九十年代国内先进水平,主要生产设备基本上均为九十年代产品;煤炭洗选生产技术达到90年代末国内先进水平(详见第六章第三节"发行人技术"),目前产品技术更新风险较小,但是,随着科学技术的迅速发展,新技术运用和新产品的更新换代周期不断加快,公司现有的产品技术更新换代的风险将逐渐增加。

为解决上述技术更新风险,公司始终注重科技投入,在公司内部专门设立了研究发展部,在公司下属各单位设立了技术开发部,并积极走产、学、研相结合的道路,同西安交通大学合作,设立了安源实业西安交大技术中心,聘请行业专家进行技术研发,在一定程度上为化解上述风险作好了准备。

17、新产品开发、新技术运用的风险

本次公司募集资金投资的项目中,3e粉煤灰轻质墙板生产线、多功能新型建材生产线、灰渣超细粉生产线等项目技术将来源于从他方引进或购进成套生产设备,对该等技术,公司可通过合同方式取得设备卖方的技术使用许可或技术服务。公司开发生产各类煤矸石综合利用新产品,煤矸石发电厂和大型客车以及客车空调生产线技改项目主要通过对现有的生产设备进行更新升级,达到提高工效、降低成本和扩大生产规模的目标(详见第十二章"募股资金运用")。上述项目均采用成熟的先进技术,就技术本身而言存在的风险不大,但是,对以上新技术的运用和新设备的安装使用以及项目的技术管理方面仍然存在一定的风险。

目前公司下设的研究发展部、技术开发部和安源实业西安交大技术中心有关技术人员对上述问题进行了充分的研究和准备,并有计划、分阶段、有针对性地对相关生产人员进行业务培训,争取将上述风险降低至最小程度。

18、技术依赖的风险

公司目前技术开发除公司自行研发外,主要与西安交通大学共同合作开发。公司目前5名核心技术人员中,2人为西安交通大学教授、博士导师(详见第八章第四节"技术负责人和核心技术人员"),因此,本公司存在一定的技术依赖风险。本公司由于属煤炭转型企业,涉及资源及综合利用和客车制造业务领域,各项业务收入比重基本相当,因此不存在过度依赖某一特定的知识产权、非专利技术的情况。

随着公司业务领域的拓展和新业务品种的开发,公司将继续拓展产、学、研相结合的道路,在各项应用技术的研究、开发、实践和运用过程中,着力培养和扩大公司核心技术人员队伍,同时积极与国内外各有关技术权威科研机构、院校建立技术合作关系,减轻上述技术依赖的风险。

19、募集资金投资项目的风险

本公司此次发行股票募股资金主要投资于煤矸石综合开发利用和客车制造的技术改造项目。上述项目可能存在市场开发不足、受商业周期变动、对自然资源依赖、受原材料供应制约、产品技术更新以及项目技术管理经验不足等风险,此外上述投资项目虽然经过充分论证,但是项目从设计到竣工有较长的时间跨度,也涉及到较多的环节,在此期间如出现不可抗力或意外事件影响,以及宏观经济形势发生较大的变化,将会影响项目的进展和收益。

20、政策性风险

公司作为资源转型企业,长期以来一直受到国家产业政策支持,公司主要业务之一煤矸石综合利用业务,属国家目前大力支持的环保产业,因此,上述国家目前支持的产业政策发生变化,将对公司的整体经营产生影响;

公司计划投资的煤矸石综合利用新产品生产属建材行业,公司现有的客车及配套产品的生产属加工制造业,上述行业受国家宏观经济政策变动影响较大。

国家电力体制改革将使公司电力产品的生产销售可能面临下列风险:

(1)行业利润率降低的风险。尽管电力体制改革施行"上网竞价"对公司的发展带来了历史性的机遇,但由于电力市场的竞争加剧,电力行业的价格总水平及行业利润率将有所降低。电力体制改革后,公司与其他电力公司一样将面临市场竞争的强大压力,公司现有的煤矸石发电业务,受今后各地电厂直接竞价上网影响,可能存在因电价下降导致本公司发电业务收入减少。

公司电力的销售对象除主发起人外,主要是当地边远山区的小电网用户,包括居民日常生活用电和厂矿等工业企业生产用电,为提高现有供电网络的使用效率和减少重复建设投资,规范电力生产销售行为,公司已与当地供电局签定了并网协议。根据目前的电力需求情况,公司所生产的电力即使全部向小网供应,仍无法满足需求,随着居民生活水平的提高和企业生产规模的扩大,对电力的需求还将进一步增加,电价将在相当的一段时期内保持相对稳定。公司将抓住这个有利时机,加大内部挖潜,努力降低生产成本,并利用并网的优势,增加电力的销售量,保证公司电力销售收入和利润水平的稳定增长。

(2)行业内兼并的风险。电力体制改革推动了我国电价水平的降低,行业利润率的降低要求电力企业走集约化、规模化的道路。在原有电力行业各利益主体的利益格局被打破的条件下,国家鼓励大型的电力企业兼并小型的电力企业,改变过去政府意志下的粗放式的规模扩张,转入了注重电力产品质量、经济效率、技术升级的集约型发展时代,对公司在资金投入、技术更新和电力质量等方面提出了更高的要求,使公司面临更大的压力。

公司将利用本次发行上市的机会,充分利用公司所处的地域优势,加快公司煤矸石发电的技术改造,提高效率,扩大市场份额,以在未来的市场竞争中抢占先机,走规模化发展的道路。公司将大力加强自身的研发能力,积极与外界科研单位合作,以弥补自身的不足。

21、安全生产方面的风险

本公司的煤炭生产为地下开采作业,存在五大灾害:水、火、瓦斯、顶板、煤尘等,还受到地质条件变化的影响。尽管公司有先进的开采技术装备和完善的安全管理,但还不能完全排除发生安全事故的可能性。事故的发生可能会影响本公司煤炭生产的正常进行。

22、加入WTO的风险

虽然国内外大型客车的生产主要以手工操作为主,加入WTO后,公司的产品将因为劳动力成本比国外低廉而从中受益,但是不能排除国外客车制造企业选择国内或劳动力成本更低的发展中国家设厂的可能性,届时公司将面临国外同行管理、资金、品牌和科技等综合实力的挑战,对本公司产品的市场份额和盈利能力带来一定影响。

加入WTO给我国汽车工业带来挑战同时也创造了零部件进口和技术引进的便利。从现实的国情来看,入世对我国的大中型客车市场有着积极的影响:我国大中型客车在入世后可得到5年左右的保护期,在此期间进口关税逐步降低,其减幅不大,对我国中普档客车的市场影响较小。价格30万元以下的中普档客车为我国大、中型客车总产量的80%,而发达国家很少生产这类客车。因此,无论进口关税降低与否,发达国家中普档客车不大可能进入我国市场。发展中国家的产品,其性能价格比与我国产品相比还有一定差距。公司本次客车技术改造的产品定位为中普档城市公交客车和城乡客车。主导客车产品价格定位在20-40万元之间。加入WTO对本公司中普档客车产品不会构成不利的影响,相反,还将有利于这些产品的出口,获得更大的市场空间(详见第十一章"业务发展目标")。

23、股市风险

股票价格的变化除受与本公司有直接关系的经营风险等因素影响外,还会受宏观经济形势、经济政策、股票市场供求状况及突发事件等诸因素的影响,而且我国证券市场仍处于政策法规逐渐完善、市场行为逐渐规范的时期,因此即使在本公司经营状况稳定的情况下,本公司的股票价格仍可能出现较大幅度的波动,存在一定的投资风险。

24、公司发展在转型过程中的风险

公司作为资源转型企业,在转型过程中主要存在技术人才风险、业务管理风险、市场开发风险。

技术人才风险。公司虽然已经完成企业转型,现有主营业务已有成熟的技术和技术人员队伍,但未来发展将新增3e粉煤灰轻质墙板等建材业务,公司目前没有建材业务的技术人才对公司的转型发展产生一定的影响。公司将以萍乡矿业技术学院为基地,并依托清华大学、武汉工业大学、哈尔滨工业大学、西安交通大学、中国建筑材料工业规划研究院、机械工业部汽车工业规划设计研究院等高校和科研机构,对公司员工进行培训,不断提高技术水平和员工素质,并在各项应用技术的研究、开发、实践和运用过程中,着力培养和扩大公司核销技术人员队伍,适应公司发展。

业务管理风险详见风险因素中第3条"业务类别之间相关性差的管理风险"。

市场开发风险详见风险因素中第7条"市场开发不足风险"。

除上述风险因素外,公司不排除因政治、经济、自然灾害等不可抗力因素对生产经营带来不利影响的可能性。

第四章　发行人的基本资料

一、公司中文名称:安源实业股份有限公司

公司英文名称:ANYUAN INDUSTRIAL CO.,LTD.

二、法定代表人:徐绍芳

三、设立日期:1999年12月30日

四、住所及邮政编码:江西省萍乡市昭萍东路3号(337003)

五、电话号码:0799-6581363

六、传真号码:0799-6581171

七、电子信箱:AnYuan1999@163.net

八、互联网网址:www.anyuan1999.com

九、历史沿革

公司主发起人的历史可以追溯到创办于1898年的"安源煤矿"。安源煤矿是中国近代史上的"十大厂矿"之一,也是中国工人运动的策源地。新中国成立后,经国家投资建设发展成立了萍乡矿务局,成为国家重点统配煤矿。煤炭企业作为资源型企业,都有资源枯竭和寻找替代产业的问题,国家为了保持国有煤炭企业的可持续发展,提出了"以煤为本、综合利用、多种经营"的发展方针,引导和鼓励煤炭企业发展多种经营。1986年由原中国统配煤矿总公司制定了《关于进一步发展统配煤矿多种经营的意见》,1993年原煤炭工业部颁发了《关于加快发展煤炭工业多种经营的若干规定》,并且国家对煤炭企业发展多种经营给予了贴息贷款等扶持政策。

60年代末,萍乡矿务局感悟到煤炭资源型企业发展替代产业的重要性和紧迫性,从保持企业的稳定、充分利用资源和可持续发展出发,开始发展替代产业,历经了探索、培育和发展三个阶段。

首先从为配合煤炭生产入手,自制煤矿机械产品、矿灯、电焊条、炸药雷管、种植坑木林等,建立了相应的多种经营基地,进行多种经营的探索;从80年代开始,利用煤炭企业特有资源和市场,重点培育煤矸石综合利用业务和客车制造业务;从90年代开始,利用自身优势寻求新的发展机遇,拓展了浮法玻璃生产和国际经济技术合作新领域。

经过上述三个阶段的发展,在煤矸石综合利用、客车制造、浮法玻璃生产和国际经济技术合作等四个方面具备了一定的竞争实力和优势。

煤矸石综合利用是将煤炭开采和洗选加工生产优质焦煤过程中排出的煤矸石进行综合利用,形成一个完整的产业链:即利用废弃的煤矸石发电;继而利用先进技术将发电厂排放的粉煤灰加工生产新型建筑材料,实现固体废弃物零排放目标。利用煤矸石发电是全国最早的企业之一,经济效益和社会效益都非常显著。

客车制造是通过解决煤矿矿区职工通勤问题入手而发展起来的。八十年代初国家的城市公交较为落后,各矿区的通勤问题均要由企业自己解决。为此,原煤炭部投资建设了煤炭行业惟一的定点客车生产厂-萍乡客车厂,并同时配合煤炭生产改装矿山救护车、自卸翻斗车等特种车辆,通过计划经济的手段占据了当时全国煤炭行业的整个市场。随着市场经济的发展和城市公交的进步,萍乡客车厂从过去生产单一的煤矿通勤车发展到以生产城市公交车为主的国家重点客车改装企业,其产品具有"美观、安全、舒适、环保"的特点,近三年均已突破年产客车800辆、矿山专用车400辆的能力。根据《2000年中国汽车工业年鉴》统计,1999年大客车生产量在全国三十家改装大客车企业中排列第三位。生产的客车产品已有70个品种列入国家目录,其外观设计和车身技术以及品种开发能力在全国改装车企业中具有较明显的竞争优势。

为了提高产品的档次,1997年公司又与西安交通大学共同研制开发了环保客车空调。伴随着市场对客车产品舒适性要求的提高,为客车空调产品提供了广阔的市场空间,促进了客车空调生产的发展。集团公司将原生产中央空调和家用空调的制冷设备厂全部转产生产环保客车空调,除为公司客车制造厂配套外还面向市场求发展。

浮法玻璃现有年产3~19mm规格玻璃600万重量箱的生产能力,由于区域优势和管理得当,其经济效益显著。国际经济技术合作已从国外工程承包、医院合营发展到煤矿、电厂项目整体建设等全面的经济技术合作,合作国包括马来西亚、西班牙、阿尔及利亚、尼泊尔、喀麦隆等国家。

在国家产业政策的支持下,历经三十多年发展替代产业,集团公司走出了一条资源型企业可持续发展之路,形成了涉及煤炭、电力、机械、化工、建筑、建材、食品、林木等多行业、多产品的多种经营格局和分公司管理模式:各分公司在生产经营方面拥有高度的自主权,并拥有独立、完整的供产销系统;各分公司经营者由公司选派;公司集中管理资金(如:银行信贷、货款回笼、税收缴纳等),分公司独立核算盈亏;通用物资(如:钢材、油料和机电产品等)由集团公司集中采购,专用物资(如:底盘、发动机和压缩机等)由分公司自行采购。各分公司模拟独立法人运作,形成了"集中管理下相对独立运作"的分公司管理模式。长期实践证明,这种管理模式是成功的,并已被国家所肯定和推广。1996年集团公司被煤炭工业部表彰为全国煤炭工业综合利用、多种经营先进单位;1997年被中共中央宣传部和国家经贸委列入全国十大扭亏增盈先进典型。

经江西中山会计师事务所有限责任公司审计,集团公司2000年12月31日总资产188,516万元,净资产79,798万元,2000年度实现主营业务收入85,260万元,利润8,465万元,实现净利润5,640万元。资产负债率为57.67%,净资产收益率为7.07%。

十、改制重组情况

公司由萍乡矿业集团有限责任公司和西安交通大学等单位共同发起设立。设立时公司净资产19,825万元,按1:0.70618的比例折股,总股本为14,000万股,其中,主发起人以其经评估并经确认的经营性净资产19,125万元出资,持有公司96.469%的股份,西安交通大学以现金500万元出资,持有公司2.5222%的股份,其他发起人分别以现金50万元出资,各持有公司0.2522%的股份。公司股本结构如下:

股东名称	股权种类	持股股数(万股)	持股比例(%)
萍乡矿业集团有限责任公司	国有法人股	13,505.7	96.4690
西安交通大学	国有法人股	353.1	2.5222
江西省煤矿机械厂	国有法人股	35.3	0.2522
江西鹰潭东方铜材有限责任公司	国有法人股	35.3	0.2522
分宜特种电机厂	国有法人股	35.3	0.2522
萍乡裕华大企业总公司	法人股	35.3	0.2522
合　计		14,000.0	100.0

(1)遵循国家产业政策,发展煤炭替代产业,形成公司的持续发展能力。

根据国家产业政策及公司可持续发展战略的要求,公司确立煤矸石综合开发利用业务为未来的发展重心。因此,将与之相关的安源发电厂、高坑发电厂和电力分公司等资产重组进入股份公司。同时,安源煤矿和白源煤矿主要生产优质焦煤,为冶金企业提供特需煤种,产品供不应求,业绩优良。将两矿资产重组进入公司,有利于公司煤矸石综合利用业务的发展。

公司客车制造厂是原煤炭工业部投资建立的煤炭行业惟一定点的客车改装厂,在当时计划经济体制下占据了全国煤炭行业的整个市场,随着市场经济的发展和城市公交的进步,客车制造厂从过去生产单一品种的煤矿通勤车,发展到以生产城市公交车为主的国家重点客车改装企业。我国加入WTO后,将为公司客车制造厂的发展带来新的机遇:国际采购使采购成本降低的同时,保证零部件的质量,劳动力成本低的优势将进一步凸现,发展中国家对大中型客车的广泛需求,将为未来公司客车制造业务提供无限商机,客车制造业务将成为公司未来新的利润增长点。

伴随着市场对客车产品舒适性要求的提高,为客车空调产品提供了广阔的市场空间,随着我国加入WTO,国际采购市场开放,关税降低、中间环节减少将使主要外购的零部件采购成本降低,加之客车空调产量的提高,单台产品的生产成本呈递减趋势,这不但有利于提高客车空调产品的市场竞争力,还在一定程度上降低了客车制造厂中档大中型客车的成本,有利于提高市场占有率。

在综合考虑客车制造厂、制冷设备厂的发展过程、现时状况和未来良好的发展趋势对股份公司的利润贡献,以及两厂长期以来在发展中形成的"相互促进,共同发展"良好格局,集团公司决定将两厂剥离重组进入股份公司。

通过对上述资产进行剥离重组,并联合西安交通大学等单位共同发起设立股份公司,突出公司煤矸石综合开发利用的业务重心,在保持优质焦煤洗选加工业务的同时,重点发展客车制造业务,充分发挥与高校合作的产、学、研相结合的优势,不断提高产品质量和技术水平,进一步拓展盈利空间,保证公司的可持续发展。

(2)保持资产相对独立性和完整性

集团公司在发展过程中,形成了"集中统一管理下相对独立运作"的分公司管理模式,各分公司在生产经营方面拥有高度的自主权,并拥有独立、完整的产、供、销系统。集团公司本次重组进入公司的安源煤矿、白源煤矿、安源发电厂、高坑发电厂、电力分公司、客车制造厂、制冷设备厂以及物资分公司地域集中,在管理上除将两个电厂和电力公司合并外均维持了原有的格局,有利于公司今后对这些资产、业务的管理,保证公司未来生产经营的独立性,也有利于改制重组的操作。集团公司组建股份公司的资产重组示意图如下:

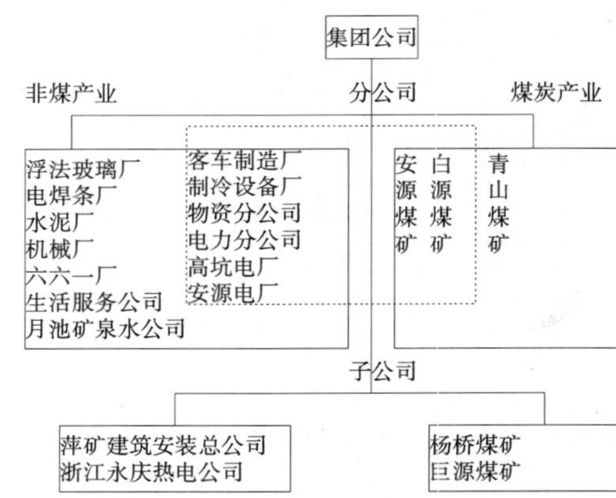

注:图中虚线框内为本次重组进入股份公司的资产

(3)剥离非经营性资产、不良资产和高风险性资产,突出公司主营业务,形成核心竞争力。

集团公司属于有较长历史的大型国有企业,在发展过程中产生了较多的非经营性资产和非主营资产,也产生了一些不良资产和高风险资产。根据国家有关法律、法规和规范性文件的要求,对重组进入公司的非经营性资产(生活福利设施等)、非主营资产(从事其他业务经营的资产)、不良资产(目前闲置、积压的资产)和高风险资产(收益不确定的资产)予以剥离,并与集团公司签订协议将上述剥离的资产交由集团公司统一经营管理。

2、资产剥离情况

公司以1999年9月30日资产评估基准日的资产状况,于1999年12月正式移交建账,根据江西恒信会计师事务所验资和期后审计调整的1999年12月31日会计报表,重组进入股份公司八个单位剥离前总资产共计59989.2万元,本次重组共剥离资产17944.3万元,加上其他股东投入的股金700万元、公司开办费65万元和会计政策变更追溯调整数-535万元,进入公司资产42233.8万元,具体情况如下:

单位名称	剥离前总资产	剥离资产				进入公司资产
		合计	非经营性资产	非主营资产	不良资产及高风险资产	
安源煤矿	146,351,566.87	62,706,701.49	30,589,218.56	10,930,145.54	21,187,337.39	83,644,865.38
白源煤矿	107,722,551.57	43,018,823.26	22,760,401.88	6,711,929.59	13,546,491.79	64,703,728.31
安源发电厂	54,217,284.53	17,590,391.93	2,855,672.44	6,749,518.79	7,985,200.70	36,626,892.60
高坑发电厂	36,305,267.11	16,412,308.28	6,468,951.06	8,914,671.47	1,028,685.75	19,892,958.83
电力分公司	12,756,044.14	-21,917.91	0.00	-29,166.73	7,248.82	12,777,962.05
客车制造厂	150,137,636.41	16,140,635.88	2,542,220.50	4,478,197.08	9,120,218.30	133,997,000.53
制冷设备厂	42,914,415.83	14,257,704.53	286,045.49	13,971,659.04	0.00	28,656,711.30
物资分公司	57,370,346.61	9,338,556.49	0.00	7,757,136.31	1,581,420.18	48,031,790.12
公司本部						7,649,905.62
汇总抵销	-8,293,074.97					-8,293,074.97
追溯调整						-5,350,407.10
总　计	599,482,038.10	179,443,203.95	65,502,509.93	59,484,091.09	54,456,602.93	422,338,332.67

注1:汇总抵销数系重组进入股份公司八个单位之间的交易(物资调拨、提供水电、产品提供等)形成的债权、债务,属股份公司内部往来款项,故在汇总八个单位的报表时将其抵销。

注2:追溯调整数系公司按照财政部要求调整坏账准备提取方法、提取比例的累积影响数。

3、主承销商和律师意见

(1)关于公司资产的独立完整性

经主承销商兴业证券股份有限公司和发行人律师北京中银律师事务所核查,在改制设立公司的重组过程中,主发起人萍乡矿业集团有限责任公司将煤矸石发电和优质焦煤开采、客车和客车空调等业务的全部经营性资产都投入公司，主要由公司使用的生产系统、辅助生产系统和配套设施、商标、土地使用权、采矿权等资产全部进入公司，公司拥有独立的产、供、销系统。从上述剥离资产的情况可知，剥离的资产主要为公安、武装、学校、医院、托儿所、宿舍、生活福利部门等非经营性资产，从事与主营业务无关的其他多种经营资产和闲置设备、积压物质、三年以上应收款项及高风险资产等不良资产，该等资产剥离不会影响公司资产的独立完整性。

(2)关于资产剥离对公司持续经营的法律影响

经主承销商兴业证券股份有限公司和发行人律师北京中银律师事务所核查，主发起人萍乡矿业集团有限责任公司投入公司的资产不存在设定质押、抵押等担保情形；依法需要办理产权权属变更登记的，如房产、土地使用权、商标及采矿权等现均已办理完毕，公司依法取得了相应的权属凭证；剥离的负债主要是集团公司与债权人之间正常经营过程中形成的资金往来款，且债务转让已征得债权人的同意。因此，上述资产剥离不存在潜在的其他权利要求或潜在的债务纠纷，不会对公司的持续经营构成潜在的法律障碍。

(十一)资产审验和权属变更情况

1、资产评估

公司设立时，主发起人萍乡矿业集团有限责任公司以其从事煤矸石发电和优质焦煤开采、客车及客车空调生产等业务的经营性净资产出资。根据江西中昊会计师事务所有限责任公司赣昊评报字(1999)25 号《资产评估报告》，截止 1999 年 9 月 30 日，萍乡矿业集团有限责任公司拟投资设立安源实业股份有限公司(筹)的全部资产账面价值为 385,822,710.42 元，调整后账面价值为 385,822,710.42 元，评估值为 437,042,692.85 元，评估增值为 51,219,982.43 元，增值率为 13.28%；全部负债账面价值为 245,795,036.80 元，调整后账面价值为 245,795,036.80 元，评估值为 245,795,036.80 元，评估增值为 0 元，增值率为 0%；净资产账面值为 140,027,673.62 元，调整后账面价值为 140,027,673.62 元，评估值为 191,247,656.05 元，评估增值为 51,219,982.43 元，增值率为 36.58%。该次评估采用重置成本标准，增值部份主要为建筑物(增值 1116.43 万元)和土地(增值 3364.70 万元)。上述评估结果业经江西省国有资产管理局赣国资评字[1999]178 号文《关于萍乡矿业集团有限责任公司出资资产评估项目审核意见的函》确认。

2、验资报告

根据江西恒信会计师事务所有限公司(现变更为"广东恒信德律会计师事务所有限公司")赣恒会验字(1999)第 023 号《验资报告》，截至 1999 年 12 月 29 日止，安源实业股份有限公司(筹)已收到发起股东投入的资本人民币壹亿玖仟捌佰贰拾肆万柒千陆佰伍拾陆元零伍分(人民币 198,247,656.05 元)，其中：股本人民币 140,000,000.00 元，资本公积人民币 58,247,656.05 元。与上述投入资本相关的资产总额为人民币 415,334,350.10 元，其中：流动资产人民币 201,042,798.20 元(含货币资金人民币 14,406,812.60 元)、固定资产及在建工程人民币 170,882,609.03 元、无形资产(土地使用权)人民币 43,408,942.87 元、相关的负债总额人民币 217,086,694.05 元(其中流动负债人民币 127,186,694.05 元，长期负债人民币 89,900,000.00 元)、净资产人民币 198,247,656.05 元。

3、权属变更情况

集团公司投入股份公司的各项资产已全部办理了权属变更手续，其中：

(1)商标

公司目前使用的"安源"牌客车及客车空调注册商标，经国家工商行政管理局商标局核准注册使用，《商标注册证》第 177762 号和第 798553 号。

(2)土地使用权

公司现有土地六宗，面积 219,358.17 平方米，分别是萍乡市安源区八一街 14343.00 平方米，土地使用证号为萍国用(2000)字第 07158 号；萍乡市安源区后埠街 71709.32 平方米，土地使用证号为萍国用(2000)字第 07159 号；萍乡市安源镇 42555.90 平方米，土地使用证号为萍国用(2000)字第 07160 号；萍乡市安源镇 19368.50 平方米，土地使用证号为萍国用(2000)字第 07161 号；萍乡市白源镇 46204.75 平方米，土地使用证号为萍国用(2000)字第 07162 号；萍乡市高坑镇 25176.70 平方米，二地使用证号为萍国用(2000)字第 07163 号。

(3)采矿权

公司拥有安源煤矿和白源煤矿的采矿权，《采矿许可证》证号分别为 3600000020933 和 3600000020934，矿区面积分别为 13.5232 平方公里和 7.3674 平方公里，有效期限二十年，均为 2000 年 11 月至 2020 年 11 月。

(4)煤炭经营资格证书

公司已取得了煤炭经营资格证书(省直)煤经营编号：NO.P2001001。

(一二)职工及其社会保障情况

截至 2001 年 12 月 31 日，本公司拥有职工 5355 名，其分类情况如下：

1、按年龄结构分

50 岁以上：5 人，占职工总人数的 0.09%

36－50 岁：2977 人，占职工总人数的 55.59%

21－35 岁：2062 人，占职工总人数的 38.51%

20 岁以下：311 人，占职工总人数的 5.81%

2、按专业结构分：

生产人员：4080 人，占职工总人数的 76.19%

技术人员：420 人，占职工总人数的 7.84%

销售人员：307 人，占职工总人数的 5.73%

管理人员：548 人，占职工总人数的 10.23%

3、按学历结构分：

本科及本科以上：153 人，占职工总人数的 2.86%

大专：376 人，占职工总人数的 7.02%

中专：566 人，占职工总人数的 10.57%

其他：4260 人，占职工总人数的 79.55%

4、按职称结构分：

高级职称：72 人，占职工总人数的 1.34%

中级职称：321 人，占职工总人数的 5.99%

初级职称：660 人，占职工总人数的 12.32%

高级技师：12 人，占职工总人数的 0.22%

技师：69 人，占职工总人数的 1.29%

高级技工：732 人，占职工总人数的 13.67%

中级技工：1042 人，占职工总人数的 19.46%

本公司实行全员劳动合同制。在重组设立本公司时，与集团公司投入本公司经营性资产有关的人员进入本公司。根据《劳动法》的要求，全部员工与公司签订了劳动合同，并已经萍乡市劳动局鉴证。本公司执行国家有关规定给予职工在休假、劳动保护、人身保险、医疗卫生等方面的福利。

本公司目前无离退休人员。

(十三)本次发行后公司股本结构

公司本次拟发行 8000 万股社会公众股，发行后公司股本结构如下：

项　目	数量(万股)	占总股本的比例(%)
发起人股	14,000.0	63.636
其中：国有法人股	13,964.7	63.476
法人股	35.3	0.160
社会公众股	8,000.0	36.364
合　计	22,000.0	100.000

第五章　主要发起人与股东的基本情况

一、本次发行前主要股东情况

1、控股股东：萍乡矿业集团有限责任公司

萍乡矿业集团有限责任公司是经江西省人民政府批准由原萍乡矿务局改制设立的国有独资公司，注册资本 24000 万元，系国家大一型企业，其前身为"安源煤矿"，创办于 1898 年，是中国近代工业史上的"十大厂矿"之一，也是中国工人运动的策源地。1998 年 8 月隶属关系由原煤炭工业部下放江西省人民政府。为了谋求企业的可持续发展，按照国家"以煤为本、综合利用、多种经营"的煤炭行业发展方针，集团公司从六十年代末期开始探索资源型企业转型可持续发展的新路，在国家产业政策的支持下，历经三十年，走出了一条资源型企业可持续发展之路。形成了涉及煤炭、电力、机械、化工、建筑、建材、食品、林木等多行业、多产品的多种经营格局和分公司管理模式。截止 2000 年 12 月 31 日，集团公司总资产 188,516 万元，2000 年度实现利润总额 8,465 万元，实现净利润 5,640 万元，资产负债率为 57.68%，净资产收益率为 7.07%，已连续六年保持盈利(经江西中山会计师事务所有限责任公司审计)。集团公司持有公司股份 13,505.7 万股，占发行后公司总股本的 61.39%，所持有的公司股票无质押担保或其它有争议的情况。

2、其他股东：包括西安交通大学、江西省煤矿机械厂、江西鹰潭东方铜材有限责任公司、分宜特种电机厂、萍乡裕华大企业总公司等五家法人单位：

①西安交通大学，国家重点扶持发展的全国重点大学，法定代表人徐通模。学校院系专业设置齐全，现有 97 个研究所和科研中心，其中流体机械与压缩工程研究中心为国家工程研究中心，有着强大的基础理论研究和科技开发能力。持有公司股份 353.1 万股，占发行后公司总股本的 1.61%。

②江西省煤矿机械厂，注册资本 1312 万元，法定代表人文春萍。主要从事机电产品制造和维修、矿产采掘和洗选设备制造。持有公司股份 35.3 万股，占发行后公司总股本的 0.16%。

③江西鹰潭东方铜材有限责任公司，注册资本 533 万元，法定代表人罗庆恒。主要从事生产和销售各种规格铜杆、铜管及电线电缆、异形材、机械修理制造、五金、交电、建材、电解铜、化工原料。持有公司股份 35.3 万股，占发行后公司总股本的 0.16%。

④分宜特种电机厂，注册资本 100 万元，法定代表人尹家庆。主要从事特种电机、防爆电机制造、修理及销售。持有公司股份 35.3 万股，占发行后公司总股本的 0.16%。

⑤萍乡裕华大企业总公司，注册资本 224 万元，法定代表人李忠良。主要从事模具、电瓶、活性炭、矿用风筒、水泥、水玻璃、纸张、服装、陶瓷制品、煤气表、灯泡、塑料制品、汽车货运。持有公司股份 35.3 万股，占发行后公司总股本的 0.16%。

二、主要股东承诺

公司控股股东萍乡矿业集团有限责任公司向公司出具书面承诺：在公司社会公众股发行上市后二年内，不转让所持有公司的股份。

三、集团公司主要企业结构图

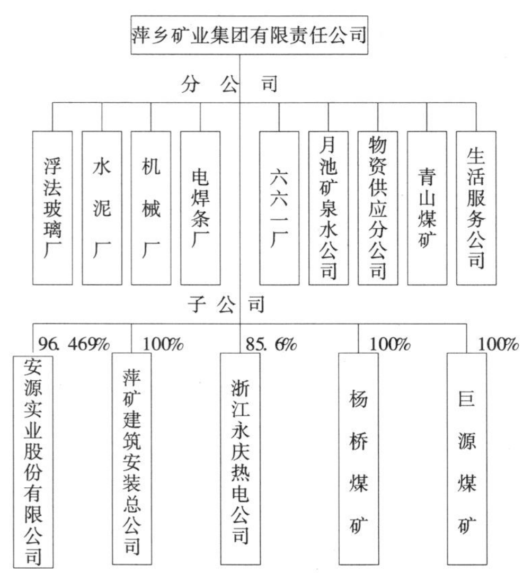

第六章　发行人的组织结构及组织机构概况

一、发行人内部组织结构

公司根据业务发展和工作需要，设立了七个职能部门、安源实业西安交大技术中心和六个分公司，内部组织结构图示如下：

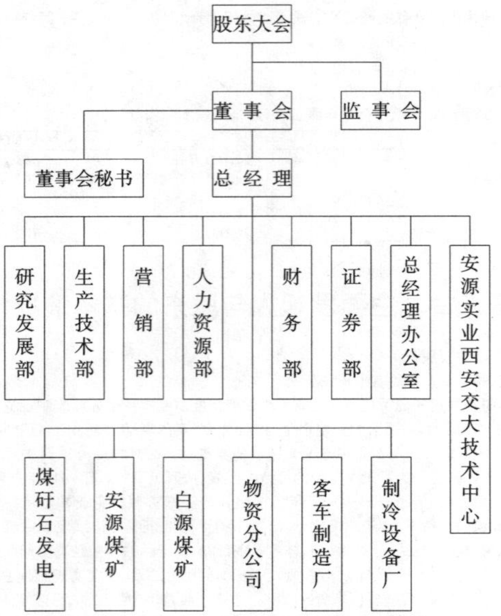

二、下属分公司的基本情况

1、煤矸石发电厂

采用流化床燃烧技术，利用煤矸石和劣质煤发电的环保型电厂，总装机容量为 30000kw。年均约耗费煤矸石 56 万吨，超过公司煤矸石年排放量部份，通过开发利用往年堆积形成的煤矸石山予以解决，并在原址植树绿化。建厂以来累计消耗煤矸石约 450 万吨。2001 年发电 20321 万 kwh，实现销售收入 5521 万元。

2、客车制造厂

生产 7～15 米各种型号客车，能够生产 65 种外观车型的大中型客车，产品主要以城市公交车为主。2001 年生产客车 1172 辆，实现销售收入 16386 万元。

3、制冷设备厂

生产 12 千瓦～24 千瓦各种型号的客车空调，装配于 6 米～12 米各种型号的客车。2001 年生产客车空调 778 台，实现销售收入 1537 万元。

4、安源煤矿、白源煤矿

煤种为优质焦煤。2001 年生产原煤 119 万吨，实现销售收入 17132 万元。

5、物资分公司

为了降低采购成本，集团公司于 1993 年成立物资分公司，代表集团公司统一对外进行钢材、油料、机电产品等通用物资的集中采购，供应集团公司内各成员单位，并对外从事物资贸易业务。1999 年底集团公司将物资分公司投入股份公司。2000 年实现收入 4300 万元。为减少关联交易，集团公司于 2000 年底重新组建独立的物资供应分公司，负责集团公司各单位通用物资的集中采购。经集团公司与股份公司协商同意，从 2001 年 1 月 1 日起，公司终止与集团公司下属单位签订的《物资购销协议》，从 2001 年 4 月 1 日起，公司终止于集团公司签定的《物资购销协议》，从此，公司物资购销不再与集团公司及下属单位产生关联交易。目前，股份公司物资分公司主要负责公司下属各单位通用物资、煤矿专用设备物资的的集中采购和对外从事物资贸易业务。

第七章　发行人业务与技术概况

一、公司主要业务

1、经营范围

煤矸石综合开发利用、煤矸石发电及其技术服务，煤炭生产、销售，汽轮发电机的维修，客车空调及其它制冷设备的制造、销售和维修安装，汽车制造、销售(不含小轿车)，汽车零部件、摩托车零部件制造、销售，物资贸易。(以上项目国家有专项规定除外)

2、核心业务

优质焦煤洗选加工及煤矸石综合开发利用和客车制造。

3、经营业务情况

(1)主要业务构成

类　别	年生产能力	2001 年产量	2000 年产量	1999 年产量
一、资源及综合利用				
煤炭	75 万吨	79 万吨	71.72 万吨	70 万吨
煤矸石发电	21600 万 kwh	20321 万 kwh	20743 万 kwh	20706 万 kwh
二、客车制造				
客车	1200 辆	1172 辆	921 辆	932 辆
客车空调	1000 台	778 台	620 台	412 台

(2)近三年收入构成表　　单位：万元

类　别	2001 年		2000 年		1999 年	
	金 额	占总收入%	金 额	占总收入%	金 额	占总收入%
一、资源及综合利用	22652	50.53	21100	54.04	20569	49.79
煤炭	17131	38.22	15124	38.74	14643	35.45
煤矸石发电	5521	12.31	5976	15.30	5926	14.34
二、客车制造	17923	39.98	12788	32.75	15423	37.34
客车	16386	36.55	10825	27.72	14169	34.30
客车空调	1537	3.43	1963	5.03	1254	3.04
合　计	40575	90.51	33888	86.79	35992	87.13

注：总收入为主营业务收入与其它业务收入之和。

(3)近三年利润构成表　　单位：万元

类　别	2001 年		2000 年		1999 年	
	金 额	所占比例%	金 额	所占比例%	金 额	所占比例%
一、资源及综合利用	4112	81.28	3753	85.4	3421	89.8
煤炭	2567	50.74	1919	43.7	1793	47.0
煤矸石发电	1545	30.54	1834	41.7	1628	42.8
二、客车制造	947	18.72	640	14.6	390	10.2
客车	803	15.87	517	11.8	377	9.9
客车空调	144	2.85	123	2.8	13	0.3
合　计	5059	100	4393	100	3811	100

注：不含财政补贴收入。

4、自然资源的耗用情况

煤炭为本公司开采的主要自然资源，年开采量在 100 万吨左右。截止 2000 年，本公司下属安源煤矿和白源煤矿的煤炭资源保有储量约为 1447.8 万吨。

由于本公司的煤炭生产依赖有限的煤炭资源，为保证公司的持续经营并降低对自然资源的依赖风险，在稳定煤炭生产的基础上，积极发展煤矸石综合开发利用和客车制造等替代产业，2000 年、2001 年煤炭收入在公司营业总收入的比重降到了 40%以下。

5、产品的市场销售情况

本公司生产的客车主要通过自有营销网络以直销方式投放上海、天津、北京、广东、湖南、湖北、河南、河北、山西、陕西、江西等省市的城市公交公司、长途客运公司。本公司生产的客车空调除与公司客车制造厂配套外，主要通过自有营销网络以直销方式投放上海、天津、江苏、浙江、江西、辽宁、湖南、山东、四川等省市的客车生产厂及客车运输公司。2001 年客车及客车空调实现销售收入 17923 万元。公司生产的客车在国内几个大中城市的公交用车占有较高的市场份额，如在上海的保有量约占上海公交车总数的四分之一。依据 2000 年《中国汽车工业年鉴》统计，1999 年全国大型客车销售 7665 辆，本公司销售 599 辆，公司在全国大型客车市场的占有率为 7.8%。根据全国大中型客车空调的产销情况估计，公司大型客车空调在全国市场的占有率约为 6%。

本公司生产的电力除向主发起人供应外，主要向江西萍乡地区电网供应。2001 年实现销售收入 5521 万元。本公司生产的煤炭产品通过自有营销网络以直销方式供应江西、湖南、福建、湖北、广东等省的钢铁厂和火电厂，2001 年实现销售收入 17131 万元。

公司建立了强有力的营销体系和制定了适应市场的营销策略，加之产品质量稳定，售后服务质量好，经过多年的发展，与广大用户建立了长期的业务关系，因此，公司产品价格基本稳定，对公司经济效益没有重大影响，据计算，1999 年价格变动减少利润 103.2 万元，2000 年价格变动增加利润 166.4 万元，2001 年价格变动影响增加利润 418.5 万元。

6、主要客户及供应商资料

(1)公司 2001 年前五名供应商合计采购额为 6149 万元，占公司年度采购总额的 25.87%。

(2)公司 2001 年向前五名客户的合计销售额为 11951 万元，占公司年度销售总额的 29.45%。

除萍乡矿业集团有限责任公司为公司的控股股东外，上述供应商或客户与公司的高级管理人员、主要股东无关联关系。

二、发行人技术

1、公司主要业务的技术水平

公司煤矸石发电是采用煤矸石和劣质煤作燃料的流化床燃烧技术。公司拥有该技术的所有权。该技术是由原煤炭工业部组织萍乡矿务局、浙江大学、华中工学院、江西锅炉厂等六家单位，联合设计了 35t/n 中参数电站锅炉，首先在公司煤矸石发电厂安装。后由中煤科学院煤化所、华中工学院、浙江大学、上海成套所、公司煤矸石发电厂组成攻关组，完成了国家科委下达的沸腾炉攻关项目。公司煤矸石发电厂在全煤系统同类电厂中，以燃烧燃料热值低、设备出力达标、运行工况稳、经济效益好而处在前列。在中参数的电站沸腾锅炉中，流化床燃烧技术的应用在全国处于领先位置。公司煤炭洗选生产采用具有 90 年代末国内先进水平的重力选煤技术和微泡浮选技术。公司选用原煤炭工业部选煤设计研究院与德国埃凯公司合作研制开发的 XD2632、XG2230D 型跳汰洗煤机，微泡浮选工艺来自中国矿业大学矿物加工工程研究中心开发的 FCMC—3000 型泥煤浮选旋流微泡浮选柱，该技术采用国内外独创的逆流式浮选柱，获国家专利。

公司虽然煤炭开采成本略高于已上市的其他煤炭企业，但由于地处资源紧缺的南方地区，其运输成本低廉的优势抵减了开采条件造成的成本差异，使其具有较好的盈利能力，煤矸石综合利用水平远远高于全国 43%的平均水平，公司每年除用完当期的全部洗渣之外，进而还利用了部分以前年度堆积的煤矸石。

公司客车制造厂拥有自主研究开发客车外观和车身设计技术，具有国内九十年代的先进水平。该技术是通过消化吸收欧洲车身技术并经过不断研发改进形成的。

1992 年开始，公司客车制造厂分期分批派人赴波兰、德国、奥地利等欧洲国家的客车厂学习，于 1996 年上半年从波兰伊尔奇汽车厂引进大型客车制造技术，主要包括购买样车和培训人员。波兰伊尔奇汽车厂提供 L120 公交客车和 T120 旅游客车样车，两套 CKD 整车散件。无偿提供国际市场的商业信息和技术信息。负责工程技术人员培训。

客车制造厂于 1996 年 2 月派出工程技术人员赴波兰伊尔奇汽车厂培训、学习客车制造技术及客车设计技术，并到德国、奥地利等欧洲国家学习考察。1997 年 6 月至 1997 年 8 月试制 L120 城市客车两辆。1997 年 9 月开始小批量生产。1997 年共仿制生产 L120 客车 69 辆，1998 年仿制生产 L120 客车 368 辆，主要销往上海公交系统。

由于伊尔奇客车外形较方正，属欧洲造型风格，与中国人的审美观有差异，为此，客车制造厂于 1998 年对伊尔奇 L120 客车外观进行改进，自主开发了适合中国国情的 PK6110CD 系列公交客车。1999 年又在 PK6110CD 系列客车的基础上又开发了更为先进的 PK6121CD 系列公交客车(低地板、双燃料、功能齐全)，主要销往上海公交系统。公司客车制造厂目前具有自行设计开发各类客车车型的能力。

公司制冷设备厂拥有 R134a 环保工质使用技术和整机系统匹配技术以及动力机组匹配技术，该等技术主要是通过与西安交通大学合作共同研究开发所取得。

西安交通大学以公司制冷设备厂为科研基地，指导公司率先在国内客车空调生产厂家中使用 R134a 环保工质和在换热器中使用正弦波型翅片。指导制冷设备厂进行整机系统匹配和动力机组匹配以及零部件选型工作。

制冷设备厂通过选派技术骨干与西安交大有关教授到美国进行实地考察，选送二十多名工程技术人员到西安交大制冷专业进修，与西安交大共同进行研制和改进，进行产品国产化工作，并以原数学模型为基础开发 6m—12m 客车系列空调产品。

制冷设备厂采用辽宁机械研究院的换热器生产工艺，购买该院的全套换热器生产设备(包括冲片、弯管、胀管、清洗等)；购买扬州金方圆数控机床厂生产的数控冲床；购买合肥通用机械研究所生产的客车空调整机性能试验室全套检测设备等。

公司本次发行募集资金拟投资项目的技术水平详见《招股说明书摘要》中第十三章"募集资金运用"。

2、知识产权

《安源》文字商标:商标注册证号:第 177762 号;有效期限至 2003 年 3 月。

《安源》图案商标:商标注册证号:第 798553 号;有效期限至 2005 年 12 月。

2000 年 7 月 7 日,公司"一种用于密封连管的手动扎管器",2000 年 12 月 15 日,公司"一种凸槽金属管连管头",2000 年 12 月 22 日,公司"非金属软管连接件",2001 年 2 月 3 日,公司"非金属软管与终端管件的连接件"2001 年 3 月 1 日,公司"一种金属管凸槽成型器"分别获得国家知识产权局颁发的《实用新型专利证书》,证书号分别为第 392712 号、第 417197 号、第 419194 号、第 42660C 号、证书号第 428445 号。

第八章　关联方、关联关系与关联交易

一、关联方和关联方关系

1、公司控股股东:萍乡矿业集团有限责任公司,持有公司股份 13,505.7 万股,占发行后公司总股本的 61.39%。

2、公司股东:西安交通大学,持有公司股份 353.1 万股,占发行后公司总股本的 1.61%。

江西省煤矿机械厂,持有公司股份 35.3 万股,占发行后公司总股本的 0.16%。

江西鹰潭东方铜材有限责任公司,持有公司股份 35.3 万股,占发行后公司总股本的 0.16%。

分宜特种电机厂,持有公司股份 35.3 万股,占发行后公司总股本的 0.16%。

萍乡裕华大企业总公司,持有公司股份 35.3 万股,占发行后公司总股本的 0.16%。

3、同一控股公司的其它主要企业

①萍乡矿务局建筑安装总公司,注册资本 5000 万元,法定代表人张荣辉,主要从事工业民用建筑工程施工、公路工程、送变电工程、设备安装装饰工程施工、地质测量与勘探、承包本行业境外工程和境内国际招标等,是集团公司的全资子公司。

②萍乡矿务局杨桥煤矿,注册资本 4800 万元,法定代表人况美生,主要从事原煤开采和销售,是集团公司的全资子公司。因资源枯竭,已申请政策性破产。

③萍乡矿务局巨源煤矿,注册资本 800 万元,法定代表人林绍华,主要从事原煤开采、洗煤、选煤加工、矿石粉、矸石砖、采釉砖制造等,是集团公司的全资子公司。因资源枯竭,已申请政策性破产。

④浙江永庆热电公司,注册资本 5000 万元,法定代表人文培斌,主要从事为当地纺织企业供热、供蒸汽和火力发电,集团公司控股 85.6%。

4、对控股股东有实质影响的法人、自然人:

①公司控股股东—萍乡矿业集团有限责任公司为国有独资公司,由江西省人民政府授权江西省煤炭集团公司管理;

②萍乡矿业集团有限责任公司法定代表人文培斌,为控股股东有实质影响的自然人。

5、关键管理人员

总经理:朱志明

财务总监:姚培武

技术总监:岑代全

总经理助理:李运萍、岑代全

上述人员由董事会聘任或总经理聘任,均未在关联企业任职,详细资料见本《招股说明书摘要》第九章"董事、监事、高级管理人员与核心技术人员"。

二、关联交易

在改制设立公司的重组过程中,主发起人萍乡矿业集团有限责任公司将煤矸石发电和优质焦煤开采、客车和客车空调等业务的全部经营性资产都投入公司,主要由公司使用的生产系统、辅助生产系统和配套设施、商标、土地使用权、采矿权等资产全部进入公司,公司拥有独立的产、供、销系统。公司的关联交易仅涉及无法避免的房屋租赁、采矿权转让、后勤服务等方面。对于关联交易,遵循市场公正、公平的原则,与集团公司签订了协议。

根据公司《章程》规定,股东大会审议有关关联交易事项时,关联股东不参与投票表决,其所代表的有表决权的股份数不计入有效表决总数。如有特殊情况关联股东无法回避时,公司在征得有关部门的同意后,可以按照正常程序进行表决,并在股东大会决议公告中做出详细说明。股东大会审议有关关联交易事项时,关联股东应主动回避,当关联股东未主动回避时,其他股东可要求其回避。关联股东应向股东大会详细说明有关关联交易事项及其对公司的影响。

为了降低采购成本,萍乡矿务局于 1993 年设立物资供应分公司,对钢材、油料、机电产品等通用物资实行集中采购,供应集团内各成员单位,同时对外从事物资贸易。公司设立时,物资供应分公司进入股份公司,作为公司下属的分支机构,即物资分公司,负责公司下属各分公司的通用物资采购。同时,基于历史关系和采购方面的规模效益,物资分公司继续为集团公司及其下属单位提供对外通用物资集中采购服务,为此,公司与集团公司及其下属企业签订了《物资购销协议》。公司为进一步规范运作,减少与集团公司及其下属单位的关联交易,经协议双方同意,从 2001 年 1 月起,解除公司与集团公司下属单位签订的《物资购销协议》;从 2001 年 4 月起,解除公司与集团公司签订的《物资购销协议》,由此,公司物资购销不再与关联方产生关联关系。

1、关联交易内容

(1)集团公司向本公司提供的主要服务内容如下:

①提供通讯、井口澡堂洗浴、专用铁路维修、煤炭外运等综合服务;

②提供公司生产经营所需要的办公用房,供公司有偿租赁;

(2)集团公司向本公司有偿转让安源、白源煤矿的采矿权。

(3)本公司向集团公司提供的服务是:供应电力。

(4)本公司与西安交通大学联合设立技术中心,共同进行研究开发。

2、关联交易协议

全部关联交易均按照本公司与关联单位签订的有关协议进行,有关协议如下:

(1)《综合服务协议》

(2)《房产租赁合同》

(3)《供用电合同》

(4)《采矿权转让协议》

(5)《关于联合设立技术中心的协议》

3、关联交易情况

关联交易双方所进行的关联交易,遵照市场定价的一般原则,以公允市价为基础,双方协商一致,公平交易。关联交易详情如下:

(1)购销商品:

①销售货物

单位名称	2001 年度	2000 年度	1999 年度
萍乡矿业集团有限责任公司	57,251,913.15	41,808,979.76	37,299,485.34
高坑煤矿	—	26,351,447.45	24,562,945.39
巨源煤矿	6,507.53	2,418,373.80	1,945,548.50
建筑安装总公司	3,120.31	267,445.01	265,068.43
杨桥煤矿	209,874.87	1,310,904.46	1,185,082.92
合　计	57,471,415.86	72,157,150.48	65,258,130.57

上述货物主要是萍乡矿业集团有限责任公司及其下属单位通过本公司物资分公司对外进行通用物资采购(主要为油料、钢材、机电产品、配品配件等四大类约二千多个品种),以及本公司向其提供的用电服务。

2001 年,股份公司销售给集团公司的货物主要为电力 3654 万元、根据《物资购销协议》向集团公司提供钢材、油类、机电产品、配品配件等 2072 万元。为进一步减少关联交易,从 2001 年 4 月起,公司与集团公司及下属企业的《物资购销协议》全部解除。对杨桥煤矿的货物销售 21 万元系杨桥煤矿替其有关债务单位向本公司购买优质焦煤的款项。

股份公司近三年对集团公司电力销售情况:

项　目	2001 年度	2000 年度	1999 年度
供电量(万 Kwh)	9345	11659	11586
金额(万元)	3654	4664	4749

目前,公司煤矸石电厂的所发电力由原来完全由主发起人使用已经逐步向市场化自主经营过渡,其主要表现为与萍乡供电局电网的并网。依据《中华人民共和国电力法》、《电网调度管理条例》、《关于电网与电厂、电网与电网并网运行的规定〈试行〉》等国家有关法规和政策,集团公司与萍乡供电局就高坑电厂和安源电厂所在的高—安小网并入地区电网达成了并网协议,公司设立后已将此协议进行了主体变更。协议就并网范围及并网点、产权分界和安全责任划分、电能计量点及计量方式、电量电价及计费结算和调度管理等方面作了明确界定。协议的签定标志着公司的煤矸石发电业务由原来的自发自供逐步向市场化自主经营的过渡。并网的实施为公司的煤矸石业务的进一步发展开辟了一条渠道,也使煤矸石发电本身的优势得到更为具体的体现。公司的高－安小网的 35KV 供电网络与萍乡供电局升江 35KV 电网联网后,供电辐射面积约为 86 平方公里,供电用户 435 户,年供电量为 1.8 亿 kwh。因此,公司煤矸石发电业务在自发自用基础上,已有能力和条件参与市场的自主经营。

上述物资的销售价格以不高于同类商品市场价格为原则;供用电按江西省物价局、江西省电力工业局联合下发的《江西电网售电价目表》计费。

②采购货物

单位名称	2001 年度	2000 年度	1999 年度
萍乡矿业集团有限责任公司	6,325,682.77	6,573,740.02	8,937,081.13
高坑煤矿		500,000.00	1,100,000.00
巨源煤矿	719,431.68	3,176,670.97	2,356,074.25
合　计	7,045,114.45	10,250,410.99	12,393,155.38

股份公司向集团公司采购货物主要为炸药、雷管、电焊条、水泥、矿车、煤矿机械产品、洗渣等,其结算按同类商品市场价格执行。

(2)买卖有形或无形资产:

2000年11月,公司与集团公司签订《采矿权转让协议》,按经评估确认的采矿权价值28,310,600.00 元转让,由公司向集团公司分期支付转让费,二十年内付清,每年付款 1,415,530.00 元。

(3)提供或接受劳务:

项　目	2001 年度	2000 年度	1999 年度
铁路维修费	1,078,994.39	1,404,001.31	—
煤炭外运服务费	500,162.80	563,830.61	—
煤矿井口洗浴费	492,600.00	492,600.00	—
矸石堆放费	276,966.00	197,181.00	—
房屋租赁费	76,380.58	72,880.47	—
通讯服务费	435,095.04	426,847.24	—
修理、加工费	62,530.39	827,613.32	291,938.44
工程劳务	129,771.50	1,853,559.00	—
其他	132,074.82	60,448.10	103,932.51
合计	3,184,575.52	5,898,961.05	395,870.95

注:表中除工程劳务系本公司接受萍矿建筑安装总公司劳务外,其余均为接受萍乡矿业集团有限责任公司劳务。

(4)租赁:公司向集团公司租赁部分房产,双方签订了《房产租赁合同》

(5)担保:集团公司为股份公司短期借款 6370 万元、长期借款 7490 万元提供担保。股份公司未为集团公司提供担保。

①短期借款

截止 2001 年 12 月 31 日本公司短期借款 63,700,000.00 元,明细如下:

借款单位	金额(元)	借款期限	月利率(‰)	借款条件	备　注
工行萍乡市分行营业部	10,000,000.00	2001.10.29－2002.10.28	4.875	担保	集团公司担保
工行萍乡市分行营业部	25,000,000.00	2001.11.23－2002.11.22	4.875	担保	同上
工行萍乡市分行营业部	3,000,000.00	2001.04.26－2002.04.25	4.875	担保	同上
工行萍乡市分行营业部	2,000,000.00	2001.03.27－2002.03.26	4.875	担保	同上
建行萍乡市分行	700,000.00	2001.04.29－2002.04.29	4.875	担保	同上
工行萍乡市分行营业部	3,000,000.00	2001.06.29－2002.06.28	4.875	担保	同上
工行萍乡市分行营业部	10,000,000.00	2001.07.27－2002.07.26	4.875	担保	同上
工行萍乡市分行营业部	10,000,000.00	2001.09.13－2002.09.12	4.875	担保	同上
合　计	63,700,000.00				

②长期借款

截止 2001 年 12 月 31 日本公司长期借款 74,900,000.00 元,明细如下:

借款单位	金额(元)	借款期限	月利率(‰)	借款条件	备 注
工行萍乡市分行营业部	14,900,000.00	2000.11.28－2002.11.27	4.95	担保	集团公司担保
工行萍乡市分行营业部	20,000,000.00	2000.11.27－2002.11.26	4.95	担保	同上
工行萍乡市分行营业部	20,000,000.00	2000.11.24－2002.11.23	4.95	担保	同上
工行萍乡市分行营业部	20,000,000.00	2000.11.23－2002.11.22	4.95	担保	同上
合　计	74,900,000.00				

(6)合作研究与开发或技术项目的转移:与股东西安交通大学共同设立技术开发中心。

3、关联交易对公司财务状况和经营成果的影响:

(1)对公司财务状况的影响

往来科目	2001 年 12 月 31 日	占该款项余额比例
应收账款	——	0.00%
其他应收款	138,804.84	1.42%
应付账款	126,501.15	0.18%
其他应付款	471,328.00	3.55%
预收账款	——	0.00%
长期应付款	26,659,146.00	100%
往来科目	2000 年 12 月 31 日	占该款项余额比例
应收账款	731,236.00	0.81%
其他应收款	6,678,180.00	45.03%
应付账款	98,667.48	0.12%
其他应付款	929,238.10	6.19%
预收账款	157,303.18	3.32%
长期应付款	28,074,678.00	100%
往来科目	1999 年 12 月 31 日	占该款项余额比例
应收账款	——	0.00%
其他应收款	2,577,858.12	18.05%
应付账款	1,828,521.41	2.18%
其他应付款	1,534,574.74	8.55%
预收账款	——	0.00%
长期应付款	——	0.00%

注:长期应付款为支付采矿权转让款项

(2)对股份公司经营成果的影响

	关联交易收入	总收入	占总收入的比例
2001 年 1—12 月	57,251,913.15	448,304,730.40	12.77%
2000 年 1—12 月	72,157,150.48	390,450,780.13	18.48%
1999 年 1—12 月	65,258,130.57	413,073,792.65	15.80%

注:股份公司的关联交易收入为向关联方销售货物收入,总收入为主营业务收入与其他业务收入之和。

公司监事会对关联交易的意见:公司监事会成员认为:公司与集团公司之间关于综合服务等方面的关联交易,可以减少公司不必要的重复投资,减轻公司负担,符合公司的长远利益。2000 年度公司关联交易公平、合理,没有损害公司和非关联股东的利益。公司与集团公司签订的关联交易协议,没有违反法律、法规、公司章程或损害公司利益和股东利益的行为,公司管理层履行了应尽的诚信义务。

主承销商及律师的核查意见:经兴业证券股份有限公司和北京中银律师事务所核查,认为:招股说明书所披露的关联方、关联关系和关联交易不存在损害公司及中小股东利益的情况,关联交易决策程序合法有效。

第九章　董事、监事、高级管理人员与核心技术人员

一、董事会成员

徐绍芳先生,57 岁,本科学历,高级经济师。曾任原萍乡矿务局副总经济师、副局长,集团公司董事、副总经理。现任公司董事长、集团公司总经理。

朱志明先生,49 岁,本科学历,高级工程师。曾任丰城矿务局副局长,原萍乡矿务局副局长、集团公司董事、副总经理。现任公司总经理、集团公司董事。

王建华先生,48 岁,研究生学历,教授、博士导师。曾任西安交通大学科技处处长。现任西安交通大学副校长、中国机电工程学会常务理事。

尹家庆先生,49 岁,大专学历,经济师。曾任江西省分宜特种电机厂厂长助理、副厂长。现任江西省分宜特种电机厂厂长。

孙炎林先生,50 岁,本科学历,高级政工师。曾任原萍乡矿务局安源煤矿党委书记,原萍乡矿务局工会主席、中共十五大代表,集团公司董事、工会主席。现任公司工会主席、公司职工董事。

李运萍先生,50 岁,本科学历,工程师。曾任原萍乡矿务局华怡公司副经理、煤矸石发电厂厂长、浙江永庆电厂厂长。现任公司总经理助理、煤矸石发电厂厂长。

张胜萍先生,47 岁,大专学历,工程师。曾任原煤炭工业部萍乡客车厂总工程师。现任公司客车制造厂总工程师。

二、监事会成员

刘国清女士,49 岁,本科学历,高级政工师、律师。曾任原萍乡矿务局纪委书记。现任公司监事长、集团公司董事、纪委书记、党委书记。

罗庆恒先生,60 岁,本科学历,高级经济师。曾任江西煤田地质局机电供应处处长、江西煤炭工业厅企管处副处长。现任江西鹰潭东方铜材有限责任公司董事长。

文春萍先生,46 岁,中专学历。曾任萍乡市华达机械制造公司副董事长兼副总经理、原萍乡矿务局机械厂副厂长。现任江西省煤矿机械厂厂长、党委书记。

严思达先生,53 岁,大专学历,律师。曾任原萍乡矿务局法律事务处处长。现任公司总经理办公室律师,公司职工代表监事。

刘树良先生,54 岁,大专学历,高级会计师。曾任原萍乡矿务局销售公司结算中心财务科副科长。现任公司总经理办公室高级会计师,公司职工代表监事。

三、其它高级管理人员

陈松柳先生,43 岁,本科学历,高级会计师。曾任原萍乡矿务局财务处科长、副处长,萍乡电焊条厂副厂长兼总会计师,萍乡矿业集团有限责任公司企业改制办公室副主任。现任公司董事会秘书。

姚培武先生,38 岁,本科学历,会计师。曾任原萍乡矿务局经营管理办公室资产管理科副科长、财务管理科科长,集团公司经营管理办公室财务管理科科长、副主任会计师兼财务管理科科长。现任公司财务总监。

四、技术负责人和核心技术人员

岑代全先生,47 岁,本科学历,高级工程师。曾任原萍乡矿务局青山煤矿副矿长,巨源煤矿副矿长、矿长,原萍乡矿务局生产管理办公室主任、尼泊尔工程项目负责人。现任公司技术总监、总经理助理。

吴业正先生,65 岁,西安交通大学能动学院教授、博士导师,兼乌克兰智能控制科学院通讯院士、陕西省制冷学会副理事长,安源实业西安交大技术中心制冷技术负责人。长期潜心于“制冷系统热物理过程及系统控制”的研究,开展国际合作,获得“全国科学大会奖”1 项、“国家级科技进步二等奖”2 项、“国家教委科技进步一等奖”1 项、多项省、部级奖项,还获得了四项专利(含一项发明专利)。1977 年当选为中共第十一大代表。获“国家有突出贡献中、青年专家”、“陕西省有突出贡献专家”、“陕西省科技精英”等称号,获国务院首批颁发的“政府特殊津贴”。

李连生先生,40 岁,西安交通大学能动学院教授、博士导师,安源实业西安交大技术中心汽车空调压缩机技术负责人。主要研究项目为“旋叶式汽车空调压缩机”(国家科技计划项目)、“制冷及空调压缩机降噪技术”、“涡旋式压缩机系列化研究开发”等四项(陕西省及西安市科技计划及攻关项目)。主要成果是“高效节能旋叶式汽车空调压缩机”、“涡旋式制冷与压缩机设计及技术”和“旋叶式冰箱压缩机”;主要专利为“旋叶式压缩机”(专利号 96236166.6)、“涡旋式压缩机”(专利号 94245752.8)、“自适应性涡旋压缩机”(专利号 94245751)。

饶晓东先生,38 岁,本科学历,高级工程师。曾任原煤炭工业部萍乡客车厂工程师。现任公司客车制造厂技术负责人。负责设计了 PK600 系列客车制动管路及 PK6970G、PK6100GCC、PK6110CD、PK6123 等系列车型的高地板架驾驶区地板等部件,其中 PK6970 系列客车的研制与开发获江西省煤炭工业科学技术进步一等奖。在《汽车杂志》上发表了“客车制动鼓注水冷却系统”、“客车技术与研究”等文章;在《客车技术与研究》上发表了“PK6970WS 无人售票车气压制动系统改进设计”、“前置前开门客车前部地板油化设计”。

彭学明先生,42 岁,本科学历,高级工程师。曾任江西省煤炭综合利用设计院院长助理,原煤矸石发电厂总工程师。现任公司煤矸石发电厂技术负责人。主要研究成果有:高坑分厂 2 号炉飞灰 2 次燃烧技术获省科技成果二等奖、文丘里除尘系统改进获省 QC 成果二等奖、炉水软水回收系统改造获省 QC 成果三等奖。在江西省煤炭科技刊物发表了有关煤矸石发电厂管理和技改等数篇文章。

上述董事、监事、高级管理人员、技术负责人和核心技术人员均为中华人民共和国公民。

公司高管人员目前尚无认股权安排和除基本养老保险以外的退休金安排。

五、兼职情况

集团公司董事长和公司董事长分别由文培斌先生和徐绍芳先生担任,徐绍芳先生同时兼任集团公司总经理。公司总经理、董事会秘书、财务负责人、技术负责人均未在股东单位或股东单位控制的单位、同行业其他法人单位担任除董事以外的职务。

第十章　发行人的公司治理结构

一、公司治理结构建立情况

1999 年 12 月 30 日公司成立以来,公司根据《公司法》的规定,依照决策、执行、监督和相互独立、权责明确、相互监督的原则,产生了公司第一届董事会、第一届监事会和公司经理层,组成公司内部组织机构,制定了《公司规范运作决议》、《董事会议事规则》、《监事会议事规则》和《经理工作细则》,明确了董事会、监事会和经理层相互之间的职责范围和工作程序,逐步建立了规范的法人治理体系。

二、重大经营与投资决策

1、公司重大生产经营决策程序和规则

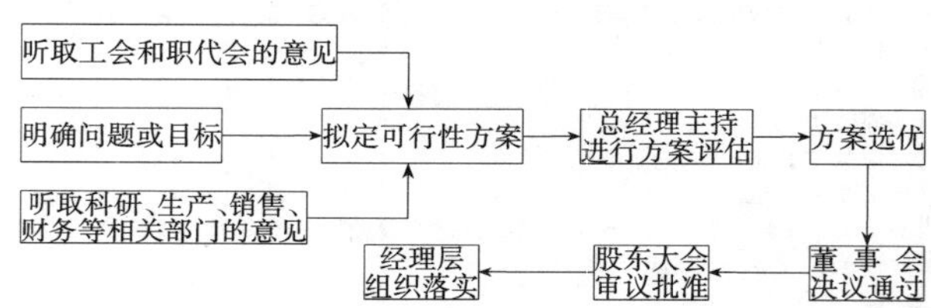

(2)公司重要财务决策程序和规则

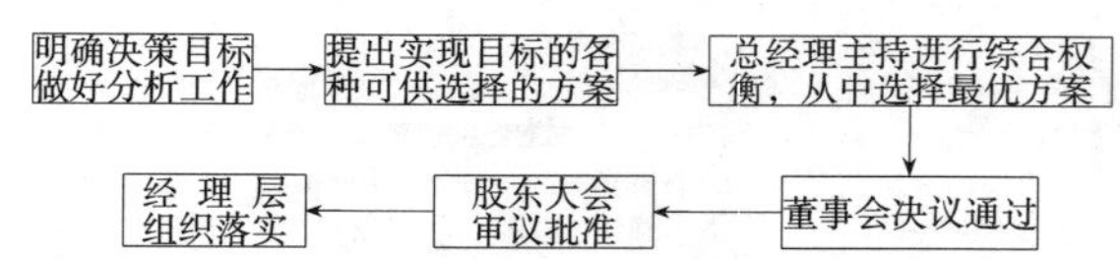

(3)公司重大投资决策程序和规则

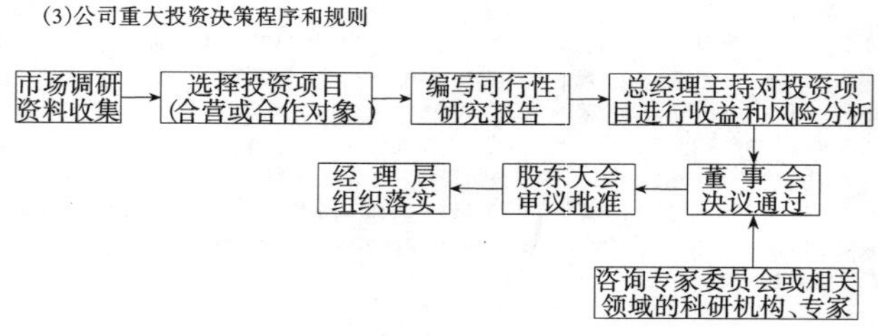

总之,公司决策的原则是:1、经济效益与社会效益相结合;2、可能性与现实性相结合;3、定量分析与定性分析相结合;4、领导者与专家相结合;5、局部和全局相结合;6、近期利益和远期利益相结合;7、决策工作的规范性和灵活性相结合。

4、公司利用外部决策咨询的情况

到目前为止,公司主要就项目研究开发和生产工艺开发方面的决策咨询国内著名院校、行业内科研机构或专家,甚至寻求他们的支持。

三、责任保险制度

自公司设立时,公司对总经理、分公司负责人实行经营风险、安全风险抵押承包责任制度。公司总经理、分公司负责人年初交纳一定金额的抵押金,年终完成经营目标和安全目标的,按承包责任书支付绩效年薪,归还抵押金本息;反之,取消绩效年薪并没收抵押金。

第十一章　主要财务会计资料

一、经审计的财务资料

本公司1999年12月31日、2000年12月31日和2001年12月31日的资产负债表，1999年度、2000年度和2001年度的利润表及利润分配表，2001年度现金流量表经广东恒信德律会计师事务所有限公司审计，并出具标准无保留意见的《审计报告》((2001)恒德赣审字135号、(2002)恒德赣审字(25号)。广东恒信德律会计师事务所有限公司具有执行证券期货相关业务资格，经办注册会计师亦具有执行证券期货相关业务资格。

(一)简要的利润表、资产负债表和现金流量表

1、三年简要利润表

单位：人民币元

项　目	2001年度	2000年度	1999年度
一、主营业务收入	405,751,242.03	338,876,253.99	359,912,650.58
减：主营业务成本	290,162,730.53	237,797,899.14	266,118,003.57
主营业务税金及附加	3,306,707.77	2,987,149.94	2,012,921.59
二、主营业务利润	112,281,803.73	98,091,204.91	91,781,725.42
加：其他业务利润	4,105,351.82	4,781,389.27	3,351,247.47
减：营业费用	13,619,450.07	9,487,419.53	10,605,024.01
管理费用	43,781,794.21	40,573,249.52	36,750,928.80
财务费用	8,430,667.05	8,231,004.40	9,371,072.09
三、营业利润	50,555,244.22	44,580,920.73	38,405,947.99
补贴收入	16,250,000.00	15,091,000.00	-
营业外收入	163,798.28	84,312.51	152,584.38
减：营业外支出	132,777.47	725,136.76	451,094.87
四、利润总额	66,836,265.03	59,031,096.48	38,107,437.50
减：所得税	16,898,012.91	15,131,092.19	-
五、净利润	49,938,252.12	43,900,004.29	38,107,437.50

2、公司成立后的简要资产负债表

单位：人民币元

资　产	2001年12月31日	2000年12月31日	1999年12月31日
流动资产：			
货币资金	95,857,629.00	28,013,593.83	13,848,051.63
应收票据	23,346,095.40	22,821,681.00	6,362,800.00
应收账款	112,925,455.48	85,485,654.64	99,972,733.51
其他应收款	9,133,703.91	13,972,583.74	13,417,437.46
预付账款	19,413,526.73	20,946,817.57	12,370,492.60
存货	46,786,612.12	63,189,966.63	62,946,662.95
待摊费用	—	5,600.60	-
流动资产合计	307,463,022.64	234,435,898.01	208,918,178.15
固定资产：			
固定资产原价	336,021,061.94	325,497,141.21	309,758,215.90
减：累计折旧	174,172,562.42	158,422,865.19	141,399,854.43
固定资产净值	161,848,499.52	167,074,276.02	168,358,361.47
减：固定资产减值准备	259,400.40	343,389.90	
固定资产净额	161,589,099.12	166,730,886.12	168,358,361.47
在建工程	8,637,972.87	3,443,777.41	2,524,247.56
固定资产合计	170,227,071.99	170,174,663.53	170,882,609.03
无形资产及其他资产：			
无形资产	66,260,846.83	68,505,733.87	41,260,410.95
长期待摊费用	1,488,134.07	663,063.70	1,277,134.54
无形资产及其他资产合计	67,748,980.90	69,168,797.57	42,537,545.49
资产总计	545,439,075.53	473,779,359.11	422,338,332.67
负债和股东权益	2001年12月31日	2000年12月31日	1999年12月31日
流动负债：			
短期借款	63,700,000.00	26,190,000.00	25,674,000.00
应付账款	71,811,268.71	83,150,578.76	83,675,498.67
预收账款	13,702,127.23	4,742,801.96	10,300,128.67
应付工资	1,411,664.06	1,006,986.89	2,213,853.20
应付福利费	945,803.32	483,749.05	54,405.14
应付股利	39,259,950.18	16,439,329.27	-
应交税金	8,455,012.02	3,571,436.91	62,760.58
其他应交款	90,872.57	544,424.12	-
其他应付款	13,241,045.53	14,135,943.30	17,560,437.46
预提费用	225,960.00	181,506.88	-
流动负债合计	212,843,703.62	150,446,757.14	139,541,083.72
长期负债：			
长期借款	74,900,000.00	74,900,000.00	89,900,000.00
长期应付款	26,659,146.00	28,074,678.00	-
长期负债合计	101,559,146.00	102,974,678.00	89,900,000.00
负债合计	314,402,849.62	253,421,435.14	229,441,083.72
股东权益：			
股本	140,000,000.00	140,000,000.00	140,000,000.00
股本净额	140,000,000.00	140,000,000.00	140,000,000.00
资本公积	58,247,656.05	58,247,656.05	58,247,656.05
盈余公积	32,788,569.86	22,800,919.44	-
其中：法定公益金	8,848,784.93	3,854,959.72	-
未分配利润	——	-690,651.52	-5,350,407.10
股东权益合计	231,036,225.91	220,357,923.97	192,897,248.95
负债和股东权益合计	545,439,075.53	473,779,359.11	422,338,332.67

3、2001年度简要现金流量表

单位：人民币元

项　目	2001年度
一、经营活动产生的现金流量	
现金流入小计	506,848,890.90
现金流出小计	433,158,021.02
经营活动产生的现金流量净额	73,690,869.88
二、投资活动产生的现金流量	
现金流入小计	443,696.53
现金流出小计	19,817,545.04
投资活动产生的现金流量净额	-19,373,848.51
三、筹资活动产生的现金流量	
现金流入小计	37,510,000.00
现金流出小计	23,982,986.20
筹资活动产生的现金流量净额	13,527,013.80
四、汇率变动对现金的影响额	—
五、现金及现金等价物净增加额	67,844,035.17

二、财务指标

根据本公司1999年度、2000年度和2001年经审计之财务报表数据，公司主要财务指标如下：

财务指标	2001.12.31	2000.12.31	1999.12.31
流动比率	1.44	1.56	1.50
速动比率	1.22	1.14	1.05
应收账款周转率	3.89	3.48	3.47
存货周转率	5.14	3.77	4.66
无形资产(土地使用权除外)占总资产的比例	4.88%	5.9%	—
无形资产(土地使用权除外)占净资产的比例	11.54%	12.74%	—
资产负债率	57.64%	53.49%	54.33%
每股净资产	1.65元	1.58元	1.38元
研发费用占主营业务收入比例	1.2%	0.94%	0.85%
净资产收益率	21.61%	19.92%	19.76%
每股收益	0.36元	0.31元	0.27元
每股经营活动的现金流量	0.53元	0.38元	—

本公司按《公开发行证券公司信息披露编报规则第9号——净资产收益率和每股收益的计算及披露》计算2001年度净资产收益率和每股收益如下：

报告期利润	净资产收益率(%)		每股收益(元／股)	
	全面摊薄	加权平均	全面摊薄	加权平均
主营业务利润	48.60	49.75	0.80	0.80
营业利润	21.88	22.40	0.36	0.36
净利润	21.61	22.13	0.36	0.36
扣除非经常性损益后的净利润	21.60	22.11	0.36	0.36

三、公司管理层的财务分析

1、本公司主要资产负债指标如下表所示：

指　标	2001.12.31	2000.12.31	1999.12.31
资产负债率	57.64%	53.49%	54.33%
流动负债占总负债比率	67.70%	59.37%	60.82%
流动负债与股东权益比率	92.12%	68.27%	72.34%
长期负债与股东权益比率	43.96%	46.73%	46.61%
流动资产占总资产比率	56.37%	49.48%	49.47%
固定资产占总资产比率	31.21%	35.92%	40.46%

2、现金流量情况

2001年公司的现金流量为：

流入量：544,802,587.43元

流出量：476,958,552.26元

现金及现金等价物净增加额：67,844,035.17元

经营活动产生的现金流量净额：73,690,869.88元

每股净现金流量：0.48元

每股经营活动产生的净现金流量：0.53元

现金流量情况反映公司经营状况良好，一方面可归还当期到期的债务，另一方面又保证了扩大再生产的投入，更新购置了生产经营所需资产，公司现金流量较为充沛。

3、偿债能力

(1)短期负债偿债能力分析

公司近三年资产流动性情况及变化趋势：

项　目	2001.12.31	2000.12.31	1999.12.31
流动资产(万元)	30,746.30	23,443.59	20,891.82
流动比率	1.44	1.56	1.50
速动比率	1.22	1.14	1.05

本公司1999年至2001年的流动比率比较平稳，主要原因是公司生产经营平稳增长，说明公司的短期偿债能力较强。

本公司1999年、2000年、2001年的速动比率，亦表现出逐渐上升的趋势，进一步说明本公司短期偿债能力和流动资产的变现能力较强。

(2)长期负债偿债能力分析

本公司近三年长期负债偿债能力主要指标如下表所示：

项　目	2001.12.31	2000.12.31	1999.12.31
长期负债比率	29.02%	31.85%	31.79%
资金流动比率	1.19	1.04	—
资产负债率	57.64%	53.49%	54.33%

本公司1999年至2001年长期负债比率持续稳定下降，表明公司股东权益增幅超过长期负债，其中尤以盈余公积增幅较大，说明公司具有较强的盈利能力，且经营稳健，公司对长期负债有充足的偿债能力。

4、收入与盈利能力

本公司收入来源主要包括：主营业务收入、其他业务收入、营业外收入、补贴收入，其中主营业务收入为公司主要收入，是公司活跃业务记录，本公司近三年及近一期的主营业务收入如下所示：

单位：人民币元

类　别	2001年度	2000年度	1999年度
1、资源及综合利用	226,521,800.46	210,997,092.95	205,688,032.04
其中：煤矸石发电收入	55,205,382.25	59,757,714.04	59,258,642.15
煤炭销售收入	171,316,418.21	151,239,378.91	146,429,389.89
2、客车制造	179,229,441.57	127,879,161.04	154,224,618.54
其中：客车销售收入	163,858,835.14	108,247,461.49	141,687,477.19
客车空调销售收入	15,370,606.43	19,631,699.55	12,537,141.35
合　计	405,751,242.03	338,876,253.99	359,912,650.58

本公司主要产品除客车、空调因产品结构调整出现一定程度的波动，均呈平稳增长的趋势，

体现了公司收入的持续、稳定,是公司盈利的前提和保证。

本公司近三年盈利情况如下所示:

单位:人民币万元

类　别	2001 年度	2000 年度	1999 年度
主营业务利润	11,228.18	9,809.12	9,178.17
其它业务利润	410.55	478.14	335.12
投资收益			
补贴收入	1,625.00	1,509.10	
营业外收支净额	3.10	-64.08	-29.85
利润总额	6,683.63	5,903.10	3,810.74
净利润	4,993.83	4,390.00	3,810.74

公司近三年来主营业务利润、利润总额和净利润均随主营业务收入的稳步增长,呈现持续增长的态势,2001 年度比 2000 年度分别增长 14.47%、13.22%和 13.75%,2000 年度比 1999 年度分别增长 6.88%、54.93%和 15.22%,充分说明公司产品结构日趋合理,经营管理水平不断提高。随着募股资金投资项目的建成投产,公司产品结构进一步优化,公司法人治理结构及内部管理的完善,公司将占有更大的市场份额,盈利能力将持续稳定提高。

5、财务优势及面临的困难

(1)财务优势

公司的资产结构合理,资产的流动性较好,变现能力较强;负债结构合理,长短期偿债能力较强;资产盈利能力稳定;有完善的内部管理制度,生产经营管理水平较高;

(2)面临的困难

目前的应收帐款占总资产的比重偏大,可能产生的坏帐、呆帐将对公司的资金周转产生不良影响,给本公司带来一定的经营压力;货款回笼中应收票据比重较大,增加了公司的现金周转难度和贴息负担。

第十二章　业务发展目标

一、发展战略

以环保产业为主导,充分利用与高校合作的科技优势,不断开发煤矸石综合利用新领域,发展客车及配套产品,提高科技含量和服务水平,扩大市场份额;通过资本运作,开发人力资源和管理创新,提高企业竞争力,用 3 年左右时间,把公司建设成为国内一流、现代化、规范化的环保型企业。

二、经营目标

预计 2002 年 1 月至 2004 年 12 月间,3e 粉煤灰轻质墙板、多功能新型建筑材料、灰渣超细粉、煤矸石发电、客车及其配套产品等将成为本公司的主要产品。在 2002 年 1 月 1 日至 2004 年 12 月 31 日连续三个年度中,公司主要经营目标如下:

项　目	单位	2002 年度	2003 年度	2004 年度
一、资源及综合利用				
煤矸石发电	万 kwh	20000	20500	22680
商品煤	万吨	74.5	75	75
灰渣超细粉	万吨	5	17.5	33.25
3e 粉煤灰轻质墙板	万平方米		100	100
多功能新型建筑材料				
其中:砼空心砌块	万立方米		12	15
彩色铺地砖	万平方米		16	20
二、客车及客车空调				
大中型客车	辆	1100	1300	1500
大中型客车空调	台	1000	1500	2500
三、产品开发计划				

●煤矸石综合开发利用

利用公司丰富的煤矸石灰渣,在对煤矸石发电厂全面进行技术改造,提高锅炉热效率,扩大燃料适应范围,增强运行稳定性的基础上,引进国内外先进技术和设备,致力于煤矸石及粉煤灰的综合利用,开发生产超细粉、3e 粉煤灰轻质墙板和多功能新型建筑材料等新型环保建筑材料。在增加煤矸石综合利用量的同时,对燃烧后的粉煤灰再加以利用,从而实现煤矸石"零排放"目标。

●客车及客车空调

(1)在巩固现有普通大中型客车市场,提高产品质量的基础上,开发中档大中型旅游客车;开发环保型天然气、汽油机、柴油机公交客车;开发中、高档低地板及超低地板城市公交客车。

(2)在完善现有制冷量 15-32kw 大中型客车空调,提高产品质量的基础上,开发制冷量 12kw 的轻型客车空调,开发冷暖两用大中型客车空调。

四、人员扩充计划

公司预计 2002 年 1 月 1 日至 2003 年 12 月 31 日的期间内,公司员工总数规模将出现扩大。人员扩充计划主要是满足三个新产品开发项目和客车空调生产线技改项目对人员的需求:

(1)3e 粉煤灰轻质墙板项目劳动组织定员 80 人,其中 2002 年下半年项目进入基建安装、调试阶段需扩充人员 40 人;2003 年下半年至 2004 年上半年项目进入试产期人员陆续配齐,需扩充 40 人。

(2)多功能新型建筑材料生产线项目劳动组织定员 92 人,其中 2003 年 1-10 月份项目进入基建安装、调试阶段需扩充人员 50 人;2003 年 11 月至 2004 年上半年项目进入试产期人员陆续配齐,需扩充 42 人。

(3)灰渣超细粉项目劳动组织定员 203 人,其中 2002 年下半年至 2003 年上半年项目进入基建安装、调试阶段需扩充人员 72 人;2003 年下半年至 2004 年上半年项目进入试产期人员陆续配齐,需扩充 131 人。

(4)客车空调技改项目劳动组织定员为:大客车空调线定员 250 人,中客空调线定员 200 人,计算机检测中心定员 20 人,现有 162 人,需扩充 308 人。

五、技术开发计划

技术开发及创新是公司在未来竞争中不断获取优势的决定性因素,为不断提高公司产品质量和竞争力,公司利用与高校合作的科技优势,拟定未来两年技术开发计划:

1、引进国内著名学府和研究院的科研成果和新技术,开发资源综合利用新途径,主要包括:引进清华大学的科研成果,利用煤矸石发电的工业废渣生产超细粉;利用煤矸石生产砼空心砌块、彩色铺地砖等新型建筑材料;利用粉煤灰等生产粉煤灰轻质墙板等新型建筑材料。

2、煤矸石发电引进高效节能型循环流化床沸腾炉;针对高水分、高粘性风化煤矸石筛分困难的问题,开发螺旋筛分技术;为了提高燃烧利用率,减少锅炉金属磨损,开发入炉燃料颗粒平均直径小于 2.5mm 粉煤分离造粒燃烧技术。

3、开发中、高档客车,计划开发客车涂装工艺中的机器人喷涂技术和焊装工艺中的机器人焊接技术;利用模具设计的特有技术专长,建立中、高档客车的模具中心,逐步实现全车模具化,使客车造型达到更高的水平。

4、研制客车空调大风量、低噪声轴流风机叶片;开发客车空调平行流冷凝器制造技术;空调机自动检测技术及数字化智能电气控制系统。

六、市场开发计划

1、3e 轻质墙板不仅能用于室内墙,也可作为室外墙,产品可作到系列化、规格化,还能根据市场需要进行生产,因此,随着国家对实心粘土砖逐步实行限制生产和使用政策(公司所在地市政府要求全市从 2002 年开始取消生产和使用实心粘土砖),公司产品在全面占领萍乡市市场后,还将积极开拓邻近株洲市、宜春市、醴陵市等城市市场。

2、多功能新型建筑材料(砼空心砌块、彩色铺地砖),广泛用于城市建设、道路改造、车站、广场建设等,随着国家对实心粘土砖逐步实行限制生产和城镇建设的快速发展,公司产品在开拓本地市场的同时,将积极开拓周边地区的城市市场。

3、发挥公司客车产品外观优美、质量可靠、售后服务完善的优势,突出公司新一代客车产品的环保特点,稳定和发展城市公交车市场,在保持上海市场占有率的基础上,辐射周边城市,利用公司 4 种车型客车被北京市列入环保型客车目录的有利契机,提高公司产品在北京及周边城市的知名度和销售量;积极开拓旅游车市场。

4、争取与国内几家重点客车制造厂配套,并开拓京、津、沪等大中城市的公交车空调车市场,开发微型车、轻型车、载重汽车及工程车用空调市场。

七、再融资计划

公司将根据未来几年的经营环境、投资项目、市场状况和财务决策,谨慎选择银行贷款、发行股票、债券等融资方式。若符合公司发展规划的投资、收购项目成熟时,公司将优先选择银行贷款解决,银行贷款不足解决的,采取发行股票或债券融资予以解决。

八、收购兼并与对外扩充计划

根据公司的战略规划,公司在未来几年将积极寻找合作伙伴和投资项目,视竞争环境和市场的变化做出收购兼并及对外扩充的安排,为公司下一步发展奠定基础。

九、主要改革、调整规划

1、将客车制造厂与制冷设备厂合并,建设一个以生产中档客车为主的客车制造厂;以客车制造厂出资,与国内大型汽车生产企业合作成立汽车集团,实现强强联合;2001 年 7 月,上海江西经贸合作洽谈会期间,客车制造厂与上海申沃客车有限公司签订了合作协议,利用申沃的底盘优势、品牌和本公司的车身开发制造优势以及双方各自的市场优势,互惠互利,谋求共同发展。

2、在继续搞好"安源实业西安交大技术中心"的同时,与其它高校合作组建煤矸石综合利用技术中心,开发煤矸石综合利用的新领域。

十、国际化经营规划

未来两至三年,公司的国际化经营规划主要体现在产品销售的国际化:充分发挥公司原材料丰富和劳动力成本低廉的优势,抓住我国加入 WTO 的机遇,出口大中型客车,积极开拓国际装饰市场和发展中国家的客车市场。

综上所述,公司在目前具有良好业绩的基础上,通过募股投资项目的建设,坚持走内涵发展的道路,不断完善经营机制,提高技术水平,提高盈利能力和盈利水平。公司可以保证利润总额年递增 5%—8%;利润水平超过银行同期存款利率的 3—5 倍;保证每年向投资者分红。

第十三章　募股资金运用

一、募集资金总量

公司本次拟发行社会公众股 8,000 万股,经公司与主承销商协商,每股发行价格为 5.99 元。扣除发行费用后,预计可募集资金 46,044.68 万元。

二、募集资金用途具体情况

公司本次发行募股资金主要投向煤矸石综合开发利用业务和客车制造业务。煤矸石综合开发利用包括 3e 粉煤灰轻质墙板生产线工程、多功能新型建筑材料生产线、灰渣超细粉生产线和煤矸石发电厂技术改造四个项目;客车制造项目为大中型客车生产线技术改造和大客车空调生产线技术改造。

公司拟投资项目的各项经济预测的编制的依据是国家计委和国家建设部发布的《建设项目经济评价方法与参数(第二版)》及国家有关的财务税收规定。

假设条件是:

(1)本公司所遵循的现行法律、法规以及国家有关的产业政策,无重大变化;

(2)本公司所在经营地的社会经济环境和市场条件无重大变化;

(3)适用本公司的各种税负、税率政策不变;

(4)国家现行的利率、汇率不发生很大的变化;

(5)适用于本公司的会计政策及核算方法无重大变化;

(6)本公司所需材料、协作件等价格在本公司所预计的正常范围内波动;

(7)本公司产品的销售价格能在预测的范围内正常波动;

(8)无其他人力不可抗拒及不可预见因素对经营成果造成重大影响。

拟投资项目的各项经济预测,是由具有国家设计规划资质的工程设计单位,对该等项目未来可能的收益情况所作的预测,均未经审计,仅供投资者参考。

公司募集资金拟投资项目的收益率情况如下表:

项 目 名 称	财务内部收益率		投资利润率(%)
	税前	税后	
3e 粉煤灰轻质墙板生产线	27.54	25.49	20.90
多功能新型建筑材料生产线	22.52	20.34	17.47
灰渣超细粉生产线	23.43	16.33	18.70
煤矸石发电厂技术改造	16.04	12.37	11.42
大中型客车生产线技改	26.85	19.81	16.72
大客车空调生产线技术改造	18.47	13.85	15.07

经公司律师核查后认为,公司本次募集资金投资项目中的部分项目的技术将来源于从他方引进或购进成套生产设备,对该等技术,公司可通过合同方式取得设备卖方的技术使用许可或技

术服务。因此,对该等技术,尽管公司不享有自主知识产权,但对项目的实施不会构成障碍。

煤矸石综合利用项目。

公司将通过引进国内外的先进技术和设备,致力于煤矸石及粉煤灰的综合利用。在增加煤矸石综合利用量的同时,对其燃烧后的灰渣再加以利用,从而实现对煤矸石治理的"零排放"目标。

(一)3e 粉煤灰轻质墙板生产线工程

1、项目审批情况:江西省发展计划委员会以赣计基础字[2001]488 号文批准了本项目。

2、投资概算

本项目总投资 4727 万元,其中固定资产总投资 4419 万元,项目建成后需流动资金 308 万元,全部通过募股资金解决。根据中国建筑材料工业规划研究院出具的《可行性研究报告》,主要支出具体如下:

序号 工程名称	工程量			金额(万元)	备注
	建筑面积(m^2)	建筑体积(m^3)			
一、土建工程	5087	150		851.50	
1 其中:主厂房	1500			210.16	
2 养护窑	1287			195.40	
3 料棚	2000			204.64	
4 搅拌机棚	300			16.74	
5 砼仓		150		3.6	三座
二、设备购置		型号	数量	2148.00	
6 其中:柱磨机		ZMT-750	2 台	115.00	
7 原料计量和高效搅拌机		翰得乐公司机组	1 套	261.85	
8 纸纤维粉碎搅拌输送设备		翰得乐公司机组	1 套	299.20	
9 抽真空系统		翰得乐公司机组	1 套	191.30	
10 原料计量搅拌和成型部分电控		翰得乐公司机组	1 套	149.40	
11 表面处理设备		翰得乐公司机组	1 套	215.80	
12 成品定长切割设备		翰得乐公司机组	1 套	12.0	
13 生产线的计算机自动控制		翰得乐公司机组	1 套	415.00	
14 叉车		3 吨	2 辆	32.86	
15 汽车		5 吨	4 辆	45.05	
16 散装水泥车		8 吨	2 辆	31.40	
三、设备安装费				674.00	
四、其他(前期准备费等)				746.00	
合 计				4419.50	

3、项目的技术含量

3e 粉煤灰轻质墙板的主要材料有:灰渣、石灰石、水泥、纸筋和添加剂,通过破碎系统将灰渣、石灰石粉碎至粒度 1mm 以下,并利用进口专用设备将纸筋粉碎后,依照工艺要求,以适当比例混合搅拌,将充分搅拌后的原料,拟通过中国煤炭综合利用协会引进德国翰得乐公司混合搅拌挤出成型机组,以抽真空连续挤出法工艺,使产品达到高密度和强度、产品一致性和高质量,通过更换模具使产品多样化,由自动同步切割机切割为用户需要的长度。对半成品采用混凝土制品免烧结工艺,常压蒸汽养护,再选用进口表面处理设备进行单面或双面打磨加工。其工艺新颖、自动化程度高、生产效率高、产品性能优良,国内尚无生产厂家,可填补国内空白。

4、项目效益分析

(1)预计年新增销售收入:4900 万元(达产年);

(2)预计年新增利润:987.81 万元(达产年);

(3)财务内部收益率:税前 27.54%,税后 25.49%;

(4)项目建设期:12 个月;

(5)投资回收期:4.73 年(税前)、4.73 年(税后);

(6)年平均投资利润率:20.90%。

本项目根据 92 年国务院颁发 66 号文,免征企业所得税 5 年,5 年后征收 33%的企业所得税。

(二)多功能新型建筑材料生产线项目

1、项目审批情况:江西省发展计划委员会以赣计基础字[2001]487 号文批准了本项目。

序号 项目	建筑工程	设备费用	安装费用	其他费用	合 计
一 工程及设备费用	564.72	2508.26	166.22		3239.20
1 砼砌块生产车间	141.84	1795.40	64.42		2001.66
2 养护室	49.08		55.00		104.08
3 煤矸石、砂石堆棚	14.40				14.40
4 成品堆场	73.00				73.00
5 办公楼	76.80				76.80
6 综合楼	115.20	320.0	25.60		460.80
7 供电及通讯工程	3.90	80.0	8.00		91.90
8 给排水及消防设施	1.50	30.0	10.0		41.50
9 供气工程	13.0	40.0	3.20		56.20
10 总图运输	76.0	189.0			265.00
11 备品备件及工器具		53.86			53.86
二 工程其他费用				1257.54	1257.54
1 无形资产				525.00	525.00
(1) 场地使用权				300.00	300.00
(2) 供电贴费				225.00	225.00
2 开办费				399.45	399.45
(1) 建设单位管理费				136.05	136.05
(2) 前期工作培训费及提前进厂费				40.0	40.0
(3) 生产职工培训及提前进厂费				30.00	30.00
(4) 办公及家具购置费				10.00	10.00
(5) 联合试运转费				163.40	163.40
(6) 绿化费及环保评价费				10.00	10.00
(7) 建设监理费				10.00	10.00
3 预备费				333.09	333.09
(1) 基本预备费				333.09	333.09
(2) 涨价预备金					
合 计	564.72	2508.26	166.22	1257.54	4496.73

3、项目的技术含量

该项目是利用自燃后的煤矸石为主要原料,生产高强度的砼空心砌块和彩色步道砖等优质新型建筑材料,其核心技术为砌块和砖的振动成型技术,通过对国内外设备性能与价格的综合分析比较,特别是经过对生产高质量新型煤矸石建材产品的技术成熟与可靠性的分析对比,确定公司拟通过中国建筑材料规划研究院引进德国施将斯——非凡有限公司的 SP4000-Ⅰ型生产线,包括电子配料系统、搅拌系统、成型系统及控制系统等(一些辅助设备由国内采购或在当地加工制造)。该设备技术具有当代国际先进水平,其设备特点是:技术性能匹配合理,质量可靠,价格适中。该公司最早通过德国和欧洲质量认证和 DINEN ISO9001 认证,为国际同类技术设备制造的知名企业,近几年在国内市场中占有一定的份额,该公司的振动成型技术在世界亦处领先地位。

4、项目效益分析

(1)预计年新增销售收入:2700 万元(达产年);

(2)预计年新增利润:835.29 万元(达产年);

(3)财务内部收益率:税前 22.52%,税后 20.34%;

(4)项目建设期:12 个月;

(5)投资回收期:5.85 年(税前),5.85 年(税后);

(6)年平均投资利润率:17.47%。

本项目征收 33%的企业所得税。

(三)灰渣超细粉生产线

1、项目审批情况:经江西省经济贸易委员会、江西省煤炭行业管理办公室赣煤行管发[2000]12 号文批准本项目。

2、投资概算

项 目	金额(万元)	占投资比例(%)
土建工程	487.00	14.06
设备购置费	2281.00	65.84
安装工程费	229.00	6.61
其它费用	449.00	12.96
流动资金	18.85	0.53
总投资	3464.85	100.00

3、项目的技术含量

本项目生产过程是将原料(煤矸石发电厂排出的灰渣片)由粗变细(超细粉)的物理过程,采用新型超细碎技术,结合水泥生产有关工艺,使整个生产技术更加成熟可靠。其核心技术是灰渣超细粉碎技术。公司利用现有处理灰渣的部分厂房和设备,采用清华大学粉体研究室的最新研究成果和北京虹鼎机械有限公司的 ZML 系列超细振动研磨机。主要设备为 ZML-1500 振动研磨机,水泥磨、单筒冷却机、GTH250 环链斗式提升机、270 型 FU 输送机、布袋除尘器。该 ZML-1500 振动研磨机已通过专家评审,认定该系列产品处于国际、国内领先水平,一九九五年获国家专利,现已广泛用于金属、非金属、陶瓷建材等行业。

4、项目效益分析

(1)预计年新增销售收入:2970.5 万元(达产年);

(2)预计年新增利润总额:647.79 万元(达产年);

(3)财务内部收益率:税前 23.43%,税后 16.33%;

(4)项目建设期:7 个月;

(5)投资回收期:5.30 年(税前)、6.95 年(税后);

(6)年平均投资利润率:18.70%。

本项目征收 33%的企业所得税。

(四)煤矸石发电厂技术改造

1、项目审批情况:经江西省经济贸易委员会赣经贸投资字[2001]11 号文批准本项目。

2、投资概算

项 目	投资额(万元)	占总投资比例(%)
土建工程	291.99	5.90
设备购置费	2520.38	50.95
安装工程	1567.42	31.68
其他工程费用	117.59	2.38
预备费用	449.74	9.09
固定资产投资合计	4947.12	100.00

3、项目的技术含量

本项目技术改造主要是对煤矸石发电厂的热力系统、燃运系统和化学系统等部份设备进行替换改造,核心技术为锅炉的流化床燃烧技术,公司拟采用东方锅炉厂制造的低携带循环流化床炉型替换现有热力系统的锅炉,该型锅炉热效率高,燃料适用范围较宽,机械不完全燃烧损失更小,炉型合理,运行稳定性高,连续运行时间长;改变煤矸石发电厂高坑分厂的燃运系统,更换新型高效的棒条筛、锤式破碎机各二台;将化学水处理系统改造为一级除盐系统,同时针对锅炉烟气排放处理系统,加装脱硫装置 6 套,新建一座烟囱。

4、项目效益分析

(1)预计年新增销售收入:1059.75 万元(达产年);

(2)预计年新增利润总额:565.00 万元(达产年);

(3)财务内部收益率:税前 16.04%,税后 12.37%;

(4)项目建设期:12 个月;

(5)投资回收期:6.76 年(税前)、8.69 年(税后);

(6)年平均投资利润率:11.42%。

本项目征收 33%的企业所得税。

(五)中高档大中型客车生产线技术改造

1、项目审批情况:国家经济贸易委员会以国经贸投资[2001]856 号文批准了本项目。

2、投资概算

序号 项 目	投资额(万元)	占总投资比例(%)
1.0 固定资产投资	16233	81.19
1.1 建筑工程	2575	12.88
1.2 设备购置费	10462	52.33
1.3 安装工程	381	1.90
1.4 其他费用	2815	14.08
2.0 流动资金	3760	18.81
合 计	19993	100.00

3、项目的技术含量

本项目主要对现有的冲压车间、机加工车间、模具车间、焊装生产线、总装生产线等进行技术改造,形成 800 辆中高档大中型客车生产能力。本项目是在原消化吸收欧洲车身技术的基础上,自主创新出适用市场需求并跟踪国际客车车身技术发展要求的车身技术,达到 90 年代末国内先进水平。产品执行的质量标准为 GB7258-1997 机动车安全技术条件、GB13094-1997 客车结构安全要求、GB/T13043-1991 客车定型试验规程及公司制订的一系列内控质量标准。本项目根据生产工艺选用相应的设备,其中冲压生产线选用了数控自动化剪切下料数控冲压设备及配制模具中心、焊接生产线选用了较先进的组装工装及焊接设备;涂装生产线选用了进口喷漆机器人;总装生产线采用进口整车检测线。

4、项目效益分析

(1)预计年新增销售收入:22500 万元(达产年);

(2)预计年新增利润总额:3827 万元(达产年);

(3)财务内部收益率:税前 26.85%,税后 19.81%;

(4)项目建设期:36 个月;

(5)投资回收期:5.92 年(税前)、7.65 年(税后);

(6)年平均投资利润率:16.72%。

本项目征收 33%的企业所得税。

(六)大客车空调生产线技术改造

1、项目审批情况:经江西省经济贸易委员会、江西省煤炭行业管理办公室以赣煤行管发[2000]16 号文批准了本项目。

2、投资概算

序号 项 目	投资额(万元)	占总投资比例(%)
1.0 新增固定资产投资	4460.66	86.95
1.1 建筑工程	939.45	18.31
1.2 设备购置安装费	2230.74	43.48
1.3 车辆及办公设备购置	110.50	2.15
1.4 其他费用	774.46	15.10
1.5 预备费用	405.51	7.91
2.0 辅底流动资金	669.51	13.05
合 计	5130.17	100.00

3、项目的技术含量

根据中华人民共和国国家标准及行业、企业对环保和产品质量的要求,为使生产工艺达到国内先进水平,并确保产品质量,本方案设计中的工艺流程,设备选型都将执行下列标准进行:GB9078-88 国家工业企业噪声卫生标准;GB8978-1996 污水综合排放标准;JT/T216-95 交通部行业标准;Q/PL003-1996 企业标准。

设备选型的主要原则是提高产品质量、降低能耗、减轻劳动强度。因此首先采用国内成熟的先进设备,该项目的冷凝器、蒸发器生产及动力机组的组装拟新购进数控冲床、数控车床、翅片加工机、自动焊接机、大小弯管机、线上检测、检验等 40 多台套设备,如加上原有可利用的 50 多台套设备,已形成规模生产的能力。

4、项目效益分析

(1)预计年新增销售收入:11988.60 万元(达产年);

(2)预计年新增利润总额:726 万元(达产年);

(3)财务内部收益率:税前 18.47%,税后 13.85%;

(4)项目建设期:12 个月;

(5)投资回收期:6.28 年(税前)、7.56 年(税后);

(6)年平均投资利润率:15.07%。

本项目征收 33%的企业所得税。

三、募股资金投向项目计划

项目名称	总投资(万元)	固定资产投资年度计划			流动资金投入(万元)	产生效益时间
		2001 年	2002 年	2003 年		
一、煤矸石综合开发利用						
3e 粉煤灰轻质墙板生产线工程	4727.00		4419.00		308.00	2003
多功能新型建筑材料生产线	4780.46		4496.73		283.73	2003
灰渣超细粉生产线	3464.85	1723.00	1723.00	0.00	18.85	2002
煤矸石发电厂技改	4947.12	2473.56	2473.56	0.00	0.00	2002
小 计	17919.43	4196.56	13112.29		610.58	
二、客车制造						
大中型客车生产线技改	19993.00	4870.00	8117.00	3246.00	3760.00	2004
大客车空调生产线技改	5130.17	2230.33	2230.33	0.00	669.51	2002
小 计	25123.17	7100.33	10347.33	3246.00	4429.51	
合 计	43042.60	11296.89	23459.62	3246.00	5040.09	—

公司本次公开发行股票 8,000 万股,每股发行价格为 5.99 元。扣除发行费用后,预计可募集资金 46,044.68 万元,上述项目总投资为 43,042.60 万元,多余部分用于补充公司流动资金。

四、项目投资顺序

投资项目的轻重缓急以上表排列顺序为先后,即首先保证 3e 粉煤灰轻质墙板材料生产线工程项目的使用,最后是用于大客车空调生产线技改项目。本次募集资金的实际投入时间将按募集资金实际到位时间和项目进展情况作相应调整。

第十四章 发行定价及股利分配政策

一、发行定价

1、发行定价考虑的主要因素

本次发行定价主要考虑:行业的基本情况、发展趋势和主要竞争状况;公司的现状和发展前景;募集资金投向的盈利能力;二级市场状况和预测;可比上市公司的定价等因素。

2、发行估值方法

可比上市公司收入倍数法、市盈率法、三阶段赢利折现法和 EBIT 倍数法等四种估值定价方法。

3、最终商定价格

根据《中华人民共和国证券法》第 28 条规定,在客观、认真估值和询价的基础上,经公司与主承销商协商,并经中国证监会核准,本次每股发行价格为 5.99 元。

4、本次发行后的摊薄情况

根据 2001 年的收益情况,本次发行后的参考每股收益、净资产收益率和市盈率的全面摊薄如下:

参考每股收益:0.23 元

参考净资产收益率:7.22%

参考市盈率:26.04 倍

二、股利分配政策

1、公司本着同股同权原则,按每一股东持有公司股份的比例分配股利,具体由董事会按法律、法规及公司章程的有关规定,提出分配方案,经股东大会批准后两个月内实施。如无不可抗力之因素,分红派息在每个会计年度结束后六个月内进行。公司股利每年派付一次,但董事会认为必要时,提请股东大会通过后,也可派发中期股利。

股利分配采取现金、股票的方式进行。

公司向个人股东分配股利时,由公司根据《中华人民共和国个人所得税法》和国家税务总局发布的《征收个人所得税若干问题的规定》代为扣缴个人收入所得税。

2、根据公司章程,公司每一会计年度的净利润按下列顺序进行分配:

(1)弥补上一年度的亏损;

(2)按 10%提取法定公积金,当法定公积金达到公司注册资本的 50%时,可不再提取;

(3)按 5%— 10%提取法定公益金;

(4)提取任意盈余公积金,是否提取任意公积金由股东大会决定;

(5)支付普通股股利。

3、本次股票发行后的第一个盈利年度将派发股利,预计首次股利分配时间在 2002 年上半年。

4、公司 2001 年度股东大会于 2002 年 4 月 13 日在公司会议室召开。根据本次《股东大会决议》(第 4 号),公司 2001 年度利润分配方案为:

(1)弥补公司执行财政部财会字(2000)25 号《企业会计制度》规定,调整会计政策计提固定资产减值准备等追溯调整年初未分配利润累积影响数 690,651.52 元。

(2)提取 10%的法定盈余公积金 4,993,825.21 元;

(3)提取 10%的法定公益金 4,993,825.21 元;

(4)剩余可分配利润 39,259,950.18 元,按现有股东持股比例每 10 股派发现金 2.8043 元。

公司 2002 年度的未分配利润由新股东和现有股东按股份比例共享。

第十五章 其他重要事项

公司、集团公司、公司董事、监事、高级管理人员目前无任何未了结的或者可预见的重大诉讼、仲裁或者行政处罚案件,董事、监事等高级管理人员亦未涉及任何重大诉讼、仲裁事项或刑事诉讼。

公司于 2002 年 4 月 13 日在公司会议室召开了 2001 年度股东大会,根据《2001 年度股东大会决议》(第二号),公司聘请史忠良先生、王芸女士为公司独立董事。

史忠良先生,58 岁,本科学历,教授、博士生导师,于 2001 年 7 月通过中国证监会第一期独立董事培训。曾任中共江西省委党校讲师,江西社会科学院副院长,江西财经学院副院长、院长。现任江西财经大学校长,江西铜业股份有限公司、清华泰豪科技股份有限公司和本公司独立董事。

王芸女士,36 岁,本科学历,会计学副教授。曾任华东交通大学经管学院教师。现任华东交通大学经管学院副院长,江西中山会计师事务所计员,本公司独立董事。

第十六章 附录及备查文件

(一)招股说明书及其摘要正式文本;

(二)招股说明书的附录;

(三)法律意见书;

(四)财务报告及其审计报告原件;

(六)验资报告;

(七)资产评估报告、土地估价报告、采矿权评估报告书及有关确认文件;

(九)历次股利分配的决议及记录;

(十)公司章程及其他有关内部规定;

(十一)关于本次发行事宜的股东大会决议;

(十二)发行人的发起人协议;

(十三)与本次发行有关的重大合同;

(十四)发行人成立的批准和注册登记文件;

(十五)发行人及主要发起人的营业执照;

(十六)政府部门和证券监管机构对本发行有关的文件;

(十七)承销协议;

(十八)关联交易协议。

备查文件查阅地点:1、安源实业股份有限公司

地址:江西省萍乡市昭萍东路 3 号

电话:0799-6581363

传真:0799-6581171

联系人:陈松柳

2、兴业证券股份有限公司

地址:福建省福州市湖东路 99 号

电话:0591-7612564 7613888

0791-6407018

传真:0591-7542524

0791-6407318

联系人:詹政

备查文件查阅期间:2002 年 6 月 13 日——2002 年 6 月 17 日

安源实业股份有限公司

二〇〇二年六月

600397 安源实业股份有限公司

首次公开发行 8000 万股 A 股股票上市公告书

一、重要声明与提示

安源实业股份有限公司(以下简称"安源股份"、"本公司"、"公司"或"发行人")董事会保证上市公告书的真实性、准确性、完整性,全体董事承诺上市公告书不存在虚假记载、误导性陈述或重大遗漏,并承担个别和连带的法律责任。

根据《公司法》、《证券法》等有关法律、法规规定,本公司董事、高管人员已依法履行诚信和勤勉尽责的义务和责任。上海证券交易所、中国证监会、其他政府机关对本公司股票上市及有关事项的意见,均不表明对本公司的任何保证。

本公司提醒广大投资者注意:凡本上市公告书未涉及的有关内容,请投资者查阅 2002 年 6 月 13 日刊载于《中国证券报》、《上海证券报》和《证券时报》的本公司招股说明书摘要及刊载于上海证券交易所网站(http://www.sse.com.cn)的本公司招股说明书全文。

本上市公告书刊登网址:http://www.sse.com.cn

二、概览

股票简称:安源股份
沪市股票代码:600397
深市代理股票代码:003397
股本总额:220,000,000 股
可流通股本:80,000,000 股
本次上市流通股本:80,000,000 股
上市地点:上海证券交易所
上市时间:2002 年 7 月 2 日
股票登记机构:中国证券登记结算有限责任公司上海分公司
上市推荐人:兴业证券股份有限公司
华泰证券有限责任公司

本公司首次公开发行股票前股东所持股份的流通限制及期限:根据国家现有法律、法规规定和中国证监会证监发行字[2002]40 号《关于核准江西安源实业股份有限公司公开发行股票的通知》,本公司的国家股和法人股暂不上市流通。

本公司首次公开发行股票前第一大股东萍乡矿业集团有限责任公司承诺:自本公司股票上市之日起 12 个月内,不转让所持有本公司的股份,也不会由本公司回购其所持有的股份。

三、绪言

本上市公告书是根据《中华人民共和国公司法》、《中华人民共和国证券法》、《股票发行与交易管理暂行条例》、《公开发行股票公司信息披露实施细则》和《上海证券交易所股票上市规则》等国家有关法律、法规的规定,并按照中国证监会《公开发行证券的公司信息披露内容与格式准则第 7 号 - - 股票上市公告书》而编制,旨在向投资者提供有关发行人和本次股票上市的基本情况。

经中国证监会证监发行字[2002]40 号文核准,本公司于 2002 年 6 月 17 日利用上海证券交易所和深圳证券交易所交易系统,以向沪市、深市二级市场投资者定价配售的方式成功发行了 8,000 万股每股面值 1.00 元的人民币普通股,发行价为每股人民币 5.99 元。

经上海证券交易所上证上字[2002]115 号《关于安源实业股份有限公司人民币普通股股票上市交易的通知》批准,本公司公开发行的 8,000 万股社会公众股将于 2002 年 7 月 2 日起在上海证券交易所挂牌交易。股票简称"安源股份",沪市股票代码"600397"、深市代理股票代码"003397"。

本公司已于 2002 年 6 月 13 日在《中国证券报》、《上海证券报》和《证券时报》上刊登了《招股说明书摘要》,招股说明书正文及其附注材料刊载于上海证券交易所网站(http://www.sse.com.cn),距今不足三个月,故与其重复的内容在此不再重述,敬请投资者查阅上述内容。

四、发行人概况

(一)发行人的基本情况
1、公司中文名称:安源实业股份有限公司
公司英文名称:ANYUAN INDUSTRIAL CO.,LTD.
2、法定代表人:徐绍芳
3、设立日期:1999 年 12 月 30 日
4、住所及邮政编码:江西省萍乡市昭萍东路 3 号(337003)
5、注册资本:22,000 万元人民币
6、经营范围:煤矸石综合开发利用、煤矸石发电及其技术服务,煤炭生产、销售,汽轮发电机的维修,客车空调及其它制冷设备的制造、销售和维修安装,汽车制造、销售(不含小轿车),汽车零部件、摩托车零部件制造、销售,物资贸易。(以上项目国家有专项规定除外)。
7、核心业务:优质焦煤洗选加工及煤矸石综合开发利用和客车制造。
8、所属行业:工业类制造业
9、电话号码:0799 - 6581363
10、传真号码:0799 - 6581171
11、电子信箱:AnYuan1999@163.net
12、互联网网址:www.anyuan1999.com
13、董事会秘书:陈松柳先生
(二)发行人的历史沿革

公司主发起人的历史可以追溯到创办于 1898 年的"安源煤矿"。安源煤矿是中国近代史上的"十大厂矿"之一,也是中国工人运动的策源地。新中国成立后,经国家投资建设发展成立了萍乡矿务局,成为国家重点统配煤矿。煤炭企业作为资源型企业,都有资源枯竭和寻找替代产业的问题,国家为了保持国有煤炭企业的可持续发展,提出了"以煤为本、综合利用、多种经营"的发展方针,引导和鼓励煤炭企业发展多种经营。1986 年由原中国统配煤矿总公司制定了《关于进一步发展统配煤矿多种经营的意见》,1993 年原煤炭工业部颁发了《关于加快发展煤炭工业多种经营的若干规定》,并且国家对煤炭企业发展多种经营给予了贴息贷款等扶持政策。

60 年代末,萍乡矿务局感悟到煤炭资源型企业发展替代产业的重要性和紧迫性,从保持企业的稳定、充分利用资源和可持续发展出发,开始发展替代产业,历经了探索、培育和发展三个阶段。

首先从为配合煤炭生产入手,自制煤矿机械产品、矿灯、电焊条、炸药雷管、种植坑木林等,建立了相应的多种经营基地,进行多种经营的探索;从 80 年代开始,利用煤炭企业特有资源和市场,重点培育煤矸石综合利用业务和客车制造业务;从 90 年代开始,利用自身优势寻求新的发展机遇,拓展了浮法玻璃生产和国际经济技术合作新领域。

经过上述三个阶段的发展,在煤矸石综合利用、客车制造、浮法玻璃生产和国际经济技术合作等四个方面具备了一定的竞争实力和优势。

煤矸石综合利用是将煤炭开采和洗选加工生产优质焦煤过程中排出的煤矸石进行综合利用,形成一个完整的产业链:即利用废弃的煤矸石发电;继而利用先进技术将发电厂排放的粉煤灰加工生产新型建筑材料,实现固体废弃物零排放目标。利用煤矸石发电是全国最早的企业之一,经济效益和社会效益都非常显著。

客车制造是通过解决煤矿矿区职工通勤问题入手而发展起来的。八十年代初国家的城市公交较为落后,各矿区的通勤问题均要由企业自己解决。为此,原煤炭部投资建设了煤炭行业惟一的定点客车生产厂 - 萍乡客车厂,并同时配合煤炭生产改装矿山救护车、自卸翻斗车等特种车辆,通过计划经济的手段占据了当时全国煤炭行业的整个市场。随着市场经济的发展和城市公交的进步,萍乡客车厂从过去生产单一的煤矿通勤车发展到以生产城市公交车为主的国家重点客车改装企业,其产品具有"美观、安全、舒适、环保"的特点,近三年均已突破年产客车 800 辆、矿山专用车 400 辆的能力。根据《2000 年中国汽车工业年鉴》统计,1999 年大客车生产量在全国三十家改装大客车企业中排列第三位。生产的客车产品已有 70 个品种列入国家目录,其外观设计和车身技术以及品种开发能力在全国改装车企业中具有较明显的竞争优势。

为了提高产品的档次,1997 年公司又与西安交通大学共同研制开发了环保客车空调。伴随着市场对客车产品舒适性要求的提高,为客车空调产品提供了广阔的市场空间,促进了客车空调生产的发展。集团公司将原生产中央空调和家用空调的制冷设备厂全部转产生产环保客车空调,除为公司客车制造厂配套外还面向市场求发展。

浮法玻璃现有年产 3 ~ 19mm 规格玻璃 600 万重量箱的生产能力,由于区域优势和管理得当,其经济效益显著。国际经济技术合作已从国外工程承包、医院合营发展到煤矿、电厂项目整体建设等全面的经济技术合作,合作国包括马来西亚、西班牙、阿尔及利亚、尼泊尔、喀麦隆等国家。

在国家产业政策的支持下,历经三十多年发展替代产业,集团公司走出了一条资源型企业可持续发展之路,形成了涉及煤炭、电力、机械、化工、建筑、建材、食品、林木等多行业、多产品的多种经营格局和分公司管理模式;各分公司在生产经营方面拥有高度的自主权,并拥有独立、完整的供产销系统;各分公司经营者由公司选派;公司集中管理资金(如:银行信贷、贷款回笼、税收缴纳等),分公司独立核算盈亏;通用物资(如:钢材、油料和机电产品等)由集团公司集中采购,专用物资(如:底盘、发动机和压缩机等)由分公司自行采购。各分公司模拟独立法人运作,形成了"集中管理下相对独立运作"的分公司管理模式。长期实践证明,这种管理模式是成功的,并已被国家所肯定和推广。1996 年集团公司被煤炭工业部表彰为全国煤炭工业综合利用、多种经营先进单位;1997 年被中共中央宣传部和国家经贸委列入全国十大扭亏增盈先进典型。

经江西中山会计师事务所有限责任公司审计,集团公司 2000 年 12 月 31 日总资产 188,516 万元,净资产 79,798 万元,2000 年度实现主营业务收入 85,260 万元,利润 8,465 万元,实现净利润 5,640 万元。资产负债率为 57.67%,净资产收益率为 7.07%。

公司由萍乡矿业集团有限责任公司和西安交通大学等单位于 1999 年 12 月 30 日共同发起设立。设立时公司净资产 19,825 万元,按 1:0.70618 的比例折股,总股本为 14,000 万股,其中,主发起人以其经评估并经确认的经营性净资产 19,125 万元出资,持有公司 96.469% 的股份,西安交通大学以现金 500 万元出资,持有公司 2.5222% 的股份,其他发起人分别以现金 50 万元出资,各持有公司 0.2522% 的股份。公司股本结构如下:

股东名称	股权种类	持股股数(万股)	持股比例(%)
萍乡矿业集团有限责任公司	国有法人股	13,505.7	96.4690
西安交通大学	国有法人股	353.1	2.5222
江西省煤矿机械厂	国有法人股	35.3	0.2522
江西鹰潭东方铜材有限责任公司	国有法人股	35.3	0.2522
分宜特种电机厂	国有法人股	35.3	0.2522
萍乡裕华大企业总公司	法人股	35.3	0.2522
合 计		14,000.0	100.0

经中国证监会证监发行字[2002]40 号文核准,本公司于 2002 年 6 月 17 日利用上海证券交易所和深圳证券交易所交易系统,在沪市和深市,采用向二级市场投资者定价配售的发行方式,成功发行了 8000 万股每股面值 1.00 元的人民币普通股,发行价为每股 5.99 元。此次发行完成后,公司的总股本为 22,000 万股,注册资本为 22,000 万元。

(三)发行人的生产经营情况
1、经营业务情况
(1)主要业务构成

类别	年生产能力	2001 年产量	2000 年产量	1999 年产量
一、资源及综合利用				
煤炭	75 万吨	79 万吨	71.72 万吨	70 万吨
煤矸石发电	21600 万 kwh	20321 万 kwh	20743 万 kwh	20706 万 kwh
二、客车制造				

客车	1200 辆	1172 辆	921 辆	932 辆
客车空调	1000 台	778 台	620 台	412 台

(2)近三年收入构成表

单位:万元

类别	2001 年		2000 年		1999 年	
	金额	占总收入%	金额	占总收入%	金额	占总收入%
一、资源及综合利用	22652	50.53	21100	54.04	20569	49.79
煤炭	17131	38.22	15124	38.74	14643	35.45
煤矸石发电	5521	12.31	5976	15.30	5926	14.34
二、客车制造	17923	39.98	12788	32.75	15423	37.34
客车	16386	36.55	10825	27.72	14169	34.30
客车空调	1537	3.43	1963	5.03	1254	3.04
合计	40575	90.51	33888	86.79	35992	87.13

注:总收入为主营业务收入与其它业务收入之和。

(3)近三年利润构成表

单位:万元

类 别	2001 年		2000 年		1999 年	
	金额	所占比例%	金额	所占比例%	金额	所占比例%
一、资源及综合利用	4112	81.28	3753	85.4	3421	89.8
煤炭	2567	50.74	1919	43.7	1793	47.0
煤矸石发电	1545	30.54	1834	41.7	1628	42.8
二、客车制造	947	18.72	640	14.6	390	10.2
客车	803	15.87	517	11.8	377	9.9
客车空调	144	2.85	123	2.8	13	0.3
合计	5059	100	4393	100	3811	100

注:不含财政补贴收入。

2、自然资源的耗用情况

煤炭为本公司开采的主要自然资源,年开采量在 100 万吨左右。截止 2000 年,本公司下属安源煤矿和白源煤矿的煤炭资源保有储量约为 1447.8 万吨。

由于本公司的煤炭生产依赖有限的煤炭资源,为保证公司的持续经营并降低对自然资源的依赖风险,在稳定煤炭生产的基础上,积极发展煤矸石综合开发利用和客车制造等替代产业,2000 年、2001 年煤炭收入在公司营业总收入的比重降到了 40%以下。

3、产品的市场销售情况

本公司生产的客车主要通过自有营销网络以直销方式投放上海、天津、北京、广东、湖南、湖北、河南、河北、山西、陕西、江西等省市的城市公交公司、长途客运公司。本公司生产的客车空调除与公司客车制造厂配套外,主要通过自有营销网络以直销方式投放上海、天津、江苏、浙江、江西、辽宁、湖南、山东、四川等省市的客车生产厂及客车运输公司。2001 年客车及客车空调实现销售收入 17923 万元。公司生产的客车在国内几个大中城市的公交用车占有较高的市场份额,如在上海的保有量约占上海公交车总数的四分之一。依据 2000 年《中国汽车工业年鉴》统计,1999 年全国大型客车销售 7665 辆,本公司销售 599 辆,公司在全国大型客车市场的占有率为 7.8%。根据全国大中型客车空调的产销情况估计,公司大型客车空调在全国市场的占有率约为 6%。

本公司生产的电力除向主发起人供应外,主要向江西萍乡地区电网供应。2001 年实现销售收入 5521 万元。本公司生产的煤炭产品通过自有营销网络以直销方式供应江西、湖南、福建、湖北、广东等省的钢铁厂和火电厂,2001 年实现销售收入 17131 万元。

公司建立了强有力的营销体系和制定了适应市场的营销策略,加之产品质量稳定,售后服务质量好,经过多年的发展,与广大用户建立了长期的业务关系,因此,公司产品价格基本稳定,对公司经济效益没有重大影响,据计算,1999 年价格变动减少利润 103.2 万元,2000 年价格变动增加利润 166.4 万元,2001 年价格变动影响增加利润 418.5 万元。

4、主要客户及供应商资料

(1)公司 2001 年前五名供应商合计采购额为 6149 万元,占公司年度采购总额的 25.87%。

(2)公司 2001 年向前五名客户的合计销售额为 11951 万元,占公司年度销售总额的 29.45%。

除萍乡矿业集团有限责任公司为公司的控股股东外,上述供应商或客户与公司的高级管理人员、主要股东无关联关系。

(四)技术开发情况

公司研究开发机构共有研发人员 62 人,占公司员工总数的 1.13%,其中本科及本科以上学历有 51 人,具有高级职称有 35 人;按其从事的研究项目划分,研究客车及客车空调产品的专业人员 36 人,其中本科及本科以上学历有 28 人,具有高级职称有 22 人;研究开发煤矸石综合利用的专业人员 26 人,其中本科及本科以上学历有 23 人,具有高级职称有 13 人。公司目前主要与西安交通大学共同进行研究。由双方联合设立技术中心,根据公司与西安交通大学签订的"关于联合设立技术中心的协议"约定:中心的任务是客车空调、高档热泵型空调、与客车空调配套的压缩机、发动机、高档豪华客车,动力机械、通风机械、机电一体化产品;计算机、网络技术产品、生物医药以及其它新技术、新材料、新产品及其新工艺的开发。

(五)主要知识产权

《安源》文字商标:商标注册证号:第 177762 号;有效期至 2003 年 3 月。

《安源》图案商标:商标注册证号:第 798553 号;有效期至 2005 年 12 月。

2000 年 7 月 7 日,公司"一种用于密封连管的手动扎管器",2000 年 12 月 15 日,公司"一种凸槽金属管连管头",2000 年 12 月 22 日,公司"非金属软管连接件",2001 年 2 月 3 日,公司"非金属软管与终端管件的连接件"2001 年 3 月 1 日,公司"一种金属管凸槽成型器"分别获得国家知识产权局颁发的《实用新型专利证书》,证书号分别为第 392712 号、第 417197 号、第 419194 号、第 426600 号、证书号第 428445 号。

(六)本公司享有的财政优惠政策

根据江西省人民赣府字[2001]18 号《关于给予安源实业股份有限公司财政支持优惠政策的批复》的规定,江西省政府通过财政支出渠道安排资金对公司给予支持,在本公司上市前,公司依率上缴的所得税由省财政列入预算补贴给公司;在公司上市后,公司依率上缴的所得税中的 18 个百分点,由省财政列入预算补贴给公司。

五、股票发行与股本结构

(一)本次股票上市前首次公开发行股票的情况

1、社会公众股发行数量:8,000 万股

2、股票发行价格:5.99 元/股

3、募股资金总额:47,920 万元

4、发行方式:向沪市、深市二级市场投资者定价配售

5、发行费用总额及项目:本次股票发行费用共 1875.32 万元,主要包括承销费用、审计费用、资产评估费用、律师费用、发行手续费用、审核费用等。

6、每股发行费用:0.234 元

(二)本次股票上市前首次公开发行股票的承销情况

本次公开发行的 8,000 万股社会公众股的配号总数为 69,419,694,中签率为 0.11524107%。其中,二级市场投资者认购 78,847,084 股,余 1,152,916 股由主承销商包销。

(三)本次上市前首次公开发行股票所募股资金的验资报告

广东恒信德律会计师事务所有限公司

(2002)恒德赣验字 014 号

验 资 报 告

安源实业股份有限公司全体股东:

我们接受委托,审验了贵公司截至 2002 年 6 月 25 日止新增注册资本实收情况。按照国家相关法律、法规的规定和协议、合同、章程的要求出资,提供真实、合法、完整的验资资料,保护资产的安全、完整是全体股东及贵公司的责任。我们的责任是对贵公司新增注册资本的实收情况发表审验意见。我们的审验是依据《独立审计实务公告第 1 号 - - 验资》进行的。在审验过程中,我们结合贵公司的实际情况,实施了检查等必要的审验程序。

贵公司原注册资本为人民币 14000 万元,根据贵公司 2000 年度股东会决议和修改后章程的规定,贵公司申请增加注册资本人民币 8000 万元。经中国证券监督管理委员会证监发行字(2002)40 号文件批准,贵公司于 2002 年 6 月 17 日向社会公众发行人民币普通股 8000 万股,每股面值 1 元。经我们审验,截至 2002 年 6 月 25 日止,贵公司已收到社会公众股股东认缴的新增注册资本合计人民币 80,000,000.00 元(大写:人民币捌仟万元整)。社会公众股股东均以货币资金出资。

同时我们注意到,贵公司本次增资前的注册资本为人民币 140,000,000.00 元,业经江西恒信会计师事务所有限公司审验,并于 1999 年 12 月 29 日出具赣审会验字(1999)第 023 号验资报告。截至 2002 年 6 月 25 日止,变更后的累计注册资本实收金额为人民币 220,000,000.00 元(大写:人民币贰亿贰仟万元整)。

本验资报告仅供贵公司申请变更登记及据以向股东签发出资证明时使用,不应将其视为是对贵公司验资报告日后资本保全、偿债能力和持续经营能力等的保证。因使用不当造成的后果,与执行本验资业务的注册会计师及会计师事务所无关。

附件:1、注册资本变更情况明细表

(1)新增注册资本实收情况明细表(表 1)

(2)注册资本变更前后对照表(表 2)

2、验资事项说明

广东恒信德律会计师事务所有限公司　　中国注册会计师:李文智　王艳全

中国·珠海　　二〇〇二年六月二十五日

(四)募股资金入帐情况

入帐时间:2002 年 6 月 25 日

入帐金额:46314.68 万元(募集资金扣除承销费和上网手续费后的余额)

开户银行:工商银行萍乡市分行安源支行

帐号:1504200129000016986

入帐金额:46314.68 万元

(五)发行人上市前股权结构及各类股东的持股情况

1、本次上市前后公司股权结构

股本类别	本次发行前		本次发行后	
	持股数量(万股)	持股比例(%)	持股数量(万股)	持股比例(%)
1、发起人法人股	14,000.0	100.000	14,000.0	63.636
其中:国有法人股	13,964.7	99.748	13,964.7	63.475
法人股	35.3	0.252	35.3	0.161
2、社会公众股	0.0	0.000	8,000.0	36.364
总股本	14,000.0	100.000	22,000.0	100.000

2、本公司前十名股东持股情况

股东名称	持股股数(万股)	持股比例(%)
1、萍乡矿业集团有限责任公司	13,505.7	61.389
2、西安交通大学	353.1	1.605
3、兴业证券	115.2916	0.524
4、江西省煤矿机械厂	35.3	0.1605
5、江西鹰潭东方铜材有限责任公司	35.3	0.1605
6、分宜特种电机厂	35.3	0.1605
7、萍乡裕华大企业总公司	35.3	0.1605
8、兴和基金	10.0	0.0455
9、华夏成长	10.0	0.0455
10、丰和基金	10.0	0.0455

六、董事、监事、高级管理人员与核心技术人员

(一)董事会成员

徐绍芳先生,57 岁,本科学历,高级经济师。曾任原萍乡矿务局副总经济师、副局长,集团公司董事、副总经理。现任公司董事长、集团公司总经理。

朱志明先生,49 岁,本科学历,高级工程师。曾任丰城矿务局副局长,原萍乡矿务局副局长、集团公司董事、副总经理。现任公司总经理、集团公司董事。

王建华先生,48 岁,研究生学历,教授、博士导师。曾任西安交通大学科技处处长。现任西安交通大学副校长、中国机电工程学会常务理事。

尹家庆先生,49 岁,大专学历,经济师。曾任江西省分宜特种电机厂厂长助理、副厂长。现任江西省分宜特种电机厂厂长。

孙炎林先生,50 岁,本科学历,高级政工师。曾任原萍乡矿务局安源煤矿党委书记,原萍乡矿务局工会主席、中共十五大代表,集团公司董事、工会主席。现任公司工会主席、公司职工董事。

李运萍先生,50 岁,本科学历,工程师。曾任原萍乡矿务局华怡公司副经理、煤矸石电厂厂长、浙江永庆电厂厂长。现任公司总经理助理、煤矸石发电厂厂长。

张胜萍先生,47 岁,大专学历,工程师。曾任原煤炭工业部萍乡客车厂总工程师。现任公司客车制造厂总工程师。

(二)监事会成员

刘国清女士,49 岁,本科学历,高级政工师、律师。曾任原萍乡矿务局纪委书记。现任公司监事长、集团公司董事、纪委书记、党委书记。

罗庆恒先生,60 岁,本科学历,高级经济师。曾任江西煤田地质局机电供应处处长、江西煤炭工业厅企管处副处长。现任江西鹰潭东方铜材有限责任公司董事长。

文春萍先生,46 岁,中专学历。曾任萍乡市华达机械制造公司副董事长兼副总经理、原萍乡矿务局机械厂副厂长。现任江西省煤矿机械厂厂长、党委书记。

严思达先生,53 岁,大专学历,律师。曾任原萍乡矿务局法律事务处处长。现任公司总经理办公室律师,公司职工代表监事。

刘树良先生,54 岁,大专学历,高级会计师。曾任原萍乡矿务局销售公司结算中心财务科副科长。现任公司总经理办公室高级会计师,公司职工代表监事。

(三)其它高级管理人员

陈松柳先生,43 岁,本科学历,高级会计师。曾任原萍乡矿务局财务处科长、副处长,萍乡电

焊条厂副厂长兼总会计师,萍乡矿业集团有限责任公司企业改制办公室副主任。现任公司董事会秘书。

姚培武先生,38岁,本科学历,会计师。曾任原萍乡矿务局经营管理办公室资产管理科副科长、财务管理科科长,集团公司经营管理办公室财务管理科科长、副主任会计师兼财务管理科科长。现任公司财务总监。

(四)技术负责人和核心技术人员

岑代全先生,47岁,本科学历,高级工程师。曾任原萍乡矿务局青山煤矿副矿长,巨源煤矿副矿长、矿长,原萍乡矿务局生产管理办公室主任、尼泊尔工程项目负责人。现任公司技术总监、总经理助理。

吴业正先生,65岁,西安交通大学能动学院教授、博士导师,兼乌克兰智能控制科学院通讯院士、陕西省制冷学会副理事长,安源实业西安交大技术中心制冷技术负责人。长期潜心于"制冷系统热物理过程及系统控制"的研究,开展国际合作,获得"全国科学大会奖"1项、"国家级科技进步二等奖"2项、"国家教委科技进步一等奖"1项、多项省、部级奖项,还获得了四项专利(含一项发明专利)。1977年当选为中共第十一大代表。获"国家有突出贡献中、青年专家"、"陕西省有突出贡献专家"、"陕西省科技精英"等称号,获国务院首批颁发的"政府特殊津贴"。

李连生先生,40岁,西安交通大学能动学院教授、博士导师,安源实业西安交大技术中心汽车空调压缩机技术负责人。主要研究项目为"旋叶式汽车空调压缩机"(国家科技计划项目),"制冷及空调压缩机降噪技术"、"涡旋式压缩机系列化研究开发"等四项(陕西省及西安市科技计划及攻关项目)。主要成果是"高效节能旋叶式汽车空调压缩机"、"涡旋式制冷与压缩机设计及技术"和"旋叶式汽箱压缩机";主要专利为"旋叶式压缩机"(专利号96236166.6)、"涡旋式压缩机"(专利号94245752.8)、"自适应性涡旋压缩机"(专利号94245751)。

饶晓东先生,38岁,本科学历,高级工程师。曾任原煤炭工业部萍乡客车厂工程师。现任公司客车制造厂技术负责人。负责设计了PK600系列客车制动管路及PK6970G、PK6100GCC、PK6110CD、PK6123等系列车型的高地板架驾驶区地板等部件,其中PK6970系列客车的研制与开发获江西省煤炭工业科学技术进步一等奖。在《汽车杂志》上发表了"客车制动鼓注水冷却系统"、"客车技术与研究"等文章;在《客车技术与研究》上发表了"PK6970WS无人售票车气压制动系统改进设计'、"前置前开门客车前部地板油化设计"。

彭学明先生,42岁,本科学历,高级工程师。曾任江西省煤炭综合利用设计院院长助理,原煤矸石发电厂总工程师。现任公司煤矸石发电厂技术负责人。主要研究成果有:高坑分厂2号炉飞灰2次燃烧技术获省科技成果二等奖、文丘里除尘系统改进获省QC成果二等奖、炉水软水回收系统改造获省QC成果三等奖。在江西省煤炭科技刊物发表了有关煤矸石发电厂管理和技改等数篇文章。

上述董事、监事、高级管理人员、技术负责人和核心技术人员均为中华人民共和国公民。

(五)兼职情况

集团公司董事长和公司董事长分别由文培斌先生和徐绍芳先生担任,徐绍芳先生同时兼任集团公司总经理。公司总经理、董事会秘书、财务负责人、技术负责人均未在股东单位或股东单位控制的单位、同行业其他法人单位担任除董事以外的职务。

(六)持股情况

截止到本上市公告书签署之日,本公司董事、监事、高级管理人员和核心技术人员:

1、未持有本公司股份及未由其授权或指示他人代其持有股份;

2、其家属未持有本公司股份;

3、本公司的六家发起人中没有本公司董事、监事、高级管理人员和核心技术人员或其近亲属直接或间接控制的公司,因此不存在间接持有本公司股份的情况;

4、未持有本公司关联企业的股份。

七、同业竞争和关联交易

(一)关于公司同业竞争情况

1、股份公司的原煤生产业务

股份公司生产的原煤为焦煤,集团公司下属青山煤矿、杨桥煤矿生产的原煤为无烟煤、巨源煤矿生产的原煤为贫瘦煤,股份公司生产的优质焦煤主要销售对象为冶金行业企业,集团公司生产的无烟煤、贫瘦煤主要销售对象为民用及化工企业。由于股份公司和集团公司生产的原煤种类完全不同,产品销售市场和最终销售客户亦完全不同,因此,股份公司与集团公司在煤炭产品的生产、销售方面不存在同业竞争。由于巨源、杨桥两煤矿的煤炭资源濒于枯竭,集团公司已完成了该两矿的破产预案编制,并于2001年7月向江西省经济贸易委员会提出了破产申请,目前,江西省经济贸易委员会正向国家经济贸易委员会申请立项。北京中银律师事务所认为,巨源、杨桥两煤矿向国家主管部门申请政策性破产不会对股份公司造成不利影响。集团公司原生产焦煤的高坑煤矿经北京中银律师事务所核查,因资源枯竭,已经全国企业兼并破产和职工再就业工作领导小组[2000]7号文《关于下达部分资源枯竭矿山破产项目的通知》批准并拨付专项破产经费,于2000年11月25日经江西省萍乡市中级人民法院(2000)萍法经破字第4-1号《民事裁定书》裁定宣告进入破产清算程序。经北京中银律师事务所核查认为,上述破产申请和破产未对股份公司造成任何不良影响。

2、股份公司的煤矸石发电业务

股份公司煤矸石电厂是以煤矸石及劣质煤为主要燃料的环保型电厂,地处江西省萍乡市,生产的电力主要供应萍乡当地电网和集团公司各下属企业。集团公司下属的浙江永庆热电公司地处浙江省绍兴县,是以燃油及优质煤为主要燃料的抽汽式热电厂,主要为当地的纺织企业提供热能、蒸汽动力和部分生产电力等。由于股份公司与集团公司在电力产品生产的燃料和最终销售区域完全不同,相互间不存在同业竞争。

3、集团公司避免同业竞争采取的有关措施

目前,集团公司与股份公司各项业务间不存在同业竞争情况,为进一步保障公司及中小股东的合法利益,集团公司已向股份公司出具《不竞争承诺书》。集团公司承诺:在本公司存续期间,集团公司及其子公司将不会参与对本公司经营的业务构成或可能构成直接或间接竞争的任何业务或活动;在本公司存续期间,集团公司及其子公司与本公司发生的任何业务往来,均遵照市场公平交易的原则进行。集团公司出具的不竞争承诺,消除了对股份公司未来生产经营出现的同业竞争的可能。

主承销商及律师的核查意见:经兴业证券股份有限公司和北京中银律师事务所核查,认为:集团公司与公司间目前不存在同业竞争问题;集团公司出具的不竞争承诺,消除了集团公司未来对公司生产经营发生同业竞争的可能性;招股说明书中披露的同业竞争情况充分,避免同业竞争有关措施有效、合理。

(二)关联交易

1、公司的关联方及关联关系

(1)控股股东:萍乡矿业集团有限责任公司

萍乡矿业集团有限责任公司,注册资本24000万元,法定代表人文培斌,主要从事国内各类采掘业、制造业、电力及水的生产和供应业、建筑业、交通运输、社会服务业,科学研究和综合技术服务业等。持有公司股份13,505.7万股,占发行后公司总股本的61.39%。

(2)其他股东 包括西安交通大学、江西省煤矿机械厂、江西鹰潭东方铜材有限责任公司、分宜特种电机厂、萍乡裕华大企业总公司等五家法人单位:

①西安交通大学,国家重点扶持发展的全国重点大学,法定代表人徐通模。学校院系专业设置齐全,现有97个研究所和科研中心,其中流体机械与压缩工程研究中心为国家工程研究中心,有着强大的基础理论研究和科技开发能力。持有公司股份353.1万股,占发行后公司总股本的1.61%。

②江西省煤矿机械厂,注册资本1312万元,法定代表人文春萍。主要从事机电产品制造和维修、矿产采掘和洗选设备制造。持有公司股份35.3万股,占发行后公司总股本的0.16%。

③江西鹰潭东方铜材有限责任公司,注册资本533万元,法定代表人罗庆恒。主要从事生产和销售各种规格铜杆、铜管及电线电缆、异形材、机械修理制造、五金、交电、建材、电解铜、化工原料。持有公司股份35.3万股,占发行后公司总股本的0.16%。

④分宜特种电机厂,注册资本100万元,法定代表人尹家庆。主要从事特种电机、防爆电机制造、修理及销售。持有公司股份35.3万股,占发行后公司总股本的0.16%。

⑤萍乡裕华大企业总公司,注册资本224万元,法定代表人李忠良。主要从事模具、电瓶、活性炭、矿用风筒、水泥、水玻璃、纸张、服装、陶瓷制品、煤气表、灯泡、塑料制品、汽车货运。持有公司股份35.3万股,占发行后公司总股本的0.16%。

(3)控股股东及其他股东的控制或参股的企业:

①萍乡矿务局建筑安装总公司,注册资本5000万元,法定代表人张荣辉,主要从事工业民用建筑工程施工、公路工程、送变电工程、设备安装装饰工程施工、地质测量与勘探、承包本行业境外工程和境内国际招标等,是集团公司的全资子公司。

②萍乡矿务局杨桥煤矿,注册资本4800万元,法定代表人况美生,主要从事原煤开采和销售,是集团公司的全资子公司。因资源枯竭,已申请政策性破产。

③萍乡矿务局巨源煤矿,注册资本800万元,法定代表人林绍华,主要从事原煤开采、洗煤、选煤加工、矸石粉、矸石砖、采釉砖制造等,是集团公司的全资子公司。因资源枯竭,已申请政策性破产。

④浙江永庆热电公司,注册资本5000万元,法定代表人文培斌,主要从事为当地纺织企业供热、供蒸汽和火力发电,集团公司控股85.6%。

(4)对控股股东有实质影响的法人、自然人:

①公司控股股东-萍乡矿业集团有限责任公司为国有独资公司,由江西省人民政府授权江西省煤炭集团公司管理;

②萍乡矿业集团有限责任公司法定代表人文培斌,为控股股东有实质影响的自然人。

(5)公司参与的合营企业:

公司目前未发生对外投资、参股、合营等行为。

(6)公司参与的联营企业:

公司没有对外联营企业。

(7)主要投资者个人、关键管理人员、核心技术人员:

①公司无个人投资者股东。

②公司关键管理人员及核心技术人员如下:

总经理:朱志明

财务总监:姚培武

技术总监:岑代全

总经理助理:李运萍、岑代全

高级工程师:饶晓东、彭学明

③公司上述关键管理人员及核心技术人员不存在在上述关联方单位任职的情形,或由关联方单位直接或间接委派。

(8)除上述法人、自然人外,不存在其他对公司有实质影响的法人或自然人。

2、公司的关联交易:

(1)购销商品:

①销售货物

单位名称	2001年度	2000年度	1999年度
萍乡矿业集团有限责任公司	57,251,913.15	41,808,979.76	37,299,485.34
高坑煤矿	---	26,351,447.45	24,562,945.39
巨源煤矿	6,507.53	2,418,373.80	1,945,548.50
建筑安装总公司	3,120.31	267,445.01	265,068.43
杨桥煤矿	209,874.87	1,310,904.46	1,185,082.92
合 计	57,471,415.86	72,157,150.48	65,258,130.57

上述货物主要是萍乡矿业集团有限责任公司及其下属单位通过本公司物资分公司对外进行通用物资采购(主要为油料、钢材、机电产品、配品配件等四大类约二千多个品种),以及本公司向其提供的用电服务。

2001年,股份公司销售给集团公司的货物主要为电力3654万元、根据《物资购销协议》向集团公司提供钢材、油类、机电产品、配品配件等2072万元。为进一步减少关联交易,从2001年4月起,公司与集团公司及下属企业的《物资购销协议》全部解除(该协议解除对股份公司的影响详见本节"3、公司减少关联交易的具体做法及正在履行的关联交易合同")。对杨桥煤矿的货物销售21万元系杨桥煤矿替其有关债务单位向本公司购买优质焦煤的款项。

股份公司近三年对集团公司电力销售情况:

项目	2001年度	2000年度	1999年度
供电量(万Kwh)	9345	11659	11586
金额(万元)	3654	4664	4749

目前,公司煤矸石电厂的所发电力由原来完全由主发起人使用已经逐步向市场化自主经营过渡,其主要表现为与萍乡供电局电网的并网。依据《中华人民共和国电力法》、《电网调度管理条例》、《关于电网与电厂、电网与电网并网运行的规定〈试行〉》等国家有关法规和政策,集团公司与萍乡供电局就高坑电厂和安源电厂所在的高-安小网并入地区电网达成了并网协议,公司设立后已将此协议进行了主体变更。协议就并网范围及并网点、产权分界和安全责任划分、电能计量点及计量方式、电量电价及计费结算和调度管理等方面作了明确界定。协议的签定标志着公司的煤矸石发电业务由原来的自发自供逐步向市场化自主经营的过渡。并网的实施为公司的煤矸石业务的进一步发展开辟了一条渠道,也使煤矸石发电本身的优势得到更为具体的体现。公司的高-安小网的35KV供电网络与萍乡供电局丹江35KV电网联网后,供电辐射面积约为86平方公里,供电用户435户,年供电量为1.8亿kwh。因此,公司煤矸石发电业务在自发自用的基础上,已有能力和条件参与市场的自主经营。

上述物资的销售价格以不高于同类商品市场价格为原则;供用电按江西省物价局、江西省电力工业局联合下发的《江西电网售电价目表》计费。

②采购货物

单位名称	2001年度	2000年度	1999年度
萍乡矿业集团有限责任公司	6,325,682.77	6,573,740.02	8,937,081.13
高坑煤矿		500,000.00	1,100,000.00
巨源煤矿	719,431.68	3,176,670.97	2,356,074.25
合 计	7,045,114.45	10,250,410.99	12,393,155.38

股份公司向集团公司采购货物主要为炸药、雷管、电焊条、水泥、矿车、煤矿机械产品、洗渣等,其结算按同类商品市场价格执行。

(2)买卖有形或无形资产:

2000 年 11 月,公司与集团公司签订《采矿权转让协议》,按经评估确认的采矿权价值 28,310,600.00 元转让,由公司向集团公司分期支付转让费,二十年内付清,每年付款 1,415,530.00 元。

(3)兼并或合并法人:无

(4)出让与受让股权:无

(5)提供或接受劳务:

项目	2001 年度	2000 年度	1999 年度
铁路维修费	1,078,994.39	1,404,001.31	–
煤炭外运服务费	500,162.80	563,830.61	–
煤矿井口洗浴费	492,600.00	492,600.00	–
矸石堆放费	276,966.00	197,181.00	–
房屋租赁费	76,380.58	72,880.47	–
通讯服务费	435,095.04	426,847.24	–
修理、加工费	62,530.39	827,613.32	291,938.44
工程劳务	129,771.50	1,853,559.00	–
其他	132,074.82	60,448.10	103,932.51
合计	3,184,575.52	5,898,961.05	395,870.95

注:表中除工程劳务系本公司接受萍矿建筑安装总公司劳务外,其余均为接受萍乡矿业集团有限责任公司劳务。

(6)代理:无

(7)租赁:公司向集团公司租赁部分房产,双方签订了《房产租赁合同》

(8)各种采取合同或非合同形式进行的委托经营等:无

(9)提供资金或资源:无

(10)协议或非协议许可:无

(11)担保:集团公司为股份公司短期借款 6370 万元、长期借款 7490 万元提供担保。股份公司未为集团公司提供担保。

①短期借款

截止 2001 年 12 月 31 日本公司短期借款 63,700,000.00 元,明细如下:

借款单位	金额(元)	借款期限	月利率(‰)	借款条件	备注
工行萍乡市分行营业部	10,000,000.00	2001.10.29 – 2002.10.28	4.875	担保	集团公司担保
工行萍乡市分行营业部	25,000,000.00	2001.11.23 – 2002.11.22	4.875	担保	同上
工行萍乡市分行营业部	3,000,000.00	2001.04.26 – 2002.04.25	4.875	担保	同上
工行萍乡市分行营业部	2,000,000.00	2001.03.27 – 2002.03.26	4.875	担保	同上
建行萍乡市分行	700,000.00	2001.04.29 – 2002.04.29	4.875	担保	同上
工行萍乡市分行营业部	3,000,000.00	2001.06.29 – 2002.06.28	4.875	担保	同上
工行萍乡市分行营业部	10,000,000.00	2001.07.27 – 2002.07.26	4.875	担保	同上
工行萍乡市分行营业部	10,000,000.00	2001.09.13 – 2002.09.12	4.875	担保	同上
合 计	63,700,000.00				

②长期借款

截止 2001 年 12 月 31 日本公司长期借款 74,900,000.00 元,明细如下:

借款单位	金额(元)	借款期限	月利率(‰)	借款条件	备注
工行萍乡市分行营业部	14,900,000.00	2000.11.28 – 2002.11.27	4.95	担保	集团公司担保
工行萍乡市分行营业部	20,000,000.00	2000.11.27 – 2002.11.26	4.95	担保	同 上
工行萍乡市分行营业部	20,000,000.00	2000.11.24 – 2002.11.23	4.95	担保	同 上
工行萍乡市分行营业部	20,000,000.00	2000.11.23 – 2002.11.22	4.95	担保	同 上
合计	74,900,000.00				

(12)合作研究与开发或技术项目的转移:与股东西安交通大学共同设立技术开发中心。

(13)向关联方人士支付报酬:无

(14)合作投资设立企业:无

(15)其他对发行人有影响的重大交易:无

3、公司减少关联交易的具体做法及正在履行的关联交易合同

为了降低采购成本,萍乡矿务局于 1993 年设立物资供应分公司,对钢材、油料、机电产品等通用物资实行集中采购,供应集团内各成员单位,同时对外从事物资贸易。公司设立时,物资供应分公司进入股份公司,作为公司下属的分支机构,即物资分公司,负责公司下属各分公司的通用物资采购。同时,基于历史关系和采购方面的规模效益,物资分公司继续为集团公司及其下属单位提供对外通用物资集中采购服务,为此,公司与集团公司及其下属企业签订了《物资购销协议》。公司为进一步规范运作,减少与集团公司及其下属单位的关联交易,经协议双方同意,从 2001 年 1 月起,解除公司与集团公司下属单位签订的《物资购销协议》;从 2001 年 4 月起,解除公司与集团公司签订的《物资购销协议》,由此,公司物资购销不再与关联方产生关联关系。

上述协议解除后,对股份公司经营的影响为:与集团公司的关联交易减少 1400 万元,由于集中采购量减少,原先享受的优惠折扣因素也将相应减少,单位采购成本的上升将导致公司单位采购成本有所增加,预计每年影响公司利润减少 85 万元。

目前,公司仍在履行的有关关联交易协议如下:

①《综合服务协议》

②《房产租赁合同》

③《供用电合同》

④《采矿权转让协议》

⑤《关于联合设立技术中心的协议》

4、公司关联交易决策程序

(1)公司在公司章程中明确规定了关联交易公允决策程序

根据公司章程的规定,董事个人或者其所任职的其他企业直接或者间接与公司已有的或者计划中的合同、交易、安排有关联关系时(聘任合同除外),不论有关事项在一般情况下是否需要董事会批准同意,均应当尽快向董事会披露其关联关系的性质和程度。

有上述关联关系的董事在董事会会议召开时,应当主动提出回避;其他知情董事在该关联董事未主动提出回避时,亦有权要求其回避。

在关联董事回避后,董事会在不将其计人法定人数的情况下,进行表决。

根据公司章程的规定,股东大会审议有关关联交易事项时,关联股东不参与投票表决,其所代表的有表决权的股份数不计入有效表决总数。如有特殊情况关联股东无法回避时,公司在征得有关部门的同意后,可以按照正常程序进行表决,并在股东大会决议公告中作出详细说明。股东大会审议有关关联交易事项时,关联股东应主动回避,当关联股东未主动回避时,其他股东可要求其回避。关联股东应向股东大会详细说明有关关联交易事项及其对公司的影响。

(2)上述《综合服务协议》、《房产租赁合同》、《供用电合同》、《采矿权转让协议》、《物资购销协议》等关联交易协议均通过股份公司创立大会或股东大会审议批准。《采矿权转让协议》经股份公司 2000 年第二次临时股东大会审议批准;其余的关联交易协议,均经股份公司创立大会审议批准。上述会议对关联交易协议进行表决时,关联股东集团公司予以回避,放弃行使表决权。

(3)公司严格执行关联交易的价格公允原则,即有政府或行业定价的,优先执行政府或行业定价;没有政府或行业定价的,依市场价或成本价确定价格。

公司监事会对关联交易的意见:公司监事会成员认为:公司与集团公司之间关于综合服务等方面的关联交易,可以减少公司不必要的重复投资,减轻公司负担,符合公司的长远利益。公司关联交易公平、合理,没有损害公司和非关联股东的利益。公司与集团公司签订的关联交易协议,没有违反法律、法规、公司章程或损害公司利益和股东利益的行为,公司管理层履行了应尽的诚信义务。

主承销商及律师的核查意见:经兴业证券股份有限公司和北京中银律师事务所核查,认为:招股说明书所披露的关联方、关联关系和关联交易不存在损害公司及中小股东利益的情况,关联交易决策程序合法有效。

八、主要财务会计资料

(一)经审计的财务资料

本公司 1999 年 12 月 31 日、2000 年 12 月 31 日和 2001 年 12 月 31 日的资产负债表,1999 年度、2000 年度和 2001 年度的利润表及利润分配表,2001 年度现金流量表经广东恒信德律会计师事务所有限公司审计,并出具标准无保留意见的《审计报告》,投资者欲了解详细内容,请查阅于 2002 年 6 月 13 日在《中国证券报》、《上海证券报》和《证券时报》刊登的《招股说明书摘要》或刊载于上海证券交易所网站(http://www.sse.com.cn)的本公司招股说明书全文。

1、简要的利润表、资产负债表和现金流量表

(1)三年简要利润表　　单位:人民币元

项目	2001 年度	2000 年度	1999 年度
一、主营业务收入	405,751,242.03	338,876,253.99	359,912,650.58
减:主营业务成本	290,162,730.53	237,797,899.14	266,118,003.57
主营业务税金及附加	3,306,707.77	2,987,149.94	2,012,921.59
二、主营业务利润	112,281,803.73	98,091,204.91	91,781,725.42
加:其他业务利润	4,105,351.82	4,781,389.27	3,351,247.47
减:营业费用	13,619,450.07	9,487,419.53	10,605,024.01
管理费用	43,781,794.21	40,573,249.52	36,750,928.80
财务费用	8,430,667.05	8,231,004.40	9,371,072.09
三、营业利润	50,555,244.22	44,580,920.73	38,405,947.99
补贴收入	16,250,000.00	15,091,000.00	–
营业外收入	163,798.28	84,312.51	152,584.38
减:营业外支出	132,777.47	725,136.76	451,094.87
四、利润总额	66,836,265.03	59,031,096.48	38,107,437.50
减:所得税	16,898,012.91	15,131,092.19	–
五、净利润	49,938,252.12	43,900,004.29	38,107,437.50

(2)公司成立后的简要资产负债表　　单位:人民币元

资产	2001 年 12 月 31 日	2000 年 12 月 31 日	1999 年 12 月 31 日
流动资产:			
货币资金	95,857,629.00	28,013,593.83	13,848,051.63
应收票据	23,346,095.40	22,821,681.00	6,362,800.00
应收账款	112,925,455.48	85,485,654.64	99,972,733.51
其他应收款	9,133,703.91	13,972,583.74	13,417,437.46
预付账款	19,413,526.73	20,946,817.57	12,370,492.60
存货	46,786,612.12	63,189,966.63	62,946,662.95
待摊费用	–	5,600.60	–
流动资产合计	307,463,022.64	234,435,898.01	208,918,178.15
固定资产:			
固定资产原价	336,021,061.94	325,497,141.21	309,758,215.90
减:累计折旧	174,172,562.42	158,422,865.19	141,399,854.43
固定资产净值	161,848,499.52	167,074,276.02	168,358,361.47
减:固定资产减值准备	259,400.40	343,389.90	–
固定资产净额	161,589,099.12	166,730,886.12	168,358,361.47
在建工程	8,637,972.87	3,443,777.41	2,524,247.56
固定资产合计	170,227,071.99	170,174,663.53	170,882,609.03
无形资产及其他资产:			
无形资产	66,260,846.83	68,505,733.87	41,260,410.95
长期待摊费用	1,488,134.07	663,063.70	1,277,134.54
无形资产及其他资产合计	67,748,980.90	69,168,797.57	42,537,545.49
资产总计	545,439,075.53	473,779,359.11	422,338,332.67
负债和股东权益	2001 年 12 月 31 日	2000 年 12 月 31 日	1999 年 12 月 31 日
流动负债:			
短期借款	63,700,000.00	26,190,000.00	25,674,000.00
应付账款	71,811,268.71	83,150,578.76	83,675,498.67
预收账款	13,702,127.23	4,742,801.96	10,300,128.67
应付工资	1,411,664.06	1,006,986.89	2,213,853.20
应付福利费	945,803.32	483,749.05	54,405.14
应付股利	39,259,950.18	16,439,329.27	–
应交税金	8,455,012.02	3,571,436.91	62,760.58
其他应交款	90,872.57	544,424.12	–
其他应付款	13,241,045.53	14,135,943.30	17,560,437.46
预提费用	225,960.00	181,506.88	–
流动负债合计	212,843,703.62	150,446,757.14	139,541,083.72
长期负债:			
长期借款	74,900,000.00	74,900,000.00	89,900,000.00
长期应付款	26,659,146.00	28,074,678.00	–
长期负债合计	101,559,146.00	102,974,678.00	89,900,000.00
负债合计	314,402,849.62	253,421,435.14	229,441,083.72
股东权益:			
股本	140,000,000.00	140,000,000.00	140,000,000.00
股本净额	140,000,000.00	140,000,000.00	140,000,000.00
资本公积	58,247,656.05	58,247,656,05	58,247,656.05
盈余公积	32,788,569.86	22,800,919.44	–
其中:法定公益金	8,848,784.93	3,854,959.72	–
未分配利润	–	–690,651.52	–5,350,407.10
股东权益合计	231,036,225.91	220,357,923.97	192,897,248.95
负债和股东权益合计	545,439,075.53	473,779,359.11	422,338,332.67

(3)2001 年度简要现金流量表　　单位:人民币元

项目	2001 年度
一、经营活动产生的现金流量	
现金流入小计	506,848,890.90
现金流出小计	433,158,021.02
经营活动产生的现金流量净额	73,690,869.88
二、投资活动产生的现金流量	
现金流入小计	443,696.53
现金流出小计	19,817,545.04
投资活动产生的现金流量净额	–19.373,848.51
三、筹资活动产生的现金流量	
现金流入小计	37,510,000.00
现金流出小计	23,982,986.20
筹资活动产生的现金流量净额	13,527,013.80
四、汇率变动对现金的影响额	–

五、现金及现金等价物净增加额	67,844,035.17

（二）财务指标

根据本公司1999年度、2000年度和2001年经审计之财务报表数据，公司主要财务指标如下：

财务指标	2001.12.31	2000.12.31	1999.12.31
流动比率	1.44	1.56	1.50
速动比率	1.22	1.14	1.05
应收账款周转率	3.89	3.48	3.47
存货周转率	5.14	3.77	4.66
无形资产(土地使用权除外)占总资产的比例	4.88%	5.9%	-
无形资产(土地使用权除外)占净资产的比例	11.54%	12.74%	-
资产负债率	57.64%	53.49%	54.33%
每股净资产	1.65元	1.58元	1.38元
研发费用占主营业务收入比例	1.2%	0.94%	0.85%
净资产收益率	21.61%	19.92%	19.76%
每股收益	0.36元	0.31元	0.27元
每股经营活动的现金流量	0.53元	0.38元	-

本公司按《公开发行证券公司信息披露编报规则第9号——净资产收益率和每股收益的计算及披露》计算2001年度净资产收益率和每股收益如下：

报告期利润	净资产收益率(%)		每股收益(元/股)	
	全面摊薄	加权平均	全面摊薄	加权平均
主营业务利润	48.60	49.75	0.80	0.80
营业利润	21.88	22.40	0.36	0.36
净利润	21.61	22.13	0.36	0.36
扣除非经常性损益后的净利润	21.60	22.11	0.36	0.36

（三）公司管理层的财务分析

1、本公司主要资产负债指标如下表所示：

指标	2001.12.31	2000.12.31	1999.12.31
资产负债率	57.64%	53.49%	54.33%
流动负债占总负债比率	67.70%	59.37%	60.82%
流动负债与股东权益比率	92.12%	68.27%	72.34%
长期负债与股东权益比率	43.96%	46.73%	46.61%
流动资产占总资产比率	56.37%	49.48%	49.47%
固定资产占总资产比率	31.21%	35.92%	40.46%

2、现金流量情况

2001年公司的现金流量为：

流入量：544,802,587.43元

流出量：476,958,552.26元

现金及现金等价物净增加额：67,844,035.17元

经营活动产生的现金流量净额：73,690,869.88元

每股净现金流量：0.48元

每股经营活动产生的净现金流量：0.53元

现金流量情况反映公司经营状况良好，一方面可归还当期到期的债务，另一方面又保证了扩大再生产的投入，更新购置了生产经营所需资产，公司现金流量较为充沛。

3、偿债能力

(1)短期负债偿债能力分析

公司近三年资产流动性情况及变化趋势：

项目	2001.12.31	2000.12.31	1999.12.31
流动资产(万元)	30,746.30	23,443.59	20,891.82
流动比率	1.44	1.56	1.50
速动比率	1.22	1.14	1.05

本公司1999年至2001年的流动比率比较平稳，主要原因是公司生产经营平稳增长，说明公司的短期偿债能力较强。

本公司1999年、2000年、2001年的速动比率，亦表现出逐渐上升的趋势，进一步说明本公司短期偿债能力和流动资产的变现能力较强。

(2)长期负债偿债能力分析

本公司近三年长期负债偿债能力主要指标如下表所示：

项目	2001.12.31	2000.12.31	1999.12.31
长期负债比率	29.02%	31.85%	31.79%
资金流动比率	1.19	1.04	-
资产负债率	57.64%	53.49%	54.33%

本公司1999年至2001年长期负债比率持续稳定下降，表明公司股东权益增幅超过长期负债，其中尤以盈余公积增幅较大，说明公司具有较强的盈利能力，且经营稳健，公司对长期负债有充足的偿债能力。

4、收入与盈利能力

本公司收入来源主要包括：主营业务收入、其他业务收入、营业外收入、补贴收入，其中主营业务收入为公司主要收入，是公司活跃业务记录，本公司近三年及近一期的主营业务收入如下所示：

单位：人民币元

类别	2001年度	2000年度	1999年度
1、资源及综合利用	226,521,800.46	210,997,092.95	205,688,032.04
其中：煤矸石发电收入	55,205,382.25	59,757,714.04	59,258,642.15
煤炭销售收入	171,316,418.21	151,239,378.91	146,429,389.89
2、客车制造	179,229,441.57	127,879,161.04	154,224,618.54
其中：客车销售收入	163,858,835.14	108,247,461.49	141,687,477.19
客车空调销售收入	15,370,606.43	19,631,699.55	12,537,141.35
合计	405,751,242.03	338,876,253.99	359,912,650.58

本公司主要产品除客车、空调因产品结构调整出现一定程度的波动，均呈平稳增长的趋势，体现了公司收入的持续、稳定，是公司盈利的前提和保证。

本公司近三年盈利情况如下所示：

单位：人民币万元

类别	2001年度	2000年度	1999年度
主营业务利润	11,228.18	9,809.12	9,178.17
其它业务利润	410.55	478.14	335.12
投资收益			
补贴收入	1,625.00	1,509.10	
营业外收支净额	3.10	-64.08	-29.85
利润总额	6,683.63	5,903.10	3,810.74
净利润	4,993.834	,390.00	3,810.74

公司近三年来主营业务利润、利润总额和净利润均随主营业务收入的稳步增长，呈现持续增长的态势，2001年度比2000年度分别增长14.47%、13.22%和13.75%，2000年度比1999年度分别增长6.88%、54.93%和15.22%，充分说明公司产品结构日趋合理，经营管理水平不断提高。随着募股资金投资项目的建成投产，公司产品结构进一步优化，公司法人治理结构及内部管理的完善，公司将占有更大的市场份额，盈利能力将持续稳定提高。

5、财务优势及面临的困难

(1)财务优势

公司的资产结构合理，资产的流动性较好，变现能力较强；负债结构合理，长短期偿债能力较强；资产盈利能力稳定；有完善的内部管理制度，生产经营管理水平较高；

(2)面临的困难

目前的应收帐款占总资产的比重偏大，可能产生的坏帐、呆帐将对公司的资金周转产生不良影响，给本公司带来一定的经营压力；货款回笼中应收票据比重较大，增加了公司的现金周转难度和贴息负担。

6、提请投资者注意：本公司未对2002年度进行盈利预测。

九、其他重要事项

（一）本公司本次股票发行后至本公司上市公告书公告之日，本公司严格依照《公司法》、《证券法》等法律法规的要求，规范运行，生产经营情况正常；所处行业、市场无重大变化；主要投入产出物供求及价格无重大变化。

（二）本公司本次股票发行后至本公司上市公告书公告之日，本公司无重大对外投资、重大资产(股权)收购或出售行为；住所未发生变更。

（三）本公司本次股票发行后至本公司上市公告书公告之日，本公司重大会计政策和会计师事务所没有发生变化。

（四）本公司本次股票发行后至本公司上市公告书公告之日，本公司未发生新的重大负债或重大债项发生变化。

（五）本公司本次股票发行后至本公司上市公告书公告之日，本公司董事、监事和高级管理人员没有尚未了结或可能发生的刑事诉讼事项。

（六）本公司本次股票发行后至本公司上市公告书公告之日，本公司未涉及任何重大诉讼事项或仲裁，亦无尚未了结或可能面临的重大诉讼或索赔要求。

（七）本公司将在本次股票发行后的第一个盈利年度派发股利，派发时间预计在2003年8月份以前，派发对象为本公司全体股东。

（八）本公司本次股票发行后至本公司上市公告书公告之日，没有其他应披露而未披露之重大事项。

十、董事会上市承诺

本公司董事会承诺将严格遵守《中华人民共和国公司法》、《中华人民共和国证券法》、《股票发行与交易管理暂行条例》、《公开发行股票公司信息披露实施细则》和《上海证券交易所股票上市规则》等国家法律、法规和有关规定，并自股票上市之日起作到：

（一）承诺真实、准确、完整、公允和及时地公布定期报告，披露所有对投资者有重大影响的信息，并接受中国证监会、证券交易所的监督管理；

（二）承诺本公司在知悉可能对股票价格产生误导性影响的任何公共传播媒介中出现的消息后，将及时予以公开澄清；

（三）本公司董事、监事、高级管理人员和核心技术人员将认真听取社会公众的意见和批评，不利用已获得的内幕消息和其他不正当手段直接或间接从事发行人股票的买卖活动；

（四）本公司没有无记录的负债。

依据《上海证券交易所股票上市规则》，本公司全体董事、监事将按照有关规定，在本公司股票上市后两个月内签署《董事(监事)声明及承诺书》并送达上海证券交易所备案。

十一、上市推荐人及其意见

（一）上市推荐人情况

兴业证券股份有限公司

法定代表人：兰荣

注册地址：福建省福州市湖东路99号

电话：0591－7612564　　7613888

传真：0591－7542524

联系人：詹政

华泰证券有限责任公司

法定代表人：吴万善

注册地址：南京市中山东路90号

电话：021－68419797

传真：021－68816999

联系人：傅津

（二）上市推荐人意见

本公司上市推荐人认为：本公司章程符合《中华人民共和国公司法》、《中华人民共和国证券法》及《上海证券交易所股票上市规则》等法律、法规和中国证监会的有关规定；本公司本次股票发行完全符合《中华人民共和国公司法》、《中华人民共和国证券法》及《上海证券交易所股票上市规则》的法律、法规和中国证监会的有关规定，已具备了上市条件；本公司董事了解法律、法规、上海证券交易所上市规则及股票上市协议规定的董事的义务与责任；本公司建立健全了法人治理结构，制定了严格的信息披露制度与保密制度。

上市推荐人已对上市文件所载的资料进行了核实，认为上市文件真实、准确、完整，符合规定要求，没有虚假记载、误导性陈述或重大遗漏，并对其承担连带责任。上市推荐人与本公司不存在关联关系。上市推荐人愿意推荐本公司的股票在上海证券交易所上市交易，并且在上市推荐过程中，保证不利用获得的内幕信息进行内幕交易，为自己或他人谋取利益。

安源实业股份有限公司

二○○二年六月二十六日

600398 凯诺科技股份有限公司

2001 年年度报告摘选

第一节 公司基本情况简介

一、公司法定中文名称:凯诺科技股份有限公司
公司法定英文名称:Canal Scientific And Technological Co.,Ltd
公司法定英文名称缩写:CSTCO
二、法定代表人:叶惠丽女士
三、董事会秘书:赵志强先生
联系地址:江苏省江阴市新桥镇
电　话:(0510)6121388-3188
传　真:(0510)6126877
电子信箱:security@cstco.com.cn
四、公司注册地址及办公地址:江苏省江阴市新桥镇
邮政编码:214426
公司网址:http://www.cstco.com.cn
电子信箱:security@cstco.com.cn
五、公司指定信息披露报纸:《上海证券报》
登载公司年度报告的国际互联网网址:http://www.sse.com.cn
年度报告备置地点:公司董事会办公室
六、股票上市交易所:上海证券交易所
股票简称:凯诺科技
股票代码:600398

第二节 会计数据和业务数据摘要

一、本年度主要利润指标

单位:人民币元

项目	金额
利润总额	82925366.09
净利润	68763930.34
扣除非经常性损益后的净利润*	68697952.84
主营业务利润	152771814.21
其他业务利润	15885.61
营业利润	83885026.30
投资收益	147849.23
补贴收入	0
营业外收支净额	-1107509.44
经营活动产生的现金流量净额	37756936.90
现金及现金等价物净增加额	-254428844.25

注:非经常性损益项目和涉及金额:
(一)罚款收入 65977.50 元,主要是职工违反厂纪厂规产生的罚款收入。

二、公司近三年主要会计数据和财务指标

单位:人民币元

财务指标	2001 年度	2000 年度	1999 年度
主营业务收入	421605255.47	260284670.97	134069858.78
净利润	68763930.34	33724545.73	26182735.32
总资产	970233557.14	783484091.87	177353222.20
股东权益(不含少数股东权益)	597641426.97	527792490.63	76871071.24
全面摊薄每股收益	0.42	0.35	0.51
加权平均每股收益	0.61	0.65	0.62
扣除非经常性损益的每股收益	0.42	0.33	0.51
每股净资产	3.64	5.46	1.49
调整后的每股净资产	3.64	5.46	1.49
每股经营活动产生的现金流量净额	0.23	1.12	0.44
全面摊薄净资产收益率	11.51%	6.39%	34.06%
加权平均净资产收益率	12.23%	35.95%	47.59%
扣除非经常性损益的加权平均净资产收益率	12.22%	34.21%	47.50%

第三节 股本变动及股东情况

一、股本变动情况
(一)股份变动情况表

数量单位:股

股份类别	本次变动前	本次变动增减(+,-) 配股	送股	公积金转股	增发	其他	小计	本次变动后
一、未上市流通股份								
1、发起人股份	51700830			36190581			36190581	87891411
其中:								
国家持有股份								
境内法人持有股份	51700830			36190581			36190581	87891411
境外法人持有股份								
其他								
2、募集法人股份								
3、内部职工股								
4、优先股或其他								
未上市流通股份合计	51700830			36190581			36190581	87891411
二、已上市流通股份								
1、人民币普通股	45000000			31500000			31500000	76500000
2、境内上市的外资股								
3、境内上市的外资股								
4、其他								
已上市流通股份合计	45000000			31500000			31500000	76500000
三、股份总数	96700830			67690851			67690851	164391411

注:2001 年度中期,公司向全体股东按 10:7 的比例转增股本。转增股本方案实施后,公司总股本由 9670.083 万股增加至 16439.1411 万股,流通股本由 4500 万股增加至 7650 万股。公司转增股本方案实施公告刊登在 2001 年 9 月 20 日的《上海证券报》。

600399 抚顺特殊钢股份有限公司

2001 年年度报告摘选

一、公司简介

(一)公司的法定中、英文名称及缩写
1、公司中文名称:抚顺特殊钢股份有限公司
2、公司英文名称:Fushun Special Steel Co.,LTD
(二)公司法定代表人:王宇兵
(三)公司董事会秘书及其授权代表的姓名、联系地址、电话、传真、电子信箱
1、董事会秘书:王冶农
2、董事会证券事务代表:徐中浩
3、联系地址:辽宁省抚顺市望花区和平路东段 56 号
4、联系电话:0413-6678441　　0413-6689161 转 3770、2830
5、传真:0413-6679476
6、董秘电子信箱:wyn@fs-ss.com
(四)公司注册地址、办公地址及其邮政编码,公司国际互联网网址,电子信箱
1、公司注册和办公地址:辽宁省抚顺市望花区和平路东段 56 号
2、邮政编码:113001
3、国际互联网网址:http://www.fs-ss.com
4、电子信箱:fstg@fs-ss.com
(五)公司选定的信息披露报纸名称,登载公司年度报告的中国证监会指定国际互联网网址,公司年度报告备置地点
1、信息披露报纸名称:《中国证券报》、《上海证券报》
2、中国证监会指定的国际互联网网址:http://www.sse.com.cn
3、公司年度报告备置地点:公司证券部
(六)公司股票上市交易所、股票简称和股票代码
1、上市交易所:上海证券交易所
2、股票简称:抚顺特钢
3、股票代码:600399

二、会计数据和业务数据摘要

(一)公司本年度主要利润指标情况(单位:人民币元)

项 目	金 额
利润总额	117,907,807.61
净利润	100,479,068.13
扣除非经常性损益后的净利润	101,780,232.43
主营业务利润	184,201,111.98
其他业务利润	2,384,280.04
营业利润	119,208,971.91
投资利益	----
补贴收入	----
营业外收支净额	-1,301,164.30
经营活动产生的现金流量净额	260,263,883.25
现金及现金等价物净增加额	-113,052,316.15

注:2001 年元月至 12 月扣除的非经常性损益和涉及金额:
1、营业外收支净额-1,301,164.30 元。

(二)截止报告期末公司前三年的主要会计数据和财务指标(单位:人民币元)

指标项目	2001 年	2000 年 调整前	2000 年 调整后	1999 年
主营业务收入	1,466,607,696.62	1,623,325,756.87	1,623,325,756.87	1,591,940,986.49
净利润	100,479,068.13	107,235,139.29	78,235,139.29	98,945,303.38
总资产	3,006,256,050.22	2,753,685,781.81	2,688,985,781.81	2,051,625,852.77
股东权益	1,405,879,045.89	1,379,263,936.83	1,319,066,526.19	664,054,347.54
每股收益	0.19	0.21	0.15	0.25
每股收益(加权平均)	0.19	0.27	0.15	0.25
每股收益(扣除非经营性损益)	0.20	0.16	0.20	0.24
每股净资产	2.70	2.65	2.53	1.66
调整后的每股净资产	2.69	2.64	2.53	1.57
每股经营活动产生的现金流量净额	0.50	0.14	0.14	0.04
净资产收益率	7.15%	7.77%	5.93%	14.9%
净资产收益率(加权平均)	7.33%	14.94%	11%	16.28%

(三)报告期内股东权益变动情况(单位:人民币元)

项目	期初数	本期增加	本期减少	期末数
股本	520,000,000.00			520,000,000.00
资本公积	729,096,921.73	1,933,451.57		731,030,373.30
盈余公积	14,395,440.67	20,095,813.63		34,491,254.30
法定公益金	4,798,480.22	5,023,953.41		9,822,433.63
未分配利润	55,574,163.79	64,783,254.50		120,357,418.29
股东权益	1,319,066,526.19	86,812,519.70		1,405,879,045.89

三、股本变动及股东情况

(一)股本变动情况(单位:万股)
1、公司股份变动情况表

数量单位:万股

项 目	本次变动前	本次变动增减(+,-) 发行新股	送配股	其它	小计	本次变动后
一、未上市流通股份						
1、发起人股份	40,000.00					40,000.00
其中:国家拥有股份	39,672.45					39,672.45
境内法人持有股份	327.55					327.55
境外法人持有股份						
其它						
2、募集法人股份						
3、高管持股						
4、优先股或其它						
未上市流通股份合计	40,000.00					40,000.00
二、已流通股						
1、人民币普通股	12,000.00					12,000.00
2、境内上市的外资股						
3、境外上市的外资股						
已上市流通股份合计	12,000.00					12,000.00
三、股份总数	52,000.00					52,000.00

600400 江苏红豆实业股份有限公司

2001 年年度报告摘选

第一节　公司基本情况简介

一、公司的法定中、英文名称：
中文名称：江苏红豆实业股份有限公司
英文名称：JIANGSU HONGDOU INDUSTRY CO.,LTD.
二、公司的法定代表人：周海江
三、公司董事会秘书：蒋雄伟
联系地址：江苏省无锡市锡山区港下镇
电话：(0510)8761888－278
传真：(0510)8350139
电子信箱：jzw@public1.wx.js.cn
证券事务代表：孟晓平
电话：(0510)8761888－422
四、公司注册地址及办公地址：江苏省无锡市锡山区港下镇
邮政编码：214199
公司国际互联网网址：http://www.hongdou.com.cn
电子信箱：hongdou@hongdou.com.cn
五、公司指定信息披露报纸：《上海证券报》
登载公司年度报告的国际互联网网址：http://www.sse.com.cn
公司年度报告备置地点：公司证券投资部
六、公司股票上市交易所：上海证券交易所
股票简称：红豆股份　　股票代码：600400
七、公司的其他有关资料：
最新注册登记日期：2000 年 12 月 27 日
最新注册地点：江苏省无锡市锡山区港下镇
营业执照登记号：3200001104191
税务登记号：320222704045688
公司聘请的会计师事务所名称：江苏公证会计师事务所有限公司
办公地址：无锡市梁溪路 28 号

第二节　会计数据和业务数据摘要

一、公司 2001 年度主要会计数据(单位:人民币元)

项目	金　额
(1) 利润总额	75,274,892.32
(2) 净利润	56,491,430.53
(3) 扣除非经常性损益后的净利润	51,211,430.53
(4) 主营业务利润	98,771,433.53
(5) 其他业务利润	1,003,812.04
(6) 营业利润	75,275,956.34
(7) 投资收益	82,435.26
(8) 补贴收入	－
(9) 营业外收支净额	－83,499.28
(10) 经营活动产生的现金流量净额	67,782,364.27
(11) 现金及现金等价物净增减额	－13,353,723.20

[注]:非经常性损益是指正常经营损益之外的一次性或偶发性损益,公司 2001 年度扣除的非经常性损益为财政返还所得税 5,280,000.00 元。

二、截止报告年度末公司前三年主要会计数据和财务指标(单位:人民币元)

指标项目	2001 年 12 月 31 日	2000 年 12 月 31 日	1999 年 12 月 31
主营业务收入	457,048,255.19	378,825,211.21	291,282,365.48
净利润	56,491,430.53	48,021,679.39	41,785,890.84
总资产	766,994,140.96	716,309,956.30	284,664,686.21
股东权益	580,648,897.84	536,607,504.94	139,091,975.55
每股收益(摊薄)	0.31	0.27	0.32
每股收益(加权)	0.31	0.38	0.32
扣除非经常性损益后的每股收益	0.29	0.27	0.32
每股净资产	3.23	2.99	1.07
调整后的每股净资产	3.23	2.99	1.07
每股经营活动产生的现金流量净额	0.38	0.40	0.10
净资产收益率(%)	9.73	9.05	30.04
净资产收益率(加权)(%)	10.00	9.05	30.04

[注] 1、2001、2000 年度总股本按 179,523,000 股计算,1999 年度总股本按 129,523,000 股计算。

第三节　股本变动及股东情况

一、股本变动情况
(一)公司股本变动情况表(数量单位:股)

	本次变动前	本次变动增减(+,－)						本次变动后
		配股	送股	公积金转股	增发	其他	小计	
一、未上市流通股份								
1、发起人股份	129,523,000							129,523,000
其中:								
国家持有股份								
境内法人持有股份	129,393,477							129,393,477
境外法人持有股份								
其他	129,523							129,523
2、募集法人股份								
3、内部职工股								
4、优先股或其他								
其中:转配股								
未上市流通股份合计	129,523,000							129,523,000
二、已上市流通股份								
1、人民币普通股	50,000,000							50,000,000
2、境内上市的外资股								
3、境外上市的外资股								
4、其他								
已上市流通股份合计	50,000,000							50,000,000
三、股份总额	179,523,000							179,523,000

600418 安徽江淮汽车底盘股份有限公司

2001 年年度报告摘选

一、公司简介

一、公司情况简介
1、公司法定中、英文名称及缩写:
中文名称:安徽江淮汽车底盘股份有限公司
英文名称:Anhui Jianghuai Automotive Chassis Co.,Ltd.
英文简称:JAC
2、公司法定代表人:左延安
3、公司董事会秘书:王敏
电　话:0551－3415133－6835
传　真:0551－3425437
电子信箱:jqgf@jac.com.cn
4、公司注册地址:安徽合肥市东流路 176 号
邮政编码:230022
国际互联网地址:http//www.jac.com.cn
电子信箱:jqgf@jac.com.cn
5、公司指定信息披露媒体:
登载公司年报的中国证监会指定国际互联网网址:http//www.sse.com.cn
信息披露指定报纸:《中国证券报》、《上海证券报》
公司年报备置地点:公司证券部
电话:0551－3415133－6835 或 6215
联系人:王敏　　李军
6、公司股票上市交易所:上海证券交易所
股票简称:江汽股份　　股票代码:600418

二、会计数据和业务数据摘要

一、公司本年度利润指标情况

利润总额	104,241,306.17 元
净利润	88,962,410.67 元
扣除非经常性损益后的净利润	90,080,316.43 元
主营业务利润	218,323,400.86 元
其他业务利润	3,395,282.32 元
营业利润	105,552,754.67 元
投资收益	0 元
补贴收入	3,200.00 元
营业外收支净额	－1,314,648.50 元
经营活动产生的现金流量净额	－14,784,509.29 元
现金及现金等价物净增加额	465,733,118.96 元

注:扣除的非经常性损益项目和涉及金额

项 目	金额
补贴收入	3,200 元
营业外收支净额	－1,314,648.50 元
所得税	193,542.74 元
合计	－1,117,905.76 元

二、近二年主要会计数据和财务指标

项 目	2001 年末	2000 年末调整后	2000 年末调整前
主营业务收入(元)	1,989,381,523.15	1,793,642,832.46	1,793,642,832.46
净利润(元)	88,962,410.67	81,654,875.03	81,654,875.03
总资产(元)	1,371,371,007.72	651,413,668.87	651,413,668.87
股东权益(元)	1,029,514,490.65	235,731,595.76	235,731,595.76
每股收益(元/股)	0.39	0.54	0.54
每股净资产(元/股)	4.48	1.57	1.57
调整后的每股净资产(元/股)	4.46	1.57	1.57
每股经营活动产生的现金流量净额(元/股)	－0.06	0.91	0.91
净资产收益率(%)	8.64	34.64	34.64
扣除非经常性损益后的加权平均净资产收益率(%)	16.86	41.89	41.89

三、股本变动及股东情况

一、股本变动情况
1、股本变动情况表
股东情况变动表　　单位:股

股份类别	本次变动前	本次变动增减(+、-)						本次变动后
		配股	送股	公积金转股	增发	其他(存量发行)	小计	
一、未上市流通股份								
1、发起人股份	150,000,000					－8,000,000	－8,000,000	142,000,000
其中:国家持有股份	113,250,000					*－8,000,000	－8,000,000	105,250,000
境内法人持有股份								
境外法人持有股份	36,750,000							36,750,000
其他								
2、募集法人股份								
3、内部职工股								
4、优先股或其他								
未上市流通股份合计	150,000,000					－8,000,000	－8,000,000	142,000,000
二、已上市流通股份								88,000,000
1、人民币普通股					**80,000,000	**8,000,000	88,000,000	88,000,000
2、境内上市的外资股								
3、境外上市的外资股								
4、其他								
已上市流通股份合计					80,000,000	8,000,000	88,000,000	88,000,000
股本总数	150,000,000				80,000,000		80,000,000	230,000,000

600422 昆明制药集团股份有限公司

2001 年年度报告摘选

第一章 公司基本情况简介

1、公司法定中文名称:昆明制药集团股份有限公司
公司法定英文名称:KUNMING PHARMACEUTICAL CORP.
2、法定代表人:朱晓阳
3、董事会秘书:徐朝能
联系地址:云南省昆明市西郊七公里
昆明制药集团股份有限公司证券部
联系电话:0871－8101631
传真号码:0871－8101631
电子信箱:xuchaoneng0006@sina.com
4、公司注册地址:
中国云南省昆明市国家高新技术开发区科医路 166 号
邮政编码:650118
公司办公地址:云南省昆明市西郊七公里
邮政编码:650100
公司国际互联网网址:www.kpc.com.cn
5、公司选定的信息披露报刊为:上海证券报、证券时报
刊载公司年度报告的证监会指定国际互联网网址为:http://www.sse.com.cn
公司年度报告备置地点:公司证券部
6、公司股票上市交易所为:上海证券交易所
股票简称:昆明制药
股票代码:600422

第二章 会计数据和业务数据摘要

1、本年度主要利润指标 (单位:人民币元)

项 目	2001 年
利润总额	49,665,124.62
净利润	38,321,612.07
扣除非经常性损益后的净利润(注)	33,253,083.89
主营业务利润	199,971,922.97
其他业务利润	－101,751.43
营业利润	43,620,193.16
投资收益	3,106,324.55
补贴收入	128,489.52
营业外收支净额	2,810,117.39
经营活动产生的现金流量净额	67,068,565.05
现金及现金等价物净增减额	－22,213,532.31

注:扣除纳税影响后的非经常性损益为金额 5,068,528.18 元具体项目如下:

项 目	净 额
委托理财收益	2,347,397.40
营业外收支净额	2,543,146.10
存货盘盈	177,984.68
合计	5,068,528.18

2、报告期末前 3 年主要会计数据和财务指标 单位:元

项目	2001/12/31	2000/12/31 (调整后)	2000/12/31 (调整前)	1999/12/31 (调整后)	1999/12/31 (调整前)
主营业务收入	488,239,996.06	511,359,384.92	512,039,085.81	456,763,005.95	456,763,005.95
净利润	38,321,612.07	38,885,442.90	35,178,524.45	18,298,545.7	22,109,573.40
总资产	763,982,918.44	794,040,469.86	798,795,994.59	429,138,546.16	435,116,628.82
股东权益(不含少数股东权益)	518,856,401.07	507,976,613.34	511,949,256.89	93,982,430.35	98,465,992.34
每股收益(加权)	0.39	0.63	0.53	0.31	0.38
每股收益(摊薄)	0.39	0.40	0.36	0.31	0.38
每股净资产	5.28	5.17	5.21	1.62	1.69
调整后的每股净资产	5.18	5.03	5.08	1.45	1.48
每股经营活动产生的现金流量净额	0.68	0.49	0.49	1.04	1.04
净资产收益率(%)	7.39	7.65	6.87	19.47	22.45

第三章 股本变动及股东情况

1、公司股本变动情况
(1) 股份变动情况表
公司股份变动情况表 数量单位:股

	期初数	本次变动增减(+,－) 配股	送股	公积金转增	增发	其他	小计	期末数
一、未上市流通股份								
1、发起人股份	58,180,000							58,180,000
其中:								
国有法人股	21,500,560							21,500,560
境内法人持有股份	36,679,440							36,679,440
境外法人持有股分								
其他								
2、募集法人股份								
3、内部职工股								
4、优先股或其他								
其中:转配股								
未上市流通股份合计	58,180,000							58,180,000
二、已上市流通股份								
1、人民币普通股	40,000,000							40,000,000
2、境内上市的外资股								
3、境外上市的外资股								
4、其他								
已上市流通股份合计								40,000,000
三、股份总数	98,180,000							98,180,000

600448 华纺股份有限公司

2001 年年度报告摘选

一、公司简介

(一)公司法定名称
中文:华纺股份有限公司
英文:HUAFANG LIMITED COMPANY BY SHARES
(二)公司法定代表人:刘连营
(三)公司董事会秘书:崔建华
公司证券事务代表:王国强
联系地址:山东省滨州市黄河二路 819 号
电话:0543－3288255
传真:0543－3288520
电子信箱:postmaster@huafangcn.com
(四)公司注册地址及办公地址:山东省滨州市黄河二路 819 号
公司互联网网址:http://www.huafangcn.com
公司电子信箱:postmaster@huafangcn.com
(五)公司选定的信息披露报纸名称:《中国证券报》
登载公司年度报告的中国证监会指定国际互联网网址:http://www.sse.com.cn
(六)公司股票上市交易所:上海证券交易所
股票简称:华纺股份
股票代码:600448

二、会计数据和业务数据摘要

(一)主要利润指标情况(单位:人民币元)

项目	金额
利润总额	41,370,793.03
净利润	28,405,351.40
扣除非经常性损益后的净利润	21,020,444.33
主营业务利润	94,796,681.01
其他业务利润	4,868,244.42
营业利润	34,597,554.03
投资收益	－591,275.29
补贴收入	7,235,028.00
营业外收支净额	129,486.29
经营活动产生的现金流量净额	37,845,854.62
现金及现金等价物增加额	287,705,327.77

(二)截止本报告期末公司前三年主要会计数据和财务指标(单位:人民币元)

项目	2001 年	2000 年	1999 年
主营业务收入	1,010,885,329.11	1,041,366,410.10	872,572,031.32
净利润	28,405,351.40	33,600,876.37	25,124,489.96
扣除非经常性损益后的净利润	21,020,444.33	30,254,226.37	20,444,761.30
总资产	1,307,776,490.81	818,451,764.67	728,718,132.82
股东权益(不含少数股东权益)	764,106,445.15	267,641,953.10	236,138,994.01
加权每股收益(元)	0.15	0.21	0.16
摊薄每股收益(元)	0.12	0.21	0.16
扣除非经常性损益后的每股收益(元)	0.09	0.19	0.13
每股净资产(元)	3.12	1.67	1.48
调整后的每股净资产(元)	3.09	1.64	1.48
加权净资产收益率(%)	6.54%	12.55%	10.64%
摊薄净资产收益率(%)	3.72%	12.55%	10.64%
扣除非经常性损益后的加权净资产收益率(%)	4.84%	11.30%	8.66%
每股经营活动产生的现金流量净额(元)	0.15		－0.07

(三)报告期内股东权益变动情况:

单位:万元

项目	股本	资本公积	盈余公积	其中:法定公益金	未分配利润	未确认投资损失	股东权益合计
期初数	16000	7112.94	1157.79	304.83	2525.92		26796.65
本期增加	8500	40895.52	668.29	248.94	2000.16		52063.97
本期减少					4899.96		4899.96
期末数	24500	48008.47	1826.08	553.77	－373.90		73960.66
变动原因	发行新股	发行新股	按当年净利润15%提取增加	按当年净利润5%提取增加	当年净利润增加并分配1999年9月—2000年9月实现净利润		

三、股本变动及股东情况

(一)股份变动情况表(数量单位:万股)

		本次变动前	本次变动增减(+、-) 配股	送股	公积金转股	增发	其他	小计	本次变动后
未上市流通股份	1.发起人股份	16000					－850	－850	15150
	其中:国家持有股份								
	境内法人持有股份	16000					－850	－850	15150
	境外法人持有股份								
	其他								
	2.募集法人股份								
	3.内部职工股								
	4.优先股或其他								
	未流通股合计	16000					－850	－850	15150
已流通股份	1.境内上市的人民币普通股						+9350	+9350	9350
	2.境内上市的外资股通								
	3.境外上市的外资股股								
	4.其他								
	已流通股份合计						+9350	+9350	9350
	股份总额	16000					8500	8500	24500

600426 山东华鲁恒升化工股份有限公司

首次公开发行股票招股说明书摘要

一、释　　义

在本招股说明书摘要中，除非文意另有所指，下列词语具有以下含义：

本公司、发行人、公司、股份公司：	指山东华鲁恒升化工股份有限公司
华鲁集团：	指山东华鲁集团有限公司
华鲁恒升集团：	指山东华鲁恒升集团有限公司
董事会：	指本公司董事会
监事会：	指本公司监事会
主承销商：	指天同证券有限责任公司
承销团：	指以天同证券有限责任公司为主承销商组成的承销团
上市推荐人：	指万通证券有限责任公司、天同证券有限责任公司
元：	指人民币元
社会公众股：	指公司本次向社会公开发行的每股面值1.00元的6000万股记名式人民币普通股股票
本次发行或此次发行：	指本次向社会公众公开发行6000万A股的行为
中国证监会：	指中国证券监督管理委员会
《公司法》：	指《中华人民共和国公司法》
《证券法》：	指《中华人民共和国证券法》
DMF：	指一种名为二甲基甲酰胺的精细化工产品
IC生化处理：	指一种按时间顺序在双池中重复控制厌氧、好氧、沉淀、排放过程的污水处理方法，尤其适用于处理氨氮废水。
冷凝处理：	指采用湿式分段洗涤方法，对在大颗粒尿素装置中造粒尾气和沸腾冷却器的排放气进行处理，处理后的洗涤液返回尿素装置，回收利用。
火炬燃烧：	指对含有可燃气体成分的排空气通过燃烧后排空的处理方式。
国家大型(一)企业：	指年销售收入和资产总额均在5亿元以上的国有企业。
三改一加强：	指改制、改组、改造和加强管理
MW：	指发电功率，1MW = 106瓦
GJ：	指供热能力，1GJ = 109焦耳
中农：	指中国农业生产资料集团公司
中化：	指中国化工进出口总公司

二、本次发行概况

(一)本次发行的基本情况

股票种类：人民币普通股(A股)；

每股面值：1.00元；

发行数量及占发行后总股本的比例：本次预计发行6000万股，占发行后总股本的比例为35.93%；

每股发行价格：6.28元；

全面摊薄发行市盈率：20倍(按2001年度净利润和2001年底总股本计算)；

盈利总额：3357.48万元(2001年度)；

每股盈利：0.314元(2001年度)；

发行前每股净资产：1.62元/股；

发行后每股净资产(扣除发行费用)：3.17元/股；

发行方式：向二级市场投资者配售；

发行对象：于2002年5月31日持有上交所或深交所已上市流通人民币普通股(A股)股票(以下简称流通股票)的收盘市值总和(包括可流通但暂时锁定的股份市值)不少于10,000元的投资者。两市投资者都可参加本次新股发行的配售。配售时，投资者分别使用其所持的沪、深两市的股票市值；

承销方式：余额包销方式，天同证券有限责任公司作为主承销商并组织承销团承销；

本次发行预计实收募股资金：35580万元。

(二)本次发行的有关当事人

1、发行人：山东华鲁恒升化工股份有限公司

法定代表人：费云良

地址：德州市德城区天衢西路24号

电话：(0534)2460426

传真：(0534)2421845

联系人：宋杰、魏兵、乔驻军

电子信箱：hs-dz@dz-public.sd.cninfo.net

2、主承销商：天同证券有限责任公司

法定代表人：段虎

地址：山东省济南市泉城路180号齐鲁国际大厦五层

电话：(0531)6019999-6671、6656

传真：(0531)6019816

联系人：魏蔚、高立金

3、副主承销商：汉唐证券有限责任公司

4、分销商：(排名不分先后)

光大证券有限责任公司

华泰证券有限责任公司

长江证券有限责任公司

河北证券有限责任公司

5、上市推荐人：

万通证券有限责任公司

天同证券有限责任公司

6、发行人律师事务所：北京市国方律师事务所

7、会计师事务所：山东乾聚有限责任会计师事务所

8、资产评估机构：山东正源和信有限责任会计师事务所

9、土地评估机构：山东鲁盛不动产评估咨询有限公司

(三)预计时间

1、招股说明书刊登日期：2002年6月3日

2、刊登发行公告日期：2002年6月4日

3、申购日期：2002年6月5日

4、公布配售配号结果日期：2002年6月6日

5、公布配售中签结果日期：2002年6月7日

6、配售收缴股款日期：2002年6月8日

7、清算、登记、划款日期：2002年6月9日

8、预计挂牌交易日期：2002年6月24日

三、主要风险因素及对策

投资者在评价本发行人此次发售的股票时，除本招股说明书摘要提供的其它资料外，应特别认真考虑下述各项风险因素。根据重要性原则或可能影响投资决策的程度大小排序，本公司主要风险因素如下：

(一)募股资金投向风险

本公司本次公开发行股票募集资金扣除发行费用后将投资不超过8000万元用于收购华鲁恒升集团DMF、甲醛生产线的相关资产，剩余募集资金全部用于大型氮肥装置国产化工程(国经贸投资[2000]951号)。

1、募集资金到位后导致净资产收益率下降的风险

本次公开发行股票所筹资金扣除发行费用后预计为35580万元，因此本公司本次发行结束后净资产值将增长2.06倍，但是公司的经营业绩在短期内不可能大幅度提升，同时，由于本公司将大部分募集资金投向大型氮肥装置国产化工程，该工程的建设周期较长，且预计到2003年底才可逐步产生效益，因此，2002年度公司净资产收益率将有较大程度的下降，存在难以持续融资的风险。

针对上述风险，本公司将实行项目责任制，加强科学管理，确保工程质量，控制投资成本，最大限度地加快建设进度；不断学习国内外同行业先进经验，提高新项目的经营管理水平，使项目早投产早出效益，以降低投资风险并取得良好的回报。同时公司将加强对收购后的DMF和甲醛生产线生产经营的科学管理，以获得更大的投资收益。

2、大型氮肥装置国产化工程项目的风险

(1)技术风险

该装置的核心技术是煤浆气化工艺技术，本公司对该核心技术只有许可使用权，而且是非独占的和不可转让的。同时，本套大型氮肥装置国产化工程是2000年国家重点技术改造项目，是我国拟建设的第一套大氮肥国产化装置，设备的国产化率达到85%以上。虽然我国在总结已引进的33套国外先进装置的基础上，通过多年的消化吸收，在技术、装备等方面已有较成熟的经验，且公司也联合行业内权威科研单位对有关设备和技术进行了深入细致的调查和分析，但作为第一套国产化装置，不排除在技术和专有设备制造方面将存在一定的风险。

针对上述风险，本公司已在引进技术的消化吸收上，与技术实力雄厚、实践经验丰富的中国华陆工程公司和中国寰球化学工程公司合作，在此基础上，本公司拟加强自身研发技术力量，密切关注产品技术的变化与革新，增强技术应变力。目前公司已在内部开始培养该项目的技术人才和招聘有关专家，针对该项目的各项技术进行专题研究以充分消化和掌握。在设备引进和制造方面将采用招标的办法，选择高质量、技术先进的设备，并在设备的加工过程中进行全方位的监控与检验。

(2)市场风险

本项目建成后的主要产品方案为年产60万吨尿素，其中普通尿素30万吨，大颗粒尿素30万吨。首先，随着生产规模的扩大，产量的增加，不可避免的面临着开拓市场的风险；其次，因粮价一再下滑、农民负担过重等原因，农民收入增长缓慢，加之北方地区气候持续干旱，导致化肥市场有效需求不足，化肥市场较为低迷的状态加大了本公司开拓市场的风险；再者，尽管大颗粒尿素因粒度大、均匀、施用方便、不易吸潮结块，肥效比普通颗粒长15%等优点，深受农民的欢迎，市场销售前景非常看好，市场价格也比普通尿素平均约高出80-100元/吨，但作为尿素的新品种，在我国的生产起步较晚，仍存在如何尽快取得消费者的市场认同以及市场开拓的风险。

针对上述风险，本公司仔细分析了化肥市场目前面临的形势，认为尽管化肥市场不很景气，但国内生产能力仍不能够满足国内需求，而且，从国家产业政策以及目前生产状况来看，化肥市场供给必须立足国内解决，化肥行业仍需大力发展，但需要进行结构调整，尤其是原料生产路线的结构调整。本公司拟投资的大型氮肥装置国产化工程项目将采用先进的煤浆气化技术，主要原料由原来的白煤调整为资源储量丰富的劣质粉烟煤，这将大大降低原料成本。同时，公司还将采取以下措施：坚持以市场为导向，在现有苏皖、东北和冀鲁三大市场区域的基础上，向四周拓展，扩大产品的销售半径；适应世界经济一体化发展潮流，抓住中国加入WTO的有利契机，积极增加产品出口，加大国际市场开拓力度；建立快捷、畅通、科学的营销网络，采用先进的微机网络管理系统，根据市场形势进行动态库存管理，减少产品流通中间环节，最大让利于最终用户；实施形象工程、品牌工程，加大产品的宣传力度和广告策划力度，推行特色"农化服务"，逐步形成"友谊"、"丰利士"品牌优势；加强营销队伍建设，提高营销人员的现代营销理论水平和实际操作技能，完善营销人员业绩考核制度，将业绩反馈与有效的激励和约束机制有机结合；通过多种形式，向最终消费者农民宣传有关大颗粒尿素的特点以及使用方法，引导市场消费。通过以上措施，公司将充分消化新增30万吨产能，有效化解大氮肥国产化项目的市场风险。

(3)财务风险

本项目将主要依靠国产化的设备，尽管其投资额比国外引进的已大幅度降低，公司也因此减

轻了项目投产后因投资过大而带来的财务成本负担。但本工程总投资额仍高达 139178.54 万元，其中银行借款 98000 万元，项目建设期为 2.5 年，具有投资大、建设周期长的特点，仍然具有以下风险。

项目贷款对资产负债率的影响：公司已取得中国建设银行 6.5 亿元和招商银行 3.3 亿元银行贷款的承诺。在该项目经国务院批复后，公司将开始对该项目进行建设，9.8 亿元的银行贷款将按项目进度逐步到位，本公司资产负债率也会逐步上升。项目建成后，公司资产负债率将提高到 60% 以上。公司的财务状况将会因贷款的增加、资产负债率的提高而受到一定的影响。

对产品成本的影响：首先，因本项目的银行贷款高达 9.8 亿元，因此项目建成后，年均利息费用支出在 4000 万元左右，这将会大大增加公司财务费用，对产品成本产生较大影响，并对本公司财务状况带来一定压力。其次，尽管本项目装置为第一套大型氮肥国产化装置，国产化率达到了 85% 以上，本项目总投资比国内同规模或相近规模的装置已大大降低，在项目总投资上具有一定优势，项目投产后固定成本相对较低，但是不排除项目建设期间，因工程材料和设备的价格上涨，将会使投资总额增加，从而对产品成本产生影响。

对经营业绩的影响：根据中国华陆工程公司对本项目所做的经济分析与评价结果表明，本项目投产后，本公司产品的盈利能力和经营业绩都将得到良好的改善。尽管该结论已经充分考虑了本公司内外部环境可能发生相应变化的情况下谨慎做出的，但由于我国加入 WTO 后，产品的生产能力、市场供应和需求、市场价格等方面都可能发生重大变化，市场竞争可能会更加激烈，因此，可能对公司的产品成本、产销率、经营业绩等造成不利的影响。

对公司偿债能力和现金流量的影响：在该项目的银行贷款 9.8 亿元逐步到位后，巨额的银行贷款将使公司面临较大的偿债压力，而且还将承担每年约 4000 万元的利息支出，这都将使公司的现金流量受到一定的影响。

(4)环保风险

本套装置以先进的煤浆气化技术，扩大了原料的适用范围，同时采用低压氨合成工艺、尿素双塔合成及汽提节能增产工艺对现有生产装置进行技术改造。该项目建成后，具有工艺技术先进、装备水平高、产污量低、排污量少等特点，能够达到洁净生产的目的。在项目方案设计中，本公司对环保问题尤为重视，对所产生的排放物均有良好的回收和处理措施。该项目的环境影响评价报告书已经通过国家环境保护总局的评审(国家环境保护总局环审[2001]74 号)。但该项目属大型化工项目，由于行业的特点，如果因非正常因素导致出现意外情况也会对环境产生不利影响，防治环境污染需要进行一定的投入，这对公司的生产经营成本会产生一定的影响。

针对上述风险，公司对生产过程产生的废气、废水、废渣都拟进行处理或综合利用。对废气的治理采取了火炬燃烧、冷凝洗涤以及除尘等措施；对废水的处理将通过新建污水处理站，利用 IC 生化处理后送德州市污水处理厂继续进行处理；对废渣的处理将利用流化床锅炉燃烧、建筑材料回收等综合利用方式来变废为宝。因此，该项目符合清洁生产的要求，符合环保要求。同时本公司在项目建设中将严格执行配套建设的环境保护设施与主体工程同时设计、同时施工、同时投产使用的环境保护"三同时"制度，以避免可能出现的环保风险。

(5)项目管理和组织实施的风险

该项目是 2000 年国家重点技术改造项目，为了抓好项目的管理和组织实施，本公司已制定了具体可行的实施规划。但是项目总投资高达 13.92 亿元，而且项目建设周期较长，专用设备较多，工程复杂，管理和实施难度均相对较大，因此，不排除公司在项目管理和具体组织实施上可能存在一定的风险；同时本项目的总投资远高于公司现有资产规模，项目建成后公司将在生产经营管理方面面临较大的管理压力。

针对上述风险，公司将在学习国内外同行业的先进管理经验的基础上，实行项目负责制，加强项目的科学管理，确保工程质量；公司将成立项目管理机构，分别在投资、技术、设计、施工等方面精心策划、认真组织、精细管理；公司已会同业内权威科研单位和中国华陆工程公司、中国寰球化学工程公司对项目所涉及到的技术和设备进行了周密论证，以确保工程建设质量；同时严格执行国家关于重点技术改造项目的有关规定，接受国家有关部门的检查与监督，以尽可能的避免项目的管理风险。此外，本公司将不断总结经验，及时修订和完善现行的组织模式和有关管理制度，以适应公司快速发展的需要。

(6)人力资源方面的风险

由于本项目的技术水平和装备水平比公司现有生产装置先进，而且规模较大，所以对高技术人才和高素质管理人员的需求十分迫切，虽然公司在管理人员和技术人员培养和引进等方面已经采取了多种措施，但仍面临着人力资源的培养和储备方面的风险。

针对上述风险，公司一方面继续加强对现有管理人员和技术人员的多方面多形式的培训工作，另一方面将通过高薪聘请引进行业拔尖人才和高级管理人员，为本项目的建设及营运做好人才准备。

3、收购华鲁恒升集团 DMF、甲醛生产线的相关资产的风险

(1)市场风险

从 DMF 的市场状况来看，目前市场需求为 14 万吨/年，而国内实际产量为 6 万吨/年，存在较大的供需矛盾。虽然其生产技术要求较高，但仍不排除国内将来会有同类项目建设，从而使行业内的竞争加剧，对本公司未来经营产生一定的影响。

从甲醛的市场状况来看，近年来市场相对平稳，价格波动不大。尽管随着我国建筑业和装饰装修业的兴旺，以及国家对天然林保护的加强，甲醛的主要下游产品—脲醛树脂、酚醛树脂等的消费将逐步趋旺，从而导致甲醛的需求增加。但是甲醛是一种基础化工原料，目前市场价格基本平稳，如果甲醛市场需求大幅度增长，可能导致市场竞争加剧，对公司未来经营产生一定的影响。

针对上述风险，本公司将对 DMF 生产线和甲醛生产线适时进行技术改造，以降低其生产成本，同时加强在质量管理、客户管理、营销服务等方面的各种措施，提高市场竞争力；继续加强营销网络建设，对公司产品进行进一步的市场细分，确定合理的市场定位，在巩固现有市场的基础上，进一步拓展市场领域、提高市场份额。

(2)收购风险

本公司拟收购的集团公司 DMF、甲醛生产线分别于 2000 年 10 月、1997 年 9 月建成投产。生产线已经调试、运转成熟，收购后相关人员将转入股份公司，不存在项目收购中的技术、人员风险。但由于该收购项目属于重大关联交易，该项目收购过程中有可能存在中小投资者的利益受到一定的影响的风险。

针对上述风险，在对收购项目进行决策时，公司坚持了公开、公平、公正的原则。在形成决议时，关联股东进行了回避。在确定收购价格时，将聘请具有证券从业资格的资产评估机构进行评估，决定"最终价格以经评估并经国有资产管理部门确认的资产评估值为准"，以保证收购价格的公允性。公司还将按照信息披露制度的有关规定，及时在指定报纸上披露有关事项，接受广大投资者的监督，以避免关联收购中可能存在的损害中小投资者利益的风险。

(二)财务风险

1、偿还债务的风险

截止到 2001 年 12 月 31 日，本公司总负债为 27457.19 万元，资产负债率为 61.35%，2000 年 12 月 31 日资产负债率为 61.07%；本公司 2000 年流动比率和速动比率分别为 0.55 和 0.40，2001 年 12 月 31 日流动比率和速动比率分别为 0.44 和 0.34，相对偏低，说明短期偿债能力较低。其主要原因为：本公司一方面加大收款力度和增量现金销售，加速应收款项的回收，从而保持了较低的应收款项；同时加强存货管理，使产成品基本上保持零库存；本公司近几年加大技术改造力度，逐步扩大生产规模，占用自有资金较多，导致本公司的流动资产较低。另一方面，由于本公司商业信誉良好，与客户都建立了良好的长期供货关系，可以享受到优惠的信用政策；同时采用预收货款的销售方式等造成流动负债较多。

但公司资产负债率超过 60%，流动比率和速动比率相对偏低。不排除一旦发生大量债务到期而债权人不同意债务展期的情况，将对公司资产状况、信誉状况、持续经营能力产生影响。

2、资产流动性的风险

本公司最近二年的资产流动性的情况及变化趋势如下：(其他资产流动性指标如流动比率、速动比率见上条)

指　标	2001 年度	2000 年度
营运资金(万元)	-15,371.59	-8,243.75
存货周转率	11.38	11.16
应收账款周转率	36.76	34.32

从上表可以看出，本公司营运资金总体趋势仍比较紧张，存货周转速度和应收账款周转速度较快。说明公司目前的资产流动速度较快，资产流动性较好。但是不排除在日益激烈的市场竞争中，会出现公司产品销售不畅而导致应收款项大幅增长的可能，从而面临资产流动性降低的风险。

3、债务结构不合理的风险

本公司 2000 年 12 月 31 日流动负债为 18453.75 万元，长期负债为 7890.00 万元，截止 2001 年 12 月 31 日流动负债为 27457.19 万元，无长期负债。可以看出，公司流动负债相对偏大，造成公司面临一定的短期偿债压力。但由于公司银行信誉较好，中国工商银行山东省分行给予了本公司 4 亿元的最高授信额度，加之本公司收入水平较高，现金流入量较大，因而偿债压力并不大。但是不排除未来因债务结构不合理而导致短期偿债压力较大。

4、应收帐款呆坏帐的风险

截止到 2001 年 12 月 31 日，公司应收账款余额为 898.14 万元，应收账款余额较小。其账龄分析如下：1 年内应收账款占 99.57%，1-2 年的应收账款占 0.08%，2-3 年的应收账款占 0.35%，公司没有 3 年以上的应收账款，这说明本公司应收款项质量较高，其形成呆坏帐的可能性很小。但是不排除随着市场竞争的加剧、公司销售政策的变化等而导致应收账款总量增加的可能。

5、难以持续融资的风险

持续融资能力是保证公司健康发展的基础和前提。从目前情况来看，本公司资产负债率为 61.35%，发行以前年度净资产收益率均在 20% 左右。尽管公司具有良好的发展前景和潜力，但是发行后因净资产大幅度增加而导致公司净资产收益率将大幅下降，存在难以持续融资的风险；而且还不排除因投资决策失误、重大不可抗力因素等的影响，从而可能导致本公司不能满足持续融资的条件。

6、财务内部控制风险

本公司已制订了会计核算制度、财务管理制度、现金管理办法等各项规章制度，制订了财务部各岗位职责范围以明晰权责。通过以上制度的制定、职责的明确及其良好的执行，使本公司的财务内部控制得到进一步的完善。但是随着公司生产规模的扩大，财务管理难度日益加大，目前的财务内部控制制度可能不能满足其未来实际需要的风险。

(三)管理风险

1、大股东控制风险

本公司的大股东华鲁恒升集团目前持有本公司 98.5% 的股权，在本次发行结束后，仍持有本公司 63.1% 的股权。作为控股股东，华鲁恒升集团可能通过行使投票权对本公司经营发展战略、经营决策、人事等方面进行某些控制，从而可能出现给中小股东带来利益损失的风险。

针对上述风险，本公司已经建立了包括股东大会、董事会、监事会、经营管理层在内的规范的法人治理结构，制定了公司章程、三会一层议事规则和严格的信息披露制度。公司还聘请了两名独立董事，建立了独立董事制度。本公司的运行严格遵循《公司法》等法律、法规和《公司章程》的规定。《公司章程》规定，公司的控股股东在行使表决权时，不得作出有损于公司和其他股东合法权益的决定；股东大会审议有关关联交易事项时，关联股东不参与投票表决。

2、同业竞争可能损害发行人及其中小股东利益的风险

本公司控股股东华鲁恒升集团下属控股子公司德州国立农化服务有限公司(以下简称国立农化)的主营业务为农用复混肥生产与销售。国立农化因其生产的复混肥与本公司生产的尿素同为含氮元素的化学肥料而存在同业竞争，但由于目前复混肥与尿素在用途及施用对象、施用时期和产量上存在较大差别且其产品与本公司的产品为上下游关系，因而目前国立农化所从事的复混肥生产经营业务尚未对本公司的生产经营构成实质性不利影响。为了避免国立农化的生产经营将来对本公司构成新的业务竞争，本公司与国立农化的全体股东(华鲁恒升集团、山东省化肥工业总公司、德州市华通实业总公司)于 2001 年 8 月 28 日签署了《股权转让意向协议》，一致同意华鲁恒升集团将其持有的国立农化全部股权即 51.4% 的股权在本公司本次股票发行成功且上市后一年内转让给本公司。因此，可能存在损害本公司及其中小股东利益的风险。

针对上述风险，本公司在上市后一年内以自有资金收购华鲁恒升集团持有的 51.4% 的国立农化的股权，以避免同业竞争，同时将聘请具有证券从业资格的资产评估机构进行评估；具体收购价格将在股东大会上并在关联股东回避表决的情况下审议通过；本公司还将严格按照有关规定，及时公告有关关联交易事项，接受社会的监督。通过以上措施，来避免可能存在的损害中小股东利益的风险。

3、组织模式和管理制度存在局限性的风险

本公司已按照现代企业制度的要求，制定了《机构设置和人员配置制度》、《员工绩效考核管理规定》、《工资、人事、分配管理制度》、《产品管理制度》、《环境保护检查制度》和《财务管理制度》等管理制度，设立了行政人事部、财务部、生产经营部、证券部、技术发展部和审计部六个职能部门，形成以煤炭处、供应处、销售处、生产处、管理处、质量处、安环处、造气车间、合成车间、尿素车间、水汽车间、电仪车间的全部生产经营性资产为主体，以尿素、甲醇为主导产品的产、供、销系统完整的独立企业法人。公司目前运行稳定、业绩良好。本次公开发行股票并上市后，本公司将充分利用资本市场一方面扩大现有产品的生产规模，另一方面进一步优化产品结构，大力发展精细化工和有机化工产品，使公司发展成为以化肥和化工为两大支柱的综合性大型化工生产企业。但随着本公司的逐步发展和生产规模的逐步扩大，目前的组织模式和管理制度不可避免的将存在一定的局限性。

针对上述风险，本公司一方面将加强向同行学习先进的管理经验，另一方面采取多种措施，加强对高管人员的培训，提高管理创新和驾驭市场的能力，如出国深造、参加国内大学研修班等。此外，本公司将总结经验，不断改进和及时修订及完善现行的组织模式和有关管理制度，以适应公司快速发展的需要。

4、公司内部激励机制和约束机制不健全的风险

本公司已建立了有关的内部激励和约束机制。如在用人机制上，已结合企业实际情况建立了"四工并存、动态转换"的用人机制。经过近一年的实践证明，该机制适应了企业改革的需要，对建立现代企业制度、提高企业竞争能力、调动员工的积极性有着很大的促进作用。对高级管理人员和核心技术人员，公司建立了《高级管理人员考核评价办法》、《保密管理规定》等制度，用于激励、约束并稳定高级管理人员和核心技术人员。

虽然公司已建立了部分内部激励机制和约束机制，并取得了一定的效果，但是因公司建立现代企业制度的步伐刚刚开始，目前的内部激励机制和约束机制随着公司的运作与发展仍需不断完善。因此，公司现行的内部激励机制和约束机制在具体实践中可能存在一定的局限性。

针对上述风险，公司为保持技术不断创新，制定了《合理化建议、技术改进和创新奖励实施细则》，并决定每年进行评比和奖励，这充分调动了专业技术人员的工作积极性和创造性，提高了公司进一步开发和创新的能力。

同时公司还根据有关法律规定和《公司章程》之规定，建立了三会一层的议事规则和有关内部控制制度，来约束有关各方，使其相互制衡、规范运作。

本公司将在促进企业发展的基础上，从公司的实际出发，不断建立新的行之有效的内部激励机制和约束机制，以更好的激励、约束和稳定公司高级管理人员和核心技术人员，如奖励、年薪制等多元化的激励方式。

(四)技术风险

本公司生产尿素、甲醇所采用的核心工艺技术是原国家石油和化学工业局推广的氮肥生产

路线，本公司对此核心技术并没有专有权。本公司在生产经营过程中通过对此路线的不断改造和完善，开发了"生产过程DCS控制技术"、"合成氨、尿素自热平衡节能"技术、"氨网络回收"技术、"净化脱碳工艺"等十几项工艺技术，使本公司的生产成本进一步降低，在国内中小氮肥企业中处于领先地位。但是公司对此核心技术并没有专有权，因此，从技术上来讲，进入该行业的壁垒较低，不排除在氮肥市场明显好转的情况下其他企业扩大生产能力，导致市场竞争加剧的局面。

针对上述风险，本公司将继续以技术进步为支撑，坚持走技术引进与技术创新相结合、先进技术与适用技术相结合的道路，实现高新技术和先进适用技术对现有生产工艺的改造升级。本公司将继续加强与高等院校和科研院所的合作，加大新产品开发力度，不断提高现有产品和其下游产品的生产能力和科技含量，同时逐步建立和培养自己的科研开发队伍。

本次募集资金拟投资的大型氮肥装置国产化工程项目将采用先进的煤浆气化工艺，扩大原料煤的适用范围，采用低压氨合成工艺、尿素双塔合成及汽提节能增产工艺对现有生产装置进行技术改造。该项目不仅装备水平高，而且产污量低、排污量少，项目建成后，公司的生产技术水平总体上将达到国内先进水平，公司的整体素质和综合竞争实力将进一步增强。

(五)市场风险

1、受商业周期和季节性影响的风险

本公司的主导产品尿素质量标准采用国际标准，产品产销率一直保持在100%，与国内外同类产品相比具有较强的市场竞争力。但由于尿素生产具有连续性和规模经济的特点，随着经济周期性变化对农业生产产生的周期性影响，以及农业生产自身客观存在季节性的特点，会导致国际、国内化肥市场需求发生周期性的变化，这将会导致化肥产品价格、供需关系等产生波动，从而对本公司尿素的生产经营可能产生不利影响。

针对公司面临的商业周期的风险，本公司采取了以下措施：首先是"内抓质量、外塑形象"，以内在质量树立企业良好形象，发挥品牌优势；多渠道加强与客户联系，对客户进行定期评审的动态管理；努力做好营销服务，奉行"产品追求用户首选"的营销理念，以全新的服务方式吸引客户。通过以上措施，本公司产品的产销率连续多年一直保持在100%，货款回收率接近100%，避免了产品积压的风险，从而在一定程度上降低了公司所面临的商业周期的风险。

针对农业生产季节性影响的风险，本公司根据不同销售市场地域之间纬度差别较大，因而其季节性分布也不同，对公司产品的需求也存在季节性不同的客观事实，来调节公司产品在不同季节的不同地域的投放量，以稳定和扩大公司产品的市场占有率，并取得了良好的效果。同时，公司还积极开拓国际市场，以扩大公司产品销售范围，降低农业生产的季节性影响。2000年公司出口尿素2.61万吨，2001年出口3.42万吨。

此外，公司还可以根据市场需求的周期性和季节性的不同来调节各产品之间的产量比例。

2、市场容量风险

近年来，我国化肥生产发展迅速，产量持续稳定增长。从氮肥市场来看，目前供求已基本处于平衡。但我国是农业大国和人口大国，人多地少，耕地肥力偏低，可耕地平均施肥水平与发达国家相比目前还比较低，随着我国农业的发展和对农业生产投入的增加，对化肥的需求量将逐年上升，因此，国内化肥市场仍有一定的潜力。但一方面，需求旺盛将促进化肥市场的繁荣，同时也会刺激国内化肥生产总量的增加，从而可能改变市场环境。另一方面，随着我国农业施肥的科学化，氮、磷、钾肥的施用比例趋向合理，化肥需求结构可能发生变化，化肥市场环境也会发生变化。而市场环境的变化将可能使本公司所面临的市场竞争加剧。

针对上述风险，本公司采取了并将继续加强在质量管理、客户管理、营销服务等方面的各种措施，提高市场竞争力；继续加强营销网络建设，对公司产品进行进一步的市场细分，确定合理的市场定位，在巩固现有市场的基础上，进一步拓展市场领域、提高市场份额。同时，本次拟投资的大氮肥装置国产化工程项目，将生产适销对路的尿素新品种大颗粒尿素，不仅优化了产品结构，而且因大颗粒尿素的良好特性将被广泛应用，使公司的市场领域进一步拓宽，从而在一定程度上降低市场容量风险。

3、市场价格风险

化肥市场对国际市场价格波动、粮食价格波动及农村经济发展速度等因素的变化日益敏感。受粮食价格下跌、农民负担过重等原因的影响，市场有效需求增长缓慢，导致1998－2001年尿素的市场价格呈逐年下降趋势，本公司尿素的毛利率也逐年下降。虽然从目前国内化肥市场消费需求来看，尿素市场需求将趋于旺盛，价格稳中有升，但是由价格波动引起的市场风险依然存在，这将会直接影响本公司的效益。

针对上述风险，本公司一方面在保持并提高产品质量的同时，加大比价销售的力度，实现优质优价；另一方面，通过技术改造和加强科学管理，进一步降低生产成本和管理费用，有效控制产品成本和提高产品的市场竞争力。公司2001、2000、1999年尿素单位制造成本分别为763.23元、740.87元、803.49元，近年来一直呈下降的趋势。成本的降低和质量的提高进一步增强了公司产品的市场竞争力，也缓解了销售价格下降所导致的市场风险。

4、相关行业存在的各种制约风险

从长远看，随着我国社会主义市场经济体制的建立和逐步完善，我国经济的发展速度将会持续提高，各种行业最终都会得到均衡协调的发展。但本公司产品的生产和销售目前仍受到我国农业和能源等相关行业的发展速度和水平的制约，这在一定程度上会影响本公司的盈利能力和发展速度。

针对上述风险，本公司将在巩固现有客户的基础上，继续开拓尿素产品的东南亚、东亚市场区域，逐步提高市场份额，同时适时开拓拉美及非洲市场，逐步提高国际市场投放量。公司产品－甲醇目前已着手进行前期的国际市场准入调查，争取在2002－2003年进入国际市场。在采取上述措施的同时，本公司还将逐步开辟尿素产品工业市场，以抵御我国农业经济发展速度和发展水平带来的制约风险。

本公司耗用的主要能源为电力，由于随着国民经济的发展，我国电力工业发展很快，电力供需总量基本实现平衡。在我国国民经济和社会发展第十个五年计划纲要明确提出，要"深化电力体制改革，逐步实行厂网分开、竞价上网，健全合理的电价形成机制"。这无疑将为生产企业提供可靠的能源保障。

同时，本公司多年来一直与电力部门有着良好的合作关系，并将继续保持这一良好关系来保障公司的用电。除不可抗力因素外，本公司用电有保障。另外，公司将通过技改进一步降低单位耗电量，降低外购电量比例，以减少因电价的波动对本公司生产经营造成的影响。

本次募集资金拟投资的大型氮肥装置国产化工程项目投产后，能耗大幅度降低，足以消化电价上涨给公司生产经营成本带来的压力。

(六)业务经营风险

1、所从事行业的风险

本公司从事化肥、化工及相关产品的生产和销售，属国家政策保护、鼓励发展的行业，因此本公司的发展有一个良好的外部环境。但由于我国对化肥工业的发展非常重视，使其近年来发展迅速，1991年化肥产量就达到了1975万吨(折纯量)，居世界第二，仅次于美国(资料来源：《大氮肥信息》，No.4/2000，总第52期，P2)。2000年全国化肥总需求量为3650万吨，化肥企业总产量约为3100万吨，进口量约为750万吨(资料来源：江镇海，2001年我国化肥市场需求预测，《化肥市场周报》，2000年第46期，中国化工信息中心)。因此，从总量上看，国内化肥市场供求基本处于平衡，由于进口化肥的影响，导致化肥市场竞争激烈。因此，尽管本公司产品质量较高，生产成本相对较低，产销率一直保持在100%左右，但激烈的行业竞争将对公司的经济效益产生直接影响。

我国受"人口多、耕地少、地质较劣"的国情限制，化肥行业将一直是国家鼓励和支持发展的行业。"巩固和加强农业的基础地位"是我国"十五"计划中的首要问题，并明确提出了加强农业是经济结构调整的重要内容，也是保持经济发展和社会稳定的基础。九届人大四次会议把"加强农业的基础地位，促进农村经济全面发展"放在经济结构调整的首要位置，重申要"始终把农业放在发展国民经济的首位"，明确提出稳定粮食生产能力，加大对粮食主产区的支持力度，保护粮食主产区粮农生产粮食的积极性。

本公司将充分利用国家政策优势，一方面立足发展壮大主业，继续加大资金和技术投入，不断优化产品结构，扩大生产规模，降低生产成本，形成规模效益；另一方面将适当调整发展战略，利用公司目前的基础化工原料甲醇大力开发市场前景好、技术含量高、附加值高的精细化工、有机化工系列产品，使本公司形成以化肥、化工为两大支柱的发展格局；实现产品的多元化经营，形成"大化工"的生产格局，增强企业综合竞争能力，以降低所从事行业的系统风险。

2、原材料的供应和价格风险

本公司生产所用主要原材料为白煤，2001年煤炭成本约占尿素产品成本构成的36.03%。本公司平均年耗白煤量约30万吨，白煤主要来源于山西晋城矿区，该矿区煤质优良，储藏量大，开采机械化程度高，是国家重点扶持的煤炭开采产业区。但煤炭属不可再生资源，随着时间的推移，开采难度的日益加大和资源稀缺程度的日益提高，该地区的煤炭开采量可能出现下降，某一时期内可能会出现供需不平衡，从而可能对本公司生产装置的满负荷连续运转产生一定的影响。

由于我国对小煤窑的治理整顿初见成效，煤炭价格已开始出现上涨；而且随着我国宏观经济的持续健康发展，总体物价水平将可能出现上涨，因此，可能导致煤炭价格的逐渐上涨，从而对本公司的生产成本将产生直接影响。按公司2001年尿素制造成本的构成计算，煤炭价格每上涨10%，将使公司尿素制造成本提高3.60%。

鉴于上述原因，本公司不排除在未来经营中，将会因白煤供应量不足和价格上涨而产生一定经营风险的可能。

针对上述风险，本公司将继续与原材料供应商保持良好稳定的合作关系，开发增加新的采购矿点，积极组织货源，及时掌握供应商的生产经营动态，加强信息网络建设，充分发挥信息优势、管理优势。同时深入研究国家煤炭政策，科学准确的预测原材料供应。并且通过总结多年驻矿经验以减少中间环节，扩大直供，保证原料的质优价廉和充足供应。

本次募集资金投向之一的大氮肥装置国产化项目，采用先进的煤浆气化技术，充分利用山东省拥有丰富、廉价的粉烟煤资源优势。山东省内大的矿务局就有五家：兖州、新汶、肥城、枣庄、淄博；其运距短、价格低，原材料供应渠道有充分保证，较低的原材料价格和中间环节费用将使产品成本大幅度下降，从而有效地避免原材料的供应和价格风险。

3、能源和交通

本公司耗用的主要能源为电力，2001年本公司尿素产品的电力成本分别占制造成本的28.22%。本公司与电力部门已形成了多年的良好合作关系，电源充足，电力供应有保障；但由于电力价格有上涨的可能性，因此，本公司不排除因电价上涨而导致生产经营成本提高的可能。按公司2001年尿素制造成本构成计算，外购电力价格每上涨10%，将使公司尿素制造成本提高2.82%。

本公司原材料和产品主要依靠公路与铁路运输。原料煤70%左右依靠公路运输，20%以上依靠铁路运输，尿素产品60%依靠公路运输、40%依靠铁路运输。因此，本公司对公路与铁路运输有一定的依赖性。

针对上述风险，由于随着国民经济的发展，我国电力工业发展很快，电力供需总量基本实现平衡。在我国国民经济和社会发展第十个五年计划纲要明确提出，要"深化电力体制改革，逐步实行厂网分开、竞价上网，健全合理的电价形成机制"。这无疑将为生产企业提供可靠的能源保障。

同时，本公司多年来一直与电力部门有着良好的合作关系，并将继续保持这一良好关系来保障公司的用电。除不可抗力因素外，本公司用电有保障。另外，公司将通过技改进一步降低单位耗电量，降低外购电量比例，以减少因电价的波动对本公司生产经营造成的影响。

本次募集资金拟投资的大型氮肥装置国产化工程项目投产后，能耗大幅度降低，足以消化电价上涨给公司生产经营成本带来的压力。

在交通运输方面，本公司地处京沪铁路、德石铁路交汇处，紧邻104国道和京福高速公路，铁路、公路运输条件优越。此外，多年的业务往来使公司与运输单位已形成了良好稳固的业务关系。公司将利用公路、铁路运输的便利条件，统筹规划，合理安排原材料和产成品的运输，以最优的组合方式来减少运输成本提高的可能性。

4、对主要客户依赖的风险

本公司产品的主要客户分布在鲁、冀、京、津、苏、皖、浙、内蒙及东北三省，本公司遵循"双赢"原则与客户建立了良好的供求关系，再加上广泛的市场，良好的信誉，优质的服务及高质量的产品，使本公司尿素、甲醇产品产销率连续多年都保持在100%，货款回收率也接近100%。由于本公司对这些主要客户存在着一定程度的依赖关系，因此以上客户的需求和其自身的发展都对本公司的经营有一定程度的影响。

5、产品结构和业务结构相对集中的风险

本公司目前的主要产品和业务仍是尿素和甲醇的生产和销售。近年来，公司尿素产品的销售收入约占本公司销售收入的80%以上，甲醇产品的销售收入不足20%，因此，公司的产品和业务结构较为集中。因此，化肥市场的状况直接制约本公司的经营和业绩水平。

针对上述风险，本公司将坚持以市场为导向，充分利用现有的产品基础，利用公司的技术、人才和管理优势，利用本次发行募集资金，收购华鲁恒升集团的DMF、甲醛生产线，投资大型氮肥装置国产化工程项目。同时，加大新产品开发力度，发展高技术含量、高附加值的有机化工和精细化工产品，使产品结构更加合理，走向化肥与化工并举的多元化经营道路。同时积极拓展国际国内两个市场，拓宽销售渠道，加大宣传策划力度，搞好市场调查，建立全方位的营销网络体系。

(七)政策风险

1、税收政策影响

根据财政部、国家税务总局《关于对若干农业生产资料征免增值税问题的通知》(财税字[1998]78号)和《关于小化肥企业改产尿素等产品征收增值税问题的通知》(财税字[2000]69号)的规定：截止2000年5月10日，本公司尿素免征增值税；2000年5月10日后，本公司销售原设计能力内生产的尿素免征增值税。根据财政部、国家税务总局财税明电[2000]6号《关于延续若干增值税免税政策的通知》规定，在新的政策文件下发前，仍执行财政部、国家税务总局财税字[1998]78号文件。

根据2001年7月25日财政部下发的《关于若干农业生产资料征免增值税政策的通知》"财税[2001]113号"：对生产销售的尿素统一征收增值税，并在2001、2002年实行增值税先征后退的政策，2001年对征收的税款全额退还，2002年退还50%，自2003年起停止退还政策；对原征收增值税的尿素生产企业生产销售的尿素实行增值税先征后退政策从2001年1月1日起执行；对原免征增值税的尿素生产企业生产销售的尿素，恢复征收增值税和实行先征后退政策自2001年8月1日起执行。根据该文件的规定，本公司2001年1－7月销售尿素产品(超过原设计生产能力的部分)已上缴的增值税，将实行全额返还的政策；本公司自2001年8月1日起销售的全部尿素产品将实行先征后退的政策。

因此本公司自2003年起将不再享受尿素免征增值税的政策，这将会对本公司经济效益产生直接影响。

2、产业政策的影响

由于面临人口众多、耕地资源匮乏、农业仍占据相当重要地位等现实国情，我国对化肥工业一直采取了重点支持和鼓励发展的产业政策。目前，国家对化肥行业的产业政策是控制总量、优化结构、扶持大中型化肥企业。在产品结构上，重点鼓励发展大颗粒尿素。随着国家总量控制、结构优化措施的逐步落实，一些规模小、装备落后、工艺水平低下的小化肥企业在失去国家的扶持后，因其成本、产品质量等方面的原因而逐渐退出市场。因此，从长远来看，化肥价格将趋于平稳，并有利于公司扩大销售区域、提高市场占有率。因此，本公司的发展有一个良好的外部环境。但不排除国家产业政策发生变化对本公司的生产经营造成不利影响。

针对上述风险，公司将一方面强化内部管理、降低经营成本、增强自身的核心竞争力和抗风险能力。另一方面公司将力求通过对国家经济政策信息的搜集和对宏观经济政策的研究，及时掌握国家有关政策动向，谋求与政府及有关部门的有效沟通，争取良好的外部发展空间。

3、化肥进出口政策的影响

(1)进口政策的影响

自从 1997 年以来，国家对化肥进口一直采取了从严控制的政策。化肥进口配额逐年降低，并提出要特别减少含氮较多的磷酸二铵和复合肥的进口，继续停止进口尿素；对进口磷酸二氨已开始恢复征收法定关税和进口环节税。这使得化肥进口量得到一定控制。中国政府已批准了 2001 年进口限额，进口限额总计 950 万吨，其中 200 万吨磷酸二铵、150 万吨 NPK 和 600 万吨钾肥(《中国农资网》，3 月 17 日)。但是在中国加入 WTO 后，化肥进口管理将由绝对配额管理改为关税配额管理。因此，国家在化肥进口政策上的变化将会改变化肥行业所面临的市场环境，从而影响本公司的生产经营，特别是氮肥的进口政策变化对本公司的影响较为明显。

(2)出口政策的影响

现阶段，国家对化肥出口给予较多的鼓励政策，如出口退税政策、减免出口环节费用等。本公司已拥有自营进出口权，加之产品的质量和信誉优势，出口业务逐渐增多。2000 年公司共出口尿素 26080 吨，2001 年出口 34245 吨尿素。但是不排除国家在未来会取消目前有关鼓励出口的政策，这在一定程度上将影响本公司的出口业务。

针对化肥的进出口政策变化的风险，由于本公司的尿素产品被国家质量监督检验检疫总局认定为质量免检产品、并获得了中国方圆标志认证委员会产品质量认证证书，是山东省名牌产品，质量上已完全可以和国外产品媲美，在成本上也具有一定的竞争优势。现在公司的产品已经走向国际市场，并且得到用户的广泛认可，具备了和国际产品相抗衡的实力。本公司将继续加强产品质量管理力度，严格贯彻执行 ISO9002 质量管理体系，加大企业内控指标的监控，使本公司产品继续保持国际先进水平，实施名牌战略；通过不断加大科技投入，从而降低生产成本，强化公司现有成本优势，增强公司产品在国际、国内市场的竞争力。

4、环保政策的影响

本公司属煤化工企业，在生产过程中存在着不同程度的环境污染和污染治理问题，本公司已先后投资 7000 多万元建成了污水生化处理装置、循环流化床锅炉装置、电除尘装置、硫回收装置、吹风气锅炉等，提高了资源、能源的综合利用程度，最大限度地减少了污染物的产生量和排放量。公司已取得了山东省环境保护局"山东省工业污染达标排放"标牌和《关于本公司环境保护意见的函》。公司于 2000 年 12 月通过了 ISO14001 环境管理体系认证。但随着我国政府环境保护力度的不断加强，可能在未来出台更为严格的环保标准，对化工企业提出更高的环保要求，从而对本公司的生产经营产生一定的影响。

针对上述风险，本公司将积极执行国家有关环保政策，在扩大生产规模的同时，积极开发能源综合利用，加大环保设施的投资。通过近几年的投资和建设，本公司已完成了污水处理、吹风气锅炉、循环流化床、电除尘等环保项目，使公司顺利通过了山东省环保局环保达标验收。并且本公司已通过了 ISO14001 环境管理体系认证，实现了环保标准化管理，树立了良好的环保企业形象，取得了良好的经济效益和社会效益。

5、煤炭行业政策的影响

当前，我国煤炭行业的政策为：大力调整煤炭工业结构，坚持实施总量调控、关井压产，淘汰落后和过剩生产能力，改善供求关系；加快开发和推广应用洁净煤技术，调整煤炭建设布局，加大煤层气开发力度，提高煤炭工业整体素质；并将取消对煤矿的亏损补贴和放开煤炭价格。因此，煤炭行业将逐步摆脱困境，短期内可能出现煤炭供应紧张、价格上升等情况，这将对公司的生产成本带来不利影响。

针对上述风险，本公司将继续与原材料供应商保持良好稳定的合作关系，开发增加新的采购矿点，积极组织货源，及时掌握供应商的生产经营动态，加强信息网络建设，充分发挥信息优势、管理优势。同时深入研究国家煤炭政策，科学准确的预测原材料供应情况，并通过总结多年驻矿经验以减少中间环节，扩大直供，保证原料的质优价廉和充足供应。本次募集资金投向之一的大氮肥装置国产化项目，采用先进的煤浆气化技术，充分利用山东省拥有丰富、廉价的粉烟煤资源优势。山东省内大的矿务局就有五家：兖州、新汶、肥城、枣庄、淄博；其运距短、价格低，公司生产用煤供应渠道有充分保证，较低的原材料价格和中间环节费用将使产品成本大幅度下降，从而有效地避免原材料的供应和价格风险。

(八)法律纠纷的风险

本公司严格执行 ISO9002 质量体系标准，产品质量可靠，自成立以来，从没有发生过任何质量纠纷。公司一向遵纪守法，并已建立健全了各方面的规章制度，在与客户交易时都尽量通过合同或协议来明确各自的权利义务，并能够严格遵守所签订的合同或协议，目前没有法律纠纷。但不排除公司在未来生产经营过程中因意外事件而引起有关的法律纠纷，从而对公司的经营产生一定的影响。

针对上述风险，公司已通过了 ISO9002 质量体系认证，并严格按照 ISO9002 体系的要求规范运作，制度健全，措施到位，保证了公司不会因产品质量问题而产生法律纠纷；在执行合同或协议方面，严格履行合同或协议，消除了产生法律纠纷的潜在风险；同时公司将继续严格执行国家有关法律法规，依法纳税，合法经营。

(九)外汇风险

公司 2000 年共出口尿素 26080 吨，占全年总产量的 8.05%。2001 年公司共出口尿素 34245 吨，约占全年总产量的 11%左右。因此，汇率波动将对本公司产品的出口情况造成影响，同时外币的汇兑损益在一定程度上也将影响本公司的出口收入和盈利水平。

针对上述风险，本公司将充分利用多种信息渠道加强对外汇市场变化情况变化趋势的研究、分析，选择最佳的购销时机尽可能规避汇率风险，以确保外销产品的盈利水平。同时公司在执行涉外合同时，将在可能的情况下优先安排出口，使信用证尽快解付，以便公司及时回收资金。

(十)自然灾害风险及对策

本公司地处鲁西北，属黄河中下游冲积平原，扩散条件良好，地势平坦开阔，近年来没有发生过重大自然灾害。但未来仍不能排除公司本地和产品销售地有发生重大自然灾害的可能，从而对公司的生产经营产生一定的影响。

针对上述风险，如果公司本地发生重大自然灾害，公司将积极开展生产自救，尽快使公司生产经营正常运转，将公司的损失减少到最低；如果公司产品销售地发生重大自然灾害，对公司有利时，公司将加大产品投放量，对公司不利时，公司将充分利用自身的销售区域范围广、产品信誉好的优势，合理安排产品投放，使公司的损失降低到最小；同时，由于公司投保了企业财产险，因此在一定程度上降低了公司财产的风险。

(十一)其他风险

1、安全生产的风险

本公司属化工行业，生产过程中的原料气体为易燃、易爆气体，部分生产工序为高温高压环境。尽管本公司配备有较完备的安全设施，整个生产过程都处于受控状态，发生安全性事故的可能性很小，但不排除因操作不当或设备故障，导致事故发生的可能，从而影响本公司生产经营的正常进行。

针对上述风险，本公司已开发出的"生产过程 DCS 控制"技术，实现了使用计算机智能控制系统对生产过程实行全程监控的目标；在生产过程中还将进一步加强生产设备的科学管理，对设备进行定期检修和预防性维修，以及时排除事故隐患。同时，本公司常年在职工中开展技术练兵、技术比赛活动，提高职工的技术素质和操作技能。此外还通过对职工进行安全教育或培训，实行操作人员持证上岗制度，确保安全生产。

2、加入 WTO 的风险

我国加入 WTO 后，由于进出口关税的降低和配额的逐步取消，进口化肥的价格优势将会逐渐显现出来，将会对国内化肥生产企业造成冲击，加剧国内市场的竞争。尽管国内化肥市场仍具有一定的市场潜力，但不排除因市场环境变化而使本公司面临激烈的市场竞争。

针对上述风险，本公司正在和拟将采取以下措施，以避免加入 WTO 后给经营带来的不利影响。一是加快大氮肥装置国产化工程建设速度，尽快扩大生产规模，提高生产技术水平，降低生产成本，早出产品，早见效益；二是加强科技开发，改进、优化生产工艺；三是实现产品多元化，以分散经营风险；四是加强对国际同行业技术和市场信息的收集与研究，提高本公司向海外市场的渗透能力。

四、发行人的基本资料

(一)发行人概况

本公司经营范围包括化学肥料、醇类、醛类、树脂、胺类、羰基化合物(不含化学危险品)的生产、销售；资格证书范围内的进出口业务。

本公司主营业务为尿素、甲醇的生产和销售。现已具备年产 18 万吨合成氨、30 万吨尿素、5 万吨甲醇的生产能力，拥有自营进出口权。公司主导产品尿素和甲醇均获得国家技术监督局"采用国际标准产品标志证书"，其中"友谊"牌尿素为山东省名牌产品，并连续四年被山东省技术监督局评为产品质量免检产品，2001 年 3 月，获得国家质量技术监督局的产品质量免检证书(证书编号：[2001]国免字(006370119)号)。2000 年 1 月，本公司质量管理体系通过了 ISO9002 质量体系认证，其主导产品尿素获中国方圆标志认证委员会产品质量认证证书。2000 年 12 月本公司环境管理体系通过了 ISO14001 环境管理体系认证。

(二)发行人的历史沿革及经历的改制重组情况

山东华鲁恒升化工股份有限公司(以下简称本公司或公司)是经山东省经济体制改革委员会鲁体改函字[2000]29 号文同意，并取得了山东省人民政府鲁政股字[2000]13 号《山东省股份有限公司批准证书》，由山东华鲁恒升集团有限公司(以下简称华鲁恒升集团)作为主发起人，联合鲁银投资集团股份有限公司、山东德棉集团有限公司、山东省化肥工业总公司、山东省石油化工经贸集团总公司、山东华鲁国际商务中心有限公司等五家发起人共同发起设立的股份有限公司。

主发起人在改制前拥有化肥、反渗透、螺旋藻等生产经营性资产，其中反渗透、螺旋藻在改制前一直没有发生生产经营活动，亦未产生收入。本次改制主发起人以其与化肥生产相关的全部生产经营性净资产出资，该部分资产主要包括：煤炭处、供应处、销售处、造气车间、合成车间、尿素车间、水汽车间、电仪车间的机器设备及厂房建筑物等全部生产经营资产，将非经营性资产及与反渗透、螺旋藻等生产相关的经营性资产进行了剥离。根据山东正源会计师事务所有限公司鲁正会评报字[2000]第 009 号《评估报告》，并经山东省国有资产管理局鲁国资评字[2000]第 59 号文确认，主发起人投入本公司的与化肥生产相关的全部生产经营性净资产经评估后(评估基准日为 2000 年 3 月 31 日)为 16212 万元人民币。其他五家发起人各以现金 50 万元出资。经山东省国有资产管理局鲁国资企字[2000]第 27 号文批准，六家发起人投入本公司的净资产为 16462 万元，按 65%的折股比例，共折为发起人股 10700 万股，其中国有法人股 10635 万股，法人股 65 万股。

经山东乾聚有限责任会计师事务所烟乾会验字[2000]12 号《验资报告》验证，本公司股本金全部到位，并于 2000 年 4 月 26 日正式成立，工商注册登记号为 3700001806025。

(三)与本公司业务和生产经营有关的资产权属证书的变更情况

根据山东省国有资产管理局鲁国资评字[2000]第 59 号《关于山东华鲁恒升化工股份有限公司国有股权管理有关问题的批复》，华鲁恒升集团已将其与化肥生产相关的全部生产经营性净资产投入到本公司。本公司已取得了山东省国有资产管理办公室颁发的《国有资产产权登记证》。本公司在设立后已经及时变更了房产证、车辆行驶证等所有权属证书的所有权人。

根据本公司与华鲁恒升集团签订的《注册商标转让合同》，并经国家工商行政管理局商标局出具《核准转让注册商标证明》，"友谊"、"丰利士"牌商标已由华鲁恒升集团无偿转让给本公司。目前，本公司所生产的尿素、甲醇分别使用以上商标。

商标名称	注册号
友谊	588477
丰利士	804284

本公司与华鲁恒升集团于 2000 年 6 月 18 日签署《土地使用权租赁合同》，根据该合同，本公司租用华鲁恒升集团以出让方式取得的位于德州市德城区天衢西路 24 号院内的 2 宗、共计 205669 平方米的土地，租赁期限为 20 年；2010 年前，该等土地的年租金为 4 元人民币/平方米，2010 年以后的租金由双方另行协商确定；如遇国家有关政策变化而对租金水平有较大影响时，由合同双方协商调整。

(四)发行人的职工及参加社会保障情况

本公司现有员工 1540 人，全部为在职员工。按专业划分，生产人员为 1209 人，占 78.51%，技术人员 100 人，占 6.49%，财务、管理人员及其他人员 231 人，占 15%；按受教育程度分，大专及以上教育程度为 420 人，占职工总数的 27.23%；按年龄构成分，35 岁以下的为 1305 人，占 84.74%；按专业技术职称分，具有中级及以上职称的有 152 人，占 9.87%。

本公司已按照国家及地方政府的有关规定，结合公司实际情况，制定了员工福利待遇制度。本公司执行山东省德州市有关住房制度，员工住房已参加房改，并已为员工办理了房产证。本公司执行德州市有关医疗保险规定，为全体员工办理了医疗保险。此外，本公司还按照有关规定，为员工办理失业保险、工伤保险和社会养老保险等社会统筹。通过以上保障措施，较好的解决了员工的后顾之忧。

(五)本公司规范运作情况

本公司自成立以来，建立了规范的法人治理结构，制定了《公司章程》，建立健全了股东大会、董事会、监事会、经理层及董事会秘书的各项规章制度，会议记录及监督执行情况均有全面、如实记载。

本公司在业务、资产、人员、机构、财务等方面均独立于控股股东华鲁恒升集团，具有完整的供应、生产和销售系统，运行情况稳定、经营业绩良好。本公司具有独立完整业务和面向市场自主经营的能力。

发行人律师发表意见：经合理查验，发行人的业务独立于发行人股东及其他关联方；发行人所拥有和使用的资产的所有权和/或使用权独立完整；发行人拥有独立的供应、生产和销售系统；发行人在其人员上具有独立性；发行人的组织机构独立于其主发起人及其其他股东和关联方；发行人在财务上具有独立性；发行人具有面向市场的自主经营能力。

五、发行人股本

本次发行前，公司股本为 10700 万股。本次拟公开发行 6000 万股，占发行后总股本的 35.93%。本公司发行前后的股本结构如下表所示：

股东单位	类别	发行前		发行后	
		数量(万股)	比例(%)	数量(万股)	比例(%)
山东华鲁恒升集团有限公司	国有法人股	10537.5	98.5	10537.5	63.1
鲁银投资集团股份有限公司	法人股	32.5	0.3	32.5	0.2
山东德棉集团有限公司	国有法人股	32.5	0.3	32.5	0.2
山东省化肥工业总公司	国有法人股	32.5	0.3	32.5	0.2
山东省石油化工经贸集团总公司	国有法人股	32.5	0.3	32.5	0.2
山东华鲁国际商务中心有限公司	法人股	32.5	0.3	32.5	0.2
社会公众股		0	0	6000	35.9
总股本		10700	100	16700	100

六、主要发起人与股东的基本情况

(一)主要发起人及其他股东

1、山东华鲁恒升集团有限公司

山东华鲁恒升集团有限公司法定代表人吴瑞林，注册资本10117万元，其前身是德州化肥厂，始建于1967年，1996年2月1日经德州市人民政府及山东省经济委员会批准改制为德州恒升化工(集团)有限公司，1998年11月24日山东省人民政府批准将其整体划转给山东华鲁集团有限公司，1999年11月29日经(鲁)名称变更内字[1999]第054号企业名称变更核准通知书核准更名为山东华鲁恒升集团有限公司。华鲁恒升集团经过几十年的发展，现已拥有山东华鲁恒升化工股份有限公司、山东华鲁恒升集团德州热电有限责任公司、德州大华实业有限公司、德州民馨服务有限公司、德州万丰化工有限公司、德州国立农化服务有限公司六家控股子公司，德州通达运输有限公司一家参股子公司，已发展成为国有大型(一)企业，中国500家最大化学工业企业之一。华鲁恒升集团在1999年全国化肥企业利润总额前100家排名及全国石化企业利润百强排名中分别名列第6位和第59位，被原国家石油和化学工业局命名为“全国化肥先进企业”、“清洁文明工厂”，是原国家石油和化学工业局推广“三改一加强”经验的15家典型企业之一。

2、鲁银投资集团股份有限公司的基本情况

鲁银投资集团股份有限公司是在上海证券交易所上市的股份有限公司，成立于1993年9月11日，法定代表人刘歧鸣，注册资本20521.2万元，主营项目投资、通讯电缆的生产、销售；农业生态开发、货物运输；房地产开发、租赁；项目评估及投资咨询服务；经济信息咨询服务等。

3、山东德棉集团有限公司的基本情况

山东德棉集团有限公司是国有独资有限责任公司，法定代表人王根源，注册资本43250.9万元，主营纱、线、坯布、针织品、印染布的生产、经营及进出口业务。

4、山东省化肥工业总公司的基本情况

山东省化肥工业总公司：法定代表人杨春生，注册资本120万元，主营化肥中介、技术服务，化工产品及原料等的销售。

5、山东省石油化工经贸集团总公司的基本情况

山东省石油化工经贸集团总公司：法定代表人王慎峰，注册资本3983万元，主营石油制品、化工原料及产品等的销售，以及物资储运，技术开发、转让、信息咨询服务等。

6、山东华鲁国际商务中心有限公司的基本情况

山东华鲁国际商务中心有限公司成立于1999年7月6日，法定代表人杨庆堂，注册资本1000万元，主营物业管理、开发、租赁、服务；金属材料、建筑材料、电器机械、办公用品等的批发、零售；餐饮服务；商品信息咨询等。

(二)本公司实际控制人

华鲁恒升集团是山东华鲁集团有限公司(以下简称华鲁集团)的全资子公司，山东华鲁国际商务中心有限公司是华鲁集团的控股子公司，因而华鲁集团为本公司的实际控制人。华鲁集团之法定代表人现兼任发行人之法定代表人。华鲁集团是于1997年12月25日成立的国有独资有限责任公司，注册资本为48255万元，主要从事投资生产化肥、石化产品及相关产品；投资置业；机械电子设备、食品、饮料、烟草(零售)、家庭日用品(不含专营商品)、能源材料的销售；房地产开发、许可范围的进出口、“三来一补”业务和对销贸易、转口贸易；对外派遣工程，生产及服务行业的劳务人员(不含海员)等业务。

(三)本公司全体股东的承诺

本公司目前的全体股东：山东华鲁恒升集团有限公司、鲁银投资集团股份有限公司、山东德棉集团有限公司、山东省化肥工业总公司、山东省石油化工经贸集团总公司、山东华鲁国际商务中心有限公司均已做出重要承诺：“我公司不存在尚未了结或可预见的重大诉讼、仲裁、行政处罚或面临被指控或处于任何与此有关的其他法律程序；我公司未对所持有山东华鲁恒升化工股份有限公司的股份设定质押”。

七、发行人的组织结构及组织机构概况

(一)组织结构图

截止到2001年12月31日，本公司无对外投资。

本公司的组织结构图如下：

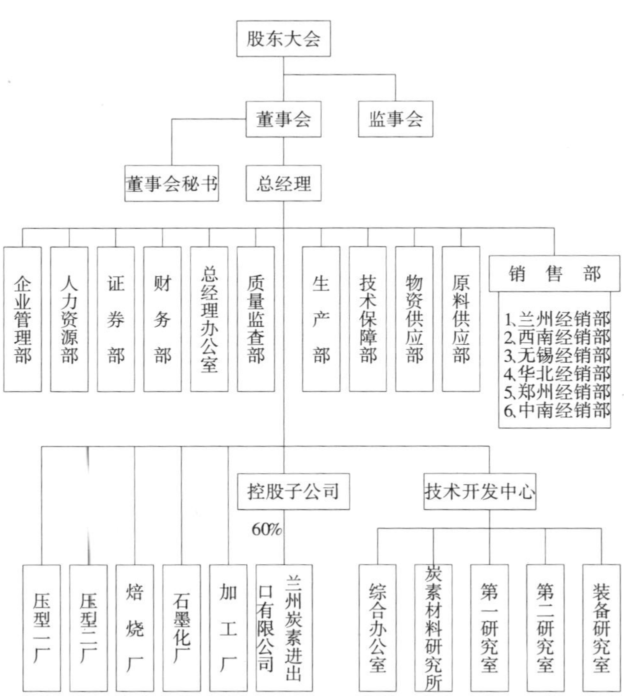

(二)各部门运行情况

1、行政人事部

行政人事部主要负责公司的各项日常性管理、对外事务及接待工作、对外形象策划和宣传；劳动人事制度的起草、工资、医疗保险、社会统筹、档案管理等工作。

2、财务部

财务部坚持以财务管理为中心，以资金、成本管理为重点，使财务管理渗透到公司管理的各个层面，制订了“精细化管理”工作法，建立了资金管理分析体系和成本控制分析体系，使各部门从资金预算、使用过程及效果上始终得到有效的控制并能定期考核，及时找出成本变化的原因和解决问题的方法，从而使产品总成本得到了有效的控制。同时公司全面推行货币化管理，即把所有量化指标变为货币计量，有效的带动了公司整体管理水平的提高。

3、生产经营部

生产经营部主要负责公司物资采购、储存和保管，产品的生产与销售，各种设备的运行和维护等。在物资采购上，对大宗、主要的物资实行招标采购，对一般物资实行限价采购和价格审批采购，以保证采购物资成本最小化；制订并积极推行购销比价管理制度，形成了完整的价格管理体系；对进厂物资实行物资跟踪管理制，以保证采购物资质量的可靠性；在生产方面，制定了生产成本管理制度、生产调度管理制度、产品质量管理制度、锅炉压力容器管理制度等各项规章制度，有效地保证了各个装置良好运行，消耗进一步降低，产品质量良好，产量创历史最好纪录。

4、证券部

证券部负责公司股东的咨询，协助董事会秘书对外披露有关公司信息，以及有关本次股票发行申请材料的制作与准备，协调各中介机构的工作等。

5、审计部

审计部主要负责公司内部审计，定期对公司内部各部门进行监督审计和考核，及时完成了工程的预决算审计．有效实施公司内部管理，最大限度的降低了工程成本。

6、技术发展部

技术发展部主要负责公司科技开发与研究、技术改造与创新项目评价与管理、工程管理技术档案的管理、公司技术发展规划、产品开发与研究以及公司项目管理等工作。

技术发展部目前已进行了多项技术改造与创新项目的评价和管理，如低温脱碳工艺改进技术、压缩机－入煤气冷却技术、2＃合成系统并(800塔改造项目、2＃硫化床锅炉电除尘框架改造项目等，有效地调动了各层次人员的工作积极性和创造性，使公司技术创新成果大幅度增加且效益明显。公司的科研项目已按计划进行，大氮肥装置国产化工程项目的前期准备工作进展顺利。

八、发行人业务和技术

(一)化肥行业概况

化肥行业是国家重点扶持的支农产业，行政主管部门是国家经济贸易委员会和各地的经贸委；行业内部管理机构是中国石油和化工协会、以及全国氮肥工业协会等。由于化肥关系到提高粮食产量，改善农民生活水平，稳定社会物价等，因此国家在税收、水、电、运输等方面都给予化肥行业诸多的优惠措施，以大力支持化肥行业的发展。

随着我国市场经济体制的逐步建立，化肥生产和销售也开始进入市场经济，化肥生产企业也由生产中心转向了销售和利润中心，市场决定价格、市场调整资源分配的机制已经基本建立。化肥生产企业、流通企业将进入一个更纯粹的竞争时代。

对化肥进口，目前我国仍实行配额管理的高度管制政策。目前只有中农和中化两家能够直接从国际市场进口国家配额内的化肥产品。但随着我国加入WTO后，进口限制将逐步降低或取消。对化肥出口，国家仍给予较多的鼓励政策，如化肥出口退税率的提高，自营进出口权的下放等。

目前化肥市场供求总体上基本平衡，但化肥作为农产品增产的必备条件之一还将继续发展。据联合国粮农组织(FAO)统计，化肥在农业增产份额中的贡献约占40%。从长远看，中国人口在2050年前将持续增长，因人口增长而导致的粮食需求的增加，可耕地面积的减少，以及人们生活水平的提高，都要求在有限的耕地上获取更多的农产品，这就需要增加化肥施用量。

因此，预计2001年我国化肥需求总量约为3800万吨(资料来源：《化肥市场周报》)。据国家经贸委最新公布的行业“十五”规划中的预测，到2005年，化肥需求量为4600万吨(折纯，下同)，其中氮肥为2740万吨。

(二)影响化肥行业发展的有利和不利因素

1、有利因素

我国是农业大国和人口大国的客观现实决定了化肥的需求量将逐年增加。国家对化肥工业的发展也给予了高度重视，在《当前国家重点鼓励发展的产业、产品和技术目录(2000年修订本)》明确提出的有关化肥的项目就有36项，其中包括大型氮肥生产装置新建及现有氮肥企业的节能、增产改造。

此外，随着农业种植结构的变化、施用化肥领域的扩大以及作物良种化的趋势都将增加化肥的市场需求，因此，我国化肥市场仍将稳定发展。

2、不利因素

(1)农产品价格的下滑

农产品价格的持续走低是化肥市场疲软的主要原因。农产品价格的下降使农民收入减少，农民收入的减少导致化肥市场的有效消费需求不足，从而导致化肥市场价格走低。

(2)原材料价格的上涨

尿素生产有三种原料来源：煤、天然气和重油，原料成本平均约占尿素制造成本的30%以上。因此，原材料价格上涨将直接导致到化肥生产成本上升。

(3)加入WTO的影响

加入WTO后，我国化肥市场最终将走向开放和竞争。国外的优质化肥不可避免的对我国化肥市场产生较大的冲击，市场竞争将进一步加剧。

(三)公司面临的主要竞争状况

1、尿素市场竞争状况分析

(1)国内市场竞争格局

始于20世纪50年代的技术装备引进，使我国的尿素生产能力获得了长足的发展。至1999年，国内190余家尿素生产企业产量已达1370万吨折纯量(相比1993年的608万吨纯量，六年中产量增幅达125%)，其中28家大型尿素企业产量约占45%，37家中型企业产量占20%。[资料来源：“近几年我国尿素市场变化与明年市场预测(原料价格的情况)”，1999年，中国化工信息中心]。企业地域分布主要以西南、西北、东北和东部沿海、长江中下游地区为主，生产原料包括煤炭、油料和天然气等。

但是，产量的急骤增长超过了市场成长速度，从1996年下半年开始，国内尿素市场逐渐呈现买方市场特征，尿素市场价格不断下滑。进入2000年，尿素价格仍在低位徘徊。市场欠景气迫使各生产企业大打“价格战”，部分成本较高企业的生产经营活动无法正常进行。据调查，截止到2000年7月，许多大氮肥装置特别是以油为原料的企业，因为不堪承受原油涨价所带来的成本上升，有7套装置已经停产；中氮肥企业也有部分停产；小氮肥企业有60%左右的企业已经停产(资料来源：黄丽，近几年我国尿素市场变化及明年市场预测，《化肥市场周报》，2000年第48期，中国化工信息中心)。因此，2000年尿素的产量增长速度明显放缓，全年尿素产量为3070万吨(实物量)，仅比1999年增加0.08%。

市场的自动调节和国家出台的严格控制尿素进口量的措施使尿素市场供给下降；2001年第一季度，全国共生产尿素752.48(实物量，下同)万吨，比去年同期减少0.49%，其中大中型氮肥企业尿素产量为440.3万吨，占全国尿素产量的58.51%，为去年同期的91.6%，减产40万吨。进入2001年，由于春耕的开始以及粮食价格的抬头，使我国北方地区尿素市场需求量有所上升。两方面因素促进了国内尿素市场的复苏。目前，尿素市场价格已开始逐步上涨，基本维持在1100－1200元/吨之间。展望未来，我国尿素生产仍将保持较快的发展速度。根据国家经贸委最新公布

的部分行业"十五"规划摘录,2005 年我国氮肥的市场需求将达到 2740 万吨(折纯),而高浓度氮肥－尿素占氮肥的比例将达到 75%,尿素市场特别是大颗粒尿素和高浓度氮肥市场前景看好。

(2)加入 WTO 后的尿素市场

加入 WTO 后,将对我国氮肥行业带来较大的冲击,许多设备落后、效率低下的氮肥生产企业将被淘汰,特别是生产碳酸氢铵的小氮肥企业,其处境将更为艰难。而同时,一些实力较强、技术管理优势突出的企业将通过兼并重组等形式扩大生产规模、增强企业实力。

但是,加入 WTO 后,因为我国对关系国计民生的 8 项商品坚持实行保护,其中就包括化肥。因此,放开化肥市场将是一个逐步的过程。在 2005 年之前,我国化肥市场受到国外进口化肥的冲击将是有限度的。而且,加入 WTO 后,对化肥行业来说,机遇与挑战并存,国外化肥可以进入国内市场,同时也为国内化肥出口提供了有利条件。

2、甲醇市场竞争状况分析

近年来,我国甲醇生产发展迅速,特别是近年来陆续建成了一系列大型生产装置,使得我国甲醇生产技术有了明显的提高。目前,我国共有 180 家大、中、小型甲醇生产企业,总产能约 290 万吨/年。但除了一些大中型生产厂之外,大多数装置采用联醇生产工艺,规模不到 1 万吨/年。

作为重要的基础有机原料,近年来我国甲醇消费量也迅速增长,1991 年消费量约为 80 万吨,1999 年则增长到 190 万吨以上,年均增长率达 14%。我国甲醇主要用于化学合成、燃料和溶剂,尤其是甲醇衍生物如二甲醚、甲基丙烯酸甲酯、丙烯酸甲酯等的发展,带动了甲醇消费量的迅速增长。

从市场价格来看,国内市场已与国际市场尤其是亚太市场实现了同步运转,国际市场对国内市场的影响日益明显。1996 年甲醇国际市场价格较低,我国进口量达 40 万吨;1997 年国际市场甲醇价格上涨,进口锐减,国内产量达到 174.3 万吨;1998、1999 年由于国际市场价格回落,我国甲醇进口量达到创纪录的 137 万吨,国内产量则降至 124.1 万吨[数据来源:《中国化学工业年鉴》(1999);《化工企业互联网》]。其间,国内甲醇市场价格随产量变化而波动,周期性特征明显。进入 2000 年,由于国际市场价格上涨(2000 年 7 月,进口报价达 170 美元/吨)、国内甲醇下游产品需求猛增,甲醇价格一直看涨。特别是二季度,南方地区甲醇售价为 1900 元/吨,最高价曾达 2300 元/吨,平均比年初上升 400－600 元/吨。

总之,今后相当长一段时间中我国甲醇市场仍将保持较为强劲的增长势头,作为重要的有机原料,衍生物生产仍将占有较大的市场份额。预计到 2002 年我国甲醇的市场需求将达到 250 万吨。在可预期的未来,中国甲醇市场供需将基本平衡。从价格上来看,国际市场价格变动对国内市场价格的影响传导很快。估计在我国加入 WTO 后,国内甲醇市场价格将完全与国际市场接轨。

3、自身的竞争优势

(1)质量、品牌优势

公司是山东省重要的氮肥生产基地之一,其主导产品—尿素、甲醇均获国家技术监督局"采用国际标准产品标志证书"。2000 年 1 月本公司质量管理体系通过了 ISO9002 质量体系认证,主导产品"友谊"牌尿素获中国方圆标志认证委员会产品质量认证证书、"山东省名牌产品"称号,并连续四年被山东省技术监督局评为产品质量免检产品,2001 年 3 月获得了国家质量技术监督局颁发的产品质量免检证书。公司依靠严格的生产管理保证了产品质量的可靠与稳定,也提高了产品在市场竞争中的优势,形成了市场信誉较高的品牌优势。

(2)技术、成本优势

公司近几年通过技术改造不断扩大尿素生产规模,目前已形成了 30 万吨/年的生产能力,已初步形成了规模效益。同时公司几年来持续的技术改造与创新,不仅使生产主流程全部实现计算机集散控制,也使资源、能源综合利用率大大提高。因此,公司在技术装备水平达到国内先进水平的同时,也大幅降低了生产成本。目前,尿素的单位完全成本控制在 900 元以下,该生产成本不仅在现时的市场条件下有较强的竞争能力,即便是在国际市场上也具有较强的市场竞争优势。

(3)管理优势

公司一直实行制度化管理,制定了全面可行的各项管理制度和管理目标。同时在管理上全面执行 ISO9002 质量管理体系,制定了六大体系一百四十多项内控制度,覆盖了公司所有的生产经营环节和所有部门,使公司在日常工作、购销、生产、技术、人资、财务等方面都有较为成熟和完善的程序、制度、方法。

(4)地域优势

公司地处冀鲁交界,周边是我国重要的农业生产基地。德州为石德线、京沪线的枢纽,公路、铁路运输便利,为公司产品畅销冀鲁、辐射东北三省及苏皖等地提供了有利的地理条件。

(5)营销服务优势

公司具有完善的营销网络、多年的营销经验和过硬的产品质量,并注意加强营销服务工作,建立了以生产、科研、营销部门中高级技术人员组成的农化服务队伍和技术服务队伍,形成了涵盖售前、售中、售后服务的服务体系,积极开展特色"农化服务"。凭借良好的产品质量、企业信誉、品牌优势以及周到实用的服务措施,使得公司的尿素在冀鲁一带、东北三省及苏皖地区均占有较好的市场份额,市场继续开拓的潜力很大。

(6)规模优势

公司目前已形成了 18 万吨合成氨、30 万吨尿素和 5 万吨甲醇的生产能力,具有相当的生产规模。公司本次发行股票募集资金拟投资的大氮肥装置国产化工程项目建成后,公司将形成 48 万吨合成氨、60 万吨尿素的生产能力,生产成本将进一步降低,形成较强的规模优势。

(7)环保优势

本公司积极执行国家的有关环保政策,在扩大生产规模的同时,积极开发能源的综合利用,先后投资 7000 多万元建成了污水生化处理装置、循环流化床锅炉装置、电除尘装置、硫回收装置和吹风气锅炉装置,最大限度地提高了资源、能源的利用程度,减少了污染物的产生量和排放量,通过了山东省环境保护局工业污染达标排放验收,并于 2000 年 12 月通过了 ISO14001 环境管理体系认证。总之,本公司具有较为突出的环保优势,实现了经济效益与社会效益的并重。

4、公司存在的竞争劣势

(1)现有生产能力的限制

目前,公司尿素产品的生产能力是 30 万吨/年,该生产能力在我国氮肥生产中属于中型氮肥企业,产品产量的提高受到其生产规模的限制。在市场形势明显好转的状况下,由于生产规模的限制,公司也不可能大幅度提高其生产能力,从而也不可能大幅度提高市场占有率。

(2)原料来源单一的制约

同国内其他中小氮肥生产企业一样,公司生产所需原料为白煤,因而原料来源比较单一,受到一定的限制。尤其是随着资源稀缺程度的逐步提高,价格将可能稳步上扬,公司如不及时调整原料路线,原料供给将可能出现不足的风险。

(3)产品结构相对集中

公司主营尿素、甲醇的生产与销售,产品结构相对集中,80%以上的收入来源于尿素销售。2000 年度尿素收入占当年主营业务收入的 83.18%,1999 年度的尿素收入占主营业务收入的 90.58%。产品结构相对集中使公司受化肥行业景气程度的影响更为突出。

5、市场销售状况

公司因其具有上述的种种优势,使其产品在全国尿素市场相对疲软的情况下,仍能连续 5 年产销率保持在 100%,货款回收率接近 100%,由此可预计公司尿素产品未来将具有良好的市场前景和市场开拓的潜力。

(四)发行人业务

1、主要业务的构成

本公司主要业务为尿素、甲醇的生产和销售。

本公司近三年的主营业务收入的构成如下表所示:

单位:万元

类别	2001 年度		2000 年度		1999 年度	
	金额	比例(%)	金额	比例(%)	金额	比例(%)
尿素	30,667	81.73	32,637	83.18	36,018	90.58
甲醇	6,856	18.27	6,600	16.82	3,743	9.41
其他	－－	－－	－－	－－	3.44	0.01
合计	37,523	100	39,237	100	39,765	100

2、主要产品的销售情况和产销率

本公司产品主要采用直销、代销、联销的销售方式,且本公司拥有自营进出口权。本公司本着以市场需求定价,以稳固市场占有率及追求利益最大化的定价原则,近年来产品产销率一直保持 100%。

本公司的主导产品尿素目前主要面向农业,以当地市场、苏皖市场、东北市场的农资公司、供销社为消费对象,主要销往以冀、鲁一带为主的当地市场、以江苏、安徽为主的苏皖市场和以东北三省为主的东北市场。本公司本着稳固三大主体市场,保持合理投放,控制市场占有率;积极开拓国内新的市场领域,保持提高出口份额,形成新的主体市场的销售战略。2001 年当地市场投放率为 57%,苏皖市场投放率为 13%,东北市场投放率为 19%。2001 年尿素的平均市场销售价格为 1082.62 元/吨。

本公司所产的甲醇作为一种重要的有机化工原料,销售基本面向石油化工生产企业,主要销售市场分布在河北、山东的当地市场,市场投放和销售率超过 70%。在甲醇的销售方面主要采取提高当地市场占有率,在南方市场、北方市场进行适度投放的营销战略。

3、主要产品的质量控制情况

本公司质量管理体系通过了 ISO9002 质量体系认证,主导产品尿素和甲醇获中国方圆标志认证委员会产品质量认证证书、并获得国家技术监督局"采用国际标准产品标志证书"。而且"友谊"牌尿素还获得"山东省名牌产品"称号,并连续四年被山东省技术监督局评为产品质量免检产品,2001 年 3 月获得了国家质量技术监督局颁发的产品质量免检证书。

本公司本着"产品追求用户首选"的原则,建立并实行内控制度,从基础管理、技术改造等方面不断提高产品质量,从过程控制、最终产品的检验和监督等方面对产品质量进行严格控制。

本公司主导产品尿素、甲醇从未出现过产品质量纠纷。

4、本公司主要客户及供应商的情况

(1)前 5 名供应商合计的采购额占年度采购总额的百分比

2001 年度本公司对外采购金额共计 12831 万元,前五名供应商情况如下:

单位:万元

单位名称	全年采购金额	占总采购金额的比例(%)
晋城市永恒发展有限公司	2,882.01	22.46
山西省沁水县侯村煤矿	2,136.61	16.65
沁水县加丰集运站	1,461.49	11.39
沁水县永安煤矿	1,409.74	10.99
德州瑞华化工建材贸易有限公司	1,145.82	8.93
合　计	9,035.67	70.42

(2)前 5 名客户的销售额占年度销售额的百分比

2001 年度本公司共实现主营业务收入 37523 万元,其中前 5 名客户的销售额及占年度销售额的比例情况如下表所示:

单位:万元

客户名称	销售额	占年度销售收入比例(%)
山东华鲁恒升集团有限公司	4,502.33	12.00
临清生资公司	1,286.43	3.43
武邑生资公司	1,241.41	3.31
陵县农资经营公司化肥分公司	1,092.03	2.91
陵县农资经营公司农资购销站	1,022.45	2.72
合　计	9,144.65	24.37

5、重要说明

本公司董事、监事、其他高级管理人员和核心技术人员及除山东华鲁恒升集团有限公司的其他关联方在上述供应商或客户中均不占有权益。2001 年度华鲁恒升集团为本公司最大的销售客户,根据本公司与华鲁恒升集团于 2001 年 4 月 10 日签署《CO、甲醇供应协议》,本公司向华鲁恒升集团提供甲醇、CO 等物资的服务;华鲁恒升集团向本公司支付价款。

(五)发行人的主要技术

1、本公司核心技术的来源

本公司生产尿素、甲醇所采用的核心工艺技术是原国家石油和化学工业局推广的氮肥生产路线。本公司在生产经营过程中通过对此路线的不断改造和完善,并开发了"生产过程 DCS 控制"技术、"合成氨、尿素自热平衡节能"技术、"氨网络回收"技术、"净化脱碳工艺"等十几项工艺技术,使本公司的生产成本进一步降低,也使公司的核心工艺技术在国内中小氮肥企业中处于领先地位。

2、本公司主导产品或业务及拟投资项目的技术水平

本公司主导产品尿素是采用国内通用的水溶液全循环工艺技术,通过公司多年改造和开发,目前处于国内同类装置领先水平。甲醇生产采用联醇生产工艺,轴向冷激甲醇合成塔,甲醇转化率高,单塔生产能力大,该技术目前处于国内领先水平。

本公司拟投资项目大型氮肥装置国产化工程采用先进的煤浆气化技术,扩大原料的适用范围,以资源丰富、价格低廉的烟煤取代无烟块煤,从而降低生产成本,提高产品市场竞争力。该项目将由中国华陆工程公司和中国寰球化学工程公司提供技术支持。本公司拟收购的 DMF 生产线是采用直接法工艺技术,该技术处于国内领先水平;甲醛生产线引进的是国外先进的铁钼法生产技术,产品质量可靠。

3、本公司知识产权、非专利技术的情况

本公司除拥有"友谊"(注册号:588477)和"丰利士"(注册号:804284)两商标外,没有其他知识产权、非专利专用技术等无形资产。本公司尿素和甲醇产品分别使用以上商标。

4、本公司使用他人的知识产权、非专利技术的情况

2001 年 5 月 26 日,本公司拟投资项目大型氮肥装置国产化工程项目的设计单位—中国华陆工程公司与华东理工大学签署了关于《多喷嘴对置式水煤浆或煤粉气化炉及其应用》(专利号 ZL98110616.1)的专利实施许可合同。华东理工大学同意中国华陆工程公司使用该专利技术,用于本公司该项目的建设,许可年限为 15 年,中国华陆工程公司作为受让方将向华东理工大学支付使用费 258 万元人民币。该技术实现工业化后,本公司将成为该专利技术工业化技术产权的拥有者。

本公司所有或使用的知识产权、非专利技术不存在纠纷或潜在纠纷

5、本公司研究开发情况

(1)本公司的研究开发机构设置

本公司设有技术发展部专门负责公司的研究开发工作。本公司目前共拥有研究开发人员 79 名,其中拥有高、中级技术职称的人员为 57 人,占研究开发人员的 72%;拥有大学以上学历的人员为 66 人,占研究开发人员的 84%。

(2)正在从事的项目及进展情况

本公司拟投资的大型氮肥装置国产化工程项目,为国内第一套全部采用国产技术和绝大部分国产化设备的大型氮肥项目。该项目采用先进的煤浆气化技术,使用廉价的粉烟煤为原料,将大大降低生产成本。公司目前正对该项目中的各项技术进行进一步的开发研究,最终形成自己

的专利和知识产权。

在甲醇的生产方面，本公司现已具备年产5万吨的生产能力，产品质量达到国际标准。本公司已与华鲁恒升集团签订了《资产收购协议》，收购华鲁恒升集团DMF、甲醛生产线，以大力发展技术含量高、附加值高的精细化工、有机化工系列产品，形成化工产业链。

公司目前正在从事的其他研究开发项目有：r－丁内脂项目，前期市场调研和技术调查的基础资料已经完成，准备开发5000吨/年的生产技术；四氢呋喃项目，前期市场调研和技术调查的基础资料已经完成，准备开发5000吨/年的生产技术。

九、同业竞争与关联交易

(一)同业竞争

本公司的实际控制人山东华鲁集团有限公司及其下属其他子公司主要业务及产品与本公司的主要业务与产品属不同类型，故本公司与实际控制人华鲁集团目前不存在从事相同、相似业务的情况，与本公司不存在同业竞争。

华鲁恒升集团及其下属子公司除德州国立农化服务有限公司(以下简称"国立农化")外，所从事的主要业务及产品与本公司属不同类型，故本公司与上述主体不存在同业竞争。国立农化主要从事复混肥的生产与销售，因复混肥与本公司尿素产品同为含氮元素的化学肥料，故本公司与国立农化之间目前存在同业竞争，但该同业竞争对本公司目前不构成实质性不利影响。

为了避免国立农化的生产经营对本公司构成新的竞争，本公司与控股股东及其他有关各方签署了《股权转让意向协议》。在上述股权转让行为如期履行后将有效地解决本公司与国立农化目前存在的同业竞争问题。

其他五家发起人的主营业务与本公司不属于同一类型，因此，不存在同业竞争。

(二)关联方及其关联关系

1、本公司的六家股东单位为公司的关联企业；

2、本公司母公司华鲁恒升集团下属六家参、控股子公司为公司的关联企业；

3、本公司的实际控制人山东华鲁集团有限公司是本公司的关联企业，本公司董事长兼任华鲁集团的董事长。

企业名称	与本公司关系
山东华鲁集团有限公司	本公司之实际控制人
山东东明石化集团有限公司	实际控制人之全资子公司
山东华鲁恒益贸易有限公司	实际控制人之控股子公司
山东华鲁宝隆经贸有限公司	实际控制人之控股子公司
华鲁集团有限公司(香港)	实际控制人之控股子公司
山东华鲁国际广告有限公司	实际控制人之控股子公司
山东华鲁电信有限公司	实际控制人之控股子公司
山东华鲁恒升集团有限公司	本公司之股东
鲁银投资集团股份有限公司	本公司之股东
山东德棉集团有限公司	本公司之股东
山东省化肥工业总公司	本公司之股东
山东省石油化工经贸集团总公司	本公司之股东
山东华鲁国际商务中心有限公司	本公司之股东
德州国立农化服务有限公司	同一母公司
德州民馨服务有限公司	同一母公司
德州大华实业有限公司	同一母公司
山东华鲁恒升集团德州热电有限责任公司	同一母公司
德州万丰化工有限公司	同一母公司
德州市通达运输有限公司	控股股东的参股子公司

4、公司董事监事、高级管理人员及核心技术人员在关联方单位任职的情况

姓名	在本公司任职情况	在关联方兼职情况
费云良	董事长	山东华鲁集团有限公司董事长、党委书记
杨振峰	董事、总经理	华鲁恒升集团董事
丛湘滋	董事	山东华鲁集团有限公司副总经理
赵胜利	董事	华鲁恒升集团董事、总经理
宋杰	董事、董事会秘书	无其他兼职情况
顾宗勤	独立董事	在关联方无任何兼职
丛吉滋	独立董事	在关联方无任何兼职
肖域斌	监事(职工代表)	无其他兼职情况
李绍磊	副总经理	无其他兼职情况
常怀春	副总经理	无其他兼职情况
李红	财务负责人	无其他兼职情况

在公司董事长费云良兼任实际控制人的董事长期间，股份公司独立运作情况良好。费云良严格遵照有关法律、法规和发行人公司章程的规定履行董事长的职责，在其任职期间没有发生过利用其任职关系损害发行人独立性的情形。

(三)关联交易协议及其内容

1、相关合同、协议

各关联方与本公司涉及的有关关联交易的内容、价格等事宜，已由本公司与华鲁恒升集团签订的《土地使用权租赁合同》、《房屋租赁合同》、《食堂服务协议》和《甲醇、CO供应协议》及《补充协议》，与山东华鲁恒升集团德州热电有限责任公司(以下简称"德州热电")签订的《供热协议》，与国立农化《尿素供应协议》及《补充协议》等协议予以确定。主要关联交易合同、协议内容如下：

(1)土地使用权租赁合同

本公司与华鲁恒升集团于2000年6月18日签署《土地使用权租赁合同》，根据该合同，本公司租用华鲁恒升集团以出让方式取得的位于德州市天衢西路24号院内的2宗、共计205669平方米的土地，租赁期限为20年；2010年前，该等土地的年租金为4元人民币/每平方米，2010年以后的租金由双方另行协商确定；如遇国家有关政策变化而对租金水平有较大影响时，由合同双方协商调整。

(2)房屋租赁合同

华鲁恒升集团与本公司于2001年4月10日签署《房屋租赁合同》，根据该合同，华鲁恒升集团租用本公司合法所有的位于德州市天衢西路24号"鲁德字103105号"房屋所有权证项下894平方米的房屋，租赁期限为3年；该等房屋租赁之租金为每平方米每月10元人民币。

(3)食堂服务协议

本公司与华鲁恒升集团于2001年4月10日签署《食堂服务协议》，根据该协议，华鲁恒升集团向本公司提供职工食堂的餐饮服务；为该等服务，本公司向华鲁恒升集团支付价款；华鲁恒升集团提供该等服务的价格不高于当时的市场价格；该协议有效期3年。

(4)供热协议

本公司与德州热电于2000年6月8日签署《供热协议》，根据该协议，德州热电向本公司供热；本公司按德州市物价局规定的价格向德州热电支付价款；该协议有效期3年。

(5)供应协议

A、本公司与华鲁恒升集团于2001年4月10日签署《甲醇、CO供应协议》，根据该协议，本公司根据华鲁恒升集团每月提交的订购清单向华鲁恒升集团供应甲醇、CO，华鲁恒升集团为该等供应向本公司支付价款。2001年8月16日，双方签署了《甲醇、CO供应协议之补充协议》，双方约定供应产品的单价按供应该等产品当时的市场价格执行。本公司与华鲁恒升集团就供应产品进行价款结算时系按该等供应产品当时的市场价格进行结算。本公司在收购DMF和甲醛生产线后，将不再向华鲁恒升集团销售甲醇和CO。

B、本公司与国立农化于2001年4月10日签署《尿素供应协议》，根据该协议，本公司根据国立农化每月提交的订购单向国立农化供应尿素，国立农化为该等供应向本公司支付价款，2001年8月16日，双方签署了《尿素供应协议之补充协议》，双方约定供应产品的单价按供应该等产品当时的市场价格执行。本公司与华鲁恒升集团就供应产品进行价款结算时系按该等供应产品当时的市场价格进行结算。

(6)服务协议

本公司与德州万丰化工有限公司("万丰化工")于2000年4月26日签署《服务协议》，根据该协议，本公司向万丰化工提供供电、供醇、供应液氨、一氧化碳及物资材料的服务；万丰化工向本公司支付价款，支付价款适用国家定价或市场价格加供应费用；该协议已于2000年12月31日后终止。终止原因为万丰化工的DMF和甲醛生产线已被华鲁恒升集团收购，不再需要上述服务。

(7)担保合同(截止2001年12月31日)

A、由山东华鲁恒升集团德州热电有限责任公司提供担保的长短期借款

借款单位	金额	期限	年利率
工商银行德州市分行	2,000,000.00	2001.08.28－2002.08.27	6.435%
工商银行德州市分行	2,500,000.00	2001.09.21－2002.09.20	6.435%
工商银行德州市分行	3,900,000.00	2001.09.29－2002.09.28	6.435%
工商银行德州市分行	3,500,000.00	2001.10.30－2002.10.29	6.435%
工商银行德州市分行	4,270,000.00	2000.12.22－2002.12.18	6.534%
工商银行德州市分行	8,000,000.00	2001.04.27－2002.04.23	6.435%
农业银行德州市分行	4,000,000.00	2001.04.03－2002.04.01	7.605%
建设银行德州市分行	20,000,000.00	2000.06.30－2002.06.30	6.534%
农业银行德州市分行	10,000,000.00	2000.12.22－2002.11.29	7.722%
小　计	58,170,000.00		

B、由山东华鲁恒升集团有限公司提供担保的借款

借款单位	金额	期限	年利率
建设银行德州市分行	15,000,000.00	2002.03.27－2003.03.27	5.841%
建设银行德州市分行	35,000,000.00	2001.07.31－2002.07.30	6.435%
德州市城市信用社	20,000,000.00	2001.12.30－2002.06.30	6.696%

C、由山东华鲁集团有限公司提供担保的借款

本公司拟投资的大型氮肥装置国产化工程项目，根据资金筹措计划，项目建设需要申请银行贷款98000万元，国家全额贴息1年。中国建设银行山东省分行于2001年10月24日出具了贷款承诺书[编号(2001年)第03号]，同意承诺该项目固定资产贷款6.5亿元(人民币)，且该承诺书下的固定资产贷款在两年内有效；招商银行济南分行于2001年10月31日出具了贷款承诺书[编号(2001年)第1号]，该承诺书同意本公司大氮肥项目固定资产贷款3.3亿元(人民币)且该承诺书有效期为1年。山东华鲁集团有限公司分别为中国建设银行和招商银行出具了不可撤销的借款担保函，并分别承担连带保证责任。

2、关联交易的具体情况

根据山东乾聚有限责任会计师事务所乾聚审字[2002]96号《审计报告》，本公司与关联方的关联交易情况如下：

(1)1999－2001年关联交易对其财务状况和经营成果的影响

销售货物　　单位：元

项目	销售金额	主营业务收入	占营业收入的比例(%)
2001年度	71,591,922.17	375,230,569.24	19.08%
2000年度	43,899,339.10	392,368,537.85	11.19
1999年度	9,209,696.77	397,652,925.74	2.32

注：2000年度关联交易上升的原因是甲醛和复混肥产量大幅度增加，甲醛同比增加了129%，复混肥同比增加了274%，导致对甲醇和尿素需求大幅度增加；同时因DMF生产线于2000年10月建成投产，在增加了甲醇需求的同时，还新增加了CO的需求；2001年度上升的原因是DMF正常投产，2001年度产量比2000年增加了4倍多，导致甲醇的需求量大幅度上升，同时还增加了CO的需求量。产量大幅度增加。

采购货物　　单位：元

项目	采购金额	主营业务成本	占营业成本的比例(%)
2001年度	9,209,877.66	307,986,424.82	2.99
2000年度	10,961,345.16	311,824,191.51	3.51
1999年度	23,665,850.55	301,405,819.53	7.85

(2)关联交易的内容

①销售货物

A、向德州万丰化工有限公司销售甲醇(不含税价格)

单位：元

项目	销售数量(吨)	单价	销售金额	占甲醇销售收入(%)
2000年度	17379.17	1473.84	25,614,034.28	38.80
1999年度	5,692.5	1089.27	6,200,646.36	16.56

注：2000年度关联交易大幅度上升的原因为甲醛产量大幅度增加，甲醛同比增加了129%；同时因DMF生产线于2000年10月建成投产，二者合计导致甲醇需求增加了205%，同时还新增加了CO的需求；

B、向华鲁恒升集团销售甲醇(不含税价格)

单位：元

项目	销售数量(吨)	单价	销售金额	占甲醇销售收入(%)
2001年度	34870.26	1291.17	45,023,269.91	65.67

C、向德州国立农化服务公司销售尿素(不含税价格)

单位：元

项目	销售数量(吨)	单价	销售金额	占尿素销售收入(%)
2001年度	3790.0	951.20	3,605,035.39	1.18
2000年度	4316.5	958.86	4,138,902.65	1.27
1999年度	1153.0	1119.22	1,290,460.18	0.36

经本公司股东大会表决通过，以上关联交易按市场价格定价。

②采购货物

本公司向德州热电有限责任公司采购蒸汽：

单位：元

项目	采购数量(GJ)	单价	采购金额	占年度购汽比例(%)
2001年度	424,614.00	21.69	9,209,877.66	100
2000年度	505,364.00	21.69	10,961,345.16	100
1999年度	1,091,095.00	21.69	23,665,850.55	100

经本公司股东大会表决通过，该项关联交易的定价政策为本公司按德州市物价局规定的价格向德州热电支付价款。

③接受劳务

本公司接受德州大华实业有限公司劳务：

单位：元

项目	金额	占同类业务比例(%)
2000年度	61,744.87	100
1999年度	1,438,848.36	100

经本公司股东大会表决通过，该项关联交易的定价政策适用国家定价(《全国统一安装工程预算定额山东省价目表》)。

④土地使用权租赁

根据本公司与华鲁恒升集团于 2000 年 6 月 18 日签订《土地使用权租赁合同》之约定，本公司向华鲁恒升集团支付土地租赁费。

	单价(元/平方米＊年)	金额(元)
2001 年度	4	822,678.08
2000 年度	4	548,450.71

经本公司创立大会表决通过，该项关联交易的定价政策为以该宗土地评估价值为基础的双方协商定价。

⑤垫款事项

本公司设立时，根据《发起人协议》，山东华鲁恒升集团有限公司将德州市财政局 541 万元(用于化肥生产经营)财政周转金的债务重组进入本公司。但由于德州市财政局已取消财政周转金的拨付业务而未能对华鲁恒升集团的财政周转金帐户进行相应调整，经本公司、德州市财政局和华鲁恒升集团三方协商一致，同意上述债务仍由华鲁恒升集团通过其财政周转金帐户归还财政局，再由发行人归还华鲁恒升集团，从而形成华鲁恒升集团为本公司垫款。截止于 2001 年 6 月 30 日，本公司已将上述款项全部归还华鲁恒升集团。

3、有关关联交易合同的签订情况

本公司目前已经签订并还在继续执行的合同有：本公司与华鲁恒升集团签订的《土地使用权租赁合同》、《房屋租赁合同》、《食堂服务协议》和《甲醇、CO 供应协议》及《甲醇、CO 供应协议之补充协议》，与德州热电签订的《供热协议》，与国立农化《尿素供应协议》及《尿素供应协议之补充协议》。以上合同目前仍然有效，除《甲醇、CO 供应协议》和《甲醇、CO 供应协议之补充协议》外，在有效期满后，将可能续签。

本公司与华鲁恒升集团于 2001 年 1 月 7 日签署了《资产收购协议》、与华鲁恒升集团、山东省化肥工业总公司、德州市华通实业总公司于 2001 年 8 月 28 日签署了《股权转让意向协议》尚未执行。

(四)发行人律师、主承销商对所披露的关联方、关联关系、关联交易是否存在损害本公司及中小股东利益、决策程序是否合法有效所发表的意见

1、发行人律师对所披露的关联方、关联关系、关联交易是否存在损害本公司及中小股东利益、决策程序是否合法有效所发表的意见

经合理查验，本所律师未发现发行人正在执行的相关关联交易合同和/或协议所列之交易条件存在损害发行人及发行人中除关联股东以外其他股东利益的内容；为维护发行人以及发行人中除关联股东以外其他股东的利益，发行人正在执行的关联交易合同或/和协议均已经发行人股东大会在关联股东回避表决的情况下审议通过，且发行人已将上述关联交易在其为本次公开发行股票而在补充法律意见书出具日前编制的《招股说明书》中进行了充分披露。

2、主承销商对所披露的关联方、关联关系、关联交易是否存在损害本公司及中小股东利益、决策程序是否合法有效所发表的意见

经对公司存在的关联方、关联关系、关联交易的调查认为，公司关联交易符合市场交易的公允性原则，不存在损害发行人及中小股东利益的情形，决策程序合法有效。

本公司提醒投资者，如需了解有关关联方、关联关系和关联交易的详细情况，请查阅招股说明书全文。

十、董事、监事、高级管理人员与核心技术人员

(一)本公司董事、监事、高级管理人员与核心技术人员的简历

费云良：中国国籍，男，1950 年出生，大学学历，山东省政协常委、中国国际商会山东商会副会长。1970 年参加工作，曾任山东省人民政府办公厅处长、副主任，山东省人民政府副秘书长、山东华鲁集团有限公司董事长兼总经理等职务，现任山东华鲁恒升化工股份有限公司董事长，兼任山东华鲁集团有限公司董事长、党委书记。

杨振峰：中国国籍，男，1959 年出生，大学学历，高级工程师，山东省"富民兴鲁"劳动模范。1996 年 6 月任华鲁恒升集团副总经理，1999 年 10 月华鲁恒升集团副董事长、总经理。现任山东华鲁恒升化工股份有限公司董事、总经理，兼任华鲁恒升集团董事。其开发的"氨网络回收技术在中压氨洗的应用"获山东省化工科技进步三等奖；"精细化管理法"获山东省化工管理现代化优秀成果二等奖。

丛湘滋：中国国籍，男，1947 年出生，大学学历，高级会计师。曾任山东省威海市财政局副局长、局长等职务。现任山东华鲁恒升化工股份有限公司董事，兼任山东华鲁集团有限公司副总经理。

赵胜利：中国国籍，男，1950 年出生，大学文化，经济师。历任车间主任、车间党支部书记、经营副厂长、党委委员等职。现任山东华鲁恒升化工股份有限公司董事，兼任华鲁恒升集团董事、总经理。

宋　杰：中国国籍，男，1969 年出生，大学学历，会计师。1991 年参加工作，历任山东省国有资产管理局办事员、科长等职务，现任山东华鲁恒升化工股份有限公司董事兼董事会秘书，无兼任职务。

顾宗勤：本公司独立董事，中国国籍，男，1955 年出生，大学学历，教授级高工。1982 年参加工作，曾任化学工业部规划院化肥处副处长、院长助理、副院长，现任国家化工规划院院长，中国石油和化学工业协会常务理事、中国化工学会常务理事、中国无机盐协会副理事长。

丛吉滋：本公司独立董事，中国国籍，男，1942 年出生，大学学历，高级会计师。1967 年参加工作，历任山东省莒县财政局会计、临沂市财政局科长、山东省财政厅处长、副厅长等职务，现任山东省注册会计师协会副会长。

许延城：中国国籍，男，1957 年出生，大学学历。1976 年参加工作，曾任济南市粮食局会计、山东省财政厅主任科员、副处长，现任山东华鲁恒升化工股份有限公司监事会召集人，兼任山东华鲁集团有限公司总经理助理、财务部总经理。

肖域斌：中国国籍，男，1948 年出生，助理工程师。1968 年参加工作，历任车间主任、厂长助理、劳动人事处处长、监事会监事等职。现任山东华鲁恒升化工股份有限公司监事会监事、工会主席等职，无兼职情况。

倪守民：中国国籍，男，1962 年出生，大学学历。1984 年参加工作，曾在山东省人民政府办公厅农业室、调研室、农村经济开发办公室、外管办、综合处工作，历任办事员、科长、副处长等职务。现任山东华鲁恒升化工股份有限公司监事会监事，兼任山东华鲁集团有限公司办公室总经理、。

李绍磊：中国国籍，男，1958 年生，大学学历，高级工程师，曾获德国卡尔·杜伊斯·贝尔格基金会奖学金。历任设计室主任、总工程师、副总经理等职。现任山东华鲁恒升化工股份有限公司副总经理，是公司核心技术人员，无兼职情况。其开发的 MHD 产品获 1997 年山东省科技进步三等奖、URPS 模拟软件获 1998 年山东省科技进步二等奖。

常怀春：中国国籍，男，1967 年出生，大学学历，高级工程师。历任设计室主任、造气车间主任、华鲁恒升集团副总经理等职务。现任山东华鲁恒升化工股份有限公司副总经理，是公司核心技术人员，无兼职情况。其开发的精细化管理法获 2000 年山东省化工管理现代化优秀成果二等奖。

李　红：中国国籍，女，1955 年出生，大学文化，高级会计师。历任华鲁恒升集团财务处长、副总经理、财务负责人等职。现任山东华鲁恒升化工股份有限公司财务负责人兼财务部部长。无其他兼职情况。

(二)本公司董事、监事、高级管理人员与核心技术人员的持股情况

本公司的董事、监事、高级管理人员和核心技术人员在本次发行前：

1、未持有本公司股份及未由其授权或指示他人代其持有股份；

2、其家属未持有本公司股份；

3、本公司的六家发起人中没有本公司董事、监事、其他高级管理人员和核心技术人员或其近亲属直接或间接控制的公司，因此不存在间接持有本公司股份的情况；

4、未持有本公司关联企业的股份。

十一、发行人的公司治理结构

本公司于 2000 年 4 月 25 日召开山东华鲁恒升化工股份有限公司创立大会暨第一次股东大会，通过了公司章程，选举了公司董事会、监事会成员；2001 年 1 月 6 日召开了 2001 年度第一次临时股东大会，审议通过了公司章程(修订案草案)；并于 2001 年 4 月 10 日召开的 2000 年度股东大会，通过了《关于修改公司章程及章程修订案草案及股东大会议事规则》的议案，从而初步建立起符合股份有限公司上市要求的公司治理结构。

按照中国证监会证监发[2001]102 号《关于在上市公司建立独立董事制度的指导意见》的规定，经 2002 年 4 月 25 日召开的公司 2001 年度股东大会审议通过，聘任顾宗勤、丛吉滋为公司独立董事，并建立了独立董事制度。

公司先后对股东会、董事会、监事会、董事会秘书和经营管理层的职权和议事规则等进行了具体规定并进行了修订。公司成立以来，上述机构依法独立运作，享有各自的权利和履行各自的义务，未出现违法违规现象。

(一)关于公司股东、股东大会

公司股东为依法持有公司股份的人。股东按其所持股份的种类享有权利，承担义务；持有同一种类股份的股东，享有同等权利，承担同种义务。

公司章程规定股东大会是公司的权力机构并依法行使决定经营方针和投资计划；选举和更换董事，决定有关董事的报酬事项；审议批准公司的年度财务决算方案、预算方案等《公司法》所规定的权利。

(二)关于公司董事会

公司董事会由七名董事组成，其中独立董事两名，设董事长一人，副董事长一人。

董事会为自然人，董事无需持有公司股份。董事由股东大会从董事会或持有公司有表决权股份总数百分之五以上股东提名的侯选人中选举产生或更换。董事任期三年。董事任期届满，可连选连任。董事在任期届满以前，股东大会不得无故解除其职务。董事应当遵守法律、法规和公司章程的规定，忠实履行职责，维护公司利益。当其自身利益与公司和股东的利益相冲突时，应当以公司和股东的最大利益为行为准则。

董事会每年至少召开两次会议，由董事长召集，于会议召开十日以前书面通知全体董事。董事会会议可采取书面表决方式或举手表决方式，每名董事有一票表决权。董事会负责召集股东大会，并向大会报告工作；执行股东大会的决议；决定公司的经营计划和投资方案；并在股东大会授权范围内，决定公司的风险投资、资产抵押及其他担保事项；决定公司管理机构的设置；聘任或者解聘公司总经理、董事会秘书，根据总经理的提名，聘任或者解聘公司副总经理、财务负责人及其他高级管理人员，并决定其报酬事项和奖惩事项。

董事会会议对关联交易进行表决时，关联方董事不应当参加表决。

公司聘任了独立董事两名，并建立了独立董事制度。

(三)关于公司监事会

公司监事会由三名监事组成，设监事会召集人一名。

监事会是依法设立的监督机构，对股东大会负责并报告工作。监事会行使下列职权：检查公司的财务；对公司董事、总经理和其他高级管理人员执行公司职务时违反法律、行政法规或者公司章程的行为进行监督；当公司董事、总经理和其他高级管理人员的行为损害公司的利益时，要求前述人员予以纠正，必要时向股东大会或国家有关主管机关报告；提议召开临时股东大会；列席董事会会议，并拥有本章程规定或股东大会授予的其他职权。

监事会每年至少召开两次会议。

(四)关于公司经营管理机构

公司设总经理一名、副总经理二名、财务负责人一名，由董事会聘任或者解聘。董事可受聘兼任总经理、副总经理或其他高级管理人员，但兼任总经理、副总经理或者其他高级管理人员职务的董事不得超过公司董事总数的二分之一。

总经理应当根据董事会批准的年度生产经营计划并在不超过公司净资产额 10% 的范围内运用公司资金、资产及对外签定重大合同。总经理应根据董事会或者监事会的要求，向董事会或者监事会报告公司重大合同的签定、执行情况、资金资产运用情况、投资情况和盈亏情况。

经理层每年召开二次会议，第一次经理层会议于每年二月底或三月初召开，第二次经理层会议于每年八至九月召开。经理层会议参加人员包括总经理、副总经理、各事业部总经理、各子公司总经理、各分公司总经理、公司有关部门负责人。经理层会议实行民主协商，总经理负责的制度。

(五)重大生产经营决策程序和规则

重大生产经营决策的范围：凡对本公司现在、将来的生产经营过程及以后的结果产生较大影响的各种事件，包括：公司的各项重大新建、改扩建、技术改造项目、营销战略的重大调整、财务决策、公司对外的重大投资、融资、公司收购兼并、租赁经营、公司重大资产重组及高级管理人员的选择、考评、激励和约束机制等。

1、各主管副总、财务负责人根据所负责管理范围及公司近期、远期发展的规划与需要提出拟实施项目的书面建议或初步方案并提报总经理；

2、总经理接到建议或方案后结合公司的实际情况组织各相关人员进行论证并得出初步结论；

3、对初步论证通过的建议或项目，由总经理组织各专业人员对此展开全面的调研与论证；

4、各专业人员对所负责的工作完成并得出本专业方面的结论送交总经理；

5、总经理在收到各专业方面的结果后，组织副总经理、财务负责人及主要专业人员进行综合论证并得出最终结论，项目、方案提出部门编写项目可行性研究报告；

6、总经理对其已通过的项目可行性研究报告在不超过公司净资产额 10% 的范围内进行决策并组织实施；对超越其权限范围内的提交董事会审议；

7、董事会对有关可行性研究报告进行审议并在不超过公司净资产额 25% 的权限范围内作出决议后交总经理执行；对超过权限的提交股东大会审议；

8、董事会对其无法作出决定的事项可以按公司章程规定，组织召开临时股东大会或提交年度股东大会审议，由股东大会作出决议后交总经理具体实施。

以上决策程序和规则如与股东大会、董事会、监事会、经营管理层的议事规则发生矛盾或冲突时，以后者为准。

(六)对高级管理人员的选择、考评、激励和约束机制

1、选择机制

根据公司实际情况和未来发展需要和《公司章程》的规定，遵循"德、才、智、体"并举的原则综合考虑选择，由董事会聘任，任期一般为三年。本公司选择高级管理人员主要考虑内部选拔和外部招聘两种方式。

2、考评机制

根据公司的《管理激励措施》，由董事会按年度对公司高级管理人员的业绩和履职情况进行考评，根据考评结果决定下一年度的薪酬、岗位安排以及是否继续聘用等。

3、激励和约束机制

本公司根据《管理激励措施》对高级管理人员进行激励和约束，以考评结果确定其年薪。此外，本公司还注意物质激励与精神激励相结合，经常性、综合性激励与一事一议性的特别激励相

结合。在物质激励上,合理控制奖励档次,适当拉开奖励差距。在对高级管理人员的约束机制上,本公司坚持把任期经营目标约束、制度约束、法规约束和员工监督结合起来。

(七)公司管理层对公司内部控制制度的自我评估意见

本公司自成立以来,全面贯彻 ISO9002 质量管理体系,共制定完成六大体系一百四十多项内控制度,覆盖了公司所有部门和生产经营环节,主要包括:日常工作管理、购销、生产、技术、人资、财务等方面,使公司在经营运作中实现了制度化控制和管理。经过一年的实际运作,各项内控制度对公司的生产经营均起到了很大作用,具有完整性、合理性和有效性。

山东乾聚有限责任会计师事务所已对本公司内控制度的完整性、合理性和有效性进行了核查,出具了乾聚专审字[2002]35 号内部控制审核报告,认为:本公司按照控制标准于 2001 年 12 月 31 日在所有重大方面保持了与会计报表编制相关的有效的内部控制。

十二、主要财务会计信息

(一)财务报表的编制基准及注册会计师意见

本公司成立于 2000 年 4 月 26 日,至 2001 年 12 月 31 日止运行不足三年。

山东华鲁恒升集团有限公司已于本公司设立之日起将其于资产评估基准日(即 2000 年 3 月 31 日)拥有的与化肥生产相关的经营性净资产折股投入本公司。评估基准日至本公司设立日期间所产生的利润归属华鲁恒升集团。

因此,本公司设立前会计期间的申报财务报表,是以《改制重组方案》确定的公司架构为前提,以实际发生的交易或事项为依据,以历史成本计价原则和收入与相关成本费用配比原则为编制基础经过剥离调整编制的。本公司设立后的会计报表是以本公司会计记录为基础进行编制的。报告期间内,同一帐项在各会计期间或时点采用的剥离调整方法保持一致,会计处理方法前后期一致。

本公司近三年的财务会计资料已聘请了山东乾聚有限责任会计师事务所进行审计,并出具了标准的无保留意见的审计报告(乾聚审字[2002]96 号)。

本公司没有对外投资,因此不需要编制合并会计报表。本公司经审计后的 2000 年 12 月 31 日、2001 年 12 月 31 日的资产负债表和 1999 年度、2000 年度及 2001 年度的利润表和 2000 年 5 - 12 月份、2001 年度的现金流量表如下。以下所引数字,非经特殊说明,均引自上述《审计报告》。

投资者如需详细了解本公司最近三年的财务状况、经营成果和现金流量情况,请查阅招股说明书附录一。(附后)

(二)报告期重要财务信息

1、经营业绩

(1)销售收入、盈利水平变化趋势及原因

单位:人民币万元

项　目	2001 年度	2000 年度	1999 年度
主营业务收入	37,523.06	39,236.85	39,765.29
主营业务利润	6,534.77	7,977.59	9,609.76
其他业务利润	665.41	71.81	41.53
营业费用	430.82	446.69	567.41
管理费用	1,465.49	1,703.11	1,946.75
财务费用	839.36	779.34	92.76
营业利润	4,464.51	5,120.25	7,044.36
利润总额	4,472.57	5,146.52	7,044.36

本公司主业突出,利润主要来源于主营业务利润,各年主营业务利润的变动主要受各年毛利率及产销量的变动影响。2001 年度其他业务利润较 2000 年有较大增长的主要原因是一氧化碳销售的变动所致。2000 年度营业费用较 1999 年度降低的主要原因为原由本公司承担的尿素铁路运输费用改由客户负担所致。2000 年度管理费用较 1999 年度降低的主要原因为本公司按部门预算严格控制各项费用开支所致。1999 年度财务费用较低的主要原因为 1999 年度贷款利率降低及偿还借款致使利息支出减少,同时 1999 年度公司还取得国家财政贴息收入 483.2 万元。

(2)主营业务收入的主要构成

单位:人民币元

项　目	2001 年度	2000 年度	1999 年度
尿素收入	306,665,751.81	326,370,954.13	360,184,455.45
其中:出口收入	34,545,893.84	22,177,466.47	-
甲醇收入	68,564,817.43	65,997,583.72	37,434,029.29
副产品收入	-	-	34,441.00
合　计	375,230,569.24	392,368,537.85	397,652,925.74

注 1、为了分析毛利率的变动,将由于免征增值税原因对毛利率的因素影响扣除。1999 年 - 2000 年尿素产品毛利率下降原因主要为尿素价格下降所致,2001 年毛利率下降原因主要为尿素价格下降及成本上升所致(收入、价格和成本分析见管理层作出的财务分析)。

注 2、1999 年度尿素收入中包含免征增值税形成的收入 41,777,680.71 元;2000 年度尿素收入中包含免征增值税形成的收入 26,665,123.07 元;2001 年度尿素收入中包含免征增值税形成的收入 10,752,392.45 元。

(3)适用的所得税率及享受的主要财政税收优惠政策

A、所得税

单位:人民币元

项　目	2001 年度	2000 年 5 - 12 月
利润总额	44,725,657.83	33,063,141.38
纳税调整额	579,910.88	377,152.46
其中:资产准备	-7,436.60	36,677.83
营业外支出—罚款	910.00	960.00
评估增值多提折旧	582,025.08	339,514.63
营业外支出 - 其他	4,412.40	
应纳税所得额	45,305,568.71	33,440,293.84
所得税税率	33%	33%
所得税	14,950,837.67	11,035,296.97
扣除资源综合利用项目免税	3,800,000.00	
应交所得税	11,150,837.67	

注:(1)本公司执行 33%所得税率,根据财政部、国家税务总局财税字[1997]001 号《关于企业所得税若干优惠政策的通知》的有关规定,经山东省经济贸易委员会鲁经贸资字[2000]613 号文件《关于认定中国石化集团济南炼油厂等 53 家企业为资源综合利用企业(项目)的通知》认定,我公司主发起人华鲁恒升集团前身德州恒升化工(集团)有限公司为资源综合利用企业;经山东省经济贸易委员会鲁经贸资函字[2001]8 号文《关于德州恒升化工(集团)有限公司更名的批复》,确定山东华鲁恒升化工股份有限公司仍被认定为资源综合利用企业,继续享受资源综合利用企业称号和有关优惠政策。资源综合利用项目为吹风气锅炉和循环流化床锅炉以造气炉渣、造气飞灰、吹风气、驰放气为原料生产蒸汽和电力。此政策将继续执行到 2002 年 7 月 11 日。根据山东省地税局鲁地税函[2001]131 号文,德州市地税局[2001]49 号文《关于对山东华鲁恒升化工股份有限公司免征企业所得税的批复》,本公司符合资源综合利用企业免税条件,同意对本公司资源综合利用项目实现的所得税给予免征。本公司获得 2000 年度所得税减免 380 万元。此减免依据为公司成立后资源综合利用项目所产生的效益。由于本公司 2000 年度所得税已经汇算清缴完毕,德州市地税局同意本公司在 2001 年进行帐务处理,抵减 2001 年的所得税,本公司已按规定进行了帐务处理。

(2)本公司2000年1—4月实现利润总额为18,402,020.84元,调整后应纳所得税为 6,047,757.88 元;1999 年度所得税是按应纳税所得额和法定所得税率 33%计算确定。

B、所享受的主要财政税收优惠政策

根据《财政部、国家税务总局关于对若干农业生产资料征免增值税问题的通知》[财税字(1998)78 号文]的规定:原生产碳酸氢氨、普通过磷酸钙、钙镁磷肥产品的小化肥生产企业改产生产的尿素、磷铵和硫酸铵自 1998 年 1 月 1 日起至 2000 年 12 月 31 日免征增值税。1998 年度、1999 年度及 2000 年度,本公司销售尿素产品免征增值税;根据财政部、国家税务总局财税字[2000]69 号文《关于小化肥企业改产尿素等产品征收增值税问题的通知》的规定,本公司 2000 年 5 月 10 日后销售的原年设计生产能力内生产的尿素产品免征增值税。

根据财政部、国家税务总局财税明电[2000]6 号《关于延续若干增值税免税政策的通知》的规定,在新的政策文件下发前,2001 年公司继续享受上述优惠政策。

根据 2001 年 7 月 25 日财政部下发的《关于若干农业生产资料征免增值税政策的通知》(财税[2001]113 号):对生产销售的尿素统一征收增值税,并在 2001、2002 年实行增值税先征后退的政策,2001 年对征收的税款全额退还,2002 年退还 50%,自 2003 年起停止退还政策;对原征收增值税的尿素生产企业生产销售的尿素实行增值税先征后退政策从 2001 年 1 月 1 日起执行;对原免征增值税的尿素生产企业生产销售的尿素,恢复征收增值税和实行先征后退政策自 2001 年 8 月 1 日起执行。根据该文件的规定,本公司 2001 年 1 - 7 月销售尿素产品(超过原设计生产能力的部分)已上缴的增值税,将实行全额返还的政策;本公司自 2001 年 8 月 1 日起销售的全部尿素产品将实行先征后返的政策。

C、应收出口退税

截至 2001 年 12 月 31 日,本公司应收出口退税 646,225.48 元。

应收出口退税为本公司尿素产品出口所形成的出口退税。根据《出口货物退(免)税若干问题规定》"财税字[1995]92 号"及《山东省国家税务局关于出口退税若干问题的通知》"鲁国税函[2001]270 号"的规定,本公司执行先征后退的出口退税政策,尿素的出口退税率为 13%。当期应退税额 = 当期出口货物离岸价 × 外汇人民币牌价 × 退税率。2001 年计算的应退税额 4,490,966.20 元(2001 年自营出口收入 34,545,893.84 × 退税率 13%),2000 年的出口退税额 709,197.06 元(2000 年度自营出口收入 5,455,362.00 × 退税率 13%),合计形成应收出口退税 5,200,163.26 元。本公司已于 2001 年 6 月 14 日和 2001 年 9 月 26 日分别收到德州市国家税务局退还的出口退税款 709,197.06 元和 3,844,740.72 元,尚余 646,225.48 元应收补贴款为 2001 年 10 月份出口尿素收入 4,970,965.23 元的应收退税款。

2、主要资产

(1)主要固定资产情况

单位:人民币元

	2000 - 12 - 31		2001 - 12 - 31	
	原　值	累计折旧	原　值	累计折旧
房屋建筑物	99,807,141.62	30,267,451.14	100,429,081.27	34,129,166.65
机器设备	432,746,908.87	182,265,490.81	466,061,032.98	211,575,206.52
运输设备	6,551,428.00	1,600,906.26	7,904,886.00	2,452,747.24
电子设备	1,063,106.42	972,666.77	1,357,702.74	1,143,856.87
合　计	540,168,584.91	215,106,514.98	575,752,702.99	249,300,977.28
固定资产净值	325,062,069.93		326,451,725.71	

期末固定资产无对外抵押、担保情况。

固定资产折旧采用直线法。预计净残值率、分类折旧年限、年折旧率如下:

固定资产类别	残值率	折旧年限(年)	年折旧率
房屋建筑物	3%	25 - 30	3.23 - 3.88%
机器设备	3%	10 - 14	6.93 - 9.70%
运输设备	3%	8	12.13%
电子设备	3%	5	19.40%

(2)在建工程

截至 2001 年 12 月 31 日余额为 220,000.00 元。

(3)对外投资情况

截止 2001 年 12 月 31 日,本公司无对外投资。

(4)有形资产

截止 2001 年 12 月 31 日,扣除无形资产、待摊费用和长期待摊费用后,期末本公司有形资产净值为 447,242,162.03 元。

3、主要债项

截止 2001 年 12 月 31 日,本公司的负债合计为 274,571,892.62 元,全部为流动负债。主要债项列示如下:

(1)短期借款

截至 2001 年 12 月 31 日余额为 93,900,000.00 元。

借款单位	2001 - 12 - 31	年利率	期限	备注
德州市建设银行	15,000,000.00	6.435%	2001.03.29 - 2002.03.27	担保
德州市建设银行	35,000,000.00	6.435%	2001.07.31 - 2002.07.30	担保
德州市农业银行	4,000,000.00	7.605%	2001.04.3 - 2002.04.01	担保
德州市工商银行	2,000,000.00	6.435%	2001.08.28 - 2002.08.27	担保
德州市工商银行	2,500,000.00	6.435%	2001.09.21 - 2002.09.20	担保
德州市工商银行	3,900,000.00	6.435%	2001.09.29 - 2002.09.28	担保
德州市工商银行	3,500,000.00	6.435%	2001.10.30 - 2002.10.29	担保
德州市工商银行	8,000,000.00	6.435%	2001.04.27 - 2002.04.23	担保
德州市城市信用社	20,000,000.00	6.696%	2001.12.30—2002.06.30	担保
合　计	93,900,000.00			

注:本年度内无到期未偿还的短期借款。截止审计报告日已偿还到期短期借款 27,000,000.00 元,提前偿还德州市城市信用社短期借款 20,000,000.00 元。

(2)应付票据

截至 2001 年 12 月 31 日余额为 14,000,000.00 元。

(3)应付账款

截至 2001 年 12 月 31 日余额为 38,869,624.30 元。

应付账款余额中无欠付持本公司 5%(含 5%)以上表决权股份的股东款项。

(4)预收账款

截至 2001 年 12 月 31 日余额为 32,384,004.31 元。

(5)应付股利

截至 2001 年 12 月 31 日余额为 47,262,264.88 元。

根据本公司于 2001 年 12 月 6 日召开的一届六次董事会决议,本公司成立后,2000 年 5—12 月实现的净利润,在计提 10%法定盈余公积和 5%公益金后,按股东持股比例进行分配,共计分配 18,723,667.75 元。公司于 2002 年 1 月 8 日召开的 2002 年第一次临时股东大会已通过此决议。根据本公司 2001 年度股东大会决议,本公司 2001 年度实现的净利润,在计提 10%法定盈余公积和 5%公益金后,按股东持股比例进行分配,共计分配 28,538,597.13 元。

(6)应交税金

截至 2001 年 12 月 31 日余额为 - 937,578.92 元。

项目	2001 - 12 - 31	2000 - 12 - 31
增值税	2,092,572.21	1,069,871.60
所得税	-3,569,939.38	2,101,606.04
城建税	460,733.19	143,999.76
房产税	75,161.06	65,863.46
营业税	3,894.00	-

合　计	－937,578.92	3,381,340.86

注:本公司应交增值税 2001 年 12 月 31 日余额比 2000 年 12 月 31 日增加 95.59%,主要原因系公司根据财政部 2001 年 7 月 25 日下发《关于若干农业生产资料征免增值税政策的通知》(财税[2001]113 号文)的规定,2001 年 8 月 1 日起尿素按全部销售收入计提应交增值税,增值税执行先征后返政策。应交所得税－3,569,939.38 元主要是由于审计调减利润所致。

(7)其他应付款

截至 2001 年 12 月 31 日余额为 4,803,428.99 元。

账龄	2001－12－31		2000－12－31	
	金额	比例(%)	金额	比例(%)
1 年以内	4,405,928.99	91.72	31,300,779.20	99.45
1 年至 2 年	376,100.00	7.83	145,084.46	0.46
2 年至 3 年	21,400.00	0.45	27,700.00	0.09
3 年以上	－	－	－	－
合　计	4,803,428.99	100.00	31,473,563.66	100.00

主要应付单位及欠款内容如下:

单位名称	金额
职工教育经费	1,822,696.66
工会经费	924,038.81

(8)一年内到期的长期负债

截至 2001 年 12 月 31 日余额为 34,270,000.00 元。

借款单位	金额	期限	年利率	性质
农业银行德州市分行	10,000,000.00	2000.12.01－2002.11.29	7.722%	保证
工商银行德州市分行	4,270,000.00	2000.12.22－2002.12.18	6.534%	保证
建设银行德州市分行	20,000,000.00	2000.06.30－2002.06.30	6.534%	保证
合　计	34,270,000.00			

4、股东权益情况

本公司股本及其他股东权益的变化情况

单位:人民币万元

项　目	2001 年 12 月 31 日	2000 年 12 月 31 日
股本(万元)	10,700.00	10,700.00
资本公积(万元)	5,761.54	5,761.54
盈余公积(万元)	834.04	330.42
其中:公益金(万元)	278.01	110.14
未分配利润(万元)	－	－
股东权益合计(万元)	17,295.58	16,791.96

5、现金流量情况

本公司 2001 年度、2000 年 5－12 月份的现金流量情况参见本节"(一) 3、简要现金流量表"。

(三)发行后预期利润率的说明

公司所属行业属于支农工业,符合国家产业政策,发展前景广阔,与同行业其他公司相比较,公司具有技术、管理、质量、销售等方面的优势;公司主营业务突出,市场占有率稳定,连续五年产销率、货款回收率都在 100%左右,现金流量充足、盈利能力较强。公司已开始注重调整产品结构,在稳定化肥的基础上,逐步增加化工产品的比重,并已初见成效。在公司尿素产品大幅度下滑的市场背景下,公司仍然实现了良好的经营业绩。根据山东乾聚有限责任公司会计师事务所出具的审计报告,本公司 1999、2000、2001 年度分别实现净利润 4719.72 万元、3438.21 万元和 3357.48 万元,2000、2001 年全面摊薄净资产收益率分别为 20.48%和 19.41%,均超过银行同期存款利率。本次发行后,收购资产项目将随着收购的完成开始产生效益,固定资产投资项目也将从 2003 年逐步开始产生效益。公司未来二年的业务发展目标明确,并有着充分的市场基础(祥见"第十章业务发展目标");因此,公司发行后的盈利能力将在 2001 年的基础上保持进一步的增长,发行当年的预期利润率将高于同期银行存款利率,符合《公司法》第 137 条的规定。

主承销商认为:发行人自成立以来,经营状况稳定,盈利能力良好。经过对发行人实际生产经营情况进行尽职调查,认为:发行人有能力确保发行当年的预期利润率不低于银行同期存款利率,符合《公司法》第 137 条的规定。

公司律师认为:在发行人所遵循的国家和地方现行法律、法规、政策以及发行人目前执行的税收政策均无重大不利变化的情形下,发行人在 2002 年度实现预计利润率达到银行一年期定期储蓄存款利率将不存在法律障碍。

(四)资产评估

本公司设立时,已委托山东正源会计师事务所有限公司对主发起人投入的各项资产进行了评估,评估结果已经山东省国有资产管理局鲁国资评字[2000]第 59 号文进行了确认。评估结果为截止到 2000 年 3 月 31 日,主发起人投入的总资产为 42471.37 万元,总负债为 26259.84 万元,净资产为 16211.53 万元。本公司于 2000 年 4 月 30 日根据评估结果进行了帐务调整。详见《审计报告》评估调帐前后比较资产负债表。

(五)历次验资报告

本公司设立时经山东乾聚有限责任会计师事务所烟乾会验字[2000]12 号《验资报告》验证,截止 2000 年 4 月 21 日止,山东华鲁恒升化工股份有限公司已收到发起人投入的资本壹亿陆仟肆佰陆拾壹万伍仟叁佰捌拾叁元玖角零分(￥164,615,383.90),其中包括股本 107,000,000.00 元,资本公积 57,615,383.90 元。与上述投入资本相关的资产总额为 427,213,738.32 元,负债总额为 262,598,354.42 元。本公司股本金全部到位,并于 2000 年 4 月 26 日正式成立,工商注册登记号为 3700001806025。

本公司自设立以来没有发生过送股、配股等资本变动的情况。

(六)财务指标

1、主要财务指标

项　目	2001 年度	2000 年度
流动比率	0.44	0.55
速动比率	0.34	0.40
应收账款周转率	36.76	34.32
存货周转率	11.38	11.16
无形资产占总资产比例	－－	－－
无形资产占净资产比例	－－	－－
资产负债率%	61.35	61.07
每股净资产	1.62	1.57
研发费用占主营业务收的比例%	1.95	1.56
每股经营活动的现金流量(元)	0.42	0.02(2000 年 5－12 月)

2、净资产收益率和每股收益

根据中国证监会《公开发行证券公司信息披露编报规则(第 9 号)净资产收益率和每股收益的计算及披露》的规定,本公司相关指标的计算如下:

2001 年度	净资产收益率%		每股收益(元/股)	
	全面摊薄	加权平均	全面摊薄	加权平均
主营业务利润	37.78	35.38	0.61	0.61
营业利润	25.81	24.17	0.42	0.42
净利润	19.41	18.18	0.31	0.31
扣除非经常性损益后的净利润	17.10	16.01	0.28	0.28

2000 年度	净资产收益率%		每股收益(元/股)	
	全面摊薄	加权平均	全面摊薄	加权平均
主营业务利润	47.51	50.03	0.75	0.75
营业利润	30.49	32.11	0.48	0.48
净利润	20.48	20.56	0.32	0.32
扣除非经常性损益后的净利润	20.37	21.45	0.32	0.32

(七)本公司管理层做出的财务分析结论性意见

1、资产质量状况

(1)本公司流动资产主要分布在现金、存货、预付帐款和应收帐款上,总资产主要分布在固定资产上,说明公司的资产分布比较合理。

(2)应收帐款的分析:公司的应收帐款周转逐年加快,说明公司的变现能力逐年增强。截至 2001 年 12 月 31 日,公司应收帐款中 99.57%的是一年内到期的,0.08%的款项是 1－2 年的,0.35%是 2－3 年的,3 年以上的没有。说明应收帐款形成坏帐的可能性很小。

(3)其他应收款和预付帐款的分析:公司不存在 3 年以上的其他应收款和预付款项,形成坏帐的可能性很小,所以资产优良性较高。

(4)坏帐准备分析:近几年公司虽然计提了坏帐准备金,但由于公司制定并执行严格的应收账款管理制度和措施,所以公司在近几年没有发生过坏帐。

(5)存货分析:公司的存货周转次数每年高达 11 次左右,说明存货的变现能力很强,且公司产成品仅占存货资产的 2.62%,主要存货为生产消耗量大的煤炭,存货量一般保持在一个月的消耗量。

(6)固定资产分析

公司固定资产周转次数 1999－2001 年度分别是 1.23、1.20、1.15,说明公司固定资产利用率较高,主要是公司注重设备的更新改造,以不断提高设备的先进性、效益性,使固定资产的作用得到充分的发挥。

(7)1999－2001 年度的净资产收益分别为 32.61%、20.48%、19.41%,每股收益为 0.44 元、0.32 元、0.31 元,说明本公司的资产质量状况良好。

2、资产负债结构的合理性

2000 年 12 月 31 日、2001 年 12 月 31 日,本公司资产负债率分别为 61.07%和 61.35%,说明公司生产经营稳定,资产负债结构合理。

3、股权结构的合理性

本次发行前后本公司的股本结构如下:

股份类别	发　行　前		发　行　后	
	股份数(万股)	比例(%)	股份数(万股)	比例(%)
国有法人股	10635	99.39	10635	63.68
法人股	65	0.61	65	0.39
社会公众股	－	－	6000	35.93
总股本	10700	100	16700	100

根据发行前后股本结构的变化情况,公司认为目前的股权结构符合国家有关法律法规之规定,且股本规模及公开发行规模适合公司的长期发展,股权结构较为合理。

4、现金流量分析

本公司 2001 年 1－12 月份、2000 年 5－12 月份的经营活动产生的现金流入分别为 45433 万元和 23860 万元,经营活动现金流出分别为 40975 万元和 23675 万元,经营活动产生的现金流量净额分别为 4458 万元和 185 万元;本公司 2001 年 1－12 月份、2000 年 5－12 月份的筹资活动产生的现金流量净额分别为－36 万元和 841 万元。以上数据说明公司现金流入量较强,公司现金运作合理。

5、偿债能力分析

本公司 2001 年 12 月 31 日和 2000 年 12 月 31 日的流动比率和速动比率较低,分别为 0.44、0.55 和 0.34、0.40。主要原因是:本公司加大收款力度和大量现金销售,加速应收款项的回收,从而保持较低的应收款项;加强存货管理,产成品基本上保持零库存,导致公司的流动资产较低的结果;本公司近几年加大技术改造力度,逐步扩大生产规模,占用自有资金较多,导致本公司的流动资产较低;公司采用预收货款方式和物资采购等使流动负债较多。但因公司商业信誉较高,与客户建立了长期稳定的供求关系,使公司预收账款和应付账款余额较多,能够缓解短期内集中还款的压力。

6、产销量分析

产品名称		1999 年度	2000 年度	2001 年度
尿素	产量(万吨)	29.47	32.39	30.90
	销量(万吨)	29.47	32.39	30.90
	产销率(%)	100%	100%	100%
甲醇	产量(万吨)	3.49	4.63	5.33
	销量(万吨)	3.45	4.66	5.28
	产销率(%)	98.85%	100.65%	99.06%

公司尿素产量从 1999 年至 2000 年度一直处于较大幅度的上升,在 2000 年度开始趋于稳定,其主要的原因:公司 1997 年下半年尿素技改项目开始投产,其运行状况逐步的达到最佳状态;公司对造气、合成氨和尿素系统进行进一步的的技术改造。2001 年尿素产量略有下降,主要原因为公司在 5 月份进行了一个月的大修所致。同时公司由于产品质量好、信誉高及完善、高效的销售网络,公司尿素产品一直保持产销两旺,产销率连年达到 100%。

甲醇产量在 2000 年度有大幅度的增加,公司甲醇产量的变化主要受市场价格的影响,甲醇在 2000 年度以前一直处于价格下降阶段,在 2000 年度开始大幅度的上涨,公司根据市场情况和自身装置情况,调节甲醇的产量。甲醇产销率受市场情况的一定影响,在市场相对好时其产销率就比较高,但由于公司销售措施得力、销售网络健全,公司甲醇产销率一直保持在 98%以上,销售势态较为良好。

7、价格分析(不含税价格)

单位:元/吨

产品名称	1999 年度	2000 年度	2001 年度
尿素	1080.46	925.38	958.07
甲醇	1083.76	1417.04	1297.54

尿素产品价格在 1999 年至 2000 年下降幅度较大,在 2000 年达到了近年来的最低谷,在 2001 年开始有所好转。其主要原因为:国内尿素产量较大幅度的增加;尿素相关产品粮食的价格下降幅度较大;我国近年自然灾害较为严重。尿素产量的大幅度上升,使国内的市场供求形势发生了变化,价格下滑幅度也较大。但由于尿素价格的大幅度下降,一些成本高、工艺落后和规模小的企业相继停产或破产,这样产量的减少使供求关系得到一定程度的缓解,尿素价格也相应的回升。

甲醇价格在 2000 年度以前下降趋势比较明显,其主要原因为甲醇原来一直价格较高,其丰厚的利润使得许多小的合成氨装置都改产生产甲醇,使甲醇产量得到较大的提高,同时国外产品大量的进入和大规模甲醇装置的成本优势使价格大幅度的下降。1999 年,由于许多小规模装置由于成本的原因不得不停产,使甲醇的价格在 2000 年出现大幅度的反弹,但受国际市场价格的下跌以及下游产品如甲醛等发展速度放慢的原因使甲醇市场需求略显不足,直接导致 2001 年下半年出现下降情况。预计在 2002 年甲醇价格还可能小幅下挫。但从总体发展的远景看,甲醇作为一种新兴的燃料和重要的化工原料,随着其下游产品的进一步开发,其市场价格的下降幅度将不会太大。

8、收入分析

由于各年度本公司享受增值税优惠政策的不同,对主营业务收入有较大程度的影响,因此扣除增值税优惠政策后,对主营业务收入的波动作进一步分析。

(1)尿素收入分析表(不含免征增值税)

项目	1999年度	2000年度	2001年度
价格(元/吨)	1,080.46	925.38	958.07
数量(吨)	294,695.50	323,873.00	308972.00
收入(万元)	31840.68	29970.58	29591.34

从上表可以看出尿素的收入的下降主要是受价格因素影响的。由于市场原因,尿素价格从1998年起逐年下降,在2000年达到最低,在2001年价格出现了一定的反弹。面对价格的下跌,公司采取积极主动的措施增加尿素的产销量。1997年下半年随着尿素技改项目的投产,其运行状况逐步达到最佳状态,同时公司对造气、合成氨及尿素系统进行进一步的技术改造,尿素的产量逐步提高。因为公司产品质量好、信誉高以及完善、高效的销售网络,使公司产品出现产销两旺。

(2)甲醇收入分析表

项目	1999年度	2000年度	2001年度
价格(元/吨)	1,083.76	1,417.04	1297.54
数量(吨)	34,540.83	46,574.30	52842.12
收入(万元)	3743.40	6599.76	6856.48

甲醇产品近几年价格和销量变化都比较大,销量波动主要原因是公司根据市场波动情况及时调节产量而引起的;价格从1999年的最低在经过2000年的大幅度上涨之后,在2001年度出现稍微的下跌。

(3)出口因素的影响

公司尿素生产装置设计能力为30万吨,在公司经过近几年的技术改造和创新后,其实际生产能力可达到32万吨以上。公司产品质量稳定、市场信誉较高,在国内市场上供不应求,近年来产销率一直保持在100%。

本公司目前尿素出口地区主要为东南亚一带,该地区尿素市场2000年度及2001年上半年市场形势较好。但自2001年下半年开始,国际尿素市场价格下降幅度较大,印尼尿素离岸价仅为103-104美元/吨,平均比国内低约250元/吨,此时出口尿素考虑出口退税后的毛利率仅为19.67%,而同期内销毛利率为21.55%(《化肥市场周报》,2001年第41期);且出口营业费用较内销平均高出90元/吨左右。所以公司在2001年度下半年度只出口0.5万吨,第四季度停止出口。但在国际市场好转的情况下,我公司会及时作出市场调整,继续和扩大尿素的出口。

从上述分析可看出,价格因素是公司主营业务收入波动的主要原因。公司通过技术改造、加强营销,在一定程度上克服了价格波动的风险。

9、成本分析

本公司1999年度、2000年度以及2001年度的尿素单位制造成本的总体趋势为1999-2000年逐渐降低,并在2000年达到最低,2001年有所上升,其主要原因为(因公司主营业务收入中尿素占80%以上,且尿素与甲醇成本变化原因基本一致,故在此仅分析尿素产品的成本变动原因):

(1)2000年尿素单位制造成本下降的主要原因:首先由于造气炉的改造,使煤炭单耗降低了0.042吨,而同期煤炭平均单价下降41元,煤炭因素导致单位成本下降了46.68元;其次由于公司资源综合利用项目进入稳产期,自产电力和蒸汽量大幅度增加(单价较低),使电力和蒸汽成本大幅度下降,两者合计共降低单位成本34.14元;再次,由于工资的增加使单位固定成本上升了24.78元。

(2)2001年度尿素单位制造成本上升的主要原因在于:首先,煤炭采购平均单价上升了15.99元,而同时单耗略有上升,共使单位成本上升了16.75元;其次,电力外购价格上升了0.0108元、单耗上升了4度,电力因素使单位成本上升了11.08元,再次,由于公司2001年5月进行了一次大修,产量相对减少,使单位固定成本上升了13.22元,其他材料和日常修理费用共使成本下降18.69元。

对公司单位制造成本影响最大的因素为煤炭和电力,两者合计约占60%以上。考虑到我国电力供应日益充足,电力价格大幅度上升的可能性不大,因此,煤炭价格的变动是公司制造成本变动的关键因素;而煤炭价格因其稀缺性的特点以及国家对小煤炭和运输市场的治理整顿,因此,煤炭价格可能出现持续上升,从而造成公司单位制造成本的上升。公司将在资源综合利用项目和技术改造上,继续加大投入力度,提高煤炭利用率,克服煤炭上涨带来的困难;公司本次募集资金投资项目—大型氮肥装置国产化工程建成投产后,将改变公司的工艺路线(由无烟块煤变为烟煤,改为烟煤后运输半径大大缩短),使公司原料煤的价格大幅度下降,从而进一步降低公司的制造成本。

10、毛利率分析

单位:%

产品名称	1999年度	2000年度	2001年度
尿素	25.62	19.95	20.84
甲醇	-20.55	17.15	9.78

本公司尿素单位毛利率在1999年度至2000年度较大幅度下降之后,从2001年度开始趋于平稳且略有上扬,其主要原因是尿素价格的变动和制造成本的变动。2000年度和1999年度相比,尿素单位毛利率下降幅度较大,主要原因是价格下降的幅度比成本下降的幅度大的多;2001年度同2000年度相比,单位毛利率变化不大,主要原因为,虽然单位产品的成本上升,但由于销售价格的上涨幅度和成本上涨幅度相差不大,所以单位毛利率的变化不大。从尿素产品的市场前景和公司的实际情况来看,尿素产品的毛利率将会趋于平稳状态,保持在目前的水平上。

甲醇成本逐年下降,但由于其价格下跌幅度较大,所以毛利率1999年为负的;2000年甲醇价格急剧上涨和制造成本的降低,其毛利率也达到近几年的高点;2001年由于价格回落和成本上升的双重因素影响,其毛利率也随之下降。

11、其他业务利润

本公司其他业务利润主要来源于CO的销售,2000年10月德州万丰化工有限公司DMF生产线建成投产(CO为DMF的主要原材料之一)。由于DMF产量的变动造成了本公司其他业务利润的变动。该生产线已于2000年12月31日被华鲁恒升集团收购,DMF的2000年产量为1994.27吨;2001年度产量为13395.31吨。因此,公司关于CO销售所产生的其他业务利润2000年为69.65万元,2001年为612.97万元。

12、公司业务进展及盈利能力

公司1999-2001年综合销售净利润率分别为11.87%、8.76%和8.95%,净资产利润率分别为32.61%、20.48%和19.41%,说明公司保持连续稳定的盈利能力较强。

13、未来业务目标及盈利前景

本公司2002年底将使主营业务产品生产能力达到年产尿素32万吨、甲醇5万吨,收购后甲醛、DMF生产能力预计将分别达到3万吨和1.6万吨。到2004年公司将力争达到年产尿素60万吨、甲醇6万吨、甲醛3万吨、DMF4万吨的生产能力。由于公司信誉高、有较为稳定的客户群体,同时已开辟了国际市场,因此本公司盈利前景较为广阔。

14、本公司的财务优势

本公司具有以下财务优势:现金流入量较高;货款回收较快;生产成本、财务成本较低;偿债能力较强;公司财务信誉高,银行授信额度大,为公司今后的发展提供了先决条件;公司所处行业为国家重点鼓励发展的行业,享受一些国家优惠政策,主要有尿素产品部分减免增值税、享受出口退税政策、能源综合利用项目享受减免所得税政策及技改项目利用国产化设备减免增值税的政策等;存货周转较快;财务管理制度较健全、完善。

15、本公司的财务困难

本公司存在国家有关优惠政策不确定及扩大生产规模,调整产品结构、进行技术改造所需资金的筹资压力。

16、本公司面临的财务风险

受尿素产品价格近年来下降趋势的影响,本公司尿素产品的毛利率也在逐年下降,这对本公司的盈利能力的提高造成了较大的不利影响,从而对本公司的财务状况造成了较大的压力,可能出现以下财务风险:由于市场竞争的激烈和产品销售价格的下降,本公司在销售政策可能有所放宽,导致应收账款加大,从而形成应收帐款呆坏帐的风险;应收帐款的增加将导致资金周转速度减缓,从而形成资产流动性风险、偿债能力不足的风险等。针对以上财务风险,本公司将继续加强与主要债权人银行的合作关系,本公司是中国工商银行山东省分行的贷款授信企业,最高授信额度为4亿元,同时被评为"AAA"级资信企业,因此本公司与银行之间有着良好的合作关系,可以有效防范提前偿债的风险。

十三、业务发展目标

本公司发展战略可概括为:坚持一个中心,面向两个市场,形成两大支柱。即:以提高经济效益为中心,把为股东创造最大收益作为本公司追求的目标;立足国内市场,积极拓展国际市场,形成全方位的销售网络;不断壮大化肥基础产业,形成以氮肥为基础的化肥产品支柱;大力发展以甲醇为原料的有机化工和精细化工产品,初步形成化肥与化工两大支柱产业。

本公司主营业务的经营目标为:2002年底产品生产能力达到年产尿素32万吨、甲醇5万吨,收购后甲醛、DMF生产能力预计将分别达到3万吨和1.6万吨,到2004年公司力争将达到年产尿素60万吨、甲醇6万吨、甲醛3万吨、DMF4万吨的生产能力,实现年销售收入11亿元,利润约2.3亿元。

为达到上述目标,公司已制定了有关产品开发计划、人员扩充计划、技术开发与技术创新计划、市场开发与营销网络建设计划、深化改革和组织结构调整的规划、收购兼并及对外扩充计划,以及国际化经营的规划,本公司将充分利用和发挥本次募集资金的作用,保证上述措施和计划的顺利实施。

十四、募集资金运用

(一)募集资金总量及其依据

本公司本次拟向社会公开发行股票6000万股,根据公司与主承销商商定的预计发行价格6.28元/股,可募集资金37680万元,扣除发行费用2100万元,则本次发行预计实际可募集资金为35580万元。

(二)董事会、股东大会对募集资金投向项目的主要意见

公司一届三次董事会决议通过有关本次股票发行和募集资金投向项目的有关预案。公司于2001年1月6日召开了2001年第一次临时股东大会,决议通过了关于公司本次拟发行社会公众股6000万股的议案;若发行成功,可募集资金35580万元(扣除发行费用后)。公司于2001年8月31日召开了一届五次董事会,审议通过了调整募集资金投向的议案:投资不超过人民币8000万元收购华鲁恒升集团的DMF和甲醛生产线的相关资产,扣除收购项目资金后的剩余募集资金全部投资于大型氮肥装置国产化工程项目;该议案已经2001年10月8日召开的2001年度第二次临时股东大会审议通过。

1、固定资产投资项目

扣除收购项目资金后的剩余募集资金全部投资于大型氮肥装置国产化工程。该项目总投资139178.54万元,已经国家经济贸易委员会、国家发展计划委员会国经贸投资[2000]951号文件批准立项,该项目被列入2000年国家重点技术改造项目(第四批国债专项资金项目)。

2、收购项目

投资不超过8000万元用于收购华鲁恒升集团DMF、甲醛生产线的相关资产。

本次股票发行所募集资金将按以上项目的顺序确定资金投入的轻重缓急。本次募集资金(扣除发行费用后)共计35580万元,将全部投入以上项目。资金缺口利用银行贷款和企业自有资金解决。

(三)募集资金投入对经营及财务状况的影响

主要指标	发行前	发行后(概算)
净资产	17295.58万元	52875.58万元
每股净资产	1.62元	3.17元
净资产收益率(全面摊薄)	19.41%(2001年度)	5.97%(按2001年的净利润估算)
资产负债率	61.35%	34.18%

(四)募集资金投资项目情况

1、大型氮肥装置国产化工程

(1)项目背景

A、政策环境分析

我国是农业大国和人口大国的客观事实,以及在工业化过程中,可耕地将不可避免还会减少的规律,国家对农业、粮食安全的重视政策等,都决定了化肥的需求量必然还会逐年增加,化肥工业必须要立足国内生产,国家对化肥工业的发展将继续给予扶持。《当前国家重点鼓励发展的产业、产品和技术目录(2000年修订本)》明确提出的化肥项目就有36项。

在国家经贸委最新公布部分行业"十五"规划中,提出"继续将农用化学品的发展放在重要地位;化肥工业重点是提高国产化肥的竞争能力,保证在国内市场的主导地位;氮肥工业重点抓好大、中企业以降低成本、提高技术水平为目的的节能、增产和提高产品质量的技术改造"。

B、市场前景分析

由于我国氮肥市场供给质量相对较低,以及原料来源的不合理,决定了我国目前氮肥生产企业的竞争力相对偏低,在我国加入"WTO"后,国内氮肥工业将面临非常严峻的巨大挑战。届时,许多中小氮肥企业甚至部分大氮肥企业也会因成本过高而丧失竞争力,这些企业将逐渐退出化肥生产领域。据专家推测,加入"WTO"后,我国氮肥市场将减少30%的生产能力,届时,我国氮肥的生产能力将不能满足国内的市场需求,氮肥市场将再次面临供不应求的局面。因此,从长期来看,我国尿素工业仍将保持较快的增长速度。据国家经贸委最新公布的行业"十五"规划,2005年我国氮肥的需求将达到2740万吨(折纯),其中,高浓度氮肥的比例将提高到75%,则尿素市场的年均增长速度将达到7.98%。

(2)项目存在的风险

该工程的实施将使本公司面临以下风险:

①本项目建成后的主要产品方案为年产60万吨尿素,其中普通尿素30万吨,大颗粒尿素30万吨。随着生产规模的扩大,产量的增加,不可避免的面临着开拓市场的风险。且大颗粒尿素作为尿素的新品种,在我国的生产起步较晚,存在如何尽快取得消费者的市场认同以及市场开拓的风险。

②本套大型氮肥装置国产化工程是2000年国家重点技术改造项目,是我国拟建设的第一套大氮肥国产化装置,设备的国产化率达到85%以上。但作为第一套国产化装置,不排除在技术和专有设备制造方面将存在一定的风险。

③该项目属大型化工项目,由于行业的特点,如果因非正常因素导致出现意外情况也会对环境产生不利影响,防治环境污染需要进行一定的投入,这对公司的生产经营成本会产生一定的影响。

④本工程总投资额高达139178.54万元,建设期2.5年,具有投资大、建设周期长的特点,因此不排除在项目建设期间,本公司将具有一定财务风险和利润增长压力。

⑤本项目投资大,建设周期长,专用设备较多,工程复杂,管理和实施难度均相对较大,因此,不排除公司在项目管理和具体组织实施上可能存在一定的风险。

⑥本项目的技术水平和装备水平先进,规模较大,对高技术人才和高素质管理人员的需求十分迫切,因此,将面临人力资源方面的风险。(以上风险因素与对策,已在"三 风险因素"进行了详细披露,再次提醒投资者注意以上风险)

(3)立项审批情况

该项目是我国第一套大型氮肥装置国产化工程,被列入 2000 年国家重点技术改造项目计划(第四批国债专项资金项目)。该项目已经国家经济贸易委员会、国家发展计划委员会以国经贸投资[2000]951 号文《关于下达 2000 年国家重点技术改造项目计划(第四批国债专项资金项目)的通知》立项批准。

(4)投资概算

本项目估算总投资 139178.54 万元(其中含外汇 1616.11 万美元)

(5)主要工艺技术

该项目建成后,将通过引进先进的煤浆加压气化技术及大颗粒尿素生产技术,采用国产化设备对公司现有装置进行改造,以扩大原料的适用范围,提高尿素生产的技术水平,降低生产成本,增加产品品种。

本公司拟在大型氮肥装置国产化项目中采用部分需经其他方许可方能合法使用的技术,在该项目中使用的其他技术为发行人已经掌握的技术,或在购买相关装置和设备后可直接应用而无须取得许可即可使用的技术;本公司在该项目中采用的、需经其他方许可方能合法使用的技术情况如下:

①多喷嘴对置式水煤浆或煤粉气化炉及其应用专利技术

该专利技术(专利号:ZL98110616.1)的专利权人为华东理工大学和水煤浆气化及煤化工国家工程研究中心;本公司已聘请中国华陆工程公司(华陆公司)为该项目编制可行性研究报告,并拟在该项目可行性研究报告经批准后继续聘请华陆公司对该项目进行初步设计和施工图设计;华陆公司已与华东理工大学(已经另一专利权人水煤浆气化及煤化工国家工程研究中心的授权)签署《专利实施许可合同》,约定华陆公司可使用该专利技术并同意华陆公司将本公司作为设计合同工厂,可利用该专利技术进行制造、使用和销售相关产品。本公司只拥有该专利技术的许可使用权,且对该专利技术的许可使用权为非独占的和不可转让的。但本公司是该专利技术的第一套工业化装置的实施单位,是实施过程中形成的工业化技术诀窍的拥有者。

②水溶液全循环尿素节能增产新工艺及其装置专利技术

该专利技术(专利号:ZL97112476.0)的专利权人为北京展华化工设计事务所。根据本公司陈述,该事务所因法人代表去世而解体,该专利的专利权人也要作相应变更。该专利技术的发明人正在申请取得该技术的专利权,并书面承诺在其取得该技术的专利权后许可本公司使用。

③大颗粒尿素流化床造粒技术

本公司拟从国外引进大颗粒尿素设备流化床造粒机及相关技术。本公司为引进上述技术和设备已与荷兰荷丰集团北京代表处达成合作意向。荷兰荷丰集团北京代表处为海德鲁化肥技术公司在中国大陆的全权独家代理机构,经海德鲁化肥技术公司授权,本代表处有权代理海德鲁化肥技术公司对其合法拥有的尿素流化床造粒技术在中华人民共和国境内进行许可证使用及技术转让及和项目有关的关键设备的销售。荷兰荷丰集团北京代表处已书面承诺在本公司大型氮肥装置国产化项目上,在双方可以接受的商务条件下,代理海德鲁化肥技术公司许可本公司使用上述尿素流化床造粒技术。在该项目的可行性研究报告经批准后,本公司将与该代表处签署正式合同购买相关技术和设备。

律师经合理查验,认为在上述协议、合同和/或承诺得以切实履行的情况下,发行人将合法取得上述技术的使用权。

(6)主要原材料、辅助材料的供应情况

本项目主要原料为粉烟煤,总量为:工艺用煤 38.46 万吨/年。山东省煤炭资源较为丰富,有优良的动力用煤及气化用煤,主要分布在鲁中、鲁南地区。大的矿务局主要有五家:兖州、新汶、肥城、枣庄、淄博。煤炭质量以肥城、兖矿为优。其运距短、价格低,可以满足本工程气化用煤的要求。

本项目的辅助材料包括:助熔剂、添加剂、甲醇、碱、甲醛、包装袋以及各种催化剂,以上辅助材料及各种催化剂全部由国内供应,且均有大型装置使用经验。

(7)项目的产出和营销情况

本公司现有产品的生产能力为年产尿素 30 万吨、甲醇 5 万吨,潜在的生产能力为年产尿素 33 万吨、甲醇 6 万吨。本项目的产量为普通颗粒尿素 30 万吨、大颗粒尿素 30 万吨,以目前的市场状况,该项目建成后产销率可达到 100%。由于尿素是高浓度氮肥,用途十分广泛,其肥效高、使用方便,适合各种土壤的特点,在近几十年内没有可替代产品。

在产品的营销方面,本公司目前主要采取直销、代销的方式。在本项目建成后,公司将以目前的三级销售网络为基础,加强基层网点建设,形成基层网点、二级经销商、驻外机构和代理、公司销售处为主要框架的四级销售网络。在产品出口方面,公司将积极利用现有的国际客户群体和产品的良好质量进一步扩大国际市场。

(8)可能存在的环保问题及采取的措施

由于本项目生产工艺采用的是先进的煤浆气化路线,属于洁净煤技术,不仅生产能力大大提高,而且废气、废水、废渣的排放量大大减少。生产过程产生的废气、废水、废渣都进行了处理或综合利用。对废气的治理采取了火炬燃烧、冷凝洗涤以及除尘等措施;对废水的处理将通过新建污水处理站,利用 IC 生化处理后送德州市污水处理厂继续进行处理;对废渣的处理将利用流化床锅炉燃烧、建筑材料回收等综合利用方式来变废为宝。因此,该项目符合清洁生产的要求,符合环保要求。该项目的环境影响评价报告书已经通过国家环境保护总局的评审(国家环境保护总局环审[2001]74 号),审查意见为:该项目符合国家产业政策和污染物排放总量控制的要求,从环境保护角度分析,同意该项目建设。

(9)资金筹措

项目总投资为 139178.54 万元,其中建设投资 133000.54 万元,建设期利息 2682 万元,流动资金 3496 万元。

项目资金筹措方案如下:该工程列入国家重点技术改造项目(第四批国债专项资金项目),项目建设投资申请银行贷款 98000 万元,贷款利率为 6.21%,全额贴息一年。中国建设银行山东省分行于 2001 年 10 月 24 日出具了贷款承诺书[编号(2001 年)第 03 号],同意承诺该项目固定资产贷款 6.5 亿元(人民币),且该承诺书下的固定资产贷款在两年内有效;招商银行济南分行于 2001 年 10 月 31 日出具了贷款承诺书[编号(2001 年)第 1 号],该承诺书同意本公司大氮肥项目固定资产贷款 3.3 亿元(人民币)且该承诺书有效期为 1 年。山东华鲁集团有限公司(下称"华鲁集团")分别为中国建设银行和招商银行出具了不可撤销的借款担保函。

本次募集资金扣除收购项目资金后的剩余募集资金全部投资于大型氮肥装置国产化工程,存在的资金缺口利用企业自有资金解决。

(10)投资项目的选址情况

本公司本次股票公开发行募集资金投资项目之大型氮肥装置国产化项目之用地方案为利用发行人现生产车间西侧的闲置用地,并征用发行人西侧 2 宗和北侧 2 宗工业仓储用地。发行人生产车间西侧的闲置用地已向华鲁恒升集团租赁使用,且双方已于 2000 年 6 月 18 日签署了《土地使用权租赁合同》,并为此办理土地他项权利证书,租赁行为合法有效。就本公司拟征用土地事宜,德州市城市规划局以"德规发[2001]8 号"文件认为发行人的项目选址方案符合德州市的总体规划;本公司已按照《建设项目用地预审管理办法》就该大型氮肥装置国产化项目用地向该局提出了项目用地预审申请,该局对该建设项目涉及土地利用的事项经依法审查认为,该建设项目符合国家供地政策且用地选址符合土地利用总体规划、城市规划、地质灾害防治规划。目前该局正对该项目涉及的有关事项进行预审,待该项目可行性研究报告经国务院批复后,将按照有关程序办理相关用地手续。

(11)效益分析

本项目建成后年产普通颗粒尿素 30 万吨、大颗粒尿素 30 万吨,年均可实现销售收入为 69972 万元,年均总成本费用为 51722 万元/年,产品完全成本为 873 元/吨。年均销售税金及附加为 3863 万元,利润总额为 14386 万元。所得税按 33%计取,年均可实现净利润 9639 万元。该项目财务内部收益率 10.30%,财务净现值(Ic=9%)10806 万元,投资回收期(含建设期 2.5 年)9.87 年。预计本项目自 2003 年底可逐步产生效益。

(12)项目的组织与建设实施情况

项目实施规划有以下几个阶段:项目前期准备阶段、设计阶段、设备材料的采购、施工阶段、试车与考核阶段。拟在合同生效后 35 个月建成(包括设计阶段 5 个月)。试车到性能考核确定为 4 个月。本项目建设期为 2.5 年。

目前,该项目的前期准备阶段已经结束,项目的《可行性研究报告》正在批复过程中,将进入设计阶段和设备的选型阶段。

2、收购华鲁恒升集团 DMF、甲醛生产线的相关资产

(1)项目背景

随着全球经济一体化的深入和我国对外开放格局的最终形成,化肥工业将面临着更加激烈的竞争局面。因此,国内化肥企业一方面应立足发展主业,通过内部挖潜、增收节支、技术改造与创新等多种措施,扩大生产规模,降低生产成本,形成规模效益,提高市场竞争力;但同时还需要调整发展战略,发展市场前景好、技术含量高、附加值高的精细化工、有机化工产品,实现产品的多元化经营,形成"大化工"的生产格局;通过产品的多元化经营来提高企业经济实力和综合竞争能力,增强企业的抗风险能力。

因此,为适应我国即将加入 WTO 的新形势,进一步提高本公司综合实力和产品的市场竞争力,拓宽生产领域,增加产品品种,提升产品结构,实现范围经济效益,增强企业抗风险能力,公司拟利用本次募集资金不超过 8000 万元收购华鲁恒升集团的 DMF 生产线和甲醛生产线的相关资产。华鲁恒升集团将把出售上述资产所得资金上缴山东省人民政府,用于解决清理山东省场外交易的遗留问题。

华鲁恒升集团拥有的 DMF 生产线和甲醛生产线是从其子公司德州万丰化工有限公司收购而来,根据德州万丰化工有限公司与山东华鲁恒升集团有限公司签订的《资产收购协议》,双方同意收购资产的价格以经审计的账面净资产值为依据并经双方确认的价格为准。根据德州大正有限责任会计师事务所的德大正查字[2001]7 号审计报告,截至 2000 年 12 月 31 日,该两条生产线共有资产净值 6147.20 万元,因此华鲁恒升集团从德州万丰化工有限公司收购该两条生产线的价格为 6147.20 万元。

(2)被收购资产概况

①概况

DMF 生产线于 2000 年 9 月 30 日建成投产,主要产品为 DMF,现已形成 1 万吨的生产能力。DMF 的生产采用的是直接合成法,该技术路线基本无污染、能耗低、流程短、安全性好、产品纯度高,具有较强的市场竞争力。

甲醛生产线于 1996 年 3 月开始建设,并于 1997 年 9 月建成投产。主要产品为含量为 37%—55% Wt 的甲醛溶液,现已形成了年产 3 万吨的生产能力。甲醛生产采用的是国外先进的铁钼法生产工艺与技术,自 1997 年投入生产以来,整套装置运行稳定、安全可靠,产品质量较高。该套装置技术目前仍处于国际先进水平。

这两条生产线目前共有在职人员 75 名,其中,操作人员 52 名,维修人员 17 名,管理人员 6 名。

根据山东乾聚有限责任会计师事务所乾聚专审字[2002]36 号,截止 2001 年 12 月 31 日,两条生产线共有资产 6024.08 万元,2000 年实现产品销售收入 3556.37 万元,实现销售利润 285.87 万元,2001 年实现产品销售收入 10734.58 万元,实现销售利润 2206.91 万元。

②DMF 和甲醛生产线的环保情况

A、DMF 生产线

本装置属于新建装置,环境管理与监测、保护措施比较完善。废气的主要成分为氮气、少量的氢气、微量的一、二、三甲胺和 DMF,对废气的处理采用管道集中送入吹风气余热锅炉进行燃烧后排放。有机胺工段的废水的主要成分为水、0.5%左右的甲醇和有机胺,本工段设置了甲醇回收塔进行处理,处理后再进入污水处理系统进行处理后排放,排放的废水完全达到了国家的排放标准;DMF 工段的废水主要是第二精馏塔排出的重组分,重组分经定期加压喷送入吹风气余热锅炉进行燃烧,变为无毒物质排放。对废渣处理是采用送流化床锅炉燃烧,变为无毒物质排放。

B、甲醛生产线

该装置是以甲醇为原料,在铁-钼催化剂作用下氧化生产 37-55%浓度的甲醛,该工艺过程主要分为氧化吸收、尾气处理、热量回收、罐装等几个过程。该装置对产生的废气采用返回反应器循环利用以及配套的催化反应器氧化处理技术,实现了达标排放;对工艺过程中产生的显热利用软水吸收,并入蒸汽管网以充分利用;设备噪声主要来源于空气鼓风机,在其吸入端和排口端配备消音器,独立建设鼓风机房并内装吸声器材、配备隔声门,从而消除了噪声污染。同时,加强了设备的维护保养,有效的控制了设备的跑、冒、滴漏的发生。通过以上措施,使整套装置实现了清洁生产。

经山东省环境保护局以鲁环函[2001]309 号文审查后,认为:"DMF 和甲醛生产线,废水排入公司现有污水处理设施,废气排放源和噪声源也采取了相应的治理措施,做到了达标排放;固废进行了无害化处理处置。"

(3)收购方案

①收购方式及定价

股份公司发行股票成功后,将使用募集资金中的一部分,以现金收购方式收购华鲁恒升集团 DMF 生产线和甲醛生产线。预计股份公司 2002 年中期发行股票并上市,2002 年下半年可实施收购。根据山东正源和信有限责任会计师事务所鲁正会评字[2001]10058 号评估报告[评估基准日 2001 年 10 月 31 日],该部分资产经评估后的价值为 6910.21 万元。根据山东华鲁恒升集团有限公司 2001 年 1 月 16 日召开的临时董事会决议:审议通过了经理部"DMF 装置技术改造方案"。根据投资方案,华鲁恒升集团公司拟投资 530.34 万元对 DMF 装置的合成系统、精馏系统进行改造,将现有 10000 吨/年的生产能力扩大到 16000 吨/年。预计股份公司正式收购时,上述技术改造已经完成,因此,该等生产线的资产净值接近 8000 万元。2001 年公司第一次临时股东大会,在关联股东回避的情况下,通过了投资人民币约 8000 万元收购 DMF 和甲醛生产线的决议。2001 年 8 月 31 日公司召开了一届五次董事会,决议将该项募集资投向金额调整为不超过 8000 万元,收购的最终价格以经评估并经国有资产管理部门确认的资产评估值为准,并已经公司 2001 年第二次临时股东大会审议通过。因此,初步确定收购价格为不超过 8000 万元。

②收购时间

本公司股票发行结束后 2 个月内完成。

③职工的安置

这两条生产线共配备生产技术人员和管理人员 75 人,无离退休人员。待收购完成后,全部进入本公司,并与本公司重新签署劳动合同,按照国家和山东省政府有关规定同股份公司职工一起办理医疗保险、养老保险等社会统筹。

④商标的处置

DMF 和甲醛的注册商标为"恒升"牌,根据商标随着产品走的原则,本次收购完成后,其注册商标将由华鲁恒升集团无偿转让给本公司,并由华鲁恒升集团协助办理商标变更手续。

⑤土地使用权

目前,这两部分资产共占地 22320 平方米,该宗土地为华鲁恒升集团使用国有划拨土地。根据 2001 年 12 月 19 日签署的《关于资产收购协议的补充协议书》,华鲁恒升集团同意在本次收购完成后,该宗土地由股份公司直接向土地主管部门出让取得土地使用权后使用。根据 2001 年 12 月 19 日德州市国土资源局出具的《关于拟出让土地价格的说明》,同意将以约 184 万元的价格向本公司出让该宗土地。本公司在本次收购完成后,将利用自有资金缴纳土地出让金,办理相关出

让手续。

律师核查后认为：如发行人本次公开发行股票的申请经中国证监会核准并发行成功且募股资金到位后，发行人以出让方式取得该等土地使用权将不会存在法律障碍。

⑥收购后的管理

收购后，本公司将设置 DMF 生产车间和甲醛生产车间，按照本公司的经营体制，统一安排，组成新的经营管理部门。

(4)本公司已与华鲁恒升集团于 2001 年 1 月 7 日签订了《资产收购协议》

(5)该收购事宜已经有关部门同意

山东省国有资产管理办公室(以下简称“省国资办”)于 2001 年 11 月 9 日出具了“关于山东华鲁恒升集团有限公司出售国有资产相关问题请示的批复”，该文件 原则同意华鲁恒升集团向本公司出售上述资产并要求华鲁恒升集团在对上述其拟出售的资产完成技术改造且本公司股票公开发行成功并募集资金位后，尽快办理相关资产评估立项、确认手续，省国资办届时将依法审批。

(6)收购项目的风险

本公司拟收购 DMF、甲醛生产线目前运转情况良好，收购后相关人员将转入股份公司，不存在项目收购中的技术、人员风险。但由于该收购项目属于重大关联交易，该项目收购过程中有可能存在中小投资者的利益受到一定的影响的风险。

针对上述风险，在对收购项目进行决策时，公司坚持了公开、公平、公正的原则，在形成决议时，关联股东进行了回避；在确定收购价格时，将聘请具有证券从业资格的资产评估机构进行评估，决定‘最终价格以经评估并经国有资产管理部门确认的资产评估值为准”，以保证收购价格的公允性；公司还将按照信息披露制度的有关规定，及时在指定报纸上披露有关事项，接受广大投资者的监督，以避免可能存在的损害中小投资者利益的风险。

以上项目完成后，一方面将壮大本公司的主业，形成规模效益，进一步降低尿素的生产成本；另一方面将有效改变本公司目前产品结构相对集中的局面，从而进一步优化产品结构，增强本公司在行业中的竞争力，使公司形成年产 60 万吨尿素、48 万吨合成氨、1.6 万吨 DMF、3 万吨甲醛的生产能力，发展成为以化肥和化工为两大支柱的综合性大型化工生产企业。

(五)本次发行股票募集资金投资项目计划表

单位：万元

进度 项目	总投资额	2002 年	2003 年	2004 年
1、大型氮肥装置国产化工程项目	139178.54	48779	76481.53	13918
	其中：本次募集资金投入约 27580 万元	27580	－－	－－
2、收购华鲁恒升集团 DMF、甲醛生产线	8000 (本次募集资金投入)	8000	－－	－－

十五、发行定价及股利分配政策

(一)本次发行定价

本次股票发行拟采用上网定价方式进行。确定本次股票发行价格主要考虑以下因素：化肥行业概况及发展前景；公司的过去三年的经营业绩；拟投资项目的资金需求情况；公司成长性以及上市后未来利润增长的潜力；同行业可比上市公司的基本情况以及一二级市场间的价格折扣等。

本次发行价格的确定将遵循真实、合理反映公司价值，同时保证成功发行的原则。公司股票价值的估计采用的四种方法及估值结果如下表：

估值方法类型	每股价值
市盈率比较估值法	8.11 元/股
价值收入比倍数法	8.90 元/股
股权资本自由现金流折现模型法	8.61 元/股
公司自由现金流折现模型法	11.05 元/股

为了保证发行成功，需要满足投资者对新股发行后上市价格的上涨预期，在确保发行成功和维护发行人利益的原则下，将考虑合理适当的发行折扣。根据目前证券市场新股发行的首日涨幅情况，确定发行折扣为 30%，则本公司股票发行的价格区间为[5.68－7.74]元/股。

经与主承销商天同证券有限责任公司充分协商，确定本次发行价格为 6.28 元/股，全面摊薄市盈率为 20 倍(按 2001 年度净利润和 2001 年末总股本计算)，发行后每股净资产 3.17 元。

(二)股利分配政策

1、根据国家有关法律和公司章程的规定，本公司每一个会计年度的税后利润按如下次序和比例进行分配：弥补的以前年度亏损(如有亏损)；提取 10%的法定盈余公积金；提取 5－10%的公益金；提取任意盈余公积金；支付股利。

2、本着同股同利的原则，按各股东持有股份的比例派发股利，派发股利采取现金和(或)股票两种形式。股利的派发原则上每年一次，时间为每个会计年度结束后六个月内。若公司当年无利润，则不再分配利润。

(三)股利分配情况

经本公司 2001 年度第一次临时股东大会批准：2000 年度公司实现利润归老股东所有；公司股票发行当年实现的利润由本次发行后的新老股东共享。

经 2000 年度股东大会通过，2000 年度本公司成立以来，共实现净利润 26,752,053.59 元，提取 10%法定公积金和 5%法定公益金后，可供投资者分配利润 22,739,245.55 元，按股东持股比例进行分配。

经 2002 年度第一次临时股东大会审议通过，因本公司的帐务调整导致公司 2000 年度的利润数据产生了差异，对原财务决算及原利润分配方案中的相应数据进行如下调整：2000 年度实现净利润 22,027,844.41 元，提取 10%法定公积金和 5%法定公益金后，可供投资者分配的利润 18,723,667.75 元，按股东持股比例进行分配。

经 2001 年度股东大会审议通过，公司 2001 年实现净利润 33,574,820.16 元，提取 10%法定公积金和 5%法定公益金后，可供投资者分配的利润为 28,538,597.13 元，按股东持股比例进行分配。

本公司发行上市后，预计首次派发股利的时间为 2003 年上半年。

十六、董事及有关中介机构声明

(一)公司全体董事声明

本公司全体董事承诺本招股说明书及其摘要不存在虚假记载、误导性陈述或重大遗漏，并对其真实性、准确性、完整性承担个别和连带的责任。

全体董事签字：费云良、杨振峰、赵胜利、丛湘滋、宋杰、顾宗勤、丛吉滋

山东华鲁恒升化工股份有限公司(盖章)

2002 年 5 月 31 日

(二)主承销商声明

本公司已对招股说明书及其摘要进行了核查，确认不存在虚假记载、误导性陈述或重大遗漏，并对其真实性、准确性和完整性承担相应的法律责任。

主承销商：天同证券有限责任公司(盖章)

公司法定代表人(或授权代表)签字：赵强

项目负责人：魏蔚、高立金

2002 年 5 月 31 日

(三)发行人律师声明

本所及经办律师保证由本所同意发行人在招股说明书及其摘要中引用的法律意见书和律师工作报告的内容已经本所审阅，确认招股说明书不致因上述内容出现虚假记载、误导性陈述及重大遗漏引致的法律风险，并对其真实性、准确性和完整性承担相应的法律责任。”

发行人律师：北京市国方律师事务所(盖章)

负责人签名：丛培国

经办律师：丛培国、张利国

2002 年 5 月 31 日

(四)审计机构声明

本所及经办会计师保证由本所同意发行人在招股说明书及其摘要中引用的财务报告已经本所审计，确认招股说明书不致因上述内容而出现虚假记载、误导性陈述及重大遗漏，并对其真实性、准确性和完整性承担相应的法律责任。

审计机构：山东乾聚有限责任会计师事务所(盖章)

法人代表或授权代表：车云

经办注册会计师：鲍伟珍、杜中恒

2002 年 5 月 31 日

(五)资产评估机构声明

本机构保证由本机构同意发行人在招股说明书及其摘要中引用的资产评估数据已经本机构审阅，确认招股说明书不致因上述内容而出现虚假记载、误导性陈述或重大遗漏，并对其真实性、准确性和完整性承担相应的法律责任。

资产评估机构：山东正源和信有限责任会计师事务所(盖章)

法人代表：王传顺

经办注册评估师：王效治、吕洪业

2002 年 5 月 31 日

(六)验资机构声明

本机构保证由本机构同意发行人在招股说明书及其摘要中引用的验资报告及有关数据已经本机构审阅，确认招股说明书不致因上述内容而出现虚假记载、误导性陈述或重大遗漏，并对其真实性、准确性和完整性承担相应的法律责任。

验资机构：山东乾聚有限责任会计师事务所(盖章)

法人代表或授权代表：车云

经办注册会计师：鲍伟珍、杜中恒

2002 年 5 月 31 日

十七、备查文件

(一)备查文件目录

1、招股说明书及其摘要正式文本；

2、招股说明书的附录，包括《审计报告》；

3、发行人律师北京市国方律师事务所对本次股票发行的《法律意见书》及《律师工作报告》；

4、公司成立时的《验资报告》；

5、公司成立时的《资产评估报告》及有关确认文件；

6、公司拟收购资产的《审计报告》；

7、公司拟收购资产的《评估报告》；

8、股利分配的决议及记录；

9、公司章程及其他有关内部规定；

10、关于本次发行事宜的股东大会决议；

11、《发起人协议》；

12、与本次发行有关的重大合同；

13、本公司成立的批准和注册登记文件；

14、本公司及主要发起人的营业执照；

15、中国证券监督管理委员会对本次发行有关的文件；

16、《主承销协议》；

17、有关关联交易协议。

(二)查阅时间、地点

查阅时间：2002 年 6 月 3 日—2002 年 6 月 19 日

查阅地点：公司及主承销商的法定住所

除以上查阅地点外，投资者可以登录上海证券交易所网站(网址为 http://www.sse.com.cn)，查阅《招股说明书》正文及相关附录。

600426 山东华鲁恒升化工股份有限公司

首次公开发行A股股票上市公告书

第一节　重要声明与提示

本公司董事会保证上市公告书的真实性、准确性、完整性，全体董事承诺上市公告书不存在虚假记载、误导性陈述或重大遗漏，并承担个别和连带的法律责任。

根据《公司法》、《证券法》等有关法律、法规的规定，本公司董事、高级管理人员已依法履行诚信和勤勉尽责的义务和责任。上海证券交易所、中国证监会、其他政府机关对本公司股票上市及有关事项的意见，均不表明对本公司的任何保证。

本公司提醒广大投资者注意，凡本上市公告书未涉及的有关内容，请投资者查阅2002年6月3日刊载于《上海证券报》、《证券时报》和《中国证券报》的本公司招股说明书摘要，及刊载于上海交易所网站(http:/www.sse.com.cn)的本公司招股说明书全文。

本上市公告书刊登网址：http:/www.sse.com.cn

第二节　概　　览

股票简称：华鲁恒升

发行价格：6.28元/股

沪市股票代码：600426

深市代理股票代码：003426

股本总额：16700万股

可流通股本：6000万股

本次上市流通股本：6000万股

上市地点：上海证券交易所

上市日期：2002年6月20日

股票登记机构：中国证券登记结算有限责任公司上海分公司

上市推荐人：万通证券有限责任公司、天同证券有限责任公司

本公司公开发行股票前股东所持股份的流通限制及期限：根据国家现有法律、法规规定和中国证监会证监发行字[2002]27号《关于核准山东华鲁恒升化工股份有限公司公开发行股票的通知》，本公司发起人持有的未流通股份暂不上市流通。

本公司公开发行股票前第一大股东山东华鲁恒升集团有限公司承诺：自本公司股票上市之日起12个月内，不转让所持有本公司的股份，也不会由本公司回购其所持有的股份。

第三节　绪　　言

本上市公告书是根据《根据人民共和国公司法》、《中华人民共和证券法》、《股票发行与交易管理暂行条例》、《公开发行股票公司信息披露实施细则》和《上海证券交易所股票上市规则》等国家有关法律、法规的规定，并按照中国证监会《公开发行证券的公司信息披露内容与格式准则第7号－股票上市公告书》而编制，旨在向投资者提供有关山东华鲁恒升化工股份有限公司(以下简称"本公司")和本次股票上市的基本情况。

经中国证监会证监发[2002]27号文核准，本公司于2002年6月5日利用上海证券交易所交易系统，以向沪市、深市二级市场投资者定价配售的方式成功发行了6000万股每股面值1.00元的人民币普通股，发行价为每股人民币6.28元。

经上海证券交易所上证上字[2002]107号《关于山东华鲁恒升化工股份有限公司人民币普通股股票上市交易的通知》批准，本公司公开发行的6000万股社会公众股将于2002年6月20日起在上海证券交易所挂牌交易。股票简称"华鲁恒升"，沪市股票代码"600426"，深市代理股票代码"003426"。

本公司已于2002年6月3日在《中国证券报》、《上海证券报》、《证券时报》上刊登了《招股说明书摘要》，招股说明书正文及其附录可以在上海证券交易所网站(www.sse.com.cn)查询，距今不足三个月，故与其重复的内容不再重述，敬请投资者查阅上述内容。

第四节　发行人概况

一、发行人的基本情况

1.发行人名称：山东华鲁恒升化工股份有限公司

2.注册资本：16700万元

3.法定代表人：费云良

4.注册地址：德州市德城区天衢西路24号

5.邮政编码：253024

6.经营范围：化学肥料、醇类、醛类、树脂、胺类、羰基化合物(不含化学危险品)的生产、销售；资格证书范围内的进出口业务。

7.主营业务：主营尿素、甲醇的生产与销售

8.所属行业：化学工业

9.联系电话：(0534)2460426

10.传真：(0534)2421845

11.董事会秘书：宋杰

二、发行人历史沿革及经历的改制重组情况

(一)本公司的设立

山东华鲁恒升化工股份有限公司(以下简称本公司或公司)是经山东省经济体制改革委员会鲁体改函字[2000]29号文同意，并取得了山东省人民政府鲁政股字[2000]13号《山东省股份有限公司批准证书》，由山东华鲁恒升集团有限公司(以下简称华鲁恒升集团)作为主发起人，联合鲁银投资集团股份有限公司、山东德棉集团有限公司、山东省化肥工业总公司、山东省石油化工经贸集团总公司、山东华鲁国际商务中心有限公司等五家发起人共同发起设立的股份有限公司。

主发起人在改制前拥有化肥、反渗透、螺旋藻等生产经营性资产，其中反渗透、螺旋藻在改制前一直没有发生生产经营活动，亦未产生收入。本次改制主发起人以其与化肥生产相关的全部生产经营性净资产出资，该部分资产主要包括：煤炭处、供应处、销售处、造气车间、合成车间、尿素车间、水汽车间、电仪车间的机器设备及厂房建筑物等全部生产经营资产，将非经营性资产及与反渗透、螺旋藻等生产相关的经营性资产进行了剥离。根据山东正源会计师事务所有限公司鲁正会评报字[2000]第009号《评估报告》，并经山东省国有资产管理局鲁国资评字[2000]第59号文确认，主发起人投入本公司的与化肥生产相关的全部生产经营性净资产经评估后(评估基准日为2000年3月31日)为16212万元人民币。其他五家发起人各以现金50万元出资。经山东省国有资产管理局鲁国资企字[2000]第27号文批准，六家发起人投入本公司的净资产为16462万元，按65%的折股比例，共折为发起人股10700万股，其中国有法人股10635万股，法人股65万股。

(二)历次股本形成与股权变化情况

本公司自2000年4月26日正式成立以来，没有进行送、配股、转增股本及重大资产重组行为，因此本公司的股本结构没有发生变化。本公司的股本结构如下：

股份类别	股份数(万股)	占总股本比例(%)
国有法人股	10635	99.39
法人股	65	0.61
总股本	10700	100

(三)发行人股东名称及其持股数量和比例

本公司所有发起人自公司成立之后，均没有发生任何股权转让行为。本公司目前全部股东名称及其持股数量和比例如下：

持股单位	股份类别	股份数量(万股)	占总股本比例(%)
山东华鲁恒升集团有限公司	国有法人股	10537.5	98.5
山东德棉集团有限公司	国有法人股	32.5	0.3
山东省化肥工业总公司	国有法人股	32.5	0.3
山东省石油化工经贸集团总公司	国有法人股	32.5	0.3
山东华鲁国际商务中心有限公司	法人股	32.5	0.3
鲁银投资集团股份有限公司	法人股	32.5	0.3

经中国证监会证监发[2002]27号文核准，本公司于2002年6月5日利用上海证券交易所交易系统，以向沪市、深市二级市场投资者定价配售的方式成功发行了6000万股每股面值1.00元的人民币普通股，发行价为每股人民币6.28元。此次发行完成后，本公司的总股本为16700万股，注册资本为16700万元。

此次发行完成后，本公司的股本结构如下表：

类别	数量(万股)	占股本总额的比例(%)
国有法人股	10635	63.68
法人股	65	0.39
社会公众股	6000	35.93
总股本	16700	100

三、发行人的主要经营情况

1.主营业务的一般情况

公司是山东省重要的氮肥生产基地之一，其主导产品一尿素、甲醇均获国家技术监督局"采用国际标准产品标志证书"。2000年1月本公司质量管理体系通过了ISO9002质量体系认证，主导产品"友谊"牌尿素获中国方圆标志认证委员会产品质量认证证书、"山东省名牌产品"称号，并连续四年被山东省技术监督局评为产品质量免检产品，2001年，公司尿素产品还被国家质量监督检验检疫总局认定为质量免检产品。公司依靠严格的生产管理保证了产品质量的可靠与稳定，也提高了产品在市场竞争中的优势，形成了市场信誉较高的品牌优势。

2.产品经营情况

本公司产品主要采用直销、代销、联销的销售方式，且本公司拥有自营进出口权。本公司本着以市场需求定价，以稳固市场占有率及追求利益最大化的定价原则，近年来产品产销率一直保持100%左右。

本公司的主导产品尿素目前主要面向农业，以当地市场、苏皖市场、东北市场的农资公司、供销社为消费对象，主要销往以冀、鲁一带为主的当地市场、以江苏、安徽为主的苏皖市场和以东北三省为主的东北市场。本公司本着稳固三大主体市场，保持合理投放，控制市场占有率；积极开拓国内新的市场领域，保持提高出口份额，形成新的主体市场的销售战略。2001年当地市场投放率为57%，苏皖市场投放率为13%，东北市场投放率为19%。

本公司所产的甲醇作为一种重要的有机化工原料，销售基本面向石油化工生产企业，主要销售市场分布在河北、山东的当地市场，市场投放和销售率超过70%。在甲醇的销售方面主要采取提高当地市场占有率，在南方市场、北方市场进行适度投放的营销战略。

加入WTO后，我国化肥市场最终将走向开放和竞争。国外的优质化肥不可避免的对我国化肥市场产生较大的冲击。公司主营尿素、甲醇的生产与销售，产品结构相对集中，80%以上的收入来源于尿素销售。产品结构相对集中使公司受化肥行业景气程度的影响更为突出，使公司产品的经营面临一定的挑战。

3.主要技术和研究开发情况

本公司生产尿素、甲醇所采用的核心工艺技术是原国家石油和化学工业局推广的氮肥生产路线。本公司在生产经营过程中通过对此路线的不断改造和完善，并开发了"生产过程DCS控制技术"、"合成氨、尿素自热平衡节能"技术、"氨网络回收"技术、"净化脱碳工艺"等十几项工艺技术，使本公司的生产成本进一步降低，也使公司的核心工艺技术在国内中小氮肥企业中处于领先地位。

本公司设有技术发展部专门负责公司的研究开发工作。该技术中心已于2001年底通过了省级技术开发中心验收通过。本公司目前共拥有研究开发人员79名，其中拥有高、中级技术职称的人员为57人，占研究开发人员的72%；拥有大学以上学历的人员为66人，占研究开发人员的84%。

本公司拟投资的大型氮肥装置国产化工程，采用先进的煤浆加压气化技术，使用廉价的粉烟

煤为原料，将大大降低公司的生产成本。目前正对该项目中的各项技术进行进一步的开发研究，最终形成自己的专利和知识产权。

在甲醇的生产方面，本公司现已具备年产5万吨的生产能力，产品质量达到国际标准。

公司目前正在从事的其他研究开发项目、进展情况以及拟达成的目标如下：

(1)γ-丁内酯项目：前期市场调研和技术调查的基础资料已经完成，准备开发5000吨/年的生产技术。

(2)四氢呋喃项目：前期市场调研和技术调查的基础资料已经完成，准备开发5000吨/年的生产技术。

4.本公司最近三年的销售收入和利润情况

单位：人民币万元

项目	2001年度	2000年度	1999年度
主营业务收入	37,523.06	39,236.85	39,765.29
主营业务利润	6,534.77	7,977.59	9,609.76
其他业务利润	665.41	71.81	41.53
营业利润	4,464.51	5,120.25	7,044.36
利润总额	4,472.57	5,146.52	7,044.36
净利润	3,357.48	3,438.21	4719.72

5.主要知识产权和非专利技术情况

本公司除拥有"友谊"(注册号:588477)和"丰利士"(注册号:804284)两商标外，没有其他知识产权、非专利专用技术等无形资产。本公司尿素和甲醇产品分别使用以上商标。

6.所得税优惠

根据《财政部、国家税务总局关于对若干农业生产资料征免增值税问题的通知》[财税字(1998)78号文]的规定：原生产碳酸氢铵、普通过磷酸钙、钙镁磷肥产品的小化肥生产企业改产生产的尿素、磷铵和硫酸铵自1998年1月1日起至2000年12月31日免征增值税。1998年度、1999年度及2000年度，本公司销售尿素产品免征增值税；根据财政部、国家税务总局财税字[2000]69号文《关于小化肥企业改产尿素等产品征收增值税问题的通知》的规定，本公司2000年5月10日后销售的原年设计生产能力内生产的尿素产品免征增值税。

根据财政部、国家税务总局财税明电[2000]6号《关于延续若干增值税免税政策的通知》的规定，在新的政策文件下发前，2001年公司继续享受上述优惠政策。

根据2001年7月25日财政部下发的《关于若干农业生产资料征免增值税政策的通知》(财税[2001]113号)：对生产销售的尿素统一征收增值税，并在2001、2002年实行增值税先征后退的政策，2001年对征收的税款全额退还，2002年退还50%，自2003年起停止退还政策；对原征收增值税的尿素生产企业生产销售的尿素实行增值税先征后退政策从2001年1月1日起执行；对原免征增值税的尿素生产企业生产销售的尿素，恢复征收增值税和实行先征后退政策自2001年8月1日起执行。根据该文件的规定，本公司2001年1-7月销售尿素产品(超过原设计生产能力的部分)已上缴的增值税，将实行全额返还的政策；本公司自2001年8月1日起销售的全部尿素产品将实行先征后返的政策。

第五节　股票发行与股本结构

一、本次股票上市前首次公开发行股票的情况

1.发行数量：6000万股

2.发行价格：6.28/股

3.募集资金总额：35580万元

4.发行方式：向二级市场投资者配售

5.发行费用总额及项目：本次A股发行费用总额为17,825,874.67万元，包括承销费用、审计师费用、律师费用、上网发行手续费、审核费用等。

6.每股发行费用：0.297元

二、本次股票上市前首次公开发行股票的承销情况

本次公开发行6000万股社会公众股的配号总数为64133664，中签率为0.09355461%，其中，二级市场投资者认购58,956,990股，其余1,043,010股由主承销商包销。

三、本次上市前首次公开发行股票所募股资金的验资报告

验　资　报　告

(2002)汇所验字第4-011号

山东华鲁恒升化工股份有限公司：

我们接受委托，审验了贵公司截至2002年6月12日止的新增注册资本实收情况。按照国家相关法律、法规的规定和协议、章程的要求出资，提供真实、合法、完整的验资资料，保护资产的安全、完整是全体股东及贵公司的责任。我们的责任是对贵公司新增注册资本的实收情况发表审验意见。我们的审验是依据《独立审计实务公告第1号—验资》进行的。在审验过程中，我们结合贵公司的实际情况，实施了检查等必要的审验程序。

贵公司原注册资本为人民币10700万元，根据贵公司2001年度股东大会决议和章程修订案(草案)的规定，贵公司申请增加注册资本人民币6000万元。经中国证券监督管理委员会证监发行字(2002)27号文件批准，贵公司于2002年6月10日向社会公众发行人民币普通股6000万股，每股面值1元。经我们审验，截至2002年6月12日止，贵公司已收到社会公众股股东认缴的新增注册资本合计人民币陆仟万元整(RMB60,000,000.00元)，各股东均以货币资金出资。

同时我们注意到，贵公司本次增资前的注册资本为人民币107,000,000.00元，已经山东烟台乾聚会计师事务所有限公司烟乾会验字(2000)12号验资报告验证。截至2002年6月12日，变更后的累计注册资本实收金额为出资167,000,000.00元。

本验资报告供贵公司变更登记及据以向全体股东签发出资证明时使用，不应将其视为是对贵公司验资报告日后资本保全、偿债能力和持续经营能力等的保证。因使用不当造成的后果，与执行本验资业务的注册会计师及会计师事务所无关。

附件：1、注册资本变更情况明细表

(1)新增注册资本实收情况明细表(表1)

(2)注册资本变更前后对照表(表2)

2、验资事项说明

山东汇德会计师事务所有限公司　　中国注册会计师：牟敦潭

中国注册会计师：赵维涛

报告日期：2002年6月12日

四、募股资金入帐情况

1.入帐时间：2002年6月12日

2.入帐金额：362,504,125.33(募集资金扣除承销费和上网手续费后的余额)

3.入帐帐号：261107166

4.开户银行：德州市建行营业部

五、发行人上市前股本结构及各类股东的持股情况

1.本次上市前股本结构

股份类别	股数(万股)	比例(%)
一、发起人股份	10700	64.07
二、流通A股	6000	35.93

2.前十名股东持股情况

序号　股东名称	持股数量(万股)	持股比例(%)
1.山东华鲁恒升集团有限公司	10537.5	63.1
2.天同证券有限责任公司	104.301	0.6
3.鲁银投资集团股份有限公司	32.5	0.2
4.山东德棉集团有限公司	32.5	0.2
5.山东省化肥工业总公司	32.5	0.2
6.山东省石油化工经贸集团总公司	32.5	0.2
7.山东华鲁国际商务中心有限公司	32.5	0.2
8.通乾基金	7	0.04
9.安顺基金	6.6	0.039
10.同盛基金	6.4	0.038

第六节　董事、监事、高级管理人员

一、董事、监事、高级管理人员情况

费云良：中国国籍，男，1950年出生，大学学历，山东省政协常委、中国国际商会山东商会副会长。现任山东华鲁恒升化工股份有限公司董事长，兼任山东华鲁集团有限公司董事长、党委书记。

杨振峰：中国国籍，男，1959年出生，大学学历，高级工程师，山东省"富民兴鲁"劳动模范。现任山东华鲁恒升化工股份有限公司董事、总经理，兼任华鲁恒升集团董事。

丛湘滋：中国国籍，男，1947年出生，大学学历，高级会计师。现任山东华鲁恒升化工股份有限公司董事，兼任山东华鲁集团有限公司副总经理。

赵胜利：中国国籍，男，1950年出生，大学文化，经济师。现任山东华鲁恒升化工股份有限公司董事，兼任华鲁恒升集团董事、总经理。

宋　杰：中国国籍，男，1969年出生，大学学历，会计师。现任山东华鲁恒升化工股份有限公司董事兼董事会秘书，无兼任职务。

顾宗勤：本公司独立董事，中国国籍，男，1955年出生，大学学历，教授级高工。现任国家化工规划院院长，中国石油和化学工业协会常务理事、中国化工学会常务理事、中国无机盐协会副理事长。

丛吉滋：中国国籍，男，1942年出生，大学学历，高级会计师。现任山东省注册会计师协会副会长，为山东华鲁恒升化工股份有限公司独立董事。

许延城：中国国籍，男，1957年出生，大学学历。现任山东华鲁恒升化工股份有限公司监事会召集人，兼任山东华鲁集团有限公司总经理助理、财务部总经理。

肖域斌：中国国籍，男，1948年出生，助理工程师。现任山东华鲁恒升化工股份有限公司监事会监事、工会主席等职，为本公司职工代表监事。无兼职情况。

倪守民：中国国籍，男，1962年出生，大学学历。现任山东华鲁恒升化工股份有限公司监事会监事，兼任山东华鲁集团有限公司办公室总经理。

李绍磊：中国国籍，男，1958年生，大学学历，高级工程师，曾获德国卡尔·杜伊斯·贝尔格基金会奖学金。现任山东华鲁恒升化工股份有限公司副总经理，是公司核心技术人员，无兼职情况。其开发的MHD产品获1997年山东省科技进步三等奖、URPS模拟软件获1998年山东省科技进步二等奖。

常怀春：中国国籍，男，1967年出生，大学学历，高级工程师。现任山东华鲁恒升化工股份有限公司副总经理，是公司核心技术人员，无兼职情况。其开发的精细化管理法获2000年山东省化工管理现代化优秀成果二等奖。

李　红：中国国籍，女，1955年出生，大学文化，高级会计师。现任山东华鲁恒升化工股份有限公司财务负责人兼财务部部长。无兼职情况。

二、董事、监事、高级管理人员和核心技术人员持股情况

截止到本上市公告书签署之日，本公司的董事、监事、高级管理人员和核心技术人员：

1、未持有本公司股份及未由其授权或指示他人代其持有股份；

2、其家属未持有本公司股份；

3、本公司的六家发起人中没有本公司董事、监事、其他高级管理人员和核心技术人员或其近亲属直接或间接控制的公司，因此不存在间接持有本公司股份的情况；

4、未持有本公司关联企业的股份。

第七节　同业竞争与关联交易

一、同业竞争

发行人实际控制人为山东华鲁集团有限公司(以下简称华鲁集团)，华鲁集团及其下属其他子公司主要业务及产品与发行人的主要业务与产品属不同类型，故发行人与实际控制人华鲁集团目前不存在从事相同、相似业务的情况，与发行人不存在同业竞争。

华鲁恒升集团及其下属子公司除德州国立农化服务有限公司(以下简称"国立农化")外，所从事的主要业务及产品与发行人属不同类型，故发行人与上述主体不存在同业竞争。国立农化主要从事复混肥的生产与销售，因复混肥与发行人尿素产品同为含氮元素的化学肥料，故发行人与国立农化之间目前存在同业竞争，但该同业竞争对发行人目前不构成实质性不利影响。

为了避免国立农化的生产经营对发行人构成新的竞争，发行人与控股股东及其他有关各方签署了《股权转让意向协议》。在上述股权转让如期履行后将有效地解决发行人与国立农化目前存在的同业竞争问题。

其他五家发起人的主营业务与本公司不属于同一类型，因此，不存在同业竞争。

二、关联方、关联关系和关联交易

1、关联方及关联关系

企业名称	与本公司关系
山东华鲁集团有限公司	本公司之实际控制人
山东东明石化集团有限公司	实际控制人之全资子公司
山东华鲁恒益贸易有限公司	实际控制人之控股子公司
山东华鲁宝隆经贸有限公司	实际控制人之控股子公司
华鲁集团有限公司(香港)	实际控制人之控股子公司
山东华鲁国际广告有限公司	实际控制人之控股子公司
山东华鲁电信有限公司	实际控制人之控股子公司
山东华鲁恒升集团有限公司	本公司之股东
鲁银投资集团股份有限公司	本公司之股东
山东德棉集团有限公司	本公司之股东
山东省化肥工业总公司	本公司之股东
山东省石油化工经贸集团总公司	本公司之股东
山东华鲁国际商务中心有限公司	本公司之股东
德州国立农化服务有限公司	同一母公司
德州民馨服务有限公司	同一母公司
德州大华实业有限公司	同一母公司

山东华鲁恒升集团德州热电有限责任公司	同一母公司
德州万丰化工有限公司	同一母公司
德州市通达运输有限公司	控股股东的参股子公司

2、公司董事、监事、高级管理人员及核心技术人员在关联方单位任职的情况

姓名	在本公司任职情况	在关联方兼职情况
费云良	董事长	山东华鲁集团有限公司董事长、党委书记
杨振峰	董事、总经理	华鲁恒升集团董事
丛湘滋	董事	山东华鲁集团有限公司副总经理
赵胜利	董事	华鲁恒升集团董事、总经理
宋杰	董事、董事会秘书	无其他兼职情况
顾宗勤	独立董事	在关联方无任何兼职
丛吉滋	独立董事	在关联方无任何兼职
许延城	监事会召集人	山东华鲁集团有限公司总经理助理、财务部总经理
倪守民	监事	山东华鲁集团有限公司办公室总经理
肖域斌	监事(职工代表)	无其他兼职情况
李绍磊	副总经理	无其他兼职情况
常怀春	副总经理	无其他兼职情况
李红	财务负责人	无其他兼职情况

在公司董事长费云良兼任实际控制人的董事长期间,股份公司独立运作情况良好。费云良严格遵照有关法律、法规和发行人公司章程的规定履行董事长的职责,在其任职期间没有发生过利用其任职关系损害发行人独立性的情形。

3.关联交易的合同及协议

(1)土地使用权租赁合同

本公司与华鲁恒升集团于2000年6月18日签署《土地使用权租赁合同》,根据该合同,本公司租用华鲁恒升集团以出让方式取得的位于德州市天衢西路24号院内的2宗、共计205669平方米的土地,租赁期限为20年;2010年前,该等土地的年租金为4元人民币/每平方米,2010年以后的租金由双方另行协商确定;如遇国家有关政策变化而对租金水平有较大影响时,由合同双方协商调整。

(2)房屋租赁合同

华鲁恒升集团与本公司于2001年4月10日签署《房屋租赁合同》,根据该合同,华鲁恒升集团租用本公司合法所有的位于德州市天衢西路24号"鲁德字103105号"房屋所有权证项下894平方米的房屋,租赁期限为3年;该等房屋租赁之租金为每平方米每月10元人民币。

(3)食堂服务协议

本公司与华鲁恒升集团于2001年4月10日签署《食堂服务协议》,根据该协议,华鲁恒升集团向本公司提供职工食堂的餐饮服务;为该等服务,本公司向华鲁恒升集团支付价款;华鲁恒升集团提供该等服务的价格不高于当时的市场价格;该协议有效期3年。

(4)供热协议

本公司与德州热电于2000年6月8日签署《供热协议》,根据该协议,德州热电向本公司供热;本公司按德州市物价局规定的价格向德州热电支付价款;该协议有效期3年。

(5)供应协议

A.本公司与华鲁恒升集团于2001年4月10日签署《甲醇、CO供应协议》,根据该协议,本公司根据华鲁恒升集团每月提交的订购清单向华鲁恒升集团供应甲醇、CO,华鲁恒升集团为该等供应向本公司支付价款。2001年8月16日,双方签署了《甲醇、CO供应协议之补充协议》,双方约定供应产品的单价按供应该等产品当时的市场价格执行。本公司与华鲁恒升集团就供应产品进行价款结算时系按该等供应产品当时的市场价格进行结算。本公司在收购DMF和甲醛生产线后,将不再向华鲁恒升集团销售甲醇和CO。

B.本公司与国立农化于2001年4月10日签署《尿素供应协议》,根据该协议,本公司根据国立农化每月提交的订购单向国立农化供应尿素,国立农化为该等供应向本公司支付价款,2001年8月16日,双方签署了《尿素供应协议之补充协议》,双方约定供应产品的单价按供应该等产品当时的市场价格执行。本公司与华鲁恒升集团就供应产品进行价款结算时系按该等供应产品当时的市场价格进行结算。

(6)服务协议

本公司与德州万丰化工有限公司("万丰化工")于2000年4月26日签署《服务协议》,根据该协议,本公司向万丰化工提供供电、供汽、供应液氨、一氧化碳及物资材料的服务;万丰化工向本公司支付价款,支付价款适用国家定价或市场价格加供应费用;该协议已于2000年12月31日后终止。终止原因为万丰化工的DMF和甲醛生产线已被华鲁恒升集团收购,不再需要上述服务。

(7)担保合同(截止2001年12月31日)

A.由山东华鲁恒升集团德州热电有限责任公司提供担保的长短期借款共九笔,合计金额5817万元;

B.由山东华鲁恒升集团有限公司提供担保的借款共三笔,合计金额7000万元;

C.由山东华鲁集团有限公司提供担保的借款

本公司拟投资的大型氮肥装置国产化工程项目,根据资金筹措计划,项目建设需要申请银行贷款98000万元,国家全额贴息1年。中国建设银行山东省分行于2001年10月24日出具了贷款承诺书[编号(2001年)第03号],同意承诺该项目固定资产贷款6.5亿元(人民币),且该承诺书下的固定资产贷款在两年内有效;招商银行济南分行于2001年10月31日出具了贷款承诺书[编号(2001年)第1号],该承诺书同意本公司大氮肥项目固定资产贷款3.3亿元(人民币)且该承诺书有效期为1年。山东华鲁集团有限公司分别为中国建设银行和招商银行出具了不可撤销的借款担保函,并分别承担连带保证责任。

4.关联交易的具体情况

根据山东乾聚有限责任会计师事务所乾聚审字[2002]96号《审计报告》,本公司与关联方的关联交易情况如下:

①销售货物

A、向德州万丰化工有限公司销售甲醇(不含税价格)　　单位:元

项目	销售数量(吨)	单价	销售金额	占甲醇销售收入(%)
2000年度	17379.17	1473.84	25,614,034.28	38.80
1999年度	5,692.5	1089.27	6,200,646.36	16.56

注:2000年度关联交易大幅度上升的原因为甲醛产量大幅度增加,甲醛同比增加了129%;同时因DMF生产线于2000年10月建成投产,二者合计导致甲醇需求增加了205%,同时还新增加了CO的需求;

B、向华鲁恒升集团销售甲醇(不含税价格)　　单位:元

项目	销售数量(吨)	单价	销售金额	占甲醇销售收入(%)
2001年度	34870.26	1291.17	45,023,269.91	65.67

C、向德州国立农化服务公司销售尿素(不含税价格)　　单位:元

项目	销售数量(吨)	单价	销售金额	占尿素销售收入(%)
2001年度	3790.0	951.20	3,605,035.39	1.18
2000年度	4316.5	958.86	4,138,902.65	1.27
1999年度	1153.0	1119.22	1,290,460.18	0.36

经本公司股东大会表决通过,以上关联交易按市场价格定价。

②采购货物

本公司向德州热电有限责任公司采购蒸汽:　　单位:元

项目	采购数量(GJ)	单价	采购金额	占年度购汽比例(%)
2001年度	424,614.00	21.69	9,209,877.66	100
2000年度	505,364.00	21.69	10,961,345.16	100
1999年度	1,091,095.00	21.69	23,665,850.55	100

经本公司股东大会表决通过,该项关联交易的定价政策为本公司按德州市物价局规定的价格向德州热电支付价款。

③接受劳务

本公司接受德州大华实业有限公司劳务:　　单位:元

项目	金额	占同类业务比例(%)
2000年度	61,744.87	100
1999年度	1,438,848.36	100

经本公司股东大会表决通过,该项关联交易的定价政策适用国家定价(《全国统一安装工程预算定额山东省价目表》)。

④土地使用权租赁

根据本公司与华鲁恒升集团于2000年6月18日签订《土地使用权租赁合同》之约定,本公司向华鲁恒升集团支付土地租赁费。

	单价(元/平方米*年)	金额(元)
2001年度	4	822,678.08
2000年度	4	548,450.71

经本公司创立大会表决通过,该项关联交易的定价政策为以该宗土地评估价值为基础的双方协商定价。

⑤垫款事项

本公司设立时,根据《发起人协议》,山东华鲁恒升集团有限公司将德州市财政局541万元(用于化肥生产经营)财政周转金的债务重组进入本公司。但由于德州市财政局已取消财政周转金的拨付业务而未能对华鲁恒升集团的财政周转金帐户进行相应调整,经本公司、德州市财政局和华鲁恒升集团三方协商一致,同意上述债务仍由华鲁恒升集团通过其财政周转金帐户归还财政局,再由发行人归还华鲁恒升集团,从而形成华鲁恒升集团为本公司垫款。截止于2001年6月30日,本公司已将上述款项全部归还华鲁恒升集团。

5.发行人减少关联交易的措施

《公司章程》五十二条规定"股东大会审议有关关联交易事项时,关联股东不应参与投票表决,其所代表的有表决权的股份数不计入有效表决总数;股东大会决议中应充分披露非关联股东的表决情况。"第六十三条规定"董事个人或其所任职的其他企业直接或间接与公司已有的或计划中的合同、交易、安排有关联关系时(聘任合同除外),不论有关事项在一般情况下是否需要董事会批准同意,均应尽快向董事会披露其关联关系的性质和程度。除非有关联关系的董事按本条前款的要求向董事会做了披露,并且董事会在不将其计入法定人数,该董事亦未参加表决的会议上批准了该事项。公司有权撤消该合同、交易或安排,但在对方是善意第三人的情况下除外。如果公司董事在公司首次考虑订立有关合同、交易、安排前以书面形式通知董事会,声明由于通知所列的内容,公司日后达成的合同、交易、安排与其有利益关系,则在通知阐明的范围内,有关董事视为做了前述规定的披露。作为有关联关系的董事,可以出席董事会,但在对有关关联事项的表决程序中不应当投票,有关关联事项的议案应由非关联董事或其委托的其他董事按程序表决。"

为减少并规范关联交易所采取的措施:

1、本公司主要发起人华鲁恒升集团不存在通过保留采购、销售机构,垄断业务渠道等方式干预本公司的业务经营;

2、在公司设立时,通过科学合理的改制重组方案,使股份公司拥有了完整且独立的生产、供应和销售体系,本公司设有煤炭处、销售处等部门负责主要原材料的采购和产品的销售,不依赖其他股东单位,具有独立、固定的生产办公场所。

3、专为或主要为本公司服务的实体或辅助设施,已全部纳入本公司;

4、对既为本公司服务,也为其他关联方服务的供热设施,已由本公司与德州热电签订的《供热协议》予以确定,根据该协议,德州热电向本公司供热,本公司按德州市物价局规定的价格向德州热电支付价款,该协议有效期3年。

5、为规范已存在的关联交易,公司一方面通过制订相关合同,规范关联交易,另一方面,通过制订各项制度来规范关联交易,以保障中小股东及公众投资者的权益,杜绝侵害股份公司或中小股民利益的不正当的关联交易的发生。本公司章程中明确规定了对关联交易进行表决时关联方必须回避的表决制度、公司关于内部关联交易的决策制度等。

6、本次发行所筹资金将投资不超过8000万元用于收购华鲁恒升集团DMF、甲醛生产线,由于DMF的生产所需原料为甲醇、CO和液氨,其中,甲醇和CO由本公司供应;甲醛生产所需原料为甲醇,因此华鲁恒升集团与本公司签订了《甲醇、CO供应协议》,由本公司向华鲁恒升集团供应甲醇和CO。由于华鲁恒升集团从本公司购买的甲醇和CO全部用于DMF和甲醛的生产,因此,本公司在收购DMF和甲醛生产线后,将不再向华鲁恒升集团销售甲醇和CO,从而进一步减少了本公司与华鲁恒升集团间的关联交易。

第八节　财务会计资料

本公司近三年的财务会计资料已聘请了山东乾聚有限责任会计师事务所进行审计,并出具了标准的无保留意见的审计报告(乾聚审字[2002]96号)。本节数据如无特别说明,均引自经审计的会计报表。

一、本公司的简要会计报表

1.本公司简要利润表　　单位:人民币元

项　目	2001年度	2000年度	1999年度
一、主营业务收入	375,230,569.24	392,368,537.85	397,652,925.74
减:主营业务成本	307,986,424.82	311,824,191.51	301,405,819.53
主营业务税金及附加	1,896,419.04	768,456.65	149,533.08
二、主营业务利润	65,347,725.38	79,775,889.69	96,097,573.13
加:其他业务利润	6,654,088.79	718,115.66	415,305.83
减:营业费用	4,308,196.76	4,466,927.83	5,674,147.03
管理费用	14,654,940.51	17,031,149.83	19,467,502.78
财务费用	8,393,577.61	7,793,379.07	927,621.86
三、营业利润	44,645,099.29	51,202,548.62	70,443,607.29
加:补贴收入	19,800.00		
营业外收入	79,907.35	356,225.55	
减:营业外支出	19,148.81	93,611.95	
四、利润总额	44,725,657.83	51,465,162.22	70,443,607.29
减:所得税	11,150,837.67	17,083,054.85	23,246,390.41
五、净利润	33,574,820.16	34,382,107.37	47,197,216.88

2.本公司简要资产负债表　　单位:人民币元

资　产	2001年12月31日	2000年12月31日
流动资产:		
货币资金	59,722,917.37	37,697,646.52
应收票据	20,000.00	1,301,440.00
应收账款	8,442,493.56	10,745,646.98
其他应收款	2,261,437.14	1,726,046.68
预付账款	23,448,627.96	21,411,755.87

应收补贴款	646,225.48	709,197.06
存货	26,028,734.81	27,930,089.76
待摊费用	285,514.18	578,207.75
流动资产合计	120,855,950.50	102,100,030.62
固定资产：		
固定资产原价	575,752,702.99	540,168,584.91
减：累计折旧	249,300,977.28	215,106,514.98
固定资产净值	326,451,725.71	325,062,069.93
固定资产净额	326,451,725.71	325,062,069.93
工程物资	–	209,375.00
在建工程	220,000.00	3,985,632.32
固定资产合计	326,671,725.71	329,257,077.25
资产总计	447,527,676.21	431,357,107.87
流动负债：		
短期借款	93,900,000.00	35,900,000.00
应付票据	14,000,000.00	15,000,000.00
应付账款	38,869,624.30	53,191,537.94
预收账款	32,384,004.31	11,127,837.43
应付工资	–	1,550,618.60
应付福利费	9,822,691.98	8,717,266.89
应付股利	47,262,264.88	18,723,667.75
应交税金	–937,578.92	3,381,340.86
其他应交款	197,457.08	61,714.18
其他应付款	4,803,428.99	31,473,563.66
一年内到期的长期负债	34,270,000.00	5,410,000.00
流动负债合计	274,571,892.62	184,537,547.31
长期负债：		
长期借款	–	78,900,000.00
长期负债合计	–	78,900,000.00
负债合计	274,571,892.62	263,437,547.31
股东权益：		
股本	107,000,000.00	107,000,000.00
资本公积	57,615,383.90	57,615,383.90
盈余公积	8,340,399.69	3,304,176.66
其中：法定公益金	2,780,133.23	1,101,392.22
未分配利润	–	
股东权益合计	172,955,783.59	167,919,560.56
负债和股东权益总计	447,527,676.21	431,357,107.87

3.本公司简要现金流量表

单位：人民币元

项　　目	2001年度	2000年5－12月
一、经营活动产生的现金流量：		
销售商品、提供劳务收到的现金	440,083,333.98	233,640,609.62
收到的税费返还	4,553,937.79	
收到的其他与经营活动有关的现金	9,695,098.03	4,962,212.68
现金流入小计	454,332,369.80	238,602,822.30
购买商品、接受劳务支付的现金	313,249,031.07	193,305,047.64
支付给职工以及为职工支付的现金	52,055,696.23	16,777,914.04
支付的各项税费	36,632,737.71	21,273,019.61
支付的其他与经营活动有关的现金	7,810,123.30	5,397,142.89
现金流出小计	409,747,588.31	236,753,124.18
经营活动产生的现金流量净额	44,584,781.49	1,849,698.12
二、投资活动产生的现金流量：		
处置资产所收回的现金净额		694,278.36
现金流入小计	–	694,278.36
购建固定资产、无形资产和其他长期资产所支付的现金	22,201,781.38	1,633,785.80
现金流出小计	22,201,781.38	1,633,785.80
投资活动产生的现金流量净额	–22,201,781.38	–939,507.44
三、筹资活动产生的现金流量：		
借款所收到的现金	153,900,000.00	97,170,000.00
收到的其他与筹资活动有关的现金	821,312.69	145,209.75
现金流入小计	154,721,312.69	97,315,209.75
偿还债务所支付的现金	145,940,000.00	83,800,000.00
分配股利、利润或偿付利息所支付的现金	8,965,886.62	5,080,083.07
支付的其他与筹资活动有关的现金	173,155.33	24,930.79
现金流出小计	155,079,041.95	88,905,013.86
筹资活动产生的现金流量净额	–357,729.26	8,410,195.89
四、汇率变动对现金的影响		
五、现金及现金等价物净增加额	22,025,270.85	9,320,386.57

二、报告期利润形成的有关情况

1、销售收入、盈利水平变化趋势及原因

单位：人民币万元

项　　目	2001年度	2000年度	1999年度
主营业务收入	37,523.06	39,236.85	39,765.29
主营业务利润	6,534.77	7,977.59	9,609.76
其他业务利润	665.41	71.81	41.53
营业费用	430.82	446.69	567.41
管理费用	1,465.49	1,703.11	1,946.75
财务费用	839.36	779.34	92.76
营业利润	4,464.51	5,120.25	7,044.36
利润总额	4,472.57	5,146.52	7,044.36

本公司主业突出，利润主要来源于主营业务利润，各年主营业务利润的变动主要受各年毛利率及产销量的变动影响。2001年度其他业务利润较2000年有较大增长的主要原因是一氧化碳销售的变动所致。2000年度营业费用较1999年度降低的主要原因为原由本公司承担的尿素铁路运输费用改由客户负担所致。2000年度管理费用较1999年度降低的主要原因为本公司按部门预算严格控制各项费用开支所致。1999年度财务费用较低的主要原因为1999年度贷款利率降低及偿还借款致使利息支出减少，同时1999年度公司还取得国家财政贴息收入483.2万元。

2、主营业务收入的主要构成

单位：人民币元

项　　目	2001年度	2000年度	1999年度
尿素收入	306,665,751.81	326,370,954.13	360,184,455.45
其中：出口收入	34,545,893.84	22,177,466.47	–
甲醇收入	68,564,817.43	65,997,583.72	37,434,029.29
副产品收入	–	–	34,441.00
合　　计	375,230,569.24	392,368,537.85	397,652,925.74

3、适用的所得税率及享受的主要财政税收优惠政策

(1)所得税

单位：人民币元

项　　目	2001年度	2000年5－12月
利润总额	44,725,657.83	33,063,141.38
纳税调整额	579,910.88	377,152.46
其中：资产准备	–7,436.60	36,677.83
营业外支出—罚款	910.00	960.00
评估增值多提折旧	582,025.08	339,514.63
营业外支出－其他	4,412.40	
应纳税所得额	45,305,568.71	33,440,293.84
所得税税率	33%	33%
所得税	14,950,837.67	11,035,296.97
扣除资源综合利用项目免税	3,800,000.00	
应交所得税	11,150,837.67	

(2)所享受的主要财政税收优惠政策

根据《财政部、国家税务总局关于对若干农业生产资料征免增值税问题的通知》[财税字(1998)78号文]的规定：原生产碳酸氢氨、普通过磷酸钙、钙镁磷肥产品的小化肥生产企业改产生产的尿素、磷铵和硫酸铵自1998年1月1日起至2000年12月31日免征增值税。1998年度、1999年度及2000年度，本公司销售尿素产品免征增值税；根据财政部、国家税务总局财税字[2000]69号文《关于小化肥企业改产尿素等产品征收增值税问题的通知》的规定，本公司2000年5月10日后销售的原年设计生产能力内生产的尿素产品免征增值税。

根据财政部、国家税务总局财税明电[2000]6号《关于延续若干增值税免税政策的通知》的规定，在新的政策文件下发前，2001年公司继续享受上述优惠政策。

根据2001年7月25日财政部下发的《关于若干农业生产资料征免增值税政策的通知》(财税[2001]113号)：对生产销售的尿素统一征收增值税，并在2001、2002年实行增值税先征后退的政策，2001年对征收的税款全额退还，2002年退还50%，自2003年起停止退还政策；对原征收增值税的尿素生产企业生产销售的尿素实行增值税先征后退政策从2001年1月1日起执行；对原免征增值税的尿素生产企业生产销售的尿素，恢复征收增值税和实行先征后退政策自2001年8月1日起执行。根据该文件的规定，本公司2001年1－7月销售尿素产品(超过原设计生产能力的部分)已上缴的增值税，将实行全额返还的政策；本公司自2001年8月1日起销售的全部尿素产品将实行先征后返的政策。

(3)应收出口退税

截至2001年12月31日，本公司应收出口退税646,225.48元。

三、最近一期主要固定资产、在建工程、对外投资及有形资产情况

1、主要固定资产情况

(1)固定资产及累计折旧

	2000－12－31		2001－12－31	
	原　值	累计折旧	原　值	累计折旧
房屋建筑物	99,807,141.62	30,267,451.14	100,429,081.27	34,129,166.65
机器设备	432,746,908.87	182,265,490.81	466,061,032.98	211,575,206.52
运输设备	6,551,428.00	1,600,906.26	7,904,886.00	2,452,747.24
电子设备	1,063,106.42	972,666.77	1,357,702.74	1,143,856.87
合　　计	540,168,584.91	215,106,514.98	575,752,702.99	249,300,977.28
固定资产净值	325,062,069.93		326,451,725.71	

期末固定资产无对外抵押、担保情况。

(2)固定资产折旧方法

固定资产折旧采用直线法。预计净残值率、分类折旧年限、年折旧率如下：

固定资产类别	残值率	折旧年限(年)	年折旧率
房屋建筑物	3%	25－30	3.23－3.88%
机器设备	3%	10－14	6.93－9.70%
运输设备	3%	8	12.13%
电子设备	3%	5	19.40%

2、在建工程

截至2001年12月31日余额为220,000.00元。

3、对外投资情况

截止2001年12月31日，本公司无对外投资。

4、有形资产

截止2001年12月31日，扣除无形资产、待摊费用和长期待摊费用后，期末本公司有形资产净值为447,242,162.03元。

四、最近一期资产负债表截止日主要债项

截止2001年12月31日，本公司的负债合计为274,571,892.62元，全部为流动负债。主要债项列示如下：

1、短期借款

截至2001年12月31日余额为93,900,000.00元。

2、应付票据

截至2001年12月31日余额为14,000,000.00元。

3、应付账款

截至2001年12月31日余额为38,869,624.30元。

账　龄	2001－12－31		2000－12－31	
	金　额	比例(%)	金　额	比例(%)
1年以内	37,011,102.83	95.22	49,842,157.13	93.70
1年至2年	1,072,272.03	2.76	1,961,508.63	3.49
2年至3年	612,876.44	1.58	1,112,635.24	2.09
3年以上	173,373.00	0.44	275,236.94	0.52
合　　计	38,869,624.30	100.00	53,191,537.94	100.00

注：(1)应付账款余额中无欠付持本公司5%(含5%)以上表决权股份的股东款项。

(2)2001年12月31日余额比2000年末减少26.93%，主要原因系及时与客户结算所致。

应付账款余额中账龄3年以上的金额为173,373.00元，其主要原因系本公司原购入的设备配件按照合同规定预留的质量保证金和设备维检质保金，到期后客户未及时进行结算。

4、预收账款

截至2001年12月31日余额为32,384,004.31元。

账　龄	2001－12－31		2000－12－31	
	金　额	比例(%)	金　额	比例(%)
1年以内	31,577,885.58	97.51	10,079,020.45	90.58
1年至2年	176,783.02	0.55	388,369.94	3.49
2年至3年	629,335.71	1.94	175,991.53	1.58
3年以上			484,455.51	4.35
合　　计	32,384,004.31	100.00	11,127,837.43	100.00

注：(1)预收账款余额中无预收持本公司5%(含5%)以上表决权股份的股东款项。

(2)2001年12月31日余额比2000年末增加191.02%，主要原因系产品销售旺季，预收购货款较多所致。其中，账龄超过一年的预收账款806,118.73元，主要原因系由于部分客户与本公司保持了长期的合作关系滚动所致，本公司已责成有关部门予以清理。

5、应付股利

截至2001年12月31日余额为47,262,264.88元。

投资者名称	金　额
山东华鲁恒升集团有限公司	46,544,496.83
山东华鲁国际商务中心有限公司	143,553.61

山东省化肥工业总公司	143,553.61
鲁银投资集团股份有限公司	143,553.61
山东省石油化工经贸集团总公司	143,553.61
山东德棉集团有限公司	143,553.61
合　计	47,262,264.88

注:(1)根据本公司于 2001 年 12 月 6 日召开的一届六次董事会决议,本公司成立后,2000 年 5—12 月实现的净利润,在计提 10%法定盈余公积和 5%公益金后,按股东持股比例进行分配,共计分配 18,723,667.75 元。公司于 2002 年 1 月 8 日召开的 2002 年第一次临时股东大会已通过此决议。

(2)根据本公司 2001 年度股东大会决议,本公司 2001 年度实现的净利润,在计提 10%法定盈余公积和 5%公益金后,按股东持股比例进行分配,共计分配 28,538,597.13 元。

6、应交税金

截至 2001 年 12 月 31 日余额为 - 937,578.92 元。

项　目	2001 - 12 - 31	2000 - 12 - 31
增值税	2,092,572.21	1,069,871.60
所得税	- 3,569,939.38	2,101,606.04
城建税	460,733.19	143,999.76
房产税	75,161.06	65,863.46
营业税	3,894.00	-
合　计	- 937,578.92	3,381,340.86

注:(1)本公司应交增值税 2001 年 12 月 31 日余额比 2000 年 12 月 31 日增加 95.59%,主要原因系公司根据财政部 2001 年 7 月 25 日下发《关于若干农业生产资料征免增值税政策的通知》(财税[2001]113 号文)的规定,2001 年 8 月 1 日起尿素按全部销售收入计提应交增值税,增值税执行先征后返政策。

(2)应交所得税 - 3,569,939.38 元主要是由于审计调减利润所致。

7、其他应付款

截至 2001 年 12 月 31 日余额为 4,803,428.99 元。

8、一年内到期的长期负债

截至 2001 年 12 月 31 日余额为 34,270,000.00 元。

五、报告期各会计期末的股东权益情况

本公司股本及其他股东权益的变化情况　　单位:人民币万元

项　目	2001 年 12 月 31 日	2000 年 12 月 31 日
股本(万元)	10,700.00	10,700.00
资本公积(万元)	5,761.54	5,761.54
盈余公积(万元)	834.04	330.42
其中:公益金(万元)	278.01	110.14
未分配利润(万元)	-	-
股东权益合计(万元)	17,295.58	16,791.96

六、报告期的现金流量情况

单位:元

项　目	2001 年度	2000 年 5 - 12 月
经营活动产生的现金流量净额	44,584,781.49	1,849,698.12
投资活动产生的现金流量净额	- 22,201,781.38	- 939,507.44
筹资活动产生的现金流量净额	- 357,729.26	8,410,195.89
现金及现金等价物净增加额	22,025,270.85	9,320,386.57

七、期后事项、重大关联交易及或有事项

1、期后事项

根据德州市财政局财发函[2002]1 号文,本公司于 2002 年 1 月 4 日收到退回的 2001 年 1 - 11 月份实现并上缴入库的增值税 7,978,654.61 元;

除上述事项外,本公司无需披露的资产负债表日后非调整事项。

2、重大关联交易

本报告期内发生的重大关联交易见"第七节二、关联方、关联关系和关联交易"。

3、或有事项

截止 2001 年 12 月 31 日,本公司无重大或有事项。

八、财务指标

1、主要财务指标

项　目	2001 年度	2000 年度
流动比率	0.44	0.55
速动比率	0.34	0.40
应收账款周转率	36.76	34.32
存货周转率	11.38	11.16
无形资产占总资产比例	—	—
无形资产占净资产比例	—	—
资产负债率%	61.35	61.07
每股净资产	1.62	1.57
研发费用占主营业务收的比例%	1.95	1.56
每股经营活动的现金流量(元)	0.42	0.02(2000 年 5 - 12 月)

2、净资产收益率和每股收益

根据中国证监会《公开发行证券公司信息披露编报规则(第 9 号)净资产收益率和每股收益的计算及披露》的规定,本公司对相关指标的计算如下:

2001 年度	净资产收益率%		每股收益(元/股)	
	全面摊薄	加权平均	全面摊薄	加权平均
主营业务利润	37.78	35.38	0.61	0.61
营业利润	25.81	24.17	0.42	0.42
净利润	19.41	18.18	0.31	0.31
扣除非经常性损益后的净利润	17.10	16.01	0.28	0.28

2000 年度	净资产收益率%		每股收益(元/股)	
	全面摊薄	加权平均	全面摊薄	加权平均
主营业务利润	47.51	50.03	0.75	0.75
营业利润	30.49	32.11	0.48	0.48
净利润	20.48	20.56	0.32	0.32
扣除非经常性损益后的净利润	20.37	21.45	0.32	0.32

全面摊薄净资产收益率和每股收益的计算公式如下:

全面摊薄净资产收益率 = 报告期利润 ÷ 期末净资产

全面摊薄每股收益 = 报告期利润 ÷ 年末股份总数

加权平均净资产收益率(ROE)的计算公式如下:

$ROE = P/(E0 + NP \div 2 + Ei * Mi \div M0 - Ej * Mj \div M0)$

其中:P 为报告期利润;E0 为期初净资产;NP 为报告期净利润;Ei 为发行新股新增净资产;Ej 为报告期回购或现金分红等减少净资产;M0 为 12 个月;Mi 为新增净资产下一个月份起至报告期期末的月份数;Mj 为减少净资产下一月份起至报告期末的月份数。

加权平均每股收益(EPS)的计算公式如下:

$EPS = P/(S0 + S1 + Si * Mi \div M0 - Sj * Mj \div M0)$

其中:P 为报告期利润;S0 为年初股份总数;S1 为报告期因公积金转增股本或股票股利分配等增加股份数;Si 为报告期因发行新股增加股份数;Sj 为报告期因回购或缩股等减少的股份;M0 为 12 个月;Mi 为新增股份下一个月份起至报告期期末的月份数;Mj 为减少股份下一月份起至报告期末的月份数。

九、发行当年预期利润率的说明

公司所属行业属于支农工业,符合国家产业政策,发展前景广阔,与同行业其他公司相比较,公司具有技术、管理、质量、销售等方面的优势;公司主营业务突出,市场占有率稳定,连续五年产销率、货款回收率都在 100%左右,现金流量充足、盈利能力较强。公司已开始注重调整产品结构,在稳定化肥的基础上,逐步增加化工产品的比重,并已初见成效。在公司尿素产品大幅度下滑的市场背景下,公司仍然实现了良好的经营业绩。根据山东乾聚有限责任会计师事务所出具的审计报告,本公司 1999、2000、2001 年度分别实现净利润 4719.72 万元、3438.21 万元和 3357.48 万元,2000、2001 年全面摊薄净资产收益率分别为 20.48%和 19.41%,均超过银行同期存款利率。本次发行后,收购资产项目将随着收购的完成开始产生效益,固定资产投资项目也将从 2003 年逐步开始产生效益。公司未来二年的业务发展目标明确,并有着充分的市场基础(详见"第十章　业务发展目标");因此,公司发行后的盈利能力将在 2001 年的基础上保持进一步的增长,发行当年的预期利润率将高于同期银行存款利率,符合《公司法》第 137 条的规定。

第九节　其他重要事项

一、公司股票首次公开发行后至上市公告书公布之日时间间隔较短,公司所处行业和市场无重大变化,主要业务发展目标的进展状况正常,主要投入、产出物供求及价格无重大变化。

二、在上述期间内,公司未发生重大投资行为、无重大资产(或股权)的收购、出售行为。

三、在上述期间内,本公司住所未发生变更,无重大诉讼、仲裁案件,未发生重大会计政策和会计师事务所的变动,未发生新的重大负债并且重大债项未发生变化。

四、在上述期间内,未发生或有事项变为确定事项的情况。

五、经 2001 年度第一次临时股东大会批准,2000 年度公司实现利润归老股东所有;公司股票发行当年实现的利润由本次发行后的新老股东共享。

六、本公司发行上市前后税负标准无变化。

七、根据本公司董事会决议,公司将在 2003 年 6 月 30 日前进行上市后的第一次利润分配,具体分配方案将报当期股东大会批准。

八、根据《上海证券交易所股票上市规则》公司第一大股东已向上海证券交易所承诺,自发行人股票上市之日起 12 个月内,第一大股东不转让其持有的发行人股份,也不由上市公司回购其持有的股份。

第十节　董事会上市承诺

本公司董事会将严格遵守《中华人民共和国公司法》、《中华人民共和国证券法》、《股票发行与交易管理暂行条例》、《公开发行股票公司信息披露实施细则》和《上海证券交易所股票上市规则》等法律、法规和中国证监会的有关规定,并自股票上市之日起承诺做到:

(一)承诺真实、准确、完整、公允和及时的公布定期报告,披露所有对投资者有重大影响的信息,并接受中国证监会、证券交易所的监督管理;

(二)承诺本公司在知悉可能对股票价格产生误导性影响的任何公共传播媒介中出现的消息后,将及时予以公开澄清;

(三)本公司董事、监事、高级管理人员和核心技术人员将认真听取社会公众的意见和批评,不利用已获得的内幕消息和其他不正当手段直接或间接从事本公司股票的买卖活动;

(四)本公司没有无记录的负债。

第十一节　上市推荐人及其意见

一、上市推荐人情况

1.名称:万通证券有限责任公司

法定代表人:王宏达

住所:青岛市东海路 28 号

电话:0532 - 5023702

传真:0532 - 5023750

联系人:牛振松

2.名称:天同证券有限责任公司

法定代表人:段虎

住所:山东省济南市泉城路 180 号齐鲁国际大厦五层

电话:(0531)6019999 - 6671、6656

传真:(0531)6019816

联系人:魏蔚、高立金

二、上市推荐人意见

万通证券有限责任公司和天同证券有限责任公司认为山东华鲁恒升化工股份有限公司具备了《中华人民共和国公司法》、《中华人民共和国证券法》及《上海证券交易所股票上市规则》等法律、法规规定的上市条件。

万通证券有限责任公司和天同证券有限责任公司保证山东华鲁恒升化工股份有限公司的董事了解法律、法规、上海证券交易所上市规则及股票上市协议规定的董事的义务与责任,并协助公司健全了法人治理结构、制定了严格的信息披露制度与保密制度。万通证券有限责任公司和天同证券有限责任公司已对上市文件所载的资料进行了核实,保证公司的上市申请资料、上市公告书没有虚假、严重误导性陈述或重大遗漏,并保证对其承担连带责任。万通证券有限责任公司和天同证券有限责任公司保证不利用在上市过程中获得的内幕信息进行内幕交易,为自己或他人谋取利益。

山东华鲁恒升化工股份有限公司

二〇〇二年六月十五日

600466 四川迪康科技药业股份有限公司

2001年年度报告摘选

一、公司基本情况简介

(一)公司法定中文名称:四川迪康科技药业股份有限公司
中文名称简写:迪康药业
公司法定英文名称:SICHUAN DIKANG SCI&TECH PHARMACEUTICAL INDUSTRY CO.,LTD.
英文名称缩写:DIKANG
(二)法定代表人姓名:曾雁鸣
(三)公司董事会秘书:刘 明
联系电话:028-5195555-8300　传真:028-5184149
电子信箱:dkyy@dikangyaoye.com
联系地址:四川省成都市高新区科园二路1号201信箱
证券事务代表:郭俊华
联系电话:028-5195555-5503　传真:028-5184149
电子信箱:dkyy@dikangyaoye.com
联系地址:四川省成都市高新区科园二路1号201信箱
(四)公司注册地址:成都市二环路南四段十一号
公司办公地址:成都市高新区科园二路一号201信箱　邮政编码:610041
公司网址:HTTP://www.dikangyaoye.com.cn
公司电子信箱:dkyy@dikangyaoye.com
(五)选定的信息披露报刊:《上海证券报》
指定的信息披露网站:HTTP://www.sse.com.cn
公司年报备置地点:公司董事会办公室
(六)公司股票上市交易所:上海证券交易所
股票简称:迪康药业　股票代码:600466

二、会计数据和业务数据摘要

1、本年度主要利润指标情况　单位:元

项目	金额
利润总额:	28,844,160.70
净利润:	29,114,816.21
扣除非经常性损益后的净利润:	24,731,631.72
主营业务利润:	33,618,552.70
其他业务利润:	15,982,791.63
营业利润:	25,050,405.54
投资收益:	985,190.37
补贴收入:	2,975,400.06
营业外收支净额:	-166,835.27
经营活动产生的现金流量净额:	40,001,745.25
现金及现金等价物净增加额:	464,616,038.11

注:非经常性损益项目和涉及金额:　(单位:元)

项目	金额
(1) 投资收益	985,190.37
(2) 补贴收入	2,975,400.06
(3) 营业外收支净额	-166,835.27
(4) 收取资金占用费	875,155.56
(5) 所得税影响	-285,726.23

2、公司三年来的主要会计数据和财务指标(单位:人民币元)

项目	2001年	2000年		1999年
		调整后	调整前	
主营业务收入	94,000,109.63	105,088,161.67	104,489,304.39	96,525,765.75
净利润	29,114,816.21	25,703,903.24	26,105,729.39	28,972,435.56
总资产	751,547,889.42	183,100,184.95	200,411,234.58	170,169,265.85
股东权益	639,540,652.93	116,433,845.08	116,835,671.23	90,729,941.84
每股收益(摊薄)	0.229	0.332	0.337	0.374
每股收益(加权)	0.236	0.332	0.337	0.37
每股净资产	5.02	1.50	1.51	1.17
调整后的每股净资产	5.00	1.49	1.49	1.17
每股经营活动产生的现金流量净额	0.31	0.06	0.06	-0.16
净资产收益率%	4.55	22.08	22.34	31.93
净资产收益率(加权)%	4.89	24.81	25.15	38
扣除非经常性损益后净资产收益率(加权)%	4.17	15.88	19.47	25.74

三、股本变动及股东情况

(一)股本变动情况
公司股份变动情况表　数量单位:万股

	本次变动前	本次变动增减(+、-)						本次变动后
		配股	送股	公积金转股	增发	发行新股	小计	
一、未上市流通股份								
1、发起人股份	7,740							7,740
其中:国家拥有股份								
境内法人持有股份	7,740							7,740
境外法人持有股份								
其他								
2、募集法人股								
3、内部职工股								
4、优先股或其他								
未上市流通股份合计	7,740							7,740
二、已流通股份								
1、人民币普通股						5,000	5,000	5,000
2、境内上市外资股								
3、境外上市外资股								
4、其他								
已流通股份合计						5,000	5,000	5,000
三、股份总数	7,740					5,000	5,000	12,740

600468 天津特精液压股份有限公司

2001年年度报告摘选

第一章 公司基本情况简介

一、公司的法定中文名称:天津特精液压股份有限公司
公司的法定英文名称:TIANJIN TEJING HYDRAULIC CO.,LTD.
英文名称缩写:TJHC
二、公司法定代表人:刘光兴
三、公司董事会秘书:梁岩
联系地址:天津市南开区南开三纬路63号　邮政编码:300100
电话及传真:022-27386320
电子信箱:tjgf@sohu.com
四、公司注册地址:天津市南开区南泥湾路8号
公司办公地址:天津市南开区南开三纬路63号
邮政编码:300100
公司国际互联网网址:www.hyd machchina.com
公司电子信箱:tjhc@hyd machchina.com
五、公司选定的报纸名称:《中国证券报》、《上海证券报》
登载年度报告的网站的网址:上海证券交易所网址 www.sse.com.cn
公司中期报告备置地点:天津市南开区南开三纬路63号公司证券部
六、公司股票上市交易所:上海证券交易所
公司股票简称:特精股份　股票代码:600468

第二章 会计数据和业务数据摘要

一、报告期会计数据摘要(单位:元)

项 目	2001年
利润总额	7482500.18
净利润	5950581.01
扣除非经常性损益后的净利润(注)	4747120.27
主营业务利润	33330547.56
其他业务利润	2335724.55
营业利润	7165052.81
投资收益	316687.49
补贴收入	11648.00
营业外收支净额	-10888.12
经营活动产生的现金流量净额	-39452275.54
现金及现金等价物净增减额	147547467.63

注:"扣除非经常性损益后的净利润"扣除的项目及金额:扣除本公司按5.85%年利率向天津液压机械(集团)有限公司收取资金占用费1415076.28元、扣除补贴收入11648.00元、扣除营业外收支净额-10888.12元及扣除相关所得税212375.42元。

二、截至报告期末公司前三年的主要会计数据和财务指标(单位:元):

项 目	2001.12.31	2000.12.31		1999.12.31
		调整前	调整后	
主营业务收入	133943431.70	150858959.38	150858959.38	145296181.32
净利润	5950581.01	17244077.09	16750877.31	13100581.01
总资产	561425046.30	368274749.94	366510527.83	305198927.23
股东权益(不包含少数股东权益)	337715908.26	137437909.65	135206472.30	120193832.56
每股收益	0.054	0.22	0.209	0.164
每股净资产	3.070	1.718	1.690	1.502
调整后的每股净资产	3.057	1.711	1.711	1.500
每股经营活动产生的现金流量净额	-0.359	0.568	0.568	0.122
净资产收益率(%)	2.32	12.55	12.39	10.90
扣除非经常性损益后加权平均净资产收益率(%)	1.85	10.80	10.80	7.09

三、报告期利润表附表

报告期利润	净资产收益率(%)		每股收益(元/股)	
	全面摊薄	加权平均	全面摊薄	加权平均
主营业务利润	9.87	13.02	0.30	0.34
营业利润	2.12	2.80	0.07	0.07
净利润	1.76	2.32	0.05	0.06
扣除非经常性损益后的净利润	1.41	1.85	0.04	0.05

第三章 股本变动及股东情况

一、股本变动情况

经中国证监会"证监发行字[2001]30号"文核准,公司于2001年5月23日在上海证券交易所采用上网定价发行的方式,以6.6元/股的发行价格向社会公众发行人民币普通股股票3000万股,并于2001年6月15日在上海证券交易所全部上市流通。本次发行后股份变动情况如下(单位:股):

	本次变动前	本次变动增减(+,-)						本次变动后
		配股	送股	公积金转股	增发	其他	小计	
一、未上市流通股份								
1、发起人股份	80000000							80000000
其中:								
国家持有股份	78293807							78293807
境内法人持有股份	1706193							1706193
境外法人持有股份								
其他								
2、募集法人股份								
3、内部职工股								
4、优先股或其他								
未上市流通股份合计	80000000							80000000
二、已上市流通股份								
1、人民币普通股					30000000		30000000	30000000
2、境内上市的外资股								
境外上市的外资股								
其他								
已上市流通股份合计					30000000		30000000	30000000
三、股份总数	80000000				30000000		30000000	110000000

600488 天津天药药业股份有限公司

2001 年年度报告摘选

一、公司基本情况简介

1.公司法定中文名称:天津天药药业股份有限公司
公司法定英文名称:Tianjin Tianyao Pharmaceutical Co.,Ltd.
英文名称缩写:TJPC
2.法定代表人:师春生
3.公司董事会秘书:王喆
联系地址:天津市河东区程林庄路 91 号(邮政编码:300161)
联系电话:022-24564837　传真:022-24564837
电子信箱:tianyao@eyou.com
证券事务代表:冯维荣
联系电话:022-24564837　传真:022-24564837
电子信箱:tianyao@eyou.com
4.公司注册地址:天津市新技术产业园区华苑产业区中济科园 B 座
公司办公地址:天津市河东区程林庄路 91 号　邮政编码:300161
公司电子信箱:tianyao@eyou.com
5.公司选定的信息披露报纸名称:《中国证券报》、《上海证券报》
登载公司年度报告的中国证监会指定网站的网址:http://www.sse.com.cn
公司年度报告备置地点:公司董事会办公室
6.公司股票上市交易所:上海证券交易所
股票简称:天药股份　股票代码:600488

二、会计数据和业务数据摘要

1、本年度主要利润指标(单位:人民币元)

项 目	2001 年
利润总额	88,603,816.81
净利润	75,362,245.23
扣除非经常性损益后的净利润(注)	78,381,781.72
主营业务利润	129,317,030.13
其他业务利润	2,357,898.16
营业利润	81,498,842.50
投资收益	10,124,510.80
营业外收支净额	-3,019,536.49
经营活动产生的现金净流量	71,870,926.25
现金及现金等价物净增减额	330,495,813.06

注:扣除的非经常性损益项目和金额:营业外收入 51,794 元,营业外支出为 3,071,330.49 元(固定资产报废净损失 3,061,330.49 元;捐赠支出 10,000 元。)

2、最近 2 年主要会计数据和财务指标

项目	2001.12.31	2000.12.31
主营业务收入	509,338,669.47	496,022,238.89
净利润	75,362,245.23	65,583,454.97
总资产	1,134,021,405.55	502,776,628.75
股东权益(不含少数股东权益)	709,230,575.86	211,745,692.75
每股收益(加权)	0.58	0.63
每股收益(摊薄)	0.51	0.63
净资产收益率(%)	10.63	30.97
每股净资产	4.76	2.04
调整后每股净资产	4.72	2.01
每股经营活动产生的现金流量净额	0.482	0.395

3、报告期利润表附表

报告期利润(元)	全面摊薄净资产收益率(%)	加权平均净资产收益率(%)	全面摊薄每股收益(元/股)	加权平均每股收益(元/股)
主营业务利润	18.23	25.21	0.868	0.993
营业利润	11.49	15.89	0.547	0.626
净利润	10.63	14.69	0.506	0.579
扣除非经常性损益后的净利润	11.05	15.28	0.526	0.602

三、股本变动及股东情况

1.公司股本变动情况
(1)股份变动情况表

公司股份变动情况表

数量单位:股

	本次变动前	本次变动增减(+,-)						本次变动后
		配股	送股	公积金转股	增发	其他	小计	
一、未上市流通股份								
1.发起人股份	104,008,883							104,008,883
其中:								
国家持有股份								
境内法人持有股份	104,008,883							104,008,883
境外法人持有股份								
其他								
2.募集法人股								
3.内部职工股								
4.优先股或其他								
其中:转配股								
未上市流通股份合计	104,008,883							104,008,883
二、已上市流通股份								
1.人民币普通股					45,000,000		45,000,000	45,000,000
2.境内上市的外资股								
3.境外上市的外资股								
4.其他								
已上市流通股份合计					45,000,000		45,000,000	45,000,000
三、股份总数	104,008,883				45,000,000		45,000,000	149,008,883

600498 烽火通信科技股份有限公司

2001 年年度报告摘选

一、公司基本情况简介

1、公司名称
法定中文名称:烽火通信科技股份有限公司
缩写:烽火通信
法定中文名称:FIBERHOME TELECOMMUNICATION TECHNOLOGIES Co.,Ltd
2、公司法定代表人:江廷林
3、公司董事会秘书:熊向峰
公司董事会证券事务代表:戈俊
联系地址:武汉市洪山区邮科院路 88 号(邮政编码:430074)
联系电话:027-87693885　传　真:027-87691704
电子信箱:info@fiberhome.com.cn
4、公司注册地址:武汉市洪山区邮科院路 88 号
公司办公地址:武汉市洪山区邮科院路 88 号　邮政编码:430074
公司国际互联网网址:www.fiberhome.com.cn
电子信箱:info@fiberhome.com.cn
5、公司选定的信息披露报纸名称:中国证券报、上海证券报、证券时报
登载年度报告的中国证监会指定网站网址:http://www.sse.com.cn
年度报告备置地点:公司证券部
6、公司股票上市交易所:上海芝券交易所
股票简称:烽火通信　股票代码:600498

二、会计数据和业务数据摘要

1、本年度主要会计数据

(单位:元)

项目	金额
利润总额	167,435,299.44
净利润	167,435,299.44
扣除非经常性损益后的净利润*	150,127,429.83
主营业务利润	579,623,925.44
其他业务利润	7,287,921.00
营业利润	175,242,724.75
投资收益	459,850.81
补贴收入	1,207,547.47
营业外收支净额	-9,474,823.59
经营活动产生的现金流量净额	-137,044,794.86
现金及现金等价物净增减额	838,630,688.57

2、公司近两年主要会计数据和财务指标

项目	单位	2001 年	2000 年
主营业务收入	元	1,800,584,835.55	1,003,959,375.61
净利润	元	167,435,299.44	111,071,404.10
总资产	元	3,026,427,577.97	1,409,682,790.15
股东权益	元	2,257,750,244.05	487,955,842.36
全面摊薄每股收益	元/股	0.41	0.34
加权平均每股收益	元/股	0.47	0.34
扣除非经常性损益后每股收益	元/股	0.37	0.28
每股净资产	元/股	5.51	1.48
调整后每股净资产	元/股	5.47	1.47
每股经营活动产生的现金流量净额	元/股	-0.33	-0.35
全面摊薄净资产收益率	%	7.42%	22.76%
加权平均净资产收益率	%	14.94%	21.08%
扣除非经常性损益后加权平均净资产收益率	%	13.40%	17.60%

注:非经常性损益的确定和计算参照《公开发行证券公司信息披露规范问答第 1 号—非经常性损益》的要求。每股收益、净资产收益率指标的计算方法参照《公开发行证券公司信息披露编报规则第九号》的规定。

3、报告期利润表附表

2001 年度利润	净资产收益率(%)		每股收益(元)	
	全面摊薄	加权平均	全面摊薄	加权平均
主营业务利润	25.67%	51.72%	1.41	1.63
营业利润	7.76%	15.64%	0.43	0.49
净利润	7.42%	14.94%	0.41	0.47
扣除非经常性损益后净利润	6.65%	13.40%	0.37	0.42

三、股本变动及股东情况

1、股本变动情况
公司股份变动情况表

单位:万股

	本次变动前	本次变动增减(+,-)						本次变动后
		配股	送股	公积金转股	增发	其他	小计	
一、未上市流通股份								
1. 发起人股份	33000					-800	-800	32200
其中:国家持有股份								
境内法人持有股份	33000					-800	-800	32200
境外法人持有股份								
其他								
2. 募集法人股								
3. 内部职工股								
4. 优先股或其他								
未上市流通股份合计	33000					-800	-800	32200
二、已上市流通股份								
1. 人民币普通股					8000	800	8800	8800
2. 境内上市的外资股								
3. 境外上市的外资股								
4. 其他								
已上市流通股份合计					8000	800	8800	8800
三、股份总数	33000				8000			41000

600500　中化国际贸易股份有限公司

2001年年度报告摘要

一、公司简介

1、公司法定中英文名称

公司法定中文名称：中化国际贸易股份有限公司

公司法定英文名称：SINOCHEM INTERNATIONAL COMPANY LIMITED

2、公司法定代表人：刘德树

3、公司董事会秘书：王克明

公司证券事务代表：刘翔

联系地址：上海市浦东新区世纪大道88号金茂大厦3区18层

联系电话：(021)50498899,50495988,50475048

传　　真：(021)50490909,50470206

电子信箱：intel@sinochem.com

xiangliu@sinochem.com

4、公司注册及办公地址：上海市浦东新区世纪大道88号金茂大厦三区18层

邮政编码：200121

国际互联网网址：http://www.sinochemintl.com

公司电子信箱：intl@sinochem.com

5、公司选定的信息披露报纸名称：《中国证券报》、《上海证券报》

登载公司年度报告的国际互联网网址：http://www.sse.com.cn

公司年度报告备置地点：上海浦东新区世纪大道88号金茂大厦三区18层

6、公司股票上市交易所：上海证券交易所

股票简称：中化国际

股票代码：600500

二、会计数据和业务数据摘要

1、公司本年度主要会计数据

单位：人民币元

项目	金额
利润总额	113,708,313.81
净利润	90,520,787.44
扣除非经常性损益后的净利润	92,749,933.89
主营业务利润	363,578,996.63
其他业务利润	25,547,531.78
营业利润	94,947,156.65
投资收益	20,379,398.17
补贴收入	900,000.00
营业外收支净额	-2,518,241.01
经营活动产生的现金流量净额	644,130,806.07
现金及现金等价物净增减额	382,109,282.23
扣除非经常性损益的净利润调整项目为：	
处理下属单位股权投资损失	172,684.23
中石化股票配售投资跌价损失	831,600.00
营业外净支出	2,518,241.01
补贴收入	900,000.00
上述非经常性损益减少的所得税	393,378.79
合计	2,229,146.45

2、公司近三年主要会计数据和财务指标

项　　目	2001年	2000年		1999年	
		调整后	调整前	调整后	调整前
主营业务收入(万元)	656,715.71	568,275.11	568,275.11	351,321.91	351,321.91
净利润(万元)	9,052.08	12,575.34	13,060.46	10,550.27	11,775.86
总资产(万元)	252,823.53	207,813.87	209,122.67	193,080.18	194,612.99
股东权益(万元)	144,251.56	141,982.38	144,000.31	138,737.71	140,270.52
每股收益(元/股)	0.24	0.34	0.35	0.28	0.32
每股净资产(元/股)	3.87	3.81	3.86	3.72	3.76
调整后的每股净资产(元/股)	3.79	3.80	3.85	3.70	3.73
每股经营活动产生的现金流量净额	1.73	-1.69	-1.69	0.03	0.03
净资产收益率	6.28%	8.86%	9.07%	7.60%	8.40%

3、按照中国证监会《公开发行证券公司信息披露编报规则第9号》要求计算的利润数据：

报告期利润	净资产收益率		每股收益(元/股)	
	全面摊薄	加权平均	全面摊薄	加权平均
主营业务利润	25.20%	24.75%	0.98	0.98
营业利润	6.58%	6.46%	0.25	0.25
净利润	6.28%	6.16%	0.24	0.24
扣除经常性损益的净利润	6.43%	6.31%	0.25	0.25

三、股本变动及股东情况介绍

(一)股本变动情况

中化国际贸易股份有限公司2001年股份变动情况表

数量单位：千股

项　　目	期初数	本次变动增减(+,-)						期末数
		配股	送股	公积金转股	增发	其他	小计	
1、未上市流通股份								
(1)发起人股份	252,650							252,650
其中：								
国家持有股份								
境内法人持有股份	252,650							252,650
境外法人持有股份								
其他								
(2)募集法人股份								
(3)内部职工股								
(4)优先股或其他								
未上市流通股份合计	252,650							252,650
2、已上市流通股份								
(1)人民币普通股	120,000							120,000
(2)境内上市外资股								
(3)境外上市外资股								
(4)其他								
已上市流通股份合计	120,000							120,000
3、股份总数	372,650							372,650

(二)股东情况介绍

1、截至2001年12月31日公司股东总数23,492人。

2、公司前10名股东持股情况

截至2001年12月31日公司前10名股东持股情况如下：

股东名称	持股数量(股)	占总股本比例%	股份性质
中国化工进出口总公司	240,000,000	64.40	国有法人股
安顺基金	7,275,025	1.95	流通股
中国粮油食品进出口(集团)有限公司	2,530,000	0.68	国有法人股
中国石化集团北京燕山石油化工有限公司	2,530,000	0.68	国有法人股
中国石油销售总公司	2,530,000	0.68	国有法人股
上海石油化工股份有限公司	2,530,000	0.68	法人股
浙江中大集团股份有限公司	2,530,000	0.68	法人股
安信基金	1,601,312	0.43	流通股
光大证券有限责任公司	1,527,200	0.41	流通股
金泰基金	1,520,209	0.41	流通股

说明：

(1)公司前10名股东中安顺基金和安信基金存在关联关系，均为华安基金管理公司管理的基金。

(2)公司前10名股东中除各证券投资基金和光大证券有限责任公司所持股份为流通股外，其余股东所持股份均为非流通股份。

(3)持股5%以上的股东持股变动情况

公司持股5%以上的股东为中国化工进出口总公司(在本报告中以下简称“中化总公司”)，其所持有的本公司64.4%的股权属于未上市流通的发起人股份，在本报告期内无增减变动情况，也无质押、冻结情况。

3、控股股东情况介绍

公司控股股东为中化总公司，其法定代表人为刘德树先生。中化总公司成立于1950年3月，目前注册资本为3亿元人民币，是我国最大的专业外贸公司之一，亦是一家国际化、跨行业、多功能的综合性跨国集团公司。企业性质为国有独资公司，上级主管部门为中华人民共和国国务院，主要经营原油、成品油、化肥、化工产品、橡胶制品和经批准的一、二、三类商品和高税率商品的进出口，易货贸易和补偿贸易、对销贸易、转口贸易等。

4、本报告期内公司控股股东未发生变更。

四、董事、监事、高级管理人员和员工情况

(一)报告期末在职董事、监事和高级管理人员情况

1、基本情况

姓　名	性别	年龄	职务	任职期间	持股数	
					年初	年末
刘德树	男	49	董事长	2001.12-2004.12	0	0
施国梁	男	55	副董事长	2001.12-2004.12	0	0
王引平	男	40	董事、总经理	2001.12-2004.12	0	0
陈国钢	男	42	董事	2001.12-2004.12	0	0
柴国强	男	38	董事	2001.12-2004.12	0	0
刘建平	男	44	董事	2001.12-2004.12	0	0
李　强	男	30	董事	2001.12-2004.12	0	0
姜爱萍	男	48	监事会主席	2001.12-2004.12	0	0
於乐民	男	38	监事	2001.12-2004.12	0	0
叶廷勋	男	46	监事	2001.12-2004.12	0	0
徐卫晖	男	31	副总经理	2001.12-2004.12	0	0
杨　峰	男	36	副总经理	2001.12-2004.12	0	0
夏邦于	男	36	财务总监	2001.06至今	0	0
王克明	男	37	董事会秘书	2000.09至今	0	0

备注：公司董事、监事在股东单位任职情况如下：

姓　名	所在股东单位	担任职务	任职期间
刘德树	中化总公司	党组书记、总经理	根据中央、国务院任命
施国梁	中化总公司	总经济师	根据中化总公司任命
陈国钢	中化总公司	总会计师	根据中化总公司任命
柴国强	中化总公司	人力资源部总经理	根据中化总公司任命

刘建平	中化总公司	投资部总经理	根据中化总公司任命
李　强	中化总公司	战略规划部副总经理	根据中化总公司任命
姜爱萍	中化总公司	审计部总经理	根据中化总公司任命
於乐民	中化总公司	法律部总经理	根据中化总公司任命

2、年度报酬情况

报告期内公司高级管理人员5人在公司领取报酬,根据公司第一届董事会有关会议决议、公司有关薪酬发放制度及公司2001年度绩效考评结果,公司本年度实际支付给上述人员的报酬总额为109.5万元,报酬区间从17万到32万元,其中20万元以上2人,17-20万元3人,金额最高的前三名报酬总额为74.9万元。

公司董事刘德树、施国梁、陈国钢、柴国强、刘建平、李强以及公司监事姜爱萍、於乐民均在中化总公司而未在本公司领取报酬。

3、报告期内公司董事、监事、高级管理人员离任等变动情况

(1)经公司2000年度股东大会表决通过,由冯志斌、王引平、王健和李强接替施国梁、潘正义、罗东江、杨峰成为公司董事,由於乐民接替王引平成为公司监事。

(2)公司第一届董事会第十四次会议经审议,同意罗东江因工作变动原因辞去公司总经理职务的请求;同意聘王引平为公司总经理,同意聘王健为公司常务副总经理。

(3)公司第一届董事会第二十次会议经审议,同意李超因工作原因不再担任公司财务负责人;根据总经理提名,同意聘夏邦于为公司财务负责人。

(4)公司第一届董事会、监事会于2001年12月任职期满,经公司2001年度第四次临时股东大会表决产生了换届选举结果,由刘德树、施国梁、王引平、陈国钢、柴国强、刘建平、李强担任公司第二届董事会董事,由姜爱萍、於乐民担任公司第二届监事会监事,公司第一届监事会职工代表监事叶廷勋根据公司第二届职工代表大会决议继续担任职工代表监事。

(5)公司第二届董事会第一次会议经审议,选举刘德树董事为公司第二届董事会董事长,选举施国梁董事为副董事长,同意续聘王引平为公司总经理,同意聘任徐卫晖、杨峰为公司副总经理,同意免去王健公司副总经理职务。

五、公司治理结构

(一)公司治理现状

公司自成立伊始,即根据《公司法》、《证券法》等有关法律和中国证监会关于上市公司治理的有关法规以及《上海证券交易所股票上市规则》的相关要求,建立了以《公司章程》为基础的符合现代企业制度要求的公司治理架构。伴随中国证券市场规范化、法制化进程的不断发展,公司结合自身的实际情况也在不断地对法人治理结构进行完善。对照2002年1月7日中国证监会和国家经贸委联合发布的《上市公司治理准则》(以下简称"《准则》"),公司关于治理方面的基本情况如下:

1、关于股东与股东大会

公司能够确保全体股东充分行使其股东权利,能够确保所有股东,特别是中小股东享有平等地位。公司设立有专门的部门负责投资者关系和联络,认真接待股东来信、来访和电话咨询,建有公司自身的国际互连网网站,利用电子邮件、电话、传真等现代化通讯手段保持与股东之间的有效沟通。公司在《公司章程》中规定了股东大会的召开和表决程序,严格按照《公司章程》规定和中国证监会颁布的《上市公司股东大会规范意见》的要求召集、召开股东大会。会议时间、地点合理,每次股东大会均聘请有证券从业资格的律师进行现场见证。公司的关联交易行为规范,定价原则公平合理,定价依据披露充分。公司没有为股东和关联方提供担保。

2、关于公司与控股股东的关系

公司与控股股东-中化总公司在人员、资产、财务、机构和业务上实现了相互分开和独立(详见以下"(三)公司独立性")。公司的重大决策由股东大会和董事会依法作出,控股股东没有超越股东大会和董事会直接或间接干预公司决策和经营管理。

3、关于公司董事与董事会

公司严格按照《公司章程》中规定的董事选聘程序进行董事的选举和聘任,董事在任期间均能依法、忠实、诚信、勤勉地履行董事义务。董事会共有董事7人,人数和人员构成符合有关法律、法规的要求。董事会制订有《董事会议事规则》确保董事会高效、规范运作。目前公司正在筹备设立董事会内部各专业委员会,同时将提请股东大会修订《公司章程》,推行累积投票选举制,尽快建立独立董事制度。

4、关于公司监事与监事会

公司严格按照《公司章程》中规定的监事选聘程序进行监事的选举和聘任,监事会共有监事3人,人数和人员构成符合有关法律、法规的要求,监事会由财会审计、法律专业人士和职工代表组成,监事在任期间均能认真履行监事义务,依法对公司的经营、管理和公司董事、经理、其他高级管理人员履行职责的合法性、合规性进行有效监督。

5、关于绩效评价和激励约束机制

公司经理人员的聘任程序符合有关法律、法规和《公司章程》的相关规定,其薪酬与公司绩效和个人业绩挂钩,由董事会根据年度预算完成情况和绩效考评结果确定总额后,分工资、奖金两部分,工资逐月发放,奖金根据考评结果发放。公司经理定期向董事会汇报工作,严格按照《公司章程》的相关规定履行职责。公司将根据《准则》制订《总经理工作细则》,继续积极探索符合公司自身发展需要的,更加公正、透明和有效的绩效评价和激励约束机制。

6、关于公司利益相关者

公司尊重一切利益相关者的合法权利,与他们积极合作,加强彼此间的沟通和交流,共同推动公司持续、健康地发展。公司与银行及其他债权人保持良好的往来关系;公司重视人力资源建设,为员工提供施展个人才华的舞台,营造共同发展的企业文化来激励员工;在经营模式上公司以客户和客户需求为中心,以"诚信"为原则巩固和发展与客户和供应商的良好业务关系;公司还十分重视社区公共利益,组织员工参与各种慈善、福利活动,积极承担社会责任。

7、信息披露和透明度

公司严格按照法律、法规和《公司章程》的规定,真实、准确、及时、完整地进行信息披露。公司由董事会秘书负责信息披露和相关咨询工作,要求董事会及经理人员给予理解和支持,保证所有股东有平等的机会获得信息。报告期公司共发布定期公告及各类临时公告40次,并被上海证券交易所评为2001年度信息披露一级优良上市公司。

综上述,公司在治理方面基本符合《准则》的有关要求,今后将继续以《准则》为指南,严格规范公司的治理行为,不断提升治理水平,切实维护全体股东尤其是中小股东的合法权益。2002年公司准备在以下几方面进行努力:

1、建立独立董事制度;

2、建立累积投票制度;

3、制订《股东大会议事规则》、《董事会四委实施细则》、《独立董事制度》、《信息披露内控制度》、《监事会议事规则》和《总经理工作细则》;

4、积极探索符合公司自身发展需要的,更加公正、透明和有效的绩效评价和激励约束机制。

5、加强投资者关系工作。

(二)独立董事履行职责情况

报告期内公司尚未建立独立董事制度。公司董事会目前已根据中国证监会发布的《关于在上市公司建立独立董事制度的指导意见》以及《准则》,积极联系、物色、考察合适的独立董事人选,并与律师协商起草和修订公司有关制度文件。公司独立董事将按规定要求于2002年6月30日前到任。

六、股东大会简介

本报告期内,公司共召开了一次年度股东大会和四次临时股东大会

1、公司2001年第一次临时股东大会

根据公司第一届董事会第十一次会议决议,公司2001年第一次临时股东大会于2001年1月15日上午9:00时在北京中化大厦717会议室召开,出席会议的股东及股东代理人11人,持有(或代理)股份总数254,992,028股,占公司总股本的68.43%,会议符合《公司法》、《公司章程》及相关法律、法规的规定,会议由林达贤董事长主持。会议审议通过了《关于放弃使用前次募集资金投资铝塑板、蜂窝板项目的议案》、《关于使用前次募集资金收购中化浦东贸易有限公司82%股权的议案》、《关于使用前次募集资金对中化浦东贸易有限公司进行增资至人民币16000万元的议案》和《关于授权公司董事会全权办理本次收购及增资具体事项的议案》。北京市中银律师事务所就本次会议的召集、召开、现场见证以及表决结果出具了法律意见书。

本次股东大会通知刊登于2000年12月15日的《中国证券报》和《上海证券报》(以下简称"两报"),决议及法律意见书公告于2001年1月16日刊登于两报。

2、公司2000年度股东大会

根据公司第一届董事会第十六次会议决议,公司2000年度股东大会于2001年4月10日上午9:30在北京中化大厦717会议室召开,出席会议的股东及股东代理人4人,代表股份总数为244,802,323股,占公司总股份的65.69%,符合《公司法》、《公司章程》及相关法律、法规的规定,会议由林达贤董事长主持。会议审议通过了《2000年度董事会工作报告》、《2000年度监事会工作报告》、《2000年度总经理业务经营报告》、《2000年度财务决算报告》、《2000年度报告》(正文及其摘要)、《2000年度利润分配方案》、《关于调整更换董事、监事的议案》、《关于续聘中兴宇会计师事务所为2001年度审计机构的议案》和《关于修订<公司章程>的议案》。北京市中银律师事务所就本次会议的召集、召开、现场见证以及表决结果出具了法律意见书。

本次股东大会通知于2001年3月10日刊登于两报,决议及法律意见书公告于2001年4月11日刊登于两报。

3、公司2001年度第二次临时股东大会

根据公司第一届董事会第十九次会议决议,公司2001年度第二次临时股东大会于2001年7月13日上午9:30在北京中化大厦717会议室召开,出席会议的股东及股东代理人5人,代表股份总数为251,529,683股,占公司总股份的67.50%,符合《公司法》、《公司章程》及相关法律、法规的规定,会议由林达贤董事长主持。会议审议通过了《关于调整购买化工品船舶项目投资预算的议案》、《关于使用节余募集资金12598.88万元收购中化兴中石油转运(舟山)有限公司部分股权的议案》、《关于使用节余募集资金3105万元投资参股中化兴源石油储运(舟山)有限公司的议案》以及《关于修订<公司章程>的议案》。君合律师事务所就本次会议的召集、召开、现场见证以及表决结果出具了法律意见书。

本次股东大会通知于2001年5月25日刊登于两报,会议延期通知于2001年6月19日刊登于两报,决议及法律意见书公告于2001年7月14日刊登于两报。

4、公司2001年度第三次临时股东大会

根据公司第一届董事会第二十一次会议决议,公司2001年度第三次临时股东大会于2001年8月31日上午9:30在北京中化大厦717会议室召开,出席会议的股东及股东代理人2人,代表股份总数为249,565,037股,占公司总股份的66.97%,符合《公司法》、《公司章程》及相关法律、法规的规定,会议由冯志斌副董事长主持。会议审议通过了《关于终止收购中化浦东贸易有限公司的议案》和《关于变更原定收购中化浦东募集资金用途的议案》。君合律师事务所就本次会议的召集、召开、现场见证以及表决结果出具了法律意见书。

本次股东大会通知于2001年7月31日刊登于两报,决议及法律意见书公告于2001年9月1日刊登于两报。

5、公司2001年度第四次临时股东大会

根据公司第一届董事会第二十四次会议决议,公司2001年度第四次临时股东大会于2001年12月13日上午9:30在北京中化大厦召开,出席会议的股东及股东代理人6人,代表股份总数为252,650,000股,占公司总股份的67.80%,符合《公司法》、《公司章程》及相关法律、法规的规定,会议由林达贤董事长主持。会议审议通过了《关于公司董事会换届选举的议案》和《关于公司监事会换届选举的议案》。北京市天元律师事务所就本次会议的召集、召开、现场见证以及表决结果出具了法律意见书。

本次股东大会通知于2001年11月13日刊登于两报,决议公告于2001年12月14日刊登于两报。

七、董事会报告

(一)公司经营情况

1、主营业务范围及其经营状况

(1)主营业务范围:

公司主营业务范围是化工品分销及相关配套服务(包括液体化工品船队、储罐码头、物流配送等)。经营商品包括各种化工原料、精细化工品、农药及中间体、塑料及其制品、橡胶及其制品、冶金能源产品。公司的客户遍及全球60多个国家和地区。

(2)经营状况

2001年公司共实现主营业务收入656,716万元,同比增长16%;实现净利润9,052万元,同比减少28%;经营性现金流量由上期末净流出63,030万元转变为本期净流入64,413万元。

公司2001年主营业务类别说明主营收入和利润构成情况如下:(单位:人民币万元)

	2001年度			2000年度			同比增减	
	主营业务收入	主营业务利润	利润率	主营业务收入	主营业务利润	利润率	主营业务收入	利润率
贸易业务	635,752	31,107	4.89%	558,530	28,538	5.11%	13.83%	-4.24%
仓储运输	17,570	3,764	21.42%	9,745	2,164	22.20%	80.30%	-3.52%
储罐业务	3,393	1,487	43.82%	-	-			

合计	656,716	36,358	5.54%	568,275	30,702	5.40%	15.56%	2.47%

从利润构成情况看,贸易业务仍占公司主营业务利润的85%以上,但利润率同比有所下降,这主要是由于塑料、橡胶、散化等大类商品的平均销售毛利率下降造成的;仓储运输业务在收入大幅增长的同时,主营业务利润率也同比略有下降。因此,如果剔除储罐业务外(因合并报表范围变化造成与去年同期不可比),公司2001年度主营业务利润率有所下降。

具体贸易分销主要产品见下表:(单位:人民币万元)

主要商品大类	2001年度				去年同期
	销售收入	销售成本	销售毛利	销售毛利率	销售毛利率
塑料	176,797	174,723	2,074	1.17%	1.34%
橡胶	137,751	129,898	7,853	5.70%	6.43%
焦碳	65,992	59,805	6,187	9.38%	9.21%
散化	117,585	116,070	1,515	1.29%	3.15%

(3)净利润差异分析

报告期内公司所处的化工品贸易市场行情单边持续下跌,"9.11"事件导致美国经济下滑更加剧了这种不利影响,公司期初高额库存致使公司经营费用显著增加,公司净利润较上一年度有明显下降。

a主营商品价格平均跌幅达到30%-40%,毛利空间受到挤压

自2001年年初以来,石油及其下游化工产品的价格出现大幅下跌,其中石油价格下跌达15%,化工产品中一些大宗产品如塑料、散化价格大幅下降,个别商品最大跌幅甚至高达50%,如PVC价格较2000年平均下跌了36%,毛利率由2000年的7.42%下降到2001年的2.33%;苯乙烯2001年平均价格较2000年下降28%,造成公司在该单一商品上发生的亏损就超过了1047万元。此外,公司销售期初高价存货本身也产生了一定亏损。

b期初高额存货以及营销网点的进一步铺设致使公司经营费用上升

因2000年底公司存货超过正常存销比,进入2001年,相关商品市场价格又一路下跌,客户需求减少,销售进展缓慢,导致公司仓储、保险、转运及人工等相关经营费用较2000年大幅上升,为公司经营带来压力;另一方面,公司利用市场下跌机会抢占市场空间,继续新建一批营销网点也使经营费用有所上升。

c焦炭业务受世界经济影响出口量下降

受主要发达国家经济疲软、合同定单减少的影响,公司主营的焦炭2001年出口122万吨,同比下降28万吨,使得公司在这一拳头商品上的盈利有一定下降。

d长期合同履约损失

公司在市场行情不佳的形势下,因需要按期履行一批与常年合作供应商签订的长期合同(如与韩国三星、SK公司的苯乙烯、甲苯等长约、与埃克森美孚的氯化丁基胶等长约),虽然供货价格低于国际市场平均价格,但因到货后国内销售价格进一步降低,也导致公司发生了一定的经营损失。

(4)公司经营措施

在不利形势下,公司管理层认为挑战与机遇并存,知难而进,采取了一系列措施保证了市场优势地位:

a坚持长期经营

在恶劣的经营环境下,行业内一大批对手纷纷退出了竞争,但公司董事会认为,国内GDP的增长表明市场需求的基本面没有改变,公司抓住时机,抢占国内客户资源,满足客户需求;同时坚决执行与国外大供应商的长期合同,保证了若干大商品的国内独家代理地位,因此报告期内公司的供应商和客户群得到了进一步巩固和优化,主营业务收入反而同比上升16%。

b战略南移,整合业务资源

华东地区是中国化工品的战略集散地,公司选择在市场最低谷时期实施南移决策,既表明公司长期经营的决心和信心,也是贴近市场,贴近客户的具体表现。虽然南移导致公司管理费用上升,但通过公司在华东地区的业务资源整合,理顺了贸易分销网络格局,提高了未来竞争力。

c加强内部管控

坚持以需求为中心,走服务贸易的道路,坚决降低存销比,把库存调控在一个合理水平。2000年末高额库存形成的经营损失表明:公司在贸易分销领域避免受行情波动影响的关键,是树立以客户需求为中心的营销理念。公司通过实施货销分离,建立分公司营销管理平台,不断压缩存销比,在保证收入增长的同时降低了资金占用,现金净流入大幅上升。

通过上述措施,公司2001年在塑料、橡胶、焦炭和散化四大主营商品领域保持了国内最大专业贸易商的地位,在化工品船舶运输领域仍居国内同行业领先地位;公司已拥有全国进口丙酮20%以上、进口甲醇13%左右的市场份额,在福建省和温州地区DOP和二甘醇的销售占主导地位,公司在东北和华北地区建立的农药分销网络,已经具备110余个县级分销商的规模。公司经营规模稳步扩展,经营质量不断改善,为2002年公司的经营与发展打下了良好基础。

2、公司主要参股子公司的经营情况及业绩

(1)海南中化船务企业公司

该公司成立于1994年,主要从事国际航线(以近洋国际航线为主)及国内沿海航线的货物和油品运输,注册资本1500万元,为中化国际全资子公司。2001年底该公司资产总额为24,504万元,2001年共实现主营业务收入10,669万元,实现净利润2,907万元。

(2)上海北海船务企业公司

该公司成立于1994年3月,主要从事货物和油品运输业务,注册资本600万美元,公司出资比例为25%。2001年底该公司资产总额为17,282万元,2001年共实现主营业务收入21,462万元,实现净利润5,566万元。

3、三要供应商、客户情况

公司向前五名供应商采购货物金额占年度采购总额的14.13%,前五名供应商为中化港化工公司、山西三佳煤化有限公司、SK GLOBAL CO.,LTD、裕华隆贸易有限公司、Exxonmobil Chemical International;公司向前五名客户销售货物金额占销售总额的9.96%,前五名客户为Comptoir Balland-Brugneaux、Noble Resources LTD、RAG Group、化进贸易有限公司、中化浦东贸易有限公司。

(二)报告期投资情况

公司2001年度共完成投资项目7个,其中使用募集资金投资5项,自筹资金投资2项。总计协议投资额30,080.88万元,实际完成投资额25,641.88万元,待付投资尾款4,439万元。

1、募集资金投资情况

(1)募集资金使用情况

公司前次股票发行实际募集资金94,139万元,截至报告期末实际使用78,692.88万元,其中变更投向金额31,703.88万元,未使用资金15,446.12万元。具体使用情况如下:

计划投资项目	计划投资额	投向变更情况	变更金额	实际投资项目	拟定投资金额	实际投资额	未使用金额	完成进度(%)
建造铝塑板蜂窝板生产线	16000	收购中化浦东贸易有限公司并增资	16000	收购西安金珠近代化工有限公司25%股权	2000	2000	0	100
				投资参股山西寰达焦炭50万吨环保型焦炉及1.37万吨硅铁工程项目	4889	450	4439	9.20
				暂做流动资金,待确定新项目后投入	9111	0	9111	0
收购1亿股交通银行股权	15000	未变更	-	收购1亿股交通银行股权	15000	15000	0	100
投资新建两条液体化工品船	24500	节余部分变更	15703.88	购买二手液体化工品船	8796.12	6900	1896.12	78.44
				收购中化兴中石油转运(舟山)有限公司44.8%股权	12598.88	12598.88	0	100
				投资参股中化兴源石油储运(舟山)有限公司	3105	3105	0	100
补充公司贸易流动资金	38639	未变更	-	补充公司贸易流动资金	38639	38639	0	100
合计	94139		31703.88		94139	78692.88	15446.12	83.59

备注:

公司尚未使用的募集资金共计15,446.12万元,目前实行专款专存,未作其他用途使用。

(2)募集资金使用变更情况

①投资16,000万元合资建设铝塑板、铝蜂窝板生产线项目

由于此项目策划时间为1997年底,而公司实际募股资金到位较晚(1999年底),原合作方在缺乏资金的情况下未能把握市场机会、扩大市场份额,丧失了在日益激烈的行业竞争中取得领先的契机,加上新的竞争对手不断涌入,合作方原来的生产工艺和技术手段也未能有新的突破,项目前景已较最初设想有较大差距,因此公司根据第一届董事会第十一次会议决议及2001年第1次临时股东大会决议,将原定投入该项目的募集资金变更为投资收购中化浦东贸易有限公司82%股权并增加其注册资本至16,000万元。

此后公司着手开始办理收购中化浦东进行资产重组的一系列相关手续及工商变更登记事宜,然而在此过程中,与中化浦东经营相关的国际化工品市场价格大幅滑坡,导致中化浦东相关商品库存出现较大跌价损失。为保护上市公司全体股东、尤其是中小股东的权益,公司第一届董事会第二十次会议董事会决定终止收购中化浦东股权的投资行为,同时公司拟将16,000万元募集资金用途变更为投资4,889万元参股山西寰达50万吨环保型焦炉及1.37万吨硅铁工程项目;投资2,000万元收购西安金珠近代化工有限公司25%股权;其余9,111万元资金暂时用作公司流动资金,待公司确定新的投资项目后再提请股东大会审议。上述事项已提请公司2001年度第三次临时股东审议表决并获得通过。

②投资24,500万元购置两条液体化工品船项目。

该项目原定计划为在国内建造新船,公司与大连造船厂签订了《关于建造液体化工品船的意向书》,但交船期需要等到2003年。鉴于造船期长而且投资较大,考虑到公司发展规划及投资回报,公司转向购买船舶的投资方案,经过可行性分析,认为购买二手船更加具有可行性。公司于2000年5月份着手实施该计划,向我国交通部递交了运力申请报告。但由于11.24海难事故及其它影响,交通部在2000年冻结了进口船舶运力指标审批,因此购置化工品船的投资一直未能进行。进入2001年度,运力指标解冻,公司投资6,900万元人民币购买了一条8,000吨级二手化工品船并已投入营运。由于购买二手船舶的投资资金需求远远小于新造船舶,因此为提高募集资金的使用效益,谋求股东利益最大化,公司根据第一届董事会第十九次会议决议及2001年第二次临时股东大会决议,将购置液体化工品船的资金预算由24,500万元调整为8,796.12万元,节余的15,703.88万元募集资金用途变更为投资12,598.88万元收购中化兴中石油转运(舟山)有限公司44.8%的股权,以及投资3,105万元参股中化兴源石油储运(舟山)有限公司。

(3)募集资金投资项目经营及收益情况:

①交通银行

公司投资1.5亿元人民币持有交通银行1亿股股权。此项投资于2000年6月完成,2001年公司取得交通银行2000年度分红820万元。

②中化兴中石油转运(舟山)有限公司

公司投资12,598.88万元人民币占该公司44.8%的股权。该公司目前拥有油品储罐18座(10万立方米2座,5万立方米16座),25万吨级、10万吨级码头泊位各一座,油品储罐规模100万立方米,具有对原油、DPK及航煤等油品的中转储存能力,能接卸和装运500吨级至250,000吨级油轮,年吞吐能力达到1,700万吨。2001年该公司实现净利润2,152万元,公司取得投资收益315万元。

③中化兴源石油储运(舟山)有限公司

公司投资3,105万元人民币占该项目44.8%的股权。该项目设计建成38万立方米油罐,目前项目正按原定计划进行。截止2002年1月31日,项目总资产为8,523万元,负债为1,595万元,净资产为6,928万元。该项目目前正在建设中。

④8000吨级液体化工品船

公司投资6,900万元人民币购买了一条8000吨级的液体化工品运输船,本报告期该船已投入营运,共计取得利润184.38万元人民币。

⑤山西中化寰达实业有限责任公司

公司对该项目协议投资额4,889万元人民币,占项目总股份的48.89%。该项目将在原有10万吨生产能力基础上采用互联式环保型焦炉,投资建设年产50万吨焦炭及1.37万吨硅铁项目。2001年8月8日,公司举行了成立仪式。公司按进度拨付了450万的第一期投资款。报告期末,该项目资产总额为5,631万元,负债总额为4,216万元,净资产为1,415万元,目前项目正处于新型炉的设计、土建阶段。由于项目还处在实验炉建设阶段,因此当期项目发生亏损445万元。

⑥西安金珠近代化工有限责任公司

公司投资2,000万元人民币占该公司25%的股权。该公司主要生产工业用HFC-134a(氟利昂替代品),以及配套的工业无水氟化氢(AHF),一次性白铁罐、催化剂等。2001年共生产R134a135吨,超额完成54吨。销售产品115吨,销售额610万元,回收货款636万元,全年销售量比去年增长100%,公司的产品已形成了一些固定的客户群。该项目目前正在建设中。

2、非募集资金投资情况

(1)根据公司第一届董事会第十七次会议决议,公司投资人民币300万元与中化国际仓储运输有限公司共同组建了大连中化国际仓储运输有限公司,公司占股60%。报告期项目亏损36万元。

(2)根据公司第一届董事会第二十一次会议决议,为构建公司物流一体化配送设施,公司投资人民币288万元收购了中化总公司72辆铁路槽车,该项目在报告期内产生的营业收入117.56万元。

(三)公司财务状况

单位:万元

项目	2001年度	2000年度		增减额	增减幅度
		调整后	调整前		
总资产	252,823.53	207,813.87	209,122.67	45,009.66	21.66%
长期负债	7,822.06	787.53	787.53	7,034.53	893.24%

股东权益	144,251.56	141,982.38	143,712.70	2,269.18	1.60%
主营业务利润	36,357.90	30,701.81	30,777.62	5,656.09	18.42%
净利润	9,052.08	12,575.34	13,060.46	-3,523.26	-28.02%

变动说明：

(1)总资产本年增加主要是由于募股资金投入使用，报表合并范围发生变化；

(2)长期负债本年增加是由于合并范围变化、新增中化兴中公司的长期负债；

(3)股东权益本年增加主要是本年实现净利润；

(4)主营业务利润本年增加主要是由于主营业务收入比去年增加88,441万元；

(5)净利润本年减少主要是由于重点商品毛利下降及三项费用增加。

(四)宏观经济政策和经营环境的变化及对公司的影响

1、报告期内，由于世界经济增长放缓，我国外贸增幅也相应出现大幅下降。2001年我国外贸进出口总额达5097.7亿美元，同比增长7.5%，与2000年同期相比，增幅下降24个百分点。此外，国内外诸多化工品价格已跌近或达到历史最低点。

2、报告期内，公司注册地由北京迁往上海浦东，企业所得税率为15%。

3、中国加入WTO对公司的影响：

(1)入世后化工品贸易业务放开经营，公司将面临更加激烈的竞争，竞争将使利润率下降，但入世亦将逐步取消商品专营、配额、许可证等，有利于公司在有竞争力的领域扩大市场份额(如橡胶、塑料、液体化工品、农药、焦炭等)。

(2)进口权的放开、国外跨国公司获得在中国分销权，进口贸易与国内分销零售之间的联系更加紧密，公司必须进一步改变进口经营模式，同时更多的外国化工产品进入中国，不仅进口贸易会扩大，市场机会更多，而且将推动公司化工品国内贸易分销业务的增长

(3)由于国外市场的开放，入世从整体上有利于化工品的出口。同时，关税降低也有利于增加以进口原料和设备为主的出口商品的价格竞争力。但由于国外企业直接在中国的采购以及国内企业直接获得出口权，将使公司出口面临极大的竞争压力。

(4)入世后对交易商品质量、环保等方面要求更高，公司进出口商品结构亟待调整升级，扩大高技术、高附加值产品比重。

(5)非核心业务的外包是企业的理性选择。贸易权放开后，考虑公司规模经营及专业化的优势，对中小企业而言公司仍可能是进出口服务的首选。如提高服务能力，仍有较大的业务空间。

(6)随着国外企业的进入，我国化工品市场会趋向活跃，预计未来10年国内化工市场需求年增长率6-8%(世界平均3%)。对于公司有选择地进入化工品生产领域是有利的，公司可供选择的合作伙伴会更多，同时在化工生产领域也存在更多并购整合的机会

(五)2002年度公司经营计划

1、市场形势预测

2001年中国化工产品出口额同比增长7.95%，化工产品进口额同比增长6.6%，进出口逆差达154亿美元，国内部分化工产品仍然满足不了市场需求，尤其是合成树脂、有机化工原料等石油化工类产品，还远远不能满足国内各行业发展的需要。中国乙烯年产能将由2001年的450万吨增长至2010年的1050万吨，相关乙烯衍生物的消费量将由去年的850万吨，增长至2010年的1440万吨。预估至2005年时，中国PVC净进口量将达200万吨、PS净进口量160万吨、ABS为150万吨等。

根据对2002年石化产品价格趋势的预测，石化上、中游原料(主要包括乙烯、丙烯、丁二烯、对二甲苯等，中游原料包括氯乙烯、苯乙烯、乙二醇、纯对苯二甲酸、丙烯腈及己内酰胺等)价格均呈回暖趋势，国内预计出现较大需求。预测耐冲击聚苯乙烯及ABS价格可望明显回升，橡胶原料、甲醇等价格可望较2001年上涨。

2、公司内部情况分析

(1)公司通过对经营的严格管控，压缩存销比，报告期末存货余额已下降至3.98亿元，较年初下降3.83亿元，其中大部分高成本存货已在2001年处理完毕。公司目前财务状况良好，资产质量真实，各项会计拨备计提充分，已为2002年度战略规划的实施和推进做好准备。

(2)2001年公司坚持对原有长期客户合同的执行，不因市场的短期波动而置客户利益于不顾，为公司在业界赢得了诚信的声誉。经过此轮行情的残酷洗礼，公司不仅保持了原有客户群，提高了客户亲和度，巩固了供应链和客户链，并且抓住一批竞争对手被迫撤退的市场机会，借助自身信誉和实力积极开拓市场，又新建了5个营销网点，营销能力得到进一步的提升。目前公司不但拥有成本优惠的充足货源，而且能够与客户进行相互信任的沟通，及时了解客户需求，准确把握市场机会。

(3)公司战略南移和业务整合已全部完成，经营队伍已全部稳定。通过半年的努力，公司员工团结一致，士气高昂。公司按照战略部署适时进行组织结构的调整，事业部按橡胶、冶金能源、散装化工品、塑料、出口、物流、农化七大核心业务板块进行设置，职能部室也进行了合理化重组以适应战略变化，使得公司的组织结构更为科学高效。

3、公司经营计划

在2001年基础上，2002年度公司计划重点进行如下工作：

(1)公司将提前滚动修订三年战略规划并严格落实，全力以赴完成年度财务预算，力争今年销售收入、税前利润较去年有比较合理的增长，应收款和存货控制在合理水平。

(2)公司将继续维护以橡胶、焦炭、塑料、散化和船舶运输为代表的传统核心业务板块，继续保持主营商品的国内领先地位并向更高的目标迈进。公司下属海南船务企业公司将坚持以近洋、沿海、沿江为目标市场的战略定位，积极调整运力结构，扩大经营规模，力争在目前化工品船运能力全国前2位的基础上更上一层楼。石蜡出口和农药进口将分别在占全国出口总量5%、进口总量9%的基础上，继续扩大市场份额。

(3)公司将在充分利用现有业务资源的同时大力进行新业务、新产品、新服务的开发。公司2002年计划利用焦炭经营的优势进一步开发并拓展钢材、煤炭、石油焦等冶金能源产品；利用散化经营的优势进一步开发酒精、DOP、二甘醇等新增液体化工产品，以及医疗器械等产品的贸易业务。在物流领域，公司投资、收购的舟山石油储运基地、8000吨液体化工品运输船以及72辆铁路罐车已经进入公司，开始运营并取得收益，公司将继续加大这方面的投资并购力度；同时，公司储运业务部门已开始集中报关报验，与其他物流资源统一运作，从单纯的成本中心向执行部门和资源集中经营部门转变。这些新领域的拓展，必将成为公司一批新的核心业务与新的利润增长点。

(4)投资并购方面，公司将根据战略规划与主营业务发展方向，积极向产业上下游延伸并进行有效资源整合。公司已完成了建设化工生产基地的初步论证，并与国际著名公司(如马士基)进行了物流等项目的前期咨询和沟通，下一步将在化工原料及精细化工项目投资方面有所行动，同时将在储罐、船舶、码头等物流资源整合、构建物流平台方面取得实质性进展。

(5)公司将更加注重对客户需求和市场变化的研究，增强营销服务及分销能力，严格控制敞口贸易。公司已确立了适用自身贸易特点的三种营销方式，即分销、纯贸易商和代理。公司将根据营销网点的业务现状和发展趋势以及管理需要，对现有的12个营销网点按地域和主要商品进行整合，并将根据业务发展的需要进一步完善包括海外在内的营销网络，以实现网络经营的一体化运作。

(6)公司将进一步改进业务流程，完善内部管控体系：成立专门部门负责推进ERP系统运行，坚持以预算单为中心的管理决策程序，规范业务操作流程，改善内部经营环境，建立起一套完整的业务流程管控体系，以更好地适应新形势下业务发展的需要。具体措施为：A.加强授权管理；B.加强业务预算审批和决算监督，实行预算全程跟踪管理；C.严格采购和放货程序的管理，D.规范交易审批程序，加强合同等文本管理；E.在机构整合和一体化经营过程中，建立矩阵式管理，加强网点的监控功能。

(7)公司将进一步抓好人力资源建设，选拔优秀人才，确实做到以人为本，培养一支人诚品优、求真务实、勇于创新、追求卓越的人才队伍，特别是职业经理人队伍，逐步形成公司的人才优势，通过持续优化和培训，打造出一支在市场经济的浪潮中经得起摔打的经营队伍。

(8)公司将继续营造积极向上、奋发有为、追求卓越的企业文化，倡导不断学习的风气，把公司塑造成与时俱进的学习型组织。公司将借鉴国际领先上市公司的经验，向成为优秀上市公司的目标迈进。

总之，基于以上市场预测、内部现状分析以及经营展望，公司董事会有信心在新的经营年度进一步提升公司价值，为股东和社会创造更多财富。

(六)公司2001年度利润分配预案及预计2002年度利润分配政策

1、公司2001年度利润分配预案

经北京中兴宇会计师事务所审计，公司2001年度共实现净利润90,520,787.44元，提取10%法定盈余公积金9,052,078.74元，提取10%法定公益金9,052,078.74元，加上调整后年初未分配利润70,525,475.99元，本年可供股东分配的利润为142,942,105.95元。

根据公司2000年年报披露的2001年度利润分配政策，董事会提议以2001年末总股本372,650,000股为基数，向全体股东按每10股派现2.50元(含税)，总计分配利润支出总额为93,162,500.00元，剩余49,779,605.95元结转下年度。

以上利润分配预案还须提交2001年度股东大会审议通过后实施。

2、预计公司2002年度利润分配政策

(1)公司拟在2002年财务决算完成后进行利润分配一次；

(2)公司2002年度实现净利润用于股利分配的比例为10%-20%；

(3)公司2001年末未分配利润用于下一年度股利分配的比例为20%-40%；

(4)分配可采用派发现金或送红股的形式，现金股息占股利分配的比例不低于10%。

上述分配计划由董事会提出预案报股东大会审议决定，公司董事会将保留届时根据公司具体情况对分配计划进行调整的权利。

八、监事会报告

本年度公司监事会本着向全体股东负责和维护员工利益的原则，认真履行职责，正确行使监督职能。及时了解公司的生产经营情况，检查董事会提交股东大会审议的财务报告和相关资料，监督公司财务及资金运作等情况，检查公司董事及高级管理人员执行职务行为，保证了公司经营管理行为的规范，促进了公司稳健发展。

(一)监事会工作情况

报告期内公司监事会共召开八次会议，监事会成员还参加了公司全年五次股东大会，列席了董事会的各次会议。

1、公司第一届监事会第六次会议(2001年第一次会议)于2001年1月31日在北京中化大厦1209会议室召开，出席会议监事3人。

会议同意公司监事会主席王引平先生由于工作调动原因提出的辞去公司监事职务的请求，此项议案将提请公司下一次股东大会予以确认，因其辞职产生的监事空缺，将由公司下一次股东大会选举产生。会议推举由姜爱萍监事在公司召开下一次股东大会前代为行使监事会主席职权。

2、公司第一届监事会第七次会议于2001年3月7日召开。出席会议监事2名。会议形成以下决议：

(1)审议通过公司2000年度监事会工作报告

(2)审议通过公司2000年年度报告正文及年度报告摘要

(3)审议通过公司2000年度财务决算报告

(4)同意推荐於乐民先生作为监事候选人，提请公司2000年度股东大会审议。

3、公司第一届监事会第八次会议于2001年4月24日召开。出席会议监事2名。会议形成以下决议：

选举姜爱萍监事担任公司监事会主席职务，任期至本届董事会届满。

4、公司第一届监事会第九次会议于2001年5月23日召开。出席会议监事2名。会议形成以下决议：

同意将前次募集资金投资项目(即购买两条液体化工品船)的投资预算由24500万元调整为8796.12万元，并变更节余募集资金的投向，即投资12598.88万元收购中化兴中石油转运(舟山)有限公司44.8%的股权以及投资3105万元参股中化兴源石油储运(舟山)有限公司。

5、公司第一届监事会第十次会议于2001年7月27日召开。出席会议监事2名。会议形成以下决议：

(1)同意终止收购中化浦东贸易有限公司(以下简称"中化浦东")议案

鉴于公司在2001年1月15日第一次临时股东大会作出收购中化浦东决议后的时间里，与中化浦东经营相关的国际化工品市场价格大幅滑坡，导致中化浦东相关商品库存出现较大跌价损失。为保护上市公司全体股东、尤其是中小股东的权益，公司监事会同意终止收购中化浦东股权的投资行为。

(2)同意变更原定收购中化浦东募集资金用途的议案

同意公司将原定16000万元募集资金收购中化浦东并增资的用途，变更为投资4889万元参股山西寰达50万吨环保型焦炉及1.37万吨硅铁工程项目；投资2000万元收购西安金珠近代化工有限公司25%股权；其余9111万元资金暂时用作公司流动资金，待公司确定新的投资项目后再提请股东大会审议。

6、公司第一届监事会第十一次会议于2001年8月15日召开。出席会议监事2名。

会议形成以下决议：

(1)审议通过公司2001年中期报告及其摘要。

(2)审议通过《中化国际贸易股份有限公司计提资产减值准备管理办法(2001年7月修订)》。公司从2001年1月1日开始执行《企业会计制度》，在原先四项计提的基础上增加对固定资产、在建工程、无形资产和委托贷款四项资产计提减值准备。

(3)监事会对公司2001年度上半年的运作情况和经营决策进行了严格监察，现就有关情况独立发表意见如下：

①公司监事会依照有关法律、法规和公司章程的有关规定,对公司股东大会、董事会的召开程序、议案事项、决议执行情况进行了监督,认为公司在管理运作方面遵照公司法和公司章程进行,严格遵守国家各项法律法规,进一步完善了各项管理制度,保证了公司依法运作。

②公司董事、总经理及其他高级管理人员在履行职务时均无违反法律、法规、公司章程或损害公司利益以及侵犯股东权益的行为。

③公司已建立了较完善的内部控制制度,有关资产减值准备金的计提和核销的程序合法、依据充分。

7、公司第一届监事会第十二次会议于2001年11月12日召开。出席会议监事2名。会议形成以下决议:

(1)鉴于本届监事会任期将满,根据大股东提名,同意姜爱萍、於乐民2位先生为公司第二届监事会监事候选人。

(2)同意将以上议题提请公司2001年度第4次临时股东大会审议。

8、公司第二届监事会第一次会议于2001年12月13日召开。出席会议监事2名。会议形成以下决议:

选举姜爱萍先生为本届监事会主席,任期3年至第二届董事会届满(2004年12月14日)。

(二)公司依法运作情况

公司监事会根据国家有关法律法规和公司章程,对公司依法运作情况进行了监督。报告期内,公司决策程序合法,已建立较为完善的内部控制制度,公司董事、经理执行职务时没有违反法律、法规及公司章程,没有损害公司利益。

(三)检查公司财务情况

报告期内,公司财务结构合理,财务状况良好,公司2001年度财务会计报告真实反映了公司的财务状况和经营成果,北京中兴宇会计师事务所已出具了无保留意见的审计报告。

(四)前次募集资金投入项目变更情况

公司前次募集资金拟投入项目在报告期内作了部分变更(详见上述有关董事会及监事会工作情况报告),变更程序合法。

(五)资产收购、出售情况

报告期内,公司投资12,598.88万元收购了中化兴中石油转运(舟山)有限公司44.8%的股权,投资2,000万元收购了西安金珠近代化工有限责任公司25%的股权,投资288万元收购了中化总公司的72辆铁路槽车。上述收购、出售资产行为,价格合理,交易公平,没有损害公司及股东权益。

(六)关联交易情况

报告期内,公司共发生3项非经常性关联交易,包括投资12,598.88万元收购了中化兴中石油转运(舟山)有限公司44.8%的股权、投资3,105万元与关联方共同投资中化兴源石油储运(舟山)有限公司及投资288万元收购中化总公司72辆铁路槽车。上述关联交易信息披露及时,交易行为遵循公平、公正、公开的原则,定价采用市场公允价格,公司及股东利益没有因此等关联交易而受损害。

九、重要事项

(一)重大诉讼、仲裁事项

本年度公司无重大诉讼、仲裁事项。

(二)报告期内收购及出售资产情况

1、根据2001年第二次临时股东大会决议,公司使用募集资金12598.88万元收购了中化兴中石油转运(舟山)有限公司44.8%的股权,此项收购可以使公司改善资产结构,增加稳定的利润来源,完善物流配送系统,取得资产经营资源。鉴于兴中公司已经建成投产,此项收购本报告期实现投资收益315万元,占公司年度净利润的3.76%。

2、根据2001年度第三次临时股东大会决议,公司使用募集资金2000万元收购了西安金珠近代化工有限责任公司25%的股权。此项收购为公司投资向高科技化工产品生产方向延伸的战略举措。由于西安金珠的R134a环保制冷剂生产项目尚在建设期,此项收购本报告期未发生损益。

3、根据公司第一届董事会第二十次会议决议,公司投资人民币288万元收购了中化总公司所拥有的72辆铁路槽车的产权,此项收购将为公司的利润增长作出贡献,并且可以与公司的物流一体化配送战略建设相结合,进一步提升公司的总体价值。此项收购在报告期内产生租赁收入117.56万元。

(三)重大关联交易事项

1、公司正常业务采购及销售过程中发生的关联交易情况

以下公司正常业务采购及销售过程中发生的关联交易采用市场公允价格,对公司利润无额外影响。

采购货物

向不存在控制关系的关联方采购货物或接受劳务的明细如下(单位:元)

项　　目	2001年度	2000年度
中化浦东贸易有限公司	78,086,534.23	
四川中化贸易有限责任公司	4,669,200.00	
中化厦门公司	6,711,361.70	
北京中化粤港轮胎有限公司	59,871,046.00	
中化汉堡贸易有限公司	69,108,537.25	100,004,449.96
裕华隆国际贸易有限公司	101,250,952.65	45,935,216.85
中化港化工公司	328,052,847.34	37,617,735.15
中化莫斯科贸易公司	621,246,117.34	
中化新私人有限公司	11,660,571.13	82,579,455.78
中化海南公司		1,246,947.00
中化日本有限公司		27,250,492.95
合　　计	1,280,657,167.64	294,634,297.69

销售货物

向不存在控制关系的关联方销售货物或提供劳务如下(单位:元)

项　　目	2001年度	2000年度
化进贸易有限公司	56,223,541.58	34,139,941.81
中化汉堡贸易有限公司	25,610,626.49	
上海上煤中化贸易有限公司	7,598,632.49	
四川中化贸易有限责任公司	4,631,559.35	1,740,766.92
中化(深圳)实业有限公司	22,884,660.46	
中化南通汇丰石化有限责任公司	8,995,772.18	
中化浦东贸易有限公司	223,019,147.12	
中化厦门公司	31,815,911.78	
中化国际石油公司(租罐费)	3,272,082.72	
中化山东公司		3,117,227.00
北京中化粤港有限公司		16,730,658.36
合　　计	389,464,949.57	55,728,594.09

其他关联交易:

支付房租、物业管理费及押金等(单位:元)

单　　位	2001年度	2000年度
中化物业有限公司	1,064,397.35	3,634,147.64
中国金茂(集团)股份有限公司	6,120,408.02	

与中国对外经济贸易信托投资公司的其他关联交易明细资料如下(单位:元)

项目	2001年度	2000年度
支付利息	685,875.00	1,707,557.50
收到利息	5,201,493.66	955,891.42

购买股权(单位:万元)

项目	出　售　方	2001年度	2000年度
中化兴中石油转运(舟山)有限公司	中国化工进出口总公司	2,812.25	
	香港立丰实业有限公司	1,406.12	
	中化国际实业公司	8,380.51	

债务担保(单位:元)

单位	2001年度	2000年度
舟山中威石油储运有限公司	20,000,000.00	

其他关联交易明细资料如下(单位:元)

项目	2001年度	2000年度
债权转让	–	16,160,363.36

2、资产、股权转让发生的关联交易

(1)根据公司2001年度第二次临时股东大会决议,公司出资12598.88万元人民币收购了中化兴中石油转运(舟山)有限公司44.8%的股权。此项关联交易的详细情况如下:

①交易内容:公司于2001年5月24日在北京分别与中国化工进出口总公司(以下简称"中化总公司")、中化国际实业公司(以下简称"中化实业")和香港立丰实业有限公司(以下简称"立丰公司")签订了《股权转让协议》,以人民币2812.25万元收购中化总公司所持有的中化兴中石油转运(舟山)有限公司(以下简称"中化兴中")10%的股权,拟以人民币8380.51万元收购中化实业所持有的中化兴中29.8%的股权,拟以人民币1406.12万元收购立丰公司持有的中化兴中5%的股权。

②关联交易方:中化总公司持有本公司64.40%的股权,为本公司控股股东,中化实业和立丰公司均为中化总公司的全资子公司

③定价原则:以中化兴中2001年3月31日经审计、评估的净资产值为基础,由交易双方参照市场公允价格协商确定。

④资产帐面价值:根据利安达信隆会计师事务所利安达[2001]审字第060号审计报告,中化兴中截至2001年3月31日帐面净资产值为26039.35万元。

⑤评估价值:根据北京六合正旭资产评估有限责任公司六合正旭评报字(2001)第021号资产评估报告,截至2001年3月31日中化兴中净资产的评估价值为31737.56万元。

⑥转让价格:以中化兴中2001年3月31日的净资产评估值31737.56万元为基数,扣除收购前老股东应分配利润2482.45万元后,其每1%股权净值为292.5511万元。经本公司与中化总公司、中化实业和立丰公司协商,确定转让价格为每1%股权281.2250万元人民币,按此价格计算本次交易总值为人民币12598.88万元。

⑦结算方式:现金支付,公司公司从8月份起开始陆续向有关股权出让方支付股权收购价款,由于向项目外资方支付外汇手续复杂,因此支付给立丰公司的股权收购款于2001年10月24日方办理完毕。

⑧转让收益:此次收购未产生转让收益。

⑨交易实施情况:中化兴中于2001年11月26日完成了工商变更手续,此项交易顺利完成。2001年公司取得投资收益315万元。

(2)公司第一届董事会第二十一次会议作出决议,同意公司出资288万元人民币收购了中化总公司拥有的72辆铁路专用槽车的产权。此项关联交易的详细情况如下:

①交易内容:公司于2001年8月25日在北京与中化总公司际签订了《资产转让意向书》,以人民币288万元收购中化总公司拥有72辆铁路槽车(包括:20辆G60型油罐车和52辆G17油罐车)的产权。

②关联交易方:中化总公司持有本公司64.40%的股权,为本公司控股股东。

③定价原则:以资产评估值为参照标准,由交易双方协商确定。

④资产帐面价值:该71辆铁路槽车的固定资产原价为6300247.49元,累计折旧为6111240.01元,资产帐面净值为189007.48元。

⑤评估价值:根据北京龙源智博资产评估有限责任公司龙源智博评报字(2001)第004号资产评估报告,截至2001年6月30日该72辆铁路槽车的评估价值为2848940元。

⑥转让价格:经公司与中化总公司协商,确定转让总价为人民币288万元。

⑦结算方式:现金支付,收购款已于2001年9月18日支付完毕。

⑧转让收益:此次收购未产生转让收益。

⑨交易实施情况:2001年公司收购后取得租赁收入117.56万元。

3、其他关联交易

根据公司2001年度第二次临时股东大会决议,公司投资人民币3105万元与中化国际实业公司和香港立丰实业有限公司等关联方以及舟山市港务局、舟山长峙乡经济开发公司共同组建中化兴源石油储运(舟山)有限公司,公司占44.8%的股份。由于涉及与关联方共同投资,因此此项投资亦属于关联交易。

4、公司对关联方担保

为支持项目前期准备工作,根据公司第一届董事会第二十三次会议决议,公司拟为山西中化寰达实业有限公司(公司持股48.89%)在光大银行太原支行的贷款350万元人民币(贷款合同号为20012009)按持股比44.84%提供本金及利息偿付担保,日期自2001年7月10日至2002年7月10日止。后由于该项目注册资本逐步到位,此项贷款担保并未实际执行。

(四)重大合同及其履行情况

1、报告期内,公司无托管、承包、租赁资产情况。

2、报告期内,公司无重大担保。

3、报告期内,公司未发生委托他人进行现金资产管理事项。

4、其他重大合同:无

(五)承诺事项

1、公司承诺:

公司第一届董事会第十六次会议决议公告披露了公司2001年度利润分配政策,具体为:

"(a)公司拟在2001年财务决算完成后进行利润分配一次;

(b)公司 2001 年度实现净利润用于股利分配的比例为 10% - 30%；

(c)公司本年度未分配利润用于下一年度股利分配的比例为 20% - 40%；

(d)分配可采用派发现金或送红股的形式，现金股息占股利分配的比例不低于 10%。

以上分配计划视当时实际情况，由董事会提出预案报股东大会审议决定，公司董事会保留届时根据公司具体情况对分配计划进行调整的权利。”

对于此项公开承诺，公司已按照承诺内容对 2001 年度利润分配提出了预案，在提请 2001 年度股东大会审议后实施。

2、控股 5%以上股东承诺

(1)中化总公司在公司股票发行前与公司签订有《避免同业竞争协议》，并出具了《承诺函》，承诺不在境内新设立从事与中化国际有相同或类似业务的子公司；中化总公司将对现有的与中化国际有相同或类似业务的子公司的经营活动进行协调，以避免可能出现的同业竞争；中化总公司还承诺，如出现中化国际业务与中化总公司其他子公司同业竞争的情况，中化国际与中化总公司其他子公司相比，在经营活动方面在同等条件下享有优先权。

在本报告期内，中化总公司一直遵守此项承诺，并按照承诺要求将其下属经营化工品业务的子公司－中化浦东贸易有限公司(成立时间早于公司)的控股股权出让给公司以消除同业竞争。

(2)在公司作出放弃收购中化浦东贸易有限公司的决定后，中化总公司对公司作出承诺：中化浦东与本公司双方原先存在同业竞争的业务全部由本公司独家经营。截至报告期末中化浦东已经停止原来的化工品、塑料等与公司发生同业竞争的业务，相应业务已全部由公司独家经营。

(六)聘任会计师事务所情况

报告期内，公司根据股东大会决议续聘北京中兴宇会计师事务所为公司审计机构。公司最近两年支付给该所的报酬为：2000 年度支付审计费用 65 万元，其中 2000 年年报审计费 35 万元，中报审计费 30 万元。2001 年度支付并购审计费用 30 万元，2001 年度年报审计费用尚未支付(备注：公司承担事务所差旅费和其他必要的费用)。

(七)监管稽查情况

报告期内，公司、公司董事会及全体董事未受到中国证监会稽查、行政处罚、通报批评，未受到证券交易所公开谴责、内部批评，未收到监管关注函。

(八)其它重大事项

1、重大投资

详见本报告“七、董事会报告”－“(二)报告期投资情况”。

2、外部环境重大变化

详见本报告“七、董事会报告”－“(四)宏观经济政策和经营环境的变化及对公司的影响”

3、董事长、董事、总经理变更情况

(1)经公司 2000 年度股东大会表决通过，由冯志斌、王引平、王健和李强接替施国梁、潘正义、罗东江、杨峰成为公司第一届董事会董事。

(2)公司第一届董事会第十四次会议经审议，同意罗东江因工作变动原因辞去公司总经理职务的请求；同意聘王引平为公司总经理，同意聘王健为公司常务副总经理。

(3)公司第一届董事会、监事会于 2001 年 12 月任职期满，经公司 2001 年度第四次临时股东大会表决产生了换届选举结果，由刘德树、施国梁、王引平、陈国钢、柴国强、刘建平、李强担任公司第二届董事会董事。

(4)公司第二届董事会第一次会议选举刘德树董事为公司第二届董事会董事长，选举施国梁董事为副董事长，同时聘王引平董事为公司总经理。

十、财务会计报告

(一)审计报告

经北京中兴宇会计师事务所出具了标准无保留意见的审计报告[中兴宇审字(2002)第 2066 号]。

(二)会计报表(附后)

(三)会计报表附注

主要会计政策、会计估计变更、所得税变化及合并会计报表范围变化的说明如下：

1、会计政策变更

公司原执行《股份有限公司会计制度》及其补充规定，自 2001 年 1 月 1 日起执行《企业会计制度》及补充规定，公司补充制定了固定资产、在建工程、无形资产、委托贷款等资产减值内控制度，并按制度规定对各类资产减值进行了确认。具体会计政策变更情况如下：

(1)开办费原按五年期限平均摊销，现改为自企业开始生产经营的当月起一次计入开始生产经营当月的损益，对于此项会计政策变更，公司已采用追溯调整法进行了处理。

(2)期末固定资产原按账面净值计价，现改按固定资产净值与可收回金额孰低计价，对可收回金额低于账面价值的差额计提固定资产减值准备。对于此项会计政策变更，公司已采用追溯调整法进行了处理。

(3)公司在建工程期末价值原按账面发生成本计价，现改按账面金额与可收回金额孰低计价，对可收回金额低于账面价值的差额计提在建工程减值准备。本期未发现减值情况，未计提减值准备。

(4)期末无形资产原按账面净值计价，现改按无形资产净值与可收回金额孰低计价，对可收回金额低于账面价值的差额计提无形资产减值准备。本期未发现减值情况，未计提减值准备。

(5)公司成立至今，无委托贷款业务发生，故不涉及会计政策变更。

上述会计政策变更累计影响数为 4,257,615.80 元，其中开办费影响 2,876,076.85 元，固定资产减值准备影响 1,381,538.95 元。具体对各期的影响数为：调减公司 1999 年度净利润 4,810,086.27 元，未分配利润 3,848,069.02 元；调增 2000 年度净利润 552,470.47 元，调减 2000 年末未分配利润 3,406,092.04 元。

2、会计估计变更

中化兴中石油转运(舟山)有限公司的储罐设备原根据外商投资企业规定按 10 年计提折旧，公司收购完成后，参照同行业同类企业的资产折旧年限，改按 15 年计提折旧，同时将残值率由 10%改为 5%，该项会计估计变更影响中化兴中石油转运(舟山)有限公司当期利润增加 6,511,955.87 元，公司按其在中化兴中石油转运(舟山)有限公司的权益比例增加本期利润 2,917,356.23 元。

3、所得税变化

(1)公司 2001 年 6 月 30 日前注册地为北京，所得税税率为 33%，从 7 月份开始注册地变更为上海浦东，所得税税率为 15%。

(2)根据国家税务总局国税函[2002]153 号文批复，子公司满州里中化国际贸易有限公司享受自 2001 - 2003 年度免征企业所得税优惠政策。

(3)根据浙江省税务局浙税外[1990]125 号文及舟山市国税局舟国税外[1994]42 号文批复，子公司中化兴中石油转运(舟山)有限公司享受 2000 - 2004 年度按 8.5%征企业所得税优惠政策。

4、合并范围变化

(1)中化国际仓储运输有限公司的控股子公司天津中化国际仓储运输有限公司原投资比例为 40%，按权益法核算，本期增资至 60%，改为合并报表，相应调整了合并报表的期初数。

(2)上海中化贸易有限公司拟办理清算，因此本期未纳入合并会计报表范围，但对其损失已按权益法调整长期投资账面值。

(3)满州里中化国际贸易有限公司于 2000 年 12 月成立，当期无经营业务，未合并其报表，从本期开始合并。公司直接持股比例为 95%，通过子公司中化国际仓储运输有限公司持股比例为 4.68%。

(4)大连中化国际仓储运输有限公司、中化兴源石油储运(舟山)有限公司为本期投资设立的子公司，从本期开始纳入合并报表范围。公司对大连中化国际仓储运输有限公司直接持股比例为 60%，通过子公司中化国际仓储运输有限公司持股比例为 37.45%。

中化兴中石油转运(舟山)有限公司为公司本期新收购的子公司，价款已于 2001 年 9 月 1 日前支付 80%，并于 2001 年 10 月 31 日前支付完毕，按照财政部财会字[1998]66 文的规定收购日确定为 2001 年 8 月 31 日，故本期将 2001 年 12 月 31 日的资产负债表、2001 年 9 - 12 月份的损益表纳入合并报表范围。

十一、备查文件

1、载有董事长亲笔签名的公司 2001 年年度报告正本；

2、载有法定代表人、财务负责人、会计经办人员签章的会计报表；

3、载有会计师事务所盖章、注册会计师亲笔签名并盖章的审计报告原件；

4、报告期内在《中国证券报》、《上海证券报》上公开披露过的公司文件的正本及公告原稿；

5、《公司章程》。

中化国际贸易股份有限公司

董事会

二〇〇二年四月六日

利润及利润分配表

编制单位：中化国际贸易股份有限公司　2001 年度　金额单位：人民币元

项目	注释	本期数 合并数	本期数 母公司数	上期数 合并数	上期数 母公司数
一、主营业务收入	34、48	6,567,157,117.36	6,108,994,938.41	5,682,751,113.85	5,555,491,186.87
减：主营业务成本	34、48	6,197,155,324.36	5,847,587,271.20	5,370,109,564.86	5,268,841,119.69
主营业务税金及附加	35	6,422,796.37	2,343,431.22	5,623,421.11	4,799,117.86
二、主营业务利润		363,578,996.63	259,064,235.99	307,018,127.88	281,850,949.32
加：其他业务利润	36	25,547,531.78	24,990,746.59	27,219,645.44	27,084,261.61
减：营业费用	37	195,830,668.29	153,852,079.12	132,727,829.15	130,660,830.90
管理费用	38	97,389,617.79	79,619,338.57	68,366,020.62	58,987,147.43
财务费用	39	959,085.68	-661,778.85	-4,797,847.27	-2,447,264.89
三、营业利润		94,947,156.65	51,245,343.74	137,941,770.82	121,734,497.49
加：投资收益	40、49	20,379,398.17	55,444,138.31	38,835,653.00	52,461,565.10
补贴收入		900,000.00	0.00	0.00	0.00
营业外收入	41	1,362,731.90	1,335,651.90	3,885,887.21	3,679,714.14
减：营业外支出	42	3,880,972.91	3,473,476.60	1,439,321.08	800,548.28
四、利润总额		113,708,313.81	104,551,657.35	179,223,989.95	177,075,228.45
减：所得税	43、50	19,284,054.28	14,030,869.91	53,340,664.82	51,321,835.55
少数股东损益		3,903,472.09	0.00	129,952.23	0.00
五、净利润		90,520,787.44	90,520,787.44	125,753,392.90	125,753,392.90
加：年初未分配利润		70,525,475.99	70,525,475.99	63,085,261.67	63,085,261.67
其他转入		0.00	0.00	0.00	0.00
六、可供分配的利润		161,046,263.43	161,046,263.43	188,838,654.57	188,838,654.57
减：提取法定盈余公积		9,052,078.74	9,052,078.74	12,575,339.29	12,575,339.29
提取法定公益金		9,052,078.74	9,052,078.74	12,575,339.29	12,575,339.29
提取职工奖励及福利基金		0.00	0.00	0.00	0.00
提取储备基金		0.00	0.00	0.00	0.00
提取企业发展基金		0.00	0.00	0.00	0.00
利润归还投资		0.00	0.00	0.00	0.00
七、可供股东分配的利润		142,942,105.95	142,942,105.95	163,687,975.99	163,687,975.99
减：应付优先股股利		0.00	0.00	0.00	0.00
提取任意盈余公积		0.00	0.00	0.00	0.00
应付普通股股利		93,162,500.00	93,162,500.00	93,162,500.00	93,162,500.00
转作股本的普通股股利		0.00	0.00	0.00	0.00
八、未分配利润		49,779,605.95	49,779,605.95	70,525,475.99	70,525,475.99

资 产 负 债 表

2001年12月31日

编制单位:中化国际贸易股份有限公司　　　　金额单位:人民币元

项　目	注释	期末数		期初数	
		合并数	母公司数	合并数	母公司数
流动资产					
货币资金	1	613,663,768.61	448,625,642.58	231,554,486.38	165,306,023.78
短期投资	2	3,726,000.00	3,726,000.00	0.00	0.00
应收票据	3	61,454,207.86	61,454,207.86	54,083,833.42	54,083,833.42
应收股利	4	3,420,196.07	6,492,212.32	1,032,998.97	2,205,552.98
应收利息		0.00	0.00	0.00	0.00
应收帐款	5、45	280,626,414.34	265,051,158.23	296,877,478.30	294,166,804.22
其他应收款	6、46	115,803,154.11	23,108,334.33	49,699,424.01	26,883,388.08
预付帐款	7	232,419,161.65	232,070,530.22	361,532,061.18	367,717,337.41
应收补贴款	8	61,209,362.03	61,209,362.03	61,066,013.67	61,066,013.67
存货	9	397,875,488.55	390,431,390.42	780,773,133.26	771,469,129.28
待摊费用	10	3,659,559.14	3,089,632.68	109,000.00	0.00
一年内到期的长期债权投资		0.00	0.00	0.00	0.00
其他流动资产				0.00	0.00
流动资产合计		1,773,857,312.36	1,495,258,470.67	1,836,728,429.19	1,742,898,082.84
长期投资					
长期股权投资	11、47	281,403,647.43	653,242,411.17	220,236,501.18	351,167,909.16
长期债权投资					
长期投资合计		281,403,647.43	653,242,411.17	220,236,501.18	351,167,909.16
固定资产:					
固定资产原价	12	702,231,616.91	23,100,533.13	67,824,493.30	20,679,499.73
减:累计折旧	12	281,817,531.43	6,592,547.53	46,973,206.26	5,566,532.83
固定资产净值	12	420,414,085.48	16,507,985.60	20,851,287.04	15,112,966.90
减:固定资产减值准备	12	741,142.14	741,142.14	1,381,538.95	1,381,538.95
固定资产净额	12	419,672,943.34	15,766,843.46	19,469,748.09	13,731,427.95
工程物资	13	15,098,725.42	0.00	0.00	0.00
在建工程	14	18,541,527.77	0.00	0.00	0.00
固定资产清理		0.00	0.00	0.00	0.00
固定资产合计		453,313,196.53	15,766,843.46	19,469,748.09	13,731,427.95
无形资产及其他资产:					
无形资产	15	14,392,652.52	389,400.01	403,822.23	403,822.23
长期待摊费用	16	5,268,501.42	1,920,746.67	1,300,163.54	0.00
其他长期资产		0.00		0.00	0.00
无形资产及其他资产合计		19,661,153.94	2,310,146.68	1,703,985.77	403,822.23
递延税项:					
递延税款借项					
资产总计		2,528,235,310.26	2,166,577,871.98	2,078,138,664.23	2,108,201,242.18
流动负债:					
短期借款	17	10,000,000.00	0.00	0.00	0.00
应付票据		0.00	0.00	0.00	0.00
应付帐款	18	306,808,132.44	293,844,574.72	336,370,468.89	330,392,475.61
预收帐款	19	218,980,236.45	200,248,346.04	210,852,459.14	200,735,303.43
应付工资		431,857.70	13,800.00	-892,688.56	-892,688.56
应付福利费		8,996,882.96	6,806,928.36	3,801,026.42	3,545,737.96
应付股利	20	101,651,658.67	93,162,500.00	95,040,428.48	95,027,946.04
应交税金	21	-13,621,164.91	-13,089,231.81	-35,262,249.32	-35,668,706.47
其他应交款	22	-185,070.96	-3,958.51	44,806.44	32,999.89
其他应付款	23	96,550,728.95	139,362,366.89	29,722,398.58	83,946,635.91
预提费用	24	23,377,693.65	3,716,967.02	3,882,421.25	3,382,421.25
预计负债		0.00	0.00	0.00	0.00
一年内到期的长期负债	25	73,808,227.96	0.00	0.00	0.00
其他流动负债		0.00	0.00	0.00	0.00
递延收益	26	3,614,071.83	0.00	0.00	0.00
流动负债合计		830,413,254.74	724,062,292.71	643,559,071.32	680,502,125.06
长期负债:					
长期借款	27	50,000,000.00	0.00	0.00	0.00
应付债券		0.00	0.00	0.00	0.00
长期应付款		0.00	0.00	0.00	0.00
专项应付款	28	27,475,122.55	0.00		0.00
其他长期负债	29	745,481.40	0.00	7,875,323.28	7,875,323.28
长期负债合计		78,220,603.95	0.00	7,875,323.28	7,875,323.28
递延税项:					
递延税款贷项					
负债合计		908,633,858.69	724,062,292.71	651,434,394.60	688,377,448.34
少数股东权益		177,085,872.30		6,880,475.79	
股东权益:					
股本	30	372,650,000.00	372,650,000.00	372,650,000.00	372,650,000.00
减:已归还投资					
股本净额		372,650,000.00	372,650,000.00	372,650,000.00	372,650,000.00
资本公积	31	944,775,570.94	944,775,570.94	919,442,072.95	919,442,072.95
盈余公积	32	75,310,402.38	75,310,402.38	57,206,244.90	57,206,244.90
其中:公益金	32	37,655,201.19	37,655,201.19	28,603,122.45	28,603,122.45
未分配利润	33	49,779,605.95	49,779,605.95	70,525,475.99	70,525,475.99
股东权益合计		1,442,515,579.27	1,442,515,579.27	1,419,823,793.84	1,419,823,793.84
负债及股东权益总计		2,528,235,310.26	2,166,577,871.98	2,078,138,664.23	2,108,201,242.18

现 金 流 量 表

2001年度

编制单位:中化国际贸易股份有限公司　　　　金额单位:人民币元

项　目	注释	金　额	
		合并数	母公司数
一、经营活动产生的现金流量:			
销售商品提供劳务收到的现金		7,192,613,270.78	6,694,969,329.75
收到的税费返还		47,886,191.97	46,080,117.24
收到的其他与经营活动有关的现金	44	50,760,903.87	56,264,844.07
现金流入小计		7,291,260,366.62	6,797,314,291.06
购买商品、接受劳务所支付的现金		6,286,695,784.19	5,885,546,555.86
支付给职工及为职工支付的现金		45,931,582.34	38,934,506.39
支付的各项税费		43,051,479.54	27,153,560.26
支付的其他与经营活动有关的现金	44	271,450,714.48	217,070,691.94
现金流出小计		6,647,129,560.55	6,168,705,314.45
经营活动产生的现金流量净额		644,130,806.07	628,608,976.61
二、投资活动产生的现金流量:		0.00	0.00
收回投资所收到的现金		19,228,301.20	0.00
取得投资收益所收到的现金		18,875,096.38	17,866,019.21
处置固定资产、无形资产和其他长期资产所收回的现金净额		577,778.63	436,283.00
收到的其他与投资活动有关的现金	44	25,760,154.13	0.00
现金流入小计		64,441,330.34	18,302,302.21
购建固定资产、无形资产和其他长期资产所支付的现金		107,469,003.57	7,061,881.40
投资所支付的现金		156,048,326.84	258,561,810.11
支付的其他与投资活动有关的现金	44	7,341,087.44	0.00
现金流出小计		270,858,417.85	265,623,691.51
投资活动产生的现金流量净额		-206,417,087.51	-247,321,389.30
三、筹资活动产生的现金流量:		0.00	0.00
吸收投资所收到的现金		38,243,045.01	0.00
借款所收到的现金		87,000,000.00	65,000,000.00
收到的其他与筹资活动有关的现金	44	17,300,325.30	379,772.70
现金流入小计		142,543,370.31	65,379,772.70
偿还债务所支付的现金		93,828,942.27	65,000,000.00
分配股利、利润或偿付利息所支付的现金		100,149,656.96	94,291,773.93
支付的其他与筹资活动有关的现金		0.00	0.00
现金流出小计		193,978,599.23	159,291,773.93
筹资活动产生的现金流量净额		-51,435,228.92	-93,912,001.23
四、汇率变动对现金的影响额		-4,169,207.41	-4,055,967.28
五、现金及现金等价物净增加额		382,109,282.23	283,319,618.80
1、将净利润调节为经营活动的现金流量			
净利润		90,520,787.44	90,520,787.44
加:少数股东损益		3,903,472.09	
计提的资产减值准备		22,467,184.81	21,187,969.12
固定资产折旧		15,206,309.67	2,360,639.22
无形资产摊销		163,855.14	14,422.22
长期待摊费用摊销		1,151,491.75	384,149.33
待摊费用减少(减:增加)		-1,536,351.84	-1,930,574.67
预提费用增加(减:减少)		2,341,143.97	334,545.77
处置固定资产、无形资产和其他长期资产的损失(减:收益)		484,420.64	153,478.53
固定资产报废损失		0.00	0.00
财务费用		8,220,460.42	5,931,250.10
投资损失(减:收益)		-20,379,398.18	-55,444,138.31
递延税款贷项(减:借项)		0.00	0.00
存货的减少(减:增加)		370,907,159.93	368,318,320.16
经营性应收项目的减少(减:增加)		80,196,910.98	154,451,742.55
经营性应付项目的增加(减:减少)		70,778,331.88	42,326,385.15
其他(减:递延收益)		-294,972.64	0.00
经营活动产生的现金流量净额		644,130,806.07	628,608,976.61
2、不涉及现金收支的投资和筹资活动:		0.00	
债务转为资本		0.00	
一年内到期的可转换公司债券		0.00	
融资租入固定资产		0.00	
3、现金及现金等价物净增加情况		0.00	
现金的期末余额		613,663,768.61	448,625,642.58
减:现金的期余额初		231,554,486.38	165,306,023.78
加:现金等价物的期末余额		0.00	
减:现金等价物的期初余额		0.00	
现金及现金等价物净增加额		382,109,282.23	283,319,618.80

600501 南京晨光航天应用技术股份有限公司

2001 年年度报告摘选

一、公司基本情况简介

(一)公司法定中文名称:南京晨光航天应用技术股份有限公司
中文名称简称:航天晨光
公司法定英文名称:NANJING CHENGUANG AEROSPACE APPLYING TECHNOLOGY CO. LTD.
英文名称缩写:HTCG
(二)法定代表人姓名:孙俊
(三)公司董事会秘书:吴道琴
联系电话:025-2413078-2043 或 2441163
传真:025-2410226　　电子信箱:wudaoqin@163.com
联系地址:南京市秦淮区正学路一号
证券事务代表:张智秀
联系电话:025-2413078-2038　　传真:025-2407656
电子信箱:zt@aeroshiny.com
(四)公司注册地址:南京江宁经济技术开发区天元路 139 号
公司办公地址:南京市秦淮区正学路一号
邮政编码:210006
公司网址:http://www.aeroshiny.com
公司电子信箱:htcg@jlonline.com
(五)信息披露媒体:
网站:http://www.sse.com.cn
定期报告刊登报刊:《中国证券报》、《上海证券报》
公司年报备置地点:公司证券投资部
(六)公司股票上市地:上海证券交易所
A 股简称:航天晨光　　A 股代码:600501

二、会计数据和业务数据摘要

(一)公司本年度主要财务指标

	本年度主要会计指标	金额(人民币元)
1	利润总额	40,572,435.36
2	净利润	33,009,067.82
3	扣除非经常性损益后的净利润	35,569,502.21
4	主营业务利润	128,253,201.08
5	其他业务利润	506,241.55
6	营业利润	42,922,435.36
7	投资收益	-52,260.48
8	营业外收支净额	-341,960.14
9	经营活动产生的现金流量净额	18,428,992.64
10	现金及现金等价净增加额	245,815,418.09

(二)截止报告期末公司前三年的主要会计数据和财务指标

项目	2001 年	2000 年		1999 年	
		追溯调整前	追溯调整后	追溯调整前	追溯调整后
主营业务收入	441,265,538.18	359,524,493.50	359,524,493.50	87,808,997.89	287,808,997.89
净利润	33,009,067.82	26,829,226.66	22,163,321.83	19,068,089.30	16,417,519.13
总资产	792,746,435.67	424,818,800.03	413,606,412.38	385,947,500.91	382,322,952.58
股东权益(不含少数股东权益)	449,812,172.37	158,487,158.07	151,170,683.07	134,239,331.39	131,588,761.22
每股收益(2001 年为摊薄数)	0.27	0.32	0.27	0.23	0.20
每股净资产	3.657	1.909	1.821	1.617	1.585
调整后的每股净资产	3.585	1.780	1.692	1.475	1.443
每股经营活动产生现金流量净额	0.150	0.332	0.332	0.271	0.271
净资产收益率	7.34%	16.93%	14.66%	14.20%	12.48%

(三)按照中国证监会《公开发行证券公司信息披露编报规则(第 9 号)》要求披露的利润数据

单位:人民币元

报告期利润	2001 年 12 月 31 日	净资产收益率%		每股收益	
		全面摊薄	加权平均	全面摊薄	加权平均
主营业务利润	128,253,201.08	28.51%	39.99%	1.04	1.25
营业利润	40,572,435.36	9.02%	12.65%	0.33	0.39
净利润	33,009,067.82	7.34%	10.290%	0.27	0.32
扣除非经常性损益后的净利润	35,569,502.21	7.91%	11.090%	0.29	0.35

三、股本变动及股东情况

(一)股份变动情况表　　单位:股

股本结构	本次变动前	本次增减变动(+,-)						本次变动后
		配股	送股	公积金转增股本	增发	其它	小计	
一、未上市流通股份								
1、发起人股份	83,000,000							83,000,000
其中:								
国家拥有股份								
境内法人持有股份	82,723,102							82,723,102
境外法人持有股份								
其他	276,898							276,898
2、募集法人股								
3、内部职工股								
4、优先股或其他								
未上市流通股份合计	83,000,000							83,000,000
二、已上市流通股份								
1、人民币普通股					40,000,000		40,000,000	40,000,000
2、境内上市的外资股								
1、境外上市的外资股								
2、其他								
已上市流通股份合计					40,000,000		40,000,000	40,000,000
三、股份总数	83,000,000				40,000,000		40,000,000	123,000,000

600506 新疆库尔勒香梨股份有限公司

2001 年年度报告摘选

第一章　公司基本情况简介

一、公司法定中文名称:新疆库尔勒香梨股份有限公司
公司法定英文名称:XIN JIANG KORLA PEAR CO.,LTD
缩写:香梨股份 PEAR LIMITED
二、公司法定代表人:冯国胜
三、公司董事会秘书:邓晓天
联系地址:新疆库尔勒市团结北路兰干路口
联系电话:0996-2204656
传真:0996-2204878
E-mail:05xl02@mail china.com
四、公司注册地址:新疆库尔勒市团结北路兰干路口
公司办公地址:新疆库尔勒市团结北路兰干路口
邮政编码:841000
电子信箱:06xl@ china.com
五、公司选定的信息披露报纸名称:上海证券报
登载公司年报的中国证监会的指定网址:http://www.sse.com.cn
公司年度报告备置地点:本公司董秘办公室
六、公司股票上市交易所:上海证券交易所
股票名称:香梨股份
股票代码:600506

第二章　会计数据和业务数据摘要

一、本年度主要利润指标情况(单位:人民币元)

项目	2001 年度实现数
1、利润总额	29,716,025.17
2、净利润	29,716,025.17
3、扣除非经常性损益后的净利润	26,057,025.41
4、主营业务利润	46,486,870.62
5、其它业务利润	94,509.29
6、营业利润	26,057,025.41
7、投资收益	1,297,710.35
8、补贴收入	-
9、营业外收支净额	2,361,289.41
10、经营活动产生的现金流量净额	42,897,618.13
11、现金及现金等价物净增加额	292,815,711.19

二、截止 2001 年末,公司前三年主要会计数据和财务指标:(金额单位:人民币元)

项目	2001 年	2000 年	1999 年
1、主营业务收入	99,011,673.35	74,367,556.53	32,075,902.29
2、净利润	29,716,025.17	27,345,145.43	14,973,195.09
3、总资产	611,926,094.77	319,400,533.91	206,659,513.04
4、股东权益(不含少数股东权益)	436,863,603.82	185,364,631.86	169,069,486.43
5、每股收益	0.185	0.247	0.136 .14
6、每股净资产	2.72	1.68	1.53
7、调整后的每股净资产	2.79	1.66	1.51
8、每股经营活动产生的现金流量净额	0.27	0.23	
9、净资产收益率(%)	6.80	14.75	8.86
10、净资产收益率(加权)(%)	14.84	14.96	16.07

三、利润表附表

报告期利润	净资产收益率(%)		每股收益	
	全面摊薄	加权平均	全面摊薄	加权平均
1、主营业务利润	10.64	23.22	0.29	0.42
2、营业利润	5.96	13.01	0.16	0.24
3、净利润	6.80	14.84	0.19	0.27
4、扣除非经常性损益后的净利润	5.96	13.01	0.16	0.24

第三章　股本变动及股东情况

一、股本变动情况
(1) 股本变动情况表

单位:万股

项目	本次变动前	本次变动增减				本次变动后
		新发	送股	转增	小计	
一、未上市流通股						
(1)发起人股份	11050.00					11050.00
其中:						
国家持有股份:	7490.57					7490.57
境内法人持有股份:	3559.43					3559.43
境外法人持有股份:						
其它:						
(2)募集法人股份:						
(3)内部职工股份						
(4)优先股或其它	11050.00					11050.00
未上市流通股份合计:						
二、已上市流通股份		5000.00				5000.00
(1)人民币普通股						
(2)境内上市的外资股						
(3)境外上市的外资股		5000.00				5000.00
(4)其它	11050.00					16050.00
已上市流通股合计						
三、股份总数						

600503 宏智科技股份有限公司

首次公开发行股票招股说明书摘要

释　义

在本招股说明书摘要中，除非另有所指，下列简称具有如下含义：

中国证监会：指中国证券监督管理委员会

科技部：　　指国家科学技术部

本公司、发行人、公司、股份公司、宏智科技：指宏智科技股份有限公司

宏智发展：　指福建省宏智科技发展有限公司，发行人的前身

福建大乾：　指福建大乾信息技术有限公司

社会公众股、A股：指发行人根据本招股说明书发行的面值为1元的人民币普通股

元：　　　　指人民币元

本次发行：　指宏智科技股份有限公司本次对社会公众发行4,000万股新股的行为

二级市场投资者：指在上海证券交易所或深圳证券交易所开立帐户的境内自然人和法人（国家法律、法规禁止者除外）

上市：　　　指本公司股票在证券交易所挂牌交易

主承销商：　指广发证券股份有限公司

《公司法》：　指《中华人民共和国公司法》

《证券法》：　指《中华人民共和国证券法》

《公司章程》：指宏智科技股份有限公司章程

三年：指1999年、2000年、2001年三个会计年度

PAS：宏智科技股份有限公司的产品标识

CCID：指信息产业部计算机与微电子发展研究中心

CDMA：指码分多址通讯制式，是移动通信的第二代半制式或第三代制式

CMM（Capability Maturity Model）：能力成熟度模型，是一种用于评价软件承包能力并帮助其改善软件质量的方法，它侧重于软件开发过程的管理及工程能力的提高与评估，是目前国际上最流行、最实用的软件生产过程标准和软件企业成熟度等级认证标准。CMM标准共分初始级、可重复级、定义级、管理级和优化级五个等级，从低到高，软件开发生产计划精度逐级升高，单位工程生产周期逐级缩短，单位工程成本逐级降低。全球目前共有74个CMM四级研发机构和66个五级机构。

DDN：数字数据网，一种国际通用的数据通讯协议

ADSL：以铜质电话线（即普通电话线）为传输介质的数字传输技术，它的上下行速率不同，也称其为非对称数字传输

GSM：第二代移动通信的一种典型制式，我国的移动通信企业通常都采用此种制式

ISO9001：指国际质量保证标准体系

IT：信息产业的英文缩写

INTERNET：国际互联网

IP：一种网络协议

CIS 企业形象识别体系

TMN：指国际电联对电信运营管理系统的一种框架规范

TOM：指国际通讯管理论坛对TMN具体实现的框架模型

BOSS：指业务支撑与运营管理系统，运营支撑系统指电信运营商为了向电信用户提供高质量的服务而建立的面向企业内部电信网上设备管理和网络管理系统的总称。业务支撑系统指电信运营商为实现电信业务经营所建立的面向客户的业务管理系统，在现阶段可解释为，综合的、多业务的电信营业、计费、帐务与客户关系管理系统

RUF：指统一开发过程，是目前软件开发方法论方面的最高成就

UML：指统一建模语言，是国际上目前领先的面向对象建模语言

CORBA：通用对象请求代理体系结构，是一种与供应商无关的开放标准，它定义了跨网络计算机应用的体系结构和基础设施

PSTN/PLMN：指公用陆地电话网和公用陆地移动网，如中国电信的网络就属PSTN网，中国移动的网络就属于PLMN网

九七工程：指电信业务计算机综合管理系统，是中国电信目前在用的营业系统

九七事业部：指宏智科技内部从事电信业务计算机综合管理系统开发的部门

客服事业部：指宏智科技客户服务产品系统开发的部门

平台软件：指具有一定通用性，可以在其上进行二次开发或加挂应用程序的软件平台

中间件软件：处于具体的业务实现和数据之间的软件，完成数据通信等方面的作用

应用软件：针对各种应用开发的软件

系统软件：指操作系统软件，WINDOWS NT等

支撑软件：包括系统软件、数据库软件和中间件软件，为应用软件提供一个软件支撑环境

系统集成：将一个系统所需的各种硬件设备、支撑软件和应用软件集成在一起，使其可以成为一个系统

电信运营支撑系统：指电信运营企业在运营过程中所需要的应用软件，如营业系统、计费系统、帐务系统等

构件：独立的能以积木式自如装拆于某一个软件结构平台的软件模块，在整个软件产品中完成一定的功能，对外提供某种服务

基于构件的开发方法：使系统的各个组成部分模块化，可以方便的进行修改、扩展和软件复用等的技术开发方法

体系结构：此术语借用自建筑行业，指软件系统设计的总体结构

软件工程：针对软件开发的整个过程进行管理的一套方法论。由于借鉴了一些工程管理方面的思想和手段，所以称之为软件工程

分布对象技术：是分布式技术的最新发展阶段

数据仓库技术：是对大量的数据进行抽取和分析的一项技术

本地网：是通信网的一个单位。一般一个本地网对应一个地市

呼叫中心：能处理和答复大规模呼叫的一个中心，如中国电信的114系统

网管：网络管理，包括性能管理、故障管理、安全管理和配置管理等

移动网管：移动通信网的管理

移动BOSS：移动通信企业的运营支撑系统，一般以省为单位集中建设

增值业务：在基本业务的基础之上而提供额外收入的各种业务

平台：通过对某一行业或领域相关业务需求的分析，对其具有普遍特征的业务单元、处理流程、动作请求及标准协议进行抽象，并以此为基础设计开发出的通用的软件基础架构。有各种丰富、灵活、便捷的接口，可以根据实际使用单位的具体要求方便的进行本地化定制和构件的添加

插件：能够直接插在系统上就可以发挥功能的部件

软件复用技术：同一个软件构件能够被不同系统使用的技术

迭代式开发：一种软件开发模式，其特点是并非完全做好系统后再交给用户，而是每次开发一部分内容即交付使用，这样一次又一次迭代地开发系统的方法叫做迭代式开发

螺旋式开发：一种软件开发方法，其特点是在开发的每个阶段都重复几个相同的步骤，并获得不断的提升，其示意图为螺旋状

基于构件的实时计费帐务处理系统：指大量的运用构件（如将采集、重单检查、批价、优惠、欠帐管理等制成通用的功能性插件）与平台（软件基础框架）技术使系统具备极其灵活且功能强大的可以实时实现多业务计费（如打固定或手机电话、传真、上网等不同业务）与灵活帐务（主要指电信费用的合帐、出帐、收费、结算、销帐等过程）处理能力的系统

基于TMN框架的移动通信企业综合业务网系统：是设计上遵循了TMN标准的将移动通信企业的计费、结算、帐务、收费和营业等与业务管理有关的信息系统整合在一个统一的软件结构平台上的核心业务管理系统

PAS－WG Uinitmn通用网络管理平台：通过对电信网在用设备的各种网络单元、配置管理、告警管理、安全管理和性能管理等方面进行深入细致的分析与总结，并使用科学的调度手段使通信网是使很多分布在各地的标准不同的通信设备协调运行、共同运作并达到最佳状态，能够将整个通信网资源和效率达到最优状态的计算机系统平台

基于构件的税收征管信息系统：就是大量的运用平台与分布式构件技术，以及CORBA软总线技术和数据仓库技术使系统具备极其灵活且功能强大的税务征收、管理、稽查等信息管理系统

PAS－TCND&A电信企业网分析与决策系统：指对电信企业的所有业务信息和管理信息进行分析和再加工，为电信企业管理层提供科学决策依据的系统

CDMA计费系统：指因应CDMA通信业务发展的、综合的、多业务的计费系统

宽带多媒体城域信息网系统：为整个社区（或城市）提供电信级服务质量的、大容量的、承载能力强的并支持多媒体业务的信息化服务平台，是未来政府电子政务和电子商务公司以及信息服务公司的公共支撑系统

另外，关于中国及中国软件行业的信息来源于多种政府和民间出版物，或由与政府各部门的交流中获得，发行人及主承销商未编辑发布也不负责证实此类信息，此类信息亦未必与其他来自国内和国外的同类信息相符合。

第一章　本次发行概况

一、本次发行的基本情况

股票种类：人民币普通股（A股）

每股面值：人民币1.00元

发行方式：向二级市场投资者配售

发行数量：4000万股，占发行后总股本的比例：36.36%

每股发行价格：8.68元

发行总市值：34,720万元

发行市盈率：20倍（按2001年经审计的净利润和2001年末股本计算）

发行前每股净资产：1.717元（按2001年12月31日经审计的数据计算）

发行后每股净资产：3.019元（按全面摊薄法计算，未含2001年12月31日至发行时产生的利润，扣除发行费用）

发行对象：于2002年6月19（T－3日）持有上证所或深交所已上市流通人民币普通股（A股）股票（以下简称"流通股票"）的收盘市值总和（包括可流通但暂时锁定的股份市值）不少于10,000元的投资者。沪市、深市二级市场投资者都可参加本次发行的申购。申购时，投资者分别使用其所持的沪市、深市的股票市值。

承销方式：余额包销

承销团成员		承销股数（万股）	承销比例（%）
主承销商	广发证券股份有限公司	1,900	47.50
副主承销商	福建省闽发证券有限公司	1,400	35.00
分销商	天同证券有限责任公司	200	5.00
分销商	西北证券有限责任公司	200	5.00
分销商	佛山证券有限责任公司	150	3.75
分销商	福建省华福证券公司	150	3.75
	合　计	4,000	100.00

发行费用概算：

项　目	金额（万元）
承销费用	1041.6
注册会计师费用（含审计、验资等费用）	192
律师费用	70
评估费用	15
股票登记费用	35
上市推荐费用	30
上网发行费用	121.52
审核费	3
合　计	1508.12

二、发行有关当事人的基本情况

（一）发行人

名　　称：宏智科技股份有限公司
法定代表人：林起泰
住　　所：福建福州市五一中路57号
电　　话：(0591)3321996
传　　真：(0591)3322000
联 系 人：杨云
(二) 主承销商
名　　称：广发证券股份有限公司
法定代表人：陈云贤
住　　所：广州市天河区天河北路183号大都会广场
电　　话：(021)68690146
传　　真：(021)68690145
联 系 人：张建军、林传辉、张鹏、陈新军
(三) 副主承销商
福建省闽发证券有限公司
(四) 分销商
天同证券有限责任公司
西北证券有限责任公司
佛山证券有限责任公司
福建省华福证券公司
(五) 发行人律师
名　　称：福州至理律师事务所
法定代表人：蒋方斌
住　　所：福建省福州市湖东路中山大厦25层
电　　话：(0591)7855641
传　　真：(0591)7855741
签字律师：蒋方斌、魏飞
(六) 会计师事务所
名　　称：福建华兴有限责任会计师事务所
法定代表人：刘久芳
住　　所：福建省福州市湖东路中山大厦B座七－九楼
电　　话：(0591)7842343
传　　真：(0591)7840354
签字注册会计师：蒋新红、江叶瑜
(七) 资产评估机构
名　　称：福建中兴资产评估有限公司(原福建省资产评估中心事务所)
法定代表人：陈依航
住　　所：福建省福州市湖东路中山大厦B座十一楼
电　　话：(0591)7822168
传　　真：(0591)7858645
签字注册评估师：江旺生、李盛开
(八) 上市推荐人
天同证券有限责任公司
广发证券股份有限公司
(九) 股票登记机构
名　　称：中国证券登记结算有限责任公司上海分公司
住　　所：上海市浦东新区浦建路727号
电　　话：(021)58708888
传　　真：(021)58754185
三、发行相关期限与时间
招股说明书签署日期：2002年6月13日
发行公告刊登日期：2002年6月21日
发行日期：2002年6月24日
预计上市日：本公司申请将本次发行的股票于发行结束后，尽早在上海证券交易所挂牌交易。

第二章　风险因素及对策

投资于本公司的股票会涉及一系列风险，在购买本公司股票前，敬请投资者将下列风险因素相关资料连同本招股说明书其他资料一并考虑。

投资者在评价发行人此次发售的股票时，除本招股说明书提供的各项资料外，应特别认真考虑下述各项风险因素。根据重要性原则或可能影响投资决策的程度大小排序，本公司风险因素及本公司的应对措施如下：

一、技术风险

1、技术水平不断更新的风险

本公司的主要产品是面向电信行业的应用软件及系统集成，并逐步将应用客户面扩大到税务、公安、电力、金融等行业，产品的主要定位是向大中型企事业单位提供全方位的信息化解决方案。如本公司不能紧跟国际相关技术的发展水平，无法运用新的软件技术开发出适应电信行业各项要求的大型软件，将使公司市场竞争力逐步下降，从而丧失部分客户。

针对以上技术更新风险，本公司采取了众多措施加以防范。公司基于在电信运用领域的长期实践和对电信业务及管理体制改革的深刻理解，不断加强对电信行业发展趋势的研究和国内外电信新技术、新设备的应用，加大研发投入。本公司1999、2000、2001年度的研发投入分别占同期销售收入的5.3%、5.5%、4.6%。本公司同时具体采取了以下措施以确保公司的技术领先性：

★注重研发人员的人力资源开发，在认真、严格筛选优秀人才进入本公司的基础上，按公司人力资源培训体系对人员进行培训和再教育；

★专门组织科技情报、战略研究部门，增大新技术预研投入；

★对研发设备做了大量合理的投入，公司为了保障研发，做到研发人员人手一机，同时还配置了大量高档的研发、测试设备(包括国际知名品牌的小型机、交换机等)；

★公司力求为研发人员提供先进、完善、宽松的研发环境，在开发场地方面做了较大的投入。公司在福州、杭州、北京、成都、南京、上海等地拥有5000平方米以上的开发场所；

★软件投入：根据设计模型分析编程以及测试、优化系统的需要，公司投入大量的费用购买了Pure、Rose、RQA、Erdlm、BPWin、Oracle、Sco Unix、Sun Solaris、Power Builder等软件；

★通信条件：公司建立了内部网，并从电信局引入2M专线、DDN专线和ADSL专线，加强研发人员的技术交流，不断吸纳新技术、新思想，以促进技术创新；

★加强与北京邮电大学、南京邮电学院等科研院所的合作，与国内外高技术厂商进行技术合作与交流，并依此对本公司产品结构不断调整、产品技术不断升级，加快产品更新速度。

2、软件开发系统工程管理风险

国内众多软件企业正经历着从手工作坊式生产向规范作业过渡的过程，如何参照国际规范，制定适合本企业特点的质量流程、控制系统，使得软件开发科学化，就成为大型应用软件开发企业所必须逾越的一个关键障碍。本公司的软件开发过程随着技术水平、管理水平的发展，仍在不断进行改进，目前不可避免地仍存在一些不确定因素，有可能产生未能及时按客户要求提供软件产品和系统集成服务，或者软件产品的有关技术水平未能达到预期目标的风险。

针对该风险，经过多年的摸索和总结，公司的开发管理方法已逐渐走向了以体系结构为中心，以用户要求为切入点，迭代式和螺旋式的基于构件的开发方法。以体系结构为中心，指的是系统的设计应有一个全局的规划，要充分考虑到开发平台、运行环境、功能实现、系统性能、系统稳定性等等一系列的问题，形成一个对系统全貌的认识。公司还成立了独立的产品及构件管理中心，建立了构件库系统，形成了初步的大规模、系统化的软件复用，避免了智力劳动的重复工作。公司现已初步形成了一个符合国际规范惯例和公司运作特点的软件开发团队，逐步按团队化、规范化、标准化的模式推进软件开发的整个过程，确保软件开发过程的科学化。

二、管理风险

1、人力资源的风险

本公司作为应用软件及系统集成企业，高素质的人才对公司发展至关重要。我国的软件行业仍处于快速发展时期，虽然国家已从高等教育、行业政策上积极培养国内软件人才的成长，但目前的软件从业人员仍然存在着知识水平层次较低、技术水平参差不齐，行业的培训机制也不完善，导致高层次的软件人才和通信技术人才在人力资源市场上较为缺乏，对高层次人才的竞争程度也比其他行业激烈。同时，高层次的软件技术人员已不满足于高工资、高福利的待遇，而对公司股权激励提出了新的更高要求。但鉴于目前国内建立期权、期股制度的法律、法规环境还不完善，本公司尚未能建立起成熟的期股、期权激励制度，而本公司上市后对高层次软件人才和通信人才的需求将大量增加，因此存在着不能吸引高层次的软件开发人才及现有软件开发人员流失的风险。本公司在实施PAS－LTAX2000地方税收征管信息系统项目过程中，曾出现由于部分软件开发人员流失导致项目延缓半年的情况。另外从长期来看，软件行业人力资源成本将呈上升态势，因此如何建立起有效的工资制度和奖励制度，而又不使公司相关管理费用出现不合理增长，也是公司今后运营管理中所必须解决的重要问题。

针对人力资源的风险，本公司采取下列措施规避此方面的风险：

(1)公司在福州、杭州、北京、成都、南京、上海等地拥有5000平方米以上的开发场所，这样能使公司凭借地理优势吸引到当地的高科技人才；

(2)公司将继续加大在员工培训方面的投资，为员工提供更多的培训机会。如将有关软件开发人员送至高等院校进行再教育，以完善员工的知识结构，避免出现知识老化现象。同时公司还将改进员工的绩效考核和企业文化建设，为员工营造一个良好的工作环境；

(3)公司将在法律、法规允许条件下完善员工激励机制和职业发展计划，并将继续改进和提高员工薪酬、福利及保险待遇，使得公司员工的薪酬水平和福利待遇与同行业相比更具竞争能力；

(4)公司已引进人力资源管理系统，尝试以科学的方式完善人力资源管理体系，使公司的人力资源管理系统化、制度化。

2、资产规模迅速扩大导致的管理风险

公司高级管理人员在公司快速发展期间，针对企业自身特点，已初步建立起了一套适应大型软件开发企业行业特征的组织结构和管理运营体系，对公司的发展产生了良好的促进作用。但随着本公司发行上市，公司资产规模将迅速扩大，人员和业务量必将随之增长，各项决策程序和实施过程都将需要更长的时间。因此公司存在能否有效地改进公司组织架构和管理运营体系，从而保证企业有效运营的风险。

针对由于资产规模、经营规模迅速扩大给本公司管理运营体系带来的要求，本公司将进一步完善各项内控制度，并进一步优化组织管理系统，建设并健全一个目标清晰、流程简洁、信息流畅、协作效率高、管理成本低同时有利于企业创新和选拔人才的组织管理模式，向更加扁平化、网络化为主的结构模式发展，保障公司的可持续发展计划实现。未来本公司组织管理体系建设的基本原则是：

(1)有利于强化责任，确保公司目标和战略的实现；
(2)有利于简化流程，快速响应客户的需求和市场的变化；
(3)有利于提高团队协作效率，降低管理成本；
(4)有利于信息的交流，促进企业创新和优秀人才的选拔；
(5)有利于未来优秀经理队伍的培养，以保障公司的可持续发展。

三、市场风险

(一) 行业竞争加剧的风险

中国的电信行业信息化建设从八十年代开始，经过多年的发展，已经成为全球最大的市场之一。巨大的市场发展空间吸引了众多厂商参与竞争。目前阶段，我国应用软件与系统集成产业主要是在国内厂商之间竞争，国外大型软件商由于文化、语言原因，尚未能大举进入中国市场。目前，在我国电信行业的应用软件和系统集成领域拥有几十家相关的企业，占有超过90%的市场份额，行业竞争较为激烈。

宏智科技的产品在功能上主要包括：营业系统、帐务系统、计费系统、联机指令系统、数据采集系统、资源管理系统、多媒体呼叫中心系统、网络管理系统、商业智能系统、宽带网络系统等一系列应用。这一系列应用覆盖了电信软件市场的电信业务运营类、电信网络管理类、电信商业智能类的全部应用以及电信增值业务类的一部分应用。

在中国电信的运营支撑系统市场(包括本地营业系统、本地计费帐务系统、本地资源管理系统、本地1000客服呼叫中心系统、宽带城域网等系统)的竞争中本公司暂时处于领先地位，主要竞争对手有大唐电信、北京朗新、北京吉鸿通等公司；本公司在中国移动运营支撑系统(包括客户服务、业务管理、计费、帐务、结算五大功能)的市场竞争中仅次于广州邦讯、南京联创，主要竞争对手还有神州数码等公司；本公司在中国联通运营支撑系统(综合营帐系统、专业计费系统、综合结算系统、1001客服呼叫中心系统、大客户管理系统等)的市场竞争中仅次于东软股份、深圳现代，主要竞争对手还有亚信科技等公司；在中国移动、中国联通网管市场竞争中本公司仅次于亿阳信通，主要竞争对手还有大用科技、浪潮科技、中创信测、创智科技等公司。目前，宏智科技是唯一一家在中国三大电信运营商都有广泛应用的产品供应商，根据本公司计算2001年度本公司电信行业应用软件的销售总额与上述厂商相比位居前列。

中国加入WTO以后，国外的同行业大型软件商将大举进入中国并通过本地化政策克服文化、语言等方面的障碍参与应用软件与系统集成产业的竞争，因此，本行业的竞争在未来的一段时间里将更加激烈。激烈的竞争将可能导致公司市场份额减少，对公司的盈利水平造成影响。

针对行业竞争较为激烈的风险，公司将进一步加大研发投入，确保公司的技术领先，同时，加强与北京邮电大学、南京邮电学院等科研院所的合作，与国内外高技术厂商进行技术合作与交流，并依此对本公司产品结构不断调整、产品技术不断升级，加快产品更新速度；公司将在法律、法规允许条件下完善员工激励机制和职业发展计划，稳定公司的人才队伍，同时，不断地引进优秀的人才；公司已引进SAP管理系统，尝试以科学的方式完善公司的管理体系，以提升公司的管理水平，降低公司成本，提高公司人均绩效；公司将进一步完善销售服务网络，目前已建立了遍布全国的12个销售服务中心，产品应用于全国23个省，客户基础良好，公司将继续按照"创造客户价值，以服务求发展"的运营原则，充分利用公司在产品成本和销售服务上的优势，巩固与加强公司的市场地位；与此同时，公司将积极向电力、公安、税务等有增长潜力的领域推进，以推广公司品牌知名度、增加新的利润增长点。

(二) 市场分割的风险

目前国内应用软件行业利润率较高，国外大型软件商由于文化、语言原因，尚未能大举进入，国内从事该行业业务的企业较多，但规模、开发能力均较小。因此基于地域文化、地方保护主义

和历史形成等众多原因,国内电信类应用软件市场存在着按地域划分的特点,即存在着市场分割的风险。本公司虽然在技术、服务和系统集成等方面具有较强的竞争力,但仍有可能由于上述原因,无法完全依赖市场竞争选择原则,争取到新的客户,开拓新的市场。这种市场分割的风险给公司进一步地拓展业务,实现跨地域的发展带来了限制。

随着2000年《电信条例》的颁布实施,应用软件与系统集成产业的体制保障也将随即建立。在应用软件行业系统集成资质认证体制和软件企业评审制度实施后,国内应用软件行业将逐步规范,市场将逐步被规模大、服务好、综合开发能力强的大型软件企业所占领,市场选择机制将逐步形成。同时,由于国内电信企业的经营体制正处于根本性变革之中,地方保护主义的力量将逐步被削弱。针对市场分割的风险,本公司还将具体采取以下措施加以化解:

(1)由于公司有着长期开展电信行业软件开发的经营历史,对电信行业的需求有着较强的理解,并拥有目前国内较先进的全面解决方案,因此公司在争取新业务、开拓新市场方面有着一定的竞争实力。公司将继续巩固在电信行业的领先优势,不断将最新软件技术运用于电信行业软件的开发,积极引导并产生新的市场需求,以扩大公司的盈利空间;

(2)建立公司品牌战略,加强市场宣传力度和营销力度,提高公司在行业中的知名度;

(3)加强售后服务,建立售后服务中心,并通过了软件企业的认定和一级计算机信息系统集成资质核定;

(4)以用户的需求为中心,提高技术解决方案的整体水平和软件开发应用技术水平,开发出适应市场需求的软件产品,增强市场竞争能力。

四、经营风险

1、产品结构相对集中的风险

公司的主导产品专业化程度及技术含量较高,但产品主要以面向电信行业的应用软件及系统集成为主,产品结构比较集中。虽然说国内电信行业在过去几年内对其业务管理、客户服务等方面投入了大量资金进行改造,但如果电信行业在未来的几年内投资规模出现大幅下降,将可能使公司的业务发展速度面临下降的风险。

根据CCID赛迪顾问统计并预测,2000年我国应用软件与系统集成产业市场销售额为397亿元,而到2005年市场销售额将达到4000亿元。在此良好的市场机遇条件下,本公司将继续保持并深化目前既有的以电信领域业务为主的行业竞争优势与市场份额,在继续完善电信计费、移动网管、呼叫中心等现有成熟产品的同时,发展市场前景广阔、回报能力强的移动营帐、电信2000、宽带IP、商业智能等产品,并加快电信CRM、代理、电信增值业务的开发。与此同时,本公司将积极向电力、公安、税务等有增长潜力的领域推进,以推广本公司品牌知名度、增加新的利润增长点。

2、加入WTO的风险

中国已经加入WTO,国内市场将进一步开放,外资机构如微软公司等在中国设立研究院或分支机构已成为一种趋势。外资软件公司凭借其技术、资金优势大举进军中国市场将加剧国内软件市场的竞争,在同类产品上出现与本公司争夺市场的情形,从而有可能导致公司市场份额减少,对公司的盈利水平造成影响。

公司将进一步加大在研究开发方面的投入,提高研发水平,增强公司的技术实力,并继续按照"创造客户价值,以服务求发展"的运营原则,充分利用公司在产品成本和销售服务上的优势,巩固与加强公司的市场地位,提高与外资软件公司竞争的能力。同时,公司还将充分利用加入WTO后与国外软件企业各种交流逐步扩大的机会,加强对国外尤其是发展中国家和地区电信业务市场的研究,积极寻找参与国际大市场竞争的机遇,开拓新的市场。

3、产品质量风险

本公司所经营的业务范围主要是电信行业业务相关的支撑软件,因此一般均是与大众生活息息相关的关键产品,如计费系统等。因此软件的质量、及时准确的售后服务就显得额外突出。另外目前各省电信行业所采用的硬件设备和网络设备也不尽相同,由此对软件的通用性、构件性提出了更高的要求。如公司的产品质量和售后服务无法满足客户的需求,就有可能存在因质量原因产生的风险。

针对质量风险,公司一方面严格按照ISO9001的标准规范对设备采购、产品开发、测试、销售和服务进行严格管理,另一方面将责任落实到具体负责人,并建立奖惩机制。根据福建省软件行业协会出具的证明,公司主要产品和其他相关产品符合国家有关软件产品质量和技术监督标准,近三年来不存在因违反有关产品质量和技术监督方面的法律、法规而被处罚的情形。

公司还不断加强公司的售后服务力度。针对电信行业售后服务本地化的特点,公司已在华东、华北、中南、西南设立了12个销售服务中心,形成了一个覆盖全国范围、项目与区域各为纵横并能合理利用人、财、物等各种资源的销售服务体系,建立了一套为用户提供优质、快速、高效的服务机制和售后保障体系,实时为用户解决各类问题。

4、设备采购风险

本公司在为客户提供系统服务时,需要采购计算机软硬件设备和网络设备,在设备采购过程中,存在产品质量、供货期、价格波动、售后服务方面的风险因素。

本公司进行设备采购时基于以下原则:

(1)根据项目进度总体安排,提前订货;

(2)与主要供应商建立长期稳固的合作关系,并不断开辟新的供应渠道;

(3)在质量、性能、价格满足要求的条件下,增加国产设备采购量。

5、客户的资信度风险

在计算机应用软件开发及应用系统集成领域,按行业惯例,客户按照项目进度分期支付合同款项。因此,客户的资信度与支付能力对本公司的实际业务收入及资金周转有一定影响。

公司的主要客户为电信企业,实力雄厚,资信度良好,尚未发生拒付或严重拖欠的现象。但公司仍坚持加强合同评审、新客户资信评审,以及与资信良好客户建立稳固关系来防范这一风险。

6、外汇风险

本公司大宗合同提供的硬件设备,需由本公司垫付部分或全部资金进口,外汇汇率的波动会导致采购价格、销售价格的变化,对本公司的经营成本、销售收入和产品竞争力产生影响。

针对外汇风险,本公司将采取以下措施加以防范:

(1)通过与国外厂商的国内代理商签定订货合同,减少或避免进口;

(2)公司将合理运用各种金融工具和保值手段,回避或降低外汇风险;

(3)本公司将加强对外汇市场信息的收集和整理,及时掌握汇率变动情况,相应地调整采购计划和采购对象。

五、财务风险

1、净资产收益率大幅下降的风险

本次新股发行价为每股8.68元,共募集资金33,211.88万元(已扣除发行费用),发行后公司净资产将大幅度增长276%,预计2002年的净资产收益率将大幅下降,存在因净资产收益率下降所引致的相关风险。

2、投资子公司亏损的风险

本公司投资参股50%的北京北邮宏智通信技术有限公司主要从事电信网管理技术的基础研究及移动网管系统的开发及销售,注册资本500万元,2001年12月31日的总资产为918.6万元,净资产为184.2万元,2000年度主营业务收入为370.74万元,净利润为-50.30万元,2001年度主营业务收入为521.3万元,净利润为-241.5万元。该公司亏损的原因是部分产品正处于研究开发阶段,研发费用较大;

投资参股50%的江苏宏智南邮信息技术有限公司主要从事电信业务管理的基础研究及电信业务计算机综合管理系统的开发及销售,注册资本500万元,2001年12月31日的总资产为339.7万元,净资产为222万元,2000年度销售收入为0元,净利润为-26.88万元,2001年度主营业务收入为680.6万元,净利润为-251万元。该公司亏损的原因为目前产品正处于研究开发阶段,研发费用较高,并且全部计入当期损益;

本公司控股98%的南京宏智纳川计算机有限公司注册资本51万元,2001年12月31日的总资产为165万元,净资产为2.96万元,2001年度主营业务收入为8万元,净利润为-33万元。该公司亏损的原因为原有项目的维护费用全部记入当期损益,而目前公司正处于战略调整阶段,尚未开展其他业务;

当前两公司正在积极加大产品研发与市场推广力度,加快产品产业化进度;同时,本公司作为两公司紧密型的战略合作伙伴,正在积极利用本公司的市场资源、客户资源协助两公司产品尽快向全国各省市的电信目标客户推广。预计自2002年度开始,两公司将能够扭亏为盈,成为本公司新的投资利润增长点。

南京宏智纳川计算机有限公司将定位为江苏、安徽两省的客户服务系统的施工和本地化服务平台,随着业务的正常开展,该公司将形成新的收入来源并实现公司的盈利。

3、补贴收入不稳定的风险

本公司的补贴收入主要为软件产品销售的增值税退税款以及各种项目的补贴款和拨款。1999年度、2000年度、2001年度的补贴收入分别在当期净利润的2.34%、24.44%、39.71%,增值税退税款随着本公司软件产品销售收入的变化而变化,并且相关的优惠政策有可能变动,同时,各种项目的补贴款和拨款的金额也随着国家和福建省关于相关项目政策的不同而变化,故补贴收入具有不稳定性,进而影响本公司的经营业绩。

4、应收帐款和其他应收款的坏帐风险

公司2000年度的销售收入为13,117万元,2001年度的主营业务收入为19,209万元。截至2001年12月31日,本公司合并后的应收帐款和其他应收款余额分别为4627万元和1435万元(未扣除坏帐准备),其中,1年以内的应收帐款为3610万元,占应收帐款总额的78.02%;1-2年的应收帐款为615万元,占应收帐款总额的13.3%;2—3年的应收帐款为402万元,占应收帐款总额的8.68%;无超过三年的应收帐款;1年以内的其他应收款为1191万元,占其他应收款总额的83%;1-2年的其他应收款为172万元,占其他应收款总额的11.96%;2—4年的其他应收款为72万元,占其他应收款总额的5.04%。由于本公司应收帐款的主要内容是电信运营商应付合同款,虽然电信运营商大多都是本公司的长期合作伙伴,商业信用良好,但仍不排除发生坏帐的风险。

本公司其他应收款的主要内容为员工的差旅费借款和为相关企业的代垫货款,过去三年虽未发生坏帐,但本公司无法预见未来发生坏帐的可能性。

5、债务结构不合理的风险

本公司截止2001年12月31日短期借款6000万元,占负债总额的60%,无长期借款,债务结构不尽合理。

6、增值税返还形成的利润不能进行股利分配的风险

依据财政部、国家税务总局、海关总署下发的《关于鼓励软件产业和集成电路产业发展有关税收政策问题的通知》(财税[2000]25号),自2000年6月24日起至2010年底以前,母公司销售其自行开发生产的计算机软件产品,按法定17%税率征收增值税后,对实际税负超过3%的部分实行即征即退;所退税款用于研究开发软件产品和扩大再生产,不作为企业所得税应税收入,不予征收企业所得税。根据此政策的规定,公司于2000年6月24日以后的软件增值税退税款应用于研究开发软件产品和扩大再生产,由此形成的利润不用于股利分配。2000年6月24日至2000年12月31日的软件增值税退税款为2,405,358.98元,2001年度的软件增值税退税款为9,479,196.93元,在实际收到时记入本公司的补贴收入,分别占当期公司净利润的9.7%和31.19%,但由此形成的利润不用于股利分配。

六、募集资金投向风险

本次募集资金投资的7个项目均是本公司所长期从事的电信行业的客户管理和客户服务产品、业务管理产品、网络和系统管理产品以及税收征管信息系统产品。本公司在这些项目上均有成熟的开发技术、经验,并有相配套的人力资源和管理体系作为支撑。但公司在具体实施项目时,仍有可能由于产品市场变化、项目的实施和管理水平、人才状况、技术进步、产业政策调整等影响项目的投资收益率、投资回收期等,导致投资不能达到预期目标。

针对上述风险,本公司已在前期对各个方面进行了积极准备:

技术方面:本公司依靠从事应用软件开发和系统集成业务的多年经验,已经能够在一定程度上把握国内本行业的发展方向。本次募集资金投资项目属于本公司长期以来一直关注的领域,并且已为这些项目进行了很多前期开发与技术储备工作。同时本公司与南京邮电学院、北京邮电大学的有关专家已经对本次投资项目的各项技术可行性、市场开发性及投资收益率进行了缜密分析和论证,确保投资决策的科学性和有效性;

人才方面:本公司从事电信应用业务开发多年,已经培养了一大批既懂电信业务、电信技术又精通计算机技术的开发与服务骨干队伍,其中核心技术人员已具备超过十年的电信应用软件开发经验。同时本公司还将针对具体投资项目需求对外吸引若干专业高级技术人才以保证本次各项投资项目得以配备足够的人才储备;

生产管理方面:本公司是一家能在全行业提供电信应用一体化解决方案的企业,将严格监理、加强项目预算的控制和管理,以确保项目按期保质完成。本公司具备良好的软件工程管理与质量保证体系,已通过ISO9001国际、国内双重认证并正在实施CMM认证工作,能够确保项目的实施质量;

市场方面:本公司在项目论证前期已经对产品目标市场进行了详细调研,并已基本确定若干客户目标市场。同时经过多年的市场化运作,本公司已在全国范围建立了成功的市场销售网络,本公司将依靠品牌优势,利用公司密集高效、覆盖全国的销售网络,推广新产品,以确保新产品成功占领市场。

七、政策性风险

1、税收政策变化产生的风险

本公司目前享受的税收优惠政策主要包括:

(1)根据财政部、国家税务总局、海关总署关于鼓励软件产业和集成电路产业发展有关税收政策问题的通知(财税[2000]25号),在2010年前,软件产品销售按17%的法定税率征收增值税,对实际税负超过3%的部分即征即退;员工工资、员工培训费用在所得税前列支;

(2)根据福建省闽财税政1994年14号文《关于企业所得税若干优惠政策衔接问题的通知》和闽科新(1997)4号《关于认定第十七批高新技术企业的通知》,本公司作为福建省科学技术委员会认定的高新技术企业,享有从获利年度起,两年内免征所得税,第三至第五年按15%税率减半征收所得税。因此,1997、1998年度,本公司已享受企业所得税全额免税的税收优惠;1999、2000年度已享受按15%税率减半征收企业所得税的税收优惠,即实际税率7.5%。另外,根据福州市地方税务局直属征收局《关于宏智科技股份有限公司2001年度企业所得税有关优惠政策的批复》,本公司2001年度可延续以前年度优惠政策,享受按15%税率减半征收企业所得税的税收优惠,即实际税率7.5%,该政策执行到2001年年底。

另根据财政部、国务税务总局1994年3月29日联合发文《关于企业所得税若干优惠政策的通知》(财税[94]001号)有关规定,公司是国务院批准的高新技术产业开发区福州市科技园的高新技术企业,2002年及以后依然可以减按15%的税率征收所得税。上述政策若发生任何不利于本公司的变化,都将影响本公司的盈利前景。

通过本次股票发行,公司将不断加强企业管理,提升自身的核心竞争力,进一步完善客户管理信息系统,扩大销售网络,以优良的质量、具有竞争力的价格和良好的售后服务稳定客户群,提高产品市场占有率,增收节支,将税收优惠政策变化对公司利润的影响减少到最低。

2、产业政策变化产生的风险

目前，软件产业属于国家重点鼓励发展的产业，为此 2000 年 6 月 24 日国务院出台了《鼓励软件产业和集成电路产业发展的若干政策》。从融资、税收、产业技术、出口、收入分配、人才吸引与培养、采购和知识产权保护等多方面给予了支持。同时，针对高新技术项目，国家科技部和经贸委联合设立了"中小企业创新基金"予以扶持。在已通过的我国"十五"计划纲要中，政府明确提出要"大力发展集成电路和软件产业，提高信息化装备和系统集成能力。"因此从长期来说，由于国内软件企业与国际相比，无论在技术、规模和人员知识层次上均有较大差距，相信国家在相当长的一段时期内，仍然会给予软件企业各项优惠措施。但是，如果国家对软件企业的扶持政策进行调整，将对本公司的经营产生不利影响。

针对政策风险，本公司将注重收集国内外与本公司相关的政治经济信息，研究、预测国内外经济政策及其它政策的变化趋势，适时调整和完善公司的发展目标和经营战略，降低政策风险的负面影响。

八、股市风险

虽然本公司的股票发行价格的确定基于多种因素的综合考虑，但这并不能保证投资者一定能够从中获利。本公司股票的二级市场价格受到许多因素的影响。其中许多因素都是本公司无法把握的，这些因素都有可能引起公司股票价格的剧烈波动，造成投资风险。

本公司将严格遵照《证券法》、《公司法》及《上海证券交易所股票上市规则》相关要求，向投资者及时提供本公司经营状况以及对本公司股票价格有重大影响的真实、准确、完整的信息，以便于投资者防范股市风险。

第三章　发行人基本情况

一、发行人基本情况

（一）发行人基本情况

发行人名称：宏智科技股份有限公司

英文名称：WholeWise Sci&Tech. Co., Ltd.

法定代表人：林起泰

注册资本：7000 万元

公司成立日期：1999 年 10 月 27 日

注册地址：福建省福州市五一中路 57 号

邮政编码：350005

电话：(0591)3321996

传真：(0591)3322000

互联网网址：www.wholewise.com.cn

电子邮箱：wwgroup@pub2.fz.fj.cn

（二）经营范围

公司经营范围是电子计算机技术服务及电子计算机网络安装，通讯技术服务，技术咨询及培训，电子产品及通讯设备、电子计算机及配件的批发、零售；经营本企业研制开发的技术和生产的科技产品的出口业务；经营本企业科研和生产所需的技术、原辅材料、机械设备、仪器仪表、零配件的进口业务；经营本企业的进料加工和"三来一补"业务。

（三）发行人历史沿革及改制情况

1、历史沿革及历次股权结构变化情况

本公司前身是福建省宏智科技发展有限公司。宏智发展是由中国邮电工会福建省邮电管理局机关委员会和中国邮电工会福建省邮电学校委员会共同投资设立的有限责任公司，注册资本为 120 万元。各股东以货币资金认购公司出资额，每 1 元出资额认购价为 1 元。中国邮电工会福建省邮电管理局机关委员会出资 72 万元，中国邮电工会福建省邮电学校委员会出资 48 万元。1996 年 10 月 15 日，福建省鸿雁会计师事务所出具闽鸿注验[1996]第 047 号《验资报告》，验证公司注册资本全部到位。公司于 1996 年 10 月 18 日在福建省工商行政管理局登记注册，领取《企业法人营业执照》。公司的股权结构如下：

序号	股东名称	出资额（万元）	出资比例（%）
1	中国邮电工会福建省邮电管理局机关委员会	72	60
2	中国邮电工会福建省邮电学校委员会	48	40
	合　计	120	100

1997 年 10 月 30 日，宏智发展 1997 年第一次临时股东会议通过决议，同意将注册资本由 120 万元增至 1,000 万元。各股东以货币资金认购公司出资额，每 1 元出资额认购价为 1 元。新增资本 880 万元中，中国邮电工会福建省邮电管理局机关委员会认购 357.20 万元；中国邮电工会福建省邮电学校委员会认购 146.6 万元；中国邮电工会福建省移动通信局委员会认购 37.3 万元；福建省宏智科技发展有限公司工会委员会认购 338.9 万元。1998 年 4 月 9 日福建省鸿雁会计师事务所出具闽鸿注审[1998]第 030 号《验资报告》，验证公司的注册资本全部到位。1998 年 4 月 27 日，公司在福建省工商行政管理局办理了变更登记手续。变更后公司的股权结构如下：

序号	股东名称	出资额（万元）	出资比例（%）
1	中国邮电工会福建省邮电管理局机关委员会	429.2	42.92
2	中国邮电工会福建省邮电学校委员会	194.6	19.46
3	中国邮电工会福建省移动通信局委员会	37.3	3.73
4	福建省宏智科技发展有限公司工会委员会	338.9	33.89
	合　计	1000	100

1999 年 3 月 10 日，宏智发展 1999 年第一次临时股东会议通过了进行增资和股权转让的决议，注册资本由 1,000 万元增至 1,750 万元。除原有股东追加投资外，新增福建省科学技术委员会机关工会委员会、福建省鸿宇集团有限公司以及李少林女士、王栋先生四个股东。各股东以货币资金认购公司出资额，每 1 元出资额认购价为 5.2 元。各方认购的出资额分别为：中国邮电工会福建省邮电管理局机关工会委员会认购 209.78 万元，中国邮电工会福建省邮电学校委员会认购 15.4 万元，中国邮电工会福建省移动通信局委员会认购 27.125 万元，福建省宏智科技发展有限公司工会委员会认购 126.345 万元，王栋认购 32.2 万元，李少林认购 276.675 万元，福建省科学技术委员会机关工会委员会认购 37.45 万元，福建省鸿宇集团有限公司认购 25.025 万元。

同时，宏智发展四家老股东将公司总出资额中的 262.5 万元转让给王栋，各股东均以货币资金转让公司出资额，每 1 元出资额转让价为 3 元。其中中国邮电工会福建省邮电管理局机关委员会转让 112.58 万元，中国邮电工会福建省邮电学校委员会转让 51.1 万元，中国邮电工会福建省移动通信局委员会转让 9.825 万元，福建省宏智科技发展有限公司工会委员会转让 88.995 万元。1999 年 7 月 8 日，福建华兴有限责任会计师事务所出具闽华兴所[1999]验字 15 号《验资报告》，验证公司注册资本全部到位。公司于 1999 年 7 月 29 日向福建省工商行政管理局办理了变更登记手续。变更后的股权结构如下：

序号	股东名称（或姓名）	出资额（万元）	出资比例（%）
1	中国邮电工会福建省邮电管理局机关委员会	526.40	30.08
2	福建省宏智科技发展有限公司工会委员会	376.25	21.50
3	王栋	294.7	16.84
4	李少林	276.675	15.81
5	中国邮电工会福建省邮电学校委员会	158.90	9.08
6	中国邮电工会福建省移动通信局委员会	54.6	3.12
7	福建省科学技术委员会机关工会委员会	37.45	2.14
8	福建省鸿宇集团有限公司	25.025	1.43
	总　计	1750	100

本公司律师认为"公司历次增加注册资本及股权变更行为符合当地法律、法规和规范性文件的规定，并已履行了必要的法律手续，不存在影响本次发行、上市的情况"。

1999 年 8 月 13 日，福建省宏智科技发展有限公司 1999 年第三次临时股东会通过了关于将公司依法变更为股份有限公司的决议。1999 年 9 月 15 日，经福建省人民政府闽政体股[1999]20 号文批准，福建省宏智科技发展有限公司整体变更设立福建宏智科技股份有限公司。根据福建华兴有限责任会计师事务所出具的闽华兴所(1999)审字 266 号《审计报告》，公司截止 1999 年 7 月 31 日审计的净资产值为 71,452,853.37 元。公司将其中的一部分未分配利润 1,452,853.37 元按股权比例分配给原股东，剩余的 7000 万元按 1:1 的比例折为 7000 万股，各发起人按原出资比例依法持有股份公司的股份，原宏智发展的一切债权、债务由股份公司承继。1999 年 10 月 18 日，福建华兴有限责任会计师事务所出具的闽华兴所(1999)验字 24 号《验资报告》，验证股份公司的注册资本全部到位。公司于 1999 年 10 月 27 日在福建省工商行政管理局办理了变更登记手续，《企业法人营业执照》注册号为 3500001001717。股份公司成立后的股权结构如下：

序号	股东名称（或姓名）	股份数额（万股）	股份比例（%）
1	中国邮电工会福建省邮电管理局机关委员会	2105.60	30.08
2	福建省宏智科技发展有限公司工会委员会	1505.00	21.50
3	王栋	1178.80	16.84
4	李少林	1106.70	15.81
5	中国邮电工会福建省邮电学校委员会	635.60	9.08
6	中国邮电工会福建省移动通信局委员会	218.40	3.12
7	福建省科学技术委员会机关工会委员会	149.80	2.14
8	福建省鸿宇集团有限公司	100.10	1.43
	总　计	7000	100

本公司律师认为"折股方式符合《公司法》第 99 条的规定。上述股权设置、股本结构合法有效、产权界定和确认不存在纠纷和风险。以上发起人均为实际出资，也是最终控制人"。

2000 年 7 月 12 日，经国家工商行政管理局企业注册局核准，福建宏智科技股份有限公司更名为宏智科技股份有限公司。

2001 年 4 月，根据福建省人民政府闽政体股[2001]18 号文《关于同意宏智科技股份有限公司调整股权结构的批复》，福建大乾数字信息有限公司、泉州市闽发物业发展有限公司、石狮融盛企业集团公司、王栋、李少林、陈大勇、朱芳均按每股 4.1 元的价格分别受让中国邮电工会福建省邮电管理局机关委员会、中国邮电工会福建省邮电学校委员会、中国邮电工会福建省移动通信局委员会、福建省科学技术厅机关工会委员会、宏智科技股份有限公司工会委员会和福建省鸿宇集团有限公司（其股东为中国邮电工会福州电信局委员会和中国邮电工会福州长途线务局委员会）所持有的本公司股份共 4714.5 万股。

以上受让方均已经向出让方支付了全部股份转让价款，至此本公司的股本结构如下：

股东名称（或姓名）	股份数额（万股）	股份比例（%）
王栋	1,983.8	28.34%
李少林	1,736.7	24.81%
福建大乾数字信息有限公司	1,446.2	20.66%
泉州市闽发物业发展有限公司	573.3	8.19%
陈大勇	490	7%
朱芳	455	6.5%
石狮融盛企业集团公司	315	4.5%
总　计	7,000	100%

股份公司于 2001 年 5 月 15 日在福建省工商行政管理局办理了工商变更登记。

本公司律师认为"上述股权变动符合中国证监会法律部[2000]24 号文件精神以及其他有关规范性文件的规定，是真实有效的，不存在影响本次发行的情况"。

2001 年 4 月，根据福建省人民政府闽政体股[2001]18 号文《关于同意宏智科技股份有限公司调整股权结构的批复》，本公司第一大股东由中国邮电工会福建省邮电管理局机关委员会变动为王栋（持有本公司发行前股本的 28.34%）。由于本公司原工会股东不参与公司的经营决策和管理，更换股东后对公司不会产生不利影响。而现任第一大股东王栋同时也担任本公司的董事、总经理、技术负责人，更换第一大股东后将更有利于公司开发方法中核心体系结构的进一步完善和发展，有利于完善公司的经营管理，有利于公司进一步加强对未来电信软件应用市场的前瞻性。

公司目前的股权结构较为合理，符合现代企业制度中科学法人治理结构的要求，有利于公司的科学决策。

（四）历次审计、评估及验资情况

1、历次审计情况

自福建省宏智科技发展有限公司成立以来，本公司共进行了九次审计，具体情况如下：

1997 年 3 月 14 日，福建省鸿雁会计师事务所审计了公司 1996 年 12 月 31 日的资产负债表和 1996 年度的损益表等，出具了闽鸿注审[1997]第 089《审计报告》。

1998 年 2 月 4 日，福建省鸿雁会计师事务所审计了公司 1997 年 12 月 31 日的资产负债表和 1997 年度的损益表和财务状况变动表，出具了闽鸿注审[1998]第 010 号《审计报告》。

1999 年 1 月 21 日，福建省鸿雁会计师事务所审查了公司 1998 年 12 月 31 日的资产负债表和 1998 年度的损益表，出具了闽鸿注审[1999]第 007 号《审计报告》。

1999 年 8 月 12 日，福建华兴有限责任会计师事务所审计了公司 1997 年 12 月 31 日、1998 年 12 月 31 日、1999 年 7 月 31 日的资产负债表和合并资产负债表、1997 年度、1998 年度、1999 年 1－7 月的损益表和合并损益表，出具了闽华兴所(1999)审字 266 号《审计报告》。

2000 年 2 月 28 日，福建华兴有限责任会计师事务所审计了公司 1999 年 12 月 31 日资产负债表和合并资产负债表、1999 年度利润及利润分配表和合并利润及利润分配表、1999 年度现金流量表和合并现金流量表，出具了闽华兴所(2000)股审字 67 号《审计报告》。

2001 年 2 月 12 日，福建华兴有限责任会计师事务所审计了公司 2000 年 12 月 31 日资产负债表和合并资产负债表、2000 年度利润及利润分配表和合并利润及利润分配表、2000 年度现金流量表和合并现金流量表，出具了闽华兴所(2001)股审字 147 号《审计报告》。

2001 年 6 月 7 日，福建华兴有限责任会计师事务所审计了公司 1998 年 12 月 31 日、1999 年 12 月 31 日、2000 年 12 月 31 日、2001 年 5 月 31 日资产负债表和 2000 年 12 月 31 日、2001 年 5 月 31 日合并资产负债表和 1998 年度、1999 年度、2000 年度、2001 年 1－5 月份利润及利润分配表和 2000 年度、2001 年 1－5 月份合并利润及利润分配表和 2000 年度、2001 年 1－5 月份现金流量表与合并现金流量表，出具了闽华兴所(2001)股审字 160 号《审计报告》。

2001 年 12 月 19 日，福建华兴有限责任会计师事务所审计了公司 1998 年 12 月 31 日、1999 年 12 月 31 日、2000 年 12 月 31 日、2001 年 10 月 31 日资产负债表和 2000 年 12 月 31 日、2001 年 10 月 31 日合并资产负债表和 1998 年度、1999 年度、2000 年度、2001 年 1 至 10 月份利润及利润分配表和 2000 年度、2001 年 1－10 月份合并利润及利润分配表和 2000 年度、2001 年 1－10 月份现金流量表与合并现金流量表，出具了闽华兴所(2001)股审字 220 号《审计报告》。

2002 年 2 月 25 日，福建华兴有限责任会计师事务所出具了公司 1999 年 12 月 31 日、2000 年 12 月 31 日、2001 年 12 月 31 日资产负债表和 2000 年 12 月 31 日、2001 年 12 月 31 日合并资产负债表和 1999 年度、2000 年度、2001 年度利润及利润分配表和 2000 年度、2001 年度合并利润及利润分配表和 2001 年度现金流量表与合并现金流量表的闽华兴所(2002)审字 G－013 号《审计报告》。

2、历次评估情况

福建中兴资产评估有限公司（福建省资产评估中心事务所）根据国家有关资产评估的规定，对福建省宏智科技发展有限公司变更为股份有限公司的全部资产进行评估，并于 1999 年 8 月 12 日出具了闽资评报字(1999)第 028 号《福建省宏智科技发展有限公司资产评估报告书》。

3、历次验资情况

自福建省宏智科技发展有限公司成立以来，本公司共进行四次验资，具体情况如下：

1996年10月15日，福建省鸿雁会计师事务所对公司股东中国邮电工会福建省邮电管理局机关委员会和中国邮电工会福建省邮电学校委员会出资的资金人民币120万元进行验证并出具了闽鸿注验[1996]第047号《验资报告》。

1998年4月9日，福建省鸿雁会计师事务所对福建省宏智科技发展有限公司截止1998年4月8日的注册资本变更情况的真实性和合法性进行验证，变更后注册资本为人民币1000万元，并出具了闽鸿注审[1998]第030号《验资报告》。

1999年7月8日，福建华兴有限责任会计师事务所对公司截止1999年7月8日的注册资本和投入资本变更情况的真实性、合法性进行验证，变更后注册资本为人民币1750万元，并出具了闽华兴所[1999]验字15号《验资报告》。

1999年10月18日，福建华兴有限责任会计师事务所对公司截止1999年10月18日投入股本的真实性和合法性进行审验，公司拟注册的股本为人民币7000万元，并出具了闽华兴所[1999]验字24号《验资报告》。

本公司律师认为"发行人设立过程中有关资产评估、验资等履行了必要程序，符合有关法律、法规和规范性文件的要求"。

（五）资产权属变更情况

本公司拥有的一项注册商标、五项软件著作权、九项域名和座落于福州市鼓楼区东街33号武夷中心第14层01＃－05＃建筑面积为1676.18平方米的房产；

本公司拥有的生产经营设备主要有：SUN UltraSPARC，HP9000，IBM RS6000等系列小型机；Cisco，Lucent等交换机；各种PC－SEVER和电子计算机。

本公司律师在为本次发行、上市出具的《法律意见书》、《律师工作报告》中指出"未发现上述财产存在产权纠纷或潜在纠纷。上述房产和生产经营设备是由发行人购买取得，注册商标是由发行人依法申请注册，计算机软件著作权是由发行人自行研究开发并依法申请注册，域名是由发行人依法申请注册。上述财产均为发行人合法取得；对于上述房产、注册商标、计算机软件著作权和域名，发行人已取得完备的权属证书。发行人对其主要财产的所有权或使用权的行使，不存在担保、抵押或其他权利受到限制的情况"。

（六）员工及社会保障情况

1999年底，本公司（包括子公司）员工总数为601人，2000年底，本公司（包括子公司）员工总数为613人，截止2001年12月31日，本公司（包括子公司）员工总数为661人。

按照《中华人民共和国劳动法》的要求，本公司实行全员劳动合同制，已与员工签订了劳动合同，并经福州市有关劳动部门鉴证。

依据福州市劳动局社会统筹保险的规定，所有劳动关系在本公司的员工均已参加了养老保险、失业保险、工伤保险、生育保险、住房公积金等社会统筹和公司统筹。本公司目前无离退休人员。

（七）公司的独立运营情况

公司已在业务、资产、人员、财务、机构等方面与公司现有股东完全独立。

第四章　发行人股本

本公司本次拟发行社会公众股4,000万股。

本比发行后公司的股本结构如下表所示：

股份类别	股本数（万股）	所占比例（%）
国有股	－－	－－
社会法人股	2,334.50	21.23
其中：福建大乾数字信息有限公司	1,446.20	13.15
泉州市闽发物业发展有限公司	573.30	5.21
石狮融盛企业集团公司	315.00	2.87
自然人股	4,665.50	42.41
其中：王栋	1,983.80	18.03
李少林	1,736.70	15.79
陈大勇	490.00	4.45
朱芳	455.00	4.14
社会公众股	4,000.00	36.36
总股本	11,000	100

第五章　主要发起人与股东的情况

（一）股东基本情况

王栋先生，中国国籍，男，28岁，大学本科学历。王栋先生曾任职于浙江大学科技开发总公司、福建省邮校通信技术开发公司，1999年7月－2001年3月任本公司董事、副总经理、技术负责人，2001年3月25日起任本公司董事、总经理、技术负责人。除投资本公司外无控股或参股其他企业。

李少林女士，中国国籍，女，38岁，大学本科学历。李少林女士曾任福建省三明市委党校团委书记、福建省三明市委城市工作部部长、现任本公司副董事长，兼任明珠（福建）集团有限公司董事长。

福建大乾数字信息有限公司成立于2001年4月27日，注册资本人民币12000万元，法定代表人张凯，公司住所为福建福州市鼓楼区东街33号武夷中心14层，营业执照注册号：3500002001231。该公司主营业务为电子计算机系统集成及技术服务，信息通讯技术服务；电子计算机及配件、电子元器件、通讯设备的批发、零售；信息咨询服务。

泉州市闽发物业发展有限公司成立于1999年7月1日，注册资本人民币5000万元，法定代表人蔡永鲤，公司住所为福建泉州市鲤城区温陵路南段华信大厦8楼，营业执照注册号：3505002000781。该公司的主营业务为物业管理、房地产出租、房地产经纪与代理、水电零星维修。

陈大勇先生，中国国籍，男，出生于1973年4月，大学本科学历。现任福建省恒源经贸有限公司董事长。

朱芳女士，中国国籍，女，出生于1979年5月，大学本科学历。现任北京盛名艺典广告有限公司董事长。

石狮融盛企业集团公司注册资本5000万元，法定代表人吴永红，公司住所为石狮振兴路73－91号，营业执照注册号：3505811001228。该公司的主营业务为承接"三来一补"业务，加工制造服装、箱包等。

本公司现有7名股东均为持有本公司股份的终极持有人，所持有的公司股票不存在被质押或其他有争议的情况。

本公司律师认为"所有股东均具有法律、法规和规范性文件规定的担任股东进行出资的资格，发行人的股东人数、住所、出资比例符合有关法律、法规和规范性文件的规定。上述股东均符合实际出资，也是最终控制人"。

（二）股东承诺

本公司现有七位股东均向公司出具了《关于避免同业竞争的承诺函》，承诺将不在中国境内外以任何形式从事与本公司主营业务或者主要产品相竞争或者构成竞争威胁的业务活动，包括在中国境内外投资、收购、兼并与本公司主营业务或者主要产品相同或者相似的公司、企业或者其他经济组织；若本公司将来开拓新的业务领域，本公司享有优先权，本公司股东将不再发展同类业务。

（三）股东与核心技术的关系

本公司现有股东中王栋持有本公司发行前股本的28.34%，同时也担任本公司的董事、总经理、技术负责人。王栋先生基于其对电信方面深刻的理解以及对电信管理体制前瞻性的认识，判断了电信市场的发展方向后提出了本公司今后产品的发展方向，使本公司的产品不断更新以及可持续发展能力都具有领先优势。

第六章　工会持股有关情况

2001年4月，根据福建省人民政府闽政体股[2001]18号文《关于同意宏智科技股份有限公司调整股权结构的批复》的批复，福建大乾数字信息有限公司、泉州市闽发物业发展有限公司、石狮融盛企业集团公司、王栋、李少林、陈大勇、朱芳均按每股4.1元的价格分别受让中国邮电工会福建省邮电管理局机关委员会、中国邮电工会福建省邮电学校委员会、中国邮电工会福建移动通信局委员会、福建省科学技术厅机关工会委员会、宏智科技股份有限公司工会委员会和福建省鸿宇集团有限公司（其股东为中国邮电工会福州电信局委员会和中国邮电工会福州长途线务局委员会）所持有的本公司共4714.5万股。至此本公司的股本结构如下：

股东名称（或姓名）	股份数额（万股）	股份比例（%）
王栋	1,983.8	28.34%
李少林	1,736.7	24.81%
福建大乾数字信息有限公司	1,446.2	20.66%
泉州市闽发物业发展有限公司	573.3	8.19%
陈大勇	490	7%
朱芳	455	6.5%
石狮融盛企业集团公司	315	4.5%
总　计	7,000	100%

股份公司于2001年5月15日在福建省工商行政管理局办理了工商变更登记。

本公司律师认为"上述股权变动符合中国证监会法律部[2000]24号文件精神以及其他有关规范性文件的规定，是真实有效的，不存在影响本次发行的情况"。

第七章　发行人的组织结构及组织机构概况

一、组织机构

本公司现有1家分公司、5家子公司、8个职能部门。公司目前的组织构架图如后所附：

1、本公司的控股及参股公司

北京北邮宏智通信技术有限公司注册资本500万元，法定代表人为黄佩蓉，公司经营范围为：批零兼营软件开发、咨询、培训，技术开发、服务、咨询、转让、培训、销售开发后的产品，计算机软硬件及外围设备，电讯设备，办公设备，机械电器设备；电子商务（未取得专项许可的项目除外）；网络技术服务；提供信息源服务；承接计算机网络工程（未取得专项许可的项目除外）。

江苏宏智南邮信息技术有限公司注册资本500万元，法定代表人为张顺顾，公司经营范围为：电子计算机及配件、电子产品的研制、销售及相关技术咨询服务，电子工程、计算机工程设计、施工，通讯设备的检测、维护，人才培训。

南京宏智纳川计算机有限公司注册资本51万元，法定代表人为蔡茂富，公司经营范围为：电子计算机软硬件开发、设计、销售，通讯设备（不含卫星地面接受设备），计算机网络产品，电子元器件开发、生产、销售。

湖北宏智科技发展有限公司注册资本100万元，法定代表人为陈维焕，公司经营范围为：电子计算机和通讯技术的开发、转让、服务及培训；计算机网络工程安装；电子产品、计算机、通信设备（不含无线发射设备）、机械设备、仪器仪表，及配件销售。

福建大鹏通信技术服务有限公司注册资本500万元，法定代表人为徐达，公司经营范围为：邮电通讯技术服务，技术咨询，信息服务，电子产品及通信设备的销售、代购、代销（以上经营范围凡涉及国家专项专营规定的从其规定）。

2、关于子公司的清理

公司自2000年4起陆续对下属子公司进行了清理，目前下属子公司福建省金鸿信息技术有限公司已清算，杭州金宏智科技开发有限公司、福建省宏瑞科技开发有限公司、山东金宏智信息技术有限公司、山西宏智通信工程有限公司、福建宏智信息工程有限公司、福建宏智通信技术有限公司等6家子公司股权已转让，另有福建大鹏通信技术服务有限公司已停止营业，准备清算。

第八章　发行人业务和技术概况

一、行业基本情况

（一）软件行业发展的基本情况

1、行业管理体制

本公司所处的应用软件及系统集成行业，在我国，该行业的产业行政主管部门是国家信息产业部及各地的信息产业厅（局）。应用软件及系统集成产业的行业内部管理机构是中国软件行业协会及各地方协会、各领域分会。

2、行业沿革与发展现状

2000年6月24日，国务院出台了《鼓励软件产业和集成电路产业发展的若干政策》，为我国软件与系统集成产业的发展创造了良好的政策与社会环境。

根据CCID赛迪顾问统计，2000年我国应用软件与系统集成市场的销售额分别为147亿元和250亿元，年增长率分别为30.7%和34.2%。应用软件是软件市场的主要组成部分。随着我国国民经济各领域信息化进程的推进，已经形成了一个极大的应用软件内需市场。事实上我国软件企业目前绝大部分收入来自于电信、电力、金融三大领域的应用软件和系统集成业务，这三大行业的应用软件和系统集成约占整个信息服务市场的70%。目前，国内厂商占据了应用软件和系统集成领域的主要市场。

本公司从事的是面向电信运营企业的应用软件及系统集成业务，属于国家重点扶持与鼓励发展的战略性产业。中国的电信行业信息化建设从八十年代开始，经过多年的发展，已经成为全球最大的市场之一，并由此带动了电信应用软件与系统集成产业的快速成长。

本公司的产品在功能上主要包括：营业系统、帐务系统、计费系统、联机指令系统、数据采集系统、资源管理系统、多媒体呼叫中心系统、网络管理系统、商业智能系统、宽带网络系统等一系列应用。这一系列应用覆盖了电信软件市场的电信业务运营类、电信网络管理类、电信商业智能类的全部应用以及电信增值业务类的一部分应用。

（二）市场容量

在中国的电信市场上，主要有中国电信、中国移动、中国联通三大运营商。在2001年，中国的三大电信运营商在应用软件和系统集成方面的投入超过100亿元。根据信息产业部的预测，中国的电信业到2005年的业务收入将达9200亿元，固定、移动电话网的规模容量均跃居世界第一位。一流的电信网络需要一流的电信运营支撑系统配合，按欧美发达国家的经验，电信运营支撑系统的建设投资将达到每用户每年15美元到20美元的水平。随着中国电信市场的开放，各电信运营商都将大幅度提高对电信运营支撑系统的建设和投资力度，从2001年起到2005年的累计投资将超过700亿元。市场巨大，足以支撑起世界级应用软件和系统集成企业。

（三）发展趋势

随着中国电信业的快速发展和电信竞争的加剧，电信业应用软件和系统集成市场的竞争也将随之进一步加剧,市场将进一步向实力强、服务好的大厂商集中。国外厂商也将加强在中国市场的投入力度,导致国际合作加强,国际竞争加剧。随着 WTO 的加入和电信行业竞争的进一步加剧以及三大电信运营商管理模式的发展变化,电信运营商对软件厂商的要求不再是单一的系统,而是完整的全方位的信息化解决方案。

二、影响本行业发展的因素

(一)产业政策

软件和系统集成产业是信息产业的核心,中国软件和系统集成产业的发展也得到了国家的高度重视,被列为战略性产业,并建立了较好的政策环境。2000 年 6 月 24 日,国务院颁发了《鼓励软件产业和集成电路产业发展的若干政策》,财政部、国家税务总局、海关总署联合下发了财税[2000]25 号文件,从税收、投融资、产品出口、收入分配、人才吸引和培养、知识产权保护等多方面为我国软件和系统集成产业发展提供了政策保障。另外,根据国务院的精神,我国的各级地方政府和部门也制定了一系列的鼓励政策来促进软件和系统集成产业的发展。

(二)产品特性

电信应用软件和系统集成产品是较为特殊的技术产品,产品除了需要对信息技术具有深刻洞察力外,还需要对中国电信行业的管理、运营和服务的深刻理解,二者的有效结合加上完善的产品售后服务才能具有竞争力。电信应用软件和系统集成项目是典型的大型商业应用系统,产品具有面向电信运营商、合同额大、工程施工和售后服务要求高等特点,与其他小型软件相比受盗版的影响较小。

(三)技术替代

软件和系统集成产业技术进步非常快、产品生命周期短、更新换代快等特点。软件和系统集成产品的特点要求企业必须重视科技情报工作及时把握产业的发展方向,并加强研发投入和不断创新,及时推出新产品,升级换代老产品。

(四)消费趋向与购买力

我国的软件和系统集成产业市场潜力非常大,根据信息产业部预测,中国电信业 2005 年的业务收入将达 9200 亿元,该行业的应用软件和系统集成投入到 2005 年累计将超过 2000 亿元。

(五)国际市场冲击

我国的软件和系统集成市场从开始形成到目前一直是开放的竞争环境,从九十年代后期开始,国际性的投资公司开始较大规模地投资国内的软件和系统集成商。随着中国加入 WTO 进程的加快和中国市场的高速度增长,将有更多的国外企业介入中国的软件和系统集成市场,从而使本公司面临更多的国际竞争,对本公司的发展产生一定的影响。

(六)行业壁垒

我国的电信应用软件和系统集成行业经过多年的发展,已经形成了较好的产业基础和行业格局,行业进入的壁垒已经很高。目前进入本行业的主要障碍是:电信级产品的高要求(千万级以上在线用户容量的性能)、电信行业的产品入网选型、电信行业的用户群基础、电信行业的应用开发和系统集成经验、企业在电信行业的品牌知名度、企业的人才队伍积累、企业的技术及产品积累、企业的资金投入规模等方面。

三、主要竞争状况

(一)同行业竞争状况

1、电信软件市场的分类和产品的覆盖领域

电信软件市场按照系统功能的不同可以分成如下几类:电信业务运营类、电信网络管理类、电信企业管理类、电信商业智能类、电信增值业务类。宏智科技的产品一系列应用覆盖了电信软件市场的电信业务运营类、电信网络管理类、电信商业智能类的全部应用以及电信增值业务类的一部分应用。

宏智科技按照"以客户为中心"的原则,对现有的产品线按照中国三大运营商的管理模式和命名方法,推出了面向中国电信、中国移动、中国联通的一系列解决方案。目前,宏智科技的产品在中国三大电信运营商都有广泛的应用。

2、电信业信息化发展的趋势

宏智科技按照"以客户为中心"的原则,对现有的产品线按照中国三大运营商的管理模式和命名方法,推出了面向中国电信、中国移动、中国联通的一系列解决方案。目前,宏智科技的产品在中国三大电信运营商都有广泛的应用。

(二)公司的竞争优势与劣势

目前,电信应用软件与系统集成市场主要还是国内厂商之间的竞争,比较起来本公司有下列优势:

(1)骨干人员超过十年的电信应用软件开发经验;

(2)汇聚了以高水平项目带头人为首的、学科交叉、老中青结合的高素质、高学历、复合型人才 500 余人;

(3)以基础研究、原型设计、产品开发、市场服务为基础的软件产业链基本形成;

(4)基础研究、原型设计的规模投入确保了公司的产品紧扣电信业的发展,并始终领先于市场半步;

(5)是国内最早研究 TMN/TOM 体系的应用厂商,并取得丰硕成果,已成为国内 TOM 体系应用的引导者。公司以 TOM 体系设计的湖北移动 BOSS 系统将掀起电信应用产品整合潮的序幕;

(6)是一家能在全电信行业提供电信应用一体化解决方案的企业。在实现电信应用产品整合过程中有明显的技术优势和市场优势;

(7)销售服务网络已基本形成,建立了遍布全国的 12 个销售服务中心,产品应用于全国 23 个省,客户基础良好;

(8)参与了 90%以上的电信行业应用软件系统技术与业务规范的制订,有较高的行业地位;

(9)较好的软件工程管理与质量保障体系。公司于 1999 年通过了 ISO9001 国际、国内双重认证,目前正实施 CMM 认证工作;

(10)在第一轮电信"九七"工程竞争中,市场占有率第一的南京邮电学院信息网络技术研究所已进入宏智科技体系,与公司合作成立了江苏宏智南邮信息技术有限公司。在第一轮移动网管建设中承担了 22 个省级网管软件开发的北京邮电大学电信技术研究所也进入了宏智体系,也就是公司与北京邮电大学校产集团公司合资成立的北京北邮宏智通信技术有限公司。通过与宏智科技在技术、管理、服务和资金等优势的整合,进一步巩固原有的市场地位。

预计 2003 年后,国外厂商将大举进入,与国外厂商相比本公司的优势是低成本、低价格、伙伴式服务。

公司的竞争劣势是,由于较迟进入资本市场,使公司错过了一次在电信应用第二轮市场机会到来之前,实施低成本兼并计划的最佳时机,将可能造成下一阶段竞争成本的增加。其次,由于本公司在软件工程管理能力方面相对薄弱,有可能在电信应用第三次竞争到来时,受到国外厂商的强烈冲击。

(三)市场份额变化情况及趋势

本公司作为国内最早、具有丰富市场经验的专业电信应用软件与系统集成企业,经过多年的发展已经在行业内占据了相当的竞争优势。从市场份额看,本公司目前的主要市场分布在福建、山西、湖北、新疆、江苏等省份,并且已在华东、华北、中南、西南设立了 12 个销售服务中心,已形成一个覆盖全国范围、项目与区域各为纵横并能合理利用人、财物等各种资源的销售服务体系。在加强成熟市场的挖掘的同时,加大非成熟市场的培育力度,并在此基础上向海外市场拓展。

从产品占有率看,本公司在第一轮竞争中,核心代表性产品——"九七工程"、移动网管及呼叫中心市场占有率全国领先。在第二轮竞争中,电信计费帐务系统市场占有率已处全国领先地位(本公司目前的市场占有率为:福建、江苏、山西省 100%,安徽省 50%),电信营业、移动 BOSS、移动和联通的网管也争取领先。

四、主营业务

(一)主要业务

本公司主营业务是为电信企业提供有关客户管理、客户服务、业务管理、网络和系统管理、商业智能、增值业务平台等方面的应用软件产品和系统集成服务。

(二)主要产品

本公司三年来主要产品有"九七工程"-电信业务计算机综合管理系统,PAS-DX2000 电信综合业务管理系统,PAS-WG(tm)移动网管系统,PAS-1000 中国电信客服系统,PAS-112 电话故障管理系统,PAS-186 中国移动客服系统,PAS-1001 中国联通综合客服系统,PAS-LBS2000 电信计费帐务系统,PAS-BOSS 移动业务运营支撑系统等。

(三)产品技术水平及完成的重大项目和科研成果

宏智科技成立以来先后有多项科研成果获奖,主要科研成果获奖情况见下表:

序号	项目名称	获奖情况
1	PAS-1000 中国电信客服系统	1998 年荣获福建省邮电科学技术进步一等奖 1998 年荣获信息产业部科学技术进步二等奖 2000 年荣获国家重点新产品奖
2	PAS-112 电话故障管理系统	1997 年荣获国家重点新产品奖
3	PAS-WGTM 本地移动网管系统	1998 年荣获福建省邮电科学技术进步三等奖
4	PAS-OA 办公自动化系统	1997 年荣获福建省邮电科技成果一等奖

与此同时,公司的技术开发能力和综合科技实力不断得到政府有关部门的肯定,主要荣誉如下:

(1)1997 年被福建省科委确认为"省级高新技术企业";

(2)1998 年公司承接并完成了国家火炬计划项目——市话业务计算机综合管理系统(又称电信"九七工程");

(3)1999 年被国家火炬计划中心评为"国家火炬计划重点高新技术企业";

(4)2000 年 4 月公司承接并完成了国家火炬计划项目——基于构件的计费帐务处理系统;

(5)2001 年 5 月被福建省信息产业厅、省国家税务局、省地方税务局联合认定为"软件企业"。

(6)2001 年 10 月被国家信息产业部核定公司计算机信息系统集成资质为一级。

(四)主要产品的销售情况及市场占有情况

本公司各类主要产品历年销售情况如下:

产品名称	2001 年度		2000 年度		1999 年度	
	销售额(万元)	比例(%)	销售额(万元)	比例(%)	销售额(万元)	比例(%)
PAS-112 电话故障管理系统	1,354	7	1,959	15	3,273	31
PAS-1000 中国电信客服系统	2,829	15	1,436	11	801	8
PAS-186 中国移动客服系统	776	4	5,656	44	—	—
九七工程项目	—	—	670	5	3,819	36
PAS-LBS2000 电信计费帐务系统	5,199	27	1,634	12	286	3
PAS-LTAX 地方税收征管信息系统	138	0.7	417	3	413	4
PAS-WG 移动网管系统	647	3.3	567	4	378	3
宽带 IP 城域网	2,030	11	—	—	—	—
移动 BOSS 系统	4,696	24	—	—	—	—
其他项目	1,540	8	778	6	1,664	15
合　计	19,209	100	13,117	100	10,634	100

本公司为按订单生产,因而产品销售率为 100%。公司主要产品的主要目标客户为以中国电信、中国移动、中国联通三大企业为主的电信运营商,主要销售市场占有情况如下表:

产品名称	主要销售市场
PAS-112 电话故障管理系统	福建、浙江、湖北、山东、河北、安徽
PAS-1000 中国电信客服系统	福建、江苏、浙江
PAS-186 中国移动客服系统	福建、新疆、湖北
九七工程项目	福建
PAS-LBS2000 电信计费帐务系统	福建、江苏、山西、安徽、浙江、吉林、新疆、甘肃
PAS-LTAX 地方税收征管信息系统	福建
PAS-WG 移动网管系统	北京、江苏、江西、河北、河南、辽宁、福建
宽带 IP 城域网	福州
移动 BOSS 系统	湖北、青海

(五)产品的定价策略

公司根据市场营销战略,结合各种影响因素,如生产成本、采购成本、用户投资规模、竞争状况、市场成熟度以及市场进入策略、市场竞争策略等因素,采用不同的定价策略,保证提高市场占有率和实现既定利润的平衡,使市场开拓得以良性发展。

(六)主要销售市场

本公司的主要销售市场是福建、山西、湖北、新疆、江苏五个省的电信市场。

(七)经营性房产的取得

本公司经营性房产一部分是通过购买方式取得,座落于福州市鼓楼区东街 33 号武夷中心第 14 层 01#-05#,建筑面积为 1676.18 平方米,其中分摊的共有建筑面积为 319.57 平方米,《房屋所有权证》证号为:榕房权证 R 字第 0007414 号;另一部分是通过租赁方式取得,公司与福建省电信实业集团有限公司签订《租赁合同》,租用座落于福州市五一中路 57 号闽东大厦二层的房产,建筑面积为 4,230.75 平方米。

五、质量控制情况

1999 年 12 月 21 日,公司通过了北京九千质量认证中心的现场认证审核,获得了 ISO9001 质量认证体系国际/国内双重认证证书,成为福建省第一家通过 ISO9001 质量认证体系认证的软件企业。2000 年 8 月,公司顺利通过了 ISO9001 质量体系首次外审监督检查。

从 2000 年开始,以 SEI-CMM 模型为指南,研究 RUP(Rational Uniform Process)等先进的开发方法,重点改进软件开发和维护流程,结合应用软件行业的特点和公司的现实情况,逐步实现 CMM 中可重复级和已定义级中的关键过程活动,以提升公司的软件过程能力。

本公司近三年来未出现过重大产品质量责任纠纷,发生的几起因产品适用性引起的纠纷均通过与用户友好协商和后续服务得到妥善的解决。

六、主要客户及供应商

(一)前五大客户

本公司 2000 年度销售给前 5 名客户的总额为 7,244 万元,占 2000 年度主营业务收入的 55.23%,2001 年度销售给前 5 名客户的总额为 11,569 万元,占 2001 年度主营业务收入的 60.25%。公司的前五大客户中不存在销售比例超过 50%的情况。

客户名称	2001 年度	
	销售额	占总销售比例
湖北省移动通信有限责任公司	3,566	18.57%
福建省电信公司福州分公司	2,564	13.35%
江苏省电信公司	2,418	12.59%
福建新大陆电脑股份有限公司	1,584	8.25%
福建省电信公司泉州分公司	1,437	7.49%
合计	11,569	60.25%

客户名称	2000 年度	
	销售额	占总销售比例
新疆移动通信公司	1,974	15.05%
福建省移动通信公司	1,950	14.87%
福建省电信公司泉州分公司	1,503	11.46%

福建省电信公司福州分公司	1,219	9.29%
山东省电信公司烟台分公司	598	4.56%
合计	7,244	55.23%

(二)前五大供应商

本公司2000年度从前5名供应商采购的总金额为3,198万元,占公司2000年度采购总额的46.63%,2001年度从前5名供应商采购的总金额为6985万元,占公司2001年度采购总额的52.19%。公司的前五大供应商中不存在采购比例超过50%的情况。

供应商名称	2001年度	
	供应额	占总供应额比例
深圳赛格进出口有限公司	2,880	21.52%
上海华讯网络系统有限公司	1,556	11.62%
广州神州数码有限公司	1,150	8.60%
上海沪威网络系统有限公司	908	6.78%
江苏舜天集团机械进出口股份有限公司	491	3.67%
合计	6,985	52.19%

供应商名称	2000年度	
	供应额	占总供应额比例
福州经济技术开发区经济发展总公司	771	11.24%
中国电子进出口福建公司	741	10.80%
广州晓通计算机网络技术有限公司	654	9.54%
福州计通信息技术开发公司	609	8.88%
COMPAQ广州客户服务部	423	6.17%
合计	3,198	46.63%

在本公司前五大客户中,本公司董事、监事、高级管理人员和核心技术人员及关联方或持有本公司5%以上股份的股东未占有任何权益。

在本公司前五大供应商中,本公司董事、监事、高级管理人员和核心技术人员及关联方或持有本公司5%以上股份的股东未占有任何权益。

七、核心技术

本公司主导产品和拟投资项目的主要技术包括产品技术、开发技术、管理技术。产品技术和管理技术为自行开发,开发技术是在所采用的开发工具和开发语言的基础上形成的,公司拥有下述技术:

(一)产品技术

客户管理和客户服务产品应用模型及技术设计;业务管理产品应用模型及技术设计;网络和系统管理产品应用模型及技术设计;商业智能产品应用模型及技术设计;客户服务、业务管理和网络管理三大平台及中间件;

本公司的主要产品技术居国内领先水平,部分新产品的技术已达到国际先进水平。

(二)开发技术

1.开发模式:形成了以体系结构为中心,以用户要求为切入点,迭代式和螺旋式的基于构件的开发模式。

2.软件工程技术

3.建模技术

4.CORBA软总线技术

5.程控交换接口技术

6.智能网技术

7.构件的自动配置管理和构件的即插即用

8.数据仓库技术

9.知识发现(KDD)技术

10.电信企业计算机网综合解决方案

(三)管理技术

宏智科技应用软件及系统集成质量保证体系(国内依据标准:GB/T19001-1994—ISO9001:1994标准;国际依据标准:ISO 9001:1994)。

本公司的基础管理技术居国内先进水平。

八、知识产权

截止本招股说明书签署日,本公司拥有的知识产权包括软件著作权、注册商标及注册域名。本公司所有的软件产品都是完全独立开发的产品,在开发过程中未使用任何其他组织的产品或专利,拥有完全的自主知识产权。

九、研究开发情况

(一)研发模式

公司多年以来一直从事软件开发,企业的产品定位是向大中型企事业单位提供全方位的信息化解决方案。由于大中型企业的业务复杂性和变化性,对公司的开发管理方法提出了一系列的挑战,经过多年的摸索和总结,公司的开发管理方法逐渐走向了以体系结构为中心,以用户要求为切入点,迭代式和螺旋式的基于构件的开发方法。

在研发工作中,公司大规模地应用了面向对象的方法,并成立了独立的产品及构件管理中心,在软件复用的相关技术,包括构件技术、构件库管理技术、业务构件标准化工作和软件再工程技术方面已投入了大量的人力、物力,并取得了初步成果。

(二)研究开发机构

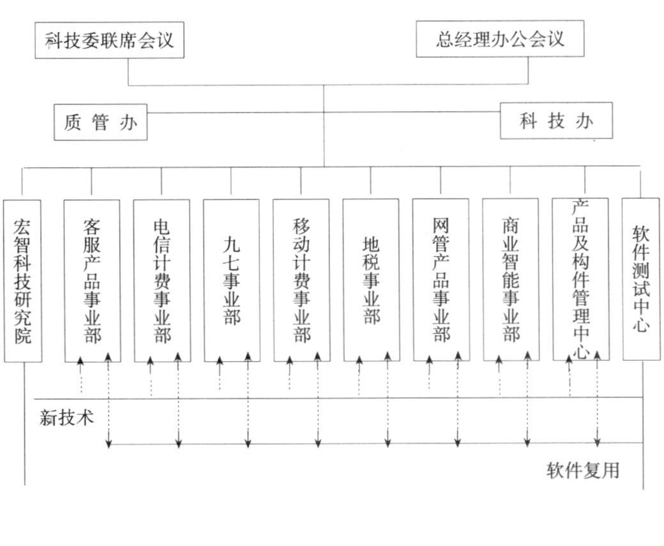

(三)研究人员

截止到目前为止,公司研发人员共131名。

(四)研发费用

年份	研究与发展投入(万元)	占主营业务收入比例(%)
2001年度	879	4.6
2000年度	724	5.5
1999年度	559	5.3

十、技术创新机制

(一)技术创新机制

本公司已经形成了"基础研究、原型开发、产品开发、市场服务"软件产业链。

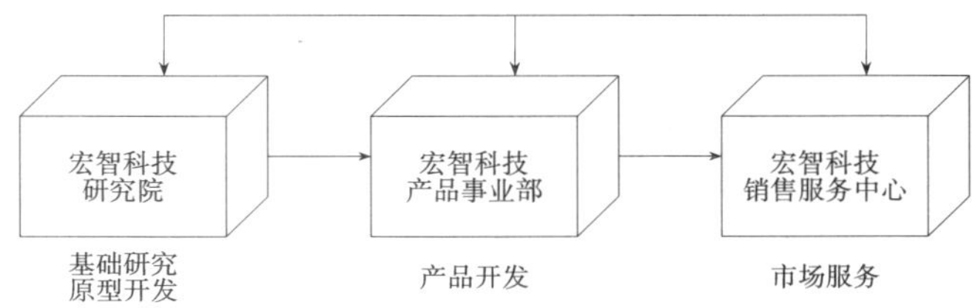

(二)技术储备

公司的开发管理方法逐步走向了以体系结构为中心,以用户要求为切入点,迭代式和螺旋式的基于构件的开发方法。同时公司还掌握和积累了软件的构件技术和构件库管理技术。

公司在应用CORBA开发技术方面,在国内处于领先地位。公司在软件的建模技术、程控交换接口技术、智能网技术、构件的自动配置管理和构件的即插即用、数据仓库技术、知识发现(KDD)技术的应用积累了丰富的经验,为大型软件项目的成功开发创造了良好的技术条件。

(三)企业文化建设

公司把企业文化视为企业发展的灵魂和企业的核心竞争力,在创造价值、创造财富的同时,积极倡导"以人为本、尊重知识、鼓励创新"的企业文化。公司管理人员与员工通过深入汇谈,加强彼此之间的理解、沟通与认同,共同描绘宏智人的共同愿景,并多次组织员工进行"五项修炼"的学习,为公司企业文化的建设奠定了坚实的思想基础,加强了企业的凝聚力,为企业吸引和留住科技人才提供了良好的氛围。

十一、公司冠名"宏智科技"的依据

本公司所处的行业为应用软件及系统集成行业,属于国家鼓励的行业。该行业的特点是技术难度高,综合了计算机技术、行业技术、通讯技术等,系统复杂,具有高科技性。该行业是目前整个信息产业中发展速度较快的领域,市场前景广阔。

同时,本公司成立以来先后有多项科研成果获奖,与此同时,公司的技术开发能力和综合科技实力不断得到政府有关部门的肯定。

因此,基于本公司所处行业的高科技性以及国家有关部门对本公司高新技术水平的肯定,本公司于1999年10月整体变更为股份有限公司时,将股份公司命名为"福建宏智科技股份有限公司"。2000年7月12日,经国家工商行政管理局企业局核准,公司更名为"宏智科技股份有限公司"。

第九章 关联方、关联关系与关联交易

一、同业竞争

(一)同业竞争

本公司实际控制人及其控制的其他法人与本公司之间不存在同业竞争情况。

(二)股东及实际控制人的承诺

本公司现有股东已向公司出具了《关于避免同业竞争的承诺函》,承诺将不在中国境内外以任何形式从事与本公司主营业务、主要产品相竞争或者构成竞争威胁的业务活动,包括在中国境内外投资,收购、兼并与本公司主营业务或者主要产品相同或者相似的公司、企业或者其他经济组织;若本公司将来开拓新的业务领域,本公司享有优先权,本公司股东将不再发展同类业务。

(三)中介结构的相关意见

本公司律师审查认为"发行人与关联方之间目前不存在同业竞争"。

本次发行主承销商经核查认为"发行人与关联方之间目前不存在同业竞争"。

二、关联交易

(一)关联方

根据中国证监会证监发[2001]41号文规定的范围,本公司目前存在的关联方及关联关系如下:

1、本公司的股东为公司的关联方

(1)王栋

(2)李少林

(3)福建大乾数字信息有限公司

(4)泉州市闽发物业发展有限公司

(5)陈大勇

(6)朱芳

(7)石狮融盛企业集团公司

2、本公司股东控制或参股的企业

(1)永泰九老现代农业观赏园有限公司(副董事长李少林控股90%)

(2)北京万维世纪科技发展有限公司(副董事长李少林控股58%)

(3)南京玄武湖明珠飞禽乐园有限公司(副董事长李少林控股82%)

(4)福州明珠艺术广告工程有限公司(副董事长李少林控股90%)

3、对控股股东及主要股东有实质影响的法人或自然人;

(1)董事长林起泰持有福建大乾数字信息有限公司55%的股权,实际控制该公司,故林起泰是本公司的关联方。

(2)蔡永鲤持有泉州市闽发物业发展有限公司40%的股权,对该公司有实质影响,故蔡永鲤是本公司的关联方。

4、本公司的自然人股东、董事、高级管理人员在其中任主要职务的企业亦属于本公司的关联企业。

(1)本公司自然人股东陈大勇任福建省恒源经贸有限公司董事长,故该公司为本公司的关联方。

(2)本公司自然人股东朱芳持有20%股权并任董事长的北京盛名艺典广告有限公司为本公司关联方。

(3)本公司自然人股东、副董事长李少林任明珠(福建)集团有限公司董事长,故该公司为本公司关联方。

5、本公司的子公司为本公司的关联方

(1)北京北邮宏智通信技术有限公司

(2)江苏宏智南邮信息技术有限公司

(3)南京宏智纳川计算机有限公司

(4)湖北宏智科技发展有限公司

(5)福建大鹏通信技术服务有限公司

(二) 董事、监事、高级管理人员、核心技术人员在关联方任职情况

本公司董事长林起泰兼任福建大乾数字信息有限公司董事;北京北邮宏智通信技术有限公司董事;江苏宏智南邮信息技术有限公司董事。

本公司副董事长李少林兼任明珠(福建)集团有限公司任董事长;永泰九老现代农业观赏园有限公司副董事长;北京万维世纪科技发展有限公司董事长;南京玄武湖明珠飞禽乐园有限公司董事长;福州明珠艺术广告工程有限公司董事长。

本公司董事、总经理、技术负责人王栋兼任江苏宏智南邮信息技术有限公司董事。

本公司副总经理庄缦兼任福建大乾数字信息有限公司任董事。

本公司副总经理林立新兼任北京北邮宏智通信技术有限公司董事。

本公司财务总监蔡茂富兼任:南京宏智纳川计算机有限公司董事长;北京北邮宏智通信技术有限公司监事;

本公司核心技术人员奚建春兼任江苏宏智南邮信息技术有限公司副总经理。

根据《公司章程》的规定,本公司董事、由股东代表出任的监事由董事会与主要股东协商一致后提名,经股东大会选举产生;公司总经理等高级管理人员由董事会聘任。

(三) 关联交易

1、主要关联交易及影响

(1)1999 年 5 月售计算机设备一批给福建省宏智通信技术有限公司,售价人民币 164,800.00 元,款项已结清。

本关联交易金额占 1999 年主营业务收入的比例为 0.13%。

公司持有福建省宏智通信技术有限公司的 50%权益已于 2000 年对外转让无关第三方。

(2)2001 年 4 月公司与福建大乾数字信息有限公司签订租房协议,公司将使用面积为 500 平方米的房屋(福州市武夷中心第 14 层部分房屋)出租给福建大乾数字信息有限公司,月租金 17,500 元,租赁有效期为 2001 年 4 月 12 日至 2002 年 4 月 11 日。

(3)2001 年 10 月江苏宏智南邮信息技术有限公司为公司研制"Pas - LBS2000 本地电信计费帐务系统软件"提供技术服务,金额为人民币 3,500,000.00 元,款项已结清。

(4)2001 年 11 月 22 日,本公司与北京北邮宏智通信技术有限公司签订了两份《购销合同》,合同约定,本公司向北京北邮宏智通信技术有限公司提供中国移动河南省级话务网网管系统二期工程所需的硬件设备及相关技术服务,合同价款分别为 1,836,482.05 元和 73,639.06 元,合计 1,910,121.11 元。该关联交易款项大部分已结清,尚余 73,639.06 元未结清。

以上关联交易均按一般市场原则进行,本公司律师认为"上述关联交易公允,不存在损害发行人及其股东利益的情况。"

2、与关联方款项往来期末余额情况:

(1) 应收帐款

单　位	1999 年 12 月 31 日	2000 年 12 月 31 日	2001 年 12 月 31 日
北京北邮宏智通信技术有限公司	-	-	73,639.06

(2) 其他应收款

单　位	1999 年 12 月 31 日	2000 年 12 月 31 日	2001 年 12 月 31 日
福建省宏智通信技术有限公司	170,446.00	170,446.00	—
北京北邮宏智通信技术有限公司	-	-	4,507,132.04
杭州金宏智科技开发有限公司	-	502,250.00	334,250.00
江苏宏智南邮信息技术有限公司	-	-	62,700.00

(3) 应付帐款:

单　位	1999 年 12 月 31 日	2000 年 12 月 31 日	2001 年 12 月 31 日
福建省宏智通信技术有限公司	-	-	-
杭州金宏智科技开发有限公司	248,000.00	248,000.00	-

(4)预付帐款:

单　位	1999 年 12 月 31 日	2000 年 12 月 31 日	2001 年 12 月 31 日
江苏宏智南邮信息技术有限公司	—	—	3,000,000.00

(5)公司关键管理人员借款余额情况:

姓名	1999 年 12 月 31 日	2000 年 12 月 31 日	2001 年 12 月 31 日
林起泰	75,305.00	—	
王　栋	—	36,721.99	—
林立新	—	86,659.23	—
唐　俊	35,206.00	247,636.00	—
庄　缦	55,300.00	243,903.80	—

(四) 目前仍有效的关联交易协议

截止招股说明书签署日仍有效的关联交易协议如下:

(1)2001 年 4 月 12 日本公司与福建大乾数字信息有限公司签订的《租房协议》,房屋建筑面积为 500 平方米;月租金为 17500 元;租赁期限为 1 年,自 2001 年 4 月 12 日起至 2002 年 4 月 11 日止。

(2)2001 年 7 月,本公司与江苏宏智南邮信息技术有限公司签订《江苏省苏州、徐州应用软件工程合同书》,合同总金额为 350 万元,其中,软件版本费 150 万元,工程实施费 120 万元,维护服务费 70 万元,技术培训费 10 万元。

(3)2001 年 11 月 22 日,本公司与北京北邮宏智通信技术有限公司签订了两份《购销合同》,合同价款分别为 1,836,482.05 元和 73,639.06 元,合计 1,910,121.11 元。

(五) 本次募股资金运用涉及的关联交易

根据目前的安排,本次募股资金的运用不涉及关联交易。

(六) 减少关联交易的措施

1、公司章程对规范关联交易的安排

(1)公司章程第七十一条规定:"股东大会审议有关关联交易事项时,关联股东不应当参与投票表决,其所代表的有表决权的股份数不计入有效表决总数。股东大会对有关关联交易事项作出决议时,视普通决议和特别决议不同,分别由出席股东大会的非关联股东所持表决权的二分之一或者三分之二以上通过。有关关联交易事项的表决投票,应当由两名以上非关联股东代表和一名监事参加清点,并由清点人代表当场公布表决结果。股东大会决议的公告应当充分披露非关联股东的表决情况。如有特殊情况关联股东无法回避时,公司在征得有权部门的同意后,可以按照正常程序进行表决,并在股东大会决议公告中作出详细说明。"

(2)公司章程第八十二条规定:"董事个人或者其所任职的其他企业直接或者间接与公司已有的或者计划中的合同、交易、安排有关联关系时(聘任合同除外),不论有关事项在一般情况下是否需要董事会批准同意,均应当尽快向董事会披露其关联关系的性质和程度,并提请董事会对有关合同、交易、安排作出决议。董事会在对有关合同、交易、安排进行审议时,有关联关系的董事应当回避,而且不应该参加表决;董事会作出决议,应当在不将有关联关系的董事计入法定人数的情况下,由其他董事的过半数通过。除非有关联关系的董事按照本条第一款的要求向董事会作了披露,并且董事会在不将其计入法定人数,该董事亦未参加表决的会议上批准了该事项,公司有权撤销该合同、交易或者安排,但在对方是善意第三人的情况下除外。"

2、保护中小股东利益的其他安排和执行情况

本公司严格按照《公司章程》的有关规定执行,在关联交易的审议、股东会议的有关程序等方面都体现不损害公司和中小股东的原则。本公司在招股说明书中对目前已经存在的关联方、关联关系和关联交易、有关合同、协议进行了充分的披露。本公司尽量避免关联交易的发生,如果关联交易必须发生,则在订立关联交易合同时,关联公司遵循平等互利、市场公平的原则,明确双方的权利和义务。自股份公司成立以来,不存在损害或侵犯其他中小股东的情况。

(七) 中介机构的相关意见

1、本公司律师意见

本公司律师核查后认为"发行人已在招股说明书及其他有关申报材料中对有关关联交易和解决同业竞争的承诺或措施进行了充分披露,不存在重大遗漏或重大隐瞒。发行人在章程和《股东大会议事规则》中明确规定了关联交易公允决策的程序。上述关联交易公允,不存在损害发行人及其股东利益的情况"。

2、本公司主承销商意见

主承销商经核查后认为"股份公司所披露的关联方、关联关系及关联交易已全面披露,在具体关联事项、协议约定、价格确定等方面不存在损害发行人和中小股东利益的情况,其决策程序合法有效,交易价格公允"。

第十章　董事、监事、高级管理人员与核心技术人员

一、董事、监事、高级管理人员与核心技术人员的基本情况

(一) 董事

1、林起泰,中国国籍,男,35 岁,大专学历,北京大学应用伦理学中心客座研究员。曾任职于福建省大田邮电局。1996 年 10 月 - 1997 年 12 月,任本公司常务副总经理。1998 年 1 月 - 2001 年 3 月任本公司董事长、总经理。现任本公司董事长。

2、李少林,中国国籍,女,38 岁,大学本科。历任福建省三明市委党校团委书记、福建省三明市委城市工作部部长。现任本公司副董事长,兼任明珠(福建)集团有限公司董事长、永泰九老现代农业观赏园有限公司副董事长、北京万维世纪科技发展有限公司董事长、南京玄武湖明珠飞禽乐园有限公司董事长、福州明珠艺术广告工程有限公司董事长。

3、王栋,中国国籍,男,28 岁,大学本科。曾任职于浙江大学科技开发总公司、福建省邮校通信技术开发公司。1997 年 - 2001 年 3 月任本公司总工程师、副总经理。现任本公司董事、总经理、技术负责人。

4、黄孙奎,中国国籍,男,44 岁,研究生学历,福建省第九届人大代表,福建省青联常委,民建福建省委委员。历任泉州海滨城市信用社主任、泉州市商业银行副行长、上海全盛投资发展有限公司副董事长。现任本公司董事。

5、黄曼民,中国国籍,男,32 岁,大学本科。曾任福建省企业顾问有限公司总经理助理、福建天信投资咨询顾问有限公司副总经理。现任本公司董事。

6、张子复,中国国籍,男,55 年,大学本科、高级工程师。曾任福建省建阳县邮电局局长、福建省建阳地区邮电局副局长、福建省南平市邮电局副局长、总工程师、福建省南平市邮电局局长。现任本公司董事,并兼任福建省邮电学校校长。

7、陈微,中国国籍,女,37 岁,大学本科、高级工程师。曾就职于福建省邮电规划设计院、福建省数据通信局、福建省信息产业集团公司。现任本公司董事,并兼任福建省电信公司信息产业分公司总经理。

8、戴行金,中国国籍,男,53 岁,中专、高级经济师。1973 年 - 1990 年福建省邮电管理局电信业务处副处长,1990 年 7 月 - 1996 年 12 月,任福州市电信局副局长。现任本公司董事,并兼任福建省邮电管理局市场经营部主任。

9、徐闽华,中国国籍,男,43 岁,本科,工程师。曾就职于福建省建阳县邮电局、闽侯县邮电局。现任本公司董事,并兼任福建移动通信公司技术开发部副主任。

(二) 监事

1、孙建国,中国国籍,男,42 岁,大学本科。曾任职于福建省微波通信局、福建八闽物业管理有限公司。现任本公司监事会召集人,并兼任福建省邮电管理局办公室副主任。

2、林煌辉,中国国籍,男,33 岁,大学本科。曾任职于福建省邮电管理局计财处、福建移动通信有限公司财务部。现任本公司监事。

3、李岚,中国国籍,女,32 岁,大学专科。曾任职于福州市古楼中医院、福建省鸿宇集团有限公司。现任本公司监事、综合事务部经理。

(三) 高级管理人员

1、王栋先生,简历见上。现任本公司总经理、董事、技术负责人。

2、唐俊先生,中国国籍,男,40 岁,博士。曾任职于中国电子科技大学、福建省邮校通信技术开发有限公司。现任公司副总经理,兼任北京北邮宏智通信技术有限公司董事。

3、庄缦女士,中国国籍,女,44 岁,中专。曾任职于福建省政和县邮电局局长、福建联通有限公司市场业务部经理。现任公司副总经理。

4、林立新,中国国籍,男,39 岁,硕士。曾任中国联通重庆分公司常务副总经理。现任公司副总经理。

5、杨云先生,中国国籍,32 岁,大学专科,高级会计师。曾任职于福建中旅集团公司。现任公司副总经理、董事会秘书。

6、蔡茂富先生,中国国籍,29 岁,大学本科、中国注册会计师。曾任职于福建省蓝天房地产开发中心、空后厦门企业局、厦门审计局。现任公司财务总监。

(四) 技术负责人

1、王栋,原中国邮电电信总局计费帐务系统专家组成员。主持研制的各项产品多次获奖,包括信息产业部科技进步二等奖、国家重点新产品奖等。

(五) 核心技术人员

1、奚建春,中国国籍,男,40 岁,硕士研究生学历,高级工程师;曾任职于南京邮电学院信息网络技术研究所,现就职于江苏宏智南邮信息技术有限公司,任副经理。

研究成果:参与南京雄狮计划,获南京市科学技术进步一等奖;市内电话业务计算机综合管理系统技术规范(试行),获邮电部科学技术进步三等奖;电信业务计算机综合管理系统应用软件开发,获南京市计算机应用成果一等奖。

2、王运祥,中国国籍,男,32 岁,工学硕士学历;曾任职于珠海西部工业总公司、深圳金华业通信设备有限公司、深圳纳川计算机有限公司,现就职于宏智科技股份有限公司客服产品事业部,任副经理。

研究成果:拥有发明专利《电器开关电触电的保护方法》,专利号:ZL941050.9;《170 话费单查询、催缴及缴费系统》获 1997 年深圳市科技进步奖。

3、潘定,中国国籍,男,38 岁,本科学历;高级工程师、兼职副教授;曾任职于福建省经济信息中心应用软件处、福建实达电脑科技公司。现就职于宏智科技股份有限公司商业智能事业部,任副经理。

研究成果:

1989 年至 1992 年,"中国国外贷款项目管理信息系统"获国家计委 1992 年科技进步二等奖;1987 年至 1990 年,"国际收支管理信息系统研究与开发"获国家"七五"科技攻关项目重大成果奖;主要论著:《电算化会计》2000 年获福建省社科优秀成果二等奖;《审计辞海/EDP 系统审计》1994 年获福建省社科优秀成果二等奖等。

二、相关协议

公司总经理、副总经理、财务总监、董事会秘书及核心技术人员均与公司签订了劳动合同。

三、董事、监事、高级管理人员及核心技术人员持股情况

（一）发行前持股情况

1、直接持股

董事、总经理、技术负责人王栋先生直接持有本公司1983.8万股，占总股本的28.34%，为本公司第一大股东；

副董事长李少林女士直接持有本公司1736.7万股，占总股本的24.81%，为本公司第二大股东。

2、家属持股

本公司的董事、监事、高级管理人员及核心技术人员的家属不存在直接或间接持有本公司股份的情形。

3、间接持股

公司董事长林起泰先生通过福建大乾数字信息有限公司间接持有本公司795.41万股，占总股本的11.363%；副总经理唐俊先生通过福建大乾数字信息有限公司间接持有本公司216.93万股，占总股本的3.099%；副总经理庄缨女士通过福建大乾数字信息有限公司间接持有本公司144.52万股，占总股本的2.066%；财务总监蔡茂富先生通过福建大乾数字信息有限公司间接持有本公司144.62万股，占总股本的2.066%；监事李岚女士通过福建大乾数字信息有限公司间接持有本公司57.848万股，占总股本的0.8264%。

上述人员所持股份无质押或冻结情况。

（二）持有关联企业股份的情况

姓名	任职	持有关联企业股份的情况
林起泰	董事长	持有福建大乾数字信息有限公司55%股权
李少林	自然人股东、副董事长	持有永泰九老现代农业观赏园有限公司90%股权； 北京万维世纪科技发展有限公司58%股权； 南京玄武湖飞禽世界有限公司82%股权； 福州明珠艺术广告工程有限公司90%股权；
李　岚	监事	持有福建大乾数字信息有限公司4%股权；
蔡茂富	财务总监	持有福建大乾数字信息有限公司10%股权；
奚建春	核心技术人员	持有江苏宏智南邮信息技术有限公司25%股权；
王运祥	核心技术人员	持有南京宏智纳川计算机有限公司2%股权；

四、董事、监事、高级管理人员、核心技术人员的收入情况

2001年度从本公司领取的薪酬：　　单位：人民币元

姓名	任职	2001年从公司领取的薪酬
林起泰	董事长	80,000
王栋	董事、总经理、技术负责人	80,000
李岚	监事	46,800
唐俊	副总经理	68,000
庄缨	副总经理	68,000
林立新	副总经理	64,000
蔡茂富	财务总监	52,600
杨云	董事会秘书、副总经理	52,000
奚建春	核心技术人员	39,600
王运祥	核心技术人员	70,200
潘定	核心技术人员	50,000

2001年度从关联企业及与其职位相关的企业领取收入的情况：　　单位：人民币元

姓名	任职	获取薪酬的单位	领取的薪酬
李少林	副董事长	明珠（福建）集团有限公司	120,000
黄孙奎	董事	上海全盛投资发展有限公司	68,000
黄曼民	董事	福建天信投资咨询顾问有限公司	36,000
张子复	董事	福建省邮电学校	26,000
陈微	董事	福建省电信公司信息产业分公司	26,000
戴行金	董事	福建省电信公司	26,000
徐闽华	董事	福建移动漳州分公司	80,000
孙建国	监事会召集人	福建省电信公司	26,000
林煌辉	监事	福建移动通信有限责任公司	30,000

五、董事、监事、高级管理人员、核心技术人员的兼职情况

姓名	任职	兼职情况
林起泰	董事长	(1)兼任福建大乾数字信息有限公司董事； (2)兼任北京北邮宏智通信技术有限公司任董事； (3)兼任江苏宏智南邮信息技术有限公司任董事；
李少林	副董事长	(1)兼任永泰九老现代农业观赏园有限公司副董事长； (2)兼任北京万维世纪科技发展有限公司董事长； (3)兼任南京玄武湖飞禽世界有限公司董事长； (4)兼任福州明珠艺术广告工程有限公司董事长； (5)兼任明珠(福建)集团有限公司董事长；
王栋	董事、总经理、技术负责人	兼任江苏宏智南邮信息技术有限公司董事；
黄孙奎	董事	无兼任职务；
黄曼民	董事	无兼任职务；
张子复	董事	兼任福建省邮电学校校长；
陈微	董事	兼任福建省电信公司信息产业分公司总经理；
戴行金	董事	福建省电信公司市场经营部主任；
徐闽华	董事	兼任福建移动漳州分公司副总经理；
孙建国	监事会召集人	兼任福建省电信公司办公室副主任；
林煌辉	监事	兼任福建移动通信有限责任公司财务部副主任；
李岚	监事	无兼任职务；
唐俊	副总经理	兼任北京北邮宏智通信技术有限公司董事；
庄缨	副总经理	兼任福建大乾数字信息有限公司董事；
林立新	副总经理	(1)兼任北京北邮宏智通信技术有限公司董事； (2)兼任宏智科技股份有限公司北京分公司负责人；
蔡茂富	财务总监	(1)兼任南京宏智纳川计算机有限公司董事长； (2)兼任北京北邮宏智通信技术有限公司监事；
杨云	董事会秘书、副总经理	无兼任职务；
奚建春	核心技术人员	兼任江苏宏智南邮信息技术有限公司副总经理；
王运祥	核心技术人员	无兼任职务；
潘定	核心技术人员	无兼任职务；

六、有关事项的声明

本公司所有董事、监事、高级管理人员、核心技术人员相互之间不存在配偶关系、三代以内直系或旁系亲属关系。

第十一章　公司治理结构

本公司成立后建立并健全了完善的法人治理结构，1999年10月16日召开的公司创立大会通过了《公司章程》，此后共进行了三次修改，2001年6月1日召开的2000年度股东大会已按照《上市公司章程指引》制定了《公司章程（草案）》，待发行上市后该章程草案将提交股东大会审议通过。公司制定了《股东大会议事规则》、《董事会议事规则》、《监事会议事规则》、《总经理工作细则》。股东大会、董事会、监事会和经理层能够按照《公司法》、《公司章程》和各自的议事规则、工作细则规范运作。

一、股东与股东大会

（一）公司股东的权利与义务

根据公司章程第34条、36条、37条、38条、39条规定，公司股东享有依照其所持有的股份份额获得股利和其他形式的利益分配参加或者委派股东代理人参加股东会议依照其所持有的股份份额行使表决权对公司的经营行为进行监督，提出建议或者质询等权利。

同时公司股东承担遵守公司章程；依其所认购的股份和入股方式缴纳股金；除法律、法规规定的情形外，不得退股等义务。持有公司百分之五以上有表决权股份的股东，将其持有的股份进行质押的，应当自该事实发生之日起三个工作日内，向公司作出书面报告。公司的控股股东在行使表决权时，不得作出有损于公司和其他股东合法权益的决定。

（二）股东大会的职权

根据公司章程第41条规定，股东大会是公司的权力机构，依法决定公司经营方针和投资计划；选举和更换董事，决定有关董事的报酬事项；选举和更换由股东代表出任的监事，决定有关监事的报酬事项；审议批准董事会的报告；审议批准监事会的报告；审议批准公司的年度财务预算方案、决算方案；审议批准公司的利润分配方案和弥补亏损方案；对公司增加或者减少注册资本作出决议；对发行公司债券作出决议；对公司合并、分立、解散和清算等事项作出决议；修改公司章程；对公司聘用、解聘会计师事务所作出决议；审议代表公司发行在外有表决权股份总数的百分之五以上的股东的提案等。

（三）股东大会召开情况

自股份公司创立以来，公司已召开了7次股东大会，对《公司章程》的制定和修改、公司名称的变更、重大生产、投资和财务决策、发行授权、募集资金投向、股利分配、董事人员调整等作出决议。历次股东大会的召开、决议内容及签署、授权、重大决策均合法、合规、真实、有效。

二、董事会

（一）董事会的组成

根据公司章程第91条、92条规定，公司设董事会，对股东大会负责。董事会由9名董事组成，设董事长一人，副董事长一人。

（二）董事会的职权

根据公司章程第93条规定，董事会负责召集股东大会，并向大会报告工作；执行股东大会的决议；决定公司的经营计划和投资方案；制订公司的年度财务预算方案、决算方案；制订公司的利润分配方案和弥补亏损方案；制订公司增加或者减少注册资本、发行债券或其他证券及上市方案；拟订公司重大收购、回购本公司股票或者合并、分立和解散方案；在股东大会授权范围内，决定公司的风险投资、资产抵押及其他担保事项；决定公司内部管理机构的设置；聘任或者解聘公司经理、董事会秘书；根据经理的提名，聘任或者解聘公司副经理、财务负责人等高级管理人员，并决定其报酬事项和奖惩事项；制订公司的基本管理制度；制订公司章程的修改方案；管理公司信息披露事项；向股东大会提请聘请或更换为公司审计的会计师事务所；听取公司经理的工作汇报并检查经理的工作。

（三）董事会召开情况

本公司自设立至今，共召开了13次董事会，历次董事会的召开、决议内容及签署、授权、重大决策均合法、合规、真实、有效。

三、监事会

（一）监事会的组成

公司章程第134条规定，公司设监事会，由三名监事组成，其中，二名由股东代表担任，一名由职工代表担任。监事会设监事会召集人一名，监事会召集人不能履行职权时，由该召集人指定一名监事代行其职权。

（二）监事会的职权

根据公司章程第135条规定，监事会应检查公司的财务；对董事、经理和其他高级管理人员执行公司职务时违反法律、法规或者章程的行为进行监督；当董事、经理和其他高级管理人员的行为损害公司的利益时，要求其予以纠正，必要时向股东大会或国家有关主管机关报告；提议召开临时股东大会；列席董事会会议；

监事会行使职权时，必要时可以聘请律师事务所、会计师事务所等专业性机构给予帮助，由此发生的费用由公司承担。监事会每年至少召开两次会议。会议通知应当在会议召开十日以前书面送达全体监事。

（三）监事会召开情况

本公司自设立至今，共召开了4次监事会，历次监事会的召开、决议内容及签署均合法、合规、真实、有效。

四、独立董事制度

今后，公司将继续严格按照公司章程的有关规定进行决策，同时还将聘请独立董事，建立规范有效的独立董事制度，以更好保护中小股东的利益。

五、高级管理人员的选择、考评、激励和约束机制

公司基于业务开拓和长远发展的需要，制定了高级管理人员的选择、考评、激励和约束机制。

六、重大生产经营、重大投资、重要财务等决策程序和规则

股东大会是公司的权力机构，决定公司经营方针和投资计划；审议批准公司的年度财务预算方案、决算方案。

《董事会工作规则》规定董事会运用公司资产进行风险投资，应当建立严格的审查和决策程序；重大投资项目应当组织有关专家、专业人士进行评审，并报股东大会批准。

《总经理工作规则》规定公司依法设置总经理。总经理主持公司的日常生产经营和管理工作，组织实施董事会决议，对董事会负责。

本公司在《董事会工作规则》、《总经理工作规则》中分别规定了投资决策程序和投资项目工作程序，为规范和完善对外投资管理制度，本公司将根据《中华人民共和国公司法》以及其他有关法律法规、公司章程的规定制定《对外投资管理制度》，待该制度通过相关法定程序后即可生效。

七、管理层和核心技术人员诚信义务的限制性规定

（一）对董事、监事及高管人员诚信义务的限制性规定

根据公司章程第九十条之规定，公司的董事、监事、总经理、副总经理和财务负责人，应遵守公司章程董事一节关于董事义务的规定。

（二）股份锁定承诺

1、直接持有本公司股份的董事、监事和高级管理人员

直接持有本公司股份的董事、总经理、技术负责人王栋和副董事长李少林将履行以下义务：(1)所持有的宏智科技股份在《证券法》、《公司法》、《公司章程》、《证券交易所股票上市规则》和中国证监会规定不得转让期间全部锁定；在上述期间也不将所持有的宏智科技股份设置质押或其他权利限制。(2)担任宏智科技董事、总经理、技术负责人、监事、其他高级管理人员的期间，将严格遵守《公司法》和《公司章程》中关于董事、高级管理人员（或监事）的义务的规定。(3)若《证券法》、《公司法》、《公司章程》、《证券交易所股票上市规则》和中国证监会对上市公司董事、监事、高级管理人员所持股份有特别规定的，将严格遵守上述特别规定。(4)将来买入或卖出宏智科技股份时，依法履行信息披露义务。(5)自《证券法》、《公司法》、《公司章程》、《证券交易所股票上市规则》和中国证监会规定所持宏智科技股份可以自由转让之日起，自愿继续锁定上述股份一年。

2、间接持有本公司股份的董事、监事和高级管理人员

通过福建大乾数字信息有限公司（以下简称：福建大乾）间接持有本公司股份的董事长林起泰、副总经理唐俊、庄缨、财务总监蔡茂富、监事李岚将履行以下义务：(1)在福建大乾数字信息有限公司自愿锁定宏智科技股份期间和担任宏智科技高级管理人员（或董事、监事、其他高级管理

人员)期间以及离职后六个月内(以后到期者为准),不向其他任何人转让所持有的福建大乾股权,也不通过福建大乾转让其所持有的宏智科技股份。在上述期间,不对所持有的福建大乾股权设置质押或其他权利限制。(2)担任宏智科技高级管理人员(或董事、监事、其他高级管理人员)期间,将严格遵守《公司法》和《公司章程》中关于高级管理人员(或董事、监事、其他高级管理人员)义务的规定。(3)将来转让所持有的福建大乾股权,或直接买卖宏智科技股份,或通过福建大乾买卖宏智科技股份时,将依法履行信息披露义务。

福建大乾持有本公司股份 1446.2 万股,为确保本公司长期稳定的发展,该公司将履行以下义务:(1)自愿锁定所持有的宏智科技股份,锁定期限为一年。在上述期限内,该公司也不将所持有的宏智科技股份设置质押或其他权利限制。(2)将来买入或卖出宏智科技股份,或对上述股份设置质押或其他权利限制时,本公司将依法履行信息披露义务。

八、核心管理层和技术负责人的变动

1999 年 10 月 16 日第一届董事会选举林起泰先生为董事长,同时聘任林起泰先生为总经理。为加强董事会和总经理的建设,充分发挥董事会和总经理的职能,完善公司的治理结构,林起泰先生于 2001 年 3 月辞去总经理职务,2001 年 3 月 25 日董事会聘任具有丰富软件企业管理经验的原公司副总经理王栋先生为总经理。

董事林东华因工作繁忙于 1999 年 11 月辞去董事职务,公司于 1999 年 12 月 26 日召开的 1999 年第一次临时股东大会补选徐闽华为董事。

董事段建祥、高金兴因工作繁忙于 2001 年 3 月辞去董事职务,公司于 2001 年 4 月 26 日召开的 2001 年第一次临时股东大会补选黄孙奎、黄曼民为董事。

蔡茂富先生因工作繁忙于 2001 年 3 月辞去董事会秘书职务,公司 2001 年 3 月 25 日第一届董事会第八次会议同意根据董事长的提名,聘任杨云先生为董事会秘书。

公司 2001 年 3 月 25 日第一届董事会第八次会议聘任杨云、林立新为副总经理。

九、内部控制制度

公司依据《公司法》等有关法律法规和《公司章程》的规定,制定了《股东大会议事规则》、《董事会工作规则》、《监事会工作规则》、《总经理工作规则》,进一步规范了公司的行为。

公司针对自身特点,特别制定了行之有效的、完全符合 ISO9001 国际质量体系的研发生产供应业务、软件服务两方面的内部控制制度。同时,公司已形成比较健全、有效的内部运营业务方面的内部控制制度体系:质量保证体系、财务管理制度、对外投资管理制度、控股公司管理纲要、内部审计条例、仓库物资储存管理办法、印信管理制度、人事行政管理制度、包括员工工资及奖金管理制度、员工招聘、转正、请假、培训、绩效考核、岗位调动及劳动合同的签订与解除等规定。

十、公司管理层评价及本公司会计师意见

公司管理层对内部控制制度及时制定了一系列规章制度,通过近两年的运行,公司管理层认为:(1)公司现有的内部控制制度体现了完整性,既有基本管理制度,又有具体的规章管理办法,全面覆盖了开发生产、销售服务和公司内部运营等方面,是针对公司自身的特点制定的;(2)内部控制制度体现了合理性,在管理制度制定过程中,加强调查研究,注意针对性,在实施过程中根据实际情况进一步补充完善;(3)内部控制制度体现了有效性,实践证明,执行内部控制制度以来,切实加强了管理,提高了工作效率,促进和保证了公司的规范运行,人、财、物得到合理配置,创造了良好的经济效益。

本公司会计师认为"公司内部控制制度的设计是合理、完整的,在重要方面能有效执行"。

第十二章　财务会计信息

一、会计报表编制基准及注册会计师意见

本公司是由福建省宏智科技发展有限公司依法整体变更为股份公司,报告期内的会计报表是由福建省宏智科技发展有限公司 1999 年 1－7 月份会计报表和本公司 1999 年 8－12 月份、2000 年度、2001 年度的会计报表编制而成。1999 年 1 月 1 日至 2001 年 12 月 31 日期间本公司因购并、转让其他企业的原因引起本公司架构变动的,公司均按有关规定进行了相应的调整。

本公司已聘请福建华兴有限责任会计师事务所对本公司 1999 年 12 月 31 日、2000 年 12 月 31 日、2001 年 12 月 31 日资产负债表和 2000 年 12 月 31 日、2001 年 12 月 31 日合并资产负债表和 1999 年度、2000 年度、2001 年度利润及利润分配表和 2000 年度、2001 年度合并利润及利润分配表和 2001 年度现金流量表与合并现金流量表进行了审计,出具了标准无保留意见的《审计报告》。

以下引用的财务数据,非经特别说明,均引自经审计的会计报表。由于 1999 年度无合并会计报表,1999 年度有关数据为母公司数据,基于 2000 年度、2001 年度合并子公司的数值较小,故不影响可比性。本章的财务会计数据及有关的分析说明反映了公司过往三年的经审计的会计报表及有关附注的重要内容。

二、合并会计报表范围及变化情况

(一)合并会计报表编制方法

本公司的合并会计报表编制方法是根据财政部财会字[1995]11 号《关于印发〈合并会计报表暂行规定〉的通知》和财会二字[1996]2 号《关于合并报表合并范围请示的复函》等文件的规定,以母公司和纳入合并范围的子公司的会计报表以及其他有关资料为依据,合并各项目数额编制而成。合并时,公司的重大内部交易和资金往来均相互抵销。

母公司与子公司执行的会计政策一致。

(二)合并会计报表范围及变化

1999 年度公司原合并范围为母公司和杭州金宏智科技开发有限公司、福建宏智信息工程有限公司、福建宏智通信技术有限公司,由于福建宏智信息工程有限公司、福建宏智通信技术有限公司和杭州金宏智科技开发有限公司于 2000 年度已对外转让,故此三家公司 2000 年度不予合并,根据财政部财会字[1999]49 号《关于印发〈股份有限公司会计制度有关会计处理问题补充规定问题解答〉的通知》的有关规定,为使会计报表具有可比性,相应对 1999 年度合并范围进行追溯调整,即 1999 年度也不将其会计报表予以合并,故本报告期内 1999 年度无合并会计报表。

2000 年度、2001 年度公司的合并范围为母公司和南京宏智纳川计算机有限公司及湖北宏智科技发展有限公司。公司第一届董事会第六次会议于 2000 年 12 月 11 日通过决议收购南京纳川计算机有限公司 98% 的股权,收购价格为 499,800 元,并于 12 月份办妥有关转让手续,转让价款已全部支付完毕,故将 2000 年 12 月 31 日作为购买日。湖北宏智科技发展有限公司于 2000 年 6 月成立。

合并子公司基本情况:

被投资单位全称	经营范围	注册资本(万元)	实际投资额(万元)	股权比例	是否合并	投资是否按权益法核算
南京宏智纳川计算机有限公司	计算机软、硬件开发、设计、销售,通讯设备,计算机网络产品,电子元器件的开发、生产、销售	51	49.98	98%	是	是
湖北宏智科技发展有限公司	电子计算机技术和通讯技术的开发、转让、咨询、服务及培训;计算机网络工程安装	100	80	80%	是	是

北京北邮宏智通信技术有限公司注册资本 500 万元,本公司持股 50%,北邮通信技术公司持股 25%,黄佩蓉持股 25%。江苏宏智南邮信息技术有限公司注册资本 500 万元,本公司持股 50%,南京邮电学院持股 25%,奚建春持股 25%,奚建春为南京邮电学院的教师。本公司对北京北邮宏智通信技术有限公司和江苏宏智南邮信息技术有限公司不具有实质控制关系,本公司不将以上两公司纳入合并报表范围。

杭州金宏智科技开发有限公司注册资本 85 万元,主要从事 PAS－100 中国电信服务热线系统及 PAS－WG 本地移动网网管系统部分模块的开发及销售。鉴于该公司经营不善,无法达到公司设立时发展目标,本公司董事会决定将其对外转让,于 2000 年 12 月 10 日将本公司持有的 90% 股权全部转让给吴永坚先生,转让价格为 10 万元。

福建宏智信息工程有限公司注册资本 100 万元。由于该公司在主业发展方向上其经营班子与本公司存在分歧,因此,本公司董事会决定将其对外转让,于 2000 年 12 月 20 日将本公司持有的 60% 股权全部转让给胡盛益先生,转让价格为 39 万元。

福建宏智通信技术有限公司注册资本 100 万元,主要从事计算机硬件设备的销售,鉴于该公司主要从事计算机硬件设备的代理销售,与本公司董事会关于公司发展方向的战略不一致,因此,本公司董事会决定将其对外转让,于 2000 年 3 月将本公司持有的 50% 股权全部转让给福建儒林信息技术发展有限公司,转让价格为 75 万元。

三、简要会计报表

本公司的合并会计报表和母公司会计报表反映了本公司和母公司 1999 年 12 月 31 日、2000 年 12 月 31 日、2001 年 12 月 31 日的财务状况和 1999 年度、2000 年度、2001 年度的经营成果和 2001 年度现金流量情况。

(一)合并会计报表

1、合并资产负债表(附后)

2、合并利润及利润分配表(附后)

3、合并现金流量表(附后)

四、经营业绩

(一)主营业务收入变动原因

本公司的主营业务收入和利润主要来源于公司自主知识产权应用软件及系统集成产品的销售。1999 年度、2000 年度和 2001 年度,本公司的主营业务收入分别为 106,344,559.18 元、131,168,673.05 元和 192,090,646.33 元;年增长率分别为 26.2% 和 46.4%。

1999 年度、2000 年度和 2001 年度,本公司的净利润分别为 21,608,924.34 元、24,863,633.18 元和 30,400,203.74 元;年增长率分别为 30.3% 和 22.3%。

主营业务收入 2000 年度比 1999 年度增加 2482 万元,增长 23.3%。主要原因是:

(1)电信客户服务系列产品收入增加了 4977 万元,其中新产品 PAS－186 中国移动客服系统增加了 5656 万元,PAS－112 集中测量系统收入减少了 1314 万元,PAS－1000 中国电信客服系统收入增加了 635 万元;

(2)电信业务运营支撑系列产品由于邮电分营,没有新的项目产生,以致收入减少了 1802 万元,其中"九七工程"项目减少了 3150 万元,PAS－LBS2000 电信计费帐务系统增加了 1348 万元;

(3)其它产品的收入共减少 693 万元。

主营业务收入 2001 年度比 2000 年度增加 5912 万元,增长 46.4%。主要原因是:

(1)电信客户服务系列产品收入减少了 4091 万元,其中新产品 PAS－186 中国移动客服系统减少了 4879 万元,PAS－112 集中测量系统收入减少了 605 万元,PAS－1000 中国电信客服系统收入增加了 1393 万元;

(2)电信业务运营支撑系列产品收入增加了 2895 万元,其中"九七工程"项目减少了 670 万元,PAS－LBS2000 电信计费帐务系统增加了 3565 万元;

(3)公司的新产品收入增加了 6426 万元,其中宽带 IP 城域网增加了 2030 万元,移动 BOSS 系统增加了 4696 万元;

(4)其他产品的收入共增加 682 万元。

(二)主营业务收入

本公司在报告期内各项主营业务收入的构成情况如下:

项	目	2001 年度	2000 年度	1999 年度
系统集成收入	计算机硬件	118,816,966.56	67,247,935.36	55,443,921.75
	软件产品	63,800,183.36	55,980,875.09	18,357,922.56
提供劳务收入	系统布线	1,945,379.00	233,764.80	4,209,989.26
	专用软件开发	1,429,059.82	993,641.03	19,201,380.00
	其他劳务	1,471,606.73	2,342,022.60	4,995,550.00
销售商品收入	销售商品	4,627,450.86	4,370,434.17	4,135,795.61
合	计	192,090,646.33	131,168,673.05	106,344,559.18

以上各项业务的具体内容如下:

(1)系统集成:公司系统集成业务是按照客户的要求,对发出材料(包括计算机专用设备、计算机通用设备、其他设备或材料)进行软件安装、调试,使系统达到客户要求的可使用状态。公司对系统集成业务的收入确认参照《企业会计准则——收入》中提供劳务收入的确认原则,按合同总金额的完工百分比确认系统集成业务收入的实现。

(2)提供劳务:公司提供的劳务主要包括系统布线、专用软件的开发等。公司提供劳务是按照《企业会计准则——收入》中提供劳务收入的确认原则确认收入的实现。

(3)销售商品:公司销售商品主要包括计算机硬件商品销售和计算机配件商品销售、软件产品销售,主要是对电信运营商和电信服务企业进行的销售。公司销售商品按照《企业会计准则——收入》中销售商品的确认原则确认销售收入的实现。

本公司历年的各产品销售如下:

项　目	2001 年度	2000 年度	1999 年度
PAS－112 集中测量系统	13,536,653.48	19,593,698.65	32,728,974.85
PAS－1000 中国电信客服系统	28,288,146.17	14,355,337.96	8,008,195.44
PAS－186 中国移动客服系统	7,762,222.22	56,553,210.48	－
九七工程项目	－	6,697,222.57	38,193,395.80
PAS－LBS2000 本地电信计费帐务系统	51,991,058.27	16,338,170.94	2,863,614.43
PAS－LTAX 地方税收征管信息系统	1,379,208.81	4,172,857.86	4,127,020.00
PAS－WG 移动网管系统	6,470,923.52	5,673,180.33	3,779,115.38
宽带 IP 城域网	20,300,518.21	－	－
移动 BOSS 系统	46,960,879.67	－	－
其他项目	15,401,035.98	7,784,994.26	16,644,243.28
合计	192,090,646.33	131,168,673.05	106,344,559.18

(三)重大投资收益的变动趋势及原因

公司的投资收益全部为长期股权投资收益,列示如下:

明细项目	2001 年度	2000 年度	1999 年度
按成本法确认的收益	－	150,000.00	300,000.00
按权益法确认的收益	－2,500,946.13	－1,877,376.62	197,348.51
股权投资差额摊销	—	－145,950.33	—
合计	－2,500,946.13	－1,873,326.95	497,348.51

注:(1)2000 年 12 月份收购南京宏智纳川计算机有限公司,实际支付款项 499,800 元,应享权益 353,849.67 元,产生股权投资差额 145,950.33 元,由于金额较小,一次性摊入当期损益。

(2)本公司不存在投资收益汇回的重大限制。

(3)公司现有子公司出现较严重亏损的原因及经营情况、财务状况:

①北京北邮宏智通信技术有限公司

2000 年 12 月 31 日该公司的总资产为 520.80 万元,净资产为 449.70 万元,2001 年 12 月 31 日该公司的总资产为 918.6 万元,净资产为 184 万元,2000 年度主营业务收入为 370.74 万元,净利润为－50.30 万元,2001 年度主营业务收入为 521 万元,净利润为－214 万元;该公司严重亏损的原因为目前部分产品正处于研究开发阶段,研发费用较大;部分产品正处于施工阶段,尚未形成销售收入。

本公司持有该公司 50% 股权,北京市北邮通信技术公司持有该公司 25% 股权,黄佩蓉持有该公司 25%股权,该公司无控股或参股其他企业。

②江苏宏智南邮信息技术有限公司

该公司成立于 2000 年 10 月 17 日,2000 年 12 月 31 日该公司的总资产为 499.87 万元,净资产为 473.12 万元,2001 年 12 月 31 日该公司的总资产为 340 万元,净资产为 222 万元,2000 年度销售收入为 0 元,净利润为 – 26.88 万元。2001 年度主营业务收入为 680.6 万元,净利润为 – 251 万元;该公司严重亏损的原因为目前产品正处于研究开发阶段,尚未形成销售收入,研发费用全部进入当期损益。

本公司持有该公司 50%股权,南京邮电学院持有该公司 25%股权,奚建春持有该公司 25%股权,该公司无控股或参股其他企业。

③南京宏智纳川计算机有限公司

2000 年 12 月 31 日该公司的总资产为 214.03 万元,净资产为 36.11 万元,2001 年 12 月 31 日该公司的总资产为 165 万元,净资产为 2.96 万元,2000 年度主营业务收入为 369.7 万元,净利润为 64.10 万元;2001 年度主营业务收入为 8 万元,净利润为 – 33 万元;该公司亏损的原因为原有项目的维护费用全部记入当期损益,而目前公司正处于战略调整阶段,尚未开展其他业务。

本公司持有该公司 98%股权,王运祥持有该公司 2%股权,该公司无控股或参股其他企业。

(四) 重大非经常性损益的变动趋势及原因

1、软件增值税退税款

(1)2000 年 1 月 1 日——2000 年 6 月 23 日:从 2000 年 1 月 1 日起,依据财政部、国家税务总局下发的《关于贯彻落实〈中共中央国务院关于加强技术创新,发展高科技,实现产业化的决定〉的有关税收问题的通知》(财税字[1999]273 号),经福州市台江区国家税务局批准,母公司销售其自行开发生产的计算机软件产品,按法定 17%的税率征收增值税后,对实际税负超过 6%的部分实行即征即退。公司执行此政策后 2000 年 1 月 1 日——2000 年 6 月 23 日软件增值税退税款为 1,149,690.43 元。

(2)2000 年 6 月 24 日——2000 年 12 月 31 日:依据财政部、国家税务总局、海关总署下发的《关于鼓励软件产业和集成电路产业发展有关税收政策问题的通知》(财税[2000]25 号),自 2000 年 6 月 24 日起至 2010 年底以前,母公司销售其自行开发生产的计算机软件产品,按法定 17%税率征收增值税后,对实际税负超过 3%的部分实行即征即退;所退税款用于研究开发软件产品和扩大再生产,不作为企业所得税应税收入,不予征收企业所得税。公司执行此政策后 2000 年 6 月 24 日至 2000 年 12 月 31 日的软件增值税退税款为 2,405,358.98 元,根据此政策的规定,软件增值税退税款应用于研究开发软件产品和扩大再生产,影响当期利润额为 2,405,358.98 元,该部分利润不用于股利分配。

(3)2001 年度:软件增值税退税款为 9,479,196.93 元,在实际收到时记入本公司的补贴收入,影响当期利润额为 9,479,196.93 元,该部分利润不用于股利分配。

2、营业外收支和补贴收入(扣除软件增值税退税款)

公司的非经常性损益包括营业外收支和补贴收入(扣除软件增值税退税款),其中营业外收支的影响较小,主要的影响来自于补贴收入(扣除软件增值税退税款)。

项　　目	2001 年度	2000 年度	1999 年度
移动网雪科技三项经费	–	120,000.00	–
联机采集项目贴息	–	600,000.00	–
ISDN 项目经费	–	400,000.00	–
2000 智能接入平台补贴款	–	500,000.00	–
福州市科技园区拨款	–	100,000.00	–
PAS – 100 项目拨款	1,100,000.00	800,000.00	200,000.00
数据业务网管系统项目拨款			100,000.00
PAS – 112 产品增值税退税款	–	–	205,000.00
电信企业网分析与决策系统	300,000.00		
移动通信企业决策支持系统	90,000.00		
电子信息产业发展基金	1,000,000.00		
客服系统 1000 号项目补贴款	100,000.00		
合　　计	2,590,000.00	2,520,000	505,000.00

(1)1999 年度:PAS – 100 项目经费拨款 200,000 元系省科委拨付的项目经费款,数据业务网管系统项目拨款 100,000 元系福州市科技发展基金管理委员会办公室拨付的开发数据业务网管系统经费款;PAS – 112 产品增值税退税款 205,000 元,根据福建省财政厅闽财税政(1998)7 号文的通知,本公司 PAS – 112 电话障碍自动处理及综合管理系统被认定为国家级重点新产品,享受新产品新增增值税地方分成部分的税款返还。

(2)2000 年度:移动网科技三项经费 120,000 元系省科委拨付的开发 PAS – WG 本地移动网网管系统的经费拨款;联机采集项目贴息 600,000 元是科技部科技型中小企业技术创新基金管理中心为本公司实施本地网联机信息采集系统向金融机构贷款所提供的贷款贴息;ISDN 项目经费 400,000 元是福州市科技发展基金管理委员会办公室拨付的开发 ISDN 通用线路测试系统经费款;PAS – 2000 智能接入平台补贴款 500,000 元是福建省科技厅委托本公司开发 PAS – IAP2000A 智能接入平台的经费拨款系福建省科技厅拨付的开发 PAS – IAP2000A 智能接入平台经费款;福州市科技园区拨款 100,000 元系福州市科技园区管委会拨付的 PAS – VAE 增值应用平台及其应用系统项目研发经费款;PAS – 100 项目拨款 800,000 元系福建省财政厅安排的预算内省高技术重大项目 PAS – 100 电信服务热线系统项目补助款。

(3)2001 年度:PAS – 100 项目拨款 1,100,000 元系福建省财政厅安排的预算内省高技术重大项目 PAS – 100 电信服务热线系统项目补助款。电信企业网分析与决策系统项目拨款 300,000 元是根据闽经贸投资[2001]673 号文福建省财政厅"挖改资金"项目的经费拨款。移动通信企业决策支持系统 90,000 元为省科技厅《重点项目》合同书的拨款。电子信息产业发展基金 1,000,000.00 元是根据信息产业信部运[2001]705 号的拨款。客服系统 1000 号项目补贴款 100,000.00 元是福建省财政厅的项目补助款。

(五) 享受的主要财政税收政策

1、企业所得税

(1)1997 – 1998 年度:根据福建省闽财税政 1994 年 14 号文《关于企业所得税若干优惠政策衔接问题的通知》和闽科新(1997)4 号《关于认定第十七批高新技术企业的通知》,本公司作为福建省科学技术委员会认定的高新技术企业,1997、1998 年度可享受企业所得税全额免税的税收优惠。

(2)1999 – 2000 年度:根据福建省闽财税政 1994 年 14 号文《关于企业所得税若干优惠政策衔接问题的通知》和国科火字[1999]35 号《关于认定一九九九年重点高新技术企业(集团)的通知》,公司作为国家科技部火炬中心认定的重点高新技术企业,1999、2000 年度可享受按 15%税率减半征收企业所得税的税收优惠,即实际税率 7.5%。

(3)2001 年度:根据国务院国发[2000]18 号《鼓励软件产业和集成电路产业发展的若干政策》的有关精神,福建省信息产业厅、福建省国家税务局、福建省地方税务局联合发文《关于公布第一批软件企业名单的通知》(闽信科[2001]99 号文),认定本公司为软件企业,根据福州市地方税务局直属征收局《关于宏智科技股份有限公司 2001 年度企业所得税有关优惠政策的批复》,本公司 2001 年度可延续以前年度优惠政策,享受按 15%税率减半征收企业所得税的税收优惠,即实际税率 7.5%。

(4)本公司为经认定的软件企业,依据财政部、国家税务总局、海关总署于 2000 年 9 月下发的《关于鼓励软件产业和集成电路产业发展有关税收政策问题的通知》(财税[2000]25 号),软件生产企业的工资和培训费用,可按实际发生额在计算应纳税所得额时扣除。

(5)各子公司的所得税率情况:江苏宏智南邮信息技术有限公司、湖北宏智科技发展有限公司、南京宏智纳川计算机有限公司的所得税税率为 33%,北京北邮宏智通信技术有限公司的所得税税率为 15%。

2、增值税

根据国家税务法规,母公司应征增值税的销售收入按增值额的 17%计缴增值税。应缴增值税额为公司销项税额抵扣进项税额的余额。

从 2000 年 1 月 1 日起,经福州市台江区国家税务局批准,母公司销售其自行开发生产的计算机软件产品,按法定 17%的税率征收增值税后,对实际税负超过 6%的部分实行即征即退。依据财政部、国家税务总局、海关总署于下发的《关于鼓励软件产业和集成电路产业发展有关税收政策问题的通知》(财税[2000]25 号),自 2000 年 6 月 24 日起至 2010 年底以前,母公司销售其自行开发生产的计算机软件产品,按法定 17%税率征收增值税后,对实际税负超过 3%的部分实行即征即退;所退税款用于研究开发软件产品和扩大再生产,不作为企业所得税应税收入,不予征收企业所得税。由此形成的利润不用于股利分配。

各子公司的增值税率情况:根据国家税务法规,各并表子公司应征增值税的销售收入按增值额的 17%计缴增值税,但北京北邮宏智通信技术有限公司的实际税负为 3%。应缴增值税额为公司销项税额抵扣进项税额的余额。

3、营业税

根据国家税务法规,按照营业税征缴范围的营业收入的 5%或 3%计缴营业税。

1998 年度、1999 年度母公司软件开发收入按应纳税营业额的 5%计缴营业税。网络系统安装及布线工程收入按应纳税营业额的 3%计缴营业税。

若投资者需要详细了解本公司适用的主要税种及税率,请阅读本招股说明书附录一。

4、主营业务收入中"纯软件部分"由缴纳营业税变更为缴纳增值税的原因

本公司主营业务收入中"纯软件部分"1998 年度、1999 年度缴纳营业税,2000 年后改为缴纳增值税,主要原因如下:

根据《中华人民共和国增值税暂行条例》第一条规定:"在中华人民共和国境内销售货物或者提供加工、修理修配劳务以及进口货物的单位和个人,为增值税的纳税义务人(以下简称纳税人),应当依照本条例缴纳增值税";《中华人民共和国营业税暂行条例》第一条规定:"在中华人民共和国境内提供本条例规定的劳务(以下简称应税劳务)、转让无形资产或者销售不动产的单位和个人,为营业税的纳税义务人(以下简称纳税人),应当依照本条例缴纳营业税"。此外,《中华人民共和国增值税暂行条例实施细则》和《中华人民共和国营业税暂行条例实施细则》还规定:一项销售行为如果既涉及应税劳务又涉及货物,为混合销售行为,从事货物的生产、批发或零售的企业、企业性单位及个体经营者的混合销售行为,视为销售货物,应当征收增值税;纳税人兼营应税劳务与货物或非应税劳务的,应分别核算应税劳务的营业额和货物或者非应税劳务的销售额,并按照各自适用的税率分别缴纳营业税和增值税。根据上述规定,在 1998 年—1999 年期间,本公司从事的系统集成业务、计算机及配件的销售业务适用增值税;单独提供软件产品及其他劳务适用营业税。

为了贯彻落实《中共中央国务院关于加强技术创新,发展高科技,实现产业化的决定》(中发[1999]14 号)的精神,鼓励技术创新和高新技术企业的发展,财政部、国家税务总局于 1999 年 11 月 2 日发布财税字[1999]273 号文。该文规定:一般纳税人销售其自行开发生产的计算机软件产品,可按法定 17%的税率征收增值税,对实际税负超过 6%的部分实行即征即退;对经过国家版权局注册登记,在销售时一并转让著作权、所有权的计算机软件征收营业税,不征收增值税。由于本公司在销售计算机软件时并未转让著作权或所有权,因此,自 2000 年开始,本公司从事的系统集成业务、计算机及配件销售业务、单独提供软件产品劳务(不转让著作权或所有权)统一适用增值税。

本公司律师认为"发行人在近三年来适用营业税和增值税的情况符合我国有关法律、法规和规范性文件之规定"。

福建省福州市国家税务局台江管理局于 2001 年 12 月 30 日出具证明,"你司在 1998 年—1999 年期间对提供的软件产品及其他劳务缴纳营业税,根据财税字【1999】273 号规定及我市实际情况,从 2000 年 1 月 1 日开始对软件产品及其他劳务与系统集成业务、计算机及配件的销售一并交纳增值税是合法的"。

五、资产

截至 2001 年 12 月 31 日,本公司的资产总计为 219,700,046.09 元,包括流动资产、长期投资、固定资产及其他资产。

(一) 长期投资

截止 2001 年 12 月 31 日本公司的合并会计报表中长期投资的期末余额为 2,911,411.78 元,全部为其他股权投资,占本公司净资产的 2.42%,具体情况如下:

被投资单位名称	经营范围	注册资本(万元)	占股比例	初始投资额(万元)	核算方式	2000 年 12 月 31 日	2001 年 12 月 31 日
福建大鹏通信技术服务有限公司	邮电通讯技术服务、技术咨询、信息服务,电子产品及通信设备的销售、代购代销	500.00	10%	138.00	成本法	880,000.00	880,000.00
北京北邮宏智通信技术有限公司	计算机及电信领域内软件、硬件的技术开发等,销售计算机、通信设备等;网络系统集成安装。	500.00	50%	250.00	权益法	2,248,502.34	921,065.75
江苏宏智南邮信息技术有限公司	研究、开发生产和销售各种信息产品(包括计算机硬件设备和软件)提供信息咨询、培训	500.00	50%	250.00	权益法	2,365,597.38	1,110,346.03
合计						5,494,099.72	2,911,411.78

长期投资中不存在投资变现及投资收益汇回的重大限制。

福建大鹏通信技术服务有限公司注册资本为 500 万元,公司于 1998 年 8 月份出资 138 万元投资该公司,占有 10%股权。2000 年收到该公司款项 50 万元,公司对其按成本法核算,将该款项作为投资成本的收回冲减长期投资帐面价值。该公司 2000 年下半年已基本停业,目前仍处于停业状态。根据该公司提供的 2001 年 3 月 31 日资产负债表,公司资产总额 1,416.37 万元,其中货币资金 1,264.84 万元,净资产 1,395.03 万元,故未提取长期投资减值准备。该公司在各报告期内的损益状况:1998 年该公司净利润为 742 万元,本公司分得现金红利 30 万元,确认投资收益 30 万元。1999 年该公司净利润为 233 万元,本公司分得现金红利 30 万元,确认投资收益 30 万元。2000 年该公司净利润为 – 210 万元,本公司分得现金红利 15 万元,确认投资收益 15 万元。

本公司于 1998 年 5 月与福建省移动通信局工会、福建省宏智科技发展有限公司工会、福州市科技园区仓山管理办公室工会共同出资 1,000,000 元成立福建省金鸿信息技术有限公司,其中本公司出资 290,000 元,占股比例为 29%;该公司于 2000 年 12 月 8 日第四次股东大会通过决议,通过清算小组提交的《关于金鸿公司清算的报告》及《补充报告》,公司剩余财产按股东出资比例进行分配,本公司分得货币资金 85,851.26 元并同意金鸿公司正式解散。

本公司于 1998 年 7 月与福建省宏智科技发展有限公司工会、福建省地方税务局机关工会共同出资 2,000,000 元成立福建省宏瑞科技开发有限公司,其中本公司出资 600,000 元,占股比例为 30%;本公司对该公司的长期投资按权益法核算,1998 年投资收益为 – 95347.83 元,1999 年投资收益为 – 380.33 元,2000 年投资收益为 462.45 元,本公司于 2000 年 12 月将持有的福建省宏瑞科技开发有限公司 30%股权全部转让给福建省明瑞物业管理有限公司,转让价格为 60 万元。

本公司于 1999 年 6 月与山东省金秋邮电实业开发公司、张佑钦先生共同出资 1,000,000 元成立山东金宏智通信技术有限公司,其中本公司出资 400,000 元,占股比例为 40%;本公司对该公司的长期投资按权益法核算,1999 年投资收益为 – 10,107.73 元,2000 年投资收益为 – 89,892.27 元,本公司于 2000 年 12 月将持有的山东金宏智通信技术有限公司 40%股权全部转让给胡盛益先生,转让价格为 30 万元。

本公司于 1999 年 5 月与山西万朝实业有限公司、张麦亚先生共同出资 1,500,000 元成立山西宏智通信工程有限公司,其中本公司出资 735,000 元,占股比例为 49%;本公司对该公司的长期投资按权益法核算,1999 年投资收益为 – 5,337.23 元,2000 年投资收益为 – 339,662.77 元,本公司于

2000 年 12 月将持有的山西宏智通信工程有限公司 49% 股权全部转让给胡盛益先生，转让价格为 39 万元。

（二）固定资产

1、固定资产计价和折旧政策

(1)固定资产标准为：1 使用期限超过一年的房屋、建筑物、机器、机械、运输工具以及其他与生产、经营有关的设备、器具、工具等；2 单位价值在 2000 元以上，并且使用期超过两年的，不属于生产、经营主要设备的物品。

(2)固定资产分类为：通讯设备、办公设备、计算机设备、运输设备、电器设备和房屋建筑物。

(3)固定资产计价：按实际成本计价。

(4)固定资产折旧采用直线法平均计算，并按各类固定资产的原值和估计的经济使用年限扣除残值(原值的 5%)制定其折旧率。固定资产各类折旧率如下：

资产类别	估计的经济使用年限	年折旧率	预计残值率
房屋建筑物	30	3.17%	5%
通讯设备	5	19%	5%
办公设备	5	19%	5%
计算机设备	5	19%	5%
运输设备	5	19%	5%
电器设备	5	19%	5%

固定资产减值准备的核算方法：期末对固定资产逐项进行检查，按可收回金额低于固定资产账面净值的差额计提固定资产价值减值准备。

在建工程减值准备的核算方法：期末对在建工程进行全面检查，对有证据表明减值的在建工程计提在建工程减值准备。

折旧政策同上年度一致；无融资租入固定资产及固定资产用于抵押、担保的情况。

2、固定资产原值

项　目	2000 年 12 月 31 日	本期增加	本期减少	2001 年 12 月 31 日
房屋	11,925,593.24	—	—	11,925,593.24
通讯设备	391,722.00	27,900.00	—	419,622.00
办公设备	542,921.00	333,006.00	—	875,927.00
计算机设备	10,018,349.32	9,213,921.97	—	19,232,271.29
运输设备	2,009,874.00	1,351,355.20	119,290.00	3,241,939.20
电器设备	438,951.80	80,753.00	—	519,704.80
合　计	25,327,411.36	11,006,936.17	119,290.00	36,215,057.53

3、累计折旧

项　目	2000 年 12 月 31 日	本期增加	本期减少	2001 年 12 月 31 日
房屋	426,546.23	377,659.68	—	804,205.91
通讯设备	108,913.95	75,310.52	—	184,224.47
办公设备	168,667.88	118,958.73	—	287,626.61
计算机	1,702,690.50	2,761,459.29	—	4,464,149.79
运输设备	745,437.29	510,166.60	60,995.44	1,194,608.45
电器设备	197,780.76	87,906.53	—	285,687.29
合　计	3,350,036.61	3,931,461.35	60,995.44	7,220,502.52

（三）有形资产净值

本公司截止 2001 年 12 月 31 日的有形资产净值为 219,346,954.24 元，占总资产的比例为 99.84%。(注：有形资产净值 = 总资产 - 无形资产 - 待摊费用 - 长期待摊费用)

（四）其他应收款——员工借款

本公司员工个人借款总额为 2,975,956.36 元，主要为销售及施工人员差旅借款、备用金及管理人员暂借购房款，其中：差旅借款 1,620,766.76 元，备用金 1,345,00.00 元，其他 10,189.60 元。差旅借款及备用金较大的原因为公司的市场及施工项目分布于全国各省市，销售及施工人员经常出差所致。

六、负债

（一）银行借款

借款类别	2000 年 12 月 31 日	本期增加	本期减少	2001 年 12 月 31 日
信用借款	55,000,000.00	92,000,000.00	87,000,000.00	60,000,000.00
担保借款	-	20,000,000.00	20,000,000.00	—
合计	55,000,000.00	112,000,000.00	107,000,000.00	60,000,000.00

按到期日分类列示：

借款单位	借款日	到期日	金额	币种
中国工商银行福州闽都支行	2001.3.13	2002.3.12	30,000,000.00	人民币
中国工商银行福州闽都支行	2001.7.25	2002.7.5	30,000,000.00	人民币

（二）应交税金

税　种	2000 年 12 月 31 日	2001 年 12 月 31 日
增值税	2,462,049.84	1,375,004.89
城市维护建设税	60,202.91	19,482.31
营业税	7,850.00	—
个人所得税	52,246.24	99,189.50
企业所得税	533,445.32	433,385.46
印花税	—	13,250.16
合　计	3,115,794.31	2,249,664.88

（三）其他应付款

帐龄	2001 年 12 月 31 日		2000 年 12 月 31 日	
	金额	比例	金额	比例
一年以内	5,437,552.06	94.22%	11,182,007.15	98.31%
一至二年	141,417.00	2.45%	21,359.40	0.19%
二至三年	21,359.40	0.37%	170,855.22	1.50%
三至四年	170,855.22	2.96%	—	—
合计	5,771,183.68	100%	11,374,221.77	100%

本公司欠款金额最大的前五名债权人列示：

债权人名称	所欠金额	欠款时间	欠款原因
北京北邮宏智通信技术有限公司	4,507,132.04	1 年以内	暂借款
上市费用	1,120,000.00	2 年以内	预付前期上市费用
北京汇知天辰科技有限公司	525,676.50	1 年以内	往来款
北京鼎维通电气	500,000.00	2 年以内	往来款
八闽人才交流中心	391,950.88	1 年以内	往来款
合计	7,044,759.42		

注：本项目无欠持本公司 5%(含 5%)以上股份的股东单位款项。

七、股东权益

（一）股本

项　目	2001 年 12 月 31 日	2000 年 12 月 31 日	1999 年 12 月 31 日
期初余额	70,000,000.00	70,000,000.00	10,000,000.00
当期增加额	0	0	60,000,000.00
期末余额	70,000,000.00	70,000,000.00	70,000,000.00

（二）资本公积

项　目	2001 年 12 月 31 日	2000 年 12 月 31 日	1999 年 12 月 31 日
期初余额	-	-	2,017,736.70
加：资本溢价	-	-	31,500,000.00
加：设备捐赠	-	-	-
减：改制折为股本数	-	-	33,517,736.70
期末余额	-	-	-

（三）盈余公积

项　目	2001 年 12 月 31 日	2000 年 12 月 31 日	1999 年 12 月 31 日
期初余额	5,399,040.40	1,669,495.42	4,912,284.92
加：当期计提数	4,629,274.81	3,729,544.98	1,669,495.42
减：改制折为股本数	-	-	4,912,284.92
期末余额	10,028,315.21	5,399,040.40	1,669,495.42

（四）未分配利润

项　目	2001 年 12 月 31 日	2000 年 12 月 31 日	1999 年 12 月 31 日
期初余额	14,394,151.99	260,063.79	8,390,613.25
加：本期净利润	30,400,203.74	24,863,633.18	21,608,924.34
减：提取盈余公积金	3,086,183.20	2,486,363.32	1,112,996.95
减：提取法定公益金	1,543,091.61	1,243,181.66	556,498.47
减：分配现金股利	-	7,000,000.00	14,000,000.00
减：改制折为股本	-	-	14,069,978.38
期末余额	40,165,080.92	14,394,151.99	260,063.79

八、现金流量

本公司 2001 年度经营活动产生的现金流量见本章"三、会计报表(一)合并会计报表 1、合并现金流量表。"

本公司 2001 年度的现金流量净额为 - 7.6 万元，其中经营活动产生的现金流量净额为 1626.7 万元，投资活动产生的现金流量净额为 - 978.8 万元，筹资活动产生的现金流量净额为 - 655.5 万元。

2001 年度支付的其他与经营活动有关的现金为 35,184,263.55 元，其中主要为支付代理进口项目材料的款项 8,868,172.15 元，支付差旅费 6,307,548.01 元，支付办公、电信等费用 4,293,353.31 元，支付业务招待费 3,615,119.79 元，支付广告宣传费 1,160,990.00 元。

投资活动产生的现金流量净额为 - 987.8 万元的原因主要是购买了的计算机设备，一方面研发和工程施工需要大量的设备，另一方面公司人员的增加致使笔记本电脑、Pc 机的增加。

筹资活动产生的现金流量净额为 - 655.5 万元的原因是支付股利 700 万元，偿还短期借款及利息 455.5 万元，而借款所收到的现金为 500 万元。

本公司以往的三年又一期没有不涉及现金收支的投资和筹资活动。

公司提醒投资者关注本招股说明书附录一会计报表附注的关联交易、期后事项和其他重要事项。

九、盈利预测

（一）盈利预测表

本公司以 1999 年度、2000 年度、2001 年度经注册会计师审计的经营业绩与预测期间公司的生产经营能力、投资计划、生产计划和营销计划等为依据编制了 2002 年度的盈利预测报告。本公司盈利预测报告的编制遵循了谨慎性原则，但由于盈利预测所依据的各种假设具有不确定性，故投资者进行投资决策时不应过分依赖该项资料。

本公司拟于 2002 年向社会公开发行股票，但由于本公司成功发行股票在时间上具有不确定性，致使本公司无法合理预计募集资金使用计划对本公司 2002 年度经营成果的影响，故本公司在编制该盈利预测时未包括募集资金使用计划对本公司 2002 年度经营成果的影响。

福建华兴有限责任会计师事务所已对本公司编制的 2002 年度的盈利预测报告所依据的基本假设、选用的会计政策及其编制基础进行了审核，并出具了无保留意见的闽华兴所(2002)审字 G - 059 号《盈利预测审核报告》。以下资料摘录自本公司的《盈利预测报告》。

单位：人民币万元

项　　目	2001 年 已审实现数	2002 年 预测数
一、主营业务收入	19,209	22,974
减：主营业务成本	12,112	14,406
主营业务税金及附加	110	138
二、主营业务利润	6,987	8,430
加：其他业务利润	-	-
减：营业费用	1,701	2,310
管理费用	2,457	2,864
财务费用	474	455
三、营业利润	2,355	2,801
加：投资收益	- 250	- 109
补贴收入	1,207	1,142
营业外收入	1	-
减：营业外支出	47	-
四、利润总额	3,266	3,834
减：所得税	215	417
少数股东本期收益	11	5
五、净利润	3,040	3,412

（二）盈利预测增长分析

本公司 2002 年度预测的经营业绩增长率如下：

单位：人民币万元

项目	2001 年度 已审数	2002 年 预测数	2001—2002 增长率
一、主营业务收入	19,209	22,974	19.6%
二、主营业务利润	6,987	8,430	20.6%
三、营业利润	2,355	2,801	19%
四、利润总额	3,266	3,834	17.4%
五、净利润	3,040	3,412	12.2%

本公司预计 2002 年的净利润比 2001 年度经审计的实际净利润增长 19.6%，主要来源于主营业务收入的增长和补贴收入的增长，2002 年预计的主营业务收入比 2001 年增长 19.6%。具体原因如下：

(1)2002 年度预测的主营业务收入比 2001 年度实际数增加 3765 万元，增幅为 19.6%，其主要原因是 2002 年度预测销售 PAS - 186 中国移动客服系统增加 2536 万元，PAS - LBS2000 电信业务计费账务系统销售增加 1881 万元，移动 BOSS 系统增加额为 3012 万元，PAS - WG 移动网管系统 1731 万元；其余产品则由于各地电信公司及移动通信公司系统建设的逐步完成，公司的销售量也逐步降低，其中宽带 IP 城域网系统、PAS - 1000 中国电信客服系统、PAS - 112 集中测量系统分别降低 1806 万元、679 万元及 956 万元，其他项目销售也减少 1954 万元。

(2)2002 年预计的主营业务利润比 2001 年增长 20.6%，营业利润增长 19%，主要原因是：2002 年度随着预计销售额的大幅增加及硬件毛利的降低，主营业务成本随之相应上升，毛利率下降；2002 年度预测的营业费用相对于 2001 年度增加 609 万元，增幅为 36%，主要原因 2002 年将要设立重庆、深圳、昆明等销售中心，导致员工人数及工资总额等费用增加；2002 年度预测的管理费用相对于 2001 年度增加 407 万元，增幅为 17%，其主要原因是预计 2002 年度的研发费用增加 275 万元，管理人员的人均工资水平提高。但管理费用 2002 年的增长率低于销售增长率，原因为管理人员人数未有明显增长。

(3)2002 年预计的利润总额增长为 12.2%，其主要原因是公司应用软件及系统集成产品中应用软件的比例增加，增值税税负超过 3% 部分即征即退税款相应增加，预计 2002 年补贴收入将达到 1142 万元，比上年度补贴收入增长 20%。

(4)2002 年预计的企业所得税比 2001 年增加 202 万元,增长 94%,主要原因是不再享受减半征收企业所得税的优惠政策,从 2002 年开始执行 15%的企业所得税税率。

十、财务指标

财务指标	2001 年 12 月 31 日	2000 年 12 月 31 日	1999 年 12 月 31 日
流动比率	1.848	1.61	1.63
速动比率	1.347	1.23	1.21
应收帐款周转率	5.31	5.16	5.17
存货周转率	2.61	2.03	1.49
无形资产(土地使用权除外)占净资产比例	–	–	–
母公司资产负债率	45.2%	53.1%	53.4%
每股净资产(元)	1.717	1.283	1.028
研究及开发费用占主营业务收入比例	4.6%	5.5%	5.3%
净资产收益率	25.3%	27.69%	30.04%
每股收益(元)	0.4343	0.355	0.309
每股经营活动的现金流量	0.23	0.26	

上述财务指标的计算方法如下:

流动比率 = 流动资产/流动负债

速动比率 = 速动资产/流动负债

应收帐款周转率 = 主营业务收入/应收帐款平均余额

存货周转率 = 主营业务成本/存货平均余额

无形资产(土地使用权除外)占总(净)资产的比例 = 无形资产(土地使用权除外)/总(净)资产

母公司资产负债率 = 总负债/总资产(以母公司财务报告的财务数据为基础计算)

每股净资产 = 期末净资产/期末股本总额

研究与开发费用占主营业务收入比例 = 研究发展费用/主营业务收入

净资产收益率 = 净利润/期末净资产总额

每股收益 = 净利润/期末股本总额

每股经营活动的现金流量 = 经营活动产生的现金流量净额/期末股本总额

本公司按《公开发行证券公司信息披露编报规则第 9 号 – –净资产收益率和每股收益的计算及披露》计算的 2001 年净资产收益率和每股收益如下:

报告期利润	净资产收益率		每股收益	
	全面摊薄	加权平均	全面摊薄	加权平均
主营业务利润	58.13%	66.54%	1.00	1.00
营业利润	19.59%	22.43%	0.34	0.34
净利润	25.29%	28.95%	0.43	0.43
扣除非经常性损益后的净利润	23.52%	26.92%	0.40	0.40

十一、公司管理层的财务分析

公司董事会成员和管理层结合过往三年经审计的相关财务会计资料做出如下财务分析:

(一)关于经营成果、盈利能力及前景分析

公司近三年主营业务发展势头良好,产品市场占有率不断扩大,公司 1999 年度主营业务收入 10,634 万元,主营业务利润 4,544 万元,净利润 2,161 万元;2000 年度主营业务收入 13,117 万元,主营业务利润 5,538 万元,净利润 2,486 万元;2001 年度主营业务收入 19,209 万元,主营业务利润 6,987 万元,净利润 3,040 万元,销售收入和盈利能力连续三年持续增长。公司主要从事与电信、移动通信等行业相关的应用软件系统产品的开发和销售,主导产品为"九七工程"、PAS – 112 电话故障管理系统、PAS – 186 中国移动客服系统、,1999 年度、2000 年度、2001 年度,以上产品的销售收入成为本公司净利润的主要来源。公司在巩固原有产品市场占有率的基础上,为满足电信业务高速发展的需要,在 2000 年开发出新一代计费产品"PAS – LBS2000 电信计费帐务系统",2001 年度开发了"宽带 IP 城域网"、"移动 BOSS 系统",为 2001 年公司销售收入的提高打下了良好的基础。

由于本公司具有强大的研发能力,所开发的产品具有较高的科技含量,因而本公司 1999 年度、2000 年度、2001 年度的毛利率较高,分别达到 42.7%、42.2%、36.4%,取得了良好的经济效益。

同时,本公司 1999 年度、2000 年度、2001 年度的净利润分别为 2161 万元、2486 万元、3040 万元,但由于公司净资产规模的迅速扩大,1999 年底、2000 年底、2001 年底的净资产分别为 7193 万元、8979 万元、12019 万元,导致公司净资产收益率的波动,分别为 30.04%、27.69% 和 25.3%。

本公司发生的营业费用主要为销售部门的广告费、市场拓展费用以及人员工资、差旅费等。本公司认为在激烈的市场竞争中,市场营销对公司的发展起着不容忽视的作用。本公司的市场营销行为主要包括品牌的建立与推广、产品市场的拓展。公司在过去三年加大了对市场营销活动的资金投入,与此相应,本公司主营业务收入连续三年呈现稳步增长的势态。

公司管理层认为,公司目前盈利能力稳定,主营业务基础扎实,主导产品盈利能力强,产品技术先进,市场稳步扩大,可以保证盈利的连续性和稳定性。公司利用自身的信用优势,进行举债经营,合理利用财务杠杆,不仅为股东获取了超额利润,也从资金方面保证了盈利的连续性和稳定性。鉴于近几年国内电信、移动业务的不断增长,公司也不断地加大开拓市场的力度,随着募股资金投资项目的建成投产,生产规模将进一步扩大,主营业务收入会出现较大幅度增长,预计公司未来的盈利前景良好。

(二)关于本公司资产质量及资产负债结构

截止 2001 年 12 月 31 日,本公司资产负债率为 45.2%(按母公司会计报表计算),流动比率为 1.848,资产负债结构良好。

本公司的流动资产主要为货币资金、存货和应收帐款,截止 2001 年 12 月 31 日,本公司的货币资金、存货和应收帐款占流动资产的比例分别为 33.3%、28.8% 和 24%。其中,存货主要为各合同项目的材料费及施工费等,不存在积压或滞销情况。应收帐款为应收客户欠系统款,帐龄绝大部分在一年以内,无三年以上帐龄款,这些客户大多是全国各地电信公司、移动通信公司、联通公司,都是公司的长期合作伙伴,实力雄厚、商业信用良好。依本公司过往三年的实际情况,应收帐款从未发生过坏帐现象。其他应收款主要是子公司及其他客户的往来款,以及为福建省地方税务局代垫底进口设备款,依本公司过往三年的实际情况,这些款项回收情况良好,其他应收款从未发生过坏帐现象。此外,公司为加快应收帐款和其他应收款的回收工作,制订了严格的资金结算管理制度,组成专门的催款小组,由营销经理亲自负责,并将指标层层分解落实到个人,并且与他们的费用、绩效考核挂钩,确保了资金的回收速度,降低了公司应收款项发生坏帐的风险。因此公司董事会根据公司的实际情况、债务单位的实际财务状况和现金流量的情况以及其他相关信息进行估计,通过决议对一年以内应收款项按 0.5%比例计提坏帐准备。另外,公司对员工借款的审批及还款的控制有一整套严格、完整的内控制度,员工借款大部分是工程人员、销售人员出差临时借支的差旅费及一些部门的备用金,均能及时销帐,公司自成立以来从未发生过坏帐,因此公司决定对其他应收款中员工借款不计提坏帐准备。综上所述,本公司流动资产结构良好,可变现能力强;固定资产均为本公司所拥有并已取得有关权属证明,为本公司正常生产经营所必须的资产,不存在重大不良资产。

截止 2001 年 12 月 31 日,本公司的负债总计为人民币 9919 万元,全部为流动负债,无重大已到期仍未偿还之负债。

本公司资产负债比例适中,财务政策比较稳健;股权结构合理,有利于公司的独立运作和治理结构的完善。

(三)关于本公司现金流量及偿债能力

2001 年度经营性现金净流量为 1626.7 万元,投资活动产生的现金流量为 – 978.8 万元,筹资活动产生的现金流量为 – 655.5 万元。公司 2001 年度经营性现金净流量较理想,每股为 0.23 元,到目前为止,本公司从未有过逾期未偿还债务及延期付息情况。依本公司过往三年本公司的业务经营与现金流量情况,本公司有充足的营运资金清偿到期债务。

(四)本公司主要财务优势及困难

依本公司过往三年的财务状况、经营成果和现金流量情况,本公司的财务优势在于:

(1)公司向规模化发展需要大量的营运资金,单靠自有资金远远不够,对外融资成为本公司筹集经营资金的主要渠道,由于本公司已在银行及同行中树立了良好的信用形象,对本公司的融资带来很大的方便。

(2)随着国家对软件产业的日趋重视,在税收、投融资等方面出台了一系列扶持政策。如本公司作为软件企业,销售自行开发的计算机软件产品,可按法定 17%的税率征收增值税后,对实际税负超过 3%的部分实行即征即退;所退税款用于研究开发软件产品和扩大再生产,不作为企业所得税应税收入,不予征收企业所得税。该政策执行到 2010 年,这无疑会给本公司的发展提供更加有利的环境。

(3)由于本公司在业务规模扩大的同时,亦在客户资信管理与应收款回收等方面采取了有效措施,使得本公司既避免了重大呆坏帐的发生,又获得了充足的营运资金,为本公司的持续经营提供了切实的保障。

虽然本公司拥有财务上的优势,但从过往三年及目前的业务经营与现金流量看,本公司业务发展所需资金基本上通过自有流动资金和银行贷款解决,这就制约了公司在效益化、规模化上的发展。出于本公司下一阶段向规模化的发展以及市场激烈竞争的需要,这种靠自我滚动发展取得营运资金的方式,已远不能满足公司进一步发展的需要。为此,本公司此次决定采取公开发行股票并上市这一从资本市场直接获取资金的方式,来满足本公司进一步发展的需要。

(五)电信运营商的软件产品需求变化对本公司主导产品结构的影响

电信运营商各个时期投资侧重点不同会导致其所需求的软件产品变化较大。1998 年及以前主要是对电信业务管理系统的建设,1999 年、2000 年主要是对客户服务系统进行改进升级,2001 年为提高整体运营能力,主要是对营业计费、综合业务处理加强投资,上述变化对公司主导产品结构影响较大,从而使公司各年度主营业务收入中的各产品线所占比例变化幅度较大。针对电信软件行业上述特点,公司在不断加强研发力量的同时,对电信运营商每年投资的侧重点进行深入分析,及时对原有产品线进行更新、升级,并根据电信运营商的不同需求及时快速推出新产品。因此,公司有能力适应上述变化。

第十三章　业务发展目标

一、发展计划

(一)企业使命与理念

本公司以"推进中国的信息化进程"为使命,以"创造性地服务,并成为信息业最有价值的技术集成服务提供商"为宗旨,以"创造客户价值,构架并不断完善员工、股东、公司与社会共同成长的机会平台"为基本经营理念,以"以人为中心、以客户为中心以效率为中心"、"以服务求生存"、"开放、平等"、"实事求是,诉求效果"为基本方针,实现企业的长期可持续发展。

(二)企业定位与目标

本公司长期专注于大中型企事业单位全方位电信级信息化解决方案的研究和开发,并向合作伙伴和最终用户提供标准化、开放式的应用中间件平台。本公司的目标是:到 2005 年,成为中国领先并具有全球竞争力的应用软件和系统集成商。

(三)发展战略

1、人才战略

本公司奉行"公正、公平、公开"的人力资源管理基本准则,以人为本,创造一种自我激励、自我约束和促进优秀人才脱颖而出的机制,建立并发展一支高素质、高境界和高度团结的队伍,为公司的快速成长和高效运作提供人力资源保障。

2、产品战略

与国外产品相比本公司将体现产品的低成本和本土化优势;与国内产品相比本公司将强调本公司产品的领先性和差异性优势。

3、市场战略

本公司的市场战略是以客户为中心、以市场为导向建立营销系统,并以"根据地"的形式对外扩展,逐步形成和完善覆盖全国的营销网络,并在此基础上向海外市场拓展。本公司将敏锐地把握市场机遇,开发适合客户需要的产品,进行重点推广以切入市场,并通过不断优化产品和提升服务来取得客户的认可,努力成为客户可信赖的合作伙伴,塑造宏智科技的品牌并扩大影响力。

4、研发和服务战略

本公司的研发战略是:培养一支高素质的产品规划及设计、产品开发、产品测试队伍,建立面向客户的产品规划及设计、产品开发、产品测试的研发体系。

本公司的服务战略是:培养一支高度敬业、善于沟通、快速响应、技术全面的服务队伍,建立让客户满意的客户服务、工程实施和售后支持的服务体系。

5、金融整合战略

本公司将通过公司股票上市发行进行资金筹集以加大发展力度,通过对企业产品和企业文化相适宜的企业实施收购、兼并以加快发展速度,利用对资本市场等金融资源的整合促进公司的快速、稳定发展。本公司将以产品投资为主,最大程度地集中资源,迅速增强公司的技术实力,提升市场地位和管理能力。本公司不从事任何分散公司资源和管理精力的非相关多元化经营。

6、组织建设战略

公司将遵循以下原则来保证组织的建设与健全,并根据公司的发展需要,优化公司的组织模式:

有利于强化责任,确保公司目标和战略的实现;

有利于简化流程,快速响应客户的需求和市场的变化;

有利于提高协作的效率,降低管理成本;

有利于信息的交流,促进创新和优秀人才的脱颖而出;

有利于未来优秀组织队伍的培养,以保障公司的可持续性成长;

公司的组织结构将向更加扁平化、网络化并强化以项目管理为主的结构模式转化。

7、业务流程重整战略

本公司将更敏捷地响应客户需求,扩大例行管理,减少例外管理,提高管理效率,堵塞管理漏洞。

(四)整体经营目标

建立起符合公司未来发展目标和产业发展要求的经营体系,公司核心竞争力得到显著提升,并在此基础上公司营业收入和税后利润保持较高幅度的持续增长。

(五)具体业务计划

为实现整体经营目标及业务经营目标,公司将加快推动和实施人力资源计划、市场与销售计划、产品开发计划、再融资与投资计划、组织变革与业务流程重整计划。

二、拟定上述计划所依据的假设条件

拟定上述计划所依据的假设条件是:

本次股票发行能够在 2002 年上半年完成,募集资金在 2002 年 6 月底以前到位。

本公司所在的宏观经济、政治、法律和社会环境处于正常发展的状态,并没有对公司发展将会产生重大影响的不可抵抗力的现象发生。

国家对高新企业及软件产业的扶持政策不会有重大改变并被较好地实行。

本公司所在行业及其领域的市场处于正常发展的状态，并没有出现重大的市场突变情形。中国电信行业没有出现重大的调整和波动。

三、实施上述计划面临的主要困难

在进行较大规模资金运用和公司业务有较大扩展的背景下，公司在战略规划、组织设计、机制建立、资源配置、运营管理和成本控制等方面都将面临更高的要求和更大的挑战。专业人才特别是高级人才的聘用和保持将存在一定的困难。

四、上述业务发展计划与现有业务的关系

上述业务发展计划是本公司在现有业务的基础上，按照发展战略的要求而进行的再发展。该计划将使公司提升产品、加强服务，并在业务上进行客户和地域的拓展，从总体上推进了公司经营及管理水平的提高。

五、本次募股的作用

本次募股对于本公司上述业务目标的实现具有十分关键的作用：首先，它将为之提供充足的资金资源，保证了公司的产业化投入规模，同时也为公司的资金再筹建立了与资本市场的顺畅通道；其次，本公司将进一步完善法人治理结构，实现公司体制的升级，促进公司的快速发展和业务目标的实现；再次，本次募股将大大提高本公司的人才竞争优势，增强公司对优秀人才的吸引和保持能力，从而为业务目标的实现提供了人力资源方面的有力保障；最后，本次公开发行股票将极大地提高本公司的社会知名度和市场影响力，对实现业务目标也同样具有重要的促进作用。所有这一切都是一个已经具备一定规模并具有巨大发展潜力的民族软件企业，在面向中国加入WTO后参与激烈的国际竞争的基础。

第十四章　募股资金运用

一、投资规模及投向

宏智科技股份有限公司拟向社会公众公开发行4,000万股人民币普通股，预计发行价格为每股8.68元人民币。若本次公开发行成功，将募集资金34,720万元，扣除发行费用1,508.12万元，募集资金净额33,211.88万元，主要用于以下项目（募集资金总量小于项目投资总额的差额以公司自有资金解决）：

项　目　名　称	投入资金（万元）	投资净利润率（%）	投资回收期（年）
基于构件的实时计费帐务处理系统技改项目	4,950	38.38	1.6
基于TMN框架的移动通信企业综合业务网系统项目	8,000	19.00	2.72
PAS－WG Unitmn通用网络管理平台技改项目	4,900	23.08	1.9
基于构件的税收征管信息系统技改项目	4,975	23.24	1.99
PAS－TCND&A电信企业网分析与决策系统技改项目	4,300	29.79	2.3
CDMA计费系统项目	8,000	31.65	2.93
宽带多媒体城域信息网系统项目	5,500	45.60	2.48
合　　计	40,625	－	－

以上项目均已进行详细的可行性分析，该投资使用计划是对拟投资项目的大体安排，实施过程中可能将按实际情况予以调整。

以上投资项目中，开发、测试平台所需的设备和相应的软件平台及场所需投入合计27,325万元，配套流动资金合计13,300万元，共计40,625万元。

本次募集资金投向已由公司第一届董事会第十一次会议决议、2000年度股东大会审议通过。股份公司本次发行股票募集资金投资项目是切实可行的，以上各项目投产后，将形成股份公司强劲的利润增长点，给股东创造更大的价值。

二、投资项目简介及投资估算

1、基于构件的实时计费帐务处理系统技改项目

项目总投资4,950万元，其中开发、测试环境所需的设备和相应的软件平台及场所等固定资产投资为2,800万元，配套流动资金2,150万元。按现行政策和现行价格计算，该项目建成达产后平均每年可新增销售收入12,400万元、净利润1,899.89万元，全部投资税后内部收益率51.2%，年平均投资净利润率为38.38%，投资回收期1.6年（不含建设期1年）。

本项目于2000年5月9日经福建省经济贸易委员会闽经贸计[2000]253号文批复立项。

2、基于TMN框架的移动通信企业综合业务网系统项目

本项目总投资为8,000万元，其中开发、测试环境所需的设备和相应的软件平台及场所等固定资产投资为6,400万元，流动资金1,600万元。按现行政策和现行价格计算，该项目建成达产后平均每年可新增销售收入12,000万元、净利润1,520.34万元，全部投资税后内部收益率27.43%，年平均投资净利润率为19%，投资回收期2.72年（不含建设期1年）。

本项目于2001年6月9日经福建省发展计划委员会闽计高技[2001]47号文批复立项。

3、PAS－WG Unitmn通用网络管理平台及其应用系统技改项目

本项目总投资4,900万元，其中开发、测试环境所需的设备和相应的软件平台及场所等固定资产投资为2,700万元，配套流动资金2,200万元。按现行政策和现行价格计算，该项目建成达产后平均每年可新增销售收入9,300万元、净利润1,130.96万元，全部投资税后内部收益率34.36%，年平均投资净利润率为23.08%，投资回收期1.9年（不含建设期1年）。

本项目于2000年5月9日经福建省经济贸易委员会闽经贸计[2000]254号文批复立项。

4、基于构件的税收征管信息系统技改项目

项目总投资4,975万元，其中开发、测试环境所需的设备和相应的软件平台及场所等固定资产投资为2,625万元，配套流动资金2,350万元。按现行政策和现行价格计算，该项目建成达产后平均每年可新增销售收入9,000万元、净利润1,156.23万元，全部投资税后内部收益率44.77%，年平均投资净利润率为23.24%，投资回收期1.99年（不含建设期1年）。

本项目于2000年6月5日经福建省经济贸易委员会闽经贸技[2000]322号文批复立项。

5、PAS－TCND&A电信企业网分析与决策系统技改项目

项目总投资4,300万元，其中开发、测试环境所需的设备和相应的软件平台及场所等固定资产投资为2,300万元，配套流动资金2,000万元。按现行政策和现行价格计算，该项目建成达产后平均每年可新增销售收入9,000万元、净利润1,281.02万元，全部投资税后内部收益率36.36%，年平均投资净利润率为29.79%，投资回收期2.3年（不含建设期1年）。

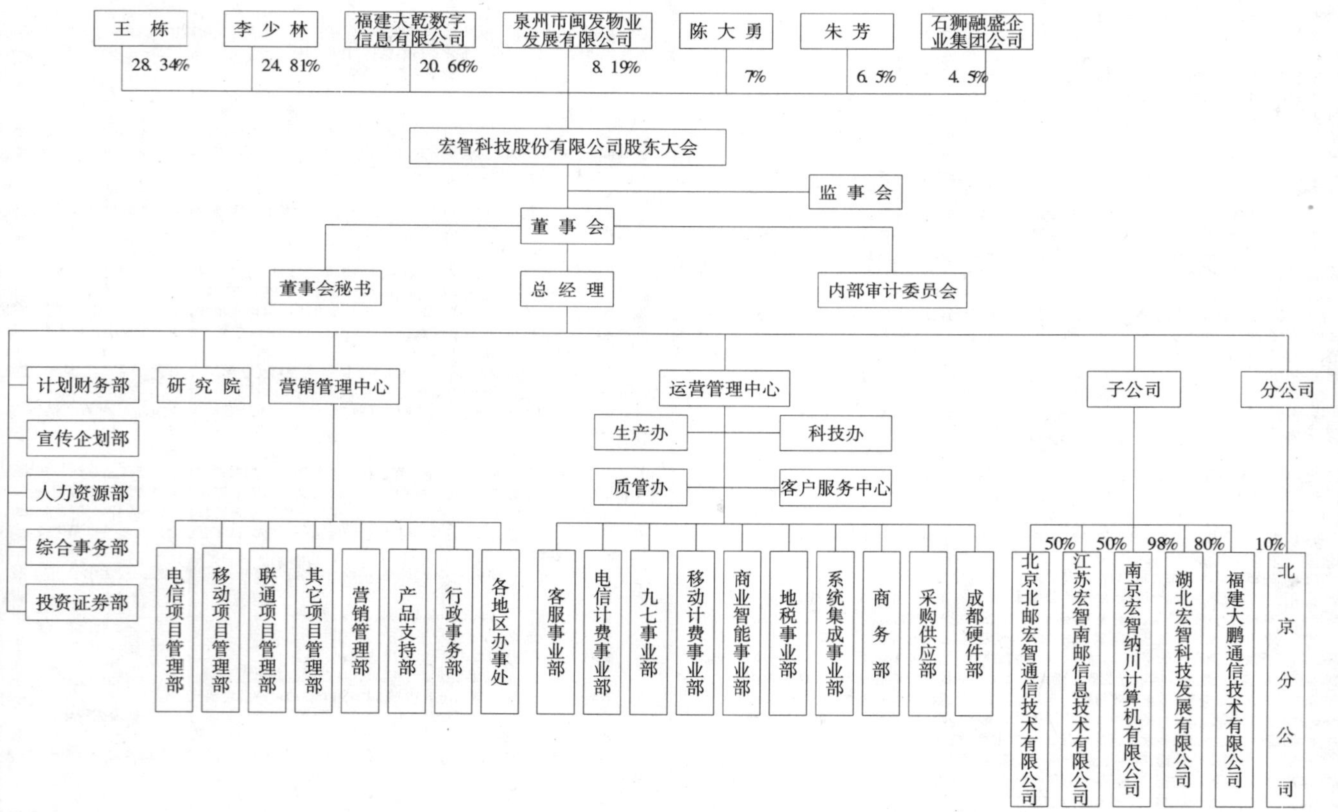

本项目于2000年5月9日经福建省经济贸易委员会闽经贸技[2000]252号文批复立项。

6、CDMA计费系统项目

项目总投资为8,000万元，其中开发、测试环境所需的设备和相应的软件平台及场所等固定资产投资为6,500万元，流动资金1,500万元。按现行政策和现行价格计算，该项目建成达产后平均每年可新增销售收入17,600万元、净利润2,531.85万元，全部投资税后内部收益率34.38%，年平均投资净利润率为31.65%，投资回收期2.93年（不含建设期1年）。

本项目于2001年6月9日经福建省发展计划委员会闽计高技[2001]48号文批复立项。

7、宽带多媒体城域信息网系统项目

本项目总投资为5,500万元，其中研发、测试基地所需的设备等固定资产投资4,000万元，流动资金1,500万元。按现行政策和现行价格计算，该项目建成达产后平均每年可新增销售收入14,400万元、净利润2,508.79万元，全部投资税后内部收益率59%，年平均投资净利润率为45.60%，投资回收期2.48年（不含建设期1年）。

本项目于2001年3月22日经福建省发展计划委员会闽计高技[2001]24号文批复立项。

三、募集资金运用对主要财务状况及经营成果的影响

本次募集资金到位后，每股净资产达3.019元，发行后公司净资产将大幅度增长276%，资产负债率将从42.38%降低到18%，这一方面将使本公司的偿债能力得到大幅度的提高，进一步提高了本公司的核心能力和市场竞争能力，但另一方面将使本公司的净资产收益率大幅下降。

但由于软件开发项目本身所具有的不确定性，公司再次提醒投资者考虑募集资金的投资风险。

四、项目投资计划表

单位:万元

序号	项目名称	总投资	投资计划(年)			投资回收期
			2002	2003	2004	
1	基于构件的实时计费帐务处理系统技改项目	4,950	2,800	2,150		1.6年
2	基于TMN框架的移动通信企业综合业务网系统项目	8,000	6,400	1,600		2.72年
3	PAS－WG Unitmn通用网络管理平台技改项目	4,900	2,700	2,200		1.9年
4	基于构件的税收征管信息系统技改项目	4,975		2,625	2,350	1.99年
5	PAS－TCND&A电信企业网分析与决策系统技改项目	4,300		2,300	2,000	2.3年
6	CDMA计费系统项目	8,000		6,500	1,500	2.93年
7	宽带多媒体城域信息网系统项目	5,500		4,000	1,500	2.48年
	合　　计	40,625	11,900	21,375	7,350	－

注:1、本次募集资金投资项目以上述所列顺序表明项目实施的轻重缓急程度。

2、根据本公司本次募集资金投资计划,对于一定时期内的闲置资金,本公司将本着谨慎、稳健的原则适当进行安全性高、流动性强的短期投资,如短期国债投资,以提高资金使用效率,最大限度地回报投资者。

第十五章　发行定价及股利分配政策

一、发行定价

(一)发行定价考虑的主要因素

公司本次股票发行拟采用网上累计投标询价发行方式进行。确定本次股票发行价格的主要因素有:公司的成长性;行业的发展前景以及国家的相关政策;本公司拟投资项目所需要的资金总量;本公司过去三年的业绩;二级市场上可比公司的股价定位以及适当的一二级市场间价格折扣等。

(二)本次股票发行估值采用以下三种方法

1、现金流折现法

2、因素线性回归法

3、可比上市公司比较法

(三)定价过程

本次发行的定价过程采用向机构投资者询价的方法。根据《证券法》第28条的规定和中国证监会证监法(2001)131号文精神,按照公司经营的实际情况、二级市场同行业的整体价格水平及对机构投资者的询价结果,由发行人和主承销商协商一致,并经中国证监会核准,确定此次发行的价格。

(四)发行价格

本次发行的发行价格定为8.68元。

发行后,公司2002年度全面摊薄数据为:

2001年每股收益:0.4343元(按按2001年经审计后的利润和2001年底股本全面摊薄计算);

发行市盈率:20倍。

二、发行前后的股利分配政策

本公司股票全部为普通股,股利分配将遵循同股同权同利的原则,按各股东持有的股份分配股利。股利派发可采取现金或股票的形式。公司原则上每一会计年度分派一次股利,在每一会计年度结束后的六个月内由公司董事会根据当年的经营业绩和未来的经营计划提出股利分配方案,经股东大会对利润分配方案作出决议后,公司董事会须在股东大会召开后两个月内完成股利的派发事项。公司向个人股东派发股利时,将按《中华人民共和国个人所得税法》和国家税务总局发布的《征收个人所得税若干问题的规定》代扣代缴个人所得税。

公司将本着对投资者负责的态度,实现股东价值,回报投资者。公司将在可分配利润方式的选择范围内,充分考虑到投资者的需要,并根据有关法律法规和《公司章程》的规定,以公司税后利润按下列顺序分配:

(1)弥补上一年度的亏损;

(2)提取法定公积金10%;

(3)提取法定公益金5－10%;

(4)提取任意公积金;

(5)支付股东股利。

公司法定公积金累计额为公司注册资本的50%以上的,可以不再提取。提取法定公积金、公益金后是否提取任意公积金由股东大会决定。公司不得在弥补公司亏损和提取法定公积金、公益金之前向股东分配利润。

股东大会决议将公积金转为股本时,按股东原有比例派送新股。但法定公积金转为股本时,所留存的该项公积金不得少于注册资本的25%。

本公司的股利分配政策保持连续性,本次发行后的股利分配政策依然沿用原来的股利分配政策。

三、历年股利分配情况

(一)1999年3月1日,公司1998年度股东大会审议批准了《福建省宏智科技发展有限公司1998年度利润分配方案》,经福建省鸿雁会计师事务所审计,本公司1998年度实现净利润12,858,791.35元,提取10%的法定公积金1,285,879.14元,提取10%的法定公益金1,285,879.14元,公司按股东持股比例向股东分配股利6,400,000元。

(二)1999年8月13日,公司1999年第三次临时股东大会同意以截止1999年7月31日经福建华兴有限责任会计师事务所闽华兴所(1999)审字266号《审计报告》审计的净资产值71,452,853.37元中的一部分未分配利润1,452,853.37元利润按照股权比例分配给股东。

(三)2000年4月6日,公司1999年度股东大会审议批准了《1999年度利润分配预案》,经福建华兴有限责任会计师事务所审计,本公司自1999年8月1日起至1999年12月31日止,实现净利润11,129,969.45元,提取10%的法定公积金1,112,996.95元,提取5%的法定公益金556,498.47元,可供股东分配的利润为12,807,210.42元,本年度向股东分配12,547,146.63元,每股派发现金股利0.179元,剩余260,063.79元结转下一年度。

(四)2001年6月1日,公司2000年度股东大会审议批准了《宏智科技股份有限公司2000年度利润分配预案》,经福建华兴有限责任会计师事务所审计,本公司2000年度实现净利润24,863,633.18元,提取10%的法定公积金2,486,363.32元,提取5%的法定公益金1,243,181.66元,加上年初未分配利润260,063.79元,本年度实际可供股东分配的利润计21,394,151.99元;以股本总额7000万股为基数,向全体股东每股派发现金股利0.1元,共计分配股利7,000,000元,剩余未分配利润14,394,151.99元结转下一年度。本年度不进行资本公积金转增股本。

(五)2002年4月30日,公司2001年度股东大会审议批准了《宏智科技股份有限公司2001年度利润分配议案》,经福建华兴有限责任会计师事务所审计,本公司2001年度实现净利润30,400,203.74元,提取10%的法定公积金3,086,183.20元,提取5%的法定公益金1,543,091.61元,加上年初未分配利润14,394,151.99元,本年度年末可供股东分配的未分配利润计40,165,080.92元;根据公司持续经营及长期稳定发展的需要,公司本年度拟不进行利润分配,也不进行资本公积金转增股本。

四、滚存利润分配政策

根据本公司2002年4月30日召开的2001年度股东大会决议,公司2001年度未分配利润公司本年度拟不进行利润分配,也不进行资本公积金转增股本。2002年度利润分配政策为:拟于2002年度结束后进行一次利润分配;公司2002年度实现的净利润,在提取法定公积金和法定公益金后,用于分配的比例约为50%;利润分配将采取派发现金股利方式进行。

第十六章　董事及有关中介机构声明

发行人郑重声明

本公司全体董事承诺本招股说明书及其摘要不存在虚假记载、误导性陈述或重大遗漏,并对其真实性、准确性、完整性承担个别和连带的责任。

全体董事(签字):林起泰、　李少林、　王栋、
黄孙奎、　戴行金、　陈微、
黄曼民、　徐闽华

宏智科技股份有限公司
签署日期:2002年6月13日

主承销商声明

本公司已对招股说明书及其摘要进行了核查,确认不存在虚假记载、误导性陈述或重大遗漏,并对其真实性、准确性和完整性承担相应的法律责任。

项目负责人(签字):张建军

法定代表人(授权代表)(签字):罗斌华

主承销商:广发证券股份有限公司
签署日期:2002年6月13日

发行人律师声明

本所及经办律师保证由本所同意发行人在招股说明书及其摘要中引用的法律意见书和律师工作报告的内容已经本所审阅,确认招股说明书不致因上述内容出现虚假记载、误导性陈述及重大遗漏引致的法律风险,并对其真实性、准确性和完整性承担相应的法律责任。

经办律师(签字):蒋方斌、魏飞

律师事务所负责人(签字):蒋方斌

福州至理律师事务所
2002年6月13日

会计师事务所声明

本所及经办注册会计师保证由本所同意发行人在招股说明书及其摘要中引用的财务报告已经本所审计,确认招股说明书不致因上述内容而出现虚假记载、误导性陈述及重大遗漏,并对其真实性、准确性和完整性承担相应的法律责任。

经办注册会计师(签字):江叶瑜、童益恭

会计师事务所负责人(签字):刘久芳

福建华兴有限责任会计师事务所
2002年6月13日

资产评估机构声明

本公司保证由本公司同意发行人在招股说明书及其摘要中引用的资产评估数据已经本机构审阅,确认招股说明书不致因上述内容而出现虚假记载、误导性陈述及重大遗漏,并对其真实性、准确性和完整性承担相应的法律责任。

注册评估师(签字):江旺生、李盛开

公司负责人(签字):陈依航

福建中兴资产评估有限公司
(原福建省资产评估中心事务所)
2002年6月13日

验资机构声明

本所保证由本所同意发行人在招股说明书及其摘要中引用的验资报告和有关数据已经本所审阅,确认招股说明书不致因上述内容而出现虚假记载、误导性陈述或重大遗漏,并对其真实性、准确性和完整性承担相应的法律责任。

经办注册会计师(签字):蒋新红、江叶瑜

会计师事务所负责人(签字):刘久芳

福建华兴有限责任会计师事务所
2002年6月13日

第十七章　附录及备查文件

附录作为本招股说明书的有机组成部分,包括以下部分:

附录一:审计报告及财务报告全文

附录二:发行人编制的盈利预测报告及注册会计师的《盈利预测审核报告》

投资者可查阅与本次发行有关的所有正式法律文件,具体如下:

(一)本次发行的招股说明书及其摘要,中国证监会对本次发行的核准文件

1、政府部门和证券监管机构对本次发行有关的文件

(二)招股说明书的附录文件

1、为本次发行而编制的财务报告及审计报告原件

2、发行人律师对本次股票发行的法律意见书及其他有关法律意见

3、盈利预测报告及其审核报告的原件

4、发行人历次验资报告

5、历次资产评估报告及有关确认文件

(三)其他向中国证监会报送的发行申请文件

1、发行人成立的批准和注册登记文件

2、发行人的公司章程及其他有关内部规定

3、发行人的营业执照

4、发行人的发起人协议

6、关于本次发行事宜的股东大会决议

6、与本次发行有关的重大合同

7、本次承销的有关协议

8、有关增资或资产重组的法律文件

9、历次股利分配的决议及记录

10、有关关联交易协议

(四)其他相关文件

查阅时间:工作日上午8:30－11:30,下午2:00－5:00。

查阅地点:公司及主承销商的法定住所

600503　宏智科技股份有限公司

首次公开发行股票上市公告书

一、重要声明与提示

本公司董事会保证上市公告书的真实性、准确性、完整性，全体董事承诺上市公告书不存在虚假记载、误导性陈述或重大遗漏，并承担个别和连带的法律责任。

根据《公司法》、《证券法》等有关法律、法规的规定，本公司董事、高级管理人员已依法履行诚信和勤勉尽责的义务和责任。上海证券交易所、中国证监会、其他政府机关对本公司股票上市及有关事项的意见，均不表明对本公司的任何保证。

本公司提醒广大投资者注意：凡本上市公告书未涉及的有关内容，请投资者查阅2002年6月20日刊载于《中国证券报》、《上海证券报》和《证券时报》的本公司招股说明书摘要及刊载于上海证券交易所网站（http: //www. sse. com. cn）的本公司招股说明书全文。

本上市公告书刊登网址：http: //www. sse. com. cn

二、概览

股票简称：宏智科技

沪市股票代码：600503

深市代理股票代码：003503

股本总额：110，000，000股

可流通股本：40，000，000股

本次上市流通股本：40，000，000股

上市地点：上海证券交易所

上市时间：2002年7月9日

股票登记机构：中国证券登记结算有限责任公司上海分公司

上市推荐人：天同证券有限责任公司、广发证券股份有限公司

本公司首次公开发行股票前股东所持股份的流通限制及期限：根据国家现有法律、法规规定和中国证监会证监发行字［2002］63号《关于核准宏智科技股份有限公司公开发行股票的通知》，本公司的国家股、法人股和自然人持有的非流通股暂不上市流通，内部职工股自本次发行之日起，期满三年后可申请上市流通。

本公司首次公开发行股票前股东对所持股份自愿锁定的承诺：本公司董事、监事、高级管理人员自愿将所持有的本公司的股票按国家法律、法规的要求进行锁定。

三、绪言

本上市公告书是根据《中华人民共和国公司法》、《中华人民共和国证券法》、《股票发行与交易管理暂行条例》、《公开发行股票公司信息披露实施细则》和《上海证券交易所股票上市规则》等国家有关法律、法规的规定，并按照中国证监会《公开发行证券的公司信息披露内容与格式准则第7号－－股票上市公告书》而编制，旨在向投资者提供有关宏智科技股份有限公司（以下简称"本公司"、"公司"或"发行人"）和本次股票上市的基本情况。

经中国证监会证监发行字［2002］63号文核准，本公司于2002年6月24日利用上海证券交易所交易系统，以向沪市、深市二级市场投资者定价配售的方式成功发行了4，000万股每股面值1．00元的人民币普通股，发行价为每股人民币8．68元。

经上海证券交易所上证上字［2002］120号《关于宏智科技股份有限公司人民币普通股股票上市交易的通知》批准，本公司公开发行的4，000万股社会公众股将于2002年7月9日起在上海证券交易所挂牌交易。股票简称"宏智科技"，沪市股票代码"600503"、深市代理股票代码"003503"。

本公司已于2002年6月20日在《中国证券报》、《上海证券报》和《证券时报》上刊登了《招股说明书摘要》，招股说明书正文及其附注材料刊载于上海证券交易所网站（http: //www. sse. com. cn），距今不足三个月，故与其重复的内容在此不再重述，敬请投资者查阅上述内容。

四、发行人概况

（一）发行人的基本情况

1、发行人名称：宏智科技股份有限公司

2、英文名称：WholeWise　Sci. &Tech. Co.，Ltd

3、注册资本：11000万元

4、法定代表人：林起泰

5、发行人成立日期：1999年10月27日

6、注册地址：福建省福州市五一中路57号

7、经营范围：电子计算机技术服务及电子计算机网络安装，通讯技术服务，技术咨询及培训，电子产品及通讯设备、电子计算机及配件的批发、零售；经营本企业研制开发的技术和生产的科技产品的出口业务；经营本企业科研和生产所需的技术、原辅材料、机械设备、仪器仪表、零配件的进口业务；经营本企业的进料加工和"三来一补"业务。

8、主营业务：本公司主营业务是为电信企业提供有关客户管理、客户服务、业务管理、网络和系统管理、商业智能、增值业务平台等方面的应用软件产品和系统集成服务。

9、所属行业：应用软件及系统集成行业

10、联系电话：（0591）3321996　　传　真：（0591）3322000

11、电子信箱：wwgroup@pub2. fz. fj. cn

12、董事会秘书：杨云

（二）发行人的历史沿革

本公司前身是福建省宏智科技发展有限公司。宏智发展是由中国邮电工会福建省邮电管理局机关委员会和中国邮电工会福建省邮电学校委员会共同投资设立的有限责任公司，注册资本为120万元。各股东以货币资金认购公司出资额，每1元出资额认购价为1元。中国邮电工会福建省邮电管理局机关委员会出资72万元，中国邮电工会福建省邮电学校委员会出资48万元。1996年10月15日，福建省鸿雁会计师事务所出具闽鸿注验［1996］第047号《验资报告》，验证公司注册资本全部到位。公司于1996年10月18日在福建省工商行政管理局登记注册，领取《企业法人营业执照》。

1997年10月30日，宏智发展1997年第一次临时股东会议通过决议，同意将注册资本由120万元增至1，000万元。各股东以货币资金认购公司出资额，每1元出资额认购价为1元。新增资本880万元中，中国邮电工会福建省邮电管理局机关委员会认购357．20万元；中国邮电工会福建省邮电学校委员会认购146．6万元；中国邮电工会福建省移动通信局委员会认购37．3万元；福建省宏智科技发展有限公司工会委员会认购338．9万元。1998年4月9日福建省鸿雁会计师事务所出具闽鸿注审［1998］第030号《验资报告》，验证公司的注册资本全部到位。1998年4月27日，公司在福建省工商行政管理局办理了变更登记手续。

1999年3月10日，宏智发展1999年第一次临时股东会议通过了进行增资和股权转让的决议，注册资本由1，000万元增至1，750万元。除原有股东追加投资外，新增福建省科学技术委员会机关工会委员会、福建省鸿宇集团有限公司以及李少林女士、王栋先生四个股东。各股东以货币资金认购公司出资额，每1元出资额认购价为5．2元。各方认购的出资额分别为：中国邮电工会福建省邮电管理局机关工会委员会认购209．78万元，中国邮电工会福建省邮电学校委员会认购15．4万元，中国邮电工会福建省移动通信局委员会认购27．125万元，福建省宏智科技发展有限公司工会委员会认购126．345万元，王栋认购32．2万元，李少林认购276．675万元，福建省科学技术委员会机关工会委员会认购37．45万元，福建省鸿宇集团有限公司认购25．025万元。

同时，宏智发展四家老股东将公司总出资额中的262．5万元转让给王栋，各股东均以货币资金转让公司出资额，每1元出资额转让价为3元。其中中国邮电工会福建省邮电管理局机关委员会转让112．58万元，中国邮电工会福建省邮电学校委员会转让51．1万元，中国邮电工会福建移动通信局委员会转让9．825万元，福建省宏智科技发展有限公司工会委员会转让88．995万元。1999年7月8日，福建华兴有限责任会计师事务所出具闽华兴所［1999］验字15号《验资报告》，验证公司注册资本全部到位。公司于1999年7月29日向福建省工商行政管理局办理了变更登记手续。

1999年8月13日，福建省宏智科技发展有限公司1999年第三次临时股东会通过了关于将公司依法变更为股份有限公司的决议。1999年9月15日，经福建省人民政府闽政体股［1999］20号文批准，福建省宏智科技发展有限公司整体变更设立福建宏智科技股份有限公司。根据福建华兴有限责任会计师事务所出具的闽华兴所（1999）审字266号《审计报告》，公司截止1999年7月31日审计的净资产值为71，452，853．37元。公司将其中的一部分未分配利润1，452，853．37元按股权比例分配给原股东，剩余的7000万元按1：1的比例折为7000万股，各发起人按原出资比例依法持有股份公司的股份，原宏智发展的一切债权、债务由股份公司承继。1999年10月18日，福建华兴有限责任会计师事务所出具的闽华兴所（1999）验字24号《验资报告》，验证股份公司的注册资本全部到位。公司于1999年10月27日在福建省工商行政管理局办理了变更登记手续，《企业法人营业执照》注册号为3500001001717。

2000年7月12日，经国家工商行政管理局企业注册局核准，福建宏智科技股份有限公司更名为宏智科技股份有限公司。

2001年4月，根据福建省人民政府闽政体股［2001］18号文《关于同意宏智科技股份有限公司调整股权结构的批复》，福建大乾数字信息有限公司、泉州市闽发物业发展有限公司、石狮融盛企业集团公司、王栋、李少林、陈大勇、朱芳均按每股4．1元的价格分别受让中国邮电工会福建省邮电管理局机关委员会、中国邮电工会福建省邮电学校委员会、中国邮电工会福建省移动通信局委员会、福建省科学技术厅机关工会委员会、宏智科技股份有限公司工会委员会和福建省鸿宇集团有限公司（其股东为中国邮电工会福州电信局委员会和中国邮电工会福州长途线务局委员会）所持有的本公司股份共4714．5万股。具体情况如下：

以上受让方均已经向出让方支付了全部股份转让价款，至此本公司的股本结构如下：

股东名称（或姓名）	股份数额（万股）	股份比例（%）
王栋	1，983．8	28．34%
李少林	1，736．7	24．81%
福建大乾数字信息有限公司	1，446．2	20．66%
泉州市闽发物业发展有限公司	573．3	8．19%
陈大勇	490	7%
朱芳	455	6．5%
石狮融盛企业集团公司	315	4．5%
总　计	7，000	100%

股份公司于2001年5月15日在福建省工商行政管理局办理了工商变更登记。

2001年4月，根据福建省人民政府闽政体股［2001］18号文《关于同意宏智科技股份有限公司调整股权结构的批复》，本公司第一大股东由中国邮电工会福建省邮电管理局机关委员会变动为王栋（持有本公司发行前股本的28．34%）。由于本公司原工会股东不参与公司的经营决策和管理，更换股东后对公司不会产生不利影响。而现任第一大股东王栋同时也担任本公司的董事、总经理、技术负责人，更换第一大股东后将更有利于公司开发方法中核心体系结构的进一步完善和发展，有利于完善公司的经营管理，有利于公司进一步加强对未来电信软件应用市场的前瞻性。

公司目前的股权结构较为合理，符合现代企业制度中科学法人治理结构的要求，有利于公

司的科学决策。

经中国证券监督管理委员会证监发行字［2002］63号文核准，本公司于2002年6月24日在上海证券交易所以向二级市场投资者定价配售方式成功发行了人民币普通股4，000万股，每股面值1．00元，每股发行价格8．68元。此次发行完成后，本公司的总股本为11，000万股，注册资本为11，000万元。

（三）发行人竞争优劣势分析

本公司从电信关系企业起步，主创人员有深厚的电信行业背景，对电信业务及其发展有深刻的认识，从事电信应用开发多年，积累了大量的经验，培养了一大批既懂电信业务、电信技术又精通计算机技术的开发与服务骨干队伍。经过两次电信应用市场竞争的洗礼，公司已完成了自身现代企业制度建设，并取得了长足发展。目前，电信应用软件与系统集成市场主要还是国内厂商之间的竞争，比较起来本公司有下列优势：

1、骨干人员超过十年的电信应用软件开发经验；

2、汇聚了以高水平项目带头人为首的、学科交叉、老中青结合的高素质、高学历、复合型人才500余人；

3、以基础研究、原型设计、产品开发、市场服务为基础的软件产业链基本形成；

4、基础研究、原型设计的规模投入确保了公司的产品紧扣电信业的发展，并始终领先于市场半步；

5、是国内最早研究TMN/TOM体系的应用厂商，并取得丰硕成果，已成为国内TOM体系应用的引导者。公司以TOM体系设计的湖北移动BOSS系统将掀起电信应用产品整合潮的序幕；

6、是一家能在全电信行业提供电信应用一体化解决方案的企业。在实现电信应用产品整合过程中有明显的技术优势和市场优势；

7、销售服务网络已基本形成，建立了遍布全国的12个销售服务中心，产品应用于全国23个省，客户基础良好；

8、参与了90%以上的电信行业应用软件系统技术与业务规范的制订，有较高的行业地位；

9、较好的软件工程管理与质量保障体系。公司于1999年通过了ISO9001国际、国内双重认证，目前正实施CMM认证工作；

10、在第一轮电信“九七”工程竞争中，市场占有率第一的南京邮电学院信息网络技术研究所已进入宏智科技体系，与公司合作成立了江苏宏智南邮信息技术有限公司。在第一轮移动网管建设中承担了22个省级网管软件开发的北京邮电大学电信技术研究所也进入了宏智体系，也就是公司与北京邮电大学校产集团公司合资成立的北京北邮宏智通信技术有限公司。通过与宏智科技在技术、管理、服务和资金等优势的整合，进一步巩固原有的市场地位。

预计2003年后，国外厂商将大举进入，与国外厂商相比本公司的优势是低成本、低价格、伙伴式服务。

公司的竞争劣势是，由于较迟进入资本市场，使公司错过了一次在电信应用第二轮市场机会到来之前，实施低成本兼并计划的最佳时机，将可能造成下一阶段竞争成本的增加。其次，由于本公司在软件工程管理能力方面相对薄弱，有可能在电信应用第三次竞争到来时，受到国外厂商的强烈冲击。

（四）主要财务指标

请参阅本公告书”财务会计资料”部分的相关内容”。

（五）主要知识产权、特许经营权

本公司拥有的知识产权包括软件著作权、注册商标及注册域名。本公司所有的软件产品都是完全独立开发的产品，在开发过程中未使用任何其他组织的产品或专利，拥有完全的自主知识产权。

1、已登记的软件著作权

本公司已向《中国软件登记中心》登记软件著作权的软件有：

序号	软件名称	版本号	登记号	权利起算日
1	PAS－WGTM本地移动网网管系统（简称：PAS－WG移动网管系统）	V5．0	2000SR1060	1998年10月12日
2	PAS－100中国电信服务热线系统（简称：PAS－100系统）	V1．0	2000SR1059	1999年4月15日
3	PAS－112集中测量系统（简称：PAS－112系统）	V5．0	2000SR1031	1999年9月15日
4	PAS－186移动通信客户服务系统（简称：PAS－186客服系统）	V1．2	2000SR1030	1999年9月26日
5	PAS－LBS2000本地电信业务实时计费帐务系统（简称：实时计费系统）	V1．0	2001SR0088	2000年5月25日

根据《计算机软件保护条例》规定，计算机软件保护期为25年，截止于软件首次发表后第25年的12月31日。保护期满前，可申请续展25年。

2、注册商标

本公司拥有注册商标1项，即“宏智”中、英文字样及其图形商标，《商标注册证》注册号为：第1642507号。

3、注册域名

本公司拥有如下已注册的域名：

序号	域名名称	编号	注册日期
1	wholewise．com．cn	980603005026	2001年3月5日
2	etel．net．cn	20000321004002	2000年3月31日
3	112．net．cn	20000119004058	2000年1月19日
4	etel．com．cn	20000321005022	2000年3月31日
5	ct100．net．cn	20000216004014	2000年2月24日
6	ct100．com．cn	20000216005076	2000年2月24日
7	cm186．com．cn	20000216005048	2000年2月24日
8	cm186．net．cn	20000216004015	2000年2月24日
9	186．net．cn	20000119004072	2000年1月19日

（六）本公司享有的财政税收优惠政策

福建省信息产业厅、福建省国家税务局、福建省地方税务局联合发文《关于公布第一批软件企业名单的通知》（闽信科［2001］99号文），认定本公司为软件企业，根据福州市地方税务局直属征收局《关于宏智科技股份有限公司2001年度企业所得税有关优惠政策的批复》，本公司2001年度可延续以前年度优惠政策，享受按15%税率减半征收企业所得税的税收优惠，即实际税率7．5%。

本公司为经认定的软件企业，依据财政部、国家税务总局、海关总署于2000年9月下发的《关于鼓励软件产业和集成电路产业发展有关税收政策问题的通知》（财税［2000］25号），软件生产企业的工资和培训费用，可按实际发生额在计算应纳税所得额时扣除。

各子公司的所得税率情况：江苏宏智南邮信息技术有限公司、湖北宏智科技发展有限公司、南京宏智纳川计算机有限公司的所得税税率为33%，北京北邮宏智通信技术有限公司的所得税税率为15%。

五、股票发行与股本结构

（一）本次股票上市前首次公开发行股票的情况

1、社会公众股发行数量：4，000万股

2、股票发行价格：8．68元/股

3、募股资金总额：34，720万元

4、发行方式：向沪市、深市二级市场投资者定价配售

5、发行费用总额及项目：本次股票发行费用共1508．12万元，主要包括承销费用、审计费用、评估复核费用、律师费用、发行手续费用、审核费用等。

6、每股发行费用：0．377元

（二）本次股票上市前首次公开发行股票的承销情况

本次公开发行的4，000万股社会公众股的配号总数为61，054，788，中签率为0．06551493%。其中，二级市场投资者认购39，509，980股，其余490，020股由主承销商包销。

（三）本次上市前首次公开发行股票所募股资金的验资报告验资报告

验资报告

闽华兴所（2002）验字G004号

宏智科技股份有限公司全体股东：

我们接受委托，审验了贵公司截至2002年6月28日止新增注册资本的实收情况。按照国家相关法律、法规的规定和协议、章程的要求出资，提供真实、合法、完整的验资资料，保护资产的安全、完整是全体股东及贵公司的责任。我们的责任是对贵公司新增注册资本的实收情况发表审验意见。我们的审验是依据《独立审计实务公告第1号－验资》进行的。在审验过程中，我们结合贵公司的实际情况，实施了检查等必要的审验程序。

贵公司原注册资本为人民币70，000，000元，已经福建华兴有限责任会计师事务所于1999年10月18日出具闽华兴所［1999］验字24号验资报告予以审验。根据贵公司股东大会决议和修改后

章程（草案）的规定，申请增加注册资本人民币40，000，000元。经中国证券监督管理委员会证监发行字［2002］63号文批准，贵公司于2002年6月24日向社会公众发行人民币普通股40，000，000股。经我们审验，截至2002年6月28日止，贵公司已收到社会公众股股东认缴的新增注册资本合计人民币肆仟万元整（RMB40，000，000元）。变更后的注册资本为人民币110，000，000元。社会公众股股东均以货币资金出资。

本验资报告供贵公司申请变更登记及据以向股东签发出资证明时使用，不应将其视为是对贵公司验资报告日后资本保全、偿债能力和持续经营能力等的保证。因使用不当造成的后果，与执行本验资业务的注册会计师及会计师事务所无关。

福建华兴有限责任会计师事务所

中国注册会计师：童益恭

中国注册会计师：江叶瑜

二○○二年六月二十八日

（四）募股资金入帐情况

入帐时间：2002年6月28日

入帐金额：335，483，686．83元（募集资金扣除承销费和上网手续费后的余额）

开户银行：中国工商银行福州闽都支行

帐号：1402027129600022538

（五）发行人上市前股权结构及各类股东的持股情况

1、本次上市前公司股权结构

股份类别	股本数（万股）	所占比例（%）
国有股	—	—
社会法人股	2，334．50	21．23
其中：福建大乾数字信息有限公司	1,446.20	13.15
泉州市闽发物业发展有限公司	573.30	5.21
石狮融盛企业集团公司	315.00	2.87
自然人股	4,665.50	42.41
其中：王栋	1,983.80	18.03
李少林	1,736.70	15.79
陈大勇	490.00	4.45
朱芳	455.00	4.14
社会公众股	4,000.00	36.36
总股本	11,000	100

2、本公司前十名股东持股情况

序号	前十名股东名称	持股数量(万股)	持股比例(%)
1	王栋	1,983.8	18.03
2	李少林	1,736.7	15.79
3	福州大乾数字信息有限公司	1,446.2	13.15
4	泉州市闽发物业发展有限公司	573.3	5.21
5	陈大勇	490	4.45
6	朱芳	455	4.14
7	石狮融盛企业集团公司	315	2.87
8	广发证券	49.002	0.445
9	通乾基金	3.5	0.032
10	泰和基金	3.4	0.031

六、董事、监事、高级管理人员与核心技术人员

（一）董事

1、林起泰，中国国籍，男，35岁，大专学历，北京大学应用伦理学中心客座研究员。曾任职于福建省大田邮电局。1996年10月—1997年12月，任本公司常务副总经理。1998年1月—2001年3月任本公司董事长、总经理。现任本公司董事长。

2、李少林，中国国籍，女，38岁，大学本科。历任福建省三明市委党校团委书记、福建省三明市委城市工作部部长。现任本公司副董事长，兼任明珠（福建）集团有限公司董事长、永泰九老现代农业观赏园有限公司副董事长、北京万维世纪科技发展有限公司董事长、南京玄武湖明珠飞禽乐园有限公司董事长、福州明珠艺术广告工程有限公司董事长。

3、王栋，中国国籍，男，28岁，大学本科。曾任职于浙江大学科技开发总公司、福建省邮校通信技术开发公司。1997年—2001年3月任本公司总工程师、副总经理。现任本公司董事、总经理、技术负责人。

4、黄孙奎，中国国籍，男，44岁，研究生学历，福建省第九届人大代表，福建省青联常委，民建福建省委委员。历任泉州海滨城市信用社主任、泉州市商业银行副行长、上海全盛投资发展有限公司副董事长。现任本公司董事。

5、黄曼民，中国国籍，男，32岁，大学本科。曾任福建省企业顾问有限公司总经理助理、福建天信投资咨询顾问有限公司副总经理。现任本公司董事。

6、张子复,中国国籍,男,55年,大学本科、高级工程师。曾任福建省建阳县邮电局局长、福建省建阳地区邮电局副局长、福建省南平市邮电局副局长、总工程师、福建省南平市邮电局局长。现任本公司董事,并兼任福建省邮电学校校长。

7、陈微,中国国籍,女,37岁,大学本科、高级工程师。曾就职于福建省邮电规划设计院、福建省数据通信局、福建省信息产业集团公司。现任本公司董事,并兼任福建省电信公司信息产业分公司总经理。

8、戴行金,中国国籍,男,53岁,中专、高级经济师。1973年—1990年福建省邮电管理局电信业务处副处长,1990年7月—1996年12月,任福州市电信局副局长。现任本公司董事,并兼任福建省邮电管理局市场经营部主任。

9、徐闽华,中国国籍,男,43岁,本科,工程师。曾就职于福建省建阳县邮电局、闽侯县邮电局。现任本公司董事,并兼任福建移动通信公司技术开发部副主任。

(二)监事

1、孙建国,中国国籍,男,42岁,大学本科。曾任职于福建省微波通信局、福建八闽物业管理有限公司。现任本公司监事会召集人,并兼任福建省邮电管理局办公室副主任。

2、林煌辉,中国国籍,男,33岁,大学本科。曾任职于福建省邮电管理局计财处、福建移动通信有限公司财务部。现任本公司监事。

3、李岚,中国国籍,女,32岁,大学专科。曾任职于福州市古楼中医院、福建省鸿宇集团有限公司。现任本公司职工监事、综合事务部经理。

(三)其他高级管理人员

1、王栋先生,简历见上。现任本公司总经理、董事、技术负责人。

2、唐俊先生,中国国籍,男,40岁,博士。曾任职于中国电子科技大学、福建省邮校通信技术开发有限公司。现任公司副总经理,兼任北京北邮宏智通信技术有限公司董事。

3、庄缨女士,中国国籍,女,44岁,中专。曾任职于福建省政和县邮电局局长、福建联通有限公司市场业务部经理。现任公司副总经理。

4、林立新,中国国籍,男,39岁,硕士。曾任中国联通重庆分公司常务副总经理。现任公司副总经理。

5、杨云先生,中国国籍,32岁,大学专科,高级会计师。曾任职于福建中旅集团公司。现任公司副总经理、董事会秘书。

6、蔡茂富先生,中国国籍,29岁,大学本科、中国注册会计师。曾任职于福建省蓝天房地产开发中心、空后厦门企业局、厦门审计局。现任公司财务总监。

(四)核心技术人员

1、王栋,简历见上。现任本公司技术负责人、董事、总经理。

主要成果及所获奖项:原中国邮电电信总局计费帐务系统专家组成员。主持研制的各项产品多次获奖,包括信息产业部科技进步二等奖、国家重点新产品奖等。1998年PAS-112电话障碍管理系统,获国家重点新产品奖。1999年PAS-100中国电信客服系统,获信息产业部科学进步二等奖,福建省邮电科学技术进步一等奖,国家重点新产品奖;PAS-WG本地移动网管系统,获福建省邮电科学技术进步三等奖。2000年PAS-LBS2000电信计费帐务系统,国家火炬计划项目。

2、奚建春,中国国籍,男,40岁,硕士研究生学历,高级工程师;曾任职于南京邮电学院信息网络技术研究所,现就职于江苏宏智南邮信息技术有限公司,任副经理。

研究成果:参与南京雄狮计划,获南京市科学技术进步一等奖;市内电话业务计算机综合管理系统技术规范(试行),获邮电部科学技术进步三等奖;电信业务计算机综合管理系统应用软件开发,获南京市计算机应用成果一等奖。

3、王运祥,中国国籍,男,32岁,工学硕士学历;曾任职于珠海西部工业总公司、深圳金华业通信设备有限公司、深圳纳川计算机有限公司,现就职于宏智科技股份有限公司客服产品事业部,任副经理。

研究成果:拥有发明专利《电器开关电触电的保护方法》,专利号:ZL941050.9;《170话费单查询、催缴及缴费系统》获1997年深圳市科技进步奖。

4、潘定,中国国籍,男,38岁,本科学历,高级工程师、兼职副教授;曾任职于福建省经济信息中心应用软件处、福建实达电脑科技公司。现就职于宏智科技股份有限公司商业智能事业部,任副经理。

研究成果:1989年至1992年,"中国国外贷款项目管理信息系统"获国家计委1992年科技进步二等奖;1987年至1990年,"国际收支管理信息系统研究与开发"获国家"七五"科技攻关项目重大成果奖;主要论著:《电算化会计》2000年获福建省社科优秀成果二等奖;《审计辞海/EDP系统审计》1994年获福建省社科优秀成果二等奖等。

(五)董事、监事、高级管理人员与核心技术人员的持股情况

1、本公司董事、监事、高级管理人员及核心技术人员直接和间接持股情况如下:

序号	姓名	持有方式	股份数额(万元)	股份比例
1	王　栋	直接持有	1,983.8	18.03%
2	李少林	直接持有	1,736.7	15.78%

上述人员所持股份无质押或冻结情况。

2、间接持股

公司董事长林起泰先生通过福建大乾数字信息有限公司间接持有本公司795.41万股,占总股本的7.23%;公司副总经理唐俊先生通过福建大乾数字信息有限公司间接持有本公司216.93万股,占总股本的1.97%;公司副总经理庄缨女士通过福建大乾数字信息有限公司间接持有本公司144.62万股,占总股本的1.31%;公司财务总监蔡茂富先生通过福建大乾数字信息有限公司间接持有本公司144.62万股,占总股本的1.31%;公司监事李岚女士通过福建大乾数字信息有限公司间接持有本公司57.848万股,占总股本的0.525%。

3、家属持股

本公司的董事、监事、高级管理人员及核心技术人员的家属不存在直接或间接持有本公司股份的情形。

七、同业竞争与关联交易

一、同业竞争

本公司实际控制人及其控制的其他法人与本公司之间不存在同业竞争情况。

本公司现有股东已向公司出具了《关于避免同业竞争的承诺函》,承诺将不在中国境内外以任何形式从事与本公司主营业务、主要产品相竞争或者构成竞争威胁的业务活动,包括在中国境内外投资、收购、兼并与本公司主营业务或者主要产品相同或者相似的公司、企业或者其他经济组织;若本公司将来开拓新的业务领域,本公司享有优先权,本公司股东将不再发展同类业务。

二、关联方和关联关系

(一)关联方

1、股东

(1)王栋

(2)李少林

(3)福建大乾数字信息有限公司

(4)泉州市闽发物业发展有限公司

(5)陈大勇

(6)朱芳

(7)石狮融盛企业集团公司

2、本公司股东控股或参股企业

(1)永泰九老现代农业观赏园有限公司(副董事长李少林控股90%)

(2)北京万维世纪科技发展有限公司(副董事长李少林控股58%)

(3)南京玄武湖明珠飞禽乐园有限公司(副董事长李少林控股82%)

(4)福州明珠艺术广告工程有限公司(副董事长李少林控股90%)

3、对控股股东及主要股东有实质影响的法人或自然人:

(1)董事长林起泰持有福建大乾数字信息有限公司55%的股权,实际控制该公司,故林起泰是本公司的关联方。

(2)蔡永鲤持有泉州市闽发物业发展有限公司40%的股权,对该公司有实质影响,故蔡永鲤是本公司的关联方。

4、本公司的自然人股东、董事、高级管理人员在其中任主要职务的企业亦属于本公司的关联企业:

(1)本公司自然人股东陈大勇任福建省恒源经贸有限公司董事长,故该公司为本公司的关联方。

(2)本公司自然人股东朱芳持有20%股权并任董事长的北京盛名艺典广告有限公司为本公司关联方。

(3)本公司自然人股东、副董事长李少林任明珠(福建)集团有限公司董事长,故该公司为本公司关联方。

5、本公司的子公司为本公司的关联方

(1)北京北邮宏智通信技术有限公司

(2)江苏宏智南邮信息技术有限公司

(3)南京宏智纳川计算机有限公司

(4)湖北宏智科技发展有限公司

(5)福建大鹏通信技术服务有限公司

4、董事、监事及高级管理人员

(二)董事、监事、高级管理人员、核心技术人员在关联方任职情况

1.本公司董事长林起泰兼任福建大乾数字信息有限公司董事;北京北邮宏智通信技术有限公司董事;江苏宏智南邮信息技术有限公司董事。

2.本公司副董事长李少林兼任:明珠(福建)集团有限公司任董事长;永泰九老现代农业观赏园有限公司副董事长;北京万维世纪科技发展有限公司董事长;南京玄武湖明珠飞禽乐园有限公司董事长;福州明珠艺术广告工程有限公司董事长。

3.本公司董事、总经理、技术负责人王栋兼任江苏宏智南邮信息技术有限公司董事。

4.本公司副总经理庄缨兼任福建大乾数字信息有限公司任董事。

5.本公司副总经理林立新兼任北京北邮宏智通信技术有限公司董事。

6.本公司财务总监蔡茂富兼任:南京宏智纳川计算机有限公司董事长;北京北邮宏智通信技术有限公司监事;

7.本公司核心技术人员奚建春兼任江苏宏智南邮信息技术有限公司副总经理。

(三)关联交易

1、主要关联交易及影响

(1)1999年5月售计算机设备一批给福建省宏智通信技术有限公司,售价人民币164,800.00元,款项已结清。

本关联交易金额占1999年主营业务收入的比例为0.13%。

公司持有福建省宏智通信技术有限公司的50%权益已于2000年对外转让无关第三方。

(2)2001年4月公司与福建大乾数字信息有限公司签订租房协议,公司将使用面积为500平方米的房屋(福州市武夷中心第14层部分房屋)出租给福建大乾数字信息有限公司,月租金17,500元,租赁有效期为2001年4月12日至2002年4月11日。

(3)2001年10月江苏宏智南邮信息技术有限公司为公司研制"Pas-LBS2000本地电信计费帐务系统软件"提供技术服务,金额为人民币3,500,000.00元,款项已结清。

(4)2001年11月22日,本公司与北京北邮宏智通信技术有限公司签订了两份《购销合同》,合同约定,本公司向北京北邮宏智通信技术有限公司提供中国移动河南省级话务网网管系统二期工程所需的硬件设备及相关技术服务,合同价款分别为1,836,482.05元和73,639.06元,合计1,910,121.11元。该关联交易款项大部分已结清,尚余73,639.06元未结清。

以上关联交易均按一般市场原则进行,本公司律师认为"上述关联交易公允,不存在损害发行人及其股东利益的情况。"

2、与关联方款项往来期末余额情况:

(1)应收帐款

单　位	1999年12月31日	2000年12月31日	2001年12月31日
北京北邮宏智通信技术有限公司	—	—	73,639.06

(2)其他应收款

单　位	1999年12月31日	2000年12月31日	2001年12月31日
福建省宏智通信技术有限公司	170,446.00	170,446.00	—
北京北邮宏智通信技术有限公司	—	—	4,507,132.04
杭州金宏智科技开发有限公司	—	502,250.00	334,250.00
江苏宏智南邮信息技术有限公司	—	—	62,700.00

(3)应付帐款:

单　位	1999年12月31日	2000年12月31日	2001年12月31日
福建省宏智通信技术有限公司	—	—	—
杭州金宏智科技开发有限公司	248,000.00	248,000.00	—

(4)预付帐款:

单　位	1999年12月31日	2000年12月31日	2001年12月31日
江苏宏智南邮信息技术有限公司	—	—	3,000,000.00

(5)公司关键管理人员借款余额情况:

姓名	1999年12月31日	2000年12月31日	2001年12月31日
林起泰	75,305.00	—	—
王栋	—	36,721.99	—
林立新	—	86,659.23	—
唐俊	35,206.00	247,636.00	—
庄缨	55,300.00	243,903.80	—

(四)目前仍有效的关联交易协议

截止上市公告书刊登日仍有效的关联交易协议如下:

1、2001年7月,本公司与江苏宏智南邮信息技术有限公司签订《江苏省苏州、徐州应用软件工程合同书》,公司将其承接的江苏省苏州、徐州本地网电信计费帐务系统软件工程和系统集成

项目中的应用软件工程项目委托江苏宏智南邮信息技术有限公司具体实施;合同总金额为 350 万元,其中,软件版本费 150 万元,工程实施费 120 万元,维护服务费 70 万元,技术培训费 10 万元。

2、2001 年 11 月 22 日,本公司与北京北邮宏智通信技术有限公司签订了两份《购销合同》,合同约定,本公司向北京北邮宏智通信技术有限公司提供中国移动河南省级话务网网管系统二期工程所需的硬件设备及相关技术服务,合同价款分别为 1,836,482.05 元和 73,639.06 元,合计 1,910,121.11 元。

(五)本次募股资金运用涉及的关联交易

根据目前的安排,本次募股资金的运用不涉及关联交易

(六)发行人规范关联交易的措施

1、公司章程对规范关联交易的安排

(1)公司章程第七十一条规定:"股东大会审议有关关联交易事项时,关联股东不应当参与投票表决,其所代表的有表决权的股份数不计入有效表决总数。股东大会对有关关联交易事项作出决议时,视普通决议和特别决议不同,分别由出席股东大会的非关联股东所持表决权的二分之一或者三分之二以上通过。有关关联交易事项的表决投票,应当由两名以上非关联股东代表和一名监事参加清点,并由清点人代表当场公布表决结果。股东大会决议的公告应当充分披露非关联股东的表决情况。如有特殊情况关联股东无法回避时,公司在征得有权部门的同意后,可以按照正常程序进行表决,并在股东大会决议公告中作出详细说明。"

(2)公司章程第八十二条规定:"董事个人或者其所任职的其他企业直接或者间接与公司已有的或者计划中的合同、交易、安排有关联关系时(聘任合同除外),不论有关事项在一般情况下是否需要董事会批准同意,均应当尽快向董事会披露其关联关系的性质和程度,并提请董事会对有关合同、交易、安排作出决议。董事会在对有关合同、交易、安排进行审议时,有关联关系的董事应当回避,而且不应该参加表决;董事会作出决议,应当在不将有关联关系的董事计入法定人数的情况下,由其他董事的过半数通过。除非有关联关系的董事按照本条第一款的要求向董事会作了披露,并且董事会在不将其计入法定人数,该董事亦未参加表决的会议上批准了该事项,公司有权撤销该合同、交易或者安排,但在对方是善意第三人的情况下除外。"

2、保护中小股东利益的其他安排和执行情况

为了避免和消除可能出现的控股股东利用其控股地位在有关商业交易中影响本公司从而作出对控股股东有利但可能会损害中小股利益的情况,本公司严格按照《公司章程》的有关规定执行,在关联交易的审议、股东会议的有关程序等方面都体现不损害公司和中小股东的原则。本公司在招股说明书中对目前已经存在的关联方、关联关系和关联交易、有关合同、协议进行了充分的披露。本公司尽量避免关联交易的发生,如关联交易必须发生,则在订立关联交易合同时,关联公司遵循平等互利、市场公平的原则,明确双方的权利和义务。自股份公司成立以来,不存在损害或侵犯其他中小股东的情况。

八、财务会计资料

本公司截止 2001 年 12 月 31 日的财务会计资料,已于 2002 年 6 月 20 日在《中国证券报》、《上海证券报》和《证券时报》刊登的《招股说明书摘要》中进行了披露,投资者欲了解详细内容,请查阅上述报纸或刊载于上海证券交易所网站(http://www.sse.com.cn)的本公司招股说明书全文。

(一)注册会计师意见

本公司是由福建省宏智科技发展有限公司依法整体变更为股份公司,报告期内的会计报表是由福建省宏智科技发展有限公司 1999 年 1—7 月份会计报表和本公司 1999 年 8 - 12 月份、2000 年度、2001 年度的会计报表编制而成。1999 年 1 月 1 日至 2001 年 12 月 31 日期间本公司因购并、转让其他企业的原因引起本公司架构变动的,公司均按有关规定进行了相应的调整。

本公司已聘请福建华兴有限责任会计师事务所对本公司 1999 年 12 月 31 日、2000 年 12 月 31 日、2001 年 12 月 31 日资产负债表和 2000 年 12 月 31 日、2001 年 12 月 31 日合并资产负债表和 1999 年度、2000 年度、2001 年度利润及利润分配表和 2000 年度、2001 年度合并利润及利润分配表和 2001 年度现金流量表与合并现金流量表进行了审计,出具了标准无保留意见的《审计报告》。

(二)简要会计报表

以下内容摘自业经审计的本公司财务报告。(附后)

(三)会计报表注释

本公司会计报表注释等有关内容,请查阅 2002 年 6 月 20 日《中国证券报》、《上海证券报》和《证券时报》刊登的《招股说明书摘要》,本公司招股说明书全文请查阅上海证券交易所网站(http://www.sse.com.cn)。

(四)盈利预测

本公司以 1999 年度、2000 年度、2001 年度经注册会计师审计的实际经营业绩与预测期间公司的生产经营能力、投资计划、生产计划和营销计划等为依据编制了 2002 年度的盈利预测报告。本公司盈利预测报告的编制遵循了谨慎性原则,但由于盈利预测所依据的各种假设具有不确定性,故投资者进行投资决策时不应过分依赖该项资料。

本公司拟于 2002 年向社会公开发行股票,但由于本公司成功发行股票在时间上具有不确定性,致使本公司无法合理预计募集资金使用计划对本公司 2002 年度经营成果的影响,故本公司在编制该盈利预测时未包括募集资金使用计划对本公司 2002 年度经营成果的影响。

福建华兴有限责任会计师事务所已对本公司编制的 2002 年度的盈利预测报告所依据的基本假设、选用的会计政策及其编制基础进行了审核,并出具了无保留意见的闽华兴所(2002)审字 G - 059 号《盈利预测审核报告》。以下资料摘录自本公司的《盈利预测报告》。

单位:人民币万元

项　目	2001 年已审实现数	2002 年预测数
一、主营业务收入	19,209	22,974
减:主营业务成本	12,112	14,406
主营业务税金及附加	110	138
二、主营业务利润	6,987	8,430
加:其他业务利润	–	–
减:营业费用	1,701	2,310
管理费用	2,457	2,864
财务费用	474	455
三、营业利润	2,355	2,801
加:投资收益	- 250	- 109
补贴收入	1207	1,142
营业外收入	–	–
减:营业外支出	46	–
四、利润总额	3,266	3,834
减:所得税	215	417
少数股东本期收益	11	5
五、净利润	3,040	3,412

(五)主要财务指标

财务指标	2001 年 12 月 31 日	2000 年 12 月 31 日	1999 年 12 月 31 日
流动比率	1.848	1.61	1.63
速动比率	1.347	1.23	1.21
应收帐款周转率	5.31	5.16	5.17
存货周转率	2.61	2.03	1.49
无形资产(土地使用权除外)占净资产比例	–	–	–
母公司资产负债率	45.2%	53.1%	53.4%
每股净资产(元)	1.717	1.283	1.028
研究及开发费用占主营业务收入比例	4.6%	5.5%	5.3%
净资产收益率	25.3%	27.69%	30.04%
每股收益(元)	0.4343	0.355	0.309
每股经营活动的现金流量	0.23	0.26	

九、其他重要事项

(一)本公司本次股票发行后至本公司上市公告书公告之日,本公司严格依照《公司法》、《证券法》等法律法规的要求,规范运行,生产经营情况正常;所处行业、市场无重大变化;主要投入产出物供求及价格无重大变化。

(二)本公司本次股票发行后至本公司上市公告书公告之日,本公司无重大对外投资、重大资产(股权)收购或出售行为;住所未发生变更。

(三)本公司本次股票发行后至本公司上市公告书公告之日,本公司重大会计政策和会计师事务所没有发生变化。

(四)本公司本次股票发行后至本公司上市公告书公告之日,本公司未发生新的重大负债或重大债项发生变化。

(五)本公司本次股票发行后至本公司上市公告书公告之日,本公司董事、监事和高级管理人员没有尚未了结或可能发生的刑事诉讼事项。

(六)本公司本次股票发行后至本公司上市公告书公告之日,本公司未涉及任何重大诉讼事项或仲裁,亦无任何尚未了结或可能面临的重大诉讼或索赔要求。

(七)本公司拟于 2002 年度结束后进行一次利润分配;公司 2002 年度实现的净利润,在提取法定公积金和法定公益金后,用于分配的比例约为 50%;利润分配将采取派发现金股利方式进行。

(八)本公司本次股票发行后至本公司上市公告书公告之日,没有其他应披露而未披露之重大事项。

十、董事会上市承诺

本公司董事会承诺将严格遵守《中华人民共和国公司法》、《中华人民共和国证券法》、《股票发行与交易管理暂行条例》、《公开发行股票公司信息披露实施细则》和《上海证券交易所股票上市规则》等国家法律、法规和有关规定,并自股票上市之日起做到:

(一)承诺真实、准确、完整、公允和及时地公布定期报告,披露所有对投资者有重大影响的信息,并接受中国证监会、证券交易所的监督管理;

(二)承诺本公司在知悉可能对股票价格产生误导性影响的任何公共传播媒介中出现的消息后,将及时予以公开澄清;

(三)本公司董事、监事、高级管理人员和核心技术人员将认真听取社会公众的意见和批评,不利用已获得的内幕消息和其他不正当手段直接或间接从事发行人股票的买卖活动;

(四)本公司没有无记录的负债。依据《上海证券交易所股票上市规则》,本公司全体董事、监事将按照有关规定,在本公司股票上市后两个月内签署《董事(监事)声明及承诺书》并送达上海证券交易所备案。

十一、上市推荐人及其意见

(一)上市推荐人情况

天同证券有限责任公司

法定代表人:段虎

住所:济南市泉城路 180 号

电话:(0531)6019999 - 6200

传真:(0531)6019816

联系人:赵钧、宋丽伟

广发证券股份有限公司

法定代表人:陈云贤

住所:广州市天河区天河北路 183 号大都会广场

电话:(021)68690145

传真:(021)68690146

联系人:张建军

(二)上市推荐人意见

天同证券有限责任公司和广发证券股份有限公司认为:本公司章程符合《中华人民共和国公司法》、《中华人民共和国证券法》及《上海证券交易所股票上市规则》等法律、法规和中国证监会的有关规定;本公司本次股票发行完全符合《中华人民共和国公司法》、《中华人民共和国证券法》及《上海证券交易所股票上市规则》的法律、法规和中国证监会的有关规定,已具备了上市条件;本公司董事了解法律、法规、上海证券交易所上市规则及股票上市协议规定的董事的义务与责任;本公司建立健全了法人治理结构,制定了严格的信息披露制度与保密制度。

天同证券有限责任公司和广发证券股份有限公司已对上市文件所载的资料进行了核实,认为上市文件真实、准确、完整,符合规定要求,没有虚假记载、误导性陈述或重大遗漏,并对其承担连带责任。天同证券有限责任公司和广发证券股份有限公司与本公司不存在关联关系。天同证券有限责任公司和广发证券股份有限公司愿意推荐本公司的股票在上海证券交易所上市交易,并且在上市推荐过程中,保证不利用获得的内幕信息进行内幕交易,为自己或他人谋取利益。

宏智科技股份有限公司

二〇〇二年七月二日

合并资产负债表

资　产	2001年12月31日	2000年12月31日	1999年12月31日
流动资产:			
货币资金	62,401,986.03	62,477,834.10	47,048,966.88
应收票据	0	0	0
应收股利	0	0	0
应收账款	44,972,498.94	27,374,028.12	23,462,721.15
其他应收款	14,034,321.25	20,253,405.01	10,511,803.85
预付账款	12,031,023.90	14,489,334.93	18,418,264.11
存货	54,001,157.33	38,921,451.73	34,500,373.55
待摊费用	152,930.59	209,314.63	12,600.00
流动资产合计	187,593,918.04	163,725,368.52	133,954,729.54
长期投资:			
长期股权投资	2,911,411.78	5,494,099.72	5,382,355.43
长期投资合计	2,911,411.78	5,494,099.72	5,382,355.43
固定资产:			
固定资产原价	36,215,057.53	25,327,411.36	16,346,284.74
减:累计折旧	7,220,502.52	3,350,036.61	1,595,068.68
固定资产净值	28,994,555.01	21,977,374.75	14,751,216.06
减:固定资产减值准备	0	0	0
固定资产净额	28,994,555.01	21,977,374.75	14,751,216.06
固定资产合计	28,994,555.01	21,977,374.75	14,751,216.06
无形资产及其他资产:			
长期待摊费用	200,161.66	303,750.92	156,441.80
无形资产及其他资产合计	200,161.66	303,750.92	156,441.80
资产总计	219,700,046.09	191,500,593.91	154,244,742.83
负债和股东权益	2001年12月31日	2000年12月31日	1999年12月31日
流动负债:			
短期借款	60,000,000.00	55,000,000.00	30,000,000.00
应付账款	13,485,174.36	16,756,262.51	9,118,550.41
预收账款	14,628,196.02	4,862,553.77	1,260,828.58
应付工资	0	16,500.00	0
应付福利费	3,262,537.95	3,237,967.20	1,843,542.66
应付股利	0	7,000,000.00	14,000,000.00
应交税金	1,940,312.32	3,115,794.31	4,920,778.07
其他应交款	103,246.54	139,007.44	280,331.94
其他应付款	5,771,183.68	11,374,221.77	20,891,151.96
流动负债合计	99,190,650.87	101,502,307.00	82,315,183.62
负债合计	99,190,650.87	101,502,307.00	82,315,183.62
少数股东权益	315,999.09	205,094.52	0
股东权益:			
股本(或实收资本)	70,000,000.00	70,000,000.00	70,000,000.00
资本公积			
盈余公积	10,028,315.21	5,399,040.40	1,699,495.42
其中:法定公益金	3,342,771.74	1,799,680.13	556,498.47
未分配利润	40,165,080.92	14,394,151.99	260,063.79
股东权益合计	120,193,396.13	89,793,192.39	71,929,559.21
负债和股东权益合计	219,700,046.09	191,500,593.91	154,244,742.83

合并利润及利润分配表

项　目	2001年度	2000年度	1999年度
一、主营业务收入	192,090,646.33	131,168,673.05	106,344,559.18
减:主营业务成本	121,121,778.32	74,517,704.58	58,039,896.33
主营业务税金及附加	1,101,281.00	1,268,692.62	2,869,055.22
二、主营业务利润	69,867,587.01	55,382,275.85	45,435,607.63
减:营业费用	17,010,564.99	11,815,603.37	7,824,014.32
管理费用	24,574,308.06	17,152,554.05	13,793,685.68
财务费用	4,735,804.65	3,785,542.62	626,110.15
三、营业利润	23,546,909.31	22,628,575.81	23,191,797.48
加:投资收益	-2,500,946.13	-1,873,326.95	497,348.51
补贴收入	12,069,196.93	6,075,049.41	505,000.00
营业外收入	6,870.00	32,117.88	138,599.58
减:营业外支出	465,117.39	54,643.13	163,739.14
四、利润总额	32,656,912.72	26,807,773.02	24,169,006.43
减:所得税	2,145,021.59	1,946,266.74	2,560,082.09
少数股东本期收益	111,687.39	-2,126.90	0
五、净利润	30,400,203.74	24,863,633.18	21,608,924.34
加:年初未分配利润	14,394,151.99	260,063.79	8,390,613.25
六、可供分配的利润	44,794,355.73	25,123,696.97	29,999,537.59
减:提取法定盈余公积	3,086,183.20	2,486,363.32	1,112,996.95
提取法定公益金	1,543,091.61	1,243,181.66	556,498.47
七、可供投资者分配的利润	40,165,080.92	21,394,151.99	28,330,042.17
减:应付普通股股利	0	7,000,000.00	14,000,000.00
转作股本的普通股股利	0	0	14,069,978.38
八、未分配利润	40,165,080.92	14,394,151.99	260,063.79

合并现金流量表

项　目	2001年度
一、经营活动产生的现金流量:	
销售商品、提供劳务收到的现金	218,652,423.55
收到的税费返还	9,479,196.93
收到的其他与经营活动有关的现金	5,865,949.33
现金流入小计	233,997,569.81
购买商品、接受劳务支付的现金	137,822,268.98
支付给职工以及为职工支付的现金	25,163,758.00
支付的各项税费	19,560,544.31
支付的其他与经营活动有关的现金	35,184,263.55
现金流出小计	217,730,834.84
经营活动产生的现金流量净额	16,266,734.97
二、投资活动产生的现金流量:	
收回投资所收到的现金	1,180,000.00
取得投资收益所收到的现金	0
处置固定资产、无形资产和其他长期资产所收回的现金净额	39,000.00
收到的其他与投资活动有关的现金	0
现金流入小计	1,219,000.00
购建固定资产、无形资产和其他长期资产所支付的现金	11,006,936.17
投资所支付的现金	0
支付的其他与投资活动有关的现金	0
现金流出小计	11,006,936.17
投资活动产生的现金流量净额	-9,787,936.17
三、筹资活动产生的现金流量:	
吸收投资所收到的现金	0
借款所收到的现金	5,000,000.00
收到的其他与筹资活动有关的现金	1,200.57
现金流入小计	5,001,200.57
偿还债务所支付的现金	0
分配股利、利润或偿付利息所支付的现金	11,555,847.44
支付的其他与筹资活动有关的现金	0
现金流出小计	11,555,847.44
筹资活动产生的现金流量净额	-6,554,646.87
四、汇率变动对现金的影响	
五、现金及现金等价物净增加额	-75,848.07
补充资料	2001年度
1、将净利润调节为经营活动现金流量:	
净利润	30,400,203.74
加:少数股东收益	111,687.39
加:计提的资产减值准备	996,397.50
固定资产折旧	3,931,461.35
无形资产摊销	0
长期待摊费用摊销	103,589.66
待摊费用减少(减:增加)	56,384.04
处置固定资产、无形资产和其他长期资产的损失(减:收益)	19,294.56
固定资产报废损失	0
财务费用	4,735,804.65
投资损失(减:收益)	2,500,946.13
存货的减少:(减:增加)	-10,562,710.17
经营性应收项目的减少(减:增加)	-23,763,002.88
经营性应付项目的增加(减:减少)	7,736,679.00
其他	0
经营活动产生的现金流量净额	16,266,734.97
2、不涉及现金收支的投资和筹资活动:	0
3、现金及现金等价物净增加情况:	
现金的期末余额	62,401,986.03
减:现金的期初余额	62,477,834.10
加:现金等价物的期末余额	0
减:现金等价物的期初余额	0
现金及现金等价物净增加额	-75,848.07

600508 上海大屯能源股份有限公司

2001年年度报告摘选

第一章 公司基本情况简介

一、公司法定名称：
中文：上海大屯能源股份有限公司
英文：SHANGHAI DATUN ENERGY RESOURCES CO.,LTD.
二、法定代表人：曹祖民
三、董事会秘书：凌永华
证券事务代表：戚后勤
联系地址：上海市浦东新区桃林路18号（环球广场A座8层）
电　　话：(021)58218560、68558388
传　　真：(021)58218560
电子信箱：shdtny@public2.sta.net.cn
四、公司注册地址：上海市浦东新区桃林路18号
公司办公地址：上海市浦东新区桃林路18号
邮政编码：200135
国际互联网网址：http://www.sdtny.com
电子信箱：shdtny@public2.sta.net.cn
五、公司选定的信息披露报纸名称：《上海证券报》、《证券时报》
登载年度报告的中国证监会指定国际互联网网址：http://www.sse.com.cn
公司年度报告备置地点：公司证券部
六、公司股票上市交易所：上海证券交易所
股票简称：上海能源
股票代码：600508

第二章 会计数据和业务数据摘要

一、本年度主要会计数据、业务数据：

单位：人民币元

项目	金额
利润总额	198,646,534.45
净利润	165,454,534.37
扣除非经常性损益后的净利润*	163,589,367.42
主营业务利润	433,824,480.84
其他业务利润	7,738,439.61
营业利润	196,781,367.50
投资收益	
补贴收入	3,071,000.00
营业外收支净额	-1,205,833.05
经营活动产生的现金流量净额	424,971,612.52
现金及现金等价物净增加额	427,534,634.39

注：扣除非经常性损益项目和涉及金额：
1、补贴收入3,071,000.00元
2、营业外收入33,832.83元
3、营业外支出1,239,665.88元

二、近二年的主要会计数据和财务指标：

项目	单位	2001年度	2000年度
主营业务收入	元	1,465,662,821.80	1,273,233,784.37
净利润	元	165,454,534.37	113,575,647.97
总资产	元	1,902,588,812.40	1,005,586,498.85
股东权益	元	1,438,990,916.45	494,922,524.51
全面摊薄每股收益	元/股	0.41	0.38
加权平均每股收益	元/股	0.49	0.38
扣除非经常性损益的每股收益	元/股	0.41	0.38
每股净资产	元/股	3.58	1.64
调整后的每股净资产	元/股	3.58	1.64
每股经营活动产生的现金流量净额	元/股	1.06	0.29
全面摊薄净资产收益率	%	11.50%	22.95%
加权平均净资产收益率	%	18.86%	
扣除非经常性损益的加权平均净资产收益率	%	18.65%	

注：上表数据按中国证监会《公开发行证券公司信息披露编报规则（第9号）》要求计算。

第三章 股本变动及股东情况

一、股本变化情况：
1、股本变动情况表
公司股本变动情况表　　数量单位：股

	本次变动前	配股	送股	公积金转股	增发	其他	小计	本次变动后
一、未上市流通股份								
1、发起人股份	301510000					-10000000	-10000000	291510000
其中：								
国家持有股份	300210000					-10000000	-10000000	290210000
境内法人持有股份	1300000							1300000
境外法人持有股份								
其他								
2、募集法人股份								
3、内部职工股								
4、优先股或其他	301510000					-10000000	-10000000	291510000
未上市流通股份合计								
二、已上市流通股份						+110000000	+110000000	110000000
1、人民币普通股								
2、境内上市的外资股								
3、境外上市的外资股								
4、其他						+110000000	+110000000	110000000
已上市流通股份合计								
三、股份总数	301510000					+10000000	+100000000	401510000

600518 广东康美药业股份有限公司

2001年年度报告摘选

一、公司基本情况简介

1、公司名称：
公司法定中文名称：广东康美药业股份有限公司
公司法定英文名称：Guangdong Kangmei Pharmaceutical Co.,Ltd
2、公司法定代表人：马兴田
3、公司董事会秘书：邱锡伟
证券事务代表：温少生
联系地址：广东省普宁市长春路
电话：0663-2917777转8009　　传真：0663-2916111
电子信箱：kangmei@pub.jieyang.net.cn
4、公司注册地址：广东省普宁市下架山工业区
公司办公地址：广东省普宁市长春路
公司英文办公地址：Changchun Road, Puning City, Guangdong, P.R.C
邮政编码：515300
公司网站：www.kangmei.com.cn
电子信箱：kangmei@pub.jieyang.net.cn
5、公司信息披露报纸名称：上海证券报
登载公司年报的中国证监会指定国际互联网网址：http://www.sse.com.cn
公司年度报告备置地点：公司董事会秘书处
6、公司股票上市交易所：上海证券交易所
股票简称：康美药业　　股票代码：600518

二、会计数据和业务数据摘要

1、本年度主要利润指标情况（金额单位：人民币元）

项目	2001年度
1)利润总额：	43,716,438.04
2)净利润：	29,156,880.22
3)扣除非经常性损益后的净利润（注）：	29,250,240.03
4)主营业务利润：	76,214,192.89
5)其他业务利润：	
6)营业利润：	43,855,781.04
7)投资收益	
8)补贴收入	
9)营业外收支净额：	-139,343.00
10)经营活动中产生的现金流量净额：	15,688,534.75
11)现金及现金等价物净增加额：	147,904,002.01

注：扣除非经常性损益项目和涉及金额：

项目	金额
a.减营业外支出	93,359.81

2、公司近三年的主要会计数据和财务指标（金额单位：人民币元）

项目	2001年	2000年	1999年
1)主营业务收入	380,800,449.02	352,401,493.09	328,779,726.00
2)净利润	29,156,880.22	24,552,679.34	20,177,243.80
3)总资产	517,608,796.27	231,229,030.61	226,886,248.87
4)股东权益（不含少数股东权益）	365,099,670.18	103,963,129.92	93,570,450.58
5)每股收益（摊薄）	0.412	0.47	0.38
6)每股收益（加权）	0.440	0.47	0.38
7)每股收益（扣除非经常性损益）	0.413	0.47	0.38
8)每股净资产	5.157	1.969	1.772
9)调整后每股净资产	5.00	1.91	1.71
10)每股经营活动中产生的现金流量净额	0.222	0.189	0.573
11)净资产收益率(%)(摊薄)	7.99	23.62	21.56
12)净资产收益率(%)(加权)	9.62	20.79	24.17

3、报告期利润表附表

报告期利润	净资产收益率		每股收益（元）	
	全面摊薄	加权平均	全面摊薄	加权平均
主营业务利润	20.87%	25.14%	1.076	1.150
营业利润	12.01%	14.47%	0.619	0.661
净利润	7.99%	9.62%	0.412	0.440
扣除非经常性损益后的净利润	8.01%	9.65%	0.413	0.441

三、股本变动及股东情况

1、股本变动情况
(1)股份变动情况表

公司股份变动情况表　　数量单位：股

	本次变动前	配股	送股	公积金转股	发行	其他	小计	本次变动后
一、未上市流能股份	52800000							
1、发起人股份	52800000							52800000
其中：								
国家持有股份								
境内法人持有股份	52800000							52800000
境外法人持有股份								
其他								
2、募集法人股份								
3、内部职工股								
4、优先股或其他								
未上市流通股份合计	52800000							52800000
二、已上市流通股份								
1、人民币普通/股					18000000		18000000	18000000
2、境内上市的外资股								
3、境外上市的外资股								
4、其他								
已上市流通股份合计					18000000		18000000	18000000
三、股份总额	52800000				18000000		18000000	70800000

600516 兰州海龙新材料科技股份有限公司

首次公开发行股票招股说明书摘要

释 义

在本招股说明书中，除非文义另有所指，下列词语具有如下涵义：

本公司、公司或发行人	指	兰州海龙新材料科技股份有限公司
有限公司	指	兰州炭素有限公司
集团公司	指	兰州炭素(集团)有限责任公司
董事或董事会	指	兰州海龙新材料科技股份有限公司董事或董事会
监事或监事会	指	兰州海龙新材料科技股份有限公司监事或监事会
进出口公司	指	兰州炭素进出口有限公司
主承销商	指	天一证券有限责任公司
公司章程	指	兰州海龙新材料科技股份有限公司章程
石墨电极	指	以炭或石墨做原料人工合成石墨质的导电电极。本文指电弧炉炼钢、矿热炉冶炼黄磷、刚玉等电炉热熔炼用导电电极。石墨电极根据其单位截面导电能力分为普通功率石墨电极、高功率石墨电极、超高功率石墨电极等。
特种石墨	指	具有高强度、高密度、高纯度等特殊物理化学性能的人造石墨，常用于核电、航天、电子、化工等高技术领域。
炭/炭复合材料	指	采用特殊工艺将两种不同特性的炭或石墨材料(如炭纤维和石墨)复合成一体，使其具有更多的物理化学特性；多用于尖端技术领域。
炭砖	指	以炭或石墨为原料经人工合成的炭质或半石墨质结构材料。主要用做冶金矿热炉、炼铁高炉内衬材料和铝电解槽导电阴极材料。炭砖分为普通炭砖、半石墨质炭砖、微孔炭砖、高导热炭砖等类别。加入特种添加剂的炭砖还可用于核电等高技术领域。

第一章 本次发行概况

一、本次发行的基本情况

股票种类	记名式人民币普通股(A股)
每股面值	1.00元
发行股数	80,000,000股
占发行后总股本的比例	40.00%
每股发行价	6.06元
2001年净利润	49,951,867.08元
2001年扣除非经常性损益后净利润	36,372,177.12元
2001年每股收益	0.416元
2001年扣除非经常性损益后每股收益	0.303元
全面摊薄市盈率(按2001年扣除非经常性损益后净利润和2001年度总股本计算)	20.0倍
预计发行后每股盈利(按2002年盈利预测计算)	0.242元/股(加权平均) 0.177元/股(全面摊薄)
发行方式	向二级市场投资者定价配售发行
发行对象	于2002年8月12日持有上证所或深交所已上市流通人民币普通股(A股)股票的收盘市值总和(包括可流通但暂时锁定的股份市值)不少于10,000元的投资者(法律、行政法规禁止购买者除外)。
承销方式	余额包销
本次发行预计实收募股资金	464,300,000.00元

本次发行费用按照有关规定经协商共计2050万元，其中：

承销费用	1450万元
评估费用	120万元
土地估价费	20万元
审计费用	140万元
律师费用	40万元
发行手续费用	224万元
审核费用	3万元
上市费	3万元
资产评估复核费用	50万元
合 计	2050万元

二、本次发行有关当事人

发行人 兰州海龙新材料科技股份有限公司
英文名称：Lanzhou Hailong New Material Co., Ltd
法定代表人：姬广怀
住 所：甘肃省兰州市红古区海石湾镇
联系电话：0931－6234288
传 真：0931－6232285
联 系 人：邓广星
电子信箱：Hlkj@west163.com
主承销商 天一证券有限责任公司
法定代表人：林益森
住 所：浙江省宁波市开明街417号
联系电话：021－58603891
传 真：021－68536542
联 系 人：杜坤勇 刘勇 张明 杨华
发行人律师 甘肃经天律师事务所
法定代表人：王升贵
住 所：兰州市中心广场统办1号楼裙楼3层
联系电话：0931－8811922
传 真：0931－8414117
经办律师：王森、吴晓琪
审计机构 五联联合会计师事务所有限公司
法定代表人：焦点
住 所：兰州市城关区庆阳路258号国贸写字楼
联系电话：0931－8478257
传 真：0931－8477354
联 系 人：李耀忠
资产评估机构 原甘肃弘信会计师事务有限公司
股票登记机构 中国证券登记结算有限责任公司上海分公司
总 经 理：王迪彬
住 所：上海市浦东新区浦建路727号
联系电话：021－58708888
传 真：021－58889940
收款银行 工商银行兰州市红古区11分理处
银行帐号：26722102340
其他与本次发行有密切联系的机构和个人
土地评估机构 甘肃方圆不动产咨询评估中心有限公司
法定代表人：田水民
住 所：甘肃省兰州市滩尖子66号
联系电话：0931－8512710
传 真：0931－8512760
联 系 人：黄英

发行人与本次发行有关的中介机构及其负责人，高级管理人员及经办人员之间不存在直接或间接的股权关系或其他权益关系。

三、有关本次发行的重要日期

本次发行采用向二级市场投资者定价配售发行方式，有关本次发行的重要日期如下：

内 容	时 间
1、招股说明书发布日期	2002年8月12日
2、发行公告刊登日期	2002年8月13日
3、申购日期	2002年8月15日
4、摇号日期	2002年8月16日
5、收缴股款日期	2002年8月20日
6、预计上市日期	2002年8月30日

第二章 风险因素

一、关联交易风险

本公司目前与集团公司之间存在重大关联交易。由于公司主发起人在建厂选址时远离城市，所以建厂时都配套建设了水、电、煤气、蒸汽、设备检修等兼顾生产和职工生活服务的配套设施。公司设立时集团公司将水、电、蒸汽和修建等相关资产投入了公司，公司向集团公司供应水、电、蒸汽等服务，2000年1－7月公司向集团公司提供水57.44万元、电951.24万元、煤气702.59万元、蒸汽471.85万元、劳务费937.15万元。为了保证公司致力于炭素制品的主业发展，形成综合型炭素产品的生产能力，增强公司在炭素行业的核心竞争力，2000年8月公司与集团公司进行了资产置换，公司以动力厂、电修厂等相关资产及部分债权合计12636.60万元，净资产值为9659.73万元，与集团公司的炭砖和炭糊有关的生产经营性资产合计9659.73万元等值置换。本次置换后集团公司向公司提供水、电、煤气、蒸汽等服务。2000年8－12月、2001年、2002年1－6月公司向集团公司采购水电为3242.01万元、7668.61万元、3967.82万元；蒸汽为408.57万元、1111.63万元、575.31万元；煤气为663.20万元、1872.60万元、916.46万元，占同类业务的100.00%；接受集团公司劳务为1462.92万元、3452.47万元、828.49万元，占同类业务100.00%。另外，公司生产经营所需的土地向集团公司租赁，2000年、2001年、2002年1－6月分别向集团公司支付土地租赁费153.13万元、186.00万元和93.00万元，占同类业务100.00%；2001年9月前，公司向集团公司下属兰州兰光实业有限责任公司销售废副产品，2000年、2001年分别销售326 .72万元、944.62万元，占主营业务收入的0.90%、2.31%。从2001年开始公司还向集团公司租赁德国菲斯特·因康高压浸渍和日本品川二次焙烧隧道窑两台设备，以弥补公司在加工超高功率电极时该工序生产能力的不足，截止2001年12月31日该两台设备的净值为12,772.85万元，公司每年向集团公司支付租赁费713万元。如果在上述关联交易中，对方不能保质、保量地提供产品和服务或关联交易的价格不公允，则会影响公司的生产经营，损害公司和其他股东的利益。公司在今后生产经营中如果不能管理好该部分资产，不能做好与原以石墨电极生产为主的生产系统的协调，也存在一定管理风险。

2001年11月之前公司的部分产品和原料需通过集团公司下属的兰州炭素进出口公司销售和采购，2000年、2001年公司向进出口公司销售产品为3910.75万元、7648.31万元，占主营业务收入的比重分别为10.75%、18.71%；公司向进出口公司采购原料为5188.77万元、8756.16万元，分别占同类业务的21.83%、33.60%。公司于2001年10月25日取得进出口企业资格证书，并以收购形式取得了兰州炭素进出口有限公司60%的权益，今后公司的进出口业务将由公司的控股子公司完成。

对策

针对关联交易问题，公司已与集团公司本着公平、公开、公正、公允的原则签署了一系列关联交易合同，公司股东大会在表决通过关联交易时，严格执行了关联股东的回避制度。公司制定了严格的关联交易决策制度，以最大限度地保护公司及其他中小股东的利益。为了切实地减少公司与集团公司之间的关联交易，公司采取了多项有效的措施。针对目前公司向集团公司租赁生产设备的情况，公司拟用本次募集资金收购上述租赁设备（收购具体安排见第十二章“募集资金运用”）。另外，公司决定自行销售废副品，今后公司与兰州兰光实业有限责任公司之间的关联交易不再发生。

根据人随资产走的置换原则，公司与集团公司资产置换后，与炭砖、炭糊生产经营相关的人员也相应地进入了公司，该部分人员包括管理人员、技术人员、生产人员和市场营销人员，均拥有多年的炭砖、炭糊生产、经营管理经验，可使公司在协调和管理方面的风险降到最低，并使换入资产迅速发挥出效益。

二、财务风险

1、偿还债务风险

炭素制品的生产一般需 3－6 月的生产周期，较长的生产周期使炭素企业在生产中必然占用大量资金，近年来公司进行产品结构调整，长流程产品比重加大，造成在产品资金占用增加。公司 2002 年 6 月末、2001 年末的短期借款为 18070.00 万元、18570.00 万元，比 2000 年末的 10713.00 万元有较大增加，2002 年 6 月末、2001 年末公司长期借款为 11193.00 万元、8693.00 万元，比 2000 年末 1000.00 万元大幅增加。公司 2002 年 6 月末、2001 年末、2000 年末流动比率分别为 1.48、1.35、1.01，速动比率分别为 0.50、0.40、0.47，均处于较低水平。虽然公司财务指标在炭素行业属正常范围，但公司借款数量的增加，造成公司短期偿债压力大，公司存在偿债能力不足的风险。

公司 2001 年销售商品和提供劳务产生的现金流入为 49,652.78 万元，而同期的主营业务收入为 41,290.33 万元，表明公司主营业务产生的现金回流情况是好的。但由于受公司补交以前年度应交税金 4518.93 万元，补交职工养老保险金 1800.00 万元，以及公司在产品结构调整过程中增加原材料储备 4549.23 万元和产品结构调整后由于部分产品工艺流程延长导致在产品资金占用增加 8200.30 万元等因素的影响，公司 2001 年经营活动产生的现金净流量为－8685.17 万元。从资产流动性角度分析，公司 2001 年末应收账款比年初减少 2,289.59 万元，存货比年初增加 17,184.81 万元，公司流动资产的流动性有一定程度降低、变现能力有所下降。虽然公司 2002 年 1－6 月经营活动产生的现金净流量为 1253.19 万元，比 2001 年有较大改善，而且随着公司产品结构逐步调整到位、先进设备的应用和工艺的改进，公司的材料储备和在产品占用资金将会逐步减少，现金回流情况会进一步好转。但如果公司存货资金占用继续增加，流动资产变现能力和流动性进一步降低，公司的流动资产不能及时变现和产生足够的现金流，则会影响公司的正常生产经营，进一步加剧公司的偿债压力，并导致公司的支付困难。

2、资产流动性风险

1999 年末、2000 年末、2001 年末公司的存货净额分别为 16418.59 万、22080.45 万元和 39265.26 万元，2002 年 6 月末公司存货净额为 39751.08 万元，其中原料占 21.76%、在产品占 58.48%、产成品占 8.51%、库存商品占 11.25%，存货占流动资产的 66.43% 和总资产的 48.89%。造成公司存货逐年增加的原因是：由于公司部分原料供应地较远（尤其部分需从国外进口），为保证公司正常生产活动，增加了原料储备；公司产品结构调整中增加了长流程产品的比重，使在产品增量较大以及合并控股子公司进出口公司造成库存商品增加。2001 年、2002 年 1－6 月公司存货的周转率为 1.08 和 0.46，公司存货周转速度较慢。公司存货占用大量资金，所以公司存在资产流动性低而导致的资金周转困难的风险。

3、应收账款发生坏帐风险

2000 年末、2001 年末、2002 年 6 月末公司应收账款分别为 14328.98 万元、12039.39 万元、12589.63 万元，占流动资产的比例分别为 24.20%、21.50% 和 21.04%，占总资产的比例为 16.40%、15.42% 和 15.48%。目前公司应收账款主要是国有大中型企业，信誉良好，而且一年以内的应收账款占 96.57%，一至两年的占 3.11%，发生坏帐的可能性较小。若公司今后对应收账款管理不善，或应收账款大幅增加，个别债务人发生经营困难，存在应收账款坏帐增加，影响公司经营业绩的风险。

4、负债结构不合理的风险

2001 年末、2002 年 6 月末公司流动负债总额为 41437.99 万元和 40303.19 万元，占负债总额的比例为 82.66% 和 78.26%，公司流动负债的比例较大。公司存在债务结构不合理、短期偿债压力较大的风险。

5、融资渠道单一的风险

目前公司的生产和投资所需资金除公司积累外，主要依赖银行贷款解决，渠道较为单一，而且融资成本的高低受国家利率政策变化的影响较大，公司生产经营业绩的稳定性受利率变动影响。

6、财务内部控制的风险

公司按照国家相关法律制度的规定，制订了完备的企业内部管理标准、财务内部管理和会计核算制度，建立了会计岗位质量控制标准，明确规定了各个岗位的业务职责、业务流程和工作要求。但随着公司规模扩大、业务发展，以及受业务人员业务水平的制约和制度本身可能的缺陷，公司的财务内部控制制度若不能有效的发挥作用，则存在财务内部控制不健全的风险。

三、产品更新、设备陈旧和技术落后的风险

由于技术进步，冶金行业加大技术改造力度，小电炉、小高炉在近年内将逐步淘汰，传统普通炭素材料需求减少，近三年国内炭素市场出现结构性变化。以石墨电极为例：1998、1999、2000 年普通功率石墨电极市场需求量占总需求量的比例分别为 65.4%、60.7%、53.9%，呈明显下降趋势。1999 年、2000 年、2001 年公司销售普通功率电极分别为 18334 吨、17480 吨和 16013 吨，销量逐年下降，市场占有率从 1999 年的 15.6% 下降到 2001 年的 13.9%，所以公司存在传统炭素制品生产能力利用不足、技术面临淘汰的风险。近几年以超高功率电极和微孔、超微孔长寿高炉炭砖等为代表的替代普通炭素材料的更新产品以及以特种石墨、炭和石墨纤维类制品、炭/炭复合材料、炭纳米材料等为代表的炭素新材料，发展非常迅速。公司致力于炭素制品新技术新产品的开发及先进技术的引进，如果公司不加快新产品研制和提高人员素质，则公司在引进和消化新技术方面将存在一定的风险。

目前，国外炭素制品生产和需求主要以高功率、超高功率石墨电极、优质炭砖、特种炭素材料为主，尤其生产量较大的超高功率石墨电极向大规格发展迅速；随着国内技术进步，近几年也呈现出以上高科技产品需求比例明显增加的趋势。我国加入 WTO 后，国内高功率电极、超高功率石墨电极、优质炭砖市场竞争更加激烈，产品技术、质量和服务的竞争将会进一步加剧，对炭素制品生产厂家的设备技术水平提出了更高的要求。公司的生产装备水平处于同行业领先地位，炭素生产的主要设备大部分达到国内先进水平，部分达到国际先进水平。但是，截止 2002 年 6 月末公司固定资产的账面成新率为 43.1%，存在一定数量的国内一般水平设备，部分工序（石墨化工序）与国际先进水平仍有一定的差距。如果公司不尽快解决部分工序炭素生产设备（石墨化工序）与国外先进水平的差距，提高产品的技术水平，存在市场被国外生产厂家挤占的风险，也存在今后可能增加设备报废和增加维修、检修费用的风险。

对策

针对传统炭素制品市场逐渐萎缩的变化，公司进行了较大力度的产品结构调整，普通功率石墨电极产量由 1999 年占电极总产量的 51.8% 降低到 2001 年占电极总产量的 45.5%，超高功率石墨电极的市场占有率自 99 年以来都维持在 25% 以上；公司普通炭砖产量也已有较大幅度的削减。公司将在传统产品上加快技术引进、技术改造步伐，尽快采用国际先进的生产工艺和技术，提高整体工艺技术装备水平，缩小在工艺技术、产品实物质量上与国际先进水平的差距；企业募集资金拟投资项目投产后，公司将形成 10000 吨超高功率电极、10000 吨高功率电极、25000 吨普通功率电极、15000 吨优质炭砖和 1000 吨特种石墨及炭素新材料的生产能力，产品结构将更好地适应市场需求。另外公司还将加大新产品的开发和资金投入力度，抢占先机，超前开发未来炭素市场需求产品，为公司未来发展提供技术储备。

公司除按国家规定计提折旧外，还按固定资产原值每年计提 3%－3.5% 的大修理费用。近二年公司利用大修理费用就对 φ1.8×36m 回转窑、国产炭砖加工机组、成型机和 6 台蒸汽混捏锅进行了功能恢复性和性能改进性大修。今后公司仍将利用计提的折旧费用和大修理费用对生产设备进行改造，以保持公司生产设备良好的技术性能和物理性能。目前，公司炭素生产主要设备 72% 达到了国内先进水平（相当于 90 年代国际先进水平），公司的生产装备水平处于国内同行业领先水平。公司在未来不会产生不可预见的大额维修费用和报废，不会给公司参与国际市场竞争带来实质影响。

四、对重要原材料及供货渠道依赖的风险

公司主要产品的生产成本中，原料和电力占的比重较大，其中原料成本约占 45%，电能消耗约占 30%。公司生产原材料主要有针状焦、沥青、冶金焦粉、煤炭和煤气等，目前公司生产所用原材料、电力的供应商相对集中，主要有大庆石油化工总厂、抚顺石油化工公司、锦州石油化工公司、宝钢（集团）化工公司、鞍钢化工总厂、包钢焦化厂、太西集团有限责任公司、窑街矿务局、兰州炭素（集团）有限责任公司等单位，集中在石油化工、冶金、煤炭、电力行业，所以公司存在由于对主要供应商依赖及所提供产品价格变动而影响成本的风险。此外公司生产所需的优质针状焦，目前仍依赖进口，该项进口原料约占公司原料总采购量的 25%，主要供货厂家分布在日本、美国等国家，因此若进口原料因国际市场变化而发生价格波动或供应紧张时，会影响公司的正常生产经营和经营业绩。

对策

针对对重要原材料供货渠道依赖的风险，本公司将在确保质量的前提下，力求扩大原料供应渠道，对原料采购实行多方位选择，尽量避免对个别供应商的依赖；采取扩大供应渠道等措施，使原料货源和价格保持相对稳定。针对进口原料问题，公司在通过控股子公司兰州炭素进出口有限公司进口原材料过程中，参与了对进口原材料供应商的比较和选择，目前已由兰州炭素进出口有限公司与国外优质针状焦的八大生产厂家中的五家建立了供货关系，所以不存在对个别供应商的依赖性；另外本公司正在与国内的科研机构及生产厂家密切协作，以尽快帮助国内单位实现优质针状焦的批量生产，争取在短时间内实现国内供应，逐步替代进口。公司也将依托工艺技术装备的不断完善和严格内部管理，使产品生产的投入产出率得到大幅度提高，降低原料及能源的消耗，有效地控制原料、能源部分的成本费用开支，进一步增强产品在市场竞争上的质量优势和价格优势，减少原材料、燃料、电力价格上涨给本公司经营带来的影响。近几年，该风险因素未给公司造成任何损失。

五、环保风险

炭素行业属重污染行业，公司在生产过程中排放的沥青烟、粉尘、二氧化硫和废水等污染物，会对周围的水和空气产生污染。近三年公司排放沥青烟的浓度为 45.0 毫克每立方米、粉尘为 168.1 毫克每立方米，排放的废水含酚为 0.026、总悬浮物 36.47、硫化物 0.74 毫克每升。目前本公司已按国家要求配备相应的环保措施，生产过程中污染物的排放符合国家现有的环保法规和条例，但从长远的角度看政府如果颁布更严格的环保法律和法规，提出更严格的环境标准，公司现有的环保设施将不能保证污染物排放完全符合各项环保标准，从而加大公司在环保治理方面的投入，增加公司治理污染的成本，影响公司的业绩。

对策

公司历来重视环保工作，专门从事环境工程管理、技术设施运检人员 200 余人，有环境保护设施 111 台（套），近三年公司就投入约 400 万元用于环境治理。目前，公司所有污染物排放都远低于规定的排放标准，具有较大的环境容量空间。此外公司将进一步健全环保管理制度，提高全体员工的环保意识，加强对生产厂区及周边环境的治理，完善环境检测、评估设备和手段，并从产品开发、项目建设阶段就注重环保因素。本次拟投资项目也充分考虑了环保问题，项目环境影响报告书获得甘肃省环境保护局批准。同时公司将在项目建设过程和竣工后，积极配合地方政府就新建项目对周边环境可能造成的影响进行详细检测和评估。

六、净资产收益率下降的风险

公司完成本次发行后，扣除发行费用预计可募集资金 46,430 万元，发行后的净资产将比 2001 年 12 月 31 日的净资产 27,447 万元大幅度增长。根据本公司的盈利预测，预计本公司 2002 年的净利润为 3548 万元，本次股票发行后公司 2002 年度的净资产收益率为 4.6%，比 2001 年度的净资产收益率 18.2% 大幅下降，存在由于净资产收益率下降引致的相关风险。

对策

针对净资产收益率下降的风险，公司在募集资金到位后，将加快拟投资项目的建设进度，加强对投资项目的管理，力争使拟投资项目早日投入运营，为公司贡献利润。另外，公司也将根据项目的进展情况，本着安全第一原则，对于项目建设过程中的暂时闲置的资金，存于银行，尽可能提高资金收益。

七、公司设立时以评估值作为建帐依据的风险

公司设立时对股东投入的实物资产进行了评估，该实物资产帐面总额为 49058.35 万元，评估值为 51668.11 万元，增值 2609.76 万元，其中：流动资产帐面值为 31756.80 万元，评估值为 31538.72 万元，减值 218.08 万元；固定资产帐面值为 17301.55 万元，评估值为 20129.39 万元，增值 2827.84 万元；总负债为 33918.11 万元，评估后无变化；净资产帐面值为 15140.24 万元，评估净值为 17750.00 万元，增值 2609.76 万元，增值率 17.24%。公司成立后以上述评估结果作为建帐的依据，改变了原资产的历史成本记帐原则。流动资产是评估减值不会给今后公司的生产经营带来不利影响。而固定资产评估增值，会给公司造成两方面的影响：一是由于资产评估基准日至调帐日的利润归原股东所有，此期间资产的增值部分应计提折旧 88 万元，因此以资产的帐面值计提折旧的利润归原股东所有会造成出资不实的风险。现主发起人已作出承诺该出资不实部分以分配给主发起人的股利补足；二是固定资产评估增值，按评估值计提折旧要比按帐面帐值多，且评估增值部分的折旧不能抵扣所得税应税所得，这就存在与历史成本相比，公司今后各期损益要承担评估增值部分折旧和所得税应税所得调整减少净利润的风险。

八、管理风险

1、大股东控制的风险

本次股票发行前，本公司控股股东兰州炭素（集团）有限责任公司持本公司 96.67% 的股份，处于绝对控股地位，本次股票发行后，兰州炭素（集团）有限责任公司持本公司 58.00% 的股份，仍处于绝对控股地位。集团公司可能通过其控股地位影响公司的经营决策而使公司和小股东的利益受到损害。

对策

兰州炭素（集团）有限责任公司作为本公司的控股股东已与本公司签订了《避免同业竞争》、《避免双重任职》等协议，承诺不以任何方式参与可能直接或间接与本公司业务构成竞争的业务活动，不通过行政干预来实现对公司经营决策、人事方面的控制。同时，本公司将严格按照《公司法》及公司章程的规定，建立健全法人治理结构，在经营决策上充分尊重中小股东的意见，在涉及公司与集团公司之间关联交易方面的重大决策时，执行关联股东回避制度，以保护中小股东的利益。

2、生产能力利用不足的风险

由于炭素需求市场变化，高功率、超高功率石墨电极需求量逐年上升，公司利用现有设备开发了超高功率石墨电极，增产了高功率石墨电极。由于高功率、超高功率石墨电极实际产量超过设计能力，造成各工序利用不平衡，受到个别瓶颈工序（如石墨化工序等）制约，造成总体生产能力利用不足。目前公司生产能力利用率约为 80%，存在生产能力利用不足的风险。本次募集资金投资项目完成后，公司将形成 1 万吨超高功率、1 万吨高功率、2.5 万吨普通功率石墨电极和 1.5 万吨优质炭砖生产能力，公司产品结构趋于合理。如果炭素产品市场需求发生重大变化，公司在对产品结构进行调整时，可能仍会存在个别产品生产能力利用不足的风险。

九、市场风险

1、传统产品市场萎缩、新兴产品市场开拓不足的风险

炭素市场可细分为三部分，一是普通炭素材料市场，产品如普通功率石墨电极、普通炭砖、炭糊、普通电炭制品，基本处于供大于求的状态。由于技术进步，普通炭素制品的市场将逐渐萎缩，公司现有产品中普通炭素制品面临市场逐步萎缩、竞争加剧的风险；二是更新换代的炭素制品市场，产品如大规格超高功率、高功率石墨电极、优质炭砖、高档炭糊和新型电炭类制品等，这类产品大部分是在对老设备进行技术改造和采用新的技术装备后形成的，受技术成熟度的影响，国内企业还不能完全满足这部分产品的市场需求，从而形成国内外厂家共同争夺的局面，公司新开发的此类产品面临国外同类产品竞争的挑战；三是潜在的炭素新材料市场，产品主要包括特种石墨、炭和石墨纤维类制品、炭/炭复合材料、炭纳米材料等，早期多数为军工和尖端科技领域服务，

八十年代开始逐渐转向民用。受国内技术进步的拉动，炭素新材料显示出极大的市场空间，公司目前在炭素新材料市场已具备了一定的技术实力和生产能力，但在该部分市场中所占的市场份额尚小；此外由于炭素新材料用途极为广泛，该部分市场面对的客户群体和竞争格局均有别于传统炭素制品市场，因此未来公司在开拓新兴炭素制品市场方面存在一定的风险。

对策

尽管普通炭素制品市场的萎缩，会导致竞争加剧，但公司凭借多年的行业积累已在此类产品生产上占据了一定的技术优势，有较强竞争力；更为重要的是，公司近年加大了科研投入，新产品开发已见成效，对普通炭素制品生产设备进行技术改造，转产炭素高新技术产品，以提高设备的利用效率。公司是目前国内掌握高功率、超高功率石墨电极生产技术的少数厂家之一，是国内能够生产长寿高炉用优质炭砖的唯一厂家，并储备了多种炭素新材料生产技术。三年来，公司石墨电极的国内市场占有率平均在17%以上，其中超高功率石墨电极市场占有率稳定在25%以上，炭砖的市场占有率也稳定在14%以上(数据来源：中国炭素行业协会统计资料)。

针对在炭素新材料市场上国外企业的竞争，公司将积极引进国外的先进技术，同时加大研发投入，充分发挥国内企业的成本优势和地缘优势以及利用已形成的销售网络进一步扩大市场份额。在市场开拓上，公司将通过提高营销队伍技术素质，落实相关营销政策，加快炭素新材料市场开发，并通过和高校、科研单位和客户单位合作等方式，争取在炭素新材料研制的同时，抓好市场开拓。如公司试制的炭素人工机械心脏瓣膜，就是通过这种方式在市场开拓上取得了成功。对于国外炭素市场开发，公司将通过科学的产品定位，采用国外地区总代理等营销策略，利用自身价格性能比优势，扩大市场份额。

2、国内外经济周期性变化带来的市场风险

传统炭素制品主要用于黑色及有色冶金行业，受经济的周期性影响较大，当经济处于增长期时，相关行业需求的增加会带动传统炭素制品销售的增长；反之当经济处于低谷时，市场需求减小，从而带来销售的下降。炭素新产品、新材料由于其用途极为广泛，受经济的周期性影响将较小，但如果出现普遍的经济萧条，也仍然存在市场下滑的风险。

对策

公司将通过密切跟踪国内、国际经济周期的变化，合理安排生产和制订公司战略目标，以使公司的经营能够抵御经济周期波动带来的风险；同时逐步增加炭素新产品、新材料的生产，以减少对单一行业客户群的依赖，此外通过采用缩短产品的研发周期和生产周期，加快产品升级换代速度，从被动的追随市场，转变为培育市场、引导市场。

3、国际市场炭素制品价格波动带来的风险

国际市场炭素制品价格主要取决于国际市场对炭素制品的需求和供给。目前本公司产品出口创汇约占产品销售收入的1/5，国际市场炭素制品的价格上升，将有利于公司产品的出口，国际市场炭素制品的价格下降，对公司产品的出口将造成一定的压力；同时进口产品价格的下降，也会对公司的国内市场销售造成冲击。因此，国际市场炭素制品价格变化会给本公司经营业绩带来一定的风险。

对策

对于价格波动带来的风险，公司将及时了解和掌握国际炭素制品市场动态，事先预测国际市场对炭素制品的需求变化，并通过进一步拓展国际市场，将国际市场炭素制品价格变化给本公司生产经营带来的风险降到最低点。

十、业务经营风险

1、产品结构过度集中的风险

本公司生产的主要产品是石墨电极、炭块、炭糊。在公司的2001年主营收入构成中，来自石墨电极的收入占84.8%，2002年1－6月占84.3%。石墨电极类产品是目前公司主要利润来源，如果石墨电极类产品的市场出现萎缩，公司的业绩将受到较大影响，所以公司的产品结构存在过度集中的风险。公司目前普通功率石墨电极产品的比重仍然偏大，占石墨电极产量约为50%，而随着钢铁冶炼工艺的进一步发展，存在着因普通功率石墨电极被逐步淘汰而带来的市场萎缩风险。

对策

虽然公司目前业务收入主要来源于石墨电极，但从炭素材料市场发展情况看，不仅石墨电极中的高功率、超高功率石墨电极需要仍将稳定增长，优质炭砖、新型炭材料市场潜力也很大。本公司将通过产品结构的调整，合理组织内部生产，充分发挥现有生产能力，及时进行生产工艺技术装备的更新改造，以满足市场的需求。公司正在逐步实施产品结构的战略性调整，在巩固主营业务石墨电极生产、销售的基础上，将向优质炭砖、炭素新材料领域延伸，积极培育新的利润增长点。本次募集资金投入后，公司的优质炭砖生产能力将大幅度增加，特种石墨和炭/炭复合材料将实现批量生产，从而给公司带来较大的利润增长。

2、行业内部竞争

本公司在国内炭素行业中装备、技术处领先地位，是国内两大炭素生产基地之一(另一家为吉林炭素股份有限公司)，在高功率、超高功率、大规格普通功率石墨电极以及优质炭砖的市场竞争中具有优势，但在中小规格普通功率石墨电极市场上面临较强的行业竞争。另外，目前各大中型炭素企业为提高其市场竞争能力进行的技术改造，将使企业间的优势发生转变，若本公司不能及时进行技术更新，原有的技术优势将面临挑战。

对策

本公司是国内两大炭素生产基地之一，是目前国内率先通过ISO9001标准认证的炭素企业之一，具有强大的产品研制和技术创新实力，能较快地适应不断变化的市场环境。公司自行研制开发生产的直流电弧炉用大规格超高功率石墨电极和长寿高炉炭砖，产品质量在同行业处于领先水平。本公司将利用本次股票公开发行的有利契机，加快技术改造步伐，加快新产品开发速度，尽早完成被列入国家火炬计划和工业性试验项目的直流电弧炉用大直径超高功率石墨电极项目和微孔炭砖、半石墨质炭砖项目，实现公司"十五"规划提出的2万吨高功率、超高功率石墨电极生产能力、1.5万吨优质炭砖生产能力和高技术炭素新材料产业化建设目标；进一步增强企业的内在素质，彻底解决目前工艺装备无法完全适应和满足市场的问题，扩大产品的市场占有率，以规模经济和先进的技术来保持公司在国内外市场竞争的优势，消化行业竞争所带来的风险。

3、公司在炭素新材料市场进行业务拓展的风险

公司正进行主导产品结构调整的同时，利用现有技术优势向炭素新材料领域延伸，由于以特种石墨和炭/炭复合材料为代表的炭素新材料在发达国家也属于高新技术领域，故在此领域的发展对公司的技术实力提出了更高的要求。此外炭素新材料的生产体系与传统炭素制品的生产有较大的差异，并且炭素新材料的客户群广泛地分布在航空、航天、医疗、建筑和环保等多个领域，不同的生产体系和广泛的客户群分布对公司原有的生产经验、销售经验和销售网络提出了新的挑战，若公司不能及时从技术、人员、机构、制度上满足向炭素新材料市场拓展业务的需要，将给公司进一步发展带来风险。

对策

公司介入炭素新材料领域较早，已积累了一定的技术基础和生产销售经验，公司将加大在该领域的技术研发投入，对销售队伍进行培训，同时扩大销售人员的比例，针对炭素新材料不同的生产体系进行相应的组织机构调整，争取在炭素新材料制品市场持续保持国内的领先地位。

十一、专有技术流失的风险

炭素行业的核心技术集中体现在原料的配方和生产工艺中，公司对拥有的专有技术都未申请专利，公司的专有技术不受《专利法》的保护。公司的炭素生产技术由核心技术人员掌握，所以公司存在由于核心技术人员流动造成专有技术流失的风险。公司与外单位合作研制的优质高炉炭砖和特种炭材料存在技术转移第三方风险。

对策

针对专业技术人员流动的可能，公司在提高科研人员待遇的同时，加强了企业自有知识产权的管理，制定了《专有核心技术管理规定》，明确了科技人员在本岗位取得的技术成果归企业所有，能够申请专利的及时申报，对公司相关技术文件、资料管理、对外交流等方面都作了规定，可以有效保护公司专有技术的所有权；公司与外单位合作的科研项目都以协议的形式明确了各方的权利和义务；炭素制品生产具有技术与设备匹配性特点，公司现有的主要专有技术与公司拥有的设备密切相关，因此公司主要炭素生产技术具有较强的专有性。

十二、募股资金投向风险

1、公司拟投资项目中存在引进设备能否成功消化的风险。

拟投资项目中"内串石墨化炉"、"高温焙烧炉"在国内尚属空白，为公司首次采用，国外先进技术通过引进消化移植进入企业存在能否成功的风险。

对策

公司针对引进消化上述国外的炭素生产设备，已经开始与有经验的专业设计院合作，对国外同行企业进行了考察，积累了大量技术资料，进行了必要的前期技术准备，通过项目合同签订保证技术参数的完整性。公司拥有省级技术中心(正在申报国家级技术中心)，拥有专门的工艺研究、产品研究、装备研究实验室，科研体系健全，能够有效保障引进技术的消化吸收。

2、拟投资项目存在能否按期形成规模产量实现投资效益的风险

目前大规格超高功率石墨电极、优质炭砖和炭素新材料在国内市场缺口很大，市场前景广阔。但拟投资项目技术复杂，建设期限短，存在能否如期投产，按期形成规模产量，全面实现投资效益的风险。

对策

针对拟投资项目投产后迅速形成规模产量实现投资效益的风险，本公司经多方面论证，确信公司利用募集资金投资的项目是可行的。公司将紧密跟踪项目投资进度，加强项目管理，确保项目高质量准时完工。公司将利用多年形成的客户资源优势，在项目实施过程中与客户进行多方面的合作，使产品始终满足客户需求，抢占市场先机。

3、拟投资项目建设中需要追加投资的风险

公司拟投资项目中引进设备存在由于汇率变化增大投资的风险；项目建设过程中存在由于制造、安装、调试、管理等因素导致成本增加的风险。

对策

针对公司拟投资项目建设中需要追加投资的风险，公司将对投资项目采用招投标和项目监理制等先进管理办法，确保施工不超预算，项目建设过程中，公司将提前做好员工培训，保证公司相关部门对项目的必要介入和支持，确保项目实施的进度和质量，避免资源浪费。

十三、政策风险

国家宏观经济调控政策的变化，如进出口政策、财政税收政策、金融投资政策的变化，对本公司的生产经营会产生直接或间接影响。经甘肃省地税局批准，2001年至2010年期间在公司产品符合国家西部大开发政策的前提下，公司享受15%的企业所得税优惠政策，在管理上逐年核实，分年办理批复手续。若国家或地方政府对企业执行的所得税政策进行调整，将会影响公司的利润水平。另外，公司所需进口原料无配额及限额限制，出口产品属国家出口政策优先支持的机电产品类，但进口炭素产品关税政策和出口炭素产品退税政策的调整，将直接或间接影响本公司的生产经营业绩。

对策

冶金工业是国民经济的基础产业，炭素是冶金工业的基本原材料，为保证冶金工业的健康、持续、稳定发展，国家必将保证对其政策的连续性和稳定性；国家实施西部大开发战略，对西部给予优惠政策是一项长期国策。因此，本公司认为，国家产业政策、进出口政策、财政税收政策、金融投资政策近期发生实质性变化的可能性很小，公司生产经营所处的宏观经济政策环境不会有大的变化。但是，为了预防未来政策变化对公司可能产生的不利影响，本公司将进一步加强内部管理，改进生产工艺，提高产品质量，降低成本，提高核心竞争力，降低对优惠政策的依赖性。

十四、其他风险

1、加入WTO风险

我国加入世界贸易组织后，国内石墨电极市场将完全开放，进口关税将从目前的15%下降至3—5.5%，下降约10个百分点，这将迫使国内炭素企业直接面对国外一流炭素企业竞争，对本公司的生产经营有潜在风险。

对策

为迎接加入WTO，本公司将努力提高技术装备水平，加快产品结构调整步伐，力争在两年内将产品结构调整到位，以规避加入WTO给公司可能带来的风险；同时，抓住给公司带来的发展机遇，利用我国超高功率石墨电极在国际市场竞争中的优势，扩大出口，增加效益。

2、汇率风险

公司生产所需优质针状焦主要依赖进口、约1/5产品销往国际市场，同时本公司正在加大国际市场的开发力度，以外汇结算的进出口业务增加，因此，汇率波动将给公司的经营带来影响。

对策

面对可能出现的汇率风险，本公司将根据国际汇市的变化趋势，合理安排结算期和结算币种；同时探索利用外汇期货等金融工具进行套期保值，以减少汇率波动的风险。

3、诉讼风险

由于目前公司资金较为紧张，在公司应付账款余额中，有803.13万元三年以上逾期应付账款未支付。如果今后公司不及时偿还这些债务，存在潜在的诉讼风险。

4、股市风险

公司本次公开发行的股票将挂牌交易，股票价格不仅取决于公司的经营状况，同时也受利率、汇率、通货膨胀、国内外政治经济形势、市场买卖力量及投资者心理预期的影响，因此，投资本公司的股票有因股价波动而遭受损失的风险。

对策

提高公司的经营业绩和实现公司的规范经营是规避股市风险的有效途径。公司一方面将进一步完善公司的法人治理结构，实现公司的规范经营，提高投资决策的科学性，力争以良好的业绩回报公司的股东；另一方面，公司将严格依照有关法律的规定，充分、及时、真实、准确、完整地披露公司有关生产经营、投资、财务方面的信息。

第三章　发行人基本资料

一、历史沿革和经历的改制重组情况

1、公司的历史沿革

兰州海龙新材料科技股份有限公司的前身兰州炭素股份有限公司，是经甘肃省人民政府甘政函[1998]87号文批准，由兰州炭素有限公司作为主发起人，联合窑街矿务局、石炭井矿务局、甘肃祁连山水泥股份有限公司、兰州科近技术公司四家企业于1999年1月18日共同发起设立的股份有限公司，公司注册资本12000万元。

兰州炭素有限公司以经有证券从业资格的甘肃省第三会计师事务所进行了评估、并经甘肃省国有资产管理局确认后的与石墨电极、炭素新材料生产经营资产和动力厂、电修厂相关的净资产17750万元出资，按1.53:1的折股比例折合股本11600万国有法人股，占总股本的96.67%；窑街矿务局、石炭井矿务局、甘肃祁连山水泥股份有限公司、兰州科近技术公司等四家公司以现金出资，按相同比例折合股本400万股，占总股本的3.33%，股本结构如下表：

股份名称	持股单位	持股数量(万股)	比例(%)
国有法人股	兰州炭素有限公司	11,600	96.67
	窑街矿务局	150	1.25
	石炭井矿物局	100	0.83
	兰州科近技术公司	50	0.42
法人股	甘肃祁连山水泥股份有限公司	100	0.83
总股本		12,000	100.00

1999年10月，兰州炭素股份有限公司被甘肃省科委认定为高新技术企业，2000年通过了科技部及中国科学院的高新技术企业认证。

公司2000年年度股东大会通过决议，公司名称变更为兰州海龙新材料科技股份有限公司，并于2001年4月10日办理变更登记。

2、经历的改制重组情况

本公司设立时，集团公司按产品类别划分资产。公司设立前，集团公司共拥有石墨电极、炭制品和炭素新材料三大类产品。改制设立本公司时，集团公司将盈利能力强、市场稳定，在国内

同类产品市场中占有较大比重的石墨电极类产品和技术先进、有良好成长性的炭素新材料的生产经营相关资产入组公司。而将炭制品(指炭砖和炭糊)生产相关的资产留存集团公司,以保证公司具有良好的经营业绩。

为了使公司形成综合型炭素产品的生产能力,更突出公司的主营业务,提高公司的科技含量、增强公司在炭素行业的核心竞争力;进一步规范公司与集团公司的关联交易、彻底避免同业竞争的可能;另外,由于炭素制品生产工艺本身的特点,炭素制品三大类产品中的大部分产品具有部分生产工序和工艺设备相通性,如果将生产设备分在两个公司,不利于对生产设备的综合调配,不利于提高设备的使用效率,不能最大程度发挥设备的生产能力。为此,公司与集团公司于2000年8月进行了资产置换。公司以动力厂、电修厂、计量控制中心及部分债权与集团公司的炭砖、炭糊的生产系统相关资产进行等值置换。

本次置换,公司换入资产是原集团公司中的炭砖、炭糊生产的相关资产,主要有压型一厂、焙烧厂二车间、加工厂四车间等资产,经评估确认后的净资产总计:96,597,302.81元,其中:房屋建筑物30,653,193元,机器设备62,832,446元,在建工程3,111,663.81元。换出资产主要是动力厂、电修厂、修建厂、计量控制中心等部门使用的资产及相关负债,经评估确认后的净资产总计:96,597,302.81元,其中:房屋建筑物18,545,814元,机器设备30,375,821元,在建工程456,434.09元,应收帐款76,987,950.70元,其它应付款29,768,716.98元。

通过本次置换,集团公司存续的炭砖和炭糊相关生产性资产进入了公司。至此,改制前集团公司拥有的三大类炭素制品生产相关资产全部进入公司,公司拥有了原集团全部炭素制品的生产技术、生产装备和市场,公司的主营业务更加突出。公司以社会化协作的形式有偿从集团公司获得水、电、汽等动力供应及委托大修理服务等协作服务。置换后集团公司存续资产完全退出炭素制品及炭材料的生产和经营领域,并将其动力厂、电修厂、机修厂、修建厂等单位整合后组成设备动力公司,以更好的发挥其专业化服务的职能。本次资产置换有利于公司全面开拓炭素产品市场和未来发展。高炉炭砖长寿命技术是当今国际优先发展的技术,也是我国重点鼓励发展的高新技术,随着炭砖长寿命技术的推广应用,对长寿炭砖的需求日益增长,具有良好的市场前景。集团公司是国内最早进行高炉长寿炭砖研制和生产的厂家,研制的微孔炭砖、半石墨质炭砖等新型长寿高炉炭砖被国家五部委联合认定为国家级重点新产品,将其和炭糊生产系统置换入公司,有利于提高公司产品的科技含量,增强产品的市场竞争力,也有利于提高公司综合炭素制品的生产能力,使公司成为综合型的、在国内国际具有较强竞争力的大型炭素生产和营销企业。

本次资产置换履行了必要的法定程序,经公司1999年年度股东大会表决通过,在表决时严格执行了《公司章程》规定的关联股东回避制度。公司与集团公司于2000年7月15日签署了资产置换协议书。置换的资产已经有证券从业资格的甘肃省弘信会计师事务有限公司进行了评估,甘肃省财政厅分别以甘财国字发[2000]34号、35号文对评估结果予以确认,并以甘财国字发[2000]41号文批复了资产置换申请,同意进行资产置换。

本次置换完成后,公司有关炭素制品的生产类别更为齐全,产品结构也更趋合理,同时规范了与集团公司之间的关联交易及避免了同业竞争的可能性。置换后,公司主要生产各种档次和规格的石墨电极、炭砖、炭糊、特种石墨制品及炭毡和炭/炭复合材料等高新技术产品。

公司与集团公司对与本次资产置换相关的资产均办理了相应的移交交割和过户手续,确保了产权清晰。妥善处理了与该次置换有关的员工、客户、供应商、债权人等利益相关者的关系,不存在潜在的利益纠纷及其他不确定因素。

2001年11月,公司收购兰州炭素进出口公司60%的净资产,转让价款为761.90万元,并以该部分净资产作为出资与集团公司共同发起设立兰州炭素进出口有限公司。兰州炭素进出口有限公司于2001年12月13日设立,注册资本为1269.84万元,公司占60%的出资。本次收购的完成,理顺了公司的进出口业务,有利于公司开拓国际市场。

二、历次资产评估、验资及审计情况

1、历次资产评估情况

公司设立时,兰州炭素有限公司作为主发起人,委托有证券从业资格的甘肃省第三会计师事务所对投入公司的实物资产进行了评估,并出具了甘三会评字(1998)第54号资产评估报告,评估结果为:总资产51,668.11万元,总负债33,918.11万元,净资产17750万元。该评估结果经甘肃省国有资产管理局确认。本次资产评估已经青海兴华资产评估有限责任公司复核,并出具了兴华资核字[2001]第76号资产评估复意见报告书。

公司在2000年8月的资产置换中也进行了资产评估。据甘肃省弘信会计师事务所的评估报告(甘弘会评字(2000)第020号、第021号):置换进入公司的与炭砖和炭糊生产经营相关的资产合计9,659.73万元,置换出公司的动力厂、电修厂相关资产和部分债权合计9,659.73万元。上述评估结果经甘财国字[2000]34号、35号确认。

公司在收购兰州炭素进出口公司60%的并与集团公司共同发起设立兰州炭素进出口有限公司时,以2001年9月30日为评估基准日,由甘肃励志会计师事务有限公司对兰州炭素进出口公司整体资产项目进行了评估,并出具了甘励会评报字[2001]第033号资产评估报告书。评估结果如下为:总资产73,719,571.59元,负债为61,098,201.65元,净资产为12,698,409.06元。甘肃省财政厅出具甘财企[2001]125号文对资产评估结果进行了确认。具有证券从业资格的青海兴华资产评估有限责任公司对上述评估项目进行了复核,出具了兴华核报字(2001)097号复核意见报告书。

2、验资情况

公司设立时,甘肃省五联会计师事务所以甘会验字[1998]第039号文出具了截止1998年12月25日的验资报告:发起人股东共投入183,620,021.24元,其中股本120,000,000.00元,资本公积63,620,021.24元。

3、审计情况

本公司已委托甘肃五联联合会计师事务所有限公司对1999年、2000年、2001年和2002年6月会计报表进行审计,五联联合会计师事务所有限公司分别出具了甘会审字(2000)第159号、五联审字2001第1007号、五联审字(2002)第1006号和五联审字(2002)第1089号标准无保留意见审计报告。

三、与公司生产经营相关资产权属情况

1、土地使用权

公司设立至今生产经营所需土地使用权系以租赁控股股东集团公司土地使用权的方式取得。公司设立时双方签定了《土地使用权租赁协议书》,公司租赁集团公司土地面积合计156,619.849平方米,年租赁费147.22万元,当时是根据公司实际建筑物占用土地面积来计算租赁土地的面积;2000年8月,由于公司与集团公司进行资产置换,土地使用面积发生了变化,而且为了便于管理,使租赁土地面积能更准确计算,双方商定根据公司全部生产区域占用土地面积来确定,2001年双方重新签订了《土地使用租赁协议》。现租赁土地面积共计415,068平方米,年租赁费186万元(租赁费已经甘肃省国土资源厅核准)。集团公司是通过划拨方式取得上述土地的使用权,并经甘肃省国土资源厅批准授权经营。

2、商标

集团公司将其持有的第744198号(有效期:1995年5月7日至2005年5月6日,使用商品为耐火材料)和751733号(有效期:1995年6月21日至2005年6月20日,使用商品为导电材料、石墨电极、糊类)"兰光"牌注册商标无偿转让给公司。上述商标转让已经国家工商行政管理总局商标局核准。

3、固定资产

公司的固定资产主要有机器设备和房屋建筑物等。

公司的机器设备主要是在公司设立时集团公司以其持有的合法实物资产折价入股方式、集团公司与公司资产置换中置换进入本公司以及本公司购买而取得。这些设备在进入本公司后都已办理了相应的产权移交手续。

目前,公司生产经营用房屋建筑物共计184,890.8平方米。主要是公司设立时集团公司以其持有的合法实物资产折价入股方式以及集团公司与公司资产置换中置换进入本公司而取得,公司已取得上述房屋建筑物的所有权,并办理了相应的移交手续和相关的权属证明文件,产权明晰;公司的部分办公用房由公司向集团公司租赁,公司与集团公司就该部分房屋签订了房屋租用合同,保证公司对该部分房屋的使用权。

四、员工及社会保障情况

公司十分重视员工素质的提高,经过多年的发展,形成了较为合理的员工队伍,拥有一大批适应现代化公司发展需要的管理人才、专业技术人员和技术工人,为本公司长远发展奠定了良好基础。截止2002年6月30日,本公司拥有员工3394人。

(1)本公司员工的文化结构:

学 历	人 数	比 例
本科以上	157	4.63%
大专学历	326	9.60%
中专学历	162	4.77%
其 他	2749	81.00%
合 计	3394	100%

(2)本公司员工的年龄结构如下:

年 龄	人 数	比 例
56岁以上	30	0.88%
50—55岁	161	4.74%
40—50岁	659	19.42%
30—40岁	1631	48.06%
30岁以下	913	26.90%
合 计	3394	100%

(3)本公司员工的专业结构如下:

专 业	人 数	比 例
生 产	2865	84.41%
(销售)营销	82	2.45%
技 术	368	10.84%
财 务	21	0.62%
行政管理	58	17.08%
合 计	3394	100%

根据《中华人民共和国劳动法》及国家相关法律法规,本公司职工实行全员劳动合同制,并执行国家有关规定给予员工各种福利和劳保,公司为员工办理了养老保险、医疗保险和失业保险等。

五、公司独立运营情况

公司主业突出,拥有独立的产供销系统,做到了资产完整、业务独立、财务独立、机构独立、人员独立,符合证监发字[1998]259号文件的规定。

第四章　发行人股本

(一)发行前股本结构

股份名称	持股单位	持股数量(万股)	比例(%)
国有法人股	兰州炭素(集团)有限责任公司	11,600	96.67
	窑街矿务局	150	1.25
	太西集团有限责任公司	100	0.83
	兰州科近技术公司	50	0.42
法人股	甘肃祁连山水泥股份有限公司	100	0.83
总股本		12,000	100.00

截止目前,公司没有自然人股东、外资股东、风险投资者和战略投资者,股东之间不存在关联关系。

(二)发行后股本结构

本次公司拟发行社会公众股8000万股,发行后的股本结构为:

股份名称	持股单位	持股数量(万股)	比例(%)
国有法人股	兰州炭素(集团)有限责任公司	11,600	58.00
	窑街矿务局	150	0.75
	太西集团有限责任公司	100	0.50
	兰州科近技术公司	50	0.25
法人股	甘肃祁连山水泥股份有限公司	100	0.50
社会公众股		8000	40.00
总股本		20,000	100.00

第五章　主要股东基本情况

本公司股东包括兰州炭素(集团)有限责任公司等五家公司。

一、兰州炭素(集团)有限责任公司

兰州炭素(集团)有限责任公司是本公司的主发起人,因其持有96.67%的股权,所以又是本公司具有实质控制权的股东,其出资单位是甘肃省财政厅。

集团公司注册资本23,324万元,法定代表人为潘锡光。主要从事投资管理、水、煤气、蒸汽等生产销售、电力转供、土木建筑安装工程、机械加工和设备大修理工程、公路运输、物业管理等业务。经五联联合会计师事务所有限公司审计,2001年底总资产155,020万元,净资产41,867万元,利润总额749万元。集团公司现有员工2932人,有公司办公室、综合管理部、资财部、劳动工资部、安全环保部、技术改造部、监察审计室、保卫部、改革办公室和计量控制中心等职能管理部门,以及兰光实业有限责任公司、兰炭大厦实业有限公司、兰州炭素建筑安装有限公司等三个全资子公司,设备动力公司、机械运输公司、生活服务公司、房地产开发公司等四个分公司和兰州炭素进出口有限公司一个参股公司。

本公司设立及后来的资产重组时,集团公司已经将与炭素制品生产有关的资产投入本公司,设立时的部分在建工程也已于2001年由本公司租赁使用,同时作为本公司的控股股东,集团公司已承诺今后不再从事与本公司相同的业务。

二、窑街矿务局

窑街矿务局为国有独资企业,建于1958年,属国有大型煤炭企业。管辖窑街、天祝、大有、大滩、海石湾五块煤田,1997年末总地质储量85235万吨。全局现有三个生产矿,核定生产能力为245万吨/年,并还有一对年产150万吨的在建矿井。目前,全局在册职工18264人。窑街矿务局为国家二级企业、甘肃省一级企业、原煤炭部质量标准化矿务局。截止2001年底(未经审计)总资产228,251万元,净资产138,636万元,注册资本29,428万元,2001年实现利润总额1,622万元。目前窑街矿务局局长为朱志全,该局无下属子公司。

三、太西集团有限责任公司(原石炭井矿务局)

石炭井矿务局为国有独资公司,从1958年矿区开发建设,迄今已形成了一个以煤为主,包括洗选加工、机械维修制造、地质勘探、工程建筑、文教卫生和多种经营在内的大型国有煤炭企业,是我国西北地区最大的炼焦煤和优质无烟煤生产、出口基地。矿区煤炭生产在宁夏经济发展中有着十分重要的地位,是全国500家最大工业企业之一,1991年晋升为国家二级企业。2001年1月,变更为太西集团有限责任公司。截止2001年底(未经审计)总资产271,602万元,净资产171,602万元,注册资本83,305万元,2001年实现净利润3,327万元。目前太西集团董事长为张文江,总经理为章永久,该公司无下属子公司。

四、甘肃祁连山水泥股份有限公司

甘肃祁连山水泥股份有限公司是在对国家"一五"期间建成的156个重点项目之一的国有大型建材骨干企业永登水泥厂进行部分改组的基础上,于1996年联合上海环球乐园、兰州铁路局兰州铁路分局等其他七家企业,采取募集方式设立的股份有限公司。该公司主要以水泥系列产品生产及其研制、开发和技术咨询服务为主,凭借雄厚的技术开发实力在特种水泥的研制上处于同行业前列。年产高标号、多品种优质水泥近100万吨,属我国建材系统骨干企业和西北地区的特种水泥生产基地。截止 2001 年底(经五联联合会计师事务所有限公司审计)总资产 97,291 万元,净资产 54,795 万元,注册资本 34,695 万元,2001 年实现净利润 5,206 万元。目前祁连山股份公司董事长为扬皓,总经理为阎宗文,该公司有 4 家下属子公司。

五、兰州科近技术公司

兰州科近技术公司是中国科学院近代物理研究所所属全民所有制高新技术企业。公司以中国科学院近代物理研究所的科技力量及科研设备为依托,由具有丰富理论和实践经验的高、中级科技人员及青年科技骨干组成,共有员工 175 人。下设五个工程部,拥有先进的实验装置和生产设备。其主要产品及技术有:辐射技术与产品、环保技术与产品、仪器仪表技术与产品、计算机技术与产品、食品真空冷冻干燥技术与产品、机械设计与制造技术。截止 2001 年底(未经审计)总资产 2,321 万元,净资产 926 万元,注册资本 800 万元,2001 年实现净利润 – 51 万元。目前科近技术公司董事长为滕人瑞,总经理为谢铭,该公司有 2 家子公司。

截止到目前,上述发起人所持有的本公司股权未有被质押或其他有争议的情况。

第六章　组织结构及组织机构概要

一、发行人的内部组织结构

兰州海龙新材料科技股份有限公司组织结构图

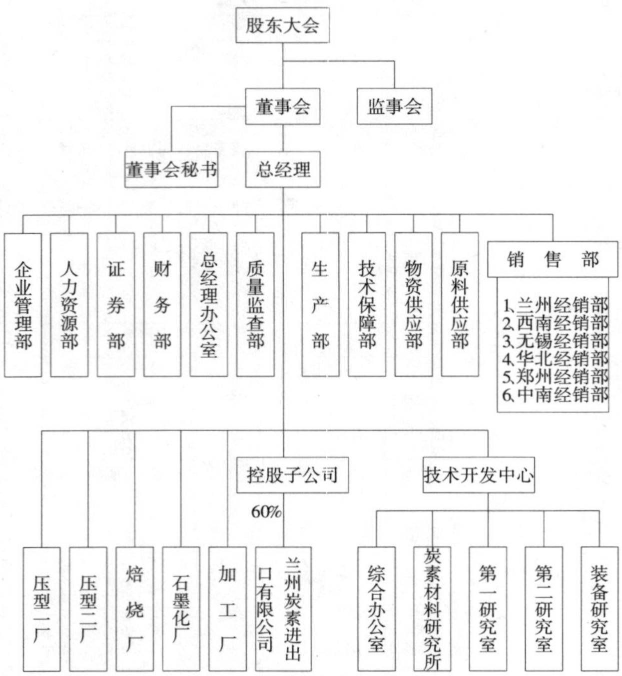

二、发行人下属单位情况

1、主要职能部门的情况

* 企业管理部

为公司综合管理部门,主要负责制定公司各职能部门及人员的职责与权限,监督质量体系的运行和具体实施管理评审,负责公司质量方针目标管理、价格管理、设备管理、安全管理及公司经济责任制的考核。

* 技术保障部

负责公司技术管理工作,组织制定和修订技术文件并贯彻实施以及负责生产过程的质量控制管理及不合格品的评审、处置工作,制订纠正、预防措施,负责技术统计的归口管理。

* 质量监督检查部

负责公司生产的产品质量检查工作,负责生产工艺过程执行情况的监督工作;参加对企业产品质量事故的调查处理。

* 物资供应部

编制公司年度材料计划,负责材料、工卡量具、成套设备等及生产用添加剂的采购与管理,负责公司材料的消耗定额管理。

* 原料供应部

负责签订公司年度原料采购合同,负责公司生产用原料的采购与现场管理,负责公司铁路运输的管理及铲、叉车的管理及其相关设备的大修。

* 销售部

负责炭素产品销售及售后服务工作的质量管理;产品销售合同评审;产品的销售服务工作;产品市场、顾客需求信息的预测和调查,为编制生产计划,产品开发和产品改进提供信息;以及负责炭素产品发展趋势的调研,及时反馈炭素产品新技术、新产品的动向,为制定专项质量计划、科研开发计划提供依据。销售部下设六个驻外经销部,分别是兰州经销部、西南经销部、无锡经销部、华北经销部、郑州经销部、中南经销部。

* 生产部

负责编制公司月份生产经营计划,负责日常生产调度指挥,并负责公司月计划执行情况的考核。

* 技术开发中心

负责公司石墨电极、炭砖炭糊、及炭素新材料三大类产品工艺装备的科研开发及确认、验证、评审工作。

2、主要生产厂情况

主要生产厂包括压型一厂、压型二厂、焙烧厂、石墨化厂和加工厂,各生产厂除在具体生产内容上不同外,其主要职责和职能大体相近,包括:

* 负责石墨电极、炭砖及糊类制品生产加工;
* 负责本工序生产设备的使用维修、管理工作;
* 负责生产现场管理,产品标识管理;
* 负责工序不合格品的控制,落实纠正和预防措施。负责工艺质量审核工作;
* 执行质量体系程序文件规定的其它质量职责。

3、控股、参股企业情况。

兰州炭素进出口有限公司是公司的控股子公司,成立于 2001 年 12 月 13 日,注册资本为 1269.84 万元,公司持有 60% 的权益,进出口公司于 2002 年 1 月 14 日取得进出口资格证书,主要业务为炭素制品的出口及原材料的进口,现有员工 18 人。

本公司目前无参股企业。

第七章　业务和技术

一、公司所属炭素行业情况

(一)炭素行业国内外基本情况

炭是人类最早接触的物质之一,但直到 19 世纪中叶伴随着冶金、电化学、电器机械等行业的发展,才开始炭素材料的工业化生产。进入二十世纪以来,随着人造石墨材料的诞生,炭素材料开始广泛应用于冶金、化工、石油、核能等领域,并曾为半导体工业、航天工业的发展起了关键作用。

炭和石墨材料的理化性能和机械性能在很多特殊条件下优于金属材料和高分子材料,它具有良好的导电性、良好的热稳定性,良好的化学稳定性,较高的耐腐蚀性,高温状态下的高强度、自润滑性等。炭和石墨材料及其制品现已广泛应用于冶金、航天、医疗、能源、环保等领域,在国家历次发布的技术发展政策中均被列为重点发展内容。

炭材料根据生产工艺特点和产品特性大致可分为石墨制品类、炭制品类和特种炭素材料(炭素新材料)三大类。石墨制品类主要包括电炉炼钢、刚玉冶炼、黄磷生产用石墨电极、石墨电炭材料;炭制品类主要有炼铁高炉用炭砖、铝电解槽用阴极炭砖、大型矿热炉用内衬材料、炭电极、炭糊类制品等;特种炭素材料包括特种石墨制品、纤维类制品、炭/炭复合材料、揉性石墨、炭纳米材料等制品,其用途极为广泛,主要用于航空、航天、核能、电子、医疗、建筑、环保等领域,作为特殊环境下的结构材料、功能材料,有着广阔的市场前景,随着特种炭素材料生产成本大幅度降低,自八十年代起,特种炭素材料除在更多高新技术领域崭露头角,已经开始大量取代传统材料,向民用领域拓展。据炭素行业专家预测,本世纪炭素材料有可能发展为材料领域的第四大类材料。

从行业管理角度看,公司所属的炭素行业长期以来归属原冶金工业部管理。随着政府职能的转变,在国家冶金局行业管理司的组织下,1995 年 4 月成立了中国炭素行业协会。目前冶金工业部已撤消,炭素行业的发展基本上遵循市场化的发展模式,同时伴随国内市场经济的发展,炭素行业协会在行业管理中发挥的作用越来越大。炭素行业对行业内会员企业进行宏观管理,管理的内容包括行业规划与发展,行业情报、信息交流,行业统一协调价格以及完善和提高技术、质量标准等方面。目前整个炭素行业共有会员 46 个,本公司副董事长潘锡光先生为现任会长。

1、石墨制品类的发展概况

十九世纪末产生了用工业方法将不定型炭转化为石墨的技术,开始了炭素生产中生产人造石墨材料的历史。按行业习惯石墨类制品主要包括炼钢用石墨电极,也包括黄磷冶炼和磨料冶炼用导电电极,还可在电炭、化工、特种金属冶炼等行业用于导电材料、结构材料。石墨类制品生产主要是由于电炉炼钢生产的迅速发展和机电产品用导电材料增加而发展起来的。

电炉炼钢具有投资成本低,建设周期短的特点,虽然已有一百多年历史,但从二十世纪年六十年代,随着社会废钢保有量的增加和电炉炼钢关键技术的改进完善,电炉炼钢才开始迅速向大型化和超高功率方向发展,电炉炼钢的比重迅速增加。2000 年全世界钢产量 8.43 亿吨,其中电炉钢产量达到 3.1 亿吨,占 37%;在发达国家,电炉钢比例已超过 50%。

石墨电极是电炉炼钢用导电材料,由于使用原料和制作工艺的差别,根据其通载电流的能力,分为普通功率、高功率、超高功率等档次。近二十年随着电炉炼钢向大型化、超高功率、直流化方向发展,石墨电极的质量也不断提高,规格不断加大,其制作技术已成为电炉炼钢关键技术之一。目前世界石墨电极生产以高功率、超高功率为主,集中在 UCAR、SGL、SDK 等十几个大型综合型炭素生产厂家,世界高功率、超高功率石墨电极产量基本保持在 100 万吨/年左右。电极直径由六十年代 500 毫米为主增大到 750 毫米,直径 800 毫米的石墨电极已经开始使用,尽管吨钢石墨电极消耗大幅度下降,石墨电极需求总量增加不多,但大规格超高功率石墨电极的市场需求一直呈稳步上升趋势。

国内石墨电极生产在二十世纪八十年代以后,经历了一段较快的发展阶段,国内拥有电极生产厂家四十余家,目前拥有生产能力二十五万吨。但与国外电极生产厂家相比,大部分厂家相当于国外五十年代水平,企业规模小、装备落后、只能生产普通功率石墨电极;虽然在国家支持下经过十几年技术改造,已经有一些大型企业引进了国外先进设备,但由于装备、工艺配套性差,无论产品质量还是产品规格与国外比较仍有一定差距。目前国产小规格普通功率石墨电极供大于求,高档次的大规格超高功率石墨电极还需依赖进口解决。随着我国今后大吨位超高功率电炉炼钢的发展,这种结构性差距还要加大。

本公司是国内少数几个能生产高功率、超高功率石墨电极的厂家之一,2001 年高功率和超高功率石墨电极国内市场占有率分别达到 17.90% 和 29.11%。

由于石墨制品具有良好的导电性、摩擦系数低、耐高温,所以在机电产品上得到广泛应用,机电行业用电炭材料主要有各类电机用电刷、炭触头等产品,2000 年国内市场需求约 60,000 万元,并以每年 5% 的速度增长。此类产品在我国大多由电炭厂生产,和炭素厂雷同,也存在大部分企业技术落后,低档产品供大于求,高档产品依赖进口。由于电炭制品和石墨电极生产工艺相似,部分设备相同,为了拓宽经营范围,国外一些石墨电极生产厂家也同时生产电炭制品。

2、炭制品类的发展概况

炭制品类主要包括炭砖、炭糊、炭电极制品等。

炭砖,主要用于炼铁高炉炉底、炉缸和冶金矿热炉内衬材料、电解铝用阴极材料等。炭砖生产可以利用部分电极生产设备,大部分炭素厂都兼顾电极和炭砖的生产,炭砖生产以高炉炭砖生产技术含量最高。高炉的使用寿命对炼铁成本影响很大,其中炭砖是影响高炉使用寿命的关键因素之一。国外高炉炼铁基本上达到大型化、节能化、长寿命水平,炉容多数在 2000 立方米以上,高炉寿命为 15 年左右。高炉用炭砖要求在高温状态下具有良好的耐铁水熔蚀、耐碱、耐氧化和较高的强度、导热性指标,国际上适应长寿命高炉使用的优质炭砖主要有高导热、半石墨质、微孔、超微孔等牌号。我国高炉炼铁能力约 55% 为 800 立方米以下小高炉,平均寿命为五到八年,多使用普通炭砖做内衬材料,如果将占炼铁能力 45% 的 1000 立方米以上的高炉全部采用长寿命技术,每年需要优质炭砖约 4000 吨,考虑小高炉改造远景市场为 10000 吨/年左右。

本公司九十年代初与武钢技术中心合作,已经研制出半石墨质和微孔炭砖,并成功应用于国内五座高炉的大修改造,超微孔炭砖、高导热炭砖研制也取得新的进展,目前为国内唯一生产此类产品的厂家,但还不能完全满足国内需求,国内大型高炉的检修用优质炭砖经常依靠进口解决。

半石墨质炭砖还大量应用于铝电解槽作为阴极材料使用,由于铝行业面对环保要求,技术改造进程加快,大截面半石墨质铝用阴极炭砖年需求量已达到 30000 吨左右,目前国内只有贵州铝厂等少数厂家具有半石墨质炭砖的生产能力,市场缺口很大。优质炭砖除替代进口满足国内市场需要外,还可大量出口打入国际市场。

炭糊类制品主要应用于矿热电炉做自焙导电电极,由于工艺简单,除大型炭素厂生产外,多以小型炭素厂就近专门生产。自九十年代国内引进了大型矿热炉以后,对糊类制品提出了新的质量要求,目前国内高档次糊类制品年需求量约 10 万吨左右,本公司为国内少数几家掌握高档次糊类生产技术的厂家之一,除供国内需求还出口部分产品。

3、特种炭素材料(炭素新材料)的发展状况

特种炭素材料原指用于高技术领域的炭和石墨材料,是由于核能、航天等尖端技术发展需要而发展起来的,产品种类多,工艺复杂,不同于传统的炭和石墨生产,于八十年代已经开始用于民用领域,产量呈迅速发展势态。目前已经形成需求规模的产品主要有高强、高密、高纯、各向同性特种石墨,炭纤维制品等,并且在生命科学、微电子技术、环保、能源等技术领域展现出广阔的发展前景。

* 特种石墨类制品

特种石墨根据不同的用途和生产工艺可分为高强、高密、高纯石墨,各向同性石墨、各向异性石墨等种类。特种石墨材料具有金属材料、高分子材料和无机非金属材料不可比拟的理化性能,其优良的导电、导热性能以及耐腐蚀、耐高温、热膨胀系数稳定、高密度、高强度、自润滑、易加工

等特性,使其广泛应用于冶金、化工、核能、宇航等高技术领域。我国特种石墨生产分布在电炭厂和炭素二厂,目前年生产能力约一万吨,普遍存在产品规格偏小、质量水平较低问题。

据有关资料统计,我国目前特种石墨需求量逐年上升,2000 年国内各种规格特种石墨年需求量已达到 13000 吨。其中高纯石墨年用量约为 5000 吨,机械行业用特种炭材料 2000 吨,电火花加工用各向同性石墨年用量约为 2000 吨,各种精密石墨模具、连铸石墨年用量约为 3500 吨,人造金刚石等特种石墨 900 吨,在核电领域大规格细结构高纯石墨国内还是空白。目前,约有 30%高质量大规格特种石墨需要进口解决,随着经济和科技的发展,材料领域对特种石墨的需求量愈来愈大,应用领域也不断拓展。特种石墨材料市场前景广阔。

由于大规格特种石墨生产技术国际上只有日、美等少数发达国家掌握,处于技术封锁和市场垄断状态,进口价格昂贵,严重制约着我国高技术产业的发展。公司在原军工科研基础上,已经掌握了特种石墨的生产技术,并可利用中试设备进行小批量生产。由于中试设备成型工序装备能力小,还不能生产市场紧缺的大规格特种石墨材料,影响了公司对特种石墨市场的扩展。公司发行股票成功后,利用募集资金和已有成熟技术,建设能生产大规格特种石墨生产线,可以填补大规格特种石墨国产化空白。由于公司生产的特种石墨与进口同类产品比较具有明显的价格优势,故与国外同类产品比有很强的竞争优势,市场前景广阔。

* 炭纤维类制品

炭纤维及其复合材料具有质量轻、高模量、高强度、耐疲劳、耐化学侵蚀等诸多优异性能,其真正工业性开发起步于本世纪五十年代,主要应用于航天器耐烧蚀部位和关键结构部位。进入九十年代,由于炭纤维生产成本大幅度降低,以炭纤维为增强材料的新型复合材料大量应用于民用领域,炭纤维以每年 10% - 30%的速度迅速发展,1999 年世界炭纤维生产能力已达到 43000 吨左右。炭纤维主要应用于体育休闲用品、电子产品、交通工具、建材增强、木材增强、航天航空、摩擦材料、机械、环保、能源等诸多领域。其产品形态主要有长纤维、切短纤维、纤维织布、纤维制毡、活化纤维及纤维与不同材料的复合制品。

国内碳纤维及其复合材料的研制始于 60 年代,目前国内的生产水平与国外相比落后近 15 - 20 年,整体生产能力只有近八十吨,大多数厂家的生产规模只有十几吨,国内已经形成的市场约 900 吨左右,90%以上的碳纤维依赖进口解决。

(二)炭素行业发展的有利和不利因素。

1.有利因素:

炭素行业是国家重点支持的基础原材料产业,炭材料及其制品在国家历次发布的技术发展政策中均被列为冶金、材料、能源等领域的重点内容。大直径高功率、超高功率石墨电极生产技术被列入国科发火字[1997]357 号文《国家高新技术产品目录》第 050213 项和国家计委 1998 年 1 月 1 日实施的《当前国家重点鼓励发展的产业、产品和技术目录》;微孔炭砖和半石墨质炭砖被国家计委、科技部列入《当前优先发展的高技术产业化重点领域指南》第 86 项"高炉富氧喷煤炼铁及长寿命技术",并被列入国家计委颁布实施的《当前国家重点鼓励发展的产业、产品和技术目录》;医用生物炭素材料、特种石墨、炭毡及炭/炭复合材料技术被列入国家《当前优先发展的高技术产业化重点领域指南》。直流电弧炉用大规格超高功率石墨电极、长寿高炉炭砖还被国家五部委认定为"国家重点新产品"。

炭素行业的市场前景广阔,传统炭素材料在发展中国家仍有较大的成长空间,而新型炭素材料在世界范围内正方兴未艾,是真正的朝阳行业。目前我国新型炭素材料大部分依赖进口,国内企业伴随着技术的引进,规模化的生产,低生产成本的优势逐步发挥,取代进口并逐步出口的前景十分看好。

原先需要进口的生产炭素制品所需的原料,如针状焦等,目前国内已有厂家开始大批量生产,最终将会取代进口原料。而炭素制品生产所需的大量能源,如电力、煤气等在国内成本较低,随着我国加入 WTO 后,进口高质量的原料价格也将会下降,生产成本的降低将极大地增强国内企业产品竞争力,利于将来的出口。

2.不利因素:

生产高功率、超高功率石墨电极的主要原料针状焦目前仍要依赖进口,受国际市场供求影响较大。炭素材料,尤其是新型炭素材料是技术含量较高的产品,目前技术主要掌握在少数发达国家的个别大公司手中,并且其对发展中国家普遍采取技术封锁的手段,这些因素将阻碍国内炭素企业的技术升级和产品更新换代。

我国加入 WTO 后,进口的炭素制品价格也将降低,对国内市场会有一定冲击。

3.进入本行业的主要障碍

炭素行业投资大,高功率、超高功率石墨电极、微孔炭砖、半石墨质炭砖、特种炭材料等产品生产工艺复杂,技术含量高,对技术装备要求高。炭素行业的许多技术属于专有技术,是否有足够的专业技术人才也是进入本行业的主要条件之一。

(三)公司面临的主要竞争状况

1.同行业竞争状况

无论是国际还是国内,整个炭素行业都基本属于垄断竞争的状态,公司的竞争对手主要是国际上和国内的少数几家大公司。2001 年国内普通功率电极、高功率电极和超高功率电极总的市场需求量分别为 110,000 吨、50,000 吨和 40,000 吨,普通功率电极和高功率电极没有进口,超高功率电极 2001 年进口量为 22,646 吨(数据来源:海关统计资料)。国内炭素行业主要生产厂家包括吉林炭素股份有限公司和本公司两家企业。2001 年两家企业在国产大规格超高功率石墨电极市场占有率为 72.52%,本公司的市场占有率为 29.11%,位居行业第二;2001 年两家企业的高功率石墨电极的总市场占有率为 60.62%,本公司的市场占有率为 17.90%,位居行业第二;2001 年两家企业普通功率石墨电极的总市场占有率为 36.18%,本公司的市场占有率位为 13.85%,居行业第二(数据来源:中国炭素行业协会统计资料)。半石墨质和微孔炭砖的竞争对手主要是国际大公司。特种炭材料、人工心脏瓣膜、炭毡及炭/炭复合材料目前国内只实现了小批量生产,竞争对手主要为国际大公司。国际竞争对手主要集中在美国、日本、德国等少数几个国家中。与国内公司相比,国际大公司的资本实力雄厚,并且具有规模优势,而国内公司主要在产品的性能价格比上具有一定优势。

2.公司的竞争优势

公司的技术实力和工艺装备水平目前居于国内同行业的前列。公司有多项产品属国内首创,填补了国内空白。公司是目前国内能够生产 Φ600mm 以上超高功率石墨电极的仅有的几家企业之一,也是国内唯一掌握成熟的微孔炭砖和半石墨质炭砖的生产技术并拥有相应的装备条件,具有一定的配套批量生产能力的企业。公司在特种炭材料领域更是走在了国内同行业的前列。公司现生产的特种石墨制品系列已见雏形;是国内最早进行人工心脏瓣膜、人造骨关节等生物炭材料研制和生产的厂家,也是目前国内规模最大的生产各向同性热解炭人工心脏瓣膜基体材料的厂家;公司是国内最早生产炭纤维的企业之一,是目前国内产量最大、质量最好的整体炭毡的生产厂家;公司利用原有军工技术基础,已经开发出以炭毡为基材的系列产品。

本公司所处的炭素行业具有较高的进入壁垒,无论是资本、技术、人才还是国家的产业政策均阻碍了新的竞争者的进入。目前国内炭素行业的市场集中度较高,本公司和吉林炭素股份有限公司。作为国内前两大炭素生产企业在多数炭素制品的市场占有率上已接近 50%,可以说公司所处行业的特点及公司在本行业位于前列的行业位置为本公司未来的稳定发展提供了坚实的基础。

公司所属的技术开发中心是目前国内炭素行业中最具综合实力的科研和试验检测机构之一,正在申请国家级技术中心,技术中心研制的产品多次获得省、部级奖励。

公司有着完整的质量管理体系,是国内率先通过 ISO9001 质量认证体系的企业之一,多年来公司产品的质量一直处于同行业的前列,从未出现过大的质量纠纷。

与国外公司相比,公司的产品具有较强的价格竞争优势,以特种石墨为例,公司生产的特种石墨价格仅为进口同类产品的 50%左右。

公司地处西北,伴随西部大开发战略的实施,作为甘肃省重点扶持的大型企业,公司也将充分享受到国家给予西部地区企业的各项优惠政策。

3、公司的竞争劣势

企业的劣势主要体现为资本实力不足,与国外大公司相比,在技术开发上的投入比例较低,新型炭素材料的规模较小;此外公司离部分原料供应地较远,运输费用较大,增大了产品成本。

4、市场份额变动的情况及趋势

2000 年、2001 年公司分别销售超高功率石墨电极 4666 吨和 4585 吨,比 1999 的 2602 吨大幅增长,分别占全行业的 31.62%和 29.11%,居行业第二位;2000 年、2001 年公司销售高功率电极分别为 9311 吨和 13448 吨,分别占全行业的 16.90%和 17.90%,居行业第二位;2000 年、2001 年公司销售炭砖 4902 吨和 5714 吨,分别占全行业的 14.22%和 14.02%,居行业第二位。公司 2000 年实现销售收入 36382.6 万元,比上年增长 4.02%,占行业的 20.52%,居行业第二位;2001 年实现销售收入 41290.3 万元,比上年增长 11.49%,仍居行业第二位。2000 年公司出口创汇额 824 万美元,占行业 12.08%;2001 年出口创汇 1210 万美元,比上年增长 46.84%。随着公司产品结构的进一步调整,增加市场急需的高功率、超高功率石墨电极及高质量的高炉炭砖的生产,公司占行业的份额也会进一步扩大。(以上数据来源:中国炭素行业协会的统计资料)

二、发行人的主要业务

(一)业务范围及核心业务

公司的业务范围是石墨电极、炭砖、糊类制品及新型炭素材料的生产、加工、销售和服务。公司的主要产品包括超高功率、高功率、普通功率石墨电极,微孔、半石墨质、普通炭砖,高档、密闭、普通炭糊和特种石墨制品、炭毡和炭/炭复合材料等高新技术产品。公司专注于炭素制品开发和生产,到目前为止,没有进行多元化的经营。本公司主业突出,核心业务是上述炭素制品的研究、开发、生产和销售。

(二)主要业务构成

本公司的主要业务为炭素材料中石墨制品类、炭制品类和特种炭素材料制品三大类产品的生产经营。业务构成情况如下:

主要产品	2002 年 1-6 月		2001 年		2000 年		1999 年	
	销售收入(万元)	占总收入比例(%)	销售收入(万元)	占总收入比例(%)	销售收入(万元)	占总收入比例(%)	销售收入(万元)	占总收入比例(%)
一、石墨制品类	19244	84.3	35006	84.8	31880	87.6	31130	90.8
1、超高功率电极	5344	23.4	7965	19.3	8307	22.8	4661	13.6
2、高功率电极	6713	29.4	14295	34.6	9600	26.4	11382	33.2
3、普通电极	7187	31.5	12746	30.9	13973	38.4	15087	44.0
二、炭制品类	2331	10.2	3546	8.6	813	2.2	---	---
1、炭砖	1842	8.1	2452	5.9	338	0.9	----	---
2、炭糊	489	2.1	1094	2.7	475	1.3	---	---
三、其他炭素制品	1247	5.5	2738	6.6	3690	10.2	3155	9.2
合计	22822	100.0	41290	100.0	36383	100.0	34285	100.0

注:炭制品生产系统 2000 年 8 月进入股份公司。

(三)主要产品的生产能力和实际产量

炭素制品分长流程产品、短流程产品。前者主要指石墨电极、炭砖,后者主要指炭糊。长流程产品生产能力是对各生产工序经综合平衡计算得出的,其基本计算系数是以普通石墨电极系数为 1,高功率石墨电极系数为 2,超高功率石墨电极系数为 2.5,炭砖系数为 1。按此折合系数将公司实际生产的各种产品和原设计能力都折算成普通功率石墨电极,情况见下表:

单位:吨

主要产品	生产能力	实际产量				生产能力空闲
		1999 年	2000 年	2001 年	三年平均	
一、长流程产品合计(折算普通功率电极)	59000	55049	48839	55479	53122	5878
1、普通功率电极	35000	17263	17349	15653	16755	
2、高功率电极	10000	12131	7911	14012	11351	
3、超高功率电极注①	0	3932	4435	4721	4363	
4、长寿高炉炭砖	4000	3694	4580	5821	4698	
二、短流程产品	27000	11501	14350	12272	12708	14292
炭糊注②	27000	11501	14350	12272	12708	14292

注①:目前公司超高功率电极的生产是占用普通功率电极和高功率电极的生产能力进行的。

注②:炭砖、炭糊生产系统 2000 年进入股份公司,所以 99 年的数据为集团公司的实际数。

(四)主要产品的主要用途和消费群体

1、石墨制品类

公司生产的石墨类炭素材料以石墨电极为主,同时生产大型石墨导电材料、结构材料。石墨电极生产根据使用的原料和工艺的差别,分为超高功率石墨电极、高功率石墨电极和普通功率石墨电极。其中超高功率石墨电极用于大吨位超高功率电弧炉炼钢;高功率和普通功率石墨电极分别用于高功率电弧炉或普通电弧炉特殊钢、黄磷、工业硅和刚玉等的冶炼。

石墨制品的主要消费群体有特殊钢厂、钢铁厂、大(重)型机械制造厂、砂轮厂、磷化工厂等。

2、炭制品类

公司生产的炭制品类产品,主要包括炭砖和炭糊制品。

* 炭砖制品

炭砖分为微孔炭砖、半石墨质炭砖和普通炭砖。其中微孔炭砖主要用做炼铁高炉内衬材料,半石墨质炭砖用做炼铁高炉内衬材料外,还用于大型铝电解槽阴极材料,普通炭砖用作矿热炉内衬材料。炭糊类制品主要有电极糊、密闭糊等品种。

炭砖中的长寿高炉用优质炭砖,是当今世界公认的高技术产品,作为高炉炉缸和炉底砌筑材料,具有耐碱侵蚀、抗铁水溶蚀等优良性能,可使炼铁高炉达到高效、节能、长寿的目的。大型铝电解槽用阴极材料是公司又一拳头产品,其生产工艺和质量水平与半石墨质炭砖相同,公司研制开发的大截面半石墨质阴极炭砖供不应求。

炭砖主要消费群体有:钢铁厂、铁厂、铝冶炼厂、维尼纶化工厂、电石厂、铁合金厂等。

* 炭糊制品

炭糊制品能在使用中自焙烧形成导电电极,机械强度和导电性能良好。主要用作矿热炉自焙电极(如硅铁、电石冶炼用电极糊等),还可用作冶金炉砌筑材料(如粗缝糊、细缝糊和不定型炭质浇注料)。公司研制的德马克小块糊,产品质量处于国内领先地位,深受用户喜爱。

炭糊主要消费群体有:铁合金厂、电石厂、维尼纶化工厂等。

3、特种炭素材料类

公司生产的特种炭素材料可分为特种石墨制品和纤维类制品两大类。

* 特种石墨制品

特种石墨制品应用于航天、核能、电子、冶金等领域。产品主要有反应堆用核石墨、火箭发动机主喷管用热解石墨管片,航天飞行器石墨舵,用于冶金连铸连轧、机械电火花加工、精密磨具制作等的高强、高密、高纯石墨和各向同性石墨。

以各向同性石墨为基体采用低温气相沉积工艺制成的医用生物炭素制品,包括人造心脏瓣膜、人造骨关节、人造鼻骨、人工肌腱等人体植入物,也具有良好的市场前景,其中公司生产的人造心脏瓣膜已植入人体 3 万余例,产品质量达到国际同类产品水平,使用效果良好。

* 炭毡和炭/炭复合材料

炭毡和炭/炭复合材料应用于航空、航天、环保等领域,并可作为高保温、隔热材料使用。整体炭毡是制作我国东风系列运载火箭发动机喉衬的基材;平板炭毡用于制作短程火箭喉衬并可作为高温保温隔热材料使用;具有良好吸附性的活性炭毡,可替代颗粒状活性炭用于空气和水质过滤;炭/炭复合摩擦材料是新一代的飞机、火车、汽车以及高速钻机的刹车摩擦材料。

(五)主要产品工艺流程

1、石墨电极、炭砖、炭糊工艺流程

石墨电极、炭砖、炭糊工艺相近、设备相通,其工艺流程主要分为煅烧、配料混捏、压型、焙烧、浸渍、二次焙烧、石墨化、加工等 8 个主要生产工序。

(1)石墨电极工艺流程

石墨电极按质量特性可分为普通功率石墨电极、高功率石墨电极和超高功率石墨电极。工艺流程一般经过煅烧、配料混捏、压型、焙烧、浸渍、二次焙烧、石墨化、加工等 8 个主要工序,石墨电极生产周期为 75 - 180 天。

·石油电极工艺流程图

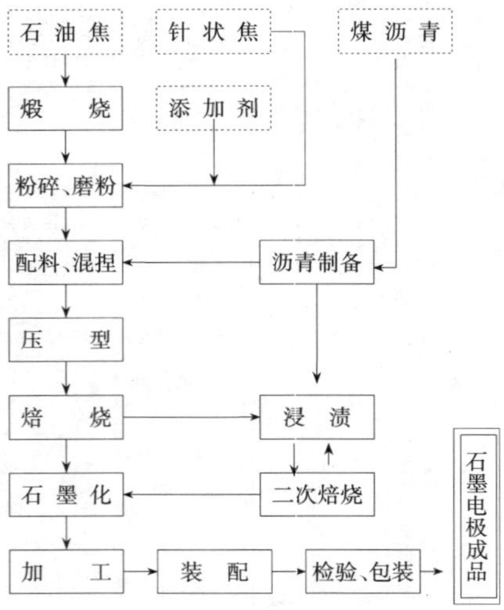

普通功率、高功率、超高功率石墨电极生产的主要区别是使用原料不同、工艺配方不同，各工序温度、压力等工艺参数不同，浸渍和焙烧次数不同。

(2)炭砖生产工艺流程

＊炭砖按质量和用途不同，分为普通炭砖、半石墨质炭砖和微孔炭砖，工艺流程主要为煅烧、配料混捏、压型、焙烧、加工等五个工序，其生产周期为45—90天。生产工艺流程如下图：

＊炭砖生产工艺流程

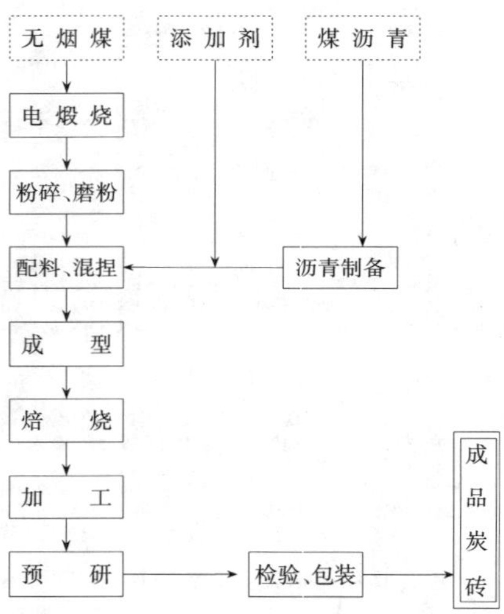

普通炭砖、半石墨质炭砖、微孔炭砖生产的主要区别是使用原料不同，工艺配方不同，煅烧和焙烧处理温度不同。

(3)炭糊生产工艺流程

炭糊生产相对于其他炭素制品，具有生产流程短，工艺简单特点，一般习惯将石墨电极和炭砖称为长流程产品将炭糊称为短流程产品。炭糊生产工艺周期一般为2－4天。

炭糊生产工艺流程图

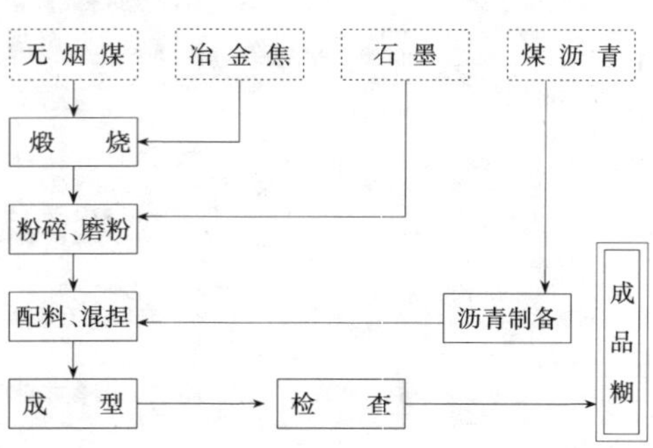

2、炭素新材料工艺流程

(1)特种石墨工艺流程

特种石墨有别于普通石墨(石墨电极类)制品，从性能上要求具有高密度、高强度、细结构、低膨胀率，特殊领域还要求低(或高)取向性、高纯度等特性。特种石墨生产工艺与石墨电极生产相比有着特殊的工艺特点。

为了得到高强高密细结构制品，其技术关键是既要得到细结构、高密度生坯制品，同时保证产品在焙烧和石墨化高温处理时不开裂。主要工艺环节是围绕提高细结构制品密度制定原料制备、原料配方、成型工艺，围绕避免制品开裂制定严格的焙烧石墨化温度等工艺制度。

特种石墨工艺流程见下图：

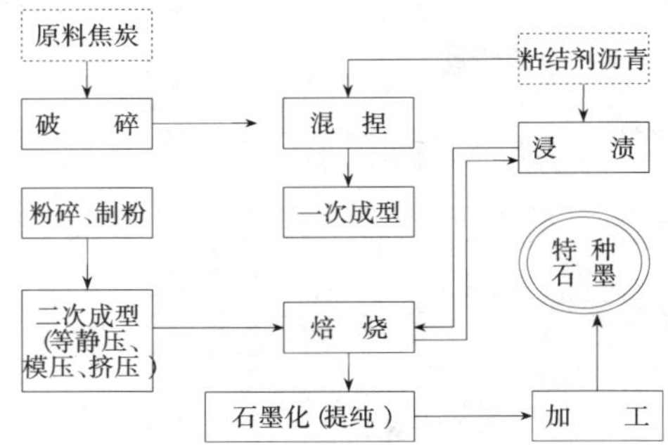

(2)人工机械心脏瓣膜工艺流程

＊人工机械心瓣由瓣阀、瓣架和缝合环三部分组成。随着技术进步和人们对材料性能认识的深入，人工机械心瓣经历了由金属－硅橡胶组合体、金属－低温各向同性热解炭组合体到现在的全低温各向同性热解炭组合体的发展过程。金属－低温各向同性热解炭组合体的瓣阀是在特种石墨材料基体上，采用低温气相沉积工艺在其表面生成各向同性热解炭制成，瓣架由钛合金钢制成，本公司生产的BS型以及在此基础上改进的CL－Ⅰ型、CL－Ⅲ型人工心瓣均属于这一类组合体。公司最近研制的DFC－1型全低温各向同性热解炭人工心瓣(简称全炭瓣)，瓣叶、瓣架均由将石墨基体剥离后的各向同性热解炭材料制成，缝合环通过超低温气相沉积工艺，在其表面沉积超低温各向同性炭薄膜，这种组合体被视为人工心瓣的第四代产品，具有更好的生物相容性和血液动力学性能。

全炭瓣的生产工艺流程可分为以下11个工艺过程：

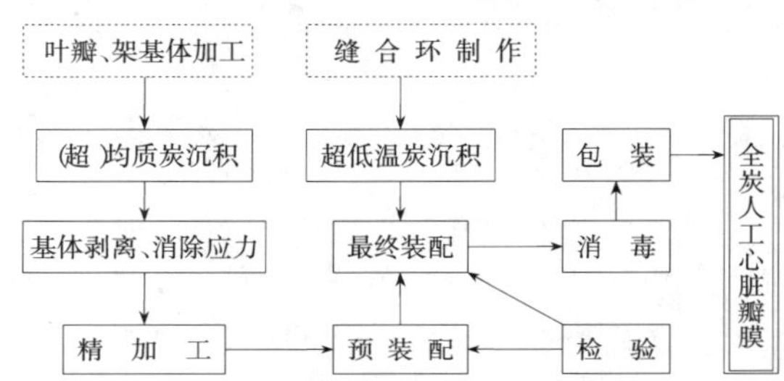

3、纤维类炭素材料关键工艺技术原理

以聚丙烯腈原丝为原料，通过制毡、预氧、炭化等工艺，可以生产整体炭毡、平板炭毡等炭毡类制品；以平板炭毡为基材在经过活化或沉积，可生产出活性炭毡、沉积炭毡、炭/炭复合材料等系列产品。

公司是国内最早进行炭纤维、炭毡和炭/炭复合材料研制开发的企业之一，经过二十多年的努力，开发出平板炭毡、整体炭毡、炭/炭复合摩擦材料等产品，为我国的国防军工事业作出了贡献，为电子、冶金等行业提供了优质保温材料，同时拥有了一批从事炭毡及炭/炭复合材料研究开发的工程技术人员和生产及检测设备。并在近年开发出以平板炭毡为基材的活性炭毡、改性炭毡、沉积炭毡和炭/炭复合摩擦材料，形成了炭毡系列产品，具备一定的人才、技术、装备优势。纤维类炭素材料主要工艺如下：

＊整体炭毡

整体炭毡是固体火箭发动机炭/炭复合喉衬的优质基材，除作为DF－15型火箭发动机定型产品的专用原材料之一，已用于更先进的DF－31型火箭发动机。公司目前是提供整体炭毡的唯一厂家。整体炭毡生产工艺流程图如下：

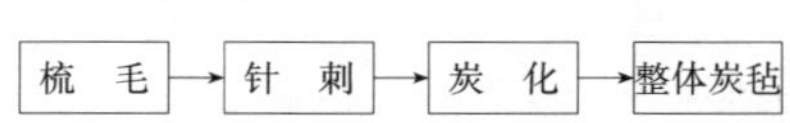

＊平板炭毡及系列产品

平板炭毡是由航天部提出，兰州炭素厂首次研制成功，主要用作小型火箭发动机的喉衬基材。平板炭毡由于具有耐腐蚀、导热系数小，柔软质轻等特点，后又作为电加热炉和真空炉做高级保温材料和隔热材料。以平板炭毡为基材经过活化或沉积处理，还可制成吸附材料、扩散阴极材料和摩擦材料。平板炭毡及系列产品工艺流程图如下：

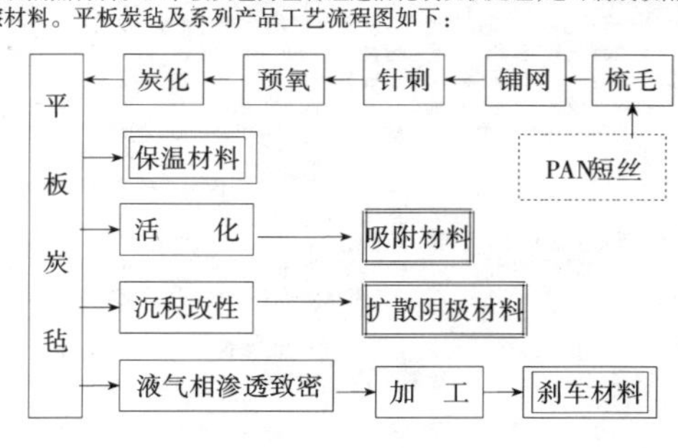

＊高级摩擦材料

以平板炭毡为基材,使用"直接式液气相致密工艺",可生产沉积炭毡和炭/炭复合刹车材料。"直接式液气相致密工艺"是炭/炭复合材料生产工艺中一项全新的技术,致密时间由原来的气相沉积工艺 1000 小时左右缩短至 6 - 10 小时,大大降低了生产成本,从而使炭/炭复合沉积炭毡由军用转为民用、扩大批量生产成为可能。直接式液气相致密工艺原理图如下:

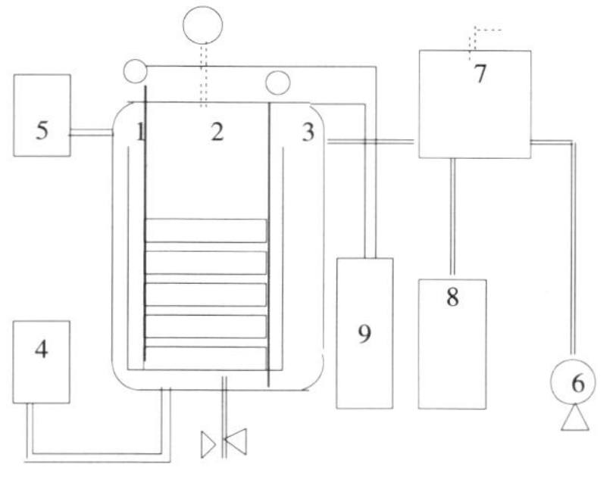

1.沉积室 2.预制体 3.电极 4.储液器 5.补液器 6.压力调节器 7.冷凝器 8.回收器 9.电源及控制系统

(六)主要设备情况

公司炭素生产主要设备根据其技术特性可分为三类:国际先进水平设备、国内先进水平设备和国内一般水平设备。设备的物理寿命长于设备的技术寿命。从设备的技术寿命分析,由于炭素产品大部分属于基础原材料产品,有着技术工艺相对稳定、设备技术寿命周期长的特点。炭素生产主要设备处于国际先进水平的技术寿命平均在 33 年左右,处于国内先进水平的技术寿命平均在 25 年左右,处于国内一般水平的技术寿命平均在 20 年左右。公司处于国内一般水平的设备共 16 台套,其中近年进行重置性大修 2 台,列入近期技术改造计划 9 台(已开始实施的 8 台套),1 台套为利用本次募集资金解决,另 5 台十五期间进行改造。其余设备均为国内先进水平和国际先进水平,有较长的技术使用年限。公司主要设备有:φ1.8×36m 回转窑 2 台、φ2.2×45m 回转窑 2 台、电容量为 12000KVA 电气煅烧炉 2 台、2000 升蒸汽加热混捏机 6 台、2200 升电加热混捏机 2 台、240C 升电加热混捏机 2 台、3000 升电加热混捏机 8 台、35MN 和 25MN 油压挤压机各 1 台、25MN 水压挤玉机 2 台、10MN 水压挤压机 1 台、震动成型机和成型机各 1 台、30 - 34 室环式焙烧炉 6 台、φ2.2×7m 卧式浸渍罐 2 台、长 109m 美浓式隧道窑 1 台、Φ250mm—Φ800mm 电极清理机 1 台、16000 KVA 直流石墨化机组 4 组、10020 KVA 直流石墨化机组 1 组、数控电极加工机组 1 套、国产电极加工机组 1 套、数控接头加工机组 1 套、国产接头加工机组 1 套、数控炭砖加工机组 1 套以及国产炭砖加工机组 1 套等。

(七)原材料及能源的供应

炭素产品生产所使用的原料和能源主要有:石油焦、针状焦、沥青焦、煤沥青、无烟煤、冶金焦、电、煤气等。本公司具有稳定的原料供应渠道,是距新疆油焦(石墨电极生产的主要原料)生产基地和太西煤(优质炭砖生产的主要原料)生产基地最近的炭素生产企业。吐哈油田的进一步开发和新型炼油企业的崛起,将为公司未来发展提供更丰富的油焦资源。生产超高功率石墨电极所需的优质针状焦需从国外进口。

公司生产所需的电力、煤气资源亦有丰富的供应。公司所处地域毗邻龙羊峡、刘家峡、盐锅峡、八盘峡、青铜峡等黄河上游大中型水电站,水电资源丰富。建设中的青海油田天然气输送工程,使本公司即将采用优质低价的天然气作为新的能源。

(八)环境保护情况

炭素生产属于重污染行业,主要污染物为沥青烟、粉尘、污水和废渣。根据国家环境保护法和有关污染物排放许可制度规定,公司废气、沥青烟排放标准执行 GB9708 - 1996 二级标准;粉尘排放标准执行 GWPB3 - 1999 二级标准;废水排放标准执行 GB8978 - 1996 一级标准。公司生产废渣基本进行综合利用,不造成污染。公司近三年污染物排放情况见下表。

	项目	单位	排放标准	1999 年	2000 年	2001 年	平均值
废 气	沥青烟	Mg/m3	50.0	45.7	45.3	43.9	45.0
	尘		200.0	158.6	174.7	170.9	168.1
废 水	酚	Mg/l	0.500	0.004	0.002	0.073	0.026
	石油类		10.0	4.0	4.6	5.2	4.6
	COD		100.0	69.0	63.8	65.0	65.9
	SS		70.0	40.0	25.4	44.0	36.5
	硫化物		1.00	0.72	0.76	0.73	0.74
	PH		6 - 9	8.3	8.3	8.4	8.3

公司历来重视环境治理和保护,目前各类污染物的排放都达到国家规定的达标排放要求,近三年来没有因违反国家环境保护方面的法律、法规而受处罚。

(九)销售市场及销售方式

由于炭素材料的独特特性,其用途十分广泛,故而公司的客户分布也较为广泛。目前公司的主要客户共有 120 多家,主要分布于冶金、化工、机械、航空航天、国防、医疗等行业。公司的核心产品石墨电极主要用于冶金、机械和化工行业,主要客户为一些规模较大的铁厂、特殊钢厂、铁合金厂、铝厂和黄磷厂等。公司生产的炭素新材料是未来新的利润支撑点,主要用于航天、核能、医疗、环保等领域。公司通过自建销售队伍与代理商结合的方式进行销售。目前本公司在全国共建有 6 个经销部,历经几十年的合作和市场开发,在主要客户的分布区域,如西北、西南、华北、华东、中南等地区已形成了稳固的销售渠道和经销网络。对于市场分散、容量小的边远地区,公司通过代理商销售的方式,进一步完善销售网络。在代理商销售方式下,公司根据代理商开拓的当地客户的实际需求量,将产品直接销售给代销商,再由代销商转销给当地客户。目前,公司向代理商销量较小,不属于销量前五名客户。

(十)产品的质量控制情况

公司依据 ISO9001 标准建立了质量管理和质量保证体系,通过了有关部门的认证,质量体系已有效规范地运行。《炭素制品工艺技术规程》是公司产品质量控制的主导性质量控制标准,其中包括了从原料进厂到煅烧、压型、焙烧、石墨化、加工及包装入库等主要工序的全部技术条件、工艺规程、使用工装及设备操作方法等。现行质量控制工作已贯穿于公司炭素制品生产的市场调研、规范的编制、工艺的准备、生产制造、检验、运输及售后服务的全过程之中。

多年以来,公司从未出现与用户产生质量纠纷的情况,并保持着同行业良好的质量信誉。

三、主要固定资产及无形资产

(一)主要固定资产

公司的固定资产包括专用设备、通用设备、运输设备和房屋建筑物,公司的装备水平居于同行业的前位,机器设备专业性较强。公司拥有从美国、日本引进的具有国际先进水平的电极和接头数控加工生产线、炭砖加工组合机床、二次焙烧隧道窑等自动化程度较高的生产设备。与国内有关单位共同研制的 φ2.2×45M 回转窑,35MN、25MN 油压挤压机,32 室、34 室环式焙烧炉、16000KVA 直流石墨化炉等生产设备,技术水平也处于国内领先地位。

截止 2002 年 6 月末,公司拥有固定资产原值为 48140 万元,固定资产成新度为 43.13%。炭素生产专用设备总额为 22787 万元,占固定资产总额的 47.33%。

(二)无形资产

1、商标

本公司与兰州炭素(集团)有限责任公司签定了《注册商标无偿转让协议》,根据该协议的规定,集团公司将其持有的第 744198 号(有效期:1995 年 5 月 7 日至 2005 年 5 月 6 日,使用商品为耐火材料)和 751733 号(有效期:1995 年 6 月 21 日至 2005 年 6 月 20 日,使用商品为导电材料、石墨电极、糊类)"兰光"牌注册商标无偿转让给公司,上述商标转让已经国家工商行政管理总局商标局核准。

2、土地使用权

本公司现使用土地面积为 415,068.0 平方米,向集团公司租赁使用。集团公司以授权经营的方式取得该土地的经营权。本公司与集团公司之间签有《土地使用权租赁协议》,根据该协议规定,并经甘肃省国土资源厅核准,土地租赁期限为 10 年,每年租赁费 186 万元。

四、发行人技术

(一)发行人核心技术的来源方式及先进程度

1、核心技术来源

公司在炭素行业拥有 30 多年的研究开发及生产经验。技术力量雄厚,设备先进。公司的技术开发中心是目前国内炭素行业中最具综合实力的科研和检测机构之一,被列为省级技术中心,并被推荐申报国家级技术中心。本公司依靠雄厚的技术实力,致力于炭素制品的研发与生产,几乎所有主要产品的核心技术均由本公司自行研制、开发完成。到目前为止,公司已有多项产品列入《国家高新技术产品名录》。

2、公司专有核心技术情况

公司主发起人兰州炭素(集团)有限责任公司集 30 多年的科研开发和生产实践于一体,不断吸收消化国外先进技术,广泛开展同国内各科研院校(所)的研发合作,经历独立研制和联合研制,创立了一系列炭素制品生产的专有核心技术。由于这些专有技术都依附在产品上,主发起人在公司设立时,以及后来通过与公司资产置换,炭素制品相关的设备与科研机构和人员全部进入公司,相应地与之相关的专有核心技术也进入了公司。公司专有核心技术有:

(1)高功率(HP)和超高功率(UHP)电极相关技术:HP、UHP 石墨电极原料配方、HP、UHP 石墨电极粒度配方、糊料增塑技术、石墨化气胀抑制技术、特有大规格石墨电极挤压型嘴、一次、二次焙烧温度曲线、焙烧与浸渍致密化技术、石墨化温度曲线、内串石墨化技术、高精度加工技术、本体与接头材料特性匹配技术、石墨电极与炼钢电弧炉匹配技术。

(2)长寿高炉炭砖相关技术:无烟煤性能与煅烧技术、原料配方与粒度配方、添加剂技术、大规格高炉炭砖成型技术、高精度整套炭砖加工技术、大型预研平台。

(3)特种石墨材料相关技术:原料制备技术、添加剂技术、等静压成型技术、热气提纯技术、浸渍焙烧气相沉积致密技术。

(4)全炭双叶瓣人工心脏瓣膜相关技术:超均质气相沉积技术、超低温气相沉积技术、电火花切割分离加工技术。

(5)炭毡炭/炭复合材料:催化预氧化技术、应力预氧化技术、腈纶网胎技术、气液双相快速沉积技术。

3、主导产品的技术水平

本公司于 2000 年分别通过了国家科技部和中国科学院的"双高"认证,公司主导产品具有较高的科技含量。

(1)大直径高功率、超高功率石墨电极

大直径高功率、超高功率石墨电极生产技术是高功率、超高功率大吨位电弧炉炼钢的关键技术之一。本公司自八十年代末期开始相继开展了高功率、超高功率石墨电极的研制,目前已具有成熟的高功率石墨电极生产技术,Φ300 - - Φ500mm 各种规格的高功率石墨电极陆续在八十年代末和九十年代初通过了国家和省部级鉴定。研制的 Φ350mm、Φ400mm、Φ450mm、Φ500mm 等规格的超高功率石墨电极,于 1985 - 1996 年分别通过了省级和国家级鉴定,并已投入批量生产。Φ500mm 超高功率石墨电极获冶金部科技进步二等奖和省优秀新产品、新技术成果一等奖。Φ550mm、Φ600mm 等规格的超高功率石墨电极,在莱芜钢厂、张家港沙钢集团润忠钢铁公司和永新钢铁公司等厂家进行了炼钢对比实验,实验结果表明其实物质量和吨钢消耗等主要经济技术指标达到或接近世界发达国家同类产品水平,可以替代进口,满足国内大吨位电弧炉炼钢发展的需要。2001 年公司超高功率、高功率石墨电极销量近 18000 吨,产品在用户中享有良好的信誉。属于公司专有技术的大直径高功率、超高功率石墨电极生产技术被列入国科发火字[1997]357 号文《国家高新技术产品目录》第 050213 项和国家计委 1998 年 1 月 1 日实施的《当前国家重点鼓励发展的产业、产品和技术目录》,2000 年被国家五部委认定为国家重点新产品。

(2)微孔炭砖和半石墨质炭砖

微孔炭砖和半石墨质炭砖是当今世界公认的高技术产品,作为高炉炉缸和炉底砌筑材料,具有耐碱侵蚀、抗铁水溶蚀等优良性能,可使炼铁高炉达到高效、节能、长寿的目的。公司研制的半石墨质和微孔炭砖于 1995 年通过冶金部鉴定,分别获得了冶金部科技进步二等奖,1996 年半石墨质炭砖和微孔炭砖还被评为甘肃省当年唯一的优秀新产品、新技术成果特等奖。目前公司是国内唯一拥有成熟的长寿命高炉炭砖生产技术,并拥有相应的装备条件和批量生产能力的企业,已向国内大型钢铁企业提供了批量产品,使用效果良好,产品性能指标和实物质量水平达到甚至优于国际优质炭砖同类产品水平,替代了进口产品,填补了国内空白。1995 - 1997 年为武钢、唐钢、首钢等高炉大修及出口津巴布韦生产的微孔炭砖,性能达到了日本 BC - 7S 新型炭砖标准,可满足高炉使用寿命的技术要求,进入国际先进水平行列。公司开发研制的在国内独家拥有生产技术的微孔炭砖和半石墨质炭砖被国家计委、科技部列入《当前优先发展的高技术产业化重点领域指南》第 86 项"高炉富氧喷煤炼铁及长寿命技术",并被列入国家计委颁布实施的《当前国家重点鼓励发展的产业、产品和技术目录》,2000 年被国家五部委认定为国家重点新产品。

(3)特种石墨制品

公司有着悠久的特种石墨生产历史,是国家核工业和宇航工业特种石墨重点试验和生产企业。1967 年研制生产出我国第一代反应堆用核石墨,并为原二机部 821、816 两座反应堆提供了全套核石墨制品,1978 年该研制项目获甘肃省科技成果奖。80 年代中期至今又先后研制生产出国防工业急需的延迟焦石墨套管、205 石墨舵毛坯、喷管用热解石墨管片等高技术产品,分别通过了省部级鉴定,1985 年延迟焦石墨套管研究成果获国家级科技进步二等奖。九十年代末期,为国家"863"重点项目清华大学核能院 10MW 高温气冷实验堆配套研制、生产的含硼炭砖,一次通过了项目验收,产品各项指标优于合同规定。

(4)医用生物炭素制品

公司经过多年研究,在掌握了先进、成熟的人工心脏瓣膜基体生产技术、稳态流化床低温各向同性炭沉积技术及阀瓣加工技术的基础上,在国内最早研制生产了 BS 型、CL - Ⅰ型、CL - Ⅲ型低温各向同性热解炭人工心脏瓣膜,分别通过了解放军总后勤部、国家医药管理总局、冶金部军工办联合组织的技术鉴定以及由上海市医疗管理部门组织的技术鉴定。产品质量达到国际同类产品水平,植入人体 3 万余例,使用效果良好。先后荣获国家科委火炬办和中国科学技术研究所等单位授予的"火炬杯"奖、解放军总后勤部科研成果二等奖、上海市重大科研成果二等奖等多项奖励。研制的炭素人工关节、人工肌腱也分别于 1985 年和 1987 年通过了省级鉴定,人工肌腱研究成果获省科技进步三等奖。

(5)炭毡和炭/炭复合材料

公司是国内最早进行炭纤维研制和生产的企业之一,研制的通用型沥青炭纤维和催化法预氧纤维分别于 80 年代中期通过中科院和冶金部联合组织的鉴定,并获冶金部科技进步三等奖。近年来,随着炭纤维生产企业的增加,公司主动放弃了低附加值产品的生产,利用自身的科研优势转向高技术、高附加值产品的开发。成功地开发出腈纶平板炭毡、航空航天用整体炭毡、炭/炭复合刹车盘等新型炭材料及制品。平板炭毡于 1984 年通过航天部、冶金部鉴定,应力预氧丝工艺整体炭毡 1997 年通过国家级鉴定,腈纶网胎工艺整体炭毡 1986 年获冶金部科技进步三等奖;歼 7 飞机刹车机轮用炭/炭复合材料刹车盘 1990 年通过冶金部和航天部鉴定,1993 年获冶金部科技进步三等奖。

医用生物炭素材料、特种石墨、炭毡及炭/炭复合材料技术被列入国家《当前优先发展的高技术产业化重点领域指南》第 70 项"生物医学材料及体内植入物和人造器官"以及《国家高新技术产品目录》第 090703 项"高温气冷堆及配套产品",第 070302 项"运载火箭结构系统及产品",第 030216 项"高性能绝缘、隔热材料"等。

(二)研究开发情况

1、技术开发队伍

公司现有产品开发、工艺研究、设备研究、科技信息及资料管理、产品检验测试、经济管理等各方面专业人员 406 人,占职工总数的 11.3%,其中:具有高级技术职称的专业技术人员 51 人,中级职称的技术人员 117 人。

公司许多工程技术人员是国内冶金和炭素行业的知名专家和技术权威,有 2 人享受政府特殊津贴。

2、技术开发机构

公司创立后在原炭素材料研究所和炭素材料质量监督检测中心的基础上成立了企业技术中心。该中心是目前国内炭素行业中最具综合实力的科研和试验检测机构之一,已被甘肃省推荐申报国家级技术中心。

3、研究开发投入

公司一贯重视企业的科研和开发工作,在资金、人力的投入上实行政策倾斜。1999 至 2001 年用于新产品、新工艺的开发、试验和设备投入及研究人员学术交流等科研方面的资金分别为 1560、1620、1750 万元,分别占当年销售收入的 4.5%、4.5%和 4.2%。随着公司产品结构进一步转向高新技术领域,公司用于新技术、新产品研究、开发的投入将进一步加大。

4、技术管理情况

公司制订了《专有核心技术管理规定》,规定:科技人员在本岗位取得的技术研究成果归企业所有,能够申报专利的及时申报;公司与科研人员签订科研项目时,应要求科研人员不得向外泄露研制内容及相关技术;公司与外单位签订的委托研发合同或技术合作合同中,应明确要求对方不得向第二方泄露或转让归属公司的核心技术等。《专有核心技术管理规定》对相关合同管理,科研、生产过程管理,相关技术文件、资料管理,对外交流管理等各方面都作了规定,可以有效地保护所拥有的专利、非专利技术使用权和所有权。

(三)公司名称冠有"科技"的依据

根据国家高新技术产业开发区外高新技术企业认定条件和办法,经专家委员会论证,甘肃省科学技术委员会以甘科政[1999]37 号文,认定本公司为高新技术企业;2000 年 6 月公司分别通过了中国科学院、科技部组织的高新技术认证,经 2000 年年度股东大会批准,公司将名称变更为"兰州海龙新材料科技股份有限公司"。

第八章　同业竞争与关联交易

一、同业竞争

本公司实际控制人及其控制的其他法人与本公司之间不存在从事相同、相似业务的情况。

集团公司与炭素制品生产有关的资产已全部进入本公司,并承诺今后不再从事炭素制品的生产,本公司与集团公司之间签订了《避免同业竞争协议》。集团公司目前主要从事投资管理、水、煤气、蒸汽等生产销售、电力转供、土木建筑安装工程、机械加工和设备大修理工程、公路运输、物业管理等业务。集团公司目前从事的业务与本公司完全不同。

发行人律师认为,发行人与关联方之间不存在同业竞争。发行人控股股东集团公司承诺:集团公司及其子公司或控股的其它公司都将不从事任何在商业上对发行人有可能构成直接或间接竞争的同行业或同类产品的生产、销售业务或活动。

本次发行主承销商认为,发行人与其关联方之间不存在同业竞争。

二、关联方、关联关系、关联交易

(一)关联方及关联关系

1、本公司控股股东

兰州炭素(集团)有限责任公司因持有本公司 96.67%的股份是本公司的控股股东,是本公司的关联企业。

2、公司其他股东

本公司的其他股东有:窑街矿务局、甘肃祁连山水泥股份有限公司、太西集团有限责任公司(原石炭井矿务局)、兰州科近技术有限公司,以上公司均为本公司关联企业。

3、控股股东控制的公司

控股股东控制的公司有:兰州兰炭大厦实业有限公司,兰州兰光实业有限责任公司,兰州炭素建筑安装有限公司。以上三公司均为集团公司的全资子公司,与本公司之间是受同一方控制的关联企业。

4、合营企业、联营企业

本公司到目前为止,未有任何合营企业、联营企业。

5、主要个人投资者、关键管理人员、核心技术人员及其控制的企业

本公司的股东皆为法人,未有个人股东。

本公司关键管理人员和核心技术人员未有任何控制的企业。

6、关联方对公司进行影响的方式、途径和程度

集团公司目前持有本公司股权 11600 万股,占总股本的比例的 96.67%,本次发行上市后,占总股本的比例 58%,是本公司绝对控股的股东。集团公司不直接干预公司的决策,凭其持有的股权依据《公司法》和《公司章程》通过公司股东大会决定公司的经营方针和投资计划,选举和更换公司董事和监事等途径对公司产生重大影响;其他股东也不直接干预公司的决策,凭其持有的股权依据《公司法》和《公司章程》通过公司股东大会决定公司的经营方针和投资计划,选举和更换公司董事和监事等途径对公司产生影响;控股股东的子公司与本公司之间的关系是属同一母体的公司,其对公司的生产经营、人事、管理等方面无直接影响。

(二)关联交易情况

1、关联交易内容

公司与集团公司存在关联交易主要有:

(1)由于公司主发起人在建厂选址时远离城市,所以建厂时都配套建设了水、电、煤气、蒸汽、设备检修等兼顾生产和职工生活服务的配套设施。为了保证公司致力于炭素制品的主业发展,目前将上述具有辅助和社会服务职能的设施留在了集团公司,这就造成了公司生产所需的水、电、煤气、蒸汽等全部需要集团公司提供,部分设备检修和计量等劳务也由集团公司提供,2000 年、2001 年、2002 年 1-6 月公司向集团公司采购水电为 4435.10 万元、7668.61 万元、3967.82 万元;蒸汽为 408.57 万元、1111.63 万元、575.31 万元;煤气为 663.20 万元、1872.60 万元、916.46 万元;接受集团公司劳务为 1597.13 万元、3452.47 万元、828.49 万元,都占同类业务的 100.00%。

(2)公司向集团公司租赁德国菲斯特·茵康高压浸渍和日本品川二次焙烧隧道窑两台设备,以弥补公司在加工超高功率电极时该工序生产能力的不足,截止 2001 年 12 月 31 日该两台设备的净值为 12,772.85 万元,公司每年向集团公司支付租赁费 713 万元。

(3)公司生产经营所需的土地向集团公司租赁,2000 年、2001 年、2002 年 1-6 月分别向集团公司支付土地租赁费 159.37 万元、186.00 万元、93.00 万元。

(4)2001 年 11 月之前公司的部分产品和原料需要通过集团公司下属的进出口公司销售和采购,2000 年、2001 年公司向进出口公司销售产品为 3910.75 万元、7648.31 万元,分别占同类业务的 10.75%、18.71%;公司向进出口公司采购原料为 5188.77 万元、8756.16 万元,分别占同类业务的 21.83%、33.60%。公司于 2001 年 10 月 25 日取得进出口企业资格证书,并以收购形式取得了兰州炭素进出口有限公司 60%的权益,今后公司的进出口业务将由公司的控股子公司完成。

(5)公司向集团公司租赁 1649 平方米的办公用房,年租赁费为 10.49 万元。

(6)控股股东向公司无偿转让"兰光"牌第 744198 号、第 751733 号注册商标,商标转让已经国家工商行政管理总局商标局核准。

(7)公司 2001 年 11 月收购集团公司全资子公司兰州炭素进出口公司的 60%净资产,并与集团公司共同发起设立兰州炭素进出口有限公司,公司占兰州炭素进出口有限公司 60%的股权。

公司拟用本次募集资金收购现租赁的高压浸渍和二次焙烧隧道窑设备,收购完成后,公司与集团公司之间的关联交易仅为:①集团公司向公司提供水、电和劳务等;②向集团公司租赁土地和少量办公用房等。

2、主要关联交易的定价政策及依据

本公司与集团公司之间关联交易的价格主要根据市场价确定,没有市场价的根据双方交易的成本加一定的利润协商确定;其中各项劳务的定价按以下原则确定:国家有统一收费标准的,执行国家统一规定;国家没有统一收费标准,但甘肃省及兰州市有统一规定的,适用其规定;既无国家统一规定,又无地方省市规定的,参照当地市场价格确定;没有以上标准的,根据提供劳务的实际成本,双方本着公平、互惠、透明的原则协商确定。

* 进出口业务定价依据

参照国内市场平均价格双方协商确定。

* 设备租赁

以租赁设备的折旧为基础,确定租赁费用。

* 土地使用权租赁价格的确定依据

以甘肃省兰州市现行土地使用权租赁价格(评估日基本地价的 3%—5%)为依据,经双方协商并经甘肃省国土资源厅核准,本次公司土地使用权租赁价格按 5%计算。

* 水、煤气、蒸汽、压缩空气关联交易的定价依据

集团公司向公司供应水、煤气、蒸汽、压缩空气的价格是在不高于本地区可比市场价格的前提下,以经双方共同聘请的会计师事务所审计的集团公司生产该产品的实际成本加 2%的利润确定,实际成本是指直接材料成本、直接人工成本、燃料、动力和制造费用。2%的利润是参照 2000 年度集团公司的成本利润率来确定。如果实际成本加 2%的利润高于可比市场价格,则以可比市场价格作为集团公司向公司供应的价格。

* 电力供应价格定价依据

公司从集团公司购入的电力,参照集团公司电力购入价及本地区工业用电的实际情况,以购入价加变电成本确定,目前购入价为 0.29 元/度,变电成本为 0.02 元/度,所以 2001 年公司从集团公司购入的电力为 0.31 元/度。

* 其他关联交易的定价依据

集团公司为本公司提供的运输服务,依据甘肃省兰州市红古区公路运输管理所现行市场运输结算价格确定;集团公司为本公司提供的计量器具的维修和检定按照工时费结算;房屋办公楼的租赁费用,参照红古区海石湾现行商业铺面房的租价,按其 33%确定月租用价格,即 5.3 元/平方米·月计算,年租金为 10.49 万元。

(三)公司章程对关联交易决策权力与程序的规定

股东大会审议有关关联交易事项时,关联股东不应当参与投票表决,其所代表的有表决权的股份数不计入有效表决总数;股东大会决议的公告应当充分披露非关联股东的表决情况。如有特殊情况关联股东无法回避时,公司在征得有权部门的同意后,可以按照正常程序进行表决,并在股东大会决议公告中作出详细说明。

有关联关系的股东在股东大会就相关关联交易事项表决时,应当自行回避,也可由其它股东提议回避,自行回避或其他股东提出回避均需以书面的方式向董事会提出。对回避有争议的,由董事会按章程规定的议事规则,作出回避或不回避的决议。

本公司上述关联交易的决策过程均符合公司章程的规定,定价遵循了市场原则,关联股东在表决时均采取了回避措施,监事会成员未发表不同意见。

(四)公司减少关联交易的措施

(1)公司与集团公司之间通过 2000 年 8 月的资产置换,双方提供委托加工和提供劳务的关联交易减少。

(2)公司已于 2001 年 10 月 25 日取得进出口企业资格证书,随后又收购了集团公司拥有的兰州炭素进出口公司 60%的净资产,并与集团公司共同发起设立兰州炭素进出口有限公司,公司拥有 60%的权益。兰州炭素进出口有限公司于 2002 年 1 月 14 日取得进出口资格证书,公司今后的进出口业务将通过公司的控股子公司进行。

集团公司将注册商标无偿转让给公司,商标转让已经国家工商行政管理总局商标局核准。

(3)2001 年开始,公司向集团公司租赁使用日本品川二次焙烧隧道窑和德国菲斯特·因康高压浸渍两套设备,有效减少了公司与集团公司之间的关联交易。在签订租赁协议前,2000 年和 1999 年公司向集团公司销售半成品 8076.30 万元和 8596.16 万元,而公司向集团公司采购半成品又为 9431.78 万元和 10740.32 万元,造成数额大、关系复杂的关联交易。2001 年公司与集团公司签订设备租赁协议后,双方电极半成品加工造成的半成品买卖关联交易消除。

(4)公司拟用本次公开发行股票募集资金收购现由公司租赁使用的日本品川二次焙烧隧道窑和德国菲斯特·因康高压浸渍两套设备。公司与集团公司签订了《德国菲斯特·茵康高压浸渍设备和日本品川二次焙烧隧道窑设备及相关附属设备收购协议书》,约定以拟收购资产的评估值作为本项收购的总价款。收购完成后,公司就上述设备的租赁关系将消除,该笔关联交易也不再存在。收购的具体方案见"第十二章 募集资金运用"。

(5)借助国家"西气东输"工程,尽早实施天然气使用改造工程,消除公司向集团公司采购煤气的关联交易。

(五)本次募集资金运用中涉及关联交易的特别说明

本次募集资金收购集团公司拥有的德国菲斯特·因康高压浸渍和日本品川二次焙烧隧道窑两台(套)设备为公司与控股股东之间的关联交易。

(六)律师和主承销商意见

主承销商认为,公司与控股股东之间的重大关联交易,均在操作规范、定价公允的条件下进行,并不影响产供销的独立性,对公司目前经营并无不利影响。

公司正在采取有效措施,进一步规范和减少关联交易,到 2001 年 10 月底,公司与控股股东之间的关联交易仅限于控股股东向公司提供水、电、汽(气)和劳务,公司向控股股东租用土地和两套生产设备等。这对公司以后的生产经营不会造成不利影响,对本次发行上市并不构成障碍。发行人已对关联方、关联关系及关联交易予以全面披露;关联交易决策程序合法、有效;关联交易价格公允。

发行人律师认为,公司对与控股股东之间存在重大关联交易的原因,以及对公司目前及以后生产经营和本次发行上市的影响方面事实的披露客观、真实。公司和控股股东之间在诚实信用和价格公允的基础上签定了合法有效的关联协议,保障了公司利益和中小股东利益。公司现已合法收购控股股东所属兰州炭素进出口公司经评估净资产的 60%,将其作为出资设立并控股兰州炭素进出口有限公司(该公司已合法注册成立);今后进出口业务将由公司控股子公司从事。原兰州炭素进出口公司的债权债务由新注册成立的兰州炭素进出口公司承继,相关债务的移转已征得相关债权人的同意,给公司不会形成潜在风险。公司现租赁的德国菲斯特·因康高压浸渍和日本品川二次焙烧隧道窑设备系一万吨超高功率石墨电极改造项目的配套项目,公司拟用本次发行募集资金收购上述设备。公司与控股股东的关联交易主要体现在水、电、汽等辅助系统。因此,不会影响公司产供销的独立性,对公司目前及以后生产经营和本次发行上市不构成影响。发行人在章程及《关联交易决策管理制度》中规定了关联董事及关联股东回避,以及关联交易决策管理的范围、管理的内容与分工、检查与考核等公允决策的程序。关联交易协议的制定和通过,均已按照《公司法》、发行人章程及《关联交易决策管理制度》等规定履行了决策程序;股东大会审议关联协议时,关联股东集团公司未参与表决。关联协议从形式、内容上均合法、有效;关联交易价格公允,未有损害发行人及其他中小股东利益的情况。

第九章　董事、监事、高级管理人员及核心技术人员

一、董事、监事、高级管理人员及核心技术人员情况

(一)公司董事

姬广怀先生:公司董事长。1940 年 11 月出生,大学本科学历,高级政工师。曾任兰州炭素厂党委办公室副主任、主任;武装保卫部部长;兰州炭素厂纪委书记、党委副书记,兰州炭素有限公司党委书记、副董事长。现任兰州炭素(集团)有限责任公司党委书记、副董事长。曾获"甘肃省思想政治工作先进个人"、"冶金部思想政治工作先进个人"等荣誉。

潘锡光先生:公司副董事长。1943 年 9 月出生,大学本科学历,教授级高级工程师。曾任兰州炭素厂研究室主任、石墨化车间主任;兰州炭素厂厂长助理、付厂长、厂长、总工程师;兰州炭素有限公司董事长、总经理;现任兰州炭素(集团)有限责任公司董事长、总经理。国务院特殊津贴获得者,曾获国家科学技术进步二等奖,解放军后勤部科技攻关先进个人,全国有突出贡献的青年科学家,国防科工委献身国防科技事业证章,冶金部科学技术进步三等奖。

李淂爱先生:公司副董事长、总经理。1943年5月出生,大学本科学历,高级工程师。曾任兰州炭素厂销售科副科长、科长兼党支部书记;兰州炭素厂党委书记助理、党委副书记、副厂长、常务副厂长;兰州炭素有限公司董事、常务副总经理。现任兰州炭素(集团)有限责任公司董事,西宁特殊钢股份有限公司董事。

杨立新先生:公司董事。1951年1月出生,大学专科学历,高级工程师。曾任兰州炭素厂生产处副处长;兰州炭素厂厂长助理、副厂长;兰州炭素有限公司董事、副总经理。现任兰州炭素(集团)有限责任公司董事、常务副总经理。

彭显荣先生:公司董事。1944年1月出生,大学本科学历,高级工程师。曾任兰州炭素厂动力科副科长;兰州炭素厂厂长助理、副厂长;兰州炭素有限公司董事、副总经理;现任兰州炭素(集团)有限责任公司董事、副总经理。

杨玉林先生:公司董事。1944年5月出生,大学专科学历,政工师。曾任兰州炭素厂铁合金车间党支部书记;兰州炭素厂纪委副书记、组织部部长、纪委书记、副厂长;兰州炭素有限公司董事、副总经理。现任兰州炭素(集团)有限责任公司董事、副总经理。

王金迪先生:公司董事。1945年1月出生,大学本科学历,高级工程师。曾任甘肃东大山铁矿动力车间副主任;海石湾冶金技工学校副校长;兰州炭素厂动力车间副主任、副书记、组织部部长、监察审计处处长、纪委副书记、劳动服务公司党总支书记;兰州炭素有限公司董事、工会主席。现任兰州炭素(集团)有限责任公司董事、工会主席。

张耀宗先生:公司董事、副总经理。1954年6月出生,大学本科学历,高级经济师。曾任兰州炭素厂计划科副科长、科长、计划管理处副处长、处长;兰州炭素厂副厂长;兰州炭素有限公司副总经理。曾获第三次全国工业普查先进个人,甘肃省冶金系统"八五"技改工作先进个人。

徐文章先生:公司董事。1944年10月出生,大学本科学历,高级工程师。曾任兰州炭素厂科技办公室主任、技术开发部副部长,兰州炭素厂副总工程师,兰州炭素有限公司总工程师。现任兰州炭素(集团)有限责任公司总工程师。曾获甘肃省劳动模范称号,国务院特殊津贴获得者。

王军先生:公司董事。1962年1月出生,研究生学历,高级工程师。曾任华亭矿务局东峡煤矿副总工程师、总工程师、华亭矿务局安口煤矿矿长。现任窑街矿务局副局长。

谢铭先生:公司董事。1958年3月出生,大学本科学历,高级工程师。曾任中国科学院近代物理研究所教育处外事处副处长、处长;中国科学院近代物理研究所办公室主任;中国科学院近代物理研究所所长助理。现任中国科学院近代物理研究所副所长,兰州科近技术公司经理。

李志刚先生:公司董事。1950年12月出生,大学专科学历,高级会计师。曾任石炭井矿务局财务处威本组组长;太西集团有限责任公司审计处处长。现任太西集团有限责任公司副总经济师。

熊向忠先生:公司董事。1965年3月出生,大学文化,经济师。85年参加工作,先后担任永登水泥厂办公室主任、组织部部长、甘肃祁连山水泥股份有限公司总经理助理,兼资产发展部部长。现任甘肃祁连山水泥股份有限公司总经济师。

田中禾先生:公司独立董事。1962年9月出生,研究生学历,会计学教授。1983年参加工作,历任兰州大学经济系教师、副主任。现任兰州大学经济管理学院副院长。有《企业组织、信息与资源配置》、《资产有偿占有责任制》、《经济效益考核与评价》等多部著作出版,并获甘肃省社会科学成果奖、综合大学经济学科教学改革研究奖、主干课程(会计学原理)等多项奖励。

宋华女士:公司独立董事。1964年3月出生,研究生学历,副教授。1985年参加工作,曾任兰州商学院社科部教师,现任兰州商学院经贸学院经济系教研室主任。有《跨越传统农业》、《资本运营与国企改革》等多部著作出版。

(二)公司监事

谢信跃先生:公司监事会主席。1951年1月出生,大学专科学历,高级政工师。曾任兰州炭素厂宣传科副科长、宣传部副部长;兰州炭素厂工会主席;兰州炭素有限公司党委副书记、监事会主席。现任兰州炭素(集团)有限责任公司党委副书记、监事会主席。曾获甘肃工会优秀干部。

刘文正先生:公司监事。1951年7月出生,大学本科学历,经济师。曾任兰州炭素厂劳动工资科副科长、科长;劳动人事处副处长、处长;兰州炭素有限公司劳动工资处处长;兰州炭素有限公司监事。现任兰州炭素(集团)有限责任公司监事、劳动工资部部长。

唐占卿先生:公司监事。1953年9月出生,大学本科学历,高级政工师、高级经济师。曾任兰州炭素厂党校办公室副主任、主任;劳动人事处副处长;组织部副部长、部长,兰州炭素有限公司监事、组织部部长。现任兰州炭素(集团)有限责任公司监事、组织部部长,本公司党委副书记。

罗文兵先生:公司监事。1963年10月出生,大学本科学历,高级经济师。曾任兰州炭素厂综合计划处计划科长,副处长,兰州炭素有限公司压型二厂副厂长,兰州炭素(集团)有限责任公司综合管理部副部长。现任本公司企业管理部部长。

闫洪志先生:公司监事。1953年7月出生,大学文化程度,工程师。曾任兰州炭素厂电修车间党支部书记、副厂长;兰州炭素有限公司电修分厂厂长。现任本公司物资供应部部长。

(三)公司高级管理人员:

何世荣先生:公司副总经理。1957年11月出生,大学本科学历,高级工程师。曾任兰州炭素厂压型车间副主任;兰州炭素厂压型分厂副厂长、厂长;兰州炭素有限公司技术处第一处长。曾获甘肃省重大合理化建议奖(主持),全国优秀质量管理奖(主持),全国优秀边锤儿女铜质奖章,全国冶金系统劳动模范。

齐仲辉先生:公司副总经理。1965年8月出生,大学本科学历,高级工程师。曾任兰州炭素厂高科技开发公司生产部副主任,兰州炭素有限公司石墨化分厂副厂长、厂长。曾获冶金部科技进步二等奖,甘肃省优秀产品、新技术开发特等奖。

邓广星先生:公司董事会秘书。1957年12月出生,大学专科学历,会计师。曾任兰州炭素厂企业管理处副科长、处长助理,兰州炭素有限公司财务处副处长。现同时兼任公司证券部部长、总经理办公室主任。

何景峰先生:公司财务负责人。1942年6月出生,中专文化程度,高级会计师。曾任兰州炭素厂财务科副科长,财务处副处长;兰州炭素有限公司改革办公室主任;兰州炭素有限公司监事、兰州炭素股份有限公司监事。

(四)公司核心技术人员

霍炳哲先生:1945年11月出生,毕业于清华大学,高级工程师,主持参与了公司多项换代产品的开发、试验,应邀出席过国际炭素学术会议并发表论文,获省部级成果奖多项。现任公司技术开发中心总工程师。

朱序凯先生:1943年12月出生,毕业于兰州大学,高级工程师,从事炭素科研工作30多年,主持参与多项科研项目,发表多篇科技论文,应邀出席过国际炭素学术会议并发表论文;参与起草部级炭素产品及检测标准,研究试验成功多项新的测试方法。现任公司技术开发中心研究所所长。

向左良先生:1944年1月出生,高级工程师,从事炭素专业科研工作30多年,曾发表多篇科技论文,应邀出席过莫斯科等国际炭素学术会议进行学术交流并发表论文。主持的聚丙烯腈碳纤维和沥青碳纤维研制项目获冶金部1985年科技进步三等奖,微孔炭砖研制项目获冶金部96年度科技进步二等奖,1995年被国家计委、国防科工委、国家科委、国家经贸委授予国防军工协作配套先进个人荣誉称号。现任公司技术开发中心第二研究室主任。

张成泉先生:1963年7月出生,毕业于东北大学,高级工程师,主持和参与多项公司更新换代产品的开发、研究。现任公司技术保障部部长。

谭炜洲先生:1964年5月出生,毕业于湖南大学炭素专业,高级工程师,主持、参与原料和工艺研究项目多项。现任公司技术开发中心第一研究室主任。

杨宝林先生:1962年7月出生,大学毕业,高级工程师,从事人造心脏瓣膜、热解石墨等生物炭材料研究多年,在国内外杂志发表多篇论文。现任公司技术开发中心炭素材料研究所副所长。

以上人员均为中国国籍,且相互之间不存在配偶及三代以内的直系和旁系亲属关系。

二、收入情况

董事、监事、高管人员及核心技术人员中从发行人处领取收入的共14人,2001年度领取收入总额为214,730元;从关联企业领取收入的共14人,2000年度领取的收入总额为318,921元。薪酬详细情况如下:

姓名	职务	薪酬(元)	来源
姬广怀	董事长	21022	全部来源于集团公司
潘锡光	副董事长	22160	全部来源于集团公司
李得爱	副董事长、经理	19853	全部来源于公司
杨立新	董事	17018	全部来源于集团公司
彭显荣	董事	18816	全部来源于集团公司
杨玉林	董事	18960	全部来源于集团公司
王金迪	董事	16097	全部来源于集团公司
张耀宗	董事、副总经理	16637	全部来源于公司
徐文章	董事	18192	全部来源于集团公司
王军	董事	54800	全部来源于窑街矿务局
谢铭	董事	41800	全部来源于兰州科近技术公司
李志刚	董事	15800	全部来源于太西集团有限责任公司
熊向宗	董事	22700	全部来源于甘肃祁连山水泥股份有限公司
谢信跃	监事	18816	全部来源于集团公司
刘文正	监事	16179	全部来源于集团公司
唐占卿	监事	16561	全部来源于集团公司
罗文兵	监事	12505	全部来源于公司
闫洪志	监事	15368	全部来源于公司
何世荣	副总经理	17525	全部来源于公司
齐仲辉	副总经理	13080	全部来源于公司
邓广星	董事会秘书	14501	全部来源于公司
何景峰	财务负责人	16866	全部来源于公司
霍炳哲	核心技术人员	15786	全部来源于公司
朱序凯	核心技术人员	16429	全部来源于公司
向左良	核心技术人员	16477	全部来源于公司
张成泉	核心技术人员	12683	全部来源于公司
谭炜洲	核心技术人员	12683	全部来源于公司
杨宝林	核心技术人员	14337	全部来源于公司

公司将给予独立董事公司每人每年2万元的津贴,其在行使职权时所需的费用由公司承担。2001年独立董事未在公司领取任何报酬。

三、兼职情况

除在上述简历中披露的任职情况外,本公司董事、监事、高级管理人员及核心技术人员未在其他单位任职。

四、高管人员变化情况

公司原财务负责人关淑兰于2001年2月退休,公司第一届六次董事会会议通过决议,聘请何景峰任公司财务负责人。

公司于2001年11月23日召开的第一届第四次临时董事会接受潘锡光先生辞去董事长,并选举姬广怀先生为公司董事长,潘锡光先生为公司副董事长。

公司于2002年3月2日召开的2001年度股东大会,选举产生了公司第二届董事会、监事会。董事会总人数未发生变化,除李志刚、谢铭先生为新当选董事外,其他当选董事为公司原董事;监事未发生变动。

公司于2002年6月28日召开的2002年度第一次临时股东大会,选举田中禾先生和宋华女士为公司董事会的独立董事。

五、持股情况

截止目前,本公司董事、监事、高级管理人员及核心技术人员均未持有本公司及关联企业的股份,上述人员的家属及其近亲属能够直接或间接控制的法人亦未持有本公司的股份。

第十章　公司治理结构

本公司自设立以来,一直努力完善、健全公司自身的法人治理结构。目前公司设有股东大会、董事会、监事会、董事会秘书以及包括总经理、副总经理在内的公司经理层。公司设立以来在健全、完善治理结构方面所做的工作主要有:明确了股东、董事、监事和经理人员的权利和责任;完善董事会的结构和决策程序,董事会负责对公司进行战略性的指导以及对经理人员进行监督,董事会的决策应真正符合全体股东的根本利益;强化监事会的独立性及其对董事、经理的监督作用;建立了董事会对公司内部管理风险控制的制度;建立了公司的信息披露制度,以适应公开发行股票并上市的要求,公司的信息披露由董事会秘书牵头负责,由公司证券部专人协助进行。

一、股东与股东大会

根据公司章程规定,公司股东享有下列权利:依照其所持有的股份份额获得股利和其他形式的利益分配;参加或者委派股东代理人参加股东会议;依照其所持有的股份份额行使表决权;对公司的经营方式进行监督,提出建议或者质询;依照法律、行政法规及公司章程的规定转让、赠予或质押其所持有的股份;依照法律、公司章程的规定获得有关信息,包括:缴付合理费用后有权查阅和复印:本人持股资料、股东大会会议纪录、中期报告和年度报告、公司股本总额、股本结构。公司终止或者清算时,按其所持有的股份份额参加公司剩余财产的分配;法律、行政法规及公司章程所赋予的其他权利。

根据公司章程的规定,股东大会是公司的权力机构,依法行使下列职权:决定公司经营方针和投资计划;选举和更换董事、监事;修改公司章程等。

股东大会分为股东年会和临时股东大会。股东年会每年召开一次,并应于上一个会计年度完结之后的六个月之内举行。

二、董事会构成及议事规则

根据公司章程的规定,董事会由十五名董事组成,设董事长一人,副董事长二人。

公司董事为自然人。董事无需持有公司股份。《公司法》第57条、第58条规定的情形以及被中国证监会确定为市场禁入者,并且禁入尚未解除的人员,不得担任公司的董事。董事由股东大会选举或更换,任期三年。董事任期届满,可连选连任。董事在任期届满以前,股东大会不得无故解除其职务。董事任期从股东大会决议通过之日起计算,至本届董事会任期届满时为止。

公司董事会设立独立董事,独立董事对公司及全体股东负有诚信与勤勉义务,独立董事应具备其独立性,并应符合担任独立董事的相关条件。

公司设董事会,对股东大会负责。

董事会制定董事会议事规则,以确保董事会的工作效率和科学决策。董事会应当确定其运用公司资产所作出的风险投资权限,建立严格的审查和决策程序;重大投资项目应当组织有关专家、专业人员进行评审,并报股东大会批准。

五千万元以上的风险投资或处置资产的额度超过一千万元以上时,董事会应提出议案,报股东大会批准。

三、监事会构成及议事规则

根据公司章程的规定,公司设监事会。监事会由五名监事组成,设监事会主席一名。监事会主席不能履行职权时,由该主席指定一名监事代行其职权。

监事由股东代表和公司职工代表担任。公司职工代表担任的监事不得少于监事人数的三分之一。

监事会行使下列职权:检查公司的财务;对董事、总经理和其他高级管理人员执行公司职务时违反法律、法规或者章程的行为进行监督;当董事、总经理和其他高级管理人员的行为损害公司的利益时,要求其予以纠正,必要时向股东大会或国家有关主管机关报告;提议召开临时股东大会;列席董事会会议;公司章程规定或股东大会授予的其他职权。

四、管理层、核心技术人员诚信义务的限制性规定

《公司章程(草案)》对管理层的诚信义务作了限制性规定,摘要如下:

遵守法律、法规和公司章程的规定,忠实履行职责,维护公司利益,当自身的利益与公司和股东的利益相冲突时,应当以公司和股东的最大利益为原则;在职责范围内行使权利,不得越权;不得利用内幕信息为自己或他人谋取利益;不得自营或者为他人经营与公司同类的营业或者从事损害本公司利益的活动;不得侵害公司的财产;不得挪用公司的资金或将公司的资金借贷给他

人;不得非法泄露在任职期间所获得的涉及公司的机密信息;未经公司章程规定或者合法授权,不得以个人名义代表公司行事;董事、监事或其他高级管理人员提出辞职或者任期届满,其对公司和股东负有的义务在辞职报告尚未生效或者生效后的合理期限内,以及任期结束后的合理期间内并不当然解除,其对公司的商业秘密保密的义务在其任职结束后仍然有效,直至该信息公开披露;任职尚未结束的,对因其擅自离职使公司造成的损失,应当承担赔偿责任;保证公司信息披露的及时、准确、合法、真实、完整。

第十一章　财务会计信息

一、会计报表的编制基准及注册会计师意见

本公司执行中华人民共和国财政部制定的《企业会计准则》和《企业会计制度》。

合并会计报表合并范围的确定原则:本公司合并会计报表的合并范围根据财政部财会字[1995]11号文《合并会计报表暂行规定》和财政部财会二字[1996]2号文《关于合并会计报表合并范围请示的复函》的规定确定。

合并会计报表的编制方法:以本公司及其纳入合并范围的子公司个别会计报表为基础,合并资产、负债、所有者权益以及利润表各项目,并将本公司与其所属子公司、子公司相互之间发生的重大内部交易、往来均在合并时抵销。

如果子公司的主要会计政策及会计期间与本公司存在重大差异,在合并前需按照本公司的会计政策及会计期间对子公司的个别会计报表进行调整,然后以经调整后的个别会计报表为基础按照上述方法编制合并会计报表。

少数股东权益和本期损益的确定:少数股东权益的数额系根据本公司所属各子公司所有者权益的数额减去本公司所拥有的份额计算确定,少数股东本期损益根据本公司所属各子公司各年度内实现的损益扣除本公司投资收益后的余额计算确定。

2001年本公司购买母公司兰州炭素(集团)有限责任公司全资子公司兰州炭素进出口公司经评估后60%的净资产,并与母公司兰州炭素(集团)有限责任公司共同投资设立兰州炭素进出口有限公司,公司占60%的股权,纳入了合并范围。兰州炭素进出口有限公司是本公司新投资设立并纳入合并范围的子公司,根据财政部1999年财会字(1999)49号文的规定,合并报表未调整期初数。

子公司2001年度净利润3,417.98元,本期净利润56,976.65元,由于子公司执行的是行业会计制度,与本公司所执行的会计制度不一致,合并会计报表时将子公司会计政策与本公司会计政策调整一致,子公司调整会计政策对2001年度净利润的影响数为-587,680.02元,对2002年1-6月净利润的影响数为76,246.35元,调整后子公司的2001年度净利润为-584,262.04元,2002年1-6月净利润为133,233.00元,编制合并会计报表时本公司按子公司调整后的期初未分配利润及净利润确定长期股权投资—损益调整、投资收益进行合并。

截止2002年6月30日,在公司的母公司会计报表中,长期投资初始投资额为7,618,409.00元,期末投资额为7,654,645.77元,期末投资额占母公司净资产的比例为2.61%。

本公司期末持有的长期股权投资不存在任何变现的重大限制。

本公司期末的长期股权投资不存在可收回金额低于账面价值的情形,故未计提长期投资减值准备。

本公司已聘请五联联合会计师事务所有限公司对本公司1999年12月31日、2000年12月31日、2001年12月31日、2002年6月30日合并资产负债表及母公司的资产负债表,1999年度、2000年度和2001年度、2002年1-6月合并利润表及母公司利润表、利润分配表,2001年度、2002年1-6月合并现金流量表和母公司现金流量表进行了审计。会计师已出具了标准无保留意见的审计报告。

本章引用的财务数据,非经特别说明,均引自经审计的会计报表;有关的分析说明反映了公司过往三年的实际经营情况及经审核的盈利预测报告和有关附注的重要内容。

二、近三年简要财务报表

(一)近三年又一期简要合并财务报表(见附表)

(二)简要母公司财务报表(见附表)

三、报告期利润形成、变动趋势及成因

本公司1999年实现销售收入34284.8万元,2000年实现销售收入36382.6万元,2001年实现销售收入41290.3万元,2002年1-6月实现销售收入22821.8万元。总体上看,公司销售收入呈上升趋势,2000年销售收入较1999年增长了6.1%,2001年销售收入较2000年增长13.5%。1999年实现利润总额4424.1万元,2000年实现利润总额3707.4万元,2001年实现利润总额3922.4万元,2002年1-6月实现利润总额2,207.40万元。2000年在收入增长的情况下,利润总额却有一定的下降,2001年利润增长幅度小于销售收入增长幅度,主要原因在于国内市场原材料价格上涨迅速,致使公司主营业务成本2000年较1999年增长了8.7%,2001年较2000年增长了14.7%;此外公司短期借款的增加,使财务费用2000年比1999年相比大幅增长了67.3%,2001年比2000年增长了27.8%,这两项因素的影响,造成了公司2000年度利润总额的下降,2001年利润总额的增长幅度小于销售收入增长幅度。

公司2002年1-6月、2001年、2000年、1999年其他业务收入分别为1099.3万元、3829.3万元、11984.9万元和14307.4万元,同期其他业务支出分别为1143.6万元、3871.8万元、11932.0万元和14311.5万元,形成的其他业务利润分别为-44.3万元、-42.4万元、52.9万元和-4.1万元。

2002年1-6月、2001年、2000年、1999年公司发生营业外支出分别为13.7万元、289.0万元、266.2万元和164.3万元,2001年主要是公司与债权人进行了债务重组发生的损失,2000年和1999年主要是支付的子弟学校经费,该经费自2001年起公司不再承担。公司自成立以来无重大营业外收入发生。预计公司今后发生的营业外收支不会对公司生产经营产生重大影响。

本公司主营业务突出,利润主要来自主营业务利润,无重大投资收益,此外2000年非经常性损益在利润总额中的比例较小。

公司自设立以来业务收入构成如下:

单位:元

项目	2002年1-6月	2001年	2000年度	1999年度
1、普通功率电极	71,871,413.79	127,463,883.41	139,728,416.00	150,872,621.20
2、高功率电极	67,125,160.76	142,955,975.65	95,998,335.00	113,823,073.10
3、超高功率电极	53,444,066.97	79,647,849.21	83,066,429.00	46,603,254.30
4、其他	35,777,206.43	62,835,545.95	45,033,005.19	31,549,440.29
合计	228,217,847.95	412,903,254.22	363,826,185.19	342,848,388.89

四、主要流动资产

1、应收账款分析及坏帐准备

本公司2002年6月30日应收账款净额为125,896,326.06元。

(1) 应收账款账龄分析及坏账准备

账龄	2002年6月30日				2001年12月31日			
	金额(元)	比例%	计提比例%	坏账准备(元)	金额(元)	比例%	计提比例%	坏账准备(元)
1年以内	128,290,585.03	96.57	5	6,414,529.24	122,213,952.33	96.04	5	6,110,697.62
1—2年	4,138,133.96	3.11	10	413,813.39	3,819,775.64	3.00	10	381,977.56
2—3年	422,785.28	0.32	30	126,835.58	1,218,408.47	0.96	30	365,522.54
3年以上	----	--	50	----	--	--	50	----
合计	132,851,504.27	100.00		6,955,178.21	127,252,136.44	100.00	--	6,858,197.72

(2)应收账款欠款金额较大的单位如下:

序号	欠款金额(元)	欠款时间	欠款原因
1	14,795,983.03	1年以内	货款
2	9,935,231.44	1年以内	货款
3	6,235,490.39	1年以内	货款
4	6,103,228.50	1年以内	货款
5	5,852,201.45	1年以内	货款
合计	42,922,134.81		

公司对期末的应收账款均计提了坏账准备,但本年度未发生全额计提坏账准备的情形。应收账款前五名合计占应收账款总额的比例为32.31%。

公司本年度未实际核销应收账款。

应收账款中无持公司5%(含5%)以上股份的股东单位的欠款。

2、其他应收款分析及坏帐准备

本公司2002年6月30日其他应收款净额为7,912,046.12元。

(1)其他应收款账龄分析及坏账准备如下:

账龄	2002年6月30日				2001年12月31日			
	金额(元)	比例%	计提比例%	坏账准备(元)	金额(元)	比例%	计提比例%	坏账准备(元)
1年以内	6,838,390.98	80.06	5	341,919.55	4,637,146.57	84.71	5	231,857.33
1-2年	1,388,393.17	16.25	10	138,839.32	396,141.36	7.24	10	39,614.14
2-3年	43,121.70	0.51	30	12,936.51	36,861.70	0.67	30	11,058.51
3年以上	271,671.30	3.18	50	135,835.65	404,270.93	7.38	50	202,135.47
合计	8,541,577.15	100.00	---	629,531.03	5,474,420.56	100.00	---	484,665.45

(2)其他应收款欠款金额较大的单位如下:

序号	欠款金额(元)	欠款时间	欠款原因
1	4,439,014.52	1年以内	材料款
2	907,227.80	1-2年	材料款
3	400,000.00	1年以内	备用金
4	250,000.00	1年以内	材料款
5	240,821.39	1-2年	材料款
合计	6,237,063.71		

公司对期末的其他应收款计提了坏账准备,但本年度未发生全额计提坏账准备的情形。其他应收款前五名合计占其他应收款总额的比例为73.02%。

公司本年度未实际核销其他应收款。

其他应收款中无持公司5%(含5%)以上股权的股东单位的欠款。

公司期末其他应收款中账龄超过3年的款项为271,671.30元,公司已经按照50%计提了坏账准备,明细及原因如下:

单位	金额(元)	坏账准备计提比例	计提原因
中海直抚顺分公司	79,719.37	50%	以前年度采购材料余款,多次催收未收回,故计提高额准备。
抚顺开发区远航经贸有限公司	191,951.93	50%	以前年度采购材料款,多次催收未收回,故计提高额准备。
合计	271,671.30		

3、预付账款

公司2002年6月30日预付账款的净额为18,100,852.11元。

账龄分析如下:

账龄	2002年6月30日		2001年12月31日	
	金额(元)	比例%	金额(元)	比例%
1年以内	16,243,223.49	89.74	9,558,091.18	79.35
1—2年	809,197.88	4.47	1,105,662.34	9.18
2—3年	804,402.22	4.44	1,109,585.28	9.21
3年以上	244,028.52	1.35	272,308.99	2.26
合计	18,100,852.11	100.00	12,045,647.79	100.00

公司期末预付账款中,账龄在1年以上的款项有1,857,628.62元,大额明细及未收回原因如下:

单位	金额(元)	未收回原因
甘肃冶金边贸公司	446,143.47	对方所发货物不符合公司质量要求,货物已退回,正在协商解决。
辽宁军区后勤部抚顺长城公司	192,858.16	余款,正派人与对方对账。
洛阳谷水建材机械厂	130,000.00	公司所采购设备,对方尚未加工完成。
上海奉贤实业公司	112,718.84	因运输发生巨额亏吨,公司未予验收,正在协商解决。
西宁铁路分局	100,000.00	维修款,维修事项尚未完成。
其他	875,908.15	涉及单位较多,各单位金额较小,主要原因是结余款,正在对账。

预付账款中预付持公司5%(含5%)以上表决权股份的股东单位兰州炭素(集团)有限责任公司3,380,212.17元。

公司本期预付账款比期初增加的原因是:本期公司预付给兰州炭素(集团)有限责任公司3,380,212.17元采购水电汽款;预付给抚顺荣达石化销售有限公司2,259,591.97元、锦州石化发展股份有限公司2,362,943.40元采购材料款。

4、存货

公司2002年6月30日存货的净额为397,510,765.50元。

(1) 分类列示如下:

单位:元

项目	2002年6月30日		2001年12月31日	
	金额	跌价准备	金额	跌价准备
物资采购	7,793,394.95	---	505,092.44	---
原材料	80,506,756.27	1,823,251.69	106,058,018.42	2,515,993.75
在产品	232,475,574.43	---	214,118,664.33	---
产成品	33,839,977.14	---	33,875,409.07	---
库存商品	44,718,314.40	---	40,611,405.54	---
合计	399,334,017.19	1,823,251.69	395,168,589.80	2,515,993.75

库存商品为控股子公司兰州炭素进出口公司所有。

(2) 存货跌价准备

单位:元

项目	期初数	本期计提	本期转回	期末数
物资采购	---	---	---	---
原材料	2,515,993.75		692,742.06	1,823,251.69
在产品	---	---	---	---
产成品	---	---	---	---
库存商品	---	---	---	---
合计	2,515,993.75	---	692,742.06	1,823,251.69

期末存货的可变现净值以存货市价减变现费用为依据确定。

1999年末、2000年末、2001年末公司的存货净额分别为16418.59万、22080.45万元和39265.26万元,公司的存货逐年增加,2002年6月末公司存货净额为39751.08万元,其中原料占21.76%、在产品占58.48%、产成品占8.51%、库存商品占11.25%,存货占流动资产的66.43%和总资产的48.89%。造成公司存货逐年增加的原因是:(1)公司进行产品结构调整,增加了流程长产品的产量,造成公司在产品增加,2001年末在产品占存货总额54.53%;(2)由于公司的部分原材料价格上涨和公司为今后生产增加了原材料的储备,2001年末原材料占存货26.37%;(3)由于合并控股子公司兰州炭素进出口有限公司,造成库存商品增加。2001年、2002年1-6月公司存货的周转率为1.08和0.46,公司存货周转速度较慢,公司存货占用大量资金,存在资产流动性低而导致的资金周转困难的风险。

5、待摊费用

公司2002年6月30日待摊费用的余额为1,145,384.59元。

(1)分类列示如下:

单位:元

类别	期初数	本期发生数	本期摊销数	期末数

报刊费	- - -	128,140.90	128,140.90	- - -
销售订货费	- - -	582,654.04	432,654.04	150,000.00
保险费	- - -	1,673,390.23	678,005.64	995,384.58
合 计	- - -	2,384,185.17	1,238,800.58	1,145,384.59

五、主要固定资产、对外投资及无形资产

1、主要固定资产

公司根据生产经营的实际情况,将固定资产分为房屋建筑物和机器设备两类,计价按实际成本计价。固定资产折旧采用直线法计提。各类固定资产估计使用年限、预计净残值率及折旧率如下:

固定资产类别	估计经济使用年限	折旧率(%)	预计净残值率(%)
房屋及建筑物	25 - 45	2.11 - 3.80	5
通用设备	12 - 18	5.28 - 7.92	5
专用设备	10 - 15	6.33 - 9.50	5
运输设备	8 - 12	7.92 - 11.88	5

公司2002年6月30日固定资产的净额为207,648,754.65元。

分类列示如下:

单位:元

项 目	期初数	本期增加	本期减少	期末数
一、固定资产原值				
1、房屋建筑物	197,421,790.15			197,421,790.15
2、通用设备	46,831,279.77	282,416.00		47,113,695.77
3、专用设备	218,424,293.10	9,442,803.59		227,867,096.69
4、运输设备	9,182,396.40		188,000.00	8,994,396.40
合 计	471,859,759.42	9,725,219.59	188,000.00	481,396,979.01
二、累计折旧				
1、房屋建筑物	103,911,711.71	2,574,221.90		106,485,933.61
2、通用设备	21,524,248.35	1,428,220.34		22,952,468.69
3、专用设备	134,137,968.11	7,232,229.96		141,370,198.07
4、运输设备	2,640,282.41	386,939.18	87,597.60	2,939,623.99
合 计	262,214,210.58	11,621,611.38	87,597.60	273,748,224.36
三、固定资产减值准备				
1、房屋建筑物				
2、通用设备				
3、专用设备				
4、运输设备				
合 计				
四、固定资产净额	209,645,548.84			207,648,754.65

公司本期增加的固定资产中,有9,442,803.59元系由完工的工程项目转入。

公司本期将账面原价为188,000.00元、已提折旧为87,597.60元的固定资产清理,取得清理收入109,020.74元,形成净收益8,618.34元。

2000年7月份为了资产的优化组合,公司与母公司进行了资产置换,公司将置换资产于2000年8月进行了账务处理。

期末固定资产中,用于抵押的固定资产原值124,585,859.00元,抵押债务额为40,000,000.00元。

截止2002年6月30日,公司的固定资产价值不存在低于可收回金额的情况,故无需计提减值准备。

2、对外投资

截止2002年6月30日,在公司的合并资产负债表中,无对外长期投资。

截止2002年6月30日,在母公司资产负债表中,长期股权投资初始投资额为7,618,409.00元,期末投资额为7,654,645.77元。该项投资是对兰州炭素进出口有限公司的投资,公司占60%的股权,公司采取权益法核算,并纳入合并会计报表范围。

3、无形资产

本公司目前没有无形资产。

4、有形资产净值

本公司最近一期末(2002年6月30日)的有形资产净值为:

有形资产净值 = 总资产 - 无形资产 - 待摊费用 - 长期待摊费用

= 813,023,943.51 - 0 - 1,145,384.59 - 0

= 811,878,558.92(元)

六、主要债项

1、短期借款

公司短期借款2002年6月30日余额为180,700,000.00元。明细如下:

单位:元

借款种类	币种	2002年6月30日	2001年12月31日
抵押借款	人民币	40,000,000.00	40,000,000.00
担保借款	人民币	135,200,000.00	140,200,000.00
信用借款	人民币	- - -	- - -
质押借款	人民币	5,500,000.00	5,500,000.00
合 计		180,700,000.00	185,700,000.00

短期借款期末余额中,无已到期末偿还的借款。

短期借款期末余额中,有95,200,000.00元借款由窑街矿务局提供担保;有5,000,000.00元由甘肃万轩铝业发展公司提供担保;有40,000,000.00元由本公司以固定资产抵押方式取得。控股子公司兰州炭素进出口有限公司短期借款中有35,000,000.00元由兰州炭素(集团)有限公司提供担保取得,有5,500,000.00元借款用出口报关单质押取得。

2、应付票据

公司2002年6月30日应付票据的余额为11,000,000.00元。

(1)分类列示如下:

单位:元

票据种类	2002年6月30日	2001年12月31日
商业承兑汇票	- - -	- - -
银行承兑汇票	11,000,000.00	19,000,000.00
合 计	11,000,000.00	19,000,000.00

(2)大额明细如下:

票据种类	经济业务内容	收款单位	到期日期	票面金额(元)
银行承兑汇票	原料款	抚顺荣达石化公司	2002/7/23	2,000,000.00
银行承兑汇票	原料款	兰州中储物资公司	2002/7/23	2,000,000.00
银行承兑汇票	原料款	红古宁海铁路公司	2002/7/23	1,300,000.00
银行承兑汇票	原料款	兰州中储物资公司	2002/10/23	1,000,000.00
银行承兑汇票	原料款	北京碳化公司	2002/7/23	800,000.00

3、应付帐款

公司2002年6月30日应付账款的余额为107,701,894.11元。

账龄分析如下:

账 龄	2002年6月30日(元)	比例%	2001年12月31日(元)	比例%
1年以内	78,034,479.74	72.45	47,771,552.34	35.62
1—2年	19,066,824.97	17.70	77,754,834.58	57.97
2—3年	2,569,329.81	2.39	2,806,698.30	2.09
3年以上	8,031,259.59	7.46	5,798,961.04	4.32
合 计	107,701,894.11	100.00	134,132,046.26	100.00

应付账款中无应付持公司5%(含5%)以上表决权股份的股东单位的款项。

公司期末应付账款中,逾期3年以上未偿还的款项为8,031,259.59元,其中大额明细及未支付的原因如下:

单 位	金 额(元)	未支付原因
兰州钢铁集团钢材交易市场	660,307.26	公司资金较为短缺,故尚未偿还。
兰州陇兴钢铁公司	560,967.00	公司资金较为短缺,故尚未偿还。
中国钢铁炉料西北公司	508,934.83	公司资金较为短缺,故尚未偿还。
新乡市中原起重机械厂	304,395.33	公司资金较为短缺,故尚未偿还
陕西重型机器厂	258,422.53	公司资金较为短缺,故尚未偿还。
陕西钢厂	192,521.58	公司资金较为短缺,故尚未偿还。

4、预收账款

公司2002年6月30日预收账款的余额为19,247,575.67元。账龄分析如下:

账 龄	2002年6月30日(元)	比例%	2001年12月31日(元)	比例%
1年以内	19,243,631.46	99.98	10,101,323.14	99.44
1—2年	3,944.21	0.02	56,674.65	0.56
2—3年	- - -	- - -	- - -	- - -
3年以上	- - -	- - -	- - -	- - -
合 计	19,247,575.67	100.00	10,157,997.79	100.00

预收账款中无预收持公司5%(含5%)以上表决权股份的股东单位的款项。

公司期末预收账款中,逾期1年以上未偿还的款项为3,944.21元,系购货方提货后尾款,因金额较小,对方单位一直未做处理。

本期预收账款比上年增加的主要原因为:预收太原钢铁(集团)有限公司、河南万基铝业股份有限公司等单位货款所致。

5、应交税金

公司2002年6月30日应交税金的余额为15,786,315.68元,分税种如下:

项 目	2002年6月30日(元)	法定税率	2001年12月31日(元)	法定税率
增 值 税	10,681,925.16	17%	1,347,222.90	17%
企业所得税	3,941,864.93	33%	1,917,540.03	33%
城市维护建设税	1,162,525.59	7%	127,029.31	7%
合 计	15,786,315.68		3,391,792.24	

公司本期各种税金除所得税外均按法定税率计算缴纳,甘肃省地方税务局甘地税所减免字(2002)16号文批复2002年所得税减按15%缴纳,甘肃省地方税务局甘地税所减免字(2001)30文批复2001年所得税减按15%缴纳。

根据甘肃省人民政府甘政发[1999]132号文的规定,甘肃省人民政府同意对公司1999年、2000年实行所得税即征即返的优惠政策,按33%的所得税税率征缴,然后由甘肃省财政返还18个百分点,返还后公司的实际税负为15%

2001年1-4月公司补交公司设立时剥入应交所得税9,617,576.16元,1999年度17,633,680.35元,2000年度12,557,638.67元;根据1999年、2000年享受即征即返18%的政策,2001年1-4月公司共收到返还所得税16,470,000.00元,其中1999年度9,620,000.00元、2000年度6,850,000.00元;按《企业会计制度》的规定,实行所得税先征后返的企业,应在实际收到返还的所得税时,冲减收到当期的所得税费用;故上述所得税返还冲减2001年所得税费用16,470,000.00元,2001年实际计提所得税5,975,361.48元,造成2001年所得税费用为-10,494,638.52元。另外,2001年补交1998年剥入增值税25,198,076.14元、补交1999年欠交增值税2,359,997.79元。据此,税务机关给公司出具了依法纳税证明。

6、其他应付款

本公司2002年6月30日其他应付款的余额为33,163,383.92元。

账龄分析如下:

单位:元

账 龄	2002年6月30日	比例%	2001年12月31日	比例%
一年以内	30,896,267.21	93.16	32,988,417.11	98.83
一至二年	2,120,004.71	6.40	391,742.47	1.17
二至三年	147,112.00	0.44	- - -	- - -
三年以上	- - -	0.00	- - -	- - -
合 计	33,163,383.92	100.00	33,380,159.58	100.00

其他应付款中持公司5%(含5%)以上表决权股份的股东单位兰州炭素(集团)有限责任公司的款项为19,897,401.65元。

金额较大的应付款项性质及内容如下:

序号	款项性质或内容	欠款金额(元)	欠款时间
1	购包装物及集团公司为兰州炭素进出口公司垫付款等	19,897,401.65	1年以内
2	养老金	1,582,514.00	1年以内
3	工会经费	1,231,338.78	1年以内
4	劳务费	1,172,665.79	1年以内
5	劳务费	856,856.00	1-2年

7、一年内到期的长期负债

公司2002年6月30日的一年内到期的长期负债余额为10,000,000.00元,分类列示如下:

种 类	币种	借款金额(元)	到期日	借款利率
长期担保借款	人民币	10,000,000.00	2002/9/29	5.5275‰
合 计		10,000,000.00		

该一年内到期的长期借款的担保方为窑街矿务局。

公司2001年12月31日的一年内到期的长期负债余额为10,000,000.00元。

8、长期借款

2002年6月30日长期借款的余额为111,930,000.00元,明细如下:

借款种类	币种	借款金额(元)	到期日	借款利率
担保借款	人民币	15,000,000.00	2001/8/17 - 2004/3/12	5.6925‰
担保借款	人民币	71,930,000.00	2001/6/29 - 2004/6/28	5.445‰
担保借款	人民币	10,000,000.00	2002/6/18 - 2003/12/18	5.0325‰
担保借款	人民币	15,000,000.00	2002/4/30 - 2004/4/30	5.0325‰
合 计		111,930,000.00		

七、股东权益情况

报告期各会计期末的股东权益情况如下:

单位:元

股东权益:	2002年6月30日	2001年12月31日	2000年12月31日	1999年12月31日
股本	120,000,000.00	120,000,000.00	120,000,000.00	120,000,000.00
资本公积	63,620,021.24	63,620,021.24	63,620,021.24	63,620,021.24
盈余公积	16,527,691.57	13,680,918.68	6,135,247.42	2,444,301.09
其中:公益金	5,509,230.51	4,560,306.22	2,045,082.47	814,767.03
未分配利润	93,014,733.52	77,172,597.82	34,766,402.00	13,851,039.48
少数股东权益	4,899,584.45	4,846,295.25	- - -	- - -
股东权益合计	293,162,446.33	274,473,537.74	224,521,670.66	199,915,361.81
负债及股东权益合计	813,023,943.51	780,629,765.20	637,544,950.20	624,922,015.87

八、现金流量情况

2001年度本公司经营活动产生的现金流量净额为-86,851,718.58元,其中销售商品、提供劳务收到现金为496,527,784.39元,收到与经营活动有关的其他现金为399,581.06元,购买商品、接受劳务支付现金为441,923,219.07元,支付给职工以及为职工支付的现金为61,319,280.25元,支付的各项税费为82,821,352.77元,支付的其他与经营活动有关的现金为14,185,231.94元;投资活动产生的现金流量净额为-7,064,629.35元,其中处置固定资产、无形资产和其他长期资产收回的现金净额为10,000.00元,购建固定资产、无形资产和其他长期资产所支付的现金为11,716,432.62元,投资所支付的现金为-7,074,629.35元;筹资活动产生的现金流量净额为98,540,561.25元,其中借款收到的现金为348,330,000.00元,偿还债务所支付的现金为233,330,000.00元,分配股利、利润或偿付利息所支付的现金为16,459,438.75元。现金及现金等价物净增加额为4,624,213.32元。

公司2001年度经营活动现金流量为负数,主要原因在于:一是补交了往年的应交税金,致使公司2001年该项现金流出大幅增加;二是公司进行了产品结构调整,提高了超高功率石墨电极等生产工序较长产品的产量,相应的在产品占用资金有较大增加;三是2000年以来包括针状焦在内的部分生产原材料的价格有一定程度的上涨,对公司的现金流量状况产生了一定的压力;最后是公司为了保障将来的生产计划,而增加了一定的存货,使公司购买商品支出的现金有较大的增加。

从公司销售商品和提供劳务收到的现金分析,公司2001年销售商品和提供劳务产生的现金流入为496,527,784.39元;而同期的主营业务收入为412,903,254.22元,说明公司主营业务产生的现金流入能力较去年有很大改善。另外,公司的产品结构调整今年将会逐步到位,预计今后公司的现金流量情况会逐步好转。

2002年1-6月,公司现金流量状况明显好转。2002年1-6月经营活动现金流量净额为12,531,934.57元,其中销售商品、提供劳务收到现金为276,324,976.53元,收到与经营活动有关的其他现金518,506.70元,购买商品、接受劳务支付现金为240,467,267.77元,支付给职工以及为职工支付的现金为19,293,261.23元,支付的各项税费为7,176,050.99元,支付的其他与经营活动有关的现金为2,749,927.12元;投资活动产生的现金流量净额为-4,549,570.21元,全部用于购建固定资产、无形资产和其他长期资产;筹资活动产生的现金流量净额为9,531,893.15元,其中借款收到的现金为48,500,000.00元,偿还债务所支付的现金为28,500,000.00元,分配股利、利润或偿付利息所支付的现金为10,468,106.85元;汇率变动对现金的影响为55,862.63元。现金及现金等价物净增加额为17,570,120.14元。

九、或有事项、期后事项、重大关联交易和其他重要事项

(一)或有事项

截止审计报告签发日,公司无需披露的重大或有事项

(二)期后事项。

截止审计报告签发日,本公司所欠的3年以上应付款项尚未偿还。

截止审计报告签发日,本公司无其他需说明的资产负债表日后事项。

(三)承诺事项

截止审计报告签发日,公司无需披露的承诺事项。

(四)重大关联交易

公司提醒投资者关注本招股说明书附录一会计报表附注中的关联交易。

(五)其他重要事项

1、公司设立日发起人兰州炭素(集团)有限责任公司等五家股东的投入资本业经甘肃五联会计师事务所以甘会验字[1998]第039号验资报告予以验证。

2、公司设立时经甘肃第三会计师事务所进行了评估,并出具了甘三会评字(1998)第54号评估报告书,公司根据评估报告进行了调账。由于法定的调账日与资产评估基准日不一致,在评估基准日至调账日期间资产数额已发生了变化,评估基准日至调帐日存货按历史成本结转、固定资产以帐面原值计提折旧,存货为评估减值故按历史成本结转成本不会造成出资不实,固定资产为评估增值,评估增值部分应提折旧88万元,会造成出资不实,主发起人承诺用公司以后年度所分配给主发起人的股利补足。公司评估基准日至公司成立日之间的利润分配给原股东,不会造成出资不实。评估调账前后的简要比较资产负债表如下:

调帐日:1999年1月1日　　　　单位:元

项 目	调 帐 前	变动情况	调 帐 后
货币资产	828,196.74		828,196.74
应收帐款	148,561,465.97	751,613.11	149,313,079.08
其他应收款	8,029,861.69		8,029,861.69
预付帐款	21,691,251.28		21,691,251.28
存货	141,278,520.75	-2,932,485.00	138,346,035.75
流动资产合计	320,389,296.43	-2,180,871.89	318,208,424.54
固定资产原值	284,910,507.78	59,169,517.32	344,080,025.10
减:累计折旧	117,213,711.32	30,891,068.67	148,104,779.99
固定资产净值	167,696,796.46	28,278,448.65	195,975,245.11
工程物资	3,055,065.68		3,055,065.68
固定资产合计	170,751,862.14	28,278,448.65	199,030,310.79
长期待摊费用	207,364.80		207,364.80
无形及其他资产合计	207,364.80		207,364.80
资产总计	491,348,523.37	26,097,576.76	517,446,100.13
短期借款	69,930,000.00		69,930,000.00
应付票据	8,000,000.00		8,000,000.00
应付帐款	122,895,731.41		122,895,731.41
预收帐款	2,988,744.88		2,988,744.88
应付工资	6,041,721.38		6,041,721.38
应付福利费	4,806,446.45		4,806,446.45
应交税金	34,988,446.68		34,988,446.68
其他应付款	55,036,691.24		55,036,691.24
流动负债合计	304,687,782.04		304,687,782.04
长期借款	25,000,000.00		25,000,000.00
其他长期负债	4,138,296.85		4,138,296.85
长期负债合计	29,138,296.85		29,138,296.85
负债合计	333,826,078.89		333,826,078.89
净资产	157,522,444.48	-157,522,444.48	
股本		120,000,000.00	120,000,000.00
资本公积		63,620,021.24	63,620,021.24
股东权益合计	157,522,444.48	26,097,576.76	183,620,021.24
负债及股东权益合计	491,348,523.37	26,097,576.76	517,446,100.13

3、公司1999年、2000年度会计报表已经审计,现因申报股票发行,根据《企业会计准则》及《企业会计制度》的有关规定对如下事项进行调整:

(1)固定资产、无形资产计提准备的会计政策和会计估计进行了变更,公司本期末的固定资产及无形资产未发生未来可回收金额低于其账面价值的情况,故未提取固定资产及无形资产减值准备。

(2)根据审计调整及甘肃省地方税务局确认的1999年度所得税额,调整1999年度会计数据。

上述调整内容相关的会计报表项目、数据见下表:

1999年度　　　　单位:万元

项 目	原始会计报表数	本报告数	差异	差异原因	
				审计调整	据甘肃省地税局确认的所得税调整
资产	62,714	62,492	-222	-222	
负债	41,327	42,500	1173	1099	74
所有者权益	21,387	19,992	-1,395	-1,321	-74
主营业务收入	34,285	34,285			
主营业务成本	26,406	26,709	303	303	
管理费用	1,697	1,652	-45	-45	
营业费用	417	420	3	3	
财务费用	661	760	99	99	
营业外支出	164	164			
所得税	727	1,763	1,036	962	74
净利润	4,056	2,661	-1,396	-1,322	-74
盈余公积	608	244	-364	-353	-11
未分配利润	2,417	1,385	-1,032	-969	-63

2000年度　　　　单位:万元

项 目	原始会计报表数	本报告数	差异	差异原因	
				99年所得税调整影响	债务重组
资产	63,814	63,754	-60		-60
负债	39,590	41,302	1,712	1,721	-9
所有者权益	24,224	22,452	-1,772	-1,721	-51
主营业务收入	36,383	36,383			
主营业务成本	29,006	29,006			
管理费用	1,499	1,499			
财务费用	1,271	1,271			
营业外支出	206	266	60		60
所得税	571	1,247	676	685	-9
净利润	3,197	2,461	-736	-685	-51
盈余公积	879	613	-266	-258	-8
未分配利润	4,983	3,477	-1,506	-1,463	-43

4、资产置换

(1)经公司2000年4月8日召开的1999年度股东大会决议通过,将公司动力厂、电修厂及部分债权与兰州炭素(集团)有限责任公司炭砖、炭糊生产系统等值置换。甘肃弘信会计师事务有限公司以甘弘会评报字(2000)第20号、甘弘会评报字(2000)第021号对置换资产进行了评估,经甘肃省财政厅甘财国字发(2000)34号、甘财国字发(2000)35号文确认。公司换出资产评估基准日2000年5月31日的账面值为96,675,837.81元,其评估值为96,597,302.81元;兰州炭素(集团)有限责任公司换出资产评估基准日2000年5月31日的账面值为96,547,444.10元,评估值为96,597,302.81元,置换双方评估值没有差额;经甘肃省财政厅甘财国字发(2000)41号文批复,"双方置换的净资产相等,不影响兰州海龙新材料科技股份有限公司股本,因此同意其置换。"

资产置换分类明细表

单位:元

项目	合计	房屋建筑物	在建工程	机器设备	应收账款	应付账款
公司转出资产、负债评估时账面值	96,675,837.81	18,582,642.99	456,434.09	30,417,527.10	76,987,950.70	29,768,716.98
换入资产入账价值	95,423,276.11	30,543,281.00	3,251,781.11	61,628,214.00		
公司转出资产、负债评估值	96,597,302.81	18,545,814.00	456,434.09	30,375,821.00	76,987,950.70	29,768,716.98
转入资产评估值	96,597,302.81	30,653,193.00	3,111,663.81	62,832,446.00		

公司互换资产的评估值无差额。

互换资产交割日2000年7月31日;公司换出资产在交割日帐面值与换出资产的评估基准日账面值之间差额为评估基准日至资产交割日期间资产的变化;公司换出资产、负债在资产交割日出帐净值为95,501,811,11元。

换入资产以评估价值作为入帐价值,由于从评估日至资产交割日所评估资产已经发生变化,故入帐时将换入资产评估价值按该期间的实际变化调整后入帐,实际入帐金额是95,423,276.11元。

(2)换出资产负债的配比、合理性说明

置换前公司用电从兰州供电局采购,换出单位电修厂是为公司提供变电服务的下属部门,本次资产置换中换出的应付账款,是公司形成的应付兰州供电局截止评估基准日的电费,所以将该负债与公司下属电修厂的相关资产同时换出是合理、配比的。换出的应收账款为该公司销货款,用于资产置换中补差价,避免了公司现金的大额支出,也有利于改善公司的资产结构,是合理的。

(3)换出资产中应收账款大额明细及形成原因、形成时间、与之相关的销售业务产生的利润占公司利润的比例如下:

资产置换中应收账款大额明细(单位:元)

单位名称	金额	形成原因	形成时间		
			1998年	1999年	2000年
洛阳钢铁集团有限公司	11533261.51	货款	7383600.99	4149660.52	
四川川投长城特殊钢(集团)有限责任公司	1116803.25	货款	1116803.25		
辽宁抚顺特殊钢(集团)有限公司	5866195.81	货款	4639595.60	1226600.21	
北满特殊钢股份有限公司	2097249.16	货款	1318946.63	778302.53	
邢台机械轧辊(集团)有限公司物资供销公司	7909873.79	货款	5894241.41	2015632.38	
兰州炭素进出口公司	2176936.37	货款		2176936.37	
兰州炭素有限公司	44012462.89	货款		33794680.12	10217782.77
合计	74712782.78		20353187.88	44141812.13	10217782.77

换出大额应收账款产生的毛利占该年度毛利总额的比例:1999年发生额44,141,812.13元产生的毛利980万元、占毛利总额的比例12.87%;2000年发生额10,217,782.77元产生的毛利208万元、占毛利总额的比例2.81%;换出应收账款无收回连带责任。

(3)换出的应付账款是应付兰州供电局电费,金额为29768716.98元;兰州供电局书面同意其债务人变更。

(4)依据以下假定及编制原则、编制方法编制资产置换模拟备考表:

A、编制假设:假定公司换入、换出资产的现时架构在报告期初已经存在,且在报告期内未发生重大变动。

B、编制原则以实际发生的交易或事项为依据,以历史成本计价原则和收入与相关成本、费用配比为主要编制原则,

C、编制方法:

①收入的编制方法:以公司1998年、1999年、2000年利润表为基础,将置换资产中换入炭块、糊在换出单位兰州炭素(集团)有限责任公司相应年度实现的收入计入公司利润表主营业务收入,将置换资产中换出的辅助生产系统产生相关的收入从公司利润表中剥出。

②成本的编制方法:将与换入炭块、糊在换出单位兰州炭素(集团)有限责任公司相应年度实现的收入配比的成本、费用计入公司利润表主营业务成本及相关费用,将换出辅助生产系统发生的相关成本从公司利润表主营业务成本、其他业务支出及相关费用中剥出,换出辅助生产系统原给公司提供服务、水、电等,按备考年实际发生量,以置换前公司给兰州炭素(集团)有限责任公司提供劳务、水电等价格计算计入相关成本费用。

③费用编制方法:将与换入炭块、糊相关的期间费用计入公司利润表相应费用科目,同时将与换出辅助生产系统相关的期间费用从公司利润表相应费用科目中剥出。

根据上述计入及剥出的收入、成本、费用编制备考利润表,备考表的编制遵循了配比原则。依据以上假定及编制原则、编制方法编制的模拟备考表。

简要资产负债表(备考表)　　　　单位:元

项　　目	2000年12月31日	1999年12月31日
货币资产	13,972,143.03	3,570,058.38
应收票据		900,000.00
应收帐款	148,508,386.35	162,451,431.16
其他应收款	8,061,846.94	5,156,767.16
预付帐款	23,264,507.23	23,175,319.44
存货	220,804,509.91	164,185,919.92
待摊费用		190,413.00
流动资产合计	414,611,393.46	359,629,909.06
固定资产原值	465,065356.04	431,343,514.70
减:累计折旧	238,897,545.30	204,412,329.36
固定资产净值	226,167,810.74	226,931,185.34
工程物资	1,829,201.82	2,005,286.46
在建工程	961,807.70	4,120,162.86
固定资产合计	228,958,820.26	233,056,634.66
长期待摊费用		

项目		
无形及其他资产合计		
资产总计	643,570,213.72	592,686,543.72
短期借款	107,130,000.00	67,930,000.00
应付票据	18,600,000.00	2,400,000.00
应付帐款	131,524,588.18	151,748,864.85
预收帐款	6,726,551.00	7,650,437.05
应付工资	10,979,928.00	10,987,605.50
应付福利费	6,048,708.72	5,261,775.94
应交税金	66,455,751.50	56,376,960.39
其他应交款	-34,861.15	262,288.35
其他应付款	39,852,738.39	66,880,130.09
预提费用		-2,969,350.73
一年内到期的		
长期负债	15,000,000.00	
流动负债合计	402,283,404.64	366,528,711.44
长期借款	10,000,000.00	25,000,000.00
其他长期负债		
长期负债合计	10,000,000.00	25,000,000.00
负债合计	412,283,404.64	391,528,711.44
股本	120,000,000.00	120,000,000.00
资本公积	63,620,021.24	63,620,021.24
盈余公积	6,135,247.42	2,444,301.09
其中:公益金	2,045,082.47	814,767.03
未分配利润	41,531,540.42	15,093,509.95
股东权益合计	231,286,809.08	201,157,832.28
负债及股东权益合计	643,570,213.72	592,686,543.72

简要利润表(备考表)　　单位:元

项 目	2000 年度	1999 年度
一、主营业务收入	387,107,596.93	350,294,116.43
减:主营业务成本	311,077,477.37	274,031,601.34
主营业务税金及附加	1,288,204.55	1,821,530.18
二、主营业务利润	74,741,915.01	74,440,984.91
加:其他业务利润	529,430.28	-40,935.84
减:营业费用	6,268,919.38	4,652,790.82
管理费用	14,580,620.30	16,186,620.00
财务费用	12,713,986.64	7,597,581.81
三、营业利润	41,707,818.97	45,963,056.44
加:营业外收入	10,000.00	22,647.43
减:营业外支出	2,661,856.49	1,643,355.00
四、利润总额	39,055,962.48	44,342,348.87
减:所得税	12,467,638.67	17,633,680.35
五、净利润	26,588,323.81	26,708,668.52

通过本次资产置换公司置换出了 7698.80 万元的应收账款,2976.87 万元的应付账款,而置换入公司的是房屋建筑物和机器设备等生产性固定资产,这在一定程度上改善了公司的资产质量。另外本次置换增加 2000 年度净利润 198.20 万元,1999 年度净利润 10.12 万元,通过本次置换有利于提高公司的盈利能力,增强公司的发展潜力。

5、由于公司已得到了甘肃省地方税务局的批准,今后 10 年内按规定可按 15% 的税率征收所得税,较按公司上市后税收政策调整计算对以前各年度净利润的影响是:2000年度增加净利润 6,850,000.00 元、1999 年度增加净利润 9,620,000.00 元;2001 年 1-4 月公司上缴 1999 年度、2000 年度所得税 17,633,680.35 元、12,557,638.67 元,根据甘肃省人民政府甘政发[1999]99、132 号文的规定,甘肃省人民政府同意对兰州海龙新材料科技股份有限公司 1999 年度、2000 年度实行所得税即征即返的优惠政策,按 33% 的所得税率征缴,然后由甘肃省财政返还 18 个百分点,2001 年 4 月公司收到返还所得税 1647 万元,冲减收到当期所得税,造成 2001 年所得税出现负数。以前年度按上市后税率计算,则 2001 年净利润为 33,481,867.08 元,2000 年净利润为 31,455,929.94 元,1999 年净利润为 36,227,808.87 元。

6、(1)公司 2000 年度股东大会通过《关于修订兰州炭素股份有限公司(现更名为"兰州海龙新材料科技股份有限公司")关联协议的决议》并与关联方兰州炭素(集团)有限责任公司修订有关协议。

(2)假定修订后的协议在 1999 年、2000 年已执行,对 1999、2000 年利润影响如下:修订后协议与原协议在水、电、空气、煤气、人工、劳务、蒸汽等方面的价格相同,土地、房屋的实际租赁价格与修订后协议比较见下表,修改后协议新增资产租赁协议,租赁金额与原方式公司承担的同口径费用一致;取消原协议中兰州炭素(集团)有限责任公司提供的职工子弟学校教育服务,公司不再支付学校经费:以上总计增加 2000 年利润总额:2,170,695.00 元,其中土地、房屋的实际租赁价格与协议修订后协议价格变动增加利润总额 828,519.00,公司不再支付学校经费增加利润总额 1,342,176.00 元;增加 1999 年利润总额 2,070,454.00 元,其中土地、房屋的实际租赁价格与修订后协议价格变动增加利润总额 728278.00 元,公司不再支付学校经费增加利润总额 1,342,176.00 元。

项目	原价格		修订后协议价	修订后的价格与原价格差异	
	2000 年	1999 年		2000 年	1999 年
土地租赁价	9.77 元/平方米	9.13 元/平方米	4.48 元/平方米	-5.29 元/平方米	-4.65 元/平方米
办公用房租赁价	37.84 元/平方米	37.84 元/平方米	63.6 元/平方米	25.76 元/平方米	25.76 元/平方米

(3)公司 2001 年 12 月 13 日一届三次临时董事会会议决议修改部分关联交易合同,并于 2001 年 11 月 14 日与兰州炭素(集团)有限责任公司签定修改后的合同,修改后的合同期限延长至 10 年,交易价格无变化,该合同已经 2001 年 12 月 14 日公司 2001 年度第二次临时股东大会批准生效。

7、(1)公司 2001 年 11 月 14 日与兰州炭素(集团)有限责任公司签订收购协议,2001 年 12 月 14 日召开的公司 2001 年度第二次临时股东大会批准了该协议,协议收购兰州炭素(集团)有限责任公司的高压浸渍设备和二次焙烧隧道窑设备。

(2)公司现在以租赁方式使用以上两项设备,假定该收购协议在公司设立时就已执行,对公司 1999 年度、2000 年度、2001 年利润总额的影响如下:增加 1999 年度利润总额 139 万元、增加 2000 年度利润总额 139 万元、增加 2001 年度利润总额 139 万元,增加 2002 年 1-6 月利润总额 69.5 万元。

8、(1)公司 2001 年 11 月 13 日一届三次临时董事会会议决议收购兰州炭素(集团)有限责任公司全资子公司兰州炭素进出口公司评估后净资产的 60%,并与兰州炭素(集团)有限责任公司签订出资协议,共同出资设立兰州炭素进出口有限公司,公司占兰州炭素进出口有限公司股权的 60%,兰州炭素进出口有限公司于 2001 年 12 月 13 日成立,公司已全额支付出资。

(2)假定该投资行为在公司设立时已存在,对公司 1999 年度、2000 年度、2001 年利润总额影响如下:1999 年将产生投资收益 85,224.00 元、增加 1999 年度利润总额 85,224.00 元;2000 年将产生投资收益 296,583.60 元、增加 2000 年度利润总额 296,583.60 元。

十、盈利预测

本公司盈利预测报告的编制遵循了谨慎性原则,但盈利预测所依据的各种假设具有不确定性,投资者进行投资决策时不应过分依赖该项资料。

以下资料摘录自本公司编制经五联联合会计师事务所有限公司审核(五联核字(2002)第 1028 号)的盈利预测报告。

(一)编制基准

本公司的盈利预测报告是在经五联联合会计师事务所有限公司审计的 1999 年度、2000 年度及 2001 年度及 2002 年 1-6 月会计报表基础上,结合本公司 2002 年的生产经营计划、投资和营销计划及其它有关资料,按照稳健原则和下列基本假设编制的。盈利预测报告所依据的会计政策在所有重大方面均与本公司实际采用的会计政策一致。

(二)基本假设:

1、本公司遵循的中华人民共和国法律、法规、制度无重大变化;

2、本公司所处的社会经济环境无重大变化;

3、本公司遵循的税收制度和适用的税率无重大变化;

4、本公司经营业务涉及的信贷利率以及外汇汇率将在正常范围内波动;

5、本公司无其他不可抗拒因素及不可预见因素造成的重大不利影响。

(三)盈利预测表

单位:元

项 目	2001 年已审实现数	2002 年 1-6 月已审实现数	2002 年 7-12 月预测数	2002 年预测数
主营业务收入	412,903,254.22	228,217,847.95	209,160,152.05	437,378,000.00
主营业务利润	79,082,634.98	44,852,721.26	41,682,378.74	86.535,100.00
营业利润	42,113,833.79	21,986,143.51	19,685,007.05	41,671,150.56
利润总额	39,223,523.75	22,074,007.38	19,900,007.05	41,974,014.43
净利润				
所得税税率为 15%	49,951,867.08	18,688,908.59	16,796,613.85	35,485,522.44

2001 年本公司补缴以前年度欠缴所得税,其中公司设立时剥入应交所得税 9,617,576.16 元,1999 年度应交所得税 17,633,680.35 元,清缴 2000 年度应交所得税 12,557,638.67 元。根据 1999 年、2000 年享受即征即返 18% 返还的政策,2001 年公司共收到返还所得税 16,470,000.00 元。由于所得税返还的影响,公司 2001 年所得税费用为 -10,494,638.52 元,使得公司 2002 年预测利润总额虽然比 2001 年利润总额增长 6.8%,但净利润比 2001 年大幅减少。

(四)编制说明

盈利预测是在公司和并表子公司(兰州炭素进出口有限公司)各自盈利预测基础上合并而成的,在合并时已考虑了合并抵消等因素。兰州炭素进出口有限公司于 2001 年 12 月 13 日注册成立,盈利预测表中上年数仅含子公司一个月审计数,故其本年预测数与上年数无可比性。

有关 2002 年销售收入预测的简要说明如下,详细信息请投资者阅读本招股说明书附录二。

2002 年度营业收入的预测是以前三年同期实现销售收入的历史资料为依据,以切实可行、能够实现为前提,充分考虑稳健原则,结合 2002 年生产经营计划及市场调研结果进行预测的。公司预测 2002 年公司主营业务收入将实现 5.93% 的增长;剔除公司 2001 年补缴 1999 年度所得税和汇算清交上年度所得税带来的所得税返还的影响,公司预计 2002 年净利润较 2001 年将实现 5.98% 的增长。

1、各类产品的销售量预测:

(1)石墨电极

近年来,随着我国冶金产业结构调整,环保意识的增强,被列入落后生产装备的小电炉日渐淘汰。炉外精炼比例大幅度上升,从而使我国石墨电极市场需求结构发生了根本变化,从品种上看,规格较大的高功率以上电极需求递增。随着冶金行业结构的进一步调整,被列入淘汰之列的小电炉将继续大量下马,高功率以上的电极将迅速发展。但普通功率电极市场稍有萎缩,产销量呈下降趋势。

2001 年,我国钢铁总量 1.42 亿吨,其中电炉钢的产量约 3000 万吨,按此预测 2002 年我国石墨电极的需求量约 23 万吨左右,其中高功率电极、超高功率石墨电极需求量约为 9 万吨。根据市场的需求情况,公司对电极的生产结构进行了调整,预计公司 2002 年电极产品的产量为 36000 吨,其中:超高功率电极 6400 吨,高功率电极 14600 吨、普通电极 15000 吨。销售量为 35550 吨,其中:超高功率电极 5650 吨,高功率电极 14400 吨、普通电极 15500 吨。

(2)炭砖及炭糊

目前,我国有大中型电解铝厂 121 家,生产能力达到 230 万吨/年,预计到 2005 年,随着 100 立方米以下高炉淘汰最后期限的到来,以及铝行业的发展和铝电解工艺的改变,大截面、高导电、耐腐蚀的半石墨质、微孔新型炭砖将成为主要需求。公司 2002 年炭块的计划生产产量为 7000 吨,预测销售数量为 6050 吨;炭糊的技术含量较低,附加值小,公司 2002 年炭糊的计划生产量 13000 吨,预测销售量为 10000 吨,按照构销合同以销定产。

2、各类产品的销售价格预测:

近年来,钢铁企业日渐复苏,在一定程度上带动了炭素行业的发展。从炭素产品市场看,超高功率石墨电极、高功率石墨电极及炭块需求增长较快,市场前景可观。针对各种产品,结合市场动态及 2001 年实际销售情况,预计全年半石墨质炭块和微孔炭块的销售价格比上年略有上升,其余产品的售价基本保持上年水平。出口高功率电极的销售价格比上年增长较多,原因是上年的销售价格为本公司给兰州炭素进出口公司的销售价格,本年度预测价格为本公司并表子公司兰州炭素进出口有限公司的销售价格。

按上述销售量和销售价格信息,预计 2002 年公司销售收入为 43737.8 万元。

3、税收优惠政策

根据甘肃省地方税务局甘地税所减免字(2002)16 号《企业所得税减免批复通知书》批准的税率(15%)进行预测,子公司按 33% 的法定税率计算预测,2002 年公司预计利润总额为 4197.4 万元,预测所得税为 638.7 万元。

十一、历次资产评估报告

(一)公司设立时的资产评估

本公司设立时,甘肃第三会计师事务所对公司主发起人兰州炭素有限公司拟投入本公司的全部资产进行了评估,并于 1998 年 10 月 5 日出具了甘三会评字(1998)第 54 号资产评估报告书。本次评估已经甘肃省国有资产管理局甘国资评确发[1998]111 号的确认。本次资产评估已经青海兴华资产评估有限责任公司复核,并出具了兴华资核[2001]第 076 号资产评估复核意见,认为本次资产评估是合规、有效的,评估增减值是合理的,就评估基准日而言,评估结论是公允的。

评估结果为:

单位:元

项 目	评估前金额	评估后金额	评估增值额	增值率%
一、流动资产	317,568,033.30	315,387,161.41	-2,180,871.89	-0.69
其中:货币资产	333,434.38	333,434.38	0.00	0.00
存货	141,391,931.21	138,459,446.21	-2,932,485.00	-2.07
应收帐款	150,322,622.40	151,074,235.51	751,613.11	0.50
预付帐款	21,069,175.93	21,069,175.93	0.00	0.00
其他应收款	4,450,869.38	4,450,869.38	0.00	0.00
二、固定资产	173,015,490.07	201,293,938.72	28,278,448.65	16.34
其中:房屋建筑物	79,444,074.80	93,152,663.00	13,708,588.20	17.26
机器设备	92,136,998.55	106,706,859.00	14,569,860.45	15.81
在建工程	1,434,416.72	1,434,416.72	0.00	0.00
三、资产总额	490,583,523.37	516,681,100.13	26,097,576.76	5.32
四、流动负债	304,512,782.04	304,512,782.04	0.00	0
五、长期负债	34,668,296.85	34,668,296.85	0.00	0
六、负债总额	339,181,078.89	339,181,078.89	0.00	0
七、净资产	151,402,444.48	177,500,021.24	26,097,576.76	17.24

本次评估未有增减超过 30% 的情况。

(二)资产置换时的资产评估

公司于 2000 年 8 月与集团公司进行了资产置换,甘肃弘信会计师事务有限公司对本公司换出的资产和集团公司换入本公司的资产进行了资产评估,并分别出具了甘弘会评报字(2000)第 021 号和甘弘会评报字(2000)第 020 号的资产评估报告书。本次资产评估已经甘肃省财政厅甘财国字发(2000)35 号和甘财国字发(2000)第 34 号文确认。

评估结果为:

单位:万元

项 目	帐面原值	帐面净值	重置价	评估价值	增值额	增值率%
一、换出公司资产:						
1、换出公司资产总额	16176.75	12644.45	15934.74	12636.60	-7.85	-0.06
其中:应收账款	7698.80	7698.80	7698.80	7698.80	0.00	0.00
房屋建筑物	2459.38	1858.26	2378.08	1854.58	-3.68	-0.20
机器设备	5972.93	3041.75	5812.22	3037.58	-4.17	-0.14

在建工程	45.64	45.64	45.64	45.64	0.00	0.00
2、换出公司负债总额	2976.87	2976.87	2976.87	2976.87	0.00	0.00
其中:其他应付款	2976.87	2976.87	2976.87	2976.87	0.00	0.00
3、换出公司资产净值		9667.58		9659.73	-7.85	-0.08
二、换入公司资产:						
1、换入公司资产总额	16986.14	9654.74	19311.89	9659.73	4.99	0.05
其中:房屋建筑物	4379.52	2586.55	6716.14	3065.32	478.77	18.51
机器设备	12295.46	6757.02	12284.58	6283.24	-473.78	-7.01
在建工程	311.16	311.17	311.17	311.17	0.00	0.00
2、换入公司资产净值		9654.74		9659.73	4.99	0.05

本次评估未有增减变化超过30%的情况。

(三)收购兰州炭素进出口公司的评估报告

公司在收购兰州炭素进出口公司60%净资产并与集团公司共同发起设立兰州炭素进出口有限公司时,以2001年9月30日为评估基准日,由甘肃励志会计师事务有限公司对兰州炭素进出口公司整体资产项目进行了评估,并出具了甘励会评报字[2001]第033号资产评估报告书。评估结果由甘肃省财政厅甘财企[2001]125号文确认。由于甘肃励志会计师事务有限公司没有从事证券业务的资格,所以公司又聘请了有证券从业资格的青海兴华资产评估有限责任公司对本次资产评估进行了复核,并出具兴华核报字[2001]第097号复核意见报告书。

评估结果为:

单位:元

项目	帐面值	调整后帐面值	评估价值	增值额	增值率(%)
资产总值	66,068,842.84	73,719,571.59	73,796,610.71	77,039.12	0.12
负债	54,209,787.52	61,098,201.65	61,098,201.65	0.00	0.00
净资产	12,621,369.94	12,621,369.94	12,698,409.06	77,039.12	0.61

十二、历次验资报告

本公司设立时,甘肃五联会计师事务所受本公司委托,对兰州炭素股份有限公司(筹)截止1998年12月25日止的实收股本及相关的资产和负债的真实性和合法性进行了审验,并以甘会验字[1998]第039号文出具了验资报告。

根据甘肃五联会计师事务所的验资报告,截止1998年12月25日,兰州炭素股份有限公司(筹)已收到发起股东投入的资本183,620,021.24元,其中股本120,000,000.00元,资本公积63,620,021.24元;与上述投入资本相关的资产总额为517,446,100.13元,负债总额为333,826,078.89元。

十三、发行人报告期的主要财务指标

指标	2002年6月30日	2001年12月31日	2000年12月31日	1999年12月31日
1、流动比率	1.48	1.35	1.01	1.09
2、速动比率	0.50	0.40	0.47	0.68
3、应收账款周转率	1.85	3.12	1.91	1.81
4、存货周转率	0.46	1.08	1.51	1.77
5、无形资产占总资产比例	0	0	0	0
6、资产负债率(%)	63.33	64.22	64.78	68.01
7、每股净资产(元/股)	2.44	2.29	1.87	1.67
8、研究及开发费用占主营收入比例	---	4.24	4.52	4.47
9、净资产收益率(%)	6.37	18.20	10.96	13.31
10、每股收益(元/股)	0.16	0.42	0.21	0.22
11、每股经营活动的现金流量(元/股)	0.10	-0.72	-0.13	---

发行后净资产收益率为4.58%注1,发行后每股收益为0.18元注2。

注1:发行后净资产收益率=2002年预测净利润/按发行价格计算的发行后净资产

发行后净资产= 2001年12月31日净资产+2002年预测净利润+本次发行扣除发行费用后的募集资金

注2:发行后每股收益=2002年预测净利润/发行后的总股本

上述财务指标的计算方法如下:

流动比率=流动资产/流动负债

速动比率=速动资产/流动负债

应收帐款周转率=主营业务收入/应收帐款平均余额

存货周转率=主营业务成本/存货平均余额

无形资产(除土地使用权)占总资产的比例=无形资产(土地使用权除外)/总资产

资产负债率=总负债/总资产

每股净资产=期末净资产/期末股本总额

研究及开发费用占主营业务收入的比例=研究及开发费用/主营业务收入

净资产收益率=净利润/期末净资产总额

每股收益=净利润/期末股本总额

每股经营活动的现金流量=经营活动产生的现金流量净额/期末股本总额

本公司按《公开发行证券公司信息披露编报规则第9号—净资产收益率和每股收益的计算及披露》计算的2001年净资产收益率和每股收益如下:

报告期利润	净资产收益率(%)		每股收益(元)	
	全面摊薄	加权平均	全面摊薄	加权平均
主营业务利润	28.81	31.70	0.66	0.66
营业利润	15.34	16.88	0.35	0.35
净利润	18.20	20.02	0.42	0.42
扣除非经常性损益后的净利润	13.11	14.43	0.30	0.30

十四、公司管理层作出的公司财务分析

公司管理层根据过去三年经审计的会计报表、公司2002年的盈利预测报告及公司未来发展规划作出如下分析。

1、资产质量状况

公司截止2002年6月30日资产总额为813,023,943.51元,其中流动资产为598,347,004.81元,占总资产的比例为73.60%;公司的流动资产主要由应收账款和存货构成,其中存货净额为397,510,765.50元,占流动资产的比例为66.43%,存货在流动资产中占的比重较高,主要是由行业特点决定的,炭素制品行业很大的一个特点就是生产周期长,这从公司存货的主要构成可以看出,在产品在存货中的比例为58.48%;其次是生产制造成本在总成本中占的比重较大,因此公司必须保持较高的存货比例才能满足生产、销售的需要。流动资产中应收账款余额为125,896,326.06元,占流动资产的比例为21.04%。公司的应收账款中一年以内的应收账款为96.57%,一至二年以内的应收账款为3.11%,二年至三年以内的应收账款为0.32%,公司无三年以上的应收账款。从以上数据中可以看出,公司的应收账款绝大部分为一年的款项,另一方面欠款单位主要为公司长期稳定的客户,与公司有多年的业务往来,信誉良好,故发生坏帐的风险较小。此外对于一至三年的应收账款公司已提取了充分的坏帐准备,故公司未来不会因应收账款的回收问题而对公司的业绩造成重大影响。

截止2002年6月30日,公司固定资产净值为207,648,754.65元,占公司资产总额的比例为25.54%。固定资产主要有房屋建筑物和机器设备构成,其中房屋建筑物占43.79%,机器设备占56.21%,目前固定资产的成新度为43.21%。公司每年都对生产设备进行大修理,以保证公司设备在较长的时间内安全运行及完成对技术设备的技术升级。1999年公司大修理费用为1493.47万元,2000年为1682.06万元,2001年为1641.11万元。从1999年以来,公司先后对回转窑、成型机和国产炭砖加工机组进行完全重置性大修;而公司的6台蒸汽混捏锅更换已列入2001年公司设备大修改造计划,计划利用此次大修改造将6台2000升更新为2200升电加热混捏机,水平为国内先进水平,目前正在实施。公司在会计期末对固定资产逐项进行检查,如果市价持续下跌,或技术陈旧、损坏、长期闲置等原因导致其可收回金额低于帐面价值,将可收回金额低于帐面价值的差额作为固定资产减值准备。公司本期末的固定资产未发生未来可回收金额低于其帐面价值的情况,故未提取固定资产及无形资产减值准备。

公司固定资产所占的比重、构成和成新度符合行业的特点及公司发展的需要,公司多项设备在同行业中处于领先水平,不存在重大不良资产。综上所述,公司目前的资产状况良好,结构合理,符合公司未来持续发展的需要。

2、公司的负债结构与偿债能力

截止2002年6月30日,公司负债总额为514,961,912.73元,负债比例为63.33%。公司2001年、2000年、1999年的负债比例为64.22%、64.78%、68.01%,可以看出公司的负债比例逐年下降,显示出公司长期偿债能力的逐步上升。2002年1-6月,公司息税前收益为31,864,130.51元,财务费用为9,790,123.13元,公司利息保障倍数为3.25,公司有一定的利息支付能力。在公司债务中,流动负债的比重较大,2000年末占公司负债总额的90%以上,2001年末占82.66%,2002年6月30日占78.26%,这是导致公司流动比率较低的主要原因之一,截止2002年6月30日,流动比率为1.48,2001年末公司的流动比率为1.35,2000年末公司的流动比率为1.01,公司的流动比率逐年改善。从资产负债情况看,公司的借款增长较快,偿债能力显得不足。

3、现金流量情况

公司2001年度经营活动产生的现金流量净额为-86,851,718.58元,公司经营活动产生的现金流量净额为负数的原因详见本章"八、现金流量情况"的叙述;2001年公司筹资活动产生的现金流量净额为98,540,561.25元,投资活动产生的现金流量净额为-7,064,629.35元,全年公司现金及现金等价物净增加值为4,624,213.32元。从以上数据可以看出,公司全年现金及现金等价物的增加依靠筹资活动中产生的现金流量,此外对于处于发展期的制造业公司而言,投资活动现金净

流量为负数属于正常的情况。再从公司销售商品和提供劳务收到的现金分析,公司2001年销售商品和提供劳务产生的现金流入为496,527,784.39元,而同期的主营业务收入为412,903,254.22元,这说明公司主营业务产生的现金流入能力较去年有很大的改善。

综上所述,尽管公司自经营活动中产生现金流量净额为负数,但随着产品结构调整的逐步完成,公司将来的经营活动现金流量情况会有所改善。2002年1-6月,公司的现金流量状况已得到很大的改善,2002年1-6月经营活动现金流量净额为12,531,934.57元,现金及现金等价物净增加额为17,570.120.14元。随着股票的发行上市,会使公司的现金流量状况得到更进一步的改善。

4、公司的盈利能力及发展前景

公司1999年、2000年、2001年、2002年1-6月主营业务收入分别为34,284.8万元、36,382.6万元、41,290.3万元、22,821.8万元,利润总额分别为4424.1万元、3707.4万元、3,922.4万元、2207.4万元。总体上公司的主营业务收入呈上升趋势,利润总额2000年较1999年有所下降,主要原因在于原材料的涨价及公司2000年进行了产品结构的调整,削减了技术含量低的小规格、普通功率电极的生产,加大了大规格、高功率电极的生产;产品结构的调整影响了公司生产能力的发挥。目前公司的产品结构已得到了较大的改善,高技术含量、高附加值的大规格超高功率、高功率电极的比重在电极产量中已有了大幅度的提高。以超高功率石墨电极为例,目前我国使用的超高功率石墨电极缺口每年2~3万吨,其中大规格超高功率石墨电极缺口约1.6万吨,全部需要进口解决,而且供需缺口还在进一步扩大。国际市场上,仅东南亚地区年需求量15~16万吨,国际市场潜力很大。未来市场的需求是公司业绩稳定增长的有利保障。同时公司的业务发展目标表明,在未来三年中公司将改变目前以石墨电极为收入主要来源的局面,向未来市场前景极为广阔的炭素新材料领域进行产品结构的战略调整,逐步形成以高功率、超高功率石墨电极、优质高炉炭砖和炭素新材料为龙头的产品新格局。

5、公司的财务优势与困难

(1)公司的主要财务优势

公司产品结构已基本到位,加大高技术含量、高附加值产品的比例。大规格超高功率电极、优质炭砖和特种石墨、炭毡等高技术含量的产品将增强公司未来的盈利能力。

(2)公司面临的主要财务困难

公司目前面临的财务困难,主要在于负债结构不合理,短期偿债能力不足,此外由于种种原因,使得公司经营活动产生的现金流量净额不足。2001年公司通过与银行的合作,适当增加长期借款的比重使上述困难得到了一定的缓解,此外公司公开发行股票后上述问题将得到全面改善。

第十二章 业务发展目标

一、公司未来发展的经营理念

坚持以人为本、深化改革、科技兴企、市场导向;实现观念创新、机制创新、技术创新、产品创新。

二、公司未来三年发展的总体战略

根据公司所处行业和周边环境特点,提出以科技为先导,以市场为导向,以资产经营为纽带,实施高起点技术改造,优化产品结构,加快炭素新材料研制和积极拓展炭素新材料应用领域,通过实施名牌战略、精品战略,由替代进口向扩大出口转化,建成具有国际水平,跨地域,集产、学、研一体,综合型炭素生产基地的发展战略。

公司通过新技术应用和高起点技术改造项目的完成,用两到三年时间实现工艺、装备、质量及管理水平的较大幅度提高,达到国内领先、国际先进水平,形成以高功率、超高功率石墨电极,优质高炉炭砖和炭素新材料为龙头的三大系列拳头产品。

三、具体经营目标与业务发展计划

公司力争三年内销售收入达到90000万元,实现利润16000万元,炭素制品总产量8.8万吨,其中:石墨电极4.5万吨(其中高功率1.0万吨、超高功率1.0万吨)、优质炭砖1.5万吨、高档炭糊2.7万吨、炭素新材料0.1万吨。

本次募股是实现公司未来发展战略的关键环节。通过公开发行股票,公司拓展融资渠道,构建资本市场通道;扩大公司的知名度,提升公司的整体形象,有利于公司未来人才的引进和市场的扩张;此外通过募股,将极大地改善公司目前的财务状况,降低负债率,增强公司的偿债能力,改善公司的现金流量情况,为公司实现未来的业务发展目标提供有力的保障。

第十三章 募集资金运用

一、募集资金总量及投资项目

本次共发行人民币普通股8000万股,每股发行价格6.06元,扣除发行费用后,预计实际募集资金46430万元。

本次募集资金主要投资以下项目:

* 收购德国菲斯特·因康高压浸渍和日本二次焙烧隧道窑两台(套)设备
* 一次焙烧炉技术改造工程;
* 新型石墨化炉技术改造工程;
* 石墨电极加工线技术改造工程;
* 长寿高炉炭砖高温焙烧工艺成果转化项目;
* 长寿高炉炭砖煅烧及精加工工艺成果转化项目;
* 配料混捏凉料技术改造工程;
* 特种石墨及炭素生物材料建设项目;
* 炭毡及炭/炭复合材料建设项目;

本次募集资金所投资的项目均委托具有甲级资格的专业设计院进行设计,项目建设采用公开招标方式外委完成。

二、投资项目简介

下面以投资项目的重要性为序介绍募集资金投资项目情况。

(一)收购德国菲斯特·因康高压浸渍和日本品川二次焙烧隧道窑两台(套)设备

1、设备情况

集团公司(含指其前身)建设初期,设计生产能力4万吨。经过二期、三期改造后,于90年代中期形成了7.6万吨的生产能力,其中:高功率石墨电极1万吨,普通功率石墨电极3.5万吨;炭砖0.4万吨;炭糊2.7万吨。三期改造完成后,由于国内电炉炼钢向高功率、超高功率发展,对石墨电极的需求也向大规格的方向发展,为适应市场变化,集团公司随即开始了转产1万吨超高功率石墨电极项目的规划和设计。并同时进行超高功率电极的研制开发,针对公司现有装备在生产超高功率电极(尤其是大规格超高功率)存在的差距,筹备技改工作,由于各工序情况不同,所以在公司转产1万吨超高功率电极的规划中采取了分别立项逐步实施办法,整个改造工程包括新建一套高压浸渍系统和两条二次焙烧隧道窑,进行配料混捏凉料、一次焙烧炉、新型石墨化炉、石墨电极加工线等部分的技术改造,通过新建和技术改造提高装备的技术水平,增加工序加工能力,以满足转产1万吨超高功率石墨电极对加工能力和装备水平的技术要求。这些项目改造完成后石墨电极生产的结构将调整为:超高功率1万吨,高功率1万吨,普通功率2.5万吨,总能力4.5万吨。可满足国内市场对石墨电极不同档次产品的需求,并形成一定规模的出口能力。

超高功率石墨电极生产和高功率石墨电极生产在工艺上有相近之处,均需经过多次浸渍和二次焙烧。如果转产超高功率电极和增产大规格高功率石墨电极首先是渍浸和二次焙烧能力不足。实现1万吨超高功率电极转产必须先行解决该工序能力不足的矛盾,集团公司利用银行贷款,投资155,482,517.13元,先期进行了高压浸渍和二次焙烧隧道窑的建设,引进了德国菲斯特?因康高压浸渍设备和日本品川二次焙烧隧道窑。高压浸渍建设项目于1994年5月开始施工,1994年10月引进设备全部到厂。项目于1996年12月施工完毕开始调试生产,在调试过程中德方单方面撤走了专家,集团公司组织国内专家进行了调试,虽调试成功,但造成了项目工期延长,1999年中全面完成负荷试车。二次焙烧隧道窑建设项目于1996年3月开始施工,1996年12月引进设备全部到厂,于1997年9月施工完毕开始调试生产。公司改制设立时上述设备尚属在建工程,故在公司设立时未将其投入公司。

该两台(套)设备是1万吨超高功率石墨电极转产改造的一个中间工序,本身不能独立生产炭素产品。为了使已建成的设备得到有效、合理地利用,经双方协商,2001年公司与集团公司签订了设备租赁协议,该两台(套)设备由股份公司租赁使用。

该两台(套)设备帐面原值为155,482,517.13元,截止2000年12月31日已计提折旧19,024,251.40元,设备净值136,458,265.73元。

2、收购方案

(1)收购时间

本次收购以公司本次股票公开发行为前提,在公司本次股票公开发行募集资金到位后30天内完成收购。

(2)收购价格

以评估机构的评估值为基础,再考虑从评估基准日到收购资产交割日按评估值计提折旧影响,确定收购价格。根据青海兴华资产评估有限公司对拟收购设备的评估结果,截止2001年10月31日该收购设备的评估价值为9756.12万元。该评估结果已经甘肃省财政厅甘财企[2001]第175号文的确认。集团公司出售设备已征得甘肃省财政厅甘财企[2001]第176号的同意。

(3)收购资产范围

德国菲斯特·因康高压浸渍和日本品川二次焙烧隧道窑两台(套)设备及厂房等附属设施。设备不存在被抵押或其他处置权受限制而影响本次收购情况。

(4)人员安排

在公司向集团公司租赁使用上述两台(套)设备时,相关的生产操作人员、技术人员和管理人员就已经进入公司,所以,本次收购不存在人员接收问题。

(5)土地问题

本次收购后,该设备占用的土地由公司向集团公司租赁使用。2001年11月20日公司与集团公司签订了《土地租赁意向书》,协议规定公司收购设备后相应占用的土地由公司向集团公司租赁,年租赁费用按经评估基本地价的5%确定,租赁期限为30年。经测量,该设备占用面积约为26,680平方米,按目前的地价估算,土地租赁费为4.48元/平方米,该设备占用的土地年租赁费约为119,500元。

(6)生产管理的协调

由于该设备在收购前已由公司租赁经营,由公司进行调配、管理和维修,所以在收购后,对设备的使用、管理不存在任何的障碍。

3、评估情况

青海兴华资产评估有限责任公司对本次收购的设备进行了评估,并出具了兴华评报字[2001]第115号资产评估书,本评估结果经甘肃省财政厅甘财企[2001]第175号文确认。

经评估,截止2001年10月31日止,公司拟收购的德国菲斯特·因康高压浸渍和日本品川二次焙烧窑两台(套)设备帐面价值12972.21万元,调整后的帐面价值12972.21万元,评估价值9756.12万元,减值3216.09万元,减值率24.79%。具体情况如下表:

单位:万元

项目	帐面净价值	调整后帐面净值	评估值	增减值	增值率%
固定资产	12,972.21	12,972.21	9,756.12	-3,216.09	-24.79
其中:在建工程	53.60	0.66	0	-0.66	
建筑物	2,374.90	2,374.90	1,876.86	-498.04	-20.97
机器设备	10,543.71	10,596.65	7,879.26	-2,717.39	-25.64
合计	12,972.21	12,972.21	9,756.12	-3,216.09	-24.79

4、效益预测

本项目效益预测见本章的"三、1万吨超高功率电极相关项目特别说明"

(二)一次焙烧炉技术改造工程

1、项目概况

随着电炉炼钢迅速向大型化、超高功率、直流化发展,炭素生产技术进步和技术改造也日益迫切,现有焙烧炉上下温差过大,产品焙烧不均匀,不但上下层产品质量不同,而且同层产品内在质量也不均匀,装长尺寸产品利用率低等问题已经无法适应这一变化。

本项目拟利用现有的厂房和附属设施,引进国外环式焙烧炉软件技术及焙烧炉燃烧系统温度自动控制技术和相关设备,对现有环式焙烧炉进行技术改造,以解决国内环式炉上下温差大、超高功率石墨电极焙烧品质量均匀性差的问题,使产品完全达到或超过YB4090—92行业标准的高要求。另外还可降低能耗,提高装炉率,降低产品成本;减少烟气量,更有利于焙烧烟气净化系统对焙烧烟气的处理。

本项目生产产品所用主要原料、辅料、燃料均由公司原有厂家供给,来源充足。

本项目对产生污染物的污染源进行合理有效的治理。对一次焙烧炉烟气采用电捕焦油器进行治理后达标排放,沥青烟浓度低于40mg/Nm3。煤气站冷却水采用闭路污水治理后循环使用,废渣炉渣为无害渣,可综合利用;对主要噪声源风机安装消声器,使噪声达到国家允许的噪声值。

该改造项目在原有车间进行,不需要新征土地。

2、项目批文及实施进展

本项目可行性研究报告已经甘肃省经贸委以甘经贸技(外)[1999]75号文批准。

3、投资构成

本项目计划总投资5558万元,其中固定资产投资4974万元,补充流动资金584万元。固定资产投资中:建筑1933万元,设备1214万元,安装157万元,其他费用1670万元。本项目不新征土地,投资中包含引进技术及关键硬件的外汇投资为200万美元。

4、经济效益分析

项目建成达产后,将形成11000吨/年焙烧品的生产能力,

年新增利润总额	1013万元
投资利润率	18.2%
投资财务内部收益率	18.1%
净现金流量	13604万元
财务净现值(折现率为13%)	1355万元
达产期	第4年
投资回收期	6.5年
建设周期	1年
项目市场生命周期	21年

(三)新型石墨化炉技术改造工程

1、项目概况

新型石墨化炉技术改造工程项目是生产大规格超高功率石墨电极关键项目,本项目是对公司现有的第2组石墨化炉进行改造,解决大型炭素制品石墨化工艺问题。

我国炭素生产石墨化工艺主要使用有近百年历史的艾奇逊式石墨化炉,该炉结构简单,虽然公司已先后将交流炉改为直流炉,但是这种石墨化炉是一种温度不均匀的加热炉,炉芯各处温差较大,造成同一炉产品的理化指标波动较大。在通地加热期间70%的热能用于加热电阻炉、保温料、炉头、炉尾砌体上,造成通地时间长,热损失大,炉体热效率只有30%,达不到石墨化过程的最高温度,石墨化工艺成品电耗高达5624kwh/t。该工艺存在着产品质量低、能耗高等缺点,尤其不适应生产大规格石墨制品。本项目拆除部分原有石墨化车间,新建5157.8m²厂房,引进吸收国外先进工艺技术和关键设备,采用世界先进水平的内热串接石墨化技术,解决大规格制品在石墨化过程中应力集中易开裂问题,提高石墨化内在质量和成品率;新建一组新型石墨化炉,包括保温料加工部、保温料真空吸料天车、电极端部处理装置、石墨化制品检测装置。本项目采用的新型卡斯特纳炉完全利用装入半成品的自身电阻加热,不用电阻料,只有保温料,电流轴向通入使电极本身发热而产生高温,温升速度快,石墨化温度高达3000度以上,石墨化炉通电时,同一炉产品通过的电流相同,通电后温度基本相同,因此石墨化程度好、裂纹少、成品率高。石墨化电耗从吨产品4500Kwh降低到3000Kwh左右。本项目实施后石墨化质量指标能超过《YB4090—92超高功率石墨电极行业标准》,达到国际先进水平,填补国内空白。内串石墨化工艺所用原、辅料、电力国内资源丰富,完全能够满足需要。

本项目实施后,年加工能力13500吨,主要满足年产10000吨直径550毫米以上大规格超高功率石墨电极生产用料。

本项目除大幅度节约能源外,还能大幅度降低固体废物排放量,有利于环境保护。在设计方案中,保温料在加工过程中产生的粉尘采用高效布袋收尘器收尘,经排气筒排放的粉尘浓度低于国家标准值,新建循环水系统,使水的重复利用率得到提高,各项环保指标均能达到国家标准要求。

本工程利用拆除原有石墨化车间的部分厂房新建,不另行征地。工程建筑面积为4633m²。

2、项目批文

本项目可行性研究报告已经甘肃省经贸委甘经贸技[1999]73号文批准。

3、投资构成

本项目计划总投资4465万元,其中固定资产投资4215万元,流动资金250万元。固定资产投资中:建筑1465万元、设备1608万元、安装234万元、其他908万元。

4、经济效益分析

本项目具有良好的经济效益,其主要指标如下:

年新增利润总额	1277万元
投资利润率	28.6%
投资财务内部收益率	25.6%
净现金流量	16858万元
财务净现值(折现率为13%)	2892万元
达产期	第4年
投资回收期	5年
建设周期	1年
项目市场生命周期	21年

(四)石墨电极加工线技术改造工程

1、项目概况

高功率、超高功率石墨电极生产要求较高的加工精度,尤其大规格制品对精度要求更高。目前国内市场对高功率、超高功率石墨电极需求量为9-12万吨/年;超高功率石墨电极国际市场需求量较大、国内市场供不应求。但国内真正具有高精度加工能力的加工机组极少,加工能力远远满足不了需求,而低加工精度电极导致炼钢消耗增高,同时限制了产品出口。对于Φ500及以上大规格超高功率石墨电极,企业现有加工系统受设备限制已无法加工,另外现有设备老化严重,加工精度低,加工后的几何尺寸无法满足公差要求。为了满足超高功率石墨电极加工工艺要求,提高加工精度,降低用户成本,提高本企业市场信誉,占领国内外市场,对原电极加工系统进行改造是非常必要和迫切的。

本项目拟按原冶金工业部1992年发布的超高功率石墨电极行业标准(YB4090—92)对石墨电极加工线进行技术改造。工艺设计原则本着高标准、严要求的宗旨,力求采用新技术、新工艺,在装备水平、自动化控制程度、环境治理技术等方面均要达到九十年代初的国际水平。

项目建成投产后年产量为10000吨,可提高产品质量和产品档次,替代进口,扩大出口,出口潜力、市场前景较为广阔。

针对项目污染的可能程度,采用较为先进的治理手段,加大环保治理费用的投资,项目投产后的环保指标均可达到国家规定的要求。

本项目在原有的基础上进行改造,不需新征土地。

2、项目批文

本项目可行性研究报告已经甘肃省经贸委以甘经贸技[1999]79号文批准。

3、投资构成

本工程新增静态建设投资4728万元,其中固定资产投资4515万元,流动资金213万元。固定资产投资中:建筑200万元,设备2029万元,安装96万元,其它费用2190万元。

4、经济效益分析

年新增销售收入	14141万元
年新增利润总额	1057万元
投资利润率	22.4%
投资财务内部收益率	18.6%
净现金流量	72888万元
财务净现值(折现率为13%)	26664万元
达产期	第4年
投资回收期	6.3年
建设周期	1年
项目市场生命周期	21年

(五)长寿高炉炭砖高温焙烧工艺成果转化项目

1、项目概况

本项目拟改造1台高温焙烧炉,以满足长寿高炉炭砖高温焙烧的要求,解决炭砖和电极使用同一焙烧设备造成的焙烧炉损坏快、炉子利用系数低、能耗高等问题,确保微孔炭砖焙烧工艺稳定性。

项目的微孔炭砖生产技术为公司与武钢技术中心专有技术,产品的透气度、铁水熔蚀指数、导热系数、耐碱性、氧化率等主要指标达到国外同类产品水平,微孔孔径及小于1μm孔容积百分比均达到了日本BC-7s炭砖水平,高于美国NMA炭砖水平,产品在国内多台高炉试用,并荣获多项国家级奖励。另外,超微孔炭砖研制已经取得突破性进展,此项目将为其转产奠定基础。目前只有我公司掌握长寿高炉炭砖制造技术,因此暂无市场竞争问题,市场占有率极高,且市场需求量很大。本项目主要是对焙烧炉进行技术改造,使焙烧温度达到1500℃,炉室上下温差控制在50℃正负2℃,焙烧能力从11000吨/年提高到15000吨/年。项目达产后可新增2000吨/年长寿高炉炭砖的生产能力。

项目生产所用原料、辅料、燃料及动力供应均由公司原有渠道解决。

对高温焙烧炉中产生的沥青烟通过电收尘器进行处理,烟囱出口沥青烟浓度低于40mg/Nm3;填充料加工过程中产生的石墨粉尘,用布袋收尘器收尘后达标排放。本项目不增加废水外排量;废渣主要为焙烧炉大修炉渣,属无害渣,可深加工为不定型耐火材料。

2、项目批文

本项目经甘肃省科学技术委员会以甘科技[1999]38 号文批复列为甘肃省重大科技工程转化项目。

3、投资构成

项目计划总投资 5422 万元。其中新增建设投资 4960 万元,新增流动资金 462 万元(含铺底流动资金 139 万元)。固定资产投资中:设备 1650 万元(含引进技术软件及燃烧控制系统的投资 140 万美元),建筑 2100 万元,安装 110 万元,其他费用 1100 万元。本项目在本公司原有焙烧车间内建设,故不需新征土地。

4、经济效益分析

项目达产后可新增 2000 吨/年长寿高炉炭砖的生产能力。

年新增销售收入	3850 万元
年新增利润总额	1342 万元
投资利润率	21.3%
投资财务内部收益率	18.0%
净现金流量	16951 万元
财务净现值(折现率为 12%)	1899 万元
达产期	第 4 年
投资回收期	6.8 年
建设周期	1.5 年
项目市场生命周期	22 年

(六)长寿高炉炭砖煅烧及精加工工艺成果转化项目

1、项目概况

按国内现有高炉检修需求,平均每年有五座左右大型高炉需要大修,对微孔炭砖的需求量在 4000 - 6000 吨左右。公司利用与武汉钢铁研究所共同研制开发的技术,利用公司现有装备和生产富余能力已生产出数千吨微孔炭砖和半石墨质炭砖,但由于生产系统配套能力不足,尤其在成品加工上尤为突出,致使公司不能满足客户需要而失去机会。为强化企业对市场的适应能力和产品竞争能力,扩大长寿高炉炭砖生产已势在必行。本项目通过新建两台高温电煅烧炉,引进一台超长尺寸炭砖专用加工机床,转化优质炭砖生产原料处理和精加工技术,新增 3000 吨长寿高炉用优质炭砖和铝用大截面半石墨质炭砖生产能力,通过公司完善的营销网络、专业技术力量和良好的售后服务,可取代进口占领大部分国内市场。

本项目新增的两台高温电煅烧炉,吸收国外先进技术,采用直流供电方案,以满足优质炭砖生产对原料的不同处理温度需要,新炉型具有明显的节能效果,使单台炉生产能力达 20 吨/天;引进的超长型炭砖加工设备,包括一台大规格带锯机、两台铣磨床、翻转机构和上下料系统,配套相应的辅助设施,解决炭砖加工不能连续化问题,使炭砖加工精度达到国际先进水平,并大幅度提高加工效率。本项目实施后,其产品质量达到或超过国外同类型产品质量指标,用他替代传统炭砖作为炼铁高炉炉衬能够明显提高高炉炉衬的使用寿命,大型高炉每次大修费用高达数亿至十几亿元,大修期若能从 8 - 10 年延长到 15 年,可大幅度提高利用率,提高经济效益。

本项目主要原料为无烟煤、煤沥青。无烟煤采用宁夏、山西所产的无烟煤,其质量稳定,货源充足,运距近;煤沥青采用鞍钢、北京焦化厂、上海焦化厂、宝钢生产的优质煤沥青。

本项目生产过程中产生的大气污染物主要为煅烧煤挥发物及炭素粉尘,煅烧煤挥发物采用焚烧法处理,不形成有害气体;对炭素粉尘采用袋式收尘器进行处理,处理后粉尘排放浓度低于 120mg/Nm3 的国家标准。对于废水,本项目有一个循环水系统,冷却水循环使用,不增加废水外排量。本项目在公司现有厂区内建设,不新增土地。

2、项目批文

本项目经甘肃省科学技术委员会以甘科技[1999]37 号文批复列为甘肃省重大科技工程转化项目。

3、投资构成

项目总投资为 5415 万元,其中:固定资产投资 4850 万元,流动资金 565 万元。固定资产投资中:建筑 670 万元,设备 2430 万元,安装 250 万元,其它费用 1500 万元。

4、经济效益分析

新增销售收入	4050 万元
年新增利润总额	1105 万元
投资利润率	19.6%
投资财务内部收益率	18.0%
净现金流量	14753 万元
财务净现值(折现率为 12%)	1142 万元
达产期	第 4 年
投资回收期	7.5 年
建设周期	1.5 年
项目市场生命周期	22 年

(七)配料混捏凉料技术改造工程

1、项目概况

我国使用的超高功率石墨电极缺口每年 2~3 万吨,其中大规格超高功率石墨电极缺口约 1.6 万吨,全部需要进口解决,而且供需缺口还在进一步扩大。国际市场上,仅东南亚地区年需求量 15~16 万吨,国际市场潜力很大。

本项目拟引进国外先进的工艺技术和关键设备对炭素生产的配料混捏凉料工序进行改造,项目实施后可以大幅度提高工序生产自动化水平和工艺稳定性水平,并能有效降低沥青烟和炭素粉尘污染,为年产 37000 吨高功率、超高功率石墨电极生制品制备高质量的糊料。

本项目在炭素生产关键工艺环节磨粉工序引进一台具有国际先进水平的悬辊式磨粉机;配料工序采用由计算机控制的自动配料系统,该系统将各种粒子料、粉料以及添加剂等称量、受料、运料、给混捏机加料以及检测等多道操作连接成一条自动流水作业线,按设定程序全自动进行,完全杜绝了人为的干扰影响,保证配料的准确性和均一性;混捏、凉料工序采用三段式混捏工艺,该工艺首先对干物料在预热缸内进行预热,预热后的干物料和热添加剂一起进入混捏机混捏,凉料机采用混捏式凉料机,该工艺生产的糊料塑性好、不成团,沥青烟不外逸,环保条件改善。工序控制自动化程度高,工序之间连接密闭性好,工序工步同步性高,为生产大规格制品确保结构均匀奠定基础,可使生产的炭素制品规格扩大到直径 700 毫米以上。

本项目考虑了原料中进口针状焦和国产针状焦质量区别以及中温沥青和改制沥青所需的不同工艺温度要求,对辅助系统做了相应配套设施,能满足现有原料要求。

本项目的污染物主要是炭素粉尘、沥青烟。对炭素粉尘除采用布袋收尘器净化外,还采用全系统管道化密封方式,减少粉尘排放点,粉尘排放浓度低于 120mg/Nm3 的国家标准;由于采用全系统管道化密封方式,基本消除沥青烟泄漏,对少量沥青烟采用水膜除尘器进行湿式处理,处理后的沥青烟排放浓度低于 40 mg/Nm3 的国家标准。

本改造工程租用集团公司现有闲置场地建设,不需新征土地,新建建筑物面积为 3069.5m2。该项目已通过银行贷款 1500 万元开始基建施工的前期准备。

2、项目批文

本项目可行性研究报告已经甘肃省经贸委甘经贸技(外)[1999]74 号文批准。

3、投资构成

项目总投资 5586 万元,其中固定资产投资 4980 万元,配套流动资金 606 万元。固定资产投资中:建筑 1320 万元,设备 2572 万元,安装 397 万元,其他费用 700 万元。本次募集资金 1500 万元用于归还银行贷款,4086 万元用于继续投资。

4、经济效益分析

本项目具有良好的经济效益,其主要指标如下:

年新增利润总额	1159 万元
投资利润率	19.8%
投资财务内部收益率	19.3%
净现金流量	14671 万元
财务净现值(折现率为 13%)	1785 万元
达产期	第 4 年
投资回收期	6.2 年
建设周期	1 年
项目市场生命周期	21 年

(八)特种石墨及炭素生物材料建设项目

1、项目概况

特种石墨材料以其优良的导电、导热性能以及耐腐蚀、耐高温、高密度、高强度、自润滑、易加工等特性,广泛应用于冶金、化工、核能、宇航等高技术领域。随着经济和科技的发展,材料领域对特种石墨的需求量愈来愈大,应用领域也不断拓展。尤其大规格特种石墨生产技术国际上只有日、美等少数发达国家掌握,由于技术封锁和市场垄断,进口价格昂贵,严重制约着我国高技术产业的发展。因此,加快发展大规格特种石墨材料生产技术,使我国由该产品的进口国变为出口国,有着显著的经济效益和社会效益,对加速我国国防、核能、宇航、医疗以及冶金、化工等领域的现代化进程具有十分重要的意义。

公司已有多年生产特种石墨的经验,现已有一整套完善的生产工艺技术。目前公司生产的特种石墨产品、成品率及各项性能指标属于国内领先水平,利用特种石墨为基材,采用气象沉积法生产的炭素人工心脏瓣膜,各项性能指标处国内领先水平,产品质量可与国外同类产品相媲美,国内售价仅为进口产品价格的 50%,具有很强的竞争实力。

特种石墨生产工艺流程主要有糊料制备、一次成型、二次成型、多次焙烧、浸渍、石墨化、加工、提纯、精加工。

本项目特种石墨生产的原料制备、焙烧、浸渍和石墨化工序由现有系统完成,在二次磨粉、成型、新增破碎机、磨粉机、模压机、等静压机等设备,在加工工序新增粗加工和精加工设备。生产人工心脏瓣膜利用特种石墨的精加工制品作基体,经低温气相沉积、低温气相剥离、精密加工、装配、消毒后制成。主要需增加沉积炉、线切割机、研磨设备、单向抛光机、消毒设备等。

本项目生产主要原料为国产原料,货源充足、供货渠道畅通。项目主要燃料以煤气为主,目前公司煤气供应充足,完全可以满足本项目的需要。

项目建成投产后,形成特种石墨年生产能力 1000 吨、全炭人造心脏瓣膜 1 万只。利用企业原有营销系统和产、学、研一体方式推广使用,市场前景广阔。

项目生产过程中产生的污染物有炭素粉尘、沥青烟、HCI 酸雾等,对此在工序中采用了布袋收尘、静电除尘、焚烧、洗涤净化等综合治理措施,治理后的污染物排放浓度均能达到国家环保要求。

本项目不另行征地。

2、项目批文

本项目的可行性研究报告已经被甘经贸投资[2001]369 号文批准。

3、投资构成

项目总投资 5722 万元,其中:固定资产投资 4670 万元、流动资金 1052 万元。固定资产投资中:建筑 495 万元,设备 2800 万元、安装 245 万元,其他费用为 1130 万元。

4、经济效益分析

项目的主要技术指标如下:

年新增销售收入	11000 万元
年新增利润总额	2601 万元
投资利润率	39.9%
投资财务内部收益率	25.2%
净现金流量	33083 万元
财务净现值(折现率为 12%)	5585 万元
达产期	第 4 年
投资回收期	5.6 年
建设期	1.5 年
项目市场生命周期	22 年

(九)炭毡及炭/炭复合材料建设项目

1、项目概况

炭毡及炭/炭复合材料广泛应用于航空、航天、电子、医疗、能源、环保等各个领域。近十年随着材料领域需求的拉动,炭毡及炭/炭复合材料的用途和工艺技术有了长足进展,使该材料从尖端技术领域发展到民用领域,作为一种新的替代材料显示出强劲的生命力。本公司是国内最早进行炭纤维、炭毡和炭/炭复合材料研制开发的企业之一,经过二十多年的努力,开发出平板炭毡、整体炭毡、炭/炭复合飞机刹车片等产品。并在近年开发出以平板炭毡为基材的活性炭毡、改性炭毡、沉积炭毡和炭/炭复合摩擦材料,形成了炭毡系列产品。

项目中聚丙烯腈整体炭毡,采用了整体炭毡"应力预氧丝工艺"等多项新技术、新工艺,是火箭发动机定型产品的专用构件材料。使用民用大孔束 PAN 短丝为原料,经梳毛、铺网、预刺、针刺等工序制成原毡,经过连续预氧化炉预氧化处理的原毡再经连续炭化炉炭化制成的平板炭毡用于电加热炉和真空炉做高级保温材料和隔热材料。以平板炭毡为基材经过活化或沉积处理,还可制成吸附材料、扩散阴极材料和摩擦材料。

公司技术中心研究所拥有一批从事炭毡及炭/炭复合材料研究开发的工程技术人员和生产及检测设备,具备人才、技术、装备优势。

本项目新增连续炭化炉一台、1500mm 宽度液气相沉积设备五套,建设 1500mm 宽度原毡生产线一条,1000mm 宽度原毡生产线两条,新增的主要设备有预氧机、切段机、梳毛机、铺网机、预刺机、针刺机、预氧化炉和高温炭化炉等。

项目主要原料为民用大孔束 PAN 长、短丝,国内货源充足、供货渠道畅通,燃料主要以煤气为主,由集团公司供应,完全满足项目的需要。

本项目建成投产后,形成年生产各种炭毡 48 吨、炭/炭复合材料 150 吨的生产能力,利用企业原有营销系统和产、学、研一体方式推广使用,市场前景广阔。

本项目生产过程中的工序污染物有 CH4、C2H6、CO、CO2、NH3 等,在预氧、炭化、沉积等工序设置有收尘系统,采用焚烧、洗涤、布袋收尘等方式对污染物进行处理,经治理后的污染物排放浓度均达到国家 GB16297—1996 标准的要求。

本项目利用原有厂房进行改造,不需新征土地。

2、项目批文

本项目的可行性研究报告被甘经贸投资[2001]368 号文批准。

3、投资构成

本项目计划总投资 5519 万元,其中固定资产投资 4610 万元,流动资金 909 万元。固定资产投资中:建筑 50 万元,设备 2830 万元,安装 615 万元,其他费用为 1565 万元。

4、经济效益分析

项目的主要经济指标如下:

年新增销售收入	6655 万元
年新增利润总额	2128 万元
投资利润率	38.6%
投资财务内部收益率	23.95%
净现金流量	26503 万元
财务净现值(折现率为 12%)	4339 万元
达产期	第 5 年
投资回收期	5.7 年
建设期	1.5 年
项目市场生命周期	22 年

三、1 万吨超高功率电极相关项目特别说明

本次拟投资项目中,收购德国菲斯特·因康和日本品川二次焙烧隧道窑两台(套)设备、配料混捏凉料技术改造工程、一次焙烧炉技术改造工程、新型石墨化炉供电系统技术改造工程、石墨电极加工线技术改造工程五个项目涉及大规格超高功率石墨电极生产技术。由于五个项目不属于完整的生产线扩建,而是对各工序关键部位分别进行局部改造或新购设备,改造的内容主要针对解决现有设备生产大规格超高功率电极存在的差距,主要有加大产品加工规格、提高装备运行稳定性、采用新的工艺技术等几种形式,各个项目相对独立,可以根据资金落实情况分步实施,因

此五个项目各自单独立项。通过以上五个项目(高压浸渍和二次焙烧隧道窑已由集团公司实施完成)的实施,公司可以实现将10000吨普通功率石墨电极转产为大规格超高功率石墨电极。这些项目实施后,公司的电极的生产能力由目前的普通功率电极35000吨、高功率电极10000吨,变为普通功率电极25000吨、高功率电极10000吨和超高功率电极10000吨。本次技改项目实施前后对生产设备的影响如下表所示:

项目名称	改造目的	改造主要内容	改造前用途	改造后用途及对生产其他产品影响
配料混捏凉料技术改造工程	解决大规格产品对糊料制备均匀性的特殊要求;提高后工序大规格产品成品率;提高设备运行稳定性。	改造配料系统,实现自动配料;改造混捏凉料设备,提高糊料均匀性。	用于中、小规格各种炭素制品糊料制备。	用于大、中、小规格各种炭素制品糊料制备,使用范围拓宽。
一次焙烧炉技术改造工程	缩小焙烧温差,为内串石墨化工艺创造条件;改变炉室尺寸,使之适合装大尺寸产品,提高炉室利用率;降低能耗。	改造焙烧炉燃气、调温系统、加大炉室尺寸,更换填充料装运设备。	用于各种炭素制品焙烧,不适于装大尺寸制品,不适于为内串石墨化提供焙烧坯料。	用于各种炭素制品焙烧。能提供适合内串石墨化工艺需要的坯料;有利于各种尺寸制品搭配装炉,提高利用率;降低能耗。
新型石墨化炉技术改造工程	采用大规格制品石墨化新工艺,提高产品石墨化度;大幅度降低电耗。	购建一组内串石墨化机组。	用于中小规格产品的石墨化。	用于大、中规格产品的石墨化;大幅度降低电耗。不适合小规格产品石墨化。
石墨电极加工线技术改造工程	增加大规格产品加工能力。	购置一套数控加工机组,取代现有国产加工机组。	用于中、小规格石墨电极加工。	用于大、中、规格石墨电极加工。提高加工精度。

由于本次收购的高压浸渍和二次焙烧隧道窑设备已由集团公司先期实施完成,在做本次1万吨超高功率电极配套项目的其余四个技改项目的可行性研究报告时,是在高压浸渍和二次焙烧隧道窑设备已经存在的基础上做的,所以本次收购上述两台(套)设备未做效益预测,但这高压浸渍和二次焙烧二道工序的生产成本已经包含在一次焙烧炉技术改造工程的增加成本中。根据预测公司转产的超高功率电极平均售价约为22000元/吨,共产生销售收入约22000万元,而普通功率电极的平均售价约为8000元/吨,共产生销售收入约8000万元,所以本次转产1万吨超高功率电极将新增约14000万元。由于新增销售收入只能在最后一个工序才能体现(各工序预测的销售收入如果累加就会重复计算),所以在招股说明书中只在石墨电极加工线技术改造工程项目预测新增销售收入14100万元,其它项目没有预测新增销售收入;预测利润是参照本技改项目的工序成本、半成品市场价等因素,将下一工序作为本工序市场,利用半成品价格计算工序销售收入,得出各个项目效益指标。配料混捏凉料技术改造项目新增利润1159万元;一次焙烧炉技术改造工程(包含了高压浸渍和二次焙烧工序发生的成本)新增利润1013万元;新型石墨化炉技术改造工程新增利润1277万元;石墨电极加工线技术改造工程新增利润1057万元,预计本次1万吨超高功率电极共可为公司新增利润4506万元。虽然上述五个项目是形成1万吨超高功率生产能力的配套项目,但各项目单独实施也可以为公司创造较好经济效益,如一次焙烧炉技术改造可以有效提高装炉效率、降低煤气消耗和提高制品受热均匀度,新型石墨化炉技术改造可以提高产品石墨化质量、大幅度降低电耗等,这都可以降低现有产品的生产成本,提高公司现有产品的质量,有效提高经济效益,本部分新增效益未在项目可行性研究报告中进行测算。

综上所述,1万吨超高功率石墨电极改造项目是在普通功率基础上的一个转产项目,其新增效益是相对于普通功率石墨电极而言的。即转产1万吨超高功率石墨电极所实现的效益与1万吨普通功率石墨电极所实现的效益对比计算出来的。转产1万吨超高功率石墨电极后使公司的产品结构更趋合理,可以满足国内普通功率、高功率、超高功率等不同档次的电弧炉炼钢对各种类型石墨电极的需求。但并不意味着公司将放弃普通功率石墨电极的生产,虽然部分规格主要是直径300mm以下小规格普通功率石墨电极市场需求逐步减少,由于大吨位高功率超高功率电弧炉不可能完全替代普通功率电弧炉,而且普通功率电弧炉炼钢仍将占有较大比重,所以普通功率石墨电极仍有一定的市场空间,普通功率石墨电极仍将是企业生产经营的一个主导产品。因此企业经过改造形成1万吨超高功率石墨电极生产能力后,仍将保留25000吨普通功率石墨电极的生产能力,以满足市场需求(1万吨超高功率电极项目改造完成后,公司仍可根据市场的变化挤占部分普通电极的生产能力来生产一定规格的高功率或超高功率电极)。改造形成1万吨超高功率石墨电极生产能力后,企业从装备条件和技术上具备了生产1万吨超高功率石墨电极、1万吨高功率石墨电极生产的条件,同时还保留了2.5万吨普通功率石墨电极的生产能力,企业石墨电极总产量为4.5万吨。由于采用了国际上先进的生产和装备技术有效保证了超高功率石墨电极生产的技术要求,将会提高公司生产超高功率电极的规格档次和质量,增强公司产品的市场竞争力,同时也更有利于公司对各石墨电极的生产能力进行综合调配,更好地适应市场的变化。

四、拟投资项目资金使用计划表

具体投资项目	投资总额(万元)	固定资产投资(万元)	配套流动资金(万元)	募集资金使用计划 2002年	2003年
收购高压浸渍和二次焙烧隧道窑	9756	9756		9756	
一次焙烧炉技术改造工程	5558	4974	584	3234	2324
新型石墨化炉技术改造工程项目	4465	4215	250	2185	2280
石墨电极加工线技术改造工程	4728	4515	213	2210	2518
长寿高炉炭砖高温焙烧工艺成果转化项目	5422	4960	462	2647	2775
长寿高炉炭砖煅烧及精加工工艺成果转化项目	5415	4850	565	2887	2528
配料混捏凉料技术改造工程	5586	4980	606	2836	2750
特种石墨及炭素生物材料项目	5722	4670	1052	3105	2617
炭毡及碳/碳复合材料项目	5519	4610	909	3349	2170
合计	52171	47530	4641	32209	19962

公司对拟投资项目实施过程中出现的闲置资金将本着安全原则存于银行。

本次募集资金不足部分通过银行贷款解决,兰州市商业银行已出具了贷款承诺函。

五、募集资金运用对公司财务状况及经营成果的影响

本次共发行人民币普通股8000万股,每股发行价格6.06元,扣除发行费用后,预计实际募集资金46,430万元。本次募集资金的运用将对公司的资产状况、盈利能力等产生重大的影响,主要财务指标如下表:

指标		2001年12月31日	发行当年年末
1、总资产(万元)		78062.98	129412.06
2、净资产(万元)		27447.35	77425.91
3、资产负债率(%)		64.22	40.17
4、每股净资产(元/股)		2.29	3.87
5、净利润(万元)		4995.19	3548.55
6、净资产收益率(%)	全面摊薄	18.20	4.58
	加权平均	20.02	7.94
7、每股收益(元/股)	全面摊薄	0.42	0.18
	加权平均	0.42	0.24

第十四章　发行定价及股利分配政策

一、发行定价

确定本次股票发行价格考虑的主要因素有:公司的盈利状况和未来的增长潜力、同类公司的市场价格、证券市场状况、国家的宏观经济状况等。

本次股票发行采用的估值方法为可比公司法和现金流量贴现法,其中可比公司法选取的指标为市盈率、市净率以及公司总价值/EBITDA三项指标。

本次股票发行的定价过程如下:主承销商在对企业进行尽职调查的基础上,根据公司盈利状况、未来盈利预期及本次股票的发行规模,运用可比公司法和现金流量法确定出发行价格的具体空间;最后结合市场供求状况和发行时机,通过主承销商与发行人之间的充分协商确定最后的发行价格。

本次公开发行股票价格经公司与主承销商充分协商,本着谨慎性的原则最终确定为每股6.06元。2001年扣除非经常性损益后公司净利润为3637.22万元,每股收益为0.303元,本次发行市盈率为20.0倍。公司2002年盈利预测为3548.55万元,本次发行后加权平均每股盈利为0.24元,全面摊薄每股盈利为0.18元。

二、股利分配政策

本公司的股利分配按照同股同权、同股同利的原则进行。在每个会计年度结束后,公司董事会根据当年的经营业绩和未来的经营发展计划提出股利分配方案,经股东大会批准后实施。

根据公司章程规定,本公司的税后利润按下列顺序分配:

(1)弥补以前年度亏损;

(2)提取10%列入法定公积金;

(3)提取5%~10%列入法定公益金;

(4)经股东大会决议,可提取任意公积金;

(5)按股东持股比例分配股利。

公司法定公积金累计额达到公司注册资本的百分之五十以上时,可以不再提取。提取法定公积金、公益金后,是否提取任意公积金由股东大会决定。公司在弥补公司亏损和提取法定公积金、公益金之后向股东分配利润。

本公司可以采取现金或股票的方式分配股利。原则上每年派发一次股利,年度股利在每一会计年度结束后的六个月内由董事会提出分配预案,经股东大会决议通过后两个月内实施。

三、滚存利润的安排

经公司2000年年度股东大会决议,公司股票发行前的滚存利润由本次发行后的全体股东共享。

公司设立以来,尚未进行过股利分配。预计公司股票上市后首次股利分配的时间在2003年6月底以前。

第十五章　附录和备查文件

一、附录:

1、审计报告及财务报告全文

2、盈利预测报告及注册会计师的审核报告

二、备查文件:

1、发行人律师对本次股票发行的法律意见书及其他有关法律意见;

2、为本次发行而编制的财务报告及其审计报告原件;

3、为本次发行而编制的盈利预测报告及其审核报告原件;

4、发行人成立的批准和注册登记文件;

5、发行人历次验资报告;

6、历次资产评估报告及有关确认文件;

7、有关资产重组的法律文件;

8、历次股利分配的决议及记录

9、发行人的公司章程

10、关于本次发行事宜的股东大会决议;

11、发行人的发起人协议;

12、政府部门和证券监管机构对本次发行有关的文件;

13、本次承销的有关协议;

14、有关关联交易协议。

以上备查文件的查阅时间:工作日上午8:30至下午5:00

查阅地点:本公司证券部:电　话:0931-6234288
传　真:0931-6232285
联系人:赵文霞

天一证券有限责任公司:电　话:021-58603947
传　真:021-68536542
联系人:刘勇

600516 兰州海龙新材料科技股份有限公司

首次公开发行股票上市公告书

第一节 重要声明与提示

本公司董事会保证上市公告书的真实性、准确性、完整性,全体董事承诺上市公告书不存在虚假记载、误导性陈述或重大遗漏,并承担个别和连带的法律责任。

根据《公司法》、《证券法》等有关法律、法规的规定,本公司董事、高级管理人员已依法履行诚信和勤勉尽责的义务和责任。

证券交易所、中国证监会、其他政府机关对本公司股票上市及有关事项的意见,均不表明对本公司的任何保证。

本公司提醒广大投资者注意,凡本上市公告书未涉及的有关内容,请投资者查阅 2002 年 8 月 12 日刊登于《上海证券报》、《中国证券报》、《证券时报》的本公司招股说明书摘要,及刊载于上海证券交易所网站(www.sse.com.cn)的本公司招股说明书全文。

本上市公告书刊登网址:www.sse.com.cn

第二节 概览

股票简称: 海龙科技
沪市股票代码: 600516
深市代理股票代码: 003516
股本总额: 200,000,000 股
可流通股本: 80,000,000 股
本次上市流通股本: 80,000,000 股
发行价格: 6.06 元/股
上市地点: 上海证券交易所
上市时间: 2002 年 8 月 30 日
股票登记机构: 中国证券登记结算有限责任公司上海分公司
上市推荐人: 天一证券有限责任公司、光大证券有限责任公司

本公司公开发行股票前股东所持股份的流通期限及限制:根据国家现有法律、法规规定和中国证监会证监发行字[2002]81 号文《关于核准兰州海龙新材料科技股份有限公司公开发行股票的通知》,本公司的国有法人股和法人股暂不上市流通。

本公司股票上市前第一大股东兰州炭素(集团)有限责任公司承诺:自本公司股票上市之日起 12 个月内,不转让其所持有本公司股份,也不会由本公司回购其所持有的股份。

第三节 绪言

本上市公告书是根据《中华人民共和国公司法》、《中华人民共和国证券法》、《股票发行与交易管理暂行条例》、《公开发行股票公司信息披露实施细则》和《上海证券交易所股票上市规则》等国家有关法律、法规的规定,并按照中国证监会《公开发行证券的公司信息披露内容与格式准则第 7 号－股票上市公告书》而编制。

经中国证监会证监发行字[2002]81 号文核准,本公司于 2002 年 8 月 15 日采用 100%向沪市、深市二级市场投资者定价配售发行的方式成功发行了 8000 万股每股面值 1.00 元的人民币普通股,发行价为每股人民币 6.06 元。

经上海证券交易所上证上字[2002]145 号《关于兰州海龙新材料科技股份有限公司人民币普通股股票上市交易的通知》批准,本公司公开发行的 8000 万社会公众股将于 2002 年 8 月 30 日起在上海证券交易所挂牌交易。股票简称"海龙科技",沪市股票代码"600516",深市代理股票代码"003516"。

本公司已于 2002 年 8 月 12 日在《上海证券报》、《中国证券报》、《证券时报》上刊登了《招股说明书摘要》,招股说明书正文及其附录可以在上海证券交易所网站(www.sse.com.cn)查询。距今不足三月,故与其重复的内容不再重述,敬请投资者查阅上述内容。

第四节 发行人概况

一、发行人基本情况

1、公司名称:兰州海龙新材料科技股份有限公司

英文名称:Lanzhou Hailong New Material CO.,LTD

2、注册资本:200,000,000 元

3、法定代表人:姬广怀

4、成立时间:1999 年 1 月 18 日

5、注册地址:甘肃省兰州市红古区海石湾 2 号街坊 354 号

邮政编码:730084

6、经营范围:石墨及炭素制品的生产加工、批发零售

主营业务:石墨电极、炭砖、炭糊、特种炭素新材料等石墨及炭素制品的生产销售

7、所属行业:非金属矿物制品业

8、电话:0931－6234288

传真:0931－6232285

9、董事会秘书:邓广星

二、发行人的历史沿革及历次股权变动情况

兰州海龙新材料科技股份有限公司的前身兰州炭素股份有限公司,是经甘肃省人民政府甘政函[1998]87 号文批准,由兰州炭素有限公司(于 2000 年 7 月变更为兰州炭素(集团)有限责任公司)作为主发起人,联合窑街矿务局(现改制为窑街煤电有限责任公司)、石炭井矿务局(于 2001 年 1 月变更为太西集团有限责任公司)、甘肃祁连山水泥股份有限公司、兰州科近技术公司四家企业于 1999 年 1 月 18 日共同发起设立的股份有限公司,公司注册资本 12000 万元。1999 年 10 月,兰州炭素股份有限公司被甘肃省科委认定为高新技术企业,2000 年通过了科技部及中国科学院的高新技术企业认证。公司 2000 年年度股东大会通过决议,公司名称变更为兰州海龙新材料科技股份有限公司,并于 2001 年 4 月 10 日办理了变更登记。

经中国证监会证监发行字[2002]81 号文核准,本公司于 2002 年 8 月 15 日以 100%向二级市场投资者定价配售发行方式成功地发行了人民币普通股 8000 万股,每股面值 1.00 元,每股发行价 6.06 元。此次发行成功后,本公司的总股本为 20000 万股,注册资本为 20000 万元。

三、发行人的主要经营情况

1、发行人业务概况

本公司是国内最大的炭和石墨制品生产企业之一,拥有完整的炭素和石墨制品研发、生产、销售和管理系统,现有炭素制品综合生产能力 7.6 万吨,主要生产经营石墨电极、炭砖、炭糊、特种炭素新材料等石墨及炭素制品。公司的主要产品有普通功率、高功率、超高功率石墨电极,高炉用微孔炭砖、半石墨质炭砖,铝用普通阴极炭砖和大截面半石墨质阴极炭砖,各种矿热炉用内衬炭砖和各种档次炭糊等系列产品,开发研制并批量生产了特种石墨制品、生物炭制品、炭毡和炭/炭复合材料等炭素新材料产品。产品系列分为 11 个大类,38 个品种,126 种规格。公司的产品被广泛用于冶金、化工、机械、医疗、核能、航空航天、国防等行业和高科技领域。公司的产品畅销全国 30 个省市自治区,并出口欧美、中东、日本和东南亚等几十个国家和地区。

2、发行人行业地位

无论是国内还是国外,整个炭素行业都基本属于垄断竞争的状态,公司的竞争对手主要是国际上和国内的少数几家大公司。2001 年国内普通功率电极、高功率电极和超高功率电极总的市场需求量分别为 110,000 吨、50,000 吨和 40,000 吨,普通功率电极和高功率电极没有进口,超高功率电极 2001 年进口量为 22,646 吨(数据来源:海关统计资料)。国内炭素行业主要生产厂家包括吉林炭素股份有限公司和本公司两家企业。2001 年两家企业在国产大规格超高功率石墨电极市场占有率为 72.52%,本公司的市场占有率为 29.11%,位居行业第二;2001 年两家企业的高功率石墨电极的总市场占有率为 60.62%,本公司的市场占有率为 17.90%,位居行业第二;2001 年两家企业普通功率石墨电极的总市场占有率为 36.18%,本公司的市场占有率位为 13.85%,居行业第二(数据来源:中国炭素行业协会统计资料)。半石墨质和微孔炭砖的竞争对手主要是国际大公司。特种炭材料、人工心脏瓣膜、炭毡及炭/炭复合材料目前国内只实现了小批量生产,竞争对手主要为国际大公司。国际竞争对手主要集中在美国、日本、德国等少数几个国家中。与国内公司相比,国际大公司的资本实力雄厚,并且具有规模优势,而国内公司主要在产品的性能价格比上具有优势。

3、公司近三年又一期主营业务收入和利润情况

单位:万元

项目\年份	2002 年 1－6 月	2001 年	2000 年	1999 年
主营业务收入	22,821.78	41,290.33	36,382.62	34,284.84
主营业务利润	4,485.27	7,908.26	7,271.67	7,456.97
利润总额	2,207.40	3,922.35	3,707.39	4,424.11
净利润	1,868.89	4,995.19	2,460.63	2,660.74

4、发行人拥有的主要知识产权、政府特许经营权和非专利技术

本公司拥有注册商标 2 个,分别为第 744198 号(有效期:1995 年 5 月 7 日至 2005 年 5 月 6 日,使用商品为耐火材料)和 751733 号(有效期:1995 年 6 月 21 日至 2005 年 6 月 20 日,使用商品为导电材料、石墨电极、糊类)"兰光"牌注册商标。根据《中华人民共和国商标法》规定,注册商标有效期满,可以在有效期满前 6 个月内申请续展注册,每次续展注册的有效期限为 10 年,续展次数无限制。

公司主发起人兰州炭素(集团)有限责任公司集 30 多年的科研开发和生产实践于一体,不断吸收消化国外先进技术,广泛开展同国内各科研院校(所)的研发合作,经历独立研制和联合研制,创立了一系列炭素制品生产的专有核心技术。由于这些专有技术都依附在产品上,主发起人在公司设立时,以及后来通过与公司资产置换,炭素制品相关的设备与科研机构和人员全部进入公司,相应地与之相关的专有核心技术也进入了公司。公司专有核心技术有:

(1)高功率(HP)和超高功率(UHP)电极相关技术:HP、UHP 石墨电极原料配方、HP、UHP 石墨电极粒度配方、糊料增塑技术、石墨化气胀抑制技术、特有大规格石墨电极挤压型嘴、一次、二次焙烧温度曲线、焙烧与浸渍致密化技术、石墨化温度曲线、内串石墨化技术、高精度加工技术、本体与接头材料特性匹配技术、石墨电极与炼钢电弧炉匹配技术。

(2)长寿高炉炭砖相关技术:无烟煤性能与煅烧技术、原料配方与粒度配方、添加剂技术、大规格高炉炭砖成型技术、高精度整套炭砖加工技术、大型预研平台。

(3)特种石墨材料相关技术:原料制备技术、添加剂技术、等静压成型技术、热气提纯技术、浸渍焙烧气相沉积致密技术。

(4)全炭双叶瓣人工心脏瓣膜相关技术:超均质气相沉积技术、超低温气相沉积技术、电火花切割分离加工技术。

(5)炭毡炭/炭复合材料:催化预氧化技术、应力预氧化技术、腈纶网胎技术、气液双相快速沉积技术。

5、发行人享有的税收优惠政策

1999 年、2000 年本公司适用的所得税税率为 33%。根据甘肃省人民政府甘政[1999]99、132 号文的规定,公司实行所得税即征即返的优惠政策,返还后公司的实际税负为 15%。

公司在 2001 年至 2010 年期间,在其生产的产品符合国家西部大开发政策的前提下可享受 15%的企业所得税优惠政策。在管理上采取逐年核实,分年办理批复手续的办法。经甘肃省地

方税务局甘地税所减免字(2001)30和(2002)16号《省级企业所得税减免批复通知书》批准:2001年和2002年公司按15%的税率缴纳所得税。

第五节 股票发行和股本结构

一、本次股票上市前公开发行股票的情况

1、发行数量:8000万股

2、发行价格:6.06元/股

3、募集资金总额:48480万元

4、发行方式:100%向二级市场投资者配售

5、发行费用总额及项目:本次发行费用总额为1958.59万元,包括承销费用、评估费用、土地估价费、审计费用、律师费用、发行手续费、审核费用、上市费、资产评估复核费用等项目。

5、每股发行费用:0.24元

二、本次股票上市前首次发行股票的承销情况

本次公开发行的8000万股社会公众股的配号总数为78,779,971,中签率为0.10154865%。其中,二级市场投资者认购79,297,559股,其余702,441股由主承销商包销。

三、本次上市前首次公开发行股票所募资金的验资报告

验资报告

五联验字[2002]第1009号

兰州海龙新材料科技股份有限公司董事会:

我们接受委托,审验了贵公司截止2002年8月21日的新增注册资本实收情况。按照国家相关法律、法规的规定和协议、合同、章程的要求出资,提供真实、合法、完整的验资资料,保护资产的安全、完整是全体股东及贵公司的责任。我们的责任是对贵公司新增注册资本的实收情况发表审验意见。我们的审验是依据《独立审计实务公告第1号—验资》进行的。在审验过程中,我们结合贵公司的实际情况,实施了检查等必要的审验程序。

贵公司原注册资本为人民币120,000,000.00元,股本为120,000,000元。已由原甘肃五联会计师事务所有限责任公司(现已更名为五联联合会计师事务所有限公司)甘会验字[1998]第039号《验资报告》予以验证。根据公司2001年3月26日召开的2000年度股东大会关于公开发行8,000.00万人民币普通股的特别决议,经中国证券监督管理委员会证监发行字[2002]81号文批准,贵公司委托天一证券有限责任公司为主承销商,于2002年8月20日在上海证券交易所和深圳证券交易所交易系统采用全部向二级市场投资者定价配售的方式上网向社会公众成功发行了人民币普通股(A股)8,000.00万股,每股面值1.00元,每股发行价6.06元。根据我们的审验,截止2002年8月21日止,本次募集资金总额为484,800,000.00元,扣除发行费用19,585,901.19元,募集资金净额为人民币465,214,098.81元,其中:股本为80,000,000.00元,资本公积为385,214,098.81元,变更后的投入资本总额合计为648,834,120.05元,其中:股本为人民币200,000,000.00元,资本公积448,834,120.05元。

本验资报告仅供贵公司申请变更工商登记及据以向出资者签发出资证明时使用,不应将其视为是对贵公司验资报告日后资本保全、偿债能力和持续经营能力等的保证。因对本报告使用不当所造成的后果,与执行本验资业务注册会计师及会计师事务所无关。

附送件(一)变更前后注册资本对照表

附送件(二)新增注册资本实收资本情况明细表

附送件(三)验资事项说明

附送件(四)五联联合会计师事务所有限公司营业执照

附送件(五)签字注册会计师证券期货相关业务许可证

附送件(六)五联联合会计师事务所有限公司证券期货相关业务许可证

五联联合会计师事务所有限公司 中国注册会计师:刘志文

中国 . 兰州 中国注册会计师:韩 旺

民主东路249号移动大厦五层 二〇〇二年八月二十一日

四、募股资金入帐情况

1、入帐时间:2002年8月21日

2、入帐金额:468,574,098.81(募集资金扣除承销费和上网手续费后的余额)

3、入帐帐号:2703026709022102340

4、开户银行:中国工商银行兰州市红古支行第十一分理处

五、发行人上市前股权结构及各类股东的持股情况

1、本次股票上市前,本公司的股权结构

	股份类别	股份数量(万股)	比例(%)
尚未流通股份	国有法人股	11900	59.5
	社会法人股	100	0.5
流通股	社会公众股	8000	40
合计		20000	100

2、本次股票上市前,公司前十名股东及其持股比例

序号	股东名称	股份类别	持股数(股)	持股比例%)
1	兰州炭素(集团)有限责任公司	国有法人股	116,000,000	58.00
2	窑街煤电有限责任公司(窑街矿务局)	国有法人股	1,500,000	0.75
3	太西集团有限责任公司(石炭井矿务局)	国有法人股	1,000,000	0.50
4	甘肃祁连山水泥股份有限公司	社会法人股	1,000,000	0.50
5	天一证券有限责任公司	流通股	702,441	0.35
6	兰州科近技术公司	国有法人股	500,000	0.25
7	兴和基金	流通股	96,000	0.048
8	科瑞基金	流通股	95,000	0.047
9	泰和基金	流通股	91,000	0.045
10	同益基金	流通股	88,000	0.044

第六节 董事、监事、高级管理人员及核心技术人员

一、公司董事

姬广怀先生:公司董事长。1940年11月出生,大学本科学历,高级政工师。曾任兰州炭素有限公司党委书记、副董事长。现兼任兰州炭素(集团)有限责任公司党委书记、副董事长。

潘锡光先生:公司副董事长。1943年9月出生,大学本科学历,教授级高级工程师。曾任兰州炭素有限公司董事长、总经理;现兼任兰州炭素(集团)有限责任公司董事长、总经理。国务院特殊津贴获得者。

李得爱先生:公司副董事长、总经理。1943年5月出生,大学本科学历,高级工程师。曾任兰州炭素有限公司董事、常务副总经理。现兼任兰州炭素(集团)有限责任公司董事,西宁特殊钢股份有限公司董事。

杨立新先生:公司董事。1951年1月出生,大学专科学历,高级工程师。曾任兰州炭素有限公司董事、副总经理。现兼任兰州炭素(集团)有限责任公司董事、常务副总经理。

彭显荣先生:公司董事。1944年1月出生,大学本科学历,高级工程师。曾任兰州炭素有限公司董事、副总经理;现兼任兰州炭素(集团)有限责任公司董事、副总经理。

杨玉林先生:公司董事。1944年5月出生,大学专科学历,政工师。曾任兰州炭素有限公司董事、副总经理。现兼任兰州炭素(集团)有限责任公司董事、副总经理。

王金迪先生:公司董事。1945年1月出生,大学本科学历,高级工程师。曾任兰州炭素有限公司董事、工会主席。现兼任兰州炭素(集团)有限责任公司董事、工会主席。

张耀宗先生:公司董事、副总经理。1954年6月出生,大学本科学历,高级经济师。曾任兰州炭素有限公司副总经理。

徐文章先生:公司董事。1944年10月出生,大学本科学历,高级工程师。曾任兰州炭素有限公司总工程师。现兼任兰州炭素(集团)有限责任公司总工程师。国务院特殊津贴获得者。

王 军先生:公司董事。1962年1月出生,研究生学历,高级工程师。曾任华亭矿务局东峡煤矿副总工程师、总工程师;华亭矿务局安口煤矿矿长。现任窑街煤电有限责任公司副总经理。

谢 铭先生:公司董事。1958年3月出生,大学本科学历,高级工程师。曾任中国科学院近代物理研究所教育处外事处副处长、处长;中国科学院近代物理研究所办公室主任;中国科学院近代物理研究所所长助理。现任中国科学院近代物理研究所副所长,兰州科近技术公司经理。

李志刚先生:公司董事。1950年12月出生,大学专科学历,高级会计师。曾任石炭井矿务局财务处成本组组长;太西集团有限责任公司审计处处长。现任太西集团有限责任公司副总经济师。

熊向忠先生:公司董事。1965年3月出生,大学文化,经济师。85年参加工作,曾任永登水泥厂办公室主任、组织部部长;甘肃祁连山水泥股份有限公司总经理助理,兼资产发展部部长。现任甘肃祁连山水泥股份有限公司总经济师。

田中禾先生:公司独立董事。1962年9月出生,研究生学历,会计学教授。1983年参加工作,历任兰州大学经济系教师、副主任。现任兰州大学经济管理学院副院长。

宋 华女士:公司独立董事。1964年3月出生,研究生学历,副教授。1985年参加工作,曾任兰州商学院社科部教师,现任兰州商学院经贸学院经济系教研室主任。

二、公司监事

谢信跃先生:公司监事会主席。1951年1月出生,大学专科学历,高级政工师。曾任兰州炭素有限公司党委副书记、监事会主席。现兼任兰州炭素(集团)有限责任公司党委副书记、监事会主席。

刘文正先生:公司监事。1951年7月出生,大学本科学历,经济师。曾任兰州炭素有限公司劳动工资处处长;兰州炭素有限公司监事。现任兰州炭素(集团)有限责任公司监事、劳动工资部部长。

唐占卿先生:公司监事。1953年9月出生,大学本科学历,高级政工师、高级经济师。曾任兰州炭素有限公司监事、组织部部长。现兼任兰州炭素(集团)有限责任公司监事、组织部部长,本公司党委副书记。

罗文兵先生:公司监事。1963年10月出生,大学本科学历,高级经济师。曾任兰州炭素有限公司压型二厂副厂长;兰州炭素(集团)有限责任公司综合管理部副部长。现任本公司企业管理部部长。

闫洪志先生:公司监事。1953年7月出生,大学文化程度,工程师。曾任兰州炭素厂电修车间党支部书记、副厂长;兰州炭素有限公司电修分厂厂长。现任本公司物资供应部部长。

三、公司高级管理人员:

何世荣先生:公司副总经理。1957年11月出生,大学本科学历,高级工程师。曾任兰州炭素厂压型车间副主任;兰州炭素厂压型分厂副厂长、厂长;兰州炭素有限公司技术处第一处长。

齐仲辉先生:公司副总经理。1965年8月出生,大学本科学历,高级工程师。曾任兰州炭素厂高科技开发公司生产部副主任,兰州炭素有限公司石墨化分厂副厂长、厂长。

邓广星先生:公司董事会秘书。1957年12月出生,大学专科学历,会计师。曾任兰州炭素厂企业管理处副科长、处长助理,兰州炭素有限公司财务处副处长。现同时兼任公司证券部部长、总经理办公室主任。

何景峰先生:公司财务负责人。1942年6月出生,中专文化程度,高级会计师。曾任兰州炭素厂财务科副科长,财务处副处长;兰州炭素有限公司改革办公室主任;兰州炭素有限公司监事、兰州炭素股份有限公司监事。

四、公司核心技术人员

霍炳哲先生:1945年11月出生,毕业于清华大学,高级工程师,主持参与了公司多项换代产品的开发、试验,应邀出席过国际炭素学术会议并发表论文,获省部级成果奖多项。现任公司技术开发中心总工程师。

朱序凯先生:1943年12月出生,毕业于兰州大学,高级工程师,从事炭素科研工作30多年,主持参与多项科研项目,发表多篇科技论文,应邀出席过国际炭素学术会议并发表论文;参与起草部级炭素产品及检测标准,研究试验成功多项新的测试方法。现任公司技术开发中心研究所所长。

向左良先生:1944年1月出生,高级工程师,从事炭素专业科研工作30多年,曾发表多篇科技论文,应邀出席过莫斯科等国际炭素学术会议进行学术交流并发表论文。主持的聚丙烯睛碳纤维和沥青碳纤维研制项目获冶金部1985年科技进步三等奖,微孔炭砖研制项目获冶金部96年度科技进步二等奖,1995年被国家计委、国防科工委、国家科委、国家经贸委授予国防军工协作配套先进个人荣誉称号。现任公司技术开发中心第二研究室主任。

张成泉先生:1963年7月出生,毕业于东北大学,高级工程师,主持和参与多项公司更新换代产品的开发、研究。现任公司技术保障部部长。

谭炜洲先生:1964年5月出生,毕业于湖南大学炭素专业,高级工程师,主持、参与原料和工艺研究项目多项。现任公司技术开发中心第一研究室主任。

杨宝林先生:1962年7月出生,大学毕业,高级工程师,从事人造心脏瓣膜、热解石墨等生物炭材料研究多年,在国内外杂志发表多篇论文。现任公司技术开发中心炭素材料研究所副所长。

以上人员均为中国国籍,且相互之间不存在配偶及三代以内直系和旁系亲属关系。本次公开发行前,上述人员不存在以个人持股、家属持股或法人持股的任何一种形式持有本公司股份的情况。

第七节 同业竞争与关联交易

一、同业竞争

本公司实际控制人及其控制的其他法人与本公司之间不存在从事相同、相似业务的情况。

本公司控股股东与炭素制品生产有关的资产已全部进入本公司,并承诺今后不再从事炭素制品的生产,本公司与控股股东之间签订了《避免同业竞争协议》。控股股东目前主要从事投资管理、水、煤气、蒸汽等生产销售、电力转供、土木建筑安装工程、机械加工和设备大修理工程、公

路运输、物业管理等业务。控股股东目前从事的业务与本公司完全不同。

发行人控股股东承诺:集团公司及其子公司或控股的其它公司都将不从事任何在商业上对发行人有可能构成直接或间接竞争的同行业或同类产品的生产、销售业务或活动。

二、关联方与关联关系

1、本公司控股股东

兰州炭素(集团)有限责任公司(以下简称集团公司)因持有本公司本次公开发行股票后58.0%的股份是本公司的控股股东,是本公司的关联企业。

2、公司其他股东

本公司的其他股东有:窑街煤电有限责任公司(原窑街矿务局)、甘肃祁连山水泥股份有限公司、太西集团有限责任公司(原石炭井矿务局)、兰州科近技术有限公司,以上公司均为本公司关联企业。

3、控股股东控制的公司

控股股东控制的公司有:兰州兰炭大厦实业有限公司,兰州兰光实业有限责任公司,兰州炭素建筑安装有限公司。以上三公司均为集团公司的全资子公司,与本公司之间是受同一方控制的关联企业。

4、合营企业、联营企业

本公司到目前为止,未有任何合营企业、联营企业。

5、主要个人投资者、关键管理人员、核心技术人员及其控制的企业

本公司的股东皆为法人,未有个人股东。

本公司关键管理人员和核心技术人员未有任何控制的企业。

6、关联方对公司进行影响的方式、途径和程度

兰州炭素(集团)有限责任公司目前持有本公司股权11600万股,占本次发行上市后总股本的比例为58%,是本公司绝对控股的股东。控股股东不直接干预公司的决策,凭其持有的股权依据《公司法》和《公司章程》通过公司股东大会决定公司的经营方针和投资计划,选举和更换公司董事和监事等途径对公司产生重大影响;其他股东也不直接干预公司的决策,凭其持有的股权依据《公司法》和《公司章程》通过公司股东大会决定公司的经营方针和投资计划,选举和更换公司董事和监事等途径对公司产生影响;控股股东的子公司与本公司之间的关系是属同一母体的公司,其对公司的生产经营、人事、管理等方面无直接影响。

三、主要关联交易实际发生数额

1、销售原材料和产品

本公司2002年1-6月未发生向关联方销售原材料和产品的关联交易。

2001年向集团公司销售原材料30,947,232.75元;2000年向集团公司销售原材料43,083,666.51元。

2001年公司向兰州兰光有限责任公司销售非标电极363.829吨,价值599,949.06元,销售废副品7720.889吨,价款8,846,253.08元;公司向兰州炭素进出口公司销售高功率电极7131.455吨,价款76,483,119.62元。2000年公司向集团公司销售普通功率石墨电极2971.118吨,价款24,466,523.67元,销售高功率石墨电极1139.136吨,价款11,712,591.19元,销售超高功率石墨电极接头2.039吨,价款74,693.62元;向兰州兰光实业有限责任公司销售定向电极833.033吨,价款3,267,204.90元;向兰州炭素进出口公司销售高功率石墨电极3819.92吨,价款36,275,071.06元,销售超高功率石墨电极162.391吨,价款2,832,430.15元。

公司已采取有效措施,今后将不再发生向集团公司及其控股子公司销售原材料和产品的关联交易。

2、采购货物

2002年1-6月,公司未发生从集团公司采购货物的关联交易。

2001年公司从集团公司购进半成品4,447,788.51元,购进原材料2,052,681.74元;公司从兰州炭素进出口公司购进原材料87,561,592.41元。

2000年度公司从集团公司购进半成品94,317,826.90元,购进原材料6,735,598.23元;公司从兰州炭素进出口公司购进原材料51,887,659.21元。

公司今后将不再发生从集团公司采购货物的关联交易。

3、资产置换

经公司2000年4月8日召开的1999年度股东大会决议通过,将公司部分辅助性资产及部分债权与兰州炭素有限责任公司炭砖、炭糊生产系统于2000年7月31日等值置换,置换资产评估金额为96,547,444.10元。

4、公司向集团公司采购劳务、水电等

目前公司所需的水、电、煤气、蒸汽、压缩空气等由集团公司提供。

2001年1-6月,公司分别向集团公司采购劳务、水、电、蒸汽、煤气、压缩空气8,284,929.19元、1,078,091.64元,38,600,095.16元,5,753,129.00元,9,164,624.55元,1,634,699.68元;2001年公司分别向集团公司采购劳务、水、电、蒸汽、煤气、压缩空气34,524,703.03元、2,479,964.87元、74,206,100.27元,11,116,315.00元,18,726,018.91元,2,807,340.34元;2000年公司分别向集团公司采购劳务、水、电、蒸汽、煤气、压缩空气14,629,155.80元、1,402,603.00元、31,017,509.00元、4,085,662.00元,6,631,999.00元,1,213,236.00元。

5、向集团公司租赁土地、办公用房及设备

公司向集团公司租赁土地使用权、少部分办公用房及从2001年起高压浸渍和品川二次隧道窑两套设备。2002年1-6月支付租赁费分别为930,000.00元,31,200.00,3,587,050.00元;2001年支付租赁费分别为1,860,000.00元,62,400.00元,7,174,100.00元;2000年土地租赁费、办公用房租赁费分别为1,531,292.77元,62,400.00元。

6、集团公司和窑街矿务局分别为公司借款提供担保额为10,000,000.00元、165,800,000.00元;集团公司为公司控股子公司提供借款担保35,000,000.00元。

四、主要关联交易的定价政策及依据

本公司与集团公司之间关联交易的价格主要根据市场价确定,没有市场价的根据双方交易的成本加一定的利润协商确定,其中各项劳务的定价按以下原则确定:国家有统一收费标准的,执行国家统一规定;国家没有统一收费标准,但甘肃省及兰州市有统一规定的,适用其规定;既无国家统一规定,又无地方省市规定的,参照当地市场价格确定;没有以上标准的,根据提供劳务的实际成本,双方本着公平、互惠、透明的原则协商确定。

五、主要关联协议

公司生产经营过程中所需的水、电、煤气等动力能源供应,由集团公司提供;此外集团公司还向本公司提供生产辅助服务和后勤服务。为了明确公司与集团公司之间的关联交易行为,本公司就以上供应和服务与集团公司签订了如下协议:《三气(汽)一水供应合同》、《供用电合同》、《运输服务合同》、《加工制做产品用包装箱合同》、《计量器具维修、检定、安装合同》、《设备大修与维修、备品备件制做协议》等,合同期限为十年一签,双方承诺期满后续签。

目前本公司租赁集团公司的部分设备,为此双方签订了《租赁协议书》,双方都承诺期满后可续签。本公司土地使用权系从集团公司租赁获得,为此双方签订了《土地使用权租赁协议》,本公司还向集团公司租用办公楼,双方签订了《房屋租赁协议》,双方承诺期满后续签。

另外,公司与集团公司还签订《注册商标无偿转让协议》、《避免同业竞争协议》和《避免双重任职承诺书》,这些协议为永久有效。

六、公司章程对关联交易决策权力与程序的规定

股东大会审议有关关联交易事项时,关联股东不应当参与投票表决,其所代表的有表决权的股份数不计入有效表决总数;股东大会决议的公告应当充分披露非关联股东的表决情况。如有特殊情况关联股东无法回避时,公司在征得有权部门的同意后,可以按照正常程序进行表决,并在股东大会决议公告中作出详细说明。

有关联关系的股东在股东大会就相关关联交易事项表决时,应当自行回避,也可由其它股东提议回避,自行回避或其他股东提出回避均需以书面的方式向董事会提出。对回避有争议的,由董事会按章程规定的议事规则,作出回避或不回避的决议。

有关关联交易更详细的内容请查阅2002年8月12日在《上海证券报》、《中国证券报》、《证券时报》刊登的《招股说明书摘要》,以及刊载于上海证券交易所网站(www.sse.com.cn)的本公司招股说明书全文第七章同业竞争与关联交易。

第八节 财务会计资料

本公司截止2002年6月30日经审计的前三年财务会计资料已于2002年8月12日在《上海证券报》、《中国证券报》、《证券时报》刊登的《兰州海龙新材料科技股份有限公司招股说明书摘要》中披露,投资者欲了解详细内容,还可查阅刊载于上海证券交易所网站(www.sse.com.cn)的本公司招股说明书全文。

本公司已聘请五联联合会计师事务所有限公司对本公司1999年12月31日、2000年12月31日、2001年12月31日、2002年6月30日合并资产负债表及母公司的资产负债表,1999年度、2000年度和2001年度、2002年1-6月合并利润表及母公司利润表、利润分配表,2001年度、2002年1-6月合并现金流量表和母公司现金流量表进行了审计。五联联合会计师事务所有限公司分别出具了甘会审字(2000)第159号、五联审字2001第1007号、五联审字(2002)第1006号和五联审字(2002)第1089号标准无保留意见审计报告。本章引用的财务数据,非经特别说明,均引自经审计的会计报表。

一、最近三年的简要报表(附后)

二、简要会计报表附注

有关本公司会计报表附注的详细内容,请查阅前述公开披露的招股说明书全文或招股说明书摘要。

三、盈利预测表

本公司盈利预测报告的编制遵循了谨慎性原则。

以下资料摘录自本公司编制经五联联合会计师事务所有限公司审核(五联核字(2002)第1028号)的盈利预测报告。

单位:元

项目	2001年已审实现数	2002年1-6月已审实现数	2002年7-12月预测数	2002年预测数
主营业务收入	412,903,254.22	228,217,847.95	209,160,152.05	437,378,000.00
主营业务利润	79,082,634.98	44,852,721.26	41,682,378.74	86.535,100.00
营业利润	42,113,833.79	21,986,143.51	19,685,007.05	41,671,150.56
利润总额	39,223,523.75	22,074,007.38	19,900,007.05	41,974,014.43
净利润所得税税率为15%	49,951,867.08	18,688,908.59	16,796,613.85	35,485,522.44

四、发行人报告期的主要财务指标

指标	2002年6月30日	2001年12月31日	2000年12月31日	1999年12月31日
1、流动比率	1.48	1.35	1.01	1.09
2、速动比率	0.50	0.40	0.47	0.68
3、应收账款周转率	1.85	3.12	1.91	1.81
4、存货周转率	0.46	1.08	1.51	1.77
5、无形资产占总资产比例	0	0	0	0
6、资产负债率(%)	63.33	64.22	64.78	68.01
7、每股净资产(元/股)	2.44	2.29	1.87	1.67
8、研究及开发费用占主营收入比例	—	4.24	4.52	4.47
9、净资产收益率(%)	6.37	18.20	10.96	13.31
10、每股收益(元/股)	0.16	0.42	0.21	0.22
11、每股经营活动的现金流量(元/股)	0.10	-0.72	-0.13	—

每股收益均根据当期期末总股本摊薄计算。

本公司按《公开发行证券公司信息披露编报规则第9号-净资产收益率和每股收益的计算及披露》计算的2001年净资产收益率和每股收益如下:

报告期利润	净资产收益率(%)		每股收益(元)	
	全面摊薄	加权平均	全面摊薄	加权平均
主营业务利润	28.81	31.70	0.66	0.66
营业利润	15.34	16.88	0.35	0.35
净利润	18.20	20.02	0.42	0.42
扣除非经常性损益后的净利润	13.11	14.43	0.30	0.30

第九节 其他重要事项

一、自公司股票首次公开发行日至本上市公告之日,本公司严格依照现行有关法律、法规的规定规范运行,本公司生产经营情况正常,主要业务发展目标进展正常;

二、自公司股票首次公开发行日至本上市公告之日,本公司所处行业和市场无重大变化;

三、自公司股票首次公开发行日至本上市公告之日,本公司主要投入、产出物供求及市场价格无重大变化;

四、自公司股票首次公开发行日至本上市公告之日,本公司没有进行新的重大对外投资,无重大资产(股权)收购、出售行为;

五、自公司股票首次公开发行日至本上市公告之日,本公司住所没有发生变更;

六、自公司股票首次公开发行日至本上市公告之日,本公司无重大诉讼、仲裁案件;

七、自公司股票首次公开发行日至本上市公告之日,本公司无重大会计政策变化;

八、自公司股票首次公开发行日至本上市公告之日,本公司无会计事务所变动;

九、自公司股票首次公开发行日至本上市公告之日,本公司没有发生新的重大负债,重大债项未发生变化;

十、根据公司2000年年度股东大会决议,本公司首次公开发行股票前滚存的利润由本次发行后新老股东共享;

十一、本公司股票上市前后税负无变化;

十二、公司股票上市后首次股利分配时间在2003年6月底之前;

十三、根据《上海证券交易所股票上市规则》,公司第一大股东已向上海证券交易所承诺,自发行人股票上市之日起12个月内,第一大股东不转让其持有的发行人股份,也不由上市公司回

购其持有的股份；

十四、自公司股票首次公开发行日至本上市公告之日，没有其他应披露而未披露之重大事项。

第十节　董事会上市承诺

本公司董事会承诺将严格遵守《中华人民共和国证券法》、《中华人民共和国公司法》、《股票发行与交易管理暂行条例》、《公开发行股票公司信息披露实施细则》和《上海证券交易所股票上市规则》等国家法律、法规和中国证监会的有关规定，并自股票上市之日起做到：

一、承诺真实、准确、完整、公允和及时地公布定期公告，披露所有对投资者有重大影响的信息，并接受中国证监会、证券交易所的监督管理；

二、承诺本公司在知悉可能对股票价格产生误导性影响的任何公共传播媒介中出现的消息后，将及时给予公开澄清；

三、本公司董事、监事、高级管理人员和核心技术人员将认真听取社会公众的意见和批评，不利用已获得的内幕消息和其他不正当手段直接或间接从事本公司股票的买卖活动；

四、本公司没有无记录的负债。

第十一节　上市推荐人及其意见

一、上市推荐人情况

上市推荐人：天一证券有限责任公司

法定代表人：林益森

住所：浙江省宁波市开明街 417 号

联系电话：021 - 58603891

传真：021 - 68536542

联系人：杜坤勇　刘勇

上市推荐人：光大证券有限责任公司

法定代表人：王明权

住所：上海市浦东新区浦东南路 528 号上海证券大厦

联系电话：028 - 6622007

传真：028 - 6626127

联系人：任东升

二、上市推荐人意见

本公司上市推荐人认为：本公司章程符合《中华人民共和国公司法》等有关法律、法规和和中国证监会的规定。根据《中华人民共和国公司法》、《中华人民共和国证券法》、《股票发行与交易管理暂行条例》、《上海证券交易所股票上市规则》等国家有关法律、法规的规定，本公司符合上市条件。

本公司上市推荐人保证本公司的董事了解法律、法规、上海证券交易所上市规则及股票上市协议规定的董事的义务与责任，并协助本公司健全了法人治理结构、协助本公司制定了严格的信息披露制度和保密制度。

本公司上市推荐人已对上市文件所载的资料进行了核实，确保上市文件真实、准确、完整，符合规定要求。本公司上市推荐人保证本公司的上市申请材料、上市公告书没有虚假、严重误导性陈述或者重大遗漏，并保证对其承担连带责任。

本公司上市推荐人愿意推荐本公司股票在上海证券交易所上市交易，并保证不利用在上市过程中获得的内幕信息进行内幕交易，为自己或他人谋取利益。

兰州海龙新材料科技股份有限公司

二〇〇二年八月二十四日

简要合并资产负债表

单位：元

项　目	2002 年 6 月 30 日	2001 年 12 月 31 日	2000 年 12 月 31 日	1999 年 12 月 31 日
货币资金	36,166,476.49	18,596,356.35	13,972,143.03	3,570,058.38
应收票据	-	-	-	900,000.00
应收账款	125,896,326.06	120,393,938.72	143,289,817.63	237,443,268.56
其他应收款	7,912,046.12	4,989,755.11	7,255,152.14	3,152,251.91
预付账款	18,100,852.11	12,045,647.79	23,264,507.23	23,175,319.44
应收补贴款	11,615,153.94	11,346,033.19	-	-
存货	397,510,765.50	392,652,596.05	220,804,509.91	164,185,919.92
待摊费用	1,145,384.59	-	-	3,159,763.73
流动资产合计	598,347,004.81	560,024,327.21	408,586,129.94	435,586,581.94
固定资产原值	481,396,979.01	471,859,759.42	465,065,356.04	348,915,883.86
减：累计折旧	273,748,224.36	262,214,210.58	238,897,545.30	163,230,393.99
固定资产净值	207,648,754.65	209,645,548.84	226,167,810.74	185,685,489.87
工程物资	5,141,338.26	1,748,572.16	1,829,201.82	2,005,286.46
在建工程	1,886,845.79	9,211,316.99	961,807.70	1,644,657.60
固定资产合计	214,676,938.70	220,605,437.99	228,958,820.26	189,335,433.93
资产总计	813,023,943.51	780,629,765.20	637,544,950.20	624,922,015.87
短期借款	180,700,000.00	185,700,000.00	107,130,000.00	67,930,000.00
应付票据	11,000,000.00	19,000,000.00	18,600,000.00	2,400,000.00
应付账款	107,701,894.11	134,132,046.26	152,456,330.70	179,470,746.53
预收账款	19,247,575.67	10,157,997.79	6,726,551.00	7,650,437.05
应付工资	13,706,613.98	9,927,504.40	10,979,928.00	10,987,605.50
应付福利费	11,438,513.81	8,538,486.55	6,048,708.72	5,261,775.94
应交税金	15,786,315.68	3,391,792.24	67,195,626.41	57,116,835.30
其他应交款	207,395.06	106,633.15	-34,861.15	262,288.35
其他应付款	33,163,383.92	33,380,159.58	18,920,995.86	68,926,965.39
预提费用	80,220.50	45,312.24	-	-
一年内到期的长期负债	10,000,000.00	10,000,000.00	15,000,000.00	-
流动负债合计	403,031,912.73	414,379,932.21	403,023,279.54	400,006,654.06
长期借款	111,930,000.00	86,930,000.00	10,000,000.00	25,000,000.00
长期负债合计	111,930,000.00	86,930,000.00	10,000,000.00	25,000,000.00
负债合计	514,961,912.73	501,309,932.21	413,023,279.54	425,006,654.06
少数股东权益	4,899,584.45	4,846,295.25	-	-
股本	120,000,000.00	120,000,000.00	120,000,000.00	120,000,000.00
资本公积	63,620,021.24	63,620,021.24	63,620,021.24	63,620,021.24
盈余公积	16,527,691.57	13,680,918.68	6,135,247.42	2,444,301.09
其中：公益金	5,509,230.51	4,560,306.22	2,045,082.47	814,767.03
未分配利润	93,014,733.52	77,172,597.82	34,766,402.00	13,851,039.48
股东权益合计	293,162,446.33	274,473,537.74	224,521,670.66	199,915,361.81
负债及股东权益合计	813,023,943.51	780,629,765.20	637,544,950.20	624,922,015.87

简要合并利润表

单位：元

项　目	2002 年 1 - 6 月	2001 年		
一、主营业务收入	228,217,847.95	412,903,254.22	363,826,185.19	342,848,388.89
减：主营业务成本	181,882,531.81	332,626,045.52	290,061,287.59	267,088,469.36
主营业务税金及附加	1,482,594.88	1,194,573.72	1,048,219.55	1,540,961.18
二、主营业务利润	44,852,721.26	79,082,634.98	72,716,678.05	74,218,958.35
加：其他业务利润	-443,391.38	-424,221.09	529,430.28	-40,935.84
减：营业费用	4,810,697.50	6,035,273.68	5,815,154.38	4,195,559.82
管理费用	7,822,365.74	14,257,869.15	14,991,163.30	16,523,063.00
财务费用	9,790,123.13	16,251,437.27	12,713,986.64	7,597,581.81
三、营业利润	21,986,143.51	42,113,833.79	39,725,804.01	45,861,817.88
加：营业外收入	8,618.34	-	10,000.00	22,647.43
减：营业外支出	136,609.47	2,890,310.04	2,661,856.49	1,643,355.00
四、利润总额	22,074,007.38	39,223,523.75	37,073,947.52	44,241,110.31
减：所得税	3,331,809.59	-10,494,638.52	12,467,638.67	17,633,680.35
五、净利润	18,688,908.59	49,951,867.08	24,606,308.85	26,607,429.96

简要合并现金流量表

单位：元

项　目	2002 年 1 - 6 月	2001 年
一、经营活动产生的现金流量		
销售商品、提供劳务收到的现金	276,324,976.53	496,527,784.39
收到除增值税以外的其他税费返还	5,374,958.45	16,470,000.00
收到的与经营活动有关的其他现金	518,506.70	399,581.06
现金流入小计	282,218,441.68	517,410,314.00
购买商品、接受劳务支付的现金	240,467,267.77	441,923,219.07
支付给职工以及为职工支付的现金	19,293,261.23	61,319,280.25
支付的各项税费	7,176,050.99	82,821,352.77
支付的其他与经营活动有关的现金	2,749,927.12	14,185,231.94
现金流出小计	269,686,507.11	604,262,032.58
经营活动产生的现金流量净额	12,531,934.57	-86,851,718.58
二、投资活动产生的现金流量		
处置固定资产、无形资产和其他长期资产收回的现金净额		10,000.00
现金流入小计		10,000.00
购建固定资产、无形资产和其他长期资产支付的现金	4,549,570.21	11,716,432.62
投资所支付的现金		-4,641,803.27
现金流出小计	4,549,570.21	7,074,629.35
投资活动产生的现金流量净额	-4,549,570.21	-7,064,629.35
三、筹资活动产生的现金流量		
借款收到的现金	48,500,000.00	348,330,000.00
现金流入小计	48,500,000.00	348,330,000.00
偿还债务所支付的现金	28,500,000.00	233,330,000.00
分配股利、利润或偿付利息所支付的现金	10,468,106.85	16,459,438.75
现金流出小计	38,968,106.85	249,789,438.25
筹资活动产生的现金流量净额	9,531,893.15	98,540,561.25
现金流量净增加额	17,570,120.14	4,624,213.32

600519　贵州茅台酒股份有限公司

2001 年年度报告摘要

一、公司基本情况简介

(一) 公司法定中文名称:贵州茅台酒股份有限公司
公司法定英文名称:Kweichow Moutai Co., Ltd.
(二) 公司法定代表人:袁仁国
(三) 公司董事会秘书:樊宁屏
联系地址:贵州省仁怀市茅台镇
联系电话:0852-2386002, 2386239
传真:0852-2386005, 2386190
电子信箱:fnp@moutaichina.com
(四) 公司注册地址:贵州省仁怀市茅台镇
公司办公地址:贵州省仁怀市茅台镇
邮政编码:564501
公司国际互联网网址:http://www.moutaichina.com
电子信箱:fnp@moutaichina.com
(五) 公司选定的信息披露报刊:《上海证券报》
登载年度报告的中国证监会指定国际互联网网址:http://www.sse.com.cn
公司年度报告备置地点:公司董事会秘书办公室
(六) 公司股票上市交易所:上海证券交易所
股票简称:贵州茅台
股票代码:600519

二、财务数据和业务数据摘要

(一)报告期内,公司主要会计数据和业务数据

单位:人民币元

项目	金额
利润总额	607,278,206.25
净利润	328,290,723.14
扣除非经常性损益后的净利润	334,872,479.88
主营业务利润	1,012,623,342.76
其它业务利润	1,155,748.66
营业利润	610,141,665.91
投资收益	--
补贴收入	68,667.00
营业外收支净额	-2,932,126.66
经营活动产生的现金流量净额	42,283,037.35
现金及现金等价物净增加额	1,495,452,986.64
扣除非经常性损益合计	7,057,639.89

(二)截至报告期末公司前三年的主要会计数据和财务指标(单位:元)

财务指标	2001 年度	2000 年度调整前	2000 年度调整后	1999 年度
主营业务收入	1,618,046,660.31	1,114,000,813.26	1,114,000,813.26	890,858,185.64
净利润	328,290,723.14	251,103,580.63	249,558,877.77	215,690,128.65
总资产	3,463,388,734.98	1,268,856,244.90	1,268,856,244.90	915,056,957.32
股东权益(不含少数股东权益)	2,530,915,664.80	443,965,435.83	442,420,723.97	285,361,855.23
全面摊薄每股收益(元/股)	1.31	1.36	1.35	1.17
加权平均每股收益(元/股)	1.59	1.36	1.35	1.17
每股净资产(元/股)	10.12	2.40	2.39	1.54
调整后的每股净资产(元/股)	9.96	2.24	2.22	1.48
每股经营活动产生的现金流量净额(元/股)	0.17	2.39	2.39	
全面摊薄净资产收益率	12.97	56.56	56.41	75.57
加权平均净资产收益率	26.79	68.86	68.44	69.76
扣除非经常性损益的加权平均净资产收益率	27.33	69.12	68.79	69.78

*扣除非经常性损益项目:1、营业外收入 72,208.04 元;2、营业外支出 3,004,334.70 元,其中,计提固定资产减值准备 2,391,337.78 元;3、流动资产盘盈、盘亏、毁损净损失 901,281.26 元;4、计提存货减值准备 3,224,231.97 元。

(三)按中国证监会《公开发行证券公司信息披露编报规则(第 9 号)要求计算的利润数据

项　目	数额(元)	净资产收益率(%)		每股收益(元/股)	
1、主营业务利润	1,012,623,342.76	40.01	82.64	4.05	4.89
2、营业利润	610,141,665.91	24.11	49.80	2.44	2.95
3、净利润	328,290,723.14	12.97	26.79	1.31	1.59
4、扣除非经常性损益后的利润	334,872,479.88	13.23	27.33	1.33	1.62

(四)公司报告期内股东权益变动情况及其原因说明:(单位:元)

项目	股本	资本公积	盈余公积	法定公益金	未分配利润	股东权益
期初数	185,000,000	88,432,681.62	42,290,287.41	21,145,143.71	105,552,620.23	442,420,732.97
本期增加	65,000,000	1,950,756,828.92	66,784,724.00	33,392,362.00	328,290,723.14	2,444,224,638.06
本期减少	0	0	0	0	355,729,706.23	355,729,706.23
期末数	250,000,000	2,039,189,510.54	109,075,011.41	54,537,505.71	78,113,637.14	2,530,915,664.80
变动原因	报告期内发行新股所致	报告期内发行新股溢价所致	按照本年度利润分配预案,提取 10%法定盈余公积金所致	按照本年度利润分配预案,提取 5%法定公益金所致	因按照本年度利润分配预案,提取 10%法定盈余公积金,5%法定公益金并分配 15,000 万元人民币股利及实施 2000 年度利润分配方案所致	报告期内,发行新股、净利润增加和按照分配预案分配减少所致

三、股本变动及股东情况

(一)公司股份变动情况表

股份变动情况表　　　　数量单位:股

股份类别	本次变动前	本次变动增减(+,-) 配股	送股	公积金转股	发行新股	其它	小计	本次变动后
一、未上市流通股份								
1、发起人股份	185,000,0000				-6,500,000		-6,500,000	178,500,000
其中:国家持有股份	183,500,000				-6,500,000		-6,500,000	177,000,000
境内法人持有股份	1,500,000							1,500,000
境外法人持有股份								
其他								
2、募集法人股份								
3、内部职工股								
4、优先股或其他								
未上市流通股份合计	185,000,000				-6,500,000		-6,500,000	178,500,000
二、已上市流通股份								
1、人民币普通股					+71,500,000		+71,500,000	71,500,000
2、境内上市的外资股								
3、境外上市的外资股								
4、其他								
已上市流通股份合计					+71,500,000	0	+71,500,000	71,500,000
三、股份总数	185,000,000				+65,000,000	0	+65,000,000	250,000,000

报告期内公司无送股、转增股本或内部职工股上市的情形。

(二)股票发行与上市情况

1、经中国证监会证监发行字[2001]41 号文核准并按照财政部财企便函[2001]56 文件的批复,本公司于 2001 年 7 月 31 日采用上网定价发行方式向社会公开发 7150 万股(其中国有股存量发行 650 万股)、每股面值 1.00 元的人民币普通股,发价格 31.39 元/股。本次发行后公司总股本为 25,000 万股。

2、经上海证券交易所上证上字[2001]126 号文批准,本公司公开发行的 7150 万人民币普通股股票于 2001 年 8 月 27 日在上海证券交易所挂牌交易,股票简称"贵州茅台",股票代码"600519"。

(三)股东情况

1、报告期末公司股东总数为 46194 户。

2、报告期末公司主要股东持股情况

名次	股东名称	本期末持股数(股)	本期持股变动增减(+、-)情况(股)	持股占总股本比例	持有股份质押情况	股份性质
1	中国贵州茅台酒厂有限责任公司	161,706,052	-6,293,948	64.68%	无	国有法人股
2	贵州茅台酒厂技术开发公司	10,000,000	0	4.00%	无	国有法人股
3	贵州省轻纺集体工业联社	1,500,000	0	0.60%	无	法人股
4	深圳清华大学研究院	1,443,804	-56,196	0.58%	无	国有法人股
5	裕阳基金	1,286,000	+1,286,000	0.514%	不清楚	流通股
6	任广芬	983,830	+983,830	0.394%	不清楚	流通股
7	江苏省糖烟酒总公司	962,536	-37,464	0.385%	无	国有法人股
8	上海捷强烟草糖酒(集团)有限公司	962,536	-37,464	0.385%	无	国有法人股
9	北京市糖业烟酒公司	962,536	-37,464	0.385%	无	国有法人股
10	中国食品发酵工业研究所	962,536	-37,464	0.385%	无	国有法人股

*注:1、中国贵州茅台酒厂有限责任公司、贵州茅台酒厂技术开发公司、贵州省轻纺集体工业联社、深圳清华大学研究院、江苏省糖烟酒总公司、上海捷强烟草糖酒(集团)有限公司、北京市糖业烟酒公司、中国食品发酵工业研究所是公司发起人股东,其余为公司流通股股东;

2、公司前 10 名股东中的中国贵州茅台酒厂有限责任公司、贵州茅台酒厂技术开发公司之间存在关联关系。

3、公司控股股东情况

公司的主要发起人中国贵州茅台酒厂有限责任公司(以下简称"集团公司")系国有独资公司,它持有本公司国有法人股 161,706,052 股,占股份总额的 64.68%,为公司控股股东。集团公司法定代表人:季克良,于 1998 年 1 月 24 日在贵州省工商局注册成立,注册资本为人民币 53000 万元;贵州省轻纺国有资产经营有限责任公司拥有集团公司 100%权益,主营:以茅台酒为龙头的酒类系列产品;包装材料、饮料的生产销售;餐饮、住宿、旅游、运输服务。

4、报告期内,本公司无其它持股 10%的法人股东。

5、报告期内,本公司控股股东未发生变化。

四、董事、监事、高级管理人员和员工情况

(一)公司董事、监事和高级管理人员基本情况:

姓名	性别	年龄	职务	任职起止日
袁仁国	男	45 岁	董事长	1999 年 11 月~2002 年 11 月
季克良	男	62 岁	董事	1999 年 11 月~2002 年 11 月
乔　洪	男	48 岁	董事、总经理	2000 年 12 月~2002 年 11 月
谭绍利	男	54 岁	董事、副总经理	1999 年 11 月~2002 年 11 月
吕云怀	男	45 岁	董事、副总经理	1999 年 11 月~2002 年 11 月
谭定华	男	47 岁	董事、财务总监	1999 年 11 月~2002 年 11 月
戴传典	男	49 岁	董事	1999 年 11 月~2002 年 11 月
丁德杭	男	51 岁	董事	2000 年 12 月~2002 年 11 月
胡本均	男	48 岁	董事	1999 年 11 月~2002 年 11 月

王　莉	女	29岁	董事	2000年12月～2002年11月
严安林	男	52岁	董事	2000年12月～2002年11月
张德春	男	49岁	董事	1999年11月～2002年11月
陈　新	男	34岁	董事	1999年11月～2002年11月
刘和鸣	男	52岁	监事会主席	1999年11月～2002年11月
张　毅	男	46岁	监事	1999年11月～2002年11月
仇国相	男	28岁	监事	1999年11月～2002年11月
李明彦	男	30岁	监事	2000年12月～2002年11月
潘昌枢	男	58岁	监事	2000年12月～2002年11月
樊宁屏	女	27岁	董事会秘书	1999年11月～2002年11月

注:报告期内,公司董事、监事和高级管理人员均未持有本公司股票。

(二)董事、监事在股东单位任职情况:

姓名	任职单位	职　务
袁仁国	集团公司	党委副书记、副董事长、总经理
季克良	集团公司	党委书记、董事长、总工程师
乔　洪	集团公司	董事
谭绍利	集团公司	董事
吕云怀	集团公司	董事
谭定华	集团公司	董事
戴传典	集团公司	董事、副总经理
丁德杭	集团公司	董事、副总经理
胡本均	贵州茅台酒厂技术开发公司	董事长、总经理
严安林	贵州省轻纺集体工业联社	副主任
张德春	北京市糖业烟酒公司	总经济师
刘和鸣	集团公司	党委副书记、纪委书记
张　毅	集团公司	副总会计师兼财务处处长
潘昌枢	贵州省轻纺集体工业联社	副主任

(三)董事、监事、高级管理人员年度报酬情况。

1、年度报酬的决策程序、确定依据。

在公司领取报酬的董事、监事和高级管理人员的年度报酬按月度工资和年终奖励两部分发放,月度工资发放标准依据贵州省政府有关部门的规定,年度奖励依据公司第一届董事会2001年度第二次会议审议通过的《贵州茅台酒股份有限公司总经理、副总经理、财务总监年薪制(试行)方案》。

2、在公司领取报酬的董事、监事和高级管理人员有袁仁国、乔洪、谭绍利、吕云怀、谭定华、王莉、仇国相、李明彦、樊宁屏共9人。年度报酬总额约为170万元。金额最高的前三名董事年度总报酬为40万元。金额最高的前三名高级管理人员的年度总报酬为100万元。在股东单位集团公司领取报酬的董事、监事包括季克良、戴传典、丁德杭、刘和鸣、张毅等5人;胡本均在股东单位贵州茅台酒厂技术开发公司领取报酬;严安林、潘昌枢在股东单位贵州省轻纺集体工业联社领取报酬;张德春在股东单位北京市糖业烟酒公司领取报酬。在公司领取报酬的董事、监事及高级管理人员中年度薪酬在10万元以上的5人,2～5万元的4人。

(四)报告期内,董事、监事和高级管理人员变动情况。

报告期内,公司董事、监事及高级管理人员均未发生变化。

五、公司治理结构

(一)法人治理结构情况

按照《公司法》、《证券法》和中国证监会有关文件的要求,公司以实现规范化运作为目标,不断完善公司法人治理结构,并为之进行了积极的努力。公司根据中国证监会的《上市公司章程指引》、上海证券交易所《股票上市规则》等规章制度制订了公司《章程》、《股东大会议事规则》、《董事会议事规则》、《监事会议事规则》、《信息披露管理办法》等各项管理制度,使公司各项工作和管理建立在规范化、制度化的基础上。从公司规范运作的实际情况来看,公司的运作和管理基本符合中国证监会和国家经贸委于2001年1月7日发布的《上市公司治理准则》的要求,主要体现在以下几个方面:

1、关于公司股东、股东大会

按照《公司章程》的规定:股东按其所持有股份享有权利,承担义务。公司能够确保所有股东,特别是中小股东享有平等地位,确保所有股东能够充分行使自己的权利;公司严格按照中国证监会《上市公司股东大会规范意见》的要求召集、召开股东大会,在会场的选择、会议程序的安排和投票表决方式上,尽可能地让更多的股东能够参加股东大会,了解公司的经营情况,行使表决权。公司的关联交易公平合理,严格遵循平等、自愿、等价、有偿的原则,关联交易的定价不偏离市场独立第三方的价格和收费标准,并对定价依据予以充分披露。股东大会严格按照程序审议有关关联交易事项,公司关联股东出席了股东大会会议,并就该关联交易作出必要的说明,但在股东大会就有关关联交易事项进行表决时,该关联股东进行了回避,未参与投票表决,其所代表的有表决权的股份数未计入有效表决总数。

2、关于控股股东与上市公司的关系

控股股东行为规范,严格依法行使出资人的权利,没有利用资产重组等方式损害上市公司和其他股东的利益,没有超越股东大会直接或间接干预公司的决策和经营活动;公司与控股股东在人员、资产、财务、机构和业务等方面做到了"五分开";控股股东没有对公司股东大会人事选举决议和董事会人事聘任决议履行任何批准手续,没有越过公司股东大会、董事会任免公司的高级管理人员;公司董事会、监事会和内部机构能够独立运作。

3、关于董事与董事会

公司严格按照《公司章程》规定的董事选聘程序选举董事,董事会的人数和人员构成符合法律、法规的要求,在董事选举过程中,能够充分尊重和听取中小股东的意见。董事依法享有《公司法》规定的权利与义务。董事会制订了董事会议事规则,以确保董事会成员充分发表意见、提高了董事会的工作效率和科学决策;公司每位董事能够严格遵守其公开作出的承诺,能够以认真、负责的态度出席董事会和股东大会,能够积极参加有关的培训和学习,熟悉有关法律、法规,了解作为董事的权利、义务和责任。根据中国证监会《关于在上市公司中建立独立董事的指导意见》的有关要求,公司董事会正在积极物色独立董事人选,并将按照有关规定逐步建立董事会专门委员会。公司将依据《上市公司治理准则》的要求,完善《公司章程》和其他有关规章制度,建立独立董事制度和董事选举的累积投票制度。

4、关于监事和监事会

公司监事会由五名监事组成,其中两名监事由公司职工代表担任;监事会设召集人即主席一名,监事会的人数和人员构成符合法律、法规的要求。监事会按照有关法律、法规的要求,建立了议事规则,公司监事按照有关要求,能够认真地履行自己的职责,本着对股东负责的原则,独立地对公司财务以及公司董事、经理和其他高级管理人员履行职责的合法性、合规性进行监督。

5、关于绩效评价与激励约束机制

为激励公司总经理、副总经理、财务总监等人员认真地履行职责,积极工作,公司董事会于2001年10月26日审议通过了《贵州茅台酒股份有限公司总经理、副总经理、财务总监年薪制(试行)方案》。同时,公司还制订了《关于领导干部廉洁自律的规定》等有关制度,初步形成了对高级管理人员有效的监督和约束机制,实行廉政建设责任制。下一步,公司将按照相关规定和要求,建立公正、透明和完善的董事、监事和经理人员的绩效评价标准与激励约束机制。

6、关于利益相关者

公司能够充分尊重和维护银行及其它债权人、员工、消费者等其他利益相关者的合法权益,能够与利益相关者积极合作,共同推动公司持续、稳定、健康地发展。在生产经营过程中,公司能够鼓励员工通过与董事会、监事会和经理人员直接沟通和交流,充分反映员工对公司经营、财务状况以及涉及员工利益的重大决策的意见。同时,公司能够关注所在社区的公益事业、环境保护等问题,重视公司的社会责任。

7、关于信息披露与透明度

公司能够按照法律、法规和监管部门的有关规定,真实、准确、完整、及时地披露有关信息。公司制订了《贵州茅台酒股份有限公司信息披露管理办法》,指定公司董事会秘书负责信息披露工作、接待股东来访和咨询,确保公司所有股东有平等的权利和机会获得公司应予公告的信息。公司能够按照有关规定,及时、准确地披露控股股东或公司实际控制人的详细资料和股份的增持、减持或质押情况,以及可能引起股份变动等其他重要事项。

公司自成立以来,严格按照《公司法》等有关法律法规的要求规范运作,完善公司有关规章制度,以股东利益最大化为目标,努力实现公司的规范运作,提高信息披露的及时性、真实性、准确性、完整性,切实维护股东特别是中小股东的利益,实现公司稳定、健康的发展。但公司法人治理结构实际状况与《上市公司治理准则》要求存在差异:1、董事的选聘程序尚未推行累积投票制度;2、独立董事制度尚未建立;3、董事、监事和经理人员的绩效评价标准和激励约束机制虽已建立但有待完善。公司将按照《上市公司治理准则》的要求,对目前存在的差异认真加以改进,重新制订相关规则、制度、办法,提高公司规范运作水平。

(二)独立董事情况

公司将按照《关于在上市公司建立独立董事制度的指导意见》的有关规定修改《公司章程》,建立独立董事制度。公司本着谨慎的态度,将在2002年6月30日前增设独立董事2名。

(三)公司与控股股东在业务、资产、机构、人员、财务等方面的分开情况:

1、业务独立情况:

公司拥有独立的生产系统、销售系统、供应系统,但在非经营辅助性服务方面与集团公司存在关联交易,交易完全按市场条件进行,且通过签订《综合服务协议》、《土地使用权租赁协议》、《房屋租赁协议》、《老酒供应协议》对关联交易进行规范,因此上述关联交易对本公司经营没有影响。

2、资产完整情况:

公司与上述业务活动相关的资产完整独立,并拥有完整的工业产权和非专利技术。通过与集团公司签订的《商标许可使用协议》,公司在存续期内有权永久使用集团公司注册的"茅台"、"贵州茅台"、"贵州""茅台女王"、"汉帝茅台酒""MOUTAI"、"茅台MOUTAI"、"茅台王子酒""茅台不老"等商标及与许可商标相同或相似的文字。

3、机构独立情况:

公司机构完整,下设8个职能部门,6类生产车间,2个控股公司,各机构职责明确,分工合理。

4、人员独立情况:

公司员工在劳动、人事及工资管理等方面独立于控股股东,总经理、副总经理及其他高级管理人员均在本公司领取报酬,未在控股股东单位领取报酬及担任除董事以外的其他职务。

5、财务独立情况:

公司财务完全独立,设有独立的财务部门,建立有独立的财务核算体系;独立在银行开户;独立纳税;具有规范、独立的财务会计制度和对分公司、子公司的财务管理制度。

(四)高级管理人员的考评及激励机制

公司董事会根据年初生产经营计划的完成情况和其他有关指标的实现情况、党风廉政情况和安全生产情况等对高级管理人员的绩效进行考评,根据考评情况进行奖惩。公司已经建立了高级管理人员和核心技术人员的绩效评价标准与激励约束机制。

六、股东大会情况简介

报告期内,公司共召开了两次股东大会,即2000年度股东大会和2001年度临时股东大会。股东大会的通知、召集、召开,均按照《公司法》、《公司章程》规定的程序和要求严格进行。

(一)2000年度股东大会简介

2001年4月19日,公司2000年度股东大会在公司办公楼九楼会议室召开,会议由袁仁国董事长主持。出席会议的股东及股东代表7人,持有和代表股份18500万股,占公司总股本的100%,股东单位其他有关人员和公司董事会成员、监事会成员及高级理人员列席了本次会议。经会议对各项议案逐项审议并投票表决,作出以下决议:

1、审议通过了公司董事会2000年度工作报告;

2、审议通过了公司监事会2000年度工作报告;

3、审议通过了《2000年度财务决算和2001年度财务预算方案》的议案;

4、审议通过了公司2000年度利润分配方案;

5、审议通过了《变更部分上市募集资金投向项目的议案》;

6、审议通过了公司与集团公司之间签订《商标许可使用协议》;

7、审议通过了贵州茅台酒厂进出口公司股权转让的议案。

因公司召开本次股东大会时,尚未公开发行股票。该次股东大会的内容未在指定信息披露的报纸上进行披露,但会议主要决议的内容,已在公司的《招股说明书》及《上市公告书》中进行了披露。

(二)2001年度临时股东大会简介

2001年12月5日,董事会以公告的方式在《上海证券报》上刊登了召开公司2001年度临时股东大会的通知,通知中列明了会议召开的时间、地点、议程和提交股东大会审议的预案,并同时公告了相关的董事会决议。

由于董事会原拟提交公司2001年度临时股东大会的有关议案需进行适当调整,因此,根据《公司法》、《上市公司股东大会规范意见》及《公司章程》的规定,公司董事会于2001年12月28日,以公告的方式在《上海证券报》上刊登了延期召开2001年度临时股东大会的通知,通知中列明了变更后会议召开的时间、地点、议程和提交股东大会审议的预案等事宜,并同时公告了相关的董事会决议。

2002年2月25日,公司2001年度临时股东大会会议在贵州省仁怀市茅台镇公司办公大楼22楼会议室召开,会议由公司董事长袁仁国先生主持,出席会议的股东及股东代理人共9人,代表股份数181,682,831股,占公司总股本的72.67%。公司董事、监事及高级管理人员出席了会议。由于本次股东大会所审议的议案为关联交易,根据中国证监会《上市公司股东大会规范意见》及上海证券交易所《股票上市规则》和公司《章程》,关联股东中国贵州茅台酒厂有限责任公司、贵州茅台酒厂技术开发公司(其所持股份共171,706,052股)在各项议案进行表决时,回避了表决。出席会议非关联股东所持股份数为9,976,779股。股东大会以记名投票表决方式逐项通过了以下决议:

1、审议通过《关于签订房屋租赁协议》的议案;

2、审议通过《关于签订土地使用权租赁协议》的议案;

3、审议通过《关于签订老酒供应协议》的议案;

4、审议通过《关于签订综合服务协议》的议案。

本次临时股东大会形成的决议及公告登载于2002年2月26日的《上海证券报》。

七、董事会报告

(一)报告期内的经营情况

1、主营业务范围及其经营状况

公司主营业务范围:贵州茅台酒系列产品的生产与销售;饮料、食品、包装材料的生产与销售;防伪技术开发;信息产业相关产品的研制、开发。

本公司生产的贵州茅台酒是我国酱香型白酒的典型代表，驰名中外，具有独特的风格和上乘的品质，在多年的市场竞争中树立了良好的形象和赢得了信誉。作为国内白酒市场唯一获"绿色食品"(中国绿色食品发展研究中心颁发)及"有机食品"(国家环保局有机食品发展中心颁发)称号的天然优质白酒产品，贵州茅台酒系列产品深受消费者青睐。

报告期内，公司主营业务继续保持稳定增长的态势：公司共生产茅台酒系列产品 8610 吨，销售茅台酒系列产品 5204.46 吨，实现主营业务收入为 161,804.66 万元，净利润 32,829.07 万元。

报告期内，公司的主营业务收入构成情况如下：

(1)按行业和产品划分　　(单位:元)

品名	主营业务收入	比例(%)	主营业务利润	比例(%)
高度茅台酒	1,094,685,174.60	67.65	698,248,134.52	68.95
低度茅台酒	312,312,103.45	19.30	202,733,471.79	20.02
陈年茅台酒	153,311,306.58	9.48	90,462,419.80	8.93
茅台王子酒	36,676,594.23	2.27	12,814,959.48	1.27
茅台迎宾酒	20,625,758.42	1.27	8,280,862.14	0.82
其它	435,723.03	0.03	83,495.03	0.01
合计	1,618,046,660.31	100	1,012,623,342.76	100

(2)生产经营的主要产品及其市场占有率情况

公司生产的主要产品为 53、43、38、33 度"贵州茅台酒"；80 年、50 年、30 年、15 年"陈年茅台酒"；"茅台王子酒"、"茅台迎宾酒"等茅台酒系列产品。报告期内，公司茅台酒年销售量为 4000 多吨。根据中国酿酒工业协会和《中国酿酒信息快报》等有关资料的统计，本公司产品在国内白酒市场的占有率为 9.1%。公司生产经营中占主营业务收入或主营业务利润 10% 以上的业务经营活动为：销售茅台酒及其系列产品。所属行业为白酒业。

主营项目	销售收入(元)	销售成本(元)	毛利率(%)
陈年茅台酒	153,311,306.58	32,720,911.95	78.66
高度茅台酒	1,094,685,174.60	181,314,958.56	83.44
低度茅台酒	312,312,103.45	48,204,611.68	84.57
茅台王子酒	36,676,594.23	16,654,133.02	54.59
茅台迎宾酒	20,625,758.42	8,291,624.90	59.80
其它	435,723.03	352,228.00	19.16

(二)主要控股公司及参股公司的经营情况及业绩

本公司拥有控股公司 2 家，分别是贵州茅台酒销售有限公司、贵州茅台酒进出口有限责任公司。

1、贵州茅台酒销售有限公司

本公司投资 950 万元持有贵州茅台酒销售有限公司 95% 的股权。贵州茅台酒销售有限公司注册资本为 1000 万元；法定代表人袁仁国先生；该公司主要从事茅台酒系列产品的销售。截止报告期末，该公司拥有总资产 68,093.8 万元；净资产 7,249 万元。2001 年，该公司实现净利润 28,556.88 万元。

2、贵州茅台酒进出口有限责任公司

本公司投资 560 万元持有贵州茅台酒进出口有限责任公司 70% 的股权。贵州茅台酒进出口有限责任公司注册资本 800 万元；法定代表人袁仁国先生；该公司主要从事本公司及集团公司生产的所有产品相关技术的出口业务。截止报告期末，该公司拥有总资产 2,337.63 万元，净资产 1,131.72 万元，2001 年实现销售收入 2,583.65 万元，创汇 315.56 万美元，净利润 355.94 万元。

(三)主要供应商、客户情况：

1、供应商

本公司的主要原材料为高粱、小麦及产品的包装、防伪材料。2001 年公司年度采购总额 26,789.02 万元，其中，向前五名供应商采购的金额合计为 13,415.52 万元，占年度采购总额的 50.08%。

2、客户

2001 年本公司销售总额为 1,618,046,660.31 元，其中，前五名客户销售额为 183,277,010.62 元，占公司年度销售额的 11.33 %。

(四)在经营中出现的问题与困难及解决方案

1、报告期内，公司生产和经营中存在的问题：

(1)市场上假冒侵权酒还不同程度地存在。由于贵州茅台酒是享誉世界的中国名酒，凭借其悠久的历史、上乘的品质和独特的工艺，在市场树立了良好的形象，深受消费者喜爱，因此，部分不法商人和企业从事假冒侵权茅台酒的生产与销售，对公司产品销售和形象造成一定的影响。

(2)国内白酒竞争激烈，新产品层出不穷，市场手段花样百出。公司系列产品茅台王子酒、茅台迎宾酒市场开拓力度有待进一步加强。

2、解决方案：

(1)一是依靠执法部门，加大打击假冒侵权酒的力度；二是加快专卖店、专卖柜的营销网络的建设；三是培养、充实公司打假人员，搞好市场服务。

(2)加快营销网络的建设，认真选好经销商，认准目标市场，以点带面，稳定发展，狠抓终端促销，以酒店、餐饮消费为龙头，带动超市、商场的销售。加大力度作好茅台王子酒、茅台迎宾酒的市场拓展。

(五)公司投资情况

2001 年，本公司投资额为 57,244.87 万元。

1、报告期内募集资金使用情况

公司 7150 万人民币普通股股票于 2001 年 7 月 31 日在上海证券交易所成功发行，共募集资金 1,998,144,475.00 元(已扣除发行费用)。资金到位后，公司按照《招股说明书》承诺的投资项目逐项予以实施。

1)截止报告期末，公司募集资金的使用情况如下表所示：

募集资金承诺投资项目及项目实际运行情况　　单位:万元

序号	项目名称	总投资	计划募集资金投入时间 2001 年	2002 年	2003 年	实际投入情况	项目进度及收益情况
1	企业营销网络建设	12,421	2,654			0	正在进行相关准备
2	收购习酒酱香资产	25,796	25,796			0	正在进行相关准备
3	收购集团公司老酒	18,419	18,419			18,419	已完成
4	投资上海复旦天臣新技术有限公司	4,500	4,500			0	正在进行相关准备
5	茅台无锡生物技术开发公司	2,031	2,031			0	正在进行相关准备
6	1000 吨茅台酒技改工程	27,268	6,919	9,884	2,965	19,510.59	已完成固定资产投资的 98.70%。
7	老区茅台酒扩建工程	9,986	1,500	2,000	1,356	52.40	已完成固定资产投资的 1.08%，为初期投入阶段，暂无收益。
8	700 吨茅台酒扩建工程	9,430	1,800	2,300	830	4,853.28	已完成固定资产投资的 98.44%。
9	中低度茅台酒扩改建工程	13,776	2,500	2,376		2,359.43	已完成固定资产投资的 48.39%，属投入期，暂无收益。
10	2200 吨制曲扩改建工程	7,741	2,500	2,341		45.34	已完成固定资产投资的 0.94%，为初期投入阶段，暂无收益。
11	第一包装生产线技改工程	3,881	1,000	1,921		1,378.40	已完成固定资产投资的 47.19%，属投入期，暂无收益。
12	第二包装生产线技改工程	3,578	900	1,958		1,023.60	已完成固定资产投资的 82%，，暂无收益。
13	技术中心技改工程	2,825	300	2,525		302.89	已完成固定资产投资的 10.72%，为初期投入阶段，暂无收益。
14	酒体设计及检测中心工程	4,535	2,000	2,535		1,621.60	已完成固定资产投资的 35.76%，属投入期，暂无收益。
15	企业信息资源管理系统	2,835	1,418	1,417		0	正在制作、论证有关实施方案。
16	酱香型白酒酒糟综合利用项目	3,660	2,360			0	正在报审有关设计方案。
17	1000 吨茅台不老酒技改工程	3,763	2,803			0	正在进行相关准备。
18	15~80 年茅台酒储存技改工程	5,442	2,877			7.28	已完成固定资产投资的 0.25%，为初期投入阶段，暂无收益。
19	包装彩印生产线工程	3,468	2,988			0	正在进行相关准备。
20	瓦楞纸箱生产线工程	3,346	2,976			0	正在进行方案的调研、报审工作。
21	上下酒库扩改建工程	5,374	2,100	2,874		3,132.68	已完成固定资产投资的 62.98%，属投入期，暂无收益。
22	年份成品酒储存工程	5,828	2,228			796.64	已完成固定资产投资的 35.76%，属投入期，暂无收益。
23	原料仓库技改工程	2,912	300	2,612		1,041.28	已完成固定资产投资的 35.51%，属投入期，暂无收益。
24	供热系统技改	2,527	500	2,027		6.82	已完成固定资产投资的 0.27%，为初期投入阶段，暂无收益。
25	供水系统技改	2,986	1,000	1,986		1,067.47	已完成固定资产投资的 35.75%，属投入期，暂无收益。
26	输配电系统技改	2,881	200	1,800	881	0	正在进行相关准备。
27	综合维修中心技改工程	2,502	2,202			1,618.24	已完成固定资产投资的 73.49%，属投入期，暂无收益。
	合计	193,711	96,771	40,556	6,032	57,244.87	

注：1、鉴于公司所处的独特地理位置及茅台酒独特的工艺，茅台酒的生产从投料到出商品酒约需六年时间，因此，茅台酒技改项目建设时间长；又因为公司上市申报历时较长，作为贵州省的支柱企业，各级领导部门对公司的技改项目给予了高度重视，为了加快投资项目建设进度，以良好的业绩尽早回报全体股东，公司在募集资金到位前先期开工建设了部分募集资金投资项目，项目资金由集团公司在不收取资金占用费的前提下代为支付，募集资金到位后，公司按实际发生额将上述项目费用予以归还。(详见会计报表主要项目注释 10"在建工程")。

2、以上表内各项目募集资金使用的进度安排中均不包含流动资金。

2)项目进度情况说明：

募集资金到位后，按照轻重缓急的原则，公司严格按照《招股说明书》承诺投资项目，合理使用募集资金，项目进展情况如下：

(1)项目 3：收购集团公司老酒

项目总投资 18,419 万元，报告期内，已完成投资 18,419 万元，此项收购完成后，年均销售收入 7,472.5 万元、年均总成本 4,668.71 万元、年均税金及附加 301.41 万元、年均利润 2,502.28 万元、投资利润率 64.5%。

(2)项目 6：1000 吨茅台酒技改工程

项目总投资为 27,268 万元，其中固定资产投资 19,768 万元，铺底流动资金 7,500 万元，报告期内，已完成固定资产投资 19,510.59 万元，占固定资产投资总额的 98.70%。该项目建成投产后，年销售收入为 24,575 万元，年均销售税金 8,820 万元，年均销售利润 8,817 万元，投资利润率为 19.7%。报告期内该项目未产生收益。

(3)项目 7：老区茅台酒扩建工程

项目总投资为 9,986 万元，其中固定资产投资 4,856 万元，铺底流动资金 5,130 万元，报告期内，已完成固定资产投资 52.40 万元，占固定资产投资总额的 1.08%。该项目建成投产后，年增销售收入 19,660 万元，年均销售税金及附加 7,056 万元，年均利润 7,540 万元，投资利润率为 34.3%，投资利税率为 66.5%。报告期内该项目未产生收益。

(4)项目 8：700 吨茅台酒扩建工程

项目总投资为 9,430 万元，其中固定资产投资 4,930 万元，铺底流动资金 4,500 万元，报告期内，已完成固定资产投资 4,853.28 万元，占固定资产投资总额的 98.44%。该项目建成投产后，年增销售收入 17,200 万元，年均销售税金及附加 6,174 万元，年均利润 6,776 万元，投资利润率为 34.0%，投资利税率为 65.0%。报告期内该项目未产生收益。

(5)项目 9：中低度茅台酒改扩建工程

项目总投资为 13,776 万元，其中固定资产投资 4,876 万元，铺底流动资金 8,900 万元，报告期内，已完成固定资产投资 2,359.43 万元，占固定资产投资总额的 48.39%。该项目建成投产后，年增销售收入 60,858 万元，年均销售税金及附加 18,866 万元，年均利润 15,130 万元，投资利润率为 43.8%，投资利税率为 98.4%。报告期内该项目未产生收益。

(6)项目 10：2200 吨制曲改扩建工程

项目总投资为 7,741 万元，其中固定资产投资 4,841 万元，铺底流动资金 2,900 万元，报告期内，已完成固定资产投资 45.34 万元，占固定资产投资总额的 0.94%。该项目建成投产后，可新增 2,200 吨曲药生产能力。该项目属制酒配套项目，其效益体现在企业整体经济效益之中。

(7)项目 11：第一包装生产线技改工程

项目总投资为 3,881 万元，其中固定资产投资 2,921 万元，铺底流动资金 960 万元，报告期内，已完成固定资产投资 1,378.40 万元，占固定资产投资总额的 47.19%。该项目能显著提高企业包装能力，并通过良好的包装形式，为企业取得良好的经济效益和回报。

(8)项目 12：第二包装生产线技改工程

项目总投资为 3,578 万元，其中固定资产投资 2,858 万元，铺底流动资金 5,130 万元，报告期内，已完成固定资产投资 1,023.60 万元，占固定资产投资总额的 35.82%。该项目建成投产后，该项目能显著提高企业包装能力，并通过良好的包装形式，为企业取得良好的经济效益和回报。

(9)项目 13：技术中心技改工程

项目总投资 2825 万元，报告期内，已完成投资 302.89 万元，占投资总额的 10.72%。该项目产生的经济效益，主要体现在技术进步和技术创新上，一是增强企业开发适销对路新产品的能力；二是通过新技术、新工艺的开发运用，实现高产低耗，进一步提高经济效益。

(10)项目 14：酒体设计及检测中心工程

项目总投资 4535 万元，报告期内，已完成投资 1,621.60 万元，占投资总额的 35.76%。该项目建成后，不仅能加快企业的技术进步，不断开发出适销对路的新产品，提高产品的质量稳定性和一致性，而且能为促进企业应用研究的发展，改变行业技术含量低的现状创造条件。

(11)项目 18：15－80 年茅台酒贮存技改工程

项目总投资为 5,442 万元，其中固定资产投资 2,877 万元，铺底流动资金 2,565 万元，报告期内，已完成固定资产投资 7.28 万元，占固定资产投资总额的 0.25%。该项目建成投产后，年增销售收入 8,642 万元，年增销售税金及附加 7,042 万元，年均利润 3,814 万元，投资利润率为 33.48%，投资利税率为 61.6%。报告期内该项目未产生收益。

(12)项目 21：上下酒库改扩建工程

项目总投资为 5,374 万元，其中固定资产投资 4,974 万元，铺底流动资金 400 万元，报告期内，已完成固定资产投资 3,132.68 万元，占固定资产投资总额的 62.98%。该项目是技改、扩建工程的配套工程，其效益体现在企业整体经济效益之中。

(13)项目 22：年份成品酒贮存工程

项目总投资为 5,828 万元，其中固定资产投资 2,228 万元，铺底流动资金 3,600 万元，报告期内，已完成固定资产投资 796.64 万元，占固定资产投资总额的 35.76%。该项目建成投产后，年增销售收入 4,825 万元，年均销售税金及附加 1,750 万元，投资利润率为 16.2%，投资利税率为 28.5%。报告期内该项目未产生收益。

(14)项目 23：原料仓库技改工程

项目总投资为 2,932 万元，报告期内，已完成投资总额 1,041.28 万元，占固定资产投资总额的 35.51%。该项目为技改工程的必不可少的配套工程，其效益体现在整个技改工程的效益中。

(15)项目 24：供热系统技改

项目总投资为 2,527 万元，报告期内，已完成投资总额 6.82 万元，占投资总额的 0.27%。该项目一方面能从根本上减少公司因停热或供热不足而造成的损失，另一方面它为公司进一步扩大生产规模提供保证，综合效益显著。

(16)项目 25：供水系统技改

项目总投资为2,986万元,报告期内,已完成投资总额1,067.47万元,占投资总额的35.75%。该项目的实施对保证公司生产经营的正常运行和提高产品质量有着十分重要的作用,整体效益可观。

(17)项目27:综合维修中心技改工程

项目总投资为2,502万元,其中固定资产投资2,202万元,铺底流动资金300万元,报告期内,已完成固定资产投资1,618.24万元,占固定资产投资总额的73.49%。该项目是公司对所有设备、设施、仪器、仪表等进行维修、保养、大、中、小修理所必不可少的技改工程,其效益体现在企业总体效益之中。

鉴于公司募集资金到位时间较晚,同时公司募集资金投资项目较多,公司尚有上表所列项目1、项目2、项目4、项目5、项目15、项目16、项目17、项目19、项目20、项目26尚未实施。公司将有计划地按照《招股说明书》承诺的投资项目逐步实施。

以上项目在2001年度共投入募集资金57,244.87万元。

3)尚未使用的募集资金去向:

由于募集资金项目到位较晚,尚有1,425,695,775元的募集资金存放于银行公司募集资金专户而未投入使用。公司将严格按照《招股说明书》承诺,在国家规定允许的范围内,在确保资金使用的前提下进行短期投资,为广大股东获得最大回报。

2、报告期内非募集资金投资情况

报告期内,公司没有非募集资金投资情况。

(六)公司财务状况

1、公司财务状况及增减变动的原因(单位:人民币元)

项目	2001年	2000年调整后	增幅	原因说明
总资产	3,463,388,734.98	1,268,856,244.90	172.95%	新股发行、利润增加
长期负债	0	0	0	
股东权益	2,530,915,664.80	442,420,732.97	472.06%	新股发行、利润增加
主营业务利润	1,012,623,342.76	717,913,306.39	41.05%	主营业务收入增加
净利润	328,290,723.14	249,558,877.77	31.55%	主营业务利润增加

2、天一会计师事务所有限责任公司出具了标准无保留意见的审计报告。

(七)宏观政策发生变化的影响

1、行业控制白酒产量政策的影响

由于白酒是一种较特殊的产品,国家现行的产业政策是“控制总量、调整结构、扶优限劣、降耗节粮”。随着国家行业控制白酒产量政策的实施、对名优白酒的支持力度加大、国家西部大开发战略的实施、市场对优质白酒需求量的日益增大,将进一步提高公司的市场竞争力,有利于保持和增强公司在行业中领先地位,给公司生产经营带来积极的影响。

2、加入WTO对公司的影响

贵州茅台酒系列产品属于蒸馏白酒,是有着悠久历史、独特工艺的中国传统产品,长期以来,深受国人的欢迎。它与酿造酒、配制酒在生产方式、口味等方面有着很大的区别,即便是世界上其它种类的蒸馏酒如白兰地、威士忌、兰姆酒、金酒及伏特加等也由于生产原料不同,口味差别非常大,难以符合中国人的口味和消费习惯而难以瓜分中国白酒市场。另外,由于中国人饮酒习俗具有民族特色,不会轻易改变,并且白酒具有消除疲劳、杀菌等其他酒种所没有的功效。因此,贵州茅台酒在国内拥有广泛而稳定的消费对象。

我国于2001年加入了WTO,这对于具有中国民族特色的贵州茅台酒系列产品带来既是挑战,更是新的发展机遇。公司将利用经济全球化、贸易自由化和降低关税壁垒所带来的市场机遇,充分发挥贵州茅台酒在国际上的品牌优势,增加现有产品的出口,针对性地开发出适合不同地域消费者的绿色天然饮品。此外,公司将加大吸引外贸人才的力度,在重点地区开设市场营销办事机构,建设好茅台酒进出口公司——国外代理商——零售商的全球营销网络。

(八)新年度的经营计划

2002年是公司发展的关键之年,也是公司利用募集资金全力投入技改项目、大力扩大生产经营规模的一年。公司将秉承以质求存、以人为本、继承创新的企业宗旨,加强管理创新、市场开发、人才培育和资本运营,充分发挥已有的品牌、质量管理、环境和技术优势,“做好酒的文章,走出酒的天地”,培育和提升企业的核心竞争力,增强企业整体实力,提升企业形象和品牌价值,使企业成为业绩优良、管理科学、运作规范的上市公司。

2002年公司计划生产茅台酒系列产品9600吨,销售茅台酒系列产品5700吨,计划实现销售收入19亿元。为此,公司将开展好以下几方面的工作:

1、进一步加快募集资金项目的投资建设进度,为公司持续发展战略奠定坚实的基础。

2、搞好产品经营,继续加大、加快市场建设。

(1)进一步调整和建设好营销网络,加快专卖店、配售中心和销售网络信息化的建设;要建好网络,特别是建好专卖店,对现有营销网络进行清理整顿;

(2)加强茅台酒系列产品的营销力度,加大的市场开拓力度,逐步扩大重点市场的份额,开辟新的重点市场,借中国加入WTO之机,加大扩张国际市场力度,积极拓展国际市场。

(3)加大产品的宣传力度,重点是加大对“国酒茅台喝出健康来”的宣传。

(4)加大扩张国际市场力度,积极拓展国际市场。

(5)进一步加大打假的力度。

3、坚持以人为本,强化内部管理:

(1)完善管理人员绩效评价和激励约束机制;

(2)推进人事制度改革,进一步推进工资制度的改革,加大人力资源开发力度;

(3)完善以资金管理为核心的财务管理体系。

4、进一步完善法人治理结构,努力提高公司规范运作水平。

5、加大技术创新投入力度,不断推出适合市场需要的新产品。

(九)本次利润分配预案

经天一会计师事务所有限责任公司审计确认,2001年度公司实现净利润328,290,723.14元。根据《公司章程》的有关规定,提取10%法定公积金66,784,724.00元;提取5%法定公益金33,392,362.00元。按照2000年度股东大会审议通过的有关决议,在2001年6月30日对公司2000年度实现的可供分配的利润即公司2001年度期初未分配利润105,552,620.23元向公司股票发行前股东进行了分配,因此,本次实际可供股东分配的利润为228,113,637.14元。

公司于2002年4月12日召开第一届董事会2002年度第二次会议,就公司2001年度利润分配预案决议如下:以2001年年末总股本25,000万股为基数,向全体股东每10股派发现金红利6元(含税),共计派发股利150,000,000元,剩余78,113,637.14元留待以后年度分配;以2001年末总股本25,000万股为基数,以资本公积金每10股转增1股向全体股东转增股本。

以上利润分配预案须经股东大会审议通过。

(十)拟订公司2002年度利润分配政策如下:

1、公司拟在2002年度结束后进行一次利润分配;

2、公司以前年度公司未分配利润加入到2002年度进行分配,分配比例不低于20%;

3、2002年度公司可供分配的净利润用于股利分配的比例不低于20%;

4、公司分配方式采取派发现金或送股或相结合的方式进行,其中,现金股利占股利分配的比例不低于40%;

5、2002年度暂不考虑资本公积金转增股本。

*说明:以上利润分配政策为预计方案,公司董事会保留根据公司发展和盈利情况对分配计划作出调整的权利。

(十一)其他报告事项

报告期内,公司选定信息披露报纸为《上海证券报》,未变更信息披露报纸。

八、监事会报告

(一)监事会会议召开情况

2001年度,公司监事会根据《公司法》、《公司章程》的有关规定,本着对全体股东负责的态度,认真履行了监事会的职能。报告期内,本公司监事会共召开了两次会议,有效地行使了对本公司重大决策的监督和保证职能。

1、第一届监事会2001年度第一次会议。

本次会议于2001年3月15日在公司办公楼九楼会议室召开。会议应到监事5名,实到监事5名。会议的召开符合《公司法》、《公司章程》的规定。会议作出如下决议:

一、审议通过了《股份公司监事会2000年度工作报告》。

因公司召开本次监事会会议时,尚未公开发行股票。该次会议的内容未在指定信息披露的报纸上进行披露,但会议主要决议的内容,已在公司的《招股说明书》及《上市公告书》中进行了披露。

2、第一届监事会2001年度第二次会议。

本次会议于2001年11月30日在公司办公楼九楼会议室召开,会议应到监事5名,实到监事4名,1名监事因病未出席本次会议。会议的召开符合《公司法》、《公司章程》的规定。会议作出如下决议:

经公司第一届董事会2001度第三次会议审议通过的关联交易的合同和协议的修改议案,监事会经过审查后,一致认为:

(1)关联交易属公司正常的生产活动,有利于公司今后的长远发展,有利于保护股东的利益,交易的定价公允、合理、遵循市场原则,没有损害其他股东及公司的利益。

(2)公司董事会对关联交易议案的表决程序符合《公司章程》和有关法规的规定。

本次会议决议公告刊登于2001年12月5日的《上海证券报》。

(二)根据中国证监会的有关要求,监事会对下列事项发表独立意见:

1、公司依法运作情况:

报告期内,公司完善了法人治理结构,认真履行了信息披露义务,提高了规范运作水平,建立了较为完善的内部控制制度,并根据财政部、证监会的有关要求,建立了资产减值准备计提管理制度,有效地防范了财务风险。

董事会按照股东大会决议要求,切实履行了各项决议,在决策过程中始终接受公司监事会的监督,其决策程序符合《公司法》、《公司章程》的有关规定;公司董事、总经理及其他高级管理人员在履行公司职务时未发现有违反法律、法规、《公司章程》或损害公司利益的行为。

2、检查公司财务的情况:

天一会计师事务所有限责任公司审计后出具的无保留意见的审计报告,真实、公允地反映了公司的财务状况和经营成果。

3、募集资金变更情况:

报告期内,公司募集资金的实际投入项目与《招股说明书》承诺的投入项目一致,未发生募集资金变更投资情况。

4、收购、出售资产情况:

1)报告期内,公司按照《招股说明书》承诺投资项目完成了收购集团公司老酒项目。

2)报告期内,未发生任何资产出售行为,也未发现内幕交易、损害股东权益和造成资产流失的情况。

5、关联交易情况:

集团公司为本公司控股股东,报告期内,公司与其及其控股子公司进行的交易行为构成了交联交易,鉴于交易定价公平合理,不存在损害公司及非关联方股东利益的情况。

(1)公司严格按照《招股说明书》承诺投资项目完成了收购集团公司1000吨老酒的项目。

(2)公司严格按照《房屋租赁协议》、《土地使用权租赁协议》、《老酒供应协议》、《综合服务协议》履行与集团公司在上述方面的关联交易,不存在损害公司利益的情况。

九、重要事项

(一)重大诉讼、仲裁事项

报告期内,公司无重大诉讼、仲裁事项。

(二)收购、出售资产及吸收合并情况:

1)报告期内,公司按照《招股说明书》承诺投资项目用募集资金18,419万元完成了收购集团公司1000吨老酒项目。

2)报告期内,未发生任何资产出售行为,也未发生内幕交易、损害股东权益和造成资产流失的情况。

3)报告期内,未发生吸收合并事项。

(三)重大关联交易事项:

1、报告期内,本公司关联交易情况:

报告期内,公司按照1999年与集团公司签订的有关协议,支付相关的费用:

1)《房屋租赁协议》。按照该协议的规定,2001年度公司支付集团公司房屋租赁费4,392,391.11元。

2)《土地使用权租赁协议》。按照该协议的规定,2001年度公司支付集团公司土地使用权租赁费2,060,000元。

3)《老酒供应协议》。按照该协议的规定,2001年度公司向集团公司购买约1500吨老酒,共计支付老酒购买费279,973,500元。

4)《综合服务协议》。按照该协议的规定,2001年度公司支付集团公司供电、运输、治污费用及后勤保障等费用估计为2,025,268元。

5)《商标许可使用协议》。按照该协议的规定,2001年度公司应支付集团公司商标使用费34,878,527.94元,报告期内已支付17,477,269.56元。

上述协议,本公司已在《招股说明书》中予以披露。《招股说明书》登载于2001年7月26日的《上海证券报》、《中国证券报》及《证券时报》。

2、公司第一届董事会2001年度第三次会议审议通过的《房屋租赁使用协议》、《土地使用权租赁协议》、《老酒供应协议》和《综合服务协议》等四个关联交易协议并经公司第一届董事会2002年度第一次会议审议通过的上述四个关联交易修改议案,经2002年2月25日召开的公司2001年度临时股东大会审议通过后,公司与集团公司重新签订了以下四个关联交易协议:

1)《房屋租赁协议》。按照该协议的规定,2002年度公司将支付集团公司房屋租赁费10,410,262.62元。

2)《土地使用权租赁协议》。按照该协议的规定,2002年度公司将支付集团公司土地使用权租赁费4,523,090元。

3)《老酒供应协议》。按照该协议的规定,2002年度公司将向集团公司购买约1200吨老酒,共计支付老酒购买费274,641,600元。

4)《综合服务协议》。按照该协议的规定,2002年度公司将支付集团公司供电、运输、治污费用及后勤保障等费用估计为1,350万元。

上述关联交易事项刊登于2001年12月5日、2002年2月8日的《上海证券报》(董事会公告)和2002年2月26日的《上海证券报》(2001年度临时股东大会公告)。除此以外,公司无其它重大关联交易事项。

(四)重大合同及其履行情况

1、报告期内,本公司无托管、承包、租赁其它公司资产或其它公司托管、承包、租赁本公司资产的事项,也未签订与之相关的合同。

2、报告期内,本公司无重大担保合同。

3、报告期内,公司未发生委托理财事项。

4、报告期内,公司各项业务合同履行情况正常,无重大合同纠纷发生。

(五)公司或持有公司股份5%以上的股东在报告期内对承诺事项的履行情况:

1)公司控股股东——集团公司作出不与本公司发生同业竞争的承诺。集团公司在作为本公司的第一大股东期间,不会从事与股份公司业务相关的经营活动。报告期内,集团公司及其关联企业未从事与本公司构成同业竞争的生产和经营活动。

2)公司控股股东－－集团公司作出了在本公司股票上市之日起 12 个月内,不转让其所持有的本公司的股份,也不由本公司回购该部分股份的承诺。报告期内,集团公司遵守了承诺,没有发生转让其所持有本公司股份的行为。

(六)聘任会计师事务所的情况

报告期内,公司续聘天一会计师事务所有限责任公司担任本公司财务审计工作。公司 2001 年度支付该会计师事务所的总报酬为 83 万元,其中中期报告审计费为 23 万元,年度审计费为 60 万元,公司不另行承担其差旅费等其它费用。

(七)报告期内,公司、公司董事会及董事没有发生受到中国证监会稽查、行政处罚、通报批评及上海证券交易所公开谴责的情形。

(八)其他重大事项

1)经中国证监会核准,公司于 2001 年 7 月 31 日在上海证券交易所公开发行 7,150 万股人民币普通股股票。经上海证券交易所批准,公司股票于 2001 年 8 月 27 日在上海证券交易所挂牌交易。2001 年 8 月 20 日,按照股东大会授权,公司董事会向贵州省工商行政管理局办理了公司登记变更手续,注册资本变更为人民币 25,000 万元。

2)报告期内,公司荣获国家质量监督检验检疫总局颁布的"国家原产地域保护产品"称号,成为国内首家受此保护的白酒类产品。

3)报告期内,公司成为国内同行业中唯一获得由中国国家环境保护总局有机食品发展研究中心颁发的有机加工者证书的企业。

4)报告期内,公司通过了由中国环境科学研究院环境管理体系认证中心组织的 ISO14000 认证。

十、财务报告

(一) 审计报告

天一会计师事务所有限责任公司为本公司出具了标准无保留意见的审计报告。

(二)会计报表

合并资产负债表(资产方)(见附表)

合并资产负债表(负债及所有者权益方)(见附表)

合并利润及利润分配表(见附表)

合并现金流量表(见附表)

资产负债表(资产方)(见附表)

资产负债表(负债及所有者权益方)(见附表)

利润及利润分配表(见附表)

现金流量表(见附表)

会计报表附注(摘要)

一、公司主要会计政策、会计估计和合并会计报表的编制方法:

1、执行的会计制度:根据财政部财会字[2000]25 号文要求执行《企业会计制度》、《企业会计准则》及其补充规定。

2、合并会计报表的编制方法:合并范围的确定是按照财政部财会字[1995]11 号《关于印发〈合并会计报表暂行规定〉的通知》、《企业会计制度》及其他相关规定编制。

3、会计政策变更及会计差错:

根据财政部财会字[2000]25 号文《关于印发〈企业会计制度〉的通知》、财政部财会字[2001]17 号文《关于印发贯彻实施〈企业会计制度〉有关政策衔接问题的规定的通知》和《实施〈企业会计制度〉及其相关准则问题解答》等文件的精神,公司从 2001 年 1 月 1 日起执行《企业会计制度》、《企业会计准则》及其补充规定,并按规定作如下调整:

(1)已于 2001 年 6 月将未摊的开办费余额转入当期损益,影响本年利润总额 589,826.30 元;

(2)2001 按《企业会计制度》的要求计提了存货跌价准备 3,244,231.97 元(其中:1,940,247.14 元属生产不再需用存货,全额冲减存货价值)、固定资产减值准备 2,391,337.78 元,分别占 2001 年度存货余额、固定资产净值的 0.41%、0.57%、减少年度利润总额、净利润 5,615,569.75 元,占年度利润总额的 0.92%、净润的 1.71%,因对 2001 年度利润总额与净利润影响较小,故未作追溯调整。

(3)根据仁怀市地方税务局汇算清缴仁地税[2001]政结字 20 号调整 2000 年度应补缴营业税、所得税、城市维护建设税、教育费附加共计 1,544,702.86 元,其中:营业税 1,078,085.86 元,所得税 358,808.41 元、城市维护建设税 75,466.01 元、教育费附加 32,342.58 元,多计提盈余公积 231,705.43 元。影响 2000 年度净利润 1,544,702.86 元,影响 2000 年度未分配利润 1,312,997.43 元。

十一、备查文件目录

(一)载有董事长亲笔签名的年度报告正文。

(二)载有公司法定代表人、财务负责人、会计主管人员亲笔签字并盖章的会计报表。

(三)载有会计师事务所盖章、注册会计师亲笔签字并盖章的审计报告正本。

(四)报告期内,在《上海证券报》披露的文件正本及公告原件。

以上文件,均完备备置于公司董事会秘书办公室。

贵州茅台酒股份有限公司

2002 年 4 月 17 日

合并利润及利润分配表

2001 年度

编制单位:贵州茅台酒股份有限公司　　单位:人民币元

项　目	行数	附注	2001 年	2000 年调整后
一、主营业务收入	1	24	1,618,046,660.31	1,114,000,813.26
减:主营业务成本	4	24	287,538,468.11	196,863,443.99
主营业务税金及附加	5	25	317,884,849.44	199,224,062.88
二、主营业务利润(亏损以"－"号填列)	10		1,012,623,342.76	717,913,306.39
加:其它业务利润(亏损以"－"号填列)	11	26	1,155,748.66	－981,258.35
减:营业费用	13	27	228,319,500.78	134,826,000.83
管理费用	14	28	181,060,278.22	129,669,631.27
财务费用	15	29	－5,742,353.49	6,680,065.67
三、营业利润(亏损以"－"号填列)			610,141,665.91	445,756,350.27
加:投资收益(损失以"－"号填列)	19			
补贴收入	22		68,667.00	31,789.00
营业外收入	23		72,208.04	17,635.96
减:营业外支出	25		3,004,334.70	960,375.10
四、利润总额(亏损总额以"－"号填列)	27		607,278,206.25	444,845,400.13
减:所得税	28	30	264,912,397.48	189,560,588.75
少数股东收益			14,075,085.63	5,725,933.61
五、净利润(净亏损以"－"号填列)	30		328,290,723.14	249,558,877.77
加:年初未分配利润	2		105,552,620.23	5,763,120.42
其他转入	4			
六、可供分配的利润	8		433,843,343.37	255,321,998.19
减:提取法定盈余公积	9		100,177,086.00	57,269,377.96
提取法定公益金	10			
提取职工奖励及福利基金	11			
提取储备基金	12			
提取企业发展基金	13			
利润归还投资	14			
七、可供股东分配的利润	16		333,666,257.37	198,052,620.23
减:应付优先股股利	17			
提取任意盈余公积	18			
应付普通股股利	19		255,552,620.23	92,500,000.00
转作股本的普通股股利	20			
八、未分配利润	25		78,113,637.14	105,552,620.23

利润及利润分配表

2001 年度

编制单位:贵州茅台酒股份有限公司　　单位:人民币元

项　目	行数	附注	2001 年	2000 年调整后
一、主营业务收入	1	4	1,073,052,808.35	718,016,311.15
减:主营业务成本	4	4	329,214,556.75	203,355,638.66
主营业务税金及附加	5	5	308,946,278.33	191,157,200.49
二、主营业务利润(亏损以"－"号填列)	10		434,891,973.27	323,503,472.00
加:其它业务利润(亏损以"－"号填列)	11		1,155,748.66	－981,258.35
减:营业费用	13	6	4,500,226.49	48,430,334.62
管理费用	14	7	173,069,579.37	124,327,689.04
财务费用	15	8	－2,385,689.75	8,118,091.03
三、营业利润(亏损以"－"号填列)			260,863,605.82	141,646,098.96
加:投资收益(损失以"－"号填列)	19		251,082,803.16	194,880,518.20
补贴收入	22			
营业外收入	23		71,630.64	17,635.96
减:营业外支出	25		2,994,334.70	859,575.10
四、利润总额(亏损总额以"－"号填列)	27		509,023,704.92	335,684,678.02
减:所得税	28		89,780,464.50	64,075,425.42
少数股东收益				
五、净利润(净亏损以"－"号填列)	30		419,243,240.42	271,609,252.60
加:年初未分配利润	2		150,626,309.39	12,258,494.67
其他转入	4			
六、可供分配的利润	8		569,869,549.81	283,867,747.27
减:提取法定盈余公积	9		62,886,486.06	40,741,437.88
提取法定公益金	10			
提取职工奖励及福利基金	11			
提取储备基金	12			
提取企业发展基金	13			
利润归还投资	14			
七、可供股东分配的利润	16		506,983,063.75	243,126,309.39
减:应付优先股股利	17			
提取任意盈余公积	18			
应付普通股股利	19		255,552,620.23	92,500,000.00
转作股本的普通股股利	20			
八、未分配利润	25		251,430,443.52	150,626,309.39

合并资产负债表

2001年12月31日

编制单位:贵州茅台酒股份有限公司　　单位:人民币元

资产	行次	附注	年初数	期末数
流动资产:				
货币资金	1	1	460,983,583.46	1,956,436,570.10
短期投资	2			
应收票据	3	2	2,500,000.00	11,740,000.00
应收股利	4			
应收利息	5			
应收账款	6	3	47,884,805.68	46,700,450.37
其它应收款	7	4	9,792,294.12	33,320,706.81
预付账款	8	5	15,247,081.70	3,011,768.40
应收补贴款	9	6	1,807,921.64	8,996,282.41
存货	10	7	512,332,818.61	786,368,826.81
待摊费用	11	8	19,421,406.15	23,350,685.80
一年内到期的长期债权投资	21			
其他流动资产	24			
流动资产合计	31		1,069,969,911.36	2,869,925,290.70
长期投资:				
长期股权投资	32			
长期债权投资	34			
长期投资合计	38			
固定资产				
固定资产原价	39	9	246,125,655.82	493,903,281.89
减:累计折价	40	9	65,805,266.73	77,272,048.38
固定资产净值	41		180,320,389.09	416,631,233.51
减:固定资产减值准备	42			2,391,337.78
固定资产净额	43		180,320,389.09	414,239,895.73
工程物资	44			
在建工程	45	10	5,776,136.63	162,048,784.65
固定资产清理	46		449,993.46	
固定资产合计	50		186,546,519.18	576,288,680.38
无形资产及其它资产:				
无形资产	51	11	765,000.00	594,999.96
长期待摊费用	52	13	11,574,814.36	16,579,763.94
其它长期资产	53			
无形资产及其它资产合计	60		12,339,814.36	17,174,763.90
递延税款:				
递延税款借项	61			
资产总计	67		1,268,856,244.90	3,463,388,734.98
负债和股东权益	行次	附注	年初数	期末数
流动负债:				
短期借款	68		129,000,000.00	
应付票据	69			
应付账款	70	14	29,849,878.67	10,084,988.04
预收账款	71	15	385,340,199.56	306,147,007.77
应付工资	72	16		10,173,700.00
应付福利费	73		6,706,990.10	9,649,359.32
应付股利	74	17	5,617,043.56	165,107,825.70
应交税金	75	18	163,768,961.56	237,655,974.44
其它应交款	80		-795,473.36	10,012,484.74
其它应付款	81	19	105,580,857.90	176,692,131.93
预提费用	82		8,163.87	233,559.23
预计负债	83			
一年内到期的长期负债	86			
其它流动负债	90			
流动负债合计	100		825,076,621.86	925,757,031.17
长期负债:	101			
长期借款	102			
应付债券	103			
长期应付款	106			
住房周转金	108			
其它长期负债	110			
长期负债合计				
递延税项:	111			
递延税款贷项	113			
负债合计			825,076,621.86	925,757,031.17
股东权益:				
股本	115	20	185,000,000.00	250,000,000.00
减:已归还投资	116			
股本净额	117		185,000,000.00	250,000,000.00
资本公积	118	21	88,432,681.62	2,039,189,510.54
盈余公积	119	22	63,435,431.12	163,612,517.12
其中:法定公益金	120		21,145,143.71	54,537,505.71
未分配利润	121	23	105,552,620.23	78,113,637.14
股东权益合计	122		442,420,732.97	2,530,915,664.80
负债和股东权益总计	135		1,268,856,244.90	3,463,388,734.98

资产负债表

2001年12月31日

编制单位:贵州茅台酒股份有限公司　　单位:人民币元

资产	行次	附注	年初数	期末数
流动资产:				
货币资金	1	1	2,672,145.80	1,555,210,794.62
短期投资	2			
应收票据	3			
应收股利	4		28,449,028.88	114,405,493.35
应收利息	5			
应收账款	6		3,515,643.06	3,662,360.84
其它应收款	7		4,416,367.64	4,798,468.08
预付账款	8		15,247,081.70	1,669,539.10
应收补贴款	9			
存货	10		502,919,828.89	729,454,444.21
待摊费用	11			
一年内到期的长期债权投资	21			
其他流动资产	24			
流动资产合计	31		557,220,095.97	2,409,201,100.20
长期投资:				
长期股权投资	32		36,319,796.88	71,018,738.75
长期债权投资	34			
长期投资合计	38		36,319,796.88	71,018,738.75
固定资产:				
固定资产原价	39	2	245,033,616.44	492,652,813.51
减:累计折价	40	2	65,562,487.18	76,880,494.25
固定资产净值	41		179,471,129.26	415,772,319.26
减:固定资产减值准备	42			2,391,337.78
固定资产净额	43		179,471,129.26	413,380,981.48
工程物资	44			
在建工程	45		5,776,136.63	162,048,784.65
固定资产清理	46		449,993.46	
固定资产合计	50		185,697,259.35	575,429,766.13
无形资产及其它资产:				
无形资产	51		765,000.00	594,999.96
长期待摊费用	52		11,574,814.36	13,471,763.94
其它长期资产	53			
无形资产及其它资产合计	60		12,339,814.36	14,066,763.90
递延税款:				
递延税款借项	61			
资产总计	67		791,576,966.56	3,069,716,368.98
负债和股东权益	行次	附注	年初数	期末数
流动负债:				
短期借款	68		129,000,000.00	
应付票据	69			
应付账款	70		29,410,796.29	9,513,165.06
预收账款	71		30,208,272.88	722,352.22
应付工资	72			10,173,700.00
应付福利费	73		6,633,265.19	9,487,940.69
应付股利	74		750,000.00	153,989,889.02
应交税金	75	3	54,831,268.08	118,114,241.41
其它应交款	80		-854,446.94	9,662,698.23
其它应付款	81		74,456,056.58	111,463,178.76
预提费用	82			
预计负债	83			
一年内到期的长期负债	86			
其它流动负债	90			
流动负债合计	100		324,435,212.08	423,127,165.39
长期负债:	101			
长期借款	102			
应付债券	103			
长期应付款	106			
住房周转金	108			
其它长期负债	110			
长期负债合计				
递延税项:	111			
递延税款贷项	114			
负债合计			324,435,212.08	423,127,165.39
股东权益:				
股本	115		185,000,000.00	250,000,000.00
减:已归还投资	116			
股本净额	117		185,000,000.00	250,000,000.00
资本公积	118		88,432,681.62	2,039,189,510.54
盈余公积	119		43,082,763.47	105,969,249.53
其中:法定公益金	120		14,360,921.16	35,323,083.18
未分配利润	121		150,626,309.39	251,430,443.52
股东权益合计	122		467,141,754.48	2,646,589,203.59
负债和股东权益总计	135		791,576,966.56	3,069,716,368.98

合并现金流量表

2001 年度

编制单位：贵州茅台酒股份有限公司　　单位：人民币元

项　目	行次	金额
一、经营活动产生的现金流量：		
销售商品、提供劳务收到的现金	1	1,800,399,443.09
收到的税费返还	3	1,846,053.69
收到的其他与经营活动有关的现金	8	44,381,149.12
现金流入小计	9	1,846,626,645.90
购买商品、接受劳务支付的现金	10	594,708,128.39
支付给职工以及为职工支付的现金	12	93,314,750.84
支付的各项税费	13	702,151,217.79
支付的其他与经营活动有关的现金	18	414,169,511.53
现金流出小计	20	1,804,343,608.55
经营活动产生的现金流量净额	21	42,283,037.35
二、投资活动产生的现金流量：		
收回投资所收到的现金	22	
取得投资收益所收到的现金	23	
处置固定资产、无形资产和其他长期资产所收回的现金净额	25	
收到的其他投资活动有关的现金	28	
现金流入小计	29	
购建固定资产、无形资产和其他长期资产所支付的现金	30	331,691,548.18
投资所支付的现金	31	
支付的其他与投资活动有关的现金	35	
现金流出小计	36	331,691,548.18
投资活动产生的现金流量净额	37	-331,691,548.18
三、筹资活动产生的现金流量：		
吸收投资所收到的现金	38	2,016,922,206.52
借款所收到的现金	40	
收到的其他与筹资活动有关的现金	43	
现金流入小计	44	2,016,922,206.52
偿还债务所支付的现金	45	129,000,000.00
分配股利、利润或偿付利息所支付的现金	46	103,060,709.05
支付的其他与筹资活动有关的现金	52	
现金流出小计	53	232,060,709.05
筹资活动产生的现金流量净额	54	1,784,861,497.47
四、汇率变动对现金的影响	55	
五、现金及现金等价物净增加额	56	1,495,452,986.64
补充资料	行次	金额
1、将净利润调节为经营活动的现金流量：		
净利润	57	328,290,723.14
加：计提的资产减值准备	58	6,692,428.52
固定资产折旧	59	11,587,498.19
无形资产摊销	60	676,000.04
长期待摊费用摊销		2,083,990.00
待摊费用减少(减：增加)		-3,929,579.65
预提费用增加(减：减少)		
处置固定资产、无形资产和其他长期资产损失(减：收益)	66	
固定资产报废损失	67	602,996.92
财务费用	68	-5,661,113.76
投资损失(减：收益)	69	
递延税款贷项(减：借项)	70	
存货的减少(减：增加)	71	-274,782,350.81
经营性应收项目的减少(减：增加)	72	-57,514,907.57
经营性应付项目的增加(减：减少)	73	20,581,850.37
其他	74	13,655,501.96
经营活动产生的现金流量净额	75	42,283,037.35
2、不涉及现金收支的投资和筹资活动		
债务转为资本	76	
一年内到期的可转换公司债券	77	
融资租入固定资产	78	
3、现金及现金等价物净增加情况		
现金的期末余额	79	1,956,436,570.10
减：现金的期初余额	80	460,983,583.46
加：现金等价物的期末余额	81	
减：现金等价物的期初余额	82	
现金及现金等价物增加额	83	1,495,452,986.64

现　金　流　量　表

2001 年度

编制单位：贵州茅台酒股份有限公司　　单位：人民币元

项　目	行次	金额
一、经营活动产生的现金流量：		
销售商品、提供劳务收到的现金	1	1,238,827,997.80
收到的税费返还	3	
收到的其他与经营活动有关的现金	8	66,126.04
现金流入小计	9	1,238,894,123.84
购买商品、接受劳务支付的现金	10	581,792,255.93
支付给职工以及为职工支付的现金	12	92,012,354.91
支付的各项税费	13	437,197,980.25
支付的其他与经营活动有关的现金	18	159,764,337.63
现金流出小计	20	1,270,766,928.72
经营活动产生的现金流量净额	21	-31,872,804.88
二、投资活动产生的现金流量：		
收回投资所收到的现金	22	
取得投资收益所收到的现金	23	130,427,396.82
处置固定资产、无形资产和其他长期资产所收回的现金净额	25	
收到的其他投资活动有关的现金	28	
现金流入小计	29	130,427,396.82
购建固定资产、无形资产和其他长期资产所支付的现金	30	331,611,108.18
投资所支付的现金	31	
支付的其他与投资活动有关的现金	35	
现金流出小计	36	331,611,108.18
投资活动产生的现金流量净额	37	-201,183,711.36
三、筹资活动产生的现金流量：		
吸收投资所收到的现金	38	2,014,522,206.52
借款所收到的现金	40	
收到的其他与筹资活动有关的现金	43	
现金流入小计	44	2,014,522,206.52
偿还债务所支付的现金	45	129,000,000.00
分配股利、利润或偿付利息所支付的现金	46	99,927,041.46
支付的其他与筹资活动有关的现金	52	
现金流出小计	53	228,927,041.46
筹资活动产生的现金流量净额	54	1,785,595,165.06
四、汇率变动对现金的影响	55	
五、现金及现金等价物净增加额	56	1,552,538,648.82
补充资料	行次	金额
1、将净利润调节为经营活动的现金流量：		
净利润	57	419,243,240.42
加：计提的资产减值准备	58	5,602,174.86
固定资产折旧	59	11,438,723.61
无形资产摊销	60	676,000.04
长期待摊费用摊销		1,431,990.00
待摊费用减少(减：增加)		
预提费用增加(减：减少)		
处置固定资产、无形资产和其他长期资产损失(减：收益)	66	
固定资产报废损失	67	602,996.92
财务费用	68	-2,385,689.75
投资损失(减：收益)	69	-251,082,803.16
递延税款贷项(减：借项)	70	
存货的减少(减：增加)	71	-226,546,056.71
经营性应收项目的减少(减：增加)	72	-69,670,452.61
经营性应付项目的增加(减：减少)	73	79,236,656.17
其他	74	-419,583.67
经营活动产生的现金流量净额	75	-31,872,803.88
2、不涉及现金收支的投资和筹资活动		
债务转为资本	76	
一年内到期的可转换公司债券	77	
融资租入固定资产	78	
3、现金及现金等价物净增加情况		
现金的期末余额	79	1,555,210,794.62
减：现金的期初余额	80	2,672,145.80
加：现金等价物的期末余额	81	
减：现金等价物的期初余额	82	
现金及现金等价物增加额	83	1,552,538,648.82

600520 铜陵三佳模具股份有限公司

2001年年度报告摘选

第一章 公司基本情况简介

(一)公司法定中文名称:铜陵三佳模具股份有限公司
公司法定英文名称:TONGLIN SANJIA MOULD CO,LTD
(二)法定代表人:黄明玖
(三)董事会秘书:谢乐平
联系地址:安徽省铜陵市石城路电子工业区三佳模具董事会秘书处
联系电话:0562—2826160 2836013
传真:0562—2828201
电子信箱:xieleping @china.com
(四)公司注册地址:安徽省铜陵市石城路电子工业区
公司办公地址:安徽省铜陵市石城路电子工业区
邮政编码:244000
公司国际互联网网址:http://WWW.sanjia.net
电子信箱: sanjia @ sanjia.net
(五)公司选定的信息披露报刊:《上海证券报》
登载年度报告的国际互联网网址:http://www.sse.com.cn
年度报告备置地点:公司董事会秘书处
(六)股票上市交易所:上海证券交易所
股票简称:三佳模具
股票代码:600520

第二章 财务数据和业务数据摘要

1.本年度主要利润指标(单位:元)

项目	金额
利润总额	31,985,997.11
净利润	21,270,414.90
扣除非经常性损益后的净利润*	21,243,701.03
主营业务利润	40,435,685.72
其他业务利润	604,116.57
营业利润	27,085,612.35
投资收益	
补贴收入	4,860,513.31
营业外收支净额	39,871.45
经营活动产生的现金流量净额	6,151,459.18
现金及现金等价物净增减额	136,928,655.35

注:扣除非经常性损益项目和涉及金额:
(1)财产保险赔款 37,000.00 元,
(2)处置固定资产净损失 2,871.45 元,
(3)非经常性损益项目所得税影响数 -13,157.58 元。

2、公司近三年主要会计数据及财务指标

财务指标	单位	2001年度	2000年度	1999年度
主营业务收入	元	82860000.55	65533262.35	48092795.95
净利润	元	21270414.90	16554826.38	9196029.92
总资产	元	299624293.89	102826820.37	89019349.02
股东权益(不含少数股东权益)	元	221775473.25	39747558.35	44819223.62
全面摊薄每股收益	元/股	0.34	0.44	0.27
加权平均每股收益	元/股	0.56	0.44	0.27
扣除非经常性损益的每股收益	元/股	0.34	0.37	0.27
每股净资产	元/股	3.53	1.05	1.32
每股经营活动产生的现金流量净额	元/股	0.10	0.41	0.59
全面摊薄净资产收益率	%	9.59	41.65	20.52
加权平均净资产收益率	%	42.22	36.71	22.86
扣除非经常性损益的加权平均净资产收益率	%	42.16	31.93	22.86

注:本公司于2001年12月19日在上海证券交易所发行人民币普通股2500万元,募集资金于2001年12月25日入帐。

第三章 股本变动及股东情况

1、公司股本变动情况
(1)公司股份变动情况表

股份变动情况表

单位:股

	本次变动前	本次变动增减(+、-)						本次变动后
		配股	送股	公积金转股	发行	其它	小计	
(一)未上市流通股份								
(1)发起人股份	37800000							37800000
其中:国家持有股份	34100000							34100000
境内法人持有股份	3700000							3700000
境外法人持有股份								
其他								
(2)募集法人股								
(3)内部职工股								
(4)优先股或其他								
其中:转配股								
(5)向战略投资者配售股份								
未上市流通股份合计	37800000							37800000
(二)已上市流通股份								
(1)人民币普通股						25000000	25000000	25000000
(2)境内上市的外资股								
(3)境外上市的外资股								
(4)其它								
已上市流通股份合计						25000000	25000000	25000000
(三)股份总数	37800000					25000000	25000000	62800000

600523 贵州贵航汽车零部件股份有限公司

2001年年度报告摘选

第一节 公司基本情况简介

1、公司中文名称:贵州贵航汽车零部件股份有限公司
公司英文名称:GUIZHOU GUIHANG AUTOMOTIVE COMPONENTS CO.,LTD
2、公司注册地址:贵阳国家高新技术产业开发区火炬大道1号
公司办公地址:贵州省贵阳市新华路9号乌江大厦14层 邮政编码:550002
3、公司法定代表人:张文儒
4、公司董事会秘书:朱华斌
公司证券事务代表:陈娅萍
联系地址:贵州省贵阳市新华路9号乌江大厦14层
电 话:0851-5815780 传 真:0851-5870544
电子信箱:ghql@public.gz.cn
5、公司选定的信息披露报纸:《上海证券报》、《证券时报》
中国证监会指定国际互联网网址:http://www.sse.com.cn
公司年度报告备置地点:公司证券部
6、公司股票上市交易所:上海证券交易所
股票简称:贵航股份 股票代码:600523

第二节 会计数据和业务数据摘要

一、公司本年度会计数据 单位:人民币元

指标	数额	备注
利润总额	25,009,269.55	
净利润	19,103,223.52	
扣除非经常性损益后的净利润	20,254,882.10	
主营业务利润	108,742,847.67	
其他业务利润	5,335,794.61	
营业利润	27,793,012.05	
投资收益	-988,451.87	
补贴收入	--	
营业外收支净额	-1,795,290.63	
经营活动产生的现金流量净额	29,759,025.51	
现金及现金等价物净增加额	275,598,049.00	

二、公司主要会计数据和财务指标 单位:元

项目	2001年	2000年	
		调整前	调整后
主营业务收入	354,509,142.53	384,690,470.99	384,690,470.99
净利润	19,103,223.52	37,219,413.65	37,219,413.65
总资产	1,108,827,022.25	807,790,574.79	807,790,574.79
股东权益	570,982,099.84	226,341,895.44	225,737,619.16
每股收益(摊薄)	0.09	0.25	0.25
每股收益(加权)	0.13	0.25	0.25
扣除非经常性损益后的每股收益(摊薄)	0.09	0.24	0.18
扣除非经常性损益后的每股收益(加权)	0.14	0.24	0.18
每股净资产	2.60	1.51	1.51
调整后的每股净资产	2.49	1.39	1.39
每股经营活动产生的现金流量净额	0.14	0.40	0.40
净资产收益率(%)(摊薄)	3.34%	16.35%	16.49%
净资产收益率(%)(加权)	8.08%	16.19%	16.27%
扣除非经常性损益后净资产收益率(%)(摊薄)	3.63%	15.77%	12.21%
扣除非经常性损益后净资产收益率(%)(加权)	8.78%	15.60%	12.04%

三、利润表附表

利 润	净资产收益率(%)		每股收益(元)	
	全面摊薄	加权平均	全面摊薄	加权平均
2001年				
主营业务利润	19.03%	46.02%	0.49	0.72
营业利润	4.86%	11.76%	0.13	0.19
净利润	3.34%	8.08%	0.09	0.13
扣除非经常性损益后净利润	3.63%	8.78%	0.09	0.14
2000年				
主营业务利润	54.91%	54.17%	0.83	0.83
营业利润	20.64%	20.36%	0.31	0.31
净利润	16.49%	16.27%	0.25	0.25
扣除非经常性损益后净利润	12.21%	12.04%	0.18	0.18

第三节 股本变动及股东情况

1、股份变动情况表(截止2001年12月31日) 单位:万股

	本次变动前	本期变动增减(+,-)						本次变动后
		配股	送股	公积金转股	发行	其他	小计	
一、未上市流通股份								
1、发起人股份	15000.00							15000.00
其中:								
国家持有股份	2157.31							2157.31
境内法人持有股份	12842.69							12842.69
境外法人持有股份								
其他								
2、募集法人股份								
3、内部职工股								
4、优先股或其他	15000.00							15000.00
未上市流通股份合计					7000.00			7000.00
二、已上市流通股份								
1、人民币普通股								
2、境内上市的外资股								
3、境外上市的外资股					7000.00			7000.00
4、其他								
已上市流通股份合计								
三、股份总计	15000.00				7000.00			22000.00

600529 山东省药用玻璃股份有限公司

首次公开发行股票招股说明书摘要

一、释义

在本招股说明书中，除非另有说明，下列简称有如下含义：

本公司、公司、发行人、药玻公司：	指	山东省药用玻璃股份有限公司
沂源县公资委	指	沂源县公有资产管理委员会
沂河公司：	指	本公司控股75%的淄博沂河药用玻璃有限公司
康林公司：	指	本公司控股51%的沂源县康林实业有限公司
社会公众股：	指	本次公开发行每股面值人民币1.00元的普通股票
主承销商：	指	平安证券有限责任公司
三会一层：	指	股东大会、董事会、监事会及经理层
近三年	指	1999、2000及2001年
元：	指	人民币元
《公司章程》：	指	山东省药用玻璃股份有限公司章程
中国证监会：	指	中国证券监督管理委员会
行列式制瓶机：	指	目前国际上普遍采用的玻璃瓶制造设备
伺服技术：	指	利用数字信号控制机械各机构的运行
小口压吹技术：	指	小口玻璃瓶成型过程采用的先进技术
轻量薄壁：	指	玻璃瓶重量轻、瓶壁薄且不影响产品性能
高白料：	指	优选原料并改进料方设计，使玻璃瓶无色透明
模抗瓶、模制抗生素瓶、模制瓶：	指	模制药用玻璃瓶，是以玻璃液为原料，用模具通过吹制成型的用于盛装药品的玻璃瓶
管制瓶：	指	管制药用玻璃瓶，是用玻璃管通过烧切等工艺制成的玻璃瓶
棕色瓶：	指	棕色药用玻璃瓶，瓶身颜色为棕色，具有良好避光性能的玻璃瓶
曲颈易折安瓿：	指	用于盛装水针药品、瓶颈易于折断的玻璃瓶
丁基胶塞：	指	以丁基橡胶为原料，用于瓶装药物的封口包装
抗生素：	指	也称抗菌素，是从某些微生物的代谢产物中提取或用化学方法合成而得。一般用很低的浓度，就可对许多细菌、霉菌等起抑制生长甚至杀灭的作用
药包材：	指	药品包装用材料、容器
Ⅰ类药包材	指	直接接触药品且直接使用的药品包装用材料、容器
Ⅱ类药包材	指	直接接触药品，但便于清洗，经清洗后需要并可以消毒灭菌的药品包装用材料、容器
Ⅲ类药包材	指	Ⅰ、Ⅱ类以外其它可能直接影响药品质量的药品包装用材料、容器

二、本次发行概况

(一)本次发行的基本情况

1、股票种类：人民币普通股(A股)

每股面值：人民币1.00元

本次公开发行数量：3,200万股，占发行后股本总额的38.83%

发行后股本总额：8,240.7448万股

2、发行价格：11.25－12.18元/股

3、发行市盈率：14.61－15.82倍(按2001年每股收益计算)

4、发行前每股净资产：4.27元

发行后每股净资产：6.84－7.19元(扣除发行费用)

5、发行方式：网上累计投标询价

6、发行对象：中华人民共和国公民、法人及其他组织(国家法律、法规禁止购买者除外)。

7、承销方式：承销团余额包销

8、本次发行总市值36,000－38,976万元，预计实收募股资金34,781.50－37,681.61万元人民币。

(二)本次发售新股的当事人

1、发 行 人：山东省药用玻璃股份有限公司

法定代表人：柴文

注册地址：山东省淄博市沂源县二郎山路8号

联系电话：0533－3242312

传　　真：0533－3243376

联 系 人：周仕勇、徐德文

2、主承销商：平安证券有限责任公司

法定代表人：杨秀丽

注册地址：广东省深圳市八卦三路平安大厦

联系电话：0755－2262888－3628

传　　真：0755－2434614

联 系 人：徐波、林辉、崔岭、曾年生

3、副主承销商：中关村证券股份有限公司

4、分　销　商：福建省闽发证券有限公司

广东证券股份有限公司

5、上市推荐人：平安证券有限责任公司

6、发行人法律顾问：中银律师事务所

法定代表人：唐金龙

地　　址：北京西城区金融大街22号平安大厦609室

电　　话：010－66210709

传　　真：010－66213817

经办律师：唐金龙、彭山涛

7、财务审计机构：山东乾聚有限责任会计师事务所

法定代表人：刘天聚

地　　址：山东省烟台市胜利路201号

电　　话：0535－6627749

传　　真：0535－6224381

经办注册会计师：朱清滨、刘光玺

8、主承销商律师：安徽承义律师事务所

负　责　人：汪利民

地　　址：安徽省合肥市阜南西路166号润安大厦6层

电　　话：0551－2834118

经办律师：鲍金桥、汪利民

(三)本次发行的预期重要时间表

1、发行公告刊登日期：2002年5月15日

2、预计发行日期：2002年5月17日

3、申购期：2002年5月17日

4、资金冻结日期：2002年5月18日—5月22日

5、预计上市日期：2002年6月3日

三、主要风险因素及对策

投资于本公司的股票会涉及一系列风险。在购买本公司股票前，敬请投资者将下列风险因素相关资料连同本招股书中其他资料一并考虑。

除本招股说明书提供的其它资料外，应特别认真地考虑下述各项风险因素。根据重要性原则或可能影响投资决策的程度大小排序，本公司的风险如下：

(一)国内市场占有率的限制

根据1998－2000年全国原料药及中间体会议的统计数字计算，本公司主导产品模制药用玻璃瓶(以下简称模制瓶)1998－2000年销售量分别占全国市场份额的51.95%、60.08%、70.61%，市场占有率进一步提高的空间有限，本公司需培育新的利润增长点。

本公司近三年增加了棕色药用玻璃瓶(以下简称棕色瓶)和输液瓶两个新产品，产量和销量呈逐步增长趋势。另外，对管制药用玻璃瓶(以下简称管制瓶)生产线进行技术改造，提高其成品率，使管制瓶占本公司主营业务收入比例由1998年的4.06%提高到2001年的6.30%。本公司拟用募股资金投资生物制剂瓶、丁基胶塞、药用塑料瓶等项目，这些项目的投产将成为本公司新的利润增长点。

本公司产品出口占销售收入的比例不足1%，本公司将加大海外市场营销力度，努力扩大产品在海外的知名度和市场占有率。

(二)产品转型的市场风险

本次募集资金拟投资丁基胶塞、铝塑组合盖、药用塑料瓶、轻量薄壁模制瓶、高档生物制剂瓶及高档棕色药用玻璃瓶等项目的市场风险如下：

1、丁基胶塞

根据国家药品监督管理局国药管注(2000)462号文的规定，从2001年7月1日起，逐年分步淘汰天然胶塞，在2004年底一律停止使用天然胶塞，丁基胶塞作为天然胶塞的替代产品，被列入《当前国家重点鼓励发展的产业、产品和技术目录》，届时的市场容量约为200多亿只，目前国内年生产能力为30亿只，市场存在较大的缺口。本公司拟用募股资金投资年产5亿只丁基胶塞项目，从目前看具有充分的可行性，但是如果国家药品监督管理局对药品包装市场监管的力度不够，丁基胶塞未能完全替代天然胶塞，将使本公司丁基胶塞项目面临市场开发不足的风险。(以上数据摘自2000年10月21日《中国医药报》)

2、铝塑组合盖

铝塑组合盖作为与丁基胶塞配套使用的新型药用包装材料，很大程度上依赖于丁基胶塞的推广应用情况，因此同样存在市场开发不足的风险。

3、药用塑料瓶

药用塑料瓶用于口服药物的包装，如片剂、胶囊、药丸，对该项目，本公司从项目可行性研究阶段就开始着手技术、人才的准备工作，并制订了详细的员工培训计划。该项目的建成投产将使本公司产品链从注射用药物包装拓展到市场容量更大、增长速度更快的口服用药物包装。本公司在注射用药物包装市场已建立起固定的销售渠道和稳定的客户群，但是由于生产注射用药品的制药企业并不都具有生产口服用药品的能力，因此存在日后不能很好利用现有销售渠道销售该产品的风险。

4、轻量薄壁模制瓶

轻量薄壁模制瓶与普通模制瓶面对的市场是一样的，医药包装行业"九五"及"十五"发展规划中，均提出模制药用玻璃瓶要轻量化。本公司通过引进艾姆哈特公司生产的行列式制瓶机以及采用自主研制开发的一系列新技术，生产的轻量薄壁模制瓶获国家级新产品证书，该产品较普

通模制瓶瓶重降低约1/4,能有效节约能源和原材料消耗,从而降低产品成本,其性能指标优于普通模制瓶,而且市场售价不高于普通模制瓶。虽然本公司掌握了成熟的轻量薄壁模制瓶生产技术,并已实现批量生产,产品符合国家标准,完全能满足制药企业的要求,但是由于轻量薄壁模制瓶尚未大面积推广,制药企业的灌装设备需要有一个调试适应的过程,所以存在市场开拓的风险。

5、生物制剂瓶

生物制剂瓶为高硼硅酸盐玻璃,适用于生物制品、血液制品的包装,其制造工艺、技术和生产条件都有严格的要求,目前该产品主要依赖进口。本公司与中国轻工业北京设计院、山东轻工业学院合作,解决了高硼硅酸盐玻璃熔融困难、难以澄清均化、玻璃液易分相分层、三氧化二硼易挥发等一系列难题,掌握了生物制剂瓶的生产技术。该项目将使本公司降低对抗生素类药品的依赖,并紧跟医药企业的发展趋势—传统的化学制药转向产值高、疗效好的生物制药。但由于本公司是国内首家生产该产品的厂家,市场需要一个逐步认同的过程,因此存在市场开拓的风险。

6、高档棕色药用玻璃瓶

高档棕色药用玻璃瓶用于口服液、保健药品的包装,本公司于1999年开始试产,2000年实现规模化生产,现年生产能力为4000万只,由于该产品一直供不应求,本公司拟用募股资金扩大高档棕色药用玻璃瓶的生产能力,以满足市场需求,但是如果项目建成后市场行情发生变化或国内其他厂家也扩大生产规模、抢占市场份额,将使本项目面临一定市场风险。

本公司有30年从事医药包装产品开发、生产、销售的历史,已和国内各大药厂建立了长期的合作关系,本次募股资金拟投资的项目都属于药用包装产品,均立足于本公司自身优势及发展需要,可以充分利用现有的客户资源和销售网络。

针对丁基胶塞和铝塑组合盖项目的市场风险,本公司将充分利用药用玻璃瓶已占领国内70%以上市场份额、年销量约70亿只的优势,对玻璃瓶、瓶塞、瓶盖三个产品进行整合,形成"瓶子"+"塞子"+"盖子"的配套供应能力,利用已有的销售网络和客户,尽快打开丁基胶塞和铝塑组合盖的销售市场。

针对药用塑料瓶项目的市场风险,本公司一方面将引进有口服用药物包装市场销售经验的专业人员,另一方面对现有销售人员加强口服用药物包装产品知识的培训,使其具备同时推销两类药用包装产品的能力,以充分利用已有的销售渠道和客户群并开拓新的市场。本公司还将加强药用塑料瓶项目的管理,并根据市场情况逐步增加生产规模,以提高产品质量,实现规模效益,争取以优质低价取胜。

针对轻量薄壁模制瓶、生物制剂瓶、高档棕色药用玻璃瓶的市场风险,本公司将加大市场宣传力度,加强售后服务质量,通过提高售后服务人员的技术水平,及时解决制药企业药品灌装设备与本公司产品的适应性问题。

(三)募集资金投向的政策性风险

根据国家药品监督管理局局令第21号《药品包装用材料、容器管理办法(暂行)》及国药管注(2000)462号《关于实施<药品包装用材料、容器管理办法>(暂行)加强药包材监督管理工作的通知》的规定,本次募股资金拟投向的三个项目(丁基胶塞、药用塑料瓶、铝塑组合盖)基本建设完成后,须经国家药品监督管理局验收合格并核发《药包材注册证》,方可正式生产、销售和使用,因此存在不确定性风险。

本公司作为国内最大的药用包装生产企业之一,有30年的生产经营历史,期间进行过多次技术改造和厂房扩建,在基本建设和设备引进方面积累了丰富的经验,本公司已严格按照国家药品监督管理局《药品包装用材料、容器注册验收通则》的规定,制定了上述三个投资项目的建设方案,并将在具体实施过程中严格执行,从硬件(总体布局、厂房洁净度、设备、物料)和软件(卫生措施、生产管理、质量管理、人才等)两方面来保证顺利获得国家药品监督管理局的批准。

(四)技术及人力资源风险

本次募股资金拟投资的三个项目(丁基胶塞、药用塑料瓶、铝塑组合盖)对本公司而言,属于新的药包材品种,存在技术及人才方面的风险。另外,本公司地处沂蒙山区,地区经济相对落后,难以吸引人才,如果这种状况不能有效改变,将制约公司的进一步发展。

为了高起点、高水平、高质量地建设上述项目,本公司在项目的可行性研究阶段,即已开始按计划做人才、技术等方面的准备工作,目前已与有关专业人士建立了联系,届时将聘请其作为本公司的高级技术顾问或就任本公司高级管理人员,公司已制定了详细的员工培训计划,主要技术骨干将送往国外厂家培训,关键岗位人员到国内厂家培训,请专家对其他人员进行授课。

本公司将进一步完善激励机制,为高级管理人才、技术人才创造发展空间并提供较好的工作、生活条件,以增强企业的凝聚力和吸引力。

(五)存货过多可能引致的相关风险

截至2001年12月31日,公司存货8,358.82万元,主要由原材料2,060.58万元和库存商品6,241.66万元构成,库存商品中本公司(母公司)库存商品3,189.75万元,属于合理范围;控股子公司沂河公司高白料模制瓶库存为2,888.68万元,库存规模相对较大,存在一定的产品风险。

由于库存较多,导致沂河公司的速动比率和存货周转率低于正常水平,2001年12月31日分别为0.04、0.63,可用于短期内偿还债务的资产较小,存在较大的偿债能力风险;另外,库存规模过大,负担着较高的资金占用成本,而且产成品存在一定的跌价和减值风险,这对沂河公司经营业绩的实现有一定程度的影响。

沂河公司高白料模制瓶作为玻璃制品,不会出现自然变质、毁损的情况。高白料模制瓶是普通模制瓶的升级换代产品,其市场售价的最低心理价位是目前普通模制瓶的市场售价,而沂河公司该产品的生产成本低于当前普通模制瓶售价,即便按最低心理价位销售,该产品仍有一定的盈利空间,因此其减值风险很小。

沂河公司2001年12月31日资产负债率为37.44%,处于较低水平。沂河公司不存在对外的短期借款,其负债主要为欠本公司(母公司)的款项,2001年12月31日沂河公司对本公司的负债占其负债总额的80.68%,因此沂河公司目前并不存在短期偿债压力,无破产偿债风险,具备持续经营能力。

沂河公司已对产品的具体规格品种进行了合理调整,对库存量比较大的品种采取适度限产的办法,以降低库存;另一方面,公司已加大沂河公司产品的销售力度,积极采取各种促销手段,强化高白料模制瓶的宣传和市场推广,积极引导市场需求,经过两年的市场开拓,该产品的销售情况已开始好转,销售收入大幅增加,库存量明显降低。沂河公司主营业务收入2001年实现3,223.20万元,较2000年主营业务收入1,276万元上升152.60%,并保持良好的增长势头。

沂河公司高白料模制瓶库存2001年12月31日为2,888.68万元,较2000年12月31日库存3,867.13万元下降25.30%,预计在2002年中期,沂河公司的库存将降至合理水平。

(六)应收帐款的坏帐风险

2001年12月31日,本公司合并报表的应收帐款和其他应收款净额分别为8,516.54万元、1,148.65万元,存在发生坏帐的风险。

我国医药行业竞争日益激烈,企业两极分化日趋明显。目前全国有1000多家医药企业仍处于亏损状态。预计未来5年内我国医药企业总体数量会大幅减少。若本公司客户经营状况出现恶化,会使公司面临一定的应收帐款呆坏帐的风险。

本公司采用备抵法核算应收帐款和其他应收帐款的坏帐损失。根据债务单位的财务状况、现金流量等情况确定按应收款项余额的8%计提坏帐准备金。截止2001年12月31日,公司应收帐款帐龄全部在3年以内,其中帐龄在1年内的应收帐款占应收帐款总额的96.39%。

本公司制定了《销售管理制度》,包括《产品销售管理标准》、《市场调研预测管理标准》、《公司与客户对帐管理标准》和《合同管理标准》,通过标准化管理防止应收帐款的坏帐风险。公司通过建立客户档案,加强对客户资信状况和偿付能力的调查,减少销售的盲目性,从源头上控制和减少应收帐款发生坏帐的可能性;公司一直重视应收帐款的催收工作,建立了"第一责任人制度",将应收帐款回收与营销人员薪酬挂钩;针对已逾期的帐款,配备专门人员加强催收,并积极利用法律手段,将坏帐损失降低到最低程度。

(七)对抗生素类药品市场的依赖

根据本公司销售部门统计的1999年和2000年产品使用情况,本公司产品被用于抗生素粉针制剂的包装约占总销售收入的74%,抗生素类药品的需求量、价格的变化会对本公司的销售量、销售价格产生影响。

我国为发展中国家,受经济发展水平、卫生状况、居民保健意识等因素的制约,感染在相当长的时期内仍是影响人民生命健康的主要疾病,随着我国人口的自然增长,抗生素做为治疗感染疾病的首选药品(1999年抗生素占据抗感染药90%以上的市场份额,摘自万方数据公司)在相当长的一段时间内将保持稳定增长的趋势。《医药包装"九五"至2010年发展方针政策及目标》中预计抗生素分装量每年增长速度为10%,到2010年约为210亿瓶。因此,作为抗生素类药品主要包装材料的药用玻璃瓶的市场需求量是逐步扩大的。

近两年来,青霉素及其半合成类药品经过多次降价后,其生产成本和实际销售价已基本接近。特别是进入2000年以来,国家宏观经济复苏势头明显,化工原料、石油制品、粮食制品、煤炭、包装材料等价格均上涨幅度较大,使药品生产成本上升,受成本及国外几个生产厂家停产的影响,青霉素粉针及氨苄青霉素粉针等半合成抗生素制剂价格将会有所上升。

药品降价主要针对的是药品流通环节,与制药企业关系不大,而且本公司产品占药品价值的比例最高不超过10%,最低不足1%,本公司产品价格近两年未受到药品降价的影响。另外,由于本公司产品质量好,具有规模、技术和成本优势,本公司有能力化解抗生素类药品价格下降带来的风险。

世界医药业生产正在由传统的化学制药转向产值高、疗效好的生物制药。本公司为降低对抗生素类药品的依赖,拟用募股资金投资生物制剂瓶项目以跟上生物医药行业的迅猛发展。

(八)产品结构过于集中的风险

本公司主导产品模制瓶销售收入占公司主营业务收入75%以上,产品结构较为集中。若模制瓶的价格或市场情况出现较大变化,会直接影响本公司的生产和销售。

模制瓶以其优良的化学稳定性被大量、广泛地用于抗生素类粉针剂的包装,用量约为抗生素粉针总量的70—80%。从国内外抗生素粉针包装的发展趋势看,模制瓶仍将占据主导地位。因此,本公司一方面将加大技术创新力度,调整工艺流程,不断提高产品质量、降低成本,提高营销水平,继续巩固和扩大模制瓶的市场份额;另一方面本公司以市场需求为导向,本着稳健经营的原则,适当调整产品结构,实现多品种经营,避免产品过于单一的风险。本次募股资金投向丁基胶塞、药用塑料瓶、医用铝塑组合盖项目,正是实现本公司"十五"发展规划中制定的将产品向整个药用包装行业扩展战略的第一步。

(九)客户依赖方面存在的风险

本公司现有客户500余家,但对前十名主要客户的销售额占总销售额60%左右,若主要客户经营状况发生变化,可能会给本公司生产经营带来较大影响。

本公司的前十名客户为哈尔滨制药集团、上海先锋药业公司、东北制药总厂、石家庄制药集团、齐鲁制药厂、山东鲁抗制药股份有限公司、华北制药集团公司、上海四药股份有限公司、上海新亚制药厂、山东新华制药股份有限公司。前十名客户都为国内较大制药企业,经营状况和资信较好。

由于药用玻璃瓶占药品价值比例很小,制药企业选择使用何种药用玻璃瓶最先考虑的不是产品价格,而是在药品大批量连续灌装过程中玻璃瓶质量的稳定性及与其灌装设备的适应性。本公司与上述客户间已建立起长期稳定的合作关系,所生产的药用玻璃瓶质量达到国内先进水平,而且完全适应了各药厂灌装设备对瓶子的机械强度、规格等方面的要求,大大降低了药品灌装过程中的破损率和停机率。

本公司将继续保持与国内大客户已建立的长期稳定的供求关系,对其生产经营和资信状况进行跟踪了解,切实降低其生产经营发生不利变化给本公司带来的风险。本公司将本着"抓大不放小、让利不让市场"的销售策略,巩固和发展中、小客户,并根据产品结构调整不断开发新客户,以规避主要客户相对集中的风险。

(十)产品的替代风险

药用包装产品按使用的材料分为玻璃、塑料、橡胶、金属、胶囊、复合材料等六大类产品。本公司产品集中于药用玻璃包装,若药品使用其他药用包装材料取代玻璃包装,会对本公司经营业绩造成影响。

药品粉针制剂的包装约70%使用模制瓶,其余使用管制瓶(摘自2001年3月31日中国医药报《我国药用玻璃包装的现状与前景》),且呈逐步上升趋势。模制瓶的优势在于价格低廉、强度高,管制瓶外型美观,但价格较高且易破碎。鉴于本公司主导产品为模制瓶,若制药企业逐步采用管制瓶,会对本公司产生一定影响。

药用包装产品按使用的用途分为口服药物包装、注射用药物包装、药膏、气雾吸入器等。本公司主导产品属于注射用药物包装。随着国家非处方药品目录的制定,人们治病方式将发生改变,即"小病上药店,大病上医院",方便、快捷的口服药品将获得人们的青睐。此种消费者偏好的变化会对本公司产生影响。

医药包装最重要的功能是保证与药品具备稳定的相容性和配伍性,即确保药品在贮存期内不能产生化学性质的改变或变质。药用玻璃包装以其良好的化学稳定性、气密性、光洁透明、耐高温、易消毒等一系列物理化学性质成为药品包装的首选材料。就抗生素粉针而言,其他包装材料目前还不具备替代药用玻璃包装的条件。

近三年本公司根据市场需求情况增加了管制瓶的产量,管制瓶销售收入2001年比1999年增长60.67%,本公司将逐步提高管制瓶的质量、生产能力以满足市场需求。

本公司拟投资高档棕色瓶及药用塑料瓶项目,以扩大在口服药物包装市场的份额。另外,本公司将密切关注药品包装新材料、新产品的发展趋势,适时调整产品结构和种类来应对产品替代的风险。

(十一)依赖非专利技术的风险

本公司自主研制开发的轻量薄壁模制瓶生产技术、高白料模制瓶生产技术、伺服平行剪供料技术、电动伺服分料技术、小口压吹技术在国内同行业中属于领先水平,上述技术的应用使本公司产品质量和生产效率得以大幅度提高,若国内同行业其他厂家获得上述技术,将提高其竞争能力,对本公司会造成一定影响。

本公司正为上述非专利技术申请专利保护。公司已建立严格的技术保密制度,健全了人才引进、培养和激励机制,最大限度地避免核心技术人员的流失。今后公司将进一步提高研发投入,增强持续创新能力。

(十二)行业内部竞争的风险

根据《医药行业"十五"发展分专项规划》,在药包材生产企业中,大型企业仅占7%,93%为小企业,固定资产原值不足100万元的约占59%。国内药包材企业间存在低水平重复竞争的情况。有些企业为了抢占市场,采取降价销售的策略,加剧了行业内部竞争。本公司主导产品模制瓶在质量、价格、市场规模上具有优势,国内市场占有率达70%以上,国内其他厂家对本公司的影响很小,但本公司其他产品在国内市场上不具有明显优势,若不进一步加大技术改造力度、提高产品质量,有市场被挤占的风险。

本公司将凭借已有的规模优势,制定科学的产品定价策略,保持合理的利润水平,以继续保持和扩大模制瓶的市场份额,同时引进、消化、吸收国外先进的技术和设备,加强技术创新和对现有设备的技术改造,以提高本公司其他产品的质量和生产规模。本次募股资金拟投资轻量薄壁高档药用玻璃瓶、生物制剂瓶、高档棕色瓶项目,这将大大提高本公司各种药用玻璃瓶的市场竞争力。

(十三)主要原材料供应和价格影响

本公司生产用的原材料分为化工原料和矿物原料,主要包括纯碱、硝酸钠、石英砂,原材料约占生产成本的30%。所用化工原料主要来源于山东海化集团,矿物原料来源于本地区及邻近地区,区内储藏量丰富。但是,由于化工原料价格受市场供求影响较大,所用矿物原料大部分属于不可再生型资源,随着开采量的不断增加,行业竞争的加剧,原材料价格上涨,将可能影响本公司的采购成本或部分原材料的供应。

本公司供应部门对外实行招标采购,积极搞好市场调研,广泛搜集信息,对原材料价格走势进行研究,科学合理地进行采购,以降低原材料采购成本。本公司研制成功的轻量薄壁模制瓶重量比普通模制瓶要轻,以20mlA型模制瓶为例,轻量薄壁瓶(26.4克/只)比普通瓶(37.6克/只)减轻11克/只,从而大大降低原材料单耗水平。今后本公司将进一步加强管理,改进工艺,严格控制成本,消化原料价格波动对公司生产经营带来的不利影响。

(十四)能源供应和价格风险

本公司生产要消耗大量的电和煤,年耗量分别约为4500万度、8万吨,分别约占生产成本的17%、20%。由于煤炭资源稀缺性的存在以及随着经济的发展,煤价有可能波动,会对本公司的生产成本造成影响。本公司生产需消耗大量的电力,生产用电全部由电网供电,在出现电力紧张的情况下,会对公司生产经营产生一定的影响。由于玻璃熔制所需要的煤气对煤的低位发热量、灰熔点、机械强度、颗粒度有特殊要求,本公司生产用煤需从山西大同和陕西神木县购买,运输费用约占煤炭成本的80%,运输费用若出现较大上涨,会对本公司生产成本造成影响。

本公司1996年至今共累计投资1900万元,对窑炉、大型机电设备和生产工艺进行技术改造,使煤炭消耗由1996年的吨瓶耗煤700千克降为470千克左右(详见业务与技术章节),电耗由吨瓶耗电444度降为386度。2000年本公司与有关科研院所合作开发成功粉煤成型技术,每年可回收利用1.5万吨煤沫。针对运输费用占煤炭成本的比例较高,公司正积极改进供应工作,尽量采用铁路运输方式,以降低运输成本。本公司拟投资500万元,对原变电站供电系统和动力供应系统进行改造,年可节约用电381万度。本公司自主研制开发的全伺服行列制瓶机正处于中试阶段,采用伺服控制技术较气缸驱动节约能源约60%,该项技术开发成功后,将在本公司广泛应用,从而大大降低本公司能耗水平。

(十五)持续融资不确定性及财务摊薄的风险

本公司的融资能力不仅受公司经营状况和财务状况等内部因素的影响,在很大程度上也受到国家宏观经济政策等外部因素的限制。因此在本公司生产、经营规模逐渐扩大的情况下,不排除由于融资能力的限制而出现资金紧张、影响生产的可能性。本次发行成功后,募股资金净额为34,781.50-37,681.61万元,由于投资项目需要一定的建设期,因此本公司在近期内净资产收益率会有一定程度的下降。

本公司资产负债结构合理,募股资金到位将进一步降低本公司的资产负债率,有利于增强公司的间接融资能力。本公司今后将更好地运用财务杠杆手段,提高资金的使用效率,以降低扩大再生产对外部融资的依赖度;同时,公司将继续加强与金融机构的关系,保持和扩大公司现有的间接融资渠道,为公司的持续发展提供保证。本次募股资金拟投资项目是现有业务的拓展和延伸,有助于本公司进一步扩大在药用包装行业的领先优势,实现公司和股东长远利益的最大化。本公司已制定了详细、科学的募股资金使用计划,募股资金出现闲置时,将该项资金进行国债等短期投资,以提高收益,另外,本公司将加强项目建设管理,保证项目如期完工。

(十六)国家行业政策变化的影响

药品包装是药品生产的一个重要组成部分。长期以来,包装一直困扰着我国制剂水平的提高。"八五"至"九五"期间,国家医药管理部门对药品包装给予了极大的重视,从1992年开始对直接接触药品的包装材料、容器实行了生产许可证制度,2000年4月颁布了《药品包装用材料、容器管理办法》,对药品包装材料、容器实行注册制度,用行政手段淘汰落后、影响药品质量的药包材品种(如天然胶塞、非易折安瓿、铅锡软膏管、软木塞产品以及粉针剂的安瓿包装)。目前本公司生产的产品全部符合国家药品监督管理局的有关规定,但随着国家对药用包装材料产品质量标准的要求越来越高,本公司新产品开发和技术改造的投入相应加大,有可能加大本公司生产经营成本。

本公司将加强对国家宏观经济形势和经济政策的分析,针对政策的调整和产业结构的调整,把握经济发展趋势,及时制定公司对策;公司还将加强高级管理人员决策能力和应变能力的培养,建立决策快速反应机制,以避免和减少因政策变动对公司生产经营产生的不利影响,保持自身持续、健康、稳步的发展。

(十七)国家环保政策变化的影响

本公司在正常生产过程中会产生一定的废水、废气、废渣。废水已实现零排放;废气排放量400吨/年,已达到《工业窑炉大气污染物排放标准》(GB9708--1996),并通过淄博市环保局的验收;煤渣排放量3600吨/年,可用于制砖,碎玻璃作为熟料回炉利用,不会造成污染。但随着国家对环保标准的要求越来越严格,本公司的环保投入逐年加大,这在一定程度上将加大公司生产经营成本,影响公司的收益水平。

为保证生产经营的持续发展,本公司始终把环保工作放在首位,投入了大量资金,先后兴建大型闭路循环水池一座、小型闭路循环水池四座、污水气浮再处理系统等,实现废水"全封闭"循环使用。废气经脱硫除尘处理后达到国家二类区排放标准。本次募股资金投资项目已充分考虑了环保因素,并严格执行"三同时"(同时设计、同时施工、同时投产)政策,本公司确信拟投资项目的"三废"排放能达到国家现行标准。2001年6月山东省环保局出具鲁环函(2001)249号《关于山东省药用玻璃股份有限公司环境保护意见的函》,认为本公司各类污染物实现了达标排放,由拟投资项目产生的环境污染能够得到控制。

(十八)加入WTO的风险

加入WTO后,国内市场与国际市场接轨,将失去关税和非关税的保护,若国外包装企业实施本土化策略,将资金、先进的技术带到国内来投资,将使我国医药包装行业面临质量、规模和价格等方面的竞争。

本次募股资金拟用于轻量薄壁高档药用玻璃瓶、高档生物制剂瓶、高档棕色瓶项目,这将全面提升本公司各类药用玻璃瓶的产品质量,强化了核心竞争力。今后本公司将以国内、国际市场需求为导向,加大技术创新力度,优化产品结构,加强服务,不断开拓新市场,以应对加入WTO的风险。

四、发行人的基本资料

(一)发行人基本情况

1、发行人基本资料

公司名称:山东省药用玻璃股份有限公司

法定代表人:柴文

设立日期:1993年11月8日

注册地址:山东省淄博市沂源县二郎山路8号

电话:0533—3242312　　传真:0533—3243376

邮政编码:256100

电子信箱:sdyb@pharmglass.com

网址:www.pharmglass.com

2、发行人历史沿革

本公司前身为建成于1970年的山东省药用玻璃总厂,为国家二级企业。1993年3月经淄博市体改委淄体改股字(1993)61号文批准,原山东省药用玻璃总厂独家发起并整体改制,以定向募集方式设立本公司。本公司设立时注册资本为2280.88万元。

1996年12月山东省体改委 鲁体改函字(1996)161号文、山东省人民政府鲁政股字(1996)73号文对本公司进行规范确认。

1997年5月经淄博市证券管理委员会淄证管办字(1997)28号文批准,公司内部职工股在淄博证券交易自动报价系统挂牌交易。1998年11月24日根据国务院国办发(1998)10号《国务院办公厅转发证监会关于清理整顿场外非法股票交易方案的通知》,本公司内部职工股停止在淄博证券交易自动报价系统挂牌交易。

经1996年度股东大会及1999年第一次临时股东大会审议批准,本公司分别实施了1996年度10送3股及1999年中期10送3转增4股的分红方案,上述两次分红方案均经山东省体改委批准和确认,至此本公司发行前股本总额增至5,040.7448万元。(详见"发行人股本情况")

本公司为国家火炬计划重点高新技术企业和山东省高新技术企业,根据2001年6月国家经贸委颁布的《2000年医药统计年报》(第674-675页)"药用包装工业企业排名",本公司是国内规模最大、效益最好的药用玻璃包装企业,也是国内最大的医药包装生产企业之一。公司成立9年来,有5年每年向股东分配每股0.30元的现金红利,有1年向股东分配每股0.03元现金红利。公司现能生产6大系列、250多种规格的药用玻璃瓶及玻璃管。公司主导产品获得两项国家级新产品证书,国内市场占有率达70%以上,并被法国科技质量监督评价委员会评为高质量科技产品和向欧盟市场推荐产品;公司拥有5项专利技术,多项科技成果分别获中国包装科技成果奖、省级科技成果奖、科学技术进步奖,其中轻量薄壁高档药用玻璃瓶入选国家级火炬计划。

(二)发起人简介

本公司由原山东省药用玻璃总厂独家发起并整体改制,以定向募集方式设立。经淄博市国有资产管理局淄国资估字(1993)12号文及淄国资企字(1993)14号文确认,原山东省药用玻璃总厂1992年12月31日生产经营性净资产为17,035,998.66元,按每股1.25元折为国家股13,628,800股,由沂源县国有资产管理局持有。原山东省药用玻璃总厂于本公司成立后即自行终止。

为理顺国有资产管理体制,1998年4月沂源县人民政府撤消沂源县国有资产管理局,同时成立沂源县公有资产管理委员会,本公司国家股股东变更为沂源县公有资产管理委员会。

(三)本次发行前本公司前十名股东及其持股情况

股东名称	持股数量(股)	持股比例(%)
沂源县公有资产管理委员会	30,119,648	59.80
淄博工业陶瓷厂	884,000	1.75
沂源县电业局实业总公司	795,600	1.58
山东东风化肥厂	442,000	0.88
山东博山大桥实业总公司耐火材料厂	442,000	0.88
山东鲁阳股份有限公司	442,000	0.88
山东沂源乐万家酒业食品有限公司	331,500	0.66
淄博祥利物资有限公司	265,200	0.53
沂源县河北纸箱厂	243,100	0.48
淄博八陡耐火材料有限公司	221,000	0.44

(四)发行人的职工及其社会保障情况

截止2001年12月31日,本公司在册职工2769人,各类人员及其构成如下:

1、按职工专业结构分类:

	人数	占总人数
生产人员	1898	68.54%
销售人员	56	2.02%
技术人员	609	21.99%
财务人员	13	0.47%
管理人员	193	6.97%

2、按职工受教育程度分类:

	人数	占总人数
大专以上学历	397	14.34%
中专、技校	543	19.61%

3、按职工年龄分类:

	人数	占总人数
30岁以下	1716	61.97%
30-39岁	708	25.57%
40-49岁	297	10.73%
50岁以上	48	1.73%

本公司实行劳动合同制,员工按照与本公司签订的劳动合同承担义务和享受权利。本公司按有关规定,为职工办理了养老、失业、医疗和工伤等社会保险,另外,按照山东省及沂源县关于城镇住房制度改革的有关规定,已实施了公有住房出售政策和住房分配货币化等措施。

(五)发行人独立经营的情况

本公司为存续经营9年的股份有限公司,具有独立完整的生产、供应和销售系统,在业务、资产、人员、机构和财务等方面完全独立,具有独立完整的业务和面向市场自主经营的能力。

五、发行人股本

(一)发行人股本及历次变动情况

本公司股本总额为5,040.7448万元,股权结构比例自设立以来未发生变化,股本变动情况如下:

1、本公司设立时的股本

1993年3月经淄博市体改委淄体改股字(1993)61号文批准,由原山东省药用玻璃总厂独家发起并整体改制,以定向募集方式设立本公司。山东淄博鲁中审计师事务所对原山东省药用玻璃总厂整体资产进行评估并出具淄鲁审事评字(1993)第9号《资产评估报告》,经淄博市国有资产管理局淄国资估字(1993)12号文及淄国资企字(1993)14号文确认,原山东省药用玻璃总厂1992年12月31日生产经营性净资产为17,035,998.66元,按每股1.25元折为国家股13,628,800股,由沂源县国有资产管理局持有,同时,按每股1.25元向社会法人和内部职工募集918万股。在向定向募股过程中,由于股份制改造尚处在试点阶段,企业缺乏发行经验,另一方面由于公司职工对公司的业绩及发展前景比较了解,认购踊跃,致使实际发行时,社会法人仅认购308.78万股,占股本总额的13.5%;内部职工认购609.22万股,占股本总额26.7%,超过了1992年5月国家体改委《股份有限公司规范意见》规定的内部职工持股20%的比例。鉴于内部职工股款已全部到位且清退工作难度较大,淄博市体改委以淄体改股字(1993)93号文对该次发行结果予以确认。沂源县审计师事务所对出资进行了验证,并出具源审事验字(1993)76号《注册资金验证书》。该次定向发行后公司股本总额为2,280.88万股,股本结构如下表:

股份类别	数量(万股)	比例(%)
国家股	1,362.88	59.8
法人股	308.78	13.5
内部职工股	609.22	26.7
合计	2,280.88	100

1996年12月山东省体改委 鲁体改函字(1996)161号文、山东省人民政府鲁政股字(1996)73号文对公司进行规范确认,确认公司股本总额为2,280.88万股,股本结构如上表。本公司据此重新办理了工商登记手续。

2、本公司股本的历次变动情况

1997年4月，公司1996年度股东大会审议通过1996年度分红方案为每10股派送3股红股，并取得淄博市证券管理委员会淄证管办字(1997)15号文批准。山东省体改委 鲁体改企字(1999)第77号文及山东省人民政府鲁政股增字(1999)24号文对该次股本变更予以确认。山东淄博会计师事务所对该次送股出具了淄会师验字(99)72号《验资报告书》。送股后公司股本总额为2,965.144万股，股本结构比例未发生变化。

1999年8月，公司1999年第一次临时股东大会审议通过1999年中期分红方案为每10股送3股红股，同时用资本公积金每10股转增4股，山东省体改委鲁体改企字(1999)第93号文及山东省人民政府鲁政股增字(1999)31号文对该次股本变更予以确认。山东博会有限责任公司会计师事务所对该次送转股出具了博会师验字(99)29号《验资报告书》，本公司依法办理工商变更登记手续。送转股后公司股本总额为5,040.7448万股，股本结构结构比例未发生变化。

(二)本次发行前持股量最大10名自然人情况

股东名称	持股数量(股)	持股比例(%)
张志华	200,372	0.40
杨桂升	180,000	0.36
唐立华	180,000	0.36
唐兆礼	160,000	0.32
王月红	160,000	0.32
李士云	160,000	0.32
李明桂	150,000	0.28
李士达	150,000	0.28
王淑叶	150,000	0.28
武善涛	150,000	0.28

本公司内部职工股在淄博证券交易自动报价系统挂牌流通期间，以上自然人通过该报价系统购买本公司股份而成为公司股东。上述人员均未在本公司及本公司的关联公司任职。

(三)本次拟发行3200万股，发行完成后公司股本结构如下：

股票类别	数量(股)	比例(%)
一、尚未流通股份		
国 家 股	30,119,648	36.55
境内法人股	6,824,038	8.28
内部职工股	13,463,762	16.34
二、已流通股份	32,000,000	38.83
三、股份总数	82,407,448	100

根据国家有关规定，本公司13,463,762股内部职工股将在本次公开发行三年后上市流通。

六、主要发起人与股东的基本情况

本公司由原山东省药用玻璃总厂独家发起并整体改制，以定向募集方式设立。经淄博市国有资产管理局淄国资估字(1993)12号文及淄国资企字(1993)14号文确认，原山东省药用玻璃总厂1992年12月31日生产经营性净资产为17,035,998.66元，按每股1.25元折为国家股13,628,800股，由沂源县国有资产管理局持有。原山东省药用玻璃总厂于本公司成立后即自行终止。

为理顺国有资产管理体制，1998年4月沂源县人民政府撤消沂源县国有资产管理局，同时成立沂源县公有资产管理委员会，本公司国家股股东变更为沂源县公有资产管理委员会。

七、内部职工股有关情况

(一)内部职工股审批及发行情况

1993年3月8日经淄博市体改委淄体改股字(1993)61号文批准，由原山东省药用玻璃总厂独家发起并整体改制，以经评估确认的生产经营性净资产17,035,998.66元按每股1.25元折为国家股1,352.88万股，同时，按每股1.25元向社会法人和内部职工定向募集918万股。在定向募股过程中，由于股份制改造尚处在试点阶段，企业缺乏发行经验，另一方面由于公司职工对公司的业绩及发展前景比较了解，认购踊跃，致使实际发行时，社会法人仅认购308.78万股，占股本总额的13.5%；内部职工认购609.22万股，占股本总额26.7%，超过了1992年5月国家体改委《股份有限公司规范意见》规定的内部职工持股20%的比例。鉴于内部职工股股款已全部到位且清退工作难度较大，淄博市体改委于1993年10月26日以淄体改股字(1993)93号文对本次发行结果予以确认。沂源县审计师事务所对出资进行了验证，并出具源审事验字(1993)76号《注册资金验证书》，股东出资真实、到位。该次定向发行内部职工股严格限制在本公司职工范围内，未发生超范围发行的情况。该次定向发行后公司股本总额为2,280.88万股，股本结构如下表：

股份类别	数量(万股)	比例(%)
国 家 股	1,362.88	59.8
法 人 股	308.78	13.5
内部职工股	609.22	26.7
合 计	2,280.88	100

1996年12月山东省体改委、山东省人民政府分别出具鲁体改函字(1996)161号文《关于同意确认山东省药用玻璃股份有限公司的函》和鲁政股字(1996)73号《山东省股份有限公司批准证书》，对公司进行了规范确认，确认公司股本总额为2,280.88万股，股本结构如上表。

(二)内部职工股交易情况

1997年5月经淄博市证券管理委员会淄证管办字(1997)28号文批准，本公司内部职工股在淄博证券交易自动报价系统挂牌交易。1998年11月24日根据国务院国办发(1998)10号《国务院办公厅转发证监会关于清理整顿场外非法股票交易方案的通知》，本公司内部职工股停止在淄博证券交易自动报价系统挂牌交易。

(三)首次托管及历次托管情况

1.本公司股票首次托管时前十名股东名单如下：

股东名称	持股数	比例(%)
沂源县国有资产管理局	17,717,440	59.80
淄博工业陶瓷厂	520,000	1.75
山东鲁阳股份有限公司	260,000	0.88
山东博山大桥实业总公司耐火材料厂	260,000	0.88
山东东风化肥厂	260,000	0.88
张店天华机电设备经营部	167,700	0.57
鲁村于家石沟建筑队	156,000	0.53
南麻镇大田庄村沂源鑫源塑料厂	130,000	0.44
博山区八陡耐火材料厂	130,000	0.44
新泰市东升汽车配件门市部	130,000	0.44

注：以上持股数为本公司1996年度股东大会审议通过10送3股分红方案并实施后的持股情况。

2.托管单位变化情况及原因

1997年5月经淄证管办字(1997)28号文批准，本公司内部职工股在淄博证券交易自动报价系统挂牌交易，因此本公司股票首次托管于淄博证券交易自动报价系统。因淄博证券交易自动报价系统不具有上海证券交易所会员资格且已变更为中信证券淄博证券营业部，所以本公司股票于2001年4月按规定全部集中转托管到山东证券登记有限责任公司。若本次发行获得批准，本公司将按规定在上市前将全部股份托管至中国证券登记结算有限责任公司。

3、本次发行前有关托管情况的说明

山东证券登记有限责任公司于2001年5月25日出具鲁证登字(2001)第16号《山东省药用玻璃股份有限公司股票集中托管情况证明》，确认本公司应托管股票数额5,040.7448万股，已托管股票数额5,040.7448万股，占应托管股票数额的100%，其中内部职工股1,346.3762万股，股东人数为2577人。

(四)本公司内部职工股有关确认情况的说明

本公司内部职工股不存在潜在问题和风险隐患。山东省人民政府及山东省体改委已于1996年根据《公司法》对本公司的股本结构予以了规范确认，2001年6月14日，山东省人民政府鲁政字(2001)160号文《山东省人民政府关于报送山东省药用玻璃股份有限公司内部职工股有关确认情况的函》认为"药玻公司发行内部职工股的时候，虽然存在超比例发行的问题，但由于药玻公司及时向有关部门反映情况，先后取得了淄博市体改委和省政府对股权比例的确认，并于1996年依法进行了规范，2001年4月将全部股份进行了托管。据此，省政府同意对山东省药用玻璃股份有限公司上述内部职工股批准、发行、托管、清理等有关情况予以确认"。

2001年8月，山东省人民政府鲁政字(2001)253号文《关于对山东省药用玻璃股份有限公司内部职工股有关情况补充确认的函》确认本公司内部职工股不存在潜在问题和风险隐患，并承诺对此承担相应责任。

八、发行人的组织结构及组织机构概况

(一)发行人的组织结构

1、发行人的组织结构图

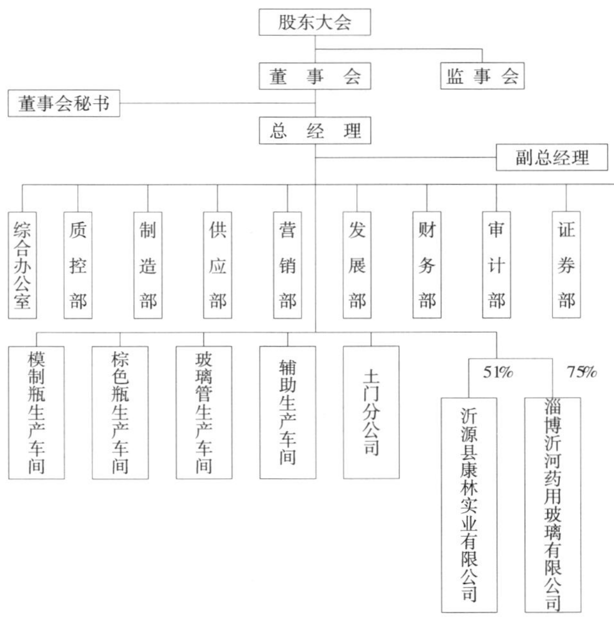

2、发行人分公司、生产车间情况

土门分公司：建有拉管车间、管瓶车间、安瓿车间及辅助配套车间，主要生产水针类药品包装材料，现有两条拉管线、67台管瓶机、15台安瓿制瓶机，2000年生产玻璃管8000吨、管瓶3.47亿只，安瓿5.98亿只。根据公司规划，模制瓶主要在公司本部生产，管制瓶及安瓿主要在土门分公司生产。公司拟投资4375万元，在土门分公司建设年产5亿只丁基胶塞项目，新建6456.2平方米生产车间及辅助车间。丁基胶塞项目建成后，将为公司年增销售收入4600万元。

模制瓶生产车间：负责车间人员日常管理，按有关质量标准组织生产模制瓶，完成公司下达的产量、质量目标和成本控制目标。

棕色瓶生产车间：负责车间人员日常管理，按有关质量标准组织生产棕色瓶，完成公司下达的产量、质量目标和成本控制目标。

玻璃管生产车间：负责车间人员日常管理，按有关质量标准组织生产玻璃管，完成公司下达的产量、质量目标和成本控制目标。

辅助车间：负责车间人员日常管理，保证各设备正常运转和维修，按生产计划组织生产，为上述车间或其它设备提供符合要求的水、电、汽。

(二)控股子公司的情况

1、淄博沂河药用玻璃有限公司

沂河公司为本公司控股子公司，系本公司于1995年12月与台商林长桂先生合资成立的中外合资企业，注册资本210万美元，本公司和林长桂先生分别以现金157.5万美元、52.5万美元出资，本公司持有75%股权，法定代表人由本公司法定代表人柴文先生兼任，经理赵海宝。住所为沂源县埠下路，经营范围为模制药用玻璃瓶生产、制造。

截止2001年12月31日，沂河公司总资产为4,443.89万元，净资产为2,779.78万元，资产负债率为37.45%。2001年，该公司实现净利润585.88万元(以上数据经山东乾聚有限责任会计师事务所审计)。该公司没有对其他公司进行股权投资。

沂河公司生产的模制瓶为高白料高硼玻璃瓶，与本公司的差别主要在于原材料中使用了高白料石英砂和硼砂，其单位产品直接材料成本要高于本公司类似产品。另外，沂河公司产品批次多、批量小，由于品种更换较频繁，耗用模具也较多，使其单位产品制造费用要高于本公司类似产品。由于产品销量减少、价格下调及停产大修等原因，导致沂河公司2000年销售收入及利润较1999年有所减少。随着高白料模制瓶市场的逐步打开，沂河公司销售情况出现好转，2001年销售收入为3,223.20万元，较2000年的1,276万元上升152.60%。

主承销商、会计师事务所对沂河公司期末存货的真实性、品质状况和计价的合理性进行了核查，并发表如下意见：

①会计师事务所在对沂河公司2001年4月30日审计基准日的会计报表进行审计时，对其库存产成品实施了抽盘等必要的审计程序。

药玻公司于 2001 年 9 月 16 日至 9 月 18 日对公司及控股子公司淄博沂河药用玻璃有限公司截止 2001 年 9 月 15 日的全部库存模制瓶产品进行了盘点。会计师事务所、主承销商对药玻公司的整个产品盘点过程及产品盘点表进行了核查,均确认药玻公司及淄博沂河药用玻璃有限公司的库存产品是真实的。

②主承销商、会计师事务所根据药玻公司提供的有关资料及对淄博沂河药用玻璃有限公司盘点过程的产成品质量状况的核查,淄博沂河药用玻璃有限公司的模制瓶产品属无机类材料硅酸盐制品,基础化学成份为钠—钙—硅酸盐玻璃和硼—硅酸盐玻璃,其物理、化学性质稳定,不存在分解、变质等因素。另外沂河公司产品理化性能试验方法等效采用 ISO 标准,产品入库检验按 GB2828 标准抽样控制。因此沂河公司库存产品的品质状况不存在问题。

③根据主承销商、会计师事务所对沂河公司产成品实际库存的核查及对沂河公司主要产品的计价测试,主承销商、会计师事务所确认沂河公司的产成品计价采用加权平均法,其产成品计价在所有重要方面不存在重要问题。

2、沂源县康林实业有限公司

该公司成立于 1998 年,住所为沂源县二郎山路,注册资本 60 万元,法人代表、经理任为真。本公司持有 51%股权。公司主营业务为石油制品、化学制品、五金交电、钢材、塑料制品、五金工具的零售。

截止 2001 年 12 月 31 日,康林公司总资产为 883.71 万元,净资产为 396.02 万元,资产负债率 55.19%。2001 年,康林公司实现净利润 221.06 万元(以上数据经山东乾聚有限责任会计师事务所审计)。该公司没有对其他公司进行股权投资。

由于康林公司油品、化工产品、五金配件等产品对外销售收入的大幅增长以及本公司向康林公司采购量的增加,导致康林公司 2001 年净利润较 2000 年增长 97.23%。

九、发行人业务和技术概况

(一)国内药用包装行业概况

据医药包装行业"十五"发展规划纲要,国内现有药用包装企业约 1500 家,能生产 6 大类 50 多个药包材品种,年产值在 150 亿元左右,能满足国内制药企业 80%以上的需求。但是,目前我国药品包装整体水平还落后于发达国家。包材质量及包装对医药经济的贡献率明显低于国际水平。发达国家的包装与药品价值的比例在 15—25%左右,有的高达 30%以上,而我国仅占 8—9%。(以上数据摘自《医药包装行业"十五"发展规划纲要》)

药用包装行业是医药行业的重要组成部分,长期以来,包装一直困扰着我国医药行业制剂水平的提高。虽然近年来我国药用包装行业有了较大发展,但与国际先进水平相比,还存在较大差距。根据《医药包装行业"十五"发展规划纲要》,医药包装行业"十五"期间发展主要趋势为:

1、非处方药(OTC)包装产品将成为医药包装行业新的利润增长点。2000 年我国 OTC 市场规模在 30 亿美元左右,我国将形成世界上最大的 OTC 市场。

2、粉针剂(包括生物、生化、冻干)发展优质管制瓶和轻量模制瓶、加快淘汰天然橡胶瓶塞,在稳定提高丁基胶塞质量水平的基础上,实现丁基化,发展优质铝塑组合盖。

3、水针剂提高易折安瓿质量,发展低膨胀系数和印字安瓿,加快开发色环易折安瓿生产。

4、输液剂包装发展优质塑料输液容器,提高玻璃输液瓶质量,严格禁止各种输液容器的第二次使用,淘汰天然胶塞,推广丁基胶塞,发展优质铝塑组合盖。

5、胶囊及片剂严格禁止手工胶囊的生产,大力开发非动物胶囊类型的绿色胶囊的研制,支持海藻类胶囊的工艺研制和开发,支持各种高阻隔性能的复合材料和容器的研制、生产,塑料瓶的密封性能要通过提高模具精度等技术手段来实现,减少瓶口密封膜的使用,提高玻璃黄圆瓶的质量,彻底淘汰软(碎)木塞蘸蜡。

6、"十五"期间,国内制药企业将加快进行 GMP 改造,医药包装行业要满足制药企业实施 GMP 的需求。

(二)药用包装行业管理体制及政策

药包材产品分为Ⅰ、Ⅱ、Ⅲ三类,分类目录由国家药品监督管理局制定、公布。药包材须按法定标准生产,国家对药包材实行产品注册制度。中国医药包装协会作为全国医药及为医药包装服务的企事业单位自愿参加组成的行业性、非营利性社会团体,协助政府部门做好医药包装质量监督和行业管理工作。

(三)国内药用包装行业的发展背景

医药行业是永不衰落的"朝阳"产业,人口的自然增长、人口老龄化、疾病和人们追求健康意识的普遍增强,是医药市场容量和消费需求快速增长的基本因素。"九五"期间我国医药经济保持了良好的发展态势。2000 年实现工业总产值 2,332 亿元,首次突破 2000 亿元大关,同比增长 20%(摘自国家经贸委 2001 年医药行业工作座谈会)。据国家统计局统计,1999 年医药工业利润总额、总资产贡献率、成本费用利润率、劳动生产率分别占全国 37 个产业的第 7、5、4、8 位,医药产业是我国国民经济中具有较高成长性的产业,在国民经济中的地位逐年提高。

目前我国农村市场尚未根本启动,我国农村人口占全国人口总数的四分之三,而药品销售额只占四分之一,随着我国经济的发展,农民收入的增加,"十五"期间农村药品消费需求预计可达到 15%的增长速度。

(四)进入医药包装行业的主要障碍

国家对药包材实行产品注册制度,未经注册的药包材不得生产、销售、经营和使用。医药包装行业是技术密集型和规模效益型产业,没有一定的技术支撑、企业的生产能力没有达到规模效益,难以参与和立足激烈的市场竞争。

(五)发行人在行业内的竞争优势分析

根据 2001 年 6 月国家经贸委颁布的《2000 年医药统计年报》,本公司在全国药用玻璃包装行业排名中,销售收入、利润总额、利税总额和生产用固定资产等四项指标均位居第一位;在药用包装工业行业中按利润总额、利税总额排名位居第二位,按销售收入排名位居第三位,按生产用固定资产排名位居第六位;在全国医药工业行业的排名中,按销售收入排名第 103 名、按利润总额排名第 81 位、按利税总额排名第 68 位、按生产用固定资产排名第 123 位。与同行业相比,本公司具有如下主要竞争优势:

1、规模优势:本公司主导产品模制瓶年生产能力为 70 亿只,国内市场占有率达 70%以上,为国内最大的药用玻璃包装企业。国内其他模制瓶生产厂家年生产能力大多在 5 亿只左右。

2、技术开发优势:本公司自主研制开发的具有高新技术含量的高白料模抗瓶、轻量薄壁模抗瓶 1997 年获国家级新产品证书,质量达到国际先进水平,填补国内空白,1999 年模抗瓶被法国科技质量监督评价委员会和中国国际贸易促进委员会评为高质量科技产品和向欧盟市场推荐产品。2000 年轻量薄壁高档药用玻璃瓶项目被列入国家级火炬计划。

3、产品质量优势:本公司模制抗生素玻璃瓶与行业中主要生产厂家同类产品进行质量对比,测试的 19 项指标中本公司产品 15 项指标位居第一位,4 项指标位居第二位,在同行业中居领先水平。(摘自国家轻工业玻璃产品质量监督检测中心出具的《模制抗生素玻璃瓶》抽样对比结果报告)

4、劳动力成本优势:本公司全员劳动生产率高,人均产值高于行业平均水平。本公司人均产值 2000 年为 42,685 元/人,全国瓶罐玻璃行业平均全员劳动生产率 2000 年为 25,887 元/人。(摘自全国玻璃包装容器行业信息中心《1997 年 – – 2000 年瓶罐玻璃行业经济信息汇编》)

5、品牌优势:本公司有 30 年从事药用玻璃生产经营的历史,"沂蒙"牌商标为山东省著名商标,产品以其质量优良在国内制药企业中享有较高知名度。

(六)发行人主要产品及国内市场占有率

本公司目前实际从事的主要业务是各种药用玻璃包装产品的制造、销售。据 1998 年度、1999 年度、2000 年度全国原料药及中间体会议资料测算,本公司主要产品的国内市场占有率如下表:

产品名称年份	1998 年	1999 年	2000 年
模制瓶	51.95%	60.08%	70.61%
管制瓶	6.15%	6.33%	12.55%
曲颈易折安瓿	1.44%	2.22%	4.35%

(七)发行人主要产品的生产能力

本公司模制瓶 1998 年、1999 年及 2000 年的生产能力分别为 58 亿只、74 亿只和 68 亿只;管制瓶的生产能力分别为 1.8 亿只、1.6 亿只和 4.3 亿只;曲颈易折安瓿 6.1 亿只、5.9 亿只和 6.5 亿只。

(八)主要产品的主要用途及生命周期

品 种	主 要 用 途	生命周期
模制瓶	粉针制剂的包装	成熟
管制瓶	粉针制剂、口服液的包装	成熟
曲折易折安瓿	水针制剂的包装	成熟

(九)主要原材料、能源占生产成本的比例

	1998 年	1999 年	2000 年
煤	25.13	19.46	15.84
电	19.46	18.12	14.31
纯碱	13.09	11.14	8.64%
石黄砂	3.42%	2.76%	2.16%
硝酸钠	3.68%	2.68%	2.06%

(十)发行人近三年主要产品销售情况及营销策略

1、本公司利润的主要来源

本公司利润主要来源于模制瓶、管制瓶、曲颈易折安瓿的销售,上述三种产品近三年的销售收入占主营业务收入的比重见下表:

单位:元

项 目	2001 年度	比例(%)	2000 年度	比例(%)	1999 年度	比例(%)
模制瓶	277,379,658.04	79.23	218,762,036.42	74.63	190,664,513.92	82.50
安 瓿	10,761,792.31	3.07	23,425,296.00	7.99	11,744,468.82	5.08
管制瓶	19,986,294.80	5.71	25,851,267.00	8.82	12,438,853.69	5.38

2、近三年主要产品的销售情况

单位:亿只

品种年份	1999 年销量	2000 年销量	2001 年		
			产量	销量	产销率
模制瓶	52.87	65.6	73.78	71.46	96.86%
管制瓶	1.67	3.49	3.74	2.70	72.19%
曲颈易折安瓿	6.06	10.95	7.29	6.01	82.44%

3、产品价格及订价策略

本公司模制瓶在国内市场居于主导地位,但产品价格一直保持在合理的范围内,以避免利润率过高导致同行业其它厂家盲目扩大生产规模及行业外厂家进入。本公司其他产品根据市场供求情况及同类产品价格确定。

2001 年本公司主要产品价格表

单位:元/只

	模制瓶					管制瓶		安瓿		
规格	5mlB	7mlA、B	8ml	10 – 12ml	15 – 25ml	7ml	10ml	1ml	2ml	5ml
价格	0.038	0.035	0.09	0.13	0.18	0.068	0.09	0.015	0.018	0.045

注:以上价格为含税价

4、产品主要市场及主要客户

本公司产品销售区域分南方片、北方片、山东及哈尔滨片,覆盖除台湾、西藏外的国内所有省、市、自治区,以内销为主,少量产品销往东南亚。业务市场构成情况为南方片占 31%,销售额 10,853 万元;北方片占 30%,销售额 10,503 万元;山东及哈尔滨片占 39%,销售额 13,654 万元。(以上数据根据本公司 2001 年主要产品模制瓶、管制瓶、安瓿的销售情况统计)

国内主要客户包括:哈尔滨制药集团、上海先锋药业公司、东北制药总厂、石家庄制药集团、齐鲁制药厂、山东鲁抗制药股份有限公司、华北制药集团公司、山东新华制药股份有限公司、河北制药厂、河南新乡华星药厂、上海四药股份有限公司、上海新亚制药厂、深圳太太药业股份有限公司等。

针对国内医药市场的变化及本公司国际市场占有率较低的现状,本公司将加大对国内合资药厂的销售力度及国际市场开拓。

5、销售方式

本公司的销售方式为直销。本公司产品作为一种中间产品,直接面对的是众多制药企业,宜采用"门对门、户对户"的销售模式,本公司在开拓市场时,一般采取先占领区域内大药厂的市场,特别是有原料药生产能力的药厂,然后以大带小、以点带面。

(十一)本公司拥有的主要固定资产及无形资产

1、固定资产情况

根据山东乾聚有限责任会计师事务所出具的乾聚审字[2002]63 号审计报告,截止 2001 年 12 月 31 日本公司固定资产(合并报表)帐面原值 21,401.37 万元,累计折旧 7,908.40 万元,帐面净值 13,492.97 万元。本公司拥有房屋、建筑物共计 84,906.61 平方米,均拥有房屋产权权属证书。1999 年 – 2001 年固定资产价值和成新率情况如下:

单位:万元

年份	原值	净值	成新率(%)
1999 年	17,738.14	11,082.79	62.48
2000 年	19,466.44	12,596.28	64.71
2001 年	21,401.37	13,492.97	63.05

2、无形资产

截止 2001 年 12 月 31 日,本公司无形资产余额为 704.76 万元,系本公司以交纳出让金方式取得的土地使用权。本公司所有并使用的"沂蒙"牌商标,为山东省著名商标。本公司拥有玻璃瓶成型设备实用新型专利,国家专利局第 230792 号证书,专利号 ZL95 2 33399.4,有效期至 2006 年;玻璃管成型装置实用新型专利,国家知识产权局第 441332 号证书,专利号 ZL00 2 15295.9,有效期至 2010 年;玻璃瓶模具平行开关结构实用新型专利,国家知识产权局第 456152 号证书,专利号 ZL00 2 56459.9,有效期至 2010 年;行列式制瓶机的冲头机构实用新型专利,国家知识产权局第 455995 号证书,专利号 ZL00 2 56458.0,有效期至 2010 年;行列式制瓶机的口模夹钳装置实用新型专利,国家知识产权局第 458187 号证书,专利号 ZL00 2 57084.X,有效期至 2010 年。

(十二)产品质量控制情况

本公司于 1998 年通过 ISO9002 质量体系认证和中国方圆标志认证委员会产品质量认证。公司生产的各类产品均采用国家标准,并制定了严于国家标准的企业内控标准组织生产及作为出厂检验的依据,中国包装标准化技术委员会玻璃容器分技术委员会《标准评价证明书》对本公司的内控标准进行了鉴定。

模制瓶执行国家GB2640－90标准，现该项国家标准正在修订，本公司为起草单位之一，产品质量达到国际先进水平。管制瓶执行国家GB2641－90标准，等效采用ISO9362－1标准。曲颈易折安瓿执行国家GB2639－1995标准，参照采用ISO9187标准。棕色瓶执行国家GB2638－91标准，现该项国家标准正在修订，本公司为起草单位之一。

（十三）发行人主要技术情况

1、发行人的核心技术

本公司的核心技术为轻量薄壁模制瓶生产技术、高白料模制瓶生产技术、行列式制瓶机“四改五”技术、伺服平行剪供料技术、电动伺服分料技术、小口瓶压吹技术、窑炉全保温技术、玻璃料全自动配料技术、模具全喷焊技术及模具垂直风冷技术，主要通过自行研制或从国外引进先进设备消化吸收取得，上述技术均达到国内先进水平，其中行列式制瓶机“四改五”技术、伺服平行剪供料技术、电动伺服分料技术、小口压吹技术达到国际先进水平，行列式制瓶机“四改五”技术获得玻璃瓶成型设备实用新型专利。

2、产品技术所处阶段

本公司拥有生产模制瓶、管制瓶、曲颈易折安瓿、棕色瓶、玻璃管等产品的成熟技术，上述产品均处于大批量生产阶段。

3、研究开发情况

本公司于2000年被国家科技部认定为“国家火炬计划重点高新技术企业”，于1999年被山东省科学技术委员会认定为省级高新技术企业。

公司自主研制开发的具有高新技术含量的高白料模制抗生素瓶、轻量薄壁模制抗生素瓶1997年获国家级新产品证书，质量达到国际先进水平，填补国内空白。1999年模制抗生素瓶被法国科技质量监督评价委员会和中国国际贸易促进委员会评为高质量科技产品和向欧盟市场推荐产品，2000年轻量薄壁高档药用玻璃瓶项目入选国家级火炬计划，高白料模制瓶被中国包装技术协会和中国包装企业家联合会授予“中国包装科技成果奖”。1999年本公司自主开发的伺服平行剪供料机、行列式制瓶机“四改五”项目、全伺服行列式制瓶机和电动伺服分料系统等四项技术被山东省科委鉴定为省级科技成果。2000年全伺服行列式制瓶机、轻量薄壁模制瓶、高白料模制瓶、伺服式平行剪供料机、行列式制瓶机“四改五”项目、行列式制瓶机微机自动控制系统、电动伺服合料器系统获山东省一轻工业科学技术进步奖。

目前正从事的研究项目为进一步完善全伺服行列制瓶机。

十、关联方、关联关系与关联交易

（一）关联方和关联交易

1、法人关联方和关联关系

关联方名称	主营业务	注册资本	关联关系	企业类型	持股比例（%）	法定代表人
沂源县公有资产管理委员会	负责监督管理公有资产的保值增值	－－	控股股东	机关法人	59.8	公丕刚
淄博沂河药用玻璃有限公司	模制药用玻璃瓶生产、制造	210万美元	控股子公司	有限责任公司	75	柴文
沂源县康林实业有限公司	石油制品、化学制品、五金交电、钢材、塑料制品、五金工具的零售	60万人民币	控股子公司	有限责任公司	51	任为真

2、自然人关联方和关联关系

本公司目前的自然人关联方主要有公司的董事、监事、高级管理人员和核心技术人员，与自然人关联方之间的关联关系为劳动人事关系。

上述人员均依据《公司法》、《公司章程》和其他公司内部文件规定的程序产生，除公司董事长柴文先生兼任控股子公司沂河公司董事长，董事、总经理王宜明先生兼任控股子公司沂河公司董事外，其他人员没有在其他关联企业兼职情况。

（二）关联交易的内容、定价、决策程序和协议

1、与法人关联方沂源县公资委间的交易

本公司近三年发生的和仍在执行的关联交易事项为：2000年4月1日沂源县公资委借款500万元给本公司，并订立借款合同，合同到期日为2003年4月1日。借款利率按月息4.95‰计算。本公司已于2001年8月13日提前归还该借款。

2、与控股子公司沂河公司的关联交易

（1）沂河公司生产所需原材料由本公司集中统一采购，价格按市场价格确定，近三年本公司对其供货金额分别为1,351万元、1,068万元、1,299万元。

（2）沂河公司的产品由本公司集中统一销售，统一进行产品宣传和推广，其产品销售依赖于本公司的销售渠道。经双方协商，沂河公司每年分担240万元的销售费用（其中包括宣传费用、销售人员费用、铁路、公路运费等）。

（3）沂河公司生产经营所需的厂房和部分设备向本公司租赁使用，每年租赁费为259.2万元（具体资产项目及租赁费用见下表）；沂河公司因租赁本公司厂房进行生产经营而使用的水、电、汽按沂河公司实际使用量计收费用，并由本公司代收转付给沂源县自来水公司、沂源县电业局、沂源县热电厂等单位。

沂河公司租赁本公司资产明细表

单位：万元/年

项目	厂房	土地	退火炉	行列机	窑炉	供料机	其他设备	合计
数量	1300平方米	2600平方米	一台	三台	一座	三台	－－	－－
租金	3.2	1.3	6.7	38	200	2	8	259.2

上述关联交易均签订了相关协议。

本公司已根据《合并会计报表暂行规定》对合并会计报表编制范围及编制方法的规定将沂河公司财务状况和经营成果纳入公司合并会计报表。

3、与控股子公司康林公司的关联交易

康林公司与本公司存在生产辅助材料供应的关联交易，本公司每月根据生产经营情况向康林公司提供生产辅助材料需求计划，康林公司按该计划为本公司提供油品化工材料、五金配件材料、包装材料等生产辅助材料，价格按市场价格确定，具体情况见下表：

康林公司近三年向本公司供货情况表

项目	1999年	2000年	2001年
供货金额（万元）	286	1867	2583.49
占本公司各期采购总额的比例（%）	2.25	15.11	20.84

【注】康林公司对本公司供货金额占本公司采购总额的比例逐年上升，是因为本公司自2000年起生产辅助材料主要从康林公司采购。

康林公司2001年存货周转次数32.90次，应收帐款周转次数8.45次，资金使用效率高、周转速度快。

康林公司报告期内经营业绩的实现主要依赖于与本公司的关联交易。本公司已根据《合并会计报表暂行规定》对合并会计报表编制范围及编制方法的规定将康林公司财务状况和经营成果纳入公司合并会计报表，编制合并报表时，已将未实现的内部利润予以抵消，2001年抵消的未实现内部利润为117.16万元。

4、本次募股资金运用涉及的关联交易

根据目前的安排，本次募股资金的运用不涉及关联交易。

（三）规范关联交易的制度安排

为规范将来可能发生的关联交易，本公司2000年度股东大会审议通过的章程（修订案）规定：关联交易金额高于3000万元或占公司最近经审计净资产值5%以上的关联交易事项，须经股东大会审议批准；股东大会对关联交易进行表决时，有关关联方必须执行回避表决制度；关联交易金额在3000万元以下或占公司最近经审计净资产值5%以下的关联交易事项，须经董事会审议批准；董事会讨论关联交易事项时，关联董事应当回避表决；董事会指定独立董事根据客观标准判断关联交易是否对公司有利，必要时可聘请专业评估师、独立财务顾问进行评估；公司董事会就关联交易事项作出决议，应事先听取独立董事的意见。这些规定保证了关联交易的公允性和合理性。

（四）发行人律师、主承销商的意见

发行人律师对本公司所披露的关联方、关联关系和关联交易进行了核查验证，以下意见摘自发行人律师出具的法律意见书：“为进一步支持和促进公司及地方经济发展，2000年4月1日沂源县公资委借款500万元给公司，并订立借款合同，合同到期日为2003年4月1日，借款利率按月息4.95‰计算，公司已于2001年8月13日提前归还该借款；发行人未与控股股东的下属企业发生重大关联交易；发行人与控股子公司之间因生产、经营需要所发生的部分关联交易均属正常；上述关联交易公允，不存在损害发行人及其他股东利益的情况，没有违反法律、法规、公司章程的行为，公司管理层履行了应尽的诚信义务；发行人在公司章程（修订案）、股东大会议事规则、董事会议事规则中明确规定了关联交易公允决策程序；关联交易的决策程序能够充分保护中、小股东的权益；发行人对公司的关联方、关联关系、关联交易已作全面披露，没有重大遗漏或重大隐瞒。”

发行人主承销商已对本公司所披露的关联方、关联关系和关联交易进行了核查验证，并发表了以下意见：“公司已全面披露了关联方、关联关系和关联交易。发行人关联交易的决策程序合法有效，能充分保护中、小股东的权益。发行人已在公司章程（修订案）和其他文件中规定了关联交易的公允决策程序，有效地保证了将来可能发生的关联交易的公允性。”

十一、董事、监事、高级管理人员与核心技术人员

（一）公司董事、监事及其他高管人员、核心技术人员简历

1、董事会

柴文先生，1949年出生，大专文化，工程师，中国医药包装协会常务理事，中国日用玻璃协会瓶罐玻璃专业委员会理事。曾获全国轻工系统优秀企业家、全国轻工系统劳动模范、山东省劳动模范等荣誉称号。1977年起历任山东省药用玻璃总厂生产技术科科长、常务副厂长、厂长、本公司董事长、总经理、党委书记。现任山东省第九届人大代表、本公司董事长、党委书记、淄博沂河药用玻璃有限公司董事长。

王宜明先生，1965年出生，大专文化，高级工程师。1993年起历任本公司生产技术科科长、副总经理、常务副总经理、党委副书记。王宜明先生长期分管公司技术更新改造和技术开发，主持和参与了公司高白料轻量玻璃瓶攻关、行列式制瓶机综合改造提速攻关、行列式制瓶机“四滴料改五滴料”攻关等数十项重大攻关课题，另外参与了模制抗生素瓶新国家标准的修订工作；在管理方面，积极推行规范化管理，在其主持下，本公司于1998年通过了ISO9002质量体系认证和方圆产品质量认证。曾被评为淄博市优秀青年厂长（经理）。王宜明先生现任本公司董事、总经理、党委副书记，淄博沂河药用玻璃有限公司董事，淄博市青年企业家协会理事。

扈永刚先生，1965年出生，大专文化，工程师。1981年参加工作，曾任山东省药用玻璃总厂车间主任、本公司车间主任。现任本公司董事、副总经理。

陈永康先生，1957年出生，高中文化，工程师。1976年参加工作，曾任山东省药用玻璃总厂车间主任、本公司车间主任、生产技术科科长、总经理助理。现任本公司董事、副总经理。

黄学袖先生，1932年出生，高级工程师。曾任轻工业部玻璃搪瓷处处长、中国日用玻璃协会理事。现任本公司独立董事、中国硅酸盐学会玻璃专业委员会副主任、中国日用玻璃协会技术咨询委员会顾问。

权绍宁先生，1960年出生，法学学士，高级律师。曾任经纬律师事务所副主任、北京国证律师事务所主任、合伙人。现为本公司独立董事、浩天律师事务所高级合伙人。

本公司董事会由7人组成，因董事赵玉山辞职，现暂缺1人。

2、监事会

张志成先生，1956年出生，大专文化，政工师。1972年参加工作，曾任鲁山牧场副场长、场长、山东省药用玻璃总厂党委办公室副主任、本公司党委办公室副主任、副总经理。现任本公司监事会主席、纪委书记。

任文义先生，1954年出生，中专文化，经济师、政工师。1970年参加工作，曾任山东省药用玻璃总厂车间主任、生产技术科科长、纪委书记、本公司纪委书记、副总经理。现任本公司监事。

王本利先生，1957年出生，中专文化，助理政工师。曾任山东省药用玻璃总厂办公室主任、党委办公室主任。经2000年12月26日召开的本公司第六届职工代表大会三次会议选举，担任本公司监事。

3、其他高级管理人员

周仕勇先生，1964年出生，大专文化，经济师。历任本公司企业管理科科长、企业管理处处长、副总经理、董事、董事会秘书。现任本公司副总经理、董事会秘书。

张富春先生，1958年出生，大专文化，会计师。历任本公司财务科科长、总经理助理、副总经理、董事。现任本公司副总经理。

周在义先生，1960年出生，大专文化，工程师。历任本公司办公室副主任、供应处处长、总经理助理、副总经理、董事。现任本公司副总经理。

4、核心技术人员

姚春光先生，1967年出生，大学文化，工程师。曾参与本公司行列式制瓶机微机自动控制系统、玻璃配料微机自动控制系统、行列式制瓶机电气系统、平行剪供料技术、电动伺服分料技术的开发、研制工作。现任公司发展部部长。

苏玉才先生，1969年出生，大学文化，工程师。曾参与本公司行列式制瓶机提机速、行列式制瓶机“四滴料改五滴料”、高白料模制瓶等项目的开发、研制工作。现任公司制造部部长。

（二）本公司为稳定上述人员采取的措施

董事长年薪与年度利润总额完成情况挂钩，其他董事、监事每年津贴3万元；对高级管理人员实行年薪制，年薪与年度经营指标完成情况挂钩；与核心技术人员签订《劳动合同》，每年按其贡献大小给予奖励；对上述人员提供培训进修机会。

（三）公司董事、监事、其他高管人员及核心技术人员持股数量及比例

1、个人持股情况

姓名	所任职务	持股数量（股）	本次发行后的比例（‰）
柴　文	董事长	13,260	0.161
王宜明	董事、总经理	8,840	0.107
黄学袖	独立董事	0	0
权绍宁	独立董事	0	0
陈永康	董事、副总经理	340	0.004
扈永刚	董事、副总经理	8,840	0.107
张志成	监事会主席	8,840	0.107
任文义	监事	13,260	0.161

王本利	监事	4,760	0.058
周仕勇	董秘、副总经理	0	0
张富春	副总经理	8,840	0.107
周在义	副总经理	8,840	0.107
姚春光	发展部部长	8,840	0.107
苏玉才	制造部部长	0	0

2、家属持股情况

姓 名	亲属关系	持股数(股)	本次发行后的比例(‰)
白道英	柴文之妻	4,420	0.054
张文香	陈永康之妻	12,920	0.157
聂建芹	扈永刚之妻	4,420	0.054
刘化田	张富春之妻	4,420	0.054
唐加美	周在义之妻	7,990	0.097
白汝英	王宜明之妻	1,020	0.012
张珍兰	任文义之妻	5,440	0.066
刘兆英	王本利之妻	12,920	0.157
柴红霞	姚春光之妻	4,420	0.054
唐金风	苏玉才之妻	4,760	0.058

3、发行前三年,上述人员持股数量未发生变化,没有质押或冻结情况。

十二、公司治理结构

本公司于1993年5月28日召开山东省药用玻璃股份有限公司创立大会暨第一次股东大会,通过公司章程,选举公司董事会、监事会成员,并于2001年3月17日的2000年度股东大会增选2位独立董事;公司章程又经过1996年6月4日、1997年4月26日、1998年3月28日、1999年5月23日、2000年6月4日、2001年3月17日股东大会的修改,形成了《山东省药用玻璃股份有限公司章程(修订案)》;经过8年的股份制运作及不断改进,已建立起符合股份有限公司上市要求的公司治理结构。

(一)关于公司股东、股东大会

按照《公司章程》的规定,股东主要享有依照其所持有的股份份额获得股利和其他形式的利益分配;参加或者委派股东代理人参加股东会议;依照其所持有的股份份额行使表决权;对公司的经营行为进行监督,提出建议或者质询;依照法律、行政法规及公司章程的规定转让、赠与或质押其所持有的股份;依照法律、本章程的规定获得有关信息;公司终止或者清算时,按其所持有的股份份额参加公司剩余财产的分配;法律、行政法规所赋予的其他权利。

公司章程规定股东大会是公司的权力机构并依法行使决定公司经营方针和投资计划;选举和更换董事,决定有关董事的报酬事项;选举和更换由股东代表出任的监事,决定有关监事的报酬事项;审议批准公司的年度财务预算方案、决算方案等《公司法》所规定的权利。

股东大会分为股东年会和临时股东大会。股东年会每年召开一次,并应于上一个会计年度完结之后的六个月内举行。有下列情形之一的,公司在事实发生之日起两个月以内召开临时股东大会:1、董事人数不足《公司法》规定的法定最低人数,或者少于5人时;2、公司未弥补的亏损达股本总额的三分之一时;3、单独或者合并持有公司有表决权股份总数百分之十(不含投票代理权)以上的股东书面请求时;4、董事会认为必要时;5、监事会提议召开时。临时股东大会只对通知中列明的事项作出决议。公司召开股东大会,持有或合并持有公司发行在外有表决权股份总数的百分之五以上的股东有权向公司提出新的提案。股东大会提案应当符合下列条件:1、内容与法律、法规和章程的规定不相抵触,并且属于公司经营范围和股东大会职责范围;2、有明确议题和具体决议事项;3、以书面形式提交或送达董事会。

自公司成立以来,董事会已提议召开了10次股东大会(临时股东大会),对《公司章程》的订立和修改、选举董事、股利分配方案、重大投资决策、本次发行及授权、募集资金投向等作出决议。

(二)关于公司董事会

公司董事会由7名董事组成,设董事长一人。

按照公司章程规定,公司董事为自然人。董事无需持有公司股份;《公司法》第57、第58条规定的情形以及被中国证监会确定为市场禁入者,并且禁入尚未解除的人员,不得担任公司的董事;董事由股东大会选举或更换,换届选举办法和增补办法以提案形式经股东大会普通决议通过后实施,董事任期三年,董事任期届满,可连选连任;董事在任期届满以前,股东大会不得无故解除其职务;董事任期从股东大会决议通过之日起计算,至本届董事会任期届满时为止;公司设董事会,对股东大会负责。

公司在董事会建立了独立董事制度,公司章程(修订案)规定独立董事人数不低于2人,公司已聘请黄学袖、权绍宁担任公司的独立董事。

公司规定独立董事不得由公司股东或股东单位的任职人员、公司的内部人员以及与公司关联人或公司管理层有利益关系的人员担任。独立董事应提出客观公正的意见。当公司决策面临内部人控制和同控股股东等之间存在利益冲突时,独立董事可征求外部独立顾问的咨询意见,公司应为此提供条件。独立董事应保证投入足够的时间履行其职责。独立董事在就职前应就其是否有足够的时间和精力履行职责向董事会作出声明。独立董事候选人可以由股东、董事会提出。合计持有公司5%股份的股东可以联合提名独立董事候选人。对公司有控制权的股东所提名的独立董事候选人不得超过1人。董事会下设的专业委员会应包括独立董事。公司董事会指定独立董事根据客观标准判断关联交易是否对公司有利,必要时可聘请专业评估师、独立财务顾问进行评估。公司董事会就关联交易事项作出决议,应事先听取独立董事的意见。公司在年度报告中披露独立董事的人数、资历、与会、表决等具体情况。

董事会负责召集股东大会,并向大会报告工作;执行股东大会的决议;决定公司的经营计划和投资方案等《公司法》规定的职权并在股东大会授权范围内,决定公司对外投资、资产转让、抵押、担保、其他资产处置事项及关联交易事项。

董事会每年至少召开两次会议,由董事长召集,于会议召开十日以前书面通知全体董事。有下列情形之一的,董事长应在10个工作日内召集临时董事会会议:1、董事长认为必要时;2、三分之一以上董事联名提议时;3、监事会提议时;4、经理提议时。董事会会议应当由二分之一以上董事出席方可举行。每一位董事有一票表决权。董事会作出决议,必须经全体董事的过半数通过。

(三)关于公司监事会

公司监事会由三名监事组成,设监事会主席一人。监事会主席不能履行职权时,由该主席指定一名监事代行其职权。监事由股东代表和公司职工代表担任。公司职工代表担任的监事不得少于监事人数的三分之一。

监事会有权制订监事会议事规则;检查公司的财务;对董事、经理和其他高级管理人员执行公司职务时违反法律、法规或者章程的行为进行监督;当董事、经理和其他高级管理人员的行为损害公司的利益时,要求其予以纠正,必要时向股东大会或国家有关主管机关报告;提议召开临时股东大会;列席董事会会议及股东大会授予的其他职权。监事会行使职权时,必要时可以聘请律师事务所、会计师事务所等专业性机构给予帮助,由此发生的费用由公司承担。监事会每年至少召开一次会议。会议通知应当在会议召开十日前书面送达全体监事。监事会会议应当由二分之一以上的监事出席方可举行。每一位监事有一票表决权。监事会作出的决议,必须经全体监事的过半数通过。

(四)重大生产经营、投资决策和重要财务决策程序与规则

本公司的决策系统由内设职能部门、总经理工作会议、董事会专业委员会、董事会和股东大会等不同级次的决策层组成,依据公司章程(修订案)、"三会一层"《议事规则》等公司文件,采取一系列分权、分责、授权的安排,科学有效地进行决策。

1、重大投资决策程序与规则

金额在500万元以下(含500万元)的投资决策,首先由公司主管副总经理组织有关职能部门编制投资初步方案及可行性研究报告;然后由总经理主持召开扩大会议,研究并确定投资方案,并付诸实施。金额在500万元以上、3000万元以下(含3000万元)的投资决策,需委托具有资质的专业机构或咨询机构编制可行性研究报告,由总经理扩大会议确定投资方案后,上报公司董事会;经董事会投资决策委员会审查后,提交董事会审议通过,并付诸实施。金额在3000万元以上的投资项目,按上述程序由董事会审议通过后,须提交本公司股东大会审议批准。以上投资决策,涉及关联交易的,按公司关联交易的决策程序执行。

2、重要财务决策程序与规则

(1)财务管理体制:本公司实行集中领导、分级管理的财务管理体制。公司财务部负责全公司的经济核算、财务预决算(草案)编制、财务管理和重大投资决策的财务评价等工作;各二级核算单位(车间或分厂)负责本单位的经济核算。

(2)筹资的决策程序与规则:依照公司章程,本公司增资扩股和发行债券须经股东大会特别决议通过;根据公司董事会议事规则和财务管理制度,总经理在董事会授权范围内,依据公司董事会制订的年度财务预算方案、决定的公司经营计划和投资方案,拟订年度贷款和使用计划,报董事会批准后,根据公司实际生产经营需要实施;未经股东大会或董事会决议通过,公司各分支机构一律不得擅自筹集资金。

(3)对外担保的决策程序与规则:以公司资产对外提供担保的,必须经公司董事会或股东大会审议通过。金额在3,000万元(含3,000万元)以下的担保事项,由董事会审计委员会审查后,董事会表决通过后实施。金额在3,000万元以上的对外担保,董事会审议通过后,须提交本公司股东大会审议批准。未经股东大会或董事会决议通过,董事、经理以及公司的分支机构不得擅自代表公司签订担保合同。

(4)利润分配的决策程序和规则:公司董事会拟订《利润分配预案》,报股东大会审议通过后实施。

(五)内部控制制度完整性、合理性和有效性的自我评估意见

以上内部控制制度是依据国家有关法律、法规,并结合本公司实际制定的,并经过本公司多年来生产经营和企业管理的实践不断补充、完善和提高,具有很强的针对性和可操作性。在以上内部控制制度的保证下,本公司守法经营,运行稳定,有效地规避了各项经营风险。

本公司董事会确信本公司内部控制制度具有完整性、合理性和有效性,但由于本公司地处沂蒙山区,地理位置相对偏僻,在信息的搜集、整理方面还存在欠缺。本公司拟聘请专业机构重新制订信息搜集、整理、分析管理制度。

(六)主承销商、会计师事务所对本公司内部控制制度的评价

1、主承销商关于公司内部控制制度的评估意见

(1)完整性。公司已制定了产品开发、生产、销售、质量控制、人力资源配置、财务核算审计等一系列考核管理制度,基本覆盖了公司法人治理结构的各个层面、人财物、产供销管理的各个方面,体系较为完整,但在信息的搜集、整理、分析方面的制度还需进一步完善。

(2)合理性。公司现有的内部控制制度是根据公司自身特点,结合公司多年业务发展情况和公司营运管理经验制定的,在合理性方面不存在重大缺陷。

(3)有效性。公司内控制度在重要方面执行情况良好,但仍需进一步提高信息在公司各部门间的传递效率。

2、会计师事务所关于公司内部控制制度评价报告的结论性意见

2001年11月山东乾聚有限责任会计师事务所对本公司内部控制制度进行了审核,并出具了"乾聚专审字(2001)66号"《内部控制审核报告》,报告认为:

"我们认为,贵公司按照控制标准于2001年9月30日在所有重大方面保持了与会计报表编制相关的有效的内部控制。"

十三、主要财务会计信息

本章所披露或引用的财务会计信息,若未作特别说明的,均摘自山东乾聚有限责任会计师事务所乾聚审字[2002]63号《审计报告》。

本章所披露或引用的财务会计信息除特别指明外,均为合并报表口径。

(一)经审计的会计资料

1、简要会计报表

(1)简要资产负债表(附后)

(2)简要利润表(附后)

(3)简要现金流量表(附后)

2、财务报表的编制原则

(1)财务报表的编制基准

本公司前身为国有工业企业,改制成立前执行《工业企业会计制度》;1993年股份公司成立后,执行《股份制试点企业会计制度》;1998年1月1日起执行《股份有限公司会计制度》;2001年1月1日起执行《企业会计制度》。2001年1月1日以前的会计报表已按《企业会计制度》的相关规定进行了适当调整。

(2)合并报表范围及其变化情况

本公司对拥有超过50%以上股权并具有实质控制权,或虽然拥有不足50%以上股权,但具有实质控制权的被投资单位,纳入合并范围。目前纳入公司合并报表范围的有控股子公司沂河公司和康林公司。

(3)合并报表的编制方法

根据财政部财会字[1995]11号《合并会计报表暂行规定》及财政部财会字[1996]2号文的补充规定,以母公司及纳入合并范围的子公司个别会计报表及其有关资料为依据,经抵销内部投资、内部交易和内部债权债务等会计事项,合并各项目数额编制而成。合并报表中的子公司所采用的会计制度与母公司会计制度不存在重大差异。

3、公司1999-2001年度利润形成的有关情况

(1)销售收入总额和利润总额的变动趋势及原因

公司近三年实现的销售收入分别为23,110.71万元、29,311.47万元和35,010.89万元,2000年较1999年增长26.83%,2001年较2000年增长19.44%,保持强劲的增长势头。销售收入增长的主要原因如下:

①在主导产品模制瓶方面:由于近年来国内使用模制瓶包装的药品产量继续保持增长,2000年抗菌素类药物较1999年增长10.8%,其他抗感染药较1999年增长29.2%,导致模制瓶的市场需求继续保持增长;加之公司模制瓶继续保持着在同行业中的领先地位,市场地位和市场份额在巩固中不断提高,公司模制瓶的销售收入继续保持良好的增长势头,2000年较1999年增长14.74%,2001年较2000年增长26.80%。

②在管制瓶、安瓿和玻璃管等其他产品方面:由于近年来公司加强了管制瓶、安瓿和玻璃管的生产质量管理和市场促销力度,管制瓶、安瓿和玻璃管三种产品的销售收入得到了很大程度的增长,该三种产品2001年销售收入为4,101.35万元,较1999年2,844.95万元增长44.16%。

③在新产品方面:公司近年来积极顺应市场需求的变化,不断开发新产品,开发新的收入来源和利润点。公司于1999年根据国内市场保健品和口服液销量持续增长的形势,开发生产了新

产品—棕色瓶并及时投放市场，凭借已有的销售渠道和客户网络，逐步扩大市场；公司棕色瓶2000年销售收入为357.96万元，2001年销售收入为740.14万元。

近三年公司分别实现利润总额4,132.72万元、4,482.84万元和5,965.28万元，增长趋势明显，基本保持与销售收入增长同步。

(2)本公司1999－2000年度年末毛利率异常增加的原因

根据沂源县财政局源财企字(1997)第8号文的规定，县属国有(含国有控股企业)的财务决算自1997年度起执行先审后报的办法，即先由会计师事务所审计后报送年度报表，企业在当年12月份对全年多转或少转成本的情况进行一次性调整。本公司由于按上述要求调整了各年度12月份的会计报表，因此导致了各年度12月份毛利率异常增加，但是各年度间毛利率没有出现异常变化。经山东乾聚有限责任会计师事务所核查，本公司上述调整结果正确，自2000年6月，本公司取消了对主要原材料多转损耗的作法，本公司承诺今后将按国家有关规定规范帐务处理。

(3)近三年主营业务收入的主要构成

单位：元

项 目	2001年度	比例(%)	2000年度	比例(%)	1999年度	比例(%)
模制瓶	277,379,658.04	79.23	218,762,036.42	74.63	190,664,513.92	82.50
安 瓿	10,761,792.31	3.07	23,425,296.00	7.99	11,744,468.82	5.08
管制瓶	19,986,294.80	5.71	25,851,267.00	8.82	12,438,853.69	5.38
玻璃管	10,265,550.55	2.93	6,827,292.00	2.33	4,266,144.72	1.85
棕色瓶	7,401,364.47	2.11	3,579,642.00	1.22	－－	－－
包装箱	14,117,765.64	4.03	10,729,191.24	3.66	11,313,034.78	4.90
其 他	10,196,528.93	2.92	3,940,017.53	1.34	680,091.69	0.29
合 计	350,108,854.74	100.00	293,114,742.19	100.00	231,107,107.62	100.00

(4)适用的所得税税率及享受的财政、税收优惠政策

①本公司及控股子公司沂源康林实业有限公司适用的所得税税率为33%。

②本公司另一控股子公司淄博沂河药用玻璃有限公司系中外合资企业，适用的所得税税率为24%

③享受的税收优惠政策

A.本公司的控股子公司—中外合资企业淄博沂河药用玻璃有限公司所得税自获利年度1998年度起享受"二免三减半"的税收优惠，2000年－2002年该公司减半计交企业所得税。

B.1995年12月12日，沂源县人民政府发布《关于扶持山东省药用玻璃股份有限公司发展优惠政策的通知》(源政发[1995]92号)，该通知规定，自1995年至1999年对本公司采取所得税定额结算的办法，即由县地税局对公司依率计征所得税，对于超定额部分的所得税，通过财政列收列支的办法返还公司。此项优惠政策已于1999年执行完毕。

C.1998年3月9日，沂源县人民政府以源政发[1998]18号文批复，同意公司利用原山东第一机械厂搬迁后的原址闲置资产生产经营产品的所得税县级收入部分，由县财政通过先交后返或财政列收列支的办法予以返还。本公司利用此原址闲置资产设立的土门分公司实际仅在1999年度享受了此项税收优惠，2000年起停止执行该税收优惠政策。

山东省人民政府于2001年7月7日以《关于同意对山东省药用玻璃股份有限公司所得税返还政策进行确认的批复》(鲁政字[2001]194号)，对本公司及其土门分公司已享受的上述税收优惠予以确认。

④有关帐务处理及依据

A.本公司1995至1999年度所得税返还列作资本公积，其帐务处理的依据为沂源县人民政府源政发[1995]96号文《关于山东省药用玻璃股份有限公司享受税收优惠政策的补充规定》中规定："对于县财政返还给你公司的所得税款，你公司应于实际收到时计入公司资本公积。"

B.本公司土门分公司根据沂源县人民政府源政发(1998)18号文，返还1999年度所得税80万元。土门分公司在实际收到所得税返还时，直接冲减当期费用，其帐务处理的依据为：财政部财会[2000]3号文《关于印发股份有限公司税收返还等有关会计处理规定的通知》的规定"实行所得税先征后返的公司，应在实际收到返还的所得税时，冲减当期的所得税费用"；沂源县人民政府源政发(1998)18号文《关于山东省药用玻璃股份有限公司利用山东第一机械厂原址闲置资产问题的批复》中规定："你公司利用山东第一机械厂原址闲置资产生产经营产品的所得税县级收入部分，由县财政通过先交后返或财政列收列支的办法予以返还，增加你公司的净利润。"

4、固定资产、对外投资、有形资产和无形资产情况

(1)截至2001年12月31日的固定资产情况

单位：万元

固定资产种类	折旧年限(年)	固定资产原值	固定资产净值	会计成新度(%)
房屋及建筑物	30	7,676.80	6,154.46	80.17
通用设备	8－16	5,076.98	2,824.42	55.63
专用设备	2.5－12	7,845.34	4,006.51	51.07
运输工具	12	802.25	507.58	63.27
合 计		21,401.37	13,492.97	63.05

固定资产折旧：采用直线法计提，并按各类固定资产的原值、估计经济使用年限和预计残值(原值的3%)确定其折旧率。

(2)截至2001年12月31日的对外投资情况

①长期股权投资

被投资方	投资期限	初始投资额(元)	期末投资额(元)	股权投资占净资产的比例(%)	股权投资占被投资方的股权比例(%)	会计核算方法
沂河公司	无	13,072,500	20,848,313.17	9.69	75	权益法
康林公司	无	306,307.59	2,019,991.29	0.94	51	权益法
沂源县城市信用社	无	50,000.00	50,000.00	0.02	2.46	成本法

②长期债权投资

山东省重点建设债券，面值9.1万元，到期日1991年4月，年利率6%，该债券发行单位为山东省临沂地区坪岚铁路建设指挥部，担保单位为临沂地区财政局。该债券已经逾期但未能兑付，对其全额计提长期投资减值准备。

(3)有形资产情况

截止至2001年12月31日，本公司的有形资产净值为46,018.82万元。

有形资产＝资产总计—待摊费用—无形资产—长期待摊费用

(4)无形资产、待摊费用和长期待摊费用的情况

本公司无形资产全部为土地使用权，土地使用权按取得时的实际支出计价；土地使用权采用直线法按公司规定的年限20－40年期平均摊销。无形资产原始金额为922.88万元，2001年12月31日的摊余价值为704.76万元，剩余摊销年限13.99－38.92年。

截止2001年12月31日，本公司待摊费用和长期待摊费用均无余额。

5、主要债项情况

(1)银行借款

①短期借款

截止2001年12月31日，本公司短期借款余额为2,191.86万元，全部由山东瑞阳制药有限公司提供担保。

②一年内到期的长期借款

截止2001年12月31日，本公司一年内到期的长期借款为500万元，于2002年11月16日到期，由山东瑞阳制药有限公司提供担保。

③长期借款

截止2001年12月31日，本公司的长期借款情况如下：

单位：万元

贷款单位	金额	期 限	月利率	条件
中国工商银行沂源县支行	4,287.00	2000.7.25－2003.7.20	6.435‰	担保
中国工商银行沂源县支行	500.00	2000.12.29－2003.6.25	6.435‰	担保
中国工商银行沂源县支行	1,800.00	2001.6.29－2005.6.29	6.435‰	担保
合 计	6,587.00			

以上借款均由山东瑞阳制药有限公司提供担保。

(2)对内部人员及关联企业负债

①截止2001年12月31日，应付工资余额为347.31万元，为尚未支付的职工工效挂钩工资；应付福利费余额为1,532.82万元。

②截止2001年12月31日，本公司除应付股东股利100.55万元外，没有任何对关联企业的负债。

(3)或有负债

截止至2001年12月31日，本公司不存在合同承诺的债务、票据贴现、抵押及担保等任何形式的或有负债。

(4)逾期债项

截止至2001年12月31日，本公司没有逾期债项。

6、股东权益情况

单位：元

项目	2001年12月31日	2000年12月31日	1999年12月31日
股本	50,407,448.00	50,407,448.00	50,407,448.00
资本公积	21,783,828.47	21,783,828.47	21,783,828.47
盈余公积	37,072,062.35	30,358,159.82	25,700,043.55
其中：公益金	5,796,274.99	3,851,249.20	2,319,899.41
未分配利润	106,184,269.69	79,288,066.49	55,048,455.06
股东权益合计	215,447,608.51	181,837,502.78	152,939,775.08

(1)本公司股本1999年初为29,651,440股，1999年中期实施"十送三转增四"后，股本变更为50,407,448股，之后股本未再发生变化。

(2)本公司资本公积1999年初为21,994,404.47元，1999年因所得税返还增加11,650,000.00，转增股本减少11,860,576.00元，1999年底为21,783,828.47，之后资本公积未再发生变化。

(3)报告期内，本公司盈余公积各年增加数系根据当年可供分配利润的提取数，各年均未发生减少；公司合并报表盈余公积包括母公司计提的盈余公积和纳入合并范围的子公司提取的盈余公积中母公司应享有的份额。

7、现金流量情况

本公司2001年现金流量净额为2,008.44万元，其中经营性现金流量净额为2,860.37万元，投资活动产生的现金流量净额为－2,360.26万元，筹资活动产生的现金流量净额为1,505.03万元，汇率变动对现金的净影响额为3.30万元，本年度内，公司未发生不涉及现金收支的重大投资和筹资活动。

8、或有事项

截至2001年12月31日，公司不存在应披露的对外担保、未决诉讼等重大或有事项。

9、资产负债表日后事项

截止2002年3月6日，公司无重大需披露的资产负债表日后事项。

10、重大事项说明

本公司报告期内未发生任何重大关联交易事项，截止至2001年12月31日，无重大承诺事项。

截至2001年12月31日公司固定资产科目中宿舍楼帐面金额6,864,088.69元。该宿舍楼要按照房改政策进行房改，估计将会产生房改损失。损失的具体金额要待宿舍楼全部分配给职工且房改工作全部结束后才能测算。

11、设立时资产评估情况

(1)资产评估履行的程序

根据淄博市体改委淄体改股字(1992)66号文，原山东省药用玻璃总厂于1993年初进行股份制改造试点，淄博市国资局批准了山东省药用玻璃总厂资产评估立项，山东淄博鲁中审计师事务所出具淄鲁审事评字(1993)第9号《关于山东省药用玻璃总厂全部资产的评估报告》，淄博市国资局以淄国资估字(1993)12号《关于确认山东省药用玻璃总厂资产评估结果的通知》及淄国资企字(1993)14号《关于确认山东省药用玻璃总厂股权划分的通知》对原山东省药用玻璃总厂的资产评估结果和股权划分予以确认。

(2)评估方法

固定资产采用重置成本法进行评估，流动资产、负债按帐面值评估。

(3)有关评估情况

单位：元

项目	帐面值	评估值	增减率(%)
总资产	128,353,263.60	106,558,462.21	－16.98
负债	69,907,151.94	72,148,831.55	3.21
净资产	58,446,111.66	34,409,630.66	－41.13

净资产减值较多是因为总资产评估减值、负债评估增值。总资产评估减值是因为专项资产减值，专项资产减值主要内容是已完待转专项借款工程支出34,205,690.30元转销，并相应减少同额国家固定基金。负债评估增值主要原因是应付及暂收款评估增值2,241,679.61元。

12、历次验资情况

(1)本公司1993年11月成立时，注册资本为2280.88万元，由沂源县审计师事务所进行了验资并出具该所源审事验字(1993)76号《注册资金验证书》，验证各股东出资真实、到位。

(2)1997年4月本公司1996年度股东大会审议通过96年度分红方案为每10股送3股，注册资本增加至2965.144万元，山东淄博会计师事务所进行了验资并出具该所淄会师验字(99)72号《验资报告书》，验证各股东出资真实、到位。

本公司1997年送股，1999年才进行验资的原因是：本公司的送股行为1997年获得淄博市证券管理委员会批准后，至1999年才取得山东省政府的确认和批准，因此股本变更的验资手续至1999年才得以进行。

(3)1999年8月本公司1999年第一次临时股东大会审议通过1999年中期分红方案为每10股送3股，同时用资本公积金每10股转增4股，注册资本增加至5040.7448万元，山东博会有限责任会计师事务所进行了验资并出具了该所博会师验字(99)29号《验资报告书》，验证各股东出资真实、到位。

(二)主要财务指标

1、近三年主要财务指标

财务指标	2001年12月31日	2000年12月31日	1999年12月31日
流动比率	1.53	1.52	1.70
速动比率	1.06	1.02	1.17
应收帐款周转率(次)	3.94	3.17	2.24
存货周转率(次)	4.25	2.59	2.69

资产负债率(%)	52.93	52.58	56.22
每股净资产(元/股)	4.27	3.61	3.03
研发费用占主营收入比例(%)	2.05	1.94	1.02
每股经营活动现金流量(元/股)	0.57	--	--
每股收益(全面摊薄 元/股)	0.77	0.60	0.56
每股收益(加权平均 元/股)	0.77	0.60	0.56
净资产收益率(全面摊薄 %)	18.01	16.75	18.41
净资产收益率(加权平均 %)	19.53	18.11	22.63

【注】上述指标中,资产负债率为母公司指标,其他均为合并报表指标。

因本公司无形资产全部为土地使用权,所以无形资产(土地使用权除外)占总资产、净资产的比例都为零。

2、2001 年净资产收益率、每股收益指标

指 标	净资产收益率(%)		每股收益(元/股)	
	全面摊薄	加权平均	全面摊薄	加权平均
主营业务利润	58.78	63.75	2.51	2.51
营业利润	28.38	30.78	1.21	1.21
利润总额	27.69	30.03	1.18	1.18
净利润	18.01	19.53	0.77	0.77
扣除非经常损益后的净利润	18.66	20.24	0.80	0.80

加权平均每股收益和加权平均净资产收益率指标均按中国证监会《公开发行证券公司信息披露编报规则(第九号)》要求计算。

(三)公司管理层的财务分析

公司董事会及管理层结合近三年经审计的相关财务会计资料做出如下财务分析:

1、关于经营成果、盈利能力及前景分析

本公司近三年主营业务收入分别递增 26.83%、19.44%;净利润分别递增 8.15%、27.40%,主营业务收入和净利润继续保持稳步增长的势头。近三年全面摊薄净资产收益率分别为 18.41%、16.75%、18.01%,盈利能力较强。本公司主营收入主要来源于模制瓶、管制瓶,模制瓶国内市场占有率达 70%以上,在同行业中居于主导地位。管制瓶通过改造拉管生产线,产品质量得到提高,正逐步成为本公司第二个拳头产品。本次募股资金拟投资轻量薄壁高档药用玻璃瓶、高档生物制剂瓶及高档棕色瓶,这些项目的投产,将进一步扩大本公司在药用玻璃包装行业的领先优势。

2、关于资产质量及资产负债结构分析

截止 2001 年 12 月 31 日,本公司总资产为 46,723.58 万元,资产负债率为 52.93%(按母公司报表计算),流动比率为 1.53,速动比率为 1.06,资产负债结构合理且具有较强的偿债能力。

截止 2001 年 12 月 31 日,本公司流动资产为 27,145.39 万元,主要为应收帐款、存货和货币资金,占流动资产的比例分别为 31.37%、30.79%、18.19%。应收帐款帐龄在 1 年以内的占应收帐款总额的 96.39%,主要发生在与本公司有业务往来的大型制药企业,这些客户经营状况良好且有较高的信用,与本公司合作多年,所以应收帐款发生坏帐的可能性较小;存货为公司正常生产经营必需的周转额,价值稳定,可变现能力强;应收票据为 2,700.88 万元,全部为无风险的银行承兑汇票;长期投资为 5 万元,占总资产 0.01%;固定资产整体成新度(会计角度)为 63.05%,可以保证公司持续稳定发展;无形资产 704.76 万元系以出让方式取得的土地使用权的摊余价值,升值潜力较大,减值风险很小。

截止 2001 年 12 月 31 日,本公司总负债为 24,289.86 万元,无重大已到期仍未偿还的负债。

3、关于现金流量及偿债能力分析

公司 2001 年度经营活动产生的现金流量净额分别为 2,860.37 万元,现金流入稳定、充裕,可以充分保证正常生产经营活动的资金需求。本公司重视对客户资信状况和偿付能力的调查,并且采取有效措施加强应收帐款的回收工作,避免了坏帐损失,加快了资金回笼。

根据近三年的公司经营及目前现金流量情况,本公司有充裕的资金偿还到期债务。

4、股权结构分析

本公司的控股股东为沂源县公有资产管理委员会,持有本公司 59.8%的股权(本次发行前),对公司有较大程度的控制和影响。针对这种股权结构单一和股权过度集中可能产生的不利影响,本公司已在公司治理方面作了一系列的制度安排,详见"公司治理结构"章节。本次发行后,控股股东持股比例将降至 36.55%,将有利于公司法人治理结构的完善。

5、本公司主要财务优势及困难

本公司作为国内最大的医药包装企业之一,通过不断的技术创新,主导产品质量已经达到国际先进水平,国内制药企业都主要使用本公司的产品,本公司已拥有较稳定的客户资源,这为公司今后持续、稳步发展创造了良好的条件。

本公司目前的财务状况良好,主营业务突出,业绩优良,而且公司资产负债结构合理,具有一定的间接融资能力,但是,单靠间接融资或企业自身积累,发展速度太慢,会失去投资机会和市场机遇,因此,本公司拟公开发行股票并上市,通过直接融资来获取发展的资金,最终实现股东利益的长远最大化。

十四、业务发展目标

本公司的总体目标为,以提升我国医药包装业的整体水平为已任,到 2005 年,发展成为具有国际竞争力的国内规模最大、效益最好的药用包装企业集团。

(一)公司发展战略

1、产业及产品定位战略

立足于医药包装业,坚持规模化生产、专业化经营和规范化管理,在未来两年内,将公司从单一的药用玻璃包装企业逐步转型为以生产高质量药用玻璃瓶和与之配套的丁基胶塞、铝塑组合盖为主导产品的医药包装企业,在三至五年内,将公司发展成为服务于整个制药业的综合性药用包装企业集团。

2、组织战略

以形成良好的董事会架构和运作机制、坚持董事会和监事会运作的独立性为核心内容完善公司的治理结构;健全科学、民主、有效的决策机制;建立精简、高效、务实、创新的经营管理层;培养一个能保证公司可持续发展的学习型组织。

3、财务战略

继续推行稳健的财务战略,包括:以股东利益最大化目标,处理好公司短期利益与建立长期竞争优势的关系;继续推行全面财务预算管理,进一步完善公司的内控和内审制度;加强预算的过程控制和结果评估,巩固本公司在行业内的成本领先优势;谨慎筹资、有效运用、适度扩张,坚持公司发展速度符合健康标准的原则。

4、市场营销战略

坚持"抓大不放小,让利不让市场"营销理念,巩固主导产品的市场占有率,大幅提高其他产品市场竞争力;在巩固国内市场的基础上,加大国际市场的开拓力度。

5、技术与产品开发战略

围绕提高产品的市场竞争力、增加产品的附加值为中心实施技术和产品开发战略。一如既往地搞好设备和技术的"引进、消化、吸收"工作,加大科研投入,创建省级和国家级企业技术中心,力争三至五年内,全部产品的技术水平达到或接近国际先进水平。

(二)整体经营目标

以市场需求为导向,以医药包装为主业,以技术创新、产品开发为依托,充分发挥公司高科技优势,对传统的生产工艺进行改造,发展高新技术产品,全面提升公司在药用包装行业的核心竞争力,以一流的设备、一流的技术、一流的产品、一流的服务,实现公司规模和盈利能力的稳步增长,确保公司的可持续发展。

本公司力争在 2004 年实现"两个突破",即公司总资产突破 10 亿元,税后利润突破 1 亿元。

(三)主要业务的经营目标

巩固公司主导产品在国内市场的领先地位,迅速提高处于成长期产品的市场占有率和盈利能力,保证新投资项目早投产、早见效,提高公司参与国际市场竞争能力。

(四)公司的经营理念

本公司以提升我国医药包装业的整体水平为已任,秉承"求实创新,拼搏奋进"的企业精神,坚持"自我加压,追求卓越"的质量方针,奉行"成本领先,客户第一"的竞争策略。

(五)具体业务计划

1、产品开发计划

未来两年重点开发生产以下产品:加快实现高白料轻量薄壁瓶的规模化生产,相应压缩普通模制瓶的产量;开发生产高档生物制剂管制瓶和模制瓶;开发药用丁基胶塞;开发生产药用铝塑组合盖;开发生产高档药用塑料瓶;扩大高档棕色药用玻璃瓶的生产规模。

在做好以上产品开发生产的同时,公司将根据每类药品的配伍性要求,研究开发新型包装材料,做到"应用一代,开发一代,储备一代"。

2、人员扩充及人才发展计划

为有效实施本次募股资金投资项目,未来两年公司人员将增加 30%。

本公司通过严格的岗位竞聘制度和系统的员工培训制度提高职工队伍的整体素质,今后,公司将加大人才的引进力度,在企业管理方面,公司将聘任一批财务、金融、法律和投资等方面的专业人才;在技术和产品开发方面,以吸引行业内的实用技术型人才、科研开发型人才、技术管理型人才为主;在市场营销方面,将聘任具有国际贸易经验的专业人才。公司将努力营造吸引行业内一流人才的良好环境,坚持以人为本,唯才是举的用人原则,完善激励、竞争、淘汰机制,实现"一流的药用包装人才在药玻"人力资源管理目标。

3、技术开发和创新计划

公司将大力推进现有专利技术和各项科研成果的推广应用工作,以提高产品质量档次和附加值,保持公司在行业技术上的领先地位。未来两年,本公司的技术开发和创新计划主要有:进一步完善全伺服行列式制瓶机;进行玻璃窑炉计算机控制改造;引进玻璃瓶光电自动检测设备,对玻璃的自动检测和控制实现光电自动化;加强新型模具的研制开发,采用先进的模具毛坯铸造技术和检测手段,以满足公司不断提高产品质量的需要;根据每类药品的配伍性要求,研究开发新型包装材料,最大限度地保护药品性能。

4、市场开发和营销网络建设计划

(1)继续巩固保持模制瓶的规模优势,不断开发新产品,适应客户需求,进一步提高产品国内市场占有率。

(2)进一步完善国内营销网络。加强西南地区的市场开拓,加大对需求增长强劲的中外合资药厂的营销力度,迅速建立现有产品与新开发产品共享营销网络。

(3)努力拓展国际市场,通过自营、代理和设立境外营销机构等方式,实现产品出口,增强出口创汇的能力。

5、再融资计划

本次募股资金基本满足了公司近期发展规划的需要,公司将根据发展需要实施再融资计划,以确保公司的可持续发展。

6、收购兼并及对外扩充计划

公司近两年将致力于募股资金投资项目的建设,尚无收购和对外扩充计划。

7、深化改革和组织结构调整的规划

公司将加强董事会对经理层的监督与考核,推行年薪制,强调薪酬与业绩挂钩;公司将根据募股资金投资项目的实施进度,适时调整公司的组织结构。

8、国际化经营的规划

本公司将以东南亚和欧盟市场为突破口,开拓国际市场。

(六)拟定业务发展计划所依据的假设条件

本次股票发行能够在 2002 年上半年完成,募股资金在 2002 年上半年到位。

国家宏观经济和社会环境处于正常发展状态,没有对公司发展产生重大影响的不可抗力的现象发生。

国家整顿药品流通市场、打击假冒伪劣和淘汰低劣质药包材产品的措施能够得到贯彻执行。

(七)实现业务发展计划将面临的主要困难

本次发行成功后,公司的资产规模急剧扩张,公司需较大幅度地调整内部管理和组织结构,以适应公司发展。同时,公司地处较为偏僻的沂蒙山区,吸引和留住大量的实用技术型、技术管理型和经营管理型人才将成为公司人力资源管理的重要目标。

(八)业务发展计划与现有业务的关系

上述业务发展计划的制定充分考虑了公司现有业务的历史、现实和发展趋势,有效整合了公司资源,强化和扩充了公司的主营业务,符合公司的总体发展目标,符合公司长期坚持的"靠技术进步把企业做强,靠市场营销把企业做大,靠规范管理把企业做好"的经营管理模式。

(九)募股资金运用对实现业务目标的作用

募股资金的成功运用有利于加快实现本公司的总体目标,进一步提高公司的核心竞争力。本次募股资金将改变以往"小规模积累,小规模技改,小步快跑"的业务发展格局,使公司进入健康、快速发展的轨道。

募股资金投资项目以公司现有客户需求为中心,为公司现有客户提供高质量的医用包装材料。其中:国家火炬计划项目的实施能全面提升公司现有产品的质量;高档生物制剂瓶、高档药用棕色瓶和药用塑料瓶项目立足于公司的技术、市场、人才、品牌和设备优势,能低成本、高效率地拓宽了公司的主营业务;丁基胶塞和高档铝塑组合盖项目实现了"瓶子"+"塞子"+"盖子"的配套供应能力,可与现有产品共享客户资源。

十五、募股资金运用

(一)预计募股资金总量及其依据

本公司拟向社会公开募集股份 3,200 万股,按每股 11.25-12.18 元溢价发行,扣除发行费用后,募集资金净额为 34,781.50-37,681.61 万元。

为实现公司的业务发展目标,有效整合公司资源,为国内外制药企业提供系列化、专业化的医药包装产品和服务,提高我国医药包装业的整体水平,本公司拟将募集资金投资于药用瓶的建设,以全面提升公司主营业务的竞争力;另外还投资于与药用玻璃瓶配套使用的丁基胶塞和铝塑组合盖项目,为公司的客户提供更为完整的服务。本次募股资金投资项目均获得有权部门的批准。

(二)本次募股资金运用计划表

单位:万元

序号	项目名称	项目总投资	建设投资	铺底流动资金	本次募集资金投入 2001年	2002年	产生效益时间(年)	投资回收期(年)	投资利润率(%)

1	年产5亿只丁基胶塞生产线	4375	4238	137	200	4175	2003	6.28	19.14
2	年产20亿只药用铝塑组合盖	4304	4100	204	206	4098	2003	6.64	21.15
3	年产1.04亿只药用塑料瓶生产线	4183	4033	150	153	4030	2003	6.27	22.22
4	轻量薄壁高档药用玻璃瓶	6000	5743	257	194	5806	2003	5.2	26.8
5	高档生物制剂管制瓶	6427.36	6292.36	135	184	6243.36	2003	5.25	23.04
	高档生物制剂模制瓶	6386	6245	141	212	6174	2003	5.13	23.68
6	年产1.8亿只高档棕色药用玻璃瓶	2984	2856	128	235	2749	2003	4.51	40.97
	合 计	34659.36	33507.36	1152	1384	33275.36			

上述项目资金运用轻重缓急以项目排列顺序为准,项目运用出现资金闲置时,该项资金存入银行或进行国债买卖等短期投资。

本次募股资金的实际投入时间将按募集资金实际到位时间和项目的进展情况做相应调整。

若因发行市场化原因导致募股资金高于投资项目所需资金,多募资金将用于弥补公司流动资金。

(三)本次募股资金运用以下固定资产投资项目

1、年产5亿只丁基胶塞生产线项目

该项目已经山东省发展计划委员会 鲁计工业(2001)385号文批复。本项目生产经营期为12年(含建设期1年),达产后,预计年新增营业收入4,600万元,投资利润率为19.14%,财务内部收益率为16.44%,投资回收期为6.28年(含建设期1年)。

2、年产20亿只药用铝塑组合盖生产线

该项目已经山东省发展计划委员会 鲁计工业(2001)383号文批复。本项目生产经营期为20年(含建设期1年),项目达产后预计年新增营业收入8,360万元,投资利润率21.15%,财务内部收益率17.59%,投资回收期6.64年(含建设期1年)。

3、年产1.04亿只药用塑料瓶生产线项目

该项目已经山东省发展计划委员会 鲁计工业(2001)386号文批复。本项目生产经营期为12年(含建设期1年),项目达产后,预计年新增营业收入3,519万元,投资利润率为22.22%,财务内部收益率为18.76%,投资回收期为6.27(含建设期1年)。

4、轻量薄壁高档药用玻璃瓶项目

该项目已经国家科学技术部国科发计字(2000)111号文批复,为国家级火炬计划项目。项目达产后,预计年新增营业收入5000万元,投资利润率为26.80%,财务内部收益率为22.60%,投资回收期为5.2年(含建设期1年)。

5、高档生物制剂瓶工程项目

高档生物制剂管制瓶项目已经山东省发展计划委员会 鲁计工业(2001)514号文批复。高档生物制剂模制瓶项目已经山东省发展计划委员会鲁计工业(2001)516号文批复。管制生物制剂瓶:生产经营期为14年(含建设期1年),项目达产后,年新增营业收入4,600万元,投资利润率为26.91%,财务内部收益率为23.04%,投资回收期5.25年(含建设期1年);模制生物制剂瓶:项目达产后,年新增营业收入5,280万元,投资利润率为26.31%,财务内部收益率为23.68%,投资回收期5.13年(含建设期1年)。

6、年产1.8亿只高档棕色药用玻璃瓶生产线

该项目已经山东省发展计划委员会 鲁计工业(2001)384号文批复。本项目生产经营期为20年(含建设期1年),项目达产后预计年新增营业收入4,968万元,投资利润率为40.97%,财务内部收益率为29.83%,投资回收期为4.51年(含建设期1年)。

十六、发行定价及股利分配政策

(一)发行定价

根据《证券法》第28条规定和中国证监会证监发行字(2000)131号文精神,按照公司经营的实际情况、二级市场同行业的整体价格水平,由本公司与主承销商协商一致,确定本次发行价格区间位11.25—12.18元/股,发行市盈率为14.61—15.82倍(按2001年每股收益计算)。

(二)股利分配政策

1、本公司将按照同股同权的原则,在每个会计年度结束后的六个月内,由公司董事会根据该会计年度的经营业绩和未来的生产经营计划提出股利分配方案,经股东大会审议批准后予以执行。

2、根据公司章程规定,本公司每一会计年度的净利润按下列顺序分配:弥补亏损;提取10%法定公积金;提取5%法定公益金;提取任意公积金,比例由股东大会决定;支付股利。

3、本公司在弥补亏损和提取法定公积金、法定公益金之前,不得向股东分配利润。当法定公积金达到公司注册资本的50%时,可不再提取。每一个年度具体的利润分配比例和派付方式由董事会提议,报股东大会批准。

4、本公司采取现金或股票的形式派发股利。

5、本公司近三年股利分配情况

1999年5月,经公司1998年度股东大会审议通过,1998年度分红方案为:向全体股东每10股派发3元红利;1999年8月,经公司1999年第一次临时股东大会审议通过,1999年中期分红方案为向全体股东每10股送3股红股,同时资本公积金每10股转增4股;2000年6月,经公司1999年度股东大会审议通过,1999年度分红方案为:1999年度税后利润暂不分配;2001年3月,公司2000年度股东大会审议通过,2000年度分红方案为:向全体股东每10股派发0.3元红利。

6、经公司2001年3月17日召开的2000年度股东大会决议通过,本次发行完成前滚存未分配利润由本次发行后的新老股东共享。

预计本次股票公开发行后的首次股利分配时间为2002年8月前。

十七、其他重要事项

(一)发行人信息披露制度

1、公开披露的文件包括(但不限于)

招股说明书全文及其摘要、上市公告书、定期报告(包括年度报告和中期报告)、临时报告(包括股东大会、董事会和监事会决议、关联交易决议、收购兼并公告和其他重大事件公告等)。

2、公开披露信息的原则

(1)真实性原则:确保本公司公开的信息不含有任何虚假成分,必须与自身客观实际相符。

(2)完整性原则:确保本公司必须把能够提供投资者判断证券投资价值的情况全部公开。

(3)准确性原则:确保本公司公开的信息必须尽可能详尽、具体、准确。

(4)及时性原则:确保本公司必须在法定期限内公开有关文件,发生重大事件时也必须迅速公开。

3、公开信息披露事务管理

本公司董事会秘书负责信息披露事务,包括与中国证监会、上海证券交易所、有关证券经营机构、新闻机构等联系,并回答社会公众提出的问题。

公司董事会秘书:周仕勇

对外咨询电话:0533-3242312-2028　　传真:0533—3243376

邮政编码:256100

电子信箱:sdyb@pharmglass.com

互联网址:www.pharmglass.com

4、信息指定披露媒体

报刊:《中国证券报》、《上海证券报》、《证券时报》。

网站:www.sse.com.cn

5、公司除在信息披露指定报刊上披露信息外,还可以根据需要在其他报刊或媒体上披露信息,但必须确保:

(1)指定报刊不晚于非指定报刊或媒体披露信息;

(2)在不同报刊或媒体上披露同一信息的内容一致。

(二)重要合同

1、本公司(销售方)正在履行的标的在500万元以上的销售合同如下:

序号	购买方	标的	数量(亿支)	价款(万元)
1	哈药集团制药总厂	模制瓶、管制瓶	17.69	7,545.00
2	石家庄制药集团河药分厂	模制瓶	5.4	2,112.00
3	华北制药集团制剂分厂	模制瓶	4	1,560.00
4	东北制药总厂	模制瓶、管制瓶	0.96	806.25
5	上海新亚药业有限公司	模制瓶	1.2	776.00
6	上海四药有限公司	模制瓶	1.8	774.00
7	河南新乡华星药厂	模制瓶	2.2	770.00
8	河北张药股份有限公司	模制瓶、管制瓶	1.14	524.00
合计			34.39	14,867.25

产品质量标准按GB2640执行,合同有效期均为2002年年底,争议解决的方式为协商或仲裁。

2、本公司(购买方)正在履行的标的在500万元以上的采购合同如下:

序号	供货方	标的	数量(吨)	价款(万元)
1	大同市北铁工贸有限责任公司	块煤	33000	1,122.00
2	陕西神木榆家梁气化煤有限公司	有烟块煤	21600	734.40
3	陕西神木县榆家梁气化煤有限公司	块煤	14000	532.00

产品质量标准按双方协定执行,合同有效期均为2002年年底,争议解决的方式为协商或仲裁。

3、本公司正在履行的标的在500万元以上的借款合同如下:

序号	借款单位	金额(万元)	到期日	月利率(‰)
1、	中国工商银行沂源县支行	4287	2003.7.20	6.435
2、	中国工商银行沂源县支行	500	2003.6.25	6.435
3、	中国工商银行沂源县支行	500	2002.7.26	4.875
4、	中国工商银行沂源县支行	500	2002.11.16	6.435
5、	中国工商银行沂源县支行	1800	2005.6.29	6.435
6、	中国工商银行沂源县支行	500	2002.12.18	6.435
7、	中国工商银行淄博市分行	144万美元	2002.12.7	6.5625

(三)与公司有关的诉讼、仲裁、行政处罚等情况

根据发行人律师的适当核查,截至出具法律意见之日,未发现针对本公司的并将对本公司的财务、经营状况产生实质性影响从而导致其股票不能公开发行上市的重大诉讼、仲裁或行政处罚,亦未发现任何可预见的针对本公司的该等重大诉讼、仲裁或行政处罚。

(四)持有本公司20%以上(含20%)的主要股东、控股子公司、发行人董事、监事、高级管理人员和核心技术人员没有重大诉讼或仲裁事项。

(五)本公司董事、监事、高级管理人员和核心技术人员均未受过刑事诉讼等情况。

十八、附录和备查文件

一、附录

1、审计报告、财务报表差异调节表及附注

2、发行人2002年预期利润率不低于同期银行存款利率的承诺及主承销商和律师的核查意见

二、备查文件

1、资产评估报告

2、验资报告

3、发行人律师法律意见书

4、发行人的公司章程和实施细则

5、关于本次发行的股东大会决议

6、有关重要合同

7、发行人成立的注册登记文件

8、发行人的营业执照

9、政府部门和证券交易所批准发行上市的文件

10、承销协议

11、关联交易协议

12、关于资产评估的确认报告

13、证监会要求的其它文件

查阅期间:2002年5月15日至2002年8月15日

查阅地点:山东省药用玻璃股份有限公司

平安证券有限责任公司

山东省药用玻璃股份有限公司

2002年5月15日

600529 山东省药用玻璃股份有限公司

上市公告书

一、重要声明与提示

本公司董事会保证上市公告书的真实性、准确性、完整性,全体董事承诺上市公告书不存在虚假记载、误导性陈述或重大遗漏,并承担个别和连带的法律责任。

根据《公司法》、《证券法》等有关法律、法规的规定,本公司董事、高级管理人员已依法履行诚信和勤勉尽责的义务和责任。

证券交易所、中国证监会、其他政府机关对本公司股票上市及有关事项的意见,均不表明对本公司的任何保证。

本公司提醒广大投资者注意:凡本上市公告书未涉及的有关内容,请投资者查阅2002年5月15日刊载于《中国证券报》、《上海证券报》和《证券时报》的本公司招股说明书摘要及刊载于上海证券交易所网站(http://www.sse.com.cn)的本公司招股说明书全文。

二、概览

股票简称:山东药玻

股票代码:600529

总股本:82,407,448股

可流通股本:32,000,000股

本次上市流通股本:32,000,000股

对首次公开发行股票前股东所持股份的流通限制及期限:根据国家现有法律、法规规定和中国证监会证监发行字[2002]10号《关于核准山东省药用玻璃股份有限公司公开发行股票的通知》,本公司的国家股和其他法人股暂不上市流通,内部职工股自本次新股发行之日起,期满三年后可申请上市流通。

首次公开发行股票前股东对所持股份自愿锁定的承诺:本公司董事、监事、高级管理人员自愿将所持有的本公司的股票按国家法律、法规的要求进行锁定。第一大股东沂源县公有资产管理委员会承诺在本公司上市之日起一年内,不转让所持有的股份,也不由本公司回购该部分股份。

上市地点:上海证券交易所

上市时间:2002年6月3日

股票登记机构:中国证券登记结算有限责任公司上海分公司

上市推荐人:平安证券有限责任公司

三、绪言

本上市公告书是根据《中华人民共和国公司法》、《中华人民共和国证券法》、《股票发行与交易管理暂行条例》、《公开发行股票公司信息披露实施细则》和《上海证券交易所股票上市规则》等国家有关法律、法规的规定,并按照中国证监会《公开发行证券的公司信息披露内容与格式准则第7号－－股票上市公告书》而编制,旨在向投资者提供有关山东省药用玻璃股份有限公司(以下简称"本公司"或"发行人")和本次股票上市的基本情况。

经中国证监会证监发行字[2002]10号文核准,本公司于2002年5月17日通过网上累计投标询价方式成功发行3,200万股人民币普通股,每股面值1.00元,每股发行价为人民币12.18元。

经上海证券交易所上证上字[2002]97号《上市通知书》同意,本公司通过网上累计投标询价方式发行的3,200万股股票将于2002年6月3日起在上海证券交易所挂牌交易。股票简称"山东药玻",股票代码"600529"。

本公司已于2002年5月15日在《中国证券报》、《上海证券报》和《证券时报》上刊登了《招股说明书摘要》,招股说明书正文及其附注材料刊载于上海证券交易所网站(http://www.sse.com.cn),距今不足三个月,故与其重复的内容在此不再重述,敬请投资者查阅上述内容。

四、发行人概况

(一)发行人的基本情况

1、发行人名称:山东省药用玻璃股份有限公司

2、英文名称:SHANDONG PHARMACEUTICAL GLASS CO.,LTD.

3、注册资本:8240.7448万元

4、法定代表人:柴文

5、发行人成立日期:1993年11月8日

6、注册地址:山东省淄博市沂源县二郎山路8号

7、经营范围:模制抗生素瓶、管制抗生素瓶、管制口服液瓶、曲颈易折安瓿、玻璃管、玻璃输液瓶、固体药用聚烯烃塑料瓶、橡胶制品的制造、销售;翻砂铸造;纸箱加工;汽车货运;批准范围的进出口业务。

8、主营业务:目前实际从事的主要业务是各种药用玻璃包装产品的制造、销售。

9、所属行业:医药包装

10、联系电话:(0533)3242312－2028

传真:(0533)3243376

11、电子信箱:sdyb@pharmglass.com

12、董事会秘书:周仕勇

(二)发行人的历史沿革

本公司前身为建成于1970年的山东省药用玻璃总厂,为国家二级企业。1993年3月经淄博市体改委淄体改股字(1993)61号文批准,原山东省药用玻璃总厂独家发起并整体改制,以定向募集方式设立本公司。本公司设立时注册资本为2280.88万元。

1996年12月山东省体改委鲁体改函字(1996)161号文、山东省人民政府鲁政股字(1996)73号文对本公司进行规范确认。

1997年5月经淄博市证券管理委员会淄证管办字(1997)28号文批准,公司内部职工股在淄博证券交易自动报价系统挂牌交易。1998年11月24日根据国务院国办发(1998)10号《国务院办公厅转发证监会关于清理整顿场外非法股票交易方案的通知》,本公司内部职工股停止在淄博证券交易自动报价系统挂牌交易。

经1996年度股东大会及1999年第一次临时股东大会审议批准,本公司分别实施了1996年度10送3股及1999年中期10送3转增4股的分红方案,上述两次分红方案均经山东省体改委批准和确认,至此本公司发行前股本总额增至5,040.7448万元。

经中国证券监督管理委员会证监发行字[2002]10号文批准,本公司3,200万社会公众股已于2002年5月17日在上海证券交易所发行成功,每股面值1.00元,发行价格12.18元。本公司于2002年5月23日办理了验资手续,注册资本变更为8,240.7448万元。

(三)发行人竞争优劣势分析

1、规模优势:本公司主导产品模制瓶年生产能力为70亿只,国内市场占有率达70%以上,为国内最大的药用玻璃包装企业。国内其他模制瓶生产厂家年生产能力大多在5亿只左右。

2、技术开发优势:本公司自主研制开发的具有高新技术含量的高白料模抗瓶、轻量薄壁模抗瓶1997年获国家级新产品证书,质量达到国际先进水平,填补国内空白,1999年模抗瓶被法国科技质量监督评价委员会和中国国际贸易促进委员会评为高质量科技产品和向欧盟市场推荐产品。2000年轻量薄壁高档药用玻璃瓶项目被列入国家级火炬计划。

3、产品质量优势:本公司模制抗生素玻璃瓶与行业中主要生产厂家同类产品进行质量对比,测试的19项指标中本公司产品15项指标位居第一位,4项指标位居第二位,在同行业中居领先水平。(摘自国家轻工业玻璃产品质量监督检测中心出具的《模制抗生素玻璃瓶》抽样对比结果报告)

4、劳动力成本优势:本公司全员劳动生产率高,人均产值高于行业平均水平。本公司人均产值2000年为42,685元/人,全国瓶罐玻璃行业平均全员劳动生产率2000年为25,887元/人。(摘自全国玻璃包装容器行业信息中心《1997年－－2000年瓶罐玻璃行业经济信息汇编》)

5、品牌优势:本公司有30年从事药用玻璃生产经营的历史,"沂蒙"牌商标为山东省著名商标,产品以其质量优良在国内制药企业中享有较高知名度。

6、竞争劣势:本公司生产设备大部分为国产设备,处于国内同行业先进水平,但受国内设备开发和制造水平的制约,国产设备与进口设备相比仍然落后,一定程度上影响了本公司产品质量的提高。

(四)主要财务指标

财务指标	2001年12月31日	2000年12月31日	1999年12月31日
流动比率	1.53	1.52	1.70
速动比率	1.06	1.02	1.17
应收帐款周转率(次)	3.94	3.17	2.24
存货周转率(次)	4.25	2.59	2.69
资产负债率(%)	52.93	52.58	56.22
每股净资产(元/股)	4.27	3.61	3.03
研发费用占主营收入比例(%)	2.05	1.94	1.02
每股经营活动现金流量(元/股)	0.57	－－	－－
每股收益(全面摊薄元/股)	0.77	0.60	0.56
每股收益(加权平均元/股)	0.77	0.60	0.56
净资产收益率(全面摊薄%)	18.01	16.75	18.41
净资产收益率(加权平均%)	19.53	18.11	22.63

注:每股收益按发行前5040.7448万股计算。

(五)拥有的主要知识产权

1、公司拥有的专利技术

本公司拥有玻璃瓶成型设备实用新型专利,国家专利局第230792号证书,专利号ZL95233999.4,有效期至2006年;玻璃管成型装置实用新型专利,国家知识产权局第441332号证书,专利号ZL00215295.9,有效期至2010年;玻璃瓶模具平行开关结构实用新型专利,国家知识产权局第456152号证书,专利号ZL00256459.9,有效期至2010年;行列式制瓶机的冲头机构实用新型专利,国家知识产权局第455995号证书,专利号ZL00256458.0,有效期至2010年;行列式制瓶机的口模夹钳装置实用新型专利,国家知识产权局第458187号证书,专利号ZL00257084.X,有效期至2010年。

2、商标

本公司所有并使用的"沂蒙"牌商标,为山东省著名商标。

五、股票发行与股本结构

(一)本次股票上市前首次公开发行股票的情况

1.社会公众股发行数量:3,200万股

2.股票发行价格:12.18元/股

3.募股资金总额:38,976万元

4.发行方式:网上累计投标询价

5.发行费用总额及项目:本次股票发行费用共1294.39万元,主要包括承销费用、审计费用、评估费用、律师费用、发行手续费用、审核费等。

6.每股发行费用:0.40元

7.发行日期:2002年5月17日

8.中签率:0.11487965%

9.在申购价格区间内累计投标询价申购部分的总申购户数:1,395,767户(其中价格为12.18元的有效申购户数为1,384,823户)

10.持有1000股以上的户数:32,654户

(二)本次股票上市前首次公开发行股票的承销情况本次公开发行的社会公众股3,200万股已全部被投资者认购,承销团无余额包销。

(三)本次上市前首次公开发行股票所募股资金的验资报告

验资报告

乾聚验字[2002]21号

山东省药用玻璃股份有限公司全体股东:

我们接受委托,审验了贵公司截止2002年5月23日止新增注册资本的实收情况。按照国家相关法律、法规的规定和协议、章程的要求出资,提供真实、合法、完整的验资资料,保护资产的安全完整是全体股东及贵公司的责任。我们的责任是对贵公司新增注册资本的实收情况发表审验意见。我们的审验是依据《独立审计实务公告第1号－验资》进行的。在审验过程中,我们结合贵公司的实际情况,实施了检查等必要的审验程序。

贵公司原注册资本为人民币50,407,448元,根据贵公司股东大会决议和修改后章程(草案)的规定,贵公司申请增加注册资本人民币32,000,000元。经中国证券监督管理委员会证监发行字[2002]10号文批准,贵公司于2002年5月17日向社会公众发行人民币普通股32,000,000股,每股面值1.00元。经我们审验,截至2002年5月23日止,贵公司已受到社会公众股股东认缴的新增注册资本合计人民币叁仟贰佰万元整(RMB32,000,000元),各股东均以货币资金出资。

同时我们注意到,贵公司本次增资前的注册资本为人民币50,407,448元,已经山东博会有限责任会计师事务所博会师验字(99)29号验资报告验证。截至2002年5月23日止,变更后的累计注册资本实收金额为人民币82,407,448元。

本验资报告供贵公司申请变更登记及据以向股东签发出资证明时使用,不应将其视为是对贵公司验资报告日后资本保全、偿债能力和持续经营能力等的保证。因使用不当造成的后果,与执行本验资业务的注册会计师及会计师事务所有限公司无关。

附件:

1、注册资本变更明细表

(1)新增注册资本实收情况明细表(表1)

(2)注册资本变更前后对照表(表2)

2、验资事项说明

山东乾聚有限责任会计师事务所　　中国注册会计师:朱清滨

山东省烟台市胜利路201－209号　　中国注册会计师:刘光玺

二〇〇二年五月二十三日

(四)募股资金入帐情况

入帐时间:2002年5月23日

入帐金额:379,821,140元

入帐帐号:1603008129022109790

开户银行:中国工商银行沂源支行

(五)发行人上市前股权结构及各类股东的持股情况

1、本次上市前后公司股权结构

股权分类	发行前股本结构		发行后股本结构	
	股份数量(股)	占总股本比例(%)	股份数量(股)	占总股本比例(%)
国家股	30,119,648	59.8	30,119,648	36.55
境内法人股	6,824,038	13.5	6,824,038	8.28
内部职工股	13,463,762	26.7	13,463,762	16.34
社会公众股	－－	－－	32,000,000	38.83
股份总额	50,407,448	100	82,407,448	100

2、本公司前十名股东持股情况

股东名称	持股数量(股)	持股比例(%)
沂源县公有资产管理委员会	30,119,648	36.55
淄博工业陶瓷厂	884,000	1.07
沂源县电业局实业总公司	795,600	0.97
山东东风化肥厂	442,000	0.54
山东博山大桥实业总公司耐火材料厂	442,000	0.54
山东鲁阳股份有限公司	442,000	0.54
山东沂源乐万家酒业食品有限公司	331,500	0.40
淄博祥利物资有限公司	265,200	0.32
新泰市永泰经贸有限公司	221,000	0.27
淄博八陡耐火材料有限公司	221,000	0.27

六、董事、监事、高级管理人员及核心技术人员

(一)董事会

柴文先生,1949年出生,大专文化,工程师,中国医药包装协会常务理事,中国日用玻璃协会瓶罐玻璃专业委员会理事。现任山东省第九届人大代表、本公司董事长、党委书记、淄博沂河药用玻璃有限公司董事长。

王宜明先生,1965年出生,大专文化,高级工程师。现任本公司董事、总经理、党委副书记,淄博沂河药用玻璃有限公司董事,淄博市青年企业家协会理事。

扈永刚先生,1965年出生,大专文化,工程师。现任本公司董事、副总经理。

陈永康先生,1957年出生,高中文化,工程师。现任本公司董事、副总经理。

黄学袖先生,1932年出生,高级工程师。现任本公司独立董事、中国硅酸盐学会玻璃专业委员会副主任、中国日用玻璃协会技术咨询委员会顾问。

权绍宁先生,1960年出生,法学学士,高级律师。现为本公司独立董事、浩天律师事务所高级合伙人。

(二)监事会

张志成先生,1956年出生,大专文化,政工师。现任本公司监事会主席、纪委书记。

任文义先生,1954年出生,中专文化,经济师、政工师。现任本公司监事。

王本利先生,1957年出生,中专文化,助理政工师。经2000年12月26日召开的本公司第六届职工代表大会三次会议选举,担任本公司监事。

(三)其他高级管理人员

周仕勇先生,1964年出生,大专文化,经济师。现任本公司副总经理、董事会秘书。

张富春先生,1958年出生,大专文化,会计师。现任本公司副总经理。

周在义先生,1960年出生,大专文化,工程师。现任本公司副总经理。

(四)核心技术人员

姚春光先生,1967年出生,大学文化,工程师。现任公司发展部部长。

苏玉才先生,1969年出生,大学文化,工程师。现任公司制造部部长。

(五)董事、监事、高级管理人员与核心技术人员的持股情况

姓名	所任职务	持股数量(股)	比例(‰)
柴　文	董事长	13,260	0.161
王宜明	董事、总经理	8,840	0.107
黄学袖	独立董事	0	0
权绍宁	独立董事	0	0
陈永康	董事、副总经理	340	0.004
扈永刚	董事、副总经理	8,840	0.107
张志成	监事会主席	8,840	0.107
任文义	监事	13,260	0.161
王本利	监事	4,760	0.058
周仕勇	董秘、副总经理	0	0
张富春	副总经理	8,840	0.107
周在义	副总经理	8,840	0.107
姚春光	发展部部长	8,840	0.107
苏玉才	制造部部长	0	0

七、同业竞争与关联交易

(一)同业竞争

本公司与控股股东目前不存在同业竞争

本公司控股股东沂源县公有资产管理委员会是经沂源县人民政府批准,负责监督管理公有资产的保值增值;决定县属公有资产参股的企业中公有股权益的收缴和公有独资企业税后利润分配的具体方式、方法和有关比率;负责公有资产产权登记及变更审批工作的机关法人,并不直接从事生产经营活动,与本公司不存在任何同业竞争。

(二)关联方和关联关系

1、公司目前存在的法人关联方有控股股东沂源县公资委,控股子公司淄博沂河药用玻璃有限公司(以下简称"沂河公司")、沂源县康林实业有限公司(以下简称"康林公司")。

2、本公司目前的自然人关联方主要有公司的董事、监事、高级管理人员和核心技术人员,与自然人关联方之间的关联关系为劳动人事关系,除依据劳动合同或公司相关文件规定支付其劳动报酬外,不发生任何其他关联交易。

(三)关联交易

1、与法人关联方沂源县公资委间的交易

本公司近三年发生的和仍在执行的关联交易事项为:2000年4月1日沂源县公资委借款500万元给本公司,并订立借款合同,合同到期日为2003年4月1日。借款利率按月息4.95‰计算。本公司已于2001年8月13日提前归还该借款。

2、与控股子公司沂河公司的关联交易

(1)沂河公司生产所需原材料由本公司集中统一采购,价格按市场价格确定,近三年本公司对其供货金额分别为1,351万元、1,068万元、1,299万元。

(2)沂河公司的产品由本公司集中统一销售,统一进行产品宣传和推广,其产品销售依赖于本公司的销售渠道。经双方协商,沂河公司每年分担240万元的销售费用(其中包括宣传费用、销售人员费用、铁路、公路运费等)。

(3)沂河公司生产经营所需的厂房和部分设备向本公司租赁使用,每年租赁费为259.2万元;沂河公司因租赁本公司厂房进行生产经营而使用的水、电、汽按沂河公司实际使用量计收费用,并由本公司代收转付给沂源县自来水公司、沂源县电业局、沂源县热电厂等单位。

3、与控股子公司康林公司的关联交易

康林公司与本公司存在生产辅助材料供应的关联交易,本公司每月根据生产经营情况向康林公司提供生产辅助材料需求计划,康林公司按该计划为本公司提供油品化工材料、五金配件材料、包装材料等生产辅助材料,价格按市场价格确定,具体情况见下表:

康林公司近三年向本公司供货情况表

项目	1999年	2000年	2001年
供货金额(万元)	286	1867	2583.49
占本公司各期采购总额的比例(%)	2.25	15.11	20.84

(四)本公司章程规定了关联交易决策的公允程序,保证了关联交易的公允性和合理性。

(五)本次募股资金运用涉及的关联交易根据目前的安排,本次募股资金的运用不涉及关联交易。

根据目前的安排,本次募股资金的运用不涉及关联交易。

八、财务会计资料

本公司截止2001年12月31日的财务会计资料,已于2002年5月15日在《中国证券报》、《上海证券报》和《证券时报》刊登的《招股说明书摘要》中进行了披露,投资者欲了解详细内容,请查阅上述报纸或刊载于上海证券交易所网站(http://www.sse.com.cn)的本公司招股说明书全文。

(一)注册会计师意见

本公司聘请了山东乾聚会计师事务所有限责任公司对本公司1999年度、2000年度、2001年度的会计报表进行了审计,并出具了标准无保留意见的审计报告。

(二)简要会计报表

以下内容摘自业经审计的公司财务报告。

(1)简要资产负债表

单位:元

资　产	2001 年 12 月 31 日		2000 年 12 月 31 日	
	合　并	母公司	合　并	母公司
流动资产合计	271,453,918.27	251,508,076.11	244,857,930.91	225,333,974.89
长期投资合计	50,000.00	22,918,304.46	163,607.50	17,949,776.21
固定资产合计	188,684,291.03	175,574,660.72	142,098,452.46	127,508,068.55
无形资产及其他资产合计	7,047,572.65	7,047,572.65	7,490,028.37	7,490,028.37
资产总计	467,235,781.95	457,048,613.94	394,610,019.24	378,281,848.02
流动负债合计	177,028,562.88	176,053,103.01	163,015,662.69	155,613,505.34
长期负债合计	65,870,000.00	65,870,000.00	43,268,700.94	43,268,700.94
负债合计	242,898,562.88	241,923,203.01	206,284,363.63	198,882,206.28
少数股东权益	8,889,610.56	--	6,488,152.83	--
股本	50,407,448.00	50,407,448.00	50,407,448.00	50,407,448.00
资本公积	21,783,828.47	21,783,828.47	21,783,828.47	21,783,828.47
盈余公积	37,072,062.35	35,087,051.30	30,358,159.82	29,421,087.31
未分配利润	106,184,269.69	107,847,183.16	79,288,066.49	77,787,277.96
股东权益合计	215,447,608.51	215,125,510.93	181,837,502.78	179,399,641.74
负债及股东权益总计	467,235,781.95	457,048,613.94	394,610,019.24	378,281,848.02

(2)简要利润表

单位:元

项　目	2001 年度		2000 年度	
	合　并	母公司	合　并	母公司
一、主营业务收入	350,108,854.74	311,734,554.01	293,114,742.19	276,410,656.61
二、主营业务利润	126,635,926.08	114,512,952.12	98,232,770.82	91,480,056.52
三、营业利润	61,136,138.87	53,277,160.09	45,417,852.78	42,826,731.94
四、利润总额	59,652,844.13	56,876,474.27	44,828,368.66	43,096,906.00
五、净利润	38,797,288.21	40,327,168.25	30,452,642.41	30,055,604.18

(3)简要现金流量表

单位:元

项　目	2001 年度	
	合　并	母公司
一、经营活动产生的现金流量净额	28,603,697.76	28,591,571.98
二、投资活动产生的现金流量净额	-23,602,629.65	-23,482,853.35
三、筹资活动产生的现金流量净额	15,050,333.89	15,050,333.89
四、汇率变动对现金的影响	32,976.00	32,976.00
五、现金及现金等价物净增加额	20,084,378.00	20,192,028.52

(三)会计报表注释

1、公司 1999-2001 年度利润形成的有关情况

公司近三年实现的销售收入分别为 23,110.71 万元、29,311.47 万元和 35,010.89 万元,2000 年较 1999 年增长 26.83%,2001 年较 2000 年增长 19.44%,保持强劲的增长势头。销售收入增长的主要原因如下:

(1)在主导产品模制瓶方面:由于近年来国内使用模制瓶包装的药品产量继续保持增长,2000 年抗菌素类药物较 1999 年增长 10.8%,其他抗感染药较 1999 年增长 29.2%,导致模制瓶的市场需求继续保持增长;加之公司模制瓶继续保持着在同行业中的领先地位,市场地位和市场份额在巩固中不断提高,公司模制瓶的销售收入继续保持良好的增长势头,2000 年较 1999 年增长 14.74%,2001 年较 2000 年增长 26.80%。

(2)在管制瓶、安瓿和玻璃管等其他产品方面:由于近年来公司加强了管制瓶、安瓿和玻璃管的生产质量管理和市场促销力度,管制瓶、安瓿和玻璃管三种产品的销售收入得到了很大程度的增长,该三种产品 2001 年销售收入为 4,101.35 万元,较 1999 年 2,844.95 万元增长 44.16%。

(3)在新产品方面:公司近年来积极顺应市场需求的变化,不断开发新产品,开发新的收入来源和利润点。公司于 1999 年根据国内市场保健品和口服液销量持续增长的形势,开发生产了新产品-棕色瓶并及时投放市场,凭借已有的销售渠道和客户网络,逐步扩大市场;公司棕色瓶 2000 年销售收入为 357.96 万元,2001 年销售收入为 740.14 万元。

近三年公司分别实现利润总额 4,132.72 万元、4,482.84 万元和 5,965.28 万元,增长趋势明显,基本保持与销售收入增长同步。

本公司及控股子公司沂源康林实业有限公司适用的所得税税率为 33%。

本公司另一控股子公司淄博沂河药用玻璃有限公司系中外合资企业,适用的所得税税率为 24%。沂河公司所得税自获利年度 1998 年度起享受"二免三减半"的税收优惠,2000 年-2002 年该公司减半计交企业所得税。

2、主要资产情况

截至 2001 年 12 月 31 日,公司的资产总额为 46,723.58 万元,包括流动资产 27,145.39 万元、长期投资 5 万元、固定资产 18,868.43 万元、无形资产及其他资产 704.76 万元。

近三年末,公司的货币资金分别为 2,808.81 万元、2,930.20 万元、4,938.64 万元,分别占流动资产的 12.87%、11.97%、18.19%;近三年货币资金逐年增加,主要原因是本公司销售收入逐年增加,货币资金流转量随之增大。

近三年末,公司的应收帐款分别为 9,232.29 万元、9,248.62 万元、8,516.54 万元,分别占流动资产的 42.31%、37.77%、31.37%;近三年末应收帐款绝对额保持平稳,相对比例逐步下降,主要原因是公司加强了对客户的资信审查和应收帐款管理等内部控制而压缩应收帐款规模所致。本公司 2001 年 12 月 31 日应收帐款中无持有本公司 5%(含 5%)以上股份股东单位的欠款。

近三年末,公司的存货分别为 6,753.69 万元、8,125.67 万元、8,358.82 万元,分别占流动资产的 30.95%、33.19%、30.79%;存货余额逐年增加,主要是本公司生产规模和产量逐年增大,原材料和商品库存逐年增多所致。

2001 年 12 月 31 日本公司的固定资产情况如下:

单位:万元

固定资产种类	折旧年限(年)	固定资产原值	固定资产净值	会计成新度(%)
房屋及建筑物	30	7,676.80	6,154.46	80.17
通用设备	8-16	5,076.98	2,824.42	55.63
专用设备	2.5-12	7,845.34	4,006.51	51.07
运输工具	12	802.25	507.58	63.27
合计		21,401.37	13,492.97	63.05

固定资产折旧:采用直线法计提,并按各类固定资产的原值、估计经济使用年限和预计残值(原值的 3%)确定其折旧率。

本公司占被投资单位 20%以下有表决权资本的股权投资只有一项,系对沂源县城市信用社的股权投资,初始投资额为 5 万元,占沂源县城市信用社 2.46%的股权,占本公司 2001 年 12 月 31 日净资产的比重为 0.02%,本公司按规定采用成本法核算。

本公司无形资产全部为土地使用权,土地使用权按取得时的实际支出计价;土地使用权采用直线法按公司规定的年限 20-40 年期平均摊销。无形资产原始金额为 922.88 万元,2001 年 12 月 31 日的摊余价值为 704.76 万元,剩余摊销年限 13.99-38.92 年。

截止 2001 年 12 月 31 日,本公司待摊费用和长期待摊费用均无余额。

3、主要债项情况

截至 2001 年 12 月 31 日,本公司的负债总额为 24,289.86 万元,其中流动负债 17,702.86 万元,长期负债 6,587.00 万元。

上述流动负债中,短期借款余额为 2,191.86 万元,全部由山东瑞阳制药有限公司提供担保;一年内到期的长期借款为 500 万元,于 2002 年 11 月 16 日到期;应付帐款余额为 3,217.22 万元,其中无应付持有本公司 5%(含 5%)以上股份股东的款项;其他应付款余额为 5,409.11 万元,较 2000 年 12 月 30 日增长 54.67%,主要原因是欠付沂源县财政局的国家股股利增加及欠付销售部门的销售提成增加所致。

上述长期负债中长期借款 6,587.00 万元,均为担保贷款。

截止至 2001 年 12 月 31 日,本公司不存在合同承诺的债务、票据贴现、抵押及担保等任何形式的或有负债;没有逾期债项。

九、其他重要事项

(一)本公司股票本次发行后至本公司上市公告书公告之日,本公司严格依照《公司法》、《证券法》等法律法规的要求,规范运行,生产经营情况正常;所处行业、市场无重大变化;主要投入产出物供求及价格无重大变化。

(二)本公司股票本次发行后至本公司上市公告书公告之日,本公司无重大对外投资、重大资产(股权)收购或出售行为;住所未发生变更。

(三)本公司股票本次发行后至本公司上市公告书公告之日,本公司重大会计政策和会计师事务所没有发生变化。

(四)预计上市后首次股利分配时间在 2002 年 8 月底以前。

(五)本公司股票本次发行后至本公司上市公告书公告之日,本公司董事、监事和高级管理人员没有尚未了结或可能发生的刑事诉讼事项。

(六)本公司股票本次发行后至本公司上市公告书公告之日,本公司未涉及任何重大诉讼事项或仲裁,亦无任何尚未了结或可能面临的重大诉讼或索赔要求。

(七)本公司股票本次发行后至本公司上市公告书公告之日,没有其他应披露而未披露之重大事项。

十、董事会上市承诺

本公司董事会承诺将严格遵守《中华人民共和国公司法》、《中华人民共和国证券法》、《股票发行与交易管理暂行条例》、《公开发行股票公司信息披露实施细则》和《上海证券交易所股票上市规则》等国家法律、法规和有关规定,并自股票上市之日起作到:

(一)承诺真实、准确、完整、公允和及时地公布定期报告,披露所有对投资者有重大影响的信息,并接受中国证监会、证券交易所的监督管理;

(二)承诺本公司在知悉可能对股票价格产生误导性影响的任何公共传播媒介中出现的消息后,将及时予以公开澄清;

(三)本公司董事、监事、高级管理人员和核心技术人员将认真听取社会公众的意见和批评,不利用已获得的内幕消息和其他不正当手段直接或间接从事发行人股票的买卖活动;

(四)本公司没有无记录的负债。

依据《上海证券交易所股票上市规则》,本公司全体董事、监事将按照有关规定,在本公司股票上市后两个月内签署《董事(监事)声明及承诺书》并送达上海证券交易所备案。

十一、上市推荐人及其意见

(一)上市推荐人情况

上市推荐人:平安证券有限责任公司

法定代表人:杨秀丽

住　　所:广东省深圳市八卦三路平安大厦

联系电话:(0755)2262888-3628

传真:(0755)2434614

联系人:徐波、林辉、崔岭、曾年生

(二)上市推荐人意见

本公司上市推荐人认为:本公司章程符合《中华人民共和国公司法》、《中华人民共和国证券法》及《上海证券交易所股票上市规则》等法律、法规和中国证监会的有关规定;本公司本次股票发行完全符合《中华人民共和国公司法》、《中华人民共和国证券法》及《上海证券交易所股票上市规则》的法律、法规和中国证监会的有关规定,已具备了上市条件;公司董事了解法律、法规、上海证券交易所上市规则及股票上市协议规定的董事的义务与责任;本公司建立健全了法人治理结构,制定了严格的信息披露制度与保密制度。

上市推荐人已对上市文件所载的资料进行了核实,认为上市文件真实、准确、完整,符合规定要求,没有虚假记载、误导性陈述或重大遗漏,并对其承担连带责任。上市推荐人与本公司不存在关联关系。上市推荐人愿意推荐本公司的股票在上海证券交易所上市交易,并且在上市推荐过程中,保证不利用获得的内幕信息进行内幕交易,为自己或他人谋取利益。

山东省药用玻璃股份有限公司

二零零二年五月二十六日

600528 中铁二局股份有限公司

2001年年度报告摘选

一、公司基本情况简介

一、公司法定中文名称：中铁二局股份有限公司
公司法定英文名称：CHINA RAILWAY ERJU Co.,Ltd.
英文名称缩写：crec
二、公司法定代表人姓名：翁景庆
三、公司董事会秘书：邓爱民
联系电话：(028)7684612　　传真：(028)7683980
电子信箱：wenbo228@163.com
联系地址：成都市通锦路16号中铁二局大厦810号
证券事务代表：曾永林
联系电话：(028)6444398　　传真：(028)7683980
电子信箱：zengyl@crceg.co m.cn
四、公司注册地址：成都高新区创业东路18号高新大厦10楼
公司办公地址：成都市通锦路16号中铁二局大厦　　邮政编码：610032
公司网址：http://www.crec.com.cn
公司电子信箱：ztejbgs@mail.sc.cninfo.net
五、信息披露媒体：公司选定的信息披露报刊：《上海证券报》、《中国证券报》和《证券日报》
登载公司年度报告的中国证监会指定国际互联网网址：http://www.sse.com.cn
公司年报备置地点：公司证券部
六、公司股票上市地：上海证券交易所
股票简称：中铁二局　　股票代码：600528

二、会计数据和业务数据摘要

一、本年度主要会计数据(单位：人民币元)

项目	金额
利润总额	164,570,788.40
净利润	164,151,937.38
扣除非经常性损益后净利润	175,391,192.70
主营业务利润	447,063,869.84
其他业务利润	2,113,636.51
营业利润	181,477,378.19
投资收益	
补贴收入	
营业外收支净额	-16,906,589.79
经营活动产生的现金流量净额	47,544,478.80
现金及现金等价物净增减额	661,468,588.16

二、截止报告期末前三年主要会计数据和财务指标(单位：人民币元)

项目	2001年	2000年	1999年
主营业务收入	4,038,977,082.16	4,119,435,203.60	3,447,879,817.12
净利润	164,151,937.38	169,930,075.78	134,652,856.77
总资产	3,471,109,479.57	2,020,279,822.36	2,057,860,359.12
股东权益(不含少数股东权益)	1,706,881,085.89	804,165,436.01	654,151,099.42
每股收益：(摊薄)	0.40	0.566	0.449
(加权)	0.45	0.566	0.449
每股净资产	4.16	2.681	2.181
调整后每股净资产	4.15	2.654	2.180
每股经营活动产生的现金流量净额	0.12	0.045	0.085
净资产收益率：(摊薄)	9.62	21.13	20.58
(加权)	11.57	21.13	20.58

三、报告期利润表附表(单位：人民币元)

报告期利润	净资产收益率		每股收益	
	全面摊薄净资产收益率%	加权平均净资产收益率%	全面摊薄每股收益(元/股)	加权平均每股收益(元/股)
净利润	9.62	11.57	0.40	0.45
扣除非经常性损益后的净利润	10.28	12.37	0.43	0.48

三、股本变动及主要股东持股情况

股本变动情况表　　单位：万股

项目	期初数	本期配股	本期送股	本期公积金转增股本	增发	本期其他变动	期末数
一、尚未流通股份	30,000						30,000
1、发起人股份	30,000						30,000
(1)国有法人股	30,000						30,000
二、已流通股份					11,000		11,000
1、境内上市的人民币普通股					11,000		11,000
股本总数	30,000				11,000		41,000

	本次变动前	本次变动增减(+、-)						本次变动后
		配股	送股	公积金转股	增发	其他	小计	
(一)未上市流通股份	30,000							
(1)发起人股份	30,000							
其中：国家持有股份	30,000							
境内法人持有股份								
境外法人持有股份								
其他								
(2)募集法人股								
(3)内部职工股								
(4)优先股或其他								
其中：转配股								
(5)向战略投资者配售股份								
未上市流通股份合计	30,000							
(二)已上市流通股份					11,000			
(1)人民币普通股					11,000			
(2)境内上市的外资股								
(3)境外上市的外资股								
(4)其它								
已上市流通股份合计					11,000			
(三)股份总数	30,000				11,000		41,000	41,000

600530 上海交大昂立股份有限公司

2001年年度报告摘选

一、公司基本情况简介

1、公司法定中文名称：上海交大昂立股份有限公司
公司法定英文名称：SHANGHAI JIAODA ONLLY CO.,LTD
2、法定代表人姓名：许晓鸣
3、公司董事会秘书：张潘宏
联系地址：上海市虹桥路811号　　邮政编码：200030
联系电话：021-62810808　　传真：021-62816699
电子信箱：stock@mail.onlly.com.cn
4、公司注册地址：上海市松江区松江镇环城路117号
公司办公地址：上海市虹桥路811号　　邮政编码：200030
公司网址：http://www.onlly.com.cn
公司电子信箱：stock@mail.onlly.com.cn
5、公司选定的信息披露报纸名称：《中国证券报》、《上海证券报》
登载公司年度报告的中国证监会指定网站：http://www.sse.com.cn
公司年度报告备置地点：上海市虹桥路811号公司董事会秘书办公室
6、公司股票上市交易所：上海证券交易所
股票简称：交大昂立　　股票代码：600530

二、会计数据和业务数据摘要

1、本年度主要会计数据(单位：人民币元)

项目	2001年
利润总额	59603552.36
净利润	54640914.53
扣除非经常性损益后的净利润	36441147.65
主营业务利润	304384699.16
其他业务利润	76977.89
营业利润	41145003.09
投资收益	13591328.96
补贴收入	5204563.30
营业外收支净额	-337342.99
经营活动产生的现金流量净额	-13025846.21
现金及现金等价物净增加额	425909879.12

注：公司已扣除的非经常性损益18199766.88元。

2、公司近三年主要会计数据及财务指标：

项目	单位	2001年	2000年	1999年
主营业务收入	元	453323538.47	479358175.38	517129698.33
净利润	元	54640914.53	55615855.64	59720346.51
总资产	元	1174748264.57	448112095.82	448106759.06
股东权益(不含少数股东权益)	元	889564835.12	180162600.33	197318998.73
全面摊薄每股收益	元/股	0.27	0.3374	0.3981
加权平均每股收益	元/股	0.31	0.3374	0.3981
扣除非经常性损益后的每股收益	元/股	0.18	0.13	0.22
每股净资产	元/股	4.45	1.20	1.32
每股经营活动产生的现金流量净额	元/股	-0.065	0.192	
调整后每股净资产	元/股	4.41	1.19	1.31
全面摊薄净资产收益率	%	6.14	28.09	30.27
加权平均净资产收益率	%	9.85	22.74	29.88
扣除非经常性损益后的加权平均净资产收益率	%	6.57	8.91	16.58

注：该指标是按照《公开发行证券公司信息披露编报规则第九号》规定计算的。

三、股本变动及股东情况

1、股本变动情况

股本变动情况表

数量单位：万股

项目	本次变动前	本次变动增减(+,-)						本次变动后
		配股	送股	公积金转股	增发	其他	小计	
一、未上市流通股份								
1、发起人股份	15,000							15,000
其中：国家持有股份	6,000							6,000
境内法人持有股份	7,350							7,350
境外法人持有股份	1,650							1,650
其他								
2、募集法人股								
3、内部职工股								
4、向法人投资者配售								
其中：证券投资基金								
战略投资者								
5、优先股和其他								
未上市流通股份合计	15,000							15,000
二、已上市流通股份								
1、人民币普通股					5,000	5,000		5,000
2、境内上市的外资股								
3、境外上市的外资股								
4、其他								
已流通上市股份合计					5,000	5,000		5,000
三、股份总数	15,000							20,000

600532 山东华阳科技股份有限公司

首次公开发行股票招股说明书摘要

一、释　义

在本招股说明书摘要中,除非另有所指,下列名称具有以下意义:

1、发行人:指山东华阳科技股份有限公司
2、公司、本公司或股份公司:指山东华阳科技股份有限公司
3、华阳集团:指山东华阳农药化工集团有限公司
4、股东大会:指山东华阳科技股份有限公司股东大会
5、董事会:指山东华阳科技股份有限公司董事会
6、证监会:指中国证券监督管理委员会
7、股票:指本次发行人发行的面值为人民币1元的普通股股票
8、承销协议:指发行人就本次股票发行与主承销商签订的承销协议
9、主承销商:指平安证券有限责任公司
10、上市推荐人:指平安证券有限责任公司
11、承销团:指以平安证券有限责任公司为主承销商组成的承销团
12、元:指人民币元
13、公司章程:指山东华阳科技股份有限公司章程
14、发行人律师事务所:指山东琴岛律师事务所
15、会计师事务所:指山东汇德会计师事务所有限公司
16、资产评估师事务所:指北京中企华资产评估有限责任公司
17、公司法:指中华人民共和国公司法
18、证券法:指中华人民共和国证券法
19、WHO:指世界卫生组织
20、FAO:指联合国粮农组织
21、UNEP:指联合国环境规划署
22、CIPAC:指国际农药分析协作委员会
23、中间体:用煤焦油或石油产品为原料以制造染料、农药、医药、树脂、助剂、增塑剂等的中间产物。
24、活性成分:指农药制剂中具有杀死或控制靶标的成分。
25、农本:指农民使用农药制剂的成本。
26、缩合:两个或多个分子相互作用形成新分子,同时失去水或其他比较简单的无机或有机分子的一类反应。
27、制剂:根据配方按照一定操作规程将原药加工制成的剂型。
28、内吸治疗性杀菌:能够从施药部位渗入到植物体中,并向其它部位移动而积存于各组织内,将进入植物的病原菌抑制或杀死。
29、触杀:杀虫剂由害虫表皮进入体内破坏生理机能或腐蚀外表皮而致死的作用。

二、本次发行概况

(一)本次发行的基本情况
1、股票种类:人民币普通股(A股)
2、每股面值:1.00元
3、公开发行数量:4,000万股
4、公开发行数量占发行后总股本的比例:44.44%
5、每股发行价格:6.26元
6、发行市盈率:20倍(按2001年度每股净利润计算)
7、预测净利润:1,813.68万元(2002年,所得税税率为33%)
8、发行后每股净利润:0.302元(2002年加权平均,假定2002年9月发行)
9、发行前每股净资产:2.02元(截止到2002年6月30日)
10、发行后每股净资产:3.73元(扣除发行费用且不考虑审计基准日到发行日增加的净资产)
11、发行方式:向二级市场投资者定价配售
12、发行对象:于2002年10月11日持有上证所或深交所已上市流通人民币普通股(A股)股票(以下简称"流通股票")的收盘市值总和(包括可流通但暂时锁定的股份市值)不少于10,000元的投资者。沪市、深市二级市场投资者都可参加本次发行的申购。申购时,投资者分别使用其所持的沪市、深市的股票市值。
13、承销方式:余额包销
14、预计实收募股资金:本次发行成功后,募股资金总额25,040万元,扣除发行费用后,预计实收金额为23,467万元
15.预计发行费用:总计1,573万元,具体构成为:承销费用750万元、审计费用150万元、律师费用100万元、资产评估机构费用80万元、土地评估机构费用50万元、信息披露及路演推介费用350万元、上网发行手续费90万元、发行审核费3万元。

(二)发售新股的有关当事人
1、发行人:山东华阳科技股份有限公司
法定代表人:郭前玉
地址:山东省宁阳县磁窑镇
电话:0538-5826208
传真:0538-5826066
联系人:周忠
2、承销商
(1)主承销商:平安证券有限责任公司
法定代表人:杨秀丽
地址:深圳市福田区八卦三路平安大厦
电话:0755-82262888-3628　　82262888-2272
传真:0755-82434614　　82448924
联系人:葛文兵、周强
(2)副主承销商:中富证券有限责任公司
法定代表人:唐汉荣
地址:上海市南京西路1468号中欣大厦17层
电话:021-62476666-6702
传真:021-62470248
联系人:刘嘉屹
(3)分销商
①国泰君安证券有限责任公司
地址:上海市浦东新区商城路618号
法定代表人:金建栋
电话:021-62562142
传真:021-62581852
联系人:王石
②长城证券有限责任公司
地址:深圳市福田区深南大道6008号
法定代表人:李仁杰
电话:0755-3515567
传真:0755-3516266
联系人:张岚
3、上市推荐人:平安证券有限责任公司
4、发行人律师:山东琴岛律师事务所
负责人:杨伟程
地址:青岛市东海路37号金都花园金海大厦16层
电话:0532-5810888
传真:0532-5830803
经办律师:姜省路、宋健
5、会计师事务所:山东汇德会计师事务所有限公司
法定代表人:王庆和
地址:青岛市东海路37号金都花园金海大厦14层
电话:0532-5796511
传真:0532-5796505
经办会计师:周厚莲、朱红岩
6、资产评估机构:北京中企华资产评估有限责任公司
法定代表人:孙月焕
地址:北京市朝阳门外大街22号泛利大厦九层
电话:010-65881818
传真:010-65882651
经办评估师:刘忠赤　　孙健南
刘登清　　石来月
7、资产评估确认机构:山东省国有资产管理局
地址:济南市济大路3号
电话:0531-2951900-2015
8、土地评估机构名称:山东省地产估价事务所
法定代表人:刘占增
地址:济南市二环东路中段
电话:0531-8947642
传真:0531-8957449
经办估价师:刘建功、王涛
土地评估机构名称:山东正衡不动产评估事务所有限公司
法定代表人:张锐
地址:山东省济南市二环东路中段
电话:0531-8947642
传真:0531-8957449
经办估价师:毛秀贵、李磊
9、土地评估确认机构:山东省土地管理局
地址:山东省济南市二环东路中段
电话:0531-8528243
10、股票登记机构:中国证券登记结算有限责任公司上海分公司
地址:上海市浦东路727号
电话:021-58708888
传真:021-58709940
上述中介机构及其负责人、高级管理人员及经办人员同发行人之间不存在直接或间接的股权关系或其他权益关系。

(三)重要日期
1、发行公告刊登日期:2002年10月14日
2、申购日期:2002年10月16日

3、中签率公告日期：2002年10月17日
4、中签结果公告日期：2002年10月18日
5、收缴股款日期：2002年10月21日
5、预计上市日期：2002年10月31日

三、主要风险因素及对策

投资者在评价本发行人本次发售的股票时，除本招股说明书摘要提供的其他资料外，应特别认真地考虑下述各项风险因素。根据重要性原则或可能影响投资决策的程度大小排序，本公司风险如下：

(一)公司股权结构相对集中及大股东控制风险

华阳集团在发行前持有本公司95.78%的股份，发行后持有53.21%以上的股份，为本公司控股股东，华阳集团可能利用其控股地位，对本公司的关联交易、经营决策和人事安排等进行控制，从而可能损害本公司及中小股东的利益。

针对大股东控制的潜在风险，本公司将严格按照《公司法》、《证券法》等国家有关法律法规的要求，建立健全现代企业制度和规范的法人治理结构，强化监督约束机制。公司控股股东华阳集团已出具《避免同业竞争承诺函》，承诺：华阳集团及其所属全资子公司、控股子公司、持股公司目前不存在与本公司业务产生竞争的业务，未从事与本公司相同产品的生产、经营活动；华阳集团及其所属全资子公司、控股子公司、持股公司未来不会直接或间接参与或进行与本公司产品或业务存在竞争的活动；对于本公司已经或拟订生产、经营的产品、业务，华阳集团及其所属全资子公司、控股子公司、持股公司不进行相同或相似产品或业务的生产、经营活动。本公司建立了《公司关联交易特别决策程序》，规定董事会或股东大会在对关联交易进行表决时，实行关联董事或关联股东回避制度，如有特殊情况关联董事或关联股东无法回避时，公司在征得有权部门同意后，可按正常程序进行表决；本公司引入了独立董事制度，董事会11名成员中现有2名独立董事，占18.2%，公司建立了《独立董事议事规则》，规定重大关联交易(指交易金额高于300万元的关联交易)应由独立董事认可后，提交董事会讨论；独立董事作出判断前，可以聘请中介机构出具独立财务报告，作为其判断的依据；独立董事针对公司股东、实际控制人及其关联企业与公司发生的总额高于300万元的重大关联交易或其他资金往来，以及其他可能损害中小股东权益的事项，应在董事会或股东大会发表独立意见。公司将严格按照有关法规要求进行信息披露工作，根据公开、公平、公正的原则规范关联交易，切实保护中小股东的合法权益。

(二)环保因素的限制

本公司为农药化工企业，农药产品的生产过程中会产生"三废"，一方面对环境造成污染，增加公司的环保费用支出；另一方面随着国家对环保要求的不断提高，如果国家环保政策有所改变，如提高排放标准，或对某些高毒农药品种进行限制，公司的生产将会受到一定的限制。

公司主要产品中，神农丹虽属高毒农药品种，但由于它在植物或土壤中的残留较低，几乎完全被降解为无毒性的物质，即2—甲基—2—(甲基亚硫酰)丙醇与葡萄糖苷，环境相容性良好。在神农丹生产过程中，可能因非正常生产会有光气溢出而出现环保问题。公司采取以下办法解决了此类问题：设置报警连锁装置，一旦出现光气溢出就会自动关闭阀门，对于溢出的光气采用风机抽至光气破坏系统，经活性炭分解回收盐酸。

灭多威是速效性杀虫剂，喷洒在多数植物叶面上的半衰期只有3-5天，灭多威在土壤中降解的途径非常简单，仅发现有14C标记的二氧化碳。从它在植物上的快速分解和土壤的降解情况看，是一种环境相容性良好的农药品种。在灭多威生产过程中也可能会出现甲硫醇气体的溢出，公司已在可能出现气体溢出的部位设置抽风罩，将溢出的含硫醇气体送至专门供破坏含硫气体的破坏塔进行破坏(塔内设有供破坏硫醇气体用的化学药品)。

二甲戊乐灵是一种高效、低毒、广谱型除草剂，是用于蔬菜、瓜果田安全、理想的除草剂。二甲戊乐灵可被光化学的作用脱烷基化，另外已证实，二甲戊乐灵在土壤中或由于微生物作用都能被代谢分解，脱去烷基、硝基后，被还原形成对环境影响小的物质。在二甲戊乐灵生产过程中有少量废气产生，主要是氢气。可采用高空排放及活性炭吸附等措施来消除对大气污染。

高效氯氰菊酯属高效、低毒拟除虫菊酯类杀虫剂，通过以下反应在土壤中降解，即酯键断裂，醇部分的苯氧基和酸部分的二甲基羟基化，苯苄醇氧化成苯甲酸，这些降解产物对环境无不良影响。在高效氯氰菊酯生产过程中，可能产生含醇废水。公司用精馏法回收废水中的醇重复利用，脱除醇后的废水进宁阳绿野污水处理厂进行生化处理。

种衣剂是一种农药在应用上的创新，无"三废"产生，对环境污染较轻。

多菌灵是一种高效、低毒、广谱性杀菌剂，它在植物和土壤中分解为对环境无不良影响的物质，该产品环境相容性好，对环境污染较轻。

甲基1605属于有机磷类杀虫剂，虽然已经使用了多年，但因其不易产生抗性仍有较大的市场需求。甲基1605毒性较高，但只要正确使用一般不会发生中毒事故。甲基1605在植物或土壤中的代谢物为P—O，一甲基结构的断裂，对环境影响不大。甲基1605在生产过程中可能产生含甲醇废水，公司一般采用精馏塔回收甲醇重复利用以解决这一问题。

针对环保因素的限制带来的风险，长期以来，公司积极学习和贯彻国家的环保法律法规，严格执行国家的环境质量标准，不断提高研发的投入，加大技术的创新和改造力度，采用先进的生产工艺制造方法，作到清洁生产，力争从根源上杜绝污染的产生。目前公司废物排放均符合国家及山东省、泰安市有关环保规定，并于2000年底顺利完成了国家的"一控双达标"要求，实现了废水、废气的达标治理，固体废弃物也全部达到了资源化治理。与国内同行相比，各项污染物排放控制指标居于先进水平。2001年获山东省环境保护局颁发的"山东省工业污染源达标排放单位"的称号。到目前为止，公司不存在因"三废"排放而影响产品生产的情况，而且本次新股发行募集资金投入项目均已通过了国家环保部门组织的环境评价。

公司的有机磷农药品种属七十年代的产品，经多次技术改造后虽能达标排放，但由于受设备、工艺技术等方面的制约，产生的污染物较多，处理费用相对较高，公司正逐步淘汰这批农药品种。公司有机磷产品主要为甲基1605,1999年至2001年，该产品销售毛利占公司销售毛利总额的比例分别为27.98%、22.08%、21.42%，呈逐年下降趋势。根据公司2002年的生产和经营计划，预计2002年甲基1605销售毛利占公司产品销售毛利总额的比例将进一步下降。同时公司积极调整产品结构，进一步降低经营风险。目前，公司拟开发的毒死蜱、苯磺隆农药项目(已列入本次募集资金投向)，均属高效、低毒、低残留产品，其中毒死蜱农药属甲基对硫磷的替代产品，苯磺隆农药属国家近年来新研制的高效除草剂产品。这两种农药市场前景广阔，属国家推广的高科技产品，工艺技术、设备先进。2001年底已通过了山东省环保局组织的环保评审。专家一致认为，这两种产品的生产工艺先进，污染物产生量少，且三废处理采用了资源化治理，整个生产过程贯穿了清洁生产技术，符合国家产业政策的环保要求。

神农丹、灭多威、克百威、多菌灵、二甲戊乐灵等农药均是公司九十年代起相继开发生产的产品，工艺技术、设备相对先进，在开发过程中实施了环境影响评价，建设过程中严格执行了国家环境保护"三同时"规定，生产过程中产生的污染物经治理后均达标排放。

(三)净资产收益率下降的风险

公司本次公开发行4,000万股人民币普通股，可募集资金净额23,467万元，发行后公司的净资产将大幅度增加，募集资金投入项目处于投入期，难以在短时期内取得效益，根据经山东汇德会计师事务所有限公司审核的公司2002年度盈利预测报告，2002年度预测净利润为1,813.68万元，全面摊薄的净资产收益率将从2001年度的17.31%下降至5.29%，存在因净资产收益率下降所引致的相关风险。

针对净资产收益率降低的风险，本公司将切实加强对募集资金使用的管理，争取尽快完成募集资金投入项目的建设，使之尽快产生效益，随着项目逐步进入生产期，净资产收益率将显著提高。

(四)市场风险

1、产品市场需求波动的风险

首先，由于农药有常年生产、季节适用的特点，随着农药流通体制改革的变化，商业部门为追求资金使用效率，淡季降低库存，使农药淡季生产和库存的压力增大；其次，农业病虫害的发生存在不平衡性，也会给本公司的生产经营带来一定的风险；从许多病虫害的发生规律看，病虫害有一定的发生周期，往往是隔几年会较大规模的发生一次，这样造成了农药生产和销售不稳定因素；最后，新开发的农药品种的使用寿命和周期越来越短(一般为10-20年)，使公司现有农药品种面临一定的市场风险。

针对农药产品市场需求季节性波动的风险，公司将制定适应市场需求的经营计划，努力做到合理运用现有资金，统筹安排淡旺季农药生产和储备，同时加大产品开发力度，以尽快实现产品的更新。

2、产品国内销售格局存在的风险

国内农药企业普遍存在着市场开拓力度不够和互相分割的局面。公司产品市场格局主要集中在华东、华北地区几个主要农业大省，这些地区占总销售收入的60%左右，市场占有率相对偏高，公司依赖性较大。而南方市场开拓力度不够、市场占有率较低，甚至还有一些空白市场存在。如果在主要的产品销售地区遇到大范围的农业种植结构调整或自然灾害的发生，以及其他强大竞争对手的进入，将对公司产品销售产生较大影响。

针对产品国内销售格局存在的风险，公司注重对新产品的研究和开发，加大技术投入，强化管理，在提高产品质量的基础上增加新型高效农药品种，以满足客户的需求，力争在产品品种和数量上有新的突破。另一方面，公司将不断加大市场开发力度，对薄弱区域派驻营销人员，建立销售网络，健全对销售人员的考核和激励机制，积极开拓新的客户群体。

3、产品国外销售格局存在的风险

近年来，公司产品的外销所占的比例越来越大。1999年，出口交货值仅占公司销售总额的10%,2000年出口交货值占公司销售总额的15%左右，2001年达到20%，在今后的几年还将继续保持增长势头。但在销售格局上，公司的对外出口主要分布在东南亚、非洲、南美洲及欧洲等地，如果在主要出口地区需求量大幅减少，将对公司的产品出口产生较大影响。

针对产品国外销售格局存在的风险，公司一方面将继续狠抓主导产品的成本和质量，提高产品市场竞争力，继续保持和扩大在东南亚、非洲、南美洲及欧洲等国际市场的市场份额。另一方面，公司注重产品出口市场的多样化，加大对其他国家和地区市场的开发力度，加强产品在进口国的注册工作，使出口国家和地区逐步趋于广泛，使公司在产品外销比例保持上升的同时，尽可能降低对某一销售区域过度依赖的风险。

4、行业内部竞争风险

本公司在国内同行业中居先进行列，所生产经营的主导产品在国内同行业中处于领先地位，如神农丹为国家级重点新产品，本公司为亚洲唯一生产该产品的企业，全球生产该产品的企业仅2家；灭多威、二甲戊乐灵产品质量也达到国际领先水平，国内外市场前景广阔。但目前国内农药行业市场竞争较为激烈，由于相当部分生产企业尚处在多而小且分散的格局，易于出现市场效益较为丰厚的农药品种的盲目布点、重复生产，忽视了提高科技含量，同时对无证的原药生产企业也缺乏相应的管理，导致行业内部竞争激烈，可能给公司的经营带来一定的风险。

针对行业内部竞争风险，公司作为农用化工和基础化工的科技先导型企业，是中国农药行业十强企业，2000年综合实力排名第六位，生产的主要产品在国内同行业中处于领先水平，并在以下方面表现出较为突出的优势：(1)公司有一支技术力量雄厚的研究开发队伍，保证了产品技术水平的先进性及不断推出新产品；(2)公司目前产品结构比较合理，生产的农药产品有杀虫剂、杀菌剂和除草剂，缓和了因产品结构单一而造成的产品市场淡旺季明显的不足；(3)公司经过多年的农药产品生产，已培养了一大批具有丰富生产管理经验的队伍；(4)公司在产品营销方面建立了良好的市场网络，市场形象较好，形成了较好的品牌效应，主要产品市场占有率较高；(5)公司具有多种关键农药中间体，有利于对新产品的开发。

本公司将充分利用自身的规模优势和经营实力，加大投资力度，降低生产成本，提高产品质量，巩固并加强公司在行业中的领先地位和竞争优势，提高抵御行业风险的能力。同时，公司将加快科研开发步伐，加大新产品开发的力度，提高产品技术含量，增加高效、低毒、高附加值农药的比例，进一步改善公司的产品结构。若本次发行成功，募股资金到位后，公司将募股资金用于新建、技改等项目，扩大生产规模，提高产品的质量和技术含量，提升公司的品牌和竞争力，提高公司产品的市场占有率。

(五)经营风险

1、原材料供应和价格风险

公司生产需用的原材料主要是部分基础化工原料和部分石油化工产品，其中酚钠、乳化剂、甲苯、二甲苯及甲醇等主要来源于国内市场，7-羟基呋喃酚等主要依赖进口。公司主要原材料成本占制造成本的50%以上。虽然就目前和今后一段时期而言，国内原材料的供应仍然是供大于求状态，供应厂家多、渠道广、供应比较充足，同时，公司第一大股东山东华阳农药化工集团有限公司现有的3万吨/年烧碱生产装置和3万吨/年硫酸生产装置也可以保障部分主要原料如烧碱、氯气、盐酸、二氧化硫、硫酸等及时充足地供应，但不排除在国家相关经济政策出现重大调整或市场环境、交通运输状况等方面发生突变时，原材料的供应量或其价格会出现异常波动，从而在一定程度上影响公司的经营成果。

针对原材料供应和价格风险，公司采取了多种措施以保证产品生产所需的重要原材料供应。一方面公司与多家重要的供应商建立了长期稳定的供销合作关系，以保证原材料及时足量的供给；另一方面公司也广泛拓宽国内外进货渠道，多方选择供应厂商，避免对个别原料供应厂商的过分依赖，确保原料供应的稳定性和价格的公正性。此外，公司不断加强内部管理，建立和完善了ISO9001质量保证体系，积极推进采购公开制的实施，规范企业的采购行为，降低物资采购成本，实现了物资采购的有效管理和动态管理，达到了公开、公正、合理，从而降低原材料供应和价格变化可能给公司带来的风险。

2、产品结构的风险

目前本公司产品种类有杀虫剂、杀菌剂和除草剂三大类。其中杀虫剂包含有机磷类、氨基甲酸酯类、拟除虫菊酯类三大主要系列农药。公司产品中，杀虫剂所占比重较大，杀菌剂、除草剂所占比重较小，杀虫剂中有机磷类、氨基甲酸酯类杀虫剂占了一定的比重，如国内国际市场对此需求下降或国家出台有关限制性规定而公司未能及时调整产品结构，将对公司的生产经营带来一定的风险。

针对产品结构的风险，公司十分注重改善农药产品结构，积极发展高效、低毒、广谱、经济的新品种和复配剂型，公司开发的新产品如顺式氰戊菊酯、10%、15%神农丹等产品市场前景良好。此外，公司本次发行成功后，将利用本次募集资金集中投向高技术含量、高附加值的农药产品如二甲戊乐灵、戊唑醇、苯磺隆、毒死蜱等，适应农药行业向"高效、低毒、环境相容性好"方向发展的趋势，进一步增强公司在行业中的竞争能力，提高公司的整体实力。

3、能源和交通方面存在的制约

能源和运输费用是影响企业生产成本的重要因素。在公司产品成本构成中，水、电、汽和运费所占比例为10%，如国家调整水、电等能源价格，将对本公司的生产成本产生一定的影响。

公司控股股东山东华阳农药化工集团有限公司现有深水井10口，总水量800m³/h，富裕量50%，现有电力16,000KVA，自备35KV/16,000KVA变电站一座，采取用一备一的供电方式，确保了安全供电，富裕量50%。现有40t/h蒸汽锅炉装置，富裕量30%，能源供应充足。公司与控股股东华阳集团签订了《综合服务协议》，该协议规定华阳集团将在保证提供的各项服务质量不低于其向第三方提供的同类服务标准的条件下优先向本公司提供水、电、汽等综合服务，确保了公司生产经营的正常进行。

公司产品销售的运输方式主要是铁路运输和公路运输，公司位于京沪铁路磁窑火车站东一公里，京福高速公路、104国道贯穿南北，交通便利，为公司产品销售和物资购进运输创造了有利条件。公司控股股东华阳集团拥有自己的铁路专运线、汽车运输公司和与运输公司配套的汽车大修厂，公司2000年度第一次临时股东大会审议通过了公司控股股东华阳集团所属的山东省宁阳县华阳运输有限公司为本公司提供运输服务的议案，保障了公司的正常生产经营。

4、产品外销的限制

本公司主要生产农药产品，发达国家对此类产品销售管制十分严格。现在大多数国家已经对高毒的有机磷农药如甲胺磷等限制或禁止使用，也有个别国家对个别的产品限制使用，如埃及、马来西亚限制使用灭多威产品。这对公司部分产品的出口将构成一定的障碍。尽管本公司产品质量已达到国外同类厂家的水平，但在取得有关国家药品管理当局的登记许可前，尚不能直接向该国出口。

针对产品外销的限制可能带来的风险，公司经过多年的调整和发展，出口产品的产品结构已经由原来的以高毒、高残留的有机磷杀虫剂品种为主调整到以氨基甲酸酯类农药为主，杀虫剂、杀菌剂和除草剂并重，市场也由以前的以东南亚、南亚为主扩大到亚、欧、美、非洲广大地区。这些措施对突破公司产品外销限制，扩大产品出口规模将起到积极的作用。

(六)财务风险

根据经山东汇德会计师事务所有限公司审计的公司1999年度—2001年度及2002年中期财务报告，公司财务状况良好，资产质量较高，资产运转效率高，截止2002年6月30日，公司应收帐款净额3,905.77万元，其中1年以内的应收帐款占总额的95%，1－2年以内的应收帐款占总额的4%，无3年以上应收帐款，2000年度、2001年度应收帐款周转率分别为10.54次/年、9.98次/年。存货为5,619.27万元，存货中库存产品和半成品占了较大比例，且状况良好，公司2000年度、2001年度存货周转率分别为2.76次/年、3.18次/年，公司存货周转速度较快。流动比率为2.33，速动比率为1.43，短期偿债能力较强，但是农药行业属于资金密集型产业，加之公司目前处于快速发展时期，资金需求量很大。目前公司生产经营所需的流动资金和产品开发、技改项目投资所需的资金主要来源于自身积累和银行贷款，融资渠道比较单一，融资能力受到一定的制约。而截至2002年6月30日公司长期借款为7,976万元，到期日分别为2003年至2006年，从长期来看存在一定的偿还到期债务压力。此外，公司存货水平较高，一旦市场发生变化，可能给公司的经营状况带来较大影响。

针对财务风险，公司将通过制订科学的财务计划，合理安排资金的使用，提高资金使用效率，并积极争取通过发行股票、企业债券、可转换债券等方式开拓新的融资渠道，以保证企业快速发展所需的资金。公司存货水平虽然较高，但主要是因为公司产品品种较多，批量小、公司产品营销模式的特点以及农药产品需求季节性变化等原因导致，且截至2002年6月30日，公司存货状况良好，产品适销，存在跌价损失风险的可能性较小。公司将进一步提高存货管理水平，在保证公司正常经营的情况下，尽可能降低存货量，从而降低公司的经营风险。

(七)技术风险

目前，公司产品具有较高的技术含量，成本较低，在国内已形成良好的品牌形象，并成功打入了国际市场，公司产品中外销约占20%。随着公司产品出口比例的提升，公司生产技术及其后续发展能力面临着国际性的竞争环境，公司可能因为无法及时获取世界上最先进的技术和工艺而面临生产经营条件恶化的风险。

公司产品生产的综合水平在国内有较强竞争优势，但与国外发达国家相比尚有一定差距，随着我国加入WTO和世界经济的一体化，国内其他生产厂家有可能通过技术引进、合资合作等方式提高技术水平，国外具有先进技术的企业也可能直接在我国境内投资设厂，使公司产品面临着同国外先进技术竞争的风险。

公司虽然有较强的研究开发实力，但主要采用与国内高等院校、科研院所合作开发的方式以及对引进的小试技术进行吸收与改进的研发模式，公司自主开发产品的能力存在一定不足，如果与其他合作单位的合作关系无法继续，将给公司的新产品开发带来较大的影响。

针对技术风险，公司一方面将进一步加强与国内多家大学、科研院所合作，充分利用沈阳化工研究院、湖南化工研究院、南开大学等科研院所的科研力量，走产、学、研相结合的道路，加快新产品产业化的进程；另一方面公司拥有一支经验丰富、多年从事农药产品开发的研发队伍，多次获得国家、省级荣誉，公司将充分利用自主开发能力，发挥公司核心技术人员的作用，增强自主开发能力，进一步加大对新产品开发的投入，密切跟踪主导产品的世界先进生产技术的发展趋势，使公司主导产品处于国内外同行业生产技术领域的前沿。目前公司开发的产品二甲戊乐灵、灭多威、神农丹等均达到国际先进水平。

自主开发能力不足是国内农药企业普遍存在的问题，与国外同行相比，我国农药行业科研投入少，创制能力较弱，公司将继续保持与沈阳化工研究院、湖南化工研究院、南开大学等科研院所的良好合作关系，并将进一步加大研发投入，充分发挥自身的人才优势，发挥公司核心技术人员的作用，增强自主开发能力，并且，公司计划对研发人员实行成果分成制，即在一定期间内，按新产品实现利润的一定比例提取研发奖励基金，以充分调动研发人员的积极性。此外，公司正积极争取建立华阳博士后科研工作站，届时公司将吸引更多优秀人才，研发实力大大增强。

(八)募股资金投向的风险

公司本次发行募集资金将投向二甲戊乐灵、毒死蜱、苯磺隆等技术改造项目，上述项目都经过了严格的可行性分析，将成为公司新的利润增长点。但是上述项目可行性分析是基于目前的国家产业政策、国际国内市场环境等条件作出的。随着时间的推移，这些因素可能会发生一定的变化。同时在项目实施过程中可能存在各种不确定性因素或不可抗力因素，可能会影响到项目完成时间及预期效益。

针对募集资金运用项目可能发生的风险，在项目实施前，公司已聘请有关专业机构和专家对项目可行性进行了反复论证，保证募集资金投向符合国家关于发展高效、无公害农药的产业政策，且具有工艺、生产技术较成熟、市场前景广阔、产品盈利能力强的特点，投入项目经国家有关部门批准，并获公司股东大会通过，具备了实施拟投资项目的条件；在项目实施过程中，公司将实行工程网络计划和项目负责人制度，并建立严格的项目管理制度和跟踪反馈机制，及时发现和分析项目实施过程中出现的新问题、新变化，及时加以解决，保证项目按预期目标进行。

(九)政策风险

农业是我国国民经济的基础，因此国家一直重视对农业的支持，不断加大对农业投入，对农药、化肥、种子等支农产品采取倾斜政策。同时对于一些农药品种国家还采取了减征或免征增值税的税收优惠政策，这些优惠措施为公司的稳定发展提供了良好的外部环境。截止目前，公司产品中二甲戊乐灵、灭多威、神农丹和高效氯氰菊酯等享受免征增值税的优惠政策，2001年公司免税产品销售额较大，约18,431万元，若公司产品享受的免征增值税的优惠政策全部取消，公司每年将增加约500万元的税金支出，对公司的经营活动将带来一定的影响。

针对政策风险，公司将充分关注政府经济政策的走向，注意做好政府经济政策前瞻性研究工作，以便根据经济政策的变化，及时调整公司的经营战略和投资战略，规避政策风险。同时针对国家有关政策的不确定变化，公司将进一步加强管理，降低经营成本，提高产品质量，塑造公司品牌，争取产品优质优价，以减少这种变化给本公司生产经营带来的影响。公司享受免征增值税的产品中二甲戊乐灵为国家级重点新产品，神农丹被列入山东省跨世纪高新技术企业生产项目，灭多威产品生产能力和生产量为国内最大，灭多威、神农丹均为公司出口拳头产品，上述免税产品均为国家重点支持的产品，其享受的税收优惠政策短期内不会改变。

(十)加入WTO的风险

加入世贸组织以后，我国的农药市场将进一步放开，国外农药产品也会对我国农药工业造成一定的冲击，与国外企业相比，我国农药生产厂家主要存在以下方面的劣势：1、大部分产品比较老化。这些品种(主要是有机磷高毒农药)虽然目前在国内市场占有主导地位，成本相对比较低，有较强的竞争能力，但随着国家环保标准的升级和农民用药要求的提高，这些产品将逐步被优良的新产品所代替；2、新开发产品技术不够成熟。近几年，国内已投入大量的人力、财力，开发出了一些比较新的产品，主要是围绕替代高毒农药而开发的取代品种，在这些新开发的产品中，大部分品种生产技术还不够成熟，产品质量和收率均与国外有一定差距，因而没有形成稳固的市场。而国外大公司利用技术先进、规模大、劳动生产率高的优势，在市场上具有很强的竞争力，会对我国的农药市场造成较大的冲击；3、专利产品不多。由于我国自主创新能力较薄弱，近期主要是仿制，这样不仅从时间上落后多年，前期开发技术也无法与国外抗衡，这也会对我国农药生产企业造成不利影响。

针对加入WTO的风险，我国作为世界农药生产大国，加入WTO之后，将会在农药贸易，WHO、FAO、UNEP、CIPAC等组织和会议方面拥有更多发言权和决策参与权，更好地维护我国农药行业的利益和促进我国农药科研开发的高速发展。在产品价格方面，近年来，我国农药进口关税率一直在3%左右，处于较低水平，加入WTO后，国外农药产品价格偏高的局面不会有很大变化。目前，公司产品与国外同类产品相比，在质量价格比等方面有较大的优势，为迎接加入WTO的挑战，公司将产品技术含量、产品质量以及管理提升到了战略地位，进一步加大研发的投入，注重新产品开发，推行全面质量管理，并通过了ISO9001质量标准认证，提高了公司产品的综合竞争力，若本次发行成功，公司募股资金的投入将进一步提高公司产品的技术含量和生产规模，有利于降低生产成本，提高竞争力。

(十一)汇率风险

公司20%以上销售收入来自国际市场，生产所需的部分原材料也从海外采购，汇率波动将对公司的生产成本、出口收入以及经营成果产生一定影响。

针对汇率变动的风险，公司将密切关注和研究国际外汇市场的发展动态及对自身产生的影响，选择最有利的贷款结算币种和结算方式，同时积极利用其他金融工具规避汇率风险，努力降低汇率波动对公司经营成果造成影响。

(十二)其它风险

本公司不排除因政治、经济、自然灾害等不可预见因素对公司生产经营带来不利影响的可能性。

针对其它风险，本公司将通过加强管理，提高风险意识以降低政治、经济、自然灾害等风险因素给公司带来的不利影响。

四、发行人的基本资料

(一)发行人的基本信息

1、发行人名称：山东华阳科技股份有限公司

2、英文名称：SHANDONG HUAYANG TECHNOLOGY CO., LTD.

3、法定代表人：郭前玉

4、公司成立日期：1999年12月30日

5、注册地址：山东省宁阳县磁窑镇

6、邮政编码：271411

7.电话：(0538)5826208

传真：(0538)5826066

8.互联网网址：http://www.huayang.com

9.电子信箱：cnhy@huayang.com

(二)公司历史沿革及改制情况

1、公司设立方式：发起设立

2、发起人：山东华阳农药化工集团有限公司、山东省农药研究所、山东农业大学、泰安飞达助剂有限公司、泰安市泰山农业生产资料站

3、历次股本形成及股权变化情况：

山东华阳科技股份有限公司是经山东省人民政府鲁政股字[1999]53号和山东省经济体制改革委员会鲁体改函字[1999]第77号文批准，由山东华阳农药化工集团有限公司、山东省农药研究所、山东农业大学、泰安飞达助剂有限公司、泰安市泰山农业生产资料站共同发起设立的股份有限公司。公司成立于1999年12月30日，成立时注册资本5,000万元，其中，山东华阳农药化工集团有限公司以所属的神农一厂、神农二厂、农药一厂、农药二厂、农药四厂、种衣剂厂、农药六厂、质监处、技术开发中心等经营性净资产出资，该部分经营性净资产评估后并经山东省国有资产管理局鲁国资评字[1999]第160号文件确认的价值为58,904,547.10元，按1.23:1的折股比例折为4,788.98万股，占公司总股本的95.78%；山东省农药研究所以现金出资505,407元，按1.23:1的折股比例折为41.09万股，占总股本的0.82%；山东农业大学以现金出资500,118元，按1.23:1的折股比例折为40.66万股，占总股本的0.81%(上述三家股权均为国有法人股)；泰安飞达助剂有限公司以现金出资975,021元，按1.23:1的折股比例折为79.27万股，占总股本的1.59%；泰安市泰山农业生产资料站以现金出资615,000元，按1.23:1的折股比例折为50万股，占总股本的1.00%(上述两家股权均为社会法人股)。泰安市审计师事务所对公司截止1999年12月24日的实收资本及相关的资产和负债的真实性和合法性进行了审验，并出具了泰审所财字(1999)60号《验资报告》。鉴于泰安市审计师事务所不具有证券从业资格，2002年1月12日，公司聘请具有证券从业资格的山东汇德会计师事务所有限公司对泰安市审计师事务所出具的验资报告所述内容进行了验证，山东汇德会计师事务所有限公司出具了[2002]汇所综字第1－001《专项审核报告》，认为公司设立时不存在出资不实至今未消除情况。

公司于1999年12月30日取得了由山东省工商行政管理局核发的企业法人营业执照，注册号：3700001804867。

公司成立后，2000年4月至2001年4月，由具有主承销商资格的中信证券股份有限公司按照《公司法》、《证券法》等法律法规的要求进行了辅导。2001年8月公司高管人员通过了中国证券监督管理委员会济南证券监管办公室组织的高管人员考试，2001年9月公司通过中国证券监督管理委员会济南证券监管办公室对公司改制运行情况及辅导工作的验收。

本公司自设立以来没有发生过重大重组和对外投资。

4、发行前公司最大10名股东持股情况

编号	股东名称	持股数(万股)	持股比例(%)

1	山东华阳农药化工集团有限公司	4,788.98	95.78
2	泰安飞达助剂有限公司	79.27	1.59
3	泰安市泰山农业生产资料站	50.00	1.00
4	山东省农药研究所	41.09	0.82
5	山东农业大学	40.66	0.81

(三)公司历次验资、资产评估情况和历次审计情况

1、历次验资情况

1999年公司设立时,受公司委托,泰安市审计师事务所对公司截止1999年12月24日的实收资本及相关的资产和负债的真实性和合法性进行了审验,并出具了泰审所财字(1999)60号《验资报告》。鉴于泰安市审计师事务所不具有证券从业资格,2002年1月12日,公司聘请具有证券从业资格的山东汇德会计师事务所有限公司对泰安市审计师事务所出具的验资报告所述内容进行了验证,山东汇德会计师事务所有限公司出具了[2002]汇所综字第1-001《专项审核报告》,认为公司设立时不存在出资不实至今未消除情况。

2.历次资产评估情况

(1)公司设立时的资产评估

公司设立时,北京中企华资产评估有限责任公司对发起人拟投入山东华阳科技股份有限公司的全部资产和负债进行了评估,并出具了中企华评报字(1999)第067号资产评估报告。山东省国有资产管理局以鲁国资评字[1999]第160号批复对评估结果予以确认。

(2)收购控股股东山东华阳农药化工集团有限公司资产时的资产评估

公司成立以后,由于公司与控股股东所属的农药三厂、农药五厂存在购销农药中间体的业务往来,存在数额较大的关联交易,为进一步规范运作,减少公司与控股股东间的关联交易,2001年3月,经公司2000年度股东大会批准,公司对控股股东所属的农药三厂、农药五厂资产进行了收购。北京中企华资产评估有限责任公司对收购资产进行了评估,并出具了中企华评报字(2001)第041号资产评估报告。宁阳县国有资产管理局以宁国资评字[2001]9号批复对评估结果予以确认。

3、历次审计情况

山东汇德会计师事务所有限公司对公司1999年度—2001年度以及2002年中期的财务报告进行了审计,并出具了无保留意见的[2002]汇所审字第1-091号审计报告。

(四)本公司经营有关的资产权属变更情况

与公司业务及生产经营有关的固定资产以及商标所有权等无形资产均已转至发行人名下,具体情况如下:

1、固定资产

根据山东汇德会计师事务所有限公司出具的[2002]汇所审字第1-091号审计报告,截至2002年6月30日,本公司固定资产帐面原值为137,368,550.01元,累计折旧为61,115,579.14元,固定资产帐面净值为76,252,970.87元,其明细状况如下:

单位:元

类型	固定资产原值	累计折旧	固定资产净额
非生产房屋及建筑物	2,253,087.73	486,837.13	1,766,250.60
受强腐蚀生产用房	38,721,073.18	13,054,715.86	25,666,357.32
化工设备	81,171,564.26	41,097,357.42	40,074,206.84
仪器仪表设备	10,740,759.13	4,335,781.37	6,404,977.76
动力运输设备	4,482,065.71	2,140,887.36	2,341,178.35
合计	137,368,550.01	61,115,579.14	76,252,970.87

上述固定资产运行维护情况良好,其中关键设备的技术先进性在国内处于领先地位。

2、土地使用权

本公司分别于2000年2月和2001年4月与控股股东华阳集团签订了《土地使用权租赁合同》,以租赁方式有偿使用华阳集团以出让方式取得的8宗土地,租赁期限为20年,本公司每年向华阳集团支付土地租金24.85万元,土地租金以土地评估机构出具的《土地评估报告》所提供的评估值为依据确定。上述8宗土地的土地使用证分别为:宁国用(1999)字第064号、宁国用(1999)字第065号、宁国用(1999)字第066号、宁国用(1999)字第067号、宁国用(1999)字第068号、宁国用(1999)字第073号和宁国用(2001)字第082号、宁国用(2001)字第083号,总面积为53,071.7平方米,上述土地的他项权利证明书已办理完毕。

3、商标

公司拥有的主要商标如下:

"华阳"牌注册商标,商标注册号:第1074769号;

华阳商标图形,商标注册号:第1092948号;

"神农丹"牌注册商标,商标注册号:第892462号。

2000年4月,华阳集团与本公司签订了《商标转让协议》。根据该协议,华阳集团向本公司无偿转让其拥有的"华阳"牌注册商标及商标图形和"神农丹"牌注册商标。本公司已于2001年4月办理完毕上述注册商标的变更登记手续。

4、其他无形资产

公司目前拥有的其他无形资产主要为非专利技术。公司目前拥有的专有技术和技术成果共8项,参见第八节"(十一)重要的知识产权、非专利技术"。

(五)公司员工及社会保障

公司现拥有员工1,291人,具体构成如下:

1.专业分工

技术人员232人	占员工总数比例18%
销售人员176人	占员工总数比例13.6%
生产人员694人	占员工总数比例53.8%
财务人员31人	占员工总数比例2.4%
行政管理人员158人	占员工总数比例12.2%

2.技术职称

高级职称员工8人	占员工总数比例0.6%
中级职称员工165人	占员工总数比例12.8%
初级职称员工356人	占员工总数比例27.6%

3.教育程度

大学本科及本科以上146人、大专181人、中专200人

4.年龄构成

30周岁以下709人	占员工总数比例54.9%
30-40周岁534人	占员工总数比例41.4%
40-50周岁46人	占员工总数比例3.6%
50周岁以上2人	占员工总数比例0.1%

公司在册职工实行全员劳动合同制,公司按国家有关规定为职工办理了社会养老保险、失业保险等社会保险统筹。公司每年均按时足额缴纳了各种保险金。公司目前无离退休职工,将来退休的职工退休费由社会保险机构统筹支付。

(六)公司在业务、资产、人员、机构、财务等方面与控股股东分开情况

公司成立以来,建立健全了法人治理结构,在业务、资产、人员、财务和机构设置等方面与控股股东华阳集团分开,保持了良好的独立性,保证了股份公司的规范、独立运行。公司具备独立完整的业务体系和面向市场自主经营的能力。

1、公司目前从事的主要业务为许可范围的农药及农药中间体的研究、开发、推广、制造、销售。本公司拥有独立的产、供、销系统。

2、公司经理、副经理、董事会秘书等高级管理人员不在股份公司与控股公司中双重任职;财务人员不在关联公司兼职;公司的劳动、人事及工资管理完全独立;公司董事长郭前玉兼任华阳集团副董事长、总经理。本公司不存在法律禁止的兼职行为,本公司人员与机构保持独立。

3、公司已设立了独立的财务部,建立了独立的财务核算体系,具有规范、独立的财务会计制度;公司独立开设帐户,未与股东单位或其他任何单位或人士共用银行帐户;公司依法独立纳税。公司财务保持独立。

五、发行人股本

(一)发行人股权结构的历次变动情况(见第四节"(二)公司历史沿革及改制情况")

(二)本次拟发行的股份、本次发行后公司股本结构

公司本次拟公开发行4,000万股社会公众股,本次发行后公司将形成如下股本结构:

股东名称	持股数量(万股)	持股比例(%)	股权性质
山东华阳农药化工集团有限公司	4,788.98	53.21	国有法人股
泰安飞达助剂有限公司	79.27	0.88	社会法人股
泰安市泰山农业生产资料站	50	0.56	社会法人股
山东省农药研究所	41.09	0.46	国有法人股
山东农业大学	40.66	0.45	国有法人股
社会公众	4,000	44.44	社会公众股
合计	9,000	100	

六、发行人全部发起人的基本情况

公司发起人为山东华阳农药化工集团有限公司、泰安飞达助剂有限公司、泰安市泰山农业生产资料站、山东省农药研究所和山东农业大学。

(一)发起人名称:山东华阳农药化工集团有限公司

法定代表人:尚荣昌

设立时间:1996年6月14日

法定住所:山东省宁阳县磁窑镇

注册资本:10,034万元

经营范围:化学农药、化学肥料、化学原料、有机化学产品、化工机械、氨基甲酸酯类、有机磷系列农药及农药中间体(限已领取准产证的产品)的制造、批发、出口。生产科研所需原材料、机械设备、仪器、仪表、配件、中间体及相关技术的进口。

持股情况:持有本公司股份4,788.98万股,占总股本的95.78%。

华阳集团是国家科技部认定的重点高新技术企业、中国农药协会副理事长单位和山东省最大的农药生产企业。其前身为山东省宁阳农药厂,成立于1966年,是全国50家国有重点农药生产企业之一。1996年经山东省政府批准改制设立山东华阳农药化工集团有限公司,为山东省百强企业集团。

截止2001年12月31日,华阳集团资产总额为47,509.14万元,负债总额为28,881.53万元,净资产为18,627.61万元,2001年度净利润1,231.48万元(以上为合并财务报表数据,未经审计)。

(二)发起人名称:泰安飞达助剂有限公司

法定代表人:朱方彬

设立时间:1998年9月23日

法定住所:宁阳县城区南首

注册资本:1,320.1万元

经营范围:制造、批发零售助剂、甲醛,批发零售五金、交电、化工(国家有专项规定的除外)、化工用机械设备及配件、烟(零售)、酒、糖、茶,饮食服务。

持股情况:持有本公司股份79.27万股,占总股本的1.59%。

截止2001年12月31日,泰安飞达助剂有限公司资产总额1,447.00万元,负债总额474.24万元,净资产972.76万元,2001年度净利润99.41万元(以上财务数据未经审计)。

(三)发起人名称:泰安市泰山农业生产资料站

法定代表人:王怀柱

设立时间:1997年9月30日

法定住所:泰安市东岳大街西首

注册资本:100万元

经营范围:化肥、农药、农膜、农用器械批发、零售、代购代销。

持股情况:持有本公司股份50万股,占总股本的1%。

截止2001年12月31日,泰安市泰山农业生产资料站资产总额4,082.60万元,负债总额2,562.54万元,净资产1,520.06万元,2001年度净利润46.5万元(以上财务数据未经审计)。

(四)发起人名称:山东省农药研究所

法定代表人:李德军

设立时间:1997年8月22日

法定住所:济南市天桥区北园路234号

注册资本:1,143万元

职责范围为:从事农药新品种、新制剂的研制与开发,承担省内生产领域化学农药及中间体产品质量监督检验任务。

持股情况:持有本公司股份41.09万股,占总股本的0.82%。

山东省农药研究所是由山东省石油化学工业厅举办的国有科研机构,1997年8月22日领取由山东省机构编制委员会办公室颁发的事业法人登记证。

(五)发起人名称:山东农业大学

法定代表人:冯承明

设立时间:1999年3月4日

法定住所:泰安市岱宗大街61号

资金数额:10,348万元

职责范围为:面向社会培养农业高级技术人才和管理人才,进行成人高等教育,从事教学科研和技术开发。

持股情况:持有本公司股份40.66万股,占总股本的0.81%。

山东农业大学由山东省农业厅举办,1999年3月4日领取由山东省机构编制委员会办公室颁发的事业法人登记证。

上述各发起人持有的本公司的股份不存在被质押或其他有争议的情况。

七、发行人的组织结构及组织机构概况

(一)公司的内部组织机构设置

本公司按照《公司法》等有关规定，设股东大会、董事会、监事会、董事会秘书、总经理、副总经理、财务经理及其他内部管理机构，如下图所示：

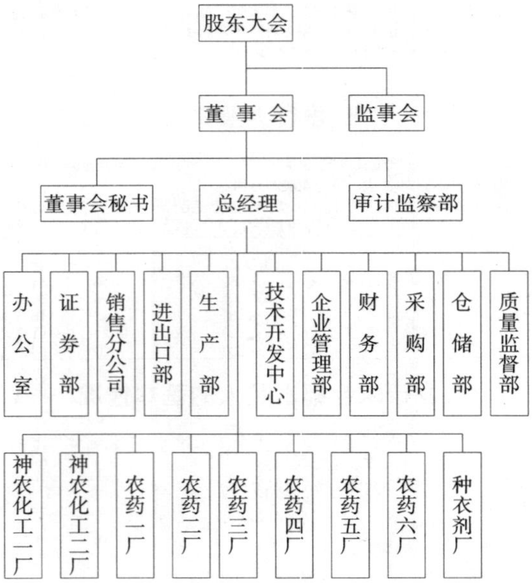

公司下属各分厂从事的主要业务如下表：

名称	主 要 业 务
神农化工一厂	主要从事涕灭威原药、98%、95%灭多威原粉、克百威、甲托原药、多菌灵原药的生产
神农化工二厂	主要从事5%、10%、15%神农丹颗粒剂的生产
农药一厂	主要从事甲基1605原油、甲胺磷原油等产品的生产
农药二厂	主要从事甲基1605乳油、甲胺磷乳油、高效氯氰菊酯乳油、普通氯氰菊酯乳油、灭多威乳油等产品的生产
农药三厂	主要从事丙醛肟、灭多威肟等产品的生产
农药四厂	主要从事顺式氰戊菊酯、丙醛肟等产品的生产
农药五厂	主要从事灭多威可溶粉、克百威母粉、扶农丹颗粒剂、螨清克等产品的生产
农药六厂	主要从事二甲戊乐灵原药、莱草通乳油、姜蒜草克等产品的生产
种衣剂厂	主要从事15%、20%玉米种衣剂、花生种衣剂、大豆种衣剂、小麦种衣剂等产品的生产

(二)公司产权结构图

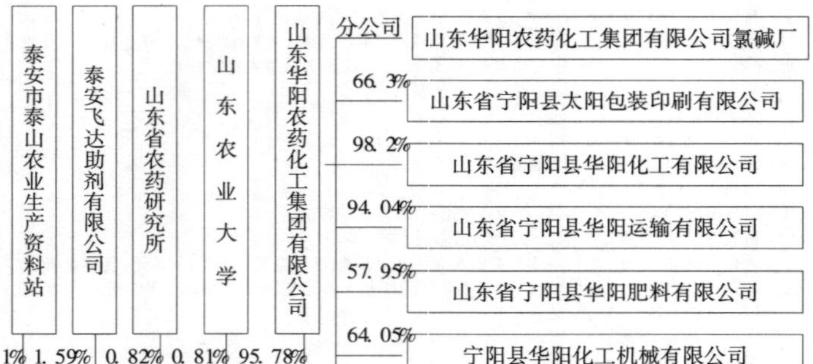

八、发行人业务和技术概况

(一)发行人所处行业的基本情况

1、产业政策及行业管理体制

我国是农业大国，农业的持续、稳定发展至关重要。农药是农业丰收的保障，因此农药行业一直是国家鼓励和支持的重要行业。国家对农药行业采取低税率制度，增值税按13%征收，低于一般化学品17%的税率，同时国家对关系国计民生的主要农药品种共48种农药免征增值税。

"十五"期间我国促进农药行业发展的主要政策是：一、进一步调整品种结构，使杀虫剂、杀菌剂和除草剂之间的比例更趋合理；二、大力发展高效、安全、环境相容性好和高效益的新品种、新剂型(如内吸治疗性杀菌剂、旱地除草剂、生物农药等)，加强农药制剂的研究，重点发展水基溶剂取代有机溶剂的高效新剂型；三、建立自己的原料和中间体生产基地，取代进口。四、加大农药产业结构调整的力度，在现有重点农药企业的基础上，逐步集中、组建更大规模的农药企业集团。

国家对农药产品的生产与销售实行严格的许可制度，在未取得国家相关部门许可之前，不允许生产与销售农药产品。

2、行业投入及产品结构

从近几年的统计资料来看，我国农药行业平均每年投入(包括中央和地方)约8亿元。"十五"期间农药行业面临较大的产业结构和产品结构调整两大任务，需要的投入将超过"九五"的投入，预计平均每年需要10－12亿元，五年合计投入50－60亿元①。

近年来，我国农药的产量呈逐年增长的趋势。根据原化工部和原石化局的统计资料，1996年农药总产量为38.1万吨(折100%有效成分计，下同)、1997年为39.5万吨、1998年为40.8万吨，1999年为43.6万吨(其中杀虫剂为28.3万吨，杀菌剂为5.5万吨，除草剂为7.1万吨)，呈逐年增加趋势，目前，我国农药总产量已居世界第二位，而市场表现消费量基本稳定在37.1万吨左右，总体呈现供大于求的局面，但是，由于产品结构不合理，高效、超高效和安全的品种较少，除草剂、杀菌剂所占比例偏小，不能满足需求，每年仍需进口100多种农药，其中除草剂的进口数量超过了50%。目前，我国农药产品结构为：杀虫剂、杀螨剂和杀鼠剂产量约占农药的70%，杀菌剂超过10%，除草剂和植物生长调节剂接近20%。而1998年世界农药销售额中，杀虫剂占29.0%，杀菌剂占17.8%，除草剂占47.4%，其它占5.8%，因此产品结构与国际农药市场表现的产品结构相比较不尽合理。着眼未来，调整产品结构，大力发展除草剂和杀菌剂产品的生产和使用是农药产业发展的趋势。根据国家"十五"规划，预计到2005年，我国农药生产能力将调整为60万吨/年，年产量为45－50万吨，可生产原药由目前的250个品种调整为270个品种，产品结构将更趋合理，高毒品种所占比例将由目前的20%下降到5%以下，杀虫剂、除草剂和杀菌剂占农药总产量的比例将调整为65:25:10，到2015年，杀虫剂、除草剂和杀菌剂的比例将调整到60:27:13。

(二)行业发展的有利和不利因素

1、农药行业发展的有利因素

我国农药行业发展的有利因素主要有：

(1)国家产业政策上的支持。我国是农业大国，农药是农业丰收的保障，因此，多年来农药行业一直是国家鼓励和支持的重要行业。

(2)随着环保要求的提高，高毒农药将逐步被淘汰，我国已加强了对高毒、高残留农药的使用管理，这必将为高效低毒环境相容性好的农药品种提供更多的市场机会。

(3)随着农业种植结构的调整，经济作物、水果、蔬菜种植的增加，除草剂、杀菌剂的市场空间将越来越大。

(4)随着国家加大对新农药创制的投入，以及对知识产权的保护力度不断加强，我国农药企业对新产品开发投入的积极性大大提高，拥有自主知识产权的新农药将不断投放市场，有利于提高我国农药产品的技术含量，提高农药企业综合竞争力。

(5)随着中国加入WTO，国际市场容量增加，将有利于中国农药的出口，我国具有丰富的物质资源、较为廉价的人力资源，将成为我国农药产品出口的有力竞争因素。

2、农药行业发展的不利因素

我国农药行业发展的不利因素主要有：

(1)我国农药生产厂家众多，重复建设严重。目前，我国有农药生产企业2000余家，众多小而散的企业在国内外市场中缺乏竞争力。因此，对众多小企业进行整合，组建大规模的农药企业集团，是我国农药行业应对国外同行挑战的必然选择。

(2)我国农业行业产品结构不合理，品种老化，杀虫剂中，有机磷杀虫剂占70%，其中高毒品种占70%，这已成为当前最突出的矛盾，无论从保护环境还是保护工人和施药人员健康考虑，都必须加速淘汰高毒农药，这对于生产高毒农药的企业来讲是一种巨大的压力。

(3)我国农药生产企业生产工艺落后，原药、制剂、包装质量差，加入WTO后，国外企业的先进技术将给我国农药生产企业带来较大的冲击。目前，我国农药企业生产的原药仅有50%左右有效成分含量达到95%以上，而欧美发达国家一般都在98－99%。

(4)科研投资少，农药创制能力弱，使整个农药工业缺乏竞争力。1999年全球用于农药研究、开发的经费约22亿美元，而我国全年投入农药行业的科研经费不足5,000万元人民币2，严重影响了新农药的创制和产业化进程。

(三)公司面临的竞争状况

公司目前销售收入的20%以上来自国际市场，因此，公司直接面临着国际、国内两方面的市场竞争。

目前，我国农药产品市场竞争激烈，由于我国农药生产企业尚处在多而小且分散的格局，易于出现市场效益较为丰厚的农药品种的盲目布点、重复生产；大量生产效益较高的复配制剂，忽视提高科技含量，而且常改配方、常换农药名称；对无证的原药生产企业缺乏相应的管理。总之，在市场无序竞争中无限制扩大生产能力，使同品种多企业过量生产，这是形成市场竞争日趋激烈的主要原因。在市场竞争中价格水平较为敏感，且是简单易行的竞争方式，所以市场价格竞争较为普遍，使多数农药品种呈现波动回落，进入高线价格与低线价格差异较大的不稳定时期。

中国已加入世贸组织，我国的农药市场将进一步放开，国外农药产品将对我国农药工业造成一定的冲击，与之相比，我国农药生产厂家主要存在以下方面的劣势：1、部分产品比较老化。高毒有机磷农药虽然目前在国内市场占有较重的地位，成本相对比较低，有较强的竞争能力，但随着国家环保标准的升级和农民用药要求的提高，这些产品将逐步退出市场，被优良的新产品所代替；2、新开发产品技术不够成熟。近几年，国内已投入大量的人力、财力，开发出了一些比较新的产品，主要是围绕替代高毒农药而开发的取代品种，在这些新开发的产品中，大部分品种生产技术还不够成熟，产品质量和收率均与国外有一定差距，因而没有形成稳固的市场。而国外大公司利用技术先进、规模大、劳动生产率高的优势，在市场上具有很强的竞争力，会对我国的农药市场造成较大的冲击；3、专利产品不多。由于我国自主创新能力较薄弱，近期主要是仿制，这样不仅从时间上落后多年，前期开发技术也无法与国外抗衡，这也会对我国农药生产企业造成不利影响。

公司作为农用化工和基础化工的科技先导型企业，是中国农药行业十强企业，2000年综合实力排名第六位，主要产品在国内同行业中处于领先水平。

公司拥有一支经验丰富的研发队伍，通过自主和合作开发等途径，公司相继开发出了杀虫剂、杀菌剂、除草剂、种衣剂等农药系列产品。

神农丹是高科技杀虫、杀线虫剂，具有高效、广谱、内吸的特点，1998年被列为山东省跨世纪高新技术企业生产项目，生产工艺处于国际领先水平，该产品为亚洲独家生产。华北丘陵山区甘薯、花生、烟草等作物线虫病发生十分严重，目前尚无其他产品药效能达到神农丹的水平。由于神农丹产品所需投资大、工艺复杂、技术门槛高，目前国内尚无直接竞争产品，仅国外有少量产品进入国内市场。由于国外产品价格高，在国内没有形成真正的市场，所以公司生产的神农丹近几年畅销不衰，并且销量年年上升，国内市场占有率98%以上。

二甲戊乐灵是一种高效广谱的旱田除草剂，随着我国农村经济的发展和耕作方式的改变，化学除草面积以每年3,000－5,000万亩的速度增长，除草剂的产量从1990年的2.1万吨增加到1998年的6.6万吨，年均增长率为15.4%。随着农村经济的发展和西部大开发战略的实施，除草剂，特别是旱田除草剂的需求还将进一步增加。二甲戊乐灵作为一种优秀的旱田除草剂，可广泛用于多种作物，农本低，具有很强的竞争力，可用于大多数的蔬菜品种，是蔬菜中首选的优秀除草剂。该产品在国内首先由本公司开发成功，该项技术研究成果荣获山东省科技进步奖，被评为国家级重点新产品，生产工艺属国内首创并达到国际先进水平。目前国际上生产二甲戊乐灵的厂家很少，国外主要是美国氰胺公司，国内生产厂家以本公司为主。另外江苏吴县化工厂为100吨/年，浙江宁波明日化学集团为100吨/年，据预测目前该产品的需求量在1800吨/年左右，国内生产能力尚不能满足市场的需求。公司是国内二甲戊乐灵首家投产的企业，技术水平先进，成本较国内其他厂家产品成本低23－30%，可替代进口。该产品国内市场占有率为70%以上，出口量占生产量的30%；

灭多威是内吸性杀虫剂，具有广谱、高效、速效性强的特点，本公司为国内最大的生产企业，具有原材料自产优势，其工艺技术水平达到国际领先水平，具有较强的市场竞争能力。公司采用先进的异酯合成法,产品纯度高、色泽正,加之生产链长,产品质量优势突出,价格性能比较国内外竞争对手具有较为明显的优势。公司目前生产能力1000吨/年,为国内最大,规模成本比对手低20%以上,国内市场占有率50%以上,年出口原药500吨以上,由于国际市场的需求增大,公司正在进行扩大改造,进一步增加销量。

本公司是国内最大的甲基1605生产基地,产品覆盖全国28个省、1000多个地、市、县,出口东南亚、欧美等30多个国家和地区,省内市场占有率90%。甲基1605为高毒有机磷农药,随着国家环保标准的升级和农民用药要求的提高,该产品将逐步退出市场,为减少因高毒有机磷类产品的逐步退出市场给公司经营带来的风险,公司加大新产品的开发力度,逐步开发出毒死蜱、甲基毒死蜱、溴虫腈、嘧啶磷等高毒有机磷产品的替代品种,其中毒死蜱、溴虫腈为本次募集资金投向项目。

种衣剂是国家经贸委确定的产、学、研项目,公司是国家定点的种衣剂生产基地。

公司长期以来一直致力于高效低毒农药的开发,并取得了较好的成果,本次募集资金投向的项目生产的产品毒死蜱和苯磺隆,均属高效、低毒、低残留产品,必将进一步提高公司产品的竞争力,可以预见,随着国内外农药产品结构的逐渐调整,公司产品的发展前景相当广阔。

在国际市场上,公司将进一步以灭多威和神农丹两种产品为出口拳头产品,带动杀虫剂、除草剂、杀菌剂三大类农药中的其他产品、剂型出口。公司2000年出口交货值为3,427.82万元,出口农药折合原药约600吨,包括原药、可溶性粉剂、可湿性粉剂、颗粒剂、乳油、水剂等,尤其是灭多威和神农丹的出口增长幅度都比较大。2001年公司产品出口交货值达到5,000万元,2002年上半年,公司产品出口继续保持良好的增长势头。与国外竞争对手相比,公司在综合经济实力、技术开发水平等方面尚有一定差距,但在质量价格比等方面有较大的优势。同时我国加入WTO将使公司参与国际市场竞争的环境得到改善,竞争能力将进一步增强。

(四)业务基本情况

1、主营业务

公司主要从事许可范围内的农药及农药中间体的研究、开发、推广、制造和销售。

2、前三年主要产品及生产能力

公司主要产品有神农丹、灭多威、二甲戊乐灵、高效氯氰菊酯、种衣剂、多菌灵、甲基1605等,其生产能力见下表:

单位:吨

产品	2002年1-6月		2001年		2000年		1999年	
	生产能力	实际产量	生产能力	实际产量	生产能力	实际产量	生产能力	实际产量
神农丹	10,000	3,910	10,000	7,580	10,000	6,800	10,000	6,370
灭多威	1,000	802	1,000	800	1,000	660	500	470
二甲戊乐灵	500	245	500	420	300	290	300	113
高效氯氰菊酯	2,000	530	2,000	1,285	2,000	1,210	2,000	1,150
种衣剂	3,000	720	3,000	1,600	3,000	1,400	1,500	1,150
多菌灵	1,000	960	1,000	710	1,000	680	1,000	610
甲基1605原油	8,000	2,800	8,000	5,500	8,000	5,500	8,000	5,010

3、主要产品的用途

公司生产的主要产品神农丹、灭多威、二甲戊乐灵、高效氯氰菊酯、种衣剂、多菌灵、甲基1605等的用途如下:

(1)神农丹

该产品属氨基甲酸酯类农药,是目前世界上最优秀的杀虫、杀线虫剂,具有高效、广谱、内吸的特点,已在70多个国家53种作物上获准登记。该产品具有缩短作物生长期、促进作物生长发育、提高作物的产量、对害虫的天敌无害、环境相容性好、产品持效期长、药效缓释达60天等优势,广泛用于花生、甘薯、棉花、烟草、观赏花卉等作物,主要用于防治线虫、蚜虫、螨类、粉虱、叶蝉、金针虫及蛴螬等害虫。

(2)灭多威

内吸性杀虫剂,通过触杀和胃毒作用防治害虫,叶面处理可防治蚜虫、棉铃虫。该产品具有广谱、高效、速效性强,与有机磷、菊酯类农药无交互抗性等特点,是优秀的氨基甲酸酯类农药品种。

(3)二甲戊乐灵

二甲戊乐灵为新型、高效、低毒、低残留的广谱性旱田除草剂,是公司重点高新技术产品,适用于大豆、玉米、棉花、花生、烟草、多种蔬菜以及果园,防除一年生禾本科杂草和一些阔叶杂草,也可用于烟草抑芽,抑制腋芽生长。该产品被国家科技部等五部委评定为"国家重点新产品",2000年3月被列入国家火炬计划项目。该产品属国内首创,填补国内空白,达到国际领先水平,本公司为国际上继美国氰胺公司(American Cyanamiol Company)之后第二个开发生产该产品的企业。

(4)高效氯氰菊酯

高效氯氰菊酯属高效、低毒、易降解的绿色杀虫剂,环境相容性好,是公司自主开发的新产品。主要适用于蔬菜、棉花、柑桔、苹果、大豆、茶树、烟草等作物,防治菜青虫、小菜额、菜蚜、棉铃虫、红铃虫、棉蚜、潜夜蛾、红蜡蚧、桃小食心虫、豆天蛾、大豆食心虫、造桥虫、茶尺蠖、烟青虫等害虫。

(5)种衣剂

种衣剂是集杀虫、杀菌、壮苗、增产、促进作物生长于一体的种子包衣产品,可综合防治苗期病虫害、鼠害及缺素症,促进作物生长。该产品的开发生产是国家实施"种子工程"的主要组成部分,也是农业生产现代化的重要标志。

(6)多菌灵

多菌灵是公司研制开发的优秀杀菌剂之一,主要用于防治麦类赤霉病、白粉病、水稻稻瘟病、纹枯病、棉花枯萎病、黄萎病、立枯病、叶斑病、油菜菌核病、果树轮纹、黑星、叶斑炭疽、锈病以及花生倒秧病、叶斑病等作物疾病,达到促进作物生长,提高作物产量的目的。

(7)甲基1605

有机磷杀虫剂,杀虫谱广,具有强烈的触杀、胃毒作用。适用于水稻、棉花、玉米等作物,防治螟虫、叶蝉、飞虱、蚜虫、玉米螟、螨、棉铃虫、红铃虫、苹果食心虫等。

4、主要产品的工艺流程图

(1)神农丹生产工艺流程图

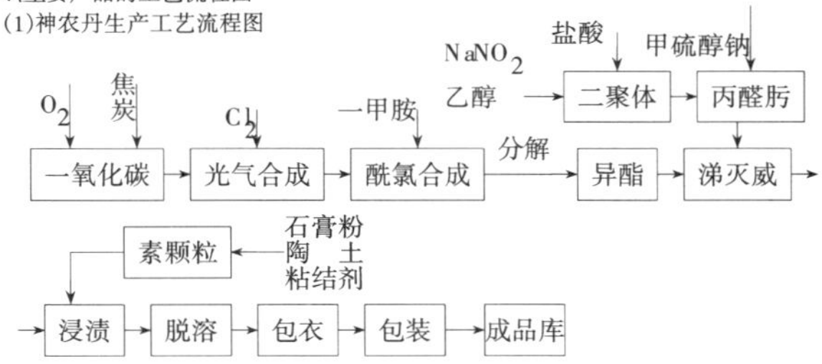

(2)灭多威生产工艺流程图

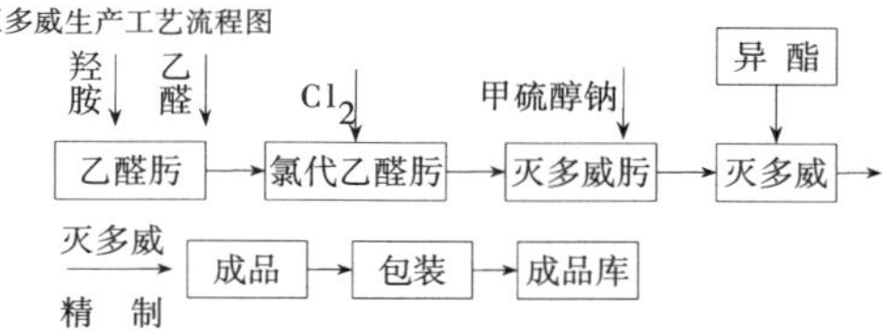

(3)二甲戊乐灵生产工艺流程图

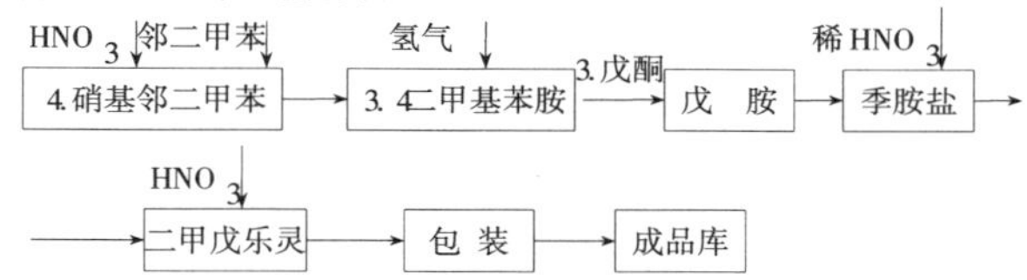

(4)高效氯氰菊酯生产工艺流程图

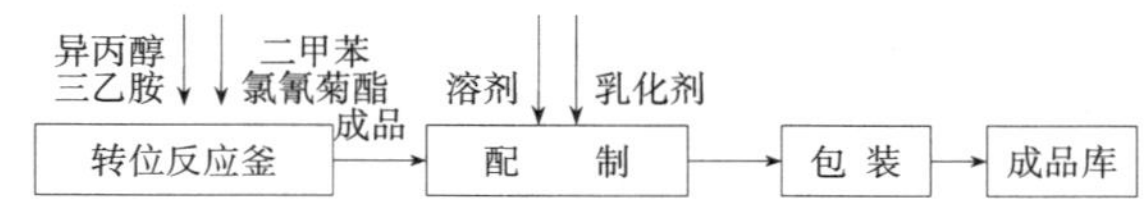

(5)种衣剂生产工艺流程图

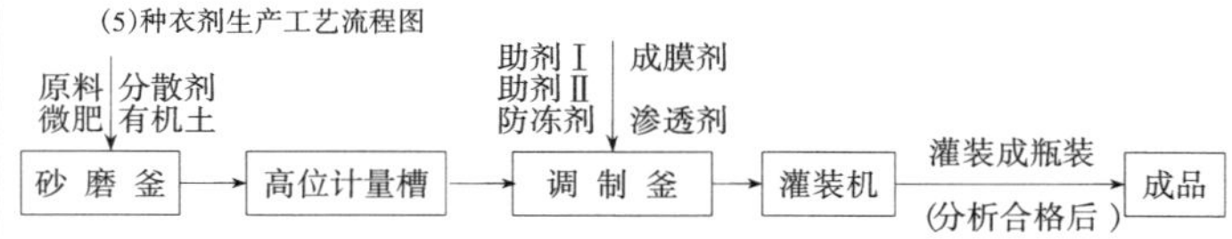

(6)多菌灵的生产工艺流程图

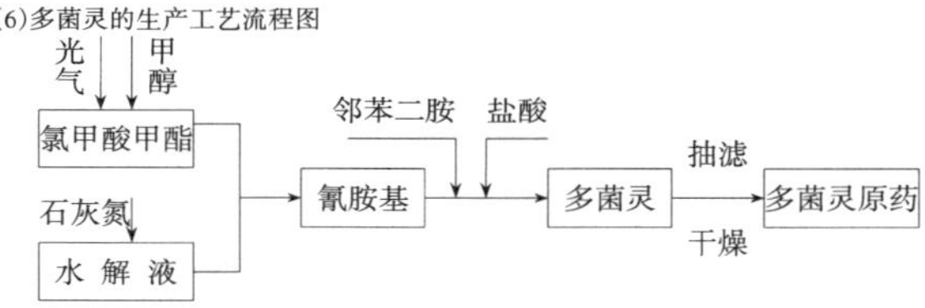

(7)甲基1605生产的工艺流程图

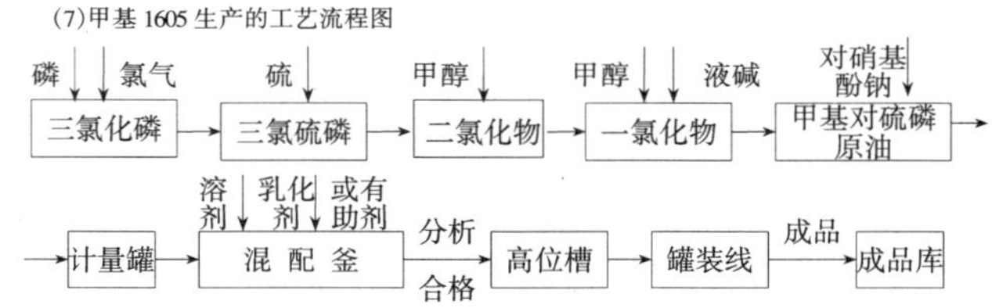

5、主要生产设备

神农丹的主要生产设备包括甲硫醇钠合成釜1台、二聚体合成釜3台、丙醛肟合成釜1台、涕灭威合成釜1台、6AW—17制冷机组9套、捏合机2台、造粒机1台、振动流化床1台、浸渍器3台、包衣器3台。

灭多威的主要生产设备包括亚铵釜1台、肟化釜2台、水解釜1台、甲硫基化釜1台、冷冻机1套、灭多威合成釜1台、耙式干燥机3台、气流粉碎机4台、包装机1台。

二甲戊乐灵的主要生产设备包括加氢釜2台、苯胺合成釜1台、戊胺合成釜1台、硝化釜1台、混配釜3台、砂磨釜1套、罐装线2条、铝箔封口机1台、冷冻机1套。

高效氯氰菊酯的主要生产设备包括反应釜6台、缩合釜1台、拆分釜3台、精制釜1台,气相色谱仪及色谱数据处理机一套。

种衣剂的主要生产设备包括砂磨釜8台,搪瓷反应釜、灌装釜7台。

多菌灵的主要生产设备包括酯化塔1台、脱酸塔1台、水解釜1台、缩合釜1台、胺化釜1台、干燥机2套、气流粉碎机4台、包装机1台。

甲基1605的主要生产设备包括合成釜23台,精馏塔两台,螺杆制冷机四套,脱溶装置两套,搪瓷混配釜五套,自动罐装线四条,液体薄膜自动包装机一台。

上述产品的关键设备处于国内领先水平。

6、主要原材料和能源耗用情况

产品	主要原材料及能耗	成本构成(%)
神农丹	100%原药	64.58
	粘土	2.2
	石蜡	6
	碳黑	1.9
	燃料及动力	3.6
灭多威	灭多威肟	65.12
	焦炭	0.55
	氯气	2.52
	四氯化碳	2.4

	一甲胺	3.07
	燃料及动力	8.7
二甲戊乐灵(乳油)	二甲戊乐灵	74.83
	二甲苯	6.7
	乳化剂	3.7
	燃料及动力	0.27
高效氯氰菊酯	高效苯油	47.41
	二甲苯	17
	乳化剂	7.2
	燃料及动力	0.1
15%扶福玉米种衣剂	克百威	52.77
	福美双	7.35
	三唑酮	5.1
	燃料及动力	0.5
多菌灵	100%邻苯二胺	54.28
	石灰氮	13.7
	甲醇	3
	氯气	6.6
	燃料及动力	6.3
甲基 1605	氯气	8.7
	黄磷	11
	液碱	7.8
	甲醇	7.2
	酚钠	40.9
	燃料及动力	7.9

上述主要原料均为国内大宗化工原料,供应充足。

7、公司对人身、环境所采取的安全措施

公司在安全生产和劳动保护工作中认真贯彻执行国家各项安全生产法规、政策和法令,重视对安全技术及各类隐患的改造和整改,不断改善职工的劳动条件;狠抓了特种工种、新入厂人员、中层干部的安全教育、培训及安全宣传,按期按质按量发放职工劳动保护用品,不断提高职工的安全生产素质和公司安全管理水平。

公司一直重视对环境的保护工作,与宁阳县绿野污水处理厂签订了污水处理协议,该污水处理厂拥有现代化的污水处理装置,排放标准已达国家规定标准。同时,公司不断加大环保投入,完善各分厂车间现有的三废处理装置;并坚持新上项目的"三同时"(同时设计、同时施工、同时投产),保证新增项目不新增污染。同时公司将不断提高研发的投入,加大技术的创新和改造力度,采用先进的生产工艺制造方法,做到清洁生产,力争从根源上杜绝污染的产生。目前公司废物排放均符合国家及山东省、泰安市有关环保规定;与国内同行相比,各项污染物排放控制指标居于先进水平。2001 年获山东省环境保护局颁发的"山东省工业污染源达标排放"单位的称号。

8、主要产品的销售情况

(1)公司主要产品销售情况:

公司已建立起以市场为导向,满足不同市场需求的现代营销模式,企划——销售——服务三位一体,并设立营销处(市场部)——销售部——进出口部,分别负责市场研究、市场策划、品牌管理、产品销售、市场管理、售前、售中、售后服务,以及进出口贸易的工作。公司的产品销售根据品种不同,分别采取(1)经销(代理)--区域经销(代理)--二级分销--终端;(2)直销--生产企业、销售分公司(办事处);(3)自营进出口三种模式,目前已建立了覆盖全国 26 个省、地(市)、县的植保站、农资公司、个体经销户和直销网络 420 个、二级网络 5,650 个、办事处 14 个、中心仓库 10 个、国际网络 70 个。2001 年度各主要产品的销售情况及市场分布见下表:

单位:吨

产品	产量	销量	产销率(%)	国内主要市场分布
神农丹	7,580	7,054	94	河南、河北、东北、山东、陕西、新疆、宁夏等地区
灭多威	800	672	84	山东、河南、河北、东北、广东、广西、浙江、福建、山西、陕西、江西等省
二甲戊乐灵	420	365	87	山东、河南、河北、东北三省、江苏、安徽等十几个省、市
高效氯氰菊酯	1,285	1,220	95	山东、河南、河北、广西、广东、浙江、福建等二十个省、市
种衣剂	1,600	1,400	87	产品销往山东、东北、河南、江苏、安徽等十几个省市
多菌灵	710	745	105	东北三省、山东、河南、河北、江苏、安徽等十几个省、市
甲基 1605	5,500	5,390	98	山东、河南、河北、江苏、安徽等二十多个省、市

公司的产品销售中,出口占了一定比例,2000 年公司出口交货值为 3,427.82 万元,出口农药折合原药约 600 吨,2001 年公司产品出口交货值达到 5,000 万元。由于公司申请自营进出口权的相关手续未办理完毕,2000 年公司的进出口业务通过华阳集团代理进行,为此,公司与华阳集团签定《进出口代理协议》。2001 年 4 月 6 日,公司自营进出口权的相关手续办理完毕后,公司取得自营进出口权。

由于农药产品的特殊性,公司产品出口到国外,必须在进口国进行登记,取得相关进口国的农药进口许可证,按照国际惯例,该项工作由进口商完成。公司的进口商主要有台湾兴农股份有限公司、香港绿康农用化学品公司、MEESPIERSON(CURACAO)N. V. WILLEMSTAD、THE NATIONAL CO. FOR AGROCHEMICAL AND INDUSTRIAL(ALEXANDRIA FREE ZONE)、L. N. R. ASSOCIATES CO., LTD.等。

公司自营出口产品依法享受出口退税政策。2001 年公司出口总量 50,761,322.83 元中,自营出口量为 18,074,370.21 元,该部分出口依法享受出口退税政策,其余 32,686,952.62 元为间接出口(即将产品卖给国内具有进出口经营权的公司,再由其销往国外市场),不享受出口退税政策。2001 年公司享受出口退税金额为 1,327,156.52 元。

(2)公司主要产品市场占有率②

神农丹是一种高科技杀虫、杀线虫剂,国内市场占有率 98%以上,二甲戊乐灵是高效广谱的旱田除草剂,是国家级重点新产品,国内市场占有率为 70%以上,出口量占生产量的 30%;灭多威产品生产能力和生产量为国内最大,其工艺技术水平达到国际领先水平,目前国内市场占有率 50%以上,年出口原药 500 吨以上;本公司是国内最大的甲基 1605 生产基地,产品覆盖全国 28 个省、1,000 多个地、市、县,出口东南亚、欧美等 30 多个国家和地区,省内市场占有率 90%。公司是国家定点的种衣剂生产基地。

(五)与业务相关主要固定资产和无形资产

1、主要固定资产

见第四节"(四)本公司经营有关的资产权属变更情况"。

2、主要无形资产

根据山东汇德会计师事务所有限公司出具的[2002]汇所审字第 1-091 号审计报告,截至 2002 年 6 月 30 日,本公司的无形资产为 2,607,447.98 元,主要为非专利技术,具体情况参见本节"(十一)重要的知识产权、非专利技术"。

1999 年公司设立时,对无形资产进行了评估,无形资产帐面价值为 124.00 万元,评估值为 352.45 万元,评估方法采用收益现值法,公司依据评估结果进行了调帐。

3、土地使用权

见第四节"(四)本公司经营有关的资产权属变更情况"。

(六)公司产品的生产经营许可情况

本公司从事的主要业务为许可范围的农药及农药中间体的研究、开发、推广、制造、销售。依据国家对农药产品生产经营的管理制度,本公司生产的主要产品均取得了由国家经济贸易委员会颁发的农药生产批准证书和中华人民共和国农业部颁发的农药登记证。

(七)产品的质量控制

公司实施全员、全过程、全面的质量管理,具备健全的质量保证体系,取得了中国方圆标志认证委员会质量认证中心的质量体系认证证书,并于 2001 年 11 月通过 ISO9001 质量标准认证。公司出厂产品合格率 100%,顾客满意度达 90%以上。

为了保证公司产品质量,公司制定了《产品质量内控标准》、《生产系统质量考核细则》、《关于出厂产品退换货的规定》、《关于保证质量体系运行的规定》、《不合格品管理办法》等一系列管理制度。

此外,公司专门设立了 800 免费电话,为客户提供咨询以及接受客户公开监督,若出现产品质量纠纷,公司将本着实事求是的态度与客户通过协商解决,协商不成,将通过法律途径加以解决。

(八)与主要客户和供应商的交易比重

1、2001 年度公司对前 5 名客户的销售额合计约占年度销售总额的 14.16%。

2、2001 年度公司对前 5 名供应商的采购额合计约占年度采购总额的 36.66%。

公司前 5 名供应商中华阳集团为本公司的关联方,本公司与华阳集团的关联交易见"九、同业竞争与关联交易"。

(九)重大业务及资产重组

公司自设立以来,未进行过重大业务及资产重组。

(十)核心技术

公司现拥有并使用的核心技术包括:神农丹生产工艺技术、灭多威合成技术、二甲戊乐灵生产工艺技术、毒死蜱生产工艺技术。

1、神农丹生产工艺技术

神农丹是高效氨基甲酸酯类杀虫剂,是国家"七五"计划攻关项目,由天津农药研究所、湖南化工研究院合作开发,1987 年 5 月本公司受让该项技术。目前国外只有罗纳·普朗克公司(Phone-Poulenc Agrochimie)生产该产品,国内为本公司独家生产,生产技术工艺达到国际同种产品生产的先进水平。该产品填补了国内空白,并获得了山东省政府产品质量奖,被列入国家级重点新产品。

2、灭多威合成技术

灭多威是内吸性杀虫剂,具有胃毒、触杀作用。本公司采用了独特的技术控制反应终点,并采用了特殊提纯方法,总收率可达 75%以上,含量可达 98%以上。

3、二甲戊乐灵生产工艺技术

二甲戊乐灵是一种高效、安全型旱田除草剂,国外仅美国氰胺公司(American Cyanamiol Company)生产,国内为本公司首家生产。该技术小试研究为公司与沈阳化工研究院合作完成,在此基础上,本公司独立完成中试研究,独立完成工业化生产技术,产品收率达 84%以上,产品纯度在 90%以上,经简单精制后含量可达 97%,该技术达到国外同类产品的先进水平,产品填补国内空白。

4、毒死蜱生产工艺技术

毒死蜱是高效、中毒、广谱型优秀杀虫剂,是高毒有机磷农药的优秀替代品种。目前国外先进的生产工艺总收率为 68%左右,含量约 95%,本公司掌握先进的生产工艺,合成的毒死蜱原药含量达 95%以上,总收率 68%,达到国内领先、国际先进水平。

(十一)重要的知识产权、非专利技术

公司拥有的专有技术和技术成果如下:

序号	成果名称	内容	成果水平	用途
1	5%夜蛾必杀乳油技术	采用山东农业大学小试研究成果利用公司生产高效氯氰菊酯的优势,完成了工业化生产装置一套	国内领先	杀虫剂
2	5%顺式氰戊菊酯乳油技术	现有 50 吨/年生产装置,是拟除虫菊酯类农药的优秀代表,具有高效低毒低残留安全性高等特点,总收率 60%以上,原药含量达到 98%	国内领先 国际先进	杀虫剂
3	种衣剂技术	现有 3000 吨/年生产装置,技术水平国内领先,其全新的成膜剂生产技术为公司独创,达到国内先进水平	国家火炬计划项目 国家经贸委产学研项目	种子包衣
4	除草剂二甲戊乐灵小试技术	进行了 50 吨/年规模放大试验,总收率达 82.6%,原药含量 90%以上	产品达到国外同类产品水平,属国内首创,达国内领先水平	除草剂
5	戊唑醇合成技术	该技术以频哪酮和对氯苯甲醛为起始原料,经四步反应合成戊唑醇原药,总收率≥35%(以对氯苯甲醛计),产品含量≥90%	国内领先	杀菌剂
6	胶悬剂型种衣剂技术	本技术由原药加上助剂、微肥、成膜剂制成种衣剂,具有成膜性、药效期长,为种子提供营养元素的特点	国内领先	种子包衣
7	S-丁酰氯技术	从丁酸拆分得 S-丁酸,氯化、蒸馏制得产品,含量达 98%以上	国内领先	农药中间体
8	玉米田除草剂烟嘧磺隆技术	本技术以 2-氯烟酸和 2-氨基-4,6-二甲氧基嘧啶为起始原料合成烟嘧磺隆。烟嘧磺隆原药含量≥90%,总收率(以 2-氯烟酸计)≥38%	国内领先	除草剂

(十二)研究开发情况

公司作为国家重点高新技术企业,拥有省级企业技术开发中心,拥有一支经验丰富的技术开发人员,近年来承担了多项国家或省级重点科技攻关课题,并且顺利通过了国家或省级有关部门组织的项目验收。近三年,每年都有新产品列入国家重点推广项目。如:5%神农丹、33%二甲戊乐灵、2%蚜必杀等。产品投放市场后,均取得了很好的经济效益和社会效益。公司各类工程技术人才 462 人,占员工总数的 36%;在技术开发中心直接从事科研开发的技术人员共 161 人,占员工总数的 12.5%,其中:高级职称 6 人,占 4%;中级职称 69 人,占 43%。公司和全国 30 多所重点院校有人才引进意向,并聘请了台湾毕凯科技有限公司的陈伯宽博士、山东农业大学的王开运教授等农药领域的著名专家学者作为长期技术顾问。

公司与沈阳化工研究院、山东省农药研究所、山东农业大学、北京农业大学等国内从事农药研究的高校及科研院所有着长期的合作关系,使公司在自主开发的同时,合理、充分利用上述研究机构的研究力量,增强公司的研究力量,加快新产品产业化进程。

公司先后从美国惠普公司、日本岛津公司等国际著名生产厂家引进了大量先进科研设备,目前拥有先进的科研设备百余台,其装备能力在国内同行业中属领先水平。

近几年来，公司各项科研取得了较好的成绩，多项研究成果被评为省级科技进步奖或市级科技进步奖。

（十三）公司正在开发的新产品及新技术

公司一直重视新产品、新技术的研发工作，目前公司正在开发的新产品及新技术有：烟嘧磺隆、锐劲特、高效盖草能。

烟嘧磺隆：该产品主要用于玉米田除草，此产品的研发，对缓解国内高品质除草剂供求矛盾和满足农业生产需求具有十分重要的意义。本反应由七步骤合成，经反应后原药含量达到95%以上，总收率达55%以上，技术处于国内领先、国际先进水平。

锐劲特：该产品主要用于防治水稻三化螟、小菜蛾、菜青虫等，具有高效低毒、低残留等优点。经过十一步反应后，原药含量能够达到85%以上，精制后可达到90%以上，收率达到35%以上，技术处于国内领先水平。

高效盖草能：该产品是一种优良的旱田、阔叶田除草剂，对一年生禾本科杂草有高效防治效果。经过八步反应后，原药含量可达到95%以上，收率达到50%以上。

九、同业竞争与关联交易

（一）关于同业竞争

1、关于同业竞争的情况

本公司目前主要从事农药及农药中间体的研究、开发、推广、制造、销售。

公司控股股东华阳集团的经营范围为化学农药、化学肥料、化学原料、有机化学产品、化工机械、氨基甲酸酯类、有机磷系列农药及农药中间体（限已领取准产证的产品）的制造、批发、出口。生产科研所需原材料、机械设备、仪器、仪表、配件、中间体及相关技术的进口。

1999年12月30日，公司控股股东华阳集团以其拥有的与农药类产品相关经营性净资产（即所属的神农一厂、神农二厂、农药一厂、农药二厂、农药四厂、种衣剂厂、农药六厂、质监处、技术开发中心等经营性净资产）出资，山东省农药研究所、山东农业大学、泰安飞达助剂有限公司、泰安市泰山农业生产资料站以现金出资，共同发起设立山东华阳科技股份有限公司。本公司成立后，与控股股东华阳集团所属的农药三厂、农药五厂存在购销农药中间体的业务往来，存在数额较大的关联交易。为进一步规范运作，减少公司与控股股东间的关联交易，经公司2000年度股东大会批准，2001年5月，公司对控股股东所属的农药三厂、农药五厂资产进行了收购，此后控股股东不再从事农药类产品的生产。

本公司控股股东、控股股东控制的法人均不从事与本公司相同的业务，与本公司之间不存在同业竞争情况。

2、本公司避免同业竞争的制度安排

目前，公司控股股东华阳集团已放弃从事农药产品的生产，在此基础上，本公司已与华阳集团签订了《避免同业竞争承诺函》，华阳集团承诺：华阳集团及其所属全资子公司、控股子公司、持股公司目前不存在与本公司业务产生竞争的业务，未从事与本公司相同产品的生产、经营活动；华阳集团及其所属全资子公司、控股子公司、持股公司未来不会直接或间接参与或进行与本公司产品或业务存在竞争的活动；对于本公司已经或拟订生产、经营的产品、业务，华阳集团及其所属全资子公司、控股子公司、持股公司不进行相同或相似产品或业务的生产、经营活动。

3、中介机构对同业竞争的意见

发行人律师事务所经查验后认为，本公司与关联企业之间不存在同业竞争，本公司的关联方已经出具承诺函，放弃从事与本公司相同或相似业务的竞争行为。

主承销商经核查认为本公司与关联企业之间不存在同业竞争，本公司的关联方已经出具承诺函，放弃从事与本公司相同或相似业务的竞争行为。

（二）关于关联方、关联方关系及关联交易

1、关联方与关联关系

（1）本公司主要关联方及关联关系如下：

①华阳集团，为本公司的控股股东；

②山东省宁阳县华阳运输有限公司，与本公司同属于一母公司；

③山东省宁阳县华阳肥料有限公司，与本公司同属于一母公司；

④山东省宁阳县太阳包装印刷有限公司，与本公司同属于一母公司；

⑤宁阳县华阳化工机械有限公司，与本公司同属于一母公司；

⑥山东省宁阳县华阳化工有限公司，与本公司同属于一母公司。

（2）董事、监事及高级管理人员在关联公司任职情况

见第十节"（一）董事、监事、高级管理人员及核心技术人员简介"内容。

2、本公司关联交易的情况

（1）关联交易占主营业务成本的比例

2000年度关联交易占主营业务成本的比例为25.46%；2001年关联交易占主营业务成本的比例为19.45%；2002年1—6月关联交易占主营业务成本的比例为12.55%。

（2）发生的主要关联交易

按证监发[2001]41号文第100条规定，本公司与本公司的关联方之间主要的关联交易，主要包括购销商品、买卖有形或无形资产、提供或接受劳务、房屋租赁等。具体情况如下：（以下数据摘自经山东汇德会计师事务所有限公司[2002]汇所审字第1-091号审计报告审计的财务会计报告）

①销售货物

ⅰ、定价政策：交易价格由双方按市场公允价格、协议价格或采取招标方式确定。

ⅰ、本公司2002年1—6月、2001年度及2000年度向关联方销售货物有关明细资料如下表：

单位：元

关联单位名称	类别	金额 2002年1－6月	2001年度	2000年度
山东华阳农药化工集团有限公司	半成品	0.00	3,733,091.76	32,348,707.72
山东华阳农药化工集团有限公司	原材料	425,838.53	9,040,532.33	25,648,263.63
山东省宁阳县华阳肥料有限公司	原材料	3,164.52	71,973.44	337,286.70
山东省宁阳县太阳包装印刷有限公司	原材料	924.00	18,571.27	0.00
山东省宁阳县华阳化工有限公司	原材料	12,575.97	44,492.17	0.00
山东省宁阳县华阳运输有限公司	原材料	0.00	2,351.16	0.00
宁阳县华阳化工机械有限公司	原材料		42,445.00	0.00

②采购货物

本公司2002年1—6月、2001年度及2000年度向关联方采购货物有关明细资料如下表：

单位：元

关联单位名称	类别	金额（含税） 2002年1－6月	2001年度	2000年度
山东华阳农药化工集团有限公司	半成品		23,466,714.07	31,091,886.06
山东华阳农药化工集团有限公司	原材料	14,310,863.20	14,530,567.81	11,909,286.33
山东华阳农药化工集团有限公司	劳务	3,570,766.40	13,263,320.57	8,759,115.59
山东省宁阳县太阳包装印刷有限公司	包装物	3,085,959.03	4,744,419.13	8,114,523.33
山东省宁阳县华阳化工有限公司	原材料	822,060.60	445,666.25	0.00
山东省宁阳县华阳运输有限公司	劳务	1,204,881.09	2,380,452.54	2,411,371.49
宁阳县华阳化工机械有限公司	设备	2,240,195.20	3,314,247.90	1,992,396.20
山东省宁阳县华阳肥料有限公司	原材料	10,950.00	0.00	0.00

公司与控股股东2001年的半成品和原材料的销售、采购的关联交易额仍保持较高水平，但主要集中在2001年1－5月，即农药三厂、农药五厂收购之前，收购完成之后，公司与关联方的关联交易大幅度降低。

2001年公司与华阳集团间的关联交易详细情况如下：

A、向关联方销售货物

单位：元

关联方	2001年1－5月 原材料	半成品	2001年6－12月 原材料	半成品
三厂、五厂	6,811,049.92	3,733,091.76	0.00	0.00
集团其他单位	2,066,733.12	0.00	162,749.29	0.00
合计	8,877,783.04	3,733,091.76	162,749.29	0.00

B、向关联方采购货物

单位：元

关联方	2001年1－5月 原材料	半成品	2001年6－12月 原材料	半成品
三厂、五厂	0.00	23,466,714.07	0.00	0.00
集团其他单位	7,448,549.15	0.00	7,082,018.66	0.00
合计	7,448,549.15	23,466,714.07	7,082,018.66	0.00

随着公司运行更加规范，2002年1—6月，公司关联交易较2001年进一步减少。

③向华阳集团支付其他费用

单位：元

项目	金额 2002年1－6月	2001年度	2000年度
土地租赁费	124,226.16	223,355.64	188,220.31
房屋租赁费	11,988.00	23,976.00	13,176.00
进出口代理费用	0.00	0.00	26,822.40

④其他关联交易

经公司2000年度股东大会批准，2001年5月公司对控股股东所属的农药三厂、农药五厂资产进行了收购，详细情况如下：

A、2001年3月6日，公司股东大会一致通过授权董事会全权处理收购三厂、五厂事宜的决议。

B、2001年3月26日，山东省宁阳县经济贸易委员会以宁经贸字[2001]11号对华阳集团拟出售资产事宜予以批复。

C、2001年3月28日，华阳集团对拟出售资产申请资产评估立项。

D、2001年4月15日，北京中企华资产评估有限责任公司对公司拟收购的农药三厂、农药五厂的资产进行了评估，并出具了中企华评报字(2001)第041号评估报告，该部分资产评估价值为2,098.65万元。

E、2001年4月16日，宁阳县国有资产管理局以宁国资评字[2001]9号对资产评估结果予以确认。

F、2001年5月22日，公司与华阳集团签定《资产出售合同》，以评估价值为基础，扣除本次收购的固定资产2001年1—5月的折旧费用107.17万元，最终确定交易价格为1,991.48万元。收购资产款项于2001年5月31日公司以现金支付上述收购资产款项。

发行人律师认为本公司与控股股东及其附属企业之间关于关联交易的安排符合有偿使用、公平、市场化的原则，不存在损害本公司及其股东利益的情况，协议内容合法有效。上述关联交易均经本公司股东大会在关联股东回避的情形下审议通过，小股东的利益依据本公司《章程》及《关联交易特别决策程序》的有关条款得到保护。

主承销商认为本公司与控股股东及其附属企业之间关于关联交易的安排符合有偿使用、公平、市场化的原则，不存在损害本公司及其股东利益的情况，协议内容合法有效。上述关联交易均经本公司股东大会在关联股东回避的情形下审议通过，小股东的利益依据本公司《章程》及《关联交易特别决策程序》的有关条款得到保护。

⑤关联方应收应付款项余额

单位：元

项目	2002.6.30	2001.12.31	2000.12.31
一、应收帐款			
1、山东华阳农药化工集团有限公司	0.00	0.00	12,793,315.73
2、山东省宁阳县华阳肥料有限公司	1,067,179.33	1,074,964.81	526,747.77
3、山东省宁阳县华阳化工有限公司	0.00	3,596.13	0.00
4、宁阳县华阳化工机械有限公司	72,845.53	0.00	0.00
二、应付帐款			
1、山东省宁阳县华阳化工有限公司	805,888.57	0.00	33,783.14
2、宁阳县华阳化工机械有限公司	0.00	113,192.49	565,675.89
3、山东省宁阳县太阳包装印刷有限公司	2,258,527.36	693,492.33	2,123,616.84
4、山东省宁阳县华阳运输公司	583,061.35	553,180.26	303,545.89

⑥继续生效的关联交易协议

A、本公司在水、电、汽等方面的供应与控股股东华阳集团存在长期交易行为，为此，公司于2000年2月同华阳集团签署《综合服务协议》，协议约定由华阳集团向公司提供供电、供水、供汽等方面的服务，公司每年按协议约定价格和支付方式向华阳集团支付服务费用。

其中，电价依据宁阳县电业局规定的工业用电价格确定。宁阳县电业局向华阳集团售电含税价格约为0.52元/千瓦时，由于华阳集团向公司供电还需分担人工工资、福利费、折旧费、机物料消耗以及其他制造费用，每千瓦时电需另增成本0.04－0.05元，因此，华阳集团向公司供电的价格一般为0.56－0.57元/千瓦时左右。

公司用水系通过华阳集团自备井取水，水价的确定没有市场价格，双方共同确认，按照自备井供水的成本价格加算合理税费确定。经主承销商和发行人律师核查了与本公司位于同一地区的其他企业的自备井供水成本，认为本公司通过华阳集团自备井取水的价格是公允的。

公司使用的华阳集团供应的蒸汽亦是按照华阳集团蒸汽供应的成本价格加算合理税费确

定，主承销商和发行人律师核查了与本公司位于同一地区的其他企业的蒸汽供应成本，经比较认为，公司使用华阳集团蒸汽的价格与当地市场第三方的价格相近，所采用的价格应属公允价格。

B、公司与华阳集团于2000年2月签署《土地使用权租赁合同》，租赁位于宁阳县磁窑镇铁路东的37,345.3平方米的土地，租赁期间自2000年2月26日至2019年12月31日，租赁价格为每年5.04元/平方米。

公司与华阳集团于2001年4月签署《土地使用权租赁合同》，租赁位于宁阳县磁窑镇铁路东的15,726.4平方米的土地，租赁期间自2001年6月1日至2021年5月31日，租赁价格为每年3.83元/平方米。

上述租赁价格系以土地评估机构出具的《土地评估报告》所提供的评估值为依据确定的。

根据山东省地产估价事务所出具的鲁地价[99]第015号《土地估价报告》，公司2000年2月从华阳集团租赁的37,345.3平方米共六宗土地的总地价评估值为5,646,609.36元，按租赁期30年(2000年2月签署的《土地使用权租赁合同》规定土地租赁期"为2000年2月26日至2019年12月31日，合同期满后，如双方无异议，则本租赁合同自动顺延十年")计算，这六宗土地的平均租赁价格为：

5,646,609.36元/(30*37,345.3平方米)=5.04元/平方米

根据山东正衡不动产评估事务所有限公司出具的鲁衡价[2001]字第009号《土地估价报告》，公司2001年4月租赁的15,726.4平方米共两宗土地的总地价评估值为1,808,536元，按租赁期30年(2001年4月签署的《土地使用权租赁合同》规定土地租赁期"从2001年6月1日至2021年5月31日，合同期满后，如双方无异议，则本租赁合同自动顺延十年")计算，这两宗土地的平均租赁价格为：

1,808,536元/(30*15,726.4平方米)=3.83元/平方米

公司地处乡镇，上述计算结果基本反映了当地土地租赁的平均价格，主承销商和发行人律师认为公司从华阳集团租赁上述八宗土地的定价是公允的。

C、公司生产所需的液氯、液碱由华阳集团所属的氯碱厂提供，为此双方于2000年2月签署《购销合同》，由公司采购氯碱厂生产的液氯、液碱。

华阳集团所属的氯碱厂向本公司提供液氯、液碱的同时，亦向其他企业提供，公司与华阳集团协商确定，液氯、液碱的价格按照1999年的成本价格加5%的利润确定，如果市场价格波动较大，双方另行协商。主承销商和发行人律师核查了华阳集团所属的氯碱厂向其他公司销售的价格，经比较，主承销商和发行人律师认为，公司采购氯碱厂的液氯、液碱的价格是合理公允的。

D、公司与宁阳县太阳包装印刷有限公司存在印刷品采购的关联交易，因公司采购山东省宁阳县太阳包装印刷有限公司的印刷品品种众多，每一品种的价格亦不相同，因此无法统一订立合同，公司对印刷品的采购是采用招标的方式，如果是山东省宁阳县太阳包装印刷有限公司中标，则根据标书的相关内容订立合同。

E、公司与宁阳县华阳化工机械有限公司存在化工机械零部件、小型设备采购的关联交易，因公司采购宁阳县华阳化工机械有限公司的化工机械零部件、小型设备品种众多，每一品种的价格亦不相同，因此无法统一订立合同，公司对化工机械零部件、小型设备的采购是采用招标的方式，如果是宁阳县华阳化工机械有限公司中标，则根据标书的相关内容订立合同。

F、公司与山东省宁阳县华阳运输有限公司存在运输关联交易，鉴于运输目的地不同、路况不同、运输货物的性质(如粉剂、水剂、颗粒)不同，无法统一定价。鉴于公司对销售分公司实行承包经营，按照销售货物总额的比例核定销售分公司承包的销售费用，同时将运输费用列入销售分公司承包的销售费用中，故运输价格由公司销售分公司结合每批货物的具体情况参考市场价格与山东省宁阳县华阳运输有限公司协商定价。

⑦本次募股资金的运用涉及的关联交易

根据目前的安排，本次募股资金的运用不涉及关联交易。

3、公司规范关联交易的制度安排

为进一步完善公司的法人治理结构，有效维护中小股东的权益，1999年12月29日召开的公司创立大会通过了《关联交易特别决策程序》，保证中小股东权益不受损害。制度规定：

(1)公司关联人与公司签署涉及关联交易的协议，应当采取必要的回避措施。

(2)公司董事会就关联交易表决时，有利害关系的当事人属下列情形的，也不得参与表决：与董事个人利益有关的关联交易、董事个人在关联企业任职或有控股权的企业与公司的关联交易或按国家有关法律、法规和公司章程规定应当回避的。

(3)公司股东大会就关联交易进行表决时，关联股东不应当参加表决。关联股东有特殊情况无法回避时，在公司征得有权部门同意后，可以参加表决。公司应当在股东大会决议中对此作出详细说明，并对非关联方的股东投票情况进行专门统计。

(4)公司与其关联人达成的单笔关联交易金额在300万元以下的，由总经理办公会议作出决定，但总经理本人或其近亲属为关联交易的对方的除外。

(5)在一个会计年度内，公司与某一关联方(包括其附属企业)所达成的关联交易总额累计达到300万元以上的，总经理应就该关联交易向董事会作出专项报告。

(6)以下关联交易由董事会作出决策：

①公司与其关联人达成的关联交易总额在300万元至3,000万元之间的；

②与关联人进行的经常性交易安排或协议，且该等协议的一般性原则已经公司股东大会决议通过或在一个会计年度内该等交易金额在上述第(一)款规定的范围内；

③总经理本人或其近亲属为交易对方的关联交易。

(7)董事会就关联交易进行决策的程序如下：

①在就有关关联交易进行表决时，有关联关系的董事应当向董事会声明并自行回避，若其不自行回避，其他董事有权要求其回避。有关联关系的董事所代表的票数不计入出席会议的董事人数中；

②董事长应对有关联关系的董事回避情况进行说明；

③董事会可以就有关关联交易事宜成立专门委员会，作出专项报告，该专门委员会可以就前述事宜聘请专业机构；

④如有特殊情况关联董事无法回避时，公司在征得有权部门同意后，可以按正常程序进行表决。

(8)对于交易金额在3,000万元以上的重大关联交易，由董事会向股东大会提出议案，由股东大会表决。对于此类关联交易，公司董事会应当对该交易是否对公司有利发表意见，同时应当聘请独立财务顾问就该关联交易对全体股东是否公平、合理发表意见，并说明理由、主要假设及考虑因素。

(9)股东大会对交易金额在3,000万元以上的重大关联交易作出决策。其决策程序为：

①股东大会审议有关关联交易事项时，关联股东不应当参与投票表决，其所代表的有表决权的股份数不计入有效表决总数；

②股东大会在审议有关关联交易事项时，会议主持人应宣布有关关联股东的名单，涉及关联交易的股东应当回避表决，非关联股东在主持人宣布出席大会的非关联股东有表决权的股份总数和占公司总股份的比例后进行投票表决；

③如有特殊情况关联股东无法回避时，公司在征得有权部门同意后，可以按正常程序进行表决。

(10)持有或合并持有公司发行在外有表决权股份总数百分之五以上的股东，有权就董事会或总经理作出的关联交易决策向股东大会提出议案。在就该等议案进行表决时，与该议案有关联关系的股东不应参与投票表决，其所代表的有表决权的股份数不计入有效表决总数。

(11)监事会发现公司总经理、董事会所作出的关联交易决定有损害公司或股东利益的，可以向总经理、董事会提出质询。监事会亦可以公司名义委托资产评估机构、会计师事务所等专业机构进行复审。

公司建立了《独立董事议事规则》，规定：重大关联交易(指交易金额高于300万元的关联交易)应由独立董事认可后，提交董事会讨论；独立董事作出判断前，可以聘请中介机构出具独立财务报告，作为其判断的依据。独立董事针对公司股东、实际控制人及其关联企业与公司发生的总额高于300万元的重大关联交易或其他资金往来，以及其他可能损害中小股东权益的事项，应在董事会或股东大会发表独立意见。

4、中介机构对关联方、关联关系、关联交易的意见

发行人律师认为，公司与控股股东及其附属企业之间关于关联交易的安排符合有偿使用、公平、市场化的原则，不存在损害公司及其股东利益的情况，协议内容合法有效。上述关联交易均经公司股东大会在关联股东回避的情形下审议通过，小股东的利益依据公司《章程》及《关联交易特别决策程序》的有关条款得到保护。本公司之《招股说明书》已依有关规定充分披露了本公司有关关联交易及同业竞争的措施和承诺，无重大遗漏或重大隐瞒。

主承销商经核查后认为，本公司对关联方、关联方关系及关联交易的披露是全面的、无重大遗漏，关联交易的决策程序能充分保护中、小股东的权益。

十、董事、监事及高级管理人员与核心技术人员

(一)董事、监事、高级管理人员及核心技术人员简介

1、董事

郭荷玉　董事长，中国国籍，男，1968年5月出生，工商管理硕士，中共党员，工程师，2000年10月当选为中国农药工业协会副理事长，2001年被山东省经济贸易委员会授予"山东省第九届十佳青年企业家"称号。曾任涕灭威工程动力车间技术员、调度员、灭多威中试车间技术员、副主任、灭多威300吨扩产副主任、500吨扩产副主任、技术科科长、调度室副主任、华阳集团生产管理处副处长、总经理助理、处长、副董事长、副总经理。现任公司董事长、华阳集团副董事长、总经理。

韩畅巨　副董事长，中国国籍，男，1961年9月出生，大学文化，中共党员，工程师。曾任宁阳县化肥厂团委副书记、宁阳县经委副科长、科长、副主任、宁阳农药厂挂职副厂长、华阳集团常务副董事长兼常务副总经理。曾荣获泰安市"振兴泰安劳动奖章"、"泰安市第三届十大优秀青年企业家"等荣誉称号。现任公司副董事长兼总经理、华阳集团董事。

于万震　董事，中国国籍，男，1959年7月出生，大学文化，中共党员，工程师。曾任宁阳农药厂供销科统计员、供销科副科长、供销公司副经理、厂长助理、副厂长、华阳集团董事。现任公司董事、副总经理。

沈元水　董事，中国国籍，男，1950年7月出生，大学文化，中共党员，高级工程师。曾任宁阳农药厂硫酸车间副书记、生产科副科长、宁阳磷肥厂副厂长、涕灭威工程副总工、山东魁星化工公司副总经理、副总工程师、宁阳农药厂副厂长、华阳集团董事、副总经理。现任公司董事。

闫新华　董事，中国国籍，男，1963年8月出生，大学文化，中共党员，高级工程师。曾任宁阳农药厂车间副主任、技术员、标准计量科科长、涕灭威工程调度室主任、厂长助理、技术设备科长、副厂长、华阳集团董事，获得"泰安市专业技术拔尖人才"称号。现任公司董事、副总经理，负责技术开发工作。

王学先　董事，中国国籍，男，1964年11月出生，大学文化，工程师。曾任宁阳农药厂硫酸车间副主任、硫酸车间支部书记、车间主任、电解车间支部书记、车间主任、华阳集团企管处处长、财务处处长、总经理助理、董事。现任公司董事、财务负责人。

刘政军　董事，中国国籍，男，1969年2月出生，理学硕士，中共党员。曾在吉林省洮南甜菜育种研究所工作，曾任华阳集团销售公司副总经理助理、技术开发中心副主任、华阳利丰化学品有限公司经理、山东华阳科技股份有限公司营销处处长、总经理助理。现任公司董事、总经理助理。

李德军　董事，中国国籍，男，1963年3月出生，中共党员，高级工程师。曾任山东省农药研究所助理工程师、副主任、主任、工程师、副所长、工程师、副所长、高级工程师兼济南科海有限公司总经理。现任公司董事、山东省农药研究所所长、济南科海有限公司总经理。

王开运　董事，中国国籍，男，1954年11月出生，中共党员，山东农业大学教授，硕士生导师。1978年毕业于山东农业大学植保系，毕业以来，参加或主持国家科技攻关项目、部、省级科研项目17项；申报国家发明专利15项，7项获专利授权；在国内外公开刊物发表论文51篇，出版专著1本，参编全国统编教材和专著2本。3次获校优秀教学成果奖。1992年评为硕士生导师；1992年获山东省第二届青年科技奖，被评为校专业技术拔尖人才，1992年被国务院批准享受政府特殊津贴，1995年获农业部先进个人，1996年获山东省首届杰出青年科技创业奖，1999年被评为山东省专业技术拔尖人才。现任公司董事、山东农业大学教授、硕士生导师。

马君潞　独立董事，中国国籍，男，1954年出生，南开大学教授，博士生导师。1978年至1982年攻读南开大学经济学系本科，1982年至1985年攻读南开大学经研所研究生，1985年至1987年攻读加拿大麦克马斯特大学经济系研究生，1989年至1993年攻读南开大学金融学系博士。现任公司独立董事、南开大学博士生导师、天津证券学会会长、天津市金融学会副秘书长、天津城市金融学会副会长。

孙莉　独立董事，中国国籍，女，1970年10月出生，硕士研究生，中国注册会计师、证券期货相关业务资格注册会计师、注册税务师。现任公司独立董事、利安达信隆会计师事务所高级经理。

2、监事

石秀明　监事，中国国籍，男，1959年1月出生，大学文化，工程师。现任公司监事会召集人，华阳集团纪委副书记、工会主席。

周永玉　职工监事，中国国籍，男，1950年7月出生，经济师。曾任宁阳农药厂财务科副科长、经济师、华阳集团审计办主任。现任公司监事。

宋东升　职工监事，中国国籍，男，1969年2月出生，大学文化，中共党员、助理工程师。曾任宁阳农药厂调度室主任、华阳集团安全科科长兼调度室主任、神农化工一厂厂长。现任公司监事、生产处处长。

唐荣元　监事，中国国籍，男，1955年6月出生，中共党员。曾任山东省农资公司泰安分公司业务员、业务科副科长、农药科科长、副总经理。现任公司监事，兼任泰安市泰山农业生产资料站副总经理、书记。

杜文峰　监事，中国国籍，男，1966年6月出生，中共党员。曾任宁阳化肥厂团委书记、宁阳县微型空压机厂副厂长。现任公司监事，兼任宁阳飞达化工有限公司分公司经理。

3、高级管理人员

高建民　中国国籍，男，1957年5月出生，大学文化，工程师。中共党员。曾任宁阳农药厂硫酸车间主任、党支部书记，异酯车间主任、支部书记，华阳集团技术科科长，质监处处长，生产处处长，宁阳县华阳化工机械有限公司经理。1997年获山东省质量管理先进工作者荣誉称号。现任公司副总经理。

周忠　中国国籍，男，1956年3月出生，大专文化，助理经济师，中共党员。曾任宁阳农药厂化验员、加工车间副主任、动力车间主任、厂部办公室主任、华阳集团资本运营办主任。现任公司

董事会秘书。

4、技术负责人和核心技术人员简介

张金田　中国国籍,男,1957年2月出生,大学文化,高级工程师。现任公司副总工程师。该同志1989年利用差向异构开发出高效氯氰菊酯并担任涕灭威工程建设主要技术负责人;1991年开发出灭多威新产品并建成500吨/年灭多威国家重点工程;1999年完成二甲戊乐灵技术的研究与开发;2000年指导完成戊唑醇中试,异丁醛法合成涕灭威肟中试及S－氰戊菊酯的技术引进的吸收、消化。曾荣获省级科技进步奖2项,市级科技进步奖4项,开发的新产品荣获国家级优秀新产品一项,国家重点新产品2项,曾被授予"全省化工系统科技进步工作者"、"泰安市职工科技明星"、"宁阳县知识分子标兵"等荣誉称号。

燚孝生　中国国籍,男,1968年12月出生,大学文化,现任技术开发中心主任,高级工程师。曾从事国家经贸委"产学研"项目种衣剂开发及建设;杀菌剂甲基托布津与多菌灵的开发与设计;神农丹中间体异氰酸甲酯的工艺改进;克百威的设计与开发;高效低毒杀虫剂顺式氰戊菊酯的设计与开发;毒死蜱的设计与开发等。另外负责了近30个剂型项目的研制开发。其中填补省内空白15项获省级优秀成果4项,国家级刊物发表论文2篇,县级科技成果多项。

刘福军　中国国籍,男,1967年8月出生,本科学历,高级工程师。曾参加了国家重点项目涕灭威工程的建设;主持开发二甲戊乐灵项目,省攻关项目戊唑醇,高毒有机磷农药替代品种毒死蜱,高效麦田除草剂苯磺隆等多个品种,填补国家空白两项,省空白两项。先后获得省科技进步二等奖一项,市科技进步奖两项及多项县科技进步奖。2001年被推荐为第四届县科技专业技术拔尖人才等荣誉称号。现任公司副总工程师。

上述人员相互之间不存在配偶关系、三代以内直系和旁系亲属关系。

(二)董事、监事及高级管理人员的其他情况

1、董事、监事、高级管理人员与核心技术人员的持股情况

董事、监事、高级管理人员与核心技术人员无直接或间接持有公司股份和公司关联企业股份的情况,也不存在以家属名义或通过其近亲属能够直接或间接控制的法人持有公司股份和公司关联企业股份的情况。

2、最近一个完整会计年度公司董事、监事及高级管理人员从公司及其关联企业以及同上述人员职位相关的其他单位领取收入的情况

公司董事、监事、高级管理人员最近一个完整会计年度在公司及关联方领取的薪金在4－6万元的有5人,在3－4万元的有4人,在2－3万元的有3人。

除上述薪金外,公司目前没有其他物质奖励政策、退休金计划以及认股权计划。

3、独立董事酬金及其他报酬、福利政策

经本公司股东提名,公司于2002年1月20日2002年第一次临时股东大会通过聘请马君潞、孙莉为本公司独立董事的决议。独立董事在本公司按年领取津贴20,000元。除此而外,本公司独立董事不享受其它福利政策。

除在本公司任职外,马君潞任职南开大学金融系博士生导师,孙莉任利安达信隆会计师事务所高级经理。

十一、公司治理结构

公司于1999年12月29日召开山东华阳科技股份有限公司创立大会暨首届股东大会,通过公司章程,选举公司董事会、监事会成员;于2002年1月20日2002年第一次临时股东大会修改了公司章程,增选2名独立董事,建立起符合股份有限公司上市要求的公司治理结构。

公司先后对股东大会、董事会和监事会的职权和议事规则等进行了具体规定,公司成立以来,上述机构依法运作,未出现违法违规现象,功能不断得到完善。

(一)关于公司股东与股东大会

1、股东的权利和义务

根据本公司章程规定,公司股东享有下列权利:依照其所持有的股份份额获得股利和其他形式的利益分配;参加或者委派股东代理人参加股东会议;依照其所持有的股份份额行使表决权;对公司的经营行为进行监督,提出建议或者质询;依照法律、行政法规及公司章程的规定转让、赠与或质押其所持有的股份;依照法律、公司章程的规定获得有关信息;公司终止或者清算时,按其所持有的股份份额参加公司剩余财产的分配;法律、行政法规及公司章程所赋予的其他权利。

根据本公司章程规定,公司股东承担下列义务:遵守公司章程;依其所认购的股份和入股方式缴纳股金;除法律、法规规定的情形外,不得退股;法律、行政法规及公司章程规定应当承担的其他义务。

2、股东大会的职权

根据本公司章程和股东大会议事规则规定,股东大会是公司的权力机构,依法行使下列职权:决定公司的经营方针和投资计划;选举和更换董事,决定有关董事的报酬事项;选举和更换由股东代表出任的监事,决定有关监事的报酬事项;审议批准董事会的报告;审议批准监事会的报告;审议批准公司的年度财务预算方案、决算方案;审议批准公司的利润分配方案及弥补亏损方案;对公司增加或减少注册资本作出决议;对发行公司债券作出决议;对公司合并、分立、解散和清算等事项作出决议;修改公司章程;对公司聘用、解聘会计师事务所作出决议;审议代表公司发行在外有表决权股份总数的百分之五以上的股东的提案;审议法律、法规和公司章程规定应当由股东大会决定的其他事项。

3、股东大会运作情况

自本公司创立以来,公司共召开六次股东大会(包括临时股东大会)。对公司的重大生产、经营、财务决策、公司章程的制定和修改、发行授权、股利分配、募集资金投向、关联交易等做出决议。发行人律师认为公司历次股东大会的召开、决议内容及签署均合法合规、真实有效。公司股东大会均在其公司章程规定的权限内行使权利,其重大决策行为均合法合规、真实有效。

4、小股东利益保护条款

(1)小股东利益保护条款

为保障中小股东利益,本公司章程规定:公司的控股股东在行使表决权时,不得作出有损于公司和其他股东合法权益的决定。股东大会审议有关关联交易事项时,关联股东不应当参与投票表决,其所代表的有表决权的股份数不计入有效表决总数;股东大会决议的公告应当充分披露非关联股东的表决情况。如有特殊情况关联股东无法回避时,公司在征得有权部门的同意后,可以按照正常程序进行表决,并在股东大会决议公告中作出详细说明。关联交易事项应经出席股东大会的非关联股东所持表决权的二分之一以上通过。

公司制定了《公司关联交易特别决策程序》,规定了关联交易的决策程序以保障本公司及中小股东的利益。公司还设立了独立董事制度,建立了《独立董事议事规则》,保护小股东的利益。

(2)小股东利益保护条款运作情况

本公司严格按照公司章程有关小股东利益保护条款规范运作,涉及关联交易遵照《公司关联交易特别决策程序》有关规定执行。

在2000年2月22日召开的2000年度第一次临时股东大会和2001年3月6日召开的2000年度股东大会上,对董事会提交的山东华阳科技股份有限公司与华阳集团签订的《进出口代理协议》、《综合服务协议》、《房屋租赁协议》、《土地租赁协议》进行了审议并投票表决,表决时控股股东华阳集团采取了回避,其所代表的有表决权的股份数未计入有效表决总股份数,非关联股东一致决议确认,本公司与控股股东签订的上述协议遵循市场原则,作价公允,并未损害本公司及其他股东利益。

发行人律师认为本公司与控股股东及其附属企业之间关于关联交易的安排符合有偿使用、公平、市场化的原则,不存在损害本公司及其股东利益的情况,协议内容合法有效。上述关联交易均经本公司股东大会在关联股东回避的情形下审议通过,小股东的利益依据本公司《章程》及《关联交易特别决策程序》的有关条款得到保护。

(二)关于董事会

1、董事会的构成和董事会议事规则

根据本公司章程规定,公司设董事会,对股东大会负责。公司董事会由11名董事组成,其中独立董事2人,设董事长1人,副董事长1人。

根据本公司章程和董事会议事规则规定,公司董事会的议事规则如下:

(1)董事会会议(含临时董事会议)由董事长召集。董事长因故不能召集会议时,应当指定一名副董事长或董事代其行使职权;董事长无故不履行职责,亦未指定具体人员代其行使职责时,可由副董事长或者二分之一以上董事共同推举一名董事负责召集会议。

(2)董事会每年至少召开两次会议,董事长(或上述召集人)召集董事会会议,应于会议召开10日以前(临时会议于5日以前)通知全体董事。

(3)董事会会议应当由董事本人出席,因故不能出席的可以书面委托其他董事代为出席。代为出席会议的董事应当在授权范围内行使权利。

(4)董事会会议由董事长主持;董事长因故不能主持时,由本规则第(1)条规定的召集人主持。

(5)董事会会议应当由二分之一以上董事出席方可举行。每一董事享有一票表决权。董事会作出决议必须经全体董事的过半数通过。

(6)董事会会议应当进行记录,出席会议的董事和记录人应当在会议记录上签名。

(7)董事应当在决议上签字并对决议事项承担责任。董事会决议违反法律、法规或者公司章程,致使公司遭受损失的,参与决议的董事对公司负赔偿责任。但经证明在表决时曾明确表示异议且记载于会议记录的,该董事可以免除责任。

(8)董事会应按国家的有关规定在会后两个工作日内,将董事会决议报送证券交易所备案或进行公告。

2、独立董事制度

公司在董事会建立了独立董事制度,在董事会成员中设立了独立董事2名,公司已聘请了马君潞先生、孙莉女士为本公司独立董事。

本公司《独立董事议事规则》规定独立董事应当符合以下条件:根据法律、行政法规及其他有关规定,具备担任本公司董事的资格、具有独立性、具备上市公司运作的基本知识,熟悉相关法律、行政法规、规章及规则、具有五年以上法律、经济或者其他履行独立董事职责所必须的工作经验并确保有足够的时间和精力有效地履行独立董事的职责。

独立董事需由出席股东大会的全体股东所持有效股份的二分之一以上表决通过。独立董事对公司重大事项在董事会、股东大会发表的意见,本公司将在公开披露的文件中单独列明。

(三)关于监事会

根据本公司章程规定,公司设置监事会。监事会由5名监事组成,设监事会召集人1名。监事会召集人不能履行职权时,由该召集人指定一名监事代行其职权。

根据本公司章程规定,监事会的议事规则如下:

1、监事会的参会人员为全体监事。

2、监事会会议由监事会召集人召集。

3、监事会每年至少召开一次,会议通知应当在会议召开十日以前以书面形式送达全体监事。

4、监事会会议通知中应包括举行会议的日期、地点、会议期限、事由及议题及发出通知的日期。

5、监事会会议应当由二分之一以上监事出席方可举行,每名监事享有一票表决权。监事会作出决议,必须经全体监事过半数通过。

6、监事会行使职权时,必要时可以聘请律师事务所、会计师事务所等专业机构给予帮助,由此发生的费用由公司承担。

7、监事会会议应有会议记录,出席会议的监事和记录人应当在会议记录上签名。

(四)公司的重大生产经营决策程序与规则

公司的重大生产经营决策,包括重大对外投资的决策、重大财务决策等对公司的经营活动有重大影响的决策,公司章程规定了严格的决策程序,必要时组织外部专家提供决策咨询。

1、重大投资决策程序与规则

本公司对重大投资决策采取审慎态度,重大投资决策均按规范化、科学化、制度化原则制定。

董事会应当确定其运用公司资产所作出的风险投资权限,建立严格的审查和决策程序;重大投资项目应当组织有关专家、专业人员进行评审,并报股东大会批准。公司股东大会以决议方式,对董事会运用公司资产的风险投资权限作出授权。

公司投资决策程序如下:

(1)技术开发中心从产业发展方向、技术水平等方面对拟投资项目的可行性进行分析,提出意见或建议。

(2)营销管理部门对拟投资项目进行市场调研,反馈市场信息,提出市场报告或建议。

(3)对调查和反馈信息进行整理、评价并做出预测,从市场需求、技术水平和经济可行性等方面进行审核,确定投资项目的可行性和合理性。

(4)由专家技术评审委员会进行进一步评审,必要时组织外部专家进行评审,根据评审情况由董事会作出决策;超出权限的,提交股东大会决议。

公司各项投资决策审批权限:

(1)投资额3,000万元以下的投资行为,由公司董事会审议批准实施。

(2)投资额在3,000万元以上的投资行为,由董事会审议通过后报股东大会审议批准实施。

2、重要财务决策规程

本公司根据《中华人民共和国会计法》,结合本公司实际情况,制定了重要财务决策规程并贯彻执行。

本公司重要财务决策是指:公司年度投资计划、公司年度资金筹措计划、公司年度财务预算和决算方案、公司年度财务利润分配方案及弥补亏损方案、发行公司债券的决议以及重大的资产抵押或其他担保事项;

公司重要财务决策程序:

(1)公司的年度投资计划由总经理办公会提出议案提交董事会审议通过后提交股东大会审议批准;

(2)公司的年度资金筹措计划由公司财务部提出计划报总经理办公会审议通过后提交董事会审议批准;若涉及公司通过发行债券或其他证券及上市来筹措资金的,由公司董事会制定方案提交股东大会审议批准;

(3)公司年度财务预算和决算方案、公司年度财务利润分配方案及弥补亏损方案由公司财务部提出方案,经总经理办公会、董事会审议通过后报股东大会审议批准。

(五)高级管理人员的选择、考评、激励和约束机制

公司基于业务拓展和长远发展的需要,建立了高级管理人员的选择、考评、激励和约束机制。

选择机制:根据公司发展需要,按照公司章程规定,遵循严格的标准,包括学历、工作经历以

及个人综合素质等方方面面，做到任人唯贤，招聘方式包括从公司内部推荐和向社会公开招聘，由董事会决定公司高级管理人员的聘任(副总经理由总经理提名)，任期一般为三年。

考评、激励和约束机制：公司高级管理人员收入采用年薪制，每年初经公司董事会下达各高级管理人员全年工作指标及年薪基数，并签订目标责任书，年末由考评组核定指标完成情况兑现年薪。同时公司把高级管理人员的知识更新、深造和再教育作为激励机制的重要组成部分，凡高级管理人员都有机会接受 MBA 课程、专业技术课程的学习。此外，将来在时机成熟和政策许可的条件下，公司将考虑采取股票期权等形式对高级管理人员进行激励。

(六)公司董事、监事、高级管理人员的变动

公司自设立以来，董事、监事和高级管理人员的变动如下：

1、2000 年 7 月，经其本人申请，公司之一届三次董事会批准刘兆泉辞去董事长的申请，同时选举郭前玉为公司董事长。

2、2000 年 8 月，经其本人申请，公司之 2000 年第二次临时股东大会批准刘兆泉辞去董事的申请，同时增设刘政军为公司董事。

3、2001 年 3 月，经其本人申请，公司之 2000 年度股东大会批准段开忠辞去董事的申请，同时增设李德军为公司董事。

4、2001 年 7 月，公司之一届五次董事会批准聘任高建民为公司之副总经理。

5、2002 年 1 月，经其本人申请，公司之 2002 年第一次临时股东大会批准王怀柱、朱方彬辞去董事的申请，同时增设马君潞、孙莉为公司独立董事。

6、2001 年 8 月，经其本人申请，公司之 2001 年一次临时股东大会批准王长星辞去监事的申请，同时增设石秀明为公司监事。

经发行人律师核查，公司董事、监事、高级管理人员的变化符合法律、法规、规范性文件及贵公司章程的规定，履行了必要的法律程序。

自公司成立以来，公司财务负责人、技术负责人未发生变动。

(七)董事、监事及高级管理人员诚信义务的限制性规定

本公司章程规定，董事、监事、总经理和其他高级管理人员应当遵守法律、法规和公司章程的规定，忠实履行职责、维护公司利益，当其自身的利益与公司和股东的利益相冲突时，应当以公司和股东最大利益为行为准则。

本公司章程规定，本公司董事、监事及高级管理人员应当谨慎、认真、勤勉地行使公司所赋予的权利。

(八)公司内部控制制度及其完整性、合理性及有效性的说明

为了规范公司的内部控制，加强内部管理，保证各项业务的正常、规范、有效进行，确保公司资产的安全和完整，防止欺诈和舞弊行为，实现公司经营管理目标，根据《中华人民共和国会计法》等国家有关法律法规的规定，结合本公司的实际情况，经过不断探索，公司建立了一套较为有效的内部控制制度，包括会计内部控制制度和管理内部控制制度。

公司设立了直接对董事会负责的审计监察部，代表董事会监督财务报告过程和检查内部控制制度及其执行情况，以保证财务报告的可信性和公司各项活动的合规性。

山东汇德会计师事务所有限公司出具了《山东华阳科技股份有限公司内部控制审核报告》，认为：本公司在所有重大方面保持了与会计报表编制相关的有效的内部控制。

为控制项目投资风险，使用好募股资金，公司将建立和完善有关募股资金投向的内部控制制度，并通过审计监察部强化对项目投资、原材料采购及财务收支、财务资金的监控。

十二、财务会计信息

第一部分　财务会计资料

(一)会计报表编制基准及注册会计师意见

本公司已聘请山东汇德会计师事务所有限公司对本公司截止 1999 年 12 月 31 日、2000 年 12 月 31 日、2001 年 12 月 31 日以及 2002 年 6 月 30 日的资产负债表；1999 年度、2000 年度、2001 年度以及 2002 年 1—6 月的利润及利润分配表；2001 年度以及 2002 年 1—6 月的现金流量表进行了审计。注册会计师已出具了标准无保留意见的审计报告。

本公司 1999 年 1 月 1 日至 1999 年 12 月 31 日会计报表的编制是以改制方案确定的公司架构及假定自 1999 年 1 月 1 日起业已存在并持续经营的基础上予以编制而成的，资产、负债、所有者权益、收入、费用项目的剥离原则和方法遵循了配比原则。本公司会计报表所载财务数据按经山东汇德会计师事务所有限公司[2002]汇所审字第 1－091 号审计报告审计的山东华阳科技股份有限公司会计报表附注第四项"主要会计政策"所列会计政策、会计估计变更编制而成，并假定在报告期内已一致地采用该等会计政策、会计估计。该等会计政策、会计估计系根据《企业会计制度》的规定厘定。

以下引用的财务数据，非经特别说明，均引自经山东汇德会计师事务所有限公司[2002]汇所审字第 1－091 号审计报告审计的财务会计报告。

(二)本公司报告期内会计政策、会计估计发生的变化

1、根据财政部财会字[1999]35 号文件规定，从 1999 年 6 月 30 日起，本公司计提坏帐准备、存货跌价准备、短期投资跌价准备、长期投资跌价准备的会计政策在 1999 年内发生了变化，并采取了追溯调整法。上述会计政策变更的累积影响数为 477,181.45 元，均为因坏帐准备计提方法变更的累积影响数。该累计影响数已由华阳集团以资产补足。

2、根据《企业会计制度》，本公司自 2001 年 1 月 1 日起计提固定资产减值准备、在建工程减值准备、无形资产减值准备，并对影响金额采用追溯法调整。由于本公司截止 2001 年 12 月 31 日尚未发生上述各项资产项目应计提减值准备的情况，故该会计政策的变更不影响各期利润。

(三)简要会计报表

本公司的简要会计报表反映了本公司的基本财务状况、经营成果和现金流量情况，故在本节中仅披露了本公司的简要会计报表。若需详细了解本公司的财务状况、经营成果和现金流量情况，请阅读本招股说明书附录一。

1、简要资产负债表(见附表)

2、简要利润表及利润分配表(见附表)

3、简要现金流量表(见附表)

(四)经营业绩

1999 年度、2000 年度、2001 年度本公司净利润分别为 9,057,189.00 元、13,131,245.36 元 、15,635,186.99 元。2000 年公司净利润比 1999 年增长 44.98%，2001 年公司净利润比 2000 年增长 19.07%。2002 年 1—6 月公司实现净利润 10,810,754.05 元，取得了良好的经营业绩。

1.主营业务收入总额与利润总额

项目	2002 年 1—6 月	2001 年度	2000 年度	1999 年度
主营业务收入(元)	150,821,899.08	249,790,786.85	216,160,038.92	187,422,768.43
主营业务利润(元)	30,125,745.99	51,889,474.30	47,098,073.52	38,990,754.44
利润总额(元)	16,407,045.99	23,971,903.20	20,242,893.12	13,518,192.54

2000 年公司主营业务收入较 1999 年增长 15.33%，2001 年较 2000 年增长了 15.56%，保持了平稳的增长势头。2000 年公司利润总额较 1999 年增长了 49.74%，2001 年较 2000 年增长了 18.42%。2002 年 1—6 月，公司经营状况良好，实现主营业务收入 150,821,899.08 元，利润总额 16,407,045.99 元。

1999 年、2000 年、2001 年以及 2002 年 1—6 月公司销售毛利率分别为 20.92%、21.88%、20.85% 和 20%，与同行业上市公司比处于平均水平，公司主要产品盈利水平较为稳定，随着公司产品结构的进一步调整，高附加值产品比重增加，以及随着公司生产规模的进一步扩大，生产成本可进一步降低，盈利能力将进一步提高。

2000 年公司主营业务收入为 21,616 万元，较 1999 年 18,742 万元增加 2,874 万元，增长约 15%，其中灭多威、二甲戊乐灵、神农丹等产品销售收入增长较大，灭多威销售收入较 1999 年增长 603 万元，二甲戊乐灵销售收入较 1999 年增长 986 万元，神农丹销售收入较 1999 年增长 230 万元，增长的主要原因为：公司经过多年的营销，逐步树立了华阳农药的良好品牌，市场占有率提高，拳头产品灭多威、二甲戊乐灵、神农丹等销售收入增加。公司产品毛利率基本保持稳定，2000 年毛利率为 21.88%，1999 年毛利率 20.92%，由于管理控制较好，2000 年公司营业费用、管理费用、财务费用等期间费用总额为 2,659.8 万元，较 1999 年增长约 4.4 %，同时利润总额增加 672 万元。由于 1999 年利润总额基数较小，仅 1,351.8 万元，由此导致公司 2000 年利润总额较 1999 年增长幅度较大，增长约 49%。

2001 年公司主营业务收入较 2000 年增长约 15%，而营业费用由于控制较好，较 2000 年增长约 4%，主要原因为：(1)公司强化内部费用的管理和控制，每年制定费用定额，实行费用承包，层层分解落实到每一个销售人员，严格进行费用控制和考核，对于超费用定额的责任人加大处罚力度，对于节支费用行为则进行奖励，从而有效地调动了销售人员的积极性，较好地控制了销售费用；(2)为进一步压缩费用开支，提高经济效益，公司每年在制定费用承包政策时，根据费用的性质分类进行总额控制，如对比较成熟的产品的广告促销费用酌情降低；(3)通过竞争上岗，末位淘汰，精简销售队伍，减少销售人员，从而降低销售费用。

2.业务收入构成

产品名称	2002 年 1－6 月	2001 年度	2000 年度	1999 年度
5%神农丹	35,044,829.74	63,724,491.55	54,981,136.15	52,688,690.84
50%1605 乳油	25,796,947.52	45,502,203.88	43,635,944.10	51,190,356.72
100%1605 原油	15,570,628.80	26,172,670.28	14,271,174.60	11,752,166.70
33%二甲戊乐灵	2,400,628.85	6,107,207.93	7,986,357.48	5,499,355.52
100%二甲戊乐灵	1,132,814.35	627,654.18	10,800.88	929.20
98%灭多威原粉	11,936,694.59	17,606,860.66	14,982,806.00	14,164,947.37
100%灭多威	4,794,601.20	8,489,631.29	3,372,611.42	1,318,706.03
5%高效氯氰菊酯	3,366,052.70	7,167,542.86	9,494,019.02	16,163,949.85
15%小麦种衣剂	9,870.78	1,623,929.74	1,925,688.87	3,105,439.18
15%玉米种衣剂	2,286,805.44	1,940,145.46		
50%多菌灵	1,676,098.35	2,868,120.55	3,130,227.50	2,044,712.80
98%多菌灵	10,698,258.89	5,034,016.75	1,963,747.78	
100%多菌灵	1,698,706.37	3,417,146.55	3,598,583.26	3,202,924.36
其他产品收入	34,408,961.50	59,509,165.17	56,806,941.86	26,290,589.86
合计	150,821,899.08	249,790,786.85	216,160,038.92	187,422,768.43

公司出口业务在整体业务中占有一定比例，公司产品出口有两种方式：一是自营出口(即直接出口)，二是间接出口，即将产品卖给国内具有进出口经营权的公司，再由其销往国外市场。2002 年 1—6 月公司产品出口总量为 31,494,355.78 元，其中自营出口量为 20,265,109.19 元，间接出口总量为 11,229,246.59 元；2001 年公司产品出口总量为 50,761,322.83 元，其中自营出口量为 18,074,370.21 元，间接出口总量为 32,686,952.62 元；2000 年出口量为 34,278,223.23 元，其中自营出口量为 4,174,010.69 元，间接出口总量为 30,104,212.54 元。具体情况如下：

2002 年 1－6 月公司直接出口业务的详细情况如下：

出口情况 出口国家	出口产品	成本总额(元)	收入总额(元)	利润总额(元)	出口收入占 2002 年中期主营业务总收入的比例(%)
西班牙	甲基硫菌灵、98%多菌灵、98%灭多威、80%甲基对硫磷	1904207.69	2050560.24	146352.55	1.36
荷兰	98%灭多威	2184216.82	2752875.3	568658.48	1.825
台 湾	98%灭多威、20%灭多威、80%甲基对硫磷、98%多菌灵、CK－119	9527865.99	9940882.8	413016.81	6.59
泰 国	90%灭多威、40%灭多威、98%灭多威	1190659.1	1567691.9	377032.78	1.04
其他国家	98%灭多威、98%灭多威肟、90%灭多威 33%莱草通、5%顺式氰戊菊酯、40%姜蒜草克、97%克百威、80%甲基对硫磷、98%多菌灵	3270800.31	3953098.97	682298.66	2.62
合计		18077749.91	20265109.19	2187359.28	13.44

2002 年 1－6 月公司间接出口业务的详细情况如下：

购货方名称	金额(万元)
中国化工建设江苏公司	183.11
允发化工(上海)有限公司	170.5
深圳市高正实业有限公司	118.57
中化天津进出口有限公司	114.19
浙江升华拜克进出口有限公司	95.2
深圳星邦达实业发展有限公司	58.2
深圳市粮油食品有限公司	56.21
中化上海进出口公司	55.8
深圳农立丰实业有限公司	50.35
无锡中瑞集团有限公司	33
其他 20 户合计	187.79
合计	1122.92

2001 年公司直接出口业务的详细情况如下：

出口情况 出口国家	出口产品	成本总额(元)	收入总额(元)	利润总额(元)	出口收入占 2001 年主营业务总收入的比例(%)
埃 及	15%涕灭威、10%涕灭威、97%克百威	1997943	2820838	822895	1.13
德 国	100%1605 原油、90%灭多威、40%灭多威、98%多菌灵、33%克百威	3491845.23	3603515.74	111670.51	1.44
台 湾	98%精制灭多威、60%多菌灵、98%灭多威肟	8430862.78	8836794.23	405931.45	3.54
泰 国	100%1605 原油、90%灭多威、40%灭多威、98%多菌灵、33%克百威	1536284.31	1744008.34	207724.03	0.70
其他国家	25%灭多威、25%大豆种衣剂、100%莱草通、100%甲托、50%多菌灵	873480.16	1069213.9	195733.74	0.43
合计		16330415.48	18074370.21	1743954.73	7.24

2001 年公司间接出口业务的详细情况如下：

购货方名称	金额(万元)
深圳市高正实业有限公司	460
中国化工建设江苏公司	425.30
中化天津进出口有限公司	229
浙江升华拜克进出口有限公司	203
中国出口商品基地建设江苏公司	200
允发化工(上海)有限公司	189.52
河北万全凯迪化工进出口公司	144
中国化工建设总公司	124.70
深圳市粮油食品有限公司	122
深圳市奥康德生产资料有限公司	90
中国电子进出口珠海公司	88.53
湖北省医药保健品进出口公司	87.56
中化上海进出口公司	87.56
上海恒升化工有限公司	86
厦门市安农商贸有限公司	80.7
中化建设宁波进出口公司	80.55
其他24户合计	570.27
合计	3268.69

2000年公司直接出口的详细情况如下：

出口情况 出口国家	出口产品	成本总额(元)	收入总额(元)	利润总额(元)	出口收入占2000年主营业务总收入的比例(%)
法国	100%1605原油、98%多菌灵	538259.72	571278.23	33018.51	0.26
台湾	90%灭多威、98%灭多威肟、70%甲托	1090662.36	1147950.75	57288.39	0.53
其他国家	98%灭多威肟、98%精制灭多威	2085386.47	2454781.71	369395.24	1.14
合计		3714308.55	4174010.69	459702.14	1.93

2000年公司间接出口业务的详细情况如下：

购货方名称	金额(万元)
中国化工建设江苏公司	445.32
中化天津进出口有限公司	400
中化国际进出口总公司	320
深圳市奥康德生产资料有限公司	270.07
中化江苏进出口公司	252.75
上海恒升化工有限公司	225
中国电子进出口珠海公司	210
深圳市粮油食品有限公司	187.6
深圳市星邦达有限公司	176.3
上海机械进出口集团公司	154.8
其他18户合计	368.58
合计	3010.42

3、重大投资收益和非经常性损益

1999年度、2000年度、2001年度以及2002年1—6月公司无占净利润10%以上的重大投资收益/(损失)和非经常性损益。

4、税率

公司适用的所得税税率:33%。

公司适用的增值税税率:甲硫醇钠、灭多威肟等少量化工产品按17%缴纳,甲基1605、甲胺磷、多菌灵、种衣剂等农药产品按13%缴纳。

依据财政部、国家税务总局联合发出的《关于对若干农业生产资料免征增值税问题的通知》(财税字[1998]78号)和《关于若干农业生产资料征免增值税政策的通知》(财税[2001]113号),公司以下产品享受免征增值税优惠政策:二甲戊乐灵、百菌清、甲基硫菌灵、灭多威、神农丹(涕灭威)、高效氯氰菊酯、毒死蜱。甲基1605自2001年8月1日不再享受免征增值税优惠政策,改按13%的税率缴纳增值税。

公司依法享受免税优惠政策的产品遵循了相关税法的规定进行了独立核算。

(五)主要资产

截至2002年6月30日,本公司资产总计为243,235,021.09元,包括流动资产、固定资产、无形资产及其他资产。

1、流动资产

截止2002年6月30日,公司流动资产总额为145,296,944.08元,其中,货币资金23,569,938.20元,应收帐款39,057,694.64元,存货56,192,722.01元。

公司对一年期的应收帐款按3%计提坏帐准备,由于公司对经销商和客户单位建立了严格的资信评价体系,并建立了客户信誉档案,对符合公司有关规定,信誉评价合格的经销商和客户,次年才允许与其继续发生业务往来,因此一年期的应收帐款发生坏帐的可能性很小。此外,公司不断强化应收帐款的管理,定期进行帐龄分析,实行往来业务经办人员全面负责制和发生经济损失追溯个人经济责任制,保障了应收帐款的安全,因此,根据公司的实际情况,公司对一年期的应收帐款计提3%的坏帐准备符合谨慎性原则。

2、固定资产

(1)固定资产计价和折旧方法

①固定资产按取得时的实际成本入帐,以使用期限在一年以上、单位价值在2,000元以上为标准。

②固定资产折旧采用直线法平均计算,预计净残值率为固定资产原价的3%各类固定资产的分类、估计经济使用年限和年折旧率如下：

固定资产类别	折旧年限(年)	年折旧率(%)
非生产房屋及建筑物	35	2.77
受强腐蚀生产用房	20	4.85
化工设备	7	13.86
仪器仪表设备	8	12.125
动力运输设备	8	12.125

③公司的固定资产在期末对固定资产逐项进行检查,如果由于市价持续下跌,或技术陈旧、损坏、长期闲置等原因导致其可收回金额低于帐面价值的,对可收回金额低于帐面价值的差额作为固定资产减值准备,计入当期损益。固定资产减值准备按单项资产计提。

(2)截至2002年6月30日,本公司固定资产帐面原值为137,368,550.01元,帐面净值为76,252,970.37元,固定资产净额为76,252,970.87元,具体情况如下：

单位:元

固定资产类型	原值	累计折旧	净值	净额
非生产房屋及建筑物	2,253,087.73	486,837.13	1,766,250.60	1,766,250.60
受强腐蚀生产用房	38,721,073.18	13,054,715.86	25,666,357.32	25,666,357.32
化工设备	81,171,564.26	41,097,357.42	40,074,206.84	40,074,206.84
仪器仪表设备	10,740,759.13	4,335,781.37	6,404,977.76	6,404,977.76
动力运输设备	4,482,065.71	2,140,887.36	2,341,178.35	2,341,178.35
合计	137,368,550.01	61,115,579.14	76,252,970.87	76,252,970.87

由于公司固定资产尚未发生减值情况,故未提取固定资产减值准备。

截止2002年6月30日,公司固定资产中97,161,463.32元用于抵押。

3、在建工程

名称	预算数	期初金额	本期增加额	本期转入固定资产	其他减少	期末余额	资金来源	工程投入占预算的比例
戊唑醇中试	46,500,000.00	944,381.99	51,573.35	0.00	0.00	995,955.34	自筹	2.14%
二甲戊乐灵项目	71,000,000.00	8,425,658.12	3,224,481.55	0.00	0.00	11,650,139.67	自筹	16.41%
S-丁酰氯	5,000,000.00	1,580,825.10	70,102.65	1,650,927.75	0.00	-	自筹	
苯磺隆	47,560,000.00	476,513.38	750,164.20	0.00	0.00	1,226,677.58	自筹	2.58%
技改		9,055,487.25	6,609,202.82	10,459,804.50	0.00	5,204,885.57	自筹	
合计	170,060,000.00	20,482,865.84	10,705,524.57	12,110,732.25	0.00	19,077,658.16		

截止2002年6月30日,在建工程利息资本化金额的资本化率系银行贷款合同规定的利率,本期进入在建工程的利息资本化金额已由国债贴息冲减,期末余额无利息资本化金额。

截止2002年6月30日,由于本公司在建工程尚未发生减值的情况,故未提取在建工程减值准备。

4、截止2002年6月30日,公司有形资产净值为240,421,725.47元,具体情况如下：

总资产	243,235,021.09元
减:无形资产	2,607,447.98元
待摊费用	205,847.64元
开办费	0
长期待摊费用	0
有形资产净值	240,421,725.47元

5、无形资产

截止2002年6月30日,公司无形资产总额为2,607,447.98元,主要为专有技术,具体情况如下表：

项目	取得方式	原值(元)	累计摊销(元)	期末数(元)	剩余摊销期(月)
种衣剂配方技术	购买	3,014,200.00	1,591,222.27	1,422,977.73	30
5%顺式氰戊菊酯乳油技术	购买	58,700.00	23,480.00	35,220.00	54
5%夜蛾必杀技术	购买	420,600.00	233,666.66	186,933.34	30
戊唑醇技术	购买	350,000.00	69,270.86	280,729.14	42
除草剂技术	购买	31,000.00	12,400.04	18,599.96	54
种衣剂-胶悬剂技术	购买	100,000.00	17,499.93	82,500.07	99
S-丁酰氯技术	购买	250,000.00	250,000.00	0.00	0
玉米除草剂烟嘧磺隆技术	购买	700,000.00	119,512.26	580,487.74	102
合计		4,924,500.00	2,317,052.02	2,607,447.98	

由于公司无形资产尚未发生减值情况,故未提取无形资产减值准备。

单项价值在100万元以上且原始价值是以评估值入帐的无形资产如下：

项目	原始入帐价值(评估值)	评估机构	评估方法
种衣剂配方技术	3,014,200.00元	北京中企华资产评估有限责任公司	收益现值法

(六)主要债项

1、短期借款

截止2002年6月30日,公司短期借款为2,600,000.00元。明细情况如下：

借款类别	期初数(元)	期末数(元)	借款期限	年利率
抵押借款	2,600,000.00	2,600,000.00	2001.12.19-2002.8.25	7.02%
合计	2,600,000.00	2,600,000.00		7.02%

2、长期借款

截止2002年6月30日,公司长期借款为79,760,000.00元。明细情况如下：

借款类别	期末数(元)	借款期限	年利率	借款条件
银行借款	2,000,000.00	2000.12.26-2005.12.26	7.80%	抵押
银行借款	10,000,000.00	2000.12.29-2005.12.29	7.80%	抵押
银行借款	20,000,000.00	2000.12.14-2005.12.14	7.80%	抵押
银行借款	22,000,000.00	2001.4.29-2006.4.29	7.80%	担保、抵押
银行借款	10,760,000.00	2001.4.29-2003.4.29	7.02%	担保
银行借款	9,000,000.00	2001.7.31-2003.7.31	7.722%	保证
银行借款	6,000,000.00	2001.7.31-2003.7.31	7.722%	保证
合计	79,760,000.00			

3、对内部人员的负债

截至2002年6月30日,公司对内部人员的负债余额2,785,361.60元,其明细情况列示如下：

应付工资	511,596.66元
应付福利费	2,273,764.94元
合计	2,785,361.60元

4、对关联企业的负债

截至2002年6月30日,公司对关联企业的负债余额为3,647,477.28元,其明细情况列示如下：

应付帐款-山东省宁阳县华阳化工有限公司	805,888.57元
应付帐款-山东省宁阳县太阳包装印刷有限公司	2,258,527.36元
应付帐款-山东省宁阳县华阳运输有限公司	583,061.35元
合计	3,647,477.28元

5、或有负债

截至2002年6月30日,公司无或有负债。

6、主要承诺事项

截至2002年6月30日,公司无需要披露的重大承诺事项。

(七)股东权益

本公司2000、2001年末以及2002年6月30日,股东权益余额分别为:74,631,338.46元、90,307,797.45元和101,118,551.50元。

1、股本

出资方	2002.6.30(元)	2001.12.31(元)	2000.12.31(元)
山东华阳农药化工集团有限公司	47,889,800.00	47,889,800.00	47,889,800.00
泰安飞达助剂有限公司	792,700.00	792,700.00	792,700.00
泰安市泰山农业生产资料站	500,000.00	500,000.00	500,000.00
山东省农药研究所	410,900.00	410,900.00	410,900.00
山东省农业大学	406,600.00	406,600.00	406,600.00
合计	50,000,000.00	50,000,000.00	50,000,000.00

2、资本公积

	2002.6.30(元)	2001.12.31(元)	2000.12.31(元)
股本溢价	11,500,093.10	11,500,093.10	11,500,093.10
其他	41,272.00	41,272.00	
合计	11,541,365.10	11,541,365.10	11,500,093.10

3、盈余公积

(1)明细情况

	2002.6.30(元)	2001.12.31(元)	2000.12.31(元)
法定盈余公积	2,876,643.24	2,876,643.24	1,313,124.54
法定公益金	1,438,321.62	1,438,321.62	656,562.27
任意盈余公积	0.00	0.00	0.00
合 计	4,314,964.86	4,314,964.86	1,969,686.81

(2)盈余公积历年变动及依据说明

根据公司章程规定,公司分别按税后利润的10%和5%计提法定盈余公积和法定公益金。

4、未分配利润

	2002.6.30(元)	2001.12.31(元)	2000.12.31(元)
期初未分配利润	24,451,467.49	11,161,558.55	0.00
本期净利润	10,810,754.05	15,635,186.99	13,131,245.36
提取法定公积金		1,563,518.70	1,313,124.54
提取法定公益金		781,759.35	656,562.27
提取任意盈余公积金		0.00	0.00
已分配普通股股利		0.00	0.00
未分配利润	35,262,221.54	24,451,467.49	11,161,558.55

根据本公司2002年1月20日召开的2002年度第一次临时股东大会决议,决定公司股票发行前的滚存利润由上市后新老股东共同享有分配权。

(八)现金流量

2001年度公司现金总流入为33,045.36万元,其中经营活动产生的现金流入24,809.36万元,占现金总流入的75.08%(其中75.01%属于销售商品、提供劳务收到的现金),筹资活动产生的现金流入为8,236.00万元,占现金总流入的24.92%。公司2001年度公司的现金总流出30,938.04万元,其中经营活动产生的现金流出24,232.38万元,占现金总流出的78.33%,投资活动产生的现金流出为4,898.81万元,占现金总流出的15.83%,筹资活动产生的现金流出为1,806.85万元,占现金总流出的5.84%。公司2001年现金及现金等价物净增加额为2,107.32万元。

2002年1—6月公司现金总流入为14,762.37万元,主要为经营活动产生的现金流入。2002年公司1—6月的现金总流出14,995.32万元,其中经营活动产生的现金流出14,014.59万元,占现金总流出的93.46%,投资活动产生的现金流出为868.02万元,占现金总流出的5.79%,筹资活动产生的现金流出为112.71万元,占现金总流出的0.75%。公司2002年1—6月现金及现金等价物净增加额为-232.95万元。

(九)其他重要事项

2001年5月,经公司股东大会决议,公司对华阳集团所属的农药三厂、农药五厂资产进行了收购。假设农药三厂、农药五厂在公司设立之时即已进入公司的备考财务会计报表如下:

1、备考财务信息编制说明

(1)收购交易的基本情况

本公司于2001年5月22日与山东华阳农药化工集团有限公司签定资产转让协议,收购山东华阳农药化工集团有限公司所属的农药三厂、五厂资产,并于2001年5月31日支付了收购款项,收购完成日为2001年5月31日。

(2)收购交易价格及其计算依据

根据资产转让协议,转让价格为1991.48万元,此价格是根据北京中企华资产评估有限责任公司对收购资产的评估价值为基础确定的。

(3)编制备考财务会计信息的假设

假设本公司于1999年1月1日已完成此项资产收购,自1999年1月1日将农药三厂、五厂的资产纳入会计报表的范围,公司按照此架构持续经营。

(4)备考财务会计信息的编制方法

①假定公司于1999年1月1日支付了资产购买款1991.48万元。

②以本公司和农药三厂、五厂相关的历史财务记录为基础,将非经常项目损益和会计调整的累计影响数剥离,按照符合《企业会计制度》的本公司会计政策调整编制而成。

2、备考会计报表的汇总调整

将股份公司与农药三厂、五厂的内部销售、内部往来抵销后,编制而成。

第二部分 盈利预测

公司以1999-2001年度经审计的实际经营业绩为基础,并根据2002年公司经营环境前景、公司2002年度经营计划等情况,编制了2002年度盈利预测报告。

山东汇德会计师事务所对公司2002年度盈利预测进行了审核,并出具了无保留意见的审核报告。公司盈利预测报告的编制遵循了谨慎性原则,但盈利预测所依据的各种假设具有不确定性,投资者在进行投资决策时不应过分依赖该项资料。

(一)盈利预测审核报告

以下是山东汇德会计师事务所有限公司出具的(2002)汇所综字第1-008号盈利预测审核报告。

山东华阳科技股份有限公司全体股东:

我们接受委托,对山东华阳科技股份有限公司(以下简称"贵公司")2002年度盈利预测所依据的基本假设、选用的会计政策及其编制基础进行了审核。合理编制并充分披露盈利预测是贵公司的责任,我们的责任是对该盈利预测发表审核意见。我们的审核是根据《中国注册会计师独立审计实务公告第4号—盈利预测审核》进行的。在审核过程中,我们实施了必要的审核程序。

我们认为,上述盈利预测所依据的基本假设已充分披露,没有证据表明这些基本假设是不合理的,所选用的会计政策与实际采用的相关会计政策一致,该盈利预测是按确定的编制基础编制的。

山东汇德会计师事务所有限公司　　中国注册会计师:周厚莲

报告日期:2002年9月8日　　中国注册会计师:朱红岩

(二)盈利预测表

山东华阳科技股份有限公司盈利预测表

预测期间:2002年度

编制单位:山东华阳科技股份有限公司　　单位:人民币元

项目	上年已审实现数	2002年预测数				增减率
		1月至6月已审实现数	7月至8月未审实现数	9月至12月预测数	合计数	
一、主营业务收入	249,790,786.85	150,821,899.08	53,272,489.09	62,528,071.83	266,622,460.00	6.74%
减:主营业务成本	197,700,491.00	120,657,882.23	41,907,775.25	46,736,577.52	209,302,235.00	5.87%
主营业务税金及附加	200,821.55	38,270.86	131,571.92	155,350.52	325,193.30	61.93%
二、主营业务利润	51,889,474.30	30,125,745.99	11,233,141.92	15,636,143.79	56,995,031.70	9.84%
加:其它业务利润	459,952.11	323,791.12	33,455.88	92,753.00	450,000.00	-2.16%
减:营业费用	13,556,526.14	7,002,939.40	2,514,405.07	4,903,613.53	14,420,958.00	6.38%
管理费用	11,723,316.14	5,818,824.27	2,659,857.13	3,761,974.77	12,240,656.17	4.41%
财务费用	3,068,547.42	1,127,132.84	565,839.46	1,927,027.70	3,620,000.00	17.97%
三、营业利润	24,001,036.71	16,500,640.60	5,526,496.14	5,136,280.79	27,163,417.53	13.18%
加:投资收益						
补贴收入						
营业外收入	243,852.50					-100.00%
减:营业外支出	272,986.01	93,594.61			93,594.61	-65.71%
四、利润总额	23,971,903.02	16,407,045.99	5,526,496.14	5,136,280.79	27,069,822.92	12.92%
减:所得税	8,336,716.21	5,596,291.94	1,823,743.71	1,513,005.91	8,933,041.56	7.15%
五、净利润	15,635,186.99	10,810,754.05	3,702,752.43	3,623,274.88	18,136,781.36	16.00%

公司负责人:郭前玉　　财务负责人:王学先　　制表人:吴继伟

(三)盈利预测说明

1、编制基准

本公司盈利预测是以业经山东汇德会计师事务所有限公司审计的本公司1999年度、2000年度及2001年度经营业绩与预测期间公司的生产经营能力、投资计划、生产计划和营销计划等为依据编制的,所采用的会计政策和会计估计符合《企业会计准则》和《企业会计制度》,在各重要方面均与本公司所采用的会计政策和会计估计一致。

2、盈利预测基本假设

(1)公司遵循的国家和地方的现行法律、法规、政策无重大变化;

(2)公司所在地区的社会经济环境无重大变化;

(3)现行的利率和汇率无重大变化;

(4)本公司遵循的税收政策和有关税收优惠政策无重大变化;

(5)本公司经营所需产品及能源等资源的价格无重大变化,并且不会发生严重短缺;

(6)无其他人力不可抗拒因素造成的重大不利影响;

3、盈利预测说明

(1)盈利预测表各主要项目说明

①主营业务收入

2002年公司预测主营业务收入266,622,460元,比2001年实际增长6.74%,其中:甲基1605乳油销售数量2001年为3,334吨,2002年预测销量为3,300吨,销售价格2001年为12,645元,2002年预测销售价格为12,600元,预测总收入为41,580,000元,比2001年降低1.37%;50%甲胺磷乳油销售数量2001年为844吨,2002年预测为600吨,比2001年降低28.91%,2002年预测销售价格基本与2001年持平,2002年预测总收入为6,660,000元,比2001年降低28.52%;神农丹销售数量2001年为7,054吨,2002年预测为7,100吨,2001年销售价格为9,033元,2002年预测为9,000元,2002年预测总收入为63,900,000元,比2001年增长0.28%等。

②主营业务成本

2002年公司预测主营业务成本209,302,235元,比2001年增长5.87%,其中甲基1605乳油单位成本2001年为10,977元,2002年预测为11,145元,预测总成本为36,778,500元,比2001年增长0.5%;50%甲胺磷乳油单位成本2001年为10,982元,2002年预测为10,981元,预测总成本为6,588,600元,比2001年降低28.92%;5%神农丹单位成本2001年为4,965元,2002年预测为4,915元,预测总成本为34,896,500元,比2001年降低0.36%等。

③主营业务税金及附加

2002年公司主营业务税金及附加预计325,193.30元,比2001年增长61.93%,主要是纳税品种发生变化,根据财税(2001)113号关于农业生产资料免征增值税的通知,甲基1605系列产品自2001年8月不再免征增值税,改按13%计算销项税减可抵扣的进项税额,导致增值税增加,相应主营业务税金及附加也增加。

④其他业务利润

2002年公司其他业务利润预计450,000元,去年459,952.11元,降低2.16%,与2001年基本持平。

⑤营业费用

2002年公司营业费用预计14,420,958元,比2001年增长6.38%,其中:工资福利支出2001年实际数为2,213,893.01元,2002年预测为2,291,058元,比2001年增长3.49%,运输、装卸、仓储费2001年实际为4,658,602.46元,2002年预测为4,820,103元,比2001年增长3.47%;广告费2001年实际数为2,711,774.99元,2002年预测为3,300,129元,比2001年增长21.7%,主要原因是新产品加大广告宣传;会务费2001年实际数为411,260.6元,2002年预测为420,510元,比2001年上升2.25%;试验费2001年实际数为142,583.6元,2002年预测为200,000元,比2001年增长40.27%,主要原因是新产品投放市场,需在各地作农田试验;办公、电话费2001年实际数为12,813.77元,2002年预测为39,530.85元,比2001年增长208%,主要原因是增加服务免费咨询、投诉热线电话;其他费用2001年实际数为3,405,597.71元,2002年预测为3,348,669.15元,比2001年下降1.64%。

⑥管理费用

2002年公司管理费用预计12,240,656.17元,比2001年增长4.41%,其中:工资福利支出2001年实际数为2,075,010元,2002年预测为2,120,172元,比2001年增长2.18%,工会、教育费2001年实际数为360,401元,2002年预测为424,245.5元,比2001年增长17.71%;折旧费2001年实际数为143,423.52元,2002年预测为150,195元,比2001年增长4.72%;办公费(含机物料消耗)2001年实际数为678,509.4元,2002年预测为699,805元,比2001年增长3.14%;业务招待费2001年实际数为325,650.95元,2002年预测为350,000元,比2001年增长7.48%;差旅费2001年实际数为568,851.47元,2002年预测为600,100元,比2001年增长5.49%;保险费(养老保险、财产保险)2001年实际数为2,071,977.49元,2002年预测为2,712,547元,比2001年增长30.92%;主要原因是2002年国家有关文件规定给员工长工资,相应养老保险增加;装卸费2001年实际数为487,509元,2002年预测为507,010元,比2001年增长4%;税金2001年实际数为131,158.8元,2002年预测为149,453元,比2001年增长13.95%;无形资产、开办费摊销2001年实际数为1,603,073.55元,2002年预测为923,259.28元,比2001年下降42.41%,主要原因是开办费摊销已于2001年摊销完毕;技术开发费2001年实际数为1,697,105元,2002年预测为2,004,500元,比2001年上升18.11%;其他费用2001年实际数为1,580,645.96元,2002年预测为1,599,369.39元,比2001年增长1.18%。

(2)公司预测结果与同行业已上市公司的比较分析资料

我公司主营业务收入预计增长率为6.74%,同行业已上市公司平均增长率为4.53%;销售毛利率预计10.04%,同行业已上市公司平均销售毛利率20.98%,流动比率预计为2.3,同行业已上市公司平均流动比率1.7,速动比率预计为1.38,同行业已上市公司平均速动比率1.37

(3)影响盈利预测结果实现的主要问题和准备采取的措施

①影响盈利预测结果实现的主要问题:

随着中国加入WTO,会使农药市场竞争更加激烈;公司两项资金占用较大,影响资金周转。

②采取措施

公司进一步加大科技投入,加大新产品开发力度,提高产品的科技含量,提高产品市场竞争力。

针对两项资金占用较大的状况,公司制订两项资金定额,加大考核力度,促使各个环节降低两项资金占用。

第三部分 资产评估

(一)设立时进行的资产评估

公司设立时,北京中企华资产评估有限责任公司对发起人拟投入山东华阳科技股份有限公司的全部资产和负债进行了评估,并出具了中企华评报字(1999)第067号资产评估报告。本次评估固定资产评估主要采用重置成本法,无形资产评估主要采用收益现值法。评估结果经山东省国有资产管理局以鲁国资评字[1999]第160号批复确认,作为国家股折算股本及公司成立时建帐的依据。

在本次评估中，无形资产帐面价值为 124.00 万元，评估价值为 352.45 万元，增值幅度较大，主要原因如下：

1、公司本次评估的无形资产主要包括 5%夜蛾必杀乳油技术、种衣剂配方技术、氰戊菊酯乳油技术、二甲戊乐灵技术，该四项技术为本公司与技术转让方合作开发，故转让价格较低，因而帐面价值较低。该四项技术在企业的实际生产应用中产生了较高的收益，按照收益现值法评估得出的结论比帐面摊余价值有较高的增值。

2、公司无形资产摊销年限比无形资产合同规定使用年限或法律规定年限短，因而帐面价值较低，评估增值率较高。

(二)收购控股股东华阳集团资产时的资产评估

公司成立以后，由于公司与控股股东华阳集团所属的农药三厂、农药五厂存在购销农药中间体的业务往来，公司与控股股东存在数额较大的关联交易，为减少公司与控股股东间的关联交易，2001 年 5 月公司对控股股东所属的农药三厂、农药五厂资产进行了收购。北京中企华资产评估有限责任公司对收购资产进行了评估，并出具了中企华评报字(2001)第 041 号资产评估报告。本次评估主要采用重置成本法，该部分资产评估价值为 2,098.65 万元。宁阳县国有资产管理局以宁国资评字[2001]9 号对评估结果予以确认。2001 年 5 月 22 日，公司与华阳集团签定《资产出售合同》，以评估价值为基础，扣除本次收购的固定资产 2001 年 1—5 月的折旧费用 107.17 万元，最终确定交易价格为 1,991.48 万元。本次资产收购款项于 2001 年 5 月 31 日以现金方式支付。

本次资产评估在收购完成后及时进行了相应的调帐处理。

第四部分　历次验资报告

公司历次验资参见第四节“(三)公司历次验资、资产评估情况”。

第五部分　财务分析

(一)主要财务指标

主要财务指标			2002 年中期	2001 年	2000 年	1999 年
流动比率			2.33	2.39	1.20	1.08
速动比率			1.43	1.24	0.49	0.30
应收帐款周转率(次)			4.76	9.98	10.54	
存货周转率(次)			2.03	3.18	2.76	
无形资产(土地使用权除外)占净资产的比例(%)			2.58	3.4	3.94	5.51
资产负债率(%)			58.43	59.74	56.46	59.99
每股净资产(元/股)			2.02	1.81	1.49	1.23
净资产收益率	主营业务利润	全面摊薄(%)	29.79	57.46	63.11	63.40
		加权平均(%)	31.48	62.94	69.20	
	营业利润	全面摊薄(%)	16.32	26.58	27.14	21.98
		加权平均(%)	17.24	29.11	29.76	
	净利润	全面摊薄(%)	10.69	17.31	17.59	14.73
		加权平均(%)	11.29	18.96	19.29	
	扣除非经常性损益后的净利润	全面摊薄(%)	10.69	17.31	17.59	14.73
		加权平均(%)	11.29	18.96	19.29	
每股收益	主营业务利润	全面摊薄(元/股)	0.60	1.04	0.94	0.78
		加权平均(元/股)	0.60	1.04	0.94	0.78
	营业利润	全面摊薄(元/股)	0.33	0.48	0.41	0.27
		加权平均(元/股)	0.33	0.48	0.41	0.27
	净利润	全面摊薄(元/股)	0.22	0.31	0.26	0.18
		加权平均(元/股)	0.22	0.31	0.26	0.18
	扣除非经营性损益后的净利润	全面摊薄(元/股)	0.22	0.31	0.26	0.18
		加权平均(元/股)	0.22	0.31	0.26	0.18

上述财务指标的计算方法如下：

流动比率 = 流动资产/流动负债

速动比率 = 速动资产/流动负债

应收帐款周转率 = 主营业务收入/应收账款平均余额

存货周转率 = 主营业务成本/存货平均余额

无形资产(土地使用权除外)占净资产的比例 = 无形资产(土地使用权除外)/净资产

资产负债率 = 总负债/总资产

每股净资产 = 期末净资产/期末股本总额

每股经营活动现金流量 = 经营活动产生的现金流量净额/年度末普通股

净资产收益率和每股收益按《公开发行证券公司信息披露编报规则第 9 号 - 净资产收益率和每股收益的计算和披露》计算。

(二)公司管理层的财务分析

本公司以 1999 年 1 月 1 日至 2001 年 12 月 31 日三个会计年度以及 2002 年 1—6 月的财务及经营情况进行分析，以提供公司经营管理及财务状况的准确信息。

1、关于经营成果、盈利能力及前景分析

本公司的主营业务收入和利润主要来源于 5%的神农丹、50%1605 乳油、灭多威、33%莱草通等产品的销售。1999 年度、2000 年度、2001 年度及 2002 年 1—6 月，本公司主营业务收入分别为 18,742.28 万元、21,616.00 万元、24,979.08 万元和 15,082.19 万元。1999 年到 2000 年公司主营业务收入年增长率为 15.33%，2000 年到 2001 年公司主营业务收入年增长率为 15.56%，2002 年 1—6 月公司主营业务收入继续保持较好的增长势头，与同行业上市公司比较，公司主营业务收入保持了较快的增长，显示公司正处于快速发展阶段。

1999 年度、2000 年度、2001 年度及 2002 年 1—6 月，公司主营业务成本分别为 14,821.50 万元、16,886.62 万元、19,770.05 万元和 12,065.79 万元。1999 年到 2000 年公司主营业务成本年增长率为 13.93%，2000 年到 2001 年公司主营业务成本年增长率为 17.08%，1999 年度、2000 年度、2001 年度及 2002 年 1—6 月，本公司销售毛利率分别为 20.92%、21.88%、20.85%和 20%，基本与同行业上市公司持平，公司盈利水平比较稳定。随着公司产品结构的进一步调整，高附加值产品比重增加，以及随着公司生产规模的进一步扩大，生产成本可进一步降低，盈利能力将进一步提高。

1999 年度、2000 年度、2001 年度及 2002 年 1—6 月，本公司净利润为 905.72 万元、1,313.12 万元、1,563.52 万元和 1,081.08 万元。全面摊薄法计算的净资产收益率分别为 14.73%、17.59%、17.31%和 10.69%。全面摊薄法计算的每股收益分别为 0.18 元、0.26 元、0.31 元和 0.216 元，由上述指标可以看出公司盈利水平保持了持续、稳定的增长。

根据经山东汇德会计师事务所有限公司审核的公司 2002 年度盈利预测报告，2002 年度公司预测净利润为 1,813.68 万元，较 2001 年增长 16%，预计加权平均净资产收益率为 11.48%(假定 2002 年 9 月发行)。

公司本次共发行人民币普通股 4,000 万股，公司股票发行价格为 6.26 元/股，预计募集资金总额 25,040 万元，扣除发行费用 1,573 万元，实际募集资金为 23,467 万元。公司决定将募集资金投入 1500 吨/年二甲戊乐灵技术改造项目、2000 吨/年毒死蜱原药技术改造项目、100 吨/年苯磺隆原药技术改造项目等，将有利于公司进一步改善产品结构，形成公司新的利润增长点。项目全部完工投产后，公司盈利能力将进一步增强。

2、关于资产质量及资产负债结构

(1)公司资产质量

公司 1999 年 12 月 31 日、2000 年 12 月 31 日、2001 年 12 月 31 日及 2002 年 6 月 30 日总资产分别为 15,372.98 万元、17,142.79 万元、22,433.45 万元和 24,323.50 万元。我们以 2002 年 6 月 30 日作为基准日分析公司资产状况。

公司 2002 年 6 月 30 日资产总额为 24,323.50 万元。其中流动资产 14,529.69 万元，占资产总额的 59.74%，固定资产合计 9,533.06 万元，占总资产的 39.19%，无形资产及其他资产 260.74 万元，占总资产的 1.07%。

流动资产项目中应收帐款净额为 3,905.77 万元，占流动资产总额的 26.88%，其中 1 年以内的应收帐款占总额的 95%，1 - 2 年以内的应收帐款占总额的 4%，无三年以上的应收帐款。2000 年度、2001 年度应收账款周转率分别为 10.54 次/年和 9.98 次/年，说明公司应收帐款回收能力强。存货为 5,619.27 万元，占流动资产的 38.67%，占总资产的 23.10%。公司存货占公司总资产的比例较大，保持了较高的水平，主要是因为公司产品品种较多，批量小，每一产品品种均需维持一定的存货水平，导致公司整体存货水平较高；其次，产品营销模式的特点决定公司需要保持较高的存货水平，公司建立了覆盖全国 26 个省、地(市)、县的植保站、农资公司、个体经销户和直销网络 420 个、二级网络 5,650 个、办事处 14 个、中心仓库 10 个、国际网络 70 个，并实施了柜台工程，让广大农民最直接、最便捷地买到华阳农药，上述营销模式加大了公司存货的库存量；最后，农药产品需求季节性变化特点决定公司存货需保持较高水平。由于公司部分产品如甲基 1605、种衣剂等 6—10 月份为销售旺季，为缓解生产环节的压力，实现下半年的销售目标，公司存货需保持较高的水平。存货中库存产品和半成品占了较大比例，且状况良好，不存在较大的跌价损失风险。公司 2000 年度、2001 年度存货周转率分别为 2.76 次/年、3.18 次/年，说明公司存货周转速度较快，且呈增长势头。

固定资产项目中房屋及建筑物帐面原值 4,097.42 万元，帐面净值 2,743.26 万元，占固定资产的 35.98%，各类设备帐面原值 9,639.44 万元，帐面净值 4,882.04 万元，占固定资产 64.02 %，公司固定资产状况良好。

公司无形资产总额为 260.74 万元，主要为种衣剂配方、除草剂技术等专有技术。

(2)资产负债结构

公司 1999 年 12 月 31 日、2000 年 12 月 31 日、2001 年 12 月 31 日及 2002 年 6 月 30 日的资产负债率分别为 59.99%、56.46%、59.74%和 58.43%，公司资本结构相对稳定，资产负债比例较为合理。

3、关于现金流量及偿债能力

(1)现金流量分析

根据现金流量表结构分析，公司 2001 年度公司现金总流入为 33,045.36 万元，其中经营活动产生的现金流入 24,809.36 万元，占现金总流入的 75.08%(其中 75.01%属于销售商品、提供劳务收到的现金)，筹资活动产生的现金流入为 8,236.00 万元，占现金总流入的 24.92%。公司 2001 年度公司的现金总流出 30,938.04 万元，其中经营活动产生的现金流出 24,232.38 万元，占现金总流出的 78.33%，投资活动产生的现金流出为 4,898.81 万元，占现金总流出的 15.83%，筹资活动产生的现金流出为 1806.85 万元，占现金总流出的 5.84%。公司 2001 年现金及现金等价物净增加额为 2,107.32 万元。

2002 年 1—6 月公司现金总流入为 14,762.37 万元，主要为经营活动产生的现金流入。2002 年公司 1—6 月的现金总流出 14,995.32 万元，其中经营活动产生的现金流出 14,014.59 万元，占现金总流出的 93.46%，投资活动产生的现金流出为 868.02 万元，占现金总流出的 5.79%，筹资活动产生的现金流出为 112.71 万元，占现金总流出的 0.75%。公司 2002 年 1—6 月现金及现金等价物净增加额为 - 232.95 万元。

以上指标说明公司经营正常，现金流通较为顺畅。

(2)偿债能力的分析

以 2002 年 6 月 30 日作为基准日分析公司长短期偿债能力。

①公司 2002 年 6 月 30 日流动比率为 2.33，速动比率为 1.43，两项指标说明公司资产变现能力较强，具有较强短期偿债能力。

②公司 2002 年 6 月 30 日资产负债率为 58.43%。公司资本结构较为合理；2001 年度已获利息倍数为 8.81，公司盈利能力强，有较强的支付利息的能力；2001 年度经营活动产生的现金流量净额为 576.98 万元，2002 年 1—6 月经营活动产生的现金流量净额为 746.58 万元，公司具有较强的举债能力和较强的长期债务偿还能力。

4、股权结构

截止 2002 年 6 月 30 日，公司股本总额 5000 万元，其中华阳集团以经营性净资产出资 58,904,547.10 元，占总股本的 95.78%；山东省农药研究所以现金出资 505,407 元，占总股本的 0.82%；山东农业大学以现金出资 500,118 元，占总股本的 0.81%；泰安飞达助剂有限公司以现金出资 975,021 元，占总股本的 1.59%；泰安市泰山农业生产资料站以现金出资 615,000 元，占总股本的 1.00%。公司股权结构稳定。

5、公司主要财务优势及困难

综上所述，根据本公司过去三年的财务状况、经营成果与现金流量情况，本公司的主要财务优势如下：

(1)公司资产质量较高

公司资产质量较高，应收帐款中 1 年以内的应收帐款占总额的 95%，1 - 2 年以内的应收帐款占总额的 4%，不存在 3 年以上的应收帐款。2000 年度、2001 年度应收账款周转率分别为 10.54 次/年和 9.98 次/年，说明公司应收帐款回收能力强。公司存货占公司总资产的比例较大，但库存产品和半成品占了较大比例，且状况良好，不存在较大的跌价损失风险。公司 2000 年度、2001 年度存货周转率分别为 2.76 次/年、3.18 次/年，说明公司存货周转速度较快，且呈增长势头。资产负债比率适当，一直保持在 59%左右；具有较强的对外举债能力和偿债能力，2002 年 6 月 30 日流动比率为 2.33，速动比率为 1.43。

(2)公司具备较强的盈利能力

1999 年度及 2000 年度、2001 年度及 2002 年 1—6 月的全面摊薄的净资产收益率分别为 14.73%、17.59%、17.31%和 10.69%，全面摊薄的每股收益分别为 0.18 元、0.26 元、0.31 和 0.216 元，盈利能力稳定并逐步增强。公司主营业务突出，且盈利能力较强，非经营性损益所占比例很小。

本公司的财务困难及风险如下：

(1)公司目前融资渠道少。公司业务发展所需的资金基本上通过自有资金和银行贷款解决。随着公司产品结构的调整和生产规模的不断扩大，公司的资金需求进一步扩大。因此，本公司决定采取公开发行股票并上市这一从资本市场直接获取资金的方式，以满足本公司进一步发展的需要。

(2)存在一定的偿还到期长期债务压力。本公司 2002 年 6 月 30 日长期借款为 7,976 万元，到期日分别为 2003 年至 2006 年，公司存在一定的偿还到期债务压力。本公司将采用包括资本市场融资等多渠道融资手段，拓宽融资渠道，改善资本结构，降低资产负债率。公司还将制定科学合理的还债计划，进一步降低还款压力。

十三、业务发展目标

(一)公司经营发展战略与近期经营发展计划

1、公司经营发展战略

公司将充分利用国家重视农业的有利环境，依靠公司与科研机构、高校建立的密切科技协作关系以及公司自身省级技术开发中心的技术创新实力和管理优势。同时，以不断扩大市场占有率为导向，以经济和社会效益最大化为目标，通过产品经营和资本运营相结合的方式，积极、稳健地致力于新型农药和精细化工等高新技术领域的前沿发展，实现"传播先进技术，促进农业丰收"的经营宗旨，使公司步入跨越式发展的轨道。

2、公司近期经营发展计划

根据经营发展战略，公司制定了下列近期经营发展计划：

通过股票发行，拓展公司融资渠道，充分发挥自身的优势和特点，结合国内外农药发展的最新趋势，在积极巩固现有产品的基础上，围绕农药工业产品结构及农药开发动向，重点发展安全性高、活性高、选择性高、毒性低、抗性低、农本低的产品，形成除草、杀虫、杀菌结构合理的产品体系。预计到 2005 年，公司主要产品的年产量达到：神农丹 20,000 吨、灭多威 5,000 吨、二甲戊乐灵 1,500 吨、种衣剂 8,000 吨、高效氯氰菊酯 10,000 吨、毒死蜱原药 2,000 吨、苯磺隆原药 100 吨、戊唑醇原药 100 吨、溴虫腈原药 200 吨、氯乙酰氯 3,000 吨。

3、产品开发计划

为满足未来农业可持续发展的需要，公司今后五年将围绕三大方向，开发具有自主知识产权的合成农药，并朝规模经济拓展。

(1)围绕"高活性、高安全性、高效益"发展方向，重点发展高效或超高效农药，不断推动农药技术创新。主要开发磺酰脲类除草剂、咪唑类杀菌剂咪鲜胺、三唑类杀菌剂戊唑醇等系列产品。

(2)围绕国家实施的"种子工程"，在现有种衣剂技术基础上，发挥基地优势，开发技术含量高、专用性强的新品种，形成种衣剂系列产品，解决我国种衣剂质量差、浪费严重的问题，进一步推进种子包衣产业化进程。

(3)围绕更安全、与环境相容性更好的发展方向，发展高效、低毒、低残留农药品种，主要开发生物农药宁南霉素、几丁质合成抑制剂定虫隆等系列产品。

4、公司的人员扩充及培训计划

人才是培育企业核心竞争能力，实现可持续发展目标的关键。公司推行以人为本的管理理念，视人才为企业最重要的资源。在未来几年内，公司在人力资源方面的发展计划主要着眼于以下两点：1、加强对现有人员的培训、深造，充分利用好现有人才，坚持走引进人才－留住人才－储备人才的路子，形成了结构合理，素质较高的人才"梯队"。采用竞聘上岗，末位淘汰制度，形成了"能者上，平者让，庸者下"的用人机制。聘请专家对职工队伍进行技能培训，以委托培养、定向招生等形式，选择优秀员工深造学习，逐步提高了员工的整体素质，加快了全体员工朝着知识型、技能型方向转变的步伐。公司已初步建成了自己的"人才库"，企业整体素质得到了显著提高。2、继续引进高素质的专业人才。随着公司生产经营规模的进一步扩大，公司将继续引进高素质的专业人才，包括技术型和管理型专业人才。公司构筑了引进人才、利用人才、培养人才的人力资源开发体系。采取制定优惠政策、广泛联系等办法，积极引进高素质的人才，并为引进的人才创造了良好的工作、生活环境。

5、技术开发和创新计划

为增强公司的科研开发实力，公司将不断加大技术投入，用于新产品的研究和开发。积极筹建国家级技术开发中心，使其成为"科研开发、中试转化和产业转化"功能于一体的高新技术的孵化器。利用现有技术及原料优势，消化吸收农药行业高科技成果，逐步建成生产、开发、研究和推广为一体的现代化生产企业，使公司生产技术和产品质量达到国际同行业先进水平。

6、市场开发和营销发展计划

公司将通过新技术、新工艺、新剂型的开发及应用，提高产品质量，降低产品成本，塑造并维护公司产品品牌的良好形象。逐步完善高效、快速的市场信息管理系统，及时收集市场最新供求信息和动态，并以此为基础制定科学、灵活的销售计划，建立、健全对销售人员的考核和激励机制，促进产品销售。对现有的以农技植保部门为依托的产品推广网络、以农资部门为依托的产品销售网络、以国外代理商和自营进出口为依托的出口网络三大网络进行充实和完善，到 2005 年在国内设立 40 个办事处、80 个直销公司和 10 个国外销售公司。按照区域、作物、用户等需求，对市场进行精细化经营，使销售触角向更深、更细方向发展。坚持"哪里有市场，哪里就有华阳农药；哪里有华阳农药，哪里就有华阳人周到的服务"的经营理念，逐步提高华阳品牌的知名度、信誉度和美誉度，把华阳品牌培植成中国农药行业的领导品牌。

7、再融资计划

公司将充分利用各种渠道来筹集公司发展所需要的资金：

(1)发行新股及配股募集资金，公司通过本次发行新股，以解决产品开发及技术改造的资金不足；

(2)向国内商业银行借款或发行公司债券，以补充生产经营中的流动资金。

8、收购兼并及对外扩充计划

公司上市成功以后，资金实力将更加雄厚，通过募股资金的运用，公司主要产品的生产规模将有很大提高，成本进一步降低，技术含量进一步提高，公司产品的竞争力大大增加，市场占有率有望进一步扩大。在条件成熟时，公司将利用自身的优势寻求对同行业其他企业和部分基础原材料的生产企业进行收购兼并，实现低成本扩张。

9、深化改革和组织结构调整的规划

公司将进一步完善法人治理结构，充分发挥独立董事制度的作用；进一步探索和建立公司高管人员及核心技术人员的激励机制；进一步深化公司的用工和分配制度的改革。视公司未来发展和管理的需要，对公司组织结构进行调整，创建科学、合理的组织结构，适应内、外部环境变化，以提高公司对市场的反应能力和管理效率。

10、国际化经营的规划

公司将以现有主导产品的出口优势为基础，利用我国加入世界贸易组织的有利时机，加强对国际营销渠道的开拓力度，不断扩大公司在国际市场的销售份额，使国内、国际两个市场相互推动，互为补充，共同构成公司实现战略发展目标的坚实基础。

(二)公司发展战略的可行性分析

1、公司经营发展战略所依据的假设条件

(1)本次募集资金能够成功。

(2)本公司所遵循的现行法律、法规以及国家有关行业政策将不会有重大改变，国家对农业产业政策及农药行业的鼓励政策不会有重大改变，并能被较好执行。

(3)国民经济平稳发展的大环境不会有大的改变。

(4)本公司所在行业之市场环境不会有重大改变。

(5)不会发生对本公司经营业务造成重大不利影响以及导致公司财产重大损失的任何不可抗力事件和任何不可预见的因素。

2、实施业务发展目标面临的主要困难

为实施公司经营发展战略，公司制定了近期经营发展计划、产品开发计划、人员扩充及培训计划、技术开发和创新计划、再融资计划等一系列措施。本公司认为，实施上述业务发展目标存在以下方面的困难：

(1)融资渠道较窄

融资渠道较窄是公司实施业务发展目标面临的主要困难，公司现有业务发展所需要资金基本上通过自有资金和银行贷款解决。公司将通过公开发行股票募集资金，同时积极开拓多种融资渠道，优化资本结构，满足资金需求。

(2)人力资源困难

公司上市成功后，公司的资金实力增强，业务规模迅速扩张，在快速发展中需要大批的管理人员、技术人员和熟练销售人员，公司将面临一定的人力资源困难，为此公司制订了人员扩充和培训计划。

(3)生产技术方面的困难

公司生产的农药在生产技术处于国内前列，但与国外大公司相比，还存在一定差距，加入 WTO 可能对公司产品带来一定挑战。

4、本次募股资金运用对实现公司业务目标的作用

本次募股成功后，为公司后续发展提供了充足的资金资源，也为公司下一步再筹资建立了与资本市场的通道，通过募股资金的运用实施系列项目，提高公司产品的技术含量、质量、品种、规模和销售服务的能力，增强公司的综合竞争能力和抵御风险的能力，最终实现公司的经营目标。

十四、募股资金运用

(一)本次发行募股资金的总量及其依据

公司本次发行股票数量为 4000 万股，发行价格 6.26 元/股，预计募股资金总量为 25,040 万元，扣除发行费用总额 1,573 万元，实际可募集资金 23,467 万元。

(二)本公司董事会和股东大会均已审议通过本次募股资金的投资项目计划

公司 2001 年 12 月 15 日召开的一届六次董事会逐项审议了本次募集资金的计划投资项目的议案，确认这些项目符合国家有关产业政策及公司发展战略，项目完成后，将进一步改善公司产品结构，提高生产能力、经济效益和抗风险能力，并为公司的持续长远发展奠定稳固的基础。公司董事认为本次募集资金计划投资项目具有实施的可行性，能够实现预期的目标。

公司 2002 年第一次临时股东大会于 2002 年 1 月 20 日召开，参加会议股东共持有有效表决权 5,000 万股，占公司总股本的 100%。大会以 5,000 万股同意通过本次募股资金投向项目的议案，占出席本次大会股东所持有效表决权的 100%。

(三)募股资金运用对公司主要财务状况及经营成果的影响

本次发行股票预计募集资金总额为 25,040 万元，扣除发行费用后，预计可募集资金 23,467 万元，资金到位后公司的资产总额由 2002 年 6 月 30 日的 24,323.50 万元增加至 47,790.50 万元，股东权益由 10,111.86 万元增加至 33,578.86 万元，假设公司负债总额 14,211.65 万元不变的情况下，资产负债率由 58.43 % 下降至 29.74%。

根据经山东汇德会计师事务所有限公司审核的公司 2002 年度《盈利预测报告》，2002 年度公司预计净利润 1,813.68 万元，加权平均每股收益为 0.302 元(假定 2002 年 9 月发行)，全面摊薄每股收益为 0.202 元。2002 年度投资项目都处于建设期间，短期内不产生效益，因募集资金使公司净资产发生变化，用全面摊薄法计算净资产收益率 5.29%，加权平均净资产收益率 11.48%。

(四)实际募股资金量不能满足规划中项目资金需求时，缺口部分的来源及落实情况

公司本次发行预计可募集资金 25,040 万元，扣除发行费用 1,573 万元，实际可募集资金 23,467 万元。公司本次募集资金投入项目共计需投入募集资金 31,871 万元，资金缺口约为 8,404 万元。该部分资金将由公司向银行贷款解决，目前已基本落实。

(五)募股资金投资项目简介

1、1500 吨/年二甲戊乐灵技术改造项目

近年来，国内除草剂的生产一直处于上升的趋势，新品种不断出现，产量也在逐年增加，但除草剂的品种结构还不十分合理，特别是旱田除草剂还不能充分满足市场需求。二甲戊乐灵是一种优秀的旱田除草剂，可广泛用于多种作物，还可以与多种除草剂复配，既能够降低农本，又能扩大杀草谱。该产品属国内首创，填补国内空白。

本公司拟投资建设 1,500 吨/年二甲戊乐灵原药项目，具体的产品规模为：二甲戊乐灵原药 500 吨/年、33%二甲戊乐灵乳油 3,000 吨/年。

公司在委托沈阳化工研究院进行小试研究的基础上，独自经过改进完成中试，中试研究达到国内领先水平。中试技术拥有专有权。该产品属国内首创，填补国内空白。

本项目报批总投资估算值为 7,850 万元，其中固定资产投资 7,100 万元，铺底流动资金 750 万元。依据山东省经济贸易委员会出具的关于该项目的《可行性研究报告的批复》，报批项目总投资为 7,850 万元，其中 5,400 万元申请建设银行贷款。本项目为重点国家级火炬计划项目，为保证项目顺利稳定实施，公司上市发行后，拟用募集资金偿还 5,400 万元的银行贷款，项目所需的其余 2,450 万元也拟由募集资金补充投入。

本项目建设期两年，于 2000 年底开工建设，现已完成一期工程。项目预计 2002 年底建成投产。本项目建成投产后，预计年均销售收入 15,249 万元，年均利润总额为 3,545.6 万元，投资利润率 37.97%，投资利税率 43.7 8%；税前全部投资内部收益率 42.3%，净现值(I = 14%)11,138 万元，投资回收期 4.28 年；税后全部投资内部收益率 31.93%，净现值(I = 14%)6,514 万元，投资回收期 4.92 年。

本项目获 1999 年国家重点新产品项目证书和 2001 年重点国家级火炬计划项目证书，该项目可行性研究报告获山东省经济贸易委员会鲁经贸改字[2000]621 号文件批准，并通过了由山东省环境保护局主持的环保评价，该局以鲁环发[1999]459 号文认为项目的建设符合国家环保要求。

2、2000 吨/年毒死蜱原药技术改造项目

近年来，随着环保问题的呼声日益高涨，发达国家已逐步淘汰高毒农药，我国也制定了高毒农药淘汰计划，预计将在 2005 年前后逐步把目前占主导地位的高毒农药如甲胺磷、久效磷、对硫磷及甲基对硫磷淘汰，取而代之发展一批高效、低毒杀虫剂。

毒死蜱是国家石化局推荐的高毒有机磷农药替代品种之一，具有高效、广谱、中毒、低残留的特点，既可喷雾，也可地下施药，且持效期长，是有机磷杀虫剂中具有卓越防效的优良品种。

本项目拟投资的生产装置主要生产毒死蜱原药及制剂。具体生产规模为：毒死蜱原药 500 吨/年(折 100%有效成分)、40%毒死蜱乳油 3,750 吨/年。

本项目报批总投资为建设投资、固定资产投资方向调节税、建设期利息及铺底流动资金之和，其估算值为 4,809 万元。其中固定资产投资 4,430 万元，铺底流动资金 379 万元。项目拟在一年内建设完成。

本项目投产后，年均销售收入 9,194 万元，年均销售税金及附加 147 万元；年均利润总额 1,372 万元，投资利润率 24.1%，投资利税率 26.7 %；税前全部投资内部收益率 30.3%，净现值(I = 14%)3,551 万元，投资回收期 4.4 年(含建设期)；税后全部投资内部收益率 21.4%，净现值(I = 14%)1,551 万元，投资回收期 5.4 年(含建设期)。

本项目可行性研究报告已获山东省经济贸易委员会鲁经贸投字[2002]8 号文件批准，并通过了由山东省环境保护局主持的环保评价，该局以鲁环发[2002]6 号文认为项目的建设符合国家环保要求。

3、100 吨/年苯磺隆原药技术改造项目

近年来，随着农业劳动力逐步向乡镇集体企业和第三产业转移，用于替代人工的除草剂的需求有了较快增长。国内除草剂的品种结构还不尽合理，特别是旱田除草剂的不合理性尤为突出。除草剂的进口额占农药进口总金额的 50%以上，其中主要是旱田除草剂。苯磺隆是一种磺酰脲类内吸传导型的优秀旱田除草剂，是目前世界上在发达国家公认的最佳除草剂之一，具有高效、安全、高选择性、无公害农药的特点，能有效防除麦田中的繁缕、荠菜、麦瓶草、猪秧秧、碎米荠、雀舌草、卷茎蓼等双子叶杂草，对下茬作物无影响，是一个发展前景良好的除草剂品种。

本项目生产装置主要生产苯磺隆原药及制剂。具体的产品规模为：苯磺隆原药 70 吨/年(折 100%有效成分)、75%干悬乳剂 33.33 吨/年、10%可溶性粉剂 50 吨/年。

本项目采用独特的工艺方法，产品质量及成本处于国际先进水平。中试技术由公司专有。

本项目报批总投资为 4,960 万元，其中固定资产投资 4,756 万元，铺底流动资金 204 万元。项

目拟在一年半内建设完成。

本项目投产后，年均销售收入5,369万元，年均销售税金及附加317万元；年均利润总额1,836万元，投资利润率33.8%，投资利税率39.6%；税前全部投资内部收益率37.6%，净现值(I=14%)5,445万元，投资回收期4.1年(含建设期)；税后全部投资内部收益率27.1%，净现值(I=14%)2,856万元，投资回收期5.0年(含建设期)。

本项目可行性研究报告已获山东省经济贸易委员会鲁经贸投字[2002]10号文件批准，并通过了由山东省环境保护局主持的环保评价，该局以鲁环发[2002]6号文认为项目的建设符合国家环保要求。

4.100吨/年戊唑醇技术改造项目

近年来，国内杀菌剂的生产一直处于上升的趋势，但我国杀菌剂的品种结构还不十分合理，部分老品种已产生抗性。随着我国农业产品结构的重大调整，蔬菜、水果和部分经济作物的播种面积和产量逐年上升，急需一批高效、广谱、低毒的新型杀菌剂。

戊唑醇是最新一代高效三唑类杀菌剂，主要用来防治小麦、花生、蔬菜、香蕉、苹果、梨等作物上的多种真菌病害，目前在全世界范围内主要用作种子处理剂和叶面喷雾剂。它不仅具有活性高、持效期长、杀菌谱广的特点，而且对许多作物包括单、双子叶植物具有安全性。戊唑醇已在全球50多个国家和60多种作物上取得登记并广泛应用，为三唑类杀菌剂销售额最大的品种，其市场需求量一直处于上升趋势。

本项目生产装置主要生产戊唑醇原药及制剂。具体产品规模为：戊唑醇原药40吨/年(折100%有效成分)、25%戊唑醇可湿性粉剂240吨/年。

该产品为国内首家开发并形成商品化生产，产品质量达到国际同类产品的先进水平，其中试技术由公司专有。

本项目报批总投资为4,845万元。其中固定资产投资4,650万元，铺底流动资金195万元。项目拟在一年半内建设完成。

本项目投产后，年均销售收入4,936万元，年均销售税金及附加283万元；年均利润总额1,635万元，投资利润率30.8%，投资利税率36.2%；税前全部投资内部收益率34.5%，净现值(I=14%)4,594万元，投资回收期4.3年(含建设期)；税后全部投资内部收益率24.8%，净现值(I=14%)2,291万元，投资回收期5.2年(含建设期)。

本项目可行性研究报告已获山东省经济贸易委员会鲁经贸投字[2002]9号文件批准，并通过了由山东省环境保护局主持的环保评价，该局以鲁环发[2002]6号文认为项目的建设符合国家环保要求。

5.200吨/年溴虫腈原药技术改造项目

目前，我国农药产品结构存在着很大的不合理性，突出表现在杀虫剂中高毒产品所占的比重过大。溴虫腈是一种高效、低毒、环境相容性好的新型吡咯类农药，具有杀虫谱广、高活性、持效期长的特点，且与目前市场上销售的绝大部分产品无交互抗性，对那些已对有机磷类、拟除虫菊酯类、氨基甲酸酯类农药产生抗性的害虫具有优异的效果，可广泛地应用于蔬菜、果树、茶树等多种作物，防治小菜蛾、甜菜夜蛾、甘蓝夜蛾、菜蚜、红蜘蛛、蓟马等多种害虫，而且有良好的杀螨活性，是害虫综合防治的理想新型农药品种，并有希望成为取代高毒有机磷农药的大吨位农药品种之一。

公司拥有溴虫腈生产的专有技术，该项技术综合国内外科研成果，经公司改进，技术水平国内领先。

本项目生产装置主要生产溴虫腈原药及制剂，具体产品方案为：溴虫腈原药100吨/年(折100%有效成分)、10%溴虫腈悬浮剂1,000吨/年。

本项目报批总投资为4,728万元，其中固定资产投资4,200万元，铺底流动资金528万元。项目拟在2年内建设完成。

本项目投产后，年均销售收入9,750万元，年均销售税金及附加205万元；年均利润总额2,025万元，投资利润率34.0%，投资利税率37.4%；税前全部投资内部收益率34.9%，净现值(I=14%)6,325万元，投资回收期4.7年(含建设期)；税后全部投资内部收益率25.0%，净现值(I=14%)3,385万元，投资回收期5.7年(含建设期)。

本项目可行性研究报告已获山东省经济贸易委员会鲁经贸投字[2002]6号文件批准，并通过了由山东省环境保护局主持的环保评价，该局以鲁环发[2002]6号文认为项目的建设符合国家环保要求。

6.3000吨/年氯乙酰氯技术改造项目

氯乙酰氯是活性很强的酰化剂，是一种重要的有机化工中间体，广泛应用于农药、医药、染料、萃取剂、灭火剂、润滑油添加剂、表面处理剂、聚合反应催化剂和聚合物改性剂的合成等方面。在医药上主要用于合成解热镇痛药双氯灭痛，抗吸血虫药吡喹酮，催眠和镇静药利眠宁、安定、硝基安定，局部麻醉药利多卡因、美索卡因以及其他药物。农药上用于合成酰胺类除草剂丁草胺、乙草胺、甲草胺、丙草胺、异丙草胺、异丙甲草胺，有机磷除草剂沙稗磷以及硫代磷酸酯类杀虫剂乐果、氧乐果等。

本项目生产装置主要生产氯乙酰氯及副产品乙酰氯。具体产品方案为：氯乙酰氯3,000吨/年、乙酰氯150吨/年。

本项目采用的乙烯酮氯化工艺为世界上最新生产工艺，其工艺简单、产品收率高、纯度好、技术水平居国内领先。本项目产品的质量已达到国外进口产品的质量要求，可取代进口产品。

本项目报批总投资为4,679万元，其中固定资产投资4,530万元，铺底流动资金149万元。项目拟在一年半内建成投产。

本项目投产后，年均销售收入4,709万元，年均销售税金及附加398万元；年均利润总额1,180万元，投资利润率23.5%，投资利税率31.4%；税前全部投资内部收益率27.9%，净现值(I=14%)2,834万元，投资回收期4.8年(含建设期)；税后全部投资内部收益率20.1%，净现值(I=14%)1,172万元，投资回收期5.0年(含建设期)。

本项目可行性研究报告已获山东省经济贸易委员会鲁经贸投字[2002]7号文件批准，并通过了由山东省环境保护局主持的环保评价，该局以鲁环发[2002]6号文认为项目的建设符合国家环保要求。

(六)本次募股资金的使用情况表

单位：万元

项目名称	投资总额	拟投入募集资金总额	资金使用计划	
			第一年	第二年
1500吨/年二甲戊乐灵技术改造项目	9,600	7,850	3,925	3,925
2000吨/年毒死蜱原药技术改造项目	5,693	4,809	4,809	
100吨/年苯磺隆原药技术改造项目	5,436	4,960	3,471.8	1,488.2
100吨/年戊唑醇技术改造项目	5,300	4,845	3,391.5	1,453.5
200吨/年溴虫腈原药技术改造项目	5,959	4,728	2600.4	2127.6
3000吨/年氯乙酰氯技术改造项目	5,027	4,679	3275.3	1403,7
合计	37,015	31,871	21,473	10,398

注：1、上表中"投资总额"包括公司自筹的后续流动资金。

2、上述项目按其重要性排列，若实际募集资金不足投入，排列在后的项目由公司自筹资金解决。

十五、发行定价及股利分配政策

(一)发行定价

本次股票发行拟采用向二级市场投资者定价配售的发行方式。确定本次股票发行的价格主要因素有：公司的盈利能力、行业的发展前景以及公司在行业中的地位；发行人拟投资所需的资金；发行人过去三年及未来一年的盈利水平；二级市场的同行业可比上市公司的股价定位及适当的一二级市场间的价格折扣等。本公司与主承销商参照现金流量折现法、收入倍数法、近期发行新股市盈率比较法三种股票发行价格估算方法的结果，并综合宏观经济形势，行业特征，大盘走向、二级市场同行业走势及公司流通股本量，商定公司股票发行价格为6.26元/股，发行市盈率为20倍(按2001年度每股净利润计算)。

发行时，如果在发行价格上申购数不足发行量，则剩余部分由承销团余额包销。

发行时，如果在发行价格上申购数超过发行量，则以抽签形式决定投资者实际获配售股数。

(二)股利分配政策

本公司实行同股同利的分配原则，按股东持有股份的比例进行分配。公司股利分配采用派发现金或送股两种形式。公司在向个人股东分配股利时，将按国家有关个人所得税的法律、法规，代扣代缴个人股利收入的应交税金。每年度的具体分配方案由公司董事会根据该会计年度公司的经营业绩和未来的生产经营计划提出，经股东大会审议批准后执行。股利的派发以年终财务决算为依据，于次年6月底以前派发。

按公司章程所规定之利润分配政策，本公司税后利润按下列顺序和比例分配：

1、弥补以前年度亏损；

2、提取法定公积金(10%)；

3、提取法定公益金(5-10%)；

4、提取任意公积金；

5、支付股东股利。

公司法定公积金累计额达到公司注册资本50%时由股东大会决定是否继续提取，提取法定公积金、公益金后，是否提取任意公积金由股东大会决定。公司不得在未弥补亏损和提取法定公积金、公益金之前向股东分配利润。公司股东大会决议将公积金转为股本时，按股东原有股份比例派送新股。但法定公积金转为股本时，所留存的该项公积金不得少于公司注册资本的25%。

公司股东大会对利润分配方案作出决议后，公司董事会须在股东大会召开后两个月内完成股利(或股份)的派发事项。

根据本公司2002年1月20日召开的2002年第一次临时股东大会决议，本公司发行前的滚存利润由本次发行后的新老股东共同享有。

本公司从本次发行后第一个盈利年度起即派发股利，预计公司首次分配时间不迟于2003年6月30日。

(三)历年股利实际分派情况

1、2001年3月6日召开的公司2000年度股东大会决议通过，为促进公司的发展，公司对2000年利润不进行分配。

2、2002年1月20日召开的公司2002年第一次临时股东大会决议通过，本公司发行前的滚存利润由本次发行后的新老股东共同享有。

十六、附录和备查文件

(一)招股说明书附录：

审计报告及财务报告全文；

盈利预测报告及审核报告。

(二)备查文件目录

1、审计报告及财务报表；

2、发行人律师对本次发行的法律意见书；

3、发行人历次验资报告；

4、历次资产评估报告及有关确认文件；

5、土地估价报告及有关确认文件；

6、历次股利分配的决议及记录；

7、山东华阳科技股份有限公司股东大会关于公开发行股票的决议；

8、发行人的发起人协议；

9、山东省经济体制改革委员会鲁体改函字[1999]第77号文《关于同意设立山东华阳科技股份有限公司的函》；

10、发行人及主要发起人的营业执照；

11、证券监管机构等政府部门对本次发行有关的文件；

12、本公司与主承销商签订的股票承销协议。

(三)查阅时间和地点

1、查阅地点：

(1)山东华阳科技股份有限公司董事会秘书办公室

地址：山东省宁阳县磁窑镇

联系人：周忠

电话：0538-5826208

(2)平安证券有限责任公司投资银行部

地址：深圳市福田区八卦三路平安大厦

联系人：葛文兵、周强

电话：0755-82262888-3268 0755-82262888-2272

2、查阅时间：

周一至周五，上午8:30-11:30，下午1:30-4:30

600532　山东华阳科技股份有限公司

首次公开发行股票上市公告书暨2002年第三季度季报

第一节　重要声明与提示

山东华阳科技股份有限公司(以下简称"本公司"、"公司"或"发行人")董事会保证本上市公告书暨2002年第三季度季报的真实性、准确性、完整性,全体董事承诺本上市公告书暨2002年第三季度季报不存在虚假记载、误导性陈述或重大遗漏,并承担个别和连带的法律责任。

根据《公司法》、《证券法》等有关法律、法规的规定,本公司董事、高级管理人员已依法履行诚信和勤勉尽责的义务和责任。

上海证券交易所、中国证券监督管理委员会(以下简称"中国证监会")、其他政府机关对本公司股票上市及有关事项的意见,均不表明对本公司的任何保证。

公司1999年、2000年、2001年、2002年1-6月的财务会计报告已经山东汇德会计师事务所有限公司审计并出具无保留意见的审计报告;公司2002年第三季度的财务报告未经审计。

本公司提醒广大投资者注意,凡本上市公告书未涉及的有关内容,请投资者查阅2002年10月11日刊载于《上海证券报》、《中国证券报》、《证券时报》和《证券日报》的本公司招股说明书摘要,以及刊载于上海证券交易所网站(http://www.sse.com.cn)的本公司招股说明书全文。

本上市公告书暨2002年第三季度季报同时刊载于上海证券交易所网站,网址为:http://www.sse.com.cn。

第二节　概览

股票简称:华阳科技
沪市股票代码:600532
深市代理股票代码:003532
股本总额:9,000万股
可流通股本:4,000万股
本次上市流通股本:4,000万股
上市地点:上海证券交易所
上市日期:2002年10月31日
股票登记机构:中国证券登记结算有限责任公司上海分公司
上市推荐人:平安证券有限责任公司

对本公司首次公开发行股票前股东所持股份的流通限制及期限:根据国家现有法律、法规规定和中国证监会证监发行字[2002]102号《关于核准山东华阳科技股份有限公司公开发行股票的通知》,本公司的国有法人股和法人股暂不上市流通。

本公司首次公开发行股票前第一大股东山东华阳农药化工集团有限公司(以下简称"华阳集团")对所持股份自愿锁定的承诺:自本公司股票上市之日起12个月内,不转让其所持有的本公司的股份,也不由本公司回购其持有的本公司股份。

第三节　绪言

本上市公告书暨2002年第三季度季报是根据《中华人民共和国公司法》、《中华人民共和国证券法》、《股票发行与交易管理暂行条例》、《公开发行股票公司信息披露实施细则》和《上海证券交易所股票上市规则》等国家有关法律、法规的规定,并按照中国证监会《公开发行证券的公司信息披露内容与格式准则第7号-股票上市公告书》和上海证券交易所上市公司部《2002年第三季度季报工作备忘录(第一号)》而编制。

经中国证监会证监发行字[2002]102号文核准,本公司已于2002年10月16日以向沪市、深市二级市场投资者定价配售方式成功发行了4,000万股人民币普通股(A股),每股面值1.00元,发行价为每股人民币6.26元。

经上海证券交易所上证上字[2002]177号《关于山东华阳科技股份有限公司人民币普通股股票上市交易的通知》文件批准,本公司公开发行的4,000万股社会公众股将于2002年10月31日起在上海证券交易所挂牌交易。股票简称"华阳科技",沪市股票代码为"600532",深市代理股票代码为"003532"。

本公司已于2002年10月11日在《中国证券报》、《上海证券报》、《证券时报》和《证券日报》上刊登了《山东华阳科技股份有限公司首次公开发行股票招股说明书摘要》。《山东华阳科技股份有限公司首次公开发行股票招股说明书》正文及其附录可以在上海证券交易所网站(http://www.sse.com.cn)查询。招股说明书正文及摘要的披露距今不足三个月,故与其重复的内容不再重述,敬请投资者查阅上述内容。

第四节　发行人概况

一、发行人的基本情况
公司名称:山东华阳科技股份有限公司
英文名称:SHANDONG HUAYANG TECHNOLOGY CO., LTD
注册资本:90,000,000元
法定代表人:郭前玉
设立日期:1999年12月30日
公司住所:山东省宁阳县磁窑镇(邮编:271411)
经营范围:许可范围的农药及农药中间体的研究、开发、推广、制造、销售。
主营业务:公司主要从事神农丹、灭多威、二甲戊乐灵、高效氯氰菊酯、种衣剂、多菌灵、甲基1605等农药化工产品的生产经营和销售。
所属行业:化学农药制造业
电话:0538-5826208
传真:0538-5826066
公司网址:http://www.huayang.com
电子信箱:cnhy@huayang.com
董事会秘书:周忠
二、发行人历史沿革
1、历史沿革
山东华阳科技股份有限公司是经山东省人民政府鲁政股字[1999]53号和山东省经济体制改革委员会鲁体改函字[1999]第77号文批准,由山东华阳农药化工集团有限公司、山东省农药研究所、山东农业大学、泰安飞达助剂有限公司、泰安市泰山农业生产资料站共同发起设立的股份有限公司。公司成立于1999年12月30日,成立时注册资本5,000万元,其中,山东华阳农药化工集团有限公司以所属的神农一厂、神农二厂、农药一厂、农药二厂、农药四厂、种衣剂厂、农药六厂、质监处、技术开发中心等经营性净资产出资,该部分经营性净资产评估后并经山东省国有资产管理局鲁国资评字[1999]第160号文件确认的价值为58,904,547.10元,按1.23:1的折股比例折为4,788.98万股,占公司总股本的95.78%;山东省农药研究所以现金出资505,407元,按1.23:1的折股比例折为41.09万股,占总股本的0.82%;山东农业大学以现金出资500,118元,按1.23:1的折股比例折为40.66万股,占总股本的0.81%(上述三家股权均为国有法人股);泰安飞达助剂有限公司以现金出资975,021元,按1.23:1的折股比例折为79.27万股,占总股本的1.59%;泰安市泰山农业生产资料站以现金出资615,000元,按1.23:1的折股比例折为50万股,占总股本的1.00%(上述两家股权均为社会法人股)。公司于1999年12月30日取得了由山东省工商行政管理局核发的企业法人营业执照,注册号:3700001804867。

本公司自设立以来没有发生过重大重组、股权变动和对外投资。

2、首次公开发行股票

经中国证券监督管理委员会证监发行字[2002]102号文核准,本公司已于2002年10月16日采用向二级市场投资者定价配售方式成功发行了4,000万股人民币普通股(A股),每股面值1.00元,发行价为每股人民币6.26元。本公司于2002年10月22日办理了验资手续,本次发行完成后,本公司的总股本为9,000万股,注册资本为9,000万元。

三、发行人主要经营情况

1、发行人业务概况

公司主要从事许可范围的农药及农药中间体的研究、开发、推广、制造、销售,主要产品有神农丹、灭多威、二甲戊乐灵、高效氯氰菊酯、种衣剂、多菌灵、甲基1605等,涵盖了杀虫剂、杀菌剂、除草剂、种衣剂等农药系列产品。公司产品具有良好的品牌形象,在国内具有较高的市场占有率,并出口到东南亚、非洲、南美洲及欧洲等30多个国家和地区。

2、发行人的竞争优势与劣势

公司作为农用化工和基础化工的科技先导型企业,是中国农药行业十强企业,2000年综合实力排名第六位,生产的主要产品在国内同行业中处于领先水平,并在以下方面表现出较为突出的优势:(1)公司有一支技术力量雄厚的研究开发队伍,保证了产品技术水平的先进性及不断推出新产品;(2)公司目前产品结构比较合理,生产的农药产品有杀虫剂、杀菌剂和除草剂,缓和了因产品结构单一而造成的产品市场淡旺季明显的不足;(3)公司经过多年的农药产品生产,已培养了一大批具有丰富生产管理经验的队伍;(4)公司在产品营销方面建立了良好的市场网络,市场形象较好,形成了较好的品牌效应,主要产品市场占有率较高;(5)公司具有多种关键农药中间体,有利于新产品的开发;(6)公司实施全员、全过程、全面的质量管理,具备健全的质量保证体系,取得了中国方圆标志认证委员会质量认证中心的质量体系认证证书,并于2001年11月通过ISO9001质量标准认证。

公司的竞争劣势主要是:(1)与世界著名农药生产厂商相比,公司在技术开发能力、生产工艺技术和产品规模方面还存在一些差距,资金实力不强,创新能力较弱,规模尚小;本公司招股说明书"第四章风险因素(七)技术风险"对此劣势形成的风险及相应的对策作了较为详细的介绍。(2)公司主要产品中高毒产品占有一定比重,也对公司的经营造成一定的影响。

3、发行人主要产品市场简况

神农丹是一种高科技杀虫、杀线虫剂,国内市场占有率98%以上,二甲戊乐灵是高效广谱的旱田除草剂,是国家级重点新产品,国内市场占有率为70%以上,出口量占生产量的30%;灭多威产品生产能力和生产量为国内最大,其工艺技术水平达到国际领先水平,目前国内市场占有率50%以上,年出口原药500吨以上;本公司是国内最大的甲基1605生产基地,产品覆盖全国28个省、1,000多个地、市、县,出口东南亚、欧美等30多个国家和地区,省内市场占有率90%。公司是国家定点的种衣剂生产基地。

4、业务经营情况分析(2002年第三季度)

2002年第三季度报告期内公司主营业务经营良好,所涉及的主要行业无重大变化;报告期内公司无重大投资项目;报告期内无会计政策、会计估计变更或重大会计差错更正;经营成果及财务状况如下:

(1)经营成果

截止2002年9月30日,公司主营业务收入214,582,528.72元,较上年同期增长7.45%;主营业务利润43,568,874.58元,较上年同期增长10.72%;净利润14,827,773.71元,较上年同期增长16.91%。

公司主营业务利润、其他业务利润、期间费用、投资收益、营业外收支净额占利润总额的比例情况:

项　目	金额(元)	占利润总额比例(%)
主营业务利润	43,568,874.58	194.48
其他业务利润	352,585.55	1.57
期间费用	21,425,267.79	95.64
投资收益	0.00	0.00
补贴收入	0.00	0.00
营业外收支净额	-93,594.61	-0.42

与上一定期报告相比,本报告期内各项财务指标所占利润总额的比例没有重大变动。

(2)财务状况(2002年9月30日)

项　目	金额(元)	占总资产的比例(%)
应收账款	39,420,350.27	15.64
存 货	52,071,263.36	20.66
其他应收款	8,254,323.14	3.27

报告期内应收账款、存货等主要资产项目金额在总资产中所占比例与年初数相比未发生重大变化;报告期内没有委托理财和资金借贷行为,也没有重大逾期债务的发生。

(3)或有事项与期后事项

报告期内无重大诉讼、仲裁事项;报告期内公司无重大对外担保事项;报告期内公司无重大资产负债表日后事项。

(4)其他重要事项及盈利预测完成情况

在报告期内,公司生产经营环境和政策法规未发生重大变化,也未发生重大资产收购及出售与企业并购行为,各项经营活动正常,预计能够完成盈利预测目标。

5、发行人主要财务指标

根据山东汇德会计师事务所有限公司出具的[2002]汇所审字第1-091号标准无保留意见的《审计报告》和公司最新一期未经审计的财务报告,本公司近三年及最近一期的主要财务数据如下:

(1)资产负债表主要数据(单位:元)

财务指标	2002年9月30日	2002年6月30日	2001年12月31日	2000年12月31日	1999年12月31日
总资产	252,049,776.83	243,235,021.09	224,334,542.98	171,427,866.43	153,729,840.88
负债总额	146,914,205.67	142,116,469.59	134,026,745.53	96,796,527.97	92,229,747.78
股东权益	105,135,571.16	101,118,551.50	90,307,797.45	74,631,338.46	61,500,093.10

(2)利润表主要数据(单位:元)

财务指标	2002年1－9月	2002年1－6月	2001年度	2000年度	1999年度
主营业务收入	214,582,528.72	150,821,899.08	249,790,786.85	216,160,038.92	187,422,768.43
主营业务利润	43,568,874.58	30,125,745.99	51,889,474.30	47,098,073.52	38,990,754.44
利润总额	22,402,597.73	16,407,045.99	23,971,903.20	20,242,893.12	13,518,192.54
净利润	14,827,773.71	10,810,754.05	15,635,186.99	13,131,245.36	9,057,189.00
扣除非经常损益后的净利润	14,827,773.71	10,810,754.05	15,635,186.99	13,131,245.36	9,057,189.00

(3)现金流量表主要数据

财务指标	2002年1－6月	2001年
经营活动产生的现金流量净额	7,465,833.85	5,769,829.84
投资活动产生的现金流量净额	－8,668,187.66	－48,988,112.55
筹资活动产生的现金流量净额	－1,127,132.84	64,291,452.58
现金及现金等价物净增加额	－2,329,486.65	21,073,169.87
每股经营活动产生的现金流量净额	0.15	0.12

6、主要知识产权、生产许可和非专利技术

(1)主要商标

公司拥有的主要商标为:"华阳"牌注册商标,商标注册号:第1074769号;华阳商标图形,商标注册号:第1092948号;"神农丹"牌注册商标,商标注册号:第892462号。

(2)生产许可

本公司从事的主要业务为许可范围的农药及农药中间体的研究、开发、推广、制造、销售。依据国家对农药产品生产经营的管理制度,本公司生产的主要产品均取得了由国家经济贸易委员会颁发的农药生产批准证书和中华人民共和国农业部颁发的农药登记证。

(3)核心技术

公司现拥有并使用的核心技术包括:神农丹生产工艺技术、灭多威合成技术、二甲戊乐灵生产工艺技术、毒死蜱生产工艺技术。此外公司还拥有5%夜蛾必杀乳油技术、5%顺式氰戊菊酯乳油技术、种衣剂技术、戊唑醇合成技术、胶悬剂型种衣剂技术、S－丁酰氯技术、玉米田除草剂烟嘧磺隆技术等专有技术。

7、税收优惠政策

公司适用的所得税税率为33%。

依据财政部、国家税务总局联合发出的《关于对若干农业生产资料免征增值税问题的通知》(财税字[1998]78号)和《关于若干农业生产资料征免增值税政策的通知》(财税[2001]113号),公司以下产品享受免征增值税优惠政策:二甲戊乐灵、百菌清、甲基硫菌灵、灭多威、神农丹(涕灭威)、高效氯氰菊酯、毒死蜱。甲基1605自2001年8月1日不再享受免征增值税优惠政策,改按13%的税率缴纳增值税。

第五节　股票发行与股本结构

一、本次股票上市前首次公开发行股票的情况

1、发行数量:4,000万股

2、发行价格:6.26元/股

3、募集资金总额:25,040万元(未扣除发行费用)

4、发行方式:向二级市场投资者定价配售发行方式

5、发行费用总额及项目:本次发行费用总额为1,571.70万元,主要包括承销费用、审计费用、验资费用、律师费用、资产评估费用、土地评估费用、发行手续费用和审核费用等。

6、每股发行费用:0.393元

二、本次股票上市前首次公开发行股票的承销情况

本次公开发行的4,000万股社会公众股的配号总数为67,460,059个,中签率为0.05929434%,其中,二级市场投资者认购39,640,144股,其余359,856股由主承销商包销。

三、本次上市前首次公开发行股票募股资金的验资报告

验资报告

(2002)汇所验字第1－031号

山东华阳科技股份有限公司:

我们接受委托,审验了贵公司截至2002年10月22日止新增注册资本实收情况。按照国家相关法律、法规的规定和协议、章程的要求出资,提供真实、合法、完整的验资资料,保护资产的安全、完整是全体股东及贵公司的责任。我们的责任是对贵公司新增注册资本的实收情况发表审验意见。我们的审验是依据《独立审计实务公告第1号－验资》进行的。在审验过程中,我们结合贵公司的实际情况,实施了检查等必要的审验程序。

贵公司原注册资本为50,000,000.00元人民币,根据贵公司股东大会决议和公司修改后章程的规定,贵公司申请增加注册资本为人民币40,000,000.00元。经中国证券监督管理委员会证监发行字[2002]102文批准,贵公司于2002年10月16日向社会公开发行人民币普通股股票4000万股,每股面值1元。经我们审验,截至2002年10月22日止,贵公司已收到社会公众股股东认缴的新增注册资本40,000,000.00元(人民币肆仟万元整),各股东均以货币出资。

同时我们注意到,贵公司本次增资前的注册资本为人民币50,000,000.00元,已经泰安市审计师事务所进行了审验,并出具了泰审所财字(1999)60号《验资报告》。2002年1月12日,山东汇德会计师事务所有限公司对泰安市审计师事务所出具的验资报告所述内容进行了验证,并出具了(2002)汇所综字第1－001号< <专项审核报告> >。截至2002年10月22日止,变更后的累计注册资本实收金额为人民币90,000,000.00元。

本验资报告供贵公司申请变更登记及据以向股东签发出资证明时使用,不应将其视为是对贵公司验资报告日后资本保全、偿债能力和持续经营能力等的保证。因使用不当造成的后果,与执行本验资业务的注册会计师及会计师事务所无关。

附件:1、注册资本变更情况明细表

(1)新增注册资本实收情况明细表(表1)

(2)注册资本变更前后对照表(表2)

2、验资事项说明

3、银行进帐单及会计凭证复印件

4、银行询证函复印件

山东汇德会计师事务所有限公司　　中国注册会计师:周厚莲

日期:2002年10月22日　　中国注册会计师:朱红岩

四、募股资金入帐情况

1、入帐时间:2002年10月22日

2、入帐金额:242,019,484.41元(募集资金扣除承销费和上网发行手续费后的余额)

3、入帐帐号:69703601903010 1255

4、开户银行:中国建设银行宁阳县支行磁窑办事处

五、发行人上市前股权结构及各类股东的持股情况

1、本公司上市前的股权结构:

股份类别	股份数量(万股)	股份比例(%)
1、流通股份A股	4,000.00	44.44
2、尚未流通股份:		
国有法人股	4,870.73	54.12
社会法人股	129.27	1.44
3、总股本	9,000.00	100

2、本次股票上市前,前十名股东持股情况

名　称	持股数量(股)	持股比例(%)	股权性质
山东华阳农药化工集团有限公司	47,889,800	53.21	国有法人股
泰安飞达助剂有限公司	792,700	0.88	社会法人股
泰安市泰山农业生产资料站	500,000	0.56	社会法人股
山东省农药研究所	410,900	0.46	国有法人股
山东农业大学	406,600	0.45	国有法人股
平安证券有限责任公司	359,856	0.40	流通股A股
泰和基金	33,000	0.037	流通股A股
普丰基金	31,000	0.034	流通股A股
银丰基金	31,000	0.034	流通股A股
天元基金	28,000	0.031	流通股A股
通乾基金	28,000	0.031	流通股A股

第六节　董事、监事、高级管理人员及核心技术人员简介

以下是本公司董事、监事、高级管理人员及核心技术人员的简要情况,本公司董事、监事、高级管理人员及核心技术人员均为中国国籍,无境外的永久居留权,相互之间不存在配偶关系、三代以内直系和旁系亲属关系。投资者欲了解有关详细情况,请参阅本公司招股说明书全文。

一、董事

郭前玉　董事长,男,中国国籍,1968年5月出生,工商管理硕士,中共党员,工程师,2000年10月当选为中国农药工业协会副理事长,2001年被山东省经济贸易委员会授予"山东省第九届十佳青年企业家"称号。曾任涕灭威工程动力车间技术员、调度员、灭多威中试车间技术员、副主任、灭多威300吨扩产副主任、500吨扩产副主任、技术科科长、调度室副主任、华阳集团生产管理处副处长、总经理助理、处长、副董事长、副总经理。现任公司董事长、华阳集团副董事长、总经理。

韩畅巨　副董事长,中国国籍,男,1961年9月出生,大学文化,中共党员,工程师。曾任宁阳县化肥厂团委副书记、宁阳县经委副科长、科长、副主任、宁阳农药厂挂职副厂长、华阳集团常务副董事长兼常务副总经理。曾荣获泰安市"振兴泰安劳动奖章"、"泰安市第三届十大优秀青年企业家"等荣誉称号。现任公司副董事长兼总经理、华阳集团董事。

于万震　董事,中国国籍,男,1959年7月出生,大学文化,中共党员,工程师。曾任宁阳农药厂供销科统计员、供销科副科长、供销公司副经理、厂长助理、副厂长、华阳集团董事。现任公司董事、副总经理。

沈元水　董事,中国国籍,男,1950年7月出生,大学文化,中共党员,高级工程师。曾任宁阳农药厂硫酸车间副书记、生产科副科长、宁阳磷肥厂副厂长、涕灭威工程副总工、山东魁星化工公司副总经理、副总工程师、宁阳农药厂副厂长、华阳集团董事、副总经理。现任公司董事。

闫新华　董事,中国国籍,男,1963年8月出生,大学文化,中共党员,高级工程师。曾任宁阳农药厂车间副主任、技术员、标准计量科科长、涕灭威工程调度室主任、厂长助理、技术设备科长、副厂长、华阳集团董事,获得"泰安市专业技术拔尖人才"称号。现任公司董事、副总经理,负责技术开发工作。

王学先　董事,中国国籍,男,1964年11月出生,大学文化,工程师。曾任宁阳农药厂硫酸车间副主任、硫酸车间支部书记、车间主任、电解车间支部书记、车间主任、华阳集团企管处处长、财务处处长、总经理助理、董事。现任公司董事、财务负责人。

刘政军　董事,中国国籍,男,1969年2月出生,理学硕士,中共党员。曾在吉林省洮南甜菜育种研究所工作,曾任华阳集团销售公司副总经理助理、技术开发中心副主任、宁阳县利丰化学品有限公司经理、山东华阳科技股份有限公司营销处处长、总经理助理。现任公司董事、总经理助理。

李德军　董事,中国国籍,男,1963年3月出生,中共党员,高级工程师。曾任山东省农药研究所助理工程师、副主任、主任、工程师、副所长、工程师、副所长、高级工程师兼济南科海有限公司总经理。现任公司董事、山东省农药研究所所长、济南科海有限公司总经理。

王开运　董事,中国国籍,男,1954年11月出生,中共党员,山东农业大学教授,硕士生导师。1978年毕业于山东农业大学植保系,毕业以来,参加或主持国家科技攻关项目、部、省级科研项目17项;申报国家发明专利15项,7项获专利授权;在国内外公开刊物发表论文51篇,出版专著1本,参编全国统编教材和专著2本。3次获校优秀教学成果奖。1992年评为硕士生导师;1992年获山东省第二届青年科技奖,被评为校专业技术拔尖人才,1992年被国务院批准享受政府特殊津贴,1995年获农业部先进个人,1996年获山东省首届杰出青年科技创业奖,1999年被评为山东省专业技术拔尖人才。现任公司董事、山东农业大学教授、硕士生导师。

马君潞　独立董事,中国国籍,男,1954年出生,南开大学教授,博士生导师。1978年至1982年攻读南开大学经济学系本科,1982年至1985年攻读南开大学经研所研究生,1985年至1987年攻读加拿大麦克马斯特大学经济系研究生,1989年至1993年攻读南开大学金融学系博士。现任公司独立董事、南开大学博士生导师、天津证券学会会长、天津市金融学会副秘书长、天津城市金融学会副会长。

孙　莉　独立董事,中国国籍,女,1970年10月出生,硕士研究生,中国注册会计师、证券期货相关业务资格注册会计师、注册税务师。现任公司独立董事、利安达信隆会计师事务所高级经理。

二、监事

石秀明　监事,中国国籍,男,1959年1月出生,大学文化,工程师。现任公司监事会召集人,华阳集团纪委副书记、工会主席。

周永玉　职工监事,中国国籍,男,1950年7月出生,经济师。曾任宁阳农药厂财务科副科长、经济师、华阳集团审计办主任。现任公司监事。

宋东升　职工监事,中国国籍,男,1969年2月出生,大学文化,中共党员、助理工程师。曾任宁阳农药厂调度室主任、华阳集团安全科科长兼调度室主任、神农化工一厂厂长。现任公司监事、生产处处长。

唐荣元　监事,中国国籍,男,1955年6月出生,中共党员。曾任山东省农资公司泰安分公司业务员、业务科副科长、农药科科长、副总经理。现任公司监事,兼任泰安市泰山农业生产资料站副总经理、书记。

杜文峰　监事,中国国籍,男,1966年6月出生,中共党员。曾任宁阳化肥厂团委书记、宁阳县微型空压机厂副厂长。现任公司监事,兼任宁阳飞达化工有限公司分公司经理。

三、高级管理人员

高建民　中国国籍,男,1957年5月出生,大学文化,工程师。中共党员。曾任宁阳农药厂硫酸车间主任、党支部书记,异酯车间主任、支部书记,华阳集团技术科科长,质监处处长,生产处处长,宁阳县华阳化工机械有限公司经理。1997年获山东省质量管理先进工作者荣誉称号。现任公司副总经理。

周　忠　中国国籍,男,1956年3月出生,大专文化,助理经济师,中共党员。曾任宁阳农药厂化验员、加工车间副主任、动力车间主任、厂部办公室主任、华阳集团资本运营办主任。现任公司董事会秘书。

四、技术负责人和核心技术人员简介

张金田　中国国籍,男,1957年2月出生,大学文化,高级工程师。现任公司副总工程师。该同志1989年利用差向异构开发出高效氯氰菊酯并担任涕灭威工程建设主要技术负责人;1991年开发出灭多威新产品并建成500吨/年灭多威国家重点工程;1999年完成二甲戊乐灵技术的研究与开发;2000年指导完成戊唑醇中试,异丁醛法合成涕灭威肟中试及S－氰戊菊酯的技术引进的吸收、消化。曾荣获省级科技进步奖2项,市级科技进步奖4项,开发的新产品荣获国家级优秀新产品一项,国家重点新产品2项,曾被授予"全省化工系统科技进步工作者"、"泰安市职工科技明星"、"宁阳县知识分子标兵"等荣誉称号。

梁孝生　中国国籍,男,1968年12月出生,大学文化,现任技术开发中心主任,高级工程师。曾从事国家经贸委"产学研"项目种衣剂开发及建设;杀菌剂甲基托布津与多菌灵的开发与设计;神农丹中间体异氰酸甲酯的工艺改进;克百威的设计与开发;高效低毒杀虫剂顺式氰戊菊酯的设计与开发;毒死蜱的设计与开发等。另外负责了近30个剂型项目的研制开发。其中填补省内空白15项获省级优秀成果4项,国家级刊物发表论文2篇,县级科技成果多项。

刘福军　中国国籍,男,1967年8月出生,本科学历,高级工程师。曾参加了国家重点项目涕

灭威工程的建设;主持开发二甲戊乐灵项目,省攻关项目戊唑醇,高毒有机磷农药替代品种毒死蜱,高效麦田除草剂苯磺隆等多个品种,填补国家空白两项,省空白两项。先后获得省科技进步二等奖一项,市科技进步奖两项及多项县科技进步奖。2001 年被推荐为第四届县科技专业技术拔尖人才等荣誉称号。现任公司副总工程师。

五、董事、监事、高级管理人员及核心技术人员的持股情况

截止本次上市前,本公司董事、监事、高级管理人员及核心技术人员未以本人的名义持有本公司股份、或由其授权或指示他人代其持有本公司股份;其配偶或未满 18 岁的子女未持有本公司股份;未通过其或其近亲属能够直接或间接控制的法人持有本公司股份。

第七节 同业竞争与关联交易

一、同业竞争情况

本公司控股股东华阳集团、控股股东控制的法人均不从事与本公司相同或相似的业务,与本公司之间不存在同业竞争情况。

公司控股股东华阳集团已将与农药生产相关的资产已全部进入本公司,在此基础上,本公司已与华阳集团签订了《避免同业竞争承诺函》,华阳集团承诺:华阳集团及其所属全资子公司、控股子公司、持股公司目前不存在与本公司业务产生竞争的业务,未从事与本公司相同产品的生产、经营活动。华阳集团及其所属全资子公司、控股子公司、持股公司未来不会直接或间接参与或进行与本公司产品或业务存在竞争的活动;对于本公司已经或拟订生产、经营的产品、业务,华阳集团及其所属全资子公司、控股子公司、持股公司不进行相同或相似产品或业务的生产、经营活动。

二、关联交易

1、关联方与关联关系

本公司主要关联方及关联关系如下:

(1)华阳集团,为本公司的控股股东;

(2)山东省宁阳县华阳运输有限公司,与本公司同属于一母公司;

(3)山东省宁阳县华阳肥料有限公司,与本公司同属于一母公司;

(4)山东省宁阳县太阳包装印刷有限公司,与本公司同属于一母公司;

(5)宁阳县华阳化工机械有限公司,与本公司同属于一母公司;

(6)山东省宁阳县华阳化工有限公司,与本公司同属于一母公司。

2、关联交易

按证监发[2001]41 号文第 100 条规定,本公司与本公司的关联方之间主要的关联交易,主要包括购销商品、买卖有形或无形资产、提供或接受劳务、房屋租赁等。具体情况如下:(以下数据摘自经山东汇德会计师事务所有限公司[2002]汇所审字第 1-091 号审计报告审计的财务会计报告)

(1)销售货物

①定价政策:交易价格由双方按市场公允价格、协议价格或采取招标方式确定。

②本公司 2002 年 1—6 月、2001 年度及 2000 年度向关联方销售货物有关明细资料如表:

单位:元

关联单位名称	类别	金额		
		2002 年 1-6 月	2001 年度	2000 年度
山东华阳农药化工集团有限公司	半成品	0.00	3,733,091.76	32,348,707.72
山东华阳农药化工集团有限公司	原材料	425,838.53	9,040,532.33	25,648,263.63
山东省宁阳县华阳肥料有限公司	原材料	3,164.52	71,973.44	337,286.70
山东省宁阳县太阳包装印刷有限公司	原材料	924.00	18,571.27	0.00
山东省宁阳县华阳化工有限公司	原材料	12,575.97	44,492.17	0.00
山东省宁阳县华阳运输有限公司	原材料	0.00	2,351.16	0.00
宁阳县华阳化工机械有限公司	原材料		42,445.00	0.00

(2)采购货物

本公司 2002 年 1—6 月、2001 年度及 2000 年度向关联方采购货物有关明细资料如表:

单位:元

关联单位名称	类别	金额(含税)		
		2002 年 1-6 月	2001 年度	2000 年度
山东华阳农药化工集团有限公司	半成品		23,466,714.07	31,091,886.06
山东华阳农药化工集团有限公司	原材料	14,310,863.20	14,530,567.81	11,909,286.33
山东华阳农药化工集团有限公司	劳　务	3,570,766.40	13,263,320.57	8,759,115.59
山东省宁阳县太阳包装印刷有限公司	包装物	3,085,959.03	4,744,419.13	8,114,523.33
山东省宁阳县华阳化工有限公司	原材料	822,060.60	445,666.25	0.00
山东省宁阳县华阳运输有限公司	劳　务	1,204,881.09	2,380,452.54	2,411,371.49
宁阳县华阳化工机械有限公司	设　备	2,240,195.20	3,314,247.90	1,992,396.20
山东省宁阳县华阳肥料有限公司	原材料	10,950.00	0.00	0.00

公司与控股股东 2001 年的半成品和原材料的销售、采购的关联交易额仍保持较高水平,但主要集中在 2001 年 1-5 月,即农药三厂、农药五厂收购之前,收购完成之后,公司与关联方的关联交易大幅度降低。

2001 年公司与华阳集团间的关联交易详细情况如下:

A、向关联方销售货物

单位:元

关联方	2001 年 1-5 月		2001 年 6-12 月	
	原材料	半成品	原材料	半成品
三厂、五厂	6,811,049.92	3,733,091.76	0.00	0.00
集团其他单位	2,066,733.12	0.00	162,749.29	0.00
合计	8,877,783.04	3,733,091.76	162,749.29	0.00

B、向关联方采购货物

单位:元

关联方	2001 年 1-5 月		2001 年 6-12 月	
	原材料	半成品	原材料	半成品
三厂、五厂	0.00	23,466,714.07	0.00	0.00
集团其他单位	7,448,549.15	0.00	7,082,018.66	0.00
合计	7,448,549.15	23,466,714.07	7,082,018.66	0.00

随着公司运行更加规范,2002 年 1—6 月,公司关联交易较 2001 年进一步减少。

(3)向华阳集团支付其他费用

单位:元

项　目	金　额		
	2002 年 1-6 月	2001 年度	2000 年度
土地租赁费	124,226.16	223,355.64	188,220.31
房屋租赁费	11,988.00	23,976.00	13,176.00
进出口代理费	0.00	0.00	26,822.40

(4)其他关联交易

经公司 2000 年度股东大会批准,2001 年 5 月公司对控股股东所属的农药三厂、农药五厂资产进行了收购:2001 年 5 月 22 日,公司与华阳集团签定《资产出售合同》,以评估价值为基础,最终确定交易价格为 1,991.48 万元。

(5)继续生效的关联交易协议

①本公司在水、电、汽等方面的供应与控股股东华阳集团存在长期交易行为,为此,公司于 2000 年 2 月同华阳集团签署《综合服务协议》,协议约定由华阳集团向公司提供供电、供水、供汽等方面的服务,公司每年按协议约定价格和支付方式向华阳集团支付服务费用。

其中,电价依据宁阳县电业局规定的工业用电价格确定。公司用水系通过华阳集团自备井取水,水价的确定没有市场价格,双方共同确认,按照自备井供水的成本价格加算合理税费确定。公司使用的华阳集团供应的蒸汽亦是按照华阳集团蒸汽供应的成本价格加算合理税费确定,该价格与当地市场第三方的价格相近。

②公司与华阳集团于 2000 年 2 月签署《土地使用权租赁合同》,租赁位于宁阳县磁窑镇铁路东的 37,345.3 平方米的土地,租赁期间自 2000 年 2 月 26 日至 2019 年 12 月 31 日,租赁价格为每年 5.04 元/平方米。

公司与华阳集团于 2001 年 4 月签署《土地使用权租赁合同》,租赁位于宁阳县磁窑镇铁路东的 15,726.4 平方米的土地,租赁期间自 2001 年 6 月 1 日至 2021 年 5 月 31 日,租赁价格为每年 3.83 元/平方米。

上述租赁价格系以土地评估机构出具的《土地评估报告》所提供的评估值为依据确定的。

③公司生产所需的液氯、液碱由华阳集团所属的氯碱厂提供,为此双方于 2000 年 2 月签署《购销合同》,由公司采购氯碱厂生产的液氯、液碱。

华阳集团所属的氯碱厂提供液氯、液碱亦向其他企业提供,公司与华阳集团协商确定,液氯、液碱的价格按照 1999 年的成本价格加 5% 的利润确定,如果市场价格波动较大,双方另行协商。

④公司与宁阳县太阳包装印刷有限公司存在印刷品采购的关联交易,因公司采购山东省宁阳县太阳包装印刷有限公司的印刷品品种众多,每一品种的价格亦不相同,因此无法统一订立合同,公司对印刷品的采购是采用招标的方式,如果是山东省宁阳县太阳包装印刷有限公司中标,则根据标书的相关内容订立合同。

⑤公司与宁阳县华阳化工机械有限公司存在化工机械零部件、小型设备采购的关联交易,因公司采购宁阳县华阳化工机械有限公司的化工机械零部件、小型设备品种众多,每一品种的价格亦不相同,因此无法统一订立合同,公司对化工机械零部件、小型设备的采购是采用招标的方式,如果是宁阳县华阳化工机械有限公司中标,则根据标书的相关内容订立合同。

⑥公司与山东省宁阳县华阳运输有限公司存在运输关联交易,鉴于运输目的地不同、路况不同、运输货物的性质(如粉剂、水剂、颗粒)不同,无法统一定价。鉴于公司对销售分公司实行承包经营,按照销售货物总额的比例核定销售分公司承包的销售费用,同时将运输费用列入销售分公司承包的销售费用中,故运输价格由公司销售分公司结合每担货物的具体情况参考市场价格与山东省宁阳县华阳运输有限公司协商定价。

(7)本次募股资金的运用涉及的关联交易

根据目前的安排,本次募股资金的运用不涉及关联交易。

三、规范关联交易的制度安排

为进一步完善公司的法人治理结构,有效维护中小股东的权益,1999 年 12 月 29 日召开的公司创立大会通过了《关联交易特别决策程序》,保证中小股东权益不受损害。公司建立了《独立董事议事规则》,规定:重大关联交易(指交易金额高于 300 万元的关联交易)应由独立董事认可后,提交董事会讨论;独立董事作出判断前,可以聘请中介机构出具独立财务报告,作为其判断的依据。独立董事针对公司股东、实际控制人及其关联企业与公司发生的总额高于 300 万元的重大关联交易或其他资金往来,以及其他可能损害中小股东权益的事项,应在董事会或股东大会发表独立意见。

第八节 财务会计资料

本公司截止 2002 年 6 月 30 日的财务会计资料,已于 2002 年 10 月 11 日在《上海证券报》、《中国证券报》、《证券时报》和《证券日报》刊登的《山东华阳科技股份有限公司首次公开发行股票招股说明书摘要》中进行了披露,尚未超出招股说明书有效期限。投资者欲了解详细内容,请查阅上述报纸或刊载于上海证券交易所网站(http://www.sse.com.cn)的本公司招股说明书全文。

一、注册会计师意见

本公司已聘请山东汇德会计师事务所有限公司对本公司截止 1999 年 12 月 31 日、2000 年 12 月 31 日、2001 年 12 月 31 日以及 2002 年 6 月 30 日的资产负债表;1999 年度、2000 年度、2001 年度以及 2002 年 1—6 月的利润及利润分配表;2001 年度以及 2002 年 1—6 月的现金流量表进行了审计。注册会计师已出具了标准无保留意见的审计报告。

二、简要会计报表

1、简要资产负债表(附后)

2、简要利润表及利润分配表(附后)

3、简要现金流量表(附后)

三、主要会计报表项目附注

本公司会计报表注释等有关内容,请查阅 2002 年 10 月 11 日刊登在《上海证券报》、《中国证券报》、《证券时报》和《证券日报》的《山东华阳科技股份有限公司首次公开发行股票招股说明书摘要》,以及 2002 年 10 月 11 日刊载于上海证券交易所网站(http://www.sse.com.cn)的本公司招股说明书全文与附录。

四、主要财务指标

本公司主要财务指标如下:

主要财务指标		2002 年 1-9 月	2002 年 1-6 月	2001 年	2000 年	1999 年
流动比率		2.62	2.33	2.39	1.20	1.08
速动比率		1.71	1.43	1.24	0.49	0.30
应收帐款周转率(次)		6.73	4.76	9.98	10.54	
存货周转率(次)		2.98	2.03	3.18	2.76	
无形资产(土地使用权除外)占净资产的比例(%)		2.29	2.58	3.4	3.94	5.51
资产负债率(%)		58.29	58.43	59.74	56.46	59.99
每股净资产(元/股)		2.10	2.02	1.81	1.49	1.23
净资产收益率						
主营业务利润	全面摊薄(%)	41.44	29.79	57.46	63.11	63.40
	加权平均(%)	44.58	31.48	62.94	69.20	
营业利润	全面摊薄(%)	21.40	16.32	26.58	27.14	21.98
	加权平均(%)	23.02	17.24	29.11	29.76	
净利润	全面摊薄(%)	14.10	10.69	17.31	17.59	14.73
	加权平均(%)	15.17	11.29	18.96	19.29	
扣除非经常性损益后的净利润	全面摊薄(%)	14.10	10.69	17.31	17.59	14.73
每股收益						
主营业务利润	全面摊薄(元/股)	0.87	0.60	1.04	0.94	0.78
	加权平均(元/股)	0.87	0.60	1.04	0.94	0.78
营业利润	全面摊薄(元/股)	0.45	0.33	0.48	0.41	0.27
	加权平均(元/股)	0.45	0.33	0.48	0.41	0.27
净利润	全面摊薄(元/股)	0.30	0.22	0.31	0.26	0.18
	加权平均(元/股)	0.30	0.22	0.31	0.26	0.18
扣除非经常性损益后的净利润	全面摊薄(元/股)	0.30	0.22	0.31	0.26	0.18
	加权平均(元/股)	0.30	0.22	0.31	0.26	0.18

五、盈利预测

本公司的盈利预测报告遵循了谨慎性原则。

以下资料摘自本公司编制的经山东汇德会计师事务所有限公司审核的(2002)汇所综字第 1-008 号盈利预测报告。

单位:元

项　目	2001 年已审实现数	2002 年 1-6 月已审实现数	2002 年 7-8 月未审实现数	2002 年 9-12 月预测数	2002 年预测数
主营业务收入	249,790,786.85	150,821,899.08	53,272,489.09	62,528,071.83	266,622,460.00
主营业务利润	51,889,474.30	30,125,745.99	11,233,141.92	15,636,143.79	56,995,031.70
营业利润	24,001,036.71	16,500,640.60	5,526,496.14	5,136,280.79	27,163,417.53
利润总额	23,971,903.20	16,407,045.99	5,526,496.14	5,136,280.79	27,069,822.92
净利润	15,635,186.99	10,810,754.05	3,702,752.43	3,623,274.88	18,136,781.36

第九节　其他重要事项

一、自本公司股票首次公开发行后至本上市公告书暨 2002 年第三季度季报公告之日，本公司严格依照现行有关法律、法规的规定规范运行，生产经营情况正常，本公司所处行业和市场无重大变化，主要业务发展目标的进展状况正常，主要投入、产出物供求及价格无重大变化；

二、自本公司股票首次公开发行后至本上市公告书暨 2002 年第三季度季报公告之日，本公司没有进行重大对外投资，无重大资产（股权）收购、出售行为；

三、自本公司股票首次公开发行后至本上市公告书暨 2002 年第三季度季报公告之日，本公司重大会计政策和会计师事务所没有发生变化；

四、根据本公司 2002 年 1 月 20 日召开的 2002 年第一次临时股东大会决议，本公司发行前的滚存利润由本次发行后的新老股东共同享有；

五、自本公司股票首次公开发行后至本上市公告书暨 2002 年第三季度季报公告之日，本公司股票税负无变化；

六、自本公司股票首次公开发行后至本上市公告书暨 2002 年第三季度季报公告之日，本公司未涉及任何重大诉讼、仲裁或行政处罚案件，并且董事会认为本公司未面临任何重大影响的诉讼和索赔要求；

七、自本公司股票首次公开发行后至本上市公告书暨 2002 年第三季度季报公告之日，本公司董事、监事和高级管理人员未受到任何刑事起诉，亦没有尚未了结或可能发生的刑事诉讼事项；

八、自本公司股票首次公开发行后至本上市公告书暨 2002 年第三季度季报公告之日，本公司住所未变更；

九、自本公司股票首次公开发行后至本上市公告书暨 2002 年第三季度季报公告之日，公司未发生新的重大负债，并且重大债项未发生变化；

十、根据《上海证券交易所股票上市规则》，本公司第一大股东华阳集团承诺，自本公司股票上市之日起 12 个月内，不转让其所持有的本公司股份，也不由本公司回购其持有的本公司股份；

十一、自本公司股票首次公开发行后至本上市公告书暨 2002 年第三季度季报公告之日，没有其他应披露而未披露之重大事项。

第十节　董事会上市承诺

本公司董事会将严格遵守《中华人民共和国公司法》、《中华人民共和国证券法》、《股票发行与交易管理暂行条例》、《公开发行股票公司信息披露实施细则》和《上海证券交易所股票上市规则》等国家相关法律、法规和有关规定，并自股票上市之日起做到：

一、承诺真实、准确、完整、公允和及时地公布定期报告，披露所有对投资者有重大影响的信息，并接受中国证监会、证券交易所的监督管理；

二、承诺本公司在知悉可能对股票价格产生误导性影响的任何公共传播媒介中出现的消息后，将及时予以公开澄清；

三、本公司董事、监事、高级管理人员和核心技术人员将认真听取社会公众的意见和批评，不利用已获得的内幕消息和其他不正当手段直接或间接从事发行人股票的买卖活动；

四、本公司没有无记录的负债。

依据《上海证券交易所股票上市规则》，本公司全体董事、监事将按照有关规定，在本公司股票上市后两个月内签署《董事（监事）声明及承诺书》并送达上海证券交易所备案。

第十一节　上市推荐人及其意见

一、上市推荐人情况

上市推荐人：平安证券有限责任公司

法定代表人：杨秀丽

地址：深圳市福田区八卦三路平安大厦

电话：0755－82262888－3628　82262888－2272

传真：0755－82434614　　82448924

联系人：葛文兵、周强

二、上市推荐人的意见

上市推荐人平安证券有限责任公司认为本公司章程符合《中华人民共和国公司法》等有关法律、法规和中国证监会关于公司章程的相关规定。根据《中华人民共和国公司法》、《中华人民共和国证券法》、《股票发行与交易管理暂行条例》、《上海证券交易所股票上市规则》等国家有关法律、法规的规定，本公司首次公开发行的股票已具备公开上市的条件。

上市推荐人平安证券有限责任公司保证本公司的董事了解法律、法规、上海证券交易所上市规则及股票上市协议规定的董事的义务与责任，并协助本公司健全了法人治理结构、协助本公司制定了严格的信息披露制度与保密制度。平安证券有限责任公司已对上市文件所载的资料进行了核实，确保上市文件真实、准确、完整，符合规定要求。平安证券有限责任公司保证本公司的上市申请材料、上市公告书没有虚假、严重误导性陈述或者重大遗漏，并保证对其承担连带责任。平安证券有限责任公司保证不利用在上市过程中获得的内幕信息进行内幕交易，为自己或他人谋取利益。

作为本公司首次公开发行股票之上市推荐人，平安证券有限责任公司愿意推荐本公司的股票在上海证券交易所上市交易。

山东华阳科技股份有限公司

二〇〇二年十月二十六日

简要资产负债表

单位：元

项　　目	2002 年 9 月 30 日	2002 年 6 月 30 日	2001 年 12 月 31 日	2000 年 12 月 31 日	1999 年 12 月 31 日
货币资金	38,120,174.16	23,569,938.20	25,899,424.85	4,826,254.98	6,191,086.00
应收票据	1,324,829.10	4,985,292.00	600,000.00		902,500.00
应收账款	39,420,350.27	39,057,694.64	24,348,433.82	25,690,520.58	15,340,676.79
其他应收款	8,254,323.14	6,260,215.89	6,404,540.91	5,299,203.02	477,181.45
预付账款	9,430,015.60	14,714,762.76	8,639,238.18	6,424,846.08	
应收补贴款	310,470.94	310,470.94	1,395,087.71		
存货	52,071,263.36	56,192,722.01	62,392,751.36	61,854,611.68	60,648,619.36
待摊费用	205,847.64	205,847.64	175,000.00		
流动资产合计	149,137,274.21	145,296,944.08	129,854,476.83	104,095,436.34	83,560,063.60
固定资产原价	137,659,514.42	137,368,550.01	125,772,642.15	90,803,999.72	80,749,454.00
减：累计折旧	64,515,695.51	61,115,579.14	54,847,794.80	34,650,259.35	25,204,397.52
固定资产净值	73,143,818.91	76,252,970.87	70,924,847.35	56,153,740.37	55,545,056.48
减：固定资产减值准备					
固定资产净额	73,143,818.91	76,252,970.87	70,924,847.35	56,153,740.37	55,545,056.48
在建工程	27,364,842.07	19,077,658.16	20,482,865.84	7,653,222.17	11,233,478.89
固定资产合计	100,508,660.98	95,330,629.03	91,407,713.19	63,806,962.54	66,778,535.37
无形资产	2,403,841.64	2,607,447.98	3,072,352.96	2,941,467.55	3,391,241.91
开办费				584,000.00	
无形资产及其他资产合计	2,403,841.64	2,607,447.98	3,072,352.96	3,525,467.55	3,391,241.91
资产总计	252,049,776.83	243,235,021.09	224,334,542.98	171,427,866.43	153,729,840.88
短期借款	2,600,000.00	2,600,000.00	2,600,000.00		
应付票据	700,000.00	700,000.00	3,000,000.00		14,050,000.00
应付账款	39,192,152.25	43,300,707.25	37,690,942.65	48,052,581.46	42,652,673.57
预收账款	4,087,978.59	6,054,835.62	2,775,027.65	25,516,445.95	18,602,562.05
应付工资	774737.75	511,596.66	913,016.34	1,232,135.39	
应付福利费	2,621,019.91	2,273,764.94	1,755,919.93	949,738.82	366,297.14
应交税金	2,445,482.96	1,894,606.11	50,693.57	－516,685.68	－91,784.98
其他应付款	278,179.88	740,304.50	963,935.08	136,248.93	1,650,000.00
预提费用	4,154,654.33	4,280,654.51	4,517,210.31	6,426,063.10	
一年内到期的长期负债				5,000,000.00	
流动负债合计	56,854,205.67	62,356,469.59	54,266,745.53	86,796,527.97	77,229,747.78
长期借款	90,060,000.00	79,760,000.00	79,760,000.00	10,000,000.00	15,000,000.00
长期负债合计	90,060,000.00	79,760,000.00	79,760,000.00	10,000,000.00	15,000,000.00
负债合计	146,914,205.67	142,116,469.59	134,026,745.53	96,796,527.97	92,229,747.78
股本	50,000,000.00	50,000,000.00	50,000,000.00	50,000,000.00	50,000,000.00
资本公积	11,541,365.10	11,541,365.10	11,541,365.10	11,500,093.10	11,500,093.10
盈余公积	4,314,964.86	4,314,964.86	4,314,964.86	1,969,686.81	
其中：公益金	1,438,321.62	1,438,321.62	1,438,321.62	656,562.27	
未分配利润	39,279,241.20	35,262,221.54	24,451,467.49	11,161,558.55	
股东权益合计	105,135,571.16	101,118,551.50	90,307,797.45	74,631,338.46	61,500,093.10
负债与股东权益总计	252,049,776.83	243,235,021.09	224,334,542.98	171,427,866.43	153,729,840.88

简要利润表及利润分配表

单位：元

项　　目	2002 年 1－9 月	2002 年 1－6 月	2001 年度	2000 年度	1999 年度
主营业务收入	214,582,528.72	150,821,899.08	249,790,786.85	216,160,038.92	187,422,768.43
减：主营业务成本	170,741,461.44	120,657,882.23	197,700,491.00	168,866,241.74	148,215,014.07
主营业务税金及附加	272,192.70	38,270.86	200,821.55	195,723.66	216,999.92
主营业务利润	43,568,874.58	30,125,745.99	51,889,474.30	47,098,073.52	38,990,754.44
加：其他业务利润	352,585.55	323,791.12	459,952.11	－242,478.76	
减：营业费用	10,361,764.31	7,002,939.40	13,556,526.14	13,083,814.60	14,521,488.67
管理费用	9,271,201.38	5,818,824.27	11,723,316.14	10,753,207.21	10,213,454.31
财务费用	1,792,302.10	1,127,132.84	3,068,547.42	2,762,057.25	737,618.92
营业利润	22,496,192.34	16,500,640.60	24,001,036.71	20,256,515.70	13,518,192.54
加：营业外收入			243,852.50	437,737.33	
减：营业外支出	93,594.61	93,594.61	272,986.01	451,359.91	
利润总额	22,402,597.73	16,407,045.99	23,971,903.20	20,242,893.12	13,518,192.54
减：所得税	7,574,824.02	5,596,291.94	8,336,716.21	7,111,647.76	4,461,003.54
净利润	14,827,773.71	10,810,754.05	15,635,186.99	13,131,245.36	9,057,189.00
加：年初未分配利润	24,451,467.49	24,451,467.49	11,161,558.55		
可供分配的利润	39,279,241.20	35,262,221.54	26,796,745.54	13,131,245.36	9,057,189.00
减：提取法定盈余公积	0.00	0.00	1,563,518.70	1,313,124.54	
提取法定公益金	0.00	0.00	781,759.35	656,562.27	
可供股东分配的利润	39,279,241.20	35,262,221.54	24,451,467.49	11,161,558.55	9,057,189.00
减：99 年 9－12 月利润由集团享有					2,584,495.88
已折股的净利润					6,472,693.12
未分配利润	39,279,241.20	35,262,221.54	24,451,467.49	11,161,558.55	0.00

简要现金流量表

单位：元

项目　　　　日期	2002 年 1－6 月	2001 年度
一、经营活动产生的现金流量		
销售商品、提供劳务收到的现金	146,527,116.75	247,869,733.14
收到的税费返还	1,084,616.77	
收到的其他与经营活动有关的现金		223,859.92
现金流入小计	147,611,733.52	248,093,593.06
购买商品、接受劳务支付的现金	120,710,741.79	204,523,990.13
支付给职工以及为职工支付的现金	7,848,973.07	10,198,700.00
支付的各项税费	5,741,851.07	13,545,000.00
支付的其他与经营活动有关的现金	5,844,333.74	14,056,073.09
现金流出小计	140,145,899.67	242,323,763.22
经营活动产生的现金流量净额	7,465,833.85	5,769,829.84
二、投资活动产生的现金流量		
处置固定资产、无形资产和其他长期资产而收回的现金	12,000.00	
现金流入小计	12,000.00	
购建固定资产、无形资产及其他长期资产所支付的现金	8,680,187.66	48,988,112.55
现金流出小计	8,680,187.66	48,988,112.55
投资活动产生的现金流量净额	－8,668,187.66	－48,988,112.55
三、筹资活动产生的现金流量		
借款所收到的现金		82,360,000.00
现金流入小计		82,360,000.00
偿还债务所支付的现金	1,127,132.84	15,000,000.00
分配股利、利润或偿付利息所支付的现金		3,068,547.42
现金流出小计	1,127,132.84	18,068,547.42
筹资活动产生的现金流量净额	－1,127,132.84	64,291,452.58
五、现金及现金等价物净增加额	－2,329,486.65	21,073,169.87

600535 天津天士力制药股份有限公司

首次公开发行股票招股说明书摘要

一、释义

在本《招股说明书》摘要中，除另有说明外，下列简称具有如下含义：

简　　称	全称及演变
发行人、公司、本公司、或股份公司：	指天津天士力制药股份有限公司
天士力制药集团公司：	指本公司股改前的天津天士力制药集团有限公司
天使力联合公司：	指本公司前身—天津市天使力联合制药公司
天士力集团公司：	指天津天士力集团有限公司，现为本公司控股股东
254医院：	指中国人民解放军第二五四医院
中央药业：	指天津市中央药业有限公司，1998年9月由天津市中央制药厂更名而来
中央制药：	指天津市中央制药厂，1998年9月更名为天津市中央药业有限公司
尖峰集团：	指浙江尖峰集团股份有限公司
后勤部医药集团：	指中国人民解放军北京军区后勤部医药集团
金士力药研：	指天津市金士力药物研究开发有限公司，2000年9月由天津市天使力药物研究开发有限公司更名而来
天使力药研：	指天津市天使力药物研究开发有限公司，2000年9月更名为天津市金士力药物研究开发有限公司
浙江金磐万顺：	指金华市金磐开发区万顺贸易有限公司
天津永生建筑：	指天津新技术产业园区永生建筑有限公司
广州天河振凯：	指广州市天河振凯贸易有限公司
新资源公司：	指天津天士力新资源药业有限公司
陕西植物药业：	指陕西天士力植物药业有限公司，2001年2月由天士力商洛植物药业有限公司更名而来
商洛公司：	指天士力商洛植物药业有限公司，2001年2月更名为陕西天士力植物药业有限公司
三七公司：	指云南天士力金不换三七种植有限公司
医药公司：	指天津天士力医药有限公司
广告公司：	指天津天士力广告有限公司
国贸公司：	指天津港保税区天士力国际经贸技术发展有限公司
冰片公司：	指天津天士力湖南新晃天然冰片有限公司
博科林公司	指博科林(天津)包装新技术有限公司
天津市军队企业交接办公室：	指天津市军队武警部队和政法机关企业交接工作办公室
董事会：	指本公司股东大会选举产生的本公司董事会，其成员名单见本《招股说明书》摘要第十章
本次发行：	指本公司本次发行5,000万股新股的行为
主承销商：	指招商证券股份有限公司
上市推荐人：	指招商证券股份有限公司
证监会：	指中国证券监督管理委员会
财政部：	指中华人民共和国财政部
市政府：	指天津市人民政府
市国资局：	指天津市国有资产管理局
《公司法》：	指《中华人民共和国公司法》
股票或A股：	指面值为1元的记名式人民币普通股
元：	指人民币元
FDA:	指 Food and Drug Administration，美国食品与药品监督管理局
GAP:	指 Good Agriculture Practice，药材种植生产质量管理规范
GMP:	指 Good Manufacturing Practice，药品生产质量管理规范
GSP:	指 Good Supplying Practice，药品经营质量管理规范
GLP:	指 Good Laboratory Practice，药品非临床研究质量管理规范
GCP:	指 Good Clinical Practice，药品临床试验管理规范
OTC:	指 Over－the－Counter，非处方药

二、本次发行概况

(一)本次发行基本情况

1、股票种类：人民币普通股(A股)，每股面值1.00元

2、发行股数：5000万股，占发行后总股本的26.32%

3、每股发行价：14.70元

4、每股盈利：以2001年公司经审计净利润10,287.14万元、截至2001年12月31日总股本14000万股计算，公司2001年每股盈利为0.735元。

5、发行市盈率：根据以上每股盈利，此次发行价格的市盈率为20倍。

6、每股净资产：发行前为2.05元(依据2002年6月30日数据计算)

发行后为5.25元(依据2002年6月30日审计数据及拟募集资金净额计算)

7、发行方式：全部向二级市场投资者定价配售。

8、发行对象：于2002年8月5日持有上交所或深交所已上市流通人民币普通股(A股)股票的收盘市值总和(包括可流通但暂时锁定的股份市值)不少于10,000元的投资者。两市投资者都可参加本次新股发行的配售。配售时，投资者分别使用其所持的沪、深两市的股票市值。

9、承销方式：承销团余额包销。

10、本次发行募股资金：募集资金总额73,500.00万元，扣除发行费用2,377.75万元，募集资金净额为71,122.25万元。

11、发行费用概算

总　额	2377.75万元
其中：承销费用	1837.50万元
会计师事务所审计费用	180.00万元
律师事务所费用	50.00万元
资产评估事务所费用	50.00万元
上网发行手续费	257.25万元
审核费用	3.00万元

(二)本次发行有关当事人

1、发行人：天津天士力制药股份有限公司

地址：天津市北辰科技园区

法定代表人：闫希军

电话：(022)26736999

传真：(022)26736721

联系人：张新军、宋利元

2、主承销商：招商证券股份有限公司

地址：深圳市福田区益田路江苏大厦38－45层

法定代表人：宫少林

电话：(0755)82943666

传真：(0755)82943121

联系人：朱仙奋、程洪波、候凌天

3、副主承销商：国联证券有限责任公司

电话：(0510)2768480

联系人：张志伟、刘桢

4、分销商：中国银河证券有限责任公司

华泰证券有限责任公司

平安证券有限责任公司

大鹏证券有限责任公司

三峡证券有限责任公司

蔚深证券有限责任公司

5、上市推荐人：招商证券股份有限公司

6、发行人律师：内蒙古建中律师事务所

地址：内蒙古包头市建设路中段

法定代表人：宋建中

电话：(0472)7155473

经办律师：颜承侪、刘怀宽

7、会计师事务所：浙江天健会计师事务所有限公司

地址：浙江省杭州市文三路388号

法定代表人：胡少先

电话：(0571)88216761

经办会计师：钟建国、孙文军

8、资产评估机构：北京中企华资产评估有限责任公司

地址：北京朝阳区朝外大街泛利大厦910室

法定代表人：孙月焕

电话：(010)65881818

经办评估师：黎东标、李建英

9、股票登记机构：中国证券登记结算有限责任公司上海分公司

地址：上海市浦东新路陆家嘴东路166号

电话：(021)58708888

发行人与本次发行有关的中介机构及其负责人、高级管理人员及经办人员之间不存在直接或间接的股权关系或其他权益关系。

(二)发行、上市有关重要日期

项　　目	时　　间
发行公告刊登日期	2002年8月6日
申购日期	2002年8月8日
摇号日期	2002年8月9日
摇号结果公布日期	2002年8月12日
收缴股款日期	2002年8月13日
预计挂牌交易日期	本次公开发行的股票发行结束后，将尽快在上海证券交易所上市。

三、主要风险因素与对策

投资者在评价发行人此次发售的股票时，除本《招股说明书》摘要提供的"特别风险"及其它资料外，应特别认真考虑下述各项主要风险因素。根据重要性原则或可能影响投资决策的程度大小排序，本公司风险如下：

(一)业务经营风险

1、产品结构单一的风险

本公司1999年、2000年及2001年主导产品复方丹参滴丸的销售收入分别为24925万元、37833万元和57999万元，分别占当年主营业务收入的98.51%、96.61%和84.73%。公司产品结构单一。复方丹参滴丸的经营状况直接决定了公司的收入水平。一旦该产品由于质量、替代产品等因素出现市场波动，公司将面临经营困境。

公司另一主要产品养血清脑颗粒的生产与销售近期呈快速上升趋势。2000年、2001年该产品销售收入已分别占主营业务收入的2.68%和5.01%。但该产品短期内生产量、销售量相对复方丹参滴丸依然较低,不能有效地解决公司产品结构单一的问题。公司目前有9种在研产品或项目,但这些产品或项目大多处于临床研究阶段,短期内不可能生产上市,公司产品结构单一的状况将在一段时间内继续存在。

但是,从长远来看,如果此次募集资金项目的安排得以顺利实施,公司将能有效地解决公司产品结构单一的问题。

本次公司募集资金净额为71,122.25万元,将主要用于研究开发、药材种植、提取制剂、市场开发和新建公司。这些项目建成后,公司将从目前基本单纯的复方丹参滴丸的生产与销售业务向前延伸到中药材种植,向后扩大到各类药品的销售。此外,新建丹酚酸粉针剂生产线、改造养血清脑颗粒生产线、投资组建天士力数字化中药中心有限公司和天士力生物制品有限公司项目的实施,将使公司的业务和产品多元化,有效减小产品结构单一的风险。

2、主要原材料供应集中及价格波动风险

公司主要生产用原材料为丹参、三七和冰片,此外还有当归、川芎等中药材。生产用辅料主要为聚乙二醇、酒精和石蜡,包装材料包括塑料瓶、药盒及防伪签等。2000年及2001年,公司前5名原料供应商分别为公司供应了价值6278万元、5603万元的原材料,分别占当期公司原材料采购的78.94%和65.49%,公司存在原材料采购过于集中的风险。

公司主要原材料丹参由本公司的控股子公司陕西植物药业全额供应,其他生产用原材料、辅料、包装材料主要需从外部药材公司和生产厂家购得。因此,一旦这些原材料出现供应不足或价格上涨,将直接影响公司的正常生产经营和盈利水平。

目前公司丹参的供应已完全得到保证,而且与子公司的交易有合同约束。目前,公司控股子公司云南天士力金不换三七种植有限公司尚未向公司提供三七,公司每年根据需求储存大量三七,以保证公司生产需要。公司拟利用本次募集资金扩建丹参、三七两个药材种植基地,项目建成后,不仅能完全满足公司今后对以上两种药材的需求,而且可以向外部提供。公司主要包装材料塑料瓶向关联公司博科林(天津)包装新技术有限公司和天津博科林药品包装技术有限公司全额采购,并有采购合同规范。

公司生产所需冰片、当归等药材及聚乙二醇、酒精等辅料的数量较小,市场供应相对充足。为进一步保障稳定的原材料价格和供应,公司已经或计划与供应商签定长期供应合同,建立长期合作关系。

(二)家族控制的风险

本次股票发行前,天士力集团公司直接持有本公司70%的股权,为本公司控股股东,其又通过控股天津永生建筑间接持有少量本公司股权。因金士力药研持有天士力集团公司50.11%的股权、本公司5.33%的股份,闫希军、吴迺峰夫妇分别持有金士力药研51%、5%的股权,通过计算,闫希军、吴迺峰夫妇实际持有本公司23.75%股权。闫希军目前担任天士力集团公司总裁,并担任本公司、三七公司、陕西植物药业董事长,吴迺峰目前担任天士力集团公司和医药公司董事长,所以,公司的实际控制人为闫希军、吴迺峰夫妇,公司存在家族控制风险。公司实际控制人可以通过行使行政权、表决权影响公司重大决策,从而可能影响公司中小股东的利益。

为保护中小股东的利益,公司《章程》规定:"公司的控股股东在行使表决权时,不得作出有损于公司和其他股东合法权益的决定。"此外,公司建立了关联交易事项的股东、董事回避制度。公司《章程》规定:"股东大会审议有关关联交易事项时,关联股东不应当参与投票表决,其所代表的有表决权的股份数不计入有效表决总数;股东大会决议的公告应当充分披露非关联股东的表决情况。"公司《董事会议事规则》规定了关联董事回避制度的内容。

公司设3名独立董事,并建立相应的独立董事制度,以维护中小股东利益。公司《章程》规定,独立董事享有对发行人所涉关联交易事项的合理性、可行性及客观公平性进行审查判断的特别权力。

为了保证本公司具有独立的生产经营环境,避免同业竞争,保障公司及公司其他中小股东的利益,天士力集团公司、金士力药研等关联方向本公司出具了不可撤销的《避免同业竞争承诺书》,承诺不会在中国境内或境外、以任何方式直接或间接从事对本公司的生产经营构成或可能构成竞争的业务或活动。

公司及关联公司其他董事、监事、高级管理人员、股东单位代表与闫希军、吴迺峰不存在任何亲属关系。公司股东会、董事会、监事会运行正常、规范。

(三)关联交易风险

报告期内,公司与天士力集团公司、金士力药研(原天使力药研)、新资源公司发生了子公司股权的转让与受让、固定资产、在建工程、无形资产的转让与受让、中药浸膏的购买等关联交易。该等关联交易为历史发生、一次性关联交易。

股份公司现在实际对外的主要关联交易有:向博科林公司及其控股子公司采购药品包装瓶、许可新资源公司有偿使用"天士力"商标及向天士力集团公司租赁房屋。股份公司具有完全独立的研究开发和供产销体系。

主承销商、发行人律师,公司独立董事及监事会对上述关联交易核查后认为,以上关联交易决策合法、有效,交易价格合理、公允,没有出现损害发行人或其他股东利益的情形。

虽然发行人已建立关联交易事项的董事、股东回避制度,并且授予独立董事对关联交易的特别审查权,但是,公司发行后,依然存在控股股东和实际控制人通过关联交易损害公司或其他中小股东利益的可能。

(四)技术风险

1、对核心技术人员、专有技术依赖的风险

公司产品复方丹参滴丸具有药效稳定、剂型先进、速效高效等特点,销售收入逐年递增。公司经营状况良好、产品畅销的原因之一为公司掌握着生产复方丹参滴丸的专有技术,其中主要包括复方丹参滴丸原料浸膏的提取技术、滴丸的制剂技术等。

公司主要核心技术人员为闫希军、吴迺峰等人。随着企业间和地区间人才竞争的日趋激烈,人才流动频繁,以及新技术和新工艺的不断出现,本公司存在对这些核心技术人员和专有技术依赖的风险。

针对这一风险,核心技术人员均向公司签署了《保证书》,对其在职、离职期间使用公司商业秘密和技术进行约束。

2、新产品开发风险

公司目前在研产品有9项,形成了以治疗心脑血管类药物为中心,向抗衰老、抗痴呆药物以及生物制药延伸的研究格局。由于医药产品具有高科技、高风险、高附加值的特点,新药开发的前期研发以及产品从研制、临床试验报批到投产的周期长,环节多,容易受到一些不可预测因素的影响。

公司将从制度建设上进一步完善新产品开发体制,在内部成立了技术委员会和专家委员会,负责对新药立项的内部审批和论证工作,力求开发科研风险小、市场潜力大、产业化可行性高的产品,降低公司新产品开发风险。同时在新产品的研发中,将注重产品研究周期的长、中、短合理搭配,有效地分配研究力量,尽量缩短研究周期,提高新产品开发成功率。

(五)募股资金项目风险

1、介入新业务领域风险

公司计划投资16951万元用于投资组建天士力数字化中药中心有限公司和天士力生物制品公司。以上项目均属公司未曾涉足的新领域,项目实施中的技术保障、人才保障和市场判断存在不确定性。

2、进入国际市场风险

本次公司拟投资2748.96万元在芬兰建立欧亚植物药研究所,作为打开国际市场的一个窗口,同时拟投资3200万元用于复方丹参滴丸美国FDA第I、II期的临床试验项目。由于境外的经济政策、消费倾向的不同,以及涉外管理人才短缺,可能导致境外投资项目在实施中受阻。

3、投资GAP种植基地项目风险

公司拟投资17343万元,在现有陕西植物药业、三七公司的基础上,在陕西省商洛地区和云南省文山州分别建设现代化药材生产基地,进行中药材的产业化、规模化种植。项目建成后,具有年产丹参12000吨、三七800吨、柴胡200吨的生产能力。不仅完全满足本公司对中药材的需求,而且可以向国内外市场供应。

上述项目具有如下特点或风险:1)投资量大、建设周期长、种植周期长、回收周期长;2)自然风险:该项目易受自然灾害、农业病虫害、气候异常等外部因素的影响;3)市场风险:除向本公司提供药材外,该项目外部市场的变化将直接影响种植基地项目的效益;4)大规模种植会给公司带来新的管理风险、人力资源风险、技术风险等。

4、投资研究所等项目风险

公司拟投资9600万元新建中药和生物制品研究所,投资2748.96万元新建欧亚植物药研究所,投资3200万元用于FDA临床实验。以上项目均具有不能直接产生经济效益的特点。如果以上项目的实施不能得到预期的效果,则公司面临资金使用效益低下或无法收回的风险。

(六)财务风险

1、应收帐款风险

截至1999年12月31日、2000年12月31日、2001年12月31日和2002年6月30日,公司应收帐款加其他应收款分别为10076万元、10709万元、12149万元和12440万元,占流动资产的比例分别为41.55%、42.00%、34.58%和30.06%,占资产总额比例分别为28.76%、25.47%、20.40%和18.28%。随着公司业务规模的不断扩大,应收帐款、其他应收款在资产总额中仍将保持较高的比例,若催收不力,则可能给公司带来呆坏帐风险。

公司应收帐款、其他应收款帐面价值较高的主要原因为公司生产经营规模的扩大。本公司主营业务收入2001年比2000年增长74.80%;应收帐款加其他应收款2001年12月31日较2000年12月31日增长13.44%。

本公司应收帐款、其他应收款帐龄较短。截至2001年12月31日和2002年6月30日的应收帐款帐龄结构如下:1年以内91.09%和87.26%,1-2年7.94%和11.68%,2-3年0.61%和0.04%,3年以上0.36%和1.02%,1年以上应收帐款占8.91%和12.74%。截至2001年12月31日和2002年6月30日的其他应收款帐龄结构如下:1年以内94.24%和93.14%,1-2年5.38%和6.19%,2-3年0.32%和0.61%,3年以上0.06%和0.06%。

1999年、2000年、2001年及2002年1-6月,应收账款周转天数分别为88天、70天、42天和37天。

公司对账龄5年以上的应收账款、其他应收款全额计提坏账准备,对5年以下的按其余额的5%计提坏账准备,计提比例较小,公司存在应收账款风险。

2、债务风险

截至1999年12月31日、2000年12月31日、2001年12月31日和2002年6月30日,公司的短期借款分别为4000万元、6500万元、21500万元和20650万元,环比增长率为62.50%、230.77%和-3.95%。

截至2001年12月31日和2002年6月30日,公司的长期借款为5000万元和8600万元。

公司短期借款增加并且拥有长期借款的主要原因为:1)公司生产、销售规模扩大,相应所需的流动资金增多,导致短期借款增多;2)公司为在建工程复方丹参滴丸系列中药现代化产业示范工程等项目向银行借款。

截至1999年12月31日、2000年12月31日、2001年12月31日和2002年6月30日,公司负债总额分别为21529万元、26415万元、34819万元和38103万元,流动负债分别为16529万元、21415万元、29819万元和29503万元,长期负债分别为5000万元、5000万元、5000万元和8600万元,资产负债率分别为61.45%、62.82%、58.48%和56.00%,流动比率分别为1.47、1.19、1.18和1.40,速动比率分别为1.35、1.06、1.07和1.27。上述指标均处于正常范围。但公司短期借款持续上升,可能引致偿债风险。

(七)搬迁风险

根据中央军委有关精神,本公司租用的原厂区天士力集团公司生产用辅助设施及厂房须于2001年12月底以前移交给254医院,公司生产及办公用场地须迁至位于天津市新技术产业园区北辰科技园区内的新厂区。2001年底前,天士力集团公司已将原厂区不动产移交给254医院。但鉴于公司生产经营目前仍需继续使用原厂区不动产,2001年12月30日,公司与254医院签定《财产综合租赁协议》,继续租用原厂区不动产。

公司目前在原厂区主要进行复方丹参滴丸、养血清脑颗粒的中药浸膏生产以及进行少量复方丹参滴丸、全部养血清脑颗粒的制剂生产程序。截至2001年12月31日,公司新厂区生产厂房,即复方丹参滴丸系列中药现代化产业化示范工程项目已达到预定可使用状态,公司新厂区目前已担任了大量复方丹参滴丸制剂以及滴丸与颗粒的包装任务。

续租期间,公司将根据生产需要及新厂区生产条件进展情况,陆续进行搬迁工作。搬迁事项可能对本公司构成以下风险:

1、直接设备损失。目前原厂区生产性机器设备截至2001年12月31日的账面净值约为500万元。如果搬迁,可能发生的损失额预计约为72万元。该项设备损失额将直接计入本公司搬迁当期的成本费用。

2、如果在搬迁过程中老厂区与新厂区生产衔接不好,可能出现生产停顿现象,公司的生产经营及其效益将受到影响。

3、公司搬迁后,在生产能力大幅上升的同时,固定资产大幅增大导致折旧费增加。

(八)发行后净资产收益率下降引致的风险

1999年、2000年及2001年,本公司净资产收益率分别为44.47%、53.00%和43.08%。公司完成本次发行后,扣除发行费用,将可募集资金71122.25万元,发行后净资产将比2002年6月30日的28639.03万元增长约3倍。依据2001年公司经审计净利润10287.14万元计算,发行后公司全面摊薄净资产收益率为10.31%,较2001年度的43.08%有大幅下降,公司存在由于净资产收益率下降引致的相关风险。

(九)市场风险

1、产品生命周期的风险

公司主导产品复方丹参滴丸面市销售8年,近三年销售收入平均增长率约为50%。虽然该产品目前处于高速成长期,但是并不能排除在未来几年进入成熟期甚至衰退期的可能性。而且,化学药品、生物药品的竞争以及相关医疗手段水平的提高,会使中药产品的生命周期相对缩短,同时导致中药在整个医药市场的份额下降,从而影响到复方丹参滴丸市场占有率和未来发展空间。

公司将加大科研投入,提高质量控制手段,利用在丹参基础研究方面的优势和在复方丹参滴丸分子水平、细胞水平、基因水平层次上已经取得的大量研究成果,对复方丹参滴丸按照国际标准进行二次开发和深度研究,努力使产品的各项技术指标继续保持行业领先水平,并重点扩大产品适应症及市场面,延长产品成长期,推迟成熟期和衰退期的到来。同时,公司将加大养血清脑颗粒的市场推广力度和新药品的研究开发力度,培养新的业务和利润增长点。

2、开拓国内市场的风险

复方丹参滴丸目前仍以国内大中城市医院为主要市场,该产品在新兴OTC市场和农村市场的市场占有率仍较低。由于对这些市场的市场特征以及消费者用药习惯等缺乏深入了解,所以在开拓这些国内市场时,可能会发生销售情况不理想的情况。

2001年,公司调整并重新规划了国内市场布局,并针对OTC市场和农村市场制定了新的发展战略。公司已在全国建立24个销售大区,87个办事处,并通过公司控股的医药公司及120余家一级批发商和300余家二级批发商,形成了全国性的营销网络。公司将加大市场调研和开拓力度,针对不同市场的消费者需求,制定出具有较强市场适应性的市场开拓和产品营销策略,从单纯的市场销售转向全面市场营销,并通过开展医疗药品服务及其他面向最终用户的服务,进一步扩大公司主导产品的市场空间,提高市场占有率。

3、行业内部竞争的风险

由于中药产业的发展前景及心脑血管类药物的巨大市场潜力,未来将会有更多的企业进入到该行业,现有中医药企业会加大对该行业的投入,因而导致市场竞争加剧、行业利润率降低。

针对以上行业竞争风险,公司将加快并加大力度实施技术改造和新项目建设,在巩固和发挥复方丹参滴丸质量优势和规模优势的基础上,不断开发出新型中药产品,并通过快速扩张的国内外市场营销网络迅速占领市场,扩大产品优势。在开发中药产品方面,公司将加大科研力度,找准市场定位,进一步突出中成药在预防和治疗各种老年病、慢性病和非传染性疾病方面具有的特殊效果,发挥中药毒副作用小的优势,减轻化学药和生物药的冲击。

4、医药市场秩序风险

目前我国医药市场还处于治理整顿时期,医药市场依然存在混乱现象。我国医药市场存在的混乱现象主要表现在:假冒、伪劣药品依然盛行;医药购销过程中的商业贿赂、不正当竞争、开单提成和暗箱操作现象依然存在;药品购买方拖欠药款的现象时有发生。

作为医药企业,本公司已经或将要采取以下措施,维护公司利益:1)为打击假冒伪劣产品和侵权行为,公司将组织专门机构配合国家有关部门,以法律为武器,加大打击力度;2)提高产品包装的技术含量,确保自身利益不受侵犯;3)公司不断从销售管理政策、资金回笼政策、结算方式等方面加强对客户的监督和控制,加大货款催收力度,对销售商的经营情况加强跟踪考查,保证资金安全,促进资金回笼。

5、加入WTO对公司生产经营的影响

加入WTO后,我国医药卫生领域诸多政策将会调整,外商投资限制逐步取消,药品进口关税会逐渐降低。届时,公司将面临来自国外大型跨国制药企业在产品、技术、资金实力等方面的竞争。

公司将在企业发展策略、管理、科研技术、市场营销等方面作出调整,使之适应入世后市场竞争,提高公司的综合竞争实力。同时,抓住加入WTO带来的机遇,以复方丹参滴丸通过美国FDA临床用药申请为契机,争取进入国际药品主流市场,使公司发展成为具备与跨国制药集团相抗衡实力的制药企业。

(十)高速成长的管理风险

股份公司本次拟募集资金净额为71122.25万元,募集资金到位后,公司净资产规模大幅扩大。发行后,如果公司缺乏明确的发展战略和产业布局,缺乏准备充分的优质投资项目,缺乏具备技术能力、市场营销能力、管理能力的优秀人才,将存在资金投资效果差、回报率低的风险;如果公司内部控制制度、资金存管制度不严,将对公司资金资产的安全构成威胁。这些将影响资金的保值增值,从而影响股东利益。

通过几年的发展,公司已具备现代企业管理能力,建立了治疗心脑血管疾病药物产业基础,积累了丰富的技术开发、市场营销和企业管理经验,培养了一支技术开发、市场营销、企业管理能力强的人才队伍。

公司已制定明确的企业和中药产业发展战略,药品研究开发、中药材基地建设、中药提取、制剂、销售的产业框架已形成。公司发展治疗心脑血管疾病药品的方向清晰,本次所募资金将主要用于研究开发、产业配套、规模扩大和完善产品系列。募股资金投资项目已准备就绪,部分项目已经启动。

此外,公司在技术保障、人才保障方面已作好充分准备。针对募集资金金额大、项目多的特点,公司还将进一步加强资金管理制度,使项目得以顺利实施。

(十一)人力资源风险

人力资源方面的风险主要表现在:1)公司产品复方丹参滴丸的成功与该药品专有技术密不可分,目前该技术由公司少数核心技术人员掌握。若技术人员流失,公司则面临极大的经营困难;2)目前公司医药销售人员年流动率约为10%,若由于市场原因导致销售人员大量流失,将直接影响公司经营业绩;3)上市后,经营规模的快速扩大使公司人力资源保证存在不确定因素;4)加入WTO后,国外制药企业的进入、市场竞争的加剧将使公司面临人才流失、人员素质等待提高的压力。

公司将在吸引人才、留住人才、提高人员素质等方面采取措施,降低人力资源风险。

(十二)政策风险

1、医疗、医药制度改革

我国已经建立了药品分类管理制度,并从2000年1月1日起施行《处方药和非处方药管理办法》。未来几年,我国还将全面推进药品流通体制改革,大力推行以竞争为核心的市场机制,推行GSP认证管理,推广药品零售连锁经营,促进集约化经营,整顿药品流通秩序;我国还将逐渐推行以GMP为代表的医药企业管理规范,大力推行GMP、GCP、GSP、GAP等,以规范医药行业发展,保障人民用药安全。以上改革措施将在原材料采购、生产制造、药品销售等方面影响公司的生产经营。

2000年,本公司复方丹参滴丸和养血清脑颗粒被列入《国家基本医疗保险药品目录》,其中复方丹参滴丸进入"甲类目录",养血清脑颗粒进入"乙类目录",1997年复方丹参滴丸被列为全国中医医院急诊科室必备用药。以上情况对公司药品销售极为有利。公司已通过GMP标准认证,符合国家的药品生产政策。针对其他可能的改革影响,公司将及时掌握我国医疗制度改革的具体步骤与内容,仔细研究改革对公司生产经营的影响,并采取有效的措施,及时作出调整,以减少风险。

2、产品价格管制的风险

目前,我国正在实施药品价格改革,其核心是建立合理的药品价格形成机制和管理体制。

本公司产品复方丹参滴丸和养血清脑颗粒为《国家基本医疗保险药品目录》所列药品,两种产品均是由政府定价。随着药品价格改革、医疗保险制度改革的深入或其它政策、法规的调整或出台,公司产品的价格可能会降低或提高,从而对公司的经营业绩产生直接影响。

针对产品价格管制风险,公司将采取以下对策:1)继续深入进行复方丹参滴丸的二次开发与研究,提高产品质量,以质量促销售,使公司享有稳定的市场基础;2)加大公司市场开发的力度,使公司产品在市场的认知度继续提高,以不断扩大的市场来弥补价格调整可能带来的风险;3)以募股资金扩大公司经营范围,增加产品品种,形成多元化的经营体系,分散风险;4)加大对医药政策、价格政策的研究与跟踪力度,适时调整公司经营策略,以减轻价格调整对公司产生的不利影响。

3、加入WTO后,中药标准出台或者改变带来的风险

国内中药目前尚未有一个与国际接轨的中药检测标准,国产中药的生产检测标准一直采用《中国药典》所规定的标准执行。

2001年7月1日,我国颁布了第一个中药进出口质量标准《药用植物及其制剂进出口绿色行业标准》。该标准重点强调重金属及砷盐、黄曲霉毒素、农药残留量和微生物等四组指标,基本与其它国家相关标准接轨。有关人士预测,这一标准三四年后将成为中药进出口的强制性标准,并可能过渡为全行业标准。同时,国家通过制定实施GAP、GLP、GMP和GSP,加强对药品的管理,并同国际同行业接轨。如果这些标准全部被推出并严格执行,国内一批不符合标准的医药企业将面临被淘汰的风险。

股份公司依靠强大的研究开发实力和良好的基础设施建设,在中药标准方面走在行业的前列。公司从中药源头狠抓质量控制,建立了符合国际规范的GAP药源基地;公司中药提取、制剂技术水平为国际一流,各项技术指标超出国家标准,2001年,公司生产车间通过国家GMP标准认证;公司属下控股子公司医药公司已通过国家GSP标准认证;公司建立了国内一流的实验室,随时等待国家GLP认证。

本次发行后,公司产品规模将扩大,品种将增多,公司将继续秉承高标准的经营作风,加大研究开发、质量控制及相关硬件设施的投入,使公司产品质量符合国内、国际标准。

加入WTO后,国内中药标准出台或者改变,将加快中药产业的重组,产业集中度将会提高,将出现优胜劣汰的局面。股份公司处于有利的地位,面临的风险较小。

4、税收优惠政策风险

公司自1998年以来实际税负为15%,但公司2000年1-11月实行先征后返的操作方式与国务院2000年1月11日发布的《关于纠正地方自行制定税收先征后返政策的通知》(国发[2000]2号)有不符之处,随着宏观经济形势的变化,国家可能会调整宏观经济政策和税收政策,公司存在2000年1-11月间返还税款被追缴的风险。

从2000年12月起,本公司按照国家对高新技术企业的优惠政策,按15%计缴所得税。

(以上风险因素中涉及公司的数据由公司统计得来或来自浙江天健会计师事务所有限公司出具的审计报告)

四、发行人的基本资料

(一)基本情况

中文名称:天津天士力制药股份有限公司

英文名称:TIANJIN TASLY PHARMACEUTICAL CO., LTD.

法定代表人:闫希军

变更设立日期:2000年4月30日

住　　所:天津市北辰科技园区(邮政编码:300402)

电话号码:022-26736999

传真号码:022-26736721

互联网址:www.tasly.com

电子信箱:stock@tasly.com

本公司为天津市高新技术企业,主要生产以预防、治疗心脑血管疾病为主的系列药品,主要产品为复方丹参滴丸和养血清脑颗粒。1997年12月9日,复方丹参滴丸以药品身份正式通过美国FDA临床用药申请,实现中药进入世界医药主流市场的历史性突破。公司已通过GMP和ISO9001.2000版认证。

(二)历史沿革

天津天士力制药股份有限公司是于2000年4月27日经天津市人民政府(津股批[2000]4号文)批准,由天津天士力制药集团有限公司整体变更而成的股份有限公司。股份公司成立后,原天津天士力制药集团有限公司股东天津天士力集团有限公司、广州市天河振凯贸易有限公司、天津市天使力药物研究开发有限公司、天津新技术产业园区永生建筑有限公司、金华市金磐开发区万顺贸易有限公司、浙江尖峰集团股份有限公司及天津市中央药业有限公司为股份公司股东。公司于2000年4月30日领取企业法人营业执照,注册号1200001001441,注册资本14000万元。公司历史沿革如下:

1、1994年5月,公司前身天津市天使力联合制药公司成立

本公司前身为1994年5月6日成立的天津市天使力联合制药公司。天使力联合公司经济性质为全民与全民联营企业,注册资本1200万元,天津市华兴医药设备商行、天津市中央制药厂各占70%、30%权益。该公司于1994年5月6日领取《企业法人营业执照》,注册号:10353832。

天津市华兴医药设备商行是中国人民解放军第二五四医院下属的全资企业。1997年因国家调整军队经营企业政策,天津市华兴医药设备商行被撤销,其所持有天使力联合公司的权益由隶属北京军区联勤第八分部的254医院承接。

2、1998年4月,天津市天使力联合制药公司增资改制并更名为天津天士力制药集团有限公司

1997年10月15日,天使力联合公司董事会第九次全体会议([97]董字第1号)决定,在天使力联合公司的基础上,增资扩股,吸收浙江尖峰集团股份有限公司为股东,并按照《公司法》的要求将原全民所有制联营企业改制为有限责任公司。

1997年11月9日,254医院、中央制药、尖峰集团签订协议,天使力联合公司增资改制为公司制企业,并更名为"天津天士力制药集团有限公司"。公司注册资本由1200万元增加到9150万元。原股东254医院、中央制药分别以所占天使力联合公司截至1997年10月31日经评估确认后的净资产值5947.50万元中的4575万元、1372.5万元分别折为50%、15%股权,尖峰集团以现金3202.5万元作为增资,占35%股权。

天津天士力制药集团有限公司("天士力制药集团公司")于1998年4月30日注册成立,成立后完全承继天使力联合公司的资产、负债和业务。

经本次变更后,天士力制药集团公司股权结构如下:

股东	出资额	持股比例
254医院	4575.00万元	50%
尖峰集团	202.50万元	35%
中央制药	1372.50万元	15%
合计	9150.00万元	100%

本次变更后,天士力制药集团公司办理了工商变更登记手续,并于1998年4月30日更换了《企业法人营业执照》,注册号:10307301。

3、1998年5月,中国人民解放军第二五四医院向闫希军和天津天士力制药集团有限公司职工持股会分别无偿转让3%、2%股权

根据254医院《关于对闫希军同志及天津天士力制药集团有限公司有突出贡献人员奖励的决定》([1998]党字第6号),1998年5月2日,254医院与闫希军和天士力制药集团公司职工持股会分别签订《出资(股权)无偿转让协议书》,协议明确:254医院将其持有的天士力制药集团公司3%股权(274.5万元)无偿转让给闫希军,作为对其科技成果的奖励;将2%股权(183万元)无偿转让给天士力制药集团公司职工持股会,作为对公司发展有突出贡献人员的奖励。

上述股权转让完成后,天士力制药集团公司的股权结构如下:

股　东	出资额	持股比例
254医院	4117.50万元	45%
尖峰集团	3202.50万元	35%
中央制药	1372.50万元	15%
闫希军	274.50万元	3%
天士力制药集团公司职工持股会	183.00万元	2%
合计	9150.00万元	100%

本次变更后,天士力制药集团公司办理了工商变更登记手续。

4、1998年6月,中国人民解放军第二五四医院将其所持天津天士力制药集团有限公司45%股权无偿移交给中国人民解放军北京军区后勤部医药集团

根据1998年5月20日中国人民解放军北京军区后勤部《关于天士力制药集团有限公司军队股权移交事宜》([1998]后生字第019号)的指示,254医院将其所持天士力制药集团公司45%股权无偿移交给北京军区后勤部医药集团。

经本次变更后,天士力制药集团公司股权结构如下:

股 东	出资额	持股比例
北京军区后勤部医药集团	4117.50万元	45%
尖峰集团	3202.50万元	35%
中央制药	1372.50万元	15%
闫希军	274.50万元	3%
天士力制药集团公司职工持股会	183.00万元	2%
合计	9150.00万元	100%

1998年10月29日，天津火炬会计师事务所出具《验资报告》(津火内验[98]第268号)，对天士力制药集团公司上述第3、4项股权变更情况的真实性和合法性进行了审验。本次变更后，天士力制药集团公司办理了工商变更登记手续。

5、1998年12月，中国人民解放军北京军区后勤部医药集团将所持45%股权移交给天津市军队武警部队和政法机关企业交接工作办公室；闫希军和天津天士力制药集团有限公司职工持股会将其各自所持3%、2%股权无偿转让给天津市天使力药物研究开发有限公司

1998年12月，按照军队、武警部队不再从事经商活动的政策规定，并根据1998年11月23日中共北京军区《关于企业移交、撤销、保留方案的请示》的批复([1998]党字第69号)，北京军区后勤部医药集团将所持45%股权移交给天津市军队企业交接办公室。

1998年12月22日，闫希军、天士力制药集团公司职工持股会分别与天津市天使力药物研究开发有限公司签订《股权转让协议书》，将其各自所持3%、2%股权无偿转让给天使力药研。

天使力药研成立于1998年11月，系由天士力制药集团公司的主要管理人员和部分业务骨干出资设立的有限责任公司。

经本次变更后，天士力制药集团公司的股权结构如下：

股 东	出资额	持股比例
天津市军队企业交接办公室	4117.50万元	45%
尖峰集团	3202.50万元	35%
中央药业 *	1372.50万元	15%
天使力药研	457.50万元	5%
合计	9150.00万元	100%

*注：1998年9月，天津市中央制药厂更名为天津市中央药业有限公司("中央药业")。

本次变更后，天士力制药集团公司办理了工商变更登记手续。

6、1999年1月，闫希军以奖励股份、天津市中央药业有限公司以现金分别增资

根据1998年3月15日天士力制药集团公司董事会通过的《关于对董事长(专职)年终进行奖励的决定》([98]董字05号)、1999年1月18日董事会第一次全体会议决定([99]董字01号)的奖励计算方法以及《1998年度利润分配的决定》([99]董字04号)，1999年1月18日，天士力制药集团公司1999年度股东会第一次全体会议通过([99]股字01号)决议，给予闫希军18万元现金及108万元股份奖励，并同意把108万元奖励股份作为增资计入公司注册资本，公司从而进行增资扩股。同时，为满足股东中央药业保持15%股权比例不变的要求，股东会同意其以现金出资25万元，折合资本20万元作为增资计入公司注册资本。

经本次变更后，天士力制药集团公司注册资本由9150万元增加到9278万元，股权结构如下：

股 东	出资额	持股比例
天津市军队企业交接办公室	4117.50万元	44.38%
尖峰集团	3202.50万元	34.52%
中央药业	1392.50万元	15.01%
天使力药研	457.50万元	4.93%
闫希军	108.00万元	1.16%
合计	9278.00万元	100%

1999年2月28日，北京中润会计师事务所出具润验字(99)第010号《验资报告》对上述增资事项的真实性和合法性进行了审验。本次变更后，天士力制药集团公司办理了工商变更登记手续，并更换了《企业法人营业执照》。

7、1999年8月，天津市国有资产管理局向天津市天使力药物研究开发有限公司转让天津市军队武警部队和政法机关企业交接工作办公室所持公司31%股权

根据1999年7月22日天津市军队企业交接办公室《关于同意天津市天使力药物研究开发有限公司购买国有股权的通知》(津军政企[1999]25号)，1999年8月6日，天津市国有资产管理局与天使力药研签订了《国有出资转让协议书》，将其持有的天士力制药集团公司31%的股权转让给天使力药研。其中，25.2%部分由天使力药研出资购买，交易价格以1998年12月31日公司帐面净资产11410万元为基数计算为2876.18万元，其余5.8%部分由市政府奖励给公司科技人员，由公司科技人员出资组建的天使力药研承接。

(注：天津市军队武警部队和政法机关企业交接工作办公室，系天津市人民政府按照中央关于军队、武警等不再从事经商活动的精神于1998年成立的专门接收军队、武警部队、政法机关所办企业的临时机构，隶属天津市经济委员会。经该办接收的军队企业的所有权由天津市国有资产管理局行使。)

经本次变更后，公司的注册资本仍为9278万元，其股权结构如下：

股 东	出资额	持股比例
天使力药研	3333.68万元	35.93%
尖峰集团	3202.50万元	34.52%
中央药业	1392.50万元	15.01%
天津市国有资产管理局	1241.32万元	13.38%
闫希军	108.00万元	1.16%
合计	9278.00万元	100%

本次变更后，天士力制药集团公司办理了工商变更登记手续，并于1999年9月3日领取了《企业法人营业执照》，注册号：10307301。

本次股权转让未经资产评估。发行人律师对本次股权转让核查后认为：鉴于天士力制药集团公司在由天津市天使力联合制药公司增资变更过程中，已对1997年10月31日的净资产进行了评估，并于1998年4月取得天津市国资局评估确认，公司按评估后价值调整了账面价值，该项评估及确认离本次股权转让约定基准日1998年12月31日间隔不远；天津市军队企业下发的(津军政企[1999]25号)通知中已明确31%股权转让的具体价格及计算方法；天津市国有资产管理局于1999年8月6日与天津市天使力药物研究开发有限公司签订了《国有出资转让协议书》；基准日(1998年12月31日)至协议签订日期间实现的利润由天津市国有资产管理局享有和收取；2002年1月4日，天津市财政局在给发行人的复函中，确认前述出资转让无须评估，并说明了不予评估的依据和理由；根据《国有资产评估管理办法施行细则》第五条的规定，国有资产转让时，国有资产管理机关认为不需要评估的，经批准可以不进行评估，因此，资产评估不是本次股权转让的法定程序：本次股权转让符合当时政策趋向；转让价格合理，无损于国有资产；股权变动合法合规、真实有效。

8、2000年1月，天津市国有资产管理局向天津市中央药业有限公司转让所持13.379%股权

2000年1月21日，天津市国有资产管理局与中央药业签订了《国有股权转让协议书》，天津市国有资产管理局将其所持有的13.379%股权转让给中央药业，转让价格为21,212,000.69元。

经本次变更后，天士力制药集团公司的股权结构如下：

股 东	出资额	持股比例
天使力药研	3333.68万元	35.93%
尖峰集团	3202.50万元	34.52%
中央药业	2633.82万元	28.39%
闫希军	108.00万元	1.16%
合计	9278.00万元	100%

本次变更后，天士力制药集团公司办理了工商变更登记手续。

9、2000年2月，闫希军先生以奖励股份增资

根据1999年1月18日天士力制药集团公司99年度董事会第一次全体会议确定的奖励政策，并根据2000年1月30日2000年董事会第一次会议第2号决议([2000]董字第02号)、第二次会议第2号决议([2000]董字第05号)对总裁1999年经营业绩的奖励安排，经2000年1月31日天士力制药集团公司股东会2000年第二次会议决议([2000]股字第02号)，给予闫希军208万元股份奖励，作为增资计入公司注册资本，公司从而进行增资扩股。公司注册资本由9278万元增加到9486万元。

经本次增资后，天士力制药集团公司的股权结构如下：

股 东	出资额	持股比例
天使力药研	3333.68万元	35.14%
尖峰集团	3202.50万元	33.76%
中央药业	2633.82万元	27.77%
闫希军	316.00万元	3.33%
合计	9486.00万元	100%

浙江天健会计师事务所有限公司于2000年2月29日出具《验资报告》(浙天会验[2000]第34号)，对本次注册资本的变更进行了审验。天士力制药集团公司办理了工商变更登记手续，并于2000年3月15日更换了《企业法人营业执照》，注册号：1200001001441。

10、2000年3月2日，浙江尖峰集团股份有限公司、天津市中央药业有限公司、闫希军将部分股权转让给天津市天使力药物研究开发有限公司

2000年3月2日，尖峰集团、中央药业、闫希军分别与天使力药研签订《出资转让协议》，分别将0.76%、0.765%、3.331%股权转让给天使力药研。尖峰集团股权转让价款为1,054,720.55元；中央药业股权转让价款为1,061,659.50元；闫希军所持股权转让价款为4,622,729.13元。以上转让价格以天士力制药集团公司1999年12月30日经审计确认的帐面净资产减未分配利润加增资额(闫希军208万元股份增资)为基数予以确定。

本次变更后，天士力制药集团公司股权结构如下：

股 东	出资额	持股比例
天使力药研	3794.40万元	40%
尖峰集团	3130.38万元	33%
中央药业	2561.22万元	27%
合计	9486.00万元	100%

本次变更后，天士力制药集团公司办理了工商变更登记手续。

11、2000年3月，天津市天使力药物研究开发有限公司、浙江尖峰集团股份有限公司、天津市中央药业有限公司分别出资设立"天津天士力集团有限公司"，并以各自所持有天津天士力制药集团有限公司28%、23.1%、18.9%股权，作为对天津天士力集团有限公司的部分出资。天津天士力集团有限公司成立后持有天津天士力制药集团有限公司70%股权。

2000年3月5日，天使力药研、尖峰集团、中央药业签订《出资人协议》，三方合资设立"天津天士力集团有限公司"。天津天士力集团有限公司注册资本18600万元，三方出资比例依次为50.11%、27.44%、22.45%，并将各自所持有天士力制药集团公司40%、33%、27%股权的70%，即28%、23.1%、18.9%股权，作为对天士力集团公司的部分出资，其余出资为现金、实物资产和无形资产。天使力药研、尖峰集团、中央药业股权出资价值以北京中企华资产评估有限责任公司出具的《资产评估报告书》中企华评报字(2000)第022号评估值为参考经协商确定。天士力集团公司于2000年3月30日注册登记成立，成立后持有天士力制药集团公司70%股权，成为第一大股东。

本次变更后，天士力制药集团公司办理了工商变更登记手续。

12、2000年3月，天津市天使力药物研究开发有限公司、浙江尖峰集团股份有限公司、天津市中央药业有限公司分别向天津新技术产业园区永生建筑有限公司、广州市天河振凯贸易有限公司、金华市金磐开发区万顺贸易有限公司转让部分股权

(1)2000年3月10日，天使力药研、中央药业与天津永生建筑签订《出资转让协议》，分别将天士力制药集团公司1.67%、3.33%股权转让给天津永生建筑。天使力药研股权转让价款为372.28万元，中央药业股权转让价款为742.33万元。

(2)2000年3月12日，尖峰集团、中央药业与广州天河振凯签订《出资转让协议》，分别将天士力制药集团公司6.66%、3.34%股权转让给广州天河振凯。尖峰集团股权转让价款为1,484.65万元，中央药业股权转让价款为744.56万元。

(3)2000年3月22日，天使力药研与浙江金磐万顺签订《出资转让协议》，将天士力制药集团公司5%股权转让给浙江金磐万顺，转让价款为1114.61万元。

以上转让价款经转让各方协商，以天士力制药集团公司注册资本9486万元为基数，每份出资(以1元为单位)合人民币2.35元计算得出。

经本次变更，天士力制药集团公司的股权结构如下：

股 东	出资额	持股比例
天士力集团公司	6640.20万元	70.00%
广州天河振凯	948.60万元	10.00%
天使力药研	505.60万元	5.33%
浙江金磐万顺	474.30万元	5.00%
天津永生建筑	474.30万元	5.00%
尖峰集团	307.35万元	3.24%
中央药业	135.65万元	1.43%
合计	9486.00万元	100%

本次变更后，天士力制药集团公司办理了工商变更登记手续。

13、2000年4月30日，天津天士力制药集团有限公司整体变更为天津天士力制药股份有限公司

2000年4月27日，经天津市人民政府津股批(2000)4号文批准，根据《公司法》第99条之规定，天津天士力制药集团有限公司以2000年3月31日经审计的净资产14000万元，按1:1比例折股，依法整体变更为天津天士力制药股份有限公司，注册资本为人民币14000万元，并于2000年4月30日在天津市工商行政管理局取得《企业法人营业执照》，注册号1200001001441。股份公司成立后，原天士力制药集团公司股东为股份公司股东，股权结构如下：

股 东	股份(万股)	比例(%)
天津天士力集团有限公司	9,800.00	70.00
广州市天河振凯贸易有限公司	1,400.00	10.00
天津市天使力药物研究开发有限公司[注]	746.20	5.33
天津新技术产业园区永生建筑有限公司	700.00	5.00
金华市金磐开发区万顺贸易有限公司	700.00	5.00
浙江尖峰集团股份有限公司	453.60	3.24
天津市中央药业有限公司	200.20	1.43
总计	14,000.00	100.00

注:2000年9月，"天津市天使力药物研究开发有限公司"更名为"天津市金士力药物研究开发有限公司"。

公司独立董事和监事会分别对上述股权变动事宜进行审查后认为：公司上述股权变动是正常的、合理的行为，符合国家经济体制改革、企业体制改革、资本市场发展的趋势；股权变动有关方就股权变动所支付的价格合理有据、客观公允；股权变动事项均已按相关法律法规的规定办理了授权、批准、登记或备案手续，股权变动事项合法合规、真实有效；公司在《招股说明书》中已对所有股权变动事项进行了披露，其披露内容真实、准确、完整、充分，不存在虚假、误导及遗漏。

(三)本公司设立时股份设置情况

天津天士力制药股份有限公司变更设立后，股权结构如下：

股　　东	股份性质	股份(万股)	比例(%)
天津天士力集团有限公司	法人股	9,800.00	70.00
广州市天河振凯贸易有限公司	法人股	1,400.00	10.00
天津市天使力药物研究开发有限公司	法人股	746.20	5.33
天津新技术产业园区永生建筑有限公司	法人股	700.00	5.00
金华市金磐开发区万顺贸易有限公司	法人股	700.00	5.00
浙江尖峰集团股份有限公司	国有法人股	453.60	3.24
天津市中央药业有限公司	法人股	200.20	1.43
总　　计		14,000.00	100.00

(四)主营业务

本公司的业务经营范围为中药材、中成药加工,化学药品原药、化学药品制剂、生物制品、滋补营养保健品制造;汽车货物运输(以上经营范围内国家有专营专项规定的按规定办理)。经核定的药品生产范围为滴丸剂、输液和冲剂。本公司目前主要从事复方丹参滴丸、养血清脑颗粒的生产和销售,及以复方丹参滴丸为代表的治疗心脑血管疾病类药品和以复方丹参滴丸为基础的丹参系列产品的研究开发。

(五)主要财务数据

以下数据已经浙江天健会计师事务所有限公司审计。

1、合并资产负债表主要数据

单位:人民币元

项目	年			份
	2002 年 6 月 30 日	2001 年 12 月 31 日	2000 年 12 月 31 日	1999 年 12 月 31 日
运营资金	118,738,724.15	53,111,491.70	40,793,180.36	77,211,545.87
资产总额	680,401,165.63	595,390,443.00	420,470,286.39	350,342,680.40
负债总额	381,032,016.99	348,192,817.71	264,147,977.60	215,288,563.34
少数股东权益	12,978,878.33	8,401,243.74	6,269,022.06	2,773,876.84
股东权益	286,390,270.31	238,796,381.55	150,053,286.73	132,280,240.22

2、合并损益表主要数据

单位:人民币元

项目	年			份
	2002 年 1－6 月	2001 年度	2000 年度	1999 年度
主营业务收入	365,148,751.22	684,555,834.51	391,617,892.31	253,013,499.42
营业利润	64,339,571.02	130,245,749.56	93,501,673.11	89,465,410.25
利润总额	64,043,706.54	128,846,571.44	101,150,914.21	86,342,496.58
净利润	47,593,888.76	102,871,351.89	79,530,353.03	58,827,119.50

(六)员工及社会保障情况

本公司截至 2002 年 6 月 30 日在册员工总数为 2317 人。职工的专业划分、教育程度、职称情况以及年龄分布如下:

按教育程度划分:硕士以上 44 人,大学本科 529 人,大专 685 人,中专 871 人,中专以下 188 人。

按专业划分:财务人员 104 人,研发、质量控制人员 121 人,生产技术人员 695 人,营销人员 1246 人,行政管理人员 151 人。

按年龄划分:41 岁以上 68 人,31 岁至 40 岁 493 人,30 岁以下 1756 人。

按职称划分:高级职称 28 人,中级职称 159 人,初级职称 427 人,其他 1703 人。

本公司依据《中华人民共和国劳动法》等法律、法规规定,与员工订立劳动合同,为员工提供了必要的社会保障计划,实行基本养老保险制度、失业保险制度、货币化分房制度,拟实行医疗保险制度。本公司无离退休人员。

(七)发行人验资、审计、评估报告及与公司生产经营有关的资产权属情况

1、近三年注册资本变动验资情况

(1)1998 年 4 月 15 日验资报告(天士力制药集团公司增资至 9150 万元)

天津辰星会计师事务所接受公司委托,于 1998 年 4 月 15 日对公司注册资本的投入情况进行了验证,并出具了津辰会字[1998]第 550 号《验资报告》。

(2)1999 年 2 月 28 日验资报告(天士力制药集团公司增资至 9278 万元)

北京中润会计师事务所接受公司委托,对公司截至 1999 年 2 月 28 日的实收资本、股东及出资比例变动情况、实际出资情况的真实性和合法性进行了审验,并出具了润验字(99)第 010 号《验资报告》。

(3)2000 年 2 月 29 日验资报告(天士力制药集团公司增资至 9486 万元)

浙江天健会计师事务所有限公司接受公司委托,对公司截至 2000 年 2 月 29 日的注册资本变更情况的真实性和合法性进行了审验,并出具了浙天会验(2000)第 34 号《验资报告》。

(4)2000 年 4 月 27 日验资报告(变更设立股份公司,股本 14000 万元)

浙江天健会计师事务所有限公司接受公司委托,对公司截至 2000 年 4 月 27 日变更后的注册资本及相关的资产、负债的真实性和合法性进行了审验,并出具了浙天会验[2000]第 60 号《验资报告》。

2、公司历次审计的情况

(1)1999 年 1 月 12 日(1998 年度)审计报告

浙江天健会计师事务所有限公司受公司委托,对其 1998 年 12 月 31 日的资产负债表和 1998 年 1－12 月的损益表进行了审计,并出具了浙天会审[1999]第 443 号审计报告。

(2)2000 年 2 月 1 日(1999 年度)审计报告

浙江天健会计师事务所有限公司受公司委托,对其 1999 年 12 月 31 日的资产负债表和 1999 年 1－12 月的损益表进行了审计,并出具了浙天会审[2000]第 295 号审计报告。

(3)2000 年 4 月 11 日(公司整体变更为股份公司)审计报告

浙江天健会计师事务所有限公司受公司委托,对其 2000 年 3 月 31 日的资产负债表和 2000 年 1－3 月的损益表进行了审计,并出具了浙天会审[2000]第 437 号审计报告。

(4)2001 年 1 月 19 日(2000 年度)审计报告

浙江天健会计师事务所有限公司受公司委托,对其 2000 年 12 月 31 日的资产负债表和 2000 年 4－12 月的损益表进行了审计,并出具了浙天会审[2001]第 451 号审计报告。

(5)2002 年 7 月 17 日审计报告

浙江天健会计师事务所有限公司受公司委托,对其 1999 年 12 月 31 日、2000 年 12 月 31 日、2001 年 12 月 31 日和 2002 年 6 月 30 日的资产负债表和 1999 年度、2000 年度、2001 年度和 2002 年 1－6 月的利润及利润分配表以及 2001 年度及 2002 年 1－6 月的现金流量表进行了审计,并出具了浙天会审[2002]第 788 号审计报告。

3、公司历次评估情况

天津辰星会计师事务所对公司前身－天津市天使力联合制药公司截至 1997 年 10 月 31 日的全部资产进行评估,于 1997 年 12 月 31 日出具了津辰会评字[1997]第 30 号《资产评估报告书》,评估结果获天津市国有资产管理局津国资评(1998)127 号文确认,评估目的是为天津市天使力联合制药公司增资改制并向尖峰集团引资募股提供价值依据。

4、商标、土地使用权、专利与专有技术、药品生产权

(1)商标

本公司使用的商标为"天士力 TIANSHILI 及图",包括注册号 826269 类别 5(用于滴丸剂)和注册号 1050582 类别 5(用于中药成药等)两个,均在股份公司设立时从天士力制药集团公司沿袭下来。上述商标已于 2000 年 10 月 16 日向国家商标局提交了名义人由天津天士力制药集团有限公司变更为股份公司名下的申请报告,目前正在受理过程中。公司无其它在用商标。

(2)专有技术与专利

本公司拥有以下五项专有技术:1)复方丹参滴丸、养血清脑颗粒原料浸膏的提取技术;2)复方丹参滴丸、养血清脑颗粒制剂技术;3)复方丹参滴丸的制剂设备的制造技术;4)复方丹参滴丸、养血清脑颗粒微电脑程控技术;5)复方丹参滴丸、养血清脑颗粒包装技术。

本公司拥有以下八项专利:1)养血清脑颗粒药品发明专利;2)复方丹参滴丸药盒外观设计专利 I;3)复方丹参滴丸药盒外观设计专利 II;4)复方丹参滴丸药瓶外观设计专利;5)护心丹(复方丹参滴丸的出口产品名称)药盒外观设计专利;6)护心丹药瓶外观设计专利;7)药瓶泡罩外观设计专利;8)养血清脑颗粒药盒外观设计专利。

(3)土地使用权

本公司在天津北辰科技园区拥有 33333.3m2(50 亩)的土地使用权,系于 1998 年以出让方式取得的工业用地,国有土地使用证号为"北辰单国用(2000 更 3)字第 025 号",地号为"北辰－12",使用期至 2048 年 6 月 2 日,剩余使用年限 46 年。截至 2002 年 6 月 30 日其帐面净值为 5,686,030.97 元。

(4)药品生产权

本公司持有《药品生产企业许可证》(证号:津 Zz20010020)。

根据国务院颁布的《中药品种保护条例》的规定,1996 年经国家中药品种保护审评委员会评定,1998 年 8 月经国家药品监督管理局审定,复方丹参滴丸为国家二级中药保护品种,可申请两期保护,每期 7 年,目前处于一期保护期(1996 年 8 月 20 日至 2003 年 8 月 20 日)。

(八)公司独立运营情况

1、主营业务突出

发行人目前主要经营的业务为:以复方丹参滴丸为代表的治疗心脑血管疾病类药品和以复方丹参滴丸为基础的丹参系列产品的研究开发、生产和销售业务,包括中药材的种植与加工、中药的提取与制剂、包装与销售,目前主要产品有复方丹参滴丸、养血清脑颗粒。2001 年度本公司的主要心脑血管类药品—复方丹参滴丸、养血清脑颗粒的销售收入为 61429.75 万元,占公司主营业务收入的 89.73%;2002 年 1－6 月,两种产品销售收入为 33889.31 万元,占公司主营业务收入的 92.81%。

2、资产及产、供、销系统完整独立

公司目前主导产品的生产程序主要为中药提取、中药制剂和药品包装。发行人目前拥有的资产包括:全套提取设备、滴丸制剂设备、喷雾干燥颗粒制造设备、包装设备和运输设备等。以上设备能够完全满足生产每道工序的要求,保证了生产性资产的完整性。

公司控股三家子公司,即陕西植物药业、三七公司和医药公司,分别从事中药材种植和公司产品销售业务。公司目前生产所需主要中药材丹参全额由陕西植物药业提供,制造的药品全额批发给医药公司进行销售。三七公司由于三七处于生长期,目前尚未向公司供应三七。因而,公司整体上具有从中药材种植到加工提取、制剂、包装、药品销售的完整的产、供、销经营体系并独立运营。

此外,公司拥有"天士力"商标、复方丹参滴丸专有技术、养血清脑颗粒专利技术等无形资产、50 亩土地使用权及部分流动资产,保障了公司资产的完整性和生产经营的独立性。

3、人员独立

本公司董事、监事及高级管理人员系严格按照《公司法》、公司《章程》的有关规定选举产生或任命。在本公司董事会中,董事长未在股东单位担任法定代表人,总经理、财务总监、技术总监、生产总监、董事会秘书等高级管理人员在本公司专职工作,只在本公司领薪。公司的人事及工资管理与股东单位严格分离。

4、机构独立

本公司建立了健全、齐备的法人治理结构,并在运行中逐步规范。本公司的股东大会、董事会、监事会和经理层各司其职、各负其责,股东大会、董事会、监事会召开的程序符合《公司法》及公司《章程》的有关规定,且每次会议均有会议记录,运作规范。

5、财务独立

公司成立后,单独设立了财务部门,具有完整、独立的机构设置和财务人员。公司按照股份有限公司财务、会计制度及相关的财务会计法规建立了一套独立、完整、规范的财务核算体系、财务会计制度和管理制度,帐务独立,单独开设银行帐户,单独纳税。

五、发行人股本

2000 年 4 月 27 日,天津天士力制药集团有限公司经天津市人民政府津股批(2000)4 号文批准,根据《公司法》第 99 条之规定,以 2000 年 3 月 31 日经审计的净资产 14000 万元,按 1:1 比例折股,依法整体变更为天津天士力制药股份有限公司,注册资本为人民币 14000 万元。

公司本次拟发行 5000 万股社会公众股,发行后,本公司总股本将增至 19000 万股。

发行前后公司股本结构如下:

股　　东	公开发行前		公开发行后	
	股份(万股)	比例(%)	股份(万股)	比例(%)
天津天士力集团有限公司	9,800.00	70.00	9,800.00	51.58
广州市天河振凯贸易有限公司	1,400.00	10.00	1,400.00	7.37
天津市金士力药物研究开发有限公司	746.20	5.33	746.20	3.93
天津新技术产业园区永生建筑有限公司	700.00	5.00	700.00	3.68
金华市金磐开发区万顺贸易有限公司	700.00	5.00	700.00	3.68
浙江尖峰集团股份有限公司	453.60	3.24	453.60	2.39
天津市中央药业有限公司	200.20	1.43	200.20	1.05
社会公众股:	—	—	5,000.00	26.32
总　　计	14,000.00	100.00	19,000.00	100.00

六、主要股东的基本情况

发行前,天津天士力制药股份有限公司股东为:天津天士力集团有限公司、广州市天河振凯贸易有限公司、天津市金士力药物研究开发有限公司、天津新技术产业园区永生建筑有限公司、金华市金磐开发区万顺贸易有限公司、浙江尖峰集团股份有限公司及天津市中央药业有限公司。以上股东简介如下:

(一)天津天士力集团有限公司及其控股、参股公司情况

1、天津天士力集团有限公司概况

法定代表人:吴廼峰

总经理:闫希军

注册资本:1.86 亿元

公司地址:天津北辰科技园区

该公司截至 2001 年 12 月 31 日的资产总额:9.49 亿元,净资产:2.59 亿元,2001 年度净利润:6715.32 万元(注:以上数据已经浙江天健会计师事务所有限公司审计)。

2000 年 3 月 30 日,以北京中企华资产评估有限公司对天士力制药集团公司 2000 年 1 月 31 日净资产的评估结果为依据,天使力药研以其(即现在的"金士力药研")持有的天士力制药集团公司 28%的股权及经天津津华会计师事务所评估后的土地使用权共计 9320.46 万元作为出资,尖峰集团以其持有天士力制药集团公司 23.1%的股权及现金共计 5103.84 万元作为出资,中央药业以

其持有天士力制药集团公司18.9%的股权及现金共计4175.70万元作为出资，共同设立天士力集团公司。天士力集团公司截至2001年12月31日股权结构如下：

股　东	出资额(万元)	股权比例%
天津市金士力药物研究开发有限公司	9320.46	50.11
浙江尖峰集团股份有限公司	5103.84	27.44
天津市中央药业有限公司	4175.70	22.45
总　计	18600	100.00

天士力集团公司现为股份公司最大股东，持有70%的股份，此部分股权未有被质押或其他有争议的情况。

天士力集团公司目前主营业务是投资控股。

天士力集团公司主要资产包括：部分办公房产、在建工程(锅炉房、污水处理工程、科研质检楼、公共工程等)等资产，本公司70%股权、新资源公司55%股权、广告公司70%股权、陕西植物药业30%股权以及天津永生建筑80%股权等。

天士力集团公司自2000年4月1日至2001年12月31日为本公司原厂区提供厂房租赁及其它综合服务；2002年1月1日起向本公司租赁科研办公楼；报告期内，天士力集团公司与本公司有资产转让关系。

2、天士力集团公司下属主要控股公司情况

天士力集团公司控股体系如下：

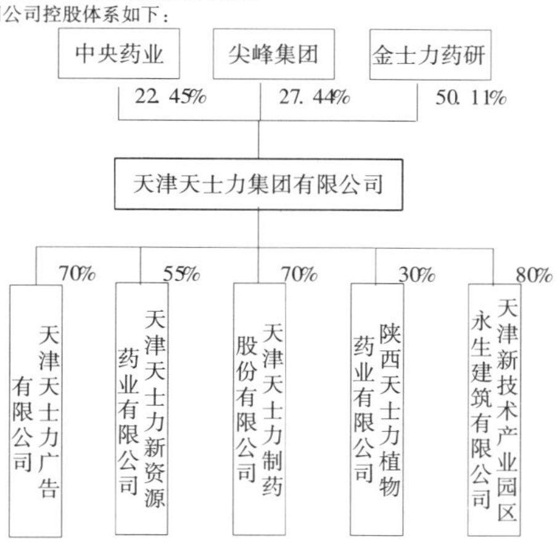

(1)天津天士力新资源药业有限公司

法定代表人：闫希军

总经理：李高红(代)

注册资本：人民币3800万元

地址：天津市新技术产业园区北辰科技工业园内红旗路西205

经营范围：软膏剂、片剂、保健品、消毒剂、日用化学品的制造、加工、销售；医疗器械及相关产品的经销。

该公司截至2001年12月31日的资产总额为9595.82万元，净资产为4146.65万元，公司2001年度的净利润为67.47万元(注：以上数据已经审计)。

该公司具有《药品生产企业许可证》，其主营业务是生产经营柴胡滴丸、普爱宁乳膏等药品及天士茶、愈肤霜等保健品。

该公司与本公司在2000年内有浸膏加工、资产转让与股权转让业务关系。

(2)天津天士力广告有限公司

法定代表人：闫希军

总经理：高铁成

注册资本：200万元

地址：北辰区科技园区

经营范围：设计、制作、发布、代理国内各类经济广告；广告信息咨询；劳务；交电、工艺美术品、电子计算机及外部设备销售。

该公司截至2001年12月31日的资产总额为1011.06万元，净资产为110.66万元，公司2001年度的净利润为-172.15万元(注：以上数据未经审计)。

(二)天津市金士力药物研究开发有限公司

法人代表：张建忠

总经理：裴富才

注册资本：3,500万元

地址：天津北辰科技园区

营业范围：技术开发、咨询、服务、转让(生物技术[不含药品生产与销售]及产品)。

金士力药研前身为1998年11月12日成立的天津市天使力药物研究开发有限公司，股东为闫希军等35位自然人，注册资本600万元。1999年6月30日，天使力药研以货币形式增资1400万元，注册资本增至2000万元。1999年7月30日，该公司又增加注册资本1500万元，注册资本达到3500万元，其中以货币增资880万元，资本公积金转增资本457.5万元，未分配利润转增资本162.5万元。2000年9月，该公司更名为"天津市金士力药物研究开发有限公司"。

该公司直接持有本公司746.20万股，即5.33%股权，同时又持有天士力集团公司50.11%股权。

该公司截至2001年12月31日前十名股东情况如下：

序号	股东名单	股权份额(万元)	股权比例%
1	闫希军	1785	51
2	吴迺峰	175	5
3	张建忠	105	3
4	王灵芝	35	1
5	季晓农	35	1
6	张新军	35	1
7	袁晓霞	35	1
8	高树新	35	1
9	杨德燕	35	1
10	黄　萍	35	1

截至1999年12月31日、2000年12月31日和2001年12月31日，公司资产总额分别为7308万元、12867万元和14878万元，净资产分别为5825万元、11379万元和10128万元。1999年、2000年和2001年度的净利润分别为1554.53万元、6491.07万元和3741.57万元(注：以上数据未经审计)。

公司截至2001年12月31日所有者权益10128万元包括：实收资本3500万元、资本公积1002万元、盈余公积1267万元和未分配利润4359万元。

截至2001年12月31日，公司资产总额14878万元主要由长期股权投资10944万元(对本公司、天士力集团公司等投资)、流动资产2245万元等组成。

该公司目前的主营业务为控股实业。

该公司1999年2月受让了天士力制药集团公司136亩土地使用权；2000年2月将养血清脑颗粒专利转让予天士力制药集团公司。

金士力药研所持本公司股份未有被质押或其他有争议的情况。

(三)广州市天河振凯贸易发展有限公司

法人代表：张振有

总经理：张振有

注册资本：100万元

地址：广州市天河北路410号2401房

营业范围：销售，国内商业(国家专营专控物资除外)。

该公司截至2001年12月31日的资产总额为6241.93万元，净资产6056.33万元，2001年度净利润1269.40万元(注：以上数据未经审计)。

(四)天津新技术产业园区永生建筑有限公司

法人代表：赵永良

总经理：赵永良

注册资本：2,000万元

地址：天津华苑产业区火炬大厦辅二楼204室

经营范围：土木工程建筑、室内外装饰；五金、交电、化工(易燃易爆易制毒化学品除外)、汽车配件、建筑材料、金属材料批发兼零售；建筑用设备租赁。

该公司截至2001年12月31日的资产总额2178.55万元，净资产1926.41万元，2001年利润总额为-73.59万元(注：以上数据未经审计)。

(五)金华市金磐开发区万顺贸易有限公司

法人代表：肖惠瑛

总经理：郑素莲

注册资本：50万元

注册地址：金华市金磐开发区永康街

经营范围：建筑材料、机电、五金、化工(化学危险品除外)销售；投资咨询服务。

该公司截至2001年12月31日的资产总额2406.01万元，净资产2345.23万元，公司2001年净利润30.75万元(注：以上数据未经审计)。

(六)浙江尖峰集团股份有限公司

法人代表：杜自弘

总经理：傅得清

注册资本：30,045.91万元

地址：浙江省金华市罗店镇

营业范围：水泥、水泥混凝土、预制构件、普通机械、油漆、辅助材料、通讯设备、嵌缝材料、仪器仪表、食品、饮料、纸袋的制造、销售、旅游服务、房地产开发。

该公司截至2001年12月31日的资产总额15.59亿元，净资产5.09亿元，公司2001年净利润4390.49万元(注：以上数据来自浙江尖峰2001年报)。

该公司为上海证券交易所上市公司。

(七)天津市中央药业有限公司

法人代表：王玉婷

总经理：张志达

注册资本：8,235.3万元

地址：天津新技术产业园区北辰科技工业园宜中路10号416

营业范围：化学原料药制造、中药材、片剂、口服液、软胶丸、滴眼液、滴耳液、冲剂、糖浆液、外用消毒液、保健滋补品、大蒜精胶丸、化妆品制造、本企业自产产品及相关技术出口业务、本企业生产科研所需的原材料、机械设备、仪器仪表、零配件及相关技术的进口业务及来料加工和三来一补业务、醉仙宝饮料、天然胡萝卜素、气雾剂、胶囊剂、塑料件制造、塑料改制、汽车货运、仓储、相关技术咨询及转让。

该公司截至2001年12月31日的资产总额2.19亿元，净资产1.12亿元，2001年度净利润1715.64万元(注：以上数据未经审计)。

七、发行人的组织机构及组织结构概况

(一)本公司控股、参股公司

本公司控股、参股公司如下图所示：

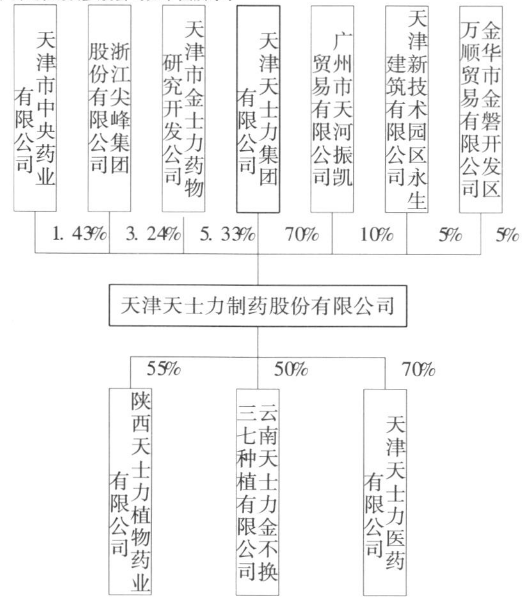

1、陕西天士力植物药业有限公司
法定代表人：闫希军
总经理：王敬民
注册资本：866.6 万元
地址：商州市北新街 123 号
经营范围：中药材种植；中药饮片加工、销售；销售股份公司产品(凭证经营)，中药材(国家管理品种除外)购销。

该公司截至 2002 年 6 月 30 日的资产总额为 1754.30 万元，净资产 997.68 万元，公司 2002 年 1－6 月净利润 47.65 万元(注：已经浙江天健会计师事务所有限公司审计)。

该公司成立于 1998 年 11 月 4 日，注册资本 100 万元。2001 年 2 月该公司注册资本增至 866.6 万元。该公司截至 2002 年 6 月 30 日股权结构：本公司持有 55%股权，商洛地区医药管理办公室持有 15%股权，天士力集团公司持有 30%股权。

该公司的主要产品为丹参、柴胡等药材，主要用于本公司生产的复方丹参滴丸及养血清脑颗粒，为本公司的药源基地。陕西植物药业自成立以来，负责本公司的丹参供应。

2、云南天士力金不换三七种植有限公司
法定代表人：闫希军
总经理：李云光
注册资本：人民币 400 万元
地址：云南文山州砚山县者腊
经营范围：中药材种植、炮制、精加工、销售。

该公司截至 2002 年 6 月 30 日的资产总额 669.07 万元，净资产 346.54 万元，2001 年度净利润－1.19 万元(注：已经浙江天健会计师事务所有限公司审计)。

该公司 1998 年 8 月成立。截至 2002 年 6 月 30 日，本公司和云南金不换集团有限公司现各持有 50%股权。该公司无对外投资的控股、参股企业。该公司主要经营三七等中药材的种植。

3、天津天士力医药有限公司
法定代表人：吴廼峰
总经理：宋强
注册资本：500 万元
地址：天津北辰科技园区
经营范围：中成药、西药制剂、中药饮片、医疗仪器、化学原料药的批发、零售业务。

该公司成立于 1999 年 6 月，当时注册资本 230 万元。2001 年 7 月，注册资本增至 500 万元。本公司现持有该公司 70%股权；新资源公司持有 30%股权。

该公司截至 2002 年 6 月 30 日的资产总额 16344.31 万元，净资产 1159.99 万元，2002 年 1－6 月净利润 364.18 万元(注：已经浙江天健会计师事务所有限公司审计)。

该公司自 2000 年 7 月开始销售股份公司药品。2001 年及 2002 年 1－6 月，销售收入分别为 67983.25 万元和 36946.89 万元。

天津天士力医药有限公司的控股、参股子公司为广东天士力医药有限公司和陕西天士力医药有限公司。广东天士力医药有限公司成立于 2002 年 3 月 14 日，注册资本 670 万元，天津天士力医药有限公司出资 335 万元，占 50%。陕西天士力医药有限公司成立于 2001 年 6 月 28 日，注册资本 300 万元，天津天士力医药有限公司出资 114 万元，占 38%。以上两公司的营业范围均为药品的批发等业务。

(二)公司组织机构设置情况

本公司内部组织结构图如下：

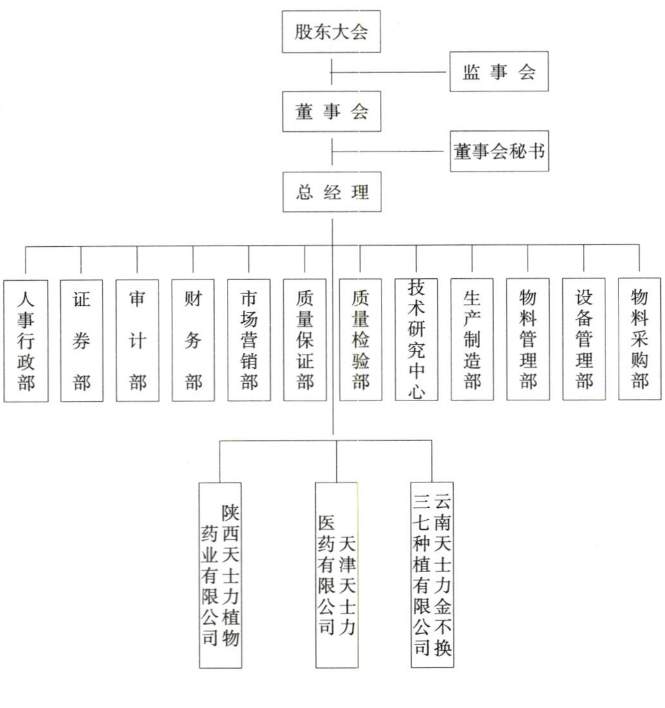

本公司在总经理下设财务总监、技术总监、生产总监，同时设立多个职能部门。

八、发行人业务与技术

(一)主营业务和主导产品

1、主营业务

本公司目前主要从事复方丹参滴丸、养血清脑颗粒的生产和销售，以及以复方丹参滴丸为代表的治疗心脑血管疾病类药品和以复方丹参滴丸为基础的丹参系列产品的研究开发。

2、主导产品

本公司目前主导产品为复方丹参滴丸和养血清脑颗粒。复方丹参滴丸主要用于冠心病、心绞痛、高血脂、高血粘度、脑动脉硬化等疾病。养血清脑颗粒可以养血平肝、活血通络、用于血虚肝亢所致头痛、眩晕眼花、心烦易怒、失眠多梦。

1997 年复方丹参滴丸被列为全国中医医院急诊科室必备用药。2000 年，复方丹参滴丸和养血清脑颗粒被列入《国家基本医疗保险药品目录》，其中复方丹参滴丸进入"甲类目录"，养血清脑颗粒进入"乙类目录"。复方丹参滴丸目前为国家二级中药保护品种。

3、主导产品生产能力和销售情况

1999 年、2000 年、2001 年及 2002 年 1－6 月，复方丹参滴丸的产量分别为年产 41989 箱、68403 箱、102314 箱和 64787 箱；养血清脑颗粒产量分别为 937 箱、4749 箱、17483 箱和 14697 箱，两种产品当期为公司带来 25155 万元、38883 万元、61430 万元和 33889 万元的销售收入。

本公司产品目前供不应求，复方丹参滴丸 2001 年产销率为 100%；根据公司统计，主导产品复方丹参滴丸近三年在心脑血管药品市场占有率 1999 年为 2.34%，2000 年为 2.69%，2001 年为 3.13%。

本次发行募集资金投资中包括复方丹参滴丸系列中药现代化产业化示范工程项目，该工程建成后，将形成年产 16 万箱复方丹参滴丸系列产品的生产能力，较目前产量有大幅增长。

(二)与业务相关的主要固定资产和无形资产情况

1、主要固定资产

本公司主要固定资产包括：房屋建筑物、全套提取设备、滴丸制剂设备、喷雾干燥颗粒制造设备、包装设备和运输工具及办公设备等；在建工程(复方丹参滴丸系列中药现代化产业化示范工程)等。

公司生产用主要设备包括滴丸机、颗粒包装机、高效喷雾干燥制粒机、自动泡罩包装机、铝塑包装机、装瓶机、提取罐等，其中关键设备为滴丸机和滴丸包装机。本公司一直使用自己研制开发的滴丸机，到目前为止，滴丸机已升级到第三代，具有国内领先水平，其整个滴制过程要求的各种参数完全由计算机自动控制，大大提高生产效率及产品质量。截至 2001 年 12 月 31 日，公司滴丸机(不包括科技投入)的重置成本约为 1569 万元。目前公司各主要生产设备运行状况良好。

公司 2002 年 6 月 30 日固定资产情况如下表所示。

单位：元

项目	房屋及建筑物	通用设备	专用设备	运输设备	其他设备	合计
原值	155,072,328.69	31,732,917.19	27,191,935.75	23,871,732.88	10,357,829.37	248,226,743.88
净值	149,040,507.17	26,322,984.78	22,563,935.15	16,741,635.19	8,676,708.37	223,345,770.66
净值/原值	96.11%	82.95%	82.98%	70.13%	83.77%	89.98%

2、主要无形资产

根据浙江天健会计师事务所有限公司出具的审计报告，截至 2002 年 6 月 30 日，公司的无形资产为：土地使用权，摊余价值 569 万元；养血清脑颗粒专利权，摊余价值：660 万元。

此外，公司拥有 5 项专有技术、8 项专利技术。

(三)原料采购

1、主要原材料

公司的主要生产原材料为丹参、三七和冰片，此外还有当归、川芎等其它中药材；生产用辅料主要为聚乙二醇、酒精和石蜡；包装材料包括塑料瓶、药盒及防伪签等。

目前，公司向公司控股的陕西植物药业全额采购丹参，此外，公司仍需向市场购买药材及辅料。本公司在长期生产经营过程中形成了良好的信誉，已建立了长期、稳定和可靠的供货渠道。

2、药材种植基地

公司在陕西商洛建立了丹参药源基地，在云南文山建立了三七种植基地，共同构成了本公司目前的药材基地。

丹参药源基地是国内第一个符合 GAP 规范的丹参药源基地，目前已成为国内最大的丹参生产基地，截至 2001 年 12 月 31 日，种植丹参 10000 亩。其种植丹参的丹参素含量稳定控制在 1.7%，是普通丹参的 2 倍，丹参酮 IIa 达到 0.42%，比国家药典标准高一倍多，被列为"九五"国家重大科技成果推广项目。该基地按照国家 GAP(草案)并参考欧盟 GAP 制定了《天士力商洛药源基地丹参生产标准操作规范(SOP)》，争取在 2－3 年后成为丹参种植规范的国家标准。该基地目前已向公司提供药材。

截至 2001 年 12 月 31 日，三七种植基地种植三七 1000 多亩。报告期内，三七基地尚未向本公司供应药材。

本公司还准备根据市场需求，进一步增资扩建以上药材基地。

公司近年各种原材料前五大供应商采购情况如下所示：

前五大供应商采购	金额(万元)	占采购总额百分比
1999 年合计	1463	44.56%
2000 年合计	6278	78.94%
2001 年合计	5603	65.49%
2002 年 1－6 月合计	2221	52.32%

本公司不存在向单个供应商的采购比例超过总额的 50%的情况。

(四)市场营销

1、市场体系

本公司本着"基础市场在国内，目标市场在国外"的发展策略，在国内市场产品销售方面，公司已在全国 31 个省市，建立了 24 个大区，87 个办事处，形成了三个主要销售渠道(即医院板块、OTC 非处方药板块、城乡板块)，两个可控点(即商业点的控制、自由药市点的控制)，在全国形成了稳定的营销网络。2001 年，公司在北京、广东、上海、浙江及河北 5 个大区的复方丹参滴丸销售金额占该产品全国销售总额的 51%。

本公司的市场营销，主要以本公司自行建立的市场营销网络为基础。公司现有销售人 1246 人，占本公司人员总数的 53.78%，主要为公司产品销售进行市场开拓和推广、进行医药学术培训、广告展览宣传、社区服务和售后服务。

2、主要客户情况

2000 年 7 月前，本公司产品直接对外销售；自 2000 年 7 月起，本公司产品先销售给本公司控股 70%的子公司天津天士力医药有限公司，再由其进行分销。公司前五名销售客户情况如下：

五大客户销售	销售额(万元)	占合并主营业务收入百分比
1999 年合计	2739	10.82%
2000 年合计	5361	13.69%
2001 年合计	9186	13.42%
2002 年 1－6 月合计	6657	18.23%

天津天士力医药有限公司不存在向单个销售商的销售比例超过总额的 50%的情况。

(五)核心技术与技术开发情况

1、核心技术与主导产品的技术水平

(1)主要产品核心技术内容与先进性

复方丹参滴丸核心技术及其先进性

复方丹参滴丸是在复方丹参片的基础上进行现代中药开发的成果，其质量可控、剂型先进、速效、高效、微量多途径给药、无胃刺激、溶解快、服用剂量小、稳定性高(不易氧化和水解)、无首过效应。其技术先进性主要表现在：

●以基因技术优选丹参、三七优良品种，采用种子防毒处理、茎尖脱毒方法进行培育，以 GAP 规范管理科学种植，保证公司获得稳定优质的原料；

●工艺技术先进：采用先进提取工艺技术提取丹酚酸、三七皂甙等药物有效成份，具有较快的溶出速率和较高的溶解度，大大提高了药物的生物利用度；

●质量控制技术稳定：采用自行研制的关键设备和具有国际先进水平的制备工艺，突破了传统中药内在成分质量不稳定的缺点，实现对中药有效成分定量、可控，填补了国内药典空白；

●采用固体分散原理，溶出速度快，经粘膜吸收直接进入血液，充分发挥药效。

养血清脑颗粒核心技术及其先进性

养血清脑颗粒与国内疗效确定的同类产品比较，治疗缓解头痛效果更佳。其技术先进性主要表现在：

●配方科学：养血清脑颗粒根据中医传统理论和现代医药学理论进行组方，从治疗血虚阳亢型头痛的药效机理、质量标准、理化性质、临床疗效等多方面进行全方位的研究，在国内同类型药品中处于领先地位。

●采用了国内还未广泛使用的新工艺：采用具有世界先进水平的颗粒剂制造工艺，克服了传统制粒添加剂过多，造成服用量大而有效成分少的缺点。

●领先的质控技术：通过理化性质的研究，选用高效液相法确定有效成分的含量，严格质量控制。

(2)生产技术所处阶段

复方丹参滴丸于1994年投产，目前大批量生产。近三年销售收入增长率平均在50%左右，处在上升阶段。生产技术属成熟技术并能够自动控制和数字化定量，能够保证大批量生产的需求。

养血清脑颗粒研发成果、生产技术与制造技术已趋成熟。该产品1998年投产以来受场地限制，一直处于小批量生产阶段。2000年已开始逐步增加产量，公司上市后将大批量生产。

2、研究开发投入

公司在研产品有抗癌的二类新药、治疗老年痴呆三类新药、治疗冠心病、脑血管等新品种；同时还积极与国内外科研机构进行广泛的合作开发。

(1)研究开发机构

本公司技术研究中心被确定为天津市市级技术中心，主要负责新药开发申报和对外技术合作，集中本公司技术骨干。下设综合办公室、财务组、药学部、中试生产部、药理毒理部、医学情报部、新药研究开发部。

本公司计划从本次募股集资金中投资9600万元，在原有技术研究中心的基础上，建立现代中药研究所、生物制品研究所，以提高企业科研和技术开发能力，保持公司在中药研发、形成公司在生物制药研发的竞争优势。

(2)研发人员构成

本公司共有研发人员39名，其中有博士学位的研究人员5人，硕士学位研究人员和专业技术人员15名。同时技术研究中心还聘请国内外知名客座研究人员，进行中西药品、生物制药及生产技术的研究开发工作。技术研究中心高中级人员占45%，专家人数占28%。

(3)研究经费投入与科研硬件配套设施

本公司成立以来就确立了以高科技为核心的发展战略，重视对研究开发的投入。

近三年研发费用占销售额的比重为：

年　份	投入数额	占销售收入百分比
1999年	538.12万元	2.13%
2000年	992.61万元	2.53%
2001年	1380.36万元	2.02%
2002年1-6月	1049.55万元	2.87%

(4)研究开发机构的独立性

股份公司拥有独立的技术研究中心。股份公司关联公司中，中央药业、浙江尖峰药业拥有自己的研究机构，股份公司研究机构与上述两公司研究机构无任何业务、人员关系。

其他关联公司无研究机构。金士力药研虽然名称为"天津市金士力药物研究开发有限公司"，但目前尚无研发机构。

3、正在从事的新技术项目开发：

公司主要在研项目如下表：

研究项目	类别	进展	研究机构
复方丹参滴丸作用机理的药理学研究	基础研究	进行中	自行
复方丹参滴丸美国FDA临床试验研究	临床研究	进入Ⅰ、Ⅱ期临床试验	自行
替莫唑胺	化学药二类	临床研究	自行
黄芪丹参滴丸	中药三类	临床研究	自行
脑清通片	中药三类	临床研究	自行
复方丹参注射液	中药二类	基本完成临床前研究	自行
醒脑滴丸	中药三类	临床前研究	自行
丹酚酸粉针剂	中药二类	申报临床研究批文	与国内研究机构合作
尿激酶原	一类新药	临床研究	与国内研究机构合作

(六)三年内公司重大业务与资产重组

1、设立天津天士力集团有限公司

2000年3月5日，天使力药研、尖峰集团、中央药业签订《出资人协议》，三方合资设立"天津天士力集团有限公司"。天士力集团公司注册资本18600万元，三方出资比例依次为50.11%、27.44%、22.45%，并将各自所持有天士力制药集团公司40%、33%、27%股权的70%，即28%、23.1%、18.9%股权，作为对天士力集团公司的部分出资，其余出资为现金、实物资产和无形资产。天士力集团公司于2000年3月30日注册登记成立，成立后持有天士力制药集团公司70%股权，成为第一大股东。

2、天士力制药集团公司向天士力集团公司转让部分资产

经2000年3月11日天士力制药集团公司第三次临时股东会批准，2000年3月31日，天士力制药集团公司与天士力集团公司签定五份《股权转让协议》、两份《资产转让协议书》，向后者转让以下资产：

1)位于254医院院内的原厂区不动产；

2)新厂区部分辅助性在建工程；

3)对新资源公司(10%)、商洛公司(70%)、广告公司(70%)、国贸公司(70%)、天士力(香港)有限公司(50%)的股权投资。

上述资产交易价格总额为7091.93万元，由天士力集团公司承债收购，承债额为5326.3万元，实际支付额为1765.63万元。

3、股份公司受让新资源公司"提取设备"

为了规范股份公司经营，确保公司生产经营性资产的完整性，经2000年6月20日本公司2000年度第一次临时股东大会批准，股份公司于2000年8月12日与新资源公司签定《资产转让协议》，受让"与提取工艺有关的各项资产"。受让价格为2000年7月31日该资产净值加转让税金共计29.58万元。

资产受让后，公司拥有完整的提取、制剂等生产性资产与设备。

4、股份公司受让股权

经2000年6月20日本公司2000年度第一次临时股东大会批准，股份公司于2000年8月30日分别与金士力药研、天士力集团公司、新资源公司签定《出资转让协议》，分别受让医药公司35%、陕西植物药业55%、三七公司50%股权。总受让价款为694.87万元。

以上业务、资产重组完毕后，股份公司完全拥有或控制了从药材种植、中药加工提取、制剂生产、药品包装到药品销售的全部经营性资产。

以上2、3、4部分为关联交易内容，其他详细情况见《招股说明书》摘要第九章"同业竞争与关联交易"。

九、同业竞争与关联交易

(一)同业竞争情况

1、本公司与各关联方不存在同业竞争

本公司的主营业务为复方丹参滴丸、养血清脑颗粒等心脑血管疾病类药品的生产经营。本公司控股子公司陕西植物药业、三七公司、医药公司的主营业务分别为丹参生产经营、三七生产经营和药品销售。本公司及其三个控股子公司的业务涵盖了药品研究开发、中药材种植、药品生产、药品销售的全部业务环节，构成了完全独立的研究开发和产供销体系。

本公司直接控股股东天士力集团公司的主营业务为投资控股；间接控股股东金士力药研的营业范围为：技术开发、咨询、服务、转让等，但其目前主营业务为实业投资。本公司主营业务与上述两公司主营业务完全独立，不存在任何同业竞争、业务控制或其他影响本公司业务独立的关系。

本公司其他关联方中，只有新资源公司、中央药业、浙江尖峰药业具有药品生产资格。新资源公司主要产品为用于治疗感冒的柴胡滴丸、用于治疗皮肤瘙痒的普爱宁乳膏等药品及天士茶等保健品；中央药业主要产品为环丙沙星片等化学药品及化学原料药；浙江尖峰药业有限公司主要生产经营各类化学药及化学原料药及生物制剂。上述产品均与本公司心脑血管类中药业务不相同，也不类似，不与本公司构成同业竞争。

本公司目前拥有与主要产品复方丹参滴丸、养血清脑颗粒相关的全部生产设施、相关的技术，具有独立完整的产、供、销体系和生产工艺流程。本公司主营业务与各股东单位之间不存在业务或产品重叠问题，本公司与各股东单位及其控股企业等关联方之间不存在同业竞争。

2、律师、主承销商关于同业竞争情况的意见

(1)律师意见

内蒙古建中律师事务所核查后确认：新资源公司、中央药业与发行人之间不存在可能发生的任何形式的有效同业竞争，且新资源公司及本公司控股股东天士力集团公司和股东金士力药研、中央药业已向发行人出具了不可撤消的不以任何形式进行同业竞争的承诺函。

依据对发行人同业竞争事项的核查结果，发行人律师认为，发行人已对同业竞争状况、承诺或解决措施进行了充分披露，无重大遗漏或隐瞒。

(2)主承销商意见

本公司主承销商招商证券股份有限公司经核查后认为：发行人与控股股东天士力集团公司及其控股的新资源公司、股东金士力药研、股东中央药业之间不存在同业竞争。发行人对是否存在同业竞争情况进行了充分地披露。上述单位已承诺不会在中国境内或境外，以任何方式直接或间接从事对发行人的生产、经营构成或可能构成竞争的业务或活动。

3、关联方避免同业竞争的承诺

为了保证本公司具有一个独立的生产经营环境，避免同业竞争，保障公司及公司其他中小股东的利益，控股股东天士力集团公司及其控股的新资源公司，股东金士力药研，股东中央药业等向本公司出具了不可撤销的《避免同业竞争承诺书》。

(二)关联方与关联交易情况

公司关联方与关联关系主要包括：

(1)控股股东、其他股东、控股股东及股东的子公司、本公司子公司等公司。

(2)发行人现任高级管理人员，主要基于管理者的身份关系或间接持有本公司股份，并参与发行人财务和经营决策而构成关联人士。发行人现任高级管理人员名单见本《招股说明书》摘要第十章。

(三)关联交易

1、现行有效的关联交易

(1)许可新资源公司使用本公司"天士力"商标

1998年12月31日，天士力制药集团公司与新资源公司就使用第1050582号"天士力"商标事宜签订了《商标使用许可合同》。合同约定，许可使用商标的商品为新资源公司生产的"膏剂、片剂"，使用期限为七年，自1999年1月1日至2006年12月31日，为无偿许可。1998年12月，国家商标局向天士力制药集团公司核发了《商标使用许可合同备案通知书》(标合同备字[98]2481号)，确定备案号为10579。2000年4月28日，本公司创立大会批准本公司与新资源公司继续执行该合同。

2001年12月31日，本公司与新资源公司再次签订《商标使用许可合同》，同意新资源公司自2002年1月1日至2006年12月31日，变"无偿许可使用"为"有偿许可使用"该商标，每年按使用商标商品年销售收入的0.1‰向本公司支付商标使用费。

(2)向控股子公司陕西植物药业采购原料

2000年5月21日，本公司与陕西植物药业签订了有效期10年的《原料采购合同》，采购丹参原料。合同约定，陕西植物药业以优惠的市场价格向本公司提供长期和稳定的丹参原料供应保障，发行人以定单方式向陕西植物药业采购原料，陕西植物药业应按合同有关条款约定及定单的要求履行交货义务，发行人则按不高于下列价格中较低者确定结算价格与陕西植物药业结算：1)陕西植物药业向任何第三方销售原料的价格；或，2)原料在陕西省地区的平均市场价格；或，3)原料在全国主要药材市场的平均价格。合同同时规定，结算价格方面的争议并不影响陕西植物药业履行交货义务。

2001年，本公司向陕西植物药业采购丹参原料金额为218万元，占丹参采购量的100%。2002年1-6月，采购金额为98万元。

(3)向控股子公司医药公司批发销售药品

2000年12月31日，本公司与医药公司签订了《药品销售协议》(有效期十年)，协议约定，医药公司给予本公司长期和稳定的药品购买保障，医药公司以定单方式向本公司订购药品，本公司按协议有关条款约定及定单的要求履行交货义务，医药公司则按协议确定的基准价格与本公司结算。基准价格以药品政府指导价格或平均市场价格为确定依据，一经双方确定，有效期为六个月，有效期满后由双方按协议规定的定价原则重新确定基准价格。协议同时规定在价格有效期内如发生协议规定情形并导致所定价格丧失公允性的，双方可按协议规定的程序作出合理的调整。

2001年，本公司向医药公司批发销售药品总金额为56126万元。2002年1-6月，批发销售金额为32618万元。

(4)向博科林(天津)包装新技术有限公司和天津博科林药品包装技术有限公司采购包装塑料瓶

2002年4月之前，本公司药品包装塑料瓶向博科林(天津)包装新技术有限公司全额采购。2001年，本公司共向博科林公司采购包装瓶金额3021万元；2002年1-6月，采购金额136万元。根据2002年1月1日本公司与博科林公司续签的《PE包装瓶、瓶盖供货合作协议》，本公司向博科林公司采购各种类型、不同规格的药品包装瓶及瓶盖，采购价格根据市场供求关系每3-6月磋商而定。

博科林(天津)包装新技术有限公司系中港合资企业，成立于2000年1月19日，注册资本198万港元。天使力药研(现称"金士力药研")出资79.20万港元，占40%股权；博科林科技发展有限公司出资118.80万港元，占60%股权。

2002年4月26日，天津博科林药品包装技术有限公司成立，继而于2002年5月1日与股份公司签定《供货协议书》，向股份公司提供药品包装瓶及瓶盖。2002年1-6月，股份公司向天津博科林药品包装技术有限公司采购金额902万元。

天津博科林药品包装技术有限公司注册资本 1900 万元人民币，其中博科林（天津）包装新技术有限公司出资 1615 万元，占 85%，天津天时利置业发展有限公司出资 190 万元，占 10%，王高峰出资 95 万元，占 5%。

(5)向天士力集团公司租赁房屋

2001 年 12 月 30 日，本公司与天津天士力集团有限公司签署了房屋租赁《协议书》。根据该协议，本公司向天津天士力集团有限公司租用其拥有的位于天津市北辰科技园区科研质检楼第 2－6 层、办公楼第 3 层的房屋（建筑面积为 9,211.58 平方米），租赁期自 2002 年 1 月 1 日至 2002 年 12 月 31 日，租赁费用依据市场标准，为每月 202,654.76 元。

上述采购与销售关联交易具体情况见下表：

关联交易项目	卖方	买方	交易金额	合同签约日期
商标使用	本公司	新资源公司	473 元	2001.12.31
丹参采购	陕西植物药业	本公司	2001 年：218 万元 2002 年 1－6 月：98 万元	2000.05.21
药品销售	本公司	医药公司	2001 年：56126 万元 2002 年 1－6 月：32618 万元	2000.12.31
包装瓶采购	博科林（天津）包装新技术有限公司	本公司	2001 年：3021 万元 2002 年 1－6 月：136 万元	2002.01.01
包装瓶采购	天津博科林药品包装技术有限公司	本公司	2002 年 1－6 月：902 万元	2002.05.01
房屋租赁	天士力集团公司	本公司	2002 年 1－6 月：122 万元	2001.12.30

2、报告期内执行完毕的关联交易

(1)天士力制药集团公司向天使力药研转让 136 亩土地使用权

1999 年 2 月 16 日，天士力制药集团公司为提高闲置土地使用效率，解决资金需求，与天使力药研签订《国有土地使用权转让合同》，向后者转让位于北辰科技园区内的 136 亩土地使用权。根据鞍山科惠资产评估事务所科惠评（1999）第 T－015 号《土地估价报告书》，截至 1999 年 1 月 31 日，该块土地评估价值为 1523 万元。双方确定转让价格为 1496 万元。该转让事项经天士力制药集团公司 99 年董事会第 2 次会议批准。

(2)养血清脑颗粒专利技术受让与柴胡滴丸、天使茶专有技术转让

根据天士力制药集团公司的产业定位，即天士力制药集团公司（后来股份公司）以研究、生产治疗心脑血管疾病类药物为主营业务，2000 年 3 月 15 日，天士力制药集团公司受让了天使力药研拥有的养血清脑颗粒专利技术，2000 年 3 月 30 日，天士力制药集团公司向新资源公司转让了与心脑血管类药物无关的柴胡滴丸和天使茶专有技术。

上述无形资产转让详细情况如下表所示：

关联交易标的	转让方	受让方	交易金额（万元）	交易日期
136 亩土地使用权	天士力制药集团公司	天使力药研	1496.00	1999.2.16
养血清脑颗粒专利	天使力药研	天士力制药集团公司	1200.00	2000.3.15
柴胡滴丸、天使茶专有技术	天士力制药集团公司	新资源公司	72.15	2000.3.30

(3)2000 年 3 月 31 日的资产转让

经 2000 年 3 月 11 日天士力制药集团公司第三次临时股东会批准，2000 年 3 月 31 日，天士力制药集团公司与天士力集团公司签定五份《股权转让协议》、两份《资产转让协议书》，向后者转让以下资产：

位于 254 医院院内的原厂区不动产；

新厂区部分辅助性在建工程；

对新资源公司（10%）、商洛公司（70%）、广告公司（70%）、国贸公司（70%）、天士力（香港）公司（50%）的股权投资。

上述资产交易价格总额为 7091.93 万元，由天士力集团公司承债收购，承债额为 5326.3 万元。2000 年 4 月，天士力集团公司以现金向公司支付了以上资产、负债差额计 1765.63 万元。

●原厂区不动产转让

本公司由军队所属企业转制而来，公司原厂区不动产位于中国人民解放军北京军区第 254 医院内。根据中央军委"营区内不能独立成为院落的企业必须于 2001 年 12 月底以前无条件移交"的有关规定，公司原厂区不动产于 2001 年 12 月底需无偿移交给 254 医院，由天津市国有资产管理局按帐面净值给予公司一次性补偿。

1998 年 6 月 5 日，254 医院与天士力制药集团公司签定了《房地产移交的协议书》，就 2001 年底房地产移交的范围和其他事项达成协议。

为保证改组后的股份公司资产的稳定性，避免股份公司在上市申报过程中或上市后出现重大资产变动，经天士力制药集团公司第三次临时股东会批准，天士力制药集团公司与天士力集团公司于 2000 年 3 月 31 日签定《资产转让协议书》，将原厂区不动产以 2662.63 万元的账面值转让给天士力集团公司。届时，将由天士力集团公司负责与 254 医院办理不动产移交事宜。

●辅助性在建工程转让

为了优化公司资产结构，合理配置资源，在保证天士力制药集团公司的研究开发、中药种植、提取、制剂、包装、销售等环节主要经营性资产独立、完整的前提下，2000 年 3 月 31 日，天士力制药集团公司与天士力集团公司签定《资产转让协议书》，将公司部分辅助性在建工程以 2000 年 3 月 31 日账面发生额 4128.14 万元为交易价格转让给天士力集团公司。

●子公司股权转让

为了突出天士力制药集团公司心脑血管疾病药物的主营业务，天士力制药集团公司于 2000 年 3 月 31 日将其持有的新资源公司 10%股权、陕西植物药业 70%股权、广告公司 70%股权、国贸公司 70%股权、天士力（香港）公司 50%股权以该日账面值共计 301.15 万元转让给天士力集团公司。

负债转让

2000 年 3 月 31 日，在资产转让的同时，公司将上述资产对应的总额为 5326.3 万元的长期负债一并转让给天士力集团公司。

上述资产转让明细情况如下表所示：

关联交易标的	转让方	受让方	交易金额（万元）	交易日期
天士力（香港公司 50%股权	天士力制药集团公司	天士力集团公司	5.43	2000 年 3 月 31 日
国贸公司 70%股权	天士力制药集团公司	天士力集团公司	140.00	
新资源公司 10%股权	天士力制药集团公司	天士力集团公司	50.50	
广告公司 70%股权	天士力制药集团公司	天士力集团公司	35.00	
商洛公司 70%股权	天士力制药集团公司	天士力集团公司	70.23	
辅助性在建工程	天士力制药集团公司	天士力集团公司	4128.14	
原厂区房产设施等不动产	天士力制药集团公司	天士力集团公司	2662.63	
长期负债	天士力制药集团公司	天士力集团公司	5326.30	

(4)2000 年 8 月的资产受让

股份公司于 2000 年 4 月 30 日变更设立后，经券商辅导，为了减少关联交易，规范股份公司运作，使公司的业务延伸到中药材种植、提取和药品销售领域，2000 年 8 月 12 日，股份公司从新资源公司受让中药提取设备资产；8 月 30 日，股份公司从金士力药研、天士力集团公司和新资源公司分别受让了医药公司、商洛公司、三七公司等 3 家子公司股权。

在以上资产转让与受让中，天士力制药集团公司于 2000 年 3 月 31 日向天士力集团公司转让了天士力商洛植物药业有限公司（于 2001 年 2 月更名为"陕西天士力植物药业有限公司"）70%的股权，后又于 2000 年 8 月 30 日从天士力集团公司受让了商洛公司 55%的股权。前者转让以 2000 年 3 月 31 日账面值确定交易价格，为 70.23 万元；后者受让参照基准日为 2000 年 7 月 31 日该公司评估值，经交易双方协商确定交易价格，为 72.04 万元。以上商洛公司股权交易价格出现升值主要原因为：1）交易价格确定依据不同；2）两次交易期间，商洛公司自然增长所致。根据商洛公司未经审计之财务报表，2000 年 4 月 1 日至 2000 年 7 月 31 日，商洛公司实现利润总额为 6.25 万元。

上述资产受让的明细情况如下表所示：

关联交易标的	转让方	受让方	交易金额（万元）	交易日期
医药公司 35%股权	金士力药研	本公司	163.77	2000.8.30
商洛公司 55%股权	天士力集团公司	本公司	72.04	2000.8.30
三七公司 50%股权	新资源公司	本公司	459.06	2000.8.30
中药提取设备资产	新资源公司	本公司	29.58	2000.8.12

(5)向新资源公司采购中药浸膏

2000 年 2－8 月，经经理办公会议批准，天士力制药集团公司向新资源公司短期采购生产复方丹参滴丸、养血清脑颗粒所需中药浸膏。双方参考市场行情协议定价，以现金方式结算。实际采购总额为 1425 万元，占公司 2000 年主营业务成本的 17.12%。

(6)财产综合租赁

2000 年 4 月 1 日，天津天士力制药集团有限公司与天津天士力集团有限公司签定《财产综合租赁协议书》，租赁原厂区不动产用于生产经营，期限为 2000 年 4 月 1 日至 2001 年 12 月 31 日。租赁费按不动产折旧费计算，每月 22.68 万元。该项关联交易获股份公司创立大会批准。2001 年租赁费 272 万元，占当期管理费用的 2.29%。

3、其他关联交易

(1)拟向控股子公司三七公司采购原料

2000 年 5 月 21 日，本公司与控股子公司三七公司签订了有效期 10 年的《原料采购合同》，采购三七原料。合同约定，三七公司以优惠的市场价格向本公司提供长期和稳定的三七原料供应保障，本公司以定单方式向三七公司采购原料，三七公司应按合同有关条款约定及定单的要求履行交货义务，本公司则按下列价格中较低者确定结算价格与三七公司结算：1）三七公司向任何第三方销售原料的价格；或，2）原料在云南地区的平均市场价格；或，3）原料在全国主要药材市场的平均价格。合同同时规定，结算价格的争议并不影响三七公司履行交货义务。

上述事项已经天士力股份公司 2000 年度第一次临时股东大会批准。截至 2002 年 6 月 30 日，本公司尚未向三七公司采购三七原料。

(2)拟与浙江尖峰药业有限公司合资成立天津天士力生物制品有限公司

2001 年 4 月 15 日，公司与浙江尖峰药业有限公司签定《出资人协议》，拟共同出资组建天津天士力生物制品有限公司。该公司注册资本 1 亿元，其中本公司出资 9000 万元，浙江尖峰药业有限公司出资 1000 万元。经营范围为生物制品的生产、销售，基因工程药物的生产、销售，生物技术服务。

拟成立的天津天士力生物制品有限公司主要开展尿激酶原项目。该项目建设内容主要包括投资 1700 万元购买尿激酶原专有的使用权，投资 1700 万元建造生产车间，投资 4980 万元建设尿激酶原生产线，其中包括进口国际先进的发酵设备、离心设备、层析设备、灌装设备、冻干设备和部分辅助设备。项目建成后可形成年产 40000 支尿激酶原粉针剂的生产能力。

该项目为公司本次募股资金投向之一。

(3)贷款担保

截至 2002 年 6 月 30 日，天津天士力集团有限公司为本公司及本公司控股子公司天津天士力医药有限公司的银行借款 29,100.00 万元提供保证。

4、其他关联事项

2000 年及 2001 年间，公司费用中存在非公司的在册员工经办报销费用性支出的情况，具体明细为：1）2000 年 12 月，天士力集团公司行政管理部周瑛桃报销手机费 2,010.00 元；2）2001 年 3 月，天士力集团公司政务部王庆生报销其房租费 2,835.00 元；以上费用共计 4845 元。

2001 年 12 月 12 日，股份公司收到报销人周瑛桃、王庆生退还上述报销款项共计 4845 元。

5、关联交易回避制度

依据发行人公司《章程》第 70 条及第 85 条的规定，发行人建立了关联交易事项的董事、股东回避制度。发行人制定的《股东大会议事规则》中具体规定了股东回避制度及其执行程序。依据发行人公司《章程》第 98 条的规定，发行人独立董事享有对发行人所涉关联交易事项的合理性、可行性及客观公平性进行审查判断的特别权力。发行人制定的《董事会议事规则》中具体规定了关联董事的回避制度和独立董事对关联交易的审查权。

6、公司《章程》中关于关联交易的规定

"第 70 条股东大会审议有关关联交易事项时，关联股东不应当参与投票表决，其所代表的有表决权的股份数不计入有效表决总数；股东大会决议的公告应当充分披露非关联股东的表决情况。如有特殊情况关联股东无法回避时，公司在征得有权部门的同意后，可以按照正常程序进行表决，并在股东大会决议公告中作出详细说明。

关联交易总额低于 3000 万元，且低于上市公司最近经审计净资产值的 5%的，经公司独立董事依据本《章程》的规定审查并出具意见后，由董事会批准实施。关联交易总额高于 3000 万元（含 3000 万元），或高于上市公司最近经审计净资产值的 5%（含 5%）的，除应经独立董事依据本《章程》的规定审查出具意见外，公司还应聘请独立财务顾问对关联交易发表意见，该关联交易经董事会审议通过后，由股东大会批准实施。

关联股东的范围和关联交易的类型按照国家有关法律、法规、政策、规则的有关规定予以确定。"

"第 85 条 董事个人或者其所任职的其他企业直接或者间接与公司已有的或者计划中的合同、交易、安排有关联关系时（聘任合同除外），不论有关事项在一般情况下是否需要董事会批准同意，均应当尽快向董事会披露其关联关系的性质和程度。

除非有关联关系的董事按照本条前款的要求向董事会作了披露，并且董事会在不将其计入法定人数，该董事亦未参加表决的会议上批准了该事项，公司有权撤销该合同、交易或者安排，但在对方是善意第三人的情况下除外。"

"第 98 条 独立董事的权利：……以公司和全体股东利益最大化为原则，负责对公司所涉关联交易事项的合理性、可行性及客观公平性进行审查判断，并向董事会提交审查报告；……。"

另，2002 年 6 月 23 日召开的公司 2001 年度股东大会通过了《关联交易准则》，就关联交易的原则、价格、决策权限、回避措施及信息披露作了具体规定。

7、规范和减少关联交易的措施

本公司拥有独立的研发、产、供、销系统，主要原材料和产品销售均完全由本公司及控股子公司自主控制经营，未依赖股东单位及其下属企业。本公司控股股东天士力集团公司及股东金士力药研也未保留或控制原料采购、销售机构。

本公司股份公司现行的主要关联交易如下：

向本公司控股子公司陕西植物药业采购丹参；

向本公司控股子公司三七公司采购三七（尚未发生）；

通过控股子公司医药公司销售药品；

向关联方博科林公司及其控股子公司采购药品包装瓶；

许可关联方新资源公司有偿使用"天士力"商标。

向天士力集团公司租赁房屋。

由于控股子公司陕西植物药业（55%）、三七公司（50%）、医药公司（70%）纳入股份公司合并报表范围，因此公司与其关联交易实际上属内部交易，合并报表后就将消除。

股份公司现在实际对外的主要关联交易主要有：向博科林公司及其控股子公司采购药品包装瓶、许可新资源公司有偿使用"天士力"商标及向天士力集团公司租赁房屋。股份公司具有完全独立的研究开发和供产销体系。

本公司将严格执行公司《章程》、《关联交易准则》制定的关联交易决策与执行程序、回避制度和信息披露制度，规范并尽量减少关联交易。

（四）发行人律师与主承销商对关联交易的核查意见

1、发行人律师对关联交易的核查意见

内蒙古建中律师事务所经充分核查后确认：发行人与关联方签定的关联交易合同条款合法完备，关联交易定价合理、公允，关联交易事项的决策符合公司《章程》的规定，不存在损害发行人及其他股东利益的内容和情形。依据发行人公司《章程》第70条、第85条、第98条、《股东大会议事规则》及《董事会议事规则》的有关规定，发行人已建立关联交易事项公允决策的制度，明确了决策的权限和程序。

根据对公司关联交易事项的核查结果，发行人律师认为，发行人已对有关关联交易状况、解决或规范措施进行了充分披露，无重大遗漏或隐瞒。

2、主承销商对关联交易的核查意见

主承销商招商证券股份有限公司经核查后认为：发行人已全面披露了关联交易，发行人与关联方的关联交易没有明显背离可比较的市场价格，不存在损害中小股东利益的情况。关联交易表决时关联股东进行了回避，决策程序合法有效。

（五）独立董事和监事会对关联交易的核查意见

1、公司独立董事的核查意见

公司独立董事对公司现行有效和历史发生的关联交易进行审查后认为：

(1)股份公司现在实际对外的主要关联交易主要有：向博科林公司及其控股子公司采购药品包装瓶、许可新资源公司有偿使用"天士力"商标及向天士力集团公司租赁房屋。股份公司具有完全独立的研究开发和供产销体系。

(2)股份公司报告期内的关联交易主要是在2000年8月31日前发生的，是公司规范经营和资产整合所不可避免的、一次性和短期的关联交易。股份公司自2000年9月1日以来较少发生关联交易。

(3)股份公司在上述期间发生的关联交易事项均属合理、必要，交易定价合理有据、客观公允，公司及其股东并未因关联交易遭受实质性的损害。

(4)关联交易事项均已按相关法律法规办理了相关的授权、批准、登记或备案手续，交易事项合法合规、真实有效。

(5)公司在《招股说明书》中已对与关联交易相关事项作了披露，其披露内容是真实、准确、完整、充分的，不存在虚假、误导及遗漏。

2、公司监事会的核查意见

经过对股份公司有关期间发生的关联交易的审查和判断，监事会一致认为：

(1)股份公司现在实际对外的主要关联交易主要有：向博科林公司及其控股子公司采购药品包装瓶、许可新资源公司有偿使用"天士力"商标及向天士力集团公司租赁房屋。股份公司具有完全独立的研究开发和供产销体系。

(2)股份公司报告期内的关联交易主要是在2000年8月31日前发生的，是公司规范经营和资产整合所不可避免的、一次性和短期的关联交易。股份公司自2000年9月1日以来较少发生关联交易。

(3)股份公司在上述期间发生的关联交易事项均属合理、必要，交易定价合理有据、客观公允，公司及其股东并未因关联交易遭受实质性的损害。

(4)关联交易事项均已按相关法律法规办理了相关的授权、批准、登记或备案手续，交易事项合法合规、真实有效。

(5)公司在《招股说明书》中已对与关联交易相关事项作了披露，其披露内容是真实、准确、完整、充分的，不存在虚假、误导及遗漏。

（六）公司董事会对规范公司关联交易的承诺

公司董事会对股份公司历史发生的关联交易、现行有效的关联交易进行了核查，并对股份公司上市后规范关联交易行为作出如下承诺：

1.董事会保证股份公司将继续拥有独立的产、供、销、人、财、物系统，维护股份公司资产的完整性与独立性，保证股份公司拥有中药材种植、提取、制剂及包装的全部生产环节，从而避免股份公司的上述生产环节受制于任何关联方或使股份公司的利益蒙受损失。

2.对于现行有效的关联交易，董事会保证股份公司继续本着公平合理的价格进行交易，并依据合同规定根据市场状况及时对交易价格进行调整。

3.董事会保证采取或建议采取任何有效的措施(包括根据有关法律法规和准则的规定制定详细的公司关联交易准则、完善关联交易分级审批制度、建立健全独立董事任多数成员的审计委员会及其关联交易审查制度、建立重大采购或销售事项招投标制度等)，本着合法合规及公开公平原则，对股份公司今后可能发生的、不可避免的、新的关联交易进行严格的规范和制约，以减少关联交易的发生，保证必要关联交易的价格公开公允性。

4.公司上市后，董事会保证公司募集资金按照股东大会通过的计划独立自主地使用，不受任何关联股东的干预，并促使募集资金获得最佳的使用效果，以提高股份公司的经营条件和盈利水平。

5.遵循披露重于存在及实质重于形式的原则，董事会保证按有关准则的要求，对股份公司关联交易进行及时、充分地披露，并保证披露内容的真实、准确、完整。

6.股份公司全体董事承诺，如所审议的交易事项与自身有任何可能影响其公正、客观判断的利害关系时，将严格按照法律法规及公司章程的规定及时声明并执行表决回避制度，并承诺不采取任何行为影响或干扰非关联董事特别是独立董事的对交易事项审查、判断和决策。

7.董事会及全体董事保证本着诚实信用和谨慎勤勉的原则，履行以上各项承诺和保证，并不为董事会及董事个人的行为撤消上述承诺。

十、董事、监事、高级管理人员与核心技术人员

（一）董事、监事、高级管理人员与核心技术人员情况介绍

1.董事会成员

闫希军先生　　中国籍，49岁，主任药师，国务院特殊津贴专家。曾任北京军区254医院药剂科主任、天使力联合公司总经理、董事长、天津天士力制药集团有限公司董事长、总裁。现任本公司董事长。

杜自强先生　　中国籍，64岁，本科学历，高级工程师，主任药师、国务院特殊津贴专家。曾任天津津北制药厂厂长、天津河北制药总厂厂长、天津氨基酸公司总经理、天津市医药局副局长、天津市医药集团副总经理。现任本公司副董事长。

吴迺峰女士　　中国籍，50岁，主任药师，国务院特殊津贴专家。曾任北京军区254医院药剂科副主任药师、主任药师、天使力联合公司董事、市场总监兼总工程师、天津天士力制药集团有限公司市场总监。现任本公司董事。

蒋晓萌先生　　中国籍，39岁，研究生学历，高级工程师、执业药师。曾任浙江尖峰集团电缆公司董事长兼总经理、浙江尖峰药业有限公司总经理、金华市青年企业家协会会长。现任本公司董事。

张振有先生　　中国籍，43岁，中专学历。曾任潮阳市医药公司销售经理。现任广州天河振凯贸易有限公司总经理，本公司董事。

李文先生　　中国籍，35岁，英国伯明翰ASTON大学商学院MBA硕士研究生，高级经济师。曾任英国葛兰素·威康制药公司高级商务经理、天士力集团公司总裁助理。现任本公司总经理、董事。

李扬先生　　中国籍，51岁，博士，研究员，教授。兼任中国社会科学院金融研究中心主任、中国社会科学院财贸经济研究所副所长、中国金融协会常务理事、副秘书长，中国财政协会常务理事。现任本公司独立董事。

王永炎先生　　中国籍，64岁，中国工程院院士，博士生导师，教授。曾任北京中医院院长、北京中医药大学校长，兼任中国中医研究院院长、《中国科学》、《科学通报》编委。现任本公司独立董事。

于玉林先生　　中国籍，68岁，博士生导师，天津财经学院会计系教授，享受国务院颁发的政府特殊津贴。现任本公司独立董事。

2、监事会成员

张建忠先生　　中国籍，49岁，硕士研究生。曾任北京军区254医院政委、北京军区医药集团书记、天津天士力制药集团有限公司党委副书记、天津天士力制药集团有限公司常务总监。现任本公司监事会主席。

赵永良先生　　中国籍，51岁，大专学历，高级工程师。兼任燕赵集团董事长。现任本公司监事。

何继成先生　　中国籍，60岁，大专学历，高级会计师。曾任天津市中央制药厂财务副科长、财务科长。现任本公司监事。

傅得清先生　　中国籍，57岁，本科学历，高级工程师。曾任浙江尖峰集团股份有限公司副总经理、总经理。现任本公司监事。

叶正良先生　　中国籍，35岁，硕士研究生，主管药师。曾任天士力制药集团公司研究所副所长。现任本公司职工监事。

叶军先生　　中国籍，28岁，硕士研究生。现任本公司人事行政部部长，本公司职工监事。

王国成先生　　中国籍，29岁，硕士，毕业于内蒙古医学院。现任本公司职工监事。

3、高级管理人员

总经理

李文先生(见前述)

财务总监

季晓农先生　　中国籍，39岁，高级会计师，硕士研究生。曾任天士力制药集团公司总会计师、天士力制药集团公司财务总监、天士力集团公司财务总监。现任本公司财务总监。

技术总监

郭治昕先生　　中国籍，50岁，毕业于西德吕贝克医科大学毒理所，医学博士，主任药师。曾任内蒙古医学院药理室主任、副教授、天津天士力制药集团有限公司药物研究所所长。现任本公司技术总监。

生产总监

刘岩女士　　中国籍，39岁，硕士研究生，主管药师。毕业于上海第二军医大学药学院，曾任本公司生产制造部经理。现任本公司生产总监。

董事会秘书

张新军先生　　中国籍，40岁，高级会计师、硕士研究生。曾任天津化工研究院副科长、科长、副处长、化工部天津化工研究设计院副总会计师、天津天士力制药集团有限公司经济总监。现任本公司董事会秘书。

4、技术负责人及核心技术人员

闫希军先生(见前述)

吴迺峰女士(见前述)

郭治昕先生(见前述)

姜　燕女士　　中国籍，44岁，博士，教授、副主任药师。现任本公司生物技术、技术研究中心负责人，兼任天津大学化工学院食品科学客座教授。

（二）董事、监事、高级管理人员与核心技术人员持股情况

1、上述人员在发行前持有发行人股份情况

在本次发行前，本公司董事、监事、高级管理人员及核心技术人员没有以个人持股、家属持股方式持有本公司股份。

2、上述人员在发行前持有关联企业股份情况

本公司部分董事、监事及高管人员出资组建的金士力药研控股天士力集团公司，并且直接持有本公司5.33%的股权。本公司董事张振有持股的广州天河振凯持有本公司10%的股权。本公司监事赵永良持股的天津永生建筑持有本公司5%的股权。

（三）公司董事、监事、高级管理人员与核心技术人员相互之间的亲属关系

公司董事长闫希军与公司董事吴迺峰之间为配偶关系，公司其它董事、监事、高级管理人员与核心技术人员相互之间不存在亲属关系。

十一、公司治理结构

（一）股东大会

公司《章程》规定，股东大会是公司的权力机构，依法行使决定公司经营方针和投资计划、审议和批准公司年度财务预算方案、决算方案、修改公司章程等职权。

公司《章程》规定，公司股东享有依照其所持有的股份份额获得股利和其他形式的利益分配、参加或者委派股东代理人参加股东会议、依照其所持有的股份份额行使表决权等法律、行政法规及公司《章程》所赋予的权利，同时承担遵守公司《章程》、依其所认购的股份和入股方式缴纳股金、除法律、法规规定的情形外不得退股等法律、行政法规及公司《章程》规定的其应当承担的义务。

（二）董事会

董事会由9名董事组成，设董事长1人，副董事长1人，独立董事3人。董事长和副董事长由公司董事担任，以全体董事的过半数选举产生和罢免。董事由股东大会选举或更换，任期3年。董事任期届满，可连选连任。董事在任期届满以前，股东大会不得无故解除其职务。

按照公司《章程》规定，董事会的职权包括负责召集股东大会并向大会报告工作、实施股东大会决议、制定公司年度财务预算方案和决算方案等《公司法》规定的职权。

（三）监事会

监事会由7名监事组成，设监事会主席1名。监事由股东代表和公司职工代表担任。公司职工代表担任的监事不得少于1人。监事每届任期3年。股东担任的监事由股东大会选举或更换，职工担任的监事由公司职工民主选举产生或更换，监事可以连选连任。

监事会的职权包括讨论和审查董事会向股东大会提供的资产负债表、损益表和利润分配表等财务资料及财务报告，并决定是否以公司名义委托注册会计师对其有关报表进行复审；讨论和评价公司经营效益和公司资产保值增值情况；讨论和评价董事会和总经理的经营业绩；讨论并决定向股东大会提出董事任免及奖惩的建议及提案等事项。

（四）独立董事

依据《上市公司治理准则》和《关于在上市公司建立独立董事制度的指导意见》，公司建立了独立董事制度，董事会设有3名独立董事，占董事会人数的33%。

独立董事对公司及全体股东负有诚信与勤勉义务。独立董事应当按照相关法律法规和公司《章程》的要求，认真履行职责，维护公司整体利益，尤其要关注中小股东的合法权益不受损害。

为了充分发挥独立董事的作用，独立董事除应当具有《公司法》和其他相关法律、法规赋予独立董事的职权外，公司还赋予独立董事特别职权。例如，独立董事享有对发行人所涉关联交易事项的合理性、可行性及客观公平性进行审查判断的特别权力。

《章程》规定，对被独立董事一致否决的审议事项，不得在该次董事会会议上通过。董事会再次进行审议时，如仍被独立董事一致否决，则董事会对该审议事项不再安排审议。对被独立董事一致否决的审议事项，董事会再次进行审议时，需获得与会董事三分之二及以上(包括出席会议的独立董事)通过方为有效。

(五)股东大会、董事会、监事会运行情况

自股份公司成立之日至 2002 年 6 月 30 日，公司已召开了股份公司创立大会、2000 年第一次临时股东大会、2000 年度股东大会、2001 年第一次临时股东大会、2001 年第二次临时股东大会及 2001 年度股东大会。会议的召集、召开及表决程序符合《公司法》及公司《章程》的有关规定。在审议关联交易事项时，关联股东执行了回避制度，股东大会运作规范。

自股份公司成立至 2002 年 6 月 30 日，股份公司已召开天津天士力制药股份有限公司第一届董事会第一次、第二次、第三次、第四次(临时)、第五次(临时)、第六次、第七次(临时)、第八次会议及第二届董事会第一次会议。董事会的召开、表决等事项符合《公司法》和公司《章程》的规定，董事会运行规范、有效。

自股份公司成立至 2002 年 6 月 30 日，股份公司已召开天津天士力制药股份有限公司第一届监事会第一次、第二次、第三次及第四次会议。监事会的召开、表决等事项符合《公司法》和公司《章程》的规定，监事会运行规范、有效。

(六)生产经营决策程序和规则

公司建立了由职能部门、总经理、董事会和股东大会等不同等级的决策层组成的决策体系，依据公司《章程》、《股东大会议事规则》、《董事会议事规则》、《经理工作细则》等一系列公司文件，采取分权、分责、授权的安排，科学有效地进行决策。

(七)高级管理人员的选择、考评、激励和约束机制

公司坚持任人唯贤、德才兼备、量才适用、能上能下的选才原则，对所选人才采用分层管理、依法操作原则；高管人员考核指标体系由业绩、能力和态度组成，除主管领导考核外、增加同级人员考核和下属对上级评价及考核小组综合评价；公司对高管人员的激励机制主要采用股份激励和薪酬激励的办法；公司对高管人员约束机制主要包括：竞业禁止制度、对高管人员任职资格的限制、高管人员的披露制度、高管及核心技术人员股份锁定制度等办法来实现的。

(八)公司管理层对内部控制制度的自我评估意见

自公司成立以来，公司管理层一直致力于公司内部控制制度的制定、细化和完善，使内部控制制度能更有效地服务于公司的各项经营活动进行统筹计划和控制。公司建立了包括法人治理结构、劳动人事制度、预算管理、营销管理、财务管理制度(投资决策办法、对外担保和财产抵押决策办法、关联交易决策办法、重大固定资产投资决策办法等)及内部审计制度的内部控制制度。

管理层认为，公司的内控制度覆盖公司运营的各个环节和层面，各项管理制度齐备，形成了规范的管理体系，符合公司发展的要求，在完整性、有效性和合理性方面不存在重大缺陷。公司内部控制制度完整、合理、并得到有效的执行。

(九)公司对董事等相关人员的约束机制、履行诚信义务的限制性规定

公司董事、监事、高级管理人员和核心技术人员均签署了《保证书》并向公司郑重承诺：在职期间不组织、参加任何与本公司有直接竞争关系的公司，或从事任何不正当使用公司商业秘密的行为。

十二、财务会计信息

(一)注册会计师意见及会计报表的编制基准

本公司聘请浙江天健会计师事务所有限公司审计了本公司 1999 年 12 月 31 日、2000 年 12 月 31 日、2001 年 12 月 31 日及 2002 年 6 月 30 日的资产负债表和合并资产负债表，1999 年度、2000 年度、2001 年度和 2002 年 1－6 月的利润及利润分配表、合并利润及利润分配表，以及 2001 年度、2002 年 1－6 月的现金流量表及合并现金流量表。注册会计师对上述报表出具了无保留意见审计报告。

本次会计报表编制的基准与方法为：鉴于公司改制于 2000 年 4 月 30 日，为增加财务资料和会计数据的可比性，会计报告编制时乃假设公司已于 1999 年 1 月 1 日改制设立。改制前原企业执行的是《工业企业会计制度》；改制后至 2000 年 12 月 31 日止，执行《股份有限公司会计制度》及其补充规定；2001 年 1 月 1 日起，执行《企业会计制度》。本报告所载财务信息，系按会计报表附注"三、公司采用的主要会计政策、会计估计和合并会计报表的编制方法"所列各项会计政策编制，即假设自 1999 年 1 月 1 日起已一致地采用了该等会计政策，该等会计政策系根据《企业会计准则》和《企业会计制度》及其补充规定厘定。

(二)合并会计报表范围及变化

合并会计报表以母公司、纳入合并范围的子公司的会计报表和其他有关资料为依据，按照《合并会计报表暂行规定》编制。对合营企业，则按比例合并法予以合并。子公司的主要会计政策按照母公司统一选用的会计政策厘定，合并报表范围内各公司间的重大交易和资金往来等均已在合并时抵销。

纳入合并报表的子公司详细情况如下：

1999 年度：

子公司名称	注册地址	注册资本	经营范围	投资额	拥有权益比例
天津天士力植物药科技开发有限公司[注]	天津新技术产业园区北辰科技园中兴路西	100 万元	天然植物技术开发、转让；天然植物培植及与开发相关的植物加工	85 万元	85%
天士力商洛植物药业有限公司	陕西商州市新街	100 万元	中药材种植；中药饮片加工、销售；中药材购销	70 万元	70%

[注]：公司原控股子公司天津天士力植物药科技开发有限公司，已于 2000 年 2 月 15 日经该公司 2000 年度第一次董事会临时会议决议进行了清算。该公司原有业务期后已由本公司自行承继，为维护会计报表真实性，增强会计报表可比性，1999 年度将该公司纳入了合并会计报表范围。

2000 年度、2001 年度及 2002 年 1－6 月：

子公司名称	注册地址	注册资本	经营范围	投资额	拥有权益比例
天津天士力医药有限公司	天津北辰科技园区	500 万元	中成药、西药制剂、中药饮片、医疗器械、化学原料的批发、零售业务	350 万元	70%
陕西天士力植物药业有限公司[注 1]	陕西商州市新街	866.60 万元	中药材种植；中药饮片加工、销售；中药材购销	476.63 万元	55%
云南天士力金不换三七种植有限公司[注 2]	砚山县者腊	400 万元	中药材种植、炮制精加工、销售等	200 万元	50%

[注 1]：2000 年 3 月 31 日，经公司第三次临时股东大会决议，公司将其持有的天士力商洛植物药业有限责任公司 70%股权以该公司 2000 年 3 月 31 日的账面价计 702,285.80 元转让给天津天士力集团有限公司。2000 年 8 月 30 日，本公司与天津天士力集团有限公司签订《出资转让协议》，以该公司 2000 年 7 月 31 日为基准日的评估值为基础，经协商确定以 720,427.18 元受让天津天士力集团有限公司持有的天士力商洛植物药业有限责任公司 55%的股权。后经天士力商洛植物药业有限责任公司公司 2001 年 2 月股东会决议，各方股东实施增资，注册资本由 100.00 万元增加到 866.60 万元，从 2001 年 3 月起，本公司的投资额增至 476.63 万元。2001 年 4 月 30 日，公司取得变更后的企业法人营业执照，并由原"天士力商洛植物药业有限责任公司"更名为"陕西天士力植物药业有限责任公司"。

[注 2]：2000 年 8 月 30 日，本公司与天津天士力新资源药业有限公司签订《出资转让协议》，以 4,590,608.45 元受让其持有的云南天士力金不换三七种植有限公司 50%的股权。股权转让款于 2000 年 12 月 21 日交付完毕。根据该公司章程规定，该公司的董事会成员共计 5 名，本公司占有 3 名，属实质上的控股子公司。

未纳入合并报表的子公司如下：

1999 年度：

子公司名称	注册地址	注册资本	经营范围	投资额	拥有权益比例	未合并原因
天津港保税区天士力国际经贸技术发展有限公司	天津港保税区	200 万元	国际贸易及相关的简单加工	140 万元	70%	[注 1]
天津天士力广告有限公司	北辰区科技园区	50 万元	设计、制作、发布及代理国内各类经济广告等	35 万元	70%	[注 2]

[注 1]：该公司原系本公司的控股子公司，1999 年本公司持股比例减至 70%。该公司规模较小，且本公司已于 2000 年 3 月 31 日将持有的全部股权协议转让给天津天士力集团有限公司。

[注 2]：该公司成立于 1999 年 6 月，规模较小，且本公司已于 2000 年 3 月 31 日将持有的全部股权协议转让给天津天士力集团有限公司。

为增强会计报表可比性，考虑该等公司对整体报表影响较小，同时根据财政部财会字[1999] 49 号文的相关精神，对上述实际已转让或注销的公司不再纳入合并会计报表范围，仅作权益法核算。

(三)资产负债表、利润表及现金流量表

以下合并会计报表反映了本公司 1999 年－2002 年 6 月 30 日的基本财务状况、经营成果和现金流量状况。(附后)

(四)经营业绩的有关情况

本公司的主营业务收入、利润主要来源于公司独家经营产品的销售，包括复方丹参滴丸、养血清脑颗粒，以及控股子公司经销的柴胡滴丸等少量其他产品。

1、主营业务收入

	1999 年度	2000 年度	2001 年度	2002 年度 1－6 月
主营业务收入	25301	39162	68456	36515
利润总额	8634	10115	12885	6404

公司 1999 年度、2000 年度、2001 年度及 2002 年 1－6 月主营业务收入和利润总额如上所示。主营业务收入 2001 年度发生额较 2000 年度发生额增长 74.80%，2000 年度发生额较 1999 年度发生额增长 54.78%，主要原因系公司的主导产品复方丹参滴丸随着公司进一步加大开发力度，市场销路进一步扩大，相应销售收入不断增加。

公司销售收入的确认原则具体为：公司在商品发出、开具发票并且发出的商品经购货方验收合格后确认销售收入。公司历年来基本未发生退、换货情况。浙江天健会计师事务所有限公司经核查后认为，本公司的销售收入确认原则符合《企业会计准则》和《企业会计制度》的相关规定。

以产品分类，公司主营业务收入构成如下：

项　目	2002 年 1－6 月	2001 年度	2000 年度	1999 年度
复方丹参滴丸	317,100,982.03	579,990,766.88	378,328,267.17	249,253,812.32
养血清脑颗粒	21,792,155.15	34,306,745.35	10,500,742.03	2,294,557.98
柴胡滴丸	4,322,364.63	11,048,954.14		
普爱宁乳膏	857,785.53	2,859,184.97		
其他	21,075,463.88	56,350,183.17	2,788,883.11	1,465,129.12
合　计	365,148,751.22	684,555,834.51	391,617,892.31	253,013,499.42

公司前 5 名客户销售收入金额及其占全部主营业务收入的比例如下：

	2002 年 1－6 月	2001 年度	2000 年度	1999 年度
收入金额	66,568,616.86	91,863,184.33	53,611,942.74	27,386,785.01
所占比例	18.23%	13.42%	13.69%	10.82%

公司 2001 年及 2002 年 1－6 月主营业务收入如下所示：

管理费用	17.39%
营业费用	38.25%
净利润	15.03%
所得税	3.73%
其他	3.11%
主营业务成本	22.49%

2002 年 1－6 月主营业务收入如下所示：

管理费用	19.94%
净利润	13.03%
所得税	4.17%
其他	4.17%
主营业务成本	20.74%
营业费用	37.95%

2、主营业务成本

1999 年度、2000 年度、2001 年度及 2002 年 1－6 月，公司主营业务成本分别为 3,248.76 万元、8,322.81 万元、15,393.20 万元和 7,574.71 万元，占主营业务收入的比例分别为 12.84%、21.25%、22.49%和 20.74%。

主营业务成本 2001 年度发生额较 2000 年度发生额增长 84.95%，主要原因系随着销售收入的增长而相应增长，同时 2001 年度子公司天津天士力医药有限公司经销的毛利率较低的普药销售较上年有很大增长；2000 年度发生额较 1999 年度发生额增长 1.56 倍，主要原因系随着销售收入的增长而相应增长，同时中药浸膏成本波动使 2000 年度主营业务成本较 1999 年度有一定增加。

公司 1999 年度、2000 年度、2001 年度和 2002 年 1－6 月毛利率分别为 87.16%、78.75%、77.51%和 79.26%。1999 年度、2000 年度公司毛利率出现波动的主要原因是：复方丹参滴丸生产所需中药浸膏成本波动。1999 年，公司生产所需中药浸膏由公司持股 85%的天津天士力植物药科技开发有限公司供应，由于该公司 1999 年度已纳入本公司合并会计报表，因而浸膏成本较低，毛利率较高；2000 年 2 月，天津天士力植物药科技开发有限公司注销。2000 年 2－8 月，中药浸膏转由新资源公司供应，供应价格增长较大，致使毛利率下降；2000 年 8 月 12 日，公司收购了新资源公司的中药浸膏提取设备，自行生产中药浸膏，成本出现回落，致使毛利率小幅上升。

以产品分类，公司主营业务成本构成如下：

项目	2002 年 1－6 月	2001 年度	2000 年度	1999 年度
复方丹参滴丸	46,045,934.90	75,802,749.26	72,220,294.41	30,621,535.56
养血清脑颗粒	6,377,900.63	13,196,083.06	8,600,410.70	1,470,852.67
柴胡滴丸	2,772,840.19	9,103,828.62		
普爱宁乳膏	535,398.53	2,383,950.00		
其他	20,015,063.79	53,445,408.10	2,407,420.59	395,250.06
合计	75,747,138.04	153,932,019.04	83,228,125.70	32,487,638.29

3、主营业务税金及附加

1999 年度、2000 年度、2001 年度和 2002 年 1－6 月，公司主营业务税金及附加明细如下：

项目	2002年1-6月	2001年度	2000年度	1999年度
城市维护建设税	4,080,974.37	6,775,919.58	553,884.29	642,861.95
教育费附加	1,748,989.02	2,918,206.23	553,884.28	466,368.09
合计	5,829,963.39	9,694,125.81	1,107,768.57	1,109,230.04

主营业务税金及附加2001年度发生额较2000年度、1999年度发生额分别增长7.75倍、7.74倍,主要原因系:1)1999年1-2月,城市维护建设税和教育费附加分别按应缴流转税税额的7%和3%计缴;1999年3月-2000年末城市维护建设税按应缴增值税税额的1%和应缴营业税税额的7%计缴,教育费附加按应缴增值税税额的1%和应缴营业税税额的3%计缴;2001年起城市维护建设税按应缴流转税税额的7%计缴,教育费附加按应缴流转税税额的3%计缴,相应公司1999年度和2000年度的主营业务税金及附加较主营业务收入的总体比例较2001年度的比例低;2)公司主营业务收入2001年度发生额较2000年度、1999年度增长较大,相应应缴流转税税额增加,主营业务税金及附加也随之增长。

4、营业费用

公司的营业费用主要为广告及宣传费、差旅费等项目。1999年度、2000年度、2001年度和2002年1-6月公司的营业费用分别为8,043.68万元、14,182.67万元、26,185.27万元和13,856.90万元,占当年主营业务收入的比例分别为31.79%、36.22%、38.25%和37.95%。

2001年度发生额较2000年度发生额增长84.63%,2000年度发生额较1999年度发生额增长76.32%,主要原因系:(1)公司业务招待费及销售人员差旅费用随着销售规模的扩大逐年增多;(2)为推广产品市场,加大宣传力度,广告费支出较大;(3)销售网点的建设增加了开支。

5、管理费用

本公司的管理费用主要为工资及福利费、研究与开发费用、办公费和折旧等。1999年度、2000年度、2001年度和2002年1-6月公司的管理费用分别为4,904.21万元、6,736.47万元、11,902.43万元和7,280.31万元,占当年主营业务收入的比例分别为19.38%、17.20%、17.39%和19.94%。

2001年度发生额较2000年度发生额增长76.69%,主要系因扩大市场及新产品的开发需要,公司人员机构费用、培训费用及新产品研究开发费增加,导致管理费用相应增长。2000年度发生额与1999年度发生额相比增长37.36%,主要原因系:(1)经天津市财政局批准,公司于2000年1月将复方丹参滴丸技术及养血专有技术的摊余值8,719,988.00元一次性摊销;(2)公司为了加强产品的防伪性能,改换了新包装,将原库存包装材料一次性报废进费用;(3)随着业务规模的不断扩大,人员数量增加,待遇相应提高。

6、财务费用

项目	2002年1-6月	2001年度	2000年度	1999年度
利息支出	8,103,977.75	10,249,473.77	6,008,470.35	1,286,000.43
减:利息收入	287,082.84	590,464.22	1,423,934.62	861,792.07
汇兑损失	3,455.00	1,341.45	64,053.44	46,627.16
减:汇兑收益		4,066.39	105,283.74	
其他	40,102.51	163,611.21	10,525.20	11,753.70
合计	7,860,452.42	9,819,895.82	4,553,830.63	482,589.22

2002年1-6月发生额折成全年较2001年度发生额增长60.09%、2001年度发生额较2000年度发生额增长1.16倍、2000年度发生额较1999年度发生额增长8.44倍,主要原因系随着销售规模的进一步扩大,经营资金需求加大,借款平均余额增长较大,相应导致借款利息支出增加。

公司1999年和2000年发生额相对较低,其主要原因系:1999年和2000年经营活动所需借入资金较少,大部分借款主要系为复方丹参滴丸系列现代化产业化示范工程项目所需的建设资金形成,该项工程享受天津市高新技术产业项目的贴息政策。1999年度和2000年度,根据天津市发展计划委员会津计科技[1999]631号和津计科技[1999]1117号文件,共计收到天津市发展计划委员会拨入的天津市重大高新技术产业化项目贴息390万元,收到的贴息业已冲减收到年度相应的财务费用。

7、投资收益

项目	2002年1-6月	2001年度	2000年度	1999年度
期末调整的被投资公司所有者权益净增减的金额	159,990.59	9,794.42	3,495,512.24	
股权投资转让收益				-2,026,151.72
清算子公司收益			2,661,542.58	
股权投资差额摊销	3,609.18	93,754.54	-8,032.09	
合计	163,599.77	103,548.96	6,149,022.73	-2,026,151.72

8、补贴收入

2000年度补贴收入143.88万元,系公司于2000年9月收到的由天津北辰科技园区管理委员会拨付的区财政内自留资金部份财政补助款,根据拨款通知计入补贴收入。

9、营业外收入与支出

营业外收入项目	2002年1-6月	2001年度	2000年度	1999年度
罚款收入	3,840.00	26,860.75	38,781.82	14,496.00
固定资产处理净收益			2,722.25	81,145.80
其他	9,084.47	919.60	177,202.61	25,405.00
合计	12,924.47	27,780.35	218,706.68	121,046.80
营业外支出项目	2002年1-6月	2001年度	2000年度	1999年度
捐赠支出	460,300.00	1,479,114.00	70,750.00	436,044.80
无形资产转让损失			84,444.08	728,705.04
罚款支出	3,362.58	8,081.07		17,625.86
处理固定资产净损失		16,362.22		
其他	8,726.14	26,950.14	2,128.87	35,433.05
合计	472,388.72	1,530,507.43	157,322.95	1,217,808.75

10、所得税

1999年度、2000年度及2001年度,公司所得税情况如下:

项目	2002年1-6月	2001年度	2000年度	1999年度
应纳税所得额	75,741,285.31	150,066,562.23	137,662,613.01	76,450,634.45
税率	[注4]	[注3]	[注2]	33%[注1]
所得税额	15,222,183.19	25,555,967.52	21,620,561.18	25,228,709.37

[注1]:1999年度,公司企业所得税按33%计缴,其中18%由财政返还,实际返还数额由当地主管税务机关核定。

[注2]:2000年1月至2000年11月,公司延用了1999年度的税收政策,2000年12月起,公司按15%计缴所得税。

经天津市财政局批准,股份公司成立前实际收到的返还部分列入公司"资本公积"项目,股份公司成立后实际收到的返还部分列入公司净利润;2000年12月起,公司的企业所得税按15%计缴。2000年度按上述税率计算的所得税额为34,643,057.34元,股份公司设立后收到所得税返还款计13,022,496.16元,相应列示所得税额为21,620,561.18元。

[注3]:公司的企业所得税按15%计缴,2001年应纳税所得额133,144,433.45元,应计所得税额为19,971,665.02元;控股子公司陕西天士力植物药业有限责任公司属国家确定的"老、少、边、穷"地区新办企业,2001年享受免征企业所得税的优惠;控股子公司天津天士力医药有限公司根据财政部、国家税务总局财税字[94]001号文件规定和天津市地方税务局北辰区分局批准,从2000年7月1日至2001年6月30日免缴企业所得税,2001年7月起,按33%计缴企业所得税,2001年7-12月该公司应纳税所得额16,922,128.78元,应计所得税额为5,584,302.50元。控股子公司云南天士力金不换三七种植有限公司2001年度应纳税所得额为负数,相应不需计缴企业所得税。

[注4]:公司的企业所得税按15%计缴,2002年1-6月应纳税所得额54,291,338.73元,应计所得税额为8,143,700.81元;控股子公司陕西天士力植物药业有限责任公司的本期企业所得税按33%计缴,2002年1-6月应纳税所得额711,164.31元,应计所得税额为234,684.23元;控股子公司天津天士力医药有限公司的本期企业所得税按33%计缴,2002年1-6月应纳税所得额20,738,782.27元,应计所得税额为6,843,798.15元;控股子公司云南天士力金不换三七种植有限公司2002年1-6月应纳税所得额为负数,相应不需计缴企业所得税。

公司前身于1997年5月6日经天津市科学技术委员会津科发工字[1997]第104号文认定为天津市高新技术企业,于1998年4月30日在国家级开发区天津新技术产业园区北辰科技园区变更注册登记,但生产场所在园区外。根据天津市财政局和天津市科委于1997年6月联合发布的《关于对我市重大科技产业化工程项目企业所得税优惠政策问题的通知》,符合一定条件且已被认定为高新技术企业而在新技术产业园区外注册的市属企业,可参照园区内高新技术企业享受有关所得税优惠。根据《国务院关于批准国家高新技术产业开发区和有关政策规定的通知》,本公司1998年5月起所得税率应为15%。本公司于1999年、2000年1-4月期间实际执行的税收政策为:当年实现的利润按33%税率征收所得税,财政返还18%,实际税负为15%。

2000年4月30日,股份公司整体变更设立,并在国家级开发区天津新技术产业园区北辰科技园区变更注册登记,按国家有关国家级开发区内高新技术企业税收政策,应享受15%所得税税率。但本公司2000年5月—11月的所得税仍按33%税率征收,财政返还18%,实际税负为15%。

国务院2000年1月11日发布了《关于纠正地方自行制定税收先征后返政策的通知》(国发[2000]2号),要求各地区自行制定的税收先征后返政策自2000年1月1日起一律停止执行,故上述2000年1-11月期间税收先征后返的具体操作方式存在不规范之处。

从2000年12月起,本公司按照国家对高新技术企业的优惠政策,按15%计缴所得税。

发行人律师对发行人1999年度、2000年1-4月、2000年5-11月及自2000年12月至今执行的所得税政策的合法合规性进行了核查,认为:发行人在上述各个时期均已按税法有关规定履行了纳税义务,承担的实际税负是有法律依据的,发行人2000年1-11月期间税收先征后返的具体操作方式不符合"国发[2000]2号"文的规定,但各个时期执行的税收政策并未构成发行人本次股票公开发行上市的实质性法律障碍。

(五)资产

	1999.12.31	2000.12.31	2001.12.31	2002.6.30
总资产	35034	42047	59539	68040
净资产	13228	15005	23880	28639

截至1999年12月31日、2000年12月31日、2001年12月31日及2002年6月30日,公司资产总额、净资产增长情况由上图所示。

截至2001年12月31日及2002年6月30日的资产构成如下:

2001年12月31日资产结构

项目	比例
固定资产	33.72%
在建工程、工程物资	4.81%
无形资产	2.29%
流动资产	59.00%
长期投资	0.18%

2002年6月30日资产结构

项目	比例
固定资产	32.83%
在建工程、工程物资	4.28%
无形资产	1.90%
流动资产	60.81%
长期投资	0.18%

1、流动资产

本公司截至1999年12月31日、2000年12月31日、2001年12月31日和2002年6月30日流动资产分别为24,250.01万元、25,494.12万元、35,130.43万元和41,377.07万元。主要包括货币资金、应收账款、其他应收款和存货等,具体情况如下:

(1)货币资金

本公司截至1999年12月31日、2000年12月31日、2001年12月31日和2002年6月30日的货币资金分别为12,026.32万元、11,133.56万元、12,900.04万元和18,769.66万元,分别占当期期末流动资产的49.59%、43.67%、36.72%和45.36%。

(2)应收账款

本公司截至1999年12月31日、2000年12月31日、2001年12月31日和2002年6月30日的应收账款账面价值分别为7,272.01万元、8,040.32万元、7,856.31万元和7,351.12万元。截至2001年12月31日,账龄在一年以内的应收账款账面价值为7,155.98万元,占应收账款账面价值的91.09%;截至2002年6月30日,账龄在一年以内的应收账款账面价值为6,414.76万元,占应收账款账面价值的87.26%。

截至2002年6月30日,应收账款中欠款金额前5名的欠款金额总计为1,193.87万元,占应收账款账面余额的15.43%。

公司货款回笼正常,账龄1年以上的应收账款余额不大,各主要债务人信誉良好,发生坏账的可能性较小,故坏账准备按期末余额的5%计提。

截至2002年6月30日,持有本公司5%(含5%)以上股份的主要股东单位应收账款为天士力集团公司应收账款17.07万元,为1年内正常信用期贷款。

截至2002年6月30日,公司应收账款账龄分析如下:

账龄分析	账面余额	比例(%)	坏账准备	账面价值
1年以内	67,523,819.94	87.26	3,376,191.00	64,147,628.94
1-2年	9,035,852.10	11.68	451,792.61	8,584,059.49
2-3年	28,281.24	0.04	1,414.06	26,867.18
3年以上	792,215.88	1.02	39,610.79	752,605.09
合计	77,380,169.16	100.00	3,869,008.46	73,511,160.70

(3)其他应收款

本公司1999年12月31日、2000年12月31日、2001年12月31日和2002年6月30日的其他应收款账面价值分别为2,804.47万元、2,669.17万元、4,292.54万元和5,088.99万元。其他应收款主要为公司在异地设立办事机构,维持日常工作所借备用金,坏账准备按期末余额的5%计提。

2002年6月30日余额占资产总额的7.87%、2001年末余额占资产总额的7.59%,余额较大,主要系公司对销售人员实行了备用金制度,因销售人员规模较大,相应备用金的余额较大所致。2001年末余额较2000年末余额增长60.82%,主要系扩大市场需要,公司市场部人员的暂借款增加较多所致。

截至2002年6月30日,其他应收款中欠款金额前5名的欠款金额总计为784.08万元,占其他应收款账面余额的14.64%。

无持有本公司5%(含5%)以上表决权股份的股东单位欠款。

其他应收款主要系由市场销售人员按公司备用金制度领用的备用金形成,且账龄1年以上的金额不大,相应发生坏账的可能性较小,故坏账准备按期末余额的5%计提。

截至2002年6月30日,公司其他应收款账龄分析如下:

账龄分析	账面余额	比例(%)	坏账准备	账面价值
1年以内	49,894,003.68	93.14	2,494,700.19	47,399,303.49
1-2年	3,315,193.46	6.19	165,759.67	3,149,433.79
2-3年	327,190.00	0.61	16,359.50	310,830.50
3年以上	31,965.00	0.06	1,598.25	30,366.75
合计	53,568,352.14	100.00	2,678,417.61	50,889,934.53

(4)预付账款

截至 1999 年 12 月 31 日、2000 年 12 月 31 日、2001 年 12 月 31 日及 2002 年 6 月 30 日,公司预付账款分别为 163.36 万元、726.63 万元、6,251.45 万元和 6,201.08 万元。2002 年 6 月 30 日余额占资产总额的 9.11%,余额较大,主要系:1)公司为加大科技创新,引进专利技术,预付“丹参总酚酸原料及其冻干粉针剂”、“重组人尿型纤溶酶原激活剂(u-PA)”及“脑清通片和洋参强心灵片”等技术受让费余额 3,690.00 万元,因转让方正在对该些项目进行临床前期阶段,尚未转让并过户给公司,故仍暂挂本科目;2)公司为扩大产品产场,进一步加强广告投入力度,预付 2002 年下半年的广告宣传费 2,260.00 余万元,因该等广告宣传尚未进行,故仍暂挂本科目。2001 年末余额较 2000 年末余额增长 7.60 倍,且余额占资产总额的 10.50%,余额较大,主要系:1)公司为加大科技创新,引进专利技术,预付“丹参总酚酸原料及其冻干粉针剂”、“重组人尿型纤溶酶原激活剂(u-PA)”及“脑清通片和洋参强心灵片”等技术受让费增加 3,190.00 万元;2)公司为扩大产品产场,进一步加强广告投入力度,预付 2002 年初的广告宣传费增加 2,600 余万元所致。2000 年末余额较 1999 年末余额增长 3.45 倍,主要原因系公司为扩大产品市场,加强了广告投入力度,预付的广告宣传费增加和公司为进一步改善办公条件、提高工作效率,预付的购车款增加所致。

截至 2002 年 6 月 30 日,公司预付账款账龄分析如下:

账龄	期末数		期初数	
	金额	比例(%)	金额	比例(%)
1 年以内	61,902,613.48	99.83	62,492,735.24	99.97
1-2 年	108,193.68	0.17	21,757.58	0.03
合计	62,010,807.16	100.00	62,514,492.82	100.00

预付账款中无持本公司 5%(含 5%)以上表决权股份的股东单位账款。

(5)存货

截至 1999 年 12 月 31 日、2000 年 12 月 31 日、2001 年 12 月 31 日及 2002 年 6 月 30 日,公司存货账面价值分别为 1,983.34 万元、2,758.25 万元、3,084.81 万元和 3,782.72 万元。

截至 2002 年 6 月 30 日,公司存货明细情况如下:

项 目	期末数			期初数		
	账面余额	跌价准备	账面价值	账面余额	跌价准备	账面价值
原材料	6,669,738.56		6,669,738.56	4,501,080.35		4,501,080.35
库存商品	17,629,590.84		17,629,590.84	5,056,784.10		5,056,784.10
包装物	3,436,273.87		3,436,273.87	11,335,042.22		11,335,042.22
低值易耗品	331,083.93		331,083.93	256,693.67		256,693.67
在产品	9,760,487.74		9,760,487.74	9,698,541.27		9,698,541.27
合 计	37,827,174.94		37,827,174.94	30,848,141.61		30,848,141.61

报告期内存货不存在毁损及成本低于可变现净值现象,不需计提存货跌价准备。

2002 年 6 月 30 日余额占资产总额的 5.56%,余额较大,主要系为适应销售规模的扩大,加强控制原材料及包装物库存的同时,储备的库存商品较多所致。2001 年末余额占资产总额的 5.18%,余额较大,主要系为适应生产规模的扩大而储备的包装物较多所致。

2、长期投资

本公司 2002 年 6 月 30 日母公司会计报表中,长期投资均为长期股权投资,均按权益法核算。

项 目	期末数			期初数		
	账面余额	减值准备	账面价值	账面余额	减值准备	账面价值
对子公司投资	15,278,508.59		15,278,508.59	12,469,555.32		12,469,555.32
合 计	15,278,508.59		15,278,508.59	12,469,555.32		12,469,555.32

截至 2002 年 6 月 30 日,长期投资余额为 1,527.85 万元,占母公司净资产的比例的 5.06%。

本公司 2002 年 6 月 30 日合并会计报表中,长期投资余额为 124.94 万元,具体明细如下:

项 目	期末数			期初数		
	账面余额	减值准备	账面价值	账面余额	减值准备	账面价值
对子公司投资	-61,355.23		-61,355.23	-64,964.41		-64,964.41
对联营企业投资	1,310,725.34		1,310,725.34	1,150,734.75		1,150,734.75
合 计	1,249,370.11		1,249,370.11	1,085,770.34		1,085,770.34

本报告期内,上述被投资单位无明显迹象表明其经营状况恶化,故不需计提长期投资减值准备。

3、固定资产

截至 1999 年 12 月 31 日、2000 年 12 月 31 日、2001 年 12 月 31 日及 2002 年 6 月 30 日,公司固定资产净值为 3,976.35 万元、2,078.42 万元、20,075.06 万元和 22,334.58 万元。2001 年末余额较 2000 年末余额增长 6.82 倍,主要系复方丹参滴丸系列中药现代化产业化示范工程项目部分工程已达到预定可使用状态,暂估转入固定资产所致。2000 年末余额较 1999 年末余额下降 41.65%,主要由于公司于 2000 年 3 月 31 日,将原值为 30,305,165.81 元、净值为 26,626,328.08 元的固定资产按账面价协议转让给天津天士力集团有限公司所致。

固定资产分为房屋及建筑物、通用设备、专用设备、运输工具和其他设备等类别。固定资产折旧采用年限平均法。

截至 2002 年 6 月 30 日,固定资产原价情况如下:

类 别	期初数	本期增加	本期减少	期末数
房屋及建筑物	137,150,191.03	17,922,137.66		155,072,328.69
通用设备	30,657,950.41	1,074,966.78		31,732,917.19
专用设备	21,913,602.74	5,278,333.01		27,191,935.75
运输工具	22,679,105.88	1,192,627.00		23,871,732.88
其他设备	3,708,765.46	6,649,063.91		10,357,829.37
合 计	216,109,615.52	32,117,128.36		248,226,743.88

[注]本期增加数中包括从在建工程完工转入 21,732,976.58 元。

截至 2002 年 6 月 30 日,固定资产累积折旧情况如下:

类 别	期初数	本期增加	本期减少	期末数
房屋及建筑物	3,084,546.14	2,947,275.38	·	6,031,821.52
通用设备	3,856,913.93	1,553,018.48		5,409,932.41
专用设备	2,531,412.60	2,096,588.00		4,628,000.60
运输工具	5,210,439.58	1,919,658.11		7,130,097.69
其他设备	675,719.30	1,005,401.70		1,681,121.00
合 计	15,359,031.55	9,521,941.67		24,880,973.22

截至 2002 年 6 月 30 日,固定资产净值情况如下:

类 别	期末数	期初数
房屋及建筑物	149,040,507.17	134,065,644.89
通用设备	26,322,984.78	26,801,036.48
专用设备	22,563,935.15	19,382,190.14
运输工具	16,741,635.19	17,468,666.30
其他设备	8,676,708.37	3,033,046.16
合 计	223,345,770.66	200,750,583.97

上述固定资产中均无用作抵押或担保,无出售及与其他单位置换固定资产的情况,无融资租入固定资产。本报告期内,上述固定资产不存在可收回金额低于账面价值的情况,故无需计提固定资产减值准备。

4、在建工程

截至 1999 年 12 月 31 日、2000 年 12 月 31 日、2001 年 12 月 31 日及 2002 年 6 月 30 日,公司在建工程余额分别为 4,735.91 万元、12,828.82 万元、2,721.05 万元和 2,899.11 万元。2001 年末余额较 2000 年末余额下降 78.79%,主要系由于复方丹参滴丸系列中药现代化产业化示范工程项目部分工程已于 2001 年 7 月达到预定可使用状态(其余工程已于 2002 年 1 月达到预定可使用状态),暂估转入固定资产所致;2000 年末余额较 1999 年末余额增长 1.71 倍,主要系复方丹参滴丸系列中药现代化产业化示范工程项目全面动工,投入增加所致。

截至 2002 年 6 月 30 日,在建工程明细如下:

工程名称	期末数			期初数		
	账面余额	减值准备	账面价值	账面余额	减值准备	账面价值
复方丹参滴丸系列中药现代化产业化示范工程				20,647,722.99		20,647,722.99
药源中心	4,356,034.16		4,356,034.16	2,675,585.53		2,675,585.53
ERP 系统工程	5,267,752.37		5,267,752.37	2,001,618.49		2,001,618.49
复方丹参滴丸自动生产线	5,200,973.67		5,200,973.67			
小滴丸生产线	2,935,276.04		2,935,276.04			
制剂车间 D 区工程	6,775,276.65		6,775,276.65			
其他零星工程	4,455,801.53		4,455,801.53	1,885,604.36		1,885,604.36
合 计	28,991,114.42		28,991,114.42	27,210,531.37		27,210,531.37

复方丹参滴丸系列中药现代化产业化示范工程在建期间未列支资本化利息的主要原因系:该项工程系经国家发展计划委员会计高技[1999]1584 号文批准建设,享受天津市高新技术产业项目的贴息政策。鉴于此项工程利息支出均有专项贴息,相应其利息支出不再进行资本化。

上述在建工程不存在可收回金额低于账面价值的情况,故无需计提在建工程减值准备。

5、有形资产净值

本公司截至 2001 年 12 月 31 日及 2002 年 6 月 30 日的有形资产净值分别为 58,175.79 万元和 66,749.20 万元。

6、无形资产

截至 1999 年 12 月 31 日、2000 年 12 月 31 日、2001 年 12 月 31 日和 2002 年 6 月 30 日,公司无形资产账面值分别为 1,555.99 万元、1,607.39 万元、1,354.86 万元和 1,228.60 万元,分别占当期期末资产总额的 4.44%、3.82%、2.28%和 1.81%。

截至 2002 年 6 月 30 日,无形资产明细情况如下:

种 类	期末数			期初数		
	账面余额	减值准备	账面价值	账面余额	减值准备	账面价值
土地使用权	5,686,030.97		5,686,030.67	5,748,637.85		5,748,637.85
养血专利权	6,600,000.00		6,600,000.00	7,800,000.00		7,800,000.00
合 计	12,286,030.97		12,286,030.97	13,548,637.85		13,548,637.85

上述无形资产中,土地使用权系以受让方式取得的北辰科技园区 33,333.3 平方米工业用地土地使用权,现有权证号为北辰单国用[2000 更 3]字第 025 号;养血专利权系公司于 2000 年 3 月 15 日以协议价 1,200 万元向天津市天使力药物研究开发有限公司(现更名为“天津市金士力药物研究开发有限公司”)购买的养血清脑颗粒专利权,现有专利号为 93100050.5。

公司无形资产历年变动情况为:1)公司 1999 年初无形资产中包括以 1997 年 10 月 30 日为评估基准日评估形成的无形资产复方丹参丸及其技术摊余价值 7,002,666.67 元、养血清脑颗粒专有技术摊余价值 4,333,333.33 元、柴胡专有技术摊余价值 372,666.67 元、天使茶专有技术摊余价值 641,333.33 元和 123,990.70 平方米土地使用权的摊余价值 21,643,941.32 元,该宗土地原系由天津市天使力联合制药公司股东评估投入的一宗 106,560 平方米(160 亩)的土地,原出让金 900.00 万元,评估作价 15,984,000.00 元,后天津天士力制药集团有限公司以该宗土地与天津市北辰区规划土地管理局置换已经过五通一平的另一宗 123,990.70 平方米(186 亩)的土地使用权,并补付了 740.00 万元土地出让金差额款;1999 年 2 月,公司将其中摊余价值为 15,668,705.04 元(136 亩)的土地使用权经评估后协商作价 1,496 万元转让给天津市天使力药物研究开发有限公司,相应致使 1999 年末余额较 1998 年末余额有较大下降;2)2000 年 1 月,出于财务稳健性考虑,报经天津市财政局批准,将复方丹参滴丸及养血清脑颗粒专有技术的摊余价值共计 8,719,988.00 元一次性进行了摊销;2000 年 3 月,本公司向天津市天使力药物研究开发有限公司受让其拥有的养血清脑颗粒专利权,该项专利及其专有技术 2000 年 1 月 31 日为基准日的评估价值为 4,216.53 万元(由北京中企华资产评估有限责任公司出具中企华评咨字[2000]第 022-7 号评估报告,评估时采用了收益现值法),双方协议作价 1,200 万元,该项专利 2000 年末摊余价值为 10,200,000.00 元;2000 年 3 月,本公司出于产业定位考虑,将摊余价值分别为 265,176.67 元和 456,338.33 元的柴胡滴丸技术和天使茶技术以 2000 年 3 月末的账面价值等额作价转让给了天津天士力新资源药业有限公司。相应致使 2000 年末余额较 1999 年末余额有所增长;3)公司 2001 年 12 月 31 日无形资产账面价值较 2000 年 12 月 30 日减少 252.52 万元,2002 年 6 月 30 日无形资产账面价值较 2001 年 12 月 30 日减少 126.26 万元,为无形资产正常摊销所致。

天津市天使力联合制药公司于 1998 年增资改制为天津天士力制药集团有限公司时,原天使力联合公司股东以土地使用权、复方丹参滴丸专有技术等无形资产(评估值共计 3,023.40 万元)投入到天士力制药集团公司,并将各账面无形资产以评估值作了账项调整,其中包括土地使用权 1,598.40 万元、复方丹参滴丸专有技术 808.00 万元、养血清脑颗粒专有技术 500.00 万元、柴胡滴丸专有技术 43.00 万元、天使茶专有技术 74.00 万元,共计 3023.40 万元。但纳入评估范围、并且作为出资的无形资产商标(评估价值 200.00 万元)未做账项调整,主要原因为原商标是股东方天津市中央制药厂做为出资投入的,企业早已不再使用,并且公司已自行设计出新的商标(“天士力”商标),出于财务稳健性考虑,公司以 1997 年 11、12 月形成的利润弥补了该项未作评估调整的商标价值。

公司确定的无形资产摊销政策是自取得当月起在预计的使用年限内分期平均摊销,计入损益的会计政策。其中,各类专有技术按 5 年摊销,土地使用权按 50 年摊销。但公司于 2000 年 1 月,出于财务稳健性考虑,将剩余摊销期限均还余 40 个月的复方丹参滴丸、养血清脑颗粒专有技术摊余价值 8,719,988.00 元进行了一次性全部摊销处理,此项摊销处理业经天津市财政局批准。同时,考虑到柴胡滴丸主治感冒、天使茶是保健品,而公司的产业定位于发展心脑血管药物研究与生产经营,该两产品均不属公司产业发展方向,故公司在进行上述处理时已确定拟将柴胡滴丸和天使茶专有技术转让给新资源公司,相应该两产品的专有技术未同时作一次性摊销处理。天健会计师事务所有限公司对上述无形资产一次性摊销事宜进行核查后认为,该一次性摊销行为符合会计处理的谨慎性原则,会计核算方法变更已业经省级主管财政部门批准,摊销行为未违反《企业会计准则》和《企业会计制度》等现行国家法律法规的相关规定。

本报告期内,上述无形资产不存在可收回金额低于账面价值的情况,故无需计提无形资产减值准备。

(六)负债

截至 1999 年 12 月 31 日、2000 年 12 月 31 日、2001 年 12 月 31 日及 2002 年 6 月 30 日,公司负债情况如下表所示。

项 目	2002 年 6 月 30 日	2001 年 12 月 31 日	2000 年 12 月 31 日	1999 年 12 月 31 日
短期借款	206,500,000.00	215,000,000.00	65,000,000.00	40,000,000.00
长期借款	86,000,000.00	50,000,000.00	50,000,000.00	50,000,000.00
负债总额	381,032,016.99	348,192,817.71	264,147,977.60	215,288,563.34
资产负债率(%)	56.00	58.48	62.82	61.45

1、短期借款

截至 1999 年 12 月 31 日、2000 年 12 月 31 日、2001 年 12 月 31 日及 2002 年 6 月 30 日,公司短期借款余额分别为 4,000 万元、6,500 万元、21,500 万元和 20,650 万元。2001 年末余额较 2000 年末余额增长 2.31 倍、2000 年末余额较 1999 年末余额增长 62.50%,主要系生产、销售规模扩大,相应所需的流动资金增多,导致短期借款增多。

2.应付账款

截至 1999 年 12 月 31 日、2000 年 12 月 31 日、2001 年 12 月 31 日及 2002 年 6 月 30 日,公司应付账款余额分别为 749.77 万元、1,616.15 万元、2,877.54 万元和 2,354.46 万元。2001 年末余额较 2000 年末余额增长 78.05%、2000 年末余额较 1999 年末余额增长 1.16 倍,主要系生产规模扩大,采购物资相应增加所致。应付账款中无持本公司 5%(含 5%)以上表决权股份的股东单位账款。

截至 2002 年 6 月 30 日,公司应付账款账龄分析如下:

账 龄	期末数	期初数
1 年以内	22,919,055.33	27,623,655.11
1-2 年	492,148.48	1,076,299.55
2-3 年	57,860.00	75,490.12
3 年以上	75,490.12	
合 计	23,544,553.93	28,775,444.78

3、应付股利

截至 1999 年 12 月 31 日、2000 年 12 月 31 日、2001 年 12 月 31 日及 2002 年 6 月 30 日,公司应付股利账面余额分别为 4,708.70 万元、6,231.41 万元、692.67 万元和 556.60 万元。2001 年末余额较 2000 年末余额下降 88.88%,主要系本期向股东支付了 2000 年度应付股利及 2001 年 1-3 月部分股东股利所致。2000 年末余额较 1999 年末余额增长 32.34%,主要系根据公司 1999 年度第三次董事会、2000 年度第一次董事会及 2000 年度第三次(临时)董事会决议分配的股利尚未支付所致。

截至 2002 年 6 月 30 日,公司欠付股利 5,565,992.17 元,主要系因生产规模的扩大及复方丹参滴丸系列中药现代化产业化示范工程项目的建设,占用了大量的资金,致使截至 2002 年 6 月 30 日,2001 年 1-3 月的应付股利尚未全部支付。应付股利明细如下:

投资者名称	期末数	期初数
天津天士力集团有限公司	1,327,515.05	2,688,246.05
广州市天河振凯贸易有限公司	1,412,825.71	1,412,825.71
天津市金士力药物研究开发有限公司	753,036.10	753,036.10
天津新技术产业园区永生建筑有限公司	706,412.85	706,412.85
金华市金磐开发区万顺贸易有限公司	706,412.85	706,412.85
浙江尖峰集团股份有限公司	457,755.53	457,755.53
天津市中央药业有限公司	202,034.08	202,034.08
合 计	5,565,992.17	6,926,723.17

4、应交税金

截至 1999 年 12 月 31 日、2000 年 12 月 31 日、2001 年 12 月 31 日及 2002 年 6 月 30 日,公司应交税金账面余额分别为 2,754.06 万元、3,698.85 万元、2,154.55 万元和 2,663.63 万元。2001 年末余额较 2000 年末余额下降 41.75%,主要原因系:2000 年末未交的增值税主要为经批准缓缴的 10-11 月份应缴增值税和 12 月份的正常申报期应缴增值税,该等税款公司已于 2001 年 1 月缴纳,而 2001 年末未交的增值税主要为 2001 年 12 月份的正常申报期应缴增值税,该项税款已于 2002 年 1 月 15 日缴纳。总体而言,公司应缴增值税随着销售收入的增长也呈上升趋势;2000 年末余额较 1999 年末余额增长 34.31%,主要原因于系销售的扩大致使应交税金相应增加。

截至 2002 年 6 月 30 日,公司应交税金明细如下所示:

税 种	期末数	期初数
增值税	15,773,202.13	12,722,158.53
营业税	33,107.43	251,147.62
城市维护建设税	1,263,633.90	885,671.22
企业所得税	8,094,890.21	7,561,299.61
代扣代缴个人所得税	1,102,636.14	125,269.32
房产税	368,850.31	
合计	26,636,320.12	21,545,546.30

应交税金项目期末余额较大,其中应缴增值税为 15,773,202.13 元,应缴企业所得税为 8,094,890.21 元。应缴增值税属 2002 年 6 月份应税收入形成的正常申报期税款;应缴企业所得税为公司经批准缓缴的 2002 年 5 月份应税所得形成的应缴税款和 2002 年 6 月份应税所得形成的正常申报期税款,以及公司之控股子公司天津天士力医药有限公司 2002 年第 2 季度应税所得形成的正常申报期税款(该公司应税所得较小,按季申报)。

5、其他应付款

截至 1999 年 12 月 31 日、2000 年 12 月 31 日、2001 年 12 月 31 日及 2002 年 6 月 30 日,公司其他应付款账面余额分别为 1,167.57 万元、1,281.54 万元、1,579.04 万元和 847.51 万元。

持本公司 5%(含 5%)以上表决权股份的股东单位账款如下所示:

股东单位名称	期末数	期初数
天津天士力集团有限公司	456,946.97	200,000.00
小 计	456,946.97	200,000.00

6、长期借款

截至 1999 年 12 月 31 日、2000 年 12 月 31 日及 2001 年 12 月 31 日,公司长期借款余额均为 5,000 万元。截至 2002 年 6 月 30 日,公司长期借款余额为 86,000,000.00 元,其中:50,000,000.00 元借款主要系用于建设复方丹参滴丸系列中药现代化产业化示范工程等项目,该项目系经国家发展计划委员会计高技[1999]1584 号文批准建设,并享受天津市高新技术产业项目的贴息政策;36,000,000.00 元借款主要系用于投资丹酚酸粉针剂固定资产项目,该项目系经天津市发展计划委员会津计科技[2000]977 号文批准建设。

7、或有负债

截至 2002 年 6 月 30 日,公司无重大或有负债。

(七)股东权益

1、股本

公司报告期内各会计期末股本情况如下:

类 别	2002.6.30	2001.12.31	2000.12.31	1999.12.31
法人股	140,000,000.00	140,000,000.00	140,000,000.00	94,860,000.00
合 计	140,000,000.00	140,000,000.00	140,000,000.00	94,860,000.00

股份公司成立于 2000 年 4 月,1999 年末股本金额系按公司前身原天津天士力制药集团有限公司 1999 年末实收资本额列示。

2、盈余公积

公司报告期内各会计期末盈余公积情况如下:

类 别	2002 年 6 月 30 日	2001 年 12 月 31 日	2000 年 12 月 31 日	1999 年 12 月 31 日
法定盈余公积	16,770,935.32	16,770,935.32	6,635,524.49	9,783,924.01
法定公益金	8,385,467.66	8,385,467.66	3,317,762.24	7,353,333.32
合 计	25,156,402.98	25,156,402.98	9,953,286.73	17,137,257.33

盈余公积 2000 年末余额 9,953,286.73 元,系根据公司第一届董事会第三次会议决议及 2000 年度股东大会决议,分别按 2000 年 4-12 月母公司净利润的 10%、5%提取的法定盈余公积 6,635,524.49 元、法定公益金 3,317,762.24 元。盈余公积 2001 年末余额比 2000 年末新增 15,203,116.25 元,系根据公司第一届董事会第四次会议决议及 2000 年度股东大会决议,分别按 2001 年 1-3 月母公司净利润的 10%、5%提取的法定盈余公积 1,728,479.52 元、法定公益金 864,239.76 元;经公司 2001 年度股东大会决议,分别按 2001 年 4-12 月母公司净利润的 10%、5%提取的法定盈余公积 8,406,931.31 元、法定公益金 4,203,465.66 元。

公司系以有限责任公司截至 2000 年 3 月 31 日的净资产等额折股,整体变更形成的股份有限公司,根应 2000 年 3 月 31 日前形成的盈余公积业已折成股本。

3、未分配利润

	2002 年 6 月 30 日	2001 年 12 月 31 日	2000 年 12 月 31 日	1999 年 12 月 31 日
期初未分配利润	73,639,978.57	100,000.00	-4,920,675.80[注 1]	637,338.04
本期净利润	47,593,888.76	102,871,351.89	79,530,353.03	58,827,119.50
提取法定盈余公积		10,135,410.83[注 3]	8,011,169.81[注 2]	6,220,097.90
提取法定公益金		5,067,705.42[注 3]	4,005,584.90[注 2]	3,789,507.21
提取任意盈余公积				
已分配普通股股利		14,128,257.07[注 3]	62,314,148.44[注 2]	49,513,710.05
转作股本的普通股股利			178,774.08[注 2]	4,861,818.18
未分配利润	121,233,867.33	73,639,978.57	100,000.00	-4,920,675.80[注 1]

[注 1]:1999 年末、2000 年初未分配利润为 -4,920,675.80 元,系原 1999 年末、2000 年初未分配利润 0.02 元及根据财政部财会字[1999]35 号文的规定追溯调整计提坏账准备 -4,920,675.82 元所致,追溯调整额详见会计报表附注三(二十一)之说明。

[注 2]:根据公司董事会[2000]董字 09 号文和 2000 年度股东会第五次(临时)会议决议,分别按 2000 年 1-3 月母公司净利润的 10%、5%提取法定盈余公积 1,375,645.32 元、法定公益金 687,822.66 元后,剩余可供股东分配利润分配现金股利 11,514,211.18 元,结余未分配利润为 178,774.08 元。根据公司以截至 2000 年 3 月 31 日净资产等额折成股份整体变更为股份公司的改制方案,前述提取的法定盈余公积、法定公益金及结余未分配利润业已折为股本。根据公司第一届董事会第三次会议决议及 2000 年度股东大会决议,分别按 2000 年 4-12 月母公司净利润的 10%、5%提取法定盈余公积 6,635,524.49 元、法定公益金 3,317,762.24 元后,剩余可供股东分配利润分配现金股利计 50,799,937.26 元。

[注 3]:根据公司第一届董事会第四次会议决议及 2000 年度股东大会决议,分别按 2001 年 1-3 月母公司净利润的 10%、5%提取法定盈余公积 1,728,479.52 元、法定公益金 864,239.76 元后,剩余可供股东分配利润分配现金股利计 14,128,257.07 元;根据公司 2001 年度股东大会决议,分别按 2001 年 4-12 月母公司净利润的 10%、5%提取的法定盈余公积 8,406,931.31 元、法定公益金 4,203,465.66 元后,剩余可供股东分配利润暂不分配,连同 2002 年度的可供股东分配的利润一并由公司股票发行上市后的新老股东共同享有。

(八)现金流量

公司 2001 年度及 2002 年 1-6 月现金流量的基本情况见前述公司合并现金流量表。

公司经营活动产生的现金流量中,公司支付的价值较大的其他与经营活动有关的现金如下:

项 目	2002 年 1-6 月	2001 年度
差旅费	53,069,079.86	110,294,630.87
广告费	55,207,887.74	98,353,172.57
会务费	13,010,773.83	15,910,581.81
业务招待费	9,583,639.79	11,868,210.44
科研费	4,164,252.54	11,813,546.53
小 计	135,035,633.76	248,240,142.22

(九)关联交易

1、采购货物

企业名称	2002 年 1-6 月	2001 年度	2000 年度	1999 年度
天津天士力新资源药业有限公司	4,191,837.06	10,777,111.95	14,252,403.46	
博科林(天津)包装新技术有限公司	1,362,623.09	30,208,189.75	29,707,608.77	
天津博科林药品包装技术有限公司	9,016,111.84			

以上交易按双方商定的价格进行,其中向博科林(天津)包装新技术有限公司和天津博科林药品包装技术有限公司的采购价格根据市场供求关系,每 3-6 月协商确定一次。

2、销售货物

企业名称	2002 年 1-6 月	2001 年度	2000 年度	1999 年度
天津天士力新资源药业有限公司	735,528.77	564,285.39	1,008,534.87	
陕西天士力医药有限公司	11,163,958.98	11,798,541.90		
天津天士力集团有限公司	151,743.08			

以上交易按双方商定的价格进行。

3、关联方应收应付款项余额

项 目	2002.6.30	2001.12.31	2000.12.31	1999.12.31
(1)应收账款				
天津天士力新资源药业有限公司	357,095.94	22,516.60		
陕西天士力医药有限公司	7,374,414.18	5,430,765.21		
天津天士力集团有限公司	170,670.60			
小 计	527,766.54	5,453,281.81		
(2)预付账款				
博科林(天津)包装新技术有限公司	508,339.61			
小 计	508,339.61			
(3)其他应收款				
天津天士力集团有限公司			6,252,187.50	
天津天士力新资源药业有限公司	473.52	45,930.19	2,383,053.13	15,120.79
博科林(天津)包装新技术有限公司			27,820.01	
小 计	473.52	45,930.19	8,663,060.64	15,120.79
(4)应付账款				
天津天士力新资源药业有限公司	1,455,036.80	488,767.60	1,426,144.00	
博科林(天津)包装新技术有限公司		9,355,400.09	2,869,328.00	
天津博科林药品包装技术有限公司	3,001,004.16			
小 计	4,456,040.96	9,844,167.69	4,295,472.00	
(5)其他应付款				
天津天士力集团有限公司	456,945.97	200,000.00		
小 计	456,945.97	200,000.00		

4、其他关联方交易

(1)1998 年 12 月 31 日,公司与天津天士力新资源药业有限公司签订了《商标使用许可合同》。合同约定,许可其无偿使用本公司"天士力"商标生产"膏剂、片剂",使用期限自 1999 年 1 月 1 日至 2006 年 12 月 31 日。2001 年 6 月 22 日,新资源公司就上述商标由"无偿使用"更改为"有偿使用"向股份公司发出了不可撤消之承诺函。根据该承诺,新资源公司将向本公司支付使用协议商标商品年销售收入 0.1‰的商标许可费。2001 年 12 月 31 日,公司与天津天士力新资源药业有限公司再次签订《商标使用许可合同》,同意其自 2002 年 1 月 1 日至 2006 年 12 月 31 日有偿使用上述商标,并每年按使用商标商品年销售收入的 0.1‰向本公司支付商标使用费。1999 年至 2001 年,本公司未曾向其收取过该项商标许可费;2002 年 1-6 月,本公司按合同规定计提了 473.32 元商标许可费。

(2)1999 年 2 月 16 日,公司与天津市天使力药物研究开发有限公司(现更名为"天津市金士力药物研究开发有限公司",下同)签订了《天津市国有土地使用权转让合同》,公司把宗地编号为津辰国字[98]002 号面积为 90,671.00 平方米(136 亩)的土地使用权转让给天津市天使力药物研究开发有限公司。该宗地 1999 年 1 月 31 日的评估价值为 1,523 万元,实际协商作价 1,496 万元。转让款于 2000 年 3 月以现金方式收妥。

(3)2000 年 3 月 30 日,本公司与天津天士力新资源药业有限公司签订了《技术转让合同书》,本公司将拥有的柴胡滴丸及天使茶专有技术,以账面价共计 721,515.00 元进行转让。转让款于 2000 年 9 月以现金方式收妥。

(4)2000 年 3 月 15 日,本公司与天津市天使力药物研究开发有限公司签订了养血清脑专利转让合同,受让天津市天使力药物研究开发有限公司拥有的养血清脑专利权。该项专利及专有技术 2000 年 1 月 31 日为基准日的评估价值为 4,216.53 万元,双方协议作价 1,200 万元。转让款于

2000年3月以现金方式支付完毕。2000年5月,国家知识产权局批准了该次专利权人的变更。

(5)2000年3月31日,公司第三次临时股东大会决议,本公司与控股股东天津天士力集团有限公司签订了《资产转让协议》,本公司以2000年3月31日账面余额长期股权投资3,011,535.80元(包括:天士力(香港)有限公司50%股权、计54,250.00元,天津港保税区天士力国际经贸技术发展有限公司70%股权、计1,400,000.00元,天津天士力新资源药业有限公司10%股权、计505,000.00元,天士力广告有限公司70%股权、计350,000.00元,天士力商洛植物药业有限责任公司70%股权、计702,285.80元。)、固定资产净值(位于军队254医院内的原厂区不动产)26,626,328.08元、在建工程(辅助性工程)41,281,424.03元连同负债53,263,067.38元,以账面价转让给天津天士力集团有限公司。上述转让款项净额于2000年4月以现金方式收妥。

(6)2000年4月1日,本公司与天津天士力集团有限公司签署了《财产综合租赁协议书》,本公司向天津天士力集团有限公司租用其拥有的生产用辅助设施设备、厂房及生活办公用辅助设施设备(即公司于2000年3月31日转让给其位于军队254医院内的原厂区不动产),租期从2000年4月1日至2001年12月31日,租金标准为每租赁月度226,788.50元。2000年4-12月共以现金方式支付租赁费2,041,096.50元,2001年度共以现金方式支付租赁费2,721,462.00元。

2001年12月30日,本公司与天津天士力集团有限公司签署了《房屋租赁协议书》,本公司向天津天士力集团有限公司租用其拥有的位于天津市北辰科技园区科研质检楼第2-6层、办公楼第3层的房屋(建筑面积为9,211.58平方米)。租赁期自2002年1月1日至2002年12月31日,租赁费参照市场价格确定为每月202,654.76元。2002年1-6月共以现金方式支付租赁费1,215,928.56元。

(7)根据公司与天津天士力医药有限公司签订的《药品销售协议》,本公司生产的产品自2000年7月始销往天津天士力医药有限公司,并由其再行负责对外销售。2000年度本公司按协议价销售给天津天士力医药有限公司药品192,332,754.00元。2000年12月21日,经过股权转让,本公司已拥有该公司70%的股权,相应自2001年1月1日起,该等关联销售已合并抵销。

(8)2000年8月12日,本公司与天津天士力新资源药业有限公司签订了《资产转让协议》,受让该公司拥有的37台(套)中药提取设备。上述设备经评估后总价值为30.87万元,协商确定转让总价为29.58万元。受让款于2000年8月以现金方式支付完毕。

(9)2000年8月30日,本公司与天津市金士力药物研究开发有限公司签订《出资转让协议》,以该公司2000年7月31日为基准日的评估值为基础,经协商确定以1,637,721.10元受让天津市金士力药物研究开发有限公司持有的天津天士力医药有限公司35%股权,股权转让款于2000年12月21日交付完毕。连同原持有的35%股权,本公司持有天津天士力医药有限公司70%股权,相应自2000年12月31日起将其纳入合并会计报表范围。

(10)2000年8月30日,本公司与天津天士力集团有限公司签订《出资转让协议》,以该公司2000年7月31日为基准日的评估值为基础,经协商确定以720,427.18元受让天津天士力集团有限公司持有的原天士力商洛植物药业有限责任公司(现更名为"陕西天士力植物药业有限责任公司",下同)55%的股权。股权转让款于2000年12月21日以现金方式交付完毕。本公司现持有陕西天士力植物药业有限责任公司55%的股权。

(11)2000年8月30日,本公司与天津天士力新资源药业有限公司签订《出资转让协议》,以该公司2000年7月31日为基准日的评估值为基础,经协商确定以4,590,608.45元受让天津天士力新资源药业有限公司持有的云南天士力金不换三七种植有限公司50%的股权,股权转让款于2000年12月21日以现金方式交付完毕。本公司现持有云南天士力金不换三七种植有限公司50%的股权。

(12)2000年5月21日,公司与云南天士力金不换三七种植有限公司签订了有效期10年的《原料采购合同》。合同约定,本公司以定单方式向其采购原料,该公司以优惠的市场价格提供长期和稳定的三七原料供应保障,并应按合同有关条款约定及定单的要求履行交货义务。结算价格按下列价格中较低者确定:1)向任何第三方销售原料的价格;2)原料在云南地区的平均市场价格;3)原料在全国主要药材市场的平均价格。合同同时规定,结算价格方面的争议并不影响其向本公司履行交货义务。本报告期内,因该公司的产品尚处于生长期,本公司未向其采购三七原料。

(13)截至2002年6月30日,天津天士力集团有限公司为本公司及本公司控股子公司天津天士力医药有限公司的银行借款29,100.00万元提供保证。

(十)承诺事项

2001年4月15日,公司与浙江尖峰药业有限公司签定《出资人协议》,拟共同出资组建天津天士力生物制品有限公司。该公司注册资本1亿元,其中本公司以募集资金出资9,000万元,浙江尖峰药业有限公司出资1,000万元。经营范围为生物制品的生产、销售,基因工程药物的生产、销售,生物技术服务。拟成立的天津天士力生物制品有限公司主要开展尿激酶原项目。项目建成后可形成年产40,000支尿激酶原粉针剂的生产能力。截至2002年6月30日,该公司尚未设立。

(十一)其他重要事项

1、本公司发行前三年申报会计报表与原始会计报表之间差异及原因说明

类　别	母公司会计报表差异	
	1999年末	2000年末
资产总额	-4,990,444.81	-
负债总额	11,578,043.31	50,799,937.26
净资产	-16,568,488.12	-50,799,937.26
	1999年度	2000年度
主营业务收入	-	-
成本费用	560,841.60	-
净利润	-3,285,184.32	-
类　别	合并会计报表差异	
	1999年末	2000年末
资产总额	-4,920,675.82	2,609,169.68
负债总额	11,578,043.31	51,309,106.94
净资产	-16,498,719.13	-50,699,937.26
	1999年度	2000年度
主营业务收入	-	-
成本费用	649,516.82	-100,000.00
净利润	-3,373,859.54	100,000.00

[注]:上述差异系以申报会计报表数据减去原年度经审计的会计报表数之间的差额。2001年度和2002年1-6月会计报表无差异,故不再单独列示。

差异原因说明:

(1)母公司报表差异说明

1999年度及1999年末

1)母公司1999年末资产总额申报会计报表比原年度经审计的会计报表减少4,990,444.81元,系按照财政部财会字[1999]35号文的有关要求,对坏账准备进行了追溯调整,补计坏账准备4,990,444.81元。

2)母公司1999年末负债总额申报会计报表比原年度经审计的会计报表增加11,578,043.31元,原因系根据公司[2000]董字06号董事会决议对1999年度进行追加利润分配,相应利润分配体现入当年,增加应付股利8,480,433.73元,其他应付款767,685.27元,应交税金—代扣代缴个人所得税2,329,924.31元,合计11,578,043.31元。

3)母公司1999年末净资产申报会计报表比原年度经审计的会计报表减少16,568,488.12元,系追溯调整补计坏账准备4,990,444.81元,以及前述追加1999年度利润分配减少净资产11,578,043.31元,合计16,568,488.12元。

4)母公司1999年度成本费用申报会计报表比原年度经审计的会计报表增加560,841.60元,原因系:a.按照财政部财会字[1999]35号文的有关要求,对坏账准备进行了追溯调整,影响年初未分配利润3,429,603.21元,同时调整增加当年管理费用1,560,841.60元;b.原入补贴收入的天津市科学技术委员会给予的复方丹参滴丸进入美国市场开发研究补助款的1,000,000.00元调整冲减管理费用。

5)母公司1999年度净利润申报会计报表比原年度经审计的会计报表减少3,285,184.32元,主要原因系:a.按照财政部财会字[1999]35号文的有关要求,对坏账准备进行了追溯调整,影响年初未分配利润3,429,603.21元,调整增加当年管理费用1,560,841.60元;b.因1998年度按权益法补计天津天士力大酒店以前年度亏损至长期股权投资账面价值为0.00元,当期按原成本500,000.00元转让,增加转让收益500,000.00元;c.因1998年度对天津天士力广告中心已按权益法调整增加长期股权投资2,224,342.72元,当期按原始投资成本转让,产生投资损失2,224,342.72元。

2000年度及2000年末

1)母公司2000年末负债总额申报会计报表比原年度经审计的会计报表增加50,799,937.26元,系根据公司一届三次董事会决议及2000年度股东大会决议分配2000年度利润,相应利润分配体现入当年,增加应付股利50,799,937.26元。

2)母公司2000年末净资产申报会计报表比原年度经审计后的会计报表减少50,799,937.26元,系分配股利减少净资产50,799,937.26元。

(2)合并报表差异说明

1999年度及1999年末

1)合并1999年末资产总额申报会计报表比原年度经审计的会计报表减少4,920,675.82元,系按照财政部财会字[1999]35号文的有关要求,对坏账准备进行了追溯调整,补计坏账准备4,920,675.82元。

2)合并1999年末负债总额申报会计报表比原年度经审计的会计报表增加11,578,043.31元,原因同母公司。

3)合并1999年末净资产申报会计报表比原年度经审计的会计报表减少16,498,719.13元,系追溯调整补计坏账准备4,920,675.82元,以及追加1999年度利润分配减少净资产11,578,043.31元,合计16,498,719.13元。

4)合并1999年度成本费用申报会计报表比原年度经审计的会计报表增加649,516.82元,主要原因系:a.按照财政部财会字[1999]35号文的有关要求,对坏账准备进行了追溯调整,影响年初未分配利润3,271,159.00元,同时调整增加当年管理费用1,649,516.82元;b.原入补贴收入的天津市科学技术委员会给予的复方丹参滴丸进入美国市场开发研究补助款的1,000,000.00元调整冲减管理费用。

5)合并1999年度净利润申报会计报表比原年度经审计的会计报表减少3,373,859.54元,主要原因系:a.按照财政部财会字[1999]35号文的有关要求,对坏账准备进行了追溯调整,影响年初未分配利润3,271,159.00元,调整增加当年管理费用1,649,516.82元;b.因1998年度按权益法补计天津天士力大酒店以前年度亏损至长期股权投资账面价值为0.00元,当期按原成本500,000.00元转让,增加转让收益500,000.00元;c.因1998年度对天津天士力广告中心已按权益法调整增加2,224,342.72元,当期按原始投资成本转让,产生投资损失2,224,342.72元。

2000年度及2000年末

1)合并2000年末资产总额申报会计报表比原年度经审计的会计报表增加2,609,169.68元,系控股子公司云南天士力金不换三七种植有限公司2000年尚处筹建期间,规模较小,故当年未将其纳入合并会计报表范围;2001年下半年该公司开始营业,并发生了小额亏损,按照财政部会计司财会二字[1996]2号文《关于合并会计报表合并范围请示的复函》的相关精神,于本期将其纳入合并会计报表范围,为增强会计报表可比性,同时调整了2000年度的比较会计报表,导致增加2000年末资产总额2,609,169.68元。

2)合并2000年末负债总额申报会计报表比原年度经审计的会计报表增加51,309,106.94元,主要系根据公司一届三次董事会决议及2000年度股东大会决议分配2000年度利润,相应利润分配体现入当年,增加应付股利50,799,937.26元;以及2000年将控股子公司云南天士力金不换三七种植有限公司纳入合并会计报表范围,相应增加负债509,169.68元。

3)合并2000年末净资产申报会计报表比原年度经审计后的会计报表减少50,699,937.26元,主要原因系分配股利减少净资产50,799,937.26元,以及2000年将控股子公司云南天士力金不换三七种植有限公司纳入合并会计报表范围,抵消一般资金往来款2,000,000.00元,相应减少计提坏账准备100,000.00元。

4)合并2000年度成本费用申报会计报表比原年度经审计的会计报表减少100,000.00元,主要原因系2000年将控股子公司云南天士力金不换三七种植有限公司纳入合并会计报表范围,抵消一般资金往来款2,000,000.00元,相应减少计提坏账准备100,000.00元,减少管理费用100,000.00元。

5)合并2000年度净利润申报会计报表比原年度经审计的会计报表增加100,000.00元,主要原因系2000年将控股子公司云南天士力金不换三七种植有限公司纳入合并会计报表范围,抵消一般资金往来款2,000,000.00元,相应减少计提坏账准备100,000.00元,增加净利润100,000.00元。

2、重要资产转让及其出售的说明

(1)1999年2月16日,公司与天津市天使力药物研究开发有限公司(现更名为"天津市金士力药物研究开发有限公司")签订了《天津市国有土地使用权转让合同》,公司把宗地编号为津辰国字[98]002号面积为90,671.00平方米(136亩)的土地使用权转让给天津市天使力药物研究开发有限公司。该宗地1999年1月31日的评估价值为1,523万元,实际协商作价1,496万元。转让款于2000年3月以现金方式收妥。

(2)2000年3月31日,公司第三次临时股东大会决议,本公司与控股股东天津天士力集团有限公司签订了《资产转让协议》,本公司以2000年3月31日账面余额长期股权投资3,011,535.80元(包括:天士力(香港)有限公司50%股权、计54,250.00元,天津港保税区天士力国际经贸技术发展有限公司70%股权、计1,400,000.00元,天津天士力新资源药业有限公司10%股权、计505,000.00元,天士力广告有限公司70%股权、计350,000.00元,天士力商洛植物药业有限责任公司70%股权、计702,285.80元。)、固定资产净值(位于军队254医院内的原厂区不动产)26,626,328.08元、在建工程(辅助性工程)41,281,424.03元连同负债53,263,067.38元,以账面价转让给天津天士力集团有限公司。上述转让款项净额于2000年4月以现金方式收妥。

3、其他

2002年3月14日,本公司控股子公司天津天士力医药有限公司与本公司母公司天津天士力集团有限公司共同投资设立广东天士力医药有限公司,注册资本670.00万元,其中:本公司出资335.00万元,占50.00%,天津天士力集团有限公司出资335.00万元,占50.00%。2002年5月15日,天津天士力集团有限公司与袁建春和孟兆利分别签订《股权转让协议》,天津天士力集团有限公司将其持有的50.00%股权以1:1的价格分别转让给袁建春和孟兆利。广东天士力医药有限公司自2002年6月开始营业。因天津天士力医药有限公司对该公司具有实质上的控股关系,故2002年1-6月将其纳入天津天士力医药有限公司的合并会计报表范围。

截至2002年6月30日,本公司无重大或有事项。

本公司无重大资产负债表日后事项中的非调整事项。

(十二)资产评估

天津辰星会计师事务所对公司前身-天津市天使力联合制药公司截至1997年10月31日的全部资产进行评估,于1997年12月31日出具了津辰会评字[1997]第30号《资产评估报告书》。根据该报告,该公司截至1997年12月31日净资产账面值为3,564.36万元,评估值为5,947.52万

元。该评估结果获天津市国有资产管理局津国资评[1998]127号文确认，评估目的是为天津市天使力联合制药公司增资改制并向尖峰集团引资募股提供价值依据。

以上评估值较账面值增值66.86%。主要原因为固定资产增值103.16万元、长期投资增值117.65万元和无形资产增值2,162.35万元。无形资产中土地使用权增值698.40万元；复方丹参滴丸产品及专有技术的评估采用收益现值法，评估价值为808万元，评估增值808万元；养血清脑颗粒专有技术采用市场法评估价值为500万元，评估增值500万元，该专有技术技术主要包括浸膏提取工艺规程、多效节能提取工艺技术、喷雾干燥制粒及罐装技术等；柴胡滴丸及天使茶专有技术采用市场法，柴胡滴丸评估价值为43万元、天使茶评估价值为74万元，评估增值共计117万元；商标评估价值200万元，增值38.95万元。以上复方丹参滴丸专有技术、养血清脑颗粒专有技术、柴胡滴丸及天使茶专有技术及商标共计增值1,463.95万元。

公司于2000年3月30日将柴胡滴丸和天使茶专有技术转让给新资源公司，详见本《招股说明书》摘要第九章“关联关系与关联交易”相关内容。

（十三）主要财务指标

项　　目	2002/6/30	2001/12/31	2000/12/31	1999/12/31
流动比率	1.40	1.18	1.19	1.47
速动比率	1.27	1.07	1.06	1.35
应收账款周转率	4.80	8.61	5.12	4.08
存货周转率	2.21	5.27	3.51	1.95
无形资产(土地使用权除外)占资产总额的比例	0.97%	1.31%	2.43%	2.71%
无形资产(土地使用权除外)占净资产的比例	2.30%	3.27%	6.80%	7.18%
资产负债率(母公司会计报表计算)	51.89%	54.91%	61.87%	63.07%
每股净资产(合并)	2.05	1.71	1.07	-
研究与开发费用占主营业务收入比例	2.87	2.02%	2.53%	2.13%
每股经营活动的现金流量(元)	0.53	0.60	0.75	-

（十四）发行前净资产收益率和每股收益

本公司按《公开发行证券公司信息披露编报规则第9号—净资产收益率和每股收益的计算及披露》计算的发行前净资产收益率和每股收益如下：

发行前：(以2001年度及2002年1-6月数据计算)

项　　目	金额(万元)	净资产收益率	每股收益(元)
报告期利润(2001年度)			
主营业务利润	52,092.97	218.15%	3.72
营业利润	13,024.57	54.54%	0.93
净利润	10,287.14	43.08%	0.735
扣除非经常性损益后的净利润[注1]	10,490.30	43.92%	0.75
报告期利润(2002年1-6月)			
主营业务利润	28,357.16	99.02%	2.03
营业利润	6,433.96	22.47%	0.46
净利润	4,759.39	16.62%	0.34
扣除非经常性损益后的净利润[注2]	4,801.76	16.77%	0.34

注1：扣除非经常性损益的内容包括：罚款收入2.69万元、罚款支出0.81万元、捐赠支出147.91万元、处理固定资产净损失1.64万元、存货损失52.89万元、其他2.60万元，合计损失为：203.16万元。

注2：扣除非经常性损益的内容主要包括：捐赠支出46.03万元和存货损失-2.34万元等，共计损失42.37万元。

（十五）公司管理层对财务会计资料的结论性意见

公司董事会成员和管理层结合以往三年加一期经审计的相关财务会计资料做出如下财务分析：

1.资产质量

截至2001年12月31日和2002年6月30日，本公司流动资产占资产总额的59.00%和60.81%，货币资金占流动资产的36.72%和45.36%，应收账款占流动资产的22.36%和17.77%。

截至2001年12月31日和2002年6月30日，公司应收账款余额中，账龄在一年内的占91.09%和87.26%，大部分在两个月的信用期内。公司对客户采用ABC分类法，A类客户占公司2001年度销售收入的91%。这些客户信用记录良好，公司对他们的经营情况也进行了跟踪考察。据此，我们认为应收账款发生坏账的可能性较小。

截至2001年12月31日和2002年6月30日，本公司的长期投资分别占净资产的5.14%和5.06%(按母公司报表计算)，主要系围绕本公司的原药材种植和产品销售而实施的投资。

由以上分析，我们认为公司资产质量良好，无重大不良资产。

2、资产负债结构和股权结构

截至2001年12月31日和2002年6月30日，公司资产负债率分别为54.91%和51.89%(按母公司报表计算)，负债水平比较合理。

本公司现有股东七名，第一大股东天津天士力集团有限公司持有本公司股份的70%，首次募集资金后将持有本公司股份的51.79%。我们认为公司股权结构是合理的。

3、现金流量和偿债能力

受行业特点的影响，本公司经营活动产生的现金流量呈现较强的季节波动。通常上半年，尤其是一季度会出现一些赤字，对公司支付能力造成一定影响，而下半年则有大量现金净流入，最终全年现金流量状况良好。

2001年度经营活动产生的现金流量净额为8,376.68万元，在为公司在建工程提供大量资金的情况下，仍能保证生产经营活动的正常进行。

2001年12月31日，公司流动比率与速动比率分别为1.18、1.07。2002年6月30日，公司流动比率与速动比率分别为1.40、1.27。资产流动性良好，短期偿债能力较强。经营活动产生的大量现金流也为企业的债务偿还提供了有力的保障。

综上所述，我们认为公司现金流量良好，偿债能力强。

4、经营成果和盈利能力

近年来，公司保持了主营业务收入与净利润的持续增长。2000年度和2001年度，主营业务收入分别增长54.78%和74.80%，净利润分别增长35.19%和29.35%。

2002年1-6月，公司主营业务收入折成全年较2001年度增长6.68%，净利润折成全年较2001年减少7.47%。主营业务收入增长放缓，净利润出现减少的原因为：公司下半年销售明显高于上半年，2002年1-6月主营业务收入较上年同期仍增长32.79%；公司2002年1-6月加大广告宣传力度，广告费大幅增长致使净利润下降。

1999年-2002年6月间公司销售净利率分别为23.25%、20.31%、15.03%和13.03%。

据此我们认为公司盈利能力良好，收入和盈利具有持续性和稳定性。

5、业务发展和盈利前景

在发展过程中，公司注重长短结合。短期发展上，公司以做专做精为原则，对复方丹参滴丸进行二次开发，使产品的适应面更广，拓展发展空间。长远发展上，以持续经营为目标，本着生产一代、储备一代、研制一代的原则，若干新药产品将在近几年内逐渐面市，成为公司新的利润增长点。

我们预计，公司在2002年度主营业务收入将达到8.3亿元，3到5年内将超过20亿元，净利润在3到5年内将保持持续增长，增长率在15%左右。

6、财务优势和困难

我们认为，本公司具有多方面的财务优势，主要如下：

1)资产质量良好，资金周转正常顺畅；

2)资产负债结构和股权结构合理；

3)经营活动产生的现金流量充裕，偿债能力较强；

4)盈利能力强，收入和盈利具有连续性和稳定性；

5)本公司作为高新技术企业按国家规定享有税收优惠政策。

公司现在财务上面临的主要困难是公司的资本积累能力已经不能满足企业迅速发展对资金的需求。目前的财务状况完全可以满足公司稳定发展的需要，在银行信贷的支持下也能实现较快的发展，但公司为适应医药行业激烈的市场竞争，需要高速发展和大规模扩张。目前有十几个研究开发项目亟待投入，生产能力也需扩充，资金需求很大。在较短时间内，公司自身积累和银行信贷都不能提供这种规模的资金。所以公司决定通过公开发行股票的方式实施股权融资，突破自身资本积累的局限，促进企业快速成长。

7、搬迁对公司财务状况和经营成果的影响

公司已于2001年底开始将生产、办公场所陆续迁至位于天津北辰科技园区的新厂区，对公司的生产经营和财务产生的影响主要有以下3点：1)新厂区复方丹参滴丸系列中药现代化产业化示范工程设计能力为年产16万箱复方丹参滴丸，较目前原厂区的生产能力大为提高，预计每年将为公司带来约10亿元的销售收入；2)随着新厂区投入使用并在建工程结转固定资产后，预计每年将增加折旧费用500万元，从而减少部分净利润。但总体来看，搬迁后，公司生产能力提高为公司带来的收入增加远远大于折旧费用的增加；3)在搬迁过程中，公司老厂区的绝大部分生产性机器设备如滴丸机、制粒机、装瓶机等均可拆卸或移动，该类机器设备不会出现因搬迁而导致机器报废或重大折损的情况。但也有个别设备系统，如大输液生产连动线等，会因拆卸、搬迁而导致报废。根据测算，搬迁会给原厂区生产性机器设备造成损失约72万元，占截至2001年12月31日公司固定资产净值的0.36%，比例较低，搬迁给公司固定资产带来的损失较小。

公司新厂区复方丹参滴丸系列中药现代化产业化示范工程项目按照国家GMP标准建立，并且已通过GMP认证。根据国家目前对医药企业的政策，公司启用新厂区进行生产，不仅能增加公司收益，而且对公司的产业化、现代化发展具有一定意义。

十三、业务发展目标

（一）公司的发展战略

公司将以“提高生命质量，创造健康生活”为经营宗旨，沿袭成立之初确立的“三高一新”(高科技、高起点、高速度和新思维)的发展思路，巩固和扩大公司在国内中药行业和生物制剂行业的领先优势，实现天士力品牌的国际化。公司发展战略主要包括：“不断创新”的产品战略、两个市场”战略、产业创新战略、资本发展战略、人才战略等。

（二）整体经营目标及主要业务的经营目标

公司将充分运用产业经营和资本经营手段，本着股东利益最大化的原则，努力使产品销售收入和净利润在未来三年的增长速度高于前三年。公司已在2001年实现销售收入68,455.58万元、净利润10,287.14万元；在2002年力争实现销售收入达8.30亿元、净利润达1.10亿元；在2003年力争实现销售收入12亿元、净利润1.5亿元。

公司将加快复方丹参滴丸系列中药现代化产业化示范工程项目的建设速度，以尽早形成年产复方丹参滴丸16万箱的生产规模。同时，公司还将建设具有国际一流水平的颗粒剂生产线，以形成年产养血清脑颗粒9万箱的生产规模。

在开拓市场方面，公司计划投资0.89亿元，建设国内和国际市场销售网络，以保证公司主要产品在产量增长的同时，销量相应增长。

在原材料供应方面，公司将加大在云南三七基地和商洛丹参基地的投入，并严格按照GAP标准建设中药种植示范基地。由于基地具有典型的绿色无公害特征以及中药材种植的规范化、标准化特征，保证了中药材种植和中药材质量的稳定性和可靠性，从而为公司产品的质量可控、药效可靠、无污染提供了根本保证，为公司的发展战略奠定了原材料基础。

在产品和产业创新方面，公司计划投资0.96亿元建设现代中药研究所、生物制品研究所，以形成中药和生物制品并举的研发创新体系，大幅度提高公司的研发能力，不断推出科研新成果，形成研究开发和生产销售一体化的局面。

（三）产品开发计划

公司坚持运用高新技术改造中药传统产业，计划建成国内规模最大的现代中药滴丸制剂生产基地，生产以复方丹参滴丸为核心的一批治疗心脑血管疾病、按症候分类的系列优质中药，创造同国际大型医药跨国公司相抗衡的核心产业实力。

2002年，公司计划新建、扩建滴丸生产线、颗粒剂生产线、粉针剂生产线、超临界萃取生产线，批量生产养血清脑等颗粒产品，并推出滴丸新产品和超临界萃取中间产品。

（四）人员扩充计划

在对现有员工加强业务素质培训、提高业务技能和整体素质的基础上，公司计划每年招收一批相关专业大学生和研究生，并通过各种渠道向国内外招聘中、高级技术人才、管理人才和科研项目负责人，大幅度提高专业技术人员的比例。

（五）技术开发与创新计划

公司计划在巩固和提高现代中药研究的基础上，加大资金投入，使研究机构成为公司发展的核心动力源。公司将进一步完善研究中心的基础配套设施，建立单元制造流程和中药多元参数检测平台，使其成为国家级研究中心。公司还计划在欧洲建立GLP实验室，争取早日打开进入欧洲医药市场的通道。

（六）市场开发与营销网络建设计划

在进一步完善目前24个大区、87个办事处的市场网络基础上，公司计划到2002年扩增到30个大区，130个办事处。在以患者为核心的服务体系基础上，把产品质量和产品服务结合起来，全面实现从营销网点到营销网络的转变。

（七）再融资计划

公司将进一步规范运作，争取早日募股上市并发挥上市公司优势，通过境内外银行贷款、发行债券或其他融资工具等途径募集资金，以保证公司发展的资金需求。

（八）收购兼并及对外扩充计划

公司将按照资源互补、强强联合以及提高效益、降低风险的原则，严格进行项目筛选，收购兼并相关企业。

（九）深化改革和组织结构调整的规划

在建设新项目的同时，公司将围绕提高核心竞争力，逐步建立起扁平化、快捷化、制度化、网络化的管理体制，高效利用企业资源(人、财、物、时空)，不断完善研究和管理机构，及时调整和扩大市场布局。

（十）国际化经营的规划

本着“目标市场在国际”的战略规划，公司将立足东亚、巩固周边、重点突破欧共体，形成以俄罗斯、越南、韩国、阿联酋为基础，欧共体为重点，向拉美拓展的战略布局。公司将不分国家、民族和种族，大力吸纳有背景、有实力、善沟通的国际营销人才加盟，以期加快开发国际市场，力争在2003年实现以药品身份进入15—20个国家医药市场的目标。

十四、募股资金运用

（一）募股资金总额

本公司本次A股发行预计募集资金总额为73500万元，扣除发行费用后，预计募集资金净额为71122.25万元。

(二)募股资金拟投资项目

1、采用超临界萃取技术建设植物有效成分提取车间建设项目

该项目已经得到天津市发展计划委员会津计科技(2000)976号文件批复。

该项目总投资4900万元,其中固定资产投资4002.5万元,流动资金897.5万元。项目拟购建一套500升超临界萃取生产装置并建设面积为7500平方米配套生产车间。

项目建成后,首期规划年处理原药材150吨,达产年年产中药提取液2.25吨,在短时间内大大提高公司提取技术水平和生产能力。该项目的实施将使公司在提取技术上获得突破,有效满足公司中药提取环节的需求,提高原药材的利用率和产品质量。

该项目建成后,每年将实现销售收入11250万元,净利润2351.61万元。项目内部收益率为56.99%,投资利润率56.46%,投资回收期为2.88年。

2、投资组建天津天士力数字化中药中心有限公司

该项目已经天津市计划发展委员会津计外资[2001]582号文件批复。

"数字化中药"的概念是指在现代计算机技术、网络技术和现代测试技术(电子舌、电子眼)及现代计算技术的支撑下,根据中医药传统理论,用数字化的方式描述和表达中药的"四气""五昧""升降浮沉"及配方相生相克,相反相成,君臣佐使等现象。数字化中药其本质是一个数字化的信息系统,它包括生药材数据库、经典复方数据库、数据融合中心等。

公司拟投资17687万元,其中利用本次募股资金7951万元,与其他四家合作方共同组建天津天士力数字化中药中心有限公司。该公司拟注册资本23983万元,经营范围:中药数字仪器、制药设备及技术的开发、生产、销售,中药数字化检测分析及相关的技术咨询服务。

建设内容包括土建工程、测试仪器的购置与调试、数据融合中心建设、中试车间建设和中药材与方剂数据库建设等。

项目的实施将增强公司科研开发能力。全新的数字化中药概念,将为公司开拓发展空间,为传统医药走向数字化、定量化提供理论支持和技术保障,加速中药现代化、国际化进程。

项目建成后,将每年实现营业收入17500万元,净利润5086.55万元。项目内部收益率为40.08%,投资回收期为4.32年。

3、丹酚酸粉针剂生产线建设项目

该项目已经得到天津市发展计划委员会津计科技[2000]977号文件批复。

公司拟由中国医学科学院药物研究所引进丹酚酸生产技术,目前双方已正式签订了《二类新药丹参总酚酸原料及其冻干粉剂技术转让合同》。依照合同,本公司将在转让方中国医学科学院药物研究所取得临床批文后,在其指导下利用受让的技术开展临床研究,并同时开始产品的小试和中试。预计2003年底前取得该产品的新药生产批文并投产。

项目总投资4950万元,其中固定资产投资3600万元人民币,流动资金1350万元。公司将购买两套工业用冻干机($2\times3m^2$)和一套300瓶/分钟的粉针包装线,严格按GMP标准,运用冷冻干燥法、灭菌溶剂结晶法、喷雾干燥法等先进技术进行生产。

本项目建成后,新增加的剂型为公司心脑血管药品开拓了更大市场空间。同时,公司掌握先进的冷冻干燥技术和相应的分装工艺后,对公司产品的出口前景极为有利。

项目建成后,预计每年实现销售收入16875万元,净利润为2944.49万元。项目内部收益率为68.88%,投资回收期为2.54年。

4、投资组建天津天士力生物制品有限公司

该项目已经天津市经济委员会津经技改[2001]113号文件批复。

公司拟投资9000万元与合作方浙江尖峰药业有限公司共同组建天津天士力生物制品有限公司,注册资本1亿元。拟组建公司的经营范围为生物制品的生产、销售,基因工程药物的生产、销售,生物技术服务。

该公司前期任务主要为购买尿激酶原专利及生产线建设。建设内容主要包括投资1700万元向军事医学科学院生物工程研究所购买尿激酶原专利的使用权;投资1700万元建造生产车间;投资4980万元建设尿激酶原生产线,其中包括进口国际先进的发酵设备、离心设备、层析设备、灌装设备、冻干设备和部分辅助设备。项目建成后可形成年产40000支尿激酶原粉针剂的生产能力。本公司将通过该项目涉足基因工程药品的开发和生产领域。

该项目达产后,预计年销售收入为8000万元,净利润为2474.96万元。项目内部收益率为26.70%,投资回收期为4.78年。

5、生物制品研究所建设项目

该项目已经得到天津市发展计划委员会津计科技(2001)49号文批复。

项目总投资4850万元,其中实验室、报告厅装修改造、仪器设备购置费2768万元,前期运行和在研新药开发费用2082万元。该项目将建立蛋白质分离纯化技术实验室、分子生物学实验室、生物制品检验及标准品实验室和细胞培养实验室四个GLP标准实验室,配套建设低温室、暗室、仪器室,试剂室和样品预处理室等功能实验室,同时建设与国内外联网的情报信息室。

本项目建设期为一年,建成后将增强企业生物制品的研发能力,为公司进入生物制药领域提供技术支持。通过自行或合作对尿激酶原等在研产品的研究和开发,不断改善公司产品结构。同时,该项目还可利用现代生物技术提升公司中药产业的整体水平,加速公司中药现代化的进程,为企业持续发展提供原动力。

6、中药材GAP现代化种植基地建设项目

该项目已经国家发展计划委员会计高技[2001]963号文件批复。

项目总投资30133万元,其中固定资产投资27892万元,流动资金2241万元。该项目分四年投资,公司计划利用募股资金17343万元用于实施2002年和2003年投资计划。

项目将通过对公司目前控股的陕西天士力植物药业有限公司和云南天士力金不换三七种植有限公司增资扩股方式实施。

项目建成后,预计每年实现销售收入23162万元,净利润6114万元。项目内部收益率40.99%,投资回收期4.08年。

a.对陕西天士力植物药业有限公司增资扩股

陕西植物药业成立于1998年11月4日,主要经营丹参、柴胡等药材种植,本公司持有55%股权,天津天士力集团有限公司持有30%股权,陕西商洛地区医药管理办公室持有15%股权,注册资本866.6万元。

按照三方股东于2001年4月15日签订的《增资协议书》,本公司将出资13652万元,其中利用本次募股资金7857万元单方对该公司增资。

增资资金将用于天士力中药材研究所的建设和中药材GAP现代化种植基地建设。项目实施后,该基地将年产丹参、柴胡等高品质中药材13100吨,不仅满足公司迅速增长的中药材生产需求,而且可以供给国内外市场。

b.对云南天士力金不换三七种植有限公司增资扩股项目

三七公司成立于1998年8月,主要经营三七药材种植,注册资本400万元,现由本公司和云南金不换(集团)有限公司各持有50%股权。

根据2001年3月25日和2001年9月10日本公司与云南金不换(集团)有限公司签署的《增资协议书》和《增资协议书补充协议》,本公司拟投资16481万元,其中利用募集资金9486万元,云南金不换(集团)有限公司拟用土地使用权合5000万元对三七公司进行增资。增资后,本公司将持有76.19%的股权,云南金不换(集团)有限公司持有23.81%的股权。

增资资金将用于中药材GAP现代化种植基地建设。该项目实施后,该基地将年产三七800吨,不仅满足公司迅速增长的生产能力的需要,而且可以供给国内外市场。

7、复方丹参滴丸系列中药现代化产业化示范工程项目

该项目已经国家发展计划委员会计高技[1999]1584号文件批复。

该项目已于1999年动工,截至2002年6月30日,复方丹参滴丸系列中药现代化产业化示范工程项目共计发生金额18030.58万元。工程投入占预算比例为95.08%。

上述资金投入已全部转固定资产。

该项目资金来源主要为:1)国家安排专项资金1000万元;国投药业投资有限公司分别于1999年12月30日和2000年3月31日投入资金合计1000万元。该笔款项已于2001年12月20日偿还。2)长期借款5000万元;公司向建行天津市分行北辰支行借入专项贷款5000万元用于该项目,该笔长期借款将于2003年6月1日到期。3)自筹部分12030.58万元,系占用公司流动资金。

该项目的实施占用了大量流动资金,2001年全年投资活动产生的现金流量净额为-11831.31万元;公司的短期借款金额及占负债总额的比例均过高。对公司的正常生产经营活动已产生影响。

本项目计划使用募股资金13704万元。其中:

5000万元用于2003年归还建设银行专项贷款;

8704万元用于补偿所占用的流动资金和工程续建。

该项目的建成在提高复方丹参滴丸系列产品技术水平的同时,将形成年产复方丹参滴丸系列产品16万箱的生产能力,有效突破生产能力瓶颈。该项目已建设标准GMP车间,建立严格的质量管理体系,为扩大国内市场和开拓国际市场创造良好的基础。

本项目达产后,预计每年实现销售收入97,164万元,净利润15890万元。项目内部收益率60.7%,投资回收期3.37年。

8、养血清脑颗粒生产线改造项目

该项目已经得到天津市经济委员会津经技改[2001]22号文批复。

项目总投资4993万元,其中固定资金4413万元,流动资金580万元。该项目将建设一条高效的、现代化的养血清脑颗粒生产线和自动包装生产线。

养血清脑颗粒具有确切的疗效,投放市场不久便取得了良好的销售业绩。2000及2001年,公司产品养血清脑颗粒产量分别为4749箱和17438箱,实现销售收入分别为1050万元和3431万元。目前,该产品已被列入国家基本医疗保险用药目录,具有较大的市场空间。

项目建成后,将形成年产养血清脑颗粒1.3亿袋的生产能力,实现养血清脑颗粒大批量、现代化生产,有效优化公司产品结构,减少由于产品结构单一带来的风险。

项目建成后,预计每年实现销售收入2.9亿元,净利润4930万元。项目内部收益率46.6%,投资回收期4.23年。

9、国内销售网点改造项目

该项目已经得到天津市经济委员会津经技改[2000]191号文批复。

该项目总投资2980万元,其中固定资产投资2645万元,流动资金335万元。投资主要用于在北京等七个城市购置和装修办公用房,购置商用汽车和办公用品,进行员工招募与培训、市场调研与开发等。

本项目选择北京、石家庄、西安、南京、杭州、济南、昆明等七个城市作为项目建设地。目前公司对上述市场网点的建设尚未到位,办公场所、交通、信息传输工具比较简陋。本次通过发行股票筹集资金进行国内销售网点的改造,将整体提高营销人员的办公、业务效率,为进一步拓展市场建设必要的软硬件设施,以实施本公司国内市场布局及发展战略。

经初步测算,项目建成后,每年将实现净利润689.7万元。该项目内部收益率45.77%,投资回收期3.52年。

10、美国FDA Ⅰ Ⅱ期临床试验项目

该项目为本公司承担科技部国家重点科技项目(攻关)计划"复方丹参滴丸的现代化国际化示范研究"专题,专题合同号:99-929-02-01。

本项目总投资3200万元,拟按照美国科文斯公司制定的计划,在国内进行复方丹参滴丸Ⅰ、Ⅱ期临床试验,使复方丹参滴丸顺利进入Ⅲ期临床并通过FDA药品审查,最终进入美国市场做准备。

本项目将在中国国内临床药物研究基地进行为期一年的Ⅰ、Ⅱ期临床实验。以上临床实验基地包括北京协和医院心内科、北京阜外医院心内科、上海华山医院心内科等十一家。各基地均为国家药品监督管理局认定的新药临床研究基地,符合现行的GCP(新药临床研究规范)规范标准。

经公司初步测算,复方丹参滴丸通过FDA认证后,若在北美同类药品市场中占0.5%的份额,将会取得每年8400万美元以上的市场销售额,市场前景十分广阔。

11、新建天士力欧亚植物药研究所项目

该项目已经获得国家发展计划委员会计外资[2001]765号文批复。

本项目拟投资332万美元建设天士力欧亚植物药研究所。该研究所将设植物药工艺研究室、植物药分析研究室、植物药质量标准研究室、植物药药理、毒理研究室和植物药遗传及分子生物学研究室。

天士力欧亚植物药研究所拟建于芬兰奥鲁市,性质为中方独资有限责任公司,注册资本332万美元,经营范围为天然植物药技术的研究、开发与转让。

研究所将以心脑血管疾病药物为开发主线,从事植物药的研究和开发。项目建设将完全按照欧共体GLP标准进行,研究过程完全依照国际相关标准,直接与国际接轨,并在国外进行新药品的申报工作。

该研究所的建设有利于开拓芬兰药品市场,并借助芬兰作为欧共体成员国的便利条件,顺利获得欧盟各国的审批和认可,从而缩短市场进入时间并降低市场准入成本。

项目建成后,预计每年实现收入为260万美元,净利润为65.71万美元。项目内部收益率为27.59%,投资回收期为4.7年。

12、现代中药研究所建设项目

该项目已经得到天津市发展计划委员会津计科技(2000)967号文批复。

该项目总投资4750万元,其中950万元用于实验室和办公区建设,1800万元用于安装空调系统和购置科研仪器,2000万元用于研究所前期新药开发。

该项目以现有研发机构的人才、技术为基础,建设天士力现代中药研究所。该项目拟建立分离纯化技术实验室、分子实验室、药材检验及标准品实验室和细胞培养实验室和中试车间,并购置相关的现代化科研仪器设备。

本项目建设期为一年,建成后将增强中药新技术、新产品的开发能力。该所拟通过对复方丹参滴丸系列产品及相关生产设备的二次开发,提高产品的科技含量,保持产品市场领先地位;通过对黄芪丹参滴丸、复方丹参注射液、醒脑滴丸等一系列新药的研究和开发,不断改善企业产品结构,进一步提高企业市场竞争能力和抗风险能力,为企业间接创造经济效益。

十五、发行定价及股利分配政策

(一)定价情况

本次发行采用全部向二级市场投资者定价配售方式发行。根据《证券法》第28条规定和中国证监会证监发(2000)131号文精神,按照公司的实际经营情况、二级市场同行业的整体价格水平,由发行人和主承销商协商一致后,并经中国证监会批准,确定本次发行价格。

本次股票发行股数为5000万股,发行价格确定为14.70元/股,募集资金总额73500万元,扣除发行费用,募集资金净额为71122.25万元。

以2001年公司经审计税后利润10,287.14万、截至2001年12月31日总股本14000万股计算,2001年全面摊薄每股盈利为0.735元,此次发行价格全面摊薄市盈率为20倍。

本次发行后,净资产收益率较发行前的43.08%(2001年12月31日)有大幅下降。

(二)股利分配政策

1、本公司依照同股同权的原则,按各股东所持股份数分配股利。

2、根据《公司法》和本公司章程的规定,本公司缴纳所得税后的利润按下列顺序分配:

(1)弥补以前年度亏损;

(2)按税后利润的10%提取法定公积金。

(3)按税后利润的5%提取法定公益金;

(4)提取任意公积金;

(5)支付普通股股利。

当公司法定公积金累计额已达到公司注册资本50%以上时,不再提取。提取法定公积金、法定公益金后,是否提取任意公积金,由股东大会决定。公司不在弥补公司亏损和提取法定公积金、公益金之前,向股东分配利润。

3、公司股东大会批准利润分配方案后,公司董事会在股东大会召开后的两个月内完成股利(或股份)的派发事项。

4、2001、2002年度公司利润的分配原则

根据公司2000年度股东大会决议批准的2001年股利分配的原则,公司2001年1-3月可供股东分配利润已分配完毕。根据2001年11月19日召开的股份公司2001年第二次临时股东大会决议,公司2001年4-12月和2002年度股利的分配原则为:2001年4-12月经审计的可供股东分配的利润暂不分配,公司股票发行上市后,连同2002年度审计后的净利润一并由新老股东共同享有。2002年6月23日召开的股份公司2001年度股东大会对2001年4-12月和2002年股利分配政策追加决议。决议规定,2002年利润分配比例不低于可供分配净利润的50%,其中现金分配比例不低于50%,董事会保留根据公司经营情况和发展需要对2002年度利润分配方案的调整权。

5、公司分派股利时,按有关法律和行政法规代扣股东股利收入的应纳税金。

6、公司股票发行后首次股利分配具体时间由股东大会决定。

7、本公司历年股利分配政策与发行后的股利分配政策没有变化。

(三)最近三年历次实际股利分配情况

1、公司1999年经审计的母公司净利润为5891.58万元,提取公积金622.01万元、公益金378.95万元,公司实际分配利润4708.70万元。

公司1999年度分配利润已以现金形式分配完毕。

2、公司2000年经审计的母公司的可供分配利润8011.17万元,提取10%公积金801.11万元,5%公益金400.56万元,公司实际分配利润6231.41万元。该年度,公司分1-3月份、4-12月份两次进行利润分配,两次分别获天津天士力制药集团有限公司股东会2000年度第五次(临时)会议决议和天津天士力制药股份有限公司2000年度股东大会会议决议批准。

3、公司2001年1-3月审计后的母公司净利润1728.48万元,提取10%公积金172.85万元,5%公益金86.42万元,公司实际分配利润1412.83万元。该分配计划获天津天士力制药股份有限公司2000年度股东会决议批准。

截至2002年6月30日,公司欠付股利556.60万元,主要系因生产规模的扩大及复方丹参滴丸系列中药现代化产业化示范工程项目的建设,占用了大量的资金,致使2001年1-3月的应付股利尚未全部支付。

十六、董事及有关中介机构声明

(一)全体董事声明

"本公司全体董事承诺本《招股说明书》及其摘要不存在虚假记载、误导性陈述或重大遗漏,并对其真实性、准确性、完整性承担个别和连带的法律责任。"

全体董事签名:

闫希军　吴迺峰　杜自强　蒋晓萌　张振有　李文　李扬　王永炎　于玉林

天津天士力制药股份有限公司

2002年7月30日

(二)主承销商声明

"本公司已对《招股说明书》及其摘要进行了核查,确认不存在虚假记载、误导性陈述或重大遗漏,并对其真实性、准确性和完整性承担相应的法律责任。"

承销项目负责人:周宏章

法定代表人或授权代表:张郁平

招商证券股份有限公司

2002年7月30日

(三)发行人律师声明

"本所及经办律师保证由本所同意发行人在《招股说明书》及其摘要中引用的法律意见书和律师工作报告的内容已经本所审阅,确认《招股说明书》不致因上述内容出现虚假记载、误导性陈述及重大遗漏引致的法律风险,并对其真实性、准确性和完整性承担相应的法律责任。"

经办律师:刘怀宽　颜承侪

项目负责人:颜承侪

负责人:宋建中

内蒙古建中律师事务所

2002年7月30日

(四)会计师事务所声明

"本所及经办会计师保证由本所同意发行人在《招股说明书》及其摘要中引用的财务报告已经本所审计,确认《招股说明书》不致因上述内容而出现虚假记载、误导性陈述及重大遗漏,并对其真实性、准确性和完整性承担相应的法律责任。"

中国注册会计师:钟建国　孙文军

法定代表人:胡少先

浙江天健会计师事务所有限公司

2002年7月30日

(五)评估机构声明

本机构保证由本机构同意发行人在《招股说明书》及其摘要中引用的资产评估数据已经本机构审阅,确认《招股说明书》不致因上述内容而出现虚假记载、误导性陈述或重大遗漏,并对其真实性、准确性和完整性承担相应的法律责任。

经办资产评估师:黎东标　李建英

负责人:孙月焕

北京中企华资产评估有限责任公司

2002年7月30日

(六)验资机构声明

"本机构保证由本机构同意发行人在《招股说明书》及其摘要中引用的验资报告及有关数据已经本机构审阅,确认《招股说明书》不致因上述内容而出现虚假记载、误导性陈述或重大遗漏,并对其真实性、准确性和完整性承担相应的法律责任"。

中国注册会计师:钟建国　孙文军

法定代表人:胡少先

浙江天健会计师事务所有限公司

2002年7月30日

十七、附录及备查文件

(一)1999—2001年审计报告、财务报表及附注

(二)本次发行申请文件

1.《招股说明书》

2.《招股说明书》摘要

3.发行公告

4.主承销商推荐函

5.主承销商核查意见

6.股票发行上市辅导汇总报告

7.法律意见书

8.律师工作报告

9.发行人股票发行申请报告

10.股东大会同意本次发行的决议及授权董事会处理有关事宜的决议

11.董事、主承销商、律师、会计师对申请文件真实性、准确性和完整性的承诺

12.各中介机构同意对纳入《招股说明书》的专业报告或意见无异议的同意书

13.天津市药品监督管理局监管意见书

14.募股资金运用方案及股东大会决议

15.固定资产投资项目批文

16.募集资金运用项目可行性研究报告

17.股份公司设立批文

18.发行人设立时的企业法人营业执照

19.股东的企业法人营业执照

20.有限责任公司整体变更证明文件

21.公司章程草案及股东大会批准修改公司章程的决议

22.发行方案

23.发行定价分析报告

24.改制和重组方案说明

25.发行人近三年及最近主要决策的有效性文件

26.同业竞争说明

27.重大关联交易说明

28.符合环境保护要求的说明

29.发行人技术含量及技术创新能力的依据

30.纳税情况说明

31.土地使用权、房屋产权证书和租赁协议

32.特许经营证书

33.重大商务合同

34.公司财务资料

35.历次资产评估报告

36.历次验资报告

37.承销协议

38.各中介机构的证券从业资格证书复印件

39.律师鉴证书

(三)备查文件的查阅时间:

本公司本次股票发行期内。

(四)备查文件的查阅地点及联系方式:

有关本次发行的《招股说明书》和备查文件备置于本公司、主承销商及上交所处。投资者可于发行期间到本公司董事会秘书办公室、招商证券股份有限公司、上海证券交易所查阅。具体如下:

1、天津天士力制药股份有限公司

联系地址:天津市北辰科技园区

电话:(022)26736999

传真:(022)26736721

联系人:张新军、宋利元

2、招商证券股份有限公司

联系地址:深圳市福田区益田路江苏大厦38-45层

电话:(0755)82943666

传真:(0755)82943121

联系人:朱仙奋、程洪波、侯凌天

(五)《招股说明书》的查阅网址:

http://www.sse.com.cn

600535 天津天士力制药股份有限公司

首次公开发行5000万股A股上市公告书

释　　义

简称	全称及演变
公司、本公司:	指天津天士力制药股份有限公司
天士力制药集团公司:	指本公司股改前的天津天士力制药集团有限公司
天使力联合公司:	指本公司前身－天津市天使力联合制药公司
天士力集团公司:	指天津天士力集团有限公司,现为本公司控股股东
254医院:	指中国人民解放军第二五四医院
中央药业:	指天津市中央药业有限公司,1998年9月由天津市中央制药厂更名而来
中央制药:	指天津市中央制药厂,1998年9月更名为天津市中央药业有限公司
尖峰集团:	指浙江天津市尖峰集团股份有限公司
金士力药研:	指天津市金士力药物研究开发有限公司,2000年9月由天津市天使力药物研究开发有限公司更名而来
天使力药研:	指天津市天使力药物研究开发有限公司,2000年9月更名为天津市金士力药物研究开发有限公司
浙江金磐万顺:	指金华市金磐开发区万顺贸易有限公司
天津永生建筑:	指天津新技术产业园区永生建筑有限公司
广州天河振凯:	指广州市天河振凯贸易有限公司

第一节　重要声明与提示

本公司董事会保证上市公告书的真实性、准确性、完整性,全体董事承诺上市公告书不存在虚假记载、误导性陈述或重大遗漏,并承担个别和连带的法律责任。

根据《公司法》、《证券法》等有关法律、法规的规定,本公司董事、高级管理人员已依法履行诚信和勤勉尽责的义务和责任。上海证券交易所、中国证监会、其他政府机关对本公司股票上市及有关事项的意见,均不表明对本公司的任何保证。

本公司提醒广大投资者注意,凡本上市公告书未涉及的有关内容,请投资者查阅2002年8月5日刊载于《中国证券报》、《上海证券报》的本公司《招股说明书》摘要,及刊载于上海证券交易网站(http://www.sse.com.cn)的本公司《招股说明书》全文。

本上市公告刊登网址:http://www.sse.com.cn。

第二节　概　　览

股票简称:	天士力
沪市股票代码:	600535
深市代理股票代码:	003535
股本总额:	19000万股
可流通股本:	5000万股
本次上市流通股本:	5000万股
上市地点:	上海证券交易所
上市日期:	2002年8月23日
股票登记机构:	中国证券登记结算有限责任公司上海分公司
上市推荐人:	招商证券股份有限公司

本公司公开发行股票前股东所持股份的流通限制及期限:根据国家现有法律、法规规定和中国证监会证监发行字[2002]79号《关于核准天津天士力制药股份有限公司公开发行股票的通知》,本公司国有法人股份和法人股份暂不上市流通。

本公司公开发行股票前第一大股东天津天士力集团有限公司承诺:自本公司股票上市之日起12个月内,不转让所持有本公司的股份,也不会由本公司回购其所持有的股份。

第三节　绪　　言

本上市公告书是根据《中华人民共和国公司法》、《中华人民共和国证券法》、《股票发行与交易管理暂行条例》、《公开发行股票公司信息披露实施细则》和《上海证券交易所股票上市规则》等国家有关法律、法规的规定,并按照中国证监会《公开发行证券的公司信息披露内容与格式准则第7号－股票上市公告书》而编制,旨在向投资者提供有关天津天士力制药股份有限公司和本次股票上市的基本情况。

经中国证监会证监发行字[2002]79号文核准,本公司于2002年8月8日利用上海证券交易所交易系统,以向沪市、深市二级市场投资者定价配售的方式成功发行了5000万股每股面值1.00元的人民币普通股,发行价为每股人民币14.70元。

经上海证券交易所上证上字[2002]141号《关于天津天士力制药股份有限公司人民币普通股股票上市交易的通知》批准,本公司公开发行的5000万股社会公众股将于2002年8月23日起在上海证券交易所挂版交易。股票简称"天士力",沪市股票代码"600535",深市代理股票代码"003535"。

本公司已于2002年8月5日在《中国证券报》和《上海证券报》上刊登了《招股说明书》摘要,《招股说明书》正文及其附录可以在上海证券交易所网站(http://www.sse.com.cn)查询,距今不足三个月,故与其重复的内容不再重述,敬请投资者查阅上述内容。

第四节　公司概况

一、公司的基本情况

1、公司名称:天津天士力制药股份有限公司

TIANJIN TASLY PHARMACEUTICAL CO.,LTD

2、注册资本:19000万元

3、法定代表人:闫希军

4、注册地址:天津市北辰科技园区

5、邮政编码:300402

6、经营范围:中药材、中成药加工,化学药品原药、化学药品制剂、生物制品、滋补营养保健品制造;汽车货物运输(以上经营范围内国家有专营专项规定的按规办理)。

7、主营业务:复方丹参滴丸、养血清脑颗粒的生产和销售;以复方丹参滴丸为代表的治疗心脑血管疾病类药品和以复方丹参滴丸为基础的丹参系列产品的研究开发。

8、所属行业:医药制造业

9、联系电话:022 26736999

10、传真:022 26736721

11、董事会秘书:张新军

二、公司的历史沿革

天津天士力制药股份有限公司是于2000年4月27日经天津市人民政府(津股批[2000]4号文)批准,由天津天士力制药集团有限公司整体变更而成的股份有限公司。股份公司成立后,原天津天士力制药有集团有限公司股东天津天士力集团有限公司、广州市天河振凯贸易有限公司、天津市天使力药物研究开发有限公司、天津新技术产业园区永生建筑有限公司、金华市金磐开发区万顺贸易有限公司、浙江尖峰集团股份有限公司及天津市中央药业有限公司为股份公司股东。公司历史沿革如下:

1、1994年5月,公司前身天津市天使力联合制药公司成立。

本公司前身为1994年5月6日成立的天津市天使力联合制药公司。天使力联合公司经济性质为全民与全民联营企业,注册资本1200万元,天津市华兴医药设备商行、天津市中央制药厂各占70%、30%权益。

1997年因国家调整军队经营企业政策,天津市华兴医药设备商行撤销,其所持有天使力联合公司的权益由隶属北京军区联勤第八分部的254医院承接。

2、1998年4月,天津市天使力联合制药公司增资改制并更名为天津天士力制药集团有限公司。

1997年11月9日,254医院、中央制药、尖峰集团签订协议,天使力联合公司增资改制为公司制企业,并更名为"天津天士力制药集团有限公司"。公司注册资本由1200万元增加到9150万元。

天津天士力制药集团有限公司(以下简称"天士力制药集团公司")于1998年4月30日注册成立,成立后完全承继天使力联合公司的资产、负债和业务。

经本次变更后,天士力制药集团公司股权结构如下:

股　东	出资额	持股比例
254医院	4575.00万元	50%
尖峰集团	3202.50万元	35%
中央制药	1372.50万元	15%
合　计	9150.00万元	100%

3、1998年5月,中国人民解放军第二五四医院向闫希军和天津天士力制药集团有限职工持股会分别无偿转让3%、2%股权。

1998年5月2日,254医院与闫希军和天士力制药集团公司职工持股会分别签订《出资(股权)无偿转让协议书》,协议明确:254医院将其持有的天士力制药集团公司3%股权(274.5万元)无偿转让给闫希军,作为对其科技成果的奖励;将2%股权(183万元)无偿转让给天士力制药集团公司职工持股会,作为对公司发有突出贡献人员的奖励。

上述股权转让完成后,天士力制药集团公司的股权结构如下:

股　东	出资额	持股比例
254医院	4117.50万元	45%
尖峰集团	3202.50万元	35%
中央制药	1372.50万元	15%
闫希军	274.50万元	3%
天士力制药集团公司职工持股会	183.00万元	2%
合　计	9150.00万元	100%

4、1998年6月,中国人民解放军第二五四医院将其所持天津天士力制药集团有限公司45%股权无偿移交给中国人民解放军北京军区后勤部医药集团。

经本次变更后,天士力制药集团公司股权结构如下:

股　东	出资额	持股比例
北京军区后勤部医药集团	4117.50万元	45%
尖峰集团	3202.50万元	35%
中央制药	1372.50万元	15%
闫希军	274.50万元	3%
天士力制药集团公司职工持股会	183.00万元	2%
合　计	9150.00万元	100%

5、1998年12月,中国人民解放军北京军区后勤部医药集团将所持45%股权移交给天津市军队武警部队和政法机关企业交接工作办公室;闫希军和天津天士力制药集团有限公司职工持股会将其各自所持3%、2%股权无偿转让给天津市天使力药物研究开发有限公司。

经本次变更后,天士力制药集团公司的股权结构如下:

股　东	出资额	持股比例
天津市军队企业交接办公室	4117.50万元	45%
尖峰集团	3202.50万元	35%
中央药业*	1372.50万元	15%
天使力药研	457.50万元	5%
合　计	9150.00万元	100%

注:1998年9月,天津市中央制药厂更名为天津市中央药业有限公司("中央药业")。

6、1999年1月,闫希军以奖励股份、天津市中央药业有限公司以现金分别增资。

1999年1月18日,天士力制药集团公司1999年度股东会第一次全体会议通过([99]股字01号)决议,给予闫希军18万元现金及108万元股份奖励,并同意把108万元奖励股份作为增资计人公司注册资本,公司从而进行增资扩股。同时,股东会同意中央药业以现金出资25万元,折合

资本 20 万元作为增资计入公司注册资本。

经本次变更后，天士力制药集团公司注册资本由 9150 万元增加到 9278 万元，股权结构如下：

股　东	出资额	持股比例
天津市军队企业交接办公室	4117.50 万元	44.38%
尖峰集团	3202.50 万元	34.52%
中央药业	1392.50 万元	15.01%
天使力药研	457.50 万元	4.93%
闫希军	108.00 万元	1.16%
合　计	9278.00 万元	100%

7、1999 年 8 月，天津市国有资产管理局向天津市天使力药物研究开发有限公司转让天津市军队武警部队和政法机关企业交接工作办公室所持公司 31% 股权。

经本次变更后，公司的注册资本仍为 9278 万元，其股权结构如下：

股　东	出资额	持股比例
天使力药研	3333.68 万元	35.93%
尖峰集团	3202.50 万元	34.52%
中央药业	1392.50 万元	15.01%
天津市国有资产管理局	1241.32 万元	13.38%
闫希军	108.00 万元	1.16%
合　计	9278.00 万元	100%

8、2000 年 1 月，天津市国有资产管理局向天津市中央药业有限公司转让所持 13.379% 股权。

经本次变更后，天士力制药集团公司的股权结构如下：

股　东	出资额	持股比例
天使力药研	3333.68 万元	35.93%
尖峰集团	3202.50 万元	34.52%
中央药业	2633.82 万元	28.39%
闫希军	108.00 万元	1.16%
合　计	9278.00 万元	100%

9、2002 年 2 月，闫希军先生以奖励股份增资。

2000 年 2 月，经天士力制药集团公司股东会 2000 年第二次会议决议，公司给予闫希军 208 万元股份奖励，作为增资计入公司注册资本，公司从而进行增资扩股。公司注册资本由 9278 万元增加到 9486 万元。

经本次增资后，天士力制药集团公司的股权结构如下：

股　东	出资额	持股比例
天使力药研	3333.68 万元	35.14%
尖峰集团	3202.50 万元	33.76%
中央药业	2633.82 万元	27.77%
闫希军	316.00 万元	3.33%
合　计	9486.00 万元	100%

10、2000 年 3 月 2 日，浙江尖峰集团股份有限公司、天津市中央药业有限公司、闫希军将部分股权转让给天津市天使力药物研究开发有限公司。

2000 年 3 月 2 日，尖峰集团、中央药业、闫希军分别与天使力药研签订《出资转让协议》，分别将 0.75%、0.765%、3.331% 股权转让给天使力药研。

本次变更后，天士力制药集团公司股权结构如下：

股　东	出资额	持股比例
天使力药研	3794.40 万元	40%
尖峰集团	3130.38 万元	33%
中央药业	2561.22 万元	27%
合　计	9486.00 万元	100%

11、2000 年 3 月，天津市天使力药物研究开发有限公司、浙江尖峰集团股份有限公司、天津市中央药业有限公司出资设立"天津天士力集团有限公司"，并以各自所持有天津天士力制药集团有限公司 28%、23.1%、18.9% 股权，作为对天津天士力集团有限公司的部分出资。天津天士力集团有限公司成立后持有天津天士力制药集团有限公司 70% 股权。

12、2000 年 3 月，天津市天使力药物研究开发有限公司、浙江尖峰集团股份有限公司、天津市中央药业有限公司分别向天津新技术产业园区永生建筑有限公司、广州市天河振凯贸易有限公司、金华市金磐开发区万顺贸易有限公司转让部分股权。

(1)2000 年 3 月 10 日，天使力药研、中央药业与天津永生建筑签订《出资转让协议》，分别将天士力制药集团公司 1.67%、3.33% 股权转让给天津永生建筑。

(2)2000 年 3 月 12 日，尖峰集团、中央药业、广州主河振凯签订《出资转让协议》，分别将天士力制药集团公司 6.66%、3.34% 股权转让给广州天河振凯。

(3)2000 年 3 月 22 日，天使力药研与浙江金磐万顺签订《出资转让协议》，将天士力制药集团公司 5% 股权转让给浙江金磐万顺。

经本资变更，天士力制药集团公司的股权结构如下：

股　东	出资额	持股比例
天士力集团公司	6640.20 万元	70.00%
广州天河振凯	948.60 万元	10.00%
天使力药研	505.60 万元	5.33%
浙江金磐万顺	474.30 万元	5.00%
天津永生建筑	474.30 万元	5.00%
尖峰集团	307.35 万元	3.24%
中央药业	135.65 万元	1.43%
合　计	9486.00 万元	100%

13、2000 年 4 月 30 日，天津天士力制药集团有限公司整体变更为天津天士力制药股份有限公司。

2000 年 4 月 27 日，经天津市人民政府津股批(2000)4 号文批准，根据《公司法》第 99 条之规定，天津天士力制药集团有限公司以 2000 年 3 月 31 日经审计的净资产 14000 万元，按 1:1 比例折股，依法整体变更为天津天士力制药股份有限公司，注册资本为人民币 14000 万元，并于 2000 年 4 月 30 日在天津市工商行政管理局取得《企业法人营业执照》，注册号 1200001001441。股份公司成立后，原天士力制药集团公司股东为股份公司股东。

14、2002 年 8 月 8 日，公司公开发行 5000 万股 A 股。

经中国证监会监发行字[2002]79 号文核准，本公司于 2002 年 8 月 8 日在上海证券交易所以向二级市场投资者定价配信方式成功地发行了人民币普通股 5000 万股，每股面值 1.00 元，每股发行价 14.70 元。此次发行完成后，本公司的总股本为 19000 万股，注册资本为 19000 万元。本公司已于 2002 年 8 月 15 日在天津市工商行政管理局变更了注册登记。此次发行完成前后，本公司的股本结构如下表：

股　东	公开发行前		公开发行后	
	股份(万股)	比例(%)	股份(万股)	比例(%)
天津天士力集团有限公司	9,800.00	70.00	9,800.00	51.58
广州市天河振凯贸易有限公司	1,400.00	10.00	1,400.00	7.37
天津市金士力药物研究开发有限公司【注】	746.20	5.33	746.20	3.93
天津新技术产业园区永生建筑有限公司	700.00	5.00	700.00	3.68
金华市金磐开发区万顺贸易有限公司	700.00	5.00	700.00	3.68
浙江尖峰集团股份有限公司	453.60	3.24	453.60	2.39
天津市中央药业有限公司	200.20	1.43	200.20	1.05
社会公众股			5,000.00	26.32
合　计	14,000.00	100.00	19,000.00	100.00

注：2000 年 9 月，"天津市天使力药物研究开发有限公司"更名为"天津市金士力药物研究开发有限公司"。

三、公司的主要经营情况

1、主营业务的一般情况

本公司目前主要从事复方丹参滴丸、养血清脑颗粒的生产和销售，及以复方丹参滴丸为代表的治疗心脑血管疾病类药品和以复方丹参滴丸为基础的丹参系列产品的研究开发。

复方丹参滴丸为全国中医医院急诊室必备中成药。1997 年 12 月 9 日，复方丹参滴丸以药品身份正式通过美国食品药品监督管理局(FDA)的临床用药申请，成为中国第一例中药、全世界第一例治疗心脑血管疾病的复方草药制剂通过美国 FDA 新药临床试验(IND)审批的药品，实现了中药进入世界攻药主流市场的历史性突破。

2、产品经营情况

公司主导产品复方丹参滴丸主要用于冠心病、心绞痛、高血脂、高血粘度、脑动脉硬化等疾病。养血清脑颗粒可以养血平肝、活血通络、用于血虚肝亢所致头痛、眩晕眼花、心烦易怒、失眠多梦。

1997 年复方丹参滴丸被列为全国中医医院急诊科室必备用药。2000 年，复方丹参滴丸和养血清脑颗粒被列入《国家基本医疗保险药品目录》，其中复方丹参滴丸进入"甲类目录"，养血清脑颗粒进入"乙类目录"。复方丹参滴丸目前为国家二级中药保护品种。

1999 年、2000 年、2001 年及 2002 年 1－6 月，复方丹参滴丸的产量分别为 41989 箱、68403 箱、102314 箱和 64787 箱；养血清脑颗粒产量分别为 937 箱、4749 箱、17483 箱和 14697 箱，两种产品当期为公司带来 25155 万元、38883 万元、61430 万元和 33889 万元的销售收入。

3、研究开发及人才储备情况

公司技术研究中心被确定为天津市市级技术中心，主要负责新药开发申报和对外技术合作，集中本公司技术骨干。下设综合办公室、财务组、药学部、中试生产部、药理毒理部、医学情报部、新药研究开发部。

公司共有研发人员 39 名，其中有博士学位的研究人员 5 人，硕士学位研究人员和专业技术人员 13 名。技术研究中心还聘请国内外知名客座研究人员，进行中西药品、生物制药及生产技术的研究开发工作。技术研究中心高中级人员占 45%，专家人数占 28%。

公司计划从本次募股集资金中投资 9600 万元，在原有技术研究中心的基础上，建立现代中药研究所、生物制品研究所，以提高企业科研和技术开发能力，保持公司在中药研发、形成公司在生物制药研发的竞争优势。

公司主要在研项目如下表：

研究项目	类别	进　展	研究机构
复方丹参滴丸作用机理的药理学研究	基础研究	进行中	自行
复方丹参滴丸美国 FDA 临床试验研究	临床研究	进入Ⅰ、Ⅱ期临床试验	自行
替莫唑胺	化学药二类	临床研究	自行
黄芪丹参滴丸	中药三类	临床研究	自行
脑清通片	中药三类	临床研究	自行
复方丹参注射液	中药二类	基本完成临床前研究	自行
醒脑滴丸	中药三类	临床前研究	自行
丹酚酸粉针剂	中药二类	申报临床研究批文	与国内研究机构合作
尿激酶原	一类新药	临床研究	与国内研究机构合作

4、本公司最近三年加一期的销售收入和利润情况

单位：元

项目	2002 年 1－6 月	2001 年度	2000 年度	1999 年度
主营业务收入	365,148,751.22	684,555,834.51	391,617,892.31	253,013,499.42
主营业务利润	283,571,649.79	520,929,689.66	307,281,998.04	219,416,631.09
营业利润	64,339,571.02	130,245,749.56	93,501,673.11	89,465,410.25
利润总额	64,043,706.54	128,846,571.44	101,150,914.21	86,342,496.58
净利润	47,593,888.76	102,871,351.89	79,530,353.03	58,827,119.50

5、主要知识产权和非专利技术情况

1)商标

本公司使用的商标为"天士力 TIANSHILI 及图"，包括注册号 826269 类别 5(用于滴丸剂)和注册号 1050582 类别 5(用于中药成药等)两个，均在股份公司设立时从天士力制药集团公司沿袭下来。1999 年 12 月 28 日，公司商标获得"天津市著名商标"称号。上述商标已于 2000 年 10 月 16 日向国家商标局提交了名义人由天津天士力制药集团有限公司变更为股份公司名下的申请报告，目前正在受理过程中。公司无其它在用商标。

2)专利与专有技术

本公司拥有以下八项专利：

●养血清脑颗粒(发明名称：一种治疗头痛的中药)药品发明专利

专利号：ZL 93 1 00050.5；专利申请日：1993 年 1 月 9 日；专利权期限为二十年；剩余保护年限 11 年。

●复方丹参滴丸药盒外观设计专利Ⅰ

专利号：ZL 00 3 00799.5；申请日：2000 年 2 月 17 日；专利权期限：10 年；剩余保护年限：8 年。

●复方丹参滴丸药盒外观设计专利Ⅱ

专利号：ZL 95 3 20033.7；申请日：1995 年 12 月 28 日；专利权期限：10 年；剩余保护年限：3 年

●复方丹参滴丸药瓶外观设计专利

专利号：ZL 96 3 02185.0；申请日：1996 年 4 月 25 日；专利权期限：10 年；剩余保护年限：4 年。

●护心丹(复方丹参滴丸的出口产品名称)药盒外观设计专利

专利号：ZL 96 3 02184.2；申请日：1996 年 4 月 25 日；专利权期限：10 年；剩余保护年限：4 年。

●护心丹药瓶外观设计专利

专利号：ZL 96 3 02183.4；申请日：1996 年 4 月 25 日；专利权期限：10 年；剩余保护年限：4 年。

●药瓶泡罩外观设计专利

专利号：ZL 00 3 00797.9；申请日：2000 年 11 月 18 日；专利权期限：10 年；剩余保护年限：8 年。

●养血清脑颗粒药盒外观设计专利

专利号：ZL 00 3 00798.7；申请日：2000 年 2 月 17 日；专利权期限：10 年；剩余保护年限：8 年。

本公司拥有以下五项专有技术：

●复方丹参滴丸、养血清脑颗粒原料浸膏的提取技术

该技术由本公司自行研制，是本公司独家拥有的专有技术，为本公司主要产品的重要技术。

●复方丹参滴丸、养血清脑颗粒的制剂技术

该技术由本公司自行研制，是本公司独家拥有的专有技术，为本公司主要产品的关键技术。

●复方丹参滴丸的制剂设备的制造技术

该技术由本公司自行研发而成，为本公司独家拥有，是复方丹参滴丸生产的关键技术。

●复方丹参滴丸、养血清脑颗粒微电子脑程控技术

该技术由本公司自行研制，为本公司独家拥有。

●复方丹参滴丸与养血清脑颗粒包装技术

该设备及其制造技术由本公司自行研制，为本公司独家拥有，是复方丹参滴丸包装的关键技术。

6、所得税优惠

公司为高新技术企业，按照国家对高新技术企业的优惠政策，按 15% 计缴所得税。

第五节　股票发行与股本结构

一、本次股票上市前首次公开发行股票的情况

1、发行数量:5000 万股

2、发行价格:14.70 元/股

3、募集资金总额:73500 万元

4、发行方式:向沪市、深市二级市场投资者定价配售

5、发行费用总额及项目:本次 A 股发行费用总额为 2374.32 万元,包括承销费用、审计费用、律师费用、上网发行手续费、审核费用等。

6、每股发行费用:0.47 元

二、本次股票上市前首次公开发行股票的承销情况

本次发行的 5000 万股社会公众股的配号总数为 72,063,230,中签率为 0.06938351%。其中,二级市场投资者认购 49,333,256 股,其余 666,744 股由主承销商包销。

三、本次上市前首次公开发行股票所募股资金的验资报告

验　资　报　告

浙天会验[2002]第 73 号

天津天士力制药股份有限公司全体股东:

我们接受委托,审验了贵公司截至 2002 年 8 月 14 日止新增注册资本实收情况。按照国家相关法律、法规的规定和协议、章程的要求出资,提供真实、合法、完整的验资资料,保护资产的安全、完整是全体股东及贵公司的责任。我们的责任是对贵公司新增注册资本的实收情况发表审验意见。我们的审验是依据《独立审计实务公告第 1 号－验资》进行的。在审验过程中,我们结合贵公司的实际情况,实施了检查等必要的审验程序。

贵公司本次变更前注册资本为人民币 140,000,000.00 元,根据贵公司有关股东大会决议和修改后章程的规定,申请向社会公开发行人民币普通股(A 股)增加注册资本人民币 50,000,000.00 元,变更后的注册资本为人民币 190,000,000.00 元。根据贵公司 2001 年第一次临时股东大会会议决议通过的人民币普通股(A 股)首次公开发行上市议案,并经中国证券监督管理委员会证监发行字[2002]79 号文同意,核准公司向社会公开发行人民币普通股(A 股)50,000,000.00 股,每股面值 1 元,每股发行价为 14.70 元,可募集资金总额为 735,000,000.00 元。根据我们的审验,截至 2002 年 8 月 14 日止,贵公司实际已发行人民币普通股(A 股)50,000,000.00 股,应募集资金总额 735,000,000.00 元,减除发行费用 23,743,196.09 元后,募集资金净额为 711,256,803.91 元。其中实收股本人民币伍仟万元(¥50,000,000.00),资本公积人民币 661,256,803.91 元。

此外,我们注意到,贵公司本次变更前的注册资本为人民币 140,000,000.00 元,业经浙江天健会计师事务所审验,并于 2000 年 4 月 27 日出具浙天会验[2000]第 60 号《验资报告》。截 2002 年 8 月 14 日止,变更后的累计注册资本实收金额为人民币 190,000,000.00 元。

本验资报告供贵公司申请变更登记及据以向股东签发出资证明时使用,不应将其视为是对贵公司验资报告日后资本保全、偿债能力和持续经营能力等的保证。因使用本报告不当造成的后果,与执行本验资业务的注册会计师及会计师事务所无关。

附件(一)注册资本、投入股本变更前后对照表;

附件(二)验资事项说明;

附件(三)本所的《企业法人营业执照》(验资报告专用件);

附件(四)中国证监会《关于核准天津天士力制药股份有限公司公开发行股票的通知》;

附件(五)有关增资的资金进账单、银行询证函复印件及记账凭证复印件。

以上附件(三)、(四)、(五)仅送工商行政管理部门。

浙江天健会计师事务所有限公司　　　　中国注册计会师　钟建国

中国·杭州　　　　中国注册会计师　毛晓东

报告日期:2002 年 8 月 14 日

四、募股资金入帐情况

1、入帐时间:2002 年 8 月 14 日

2、入帐金额:714,086,803.91 元(募集资金扣除承销费和上网手续费后的余额)

3、入帐帐号:1808014160000319

4、开户银行:民生银行深圳分行滨海支行

五、公司上市前股本结构及各类股东的持股情况

1、本次上市前股本结构

股份类别	股数(万股)	比例(%)
发起人股份	14,000.00	73.68
流通 A 股	5,000.00	26.32
合　计	19,000.00	100.00

2、前十名股东持股情况

序号	股东名称	持股数量(万股)	持股比例(%)
1	天津天士力集团有限公司	9,800.00	51.58
2	广州市天河振凯贸易有限公司	1,400.00	7.37
3	天津市金士力药物研究开发有限公司	746.20	3.93
4	天津新技术产业园区永生建筑有限公司	700.00	3.68
5	金华市金磐开发区万顺贸易有限公司	700.00	3.68
6	浙江尖峰集团股份有限公司	453.60	2.39
7	天津市中央药业有限公司	200.20	1.05
8	招商证券股份有限公司	66.67	0.35
9	兴和基金	4.60	0.02
10	南方稳健	4.30	0.02
11	开元基金	4.30	0.02

第六节　董事、监事、高级管理人员

一、董事、监事和高级管理人员情况

1、公司董事

闫希军先生　　中国籍,49 岁,主任药师,国务院特殊津贴专家。曾任北京军区 254 医院药剂科主任、天使力联合公司总经理、董事长、天津天士力制药集团有限公司董事长、总裁。现任本公司董事长。

杜自强先生　　中国籍,64 岁,本科学历,高级工程师,主任药师、国务院特殊津贴专家。曾任天津津北制药厂厂长、天津河北制药总厂厂长、天津氨基酸公司总经理、天津市医药局副局长、天津市医药集团副总经理。现任本公司副董事长。

吴迺峰女士　　中国籍,50 岁,主任药师,国务院特殊津贴专家。曾任北京军区 254 医院药剂科副主任药师、主任药师、天使力联合公司董事、市场总监兼总工程师、天津天士力制药集团有限公司市场总监。现任本公司董事。

蒋晓萌先生　　中国籍,39 岁,研究生学历,高级工程师、执业药师。曾任浙江尖峰集团电缆公司董事长兼总经理、浙江尖峰药业有限公司总经理、金华市青年企业家协会会长。现任本公司董事。

张振有先生　　中国籍,43 岁,中专学历。曾任潮阳市医药公司销售经理。现任广州天河振凯贸易有限公司总经理,本公司董事。

李　文先生　　中国籍,35 岁,英国伯明翰 ASTON 大学商学院 MBA 硕士研究生,高级经济师。曾任英国葛兰素·威康制药公司高级商务经理、天士力集团公司总裁助理。现任本公司总经理、董事。

李　扬先生　　中国籍,51 岁,博士,研究员,教授。兼任中国社会科学院金融研究中心主任、中国社会科学财贸经济研究所副所长、中国金融协会常务理事、副秘书长,中国财政协会常务理事。现任本公司独立董事。

王永炎先生　　中国籍,64 岁,中国工程院院士,博士生导师,教授。曾任北京中医院院长、北京中医药大学校长,兼任中国中医研究院院长、《中国科学》、《科学通报》编委。现任本公司独立董事。

于玉林先生　　中国籍,68 岁,博士生导师,天津财经学院会计系教授,享受国务颁发的政府特殊津贴。现任本公司独立董事。

2、公司监事

张建忠先生　　中国籍,49 岁,硕士研究生。曾任北京军区 254 医院政委、北京军区医药集团书记、天津天士力制药集团有限公司党委副书记、天津天士力制药集团有限公司常务总监。现任本公司监事会主席。

赵永良先生　　中国籍,51 岁,大专学历,高级工程师。兼任燕赵集团董事长。现任本公司监事。

何继成先生　　中国籍,60 岁,大专学历,高级会计师。曾任天津市中央制药厂财务副科长、财务科长。现任本公司监事。

傅得清先生　　中国籍,57 岁,本科学历,高级工程师。曾任浙江尖峰集团股份有限公司副总经理、总经理。现任本公司监事。

叶正良先生　　中国籍,35 岁,硕士研究生,主管药师。曾任天士力制药集团公司研究所副所长。现任本公司职工监事。

叶　军先生　　中国籍,28 岁,硕士研究生。现任本公司人事行政部部长,本公司职工监事。

王国成先生　　中国籍,29 岁,硕士,毕业于内蒙古医学院。现任本公司职工监事。

3、高级管理人员

总经理

李文先生　(见前述)

财务总监

季晓农先生　　中国籍,39 岁,高级会计师,硕士研究生。曾任天士力制药集团公司总会计师、天士力制药集团公司财务总监、天士力集团公司财务总监。现任本公司财务总监。

技术总监

郭治昕先生　　中国籍,50 岁,毕业于西德吕贝克医科大学毒理所,医学博士,主任药师。曾任内蒙古医学院药理室主任、副教授、天津天士力制药集团有限公司药物研究所所长。现任本公司技术总监。

生产总监

刘岩女士　　中国籍,39 岁,硕士研究生,主管药师。毕业于上海第二军医大学药学院,曾任本公司生产制造部经理。现任本公司生产总监。

董事会秘书

张新军先生　　中国籍,40 岁,高级会计师、硕士研究生。曾任天津化工研究院副科长、科长、副处长、化工部天津化工研究设计院副总会计师、天津天士力制药集团有限公司经济总监。现任本公司董事会秘书。

4、技术负责人及核心技术人员

闫希军先生(见前述)

吴迺峰女士(见前述)

郭治昕先生(见前述)

姜　燕女士　　中国籍,44 岁,博士,教授、副主会药师。现任本公司生物技术、技术研究中心负责人,兼任天津大学化工学院食品科学客座教授。

二、董事、监事和高级管理人员持股情况

1、上述人员在发行前持有公司股份情况

在本次发行前,本公司董事、监事、高级管理人员及核心技术人员没有以个人持股、家属持股方式持有本公司股份。

2、上述人员在发行前持有关联企业股份情况

公司部分董事、监事及高管人员出资组建的金士力药研控股天士力集团公司,并且直接持有本公司 5.33%的股权。本公司董事张振有持股的广州天河振凯持有本公司 10%的股权。本公司监事赵永良持股的天津永生建筑持有本公司 5%的股权。

第七节　同业竞争与关联交易

一、同业竞争情况

本公司的主营业务为复方丹参滴丸、养血清脑颗粒等心脑血管疾病类药品的生产经营。本公司控股子公司陕西植物药业、三七公司、医药公司的主营业务分别为丹参生产经营、三七生产经营和药品销售。本公司及其三个控股子公司的业务涵盖了药品研究开发、中药材种植、药品生产、药品销售的全部业务环节,构成了完全独立的研究开发和产供销体系。

本公司直接控股股东天士力集团公司的主营业务为投资控股;间接控股股东金士力药研的营业范围为:技术开发、咨询、服务、转让等,但其目前主营业务为实业投资。本公司主营业务与上述两公司主营业务完全独立,不存在任何同业况争、业务控制或其他影响本公司业务独立的关系。

本公司其他关联方中,中有新资源公司、中央药业浙江尖峰药业具有药品生产资格。新资源公司主要产品为用于治疗感冒的柴胡滴丸、用于治疗皮肤瘙痒的普爱宁乳膏等药品及天士茶等保健品;中央药业主要产品为环丙沙星片等化学药品及化学原料药;浙江尖峰药业有限公司主要生产经营各类化学药及化学原料药及生物制剂。上述产品均与本公司心脑血管类中药业务不相同,也不类似,与与本公司构成同业竞争。

为了保证本公司具有一个独立的生产经营环境,避免同业竞争,保障公司及公司其他中小股东的利益,控股股东天士力集团公司及其控股的新资源公司,股东金士力药研,股东中央药业等向本公司出具了不可撤销的《避免同业竞争承诺书》。

二、关联方与关联关系情况

公司关联方与关联关系主要包括:1)控股股东、其他股东、控股股东及股东的子公司、本公司子公司等公司;2)公司现任高级管理人员,主要基于管理者的身份关系或间接持有本公司股份,并参与公司财务和经营决策而构成关联人士。

三、关联交易

1、公司现行有效的关联交易

关联交易项目	卖方	买方	决策程序	定价政策	交易金额	相应比例	结算方式	合同签约日期
商标使用	本公司	新资源公司	经天士力股份公司创立大会批准	按使用商标商品销售收人的 0.1%	473 元 (2002.1－6)		现金结算	2001.12.31
丹参采购	陕西植物药业	本公司	经天士力股份公司2000年度第一次临时股东大会批准	市场价格	218 万元 (2001)年 98 万元	采购金额占 2001 年、2002 年 1－6 月主营业务成本的 1.42%、1.30%	现金结算	2000.05.21

药品销售	本公司	医药公司	经天士力股份公司2000年度第一次临附股东大会批准	协议基准价格(每6月协商定价)	(2002.1-6) 56126万元(2001年) 32618万元(2002.1-6)	2000年7月起占母公司国内销售的99.5%	现金结算	2000.12.31
包装瓶采购	博科林(天津)包装新技术有限公司	本公司	经公司2001年第二次临股东大会批准	协议价格(按市场价格,每3-6月协商定价)	3021万元(2001年) 136万元(2002.1-6)	采购金额占2001年、20021-6月主营业务成本的19.62%、1.80%	现金结算	2002.01.01
包装瓶采购	天津博科林药品包装技术有限公司	本公司	经2001年度股东大会批准	协议价格(按市场价格,每3-6月协商定价)	902万元(2002.1-6)	采购金额占2002年1-6月主营业务成本的11.90A%	现金结算	2002.05.01
房屋租赁	天士力集团公司	本公司	经公司一届八次董事会批准	市场价格,每月20.27万元	122万元(2002.1-6)	租赁费占2002年1-6月管理费用的1.67%	现金结算	2001.12.30

2、关联贷款担保

截至2002年6月30日,天津天士力集团有限公司为本公司及本公司控股子公司天津天士力医药有限公司的银行借款29,100.00万元提供保证。

3、关联交易回避制度

依据公司《章程》第70条及第85条的规定,公司建立了关联交易事项的董事、股东回避制度。公司制定的《股东大会议事规则》中具体规定了股东回避制度及其执行程序。依据公司《章程》第98条的规定,公司独立董事享有对公司所涉关联交易事项的合理性、可行性及客观公平性进行审查判断的特别权力。公司制定的《董事会议事规则》中具体规定了关联董事的回避制度和独立董事对关联交易的审查权。

4、公司《章程》中关于关联交易的规定

"第70条　股东大会审议有关关联交易事项时,关联股东不应当参与投票表决,其所代表的有表决的股份数不计入有效表决总数;股东大会决议的公告应当充分披露非关联股东的表决情况。如有特殊情况关联股东无法回避时,公司在征得有权部门的同意后,可以按照正常程序进行表决,并在股东大会决议公告中作出详细说明。

关联交易总额低于3000万元,且低于上市公司最近经审计净资产值的5%的,经公司独立董事依据本《章程》的规定审查并出具意见后,由董事会批准实施。关联交易总额高于3000万元(含3000万元),或高于上市公司最近经审计净资产值的5%(含5%)的,除应经独立董事依据本《章程》的规定审查出具意见外,公司还应聘请独立财务顾问对关联交易发表意见,该关联交易经董事会审议通过后,由股东大会批准实施。

关联股东的范围和关联交易的类型按照国家有关法律、法规、政策、规则的有关规定予以确定。

"第85条　董事个人或者其所任职的其他企业直接或者间接与公司已有的或者计划中的合同、交易、安排有关联关系时(聘任合同除外),不论有关事项在一般情况下是否需要董事会批准同意,均应当尽快向董事会披露其关联关系的性质和程度。

除非有关联关系的董事按照本条前款的要求向董事会作了披露,并且董事会在不将其计入法定人数,该董事亦未参加表决的会议上批准了该事项,公司有权撤销该合同、交易或者安排,但在对方是善意第三人的情况下除外。"

"第98条　独立董事的权利:……以公司和全体股东利益最大化为原则,负责对公司所涉关联交易事项的合理性、可行性及客观公平性进行审查判断,并向董事会提交审查报告;……。"

另,2002年6月23日召开的公司2001年度股东大会通过了《关联交易准则》,就关联交易的原则、价格、决策权限、回避措施及信息披露作了具体规定。

第八节　财务会计资料

本公司聘请浙江天健会计师事务所有限公司审计了本公司1999年12月31日、2000年12月31日、2001年12月31日及2002年6月30日的资产负债表和合并资产负债表,1999年度、2000年度、2001年度和2002年1-6月的利润及利润分配表、合并利润及利润分配表,以及2001年度、2002年1-6月的现金流量表及合并现金流量表。注册会计师对上述报表出具了无保留意见审计报告。本节数据如无特别说明,均引自经审计的会计报表。

一、本公司的简要会计报表(见附表)

1、本公司最近三年加一期的简要利润表

2、本公司最近三年加一期的简要资产负债表

3、本公司最近一年又一期简要现金流量表

二、公司报告期利润形成的有关情况

1、销售收入总额变动趋势及原因

公司1999年度、2000年度、2001年度及2002年1-6月主营业务收入和利润总额如上图所示。主营业务收入2001年度发生额较2000年度发生额增长74.80%,2000年度发生额较1999年度发生额增长54.78%,主要原因系公司的主导产品复方丹参滴丸随着公司进一步加大开发力度,市场销路进一步扩大,相应销售收入不断增加。

以产品分类,公司主营业务收入构成如下:

项　目	2002年1-6月	2001年度	2000年度	1999年度
复方丹参滴丸	317,100,982.03	579,990,766.88	378,328,267.17	249,253,812.32
养血清脑颗粒	21,792,155.15	34,306,745.35	10,500,742.03	2,294,557.98
柴胡滴丸	4,322,364.63	11,048,954.14		
普爱宁乳膏	857,785.53	2,859,184.97		
其他	21,075,463.88	56,350,183.17	2,788,883.11	1,465,129.12
合计	365,148,751.22	684,555,834.51	391,617,892.31	253,013,499.42

公司前5名客户销售收入金额及其占全部主营业务收入的比例如下:

	2002年1-6月	2001年度	2000年度	1999年度
收入金额	66,568,616.86	91,863,184.33	53,611,942.74	27,386,785.01
所占比例	18.23%	13.42%	13.69%	10.82%

公司2001年及2002年1-6月主营业务收入分解如下所示:

2001年主营业务收入

管理费用	17.39%
净利润	15.03%
所得税	3.73%
其他	3.11%
主营业务成本	22.49%
营业费用	38.25%

2002年1-6月主营业务收入

管理费用	19.94%
净利润	13.03%
所得税	4.17%
其他	4.17%
主营业务成本	20.74%
营业费用	37.95%

2、主营业务成本

1999年度、2000年度、2001年度及2002年1-6月,公司主营业务成本分别为3,248.76万元、8,322.81万元、15,393.20万元和7,574.71万元,占主营业务收入的比例分别为12.84%、21.25%、22.49%和20.74%。

主营业务成本2001年度发生额较2000年度发生额增长84.95%,主要原因系随着销售收入的增长而相应增长,同时2001年度子公司天津天士力医药有限公司经销的毛利率较低的普药销售较上年有很大增长;2000年度发生额较1999年度发生额增长1.56倍,主要原因系随着销售收入的增长而相应增长,同时中药浸膏成本波动使2000年度主营业务成本较1999年度有一定增加。

以产品分类,公司主营业务成本构成如下:

项　目	2002年1-6月	2001年度	2000年度	1999年度
复方丹参滴丸	46,045,934.90	75,802,749.26	72,220,294.41	30,621,535.56
养血清脑颗粒	6,377,900.63	13,196,083.06	8,600,410.70	1,470,852.67
柴胡滴丸	2,772,840.19	9,103,828.62		
普爱宁乳膏	535,398.53	2,383,950.00		
其他	20,015,063.79	53,445,408.10	2,407,420.59	395,250.06
合　计	75,747,138.04	153,932,019.04	83,228,125.70	32,487,638.29

3、营业费用

公司的营业费用主要为广告及宣传费、差旅费等项目。1999年度、2000年度、2001年度和2002年1-6月公司的营业费用分别为8,043.68万元、14,182.67万元、26,185.27万元和13,856.90万元,占当年主营业务收入的比例分别为31.79%、36.22%、38.25%和37.95%。

2001年度发生额较2000年度发生额增长84.63%,2000年度发生额较1999年度发生额增长76.32%,主要原因系:(1)公司业务招待费及销售人员差旅费用随着销售规模的扩大逐年增多;(2)为推广产品市场,加大宣传力度,广告费支出较大;(3)销售网点的建设增加了开支。

4、管理费用

本公司的管理费用主要为工资及福利费、研究与开发费用、办公费和折旧等。1999年度、2000年度、2001年度和2002年1-6月公司的管理费用分别为4,904.21万元、6,736.47万元、11,902.43万元和7,280.31万元,占当年主营业务收入的比例分别为19.38%、17.20%、17.39%和19.94%。

2001年度发生额较2000年度发生额增长76.69%,主要系因扩大市场及新产品的开发需要,公司人员机构费用、培训费用及新产品研究开发费增加,导致管理费用相应增长。2000年度发生额与1999年度发生额相比增长37.36%,主要原因系:(1)经天津市财政局批准,公司于2000年1月将复方丹参滴丸技术及养血专有技术的摊余值8,719,988.00元一次性摊销;(2)公司为了加强产品的防伪性能,改换了新包装,将原库存包装材料一次性报废进费用;(3)随着业务规模的不断扩大,人员数量增加,待遇相应提高。

5、财务费用

项　目	2002年1-6月	2001年度	2000年度	1999年度
利息支出	8,103,977.75	10,249,473.77	6,008,470.35	1,286,000.43
减:利息收入	287,082.84	590,464.22	1,423,934.62	861,792.07
汇兑损失	3,455.00	1,341.45	64,053.44	46,627.16
减:汇兑收益		4,066.39	105,283.74	
其他	40,102.51	163,611.21	10,525.20	11,753.70
合　计	7,860,452.42	9,819,895.82	4,553,830.63	482,589.22

2002年1-6月发生额折成全年较2001年度发生额增长60.09%、2001年度发生额较2000年度发生额增长1.16倍、2000年度发生额较1999年度发生额增长8.44倍,主要原因系随着销售规模的进一步扩大,经营资金需求加大,借款平均余额增长较大,相应导致借款利息支出增加。

6、税收政策

公司为高新技术企业,目前,本公司按照国家对高新技术企业的优惠政策,按15%计缴所得税。

三、资产情况

1、流动资产

本公司截至1999年12月31日、2000年12月31日、2001年12月31日和2002年6月30日流动资产分别为24,250.01万元、25,494.12万元、35,130.43万元和41,377.07万元。主要包括货币资金、应收账款、其他应收款和存货等。

应收账款中,截至2002年6月30日欠款金额前5名的欠款金额总计为1,193.87万元,占应收账款账面余额的15.43%。公司货款回笼正常,账龄1年以上的应收账款余额不大,各主要债务人信誉良好,发生坏账的可能性较小,故坏账准备按期末余额的5%计提。

其他应收款中,2002年6月30日余额占资产总额的7.87%、2001年末余额占资产总额的7.59%,余额较大,主要系公司对销售人员实行了备用金制度,因销售人员规模较大,相应备用金的余额较大所致。2001年末余额较2000年末余额增长60.82%,主要系扩大市场需要,公司市场部人员的暂借款增加较多所致。

预付帐款中,2002年6月30日余额占资产总额的9.11%,余额较大,主要系:1)公司为加大科技创新,引进专利技术,预付"丹参总酚酸原料及其冻干粉针剂"、"重组人尿型纤溶酶原激活剂(u-PA)"及"脑清通片和泽参强心灵片"等技术受让费余额3,690.00万元,因转让方正在对该些项目进行临床前期阶段,尚未转让并过户给公司,故仍暂挂本科目;2)公司为扩大产品产场,进一步加强广告投入力度,预付2002年下半年的广告宣传费2,260.00余万元,因该等广告宣传尚未进行,故仍暂挂本科目。

存货中,2002年6月30日余额占资产总额的5.56%,余额较大,主要系为适应销售规模的扩大,加强控制原材料及包装物库存的同时,储备的库存商品较多所致。2001年末余额占资产总额的5.18%,余额较大,主要系为适应生产规模的扩大而储备的包装物较多所致。

2、对外投资

本公司2002年6月30日母公司会计报表中,长期投资均为长期股权投资,均按权益法核算。

项　目	期末数			期初数		
	账面余额	减值准备	账面价值	账面余额	减值准备	账面价值
对子公司投资	15,278,508.59		15,278,508.59	12,469,555.32		12,469,555.32
合　计	15,278,508.59		15,278,508.59	12,469,555.32		12,469,555.32

截至2002年6月30日,长期投资余额为1,527.85万元,占母公司净资产的比例的5.06%。

3、固定资产

截至1999年12月31日、2000年12月31日、2001年12月31日及2002年6月30日,公司固定资产净值为3,976.35万元、2,078.42万元、20,075.06万元和22,334.58万元。2001年末余额较2000年末余额增长6.82倍,主要系复方丹参滴丸系列中药现代化产业化示范工程项目部分工程已达到预定可使用状态,暂估转入固定资产所致。

截至2002年6月30日,固定资产净值情况如下:

类　别	期末数	期初数
房屋及建筑物	149,040,507.17	134,065,644.89
通用设备	26,322,984.78	26,801,036.48
专用设备	22,563,935.15	19,382,190.14
运输工具	16,741,635.19	17,468,666.30
其他设备	8,676,708.37	3,033,046.16
合　计	223,345,770.66	200,750,583.97

4、在建工程

截至 2002 年 6 月 30 日,在建工程明细如下:

工程名称	期末数 账面余额	减值准备	账面价值	期初数 账面余额	减值准备	账面价值
复方丹参滴丸产业化示范工程				20,647,722.99		20,647,722.99
药源中心	4,356,034.16		4,356,034.16	2,675,585.53		2,675,585.53
ERP 系统工程	5,267,752.37		5,267,752.37	2,001,618.49		2,001,618.49
复方丹参滴丸自动生产线	5,200,973.67		5,200,973.67			
小滴丸生产线	2,935,276.04		2,935,276.04			
制剂车间 D 区工程	6,775,276.65		6,775,276.65			
其他零星工程	4,455,801.53		4,455,801.53	1,885,604.36		1,885,604.36
合　计	28,991,114.42		28,991,114.42	27,210,531.37		27,210,531.37

5、无形资产

截至 2002 年 6 月 30 日,无形资产明细情况如下:

种　类	期末数 账面余额	减值准备	账面价值	期初数 账面余额	减值准备	账面价值
土地使用权	5,686,030.97		5,686,030.67	5,748,637.85		5,748,637.85
养血专利权	6,600,000.00		6,600,000.00	7,800,000.00		7,800,000.00
合　计	12,286,030.97		12,286,030.97	13,548,637.85		13,548,637.85

四、负债情况

截至 1999 年 12 月 31 日、2000 年 12 月 31 日、2001 年 12 月 31 日及 2002 年 6 月 30 日,公司负债情况如下表所示。

项　目	2002 年 6 月 30 日	2001 年 12 月 31 日	2000 年 12 月 31 日	1999 年 12 月 31 日
短期借款	206,500,000.00	215,000,000.00	65,000,000.00	40,000,000.00
长期借款	86,000,000.00	50,000,000.00	50,000,000.00	50,000,000.00
负债总额	381,032,016.99	348,192,817.71	264,147,977.60	215,288,563.34
资产负债率(%)	56.00	58.48	62.82	61.45

1、短期借款

2001 年末余额较 2000 年末余额增长 2.31 倍、2000 年末余额较 1999 年末余额增长 62.50%,主要系生产、销售规模扩大,相应所需的流动资金增多,导致短期借款增多。

2、应付帐款

2001 年末余额较 2000 年末余额增长 78.05%、2000 年末余额较 1999 年末余额增长 1.16 倍,主要系生产规模扩大,采购物资相应增加所致。应付账款中无持本公司 5%(含 5%)以上表决权股份的股东单位账款。

3、应付股利

2001 年末余额较 2000 年末余额下降 88.88%,主要系本期向股东支付了 2000 年度应付股利及 2001 年 1-3 月部分股东股利所致。2000 年末余额较 1999 年末余额增长 32.34%,主要系根据公司 1999 年年度第三次董事会、2000 年度第一次董事会及 2000 年度第三次(临时)董事会决议分配的股利尚未支付所致。

4、应交税金

2001 年末余额较 2000 年末余额下降 41.75%,主要原因系:2000 年末未交的增值税主要为经批准缓缴的 10-11 月份应缴增值税和 12 月份的正常申报期应缴增值税,该等税款公司已于 2001 年 1 月缴纳,而 2001 年末未交的增值税主要为 2001 年 12 月份的正常申报期应缴增值税,该项税款已于 2002 年 1 月 15 日缴纳。总体而言,公司应缴增值税随着销售收入的增长也呈上升趋势;2000 年末余额较 1999 年末余额增长 34.31%,主要原因于系销售的扩大致使应交税金相应增加。

截至 2002 年 6 月 30 日,公司应交税金明细如下所示:

税　种	期末数	期初数
增值税	15,773,202.13	12,722,158.53
营业税	33,107.43	251,147.62
城市维护建设税	1,263,633.90	885,671.22
企业所得税	8,094,890.21	7,561,299.61
代扣代缴个人所得税	1,102,636.14	125,269.32
房产税	368,850.31	
合　计	26,636,320.12	21,545,546.30

应交税金项目期末余额较大,其中应缴增值税为 15,773,202.13 元,应缴企业所得税为 8,094,890.21 元。应缴增值税属 2002 年 6 月份应税收入形成的正常申报期税款;应缴企业所得税为公司经批准缓缴的 2002 年 5 月份应税所得形成的应缴税款和 2002 年 6 月份应税所得形成的正常申报期税款,以及公司之控股子公司天津天士力医药有限公司 2002 年第 2 季度应税所得形成的正常申报期税款(该公司应税所得较小,按季申报)。

5、长期借款

截至 2002 年 6 月 30 日,公司长期借款余额为 86,000,000.00 元,其中:50,000,000.00 元借款主要系用于建设复方丹参滴丸系列中药现代化产业化示范工程等项目,该项目系经国家发展计划委员会计高技[1999]1584 号文批准建设,并享受天津市高新技术产业项目的贴息政策;36,000,000.00 元借款主要系用于投资丹酚酸粉针剂固定资产项目,该项目系经天津市发展计划委员会津计科技[2000]977 号文批准建设。

6、或有负债

截至 2002 年 6 月 30 日,公司无重大或有负债。

五、股东权益情况

1、股本

公司报告期内各会计期末股本情况如下:

类　别	2002.6.30	2001.12.31	2000.12.31	1999.12.31
法人股	140,000,000.00	140,000,000.00	140,000,000.00	94,860,000.00
合　计	140,000,000.00	140,000,000.00	140,000,000.00	94,860,000.00

2、盈余公积

公司报告期内各会计期末盈余公积情况如下:

类　别	2002 年 6 月 30 日	2001 年 12 月 31 日	2000 年 12 月 31 日	1999 年 12 月 31 日
法定盈余公积	16,770,935.32	16,770,935.32	6,635,524.49	9,783,924.01
法定公益金	8,385,467.66	8,385,467.66	3,317,762.24	7,353,333.32
合　计	25,156,402.98	25,156,402.98	9,953,286.73	17,137,257.33

3、未分配利润

公司报告期内各会计期末未分配利润情况如下:

	2002 年 6 月 30 日	2001 年 12 月 31 日	2000 年 12 月 31 日	1999 年 12 月 31 日
期初未分配利润	73,639,978.57	100,000.00	-4,920,675.80	637,338.04
本期净利润	47,593,888.76	102,871,351.89	79,530,353.03	58,827,119.50
提取法定盈余公积		10,135,410.83	8,011,169.81	6,220,097.90
提取法定公益金		5,067,705.42	4,005,584.90	3,789,507.21
提取任意盈余公积				
已分配普通股股利		14,128,257.07	62,314,148.44	49,513,710.05
转作股本的普通股股利			178,774.08	4,861,818.18
未分配利润	121,233,867.33	73,639,978.57	100,000.00	-4,920,675.80

六、现金流量情况

公司 2001 年度及 2002 年 1-6 月现金流量的基本情况见前述公司合并现金流量表。

公司经营活动产生的现金流量中,公司支付的价值较大的其他与经营活动有关的现金如下:

项　目	2002 年 1-6 月	2001 年度
差旅费	53,069,079.86	110,294,630.87
广告费	55,207,887.74	98,353,172.57
会务费	13,010,773.83	15,910,581.81
业务招待费	9,583,639.79	11,868,210.44
科研费	4,164,252.54	11,813,546.53
小　计	135,035,633.76	248,240,142.22

七、财务指标

本公司按《公开发行证券公司信息披露编报规则第 9 号-净资产收益率和每股收益的计算及披露》计算的发行前净资产收益率和每股收益如下:

发行前:(以 2001 年度及 2002 年 1-6 月数据计算)

项　目	金额(万元)	净资产收益率	每股收益(元)
报告期利润(2001 年度)			
主营业务利润	52,092.97	218.15%	3.72
营业利润	13,024.57	54.54%	0.93
净利润	10,287.14	43.08%	0.735
扣除非经常性损益后的净利润	10,490.30	43.92%	0.75
报告期利润(2002 年 1-6 月)			
主营业务利润	28,357.16	99.02%	2.03
营业利润	6,433.96	22.47%	0.46
净利润	4,759.39	16.62%	0.34
扣除非经常性损益后的净利润	4,801.76	16.77%	0.34

本公司主要财务指标如下:

项　目	2002/6/30	2001/12/31	2000/12/31	1999/12/31
流动比率	1.40	1.18	1.19	1.47
速动比率	1.27	1.07	1.06	1.35
应收账款周转率	4.80	8.61	5.12	4.08
存货周转率	2.21	5.27	3.51	1.95
无形资产(土地使用权除外)占资产总额的比例	0.97%	1.31%	2.43%	2.71%
无形资产(土地使用权除外)占净资产的比例	2.30%	3.27%	6.80%	7.18%
资产负债率(母公司会计报表计算)	51.89%	54.91%	61.87%	63.07%
每股净资产(合并)	2.05	1.71	1.07	
研究与开发费用占主营业务收入比例	2.87	2.02%	2.53%	2.13%
每股经营活动的现金流量(元)	0.53	0.60	0.75	

第九节　其他重要事项

一、本公司本次股票发行后至本公司上市公告书公告之日,本公司严格依照《公司法》、《证券法》等法律法规的要求,规范运行,生产经营情况正常;所处行业、市场无重大变化;主要投入产出物供求及价格无重大变化。

二、本公司本次股票发行后至本公司上市公告书公告之日,本公司无重大对外投资、重大资产(股权)收购或出售行为;住所未发生变更。

三、本公司本次股票发行后至本公司上市公告书公告之日,本公司重大会计政策和会计师事务所没有发生变化。

四、本公司本次股票发行后至本公司上市公告书公告之日,本公司未发生新的重大负债。

五、本公司本次股票发行后至本公司上市公告书公告之日,本公司董事、监事、高级管理人员没有尚未了结或可能发生的刑事诉讼事项。

六、本公司本次股票发行后至本公司上市公告书公告之日,本公司未涉及任何重大诉讼事项或仲裁,亦无任何尚未了结或可能面临的重大诉讼或索赔要求。

七、本公司将在本次股票发行后的第一个盈利年度派发股利,具体分配方案届时由公司股东大会决定。

八、本公司公开发行股票前第一大股东天津天士力集团有限公司承诺:自本公司股票上市之日起 12 个月内,不转让所持有本公司的股份,也不由本公司回购其所持有的股份。

九、本公司本次股票发行后至本公司上市公告书公告之日,没有其他应披露而未披露之重大事项。

第十节　董事会上市承诺

本公司董事会将严格遵守《中华人民共和国公司法》、《中华人民共和国证券法》、《股票发行与交易管理暂行条例》、《公开发行股票公司信息披露实施细则》和《上海证券交易所股票上市规则》等法律、法规和中国证监会的有关规定,并自股票上市之日起承诺做到:

一、承诺真实、准确、完整、公允和及时的公布定期报告,披露所有对投资者有重大影响的信息,并接受中国证监会、证券交易所的监督管理;

二、承诺本公司在知悉可能对股票价格产生误导性影响的任何公共传播媒介中出现的消息后,将及时予以公开澄清;

三、本公司董事、监事、高级管理人员和核心技术人员将认真听取社会公众的意见和批评,不利用已获得的内幕消息和其他不正常手段直接或间接从事本公司股票的买卖活动;

四、本公司没有无记录的负债。

第十一节　上市推荐人及其意见

一、上市推荐人情况

名　　称:招商证券股份有限公司

法定代表人:宫少林

住　　所:深圳市福田区益田路江苏大厦 38-45 层

电　　话:(0755)82943666

传　　真:(0755)82943121

联 系 人:朱仙奋、程洪波、候凌天

二、上市推荐人意见

招商证券股份有限公司认为天津天士力制药股份有限公司具备了《中华人民共和国公司法》、《中华人民共和国证券法》及《上海证券交所股票上市规则》等法律、法规规定的上市条件。

招商证券股份有限公司保证天津天士力制药股份有限公司的董事了解法律、法规、上海证券交易所上市规则及股票上市协议规定的董事的义务与责任,并协助公司健全了法人治理结构、制定了严格的信息披露制度与保密制度。招商证券股份有限公司已对上市文件所载的资料进行了核实,保证公司的上市申请资料、上市公告书没有虚假、严重误导性陈述或重大遗漏,并保证对其承担连带责任。招商证券股份有限公司保证不利用在上市过程中获得的内幕信息进行内幕交易,为自己或他人谋取利益。

天津天士力制药股份有限公司

二〇〇二年八月十七日

合并资产负债表

单位:人民币元

资　产	2002年6月30日	2001年12月31日	2000年12月31日	1999年12月31日
流动资产:				
货币资金	187,696,570.55	129,000,426.48	111,335,638.13	120,263,184.89
应收票据	1,560,400.00	7,446,839.90		
应收账款	73,511,160.70	78,563,131.83	80,403,217.11	72,720,132.28
其他应收款	50,889,934.53	42,925,444.27	26,691,729.82	28,044,721.60
预付账款	62,010,807.16	62,514,492.82	7,266,306.67	1,633,631.07
存货	37,827,174.94	30,848,141.61	27,582,539.45	19,833,439.37
待摊费用	274,693.26	5,832.50	1,661,726.78	5,000.00
流动资产合计	413,770,741.14	351,304,309.41	254,941,157.96	242,500,109.21
长期投资:				
长期股权投资	1,249,370.11	1,085,770.34	-72,182.68	5,114,250.00
长期投资合计	1,249,370.11	1,085,770.34	-72,182.68	5,114,250.00
固定资产:				
固定资产原价	248,226,743.88	216,109,615.52	27,632,885.02	47,354,801.73
减:累计折旧	24,880,973.22	15,359,031.55	6,848,686.12	7,591,326.08
固定资产净值	223,345,770.66	200,750,583.97	20,784,198.90	39,763,475.65
固定资产的净额	223,345,770.66	200,750,583.97	20,784,198.90	39,763,475.65
工程物资	135,000.00	1,406,712.06	385,015.68	
在建工程	28,991,114.42	27,210,531.37	128,288,244.92	47,359,050.89
固定资产合计	252,471,885.08	229,367,827.40	149,457,459.50	87,122,526.54
无形资产及其他资计:				
无形资产	12,286,030.97	13,548,637.85	16,073,851.61	15,559,961.32
长期待摊费用	623,138.33	83,898.00	70,000.00	45,833.33
无形资产及其他资产合计	12,909,169.30	13,632,535.85	16,143,851.61	15,605,794.65
资产总计	680,401,165.63	595,390,443.00	420,470,286.39	350,342,680.40
负债和股东权益				
流动负债:				
短期借款	206,500,000.00	215,000,000.00	65,000,000.00	40,000,000.00
应付账款	23,544,553.93	28,775,444.78	16,161,457.01	7,497,692.04
预收账款	7,524,939.96	3,322,221.71	10,882,105.43	6,997,806.60
应付工资	7,351,531.58	1,503,345.05	309,067.20	9,627,459.90
应付福利费	7,398,206.06	4,375,874.01	1,136,952.16	4,557,098.56
应付股利	5,565,992.17	6,926,723.17	62,314,148.44	47,087,018.65
应交税金	26,636,320.12	21,545,546.30	36,988,528.85	27,540,618.32
其他应交款	714,855.17	499,670.28	61,743.69	130,151.03
其他应付款	8,475,146.89	15,790,383.15	2,815,387.32	11,675,743.24
预提费用	1,320,471.11	453,609.26	778,587.50	174,975.00
一年内到期的长期负债			17,700,000.00	10,000,000.00
流动负债合计	295,032,016.99	298,192,817.71	214,147,977.60	165,288,563.34
长期负债:				
长期借款	86,000,000.00	50,000,000.00	50,000,000.00	50,000,000.00
长期负债合计	86,000,000.00	50,000,000.00	50,000,000.00	50,000,000.00
负债合计	381,032,016.99	348,192,817.71	264,147,977.60	215,288,563.34
少数股东权益	12,978,878.33	8,401,243.74	6,269,022.06	2,773,876.84
股东权益:				
股本	140,000,000.00	140,000,000.00	140,000,000.00	94,860,000.00
股本净额	140,000,000.00	140,000,000.00	140,000,000.00	94,860,000.00
资本公积				25,203,658.69
盈余公积	25,156,402.98	25,156,402.98	9,953,286.73	17,137,257.33
其中:法定公益金	8,385,467.66	8,385,467.66	3,317,762.24	7,353,333.32
未分配利润	121,233,867.33	73,639,978.57	100,000.00	-4,920,675.80
股东权益合计	286,390,270.31	238,796,381.55	150,053,286.73	132,280,240.22
负债和股东权益总计	680,401,165.63	595,390,443.00	420,470,286.39	350,342,680.40

合并利润及利润分配表

单位:人民币元

项　目	2002年1-6月	2001年度	2000年度	1999年度
一、主营业务收入	365,148,751.22	684,555,834.51	391,617,892.31	253,013,499.42
减:主营业务成本	75,747,138.04	153,932,019.04	83,228,125.70	32,487,638.29
主营业务税金及附加	5,829,963.39	9,694,125.81	1,107,768.57	1,109,230.04
二、主营业务利润	283,571,649.79	520,929,689.66	307,281,998.04	219,416,631.09
加:其他业务利润	473.32	12,958.50	-35,103.68	10,286.16
减:营业费用	138,568,998.47	261,852,687.78	141,826,722.00	80,436,810.73
管理费用	72,803,101.20	119,024,315.00	67,364,668.62	49,042,107.05
财务费用	7,860,452.45	9,819,895.82	4,553,830.63	482,589.22
三、营业利润	64,339,571.02	130,245,749.56	93,501,673.11	89,465,410.25
加:投资收益	163,599.77	103,548.96	6,149,022.73	-2,026,151.72
补贴收入			1,438,834.64	
营业外收入	12,924.47	27,780.35	218,706.68	121,046.80
减:营业外支出	472,388.72	1,530,507.43	157,322.95	1,217,808.75
四、利润总额	64,043,706.54	128,846,571.44	101,150,914.21	86,342,496.58
减:所得税	15,222,183.19	25,555,967.52	21,620,561.18	25,228,709.37
少数股东本期损益	1,227,634.59	419,252.03		2,286,667.71
五、净利润	47,593,888.76	102,871,351.89	79,530,353.03	58,827,119.50

合并现金流量表

单位:人民币元

项　目	2002年1-6月	2001年度
一、经营活动产生的现金流量:		
销售商品、提供劳务收到的现金	443,925,054.03	803,977,936.27
收到的其他与经营活动有关的现金	1,629,018.79	1,886,438.93
现金流入小计	445,554,072.82	805,864,375.20
购买商品、接受劳务支付的现金	87,033,732.30	154,199,377.21
支付给职工以及为职工支付的现金	24,054,905.21	51,660,725.60
支付的各项税费	74,890,614.71	148,738,556.22
支付的其他与经营活动有关的现金	185,510,819.15	367,498,870.59
现金流出小计	371,490,071.37	722,097,529.62
经营活动产生的现金流量净额	74,064,001.45	83,766,845.58
二、投资活动产生的现金流量:		
收到的其他与投资活动有关的现金	287,082.84	1,040,464.22
现金流入小计	287,082.84	1,040,464.22
购建固定资产、无形资产和其他长期资产所支付的现金	37,091,999.96	119,353,537.81
现金流出小计	37,091,999.96	119,353,537.81
投资活动产生的现金流量净额	-36,804,917.12	-118,313,073.59
三、筹资活动产生的现金流量:		
吸收投资所收到的现金	3,350,000.00	3,259,700.00
其中:子公司吸收少数股东权益投资收到的现金	3,350,000.00	3,259,700.00
借款所收到的现金	199,000,000.00	230,000,000.00
现金流入小计	202,350,000.00	233,259,700.00
偿还债务所支付的现金	171,500,000.00	97,700,000.00
分配股利、利润或偿付利息所支付的现金	9,409,485.26	83,345,958.70
其中:子公司支付少数股东的股利		2,546,730.35
现金流出小计	180,909,485.26	181,045,958.70
筹资活动产生的现金流量净额	21,440,514.74	52,213,741.30
四、汇率变动对现金的影响	-3,455.00	-2,724.94
五、现金及现金等价物净增加额	58,696,144.07	17,664,788.35

600539 太原狮头水泥股份有限公司

2001 年年度报告摘选

第一章 公司基本情况简介

一、公司法定中文名称:太原狮头水泥股份有限公司
公司法定英文名称:Taiyuan Lionhead Cement Co.,Ltd.
英文名称缩写:LIONHEAD
二、公司法定代表人:邓守信
三、公司董事会秘书:郝瑛
联系地址:山西省太原市万柏林区开城街 1 号太原狮头水泥股份有限公司证券部
联系电话:0351-6127621　　传真:0351-6134592
电子信箱:600539@lionhead.com.cn
四、公司注册地址:山西省太原市万柏林区开城街 1 号
公司办公地址:山西省太原市万柏林区开城街 1 号　　邮政编码:030056
公司国际互联网网址:http://www.lionhead.com.cn
电子信箱:600539@lionhead.com.cn
五、公司选定的信息披露报纸名称:《中国证券报》
登载公司年度报告的中国证监会指定网站的网址:http://www.sse.com.cn
公司年度报告备置地点:太原狮头水泥股份有限公司证券部
六、公司股票上市交易所:上海证券交易所
股票简称:狮头股份　　股票代码:600539

第二章 会计数据和业务数据摘要

一、本年度主要会计数据、业务数据

(单位:人民币元)

项目	金额
利润总额	50,824,242.56
净利润	37,227,836.98
扣除非经常性损益后的净利润	34,325,196.81
主营业务利润	101,682,097.60
其他业务利润	684,589.40
营业利润	48,978,440.16
投资收益	-445,981.17
补贴收入	4,000,000.00
营业外收支净额	-1,708,216.43
经营活动产生的现金流量净额	35,392,072.80
现金及现金等价物净增加额	526,358,519.15

二、截至报告期末公司前三年的主要会计数据和财务指标

项目	单位	2001 年	2000 年	1999 年
主营业务收入	(元)	294,766,852.43	246,990,669.53	223,472,896.79
净利润	(元)	37,227,836.98	30,730,021.67	26,853,826.72
总资产	(元)	1,050,270,596.53	511,255,387.64	438,329,890.58
股东权益	(元)	789,018,601.41	208,510,963.12	210,780,941.45
全面摊薄每股收益	(元/股)	0.16	0.20	0.18
加权平均每股收益	(元/股)	0.21	0.20	0.18
扣除非经常性损益后的每股收益	(元/股)	0.15	0.19	0.17
扣除非经常性损益后的每股收益(加权)	(元/股)	0.19	0.19	0.17
每股净资产	(元/股)	3.43	1.39	1.41
调整后的每股净资产	(元/股)	3.39	1.36	1.39
每股经营活动产生的现金流量净额	(元/股)	0.15	0.20	-
全面摊薄净资产收益率	(%)	4.72	14.74	12.74
加权平均净资产收益率	(%)	9.09	13.59	18.31
扣除非经常性损益的加权平均净资产收益率	(%)	8.38	12.45	17.74

注:上表数据按中国证监会《公开发行证券公司信息披露编报规则(第 9 号)》要求计算。

三、利润分配表附表

报告期利润	净资产收益率(%)		每股收益(元)	
	全面摊薄	加权平均	全面摊薄	加权平均
主营业务利润	12.89	24.82	0.44	0.58
营业利润	6.21	11.95	0.21	0.28
净利润	4.72	9.09	0.16	0.21
扣除非经常性损益后的净利润	4.35	8.38	0.15	0.19

第三章 股本变动及股东情况

一、股本变动情况

1、股本变动情况表

单位:股

	本次变动前	本次变动增减(+,-)						本次变动后
		配股	送股	公积金转股	增发	其他	小计	
一、未上市流通股份								
1、发起人股份								
其中:								
国家持有股份	39160000					-2090000	-2090000	37070000
境内法人持有股份	110840000					-5910000	-5910000	104930000
境外法人持有股份								
其他								
2、募集法人股份								
3、内部职工股								
4、优先股或其他								
其中:转配股								
未上市流通股份合计	150000000					-8000000	-8000000	142000000
二、已上市流通股份								
1、人民币普通股						+88000000	+88000000	
2、境内上市的外资股								
3、境外上市的外资股								
4、其他								
已上市流通股份合计						+88000000	+88000000	88000000
三、股份总数	150000000					+80000000	+80000000	230000000

600550 保定天威保变电气股份有限公司

2001 年年度报告摘选

一、公司基本情况简介

(一)公司法定中文名称:保定天威保变电气股份有限公司
公司法定英文名称:BAODING TIANWEI BAOBIAN ELECTRIC CO.,LTD
(二)公司法定代表人:丁强
(三)公司董事会秘书:边海青
联系地址:保定市江城路 318 号
联系电话:(0312)3227971 转 5512,3252455　　传真:(0312)3227710
电子信箱:bianhaiqing@sina.com
证券事务代表:张继承
联系地址:保定市江城路 318 号
联系电话:(0312)3227971 转 5801　　传真:(0312)3227710
电子信箱:zh_jicheng@sina.com
(四)公司注册地址:保定国家高新技术产业开发区竞秀街 28 号
公司办公地址:河北省保定市江城路 318 号
邮政编码:071056
公司网址:http://www.btwbb.com/
公司电子信箱:btwoffi@bdinfo.net
(五)公司选定的信息披露报刊:《中国证券报》、《上海证券报》
登载年度报告的互联网网址:http://www.sse.com.cn/
公司年报备置地点:河北省保定市江城路 318 号公司投资管理部
(六)公司股票上市交易所:上海证券交易所
股票简称:天威保变　　股票代码:600550

二、会计数据和业务数据摘要

(一)本年度主要利润指标　　单位:人民币元

项目	金额
利润总额	51834963.34
净利润	44061387.93
扣除非经常性损益后的净利润	41759535.74
主营业务利润	125142304.48
其他业务利润	3303326.40
营业利润	47881230.59
投资收益	1238673.02
补贴收入	-
营业外收支净额	2715059.73
经营活动产生的现金流量净额	62597826.35
现金及现金等价物净增减额	359412805.48
注:非经常性损益项目和涉及金额(税后影响数)	2301852.19

(二)公司近三年的主要会计数据和财务指标(单位:人民币元)

项目	2001 年	2000 年	1999 年
主营业务收入	611,934,673.43	614,275,015.71	583,163,497.79
净利润	44,061,387.93	49,083,233.03	41,785,270.42
总资产	1,472,546,623.22	827,860,736.94	767,356,698.02
股东权益(不含少数股东权益)	837,154,108.32	277,222,378.86	263,118,714.11
全面摊薄每股收益	0.20	0.31	0.26
加权平均每股收益	0.20	0.31	0.26
扣除非经常性损益后的每股收益	0.19	0.30	0.26
每股净资产	3.81	1.73	1.64
调整后的每股净资产	3.80	1.73	1.64
每股经营活动产生的现金流量净额	0.28	-0.03	0.01
净资产收益率(%)	5.26	17.71	15.88
扣除非经常性损益后净资产收益	5.34	18.17	20.34

(三)报告期利润表附表

报告期利润	净资产收益率(%)				每股收益(元)			
	全面摊薄		加权平均		全面摊薄		加权平均	
	2001 年	2000 年	2001 年	2000 年	2001 年	2000	2001 年	2000 年
主营业务利润	14.95	54.95	16.00	56.38	0.57	0.95	0.58	0.95
营业利润	5.72	20.84	6.12	21.38	0.22	0.36	0.22	0.36
净利润	5.26	17.71	5.63	18.17	0.20	0.31	0.20	0.31
扣除非经常性损益后的净利润	4.99	17.48	5.34	17.94	0.19	0.30	0.19	0.30

三、股本变动及股东情况

公司股份变动情况表　　数量单位:股

	本次变动前	本次变动增减(+,-)						本次变动后
		配股	送股	公积金转股	增发	其他	小计	
一、未上市流通股份								
1、发起人股份								
其中:								
国家持有股份	138600000							138600000
境内法人持有股份	21400000							21400000
境外法人持有股份								
其他								
2、募集法人股份								
3、内部职工股								
4、优先股或其他								
未上市流通股份合计	160000000							160000000
二、已上市流通股份								
1、人民币普通股				+60000000		60000000	60000000	
2、境内上市的外资股								
3、境外上市的外资股								
4、其他								
已上市流通股份合计								60000000
三、股份总数	160000000							220000000

600555 上海茉织华股份有限公司

2001年年度报告摘选

第一章　公司基本情况简介

1、公司法定中文名称:上海茉织华股份有限公司
公司中文名称缩写:茉织华
公司法定英文名称:SHANGHAI MATSUOKA CO,.LTD.
公司英文名称缩写:MATSUOKA
2、公司法定代表人:李勤夫
3、公司董事会秘书:汪为民
联系地址:上海市南京西路1266号63F
电话:021-62883080
传真:021-62883886
电子信箱:matsuoka@public2.sta.net.cn
4、公司注册地址:上海市延安中路841号8楼
公司办公地址:上海市南京西路1266号63F
邮政编码:200040
公司国际互联网网址:http://www.matsuoka.com.cn
公司电子信箱:matsuoka@public2.sta.net.cn
5、选定的信息披露报纸:中国证券报、上海证券报、南华早报
登载公司年报的国际互联网网址:http://www.sse.com.cn
年度报告备置地点:上海市南京西路1266号63F,公司董事会办公室
6、公司股票上市交易所:上海证券交易所
A股票简称:茉织华　　A股票代码:600555
B股票简称:茉织华　　B股票代码:900955

第二章　会计数据和业务数据摘要

(一)本年度主要财务数据:　　单位:人民币元

	2001年度
1、利润总额	256,479,302
2、净利润	208,353,790
3、扣除非经常性损益后的净利润	208,731,718
4、主营业务利润	403,306,849
5、其他业务利润	5,768,796
6、营业利润	252,684,702
7、投资收益	1,914,336
8、补贴收入	2,258,246
9、营业外收支净额	-377,982
10、经营活动产生的现金流量净额	220,969,423
11、现金及现金等价物净增减额	616,207,313

(二)前三年主要会计数据和财务指标:

单位:人民币千元

项目	2001年	2000年	1999年
1、主营业务收入	1,894,760	1,394,240	717,129
2、净利润	208,354	185,171	112,387
3、扣除非经常性损益的净利润	208,732	180,610	101,460
4、全面摊薄每股收益(元)	0.48	0.52	0.31
5、加权平均每股收益(元)	0.50	0.52	0.31
6、总资产	2,551,842	1,815,814	1,383,433
7、股东权益(不含少数股东权益)	2,061,521	653,081	602,239
8、扣除非经常性损益后的每股收益(元)	0.48	0.51	0.29
9、每股净资产(元)	4.74	1.85	1.70
10、调整后的每股净资产(元)	4.74	1.84	1.69
11、每股经营活动产生的现金流量净额(元)	0.51	0.56	0.54
12、净资产收益率(%)	10.10%	28.40%	18.00%
13、扣除非经常性损益后的净资产收益率(%)	10.00%	25.30%	17.00%

(三)报告期利润表附表

报告期利润	净资产收益率(%)		每股收益(元)	
	全面摊薄	加权平均	全面摊薄	加权平均
主营业务利润	19.60%	23.40%	0.93	0.97
营业利润	12.30%	14.70%	0.58	0.61
净利润	10.10%	12.10%	0.48	0.50
扣除非经常性损益后的净利润	10.00%	12.00%	0.48	0.50

第三章　股本变动和股东情况

(一)股本变动情况表　　单位:股

	本次变动前	配股	送股	公积金转股	增发	其他	小计	本次变动后
一、未上市流通股份								
1、发起人股份	243500000							243500000
其中:								0
国家持有股份								0
境内法人持有股份	149171244							149171244
境外法人持有股份	94328756							94328756
其他								
2、募集法人股	0							
3、内部职工股	0							
4、优先股或其他	0							
未上市流通股份合计	243500000							243500000
二、已上市流通股份								
1、人民币普通股					81000000		81000000	81000000
2、境内上市的外资股	110000000							110000000
3、境外上市的外资股								
4、其他								
已上市流通股份合计	110000000				81000000		81000000	191000000
三、股份总数	353500000				81000000		81000000	434500000

600556 广西北生药业股份有限公司

2001年年度报告摘选

一、公司基本情况简介

(一)公司法定中文名称:广西北生药业股份有限公司
公司法定英文名称:Guangxi Beisheng Pharmaceutical Co.,Ltd.
(二)公司法定代表人:何玉良先生
(三)公司董事会秘书:张小明女士
联系地址:广西北海市白虎头路海玉小区88幢
联系电话:0779-3216669
传　真:0779-3218881
E-mail:lls-yan@163.net
(四)公司注册地址:广西北海市白虎头路海玉小区88幢
公司办公地址:广西北海市白虎头路海玉小区88幢
邮政编码:536000
公司网址:http://www.bsyy.com.cn("北生药业")
E-mail:hyl@ppp.nn.gx.cn
(五)公司选定的信息披露报纸名称:《中国证券报》、《上海证券报》
登载公司年度报告的中国证监会指定国际互联网网址:http://www.sse.com.cn
公司年度报告备置地点:本公司董事会办公室
(六)公司股票上市地:上海证券交易所
股票简称:北生药业
股票代码:600556

二、会计数据和业务数据摘要

(一)本年度会计数据摘要(单位:元)

序号	项　目	金　额
1	利润总额	21,991,817.84
2	净利润	15,180,753.47
3	扣除非经常性损益后的净利润	17,395,807.07
4	主营业务利润	59,992,349.05
5	其他业务利润	580
6	营业利润	22,277,124.76
7	投资收益	-
8	补贴收入	-
9	营业外收支净额	-285,306.92
10	经营活动产生的现金流量净额	3,455,923.08
11	现金及现金等价物净增加额	338,950,357.58

(二)近三年主要会计数据及财务指标

序号	项目	单位	2001年	2000年	1999年
1	主营业务收入	元	123,793,186.78	98,898,617.86	31,210,285.61
2	净利润	元	15,180,753.47	10,133,219.69	4,066,069.14
3	总资产	元	788,877,537.94	267,843,584.16	156,742,931.82
4	股东权益	元	478,775,655.18	79,019,760.02	68,886,540.33
5	全面摊薄每股收益	元/股	0.1687	0.2076	0.0833
6	加权平均每股收益	元/股	0.2428	0.2076	0.0833
7	扣除非经常性损益的每股收益	元/股	0.2782	0.2099	0.0648
8	每股净资产	元/股	5.3197	1.6193	1.4116
9	调整后的每股净资产	元/股	5.2895	1.4591	1.3566
10	每股经营活动产生的现金流量净额	元/股	0.04	0.20	0.14
11	全面摊薄净资产收益率	%	3.17	12.82	5.90
12	加权平均净资产收益率	%	6.97	13.70	6.08
13	扣除非经常性损益的加权平均净资产收益率	%	7.99	13.85	4.73

报告期利润	加权平均净资产收益率	全面摊薄净资产收益率	加权平均每股收益(元/股)	全面摊薄每股收益(元/股)
主营业务利润	27.54	12.53	0.9594	0.6666
营业利润	10.23	4.65	0.3562	0.2425
净利润	6.97	3.17	0.2428	0.1687
扣除非经常性损益后的净利润	7.99	3.63	0.2782	0.1933

三、股本变动及股东情况

(一)股本变动情况
1、公司股份变动情况表

(数量单位:股)

	本次变动前	本次变动增减(+,-)首发新股	本次变动后
一、未上市流通股份			
1、发起人股份	11,500,000		11,500,000
其中:			
国家持有股份	500,000		500,000
境内法人持有股份	11,000,000		11,000,000
外资法人持有股份			
其他			
2、募集法人股份	37,215,000	-4,120,000	33,095,000
3、内部职工股	85,000		85,000
4、优先股或其他			
其中:转配股			
未上市流通股份合计	48,800,000	-4,120,000	44,680,000
二、已上市流通股份			
1、人民币普通股		+45,320,000	45,320,000
2、境内上市的外资股			
3、境外上市的外资股			
4、其他			
已上市流通股份合计		45,320,000	45,320,000
三、股份总数			
1、国有股减持前	48,800,000		
2、国有股减持后	44,680,000	45,320,000	90,000,000

600558 四川大西洋焊接材料股份有限公司

2001 年年度报告摘选

第一章　公司基本情况简介

一、公司法定中、英文名称及缩写
中文名称:四川大西洋焊接材料股份有限公司
英文名称:SICHUAN ATLANTIC WELDING CONSUMABLE CO.,LTD
英文名称缩写:SAWC
二、公司法定代表人:余大全
三、公司董事会秘书及证券事务代表的姓名、联系地址、电话、传真、电子信箱
董事会秘书:郭万程　　　　证券事务代表:郑胜
联系地址:四川省自贡市大安区马冲口街2号
联系电话:0813-5100549　5101327　　传　真:0813-5101216
电子信箱:zhshatl@263.net
四、公司注册地址、办公地址、邮政编码及电子信箱
公司注册地址及办公地址:四川省自贡市大安区马冲口街2号　　邮政编码:643010
公司网址:www.chinaweld-atlantic.com　　电子信箱:atlantic@zg-public.sc.cninfo.net
五、公司选定的信息披露报纸名称,登载公司年度报告的中国证监会指定国际互联网网址,公司年度报告备置地点
信息披露报纸名称:《中国证券报》、《上海证券报》
证监会指定的国际互联网网址:http://www.sse.com.cn
年度报告备置地点:公司董事会办公室
六、公司股票上市交易所、股票简称和股票代码
上市交易所:上海证券交易所
股票简称:大西洋　　　　股票代码:600558

第二章　会计数据和业务数据摘要

一、公司本年度主要利润指标　　单位:元

项目	金　额
利润总额	39,681,783.37
净利润	25,630,684.82
扣除非经常性损益后的净利润	29,780,023.33
主营业务利润	103,317,018.89
其他业务利润	315,733.71
营业利润	42,870,397.96
投资收益	-2,175,006.90
补贴收入	0
营业外收支净额	-1,013,607.69
经营活动产生的现金流量净额	2,176,477.42
现金及现金等价物净增减额	187,177,599.31

二、公司近三年主要会计数据和财务指标　　单位:元

项目	2001 年	2000 年 调整后	2000 年 调整前	1999 年 调整后	1999 年 调整前
主营业务收入	450,435,967.72	408,698,715.54	408,698,715.54	371,983,167.37	371,983,167.37
净利润	25,630,684.82	21,976,654.71	23,182,501.46	20,924,386.83	20,924,386.83
总资产	661,669,385.89	392,014,285.61	392,977,552.30	344,015,369.29	344,978,635.98
股东权益(不含少数股东权益)	458,557,642.21	130,025,793.22	133,062,388.92	111,845,524.50	113,674,307.10
每股收益(全面摊薄)	0.214	0.293	0.309	0.279	0.279
每股收益(加权平均)	0.228	0.293	0.309	0.279	0.279
扣除非经常性损益的每股收益	0.248	0.314	0.330	0.266	0.266
每股净资产	3.821	1.734	1.770	1.491	1.520
调整后的每股净资产	3.797	1.698	1.730	1.452	1.476
每股经营活动产生的现金流量净额	0.018	1.130	1.130	0.230	0.230
净资产收益率%(全面摊薄)	5.589	16.902	17.420	18.710	18.410
净资产收益率%(加权平均)	6.205	16.902	18.540	23.770	23.770
扣除非经常性损益的加权平均净资产收益率%	7.210	18.780	19.80	22.663	22.663

三、报告期利润表附表

2001 年度利润	净资产收益率(%) 全面摊薄	净资产收益率(%) 加权平均	每股收益(元) 全面摊薄	每股收益(元) 加权平均
主营业务利润	22.531	25.013	0.861	0.918
营业利润	9.349	10.379	0.357	0.381
净利润	5.589	6.205	0.214	0.228
扣除非经营性损益后的净利润	6.494	7.210	0.248	0.265

第三章　股本变动及股东情况

(一)公司股份变动情况表　　单位:股

	本次变动前	配股	送股	公积金转股	增发	其他	小计	本次变动后
一、未上市流通股份								
1、发起人股份	75000000							75000000
其中:国家持有股份	71183885							71183885
境内法人持有股份	3816115							3816115
境外法人持有股份								
其它								
2、募集法人股份								
3、内部职工股								
4、优先股或其它								
未上市流通股份合计								
二、已上市流通股								
1、人民币普通股						+45000000	45000000	45000000
2、境内上市的外资股								
境外上市的外资股								
其它								
已上市流通股合计						+45000000	45000000	45000000
三、股份总数	75000000							120000000

600566 湖北洪城通用机械股份有限公司

2001 年年度报告摘选

第一章　公司基本情况简介

1、公司的法定中文名称:湖北洪城通用机械股份有限公司
公司的法定英文名称:HUBEI HONGCHENG GENERAL MACHINERY CO.,LTD
2、公司法定代表人:王洪运
3、公司董事会秘书:王速建
联系地址:湖北省荆州市红门路3号
联系电话:0716-8221198
传　　真:0716-8211623
电子信箱:wsjian@etang.com
4、公司注册地址、办公地址:湖北省荆州市红门路3号
邮　　编:434000
互联网网址:http://www.hbhc.com.cn/
电子信箱:hbhc@public.js.hb.cn
5、公司选定的信息披露报纸:《中国证券报》
公司年度报告登载网站:http://www.sse.com.cn/
公司年度报告备置地点:湖北省荆州市红门路3号公司证券部
6、公司股票上市地点:上海证券交易所
股票简称:洪城股份
股票代码:600566

第二章　会计数据和业务数据摘要

一、公司本年度实现的利润情况:

项目	2001 年度(元)
利润总额	20,786,290.73
净利润	17,701,866.29
扣除非经常性损益后的净利润	17,807,760.66
主营业务利润	31,529,588.14
其他业务利润	5,795,342.78
营业利润	20,882,128.47
投资收益	-
补贴收入	-
营业外收支净额	-95,837.74
经营活动产生的现金流量净额	7,425,447.55
现金及现金等价物净增加额	269,184,103.33

二、截止报告期末公司近三年主要业务数据和财务指标:(元)

项目	2001 年	2000 年	1999 年
主营业务收入	113,961,205.12	97,818,487.12	81,942,382.07
净利润	17,701,866.29	14,546,817.04	17,022,652.51
总资产	582,650,722.58	223,382,952.91	196,688,237.49
股东权益(不含少数股东权益)	449,572,875.88	140,008,366.22	125,461,549.18
每股收益	0.167	0.219	0.257
每股净资产	4.23	2.11	1.89
调整后的每股净资产	4.22	2.10	1.89
每股经营活动产生的现金流量净额	0.07	0.36	0.18
净资产收益率(%)	3.94	10.39	13.57
加权平均每股收益	0.222	0.219	0.257
扣除非经常性损益后的净资产收益率	3.96	9.42	13.26
扣除非经常性损益后的每股收益	0.168	0.191	0.251

第三章　股本变动及股东情况

一、股本变动情况:
(一)股份变动情况表　　数量单位:万股

	本次变动前	配股	送股	公积金转股	增发	其他	小计	本次变动后
一、未上市流通股份								
1、发起人股份	6630.8							6230.8
其中:国家持有股份	3672.0					-400	-400	3272.0
境内法人持有股份	2958.8							2958.8
境外法人持有股份								
其他								
2、募集法人股份								
3、内部职工股								
4、优先股或其他								
未上市流通股份合计	6630.8					-400	-400	6230.8
二、已上市流通股份								
1、人民币普通股						+4400	+4400	4400
2、境内上市的外资股								
1、境外上市的外资股								
2、其他								
已上市流通股份合计								4400
三、股份总数	6630.8							10630.8

600559 河北裕丰实业股份有限公司

首次公开发行股票招股说明书摘要

一、释义

在本招股说明书内,除非上下文另有所指,下列词语具有下列含义:

本公司、发行人	指	河北裕丰实业股份有限公司
股份公司、公司	指	河北裕丰实业股份有限公司
老白干集团	指	河北衡水老白干酿酒(集团)有限公司
京安集团	指	衡水京安集团有限公司
陶瓷厂	指	衡水市陶瓷厂
农大高新	指	河北农大高新技术开发总公司
天轻公司	指	天津市天轻食品发酵开发公司
磁记录公司	指	中国磁记录设备天津公司
白酒厂、老白干酒厂	指	河北衡水老白干酒厂
饲料厂、兴亚饲料厂	指	河北兴亚饲料厂
规模养猪场	指	安平县京安规模养猪场
河北斯格公司	指	河北斯格种猪有限公司
主承销商	指	河北证券有限责任公司
公司章程或章程	指	河北裕丰实业股份有限公司章程
本次发行	指	本次向社会公开发行4,000万股A股股票
公司法	指	《中华人民共和国公司法》
证券法	指	《中华人民共和国证券法》
中国证监会	指	中国证券监督管理委员会
股票	指	本公司发行的面值人民币壹元的普通股股票
上市	指	本公司股票经批准在上海证券交易所挂牌交易
元	指	人民币元
纯种	指	未经杂交的品种
品种	指	在特定社会条件和自然环境里形成的具有一定数量和性状的不同种类家畜群体
品系	指	品种以下(内)的更小的结构单位,是由某些具有突出优点的个体分散或集中所形成的适应不同环境下的遗传物质更加纯合的家畜群体
配套系	指	杂交配套系,是具有某方面突出优点,并专门用于某一配套杂交的品系。其后代分别是曾祖代、祖代、父母代
斯格配套系	指	斯格杂交配套系,是比利时斯格遗传技术公司选育的纯瘦肉型猪杂交配套系
核心群	指	育种群中最优秀个体的纯种繁殖群
二元杂交	指	两个不同品种之间杂交
长×大	指	长白公猪与大白母猪的杂交后代
大×长	指	大白公猪与长白母猪的杂交后代
三元杂交	指	三个不同品种之间杂交
杜×长×大	指	杜洛克公猪与长×大母猪的杂交后代
应激敏感基因	指	控制猪应激综合症的主效基因
原种	指	曾祖代
BLUP法	指	最佳线性无偏预测法
DNA	指	在细胞核内由4种单核苷酸按一定序列排列组成的控制生物体性状遗传的基本物质
GBS	指	遗传育种系统软件
AI	指	人工授精
SEW	指	超早期隔离断奶技术
PSE肉	指	灰白脱水肉
DFD肉	指	干硬肉
出栏率	指	年末出栏数与年初存栏数的比
老白干香型	指	以乙酸乙酯和乳酸乙酯复合香型为主体的白酒香型,其风格特点是醇香清雅、甘洌挺拔、丰满柔顺、回味悠长
基酒	指	基础酒、原酒,包括新酒(经蒸馏生产出的待检入库酒)、未到期基酒和到期基酒
摘酒	指	蒸馏过程中根据冷凝流出的酒液质量和用途的不同,选择性地接取馏出酒液的过程,又称掐酒
酒醅	指	制酒过程中正在发酵或已发酵好的原料
甑桶	指	固态白酒生产中提取酒醅中酒精份和各种呈香、呈味物质的蒸馏设备,又名蒸锅
老五甑	指	固态白酒发酵工艺中续楂配料的典型操作方法之一,其主要特点是上一发酵周期的酒醅与原料进行不同比例的掺拌,分五甑进行蒸馏接酒
两排清	指	固态白酒发酵工艺中操作方法之一,所用高粱和辅料都经过清蒸处理,发酵蒸馏后的酒醅不再配入新料,只加曲进行第二次发酵,两次蒸馏得酒
中温制曲	指	固态白酒发酵工艺中大曲生产的工艺操作方法之一,是将以小麦为原料经粉碎捏拌成型的曲胚,在控温28~50度的曲房内富集自然界微生物培养而成
全价饲料(全价料)	指	能满足动物需要的营养和能量均衡的全面饲料
预混饲料(预混料)	指	一种或多种饲料添加剂以载体或稀释剂按一定比例配置的均匀混合物
浓缩饲料(浓缩料)	指	由蛋白质饲料、各种饲料添加剂、预混料按一定比例配置而成的不完全饲料

二、本次发行概况

(一)本次发行的基本情况

股票种类　人民币普通股(A股)

每股面值　人民币1.00元

发行股数　4,000万股

占发行后总股本的比例　28.57%

发行价格　4.36元/股

每股盈利　2001年全面摊薄每股盈利0.218元(以公司2001年净利润2,182.54万元和2001年末总股本10,000万股计算);2002年全面摊薄每股盈利0.171元(以2002年预测净利润2,396.70万元和发行后总股本计算)。

发行市盈率　按2001年全面摊薄每股盈利计算为20倍

发行前每股净资产　1.60元(依据2002年6月30日经审计的数据计算)

发行后每股净资产　2.41元(依据2002年盈利预测及募集资金净额计算)

发行方式　全部向二级市场投资者定价配售

发行对象　于2002年10月9日持有上交所或深交所已上市流通人民币普通股(A股)股票的收盘市值总和(包括可流通但暂时锁定的股份市值)不少于10,000元的投资者。两市投资者都可参加本次新股发行的配售。配售时,投资者分别使用其持有的深、沪两市的市值。

承销方式　余额包销方式

本次发行预计实收募股资金　16,490.76万元(扣除发行费用)。

发行费用概算　949.24万元

(二)本次发售新股的有关当事人

发行人:	河北裕丰实业股份有限公司
英文名称:	HEBEI YUFENG INDUSTRY CO.,LTD.
法定代表人:	张新广
住所地:	河北省衡水市人民东路39号
联系电话:	0318-2122755
传真:	0318-2127145
联系人:	刘　勇
发行人网址:	www.Yufengshiyegufen.com
发行人电子信箱:	yfgfzq@yufengshiyegufen.com
主承销商:	河北证券有限责任公司
法定代表人:	武铁锁
住所地:	河北省石家庄市裕华东路81号
联系电话:	0311-6983358、6991967
传真:	0311-6982188
联系人:	王志北　张杏超　刘湘安　崔胜朝　盖建飞　史振伟
副主承销商:	山西证券有限责任公司
法定代表人:	张广慧
住所地:	山西省太原市迎泽大街282号
联系电话:	0351-4034209、4034295
传真:	0351-4062188
联系人:	牛　岗　李　捷
分销商:	国信证券有限责任公司 北京证券有限责任公司 内蒙古证券有限责任公司 联合证券有限责任公司 光大证券有限责任公司
上市推荐人:	国信证券有限责任公司 河北证券有限责任公司
发行人法律顾问:	河北信联律师事务所
法定代表人:	田增辉
住所地:	河北省石家庄市中山西路356号
联系电话:	0311-3991178
传真:	0311-3030994
经办律师:	马跃彬　任洪涛
会计师事务所:	河北华安会计师事务所有限公司
法定代表人:	刘国忠
住所地:	河北省石家庄市裕华西路158号
电话:	0311-7019518
传真:	0311-7028803
经办会计师:	刘国忠　齐正华　李　钰
资产评估复核机构:	秦皇岛嘉华会计师事务所有限责任公司
法定代表人:	王振民
住所地:	秦皇岛市海港区人民路2号
电话:	0335-3046448
传真:	0335-3028284
经办评估师:	李　勇　闫余加
验资复核机构:	河北华安会计师事务所有限公司
土地评估机构:	河北新世纪房地产评估经纪有限公司
法定代表人:	崔真凯

住所地：　河北省石家庄市中华南大街 24 号
电话：　0311－6100114
传真：　0311－6100114
经办评估师：　李开宏　秦晓明　李振禄
股票登记机构：　中国证券登记结算有限责任公司上海分公司
法定代表人：　王迪彬
住所地：　上海市浦东新区陆家嘴东路 166 号
联系电话：　021－58708888
传真：　021－58754185

（三）本次发行上市预计时间表

1、招股说明书摘要刊登日期：　2002 年 10 月 9 日
2、发行公告刊登日期：　2002 年 10 月 10 日
3、配售发行申购日期：　2002 年 10 月 14 日
4、中签率公布日期：　2002 年 10 月 15 日
5、中签结果公布日期：　2002 年 10 月 16 日
6、中签者缴纳股款日期：　2002 年 10 月 17 日
7、预计上市日期：　2002 年 10 月 29 日

三、主要风险因素及对策

投资者在评价发行人本次发售的股票时，除本招股说明书提供的其他各项资料外，应特别认真地考虑下述各项风险因素。根据重要性原则或可能影响投资决策的程度大小排序，本公司可能面临的各种风险如下：

（一）市场风险

1、市场的周期波动及不确定风险

公司商品猪和白酒等产品的销售具有一定的季节性，这种季节性的周期波动会对公司生产经营产生一定影响；同时，饮食消费产品直接面对的是终端消费者，其消费行为随消费水平和消费偏好的变化而变化，具有一定的不确定性。

公司将加强市场信息的搜集整理工作，研究消费者的需求特点及消费趋势，以具有科学性和前瞻性的整体规划作为生产经营的依据，不断增强本公司对市场变化的反应能力。同时，将针对不同销售季节，充分发挥自有品牌优势及网络优势，采取灵活的销售策略和良好的售前、售中、售后服务，加强淡季销售，降低季节性周期波动带来的不利影响。

2、市场分割风险

目前，公司各类产品的销售范围主要集中在产地和北方地区。由于企业所处地域的经济发展水平、交通运输条件的差异及消费习惯偏好的不同，各自形成了较为固定的市场区域和长期的客户消费群，导致本公司面临市场分割的风险。此外，地方保护和行业管制形成的市场分割也可能给企业跨地区开拓业务增加难度，对本公司的业务拓展造成不利影响。

公司将围绕主业大力进行农业产业化改造和新产品开发，提高产品的技术含量和附加值；根据市场需求调整产品结构，增强市场竞争力，稳步提高市场占有份额，强化公司在本行业中的龙头地位。同时采取积极的营销策略，通过协议、代理、专营等方式拓展经销网络，扩大直销范围，强化售后服务，最大限度地开发新的市场和客户消费群体，保持公司业务持续稳定地发展。

3、市场开发不足和单一市场风险

公司饲料产品的生产能力为 6 万吨，2001 年，饲料的实际销量为 2.64 万吨；公司白酒类产品的生产能力为 2 万吨，其实际销量为 1.33 万吨，存在生产能力浪费和产品市场开发不足的风险。公司的纯瘦肉型商品猪由于受生产规模所限，目前只专供北京的高档市场，存在着单一市场风险。

针对饲料产品市场开发不足的风险，公司积极开发养猪专业配套饲料，通过对京安分公司养猪品种的专业配套，以自用带外销，扩大对公司合同养殖户的饲料销售，以提高公司饲料产品的市场占有率。针对白酒市场开发不足的风险，公司不断调整产品结构，积极开发适销对路的新产品，以提高中高档酒的市场占有率。针对商品猪市场单一的风险，公司将进一步扩大生产规模，在满足北京市场需求的前提下，逐步开发周边大中城市市场，以避免单一市场的风险。

（二）业务经营风险

1、疫病风险

公司从事种猪繁育和商品猪规模生产，若发生大面积动物疫情，将使公司面临巨大经营风险。一方面，如不能有效解决疫病防治问题，本公司种猪和商品猪可能发生大规模疫病，导致生猪大量死亡，将给公司带来巨大损失。另一方面，若某个区域发生相关疫病，将会导致全体消费者的心理恐慌，降低相关畜产品的总需求量，也会影响本公司的产品销售，给公司带来经营损失。

公司在疫病防治方面处于同行业先进水平，采取了严密的疫病防治措施，严格执行卫生标准和操作规程，最大限度降低了发生疫情的可能性。公司还将进一步加强疫病防治研究，引进先进的疫病防治技术，及早做好疫病防治工作。公司将严把卫生检疫关，确保产品质量，塑造放心品牌，获取消费者信任；同时，要建立危机管理机制，高度关注国内外疫病形势，对某个相关区域的疫病突发事件所造成的系统风险进行紧急处理，最大限度消除不利影响。

2、多元化经营风险

公司主营业务由养猪、酿酒和饲料三部分构成，形成了多元化经营格局。多元化经营虽然避免了因单一业务而造成的业务集中风险，但如果经营管理不善，却容易掉进多元化陷阱，造成业务过于分散的风险。

针对多元化经营风险，公司坚持"一业为主，产业链接"的方针，以农业产业化经营为目标，通过养猪、白酒、饲料内部之间比较紧密的产业链接，有效解决多元化经营中的管理、技术、产品和市场的分离问题。根据生猪与饲料不断增长的市场走势，积极进行现有生产技术的系统整合，实现饲料配方技术与养猪技术的专业配套；同时，积极引进先进技术，改造传统工艺，实现酿酒技术由微生物发酵向生物工程、养猪技术由传统繁育向现代生物遗传的跨越。

3、原材料供应与储存风险

公司生产所需的主要原材料为玉米、高粱、薯干等初级农产品和鱼粉、氨基酸、维生素等添加料，这些原辅材料都具有稳定的供应来源；若发生自然灾害或受其他不可抗拒因素影响，导致农产品的产量下降及价格上升等重大变化，将对公司的生产经营产生重大影响。为保证生产连续正常进行，公司必须大量储存玉米、高粱等季节性收购的原料，虽然公司拥有了足够的储存设施，但由于储存规模较大且对原料质量要求较高，将导致原料储存成本的提高，同时存在着储存的原材料遭受损失的风险。

公司地处粮食主产区，盛产玉米、高粱、薯干，是华北主要的商品粮基地，足以满足公司的生产需要。为控制原材料供应风险，公司与粮食供应商及生产者建立了良好的合作关系，使公司能以合理的价格取得所需原材料；同时，公司将密切关注国际市场的变化，积极开辟原材料的国际市场供应渠道，避免本地供应商出现重大变化时而影响公司的正常生产。另外，公司将通过原材料消耗的定额考核与管理，进行内部挖潜，降低单位产品的原材料消耗，以减少原材料价格波动对公司生产经营的不利影响。针对原材料的储存风险，公司将进一步加强原料储存责任管理，完善各项原料储存设施建设，引进国外的先进储存技术，以满足大规模储存原料的质量技术要求。

4、在产品的储存风险

公司新生产的基酒按照工艺要求必须经过一定时间的贮存和老熟，才能勾兑生产成品酒。白酒通过一定时间的窖藏，可以变得绵柔、醇和、香味协调圆滑，具有陈酒的独特风味，提高白酒的内在品质和价值。但长期大量窖藏白酒，则延长了白酒的生产周期，增加了流动资金的占用。目前，公司一年期的窖藏酒有 3,395 吨，两年期的窖藏酒有 3,120 吨，三年期（含三年以上）的窖藏酒有 870 吨，这些窖藏白酒虽然不会产生跌价风险，但大规模集中存储白酒，将面临储存的风险。

公司采用陶瓷坛、碳钢罐（经防腐处理）及不锈钢罐等容器贮存白酒，对白酒的品质不会产生不良影响；公司实行严格的库存管理规章，配备专人检测库内酒精蒸汽浓度，定期进行安全检查，并采用防爆电气设备以消除可能出现的安全隐患；同时，公司采用降度储存的技术措施，配备符合要求的安全防火器材，以防止意外事故的发生。

5、生产环境被污染的风险

公司适应环境保护要求和绿色消费趋势，致力于开发有益于人类健康的绿色有机安全食品，这对生产环境和原材料质量的要求较高。如果公司的生产环境或所使用的原材料受到污染，将直接影响产品的质量品质，给公司高端产品的业务经营带来一定风险。

公司在选择生猪养殖场地时，将努力远离污染源，减少周边环境对公司生产环境的污染；另外，公司将严把农产品采购检验关，杜绝使用受污染或药残超标的原材料，以确保公司产品不受污染。

6、假冒酒引致的相关风险

目前，白酒市场存在假冒产品的现象，给广大消费者带来较大危害。如果市场出现假冒本公司产品的劣质白酒，将给本公司的产品形象带来一定负面影响，冲击公司产品市场，从而影响公司的经营业绩。

为了降低假冒酒对本公司和广大消费者的危害，公司采取多项措施打击假冒酒。一方面，公司积极配合国家和地方相关部门加大打击假冒白酒力度，严厉打击假冒酒的生产和贩卖行为；另一方面，公司努力提高产品防伪技术，通过多渠道宣传，提高消费者的假冒酒鉴别能力。

7、"公司＋基地＋农户"经营模式存在的相关风险

公司在生猪业务中已形成了比较成熟的种源带动型"公司＋基地＋农户"的经营模式，形成了以公司为龙头的瘦肉猪产销联合体。但是，由于在产销联合体中实行"五统一"管理，公司相应承担了一定义务和责任，虽然短期内不存在市场经营风险，且公司与商品猪收购方及基地农户都签订了相关合同或协议，但随着市场条件的变化，可能会出现因市场供求变动引发的违约风险或相关利益冲突，可能会对公司养猪业务经营产生一定影响。

针对市场供求变动引发的违约风险，公司将在进一步优化上述经营模式的基础上，始终保持种源优势，提供更为完善的配套服务，并对公司与商品猪收购单位的购销合同及公司与基地户的产销一体化协议进行责任细化，防止出现基地户外销或收购方拒收的违约行为，最大限度降低售猪风险。针对相关利益冲突，公司对提供给基地户的种猪、饲料、防疫药品等优惠计价，对基地户交售的商品猪由收购单位向基地户单独结算，售猪款由收购单位直接付给基地户，公司不收取任何服务费用，确保农民的利益。

（三）财务风险

1、净资产收益率下降的风险

公司本次发行后，扣除相应发行费用将募集资金 16,490.76 万元，发行后净资产将比 2002 年 6 月 30 日的 15,988.12 万元大幅增加。依据 2002 年公司经审核的盈利预测净利润 2,396.70 万元计算，发行后公司全面摊薄净资产收益率为 7.11％，较 2001 年度的 14.74％有大幅下降，存在由于净资产收益率下降引致的相关风险。

2、应收款项呆坏帐风险

截至 2002 年 6 月 30 日，公司应收帐款和其他应收款分别为 3,428.96 万元和 774.56 万元。公司应收帐款主要是客户未结货款，虽然大多数客户都是本公司的长期合作伙伴，交易信用较好，且从过去三年的实际情况看，发生坏帐的情况较少，但随着公司业务规模的扩大和应收款项帐龄的延长，公司仍存在发生坏帐的风险。

3、偿债能力风险

1999 年、2000 年、2001 年末、2002 年 6 月 30 日，公司流动资产分别为 15,606.58 万元、23,342.61 万元、20,680.01 万元、21,381.10 万元，流动负债分别为 8,425.34 万元、25,158.36 万元、22,283.87 万元、21,324.60 万元，流动比率分别为 1.85、0.93、0.93、1.00，速动比率分别为 0.48、0.43、0.32、0.40，流动比率和速动比率较低；截止 2002 年 6 月 30 日，公司的短期借款余额为 18,385 万元，长期借款余额为 1,725 万元，短期借款余额占全部借款余额的比重为 91.42％，所占比重过大，面临一定的短期偿债压力。其主要原因是银行调整贷款政策，减少了长期贷款的投放比例。虽然公司可以凭借较高的信用等级来获得大量短期融资，并可节省利息支出，但是一旦银行政策发生变化，压缩短期贷款规模，将使公司面临偿债风险。

4、高估资产价值的风险

股份公司组建时，老白干集团和京安集团分别对投入股份公司的资产进行了评估。经评估，两集团投入股份公司资产相对应的负债没有变化。老白干集团投入股份公司的总资产评估增值 355.85 万元。其中流动资产评估增值 0.14 万元，固定资产评估增值 355.71 万元；京安集团投入股份公司的总资产评估减值 42.23 万元。其中流动资产评估增值 1.50 万元，固定资产评估减值 43.73 万元。两集团投入股份公司总资产合计评估增值 313.62 万元。其中流动资产评估增值 1.64 万元，固定资产评估增值 311.98 万元，总资产评估增值率为 0.98％。股份公司设立建帐时，按照评估结果进行了调帐，没有保持历史成本计价原则，可能存在高估资产价值的风险。

5、存货减值风险

截至2002年6月30日,公司存货余额为12,941.02万元,占总资产的32.35%。存货主要包括原材料2,308.53万元(原材料计提跌价减值准备47.89万元),产成品1,102.20万元,生产成本717.59万元,自制半成品8,860.59万元。公司存货余额占有较大比例,存货数量较大,在此期间,如果存货的市场价格持续下降,将导致存货的帐面价值将高于可变现净值,存在减值的风险。

(四)管理风险

1、大股东控制风险

公司的股权比较集中,老白干集团和京安集团持股比例均比较大,容易产生大股东操纵行为;当两家股东在公司发展战略上发生分歧时,又可能影响股份公司董事会的重大决策,给公司带来一定的风险。两大股东虽然与公司不构成同业竞争,但与公司存在土地租赁、综合服务及包装材料供应等关联交易,其交易条款按公平基准确定。尽管如此,当两大股东的利益与本公司的利益存在冲突时,两大股东有可能会作出不利于公司利益的行为,存在大股东控制风险。

针对利益冲突,两大股东分别作出了《放弃竞争和利益冲突承诺函》,保证不以任何方式直接或间接地进行或参与进行与公司相竞争的任何业务经营活动,对于在今后经营活动中与公司无法避免的关联交易按市场公平的正常商业条件进行,并承诺对违反上述保证所造成的损失予以赔偿。同时,两大股东承诺不利用其大股东地位或控制关系对本公司的人事任免、经营计划制定等生产经营活动施加额外影响。公司引进了两名独立董事,以加强对中小股东的保护。

2、公司治理结构风险

公司建立了规范的治理结构,分别规定了股东大会、董事会、监事会和经理层的职权范围,建立了科学的决策程序;同时,建立了独立董事制度,聘请了两名独立董事。但是,公司法人治理结构有待进一步完善,董事会下尚未设立决策、审计和薪酬等专门委员会,科学决策与有效监督机制和激励机制有待完善,存在一定的治理结构风险。

针对公司治理结构风险,公司将进一步增加独立董事的比重,直至占董事总数的三分之一以上,并在此基础上设立决策、审计及薪酬委员会,进一步完善公司治理结构,以确保公司董事会决策的科学、公允与规范,维护广大投资者、尤其是中小投资者的权益。

3、地域空间分散的管理风险

由于疫病防治的需要,养殖业必须远离城市和污染源,同时本公司养猪场作为"北京市菜篮子工程"和"国家生猪活体储备基地",要求尽可能靠近北京。安平县是衡水市最接近北京的区域,距衡水市约70公里。公司现有养猪业务及募股资金相关投资项目选址于安平县城远郊是较为科学合理的。虽然信息沟通及交通运输非常方便,但是由于与公司总部存在一定的空间距离,造成一定的管理难度和控制风险。

公司实行分公司独立经营,生产与技术管理全部在业务现场,可以确保生产经营的正常进行。为加强信息沟通与财务监控,公司将进一步强化内部管理,实现财务、生产、技术与服务过程的实时监控,以降低跨地域管理的相关风险。

4、经营管理规范整合滞后的相关风险

公司设立后,为保持原有业务的延续,进入公司的原企业法人资格注销并成为公司分公司的时间滞后,因而纳税主体的名称变更也较晚,存在经营管理规范整合滞后的相关风险。

公司在辅导期内已按照规定注销了相关原企业法人资格并成为公司的分公司,办理了企业的纳税主体更名手续等。为确保业务的稳定持续增长,公司对涉及的经营性资产进行了有效的资源优化整合,效果显著,并取得了较好的经营成果。为进一步提高企业经济效益,公司将进一步有计划进行企业形象设计、产品品牌的整合及公司发展战略优化等工作,使公司经营管理水平得到迅速提高。

(五)技术风险

公司养猪技术、饲料生产技术与发达国家相比还存在一定差距,存在技术替代的不确定性风险。公司白酒酿造工艺居国内同行业领先水平,但白酒制造厂家纷纷引入新技术,改良生产工艺,因此本公司也面临不断改良技术的压力。公司属传统农业行业,行业整体科技含量较低。但随着科技的发展,现代农业科技含量的不断提高,对人才需求的不断增大,公司如不能采取有效措施吸引人才、留住人才,充分调动科技人员的积极性、创造性,企业的发展将受到影响。

公司将持续加大科技投入,强化内部激励机制,发挥现有科研人员的积极性。同时,实行吸纳人才的优惠政策,组建一流的科研开发队伍,并加强与科研院所的合作,走产、学、研相结合的研发道路。公司与河北斯格种猪有限公司签订了长期合作协议,确保了优质瘦肉型斯格种猪的稳定供应渠道;同时,公司已储备了丰富的种猪资源,通过不断更新科研设备,引进技术人才,努力开发拥有自主知识产权的专有技术,培育自己的优良种猪核心群。在饲料生产中,公司将根据禽畜的不同特点,努力开发新型、优质、有机、环保饲料配方技术。

(六)募股资金投向风险

1、募股资金投向的技术风险

公司本次募股资金将主要投资于京安斯格猪繁育推广中心项目、肉类联合加工厂项目和植酸酶项目的建设。其中植酸酶项目的生产技术为中国农科院饲料研究所研制的专有技术,该技术为生物工程技术,目前属国际先进水平。由于植酸酶产品属于新型饲料添加剂,其产品技术尚未形成统一的国家标准,随着国内外的技术创新和工艺进步,存在一定的技术替代的风险。

针对募集资金投向的技术风险,公司将充分发挥在长期白酒酿造生产中所积累的微生物低温发酵技术经验以及人才储备优势,在加快消化引进技术的同时,进一步增强自主研发能力,确保公司的技术始终处于行业领先水平。

2、募股资金投向的市场风险

本次募股资金投入的植酸酶项目的主产品是中性植酸酶,副产品是单细胞蛋白饲料。由于中性植酸酶产品属新型绿色环保饲料添加剂产品,新产品从开发到被市场接受需一定的时间和过程,面临市场开拓的风险。目前,国内市场同类产品主要有德国BASF公司生产的酶他富5000和丹麦 Novo Ordisk公司生产的phytase植酸酶产品,存在着同类产品市场竞争风险。

针对新产品的市场开拓风险,公司将充分利用现有的业务渠道,以自用带销售,在配套销售体系中做好产品推广,同时进行销售网络建设,加大市场开拓力度,争取新产品尽快占领市场。针对同类产品市场竞争风险,公司采用最新微生物发酵工程技术和生产工艺,发酵效率高、生产成本低,具有比较成本优势;由于所产中性植酸酶产品的应用领域广泛,具有细分市场的选择优势。公司可以优选细分市场并运用价格竞争手段实现市场占有率的稳步提高。

3、募股资金投向的项目管理和组织实施风险

在新项目的实施过程中,项目的管理水平、进度控制、资源配置、运作效率以及人才状况等都会影响项目的投资成本、投资回收期及投资收益率,存在着项目管理和组织实施的风险。

为控制项目投资风险,使用好募集资金,公司董事会将进一步加强预算管理和资源计划,强化对项目投资及财务收支的过程监控,并定期向投资者报告募集资金的使用情况。

(七)政策风险

1、加入WTO后的政策变动风险

公司种猪繁育、商品猪养殖和饲料加工业务受国家产业政策的重点扶持,享受多种税收优惠政策(免征养猪与饲料的增值税、免征养猪业务的所得税等)。我国已正式成为世贸组织的成员,必须遵守入世承诺,对农业的保护只能在WTO允许的框架内,这会导致国家对农业的产业政策和税收政策发生一定变化,会对公司的盈利能力和未来发展造成一定影响,存在较大的政策性风险。

农业是我国加入WTO后受冲击最大的产业,也是国家竭力保护的产业。国家宣布对农业产业化龙头示范企业的现行政策不变,使公司得以继续享受有关的优惠政策。公司将通过加强对国家有关政策信息的搜集和分析,用好国家给予的一系列优惠政策,为企业长远发展奠定基础。公司将加大投入,扩大种猪、商品猪和饲料加工的生产规模,构造完整的农业产业链,形成规模效益。

2、补贴收入不稳定的风险

公司2002年1-6月、2001年、2000年、1999年的补贴收入分别为795,240.00元、1,483,260.00元、3,150,000.00元、7,292,000.00元,分别占当期净利润的6.71%、6.80%、14.52%、94.33%。由于每年的生猪活体储备量与补贴单价不固定,使得该项补贴收入不稳定。

目前,生猪活体储备的补贴收入在公司养猪业务收入中的比例已经很低,对公司业务经营的影响并不大。公司将通过提高种猪的科技含量和商品猪的质量,不断扩大生产规模和市场销售,并采取现代化经营管理手段,降低生产成本,进一步提高养猪业务的盈利能力,努力降低补贴收入对公司盈利水平的影响。

3、白酒消费税征收政策变动带来的风险

2001年国家调整酒类税收政策,对粮食和薯类白酒除从价征收消费税外,每500克再征收0.50元的定额消费税。公司部分低档白酒的价格较低,需求的价格弹性大,从量计征消费税后,顺延调价的空间不大,部分影响了公司的收入和利润。2001年公司从量计征消费税白酒数量为5,148.19吨,直接影响公司主营业务利润约514.82万元。预计2002年从量计征消费税数量约为7,000吨,从量计征消费税总额约为700万元,可能对公司2002年的盈利造成一定影响。

为最大限度降低从量计征消费税对公司盈利能力的负面影响,公司积极调整产品结构,压缩低档产品产量,积极开发高质量、高附加值白酒新产品,扩大中高档产品的生产规模,提高白酒业务的盈利水平,在保持市场占有率同时,提高酒类产品的综合利润率。

四、发行人基本情况

(一)基本概况

注册中文名称:河北裕丰实业股份有限公司

中文名称简称:裕丰股份

英文名称:HEBEI YUFENG INDUSTRY CO.,LTD.

法定代表人:张新广

设立日期:1999年12月30日

法定住所:河北省衡水市人民东路39号

邮政编码:053000

电话号码:0318-2122755

传真号码:0318-2127145

互联网网址:www.Yufengshiyegufen.com

电子信箱:yfgfzq@yufengshiyegufen.com

(二)历史沿革及改制重组情况

1、发起人与公司的设立方式

公司是经河北省人民政府冀股办[1999]45号文批准,由主发起人河北衡水老白干酿酒(集团)有限公司和衡水京安集团有限公司联合衡水市陶瓷厂、河北农大高新技术开发总公司、中国磁记录设备天津公司、天津市天轻食品发酵开发公司共六家发起人以发起设立方式设立的股份有限公司。公司于1999年12月30日在河北省工商行政管理局注册登记(注册号为13000010014491/1),注册资本10,000万元,注册地为河北省衡水市。

2、公司设立时的改制重组情况

(1)改制企业原主体的历史沿革及其权属关系

公司设立时,老白干集团以其所属的河北衡水老白干酒厂和河北兴亚饲料厂的全部经营性资产投入,京安集团以其所属的安平县京安规模养猪场的全部经营性资产(含持有的河北斯格种猪有限公司42%的权益)投入。

河北衡水老白干酒厂是老白干集团的全资子公司,其前身是于1946年1月经冀南第五专署会同衡水县人民政府,采用购买方式将当时衡水16家传统私营酿酒作坊收归国有而组建的"地方国营衡水制酒厂";1993年3月,厂名由"河北衡水地区制酒厂"变更为"河北衡水老白干酒厂";1996年12月,经衡水市经济体制改革委员会衡改股字(1996)11号文批准,以老白干酒厂为主体改组成立河北衡水老白干酿酒(集团)有限公司,老白干酒厂成为其全资子公司,1999年底股份公司设立时,老白干酒厂的全部经营性资产进入股份公司,原法人资格被注销,成为股份公司衡水老白干分公司;2001年12月8日更名为"河北裕丰实业股份有限公司衡水老白干酒业分公司"。

河北兴亚饲料厂是老白干集团的全资子公司,其前身是于1996年9月由原老白干酒厂投资1,200万元兴建的饲料分厂,主要生产和销售各种畜禽饲料;1996年12月老白干集团设立时,饲料分厂随河北衡水老白干酒厂一起整体进入集团公司;1999年3月,因规模扩大和生产经营的需要,饲料分厂变更注册为具有独立法人资格的河北兴亚饲料厂,成为老白干集团的全资子公司。1999年底股份公司设立时,河北兴亚饲料厂整体进入股份公司,原法人资格被注销,成为股份公司兴亚饲料分公司。

安平县京安规模养猪场是京安集团的全资子公司，是于 1994 年 5 月组建的隶属于安平县贸易局的国有企业，主营生猪养殖和种猪繁育；1997 年 9 月以京安规模养猪场为核心改制设立京安集团，规模养猪场成为京安集团的全资子公司。1999 年底股份公司设立时，安平县京安规模养猪场的全部经营性资产（含持有的中比合资河北斯格种猪有限公司 42%的权益）进入股份公司，原法人资格被注销，成为股份公司京安分公司。

(2)改制重组的过程

股份公司的改制重组采取完整改制方式，老白干集团将所属老白干酒厂和兴亚饲料厂的完整经营性资产投入股份公司，京安集团将所属京安规模养猪场的完整经营性资产（含权益投资）投入股份公司，陶瓷厂、农大高新、磁记录公司和天轻公司以现金资产投入股份公司。

股份公司改制前涉及河北衡水老白干酿酒（集团）有限公司、河北衡水老白干酒厂、河北兴亚饲料厂、衡水京安集团有限公司和安平县京安规模养猪场五个法律主体。上述主体均具有独立的法人资格和营业执照，具有会计主体和纳税主体资格；在会计核算关系上，老白干集团和老白干酒厂没有分开核算，是一个会计主体，其他三个法律主体则为独立的会计主体。

依据是否属于拟重组改制企业的完整经营性资产，遵照配比性原则，对拟投入的相关资产中非经营性资产和对应的负债及权益进行了适当的剥离。其中，老白干酒厂剥离了职工住房、职工医院等资产；兴亚饲料厂未进行任何剥离；京安规模养猪场剥离了宾馆等资产。由于公司设立前老白干集团和老白干酒厂会计核算并未分开，在重组时，将与老白干酒厂生产经营无关的资产及相关负债剥离到老白干集团，主要包括：老白干集团对集团其他子公司的投资及往来、非经营性资产等。

以 1999 年 5 月 31 日为基准日，经以上剥离调整后（评估前），老白干酒厂投入的资产总额为 18,717.88 万元，负债总额为 12,336.06 万元；兴亚饲料厂投入的资产总额为 2,597.18 万元，负债总额为 28.23 万元；规模养猪场投入的资产总额（含权益投资）为 10,712.56 万元，负债总额为 5,997.66 万元。

生产经营涉及的商标，由发起人无偿转让给股份公司；土地使用权分别由老白干集团和京安集团以出让方式获得，由股份公司租赁使用。

对重组过程中的债权债务处置，主要采用向债权人发函和协商的方式，就债权债务转移问题征得了债权人的同意。经债权人同意，原老白干酒厂在中国工商银行衡水分行新华路办事处 7590 万元借款、在中国银行衡水分行 5000 万元借款，转由股份公司承担。经债权人同意，京安集团及规模养猪场在中国农业银行安平县支行 2480 万元借款、在安平县财政局 825 万元借款、在河北省安平县河漕农村信用合作社 779 万元借款，转由股份公司承担。

公司重组设立时，老白干集团和京安集团共有 2,161 人划入股份公司，双方离退休人员均不进入股份公司，由原单位依照政府规定办理社会统筹，退休金由社会保障机构统一负担。

股份公司设立后，老白干集团和京安集团仍作为独立的企业法人存续，是独立的会计主体和纳税主体。公司分别与老白干集团和京安集团签订了《重组协议》、《综合服务协议》、《土地租赁协议》及《土地租赁协议补充协议》，明确双方的权利和义务，促使股份公司和主发起人之间避免同业竞争、减少并规范关联交易。

（三）股本验资、资产评估及审计情况

1、股本验资及复核情况

1999 年 9 月 23 日，衡水市审计事务所（现改制为衡水金正会计师事务所有限责任公司）对公司发起人的股本出资情况进行了验资，并出具了衡审事验字(1999)第 085 号验资报告。

2001 年 6 月 1 日，河北华安会计师事务所有限公司对该次验资情况进行了复核，并出具了冀华会验复核字[2001]6001 号《验资报告复核报告》。

2、资产评估及复核情况

1999 年 7 月，衡水资产评估公司受老白干集团委托，对其拟投入股份公司的资产进行评估，并于出具了衡资评字[1999]第 44 号《衡水老白干酿酒（集团）有限公司资产评估报告书》。经过评估，老白干集团经营性资产评估价值 216,709,122.08 元，增值 3,558,535.05 元，增值率 1.67%。

1999 年 6 月，衡水资产评估公司受京安集团委托，对其拟投入股份公司的资产进行评估，并出具了衡资评字[1999]第 28 号《安平县京安规模养猪场资产评估报告书》。经过评估，京安集团经营性资产评估价值 106,703,353.80 元，减值 422,269.10 元，减值率 0.04%。

2000 年 11 月，秦皇岛嘉华会计师事务所有限责任公司接受老白干集团和京安集团的委托，分别对上述资产评估进行了复核，并出具了秦嘉评复字[2000]第 1 号《衡水老白干酿酒（集团）有限公司资产评估报告书的复核报告》和秦嘉评复字[2000]第 2 号《衡水京安集团有限公司安平县京安规模养猪场资产评估报告书的复核报告》。以上两份复核报告均认为原评估报告的评估结果和复核结果差异不大，对评估结果予以认可。

3、会计报表审计情况

2002 年 7 月 26 日，河北华安会计师事务所有限公司接受发行人委托，对公司 2002 年 6 月 30 日、2001 年 12 月 31 日、2000 年 12 月 31 日、1999 年 12 月 31 日的资产负债表和 2002 年 1－6 月、2001 年度、2000 年度、1999 年度的利润表及 2002 年 1－6 月、2001 年度、2000 年度利润分配表、2001 年 1－6 月、2001 年度的现金流量表进行了审计，并出具了冀华会审字[2002]2046 号标准无保留意见的审计报告。该审计报告认为公司上述会计报表符合《企业会计准则》和《企业会计制度》及其他有关财务会计法规的规定，在所有重大方面公允反映了公司的财务状况、经营成果及现金流量情况，会计处理方法的选用遵循了一贯性原则。

（四）与业务及生产经营有关的资产权属变更情况

1、有形资产的权属变更

老白干集团和京安集团投入公司的需变更权属登记的固定资产主要有房屋及运输工具等。公司设立后，有关资产的产权过户手续已全部办理完毕。其中，房屋总计面积 233,846.64 平方米，已由公司从房管部门办理了房屋所有权证。

2、土地使用权的权属情况

公司生产经营所占用的土地有 11 宗，共计 516,974.41 平方米，由公司向老白干集团和京安集团租用，上述宗地的使用权已分别由老白干集团和京安集团以出让方式取得。根据本公司与老白干集团和京安集团分别签署的《土地租赁协议》及《土地租赁协议补充协议》，租赁期限为 20 年，年租金分别为 50 万元和 25 万元，每年支付一次。租赁期届满后，公司仍可以土地租赁协议约定的条件续租，续租期限可延至该等土地出让期限届满为止。

3、商标使用权的权属变更情况

公司生产经营使用的"衡水"牌图文商标原属老白干集团所有。2001 年 6 月 14 日，经中华人民共和国国家工商行政管理局商标局核准，已无偿转让给本公司。

4、其他重要特许权利的权属变更情况

公司生产经营涉及的全国工业产品生产许可证（白酒）、饲料产品准产证和种畜禽生产经营许可证的原所有权主体分别为河北衡水老白干酒厂、河北兴亚饲料厂和安平县京安规模养猪场，现已依法变更为本公司。

（五）员工及其社会保障情况

公司成立时，在册正式员工 2,161 人，截至 2001 年 12 月 31 日，本公司在册正式员工总数为 2,160 人。

公司实行劳动合同制，员工按照与公司签订的劳动合同享有权利和承担义务。公司按国家有关规定执行社会保险制度，办理了社会养老保险统筹基金、失业保险、住房公积金。

（六）业务、资产、人员、机构及财务的独立情况

1、业务独立情况

由于实行完整改制，公司拥有完整的材料采购、产品生产和市场销售系统及相关配套设施，具有独立的产、供、销体系，能够独立开展业务经营活动，公司在业务经营上与股东之间不存在同业竞争，除土地租赁和综合服务外，也不存在对业务经营产生重要影响的关联交易。

2、资产完整情况

公司拥有独立完整的经营资产，与业务经营相关的实物资产已全部划转到公司，相关资产的过户手续已办理完毕；公司控股股东老白干集团已将"衡水"牌商标无偿转让给股份公司，有关过户手续已办理完毕；与生产经营相关的生产技术和特许经营权也全部转由公司所有。

3、机构独立情况

公司建立了健全的法人治理结构和独立的运营执行机构，具有分工合理、责任明确的职能管理部室和业务经营单位，公司的决策、执行、监督等各层次的机构设置已与股东严格分开，不存在机构虚设或合署办公的情况。

4、人员独立情况

公司的董事、监事及高级管理人员均严格按照《公司法》、《公司章程》的有关规定产生，不存在控股股东及其他关联单位影响或操控公司人员任用的情况；公司的人事及工资管理已与控股股东完全分开，并制定了严格的人事及工资管理制度；不存在公司高级管理人员及财务和技术人员在股东及其他关联单位交叉任职或兼职的情况。

5、财务独立情况

公司建立了较为规范的财务管理体系，设立了独立的财务部门，具有规范的会计核算和财务管理制度，并进行独立的会计核算和帐务管理；公司在银行独立开户，建立了良好银企关系和银行信用，不存在与控股股东混用帐户和资金的情况；公司各纳税主体均相继重新办理了税务登记证，并依法独立纳税。

五、发行人股本

（一）股本的形成

公司设立时总股本为 10,000 万股，由各发起人出资形成。其中，老白干集团以其所属的河北衡水老白干酒厂和河北兴亚饲料厂的全部经营性资产投入 9,306 万元，按 1:0.7067 的比例折为 6,577.40 万股，由老白干集团持有，股权界定为国家股；京安集团以其所属的安平县京安规模养猪场的全部经营性资产投入 4,672 万元，按相同比例折为 3,302.40 万股，由京安集团持有，股权界定为国家股；衡水市陶瓷厂以现金 50 万元投入，按相同比例折为 35.34 万股，股权界定为国有法人股；农大高新以现金 50 万元投入，按相同比例折为 35.34 万股，股权界定为法人股；磁记录公司以现金 50 万元投入，按相同比例折为 35.34 万股，股权界定为法人股；天轻公司以现金共 20 万元投入，按相同比例折为 14.13 万股，股权界定为法人股。

河北省财政厅、河北省国有资产管理局以冀财管[1999]74 号文《关于河北裕丰实业股份有限公司国有股权管理方案的批复》批准了公司的国有股权管理方案。股份公司的国家股委托持有方老白干集团和京安集团已分别与股权所有者代表衡水市国有资产管理局和安平县国有资产管理局签署了《股份公司国家股股权委托持股协议书》，行使对公司的股权管理并承担相应义务。

公司设立后至本次发行前，股本及股权结构未发生变化。

（二）本次发行前后的股本结构

公司自发起设立以来，股本结构未发生过变动。本次拟向社会公众发行的股份数量为人民币普通股 4,000 万股；本次发行前后发行人的股本结构如下：

股份类别	发行前		发行后	
	股数（万股）	比例（%）	股数（万股）	比例（%）
发起人股	10,000	100.00	10,000	71.43
其中：国家股	9,880	98.80	9,880	70.57
国有法人股	35	0.35	35	0.25
社会法人股	85	0.85	85	0.61
社会公众股	0	0.00	4,000	28.57
合计	10,000	100.00	14,000	100.00

（三）本次发行前股东的持股情况

目前公司的股东为 6 个发起人，全部为企业法人；股东中没有战略投资者和风险投资者，各股东之间不存在股权及其他关联关系；各股东的持股比例如下：

股东名称	股权性质	持股数（万股）	所占比例（%）
河北衡水老白干酿酒（集团）有限公司	国家股	6,577.44	65.78
衡水京安集团有限公司	国家股	3,302.41	33.03
衡水市陶瓷厂	国有法人股	35.34	0.35
河北农大高新技术开发总公司	社会法人股	35.34	0.35
中国磁记录设备天津公司	社会法人股	35.34	0.35
天津市天轻食品发酵开发公司	社会法人股	14.13	0.14
合计	—	10,000.00	100.00

六、发起人的基本情况

(一)发起人简介

河北衡水老白干酿酒(集团)有限公司是经衡水市人民政府批准,于1996年12月在原河北衡水老白干酒厂基础上组建的国有独资公司,注册资本9,682万元,注册地址为衡水市人民东路39号。经营范围包括国有资产经营、参股、控股;生产销售啤酒,生产销售纸箱,畜禽产品,种禽养殖,屠宰加工,畜牧生产服务,冷藏,食品加工,生产和销售饮料、食品。截至2001年12月31日,合并报表资产总额58,471.34万元,负债总额37,497.44万元,所有者权益15,273.78万元,2001年度净利润324.69万元(以上数据未经审计)。

老白干集团现在拥有河北衡水九州啤酒有限公司、河北衡水长虹包装装潢有限公司、河北养元保健饮品有限公司、河北兴亚畜牧养殖有限公司、河北衡水老白干集团废品回收公司等五家全资子公司,一家控股子公司河北裕丰实业股份有限公司,以及一家参股公司河北衡水老白干酒业服务有限公司。

衡水京安集团有限公司是1997年9月经安平县人民政府批准设立的国有企业。注册资本3,000万元,注册地址为衡水市安平县为民大街31号。经营范围包括肉食品加工及销售,蔬菜储运及销售;出口本企业自产的肉制品;进口本企业生产、科研所需原辅材料、机械设备、仪器仪表、零配件及相关技术。截至2001年12月31日,资产总额6,936.03万元,负债总额385.74万元,净资产6,550.29万元,2001年度净利润618.31万元(以上数据未经审计)。

衡水市陶瓷厂是1972年5月建立的国有企业,注册资本139万元,注册地址为衡水市东郊。衡水市陶瓷厂主要产品包括日用细瓷、美术陶瓷、各式包装酒瓶、工业陶瓷等,企业年生产能力为1,200万件陶瓷制品。截至2001年12月31日,资产总额2,100.67万元,负债总额1,300.59万元,净资产800.08万元,2001年度净利润99.01万元(以上数据未经审计)。

河北农大高新技术开发总公司是依托河北农业大学组建的集科研、生产、销售为一体的国有经济实体,成立于1990年9月,注册资本100万元,注册地址为保定市河北农业大学院内。农大高新下设植物医院、植保技术服务中心、农化公司、农学开发部、园艺开发部等五个分公司,主营种子、农药、饲料、技术咨询技术转让、优良畜禽养殖、花卉培植等。截至2001年12月31日,资产总额255.00万元,负债总额53.62万元,净资产201.41万元,2001年度净利润8.29万元(以上数据未经审计)。

中国磁记录设备天津公司成立于1993年3月,注册资本80万元,注册地址为天津市南开区鞍山西道394号。公司主要从事技术开发、咨询、服务、转让(机电一体化、电子与信息技术产品)。由于未办理2000年度工商年检手续,工商行政管理部门于2001年12月28日依法对该公司作出吊销营业执照的处罚决定。依据国家法律有关规定,该公司被吊销《企业法人营业执照》后,将不能从事经营活动,该公司目前尚未组成清算组进行清算。

发行人律师认为:该公司与发行人不存在任何经营业务往来,无债权、债务关系,双方人员也不存在兼职情况。该公司因吊销营业执照可能引致股东发生变更,但该因素不会对发行人经营产生影响。

天津市天轻食品发酵开发公司是依托天津轻工业学院组建的集食品科研、生产、销售为一体的国有企业,成立于1996年,注册资本33万元,注册地址为天津市河西区大沽南路1038号。天轻公司主营食品发酵、机械、电子、化工、生物制品技术开发、转让、服务、培训。截至2001年12月31日,资产总额85.45万元,负债总额45.39万元,净资产40.06万元,2001年度净利润-0.15万元(以上数据未经审计)。

(二)发起人持股被质押或其他有争议的情况

公司发起人之间不存在股权控制关系及其他关联关系;发起人所持有的发行人股票不存在质押或其他有争议的情况。

七、发行人的组织结构与组织机构

(一)法人治理结构

公司根据《公司法》的规定,建立了相互独立、权责明确、相互监督的股东大会、董事会、监事会和经理层。公司的权力机构是股东大会,董事会是股东大会的执行机构,公司实行董事会领导下的总经理负责制,监事会中设有适当比例的职工代表。公司制定了《公司章程》及有关议事规则,明确了股东大会、董事会、监事会、经理层相互之间的权责范围和工作程序,公司治理结构日趋规范和完善。

(二)内部机构设置情况

1.内部职能管理部门

综合办主要负责公司的综合计划与管理,负责公司内部的信息沟通与协调,负责有关会议的组织与安排以及公司文件的起草等事务性工作,并负责人事、劳资、文印及档案等的管理。

供应部主要负责编制公司年度采购计划,进行供货商的比较选择和招投标管理,签订采购合同,实施动态采购,控制采购费用,并对各粮库及材料库进行日常管理。

财务部主要负责制定本公司的财务管理制度、核算办法,编制各项财务计划,执行业务经营活动的会计核算以及成本费用控制,并负责资金管理、纳税申报与缴纳以及财务风险控制并负责公司财务的内部审计工作等。

企管办主要负责研究编制公司的发展战略与中长期发展规划,负责调查研究公司经营机制的完善,负责公司各项管理制度和规章的起草以及基础管理工作的检查督导,负责各部门经济责任制落实情况的考核,以及执行物价监督、计量管理等。

营销策划部主要负责产品市场调研与细分市场的选择,公司产品营销目标与营销策略的制定、公司产品营销渠道的选择和销售政策的制定、公司产品市场营销的组织、协调与控制。

生产技术部主要负责公司各生产部门技术工艺与操作规程的编制修改和贯彻执行,负责公司产品质量认证和产品质量的检验、监督与过程控制,负责公司新产品研发的技术准备,以及生产技术改进和优化提高;负责公司生产设备的技术维护与管理指导;此外,生产技术部下设新产品研究开发中心,统一负责公司新产品的调研、开发与试制工作。

证券管理部主要负责公司证券的发行、上市、增发、登记、托管和信息披露等具体事务的组织协调与安排落实,并负责公司与投资者、监管机构及各中介机构的联系与沟通等事务。

2、业务经营分公司及参股公司

京安分公司是本公司的直属分公司,负责公司养猪业务的经营和管理,拥有年出栏瘦肉型商品猪10万头、种猪3万头的生产能力,在猪场建设、整体建筑结构及内部设施方面具有90年代国际先进水平,是目前华北地区最大的优质瘦肉型种猪繁育和商品肉猪产业化饲养基地,被列为北京市"菜篮子工程"、"国家生猪活体储备基地"、河北省"农业综合开发高新技术示范园区"。京安分公司采用"公司+基地+农户"的经营方式,以低成本迅速扩大了生产规模,并带动了衡水、保定等地周边十几个县的经济发展,有力地推动了华北地区农业产业化的发展。

兴亚饲料分公司是本公司的直属分公司,负责公司饲料业务的经营和管理,拥有年产全价饲料6万吨的生产能力,重点发展本公司养猪业务的配套饲料,是中国农科院饲料研究所生产试验基地,产品采用该研究所提供的国内先进饲料配方,在1997年河北省农业博览会上被评为"河北省农业名优产品",在河北省技术监督局的多次抽检中全部合格。

衡水老白干酒业分公司是本公司的直属分公司,负责公司白酒业务的经营和管理,拥有年产固体白酒2万吨的生产能力,其前身是河北衡水老白干酒厂,为全国白酒行业老白干香型中规模最大的生产厂家,连续多年为河北省利税大户、先进企业及省轻工优秀企业,其各项经济综合指标在省内同行业第一,在全国也名列前茅,1995年率先在河北省通过ISO9002国际质量标准体系认证。

河北斯格种猪有限公司是1998年10月5日经河北省人民政府批准成立的中外合资经营企业,经营范围为繁育和销售斯格种猪及其后代、生产和销售饲料及畜产品,经营期限30年,注册资本人民币1,620万元。其中,外方合资人比利时斯格种猪公司投资人民币939.6万元,比例为58%,中方合资人衡水京安集团有限责任公司投资人民币680.4万元,比例为42%,注册号为企合冀衡总副字第000312号。1999年底股份公司设立时,京安集团将规模养猪场及其拥有的河北斯格公司42%股权投入股份公司,河北斯格公司成为本公司的参股公司。

八、业务与技术

(一)行业概况

当前,发达国家已进入现代农业时期,实现了农业的工业化和现代化,现代科学技术和管理方法的广泛运用,使得规模经济和集约经营的优势充分显现,农产品质量高、成本低,这对我国传统的农业发展模式构成极大冲击。

我国农业目前仍以家庭为单位的分散生产和粗放型经营为主,生产力水平和经济效益仍很低,农业经济基础较为脆弱。我国加入WTO后,随着世界经济一体化进程加快,我国农业将面临全球的激烈挑战,以高新技术引领的农业产业结构调整和农业产业化经营将成为中国农业发展的必由之路。国家"十五"计划纲要把"发展特色农业,形成规模化、专业化的生产格局,大力促进农业产业化经营,扶持龙头企业,推广'公司+农户'、'订单农业'等多种形式,发展农产品加工、储运、保鲜等产业"放到了特别重要的位置。

公司以农产品加工为基础,以农业产业化经营为核心,积极引进高新技术对传统农业进行产业化改造,确立了以白酒和饲料等农产品深加工为基础、以优质种猪和瘦肉型商品猪规模生产为龙头、以"公司+基地+农户"为重要推广模式的集约化规模发展的思路,形成了以农产品加工与有机转化为主的养猪、白酒和饲料协调发展的主营业务格局。

1、行业管理体制

我国养猪业和饲料业的行政管理部门是国家农业部畜牧兽医局,主要负责产业政策的研究制定、行业法制建设和实施行业质量管理与技术监督,并负责办理各种生产许可证。随着市场经济的发展,我国养猪业的生产开发和产品销售基本上是遵循了市场化的发展模式。

白酒业实行行业协会管理,由国家经贸委及行业协会引导行业发展,并进行产业市场研究、企业的信息技术交流及公共服务、行业自律管理等,在企业经营上完全遵循市场化经营模式。

2、市场容量

据《中国畜牧业年鉴》(2000),我国种猪保有量约为338.7万头,以33%的更新率计算,每年种猪市场容量约为111.8万头;我国年商品肉猪出栏51977.2万头,年生产猪肉4,005.6万吨,市场上年需求猪肉4,000万吨,基本达到总量供需平衡,但市场上急需的纯瘦肉型商品肉猪缺口较大。随着居民生活水平的提高,市场对优质瘦肉猪的需求将不断增加,预计到2010年,我国优质瘦肉猪的比例将由现在的20%提高到60%以上。

据中国酿酒协会有关统计资料,全国白酒市场容量约为400~500万吨,总的来看有两个主要特点:一是市场总容量相对稳定;二是总的市场容量受质量、价格、服务、品牌等几方面的影响,将进一步进行细化和调整。从整个酒类市场需求来看,呈现白、啤、果三足鼎立的局面,白酒需求较为稳定,销售收入略有上升。

据《中国饲料工业信息网》(http://www.chinafeed.org.cn),2000年,我国饲料年产量约为7,429万吨(统计量不含无生产许可证的小厂),市场需求量估计约为1.65亿吨。随着养殖结构的变化,饲料品种需求日趋多样化。同时,随着大型养殖场的建立,饲料及有机饲料添加剂的需求将呈上升趋势。

3、技术水平及其发展方向

养猪技术主要包括育种技术和规模饲养技术。我国种猪繁育技术水平总体不高,以常规杂交育种技术为主,配套系发展较晚,技术水平落后于发达国家,集中表现为育种技术水平低、良种繁育体系不完善、种猪质量不高和良种率低。我国种猪繁育技术的发展趋势是:以配套系选育为主进行品系间杂交优选;以肉质改良作为品种选育的主攻方向;以分子生物技术作为主要手段,利用转基因技术改良主要经济性状和增强抗病性。我国生猪生产仍以农民散养为主,规模化养猪生产的比例很小,尚处于起步阶段,国外普遍采用的AI技术、SEW技术、母猪饲喂自动化技术、疫病生物防治等饲养技术仅在少数规模化养猪场得到部分应用,随着规模养猪的发展,上述技术将会普及。今后,国内外养猪技术将向生态型有机饲养和适度集中的方向发展。

白酒酿造技术主要有固态发酵和液态发酵技术。我国的白酒固态发酵、固态蒸馏技术在世界上独一无二,目前的酿造方法基本沿袭了传统的缸、窖、池发酵,甑桶蒸馏的工艺技术,但在勾兑技术上,采用了先进的分析检测手段,使白酒的口感指标和微量成分更准确和稳定。部分工艺环节采用了机械化生产,大大提高了生产率,使我国的白酒制造技术得到了进步和提高。结合不同酿造地域的不同的水质、自然地理环境、气候条件及微生物有益菌群等,形成了各具风味特色的白酒香型。目前,白酒正朝优质,低度,卫生,保健方向发展,同时,各品牌更注重了对产品特色的研究和保持。随着对白酒认识的提高及制造技术的熟练掌握,开始注重对相关技术的研究和应用。比如微生态环境对酿造的影响,酿酒副产物的综合利用。

饲料的核心技术为饲料的配方,饲料配方技术的科技含量非常高,涉及动物营养、防疫保健以及品种的适喂性、微量元素循环降解、环境保护及食品安全等众多方面,是发展饲料工业的关键。我国目前的新型有机生物饲料添加剂(又称绿色环保型添加剂),如植酸酶等,主要依赖进口。采用高新技术推进饲料添加剂的国产化、提高饲料资源的开发和利用水平、解决养殖业发展中"人畜争粮"的矛盾、满足养殖业多样性发展对饲料的需求是今后发展的方向。

4、行业的竞争状况

目前,全国共有种猪场2,959个,存栏种猪338.7万头,纯瘦肉型种猪占有率约为20%左右。国内现有猪场规模普遍较小,存栏1,000头母猪的种猪场仅13个,且大都饲养单一品种,配套系种猪场更少,种猪业尚未进入大规模的竞争阶段(《中国畜牧业年鉴》2000年)。我国虽是商品肉猪的生产大国,但规模化养猪场和专业养殖户的产量只占全国总量的15%,工厂化规模养猪场(万头以上)生产的商品猪仅占全国总量的5%;年出栏1万头~5万头的猪场共有629家,年出栏5万头以上的猪场仅有12家(《中国畜牧业年鉴》2000年)。行业竞争主要在规模养殖与农户散养间展开,由于散养成本相对较低(劳动力成本低、无设备折旧),对规模养猪构成一定的竞争压力,但其在技术水平和品种改良方面处于劣势,产品质量较差。

据中国酿酒协会有关统计资料,目前,我国3万余家白酒生产厂家中约61家年生产能力超过万吨,共有生产能力800万吨,行业间的竞争较为激烈,这一状况在短期内不会改变。但从长远观点看,随着消费习惯的改变和国家产业政策的调整,竞争将在产品质量、技术水平、资本运营、品牌运作、人才资源等方面展开。通过激烈的竞争,白酒生产厂家将减少,在以上几方面处于劣势的厂家将被整和、兼并,处于优势的企业将获得有利的发展时机。

目前,饲料行业处于一种无序的恶性竞争阶段,无证经营、粗制滥造及随意添加违禁药物屡禁不止,极大地损害了畜禽健康,并威胁着人类食品的安全。随着政府执法力度的加强和企业自律意识的提高,没有产品品质控制能力的小型饲料加工企业将被逐渐挤出市场;有害人类健康的添加剂将被禁止使用或淘汰,新兴的绿色环保有机饲料添加剂企业将面临巨大的成长空间,饲料行业的规模化集中生产将是发展趋势。

(二)影响行业发展的有利因素和不利因素

1、产业政策

农业是我国的基础产业,历来受到国家政策的大力鼓励与扶持。《中共中央关于农业和农村工作若干重大问题的决定》提出,"要把畜牧业放到更加重要的位置","稳定发展生猪生产","改良畜禽品种、提高饲养技术和疫病防治技术,发展饲料工业";国家农业部提出,要加快畜牧业产业化经营,发展规模饲养,推进畜牧业生产专业化。农业部等八部委联合发文,对151家农业产业化龙头企业给予政策上的大力扶持,为本公司所从事的生猪养殖和配套饲料的快速发展营造了极为有利的政策环境。

目前,在我国酿酒业是一般扶持性行业。2001年国家发布新的白酒税收办法,使白酒行业的竞争更加剧烈。从价从量的征税办法,使利润空间小的低档白酒的发展受到抑制,而利润空间大的中高档白酒的发展受到鼓励。从总体上讲,这也体现了国家优先扶持大型名优白酒企业发展,限制中小型白酒企业发展的方针。

2、产品特性

种猪是科技含量较高的产品,产品附加值高,可以通过纯种繁育扩群,但为保持和提高种猪品质,必须加强选育。我国规定品种不能形成专利,这有利于新品种的推广,促进全行业的技术进步。

商品猪具有活体难测、标准性差、品质监控复杂等产品特性。由于居民消费对猪肉的品质,尤其是肉食品的安全性要求越来越高,市场将逐渐淘汰没有品种优势和品质保障的劣质商品猪以及劣质饲料和有毒物质残留的饲料添加剂,这为具有品种优势、质量监控体系完备的工厂化规模养猪场和安全饲料及环保型饲料添加剂企业提供了较为有利的发展环境。

固态蒸馏白酒大多继承发扬传统的工艺技术,不同的工艺技术条件,其香型风格也各不相同;另外,白酒酿造又具有很强的地域性,不同地域的水质、自然地理环境、气候、工房环境等对产品的品质也有较大影响。因此,白酒是个性鲜明的非完全标准化产品,这一特性对本行业各香型酒的典型代表厂商构成了较为有利的发展基础。

饲料的上游产品是农产品或其加工产品,其下游产品是畜、禽及其转化成的肉、蛋、奶。饲料作为中间产品,消化了大量的农副产品,带动了种植业的发展,同时为养殖业提供了有利保障;而畜牧养殖业的高速增长又直接拉动了饲料业的发展。

3、技术替代

瘦肉型猪在世界范围内形成了五大品种,主要是长白、大约克夏、杜洛克、汉普夏和皮特兰,已基本取代了脂肪型猪品种。瘦肉型猪的生命周期较长,但随着选育技术的进步,新品系替代老品系的周期变短。另外,猪的育种向小型化和品系化方向发展,专门化综合品系(如斯格配套系)有取代品种的趋势。育种技术的频繁更新,对行业的快速发展十分有利。我国商品猪的生产正在由偏瘦肉型向纯瘦肉型方向发展,纯瘦肉型商品猪生产量仅占全国生猪总产量的20%,市场缺口较大,这一趋势预示着纯瘦肉型杂交商品猪具有无可质疑的发展优势。

白酒酿造业属技术成熟的传统行业。传统的酿造工艺与现代检测技术的完美结合对酿酒技术的发展起到积极的推动作用;随着生物技术的发展,使传统酿酒行业取得较大的技术进步成为可能;利用酒糟加工饲料技术,提高了粮食酿酒的综合利用水平,有利于白酒行业的健康发展。这些都会对传统的白酒酿造技术起到推动作用。

饲料的关键技术在于配方,饲料配方的核心在于饲料添加剂品质。近年来,新型环保绿色饲料添加剂发展很快,无环境污染、无药物残留、对人体无害的饲料添加剂是提供高品质肉蛋白的保证。目前,我国此类产品还主要依赖进口,国内市场前景非常广阔。

4、消费趋向与购买力

随着居民收入的增加和生活水平的提高,城镇居民的食品安全与营养保健意识有了很大提高,市场对质量高、无污染的绿色有机安全农产品的需求量将大幅度上升,纯瘦肉型种猪繁育和纯瘦肉型商品猪生产将有非常大的市场空间。相应地,市场对饲料品种与饲料品质的要求也将逐渐提高,对新型有机生物饲料添加剂生产厂家极为有利。

白酒是我国传统的酒精饮品,具有典型的民族特色和深厚的文化底蕴,形成了稳定的消费需求。但随着社会进步和人民生活水平的提高,消费趋势也向着优质、低度、卫生、保健的方向发展。

5、国际市场冲击

当前,虽然国内养猪业技术水平和产业化发展落后于国外,但由于以农户散养为主,生产成本较低,与国外产品相比具有价格竞争优势。加入WTO后,国外猪肉产品进入国内市场,因其品质高,将会对我国高档猪肉市场产生一定冲击。

我国的白酒生产与消费具有悠久的历史传统和民族文化渊源,海外主导消费人群是散居世界各地的华人和华裔,但随着中国文化的交流与传播,白酒的消费人群会逐步扩大。中国加入WTO后,国外酒精饮料对我国白酒行业的冲击不会很大,但洋酒对高档白酒存在细分市场的压力。

目前,一些国外的饲料公司纷纷涌入我国饲料市场,以其雄厚资金实力、先进生产设备和针对特定品种的专业化配方等优势,对国内饲料市场造成了一定的冲击。但我国的养殖业是一种以农村散养为主的经营模式,品种多样,饲料环境复杂,短期内对国内饲料厂家的竞争压力不是很大。

6、进入本行业的主要障碍

我国养猪业正在由家庭副业式的分散饲养方式向规模化、专业化、商品化和产业化方向发展。相应地,饲料工业也正从分散走向集中,由于受产业政策扶持,几乎没有行业进入的壁垒,主要障碍在于技术配方、技术能力、质量保证和经营规模等。我国的白酒行业属成熟的传统产业,在我国有着较为固定的产业基础和地域分布,行业进入的壁垒较高。

(三)公司面临的主要竞争状况

1、同行业竞争的情况

我国养猪业的竞争主要体现在三个层面:一是种猪品质的竞争,二是散养猪和规模养猪之间的竞争,三是优良品种的规模养猪和集约化品牌养猪间的竞争,焦点在于品种、质量、价格和品牌。

我国白酒业的中小企业较多,一方面生产能力大于市场需求,另一方面优质高档产品相对较少,产品结构不合理,这种现状使得白酒行业的竞争非常激烈。白酒行业的竞争形成了以地域消费为主体的市场细分格局,广告促销不断升级,市场竞争更趋于品牌、质量和新产品开发。

我国饲料行业处于调整阶段,由于存在假冒伪劣等无序竞争,行业利润微薄。从总体上看,我国饲料生产企业规模偏小,科技含量低,与畜牧养殖品种的配套性差,为特定品种配套的规模饲料企业具有较强的市场竞争力。

2、公司竞争的优势与劣势

公司养猪业务在同行业中具有明显的竞争优势:一是种猪资源优势,公司是目前国内品种最齐全的瘦肉型种猪繁育基地,拥有新英系大白种猪、台系杜洛克种猪、比利时长白种猪等丰富的种猪资源,特别是拥有国际一流的斯格配套系种猪,是生产瘦肉型三元杂交猪的最佳组合。二是品种质量优势,公司引进的比利时斯格配套系种猪各项性能指标优良,能确保商品猪及猪肉产品的高品质,在市场上具有明显的竞争优势,市场价格明显高于其它杂交商品猪。三是垄断经营优势,根据公司与河北斯格种猪有限公司签订的有关协议,斯格曾祖代猪(GGP)仅销售给本公司,不向任何其他方销售。同时,河北斯格公司前三年生产的曾祖代和祖代猪首先满足本公司的需要,本公司负责向长江以北各省区(比利时斯格遗传技术公司在长江以南建立合资公司以前可面向全国)经销斯格祖代、父母代种猪。四是规模生产优势,通过"公司+基地+农户"模式,带动了众多的合同养殖户,形成了60万头(其中公司约为10万头)的商品猪生产规模。五是技术配套优势,公司掌握生猪规模饲养的五大关键技术,同时拥有专业饲料厂进行饲料品种配套,具备了集约化经营的配套优势。

衡水市滏阳河畔特有的自然地理气候条件、水质及微生物菌群构成了公司酒业生产的特有产地优势,所产"衡水"牌老白干酒为我国著名的历史名酒,其声誉可与国内几大名酒相媲美,具有较强的品牌优势和市场竞争力;公司有着几十年的经营与管理经验,1994年通过ISO9002产品质量认证,1995年通过质量体系认证,产品质量优势显著;公司积极与科研院校进行技术交流,以酿造技术研究所为依托,形成了以主管经理、技术人员、生产、品评、勾兑一线人员相结合的科研队伍,新产品开发优势较强。

虽然公司饲料业务在同行业中不具有明显竞争优势,但由于公司养猪业务和饲料业务的有机整合,随着公司养猪业务的扩展,合同养殖户对养猪配套饲料的需求逐渐增加,发展专业配套饲料的竞争优势将会凸显,有助于提高公司饲料业务的市场竞争力。

3、市场份额变动的情况及趋势

公司拥有国内品种最全的原种猪场和华北最大的工厂化商品猪规模养殖场,年销售种猪约2万头,占国内纯瘦肉型种猪销售份额的2.1%(内部统计),年销售商品猪60万头(其中公司约为10万头),占国内纯瘦肉型商品猪销售份额的2.4%(内部统计),销售额名列前茅。今后,随着公司种猪场规模的扩大和"公司+规模养猪场+专业养殖户+农民散养户"的规模生猪生产基地的扩建以及集约化生产方式的优化提高,公司种猪销售额将突破4万头,商品猪销售将达到100万头以上,公司养猪业务将呈现快速增长态势。

公司的"衡水牌"老白干系列白酒市场范围以北方为主,覆盖全国,具有很强的品牌优势,年销量约1.3万吨。产地市场占有率达70%(内部统计),在河北省中低档白酒的市场占有率约为5.1%(内部统计)。近几年来,公司在河北省以外的市场销售份额也越来越大。2001年,仅在包头市的销量就超过一千吨,市场发展空间较大。总的来看,公司白酒产品的市场占有率将稳步提高,公司将以产品结构的调整作为主要市场目标,白酒业务利润的增长将以提高中高档酒的比重来实现。

公司饲料产品以鸡、猪全价饲料和浓缩料为主,年销量约2.7万吨,市场范围集中于衡水市及周边地区,以产地销售为主,产地市场占有率约为30.9%(内部统计)。随着公司养猪业务和饲料业务的进一步整合,可以实现规模养猪与饲料生产的完全配套,公司的饲料产品将逐渐进入养猪基地的集约化生产服务配套体系,从而大幅提高公司饲料产品的市场占有率。

(四)公司主营业务及其经营情况

1、公司主营业务及其构成

公司的注册经营范围是:畜禽养殖、动物饲养及销售,饲料、白酒的生产、销售。

目前,公司的主营业务包括种猪繁育和商品猪饲养、白酒和饲料的生产与销售;公司的主导产品有斯格、杜洛克、长白、大白等优良种猪及其杂交商品瘦肉猪,衡水牌系列老白干酒和各种多维饲料。

公司最近三年的主营业务收入中白酒占据较大比重。在保持白酒业务稳定的基础上,公司实施了以种猪工程为核心的养猪业务结构调整,积极扩大种猪和商品瘦肉猪的生产规模,同时带动了饲料业务的快速增长,使公司主营业务结构发生了显著变化,公司养猪和饲料业务持续快速增长。2001 年度,公司完成主营业务收入 22,767.29 万元,实现净利润 2,182.54 万元。其中,白酒业务收入 13495.51 万元,占公司主营业务收入的 59.28%;其净利润为 1,074.02 万元,占公司净利润的 49.21%。养猪业务收入 5,701.83 万元,占公司主营业务收入的 25.04%;其净利润为 1014.23 万元,占公司净利润的 46.47%。饲料业务收入 3,569.95 万元,占公司主营业务收入的 15.68%;其净利润为 94.29 万元,占公司净利润的 4.32%。

公司最近三年又一期主营业务收入的构成情况如下:

项目	主营业务收入(万元)				占主营业务收入总额比例(%)			
	2002 年 1-6 月	2001 年	2000 年	1999 年	2002 年 1-6 月	2001 年	2000 年	1999 年
白酒	8,143	13,496	14,709	18,226	63.38	59.28	66.55	71.26
养猪	3,079	5,702	4,393	4,076	23.97	25.04	19.88	15.93
饲料	1,624	3,570	3,000	3,275	12.65	15.68	13.57	12.81
合计	12,846	22,768	22,102	25,577	100.00	100.00	100.00	100.00

2、公司主营业务的经营模式

公司养猪、白酒和饲料三大主营业务具有一定的关联性,主要体现在原料消耗、产品需求和技术支持等方面。各主营业务均以粮食为主要生产原料,存在资源供应的关联性;各主导产品间存在一定的上下游关系,酿酒废料酒糟是饲料生产的配料(粗饲料),饲料又是养猪的原料,存在产品需求的关联性;饲料配方技术与养猪技术直接相关,饲料配方技术本身就是养猪五大关键技术之一,存在着技术支持的关联性。因此,公司可以在大农业产业的基础上对现有主营业务及募股资金投资项目进行有效整合,以农业产业化经营为核心、以酿酒和饲料等农产品深加工为基础、以瘦肉型种猪和商品猪规模生产为龙头、以"公司 + 基地 + 农户"为重要推广模式,构建适合公司发展的现代有机生态农业产业链,形成以农产品加工与有机转化为主的养猪、白酒和饲料配套协调发展的主业格局。

目前,公司在生猪业务中已形成了比较成熟的种源带动型"公司 + 基地 + 农户"的经营模式,建设了由 80 个养猪重点村、16 个万头以上养猪场、近 1,100 多养猪专业户加盟的瘦肉猪集约化养殖基地,形成了以公司为龙头的瘦肉猪产销联合体。在产销联合体中,实行"五统一"管理,由公司统一提供种猪及技术服务,统一负责疫病防治和控制生猪质量,并提供统一对外销售渠道。公司对提供给基地户的种猪、饲料、防疫药品等均优惠计价。对基地户交售的商品猪由收购单位向基地户单独开具结算单,售猪款由收购单位付给基地户,公司不收取任何服务费用,确保了农民的利益。通过"公司 + 基地 + 农户"模式,一方面扩大了公司的种猪繁育规模,巩固了公司龙头地位,另一方面带动了区域内的养猪生产,年商品猪出栏规模达到 60 万头(其中公司约为 10 万头),既保证了猪肉的品质,又降低了基地户饲养成本,具备了大容量市场供应的规模保证,赢得了市场主动,使公司初步具备了大规模扩张发展的物质基础和资源优势。今后,公司将不断优化上述模式,引进商业银行与保险服务,创建"育种中心 + 规模养猪场集约化饲养、专业户集中饲养、农户散养 + 金融、保险、防疫、饲料、技术等综合配套服务 + 品牌营销"的综合基地型一体化集约经营新模式。

3、主要产品

公司生猪类产品主要是种猪和商品猪。种猪主要包括斯格配套系祖代和父母代种猪,台系杜洛克、比利时长白、新英系大白猪的祖代及父母代种猪,长 × 大、大 × 长二元杂交父母代种猪;商品猪主要包括杜 × 长 × 大三元杂交及斯格配套系杂交商品猪。公司引进的种猪都具有较好的技术指标性能,尤其是斯格配套系种猪的性能和技术指标达到世界一流,是国内引进的最先进的猪种。

公司白酒类产品主要是衡水牌老白干酒,包括高中低三个档次,已发展成从 67 度到 38 度多达 100 余个品种的系列酒,主导产品包括:67 度老白干、58 度特制老白干、55 度老白干、47 度蓮制老白干、46 度老白干、43 度老白干、42 度老白干、39 度老白干、38 度精制老白干、"十八酒坊"系列酒等。衡水老白干酒选用采用独有的小麦制曲工艺和地缸发酵技术精酿,具有以乙酸乙酯和乳酸乙酯为主体的清雅协调的复合香气,其酒色清澈透明、酒体醇香清雅、甘洌挺拔、丰满柔顺、诸味协调、余味悠长,具有老白干香型的典型风格。衡水老白干酒的酿造工艺始于汉代,具有悠久的历史传统,经过现代微生物发酵技术的优化改造,产品品质得到很大改善。

公司饲料类产品包括猪、鸡、鱼、兔、鸭、鹅、牛等的配合饲料、浓缩饲料和预混饲料,共三大系列数十个品种,产品种类齐全,各品种自成体系,涵盖了各养殖品种不同生长期所需的各种饲料。其主导产品为:猪配合料、猪浓缩料、蛋鸡配合料、蛋鸡浓缩料、肉鸡配合料等。

4、产品工艺流程及生产设备状况

(1)种猪繁育与商品猪生产的工艺流程及生产设备状况

种猪繁育工艺以性能测定、后备猪培育及严格选育各代种猪来确保种猪质量。种猪的生产繁育按育种计划,以品系繁育为主,其繁育模式为:核心群→原种→祖代→父母代。商品肉猪的生产采用全进全出的工厂化流水线生产方式,其工艺流程为:配种→妊娠→产仔→育仔 1→育仔 2→生长→育肥→出栏。

生猪生产的主要设备包括产仔栏与育仔栏、自动饲料箱、饮水器、通风设备、采暖及降温设备、人工受精设备、饲料加工设备等,设备成新度约为 6~8 成。

(2)白酒酿造工艺流程(以 47 度老白干酒为例)及生产设备状况

清蒸清烧两排清工艺流程(47 度老白干):

热水 冷水

↓ ↓

高粱→粉碎→润料→装甑蒸料→出甑加浆→扬凉加大曲→大楂入缸发酵

→出缸拌料→装甑蒸馏→大楂酒 二楂酒

↓ ↑

出甑→扬凉加大曲→大楂入缸发酵→出缸拌糠→装甑蒸馏→酒糟

白酒生产的主要设备包括铝制或锡制冷凝器、不锈钢甑桶、凉床、锅炉、各类电机、天车、冷却水循环利用冷却塔等,设备成新度约为 6~8 成。

(3)饲料生产的工艺流程及生产设备状况

公司生产的饲料分为粒料和粉料两大类型,相对应有两种生产工艺流程。粉料生产工艺流程为:投料→粉碎→电脑自动计量配料→混合→包装;粒料生产工艺流程为:投料→粉碎→电脑自动计量配料→混合→制粒→包装。

饲料生产的主要设备包括刮扳机、斗式提升机、粉碎机、制粒机、混合机、自动配料秤、自动打包秤、自动控制设备等,设备成新度约为 8 成。

5、主要产品的生产能力

公司养猪业务规模较大,拥有华北最大的规模养猪场。猪场占地 20 万平方米,建成现代化猪舍 11 万平方米,先后引进斯格配套系、台系杜洛克、比利时长白、挪威长白、新英系大白、法系无应激皮特兰、加系双肌臀大白猪等各类原种猪 1,875 头。2001 年全年共出栏(出售)商品猪和种猪 86,254 头,生猪出栏率达 182%,年末存栏生猪 56,120 头。

公司是全国白酒行业中的大型骨干企业,是全国老白干香型白酒最大的生产基地,具有年产基酒 10,000 吨(按 65 度计)的生产能力,可勾兑生产成品酒 20,000 吨;2001 年全年共生产各类白酒 13453 吨,与去年基本持平。

公司饲料生产实现了微机自动控制,设计生产能力为年产各类全价料 60,000 吨。2001 年全年共生产各类饲料 24,809 吨,较去年同期增长了 11%。

6、主要产品的市场销售情况

目前,公司的商品猪主要供应北京市场,2001 年共销售 66,840 头(不含合同养殖户数量);今后,随着规模的扩大,将重点拓展上海、香港等市场。公司的种猪现已辐射全国市场,2001 年共销售 19,414 头,主要销往河北、河南、山东、天津、北京、湖北、湖南、安徽、辽宁等 11 个省市和地区,国内市场占有率约为 2.1%(内部统计)。

公司生产的"衡水"牌老白干系列白酒具有悠久的历史和良好的品牌形象,在全国拥有很高的知名度。经过几十年的发展,公司已建立驻外直销办事处 8 家,区域性经销处 98 家,其他经销网点 300 余家,基本形成覆盖全国的产品销售网络,形成了经销与直销相结合的营销体制,其销售市场主要分布于北方省区,产品已覆盖除西藏外的全部中国省区。2001 年,公司共销售各类白酒产品 13,282 吨;产地市场占有率约为 70%(内部统计),在河北中低档白酒的市场占有率约为 5.1%(内部统计)。

公司饲料产品主要在产地附近销售,针对不同市场采取不同策略,并建立了较为完善的产品销售网络。在产区和周边地区以直销为主,共设直销网点 60 多个;在外围市场实行经销制,设立区域性经销处 58 家,其他经销网点 200 余家,形成了较为完善的两级经销网络。2001 年,公司共销售各类饲料产品 26,416 吨,较去年同期增长了 20%;产地市场占有率约为 30.9%(内部统计)。

7、主要产品的主要原材料和能源供应

公司生产所需的原材料,主要包括玉米、高粱、薯干、小麦、酒糟、豆棉粕、鱼粉及各种矿物质和活性微生物饲料添加剂等。其中,养猪所需饲料除一部分由兴亚饲料分公司提供外,其余由京安分公司自行配方生产;兴亚饲料分公司生产所需的酒糟主要由老白干酒业分公司提供;其余原材料均由本公司供应部对外统一采购。2001 年,公司共采购各种原料粮食及饲料原辅料 75,817 吨。

公司生产经营所需能源主要包括电力和煤炭,电力全部向衡水市供电局和安平县供电局购买,执行网上售电价格;煤炭全部由公司供应部门向市场采购。2001 年,公司全年共消耗电力 680 万千瓦时,全年共消耗煤炭 10,728 吨。

8、主要产品的质量管理与控制

公司主要产品为饮食品,与人民群众的身体健康息息相关。因此本公司在产品质量控制方面严格执行国家有关的质量标准,通过制定严格、科学的质量控制程序和工艺质量控制节点,以及健全的质量监督检验机构,充分保障公司主要产品的高商品质和高质量。

公司的产品执行的主要质量标准包括:《瘦肉型猪品种(系)鉴定和验收》(NY51-87)、《瘦肉型猪活体分级》(NY/T64-87)、《瘦肉型猪饲养标准》(NY/65-87)、《瘦肉型生长育肥猪配合饲料》(SB/T10076-92)、GB/T19002-1994 质量认证标准、《老白干香型白酒质量标准》以及《饲料卫生标准》(GB/3078-91)等。

公司生猪产品的质量控制主要是种猪品质测定和商品猪质量监控,公司严格监控和落实产品质量标准,以确保出场产品的品质。公司白酒产品的质量控制主要体现在基酒和成品酒两个方面。从原料进厂到成品出厂的每个环节都严格按照 ISO9002 产品质量认证和质量体系认证的要求,确保产品质量全部合格。公司饲料产品的质量控制管理严格执行公司《饲料质量管理制度》,从原材料进厂、投料生产到成品打包每班组都有专门的质检员进行全检和抽检,确保全部合格后方可办理原材料入库和产成品出库销售手续。

(五)与公司业务相关的主要固定资产、无形资产及重要特许权利

根据河北华安会计师事务所有限公司的审计报告、公司会计报表及附注和公司实际情况,截至 2001 年 12 月 31 日,公司固定资产原值 237,629,568.84 元,累计折旧 71,608,974.99 元,固定资产净值 166,020,593.85 元。主要固定资产不存在报废或急需更新的可能。

根据河北华安会计师事务所有限公司的审计报告、会计报表及附注和公司实际情况,截至 2001 年 12 月 31 日,公司资产负债表中没有无形资产,主要原因是:公司使用并拥有的商标权为无偿转让,未评估作价入帐;公司占用的土地由公司通过租赁方式取得,不属于公司的无形资产;公司设立时不存在以知识产权、非专利技术折股的情况。

公司业务经营相关的特许经营权主要是政府有关主管部门颁发的准许经营有关业务的许可证,包括工业产品生产许可证(白酒)、种畜禽生产经营许可证、饲料产品准产证。

(六)主要客户及供应商

公司 2001 年度、2002 年 1-6 月采购总额分别为 11,378 万元、6,420 万元,其中向前 5 名供应商的采购金额合计分别为 4,435 万元、2,105 万元,分别占公司当期采购总额的 38.97%、32.79%;公司 2001 年度、2002 年 1-6 月销售总额分别为 22,767.29 万元、12,846.35 万元,其中向前 5 名客户的销售额分别为 7,870 万元、5,317 万元,分别占本公司当期销售收入总额的 34.36%、41.39%。

公司主要供应商之一河北衡水长虹包装装潢有限公司是控股股东老白干集团的全资子公司。除此以外,公司的董事、监事、高级经理人员和主要技术人员以及其他关联方或持有 5% 以上股份的股东在上述供应商或客户中均未占有任何权益。

(七)主要生产技术的类型、水平及其所处阶段

公司的养猪生产技术主要包括种猪繁育技术和商品瘦肉猪规模化生产技术。公司种猪育种技术属于成熟技术，主要包括纯种选育和配套系育种。纯种选育采用继代选育技术，配套系育种应用河北省瘦肉猪配套系———冀合白猪培育技术，种猪的测定与选择是应用遗传标记选择与常规的生产性能选择相结合的选择方法，采用最佳线性无偏预测(BLUP)法进行遗传评估，在目前属国内先进水平。

商品瘦肉猪规模化生产技术是商品瘦肉猪规模化养殖的综合配套技术，主要包括育种、饲料、环境、防疫等内容。该技术属于成熟的应用技术，其主要技术指标达到国内先进水平。

公司老白干香型白酒生产技术是历经二千年传承演变，在数百年传统工艺摸索的基础上，随着生产条件的逐步提高，运用现代科技手段提炼形成的独特工艺和成熟技术，主要包括制曲技术、制酒技术和勾兑技术。

公司的饲料生产技术主要包括饲料加工技术和饲料配方技术。公司的饲料加工技术实现了电脑自动化控制，具有较高技术水平；公司不断引进吸收新的科研成果，饲料配方技术发展较快，一些新型环保饲料及饲料添加剂产品正处于中试阶段。

公司本次募股资金拟投资的"植酸酶项目"所采用的中性植酸酶发酵生产技术是在酸性植酸酶技术基础上研究的新技术，其原理是利用基因工程手段克隆适合于在饲料中使用的优良中性植酸酶基因，通过重组生物反应器毕赤酵母(Pichiapastoris)高效表达、生产，使中性植酸酶的表达量比原始的天然菌株大幅提高，并通过这种重组酵母的高细胞密度发酵，大规模产业化廉价生产中性植酸酶产品，该技术属高新生物工程技术，目前在国际范围内尚属首创。

(八)核心技术的权属与知识产权及其保护

公司通过引进血统和选种测定，拥有了包括斯格、杜洛克、长白、大约克等在内的各类优良种猪，具有配套系育种的绝对优势，并采用现代化的测定手段进行生产性能测定和 DNA 测定，运用多性状动物模型 BLUP 法及相应的育种软件进行遗传评估，掌握种猪配套系育种及繁育的核心技术。

公司掌握并拥有商品瘦肉猪规模化养殖的综合配套技术(成果鉴定证书：冀科鉴字 1998 第 422 号)，其核心内容包括：优种猪的引进、优选杂交组合的筛选及生产繁育技术的研发；通过猪舍设计和猪群管理，合理处理通风、保温和排污，改善养猪环境；猪的分阶段饲养及营养调控；高免异源抗体防治仔猪大肠杆菌病及仔猪下痢的综合防治技术。

公司掌握并拥有老白干香型酒的全部核心技术，包括制曲技术、制酒技术和勾兑技术。运用纯小麦中低温大曲制酒，分别通过两排清工艺和老五甑工艺而得到一种风格、两种口味的白酒，经过长期窖藏陈酿和细致复杂的勾兑，以保持老白干酒特有的绵软不淡、浓郁不酽、甜美甘冽、回味悠长的风格及老白干香型的稳定性。老白干酒酿造技术的另一关键是衡水地区特有的自然地理环境、水质、微生物有益菌群及工房条件，这构成老白干酒酿造核心技术的自然方面。

中性植酸酶生产技术源于"863 计划"项目成果"中性植酸酶发酵技术"，是中国农科院饲料研究所拥有完整自主知识产权的专有技术，其核心技术在于耐高温(80～90℃)和酸碱度适应范围比较广的天然菌株的选择和生物反应器的高效表达。公司通过技术转让方式获得了上述技术在北京、天津、河北、山东、河南、山西、内蒙古、辽宁八省市内的独家使用许可。

公司拥有衡水牌图文商标的所有权，注册商标证书编号为第 118770 号，其核定使用商品为第 33 类(白酒、大曲、老白干)，续展注册有效期限为 1993 年 3 月 1 日至 2003 年 2 月 28 日。公司未进行任何有关上述商标的使用许可授权。

(九)产品与技术的研究开发

1、研发机构

公司设有专门的研发机构"产品研究开发中心"，由公司生产技术部负责管理。研发中心依据公司的实际需要而分别设立了遗传工程研究所、酿造技术研究所和饲料新产品研究所，紧密跟踪领域内高新技术的最新发展方向，针对种猪与商品猪、白酒和饲料等产品的最新市场需求动态进行产品研发。

2、研发体制与费用

研发中心制定有严格的规章制度与激励机制，项目的开发有严格的组织程序，科技成果归研发机构所有，可向外转让，但必须经公司同意(合作项目按协议执行)，技术转让费按职责与贡献大小制定详细的分配方案，项目未投入运营与转让的必须保守机密，泄密者按照科技研究所的有关章程条款进行处理。

科研经费主要来源为自筹，公司每年拨出专款投资于新产品的研发并对作出突出贡献的科技人员进行奖励，2001 年，公司共投入研发费用 150 多万元，为企业的创新发展奠定了基础。

3、主要在研项目

目前，公司主要在研项目有斯格猪选育及生产繁育技术研究与开发推广、瘦肉型良种猪推广及繁育体系建设以及"松鹤牌"保健酒、10%蛋多 100 和 10%肉多 100 浓缩饲料等新产品的开发研制。

(十)技术创新与企业文化建设

1、企业技术创新

为鼓励科技人员大胆进行技术革新，公司制定了《技术创新奖励办法》，为技术创新工作提供制度保证。公司始终坚持制度创新和观念创新，通过及时跟踪消费者对公司产品的反馈信息，不断调整产品研发方向，使公司形成了产、销、研一条龙的技术创新和产品研发模式，保证了公司技术创新的生命力。

2、企业文化建设

公司高度重视企业文化建设，注重在生产经营的具体过程中进行企业价值观的形成与企业精神的培育，使公司价值观定位于"知识立业"、"创新成长"和"产业报国"三大理想价值目标；通过公司员工教育和榜样激励，宏扬"团结实干、创优争先"的企业精神；通过可持续发展战略的实施，确立了"生态、环保、安全"的企业道德和自律规范；通过公关活动和广告宣传，树立公司"品质亲和、诚信可靠、严谨执着"的企业形象。公司相信，优秀的企业文化将为公司的持续创新和高速发展提供持久动力。

九、同业竞争与关联交易

(一)同业竞争情况

公司实际控制人及其控制的其他法人与本公司之间不存在同业竞争情况，并承诺今后也不从事与本公司相竞争的业务。公司的控股股东老白干集团和主要股东京安集团已分别出具《放弃竞争和利益冲突承诺函》，承诺将不以任何方式直接和间接地进行或参与进行与本公司相竞争的任何业务经营活动。

发行人律师认为：发行人主要发起人老白干集团、京安集团已将白酒、饲料、种猪及商品猪养殖的全部经营性资产投入发行人，发行人与关联股东之间未从事相同或相似的经营活动，发行人与关联股东之间不存在同业竞争。

(二)关联方及关联关系

1、关联方

公司的关联方包括：公司的控股股东老白干集团，公司的其他股东京安集团、陶瓷厂、农大高新、天轻公司和磁记录公司，控股股东的全资子公司河北衡水九州啤酒有限公司、河北衡水长虹包装装潢有限公司、河北养元保健饮品有限公司、河北兴亚畜牧养殖有限公司、河北衡水老白干集团废品回收有限公司以及参股公司衡水老白干酒业服务有限公司，本公司的参股公司河北斯格种猪有限公司。

2、关联关系

公司与公司的股东存在着股权关联关系。其中，老白干集团对公司存在控股关系；公司与公司控股股东的全资子公司是受同一母公司控制的企业，处于对等的平行关系；公司与河北斯格公司存在股权关联关系。

此外，公司董事王永芳先生在河北兴亚畜牧养殖有限公司担任董事长；公司副董事长魏志民先生在河北斯格公司担任董事长，同时河北斯格公司是公司斯格种猪的供应商，双方存在着人员兼职和商业利益关系；公司与个别股东及控股股东的全资子公司就原辅材料采购、产品销售等存在着商业利益关系。

(三)关联交易情况

1、土地租赁

公司与老白干集团和京安集团分别签订了《土地租赁协议》及《土地租赁协议补充协议》，由本公司分别向两集团租赁生产用地 11 宗，共计 516,974.41 平方米，租赁期限为 20 年，租赁费用按年结算，公司每年向老白干集团和京安集团分别支付土地租赁费 50 万元和 25 万元。

2、综合服务

公司与老白干集团签订了《综合服务协议》，老白干集团为本公司职工提供医疗、幼儿园及职工住房等服务，本公司职工在上述服务方面与老白干集团职工享有同等待遇；如公司从任何第三方取得上述服务所需支付的费用低于老白干集团上述费用标准时，公司有权自主决定从该第三方取得上述服务。公司根据实际发生额按月向老白干集团支付有关费用。

3、商标转让

公司生产经营使用的商标为"衡水"牌图文商标。该商标原属河北衡水老白干酿酒(集团)有限公司所有，本公司已与老白干集团签订了《注册商标转让协议》，由老白干集团无偿转让至股份公司，相关转让手续已办理完毕。

4、原辅材料采购和产品销售

2002 年 1－6 月、2001 年、2000 年、1999 年河北衡水长虹包装装潢有限公司与本公司发生的关联交易总额合计分别为 5,348,897 元、9,084,133 元、5,851,179 元、8,081,748 元，关联交易的商品为纸箱、纸盒、商标标识等包装材料，具体的关联交易情况如下：

	项　目	2002 年 1－6 月	2001 年	2000 年	1999 年
纸箱	商品数量(个)	1,644,158	1,950,705	1,650,710	1,839,381
	交易总金额(元)	2,783,005.13	4,726,419.00	2,619,544.00	3,412,715.00
	占同类业务比例(%)	59.87	58.96	59.15	59.35
酒盒	商品数量(个)	1,071,305	4,105,762	3,003,116	4,350,860
	交易总金额(元)	2,105,983.90	3,576,323.00	2,431,695.00	3,671,421.00
	占同类业务比例(%)	26.09	30.17	32.55	30.66
商标标识	商品数量(套)	9,687,028	11,383,721	16,456,280	13,982,626
	交易总金额(元)	459,907.86	781,390.60	799,940.00	997,612.00
	占同类业务比例(%)	47.62	41.98	42.68	43.10

2002 年 1－6 月、2001 年、2000 年、1999 年，衡水市陶瓷厂为本公司提供包装用瓷瓶所产生的关联交易情况如下：

项　目	2002 年 1－6 月	2001 年	2000 年	1999 年
包装用瓷瓶数量(只)	246,567	84,909	1,391,315	2,246,100
交易总金额(元)	1,011,558	423,611	1,362,773	2,265,731
占同类业务比例(%)	8.67	7.45	7.13	7.35

2002 年 1－6 月、2001 年、2000 年、1999 年，公司向河北斯格种猪有限公司采购斯格曾祖代及祖代种猪产生的关联交易情况如下：

项　目	2002 年 1－6 月	2001 年	2000 年	1999 年
斯格种猪采购数量(头)	134	397	—	—
交易总金额(元)	569,858	1,432,081	—	—
占同类业务比例(%)	70.00	80.00	—	—

2002 年 1－6 月、2001 年、2000 年、1999 年，公司向河北兴亚畜牧养殖有限公司销售饲料所产生的关联交易情况如下：

项　目	2002 年 1－6 月	2001 年	2000 年	1999 年
饲料销售数量(吨)	36.00	—	317.32	1,460.50
交易总金额(元)	47,301	—	402,983.90	2,064,439.28
占同类业务比例(%)	0.20	—	1.67	6.10

5、本次募股资金运用涉及的关联交易

本次发行募股资金运用项目之一"京安斯格猪繁育推广中心"项目涉及与关联方本公司参股公司河北斯格种猪有限公司的关联交易。该项关联交易的内容为河北斯格种猪有限公司向本公司提供斯格曾祖代及祖代种猪以及向本公司提供技术支持。公司已与河北斯格种猪有限公司在遵循市场化定价的原则下就种猪供应计划签署了关于斯格种猪购销和技术依托协议。根据该协议，河北斯格种猪有限公司对本公司进行种猪和商品猪生产方面提供技术服务，并承诺前三年生产的曾祖代及祖代种猪首先满足本公司需要，保证提供不低于 2,500 头曾祖代和 3,000 头祖代种猪，且曾祖代种猪不向任何第三方销售。

6、公司与关联方的资金往来

公司与关联方的资金往来主要是与有关关联方的应收帐款、应付帐款、预付帐款和其他应收款等，具体情况详见本招股说明书摘要"十二、主要财务会计资料"之"(八)重大关联交易、期后事项、或有事项及其他重要事项"。

截至2002年6月30日，公司董事、监事和高级管理人员不存在对公司欠款的情形。除以上关联交易外，公司未与其他关联方发生关联交易。

(四)关联交易的定价政策和决策依据

针对上述关联交易行为，公司分别以董事会决议或股东大会决议的形式通过了遵循市场化原则的定价政策，上述所有关联交易在实际执行中均严格执行了市场化的定价策略，没有发生侵害公司利益的现象。公司独立董事秦玉昌先生、吕志强先生和公司监事会在认真调查分析后，认为以上关联交易公允、合理，并分别发表了独立意见。

(五)关联交易对公司财务状况和经营成果的影响

公司发生的多项关联交易所涉及的交易金额极小，对公司的财务状况和经营成果没有显著影响。涉及金额较大的关联交易主要是长虹公司向本公司提供纸箱、酒盒和商标标识等包装物的关联交易。2000年、2001年、2002年1-6月，该项关联交易采购总额分别为585.12万元、908.41万元、534.89万元，占同类业务采购量的平均比例约为44.79%、43.71%、44.53%，但由于该项关联交易价格的制定严格履行了公司有关关联交易的决策制度并采取了市场化的定价策略，对公司经营成果和财务状况没有显著影响。

公司本次发行募集资金投向之一京安斯格猪繁育推广中心项目的斯格种猪和相关技术来自河北斯格种猪有限公司。由于斯格配套系种猪将成为本公司区别于其他种猪供应商、继而开发和生产优质商品猪并形成本公司核心竞争能力的重要产品之一，因此该项关联交易的交易价格制定以及合作的成功与否将对公司的财务状况和经营成果产生重要影响。

(六)避免同业竞争和规范关联交易的制度安排

1、股东承诺

公司控股股东老白干集团以及公司主要股东京安集团已向公司及公司全体股东出具了《放弃竞争和利益冲突承诺函》，声明并承诺在其经营业务活动中将不会利用其在公司的控股股东或主要股东地位从事任何损害本公司及其他中小股东利益的行为，并且，今后不以任何方式直接或间接地进行或参与进行与本公司相竞争的任何业务活动。

在经营活动中发生的与公司无法避免的关联交易必须按正常的商业条件进行，在任何一项市场公平交易中不向本公司要求优于任何第三方的条件。若违背上述声明和承诺，应对前述行为所造成的损失予以补偿。

2.公司章程对规范关联交易的安排

公司章程规定，公司的关联交易应当遵循以下基本原则：符合诚实信用的基本原则，关联人与公司签署涉及关联交易的协议，应当采取必要的回避措施；关联方在股东大会表决时，除特殊情况外，应当回避表决；与关联方有任何利害关系的董事，在董事会就该事项进行表决时，应当回避；公司董事会应当根据客观标准判断该关联交易是否对公司有利，必要时应当聘请专业评估师、独立财务顾问。

3.保护中小股东利益的其他安排

为有效避免和消除可能出现的公司控股股东利用其控股地位在有关经营活动中对公司施加影响而造成损害中小股东利益的情况，充分保障公司及公司中小股东的利益，除通过公司章程对关联股东和关联人进行合理的制度性约束和限制外，公司还采取以下措施：在招股说明书中对已经存在的关联交易情况和有关的合同、协议进行充分披露；在今后不可避免的关联交易产生时，严格按照《公司章程》以及《董事会议事规则》等有关规定履行审批手续，根据有关规定和要求及时、充分、全面地披露关联交易情况；公司2000年度股东大会增选了2名独立董事，以充分保障关联交易决策的科学性、合理性和公允性，同时本公司将适时增加独立董事在董事会成员中的比重，直至超过董事人数的三分之一。

(七)发行人律师、主承销商对关联交易发表的意见

公司律师认为：发行人的招股说明书已对发行人的关联方、关联关系和关联交易及同业竞争问题予以充分披露，无重大遗漏或重大隐瞒。存在的关联交易的决策符合法定程序和公司章程的规定，交易的价格是市场公允价格。发行人的关联方均为依法设立并经国家工商行政管理部门登记注册的企业法人，其营业执照等也已经律师查验。发行人与上述关联企业的关系清楚、合法、关联企业双方依市场公平原则发生往来，未发现因关联交易而损害发行人及小股东合法权益的情况。在审议关联交易时，在关联股东回避表决的情况下，以出席大会的非关联股东所持表决权的100%表决通过，发行人已采取了必要措施保护其他股东的利益。

本次发行主承销商认为：本招股说明书对于关联方、关联关系以及关联交易的披露全面、真实、准确，公司与关联方发生的所有关联交易均遵循了市场化的定价原则，交易价格的制定公允、合理，并严格履行了公司章程规定的程序，决策行为合法有效，不存在损害发行人及中小股东利益的情形。

十、董事、监事、高级管理人员与核心技术人员

(一)董事、监事、高级管理人员与核心技术人员简介

公司的董事、监事、高级管理人员和核心技术人员最近三年未发生过流失现象，上述人员比较稳定，其主要成员均在公司(包括改制前原企业)连续工作三年以上，能够适应公司现阶段的发展需要。为适应公司上市后的发展需要，公司的管理团队还需要进一步扩充和提升。

张新广，公司董事长，男，汉族，生于1964年2月，大学文化，中共党员，高级工程师。1985年7月到老白干酒厂工作，历任老白干酒厂车间副主任、企管处处长、老白干集团副总经理，1999年12月至2002年1月任股份公司副董事长，2002年1月至今任股份公司董事长。张新广同志多次荣获管理成果奖、科技进步奖等奖项和荣誉称号，2000年7月被国家人事部专家服务中心聘为专家顾问委员。

魏志民，公司副董事长，男，汉族，生于1949年3月，大专文化，中共党员，经济师。历任安平县食品公司子文站站长、安平县食品公司经理、党委书记，1997年至1999年任京安集团董事长兼总经理，1999年12月至今任股份公司副董事长、河北斯格种猪有限公司董事长。

刘彦龙，公司副董事长兼总经理，男，汉族，生于1965年4月，大专文化，中共党员，工程师。历任老白干酒厂技术科科长、制曲车间主任、制曲分厂厂长、二分厂厂长、党总支书记，兴亚饲料分厂厂长、党总支书记，1996年12月至2001年3月任老白干集团董事，1999年12月至2000年3月任股份公司董事、副总经理，2000年3月出任股份公司总经理，2002年1月至今任股份公司副董事长兼总经理。2000年度被评为河北省优秀青年企业家、衡水市"十杰"青年。

刘兰春，公司董事兼副总经理，男，汉族，生于1956年5月，大专文化，经济师。历任安平县百货公司团支书、安平县食品公司何庄站会计、副站长，1997年9月至1999年11月任京安集团副总经理，1999年12月至今任股份公司董事、副总经理。

商清艳，公司董事兼副总经理，男，汉族，生于1962年10月，大专文化，中共党员。历任安平县食品公司会计、站长、1997年9月至1999年11月任京安集团副总经理，1999年12月至今任股份公司董事、副总经理。

张永增，公司董事，男，汉族，生于1948年4月，大专文化，中共党员，高级经济师。历任衡水地区煤矿副矿长、矿长，老白干酒厂副厂长、厂长、党委书记，老白干集团董事长、总经理兼党委书记。1999年12月至2000年3月兼任股份公司董事长、总经理，2000年3月至2002年1月兼任股份公司董事长，现任老白干集团董事长、总经理、党委书记兼任股份公司董事。张永增先生是衡水市人大代表、河北省政协委员、河北省劳动模范、享受政府特殊补贴的优秀管理专家、全国"五一"劳动奖章获得者。

甄小平，公司董事，男，汉族，生于1963年1月，大专文化，中共党员，经济师。历任老白干酒厂财务科会计、销售科副科长，1996年12月至今任老白干集团副总经理，1999年12月至今兼任股份公司董事。

王永芳，公司董事，男，汉族，生于1963年9月，大学文化，中共党员，高级工程师。历任老白干酒厂技术员、制酒车间副主任、生产技术科副科长、科长、酒厂扩建办公室副主任、二分厂厂长兼党支部书记，1996年12月至今任老白干集团副总经理，1999年12月至今兼任股份公司董事，2001年1月至今兼任河北兴亚畜牧养殖有限公司董事长。

陈辅珍，公司董事，女，汉族，生于1956年11月，大专文化，中共党员，会计师。历任老白干酒厂财务科会计、财务科副科长、财务科科长、老白干集团财务处处长，1999年12月至今任公司董事并兼任财务部主任。

吕志强，公司独立董事，男，汉族，生于1937年4月，大学文化，教授。毕业于河北农业大学畜牧专业，后留校任教，曾获国家教委优秀教学成果特等奖(集体)，被评为享受国务院政府特殊津贴专家。先后主持河北省科委重点科研项目"河北省瘦肉猪配套系－冀合白猪培育"、"汉沽黑猪培育"、"河北省种猪测定和杂种优势利用"等，取得重要成果，分别获河北省科技进步一、二、三等奖和国家科委科技进步三等奖。编著出版《养猪手册》、《科学养猪之路》、《瘦肉型猪饲养新技术》、《瘦肉型猪繁育与饲养》、《现代猪肉生产理论与实践》、《中国养猪大全》等六部专著。2001年4月受聘为股份公司独立董事。

秦玉昌，公司独立董事，男，汉族，生于1963年10月，硕士学位，研究员。现任国家饲料工程技术研究中心主任助理、中国农业科学院饲料研究所所长助理兼科技处处长、北京农业工程学会理事。目前从事科研开发、产业管理和安全食品示范基地建设的研究。"九五"期间主持和参加了国家攻关课题"酒糟生产饲料技术"、"高效水产配合饲料的最佳生产工艺参数研究"、"气流对撞干燥机的研究"，均通过国家"九五"项目组验收；编写重要技术报告、论文、可行性报告12部，其中《我国饲料安全工程建设研究》收入中国人民大学论文库，《土豆干燥过程中内部传热传质的数值模拟》获1995－－1998年度《农业工程学报》优秀学术论文；获得国家专利1项，获农业部科技进步三等奖1项。2001年4月受聘为股份公司独立董事。

刘燕陵，公司监事会主席，女，汉族，生于1951年6月，高中文化，中共党员。历任老白干酒厂包装车间副主任、主任、一分厂厂长兼党总支书记，1996年12月至2001年3月任老白干集团董事，1999年12月至今任股份公司党总支副书记、工会主席、监事会主席。

孙凤娟，公司监事，女，汉族，生于1956年9月，大学文化，高级经济师，中共党员。1981年7月至今在老白干集团工作，历任老白干集团劳动人事处处长，2001年4月任股份公司监事。

陈殿章，公司监事，男，汉族，生于1945年11月，中专文化，中共党员。历任乡政府副书记、乡长、书记、县商业局局长。1998年10月到京安集团工作，现任京安集团董事、副总经理，2001年4月任股份公司监事。

刘会军，公司监事，男，汉族，生于1949年8月，大专文化，中共党员，畜牧师。历任安平县食品公司子文食品站销售经理、京安集团一场场长，1999年12月至今任股份公司监事兼京安分公司一场场长。

魏兰波，公司监事，男，汉族，生于1953年3月，高中文化，中共党员。历任老白干集团啤酒厂车间副主任、生产副厂长。1996年12月至今任老白干集团生产处副处长，2001年4月任股份公司监事。

润艳廷，公司副总经理，男，汉族，生于1965年3月，大学文化，中共党员，高级工程师。历任老白干酒厂设备科副科长、科长、制曲分厂副厂长、厂长，1999年12月至今任股份公司副总经理。

张煜行，公司副总经理、公司技术负责人，男，汉族，生于1967年11月，大专文化，工程师。历任老白干集团白酒二分厂生产技术科长、生产技术副厂长、厂长，1999年12月至今任股份公司副总经理。先后进行了降曲试验、老白干酒最佳发酵周期试验、老白干酒大曲中微生物分离优选等60多项试验，主持的"串蒸工艺应用"获河北省轻工厅管理成果奖，建立了老白干基酒分级和质量控制体系和老白干酒香味成分量的特色框架；主持了白酒质量认证手册和认证文件的全面修改工作，先后通过了1996－－2000年ISO9002产品质量认证和质量体系认证的年度审核工作。主持开发几十种不同系列的衡水老白干酒，获河北省优秀新产品奖、全国食品工业优秀新产品奖、省轻工科技进步一等奖、全国食品行业科技进步优秀项目奖，个人荣获全国食品工业先进科技管理工作者称号。

张　一，公司副总经理，男，汉族，生于1965年11月，大学文化，中共党员，工程师。历任衡水市经委技术科副科长，衡水市制药厂副厂长、厂长兼党总支书记，老白干集团兴亚饲料厂副厂长。1999年12月任兴亚饲料分公司总经理兼党支部书记，2002年1月至今任股份公司副总经理。张一先生曾荣获省级新产品开发二等奖，荣获1994年度衡水市"十杰"青年。

刘　勇，公司董事会秘书，男，汉族，生于1965年2月，大学文化，中共党员，高级工程师。历任老白干酒厂计量科科员、科长、老白干集团企管处副处长，1999年12月至今任股份公司董事会秘书。

彭立存，公司核心技术人员，男，汉族，生于1964年1月，大学文化，工程师。曾任兴亚饲料厂生产技术设备科长，现任兴亚饲料分公司副总经理，是中国畜牧医学会、动物营养学分会会员。

先后主持开发了填鸭配合饲料、鲤鱼配合饲料、家兔浓缩料、仟禧龙系列畜禽配合饲料、浓缩料等多种畜禽饲料产品。

佟兰欣，公司核心技术人员，女，汉族，生于 1964 年 6 月，大学文化，高级工程师。曾任老白干白酒厂一分厂生技科科长，现任股份公司生技部副主任。先后参与三十多项试验工作，撰写试验报告三十余篇；推广应用新技术 4 项，经济效益十分显著；参与研制新产品四个，管理创新三项，荣获河北省科技进步一等奖三次；撰写的《生香 ADY 与 TH－－AADY 在衡水老白干酒生产中的应用》一文被中国微生物学会等四家单位评为优秀论文一等奖。

李全柱，公司核心技术人员，男，汉族，生于 1972 年 7 月，大学文化，畜牧兽医师。1997 年 7 月到老白干集团兴亚饲料厂工作，2000 年 5 月调任京安分公司技术负责人。先后参与制定了 Q/HXS01－2000，Q/HXS02－1999，Q/HXS03－2000 等企业标准，参加了河北省重点招标项目“商品瘦肉猪规模化养殖高产技术研究与开发”项目，取得了重要成果。

（二）在其他单位的任职情况

公司副董事长魏志民先生现任河北斯格种猪有限公司董事长；公司董事张永增先生现任老白干集团董事长、总经理、党委书记；公司董事甄小平先生现任老白干集团副总经理；公司董事王永芳先生现任老白干集团副总经理，并兼任河北兴亚畜牧养殖有限公司董事长；公司监事陈殿章先生现任京安集团董事、副总经理；公司监事孙凤娟女士现任老白干集团劳动人事处处长；公司监事魏兰波先生现任老白干集团生产处副处长。

除此之外，公司董事、监事、高级管理人员、技术负责人及核心技术人员不存在在股东单位或股东单位控制的单位、本公司控制的法人单位及同行业其他法人单位担任职务的情况。

十一、公司治理结构

公司于 1999 年 12 月 26 日召开河北裕丰实业股份有限公司创立大会，通过了公司章程，选举产生了公司第一届董事会、监事会成员。2001 年 4 月 2 日公司 2000 年度股东大会通过决议增选了 2 名独立董事；2002 年 5 月 16 日经 2001 年度股东大会决议通过对公司章程进行了修改，形成了目前的《河北裕丰实业股份有限公司章程（草案）》。同时，根据公司章程，本公司先后制定并修改和完善了股东大会议事规则、董事会议事规则、监事会议事规则、总经理工作细则、公司投资决策程序和规则等具体制度性规定，从而初步建立起符合股份有限公司上市要求的公司治理结构。

公司成立以来，建立健全了比较科学和规范的公司法人治理结构，规定了股东大会、董事会和监事会的职权和议事规则等治理文件，上述机构一贯依法合规运作，未出现任何违法违规现象，公司法人治理结构功能不断得到完善。

（一）股东

公司章程规定公司股东主要享有以下权利：依照其所持有的股份份额获得股利和其他形式的利益分配；参加或委派股东代理人参加股东会议；依照其所持有的股份份额行使表决权；对公司的经营行为进行监督，提出建议或者质询；依照法律、行政法规及公司章程的规定转让、赠予或质押其所持有的股份；依照法律、公司章程的规定获得有关信息；公司终止或者清算时，按其所持有的股份份额参加剩余财产的分配等法律、行政法规所赋予的权利。

公司章程规定股东必须遵守以下主要义务：遵守公司章程；依照其所认购的股份和入股方式缴纳股金；除法律法规规定的情形外，不得退股等法律和行政法规所规定的义务。

（二）股东大会

公司章程规定股东大会是公司的权力机构，主要行使以下职权：决定公司经营方针和投资计划；选举和更换董事、由股东代表出任的监事，决定有关董事和监事的报酬事项；审议批准董事会、监事会工作报告；审议批准公司的年度财务预算方案和决算方案；对公司增加或减少注册资本、发行公司债券、公司合并、分立、解散和清算以及聘用和解聘会计师事务所等事项作出决议；审议持有公司发行在外有表决权股份总数 5% 以上股东的提案等法律、行政法规规定的权利。

本公司自成立以来，公司已召开了五次股东大会（包括年度股东大会和临时股东大会），对公司章程的订立和修改、重大经营投资和财务决策、公开发行股票有关事宜、募集资金投向、股利分配、董事和监事人员变动等重大事项作出了决议。

为充分保护公司中小股东的合法权益，避免控股股东利用其控股地位作出损害公司及公司中小股东利益行为的发生，公司章程特别规定，在公司董事会、股东大会对关联交易事项进行表决以及签署关联交易协议时，关联方及关联董事应采取回避措施。2000 年及 2001 年，公司与控股股东及其部分全资子公司发生了一定金额的关联交易，在上述关联交易的决策过程中，老白干集团等关联方和关联董事履行了回避程序，公司两名独立董事和监事会亦分别对上述关联交易的决策程序、关联交易行为及价格制定的公平性和合理性进行了核查，并出具了独立意见。

（三）董事会

公司董事会由 11 人组成，其中设董事长 1 名，副董事长 2 名，独立董事 2 名。董事会对股东大会负责。

公司章程规定，董事会为公司股东大会的执行机构，对股东大会负责，主要享有以下权利：负责召集股东大会，并向股东大会报告工作；执行股东大会决议；决定公司的经营计划和投资方案；制定公司年度财务预算和决算方案、利润分配和弥补亏损方案、增加或减少注册资本、修改公司章程、发行债券以及重大收购、回购本公司股票或者合并、分立和解散方案等需经股东大会审议通过的方案；在股东大会授权范围内，决定公司的风险投资、资产抵押及其他担保事项；制定公司基本管理制度、决定公司内部管理机构的设置；聘任或解聘公司总经理、副总经理、董事会秘书和财务负责人等高级管理人员并决定其报酬事项；管理公司信息披露等法律、行政法规规定的职权。

公司章程规定了独立董事制度，公司在董事会成员中设立两名独立董事。本公司已聘请秦玉昌先生、吕志强先生担任公司的独立董事。公司将增选适当名额的独立董事，使独立董事人数达到董事总数的三分之一以上，并将根据股东大会决议设立战略、审计、提名、薪酬与考核等各专门委员会，加强董事会决策管理科学性、公正性。独立董事制度的建立对于完善公司的法人治理结构起到了积极的作用，独立董事所具备的丰富的专业知识和勤勉尽责的职业道德在董事会制定公司发展战略和发展计划、募集资金投资项目、公司经营管理等决策时发挥了良好的作用，有力地保障了公司经营决策的科学性和公正性。

本公司自设立以来，董事长已召集并召开了九次董事会，对执行股东大会决议、拟订募股资金投向、决定高级管理人员的聘任与更换、决定重大生产经营决策、制定修改公司章程议案、聘任会计师事务所议案、审议股东大会议事规则和董事会议事规则等事项作出了决议。

（四）监事会

公司监事会由 5 名监事组成，设监事会主席 1 名，其中职工监事 2 名。

公司章程规定，公司监事会享有以下职权：检查公司的财务；对董事、总经理以及其他高级管理人员执行公司职务时违反法律、法规或者公司章程的行为进行监督；当董事、总经理以及其他高级管理人员的行为损害公司利益时，要求其予以纠正，必要时向股东大会或者国家有关主管机关报告；提议召开临时股东大会、列席董事会会议；必要时可以聘请律师事务所、会计师事务所等专业机构对行使职权给予帮助，所发生费用由公司承担；股东大会授予的其他职权等《公司法》规定的职权。

本公司自设立以来，由监事会主席召集共召开了 7 次监事会会议，对监督董事会和经理层执行股东大会决议、公司利润分配、监事成员变更等问题作出了决议。

（五）重大决策的程序与规则

1、重大经营决策程序

公司股东大会是公司的权力机构，决定公司经营方针和投资计划，审议批准公司的年度财务预算方案和决算方案。公司董事会是股东大会的执行机构，负责制定财务预算和决算方案；确定运用公司资产所作出的风险投资权限，建立严格的审查和决策程序；重大投资项目应当组织有关专家、专业人员进行评审，并报股东大会批准。总经理根据总经理工作细则的有关规定，行使相应的生产经营、投资及财务决策程序。

基本建设、更新改造和设备仪器购置等固定资产投资项目，由项目单位对项目进行考察、论证，并编写《项目建议书》，根据投资额和审批权限报请有关领导和部门立项审批；经审查同意立项的由项目单位编写《项目可行性研究报告》，根据投资额和审批权限报请公司办公会、董事会、股东大会及有关部门审批；项目一经批准，即可由项目单位进行初步设计和总概算的报批工作，进入公司年度投资计划总盘子，列入企业的年度投资计划，由项目单位或公司成立专门班子组织项目实施，项目完工投产后，由项目单位组织投产竣工验收工作。

2、董事会的重大经营决策权限

收购、出售资产的交易金额（承担债务、费用等一并计算）占公司最近经审计的净资产总额 20% 以下；关联交易的金额为不超过公司最近经审计的净资产值的 5%、且交易金额不超过 3,000 万元；收购、出售资产相关的净利润或亏损的绝对值（按最近一期经审计的财务报告）占公司最近经审计的净利润或亏损绝对值的 20% 以下，且绝对金额在 500 万元以下；前述收购、出售资产是指公司收购、出售企业所有者权益、实物资产或其他财产权利的行为。

运用资金或对外投资金额不超过公司最近经审计的净资产值的 20%。以公司资产、权益为自身债务进行抵押、质押的，用于抵押、质押的资产、权益的价值不超过公司最近经审计的净资产值的 50%；以公司资产、权益为他人（包括但不限于子公司、参股公司等）的债务提供抵押、质押担保的，和/或由公司做为保证人为他人的债务提供保证的，公司所担保的债务的金额不超过公司最近经审计的净资产值的 20%。

3、总经理的经营决策权限

公司的投资，由各部门提出，提交总经理或总经理办公会审定。投资在 100 万元以下（不含此数）的项目，总经理可以直接审批；投资在 100 万元～500 万元（不含此数）的项目，由总经理办公会审批。

总经理可以签署技术合作、对外投资等的意向书，根据投资额，经董事会或股东大会批准后，才能根据授权签署技术合作、对外投资等的合同或协议；所签署的技术合作、对外投资的合同、协议应报董事会备案。

（六）高管人员的选择、考评、激励和约束机制

为确保公司董事会决议的贯彻落实，充分调动公司高级管理人员的积极性和创造性，形成公司的核心凝聚力，促进公司生产经营的高效、有序运行，公司建立了一整套针对高级管理人员和其他管理人员的选择、考评、激励和约束机制的综合管理考评体系。

1、高级管理人员的选择与考评

根据公司章程的规定，公司总经理和董事会秘书由董事会聘任，副总经理及其他高级管理人员经总经理提名，由董事会聘任。高级管理人员的选择遵循“德、能、勤、绩”的原则，任期三年。

公司高级管理人员的考评采取董事会和职工代表大会评议相结合的方式进行。考评时间一般在每一年年底或下一年年初进行。考评的基本程序为高级管理人员述职、董事会和职工代表大会评议、根据评议结果采取相应的奖惩措施。考评的结果和奖惩措施包括，对评为优秀等级的高级管理人员给予通报表彰、物质奖励以及授予荣誉称号等奖励，对评为不称职等级的高级管理人员给予降职、免职、撤职、解聘等处罚。

2、高级管理人员的激励与约束

公司根据国家关于工资制度的有关规定，制定了以岗定薪的工作原则，根据不同的工作岗位制定不同的工资级别，高级管理人员的工资水平处于较高的档次。同时，公司对高级管理人员采取奖金与效益挂钩的激励制度并拟在上市后针对高级管理人员实行年薪制。

公司通过《公司章程》、《劳动合同》、《人事管理制度》、《总经理工作细则》、《副总经理工作细则》、《董事会秘书工作细则》以及有关考评制度对公司高级管理人员履行职责和行使权力作了相应约束。

（七）公司的内控管理制度

除根据国家有关法律、行政法规和中国证监会有关规定建立公司的法人治理结构之外，公司还依据自身实际情况，结合公司多年来在业务发展和经营管理方面的经验优势，建立了包括公司研发生产供应、销售服务以及内部运营等各个方面在内的健全、有效的内部控制制度体系。

公司内控管理制度主要包括综合管理制度、销售管理制度、生产技术系统管理制度、财务系统管理制度、物资管理制度、保卫系统管理制度、企划管理制度、人力资源管理制度以及生产安全管理制度等。

（八）内控管理制度的评价

1、公司管理层关于内控管理制度的评价

公司管理层认为，公司现有的内部控制制度基本覆盖了包括研发生产、内部运营和销售服务等在内的公司经营所需的各个方面，各项规章制度的制定遵循了科学化、合理化、规范化的原则，同时结合了本公司的实际情况，具有较强的针对性，经过实践的检验和评估，在完整性、有效性和

合理性方面不存在重大缺陷。今后，公司将一如既往地贯彻执行公司现行有关内部控制制度，并根据国家有关政策的变化以及公司发展的实际需要不断修订和完善现行内部控制制度。

2、发行人律师关于公司内控管理制度的评价

发行人律师认为，发行人拥有健全的组织机构；发行人的股东大会、董事会、监事会议事规则符合相关的法律法规和规范性文件的规定；发行人历次股东大会、董事会、监事会的召开、决议内容及签署是合法、合规、真实、有效的；股东大会或董事会历次授权或重大投资决策等行为是合法、合规、真实、有效的；发行人的董事、监事和高级管理人员的变化符合公司章程等有关规定，履行了必要的法律手续。

3、注册会计师关于公司内控管理制度的评估意见

河北华安会计师事务所有限公司根据《独立审计准则第9号——内部控制与审计风险》等有关要求，对本公司相关内部控制制度进行了研究、分析、评价和测试，认为本公司"现有的内部控制制度是完整、合理、有效的，总体是可以信赖的，未发现其存在重大缺陷"，并出具了冀华会专字[2001]6001号《内部控制制度评价报告》。

(九)管理层的变动情况

为完善公司法人治理结构，明确董事长与总经理的职责分工，避免董事长和总经理交叉任职可能产生的负面影响，2000年3月6日，经公司一届二次董事会决议，公司董事长张永增先生辞去公司总经理职务，董事会同时聘请刘彦龙先生担任公司总经理职务。

为进一步完善法人治理结构，加强对中小股东的权益保护，提高决策的科学性和公正性，2001年4月2日，经公司2000年度股东大会决议，增选了秦玉昌、吕志强两名独立董事，使公司董事会人数达到11人。

为进一步减少公司与控股股东的人员关联，避免控股股东对公司的直接干预，2002年1月29日，经公司一届七次董事会决议，同意张永增先生辞去公司董事长职务，同意郭炳礼先生辞去公司副总经理职务；会议同时选举张新广先生为公司董事长，选举刘彦龙先生为公司副董事长，聘请张一先生为公司副总经理。

公司其他核心管理层人员和技术负责人近三年内未曾发生变动。

十二、主要财务会计资料

(一)会计报表编制基准及注册会计师意见

本公司聘请河北华安会计师事务所有限公司对公司2002年1-6月、2001年度、2000年度、1999年度的财务情况进行了审计，该审计是依据《中国注册会计师独立审计准则》进行的，河北华安会计师事务所出具了冀华会审字[2002]2046号标准无保留意见的审计报告。

1、会计报表编制基准

本公司1999年12月30日成立，至今运行未满三年，因此编制报表时含改制设立前与改制设立后两个期间的会计报表。

(1)改制设立前的会计报表的编制基准

1999年会计报表系以改制方案确定的公司架构为前提，以报告期实际存在的公司架构中各构成实体的会计报表为基础，假定股份有限公司现时架构在报告期初已经存在，在报告期内未发生重大变化，根据资产重组方案，按《企业会计制度》有关规定编制而成。即以老白干酒厂、河北兴亚饲料厂、安平县京安规模养猪场1999年12月31日的原始会计报表为基础，进行了审计调整，审计调整后，按照衡水资产评估公司1999衡资评字第44号《衡水老白干酿酒(集团)有限公司资产评估报告书》及1999衡资评字第28号《安平县京安规模养猪场资产评估报告书》的评估结果进行了评估调帐，评估调帐后，根据资产重组方案，对三个原企业进行剥离。建新帐时，按照上述三个原企业剥离后的会计数据为基础，资产与股东权益分别加上另四家发起人的现金出资额后形成股份公司的会计报表。

(2)改制设立后的会计报表的编制基准

2000年1月1日后，公司已独立运行，公司2000年的会计报表是依据《股份有限公司会计制度》的有关规定编制并按《企业会计制度》进行了调整，2001年度、2002年1-6月的会计报表是依据《企业会计制度》的有关规定编制而成。

(3)改制过程中资产、负债、所有者权益、收入、费用、利润项目的剥离原则和方法

在编制股份公司1999年度的会计报表时，根据资产重组方案对原企业进行了剥离，剥离符合配比原则。资产剥离遵循了如下原则：对三个经营实体(即老白干酒厂、河北兴亚饲料厂、安平县京安规模养猪场)的同一帐项所采用的会计政策和剥离调整方法保持一致；同一帐项在各会计时点或各会计期间的剥离调整方法保持一致。

资产、负债及所有者权益的剥离情况：(1)衡水老白干酒厂：根据资产重组方案，与老白干酒厂生产经营有关的货币资金、预付帐款、存货、固定资产等经营性资产组入股份公司，而将老白干酒厂的非经营性资产如职工住房等进行剥离，将与资产相对应的短期借款、应付帐款、预收帐款等负债组入股份公司；在此基础上确定组入股份公司的净资产；(2)河北兴亚饲料厂：因为河北兴亚饲料厂没有非经营性资产，因此，根据资产重组方案，资产、负债及权益类中，只将其他应付款中的应付老白干酒厂的款项进行抵销，其他资产及负债全部组入股份公司，在此基础上确定组入股份公司的净资产；(3)安平县京安规模养猪场：对原安平县京安规模养猪场的应收补贴款、固定资产中的宾馆及相应的折旧、部分应付帐款进行剥离，其余资产、负债全部组入股份公司，在此基础上确定组入股份公司的净资产。

收入、费用、利润的剥离情况：(1)衡水老白干酒厂：因原企业的收入和成本全部为白酒的收入和成本，而白酒业务全部组入股份公司，因此，将其全部列入股份公司申报利润表；主营业务税金及附加全部为白酒业务的税金及附加，因此全部列入股份公司申报利润表；其他业务利润均与股份公司主营业务有关且在股份公司设立后仍将发生，因此，将其全部列入股份公司申报利润表；老白干酒厂的营业费用全部是为销售白酒发生的，因此，将其全部列入股份公司申报利润表；管理费用：由于原老白干酒厂的收入全部列入股份公司申报利润表，而原老白干酒厂的管理费用不能划清是归属于老白干酒厂还是归属于老白干集团，因此，根据剥离调整指导意见，将原老白干酒厂的管理费用全部列入股份公司申报利润表；财务费用：由于原老白干酒厂的收入全部列入股份公司申报利润表，因此，根据剥离调整指导意见，将原老白干酒厂的财务费用全部列入股份公司申报利润表；投资收益：为国债利息，不列入股份公司申报利润表；营业外收支：属偶然收支，不列入股份公司申报利润表；所得税：根据申报利润表的利润总额，计算出应纳税所得额，乘33%法定税率得出股份公司申报利润表中的所得税项目金额。(2)河北兴亚饲料厂：因原企业的收入、成本费用全部为组入股份公司的饲料业务的收入、成本费用，因此，只将原企业的属偶然收支的营业外收支进行剥离，其余项目全部列入股份公司申报利润表中，在此基础上确定列入股份公司申报利润表中的净利润；(3)安平县京安规模养猪场：因原企业的收入、成本费用全部为组入股份公司的售猪业务的收入和成本，因此，根据资产重组方案，只将原企业中的属偶然收支的营业外收支进行剥离，其余项目全部列入股份公司申报利润表中，在此基础上确定列入股份公司申报利润表中的净利润。

公司在改制过程中运用的剥离原则和方法符合有关规定，并符合配比原则。1999年度剥离前后相关会计要素差异比较如下(单位：万元)：

项　目	原企业	股份公司	差异额	占原企业比例
资　产	56,983.62	33,959.63	23,023.99	59.60%
负　债	38,444.51	19,980.34	18,464.17	51.97%
权　益	18,539.11	13,979.29	4,559.82	75.40%
收　入	25,576.40	25,576.40	0.00	100.00%
成本费用	25,596.68	25,596.68	0.00	100.00%
利　润	731.80	773.03	-41.23	105.63%

2、注册会计师意见

河北华安会计师事务所有限公司接受委托，对公司2002年6月30日、2001年12月31日、2000年12月31日、1999年12月31日资产负债表和2002年1-6月、2001年度、2000年度、1999年度利润表及2002年1-6月、2001年度、2000年度的利润分配表、2002年1-6月、2001年度现金流量表进行了审计，并出具了冀华会审字[2002]2046号标准无保留意见的审计报告。该审计报告认为报表在所有重大方面公允地反映了2002年6月30日、2001年12月31日、2000年12月31日、1999年12月31日的财务状况和2002年1-6月、2001年度、2000年度、1999年度的经营成果及2002年1-6月、2001年度现金流量情况，会计处理方法的选用遵循了一贯性原则。

以下数据非经特别说明，均引自经审计的财务报告或根据其中数据计算所得。本章的财务会计数据及有关的分析说明反映了公司过往三年又一期经审计的会计报表、经审核的盈利预测报告及有关附注的重要内容。

(二)简要会计报表

本公司目前无拥有实质控制权的子公司，无须披露合并会计报表。本公司的简要会计报表反映了公司的基本财务状况、经营成果和现金流量情况。

简要利润表、简要资产负债表、简要现金流量表及现金流量表附表附后。

(三)经营业绩

1、主营业务收入构成及变动趋势

公司主营业务收入来源于商品猪及种猪业务、白酒业务、饲料业务。在1999年、2000年、2001年、2002年1-6月的业务收入构成中，白酒销售收入占公司主营业务收入的比重最大，分别为71.26%、66.55%、59.28%、63.38%；商品猪及种猪的销售收入占公司主营业务收入的比例仅次于白酒销售收入，但是呈现快速上升趋势，分别为15.93%、19.88%、25.04%、23.97%；饲料销售收入占公司主营业务收入的比例最小，分别为12.81%、13.57%、15.68%、12.65%。

按照公司经营的三项业务，公司的主营业务收入如下(单位：万元)：

年　度	2002年1-6月		2001年		2000年		1999年	
项　目	金额	比例(%)	金额	比例(%)	金额	比例(%)	金额	比例(%)
白　酒	8,142.55	63.38	13,495.51	59.28	14,709.30	66.55	18,225.55	71.26
商品猪及种猪	3,079.46	23.97	5,701.83	25.04	4,392.92	19.88	4,075.54	15.93
饲　料	1,624.34	12.65	3,569.95	15.68	3,000.44	13.57	3,275.31	12.81
合　计	12,846.35	100.00	22,767.29	100.00	22,102.66	100.00	25,576.40	100.00

公司主营业务收入1999年、2000年、2001年、2002年1-6月分别是25,576.40万元、22,102.66万元、22,767.29万元、12,846.35万元，2000年比1999年降低了13.58%，2001年比2000年上升了3.01%，基本保持稳定。公司各分部业务收入变动趋势如下：

公司白酒业务收入1999年、2000年、2001年、2002年1-6月分别是18,225.55万元、14,709.30万元、13,495.51万元、8,142.55万元。2000年比1999年下降了3,516.25万元，下降幅度为19.29%；2001年比2000年下降了1,213.79万元，下降幅度为8.25%。其主要原因是公司调整产业结构，大力发展养猪业务，向农业产业一体化方向发展，同时公司调整白酒产品结构，围绕效益做文章，削减微利产品的产量，开发利润率较高的高档产品，而高档白酒市场开拓需要经历一段时间。此外，白酒市场竞争激烈，也是导致白酒销售收入下降的原因之一。

公司养猪业务收入1999年、2000年、2001年、2002年1-6月分别是4,075.54万元、4,392.92万元、5,701.83万元、3,079.46万元，呈现快速增长趋势。2000年比1999年增长317.38万元，增长率为7.79%，其主要原因是1999年竣工投产的京安三期工程(即西场)2000年实现满负荷生产，销量较1999年有所增加。2001年比2000年增长了1,308.91万元，增长率为29.80%，其主要原因是：公司调整主营业务结构，大力发展养猪业务，所产优质商品猪、种猪逐渐得到市场认同，2001年比2000年商品猪、种猪的销售数量分别增加约4,000头、11,000头。

公司饲料业务收入1999年、2000年、2001年、2002年1-6月分别是3,275.31万元、3,000.44万元、3,569.95万元、1,624.33万元。2000年比1999年下降了274.87万元，下降幅度为8.39%，其主要原因是2000年养殖业不景气，导致饲料销量下降。2001年比2000年增长569.51万元，增长幅度为18.98%，其主要原因是饲料分公司加大促销力度，对公司养殖业务提供配套饲料的比例也有所提高。

2、利润总额构成及变动趋势

按照公司经营的三项业务，公司的利润总额构成情况如下(单位：万元)：

项　目	2002年1-6月	2001年	2000年	1999年
白　酒	836.69	1,576.09	1,962.90	96.10
种猪及商品猪	632.56	1,014.23	918.98	953.91
饲　料	8.38	144.17	23.35	-245.27
利润总额合计	1,477.63	2,734.49	2,905.23	804.74

公司1999年、2000年、2001年、2002年1-6月的利润总额分别是804.74万元、2,905.23万元、2,734.49万元、1,477.63万元。公司2000年利润总额比1999年增长2,100.49万元，增长了261.01%，其主要原因是由于白酒业务利润大幅增长。2001年利润总额比2000年降低170.74万元，即5.88%，其主要原因是虽然养殖与饲料业务利润增长，但白酒业务利润与养猪补贴收入有所下降。各分部业务利润变动情况如下：

公司白酒业务 1999 年、2000 年、2001 年、2002 年 1－6 月的利润总额分别是 96.10 万元、1,962.90 万元、1,576.09 万元、836.69 万元，有一定波动幅度。2000 年白酒业务利润比 1999 年增长 1,866.80 万元，增幅达 1,942.56%，其主要原因是：(1)公司 2000 年管理费用、财务费用比 1999 年有较大幅度下降，主要是由于根据证监会剥离调整原则，老白干酒厂管理费用、财务费用全部进入老白干分公司，导致 1999 年老白干分公司管理费用、财务费用过高；(2)老白干分公司调整产品结构，削减利润率低、税率高的产品产量，增加利润率高、税率低的产品产量，在销售收入减少的情况下，增加了业务利润；(3)公司加强内部管理和成本控制，使主营业务成本、营业费用的下降超过了主营业务收入的下降；(4)公司以前年度投入大量资金建设销售网点、广告宣传已初见成效，使得 2000 年营业费用在这方面的投入降低。2001 年白酒业务利润比 2000 年下降 386.81 万元，幅度为 19.71%，其主要原因是公司调整了产品结构，发展重点已经转向优质种猪及商品猪养殖，白酒业务更侧重于在现有基础上稳定发展，所以白酒业务利润出现一定程度的降低。

公司养猪业务的利润总额为养殖分部营业利润、补贴收入等合计数。公司养猪业务 1999 年、2000 年、2001 年、2002 年 1－6 月的利润总额分别是 953.91 万元、918.98 万元、1,014.23 万元、632.56 万元，扣除补贴收入等因素后，营业利润分别为 224.71 万元、600.30 万元、950.00 万元、540.67 万元，呈较快增长趋势。公司养猪业务营业利润 2000 年比 1999 年增加 375.59 万元，上升 167.14%，其原因是售猪收入增长 317.38 万元；养猪主要原料如玉米、豆粕、预混料的价格下降，使单位成本降低，售猪主营业务成本降低 147.73 万元；虽然期间费用上升 64.99 万元，但是养猪业务的营业利润仍增长较快。2001 年比 2000 年增长 349.70 万元，增长率为 58.25%，其原因是公司的种猪和商品猪品质好，逐渐赢得更大市场份额，销售数量大幅增加。

京安分公司作为生猪活体储备基地，由北京市财政局通过北京市食品公司按储备数量给予本公司生猪活体储备补贴。公司根据完成的活体储备数量及相应的补贴单价，计算当期补贴收入。公司 1999 年、2000 年、2001 年、2002 年 1－6 月的补贴收入分别为 7,292,000 元、3,150,000 元、1,483,260 元、795,240 元，分别占当期净利润的 94.33%、14.52%、6.80%、6.71%。公司补贴收入的变动，是由于储备数量和储备单价均发生变化。1999 年公司承担生猪活体储备(中央)30,000 头，每头价外补贴 30 元，承担生猪活体储备(北京市)79,900 头，每头价外补贴 80 元，补贴收入共计 7,292,000 元；2000 年承担生猪活体储备(中央、北京市两级)100,000 头，每头价外补贴 30 元，补贴收入 3,000,000 元，其他补贴收入 150,000 万元，补贴收入共计 3,150,000 万元；2001 年承担生猪活体储备(中央、北京市两级)49,442 头，每头价外补贴 30 元，补贴收入共计 1,483,260 元。

公司饲料业务 1999 年、2000 年、2001 年、2002 年 1－6 月的利润总额分别是－245.27 万元、23.35 万元、144.17 万元、8.38 万元，有一定波动。饲料业务 1999 年亏损主要是由于 1999 年比 1998 年饲料主要原料大豆、玉米等价格大幅上涨，使成本上涨，而售价低迷以致亏损。饲料业务 2000 年扭亏为盈，主要是由于 2000 年主要原料(如：大豆、玉米等)价格大幅下降，使成本下降；同时公司加强费用控制，健全各项费用管理制度，费用指标落实到人，使期间费用下降了 29.38%。2001 年饲料业务利润比 2000 年增长 120.82 万元，增长率为 517.43%，主要是由于成功开拓了市场，并向京安分公司合同养殖户提供配套饲料，使公司饲料销售收入增长较快。

3、主营业务成本、税金及附加和费用的变动情况

(1)主营业务成本

公司 1999 年、2000 年、2001 年、2002 年 1－6 月的主营业务成本分别为 16,371.01 万元、13,616.07 万元、13,183.11 万元、7,444.74 万元。2000 年比 1999 年下降 2,754.94 万元，降幅为 16.83%，其主要原因除同期销售量下降 13.58%的影响外，公司加强内部管理，做好挖潜节能和降耗工作，包括：改造高耗电、高耗水、计量不准确的设备；对酒精生产设备进行改造，增加使用节能装置，既减少环境污染，又使煤耗降低 10%；通过设备改造，在原固定费用不变的情况下，酒精年产量可增加 1000 吨，降低成本 15%；养猪主要原料如玉米、豆粕、预混料的价格下降，使单位成本降低。2001 年主营业务成本比 2000 年下降 432.96 万元，降幅为 3.18%，其主要原因是公司白酒业务成本下降 1,528.46 万元；即使公司种猪及商品猪业务、饲料业务的成本随其收入增长而增长，公司总体成本总额仍然较 2000 年下降。

(2)主营业务税金及附加

公司 1999 年、2000 年、2001 年、2002 年 1－6 月的主营业务税金及附加分别为 4,035.63 万元、2,885.36 万元、3,153.07 万元、2,094.16 万元。2000 年比 1999 年下降了 1,150.27 万元，下降了 28.50%，其主要原因一方面是白酒销售收入下降，另一方面调整产品结构，改变了追求利税指标的观念，推出了利润率较高、消费税率相对较低的产品，淘汰了部分消费税率较高、毛利率低的产品，使消费税大幅下降。2001 年主营业务税金及附加比 2000 年上升 267.71 万元，幅度为 9.28%，其主要原因是 2001 年国家对白酒在从率计征消费税的同时，又开始从量计征消费税，使公司白酒业务税赋加重。

(3)营业费用

公司 1999 年、2000 年、2001 年、2002 年 1－6 月的营业费用分别为 1,953.35 万元、725.49 万元、889.01 万元、520.44 万元。2000 年比 1999 年下降了 1,227.86 万元，降幅为 62.86%；其主要原因是 2000 年公司着力巩固市场，利用已经建立的销售网络扩大品牌效应，广告投入、销售网络建设及销售人员培训投入较小，白酒业务促销费减少 1,014 万元，运费减少 121 万元；此外，2000 年度公司进一步完善有关销售的管理制度，使销售费用开支得到严格控制。2001 年营业费用比 2000 年增长 163.52 万元，幅度为 22.54%，其主要原因是公司加大产品促销、宣传力度，费用有所上升。

(4)管理费用

公司 1999 年、2000 年、2001 年、2002 年 1－6 月的管理费用分别为 1,934.47 万元、1,399.40 万元、1,635.82 万元、783.43 万元。2000 年比 1999 年减少了 535.07 万元，下降 27.66%，主要是 1999 年原老白干酒厂的管理费用包括老白干集团本部的管理费用，由于老白干酒厂本身的管理费用与集团本部的管理费用统一核算未能分清费用归属，而原老白干酒厂的收入全部组入股份公司，根据剥离调整原则，原老白干酒厂的管理费用全部计入股份公司，因此 1999 年老白干分公司管理费用较大。此外，由于采取定岗定员、减员增效、控制费用开支等一系列改革措施，使管理费用得到控制。2001 年管理费用比 2000 年增长 236.42 万元，增幅为 16.89%，主要原因是提高技术顾问的工资、改善工作环境及交通费增加。

(5)财务费用

公司 1999 年、2000 年、2001 年、2002 年 1－6 月财务费用分别为 1,302.22 万元、1,064.25 万元、1,334.07 万元、750.44 万元。2000 年比 1999 年减少了 237.97 万元，下降 18.27%，主要原因是：1999 年原老白干酒厂代老白干集团的其他子公司贷了部分银行借款，该部分借款利息支出计入了原老白干酒厂的财务费用。股份公司成立时剥离了部分短期借款和长期借款，而原老白干酒厂的收入全部列入了股份公司申报利润表，因此，根据剥离调整指导意见，将原老白干酒厂的财务费用全部列入股份公司申报利润表，因此 1999 年股份公司财务费用较大。2001 年财务费用比 2000 年增长 269.82 万元，增幅为 25.35%，主要原因是 2001 年度公司占用银行借款增加所致。

(6)最近三年公司所得税核算情况

公司最近三年又一期所得税计提情况如下(单位：人民币元)：

项　目	2002 年 1－6 月	2001 年度	2000 年度	1999 年度
会计利润	14,776,336.02	27,344,948.69	29,052,312.99	8,047,414.47
加：纳税调整增加项目	392,401.15	1,361,672.60	2,427,669.53	2,452,739.37
减：纳税调整减少项目	6,331,268.00	11,980,673.98	9,189,763.04	9,539,129.66
应纳税所得额	8,837,469.17	16,725,947.31	22,290,219.48	961,024.18
法定税率	33%	33%	33%	33%
所得税	2,916,364.84	5,519,562.61	7,355,772.43	317,137.98

4、重大投资收益(损失)和非经常性损益

公司过往三年无占净利润 5%以上的重大投资收益(损失)和非经常性损益。

5、所得税税率及主要财政税收优惠政策

本公司适用的主要税种有：所得税、消费税和增值税。公司的所得税采用应付税款法核算，京安分公司的利润免征企业所得税，而老白干分公司、兴亚饲料分公司执行 33%的所得税税率。公司只有白酒业务需要缴纳增值税，其税率为 17%。公司适用的消费税税率分为比例税率和定额税率两种，比例税率有四档，其税率分别为粮食白酒 25%、薯类白酒 15%、保健酒 10%、酒精 5%；定额税率指粮食白酒、薯类白酒除从率征收外，每 500 克再征收 0.50 元的消费税。

按照《增值税暂行条例》第十六条第一款及冀国税发[1999]120 号《河北省国税局、河北省饲料工业办公室关于印发〈河北省饲料工业企业免征增值税管理办法〉的通知》的有关规定，公司畜禽养殖、饲料业务免征增值税。因此 京安分公司和饲料分公司免征增值税。同时，按照农经发[2000]8 号《印发〈关于扶持农业产业化经营重点龙头企业〉的通知》精神和《衡水市地方税务局关于免征河北裕丰实业股份有限公司京安分公司企业所得税的说明》，京安分公司免征企业所得税。

根据国家国内贸易局下发的《关于进一步加强国家生猪活体储备管理的通知》和北京市财政局、北京市商委下发的《北京市财政副食品活体储备管理试行办法》的规定，由北京市食品公司、北京京都大红门肉类食品有限公司与本公司签订《北京市食品公司生猪活体储备协议书》，本公司京安分公司作为活体储备基地，按规定的数量和规格储备生猪，北京市财政局通过北京市食品公司按储备数量支付本公司生猪活体储备补贴。

(四)资产

截至 2002 年 6 月 30 日，本公司的资产总计为 40,006.82 万元，包括流动资产、长期投资和固定资产。

1、流动资产

流动资产主要包括货币资金、应收帐款、其他应收款、应收票据、预付帐款和存货等，具体情况如下：

(1)货币资金

本公司 1999、2000、2001 年末和 2002 年 6 月 30 日的货币资金分别为 14,554,127.98 元、22,846,920.10 元、26,202,809.17 元、33,949,528.23 元，分别占当期期末流动资产的 9.33%、9.79%、12.67%、15.88%。

(2)应收帐款、其他应收款及坏帐准备

公司 1999、2000、2001 年末和 2002 年 6 月 30 日的应收帐款余额分别为 16,263,691.13 元、27,331,877.36 元、24,940,915.61 元、36,094,298.13 元。2000 年末比 1999 年末增长 11,068,186.23 元，即 68.05%，主要原因是：公司为稳定主要客户、扩大市场份额，对主要客户的应收款的回收期要求较为宽松，京安分公司大宗商品猪销售款回笼时间较长。同时，京安分公司随着业务规模的扩大，产销量也得到较大的增长，相应的应收帐款也有一定幅度的增长。2001 年末比 2000 年末减少 2,390,961.75 元，即 8.75%，主要原因是：公司加大了应收帐款的催收力度，货款回笼速度有所加快。2002 年 6 月 30 日比 2001 年末增加 11,153,382.52 元，即 44.72%，主要是由于老白干分公司加大销售力度，对部分信誉好的客户赊销，造成应收帐款有所增加。2002 年 6 月 30 日，帐龄在一年以内的应收帐款余额为 34,943,548.30 元，占应收帐款总额的比例为 96.81%。2002 年 6 月 30 日，本公司的应收帐款余额中，无持本公司 5%(含 5%)以上股份的股东欠款。2002 年 6 月 30 日应收帐款前 5 名金额合计为 24,144,317.64 元，占应收帐款总额的比例为 67%。

公司 1999、2000、2001 年末和 2002 年 6 月 30 日的其他应收款余额分别为 1,507,853.79 元、40,099,877.22 元、10,789,267.50 元、8,153,246.35 元。2000 年末比 1999 年末增加 38,592,023.43 元，即 2559.40%，大幅增加的主要原因是：2000 年初，河北衡水老白干酿酒(集团)有限公司刚完成改制，由于银行贷款额度紧张，短时间内向银行贷款较困难，造成资金紧张，因此向本公司暂借部分款项 3007 万元(该项借款已全部还清)。2001 年末其他应收款余额比 2000 年末减少 73.09%，主要系因河北衡水老白干酿酒(集团)有限公司归还暂借公司款项所致。2002 年 6 月 30 日，其他应收款余额主要为上市改制费、对北京飞天软件公司暂付款。2002 年 6 月 30 日，帐龄在一年以内的其他应收款余额为 7,657,600.15 元，占其他应收款总额的比例为 93.92%。2002 年 6 月 30 日，本公司的其他应收款余额中，无持本公司 5%(含 5%)以上股份的股东欠款。截至 2002 年 6 月 30 日，金额前 5 名的其他应收款合计为 4,632,721.93 元，占其他应收款总额的比例为 57%。

公司 1999、2000、2001 年末和 2002 年 6 月 30 日的坏帐准备分别为 888,577.25 元、3,371,587.73 元、1,786,509.16 元、2,212,377.23 元。2000 年末比 1999 年末增加 2,483,010.48 元，即 279.44%，主要是因为对关联单位应收款项补提坏帐准备。上述期末的应收帐款帐面价值为 15,450,506.57 元、25,965,283.49 元、23,693,869.82 元、34,289,583.22 元；其他应收款帐面价值为 1,432,461.10 元、38,094,883.36 元、10,249,804.13 元、7,745,584.03 元。根据以前年度坏帐损失占应收款项的比例的经验及公司客户的信用情况，一年以内的应收款项发生坏帐的可能性很小，低于应收款项余额的 5%，而公司的应收款项帐龄主要为一年以内，占 95%以上，因此，根据以往的经验，公司坏帐准备按年末应收款项余额的 5%的比例计提，采用备抵法核算。

(3)应收票据

公司 1999、2000、2001 年末和 2002 年 6 月 30 日应收票据余额分别为 7,820,000 元、8,044,150

元、5,391,720 元、2,350,000 元。截至 2002 年 6 月 30 日,公司应收票据均为银行承兑汇票,没有已质押的应收票据。

(4)预付帐款

公司 1999、2000、2001 年末和 2002 年 6 月 30 日的预付帐款分别为 881,297.64 元、12,463,998.06 元、5,273,140.38 元、5,015,040.50 元。2000 年末比 1999 年末增长 11,582,700.42 元,即 1,314.28%,主要原因是:为了以较低价格收购优质粮食,保证原料供应,老白干分公司预付收粮款大幅增加。随着材料陆续入库,2001 年末预付帐款比 2000 年末减少 7,190,857.68 元。2002 年 6 月 30 日,帐龄在一年以内的预付帐款占预付帐款总额的比例为 100%,预付帐款中没有预付持本公司 5%(含 5%)以上股份的主要股东单位款项。

(5)存货

公司 1999、2000、2001 年末和 2002 年 6 月 30 日的存货为 115,927,383.64 元、124,636,782.77 元、136,438,717.78 元、129,889,108.89 元。存货是由原材料、生产成本、自制半成品和产成品构成,截至 2002 年 6 月 30 日,自制半成品占存货总额的比例为 68.22%,所占比例较高,其原因主要与本公司行业特点有关。公司自制半成品主要包括:老白干分公司的窖藏半成品酒及京安分公司的尚未养成出栏的猪。白酒包装出售前,需窖藏一段时间,且要求有较大的储藏量,以保证正常生产经营需要;猪在出栏前也要经过较长时间的饲养期,在此期间属自制半成品。

截至 2002 年 6 月 30 日,公司存货跌价准备余额为 478,885.70 元,比 2000 年末增加 327,018.94 元。公司只对存货中的原材料计提了跌价准备,具体原因是通过分析存货构成,公司认为原材料的市场价格周期性波动较为明显,只有原材料期末账面价值低于可变现净值;自制半成品中半成品酒在出售前的窖藏期间、尚未养成出栏的商品猪及种猪饲养期间,没有发生跌价;由于种猪和老白干酒的市场价格一直较为稳定,所以产成品、生产成本均未发生跌价。因此,公司存货中只有原材料提取了跌价准备。存货按成本与可变现净值孰低计价。"可变现净值"是指在正常生产经营过程中,以估计售价减去估计完工成本和销售所必需的估计费用后的价值。

2、长期投资

截至 2002 年 6 月 30 日,本公司长期投资余额为 11,908,366.26 元,占净资产的 7.45%。其中长期股权投资 10,323,366.26 元,长期债权投资 1,585,000.00 元。

(1)长期股权投资

截至 2002 年 6 月 30 日,公司的长期股权投资只包括对河北斯格种猪有限公司的投资。此项股权投资的投资期限为 30 年,2000 年 12 月 31 日时初始投资金额 1,082.60 万元,2002 年 6 月 30 日投资金额 10,323,366.26 元,占股份公司净资产的 6.46%,公司投资占河北斯格注册资本的 42%,对此项目采用权益法核算。本项投资不存在其可收回金额低于投资的帐面价值的情况,因此未对该项投资计提减值准备。本投资项目不存在投资变现的重大限制。

公司的对外股权投资按投资时实际支付的金额或确定的价值记账。对于收入的确认,本公司投资占被投资单位有表决权资本总额 20%或 20%以上,或虽然投资不足 20%但有重大影响,采用权益法核算;投资占被投资单位有表决权资本总额 20%以下或 20%以上,但不具有重大影响的,采用成本法核算。长期股权投资差额在约定的投资期限内摊销,如投资期限不明确,借方差额按不超过 10 年的期限摊销,贷方差额按不低于 10 年的期限摊销。

(2)长期债权投资

公司的长期债权投资是公司对河北省衡水地区集资办电办公室的债权性投资,初始投资成本为 1,585,000 元,截至 2002 年 6 月 30 日的投资余额为 1,585,000 元。本项投资不存在其可收回金额低于投资帐面价值的情况,所以没有计提减值准备。

公司的长期债券投资按实际支付的全部价款,扣除经纪人佣金、税金、手续费等附加费用,以及自发行日起至购买日止已实现利息后的余额入帐。按权责发生制的原则确认收益。债券投资溢价或折价采用直接摊销法,在债券存续期内分期平均摊销。

(3)长期投资跌价准备

公司在期末对长期投资进行逐项检查,对由于市价下跌或经营状况恶化等原因导致其可收回金额低于长期投资的帐面价值所造成的减值,计提长期投资减值准备。计提时,按个别投资项目可收回金额低于长期投资帐面价值的差额计算确定。

3、固定资产

(1)主要固定资产原值

截至 2002 年 6 月 30 日,公司主要固定资产原值如下(单位:元):

项目	2001 年 12 月 31 日	本期增加	本期减少	2002 年 6 月 30 日
房屋建筑物	143,689,585.73	4,194,793.40	88,020.00	147,796,359.13
机器设备	46,959,652.42	165,903.60	0.00	47,125,556.02
电子设备	1,820,998.34	94,564.00	0.00	1,915,562.34
运输设备	10,490,045.09	5,100.00	879,599.50	9,615,545.59
其　他	34,669,287.26	10,546,211.00	7,085,496.00	38,130,002.26
合　计	237,629,568.84	15,006,572.00	8,053,115.50	244,583,025.34

(2)固定资产累计折旧及净值

截至 2002 年 6 月 30 日,公司主要固定资产累计折旧及净值如下(单位:元):

项　目	2001 年 12 月 31 日	本期增加	本期减少	2002 年 6 月 30 日
房屋建筑物	42,581,953.10	3,082,781.20	0.00	45,664,734.30
机器设备	20,055,292.55	1,005,206.46	0.00	21,060,499.01
电子设备	380,600.07	95,508.48	0.00	476,108.55
运输设备	3,771,193.24	474,868.13	402,636.87	3,843,424.50
其　他	4,819,936.03	3,551,564.37	6,160,472.00	2,211,028.40
合　计	71,608,974.99	8,209,928.64	6,563,108.87	73,255,794.76
净　值	166,020,593.85	—	—	171,327,230.58

"其他"主要指种猪,其种类包括:长白、大约克、杜洛克、皮特兰、斯格、长大等。其数量和金额变化情况如下:

种类	期初数	期初原值	本期增减	增减金额	期末数	期末原值
长白	2,119	9,321,481.00	-462	-1,982,953.30	1,657	7,338,527.70
大约克	1,867	8,239,071.00	772	3,711,277.50	2,639	11,950,348.50
杜洛克	192	959,808.00	-2	-9,960.10	190	949,847.90
斯格	968	5,238,816.00	371	2,177,673.80	1,339	7,416,489.80
长大	848	2,505,424.66	-148	-435,322.90	700	2,070,101.76
合计	5,994	26,264,600.66	531	3,460,715.00	6,525	29,725,315.66

(3)固定资产减值准备

截至 2002 年 6 月 30 日,公司固定资产计提减值准备情况如下:

项目	2001 年 12 月 31 日	本期增加	本期减少	2002 年 6 月 30 日
机器设备	84,099.50	0.00	0.00	84,099.50
电子设备	68,033.38	0.00	0.00	68,033.38
运输设备	324,659.03	0.00	0.00	324,659.03
合计	476,791.91	0.00	0.00	476,791.91

公司 1999 年、2000 年没有计提固定资产减值准备。由于公司在 1999 年 12 月 31 日建帐时,按照资产评估结果调整了固定资产账面价值,一些毁损、报废的固定资产在评估时已作了相应的报废或评估减值处理,因此,1999 及 2000 年年末固定资产不存在闲置毁损的情况,评估调帐后固定资产未发生较大的价值变动。因而根据实际情况,上述两年公司没有计提固定资产减值准备。

(4)在建工程

截至 2002 年 6 月 30 日,本公司的主要在建工程情况如下(单位:元):

工程名称	2001 年 12 月 31 日	本期增加	本期转入固定资产	2002 年 6 月 30 日	资金来源
植酸酶项目	1,053,764.74	20,707.90	0.00	1,074,472.64	自筹
京安分公司房屋	0.00	3,583,457.00	3,289,000.00	294,457.00	自筹
酒精 10 吨炉项目	250,000.00	228,495.00	0.00	478,495.00	自筹
酒精废水处理项目	0.00	392,000.00	0.00	392,000.00	自筹
污水处理设备	61,608.00	0.00	0.00	61,608.00	自筹
京安分公司锅炉	0.00	30,000.00	0.00	30,000.00	自筹
老白干在安装设备	16,985.00	603,669.39	74,286.00	546,368.39	自筹
兴亚在安装设备	76,947.89	619,534.12	75,487.60	620,994.41	自筹
合　计	1,459,305.63	5,477,863.41	3,438,773.60	3,498,395.44	—

植酸酶项目是本公司募股资金投资项目之一,工程预算为 9,738 万元,公司已经投入 107.45 万元,投入金额占预算的比例为 1.10%。截至 2002 年 6 月 30 日,公司在建工程余额比 2001 年 12 月 31 日增加 140%,主要系因待安装设备增加所致。本项目中无资本化利息;在建工程不存在减值的情况。

(5)固定资产的分类、计价与折旧方法

本公司固定资产包括房屋建筑物、机器设备、运输设备、电子设备和其他(指京安分公司的种猪)。公司拥有的使用期限在一年以上,单位价值在人民币 2,000 元以上的劳动资料作为固定资产;不属于生产经营主要设备,但使用期限超过 2 年且单位价值在 2,000 元以上的设备、器具、工具等,也作为固定资产。固定资产以取得时的成本作为入账的价值。

固定资产折旧采用直线法计算。根据预计使用年限和预计残值(预计残值率为 3%),本公司确定各类固定资产年折旧率如下:

类　别	折旧年限(年)	残值率(%)	年折旧率(%)
房屋建筑物	20—40	3	2.43—4.85
机器设备	4—20	3	4.85—24.25
电子设备	4—16	3	6.06—24.25
运输设备	8—14	3	6.93—12.13
其　他	4—20	3	4.85—24.25

"其他"主要指种猪,其折旧年限为 4 年。

本公司期末对固定资产逐项进行检查,由于市价持续下跌、技术落后或损坏、长期闲置等原因导致其可收回金额低于账面价值的,计提固定资产减值准备。计提时,按单项固定资产可收回金额低于账面价值的差额确认固定资产减值准备。

4、有形资产净值和无形资产

截至 2002 年 6 月 30 日,公司资产总额 40,006.82 万元,扣除无形资产、待摊费用、长期待摊费用后,有形资产净值 39,981.24 万元。

本公司无已入账无形资产。

(五)负债

截至 2002 年 6 月 30 日,本公司负债总额为 240,187,034.99 元。其中流动负债 213,246,034.99 元,长期负债 26,941,000.00 元。

1、流动负债

流动负债主要包括短期借款、应付帐款、预收帐款、应付福利费、应付股利、应交税金、其他应交款、其他应付款、预提费用、一年内到期的长期负债。

(1)短期借款

本公司截至 2002 年 6 月 30 日的短期借款余额为 18,385 万元,全部为担保贷款,衡水远大集团棉纺织总厂担保 15,865 万元,衡水电机股份有限公司担保 2,520 万元。短期借款中,向中国工商银行衡水新华支行借款 14 笔、共计 8,640 万元,其中 7 笔合计 4,350 万元,月利率为 5.3625‰,2 笔合计 700 万元,月利率为 5.85‰,5 笔合计 3,590 万元,月利率为 5.31‰;向中国银行衡水分行借款 4 笔,共计 6,100 万元,月利率为 4.8675‰;向中国农业银行衡水大庆路分理处借款 13 笔,共计 3,245 万元,其中 1 笔 220 万元,月利率为 5.08875‰,12 笔合计 3,025 万元,月利率为 5.60625‰;向中华大街信用社借款 300 万元,月利率为 5.46‰;向胜利路信用社借款 100 万元,月利率为 6.045‰。2000 年末比 1999 年末增加 8,162 万元,即 140%;2001 年末比 2000 年末增加 3,124 万元,即 22.33%。这种变化的原因是:由于银行贷款政策的调整,将公司到期的中长期贷款转为短期贷款,提供给公司的长期贷款逐年减少。公司短期借款占借款总额的比例较高,面临一定的短期偿债压力,一旦银行政策发生重大变化,将影响公司资金周转。

(2)应付账款与预收帐款

1999、2000、2001 年末和 2002 年 6 月 30 日,本公司应付帐款余额分别为 4,846,714.25 元、20,703,896.52 元、16,624,379.63 元、14,452,715.13 元。2002 年 6 月 30 日,一年以内的应付帐款为 13,952,130.73 元,占应付帐款余额的 96.54%。截至 2002 年 6 月 30 日,本公司不存在欠付持公司 5%(含 5%)以上股份的股东单位的欠款。

1999、2000、2001 年末和 2002 年 6 月 30 日,本公司预收帐款余额分别为 2,859,081.52 元、5,791,215.71 元、1,988,811.01 元、2,141,744.93 元。截止 2002 年 6 月 30 日,本公司没有账龄超过一年的预收帐款,不存在预收持本公司 5%(含 5%)以上股份的股东单位款项。

(3)应付福利费

1999、2000、2001 年末和 2002 年 6 月 30 日,本公司应付福利费余额分别为 145,270.57 元、984,524.06 元、9,277.22 元、122,328.78 元。福利费按工资总额 14%按月提取,记入当期管理费用。

(4)应交税金及应付股利

1999、2000、2001 年末和 2002 年 6 月 30 日,公司应交税金分别为 0.00 元、7,774,784.18 元、852,096.95 元、-2,363,675.73 元。2002 年 6 月 30 日应交税金主要包括:增值税-4,678,012.70 元,消费税 1,426,155.60 元,所得税 1,081,875.21 元,城建税-205,910.24 元,个人所得税 12,216.40 元。截至 2002 年 6 月 30 日,应交增值税为负数的原因是公司多交的增值税。

截至 2002 年 6 月 30 日,本公司应付股利余额为 200,482.87 元,其中应付陶瓷厂 58,965.25 元、应付磁记录公司 58,965.25 元、应付农大高新 58,965.25 元、应付天轻公司 23,587.12 元。

(5)其他应交款与其他应付款

截至 2002 年 6 月 30 日,本公司的其他应交款余额为 701,722.66 元,为应交教育费附加。

截至 2002 年 6 月 30 日,本公司其他应付款为 5,316,425.32 元。其中,一年以内的应付款为 5,309,725.32 元,占其他应付款余额的 99.87%。上述应付款项主要是应付北京鲲鹏食品公司顺义肉联厂暂借款、应付老白干集团代垫款、应付职工教育经费等。2002 年 6 月 30 日,本项目中欠付持本公司 5% 以上股份的股东款项:应付老白干集团 1,377,113.12 元。

(6)预提费用及一年内到期的长期负债

截至 2002 年 6 月 30 日,本公司预提费用余额为 484,632.33 元,主要包括预提利息费用。

截至 2002 年 6 月 30 日,本公司一年内到期的长期负债余额为 800 万元,借款银行是中国工商银行衡水新华支行,月利率为 5.36458‰,到期日为 2002 年 11 月 17 日。一年内到期的长期负债余额 2001 年末比 2000 年末减少 4,155 万元,即 83.85%,主要原因是公司在 2001 年内归还了到期的长期负债所致。

2、长期负债

截至 2002 年 6 月 30 日,本公司长期负债余额为 2,694.10 万元,包括长期借款 1,725 万元、长期应付款 969.10 万元。

本公司 2002 年 6 月 30 日长期借款余额为 1,725 万元,比 2001 年末增加 1,225 万元,即 245%。本公司长期借款全部为担保贷款,衡水远大集团棉纺织总厂担保 1,225 万元,衡水电机股份有限公司担保 500 万元。长期借款中,向中国工商银行衡水新华支行借款 500 万元,月利率 5.445‰;向中国农业银行衡水大庆分理处借款 4 笔共计 1,225 万元,月利率 5.26125‰。

截至 2001 年 6 月 30 日,本公司长期应付款余额为 969.10 万元,全部是长期信用借款,包括向安平县财政局借款 869.10 万元、向河北省财政厅借款 100.00 万元。

3、逾期未偿还款项

截至 2002 年 6 月 30 日,本公司无逾期未偿还款项。

(六)股东权益变化情况

公司最近三年又一期股东权益变化情况如下(单位:元):

项 目	2002 年 6 月 30 日	2001 年 12 月 31 日	2000 年 12 月 31 日	1999 年 12 月 31 日
股本(净资产)	100,000,000.00	100,000,000.00	100,000,000.00	100,000,000.00
资本公积	41,492,943.19	41,492,943.19	41,492,943.19	41,492,943.19
盈余公积	6,528,289.00	6,528,289.00	3,254,481.09	—
其中:法定公益金	2,176,096.33	2,176,096.33	1,084,827.03	—
未分配利润	11,859,971.18	—	—	—
股东权益合计	159,881,203.37	148,021,232.19	144,747,424.28	141,492,943.19

1999 年设立股份公司时,将 6 家发起人投入的经营性净资产和现金按 1:0.7067 的比例折合股本 10,000 万元,其余的 4,149 万元作为资本公积金。2000 年度,本公司期末股东权益比期初增加 325 万元。其中盈余公积增加 325 万元,当年净利润为 2,170 万元;2001 年度,本公司期末股东权益比期初增加 327 万元。其中盈余公积增加 327 万元,当年净利润为 2,183 万元。公司的法定公积金、公益金分别按照当年净利润的 10%、5% 提取。2002 年 1-6 月,期末股东权益比期初增加 1,186 万元,当期实现净利润 1,186 万元。

(七)现金流量

公司 2001 年度、2002 年 1-6 月经营活动产生的现金流量净额分别为 6,046.36 万元、2,042.60 万元。其中:销售商品、提供劳务收到的现金分别为 23,789.51 万元、12,350.47 万元,收到的其他与经营活动有关的现金分别为 3,061.92 万元、482.47 万元;购买商品、接收劳务支付的现金分别为 11,477.71 万元、5,723.40 万元,支付给职工以及为职工支付的现金分别为 2,519.35 万元、1,018.46 万元,支付的各项税费分别为 5,838.53 万元、3,535.39 万元,支付的其他与经营活动有关的现金分别为 969.48 万元、513.10 万元。2001 年度收到的其他与经营活动有关的现金数额较大,是由于收到河北衡水老白干酿酒(集团)有限公司暂借公司款项 2,505.80 万元、收到其他单位和个人暂借款 399.80 万元、其他收到 156.32 万元。支付的其他与经营活动有关的现金主要包括运输费、招待费、办公费、修理费、差旅费、保险费等。

2001 年度、2002 年 1-6 月投资活动产生的现金流量净额分别为-1,404.29 万元、-1,215.38 万元。其中:处置固定资产、无形资产和其他长期资产而收到的现金分别为 84.69 万元、69.14 万元;购建固定资产、无形资产和其他长期资产所支付的现金分别为 1,488.98 万元、1,284.53 万元。

2001 年度、2002 年 1-6 月筹资活动产生的现金流量净额分别为-4,306.48 万元、-52.55 万元。其中:借款所收到的现金分别为 21,285.00 万元、14,550.80 万元,收到的其他与筹资活动有关的现金分别为 19.69 万元、0.00 万元;偿还债务所支付的现金分别为 22,413.20 万元、12,059.50 万元,分配股利、利润或偿付利息所支付的现金分别为 3197.67 万元、2,543.85 万元,支付的其他与筹资活动有关的现金分别为 0.30 万元、0.00 万元。

2001 年度、2002 年 1-6 月现金及现金等价物净增加额分别为 335.59 万元、774.67 万元。

本公司过去三年又一期无不涉及现金收支的投资和筹资活动。

(八)重大关联交易、期后事项、或有事项及其他重要事项

1、重大关联交易

本公司存在与关联企业发生关联交易的情形,请投资者关注本本摘要"九、同业竞争与关联交易"以及财务报表附注的"关联方关系及交易"。

(1)采购货物(单位:元)

关联方名称	2002 年 1-6 月	2001 年度	2000 年度	1999 年度	业务内容
衡水市陶瓷厂	1,011,557.69	423,611.25	1,362,772.60	2,265,730.63	购买瓷瓶
河北衡水长虹包装装潢有限公司	5,348,896.89	9,084,132.60	5,851,179.38	8,081,748.35	购买纸箱 纸盒
河北斯格种猪有限公司	569,857.50	1,432,081.10	0.00	0.00	购买斯格 种猪

(2)销售货物(单位:元)

关联方名称	2002 年 1-6 月	2001 年度	2000 年度	1999 年度	业务内容
河北衡水兴亚畜牧养殖有限公司	47,301.00	0.00	402,983.90	2,064,439.28	销售饲料

(3)关联方往来(单位:元)

项 目	关联方名称	2002 年 6 月 30 日	2001 年 12 月 31 日
应收账款	河北衡水兴亚畜牧养殖有限公司	807,055.85	759,754.85
其他应收款	河北衡水老白干酿酒(集团)有限公司	0.00	2,012,049.39
其他应收款	河北衡水老白干集团废品回收公司	0.00	713,209.18
应付帐款	河北衡水长虹包装装潢有限公司	0.00	2,269,842.46
应付帐款	河北斯格种猪有限公司	176,596.88	319,409.98
其他应付款	河北衡水老白干酿酒(集团)有限公司	1,377,113.12	0.00
预付账款	河北衡水长虹包装装潢有限公司	700,790.64	0.00
预付账款	衡水市陶瓷厂	20,619.60	104,142.10

(4)其他关联事项

根据本公司与河北衡水老白干酿酒(集团)有限公司、衡水京安集团有限公司签订的《土地租赁协议》,公司每年分别向河北衡水老白干酿酒(集团)有限公司、衡水京安集团有限公司支付土地租赁费 50 万元、25 万元。

2、期后事项

公司无需披露的资产负债表日后事项。

3、或有事项

公司 2000 年第一次临时股东大会决议,同意公司和河北衡水远大集团棉纺织总厂互为对方申请银行贷款提供不超过 5,000 万元的等额担保,期限自股东大会批准之日起 2 年。后公司考虑到担保的风险性,2001 年 4 月 18 日,公司与相关银行、河北衡水远大集团棉纺织总厂、河北衡水老白干酿酒(集团)有限公司四方签署转担保协议,将公司为河北衡水远大集团棉纺织总厂担保的贷款 4,800 万元转由河北衡水老白干酿酒(集团)有限公司担保。

公司无需要披露的其他或有事项。

4、其他重要事项

(1)资产评估调帐情况:本公司成立前进行了资产评估,并按评估结果进行了调帐。其中:流动资产调增 16,398.64 元,固定资产调增 3,119,867.31 元,净资产调增 3,136,265.95 元。表中调帐前的资产、负债及净资产系按改制方案对公司实物出资发起人及河北衡水老白干酿酒(集团)有限公司、衡水京安集团有限公司进行剥离并与公司现金出资发起人出资形成的调帐日资产汇总得出。评估基准日 1999 年 5 月 31 日至评估调帐日 1999 年 12 月 31 日资产、负债和权益的变动情况:1999 年 5 月 31 日经评估后的资产、负债、权益分别为 32,341.24 万元,18,361.96 万元,13,979.28 万元,评估调帐日 1999 年 12 月 31 日的资产、负债和权益(不包括现金出资发起人的现金资产)分别为 33,959.62 万元,19,980.34 万元,13,979.28 万元,资产和负债均增加了 1,618.38 万元,由于 1999 年 5 月 31 日至 12 月 30 日的利润已分配给两个实物出资发起人,因此,权益没有发生变化。

(2)根据公司 2000 年第一次临时股东大会决议,评估基准日(1999 年 5 月 31 日)至公司成立日(1999 年 12 月 30 日)期间实现的利润已分配给发起人河北衡水老白干酿酒(集团)有限公司、衡水京安集团有限公司。1999 年 6 月至 1999 年 12 月期间公司的存货、固定资产已根据评估价值进行成本结转、计提折旧,不会产生出资不实或影响资本保全。

(3)报告期内原企业除河北兴亚饲料厂 1999 年度亏损 245 万元外,老白干酒厂及安平县京安规模养猪场改制前均盈利。

(4)原始会计报表与申报会计报表的差异说明

1999 年原企业会计报表、2000 年公司原始会计报表与申报会计报表之间存在差异,2001 年原始会计报表与申报会计报表之间没有差异。原始会计报表与申报会计报表的差异情况如下(单位:万元):

项目	1999 年 原企业报表金额	1999 年 进入股份公司金额	1999 年 差异额	2000 年 原始会计报表金额	2000 年 申报会计报表金额	2000 年 差异额
总资产	57,941.36	33,959.63	23,981.73	41,388.10	41,203.11	184.99
总负债	38,243.36	19,980.34	18,263.02	26,883.57	26,728.36	155.20
净资产	19,697.99	13,979.29	5,718.70	14,504.53	14,474.74	29.79
收入	25,576.40	25,576.40	0.00	22,102.66	22,102.66	0.00
成本	24,494.29	25,596.68	-1,102.39	19,505.58	19,690.57	-184.99
净利润	1,865.89	773.03	1,092.86	2,368.24	2,169.65	198.59

1999 年原企业会计报表与申报会计报表存在差异的原因在于股份公司申报会计报表是在原企业报表基础上进行审计调整、评估调帐、剥离调整后形成的。进入股份公司的总资产占原企业总资产比例为 58.61%;进入股份公司的总负债占原企业总负债比例为 52.25%。进入股份公司的主营业务收入占原企业主营业务收入的比例为 100.00%;进入股份公司的成本费用占原企业成本费用的比例为 104.50%;进入股份公司净利润占原企业净利润比例为 41.43%。

2000 年公司原始会计报表与申报会计报表存在差异的原因是对关联单位应收款项补提了 184.99 万元的坏帐准备。原始会计报表总资产与申报会计报表总资产的差异比例为 0.45%;原始会计报表总负债与申报会计报表总负债的差异比例为 0.58%;原始会计报表净资产与申报会计报表净资产的差异比例为 0.21%;原始会计报表的主营业务收入与申报会计报表主营业务收入的差异比例为 0.00%;原始会计报表成本费用与申报会计报表成本费用的差异比例为-0.95%;原始会计报表净利润与申报会计报表净利润的差异比例为 8.39%。

(九)盈利预测

1、盈利预测报告及其审核情况

本公司盈利预测报告的编制遵循了谨慎性原则,但由于盈利预测所依据的各种假设具有不确定性,故投资者进行投资决策时不应过分依赖该项资料。根据河北华安会计师事务所有限公司冀华会审字[2002]2017 号《盈利预测审核报告》,公司 2002 年度盈利预测所采用的基本假设披露充分,没有证据表明盈利预测所依据的基本假设是不合理的,盈利预测已按照确定的编制基础编制,所采用的会计政策和计算方法与公司实际采用的相关会计政策一致。

2、盈利预测表及编制说明

公司 2002 年度盈利预测情况如下(单位:元):

项 目	2001 年 已审实现数	2002 年预测数 1 月至 6 月 已审实现数	2002 年预测数 7 月至 8 月末审 实现数	2002 年预测数 9 月至 12 月 预测数	2002 年预测数 合计数

一、主营业务收入	227,672,874.98	128,463,477.48	33,341,992.91	101,448,983.87	263,254,454.26
减:主营业务成本	131,831,090.96	74,447,440.59	21,313,357.29	56,317,446.85	152,078,244.73
主营业务税金及附加	31,530,692.34	20,941,638.21	2,831,862.58	17,138,153.46	40,911,654.25
二、主营业务利润	64,311,091.68	33,074,398.68	9,196,773.04	27,993,383.56	70,264,555.28
加:其他业务利润	1,362,838.00	1,729,251.82	-14,675.86	189,332.96	1,903,908.92
减:营业费用	8,890,128.78	5,204,372.54	1,229,817.24	3,835,587.06	10,269,776.84
管理费用	16,358,222.31	7,834,278.47	1,737,902.68	8,646,015.73	18,218,196.88
财务费用	13,340,698.35	7,504,449.77	2,178,186.00	4,774,364.23	14,427,000.00
三、营业利润	27,084,880.24	14,260,549.72	4,036,191.26	10,956,749.50	29,253,490.48
加:投资收益	-626,376.76	123,708.93	---	76,291.07	200,000.00
补贴收入	1,483,260.00	795,240.00	---	---	795,240.00
营业外收入	-	7,242.00	---	---	7,242.00
减:营业外支出	596,814.79	410,404.63	---	---	410,404.63
四、利润总额	27,344,948.69	14,776,336.02	4,036,191.26	11,033,040.57	29,845,567.85
减:所得税	5,519,562.61	2,916,364.84	811,455.06	2,150,786.24	5,878,606.14
五、净利润	21,825,386.08	11,859,971.18	3,224,736.20	8,882,254.33	23,966,961.71

(1)盈利预测的基准

公司参照1999年度至2002年6月业经河北华安会计师事务所审定的会计报表及本公司2002年度的生产经营条件、经营计划、投资计划等,编制了本公司2002年度盈利预测,编制该盈利预测所依据的会计政策在各重要方面均与本公司实际采用的会计政策一致。

(2)盈利预测的基本假设

公司所遵循的国家现行法律、法规、制度及公司所在地的社会政治和经济政策无重大改变;公司在盈利预测期间内,市场环境无重大改变,有关利率、汇率、税率无重大变化;生产经营所需人、财、物等资源供应无重大变化;无其他人力不可抗拒和不可预见的因素造成的重大不利影响。

(3)盈利预测表各项目的说明

A、主营业务收入

依据1999年度、2000年度、2001年度、2002年1-6月主营业务收入的实际数,结合2002年的生产经营计划和市场情况,预测2002年主营业务收入26,325.45万元,比2001年实际上升15.62%,主营业务收入1999-2001年实际发生数及2002预测数以及收入构成情况如下表(单位:万元):

项目	2002年度预测		2001年度实际		2000年度实际		1999年度实际	
	金额	比例(%)	金额	比例(%)	金额	比例(%)	金额	比例(%)
售猪收入	6,388.00	24.27	5,701.83	25.04	4,392.92	19.88	4,075.54	15.93
白酒收入	16,140.19	61.31	13,495.51	59.28	14,709.30	66.55	18,225.55	71.26
饲料收入	3,797.26	14.42	3,569.95	15.68	3,000.43	13.57	3,275.31	12.81
合计	26,325.45	100.00	22,767.29	100.00	22,102.65	100.00	25,576.40	100.00

注:2001年度饲料收入为抵消内部销售收入136万元后的收入。

衡水老白干酒业分公司2001年实现销售收入13,496万元,预测2002年可实现销售收入16,140万元,增长19.59%。主要是根据城乡人民生活水平的提高和市场变化,相应调整了产品结构及产品价格,增加中高档白酒和酒精的生产和销售。根据2001年的销售形势,预测2002年可以销售白酒16,140万元。

京安分公司2001年实现销售收入5,702万元,预测2002年主营业务收入预测为6,388万元,比2001年的5,702万元增长12.03%。主要是加强种猪销售力度,通过两年多的推广,公司培育的良种种猪得到市场的认可,根据2001年的销售形势看,预计2002年销售量将达到2.55万头,比2001年增长31.35%;销售收入2,550万元,比2001年实际上升34.44%。

产品名称	2001年实际		2002年预测	
	销售数量(头)	销售收入(万元)	销售数量(头)	销售收入(万元)
商品猪	65,937	3,791	66,000	3,828
种猪	19,414	1,898	25,500	2,550
淘汰猪	903	13	500	10
合计	86,254	5,702	92,000	6,388

兴亚饲料分公司2001年实现销售收入3,706万元,预测2002年可实现销售收入3,797万元,比2001年增长2.46%。主要是利用各种手段加强对农村养殖户的销售力度,销量有所增加。

B、主营业务成本

依据1999年度、2000年度、2001年度实际材料费、人工费和制造费用,2002年预测主营业务成本15,208万元,比2001年实际增长15.36%。2002年主营业务成本按收入相同口径计算,具体情况如下(单位:万元):

分公司名称	2001年实际	2002年预测
京安分公司	3,767	4,140
老白干分公司	6,530	7,858
兴亚饲料分公司	3,022	3,210
内部销售抵消	136	-
合计	13,183	15,208

2002年预测白酒销售成本7,858万元,比2001年实际6,530上升20.34%,主要是由于销量增加。

2002年预测种猪销售成本1,148万元,比2001年实际848万元增长35.38%,主要是由于销量增加;预测商品猪销售成本2,970万元,比2001年实际2,880万元上升3.12%,主要是由于单位成本;预测淘汰猪销售成本23万元,比2001年实际39万元下降41.03%,主要是由于淘汰猪减少。

2002年预测饲料销售成本3,210万元,比2001年实际3,022万元上升6.23%,主要是随销售增加而增加。

C、主营业务税金及附加

根据2002年公司预测的收入情况,按照公司依法应承担的税负,2002年预测主营业务税金及附加4,091万元,比2001年实际3,153万元上升29.75%。主要原因是:白酒销量增加,导致本公司消费税、增值税增加,同时城市维护建设税、教育费附加也相应增加。

D、营业费用

根据本公司2002年的销售计划,以及2001年实际营业费用为基础,预计2002年营业费用为1,027万元,比2001年实际889万元增长15.52%。

2002年预测衡水老白干酒业分公司营业费用465万元,比2001年实际443万元增加4.97%,主要是主要是白酒销量加大,对销售人员奖励工资提高。

2002年预测京安分公司营业费用282万元,比2001年实际213万元上升32.39%,主要是种猪销量加大,同时产品宣传力度加大。

2002年预测饲料分公司营业费用280万元,比2001年实际233万元增长20.17%,主要是饲料销量加大,拓展市场、促销费用增加,产品宣传力度加大。

E、管理费用

2002年预测管理费用为1,822万元,比2001年实际1,636万元上升11.37%。

2002年预测衡水老白干酒业分公司管理费用1,226万元,比2001年实际1,021万元上升20.08%,主要是2001年应收款大额减少导致2001年大额冲回坏帐准备使2001年管理费用比较低,因此,2002年管理费用增加。

2002年预测京安分公司管理费用预测为416万元,比2001年实际419万元下降0.72%。

2002年预测饲料分公司管理费用180万元,比2000年实际187万元下降3.74%,主要是加强管理、节约开支,并且加大货款回收力度。

F、财务费用

根据2002年公司生产经营对资金的需求,在国家利率不变的情况下,预测2002年财务费用为1,443万元,比2001年实际1,334万元上升8.17%。利率水平与2001年基本持平,由于产量增加,资金占用有所增加。

G、所得税

根据农经发[2000]8号《印发〈关于农业产业化经营重点龙头企业的意见〉的通知》精神和《衡水市地方税务局关于免征河北裕丰实业股份有限公司京安分公司企业所得税的说明》,京安分公司利润免征所得税,老白干酒业分公司、兴亚饲料分公司执行33%的所得税税率。老白干酒业分公司和兴亚饲料分公司2001年已审所得税552万元,2002年预测利润总额1,754万元,所得税588万元。

(4)同行业资料比较

本公司主营业务由养猪、白酒、饲料构成,我们选取白酒和饲料行业的各三家上市公司与本公司相关业务进行比较(目前尚无以养猪业为主营业务的上市公司,将本公司基本情况与行业资料比较)。

公司是全国老白干香型酒的最大生产基地,具备年产基酒10000吨,优质商品酒20000吨的生产能力,是五粮液的生产能力的1/5,与上市公司宁城老窖、皇台酒业基本相当。饲料具备年产全价饲料60000吨的生产能力,小于新希望、正虹科技、中牧股份的生产能力。公司白酒和饲料的生产能力可以满足公司发展需要和预测销售规模的需要。

本公司主要采用液态法和"两排清"工艺生产优质白酒,主要设备冷凝器、甑桶、冷却塔等均具备同行业先进水平。公司生产技术和设备的先进性与五粮液、宁城老窖、皇台酒业基本相当,且具有一定的独特性。本公司所属兴亚饲料分公司是中国农科院饲料研究所生产试验基地,饲料配方由该研究所提供,全部生产设备由该研究所监督建设,并实现全程自动化,产品质量上乘,其生产技术和设备与新希望、正虹科技、中牧股份并不逊色。

公司白酒销售主要集中在河北省及我国其他北方地区,河北省市场占有率约为5.1%,2001年销售商品酒1.3万吨,市场占有率与五粮液存在较大差距,与宁城老窖、皇台酒业相当。公司饲料销售主要集中在衡水市周边地区,2001年销售饲料26,416吨,市场规模与占有率与新希望、正虹科技、中牧股份存在较大差距。

本公司白酒2001年营业毛利为28.25%,2002年盈利预测毛利为25.97%,与2001年实际数有所降低,低于2000年行业平均毛利36%,五粮液、宁城老窖、皇台酒业2000年度营业毛利分别为45%、30%、35%。饲料2001年营业毛利为18.45%,2002年盈利预测毛利为15.46%,和2000年行业平均毛利15%基本持平,新希望、正虹科技、中牧股份2000年度营业毛利分别为24%、11%、14%。

本公司京安分公司是华北地区最大的工业化商品猪规模养殖场,全国重点农业产业化龙头企业之一。可年产瘦肉型商品猪100,000头,优质种猪30,000头。

公司拥有现代化猪舍11万平方米,相关配套设备如育仔栏、人工授精设备、饲料加工设备、通风及采暖设备等均按照国际养猪业先进模式设计建设。公司种猪资源丰富,种猪选育体系完善,竞争优势明显,其性能和技术指标达到世界一流水平,是目前国内品种最全、猪种最先进的种猪繁育基地。公司在人工授精、育仔、防疫、育成育肥、饲料配套喂养等规模化养殖关键技术上均居国内领先水平。公司是北京市重点"菜篮子工程"基地之一,国家内贸部认定为国家生猪活体储备基地。2001年公司商品猪和种猪销售均呈现供不应求的良好局面。

公司2001年共生产销售种猪19,414头,商品猪65,937头,营业收入5,702万元,营业利润1,077万元。2001年西场扩建工程建成,根据目前公司生产和销售能力,预测2002年可生产销售种猪25,500头,商品猪66,000头,营业收入6,388万元,营业利润1,150万元。

本公司商品猪和种猪产品价格和销售毛利率均高于国内同行业平均水平,目前本公司商品猪价格为7.8元/公斤,种猪1000元/头;主营业务利润率为35%,而市场商品猪平均价格为5.5元/公斤左右,这是因为公司商品猪及种猪产品瘦肉率高、肉质好等产品性能所致。公司规模化养殖程度高也使主营业务成本相比同行业较低,使公司销售利润率相比较高。

(十)资产评估

1、资产评估的过程

衡水资产评估公司受老白干集团的委托,于1999年7月9日至19日对老白干集团拟投入股份公司的资产进行了评估(评估基准日定于1999年5月31日),并于1999年8月8日出具了1999衡资评字第44号《衡水老白干酿酒(集团)有限公司资产评估报告书》。

衡水资产评估公司受京安集团的委托,于1999年6月23日至25日对京安集团拟投入股份公司的资产进行了评估(评估基准日定于1999年5月31日),并于1999年6月28日出具了1999衡资评字第28号《安平县京安规模养猪场资产评估报告书》。

在评估过程中,主要工作步骤如下:评估机构首先明确了评估目的、范围和对象,签订评估协议书;选定了评估基准日;拟订了评估方案;指导资产占有单位清查、填报资产,搜集准备材料;检查核实,并核查核实鉴定资产,验证资料;选择评估方法和计算公式,对具体评估对象进行评定估算;分析确定评估结果,撰写评估说明;汇总编写评估报告。

2、资产评估的方法

对于建筑物的评估采用重置成本法,评估值=重置全价×成新率。重置全价的确定:帐面原值对房屋建筑物建造成本反应不完整、决算资料不齐全、难以收集的项目,用类似工程参照法进行评估,重置成本 = 基准日类似工程单方造价 × 综合差异调整系统 × 建筑面积 + 附加税费;帐面原值对房屋建筑物建造成本反应较为完整的项目,重置成本 = 帐面原值 × 基准日止建筑行业物价指数。成新率的确定:根据房屋建筑物现场勘测记录确定完好分值率,结合可使用年限确定理论成新率,分析、比较、计算后,综合评估建筑物成新率。

流动资产、长期投资及相关负债的评估采用成本法。

机器设备采用重置成本法,评估值 = 重置全价 × 成新率。重置全价的确定采用几种方法:老白干集团 96 年以后购置的机器设备采用购置价值上下浮动 10%左右;老白干集团 96 年以前购置的机器设备采用物价指数法;自制设备按耗用工料现价根据定额计算;京安集团的机器设备采用重置价值 = 设备自身购置价值 + 安装调试费用 + 资金成本。成新率确定方法:使用年限法适用于设备维护正常、使用年限合理、价值较小;综合分析法是以使用年限为基础,用设备利用、负荷及状态系数调整;对特殊情况设备逐台检验,根据实际情况,确定成新率。

3、资产评估的结果及其确认和折股情况

根据衡水资产评估公司的《资产评估报告书》,老白干集团投入股份公司的总资产帐面值 21,315.06 万元,评估值 21,670.91 万元,评估增值 355.85 万元,增值率 1.67%;评估前净资产帐面值 8,950.76 万元,评估后净资产值 9,306.61 万元,评估增值 355.85 万元,增值率 3.98%。具体项目如下表(单位:万元):

项　目	帐面价值	调整后帐面值	评估值	增减值	增减率%
流动资产	10,901.52	10,901.52	10,901.66	0.14	0.00
长期投资	158.50	158.50	158.50	0.00	0.00
固定资产	10,255.04	10,255.04	10,610.76	355.71	3.47
其中:在建工程	238.62	238.62	238.62	0.00	0.00
建筑物	6,976.84	6,976.84	7,318.61	341.77	4.90
设备	3,039.58	3,039.58	3,053.53	13.95	0.46
资产总计	21,315.06	21,315.06	21,670.91	355.85	1.67
流动负债	3,684.30	3,684.30	3,684.30	0.00	0.00
长期负债	8,680.00	8,680.00	8,680.00	0.00	0.00
负债总计	12,364.30	12,364.30	12,364.30	0.00	0.00
净资产	8,950.76	8,950.76	9,306.61	355.85	3.98

根据衡水资产评估公司的《资产评估报告书》,京安集团投入股份公司的总资产帐面值 10,712.56 万元,评估值 10,670.33 万元,评估减值 42.23 万元,减值率 0.40%;评估前净资产帐面值 4,714.91 万元,评估后净资产值 4,672.68 万元,评估减值 42.23 万元,减值率 0.90%。具体项目如下表(单位:万元):

项目	帐面价值	调整后帐面值	评估值	增减值	增减率%
流动资产	3,188.43	3,188.43	3,189.93	1.50	0.05
长期投资	867.94	867.94	867.94	0.00	0.00
固定资产	6,656.19	6,656.19	6,612.46	-43.73	-0.07
其中:在建工程	0.00	0.00	0.00	0.00	0.00
建筑物	3,251.21	3,251.21	3,272.79	21.58	0.07
设备	3,404.98	3,404.98	3,339.67	-65.31	-1.92
资产总计	10,712.56	10,712.56	10,670.33	-42.23	-0.40
流动负债	3,092.66	3,092.66	3,092.66	0.00	0.00
长期负债	2,905.00	2,905.00	2,905.00	0.00	0.00
负债总计	5,997.66	5,997.66	5,997.66	0.00	0.00
净资产	4,714.91	4,714.91	4,672.67	-42.23	-0.90

以上评估结果已分别经衡水市国有资产管理局和安平县国有资产管理局验证确认。根据河北省财政厅、河北省国有资产管理局冀财管[1999]74 号文《关于河北裕丰实业股份有限公司国有股权管理方案的批复》,老白干集团以净资产 9306 万元投入,按 1:0.7067 比例折股 6577.4 万股;京安集团以净资产 4672 万元投入,按 1:0.7067 比例折股 3302.4 万股;衡水市陶瓷厂以现金 50 万元投入,按 1:0.7067 比例折股 35 万股;其他三家发起人以现金 120 万元投入,按 1:0.7067 比例折股 85 万股。股份公司成立后总股本 10000 万股。其中国家股 9880 万股,占总股本的 98.8%;国有法人股 35 万股,占总股本的 0.35%;其他法人股 85 万股,占总股本的 0.85%。

4、资产评估后的帐务处理

本公司已于 1999 年 12 月 31 日按评估结果调整了相关帐项。其中,流动资产调增 16,398.64 元,固定资产调增 3,119,867.31 元,净资产调增 3,136,265.95 元,详见《审计报告》附件:评估调帐前后《比较资产负债表》。表中调帐前的资产、负债及净资产系按改制方案对老白干集团所属老白干酒厂、河北兴亚饲料厂和京安集团所属安平县京安规模养猪场进行剥离并与公司现金出资发起人出资形成的调帐日资产汇总得出。评估基准日 1999 年 5 月 31 日至评估调帐日 1999 年 12 月 31 日资产、负债和权益的变动情况:1999 年 5 月 31 日经评估后的资产、负债、权益分别为 32,341.24 万元、18,361.96 万元、13,979.28 万元,评估调帐日 1999 年 12 月 31 日的资产、负债和权益(不包括现金出资发起人的现金资产)分别为 33,959.62 万元、19,980.34 万元、13,979.28 万元,资产和负债均增加了 1,618.38 万元,1999 年 5 月 31 日评估基准日至 12 月 30 日的利润根据有关协议已分配给两个实物出资发起人,权益没有发生变化。

5、资产评估的复核情况

秦皇岛嘉华会计师事务所有限公司分别对《衡水老白干酿酒(集团)有限公司资产评估报告书》和《衡水京安集团有限公司安平县京安规模养猪场资产评估报告书》进行了复核,并于 2000 年 12 月 18 日出具了秦嘉评复字(2000)第 1 号《衡水老白干酿酒(集团)有限公司资产评估报告书的复核报告》和秦嘉评复字(2000)第 2 号《衡水京安集团有限公司安平县京安规模养猪场资产评估报告书的复核报告》。

复核工作分为两部分:一是评估报告书格式及内容描述上的复核;二是评估报告书各类资产评估结果的复核。经复核,形成复核结论如下:(1)1999 衡资评字第 44 号《衡水老白干酿酒(集团)有限公司资产评估报告书》和 1999 衡资评字第 28 号《安平县京安规模养猪场资产评估报告书》具有国有资产管理部门结果确认的文件及相关折股文件;(2)评估范围与拟投入河北裕丰实业股份有限公司的资产、负债的范围一致;(3)资产评估结果经我公司复核,差异不大,评估结果我公司认可;(4)评估报告书中无需要特殊说明的重大事项。

(十一)验资情况

1、验资基本情况

衡水市审计事务所受河北裕丰实业股份有限公司的委托,遵照国家有关法律、法规和《独立审计实务公告第一号——验资》的要求,对股份公司(筹)出具了验资报告。

根据衡水市审计事务所衡审事验字(1999)第 085 号《验资报告》,"截止 1999 年 9 月 23 日止,河北裕丰实业股份有限公司(筹)已收到发起人投入的资本计人民币 14,149.29 万元。其中:股本 10,000 万元,资本公积 4,149.29 万元。"投入股本明细表列示如下(单位:万元):

股东名称	申请注册资本		投 入 股 本		
	金额	出资比例	货币资金	经营性净资产	占投入股本比例
老白干集团	6,577.44	65.78%	—	6,577.44	65.78%
京安集团	3,302.41	33.03%	—	3,302.41	33.03%
陶瓷厂	35.34	0.35%	35.34	—	0.35%
农大高新	35.34	0.35%	35.34	—	0.35%
磁记录公司	35.34	0.35%	35.34	—	0.35%
天轻公司	14.13	0.14%	14.13	—	0.14%
合计	10,000	100.00%	120.15	9,879.85	100.00%

2、复核情况

河北华安会计师事务所有限公司对该次验资情况进行了复核,并于 2001 年 6 月 1 日并出具了冀华会验复核字[2001]6001 号《验资报告复核报告》。复核结论如下:(1)收件人应为"河北裕丰实业股份有限公司筹委会";(2)与《独立审计实务公告第 1 号——验资》要求相符;(3)核对河北衡水老白干酿酒(集团)有限公司及衡水京安集团有限公司投入股份公司的资产评估报告书及其他资料,股东投入的资本总额与衡水市审计事务所衡审事验字(1999)第 085 号《验资报告》中数额相符,但应表述为"股本 100,000,000 元,资本公积 41,492,943.19 元;(4)验资附件齐全。综上,我们认为验资报告真实反应了股东的实际投入情况,在所有重大方面与《独立审计实务公告第 1 号—验资》要求相符。

(十二)财务指标

1、财务指标

财务指标	2002 年 1-6 月	2001 年	2000 年	1999 年
流动比率	1.00	0.93	0.93	1.85
速动比率	0.40	0.32	0.43	0.48
应收帐款周转率	4.43	9.17	10.67	18.64
存货周转率	0.56	1.01	1.13	1.45
无形资产占总资产比率	0.00	0.00	0.00	0.00
资产负债率	60.04%	61.61%	64.87%	58.54%
每股净资产	1.60	1.48	1.45	1.41
研发费占主业收入比率	0.85%	0.66%	0.91%	0.63%
每股经营活动的现金流量	0.20	0.60	0.01	—

上述财务指标的计算方法如下:

流动比率 = 流动资产/流动负债

速动比率 = 速动资产/流动负债

应收帐款周转率 = 主营业务收入/应收帐款平均余额

存货周转率 = 主营业务成本/存货平均余额

无形资产(土地使用权除外)占总资产的比例 = 无形资产(土地使用权除外)/总资产

资产负债率 = 总负债/总资产

每股净资产 = 期末净资产额/期末股本总额

研究及开发费用占主营业务收入的比例 = 研究开发费用/主营业务收入

每股经营活动的现金流量 = 经营活动产生的现金流量净额/期末股本总额

2、每股收益及净资产收益率

公司 2001 年净资产收益率和每股收益情况如下:

报告期利润	净资产收益率		每股收益	
	全面摊薄	加权平均	全面摊薄	加权平均
主营业务利润	43.45%	41.32%	0.643	0.643
营业利润	18.30%	17.40%	0.271	0.271
净利润	14.74%	14.02%	0.218	0.218
扣除非经常损益后的净利润	15.15%	14.40%	0.224	0.224

公司 2002 年净资产收益率和每股收益情况如下(公司预测 2002 年净利润 2,396.70 万元,预计 9 月份发行,募集资金净额 16,490.76 万元):

报告期利润	净资产收益率		每股收益	
	全面摊薄	加权平均	全面摊薄	加权平均
主营业务利润	20.86%	34.92%	0.502	0.639
营业利润	8.68%	14.54%	0.209	0.266
净利润	7.11%	11.91%	0.171	0.218
扣除非经常损益后的净利润	7.23%	12.11%	0.174	0.222

根据中国证监会《公开发行证券公司信息披露编报规则第 9 号——净资产收益率和每股收益的计算及披露》的规定,上述指标计算如下:

全面摊薄净资产收益率 = 报告期利润 ÷ 期末净资产

全面摊薄每股收益 = 报告期利润 ÷ 期末股本总数

$$加权平均净资产收益率 = \frac{P}{E0 + NP \div 2 + Ei \times Mi \div M0 - Ej \times Mj \div M0}$$

其中:P 为报告期利润;NP 为报告期净利润;E0 为期初净资产;Ei 为报告期发行新股或债转股等新增净资产;Ej 为报告期回购或现金分红等减少净资产;M0 为报告期月份数;Mi 为新增净资产下一月份起至报告期期末的月份数;Mj 为减少净资产下一月份起至报告期期末的月份数。

$$加权平均每股收益 = \frac{P}{S0 + S1 + Si \times Mi \div M0 - Sj \times Mj \div M0}$$

其中:P 为报告期利润;S0 为期初股份总数;S1 为报告期因公积金转增股本或股票股利分配等增加股份数;Si 为报告期因发行新股或债转股等增加股份数;Sj 为报告期因回购或缩股等减少股份数;M0 为报告期月份数;Mi 为增加股份下一月份起至报告期期末的月份数;Mj 为减少股份下一月份起至报告期期末的月份数。

(十三)公司管理层的财务分析

1、资产质量状况分析

整体而言,本公司的资产质量较好,各项资产运转正常。

截至 2002 年 6 月 30 日,公司的总资产为 400,068,238.36 元。其中,流动资产为 213,811,037.99 元,长期投资 11,908,366.26 元,固定资产 174,348,834.11 元,分别占总资产的 53.44%、2.98%、43.58%。

公司的流动资产主要包括货币资金、应收帐款、其他应收款、存货、预付帐款。截至 2002 年 6

月30日,上述各项资产占总资产的比例分别为8.49%、8.57%、1.94%、32.35%、1.25%。其中,应收帐款的成因是一定数量售猪以屠宰后的猪肉分级计价,货款结算须一定时间。公司的存货主要为窖藏半成品酒及尚未养成出栏的猪,其数额较大是由行业特点和生产工艺决定的。公司按照存货成本与可变现净值孰低法提取存货跌价准备,计入当期损益。

公司的固定资产主要为房屋、建筑物、设备,产权明晰,手续完备,为公司所拥有。

本公司无已入账的无形资产。

2.资产负债结构及股权结构分析

截至2002年6月30日,本公司总负债为240,187,034.99元,无重大已到期未偿还债务,资产负债率为60.04%,预计本次A股发行后,公司的负债比率将进一步降低,我们认为公司资产负债结构比较合理。

公司于1999年12月30日由六名股东发起设立,股权结构的设置为国家股98.80%,国有法人股0.35%,法人股0.85%。本次公司发行社会公众股4,000万股,公司的国家股、国有法人股、法人股和社会流通股的比例将相应为70.57%、0.25%、0.61%和28.57%,股权结构将得到进一步优化。

3.现金流量及偿债能力分析

2001年度、2002年1-6月现金及现金等价物的净增加额分别为3,355,889.07元、7,746,719.06元,其中经营活动产生的现金流量净额分别是60,463,583.22元、20,426,009.05元。公司每年盈利稳定增长,现金流量足以满足生产经营正常需要,我们认为公司现金流量情况良好。

1999、2000、2001年末和2002年6月30日流动比率分别为1.85、0.93、0.93、1.00;速动比率分别为0.48、0.43、0.32、0.40。公司流动比率和速动比率较低,短期内到期债务数额较大,面临一定的短期偿债压力,主要原因是银行调整贷款政策,压缩中、长期贷款规模,增加短期贷款。但本公司从未拖欠银行借款本息,具有良好的银企合作关系,融资能力较强,没有大额到期未偿还的债务,具有偿还到期债务的能力。

4、经营成果与盈利能力分析

公司过往三年的主营业务收入分别为25,576万元、22,103万元、22,767万元,年增长率分别为-13.58%、3.01%。公司的主营业务收入主要由白酒收入、养猪业收入和饲料收入三部分构成。养猪业所占比例逐年上升,分别为15.93%、19.88%、25.04%;白酒所占的比例最大,分别为71.26%、66.55%、59.28%;饲料所占比例最小,基本保持稳定,分别为12.81%、13.57%、15.68%。

公司过往三年的主营业务利润分别为5,170万元、5,601万元、6,431万元,年增长率分别为8.34%、14.82%。公司在保持白酒销售稳定的基础上,实施了以养猪业为利润增长点,巩固饲料业务的战略方针。公司养猪业具有品种、规模生产优势。公司是目前国内品种最齐全的瘦肉型种猪繁育基地,拥有新英系大白种猪、台系杜洛克种猪、比利时长白种猪等丰富的种猪资源。公司引进的比利时斯格配套系种猪各项性能指标优良,潜力巨大,能确保商品猪及猪肉产品的高品质,市场价格明显高于其他杂交商品猪。公司所产"衡水"牌老白干酒是我国著名历史名酒,其品质、口感、声誉可与国内几大名酒相媲美,具有较强的品牌优势和市场竞争力,公司白酒的产地市场占有率达70%(内部统计)。公司将以产品结构换取市场空间,白酒业务利润增长将以提高高档酒的比重来实现。

综上所述,公司管理层认为,公司主营业务的盈利能力较强。

5、业务发展目标及盈利前景分析

公司的业务经营目标是:用五年的时间,基本完成公司酿酒——饲料及饲料添加剂——商品猪及其制品的业务体系的构建,实现饲料及添加剂的规模生产,奠定公司养猪产业的基础;实现商品猪及其制品的集约化生产,使之成为公司的核心业务和利润增长点,实现酒类产品的升级换代和品种结构调整,提高科技含量,提高白酒现有利润水平,实现平稳发展。

公司主要从事农业产业化经营,募集资金拟投资于农业产业化项目,具有良好的盈利前景:

公司拟投资项目斯格种猪繁育推广中心项目,将引进高品质猪种,提高种猪繁育技术,扩大生产适销对路的优质瘦肉型猪。种猪繁育具有广阔的市场前景和较强的盈利能力。

公司拟投资项目肉类联合加工厂项目,目标指向终端市场,与公司现有养猪业务紧密结合,便于发挥协同效应,增强公司的市场适应能力和盈利能力。

公司拟投资项目中的植酸酶是无毒高效的绿色环保产品,可以替代进口,性能价格比优势突出,在预测期内具有较好的盈利前景。

公司将加强农业产业化链条建设,发挥酿酒——饲料——养猪及猪肉制品这一链条的协同作用,增强抗风险能力。

综上所述,公司预计今后数年的盈利应在稳定中逐步提高,盈利前景看好。

6、主要的财务优势及面临的主要困难

依据过往三年的财务状况、经营成果和现金流量情况,公司的主要财务优势为:(1)本公司采用了独特的"公司+基地+农户"的发展模式,充分利用了当地丰富的农业资源和低廉的劳动力成本,使公司形成了酒糟等原料——饲料——养猪一条龙产业化链条生产,降低了生产环节的成本,便于控制产品品质和质量。目前,养猪业已成为新的利润增长点,这为本公司农业产业化持续、稳定地发展打下了坚实的基础。(2)本公司是河北省产业化龙头企业和示范基地,致力于农业产业化经营,得到国家多项税收优惠政策扶持,京安分公司享受免增值税、免所得税的税收优惠,兴亚饲料分公司享受免增值税的税收优惠。这些税收优惠使公司的产品成本控制在较低水平,一方面可以以合理价格供应市场,另一方面也保证公司利润的稳定增长。公司资产质量良好,资产负债结构合理,有利于公司扩大生产规模。(3)公司在银行有较好的信誉,融资能力较强。

公司面临的主要困难是:(1)公司流动比率和速动比率较低,一年内到期的债务较大,面临一定的偿债压力。公司管理层已充分认识到公司在资金周转、偿债压力方面存在的潜在风险,采取措施完善财务控制制度和内部核算体系,加大应收款项的回收力度。(2)2001年国家对酒类产品开始从量计征消费税,给公司经营产生一定压力。公司将进一步加强内部管理,减少消耗,降低成本。由于从量计征消费税对中高档酒影响较小,公司将调整产品结构,降低低档酒比例,增加中高档酒比例,有效化解新增消费税带来的不利影响。(3)本公司京安分公司享有生猪活体储备价外补贴,但各年补贴数额要视具体情况而定,补贴金额具有不确定性,对每年的利润有一定影响。(4)按2002年盈利预测,发行后的净资产收益率将由2001年度的14.47%下降至7.11%,存在净资产收益率下降引致的相关风险。

十三、业务发展目标

目前,白酒在公司主营业务中占据重要的基础地位,业务经营稳定,市场前景广阔。为进一步拓展主营业务发展空间,公司将在稳定发展白酒业务的同时,积极开拓养猪和饲料业务,构建"饲料、养猪、屠宰"一条龙生猪产业链。

(一)发展战略

为实现生猪产业化经营的目标,公司遵循"以人为本、科学管理、集约经营、规模发展"的基本方针,确立了"科工农贸一体化、关联产业链接、大规模生产基地"三大战略体系。科工农贸一体化战略是指通过农业高新技术的产业化发展,把公司建成科技导向型的农业公司;通过组建独立的产品营销渠道,实现种猪、商品猪、猪肉及其制品的市场对接,使公司成为农产品终端消费市场的直接供应商。关联产业链接战略是指以现有业务为基础,构建公司的大农业产业链,即"白酒→饲料、饲料添加剂→种猪、商品猪→活体储备→屠宰、低温冷藏→生熟食品加工→储运、销售"。大规模生产基地战略是指依托衡水市现有的畜牧业养殖基础,通过收购兼并、协会联盟、公司+农户等形式,构建大规模商品猪生产基地,实现商品猪的集约化、规模化生产。

(二)整体经营目标与主要业务指标

公司发展的战略目标是建成全国最大的现代农业产业化龙头企业,成为全国绿色有机畜牧农产品及相关产品的主要供应商。直接发展目标是在较短的时间内,以白酒、种猪和商品猪为基础、以饲料为保障、以"公司+基地+农户"为主导经营模式,通过大规模的低成本扩张,使公司商品猪生产高度集约化和规模化,成为中国乃至世界的高品质生猪及猪肉制品的主要供应商。

公司计划用五年的时间,在确保老白干优质白酒稳定发展的基础上,基本完成公司生猪产业体系的构建,实现商品猪及其制品的集约化生产。主要经营指标为:主营业务收入100,000万元,主营业务利润10,000万元。

(三)具体经营计划(2002—2004)

1、业务经营管理整合计划

在确保公司现有业务稳定增长的基础上,积极进行业务结构调整与经营管理整合,主要包括:生猪与饲料业务的一体化经营模式的设计、运营与优化;生猪、饲料与白酒三类产品营销系统的优化整合;生猪业务、饲料业务、白酒业务的整合与流程再造;公司形象识别系统(CIS)的规划设计;产品品牌的整合与重新规划设计;战略管理咨询与公司发展战略的优化。

2、产品开发计划

在保持现有产品竞争优势的前提下,配合募股资金项目,做好新产品的开发工作,主要包括:有机生态商品肉猪的生产开发;优质商品冷鲜猪肉制品(含白条肉与分切肉)的生产开发;高档熟肉制品的生产开发;植酸酶饲料添加剂产品的生产开发;高档保健白酒的生产开发。

3、人员扩充计划

公司将按"长、宽、高"原则,进行人力资源的增量调整,主要计划是:引进高级管理人员3人、职业经理人员10人;招聘畜牧兽医、动物营养、生物工程等各类技术人员30人;接收有关专业的大学专科以上应届毕业生50—80人。

4、技术开发与创新计划

公司将加大技术投入,通过多种合作形式,促进公司技术创新步伐,提升公司技术含量,具体工作包括:组建种猪性能测定站;开展裕丰配套系(四系配套)超级猪的选育;基因育种与转基因特种猪的跟踪研究;商品猪集成化生产配套技术的研究;植酸酶产品研究;保健白酒的开发研究。

5、市场开发与营销网络建设计划

公司市场开发工作的重点是整合现有营销网络,提高营销系统的效率,主要工作是:公司全线产品营销网络体系及渠道建设;电子商务与市场信息系统的开发;市场营销模式与策略选择;产品的广告宣传。

6、再融资计划

公司根据经营实际情况实施配股或增发新股,再融入一定规模的资本金;为配合大规模基地战略的实施,公司将有计划地融入资金,支持基地经营运转。

7、收购兼并及对外扩张计划

为实现大规模生产基地战略,公司将有计划地实施收购兼并与对外扩张,主要包括:衡水市内规模养猪场的兼并;河北省内规模养猪场的收购兼并;河北省外规模养猪场的收购兼并;大型屠宰厂的收购兼并。

8、法人治理结构与组织管理体系的调整计划

公司将以上市为契机,根据证监会和交易所的有关规定,进一步完善法人治理结构,深化体制改革,提高决策有效性和经营管理水平,主要工作是:独立董事制度的完善与新独立董事的引进;建立专业化投资决策机制和专家决策咨询机构;建立并实施股票期权制度,完善公司的激励机制;进一步建立健全公司业务经营风险的内控机制。

十四、募股资金的运用

(一)募股资金规模及投向

公司本次向社会公开发行人民币普通股4,000万股,每股发行价格4.36元,扣除各项发行费用后,可实际募集资金16,490.76万元。为使公司达到发展目标,在市场竞争中保持和发展自己的优势,最大限度地提升股东的利益,根据公司的实际情况,经公司董事会慎重研究决定,本次募股资金全部用于以下项目投资:(1)投资7,849.61万元用于京安斯格猪繁育推广中心项目;(2)投资8,617.00万元用于肉类联合加工厂项目;(3)投资9,738.40万元用于植酸酶项目。

以上项目总投资合计26,205.01万元,本次发行成功扣除发行费用后,资金缺口9,714.25万元,将通过银行贷款或其他融资渠道解决。

以上项目均进行了详细的可行性研究,经公司2001年度第一次临时股东大会批准,并获得国家发展计划委员会及河北省发展计划委员会的批准。

(二)募股资金运用对主要财务状况及经营成果的影响

投资项目均有1~2年的建设期,因此,短期内对公司目前的盈利能力影响不大,公司的主要财务状况将产生如下变化:

项　目	发行前	发行后(全面摊薄)
净资产(万元)	15,988.12	33,689.58
每股净资产(元)	1.60	2.41
资产负债率(%)	60.04	41.35
净资产收益率(%)	14.74	7.11

公司募股资金项目是在现有业务架构的基础上,按照农业产业化经营的思路,对现有产业链的完善,是实现以有机生态养猪为主导产业的基础和起点。京安斯格猪繁育推广中心项目为全力拓展养猪业务奠定种源基础,使公司大规模发展商品猪生产成为可能;肉类联合加工厂项目使公司向下游产品延伸,更贴近消费市场;中性植酸酶项目不仅改善饲料品质,还为养猪业务实现有机生态生产奠定基础,使公司为社会大众大规模提供绿色安全食品成为可能。因此,从长期看,随着各募股资金投入项目的达产,不仅自身创造价值,还将带动原有业务的快速成长,会大大增强公司的市场竞争力和盈利能力,将对公司财务状况及经营成果产生积极影响。

(三)募股资金投入项目介绍

1、京安斯格猪繁育推广中心项目

(1)项目背景

本项目拟推广的"斯格猪"是世界上最优秀的纯瘦肉型商品猪之一,原产于比利时,中比合资河北斯格种猪有限公司设立后,将斯格猪引入中国。该品种猪的胴体瘦肉率高达65%—68%(一般瘦肉型猪为60%—65%),后腿和臀部特别发达,肌肉丰满,繁殖性能好,每胎平均产仔11.8头(一般瘦肉型猪为10.3头),且生长速度快。斯格猪全部为应激反应阴性,消除了产生PSE肉、DFD肉等劣质肉的遗传基础,肉质更鲜美,瘦肉率更高,具有高蛋白且脂肪含量适中等优点。

目前,本公司是国内唯一的斯格种猪饲养基地,年产斯格种猪及其它品种的种猪3万头,供应各地猪场;年出栏瘦肉型商品猪10万头,重点供应北京、上海、河北等地市场。北京市政府把本公司列为北京市的菜篮子基地,签订了长期的供货合同。与公司有一定业务往来的河南、山东、天津、广州等地的猪场、屠宰厂、肉制品加工厂强烈要求与本公司签订长期大批量供货的合同,但是限于现有的生产规模,远不能满足这种需求,亟待解决。

我国是一个农业大国,农业关系国计民生,《中共中央关于制定国民经济和社会发展第十个五年计划的建议》明确指出:农业是国民经济和社会发展的基础,要实现"十五"计划的发展目标,必须坚定不移地加强农业的基础地位。发展农业产业化经营,是加快农业结构战略性调整,推进我国农业现代化的重要途径。作为一家以农业为主业的企业,面临着前所未有的发展机遇,公司的快速发展,不仅为本公司赢得利益,同时凭借"公司+基地+农户"的模式带动了当地农户的增收、经济的发展,具有良好的社会效益。公司本次募股资金投入的三个项目都有这样一个共同的大背景。

伴随着人们生活水平的提高,越来越注重身体的保健,对高蛋白、低脂肪食品的需求日益增加,斯格猪的市场将更加广阔。另外,根据农业部规划,到2005年我国纯瘦肉型杂交商品猪的比例将由目前的16%—20%提高到60%。为抓住机遇,进一步发挥本公司在养猪业中的优势,满足人们的物质生活需求,公司拟投资建设"京安斯格猪繁育推广中心"项目,以扩大斯格猪、斯格种猪的生产规模,进一步满足市场需求。

(2)项目的基本情况

本项目选址在河北省安平县,位于安平县城东10公里,拟建祖代养猪场和父母代养猪场各一座,占地约179亩,已签订了土地租赁协议,另外,在安平县城内建一座综合办公楼,占地约9亩,已经安平县土地管理局同意征地。

本项目计划总投资7,849.61万元。其中土建及公用工程投资2,624.02万元,仪器设备购置费(含安装费)及猪种费用2,300.69万元,技术开发费用400.00万元,勘查、设计费10.00万元,征地费用178.90万元,流动资金1,599.41万元,其他费用736.60万元。

本项目所需的斯格曾祖代、祖代种猪、父母代种猪都引自河北斯格公司及本公司京安分公司原种猪场,河北斯格公司与本公司签订了长期的种猪供应合同,合同中规定,河北斯格公司所产种猪优先满足本公司需求,种猪供应有保证。本项目所需的饲料、玉米、鱼粉等原材料本地即可解决,本项目所需的猪用防疫、治疗药品有稳定的采购渠道,可国内采购或进口解决。用水、用电也已得到了有关部门的批准。

本项目选用的主要设备有饲养设备(主要包括产仔栏、育仔栏等)、兽医设备(主要包括高速冷冻离心机、B超等)及饲料加工机组等。

本项目采用的"商品瘦肉猪规模化养殖高产技术研究与开发"的全套技术是由河北农业大学与本公司共同开发完成的。该技术运用品种改良、杂种优势利用,充分发展基因的加性和非加性效应,通过营养调控和环境控制以及猪群保健计划等技术,最大限度的发挥猪的遗传潜力,达到高产、低耗、优质、高效的养猪目标。经河北省科委鉴定该技术达到国内领先水平。

工艺流程:配种→妊娠→产仔→保育1→保育2→生长→育肥→出售。

本项目建设期一年,投产后第一年达到设计生产能力的25%,第二年达到75%,第三年起达到设计生产能力,达产后每年可提供种猪9,600头,商品猪77,336头,年销售收入7,158.98万元,年利润总额1,914.83万元,投资回收期6.33年(含建设期一年),投资利润率24.39%,内部收益率18.47%(所得税后)。

本项目已经国家发展计划委员会计农经[2001]2032号文批准立项。

2、肉类联合加工厂项目

(1)项目背景

目前,公司出栏的优质瘦肉型猪,主要以活猪销往北京、上海、河北等地市场。尽管目前产品供不应求,但由于活猪的外运销售存在着运费高、损耗大、产品附加值较低(与猪肉制品相比)的缺点,从长远看,活猪的深加工是企业发展的必然趋势。另外,随着本公司斯格猪繁育推广中心的建成投产,瘦肉型猪的出栏能力将大幅提高,预计2003年公司及其合同养殖户可出栏优质瘦肉型活猪100万头,生猪屠宰加工能力滞后的问题会越来越突出。

猪肉在我国是丰富人民菜篮子、稳定市场供应的主要肉类产品,猪肉的消费量逐年上升,年递增8%—10%(据中国畜牧业年鉴)。目前市场上供应的猪肉以热鲜肉为主,卫生条件和风味较差,伴随着生活水平的提高、消费观念的转变,人们对冷鲜肉、小包装分割肉及优质熟肉制品的需求逐年上升。北京市食品总公司调查资料显示,尽管目前市场上冷鲜肉和精加工小包装肉比热鲜肉和普通白条肉价格高20%~40%,还是供不应求。预计冷鲜肉和精加工小包装肉很快会被消费者所普遍接受,大型超市的发展加速了这一进程。

为提高产品附加值,控制终端消费市场,保持和发展公司在这一领域的优势,建设一座现代化的大型肉类联合加工厂,生产精加工小包装分割肉、优质冷鲜肉和优质熟肉制品是十分必要的,项目实施投产后既能有效地提高公司产品的附加值,又能满足人们日益增长的对优质猪肉及其制品的需求。

(2)项目的基本情况

本项目选址在河北省安平县,位于县城东南逯庄村,占地约78亩,已经安平县土地管理局同意征地,拟建屠宰生猪2,000头/班的自动流水屠宰生产线一条、冷却加工车间一座、日加工生产熟肉制品5吨的肉食加工车间一座、600吨低温冷库及日生产冷却肉80吨的预冷车间和相关配套设施。

本项目计划总投资8,617.00万元。其中土建及公用工程投资2,458.00万元,仪器设备购置费(含安装费)3,377.00万元,征地费用312.00万元,勘探设计费117.00万元,铺底流动资金1,650.00万元,其他费用704.00万元。

本项目所需原料主要是生猪,由公司所属猪场和合同养殖户提供,完全可以得到保证。用水、用电也已得到了有关部门的批准。

本项目选用的主要设备有二氧化碳致晕系统、提升机、脱毛机、分割输送机、绞肉机、灌肠机、氨压缩机等。

本项目主要的工艺特点是采用基本消除骨折现象的二氧化碳致晕方法、卫生标准最好的蒸汽烫毛工艺以及冷分割的技术手段,生产中严格执行"EU标准"及国家商检局的卫生标准。

本项目建设期二年,第一年达到设计生产能力的75%,第二年达到设计生产能力,达产后每年可屠宰生猪1,350,000头,提供冷鲜肉24,000吨、熟肉制品1,500吨,年销售收入36,775.00万元,年利润总额2,455.00万元,投资回收期6.30年(含建设期二年),投资利润率28.50%,内部收益率22.20%(所得税后)。

本项目已经河北省计划委员会冀计工业[2001]238号文批准立项,冀计工业[2001]384号文批准可行性研究报告。

3、植酸酶项目

(1)项目背景

植酸酶是一种新型饲料用酶制剂,它能够降解植酸及其盐,生成无机磷和肌醇以及与植酸结合的蛋白质、微量元素等,从而提高动物对磷的利用率,减少磷对环境的污染,主要用于猪、鸡、鸭等单胃动物。植酸酶产品在发达国家已广泛使用。

磷是动物生长、繁殖、骨骼矿化及代谢所必需的矿物元素之一,几乎参与其体内每一种生命活动所需的生理生化反应,长期缺磷会导致生长动物的佝偻病和成年动物的骨质疏松症。在谷物籽实、豆类和油料作物中,磷主要以植酸磷的形式存在(约占60%—80%)。单胃动物缺乏分解植酸磷所必需的酶,故磷的利用率仅有0%—40%,而且在单胃动物的饲料中,植酸通过与微量元素、蛋白质结合成稳定的复合物,影响动物对这些营养的吸收。这就造成了植物性饲料中的磷源得不到有效的利用,为了满足动物对磷的需求,不得不在饲料中添加无机磷。这不仅提高了饲料成本,而且无机磷中残留的氟及重金属会造成动物中毒。另外,植物性饲料中绝大部分的磷得不到有效利用,直接排出体外,对环境造成较为严重污染。

植酸酶能够水解植酸而释放出无机磷,大量的试验表明,它可使植物性饲料中无机磷的利用率提高60%以上,使粪便中磷的排出量减少40—75%,从而减少饲料中无机磷的添加量,提高饲料的利用率。植酸酶的重要性已在世界范围内得到广泛认知,但到目前为止,植酸酶在饲料工业中没有得到广泛应用,根本原因在于,植酸酶虽然广泛存在于微生物、麦芽、种子等中,但含量低,难以获得大量产品,另外它对环境很敏感,处理不当就会失活。随着生物技术、基因工程等高新技术的发展,科学家们发现通过基因工程的手段,利用生物反应器来高效表达植酸酶基因可达到大幅提高产量、降低成本的目的。本项目采用国家"863"科研项目的成果,通过基因工程的技术方法生产植酸酶,对设备要求较低、发酵时间短、植酸酶产量大且稳定、产品质量高、生产成本低(比国外同类产品低两倍以上),不造成环境污染,不仅在国内市场而且在国际市场(欧盟已经立法,要求在饲料中添加植酸酶)都有广泛的市场前景和竞争力。

我国是一个缺磷的大国,磷的产量不足需求量的十分之一,每年仅饲料用无机磷的缺口就在110万吨,植酸酶的使用可替代饲料原料中添加的无机磷,本项目的建成可有效缓解对磷的需求,并可部分抵消污染严重的无机磷的生产和使用,不仅有较高的经济效益,而且有着重要的社会效益和生态效益。

另外,公司目前所生产的饲料品种上、质量上不能满足饲养斯格猪对优质饲料的要求,以致不得不外购大量饲料,增加了生产成本,项目的建成将有效地解决这一问题。

(2)项目的基本情况

本项目选址在河北省衡水市,位于公司西侧,占地约50亩,土地征用已经衡水市土地管理局桃城分局同意,拟建设植酸酶发酵车间、浓缩干燥车间及相关配套工程。

本项目计划总投资9,738.40万元。其中土建及公用工程投资958.40万元,仪器设备购置费(含安装费)6,221.25万元,技术开发费用345.00万元,征地费用150.00万元,其他费用1,360.65万元,铺底流动资金703.10万元。

本项目所需的主要原材料是工业用葡萄糖,本省可以供应,需用量大时,可直接由淀粉或大米酶解制得葡萄糖液供发酵使用,其它原料也是常用化工原料,当地即可供应。用水、用电也已得到了有关部门的批准并已经落实。

本项目选用的主要设备有发酵缸、空气压缩机、储液缸、沉淀缸、过滤系统设备等。

本项目采用的技术是由中国农业科学院饲料研究所承担的国家"863"科研项目的研究成果,承担项目的课题组通过基因工程的方法,利用生物反应器高效表达植酸酶基因,植酸酶在基因工程酵母中的表达量达到8×105IU/g发酵液,比原始的天然菌株提高了3,000倍,比国外正式报道的植酸酶基因工程菌株高50倍,比国外正在用之生产的基因工程曲霉高出2倍,经国家科委组织鉴定,已达到国际领先水平。

本项目的生产工艺可分为三个工序,即发酵工序、提取工序和干燥工序,后两个工序可合并为提炼工序。流程如下:

发酵工序:菌种→摇瓶种子一级培养→二级种子培养→三级种子培养→发酵培养→诱导→出料;提炼工序:料液→沉淀分离→清液→浓缩→辅料混合→真空干燥→调制检测→产品。

本项目建设期二年,投产后第一年达到设计生产能力的50%,第二年达到80%,第三年起达到设计生产能力,达产后每年可生产2,000吨植酸酶,年销售收入13,000.00万元,年利润总额4,214.40万元,投资回收期5.3年(含建设期二年),投资利润率33.52%,内部收益率28.43%(所得税后)。

本项目已经国家发展计划委员会计农经[2001]2031号文批准立项。

(四)募股资金使用计划

公司已经完成了上述募股资金投资项目的立项、可研、选址和前期准备工作,待发行成功、募股资金到位后即可组织实施;项目实施的资金运用将以项目排列顺序为准,按项目轻重缓急顺序投入。在资金运用过程中,对暂时未投入的资金将全部存入银行或购买短期国债,在保证资金安全和项目资金按期投入的前提下,获取一定的投资收益,最大限度地回报投资者。

本次募股资金使用计划如下(单位:万元):

项目名称	总投资	投资计划				投资回收期
		第一年	第二年	第三年	第四年	
斯格猪繁育推广中心	7,849.61	5,511.80	1,430.13	605.12	302.56	6.33年
肉类联合加工厂	8,617.00	2,237.00	4,730.00	1,276.00	374.00	6.30年
植酸酶项目	9,738.40	5,421.18	3,614.12	703.10	—	5.30年
总计	26,205.01	13,169.98	9,774.25	2,584.22	676.56	—

说明:投资年度以募股资金到位后计算。

十五、发行定价及股利分配政策

(一)股票发行定价方法

1、发行定价考虑的因素

本次股票发行拟采用网上累计投标询价方式进行,确定发行定价考虑的因素主要有:公司所处行业的特色、发展前景及国家的相关政策;公司的资产质量、盈利能力和成长性;发行人过去三年的业绩及未来一年的预测业绩;可比上市公司股票发行价格和二级市场股价定位及适当的一二级市场间价格折扣;发行人拟投资项目所需资金量;中国证监会的发行定价政策。

2、定价方法、过程和结果

根据上述四种估值方式的分析,以市盈率法计算的发行价格区间为3.92—6.10元/股,以净资产倍率法计算的发行价格区间为4.00—5.60元/股,以现金流量折现法计算的发行价格区间为4.67—5.89元/股,以经济利润法计算的发行价格区间为4.60—5.97元/股。

目前沪深两市A股上市公司的平均市盈率约为44倍,同行业上市公司的平均市盈率约为48倍。结合上述四种估值方法获得的价格区间结果,考虑发行人资产质量、盈利能力以及二级市场供求关系和未来走势等因素的影响,经与主承销商河北证券有限责任公司充分协商,并经中国证监会核准,确定本次发行的价格区间为每股4.36元/股,发行市盈率为20倍(依据2001年度经审计的净利润和2001年末公司总股本计算)。

3、本次发行后的摊薄情况

若以此价格发行,公司本次发行募股资金量为17,440万元,扣除发行费用后为16,490.76万元。发行后每股净资产为人民币2.41元(依据2002年6月30日数据、2002年7-12月盈利预测及募集资金净额计算),全面摊薄净资产收益率为7.11%(依据经审核的2002年度盈利预测净利润计算)。

(二)股利分配政策

1、股利分配的一般政策

根据公司章程,公司每一会计年度实现的利润,在依法缴纳所得税后按下列顺序分配:(1)弥补上一年度的亏损;(2)提取法定公积金10%;(3)提取法定公益金5%—10%;(4)提取任意公积金;(5)支付股东股利。公司法定公积金累计额为公司注册资本的50%以上时,可以不再提取。提取法定公积金、公益金后,是否提取任意公积金由股东大会决定。公司不得在弥补亏损和提取法定公积金、公益金之前向股东分配利润。

公司股票为人民币普通股,在股利分配方面实行同股同利的政策,按各股东持有股份的比例派发股利。在每个会计年度结束后的六个月内,由董事会依据公司的经营业绩和未来发展规划提出股利分配政策,经股东大会决议通过后执行。股利派发采取现金、股票或现金和股票相结合的形式。公司向个人派发股利时,由公司按《中华人民共和国个人所得税法》和国家税务总局发布的《征收个人所得税若干问题的规定》代扣个人所得税。股东大会决议将公积金转增股本时,按股东原有股份比例派发新股;但法定公积金转增股本时,所留存的该项公积金不得少于注册资本的25%。公司股东大会对利润分配方案作出决议后,公司董事会须在股东大会召开后两个月内完成股利的派发事项。

2、历年股利分配情况

2001年4月2日,公司2000年度股东大会决议通过了公司2000年度的利润分配方案。公司2000年度共计实现税后净利润21,696,540.56元,根据公司章程规定,按净利润的10%提取法定盈余公积金为2,169,654.06元,按净利润的5%提取法定公益金1,084,827.03元,公司不提任意盈余公积金,剩余的可分配利润为18,442,059.47元,全部向股东分配,股利分配后,未分配利润为0.00元。

2002年5月16日,公司2001年度股东大会决议通过了公司2001年度利润分配方案。公司2001年度共计实现净利润21,825,386.17元,根据公司章程规定,按净利润的10%提取法定盈余公积金为2,182,538.61元,按净利润的5%提取法定公益金1,091,269.30元,公司不提任意盈余公积金,剩余的可分配利润为18,551,578.17元;以公司2001年末总股本10,000万股为基数,每股派发现金红利0.1855元,共计18,551,578.17元;股利分配后,未分配利润为0.00元。

3、利润共享安排与发行后的股利分配计划

根据公司2001年度股东大会决议,公司2001年及以前的利润由老股东享有,2002年及以后形成的利润,由新老全体股东共享。

本公司预计股票发行后首次利润分配的时间为2003年第二季度,具体时间由股东大会决定。

十六、附录和备查文件

(一)附录

1、审计报告及财务报告全文

2、盈利预测报告及注册会计师的盈利预测审核报告

(二)备查文件

1、招股说明书及其摘要

2、审计报告

3、法律意见书和律师工作报告

4、盈利预测报告及其盈利预测审核报告

5、财务报表差异调节表

6、历次验资报告

7、历次资产评估报告及有关确认文件

8、土地评估报告及有关确认文件

9、公司章程

10、发起人协议

11、发行人成立的批准和注册登记文件

12、发行人及主要发起人的营业执照

13、关于本次发行事宜的股东大会决议

14、有关重大合同

15、承销协议

16、有关增资或资产重组的法律文件

17、历次股利分配的决议及记录

18、有关关联交易协议

以上备查文件投资者可与发行期间正常工作时间前往以下地点查阅:

1、河北裕丰实业股份有限公司

地址:河北省衡水市人民东路39号

联系人:刘　勇

电话:0318-2122755

传真:0318-2127145

2、河北证券有限责任公司

地址:河北省石家庄市裕华东路81号

联系人:王志北　张杏超　刘湘安

电话:0311-6991967、6983358

传真:0311-6982188

公司的组织结构图

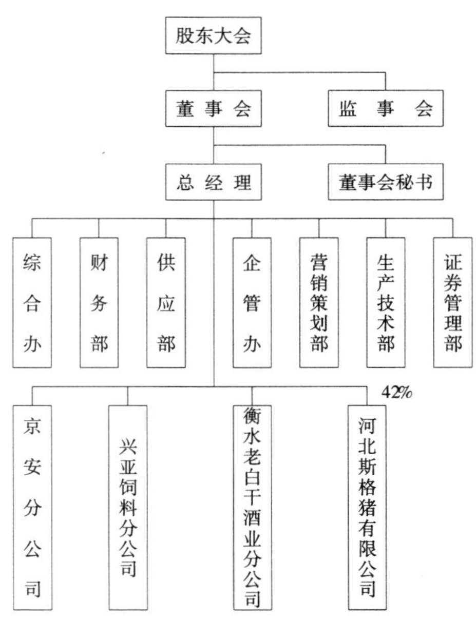

600559 河北裕丰实业股份有限公司

首次公开发行股票上市公告书暨 2002 年第三季度季报

第一节 概览

股票简称:	裕丰股份
沪市股票代码:	600559
深市代理股票代码:	003559
总股本:	140,000,000 股
可流通股本:	40,000,000 股
本次上市可流通股本:	40,000,000 股
发行价格:	4.36 元/股
上市地点:	上海证券交易所
上市时间:	2002 年 10 月 29 日
股票登记机构:	中国证券登记结算有限责任公司上海分公司
上市推荐人:	国信证券有限责任公司 河北证券有限责任公司

本公司公开发行股票前股东所持股份的流通限制及期限:根据国家现有法律、法规规定和中国证监会证监发行字[2002]91 号《关于核准河北裕丰实业股份有限公司公开发行股票的通知》,本公司的国有股、国有法人股和法人股暂不上市流通。

本公司公开发行股票前第一大股东河北衡水老白干酿酒(集团)有限公司承诺:自本公司股票上市之日起 12 个月内,不转让所持有本公司的股份,也不会由本公司回购其所持有的股份。

第二节 绪言

本上市公告书暨 2002 年第三季度季报是根据《中华人民共和国公司法》、《中华人民共和国证券法》、《股票发行与交易管理暂行条例》、《公开发行股票公司信息披露实施细则》和《上海证券交易所股票上市规则》等国家有关法律、法规的规定,并按照中国证监会《公开发行证券的公司信息披露内容与格式准则第 7 号 - 股票上市公告书》和上海证券交易所上市公司部《2002 年第三季度季报工作备忘录(第一号)》而编制。

经中国证监会证监发行字[2002]91 号文核准,本公司于 2002 年 10 月 14 日采取 100%向沪市、深市二级市场投资者定价配售的方式成功发行了 4,000 万股每股面值 1.00 元的人民币普通股,发行价为每股人民币 4.36 元。

经上海证券交易所上证上字[2002]176 号《关于河北裕丰实业股份有限公司人民币普通股股票上市交易的通知》批准,本公司公开发行的 4,000 万股社会公众股将于 2002 年 10 月 29 日起在上海证券交易所挂牌交易。股票简称"裕丰股份",沪市股票代码"600559",深市股票代码"003559"。

本公司已于 2002 年 10 月 9 日在《中国证券报》、《上海证券报》和《证券时报》上刊登了《招股说明书摘要》,招股说明书正文及其附录可以在上海证券交易所网站(http://www.sse.com.cn)查询。距今不足三个月,故与其重复的内容不再重述,敬请投资者查阅上述内容。

第三节 发行人概况

(一)发行人基本情况

1、发行人中文名称:河北裕丰实业股份有限公司

英文名称:HEBEI YUFENG INDUSTRY CO.,LTD.

2、注册资本:140,000,000 元

3、法定代表人:张新广

4、注册地址:河北省衡水市人民东路 39 号

邮政编码:053000

5、经营范围:畜禽养殖、动物饲养及销售,饲料、白酒的生产、销售主营业务:种猪繁育和商品猪饲养、白酒和饲料的生产与销售

6、所属行业:工业

7、董事会秘书:刘 勇

联系电话:0318 - 2122755;13603182567

传 真:0318 - 2127145

通信地址:河北省衡水市人民东路 39 号裕丰股份董秘办

电子信箱:yfgfzq@yufengshiyegufen.com

8、证券事务代表:武晓涛

联系电话:0318 - 2122755;13932836028

传 真:0318 - 2127145

通信地址:河北省衡水市人民东路 39 号裕丰股份证券部

电子信箱:yfgfzq@yufengshiyegufen.com

(二)发行人的历史沿革及历次股权变动情况

公司是经河北省人民政府冀股办[1999]45 号文批准,由主发起人河北衡水老白干酿酒(集团)有限公司、衡水京安集团有限公司联合衡水市陶瓷厂、河北农大高新技术开发总公司、中国磁记录设备天津公司、天津市天轻食品发酵开发公司共六家发起人以发起设立方式设立的股份有限公司。公司于 1999 年 12 月 30 日在河北省工商行政管理局注册登记(注册号为 1300001001449l/1),注册资本 10,000 万元,注册地为河北省衡水市。

公司设立时总股本为 10,000 万股,由各发起人出资形成。其中,老白干集团以其所属的河北衡水老白干酒厂和河北兴亚饲料厂的全部经营性资产投入,经评估其净资产为 9,306 万元,按 1:0.7067 的比例折为 6,577.44 万股;京安集团以其所属的安平县京安规模养猪场的全部经营性资产(含持有的河北斯格种猪有限公司 42%的权益)投入,经评估其净资产为 4,672 万元,按相同比例折为 3,302.41 万股;衡水市陶瓷厂以现金 50 万元投入,按相同比例折为 35.34 万股;河北农大高新技术开发总公司以现金 50 万元投入,按相同比例折为 35.34 万股;中国磁记录设备天津公司以现金 50 万元投入,按相同比例折为 35.34 万股;天津市天轻食品发酵开发公司以现金 20 万元投入,按相同比例折为 14.13 万股。

经中国证监会证监发行字[2002]91 号文核准,本公司于 2002 年 10 月 14 日以 100%向二级市场投资者定价配售方式成功地发行了人民币普通股 4,000 万股,每股面值 1.00 元,每股发行价 4.36元。此次发行完成后,本公司的总股本为 14,000 万股,注册资本为 14,000 万元。公司已于 2002 年 10 月 22 日在河北省工商行政管理局变更了注册登记,发起人股份和社会公众股股份的股权登记、托管等工作也已完成。

(三)发行人的主要经营情况

1、业务概况

目前,公司的主营业务包括种猪繁育和商品猪饲养、白酒和饲料的生产与销售;公司的主导产品有斯格、杜洛克、长白、大白等优良种猪及其杂交商品瘦肉猪,衡水牌系列老白干酒和各种多维饲料。公司主营业务收入主要包括种猪与商品猪销售收入、白酒销售收入和饲料销售收入三部分。

公司最近三年主营业务收入中白酒占据较大比重。在保持白酒业务稳定的基础上,公司实施了以种猪工程为核心的养猪业务结构调整,积极扩大种猪和商品瘦肉猪的生产规模,同时带动了饲料业务的快速增长,使公司主营业务结构发生了显著变化,公司养猪业务和饲料业务呈现了持续快速增长的态势。

公司最近三年及最近一期主营业务收入的构成情况如下(7~9 月财务数据未经审计):

项 目	主营业务收入(万元)					占主营业务收入总额比例(%)				
	2002 年 1-9 月	2002 年 1-6 月	2001 年	2000 年	1999 年	2002 年 1-9 月	2002 年 1-6 月	2001 年	2000 年	1999 年
白 酒	12,078	8,143	13,496	14,709	18,226	62.65	63.38	59.28	66.55	71.26
养 猪	4,430	3,079	5,702	4,393	4,076	22.98	23.97	25.04	19.88	15.93
饲 料	2,772	1,624	3,570	3,000	3,275	14.37	12.65	15.68	13.57	12.81
合 计	19,280	12,846	22,768	22,102	25,577	100.00	100.00	100.00	100.00	100.00

2、市场竞争优势和劣势

公司养猪业务在同行业中具有明显的竞争优势:一是种猪资源优势,公司是目前国内品种最齐全的瘦肉型种猪繁育基地,拥有新英系大白种猪、台系杜洛克种猪、比利时长白种猪等丰富的种猪资源,特别是拥有国际一流的斯格配套系种猪,是生产瘦肉型三元杂交猪的最佳组合。二是品种质量优势,公司引进的比利时斯格配套系种猪各项性能指标优良,能确保商品猪及猪肉产品的高品质,在市场上具有明显的竞争优势,市场价格明显高于其它杂交商品猪。三是垄断经营优势,根据公司与河北斯格种猪有限公司签订的有关协议,斯格曾祖代猪(GGP)仅销售给本公司,不向任何其他方销售。同时,河北斯格公司前三年生产的曾祖代和祖代猪首先满足本公司的需要,本公司负责向长江以北各省区(比利时斯格遗传技术公司在长江以南建立合资公司以前可面向全国)经销斯格祖代、父母代种猪。四是规模生产优势,通过"公司 + 基地 + 农户"模式,带动了众多的合同养殖户,形成了 60 万头(其中公司约为 10 万头)的商品猪生产规模。五是技术配套优势,公司掌握生猪规模饲养的五大关键技术,同时拥有专业饲料厂进行饲料品种配套,具备了集约化经营的配套优势。

衡水市滏阳河畔特有的自然地理气候条件、水质及微生物菌群构成了公司酒业生产的特有产地优势,所产"衡水"牌老白干酒为我国著名的历史名酒,其声誉可与国内几大名酒相媲美,具有较强的品牌优势和市场竞争力;公司有着几十年的经营与管理经验,1994 年通过 ISO9002 产品质量认证,1995 年通过质量体系认证,产品质量优势显著;公司积极与科研院校进行技术交流,以酿造技术研究所为依托,形成了以主管经理、技术人员、生产、品评、勾兑一线人员相结合的科研队伍,新产品开发优势较强。

虽然公司饲料业务在同行业中不具有明显竞争优势,但由于公司养猪业务和饲料业务的有机整合,随着公司养猪业务的扩展,合同养殖户对养猪配套饲料的需求逐渐增加,发展专业配套饲料的竞争优势将会凸显,有助于提高公司饲料业务的市场竞争力。

3、业务经营情况分析(2002 年第三季度)

2002 年第三季度报告期内公司主营业务经营良好,所涉及的主要行业无重大变化;报告期内公司无重大投资项目;报告期内无会计政策、会计估计变更或重大会计差错更正;经营成果及财务状况如下。

(1)经营成果

截至 2002 年 9 月 30 日,公司主营业务收入 192,802,485.92 元,较上年同期增长 27.25%;主营业务利润 50,214,735.52 元,较上年同期增长 33.14%;净利润 16,691,285.34 元,较上年同期增长 10.73%。

公司主营业务利润、其他业务利润、期间费用、投资收益、营业外收支净额占利润总额的比例情况:

	金额(元)	占利润总额比例(%)
主营业务利润	50,214,735.52	236.24
其他业务利润	1,700,504.50	8.00
期间费用	23,268,746.11	109.47
投资收益	123,708.93	0.58
补贴收入	795,240.00	3.74
营业外收支净额	- 502,811.36	- 2.37

与上一定期报告相比,本报告期内各项财务指标所占利润总额的比例没有重大变动。

(2)财务状况(2002 年 9 月 30 日)

项目	金额(元)	占总资产的比例(%)
应收帐款	34,060,474.36	8.67
存货	119,941,647.19	30.55
其它应收款	12,796,861.71	3.26

报告期内应收账款、存货等主要资产项目金额在总资产中所占比例与年初数相比未发生重大变化;报告期内没有委托理财和资金借贷行为,也没有重大逾期债务的发生。

(3)或有事项与期后事项

报告期内公司无重大诉讼、仲裁事项;报告期内公司无重大对外担保事项;报告期内公司无重大资产负债表日后事项。

(4)其他重要事项及盈利预测完成情况

在报告期内,生产经营环境和政策法规未发生重大变化,也未发生重大资产收购及出售与企业并购行为,各项经营活动正常,预计能够完成盈利预测目标。

4、主要财务数据

根据河北华安会计师事务所有限公司冀华会审字[2002]第2046号《审计报告》及公司最新一期未经审计的财务报告,本公司近三年及最近一期的主要财务数据如下:

(1)资产负债表主要数据(单位:元)

财务指标	2002年9月30日	2002年6月30日	2001年12月31日	2000年12月31日	1999年12月31日
总资产	385,587,911.48	400,068,238.36	385,587,911.48	412,031,067.23	341,596,293.47
负债总额	227,953,154.51	240,187,034.99	237,566,679.29	267,283,642.95	199,803,350.28
股东权益	164,712,517.53	159,881,203.37	148,021,232.19	144,747,424.28	141,492,943.19

(2)利润表主要数据(单位:元)

财务指标	2002年1－9月	2002年1－6月	2001年度	2000年度	1999年度
主营业务收入	192,802,485.92	128,463,477.48	227,672,874.98	221,026,584.54	255,764,011.40
主营业务利润	50,214,735.52	33,074,398.68	64,311,091.68	56,012,304.70	51,697,619.48
利润总额	21,255,835.61	14,776,336.02	27,344,948.69	29,052,312.99	8,047,414.47
净利润	16,691,285.34	11,859,971.18	21,825,386.08	21,696,540.56	7,730,276.49
扣除非经常损益后的净利润	17,194,096.70	12,263,133.81	22,422,200.87	21,659,381.78	7,730,276.49

(3)现金流量表主要数据

财务指标	2002年1－6月	2001年
经营活动产生的现金流量净额	20,426,009.05	60,463,583.22
投资活动产生的现金流量净额	－12,153,827.82	－14,042,936.33
筹资活动产生的现金流量净额	－12,153,827.82	－14,042,936.33
现金及现金等价物净增加额	7,746,719.06	3,355,889.07
每股经营活动的现金流量	0.20	0.60

5、主要知识产权及政府特许经营权

公司拥有衡水牌图文商标的所有权,注册商标证书编号为第118770号,核定使用商品为第33类(白酒、大曲、老白干),其续展注册有效期限为1993年3月1日至2003年2月28日。

与公司业务经营相关的特许经营权主要是政府有关主管部门颁发的准许经营有关业务的许可证,其具体情况如下:

特许经营权名称	证书编号	发证机关	截至有效期
工业产品生产许可证	XK16－0300931	国家质量监督检验检疫总局	2006年8月26日
种畜禽生产经营许可证	冀T00601003	河北省畜牧局	2003年4月6日
河北省饲料产品准产证	冀饲11－2000－01001	河北省饲料工作办公室	2005年5月9日

6、税收优惠政策

按照《增值税暂行条例》第十六条第一款及冀国税发[1999]120号《河北省国税局、河北省饲料工业办公室关于印发〈河北省饲料工业企业免征增值税管理办法〉的通知》的有关规定,公司畜禽养殖、饲料业务免征增值税。因此,京安分公司和饲料分公司免征增值税。同时,按照农经发[2000]8号《印发〈关于扶持农业产业化经营重点龙头企业〉的通知》等文件精神,京安分公司免征企业所得税。

根据国家国内贸易局下发的《关于进一步加强国家生猪活体储备管理的通知》和北京市财政局、北京市商委下发的《北京市财政副食品活体储备管理试行办法》的规定,由北京市食品公司、北京京都大红门肉类食品有限公司与本公司签订《北京市食品公司生猪活体储备协议书》,本公司京安分公司作为活体储备基地,按规定的数量和规格储备生猪,北京市财政局通过北京市食品公司按储备数量支付本公司生猪活体储备补贴。

第四节 股票发行与股本结构

(一)本次股票上市前首次公开发行股票的情况

1、发行数量:4,000万股

2、发行价格:4.36元/股

3、募集资金总额:17,440万元

4、发行方式:向沪市、深市二级市场投资者定价配售

5、发行费用总额及项目:本次A股发行费用总额为949.24万元,包括承销费用、审计费用、律师费用、上网发行手续费、审核费用等。

6、每股发行费用:0.237元

(二)本次股票上市前首次公开发行股票的承销情况

根据上海证券交易所提供的申购数据,本次公开发行的4,000万股社会公众股,沪市、深市二级市场投资者的配号总数为67,067,939个,起始号码为000100000001,中签率为0.05964102%。其中,二级市场投资者认购39,677,174股,其余322,826股由主承销商包销。

(三)本次上市前首次公开发行股票所募股资金的验资报告

验 资 报 告

冀华会验字[2002]2004号

河北裕丰实业股份有限公司全体股东:

我们接受委托,对贵公司截止2002年10月18日新增注册资本的实收情况进行了审验。在审验过程中,我们按照《独立审计实务公告第1号－－验资》的要求,实施了必要的审验程序。按照国家相关法律、法规的规定和协议、章程的要求出资,提供真实、合法、完整的验资资料,保护资产的安全、完整是全体股东及贵公司的责任。我们的责任是按照《独立审计实务公告第1号—验资》的要求,出具真实、合法的验资报告。

贵公司原注册资本为人民币一亿元整(RMB100,000,000.00元),根据贵公司有关股东大会决议和修改后章程的规定,申请向社会公开发行普通股(A股)增加注册资本人民币四千万元整(RMB40,000,000.00元),变更后的注册资本为人民币一亿四千万元整(RMB140,000,000.00元)。根据贵公司2001年第一次临时股东大会决议,并经中国证券监督管理委员会证监发行字[2002]91号文核准,贵公司于2002年10月14日以全部向二级市场投资者定价配售的发行方式向社会公开发行人民币普通股40,000,000股,每股面值人民币1元,每股发行价格为人民币4.36元。经我们的审验,截止2002年10月18日止,贵公司已收到社会公众股东缴纳的募股资金人民币一亿七千四百四十万元(RMB174,400,000.00元),扣除发行费用人民币九百四十九万二千四百元整(RMB9,492,400.00元),募集资金净额为人民币一亿六千四百九十万零七千六百元整(RMB164,907,600.00元),其中股本人民币四仟万元整(RMB40,000,000.00元),资本公积(股本溢价)人民币一亿二千四百九十万零七千六百元整(RMB124,907,600.00元)。

同时我们注意到,贵公司本次增资前的注册资本为人民币一亿元整(RMB100,000,000.00元),于1999年9月23日经衡水市审计事务所(现改制为衡水金正会计师事务所有限责任公司)衡审事验字[1999]第85号验资报告验证。2001年6月1日河北华安会计师事务所有限公司对该次验资进行了复核,并出具了冀华会验复核字[2001]6001号《验资报告复核报告》,对衡审事验字[1999]第85号验资报告进行复核确认。

本验资报告仅供贵公司申请工商登记及据以向出资者签发出资证明时使用,不应将其视为是对贵公司验资报告日后资本保全、偿债能力和持续经营能力等的保证,因使用不当所造成的后果,与执行本验资业务的注册会计师及本会计师事务所无关。

河北华安会计师事务所有限公司 **中国注册会计师:齐正华、李钰**

地址:中国.石家庄市裕华西路158号 **报告日期:2002年10月20日**

(四)募股资金入帐情况

1、入帐时间:2002年10月18日

2、入帐金额:164,907,600.00元(募集资金净额为募集资金总额扣除发行费用后的余额)

3、入帐帐号:040105010650008

4、开户银行:衡水市中行营业部

(五)发行人上市前股本结构及各类股东的持股情况

1、本次股票上市前,本公司的股本结构

股份类别	股权性质	股份数量(万股)	比例(%)
尚未流通股份	国家股	9,879.85	70.570
	国有法人股	35.34	0.252
	法人股	84.81	0.606
流通股	社会公众股	4,000.00	28.572
合计	－－－－	14,000.00	100.000

2、本次股票上市前,本公司前十名股东及其持股比例

	股东名称	股权性质	持股数(万股)	比例(%)
1	河北衡水老白干酿酒(集团)有限公司	国家股	6,577.44	46.982
2	衡水京安集团有限公司	国家股	3,302.41	23.589
3	衡水市陶瓷厂	国有法人股	35.34	0.252
4	河北农大高新技术开发总公司	法人股	35.34	0.252
5	中国磁记录设备天津公司	法人股	35.34	0.252
6	河北证券有限责任公司	社会公众股	32.58	0.233
7	天津市天轻食品发酵开发公司	法人股	14.13	0.101
8	银丰证券投资	社会公众股	3.70	0.026
9	景宏基金	社会公众股	2.90	0.021
10	天元基金	社会公众股	2.90	0.021

第五节 董事、监事、高级管理人员及核心技术人员

本公司董事、监事、高级管理人员与核心技术人员均为中国国籍,无境外的永久居留权,相互之间不存在配偶关系、三代以内直系和旁系亲属关系。本次公开发行前,上述人员不存在以个人持股、家属持股或法人持股的任何一种形式持有本公司股份的情况。

(一)董事会成员

张新广,公司董事长,男,汉族,生于1964年2月,大学文化,中共党员,高级工程师,原籍河北省衡水市。1985年7月到老白干酒厂工作,历任老白干酒厂车间副主任、企管处处长、老白干集团副总经理,1999年12月至2002年1月任股份公司副董事长,2002年1月至今任股份公司董事长。张新广同志多次荣获管理成果奖、科技进步奖等奖项和荣誉称号,2000年7月被国家人事部专家服务中心聘为专家顾问委员。

魏志民,公司副董事长,男,汉族,生于1949年3月,大专文化,中共党员,经济师,原籍河北省安平县。历任安平县食品公司子文站站长、安平县食品公司经理、党委书记,1997年至1999年任京安集团董事长兼总经理,1999年12月至今任股份公司副董事长、河北斯格种猪有限公司董事长。

刘彦龙,公司副董事长兼总经理,男,汉族,生于1965年4月,大专文化,中共党员,工程师,原籍河北省衡水深州市。历任老白干酒厂技术科科长、制曲车间主任、制曲分厂厂长、二分厂厂长、党总支书记,兴亚饲料分厂厂长、党总支书记,1996年12月至2001年3月任老白干集团董事,1999年12月至2000年3月任股份公司董事、副总经理,2000年3月出任股份公司总经理,2002年1月至今任股份公司副董事长兼总经理。被评为2000年度河北省优秀青年企业家、衡水市"十杰"青年。

刘兰春,公司董事兼副总经理,男,汉族,生于1956年5月,大专文化,经济师,原籍河北省安平县。历任安平县百货公司团支书、安平县食品公司何庄站会计、副站长,1997年9月至1999年11月任京安集团副总经理,1999年12月至今任股份公司董事、副总经理。

商清艳,公司董事兼副总经理,男,汉族,生于1962年10月,大专文化,中共党员,原籍河北省安平县。历任安平县食品公司会计、站长、1997年9月至1999年11月任京安集团副总经理,1999年12月至今任股份公司董事、副总经理。

张永增,公司董事,男,汉族,生于1948年4月,大专文化,中共党员,高级经济师,原籍河北省深州市。历任衡水地区煤矿副矿长、矿长,老白干酒厂副厂长、厂长、党委书记,老白干集团董事长、总经理兼党委书记。1999年12月至2000年3月兼任股份公司董事长、总经理,2000年3月至2002年1月兼任股份公司董事长,现任老白干集团董事长、总经理、党委书记兼任股份公司董事。张永增先生是衡水市人大代表、河北省政协委员、河北省劳动模范、享受政府特殊补贴的优秀管理专家、全国"五一"劳动奖章获得者。

甄小平,公司董事,男,汉族,生于1963年1月,大专文化,中共党员,经济师,原籍河北省定州市。历任老白干酒厂财务科会计、销售科副科长,1996年12月至今任老白干集团副总经理,1999年12月至今兼任股份公司董事。

王永芳,公司董事,男,汉族,生于1963年9月,大学文化,中共党员,高级工程师,原籍河北省衡水市桃城区。历任老白干酒厂技术员、制酒车间副主任、生产技术科副科长、科长、酒厂扩建办公室副主任、二分厂厂长兼党支部书记,1996年12月至今任老白干集团副总经理,1999年12月至今兼任股份公司董事,2001年1月至今兼任河北兴亚畜牧养殖有限公司董事长。

陈辅珍,公司董事,女,汉族,生于1956年11月,大专文化,中共党员,会计师,原籍四川省纳溪县。历任老白干酒厂财务科会计、财务科副科长、财务科科长、老白干集团财务处处长,1999年12月至今任公司董事并兼任财务部主任。

吕志强,公司独立董事,男,汉族,生于1937年4月,大学文化,教授,原籍河北省雄县。吕先生毕业于河北农业大学畜牧专业,后留校任教,曾获国家教委优秀教学成果特等奖(集体),被评为享受国务院政府特殊津贴专家。先后主持河北省科委重点科研项目"河北省瘦肉猪配套系－冀合白猪培育"、"汉沽黑猪培育"、"河北省种猪测定和杂种优势利用"等,取得重要成果,分别获河北省科技进步一、二、三等奖和国家科委科技进步三等奖。编著出版《养猪手册》、《科学养猪之路》、《瘦肉型猪饲养新技术》、《瘦肉型猪繁育与饲养》、《现代猪肉生产理论与实践》、《中国养猪大全》等六部专著。2001年4月受聘为股份公司独立董事。

秦玉昌,公司独立董事,男,汉族,生于1963年10月,硕士学位,研究员,原籍河南林县。现任国家饲料工程技术研究中心主任助理、中国农业科学院饲料研究所所长助理兼科技处处长、北京农业工程学会理事。目前从事科研开发、产业管理和安全食品示范基地建设的研究。"九五"期间

主持和参加了国家攻关课题"酒糟生产饲料技术"、"高效水产配合饲料的最佳生产工艺参数研究"、"气流对撞干燥机的研究",均通过国家"九五"项目组验收;编写重要技术报告、论文、可行性报告12部,其中《我国饲料安全工程建设研究》收入中国人民大学论文库,《土豆干燥过程中内部传热传质的数值模拟》获1995--1998年度《农业工程学报》优秀学术论文;获得国家专利1项,获农业部科技进步三等奖1项。2001年4月受聘为股份公司独立董事。

(二)监事会成员

刘燕陵,公司监事会主席,女,汉族,生于1951年6月,高中文化,中共党员,原籍黑龙江省明水县。历任老白干酒厂包装车间副主任、主任、一分厂厂长兼党总支书记,1996年12月至2001年3月任老白干集团董事,1999年12月至今任股份公司党总支副书记、工会主席、监事会主席。

孙凤娟,公司监事,女,汉族,生于1956年9月,大学文化,高级经济师,中共党员,原籍河北省深州市。1981年7月至今在老白干集团工作,历任老白干集团劳动人事处处长,2001年4月任股份公司监事。

陈殿章,公司监事,男,汉族,生于1945年11月,中专文化,中共党员,原籍河北省安平县。历任乡政府副书记、乡长、书记、县商业局局长。1998年10月到京安集团工作,现任京安集团董事、副总经理,2001年4月任股份公司监事。

刘会军,公司监事,男,汉族,生于1949年8月,大专文化,中共党员,畜牧师,原籍河北省安平县。历任安平县食品公司子文食品站销售经理、京安集团一场场长,1999年12月至今任股份公司监事兼京安分公司一场场长。

魏三波,公司监事,男,汉族,生于1953年3月,高中文化,中共党员,原籍河北省武强县。历任老白干集团啤酒厂车间副主任、生产副厂长。1996年12月至今任老白干集团生产处副处长,2001年4月任股份公司监事。

(三)其他高级管理人员

刘彦龙,公司总经理,简历同上。

刘兰春,公司副总经理,简历同上。

商清艳,公司副总经理,简历同上。

润艳廷,公司副总经理,男,汉族,生于1965年3月,大学文化,中共党员,高级工程师,原籍河北省深州市。历任老白干酒厂设备科副科长、科长、制曲分厂副厂长、厂长,1999年12月至今任股份公司副总经理。

张煜行,公司副总经理、公司技术负责人,男,汉族,生于1967年11月,大专文化,工程师,原籍河北省武邑县。历任老白干集团白酒二分厂生产技术科长、生产技术副厂长、厂长,1999年12月至今任股份公司副总经理。

张　一,公司副总经理,男,汉族,生于1965年11月,大学文化,中共党员,工程师,原籍河北省深州市。历任衡水市经委技术科副科长,衡水市制药厂副厂长、厂长兼党总支书记,老白干集团兴亚饲料厂副厂长。1999年12月任兴亚饲料分公司总经理兼党支部书记,2002年1月至今任股份公司副总经理。曾荣获省级新产品开发二等奖,被评为1994年度衡水市"十杰"青年。

刘　勇,公司董事会秘书,男,汉族,生于1965年2月,大学文化,中共党员,高级工程师,原籍河北省阜城县。历任老白干酒厂计量科科员、科长、老白干集团企管处副处长,1999年12月至今任股份公司董事会秘书。

陈樾珍,公司财务部主任、财务负责人,简历同上。

(四)技术负责人及核心技术人员

张煜行,简历同上。先后进行了降曲试验、老白干酒最佳发酵周期试验、老白干酒大曲中微生物分离优选等60多项试验,主持的"串蒸工艺应用"获河北省轻工厅管理成果奖,建立了老白干基酒分级和质量控制体系和老白干酒香味成分量的特色框架;主持了白酒质量认证手册和认证文件的全面修改工作,先后通过了1996--2000年ISO9002产品质量认证和质量体系认证的年度审核工作;主持开发几十种不同系列的衡水老白干酒,获河北省优秀新产品奖、全国食品工业优秀新产品奖、省轻工科技进步一等奖、全国食品行业科技进步优秀项目奖,个人荣获全国食品工业先进科技管理工作者称号。

彭立存,男,汉族,生于1964年1月,大学文化,工程师,原籍河北省清河县。曾任兴亚饲料厂生产技术设备科长,现任兴亚饲料分公司副总经理,是中国畜牧医学会、动物营养学分会会员。先后主持开发了填鸭配合饲料、鲤鱼配合饲料、家兔浓缩料、仟禧龙系列畜禽配合饲料、浓缩料等多种畜禽饲料产品。

佟兰欣,女,汉族,生于1964年6月,大学文化,高级工程师,原籍河北省安平县。曾任老白干白酒厂一分厂生技科科长,现任股份公司生技部副主任。先后参与三十多项试验工作,撰写试验报告三十余篇;推广应用新技术4项,经济效益十分显著;参与研制新产品四个,管理创新三项,荣获河北省科技进步一等奖三次;《生香ADY与TH--AADY在衡水老白干酒生产中的应用》一文被中国微生物学会等四家单位评为优秀论文一等奖。

李全柱,男,汉族,生于1972年7月,大学文化,畜牧兽医师,原籍河北省献县。1997年7月到老白干集团兴亚饲料厂工作,2000年5月调任京安分公司技术负责人。先后参与制定了Q/HXS01-2000、Q/HXS02-1999、Q/HXS03-2000等企业标准,参加了河北省重点招标项目"商品瘦肉猪规模化养殖高产技术研究与开发"项目,取得了重要成果。

第六节　同业竞争与关联交易

(一)同业竞争

1、关于同业竞争的说明

本公司主营业务突出,拥有独立完整的服务经营体系。公司实际控制人及其控制的其他法人与本公司之间不存在同业竞争情况,并承诺今后也不从事与本公司相竞争的业务。公司的控股股东老白干集团和主要股东京安集团已分别出具《放弃竞争和利益冲突承诺函》,承诺将不以任何方式直接和间接地进行或参与进行与本公司相竞争的任何业务经营活动。

2、发行人律师、主承销商就避免同业竞争事宜所发表的意见

本次发行的发行人律师认为,发行人与关联方之间不存在同业竞争;本次发行主承销商经核查认为,发行人与关联方之间不存在同业竞争。

(二)关联方

公司的关联方包括:公司的控股股东老白干集团,公司的其他股东京安集团、陶瓷厂、农大高新、天轻公司和磁记录公司,控股股东的全资子公司河北衡水九州啤酒有限公司、河北衡水长虹包装装潢有限公司、河北养元保健饮品有限公司、河北兴亚畜牧养殖有限公司、河北衡水老白干集团废品回收有限公司以及参股公司衡水老白干酒业服务有限公司,本公司的参股公司河北斯格种猪有限公司。

(三)关联关系

公司与公司的股东存在着股权关联关系。其中,老白干集团对公司存在控股关系;公司与公司控股股东的全资子公司是受同一母公司控制的企业,处于对等的平行关系;公司与河北斯格公司存在股权关联关系。

此外,公司董事王永芳先生在河北兴亚畜牧养殖有限公司担任董事长;公司副董事长魏志民先生在河北斯格公司担任董事长,同时河北斯格公司是公司斯格种猪的供应商,双方存在着人员兼职和商业利益关系;公司与个别股东及控股股东的全资子公司就原辅材料采购、产品销售等存在着商业利益关系。

(四)关联交易情况

1、土地租赁

公司与老白干集团和京安集团分别签订了《土地租赁协议》及《土地租赁协议补充协议》,由本公司分别向两集团租赁生产用地11宗,共计516,974.41平方米,租赁期限为20年,租赁费用按年结算,公司每年向老白干集团和京安集团分别支付土地租赁费50万元和25万元。

2、综合服务

公司与老白干集团签订了《综合服务协议》,老白干集团为本公司职工提供医疗、幼儿园及职工住房等服务,本公司职工在上述服务方面与老白干集团职工享有同等待遇;如公司从任何第三方取得上述服务所需支付的费用低于老白干集团上述费用标准时,公司有权自主决定从该第三方取得上述服务。公司根据实际发生额按月向老白干集团支付有关费用。

3、商标转让

公司生产经营使用的商标为"衡水"牌图文商标。该商标原属河北衡水老白干酿酒(集团)有限公司所有,本公司已与老白干集团签订了《注册商标转让协议》,由老白干集团无偿转让至股份公司,相关转让手续已办理完毕。

4、原辅材料采购和产品销售产生的关联交易

2002年1-6月、2001年、2000年、1999年河北衡水长虹包装装潢有限公司与本公司发生的关联交易总额合计分别为5,348,897元、9,084,133元、5,851,179元、8,081,748元,关联交易的商品为纸箱、纸盒、商标标识等包装材料。

2002年1-6月、2001年、2000年、1999年,衡水市陶瓷厂为本公司提供包装用瓷瓶所产生的关联交易额分别为1,011,558元、423,611元、1,362,773元和2,265,731元。

2002年1-6月、2001年,公司向河北斯格种猪有限公司采购斯格曾祖代及祖代种猪产生的关联交易额分别为569,858和1,432,081元。

2002年1-6月、2001年、2000年、1999年,公司向河北兴亚畜牧养殖有限公司销售饲料所产生的关联交易额分别为47,301元、0元、402,984元和2,064,439元。

5、避免同业竞争和规范关联交易的制度安排

(1)股东承诺

公司控股股东老白干集团以及公司主要股东京安集团已向公司及公司全体股东出具了《放弃竞争和利益冲突承诺函》。在经营活动中发生的与公司无法避免的关联交易必须按正常的商业条件进行,在任何一项市场公平交易中不向本公司要求优于任何第三方的条件。若违背上述声明和承诺,应对前述行为所造成的损失予以补偿。

(2)公司章程对规范关联交易的安排

公司章程规定,公司的关联交易应当遵循以下基本原则:符合诚实信用的基本原则,关联人与公司签署涉及关联交易的协议,应当采取必要的回避措施;关联方在股东大会表决时,除特殊情况外,应当回避表决;与关联方有任何利害关系的董事,在董事会就该事项进行表决时,应当回避;公司董事会应当根据客观标准判断该关联交易是否对公司有利,必要时应当聘请专业评估师、独立财务顾问。

(3)保护中小股东利益的其他安排

为有效避免和消除可能出现的公司控股股东利用其控股地位在有关经营活动中对公司施加影响而造成损害中小股东利益的情况,充分保障公司及公司中小股东的利益,除通过公司章程对关联股东和关联人进行合理的制度性约束和限制外,公司还采取以下措施:在招股说明书中对已经存在的关联交易情况和有关的合同、协议进行充分披露;在今后不可避免的关联交易产生时,严格按照《公司章程》以及《董事会议事规则》等有关规定履行审批手续,根据有关规定和要求及时、充分、全面地披露关联交易信息;公司2000年度股东大会增选了2名独立董事,以充分保障关联交易决策的科学性、合理性和公允性,同时本公司将适时增加独立董事在董事会成员中的比重,直至超过董事人数的三分之一。

6、发行人律师、主承销商对关联交易发表的意见

公司律师认为:发行人的招股说明书已对发行人的关联方、关联关系和关联交易及同业竞争问题予以充分披露,无重大遗漏或重大隐瞒。存在的关联交易的决策符合法定程序和公司章程的规定,交易的价格是市场公允价格。发行人的关联方均为依法设立并经国家工商行政管理部门登记注册的企业法人,其营业执照等也已经律师查验。发行人与上述关联企业的关系清楚、合法、关联企业双方依市场公平原则发生往来,未发现因关联交易而损害发行人及小股东合法权益的情况。在审议关联交易时,在关联股东回避表决的情况下,以出席大会的非关联股东所持表决权的100%表决通过,发行人已采取了必要措施保护其他股东的利益。

本次发行主承销商认为:本招股说明书对于关联方、关联关系以及关联交易的披露全面、真实、准确,公司与关联方发生的所有关联交易均遵循了市场化的定价原则,交易价格的制定公允、合理,并严格履行了公司章程规定的程序,决策行为合法有效,不存在损害发行人及中小股东利益的情形。

第七节　财务会计资料

本公司截止2002年6月30日的财务会计资料已于2002年10月9日分别在《中国证券报》、《上海证券报》和《证券时报》上刊登的招股说明书摘要以及刊载于上海证券交易所网站 http://www.sse.com.cn 的本公司招股说明书全文及附录中进行了详细批露,尚未超出招股说明书有效期限。欲了解本公司经审计的财务报表及主要财务指标的详细内容,上述报纸、网站或在公告的招股说明书查阅地查阅。

(一)注册会计师意见

河北华安会计师事务所有限公司对本公司2002年6月30日、2001年12月31日、2000年12月31日、1999年12月31日的资产负债表和2002年1-6月、2001年度、2000年度、1999年度的利润表及2002年1-6月、2001年度、2000年度利润分配表、2001年1-6月、2001年度的现金流量表进行了审计,并出具了冀华会审字[2002]2046号标准无保留意见的审计报告。该审计报告认为公司上述会计报表符合《企业会计准则》和《企业会计制度》及其他有关财务会计法规的规定,在所有重大方面公允反映了公司的财务状况、经营成果及现金流量情况,会计处理方法的选用遵循了一贯性原则。

(二)简要会计报表(附后)

(三)财务指标

公司近三年及最近一期的主要财务指标如下:

财务指标	2002年1-9月	2002年1-6月	2001年	2000年	1999年
流动比率	1.09	1.00	0.93	0.93	1.85
速动比率	0.46	0.40	0.32	0.43	0.48
应收帐款周转率	6.68	4.43	9.17	10.67	18.64
存货周转率	0.88	0.56	1.01	1.13	1.45
无形资产占总资产比率	0.00	0.00	0.00	0.00	0.00
资产负债率	58.05	60.04%	61.61%	64.87%	58.54%
每股净资产	1.65	1.60	1.48	1.45	1.41
研发费占主业收入比率	--	0.85%	0.66%	0.91%	0.63%

每股经营活动的现金流量	--	0.20	0.60	0.01	-

按中国证监会《公开发行证券公司信息披露编报规则第9号》的计算及披露要求，本公司发行前后的每股收益和净资产收益率如下：

(1)公司2000年净资产收益率和每股收益

报告期利润	净资产收益率		每股收益	
	全面摊薄	加权平均	全面摊薄	加权平均
主营业务利润	38.70%	36.77%	0.560	0.560
营业利润	17.87%	16.98%	0.259	0.259
净利润	14.99%	14.24%	0.217	0.217
扣除非经常损益后的净利润	14.96%	14.22%	0.217	0.217

(2)公司2001年净资产收益率和每股收益

报告期利润	净资产收益率		每股收益	
	全面摊薄	加权平均	全面摊薄	加权平均
主营业务利润	43.45%	41.32%	0.643	0.643
营业利润	18.30%	17.40%	0.271	0.271
净利润	14.74%	14.02%	0.218	0.218
扣除非经常损益后的净利润	15.15%	14.40%	0.224	0.224

(3)公司2002年1-6月净资产收益率和每股收益

报告期利润	净资产收益率		每股收益	
	全面摊薄	加权平均	全面摊薄	加权平均
主营业务利润	20.69%	21.48%	0.331	0.331
营业利润	8.92%	9.26%	0.143	0.143
净利润	7.42%	7.70%	0.119	0.119
扣除非经常损益后的净利润	7.67%	7.97%	0.123	0.123

(4)公司2002年1-9月净资产收益率和每股收益(未经审计)

报告期利润	净资产收益率		每股收益	
	全面摊薄	加权平均	全面摊薄	加权平均
主营业务利润	30.49%	32.11%	0.502	0.502
营业利润	12.65%	13.33%	0.208	0.208
净利润	10.13%	10.67%	0.167	0.167
扣除非经常损益后的净利润	10.44%	11.00%	0.172	0.172

(四)会计报表注释

有关会计报表附注的详细内容，请查阅前述公开披露的招股说明书全文及附件。

(五)盈利预测

本公司盈利预测报告的编制遵循了谨慎性原则，河北华安会计师事务所有限公司出具了利预测审核报告。

公司2002年度盈利预测情况如下(单位:元)：

项　目	2001年已审实现数	2002年预测数			
		1月至6月已审实现数	月至8月未审实现数	9月至12月预测数	合计数
一、三营业务收入	227,672,874.98	128,463,477.48	33,341,992.91	101,448,983.87	263,254,454.26
减:三营业务成本	131,831,090.96	74,447,440.59	21,313,357.29	56,317,446.85	152,078,244.73
主营业务税金及附加	31,530,692.34	20,941,638.21	2,831,862.58	17,138,153.46	40,911,654.25
二、三营业务利润	64,311,091.68	33,074,398.68	9,196,773.04	27,993,383.56	70,264,555.28
加:其他业务利润	1,362,838.00	1,729,251.82	-14,675.86	189,332.96	1,903,908.92
减:营业费用	8,890,128.78	5,204,372.54	1,229,817.24	3,835,587.06	10,269,776.84
管理费用	16,358,222.31	7,834,278.47	1,737,902.68	8,646,015.73	18,218,196.88
财务费用	13,340,698.35	7,504,449.77	2,178,186.00	4,774,364.23	14,427,000.00
三、营业利润	27,084,880.24	14,260,549.72	4,036,191.26	10,956,749.50	29,253,490.48
加:投资收益	-626,376.76	123,708.93	---	76,291.07	200,000.00
补贴收入	1,483,260.00	795,240.00	---	---	795,240.00
营业外收入	-	7,242.00	---	---	7,242.00
减:营业外支出	596,814.79	410,404.63	---	---	410,404.63
四、利润总额	27,344,948.69	14,776,336.02	4,036,191.26	11,033,040.57	29,845,567.85
减:所得税	5,519,562.61	2,916,364.84	811,455.06	2,150,786.24	5,878,606.14
五、净利润	21,825,386.08	11,859,971.18	3,224,736.20	8,882,254.33	23,966,961.71

第八节　其他重要事项

(一)本公司股票首次公开发行后至上市公告书暨2002年第三季度季报公布之日时间间隔较短，公司所处行业和市场无重大变化，主要业务发展目标的进展状况正常，主要投入、产出物供求及价格无重大变化。

(二)在上述期间内，公司未发生重大投资行为、无重大资产(或股权)的收购、出售行为。

(三)在上述期间内，本公司住所未发生变更，无重大诉讼、仲裁事项，未发生重大会计政策和会计师事务所的变动，未发生新的重大负债、担保或重大债项发生变化。

(四)本公司计划在本次股票发行后的第一个盈利年度派发一次股利，时间不迟于次年的6月30日。

(五)根据《上海证券交易所股票上市规则》，本公司第一大股东河北衡水老白干酿酒(集团)有限公司已向上海证券交易所承诺，自本公司股票上市之日起12个月内，不转让其持有的本公司股份，也不由本公司回购其持有的股份。

(六)本次股票发行后至本上市公告书暨2002年第三季度季报公告之日，本公司无其他应披露而未披露之重大事项。

第九节　董事会上市承诺

本公司董事会将严格遵守《中华人民共和国公司法》、《中华人民共和国证券法》、《股票发行与交易管理暂行条例》、《公开发行股票公司信息披露实施细则》和《上海证券交易所股票上市规则》等法律、法规和中国证监会的有关规定，并自股票上市之日起承诺做到：

(一)承诺真实、准确、完整、公允和及时的公布定期报告，批露所有对投资者有重大影响的信息，并接受中国证监会、证券交易所的监督管理；

(二)承诺本公司在知悉可能对股票价格产生误导性影响的任何公共传播媒介中出现的消息后，将及时予以公开澄清；

(三)本公司董事、监事、高级管理人员和核心技术人员将认真听取社会公众的意见和批评，不利用已获得的内幕消息和其他不正常手段直接或间接从事本公司股票的买卖活动；

(四)本公司没有无记录的负债。

第十节　上市推荐人及其意见

(一)上市推荐人有关情况

上市推荐人：国信证券有限责任公司

法定代表人：李南峰

地　　址：深圳市红岭中路1012号国信证券大厦20楼

邮　　编：518001

电　　话：0755-2130556

传　　真：0755-2130620

联　系　人：杜向杰

上市推荐人：河北证券有限责任公司

法定代表人：武铁锁

地　　址：河北省石家庄市裕华东路81号

邮　　编：050011

电　　话：0311-6983358、6991967

传　　真：0311-6982188

联　系　人：王志北　张杏超　刘湘安

(二)上市推荐人意见

上市推荐人国信证券有限责任公司和河北证券有限责任公司认为：河北裕丰实业股份有限公司具备了《中华人民共和国公司法》、《中华人民共和国证券法》及《上海证券交易所股票上市规则》等法律法规所规定的上市条件。

国信证券有限责任公司和河北证券有限责任公司保证河北裕丰实业股份有限公司的董事了解法律、法规、上海证券交易所上市规则及股票上市协议规定的董事的义务与责任，并协助河北裕丰实业股份有限公司健全了法人治理结构、制定了严格的信息披露制度与保密制度。国信证券有限责任公司和河北证券有限责任公司已对上市文件所载的资料进行了核实，确保上市文件真实、准确、完整，符合规定要求。国信证券有限责任公司和河北证券有限责任公司保证河北裕丰实业股份有限公司的上市申请材料、上市公告书没有虚假、严重误导性陈述或者重大遗漏，并保证对其承担连带责任，并保证不利用在上市过程中获得的内幕信息进行内幕交易，为自己或他人谋取利益。

河北裕丰实业股份有限公司

2002年10月24日

简要利润表(单位:元)

项　　目	2002年1-9月	2002年1-6月	2001年度	2000年度	1999年度
主营业务收入	192,802,485.92	128,463,477.48	227,672,874.98	221,026,584.54	255,764,011.40
减:主营业务成本	112,801,277.26	74,447,440.59	131,831,090.96	136,160,678.63	163,710,080.53
主营业务税金及附加	29,786,473.14	20,941,638.21	31,530,692.34	28,853,601.21	40,356,311.39
主营业务利润	50,214,735.52	33,074,398.68	64,311,091.68	56,012,304.70	51,697,619.48
加:其他业务利润	1,700,504.50	1,729,251.82	1,362,838.00	1,744,269.29	958,201.46
减:营业费用	7,806,795.87	5,204,372.54	8,890,128.78	7,254,861.21	19,533,495.28
管理费用	12,411,865.23	7,834,278.47	16,358,222.31	13,994,018.81	19,344,742.11
财务费用	10,856,880.88	7,504,449.77	13,340,698.35	10,642,539.76	13,022,169.08
营业利润	20,839,698.04	14,260,549.72	27,084,880.24	25,865,154.21	755,414.47
加:投资收益	123,708.93	123,708.93	-626,376.76	-	-
补贴收入	795,240.00	795,240.00	1,483,260.00	3,150,000.00	7,292,000.00
营业外收入	7,242.00	7,242.00	-	52,514.44	-
减:营业外支出	510,053.36	410,404.63	596,814.79	15,355.66	-
利润总额	21,255,835.61	14,776,336.02	27,344,948.69	29,052,312.99	8,047,414.47
减:所得税	4,564,550.27	2,916,364.84	5,519,562.61	7,355,772.43	317,137.98
净利润	16,691,285.34	11,859,971.18	21,825,386.08	21,696,540.56	7,730,276.49

(注:2002年第三季度财务报告未经审计)

简要资产负债表(单位:元)

项目	2002年9月30日	2002年6月30日	2001年12月31日	2000年12月31日	1999年12月31日
货币资金	18,423,490.26	33,949,528.23	26,202,809.17	22,846,920.10	14,554,127.98
应收票据	2,864,750.00	2,350,000.00	5,391,720.00	8,044,150.00	7,820,000.00
应收账款	34,060,474.36	34,289,583.22	23,693,869.82	25,965,283.49	15,450,506.57
其他应收款	12,796,861.71	7,745,584.03	10,249,804.13	38,094,883.36	1,432,461.10
预付账款	18,655,000.14	5,015,040.50	5,273,140.38	12,463,998.06	881,297.64
应收补贴款	795,240.00	795,240.00	-	1,500,000.00	-
存货	119,941,647.19	129,410,223.19	135,959,832.08	124,484,916.01	115,927,383.64
待摊费用	198,950.27	255,838.82	28,971.00	25,997.72	-
流动资产合计	208,136,413.93	213,811,037.99	206,800,146.58	233,426,148.74	156,065,776.93
长期股权投资	10,323,366.26	10,323,366.26	10,199,657.33	10,826,034.09	10,616,034.09
长期债权投资	1,585,000.00	1,585,000.00	1,585,000.00	1,585,000.00	1,585,000.00
长期投资合计	11,908,366.26	11,908,366.26	11,784,657.33	12,411,034.09	12,201,034.09
固定资产原价	243,227,878.53	244,583,025.34	237,629,568.84	230,952,480.09	232,186,807.01
减:累计折旧	74,369,207.06	73,255,794.76	71,608,974.99	64,938,127.48	59,676,664.56
固定资产净值	168,858,671.47	171,327,230.58	166,020,593.85	166,014,352.61	172,510,142.45
减:固定资产减值准备	476,791.91	476,791.91	476,791.91	-	-
固定资产净额	168,381,879.56	170,850,438.67	165,543,801.94	166,014,352.61	172,510,142.45
在建工程	4,239,012.29	3,498,395.44	1,459,305.63	179,531.79	519,340.00
固定资产合计	172,620,891.85	174,348,834.11	167,003,107.57	166,193,884.40	173,029,482.45
资产总计	392,665,672.04	400,068,238.36	385,587,911.48	412,031,067.23	341,296,293.47
短期借款	168,750,000.00	183,850,000.00	171,150,000.00	139,910,000.00	58,290,000.00
应付账款	10,213,044.91	14,452,715.13	16,624,379.63	20,703,896.52	4,846,714.25
预收账款	37,500.00	2,141,744.93	1,988,811.01	5,791,215.71	2,859,081.52
应付工资	343,515.70	339,658.70	342,874.70	308,858.50	326,047.50
应付福利费	-	122,328.78	9,277.22	984,524.06	145,270.57
应付股利	117,930.50	200,482.87	18,551,578.17	18,442,059.47	-
应交税金	2,739,169.24	-2,363,675.73	852,096.95	7,774,784.18	-
其他应交款	910,642.56	701,722.66	698,244.08	233,343.98	-
其他应付款	2,139,867.93	5,316,425.32	4,594,929.87	7,856,104.66	17,729,196.44
预提费用	2,960,483.67	484,632.33	26,487.66	28,855.87	57,040.00
一年内到期的长期负债	-	8,000,000.00	8,000,000.00	49,550,000.00	-
流动负债合计	190,262,154.51	213,246,034.99	222,838,679.29	251,583,642.95	84,253,350.28
长期借款	28,000,000.00	17,250,000.00	5,000,000.00	5,000,000.00	101,850,000.00
长期应付款	9,691,000.00	9,691,000.00	9,728,000.00	10,700,000.00	13,700,000.00
长期负债合计	37,691,000.00	26,941,000.00	14,728,000.00	15,700,000.00	115,550,000.00
负债合计	227,953,154.51	240,187,034.99	237,566,679.29	267,283,642.95	199,803,350.28
股本(净资产)	100,000,000.00	100,000,000.00	100,000,000.00	100,000,000.00	100,000,000.00
资本公积	41,492,943.19	41,492,943.19	41,492,943.19	41,492,943.19	41,492,943.19
盈余公积	6,528,289.00	6,528,289.00	6,528,289.00	3,254,481.09	-
其中:法定公益金	4,352,192.67	2,176,096.33	2,176,096.33	1,084,827.03	-
未分配利润	16,691,258.34	11,859,971.18	-	-	-
所有者权益合计	164,712,517.53	159,881,203.37	148,021,232.19	144,747,424.28	141,492,943.19
负债及所有者权益合计	392,665,672.04	400,068,238.36	385,587,911.48	412,031,067.23	341,296,293.47

(注:2002年第三季度财务报告未经审计)

简要现金流量表(单位:元)

项目	2002年1-6月	2001年度
一、经营活动产生的现金流量:		
销售商品、提供劳务收到的现金	123,504,748.88	237,895,107.41
收到的其他与经营活动有关的现金	4,824,689.34	30,619,132.67
现金流入小计	128,329,438.22	268,514,240.08
购买商品、接受劳务支付的现金	57,233,989.23	114,777,054.95
支付给职工以及为职工支付的现金	10,184,580.03	25,193,492.12
支付的各项税费	35,353,892.69	58,385,280.28
支付的其他与经营活动有关的现金	5,130,967.22	9,694,829.51
现金流出小计	107,903,429.17	208,050,656.86
经营活动产生的现金流量净额	20,426,009.05	60,463,583.22
二、投资活动产生的现金流量		
处置固定资产、无形资产和其他长期资产而收到的现金净额	691,447.00	846,901.00
现金流入小计	691,447.00	846,901.00
购建固定资产、无形资产和其他长期资产所支付的现金	12,845,274.82	14,889,837.33
现金流出小计	12,845,274.82	14,889,837.33
投资活动产生的现金流量净额	-12,153,827.82	-14,042,936.33
三、筹资活动产生的现金流量		
借款所收到的现金	145,508,000.00	212,850,000.00
收到的其他与筹资活动有关的现金		196,866.54
现金流入小计	145,508,000.00	213,046,866.54
偿还债务所支付的现金	120,595,000.00	224,132,000.00
分配股利、利润或偿付利息所支付的现金	25,438,462.17	31,976,655.46
支付的其他与筹资活动有关的现金		2,968.90
现金流出小计	146,033,462.17	256,111,624.36
筹资活动产生的现金流量净额	-525,462.17	-43,064,757.82
四、现金及现金等价物净增加额	7,746,719.06	3,355,889.07
附注:		
1、将净利润调节为经营活动的现金流量:		
净利润	11,859,971.18	21,825,386.08
加:计提的资产减值准备	425,868.07	-781,267.72
固定资产折旧	8,209,928.64	15,641,048.37
待摊费用的减少(减:增加)	-226,867.82	-2,973.28
预提费用的增加(减:减少)	458,144.67	-2,368.21
处置固定资产、无形资产和其他长期资产的损失(减:收益)	380,862.63	115,872.88
财务费用	7,504,449.77	13,340,698.35
投资损失(减:收益)	-123,708.93	626,376.76
存货的减少(减:增加)	6,549,608.89	-11,801,935.01
经营性应收项目的减少(减:增加)	-9,626,902.52	40,044,859.15
经营性应付项目的增加(减:减少)	-4,985,345.53	-18,542,114.15
经营活动产生的现金流量净额	20,426,009.05	60,463,583.22
2、不涉及现金收支的投资和筹资活动:		
3、现金及现金等价物净增加情况:		
现金的期末余额	33,949,528.23	26,202,809.17
减:现金的期初余额	26,202,809.17	22,846,920.10
现金及现金等价物净增加额	7,746,719.06	3,355,889.07

600560 北京金自天正智能控制股份有限公司

首次公开发行股票招股说明书摘要

一、释义

在本招股说明书中,除非文中另有所指,下列词语具有如下涵义:

发行人、本公司或股份公司　指北京金自天正智能控制股份有限公司

董事会　指北京金自天正智能控制股份有限公司董事会

自动化院　指冶金自动化研究设计院,原名冶金工业部自动化研究院,于2001年6月26日更名为冶金自动化研究设计院

富丰公司　指北京富丰高科技发展总公司

主承销商、上市推荐人　指北京证券有限责任公司

《公司法》　指《中华人民共和国公司法》

《证券法》　指《中华人民共和国证券法》

公司章程　指发行人的公司章程修改草案

元　指人民币元

本次发行　指发行人本次向社会公众发行3000万股新股的行为

上市　指发行人本次向社会公众发行的3000万股新股在上海证券交易所挂牌交易

中国证监会　指中国证券监督管理委员会

国家经贸委　指中华人民共和国国家经济贸易委员会

财政部　指中华人民共和国财政部

冶金部　指原中华人民共和国冶金工业部

上证所　指上海证券交易所

深交所　指深圳证券交易所

三电或三电产业　指本公司在工业自动化领域所从事的工业计算机控制系统、电力电子及电气传动装置和工业检测及控制仪表等三项产业

三电一体化　指从信息传递和功能角度,将本公司所从事的工业自动化领域的计算机控制系统、电力电子及电气传动装置和工业检测及控制仪表等产业进行系统集成和综合处理,使之成为一有机整体的自动化解决方案

WTO　指世界贸易组织

ISO9001　指国际质量标准认证体系

CNACR　指中国体系认证机构国家认可

UKAS　指英国皇家质量体系认可委员会

PLC　指可编程序控制器

DCS　指分布式控制系统

ERP　指企业资源计划系统

CIMS　指计算机集成制造系统

PWM　指脉冲宽度调制

PC　指个人计算机

二、本次发行概况

(一)本次发行的基本情况

1.股票种类:　人民币普通股(A股)

2.每股面值:　人民币1.00元

3.预计发行股数:　3,000万股,占发行后总股本的比例为39.24%

4.预计每股发行价:　9.00元

5.预计发行市盈率:　19.78倍

6.每股盈利:　0.4549元(按2001年底股本数和净利润计算)

7.发行前每股净资产:　2.43元(按2002年6月30日净资产值计算)

发行后每股净资产:　4.83元(按实际募集资金量全面摊薄计算)

8.拟发行方式:　全部向二级市场投资者定价配售发行

9.发行地区:　全国与上证所和深交所交易系统联网的各证券交易网点

10.发行对象:　于招股说明书摘要刊登当日2002年8月30日(T—3日)持有上证所或深交所已上市流通人民币普通股(A股)股票的收盘市值总和(包括可流通但暂时锁定的股份市值)不少于10,000元的投资者(法律、行政法规禁止购买者除外)。投资者同时持有的沪市、深市二级市场的股票市值不合并计算。

11.承销方式:　余额包销

12.预计实收募股资金:　本次发行预计实收募股资金27,000万元,扣除发行费用1,332万元后,发行人实际募集资金为25,668万元

13.发行费用概算:　本次发行费用合计1,332万元,包括

(1)承销费用:　810万元

(2)审计费用:　105万元

(3)验资费用:　10万元

(4)律师费用:　60万元

(5)资产评估费用:　122万元

(6)上网发行手续费用:　95万元

(7)股份登记费用:　27万元

(8)审核费用:　3万元

(9)路演费用:　50万元

(10)其他费用:　50万元

(二)本次发行的有关当事人

1.发行人

名称:北京金自天正智能控制股份有限公司

法定代表人:孟维宗

住所:北京市丰台区丰台路84号

联系电话:(010)63848915

传真:(010)63812131

联系人:赵恩光、高红军、曲继玲

2.主承销商及其他承销机构

(1)主承销商

名称:北京证券有限责任公司

法定代表人:卢克群

住所:北京市海淀区车公庄西路乙19号华通大厦B座10—16层

联系电话:(010)68431166-8151

传真:(010)88018659

经办人员:吕晓峰、李彦斌、崔力军、穆东升、赵轶青

(2)副主承销商

名称:中富证券有限责任公司

法定代表人:唐汉荣

住所:上海市南京西路1468号中欣大厦17层

联系电话:(021)62476666-6702

传真:(021)62470248

联系人:刘嘉屹

(3)分销商

名称:闽发证券有限责任公司

法定代表人:张晓伟

住所:福州市五四路环球广场28-29层

联系电话:(0591)7804303

传真:(0591)7804717

联系人:陈丹丹

3.上市推荐人:北京证券有限责任公司

4.发行人聘请的律师事务所

名称:北京市星河律师事务所

住所:北京市西城区裕民东路5号瑞得大厦601室

联系电话:(010)82031449

传真:(010)82031456

负责人:庄涛

经办律师:袁胜华、张坚红

联系人:王海

5.会计师事务所

名称:岳华会计师事务所有限责任公司(原岳华(集团)会计师事务所)

法定代表人:李延成

住所:北京市朝阳区霄云路26号鹏润大厦12层

联系电话:(010)84584405

传真:(010)84584428

经办注册会计师:黄宾、范志伟

6.资产评估机构

名称:北京天健兴业资产评估有限公司(原兴业会计师事务所)

法定代表人:吴建敏

住所:北京市西城区金融街投资广场A座17层

联系电话:(010)66211006

传真:(010)66211007

经办注册评估师:陈曦、吴建敏

7.股票登记机构

名称:中国证券登记结算有限责任公司上海分公司

住所:上海市浦建路727号

法定代表人:王迪彬

联系电话:(021)58708888

传真:(021)58754285

8.收款银行

名称:中国工商银行北京市分行丰台分理处

住所:北京市丰台区东幸福街6号

联系电话:(010)63815936

传真:(010)63822476

(三)与本次发行有关的中介机构及其负责人、高级管理人员及经办人员没有直接或间接持有本公司的股票,并且与本公司没有其他权益关系。

(四)与本次发行有关的重要日期

(1)发行公告刊登日期:2002年9月2日

(2)申购日期:2002年9月4日

(3)摇号日期:2002年9月5日

(4)中签号码公布日期：2002 年 9 月 6 日
(5)收缴股款日期：2002 年 9 月 9 日
(6)预计挂牌交易日期：2002 年 9 月 19 日

三、主要风险因素及对策

投资于本公司股票可能会涉及一系列风险。在购买本公司股票前，敬请投资者将下列风险因素相关连同本招股说明书其他资料一并考虑。

投资者在评价发行人本次发售的股票时，除本招股说明书提供的其他各项资料外，应特别认真地考虑下述各项风险因素。根据重要性原则或可能影响投资决策的程度大小排序，发行人风险如下：

(一)管理风险

本次发行扣除发行费用实际募集资金约 25668 万元。本次发行后，发行人的资产总规模将达到 48865.38 万元，比本次发行前 2002 年中期总资产 23197.38 万元增长了 1.11 倍。本次发行后，随着资产规模的成倍增大和销售收入及利润总额的增加，将使股份公司在经营管理方面存在较大的风险。作为由科研院所改制而来的高新技术企业，发行人自身不可避免地带有科研单位管理水平有限、经营方式封闭、财务管理落后等不足，尤其是短期内难以满足市场经济对现代企业管理素质的要求。随着发行人在所从事的工业自动化领域三电产业方面规模化经营的实施和产业化运作的推进，以及企业生产规模的不断扩大和经营业务的明显拓展，股份公司将会在主营业务的生产经营、组织机构的管理制度、财务审计的内部控制、原料物流的管理方式、人力资源的开发、资本市场的运作和社会保障的完善等方面遇到更大的挑战，从而对股份公司的内部经营管理提出更高的要求。特别是股份公司股票发行上市后的经营规模大幅扩大和组织机构管理体系更加复杂，使其在自动化领域项目的实施、产品生产和技术服务质量的控制以及国内外三电产业市场的拓展等方面面临较大的管理风险。

针对目前存在的上述风险，发行人将认真按照现代企业制度的运作要求以及国家相关法规对上市公司的具体规定，从各个方面不断完善提高企业的经营管理水平。本公司首先将在现有基础上不断改进股份公司的生产经营，积极研究自动化领域的市场变化，根据市场和客户的要求进行三电产品的生产、销售和服务，尽快建立适应自动化行业竞争要求的经营管理机制。其次，股份公司还将加快自身经营管理体系的完善，提高管理层的管理素质，优化管理信息系统，加强生产经营管理、质量控制管理，提高财务控制管理、市场营销管理、技术研发管理和人事管理的管理水平等。其中：在管理层的管理素质提高方面，本公司将通过对外公开选聘、定期强化培训和再教育、建立期权机制激发员工工作积极性、利用聘请行业专家顾问和知名公司的咨询力量等方式不断提高企业管理层的管理水平和决策能力；在企业管理信息系统方面，本公司将根据自动化领域高科技企业的自身情况，通过学习和掌握现代企业管理模式，探索建立适合股份公司未来发展的独有的管理模式，利用网络手段加强企业管理信息的收集、处理、控制及反馈以提高本公司的管理信息处理水平；在加强生产管理方面，本公司将针对现代高科技企业规模化运营的产品产销量大、技术含量高、市场变化快的具体特点，完善现行的经营业务事业部生产管理体系，加强生产的规范化管理，满足经营业务扩大的要求；在提高质量管理方面，本公司将在 ISO9001 质量认证的基础上，严格按照该体系的质量保证模式不断提高产品生产和经营业务上的质量控制水平，达到 ISO9001 要求的质量控制标准，并将采用国际通用的标准及先进的软件工程方法；在财务管理方面，本公司将进一步利用先进的财务软件和网络技术把市场管理、生产管理和财务管理整合在一起，并将设立投资委员会，强化对项目投资的监控和管理；在市场营销管理上，股份公司将在加强现有的市场管理委员会和市场营销部的职能的基础上，积极建设和拓展有关三电产业的产品及系统集成服务的营销网络并深化市场延伸层次；在技术研发管理方面，本公司将不断发挥技术研发部和技术委员会的职能和作用，加强研发项目的选题、立项、考核、评审，从源头上防止和控制生产规模增大蕴含的技术管理风险；在人力资源建设方面，本公司将遵循"科技企业以人为本"的原则，建立和完善员工管理考核档案、薪资分配机制和绩效考评制度，认真贯彻落实股份公司每年 5% 比例人员转岗的制度，形成人才竞争机制。总之，股份公司将尽可能充分地考虑自身资产规模大幅增长而带来的经营管理风险，通过上述种种措施的落实，早日形成科学、有效、完整的经营管理制度，以达到有效化解管理风险的目的。

(二)市场领域过于集中风险

发行人目前从事的主要业务是工业自动化领域的工业计算机控制系统、电气传动装置、工业检测及控制仪表等三电产业相关产品的研制、生产、销售及承接工业自动化工程和技术服务等，销售服务对象主要集中在冶金工业自动化领域，在冶金方面的工业自动化系列产品及系统集成、电力电子及电气传动产品、工业检测及控制仪表、电力电子半导体元器件的销售及营业利润占股份公司销售收入和利润的近 100%。这在很大程度上对冶金行业形成了较为明显的依赖性，产生了业务过于集中的风险。国家有关冶金工业政策的变化、本公司对煤炭、电力、石油、化工等其他对工业自动化有需求的相关产业拓展力度的大小、国内外冶金行业自身景气程度的周期性波动、其他行业运用工业自动化技术的成熟程度、国际工业自动化以及相关三电产业类产品市场的变化都将会给发行人的生产经营、销售收入及利润总额带来一定的影响。

针对目前过于集中的行业依赖性问题，本公司将按照"立足冶金领域基础，充分运用战略联盟及资本运营手段，实施经营领域扩张"的发展战略，不断推出三电产业类系列化产品，增强本公司的产品和服务进军其他行业的技术实力。股份公司已开始逐步在有色金属、水泥、煤炭和污水处理等与钢铁生产类似的混合流程行业中进行自动化控制等专业化开发。如股份公司已为淮南矿务局等单位提供矿井提升机自动化设备、为仪征化纤公司等化纤生产单位提供电气传动及控制系统设备等经营活动，都是股份公司拓展其他领域的实际措施，目前，本公司还同大庆油田、污水处理企业等单位进行洽谈。本公司预计投资项目正常达产后，每年在冶金行业的利润占利润总额的份额将由目前的 65% 以上下降到 40% 以下。另外，本公司还将积极利用资本联合或技术联合的方式与其他行业的机构或企业进行合作，如通过和石油、环保等其他行业的合作增加了股份公司进入其他行业的渠道，扩大对外合作的范围，从而将工业自动化领域三电产业的技术和产品尽可能地应用于轻工、石化、建筑、建材和环保等诸多行业，增加在其他行业的市场占有率，不断拓展股份公司的生存空间，保持企业长期持续、稳定地发展。

(三)净资产收益率下降引致的风险

本次发行扣除发行费用后实际募集资金约 25668 万元，发行人净资产将达到 36963.42 万元，比本次发行前 2002 年中期净资产值 11295.42 万元增长了 2.27 倍。依据发行人 2001 年度实现的净利润 2113.33 万元计算，本次发行后全面摊薄的净资产收益率约为 5.72%，较 2001 年的 20.79% 出现大幅下降，发行人存在发行当年因净资产收益率下降影响股份公司持续融资能力而引致的财务风险。

(四)存在大股东控制的风险

本次发行前，自动化院持有发行人 93.70% 的股份，为绝对控股股东；本次发行后，自动化院将持有发行人 56.94% 的股份，仍为绝对控股股东；加之自动化院在股份公司的董事会中占有 11 个席位中的 7 个，存在自动化院利用其控股地位，通过行使表决权或其它方式对股份公司的人事和经营决策等进行控制的风险，可能会使中小股东的权益受到侵犯。

为有效保护其他股东的权益，作为控股股东的自动化院已向本公司就规避操纵风险、同业竞争及关联交易等有关问题作出承诺并同本公司签订了《非竞争协议》。自动化院承诺不利用其第一大股东的地位损害本公司及股东的利益；自动化院今后不在境内外以任何形式从事与本公司经营业务有竞争或可能构成竞争的业务及活动；在与本公司发生不可避免的关联交易时，自动化院将依据公平交易的原则和市场规则，采取与本公司签订合同的方式进行。另一方面，股份公司将继续努力完善法人治理结构，进一步健全股东大会、董事会、监事会的召开、表决程序和相关规则，促使控股股东严格遵守关联股东回避表决等制度，并将着手建立独立董事制度，确保在本次发行后尽快予以实施；另外，发行人还将严格按照有关规定履行信息披露义务，切实保护小股东的正当权益。

(五)市场开发不足风险

发行人凭借多年来在工业自动化领域的三电产业方面形成的系列产品的经营优势以及系统集成的技术实力，在工业自动化领域，特别是冶金工业自动化领域，已经占有国内市场份额的 7% ~9%。但作为由科研院所改制而来的科技企业，本公司在市场意识、经营策略、市场研究等方面与市场经济和现代高科技企业发展的要求尚有一定差距，在市场开拓及市场营销策划等方面仍有许多不足，主要表现为对三电产业相关产品及工程的市场研究力度不够、营销手段单一，如直销产品方式产生的收入占主营业务收入的比例仅为 22%，加之国内外同行业竞争对手不断改进销售策略而使本公司面临的竞争环境不断发生变化，所以本公司在工业自动化领域三电产业的市场开发上面临一定的压力。

针对上述风险，为了适应股份公司生产经营的产业化发展，本公司明确了"以满足市场需求为导向，以提高服务质量为重点"的市场运营基本原则，将市场开发和营销网络建设工作提升到核心地位。股份公司根据企业生产经营特点设置市场管理委员会和市场营销部，用于市场拓展方面的人员有近 80 人，占员工总数的 16%。市场管理委员会由总经理和各部门负责人组成，主要负责对股份公司三电产业相关业务的市场营销工作进行决策管理；市场营销部主要负责具体的市场开发、营销策划和日常管理，贯彻落实制订的营销策略和方法以确保实现销售目标等。本公司专门制定了《市场营销管理制度》、《合同管理的实施办法》等一系列制度，以确保股份公司在市场开发方面制度化、规范化。为提高营销队伍的整体素质，本公司还定期对营销人员进行全方位的培训，使其在管理技能、销售技巧、市场认识、业务能力等多方面不断得到提高。与此同时，本公司还将在继续巩固业已形成的市场销售体系的同时积极拓展销售渠道，如本次发行募集资金拟投资项目达产以后，产品直销产生的收入占主营业务收入的比例将上升到 40% 以上。目前本公司已与全国 200 多家企业建立了密切联系，专门在上海宝山钢铁(集团)公司、武汉钢铁(集团)公司、四川攀枝花钢铁有限责任公司、内蒙古包头钢铁(集团)有限责任公司、山西太原钢铁(集团)有限责任公司等国家大型钢铁企业设立了产品销售网点，并计划在今后 3 至 5 年内，在现有 5 个销售网点的基础上继续在全国范围内建立 15 个左右的产品销售及服务网点。

(六)应收帐款的坏帐风险

截止 2002 年 6 月 30 日，发行人的应收帐款余额为 5115.86 万元，占股份公司总资产的 22.05%，数额较大。发行人应收帐款余额较大的主要原因在于回收期和变现周期长，其原因主要是由于本公司客户多数集中在冶金自动化领域所导致的。冶金自动化领域的三电产业系统集成及工程实施周期长，且钢铁企业的资金流转较慢，资金相对紧张，致使股份公司的应收帐款回收期和变现周期在 5 个月左右。

本公司针对现存的上述风险，不断加强对财务管理和应收帐款的清理工作。如本公司 2001 年通过对未结算款项进行清理，使应收帐款净值减少 1502 万元，占 2000 年年底应收帐款净值的 23.19%，使应收帐款的总额下降了许多。目前本公司的应收帐款余额主要是未结算销售款且帐龄较短，一年以内的占 78.07%。另外，本公司还遵循谨慎性原则，对帐龄在 4~5 年的应收帐款计按 50% 的比例计提坏帐准备，对帐龄在 5 年以上的应收帐款全额计提坏帐准备。同时，本公司通过选择已有长期合作经历、业务往来频繁、信用基础良好的客户进行合作以及与客户签定正式的销售合同等措施，使应收帐款可能出现的坏帐风险得到有效控制，一般而言均可按期收回。

(七)融资能力限制的风险

作为技术含量较高的科技企业，发行人一贯注重对自动化领域三电产业相关技术研究开发的力度和对增加科研项目研发的投入，随着本公司生产方式产业化步伐的加快、生产设备技术改造的加大以及生产基地的建设等举措，都使发行人需要大量的资金给予支持。但由于工业自动化领域的业务受到产品生产和技术服务周期的制约，从开始签订合同、确定产品生产和系统集成方案、采购电子元器件等原材料、生产制造加工环节、出厂检测、现场安装调试、竣工验收到办理结算确认收入的经营周期一般较长，导致本公司的应收帐款和存货周转期较长，造成流动资金紧张。因此，资金已经成为制约发行人规模扩大及效益上升的限制性因素。

基于以上分析，发行人已与中国光大银行建立了良好的信贷关系，并通过等级评定取得了相应的授信额度，同时也与中国工商银行、中国建设银行等商业银行建立了密切的关系，这些都为股份公司通过商业银行进行融资打下了坚实基础；更重要的是本公司将以本次股票公开发行为契机，继续开辟股份公司持续融资的渠道和途径，不断改善企业的资本结构。近期，利用银行贷款、股票发行以及资本市场中的多种方式进行融资，缓解股份公司流动资金的不足将成为发行人的重要任务之一。

(八)对上游设备供应商的依赖风险

发行人从事工业自动化领域的三电产业业务所需的部分重要器件和装备，以及主要产品或服务的上游设备，如 IGBT(绝缘栅双极晶体管)、IGCT(集成门极换向晶闸管)、GTO(门极可关断晶闸管)、PLC 和 DCS 等多数需向国外设备制造商或其在国内的合资公司采购，并且近年来向国外设备供应商的采购数额呈逐步增长的趋势，因此股份公司对国外设备制造商有较为明显的依赖。2001 年本公司上游设备供应商的前五名中有三名为国外设备制造商在国内设立的合资公司，对上述相关公司设备采购的费用为 3895 万元，占 2001 年全年采购费用总额的 44.95%。如果国外设备供应商不能及时提供设备、提供的设备的质量性能不符合生产工艺的要求、提供的设备的价格出现波动、国家进出口政策的变动、国际贸易的争端和国际政治军事局势的变化均会给本公司的生产经营带来风险。

针对该风险，发行人将在继续执行优选设备供应商等制度的基础上，强化生产合同管理和减少原材料采购环节，保证电子元器件等上游设备能及时、合规地提供；并积极拓展供货渠道，扩大国际合作范围，降低对少数供应商的依赖程度。同时，本公司本次发行募股资金拟用于自动化领域的电力电子及电气传动装置产业化和 KF100 燃气热值(指数)仪改造等项目，这些项目建成投产后即可迅速增加股份公司自制设备占采购总额的比例，通过形成产业化的生产模式，提高对相关上游设备的独立开发和生产制造能力，提升本公司三电产业的产业链结构；并通过自主开发和生产自动化应用设备，替代进口设备及产品，提高三电产品国产化率和技术服务质量，以改变原材料和上游设备采购过分依赖国外进口的局面，降低对国外厂商依赖的风险。

(九)人力资源风险

作为高新技术企业，高素质的人才对发行人的未来发展举足轻重。伴随着自动化领域高新技术的不断更新和三电产业市场竞争的不断加剧，自动化领域相关技术人才和管理人才的竞争也日益激烈起来，但发行人是由科研机构转制来的国有企业，在人力资源机制建设方面尚不完善，因此发行人面临有效保留和吸引人才的风险。如果在对科技人员和管理人才激励机制的建立、科研经费的落实、科研环境的营造等方面的措施不能尽快完善，将会影响到科技人员和管理人才积极性、创造性的发挥，造成人才的流失，给股份公司的生产经营带来不稳定的因素。本公司在过去曾经出现过个别技术人才流失的情况。

自股份公司成立后，发行人根据股份公司经营业务开拓和长远发展规划的需要，建立了针对高级管理人员的选择、考评、激励和约束机制。发行人管理层始终按照"待遇留人、事业留人、感情留人"的用人原则,采用灵活的"按岗定酬、按任务定酬、按业绩定酬"的薪资分配制度,在实现人才的吸引和保留方面取得了较好的效果。本公司今后将进一步完善人员激励机制,有条件的继续改进和提高员工薪酬、福利及社保等待遇,并坚持"以人为本"的人才开发理念,加大对员工的培训力度,为中青年科技人才和管理人才的深造及学习发展提供机遇。另外,本公司还将积极探索和尝试期权制等现代激励创新机制,以保证股份公司人才队伍的稳定,满足企业发展对人才的需求。

(十)技术风险

发行人在工业自动化技术设备、系统集成及电力电气传动领域的技术力量处于国内领先水平,多年来的技术储备较为雄厚,募集资金投资项目所需技术的研发也已基本成熟。以往传统工业自动化的控制装置主要以PLC和DCS为主,但在新经济时代,高新技术更新换代的速度日益加快,随着信息技术、微电子技术、计算机技术、网络技术、控制理论的不断发展,基于PC技术和现场总线技术的开放控制系统呈现逐步替代传统PLC、DCS的发展趋势,同时新型电子器件的相继出现,也使电气传动控制装置发展到一个新的水平,如果发行人对自动化领域三电产业方面新技术、新产品的研发工作组织不当、对主流技术发展方向把握不准,将会给发行人未来发展带来负面影响。

针对存在的技术风险,发行人将在继续加大对自身已有技术和产品进行升级换代的同时,通过利用募集资金的投入不断加强对工业自动化领域尤其是三电产业相关高新技术的跟踪和研究,保持与世界自动化行业先进水平同步,通过与国内外高等院校、科研机构和厂商的合作构建股份公司的技术创新体系,继续提高对自动化控制关键技术和拳头产品科研经费的投入比例,适时推出新技术及新产品,拓展股份公司系统集成项目,以保持和提高企业技术上的竞争优势和市场占有率。

(十一)募集资金投向风险

发行人本次募集资金将投入电力电子及电气传动装置产业化建设和KF100燃气热值(指数)仪生产线改造等两个项目。这些项目虽已经严密的可行性论证和市场分析,并得到相应政府部门的批准,但是高科技项目本身具有高投入、高产出、高风险的特点,在项目的实施过程中,工程进度、原材料供应及其价格变化和新产品的市场开发等因素都将影响到拟投资项目的实际盈利水平。

针对上述风险,本公司将在企业自身未来发展战略的指导下针对各项目的具体情况安排项目的投资建设,加强项目的监督管理和过程控制;并在已有管理体系的有力保障下,继续严格按照ISO9001的质量标准和IEC、CMM标准组织项目实施,确保各项目的质量。同时,由于部分募集资金投资项目是对股份公司现有产品的技术升级或上下游延伸,本公司将认真参照原有的技术标准和操作经验,加强原材料的质量控制、相关设备的选型和技术条件的配置等工作,通过实施规范的设计程序和建设步骤,以避免和降低可能出现的投资风险造成的不利影响。

(十二)政策风险

发行人已经北京市科学技术委员会认定为高新技术企业。根据北京市国家税务局京国税所[2000]362号文件精神和北京市丰台区国家税务局丰国税[2000]055101号文件批复,发行人自2000年1月1日至2002年12月31日享受免征企业所得税的优惠政策。上述税收优惠期结束后,本公司仍可申请享受减半征收企业所得税的优惠政策,并最终可享受到15%的所得税优惠税率,若按15%税率征收所得税,本公司2000年度和2001年度的利润将分别减少279万元和394万元。因此上述税收优惠政策取消或发生变化,将会直接影响到本公司的盈利水平。另外如国家相关产业的发展政策、宏观调控政策、基础设施投资、财政货币政策发生变化也可能对发行人目前所从事的三电产业的生产经营活动产生影响。

对此,发行人将在日常生产经营方面加大管理力度,通过工业自动化技术改造不断提高企业自身三电产业的技术装备水平,确保产品和系统集成已有的高技术含量、高附加值的优势,不断降低生产经营的成本和费用,化解由于政策变化可能产生的不利影响,保持本公司的可持续能力;同时,本公司还将积极关注国内外政治、经济形势的变化,认真研究国家实施的有关自动化相关行业的产业经济政策,结合企业本身的实际情况,及时制定防范措施,以降低由于国家政策变化所造成的损失。

(十三)加入世界贸易组织后的风险

目前,随着市场开放程度的日益提高,国内三电产业的产品市场进入壁垒越来越低,国外知名大型跨国公司的同类产品纷纷进入国内市场,成为发行人在国内市场上的主要竞争对手。虽然通过有效的成本控制,发行人保持部分产品价格比国外同类产品低1/3左右的竞争优势,并通过与有关单位长期的业务合作,股份公司已拥有了较为稳定的客户资源,再加之本公司具有提供深层次、全方位、高质量服务的能力,使发行人对加入WTO后的国际竞争环境已具备了较强的应对能力。但是,在我国加入WTO以后,将有更多的国外厂商进入国内工业自动化领域,他们灵活的产品价格策略及本土化战略将会加剧国内市场的竞争激烈,使本公司的生产经营面临一定的威胁。

针对上述风险,发行人将通过利用本次发行的募集资金以促进三电产业的升级及产业化经营的形成,提高产品技术含量,降低经营成本,完善服务,进一步增强本公司的技术和产品在国内市场的竞争能力。一方面利用我国加入WTO的机遇,大力推进本公司三电产业类产品进入国际市场的步伐,扩大本公司在国际上的影响力和知名度;另一方面,本公司生产经营中所需的从国外购买的原材料、元器件的价格也会有所下降,有利于降低本公司的经营成本,提高发行人的盈利。此外,加入WTO后国外产品的大量引入,尤其是三电产业相关技术的自由引入将更有益于本公司的技术研发和产品更新。

(十四)股市风险

投资股市收益与风险兼具,影响股票价格的因素十分复杂,除发行人的经营状况与发展前景外,国家宏观微观经济政策、国内外政治经济环境、市场供求关系以及投资者的心理预期都将会对发行人的股票价格产生影响。因此,本公司提醒投资者,在投资本公司股票时可能因股价波动而遭受损失,望广大投资者对此有正确的认识和全面的了解。

四、发行人的基本资料

(一)发行人概况

1、发行人名称:中文名称:北京金自天正智能控制股份有限公司

英文名称:Beijing AriTime Intelligent Control Co., Ltd.

2、法定代表人:孟维宗

3、设立日期:1999年12月28日

4、住所:北京市丰台区丰台路84号

5、邮政编码:100071

6、电话:(010)63848915

7、传真:(010)63812131

8、互联网网址:http://www.AriTime.com.cn

9、电子信箱:aritime@AriTime.com

(二)发行人的历史沿革及改制重组情况

1、发行人成立情况

本公司是经国家经贸委1999年12月17日《关于同意设立北京金自天正智能控制股份有限公司的复函》(国经贸企改[1999]1228号文)的批准,由自动化院作为主发起人,联合富丰公司、北京市机电研究院、北京国冶星自动化工程有限公司、深圳市禾滨实业有限公司共同发起设立的股份有限公司。1999年12月28日,股份公司在北京市工商行政管理局登记注册,注册资本4646万元。

2、发行人改制重组情况

经财政部1999年11月16日《关于北京金自天正智能控制股份有限公司(筹)国有股权管理有关问题的批复》(财管字[1999]354号文)同意,自动化院将其所属的自动化系统事业部、电气传动事业部、电力电子半导体器件事业部、测控技术事业部等与三电产业相关的,经评估确认后的经营性净资产6697.63万元投入股份公司,富丰公司以货币资金出资220万元、北京市机电研究院以货币资金出资100万元、北京国冶星自动化工程有限公司以货币资金出资80万元、深圳市禾滨实业有限公司以货币资金出资50万元投入股份公司。各发起人投入股份公司的净资产共计7147.63万元,按65%的比例折为4646万股。未折入股本的2501.63万元计入股份公司的资本公积金。其中:自动化院、富丰公司、北京市机电研究院持有的共计4561.50万股,占总股本的98.18%,界定为国有法人股;北京国冶星自动化工程有限公司和深圳市禾滨实业有限公司持有的共计84.5万股,占总股本的1.82%,界定为社会法人股。

3、股本变化情况和资产重组情况

股份公司设立后,股本规模和股本结构均未发生变化,也无重大资产重组行为发生。

(三)发行人历次验资、评估、审计情况

1、设立时的资本验证情况

1999年11月26日,岳华会计师事务所有限责任公司受股份公司委托,对各发起人投入股份公司的资本进行了审验,出具了岳总验字[1999]016号《验资报告》。

2、资产评估

北京天健兴业资产评估有限公司(原兴业会计师事务所)受自动化院的委托,根据国家有关法规的规定,对自动化院投入股份公司的与三电产业有关的经营性资产及相关负债进行了评估,并于1999年6月20日出具了兴会评报字[1999]第184号《资产评估报告书》。

3、土地评估

北京北方房地产咨询评估中心受自动化院委托,对其投入股份公司的装配车间和箱体车间及其附房占用的土地进行了评估,并于1999年5月31日出具了北评字[98]股015号《土地估价报告》。

4、审计

发行人曾委托岳华会计师事务所有限责任公司对股份公司1999年、2000年、2001年各年度的会计报表进行审计,出具岳总审字[2002]第A192号《审计报告》。

本次发行前,发行人委托岳华会计师事务所有限责任公司对股份公司1999年、2000年、2001年及2002年1至6月的会计报表进行了审计,并出具岳总审字[2002]第A263号《审计报告》。

上述《审计报告》均为标准无保留意见的类型。

(四)发行人资产权属变更情况

股份公司设立期间,发起人的出资行为已经岳华会计师事务所有限责任公司验资;股份公司设立后,已办理完毕有关资产权属变更手续。

1、经营性资产

自动化院投入股份公司的经营性资产主要包括流动资产、固定资产和相关负债等。该部分资产投入股份公司之前由自动化院所属的自动化系统事业部、电气传动事业部、电力电子半导体器件事业部和测控技术事业部负责经营管理;投入股份公司以后,本公司根据生产经营业务的特点,建立了相应的事业部组织管理形式,组建了智控事业部、传动事业部、仪表事业部、半导体事业部和电控装置部,具体负责这些资产的运营管理。

2、房屋及土地使用权

有关的房屋及土地使用权包括本公司下属智控事业部、传动事业部、仪表事业部、半导体事业部、电控装置部生产经营用房及所占用的土地。

股份公司现使用房屋的建筑面积总计10,748平方米,其中8,321平方米的房屋是股份公司设立时由自动化院作为出资投入而取得的,本公司已于2000年12月8日取得北京市国土资源和房屋管理局就上述有关房产核发的《房屋所有权证》(京房权证丰股字第00109号);此外,本公司还向北京三兴汽车厂租用生产厂房2,052平方米及办公用房375平方米,主要用于股份公司电气传动产品的生产、组装和调试,北京三兴汽车厂房屋租赁的手续现正在办理中。

在股份公司设立之初,自动化院将各生产经营事业部生产厂房实际占用的总面积为5520.39平方米的土地(包括箱体车间和装配车间及其附房的土地),由自动化院在办理出让手续后按照评估作价,以出资方式投入股份公司,上述土地的使用权属变更手续已经中华人民共和国国土资源部《关于对冶金部自动化研究院土地估价结果确认和土地使用权处置的复函》(国土资函[1999]465号)及北京市国土资源和房屋管理局《关于冶金部自动化院土地估价结果及土地使用权处置方案初审意见的批复》(京房地出字[1999]第778号)批复。股份公司已于2000年12月4日取得北京市国土资源和房屋管理局核发的该宗土地的《国有土地使用证》(京丰国用[2000]出字第000874号)。

另外,发行人还在北京市中关村高科技园区丰台园新购置14,450.15平方米土地,作为本次发行募集资金投资项目的生产建设用地,有关土地权属手续现正在办理之中。

3、专利和专有技术

本公司自主拥有7项专利和17项专有技术。其中"一种高炉操作参谋系统"和"一种点火装置"等2项专利以及17项专有技术是从自动化院无偿取得的。股份公司与自动化院签署了《专利权转让合同》和《专有技术转让合同》,有关转让手续已经办理完毕。本公司拥有与主营业务密切相关的专利和专有技术。有关专利和专有技术详细情况请参见本招股说明书摘要第八节"发行人的业务与技术概况"部分的有关内容。

4、商标

股份公司设立后,即申请注册"AriTime金自天正"、"AriCon"、"AriDrive"、"AriSemi"、"AriTime"等五个商标,已经国家工商行政管理局商标局受理。其中"AriTime金自天正"的商标注册证号为:第42类第1715871号,其他的商标注册手续正在办理过程之中。

(五)发行人员工及社会保障情况

1、员工人数及变化情况

截止2002年6月30日,本公司共有正式员工485人,比2001年12月31日减少了16人。

2、员工专业结构

专业分工	人数	占员工比例
生产人员	80	16.5%
销售人员	79	16.3%
技术人员	245	50.5%
财务人员	19	3.9%
管理人员	50	10.3%
其它人员	12	2.5%
合 计	485	100.0%

3、员工受教育程度

教育程度	人数	占员工比例
研究生以上	52	10.7%
大学本科	199	41.3%
大专及中专	105	21.5%
其 它	129	26.5%
合 计	485	100.0%

4、员工年龄分布

年龄阶段	人数	占员工比例
45 岁以上	188	38.8%
35－45 岁	139	28.7%
35 岁以下	158	32.5%
合 计	485	100.0%

5、员工技术职称

职 称	人数	占员工比例
正高级职称	19	3.9%
副高级职称	124	25.6%
中级职称	113	23.3%
初级职称及以下	229	47.2%
合 计	485	100.0%

6、社会保障情况

根据《中华人民共和国劳动法》、《公司法》及国家有关政策规定，发行人建立了独立的员工管理体系和分配体系。本公司实行劳动合同制，员工按照与股份公司签定的劳动合同享受权利和承担义务。本公司员工的福利、劳动保护按国家的有关政策规定执行，有关社会保险将按国家关于科研院所转制企业相关政策的执行细则以及北京市的政策规定为全体员工一并办理。其中，社会养老保险统筹基金已在办理中。根据国家有关规定，本公司已为全体员工缴纳了住房公积金。本公司根据业务发展需要，常年对员工进行职业道德、职业技术、岗位职责、安全生产、公司章程制度、企业文化等方面的教育和培训，以不断加强企业的凝聚力和提高劳动生产率。

本公司目前无离退休人员。

(六)发行人的独立运营情况

发行人在业务、资产、人员、机构和财务等方面已做到与自动化院分开，建立了独立、完整的供应、生产、销售业务体系，拥有独立的市场营销、采购供应、技术研发、生产制造、财务管理、人力资源、管理规划和质量管理等部门，具有独立完整的业务和面向市场自主经营的能力。

1、业务分开

按照改制重组方案，自动化院将改制前已经运营多年的三电产业的主营业务全部投入股份公司，由股份公司继续经营。股份公司设立后独立从事生产经营活动，与控股股东之间不存在同业竞争问题。为了避免同业竞争，控股股东——自动化院已向股份公司做出避免同业竞争的承诺并签署了避免同业竞争的协议。因此，发行人在业务上已与自动化院实现完全分开，具有独立、完整的业务体系，具有完整的供应、生产和销售系统以及面向市场独立自主进行经营的能力。

2、资产分开

在股份公司设立时，自动化院将与三电产业的主营业务密切相关的自动化系统事业部、电气传动事业部、测控技术事业部和电力电子半导体器件事业部的生产经营性资产整体注入本公司，相关债权、债务由本公司承继。股份公司设立后，已办理完毕有关资产权属变更手续。在本次发行前，本公司已具有独立、完整的从事生产经营活动所必须的资产体系以及与生产经营密切相关的各类无形资产，具有完整的采购、生产和销售系统及相应设施。本公司没有以自有资产、权益或信誉为各股东的债务提供过任何担保，对所拥有的各项资产具有完全自主的控制支配权，不存在资产或资金被控股股东占用而损害股份公司利益的行为。

3、人员分开

股份公司拥有独立于股东单位的员工，建立了独立、完整的人事管理体系。本公司董事、监事均严格按照《公司法》和公司章程的有关规定依法选举产生。股份公司董事长与控股股东法定代表人分开，不由同一人兼任；董事长与总经理不由同一人兼任。本公司的总经理、副总经理、财务总监、董事会秘书等高级管理人员与核心技术人员均专职在股份公司工作，并在股份公司领取薪酬，目前，股份公司不存在违反现行法律、法规的人员兼职问题。

4、机构分开

股份公司设立后，按照《公司法》和《证券法》的有关要求，建立了独立的法人治理结构，经过两年多的规范运作，逐步完善了股东大会、董事会、监事会和管理层的独立运行机制。本公司建立并完善了适应股份公司发展需要的组织结构，在规划、营销、供应、技术、财务、人事、办公等主要职能部门已完全分开，独立运行。

5、财务分开

股份公司成立后，设立了独立的财务会计部门——财务金融部，并配备了独立的财务工作人员，根据法律、法规的要求建立了独立的财务核算体系，制定了《财务管理制度》等一系列内部规章制度，实施严格的内部审计制度。股份公司开立了独立的基本存款帐户，并作为独立纳税人，依法独立纳税、履行缴纳义务。

发行人律师——北京市星河律师事务所对发行人的独立运营情况发表意见为：发行人在业务、资产、“产、供、销”生产体系、人员、财务和组织机构方面均独立于控股股东——自动化院，具有面向市场的自主经营能力。

五、发行人股本

(一)本次发行前的股本情况

本次发行前，发行人股本均为发起人法人股。股份公司设立后各发起人持股情况如下表：

持股单位	持股数量(万股)	持股比例(%)	股权性质
冶金自动化研究设计院	4353.5	93.70	国有法人股
北京富丰高科技发展总公司	143.0	3.08	国有法人股
北京市机电研究院	65.0	1.40	国有法人股
北京国冶星自动化工程有限公司	52.0	1.12	社会法人股
深圳市禾滨实业有限公司	32.5	0.70	社会法人股
股本合计	4646.0	100.00	

截止本次发行前，本公司的股本规模和股权结构均未发生变化。

(二)本次发行前最大 10 名股东名称及其持股数量和比例

截止本次发行前，本公司仅有 5 名股东，即上述 5 家发起人。其持股数量和比例均没有发生变化。

(三)本次发行前后的股本变化

本次发行前，股份公司总股本 4646 万股，本次发行 3000 万股，占发行后总股本的 39.24%。本次发行后发行人的股权结构情况如下表所示：

股份类别	持股数量(万股)	持股比例(%)	股权性质
一.发起人股	4646.0	60.76	
1.冶金自动化研究设计院	4353.5	56.94	国有法人股
2.北京富丰高科技发展总公司	143.0	1.87	国有法人股
3.北京市机电研究院	65.0	0.85	国有法人股
4.北京国冶星自动化工程有限公司	52.0	0.68	社会法人股
5.深圳市禾滨实业有限公司	32.5	0.42	社会法人股
二.社会公众股	3000.0	39.24	
股本合计	7646.0	100.00	

六、主要发起人和股东的基本情况

(一)本公司发起人的基本情况

本公司有 5 个发起人，分别是自动化院、富丰公司、北京市机电研究院、北京国冶星自动化工程有限责任公司和深圳市禾滨实业有限公司。

1、冶金自动化研究设计院

自动化院前身为创建于 1973 年的冶金工业部自动化研究所，注册资金 11602 万元，法定代表人为周康。自动化院是原国家科学技术委员会于 1989 年核定自动化院为多类制科研单位，并于 1996 年选定自动化院为“科研机构深化体制改革的试点单位”，成为国家支持发展的重点院所；是国家首批授予进出口权的 100 家科研、设计院所之一，内设有国家冶金自动化工程技术研究中心。1999 年 5 月，自动化院是根据科学技术部和国家经贸委的规定转为中央直属大型科技企业的 12 家单位之一。2000 年 5 月 22 日，自动化院变更注册为企业法人，名称变更为冶金自动化研究院。2000 年 5 月，获得国家发展计划委员会颁发的甲级工程咨询资格证书。2001 年 6 月 26 日更名为冶金自动化研究设计院。

根据 1998 年 7 月 29 日国家工商行政管理局《关于事业单位企业化经营含义问题的答复》(工商企字[1998]第 158 号)的要求，股份公司设立之前，自动化院已经具有企业化生产经营的特点，设立前自动化院投入股份公司的资产也已经实行了企业化生产经营。目前，自动化院已按照国家有关科研机构管理机制改革要求的规定进行了一系列改革，对内部组织结构和管理体制进行了调整，由单一的以应用技术研究开发为主的科研单位转变为融技工贸为一体的高科技企业。

经北京中京华会计师事务所有限公司审计，截至 2001 年 12 月 31 日，自动化院合并会计报表所示的总资产为 54827.98 万元，净资产为 16503.58 万元，2001 年全年共实现净利润 1121.33 万元。根据自动化院的财务资料显示，其在 1999 年和 2000 年均连续盈利。

截止 2001 年底，自动化院除控股本公司外，还拥有 6 家全资或控股企业。自动化院的组织结构图如下：

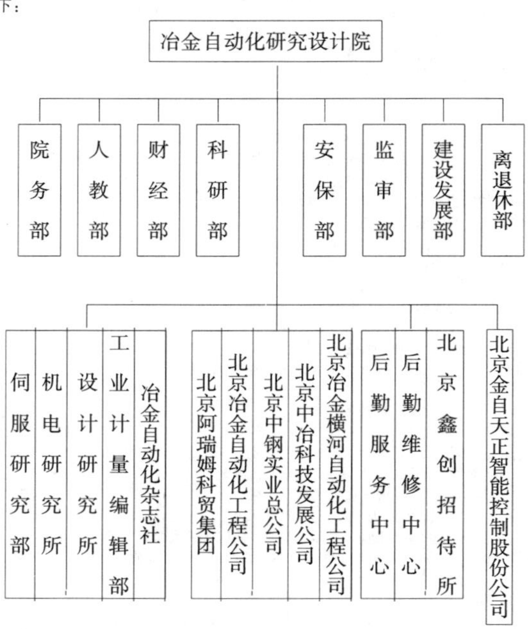

2、北京富丰高科技发展总公司

富丰公司于 1992 年 6 月组建成立，是归口中关村科技园区丰台园的全民所有制大型企业，注册资金为 6000 万元，住所为北京市丰台科学城海鹰路 2 号，法定代表人为于雪鹰。经营范围为电子信息及通讯、光机电一体化、生物工程、新能源、新材料、航空航天技术、精细化工、医疗器械及劳动保护等新技术开发、技术咨询、技术转让、技术服务。

截至 2001 年 12 月 31 日，经中辰兴会计师事务所有限公司审计的总资产为 74460.42 万元，净资产为 7793.24 万元，2001 年度实现净利润 49.73 万元。

3、北京市机电研究院

北京市机电研究院成立于 1978 年，是北京市最大的机电行业综合性科研生产单位，注册资金为 10918 万元，住所为北京市朝阳区工体北路 4 号，法定代表人为张武城。经营范围：机电一体化综合技术开发、技术转让、技术咨询、技术服务；产品制造；高新技术企业的孵化，工程的设计；房地产开发。

截至 2001 年 12 月 31 日，未经审计的总资产为 42171.24 万元，净资产 18329.89 万元，2001 年度实现净利润 365.10 万元。

4、北京国冶星自动化工程有限责任公司

该公司由中国冶金设备总公司和北京恒产技贸有限责任公司共同出资，于 1996 年成立，注册资本为 150 万元，住所为北京市怀柔县雁栖工业小区东区平房，法定代表人为智万涛。经营范围为计算机网络系统自动化工程的技术开发、技术服务、技术咨询；销售电器设备、电子计算机及外部设备、机械设备、仪器仪表、化工轻工材料、五金交电、化工产品。

截至 2001 年 12 月 31 日，未经审计的总资产为 373.35 万元，净资产为 279.32 万元，2001 年度实现净利润 2.19 万元。

5、深圳市禾滨实业有限公司

该公司于 1998 年 5 月成立，注册资本为 380 万元，住所为深圳市罗湖区深南东路 5045 号深业中心 2418 室，法定代表人为张航。经营范围为兴办实业(具体项目另行申报)、国内商业、物资供销业。

截至2001年12月31日,该公司未经审计的总资产为433.64万元,净资产为361.65万元,2001年度实现净利润46.82万元。

(二)发行人主要股东的持股比例及其相互之间的关联关系

自动化院持有发行人股份4353.5万股,占本次发行前总股本的93.7%。自动化院为股份公司的主要发起人。

除董事张航持有本公司发起人之一——深圳市禾滨实业有限责任公司90%的权益外,本公司其他董事、监事、高级管理人员和核心技术人员在本次发行前均不持有本公司及本公司关联企业的股份。本公司的各股东相互之间不存在关联关系。

股份公司设立后至本次发行前,发行人的股东及股东持股比例均没有发生变化;并且各股东所持有的股票均不存在质押或其他有争议的情况。

(三)主要股东的重要承诺

1、在股份公司设立时,5家发起人均承诺在《公司法》规定的股份有限公司股东持有股份转让限制约期限内,不转让其持有本公司的股份。

2、根据自动化院出具的关于避免同业竞争的承诺函,自动化院不利用其第一大股东的地位损害本公司及股东的利益;自动化院今后不在境内外以任何形式从事与本公司经营业务有竞争或可能构成竞争的业务及活动;在与本公司发生不可避免的关联交易时,自动化院将依据公平交易的原则和市场规则,采取与本公司签订合同的方式进行。

七、发行人的组织结构及组织结构概况

(一)发行人的组织结构

发行人的组织结构如下图所示:

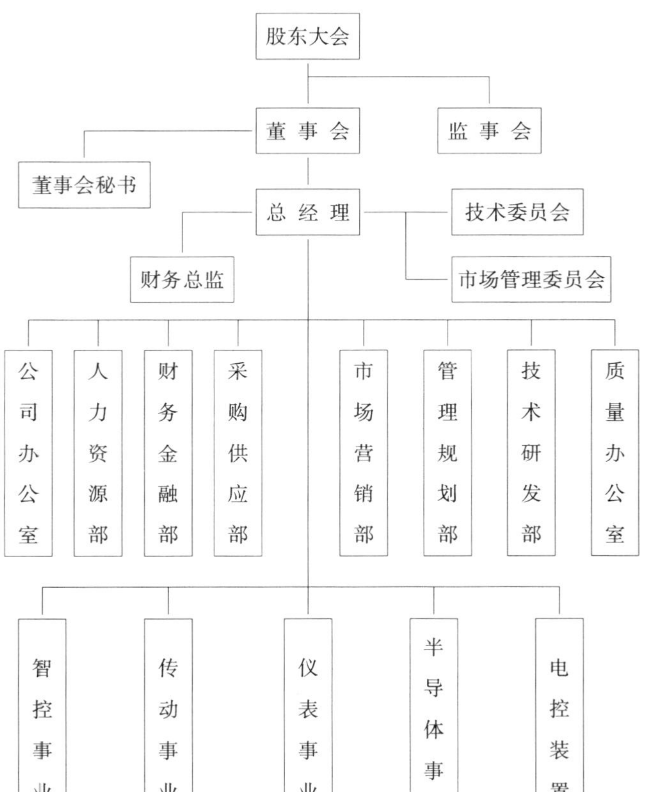

(二)发行人组织机构设置概况

本公司建立了经理办公会议制度,经理办公会在总经理领导下,由股份公司总经理、副总经理、财务总监、董事会秘书、总经理助理组成,负责处理本公司日常经营与管理事项,研讨制定各项决议议案,完成本公司董事会下达的各项任务。

本公司的主要经营业务及职能管理部门设置有:(1)智控事业部;(2)传动事业部;(3)仪表事业部;(4)半导体事业部;(5)电控装置部;(6)公司办公室;(7)人力资源部;(8)财务金融部;(9)采购供应部;(10)市场营销部;(11)管理规划部;(12)技术研发部;(13)质量办公室等。本公司还下设技术委员会和市场管理委员会,由总经理领导。

(三)发行人的对外投资情况

发行人自设立至今,未从事对外投资活动,故没有子公司、参股公司及其他合营企业。

八、发行人业务和技术概况

(一)发行人所处行业国内外基本情况

1、行业概况

本公司所处行业为工业专用设备制造行业,业务领域目前主要集中在冶金自动化行业。随着我国产业格局的变化,工业专用设备制造行业将会遵循越来越市场化的发展模式,各产业部门之间的壁垒也会越来越低。

工业专用设备制造行业是国家重点鼓励、优先发展的高新技术产业。国家"十五"规划纲要明确提出了"以信息化带动工业化"的战略决策,为工业自动化行业的发展指明了方向。工业自动化是工业化的重要标志之一,工业自动化是信息化的重要应用领域。工业自动化设备制造行业中的应用软件、新型元器件、先进的数控机床和开放式数控系统、基于现场总线技术的全开放分散控制系统及智能仪表、电力半导体器件及变频整流装置等产品均被列入《当前国家优先发展的高新技术产业化重点领域指南(2000年)》、《当前国家优先发展的高技术产业化重点领域指南(2000年)》和《鼓励软件产业和集成电路产业发展的若干政策》。

2、市场容量

工业自动化控制业务:根据《计算机世界》市场调查报告(1998年度),2000年的世界工业计算机控制产品市场估计为300~400亿美元,并以每年30%的速度增长,国内同类工业自动化产品市场约有150~190亿元人民币。国家冶金工业"十五"规划指出:到2005年全国的钢产量将由目前的1.2亿吨增加到1.4亿吨,同时,重点发展冶金生产过程自动化、智能化和管理信息化技术,提高我国冶金自动化装备的国产化水平,推进冶金工业的现代化。根据中国钢铁工业统计年鉴(1999年),按设备能力统计,冶金行业中的基础自动化不足40%,过程自动化仅达20%~30%,近几年冶金行业每年的改扩建投资额不少于200亿元,其中工业自动化系统改造约占7%~10%,达到14~20亿元。

电气传动装置业务:根据国际ARC机构"2005年AC DRIVE全球展望"报告,国际大功率交流调速装置的销售额1999年为24亿美元,2005年将达到28亿美元,年增长率为3%左右。根据机械工业基金会"电气自动化关键技术国内外发展趋势研究"课题调查,2000年在世界范围内,电力电子及电气传动装置市场仅电机调速装置市场年销售额即达100亿美元,年增长13%。我国2000年至2010年电力电子及电气传动产品市场需求年增长速度为15%,2005年国内市场销售额约620亿元(含进口产品、独资及合资产品),占世界市场总销售额的8%。国内交流传动产品到2005年将从现在的100亿元增长到166亿元,2010年将达到450亿元。

工业专用检测及控制仪表业务:对于工业专用检测及控制仪表市场,由于应用范围极广,种类繁多,因而分门别类确定其市场极其困难。根据2001年3月全国仪器仪表专家调研组《关于振兴我国仪器仪表产业对策与建议》的报告,国内工业过程检测及控制仪表的生产企业约2000多家,销售额近500亿元,但产品绝大多数属于中低档技术水平,可靠性、稳定性等关键性指标尚未全部达到要求。高档、大型仪器设备几乎全部依赖进口,中档产品以及许多关键零部件市场60%以上份额也由国外公司占有。可见,我国的仪器仪表行业还有很大的发展空间。

3、行业技术水平

在工业自动化软件方面,系统软件和支撑软件基本上是以进口国外产品为主,国内品牌主要出现在监控软件、先进控制软件等方面,优势主要体现在应用软件方面。近十几年来,我国工业自动化的能力和水平有了很大提高,但是与国民经济发展的要求相比,其技术水平还远远落后于各工业领域的需求。

(二)影响本行业发展的有利和不利因素

1、有利因素

(1)产业政策方面:作为信息化应用范畴主要内容之一的工业自动化的先进技术及相关产品被列入国家"九五"和"十五"期间颁布的"当前国家重点鼓励的产业、产品和技术目录(2000年修订)"、"当前国家优先发展的高技术产业化重点领域指南(2000年)"和"鼓励软件产业和集成电路产业发展的若干政策"之中。根据国家计划发展委员会2001年制定的"冶金工业十五规划",冶金工业的生产规模增加和技术改造的实施所形成的强大需求,将为工业自动化设备制造行业的发展提供了更加广阔的市场空间。

(2)产品特性:工业自动化领域的相关产品除了应具备精度高、安全性好、经久耐用、容易操作、可靠性、实时性、开放性、环保性等特征为工业自动化拓展其他领域提供了技术支持和保障。

(3)消费趋向与购买力:各类企业急需通过利用自动化技术提高生产装备水平,降低产品生产成本,提高产品质量,增强自身的竞争实力,这些都对自动化领域的三电产业方面的需求将越来越大。

2、不利因素

(1)技术替代:工业自动化设备制造产业具有技术进步快、产品生命周期短、更新换代快的特点要求企业必须准确把握产业发展趋势,迅速反应,持续创新,不断推出满足市场的新产品。

(2)国际市场冲击:国际上知名的工业自动化设备制造厂商已通过各种方式进入中国市场。随着中国加入WTO,将有更多的国外厂商希望进入中国市场,直接与本土厂商进行竞争。

(三)进入本行业的主要障碍

中国工业自动化设备制造行业经过多年的发展,已经形成了一定的产业基础和行业格局。目前进入本行业的主要障碍是:经营规模,包括人才队伍、销售服务网络、资金投入等;经营基础,包括核心技术及产品积累、品牌基础、用户基础等。另外,工业自动化产业中的一些特殊领域如电力和建筑等行业需经行业主管部门许可方能进入。

(四)发行人面临的主要竞争状况

1、同行业中的竞争状况

对于工业自动化设备制造行业,特别是在冶金领域,股份公司在产品生产的规格、品种、系统集成及综合服务能力方面国内竞争对手较少,主要竞争对手是国外知名的大型跨国公司及其在国内设立的各类合资公司。国外厂商在品牌、经营规模和产品上占有优势,但股份公司在价格及用户服务上占有优势。

我国自动化行业设备制造和系统集成的主要市场份额被国外几家知名公司占据,基本处于寡头垄断格局。发行人在冶金工业自动化方面的国外竞争对手主要有西门子(德国)、罗克韦尔(美国)、施耐德等国外知名公司,而且这些跨国公司各自都有不同的竞争优势。

发行人的国内竞争对手有天津电气传动设计研究所、西安电力电子技术研究所、浙大中控自动化有限公司、南京南瑞(集团)股份有限公司、北京和利时系统工程股份有限公司等,以及依托于钢铁企业的自动化类公司和小型自动化公司。

相对而言,股份公司在技术研发实力及产品生产能力等方面均位居国内同行业前列,在工业自动化市场上占有一定份额,特别是在冶金自动化领域方面已具备较强的优势。

2、自身竞争优势

综合能力优势:股份公司已具备了三电产业各组成部分的技术基础,专业配套齐全,工业自动化系统开发、制造、工程应用和技术服务综合能力在国内优势明显,能为用户提供工业自动化的全面解决方案。

技术优势:股份公司设计并开发了一批符合中国国情的冶金工业自动化技术和产品,曾获得工业自动化领域的国家发明奖和科技进步奖20余项,省部级奖150余项。在自动化控制装置、应用软件、交直流电气传动装置等方面具有多项自主知识产权的产品,在冶金自动化系统、管控一体化等应用技术方面处于国内领先地位。尤其是在智能控制、大功率交流调速领域,已达到国际先进水平。

市场竞争优势:股份公司具有很强的市场开拓和技术服务能力,依靠技术创新和管理创新,取得了丰硕的成果,形成了一定的产业规模。近年来,本公司已提供大中型工业自动化系统620多套,小型自动化系统450余套,电力电子及传动装置产品1250多套,装机容量110多万千瓦,遍及全国29个省、市、自治区。本公司在产品价格、售后服务、系统集成经验、用户信誉等方面具有很强的竞争优势。

人才优势:股份公司拥有一支精于技术和产品研发、市场开拓能力强、具有丰富技术服务经

验的队伍,不仅掌握了三电产业的有关技术,而且对市场需求、生产工艺过程和产品特点都有了很深的了解。

3、竞争劣势

目前本公司所面临的竞争劣势主要有:股份公司的产业规模不大、生产制造能力不强、管理水平有待提高;业务主要集中在冶金领域,对于其他领域涉足不够;市场销售渠道单一,营销网络不健全,对于销售渠道建设、维护方面不够重视;缺乏熟悉大规模生产制造的人才,吸引人才的激励机制和约束机制尚不完善;虽然国内自动化行业的市场需求较大,但市场份额大部分被外国知名公司占有,国内的同行业竞争形势逐渐趋于激烈。

4、在行业中的市场份额

根据中国钢铁工业统计年鉴(1999 年)统计资料推算,按照 2001 年国内冶金工业自动化市场年销售总额 16～21 亿元估算,2001 年股份公司生产经营的销售收入为 15099 万元,约占国内冶金自动化设备领域市场份额的 7%～9%。在国内冶金自动化领域,与国内同行业的其他企业相比居首位。近两年来本公司的市场份额在冶金领域稳步增长,并正逐步向其他行业进行扩展。

(五)发行人的主要业务

1、发行人从事的主要业务

本公司的经营范围为:自动化系统的技术开发、技术转让、技术咨询、技术培训、技术服务;制造销售计算机控制系统软硬件及网络产品、智能控制软硬件及配套设备、电气传动装置及配套设备、电子元器件、控制系统配套设备仪表;承接系统集成工程。目前股份公司的主要业务是从事工业自动化领域系列产品的研制、生产、销售和承接系统集成工程及技术服务等。具体包括工业自动化控制业务、电气传动装置业务、工业检测及控制仪表业务等三大类。

2、发行人的主要产品情况

发行人的主要产品系列有工业计算机控制系统、电气传动装置、工业专用检测及控制仪表、电力半导体元器件等。

工业计算机控制系统由控制站、操作站、智能控制软件等设备和工控软件构成,采用了 PC 技术、现场总线、以太网、智能控制等先进技术,具有可靠性、开放性、低成本、可支持多种现场总线和高速以太网等特点,适用于工业炉窑、轧钢、水处理、皮带运输、能源管网等工业控制场合。

电气传动装置类产品主要包括大中功率交直流传动装置、大中功率交流变频装置、调压型电机软启动装置、全数字直流电机调速装置、大功率电源装置、无功率补偿及谐波滤波装置等系列。

工业专用检测及控制仪表主要包括冶金专用仪表、工业专用检测及控制仪表等产品,其中 KF100 型燃气热值(指数)仪达到国内领先、国际先进水平。

电力半导体元器件主要包括高压大功率晶闸管、硅整流管和功率单元等产品。股份公司在该类产品研发、质量管理和产品信誉等方面均位于国内先进行列。

3、发行人的主要业务流程

股份公司的主要业务流程如下图所示:

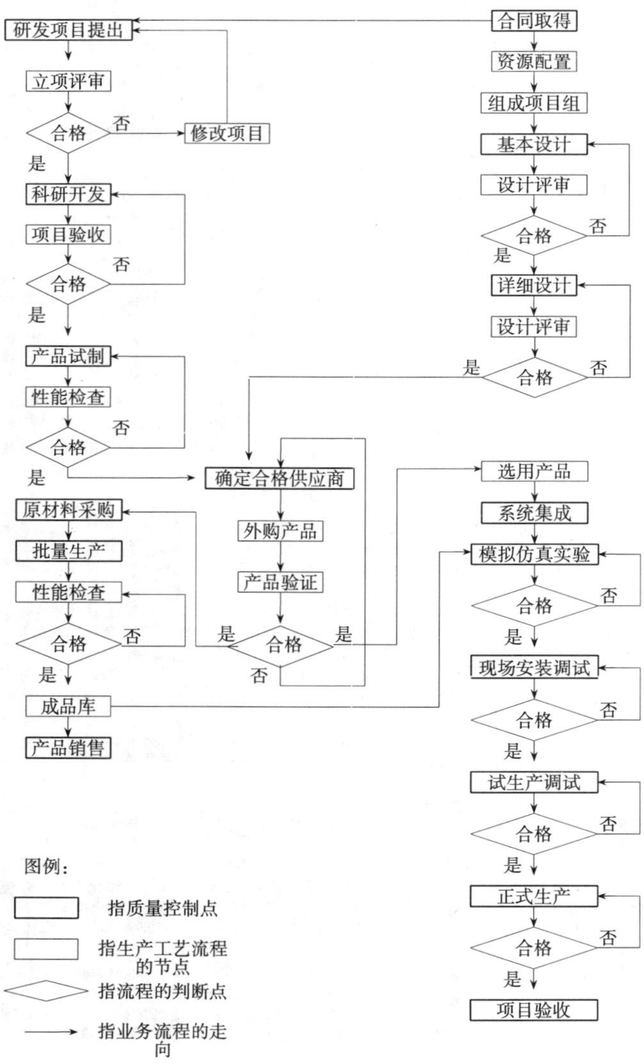

4、主要产品的销售情况

根据钢铁工业统计年鉴(1999 年)统计资料显示,截止 2001 年 12 月 31 日发行人三电产业方面的主要系统集成产品及工程应用在国内冶金行业自动化系统市场的销售情况及占有率如下表所示:

项目名称	销售量	国内冶金系统设备总数	市场占有率
炼铁高炉自动化系统	85 台(套)	339(100 立方米以上)	25.1%
炼钢转炉自动化系统	31 台(套)	159(10 吨以上)	19.4%
电炉及钢包精炼炉自动化系统	29 台(套)	139(15 吨以上)	20.9%
加热炉及均热炉自动化系统	41 台(套)	255 台(套)	16.1%
连续铸钢自动化系统	22 台(套)	267 台(套)	8.2%
各类板线材连轧机自动化系统	25 台(套)	164 台(套)	15.2%
中厚板轧机自动化系统	6 台(套)	26 台(套)	23.0%

发行人近三年及最近一期的三电产业类主要产品的业务收入及其占主营业务收入比例如下表所示:

单位:万元

类 别	2002 年 1－6 月		2001 年度		2000 年度		1999 年度	
	收入	比例(%)	收入	比例(%)	收入	比例(%)	收入	比例(%)
电气传动系列产品	3962.97	49.90	7784.71	51.56	6235.35	49.96	5188.38	48.90
工业计算机控制系统	2730.10	34.37	4749.85	31.46	4020.09	32.21	4077.59	38.43
工业专用检测及控制仪表	1018.72	12.83	1957.45	12.96	1675.83	13.43	685.11	6.46
电力半导体元器件	230.70	2.90	607.28	4.02	548.90	4.40	659.18	6.21
合 计	7942.49	100.00	15099.29	100.00	12480.17	100.00	10610.26	100.00

5、与业务相关的主要固定资产和无形资产

(1) 房屋和土地

目前股份公司的主要生产经营基地位于北京市丰台区丰台路 84 号(属中关村高科技园区丰台园)股份公司现址内,本次发行募集资金投向中将有部分项目建在股份公司在中关村高科技园区丰台园新购置土地上所建设的生产基地内。

截止 2002 年 6 月 30 日,股份公司使用房屋的建筑面积总计 10,748 平方米,其中 8,321 平方米的房屋是股份公司设立时,由自动化院作为出资投入而取得的,并取得上述有关房产的房屋产权证,使用证号为京房权证丰股字第 00109 号;此外,本公司还向北京三兴汽车厂租用生产厂房 2,052 平方米及办公用房 375 平方米,主要用于电气传动产品的生产、组装和调试。租赁双方于 2000 年 2 月 9 日签订了《房屋租用合同》,北京三兴汽车厂房屋租赁的手续正在办理之中。

截止 2002 年 6 月 30 日,本公司使用的土地仅 1 宗,总面积为 5,520 平方米,位于北京市丰台区丰台路 84 号。该宗土地是在股份公司设立时由自动化院投入的,发行人已经取得土地使用权属证明。

另外,发行人已通过富丰公司在中关村科技园区丰台园新购置 14,450.15 平方米土地,作为本次发行募集资金投资项目的生产建设用地。股份公司为此已于 2001 年底向富丰公司支付土地开发费用共计约 541.9 万元。目前,股份公司已委托设计单位编制该项目的"详细设计方案",预计近期可完成并上报北京市规划委员会,待其批准后,可到北京市国土资源及房屋管理局办理土地使用权出让手续,待缴纳土地出让金后,即可领取《土地使用权证》。

(2)主要固定资产

本公司的固定资产主要是在股份公司设立时由自动化院投入的。经北京天健兴业资产评估有限公司(原兴业会计师事务所)评估,自动化院投入的固定资产原值为 3540.53 万元,净值为 1851.83 万元。本公司成立后新购置的固定资产原值为 218.13 万元。截止 2002 年 6 月 30 日,本公司固定资产净额为 12,827,263.54 元,占总资产的比例为 5.53%,主要包括房屋及建筑物 6,477,923.74 元,通用机器设备 2,706,648.17 元,仪器仪表 1,184,939.13 元,办公设备 932,032.14 元,运输工具 1,525,720.36 元。目前,股份公司的主要固定资产使用状况良好。

(3)无形资产情况

本次发行前,发行人拥有的无形资产,主要包括财务软件、土地使用权、专利权和专有技术等等。截止 2002 年 6 月 30 日,股份公司无形资产帐面净值为 4,405,014.14 元。本公司自主拥有与自身生产经营业务密切相关的 7 项专利和 17 项专有技术。

6、发行人主要产品和服务的质量控制情况

本公司于 2000 年 8 月 9 日通过了北京九千标准质量体系认证中心 ISO9001 标准质量体系认证,并同时获得了 CNACR 和 UKAS 认证证书。目前本公司质量保证体系按 ISO9001 正常有效运行并不断优化和深入,未出现任何产品质量纠纷,受到用户的一致好评,赢得了市场和信誉。

7、发行人的主要客户及供应商

(1) 向前五大供应商采购情况

本公司前五大供应商主要为原材料和零部件的供应商,这些供应商多为合资企业,2001 年对外采购前五名的具体金额和比例如下表所示:

单位:万元

序号	供应商名称	2001 年采购额	占采购总额的比例
1	西门子(中国)有限公司	2835.50	32.72%
2	厦门 AB 公司	629.31	7.26%
3	北京中冶科技发展有限公司	571.99	6.60%
4	北京金汇自动化系统工程有限公司	565.68	6.53%
5	ABB(中国)有限公司	430.57	4.97%
合计		5033.05	58.08%

本公司前五大供应商中没有任一单个供应商的采购比例超过总额的 50%。

(2) 前五大销售客户情况

本公司前五大销售客户主要为各类钢铁、冶金生产企业、相关设备制造厂商,2001 年对前五名客户销售的具体金额和比例如下表所示:

单位:万元

序号	销售客户名称	2001 年销售金额	占销售总额的比例
1	上海宝山钢铁股份有限公司	1325.11	8.78%
2	淮南矿务局	1133.97	7.51%
3	邯郸钢铁股份有限公司	825.60	5.47%
4	北台钢铁集团有限公司	753.82	4.99%
5	首都钢铁集团有限公司	723.97	4.79%
合计		4762.47	31.54%

本公司前五大销售客户中没有任一单个客户的销售比例超过总额的 50%。

8、发行人与前五大供应商、五大销售客户关联情况

在本公司前五大供应商和销售客户中,发行人董事、监事、高级管理人员和核心技术人员及主要关联方或持有本公司 5%以上股份的股东均未享有任何权益。

(六)发行人的主要技术

1、主要技术

本公司三电产业方面的主要产品和拟投资项目所涉及的技术主要包括产品技术、开发技术和管理技术等。产品技术和管理技术为自行开发和引进创新,开发技术则是在设备应用和开发平台的基础上形成的。

本公司产品技术主要有可靠性设计技术、智能控制技术、冶炼炉窑自动化技术、压力加工自动化技术、混合流程企业信息管理系统、三电一体化自动化系统设计及制造规范、同步电机交交

变频矢量控制技术、无换向器电机调速控制技术、绕线式异步电机双馈调速技术、光电仪表技术、同位素仪表技术、检测热值、位置、压力、流量技术等。

本公司的开发技术主要有现场总线控制技术和工业以太网的网络技术、采用组件技术的软件开发技术、大功率可关断器件应用技术、中压多电平PWM变频技术、全数字通用控制平台技术、高压TSC动态无功补偿技术和滤波技术、智能仪表的开发和设计技术、各新型集成芯片的应用技术、光电技术、同位素应用技术、图像处理技术和压力传感器技术等。

本公司的管理技术主要是依据ISO9001质量保证体系建立了各项管理规章、制度和措施，本公司的基础管理技术居国内先进水平。

2、发行人的核心技术

发行人目前自主拥有知识产权的核心技术有智能控制技术、交流调速技术、工业控制计算机技术、工业控制应用技术和功率半导体技术等。

3、发行人主导产品或业务及拟投资项目的技术水平

(1)主导产品的技术水平

股份公司在工业计算机控制系统(工业自动化系统)方面有工业计算机控制系统及相关应用软件产品制造等方面的多项自主知识产权，尤其在智能控制、冶金工业自动化、流程工序的关键数学模型和应用软件、管控一体化等技术方面处于国内领先地位。

在电力电子及电气传动装置方面的大功率晶闸管元件、大功率交直流调速装置制造等方面为国内领先水平，其中大功率高电压晶闸管制造、大功率交交变频同步电机调速等技术达到国际先进水平。

在工业专用检测仪器仪表方面拥有多项专有技术，其中KF100燃气热值(指数)仪具有国内先进水平，部分达到国际水平，并已获得国家专利。

(2)拟投资项目的技术水平

本次发行募集资金投向的电力电子及电气传动装置产业化建设项目，将紧跟国际电力电子技术的发展，采用IGBT/IGCT新型电力半导体器件、全数字控制、大功率高压PWM变频器等先进技术，完成晶闸管元件及装置向新型器件、数字控制技术的换代，形成具有国际先进水平的大功率交直流调速装置的生产规模。

本次发行募集资金投向的KF100燃气热值(指数)仪改造项目将主要改善设计环境、完善产品设计、提高产品精度、改进样气预处理装置和气路结构等，增加无线传输和总线接口，改善实验室环境和开发环境，使KF100燃气热值(指数)仪保持国际先进技术水平。

4、主要知识产权

股份公司自主拥有主要产品及业务的多项知识产权。截止2002年6月30日，本公司拥有的专利和专有技术及其他知识产权详情如下：

(1)专利权

序号	专利名称	专利号	专利类型	申请日	剩余保护年限
1	一种点火装置	ZL98－2－18835.8	实用新型	1998.08.28	6年
2	一种高炉操作参谋系统	ZL97－1－12469.8	发明	1997.06.13	15年
3	自控电网功率因数补偿装置	ZL00－2－09885.7	实用新型	2000.04.26	8年
4	晶闸管变流功率装置	ZL00－2－34403.3	实用新型	2000.05.10	8年
5	燃气过滤器	ZL00－2－45576.5	实用新型	2000.08.23	8年
6	晶闸管变流功率装置冷却结构	ZL01－2－58862.8	实用新型	2001.08.30	9年
7	晶闸管串联装置	ZL01－2－64221.5	实用新型	2001.09.28	9年

(2)专有技术

序号	专有技术名称	成果水平	鉴定年月	鉴定单位
1	神经元网络、专家系统、模糊控制等智能控制应用技术	国际先进	1999.12	江苏省
2	现场总线应用和开发技术	国内先进	2000.03	国家冶金工业局
3	CIMS系统设计、开发和应用技术	国内先进	1994.08	国家教委
4	自动化工程设计制造开发规范以及过程控制软件开发平台		1997.05	国家冶金工业局
5	钢铁生产主要工艺的自动化成套技术： 炼铁(原料、烧结、焦化、高炉等)自动化成套技术 炼钢(电炉、转炉、精炼)自动化成套技术 连铸自动化成套技术 轧钢自动化成套技术 炉窑(加热炉、均热炉、石灰窑等)自动化成套技术 电炉短流程自动化成套技术 管理信息系统开发技术	国内先进 部分 国际先进	 1998.10 1998.12 1997.08 1997.08 1997.10 1997.10 1999.08	 冶金部 冶金部 冶金部 冶金部 冶金部 冶金部 冶金部
6	铝电解自动控制技术	国内先进	1997.06	有色金属总公司
7	大功率晶闸管制造技术	国内先进	1996.06	冶金局
8	功率器件散热与结构工艺技术	国内先进	1999.10	国家冶金局
9	高压晶闸管串联技术	国内先进	1999.10	国家冶金局
10	交交变频调速技术	国际先进	2000.11	国家冶金局
11	同步电机磁场定向控制技术	国际先进	1996.08	国家冶金局
12	同步电机高压变频调速技术	国际先进	1998.08	有色金属总公司
13	异步电机电流型变频调速技术	国际先进	1998.10	冶金部
14	双馈电机控制技术	国际先进	1996.10	冶金部
15	大容量变流器并联技术	国内先进	2000.09	国家冶金局
16	轧机交直流传动调速成套技术	国内先进	1997.03	冶金部
17	矿井提升系统传动技术	国内技术	2000.05	辽宁省

发行人现有的知识产权和非专利技术均属股份公司自有，目前尚不存在允许他人使用的情况。专利权及非专利专有技术中的“自控电网功率因数补偿装置”、“晶闸管变流功率装置”、“燃气过滤器”、“晶闸管变流功率装置冷却结构”和“晶闸管串联装置”5项专利权为股份公司自身申报；“一种点火装置”和“一种高炉操作参谋系统”两项专利以及“神经元网络、专家系统、模糊控制等智能控制应用技术”17项非专利技术是从自动化院无偿取得的。“棒材生产线自动化和传动控制系统软件(Aritime)”和“人工神经元网络开发平台软件”获得软件产品登记证书，另有“人工神经元网络开发平台”、“高炉自动化控制系统(Aritime)”、“Aritect监控系统软件”和“棒材生产线自动化和传动控制系统软件(Aritime)”等4项软件产品正在软件著作权的申请过程中。

目前发行人也不存在作为被许可方使用他人的知识产权、非专利技术的情形。

经发行人律师——北京市星河律师事务所核查，发行人拥有核心技术的所有权，该等核心技术包括七项发明和实用新型专利及十七项专有技术，该等专利和专有技术系自动化院无偿转让给发行人及发行人申请取得，发行人现已合法拥有该等专利和专有技术所有权。

5、发行人研究与开发情况

(1)研究开发机构

发行人从事三电产业的研究开发的组织机构为总经理直接领导下的技术委员会和技术研发部。技术委员会负责研发项目的选题、立项、考核和评审；技术研发部则负责管理项目的实施。

(2)研究开发人员的构成

截止2002年6月30日，发行人从事研发工作的技术人员共有127人，占员工总数的26.19%。其中包括教授级高级工程师17人，高级工程师71人，工程师39人。本公司有国家级有突出贡献的中青年专家1人，享受国务院颁发的“政府特殊津贴”的27人。

(3)研发费用投入情况

本公司坚持“依靠电子信息技术改造传统产业”的研发宗旨，确立引进、消化、吸收技术和自主开发、创新技术相结合的科研方针，每年都不断加大科研开发方面的投入，2001年投入科研的开发费用共计797.39万元，占当年销售收入的5.28%。

6、技术合作情况

本公司为了今后的良好发展，与国内外高校、科研院所及其他企业建立了广泛而良好的合作关系。如本公司曾经与清华大学、东北大学、北京科技大学、中国科学院自动化所共同开展的智能控制、CIMS、交流调速、特殊仪表等领域的国家项目的研究开发工作；曾多次与宝山钢铁公司、鞍山钢铁公司、武汉钢铁公司、重庆钢铁公司、攀枝花钢铁公司等企业共同进行技术合作，承接企业方面的技术难题，协助企业引进消化、吸收创先技术。

为了充分利用主发起人——自动化院的人才和技术优势，加强与自动化院的技术交流和合作，促进技术成果的转化，本公司于2001年3月16日与自动化院签定了《技术合作协议》。该协议规定：本公司可根据自身业务发展需要，提出课题委托自动化院执行；自动化院所拥有的自有专利技术和非专利技术如转让，本公司有优先受让权。

(七)发行人的技术创新机制和相关企业文化建设

本公司作为国内冶金自动化系统技术方面实力最强的企业之一，牢固树立以“创新进取”为核心的技术革新精神，坚持“以人才为根本、以市场为导向、以科技为基础、以质量为生命”的技术方针，确定“以先进的技术、优良的产品和周到的服务，为用户提供智能化的工业自动化系统全面解决方案”的企业使命，紧跟国际自动化系统和电力电子及电气传动装置技术的发展动态，通过技术创新和管理创新相结合的方式，不断巩固本公司三电产业在技术和市场上的领先优势。

九、同业竞争与关联交易

(一)同业竞争

按照股份公司改制方案，主发起人——自动化院将改制前已经独立运营多年的工业自动化领域的工业计算机控制系统、电力电子及电气传动装置和工业检测及控制仪表等工业自动化领域三电产业的主营业务全部投入股份公司，由股份公司继续经营。根据自动化院作出的有关承诺和相关协议约定，自动化院现已不再从事任何与股份公司可能构成同业竞争的业务。

1、股份公司的经营业务

股份公司目前的经营活动及拟投资项目所涉及的业务范围主要围绕工业计算机控制系统、电气传动装置、工业专用检测及控制仪表、电力半导体元器件等三电产业产品展开研究开发、设计制造和生产经营。

股份公司主要业务的市场定位是冶金行业自动化领域及其他行业的自动化相关领域，相对应的客户及服务对象主要是各类钢铁、有色金属和其他行业的生产企业。

2、自动化院的经营业务

目前，自动化院及其下属企业主要从事伺服电机及其控制系统、液压缓冲器件及缓冲装置、液压缸的设计、制造及维修、建筑业电气设计、专用电源、电源变压器、电感器、测温定碳热电偶制造、工业用滤油装置、生物医药制品等产品的研究开发、设计制造和生产经营。

自动化院及其下属企业改制后主要业务的市场定位是机械、军工行业的伺服系统、冶金机械及其他行业的液压及缓冲装置、高温液体的温度测量及生物制药，相对应的客户及服务对象主要是机械、军工、冶金机械、液压及医药卫生行业的相关企业。

股份公司与自动化院及其下属企业在业务性质、客户及服务对象、市场等方面的差异表明，股份公司与自动化院及其下属公司不存在同业竞争状况，对发行人不构成影响。

3、发行人关于避免同业竞争的措施

首先，在股份公司设立时，自动化院已将其从事与工业自动化系统相关的业务投入到股份公司。自动化院不再从事自动化系统方面的业务，自动化院控制的除股份公司外的其他法人亦不从事自动化系统方面的业务。其次，股份公司成立后，自动化院已向本公司做出了避免同业竞争的承诺。同时，自动化院还与本公司签订了有关避免同业竞争的协议，协议规定：自动化院不得经营与股份公司有竞争的任何业务或投资于经营任何竞争业务的企业，亦有义务促使其下属关联企业(股份公司除外)不得经营与股份公司有竞争的任何业务或投资于经营任何竞争业务的企业；股份公司如发现自动化院经营、计划经营与股份公司存在任何竞争的业务或项目，或投资、计划投资于经营任何竞争业务的企业，股份公司将有权选择：对该等项目或企业行使收购的权利；要求自动化院将该等项目或企业转让给无关联的第三方；要求自动化院放弃该等项目或对有关企业投资的计划；要求自动化院将该等项目或企业通过签订有关委托管理、承包经营或其他类似性质的协议、以公允之交易对价，委托给股份公司进行经营。

4、发行人律师及主承销商关于同业竞争的意见

发行人律师——北京市星河律师事务所对避免同业竞争的审查意见为：经核查，发行人与其关联企业之间不存在同业竞争。

本次发行主承销商——北京证券有限责任公司经核查认为：发行人与关联企业间不存在同业竞争。

(二)关联方及关联关系

1、法人关联方

(1)控股股东——自动化院，本次发行前持股数额为4353.5万股，持股比例为93.70%。

(2)其他股东——富丰公司、北京市机电研究院、北京国冶星自动化工程有限公司和深圳市禾滨实业有限公司，上述股东分别持有股份公司股权的3.08%、1.40%、1.12%和0.70%，持股比例合计6.30%。

(3)控股股东控制的企业——北京阿瑞姆科贸集团、北京冶金自动化工程公司、北京中冶科技发展公司、北京中钢实业总公司、北京冶金横河自动化工程有限公司和北京鑫创招待所等。

(4)本次发行前，本公司没有参与其他的合营单位或联营单位。

上述法人关联方与发行人之间的主要关系为股权关系和商业利益关系。

2、自然人关联方

本公司目前的自然人关联方主要为股份公司的董事、监事、高级管理人员和核心技术人员。本公司与自然人关联方之间的关系主要为劳动人事关系。

(三)关联交易

1、接受综合服务

2000年6月，本公司与控股股东自动化院签订了有关供水、供电、供暖及其它生产、生活等方面服务内容的《综合服务合同》，以确保本公司以合理的价格和方式持续不断地获得自动化院提供的某些必需的经营辅助服务和生活福利设施服务。该合同于1999年8月12日生效。该合同有效期为五年。

2、专利权和专有技术转让

本公司与自动化院于2001年3月16日签订了《专利权转让合同》和《专有技术转让合同》，自动化院同意将“一种点火装置”和“一种高炉参谋操作系统”等两项专利权以及“神经元网络、专家系统、模糊控制等智能控制应用技术”等17项专有技术无偿转让给股份公司。

3、采购货物

自成立以来，发行人在采购货物方面发生的关联交易情况如下表所示：

单位：万元

关联方名称	2002年1—6月	2001年度	2000年度
冶金自动化研究设计院	—	121.50	—

北京中冶科技发展公司	230.01	571.99	289.67
北京冶金横河自动化工程有限公司	12.06	35.19	53.35
北京阿瑞姆科贸集团	—	54.90	58.60
北京中钢实业总公司	26.31	32.46	51.20
采购总额	4193.52	8666.26	7227.66
关联交易占采购总额的比例(%)	6.40	8.78	6.27
定价政策	采用市场价格		

本公司向关联方采购产品,主要为进口零部件、变压器、电抗器、稳压变压器。

4、销售货物

自成立以来,发行人在销售货物方面发生的关联交易情况如下表所示。

单位:万元

关联方名称	2002 年 1—6 月	2001 年度	2000 年度
冶金自动化研究设计院	52.87	201.06	46.44
北京中冶科技发展公司	3.18	113.96	40.64
北京冶金横河自动化工程有限公司	2.21	5.36	4.11
北京阿瑞姆科贸集团		120.50	1.42
销售总额	7942.49	15099.292	12480.16
关联交易占销售总额的比例(%)	0.73	2.92	0.74
定价政策	采用市场价格		

股份公司向自动化院销售产品,主要为变频器、控制器、PLC(可编程控制器)等。

5、购买土地

本公司与发起人股东——富丰公司于 2000 年 5 月 9 日签订了《中关村科技园区丰台园土地有偿使用合同》。发行人从富丰公司取得可以进行建筑施工的熟地 14450 平方米土地,作为股份公司发展、扩大生产规模的生产基地。此块熟地位于北京丰台科学城(产业基地),地号为 2B;开发费用总额为 5,418,806.00 元。截止 2001 年底,本公司已向富丰公司支付土地开发费用共计 5,418,806.00 元。目前有关土地使用权权属手续正在办理过程中。

6、贷款担保

(1)2002 年 2 月 22 日,本公司与中国光大银行北京海淀支行签订了编号为北光银海支贷字 02005 号的借款合同。有关贷款金额为 200 万元,年利率为 5.31%,借款期限自 2002 年 2 月 25 日至 2003 年 2 月 25 日,性质为担保贷款,担保方为自动化院。截止 2002 年 6 月 30 日,贷款余额 200 万元。

(2)2002 年 4 月 8 日,本公司与中国光大银行北京海淀支行签订了编号为北光银海支贷字 02010 号的借款合同。有关贷款金额为 400 万元,年利率为 5.31%,借款期限自 2002 年 4 月至 2003 年 4 月,性质为担保贷款,担保方为自动化院。截止 2002 年 6 月 30 日,贷款余额 400 万元。

7、其他关联交易

截至 2002 年 6 月 30 日,股份公司应付发起人股东股利余额共计 68,296.20 元,即应付深圳市禾滨实业有限公司 68,296.20 元。

8、关联交易的定价原则及方法

根据股份公司《采购供应部管理工作细则》(试行)的规定,股份公司由市场采购的材料必须对材料的质量、价格、运输、包装等因素进行总体评价,通过比价择优采购,降低成本。此外,在发行人的公司章程中,对涉及关联方时的交易内容和表决办法也进行了明确的规定。

9、发行人公司章程中对关联交易决策权力与程序的规定

公司章程第七十二条规定:股东大会审议有关关联交易事项时,关联股东不应当参与投票表决,其所代表的有表决权的股份数不计入有效表决总数;股东大会决议的公告应当充分披露非关联股东的表决情况。如有特殊情况关联股东无法回避时,本公司在征得有权部门的同意后,可以按照正常程序进行表决,并在股东大会决议公告中作出详细说明。

关联交易是指在关联方之间发生转移资源或义务的事项,而不论是否收取价款。下列情形不视为关联交易:关联人依据股东大会决议领取股息和红利;关联人购买公司公开发行的企业债券;按照有关法规不视为关联交易的其它情形。

关联股东在股东大会表决时,应当自动回避并放弃表决权。主持会议的董事长应当要求关联股东回避;如董事长需要回避的,副董事长或其他董事可以要求董事长及其他股东回避。

公司章程第八十三条规定:董事个人或者其所在任职的其他企业直接或者间接与公司已有的或者计划中的合同、交易、安排有关联关系时(聘任合同除外),不论有关事项在一般情况下是否需要董事会批准同意,均应当尽快向董事会披露其关联关系的性质和程度。

除非有关联关系的董事按照本条前款的要求向董事会作了披露,并且董事会在不将其计入法定人数,该董事亦未参加表决的会议上批准了该事项,公司有权撤销该合同、交易或者安排,但对方是善意第三人的情况下除外。

有关联关系的董事在董事会表决时,应当自动回避并放弃表决权。主持会议的董事长应当要求有关联关系的董事回避;如董事长需要回避的,副董事长或其他董事应当要求董事长及其他有关联关系的董事回避。无须回避的任何董事均有权要求有关联关系的董事回避。被提出回避的董事或其他董事如对关联交易事项的定性及由此带来的披露利益、回避、放弃表决权有异议的,可申请无须回避的董事召开临时董事会会议作出决定。该决定为终局决定。如异议者仍不服,可在会议后向证管部门投诉或以其他方式申请处理。

公司章程第八十四条规定:如果公司董事在公司首次考虑订立有关合同、交易、安排前以书面形式通知董事会,声明由于通知所列的内容,公司日后达成的合同、交易、安排与其有利益关系,则在通知阐明的范围内,有关董事视为做了本章前条所规定的披露。

10、发行人关于减少关联交易的措施

股份公司在设立时与成立后,都从根本上采取了有效措施以减少关联交易的发生。首先,在股份公司设立时,自动化院已将与三电产业有关的采购、销售机构及业务渠道全部投入股份公司,所有经营业务继续由本公司持续经营;其次,本公司成立后,建立了独立、完整的供应、生产、销售业务体系;再次,通过与自动化院签定《综合服务合同》,进一步规范从自动化院获得的某些必需的经营辅助服务和生活福利设施服务;第四,股份公司将严格按照公司章程、股东大会议事规则和董事会议事规则的相关规定,对已发生或可能发生的关联交易进行规范;另外,本公司正着手建立独立董事制度,有关实施办法及具体规定将会对减少和规范关联交易起到积极作用。

11、发行人律师、主承销商关于关联情况的意见

(1)发行人律师意见

发行人律师——北京市星河律师事务所认为:发行人与关联方的关联交易不存在损害发行人及其股东利益的情形,发行人与关联方之间关于关联交易的安排符合有偿使用、公平、市场化的原则,且发行人与关联企业间发生的重大关联交易经发行人股东大会的批准,相关关联方依据公司章程的规定回避了表决。发行人对关联交易进行了充分披露,无重大遗漏或重大隐瞒,发行人与关联方发生的关联交易不存在损害发行人及其股东利益的情形,发行人与关联方之间不存在同业竞争。经核查,发行人对关联交易进行了充分披露,无重大遗漏或重大隐瞒,发行人与关联方发生的关联交易不存在损害发行人及其股东利益的情形。

(2)主承销商的意见

本次发行主承销商——北京证券有限责任公司经核查认为:发行人与关联企业间发生的关联交易已经进行了详细、全面的披露;发行人的董事会议事规则和章程均对发行人与关联方发生关联交易的决策程序进行了规定,发行人关联交易的决策程序能充分保护中、小股东的权益。

十、董事、监事、高级管理人员与核心技术人员

(一)发行人董事、监事、高级管理人员与核心技术人员概况

1、董事

董事长:孟维宗,男,中国国籍,54 岁,中共党员,高级工程师。毕业于东北重型机械学院轧钢设备专业。曾任自动化院党委组织部副部长、自动化院设计所副所长兼支部书记、自动化院党委副书记兼副院长。现任自动化院党委书记。

副董事长:于常友,男,中国国籍,62 岁,中共党员,教授级高级工程师,毕业于山东工业大学无线电技术专业。1992 年获政府特殊津贴,1993 年获第三届全国科技实业家创业奖金奖,1995 年获国家科技进步奖特等奖。曾任自动化院党委副书记、副院长、院长和冶金部科技司司长等职。现任国际自控联合会(IFAC)低成本自动化委员会副主席、北京市人民政府专家顾问、中国自动化学会副理事长、中国自动化学会应用专业委员会主任、中国金属学会冶金自动化专业委员会主任。

副董事长:薛兴昌,男,中国国籍,57 岁,中共党员,硕士生导师,教授级高级工程师,工学硕士。1992 年获政府特殊津贴。曾任自动化院轧钢自动化研究室副主任,主任工程师,国家冶金自动化工程技术研究中心主任。现任自动化院副院长、全国工控机学会常务理事、连轧和自动化国家实验室学术委员会副主任。

董事:胡仁安,男,中国国籍,63 岁,中共党员,教授级高级工程师,毕业于东北大学工业企业电气自动化专业。1992 年获政府特殊津贴。曾任自动化院自动化二室室主任、自动化院计量所所长、国家冶金自动化工程技术研究中心主任、国家轧钢实验室技术委员会副主任、冶金计量协会常务副理事长、自动化院副院长兼总工程师等职。现任中国系统工程学会过程工业系统专业委员会副主任、冶金自动化学会理事。

董事:赵恩光,男,中国国籍,59 岁,中共党员,教授级高级工程师。毕业于兰州大学数学力学系运筹学专业。1993 年获政府特殊津贴。曾任自动化院管理计算机研究室主任、宝钢工作队队长、院办公室主任、科研工程部主任和自动化院院长助理等职。现任本公司董事会秘书。

董事:戴南,男,中国国籍,56 岁,中共党员,高级会计师,先后毕业于北京外国语学校和冶金机电学院管理工程专业。曾任自动化院汽车队队长、院办副主任、财务处副处长、处长、冶金财会学会理事、科研分会会长。现任自动化院院长助理、副总会计师。

董事:张丕贞,男,中国国籍,48 岁,中共党员,高级工程师。毕业于北京钢铁学院自动化仪表专业。曾任自动化院系统所室主任、所长助理、副所长、所党总支副书记。现任自动化院院长助理兼人教部主任、国家冶金自动化工程技术研究中心主任。

董事:周康,男,中国国籍,42 岁,中共党员,教授级高级工程师。毕业于江西冶金学院工业自动化专业。1998 年获政府特殊津贴。曾任自动化院系统所连铸自动化室副主任、连铸自动化部主任、系统所副所长、系统所所长、国家冶金自动化工程技术研究室中心主任、自动化院院长助理、股份公司总经理等职。现任自动化院院长、中国金属学会连铸自动化专业委员会主任、中国科技论坛理事。

董事:汪洪,男,中国国籍,44 岁,中共党员,高级工程师。毕业于西北工业大学飞行器自动控制专业,北京理工大学管理工程硕士,新加坡管理合理化学院高级经营管理结业,香港理工大学国际市场营销策略及管理结业。曾任航天工业部第十五研究所主任助理、副总经济师、综合财务处处长、副所长、总工艺师、中外合资北京星洋食品有限公司董事长等职。现任中关村科技园区丰台园主任、中关村科技园区丰台园工委副书记、北京电子商会副会长、富丰公司总经理。

董事:张武城,男,中国国籍,65 岁,中共党员,教授级高级工程师。毕业于浙江大学机械系铸造专业。曾获得北京市劳动模范、机械工业部劳动模范、北京市有突出贡献专家等荣誉称号。曾任北京市机电研究院室主任、副所长、所长、副院长等职。现任北京市机电研究院院长、北京市政府顾问、国家产学研激光中心主任、中国机械工程学会常务理事、北京机械工程学会副理事长。

董事:张航,男,中国国籍,43 岁,毕业于北京第二外国语学院英美文学专业,美国东伊利诺思大学工商管理硕士,美国乔治亚州立大学金融博士。现任深圳市禾滨实业有限公司董事长兼总经理,美国禾滨投资有限公司中国深圳分公司执行董事。

2、监事

监事会召集人:成乱杰,男,中国国籍,60 岁,中共党员,高级政工师。肄业于天津大学电力动力系,大专学历。曾任北京卫戍区警卫一师政治部主任、师党委常委,内蒙古军区后勤部政委、后勤部党委副书记、中国科协副司级调研员。现任自动化院党委副书记。

监事:方继江,男,中国国籍,53 岁,中共党员,毕业于东北重型机械学院(现燕山大学)轧钢系。曾任自动化院党委宣传部部长、仪表二部副主任、仪表所副所长、仪表所党总支书记。现任自动化院财经部主任。

监事:李保泉,男,中国国籍,41 岁,中共党员,大学学历。曾任北京富丰机动车加油有限责任公司副经理等职。现任北京富丰高科技发展总公司经营部副部长。

监事:朱家敏,男,中国国籍,43 岁,中共党员,工学学士,毕业于北京轻工业学院(现北京工商大学)机械制造工艺及设备专业。曾任自动化院办公室副主任。现任本公司办公室总务室主任。

监事:王爱华,女,中国国籍,51 岁,中共党员,高级工程师。毕业于吉林大学计算机科学系程序设计专业。现为本公司技术研发部职工。

3、高级管理人员

总经理:葛钢,男,中国国籍,46 岁,中共党员,教授级高级工程师,工学学士。毕业于东北大学工业自动化专业。1994 年起享受政府特殊津贴。现任本公司总经理、中国自动化学会电气自动化委员会委员、中国电工技术学会电控系统与装置委员会委员和北京电力电子学会常务委员。

常务副总经理:张剑武,男,中国国籍,38 岁,中共党员,教授级高级工程师,工学硕士。毕业于东北大学研究生院计算机应用专业,获硕士学位。现任本公司常务副总经理。

副总经理:李崇坚,男,中国国籍,50 岁,中共党员,教授级高级工程师,工学博士。毕业于清华大学电机专业。现任本公司副总经理、清华大学博士生副导师、中国电工技术学会常务理事。

副总经理:陈春雨,男,中国国籍,37 岁,中共党员,高级工程师,1987 年毕业于东北大学自控系,中国人民大学工商管理学院 MBA 结业。现任本公司副总经理。

董事会秘书:赵恩光,兼任本公司董事,简历见前文。

财务总监:于长新,女,中国国籍,53 岁,中共党员,大学本科学历,高级会计师。现任本公司财务总监。

4、核心技术人员

李崇坚,男,中国国籍,50 岁,工学博士,教授级高级工程师,中国电工技术学会常务理事,清华大学博士生副导师,国家杰出青年科学基金获得者,1998 年被评为国家级有突出贡献的中青年专家,享受国家级政府津贴专家。长期从事大功率交流调速的研发工作,在交交变频及同步电机磁场定向控制理论方面有所创见,主持完成"2500KW 交交变频同步电机调速系统"、"大型热连轧机主传动交流调速系统"等多项国家重点科技攻关项目,达到国际先进水平。

孙彦广,男,中国国籍,38 岁,工学博士,教授级高级工程师。1990 年获中国科学院自动化所博士学位,第四届中国青年科技创新奖获得者,享受国家级政府津贴专家。现任股份公司智控事业部部长兼研究开发部部长,中国仪器仪表学会青年工作委员会秘书长。曾先后主持、参加了

“电炉—连铸—热送—热轧短流程自动化系统”、“钢包精炼炉自动化系统”、“智能电炉控制系统”等3项国家级重大科研攻关项目，提出了一套把科学哲学、计算数学、控制理论、人工智能技术和冶金工程学有机结合的冶炼过程建模、优化方法，成功地开发了“电炉炼钢自动化”和“钢包精炼炉自动化”2套成套技术和“智能电炉控制系统”系列产品（99年国家级新产品）。

罗公亮，男，中国国籍，61岁，工学博士，教授级高级工程师，享受国家级政府津贴专家，1985年获美国纽约冷色利尔大学计算机与系统工程专业博士学位。曾当选为第七届全国人民代表大会代表。现任股份公司副总工程师、中国自动化学会自动化专业委员会委员、中国人工智能学会智能机器人专业委员会委员、国际电子电器工程师协会（IEEE）高级会员。长期从事复杂系统建模和优化、智能控制方面的研究，先后主持、参加了多项国家级重大科研攻关项目。曾成功主持开发了“连铸神经元网络漏钢预报系统”、“高级连铸模糊神经网络漏钢预报系统”、“人工智能软件工程环境”等成套技术和系列产品。共承担国家级研发项目3项、省部级2项。《智能控制导论》一书获1999年“全国优秀科技图书奖”暨“科技进步奖（科技著作）”一等奖、第四届国家图书奖。

党红文，男，中国国籍，45岁，工学硕士，教授级高级工程师，享受国家级政府津贴专家。1984年获清华大学工学硕士学位。现任股份公司仪表事业部部长。长期从事工业检测和控制仪表的研发和生产，主持或独立开发出“1500V－200A快速晶闸管”、“测温、定碳、定氧三参数仪”、“DTC－01快速数字定碳测温仪”、“YZ88A智能测温仪”、“RZB－Ⅱ微机控制气体华白指数仪”、“KF201数字測温仪”、“水流式热量计”、“KF100燃气热值（指数）仪”、“基于图像处理的金属棒材计数装置”等产品。其中“KF100燃气热值（指数）仪”达到国际先进水平，获两项国家专利（均为第一发明人）；“基于图像处理的金属棒材计数装置”为国内外首创。

古玉书，男，中国国籍，60岁，教授级高级工程师，享受国家级政府津贴专家。1966年毕业于中山大学物理系半导体物理专业。现任股份公司半导体事业部总工程师。一直从事电力半导体器件的研制和生产技术及管理工作。主持开发过KP系列普通晶闸管、KK系列快速晶闸管和ZP系列普通整流管等产品。

本公司董事、监事、高级管理人员和核心技术人员之间不存在配偶关系、三代以内直系或旁系亲属关系。本公司董事、监事、高级管理人员和核心技术人员均未与本公司签定除了聘用协议以外的其他任何协议。

5、本次发行前，董事、监事、高级管理人员和核心技术人员持股情况

本公司董事、监事、高级管理人员和核心技术人员均未直接或间接持有本公司的股份，本公司董事、监事、高管人员和核心技术人员的家属中不存在直接或间接持有本公司股份的情况，本公司董事、监事、高管人员和核心技术人员均未通过其近亲属能够控制或间接控制的法人持有本公司股份。

除董事张航持有本公司发起人之一——深圳市禾滨实业有限责任公司90%的权益外，本公司其他董事、监事、高级管理人员和核心技术人员在本次发行前均不持有本公司及本公司关联企业的股份。

（二）发行人董事、监事、高级管理人员和核心技术人员2001年收入情况

2001年本公司董事长孟维宗、副董事长于常友、副董事长薛兴昌、董事胡仁安、董事戴南、董事张丕贞、监事召集人成乱杰、监事方继江均从自动化院领取薪酬，分别为5.57万元、5.15万元、5.96万元、5.14万元、4.23万元、4.24万元、5.07万元、3.81万元，董事周康作为股份公司原总经理从股份公司领取薪酬11.14万元，董事张武城从北京市机电研究院领取薪酬10万元，董事汪洪从富丰公司领取薪酬6.1万元，监事李保泉从富丰公司领取薪酬4.3万元。

股份公司总经理葛钢、董事兼董事会秘书赵恩光、常务副总经理张剑武、副总经理李崇坚、副总经理陈春雨、财务总监于长新、监事朱家敏、监事王爱华、核心技术人员孙彦广、罗公亮、党红文和古玉书均在本公司领取报酬，上述人员2001年的收入分别为10.21万元、9.79万元、9.28万元、9.28万元、8.86万元、9.28万元、3.39万元、3.55万元、9.8万元、8.1万元、7.9万元、5.1万元。

（三）董事、监事、高级管理人员和核心技术人员在其他单位兼职情况

本公司董事、监事、高级管理人员和核心技术人员在股东单位或股东单位控制的单位担任职务的情况详见本招股说明书摘要第四节“发行人的基本资料”中“发行人的独立运营情况”的相关内容。

十一、发行人的公司治理结构

1999年12月23日，发行人召开了北京金自天正智能控制股份有限公司创立大会暨第一次股东大会，审议通过了公司章程，选举了股份公司第一届董事会、第一届监事会成员；2000年8月28日，召开的2000年度临时股东大会更换了1名监事；2001年2月20日，召开的第一届董事会第四次会议改选了董事长；2001年4月10日，召开的2000年度股东大会修改了公司章程，形成了《北京金自天正智能控制股份有限公司章程修改草案》。截至2002年6月30日，发行人共召开了5次股东会议、8次董事会议和4次监事会议。

本公司已建立并完善了符合《公司法》和《上市公司章程指引》等有关法律法规要求的公司治理结构。本公司先后对股东大会、董事会和监事会的职权和议事规则等进行了具体规定。自股份公司成立以来，上述机构依照有关法律法规和公司章程的要求规范运作，未出现违法违纪现象，较好地发挥了治理作用。

（一）股东与股东大会

按照公司章程的规定，股份公司股东为依法持有公司股份的人。股东按其所持有股份的种类享有权利、承担义务；持有同一种类股份的股东，享有同等权利，承担同种义务。

按照公司章程的规定，股份公司股东依法享有的权利为：依照其所持有的股份份额获得股利和其他形式的利益分配；参加或者委派股东代理人参加股东会议；依照其所持有的股份份额行使表决权；对公司的经营行为进行监督，提出建议或者质询；依照法律、行政法规及公司章程的规定转让、赠与或质押其所持有的股份；依照法律、公司章程的规定获得有关信息，包括缴付成本费用后得到公司章程和缴付合理费用后有权查阅和复印持股资料、股东大会会议记录、中期报告和年度报告、公司股本总额、股本结构等；公司终止或者清算时，按其所持有的股份份额参加公司剩余财产的分配；法律、行政法规及公司章程所赋予的其他权利。

按照公司章程的规定，股份公司股东依法承担的义务有：遵守公司章程、依其所认购的股份和入股方式缴纳股金、除法律、法规规定的情形外，不得退股；法律、行政法规及公司章程规定应当承担的其他义务。

按照公司章程的规定，股东大会是公司的权力机构，依法行使下列职权：决定公司经营方针和投资计划；选举和更换董事，决定有关董事的报酬事项；选举和更换由股东代表出任的监事，决定有关监事的报酬事项；审议批准董事会的报告；审议批准监事会的报告；审议批准公司的年度财务预算方案、决算方案；审议批准公司的利润分配和弥补亏损方案；对公司增加或者减少注册资本作出决议；对发行公司债券作出决议；对公司合并、分立、解散和清算等事项作出决议；修改公司章程；对公司聘用、解聘会计师事务所作出决议；审议代表公司发行在外有表决权股份总数的百分之五以上的股东的提案；审议法律、法规和公司章程规定应当由股东大会决定的其他事项。

股份公司为了进一步规范股东大会的运作程序，2001年临时股东大会表决通过了《北京金自天正智能控制股份有限公司股东大会议事规则》。

本公司自创立以来，已在董事会提议下召开了5次股东大会，对股份公司筹建、公司章程订立和修改、投资决策、利润分配、股票发行上市和募集资金投向等重大事项作出决议。

（二）董事会

董事会由十一名董事组成，设董事长一人，副董事长二人。董事会制定董事会议事规则以确保董事会的工作效率和科学决策。

根据公司章程规定，董事会行使的职权有：负责召集股东大会，并向大会报告工作；执行股东大会的决议；决定公司的经营计划和投资方案；制订公司的年度财务预算方案、决算方案；制订公司的利润分配方案和弥补亏损方案；制订公司增加或者减少注册资本、发行债券或其他证券及上市方案；拟订公司重大收购或者合并、分立和解散方案；在股东大会授权范围内，决定公司的风险投资、资产抵押及其他担保事项；决定公司内部管理机构的设置；聘任或者解聘公司总经理、董事会秘书；根据总经理的提名，聘任或者解聘公司副总经理、财务负责人等高级管理人员，并决定其报酬事项和奖惩事项；制订公司的基本管理制度；制订公司章程的修改方案；管理公司信息披露事项；向股东大会提请聘请或更换为公司审计的会计师事务所；听取公司总经理的工作汇报并检查总经理的工作；法律、法规或公司章程规定，以及股东大会授予的其他职权。

为规范股份公司董事会内部机构及运作程序，第一届董事会第一次会议审议通过了《北京金自天正智能控制股份有限公司董事会议事规则》。

（三）监事会

本公司设监事会。监事会由五名监事组成，其中有两名职工监事，设监事会召集人一名。

公司章程规定监事会行使的职权有：检查公司的财务；对董事、总经理和其他高级管理人员执行公司职务时违反法律、法规或者章程的行为进行监督；当董事、总经理和其他高级管理人员的行为损害公司的利益时，要求其予以纠正，必要时向股东大会或国家有关主管机关报告；提议召开临时股东大会；列席董事会会议；公司章程规定或股东大会授予的其他职权。监事会行使职权时，必要时可以聘请律师事务所、会计师事务所等专业性机构给予帮助，由此发生的费用由公司承担。监事会每年至少召开两次会议，会议通知应当在会议召开十日以前书面送达全体监事。

为更好规范股份公司监事会的日常工作，第一届监事会第一次会议审议通过了《北京金自天正智能控制股份有限公司监事会议事规则》。

（四）重大生产经营决策程序与规则

1、重大投资决策

根据公司章程规定，股东大会是公司的权力机构，依法决定公司经营方针和投资计划。董事会应当确定其运用公司资产所作出的风险投资权限，建立严格的审查和决策程序；重大投资项目应当组织有关专家、专业人员进行评审，并报股东大会批准。

2、重要财务决策

根据公司章程规定，股东大会是公司的权力机构，依法审议批准公司的年度财务预算方案和决算方案、批准公司的利润分配和弥补亏损方案等。董事会决定公司的经营计划和投资方案，负责制订公司的年度财务预算方案、决算方案，制订公司的利润分配方案和弥补亏损方案，制订公司增加或者减少注册资本、发行债券或其他证券及上市方案，拟订公司重大收购或者合并、分立和解散方案，在股东大会授权范围内，决定公司的风险投资、资产抵押及其他担保事项。2002年3月8日召开的股份公司第一届董事会第八次会议决定授予总经理每次办理1000万元以下流动资金银行贷款的权限，并在累计贷款超过2000万元时，需向股份公司董事会报告。

3、对高级管理人员的选择、考评、激励及约束机制

本公司根据公司经营业务开拓和长远发展规划的需要，形成了针对高级管理人员的选择、考评、激励和约束机制。

选择机制：根据本公司具体发展需要，依照公司章程规定，遵循德才兼备的原则，由董事会确定高级管理人员的聘任（董事会秘书由董事长提名，副总经理、财务总监由总经理提名），董事会秘书任期为三年，其他高管人员任期为二年。

考评机制：由董事会按年度对本公司高级管理人员的业绩和履职情况进行考评，其中副总经理、财务总监先经总经理考评，并根据考评结果决定下一年度的年薪定级、岗位安排直至续聘与否。

激励机制：本公司对高级管理人员实行年薪制。此外，股份公司拟在经国家有关法律、法规许可并经有关部门批准的情况下，对本公司全体高管人员和骨干技术员工推行认股权计划。

约束机制：本公司根据公司章程规定，与全体高管人员和技术人员签订《劳动合同》，并根据财务、人事管理等内部管理制度，对其履职行为、权限、职责等作了相应的约束。

4、利用外部决策咨询力量

为了提高股份公司的技术创新力度，促进产品的科研开发，根据主营业务的具体情况，本公司设置了技术委员会和市场管理委员会。为了能够更好地控制投资过程中因不确定因素产生的风险、加强项目的前期论证和全程监控，减少投资损失，提高投资收益，本公司拟设置投资委员会。本公司董事会将进一步加强预算管理，对财务资金进行严格管理，并考虑择时设立审计委员会。

（五）公司内部控制制度

本公司管理当局根据股份公司的实际情况，建立了内部控制制度，并随着股份公司业务的发展使之不断完善。本公司的内部控制主要包括三个构成要素，即控制环境、会计系统和控制程序。相关内部控制一般应当实现以下目标：保证对资产和记录的接触、处理均经过适当的授权；保证业务活动按照适当的授权进行；保证适当记录所有交易和事项使会计报表的编制能符合《企业会计准则》及相关制度的要求；保证账面资产与实存资产定期核对相符。

（六）公司管理层对内部控制制度的自我评估意见

本公司管理层认为，股份公司现有的内部控制制度已基本囊括了工业自动化技术和产品开发、生产、工程服务和内部运营的各个方面，是根据本公司自身的具体情况制定的，具有较强的完整性、有效性和合理性。另外，管理层也将根据本公司发展的实际需要，不断地修正和改善内部控制制度。

（七）董事、监事、经理、财务负责人和技术负责人的变动

2000年7月22日，本公司第一届董事会第二次会议通过由总经理提名的于长新女士担任本公司财务总监。本公司前任财务总监为戴南先生，变动原因为工作关系调动。2000年8月28日，本公司临时股东大会选举李保泉先生代替刘治水先生为本公司监事，变动原因为工作关系调动。2001年2月20日，本公司第一届董事会第四次会议选举孟维宗先生担任股份公司董事长。此前本公司董事长由于常友先生担任，变动的原因是为了解决股份公司法定代表人双重任职问题，更好地发挥法人治理结构的功能。2001年12月28日，本公司第一届董事会第七次会议聘任董事长提名的葛钢先生担任股份公司总经理。此前本公司总经理由周康先生担任，变动的原因是周康调任为自动化院院长，股份公司高级管理人员不能双重任职。根据股份公司章程规定，由于原经理班子部分成员任期已满，本公司于2002年3月8日召开的第一届董事会第八次会议聘任总经理提名的张剑武先生担任股份公司常务副总经理，李崇坚先生担任股份公司副总经理，陈春雨先生担任股份公司副总经理，于长新女士担任股份公司财务总监。

（八）公司对董事、监事、高级管理人员和核心技术人员履行诚信义务的限制性规定

根据公司章程规定：董事每届任期三年。董事应当遵守法律、法规和公司章程的规定，忠实履行职责，维护公司利益。当其自身的利益与公司和股东的利益相冲突时，应当以公司和股东的

最大利益为行为准则,并保证:在其职责范围内行使权利,不得越权;除经公司章程规定或者股东大会在知情的情况下批准,不得同本公司订立合同或者进行交易;不得利用内幕信息为自己或他人谋取利益;不得自营或者为他人经营与公司同类的营业或者从事损害本公司利益的活动;不得利用职权收受贿赂或者其他非法收入,不得侵占公司的财产;不得挪用资金或者将公司资金借贷给他人;不得利用职务便利为自己或者他人侵占或者接受本应属于公司的商业机会;未经股东大会在知情的情况下批准,不得接受与公司交易有关的佣金;不得将公司资产以其个人名义或者以其他个人名义开立帐户储存;不得以公司资产为本公司的股东或者其他个人债务提供担保;未经股东大会在知情的情况下同意,不得泄漏在任职期间所获得的涉及本公司的机密信息;但在法律规定、公众利益要求或该董事本身的合法利益要求的情形下,可以向法院或者其他政府主管机关披露该信息。

根据本公司章程规定:监事每届任期三年。股东担任的监事由股东大会选举或更换,职工担任的监事由公司职工民主选举产生或更换,监事连选可以连任。监事连续二次不能亲自出席监事会会议的,视为不能履行职责,股东大会或职工代表大会应当予以撤换。监事可以在任期届满以前提出辞职,章程第五章有关董事辞职的规定,适用于监事。

根据本公司章程规定:公司设总经理一名,由董事会聘任或解聘。董事可受聘兼任总经理、副总经理或者其他高级管理人员,但兼任总经理、副总经理或者其他高级管理人员职务的董事不得超过公司董事总数的二分之一。总经理每届任期两年,总经理连聘可以连任。总经理对董事会负责,行使下列职权:主持公司的生产经营管理工作,并向董事会报告工作;组织实施董事会的决议、公司年度计划和投资方案;拟订公司内部管理机构设置方案;拟定公司的基本管理制度;制订公司的具体规章;提请董事会聘任或者解聘公司副经理、财务负责人;聘任或者解聘应由董事会聘任或者解聘以外的管理人员;拟定公司职工的工资、福利、奖惩,决定公司职工的聘用和解聘;提议召开董事会临时会议;公司章程或者董事会授予的其他职权。

有关核心技术人员履行诚信义务的限制性规定已由核心技术人员与股份公司之间签定的劳务合同进行具体规定。

十二、财务会计信息

(一)简要会计报表

以下披露的是发行人的简要会计报表,包括最近三年及最近一期的简要利润及利润分配表、最近三年年末及最近一期期末的简要资产负债表、最近一年及最近一期的简要现金流量表。由于发行人没有对外长期投资,有关数据均是股份公司财务数据。投资者若想详细了解发行人最近三年及最近一期的财务状况、经营成果和现金流量情况,请阅读本招股说明书附录。

北京金自天正智能控制股份有限公司简要利润及利润分配表

单位:元

项 目	2002 年 1—6 月	2001 年度	2000 年度	1999 年度
一、主营业务收入	79,424,938.37	150,992,922.07	124,801,607.60	106,102,559.64
减:主营业务成本	59,018,432.05	112,259,583.36	90,409,530.07	77,247,648.60
主营业务税金及附加	1,305,425.61	1,600,425.71	670,600.89	75,960.16
二、主营业务利润	19,101,080.71	37,132,913.00	33,721,476.64	28,778,950.88
加:其他业务利润	419,123.57	690,005.33	-81,737.45	2,619.55
减:营业费用	1,228,298.57	3,001,716.55	3,777,694.83	1,304,841.82
管理费用	6,720,322.82	12,759,975.02	12,719,967.72	11,020,650.75
财务费用	265,336.68	205,727.67	-94,601.71	-111,122.55
三、营业利润	11,306,246.21	21,855,499.09	17,236,678.35	16,567,200.41
加:营业外收入	—	30,004.00	—	—
减:营业外支出	15,489.35	752,190.82	315,711.50	1,117,301.59
四、利润总额	11,290,756.86	21,133,312.27	16,920,966.85	15,449,898.82
五、净利润	11,290,756.86	21,133,312.27	16,920,966.85	15,449,898.82
加:年初未分配利润	19,486,302.01	12,336,252.20	11,598,917.40	-3,850,981.42
六、可供分配利润	30,777,058.87	33,469,564.47	28,519,884.25	11,598,917.40
减:提取法定盈余公积金	—	2,113,331.23	3,237,086.57	—
提取法定公益金	—	2,113,331.23	3,237,086.57	—
七、可供股东分配的利润	30,777,058.87	29,242,902.01	22,045,711.11	11,598,917.40
减:应付普通股股利	—	9,756,600.00	9,709,458.91	—
八、未分配利润	30,777,058.87	19,486,302.01	12,336,252.20	11,598,917.40

北京金自天正智能控制股份有限公司简要资产负债表

单位:元

项 目	2002 年 6 月 30 日	2001 年 12 月 31 日	2000 年 12 月 31 日	1999 年 12 月 31 日
流动资产:				
货币资金	18,240,506.03	17,830,592.88	11,407,063.50	11,248,601.46
应收票据	10,779,250.00	3,720,973.00	8,498,158.75	3,580,000.00
应收帐款	51,158,610.22	49,744,284.48	64,764,455.21	52,539,141.33
其他应收款	8,274,033.33	8,124,342.74	12,895,582.04	11,176,098.01
预付帐款	15,844,133.55	11,645,046.07	14,987,246.69	7,385,318.52
存货	110,444,984.45	117,080,376.72	115,960,251.23	107,575,578.48
待摊费用	—	15,158.33	92,478.89	162,778.14
流动资产合计	214,741,517.58	208,160,774.22	228,605,236.31	193,667,515.94
固定资产:				
固定资产原价	37,780,600.10	37,226,609.40	36,192,525.88	35,365,202.72
减:累计折旧	24,757,114.69	23,537,781.86	21,086,833.18	18,580,533.02
固定资产净值	13,023,485.41	13,688,827.54	15,105,692.70	16,784,669.70
减:固定资产减值准备	196,221.87	185,187.07	—	—
固定资产净额	12,827,263.54	13,503,640.47	15,105,692.70	16,784,669.70
固定资产合计	12,827,263.54	13,503,640.47	15,105,692.70	16,784,669.70
无形资产及其他资产:				
无形资产	4,405,014.14	4,457,572.52	4,560,262.07	4,639,879.00
无形资产及其他资产合计	4,405,014.14	4,457,572.52	4,560,262.07	4,639,879.00
资 产 总 计	231,973,795.26	226,121,987.21	248,271,191.08	215,092,064.64
流动负债:				
短期借款	6,000,000.00	4,000,000.00	—	—
应付帐款	20,626,789.84	22,145,296.05	27,184,335.49	25,015,422.21
预收账款	73,744,503.46	71,996,479.41	102,874,991.83	97,568,991.60
应付工资	—	—	—	939,565.97
应付福利费	2,873,269.87	2,553,924.63	1,987,479.61	974,491.15
应付股利	68,296.20	12,397,106.22	9,709,458.91	—
应交税金	2,735,219.72	702,522.28	3,911,908.75	2,005,244.14
其他应交款	103,886.43	21,344.41	110,110.16	56,221.80
其他应付款	12,867,611.10	10,641,852.43	12,206,156.82	5,456,886.20
流动负债合计	119,019,576.62	124,458,525.43	157,984,441.57	132,016,823.07
负债合计	119,019,576.62	124,458,525.43	157,984,441.57	132,016,823.07
股东权益:				
股本	46,460,000.00	46,460,000.00	46,460,000.00	46,460,000.00
股本净额	46,460,000.00	46,460,000.00	46,460,000.00	46,460,000.00
资本公积	25,016,324.17	25,016,324.17	25,016,324.17	25,016,324.17
盈余公积	10,700,835.60	10,700,835.60	6,474,173.14	—
其中:法定公益金	5,350,417.80	5,350,417.80	3,237,086.57	—
未分配利润	30,777,058.87	19,486,302.01	12,336,252.20	11,598,917.40
股东权益合计	112,954,218.64	101,663,461.78	90,286,749.51	83,075,241.57
负债和股东权益合计	231,973,795.26	226,121,987.21	248,271,191.08	215,092,064.64

北京金自天正智能控制股份有限公司简要现金流量表

单位:元

项 目	2002 年 1—6 月	2001 年度
一、经营活动产生的现金流量:		
销售商品、提供劳务收到的现金	64,438,307.87	146,680,542.24
现金流入小计	64,438,307.87	146,680,542.24
购买商品、接受劳务支付的现金	46,738,925.25	109,256,377.41
支付给职工以及为职工支付的现金	5,572,761.00	11,286,941.53
支付的各项税费	6,431,467.69	12,937,711.53
支付的其他与经营活动有关的现金	2,857,568.35	6,732,419.81
现金流出小计	61,600,722.29	140,213,450.28
经营活动产生的现金流量净额	2,837,585.58	6,467,091.96
二、投资活动产生的现金流量:		
收到的其他与投资活动有关的现金	36,870.55	94,589.78
现金流入小计	36,870.55	94,589.78
购建固定资产、无形资产和其他长期资产所支付的现金	368,636.70	849,861.00
现金流出小计	368,636.70	849,861.00
投资活动产生的现金流量净额	-331,766.15	-755,271.22
三、筹资活动产生的现金流量:		
借款所收到的现金	6,000,000.00	6,000,000.00
现金流入小计	6,000,000.00	6,000,000.00
偿还债务所支付的现金	4,000,000.00	2,000,000.00
分配股利、利润或偿付利息所支付的现金	3,928,810.02	3,259,212.69
支付的其他与筹资活动有关的现金	167,096.26	29,078.67
现金流出小计	8,095,906.28	5,288,291.36
筹资活动产生的现金流量净额	-2,095,906.28	711,708.64
四、汇率变动对现金的影响	—	—
五、现金及现金等价物净增加额	409,913.15	6,423,529.38

(二)财务报表的编制基准和方法

1、发行人聘请的岳华会计师事务所有限责任公司对股份公司 1999 年 12 月 31 日、2000 年 12 月 31 日、2001 年 12 月 31 日、2002 年 6 月 30 日的资产负债表,1999 年度、2000 年度、2001 年度、2002 年度 1 至 6 月的利润表及 2000 年度、2001 年度、2002 年度 1 至 6 月的利润分配表,2001 年度、2002 年度 1 至 6 月的现金流量表进行了审计,并出具了标准无保留意见的审计报告。

2、本公司于 1999 年 12 月 28 日在北京市工商行政管理局领取注册号为 1100001114148(1-1)的营业执照。本公司 1999 年 1 月 1 日至 1999 年 12 月 31 日的财务报表是根据股份公司全体股东在发起人协议上通过的改制方案,以自动化院所属的自动化系统事业部、电气传动事业部、电力电子半导体器件事业部、测控技术事业部 1999 年 1 月 1 日至 1999 年 12 月 31 日的实际会计资料为基础,假定本公司现时架构在报告期初业已存在,且报告期内未发生重大变化并持续经营编制而成。本公司 1999 年 1 月 1 日至 1999 年 12 月 31 日的会计报表所载财务数据按照中华人民共和国《企业会计准则》和《企业会计制度》调整编制。

3、原始财务报表剥离情况

股份公司改制过程中,根据改制方案所确定的股份公司主营业务,将自动化院与股份公司主业相关的存货、固定资产、无形资产及其他资产及其相关负债划归股份公司,在此基础上确定股份公司所有者权益;自动化院中与股份公司主业相关的收入剥离纳入股份公司,与该收入配比的成本相应剥离纳入股份公司,其他损益项目均按配比原则进行剥离、确认。纳入与股份公司主营业务相关的自动化系统事业部、电气传动事业部、电力电子半导体器件事业部及测控技术事业部等四个事业部为自动化院所属的实行企业化经营的非法人独立核算单位,具有完整的产、供、销系统及完善的会计核算体系,按照《科学事业单位会计制度》的有关规定独立编制会计报表、核算经营业绩。原始财务报表剥离情况及各项目的差异已经本公司聘请的申报会计师审阅,并出具专项鉴证报告。

本司 2000 年 1 月 1 日至 2000 年 12 月 31 日执行中华人民共和国《企业会计准则》和《股份有限公司会计制度》及其有关补充规定,该会计报表已按中华人民共和国《企业会计准则》和《企业会计制度》进行了调整和重新表述。

本公司 2001 年 1 月 1 日至 2001 年 12 月 31 日的会计报表按照中华人民共和国《企业会计准则》和《企业会计制度》进行编制。

发行人律师——北京市星河律师事务所对股份公司的业绩连续计算情况进行核查后,发表如下意见:"本所律师认为,自动化院实行企业化经营的情况是真实的,并符合国家工商行政管理局《关于事业单位企业化经营含义问题的答复》(工商企字[1998]第 158 号)。鉴于发行人主发起人自动化院实行企业化经营,并且依法办理了企业法人登记,取得了企业法人营业执照,本所律师认为发行人本次申请股票公开发行上市符合《中华人民共和国公司法》的 152 条第 3 款的规定,发行人前三年的经营业绩可以连续计算"。

发行人主承销商——北京证券有限责任公司经核查后认为:发行人设立之前,自动化院已经具有企业化生产经营的特点,并且设立前自动化院投入股份公司的资产也已经实行了企业化生产经营,股份公司的业绩能够连续计算。

4、以下引用的财务数据,非经特别说明,均引自经审计的会计报表。本章的财务会计数据及有关的分析说明反映了发行人最近三年及最近一期的经审计的会计报表及有关附注的重要内容。

(三)经营业绩

1、收入确认标准

(1)本公司销售商品取得的收入所采用的确认方法:

公司销售收入的确认采用权责发生制的原则,在商品所有权上的重要风险和报酬已转移给买方,公司不再对该商品实施继续管理权和实际控制权,相关的收入已经收到或取得了收款的证据,并且与销售该商品有关成本能够可靠的计量时,确认销售收入的实现。

产品收入确认方法:股份公司在产品验收合格、交付使用,并取得客户签署的完工报告后确认产品销售收入,具体步骤如下:

①按照合同发出货物后,股份公司管理规划部将发货通知单(或对方的验货单)及时送财务金融部;

②产品调试验收合格后,及时取得客户签署的完工报告;

③根据发货通知单(或对方的验货单)和客户签署的完工报告,股份公司向客户开具发票并确认主营业务收入。

(2)本公司提供劳务取得的收入所采用的确认方法:

在劳务完成时确认收入,确认的金额为合同或协议总金额,确认方法参照商品销售收入的确认原则。

(3)本公司允许他人使用公司资产取得的收入所采用的确认方法：

①与交易相关的经济利益能够流入企业；

②收入的金额能够可靠地计量。

2、主营业务收入及利润的变动趋势及原因

发行人的主营业务收入及利润主要来源于自动化系统集成产品、电子电气传动系列产品、工业检测仪表、半导体元器件的销售。1999年度和2000年度及2001年度股份公司的主营业务收入分别为106,102,559.64元、124,801,607.60和150,992,922.07元，年增长率分别为17.62%和20.99%；主营业务利润分别为28,778,950.88元、33,721,476.64元、37,132,913.00元，年增长率分别为17.17%和10.12%。

2000年比1999年主营业务收入增长17.62%，主营业务利润增长17.17%，主要原因为：(1)2000年，股份公司在经历了磨合期后，改进了管理体制，加强了市场营销的力度并着重培育销售渠道；(2)成立了由一批既精通技术又了解市场的优秀人才组成的市场管理委员会，领导和实施股份公司的合同承揽任务，使本公司在2000年合同额有较大的增长；(3)随着中国加入WTO，冶金行业中各企业尤其钢铁企业纷纷更新设备，进行自动化改造，以适应今后更加激烈的国际竞争，这为股份公司的业务增长提供了良好的机遇；(4)针对1999年的市场竞争局面发生变化，采取灵活多变的应对措施，利用本公司产品符合中国国情、服务优良的优势，为客户进行个性化的设计，使得销售收入大幅度增长。

2001年比2000年主营业务收入增长20.99%，主营业务利润增长10.12%，主要原因为：(1)2000年形成的营销网络和体制的力量在2001年开始发挥作用，使2001年股份公司业务量增长较快；(2)股份公司成立后通过ISO9001质量体系认证，以高质量的产品及优质的现场服务赢得了市场的认可，使2001年股份公司销售量不断上升；(3)股份公司严格有效的管理实践，调动了各个层次人员的积极性，使2001年股份公司的收入和利润指标得到全面完成。

股份公司2002年上半年实现主营业务收入79,424,938.37元，主营业务利润19,101,080.71元，较去年同期均略有增长。

3、主营业务收入的构成

本公司的主营业务收入均为内销收入，近三年及最近一期股份公司三电产业类系列产品的主营业务收入情况如下表所示：

单位:元

类别	2002年1—6月	2001年度	2000年度	1999年度
电气传动系列产品	39,629,695.62	77,847,135.47	62,353,409.65	51,883,819.35
工业计算机控制系统	27,301,002.67	47,498,508.06	40,200,913.46	40,775,852.44
工业专业检测及控制仪表	10,187,287.19	19,574,500.82	16,758,299.17	6,851,127.52
电力半导体元器件	2,306,952.89	6,072,777.72	5,488,985.32	6,591,760.33
合计	79,424,938.37	150,992,922.07	124,801,607.60	106,102,559.64

4、各年度期间费用(营业费用、管理费用)变动原因

(1)营业费用

单位:元

项 目	2002年1-6月	2001年度	2000年度	1999年度
营业费用	1,228,298.57	3,001,716.55	3,777,694.83	1,304,841.82

本公司2000年营业费用较1999年增加2,472,853.01元，上升幅度为189.51%，主要是因为：A、股份公司规模扩张导致营业费用上涨；B、股份公司加大市场开发力度、建立健全市场营销体系、增加销售人员、开拓营销渠道，使销售人员工资及附加费用、招待费、差旅费、通讯费及广告费有所上升。

2001年度营业费用较2000年减少775,978.28元，下降幅度为20.54%，主要是因为：A、经过2000年的市场开发和市场营销体系的建立，股份公司主要产品的市场份额趋于稳定，主要产品性能成熟，使股份公司2001年用于市场营销的费用有所减少；B、2001年股份公司加大控制力度，严格按照费用额度控制支出，使2001年营业费用如招待费、办公费、通讯费、广告展览费、差旅费等的各项支出均有所下降。

2002年1至6月份营业费用与去年同期相比基本持平，原因在于股份公司严格按照费用额度控制各项支出。

(2)管理费用

单位:元

项 目	2002年1-6月	2001年度	2000年度	1999年度
管理费用	6,720,322.82	12,759,975.02	12,719,967.72	11,020,650.75

发行人2001年管理费用较2000年持平，原因在于股份公司不断细化及严格执行管理制度。

5、非经常性损益的变动趋势及原因

(1)债务重组损失

本公司为尽快收回项目欠款，分别于1999、2000、2001年和2002年上半年对部分债务进行了重组，导致债务重组损失分别为886,338.74元，315,711.50元和408,825.20元和4,454.54元。

(2)固定资产清理损失

本公司1999年和2001年对到期的固定资产进行了清理，导致固定资产清理损失分别为115,387.71元和8,178.55元。2000年及2002年上半年未发生该项损失。

(3)会计政策变更调整

根据《企业会计制度》的要求，企业在筹建期间内发生的费用，应当在开始生产经营的当月起一次记入开始生产经营当月的损益，由此导致本公司2002年当年利润减少了1,372,580.50元。

5、适用的所得税税率及享受的主要财政税收优惠政策

1999年，根据国科发政字[1999]143号《关于国家经贸委管理的10个国家局所属科研机构管理体制改革的实施意见》的文件，免征企业所得税。

本公司经北京市科学技术委员会认定为高新技术企业，高新技术企业证书的统一编号为0121181F。本公司所在注册地位于国家级科技园区——中关村科技园区丰台科技园。根据京国税所[2000]362号文件精神，丰国税批复(2000)055101号文件，本公司自2000年1月1日至2002年12月31日享受免征企业所得税的优惠。上述税收优惠期结束后，发行人仍可申请享受减半征收企业所得税的优惠政策，并最终可享受到15%的所得税优惠税率。若按15%税率征收所得税，本公司2000年度和2001年度的利润将分别减少279万元和394万元。因此，上述税收优惠政策取消或发生变化将会直接影响到发行人的盈利水平。

若投资者需要详细了解本公司适用的主要税种及税率，请阅读本招股说明书附录一。

(四)资产

截止2002年6月30日，股份公司拥有的资产总计231,973,795.26元，其中：流动资产214,741,517.58元，固定资产12,827,263.54元，无形资产及其他资产4,405,014.14元。截止2002年6月30日，本公司无对外长期投资，有形资产净值为227,568,781.12元。

1、流动资产

截止2002年6月30日，股份公司的流动资产合计214,741,517.58元，其中：货币资金18,240,506.03元，应收票据10,779,250.00元，应收帐款51,158,610.22元，其他应收款8,274,033.33元，预付帐款15,844,133.55元，存货110,444,984.45元。

2、固定资产

本公司的固定资产折旧采用直线法平均计算，并按估计使用年限和预计净残值率确定其折旧率。具体折旧率如下表所示：

固定资产类别	估计使用年限	预计净残值率	年折旧率
房屋及建筑物	35年	3%	2.77%
通用机器设备	12年	3%	8.08%
仪器仪表	10年	3%	9.70%
办公设备	6年	3%	16.17%
运输工具	10年	3%	9.70%

截止2002年6月30日，本公司的固定资产折旧情况如下表所示：

单位:元

固定资产类别	原价	累计折旧	净值
房屋及建筑物	12,998,356.62	6,520,432.88	6,477,923.74
通用机器设备	10,843,193.68	8,047,057.82	2,796,135.86
仪器仪表	8,083,773.10	6,826,108.31	1,257,664.79
办公设备	2,386,298.00	1,452,580.18	933,717.82
运输工具	3,468,978.70	1,910,935.50	1,558,043.20
合 计	37,780,600.10	24,757,114.69	13,023,485.41

3、无形资产

截止2002年6月30日，本公司帐面反映的无形资产为土地使用权和财务软件，分别以投入方式和购买方式取得，原始金额分别为4,639,879.00元和21,250.00元，帐面净值分别为4,390,139.04元和14,875.10元，占净资产的3.89%和0.013%。无形资产按实际成本计价，摊销方法采用直线法，按收益年限摊销，剩余摊销年限分别为44年零3个月和3年零6个月。

上述土地使用权原始价值在100万元以上，且该项资产原始价值是以评估值作为入帐依据的。该项资产是由北京天健兴业资产评估有限公司(原兴业会计师事务所)采用市场比较法和基准地价修正法进行评估的。由于预计可收回金额未低于其帐面价值，故未提取无形资产减值准备。

(五)负债

截止2002年6月30日，本公司的负债合计为119,019,576.62元，全部为流动负债，主要包括短期借款、应付帐款、预收帐款、应付福利费、应付股利、应交税金、其他应交款和其他应付款。

其中，短期借款为6,000,000.00元，贷款年利率为5.31%，由自动化院提供担保，主要用于补充股份公司的流动资金周转，截止2002年6月30日借款尚未到期；应付帐款为20,626,789.84元，主要是帐龄在1年以内的未结算购材料款，其占应付帐款总额的65.30%；预收帐款73,744,503.46元，无预收主发起人的款项；应付股利期末余额68,296.20元，即应付深圳市禾滨实业有限公司68,296.20元；其他应付款12,867,611.10元，有应付自动化院款项4,505,265.83元，主要内容为累计应付综合服务费3,134,385.10元以及原欠往来税金余额1,288,880.73元。

截止2002年6月30日，本公司无重大或有负债和逾期未偿还借款。

(六)股东权益

截止2002年6月30日，发行人股本为46,460,000.00股，每股面值1.00元，合计46,460,000.00元，并且发行人自设立日起未发生股本规模的变动。股东权益具体情况如下表所示：

单位:元

项 目	2002年6月30日	2001年12月31日	2000年12月31日	1999年12月31日
股本	46,460,000.00	46,460,000.00	46,460,000.00	46,460,000.00
资本公积	25,016,324.17	25,016,324.17	25,016,324.17	25,016,324.17
盈余公积	10,700,835.60	10,700,835.60	6,474,173.14	——
其中:				
法定公益金	5,350,417.80	5,350,417.80	3,237,086.57	——
未分配利润	30,777,058.87	19,486,302.01	12,336,252.20	11,598,917.40
股东权益	112,954,218.64	101,663,461.78	90,286,749.51	83,075,241.57

根据股份公司第一届董事会第三次会议和第五次会议两次会议决议，股份公司共提取法定盈余公积金3,237,086.57元，法定公益金3,237,086.57元。以上两笔会计业务处理均发生在2000年度，所以2000年度股份公司利润及利润分配表中提取法定盈余公积金3,237,086.57元，提取法定公益金3,237,086.57元。

(七)现金流量基本情况

2002年1至6月份，本公司经营活动产生的现金流量净额为2,837,585.58元，其中销售商品、提供劳务收到的现金为64,438,307.87元；购买商品、接受劳务支付的现金为46,738,925.25元，支付给职工以及为职工支付的现金为5,572,761.00元，支付的各项税费为6,431,467.69元，支付的其他与经营活动有关的现金为2,857,568.35元。投资活动产生的现金流量净额为-331,766.15元，其中购建固定资产、无形资产和其他长期资产所支付的现金为368,636.70元。筹资活动产生的现金流量净额为-2,095,906.28元，其中分配股利、利润或偿付利息所支付的现金为3,928,810.02元。2002年1月1日至2002年6月30日期间实际支付股利12,328,810.02元，其中以现金形式支付3,928,810.02元，其余8,400,000.00元是以银行承兑汇票背书转让形式支付的。2002年1至6月份的现金及现金等价物净增加额为409,913.15元。

本公司报告期内没有不涉及现金收支的重大投资和筹资活动。

(八)关联方关系、关联交易及其他重要事项

本公司提醒投资者关注本招股说明书附录会计报表附注中的关联方关系及其交易、或有事项、债务重组事项和其他重要事项。

1、关联方关系及其交易

主要关联方包括自动化院、富丰公司、北京市机电研究院、北京国冶星自动化工程有限公司、深圳市禾滨实业有限公司、北京阿瑞姆科贸集团、北京中冶科技发展公司、北京中钢实业总公司、北京冶金横河自动化工程有限公司。

关联交易主要包括：

(1)本公司与控股股东——自动化院签订的有关供水、供电、供暖及其它生产、生活方面的综合服务合同；

(2)本公司与控股股东——自动化院签订的专利权和专有技术的无偿转让合同；

(3)与自动化院及其下属公司之间的销售与采购业务；

(4)本公司与富丰公司签订了中关村科技园区丰台园土地有偿使用合同，通过其购置用于作为扩大产业规模生产基地的熟地。截止2001年12月31日，股份公司已经支付土地开发费用合计5,418,806.00元；

(5)控股股东自动化院为股份公司向银行贷款提供担保；

(6)应付部分发起人股东股利。

2、或有事项

截止2002年6月30日，股份公司已贴现未到期的应收票据总额为13,500,000.00元。

截止2002年6月30日，股份公司无法律诉讼、税务纠纷可能带来的重大或有负债。

3、债务重组事项

股份公司根据有关协议分别对1999年、2000年、2001年和2002年上半年的债务重组情况进行了处理，处理额计入了当期的营业外支出。其中：1999年债务重组计入营业外支出886,338.74元，2000年债务重组计入营业外支出315,711.50元，2001年债务重组计入营业外支出408,825.20元，2002年1至6月期间债务重组计入营业外支出4,454.54元。。上述会计处理均严格按照《企

业会计准则——债务重组》的有关规定执行。

股份公司进行债务重组主要是为了对有关资产、负债进行有效的处理,真实反映本公司的财务状况及经营业绩;同时通过债务重组,对债务人做出适当的让步,有效的维护与客户的合作关系。根据《企业会计准则—债务重组》的有关规定,从稳健性原则出发,将上述损失计入营业外支出。鉴于上述损失金额较小,对股份公司财务状况及经营业绩未构成重大不利影响。

4、原始财务报表剥离调整及申报利润表的形成

发行人是由自动化院以其与"三电"产业软、硬件的科研开发、生产相关的经营性资产及相关负债作为出资,联合其他4家单位以货币资金出资,共同发起设立的股份有限公司。

自动化院是我国最早进行科研体制改革的大型院所之一,其事业经费已于1990年减拨到位。近年来,自动化院加快产业化建设,对下属各事业部实行企业化管理。根据国科发政字[1999]143号文件,1999年7月1日自动化院转制为中央大型科技企业,并于2000年5月领取了企业法人营业执照。根据改制重组方案,股份公司的发起人——自动化院将其与三电产业软、硬件的科研开发、生产相关的经营性资产及相关负债投入股份公司。自动化院从事上述业务的自动化系统事业部、电气传动事业部、电力电子半导体器件事业部、测控技术事业部是独立核算、实行企业化管理的生产经营单位,具有独立、完整的产、供、销体系和职能部门,独立从事自身业务范围内的研究开发,独立编制财务报表,独立核算收入、成本费用和利润。因此上述划入股份公司的事业部的收入、成本费用及利润完整反映了其经营成果。

与上述剥离进入股份公司四个事业部业务相关的资产为自动化院的优良资产,具有良好的经济效益。按照与股份公司主业相关的原则对收入、成本、费用剥离后,自动化院1999年净利润为-863万元。需要说明的是,自动化院在汇总独立核算单位报表时,将各事业部其他业务支出、营业费用、管理费用、财务费用、营业外支出等项目统一汇总为事业支出,因此具体报表项目对比存在差异。发行人财务审计机构——岳华会计师事务所有限责任公司对发行人1999年财务报表的剥离原则及剥离差异的合理性发表专项意见为:"经审核,我们认为公司1999年财务报表剥离原则及剥离方法从重大方面是合理的,符合配比原则。经审核,我们认为公司申报的1999年利润表符合《企业会计准则》及《企业会计制度》的有关规定,公允地反映了股份公司1999年的经营成果,原始报表与申报报表的差异情况从重大方面是合理的。"

5、其它重要事项说明

(1)资产评估

股份公司在设立时根据经财政部财评字[1999]444号文件确认的北京天健兴业资产评估有限公司(原兴业会计师事务所)出具的兴会评报字(1999)第184号资产评估报告进行了调账,在调账日1999年12月31日:调整前总资产206,574,161.58元,调整后215,092,064.64元,评估增值8,517,903.06元;调整前负债131,244,063.41元,调整后132,016,823.07元,评估增值772,759.66元;调整前净资产75,330,098.17元,调整后83,075,241.57元,评估增值7,745,143.40元。

(2)评估基准日至股份公司设立日之间的利润的分配情况

根据自动化院决定,将股份公司评估基准日至股份公司设立日所实现的利润15,449,898.82元留置股份有限公司,供发起股东共享。根据2000年度股东大会决议,将股份公司2000年年末留存利润中9,709,458.91元在公司发起股东之间进行分配。根据股份公司第一届董事会第八次会议决议,向五家发起人股东分配2001年末滚存利润9,756,600.00元,剩余滚存利润19,486,302.01元和股份公司2002年1月1日至本次发行上市前形成的利润将待股份公司发行A股并上市后由新老股东共享。

(3)报告期内改制前原企业的连续盈利情况

1999年自动化院(原冶金自动化研究院)事业结余682万元。

1999年自动化院会计年度财务会计报表不要求经审计部门审计认定,而是由主管部委批复确认。因此报告期内原企业连续盈利情况未经审计。

(4)本公司于2000年向富丰公司有偿取得可以进行建筑施工的熟地,作为股份公司发展、扩大生产规模的生产基地。此块熟地位于北京丰台科学城(产业基地),地号为:2B。该合同总额为人民币5,418,806.00元,其中2000年支付541,881.00元,2001年支付4,876,925.00元。目前土地使用权转让手续正在办理过程中。

(5)公司会计报表编制情况

股份公司会计报表包括改制前1999年度及改制后2000年、2001年和2002年1至6月份的会计报表。

A、股份公司设立前即1999年1月1日至1999年12月31日的各期会计报表是以改制方案确定的股份公司架构为前提,假定公司现时架构在报告期初业已存在,且报告期内未发生重大变化并持续经营编制而成。即以剥离纳入股份公司的自动化院所属的自动化系统事业部、电气传动事业部、电力电子半导体器件事业部、测控技术事业部1999年1月1日至1999年12月28日的按照《科学事业单位会计制度》编制的实际会计报表为依据,按照《企业会计准则》及《企业会计制度》转换、调整编制而成。

a、在资产的剥离方面,自动化院将与三电产业相关的资产划归股份公司,其他资产存续自动化院。1999年经剥离、转换、调整后股份公司流动资产19367万元,固定资产净值1678万元,无形资产464万元,资产总额共计21509万元。其流动资产中货币资金1125万元,应收账款5254万元,存货10758万元。

b、负债的剥离方面,与以上划归股份公司资产相关负债划归股份公司,其他存续自动化院。1999年经剥离、转换、调整后股份公司负债共计13202万元。其中,应付账款2502万元,预收账款9757万元。

c、损益的剥离方面,将自动化院与股份公司主业相关的收入剥离纳入股份公司,与该收入配比的成本相应剥离纳入股份公司,其他损益项目均按配比原则进行剥离、确认。1999年经剥离、转换、调整后纳入股份公司的主营业务收入为10610万元,主营业务成本为7725万元,主营业务税金及附加为7万元,期间费用合计1221万元,净利润为1545万元。

以上1999年资产、负债及损益的剥离及转换调整遵循了配比原则,股份公司会计报表符合《企业会计准则》及《企业会计制度》的规定。岳华会计师事务所有限责任公司出具了《关于北京金自天正智能控制股份有限公司1999年原始财务报表剥离调整及申报财务报表编制的有关说明》和《关于北京金自天正智能控制股份有限公司剥离原则和剥离差异合理性的专项说明》,认为"经审核,我们认为公司1999年财务报表剥离原则及剥离方法从重大方面是合理的,符合配比原则。"

B、本公司正式设立后至2000年12月31日执行《企业会计准则》和《股份有限公司会计制度》及其有关补充规定。2001年1月1日起执行《企业会计准则》和《企业会计制度》。本公司2001年1月1日前的会计报表业已按中华人民共和国《企业会计准则》和《企业会计制度》进行了调整和重新表述。2002年1至6月执行《企业会计准则》和《企业会计制度》。

(6)资本保全事项

股份公司评估基准日至股份公司设立日所实现的利润15,449,898.82元,根据自动化院决定留置股份公司。股份公司评估基准日至股份公司设立日按帐面原值计提固定资产折旧、结转存货成本及摊销无形资产,股份公司设立时根据财政部对评估的确认结果对固定资产、存货及无形资产的价值进行了调整,股份公司设立后,按调整后的固定资产原值、存货价值、无形资产原值进行折旧计提、成本结转及摊销,其中存货已在股份公司设立前按评估价值进行了成本结转。如评估基准日即按调整后价值进行折旧计提、成本结转及摊销,则对股份公司1999年利润影响如下表示所示(单位:元)。

项 目	评估增减值	对利润的影响值
固定资产	4,018,038.30	70,808.01
存货	-140,014.25	0.00
无形资产	4,639,879.00	99,248.75
对1999年利润 影响合计		170,056.76
对1999年净利 润影响合计		170,056.76

根据2000年度股东大会决议,将股份公司2000年年末留存利润中9,709,458.91元在股份公司发起股东之间进行分配。根据股份公司第一届董事会第八次会议决议,向五家发起人股东分配利润9,756,600.00元,剩余滚存利润19,486,302.01元和股份公司2002年1月1日至本次发行上市前形成的利润将待股份公司发行A股并上市后由新老股东共享。如上述利润分配影响发行人资本保全,自动化院承诺将以货币资金补足股份公司评估基准日至股份公司设立日按帐面原值计提固定资产折旧、结转存货成本及摊销无形资产且利润分配影响资本保全的差额。

(7)本次发行前最近一期的未经审计的主要财务数据

A、资产负债表主要数据(单位:元)

项 目	2001年12月31日	2002年7月31日
流动资金:		
货币资金	17,830,592.88	10,724,778.82
应收票据	3,720,973.00	8,021,411.10
应收帐款	49,744,284.48	49,767,315.94
其他应收款	8,124,342.74	8,327,541.61
预付货款	11,645,046.07	17,207,600.03
待摊费用	15,158.33	-
流动资产合计	208,160,774.22	207,851,349.14
固定资产:		
固定资产原价	37,226,609.40	37,789,469.00
减:累计折旧	23,537,781.86	24,945,541.81
固定资产净值	13,688,827.54	12,843,927.19
减:固定资产 减值准备	185,187.07	196,221.87
固定资产净额	13,503,640.47	12,647,705.32
固定资产合计	13,503,640.47	12,647,705.32
无形资产及其他资产:		
无形资产	4,457,572.52	4,396,254.41
无形资产及其他 资产合计	4,457,572.52	4,396,254.41
资产总计	226,121,987.21	224,895,308.87
流动负债:		
短期借款	4,000,000.00	6,000,000.00
应付账款	22,145,296.05	19,708,381.47
预收账款	71,996,479.41	68,208,286.67
应付福利费	2,553,924.63	2,997,831.79
应付股利	12,397,106.22	-
应交税金	702,522.28	-398,197.80
其他应交款	21,344.41	164,009.94
其他应付款	10,641,852.43	13,101,349.71
流动负债合计	124,458,525.43	109,781,661.78
负债合计	124,458,525.43	109,781,661.78
股东权益:		
股本	46,460,000.00	46,460,000.00
股本净额	46,460,000.00	46,460,000.00
资本公积	25,016,324.17	25,016,324.17
盈余公积	10,700,835.60	10,700,835.60
其中:公益金	5,350,417.80	5,350,417.80
未分配利润	19,486,302.01	32,936,487.32
股东权益合计	101,663,461.78	115,113,647.09
负债及股东权 益总计	226,121,987.21	224,895,308.87

B、利润表主要数据(单位:元)

项 目	2002年1—7月份		
	1—6月已审数	7月份未审数	合计
一、主营业务收入	79,424,938.37	14,606,111.17	94,031,049.54
减:主营业务成本	59,018,432.05	10,764,985.90	69,783,417.95
主营业务税金及附加	1,305,425.61	462,364.65	1,767,790.26
二、主营业务利润	19,101,080.71	3,378,760.62	22,479,841.33
加:其他业务利润	419,123.57	1,629.99	420,753.56
减:营业费用	1,228,298.57	225,154.74	1,453,453.31
管理费用	6,720,322.82	989,876.77	7,710,199.59
财务费用	265,336.68	10,930.65	276,267.33
三、营业利润	11,306,246.21	2,154,428.45	13,460,674.66
加:营业外收入	—	5,000.00	5,000.00
减:营业外支出	15,489.35	—	15,489.35
四、利润总额	11,290,756.86	2,159,428.45	13,450,185.31
五、净利润	11,290,756.86	2,159,428.45	13,450,185.31

从上述主要财务数据可以看出,发行人的经营情况及财务状况是比较正常的。

(九)盈利预测

1、发行人本次发行未做2002年度盈利预测。

2、股份公司近三年及最近一期经审计后的主要财务数据如下:

财务指标	2002年1—6月	2001年度	2000年度	1999年度
主营业务收入(万元)	7942	15099	12480	10610
净利润(万元)	1129	2113	1692	1545
每股净利润(元)	0.24	0.45	0.36	0.33
净资产收益率(%)	10.00	20.79	18.74	18.60

3、根据《公司法》第一百三十七条的规定和以上指标可以看出,股份公司近三年每年净资产收益率均在18%以上,比1999、2000、2001年的一年期银行存款利率3.02%(平均)、2.25%、2.25%分别高出6.2倍、8.3倍、9.24倍。

2001年的股份公司审计报告表明,发行人2001年的主营业务收入为15,099万元,全年实现盈利2,113万元,比1999年、2000年的盈利分别增长36.79%和24.88%。对于2002年的整体业绩,本公司预计认为不会低于2000年和2001年的业绩,而且净资产收益率不会低于同期的银行一年期存款利率。

股份公司的经营稳健,外部环境正常,业务稳定。到目前为止,还没有足以影响本公司2002年业绩下滑的因素出现。

4、发行人董事会全体董事已就发行人股票发行当年的净资产收益率将高于同期银行存款利率作出了具体承诺如下:根据股份公司目前的生产经营情况、市场情况及正在履行以及将要履行的合同,如果股份公司获得中国证监会的核准于2002年首次公开发行股票,全体董事保证股份公

司2002年全面摊薄的净资产收益率不低于同期的一年期银行存款利率。董事会全体成员愿意对上述承诺承担个别和连带的责任。

5、发行人律师和主承销商对股份公司盈利情况发表的意见

发行人律师——北京市星河律师事务所对此发表意见为："根据岳华会计师事务所有限责任公司出具的岳总审字[2002]第A192号《审计报告》，股份公司1999年度、2000年度、2001年度的税后利润状况为15,449,898.82元、16,920,966.85元和21,133,312.27元。发行人近三年连续盈利，且净资产收益率均超过同期银行存款利率；发行人董事会全体董事已就发行人股票发行当年的净资产收益率将高于同期银行存款利率出具了承诺函，基于前述事实，本所认为，发行人近三年连续盈利，且股票发行当年的净资产收益率将高于同期银行存款利率，符合我国有关法律法规关于股份有限公司股票发行上市的条件。"

本次发行主承销商——北京证券有限责任公司对此发表意见为：经过对发行人生产经营情况及其正在履行的合同以及发行人全体董事出具的承诺等进行尽职调查；如果股份公司获得中国证监会的核准于2002年首次公开发行股票；并假设2002年股份公司所遵循的我国现行法律、法规、政策无重大变化，股份公司所处地区社会、政治、经济环境无重大变化，国家有关税率、利率、汇率无重大变化，股份公司无重大其他人力不可抗拒因素和不可预见因素造成的重大不利影响；股份公司2002年全面摊薄的净资产收益率将不低于同期的一年期银行存款利率。

（十）资产评估及帐务调整

发行人在设立时，由北京天健兴业资产评估有限公司（原兴业会计师事务所）对自动化院以生产经营性资产和相关负债改组设立股份公司进行了评估。北京天健兴业资产评估有限公司根据国家有关资产评估的规定，本着独立、客观、公正、科学的原则，按照公认的资产评估方法，于1999年6月20日出具了《冶金工业部自动化研究院组建北京金自天正智能控制股份有限公司项目资产评估报告书》（兴会评报字（1999）第184号），并已经财政部《关于冶金工业部自动化研究院组建北京金自天正智能控制股份有限公司资产评估项目审核意见的函》（财评字[1999]444号文）同意。本公司以1999年12月31日为建帐日，已按资产评估结果进行了帐务调整处理。

以1998年12月31日为评估基准日对自动化院投入股份公司的四个事业部的资产及负债进行评估的结果如下表所示（单位：元）。

项 目	帐面净值	调整后帐面值	评估价值	增减值	增减率
流动资产	176,498,894.92	176,498,894.92	176,358,880.68	-140,014.25	0%
长期投资	——	——	——	——	——
固定资产	14,500,214.70	14,500,214.70	18,518,253.00	4,018,038.30	28%
其中：在建工程	——	——	——	——	——
建筑物	2,079,075.66	2,079,075.66	6,900,466.00	4,821,390.34	232%
设备	12,421,139.04	12,421,139.04	11,617,787.00	-803,352.04	-6%
无形资产	——	——	——	——	——
其中：土地使用权	——	——	4,639,879.00	4,639,879.00	——
其它资产	——	——	——	——	——
资产总计	190,999,109.62	190,999,109.62	199,517,012.68	8,517,903.06	4%
流动负债	131,767,928.85	131,767,928.85	132,540,688.51	772,759.66	1%
长期负债	——	——	——	——	——
负债总计	131,767,928.85	131,767,928.85	132,540,688.51	772,759.66	1%
净资产	59,231,180.77	59,231,180.77	66,976,324.17	7,745,143.40	13%

自动化院投入到股份公司的房屋建筑物帐面原值387.41万元，帐面净值207.91万元，评估后的重置价值为1256.71万元，评估净值为690.05万元，评估增值482.14万元，增值率为232%。其主要增值项目为1964年建成的装配楼，1990年进行了局部改造和装修，总建筑面积为6,382平方米，帐面原值为191.06万元，平均每平方米建造成本仅为299元，明显偏低。按重置成本法评估，每建筑面积单位成本为1,633元，该装配楼的重置成本为1,042.18万元，采用完损等级评定法和使用年限法确定的成新率为56%，仅此一项增值471.92万元，另外该装配楼有两处附房评估增值10.47万元，还有一项为箱体车间厂房评估减值0.25万元。

（十一）验资情况

发行人在设立时，由岳华会计师事务所有限责任公司（原岳华（集团）会计师事务所）对股份公司截止1999年11月11日止的实收股本及相关的资产和负债的真实性和合法性进行了审验，出具了岳总验字[1999]016号《验资报告》。据审验，截至1999年11月11日止，北京金自天正智能控制股份有限公司（筹）已收到其发起股东投入的资本柒仟壹佰肆拾柒万陆仟叁佰贰拾肆元（71,476,324.00），其中股本肆仟陆佰肆拾陆万元（46,460,000.00），资本公积贰仟伍佰零壹万陆仟叁佰贰拾肆元（25,016,324.00）。

（十二）财务指标

1、基本财务指标

财务指标	2002年6月30日	2001年12月31日	2000年12月31日	1999年12月31日
流动比率	1.80	1.67	1.45	1.47
速动比率	0.88	0.73	0.71	0.65
无形资产（土地使用权除外）占净资产比率（%）	0.013	0.017	0.024	
资产负债率（%）	51.31	55.04	63.63	61.38
每股净资产（元）	2.43	2.19	1.94	1.79
每股经营活动的现金流量（元）	0.06	0.14		
应收账款周转率（次/年）	1.44	2.41	1.93	
存货周转率（次/年）	0.52	0.96	0.81	
研发费用占主营业务收入比例（%）	4.48	5.28	4.35	3.52

2、发行前后的净资产收益率及每股收益

股份公司按《公开发行证券公司信息披露编报规则第9号——净资产收益率和每股收益的计算及披露》计算的2002年1至6月的净资产收益率和每股收益如下表所示：

财务指标	净资产收益率（%）		每股收益（元）	
	全面摊薄	加权平均	全面摊薄	加权平均
主营业务利润	16.91	17.80	0.41	0.41
营业利润	10.01	10.54	0.24	0.24
净利润	10.00	10.52	0.24	0.24
扣除非经常性损益后的净利润	10.00	10.53	0.24	0.24

2001年度净资产收益率和每股收益如下表所示：

财务指标	净资产收益率（%）		每股收益（元）	
	全面摊薄	加权平均	全面摊薄	加权平均
主营业务利润	36.53	36.82	0.80	0.80
营业利润	21.50	21.67	0.47	0.47
净利润	20.79	20.95	0.45	0.45
扣除非经常性损益后的净利润	21.73	21.91	0.48	0.48

发行人本次发行扣除发行费用后，实际募集资金约25668万元，按2001年度的财务数据计算发行完成后的全面摊薄净资产收益率为5.72%，全面摊薄每股收益为0.28元。

（十三）公司管理层的财务分析

本公司董事会成员和管理层结合近三年及最近一期的财务会计资料做出如下财务分析：

1、关于业务收入、盈利能力及盈利前景

本公司主营业务收入及利润主要来源于工业自动化系统产品及系统集成、电力电子及电气传动装置产品、工业检测及控制仪表、半导体元器件的销售。本公司2001年度的主营业务收入为15099万元，比2000年度增加了2619万元，增长率为20.99%；本公司2001年度的主营业务利润为3713万元，比2000年度增加了341万元，增长率为10.12%。主要原因在于：随着中国加入WTO，我国冶金、矿产等传统行业各企业纷纷需要更新一些大型主要设备及自动化改造，这些需求为本公司当前业务稳定增长创造了良好的条件；本公司建立了"以客户为中心"的服务理念，完善和细化了股份公司各项管理体制及规章制度；股份公司加强营销的力度并着重培育销售渠道，为客户进行个性化的设计；成立市场管理委员会，集中了一批精通技术又了解市场的人才，具体领导和实施股份公司的合同承揽任务；国家改造提升传统产业和以信息化带动工业化的基本产业政策，为股份公司进一步发展提供了广阔的前景。

2、关于资产质量和资产负债结构

（1）发行人资产基本状况

截止2002年6月30日，本公司固定资产净额为12,827,263.54元，占总资产的比例为5.53%，主要包括房屋及建筑物6,477,923.74元，通用机器设备2,706,648.17元，仪器仪表1,184,939.13元，办公设备932,032.14元，运输工具1,525,720.36元。本公司固定资产目前使用状态良好。

截止2002年6月30日，本公司拥有流动资产21474.15万元，占总资产的92.57%，其中存货占流动资产的51.43%，应收款项占流动资产的27.68%，货币资金及应收票据占13.51%，预付帐款占7.38%。截止2002年6月30日，本公司拥有货币资金1824.05万元，应收票据1077.93万元，货币资金的拥有量表明股份公司正常运转及持续发展具有一定的资金保障。

截止2002年6月30日，本公司无形资产净值为4,405,014.14元，占总资产的1.90%。无形资产主要是1宗土地使用权，该宗土地位于中关村科技园区丰台园。预计可收回金额不低于其帐面价值。

本公司拥有的存货主要是在产品。这些在产品均有完整的销售合同，其成本均低于可变现净值。本公司在产品金额较大，主要是正在生产的设备数量较多，单价较高所致，这说明股份公司承揽的合同数量较多或金额较大。股份公司1999年底、2000年底、2001年底和2002年6月底的存货构成情况如下：

单位：万元

项 目	2002年6月30日	2001年12月31日	2000年12月31日	1999年12月31日
原材料	1840	1252	1743	1243
委托加工材料			10	10
在产品	7776	7997	7241	8953
产成品	1428	2459	2483	407
低值易耗品			4	30
包装物			115	115
合 计	11044	11708	11596	10758

股份公司各期期末存货余额较大，主要有以下几方面原因：A、本公司在产品余额各期期末变化不大，此规模为企业正常生产经营所需；B、部分产成品在期末尚未验收并交付使用，使股份公司各期期末产成品余额较大；C、本公司生产的产品主要是工业自动化领域的成套设备，生产所需的材料无论种类还是数量、金额都相当大，采购周期较长，为保证生产经营的正常进行，股份公司必须保持较高的再订货点。另外，为避免缺货或供应中断造成的损失，股份公司必须确定一个合理的保险储备量。以上两个原因导致股份公司各期期末的原材料金额较大；D、本公司存货余额在1999、2000年底和2001年底和2002年中期变化不大，这一存货水平适应股份公司生产经营规模及特点，并使存货取得成本、采购成本及缺货成本三者之和较小；E、本公司按照《企业会计准则》及《企业会计制度》的要求，遵循稳健性原则，对存货中成本高于可变现净值的品种提取存货跌价准备。

本公司预付帐款主要是为正常采购活动所需而预付的原材料款。2001年本公司加强了财务管理工作，对部分存货及未结算款项进行了清理，进一步提高了本公司流动资产的质量。

（2）发行人资产的减值准备情况

本公司计提存货跌价准备的方法为按照成本与可变现净值孰低法单项比较计提存货跌价准备，截止2002年6月底，存货跌价准备余额为364,438.12元。。本公司大部分存货质量优良，在产品和产成品因其成本均低于可变现净值，所以，本公司对存货中的在产品和产成品未计提存货跌价准备，对于进口材料部分未提存货跌价准备，对于二类机电、电子元器件等常规材料计提存货跌价准备。

本公司的应收帐款主要是未结算销售款。为了谨慎起见，本公司对于应收款项（应收帐款和其他应收款之和）期末余额提取了坏帐准备。股份公司根据客户的信用程度及历年发生坏帐的实际情况，从谨慎性原则出发确定应收帐款坏帐准备计提比例如下表所示：

应收帐款账龄	计提比例
1年以内	5%
1-2年	10%
2-3年	20%
3-4年	30%
4-5年	50%
5年以上	100%

截止2002年6月30日，本公司按照以下比例共计提坏帐准备5,110,738.95元。

本公司固定资产在期末时按照帐面价值与可收回金额孰低计量，按照可收回金额低于帐面价值的差额计提固定资产减值准备。截止2002年6月30日本公司固定资产减值准备余额为196,221.87元。

总之，本公司的坏帐准备、存货跌价准备、固定资产减值准备的提取符合股份公司的实际情况，遵循了稳健性原则，使各项资产的金额能够准确的反映企业的实际情况。

本公司管理层综合以上分析认为股份公司资产结构合理，资产质量良好。

（3）发行人资产负债结构

截至2002年6月30日，本公司资产负债率为51.31%，流动比率为1.80，速动比率0.88，此比率较低，主要原因是本公司所处的行业特点造成的。本公司负债均为流动负债，无到期未偿还债务。流动负债主要包括预收帐款和应付帐款，预收帐款和应付帐款分别占流动负债的61.96%和17.33%。股份公司预收账款较大的原因是在产品生产过程中，客户根据有关合同规定预付部分货款所致。总体来看，股份公司偿债能力较强，资产负债结构合理。

（4）发行人的股权结构

截止2002年6月30日，本公司总股本4646万股，其中主发起人自动化院持有4353.50万股，占总股本的93.70%，其他发起人持有292.50万股。本次发行后，自动化院将持有56.94%的股份，仍处于绝对控股地位。关于可能受控股股东控制的风险及对策已经在本招股说明书摘要第三节"主要风险因素及对策"中进行了说明，并作为特别风险进行了披露。

3、发行人现金流量及偿债能力

截止2002年6月30日，本公司货币资金余额为1824万元。2001年度本公司经营活动产生的现金流量净额为647万元，现金及现金等价物净增加额为642万元。2002年1至6月份经营活动产生的现金流量净额为284万元，现金及现金等价物净增加额为41万元，均较去年同期有所下降，主要是由于2002年上半年本公司部分货款以银行承兑汇票形式收回所致。依过去一年股份

公司的业务经营与现金流量情况,本公司有充足的营运资金能够清偿到期债务。

4、生产经营规模方面的合理性分析

一方面,发行人本次发行后,股份公司总资产将达到 48865 万元,投资项目正常达产年份的主营业务收入可达到 110000 万元,实现利润总额 14000 万元,将会大大提高发行人的产品生产规模、经营业绩及技术服务能力;另一方面,发行人本次发行募股资金投资于各项目,将有助于解决股份公司目前由于资金不足、规模有限而造成的生产能力较弱的问题,以利于充分发挥发行人自身的技术优势和市场优势,扩大市场占有率和提高产品质量。本公司管理层认为股份公司的生产经营能力与资产规模较为合适,能够适应股份公司持续经营的需要,通过利用本次发行募集资金扩大生产规模和提高生产能力,将会增强股份公司的市场竞争力。

5、财务结构方面的合理性分析

(1)偿债能力

截止 2002 年 6 月 30 日,股份公司的资产负债率为 51.31%,产权比率为 105.37%。本次发行后,股份公司的资产负债率将为 24.36%,产权比率将为 32.20%。此次发行股票募集的资金将为股份公司债务的清偿提供更强大、更明确的保障,将会大幅度增强股份公司的举债能力。

(2)盈利能力

尽管本次发行后发行人的净资产将增长 2 倍多,短期内将面临净资产收益率下降的风险,但股份公司将根据实际情况合理使用资金,提高资金的使用效益,尽量减小净资产收益率下降的风险。随着募集资金投资项目效益的逐步显现,由于净资产增长引起的收益下降的局面将逐步得到改善,并最终得到完全改善。

(3)市场占有率

目前发行人由于自有资金有限,无法实行更加积极的销售政策和营销策略,市场占有率也相应的受到局限。本次发行募集资金到位后,股份公司将进一步选择利用多种财务信用政策,扩大工业自动化系列产品的市场销售份额,提高市场占有率,以求增加股份公司的经济效益。

(4)募集资金的合理利用

发行人本次发行募集资金到位后,将会有较充足的货币资金,使股份公司能够按照所披露的募集资金投向进行工业自动化业务的体系建设;同时股份公司将进一步建立、健全资金内部控制制度,科学合理地使用募集资金,保障股东的利益。

6、发行人主要财务困难

本公司目前的主要财务困难在于:目前股份公司三电产业发展所需资金基本是通过自身以前的积累和短期融资,其缓慢性及不确定性制约了本公司的下一步发展。股份公司希望以本次发行为契机,积极涉足资本市场以期利用多种融资渠道来增强筹措资金的能力。

十三、业务发展目标

(一)发行人的发展计划

发行人的发展战略是以市场为导向,抓住宏观经济形势及产业政策提供的良好机遇,整合现有资源、信息和技术,实施战略拓展,向上游产业延伸;向后进入通用控制装置及配套软件平台制造领域,提升利润空间,并为后续核心技术创新提供基础;向前加强服务策略,实现技术与市场的无缝联接。本公司将在立足冶金领域基础上,充分运用战略联盟及资本运营手段,实施领域扩张,努力发展成为国内自动化产业的龙头企业。

1、总体发展战略

本公司以工业自动化产品和系统集成为基础,依靠科技进步和现代企业管理,形成具有自主品牌的工业自动化系列产品,立足冶金,积极拓展其他领域,实现全方位、多层次的总体发展战略。

2、经营发展战略

本公司将大力加强产品技术创新和工程现代化管理,建设具有自主知识产权的工业自动化系列产品生产基地,实现生产经营的新飞跃。以工业自动化系统、电气传动装置、专用检测及控制仪表和软件开发为重点,加强产品研发、设备制造和市场营销,进行产业结构调整,建立全国范围的营销网络和服务体系,不断增强自身竞争实力,进军国际工业自动化市场。

3、技术发展战略

本公司技术发展战略主要由技术研发战略和产品平台战略两部分组成。技术研发战略是以市场为导向,以高新技术为核心,以自有产品为主体,紧跟世界工业自动化技术发展动态,建设具有强大技术创新能力、较高技术层次、拥有较多自主知识产权的高新技术研发基地。产品平台战略是根据现代高新技术企业的生产经营特点,对股份公司具有的关键技术进行集成整合,构筑可用于产品系列组接的产品开发平台。

4、整体经营目标及主要业务的经营目标

本公司的整体经营目标是通过快速和持续的发展,建设成为国内一流、国际知名的大型工业自动化综合性高科技企业,保持营业收入和利润总额稳定、持续地增长。各业务的经营目标具体为:工业自动化控制业务经营目标是在现有基础上稳步发展工业计算机控制系统产品,保持国内冶金自动化工业计算机控制领域领先地位;电气传动装置业务经营目标是在加快具有交流变频调速技术、高压大功率晶闸管技术产品的研制和生产,进入大中功率电气传动装置生产队伍国内前列;工业专用检测及控制仪表业务经营目标是重点发展智能仪表、节能仪表和专用仪表等,增强与国外产品挑战的实力,进军国际市场。

本公司还对产品开发计划、人员扩充计划、技术开发与创新计划、市场开发与营销网络建设计划、再融资计划、管理体系改革规划和国际化发展的规划等方面进行了具体规划,投资者欲了解详情,请查阅招股说明书“第十一节、业务发展目标”的有关内容。

(二)拟定上述计划所依据的假设条件与实施上述计划将面临的主要困难

1、拟定上述计划所依据的假设条件

本次发行能够在 2002 年完成,募集资金在 2002 年到位;本公司所处的行业领域处于正常发展的情况,没有发生重大的市场突变;本公司运营所处的宏观经济、政治、法律和社会环境处于正常发展的状态,没有对公司生产经营产生重大影响的不可抗力的事件发生;国家有关工业自动化行业或相关领域的政策未发生重大变化,并能较好地得到执行。

2、实施上述计划将面临的主要困难

本公司所处的行业特征为寡头垄断,国外几家大型跨国公司为在市场上占有明显的优势,市场竞争比较激烈;本公司三电产业的产品所需的硬件如 PLC、DCS 等多是从国外进口,对国外设备提供商形成一定程度的依赖,急需拓展上、下游生产业务;本公司在产业化规模急剧扩大和市场激烈竞争的情况下,在实施上述计划时将会在资金需求、资源配置、人才管理和内部控制等方面面临一定的困难。

(三)实现上述目标的主要经营理念

本公司以“创新进取、团结合作、认真敬业、诚信求实”作为企业精神;坚持“以人才为根本、以市场为导向、以科技为基础、以质量为生命、以世界为目标”的企业经营方针;企业的使命是以先进的技术、优良的产品、周到的服务,致力于为用户提供智能化的工业自动化系统全面解决方案。

(四)上述计划与现有业务的关系

上述业务发展计划是在本公司现有业务的基础上,按照产业化发展战略的要求而进行的。本公司将重点对目前经营业务进行产业化、系列化和标准化(主要从事工业自动化领域的电气传动装置产业化和工业专用检测及控制仪表的改造),扩大企业生产规模,增强市场竞争力,增加市场份额,提高企业的管理水平和经营业绩。

(五)本次募集资金的作用

本次发行募股资金的运用对本公司实现前述发展目标具有极为重要而深远的意义。通过本次发行,进一步改善股份公司的现代企业治理结构,保证企业发展战略和经营计划得以顺利实施;利用募集资金投资于各项目,可满足股份公司产业化改造对资金的需求,有助于调整本公司的产业结构,替代产品进口,提高产品国产化率,并为企业进入资本市场利用现代融资手段奠定基础;通过本次发行有利于提高企业的市场知名度,树立企业的良好形象,吸引更多的优秀管理人才和高级技术专家,不断优化股份公司人才的专业结构,增加人才竞争优势,确保业务经营发展目标的实现。总之,通过本次发行将会从各个方面对发行人未来发展起到很大的促进作用。

十四、募股资金运用

(一)募股资金运用方案概述

发行人本次向社会公开发行人民币普通股 3000 万股,发行价格为每股 9.00 元,若发行完成后,扣除发行费用 1332 万元可实际募集资金约 25668 万元。本公司于 2001 年 11 月 23 日召开的 2000 年度第一次临时股东大会表决通过了本次发行募集资金运用方案。本次发行募股资金将主要投向工业自动化领域的电气传动装置业务和工业专用检测及控制仪表业务的两个具体项目,剩余募集资金将用于补充流动资金所需。

本次发行募股资金拟投资的项目均属高新技术项目,符合国家的产业政策和“十五”发展规划,其所属产业均已列入“当前国家重点鼓励的产业、产品和技术目录(2000 年修订)”和“当前国家优先发展的高技术产业化重点领域指南(2000 年)”和“鼓励软件产业和集成电路产业发展的若干政策”之中。本公司目前已经具备建设上述这些项目的技术基础,通过本次发行募股资金投入,将大大增强股份公司的三电产业与生产工艺相结合的技术实力,实现科研成果产业化,扩大企业生产规模,提高产品的国产化率,不断赶超国际工业自动化的先进水平。

本公司通过利用本次发行募股资金投资于各项目,可以显著增加股份公司的盈利能力,改善股份公司的资本结构,拓展股份公司的融资渠道,实现持续发展。

(二)募股资金投资项目安排

1、各拟投资项目立项审批情况

项目名称	项目批文
电力电子及电气传动装置产业化	国家经贸委国经贸投资[2001]1122 号文
KF100 燃气热值(指数)仪改造	冶金自动化院[2001]冶自科字 002 号文

2、各拟投资项目轻重缓急顺序

序号	项目名称	总投资额(万元)
1	电力电子及电气传动装置产业化	19809
2	KF100 燃气热值(指数)仪改造	2990
3	补充股份公司流动资金所需	2869
25668	合计	

以上投资项目均以本次发行募股资金投入,各投资项目的轻重缓急,即项目实施的重要性、优先性依照上表顺序进行。

3、各投资项目募集资金的使用计划

项目名称	总投资(万元)	固定资产投资年度计划 第一年	第二年	流动资金投入(万元)	产生效益的时间
电力电子及电气传动装置产业化	19809	10000	6251	3558	第三年
KF100 燃气热值(指数)仪改造	2990	1700	1230	60	第三年
合计	22799	11700	7481	3618	—

4、各投资项目在正常生产年份的收益情况如下表所示:

项目名称	销售收入(万元)	利润总额(万元)	全部投资内部收益率(%)	投资回收期(年)
电力电子及电气传动装置产业化	80000	13991	43.08	4.36
KF100 燃气热值(指数)仪改造	2600	1181	33.32	4.48
合 计	82600	15172	—	—

(三)募股资金投资项目简介

1、投资 19809 万元用于电力电子及电气传动装置产业化建设项目

该项目已经国家经贸委以国经贸投资[2001]1122 号文《关于北京金自天正电力电子及电气传动装置产业化项目建议书的批复》批准。

本项目将通过改扩建电力电子功率模件生产线、计算机板卡生产线、柔性机加工生产线、电气总装置生产线、技术研发中心、工程系统仿真实验室和完善客户服务中心及营销网络,形成年产值 80000 万元的电子电力及电气传动装置生产规模,占据工程类大中功率装置国内市场的 19% 左右。本项目的建设内容主要包括改扩建生产厂房及构筑物、购置电力电子功率模件工装测试设备、柔性机加工设备、板卡生产设备、电气装配设备、高电压大电流系统测试设备、设计开发中心及实验室设施、完善配套客户服务中心设施、营销网络设施以及公辅设施。本项目的产品市场定位为中、大功率电力电子及电气传动装置和工程市场,逐步从以直流传动为主转向以交流传动为主,实现从大中功率为主向全方位、系列化、多品种的多元化产品结构的发展。本项目主要生产大功率晶闸管元件、大功率晶闸管变流装置,交直流调速系统,大功率高压变频调速装置,高压变频器和电力电子整流电源等产品,属于高新技术项目,符合国家的产业政策和“十五”发展规划。本项目所属产业已列入“当前国家重点鼓励的产业、产品和技术目录(2000 年修订)”和“当前国家优先发展的高技术产业化重点领域指南(2000 年)”和“鼓励软件产业和集成电路产业发展的若干政策”之中。

该项目总投资 19809 万元。其中固定资产投资 16251 万元,具体包括建筑工程费用 3751 万元、安装工程费用 151 万元、设备费用 8539 万元、其它工程费用 1690 万元、不可预见费用 2120 万元;铺底流动资金 3558 万元,全部通过本次发行募股资金解决。

该项目计划从 2002 年开始改扩建,建设期为 1.5 年,项目生产期及财务评价计算期为 17 年。项目达产后,每年可实现销售收入 80000 万元,年利润总额 13991 万元。经测算,全部投资的内部收益率为 43.08%,含建设期的投资回收期为 4.36 年,投资利润率为 36.07%。

2、投资 2990 万元用于 KF100 燃气热值(指数)仪改造项目

该项目已经冶金自动化研究院冶自科字[2001]002 号文批准。

KF100 燃气热值(指数)仪是本公司在充分总结现场使用经验和参考国外仪表优缺点的基础上自主开发的,曾获 1987 年冶金工业部科技成果三等奖,其中“一种点火装置”已获国家专利(专利号:ZL-98-2-18835.8)。本公司已通过 ISO9001 质量认证,建立并完善了质量保证体系,产品的设计、制造和服务符合国家和国际标准。KF100 燃气热值(指数)仪由过滤系统、稳压系统、空气预热系统、恒温节流系统、点火燃烧系统、电源分配系统和微机系统等构成,本公司拥有产品全部

的自主知识产权。本项目的关键技术主要包括样气过滤、稳压,燃烧系统,点火装置,温度的多点测量和热电偶输出的线性化,机械加工精度及气密性,补正运算和仪表智能化等,属于高新技术项目。此次改扩建KF100燃气热值(指数)仪生产线将主要改善设计环境、完善产品设计、提高产品精度、改进样气预处理装置和气路结构等,增加无线传输和总线接口,改善实验室环境和开发环境,建设生产环境及销售、服务网络等方面,项目重点扩建电加工车间、总装车间、调试检验车间、设计室和铺设营销网络等。本次技术改造将股份公司现有一条仪表生产线上的设备迁到生产基地的厂房内,形成完整的电加工、总装车间、调试检验车间、设计室和营销网络。

本项目改造完成后,将形成年产KF100燃气热值(指数)仪120台的生产能力,预计国内市场占有率为25%左右,力争占领非洲和东南亚市场2%~5%的份额。本项目通过对现有生产设施进行改造,进一步扩大生产规模,降低生产成本,更好地发挥技术优势,提高产品的市场竞争力,通过增添生产检测工具和仪器仪表等开发工具,提高生产质量和效率,并通过建设营销网络扩大市场占有率,以获得较好的经济效益。

KF100燃气热值(指数)仪改造项目总投资2990万元。其中固定资产投资2930万元,具体包括建筑工程费用980万元、安装工程费用85万元、设备费用1154万元、其它工程费用329万元、不可预见费用382万元;铺底流动资金60万元,全部通过本次发行募集资金解决。本项目计划从2002年开始建设,建设期为1.5年,项目生产期和财务评价计算期为12年。本项目改造完成后,每年可实现销售收入2600万元,利润总额1181万元。经测算,项目全部投资内部收益率为33.32%,投资回收期(含建设期)为4.48年,年投资利润率达28.77%。

十五、发行定价及股利分配政策

(一)发行定价

1、本次股票发行价格考虑的主要因素

影响发行人本次发行的股票价格的主要因素包括:公司的资产结构、公司的成长性、行业的发展前景以及产品和服务的市场需求;发行人以往的经营业绩和未来的盈利预测;发行人拟投资项目所需要的募集资金量;二级市场上同类可比公司的股价定位以及适当的一、二级市场间价格折扣等等。

2、股票估值的方法

发行人本次发行定价主要采取了现金流量折现法和相对定价法。

3、定价过程、定价方法与最终商定的发行价格

根据发行人所处行业的发展潜力和市场增长空间,兼顾发行人以往的盈利能力及发展速度和最近新上市公司的市盈率水平等因素,本着审慎、客观的原则,按照2001年度净收益和2001年底股本数计算本次发行的市盈率为19.78倍,发行价格为每股9.00元。

4、本次发行后的摊薄情况

本次发行后的全面摊薄每股净资产值为4.83元,比本次发行前2002年中期每股净资产2.43元增加近1倍;按2001年度净收益计算全面摊薄的每股收益为0.28元,比本次发行前2001年度的每股收益0.45元下降了37.78%。

(二)公司股利分配政策

本公司股票全部为普通股,股利分配将遵循同股同利的原则,按各股东持有的股份数额,采取现金或者股票的方式分配股利。本公司将本着对投资者负责的态度,积极创收,使投资者获得满意的回报。董事会拟定的利润分配方案和弥补亏损方案报经股东大会以普通决议通过。

本公司将在可分配利润方式选择的范围内,充分考虑到投资者的需要,并根据有关法律法规和公司章程,以交纳所得税后的利润,按下列顺序分配:弥补上一年度的亏损;提取法定公积金百分之十;提取法定公益金百分之五至十;提取任意公积金;支付股东股利。公司法定公积金累计额为公司注册资本的百分之五十以上的,可以不再提取。提取法定公积金、公益金后,是否提取任意公积金由股东大会决定。本公司不在弥补亏损和提取法定公积金、公益金之前向股东分配利润。本次股票发行后,发行人的股利分配政策未发生变化。

(三)股利分配情况

本次发行前,股份公司进行过两次利润分配。两次分配均未计提任意盈余公积金。

根据股份公司2000年度股东大会决议,对股份公司1999年度和2000年度产生的税后利润18,566,899.85元,在按10%计提法定盈余公积金和按10%计提法定公益金后,向5家发起人股东共分配利润9,709,458.91元。根据股份公司2001年度股东大会决议,对2001年末的滚存利润在按10%计提法定盈余公积金和按10%计提法定公益金后,向5家发起人股东共分配利润9,756,600.00元。

根据股份公司2001年度股东大会决议,股份公司2001年12月31日的未分配利润和2002年1月1日至本次发行上市前产生的利润将待股份公司发行A股上市后由新老股东共享。截止2002年6月30日,本公司未分配利润为30,777,058.87元。

本公司安排将在2003年上半年进行本次发行股票上市后的第一次利润分配。

十六、附录和备查文件

(一)附录

该部分是本招股说明书不可分割的有机组成部分,主要包括:

审计报告及财务报告全文

(二)备查文件

投资者可以查阅与本次发行有关的所有正式法律文件,具体如下:

1、验资报告书

2、资产评估报告书及有关确认文件

3、法律意见书

4、发行人的发起人协议

5、发行人公司章程修改草案

5、发行人营业执照

7、主管部门及证券交易所批准发行上市的文件

8、本次发行的承销协议

9、历次股利分配的决议及记录

10、各投资项目的可行性研究报告及项目批复

11、中国证监会要求的其他材料

查阅网址:www.sse.com.cn

查阅时间:工作日上午8:30 ~ 11:30,下午2:00 ~ 5:00

查阅地点:

1、北京市丰台区丰台路84号股份公司董事会秘书办公室

联系电话:(010)63848915　　联系人:赵恩光

2、北京市海淀区车公庄西路乙19号华通大厦B座11层北京证券有限责任公司投资银行部

联系电话:(010)68431166-8151　　联系人:吕晓峰、李彦斌

发行人董事及有关中介机构的声明

发行人声明

本公司全体董事承诺本招股说明书及其摘要不存在虚假记载、误导性陈述或重大遗漏,并对其真实性、准确性、完整性承担个别和连带的法律责任。

全体董事签名:

孟维宗　于常友　薛兴昌　胡仁安

赵恩光　戴　南　张丕贞　周　康

汪　洪　张武城　张　航

北京金自天正智能控制股份有限公司

二〇〇二年八月二十九日

主承销商声明

本公司已对招股说明书及其摘要进行了核查,确认不存在虚假记载、误导性陈述或重大遗漏,并对其真实性、准确性和完整性承担相应的法律责任。

承销项目负责人签名:吕晓峰

公司法定代表人签名:卢克群

北京证券有限责任公司

二〇〇二年八月二十九日

发行人律师声明

本所及经办律师保证由本所同意发行人在招股说明书及其摘要中引用的法律意见书和律师工作报告的内容已经本所审阅,确认招股说明书不致因上述内容出现虚假记载、误导性陈述及重大遗漏引致的法律风险,并对其真实性、准确性和完整性承担相应的法律责任。

经办律师签名:袁胜华

经办律师签名:张坚红

律师事务所负责人签名:庄涛

北京市星河律师事务所

二〇〇二年八月二十九日

会计师事务所声明

本所及经办会计师保证由本所同意发行人在招股说明书及其摘要中引用的财务报告已经本所审计,确认招股说明书不致因上述内容而出现虚假记载、误导性陈述及重大遗漏,并对其真实性、准确性和完整性承担相应的法律责任。

经办注册会计师签名:黄宾

经办注册会计师签名:范志伟

会计师事务所负责人签名:李延成

岳华会计师事务所有限责任公司

二〇〇二年八月二十九日

资产评估机构声明

本机构保证由本机构同意发行人在招股说明书及其摘要中引用的资产评估数据已经本机构审阅,确认招股说明书不致因上述内容而出现虚假记载、误导性陈述或重大遗漏,并对其真实性、准确性和完整性承担相应的法律责任。

经办资产注册评估师签名:陈曦

经办资产注册评估师签名:吴建敏

单位负责人签名:吴建敏

北京天健兴业资产评估有限公司

二〇〇二年八月二十九日

验资机构声明

本机构保证由本机构同意发行人在招股说明书及其摘要中引用的验资报告及有关数据已经本机构审阅,确认招股说明书不致因上述内容而出现虚假记载、误导性陈述或重大遗漏,并对其真实性、准确性和完整性承担相应的法律责任。

经办验资人员签名:姚俭方

经办验资人员签名:姚焕然

单位负责人签名:李延成

岳华会计师事务所有限责任公司

二〇〇二年八月二十九日

600560　北京金自天正智能控制股份有限公司

首次公开发行股票上市公告书

一、重要声明与提示

北京金自天正智能控制股份有限公司(以下简称"金自天正"、"本公司"或"发行人")董事会保证上市公告书的真实性、准确性、完整性,全体董事承诺上市公告书不存在虚假记载、误导性陈述或重大遗漏,并承担个别和连带的法律责任。

根据《中华人民共和国公司法》、《中华人民共和国证券法》等有关法律、法规的规定,本公司董事、高管人员已依法履行诚信和勤勉尽责的义务和责任。

证券交易所、中国证券监督管理委员会(以下简称"中国证监会")、其他政府机关对本公司股票上市及有关事项的意见,均不表明对本公司的任何保证。

本公司提醒广大投资者注意,凡本上市公告书未涉及的有关内容,请投资者查阅 2002 年 8 月 30 日刊载于《中国证券报》、《上海证券报》、《证券时报》和《证券日报》的本公司招股说明书摘要及刊载于上海证券交易所网站(www.sse.com.cn)的本公司招股说明书全文及附录。

本上市公告书刊登网址:www.sse.com.cn。

二、概览

股票简称:金自天正

沪市股票代码:600560

深市代理股票代码:003560

股本总额:76,460,000 股

可流通股本:30,000,000 股

本次上市流通股本:30,000,000 股

上市地点:上海证券交易所

上市时间:2002 年 9 月 19 日

股票登记机构:中国证券登记结算有限责任公司上海分公司

上市推荐人:北京证券有限责任公司

对本公司首次公开发行股票前股东所持股份的流通限制及期限:在本公司设立时,5 家发起人均承诺在《公司法》规定的股份有限公司股东持有股份转让限制的期限内,不转让其持有本公司的股份。根据国家现有法律、法规规定和中国证监会证监发行字[2002]88 号《关于核准北京金自天正智能控制股份有限公司公开发行股票的通知》,本公司的国有法人股和法人股暂不上市流通。

本公司首次公开发行股票前第一大股东冶金自动化研究设计院(以下简称"自动化院")承诺:自本公司股票上市之日起 12 个月内,不转让所持有本公司的股份,也不会由本公司回购其所持有的股份。

三、绪言

本上市公告书是根据《中华人民共和国公司法》、《中华人民共和国证券法》、《股票发行与交易管理暂行条例》、《公开发行股票公司信息披露实施细则》和《上海证券交易所股票上市规则》等国家有关法律、法规的规定,并按照中国证监会《公开发行证券的公司信息披露内容与格式准则第 7 号——股票上市公告书》而编制,旨在向投资者提供有关发行人和本次股票上市的基本情况。

经中国证监会证监发行字[2002]88 号文核准,本公司于 2002 年 9 月 4 日利用上海证券交易所和深圳证券交易所交易系统,采取全部向沪市、深市二级市场投资者定价配售的方式成功发行了 3,000 万股每股面值 1.00 元的人民币普通股,发行价为每股人民币 9.00 元。

经上海证券交易所上证上字[2002]161 号《关于北京金自天正智能控制股份有限公司人民币普通股股票上市交易的通知》批准,本公司公开发行的 3,000 万股社会公众股将于 2002 年 9 月 19 日起在上海证券交易所挂牌交易。股票简称"金自天正",沪市股票代码"600560"、深市代理股票代码"003560"。

本公司已于 2002 年 8 月 30 日在《中国证券报》、《上海证券报》、《证券时报》和《证券日报》上刊登了招股说明书摘要,招股说明书全文及其附录材料刊载于上海证券交易所网站(www.sse.com.cn),距今不足 3 个月,故与其重复的内容在此不再重述,敬请投资者查阅上述内容。

四、发行人概况

(一)发行人的基本情况

1、公司中文名称:北京金自天正智能控制股份有限公司

公司英文名称:Beijing AriTime Intelligent Control Co., Ltd.

2、法定代表人:孟维宗

3、设立日期:1999 年 12 月 28 日

4、住所及邮政编码:北京市丰台区丰台路 84 号(100071)

5、注册资本:7,646 万元人民币

6、经营范围:自动化系统的技术开发、技术转让、技术咨询、技术培训、技术服务;制造销售计算机控制系统软硬件及网络产品、智能控制软硬件及配套设备、电气传动装置及配套设备、电子元器件、控制系统配套设备仪表;承接系统集成工程。

7、主营业务:自动化系统的技术开发、技术转让、技术咨询、技术培训、技术服务;制造销售计算机控制系统软硬件及网络产品、智能控制软硬件及配套设备、电气传动装置及配套设备、电子元器件、控制系统配套设备仪表;承接系统集成工程。

8、所属行业:工业专用设备制造行业

9、联系电话:(010)63848915

10、传真号码:(010)63812131

11、电子信箱:aritime@AriTime.com

12、公司网址:www.AriTime.com.cn

13、董事会秘书:赵恩光

(二)发行人的历史沿革

1、发行人成立情况

本公司是经国家经贸委 1999 年 12 月 17 日《关于同意设立北京金自天正智能控制股份有限公司的复函》(国经贸企改[1999]1228 号文)的批准,由自动化院作为主发起人,联合北京富丰高科技发展总公司、北京市机电研究院、北京国冶星自动化工程有限公司、深圳市禾滨实业有限公司共同发起设立的股份有限公司。1999 年 12 月 28 日,本公司在北京市工商行政管理局登记注册,注册资本 4646 万元。

2、发行人改制重组情况

经财政部 1999 年 11 月 16 日《关于北京金自天正智能控制股份有限公司(筹)国有股权管理有关问题的批复》(财管字[1999]354 号文)同意,各发起人投入本公司的净资产共计 7147.63 万元,按 65% 的比例折为 4646 万股。未折入股本的 2501.63 万元计入本公司的资本公积金。其中:自动化院、北京富丰高科技发展总公司、北京市机电研究院持有的共计 4561.50 万股,占总股本的 98.18%,界定为国有法人股;北京国冶星自动化工程有限公司和深圳市禾滨实业有限公司持有的共计 84.5 万股,占总股本的 1.82%,界定为社会法人股。

金自天正设立后,股本规模和股本结构均未发生变化,也无重大资产重组行为发生。

3、首次公开发行股票情况

经中国证监会证监发行字[2002]88 号文核准,本公司于 2002 年 9 月 4 日在沪市和深市采用全部向二级市场投资者定价配售方式,成功发行了 3000 万股每股面值 1.00 元的人民币普通股(A 股),发行价格为每股 9.00 元。本公司已于 2002 年 9 月 11 日完成验资报告。此次发行完成后,本公司的总股本为 7646 万股。

(三)发行人主要生产经营情况

2000 年 1 月 6 日,发行人被北京市科学技术委员会认定为高新技术企业,并通过 ISO9001 质量标准认证,取得 CNACR 和 UKAS 质量认证证书。

目前发行人的主要业务是从事工业自动化领域系列产品的研制、生产、销售和承接系统集成工程及技术服务等。具体包括工业自动化控制业务、电气传动装置业务、工业检测及控制仪表业务等三大类。发行人的主要产品系列有工业计算机控制系统、电气传动装置、工业专用检测及控制仪表、电力半导体元器件等。

钢铁工业统计年鉴(1999 年)统计资料显示,截止 2001 年 12 月 31 日发行人三电产业方面的主要系统集成产品及工程应用在国内冶金行业自动化系统市场的销售情况及占有率如下表所示:

项目名称	销售量	国内冶金系统设备总数	市场占有率
炼铁高炉自动化系统	85 台(套)	339(100 立方米以上)	25.1%
炼钢转炉自动化系统	31 台(套)	159(10 吨以上)	19.4%
电炉及钢包精炼炉自动化系统	29 台(套)	139(15 吨以上)	20.9%
加热炉及均热炉自动化系统	41 台(套)	255 台(套)	16.1%
连续铸钢自动化系统	22 台(套)	267 台(套)	8.2%
各类板线材连轧机自动化系统	25 台(套)	164 台(套)	15.2%
中厚板轧机自动化系统	6 台(套)	26 台(套)	23.0%

(四)竞争优势与劣势

1、竞争优势

综合能力优势:本公司已具备了三电产业各组成部分的技术基础,专业配套齐全,工业自动化系统开发、制造、工程应用和技术服务综合能力在国内优势明显,能为用户提供工业自动化的全面解决方案。

技术优势:本公司设计并开发了一批符合中国国情的冶金工业自动化技术和产品,在自动化控制装置、应用软件、交直流电气传动装置等方面具有多项自主知识产权的产品,在冶金自动化系统、管控一体化等应用技术方面处于国内领先地位。尤其是在智能控制、大功率交流调速领域,已达到国际先进水平。

市场竞争优势:本公司具有很强的市场开拓和技术服务能力,依靠技术创新和管理创新,取

得了丰硕的成果，形成了一定的产业规模。近年来，本公司已提供大中型工业自动化系统620多套，小型自动化系统450余套，电力电子及传动装置产品1250多套，装机容量110多万千瓦，遍及全国29个省、市、自治区。本公司在产品价格、售后服务、系统集成经验、用户信誉等方面具有很强的竞争优势。

人才优势：本公司拥有一支精于技术和产品研发、市场开拓能力强、具有丰富技术服务经验的队伍，不仅掌握了三电产业的有关技术，而且对市场需求、生产工艺过程和产品特点都有了很深的了解。

2、竞争劣势

目前本公司所面临的竞争劣势主要有：产业规模不大、生产制造能力不强、管理水平有待提高；业务主要集中在冶金领域，对于其他领域涉足不够；市场销售渠道单一，营销网络不健全，对于销售渠道建设、维护方面不够重视；缺乏熟悉大规模生产制造的人才，吸引人才的激励机制和约束机制尚不完善；虽然国内自动化行业的市场需求较大，但市场份额大部分被外国知名公司占有，国内的同行业竞争形势逐渐趋于激烈。

（五）发行人的主要财务指标

详见本上市公告书“八、财务会计资料”中相关内容。

（六）发行人的知识产权

1、专利和非专利专有技术

本公司自主拥有主要产品及业务的多项知识产权，其中包括七项发明和实用新型专利及十七项专有技术。本公司知识产权中包括的专利和非专利专有技术详情如下：

（1）专利权

序号	专利名称	专利号	专利类型	申请日	剩余保护年限
1	一种点火装置	ZL98－2－18835.8	实用新型	1998.08.28	6年
2	一种高炉操作参谋系统	ZL97－1－12469.8	发明	1997.06.13	15年
3	自控电网功率因数补偿装置	ZL00－2－09885.7	实用新型	2000.04.26	8年
4	晶闸管变流功率装置	ZL00－2－34403.3	实用新型	2000.05.10	8年
5	燃气过滤器	ZL00－2－45576.5	实用新型	2000.08.23	8年
6	晶闸管变流功率装置冷却结构	ZL01－2－58862.8	实用新型	2001.08.30	9年
7	晶闸管串联装置	ZL01－2－64221.5	实用新型	2001.09.28	9年

（2）专有技术

序号	专有技术名称	成果水平	鉴定年月	鉴定单位
1	神经元网络、专家系统、模糊控制等智能控制应用技术	国际先进	1999.12	江苏省
2	现场总线应用和开发技术	国内先进	2000.03	国家冶金工业局
3	CIMS系统设计、开发和应用技术	国内先进	1994.08	国家教育委员会
4	自动化工程设计制造开发规范以及过程控制软件开发平台		1997.05	国家冶金工业局
5	钢铁生产主要工艺的自动化成套技术： 炼铁（原料、烧结、焦化、高炉等）自动化成套技术 炼钢（电炉、转炉、精炼）自动化成套技术 连铸自动化成套技术 轧钢自动化成套技术 炉窑（加热炉、均热炉、石灰窑等）自动化成套技术 电炉短流程自动化成套技术 管理信息系统开发技术	国内先进 部分 国际先进	1998.10 1998.12 1997.08 1997.08 1997.10 1997.10 1999.08	冶金部 冶金部 冶金部 冶金部 冶金部 冶金部 冶金部
6	铝电解自动控制技术	国内先进	1997.06	有色金属总公司
7	在功率晶闸管制造技术	国内先进	1996.06	冶金局
8	功率器件散热与结构工艺技术	国内先进	1999.10	国家冶金局
9	高压晶闸管串联技术	国内先进	1999.10	国家冶金局
10	交交变频调速技术	国际先进	2000.11	国家冶金局
11	同步电机磁场定向控制技术	国际先进	1996.08	国家冶金局
12	同步电机高压变频调速技术	国际先进	1998.08	有色金属总公司
13	异步电机电流型变频调速技术	国际先进	1998.10	冶金部
14	双馈电机控制技术	国际先进	1996.10	冶金部
15	大容量变流器并联技术	国内先进	2000.09	国家冶金局
16	轧机交直流传动调速成套技术	国内先进	1997.03	冶金部
17	矿井提升系统传动技术	国内技术	2000.05	辽宁省

此外，“棒材生产线自动化和传动控制系统软件（Aritime）”和“人工神经元网络开发平台软件”获得软件产品登记证书，另有“人工神经元网络开发平台”、“高炉自动化控制系统（Aritime）”、“Aritect监控系统软件”和“棒材生产线自动化和传动控制系统软件（Aritime）”等4项软件产品正在软件著作权的申请过程中。

2、商标

本公司注册的“AriTime金自天正”、“AriCon”、“AriDrive”、“AriSemi”、“AriTime”等五个商标，已经国家工商行政管理局商标局受理。其中“AriTime金自天正”的商标注册证号为：第42类第1715871号，其他的商标注册手续正在办理过程之中。

（七）财政税收优惠政策

本公司为北京市科学技术委员会认定的高新技术企业，根据京国税所[2000]362号文件精神，经丰国税批复（2000）055101号文件，本公司自2000年1月1日至2002年12月31日享受免征企业所得税的优惠。上述税收优惠期结束后，发行人仍可申请享受减半征收企业所得税的优惠政策，并最终可享受到15%的所得税优惠税率。

五、股票发行与股本结构

（一）本次股票上市前首次公开发行股票的情况

1、股票种类：记名式人民币普通股

2、每股面值：1.00元

3、发行数量：30,000,000股

发行后总股本：76,460,000股

本次发行股数占发行后总股本的比例：39.24%

4、发行价格：9.00元/股

5、发行市盈率：19.78倍

6、发行前每股净资产：2.43元（按2002年6月30日审计数据计算）

发行后每股净资产：4.83元（按实际募集资金量全面摊薄计算）

7、发行方式：全部向二级市场投资者定价配售

8、发行对象：于招股说明书摘要刊登当日2002年8月30日持有上海证券交易所或深圳证券交易所已上市流通人民币普通股（A股）股票的收盘市值总和（包括可流通但暂时锁定的股份市值）不少于10,000元的投资者（法律、行政法规禁止购买者除外）。

9、承销方式：余额包销

10、实收募股资金：本次发行募股资金总额为27,000万元，扣除发行费用1,362万元后，发行人实际募集资金为25,638万元。

11、发行费用：本次股票发行费用共1,362万元，其中包括承销费用、审计费用、验资费用、律师费用、资产评估费用、上网发行手续费用、股份登记费用、审核费用、路演费用和其他费用等。

（二）本次股票上市前首次公开发行股票的承销情况

本次公开发行的3000万股社会公众股的配号总数为66265784，中签率为0.04527223%。其中，二级市场投资者认购29,701,971股，余股298,029股由主承销商包销。

（三）本次上市前首次公开发行股票所募股资金的验资报告

验 资 报 告

岳总验字（2002）第A026号

北京金自天正智能控制股份有限公司全体股东：

我们接受委托，审验了贵公司截至2002年9月10日止新增注册资本实收情况。按照国家相关法律、法规的规定和协议、章程的要求出资，提供真实、合法、完整的验资资料，保护资产的安全、完整是全体股东及贵公司的责任。我们的责任是对贵公司新增注册资本的实收情况发表审验意见。我们的审验是依据《独立审计实务公告第1号—验资》进行的。在审验过程中，我们结合贵公司的实际情况，实施了检查等必要的审验程序。

贵公司原注册资本为人民币4646万元，申请向社会公开发行人民币普通股（A股）增加注册资本人民币3000万元，变更后的注册资本为人民币7646万元。经中国证监会证监发行字[2002]88号文《关于核准北京金自天正智能控制股份有限公司公开发行股票的通知》核准，贵公司采用全部向二级市场投资者定价配售发行方式，向社会公开发行人民币普通股股票3000万股，每股面值为人民币1.00元，经主承销商与贵公司共同协商确定的发行价格为每股人民币9.00元（含发行手续费）。根据我们的审验，截至2002年9月10日止，贵公司实际已发行人民币普通股股票3000万股，应募集资金总额为人民币270,000,000.00元，扣除承销费、上网发行费等发行费用计人民币13,620,169.21元，募集资金净额为256,379,830.79元，其中实收股本人民币叁仟万元整（RMB30,000,000.00元），资本公积人民币贰亿贰仟陆佰叁拾柒万玖仟捌佰叁拾元柒角玖分（RMB 226,379,830.79元）。

同时我们注意到，贵公司本次增资前的注册资本为人民币4646万元，已经岳华会计师事务所有限责任公司审验，并于1999年11月26日出具岳总验字[1999]第016号验资报告。截至2002年9月10日止，贵公司变更后的累计注册资本实收金额为人民币柒仟陆佰肆拾陆万元整（RMB 76,460,000.00元）。

本验资报告仅供贵公司此次申请变更登记及据以向股东签发出资证明时使用，不应将其视为是对贵公司验资报告日后资本保全、偿债能力和持续经营能力等的保证。因使用不当造成的后果，与执行验资业务的注册会计师及会计师事务所无关。

附件：1、增加注册资本实收情况明细表

2、注册资本变更前后对照表

3、验资事项说明

4、银行进账单（复印件）

岳华会计师事务所有限责任公司　　中国注册会计师：范志伟

黄　宾

中国·北京　　二零零二年九月十一日

（四）募股资金入帐情况

1、入帐时间：2002年9月10日

2、入帐金额：260,964,387.76元

3、开户银行：中国工商银行北京市分行丰台分理处

4、帐号：0200004719200048076

（五）发行人上市前股权结构及各类股东的持股情况

1、本次上市前本公司股权结构

股份性质	持股数量（万股）	持股比例（%）
发起人股：	4646.0	60.76
发起人国有法人股	4561.5	59.66
发起人境内法人股	84.5	1.10
社会公众股：	3000.0	39.24
股本合计	7646.0	100.00

2、本公司前十名股东持股情况

序号	股份类型	股东名称	持股股数（万股）	持股比例（%）
1	国有法人股	冶金自动化研究设计院	4353.5	56.94
2	国有法人股	北京富丰高科技发展总公司	143.0	1.87
3	国有法人股	北京市机电研究院	65.0	0.85
4	发起法人股	北京国冶星自动化工程有限公司	52.0	0.68
5	发起法人股	深圳市禾滨实业有限公司	32.5	0.42
6	流通股	北京证券有限责任公司	29.8	0.39
7	流通股	久嘉基金	2.3	0.03
8	流通股	普惠基金	2.2	0.03
9	流通股	天元基金	2.2	0.03
10	流通股	同德证券	2.2	0.03

六、董事、监事、高级管理人员与核心技术人员

（一）董事会成员

董事长：孟维宗，男，中国国籍，54岁，中共党员，高级工程师。毕业于东北重型机械学院轧钢设备专业。曾任自动化院党委组织部副部长、自动化院设计所副所长兼支部书记、自动化院党委副书记兼副院长。现任自动化院党委书记。

副董事长：于常友，男，中国国籍，62岁，中共党员，教授级高级工程师，毕业于山东工业大学无线电技术专业。1992年获政府特殊津贴，1993年获第三届全国科技实业家创业奖金奖，1995年获国家科技进步奖特等奖。曾任自动化院党委副书记、副院长、院长和冶金部科技司司长等职。现任国际自控联合会（IFAC）低成本自动化委员会副主席、北京市人民政府专家顾问、中国自动化学会副理事长、中国自动化学会应用专业委员会主任、中国金属学会冶金自动化专业委员会主任。

副董事长：薛兴昌，男，中国国籍，57岁，中共党员，硕士生导师，教授级高级工程师，工学硕

士。1992 年获政府特殊津贴。曾任自动化院轧钢自动化研究室副主任，主任工程师，国家冶金自动化工程技术研究中心主任。现任自动化院副院长、全国工控机学会常务理事、连轧和自动化国家实验室学术委员会副主任。

董事：胡仁安，男，中国国籍，63 岁，中共党员，教授级高级工程师，毕业于东北大学工业企业电气自动化专业。1992 年获政府特殊津贴。曾任自动化院自动化二室室主任、自动化院计量所所长、国家冶金自动化工程技术研究中心主任、国家轧钢实验室技术委员会副主任、冶金计量协会常务副理事长、自动化院副院长兼总工程师等职。现任中国系统工程学会过程工业系统专业委员会副主任、冶金自动化学会理事。

董事：赵恩光，男，中国国籍，59 岁，中共党员，教授级高级工程师。毕业于兰州大学数学力学系运筹学专业。1993 年获政府特殊津贴。曾任自动化院管理计算机研究室主任、宝钢工作队队长、院办公室主任、科研工程部主任和自动化院院长助理等职。现任本公司董事会秘书。

董事：戴南，男，中国国籍，56 岁，中共党员，高级会计师，先后毕业于北京外国语学校和冶金机电学院管理工程专业。曾任自动化院汽车队队长、院办副主任、财务处副处长、处长、冶金财会学会理事、科研分会会长。现任自动化院院长助理、副总会计师。

董事：张丕贞，男，中国国籍，48 岁，中共党员，高级工程师。毕业于北京钢铁学院自动化仪表专业。曾任自动化院系统所室主任、所长助理、副所长、所党总支副书记。现任自动化院院长助理兼人教部主任、国家冶金自动化工程技术研究中心主任。

董事：周康，男，中国国籍，42 岁，中共党员，教授级高级工程师。毕业于江西冶金学院工业自动化专业。1998 年获政府特殊津贴。曾任自动化院系统所连铸自动化室副主任、连铸自动化部主任、系统所副所长、系统所所长、国家冶金自动化工程技术研究室中心主任、自动化院院长助理、本公司总经理等职。现任自动化院院长、中国金属学会连铸自动化专业委员会主任、中国科技论坛理事。

董事：汪洪，男，中国国籍，44 岁，中共党员，高级工程师。毕业于西北工业大学飞行器自动控制专业，北京理工大学管理工程硕士，新加坡管理合理化学院高级经营管理结业，香港理工大学国际市场营销策略及管理结业。曾任航天工业部第十五研究所主任助理、副总经济师、综合财务处处长、副所长、总工艺师、中外合资北京星洋食品有限公司董事长等职。现任中关村科技园区丰台园主任、中关村科技园区丰台园工委副书记、北京电子商会副会长、北京富丰高科技发展总公司总经理。

董事：张武城，男，中国国籍，65 岁，中共党员，教授级高级工程师。毕业于浙江大学机械系铸造专业。曾获得北京市劳动模范、机械工业部劳动模范、北京市有突出贡献专家等荣誉称号。曾任北京市机电研究院室主任、副所长、所长、副院长等职。现任北京市机电研究院院长、北京市政府顾问、国家产学研激光中心主任、中国机械工程学会常务理事、北京机械工程学会副理事长。

董事：张航，男，中国国籍，43 岁。毕业于北京第二外国语学院英美文学专业，美国东伊利诺思大学工商管理硕士，美国乔治亚州立大学金融博士。现任深圳市禾滨实业有限公司董事长兼总经理，美国禾滨投资有限公司中国深圳分公司执行董事。

（二）监事会成员

监事会召集人：成乱杰，男，中国国籍，60 岁，中共党员，高级政工师。肄业于天津大学电力动力系，大专学历。曾任北京卫戍区警卫一师政治部主任、师党委常委，内蒙古军区后勤部政委、后勤部党委副书记、自动化院副司级调研员。现任自动化院党委副书记。

监事：方继江，男，中国国籍，53 岁，中共党员，毕业于东北重型机械学院（现燕山大学）轧钢系。曾任自动化院党委宣传部部长、仪表二部副主任、仪表所副所长、仪表所党总支书记。现任自动化院财经部主任。

监事：李保泉，男，中国国籍，41 岁，中共党员，大学学历。曾任北京富丰机动车加油有限责任公司副经理等职。现任北京富丰高科技发展总公司经营部副部长。

监事：朱家敏，男，中国国籍，43 岁，中共党员，工学学士，毕业于北京轻工业学院（现北京工商大学）机械制造工艺及设备专业。曾任自动化院办公室副主任。现任本公司办公室总务室主任。

监事：王爱华，女，中国国籍，51 岁，中共党员，高级工程师。毕业于吉林大学计算机科学系程序设计专业。现为本公司技术研发部职工。

（三）高级管理人员

总经理：葛钢，男，中国国籍，46 岁，中共党员，教授级高级工程师，工学学士。毕业于东北大学工业自动化专业。1994 年起享受政府特殊津贴。现任本公司总经理、中国自动化学会电气自动化委员会委员、中国电工技术学会电控系统与装置委员会委员和北京电力电子学会常务委员。

常务副总经理：张剑武，男，中国国籍，38 岁，中共党员，教授级高级工程师，工学硕士。毕业于东北大学研究生院计算机应用专业，获硕士学位。现任本公司常务副总经理。

副总经理：李崇坚，男，中国国籍，50 岁，中共党员，教授级高级工程师，工学博士。毕业于清华大学电机专业。现任本公司副总经理、清华大学博士生副导师、中国电工技术学会常务理事。

副总经理：陈春雨，男，中国国籍，37 岁，中共党员，高级工程师，1987 年毕业于东北大学自控系，中国人民大学工商管理学院 MBA 结业。现任本公司副总经理。

董事会秘书：赵恩光，兼任本公司董事，简历见前文。

财务总监：于长新，女，中国国籍，53 岁，中共党员，大学本科学历，高级会计师。现任本公司财务总监。

（四）技术负责人和核心技术人员

李崇坚，男，中国国籍，50 岁，工学博士，教授级高级工程师，中国电工技术学会常务理事，清华大学博士生副导师，国家杰出青年科学基金获得者，1998 年被评为国家级有突出贡献的中青年专家，享受国家级政府津贴专家。长期从事大功率交流调速的研发工作，在交交变频及同步电机磁场定向控制理论方面有所创见，主持完成"2500KW 交交变频同步电机调速系统"、"大型热连轧机主传动交流调速系统"等多项国家重点科技攻关项目，达到国际先进水平。

孙彦广，男，中国国籍，38 岁，工学博士，教授级高级工程师。1990 年获中国科学院自动化所博士学位，第四届中国青年科技创新奖获得者，享受国家级政府津贴专家。现任本公司智控事业部部长兼研究开发部部长，中国仪器仪表学会青年工作委员会秘书长。曾先后主持、参加了"电炉—连铸—热送—热轧短流程自动化系统"、"钢包精炼炉自动化系统"、"智能电炉控制系统"等 3 项国家级重大科研攻关项目，提出了一套把科学哲学、计算数学、控制理论、人工智能技术和冶金工程学有机结合的冶炼过程建模、优化方法，成功地开发了"电炉炼钢自动化"和"钢包精炼炉自动化"2 套成套技术和"智能电炉控制系统"系列产品（99 年国家级新产品）。

罗公亮，男，中国国籍，61 岁，工学博士，教授级高级工程师，享受国家级政府津贴专家，1985 年获美国纽约冷色利尔大学计算机与系统工程专业博士学位。曾当选为第七届全国人民代表大会代表。现任本公司副总工程师、中国自动化学会自动化专业委员会委员、中国人工智能学会智能机器人专业委员会委员、国际电子电器工程师协会（IEEE）高级会员。长期从事复杂系统建模和优化、智能控制方面的研究，先后主持、参加了多项国家级重大科研攻关项目。曾成功主持开发了"连铸神经元网络漏钢预报系统"、"高级连铸模糊神经网络漏钢预报系统"、"人工智能软件工程环境"等成套技术和系列产品。共承担国家级研发项目 3 项、省部级 2 项。《智能控制导论》一书获 1999 年"全国优秀科技图书奖"暨"科技进步奖（科技著作）"一等奖、第四届国家图书奖。

党红文，男，中国国籍，45 岁，工学硕士，教授级高级工程师，享受国家级政府津贴专家。1984 年获清华大学工学硕士学位。现任本公司仪表事业部部长。长期从事工业检测和控制仪表的研发和生产，主持或独立开发出"1500V－200A 快速晶闸管"、"测温、定碳、定氧三参数仪"、"DTC－01 快速数字定碳测温仪"、"YZ88A 智能测温仪"、"RZB－Ⅱ微机控制气体华白指数仪"、"KF201 数字测温仪"、"水流式热量计"、"KF100 燃气热值（指数）仪"、"基于图像处理的金属棒材计数装置"等产品。

其中"KF100 燃气热值（指数）仪"达到国际先进水平，获两项国家专利（均为第一发明人）；"基于图像处理的金属棒材计数装置"为国内外首创。

古玉书，男，中国国籍，60 岁，教授级高级工程师，享受国家级政府津贴专家。1966 年毕业于中山大学物理系半导体物理专业。现任本公司半导体事业部总工程师。一直从事电力半导体器件的研制和生产技术及管理工作。主持开发过 KP 系列普通晶闸管、KK 系列快速晶闸管和 ZP 系列普通整流管等产品。

（五）董事、监事、高级管理人员和核心技术人员持股情况

截止到本上市公告书签署之日，本公司董事、监事、高级管理人员和核心技术人员均未直接或间接持有本公司的股份，本公司董事、监事、高管人员和核心技术人员的家属中不存在直接或间接持有本公司股份的情况，本公司董事、监事、高管人员和核心技术人员均未通过其近亲属能够控制或间接控制的法人持有本公司股份。

除董事张航持有本公司发起人之一——深圳市禾滨实业有限责任公司 90% 的权益外，本公司其他董事、监事、高级管理人员和核心技术人员在本次发行前均不持有本公司及本公司关联企业的股份。

七、同业竞争和关联交易

（一）同业竞争

1、同业竞争情况

按照本公司改制方案，主发起人——自动化院将改制前已经独立运营多年的工业自动化领域的工业计算机控制系统、电力电子及电气传动装置和工业检测及控制仪表等工业自动化领域三电产业的主营业务全部投入本公司，由本公司继续经营。根据自动化院作出的有关承诺和相关协议约定，自动化院现已不再从事任何与本公司可能构成同业竞争的业务。

2、避免同业竞争的措施

首先，在本公司设立时，自动化院已将其从事与工业自动化系统相关的业务投入到本公司。自动化院不再从事自动化系统方面的业务，自动化院控制的除本公司外的其他法人亦不从事自动化系统方面的业务。其次，本公司成立后，自动化院已向本公司做出了避免同业竞争的承诺。同时，自动化院还与本公司签订了有关避免同业竞争的协议，协议规定：自动化院不得经营与本公司有竞争的任何业务或投资于经营任何竞争业务的企业，亦有义务促使其下属关联企业（本公司除外）不得经营与本公司有竞争的任何业务或投资于经营任何竞争业务的企业；本公司如发现自动化院经营、计划经营与本公司存在任何竞争的业务或项目，或投资、计划投资于经营任何竞争业务的企业，本公司将有权选择：对该等项目或企业行使收购的权利；要求自动化院将该等项目或企业转让给无关联的第三方；要求自动化院放弃该等项目或对有关企业投资的计划；要求自动化院将该等项目或企业通过签订有关委托管理、承包经营或其他类似性质的协议、以公允之交易对价，委托给本公司进行经营。

（二）关联方及关联关系

1、法人关联方

（1）控股股东——自动化院，本次发行前持股数额为 4353.5 万股，持股比例为 93.70%。

（2）其他股东——北京富丰高科技发展总公司、北京市机电研究院、北京国冶星自动化工程有限公司和深圳市禾滨实业有限公司，上述股东分别持有本公司股权的 3.08%、1.40%、1.12% 和 0.70%，持股比例合计 6.30%。

（3）控股股东控制的企业——北京阿瑞姆科贸集团、北京冶金自动化工程公司、北京中冶科技发展公司、北京中钢实业总公司、北京冶金横河自动化工程有限公司和北京鑫创招待所等。

（4）本次发行前，本公司没有参与其他的合营单位或联营单位。

上述法人关联方与发行人之间的主要关系为股权关系和商业利益关系。

2、自然人关联方

本公司目前的自然人关联方主要为本公司的董事、监事、高级管理人员和核心技术人员。本公司与自然人关联方之间的关系主要为劳动人事关系。目前，本公司董事、监事、高级管理人员及核心技术人员在关联方任职情况如下表所示：

姓名	在本公司职务	在股东单位或股东单位控制单位职务
孟维宗	董事长	自动化院党委书记
于常友	副董事长	原自动化院院长兼法定代表人
薛兴昌	副董事长	自动化院副院长
胡仁安	董事	原自动化院副院长
戴　南	董事	自动化院副总会计师
张丕贞	董事	自动化院人教部主任
周　康	董事	自动化院院长兼法定代表人
汪　洪	董事	北京富丰高科技发展总公司总经理
张武城	董事	北京市机电研究院院长
张　航	董事	深圳市禾滨实业有限公司董事长兼总经理
成乱杰	监事会召集人	自动化院党委副书记
方继江	监事	自动化院财经部主任

李保泉 监事　　北京富丰高科技发展总公司经管部副部长

（三）关联交易

投资者欲了解本公司报告期关联交易的详情，请查阅本公司招股说明书全文，以下仅为重大关联交易的情况。

1、接受综合服务

2000 年 6 月，本公司与自动化院签订了有关供水、供电、供暖及其它生产、生活等方面服务内容的《综合服务合同》，以确保本公司以合理的价格和方式持续不断地获得自动化院提供的某些必需的经营辅助服务和生活福利设施服务。与该合同相关服务的交易价格按如下标准确定：(1)国家标准价格、行业标准价格；(2)如无适用的国家标准价格、行业标准价格，采用市场价格；(3)如无市场价格，依据自动化院提供服务的实际成本定价。若以市场价格支付服务费用时，市场价格的确定应经双方协商，且应考虑的主要因素是本地区、本行业提供类似服务的第三方当时收取的价格。该合同于 1999 年 8 月 12 日生效。该合同有效期为五年。2001 年度该合同相关服务费用实际发生的总额为 208.959 万元。

2、专利权和专有技术转让

本公司与自动化院于 2001 年 3 月 16 日签订了《专利权转让合同》和《专有技术转让合同》。根据合同约定，自动化院将"一种点火装置"和"一种高炉参谋操作系统"等两项专利权以及"神经元网络、专家系统、模糊控制等智能控制应用技术"等 17 项专有技术无偿转让给本公司，有关专利权和专有技术的变更过户手续已办理完毕。

3、购买土地

本公司与北京富丰高科技发展总公司于 2000 年 5 月 9 日签订了《中关村科技园区丰台园土地有偿使用合同》。发行人从北京富丰高科技发展总公司取得可以进行建筑施工的熟地 14,450 平方米土地，作为本公司发展、扩大生产规模的生产基地。截止 2001 年底，本公司已向北京富丰高科技发展总公司支付土地开发费用共计 5,418,806.00 元。目前有关土地使用权权属手续正在办理过程中。

4、贷款担保

自动化院为本公司向银行借款提供担保，截止 2002 年 6 月 30 日，贷款余额 6,000,000 元。

5、其他关联交易

截至 2002 年 6 月 30 日，本公司应付发起人股东股利余额共计 68,296.20 元，全部为应付深圳市禾滨实业有限公司股利。

八、财务会计资料

本公司截止 2002 年 7 月 31 日的财务会计资料（其中 2002 年 7 月的简要财务会计资料未经审计），已于 2002 年 8 月 30 日在《中国证券报》、《上海证券报》、《证券时报》和《证券日报》刊登的《招股说明书摘要》进行了披露，投资者欲了解详细内容，请查阅上述报纸或查阅刊载于上海证券交易所网站（www.sse.com.cn）的本公司招股说明书全文及附录。

（一）注册会计师意见

发行人聘请的岳华会计师事务所有限责任公司对本公司 1999 年 12 月 31 日、2000 年 12 月 31 日、2001 年 12 月 31 日、2002 年 6 月 30 日的资产负债表，1999 年度、2000 年度、2001 年度的利润表及 2000 年度、2001 年度、2002 年 6 月 30 日的利润分配表，2001 年度及 2002 年中期的现金流量表进行了审计，并出具了标准无保留意见的审计报告。

（二）简要会计报表（见附表）

（三）会计资料附注

有关会计资料附注内容请投资者查阅本公司招股说明书附录部分（详见 www.sse.com.cn）。

（四）财务指标

1、基本财务指标

财务指标	2002 年 6 月 30 日	2001 年 12 月 31 日	2000 年 12 月 31 日	1999 年 12 月 31 日
流动比率	1.80	1.67	1.45	1.47
速动比率	0.88	0.73	0.71	0.65
无形资产（土地使用权除外）占净资产比率	0.013%	0.017%	0.024%	—
资产负债率	51.31%	55.04%	63.63%	61.38%
每股净资产	2.43 元	2.19 元	1.94 元	1.79 元
每股经营活动的现金流量	0.06 元	0.14 元		—
应收帐款周转率	1.44	2.64	2.13	—
存货周转率	0.52	0.96	0.81	—
研究及开发费用占主营业务收入比例	4.48%	5.28%	4.35%	3.52%

2、发行前后的净资产收益率及每股收益

本公司按《公开发行证券公司信息披露编报规则第 9 号——净资产收益率和每股收益的计算及披露》计算的 2002 年 1 至 6 月的净资产收益率和每股收益如下表所示：

财务指标	净资产收益率（%）		每股收益（元）	
	全面摊薄	加权平均	全面摊薄	加权平均
主营业务利润	16.91	17.80	0.41	0.41
营业利润	10.01	10.54	0.24	0.24
净利润	10.00	10.52	0.24	0.24
扣除非经常性损益后的净利润	10.00	10.53	0.24	0.24

2001 年度净资产收益率和每股收益如下表所示：

财务指标	净资产收益率（%）		每股收益（元）	
	全面摊薄	加权平均	全面摊薄	加权平均
主营业务利润	36.53	36.82	0.80	0.80
营业利润	21.50	21.67	0.47	0.47
净利润	20.79	20.95	0.45	0.45
扣除非经常性损益后的净利润	21.73	21.91	0.48	0.48

发行人本次发行扣除发行费用后，实际募集资金约 25638 万元，按 2001 年度的财务数据计算发行完成后的全面摊薄净资产收益率为 5.72%，全面摊薄每股收益为 0.28 元。

（五）盈利预测

提请投资者注意：本公司本次公开发行股票未对 2002 年度进行盈利预测。

发行人董事会全体董事已就发行人股票发行当年的净资产收益率不低于同期银行存款利率作出了承诺，具体如下：根据本公司目前的生产经营情况、市场情况及正在履行以及将要履行的合同，如果本公司获得中国证监会的核准于 2002 年首次公开发行股票，全体董事保证本公司 2002 年全面摊薄的净资产收益率不低于同期的一年期银行存款利率。董事会全体成员愿意对上述承诺承担个别和连带的责任。

九、其他重要事项

（一）自本公司股票首次公开发行后至本上市公告书公告之日，本公司严格依照《公司法》、《证券法》等法律法规的要求，规范运行，生产经营情况正常；所处行业和市场无重大变化；主要业务及发展目标的进展状况正常，主要投入产出物供求及价格无重大变化。

（二）本公司首次股票发行后至本上市公告书公告之日，本公司无重大对外投资、重大资产（股权）收购或出售行为；住所未发生变更。

（三）本公司首次股票发行后至本上市公告书公告之日，本公司重大会计政策和会计师事务所没有发生变化。

（四）本公司首次股票发行后至本上市公告书公告之日，本公司未发生新的重大负债或重大债项发生变化。

（五）本公司首次股票发行后至本上市公告书公告之日，本公司董事、监事和高级管理人员没有尚未了结或可能发生的刑事诉讼事项。

（六）本公司首次股票发行后至本上市公告书公告之日，本公司未涉及任何重大诉讼事项或仲裁，亦无尚未了结或可能面临的重大诉讼或索赔要求。

（七）本公司安排将在 2003 年上半年进行本次发行股票上市后的第一次利润分配，根据 2001 年度股东大会决议，本公司 2001 年 12 月 31 日的未分配利润和 2002 年 1 月 1 日至本次发行上市前产生的利润 30,777,058.87 元将待本公司发行 A 股上市后由新老股东共享。派发对象为本公司全体股东，具体时间及分配方案由本公司股东大会决定。

（八）本公司第一大股东自动化院承诺：自本公司股票上市之日起 12 个月内，不转让其所持有本公司的股份，也不由本公司回购其所持有的股份。

（九）本公司首次股票发行后至本上市公告书公告之日，没有其他应披露而未披露之重大事项。

十、董事会上市承诺

本公司董事会承诺将严格遵守《中华人民共和国公司法》、《中华人民共和国证券法》、《股票发行与交易管理暂行条例》、《公开发行股票公司信息披露实施细则》和《上海证券交易所股票上市规则》等国家相关法律、法规和有关规定，并自股票上市之日起做到：

（一）承诺真实、准确、完整、公允和及时地公布定期报告，披露所有对投资者有重大影响的信息，并接受中国证监会、证券交易所的监督管理；

（二）承诺本公司在知悉可能对股票价格产生误导性影响的任何公共传播媒介中出现的消息后，将及时予以公开澄清；

（三）本公司董事、监事、高级管理人员和核心技术人员将认真听取社会公众的意见和批评，不利用已获得的内幕消息和其他不正当手段直接或间接从事发行人股票的买卖活动；

（四）本公司没有无记录的负债。

依据《上海证券交易所股票上市规则》，本公司全体董事、监事将按照有关规定，在本公司股票上市后两个月内签署《董事（监事）声明及承诺书》并送达上海证券交易所备案。

十一、上市推荐人及其意见

（一）上市推荐人情况

上市推荐人名称：北京证券有限责任公司

法定代表人：卢克群

住所：北京市海淀区车公庄西路乙 19 号华通大厦 B 座 10—16 层

联系电话：(010)68431166－8151

传真号码：(010)88018659

联系人：吕晓峰、沈红、李彦斌、穆东升、邹明春

（二）上市推荐人意见

上市推荐人北京证券有限责任公司认为：发行人公司章程符合《中华人民共和国公司法》、《中华人民共和国证券法》及《上海证券交易所股票上市规则》等法律、法规和中国证监会的有关规定；发行人本次股票发行完全符合《中华人民共和国公司法》、《中华人民共和国证券法》及《上海证券交易所股票上市规则》的法律、法规和中国证监会的有关规定，已具备了上市条件；发行人董事了解法律、法规、上海证券交易所上市规则及股票上市协议规定的董事的义务与责任；发行人建立健全了法人治理结构，制定了严格的信息披露制度与保密制度。

上市推荐人已对上市文件所载的资料进行了核实，确认上市文件真实、准确、完整、符合规定要求，没有虚假记载、严重误导性陈述或重大遗漏，并对其承担连带责任。上市推荐人与本公司不存在关联关系。

上市推荐人愿意推荐发行人的股票在上海证券交易所上市交易，并且在上市推荐过程中，保证不利用获得的内幕信息进行内幕交易，为自己或他人谋取利益。

北京金自天正智能控制股份有限公司

二〇〇二年九月十四日

发行人简要资产负债表

单位:元

项　目	2002年6月30日	2001年12月31日	2000年12月31日	1999年12月31日
流动资产:				
货币资金	18,240,506.03	17,830,592.88	11,407,063.50	11,248,601.46
应收票据	10,779,250.00	3,720,973.00	8,498,158.75	3,580,000.00
应收帐款	51,158,610.22	49,744,284.48	64,764,455.21	52,539,141.33
其他应收款	8,274,033.33	8,124,342.74	12,895,582.04	11,176,098.01
预付帐款	15,844,133.55	11,645,046.07	14,987,246.69	7,385,318.52
存货	110,444,984.45	117,080,376.72	115,960,251.23	107,575,578.48
待摊费用	-	15,158.33	92,478.89	162,778.14
流动资产合计	214,741,517.58	208,160,774.22	228,605,236.31	193,667,515.94
固定资产:				
固定资产原价	37,780,600.10	37,226,609.40	36,192,525.88	35,365,202.72
减:累计折旧	24,757,114.69	23,537,781.86	21,086,833.18	18,580,533.02
固定资产净值	13,023,485.41	13,688,827.54	15,105,692.70	16,784,669.70
减:固定资产减值准备	196,221.87	185,187.07	-	-
固定资产净额	12,827,263.54	13,503,640.47	15,105,692.70	16,784,669.70
固定资产合计	12,827,263.54	13,503,640.47	15,105,692.70	16,784,669.70
无形资产及其他资产:				
无形资产	4,405,014.14	4,457,572.52	4,560,262.07	4,639,879.00
无形资产及其他资产合计	4,405,014.14	4,457,572.52	4,560,262.07	4,639,879.00
资产总计	231,973,795.26	226,121,987.21	248,271,191.08	215,092,064.64
流动负债:				
短期借款	6,000,000.00	4,000,000.00	-	-
应付帐款	20,626,789.84	22,145,296.05	27,184,335.49	25,015,422.21
预收帐款	73,744,503.46	71,996,479.41	102,874,991.83	97,568,991.60
应付工资	-	-	-	939,565.97
应付福利费	2,873,269.87	2,553,924.63	1,987,479.61	974,491.15
应付股利	68,296.20	12,397,106.22	9,709,458.91	-
应交税金	2,735,219.72	702,522.28	3,911,908.75	2,005,244.14
其他应交款	103,886.43	21,344.41	110,110.16	56,221.80
其他应付款	12,867,611.10	10,641,852.43	12,206,156.82	5,456,886.20
流动负债合计	119,019,576.62	124,458,525.43	157,984,441.57	132,016,823.07
负债合计	119,019,576.62	124,458,525.43	157,984,441.57	132,016,823.07
股东权益:				
股本	46,460,000.00	46,460,000.00	46,460,000.00	46,460,000.00
股本净额	46,460,000.00	46,460,000.00	46,460,000.00	46,460,000.00
资本公积	25,016,324.17	25,016,324.17	25,016,324.17	25,016,324.17
盈余公积	10,700,835.00	10,700,835.00	6,474,173.14	-
其中:法定公益金	5,350,417.80	5,350,417.80	3,237,086.57	-
未分配利润	30,777,058.87	19,486,302.01	12,336,252.20	11,598,917.40
股东权益合计	112,954,218.64	101,663,461.78	90,286,749.51	83,075,241.57
负债和股东权益合计	231,973,795.26	226,121,987.21	248,271,191.08	215,092,064.64

发行人简要利润及利润分配表

单位:元

项　目	2002年1-6月	2001年度	2000年度	1999年度
一、主营业务收入	79,424,938.37	150,992,922.07	124,801,607.60	106,102,559.64
减:主营业务成本	59,018,432.05	112,259,583.36	90,409,530.07	77,247,648.60
主营业务税金及附加	1,305,425.61	1,600,425.71	670,600.89	75,960.16
二、主营业务利润	19,101,080.71	37,132,913.00	33,721,476.64	28,778,950.88
加:其他业务利润	419,123.57	690,005.33	-81,737.45	2,619.55
减:营业费用	1,228,298.57	3,001,716.55	3,777,694.83	1,304,841.82
管理费用	6,720,322.82	12,759,975.02	12,719,967.72	11,020,650.75
财务费用	265,336.68	205,727.67	-94,601.71	-111,122.55
三、营业利润	11,306,246.21	21,855,499.09	17,236,678.35	16,567,200.41
加:营业外收入	-	30,004.00	-	-
减:营业外支出	15,489.35	752,190.82	315,711.50	1,117,301.59
四、利润总额	11,290,756.86	21,133,312.27	16,920,966.85	15,449,898.82
五、净利润	11,290,756.86	21,133,312.27	16,920,966.85	15,449,898.82
加:年初未分配利润	19,486,302.01	12,336,252.20	11,598,917.40	-3,850,981.42
六、可供分配利润	30,777,058.87	33,469,564.47	28,519,884.25	11,598,917.40
减:提取法定盈余公积金	-	2,113,331.23	3,237,086.57	-
提取法定公益金	-	2,113,331.23	3,237,086.57	-
七、可供股东分配的利润	30,777,058.87	29,242,902.01	22,045,711.11	11,598,917.40
减:应付普通股股利	-	9,756,600.00	9,709,458.91	-
八、未分配利润	30,777,058.87	19,486,302.01	12,336,252.20	11,598,917.40

发行人简要现金流量表

单位:元

项　目	2002年1-6月	2001年度
一、经营活动产生的现金流量:		
销售商品、提供劳务收到的现金	64,438,307.87	146,680,542.24
现金流入小计	64,438,307.87	146,680,542.24
购买商品、接受劳务支付的现金	46,738,925.25	109,256,377.41
支付给职工以及为职工支付的现金	5,572,761.00	11,286,941.53
支付的各项税费	6,431,467.69	12,937,711.53
支付的其他与经营活动有关的现金	2,857,568.35	6,732,419.81
现金流出小计	61,600,722.29	140,213,450.28
经营活动产生的现金流量净额	2,837,585.58	6,467,091.96
二、投资活动产生的现金流量:		
收到的其他与投资活动有关的现金	36,870.55	94,589.78
现金流入小计	36,870.55	94,589.78
购建固定资产、无形资产和其他长期资产所支付的现金	368,636.70	849,861.00
现金流出小计	368,636.70	849,861.00
投资活动产生的现金流量净额	-331,766.15	-755,271.22
三、筹资活动产生的现金流量		
借款所收到的现金	6,000,000,000	6,000,000,000
现金流入小计	6,000,000,000	6,000,000,000
偿还债务所支付的现金	4,000,000.00	2,000,000.00
分配股利、利润或偿付利息所支付的现金	3,928,810.02	3,259,212.69
支付的其他与筹资活动有关的现金	167,096.26	29,078.67
现金流出小计	8,095,906.28	5,288,291.36
筹资活动产生的现金流量净额	-2,095,906.28	711,708.64
四、汇率变动对现金的影响		
五、现金及现金等价物净增加额	409,913.15	6,423,529.38

600567 安徽山鹰纸业股份有限公司

2001年年度报告摘选

一、公司名称

公司法定中文名称:安徽山鹰纸业股份有限公司
公司法定英文名称:AN HUI SHAN YING PAPER INDUSTRY CO.,LTD.
公司中文名称缩写:山鹰纸业
二、法定代表人
董事长:王德贤
三、公司董事会秘书及证券事务代表
董事会秘书:杨义传
联系地址:安徽省马鞍山市勤俭路3号安徽山鹰纸业股份有限公司证券部
联系电话:(0555)2826275 2826258
传真:(0555)2826369
电子信箱:stock@shanyingpaper.com
证券事务代表:钱军
联系地址:安徽省马鞍山市勤俭路3号安徽山鹰纸业股份有限公司证券部
联系电话:(0555)2826369 2826275
传真:(0555)2826369
电子信箱:stock@shanyingpaper.com
四、公司地址
注册地址:安徽省马鞍山市勤俭路3号
办公地址:安徽省马鞍山市勤俭路3号
邮政编码:243021
公司国际互联网网址:http://www.shanyingpaper.com
电子信箱:stock@shanyingpaper.com
五、公司信息披露方式
选定的信息披露报纸:《上海证券报》
登载年度报告的中国证监会指定网站的网址:http://www.sse.com.cn
公司年度报告备置地点:公司证券部
六、公司股票交易
上市交易所:上海证券交易所
股票简称:山鹰纸业　股票代码:600567

第二节　会计数据和业务数据摘要

一、本年度主要利润指标及现金流量

单位:人民币元

项目	金　额
利润总额	27,364,844.23
净利润	23,035,062.34
扣除非经常性损益后的净利润	23,153,934.54
主营业务利润	49,960,244.52
其他业务利润	533,480.39
营业利润	23,388,760.41
投资收益	217,950.00
补贴收入	3,893,143.86
营业外收支净额	-135,010.04
经营活动产生的现金流量净额	-5,214,396.22
现金及现金等价物净增(减)额	114,668,960.35

二、截止报告期末公司前三年主要会计数据和财务指标　单位:万元

财务指标	2001年	2000年	1999年
主营业务收入	28,094.60	32,267.62	19,435.20
净利润	2,303.50	1,806.71	1,112.66
总资产	66,627.67	33,755.62	25,412.57
股东权益(不含少数股东权益)	32,979.49	12,423.74	11,114.42
每股收益(全面摊薄,元/股)	0.144	0.180	0.111
每股收益(加权平均,元/股)	0.229	0.180	0.111
扣除非经常性损益后的每股收益	0.144	0.201	0.111
每股净资产(元/股)	2.055	1.236	1.105
调整后的每股净资产(元/股)	2.049	1.196	1.105
每股经营活动产生的现金流量净额(元/股)	-0.032	0.161	---
全面摊薄净资产收益率(%)	6.79	14.54	10.01
加权平均净资产收益率(%)	16.97	15.03	10.94
扣除非经常性损益的加权平均净资产收益率(%)	17.06	16.81	10.94

第三节　股本变动及股东情况

一、公司股本变动情况
1、公司股份变动情况表:　数量单位:股

	本次变动前	本次变动增减(+,-) 配股	送股	公积金转股	首(增)发新股	其他	小计	本次变动后
一、未上市流通股份								
1、发起人股份	100,500,000							100,500,000
其中:								
国家持有股份	93,465,000							93,465,000
境内法人持有股份	7,035,000							7,035,000
境外法人持有股份								
其他								
2、募集法人股份								
3、内部职工股								
4、优先股或其他								
未上市流通股份合计	100,500,000							100,500,000
二、已上市流通股份								
1、人民币普通股					60,000,000			60,000,000
2、境内上市的外资股								
3、境外上市的外资股								
4、其他								
已上市流通股份合计					60,000,000			60,000,000
三、股份总数	100,500,000				60,000,000			160,500,000

600568 湖北潜江制药股份有限公司

2001年年度报告摘选

一、公司基本情况简介

(一)公司法定中文名称:湖北潜江制药股份有限公司
公司法定英文名称:HUBEI QIANJIANG PHARMACEUTICAL CO.,LTD.
英文名称缩写:QPC
(二)公司法定代表人:叶继革
(三)公司董事会秘书:王凯
联系电话:027-87300388　传真:027-87309098
电子信箱:qy600568@163.net
联系地址:武汉市洪山路87号潜江制药办事处
证券事务代表:漆贤高
联系电话:0728-6296288　传真:0728-6242548
电子信箱:qy600568@163.net
联系地址:湖北省潜江市横堤路特18号
(四)公司注册地址:湖北省潜江市横堤路特18号
公司办公地址:湖北省潜江市横堤路特18号　邮政编码:433100
公司网址:http://www.qjzy.com
公司电子信箱:qy600568@163.net
(五)公司选定的信息披露报纸名称:《中国证券报》、《上海证券报》
登载年度报告的中国证监会指定国际互联网网址:http://www.sse.com.cn
公司年度报告备置地点:公司证券部
(六)公司股票上市交易所:上海证券交易所
股票简称:潜江制药　股票代码:600568

二、会计数据和业务数据摘要

一、公司报告期主要财务数据(单位:人民币元)

项目	2001年
利润总额	21,144,824.84
净利润	13,867,134.12
扣除非经常性损益后的净利润	12,197,321.15
主营业务利润	49,065,114.39
其他业务利润	47,082.38
营业利润	18,304,798.42
投资收益	2,842,734.50
补贴收入	
营业外收支净额	-2,708.08
经营活动产生的现金流量净额	4,586,089.67
现金及现金等价物净增加额	109,280,243.09

二、截止报告期末公司前三年主要会计数据和财务指标:(单位:人民币元)

财务指标	2001年度	2000年度 调整前	2000年度 调整后	1999年度 调整前	1999年度 调整后
主营业务收入	81,686,840.61	76,259,425.82	76,259,425.82	62,791,220.19	62,791,220.19
净利润	13,867,134.12	12,605,976.79	2,367,684.79	11,325,096.41	11,074,794.82
总资产	460,314,776.92	134,367,423.86	124,129,131.86	114,496,852.61	114,246,551.02
股东权益	433,471,002.31	82,363,582.59	72,125,290.59	70,007,907.39	69,757,605.80
每股收益(摊薄)	0.19	0.33	0.06	0.30	0.29
每股收益(加权)	0.23	0.33	0.06	0.30	0.29
扣除非正常性损益后的每股收益	0.17	0.34	0.34	0.29	0.29
每股净资产	5.95	2.16	1.91	1.85	1.84
调整后的每股净资产	5.93	2.12	1.85	1.84	1.84
每股经营活动产生的现金流量净额	0.06	0.08	0.08	0.18	0.18
摊薄净资产收益率(%)	3.20	15.31	3.28	16.17	15.88
加权净资产收益率(%)	4.46	16.57	3.34	17.60	17.24
扣除非正常性损益后加权净资产收益率(%)	2.81	15.58	15.58	17.26	17.26

三、报告期利润表附表

报告期利润	2001年度 净资产收益率(%) 全面摊薄	加权平均	每股收益(元/股) 全面摊薄	加权平均	2000年度 净资产收益率(%) 全面摊薄	加权平均	每股收益(元/股) 全面摊薄	加权平均
主营业务利润	11.32	15.79	0.67	0.80	53.46	57.89	1.16	1.16
营业利润	4.22	5.98	0.25	0.30	23.38	25.31	0.51	0.51
净利润	3.20	4.46	0.19	0.23	15.31	16.57	0.33	0.33
扣除非经常性损益后的净利润	2.81	3.91	0.17	0.20	14.58	16.27	0.34	0.34

三、股本变动及股东情况

(一)股本变动情况:
股份变动情况表:　数量单位:股

	本次变动前	本次变动增减(+,-) 配股	送股	公积金转股	增发	其他	小计	本次变动后
一、未上市流通股份	36,912,000							36,912,000
1、发起人股份								
其中:国家持有股份								
境内法人持有股份	36,912,000							36,912,000
境外法人持有股份								
其他								
2、募集法人股份								
3、内部职工股	948,000							948,000
4、优先股或其他								
未上市流通股份合计	37,860,000							37,860,000
二、已上市流通股份								
1、人民币普通股	0					35,000,000	35,000,000	35,000,000
2、境内上市的外资股								
3、境外上市的外资股								
4、其他								
已上市流通股份合计	0					35,000,000	35,000,000	35,000,000
三、股份总数	37,860,000					35,000,000	35,000,000	72,860,000

600569 安阳钢铁股份有限公司

2001 年年度报告摘要

一、公司基本情况简介

1、公司名称:安阳钢铁股份有限公司
公司英文名称:AnYang Iron & Steel Inc.
英文缩写:AYIS
2、公司法定代表人:史济春
3、公司董事会秘书:孙俊北
联系地址:河南省安阳市铁西区梅园庄
联系电话:0372-3120175
传真:0372-3120181
电子信箱:AGSJB@sohu.com
证券事务代表:阎长宽
联系地址:河南省安阳市铁西区梅园庄
联系电话:0372-3120175
4、公司注册、办公地址:河南省安阳市铁西区梅园庄
邮政编码:455004
公司互联网网址:http://www.angang.com.cn/
公司电子信箱:AGZQ@sohu.com
5、公司指定信息披露报纸:《中国证券报》、《上海证券报》
登载公司年度报告的国际互联网网址:http://www.sse.com.cn
公司年度报告备置地点:本公司证券部
6、公司股票上市交易所:上海证券交易所
公司股票简称:安阳钢铁
公司股票代码:600569

二、会计数据和业务数据摘要

(一)本年度主要会计数据:(单位:元)

项目	金额
利润总额	703523936.61
净利润	470730259.54
扣除非经常性损益后的净利润	473609579.10
主营业务利润	1031727871.07
其他业务利润	25390205.47
营业利润	703334015.59
投资收益	4487412.90
补贴收入	
营业外收支净额	-4297491.88
经营活动产生的现金流量净额	582079454.66
现金及现金等价物净增减额	791305469.46
扣除非经常性损益后的净利润的扣除项目:	
营业外收入:	
处理固定资产净收益	1142922.64
其他	15248.48
合计	1158171.12
营业外支出:	
处理固定资产净损失	3859368.13
赔偿违约金及罚款	71511.83
债务重组损失	1524783.04
合计	5455663.00

(二)近三年主要财务指标表:

指标名称	计量单位	2001 年度	2000 年度	1999 年度
主营业务收入	元	5947481443.95	5264675783.80	4331434687.12
净利润	元	470730259.54	492262987.45	314603829.20
总资产	元	6068533586.00	5089480677.66	4924690366.02
股东权益	元	4299424281.96	2409559094.40	2212262873.48
每股收益				
全面摊薄	元	0.35	0.45	0.29
加权平均	元	0.40	0.45	0.29
每股净资产	元	3.20	2.20	2.02
调整后每股净资产	元	3.18	2.18	1.99
每股经营活动产生的现金流量	元	0.43	1.33	0.57
净资产收益率				
全面摊薄	%	10.95	20.43	14.22
加权平均	%	14.70	20.83	12.71

(三)报告期净资产收益率和每股收益:

项目	净资产收益率(%)		每股收益(元/股)	
	全面摊薄	加权平均	全面摊薄	加权平均
主营业务利润	24.00	32.21	0.767	0.875
营业利润	16.36	21.96	0.523	0.597
净利润	10.95	14.70	0.350	0.399
扣除非经常性损益后净利润	11.02	14.79	0.352	0.402

三、股本变动及股东情况

(一)股本变动情况表

	本次变动前	配股	送股	转股	首发	国有股减持	本次变动后
一、未上市流通股份							
1、发起人股份:							
国家持有股份	895490259					-25000000	870490259
境内法人持有股份							
境外法人持有股份							
其他							
2、募集法人股							
3、内部职工股	200000000						200000000
4、优先股或其他							
未上市流通股份合计	1095490259					-25000000	1070490259
二、已上市流通股份							
1、人民币普通股					250000000	25000000	275000000
2、境内上市的外资股							
境外上市的外资股							
已上市流通股份合计					250000000	25000000	275000000
三、股份总数	1095490259				250000000		1345490259

(二)股东情况

(1)截止到 2001 年 12 月 31 日,公司股东总数为 145186 户。

(2)截止到 2001 年 12 月 31 日,公司前 10 名股东持股情况:

序号	股东名称	持股数(股)	持股比例(%)
1	安阳钢铁集团有限责任公司	870490259	64.70
2	景宏基金	1410000	0.11
3	武汉证券	1377800	0.10
4	同益基金	1027400	0.08
5	兴和基金	715924	0.05
6	财政金融	660000	0.05
7	张捍东	590000	0.04
8	褚威荣	530140	0.04
9	科汇基金	482000	0.04
10	华通通信	447800	0.03

注:(1)安阳钢铁集团有限责任公司持有股份为国家股,未上市流通。

报告期内因国有股减持 2500 万股,国有股由报告期初的 895490259 股变动为 870490259 股。报告期内集团公司所持国有股股份无质押或冻结。

(2)第 2 名至第 10 名股东为流通股股东,本公司不知其间有无关联关系。

(三)公司控股股东情况

安阳钢铁集团有限责任公司为国有独资公司,法定代表人:李文山,成立日期 1995 年 12 月,注册资本贰拾贰亿元(人民币),主要业务和产品:主营钢铁及钢铁延伸产品生产销售,兼营矿业、机械、建筑、运输等。

四、董事、监事、高级管理人员情况

(一)董事、监事、高管人员情况

1、基本情况

姓名	性别	年龄	职务	任期	年初持股数量(股)	年末持股数量(股)
史济春	男	46	董事长	2000.9-2002.4	6500	6500
李文山	男	56	董事	1999.4-2002.4	7000	7000
郝秀仲	男	57	董事	1999.4-2002.4	6500	6500
李存牢	男	41	董事、经理	2000.9-2002.4	6500	6500
李涛	男	38	董事、副经理	2000.9-2002.4	6000	6000
姚桐	男	47	董事	2000.9-2002.4	6500	6500
窦庆和	男	50	董事	2000.9-2002.4	6500	6500
安志平	男	47	董事	2000.9-2002.4	6500	6500
刘润生	男	38	董事	2000.9-2002.4	6000	6000
吴长顺	男	48	监事会主席	1999.4-2002.4	6500	6500
张太升	男	47	监事会副主席	1999.4-2002.4	6500	6500
杨法文	男	56	监事	1999.4-2002.4	6000	7000
魏德龙	男	51	监事	2000.9-2002.4	6500	6500
朱红一	男	41	监事	2000.9-2002.4	6500	6500
李利剑	男	38	副经理	2000.9-2002.4	6500	6500
王建祥	男	41	副经理	2000.9-2002.4	6500	6500
孙俊北	男	46	董事会秘书	2000.9-2002.4	6000	6000
靳雨顺	男	44	财务负责人	2000.9-2002.4	6500	6500

注:除监事杨法文于 2001 年 8 月 1 日首次公开发行购入 1000 股外,其他持股数量均为内部职工股。

2、年度报酬情况:

公司实行工效挂钩工资总额管理办法,按企业工资总额的增长幅度低于经济效益的增长幅度、职工实际平均工资增长幅度低于劳动生产率的增长幅度的政策确定公司董事、监事和高级管理人员的报酬。现任董事、监事、高级管理人员有 13 人在公司领取报酬,年度报酬总额为 455497.89 元,金额最高的前三名董事的报酬总额为 116204.2 元,金额最高的前三名的高管人员的报酬总额为 101700.1 元。年度报酬在 4 万元-4.5 万元区间的有 1 人,年度报酬在 3.5 万元-4 万元区间的有 8 人,年度报酬在 3.5 元以下的有 4 人。

董事李文山、郝秀仲,监事会主席吴长顺、副主席张太升、监事杨法文均在股东单位领取报酬。

3、在股东单位任职情况

董事、监事中有 7 人在股东单位任职。董事长史济春任安阳钢铁集团有限责任公司副董事

长、总经理、党委副书记；董事李文山任安阳钢铁集团有限责任公司董事长、党委书记；董事郝秀仲任安阳钢铁集团有限责任公司董事、工会主席；董事、经理李存牢任安阳钢铁集团有限责任公司董事；监事会主席吴长顺任安阳钢铁集团有限责任公司监事会主席、党委副书记；监事会副主席张天升任安阳钢铁集团有限责任公司监事会副主席、党委副书记、纪委书记；监事杨法文任安阳钢铁集团有限责任公司监事、审计部部长。

4、报告期内董事、监事、高级管理人员无变动情况。

五、公司治理结构

(一)公司治理情况：

公司按照《公司法》、《证券法》和有关法律、法规的要求，不断完善公司法人治理结构，规范公司运作。公司制定了《公司章程》、《股东大会议事规则》、《董事会议事规则》、《监事会议事规则》和《经理层工作细则》。

1、关于股东与股东大会：公司能够确保所有股东，特别是中小股东享有平等地位，使所有股东能够充分行使自己的权利；公司建立了《股东大会议事规则》，能够按照《股东大会规范意见》的要求召集、召开股东大会，尽可能让更多的股东参加股东大会，行使表决权；公司关联交易公平合理，并对有关事项予以充分披露。

2、关于控股股东与上市公司的关系：控股股东行为规范，没有超越股东大会直接或间接干预公司的决策和经营活动；公司与控股股东在人员、资产、财务、机构和业务方面做到了"五分开"；公司董事会、监事会和内部机构能够独立运作。

3、关于董事与董事会：公司严格按照《公司章程》规定的董事选聘程序选举董事；公司董事会的人数与人员构成符合法律法规的要求；公司董事会建立了《董事会议事规则》，各位董事能够以认真负责的态度出席董事会会议和股东大会，能够积极参加有关培训，学习有关法律法规，了解董事的权利、义务和责任。

4、关于监事和监事会：公司监事会的人数和人员构成符合法律法规的要求；公司监事会制定了《监事会议事规则》；公司监事能够认真履行自己的职责，能够本着对股东负责的精神，对公司财务以及公司董事、经理和其他高级管理人员履行职责的合法合规性进行监督。

5、关于绩效评价与激励约束机制：公司已初步建立了董事、监事和高级管理人员的绩效评价考核标准与激励约束机制。

6、关于相关利益者：公司能够尊重和维护银行债权人、职工、消费者等其他利益相关者的合法权益。

7、关于信息披露与透明度：公司指定董事会秘书负责信息披露工作，接待股东来访和咨询；公司能够按照法律法规和《公司章程》的规定，真实、准确、完整、及时地披露有关信息，并确保所有股东有平等的机会获得信息。

(二)独立董事履行职责情况

公司董事会根据中国证监会发布的《关于在上市公司建立独立董事制度的指导意见》的规定要求，正在积极物色独立董事人选，并起草和制订相关规则，按照要求在2002年6月30日前完成独立董事的人选与聘任，建立独立董事制度。

六、股东大会情况简介

报告期内公司召开了2000年度股东大会和2001年第一次、第二次临时股东大会。

(1)公司2000年度股东大会于2001年3月12日上午在公司办公大楼会议室召开。

(2)公司2001年第一次临时股东大会于2001年4月2日上午在公司办公大楼会议室召开。

(3)公司2001年第二次临时股东大会于2001年4月15日上午在公司办公大楼会议室召开。

七、董事会报告

(一)报告期内的经营情况

1.主营业务的范围及其经营状况

公司主营业务为钢铁及钢铁延伸产品的生产和销售。报告期内共生产生铁218.33万吨，钢272.5万吨，钢材230.59万吨，钢材产销率为99.4%。

(1)公司主营业务所属行业为黑色金属冶炼及压延加工业，报告期内完成主营业务收入5947481443.95元，其中管材占6.36%，型材占11.42%，建材占38.56%，板材占32.86%，钢坯占3.45%，其他占7.35%；其地区构成分别为：中南地区71.64%，华东地区9.78%，西北地区6.15%，华北地区4.8%，西南地区4.33%，国外3.27%，东北地区0.03%。报告期内完成主营业务利润1031727871.07元，其中管材占7.49%，型材占17.98%，建材占47.28%，板材占18.73%，其他占5.90%，钢坯占2.62%；其地区构成分别为中南地区75.33%，华东地区8.36%，西北地区7.08%，华北地区4.05%，西南地区5.00%，国外0.16%，东北地区0.02%。

(2)公司生产经营的主要产品为钢材，其市场占有率为1.46%。占公司主营业务收入或主营业务利润10%以上的主要钢材产品情况如下：

产品名称	销售收入(元)	销售成本(元)	毛利率(%)
型材	666115446.93	480574480.58	27.85
建材	2285259542.08	1797472589.46	21.34
板材	1966159725.58	1772961192.80	9.83

(3)报告期内主营业务及其结构与前一报告期没有大的变化。

2.公司主要控股公司的经营情况及业绩(未经审计)

单位：元

控股公司名称	注册资本	经营范围	资产规模	净利润
陕西鸿安金属材料有限公司	10000000	销售钢材	11146653.17	309785.66
潍坊安鲁金属材料有限公司	10000000	销售钢材	36866579.03	16909.31
南阳安宛金属材料有限公司	10000000	销售钢材	14013420.67	67693.56
兰州安兰金属材料有限公司	4000000	销售钢材	6671509.16	-3224129.97
山西安金工贸公司	8000000	销售钢材	7729730.93	-200586.29

3.主要供应商、客户情况：

公司前五名主要供应商合计的采购金额占采购总额的比例为21.98%；

公司前五名主要客户合计的销售额占销售总额的比例为24.71%。

4.与盈利预测对比：

公司曾在招股说明书中披露本年度盈利预测：

其中：①管理费用预测数41967万元，实际比预测降低27.73%。主要原因是：公司实行工效挂钩工资，2001年效益较2000年未增长，未提取增长效益工资所致。②营业费用预测数5257万元，实际比预测增长23%。主要原因是：2001年钢材和钢坯出口量增加，使公司承担的国内运输费用增加。③财务费用预测数2147万元，实际比预测少3565万元。主要原因是：由于公司提前归还欠收购集团公司100吨电炉款，资金占用费减少和公司公开发行股票后，利息收入增加。

(二)报告期投资情况

2001年共完成投资额78464.27万元，较上年增长234.33%

1.募集资金投资情况

本公司募集资金承诺投资项目为100吨级转炉——炉卷轧机，由于该项目可研报告的正式批文下发较晚，在此之前公司做了场地平整等工作，目前正在进行考古物探。鉴于该项目用地距离殷墟遗址保护区较近，考古物探工作量较大，公司正积极协调，争取考古物探工作早日结束，为该项目早日建成投产争取时间。截止二00一年底，该项目前期准备及场地平整、考古物探工作等使用募集资金609万元。

本公司董事会2001年10月通过决议使用暂时闲置募集资金购买国债2.4亿元，详见2001年10月13日《中国证券报》、《上海证券报》，本公司已于2001年12月底前全部购买国债。

其余募集资金按规定存入有关银行。

2、非募集资金投资情况

非募集资金项目完成投资额53854.81万元。其中：

(1)公司董事会三届十二次会议决议通过，用自有资金购买国债10000万元，已于2001年10月收回投资；

(2)用于工程项目的投资43854.81万元，主要项目如下：

线棒材易地改造23434.46万元；2#14000m3/h制氧机6277.48万元；方坯连铸机6989.76万元；焦化煤气净化3134.24万元；机械化料场(尾工)23.72万元；高炉循环水(尾工)206.71万元；75吨锅炉(尾工)73.86万元；三炼废钢料场695.51万元；90m2烧结机(尾工)197.40万元；380m3高炉(尾工)79.89万元；新区粉尘治理134.56万元；220KV变电站168万元；焦化公用辅助设施(尾工)96.03万元；其他工程2343.21万元。

2001年完工项目主要有：线棒材易地改造、2#14000m3/h制氧机、方坯连铸机以及一些项目的尾工工程。转增固定资产67603.41万元。主要是以下项目：线棒材易地改造(预转)38000万元；2#14000m3/h制氧机(预转)8970万元；机械化料场2732.23万元；高炉循环水1057.84万元；75吨锅炉736.11万元；方坯连铸机7594.47万元；90m2烧结机341.40万元；380m3高炉207.89万元；焦化公用辅助设施3389.25万元；其他工程4574.23万元。

(三)公司财务状况

项目	金额(万元)		增(+)减(-)
	2001年度	2000年度	比率%
总资产	606853.36	508948.07	19.24
长期负债	6109.32	61958.43	-90.14
股东权益	429942.43	240955.91	78.43
主营业务利润	103172.79	123621.70	-16.54
净利润	47073.03	49226.30	-4.37

变动的主要原因：

1、总资产比上年增加19.24%，主要是公司在8月份公开发行股票，流动资产增加；

2、长期负债比上年减少90.14%，主要是公司在2月份归还了欠收购集团公司100吨电炉款61958.43万元；

3、股东权益比上年增加78.43%，主要是公司在8月份公开发行股票，募集资金和本年度盈利所致；

4、主营业务利润及净利润比上年下降，主要是公司所需原燃材料在2001年10月份以后涨价和钢材价格下降所致。

(四)生产经营环境以及宏观政策变化对公司经营状况的影响

1、加入WTO后对公司的影响

我国加入WTO后，国家对钢铁行业将逐步履行在关税减让、非关税壁垒、贸易权等方面作出的承诺，钢铁企业面临的内外环境将发生很大变化，对公司来讲既是挑战，又是机遇。一方面进口关税下降，将使公司产品面临的国内外竞争更加激烈；另一方面，关税的降低也有利于公司的进出口贸易，促进公司经营方式的进一步转变和管理水平的进一步提高。近几年来公司通过加大技术进步和技术改造投入，使技术装备水平得到了迅速提高，主体装备如100吨电炉、2800mm中板轧机、高速线材轧机等生产线已达到国际先进水平，这对于公司调整产品结构，提高竞争能力，在更大范围、更高层次参与国际竞争，打下了坚实的基础。2、根据国家有关规定，从2002年1月1日起，"公司上市后享受企业所得税实行先按33%法定税率征收再返还18%的优惠政策"停止执行，对公司的净利润将有一定影响。

(五)亚太(集团)会计师事务所有限公司为本公司出具了标准无保留意见的审计报告。[亚会审字(2002)36号]

(六)2002年度公司业务发展计划

1、以党的十五届五中、六中全会精神为指针，按照中央经济工作会议部署，把握加入WTO的新形势，转变观念，统一思想，坚定信心，抵御和克服市场竞争中的风险和困难；深化改革，强化管理，推进现代企业制度建设；调整结构，加快发展，全面提升安钢的核心竞争能力；实施效益系统工程，以提高企业效益和全体股东利益为目的，确保全年奋斗目标的实现。

2、2002年度公司目标为：钢产量310万吨，生铁230万吨，钢材270万吨；销售收入60亿元，产销率100%。

为实现上述目标，要重点抓好以下几方面的工作：

(1)坚持依靠现有基础，优化资源配置，实施以效定产，力求结构效益最大化。

(2)加强和改进企业管理，组织实施以"抓成本、降消耗、反浪费、增效益"为中心的效益系统工程，确保效益目标实现。

(3)适应市场变化，创新经营理念，努力开创安钢管理工作新局面。

(4)完善科技体制，强化技术创新，切实提高科技对效益增长的贡献率。

(5)推进结构调整，提升装备水平，加速安钢由大厂到强厂的转变。

(6)深化内部改革，强化资本运营，以公司上市为契机，规范企业各项管理工作。

(七)2001年度公司利润分配预案

经亚太(集团)会计师事务所审计，公司2001年度实现净利润470730259.54元，依据《公司章程》规定，提取10%的法定公积金和10%的公益金，共计94146051.9元，加上年初未分配利润389103445.64元，年末可供投资者分配的利润累计为765687653.28元。公司拟以2001年末总股本1345490259股为基数，向全体股东每10股派发现金1.875元(含税)，共派发现金252279423.56元，剩余净利润转入下年度。

公司2001年度利润分配预案与公司招股说明书预计分配政策相符。

本次派发现金股利预案在公司2001年度股东大会通过后适当时间实施。

(八)2002年度公司利润分配政策预案。

拟定2002年度利润分配政策如下：

1、公司拟在2002年度结束后分配利润一次；

2、公司2002年度实现净利润用于股利分配的比例在10%以上；

公司2001年度结转到2002年度的未分配利润，不分配；

3、分配采用现金形式，现金股利占股利分配的比例为100%；

4、公司2002年度不进行资本公积金转增股本；

5、具体分配将根据公司实际发展情况由股东大会决定。

八、监事会报告

(一)监事会工作情况

2001 年度公司监事会根据《公司法》和《公司章程》的规定,本着对全体股东负责的精神,认真履行有关法律、法规所赋予的职责,积极开展工作。报告期内本公司监事会共召开二次会议,并列席了各次董事会会议和出席股东大会。

1、监事会第三届第六次会议于 2001 年 2 月 10 日在公司办公大楼三楼会议室召开,会议审议并通过了以下议案:

(1)2000 年度监事会报告;

(2)监事会议事规则。

2、监事会第三届第七次会议于 2001 年 8 月 9 日在公司办公大楼三楼会议室召开,会议审议并通过了以下议案:

(1)公司 2001 年中期报告及其摘要的议案;

(2)公司 2001 年中期利润分配方案的议案;

(3)关于固定资产等四项减值准备的议案;

(4)关于利用自有资金 1 亿元投资国债的议案。

(二)公司依法运作情况

公司监事会根据国家有关法律、法规,根据中国证监会发布的上市公司治理的规范性文件,对公司股东大会、董事会的召开程序、决议事项,董事会对股东大会决议的执行情况,公司高级管理人员的执行职务情况及公司管理制度等进行了监督。认为本届董事会的工作是认真负责的,公司的经营决策是科学合理的,公司的管理制度规范、科学。本报告期内首发 27500 万 A 股(含国有股减持 2500 万股)是规范的、成功的,为公司产品结构调整规划的顺利实施奠定了良好基础。公司的内控体系是较为完整良好的,能较好地防范公司的管理和财务风险。公司的董事、高管人员在执行职务时没有违犯国家法律、法规以及《公司章程》,也未发现有损害公司利益和股东权益的情况发生。公司目前正在积极物色独立董事人选,建立独立董事制度。

(三)检查公司财务情况

公司监事会对公司的财务结构和财务状况进行了认真、细致的检查,认为公司 2001 年度财务结构合理,财务状况良好。公司 2001 年度财务报告能够真实反映公司的财务状况和经营成果。

(四)公司募集资金使用情况

公司本次募集资金于 2001 年 8 月到达公司账户,公司承诺将全部用于 100 吨级转炉——炉卷轧机项目的建设,该项目的可行性研究报告于 2001 年 10 月已经国务院批准。

公司募集资金承诺投资项目为 100 吨级转炉——炉卷轧机,由于该项目可研报告的正式批文下发较晚,在此之前公司做了场地平整等工作,目前正在进行考古物探。鉴于该项目用地距离殷墟遗址保护区较近,考古物探工作量较大,公司正积极协调,争取考古物探工作早日结束,为该项目早日建成投产争取时间。截止二 00 一年底该项目前期准备及场地平整、考古物探工作等使用募集资金 609 万余。

公司 2001 年 10 月通过决议使用暂时闲置募集资金购买国债 2.4 亿元,详见 2001 年 10 月 13 日《中国证券报》、《上海证券报》,本公司已于 2001 年 12 月底前全部购买国债。其余募集资金按规定存入有关银行。

(五)公司收购、出售资产交易价格合理,未发现有内幕交易、损害部分股东权益或造成公司资产流失的现象。

(六)公司在进行关联交易时,严格遵循有关关联交易的规定和程序,交易过程公平,价格合理,未发现损害公司利益的现象。

(七)亚太(集团)会计师事务所有限公司为本公司出具了亚会审字(2002)36 号标准无保留意见的审计报告。

九、重要事项

(一)本年度公司无重大诉讼、仲裁事项。

(二)本年度公司无重大收购及出售资产、吸收合并事项。

(三)关联交易事项:

1、向关联方采购材料:

单位名称	2001 年度	2000 年度	交易内容
安阳钢铁集团有限责任公司	205,702,938	156,214,711	白灰、渣钢、铸件
安钢集团水冶钢铁有限公司 *	461,232,394	322,029,985	生铁、改性铁、球团矿等
安钢集团福利实业有限公司	19,849,876	19,024,805	劳保用品、配电箱
安钢集团劳服实业有限公司	34,911,366	34,517,344	五金化工电料
安钢集团三博实业有限公司	36,808,180	24,291,074	耐火材料
安钢集团国际贸易有限公司	60,747,855	99,157,058	洗精煤、废钢
安钢集团建安金都有限公司	39,992	1,355,988	金属构件
安钢集团老干部经技开发公司	27,036,804	9,945,943	洗精煤、铁精矿
安钢集团丰达实业有限公司	2,136,638	12,252,302	生铁
安钢集团金航宾馆	2,769,753		废钢、生铁
安钢集团金创电子有限公司	6,439,832		备件、耗材
安钢集团太行有限公司	3,437,058		备件
安钢集团鑫博实业有限公司	2,967,738		电缆
安钢集团钢花水泥有限公司	4,947,317		水泥
小计	869,027,741	678,789,210	
占主营业务成本的比例	17.81%	17.01%	

* 2001 年向该公司采购生铁 202,980.62 吨,价格 1,041.30 元/吨(含税);改性生铁 253,200.00 吨,价格 936.00 元/吨(含税);球团矿 207,929.43 吨,价格 361.60 元/吨(含税)。

2、向关联方销售产品:

单位名称	2001 年度	2000 年度	交易内容
安阳钢铁集团有限责任公司	141,817,571	27,580,139	焦碳、钢材
安钢集团水冶钢铁有限公司 *	124,821,920	115,484,714	焦碳
安钢集团信阳钢铁有限公司	2,152,711		钢材产品
安钢集团劳服实业有限公司	3,335,633	2,364,043	钢材产品
安钢集团国际贸易有限公司	83,591,949	161,422,573	钢材产品
安钢集团北京相丰源贸易中心		8,467,701	钢材产品
河南安阳钢铁公司郑州经销公司	277,577,367	289,767,074	钢材产品
安钢集团建安金都有限公司	1,195,247		钢材产品
安钢集团舞阳矿经销有限公司	697,058		钢材产品
安钢集团丰达实业有限公司	304,240		钢材产品
安钢集团福利实业有限公司	18,365,115		钢材产品
安钢集团三博实业有限公司	18,515,929		钢材产品
山西安金工贸有限公司		88,369,216	钢材产品
潍坊安鲁金属材料有限公司	20,763,377	21,948,800	钢材产品
兰州安兰金属材料有限公司	111,659,317	94,236,640	钢材产品
南阳安宛金属材料有限公司	51,623,215	59,704,875	钢材产品
陕西秦安金属材料有限公司	49,889,392	114,424,367	钢材产品
陕西鸿安金属材料有限公司	114,178,496	142,257,934	钢材产品
小计	1,020,488,537	1,126,028,076	
占主营业务收入的比例	17.16%	21.39%	

* 2001 年度公司向该公司销售焦碳 271,352.00 吨,价格 538.20 元/吨(含税)。

3、接受关联方劳务:

单位名称	2001 年度	2000 年度	交易内容
安钢集团有限责任公司	108,041,435	91,198,434	运输装卸
安钢集团水冶钢铁有限公司	3,177,319	3,769,575	运输装卸
安钢集团福利实业有限公司	2,800,470	1,331,175	办公机具维修
安钢集团劳服实业有限公司	12,002,436	4,240,772	设备修理
安钢集团三博实业有限公司	52,198,037	59,398,075	运输装卸修理
安钢集团综利冶炼有限公司	7,747,320	2,313,372	生铁加工
安钢集团国际贸易有限公司	1,648,661	267,323	办公机具维修
安钢集团建安金都有限公司	5,137,967	4,531,555	设备安装
安钢集团太行有限责任公司	224,518		运输
安钢集团丰达实业有限公司	355,875	3,477,589	运输、装卸
小计	193,334,038	170,527,871	
占主营业务成本的比例	3.96%	4.27%	

4、向关联方销售材料:

单位名称	2001 年度	2000 年度	交易内容
安钢集团有限责任公司	183,479,583	149,256,499	备件辅助材料
安钢集团水冶钢铁有限公司	4,297,399	3,915,969	辅助材料
安钢集团福利实业有限公司	15,735	13,817,147	辅助材料
安钢集团三博实业有限公司	2,350,801	12,097,917	辅助材料
小计	190,143,518	179,087,532	

5、根据公司与安钢集团公司签订的《进出口代理合同》,公司进口矿石由安钢集团公司代理,公司按进口矿石金额的 0.1%支付代理费。2001 年代理进口矿石 1,625,984 吨,2000 年代理进口矿石 373,226 吨。2001 年矿石进口量大幅度上升的主要原因是:国内矿石市场变化,使用进口矿石成本较低以及钢产量增加、原料结构调整等因素所致。

6、支付资金占用费:

根据公司与安钢集团公司达成的资产收购协议及补充协议,安钢集团公司将炼钢改造项目转让给安钢股份公司,该项目的转让价格按 2000 年 8 月 31 日的评估价值 884,209,099.03 元确定,在该项目价款支付前按月利率 3.96‰支付资金占用费。公司 2001 年 2 月 28 日将剩余欠款 619,584,257.99 元及资金占用费 4,252,826.35 元全部偿付。

7、综合服务费:

根据公司与安钢集团公司达成的综合服务协议,股份公司 2001 年度向安钢集团公司支付综合服务费 780 万元,其中:警卫消防费 420 万元、电话通讯服务费 180 万元、办公用小车 180 万元。

8、土地租赁费:

根据公司与安钢集团公司达成的土地租赁协议,公司租用安钢集团公司土地 2,975,847.37 平方米,按年 1.64 元/平方米标准 2001 年度向安钢集团公司支付土地租赁费 4,880,389.68 元。

报告期内公司不存在股权转让发生的关联交易

(四)重大合同及其履行情况

1、报告期内,公司没有发生托管、承包、租赁事项。

2、报告期内,公司没有发生重大担保事项。

3、报告期内,公司没有发生委托他人进行现金资产管理事项。

4、报告期内,公司无其他重大合同。

(五)承诺事项及其履行情况

集团公司在本公司股票上市时已作出以下承诺

1、集团公司承诺:"(1)本公司作为股份公司控股股东,不会就 1993、1994 年度利润分配问题向股份公司或有关部门提出任何有利于本公司的要求或请求;(2)如果股份公司内部职工股股东或任何其他第三方就 1993、1994 年度利润分配向股份公司或有关部门提出要求或请求,该要求或请求所引致的风险及损失全部由本公司承担。"

2、集团公司承诺并保证:集团公司不会在中国境内或境外,以任何方式(包括但不限于单独经营、通过合资经营或拥有另一家公司或企业的股份及其他权益)直接或间接参与任何与股份公司构成竞争的任何业务或活动;集团公司不利用其控股地位从事有损于股份公司利益的行为。

3、集团公司承诺:自发行人股票上市之日起 12 个月内,不转让所持有的股份,也不由上市公司回购其持有的股份。

在报告期内,集团公司没有违反以上任何一项承诺。

(六)公司本年度聘请的会计师事务所未变更,仍为亚太(集团)会计师事务所有限公司。

支付给亚太(集团)会计师事务所有限公司的报酬情况如下:

本年度应付给亚太(集团)会计师事务所有限公司的审计费用 595 万元(含上市审计费 300 万元、验资费 44 万元、盈利预测费 151 万元、中期审计费 100 万元),年度内已支付 351 万元;2000 年度支付 100 万元。

(七)报告期内,公司、公司董事会及董事无受到中国证监会稽查、中国证监会行政处罚、通报批评、证券交易所公开谴责的情形。

(八)根据河南省财政厅 2001 年 9 月 21 日《关于安阳钢铁股份有限公司企业所得税优惠政策的批复》(豫财税政[2001]63 号文)批准同意,安阳钢铁股份有限公司上市后,享受企业所得税实行先按 33%法定税率征收再返还 18%的优惠政策。该优惠政策享受到 2001 年 12 月 31 日止。(2001 年 10 月 9 日《中国证券报》、《上海证券报》)截止二 00 二年元月八日安阳钢铁股份有限公司收到所得税返还 5127 万元。

(九)本公司在报告期内未发生《证券法》第六十二条、《公开发行股票公司信息披露实施细则》(试行)第十七条所列的重大事件,以及公司董事会判断为重大事件的事项。

十、财务报告

一、审计报告

亚会审字(2002)36 号

安阳钢铁股份有限公司全体股东:

我们接受委托,审计了贵公司 2001 年 12 月 31 日的资产负债表、2001 年度的利润及利润分配表和 2001 年度的现金流量表。这些会计报表由贵公司负责,我们的责任是对这些会计报表发表审计意见。我们的审计是依据《中国注册会计师独立审计准则》进行的。在审计过程中,我们结合贵公司的实际情况,实施了包括抽查会计记录等我们认为必要的审计程序。

我们认为,上述会计报表符合《企业会计准则》和《企业会计制度》的有关规定,在所有重大方面公允地反映了贵公司 2001 年 12 月 31 日的财务状况及 2001 年度的经营成果和 2001 年度的现金流量情况,会计处理方法的选用遵循了一贯性原则。

亚太(集团)会计师事务所有限公司 **中国注册会计师:王红奎**

中国·郑州 **中国注册会计师:郭德功**

二零零二年三月二十八日

(二)会计报表:(附后)

（三）会计报表附注：

公司采用的主要会计政策、会计估计和会计报表的编制方法

1、会计制度：公司执行《企业会计制度》。

2、会计年度：采用公历年制，即公历1月1日起至12月31日止为一个会计年度。

3、记账本位币：人民币。

4、记账基础和计价原则：以权责发生制为记账基础，以历史成本为计价原则。

5、外币业务的折算：发生外币业务时，按当日的外币汇率折算为人民币记账，期末货币性项目的外币账户余额按期末汇率折算，与原账面人民币余额之间的差额作为汇兑损益。对于筹建期间发生的汇兑损益记入长期待摊费用；与购建固定资产有关的外币借款所产生的汇兑损益在固定资产交付使用前记入固定资产成本；其它汇兑损益记入当期费用。

6、现金等价物的确定标准：现金等价物是指公司持有时间短、流通性强、易于转换为已知金额现金、价值变动风险很小的短期投资。

7、合并会计报表的编制方法：

(1)合并会计报表范围确认原则：公司对其他单位投资如拥有其半数以上(不包括半数)的权益性资本，或拥有的权益性资本虽然不足半数以上，但具有实质性控制权，则该单位纳入公司会计报表合并范围；如子公司资产总额、销售收入及净利润分别占母公司资产总额、销售收入及净利润的比例均不超过10%，则不纳入合并范围。

(2)合并会计报表的编制方法：按照财政部《合并会计报表暂行规定》及其补充规定执行。

8、短期投资的核算方法：短期投资发生时按实际成本计价，投资转让或到期兑付时确认投资收益。

期末短期投资按成本与市价孰低法计价，并按单项投资计算并确定计提短期投资跌价准备。

9、坏账损失的核算方法：

(1)坏账损失是指债务人破产或死亡，以其破产财产或遗产清偿后仍无法收回的应收款项(含其他应收款，下同)或债务人逾期三年以上未履行偿债义务，且有明显证据表明无法收回的应收款项。

(2)公司坏账损失采用备抵法进行核算，中期期末或年度终了按应收款项余额进行账龄分析后，按以下比例计算，差额计提。

账龄	计提比例
1年以内	5%
1－2年	10%
2－3年	30%
3－5年	70%
5年以上	100%

10、存货的核算方法：

公司存货包括原材料及主要材料、辅助材料、燃料、外购半成品、备品备件、委托加工物资、自制半成品、产成品、包装物和低值易耗品。

(2)核算方法：

A.材料采用计划成本核算，实际成本与计划成本的差额计入材料成本差异，月末按分类材料成本差异率计算发出材料应分摊的差异，将发出材料的计划成本调整为实际成本；

B.产成品采用实际成本核算，按月一次加权平均结转销售成本；

C.低值易耗品领用时按一次摊销法摊销。

(5)年度终了提取存货跌价准备，提取方法按单个存货成本与可变现净值孰低计价原则，将成本与可变现净值之间的预计损失计入存货跌价准备。

11、长期股权投资的核算方法：

(1)公司长期股权投资，按投资时实际支付的金额或确定的价值记账。对于收益的确认，本公司投资占被投资单位有表决权资本总额20%或20%以上，或虽投资不足20%，但有重大影响，采用权益法核算；投资占被投资单位有表决权资本20%以下，或虽20%以上，但不具有重大影响，采用成本法核算；投资占被投资单位有表决权资本总额50%以上或实际拥有控制权的采用权益法核算，并合并会计报表。

(2)股权投资差额的摊销：合同规定了投资期限的，按投资期限摊销，没有规定投资期限的，按不超过10年的期限摊销。

12、长期债权投资的核算方法：按实际支付的全部价款，扣除相关费用和自发行日至购买日的应计利息后的余额入账。债券投资溢价或折价在债券存续期内，按直线法平均摊销。投资收益按权责发生制的原则确认。

13、长期投资减值准备的核算方法：

期末对市价持续下跌或被投资单位经营状况恶化等原因，导致其可收回金额低于长期投资账面价值，并且这种降低的价值在可预计的未来期间内不可能恢复，将可收回金额低于长期投资账面价值的差额，计提长期投资减值准备。

14、固定资产计价和折旧政策：

(1)固定资产标准：凡使用期限在一年以上，单位价值在2,000元以上的房屋建筑物、机器设备、机械运输工具及其他与生产经营有关的设备、器具或单位价值2,000元以上、使用期限超过二年的不属于生产经营主要设备的物品。

(2)固定资产计价：购入的固定资产按实际购入价及相关的费用税金等为固定资产的入账价值；自行建造的固定资产按建造该项资产达到预定可使用状态前所发生的全部支出作为固定资产的入账价值；接受捐赠的固定资产按同类资产的市场价格或有关凭据及相关费用为固定资产的入账价值；投资转入的固定资产按投资双方确认的价值作为固定资产的入账价值。

(3)固定资产折旧政策：固定资产折旧采用直线法分类计算，按月计提。

固定资产的使用年限和折旧率列示如下：

固定资产类别	折旧年限	残值率%	年折旧率%
房屋建筑物	16－32	0	3.12－6.36
专用设备	7－9	3	12.30－13.80
通用设备	6－15	3	7.98－17.58
运输设备	6	3	17.58

(4)对于市价连续下跌，或技术陈旧、损坏、长期闲置等原因导致其可收回金额低于账面价值的固定资产，公司按可收回金额低于账面价值的差额计提固定资产减值准备。

15、在建工程核算方法：

在建工程按实际成本入账，在建筑期或安装期内为该工程所发生的借款利息支出计入该工程成本。建造完成的固定资产达到预定可使用状态，根据工程预算、造价或工程实际成本等，按估计的价值由在建工程转入固定资产，待办理了竣工决算手续后再作调整。

对有证据表明发生减值的在建工程，如长期停建并预计在三年内不会重新开工的；所建项目在性能上、技术上已经落后、且给公司带来的经济利益具有很大不确定性的在建工程，公司按可收回金额低于账面价值的差额计提在建工程减值准备。

16、无形资产的计价和摊销政策：购入的无形资产按实际支付的价款计价；投资转入的无形资产按投资各方确认的价值作为入账价值；自行开发并依法申请取得的无形资产，按依法取得时发生的注册费、律师费等费用作为入账价值；无形资产摊销期限：合同及法律规定了受益期限的，在受益期限内分期平均摊销；合同及法律没有规定受益期限的，按不超过10年的期限摊销。

17、长期待摊费用的摊销政策：

长期待摊费用按受益期或不超过两年的期限摊销。

18、借款费用的会计处理：为筹集生产经营所需资金而发生的借款费用，计入财务费用；为购建固定资产专门借款所发生的借款费用，在固定资产达到预定可使用状态前按规定应予资本化的部分计入固定资产购建成本，固定资产达到预定可使用状态后停止借款费用资本化，将其计入财务费用。

19、收入的确认方法：

(1)销售商品：在商品所有权上的主要风险和报酬转移给购货方，公司没有保留通常与所有权相联系的继续管理权，也没有对已售出的商品实施控制，并且与交易相关的经济利益能够流入公司，与销售该商品相关的收入和成本能够可靠地计量时，确认收入实现；

(2)提供劳务：劳务如在同一会计年度内开始并完成，在完成劳务时确认收入；如劳务的开始和完成分属不同的会计年度，且提供劳务的结果能够可靠估计的情况下，在资产负债表日按完工百分比法确认相关的劳务收入；

(3)他人使用本企业资产：他人使用本企业资产，在与交易相关的经济利益能够流入企业，且收入的金额能够可靠地计量时，确认收入。

20、所得税的会计处理：公司所得税采用应付税款法。

21、未分配利润：

本公司税后利润按以下顺序及比例分配：

(1)弥补以前年度亏损；

(2)按10%提取法定盈余公积金；

(3)按5%－10%提取公益金；

(4)提取任意盈余公积(提取比例由股东大会决定)；

(5)支付普通股股利(依据公司章程，由股东大会决定分配方案)

十一、备查文件目录

1、载有董事长亲笔签名的年度报告文本；

2、载有法定代表人、财务负责人、会计主管人员签名并盖章的会计报表；

3、载有会计师事务所盖章、注册会计师签名并盖章的审计报告原件；

4、报告期内在中国证监会指定报刊上公开披露过的所有公司文件的正本及公告原稿；

5、本公司章程。

安阳钢铁股份有限公司

董事长：史济春

2002年4月10日

利润及利润分配表

2001年度

编制单位：安阳钢铁股份有限公司　　单位：人民币元

项　目	注释	2001年度	2000年度
一、主营业务收入	27	5,947,481,443.95	5,264,675,783.80
减：主营业务成本	28	4,879,033,484.07	3,989,895,224.05
主营业务税金及附加	29	36,720,088.81	38,563,507.02
二、主营业务利润		1,031,727,871.07	1,236,217,052.73
加：其他业务利润	30	25,390,205.47	26,549,030.96
减：营业费用		64,669,818.84	58,078,200.10
管理费用	31	303,302,615.52	408,099,908.09
财务费用	32	－14,188,373.41	37,284,310.70
三、营业利润		703,334,015.59	759,303,664.80
加：投资收益	33	4,487,412.90	4,254,818.83
补贴收入		－	－
营业外收入		1,158,171.12	1,803,225.58
减：营业外支出		5,455,663.00	23,963,389.36
四、利润总额		703,523,936.61	741,398,319.85
减：所得税	34	232,793,677.07	249,135,332.40
少数股东损益		－	
五、净利润		470,730,259.54	492,262,987.45
加：年初未分配利润		389,103,445.64	200,697,479.24
其他转入			
六、可供分配的利润		859,833,705.18	692,960,466.69
减：提取法定盈余公积		47,073,025.95	49,226,298.75
提取法定公益金		47,073,025.95	49,226,298.74
提取职工奖励及福利基金			
提取储备基金			
提取企业发展基金			
利润归还投资			
七、可供投资者分配的利润		765,687,653.28	594,507,869.20
减：应付优先股股利			
提取任意盈余公积			
应付普通股股利		252,279,423.56	205,404,423.56
转作股本的普通股股利			
八、未分配利润		513,408,229.72	389,103,445.64

资 产 负 债 表

2001 年 12 月 31 日

编制单位:安阳钢铁股份有限公司　　单位:人民币元

项　目	注释	期末数	期初数
流动资产:			
货币资金	1	1,746,351,068.09	955,045,598.63
短期投资	2	240,000,000.00	-
应收票据	3	179,040,385.68	280,730,852.72
应收股利		-	-
应收利息		-	-
应收帐款	4	71,341,176.77	212,049,124.62
其他应收款	5	7,511,267.74	10,058,130.13
预付帐款	6	21,741,774.64	160,530,563.80
应收补贴款		-	-
存货	7	955,438,368.75	767,213,593.36
待摊费用	8	11,420,708.05	2,932,383.33
一年内到期的长期债权投资		-	-
其他流动资产		-	
流动资产合计		3,232,844,749.72	2,388,560,246.59
长期投资:			
长期股权投资	9	20,885,931.80	29,581,010.82
长期债权投资		-	-
长期投资合计		20,885,931.80	29,581,010.82
固定资产:			
固定资产原价	10	5,151,248,703.48	4,451,641,611.27
减:累计折旧		2,392,451,144.06	2,084,761,991.36
固定资产净值		2,758,797,559.42	2,366,879,619.91
减:固定资产减值准备			
固定资产净额		2,758,797,559.42	2,366,879,619.91
工程物资	11	7,638,569.98	24,437,287.62
在建工程	12	48,366,775.08	280,022,512.72
固定资产清理		-	-
固定资产合计		2,814,802,904.48	2,671,339,420.25
无形资产及其他资产:			
无形资产			
长期待摊费用			
其他长期资产			
无形资产及其他资产合计		-	-
递延税项			
递延税款借项			
资产总计		6,068,533,586.00	5,089,480,677.66
项目	注释	期末数	期初数
流动负债:			
短期借款	13	3,050,000.00	
应付票据	14	303,429,951.19	537,070,274.51
应付帐款	15	459,189,114.40	512,811,421.49
预收帐款	16	113,342,627.50	128,418,480.65
应付工资	17	317,840,905.07	317,840,905.07
应付福利费		153,983,343.63	143,680,118.75
应付股利	18	252,279,423.56	205,404,423.56
应交税金	19	20,615,829.05	74,824,843.59
其他应交款		601,318.75	4,611,355.56
其他应付款	20	83,683,562.89	135,675,502.09
预提费用		-	-
预计负债		-	-
一年内到期的长期负债		-	-
其他流动负债		-	
流动负债合计		1,708,016,076.04	2,060,337,325.27
长期负债:		-	-
长期借款	21	60,000,000.00	-
长期应付款	22	1,093,228.00	619,584,257.99
专项应付款		-	-
其他长期负债		-	-
长期负债合计		61,093,228.00	619,584,257.99
递延税项:			
递延税款贷项			
负债合计		1,769,109,304.04	2,679,921,583.26
股东权益:			
股本	23	1,345,490,259.00	1,095,490,259.00
减:已归还投资		-	-
股本净额		1,345,490,259.00	1,095,490,259.00
资本公积	24	1,442,440,781.51	21,026,429.93
盈余公积	25	998,085,011.73	903,938,959.83
其中:法定公益金		366,730,085.34	319,657,059.39
未分配利润	26	513,408,229.72	389,103,445.64
股东权益合计		4,299,424,281.96	2,409,559,094.40
负债和股东权益总计		6,068,533,586.00	5,089,480,677.66

现 金 流 量 表

2001 年度

编制单位:安阳钢铁股份有限公司　　单位:人民币元

项　目	注释	金　额
一、经营活动产生的现金流量:		
销售商品、提供劳务收到现金		7,406,910,357.12
收到的税费返还		
收到的其他与经营活动有关的现金		11,928,664.03
现金流入小计		7,418,839,021.15
购买商品、接受劳务支付的现金		5,432,377,913.45
支付给职工以及为职工支付的现金		494,257,816.81
支付的各项税费		763,976,166.91
支付的其他与经营活动有关的现金	35	146,147,669.32
现金流出小计		6,836,759,566.49
经营活动产生的现金流量净额		582,079,454.66
二、投资活动产生的现金流量:		
收回投资所收到的现金		101,006,122.08
取得投资收益所收到的现金		7,957,136.33
处置固定资产、无形资产和其他		467,747.00
长期资产而收到的现金净额		
收到的其他与投资活动有关的现金		
现金流入小计		109,431,005.41
购建固定资产、无形资产和其他		
长期资产所支付的现金净额		465,819,471.69
投资所支付的现金		340,000,000.00
支付的其他与投资活动有关的现金		
现金流出小计		805,819,471.69
投资活动产生的现金流量净额		-696,388,466.28
三、筹资活动产生的现金流量:		
吸收投资所收到的现金		1,668,550,000.00
借款所收到的现金		63,050,000.00
收到的其他与筹资活动有关的现金		7,950,737.98
现金流入小计		1,739,550,737.98
偿还债务所支付的现金		619,584,257.99
分配股利、利润或偿付利息所支付的现金		209,657,249.91
支付的其他与筹资活动有关的现金		4,694,749.00
现金流出小计		833,936,256.90
筹资活动产生的现金流量净额		905,614,481.08
四、汇率变动对现金的影响数		
五、现金及现金等价物净增加额		791,305,469.46

补充资料	金　额
1、将净利润调节为经营活动的现金流量:	
净利润	470,730,259.54
加:计提的资产减值准备	-11,842,413.14
固定资产折旧	337,551,084.57
无形资产摊销	
长期待摊费用摊销	
待摊费用的减少(减:增加)	-8,488,324.72
预提费用的增加(减:减少)	
处置固定资产、无形资产和	2,716,445.49
其他长期资产的损失(减:收益)	
固定资产报废损失	
财务费用	4,252,826.35
投资损失(减:收益)	-4,487,412.90
递延税款贷项(减:借项)	
存货的减少(减:增加)	-188,224,775.39
经营性应收项目的减少(减:增加)	398,477,573.14
经营性应收项目的增加(减:减少)	-418,605,808.28
其他	
经营活动产生的现金流量净额	582,079,454.66
2、不涉及现金收支的投资和筹资活动:	
债务转为资本	
一年内到期的可转换公司债券	
融资租入固定资产	
3、现金及现金等价物增加情况:	
现金的期末余额	1,746,351,068.09
减:现金的期初余额	955,045,598.63
加:现金等价物的期末余额	
减:现金等价物的期初余额	
现金及现金等价物的净增加额	791,305,469.46

600577 铜陵精达特种电磁线股份有限公司

首次公开发行股票招股说明书摘要

释　义

本招股说明书中,除非另有所指,下列简称具有如下含义:

简称		含义
发行人、公司、本公司、精达股份、股份公司	指	铜陵精达特种电磁线股份有限公司
精工公司	指	铜陵精工特种漆包线有限公司
顶科公司	指	铜陵顶科镀锡铜线有限公司
主发起人、控股股东、精达集团	指	铜陵精达铜材(集团)有限责任公司
精达供销	指	铜陵精达供销有限责任公司
精业厂	指	原铜陵精业特种漆包线厂
铜材厂	指	原铜陵市家用电器铜材厂
安徽科投	指	安徽省科技产业投资有限公司
合肥风投	指	合肥市高科技风险投资有限公司
中关村创投	指	北京中关村青年科技创业投资有限公司
皖中公司	指	铜陵市皖中物资有限责任公司
发起人、股东	指	精达集团、安徽科投、合肥风投、中关村创投、皖中公司
元	指	人民币元
新股	指	本公司本次向社会公众公开发行的2,000万股面值为1.00元的人民币普通股
本次发行	指	本公司本次公开发行面值1.00元的2,000万股人民币普通股的行为
公司股东大会	指	铜陵精达特种电磁线股份有限公司股东大会
公司董事会	指	铜陵精达特种电磁线股份有限公司董事会
公司监事会	指	铜陵精达特种电磁线股份有限公司监事会
公司章程	指	铜陵精达特种电磁线股份有限公司章程(修订案)
辅导机构、上市推荐人、主承销商	指	光大证券有限责任公司
公司法	指	中华人民共和国公司法
证券法	指	中华人民共和国证券法
中国证监会、证监会	指	中国证券监督管理委员会
电磁线	指	用于产生电磁感应的电线,种类分为漆包线和绕包线。本招股说明书中电磁线专指漆包线
漆包线、漆包电磁线	指	用有机高分子材料作为绝缘层的电磁线
特种电磁线、高等级电磁线	指	具有高耐热等级、具有特殊性能、适用于特殊电机、特殊场合等方面使用的电磁线
CFC	指	氟氯烃类物质,常用作制冷工质,可对大气臭氧层造成破坏
HFC	指	氢氟烃类物质,常用作制冷工质,不会对大气臭氧层造成破坏,CFC的替代物
HFC134a	指	氢氟烃类物质中的一种,常用作冰箱制冷工质
耐氟漆包线	指	适用于CFC作为制冷工质压缩机的漆包线
无氟漆包线	指	适用于HFC作为制冷工质压缩机的漆包线
自润滑漆包线	指	表面涂覆自润滑漆、适用于HFC作为制冷工质的空调压缩机用漆包线
B级电磁线	指	耐热等级,电磁线最高允许工作温度130℃
F级电磁线	指	耐热等级,电磁线最高允许工作温度155℃
H级电磁线	指	耐热等级,电磁线最高允许工作温度180℃
C级电磁线	指	耐热等级,电磁线最高允许工作温度180℃以上
聚氨酯、聚酯亚胺、聚酰胺酰亚胺	指	漆包线漆
ERP	指	一种企业资源管理系统,适用于企业内部资源管理
UL安全认证	指	美国一家从事产品安全试验机构所颁发的产品安全证书
ISO9002	指	国际标准化组织制定的《质量体系、生产、安装和服务的质量保证模式》标准

第一章　本次发行概况

一、本次发行的基本情况

股票种类:人民币普通股(A股)

每股面值:1.00元

发行股数:2,000万股,占发行后总股本的比例为33.33%

每股发行价:9.90元

发行市盈率:19.80倍(按2001年全面摊薄的每股盈利0.50元计算)

发行后每股盈利:0.33元(按2001年净利润1,984.43万元计算)

发行前每股净资产:2.06元(按2002年6月30日审计数据计算)

发行后每股净资产:4.44元(按2002年6月30日审计数据及募集资金净额计算)

发行方式:全部向二级市场投资者定价配售

发行对象:于2002年8月23日持有上海证券交易所或深圳证券交易所已上市流通人民币普通股(A股)股票的收盘市值总和(包括可流通但暂时锁定的股份市值)不少于10,000元的投资者。两市二级市场投资者都可参加本次发行的配售。配售时,投资者分别使用其所持的沪市、深市的股票市值。

承销方式:余额包销

二、本次发行有关当事人

本次发行的部分当事人如下所述,其他有关当事人详情请参见招股说明书全文。

1、发行人

铜陵精达特种电磁线股份有限公司

住所:安徽省铜陵市芜铜路(经济技术开发区内)

法定代表人:王世根

电话:(0562)2809086

传真:(0562)2809086

电子邮箱:zqb@jingda.sina.net

联系人:张天赢、孙希苹

2、主承销商、上市推荐人

光大证券有限责任公司

住所:上海市浦东南路528号证券大厦南塔15–16层

法定代表人:王明权

电话:(021)68816000

传真:(021)68819320

联系人:李永麟、汪海涛、朱文正、刘昭衡

3、发行人法律顾问

安徽安泰达律师事务所

住所:安徽省合肥市荣事达大道75号富康大厦七层

法定代表人:宋世俊

电话:(0551)2644789

传真:(0551)2623748

经办律师:潘平、宋世俊

4、会计师事务所

安徽华普会计师事务所

住所:安徽省合肥市荣事达大道100号振兴大厦九层

法定代表人:肖厚发

电话:(0551)2645425

传真:(0551)2652879

经办注册会计师:陈媛媛、方长顺

5、资产评估机构

安徽国信资产评估有限责任公司

住所:安徽省合肥市益民街28号文采大厦七层

法定代表人:杨皖林

电话:(0551)2623369

传真:(0551)2650041

经办注册资产评估师:孙乃纲、葛贻萍

三、预计时间表

内　容	时　间
1、发行公告刊登日期	2002年8月26日
2、申购日期	2002年8月28日
3、摇号日期	2002年8月29日
4、摇号结果公布日期	2002年8月30日
5、收缴股款日期	2002年9月2日
6、预计挂牌交易日期	本次公开发行的股票发行结束后,将尽快在上海证券交易所上市

第二章　主要风险因素及对策

投资于本公司的股票会涉及一系列风险。在购买本公司股票前,敬请投资者将下列风险因素连同本招股说明书中其他资料一并考虑。

投资者在评价本公司此次发售的股票时,除本招股说明书提供的其他各项资料外,应特别认真地考虑下述各项风险因素。根据重要性原则或可能影响投资决策的程度大小排序,本公司风险如下:

一、资产负债率较高的风险

截止2001年12月31日、2002年6月30日,本公司(母公司)资产负债率分别为67.91%、68.81%。截止2002年6月30日,公司合并负债总额为20,291.26万元,其中合并流动负债为13,762.26万元,占合并负债总额的67.82%,公司流动比率为1.22,速动比率为0.71。2002年6月30日,短期借款及一年内到期的长期负债为4,225.00万元,应付票据为4,899.65万元,短期还款压力较大,存在到期无法偿还的风险,相应增加公司的财务费用、降低公司的赢利能力,有可能影响公司的再融资能力。

针对资产负债率高导致的偿债风险,本公司将充分重视日常现金流量的管理,多渠道开源节流;加大对存货的控制力度,进一步提高采购管理水平,在保证供应的前提下降低原材料库存水平,减少资金占用量;通过制订销售货款回收管理制度,将货款回收与销售人员奖励机制挂钩,以加快货款资金的回笼,提高应收账款的周转速度,从而提高本公司短期偿债能力;同时,本公司将通过合理的股利政策,尽可能利用留存收益滚动发展,提高自有资金的比重,降低资产负债率。此外,2001年7月,中国建设银行安徽省分行授予公司"AAA"级信用等级证书。2001年8月28日,中国建设银行铜陵分行建铜发[2001]328号文件《关于承诺铜陵精达特种电磁线股份有限公司一般额度授信的通知》,同意承诺本公司一般额度授信10000万元,期限一年。根据2001年9月12日中国工商银行安徽省分行工银皖发[2001]615号文件《关于2001年度增加和调整客户最高综合授信额度的批复》,同意本公司授信额度为8500万元。2002年7月,根据工银皖发[2002]379号文件,本公司取得中国工商银行安徽省分行AA+信用等级。2002年6月,根据铜农银发[2002]112

号文件,公司取得中国农业银行铜陵分行 AAA 信用等级。

二、应收账款和其他应收款的坏账风险

截止 2002 年 6 月 30 日,本公司应收账款和其他应收款净额分别为 6,359.81 万元和 322.39 万元,合计占资产总额的 22.65%,存在发生坏账的风险。

本公司应收款项较大主要是公司属资金密集性行业,单位售价中原材料所占比重较大,同时公司的一些主要客户付款期限在 60-90 天,导致公司应收款项沉淀资金数额较大。

本公司的其他应收账款主要为本公司向客户交付的质量保证金、零星采购支付的定金及员工结算的备用金和差旅费,发生坏账的可能性较低。

本公司 98.21% 的应收账款账龄在一年内,欠款单位大多都是本公司的长期用户,交易频繁,信用基础较好。另外,本公司将采取各种有效措施,如强化销售合同管理制度、将应收账款的回收与销售人员奖励机制挂钩、进一步改进公司的结算管理工作、逐步建立客户信用等级档案等来降低应收账款和其他应收款的坏账风险,提高资金安全性。

三、存货跌价风险

2002 年 6 月 30 日,公司存货净额为 7,025.34 万元,占总资产的比例为 23.81%,与期初相比增长 26.38%,其中产成品净额为 6,004.91 万元,原材料净额为 785.60 万元。受产品价格和主要原材料铜价变动的影响,存在存货跌价风险。

本公司存货增加的主要原因是:

1、公司是根据购货定单进行生产,从生产完工之日到交货日存在间隔时间,同时公司的部分客户与公司的结算日为每月的 25 号,在此后日期生产的产品暂不开票,使得公司报表上存货过大;

2、本年实行"供应商库存"方案的客户较 2001 年增加,这些客户的原材料基本无库存,而是由本公司为其提供生产库存,这样也使得公司存货增加;

公司生产是以销定产,产品基本已有确定的客户,不存在滞销、积压问题;

考虑到市场价格和原材料价格的变化,公司出于谨慎原则提取了 28.89 万元的存货跌价准备。

四、产品单一的风险

本公司主要生产和经营高等级电磁线产品,其中冰箱压缩机用特种电磁线及空调压缩机用特种电磁线两项产量总和占本公司总产量的比重为:1999 年 72.98%,2000 年 84.25%,2001 年 85.43%。这种高度集中的产品结构说明本公司主营业务十分突出,但同时也说明本公司因产品单一引致公司生产经营的潜在风险较大,如果这两类产品的市场价格发生波动,将会对本公司收入和盈利水平带来影响。

针对产品单一的风险,本公司将采取以下措施加以规避:第一,横向拓展特种电磁线产品,进一步扩大特种电磁线的应用领域。本次募股资金项目中,特种电磁线新增产能 13000 吨,其中 8000 吨为非家用制冷电器。项目达产后,基本上覆盖了整个家用电器行业;第二,加快新产品开发,将漆包线的规格由现有的 0.04mm-2.00mm 向两头延伸,力争达到 0.02mm-3.00mm,适应不同客户对电磁线的使用需求;第三,在做好、做强特种电磁线的同时,充分利用本公司铜材深加工的技术与规模优势,开发生产其他电线电缆产品。

五、业务经营风险

(一)原材料价格风险

本公司所需的主要原材料之一为铜杆,铜杆成本约占电磁线产品总成本的 75%。铜杆主要原材料为电解铜,国内电解铜价格受上海期货交易所电解铜期货价格的影响。由于上海期货交易所电解铜期货价格反映国际市场电解铜的供求状况与价格走势,国内市场电解铜的价格将产生一定的波动,从而直接影响本公司铜杆的平均价格。因此,公司生产成本很大程度上受电解铜价格变动的影响,这对股份公司生产经营产生一定的不确定因素。

针对这一风险,本公司为确保生产成本稳定,对供应商进行分类,针对不同供应商采取多样化的定价策略。对采购量较为稳定的大供应商,公司采取电解铜价与加工费相分离的方式定价,其中电解铜价为上海期货交易所月度挂牌均价,从而规避了电解铜价格波动的风险;对一般供应商,公司采取固定方式定价,合同执行期一般为一季度或半年,公司确定固定价格中电解铜的合理价位,由供应商认可,按合同量一次性委托供应商在合理价位采购电解铜并加工成铜杆,按月供货,公司按月加工出售电磁线,从而与供应商共同承担了电解铜价格波动的风险。公司确定固定价格中电解铜的合理价位,是基于对国内外电解铜及铜加工产品市场的了解。根据电解铜市场价格的综合信息(包括上海期货交易所网上即时行情,伦敦金属交易所行情等),在价格波动过程中以较低价格采购电解铜加工铜杆,从而,降低公司的生产成本。

(二)对主要供应商依赖的风险

本公司 1999 年、2000 年和 2001 年向前五大供应商合计采购的金额占同期采购总金额的比例分别为 87.01%、90.81%和 94.95%,其中 2000 年、2001 年向第一大供应商常州金源铜业有限公司采购铜杆的金额占采购总额的比例分别为 76.13%、72.04%,存在对主要供应商依赖的风险。

本公司电磁线生产的主要原料之一是铜杆。铜杆是电线电缆行业最主要的基础原料,生产厂家众多,生产能力大,本公司周边 200 公里以内地区生产能力已超过 25 万吨/年,产品质量可以满足本公司电磁线生产要求,目前铜杆处于供大于需的局面。为了减少对单个供应商的依赖,本公司与南京华新电线电缆有限公司及其他铜杆厂家建立了业务关系。南京华新电线电缆有限公司年产 12 万吨低氧光亮精铜杆,通过了 ISO9002 质量体系认证,从数量和质量上完全可以保证本公司生产需要。本公司将利用采购量的优势,与常州金源铜业有限公司及南京华新电线电缆有限公司建立长期稳定的合作关系;同时,加强供应合同的管理,认真及时履行采购合同,树立公司良好的信誉;根据供应商的生产规模、产品质量和供货周期等实际情况,合理分配各个供应商供应量;逐步建立和完善与本公司生产规模相适应的原材料供应网络,降低对主要供应商依赖的风险。

(三)对主要客户依赖的风险

2001 年,公司前五大用户所购产品占公司销售额的 43.56%,2002 年 1-6 月公司前五大用户所购产品占公司销售额的 38.12%。本次发行后,本公司对上述主要客户的依赖将继续存在,如果这些客户的经营情况或本公司与其业务关系发生变化,将对本公司的销售和经营业绩带来一定影响。

针对此项风险,本公司拟采取以下三种措施加以规避:第一,以优质的产品、服务及灵活的市场价格稳定老客户,确保本公司生产经营的长期稳定和业务的不断拓展;第二,充分利用国家高新技术企业的技术开发优势,不断研制开发出新的电磁线相关系列产品,巩固在同行中的技术领先优势和市场竞争优势,增强对新客户的吸引力,拓展新的产品销售市场;第三,适时适量地改善本公司生产经营的空间布局,在电磁线用量较为集中的地区设立分公司为用户配套,积极开发新客户。

(四)汇率风险

目前本公司全部产品在国内市场销售,无外汇收入,但本公司大部分先进生产设备需从国外引进,设备价款需用美元支付。由于我国汇率目前实行有管理的浮动汇率政策,根据中国银行外汇交易中心的统计数据显示:2001 年美元对人民币的汇率日加权平均价最高为 8.2762,最低为 8.2786,上下波幅 0.0024,尽管此波幅对本公司目前生产经营影响甚微,但如果汇率发生较大波动,将会对本公司的正常生产经营造成不利影响。

针对这一风险,本公司采取的对策是:第一,注重对外汇市场的研究,尽可能及时、全面、准确地把握汇率变动趋势,合理选择结算货币;在有关专业银行的指导下进行外币结算业务,在符合国家外汇管理政策的前提下,运用各种外汇风险管理工具,达到规避风险效果;第二,采用国际招标或国产设备替代的方式,减少设备的采购成本和外汇支出,降低外汇风险。值得注意的是,公司不存在持续性用汇,设备进口均属一次性用汇,因此汇率风险不大。

六、行业竞争风险

目前国内能够大规模生产特种电磁线的企业大约有 7 家,本公司竞争优势较为明显。但特种电磁线的平均利润远远高于一般漆包线产品的平均利润,可能引致本行业及相关行业厂商进入该行业;同时中国加入了 WTO,外国厂商也将以不同形式进入,特种电磁线行业内部竞争将有所加剧,从而给本公司的生产经营带来一定影响。

针对行业内部竞争风险,本公司将通过以下途径加以规避或降低此项风险。第一,通过加强公司内部管理,加强成本核算、控制、分析,充分挖掘公司潜力,降低经营成本,提高生产效率;第二,通过技术创新和技术改造,提高产品技术含量及设备装备水平,扩大生产规模;第三,通过股票发行上市,彻底转换企业经营机制,真正建立科学规范的现代企业制度,提高企业整体竞争力,使本公司在激烈的行业竞争中取得稳步发展。

七、市场风险

目前本公司主要产品为家电产品配套原材料。近年来,随着人们生活水平的不断提高,家用电器的需求量持续上升,与之相配套的高等级电磁线的用量也逐年增加。但由于家电产品属耐用消费品,经过一段时间的快速发展后,必将有一个稳定调整时期。另外,家用制冷电器的消费,与气候、社会购买力和消费习惯有密切的关系,上述因素可能对电磁线市场产生周期性影响。

针对这一风险,公司将积极同相关行业保持密切联系,认真收集和整理市场信息,通过科学判断、合理预测,把握包括家电市场在内的整个机电产品市场的发展趋势,并在此基础上及时调整产品结构,寻求产品结构的最佳组合。随着微细线、用于汽车电器的耐高温电磁线、用于变频电机的抗电晕电磁线等一系列新产品的相继投产,公司销售市场将进一步拓宽,从而降低此项风险。

八、技术及产品风险

(一)核心技术失密风险

核心技术是本公司赖以生存和发展的基础和关键,核心技术一旦失密,将会对本公司利益产生影响。

(二)新产品开发、试制风险

电磁线行业属资金密集型,特种电磁线产品附加值越高,其新产品开发、试制的风险也越大,相应的开发、试制成本也越高。而且国内电磁线装备水平落后于国际先进水平,产品开发、试制的专用设备和检测仪器必须从国外引进。如本公司的研发、试制达不到预期效果,会带来一定风险。

(三)对核心技术人员依赖的风险

本公司核心技术是由本公司核心技术人员在通过出国接受技术培训、消化吸收国外技术资料、与同行和用户进行广泛的技术交流、长期生产实践、反复实验获得的。因此,核心技术人员的变化将对本公司的生产经营造成一定的影响。

针对技术及产品风险,本公司采取以下对策加以规避:第一,为防止核心技术失密,本公司与核心技术人员分别签订《商业秘密保密协议》,明确了双方的权利与义务,确保核心技术人员严守技术秘密;第二,加大产品开发和技术创新的力度,提高技术开发费用占产品销售收入的比例,进一步健全和完善科研与技术创新机制,激发广大工程技术人员的热情和创造力,提高新产品开发、试制的成功率;第三,改进和完善本公司的激励机制与奖惩机制,为其提供施展才能的空间,使核心技术人员的切身利益和公司的长远发展紧密相连,自觉维护公司的利益,积极主动地投身于公司的技术开发工作中。同时加大力度做好人才的引进和培育工作,使本公司"人才工程"做到可持续发展。

九、募股资金投向风险

(一)项目组织实施的风险

本次发行募股资金投资建设项目有三个,且建设投资期比较集中,若不能合理安排实施计划将会对原生产线的正常生产活动造成影响;在工程建设过程中,若出现工期、质量等方面延缓项目建设工期,或投产后生产线实际生产能力不能实现预期目标而失去市场机遇,将会对募股资金的使用产生不利影响。

2001 年,本公司已与铜陵经济技术开发区达成初步意向,拟以自有资金在铜陵经济技术开发区新购土地,主要用于实施募集资金投资项目和公司今后发展需要。2002 年,本公司在铜陵经济技术开发区内已购买 11,277.789 平方米土地,用于厂房扩建,土地使用证书正在办理之中。募集资金到位后,本公司将尽快启动拟投资的项目,成立由总经理为项目负责人的项目实施管理机构,加强对项目的管理力度,并将项目内容细化,责任层层落实到人,对项目进度、项目实施全过程跟踪,由公司董事会实行定期检查和考核,以保证投资项目如期、按质完成,使之成为公司今后新的利润增长点。

(二)项目技术风险

本次募股资金投资项目将采用国外先进的生产设备和仪器,还将采用一些电磁线生产所需的新材料、新技术、新工艺,对其能否熟练掌握并加以运用也将对投资项目产生影响。

本公司从事特种电磁线生产多年,技术积累较为雄厚,为降低本次募股资金投资项目的可能存在的技术风险,公司将采取以下措施:不断掌握最新的电磁线生产工艺和技术,发挥省级技术中心的优势,改进并选用适合本公司、适合用户的工艺技术;聘请国内外电磁线行业专家担任顾问,确保采用技术和设备的先进性与可靠性;公司将选派技术人员到德国、意大利、美国等国进行技术交流与学习,以便掌握最新的电磁线生产工艺和技术,为本次募集资金投向项目的实施做好技术储备。

十、政策风险

国家宏观经济形势以及财政、货币、产业、税收、外汇政策等方面如发生变化,将对本公司的生产经营环境造成一定的影响。目前,国家对本公司所生产的同类产品的进口征收 18% 的关税,我国加入 WTO 后,进口关税肯定会降低,必将导致进口增加,加剧国内市场竞争。若国内利率政策发生变化,将会对本公司的财务费用增减变动产生一定影响,进而对本公司的生产经营产生影响。

本公司将不断加强对国家财政、金融、产业、进出口等方面的研究与政策分析,不断提高高级管理人员的科学决策水平,增强公司的应变能力,提高抵御政策性风险的能力,减少和避免因国家政策变化对本公司产生的不利影响。

十一、管理风险

2001 年与 1999 年相比本公司主营业务收入增长了 85.49%。随着公司的发展,特别是本次发行成功后,公司生产经营规模和员工队伍将进一步扩大,使公司的组织结构和管理体系趋于复杂化,存在着公司能否建立起较大规模企业的管理体系,形成完善约束机制,保证公司持续不断发展的风险。

针对由于经营规模迅速扩大给管理方面带来的压力和要求,公司将在或已在以下方面采取措施:一、注重体制和制度的建设,发挥股东大会、董事会、监事会、独立董事的作用,进一步完善管理体系,建立完整的分公司、控股子公司、参股公司等架构,以资本为纽带,以效益为标准,处理好集权与分权的关系。公司董事会成员 9 名,独立董事 3 名,占三分之一,外部董事(含独立董事)6 名,占三分之二。公司董事会下设两个专门委员会:技术委员会、预算管理委员会,另设有内部审计员。公司将在董事会专门委员会设置及成员组成等方面不断完善公司治理结构;二、本次募股项目选择为在主营业务范围内的电磁线技术改造与技术创新项目,避免因跨行业发展技术准备不充分、项目投向盲目带来的风险;三、本着精干、高效的原则,积极引进高素质人才,加强对现有管理人员的培训力度,强化团队意识,形成科学有效的决策机制和约束机制。截止 2001 年 12 月 31 日,公司(含原企业)出国考察、培训情况达 120 人次;四、公司运用 ERP 管理系统,建立了先进的计算机网络管理中心,实现了采购、生产、库存、财务、成本核算等项工作的综合管理和办公自动化。

十二、正常生产经营及安全风险

本公司生产的主要原料之一绝缘漆和辅助原料有机溶剂,属易燃物品,如储存、搬运和使用不当,容易造成火灾事故,给公司财产和员工生命带来损失。

针对上述风险,本公司严格按照危险品管理办法和消防要求规范管理上述危险品,建立独立的危险品库房,实施合理的储备定额,配备特别的消防设施。牢固树立安全意识,加强安全教育和实战训练,提高抗击突发性火灾的能力。为杜绝事故隐患,在全厂范围内禁止火种,并采用管道集中供漆的办法,减少危险品的搬运,防止可能发生的火灾殃及生产设备及其它财产。对公司财产实施保险,建立了较完备的劳动安全生产体系、消防安全体系。

十三、设备抵押风险

公司与银行签订了《抵押合同》,本公司主要设备已作贷款抵押,期末抵押借款余额9,800万元。如本公司在规定期限内不能归还银行借款,银行可能会对公司资产采取强制措施,公司的正常生产经营活动将可能受到影响。

本公司成立至今一直如期归还银行借款。2001年7月,中国建设银行安徽省分行授予公司"AAA"级信用等级证书。2001年8月28日,中国建设银行铜陵分行建铜发[2001]328号文件《关于承诺铜陵精达特种电磁线股份有限公司一般额度授信的通知》,同意承诺本公司一般额度授信10000万元,期限一年。2001年9月12日,中国工商银行安徽省分行工银皖发[2001]615号文件《关于2001年度增加和调整客户最高综合授信额度的批复》,同意本公司授信额度为8500万元。2002年7月,根据工银皖发[2002]379号文件,本公司取得中国工商银行安徽省分行AA+信用等级。2002年6月,根据铜农银发[2002]112号文件,公司取得中国农业银行铜陵分行AAA信用等级。截止2002年6月30日本公司贷款余额为10,725万元。

公司将一如既往根据生产经营的实际情况,合理安排资金的筹集和使用,加大应收账款的回笼力度。2001年公司实现销售收入3.16亿元,回收货款3.87亿元;2002年1－6月,公司实现销售收入2.33亿元,回收货款2.64亿元。公司到期的短期借款、应付票据及应付到期的购货款均已全额支付。

故本公司因资金周转困难而发生抵押设备被银行强制执行的可能性较低。

十四、股市风险

股票市场是一个高风险市场。股票市场价格的变化受多种因素的影响,国家的政治经济形势的变化,重大经济政策的调整,本公司的经营状况、发展前景、投资者的投资心理、股市的供求关系、交易手段等种种因素,都将对股票市场价格产生影响,从而影响本公司股票投资者的投资收益。因此,投资者在选择投资本公司股票时,还应充分考虑到涉及股票市场的各种风险,以尽量避免和减少损失。

本公司将严格按照《公司法》、《证券法》、《股票发行与交易管理暂行条例》、《公开发行股票公司信息披露实施细则(试行)》、《上海证券交易所股票上市规则(2001年修订本)》以及中国证监会有关规定,规范公司行为,及时、公正、公开地披露重要信息,加强与投资公众的沟通,树立公司的良好形象。公司将一如既往,加强经营管理,保持利润的稳定增长,回报股东。

十五、加入WTO的风险

中国已加入WTO,对我国电磁线行业来说是严峻的挑战。尽管电磁线行业已经是对外开放性行业,很多国外的电磁线公司已抢先在国内建厂,如无锡住友、上海松江日立等,但中国入世后,贸易规则的统一以及国内一些保护政策将相继取消,可能使更多的国外企业进入中国大陆市场,电磁线行业的竞争将因此趋于激烈,对本公司生产经营存在一定的影响。

从国内特种电磁线市场看,无论是专业化程度,还是产品档次及生产效率,目前本公司的竞争优势明显。但与国外大公司相比,还有一定的差距。

为此本公司从以下方面采取措施:一、从技术开发上寻求突破口,坚持技术创新和技术改造相结合,引进技术装备与消化创新相结合,力求在技术上缩小与国外公司差距,提高本公司产品的市场竞争力。公司已着手与欧美著名的大型电磁线研制、生产企业接洽,寻求技术与生产经营方面的合作;二、通过募集资金,扩大本公司的生产规模,壮大主业、降低生产成本,增强本公司的抗风险能力,实现可持续发展;三、本公司将继续完善全过程的个性化服务及完善公司治理,参与国际、国内市场的竞争。

第三章　发行人的基本资料

一、发行人基本情况

1、注册名称:铜陵精达特种电磁线股份有限公司

2、英文名称:TONGLING JINGDA SPECIAL MAGNET WIRE CO.,LTD.

3、法定代表人:王世根

4、成立日期:2000年7月12日

5、注册住所:安徽省铜陵市芜铜路(经济技术开发区内)

6、注册资本:4,000万元

7、联系电话:(0562)2809086

8、联系传真:(0562)2809086

9、互联网网址:www.jingdagroup.com.cn

10、电子信箱:zqb@jingda.sina.net

二、发行人历史沿革及资产重组行为

1、历史沿革

本公司是经安徽省体改委皖体改函[2000]62号文和安徽省人民政府皖府股[2000]24号批准证书批准,以铜陵精达铜材(集团)有限责任公司为主发起人,联合安徽省科技产业投资有限公司、合肥市高科技风险投资有限公司、北京中关村青年科技创业投资有限公司、铜陵市皖中物资有限责任公司共同发起设立,于2000年7月12日在安徽省工商行政管理局登记注册成立的股份有限公司,注册资本4,000万元。

根据安徽国信资产评估有限责任公司皖国信评报字[2000]第132号《资产评估报告书》,以及后原安徽省国有资产管理局皖国资评字[2000]111号文对资产评估结果的确认,精达集团投入投入股份公司的经营性净资产为34,999,723.22元,另精达集团以现金出资276.78元,共计出资3500万元。安徽科技、合肥风投、中关村创投和皖中公司分别以现金出资210万元、150万元、100万元和40万元。发起人投入折股的净资产合计4,000万元,按1:1的比例折为4000万股。

2、资产重组行为

(1)精达集团将拥有的精工公司5%股权投入股份公司

铜陵精工特种漆包线有限公司是经铜陵市对外贸易经济委员会铜外经贸资字[1999]25号文"关于同意成立铜陵精工特种漆包线有限公司的批复"和安徽省人民政府外经贸皖府资字[1999]0097号批准证书批准,于1999年8月4日注册登记成立的中外合资企业,主要生产特种电磁线。2000年7月,精达集团改制重组发起设立股份公司时,精工公司注册资本800万元,精工公司的股权结构为:铜陵精业特种漆包线厂占65%,马耳他莱利斯有限公司占18%,马耳他达雷科国际有限公司占12%,铜陵精达铜材(集团)有限责任公司占5%。

由于精达集团将其电磁线生产经营性资产投入股份公司,而精工公司经营业务与股份公司相同,均为特种电磁线制造。为避免同业竞争,本公司设立时,精达集团将其持有精工公司5%的股权与其他电磁线生产经营性资产一起投入股份公司。

(2)精达股份受让精业厂拥有的精工公司65%股权

精工公司第一大股东铜陵精业特种漆包线厂是精达集团职工共同出资,于1999年7月20日设立的股份合作制企业,主营特种漆包线,注册资金480万元,实收资本520万元。精业厂成立后,全部实收资本转而投入精工公司,形成精工公司65%的股权。精业厂因合资企业精工公司而设立,其设立及运作存在不规范,本公司设立时,其持有精工公司65%的股权未能投入股份公司。

股份公司设立后,原集团公司大部分职工进入股份公司,精业厂主要股东转为股份公司职工,其中包括股份公司高层管理人员。为避免股份公司与关联企业(关联人)的同业竞争,2000年8月,股份公司与精业厂签署了《股权转让协议》。该项股权转让事宜经股份公司董事会、股东大会通过。表决时,有关关联人回避,与会独立董事认为:"该项股权转让有利于公司规范运作,体现了公平、公正原则,未损害股份公司利益"。

(3)精工公司5%股权及65%股权估价

由于精达集团持有的精工公司的股权仅占该公司全部权益的5%,不具控股地位,且该项投资发生时间不长,根据原国家国有资产管理局转发的《资产评估操作规范意见(试行)的通知》的有关规定,安徽国信资产评估有限责任公司在出具的皖国信评报字(2000)第132号《资产评估报告书》中,依据核实后的精工公司2000年3月31日资产负债表净资产909.17万元,按5%的权益确定了该项长期投资的评估值为45.46万元。

由于精业厂对精工公司的长期投资占精工公司权益的65%,具有控股地位,安徽国信资产评估有限责任公司根据《资产评估操作规范意见(试行)的通知》的有关规定,对精工公司进行了整体评估,出具皖国信评报字(2000)第177号《资产评估报告书》。评估结果为:截止2000年3月31日,精工公司净资产1,141.03万元。按精业厂所占65%的权益,精业厂所持精工公司65%的股权评估值为741.67万元。由于股权转让实际发生时间为2000年8月,根据《股权转让协议》,双方以资产评估结果为依据,参照精工公司4－7月份的经营情况(2000年7月31日,精工公司经审计的净资产1,382.49万元,65%权益净资产为898.62万元),经协商最终确定转让金额为834.1万元。

主承销商认为:"因占被投资企业股权比例的不同,对出资的精工公司5%股权和收购的精工公司65%股权作价采用了不同的评估方法,符合国家有关法规规定。"

(4)精工公司股份变动确认及精业厂清算

精工公司股份变动业经精工公司其他股东同意并承诺放弃优先购买权,并经铜陵市对外经济贸易委员会于2000年10月12日下发铜外经贸资字[2000]23号文"关于同意铜陵精工特种漆包线有限公司股权转让、修改合同、章程的批复"批准确认。

精业厂将持有的精工公司股权转让完成后进行了清算。根据精业厂股东会决议,精业厂将股权转让金额中2.1万元用于支付开办费、董事会费和清算费,832万元以1:1.6的比例支付给公司股东。铜陵市工商行政管理局已核准注销,并在当地《铜陵日报》公告。

(5)发行人律师意见

发行人律师认为:"精达集团将其持有的精工公司股权投入精达股份、精达股份受让精业厂所持有的精工公司股权的行为符合合资合同、章程的规定,履行了合资合同、章程规定的程序,取得了精工公司其他股东的同意,取得了铜陵市对外经济贸易委员会的批准。转让精工公司股权的行为合法、合规、真实、有效。"

"精业厂的设立及运作存在不规范。精达股份设立时,如精业厂作为发起人将其持有精工公司65%股权投入股份公司,则存在法律障碍。注销精业厂是精达股份收购股权后的结果,注销精业厂的行为符合相关法律、法规及规范性文件的规定,虽然精业厂在设立及运行方面存在不规范,但通过转让股权、注销企业的行为已消除了该影响。收购股权、注销企业的行为、程序合法,法律文件齐备,且已履行完毕。因此不存在法律风险"。

三、验资、评估、审计及与公司生产经营有关的资产权属情况

(一)验资情况

2000年6月26日,安徽华普会计师事务所接受委托对截止2000年6月23日本公司注册资本进行了审验,并出具了会事验字[2000]第280号《验资报告》。

(二)资产评估情况

2000年6月16日安徽国信资产评估有限责任公司接受委托对本公司主发起人精达集团投入本公司的经营性净资产进行了评估,并出具了皖国信评报字[2000]第132号《资产评估报告书》,评估结果经原安徽省国有资产管理局皖国资评字[2000]111号文确认。

(三)审计情况

2002年7月,根据本次发行申请要求,安徽华普会计师事务所对本公司1999年、2000年、2001年、2002年1－6月的会计报表进行了审计,出具华普审字[2002]0480号《审计报告》。该《审计报告》为标准无保留意见审计报告。

(四)与公司生产经营有关的资产权属情况

根据《资产分离协议》,公司成立后已办理并完成了精达集团投入的房屋建筑物、生产设备等有关固定资产的产权过户手续。

根据《土地使用权租赁协议》,公司生产经营用地以租赁方式向精达集团承租,租用期至2050年。这一土地处置方案经安徽省国土资源厅皖国土资函(2000)56号《关于铜陵精达铜材(集团)有限责任公司土地评估结果确认和土地资产处置方案的批复》批准。公司已按有关规定,办理了《土地他项权利证明书》。

2001年8月21日,国家知识产权局已受理公司"漆包线粒子在线检测装置"实用新型专利申请。2002年6月7日,国家知识产权局下发"授予实用新型专利权及办理登记手续通知书",登记手续正在办理中。

公司使用的"精达"牌商标是安徽省著名商标,由精达集团无偿转让,双方签署《商标转让协议》。2001年6月14日,商标转让注册,受让人名义为:铜陵精达特种电磁线股份有限公司。

精达集团与本公司双方签署《专有技术转让协议》,精达集团将电磁线生产专有技术无偿转让给本公司。

四、员工及其社会保障情况

截止2002年6月30日,本公司员工总数为436人,其中大专学历以上79人,中专、中技、高中学历299人,其他58人。

公司建立了住房公积金制度,并为职工办理了养老保险、医疗保险和失业保险,及时足额缴纳养老、医疗和失业保险费用。

依照《中华人民共和国劳动法》的规定,公司对安全生产、劳动保护实行统一管理、分级负责。一方面,加强对职工劳动保护知识教育;一方面,按期发放劳动保护用品,改善职工劳动条件。

五、公司独立运营情况

公司在业务、资产、人员、机构、财务等方面已与公司现有股东完全分开,公司拥有独立完整的供应、研发、生产和销售体系,完全具备面向市场自主经营的能力。

第四章　发行人股本

一、公司设立时的股本情况

股东名称	持股数量(万股)	比例(%)	股权性质
铜陵精达铜材(集团)有限责任公司	3,500.00	87.50	国有法人股
安徽省科技产业投资有限公司	210.00	5.25	法人股
合肥市高科技风险投资有限公司	150.00	3.75	法人股
北京中关村青年科技创业投资有限公司	100.00	2.50	法人股
铜陵市皖中物资有限责任公司	40.00	1.00	法人股
合　　计	4,000.00	100.00	——

二、发行前后的股权结构变化

项　目	发行前股本结构		发行后股本结构	
股权分类	股份数量(万股)	占总股本比例	股份数量(万股)	占总股本比例
发起人法人股	4,000	100.00%	4,000	66.67%
其中:国有法人股	3,500	87.50%	3,500	58.33%
社会公众股	—	—	2,000	33.33%

总股本	4,000	100.00%	6,000	100.00%

第五章　主要发起人与股东的基本情况

一、控股股东及其他主要股东

(一)铜陵精达铜材(集团)有限责任公司

公司控股股东精达集团成立于1996年7月2日，为国有独资公司，注册资本5000万元，注册地址在铜陵市经济技术开发区内，法定代表人何晓云。经营范围为铜管、铜杆制造、销售及进出口业务。

精达集团前身铜陵市家用电器铜材厂，1990年2月，经铜陵市人民政府铜政[1990]015号文批准成立，市属国有企业，原轻工业部定点生产耐冷媒漆包线专业厂。1996年5月，经铜陵市人民政府铜政秘[1996]015号文批准，铜陵市家用电器铜材厂整体改制设立铜陵精达铜材(集团)有限责任公司，同年7月2日登记注册，注册资本1,000.6万元，其中国家资本950万元，由铜陵市国有资产管理局持有，职工个人资本50.6万元，由王世根等十七名职工持有。1999年1月2日，铜陵市工业国有资产经营有限公司成立，由其行使精达集团国有资产管理职能。2000年4月，精达集团股东会通过铜陵市工业国有资产经营有限公司受让王世根等十七名职工个人股，转让价格以双方协商一致的价格确定为70.84万元，铜陵市工业国有资产经营有限公司董事会随后通过精达集团以盈余公积转增股本决议。经铜陵市人民政府铜政秘[2000]30号文批准，铜陵市工商行政管理局核准，精达集团企业类型变更为国有独资公司，注册资本变更为5,000万元。2000年7月，精达集团以电磁线生产经营性净资产进行股份制完整改制、发起设立股份公司，非经营性资产留存，精达集团成为控股公司。

精达集团是在铜陵市家用电器铜材厂的基础上，通过不断开发新产品、滚动发展起来的高新技术企业。早在1993年，铜材厂即进入"中国最大电器及器材制造企业"行列；1996年，精达集团获安徽省"高新技术企业"称号。1998-2000年度，精达集团连续被评为"安徽省最佳经济效益单位"；1999年2月，经国家对外贸易经济合作部[1999]外经贸政审函字第271号批准，精达集团获得进出口企业资格；2000年3月，精达集团被国家科技部火炬高技术产业开发中心认定为国家火炬计划重点高新技术企业。

精达集团2000年7月改制设立股份公司，以其全部电磁线生产经营性净资产投入股份公司，主营业务相应转入。改制后，精达集团已变更经营范围，并承诺不再经营与股份公司相同的业务，和本公司不存在同业竞争关系。改制后，精达集团与股份公司已实现资产、财务、人员、业务、机构的分设，并各自独立完整。

除控股本公司外，精达集团还拥有控股子公司铜陵精达供销有限责任公司，参股安徽六国化工股份有限公司。

精达集团与本公司不存在同业竞争关系。

以下为精达集团组织结构图：

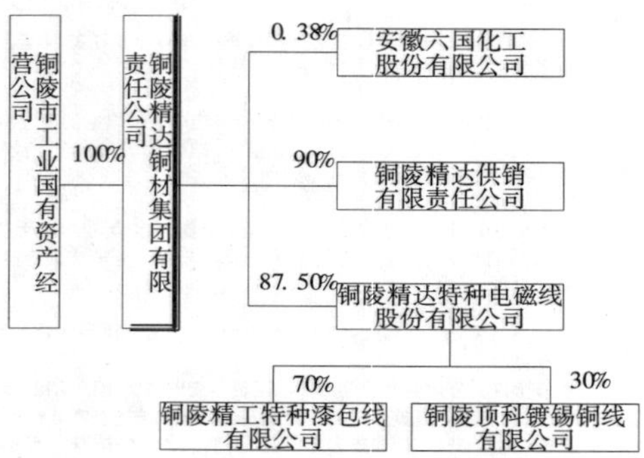

以下为目前精达集团内部组织机构图：

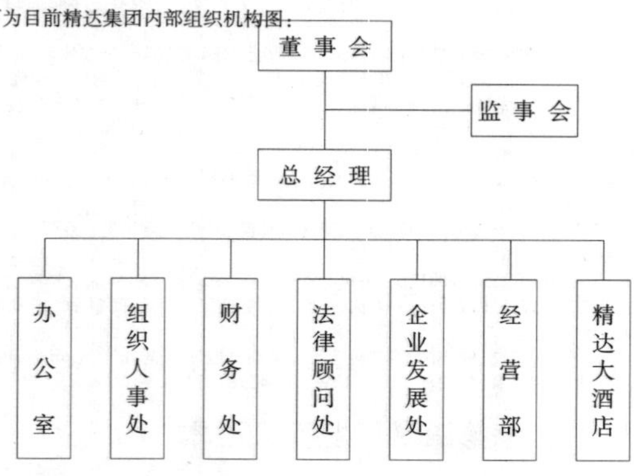

(二)安徽省科技产业投资有限公司

安徽科投成立于1999年7月20日，注册资本1.5亿元，住所为合肥市宿州路20号，法定代表人陈兰志。经营范围是通过参股、控股等方式对科技产业、企业或项目进行直接投资；专项资金经营管理；投资管理及咨询。

(三)合肥市高科技风险投资有限公司

合肥风投成立于2000年4月18日，注册资本10,300万元，住所为合肥市长江中路436号金城大厦1108室，法定代表人孔祥云。经营范围是通过参股、控股、担保的方式对高科技产业、企业及项目进行直接或间接投资，为投资企业提供中介服务、技术咨询、技术服务，投资咨询及管理，高新技术产品的研制、开发生产、销售，企业产权经纪服务。

(四)北京中关村青年科技创业投资有限公司

中关村创投成立于2000年1月5日，注册资本8,000万元，住所为北京市海淀区清华大学学研大厦B座3层，法定代表人段永基。经营范围是项目投资、投资管理及咨询；为科技人员科技创新和创业提供服务；电子计算机网络服务；电子商务及服务；技术开发、技术服务、技术咨询、技术培训；经济信息咨询。

(五)铜陵市皖中物资有限责任公司

皖中公司成立于1994年10月30日，注册资本80万元，住所为铜陵市经济技术开发区，法定代表人戴致中。经营范围是建筑材料、五金、交电、水暖器材、金属材料(除贵金属)、化工产品(除危险品)、润滑油脂批零兼营，汽油零售。

上述股东与本公司不存在同业竞争关系。

二、主要股东的重要承诺

精达集团已郑重出具书面承诺，放弃同业竞争和规范关联交易，承诺不与股份公司发生同业竞争，以维护股份公司的利益。不利用其在股份公司中的地位，为关联股东在与股份公司关联交易中谋取不正当利益。精达集团经营范围已依法变更。

第六章　发行人的组织结构及组织机构概况

本公司现有1家控股子公司和1家参股公司，组织结构图如下：

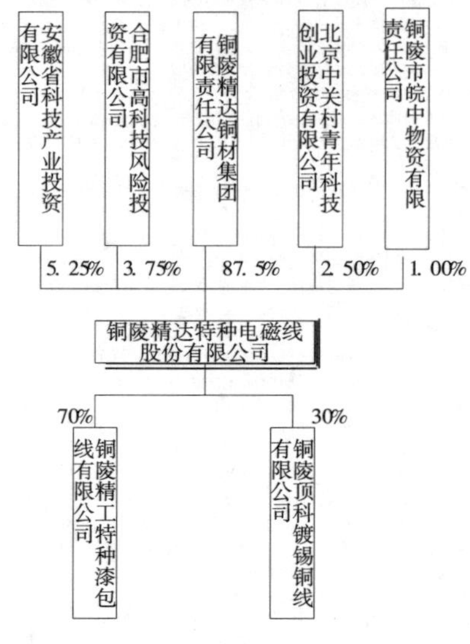

本公司拥有独立完整的供应、生产、销售、研发和财务管理体系，根据企业实际情况下设10个职能部门、3个分公司和1个车间，按照有关法规和管理科学的原则制定了相应的部门管理制度，初步形成了与企业发展相适应的组织结构。

公司内部组织机构图如下：

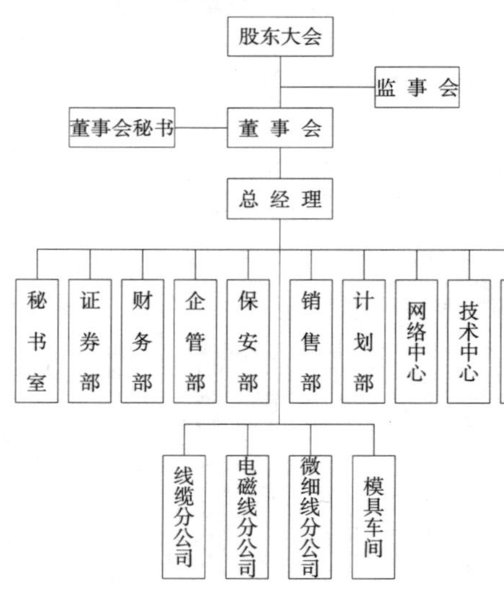

第七章　发行人业务和技术概况

本公司主导产品200级聚酯亚胺复合聚酰胺酰亚胺电磁线、HFC134a压缩机用电磁线、HFC空调压缩机用多层复合电磁线等高等级电磁线，是国家经济贸易委员会1999年8月颁布的"近期行业技术发展重点"中"高效节能、无氟、变频压缩机"的关键配套件。

按中国证监会《上市公司行业分类指引》，本公司所属行业为电工器械制造业(C7615)。按国家统计局国民经济行业分类与代码，公司所属行业为制造业中的电线电缆制造业(C4041)。

国际电工委员会电磁线耐热等级分级标准

耐热等级	Y	A	E	B	F	H	C
最高允许工作温度(℃)	90	105	120	130	155	180	180以上

注：其中155级以上产品为特种电磁线，180级及以上产品代表当今世界先进水平。

一、漆包线行业基本情况及发展趋势

电磁线是电机、电器、家用电器、电子、通讯和交通等产品不可缺少的关键配套原材料之一。

近二十年来,我国电磁线行业取得了长足的进步,目前生产企业已达到千余家,但规模小数量多,低水平重复竞争现象严重,绝大部分生产能力不足1000吨。由于技术、资金、装备、经营机制等方面原因,大多数电磁线企业与国外企业相比在品种、技术档次、新产品开发能力以及生产规模上还存在着较大差距。

二十世纪末,国家制定了一系列方针、政策鼓励技术研究与开发,家用电器行业率先响应,绿色冰箱、变频节能空调、大屏幕高清晰度彩电等高技术产品纷纷涌现,为特种电磁线生产带来了新的发展机遇,同时也提出了新的挑战。主要表现在:技术上朝"环保、节能、变频"方向发展;规模上朝万吨突破,以求降低成本,增强市场竞争力。

据2000年亚洲电磁线行业发展战略研讨会公布的数据,近几年我国电磁线需求量以5%的速度在增长,已成为世界电磁线的使用大国,年使用量超过了30万吨,预计在"十五"期间,电磁线的使用量将达到35万吨/年。以下品种电磁线将得到广泛使用:(1)高耐热等级的155级、180级电磁线;(2)性能优越的复合电磁线;(3)微细及超微细电磁线;(4)变频电机用抗电晕电磁线。

二、影响本行业发展的有利和不利因素

(一)产业政策

随着社会的进步和人民生活水平的提高,电磁线产品作为电机、电器、电子、通讯和交通等产品不可缺少的主要配套原材料有着广阔的应用领域。1998年中央决定投资2500亿元、计划用3年时间进行农村电网建设、城市电网和铁路电气化改造,"十五"期间国家将在电网建设投资超过3000亿元,为电力工业带来了大发展,也为与电力工业紧密相连的电线电缆行业提供了发展机遇。另外,家用电器的迅速发展和普及、电子技术的进步及通讯事业的高速发展,给电磁线的应用提供了新的发展空间,也对电磁线的技术提出了更新、更高要求,电磁线品种结构的调整势在必行。

(二)产品特性与技术替代

目前我国电磁线产量中B级聚酯电磁线仍占75%,H级及以上耐热和特种电磁线仅占总量的25%。但欧美及日本等发达国家的H级及以上耐热及特种电磁线约占总量的70%,电磁线向高耐热级方向发展是必然趋势。

(三)消费趋向及购买力

随着我国的经济建设步伐的加快,人民的生活水平和购买力将不断提高,"十五"期间,家用电器、电子、通讯产品仍将保持较高速度的增长,电动工具和汽车产品也将逐步进入家庭。特种电磁线产品具有巨大的市场潜力。

(四)加入WTO后对行业的影响

我国加入WTO后,行业竞争将愈演愈烈,那些规模小、技术含量低的企业将逐渐被淘汰,但也为具备技术品牌优势、管理先进的企业提供了生存和发展空间。另外,我国加入WTO将使单方面的自我开放转变为我国与世贸组织成员间的相互开放,这种外部条件正是提高我国电磁线水平、塑造强势品牌、更快进入国际市场的推进器。

(五)进入本行业的主要障碍

本公司所处行业完全采用市场化方式运作,国家在政策上对市场进入没有限制;但由于特种电磁线行业属技术和资金密集型行业,投入较大,新进入的厂商必须具有一定的资金、技术实力和较强的技术开发能力。

三、面临的主要竞争状况

(一)公司的竞争优势与劣势

本公司是2000年国家科技部认定的国家级重点高新技术企业,拥有年产特种电磁线12000吨、细线及超微细线200吨生产能力。本公司产品质量可靠,商标"精达"牌被评为安徽省著名商标,市场发展势头良好。

本公司主要生产设备、检测仪器分别从意大利、德国等国家引进,达到九十年代国际先进水平。

本公司技术中心1999年被认定为省级企业技术中心,初步具备了产品研究开发能力,近年来已先后开发研制了HFC134a压缩机用电磁线等多项填补国内空白的国家级重点新产品。

在质量控制方面,本公司于1997年1月通过了ISO9002-1994质量体系认证,严格的质量控制保证了产品的质量。本公司的电磁线产品通过美国UL安全认证,是安徽省质量免检产品。

但是,公司自身发展过程中也存在一些劣势,主要表现在融资渠道的限制。由于公司目前融资渠道较为单一,主要依靠银行贷款,公司技术改造实施难度较大,这对公司进一步扩大规模和长期发展产生了一定的影响。上市后,公司将克服融资渠道限制的弊端,加快发展速度,提高核心竞争能力。

(二)市场份额变动的情况及趋势

国内特种电磁线主要用于空调、冰箱压缩机,吸尘器电机,微波炉变压器等。根据1999-2001年国内空调、冰箱、吸尘器及微波炉的生产情况,国内家电特种电磁线需求量可估算如下:

电器	1999年		2000年		2001年	
	产量(万台)	电磁线用量(吨)	产量(万台)	电磁线用量(吨)	产量(万台)	电磁线用量(吨)
空调	1357	压缩机20340	1827	压缩机27400	2313	压缩机34695
冰箱	1206	压缩机10250	1279	压缩机10900	1349	压缩机11466
吸尘器	685	电机2740	1010	电机4040	1047	电机4296
微波炉	850	变压器8500	1257	变压器12570	1818	变压器18180

注:1.上表1999年及2000年各种电器的产量数据摘自中国家用电器协会会刊2001年第二期;2001年各种电器的产量数据摘自国家统计局公布数据;

2.电磁线用量计算标准:空调压缩机1.5kg/台;冰箱压缩机0.85kg/台;吸尘器电机0.4kg/台;微波炉变压器1kg/台。

根据上述市场需求量情况,结合本公司电磁线产品的产量,可估算出本公司电磁线产品的市场占有率:

项　目	1999年		2000年		2001年	
	产量(吨)	市场占有率(%)	产量(吨)	市场占有率(%)	产量(吨)	市场占有率(%)
空调压缩机用特种电磁线	1462	7.2	4120	15.0	6869	19.8
冰箱压缩机用特种电磁线	3025	29.5	3662	33.6	3876	33.8
吸尘器电机用特种电磁线	1128	41.2	535	13.2	498	11.5
微波炉变压器用特种电磁线	217	2.6	406	3.2	709	3.9
汽车电器用电磁线、微细漆包线等	316		514		626	
合　计	6148		9237		12578	

(三)同行业竞争的情况

据2000年线缆行业研讨会资料介绍,目前我国电磁线企业普遍规模较小,年生产量大多不到1000吨,大部分电磁线企业由于产品档次低、技术力量薄弱勉强维持生存,缺乏竞争能力。

本公司主要产品特种电磁线的生产量每年均以50%的幅度递增,目前生产能力已达到12000吨;生产的产品品种均为H级及以上的耐热和复合的特种电磁线,均为行业"十五"规划鼓励发展的产品,已经初步具备与外资企业的产品相竞争的实力。本次募集资金将继续扩大特种电磁线产能,使之达到年产25000吨,成为国内最大的一家专业生产特种电磁线的公司。

四、主营业务情况

(一)主要业务构成

本公司主要生产特种电磁线和微细线两大类产品,最近三年在主营业务收入中的构成及所占比例情况如下表所示:

单位:万元

年度 产品	2002年1-6月		2001年		2000年		1999年	
	销售收入	比率(%)	销售收入	比率(%)	销售收入	比率(%)	销售收入	比率(%)
特种电磁线	21,290.64	91.38	30,672.56	96.98	25,528.17	92.17	16,850.14	98.82
微细线	798.67	3.42	609.43	1.93	534.29	1.93	201.11	1.18
其他	1,209.64	5.20	345.95	1.09	1,634.01	5.9	—	—
合计	23,298.95	100	31,627.94	100	27,696.47	100	17,051.25	100

(二)前三年的主要产品及其生产能力

精达股份前三年主要产品及产量

产品名称	2002年1-6月(吨)	2001年(吨)	2000年(吨)	1999年(吨)
特种电磁线	9,817.89	12,375.95	9,126	6,079
微细线	253.54	201.56	111	69

(三)主要产品的销售情况

本公司主要客户大多分布在沿海及经济发达和较发达地区。按地域分主要有上海及江苏地区、北方地区、浙江地区、西安地区及华南地区。特种电磁线1999、2000和2001年度的销售收入分别为16,850.14万元、25,528.17万元和30,672.56万元。2001年特种电磁线的产销率为92.45%。微细线1999、2000和2001年度的销售收入分别为201.11万元、534.29万元和609.43万元。2001年微细线的产销率为84.32%。

(四)生产安全措施

噪声的控制:本公司生产过程产生的噪声主要是拉丝机、漆包机在运行中产生的噪声。公司除加强个人防护及安全教育,给生产工人配备耳塞、耳罩等防护用具,每年还定期给生产工人进行职业性健康检查。

有机溶剂浓度的控制:漆包线生产涂漆工序中会有少量有机溶剂挥发。公司一方面在涂漆部位增加隔离装置,减少有机溶剂挥发;另一方面合理进行厂房空间设计,增设通风换气设备,减少有毒废气的污染。

废气处理:生产过程中的废气必须进行处理后排放,电磁线生产使用的原材料漆由漆基和溶剂、稀释剂等辅料组成。它们在漆的成膜和固化过程中逐渐挥发,由漆包生产线中的催化燃烧装置来进行催化燃烧处理,经催化燃烧后达标排放。

废液处理:拉丝工序中用于冷却、清洗、润滑裸铜线及拉丝模具的润滑液由油脂类物质和软化水调配而成,经多次使用后失效成为废液。本公司将废拉丝润滑液经过过滤分离处理,分离后的油脂收集后,转入锅炉房拌入煤中燃烧;分离出的水完全满足环境要求,可直接排入开发区污水管道。

废有机物处理:漆包线生产过程中出现的废漆和废溶剂均为有毒物,不能直接对外排放。公司采用铁桶集中收集,并存放在安全可靠的地方,集中交环保部门处理。

(五)质量控制标准

1997年本公司已通过ISO9002-1994质量体系认证,并于2000年顺利通过复审。本公司电磁线产品通过美国UL安全认证,为产品打入国际市场奠定了基础。

五、主要客户及供应商情况

(一)公司向前五大供应商采购的情况

时间	向前五大供应商合计的采购额(万元)	采购总额(万元)	占采购总额的比例
1999年	12,624.75	14,508.54	87.01%
2000年	22,446.84	24,716.09	90.81%
2001年	19,931.11	27,667.31	94.95%

2000年、2001年本公司向第一大供应商常州金源铜业有限公司的采购额占同期采购总额的比例分别为76.13%、72.04%。

(二)公司对前五大客户的销售情况

时间	对前五大客户合计的销售额(万元)	合并销售总额(万元)	占销售总额的比例
1999年	7,752.63	17,051.25	45.47%
2000年	18,692.26	27,696.47	67.49%
2001年	13,775.92	31,627.94	43.56%

以上各年份,前五大客户不存在公司对任一单个客户的销售比例超过50%的情况。

六、核心技术

本公司围绕高等级电磁线产品,不断加强产品开发和工艺研究,多年来已自主开发多项核心技术,并拥有所有权,主要包括电磁线表面润滑定性、定量技术;电机高速模拟绕线试验技术;绝缘层的化学结构分析技术;高压连续性在线测试技术;红外光谱化学成份分析技术;模拟压缩机制冷工质对电磁线影响的技术;抗电晕电磁线生产技术。

第八章　同业竞争与关联交易

一、同业竞争现状

精达集团在本公司设立后未从事与本公司相同或相似产品的生产经营,本公司的另外四家股东也没有经营与本公司相同或相似的业务。因此,发行人与实际控制人不存在同业竞争情况。

发行人律师审查后认为:"股份公司与关联方之间不存在同业竞争。精达集团和安徽科投已通过出具书面承诺的方式,避免与精达股份进行同业竞争,减少关联交易,保护精达股份及其他股东利益"。

本次发行主承销商经核查认为:"对于因主发起人改制设立股份公司可能产生的同业竞争,已采取有效的解决措施加以消除;公司设立后,控股股东严格履行了与精达股份避免同业竞争的承诺;安徽科投、合肥风投、中关村创投、皖中公司没有从事与精达股份相同或相似的生产经营"。

二、避免同业竞争的措施

(一)资产重组,避免同业竞争

本公司控股子公司铜陵精工特种漆包线有限公司在精达集团改制重组、发起设立股份公司时股本结构为:精达集团持股5%、铜陵精业特种漆包线厂持股65%、外方持股30%。精业厂资产为精达集团职工个人募集的资金,已全部投入精工公司。

由于精业厂股东大都进入股份公司,精达集团以电磁线生产经营性净资产(包括持有精工公司5%的股权)作价入股,精工公司业务与公司业务相同,形成实际上的同业竞争。

为消除同业竞争,2000年8月,公司2000年第一次临时股东大会决定收购精业厂持有精工公司65%的股权。公司通过收购方式,将相竞争的业务纳入到股份公司,彻底解决了同业竞争问题。

(二)控股股东主营业务变更

公司电磁线生产和销售业务,随着精达集团改制重组设立股份公司而相应转入后者。2001年4月24日,精达集团依法变更了经营范围,不再生产与电磁线有关联的产品。

(三)关联股东关于放弃同业竞争的承诺函

持有公司5%以上股份的关联股东精达集团和安徽科投都已出具《关于放弃同业竞争的承诺函》,两家股东郑重承诺:对股份公司已进行建设和拟投资兴建的项目,两发起人股东将在项目选择和投资方向上,避免与股份公司相同或相似,不与股份公司发生同业竞争,以维护股份公司的利益。

三、关联方及关联关系

(一)关联企业

根据中国证监会证监发[2001]41号文规定的范围,本公司目前存在如下所示的关联方和关联关系：

关联方名称	与本公司的关系	关联交易
铜陵精达铜材(集团)有限责任公司	控股股东，持有本公司 87.5%的股权	存在
安徽省科技产业投资有限公司	股东，持有本公司 5.25%的股权	不存在
合肥市高科技风险投资有限公司	股东，持有本公司 3.75%的股权	不存在
北京中关村青年科技创业投资有限公司	股东，持有本公司 2.5%的股权	不存在
铜陵市皖中物资有限责任公司	股东，持有本公司 1%的股权	不存在
铜陵精达供销有限公司	同属精达集团控股子公司	存在
铜陵精工特种漆包线有限公司	控股公司，本公司持有 70%的股权	存在
铜陵顶科镀锡铜线有限公司	联营企业，本公司持有 30%的股权	不存在

四、关联交易

以下关联交易事项发生时间截止 2002 年 6 月 30 日。

1、《土地使用权租赁协议》2000 年 8 月 28 日，由本公司与精达集团签订。本公司目前生产经营使用的土地为精达集团以出让方式取得，由公司向精达集团租赁。土地面积为 26891.61 平方米，年租金 35 万元，按年支付，租赁期限自 2000 年 7 月 12 日起至 2050 年 2 月 16 日止，出租土地的相关税收按国家规定执行。

2、《综合服务协议》2000 年 8 月 28 日，由本公司与精达集团签订。精达集团将其食堂、交通班车、厂区及门前绿化等综合服务设施提供给本公司有偿使用，年综合服务费 28 万元，按年支付。本协议有效期限三年，自 2000 年 8 月 1 日开始，协议期满后，双方可另行商定，续签协议。

3、《商标转让协议》2000 年 8 月 28 日，由本公司与精达集团签订。精达集团将其"精达"牌注册商标及商标图形(商标注册证号：第 592862 号)无偿转让给精达股份，精达集团承诺在商标持有人名义变更登记手续办理完结之前，由本公司无偿独占使用该商标。2001 年 6 月 14 日，国家工商行政管理局商标局已核准转让注册商标，第 592862 号商标转让注册，受让人名义为：铜陵精达特种电磁线股份有限公司。

4、《专有技术转让协议》2000 年 8 月 28 日，由本公司与精达集团签订。精达集团向精达股份无偿转让全部电磁线生产专有技术，全部资料已交付本公司。

5、《进出口代理协议》2000 年 8 月 28 日，由本公司与精达集团签订。精达集团同意利用其自营进出口权为本公司代理设备进口、产品出口事宜，不收任何代理费。待精达集团有关设备进口合同履行完毕，本公司将依法申请变更自营进出口权。

6、《废丝出售协议》2000 年 8 月 28 日，由本公司、精工公司分别与精达集团控股子公司精达供销签订。本公司包括精工公司生产中产生的废丝向铜陵精达供销有限责任公司销售，销售价格在上海金属交易所电解铜当月加权平均价下浮 2400 元/吨。

7、《购销合同》2000 年 8 月 28 日，由本公司(供方)与精达集团控股子公司精达供销(需方)签订。本公司生产的漆包线向铜陵精达供销有限责任公司销售，数量以需方定单为依据，价格以市场公允价确定。

8、《承兑汇票开具协议》2000 年 10 月 30 日，由本公司与精达集团签订。鉴于 2000 年本公司尚未评定银行信用等级，为提高公司资金使用效率，精达集团同意利用其银行信用等级为本公司开具无质押银行承兑汇票用于支付本公司供应商货款。2001 年 7 月 2 日，本公司被中国建设银行安徽省分行评定 AAA 级信用单位。

9、《国债专项资金使用协议》2001 年 4 月 10 日，由本公司与精达集团签订。由于精达集团完整改制、发起设立股份公司，原由其申报的年产 6000 吨自润滑漆包线及 2000 吨无氟漆包线重点技术改造(国债专项资金)项目实际由本公司实施。精达集团同意将国债专项资金转交本公司使用，并承诺协助本公司办理该项目实施主体及承贷主体变更事宜。2001 年 6 月 13 日，国家经济贸易委员会投资函[2001]192 号文批复国债专项资金项目实施主体变更为精达股份。本公司于 2001 年 9 月 17 日、2001 年 9 月 29 日分别收到中国农业银行同意变更承贷主体的通知和中国农业银行铜陵分行郊区办事处同意调账的函。2001 年 10 月 18 日，中国农业银行下发农银复[2001]292 号批文，国债专项资金项目承贷主体变更为精达股份。

10、《中国建设银行最高额保证合同》2002 年 7 月 3 日，由本公司控股公司精达集团与中国建设银行铜陵分行签定。中国建设银行铜陵分行与本公司子公司精工公司所形成的一系列债权由精达集团提供最高额保证，最高额为 1000 万元，期限自 2002 年 7 月 3 日至 2003 年 7 月 3 日。

11、《中国银行保证合同》2002 年 6 月 13 日，由本公司控股公司精达集团与中国银行铜陵分行签定。合同约定，精达集团为中国银行铜陵分行自 2002 年 6 月 13 日至 2003 年 6 月 12 日向精工公司发放各类贷款所形成的债权提供保证，最高担保限额 1000 万元。

五、减少、规范关联交易的措施

(一)公司章程对规范关联交易的安排

根据公司章程，股东大会审议有关关联交易事项时，关联股东不应当参与投票表决，其所代表的有表决权的股份数不计入有效表决总数；股东大会决议的公告应当充分披露非关联股东的表决情况。如有特殊情况关联股东无法回避时，公司在征得有权部门同意后，可以按照正常程序进行表决，并在股东大会决议公告中作出详细说明。

在公司股东大会、董事会对公司股东与公司的重大关联交易(指同一种交易额年累计交易量在 300 万元以上的关联交易)进行表决时，独立董事应就重大关联交易的内容、定价等事宜进行审核并独立发表意见，有二名独立董事一致反对，即构成对重大关联交易的否决。

董事个人或者其所任职的其他企业直接或者间接与公司已有的或者计划中的合同、交易、安排有关联关系时(聘任合同除外)，不论有关事项在一般情况下是否需要董事会批准同意，均应当尽快向董事会披露其关联关系的性质和程度。

除非有关联关系的董事按照前款的要求向董事会作了披露，并且董事会在不将其计入法定人数，该董事亦未参加表决的会议上批准了该事项，公司有权撤销该合同、交易或者安排，但在对方是善意第三人的情况下除外。

如果公司董事在公司首次考虑订立有关合同、交易、安排前以书面形式通知董事会，声明由于通知所列的内容，公司日后达成的合同、交易、安排与其有利益关系，则在通知阐明的范围内，有关董事视为做了以上规定的披露。

董事会决议涉及任何董事或与其有直接利害关系时，该董事应向董事会披露其利益，并应回避和放弃表决权。该董事应计入参加会议的法定人数，但不计入董事会通过决议所需的董事人数内。董事会会议记录应注明该董事不投票表决的原因。

(二)关于关联关系与关联交易问题的承诺函

持有公司 5%以上股份的关联股东精达集团和安徽科投已出具《关于关联关系与关联交易问题的承诺函》，两家股东承诺：如果与股份公司不可避免地出现关联交易，将依照市场规则，本着一般商业原则，通过签订书面协议，公平合理地进行交易，以维护股份公司及所有股东的利益。两关联股东将不利用其在股份公司中的地位，为关联股东在与股份公司关联交易中谋取不正当利益。

(三)申请自营进出口权

本公司与控股股东除不可避免的关联交易为土地使用权租赁、综合服务、进出口代理等，没有业务经营上的关联交易。由于有关设备进口合同尚未履行完毕，精达集团自营进出口权继续保留。公司与精达集团签订了《进出口代理协议》，待精达集团有关设备进出口合同履行完毕，公司将依法申请自营进出口权。

六、发行人律师、主承销商对发行人关联交易情况的意见

发行人律师意见："持有精达股份 5%以上股份的股东为精达集团、安徽科投，均系精达股份的发起人；精达股份与安徽科投之间没有关联交易，与精达集团存在土地使用权租赁、综合服务、商标转让、专有技术转让、代理进出口、开具承兑汇票等关联交易，与精达集团控股子公司铜陵精达供销有限责任公司之间存在出售废丝、销售电磁线等关联交易；上述关联交易公允，不存在损害精达股份及其他股东利益的情况；精达股份已通过建立关联股东回避表决制度及持有 5%以上股东出具承诺的方式，保证关联交易不损害精达股份及其他股东的利益；精达股份已在股东大会议事规则、监事会议事规则及章程(修订案)中明确了关联交易公允决策的程序；精达股份与关联方之间不存在同业竞争；精达集团和安徽科投已通过出具书面承诺的方式，避免与精达股份进行同业竞争，减少关联交易，保护精达股份及其他股东利益；精达股份已对关联交易和解决同业竞争的措施和承诺进行了充分披露，无重大遗漏或重大隐瞒"；

"发行人充分、准确、具体的披露了与其大股东下属企业精达供销公司存在的关联交易，内容包括了交易的必要性、交易数量、所占销售额的比例，价格的公允性及程序合规性，交易以签订书面合同的形式，并经精达股份董事会、股东大会对以上述的关联交易进行了审议、决议，在股东大会对关联交易事项表决时，关联股东精达集团予以回避，其表决程序符合精达股份章程的规定，表决结果合法、有效。交易遵循了公平、公正原则，价格公允，维护了精达股份和其他股东的利益。"

主承销商意见："对于与关联方之间的关联交易，精达股份均本着公开、公平、公正的原则确定合理价格，价格公允，有关决策程序合规合法，不存在损害股份公司及中小股东利益的情形。对此精达股份在其首次公开发行股票招股说明书对其与关联企业精达集团、精达供销之间的关联交易均作了充分的披露"。

本公司提醒投资者，有关关联方、关联关系和关联交易的详细情况请参阅招股说明书全文。

第九章　董事、监事、高级管理人员与核心技术人员

一、董事、监事、高级管理人员与核心技术人员的情况

(一)董事

王世根先生，董事长，现年 50 岁，大专，经济师；曾先后获得市劳动模范、省优秀企业经营者、省"五一"劳动奖章、省跨世纪赶超功臣和全国轻工业优秀经营者等称号。曾先后担任铜陵市轻工业公司企管科科长、经理助理、经理、铜陵市家用电器铜材厂厂长、精达集团董事长、本公司总经理。目前还担任精达集团党委书记、董事、总经理，精工公司董事长，顶科公司董事长。

周志虹先生，副董事长，现年 59 岁，大专；曾任安徽省经济贸易委员会新技术推广站副站长、技改处处长、科技处处长、总工程师。目前还担任安徽科投总经理。

章延胜先生，董事，总经理，兼任技术中心主任，现年 34 岁，大学本科，工程师；曾获安徽省"五一"劳动奖章、安徽省青年科技创业奖、铜陵市科教兴市先进个人等称号。曾任铜陵市家用电器铜材厂生产技术科副科长、精达集团生产技术处处长、总经理助理、本公司总经理助理。

徐成春先生，董事，副总经理，兼任线缆分公司经理，现年 36 岁，大学本科，工程师。

孔祥云先生，董事，现年 64 岁，本科。曾任安徽省驻北京办事处主任、驻上海办事处主任，安徽省金融法制研究会会长。目前还担任合肥市高科技风险投资有限公司董事长。

张金柱先生，董事，现年 37 岁，硕士。曾任职于北京四通集团公司人事部、国际合作部，国泰证券有限公司发行二部经理，国泰君安证券股份有限公司投资银行三部业务董事。目前还担任北京中关村青年科技创业投资有限公司总经理。

胡壮麒先生，独立董事，现年 73 岁，大学本科，现任中国科学院金属研究所研究员，中国工程院院士、亚太材料科学院院士、博士生导师。

李明发先生，独立董事，现年 39 岁，硕士，法学教授，安徽大学法学院副院长。曾获霍英东基金会高校青年教师教学奖。现任中国法学会民法学经济法学研究会理事、安徽省人民政府立法咨询员。

蒋义宏先生，独立董事，现年 52 岁，大学本科，上海财经大学会计与财务研究院研究员。

(二)监事

何晓云女士，监事，现年 47 岁，大专。曾任铜陵市轻工业公司团委副书记、工会主席，铜陵市家用电器铜材厂党总支副书记、精达集团副总经理。现任精达集团董事长、党委副书记、本公司监事会主席。

王强先生，监事，现年 32 岁，大专。1995 年获铜陵市劳动模范称号，现任本公司电磁线分公司经理。

周建龙先生，监事，现年 39 岁，大学本科，副教授，铜陵财经专科学校财会系副主任，中国注册会计师。

(三)高级管理人员

章延胜先生，总经理，简历同前。

徐成春先生，副总经理，简历同前。

储中京先生，财务总监，兼任公司财务部经理，现年 34 岁，大学本科，中国注册会计师资格。

张天赢先生，董事会秘书，现年 39 岁，大学本科，工程师，曾获铜陵市首届青年科技之星称号。

(四)核心技术人员

章延胜先生，技术负责人，简历同前。

徐成春先生，简历同前。

李学正先生，现年 37 岁，大学本科，高级工程师，质计部经理。

张永忠先生，现年 34 岁，大学本科，工程师，现任本公司技术中心项目经理。

赵俊先生，现年 30 岁，大学本科，工程师，现任本公司模具车间副经理。

二、有关事项说明

1、发行人董事、监事、高级管理人员及核心技术人员均不持有发行人及发行人关联企业的股份；

2、公司董事、监事、高级管理人员、核心技术人员之间均不存在直系、配偶、三代以内旁系亲属关系的情况。

第十章　发行人的公司治理结构

一、公司股东的权利、义务和股东大会议事规则

本公司章程规定，股东按其所持有股份的种类享有权利，承担义务；

本公司章程规定，股东大会是公司的最高权力机构并依法行使决定公司的经营方针和投资计划等《公司法》所规定的权利。

二、公司董事会的构成和议事规则

本公司董事会由 9 名董事组成，其中独立董事 3 名，设董事长 1 人，副董事长 1 人。董事依法享有《公司法》规定的权利和义务。

董事会制订董事会议事规则，以确保董事会的工作效率和科学决策；董事会决定运用公司资产进行风险投资权额限于公司最近一次经审计的净资产值的 10%以下(含 10%)，超过此限额进行风险投资，需由股东大会决定；董事会对所进行的投资，应建立严格的审查和决策程序；重大投资项目应当组织有关专家、专业人员进行评审，并报股东大会批准。

董事应当在董事会决议上签字并对董事会的决议承担责任；董事会决议违反法律、法规或者章程，致使公司遭受损失的，参与决议的董事对公司负赔偿责任；但经证明在表决时曾表明异议并记载于会议记录的该董事可以免除责任。

三、公司独立董事的制度安排

(一)独立董事设立情况

本公司设独立董事三名，占董事总数的三分之一。

(二)独立董事发挥作用的制度安排

根据本公司章程规定，公司独立董事享有与其他董事相同的表决权；享有与其他董事同等的知情权，需要了解公司有关情况时，公司有关人员必须积极配合，不得拒绝、阻碍和隐瞒，不得干

预其独立性，具体工作由董事会秘书协调。

独立董事的职责主要有：向董事会提议聘请或更换会计师事务所；有两名独立董事同意，可提请召开临时股东大会；在公司股东大会、董事会对公司股东与公司的重大关联交易（指同一种交易乍累计交易额在300万元以上的关联交易）进行表决时，独立董事应就重大关联交易的内容、定价等事宜进行审核并独立发表意见，有两名独立董事一致反对，即构成对重大关联交易的否决；具有经股东大会批准获取津贴的权利。

独立董事除履行董事的一般职责外，主要对以下事项各自发表独立意见：公司股东与公司的重大关联交易；重大购买或出售资产；吸收合并；股份回购；公司董事、高级管理人员的薪酬及其他形式的报酬；董事会存在重大分歧的事项；独立董事认为可能损害中小股东合法权益的事项；证券监管部门或证券交易所要求独立董事发表意见的事项；公司章程规定的其他事项。

独立董事除非出现以下情形，不得在任期届满前被免职：出现《公司法》规定的不得担任董事的情形；独立董事严重失职；独立董事两次不能亲自参加公司的董事会和股东大会会议；独立董事任期届满前提出辞职。独立董事辞职应向董事会提交书面辞职报告，并须在最近一次召开的股东大会上，对任何与辞职有关的或其认为有必要引起股东和债权人注意的情况进行说明。

独立董事应对全体股东负责，重点关注中小股东的合法权益不受损害，如独立董事未勤勉尽责和严重失职而导致公司和中小股东的合法权益受到损害，独立董事应在股东大会上表示道歉，且在其获得的津贴范围内向公司承担赔偿责任。公司章程关于公司董事职责的规定，适用于独立董事。

四、公司监事会的构成和议事规则

公司设监事会；监事会由3名监事组成，其中股东代表2人，职工代表1人；设监事会主席1名；监事会主席不能履行职权时，由其指定1名监事代行其职权。

监事会有权检查公司的财务；对董事、总经理和其他高级管理人员执行公司职务时违反法律、法规或者章程的行为进行监督；当董事、总经理和其他高级管理人员的行为损害公司的利益时，要求其予以纠正，必要时向股东大会或国家有关主管机关报告。监事会有权提议召开临时股东大会、列席董事会会议并享有公司章程规定或股东大会授予的其他职权。

监事会行使职权时，必要时可以聘请律师事务所、会计师事务所等专业性机构给予协助，由此发生的费用由公司承担。

五、重大生产经营决策程序与规则

（一）重大生产经营决策程序与规则

股东大会是公司的权力机构，决定公司经营方针和投资计划；审议批准公司的年度财务预算方案、决算方案。

董事会委托总经理组织有关人员拟订包括经营目标、经营策略、技术和产品开发等方面的年度生产经营计划，并提交董事会，由董事会对生产经营计划的可行性进行研究与论证，必要时可以召开有关专业部门或专业委员会会议对其进行审议，董事会根据审议报告，形成董事会决议，由总经理组织实施。

（二）重大投资决策程序和规则

根据本公司章程，董事会决定运用公司资产进行风险投资额限于公司最近一次经审计的净资产值的10%以下（含10%），超过此限额进行风险投资，需由股东大会决定；董事会对所进行的投资，应建立严格的审查和决策程序；重大投资项目应当组织有关专家、专业人员进行评审，并报股东大会批准

（三）重大财务决策程序与规则

董事会委托总经理组织有关人员拟订公司年度财务预决算、利润分配和弥补亏损等方案，提交董事会，董事会根据审议报告，制订方案，提请股东大会通过后实施。在规定的权限内董事会决定的其他财务方案，经董事长主持有关部门和人员拟订、审议后，交董事会制订方案并作出决议，由总经理组织实施。

六、高级管理人员的选择、考评、激励和约束机制

根据公司发展需要和公司章程规定，遵循"德、才、智、体"的原则，结合专业性质选择聘任，任期一般为三年。本公司选聘高级管理人员主要有外部招聘与内部选拔两种方式。

公司成立了由董事长、经理层及相关专业技术人员组成的预算管理委员会，对照公司年初制订的经营目标和责任分解，对公司高级管理人员的业绩和履职情况进行考评，考评结果作为高级管理人员调薪、晋升、调动、辞退的主要依据。以实现对高级管理人员的激励与约束。

本公司报酬制度包括外在报酬与内在报酬制度。外在报酬主要指：公司提供的薪资、津贴和晋升机会。而内在报酬是基于工作任务本身的报酬，如对工作的成就感、责任感、受重视程度、有影响力、个人成长和富有价值的贡献等。公司通过实施外在与内在报酬制度实现对公司高管人员的物质与精神激励，充分发挥高级管理人员的工作积极性。

根据工作需要和个人业绩，一方面，公司不定期委派高级管理人员培训，学习深造，不断提高个人工作能力；另一方面，公司提供带薪休假、疗养。

本公司公司章程、财务、人事等内部管理制度的规定以及与高级管理人员签定的《聘用合同》、《商业秘密保密协议》，对高级管理人员的履职行为、权限、职责、诚信义务等作了相应的规定。

七、公司主要管理层变动情况

2000年7月11日本公司第一届董事会第一次会议聘任王世根先生为公司总经理；为进一步完善公司法人治理结构，2001年2月12日本公司第一届董事会第三次会议同意王世根先生辞去兼任的总经理职务，经董事长王世根提名，聘任章延胜先生担任总经理。

除此以外，本公司成立以来董事长、财务负责人和核心技术人员未发生变动。

八、管理层和核心技术人员诚信义务的限制性规定

为保证本公司董事、监事、高级管理人员和核心技术人员履行诚信义务，本公司依据《公司法》、《证券法》、《专利法》、《反不正当竞争法》等法律、法规的有关规定，通过公司管理制度、聘任合同和保密协议对上述人员的诚信义务进行了规定。

九、内部控制制度评价

本公司认为，公司内控制度虽然还需进一步完善，但不存在重大缺陷，是完整体系。各项内控制度符合国内有关法律法规的要求，具有合理性和合法性。这些内控制度保证了本公司经营管理的正常进行，对经营风险可以起到有效的控制作用。

安徽华普会计师事务所接受委托，审核了本公司管理层对2002年6月30日与会计报表编制相关的内部控制有效性的认定，于2002年7月25日出具华普审字[2002]0481号《内部控制审核报告》，认为"公司按照控制标准于2002年6月30日在所有重大方面保持了与会计报表相关的有效的内部控制"。

十、发行人律师意见

本公司律师认为："精达股份具有健全的组织机构；精达股份具有健全的股东大会、董事会、监事会议事规则，上述议事规则符合相关法律、法规和规范性文件的规定；精达股份历次股东大会、董事会、监事会的召开、表决方式、决议内容及签署合法、合规、真实、有效；精达股份股东大会或董事会历次授权或重大决策等行为合法、合规、真实、有效"；

"精达股份的董事、监事和高级管理人员的任职符合法律、法规和规范性文件以及公司章程的规定。精达股份设有三名独立董事，其任职资格符合有关规定，职权范围不违反有关法律、法规和规范性文件的规定"。

第十一章　财务会计信息

一、会计报表编制基准及注册会计师意见

（一）会计报表编制基准

本公司以铜陵精达特种电磁线股份有限公司为会计主体。由于本公司为新设立的股份有限公司，运行未满三年，因此编制会计报表时含改制设立前与改制设立后两个期间的会计报表。

1、本公司设立以前1999年、2000年1－7月会计期间的会计报表是按本公司的改制方案确定的公司框架为前提编制的，且假设本公司依据改制重组方案确定的现时结构自1999年1月1日至2000年7月31日业已存在且无重大变化。基于上述假设，根据资产重组方案对精达集团按其生产经营实际情况，进行了有关资产的界定和会计账目的调整，并按股份有限公司独立法人主体模拟编制其有关期间的会计报表。

2、2000年8月1日公司改制设立后独立运行，会计期间的会计报表是以本公司的实际架构为前提编制的。

3、本公司改制前即1999年1月1日至2000年7月31日执行《工业企业会计制度》；本公司设立后即2000年8月1日至2000年12月31日执行《股份有限公司会计制度》及其补充规定。自2001年起本公司执行《企业会计制度》，并对1999年1月1日至2000年12月31日会计报表按《企业会计制度》的规定进行了追溯调整。

4、本公司2000年7月成立时持有精工公司5%的股权，2000年8月又增持精工公司65%的股权，从而持有该公司70%的股权。2000年8－12月、2001年、2002年1－6月本公司已将精工公司纳入合并会计报表范围。

5、根据改制时的《资产分离协议》，评估基准日至股份公司设立日实现的利润归本公司享有。

故本公司截止2002年6月30日最近三年又一期的会计报表，反映了公司过往三年又一期的经营业绩及财务状况。

（二）注册会计师审计意见

本公司已聘请安徽华普会计师事务所对本公司2002年6月30日、2001年12月31日、2000年12月31日的合并资产负债表和资产负债表，2002年1－6月、2001年度、2000年度、1999年度的合并利润表和利润表，2002年1－6月、2001年度、2000年度的合并利润分配表和利润分配表以及2002年1－6月、2001年度的合并现金流量表和现金流量表进行了审计。注册会计师已出具了标准无保留意见的审计报告。

以下引用的财务资料数据，非经特别说明，均引自经审计的会计报表。本章的财务会计数据及有关的分析说明反映了公司过往三年又一期的经审计的会计报表及有关附注的重要内容。

二、公司改制重组、资产剥离的说明

（一）改制重组原则

1、符合股票发行和上市的有关法律及法规要求；

2、主营业务突出，减少关联交易，避免同业竞争；

3、保证股份公司具有独立的产供销系统和直接面向市场独立经营的能力；

4、转换企业的经营机制和规范化管理，建立法人治理结构；

5、有利于维护与保障股东权益和职工权益，提高股份公司的盈利水平。

（二）资产重组方案

铜陵精达铜材（集团）有限责任公司将漆包线生产经营性资产及持有的铜陵精工特种漆包线有限公司5%的股权，经评估作价投入股份公司，主要包括拉丝车间、漆包一车间、漆包二车间、微细线车间、模具车间、技术中心、检测中心和网络管理中心的设备、仪器仪表、厂房及存货、应收账款等；按负债随资产走的原则，进入相应负债。

（三）人员重组方案

股份公司成立时，按生产规模实行以产定岗、以岗定员的原则，将集团公司的生产经营及管理人员随资产转入股份公司，集团公司的非生产经营人员、富裕人员和离退休人员仍留在集团公司。

（四）其他事项说明

1、资产剥离时未将管理费用全额进入股份公司

（1）根据《资产分离协议》，集团公司与生产经营无关的非生产用房及建筑物、运输工具、技术落后或不适用的仪器仪表未投入股份公司。该部分固定资产计提的折旧1999年为218,393.93元，2000年1－7月为118,919.02元，根据配比原则予以剥离。

（2）根据《资产分离协议》，离退休人员未进入股份公司，所以上述人员工资未列入股份公司申报利润表。

（3）根据《资产分离协议》未进入股份公司的办公大楼、职工宿舍、土地所发生的相关税金（房产税、土地使用税）1999年为6,961.24元、2000年1－7月为6,634.71元，予以剥离未列入股份公司申报利润表。

（4）2000年剥离的坏账准备2,287,712.98元，主要是采用追溯调整法计提的坏账准备，这部分坏账准备经铜陵精达铜材（集团）有限责任公司董事会决议，评估基准日前因采用《股份有限公司会计制度》追溯调整的坏账准备由集团公司承担。

2、资产剥离时未将投资收益全额进入股份公司

在划分投资收益时，公司对精达集团划归本公司的长期投资在报告期取得的投资收益列入本公司申报利润表，对在本公司设定时精达集团已收回的长期投资、未划入股份公司的长期投资以及短期投资其收益未列入本公司申报利润表。未进入股份公司的投资收益有：

（1）铜陵西瓦绝缘材料有限公司投资收益

精达集团于1996年持有铜陵西瓦绝缘材料有限公司40%的股权，在1999年末将拥有的该公司股权出售。本公司2000年7月设立时，精达集团已不再拥有该公司股权，故将报告期本公司设立前的1999年采用权益法核算的投资收益以及出售收益均未列入本公司申报利润表。

（2）铜陵精达供销有限责任公司投资收益

该公司是集团公司的控股子公司，主要从事家电、废丝、极少量的漆包线等销售。根据改制方案，集团公司未将该公司股权投入股份公司，故集团公司采用权益法确认的对该公司的投资收益未列入股份公司申报利润表。

关于公司改制重组、资产剥离的详细情况参见招股说明书附录审计报告及财务报告全文。

三、简要会计报表（附后）

简要合并会计报表反映了本公司的基本财务状况、经营成果和现金流量情况。若想详细了解本公司过往三年又一期的财务状况、经营成果和现金流量情况，请阅读本招股说明书附录。

四、经营业绩

（一）销售收入总额和利润总额变动趋势及原因

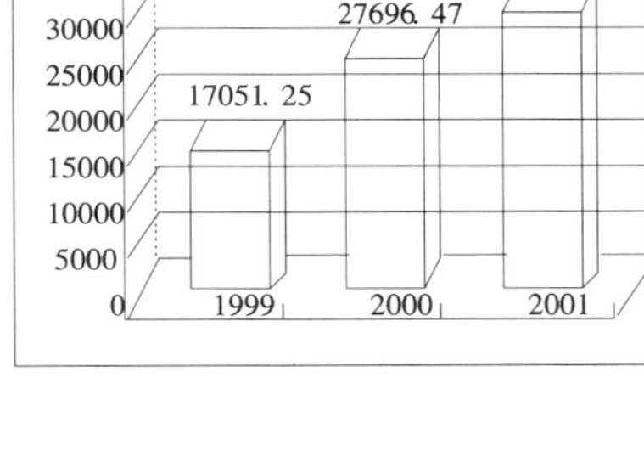

主营业务收入 2000 年度比 1999 年度增长 62.43%，主要是子公司精工公司新增设备投入使用，扩大了生产规模，增加了公司的销售能力。2001 年度主营业务收入比 2000 年度增长 14.19%，主要是本公司加大设备技术改造以及子公司精工公司新增设备投入使用，生产能力提高，产量增加，同时加大销售力度所致。

公司的主营业务成本包括漆包线销售成本和微细线销售成本。漆包线、微细线销售成本主要为材料成本，如铜杆、绝缘漆、润滑液等。由于材料成本在销售成本中所占比重很大，并且漆包线、微细线的销售价格与上述有关材料的采购成本维持比较稳定的比例，因此本公司的主营业务利润率三年保持比较稳定的水平。1999、2000 年度和 2001 年度本公司主营业务利润率分别为 25.80%、18.82%和 23.12%。2000 年度主营业务利润率下降，是因为本公司 2000 年 1－7 月购入精工公司漆包线 857 吨(因 1－7 月本公司仅持有其 5%的股权，故合并会计报表时未抵销内部收入、成本)，外购产品成本增加，引致销售成本上升，主营业务利润率下降。2002 年 1－6 月，公司主营业务利润率为 19.48%。

本公司的营业费用主要为销售产品的广告及宣传费、运输费和销售人员的工资及福利费、差旅费等。1999 年度、2000 年度和 2001 年度公司的营业费用分别为 5,858,498.60 元、8,452,992.47 元、13,504,568.26 元，年增长率分别为 44.28%、59.76%。2002 年 1－6 月，公司营业费用 7,134,131.51 元。

本公司的管理费用主要为固定资产折旧费、管理人员的工资及福利费、应收款项计提的坏账准备、存货跌价准备、计入管理费用的研发费用及管理人员差旅费等。1999 年度、2000 年度和 2001 年度公司的管理费用分别为 10,438,829.62 元、8,907,468.89 元、15,840,894.01 元，年增长率分别为－14.67%、77.83%。2002 年 1－6 月，公司管理费用 7,372,391.99 元。

本公司的财务费用主要为向银行贷款支付的利息及银行承兑汇票贴息支出。1999 年度、2000 年度和 2001 年度本公司财务费用分别为 14,852,899.50 元、11,391,023.53 元和 10,384,713.18 元，年增长率分别为－23.31%、－8.83%。2002 年 1－6 月，公司财务费用 7,221,677.46 元。

本公司 2000 年度投资收益为 19,339.35 元，2001 年度投资收益为 46,414.47 元，2002 年 1－6 月投资收益 7,805.06 元。。公司的投资收益来源于公司对精工公司的投资所产生的股权投资差额摊销数和按权益比例确认的来源于对铜陵顶科镀锡铜线有限公司按 30%确认的收益。

本公司 1999 年度取得增值税返还为 906,680.40 元，1999 年度取得城建税返还 102,937.04 元，税收返还相应增加了 1999 年净利润 858,174.82 元，占 1999 年的净利润 8.47%。以上税收返还是根据安徽省铜陵经济技术开发区管理委员会铜开管字(98)21 号《铜陵经济技术开发区优惠待遇暂行规定》的规定：企业按当年实缴地方税(含留给地方增值税部分)达 10 万元以上(含 10 万元)，三年内一律按 30%比例返还。对省和国家认定的高新技术企业和高新技术项目税收返还比例三年在国家规定的基础上再增加 10%。此项政策 2000 年停止执行后，相应减少了 2000 年度净利润 784,620.18 元，2001 年度净利润 1,331,724.03 元，分别占 2000 年度净利润的 5.42%和 2001 年度净利润的 6.71%。

2000 年度、2001 年度无重大非经常性损益。

(二)主营业务构成

本公司的主营业务收入主要为漆包线、微细线及裸铜线销售收入。1999 年度、2000 年度和 2001 年度、2002 年 1－6 月，漆包线销售收入分别为 168,501,405.26 元、255,281,716.33 元、306,725,590.80 元和 212,906,413.05 元，占当年同期主营业务收入比重分别为 98.82%、92.17%、96.98%和 91.38%；微细线销售收入分别为 2,011,093.11 元、5,342,911.02 元、6,094,345.75 元和 7,986,686.09 元，分别占当年同期主营业务收入的 1.18%、1.93%、1.93%和 3.42%。2002 年 1－6 月，裸铜线销售收入 12,096,388.57 元，占当年同期主营业务收入的 5.20%。

(三)适用的所得税税率及享受的主要税收优惠政策

根据铜陵市人民政府办公室铜政办秘(1996)62 号文件《关于铜陵精达铜材(集团)有限责任公司享受税收优惠政策的批复》，本公司减按 15%计征所得税，优惠政策期限从 1996 年 1 月 1 日起至 1999 年 12 月 31 日止。本公司自 2000 年 1 月 1 日起执行 33%的所得税税率。

本公司控股 70%的子公司铜陵精工特种漆包线有限公司系中外合资企业，享受二免三减半的所得税优惠政策，该公司 2000 年、2001 年处于免税期，2002 年为减半征收期，所得税按 30%法定税率减半征收。

若投资者需要详细了解本公司适用的主要税种及税率，请阅读本招股说明书附录。

五、资产

截止 2002 年 6 月 30 日，本公司的资产总计为 295,013,176.78 元，包括流动资产、长期股权投资、固定资产、在建工程、无形资产及其他资产。

(一)流动资产

流动资产主要包括货币资金、应收票据、应收账款、其他应收款、预付账款、存货，具体情况如下：

2000 年末、2001 年末和 2002 年 6 月 30 日，本公司的货币资金余额分别为 7,373,071.34 元、10,113,768.49 元、18,189,503.59 元，分别占期末流动资产的 7.34%、8.11%、10.86%。

截止 2002 年 6 月 30 日，本公司的应收票据余额为 7,749,963.87 元，其中用于开具应付票据质押的金额为 2,100,000.00 元。

2000 年末、2001 年末和 2002 年 6 月 30 日，本公司的应收账款净额分别为 47,686,074.04 元、55,295,206.74 元、63,598,125.41 元。截止 2002 年 6 月 30 日，本公司应收账款账龄基本为一年以内。本公司应收账款余额中不存在持有公司 5%以上股份的股东欠款。

2000 年末、2001 年末和 2002 年 6 月 30 日，本公司的其他应收款净额分别为 4,506,071.36 元、1,151,235.05 元、3,223,929.97 元。其他应收款主要为应收外单位往来款和备用金。本公司其他应收款中不存在持有公司 5%以上股份的股东欠款。

2000 年末、2001 年末和 2002 年 6 月 30 日，本公司的坏账准备余额分别为 2,746,955.03 元、2,973,595.01 元、3,580,462.29 元.。2000 年末、2001 年末和 2002 年 6 月 30 日，应收账款账面价值分别为 50,195,867.41 元、58,205,727.91 元、67,008,905.29 元。

2000 年末、2001 年末和 2002 年 6 月 30 日，本公司的预付账款余额分别为 1,635,221.69 元、837,869.49 元、3,099,226.04 元。本公司预付账款余额中不存在预付持有公司 5%以上股份的股东款项。

2000 年末、2001 年末和 2002 年 6 月 30 日，本公司的存货账面价值分别为 32,457,198.61 元、55,589,391.72 元、70,542,303.26 元。存货跌价准备是按各类存货单个项目的存货成本高于其可变现净值的差额提取，存货跌价损失计入当年损益。2000 年 12 月 31 日、2001 年 12 月 31 日和 2002 年 6 月 30 日，存货跌价准备余额分别为 452,845.62 元、456,204.22 元、288,877.62 元。

(二)长期股权投资

截止 2002 年 6 月 30 日，本公司对外投资金额为 7,634,035.59 元，占净资产的 9.28%。股权投资情况如下：

单位：元

被投资单位名称	投资时间	投资期限	占注册资本比例	原始投资额	股权投资差额	按 30%确认的投资收益	2002 年 6 月 30 日余额
铜陵精工特种漆包线有限公司	2000.8	20 年	70%	8,795,585.98	－881,874.55	—	－792,913.50
铜陵顶科镀锡铜线有限公司	2001.6	20 年	30%	8,442,361.26	—	－15,402.17	8,426,949.09

股权投资差额是本公司 2000 年 8 月收购铜陵精业特种漆包线厂所持铜陵精工特种漆包线有限公司 65%股权时，实际支付的价款小于投资时享有精工公司的所有者权益份额形成的差额。

(三)固定资产

截止 2002 年 6 月 30 日，本公司固定资产原值为 164,414,778.50 元，累计折旧 53,897,069.24 元，固定资产净值为 110,517,709.26 元，具体情况如下：

单位：元

固定资产类别	原值	净值	净额	折旧年限	折旧方法
非生产用房	4,753,692.98	4,501,410.27	4,501,410.27	40 年	平均年限法
生产用房	14,954,201.03	12,952,349.29	12,952,349.29	35 年	平均年限法
建筑物	2,415,480.04	2,179,213.95	2,179,213.95	20 年	平均年限法
简易房	5,122,097.54	4,646,055.38	4,646,055.38	10 年	平均年限法
通用设备	5,707,140.00	4,172,050.04	4,172,050.04	10 年	平均年限法
电子设备	3,001,859.48	2,265,016.65	2,265,016.65	6－10 年	平均年限法
专用设备	123,891,703.77	76,382,734.74	76,382,734.74	10 年	平均年限法
仪表仪器	4,053,103.66	3,217,065.14	3,217,065.14	10 年	平均年限法
运输设备	515,500.00	201,813.80	201,813.80	6 年	平均年限法
合计	164,414,778.50	110,517,709.26	110,517,709.26	—	—

(四)在建工程

截止 2002 年 6 月 30 日，本公司在建工程余额为 7,924,422.37 元，其明细列示如下：

单位：元

工程名称	预算数(万元)	2002 年 6 月 30 日
电磁线技改项目	2,100.00	6,855,455.33
漆包机	2,000.00	1,063,967.04
零星工程		5,000.00
合计	4,100.00	7,924,422.37

(五)有形资产

截止 2002 年 6 月 30 日，本公司有形资产净值为 292,190,341.74 元。(有形资产净值为总资产减无形资产、待摊费用及长期待摊费用后的余额)

(六)无形资产

截止 2002 年 6 月 30 日，公司无形资产余额为 1,455,819.94 元，其中土地使用权属于精工公司。明细列示如下：

单位：元

项目	原始金额	取得方式	摊销年限及确定依据	期末摊余价值	剩余摊销年限
ERP 信息管理系统	470,000.00	购入	10 年实际可使用年限	399,499.94	108 个月
土地使用权	1,206,320.00	购入	20 年实际可使用年限	1,056,320.00	216 个月
合　计	1,676,320.00			1,455,819.94	

(七)应收款项的坏账准备、存货跌价准备、固定资产减值准备计提

1、应收款项的坏账准备

本公司坏账损失核算采用备抵法，坏账准备按决算日应收账款和其他应收款的余额采用账龄分析法计提，根据债务单位的财务状况、现金流量等情况，确定计提比例如下：

账　龄	计提比例
1 年以内	5%
1－2 年	10%
2－3 年	20%
3－5 年	40%
5 年以上	100%

本公司 2001 年、2002 年 1－6 月的应收帐款周转率为 6.14 次、3.72 次，周转时间为 59 天、48 天，与本公司现有销售政策和销售合同约定回款时间基本一致，同时本公司现有客户多数为合资、独资和上市公司，企业信誉较好，能按合同约定时间付款。在报告期内本公司无三年以上应收款项。截止 2002 年 6 月 30 日本公司坏账准备余额 3,580,462.29 元。

2、存货跌价准备

存货跌价准备的确认标准及计提方法：由于存货遭受毁损、霉变，全部或部分陈旧过时或生产不适用及销售价格低于成本等原因使存货成本不可收回，决算日，按各类存货单个项目的存货成本高于其可变现净值的差额提取存货跌价准备；对于数量繁多、单价较低的存货，按存货类别计提存货跌价准备，存货跌价损失计入当期损益，各类存货可变现净值按市价扣除相关销售费用和税金后确定。

截止 2002 年 6 月 30 日，本公司各类存货余额及存货跌价准备如下：

单位：元

项　目	2002 年 6 月 30 日		
	账面余额	存货跌价准备	存货净额
原材料	8,016,917.74	160,937.39	7,855,980.35
低值易耗品	1,336,043.24	—	1,336,043.24
包装物	727,512.21	58,225.85	669,286.36
在产品	283,869.57	—	283,869.57
库存商品	60,177,960.50	69,714.38	60,108,246.12
合　计	70,542,303.26	288,877.62	70,253,425.64

本公司 2001 年、2002 年 1－6 月的存货周转率为 5.44 次、2.96 次，周转时间为 66 天、61 天，与公司生产周期和销售周期相符合。公司以销定产，特种电磁线产品基本已有确定的客户，不存在滞销、积压问题。考虑到库存商品中其他产品的市场价格和原材料价格的变化，公司出于谨慎原则提取了存货跌价准备，截止 2002 年 6 月 30 日存货跌价准备余额为 288,877.62 元，计提的类别是库存商品中的微细线产品和抵债商品、原材料及包装物。

3、固定资产减值准备

本公司计提固定资产减值准备依据：期末对固定资产由于市价持续下跌，或技术陈旧、损坏、长期闲置等原因导致其可收回金额低于账面价值，并且这种降低的价值在可预计的未来期间内不可恢复时，应当将可收回金额低于其帐面价值的差额计提固定资产减值准备。固定资产减值准备按单项资产计提。

截止 2002 年 6 月 30 日，本公司没有计提固定资产减值准备，主要原因是：

(1)股份公司 2000 年 7 月成立，集团公司投到股份公司的资产已于 2000 年 3 月 31 日为基准日进行了评估，固定资产帐面值为 5858.18 万元，评估值为 5517.75 万元，评估减值 340.43 万元。2001 年 12 月 31 日距评估基准日时间较短，无重大变化，未发现可收回金额低于其帐面价值且在可预见的未来期间内不可恢复的情况。

(2)公司近两年新增的固定资产，均系较先进的设备，市场价格未发生较大变化，其市场价格与帐面价值目前尚不存在资产减值情形。

本公司坏账准备、存货跌价准备、固定资产减值准备的计提是充分的和谨慎的。

六、负债

截止 2002 年 6 月 30 日，本公司负债总额为 202,912,676.68 元，其中流动负债为 137,622,676.68 元，长期负债 65,290,000.00 元。

流动负债中主要包括短期借款、应付票据、应付账款、预收账款、应付股利、应交税金、其他应付款。

截止 2002 年 6 月 30 日，本公司短期借款余额为 42,250,000.00 元，其中债项明细情况见下表：

单位：元

序	贷款人	借款余额	借款日	还款日	年利率%	贷款方式
1	铜陵市财政局	250,000.00	2002－03－23	2003－03－22	4.320	信用
2	中国工商银行铜陵分行	15,000,000.00	2002－03－29	2003－03－21	5.841	抵押
3	中国工商银行铜陵分行	18,000,000.00	2002－06－28	2003－06－21	5.841	抵押
4	中国建设银行铜陵分行	3,000,000.00	2001－07－04	2002－07－03	6.435	保证
5	中国银行铜陵分行	3,000,000.00	2002－06－20	2002－12－19	5.040	保证
6	中国银行铜陵分行	3,000,000.00	2002－06－20	2003－06－19	5.310	保证
	合　计	42,250,000.00	—	—	—	—

注：以上第 4－6 项借款：中国建设银行铜陵分行 300 万元贷款和中国银行铜陵分行 600 万元贷款，借款人均为精工公司，精达集团提供保证担保。其中，中国建设银行铜陵分行 300 万元贷款

已归还,精工公司于2002年7月4日向中国建设银行铜陵分行借款300万元,还款日为2003年7月3日,年利率5.31%。

2001年7月2日,本公司被中国建设银行安徽省分行评定AAA级信用单位。2001年8月28日,中国建设银行铜陵分行给予本公司10,000万元一般额度授信,期限一年。2001年9月12日,本公司获得中国工商银行安徽省分行最高综合授信额度8500万元。2002年7月根据工银皖发[2002]379号文件,本公司取得中国工商银行安徽省分行AA+信用等级。2002年6月,根据铜农银发[2002]112号文件,本公司取得中国农业银行铜陵分行AAA信用等级。

2000年末、2001年末和2002年6月30日本公司的应付票据余额分别为6,000,000.00元、35,100,000.00元和48,996,527.00元。2001年12月31日应付票据余额是开具给供应商的应付货款。应付票据2001年12月31日比2000年12月31日增加29,100,000.00元,2002年6月30日应付票据比2001年12月31日增加13,896,527.00元,主要是由于本公司年生产经营规模进一步扩大,原材料采购量增加所致,本公司与主要原材料供应商通过协商,将结算方式由现款交易改为远期汇票交易所致。

2000年末、2001年末和2002年6月30日本公司的应付账款余额分别为14,646,339.08元、10,855,383.99元和36,644,933.70元。应付账款余额中不存在应付持本公司5%以上股份的股东款项。2002年30日应付账款比2001年12月31日增加25,789,549.71元,主要是由于本公司的主要供应商同意将本公司的付款期限延长所致。

2000年末、2001年末和2002年6月30日本公司的预收账款余额分别为775,608.26元、1,402,381.66元和1,707,090.44元。2002年6月30日预收账款中无欠持有本公司5%以上股份的股东款项。

2000年末、2001年末和2002年6月30日本公司的应付股利分别为469,200.00元、1,428,000.00元和1,428,000.00元。应付股利系应付未付精工公司少数股东的股利。

2002年6月30日本公司应交税金为-1,257,825.60元,主要包括应交增值税-1,953,155.98元、应交城建税-27,363.63元、应交企业所得税697,413.88元、和代扣个人所得税25,280.13元。

2000年末、2001年末和2002年6月30日本公司其他应付款账面余额分别为9,067,100.83元、4,086,928.56元和4,502,258.55元。其他应付款2001年12月31日较2000年12月31日下降54.93%。主要是归还铜陵精达铜材(集团)有限公司款项引致;

截止2002年6月30日,本公司长期借款余额为65,000,000.00元,明细情况见下表:

单位:元

贷款人	借款余额	借款日	还款日	年利率%	贷款方式
中国农业银行铜陵分行郊区办事处	65,000,000.00	2001-12-21	2005-12-21	6.633	抵押
合　计	65,000,000.00	—	—	—	—

七、股东权益

截止2002年6月30日,本公司的股本为4,000万股,全部为人民币普通股,每股面值人民币1.00元,合计人民币4,000万元。本公司近二年股东权益情况如下:

单位:元

项　目	2002.6.30	2001.12.31	2000.12.31
股　本	40,000,000.00	40,000,000.00	40,000,000.00
资本公积	94,570.00	94,570.00	—
盈余公积	6,340,581.24	6,340,581.24	1,904,791.08
其中:公益金	1,265,230.93	1,265,230.93	293,511.73
未分配利润	35,809,330.04	21,721,423.47	9,056,051.55
股东权益合计	82,244,481.28	68,156,574.71	50,960,842.63

八、现金流量情况

本公司2002年1-6月的经营活动产生的现金流量净额为24,603,023.87元,其中,销售商品、提供劳务收到的现金为231,320,591.80元,购买商品、接受劳务支付的现金为181,653,029.19元,支付给职工以及为职工支付的现金为5,772,902.62元,支付的各项税费为12,405,225.03元,支付的其他与经营活动有关的现金为7,268,554.11元;投资活动产生的现金流量净额为-12,030,332.18元,其中,购建固定资产、无形资产和其他长期资产所支付的现金为6,815,920.92元,投资所支付的现金为5,214,411.26元;筹资活动产生的现金流量净额为-4,496,956.59元,其中,借款所收到的现金为39,000,000.00元,偿还债务所支付的现金为40,000,000.00元,分配股利、利润或偿付利息所支付的现金为3,496,956.59元,现金及现金等价物净增加额为8,075,735.10元。

公司未发生"不涉及现金收支的重大投资和筹资活动"的情况。

九、期后事项、重大关联交易、或有事项及其他重要事项

(一)本公司收购铜陵精工特种漆包线有限公司65%股权的会计处理及作价依据

1、收购精工公司65%股权的会计处理

按照《股份有限公司会计制度》的相关规定,公司将投资时享有精工公司65%的所有者权益份额8,986,213.35元计入"长期股权投资———投资成本"科目,该部分权益与公司实际支付的价款8,341,000.00元的差额645,213.35元计入"长期股权投资———股权投资差额"科目。

2、精工公司65%股权作价依据

经股份公司创立大会和第一届董事会第二次会议通过,公司与精业厂签署了《股权转让协议》,股权转让金为834.1万元。2000年8月,公司受让精业厂持有精工公司65%的股权。

安徽国信资产评估有限责任公司对精工公司全部资产及负债进行了评估,出具皖国信评报字[2000]第177号《资产评估报告书》,评估结果为:截止2000年3月31日,精工公司净资产1,141.03万元,按铜陵精业特种漆包线厂所占精工公司65%的权益,评估值为741.67万元。截止2000年7月31日,精工公司净资产1,382.49万元,65%权益净资产为898.62万元。根据《股权转让协议》,转让金额以资产评估结果为依据,参照精工公司2000年4月—7月经营状况,经协商最终确定为834.1万元。

(二)公司设立后,出资人投入资产的产权变更手续办理情况

本公司设立后,以净资产入股的主发起人精达集团与本公司签署了《资产分离协议》。根据该协议,精达集团将其所属的有关电磁线产品生产的全部经营性资产、相关资产及相关债项转归本公司所有和承担。分离资产的范围以安徽国信资产评估有限责任公司皖国信评报字[2000]第132号《资产评估报告书》附件《资产评估明细表》所列项目为准,经原安徽省国有资产管理局确认,双方依法办理了精达集团投入的房屋建筑物、生产设备、流动性资产及对外投资权益等资产的产权过户手续。

相关情况请参见第四章"发行人基本情况"第四节"与公司业务及生产经营有关的资产权属变更情况"中的有关内容。

本公司提醒投资者关注本招股说明书附录会计报表附注中的期后事项、重大关联交易、或有事项及其他重要事项,请投资者一并参阅上述事项在本招股说明书中相关章节的说明。

十、重大资产置换和购销价格变化

公司最近三年内没有发生资产置换、重大购销价格变化的情况。

十一、资产评估

2000年6月16日安徽国信资产评估有限责任公司接受委托对本公司主发起人精达集团投入本公司的经营性净资产进行了评估,并出具了皖国信评报字[2000]第132号《资产评估报告书》,评估结果经原安徽省国有资产管理局皖国资评字[2000]111号文确认。评估的具体情况如下:

1、资产评估履行的程序

安徽国信资产评估有限责任公司接受精达集团委托,根据国家有关法律法规,按规定的评估程序对精达集团申报的2000年3月31日资产评估明细表中的资产进行了评估。

2、评估方法

根据评估目的和各类资产属性,采用重置成本法和现行市价法等评估方法进行评估。

3、评估结果

根据皖国信评报字[2000]第132号《资产评估报告》,以2000年3月31日为基准日的评估结果如下:

单位:元

项　目	账面价值	调整后账面价值	评估价值	增减值	增值率%
流动资产	86,748,512.77	86,941,923.68	87,774,979.13	833,055.45	0.96
长期投资	400,000.00	400,000.00	454,585.98	54,585.98	13.65
固定资产	59,281,167.83	59,281,167.83	55,876,838.34	-3,404,329.49	-5.74
其中:设备	50,668,900.20	50,803,647.72	47,178,430.00	-3,625,217.72	-7.14
建筑物	7,306,228.53	7,778,177.62	7,999,065.85	220,888.23	2.84
在建工程	1,306,039.10	699,342.49	699,342.49	0.00	0.00
其他资产	2,201.00	2,201.00	8,501.00	6,300.00	286.23
资产总计	146,431,881.60	146,625,292.51	144,114,904.45	-2,510,388.06	-1.71
流动负债	61,836,284.46	62,029,695.37	62,029,695.37	0.00	0.00
长期负债	47,085,485.86	47,085,485.86	47,085,485.86	0.00	0.00
负债总计	108,921,770.32	109,115,181.23	109,115,181.23	0.00	0.00
净资产	37,510,111.28	37,510,111.28	34,999,723.22	-2,510,388.06	-6.69

4、资产评估减值原因

本次资产评估减值251.04万元,主要为机器设备减值,减值率为7.14%,主要原因是公司部分早期进口设备在1996年原铜陵市家用电器铜材厂改制时对设备评估调账幅度较大,目前该部分设备市价下降,故评估减值。

十二、验资情况

本公司于2000年7月12日成立,注册资本为4,000万元,由安徽华普会计师事务所对各发起人投入公司的股本金进行验资,并出具会事验字[2000]第280号《验资报告》。各发起人的出资已经到位,有关实物资产已办理移交手续。公司成立至今,未发生任何资本变动。

十三、财务指标

本公司非整体改制设立,成立至今运行不足三年,故在此仅列示本公司成立后各期的财务数据。

财务指标	2002年1-6月	2001.12.31
流动比率	1.22	1.27
速动比率	0.71	0.70
应收账款周转率(次)	3.72	5.84
存货周转率(次)	2.96	5.44
无形资产占净资产比例(%)	0.49	0.62
无形资产占总资产比例(%)	0.14	0.18
资产负债率(%)(母公司)	68.81	67.91
每股净资产(元/股)	2.06	1.70
研发费用占主营收入比例(%)	0.10	1.33
净资产收益率(全面摊薄%)	17.13	29.12
每股收益	0.35	0.50
每股经营活动现金流量	0.62	0.85

上述财务指标的计算方法如下:

1、流动比率=流动资产/流动负债

2、速动比率=速动资产/流动负债

3、应收账款周转率=主营业务收入/应收账款平均余额

4、存货周转率=主营业务成本/存货平均余额

5、无形资产(土地使用权除外)占总(净)资产的比例=无形资产(土地使用权除外)/总(净)资产

6、资产负债率=总负债/总资产

7、每股净资产=期末净资产/期末股本总额

8、研究及开发费用占主营业务收入的比例=研究及开发费用/主营业务收入

9、净资产收益率=净利润/期末净资产总额

10、每股收益=净利润/期末股本总额

11、每股经营活动的现金流量=经营活动产生的现金流量净额/期末股本总额

本公司按《公开发行证券公司信息披露编报规则第9号——净资产收益率和每股收益的计算及披露》计算的2000年净资产收益率和每股收益如下:

报告期利润	净资产收益率(%)	每股收益(元/股)
	全面摊薄	全面摊薄
主营业务利润	102.31	1.30
营业利润	42.63	0.54
净利润	28.43	0.36
扣除非经常性损益后的净利润	28.39	0.36

本公司按《公开发行证券公司信息披露编报规则第9号——净资产收益率和每股收益的计算及披露》计算的2001年净资产收益率和每股收益如下:

报告期利润	净资产收益率(%)		每股收益(元/股)	
	全面摊薄	加权平均	全面摊薄	加权平均
主营业务利润	107.31	122.14	1.83	1.83
营业利润	44.15	50.25	0.75	0.75
净利润	29.12	33.14	0.50	0.50
扣除非经常性损益后的净利润	29.02	33.03	0.49	0.49

本公司按《公开发行证券公司信息披露编报规则第9号——净资产收益率和每股收益的计算及披露》计算的2002年1-6月净资产收益率和每股收益如下:

报告期利润	净资产收益率(%)		每股收益(元/股)	
	全面摊薄	加权平均	全面摊薄	加权平均
主营业务利润	55.19	60.36	1.13	1.13
营业利润	26.98	29.51	0.55	0.55
净利润	17.13	18.73	0.35	0.35
扣除非经常性损益后的净利润	17.10	18.70	0.35	0.35

上述指标的计算方法如下:

1、全面摊薄净资产收益率=报告期利润/期末净资产

2、全面摊薄每股收益=报告期利润/期末股份总数

3、加权平均净资产收益率(ROE)的计算公式如下:

$$ROE = \frac{P}{E0 + NP \div 2 + Ei \times Mi \div M0 - Ej \times Mj \div M0}$$

其中:P为报告期利润;NP为报告期净利润;E0为期初净资产;

Ei为报告期发行新股或债转股等新增净资产;

Ej为报告期回购或现金分红等减少净资产;M0为报告期月份数;

Mi为新增净资产下一月份起至报告期期末的月份数;

Mj为减少净资产下一月份起至报告期期末的月份数。

4、加权平均每股收益(EPS)的计算公式如下:

$$EPS = \frac{P}{S0 + S1 + Si \times Mi \div M0 - Sj \times Mj \div M0}$$

其中:P为报告期利润;S0为期初股份总数;

S1为报告期因公积金转增股本或股票股利分配等增加股份数;

Si为报告期因发行新股或债转股等增加股份数;

Sj为报告期回购或缩股等减少股份数;M0为报告期月份数;

Mi为增加股份下一月份起至报告期期末的月份数;

Mj为减少股份下一月份起至报告期期末的月份数。

十四、公司管理层对公司财务状况的分析意见

公司董事会和管理层结合本公司过去三年经审计的相关财务会计资料做出如下分析：

(一)关于经营成果、盈利能力及前景分析

本公司 1999 年度、2000 年度、2001 年度主营业务收入同比增长率分别为 62.43%、14.19%；1999 年度、2000 年度、2001 年度和 2002 年 1－6 月公司主营业务利润率分别为 25.80%、18.82%、23.12%和 19.48%；2001 年主营业务收入增长率和 2000 年度主营业务利润率下降，是因为本公司 2000 年 1－7 月发生向精工公司销售漆包线及向精工公司购买裸铜线业务，因该期间本公司仅持有其 5%的股权，故合并会计报表时未抵销该部分内部收入、成本，导致销售收入增加，同时外购产品成本增加、销售成本上升，因此主营业务收入增长率较低、主营业务利润率下降。

本公司主营业务收入增长原因在于：

1、公司生产规模扩大。2001 年公司通过实施年产 6000 吨自润滑漆包线及 2000 吨无氟漆包线国家重点技术改造项目，扩大了公司的生产能力，提高了产品产量，到 2001 年底公司已形成年产 12200 吨的生产能力，为公司进一步的发展奠定了基础。

2、公司坚持以市场为导向，以满足客户需求为目标，始终重视市场拓展工作。公司要求技术中心积极做好新客户的开发，并以新客户形成的收入按比例对其进行奖励；同时，对销售部门则以销量和回笼资金的一定比例对销售人员进行奖励，激励他们维持和巩固与老客户的长期合作关系，扩大销量，积极回收资金；另外，公司通过设立客户服务中心，作好产品售后服务和质量跟踪工作，取得了客户的信任。

3、公司顺应客户需求的变化和对产品质量的要求，狠抓质量管理，以 ISO9002 质量体系为中心，全面推行 5S 现场管理活动，即通过整理、整顿、清洁、清扫和自律，以优化环境、培养团队精神、实施作业标准化来促进产品质量的提高。

本公司将立足特种电磁线行业，走专业化、集约化发展道路，充分利用公司现有的技术、市场及生产设备，通过技术改造和技术创新，不断开发技术含量高、代表未来市场需求的电磁线产品，以产品的升级换代来拓展本公司的市场空间。随着公司本次募集资金投资项目的投产，公司盈利能力将进一步增强。

(二)资产质量和资产负债结构

1、资产质量

公司整体资产质量优良，没有非生产经营性资产，没有各种形式的挂帐损失和潜亏，也没有高风险资产和闲置性资产。公司资产结构有利于主营业务的快速增长，有利于公司核心竞争力和持续发展能力的形成。

流动资产中，应收票据均为 5—6 个月的银行承兑汇票，到期不能兑付的风险较小；98.21%的应收账款账龄在一年以内，不能收回的风险较小；存货金额虽然较大，但相对于本公司的生产销售规模和销售方式来说，仍属正常；从结构上看，2002 年 6 月 30 日存货中原材料为 801.69 万元，产成品为 6,005.56 万元，分别占 11.36%和 85.13%，这与本公司目前的销售方式也是相适应的。

2、负债结构及偿债能力

截止 2002 年 6 月 30 日，本公司资产负债率为 68.81%，负债水平较高。合并流动负债为 137,622,676.68 万元，占负债总额的 67.82%；流动比率为 1.22，速动比率为 0.71，与 2001 年流动比率 1.27，速动比率 0.70 相比较有所下降。

2001 年 12 月 31 日，本公司资产负债率为 67.91%，合并流动负债为 98,584,130.26 万元，占负债总额的 60.16%，流动比率为 1.27，速动比率为 0.70，与 2000 年流动比率 1.25，速动比率 0.85 相比较均有所下降，主要是：

(1)本公司在 2001 年实施了国家经济贸易委员会、国家发展计划委员会以国经贸投资[2000]951 号文下达的“年产 6000 吨自润滑漆包线及 2000 吨无氟漆包线国家重点技术改造项目”。截止 2001 年 12 月 31 日公司取得中国农业银行铜陵分行郊区办事处银行借款 6500 万元，公司也相应投入了自有资金。这些资金的投入，一方面增加了公司长期负债，另一方面使公司营运资金减少，相应降低公司的流动比率和速动比率，使公司偿债风险有所上升。

(2)本公司 2001 年生产规模扩大，生产能力从 2000 年的 8000 吨扩大到 2001 年的 12200 吨，增幅为 52.5%。生产量的扩大使得公司原材料的需求增加，相应增加流动负债，从而降低了公司的流动比率、速动比率，导致公司短期还贷压力加大。

公司自成立以来经营状况良好，销售收入持续增长，且历来重视对现金流量管理，资金回收力度不断加大。与此同时，公司积极寻求资金融通渠道的拓宽。2001 年 8 月 28 日中国建设银行铜陵分行授予本公司 AAA 信用等级及 10,000 万元授信。2001 年 9 月 12 日，中国工商银行铜陵分行给予本公司 8,500 万元授信额度。2002 年 7 月，根据工银皖发[2002]379 号文件，本公司取得中国工商银行安徽省分行 AA+信用等级。2002 年 6 月，根据铜农银发[2002]112 号文件，本公司取得中国农业银行铜陵分行 AAA 信用等级。中国农业银行铜陵分行郊区办事处承诺对于本公司到期的贷款在符合其贷款条件的情况下给予转贷。

公司本次股票发行完成后，资产负债率会有一定的下降，公司资产负债结构将得到较大的改善。

3、资产结构及分析

截止 2002 年 6 月 30 日，本公司的资产总额为 295,013,176.78 元，其中流动资产 167,481,189.62 元，固定资产 118,442,131.63 元，无形资产 1,455,819.94 元。流动资产主要包括应收账款、存货及货币资金，分别占流动资产的 37.97%、41.94%和 10.86%。

截止 2001 年 12 月 31 日，本公司的资产总额为 239,475,573.86 元，其中流动资产 124,741,390.04 元，固定资产 110,813,044.59 元，无形资产 1,509,319.96 元。流动资产主要包括应收账款、存货及货币资金，分别占流动资产的 44.33%、44.56%和 8.10%。

本公司应收账款较大主要是公司所处行业的特点：(1)漆包线行业是资金密集性行业，主要原材料铜杆价格高，使得产品单位价格较高；(2)本公司用户多为中外合资企业、外商独资企业和上市公司，他们所采用的付款方式均依国际惯例进行，付款期限通常为 60 天到 90 天，2001 年公司销售收入与以前年度相比大幅增长，使得公司应收账款也相应增加。

公司对这些中外合资企业、外商独资公司和上市公司等客户的销售收入占本公司销售收入总额的比重近 70%。这些客户信用基础较好，均能按协议付款，所以公司应收账款发生坏账的可能性较小。

截止 2002 年 6 月 30 日公司根据《企业会计制度》要求从谨慎性原则出发已提取坏账准备 3,580,462.29 元。

本公司存货账面价值较大，截止 2002 年 6 月 30 日存货为 70,542,303.26 元与 2001 年 12 月 31 日存货 55,589,391.72 元相比增长 25.87%，具体原因是：

(1)公司是根据购货定单进行生产，从生产完工日到交货日存在间隔时间，同时公司的部分客户与公司的结算日为每月的 25 号，在此后日期生产的产品暂不开票，使得公司报表上存货过大；

(2)公司的一些主要客户实行即时生产制度，原材料基本无库存，而是由本公司为其提供生产库存，这样也使得公司存货增加；

(3)本年公司生产规模扩大，对原材料需求增加，为保证生产活动持续进行，公司适当增加了原材料库存；

公司生产是以销定产，产品基本已有确定的客户，不存在滞销、积压问题。

本公司固定资产和无形资产均已取得有关权属证明，为本公司生产经营所必须的资产。总体上，公司资产质量状况良好，没有不良资产。

(三)股权结构

截止 2001 年 12 月 31 日，本公司的股本总额为 4000 万元，股东有五家，其中控股股东精达集团持有本公司 87.50%的股权，可以通过在股东大会以投票表决的方式影响公司的经营方针和投资计划，对公司有较强的控制和影响力。为此，精达集团已对本公司做出书面承诺，不会利用其在股份公司中的地位为关联股东在与本公司的关联交易中谋取不正当利益，不参与关联交易的投票表决。同时，本次公开发行股票将改变本公司目前股权结构相对集中的状况，实现投资主体多元化、公司控制权分散化，从而优化股权结构。

(四)本公司现金流量管理及偿债能力

本公司 2002 年 6 月 30 日货币资金余额为 18,189,503.59 元，现金及现金等价物净增加额为 8,075,735.10 元。

本公司 2001 年 12 月 31 日货币资金余额为 10,113,768.49 元，2001 年度现金及现金等价物净增加额为 2,740,697.15 元。其中经营活动产生的现金流量净额为 33,975,308.58 元，主要是在销量增加的同时对应收账款加以严格控制，加快了资金回笼。公司每股经营活动现金流量为 0.85 元，反映公司自身积累能力较强，同时从筹资活动产生的现金流量净额 24,518,047.48 元来看，企业的信用状况良好。

由于公司融资渠道少，而近年来发展速度又较快，致使负债程度过大，在这种情况下公司十分重视对现金流量的管理，通过采取相关措施、方法和制度以满足公司生产经营资金的需要，保证公司快速发展。

公司在日常工作中一方面加强销售合同管理；另一方面将应收账款的回收与销售人员奖励挂钩，根据公司实际情况改进销售奖励管理制度；同时逐步建立客户信用等级档案等来降低应收账款和其他应收款的坏账风险，提高资金安全性。

公司在日常存货管理上，一方面对库存商品进出的时间性加强管理；另一方面最大限度地做到以定单来安排生产，实现以销定产；同时根据市场行情和客户常用材料规格，进行适当备货，以便及时供货。

公司通过合理的股利政策，尽可能利用留存收益滚动发展，以提高自有资金的比重，降低资产负债率和现金支付风险。

公司通过编制年度财务预算，以现金预算对全年现金流量进行统筹安排，加强对公司债务、资产、现金回流和投资的财务管理和监督。

公司正在积极建立财务预警体系，一旦财务信息发出警报，企业可以及时采取相关措施，及时化解财务危机，维护公司生产经营安全。

通过对公司现金流量管理的分析，可以判断出公司有充足的现金清偿到期债务。但同时也反映出公司面临较大的资金压力，如不能尽快拓宽融资渠道，将制约企业规模的进一步扩张。

(五)本公司主要财务优势和困难

根据本公司以往三年的财务状况、经营成果和现金流量情况，本公司的主要优势如下：

1、经过多年发展，本公司在产品质量、生产规模、技术和工艺上已经形成了较明显的优势，在用户中树立起良好的信誉和品牌形象，培养了相对稳定的客户群，这为本公司业务能够持续、稳定地发展打下了良好的基础。

2、本公司在扩大规模的同时，注重采取有效的措施加强客户信息管理，并加大了内部管理的力度，以期提高资金利用效率，为公司业务的持续增长提供切实的保障。

本公司目前面临的主要困难为：融资渠道单一，生产发展所需资金基本只能通过自有资金和银行借款予以解决，公司发展受到严重制约，并导致公司资产负债率较高。靠这种自我滚动发展取得营运资金需要的方式，将会限制公司进一步发展。为实现本公司下一阶段规模化发展以及与国外厂商竞争的需要，本公司拟通过本次公开发行股票并上市，直接从资本市场募集资金，开拓多元化融资渠道，以满足公司未来发展需要。

第十二章　业务发展目标

本公司将立足特种电磁线行业，走专业化、集约化的发展道路，在充分利用现有技术、市场及生产规模优势的基础上，完善优化公司内部经营管理机制，通过加大投资力度和强化技术创新能力，开发生产科技含量高、代表未来市场需求走向的电磁线产品，加快产品的升级换代步伐，拓展产品的市场应用领域，巩固和扩大本公司的行业领先地位，争取到 2004 年，发展成为具有国际竞争力的国内一流的特种电磁线生产基地。

公司远期发展目标：争取用十年左右的时间，建设成为产品系列齐全、工艺技术先进、生产规模进入世界前列的大型电磁线生产制造企业。主要对策有：发挥资本市场的功能和优势，对国内电磁线行业进行整合，在客户相对集中的区域，建立或收购生产和营销服务基地，最大限度地降低经营成本。抓住外资进入机电、电器、电子行业和我国将成为世界加工中心的机遇，与国际知名的电磁线生产企业进行广泛的合作，在综合管理、研究开发、市场营销等多方面快速提高本公司的核心竞争能力和持续发展能力，开发铜扁电磁线、漆包铝电磁线、里茨线等具有广阔市场前景的新产品，积极参与国际市场开拓和竞争。充分利用本公司长期生产铜线材产品的经验、技术和设备能力，适时开发与通信、电子产品配套的各类电线电缆产品，拓展新的生产领域，寻求新的增长点。

经公司管理层审慎论证，公司实施本次募集资金运用项目，在近三年争取到实现如下经营目标：

主要产品	主要业务的经营目标					
	生产规模(吨)			销售收入(万元)		
	2002 年	2003 年	2004 年	2002 年	2003 年	2004 年
高等级特种电磁线	20,000	25,000	34,000	46,154	55,555	80,000
微细线及超微细漆包线	200	400	1,200	630	1,260	3,579

为此，本公司将进一步加强销售管理，完善营销网络建设；密切关注本行业的技术和产品发展趋势，坚持以市场需求为导向，在充分利用现有的技术条件和生产设备的基础上，加大技术投入，不断开发研制新的特种电磁线产品和其他电线电缆产品；继续坚持以人为本的原则，不断加强人力资源的开发与管理，创造有利于人才成长的良好环境和机制，吸引优秀人才加盟。

第十三章　募股资金运用

一、募股资金总量

公司本次拟向社会公开发行股份 2,000 万股，按每股 9.90 元溢价发行。如果本次发行成功，共可募集资金 19,800 万元，扣除发行费用 1,381 万元后，实际可募集资金 18,419 万元。

二、募股资金投向依据

公司 2001 年第一次临时股东大会和 2001 年年度股东大会审议通过了《关于公司募集资金投向的报告》和《关于调整募集资金运用项目的报告》，并作出决议：若本次申请向社会公开发行股票获得中国证监会核准并发行成功，本次新股发行所募集的资金用于以下项目建设：

(一)国家重点技术改造(国债专项资金)项目

投资 2,684 万元，实施“年产 6000 吨自润滑漆包线及 2000 吨无氟漆包线”项目。(该项目总投资 9,184 万元，其中 6,500 万元为国债专项资金)

(二)国家重点技术改造(“双高一优”)项目

投资 10,538 万元，实施“年产 5000 吨变频电机用抗电晕电磁线”项目。

(三)安徽省技术改造项目

投资 3,012 万元，实施“年产 3000 吨汽车电器用耐高温漆包线”项目；

本次募集资金 18419 万元，除投资以上三大项目，所余 2185 万元将全部用于补充公司生产流动资金。

三、本次募股资金投资时间安排进程

本公司将严格按照股东大会通过的募股资金投资方案进行投资。如果本次实际募集资金量

不足,特种电磁线技术改造目将按以下顺序进行投资:

序号	项目名称	本次募集资金投入(万元)			产生效益时间
		投资总额	2002年	2003年	
1	年产6000吨自润滑电磁线和2000吨无氟电磁线	2684	2684	0	2002年
2	年产5000吨变频电机用抗电晕电磁线	10538	3241	7297	2003年
3	年产3000吨汽车电器用耐高温电磁线	3012	1500	1512	2003年
合计	—	16234	7425	8809	—

注:国债专项资金项目总投资9184万元含国债专项资金6500万元,不在本次募股资金之列。以下同。

四、本次募股资金用于产品项目的情况

特种电磁线产品是本公司主业,经过十多年的滚动发展和对引进技术的消化吸收并创新,公司在工艺技术水平、产品质量和档次、市场份额、生产规模和经济效益等方面,均处于行业领先地位。本次募股资金项目按产品的应用领域划分有以下三类产品:一是与家用制冷电器等配套的耐冷媒电磁线,包括自润滑电磁线与无氟电磁线;二是与变频电机配套的抗电晕电磁线;三是汽车电器用耐高温电磁线。上述产品均是电线电缆行业"十五"规划中明确提出的鼓励发展的电磁线品种,符合国家产业政策和环境保护政策。

(一)项目批文

序号	项目名称	有权部门批复	备 注
1	年产6000吨自润滑漆包线及2000吨无氟漆包线	国经贸投资[2000]951号、皖经贸投资函[2001]81号	国家重点技术改造(第四期国债专项资金)项目
2	年产5000吨变频电机用抗电晕电磁线	国经贸投资[2001]1000号	国家重点技术改造(第二批"双高一优")项目
3	年产3000吨汽车电器用耐高温漆包线	皖经贸投资函[2001]450号	安徽省技术改造项目

注:以上国经贸投资[2000]951号、国经贸投资[2001]1000号系立项批复,其余为项目可行性研究报告批复。

(二)项目投资概算

单位:万元

序号	项目名称	总投资	建设投资	铺底流动资金
1	年产6000吨自润滑漆包线及2000吨无氟漆包线	9,184	7,675	1,509
2	年产5000吨变频电机用抗电晕电磁线	10,538	9,030	1,508
3	年产3000吨汽车电器用耐高温漆包线	3,012	2,386	626
合计	—	22,734	19,091	3,643

(三)项目效益分析

本次募集资金运用投资的电磁线技术改造项目达到设计生产能力后,年新增销售收入、利润、税金及其他经济效益指标如下:

单位:年、万元

序号	项目名称	建设期	达产期	回收期	销售收入	利润	税金	内部收益率%	投资利润率%
1	年产6000吨自润滑漆包线及2000吨无氟漆包线	2	2	5.8	23175	3276	1563	27.32	35.67
2	年产5000吨变频电机用抗电晕电磁线	1.5	3	6.8	16239	1517	1711	18.1	14.40
3	年产3000吨汽车电器用耐高温漆包线	1	1	7.60	8280	669	324	15.12	22.22

第十四章 发行定价及股利分配政策

一、发行定价

1、确定本次股票发行价格考虑的主要因素

本次股票发行采用全部向二级市场投资者定价配售发行方式进行。确定本次股票发行价格考虑的主要的因素有:公司的成长性、行业的发展前景以及国家的相关政策;发行人拟投资项目所需要的募集资金;发行人过去三年的业绩;二级市场上可比公司的股价定位以及适当的一、二级市场间价格折扣等等。

2、股票估值方法、定价过程、方法和结果

股票估值采用以下两种方法:可比上市公司EBIT倍数法和新股发行市盈率法。运用以上方法,考虑到公司所处行业的市场潜力以及增长速度,发行人过去三年的盈利能力及增长速度,最近新上市公司的市盈率水平等因素,经发行人和主承销商协商,确定本次发行价格为9.90元/股,发行市盈率按2001年度每股盈利及2001年股本全面摊薄计算为19.80倍。

本次股票发行成功后,本公司总股本将达到6000万股,若以报告期末2002年6月30日的审计数据及募集资金净额计算,发行后公司每股净资产将达到4.44元。

如出现发行价格上申购数不足本次发行量,则剩余部分由承销团余额包销。

如在发行价格上申购量超过本次发行量,则以抽签方式决定投资者和实际获配售的股数。

二、公司股利分配的一般政策

本公司股票全部为普通股,股利分配遵循"同股同利"的原则,按股东持有的股份数额,以现金股利、股票或其他合法的方式进行分配。是否进行利润分配由董事会根据公司的财务状况和发展需要拟定,经公司股东大会决议通过后执行。公司股东大会对利润分配方案作出决议后,公司董事会须在股东大会召开后两个月内完成股利(或股份)的派发事项。

公司交纳所得税后的利润,按下列顺序分配:弥补上一年度的亏损;提取法定公积金百分之十;提取法定公益金百分之五;提取任意公积金;支付股东股利。

公司法定公积金累计额为公司注册资本的百分之五十以上的,可以不再提取。提取法定公积金、公益金后是否提取任意公积金由股东大会决定。公司不得在弥补公司亏损和提取法定公积金、法定公益金之前向股东分配利润。

股东大会决议将公积金转为股本时,按股东原有股份比例派送新股。但法定公积金转为股本时,所留存的该项公积金不得少于注册资本的百分之二十五。

本次公开发行股票前后,公司股利分配政策无变化。

三、历年股利分配情况

(一)本公司2000年度(8-12月)实现净利润5,886,467.23元,根据2001年3月14日召开的2000年度股东大会决议,提取10%法定公积金588,646.73元和5%的公益金294,323.36元后,加上评估基准日到公司设立日(4-7月)实现的根据《资产分离协议》归本公司享有的未分配利润5,093,236.69元,本公司2000年末可供分配的利润为10,096,733.83元不予分配,全部作为公司未分配的利润。

(二)经安徽华普会计师事务所审计,本公司2000年末的未分配利润为10,096,733.83元。根据2001年7月12日召开的2001年第一次临时股东大会决议,以4000万股为基数,按每10股0.5元分配现金股利,共计分配2,000,000.00元。

(三)本公司2001年度实现净利润19,701,269.76元,根据2002年3月4日召开的2001年度股东大会决议,提取10%法定公积金1,970,126.98元和5%法定公益金985,063.49元后,加上年初未分配利润8,096,733.83元,本年度合计可供分配的利润为24,842,813.12元,为保证股份公司的发展,决定暂不向股东分配股利,全部作为公司未分配利润。

四、利润共享安排

根据2001年度股东大会决议,本公司2002年1月1日至发行前实现的可供股东分配的利润,加上年初未分配利润24,842,813.12元,由本次股票发行后的新老股东共享。

五、本次股票发行后,第一个盈利年度派发股利的计划

预计本公司股票发行后第一次股利分配的时间在2002年下半年,具体时间及分配方案由本公司股东大会决定。

第十五章 董事及各中介机构声明

一、发行人全体董事声明

本公司全体董事承诺本招股说明书及其摘要不存在虚假记载、误导性陈述或重大遗漏,并对其真实性、准确性、完整性承担个别和连带的法律责任。

法定代表人(或授权代表人)(签名):付琳

项目负责人(签名):汪海涛

铜陵精达特种电磁线股份有限公司

2002年8月22日

二、主承销商声明

本公司已对招股说明书及其摘要进行了核查,确认不存在虚假记载、误导性陈述或重大遗漏,并对其真实性、准确性、完整性承担相应的法律责任。

法定代表人(或授权代表人)(签名):付琳

项目负责人(签名):汪海涛

光大证券有限责任公司

2002年8月22日

三、发行人律师声明

本所及经办律师保证由本所同意发行人在招股说明书及其摘要中引用的法律意见书和律师工作报告的内容已经本所审阅,确认招股说明书不致因上述内容出现虚假记载、误导性陈述或重大遗漏引致的法律风险,并对其真实性、准确性和完整性承担相应的法律责任。

单位负责人(签名):宋世俊

经办律师(签名):潘平、宋世俊

安徽安泰达律师事务所

2002年8月22日

四、会计师事务所声明

本所及经办会计师保证由本所同意发行人在招股说明书及其摘要中引用的财务报告已经本所审计,确认招股说明书不致因上述内容而出现虚假记载、误导性陈述及重大遗漏,并对其真实性、准确性和完整性承担相应的法律责任。

单位负责人(签名):肖厚发

经办注册会计师(签名):陈媛媛、方长顺

安徽华普会计师事务所

2002年8月22日

五、资产评估机构声明

本机构保证由本公司同意发行人在招股说明书及其摘要中引用的资产评估数据已经本机构审阅,确认招股说明书不致因上述内容而出现虚假记载、误导性陈述或重大遗漏,并对其真实性、准确性和完整性承担相应的法律责任。

法定代表人(签名):杨皖林

经办注册资产评估师(签名):孙乃刚、葛贻萍

安徽国信资产评估有限责任公司

2002年8月22日

六、验资机构声明

本机构保证由本机构同意发行人在招股说明书及其摘要中引用的验资报告及有关数据已经本机构审阅,确认招股说明书不致因上述内容而出现虚假记载、误导性陈述或重大遗漏,并对其真实性、准确性和完整性承担相应的法律责任。

单位负责人(签名):肖厚发

经办注册会计师(签名):陈媛媛、方长顺

安徽华普会计师事务所

2002年8月22日

第十六章 附录与备查文件

投资者可查阅与本次发行有关的所有正式法律文件,具体如下:

一、本次发行的招股说明书及其摘要,中国证监会对本次发行的核准文件

二、招股说明书的附录文件

1、为本次发行而编制的财务报告及审计报告原件

2、发行人律师对本次股票发行的法律意见书及其他有关法律意见

3、发行人验资报告

4、资产评估报告及其审核确认文件

三、其他向中国证监会报送的发行申请文件

1、发行人成立的批准和注册登记文件

2、发行人的公司章程及其他有关内部规定

3、发行人的营业执照

4、发行人的发起人协议

5、关于本次发行事宜的股东大会决议

6、与本次发行有关的重大合同

7、本次承销的有关协议

8、历次股利分配的决议及记录

9、有关关联交易协议

四、其他相关文件

查阅时间:本次股票发行期内,工作日上午8:30-11:30,下午1:00-4:00。

查阅地点:公司及主承销商的法定住所

铜陵精达特种电磁线股份有限公司

2002年8月22日

600577 铜陵精达特种电磁线股份有限公司

首次公开发行股票上市公告书

第一节 重要声明与提示

铜陵精达特种电磁线股份有限公司(以下简称"本公司"、"公司"或"发行人")董事会保证上市公告书的真实性、准确性、完整性,全体董事承诺上市公告书不存在虚假记载、误导性陈述或重大遗漏,并承担个别和连带的法律责任。

根据《公司法》、《证券法》等有关法律、法规的规定,本公司董事、高级管理人员已依法履行诚信和勤勉尽责的义务和责任。

证券交易所、中国证券监督管理委员会(以下简称"中国证监会")、其他政府机关对本公司股票上市及有关事项的意见,均不表明对本公司的任何保证。

本公司提醒广大投资者注意,凡本上市公告书未涉及的有关内容,请投资者查阅 2002 年 8 月 23 日刊载于《中国证券报》、《上海证券报》、《证券日报》和《证券时报》的本公司招股说明书摘要,以及刊载于上海证券交易所网站(www.sse.com.cn)的本公司招股说明书全文及附录。

第二节 概览

股票简称:精达股份

沪市股票代码:600577

深市代理股票代码:003577

总股本:60,000,000 股

可流通股本:20,000,000 股

本次上市流通股本:20,000,000 股

上市地点:上海证券交易所

上市日期:2002 年 9 月 11 日

股票登记机构:中国证券登记结算有限责任公司上海分公司

上市推荐人:光大证券有限责任公司

对本公司首次公开发行股票前股东所持股份的流通限制及期限:根据国家现有法律、法规规定和中国证监会证监发行字[2002]87 号《关于核准铜陵精达特种电磁线股份有限公司公开发行股票的通知》,本公司的国有法人股、法人股暂不上市流通。

本公司首次公开发行股票前第一大股东铜陵精达铜材(集团)有限责任公司承诺:自本公司股票上市之日起 12 个月内,不转让所持有的本公司股份,也不由本公司回购其持有的本公司股份。

第三节 绪言

本上市公告书是根据《中华人民共和国公司法》、《中华人民共和国证券法》、《股票发行与交易管理暂行条例》、《公开发行股票公司信息披露实施细则》和《上海证券交易所股票上市规则》等国家有关法律、法规的规定,并按照中国证监会《公开发行证券的公司信息披露内容与格式准则第 7 号－股票上市公告书》而编制,旨在向投资者提供本公司的基本情况和本次股票上市的有关资料。

经中国证监会证监发行字[2002]87 号文核准,本公司已于 2002 年 8 月 28 日以向沪市、深市二级市场投资者定价配售方式成功发行了 2,000 万股人民币普通股(A 股),每股面值 1.00 元,发行价为每股人民币 9.90 元。

经上海证券交易所上证上字[2002]155 号文批准,本公司公开发行的 2,000 万股社会公众股将于 2002 年 9 月 11 日起在上海证券交易所挂牌交易。股票简称"精达股份",沪市股票代码为"600577",深市代理股票代码为"003577"。

本公司已于 2002 年 8 月 23 日在《中国证券报》、《上海证券报》、《证券日报》和《证券时报》上刊登了《铜陵精达特种电磁线股份有限公司首次公开发行股票招股说明书摘要》,招股说明书正文及其附录刊载于上海证券交易所网站(www.sse.com.cn),距今不足三个月,故与其重复的内容不再重述,敬请投资者查阅上述内容。

第四节 发行人概况

一、发行人的基本情况

公司中文名称:铜陵精达特种电磁线股份有限公司

公司英文名称:TONGLING JINGDA SPECIAL MAGNET WIRE CO.,LTD.

法定代表人:王世根

设立日期:2000 年 7 月 12 日

公司住所:安徽省铜陵市芜铜路(经济技术开发区内)

邮政编码:244000

经营范围:漆包电磁线、裸铜线、电线电缆制造和销售

主营业务:漆包电磁线制造和销售

所属行业:电工器械制造业

电话号码:0562－2809086

传真号码:0562－2809086

公司网址:www.jingdagroup.com.cn

电子信箱:zqb@jingda.sina.net

董事会秘书:张天赢

二、发行人历史沿革

(一)股份公司设立

本公司是经安徽省体改委皖体改函[2000]62 号文和安徽省人民政府皖府股[2000]24 号批准证书批准,以铜陵精达铜材(集团)有限责任公司为主发起人,联合安徽省科技产业投资有限公司、合肥市高科技风险投资有限公司、北京中关村青年科技创业投资有限公司、铜陵市皖中物资有限责任公司共同发起设立,于 2000 年 7 月 12 日在安徽省工商行政管理局登记注册成立的股份有限公司,注册资本 4,000 万元。

(二)股权转让

2000 年 7 月,控股股东铜陵精达铜材(集团)有限责任公司改制重组时,将其持有铜陵精工特种漆包线有限公司 5%股权投入本公司;2000 年 8 月,本公司受让铜陵精业特种漆包线厂持有铜陵精工特种漆包线有限公司 65%的股权。以上股权转让经铜陵市对外经济贸易委员会铜外经贸资字[2000]23 号文批准。

(三)首次公开发行股票

经中国证券监督管理委员会证监发行字[2002]87 号文核准,本公司已于 2002 年 8 月 28 日采用向二级市场投资者配售方式成功发行了 2,000 万股人民币普通股(A 股),每股面值 1.00 元,发行价为每股人民币 9.90 元。本公司于 2002 年 9 月 4 日办理了验资手续。本次发行完成后,本公司的总股本为 60,000,000 股。

三、发行人主要经营情况

(一)发行人业务概况

公司为国家科技部认定的 2000 年重点高新技术企业,国家重点技术改造项目承担单位。公司主营业务为漆包电磁线制造和销售,主要产品有 HFC134a 压缩机用电磁线、HFC 空调压缩机用多层复合电磁线、180 级聚酯亚胺电磁线、200 级聚酯亚胺复合聚酰胺酰亚胺电磁线、直焊性聚氨酯微细电磁线等,上述产品可广泛应用于冰箱、冷柜、空调压缩机,洗衣机、吸尘器电机、电视机行输出变压器及电动工具、特种电机、电器等。

公司产品的主要销售对象为世界著名家电公司在中国设立的独资或合资冰箱压缩机、空调压缩机公司及国内著名的压缩机和家用电器制造商,如:上海日立电器有限公司、上海森林电器有限公司、艾默生电气(苏州)有限公司、上海扎努西电气机械有限公司、扎努西电气机械天津压缩机有限公司、北京恩布拉科雪花压缩机有限公司、沈阳华润三洋压缩机有限公司、浙江加西贝拉压缩机有限公司、广州万宝压缩机有限公司、春兰压缩机厂、华意压缩机股份有限公司、江苏春花电器集团股份有限公司等。

(二)发行人的竞争优势与劣势

本公司在电磁线行业的竞争优势主要体现在以下几个方面:

1、产品质量。公司主要生产设备、检测仪器从意大利、德国、奥地利、美国、丹麦等国家引进,自动化程度高,具有当代国际先进水平。公司电磁线生产于 1997 年通过 ISO9002－1994 标准质量体系认证,2000 年通过复审,主导产品于 1997 年通过美国 UL 安全认证。公司曾荣获安徽省质量管理奖、安徽省质量免检产品、消费者满意奖等称号。

2、开发能力。公司拥有省级技术开发中心,自主开发的产品和技术均处于国内领先地位,其中 200 级聚酯亚胺复合聚酰胺酰亚胺耐冷媒漆包线是安徽省名牌产品和高新技术产品;HFC134a 压缩机用漆包线,1998 年通过国家经济贸易委员会组织的新技术(新产品)鉴定,是 1999 年国家级重点新产品,填补国内空白,可完全替代进口;HFC 空调压缩机用多层复合漆包线为国内首创,是 2001 年国家重点新产品。

3、市场和品牌。"精达"牌商标是安徽省著名商标。公司主要产品冰箱压缩机用特种电磁线市场占有率为三分之一、空调压缩机用特种电磁线市场占有率为五分之一。本公司主要客户大多分布在沿海及经济发达和较发达地区,按地域分主要有上海及江苏地区、北方地区、浙江地区、西安地区及华南地区,这些客户为国内空调压缩机和冰箱压缩机的主要生产厂家。

4、企业管理。公司建立了先进的计算机网络管理中心,实行 ERP 管理体系,实现了采购、生产、库存、财务、成本核算等项工作的综合管理和办公自动化。

从未来发展的要求来看,公司在有些环节上尚存在一些不足:

1、与世界著名电磁线制造商相比,资金实力不强,规模尚小;

2、公司业务结构相对单一,主要集中于特种电磁线。

(三)市场容量

电磁线是电机、电器、家用电器、电子、通讯和交通等产品不可缺少的关键配套原材料之一。随着近几年电力工业的持续发展、发电量快速增长、城乡电网的改造、家用电器的迅速发展和普及、电子技术的进步以及通讯设备的高速发展,对电磁线的技术提出了更新、更高要求,给电磁线的应用带来了新的发展空间。

近几年我国电磁线需求量以 5%的速度在增长,已成为世界电磁线的使用大国,年使用量超过了 30 万吨,预计在"十五"期间,电磁线的使用量将达到 35 万吨/年。

(四)发行人主要财务指标

详见本上市公告书第八节"财务会计资料"部分

(五)知识产权

1、专利:公司"漆包线粒子在线检测装置"实用新型专利申请已获国家知识产权局授予通知,登记手续正在办理中。

2、商标:公司使用的"精达"牌商标是安徽省著名商标,商标注册证号:592862,核定使用商品:漆包铜圆电磁线,注册有效至 2012 年 4 月 29 日。

3、专有技术:公司拥有与电磁线生产相关的专有技术。

(六)财政税收优惠政策

本公司子公司铜陵精工特种漆包线有限公司系中外合资企业,享受二免三减半的所得税优惠政策,2002年为减半征收期,所得税按30%法定税率减半征收。

第五节　股票发行与股本结构

一、本次发行的基本情况

(一)股票种类:记名式人民币普通股

(二)每股面值:1.00元

(三)发行股数:20,000,000股

发行后总股本:60,000,000股

发行股数占发行后总股本的比例:33.33%

(四)每股发行价:9.90元

(五)发行市盈率:19.80倍

(六)发行前每股净资产:2.06元(按2002年6月30日审计数据计算)

发行后每股净资产:4.44元(按2002年6月30日审计数据及募集资金净额计算)

(七)发行方式:100%向二级市场投资者定价配售

(八)发行对象:于2002年8月23日持有上海证券交易所或深圳证券交易所已上市流通人民币普通股(A股)股票的收盘市值总和(包括可流通但暂时锁定的股份市值)不少于10,000元的投资者。

(九)承销方式:余额包销

(十)发行费用:本次公开发行的发行费用总额预计为1,381万元,其中包括承销费用、审计费用、验资费用、路演费用、律师费用、评估费用、上网发行及上市费用等。

二、本次股票上市前首次公开发行股票的承销情况

本次公开发行的2,000万股社会公众股的配号总数为59003188个,中签率为0.03389647%。其中二级市场投资者认购19,783,873股,其余216,127股由主承销商包销。

三、本次上市前首次公开发行股票所募股资金的验资报告

验资报告

华普(验)字[2002]0532号

铜陵精达特种电磁线股份有限公司:

我们接受委托,审验了铜陵精达特种电磁线股份有限公司(以下简称贵公司)截至2002年9月3日止新增注册资本的实收情况。按照国家相关法律、法规的规定和协议、章程的要求出资,提供真实、合法、完整的验资资料,保护资产的安全、完整是全体股东及贵公司的责任。我们的责任是对贵公司新增注册资本的实收情况发表审验意见。我们的审验是依据《独立审计实务公告第1号-验资》进行的。在审验过程中,我们结合贵公司的实际情况,实施了检查等必要的审验程序。

贵公司原注册资本为人民币40,000,000.00元,根据贵公司第一届董事会第四次会议决议及2001年度股东大会决议和修改后章程的规定,申请向社会公开发行人民币普通股(A)股增加注册资本人民币20,000,000.00元,变更后的注册资本为人民币60,000,000.00元。经中国证券监督管理委员会证监发行字[2002]87号文核准,同意贵公司向社会公开发行人民币普通股(A)股20,000,000.00股,每股面值1.00元,每股发行价为人民币9.90元,可募集资金总额为198,000,000.00元。根据我们的审验,截至2002年9月3日止,贵公司采用全部向二级市场投资者定价配售的发行方式实际已发行人民币普通股(A)股20,000,000.00股,应募集资金总额为人民币198,000,000.00元,扣除券商承销佣金、上市推荐费及上网发行手续费等计人民币10,585,511.23元后,募集资金净额为187,414,488.77元,其中实收股本人民币贰仟万元(￥20,000,000.00),资本公积人民币167,414,488.77元(未扣除其他发行费用)。

同时我们注意到,贵公司本次增资前的注册资本为人民币40,000,000.00元,已经安徽华普会计师事务所审验,并于2000年6月26日出具会事验字[2000]第280号验资报告。截至2002年9月3日止,变更后的累计注册资本实收金额为人民币60,000,000.00元。

本验资报告仅供贵公司申请变更登记及据以向股东签发出资证明时使用,不应将其视为是对贵公司验资报告日后资本保全、偿债能力和持续经营能力等的保证。因使用本验资报告不当造成的后果,本所和执行本次验资业务的注册会计师不承担任何责任。

附件:1、增加注册资本实收情况明细表

2、注册资本变更前后对照表

3、验资事项说明

4、企业登记机关规定报送的有关文件、资料

安徽华普会计师事务所　　中国注册会计师　陈媛媛

中国　合肥　　方长顺

四、本次募股资金入账情况

1、入账时间:2002年9月3日

2、入账金额:187,414,488.77元

3、开户银行及入账账号:

铜陵市建行营业部　50001169122241002564

铜陵市农行开发区支行　310643001040002280

铜陵市工行营业部　1308020019200015855

五、本公司上市前股权结构及各类股东的持股情况

(一)本次上市前股权结构

股份类别	股数(万股)	比例(%)
发起人股	4,000	66.67
社会公众股	2,000	33.33

(二)本次上市前十大股东情况

股份类型	股　东	持股数(股)	比例(%)
国有法人股	铜陵精达铜材(集团)有限责任公司	35,000,000	58.333
发起法人股	安徽省科技产业投资有限公司	2,100,000	3.500
发起法人股	合肥市高科技风险投资有限公司	1,500,000	2.500
发起法人股	北京中关村青年科技创业投资有限公司	1,000,000	1.667
发起法人股	铜陵市皖中物资有限责任公司	400,000	0.667
流通股	光大证券有限责任公司	216,127	0.360
流通股	泰和基金	14,000	0.023
流通股	久嘉基金	14,000	0.023
流通股	国泰君安	13,000	0.022
流通股	科翔基金	11,000	0.018

第六节　董事、监事、高级管理人员及核心技术人员

一、董事、监事、高级管理人员与核心技术人员简介

(一)董事

1、王世根先生,董事长,现年50岁,大专,经济师;曾先后获得铜陵市劳动模范、安徽省优秀企业经营者、安徽省"五一"劳动奖章、安徽省跨世纪赶超功臣和全国轻工业优秀经营者等称号。曾先后担任铜陵市轻工业公司企管科科长、经理助理、经理、铜陵市家用电器铜材厂厂长、铜陵精达铜材(集团)有限责任公司董事长、本公司总经理。目前还担任铜陵精达铜材(集团)有限责任公司党委书记。

2、周志虹先生,副董事长,现年59岁,大专;曾任安徽省经济贸易委员会技改处处长、科技处处长、总工程师。目前还担任安徽省科技产业投资有限公司总经理。

3、章延胜先生,董事,总经理,兼任技术中心主任,现年34岁,大学本科,工程师;曾获安徽省"五一"劳动奖章、安徽省青年科技创业奖、铜陵市科教兴市先进个人等称号。曾任铜陵市家用电器铜材厂生产技术科副科长、铜陵精达铜材(集团)有限责任公司生产技术处处长、总经理助理。

4、徐成春先生,董事,副总经理,兼任线缆分公司经理,现年36岁,大学本科,工程师;曾任铜陵市家用电器铜材厂质计科副科长、铜陵精达铜材(集团)有限责任公司质计处处长、微细线分公司经理、铜陵精达供销有限责任公司总经理。

5、孔祥云先生,董事,现年64岁,本科。曾任安徽省驻北京办事处主任、驻上海办事处主任,安徽省金融法制研究会会长。目前还担任合肥市高科技风险投资有限公司董事长。

6、张金柱先生,董事,现年37岁,硕士。曾任职于北京四通集团公司人事部、国际合作部,国泰证券有限公司发行二部经理,国泰君安证券股份有限公司投资银行三部业务董事。目前还担任北京中关村青年科技创业投资有限公司总经理。

7、胡壮麒先生,独立董事,现年73岁,大学本科,现任中国科学院金属研究所研究员,中国工程院院士、亚太材料科学院院士、博士生导师。

8、蒋义宏先生,独立董事,现年52岁,大学本科,上海财经大学会计与财务研究院研究员。曾任海南港澳国际信托投资公司财务顾问。

9、李明发先生,独立董事,现年39岁,硕士,法学教授,安徽大学法学院副院长。曾获霍英东基金会高校青年教师教学奖。现任中国法学会民法学经济法学研究会理事、安徽省人民政府立法咨询员。

(二)监事

1、何晓云女士,监事,现年47岁,大专。曾任铜陵市轻工业公司团委副书记、工会主席,铜陵市家用电器铜材厂党总支副书记。现任铜陵精达铜材(集团)有限责任公司董事长、党委副书记、本公司监事会主席。

2、王强先生,监事,现年32岁,大专。1995年获铜陵市劳动模范称号,曾任铜陵精达铜材(集团)有限责任公司检测中心主任、质计处副处长、生技处副处长、处长、本公司生计部经理。现任本公司电磁线分公司经理。

3、周建龙先生,监事,现年39岁,大学本科,副教授,铜陵财经专科学校财会系副主任,中国注册会计师资格。

(三)其他高级管理人员

1、储中京先生,财务总监,兼任公司财务部经理,现年34岁,大学本科,中国注册会计师资格,曾任铜陵市金属材料公司财务科副科长。

2、张天赢先生,董事会秘书,现年39岁,大学本科,工程师,曾获铜陵市首届青年科技之星称号。曾任铜陵市轻工业公司科技科副科长、铜陵协兴鞋业有限公司副总经理。

(四)核心技术人员

1、章延胜先生,技术负责人。参加研制的180级聚酯亚胺漆包铜圆线、直焊性聚氨酯微细漆包铜圆线获铜陵市科技进步三等奖,HFC134a压缩机用漆包铜圆线获安徽省科技进步二等奖、铜陵市科技进步一等奖、国家重点新产品称号,HFC空调压缩机用多层复合漆包铜圆线被评为省级科技成果、国家重点新产品;1997年、1999年被铜陵市政府分别授予科教兴市先进个人和实施火炬计划先进个人称号;1999年获团省委、省青联颁发的省第二届青年科技创业奖;2000年获安徽省五一劳动奖章;论文《适应于环保、节能家电新一代电磁线的发展》于2000年发表在《家用电器科技》杂志上。其他情况见前述。

2、徐成春先生,参加研制的HFC134a压缩机用漆包铜圆线产品,于1999被认定为省级科技成果、2000年获省科技进步二等奖并同时获铜陵市科技进步一等奖;参加研制的直焊性聚氨酯微细漆包铜圆线产品,1999年获铜陵市科技进步三等奖。其他情况见前述。

3、李学正先生,现年37岁,大学本科,高级工程师,质计部经理;曾任铜陵精达铜材(集团)有限责任公司设备处工程师、机电工段段长、质计处处长。参加研制的聚酯亚胺复合聚酰胺酰亚胺漆包铜圆线产品,于1991年获铜陵市科技进步一等奖;参加研制的HFC134a压缩机用漆包铜圆线产品,于1999被评为省级科技成果、2000年省科技进步二等奖并同时获铜陵市科技进步一等奖;参加研制的HFC空调压缩机用多层复合漆包铜圆线产品,于2000被评为省级科技成果,2001年国家级重点新产品。

4、张永忠先生,现年34岁,大学本科,工程师,现任本公司技术中心项目经理。参加研制的HFC134a压缩机用漆包铜圆线产品,于1999被认定为省级科技成果、2000年获省科技进步二等奖并同时获铜陵市科技进步一等奖,该产品是1999年国家级重点新产品,根据该产品开展的技术创新项目获国家"九五"重点技术创新成果奖;参加研制的HFC空调压缩机用多层复合漆包铜圆线产品,于2000被认定为省级科技成果,2001年国家级重点新产品。

5、赵俊先生,现年30岁,大学本科,工程师,现任本公司模具车间副经理。参与直焊性聚氨酯微细漆包铜圆线鉴定材料编写工作,参与编制了模具车间的技术改造方案,主持引进了瑞士和德国模具制造设备和模具车间技改项目实施。

二、董事、监事、高级管理人员与核心技术人员持股情况

本次发行前本公司董事、监事、高级管理人员与核心技术人员及其亲属均未持有本公司及本公司关联企业的任何股权。

第七节　同业竞争与关联交易

一、关于同业竞争

(一)同业竞争情况

在本公司发起设立时,控股股东铜陵精达铜材(集团)有限责任公司将与电磁线相关的全部经营性净资产投入本公司,有关专有技术、商标也均无偿转让给本公司。铜陵精达铜材(集团)有限责任公司在本公司设立后未从事与本公司相同或相似产品的生产经营,本公司与第一大股东不存在同业竞争情况。

(二)避免同业竞争的措施

1、2000年7月,控股股东铜陵精达铜材(集团)有限责任公司改制重组时,将其持有铜陵精工特种漆包线有限公司5%股权投入本公司;2000年8月,本公司受让铜陵精业特种漆包线厂持有铜陵精工特种漆包线有限公司65%的股权。公司通过重组方式,将相竞争的业务纳入到本公司,彻底回避了同业

竞争问题。

2、公司电磁线生产和销售业务，随着铜陵精达铜材(集团)有限责任公司改制重组设立股份公司而相应转入后者。2001年4月24日，铜陵精达铜材(集团)有限责任公司依法变更了经营范围，不再生产与电磁线有关联的产品。

3、关联股东关于放弃同业竞争的承诺函

本次股票发行前，持有公司5%以上股份的关联股东铜陵精达铜材(集团)有限责任公司和安徽省科技产业投资有限公司都已出具《关于放弃同业竞争的承诺函》，两家股东郑重承诺：对股份公司已进行建设和拟投资兴建的项目，两发起人股东将在项目选择和投资方向上，避免与股份公司相同或相似，不与股份公司发生同业竞争，以维护股份公司的利益。

二、关联方及关联方关系

(一)关联企业

根据中国证监会证监发[2001]41号文规定的范围，本公司目前存在如下所示的关联方和关联关系：

关联方名称	与本公司的关系	关联交易
铜陵精达铜材(集团)有限责任公司	本次发行前，持有本公司87.5%的股权	存在
安徽省科技产业投资有限公司	本次发行前，持有本公司5.25%的股权	不存在
合肥市高科技风险投资有限公司	本次发行前，持有本公司3.75%的股权	不存在
北京中关村青年科技创业投资有限公司	本次发行前，持有本公司2.5%的股权	不存在
铜陵市皖中物资有限责任公司	本次发行前，持有本公司1%的股权	不存在
铜陵精达供销有限公司	同属控股股东的子公司	存在
铜陵精工特种漆包线有限公司	控股公司，本公司持有70%的股权	存在
铜陵顶科镀锡铜线有限公司	联营企业，本公司持有30%的股权	不存在

(二)人事关系

本公司董事、监事、高级管理人员及核心技术人员在关联方单位任职情况如下表：

姓　名	在本公司职务	在关联方任职情况
王世根	董事长	铜陵精达铜材(集团)有限责任公司党委书记、董事兼总经理，铜陵精工特种漆包线有限公司、铜陵顶科镀锡铜线有限公司董事长
章延胜	董事、总经理	铜陵精工特种漆包线有限公司董事
何晓云	监事会主席	铜陵精达铜材(集团)有限责任公司董事长、铜陵精工特种漆包线有限公司董事
周志虹	副董事长	安徽省科技产业投资有限公司总经理
孔祥云	董事	合肥市高科技风险投资有限公司董事长
张金柱	董事	北京中关村青年科技创业投资有限公司总经理

三、有关关联交易情况

请投资者查阅本公司招股说明书全文，以下为较为重要的关联交易的情况。

1、本公司目前生产经营使用的土地为铜陵精达铜材(集团)有限责任公司以出让方式取得，由公司向其租赁。土地面积为26891.61平方米，年租金35万元，按年支付，租赁期限自2000年7月12日起至2050年2月16日止。

2、铜陵精达铜材(集团)有限责任公司将其"精达"牌注册商标及商标图形(商标注册证号：第592862号)无偿转让给本公司，商标转让及续展手续均已办理完毕。

3、铜陵精达铜材(集团)有限责任公司向本公司无偿转让全部电磁线生产专有技术，全部资料已交付本公司。

4、年产6000吨自润滑漆包线及2000吨无氟漆包线重点技术改造(国债专项资金)项目，原申报主体为铜陵精达铜材(集团)有限责任公司。经国家经济贸易委员会投资函[2001]192号文和中国农业银行下发农银复[2001]292号文批准，该国债专项资金项目实施主体及承贷主体均变更为本公司。

5、本公司及铜陵精工特种漆包线有限公司生产中产生的废丝向铜陵精达供销有限责任公司销售，销售价格在上海金属交易所电解铜当月加权平均价下浮2400元/吨。

第八节　财务会计资料

有关本公司1999年－2002年6月30日的财务会计资料详情，请投资者查阅招股说明书。

一、注册会计师意见

本公司已聘请安徽华普会计师事务所对本公司2002年6月30日、2001年12月31日、2000年12月31日的合并资产负债表和资产负债表，2002年1－6月、2001年度、2000年度、1999年度的合并利润表和利润表，2002年1－6月、2001年度、2000年度的合并利润分配表和利润分配表以及2002年1－6月、2001年度的合并现金流量表和现金流量表进行了审计。注册会计师已出具了标准无保留意见的审计报告。

二、简要会计报表

(一)简要合并利润表(附后)

(二)简要合并资产负债表(附后)

(三)简要合并现金流量表(附后)

三、会计报表附注

请投资者查阅本公司招股说明书附录部分(www.sse.com.cn)

四、主要财务指标(附后)

第九节　其他重要事项

一、自本公司股票首次公开发行之日至本上市公告书公告之日，本公司严格依照现行有关法律、法规的规定规范运行，生产经营情况正常，本公司所处行业和市场无重大变化，主要业务发展目标的进展状况正常，主要投入、产出物供求及价格无重大变化。

二、自本公司股票首次公开发行之日至本上市公告书公告之日，本公司没有进行重大对外投资，无重大资产(股权)收购、出售行为。

三、自本公司股票首次公开发行之日至本上市公告书公告之日，本公司重大会计政策和会计师事务所没有发生变化。

四、根据2001年度股东大会决议，本公司2002年1月1日至发行前实现的可供股东分配的利润，加上年初未分配利润24,842,813.12元，由本次股票发行后的新老股东共享。预计本公司股票发行后第一次股利分配的时间在2002年下半年，具体时间及分配方案由本公司股东大会决定。

五、本公司股票首次公开发行和股票上市前后税负无变化。

六、自本公司股票首次公开发行之日至本上市公告书公告之日，本公司未涉及任何重大诉讼、仲裁或行政处罚案件，并且董事会认为本公司未面临任何重大影响的诉讼和索赔要求。

七、自本公司股票首次公开发行之日至本上市公告书公告之日，本公司董事、监事和高级管理人员未受到任何刑事起诉，亦没有尚未了结或可能发生的刑事诉讼事项。

八、自本公司股票首次公开发行之日至本上市公告书公告之日，本公司住所未变更。

九、自本公司股票首次公开发行之日至本上市公告书公告之日，未发生新的重大负债，并且重大债项未发生变化。

十、根据《上海证券交易所股票上市规则》，本公司第一大股东铜陵精达铜材(集团)有限责任公司承诺，自本公司股票上市之日起12个月内，不转让其所持有的本公司股份，也不由本公司回购其持有的本公司股份。

十一、本公司股票首次公开发行至本上市公告书公告之日，没有其他应披露而未披露之重大事项。

第十节　董事会上市承诺

本公司董事会将严格遵守《中华人民共和国公司法》、《中华人民共和国证券法》、《股票发行与交易管理暂行条例》、《公开发行股票公司信息披露实施细则》和《上海证券交易所股票上市规则》等国家相关法律、法规和有关规定，并自股票上市之日起做到：

1、承诺真实、准确、完整、公允和及时地公布定期报告，披露所有对投资者有重大影响的信息，并接受中国证监会、证券交易所的监督管理；

2、承诺本公司在知悉可能对股票价格产生误导性影响的任何公共传播媒介中出现的消息后，将及时予以公开澄清；

3、本公司董事、监事、高级管理人员和核心技术人员将认真听取社会公众的意见和批评，不利用已获得的内幕消息和其他不正当手段直接或间接从事发行人股票的买卖活动；

4、本公司没有无记录的负债。

第十一节　上市推荐人及其意见

一、上市推荐人情况

上市推荐人：光大证券有限责任公司

法定代表人：王明权

地址：上海市浦东南路528号上海证券大厦南塔15－16层

电话：021－68816000

传真：021－68817787

联系人：李永麟

二、上市推荐人意见

上市推荐人光大证券有限责任公司认为，发行人公司章程符合《中华人民共和国公司法》等有关法律、法规和中国证监会关于公司章程的相关规定。根据《中华人民共和国公司法》、《中华人民共和国证券法》、《股票发行与交易管理暂行条例》、《上海证券交易所股票上市规则》等国家有关法律、法规的规定，发行人首次公开发行的股票已具备上市条件。

光大证券有限责任公司保证发行人的董事了解法律、法规、上海证券交易所上市规则及股票上市协议规定的董事的义务与责任，并协助发行人健全了法人治理结构、制定了严格的信息披露制度与保密制度。

光大证券有限责任公司已对上市文件所载的资料进行了核实，确保上市文件真实、准确、完整，符合规定要求。保证发行人的上市申请材料、上市公告书没有虚假、严重误导性陈述或者重大遗漏，并保证对其承担连带责任。

光大证券有限责任公司推荐发行人股票在上海证券交易所上市交易，并保证不利用在上市过程中获得的内幕信息进行内幕交易，为自己或他人谋取利益。

铜陵精达特种电磁线股份有限公司

2002年9月5日

简要合并利润表

单位：元

项　　目	2002年1－6月	2001年度	2000年度	1999年度
一、主营业务收入	232,989,487.71	316,279,392.77	276,964,721.88	170,512,498.37
减：主营业务成本	187,090,823.07	242,038,068.98	223,871,812.61	125,745,516.40
主营业务税金及附加	508,098.73	1,102,771.12	956,259.44	777,194.42
二、主营业务利润	45,390,565.91	73,138,552.67	52,136,649.83	43,989,787.55
加：其他业务利润	－1,468,884.18	－3,314,424.32	－1,659,172.18	－1,776,555.07
减：营业费用	7,134,131.51	13,504,568.26	8,452,992.47	5,858,498.60
管理费用	7,372,391.99	15,840,894.01	8,907,468.89	10,438,829.62
财务费用	7,221,677.46	10,384,713.18	11,391,023.53	14,852,899.50
三、营业利润	22,193,480.77	30,093,952.90	21,725,992.76	11,063,004.76
加：投资收益	7,805.06	46,414.47	19,339.35	
补贴收入				906,680.40
营业外收入	139,856.74	98,681.95	43,239.00	
减：营业外支出	106,863.78	50,923.58	10,000.00	
四、利润总额	22,234,278.79	30,188,125.74	21,778,571.11	11,969,685.16
减：所得税	5,735,222.29	6,222,077.42	6,257,330.29	1,842,191.93
减：少数股东损益	2,411,149.93	4,121,712.23	1,032,343.57	
五、净利润	14,087,906.57	19,844,336.09	14,488,897.25	10,127,493.23

简要合并资产负债表

单位:元

资　产	2002.6.30	2001.12.31	2000.12.31
流动资产:			
货币资金	18,189,503.59	10,113,768.49	7,373,071.34
应收票据	7,749,963.87	770,000.00	6,477,440.00
应收账款	63,598,125.41	55,295,206.74	47,686,074.04
其他应收款	3,223,929.97	1,151,235.05	4,506,071.36
预付账款	3,099,226.04	837,869.49	1,635,221.69
存货	70,253,425.64	55,589,391.72	32,457,198.61
待摊费用	1,367,015.10	983,918.55	300,057.72
流动资产合计	167,481,189.62	124,741,390.04	100,435,134.76
长期投资:			
长期股权投资	7,634,035.59	2,411,819.27	-862,535.20
长期投资合计	7,634,035.59	2,411,819.27	-862,535.20
其中:合并价差	-792,913.50	-816,120.73	-862,535.20
固定资产:			
固定资产原价	164,414,778.50	149,578,910.85	99,271,767.51
减:累计折旧	53,897,069.24	47,209,603.43	37,247,999.18
固定资产净值	110,517,709.26	102,369,307.42	62,023,768.33
固定资产净额	110,517,709.26	102,369,307.42	62,023,768.33
在建工程	7,924,422.37	8,443,737.17	4,210,142.96
固定资产合计	118,442,131.63	110,813,044.59	66,233,911.29
无形资产及其他资产:			
无形资产	1,455,819.94	1,509,319.96	1,616,320.00
长期待摊费用			300,910.04
无形资产及其他资产合计	1,455,819.94	1,509,319.96	1,917,230.04
资产总计	295,013,176.78	239,475,573.86	167,723,740.89
负债和股东权益	2002.6.30	2001.12.31	2000.12.31
流动负债:			
短期借款	42,250,000.00	43,250,000.00	30,946,100.00
应付票据	48,996,527.00	35,100,000.00	6,000,000.00
应付账款	36,644,933.70	10,855,383.99	14,646,339.08
预收账款	1,707,090.44	1,402,381.66	775,608.26
应付工资	1,013,406.22	1,264,441.45	455,239.17
应付福利费	1,834,467.33	1,572,981.98	322,132.27
应付股利	1,428,000.00	1,428,000.00	469,200.00
应交税金	-1,257,825.60	-966,685.57	5,680,523.60
其他应交款	9,494.63	12,873.78	394,559.19
其他应付款	4,502,258.55	4,086,928.56	9,067,100.83
预提费用	494,324.41	577,824.41	96,680.00
一年内到期的长期负债			11,560,000.00
流动负债合计	137,622,676.68	98,584,130.26	80,413,482.40
长期负债:			
长期借款	65,000,000.00	65,000,000.00	31,348,789.20
专项应付款	290,000.00	290,000.00	290,000.00
长期负债合计	65,290,000.00	65,290,000.00	31,638,789.20
负债合计	202,912,676.68	163,874,130.26	112,052,271.60
少数股东权益	9,856,018.82	7,444,868.89	4,710,626.66
股东权益:			
股本	40,000,000.00	40,000,000.00	40,000,000.00
资本公积	94,570.00	94,570.00	
盈余公积	6,340,581.24	6,340,581.24	1,904,791.08
其中:法定公益金	1,265,230.93	1,265,230.93	293,511.73
未分配利润	35,809,330.04	21,721,423.47	9,056,051.55
股东权益合计	82,244,481.28	68,156,574.71	50,960,842.63
负债和股东权益总计	295,013,176.78	239,475,573.86	167,723,740.89

简要合并现金流量表

单位:元

报表项目	2002年1-6月	2001年度
一、经营活动产生的现金流量:		
销售商品、提供劳务收到的现金	231,320,591.80	371,049,195.87
收到的其他与经营活动有关的现金	382,143.02	1,160,443.36
现金流入小计	231,702,734.82	372,209,639.23
购买商品、接受劳务支付的现金	181,653,029.19	291,641,186.63
支付给职工以及为职工支付的现金	5,772,902.62	8,148,915.00
支付的各项税费	12,405,225.03	27,055,117.43
支付的其他与经营活动有关的现金	7,268,554.11	11,389,111.59
现金流出小计	207,099,710.95	338,234,330.65
经营活动产生的现金流量净额	24,603,023.87	33,975,308.58
二、投资活动产生的现金流量:		
现金流入小计		
购建固定资产、无形资产和其他长期资产所支付的现金	6,815,920.92	52,524,718.91
投资所支付的现金	5,214,411.26	3,227,940.00
现金流出小计	12,030,332.18	55,752,658.91
投资活动产生的现金流量净额	-12,030,332.18	-55,752,658.91
三、筹资活动产生的现金流量:		
借款所收到的现金	39,000,000.00	167,500,000.00
收到其他与筹资活动有关的现金		135,100.00
现金流入小计	39,000,000.00	167,635,100.00
偿还债务所支付的现金	40,000,000.00	133,104,889.20
分配股利、利润或偿付利息所支付的现金	3,496,956.59	9,542,963.32
子公司支付少数股东的股利		469,200.00
现金流出小计	43,496,956.59	143,117,052.52
筹资活动产生的现金流量净额	-4,496,956.59	24,518,047.48
四、汇率变动对现金的影响		
五、现金及现金等价物净增加额	8,075,735.10	2,740,697.15

主要财务指标

主要财务指标			2002年1-6月	2001年度	2000年度
流动比率			1.22	1.27	1.25
速动比率			0.71	0.70	0.85
应收账款周转率(次)			3.72	5.84	5.52
存货周转率(次)			2.96	5.44	6.80
净资产收益率(%)(全面摊薄)			17.13	29.12	28.43
无形资产占净资产比例(%)			0.49	0.62	0.92
无形资产占总资产比例(%)			0.14	0.18	0.28
资产负债率(%)(母公司)			68.81	67.91	68.28
每股净资产(元)			2.06	1.70	1.27
研发费用占主营收入比例(%)			0.10	1.33	1.19
每股经营活动现金流量(元)			0.62	0.85	-
每股收益(元)			0.35	0.50	0.36
净资产收益率(%)	主营业务利润	全面摊薄	55.19	107.31	102.31
		加权平均	60.36	122.14	-
	营业利润	全面摊薄	26.98	44.15	42.63
		加权平均	29.51	50.25	-
	净利润	全面摊薄	17.13	29.12	28.43
		加权平均	18.73	33.14	-
	扣除非经常性损益后净利润	全面摊薄	17.10	29.02	28.39
		加权平均	18.70	33.03	-
每股收益(元)	主营业务利润	全面摊薄	1.13	1.83	1.30
		加权平均	1.13	1.83	-
	营业利润	全面摊薄	0.55	0.75	0.54
		加权平均	0.55	0.75	-
	净利润	全面摊薄	0.35	0.50	0.36
		加权平均	0.35	0.50	-
	扣除非经常性损益后净利润	全面摊薄	0.35	0.49	0.36
		加权平均	0.35	0.49	-

600578 北京京能热电股份有限公司

首次公开发行股票招股说明书摘要

释 义

本招股说明书中，除非文意另有所指，下列简称具有如下特定意义：

本公司、公司或发行人：指北京京能热电股份有限公司

发起人：指本公司各发起人：北京国际电力开发投资公司、中国华北电力集团公司、北京市综合投资公司、北京电力设备总厂、北京变压器厂

主发起人：指北京国际电力开发投资公司、中国华北电力集团公司

本次发行：指本公司向社会公开发行10,000万股A股的行为

股票：指本公司即将发行的每股面值人民币1元的普通股股票

主承销商：指大鹏证券有限责任公司

承销团：指由主承销商为承销本次发行的股票而组织的承销机构的总称

元：指人民币元

北京国电：指北京国际电力开发投资公司

华北电力：指中国华北电力集团公司

北综投：指北京市综合投资公司

设备总厂：指北京电力设备总厂

北变：指北京变压器厂

京西公司：指北京京西发电有限责任公司

大唐发电：指北京大唐发电股份有限公司

总厂：指中国华北电力集团公司北京石景山发电总厂

热电厂：指北京市石景山热电厂

热力集团：指北京市热力集团有限责任公司

燃料公司：指北京华北电力燃料总公司

石电管理：指北京石景山发电总厂下属的用以核算#1、#3等火力发电机组的核算单位

SO_2：指二氧化硫

WEB方式：指利用互联网方式。

装机容量：即为发电设备生产能力，以发电机组的铭牌容量计算，计算单位为“千瓦”(KW)

发电量：计算电能生产数量的指标，是发电机组转换产出的有功电能的数量，计算单位为“千瓦时”，表示为电功率与时间的乘积

供电量：发电厂实际向厂外供出电量的总和。

用电量：电网(或电力企业)的售电量与自备电厂自发自用电量及其售给附近用户用电之和

平均利用小时：指一定时间内发电量与平均发电设备容量的比值，它是说明发电设备容量利用程度的数量指标

电负荷：指发电厂、供电局或电力系统在某一瞬间实际承担的电力负载。电负荷的计算单位是“千瓦”。根据电力生产过程，可分为发电负荷、供电负荷和用电负荷。

最小负荷率：指最低负荷与最高负荷的比率，说明负荷变动的幅度

供热量：指火力发电厂在发电的同时，对外供出的蒸汽或热水的热量，计量单位为“千焦”(KJ)，扩大计量单位是“百万千焦(吉焦)”

供热能力：指热电厂供热系统在单位时间内所供出的热量，计算单位为“吉焦/小时”

第一章 本次发行概况

一、本次发行的一般情况

股票种类：人民币普通股(A股)

股票面值：1.00元/股

发行价格：根据《定价分析报告》并考虑发行期间二级市场情况，经本公司与主承销商协商确定本次发行价格区间为4.50元/股－5.00元/股

发行市盈率：18－20倍(按2001年实际完成税后利润11,802.74万元及2001年12月31日股本摊薄计算每股收益为0.25元)

发行总市值：45,000万元－50,000万元

发行费用：1475.20万元－1592.70万元

发行后实收募股金额：43,524.80－48,407.30万元

发行前每股净资产：1.77元

发行后每股净资产：2.22－2.30元

发行方式：网上累计投标询价发行

发行对象：在中国证券登记结算有限责任公司上海分公司开立上海证券交易所证券的账户境内自然人、法人(国家法律法规禁止这除外)

承销方式：承销团余额包销方式

二、本次发行的有关当事人：

(一)发行人：北京京能热电股份有限公司

地址：北京市石景山区广宁路10号

成立日期：2000年3月10日

法定代表人：刘海峡

邮编：100041

电话：010－88991155－3083

传真：010－88991155－3084

联系人：王彬

(二)主承销商：大鹏证券有限责任公司

地址：深圳市深南东路5002号信兴广场地王商业中心商业大楼8层

法定代表人：徐卫国

电话：010－84584939

传真：010－84583038

联系人：张瑾　张艳英　徐定虎

(三)副主承销商：汉唐证券有限责任公司

地址：深圳市南山区华侨城办公楼北侧2000大厦24层

法定代表人：吴克龄

电话：(0755)3388093

传真：(0755)3388101

经办人员：温琦

副主承销商：国海证券有限责任公司

地址：广西南宁市教育路7－1号

法定代表人：黄兆鹏

电话：(0771)5319460

传真：(0771)5317483

经办人员：施越、李燕

副主承销商：北方证券有限责任公司

地址：沈阳市沈河区友好大街9号

法定代表人：路畔生

电话：(024)82702360

传真：(024)82702367

经办人员：窦新春

(四)分销商：北京证券有限责任公司

地址：北京市阜外大街2号万通新世界广场B座12层

法定代表人：卢克群

电话：010－65113964

传真：010－65113964

联系人：朱睿

分销商：华泰证券有限责任公司

地址：南京南中山东路90号

法定代表人：张开辉

电话：025－4457777

传真：025－4579930

联系人：胡继军

分销商：中信证券股份有限公司

地址：北京市朝阳区新源南路6号

法定代表人：常振明

电话：010－64654818－61167

传真：010－64661041

联系人：朱洁

分销商：长城证券有限责任公司

地址：深圳市深南大道6008号深圳特区报业大厦16、17层

法定代表人：李仁杰

电话：0755－3516283

传真：0755－3516266

联系人：于春洪

分销商：东方证券有限责任公司

地址：上海市浦东新区东方路1025号

法定代表人：朱福涛

电话：021－62568800

传真：021－62569331

联系人：王金明　张晓斌

分销商：长江证券有限责任公司

地址：武汉市江汉区新华下路特8号

法定代表人：明云成

电话：010－88380516

传真：010－88380519

联系人：闵勇

分销商：华夏证券有限公司

地址：北京市东城区新中街68号

公司负责人：赵大建

电话：010－65515588

传真：010－65516472

联系人：卢涛

(五)上市推荐人：大鹏证券有限责任公司

地址：深圳市深南东路5002号信兴广场地王商业中心商业大楼8层

法定代表人：徐卫国

电话：010－84584939

传真：010－84583038

联系人：张瑾　张艳英　徐定虎

(六)发行人律师：北京市众鑫律师事务所

地址：北京市东城区灯市口大街33号柏景商业大厦523室

法定代表人：宋扬之

电话：010－65288241

传真：010－65288240

经办律师：王云杰　刘潇

(七)财务审计机构：北京兴华会计师事务所有限责任公司

地址：北京市西城区阜成门外大街2号万通新世界广场708室

法定代表人：王全洲

电话:010－68587588
传真:010－68587589
经办会计师:王全洲　　宋晓琴
(八)资产评估机构:北京德威评估有限责任公司
地址:北京市海淀区车公庄西路20号国际泥沙交流中心七层706室
法定代表人:邓小丰
电话:010－68438528　　010－68438529
传真:010－68482305
经办评估人员:刘洪跃　　田勇
(九)资产评估确认机构:北京市财政局
地址:北京市海淀区阜成路15号
电话:010－68416437
传真:010－68416437
(十)土地评估机构:北京北方房地产咨询评估有限责任公司
地址:北京市西城区金融大街27号投资广场B座2101室
法定代表人:白龙吉
电话:010－66210088
传真:010－66211617
评估人员:刘俊财　　郑志彤
(十一)股票登记机构:中国证券登记结算有限责任公司上海分公司
地址:上海市浦建路727号
法定代表人:王迪彬
电话:021－58708888
传真:021－58889940

本公司与上述与本公司本次发行有关的中介机构及其负责人、高级管理人员及经办人员之间不存在直接或间接的股权关系或其他权益关系。

三、上市前有关安排:

项目	时间
发行公告刊登的日期	2002年4月16日
上网发行申购日期	2002年4月19日
中签率公告日:	2002年4月24日
摇号结果公告日:	2002年4月25日
资金冻结日期	2002年4月19日
预计上市日期	2002年5月10日

第二章　主要风险因素及对策

投资于本公司的股票会涉及一系列风险。在购买本公司股票前,敬请投资者将下列风险因素连同本招股说明书其他资料一并考虑。

投资者在评价发行人此次发售的股票时,除本招股说明书提供的其他各项资料外,应特别认真地考虑下述各项风险因素。根据重要性原则或可能影响投资决策的程度大小排序,本公司风险如下:

一、股东控制的风险及对策

本公司的第一大股东北京国电为电力投资企业,第二大股东华北电力为电力生产及电网管理企业,分别持有本公司51.850%和47.862%的股权。由于我国电力体制的特点和两大股东各自的职能,历史形成两大股东投资建设了其他电厂,存在与本公司同业竞争的可能;华北电力作为电网经营者负责向所辖电网内发电企业下达发电量计划,本公司经济效益直接受其下达的发电量指标的影响;在现有行业管理体制下,本公司电力产品只能全部销售给经营管理京津唐电网的华北电力,形成客户依赖,巨额的关联交易直接影响本公司经营业绩;本公司关联交易还体现在融资方面,截止2001年12月31日,本公司34.96%的长期借款为两大股东的委托贷款,此类贷款的利率水平和利息费用均直接影响本公司利润,由于上述原因本公司主要股东可能通过行使表决权或利用行业管理职能控制本公司生产经营,使本公司面临股东控制风险。

为有效避免本公司两大股东所属其他发电厂与本公司的同业竞争,北京国电和华北电力分别向本公司出具了《承诺函》,在一定程度上保证了本公司的利益。

在上网电量的调度方面,《中华人民共和国电力法》规定,电网运行实行统一调度并需要综合考虑国家能源政策和环保政策以及电源分布、负荷需求、电网结构以及防汛、环保等因素,按照公平、公正的原则合理安排发电。为此,华北电力根据所辖电网电力需求预测及分析,结合电网运行特点和电力资源状况,研究制定电网内发电企业发电量计划,并执行电力行业内部有关电网调度信息披露法规,每月以WEB方式披露。为进一步从法律上保证调度的公开、公平、公正,华北电力与包括本公司在内的电网内企业均签署了《购售电合同》和《并网调度协议》,规定售电方电厂的年计划上网电量应根据电网的电力供求形势,并参照电网内同类型机组平均利用小时合理确定。近年来华北电力每年向本公司下达的发电量计划比较稳定,在一定程度上保证了本公司经营的稳定性。根据华北电力2001年9月出版的2000年度《华北电力工业统计汇编》,2000年度京津唐电网内发电机组平均利用小时为4600小时,其中燃煤机组平均利用小时数为5564小时,本公司利用小时数为5845小时。

至于本公司现有关联方贷款,均为按照贷款发生时的银行同期贷款利率计息,并且本公司正在通过经营积累和向商业银行贷款逐步减少此类融资,减少关联交易。为在发生关联交易时保证其他股东的利益,本公司《章程》规定了关联交易股东回避制度等措施以保证关联交易决策的公平公正性。

为避免同业竞争对本公司造成的不利影响,华北电力承诺本公司上网电量按不低于电网内同类机组平均利用小时数调度。

上述行业管理制度和具体措施均极大地保障了本公司的独立性,加之本公司上网电价是根据国家计委核定的各发电机组电价经按机组容量加权平均计算的综合平均单价,并非购售电双方制定,均避免了股东控制风险的发生。

二、电价变动的风险及对策

在目前我国电力管理体制和电价定价机制下,电价的制定和调整是政府行为,即国家计委制定电价核定办法,物价部门据以计算各发电机组电价,并相应由政府有权部门批准后下达执行。国家计委2001年4月下发了《关于规范电价管理有关问题的通知》,对核定上网电价的具体办法作了适当的调整。此次电价政策的调整,将普遍引起我国发电企业现行电价的下调。2002年3月27日,北京国电向本公司转发了京电字(2002)011号《关于转发北京市物价局京价(商)字[2002]035号〈转发国家计委关于疏导北京市电价矛盾有关问题的通知〉的通知》。根据该通知,本公司#4机组含税上网电价降低为0.323元,该电价自2002年1月1日抄见电量起执行。

针对电价政策的调整,本公司将采取如下措施,以确保投资者的利益:

1、本公司将积极进行内部挖潜,加大降低厂用电率的管理力度,严格控制燃料成本,在确保安全生产运行的前提下,采取科学系统的生产检修管理,降低设备检修和维护费用,实现增收节支,降低发电成本。

2、充分把握京津唐电网和北京地区经济增长较快,电力负荷连续几年增幅较大的时机,利用本公司是北京地区重要电源支撑点的地位,抓好设备的安全稳定运行,增加公司的发电量和发电收入。

3、本公司机组是热电联产机组,要充分利用北京市目前为加强环保,关停采暖小煤炉的政策,稳定供热市场占有量。同时,积极争取地方政府供热政策的支持,提高供热价格,增加供热收入。

4、本公司除尘改造已发挥作用,目前又开始进行脱硫改造,各项污染物排放已符合国家标准,本次《关于规范电价管理有关问题的通知》中指出"按先进企业的社会平均成本核定上网电价。……符合环保要求的机组所增加的投资,可以另行计算",本公司将充分利用这一环保改造支持政策,争取在电价核定方面获得优惠,尽量减少电价调整对本公司造成的影响。

三、投资项目风险及对策

本公司拟投资项目——天然气燃气蒸汽联合循环发电工程计划总投资164,026万元,其中56,712万元由本公司利用股票发行募集资金及自有资金投入,作为项目资本金,其余所需资金107,314万元将申请商业银行贷款解决,该项目预计2003年完工,存在提高本公司负债率及能否偿还贷款的风险。

截止2001年12月31日,本公司的资产负债率为50.25%;若本次股票能成功发行,则资产负债率降为39%左右,即使因本项目实施增加107,314万元负债,本公司的资产负债率也仅为59%左右,财务结构仍处于稳健的状态。同时,中国建设银行已对本项目的资金缺口出具了贷款承诺书。此外,电力企业作为基础性产业,收益及现金流较为稳定,为偿还贷款提供了充足的资金来源。

四、电力体制改革引致的相关风险及对策

我国电力工业正进行管理体制改革,国家将出台相应的改革政策和措施,《国民经济和社会发展第十个五年计划纲要》指出:深化电力体制改革,逐步实行厂网分开、竞价上网,健全合理的电价形成机制。"厂网分开、竞价上网"政策的实施,有可能促使发电企业为提高竞争力降低电价,影响发电企业的效益。

竞价上网政策目前只在东北三省、浙江、山东、上海等六省市分别试点,尚未形成统一方案。但面对可能形成的竞争,本公司由于机组建设早,建设成本相对较低,上网电价加权平均后处于全国同类机组电价较低水平,并且由于是热电联产机组,发电成本相对较低,具有较强的竞争实力。另外,公司一方面将通过进一步加强科学管理,降低发电成本,增加竞价上网的实力,另一方面将在政策允许时通过收购生产成本较低的发电机组,提高本公司综合盈利水平。

五、过度依赖单一市场的风险及对策

本公司的营业收入90%来自电力生产经营,热力产品的生产占较小的比重。电力市场的景气度直接影响本公司的经济效益。

电力行业是基础能源行业,市场需求较稳定。根据我国能源结构特点,电力仍将在相当长的时间内作为我国的基础能源,市场潜力巨大。北京承办奥运会,对环境的要求很高。平房改造、燃煤小锅炉拆除、电采暖设施的大量应用等都将促进北京地区能源结构的改变,使包括电在内的清洁能源的比重上升,电力在终端能源中的比例也将显著上升。

六、受经济周期影响的风险及对策

电力需求量变化与国民经济景气周期变动关联度很大。当国民经济处于稳定发展期,经济发展对电力的需求量随之增加;当国民经济增长缓慢或处于低谷时,经济发展对电力的需求量将相应减少,因此,国民经济景气周期性变化,会对本公司的生产经营产生较大影响。

电力行业往往利用电力生产弹性系数(电力生产增长率与GDP增长率之比)和GDP增长率来规划行业的规模。据预测,"十五"期间我国经济将以6－7%的速度增长,按电力弹性系数0.75计算,年发电装机容量增加4.5－5.25%,而京津唐电网规划的机组装机容量年增长3.9%,因此可能会出现经济增长较快而电力供应相对短缺的局面,因此,在近一段时期宏观经济形势不会对本公司的生产经营带来不利影响。

七、产业政策变动风险及对策

电力工业是国民经济的基础产业,国家一直大力支持电力工业的发展。经过十几年的快速发展,我国的电力生产已由过去严重短缺逐渐变为供求平衡,有些地区甚至出现了供大于求的局面。为此,国家一方面正在大力推进电力体制改革,在电力行业引入市场竞争机制,以促进电力企业经营方式的转变和经济效益的提高;另一方面,《国民经济和社会发展第十个五年计划纲要》明确指出:进一步调整电源结构,充分利用现有发电能力,积极发展水电、坑口大机组火电,压缩小火电,适度发展核电,鼓励热电联产和资源综合利用发电。

针对上述新的挑战,本公司一方面继续坚持管理出效益,以管理求生存的方针,进一步提高管理水平。据中国电力企业联合会统计,本公司2000年度及以前年度的厂用电率、供电煤耗、机效率等主要经济技术指标在全国同类机组中名列前茅;另一方面,为适应发电机组环保、高效率、可调峰的需要,本公司除完成电除尘等技术改造外,又已开始对现有机组进行脱硫技术改造,进一步提高本公司环保水平。同时,将投入5.67亿元新建以天然气为燃料的具有高效、环保、调峰能力强等特点的30万千瓦大型天然气燃气蒸汽联合循环发电机组,优化机组结构,为本公司可持续发展打下良好基础。

八、环保限制风险及对策

本公司以煤为燃料,燃煤发电过程中释放出来的二氧化硫、含氮气体等有害物质会污染环境。目前,国家对二氧化硫排放企业征收排污费。北京市对环境质量的要求更高于全国平均水平,排污费的征收标准也相应提高,本公司2001年缴纳的二氧化硫排污费约3100万元。随着社会的发展和人民生活水平的提高,以及国家有关环保标准的进一步提高,可能造成本公司环保费用支出的增加。

本公司积极响应国家有关环保政策,近年来不断加大环保设施的投资,利用新工艺、新技术减少环境污染。已开工的4号炉进行脱硫技术改造,每年可为本公司节约排污费1216万元;投资建设天然气燃气蒸汽联合循环发电项目,也可在提高本公司发电能力的同时,减少环境污染,实现经济效益与社会效益的共同提高。

九、安全隐患和自然灾害引起的风险及对策

本公司属基础能源产业,直接关系到首都人民的生活和经济的发展,安全隐患和自然灾害的发生都将对公司的生产经营带来巨大影响。

本公司选址和建设考虑了对各类自然灾害的规避和预防。同时,本公司建立了有效的生产安全管理体系,并制定了严格的安全生产责任制和奖惩制,设立了安全监察部,负责公司日常安全隐患检查,保障生产的安全进行。

十、财务风险

(一)债务风险

截止2001年12月31日,本公司负债总额为84,395.02万元,其中,长期负债65,578.96万元,流动负债18,816.06万元。2001年本公司的流动比率和速动比率为1.04和0.85,相对较低,本公司未来三年内将有4亿左右贷款陆续到期,因此存在一定的债务压力和偿债风险。

(二)固定资产比例较大的风险

截止2001年12月31日,本公司资产总额为167,963.46万元,其中固定资产净额139,505.00万元,占资产总额83.06%,比例较大,且主要为生产经营所必需的机器设备。上述固定资产对保障本公司生产经营安全、稳定十分关键。若由于事故、意外损毁或自然灾害导致固定资产损失,将对本公司生产经营造成重大影响。

十一、过度依赖某一重要原材料及自然资源的风险及对策

本公司是以电力、热力产品的生产和销售为主营业务的企业,主要燃料是煤,其费用约占制造成本的47.56%,电煤价格的上涨会导致生产成本上升,从而将给本公司带来一定的经营风险。

据国家计委价格司官员公开在媒体披露的信息,虽然国家从2002年起取消了电煤国家指导价,但预计煤价走势主要还是取决于市场供求状况。随着中国经济持续稳定的增长,发电、冶金等行业对煤炭的需求量将进一步增加,市场供需总体上将保持基本平衡,煤价总体涨幅不大。本公司的燃煤品种主要集中在晋北地区,部分在晋中地区,少量在河北、内蒙地区,地域覆盖广阔,矿产蕴藏充足,特别是一些新建煤矿,生产能力充足,煤炭品质稳定,含硫量低,经过多年的合作,本公司与多家煤矿建立了长期稳定的供货关系,能够确保稳定的煤炭供应和合理的采购价格。

本公司火力发电循环冷却水系统等生产用水来自官厅水库,年用水量3200多万立方米(平均流量1.02立方/秒),约占制造成本的1.92%。北京市是一个水资源严重紧缺的城市,地表水水源主要来自官厅水库和密云水库,北京市政府非常重视节约用水工作,实行定额用水,执行超计划

用水加价收费,因此在严重的枯水期对本公司的生产经营造成一定程度的影响。另外,根据北京市水利局京水资[2002]5号《转发市物价局关于调整我市水价的通知》文件规定,自2002年2月1日起,北京市地表水工业耗水价格每立方米由0.60元调为0.97元。此项调整将提高本公司生产成本,给本公司带来一定的经营风险。

为了降低水资源价格及供应量对本公司生产的影响,本公司加大了水资源的科学管理力度,降低引水渠渗漏损失节约用水,完成干除渣、干除灰设备的技术改造,减少除灰用水,改变循环水处理方式,减少水塔补充水,提高循环水浓缩倍率,减少生产耗水量,减小水价上涨给本公司带来的不利影响。北京市城市河湖管理处每年根据上一年的用水情况和北京市水源状况,核定下一年的用水指标。本公司用水需求能够得到满足。

十二、未按会计历史成本原则核算的风险

本公司设立时对主要股东投入的资产按照评估确认的增值后的价值折股、入账,增值率为37.01%,未采用历史成本原则核算,并且连续计算以前年度业绩,有可能因此妨碍投资者对本公司真实财务状况的判断。

评估师在对股东投入本公司的资产进行评估时,严格按照国家有关资产评估的规定,本着客观、独立、公正、科学的原则,以公认的资产评估方法进行评估,评估结果经国家有权部门确认。本公司设立建账过程中按评估值调账并连续计算业绩,符合《公司法》、《国有资产评估管理办法》等现行法律、法规的要求,是国有企业或国有股占51%以上的企业为主发起人,发起设立股份有限公司的必备程序。

第三章　发行人基本资料

一、发行人的基本资料

本公司是经北京市人民政府京政办函[1999]154号文批准,以北京国际电力开发投资公司和中国华北电力集团公司作为主发起人在对其所属北京市石景山热电厂和中国华北电力集团公司北京石景山发电总厂改制重组的基础上,联合北京市综合投资公司、北京电力设备总厂、北京变压器厂于2000年3月10日以发起设立方式设立的股份有限公司,本公司注册资本为47,336万元。

本公司经营范围包括生产、销售电力、热力产品,电力设备运行,发电设备检测、修理。目前,本公司建有四台20万千瓦现代化大型燃煤发电供热机组,总装机容量80万千瓦,设计供热能力为2,512吉焦/小时,2000年发电量46亿千瓦时,占北京地区电厂总发电量的25%;供热量850万吉焦,供热面积1333万平方米,占北京市集中供热面积的14%。本公司下辖石景山热电厂和发电设备检修分公司,是目前北京地区最大的火力发电企业,也是北京市重要的电源支撑点和供热热源。

二、历史沿革及经历的改制重组情况

(一)历史沿革

本公司的前身为中国华北电力集团公司北京石景山发电总厂和北京市石景山热电厂。

中国华北电力集团公司北京石景山发电总厂是中国华北电力集团公司全资附属的非法人单位,于1980年7月21日经华北电业管理局以(80)华北电劳字第112号文批复成立,历史可以追溯到始建于1919年的华商电灯股份有限公司石景山发电分厂,是北京最早的公用发电厂。1983年,作为国家"七五"重点项目,由北京市和原电力工业部华北电业管理局共同对总厂的小型燃煤发电机组进行全面改扩建,分两期建成四台20万千瓦燃煤发电供热机组,其中一期工程分别于1988年10月、1989年9月、1990年8月建成#1、#2、#3机组,其中#1、#3机组的权益为华北电力所有,#2机组的权益为北京市所有。二期工程主要由北京市以电力建设基金建设,1995年10月建成#4机组并投入生产,1997年底附属设施完工,整体工程基本建成。其权益为北京市所有。

1992年,经北京市计划委员会京计能字(1992)第1470号文批准,北京市石景山热电厂成立,负责经营管理原石景山发电厂由北京市投资建设的#2发电机组。但鉴于当时地方管理电厂经验不足和电力管理体制等因素,热电厂又将#2发电机组委托电力工业部华北电业管理局同总厂#1、#3机组一起经营管理,但在财务上独立核算。1998年4月#4机组也并入热电厂核算,仍委托华北电力经营管理。

1993年9月,北京国际电力开发投资公司成立,其作为北京市地方政府出资人的代表从事电力投资与经营。根据北京市京政办发[1993]55号文,北京市将其拥有权益的建成发电机组的产权、资产、债务,以及在建项目的资产及债务,全部划归北京国电,北京国电因此承继北京市在北京市石景山热电厂的权益。同年4月,电力工业部华北电业管理局改制成立中国华北电力集团公司,其在北京石景山发电总厂的权益由华北电力承继。

(二)权属确认

热电厂虽然在财务上独立核算,但总厂和热电厂拥有的部分生产辅助设施由#1、#2、#3、#4发电机组共同使用,特别是连续化生产装置及互相可以切换使用的装置,其组成中很多无法单独界定归属。为明确划分资产,合理确认投资方具体投资金额,北京国电和华北电力在对总厂一、二期改扩建工程原始投资情况进行匡算的基础上,经友好协商,于1999年4月签署了《资产权属确认协议》,明确在拟进入本公司的资产范围内,北京国电拥有52%的权益,华北电力拥有48%的权益。

(三)资产重组及股本结构

在北京国电和华北电力对总厂和热电厂进行改制重组过程中,根据主业突出、资产完整、剥离配比的原则,确定将总厂和热电厂与发电供热主营业务相关的优质生产经营性资产及相应负债纳入重组范围,其中包括#1、#2、#3、#4发电机组全部设备及相关辅助设施,以及日常经营形成的相关资产及负债。经北京德威评估有限责任公司评估并经北京市国有资产管理局1999年8月13日印发的京国资估[1999]379号文件确认,北京国电和华北电力投入本公司的净资产为69,429.45万元,按照《资产权属确认协议》,北京国电和华北电力分别拥有其中36,103.31万元和33,326.14万元,按67.983%的比例折为24,544万股和22,656万股,分别占本公司总股本的51.850%、47.862%,其他三家发起人北综投、设备总厂、北变分别以现金出资100万元、50万元和50万元,同样按67.983%的比例折为68万股、34万股和34万股,分别占本公司总股本的0.144%、0.072%、0.072%。在本公司注册成立前,为履行出资合法程序,北京国电先行办理了热电厂的注销手续。

三、发行人员工及其社会保障情况

(一)人员情况

本公司设立时,根据改制方案进入本公司的人数为1882人。截止2001年12月31日,本公司在册员工总数为1780人,人员构成如下:

1、专业构成:

分工	人数	占员工总数的比例(%)
生产人员	1466	82.36
技术人员	120	6.74
财务人员	15	0.84
其他行政管理人员	179	10.06
合计	1780	100.00

2、教育程度构成:

学历	人数	占员工总数的比例(%)
大学本科及以上	113	6.35
大专	298	16.74
中专	346	19.44
中专以下	1023	57.47
合计	1780	100.00

3、年龄构成:

年龄区间	人数	占员工总数的比例(%)
30岁以下	366	20.56
31-50岁	1275	71.63
51岁以上	139	7.81
合计	1780	100.00

(二)发行人执行社会保障制度、住房制度改革、医疗制度改革情况

本公司实行全员劳动合同制,员工按照劳动合同承担义务和享受权利。根据国家和北京市地方的有关规定,本公司参加了养老保险、失业保险和工伤保险统筹,提取比例分别为上年平均工资的19%、1.5%、0.5%;建立了职工住房公积金制度,缴存比例为上年平均工资的8%;根据电力行业的要求和指导方案建立了医疗统筹基金,提取比例为当年工资总额的10%;根据劳动部和行业部门的规定,建立了企业补充养老保险和个人储蓄性养老保险,后者按月上缴华北电力社会保险局。离退休人员的养老保险金由保险机构负担。

第四章　发行人股本

一、发行前后发行人股本结构及股东持股情况

类别	发行前		发行后	
	股数(万股)	占总股本比例(%)	股数(万股)	占总股本比例(%)
发起人股:				
国有法人股:	47,336	100.000		
北京国际电力开发投资公司	24,544	51.850	24,544	42.81
中国华北电力集团公司	22,656	47.862	22,656	39.51
北京市综合投资公司	68	0.144	68	0.12
北京电力设备总厂	34	0.072	34	0.06
北京变压器厂	34	0.072	34	0.06
社会公众股:	-	-	10,000	17.44
合计	47,336	100.000	57,336	100

本公司设立以来至本招股说明书出具日未曾发生股本结构的变化,本公司股权不存在被质押或其他有争议的情况。

第五章　主要发起人与股东的基本情况

一、北京国际电力开发投资公司

北京国电注册地址为北京市丰台区右安门外玉林里一号楼2511房间,注册资本100,000万元,法定代表人欧阳文安,经营范围包括电厂、发电机和配套输变电工程及其他电力项目的投资、开发;房地产开发;销售建筑材料、钢材、汽车配件、五金交电、百货;投资咨询;信息咨询;技术咨询。

北京国电是北京市政府为加快北京市电力建设步伐,缓解北京地区电力供应紧张状况,促进首都经济发展和城市现代化建设,于1993年9月以京政办发[1993]55号文批准成立的全民所有制企业,代表北京市政府出资从事电力投资与经营。

北京国电创建以来,与华北电力、中国华能国际电力开发投资公司、北京国华电力有限责任公司、河北省建设投资公司、内蒙古电力公司等大型企业合作,新建、扩建大中型电厂11个,共累计投资近100.4亿元,建成及在建机组总容量1155万千瓦,按投资入股比例,北京国电拥有产权的机组容量299万千瓦,使困扰北京市二十多年的电力严重短缺问题基本得到解决,参股、控股的热电厂可为4030万平方米民用建筑冬季提供集中供热热源。北京国电成立8年多来,依靠电力建设投资与经营迅速发展壮大。北京国电作为唯一代表北京市政府投资办电的国有特大型企业,具有较强的投资能力和经营管理能力。

截止2000年12月31日,北京国电拥有总资产113.05亿元,净资产75.85亿元,实现销售收入14.36亿元,利润总额5.55亿元,净利润4.28亿元。以上数据引自中睿会计师事务所有限公司睿审字[2001]第095号审计报告。

该公司主要管理层情况如下:董事长:欧阳文安;董事:翟若愚、邢焕楼、郭俊清、杨实;总经理:邢焕楼,副总经理:杨家义、杨实、仇明。

二、中国华北电力集团公司

华北电力注册地址为北京市宣武区广安门内大街482号,注册资本2,270,751万元,法定代表人翟若愚,经营范围包括电力生产、热力生产、销售;电站设备、送变电设备制造、销售;电力设备的运行、维修;电力技术人员培训;热力、电力科技咨询。

华北电力成立于1993年4月5日,是国家电力公司的全资子公司,是集电力建设、生产和经营于一体,具有独立法人资格的全民所有制特大型企业。

华北电力主营业务为电力、热力生产和电网的建设、运营管理,属于国家能源基础产业。华北电力经营管理京津唐电网,组织落实电网规划,保证电网安全、经济、稳定运行和供应合格电能。华北电力供电营业范围覆盖北京市、天津市、河北省、山西省,下辖天津市电力公司、河北省电力公司、山西省电力公司,并拥有直属直管单位近30家。

截止2000年12月31日,华北电力拥有发电装机容量389.4万千瓦,年发电量184.67亿千瓦时。拥有资产总值1537.33亿元,净资产575.05亿元,实现销售收入573.32亿元,利润总额31.67亿元,净利润8.83亿元。以上数据引自中恒信会计师事务所中恒审字[2001]160号审计报告。

该公司主要管理层情况如下:总经理:翟若愚;副总经理:杨祝辉、朱国祯、钱遵培、郭要斌、张一士、张丽英。

第六章　发行人的组织结构及组织机构概况

一、主要股东及其主要参股、控股企业情况

(一)北京国电

1、全资、控股企业情况:

企业名称	北京国电持股比例
北京国电房地产开发有限公司	100%
北京国际电力开发投资公司物资贸易公司	100%
北京京西发电有限责任公司	52%
北京京丰热电有限责任公司	65%

2、北京国电还参股了三河发电有限责任公司、蒙达发电有限责任公司、丰镇发电有限责任公司、北京大唐发电股份有限公司、托克托发电有限责任公司和北京证券有限责任公司,分别持有其30%、30%、10%、13.01%、25%和8.97%的股权。

(二)华北电力

1、全资、控股企业情况:

企业名称	华北电力持股比例
河北省电力公司	100%
山西省电力公司	100%
北京电力建设公司	100%
天津电力建设公司	100%
北京电力设备总厂	100%
北京华北电力燃料总公司	100%
北京送变电公司	100%
北京供电工程公司	100%

华北电力物资总公司	100%
华北电力国际经贸公司	100%
北京科奥电力燃料公司	100%
北京大唐发电股份有限公司	35.43%
秦皇岛发电有限责任公司	50%
华北电力集团财务有限责任公司	43.2%

2、除参股本公司之外，华北电力参股了国电华北电力设计院工程有限公司、北京京丰热电有限责任公司、国华盘山发电有限责任公司、北京京西发电有限责任公司、中国电力财务有限公司、华泰财产保险股份有限公司和上海浦东发展银行，分别持有其 44%、35%、25%、48%、1.65%、3.75%和 1.50%的股权。

二、发行人内部组织机构

(一)发行人内部组织机构概况

本公司最高权力机构是股东大会，其全面行使法人财产权和战略决策权；董事会及董事会聘任的经理为本公司经营决策和执行机构，分别行使经营决策权和经营管理权；本公司监督检查机构为监事会，其成员中 1/3 以上为职工代表。

本公司就生产、财务、劳动工资、经营管理等工作建立了相应的管理部门，本公司下设经理工作部，主要负责文秘、接待信访及法律、行政事务等工作；财务部，主要负责财务计划、资产资金管理、成本管理、利税管理、账务管理等工作；证券部，主要负责对外公关联络、披露信息、股证事务等工作；经营策划部，主要负责计划与统计、企业管理、计算机管理、审计、节能节水等工作；人力资源部，主要负责劳动管理、人事管理、教育培训等工作。

本公司下设两家分公司：石景山热电厂和发电设备检修分公司。石景山热电厂是本公司成立后，为了便于经营管理，以＃1、＃2、＃3、＃4 发电机组的经营性资产为基础，于 2000 年 6 月 7 日注册成立的分公司。其主要业务为生产、销售电力、热力产品，电力设备运行。本公司成立后，在原北京石景山发电总厂检修处基础上，于 2000 年 6 月 7 日注册成立了发电设备检修分公司，其主要业务为发电设备检测、修理。其下设汽机、电气、锅炉、热工、综合(主要负责供热、化学设备检修及工程建筑安装)、修配、通讯 7 个检修车间。

(二)发行人组织机构图：

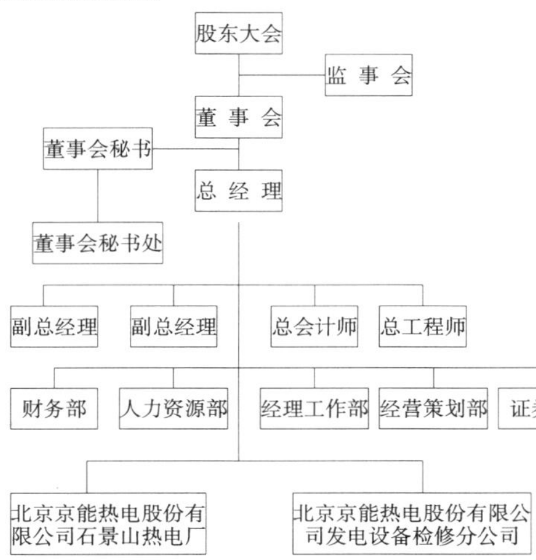

第七章　发行人业务和技术概况

一、电力行业现状

(一) 目前我国发电行业基本情况

1、发电行业管理体制

我国发电行业目前基本上处于计划体制向市场竞争机制过渡阶段。1996 年，为转变政府职能，国务院出资设立国家电力公司，并界定其为国有资产的出资者和国务院授权的投资主体及资产经营主体，是经营跨区送电的经济实体和统一管理国家电网的企业法人，不具有政府行政管理职能。此后，国务院又撤销了电力工业部，将原电力工业部的电力行政管理职能移交给了国家经贸委，使国家经贸委和各地方省市的经贸委成为我国电力行业(包括发电和输配电)的行政主管部门。目前，国家电力体制改革仍在进行过程中，通过实行集资办电和利用外资办电，在发电环节基本形成了多元化的投资格局，电力工业政企分开、农电体制改革和厂网分开、竞价上网试点等项措施也取得了一定成效。在我国除在上海、浙江等六省市实施厂网分开、竞价上网电力改革试点以外，其他省市发电行业的发电量仍在实行计划指标加适当调整的计划体制。

北京市电力工业行政主管部门为北京市经委电力管理办公室，主要负责北京市电力行业管理工作；组织制订电力行业发展规划；研究起草北京市电力行业方面的地方性法规、规章草案，并组织实施；组织拟订行业规章和技术标准；监督承担北京供电任务的电力企业；负责调查处理电力重大事故等。

我国电力工业的内部行业管理机构为中国电力企业联合会，北京地区设有北京电力行业协会，其主要职能为服务电力企业、建立电力自律规则，并协调和辅助政府职能部门加强电力行业管理。

我国《电力法》和《电网调度管理条例》规定，电网运行实行统一调度、分级管理。国务院电力行政主管部门主管电网调度工作，调度机构分为五级，即国家调度机构，跨省、自治区、直辖市调度机构，省、自治区、直辖市级调度机构，省辖市级调度机构，县级调度机构，下级调度机构必须服从上级调度机构的调度，管辖范围内的发电厂、变电站的运行值班单位，必须服从该级调度机构的调度。跨省电网管理部门和省级电网管理部门编制发电、供电计划，并将发电、供电计划报送国务院电力行政主管部门备案。调度机构编制下达发电、供电调度计划。目前我国已建立了较完备的五级调度体系，分别是国家电力调度通信中心，简称国调；东北、华北、华东、华中、西北、南方电力调度通信中心，简称网调；各省(直辖市、自治区)电力公司电力调度通信中心，简称省调；还有 270 个地调和 2000 多个县调。国家电力调度通信中心是电网调度系统中的最高一级机构，由国家电力公司直接领导，负责全国电网调度的管理工作，承担全国电网调度自动化和电力专用通信系统的专业管理职能，并对跨大区电网联络线进行直接调度。电网调度既要保障电网安全、稳定、正常运行和对电力用户安全可靠供电，又要保证电能质量，保持频率、电压、波形合格，即必须时刻保持发电和用电的瞬时平衡，另外还需要综合考虑国家能源政策和环保政策，以及电源分布、负荷需求、电网结构以及防汛、环保等因素，按照公平、公正的原则合理安排发电，实现发电资源的优化利用。

2、发电行业的投入与产出

目前我国的发电行业仍属于高投入、高产出、收益稳定的产业。其高投入主要体现为建设电厂和电厂的运行成本很高，目前，在我国燃煤发电机组的建设费用约为 5000－6000 元/千瓦，建设一座 100 万千瓦的发电厂，需要 50－60 亿元的高额投资。为此，为支持发电企业的建设，我国对电厂建设执行股本金投入不低于总投资 20%，其他资金可向银行贷款的特别政策。电厂运行以后，其运行成本也很高，燃煤成本加上检修和财务费用已经超过发电成本的 80%，人工成本不足 10%，一座 100 万千瓦的发电厂投产初期每年的成本超过 10 亿元，成本巨大。由于目前我国实行还本付息电价政策，且绝大多数发电市场仍实行计划发电量的体制，并由于电力产供销同时完成的特性，不会产生产品积压，其高额投入的同时，也形成高额产出，并形成相对稳定的收益。

3、发电行业的技术水平和发展趋势

我国目前运行的火力发电机组，整体技术水平为世界发达国家的中等水平，新建成和正在安装的大型火力发电机组其技术水平已经达到世界先进水平。新建和在建的水电、核电等发电机组均达到世界中等以上的技术水平。

根据我国资源结构状况，在“十五”和“十一五”期间，我国发电行业的发展，在使用能源方面，仍以燃煤并安装环保治理设施的火力发电机组为主，大力发展水电，适当发展使用洁净燃料的天然气和核能发电机组。在装机容量和技术水平方面，燃煤机组向大机组、高参数、环保型的世界先进水平发展，燃气发电机组和核能发电机组向大容量、高效能的世界先进水平发展，同时加快国产化进度也是发展目标之一。

本公司目前运行的 4 台 20 万千瓦燃煤发电供热机组，其国产化程度达到了 100%，设备和自动化监视控制达到我国同类机组的先进水平。据统计目前国内 30 万千瓦以上机组只占全部机组的 8%，本公司的 4 台 20 万千瓦机组仍为燃煤机组的主导型机组。

4、市场容量

2000 年全国电力机组装机容量为 31,932 万千瓦，较 1999 年增加 6.88%；发电量 13,685 亿千瓦时，较 1999 年增加 10.98%；用电量 13,406 亿千瓦时，较 1999 年增加 9.7%。京津唐电网装机容量 1,804 万千瓦，较 1999 年增加 0.31%；发电量 843 亿千瓦时，较 1999 年增加 11.05%；用电量 912 亿千瓦时，较 1999 年增加 10.54%。北京地区装机容量 476 万千瓦，较 1999 年降低 2.06%，；发电量为 188.7 亿千瓦时，较 1999 年增加 9.7%；用电量为 384 亿千瓦时，较 1999 年增加 11.7%。

目前我国的电力供应处于电力低消耗水平下供需基本平衡状态，各地区由于经济发展状况不同，其电力供需情况也不尽相同。我国目前年人均用电 1,000 千瓦时，仅为世界平均用电水平的 40%。近几年随着城乡电网的改造，用电量大幅增加，可以看出我国的电力市场仍有很大发展空间。根据国家计委预测，“十五”期间我国的电力增长速度估计为 5－6%左右。预计 2005 年全国年发电量将达到 17,500 亿千瓦时，全社会用电量将超过 16,500 亿千瓦时。

京津唐电网是华北电网的主要受电地区和负荷中心，负荷约占全网总量的 52%。北京地区是华北电网中负荷增长最快的地区，2000 年夏季北京地区用电负荷达到 678 万千瓦，而北京地区装机容量仅有 476 万千瓦，与用电负荷相差较大。

近三年及“十五”期末预测京津塘电网电力供需情况如下表所示：

	1998 年	1999 年	2000 年	2005 年预计
电网内企业发电量(亿千瓦时)	696.4	759.0	842.8	—
全社会用电量(亿千瓦时)	760.0	825.5	912.5	1231.0
最高负荷日供电负荷(万千瓦)	1186.2	1272.5	1398.2	1406.7

根据北京市、天津市、河北省政府“十五”及 2010 年规划纲要及京津唐地区经济发展现状，测算出“十五”期间京津唐地区 GDP 年均增长率有望保持在 8.6%左右，考虑申奥成功因素，今后几年北京的 GDP 又可能再增加 3－4 个百分点。“十五”期间综合考虑京津唐地区电源容量增加、现有机组退役和区外供电能力，预计 2002 年以后，高峰电力负荷时将出现电力供应紧张情况。

5、发电行业竞争现状及趋势

由于我国电网全国联网的格局尚未形成，各发电企业的竞争目前只在各区域电网内进行。发电企业的竞争主要表现在安全稳定运行时间、设备基础容量和上网电价方面。由于电网调度实行了公开制度，并且各发电公司的年发电小时数在年初已经基本确定，为此，如何保证设备安全稳定运行、减少非计划停机，且在负荷高峰期和电网需要的情况下，设备能否多发电和满负荷运行，是目前发电企业竞争的主要手段。另外，发电企业拥有的发电机组容量也是占有发电市场的重要因素。在未实施竞价上网的机制下，电价的高低，尚不是区域内发电企业竞争的主要因素。

随着我国电力体制改革的进一步深入，竞价上网将是我国发电企业竞争的必然趋势。在厂网分开电网经营者有可能不再拥有发电企业股权的情况下，电厂上网电价的高低、企业环保效率和发电设备安全稳定的运行时间，将是发电行业竞争的主要因素。

6、电网发电量计划的确定

目前，华北电力每年初根据对当年京津唐地区电网电力需求预测及分析，结合京津唐电网运行特点和电力资源状况，依据国家综合经济部门及国家电力公司有关规定和制度，经与发电企业协商安排年度大修计划，编制年度京津唐电网发电量计划。该计划的编制遵循如下原则：

(1)以市场需求为导向，在满足电网安全稳定运行和全社会用电量需求的情况下，按照“公平、公正、公开”的原则编制；

(2)京津唐电网与内蒙、山西、河北南部电网间的联络线交换电量按送受电协议执行，新投产联络线执行新签订的送受电协议；

(3)各种类型机组发电量的确定原则：常规水电机组以水定电；抽水蓄能机组以电网运行需要和水源情况定电；非供热燃油机组以电网运行需要定电；供热机组在供热期间以热定电；燃煤机组以市场需求平衡定电；

(4)对电网中各类发电企业的 10 万千瓦及以上燃煤机组，在考虑电网调峰因素的情况下，按年平均利用小时基本相同的原则安排发电量计划；

(5)对于国家批复容量与纯发电工况的出力有较大差别的供热机组，按照供热期和非供热期的额定功率，核定其年发电平均容量，并以此确定发电量计划。

(6)不足标准大修周期和超过标准大修工期的检修时间，核减相应的发电量计划；

(7)因发电企业自身原因，发生非计划停运所减少和扣罚的电量，按公平原则，择优选择上网发电机组，并对年度发电量计划进行调整；

(8)因市场供求关系发生变化，按同比例相应增减各发电企业计划年平均利用小时，对年度发电量计划进行调整。

7、电价的确定

《电力法》规定，跨省、自治区、直辖市电网和省级电网内的上网电价，由电力生产企业和电网经营企业协商提出方案，报国务院物价行政主管部门核准；独立电网内的上网电价，由电力生产企业和电网经营企业协商提出方案，报有管理权的物价行政主管部门核准；地方投资的电力生产企业所生产的电力，属于在省内各地区形成独立电网的或者自发自用的，其电价可以由省、自治区、直辖市人民政府管理。

我国现有的电力体制为鼓励各方投资建设电厂，确保电力能源的持续发展和安全稳定供应，对已建成的发电厂一直按原能源部、国家物价局《关于新建电力项目实行新电新价办法》确定的“还本付息”原则制定电价。

发电单位成本、发电单位税金和发电单位利润由发电企业根据国家计委最终批复的工程造价、设备性能、技术参数和企业性质，将基础数据上报地方物价局(北京地区为北京市物价局)，地方物价局进行充分审核、计算、核实后，将电价审定意见上报国家计委，最终由国家计委批复电厂上网电价。

由于我国实行“还本付息”电价的制定机制，形成在同一地区、甚至同一电厂的不同机组执行不同电价的情况，并且差距较大。

2001 年 4 月 23 日，国家计委以计价格[2001]701 号文《关于规范电价管理有关问题的通知》对上网电价的核定办法进行了调整。目前该规定细则尚未出台，有关电价的核定仍按前述办法实行。

(二)影响行业发展的重要因素

1、对行业发展的有利因素

(1)发电行业产业政策

电力行业是我国重要的基础产业之一,是国民经济持续稳定发展的重要保证。发电行业是电力行业的重要组成部分,一直受到国家产业政策的支持。1985年以前,电力建设由国家财政拨款建设,1985年以后电力建设改为由银行贷款和社会集资办电。为加快和保证电力建设的速度,建立了中央和地方电力建设基金,用于电力建设,并且制订相关政策与之配套。为促进电力投资,国家对电力项目的股本金投入,制订了特别政策,即投入20%的建设资金,即可成立项目法人,建设电力项目。在电价方面,我国实行还本付息电价,为电力项目建成后的还贷提供了可靠的保证,同时,也为投资者提供了稳定的投资收益。

国家在制订十五规划时强调,电力建设要立足当前,着眼长远,调整能源结构,加强电网建设,推进全国联网。发电行业要充分利用现有能力,发展水电、坑口大机组火电,压缩小火电,适度发展核电。深化电力体制改革,逐步实行厂网分开、竞价上网,健全合理的电价形成机制。发展新能源和可再生能源,推广节能技术和综合利用技术。实行厂网分开,逐步建立区域和全国的竞价上网机制,已是大势所趋。这些政策为建立公开、公平、公正的市场机制奠定了基础,也将进一步促进我国电力事业的发展。

(2)产品特性

电力是人民生活和国民经济正常运转的必备能源,同时又是一项特殊的产品,其生产工艺复杂、设备特殊、生产技术含量高、产品性能要求严格,电力产品的生产过程是能量的转变过程,电力不能储存、输送快捷,其最大的产品特性是:生产过程、输送过程和销售过程同时完成。

(3)技术替代

电力是人民生活和社会发展的命脉,现有能源很难取代电能的各项用途。在今后一段时间内,电力领域的技术更新和替代,将主要集中在电力生产所需能源的更新和再生,电力的生产设备发展更新,电力生产输送过程技术进步和向高效能、高技术、更安全发展,以及电力应用产品的技术进步和替代方面。

(4)消费趋向和购买力

目前我国人均用电仍属较低水平。随着我国国民经济快速发展,人民生活水平的不断提高,电力消耗将进入一个新的高增长期。2000年我国全社会用电量,已出现明显加速增长趋势。2000年北京地区的用电量和电力最高负荷的增长均超过10%。根据九届人大四次会议审议通过的《国民经济和社会发展第十个五年计划纲要》,"十五"期间我国经济增长速度预期为年均7%左右,分析、综合各方面的研究结果,预计"十五"期间全国电力需求的平均增长速度为5%,实际还有可能略高一些。

2000年我国的城乡居民人均电费支出只占人均年收入的2-3%,随着国民经济的发展,人民收入的提高,无论是城乡居民,还是企业和事业单位,在电力购买力方面,还存在着巨大的潜力。

(5)国际市场的影响

由于我国地理情况和资源现状,电力生产和输送特性,安全调度的保证等因素,目前,我国与境外电力贸易数量甚小,加入世界贸易组织不会对电力行业造成明显的直接影响,但是会带来一定的间接影响。总体上看,利大于弊,有利于电力工业的改革与发展。加入世界贸易组织以后,电力工业面对国际、国内两个市场,对所需先进设备和先进技术的引进会有所增加,既可弥补国内某些设备品种和数量的不足,又可通过消化、吸收,逐步增强国内制造先进设备的能力,推动国内电力设备生产技术水平的提高,从而提高电力行业整体的技术装备水平。随着经济全球化趋势的加快,外商在我国电力领域的投资将会进一步扩大,由外商投资经营的发电企业的数量会不断增加,从而促进我国加快电力工业的市场化改革进程、提高电力工业整体的经营管理水平。可见,经济全球化对电力工业将带来积极的影响。

(6)进入我国发电行业的主要障碍

我国的发电行业经过几十年的发展和建设,已经形成了完整、系统的建设审批程序,形成了政府宏观调控和审批制下的全社会办电的格局。目前进入我国发电行业的主要障碍是:国家电力建设政策许可、资金筹措、电厂建设规模、输送条件和行业上网许可等。

2、不利因素

电力行业的发展受经济周期的影响,社会对电力需求量随着国民经济景气周期变动而变化。当国民经济处于稳定发展期,社会对电力的需求量增加;当国民经济增长缓慢或处于低谷时,社会对电力的需求量将相应减少。

(三)发行人面临的主要竞争状况

1、同行业竞争情况

本公司是北京地区电力负荷的支撑电厂,所发电力全部输送给京津唐电网。目前,在发电市场上,可能与本公司构成竞争的发电企业主要是京津唐电网内的发电企业和内蒙、山西进入京津唐电网售电的部分发电企业。其他区域的电厂由于电网连接容量的限制和尚未联网,暂且不能同本公司形成竞争。

目前,京津唐电网内的发电企业竞争主要表现为机组容量的大小和上网发电小时数的高低。机组容量的大小与企业规模的大小紧密相关,上网发电小时数主要受京津唐地区的经济增长拉动电量需求增长幅度影响,此外,天气温度变化和水利发电量的多寡,也是影响火力发电厂发电量的因素。电厂规模直接影响其市场占有份额,电厂运行的稳定性、安全性、发电成本和电价也是影响电厂市场竞争力的重要因素。

目前,北京地区的中国华能电力集团公司、大唐发电股份有限公司、北京国华电力有限责任公司、北京国际电力开发投资公司,加上华北电力和内蒙古电力公司,基本上控制了京津唐电网90%以上的发电厂。随着电力市场运作的不断规范,京津唐电网内发电企业的竞争将向市场化方向发展。随着厂网分开、竞价上网政策的实施,上网电价直接对发电公司的收益产生影响,因此,上网电价将逐步成为竞争的主要因素。

2、本公司竞争优势和劣势

同进入京津唐电网售电的发电企业相比,本公司在竞争中有如下优势:

首先本公司由历史悠久的发电企业改制而成,积累了丰富的电厂管理和经营经验,拥有一批经验丰富、年富力强的公司管理者和科技人才。

其次本公司地处经济发展速度和电力增长幅度较高的北京市,是北京地区的电力负荷支撑点,在电网中的作用举足轻重。

第三,本公司发电机组是热电联产机组,其发电供热原理及性能使机组在供热期间的负荷率必须保持较高的水平,电网也将有别于普通发电机组对热电联产机组进行调度,在供热期间以热定电。

第四,本公司有较稳定的经营收入,并且本公司两大股东北京国电和华北电力,均是拥有上百亿优良资产的特大型电力投资和电力管理公司,在本公司发展过程中对公司的融资担保和资金投入都将给予极大支持。

第五,本公司的平均上网电价、发电煤耗和厂用电率在北京地区的独立发电企业中均处于较低水平,在竞争中具有价格和成本优势。

本公司目前在竞争中存在的不足主要表现为:本公司的装机容量在北京市为最大,但同京津唐电网和内蒙古西电东送的全部发电企业相比,只是中等偏上的水平,因此,与北京地区以外的电厂相比本公司的生产规模优势,尚不十分明显。另外,由于本公司地处北京市,环保要求较高,且距离煤炭产地较远,从而相对提高了本公司的发电成本。

3、市场份额变动的情况和趋势

2000年本公司的装机容量占北京地区476万千瓦装机容量的16.8%,本公司2000年共发电46.8亿千瓦时,占北京市全社会用电量的12.2%,占北京地区发电厂发电量的25%。2000年本公司供热面积达到1333万平方米,占北京市集中供热面积的14%。本公司的发电量和供热面积在北京地区的发电和供热企业中排名第一。

本公司占有京津唐电力市场份额情况如下表所示:

	装机容量(万千瓦)			发电量(亿千瓦时)		
	本公司	京津唐电网总装机容量	市场份额	本公司	京津唐电网内总发电量	市场份额
1998年	80	1593.30	5.02%	49.3	696.43	7.08%
1999年	80	1798.75	4.45%	48.4	758.95	6.38%
2000年	80	1804.25	4.43%	46.8	842.81	5.55%

为杜绝拉闸限电以及满足北京地区内电源支撑和调峰的需要,经国务院批准,本公司拟再建两台30万千瓦天然气燃气蒸汽联合循环发电机组,此举将进一步提高本公司发电能力和调峰能力,进而扩大市场占有率。供热市场同样前景看好,随着人民生活水平的提高,环保意识的加强,加之作为首都的特殊地位和2008年办奥工作,北京市对环境质量指标的要求不断提高,城区不在集中供热网上的小锅炉将被强行取消,为保证北京市热用户的需要,必将增加新的热源并提高现有热源的供应量,从而为本公司在热力市场的发展提供难得的机遇。

根据国家电力工业"十五"规划,除以热定电电厂外,在大中城市的城区及近郊区,不再新建燃煤电厂,加之北京市的环保政策,除本公司的发展项目外,近期在北京市内再建大型燃煤发电机组的可能性较小。此外,如果为统筹考虑电力体制改革,有关行业政策在近期仍旧限制收购机组,本公司的装机容量占北京市装机容量的份额近期不会发生明显变化。

二、发行人业务情况

(一)本公司主要从事的业务

1、经营范围:

本公司的经营范围包括:生产、销售电力、热力产品;电力设备运行;发电设备检测、修理。

2、主营业务

本公司主营业务为发电和供热,其中发电销售收入占本公司主营业务收入的90%以上。近三年本公司主要业务构成如下:

单位:人民币万元

项 目	2001年		2000年		1999年	
	实现收入	比例(%)	实现收入	比例(%)	实现收入	比例(%)
发电销售	100,287.18	90.62	107,174.99	91.73	116,005.62	94.52
供热销售	10,380.74	9.38	9,658.24	8.27	6,729.98	5.48
合计	110,667.92	100	116,833.23	100	122,735.60	100

(二)主要产品和生产能力

本公司的主要产品为电力和热力,其生产能力情况如下:

产品品种	生产能力
发电能力	80万千瓦/时
供热能力	2512吉焦/时

本公司近三年发电量和供热量情况如下:

	2001年	2000年	1999年
发电量(亿千瓦时)	44.1	46.8	48.4
供热量(万吉焦)	826	850	593

本公司在生产过程中发电、供热同时进行,工艺流程详见附图二。

(三)主要原材料供应、能源供应和产品成本构成

1、主要原材料

本公司产品所需原材料主要是煤炭,约占生产成本的47.56%,主要来源于晋北、晋中地区,少量来源于河北、内蒙地区,且由于本公司近邻丰沙铁路,交通便利、运输方便。上述地区矿产资源蕴藏丰富,特别是一些新建煤矿,生产能力充足,煤炭品质稳定,含硫量低。相关煤矿已与本公司建立了良好的合作关系,能够保证煤炭的长期供应。

本公司火力发电循环冷却水系统等生产用水来自官厅水库,年用水量3200多万立方米(平均流量1.02立方/秒),约占生产成本的1.92%。北京市城市河湖管理处每年根据上一年的用水情况和北京市水源状况,核定下一年的用水指标。公司用水需求能够得到满足。

2、原材料采购

目前我国电力生产用煤的采购和供应仍然采用国家为主导的计划安排模式。其具体做法是:每年国家各主要电力生产单位根据发电任务确定下年度燃煤需求计划和拟采购煤矿,并向其委托采购的燃料总公司上报,最后汇总到国家电力公司下属中能电力工业燃料公司。国家计委和国家经贸委根据国家电力公司、煤炭生产单位和运输单位的上报计划,组织三方进行产运销协调平衡。然后,国家计委和国家经贸委牵头组织一年一度的全国煤炭订货会。各大燃料总公司根据国家颁布的电煤销售指导价格与煤炭生产企业协商确定标煤价格,同时,与运输部门签订各发电单位煤炭运输计划。根据国家计委、国家经贸委下发的有关文件,2001年、2000年、1999年电煤政府指导价格均以1997年10月份实际结算价格为基础,发电用煤价格超过同质市场煤价的地区,电煤价格不变;低于同质市场煤价的地区,电煤价格每吨最高可上调5元。文件还规定无论是国家订货或市场采购的电煤,煤、电生产企业均要按政府指导价有关规定执行。本公司1998年以来,燃煤采购价格均执行华北电力华北电集燃[1998]6号《关于调整1998年煤炭验收付款标准的通知》文件规定,包括煤款税和运费的天然煤价为172元/吨左右。

保质、保量、及时的煤炭供应是保证电力生产企业安全稳定生产的重要因素。为确保发电用煤稳定、及时的供应,本公司委托具有电煤经营许可的北京华北电力燃料总公司提供燃料供应服务,协调、保证煤炭采购和供应。北京华北电力燃料总公司负担着华北电力全资、控股及部分参股电厂的燃料供应服务工作。每年,本公司根据下一年度的发电、供热计划及上一年度入厂煤的平均发热量,估算出下一年度的标煤、天然煤的耗用量,本公司每年用煤量在230-250万吨(天然煤),并根据机组设计煤种,初选煤炭生产单位和相应购买量,报北京华北电力燃料总公司,由其根据国家颁布的电煤销售指导价格在全国煤炭订货会上与煤炭供应单位协商确定标煤单价,并与煤炭供应单位和铁路运输单位签署煤炭供应运输合同。在合同执行期间,北京华北电力燃料总公司负责监督合同的履行和协调,本公司直接与煤炭生产企业和铁路运输部门结算。本公司向北京华北电力燃料总公司按煤炭计划订购量每吨0.50元支付燃料供应服务费。

3、能源供应

本公司生产用的主要能源为电力,其全部来源于本公司生产的电力,约占总发电量的7%-8%。

4、产品成本构成

本公司主要产品近三年平均生产成本构成如下:

成本项目	三年平均计入电力成本项目占电力生产总成本比例(%)	三年平均计入热力成本项目占热力生产总成本比例(%)	加权平均(%)
煤	47.66	47.13	47.56
油	1.03	0.19	0.87
水	2.01	1.51	1.92
材料费	0.92	0.82	0.90
工资	6.02	5.74	5.97
福利费	0.68	0.54	0.66
折旧	24.30	17.89	23.10
修理费	8.10	10.70	8.59
其他费用	9.27	15.48	10.44
合计	100.00	100.00	100.00

(四)发行人环保情况

随着生活水平的提高,人们对环境质量的要求也上升到更高的层次。作为电力、热力生产企业,本公司排放的污染物主要是烟尘和SO2,在生产经营中本公司自觉遵守国家环境保护方针政策,严格执行国家和北京市的各项环保法规,积极进行环保改造。本公司在2000年机组大修时对锅炉电除尘器进行彻底改造,瞄准国际最先进的除尘效率指标,设计了电除尘改造方案,由三电场提高为五电场,除尘效率大大提高。经权威部门国家电力公司南京环境保护研究所质量监督检验中心鉴定,本公司烟尘排放物指标小于50mg/Nm3,优于欧洲的排放标准(80mg-50mg/Nm3)。

此外,为了降低二氧化硫排放量,进一步提高空气质量,本公司拟在全部四台机组上分期进行烟气脱硫改造,加装脱硫装置,其中,#4机组烟气脱硫改造已于2001年开工,预计2003年投入运行,此后将每年减少烟尘排放量10000吨以上。经北京市环保局认证,目前本公司主要污染物排放已达到国家规定的相关标准。

(五)发行人产品质量控制

本公司四台机组发电能力为80万千瓦/小时,供热运行方式下发电能力为65万千瓦/小时,供热能力为2512吉焦/小时。本公司生产的电能品质为周波50HZ,电压220KV,符合并网协议的要求。热能质量的热网出口水温可达150℃,完全能满足用户要求。

目前,本公司四台机组均为采用先进自动化控制系统的性能完备的新型设备,技术性能达到国内同类机组的先进标准。由于本公司主要生产设备为超高压、超高温热力设备和高压电气设备,本公司按照国家电力企业设备标准定期对设备进行监督、试验和检修,贯彻执行"安全第一、预防为主"的电力生产方针,保证人身安全和设备安全运行。

(六)发行人产品销售情况

1、销售的实现

本公司主营业务为发电和供热,电力产品全部销售给华北电力,并输送到由其管理经营的京津唐电网,热力产品(热水)全部销售给热力集团,并入北京市城市集中供热网,均实现直接销售。

2、价格的确定

华北电力为加强电厂安全合理调度,统一结算,对独立发电企业一律实行机组容量加权平均电价。本公司成立后在同华北电力签署《购售电合同》时,也执行加权平均电价。

本公司的发电机组分两期建设,在实行"还本付息"电价确定机制下,执行两个电价,2001年按照中国华北电力集团公司华北电集财[2000]39号及北京市物价局京价(商)字[2001]253号文件精神,#1、#2、#3机组电价为0.264元/千瓦时,#4机组为0.389元/千瓦时,加权平均计算的发电机组上网电价为:(0.264×20×3+0.389×20×1)/(4×20)=0.295元/千瓦时。此电价为包含增值税的含税电价,在本公司计算发电收入时需先将其还原为不含税电价,即0.295÷117%=0.252元/千瓦时。

根据北京国电2002年3月27日转发的京电字(2002)011号《关于转发北京市物价局京价(商)字[2002]035号〈转发国家计委关于疏导北京市电价矛盾有关问题的通知〉的通知》,本公司#4机组含税上网电价自2002年1月1日调整为0.323元/千瓦时,则本公司机组加权平均上网电价为:(0.264×20×3+0.323×20×1)/(4×20)=0.279元/千瓦时,还原为不含税电价为0.238元/千瓦时。

1994年以来,本公司热力产品价格根据北京市物价局批准执行12.76元/吉焦。根据北京市物价局京价(商)字[2001]372号《关于调整我市民用供热价格和热电厂热力出厂价格的通知》,本公司热力产品出厂价格从2001年冬季供暖期起执行18元/吉焦。

3、主要销售市场

本公司所发电能主要供应首都北京用电,2000年本公司发电量占北京市全社会用电量的12.2%,占北京地区发电厂发电量的25%;热水主要用于首都西部地区国家机关、企事业单位和居民采暖、供热,供热面积逐年扩大,2000年供热面积达到1333万平方米,约占北京市集中供热面积的14%。

(七)发行人主要供应商及客户

1、本公司前三年向前五名供应商合计采购情况

年分	向前五名供应商合计采购金额(万元)	占采购总额百分比
1999年	41,653	95.17%
2000年	39,562	74.56%
2001年	25,314	59.92%

近三年本公司供应商中的前五名均为燃料供应商(煤矿),主要是小峪煤矿、忻州市煤炭运输分公司、朔州市煤炭运输分公司、原平市煤炭运输分公司、王坪煤矿和轩岗矿务局,单个供应商的采购比例均未超过总额的30%。在上述供应商中,没有本公司的关联方。本公司的董事、监事、高级管理人员、主要关联方、持有本公司5%以上股份的股东也没有在上述供应商中占有权益。

2、本公司电力产品100%销售给本公司第二大股东华北电力,输送至京津唐电网。

3、本公司热力产品(热水)100%销售给热力集团,并入北京市城市集中供热网输送。热力集团是北京市政府投资组建的国有独资公司,担负着全市的热力供应和服务工作。该公司主营生产与销售蒸汽、热水,承担北京第二热电厂、国华北京热电厂、华能北京热电厂、北京京能热电股份有限公司的热力输配和所属双井蒸汽厂、左家庄供热厂、方庄供热厂、双榆树供热厂的热能生产及管理,总供热能力近5000万吉焦,供热面积达到5000万建筑平方米。

4、本公司电力产品的销售客户华北电力为本公司第二大股东,除此之外,本公司董事、监事、高级管理人员和核心技术人员,主要关联方或持有本公司5%以上股份的股东不存在占有上述供应商和客户权益的情况。

(八)发行人固定资产和无形资产

1、主要固定资产

本公司主要固定资产为:专用及通用机器设备、房屋建筑物、运输工具等,大部分建设于八十年代中期至九十年代中期,目前大多处于完好状态,成新度平均为65%。根据北京兴华会计师事务所审计报告,截止2001年12月31日,本公司主要固定资产情况如下:

单位:万元

项目	原值	累计折旧	净值	减值准备	固定资产净额
房屋建筑物	107,127.93	58,317.30	48,810.63	—	48,810.63
机器设备	178,222.77	89,317.90	88,904.87	—	88,904.87
运输工具	2,317.55	1,151.09	1,166.46	33.68	1132.78
其它	2,525.61	1,840.19	685.42	28.70	656.72
合计	290,193.86	150,626.48	139,567.38	62.38	139,505.00

本公司生产所需设备分为专用设备和通用设备,根据2000年数据,专用设备重置成本为163,653.82万元,其中,发电及供热设备重置成本为146,587.20万元,变电设备重置成本为16,326.63万元,配电线路及设备重置成本为739.99万元,通用设备重置成本为10,892.87万元。

本公司主要生产设备为在1988-1995年相继建成的#1、#2、#3、#4汽轮发电机组,总装机容量80万千瓦。四台机组均采用哈尔滨锅炉厂生产的HG-670/13.7-YM13型锅炉,为燃用烟煤的超高压单锅筒自然循环,固态排渣锅炉,额定蒸发量为670t/h。#1、#2机组采用哈尔滨汽轮机厂生产的C145/N200-12.7/535/535型汽轮机,抽汽供热机组最大功率200000kw;#3机组采用东方汽轮机厂和北京重型电机厂生产的NC200/140-12.7/535/535型汽轮机,抽汽供热机组最大功率220000kw;#4机组采用东方汽轮机厂生产的NC200/160-12.7/535/535型汽轮机,抽汽供热机组最大功率220000kw。#1、#2、机组采用哈尔滨电机厂生产的QFSN-200-2型发电机,额定功率为200MW,额定容量235MVA;#3机组采用北京重型电机厂生产的QFSN-200-2型发电机,额定功率为200MW,额定容量235MVA;#4机组采用东方电机厂生产的QFSN-200-2型发电机,额定功率为200MW,额定容量235MVA。

在生产经营中,本公司注重通过技术改造提高设备的先进性和可靠性,如:

①通过DCS计算机集散控制系统改造,实现了炉、机、电一体化控制,提高了机组自动化控制水平,提高了劳动生产率,也为机组安全、经济运行提供了有力的保障;

②通过磨煤机改造、给煤机改造、电除尘改造、空气预热器更新、受热面改造等提高锅炉运行可靠性,有效降低了烟尘排放浓度,保证机组稳定运行;

③对石景山热电厂#1、#2、#3机组进行轴封改造,提高了机组的安全性和经济性,结合对轴承箱及基础台板滑块结构的改造,从根本上解决了国产20万千瓦汽轮机气缸膨胀不畅的问题;

④本公司机组高压加热器采用两相流新型液位自动调整装置,提高可调节能力并可稳定控制液位;

⑤采用国内领先水平的微机发变组保护,提高运行可靠性;

⑥采用微机励磁调节器,实现联网和远方自动控制。

上述技术改造保证了本公司电力、热力生产的安全性、稳定性、高效性,使本公司拥有的4台20万千瓦汽轮发电机组达到了我国同类机组的先进水平,并仍可在确保安全、稳定、可靠的前提下,再运行20年以上,为本公司更好地回报股东奠定了基础。

本公司经营性房产为本公司设立时由北京国电和华北电力投入的位于北京市石景山区的生产、办公用厂房、构筑物及其他辅助设施、管道及沟槽。本公司设立后已同房产所有权原持有人办理了所有权变更手续,取得了上述全部经营性房产的房屋产权证书。

2、无形资产

本公司的生产经营用地为位于北京市石景山区广宁村的南厂区宗地28,5615.2平方米、修配厂汽车库宗地28,390平方米和位于北京市门头沟区永定镇的龙口灰厂(库区)宗地755,441.37平方米和龙口灰厂(管线)宗地52,452.5平方米。北京国电和华北电力同北京市国土资源和房屋管理局签署了《国有土地使用权出让合同》,通过出让方式取得了上述四宗土地的使用权。本公司成立后,通过与北京国电和华北电力签署《国有土地使用权租赁合同》,有偿租赁使用上述土地,租赁期限为50年。该项土地使用权处置方式已经北京市国土资源和房屋管理局京国土房管出字[2000]194号文确认和批复。

(九)发行人业务的连续性

本公司成立后,未进行过重大业务和资产重组,主营业务保持连续性,管理层稳定,财务状况和经营成果未出现巨大波动。

三、发行人技术情况

电力行业属于传统基础产业,所应用的核心技术基本为常规成熟技术。本公司的4台20万千瓦机组设备技术性能为国内先进水平。

本公司目前没有可以对生产经营产生重大影响的知识产权、非专利技术。本公司的科研开发、技术改造由本公司下属的石景山热电厂的技术部门负责,必要的时候与北京国电华北电力工程有限公司等电力专业科研单位合作。

目前,本公司正在进行的技改项目有:采用石灰石(石灰)—石膏湿法脱硫工艺进行#4炉烟气脱硫改造工程,脱硫效率可达到95%以上,脱硫后烟气温度不低于80℃,二水石膏含水量低于10%。本项目完成并投入使用后,燃用设计煤种SO2实际排放量是允许排放量的5.3%,燃用校核煤种SO2实际排放量是允许排放量的4.4%,满足国家排放标准。锅炉烟尘排放浓度占国家允许排放浓度的比例从脱硫前64.88%~68.67%降低为脱硫后12.98%~13.61%,减少本公司排污费支出。此外,本公司还在为降低煤损对入厂煤、入炉煤正平衡计量设备进行改造;为节水、节能对冲渣水系统进行的改造等。拟进行的项目有天然气燃气蒸汽联合循环发电工程,项目情况详见本招股说明书摘要第十三章。

附图二:北京京能热电股份有限公司石景山热电厂生产流程示意图

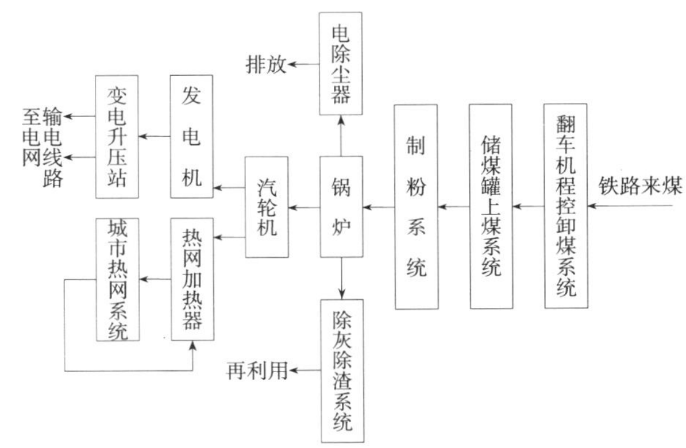

第八章 关联方、关联关系与关联交易

一、关联方及关联关系

本公司的关联方包括:控股股东北京国电及其全资子公司、控股子公司,主要股东华北电力及其全资子公司、控股子公司,关联方有关情况详见本招股说明书摘要第六章。

二、关联交易合同及其主要内容

(一)向关联方销售电力产品

1、《购售电合同》:本公司与华北电力就本公司石景山发电厂#1、#2、#3、#4共计80万千瓦发电机组发电量送入京津唐电网销售事宜于2000年3月31日签订了《购售电合同》。本合同约定:购电方为华北电力,其住所为北京市宣武区广安门内大街482号;售电方为本公司;华北电力按本合同规定的原则购买本公司的上网电量,本公司保证按调度计划曲线或调度指令送出上网电量;本公司的上网电量根据京津唐电网的电力供求形势并参照电网内同类型机组平均利用小时合理确定,每年核定一次。合同年度内,由于售电方自身原因造成售电方电厂上网电量减少,应予以核减核定的售电方电厂年计划上网电量;如遇电力市场发生变化,应等比例予以调整核定的售电方电厂计划上网电量。上网电量根据上网电量=(∑发电量-∑厂用电量)×(1-3‰)公式确定,3‰为华北电力统一规定的网损扣除比率,上网电价按有管理权的物价部门批准的上网电价执行;上网电量的电费按月结算,购电方应于次月二十日结算当月电费。该合同自2000年3月31日起生效,有效期两年,合同的履行地为北京,履行方式为实际履行;违约责任为,违约方造成对方损失的应承担赔偿责任,购电方延迟十天支付电费的视为违约,违约金每日按延期支付款额的万分之二点一计算;因本合同引起纠纷的,双方首先友好协商解决,协商不成则提交北京仲裁委员会进行仲裁。

2001年,本公司同华北电力签署《购售电合同》的上网电价为4台机组加权平均电价295.25元/千千瓦时,执行国家计委计价格[1999]2239号文件的规定。2001年该项交易金额为100,287.18万元。此项交易的交易额占本公司同类业务销售收入的100%。

鉴于本协议即将到期,本公司第一届董事会第八次会议已决议同意继续签署本协议。2002年3月1日,本公司与华北电力续签了《购售电合同》,合同期限自2002年4月1日至2004年3月31日,其他重要条款未发生变化。本协议需经公司股东大会批准后执行。

2、《并网调度协议》:为保证电网的安全、优质、经济运行,本公司与华北电力就公司电力产品的并网、调度和运行管理事宜于2000年7月25日签署了《并网调度协议》,协议有效期两年。本协议主要规定了双方的权利义务,调度规则和调度管辖范围,设备检修管理,调频、调峰、调压、备用,发电调度,继电保护、安全自动装置,通信、调度自动化,改扩建、倒闸操作、事故处理及培训等事项。

鉴于本协议即将到期,本公司第一届董事会第八次会议已决议同意继续签署本协议。2002年3月20日,本公司与华北电力续签了《并网调度协议》,合同有效期两年,其他重要条款未发生变化。本协议需经公司股东大会审议通过后执行。

(二)向关联方购买商品

《磨煤机合同》:本公司前身北京石景山发电总厂于1999年12月就改造工程3×20万千瓦机组共计15台中速磨煤机及其附件的设计、制造、服务等事宜与设备总厂签署《磨煤机合同》,本合同主要规定了:供货范围,合同价格,付款方式和汇款进度,包装和运输、质量监造与检验,违约责任,保证,合同争议的解决,合同生效及其他事项。本合同总金额5150万元,有效期10年。合同履行地为北京,履行方式为实际履行。违约责任为:卖方如未能按合同规定的时间交清全部设备,买方对卖方进行延期交货罚款,罚款率为0.7‰;买方如未能按合同规定期限内接货和付款,应按银行滞纳金结算规定向卖方支付每日1‰的违约金。合同纠纷由双方首先友好协商解决,协商不成可向北京仲裁委员会申请仲裁。2000年5月18日,本公司与设备总厂就《磨煤机合同》中的买方由北京石景山发电总厂变更为本公司签署了补充协议。2001年本公司未发生该项交易。

(三)接受关联方提供的劳务

1、《安全生产服务协议》:为了确保本公司4×20万千瓦发电机组安全、可靠、经济运行,确保电网稳定,本公司与华北电力就本公司发电机组的安全生产事宜于2000年3月31日签署了《安全生产服务协议》。本协议主要规定了:安全生产服务的内容和范围,双方权利义务,服务费用等事项,本协议有效期截止2001年12月31日。服务费用按公司上网电量0.003元/千瓦时计,2001年本公司为此支付费用1,192.92万元,占同类业务的100%。

本公司4台机组在改制前均由华北电力管理,因本公司担负着京津唐电网和首都西部地区供电、供热任务,作用举足轻重,因此必须确保电力生产安全稳定。改制初期,本公司与华北电力签署此协议,由其提供必要的安全生产服务及相应的培训,有关费用标准参照以前年度华北电力提供此类服务实际成本确定。鉴于本协议有效期截止到2001年12月31日,本公司第一届董事会第八次会议已决议同意继续签署本协议,如新协议条款较原协议发生变化,则需提交董事会审议。随着本公司独立经营管理的稳定和成熟,将不再需要华北电力提供该项服务。

2、《燃料供应服务协议》:目前本公司直接向煤炭供应商购买生产用煤,为了保障本公司生产用煤采购后的运输和调配,保证本公司燃料及时供应、安全生产和经济运行,本公司就4×20万千瓦机组的燃料供应及管理事宜于2000年3月31日与燃料公司签署了《燃料供应服务协议》。本协议主要规定了:服务内容、范围,双方的权利义务,服务管理费用等事项。

本公司向燃料公司提供燃料供应服务支付的费用,系根据国家物价局重工商品价格司[1993]工字10号《对中能电力工业燃料公司燃管开发服务费收取标准的批复》,参照文中关于中能公司对华能国际电力开发公司委托代管电厂提供燃料供应服务的收费标准,以燃料公司协调采购的煤炭单价为基础,经测算并经有关各方协商确定为按煤炭计划订购量每吨支付0.50元服务费。2001年度本公司支付此项服务费用116.75万元,占同类业务的100%。

鉴于本协议有效期截止到2001年12月31日,本公司第一届董事会第八次会议已决议同意继续签署本协议。2002年3月6日,本公司与燃料公司续签了《燃料供应服务协议》,合同期限自2002年1月1日至2003年12月31日,其他重要条款未发生变化。

3、《综合服务协议》:为了取得稳定、有序、专业化的生产、生活后勤服务,本公司与京西公司于2000年12月20日签署了《综合服务协议》,本协议主要规定了京西公司向本公司提供员工培训、安全消防、医疗保健、绿化环保、文体活动、设施维护检修、生产生活后勤服务;服务质量要及时、安全并符合本公司的要求,不低于京西发电向其自身或第三方提供的服务质量标准;服务费用按国家或地区或当地标准或实际成本加合理利润或以上年费用为核定基准并不能高于向第三方提供的服务费用收取;合同履行地为北京,履行方式为实际履行;违约责任为,若提供服务方未能按合同要求提供服务的则接受服务方有权扣减服务费用的3%-10%作为违约金,影响接受服务方经济效益的则按影响的经济效益的1%-5%扣减费用作为违约金,接受服务方未能按期支付费用的则需支付应支付费用的0.1%的违约金;合同纠纷解决首先由双方友好协商,协商不成可申请调解或仲裁或诉讼;合同有效期限为2000年1月1日至2002年12月31日。协议价格采用每年确定一次的方式进行。2001年此项交易金额为1,598.98万元,占同类业务的100%。

本协议中服务费用的确定原则为:

①国家有统一收费标准的,执行国家统一规定。

②国家没有统一收费标准,但服务履行地政府有统一收费规定的,适用服务履行地的地方规定。

③既没有国家统一规定,又无服务履行地政府规定的,适用服务履行地及附近地区的市场价格。

④没有上述三项标准时,可依据提供服务的实际成本及合理利润率(不超过15%)确定收费标准。

⑤没有上述四项标准时,可依上一会计年度提供服务的实际收费标准为基础,在此情况下,服务费用以后每年的增长率不应超过服务履行地物价增长指数。

⑥在任何情况下,若乙方向其员工或其附属公司或任何第三方提供本协议所涉及的服务,则甲方根据本协议向对方支付的该项费用不应高于乙方向其员工或任何第三方收取的费用。

4、《排灰、排渣系统委托协议》:为了确保燃煤燃烧后的燃灰、燃渣及时有效地排除,周边环境不受污染,本公司就排灰、排渣系统的使用、专业维护环保等事项与京西公司于2000年12月20日签署了《排灰、排渣系统委托协议》,本协议内容主要有:委托方为本公司,受托方为京西公司;受托方负责委托方的排灰、排渣系统的运行、维护、小修、大修、环境保护等服务;受托的服务应保证委托方的设备良好,不影响委托方的正常运行;协议有效期为2000年1月1日至2002年12月31日止;违约责任为,受托方未按委托方要求完成协议项下工作的则扣减受托方月委托费用的3%-10%,因受托方原因引起的排灰系统的故障影响发电供热生产的则每次扣减月委托费用的1%-10%,委托方无故拖欠受托方费用的则每拖欠一天交纳月委托费用1%的违约金;合同纠纷首先由双方协商解决,协商不成的报主管部门调解。协议价格采用每年确定一次的方式进行。2001年本公司此项交易额为1,600万元,占同类业务的100%。协议的价格主要依据为:

①依据华北电力"华北电集财[1996]142号"文件规定的吨灰承包费,确定本公司向京西公司支付每吨21.60元的灰渣输送和储存消纳处理系统的运行、管理和消纳费,主要包括:工资福利、统筹保险、运输消纳费和管理费。根据公司改制前灰渣输送和储存处理系统每年的检修和更新改造的平均费用除以年平均排灰量,确定本公司向京西公司支付灰渣输送和储存消纳处理系统的日常维护、大修和更新改造费用平均为9.5元/吨。每吨灰渣排放总费用为31.10元。

②排灰量按前三年平均排灰量计算,每年59万吨。年底按实际排灰量结算。

(四)租赁

1、土地使用权租赁

《国有土地使用权租赁合同》:本公司与北京国电、华北电力分别于2000年12月20日签署了《国有土地使用权租赁合同》共四份。出租方一为北京国电,出租方二为华北电力,承租方为本公司;北京国电、华北电力将本公司占用的龙口灰场(管线)宗地、龙口灰场(库区)宗地、修配厂汽车库宗地、石热南厂区四块宗地以出租方式提供给本公司使用;龙口灰场(管线)宗地,面积计52,452.5平方米,用途为工业用地;龙口灰场(库区)宗地,面积计755,441.37平方米,用途为工业用地;修配厂汽车库宗地,面积计28,390平方米,用途为工业用地;石热南厂区宗地,面积计285,615.2平方米,用途为工业用地;上述宗地每年的租金分别为9.12万元、131.44万元、27万元、275.9万元;租赁期限为2000年8月24日至2050年8月23日;违约责任为,出租方违约则承租方有权要求其履行合同并支付年租金的50%作为违约金,承租方违约则出租方有权终止合同,并要求承租方支付年租金的50%作为违约金;合同纠纷由当事人首先协商解决,协商不成的可向北京仲裁委员会申请仲裁。2001年本公司此项交易额为443.46万元,占同类业务的100%。

2、灰场出租

《龙口灰场租赁协议》:电厂燃煤发电过程中产生的灰渣,正常情况下通过除灰除渣系统进行处理后实现废渣消纳。在除灰除渣系统出现故障,不能对灰渣进行处理消纳时,即所谓"事故"的情况下,电厂将灰渣与水混合成灰浆,通过除灰管线排入事故灰场。龙口灰场作为北京石景山发电总厂、北京市石景山热电厂的事故灰场,是#1、#2、#3、#4机组建设工程的配套项目,资产原归属华北电力下属北京石景山发电总厂。作为保障电厂正常生产经营所必需的事故灰场,在本公司设立时,龙口灰场的灰管线走廊、除灰管道、储灰库、防飞灰喷淋装置等相关资产被重组进入本公司。龙口灰场及输灰管线占用的土地,由本公司股东北京国电和华北电力以出让方式取得土地使用权,再由本公司向其租赁使用。

龙口灰场在建设时即设计成为原石景山电厂和大唐发电下属高井电厂的共用事故灰场。在本公司成立前大唐发电每年向华北电力缴纳龙口灰场使用费。本公司成立后,高井电厂为保障正常生产,仍需以龙口灰场作为事故灰场,并需本公司为其提供灰场管理及灰渣处理服务,因此,大唐发电与本公司根据双方机组容量的比例(本公司80万千瓦、高井电厂60万千瓦,高井电厂占总容量的42.85%)确定由大唐发电租赁取得龙口灰场及附属设备42.85%的使用权。经北京国电和华北电力同意,本公司与大唐发电本着互惠互利的原则于2000年12月28日签署了《龙口灰场租赁协议》。由于大唐发电的租赁内容,不仅是龙口灰场的土地使用权,而且还包括龙口灰场及其附属设施的使用权,并且支付的费用还包括为其提供灰场管理和灰渣处理的劳务的费用,故大唐发电不能直接向大股东租赁土地。

该协议内容主要包括:出租方为本公司,承租方为大唐发电,其住所为北京市宣武区广安门内大街482号;本公司将龙口灰场包括库区、灰管线走廊用地共计807,893.87平方米及其附属设施的42.85%的使用权租借给大唐发电使用,年租金为891万元,租用期限为2000年1月1日至2001年12月31日;合同纠纷首先由双方当事人友好协商解决,协商不成申请北京仲裁委员会仲裁。本协议已取得土地使用权出租方的同意。本公司除上述将部分土地出租给大唐发电外,不存在其他出租土地的情况,占公司同类业务量的100%。

由于2001年度大唐发电高井电厂发电量减少,且停备时间较长,出灰、出渣量减少,本公司为此支付的灰处理费用也相应减少。因此,本公司与大唐发电于2001年12月签署了《龙口灰场租赁协议补充协议》,协议结果本公司向大唐发电收取的龙口灰场租赁费降低222.75万元。2001年大唐发电向本公司支付的龙口灰场租赁费为668.25万元。

鉴于《龙口灰场租赁协议》有效期截止到2001年12月31日,本公司第一届董事会第八次会议已决议同意继续签署本协议。2002年3月5日,本公司与大唐发电续签了《龙口灰场租赁协议》,合同期限自2002年1月1日至2003年12月31日,其他重要条款未发生变化。

3、租赁京西公司备用机组

《租赁协议》:为了充分有效地利用京西公司的备用机组可获得的发电小时数,增加本公司收益,本公司与京西公司于2000年12月20日签署了《租赁协议》,本协议主要规定:出租方京西公司,承租方为本公司;出租方将其所属的京西电站租赁给本公司使用,包括生产发电所需的所有主设备及其系统、辅助设备及其系统、厂房、安全消防系统及设施、必要的办公管理用房及办公设备、车辆以及库存的主辅设备的备品配件、原材料、燃料等物品;华北电力核定给京西发电的备用容量补偿由本公司的四台机组代发,发电收入归本公司所有。合同价款为年租金600万元。此价格是根据本公司租赁京西公司的备用机组后,每年多发150小时电量获得的收入及应扣除的维持机组备用状态等的相关费用,由双方本着互惠互利的原则协商确定的。出租方每一不合格点扣当期租赁费用的千分之一作为罚金,承租方延迟付款应每天支付当期租金的千分之一作为罚金;合同纠纷由双方首先友好协商解决,协商不成由主管部门协调解决。本协议有效期三年。2001年此项交易额为600万元,占此类业务的100%。

(五)接受关联方提供委托贷款

1、《委托贷款合同》一、二(合同号:2000456003、2000456004)。合同内容主要包括:借款人为本公司,贷款人为中国建设银行北京宣武支行,其住所为北京市宣武区广安门内大街314号;委托贷款人为北京国电,其住所为北京市丰台区佑安门外玉林里1号楼2511房;合同2000456003号的委托贷款金额为96,949,583.27元,年利息为3.6%,借款期限为2000年12月20日至2003年6月20日,合同2000456004号的委托贷款金额为705,207,383.66元,年利息为6.21%,借款期限为2000年12月20日至2007年12月31日;合同履行地为北京,履行方式为实际履行;违约责任为,借款人未按约定用途使用贷款则贷款人将停止发放贷款,借款人未按期归还贷款则贷款人有权对逾期贷款加收0.2%的利息。合同未直接约定争议的解决方法。上述合同经北京国电京电字(2000)067号文批准同意由原委托贷款合同99456004、99456005变更而来。截止到2001年12月31日,委托贷款合同2000456003号和2000456004号的余额分别为55,949,583.27元和154,040,000元。

2、《委托贷款合同》三。1987年11月11日,华北电业管理局(华北电力前身)委托中国建设银行石景山支行发行电力建设债券,并将债券募集资金以委托贷款方式贷款给原北京石景山发电总厂用于石景山热电厂一期工程建设,贷款金额为7,500万元,无利息,借款期限15年;合同履行地为北京,履行方式为实际履行;违约责任为,违约或过错方造成的经济责任由该方承担。合同未约定争议解决办法。2000年9月12日,华北电力于2000年9月出具《关于同意变更借款人的批复》,同意将该笔借款主体由北京石景山发电总厂变更为本公司。截止到2001年12月31日,本公司已累计偿还该笔贷款7,000万元,尚余500万元未还。

(六)接受关联方担保

1、《固定资产借款合同》一、二(合同号:(2000)年石景字第(0902)号、(2001)年石景字第0027号)。合同内容主要包括:借款人为本公司,贷款人为中国工商银行北京石景山支行,其住所为北京市石景山路63号;本公司为4号炉烟气改造而向贷款行借款;合同(2000)年石景字第(0902)号的借款金额为1,000万元,期限为2000年12月28日起至2005年12月27日,利率为6.03%;北京国电为该笔借款合同提供了520万元担保,华北电力提供了480万元担保;合同(2001)年石景字第0027号的借款金额为9,000万元,期限为2001年3月20日起至2006年3月19日,利率为6.03%,借款分两期提清,分三期还清,北京国电为该笔借款合同以保证方式提供了9,000万元担保,华北电力为该笔借款以保证方式提供了4,320万元担保;违约责任为,借款人未按合同使用资金或延迟提款的,贷款人有权停发资金或按合同收取利息,贷款人未按合同规定支付资金的则应支付延迟违约金;合同争议由双方协商解决,协商不成的可以向法院起诉。

2、2001年3月28日本公司与中国民生银行北京安定门支行签署了两份《借款合同》,合同内容主要包括:借款人为本公司,贷款人为中国民生银行北京安定门支行,其住所为北京市东城区安外大街8号;(2001)年(北安贷)字(1-008)号《借款合同》借款金额为1.5亿元,借款期限为2001年3月28日至2002年3月27日,借款利息为5.85%,由北京国电以保证方式为本公司该笔借款进行担保;(2001)年(北安贷)字(1-009)号《借款合同》借款金额为3亿元,借款期限为2001年3月28日至2004年3月27日,借款利息为5.94%,由北京国电以保证方式为本公司该笔借款进行担保;合同履行地为北京,履行方式为实际履行;违约责任为,借款人未按合同约定时间提款的则贷款人有权依违约金额和实际逾期天数按合同约定利率计收违约金,借款人不按本合同约定的还款期限偿还本金和利息的,贷款人有权限期借款人清偿并对逾期未偿还之借款依约定收取逾期利息,贷款人未按本合同的约定向借款人提供借款的则借款人有权根据违约金额和实际逾期天数按合同约定利率收取违约金;合同纠纷双方可协商解决,协商不成的由贷款人所在地法院管辖。

上述借款的归还及余额情况详见本招股说明书摘要第十一章。

(七)与关联方债务重组

为降低本公司其他应收款,2001年9月17日,本公司与京西公司签署了《资产处置协议》,协议约定京西公司以其拥有的本公司日常生产所需的燃料、材料等非现金资产,按照经会计师审核后的2001年8月31日的账面金额抵偿京西公司应付本公司的债务,不足抵偿的部分由京西公司相应减少其2002年度为本公司提供服务的服务费用。

2001年12月16日,北京兴华会计师事务所有限责任公司出具《关于北京京西发电有限责任公司拟以非现金方式抵偿北京京能热电股份有限公司债务交易价格的专项报告》,京西公司拟用以抵偿债务的存货经审核的2001年8月31日的账面金额为8,205,668.99元。在审核过程中,会计师结合此次业务的实际情况,对上述存货的交易价格实施了包括抽查会计记录等会计师认为必要的程序。会计师抽查了本公司近期从其他非关联方单位采购与上述存货规格型号相同的部分材料价格,与京西公司有关存货的账面价值进行比较,未发现京西公司存货账面价值高于近期市场价格。审核后会计师认为此次京西发电拟以部分存货抵偿本公司债务的交易价格若采用京西公司账面单价,与本公司从其他非关联方单位的采购价格相比无重大差异。如本次交易按上述价格执行,不存在损害非关联股东利益的情形。

该项债务重组已经本公司第一届董事会第七次会议审议通过。

该项交易不仅减少了本公司其他应收款8,205,668.99元,还使本公司增加了日常生产所需燃料和材料。

三、关联交易对财务状况和经营成果的影响

本公司2000年、2001年因关联交易支出的营业费用分别为425.64万元、397.64万元,分别占当年营业费用的97.7%、100%;因关联交易支出的管理费用分别为307.82万元、603.36万元,分别占当年管理费用的5.65%、12.59%;因关联交易产生的生产成本分别为4,454.26万元、4,551.11万元,分别占当年主营业务成本的5.22%、5.43%;因关联交易形成的销售收入分别为107,174.99万元、100,287.18万元,分别占当年销售收入的91.73%、90.62%。2000年向关联方购买商品的3,814.91万元系购建固定资产的资本性支出,对当期经营成果没有影响。2001年本公司与关联方进行债务重组,涉及金额820.57万元,对当期经营成果没有影响。

四、公司独立性分析

(一)应对关联交易的条件

本公司由于电力行业体制及历史原因而临大量的关联交易,为在生产经营过程中保持良好的独立性,本公司采取如下措施:

1、本公司具备独立运行的基本条件

本公司成立后,在资产、业务、人员、机构、财务等方面已完全独立于本公司股东,从而本公司已具备独立运行的基本条件。

2、本公司建立了严格的内部控制制度

①本公司制定了《股东大会议事规则》、《董事会议事规则》、《监事会议事规则》、《总经理工作细则》,确定公司生产经营、对外投资等事项的决策程序和规则,保障公司决策的独立性。本公司制定了《员工合同管理制度》、《公司会计制度》、《公司财务管理制度》、《公司财务收支审批办法》等,规范并加强公司内部管理,保障公司人事、财务管理的独立性。

②本公司制定了《公司章程》,对关联交易的决策予以规范:"股东大会审议有关关联交易事项时,关联股东不应当参与投票表决,其所代表的有表决权的股份数不计入有效表决总数;股东大会决议的公告应当充分披露非关联股东的表决情况。如有特殊情况关联股东无法回避时,公司在征得有权部门的同意后,可以按照正常程序进行表决,并在股东大会决议公告中作出详细说明。"(第七十二条)

"董事个人或者其所任职的其他企业直接或者间接与公司已有的或者计划中的合同、交易、安排有关联关系时(聘任合同除外),不论有关事项在一般情况下是否需要董事会批准同意,均应当尽快向董事会披露其关联关系的性质和程度。除非有关联关系的董事按照本条前款的要求向董事会作了披露,并且董事会在不将其计入法定人数,该董事亦未参加表决的会议上批准了该事项,公司有权撤销该合同、交易或者安排,但在对方是善意第三人的情况下除外。"(第八十三条)

③本公司制定了严格的《关联交易决策制度》,除包含了《公司章程》关于关联交易决策的有关内容外,还规定了关联交易的决策权限等内容:"公司与其关联人达成的关联交易总额在300万元至3000万元之间或占公司最近经审计净资产值的0.5%至5%之间的,公司应在交易完成后立即披露,并在下次定期报告中披露有关交易的详细资料;公司拟与关联人达成的关联交易总额高于3000万元或公司最近经审计净资产值的5%以上的,公司董事会必须在作出决议后二个工作日内予以公告。该关联交易在获得公司股东大会批准后方可实施。对于此类关联交易,公司董事会应当对该交易是否对公司有利发表意见,同时公司应当聘请独立财务顾问就该关联交易对全体股东是否公平、合理发表意见,并说明理由、主要假设及考虑因素。公司应当在下次定期报告中披露有关交易的详细资料。监事会应对该项关联交易的性质、公平合理性以及董事会履行诚信义务出具意见,必要时聘请律师、审计机构进行审查。"

④本公司为了进一步完善公司法人治理结构,保障本公司及本公司中、小股东利益不受损害,将按照中国证监会《关于在上市公司建立独立董事制度的指导意见》要求,增设独立董事。

3、关联方协议及主要股东承诺对本公司经营独立性给予保障

就由于本公司生产经营合理需要而产生的关联交易,本公司坚持与关联交易方本着市场经济公平原则签署关联交易协议,以法律文本的形式保证关联交易各方获取利益、承担责任的公平性和公正性。本公司目前执行中的关联交易协议详见本章关联交易合同及其主要内容。

4、上市后持续披露的约束

为保障投资者的合法权益,本公司承诺将在公开发行并上市后,根据"中国华北电力集团公司局域网"披露的京津唐电网及并网同类发电企业的有关发电数据,在披露本公司季报、中报和年报的同时披露京津唐电网及并网同类发电企业的发电情况和有关数据,使投资者及时、全面地了解本公司的经营情况和京津唐电网内发电企业竞争格局,并形成对本公司发电业务面临的关联交易的约束。

5、股权结构的制衡

目前本公司两大股东股权比例接近,本次发行后,本公司将不存在绝对控股的股东,此种股权结构形成本公司主要股东之间的相互制衡,并由此制约本公司与主要股东之间的关联交易,使之不致对本公司产生不利影响。

(二)针对关联交易公平性的制度保障

1、电价的制定不受关联交易的影响

按照《电力法》的有关规定,目前与本公司经济效益紧密相关的上网电价由国务院物价行政主管部门核定,任何单位不得超越电价管理权限制定、调整电价。政府定价政策使本公司主要产品价格相对稳定,不受关联方影响。

2、发电计划的制定体现公平性

在现有电力管理体制下,按照行业的统一要求,华北电力做为京津唐电网的经营者,负责向京津唐电网内发电企业下达发电量计划。每年的发电量计划是根据京津唐地区电力需求预测及分析,结合电网运行特点和电力资源状况,经与并网发电企业共同协商而制定,过程中严格遵循"三公"原则。

3、调度的过程体现公平性

在现有电力管理体制下,调度的任务之一就是综合考虑国家能源政策和环保政策,以及电源分布、负荷需求、电网结构以及防汛、环保等因素,按照公平、公正的原则合理安排发电,实现发电资源的优化利用,以提高国家电力能源利用效益。在具体操作中,每日电网调度根据当日电网用电负荷预测、近期内水情、燃料供应情况、网间联络线计划和电网设备能力、设备检修情况、电网调峰及备用等因素,按经济调度的原则,在保障电网安全运行的基础上,编制全网及各发电厂(站)次日的发电出力调度曲线,下发到各发电厂(站),各发电厂(站)按照调度曲线发电。

为提高电网内并网发电企业各发电机组运行可靠性,华北电力制定了《加强机组运行管理的行规定》,明确:机组每发生一次非计划停运,均罚停五天后方允许并网。逢重要节假日、重大政治活动保电期间、电网事故情况下以及电网大负荷期间供需形势紧张时发生的非停,将处以10天的罚停。执行罚停后要相应扣减该企业年度计划发电量。该项规定在经并网发电企业研讨后下发,目前在京津唐电网内已严格贯彻执行,每月网内机组非停、罚停情况均以公开披露,以实现并网企业、电网管理者之间的相互监督。根据目前实际情况,京津唐电网罚停并网机组时扣减的相应计划发电量将由华北电力本着相对平衡的原则,安排网内其他企业发电,其间将倾斜奖励非停次数少、保证铭牌发电的先进企业。

随着电力市场的逐渐形成和逐步完善,电网调度将逐步过渡到根据上述因素,在保证电网安全运行的基础上,按竞价上网的原则,编制全网及各发电厂(站)的发电出力调度曲线。

4、法律、法规对华北电力调度的制约及监督

(1)《电力法》

《电力法》规定并网双方应当按照统一调度、分级管理和平等互利、协商一致的原则,签订并网协议,确定双方的权利和义务;并网双方达不成协议的,由省级以上电力管理部门协调决定。

(2)《电网调度管理条例》

该条例规定国务院电力行政主管部门主管电网调度工作。跨省电网管理部门和省级电网管理部门编制发电、供电计划,调度机构编制发电、供电调度计划时,应当根据国家下达的计划、有关的供电协议和并网协议、电网的设备能力,并留有备用容量。

(3)《电网调度信息披露暂行办法》

为维护电网经营企业和并网发电企业的合法权益,促进公平竞争和电力资源的优化配置,实现电网调度"公平、公正、公开",国家经贸委制定该办法,规定:大区电网调度机构和省级电网调度机构负责所辖电网具体的调度信息发布工作,定期组织电力行政管理部门、电网经营企业、电力生产企业召开年度、季度信息发布会,开设调度信息网页或通过适当媒体及时、真实、准确披露电网调度信息,解答电网经营企业和电力生产企业的质疑。各省、自治区、直辖市经贸委负责本地区电网调度信息披露工作的管理与监督。

(4)《电网调度信息披露实施细则(暂行)》

国家电力调度中心根据《电网调度信息披露暂行办法》制定本细则,规定:电网调度机构要采用WEB方式披露电网调度信息,包括:电网本月、季及次月、季电量预计;电网运行情况;并网发电厂发电情况;各类型发电设备利用小时等,有关发电企业、电力行政管理部门可以根据不同权限进行网上浏览。上述电网调度信息披露情况须报地区经贸委监督和检查。

在上述法律、法规的具体执行过程中,华北电力作为华北电网调兼京津唐电网中调,按月编制包括电网年度发电量计划、电网及各并网发电企业本月电网发电量计划、本月电网发电量实际完成情况、次月发电量计划等调度信息,并做有关说明,以WEB方式披露。有关发电企业、电力行政主管部门及其他有关部门均可以根据不同的权限上网浏览。此外,华北电力随时对并网发电企业的咨询和意见予以解答,并接受有关电力行政主管部门的检查,每月还召集并网发电企业召开电网调度信息发布会,以电网调度信息的公开和透明促进调度的公平和公正。

(三)市场的特殊性及潜力

1、保证北京市电力供应是京津唐电网全部并网发电企业的首要任务

北京是国家政治、经济、文化中心,京津唐电网主要承担着北京市及周围地区的供电任务,安全、充足的电力供应,特别是每年重大节日和"两会"等重要政治活动期间稳定的电力供应,成为京津唐电网承担的重要政治任务。随着北京国际化进程的加快,北京市的"保电"任务更为重要,京津唐电网内全部并网企业安全稳定的电力生产,是全电网完成"保电"任务的重要基础。

2、市场供需情况和发展趋势对公司经营的保障

根据北京市、天津市、河北省政府"十五"及2010年规划纲要及京津唐地区经济发展现状,测算出"十五"期间,京津唐地区GDP年均增长率有望保持在8.6%左右。京津唐地区经济发展较快,电力市场需求旺盛,经权威部门预测,"十五"期间京津唐电网最大供电负荷年均增长率为6.97%,到2005年,京津唐地区全社会用电量将达到1189亿千瓦时,年均增长5.4%。另外,经济学家认为,举办奥运对经济的拉动作用还将使今后几年北京市的GDP再增加3-4个百分点,由此全社会对电力的需求量还将高于上述预测值。

京津唐电网目前已呈现出工业用电比重下降,三产和居民生活用电比重不断上升的趋势,京津唐电网年最大峰谷差增长很快,预计2005年最大峰谷差将由2000年的499.5万千瓦增长到730万千瓦,最小负荷率由2000年的62.1%降低到60%,电网对调峰的需求提高。

依据华北电力"十五"期间电源电网建设规划,"十五"期间京津唐电网增加电源容量380万千瓦,区外供电能力达到290万千瓦,机组退役35万千瓦。按此计划,2002年以后,高峰电力负荷时将出现电力紧张情况。鉴于上述预测,"十五"期间京津唐电网电力需求量仍将超过并网发电企业的发电量,在这样的市场环境下,并网发电企业间的竞争并不严重。本公司根据所掌握的现有资料可以预期,本公司及京津唐电网内并网的全部发电企业在"十五"期间的年发电量将不低于现有水平。

(四)热电联产机组特性使本公司生产经营相对独立

热电联产机组具有节约能源、改善环境、提高热质量、增加电力供应等综合效应。为推动热电联产事业的发展,国家计委、国家经贸委、建设部、国家环保总局联合印发了《关于发展热电联产的规定》,明确热电厂应根据热负荷的需要确定最佳运行方案,并以满足热负荷的需要为主要目标,地区电力主管部门在制定热电厂电力调度曲线时,必须充分考虑供热负荷曲线变化和节能因素,不得以电量指标限制热电厂对外供热,更不得迫使热电厂减压、减温供气,否则将依据《中华人民共和国节约能源法》和《中华人民共和国反不正当竞争法》追究有关部门和人员的责任。

由于热电联产机组的发电供热原理和性能使机组在供热期间的负荷率必须维持较高水平,供热期间电网也需考虑上述因素,有别于普通发电机组对热电联产机组进行调度。华北电力在对各类型机组发电量的确定原则中也明确,供热机组在供热期间以热定电。

本公司是北京西部地区唯一的供热热源,并且全年供热,较为特殊的地位使京津唐电网并网发电企业间的竞争,不致对本公司的发电量造成重大影响。

(五)发行人对自身独立性的评价

根据上述本公司为保持经营独立性而采取的措施、电力市场的有关规定、本公司机组特性、经营特点以及所面临的电力市场的潜力,本公司认为:在现有以及能够预期的市场环境和竞争格局下,主要股东对本公司所在市场的控制能力以及本公司由于电力体制特点及历史原因形成的无法回避的关联交易,均不致对本公司日常生产经营造成重大影响。

五、律师及主承销商对发行人关联交易发表的意见

(一)律师意见

众鑫律师事务所在其为本公司本次股票发行出具的《法律意见书》第九项和《律师工作报告》第八项中明确:"根据本所对上述关联交易协议的审查,本公司与控股股东之间关于关联交易的安排符合公平、合理、市场化的原则。本公司小股东的利益可以依据章程的有关条款得到保护。北京国电、华北电力是本公司的第一、二大股东,为保护小股东的利益,本公司已采取相应措施约束本公司与北京国电、华北电力及其子公司的关联交易,不会发生对小股东利益的损害,如公司章程第七十二条规定了关联股东的回避表决制度;第八十三条规定了关联关系董事的回避表决程序。本公司已制定了公允的内部关联交易决策制度,明确了关联交易公允决策的程序。本公司董事会、股东大会在审议上述相关关联交易时,已采取了相应的回避措施。"

(二)主承销商意见

大鹏证券有限责任公司认为:"发行人所存在和披露的关联方、关联关系、关联交易不存在损害发行人及中小股东利益的情况,决策程序合法有效"。

第九章　董事、监事及高级管理人员

一、董事、监事、高级管理人员简历

本公司的董事、监事及高级管理人员基本能够适应本公司现阶段的发展需要。为进一步优化法人治理结构,本公司在发行并上市后,将在适当的时候根据《上市公司治理准则》的要求建立独立董事制度,并按照累积投票制度调整董事人员结构。

本公司董事、监事、高级管理人员均为中国国籍,无境外的永久居留权,相互之间不存在配偶关系、三代以内直系和旁系亲属关系。

(一)董事

1、刘海峡先生,公司董事长,现年40岁,硕士研究生,高级工程师。历任北京电子动力公司热电厂助理工程师、北京电子动力公司安装公司副总工程师、北京电子动力公司技术设备处副处长、常务副经理。现任北京国际电力开发投资公司总经理助理。

2、杨祝辉先生,公司副董事长,现年60岁,大学本科,优高工职称。历任龙凤发电厂副总工、哈尔滨第三发电厂副厂长兼总工程师、黑龙江省电力工业局生产技术处副处长、东北电业管理局生产技术处副处长、沈阳沈海热电厂厂长、东北电业管理局副总工程师兼辽宁省电业局副总工程师、中国东北电力集团公司副总经理。现任中国华北电力集团公司副总经理。

3、杨家义先生,公司董事,现年43岁,硕士研究生,副教授。历任中央财经大学投资系教师、1994年赴法国格勒诺布尔第二大学商学院进修回国后任中央财经大学投资系任副主任。现任北京国际电力开发投资公司副总经理。

4、沈群先生,公司董事,现年50岁,研究生,高级经济师。历任北京第一机床厂党委宣传部副部长、办公室主任、厂长助理、探矿机械厂厂长、北京市叉车总厂厂长。现任北京国际电力开发投资

公司创业投资管理部经理。

5、郭明星先生，公司董事，现年 33 岁，硕士研究生，工程师。历任沈阳沈海热电厂电气技术员、厂办秘书、多经办主任、燃料部部长、沈阳市沈河区人民政府区长助理、北京国际电力开发投资公司电力投资管理部副经理。现任北京国际电力开发投资公司电力投资管理部经理。

6、王静远先生，公司董事，现年 46 岁，大专本科，高级工程师。历任华北电管局发电处副主任科员、设备科副科长、华北电力生技部综合处处长、华北电力人事部调研员、华北电力人事部领导干部处处长、北京十三陵蓄能电厂党委书记、副厂长、北京石景山发电总厂党委书记兼副厂长、本公司党委书记兼副总经理。现任中国华北电力集团公司人事部经理。

7、寇炳恩先生，公司董事，现年 39 岁，大学本科，高级工程师。历任北京石景山发电总厂技术科技术员、扩建工程处副总工程师、副主任、石景山发电总厂党委书记、中国华北电力集团公司综合计划部基建计划处处长、北京大唐发电股份有限公司计划发展部副经理、经理。现任中国华北电力集团公司计划部副经理。

8、钟为泉先生，公司董事，现年 32 岁，硕士研究生，会计师。历任华北电力开发公司财务工作人员、华北电力集团公司财务部资金价格处工作人员、财务部资金处副处长。现任华北电力集团公司财务部主任会计师。

9、刘太生先生，公司董事，现年 46 岁，大专本科，高级经济师。历任北京电力设备总厂二分厂机加工车间主任、二分厂副厂长、二分厂厂长兼党支部书记、北京电力设备总厂副厂长。现任北京电力设备总厂厂长。

10、李先忠先生，公司董事，现年 30 岁，硕士研究生，会计师。历任北京变压器厂厂办副主任、企管处副处长、财务处处长。现任北京变压器厂党委书记、常务副厂长、总会计师。

11、徐小萍女士，公司董事，现年 31 岁，大学本科，经济师。历任北京市综合投资公司投资一部经理助理。现任北京市综合投资公司投资一部副经理。

12、田国范先生，公司董事，现年 60 岁，大学专科，高级工程师。历任黑龙江龙凤热电厂锅炉运行副主任、哈尔滨第三热电厂锅炉主任、生产技术科科长、副总工程师、教育培训中心副主任、辽宁省绥中发电厂技术部培训专工、张家口发电总厂生产副厂长、厂长、中国华北电力集团公司生产技术部经理、北京石景山发电总厂厂长、本公司总经理。

13、邱淑芳女士，公司董事兼总会计师，现年 43 岁，研究生，高级会计师。历任北京市仪表局科学仪器厂财务部副经理、北京市华侨旅游侨汇服务公司财务部经理、首汽集团股份有限公司副总会计师兼财务部经理、北京国际电力开发投资公司财务部副经理。

（二）监事

1、张家兰先生，公司监事会主席，现年 58 岁，大学本科，会计师。历任石景山发电厂检修处技术员、副队长、队长、组织部副部长、干部科长、检修处主任、石景山发电总厂副厂长、华北电业管理局纪检组副组长。现任华北电业管理局监察处长。

2、郑铁男先生，公司监事会副主席，现年 52 岁，大学本科，工程师。历任北京量具刃具厂车间副主任、党支部书记、北京市委工业部副处级干部、北京市委组织部经济干部处副处长（正处级）、北京国际电力开发投资公司人事资源部经理。现任北京国际电力开发投资公司党务工作部部长。

3、张伟先生，公司监事，现年 33 岁，大学本科，会计师。历任交通部水运科学院财务室主任助理、副主任、北京国际电力开发投资公司财务部代经理。现任北京国际电力开发投资公司投资银行业务部经理

4、王万春先生，公司监事，现年 38 岁，大学本科，高级经济师。历任中国华北电业管理局干部处技术干部科副科长、中国华北电力集团公司人事部技术人员管理处处长、人事部副部长。现任中国华北电力集团公司总经理工作部经理。

5、李德顺先生，公司监事，现年 54 岁，大学专科，工程师。曾任石景山发电总厂京西电厂副厂长、石景山发电总厂石景山热电厂工会主席、副厂长、石景山发电总厂生产办公室副主任、发电处处长、副总工程师、石景山发电总厂石景山热电厂党委书记。现任本公司工会主席。

6、刘长胜先生，公司监事，现年 48 岁，大学专科，工程师。历任北京石景山发电总厂石景山热电厂丙值单元班长、甲值值长。现任本公司发电生产部副部长。

7、荣晓杰女士，公司监事，现年 31 岁，大学本科，双学士学位，高级工程师。历任北京石景山发电总厂综合计划处处长。现任本公司经营策划部部长。

（三）高级管理人员

1、关志生先生，公司总经理，现年 40 岁，双大专学历，高级工程师。历任北京电力科研所锅炉室技术员、华北电力科学研究院锅炉室助工、技术处副处长、技术处处长兼调试所所长、石景山发电总厂副厂长、本公司副总经理。

2、盛九庆先生，公司副总经理，现年 33 岁，大学本科，高级工程师。历任北京石景山发电总厂发电生产部电气专工、生产技术处电气专工、生产技术处副处长、处长，本公司设备工程部部长。

3、张正海先生，公司总工程师，现年 57 岁，大学本科，优高级工程师。历任石景山发电总厂工人、技术员、工程师、检修处汽机队副队长、华北电业管理局发电处专工、石景山发电总厂生产技术科专工、副科长、石景山发电总厂副总工程师、总工程师。

4、王彬女士，公司董事会秘书，现年 36 岁，大学本科，工程师。历任北京天然气联合公司助理工程师、北京市政府办公厅新闻处主任科员、北京国际电力开发投资公司董事会秘书。

本公司董事、监事、高级管理人员目前均未有其个人、家属及其近亲属直接、间接控制的其他法人持有本公司股份的情况，也未有其以个人名义与本公司签署借款、担保等协议的情况。

本公司董事、监事、高级管理人员除前述简历所列任职情况外，没有在本公司股东单位或股东单位控制的单位、在本公司所控制的法人单位、同行业其他法人单位兼任执行职务的情况。

二、工薪及退休金计划

姓 名	领薪单位	2000 年度总收入（元）（含薪金、奖金及津贴）	退休金计划（现在享有的退休金政策）
1. 刘海峡	北京国电	71588	退休金计划全部执行北京市人民政府 1998 年第 2 号令《北京市企业城镇劳动者养老保险规定》。
2. 杨家义	北京国电	84930	
3. 郭明星	北京国电	43204	
4. 沈　群	北京国电	65230	
5. 郑铁男	北京国电	65170	
6. 张　伟	北京国电	50455	
7. 杨祝辉	华北电力	103138	
8. 寇炳恩	华北电力	74395	
9. 钟为泉	华北电力	69460	
10. 王静远	华北电力	81533	
11. 张家兰	华北电力	80641	
12. 王万春	华北电力	76927	
13. 徐小萍	北综投	48300	
14. 刘太生	设备总厂	53888	
15. 李先忠	北变	20024	
16. 田国范	本公司	105656	
17. 邱淑芳	本公司	83835	
18. 李德顺	本公司	87771	
19. 关志生	本公司	92686	
20. 盛九庆	本公司	50335	
21. 张正海	本公司	98283	
22. 王　彬	本公司	66639	
23. 荣晓杰	本公司	43859	
24. 刘长胜	本公司	60648	

第十章　发行人的公司治理结构

本公司已按《公司法》、公司《章程》建立健全了公司组织机构，本公司设有股东大会、董事会、监事会和经理。股东大会是公司的最高权力机构，董事会为公司的决策机构，监事会是本公司的监督检查机构，经理为公司的日常经营管理机构。

一、关于公司股东和股东大会

按照《公司章程》的规定，股东依照其所持有的股份数额享有《公司法》、《证券法》等法律、法规和《公司章程》规定的权利并承担相应义务。持有同一种类股份的股东，享有同等权利，承担同种义务。

公司章程规定股东大会是公司的权力机构，并依照法律、法规和公司章程的有关规定行使职权。

本公司自创立以来，董事会已提议召开了五次股东大会（临时股东大会），对《公司章程》的订立和修改、重大生产、投资和财务决策、股票发行授权、募集资金投向、股利分配等作出决议。

二、关于公司董事会

本公司董事会由 13 名成员组成，其中设董事长 1 名，副董事长 1 人。

公司董事会对股东大会负责，按照法律、法规、公司章程的有关规定行使职权。

本公司自成立以来，共召开过九次董事会，对高层管理人员的聘请、各项规章制度的制定、经营方针和投资计划的制定及其他各项重大事项做出决议。

三、关于公司监事会

本公司监事会由七名监事组成，其中：股东大会选举四名，职工代表大会推举三名。监事会设监事会主席一名，监事会副主席一名。

监事会按照法律、法规、公司章程的有关规定行使职权。监事会行使职权时，必要时可以聘请律师事务所、会计师事务所等专业性机构给予帮助，由此发生的费用由公司承担。

本公司自成立以来，共召开过五次监事会，对本公司董事会各项议案的审查、监事会工作报告的制定等事项做出决议。

四、高级管理人员的选择、考评、激励和约束机制

本公司的高级管理人员由总经理提名，报董事会批准后予以聘任或解聘。本公司制定了《高级管理人员考核奖励办法》，建立了高级管理人员考评、激励和约束机制。

五、管理层和核心技术人员诚信义务的限制性规定

公司董事、监事及高层管理人员应当遵守法律、行政法规和公司章程的规定，履行诚信和勤勉的义务。

六、重大生产经营、重大投资及重要财务等决策程序和规则

本公司制定了《股东大会议事规则》、《董事会议事规则》、《监事会议事规则》、《总经理工作细则》、《关联交易决策制度》等项规则和制度，确定公司生产经营、对外投资等事项的决策程序和规则。

股东大会决定公司经营方针和投资计划；审议批准公司的年度财务预算方案、决算方案。本公司的对外投资由董事会提出投资议案，报股东大会批准后实施。股东大会遵照公司《章程》及《股东大会议事规则》对议案进行表决，对涉及关联交易的投资，关联股东代表回避表决。公司的年度生产经营计划由总经理提出议案，报董事会批准后实施。董事会遵照公司《章程》及《董事会议事规则》对议案进行表决，对涉及关联交易的议案，关联董事回避表决。对董事会批准的公司年度计划内日常生产、经营、技措、大修项目的资金运用及相关技术、合作、供销等日常生产经营项目，总经理有权决策和签署上述协议及合同。

七、公司内部控制制度的自我评估意见

本公司成立后，经股东大会批准，制定了《股东大会议事规则》；经董事会批准，制定了《董事会议事规则》、《总经理工作细则》、《员工合同管理制度》、《公司会计制度》、《公司财务管理制度》、《公司财务收支审批办法》；经监事会批准，制定了《监事会议事规则》。本公司在实际运作中，严格执行各项制度，规范投资、生产、经营、管理等各方面的工作，有效地促进了本公司建立、完善科学的决策程序和管理体系，保障了公司法人治理结构的完整、高效。

本公司管理层认为本公司内部控制制度已具备了完整性、合理性和有效性。

第十一章　主要财务会计资料

一、注册会计师意见

本公司聘请北京兴华会计师事务所有限责任公司对本公司 2001 年 12 月 31 日、2000 年 12 月 31 日的资产负债表，2001 年度、2000 年度及 1999 年度的利润表，2001 年度及 2000 年度的利润分配表和 2001 年度的现金流量表进行了审计。会计师出具了(2002)京会兴字第 16 号标准无保留意见的审计报告，认为本公司会计报表符合《企业会计准则》和《企业会计制度》的有关规定，在所有重大方面公允地反映了本公司 2001 年 12 月 31 日、2000 年 12 月 31 日的财务状况以及 2001 年度、2000 年度及 1999 年度的经营成果和 2001 年度的现金流量情况，会计处理方法的选用遵循了一贯性原则。

以下引用的财务数据，非经特别说明，均引自经审计的会计报表。本章的财务会计数据及有关的分析说明反映了本公司过去三年的经审计的会计报表和有关附注的重要内容。

二、会计报表编制基准

本公司 2000 年 12 月 31 日、2001 年 12 月 31 日的资产负债表及反映 1999 年度、2000 年度、2001 年度三年经营业绩的利润表是基于"本公司于 1999 年 1 月 1 日已成立，并按改制方案确定的公司现实架构运行"的基准和假设上编制的。

（一）财务资料的来源及会计报表的形成情况

公司设立建账、评估调账、剥离调整和编制 1999 年申报会计报表的具体财务会计资料，来源于原北京市石景山热电厂和原北京石景山发电总厂两个不同实体的会计报表，以两个实体实际发生的交易或事项为依据，以历史成本计价原则和收入与相关成本、费用配比原则为主要的编制基础。

1999 年度申报会计报表是遵循配比性原则将两个实体的会计报表进行还原、汇总后，按照改制方案确定的剥离原则，遵循了资产评估时的剥离方法和评估确认结果，剥离了不进入股份公司的资产、负债及损益编制而成。即先按独立会计主体核算形式将原北京石景山发电总厂石电管理的损益表进行还原，并与原北京市石景山热电厂的会计报表汇总后，按照改制方案确定的架构对不进入股份公司的资产、负债、收入、成本、费用予以剥离；再按照《企业会计制度》所规定的会计政策进行追溯调整。在剥离过程中，对两个经营实体同一账项所采用的会计政策和剥离调整方法一致，两个经营实体之间的交易事项和往来账项均予以抵销。

（二）石电管理损益还原说明

北京石景山发电总厂分石电管理和水电处两个核算单位，进入本公司的资产是石电管理的 1、3 号发电机组及相关附属设施。石电管理核算的资产范围包括 1、3 号发电机组及相关附属设施、京西发电厂、113 电站等，其核算方式是介于华北电力下属分公司和车间二级核算之间的一种核算方式，即作为会计主体进行核算，有明细账、总账、会计报表，但其收入只核算供热收入，发电收入在华北电力统一核算，每月华北电力将其上月全部成本费用扣除供热收入、计提折旧额后，加上石电管理上缴的电力预征税全额拨款弥补。

石电管理 1999 年度利润表主要项目是按以下依据还原：

项 目	还 原 依 据
主营业务收入	电力收入：依据中国华北电力集团公司确认的上网电量、北京市物价局核定的电价还原；
主营业务税金及附加	以还原后主营业务收入应计增值税销项税减进项税作为当年应交增值税，计提 7%城建税、计提 3%教育费附加；
所得税	按还原后的利润总额，考虑应纳税所得额调整的影响，按 33%法定税率还原。

（三）公司资产、负债、收入、成本、费用的剥离原则和方法

本公司由两个经营实体发起设立的，剥离时是分别对两个实体的财务会计记录进行剥离，编制各自剥离调整的财务报表，在此基础上，遵循以下原则确定纳入本公司申报财务报表的资产、负债和收入、成本与费用。

[1]两个实体对同一账项所采用的会计政策和剥离的调整方法应保持一致；

[2]两个经营实体之间的交易或事项必须予以抵销。具体方法如下：

原北京市石景山热电厂拥有资产的范围主要包括2,4号发电机组及相关附属设施、宿舍楼等，原北京石景山发电总厂拥有的资产范围主要包括1,3号发电机组及相关附属设施、京西发电厂、113电站、水电处发电机组及非经营性资产等。根据重组方案，将上述范围内的资产、负债、权益及损益汇总后，再对不进入股份公司的资产、相关负债及损益项目进行剥离。即将1、2、3、4号发电机组以及相关附属设施与之配套的全部辅助设施(包括灰场)等主要经营性资产及其相关负债进入股份公司，其余资产包括京西发电厂、113电站、水电处发电机组和非经营性资产及其相关负债从企业剥离出来，另行组建北京京西发电有限责任公司。

A、资产

流动资产：将与1、2、3、4号发电机组的生产经营有关的货币资金、应收账款、其他应收款、预付账款、存货等全部划归公司。

固定资产：将1、2、3、4号发电机组生产经营相关的厂房、办公楼、通用设备、专用设备、辅助设备、生产用和办公用运输设备、其他设备等划归股份公司。

B、负债

流动负债：将与1、2、3、4号发电机组生产经营相关的应付账款、其他应付款等划归公司，并将与其生产经营相匹配的应交税金、其他应交款划归股份公司。

长期负债：将与1、2、3、4号发电机组的生产和购建有关的借款划归股份公司。

C、收入

1、2、3、4号机组发电、供热有关的收入划归公司。

D、成本

1、2、3、4号机组发电、供热所耗费的原材料及其他成本划归公司。

E、费用

管理费用：凡能具体辨明不属于1、2、3、4号发电机组发电、供热所发生的管理费用，如离退休人员的工资及相应的附加、非生产用房和不投入公司的固定资产折旧、房产税及相关费用等，不划归公司；凡能分清归属于1、2、3、4号发电机组的管理费用，具体为折旧费、财产保险费、运输费等划归公司；凡不能分清归属的管理费用，如交际应酬费、办公费、差旅费、管理人员工资、福利费及附加等，按划入公司的2、4号机组和1、3号机组主营业务收入分别占原北京市石景山热电厂和原北京石景山发电总厂石电管理的主营业务收入的比例计算得出费用划归公司。

财务费用：凡划入的与1、2、3、4号发电机组有关的借款应负担的利息支出均划归公司。

(四)原企业会计报表和申报会计报表差异情况如下：

1、北京市石景山热电厂报表差异

单位：人民币元

项目	申报报表	1999年 原始报表	差异
收入	626,676,355.78	626,676,355.78	-
成本	422,136,693.18	558,926,462.97	-136,789,769.79
费用	156,523,493.27	89,581,551.51	66,941,941.76
净利润	48,016,169.33	-21,831,658.70	69,847,828.03

1999年度申报报表主营业务成本比原始报表低136,789,769.79元，是剥离了不属于1999年度的成本项目和重分类调整计入了期间费用，申报报表的费用比原始报表多66,941,941.76元，主要是从成本中重分类调整转入。

2、北京石景山发电总厂石电管理报表差异

单位：人民币元

项目	申报报表	1999年 原始报表	差异
收入	600,679,646.69	33,547,487.50	567,132,159.19
成本	427,367,383.90	508,999,941.46	-81,632,557.56
费用	91,493,266.48	25,046,736.49	66,446,529.99
净利润	81,818,996.31	-500,499,190.45	582,318,186.76

1999年度收入的差异较大，全部是还原形成的差异。由于石电管理原始报表的收入只核算供热收入，发电收入在华北电力统一核算，申报会计报表将收入按独立会计主体核算形式进行还原。收入还原公式如下：

主营业务收入＝∑供电量X(1－3‰)X电价

3‰：华北电管局统一确定的网损扣除比例；

电价：1、2、3号机组执行北京市物价局京价(工)字[1997]第033号规定275元/千千瓦时；4号机组执行北京市物价局京价(工)字[1997]第030号规定411.34元/千千瓦时。

三、简要会计报表

本公司的简要会计报表反映了本公司的基本财务状况，在本节中仅披露了本公司的简要会计报表，投资者若想详细了解本公司前三年的财务状况、经营成果和现金流量情况，请阅读本招股说明书附录一。

(一)简要资产负债表

单位：人民币元

项目	2001.12.31	2000.12.31
流动资产		
货币资金	103,699,397.15	5,905,899.08
应收账款	48,844,964.37	195,576,360.57
其他应收款	6,757,511.19	17,767,287.47
预付账款	1,175,168.00	14,862,560.00
存货	35,991,424.61	23,276,213.75
流动资产合计	196,468,465.32	257,388,320.87
固定资产		
固定资产原价	2,901,938,617.81	2,869,667,757.17
减：累计折旧	1,506,264,763.43	1,295,898,225.41
固定资产净值	1,395,673,854.38	1,573,769,531.76
固定资产净额	1,395,050,046.44	1,573,769,531.76
在建工程	88,116,108.35	14,750,007.17
固定资产合计	1,483,166,154.79	1,588,519,538.93
资产总计	1,679,634,620.11	1,845,907,859.80
流动负债		
短期借款	50,000,000.00	
应付账款	37,446,275.53	50,307,459.93
应付工资	2,126,583.13	10,390,258.95
应付福利费	-149,527.49	1,302,962.20
应付股利	709,279.70	81,738,427.45
应交税金	34,805,219.62	54,971,164.71
其他应交款	376,463.73	509,373.95
其他应付款	25,500,472.51	67,469,762.00
预提费用	37,345,868.41	38,524,702.08
流动负债合计	188,160,635.14	305,214,111.27
长期负债		
长期借款	614,989,583.27	808,729,583.27
专项应付款	40,800,000.00	14,307,163.86
长期负债合计	655,789,583.27	823,036,747.13
负债合计	843,950,218.41	1,128,250,858.40
股东权益		
股本	473,360,000.00	473,360,000.00
股本净额	473,360,000.00	473,360,000.00
资本公积	222,935,124.32	222,935,124.32
盈余公积	44,067,616.70	20,462,136.64
其中：法定公益金	22,033,808.35	10,231,068.32
未分配利润	95,321,660.68	899,740.44
股东权益合计	835,684,401.70	717,657,001.40
负债与股东权益总计	1,679,634,620.11	1,845,907,859.80

(二)简要利润及利润分配表

单位：人民币元

项目	2001年度	2000年度	1999年度
一、主营业务收入	1,106,679,207.38	1,168,332,325.85	1,227,356,002.47
减：主营业务成本	837,781,238.68	852,834,555.06	849,504,077.08
主营业务税金及附加	12,975,373.31	13,895,130.72	14,711,121.67
二、主营业务利润	255,922,595.39	301,602,640.07	363,140,803.72
加：其他业务利润	6,314,962.50	8,419,950.00	29,373.47
减：营业费用	3,976,414.25	4,356,389.00	4,425,408.00
管理费用	47,937,223.04	54,485,442.78	51,917,507.42
财务费用	28,433,714.07	60,342,246.38	85,063,747.15
三、营业利润	181,890,206.53	190,838,511.91	221,763,514.62
加：营业外收入	270,458.80	161,998.00	379,301.74
减：营业外支出	3,158,670.86	18,216,014.38	27,992,243.75
四、利润总额	179,001,994.47	172,784,495.53	194,150,572.61
减：所得税	60,974,594.17	70,473,812.33	64,315,406.97
五、净利润	118,027,400.30	102,310,683.20	129,835,165.64
加：年初未分配利润	899,740.44		
六、可供分配的利润	118,927,140.74	102,310,683.20	
减：提取法定盈余公积	11,802,740.03	10,231,068.32	
提取法定公益金	11,802,740.03	10,231,068.32	
七、可供投资者分配的利润	95,321,660.68	81,848,546.56	
减：应付普通股股利		80,948,806.12	
八、未分配利润	95,321,660.68	899,740.44	

(三)简要现金流量表

单位：人民币元

项目	2001年度
一、经营活动产生的现金流量：	
销售商品、提供劳务收到的现金	1,467,476,274.21
收到的税费返还	28,000,000.00
收到的其他与经营活动有关的现金	11,514,663.91
现金流入小计	1,506,990,938.12
购买商品、接受劳务支付的现金	648,573,646.87
支付给职工以及为职工支付的现金	102,560,631.19
支付的各项税费	230,923,043.01
支付的其他与经营活动有关的现金	57,977,870.80
现金流出小计	1,040,035,191.87
经营活动产生的现金流量净额	466,955,746.25
二、投资活动产生的现金流量：	
处置固定资产、无形资产和其他长期资产所收回的现金净额	1,210,430.00
收到的其他与投资活动有关的现金	18,000,000.00
现金流入小计	19,210,430.00
购建固定资产、无形资产和其他长期资产所支付的现金	113,413,462.00
支付的其他与投资活动有关的现金	1,733,609.29
现金流出小计	115,147,071.29
投资活动产生的现金流量净额	-95,936,641.29
三、筹资活动产生的现金流量：	
借款所收到的现金	590,000,000.00
现金流入小计	590,000,000.00
偿还债务所支付的现金	733,740,000.00
分配股利、利润或偿付利息所支付的现金	129,485,606.89
支付的其他与筹资活动有关的现金	
现金流出小计	863,225,606.89
筹资活动产生的现金流量净额	-273,225,606.89
四、汇率变动对现金的影响额	
五、现金及现金等价物净增加额	97,793,498.07
补充资料	
1.将净利润调节为经营活动现金流量：	
净利润	118,027,400.34
加：计提的资产减值准备	-5,810,110.87
固定资产折旧	215,657,494.54
预提费用增加(减：减少)	-1,178,833.67
处置固定资产、无形资产和其他长期资产的损失(减：收益)	1,275,113.48
财务费用	47,746,179.44
存货的减少(减：增加)	-12,715,210.86
经营性应收项目的减少(减：增加)	157,741,172.48
经营性应付项目的增加(减：减少)	-37,036,008.07
其他	-16,751,450.56
经营活动产生的现金流量净额	466,955,746.25
2.不涉及现金收支的投资和筹资活动：	0.00
3.现金及现金等价物净增加情况：	
现金的期末余额	103,699,397.15
减：现金的期初余额	5,905,899.08
现金及现金等价物净增加额	97,793,498.07

四、经营业绩

1、主营业务收入

单位：人民币元

项目	2001年度	2000年度	1999年度
发电销售收入	1,002,871,842.09	1,071,749,927.13	1,160,056,178.74
供热销售收入	103,807,365.29	96,582,398.72	67,299,823.73
合计	1,106,679,207.38	1,168,332,325.85	1,227,356,002.47

1999年度、2000年度、2001年度本公司发电销售收入占主营业务收入的比例分别为：94.52%、91.73%、90.62%，供热销售收入占业务收入的比例分别为5.48%、8.27%、9.38%。

本公司销售客户共两名，其销售的收入总额占本公司全部销售收入的比例为100%。

2、产品产量

本公司近三年发电量和供热量情况详见本招股说明书摘要第七章。

3、利润形成情况

本公司的主营业务收入主要来源于电、热产品的销售。1999年度、2000年度和2001年度本公司的销售收入分别为 1,227,356,002.47 元、1,168,332,325.85 元、1,106,679,207.38 元,利润总额分别为:194,150,572.61 元;172,784,495.53 元;179,001,994.47 元。

1999 年度、2000 年度和 2001 年度销售收入总额和利润总额的变动趋势和原因:

(1)本公司近三年销售收入逐年有所下降,主要由于:

①本公司的发电量减少所致。本公司 1999 年对#2 机组进行了大修,2000 年对#1、#3 机组进行了大修,致使 2000 年度发电量比 1999 年发电量减少,2001 年度由于夏季高温负荷较以前年度大幅减少,导致发电量降低。1999 年度、2000 年度和 2001 年度发电量分别为 48.4 亿千瓦时、46.8 亿千瓦时和 44.14 亿千瓦时,发电量的减少导致销售收入下降。

②考虑到银行利率下调及煤价降低因素,国家计委以计价格[1999]2239 号文件通知,本公司自 2000 年 1 月 1 日起#4 机电价从 411.34 元/千千瓦时调整到 389 元/千千瓦时;#1-#3 机电价从 275 元/千千瓦时调整到 264 元/千千瓦时,不含税的综合平均电价从 264.17 元调整到 252.35 元。电价的调低致使销售收入减少。

(2)本公司 2000 年度比 1999 年度利润总额有所下降,而 2001 年度比 2000 年度利润总额却有了提高。

①本公司 2000 年度比 1999 年度利润总额下降,主要是由于:

a、主营业务收入下降,导致利润总额的减少;

b、根据北京市物价局、北京市财政局联合发文的京价(收)字(1999)第 361 号文规定,二氧化硫排污费收费标准(按燃煤量和煤的含硫计算)由原来的排放每公斤二氧化硫收取 0.2 元提高到 1.20 元,2000 年度本公司共计提排污费 38,524,702.08 元,比提价前增加 5 倍,增加了 32,103,918.40 元。

②2001 年度销售收入虽然比 2000 年度略有下降,但利润总额有了提高,主要是由于:

a、主营业务成本降低。1999 年和 2000 年本公司分别对#1-#3 机组进行了大修,大修后设备运行状况良好,进而使 2001 年设备维修费用大幅降低,减少主营业务成本。

b、财务费用减少。2001 年度本公司财务费用比 2000 年度降低 52.88%,主要因为本公司 2001 年长期借款增加 39,000 万元,减少 58,374 万元;短期借款增加 15,000 万元,提前偿还 10,000 万元,借款减少导致利息支出减少。

此外,根据国家经贸委、国家计委、财政部三家联合发文的国经贸投资[2000]1108 号和国经贸投资[2000]1232 号文批准,本公司#4 炉烟气脱硫改造工程建设期内由中央贴息 600 万元,地方贴息 1,200 万元。2001 年度本公司共收到中央和地方贴息 1,800 万元,根据北京市财政局、北京市经济委员会、北京市发展计划委员会联合发文的京财经一指(2001)322 号文和北京市财政局京财经一(2001)2007 号、2616 号文规定,本公司在收到上述专项贴息资金时作冲减财务费用账务处理。

C、营业外支出减少。1999 年、2000 年两次大修时拆除设备提前报废,形成大量营业外支出,2001 年未发生大规模设备报废情况,营业外支出相对大幅减少。

4、非经常性损益

营业外收入

单位:人民币元

项 目	2001 年度	2000 年度	1999 年度
处理固定资产净收益			8,085.70
处理废钢铁收入		161,998.00	370,116.04
罚款收入	3,418.80		1,100.00
其他收入	267,040.00		
合 计	270,458.80	161,998.00	379,301.74

营业外支出

单位:人民币元

项 目	2001 年度	2000 年度	1999 年度
滞纳金罚款支出	1,248,549.44	15,000.00	
处理固定资产损失	1,275,113.48	17,782,811.03	27,983,043.75
固定资产减值准备	623,807.94		
其 他	11,200.00	418,203.35	9,200.00
合 计	3,158,670.86	18,216,014.38	27,992,243.75

营业外支出逐年降低且降低幅度均超过 30%,主要原因是处置固定资产损失逐年减少。1999 年度和 2000 年度,本公司对#1、#2、#3 机组进行了大修,更新和替换了技术落后的设备,因此本公司 1999 年度和 2000 年度处理固定资产损失金额较大。

5、适用税率

税 种	计 税 依 据	税 率
增值税	发电销售收入	17%
增值税	供热销售收入	13%
城市维护建设税	应交增值税	7%
企业所得税	应纳税所得额	33%

五、资产

(一)固定资产

本公司将单位价值在 2,000 元以上并且使用期限超过一年的房屋、建筑物、机器设备、器具、工具等资产作为固定资产。

固定资产按取得时的实际成本计量,购建固定资产使其达到可使用状态前所发生的借款利息予以资本化;固定资产的重大扩充、更换及翻新、技术改造而增加的价值作为资本支出,列入固定资产;公司成立时股东投入的固定资产按评估确认的价值入账。固定资产经常性修理及维护支出计入当期费用;固定资产盘盈、盘亏、报废、毁损及转让出售等资产处理净损益计入当期营业外收入和支出。

固定资产折旧采用直线法,按分类折旧率计提折旧。根据固定资产类别、原始价值、估计经济使用年限、预计残值确定其年折旧率。

公司固定资产在期末时按其单项项目的账面价值与可收回金额孰低计量,对可收回金额低于其账面价值的差额计提固定资产减值准备。

本公司主要固定资产情况如下:

单位:人民币元

固定资产原值	2000.12.31	本期增加	本期减少	2001.12.31
房屋及建筑物	1,065,833,293.00	5,446,001.14		1,071,279,294.14
机器设备	1,756,732,079.53	33,272,113.50	7,776,500.00	1,782,227,693.03
运输工具	22,140,623.84	1,034,886.00		23,175,509.84
其他	24,961,760.80	294,360.00		25,256,120.80
合 计	2,869,667,757.17	40,047,360.64	7,776,500.00	2,901,938,617.81
累计折旧	2000.12.31	本期增加	本期减少	2001.12.31
房屋及建筑物	513,916,114.40	69,256,852.46		583,172,966.86
机器设备	758,108,496.27	140,361,508.51	5,290,956.52	893,179,048.26
运输工具	8,558,564.41	2,952,312.42		11,510,876.83
其他	15,315,050.33	3,086,821.15		18,401,871.48
合 计	1,295,898,225.41	215,657,494.54	5,290,956.52	1,506,264,763.43
固定资产净值	1,573,769,531.76			1,395,673,854.38
减值准备	2000.12.31	本期增加	本期减少	2001.12.31
房屋及建筑物				
机器设备				
运输工具		336,824.01		336,824.01
其他		286,983.93		286,983.93
合 计		623,807.94		623,807.94
固定资产净额	1,573,769,531.76			1,395,050,046.44

固定资产本期增加全部为在建工程完工转入 40,047,360.64 元。

公司期末对可收回金额低于账面价值的固定资产计提了固定资产减值准备。

公司固定资产中没有对外提供抵押担保的情况。

(二)流动资产

流动资产主要包括货币资金、应收账款、其他应收款、预付账款和存货,具体情况如下:

1、货币资金

单位:人民币元

项 目	2001.12.31	2000.12.31
现 金	3,074.72	2,182.20
银行存款	103,696,322.43	5,903,716.88
合 计	103,699,397.15	5,905,899.08

本公司 2001 年末货币资金比年初增长 16.56 倍,主要是年末收回了大量应收账款所致。

2、应收账款

本公司应收账款 2001 年 12 月 31 日净额为 48,844,964.37 元,账龄分析如下:

单位:人民币元

账 龄	2001.12.31			2000.12.31		
分 析	金 额	比例	坏账准备	金 额	比例	坏账准备
一年以内	51,415,751.97	100%	2,570,787.60	205,869,853.23	100%	10,293,492.66
合 计	51,415,751.97	100%	2,570,787.60	205,869,853.23	100%	10,293,492.66

本公司年末应收账款余额比年初余额降低 75.03%,主要原因是年末收回华北电力售电款。

截止至 2001 年 12 月 31 日,本公司应收账款中持有本公司 5%以上股份股东单位的应收款项如下:

单位:人民币元

股东单位	欠款金额	欠款时间	欠款原因
中国华北电力集团公司	27,833,944.47	1 年以内	电费

应收账款期末欠款单位共两名,占期末应收账款余额比例为 100%。

期末应收账款欠款明细单位列示如下:

单位:人民币元

欠款单位	欠款金额	欠款时间	欠款原因
中国华北电力集团公司	27,833,944.47	1 年以内	电费
北京市热力集团有限责任公司	23,581,807.50	1 年以内	供热费
合 计	51,415,751.97		

3、其他应收款

本公司其他应收款 2001 年 12 月 31 日净额为 6,757,511.19 元,账龄及坏账准备列示如下:

单位:人民币元

账 龄	2000.12.31				2000.12.31			
分 析	金 额	比例	坏账准备	计提坏帐准备比例	金额	比例	坏帐准备	计提坏帐准备比例
一年以内	7,027,380.20	100%	269,869.01	5%	18,702,407.86	100%	935,120.39	5%
合 计	7,027,380.20	100%	269,869.01	5%	18,702,407.86	100%	935,120.39	5%

本公司年末其他应收款余额比年初余额降低 62.43%,主要原因是本期收回了大量其他应收款。

截止至 2001 年 12 月 31 日,其他应收款无持有本公司 5%以上股份股东单位往来款。

其他应收款欠款单位前五名金额合计 6,991,745.38 元,占其他应收款余额比例为 99.49%。年末余额较大的其他应收款列示如下:

单位:人民币元

欠款单位	欠款金额	欠款时间	欠款原因
北京京能热电股份有限公司社保处	2,440,000.00	1 年以内	代垫款
北京高井电厂	2,239,629.91	1 年以内	结算款
上市费用*	1,630,000.00	1 年以内	支付中介机构费用

*上市费用 1,630,000.00 元,系发行新股支付的中介机构费用等。待股票发行成功后,减去发行冻结期间的利息收入后的余额,从发行股票溢价中不够抵销的,或者无溢价的,作为长期待摊费,在不超过两年的期限内平均摊销,计入管理费用。该项其他应收款不计提坏账准备。

4、预付账款

本公司预付账款 2001 年 12 月 31 日余额为 1,175,168 元,预付账款的账龄分析如下:

单位:人民币元

账 龄	2001.12.31	比例	2000.12.31	比例
一年以内	1,175,168.00	100%	14,862,560.00	100%
合 计	1,175,168.00	100%	14,862,560.00	100%

本公司年末预付账款余额比年初余额降低 92.09%,主要是年初预付账款本期已结算。

截止至 2001 年 12 月 31 日,预付账款中无持有本公司 5%以上股份股东单位的往来款。

5.存货

单位:人民币元

项 目	2001.12.31		2000.12.31	
	金额	跌价准备	金额	跌价准备
原材料	5,167,395.86		6,178,122.05	
备 品	7,555,591.56		7,740,345.69	
燃 料	23,268,437.19		9,357,746.01	
合 计	35,991,424.61	0.00	23,276,213.75	0.00

年末存货余额比年初余额增长 54.63%,主要原因是年末本公司燃料库存增加。

报告期内本公司存货无重大的可变现净值低于成本的情况,因此未计提存货跌价准备。

(三)有形资产

截至 2001 年 12 月 31 日,本公司有形资产净值为 1,679,634,620.11 元。

六、负 债

截至 2001 年 12 月 31 日,本公司负债合计 843,950,218.37 元,主要包括:

短期借款

单位:人民币元

贷 款 类 别	金额	利率	期限
担保借款	50,000,000.00	5.85%	2001.3.28-2002.3.27
合 计	50,000,000.00		

2001 年 12 月 31 日本公司担保借款详情如下:

单位:人民币元

贷 款 单 位	金额	利率	期限	借款条件
民生银行北京安定门支行	50,000,000.00	5.85%	2001.3.28-2002.3.27	担保借款
合 计	50,000,000.00			

应付账款

公司应付账款 2001 年 12 月 31 日余额为 37,446,275.53 元,无账龄超过三年的应付款项。

单位:人民币元

账 龄	2001.12.31	2000.12.31
一年以内	37,446,275.53	50,307,459.93

应付账款余额中无持本公司 5%以上股份股东单位的应付款项。

应付工资

公司应付工资 2001 年 12 月 31 日余额为 2,126,583.13 元,全部为工效挂钩工资结余部分。

应付股利

单位:人民币元

单位名称	2001.12.31	2000.12.31

	持股比例	应付股利	持股比例	应付股利
北京国际电力开发投资公司	51.850%	367,761.53	51.850%	42,381,374.63
中国华北电力集团公司	47.862%	339,475.45	47.862%	39,121,646.14
北京市综合投资公司	0.144%	1,021.36	0.144%	117,703.34
北京电力设备总厂	0.072%	510.68	0.072%	58,851.67
北京市变压器厂	0.072%	510.68	0.072%	58,851.67
合计	100.00%	709,279.70	100.00%	81,738,427.45

其他应付款

本公司其他应付款2001年12月31日余额为25,500,472.51元,比年初数降低62.20%,主要原因是本期支付了以前年度扣下施工单位和设备供应单位的质保金。

其他应付款余额中,应付持股5%以上股份的股东单位款项如下:

欠款单位	欠款金额(元)	欠款时间	欠款原因
中国华北电力集团公司	9,936,372.88	1年以内	安全生产服务费等
北京国际电力投资公司	212,333.00	1年以内	土地租赁费

其他应付款欠款金额前五名明细单位列示如下:

单位:人民币元

单位名称	金额	欠款时间	内容
中国华北电力集团公司	9,936,372.88	1年以内	安全生产服务费等
华北电力科学研究院	1,800,000.00	1年以内	生产技术服务费
北京石景山石电实业公司	1,105,291.00	1年以内	集中空调修理费
海南吉宏泰塑胶有限公司	781,996.00	1年以内	质保金
北京华科新纪热控工程技术中心	718,000.00	1年以内	质保金

预提费用

本公司预提费用全部是按照北京市物价局和北京市环保局联合发文的京价(收)字(1999)第361号文件规定计提尚未支付的S02排污费。

单位:人民币元

费用明细	2001.12.31	2000.12.31
二氧化硫排污费	37,345,868.41	38,524,702.08
合计	37,345,868.41	38,524,702.08

长期借款

单位:人民币元

贷款类别	币种	本金	应付利息	余额
担保借款	人民币	400,000,000.00		400,000,000.00
其他借款	人民币	214,989,583.27		214,989,583.27
合计		614,989,583.27	0.00	614,989,583.27

本公司2001年12月31日长期借款详情如下:

单位:人民币元

贷款单位	本金	应付利息	金额	利率	期限	借款条件
民生银行北京安定门支行	300,000,000.00		300,000,000.00	5.94%	2001.3.28-2004.3.27	担保借款
工商银行北京石景山支行	50,000,000.00		50,000,000.00	6.03%	2001.3.20-2006.3.19	担保借款
工商银行北京石景山支行	40,000,000.00		40,000,000.00	6.03%	2001.7.20-2006.3.19	担保借款
工商银行北京石景山支行	10,000,000.00		10,000,000.00	6.03%	2000.12.28-2005.12.27	担保借款
北京国际电力开发投资公司	55,949,583.27		55,949,583.27	3.60%	2000.12.20-2003.6.20	
北京国际电力开发投资公司	154,040,000.00		154,040,000.00	6.21%	2000.12.20-2007.12.31	
中国华北电力集团公司	5,000,000.00		5,000,000.00	无息	1987.11.11-2002.11.11	
合计	614,989,583.27		614,989,583.27			

长期借款形成的主要原因为:4号机组全部用借款购建,原主要为北京国际电力开发投资公司委托借款,截止2001年12月31日,尚余本金61,498.96万元。鉴于关联方提供资金超过本公司注册资本的50%所支付的利息需调增应纳税所得额,因此,2001年年初本公司向民生银行北京安定门支行借入长期借款3亿元和短期借款1.5亿元,归还了北京国际电力开发投资公司委托借款本金4.5亿元。

北京国际电力开发投资公司的贷款是委托中国建设银行北京宣武支行向本公司提供的委托贷款;中国华北电力集团公司的贷款是委托中国华北电力集团公司的贷款是委托中国建设银行石景山支行为本公司提供的委托贷款。

本公司于2001年3月20日与中国工商银行北京石景山支行签订了9,000万元固定资产借款合同,借款期限5年,银行分两次于2001年3月20日、2001年7月20日分别提供5,000万元和4,000万元贷款,具体还本金额和日期为:2004年至2006年,每年3月19日归还3,000万元。该笔借款分别由北京国际电力开发投资公司和中国华北电力集团公司提供担保。

中国工商银行北京石景山支行为本公司提供的1,000万元担保借款,分别由北京国际电力开发投资公司和中国华北电力集团公司提供担保。

中国工商银行北京石景山支行为本公司提供的上述9,000万元和1,000万元共计10,000万元的两笔担保借款,全额用于4号炉烟气脱硫改造。

专项应付款

单位:人民币元

项目	2001.12.31	2000.12.31
环保补助资金	40,800,000.00	14,307,163.86

专项应付款本期增加185.18%,增长的主要原因是:2001年6月本公司收到北京市环境保护局拨入的环保补助资金。

环保补助资金是由北京市环境保护局从征收的二氧化硫排污费中返还给企业的专项用于企业环保设施改造的补助资金。

七、股东权益

股本和资本公积

本公司发起人北京国际电力开发投资公司以北京市石景山热电厂1999年3月31日的经营性净资产和中国华北电力集团公司以其下属中国华北电力集团北京石景山发电总厂1999年3月31日的经营性净资产共计694,294,564.32元,北京市综合投资公司、北京电力设备总厂、北京变压器厂共同以现金2,000,560元投入本公司。各发起人投入资本均按1:0.67983的比例折价入股,形成股本473,360,000.00元,折股后余额222,935,124.32元计入资本公积。

盈余公积

单位:人民币元

项目	2000.12.31	本年计提	本年减少	2001.12.31
法定盈余公积	10,231,068.32	11,802,740.03		22,033,808.35
法定公益金	10,231,068.32	11,802,740.03		22,033,808.35
合计	20,462,136.64	23,605,480.06		44,067,616.70

未分配利润

单位:人民币元

项目	2001.12.31	2000.12.31
年初未分配利润	899,740.44	
加:本年度净利润	118,027,400.30	102,310,683.20
减:提取法定盈余公积	11,802,740.03	10,231,068.32
提取法定公益金	11,802,740.03	10,231,068.32
分配普通股股利		80,948,806.12
期末未分配利润	95,321,660.68	899,740.44

根据本公司2001年2月2日第一次临时股东大会会议决议,2000年度利润分别方案为:提取净利润的10%为法定盈余公积金,提取净利润的10%为法定公益金,余下部分以现金方式分配给股东80,948,806.12元。

根据本公司2002年2月5日第一届董事会第八次会议决议,2001年度利润分配方案为:按净利润的10%计提法定盈余公积金,按净利润的10%计提法定公益金,提取两金后可供投资者分配的利润暂不分配。本公司滚存的未分配利润由本次发行后本公司新老股东共享。

八、现金流量

2001年度现金及现金等价物净增加额为97,793,498.07元,其中经营活动产生的现金流量净额为466,955,746.25元,投资活动产生的现金流量净额为-95,936,641.29元,筹资活动产生的现金流量净额为-273,225,606.89元。明细内容详见本章现金流量表。

本公司不存在不涉及现金收支的投资和筹资活动。

九、关联交易

关联方

与本公司发生关联交易的关联方为北京国电、华北电力、京西公司、大唐发电、设备总厂、北京华北电力燃料总公司。

关联交易

(1)向关联方销售电力产品

单位:人民币元

关联方名称	2001年度	2000年度	1999年度
中国华北电力集团公司	1,002,871,842.09	1,071,749,927.13	1,160,056,178.74

(2)向关联方购买商品

单位:人民币元

关联方名称	2001年度	2000年度	1999年度
北京电力设备总厂		38,149,080.00	2,050,000.00

(3)租赁

A、租赁土地

单位:人民币元

关联方名称	2001年度	2000年度
中国华北电力集团公司	3,797,600.00	1,265,867.00
北京国际电力开发投资公司	637,000.00	212,333.00
合计	4,434,600.00	1,478,200.00

B、租赁使用京西发电机组

单位:人民币元

关联公司名称	2001年度	2000年度
北京京西发电有限责任公司	6,000,000.00	6,000,000.00

C、灰场出租

单位:人民币元

关联公司名称	2001年度	2000年度
北京大唐发电股份有限公司	6,682,500.00	8,910,000.00

(4)接受关联方提供的劳务

根据有关协议,本公司接受京西公司的综合服务和排灰、排渣服务,接受华北电力的安全生产服务,接受北京华北电力燃料总公司的燃料供应服务,具体交易金额如下:

单位:人民币元

关联方名称	2001年度	2000年度	1999年度
北京京西发电有限责任公司	31,989,750.00	30,505,850.00	
中国华北电力集团公司	11,929,242.73	12,763,167.00	2,005,258.00
北京华北电力燃料总公司	1,167,500.00	1,130,000.00	
合计	45,086,492.73	44,399,017.00	

(5)关联方借款

A、北京国电委托中国建设银行北京宣武支行向本公司提供借款,借款本金和利息列示如下:

单位:人民币元

北京国际电力开发投资公司	2001.12.31	2000.12.31	1999.12.13
期末借款本金	209,989,583.27	788,659,583.27	915,199,583.27
期末应付利息	0.00	0.00	14,569,977.14
合计	209,989,583.27	788,659,583.27	929,769,560.41

B、华北电力委托中国建设银行石景山支行向本公司提供电力建设债券贷款,期限15年,无息。

单位:人民币元

关联公司名称	2001.12.31	2000.12.31	1999.12.31
中国华北电力集团公司	5,000,000.00	10,000,000.00	15,000,000.00

(6)关联方应计利息

单位:人民币元

关联方名称	2001年度	2000年度	1999年度
北京国际电力开发投资公司	25,246,863.76	59,271,282.07	83,092,533.09

北京国电为本公司提供的委托贷款系按照中国人民银行规定的同期贷款利率计息。

(7)关联方提供担保

民生银行北京安定门支行为本公司提供的5,000万元短期贷款和30,000万元长期贷款,由北京国电提供担保。

中国工商银行北京石景山支行为本公司提供的固定资产贷款1,000万元,期限为五年,利率为6.03%。北京国电为本公司该笔借款提供520万元担保;华北电力为本公司该笔借款提供480万元担保。

中国工商银行北京石景山支行为本公司提供的固定资产贷款9,000万元,期限为五年,利率为6.03%。北京国电为本公司该笔借款提供9,000万元担保,华北电力为该笔借款提供4,320万元担保。

(8)报告期债务重组

2001年9月,本公司与北京京西发电有限责任公司签订了《资产处置协议》,北京京西发电有限责任公司以其拥有的油料及其他材料按账面结存单价作价8,205,668.99元(含税)等额抵偿对本公司的债务。该项交易价格不高于市场价。该项债务重组未对本公司损益产生影响。

十、或有事项

截止2001年12月31日,本公司无应披露的或有事项。

十一、承诺事项

截止2001年12月31日,本公司存在承诺事项如下:

本公司2000年12月与中国建设银行及北京国电签订的委托贷款合同承诺还款日期如下:

1、合同2000456003号2001年12月31日本金余额55,949,583.27元。

2002年12月还款28,000,000元,2003年6月还款27,949,583.27元。

2、合同2000456004号2001年初本金余额704,710,000元。

2001年—2006年每年12月还款100,670,000元,2007年6月还款100,690,000元。

根据北京国电京电字(2001)007号文《关于同意提前还贷的批复》,本公司2001年已向商业银行借款4.5亿元人民币归还了2000456004号合同的借款本金4.5亿元。

截止至2001年12月31日本金余额为154,040,000元。

3、合同 20010027 号 2001 年 12 月 31 日本金余额 90,000,000.00 元。

本公司于 2001 年 3 月 20 日与中国工商银行北京石景山支行签订了 9,000 万元固定资产借款合同,借款期限 5 年,银行分两次于 2001 年 3 月 20 日、2001 年 7 月 20 日分别提供 5,000 万元和 4,000 万元贷款,具体还本金额和日期为:2004 年至 2006 年每年 3 月 19 日归还 3,000 万元。

十二、资产负债表日后非调整事项

1、2002 年 3 月 27 日,北京国际电力开发投资公司向本公司转发了京电字(2002)011 号《关于转发北京市物价局京价(商)字[2002]035 号〈转发国家计委关于疏导北京市电价矛盾有关问题的通知〉的通知》。根据该通知,本公司 #4 机组上网电价(含税)调整为 0.323 元/千瓦时,调整前 #4 机组上网电价为 0.389 元/千瓦时。

2、根据北京市物价局京价(商)字[2002]023 号文件规定,自 2002 年 2 月 1 日起,北京市地表水工业耗水价格每立方米由 0.60 元调为 0.97 元。本公司火力发电循环冷却水系统等生产用水来自官厅水库,属地表水,耗用地表水价格执行每立方米 0.97 元。

上述价格调整将对本公司经营成果产生重大影响。有关影响金额详见本章"其他重要事项"第 3 项的表述。

十三、其他重要事项

1、本公司的固定资产原值评估增值 80,398,118.16 元,评估调账日前按账面原值计提折旧,评估调账日后按评估确认的价值计提折旧。评估基准日和评估调账日期间按原账面值计提折旧,比按评估值计提折旧少提 11,687,614.80 元,北京国电和华北电力以原热电厂和石电管理 2000 年 1-3 月的净利润补足,达到资本保全。

2、本公司在设立时的改制方案中,土地使用权未纳入本公司,每年向土地使用权拥有者北京国电和华北电力租赁其使用权。租赁费的确定依据为:北京国电和华北电力缴纳土地使用权出让金取得土地使用权,以其全额地价按 50 年使用期,平均每年应分摊的金额确定为本公司每年应支付的土地租赁费。

如果公司设立前有偿使用该土地对报告期各年利润的影响数额为:

单位:人民币元

项 目	2000 年度	1999 年度
利润影响额	-2,956,400.00	-4,434,600.00

3、根据北京市物价局京价(商)字[2002]035 号《转发国家计委关于疏导北京市电价矛盾有关问题的通知》,本公司 #4 机组上网电价自 2002 年 1 月 1 日起由原来的 0.389 元/千瓦时(含税)调整为 0.323 元/千瓦时(含税)。导致本公司 4 台机组的加权平均上网电价由 0.29525 元/千瓦时调整为 0.27875 元/千瓦时。

根据北京市物价局京价(商)字[2002]023 号文件规定,自 2002 年 2 月 1 日起,北京市地表水工业耗水价格每立方米由 0.60 元调为 0.97 元。

根据北京市物价局京价(商)字[2001]372 号《关于调整我市民用供热价格和热电厂热力出厂价格的通知》,本公司热力产品出厂价格从 2001 年冬季供暖期起执行 18 元/吉焦。

如果报告期电价、热价及水价均执行上述价格,对报告期各年净利润的影响为:

单位:人民币元

项 目	2001 年度	2000 年度	1999 年度
电价调整	-36,933,438.70	-39,515,141.54	-51,692,801.05
热价调整	18,779,481.52	26,018,353.24	18,184,973.59
水价调整	-7,756,791.00	-11,700,210.00	-12,300,999.00
合 计	-25,910,748.18	-25,196,998.30	-45,808,826.46

十四、公司报告期改制前原企业盈利情况

公司报告期改制前原企业盈利情况,其中:

单位:人民币万元

原企业名称	1999 年度净利润
北京市石景山热电厂	4,801.62
中国华北电力集团公司	81,053.10

本公司原企业之一北京市石景山热电厂 1999 年度净利润数是按申报会计报表数据列示,其原始报表 1999 年度净利润为 -2,183.2 万元。

本公司原企业之一北京石景山发电总厂石电管理是华北电力的下属二级核算单位(非法人企业),因此原企业应为华北电力。该公司 1999 年度净利润出自兴业会计师事务所出具的兴会审字(2000)108 号审计报告。

十五、关于盈利预测的说明

本公司根据截止 2001 年 12 月 31 日经审计的净资产情况,公司近三年盈利情况和发电量预测,考虑电价下调等因素,经谨慎分析后承诺:本公司本次公开发行股票后,预期利润率将能达到并超过同期银行存款利率。为此,本公司律师和本次发行的主承销商均出具了肯定的意见。

十六、资产评估

1、评估原因及对象

1999 年 5 月,北京德威评估有限责任公司接受北京国电华北电力的共同委托,根据国家有关资产评估的规定,本着客观、独立、公正、科学的原则,按照公认的资产评估方法,对北京国电和华北电力用于以发起方式设立本公司的其共同所属北京石景山发电总厂的部分经营性资产及相关负债进行了评估工作。资产评估基准日是一九九九年三月三十一日。

2、评估方法

(1)流动资产:本次评估以流动资产委估清单及账面价值为依据,对库存现金、银行存款、银行对账单及调节表进行核实核对;对应收账款、相关债权性资产进行经济内容及变现能力分析;对待摊费用进行受益期分析,并按评估要求和新的会计准则,对有关科目的记录作了相应调整;对存货进行抽查核实,确定其数量及成本的真实性,并调查冷背呆滞及毁损情况;归集整理调查核实资料,在核实分析调整的基础上,货币资金按调整后的账面金额计入评估值,债权性资产将属于应列入期间费用的和不可回收的账款等评估值为零值,其余正常债权按调整后的账面金额计入评估值;存货中原材料及尚未改变原物质形态的其他存货均为近期购置与现行市场价相近,故以实盘数量与购进价计算评估值;材料采购经对发生时间进行分析,考虑其均为近期发生的,没有大的风险,评估按核实后的账面发生额计入。

(2)固定资产:本次评估范围内固定资产为机器设备,房屋建筑物。评估采用重置成本法。

(3)在建工程:经核实为各项更新改造工程和 2 号机维修工程等,本次评估对工程合同进行审查,对合同规定的内容、数量、货物总值与明细账进行核对,同时经工程师现场踏勘实物,确定其存在性及价值的合理性,对于实际已形成固定资产并投入合用的项目按合同价款转入固定资产评估,对于发生的修理性费用支出评估按零值计入。其它在建项目按账面值保留。确定评估值。

(4)流动负债和长期负债:根据核实结果,对不需支付的负债及预提的大修费用评估值为零,其余正常负债按核实调整结果确定评估值。

3、评估过程

本次评估工作按项目的前期调查、资料的准备及项目申报、评估项目的现场调查实施和评估整理及报告四个程序进行。

4、审计对评估的影响

由于历史原因,本公司改制时由评估师先行对股东投入本公司的资产进行评估,但经审计发现进入本公司的 #4 机组建设工程已转固定资产中,有 10,582.49 万元不应资本化,进而影响本公司固定资产账面原值和账面净值。由于评估师对固定资产进行评估采用重置成本法,不考虑评估时已发生利息,而是按合理建设工期(概算定额中规定的相同工程的建设时间)和评估基准日基建借款利息水平计算应计建设期利息,因此固定资产评估结果不受资本化金额变化的影响,仅使评估增值率由原来的 16.33%变为 37.01%。北京德威评估公司对此进行了确认,并编制了调整后评估结果汇总表。

5、调整后资产评估结果汇总表

单位:人民币万元

资产科目	账面原值	调整后账面净值	评估值	增减值	增减率%
流动资产	12,565.56	12,545.56	12,434.99	-110.57	-0.88
长期投资					
固定资产	166,714.45	166,734.45	179,794.40	13,059.95	7.83
其中:在建工程	3,309.40	195.39	167.86	-27.53	-14.09
建筑物	75,322.46	75,448.76	74,167.98	-1,280.78	-1.70
机器设备	88,082.59	91,090.30	105,458.56	14,368.26	15.77
固定资产清理					
无形资产					
资产总计	179,280.01	179,280.01	192,229.39	12,949.38	7.22
流动负债	21,422.03	21,422.03	15,617.73	-5,804.30	-27.10
长期负债	107,182.21	107,182.21	107,182.21		
负债合计	128,604.24	128,604.24	122,799.94	-5,804.30	-4.51
净资产	50,675.77	50,675.77	69,429.45	18,753.68	37.01

十七、验资报告

1999 年 12 月 24 日,北京兴华会计师事务所有限责任公司以(99)京会兴字第 248 号文对本公司设立实收资本出具了验资报告。报告指出:

"北京京能热电股份有限公司(筹)的申请注册资本为 47,336 万元。根据我们的审验,截至 1999 年 12 月 24 日,北京京能热电股份有限公司(筹)已收到其发起人投入的资本陆亿玖千陆佰二十玖万伍仟壹佰贰拾肆元叁角贰分(人民币 696,295,124.32 元),其中股本肆亿柒仟叁佰叁拾陆万元整(人民币 473,360,000.00 元),资本公积贰亿贰仟贰佰玖拾叁万伍仟壹佰贰拾肆元叁角贰分(人民币 222,935,124.32 元)。"

投入资本明细表

发起人	实际出资(万元)	股本(万股)	资本公积(万股)	出资比例(%)	出资方式
北京国际电力开发投资公司	36,103	24,544	11,559	51.850	净资产
中国华北电力集团公司	33,326	22,656	10,670	47.862	净资产
北京市综合投资公司	100	68	32	0.144	现金
北京电力设备总厂	50	34	16	0.072	现金
北京变压器厂	50	34	16	0.072	现金
合 计	69,629	47,336	22,293	100	——

本公司成立至今未发生股本变更情况。

十八、财务指标

1. 基本财务指标

主要会计指标	2001 年 12 月 31 日	2000 年 12 月 31 日
流动比率	1.04	0.84
速动比率	0.85	0.72
资产负债率(%)	50.25	61.12
存货周转率(次)	28.27	37.05
应收账款周转率(次)	8.60	9.39
每股净资产(元)	1.77	1.52
每股经营活动产生的现金流量(元)	0.99	0.72

注:A、本公司目前没有可以对生产经营产生重大影响的知识产权、非专利技术等无形资产,因此无形资产(土地使用权除外)占总(净)资产的比例为零;

B、本公司目前无研究与开发费用支出,因此本公司的研究与开发费用占主营业务收入比例为零。

计算方法:

流动比率 = 流动资产 ÷ 流动负债

速动比率 = 速动资产 ÷ 流动负债

资产负债率 = 负债总额 ÷ 资产总额 × 100%

存货周转率 = 主营业务成本 ÷ 存货平均余额

应收账款周转率 = 主营业务收入 ÷ 应收账款平均余额

每股净资产 = 期末净资产 ÷ 期末股本总额

无形资产(土地使用权除外)占总(净)资产的比例 = 无形资产(土地使用权除外) ÷ 总(净)资产

研究与开发费用占主营业务收入比例 = 研究发展费用 ÷ 主营业务收入

2、净资产收益率和每股收益:

项 目	2000 年度净资产收益率		2000 年度每股收益(元)	
	全面摊薄	加权平均	全面摊薄	加权平均
主营业务利润	42.03%	50.27%	0.64	0.64
营业利润	26.59%	31.81%	0.40	0.40
净利润	14.26%	17.05%	0.22	0.22
扣除非经常性损益后的净利润	15.94%	19.07%	0.24	0.24
项 目	2001 年度净资产收益率		2001 年度每股收益(元)	
	全面摊薄	加权平均	全面摊薄	加权平均
主营业务利润	30.62%	32.95%	0.54	0.54
营业利润	21.77%	23.42%	0.38	0.38
净利润	14.12%	15.20%	0.25	0.25
扣除非经常性损益后的净利润	12.91%	13.18%	0.23	0.23

计算公式:

1)全面摊薄净资产收益率 = 报告期利润/期末净资产

2)全面摊薄每股收益 = 报告期利润/期末股份总数

3)加权平均净资产收益率(ROE) = $P/(E0 + NP \div 2 + Ei \times Mi \div M0 - Ej \times Mj \div M0)$

其中:P 为报告期利润;NP 为报告期净利润;E0 为期初净资产;Ei 为报告期发行新股或债转股等新增净资产;Ej 为报告期回购或现金分红等减少净资产;M0 为报告期月份数;Mi 为新增净资产下一月份起至报告期期末的月份数;Mj 为减少净资产下一月份起至报告期期末的月份数。

4)加权平均每股收益(EPS) = $P/(S0 + S1 + Si \times Mi \div M0 - Sj \times Mj \div M0)$

其中:P 为报告期利润;S0 为期初股份总数;S1 为报告期因公积金转增股本或股票股利分配等增加股份数;Si 为报告期因发行新股或债转股等增加股份数;Sj 为报告期因回购或缩股等减少股份数;M0 为报告期月份数;Mi 为增加股份下一月份起至报告期期末的月份数;Mj 为减少股份下一月份起至报告期期末的月份数。

3、发行后每股净资产

本公司本次股票发行后,每股净资产为 2.22-2.30 元(按发行价格区间 4.50-5.00 元计算)。

十九、公司管理层分析

1、本公司资产质量和资产负债结构和股权结构

(1)资产负债结构

截止 2001 年 12 月 31 日,本公司拥有总资产 167,963.46 万元,负债 84,395.02 万元,净资产 83,568.44 万元,资产负债率为 50.25%,资产负债结构合理,在发电行业中属较好水平。

(2)资产质量

在总资产中,固定资产为 148,316.62 万元,占总资产的 88.30%,本公司固定资产占总资产的比重较大,是因电力行业是资金密集型行业,购建时投入资金大,回收期长。本公司固定资产主要为 4 台 20 万千瓦的燃煤汽轮发电机组,其中,1、2、3 号机组为八十年代末期投产,4 号机组为九十年代中投产,设备成新率较高;本公司于 1999 年和 2000 年共投资近 1.5 亿元,对 1、2、3 号机组

进行了全面大修和更新，拆除了大量技术落后的设备和控制系统，新装备了性能好、技术先进的设备和控制系统，使本公司4台发电机组技术水平达到我国同类机组先进水平。因此，本公司拥有的固定资产性能优良，设备状况良好，不良资产率极低。本公司生产经营涉及的土地，也全部按法律程序办理了合法使用手续。

流动资产为19,646.85万元，其中货币资金10,369.94万元，应收账款4,884.50万元，分别占流动资产的52.78%和24.86%。应收账款全部为本公司电力收购单位华北电力和热力收购单位北京热力集团公司应付本公司的电力和热力产品货款，其账龄均在一年以内，且回款有充分的保障。本公司于2000年对三年以上的无法收回的款项600多万元进行了处理，目前本公司流动资产中无不良资产。

(3)股权结构

本公司两大股东股权比例接近，便于建立股东之间相互制衡的科学、有效的法人治理结构，有利于本公司规范运行和稳步发展。

2、本公司的现金流量和偿债能力

本公司年电力和热力销售收入超过10亿元，销售款项均采用次月结算方式，因此款项回收及时，应收账款周转率较高。2001年本公司应收账款的周转率为8.6次，应收账款回款率为100%。本公司2001年度经营活动产生的现金流量净额为46,695.57万元。本公司每年生产经营活动产生的现金流量净额能为本公司提供稳定的还本付息资金来源。

截止2001年12月31日，本公司负债总额为84,395.02万元，其中，长期负债65,578.96万元，流动负债18,816.06万元。长期负债主要为电厂建设期间形成的建设贷款，部分为使用电力建设基金的低息贷款，还贷期较长，且为均匀还贷。流动负债主要是应付燃料款、服务协议款和短期贷款。上述长期负债和流动负债没有发生逾期未还的债务。

3、本公司业务发展、经营成果和盈利能力及前景分析

本公司近三年经营业绩连续保持平稳状态，税后利润均超过1亿元。本公司作为能源基础产业，收入和盈利能力具有持续性和稳定性是本公司所在发电行业的特点。随着京津唐地区尤其是北京地区经济的高速发展，带动电力负荷呈迅猛增长的趋势，京津唐电网的用电量将继持在一个相对较高的增长幅度，由此也将使本公司的发电量和销售收入在保持现有状态下，仍有望进一步提高，为保证本公司收益稳步增长打下良好基础。

本公司的发电供热设备经过近两年的技术更新和改造，技术水平已经达到国内同类机组先进水平，设备健康状态良好，能够长期稳定满负荷出力，在硬件上对本公司的生产经营给予了可靠的保证。随着北京市能源结构的调整和环保要求的不断提高，本公司在稳定现有发电市场份额的情况下，将充分发挥现有供热能力，使供热市场份额进一步提高，增加本公司收入。

本公司确定了建立以电力、热力生产供应为主导产业、高科技电力设备生产为辅助产业的大型控股发电公司的发展战略。本公司将凭借丰富的电力企业管理经验和专业人才优势，在保证生产安全、稳定的同时，努力扩大市场占有率，提高盈利水平。在天然气燃气蒸汽联合循环发电工程全部建成投产后，本公司装机容量将达到140万千瓦，加之采用其他方式扩大企业规模和投资电力高科技产品生产而取得的收益，为本公司盈利能力的提高提供了可靠的保证。国民经济快速发展带动全社会用电需求提高则为本公司主营业务的发展创造了良好的外部环境。

4、本公司的财务优势

依据本公司所在行业和地区的特点和财务状况、经营成果，本公司的主要财务优势体现在：

(1)本公司是北京地区大型发电企业，肩负着首都北京的主要供电供热任务，特殊的地理位置和政治需要，决定了本公司发电供热任务的稳定性和饱满性。本公司拥有四台20万千瓦热电联产发电机组，在供热期间实行以热定电，本公司生产特性决定了本公司在现有规模下每年的发电量基本保持在45亿千瓦时左右，主营业务收入均超过10亿元，体现了本公司收益稳定的特点。

(2)本公司在行业中率先进行了设备的脱硫改造，成为提供清洁能源的环保型发电企业，根据国家支持环保建设的方针，将逐步制定支持火电厂脱硫的经济政策，如将脱硫费纳入电价，鼓励脱硫清洁能源优先上网销售等。为此本公司在以后的经营活动中争取电价电量的优惠政策方面将处于极为有利的地位。

(3)本公司的前身石电总厂是具有80年历史的发电企业，有着丰富的电力生产经营和管理能力，在生产成本和费用上均达到行业的先进水平，有着竞价上网的竞争优势。随着电力产品竞价上网的实施，本公司将凭借较强的竞争实力，取得良好的企业效益。

(4)本公司业务收入绝大部分为电力、热力收入，且该两项收入在结算上能全部及时回收，使本公司在现金流量上十分顺畅，保证了本公司生产经营的资金需要。加之本公司对往来账款管理有着严格的内部控制制度和措施，避免了重大呆坏账损失的发生。本公司商业信誉较好，并且有北京国电和华北电力支持，为本公司发展提供了良好的基础。

5、本公司生产经营可能出现的困难

虽然本公司有上述财务优势，但由于目前新的电价政策对原有电价结构进行适当调整，会在一定程度上影响本公司的效益。本公司虽然在机组的环保治理方面为首都作出了较大的贡献，但由于发电机组安装脱硫装置导致运行成本有所上升，在环保优惠政策未正式出台、环保政策的优惠不能实现情况下，将对本公司效益产生影响。

本公司为扩大主业规模，增加电力市场份额，决定用本次募集资金投资建设燃气发电机组，本次发行每股发行价格区间为4.50-5.00元，扣除发行费后，可募集资金43524.8-48407.3万元，本公司的收益将被摊薄，尤其在燃气机组建设期间，燃气机组尚未产生收益，从而在燃气机组建设期间存在净资产收益率下降的风险。

针对上述困难，本公司将在确保安全生产运行的前提下，采取科学系统的生产检修管理，增收节支，降低发电成本；充分把握京津唐电网和北京地区经济增长较快，电力负荷连续几年增幅较大的时机，利用本公司是北京地区重要电源支撑点的地位，抓好设备的安全稳定运行，增加公司的发电量和发电收入；本公司机组是热电联产机组，要充分利用北京市目前为加强环保，关停采暖小煤炉的政策，稳定供热市场占有量。同时，积极争取地方政府供热政策的支持，提高供热价格，增加供热收入；本公司将充分利用《关于规范电价管理有关问题的通知》中指出"按先进企业的社会平均成本核定上网电价。……符合环保要求的机组所增加的投资，可以另行计算"这一环保改造支持政策，争取减少电价调整对本公司造成的影响。

第十二章　业务发展目标

一、业务发展目标

(一)公司经营理念

本公司的经营理念是：在确保首都电力、热力供应和社会稳定的同时，提高自身科技含量和经营效益，最大限度地回报股东。

(二)公司发展战略

本公司的发展战略定位是：以电力、热力生产为主导产业，并充分利用首都北京的地缘优势和不断繁荣的电力、热力市场，稳步扩大本公司生产规模，努力提高本公司电力、热力市场占有份额。同时，逐步介入高科技含量、高附加值的电力高科技产品的生产领域，最终形成一个以电力、热力生产供应为主导产业、高科技电力产品生产为辅助产业的控股发电公司。

(三)整体经营目标

本公司将积极采用上市公司的科学管理方法和规范运作体系，充分利用已经占有北京市电力、热力市场大量份额的优势，以多年积累的电力、热力生产经营经验和人才优势为基础，大力开发电力、热力市场。本公司将以上市募集资金为契机，利用取得的资金优势，建设天然气燃气蒸汽循环发电项目，解决北京市高峰用电问题，提高本公司发电能力，增强竞争实力，在确保首都电力、热力供应和社会稳定的同时，提高本公司盈利水平，给投资者以良好的投资回报。

(四)主要业务经营目标

本公司利用本次募集资金投资建设的天然气燃气蒸汽循环发电工程，是改善首都大气质量、保证北京市高峰用电的重要措施。本期工程投产以后，将使本公司的装机容量达到110万千瓦。本公司将充分利用自身电厂发电成本较低的优势，加强管理，进一步降低成本，为适应电力体制改革竞价上网做好准备。

在环保方面，为了改善首都大气质量，在本公司环保已经达标的基础上，将继续采取一系列提高环保质量的措施。本公司#4炉烟气脱硫改造工程已经启动，预计2003年发挥作用。本公司还将更新改造已经达标的现有电除尘器，计划2003年以前全部完成。上述改造工程完工后，本公司的粉尘和SO2排放将进一步降低。

二、拟定上述目标所依据的假设条件

1、国民经济保持稳定发展趋势，经济发展对电力的需求持续增长；

2、国家电力产业政策保持不变；

3、北京市继续实施取消和减少分散和小型燃煤供热锅炉、鼓励建设大型集中供热企业的政策；

4、国家继续加强城市基础设施建设，鼓励发展城市轨道交通及相关产业。

三、实现上述目标将面临的主要困难

实现本公司上述业务发展目标所面临的主要障碍是本公司现有设备生产能力已经基本充分利用，在现有场地和条件下扩大再生产受到限制；对外投资和收购其他电厂股权目前受到国家政策的限制。另外，电力产品的价格政策变动可能导致本公司收益的波动和变化，从而影响本公司的资本积累和投资。

四、业务发展目标与现有业务和本次募集资金运用的关系

上述业务发展计划是在本公司现有业务持续正常经营的前提下，以本次股票发行募集资金为契机，通过对拟投资项目的详细论证，监督项目资金的合理运用，促进募集资金投资项目的合理实施，从而扩大主营业务，调整公司财务结构，提高整体盈利水平，最终实现企业发展目标。

第十三章　募股资金运用

根据本公司本次发行方案，预计可募集资金45,000万元—50,000万元，扣除发行费用1,475.20万元—1,592.70万元后，预计可实际募集资金43,524.80万元—48,407.30万元。

一、募集资金投资项目

经本公司2001年度第一次临时股东大会审议通过，本次公开发行A股募集资金将全部投资用于建设天然气燃气蒸汽联合循环发电项目。

二、募集资金运用计划

天然气燃气蒸汽联合循环发电项目建设期18个月，预计效益产生时间为2004年，投资回收期9.58年。根据工程进度安排，本公司本次募集资金将全部在2002年投入。

由于项目投资需陆续进行，为保证投资者利益，对于投资过程中暂时闲置的资金，本公司将本着谨慎、稳健的原则或将其存入银行或适当进行安全性高、流动性强的短期投资如短期国债投资，以提高本公司资金利用效率。

在不考虑本年盈利的情况下，本次募集资金到位后将使本公司净资产从发行前的83,568.44万元，增加到127,093.24万元—131,975.74万元；每股净资产从发行前的1.77元增加到2.22元—2.30元；资产负债率从发行前的50%降低到39%左右。

三、募集资金投资项目可行性分析

(一)项目背景

电力是经济建设和人民生活不可缺少的二次优质能源。改革开放以来，随着经济的高速发展，社会对电力的需求不断增加。

北京是我国的首都，是国家政治、文化、交通的中心，是中央机关和外国使馆的所在地，因此对供电可靠性、安全性的要求极高。随着北京市向国际化大都市目标迈进，特别是在北京成功申办2008年奥运会之后，北京大力度的城市基础设施建设和经济发展对电力的可靠供应提出了更高的要求。而北京地区电源点较少，到2000年北京地区用电量的50%以上要依靠京津唐电网和内蒙、山西等外省市高压电网输送，当送电线路出现问题时，将严重影响首都的正常用电。

由于一次能源结构限制，北京地区目前的电源结构布局十分不合理。第一，北京地区自身的电源点只能满足北京地区不足50%的用电量，自身电源支撑点不足，给北京市的安全稳定的电力供应带来隐患。第二，随着经济的发展和人民生活水平的提高，近几年电力负荷特性发生了较大变化。特别是随着空调用有量的不断增加，气温对用电负荷的影响越来越大，全年最高负荷逐步由冬季向夏季转移，导致年最大负荷增长的波动性增大，电网日负荷率、年负荷特性值均呈逐年下降趋势。今后负荷的增长将继续高于用电量的增长，调峰矛盾日趋突出，电网需要的调峰容量逐年增加。"十五"电力供需的矛盾将主要表现在调峰能力不足，或是调峰的技术手段不能满足电网安全、稳定和经济运行的需要。北京市从1997年以来，电力高峰负荷迅猛增长，1998年为492万千瓦，1999为608万千瓦，2000年达到678万千瓦，两年电力高峰负荷增加了31%；同时用电峰谷差由1990年89万千瓦，增加至243万千瓦，已接近北京市最高用电负荷年的40%，如此大的差值，将严重影响北京市的用电安全。第三，北京地区所处京津唐电网的调峰能力较差，没有季节调峰电厂。京津唐电网基本为带基本负荷的燃煤火电机组，约占总装机容量的83%以上；水电机组除十三陵、潘家口外均容量较小，可参与电网调峰容量极小，而潘家口水电站常年受枯水的影响，而十三陵抽水蓄能电厂，仅能瞬间调峰，因此，北京市急需能够参与日、星期和月调峰的季节调峰电厂。因此，从优化电力结构方面考虑，结合京津唐电网的具体情况，因地制宜地建设一些既作为电源支撑点使用，又能具备良好的调峰性的发电机组，对改善京津唐电网运行质量，提高供电的可靠性和经济性，对促进首都社会和经济发展是十分必要的。

我国电力工业"十五"规划中明确要进一步调整电源结构，适量建设天然气电站。在沿海缺能地区及大城市，根据国内天然气资源开发、西气东输工程的进展，以及国际天然气市场的情况，因地制宜地适量发展燃气蒸汽联合循环机组，促进国内天然气资源的开发利用，增加电网调峰能力。北京市政府在"十五"规划中已明确城近郊区不再建设燃煤发电机组，为保障用电高峰期的电力供应，急需建设既能作为电源生产又能维护首都环境质量的环保型电厂。

鉴于上述原因，为解决北京市电源支撑较少、调峰能力不足、缓解北京市用电峰谷差矛盾和提高北京大气质量，经国务院批准，北京市政府和国家电力公司决定在北京建设天然气燃汽蒸汽联合循环发电机组，并将此项目列为北京市十五重点能源项目。

(二)项目建设的必要性

1、电力生产和调峰的需要

燃气蒸汽联合循环发电机组建成后具备的良好的调峰能力对优化京津唐地区电力结构、增加电网调峰能力、提高全网的整体经济效益具有积极的意义。

2、优化资源配置的需要

陕京输气管道已于1997年9月建成投产，设计输气能力为每年30亿m3，目前由于用户较少，供气能力富余，使其经济效益尚未得到发挥。本项目的建设将增加一个稳定的用气大户，可尽快发挥陕京输气管道的经济效益。

3、环保的需要

常规燃煤火力发电机组的热效率为40%以下，燃气蒸汽联合循环机组的热效率可达57%。北京是一个污染严重的城市，采用天然气联合循环发电可大大提高能源的利用效率，减少由于燃煤所带来的环境污染。据初步测算，本项目的建成，每年可节约标煤约15万吨，将有利于减少首都煤烟性污染，改善大气环境质量。

4、北京市天然气季节调峰的需要

北京市和中国石油天然气集团公司投资建设了陕京天然气输送管线，目前每年向北京市输送10亿立方米的天然气，为提高管线利用率和投资经济性，计划尽快提高北京市的天然气用量。但是，北京市燃气的使用受到季节不平衡的约束。本项目正可利用北京市天然气使用淡季正是用电高峰季节的有利条件，采用天然气发电，既满足了电力调峰的需要，又解决了北京市天然气调峰的需要。

综上所述，北京天然气燃气蒸汽联合循环发电项目是完全必要的。

(三)项目投资

本项目建议书由国务院于1999年9月批准,国家计委又以计基础[1999]1195号文下发国务院批准本项目建议书的通知。

天然气燃气蒸汽联合循环发电工程整体按2台30万千瓦级燃气蒸汽联合循环发电机组进行规划,本项目为该整体工程的一期工程,建设1台机组,动态总投资按2000年价格水平估算为164,026万元人民币。根据北京国电华北电力工程有限公司编写的本项目可行性研究报告,项目投资将用于以下方面:

单位:万元

序号	工程或费用名称	投资额
一	厂内生产工程	111,157
1	热力系统	3,862
2	燃料供应系统	49
3	水处理系统	568
4	供水系统	2,600
5	电气系统	7,246
6	热工控制系统	4,155
7	附属生产系统	2,304
8	设备及相关费用	90,373
二	厂内、外单项工程	22,150
1	厂外储气工程	18,000
2	厂外生活福利工程	3,985
3	厂内外临时工程	65
4	备用水源	100
三	其他	15,696
四	基本预备费	7,910
	发电工程静态投资	156,913
五	发电建设期贷款利息	5,125
	发电工程动态投资	162,038
六	铺底流动资金	1,988
七	建设项目计划总资金	164,026

(四)项目技术

本项目拟建设的燃用天然气燃气蒸汽联合循环发电机组由燃气轮机、蒸汽轮机、余热锅炉和发电机及其辅机组成,联合循环机组的容量主要取决于燃气轮机的出力。本项目发电设备选型按国家燃汽轮机国产化产业政策确定,机组运行方式以调峰为主,其主要工艺过程为:天然气经加压后进入燃气轮机燃烧作功,燃烧产生的高温烟气进入余热锅炉加热给水,产生高压蒸汽进入蒸汽轮机作功,产生的电力输送至电网,可满足快速启动和电力调峰的要求。本项目使用先进的燃气蒸汽联合循环设备及自动化控制系统,热效率将达到55%以上,比常规火力发电机组热效率提高十七个百分点以上。以设备年利用小时3500计,每年可节约标煤约15万吨。本项目蒸汽发电部分占总发电量的1/3左右,因此,其用水量亦为常规机组的1/3-1/2。循环冷却水采用二次循环、自然通风冷却塔冷却系统,通过采取节水措施,提高外排水的回用率。本项目选用的转动设备的驱动电机和照明系统等机电产品都将采用高效节能型产品,将降低厂用电率。

(五)项目使用的燃料及燃料的来源

本项目燃气来自陕甘宁气田的天然气。陕甘宁进京天然气经长输管线衙门口外的吕村门站引接至电厂外的储配站(距长输管线约3km)。当电厂机组停运时,长输管线的天然气送到储气罐中;当电厂机组运行时,长输管线的天然气同从储气罐引出的经过加压的天然气混合后,通过电厂专用天然气管线向电厂供气。根据中国石油天然气总公司(98)销字第36号文的精神,陕京输气管线输气量在总量平衡上,每年可以向北京第三热电厂以3亿立方米(即3.4万立方米/小时)的能力均衡供气,供气压力1.6MPa左右,气源充足。

(六)环境保护

燃用天然气,利用清洁能源发电本身即是针对防治大气污染而采取的措施。用天然气替代原煤在取得同等效益的情况下可减少大气污染的排放。根据北京市天然气集输公司提供的陕甘宁天然气成分分析,H_2S含量仅为0.000387mol%,尘含量几乎为零;在采用低氮燃烧技术后,可大大降低NO_x排放,与同等规模电厂相比,SO_2排放量可降低99.4%,NO_x排放量可降低78.3%,烟尘排放量可降低99.9%。本公司在设备选型时将加强对设备控制水平的要求,以期进一步降低本项目NO_x的排放量。采用天然气发电是我国尤其是北京市大力支持和推广的环保基础产业。

本项目另统筹设计了较为完善的方案以降低甚至消除废水和噪声污染。为加强日常监控,本项目计划设置环境监测站并配备专职人员。

2000年10月20日,国家环境保护总局以环函[2000]384号文对本项目环境影响报告书予以批复,认为"该项工程采用清洁燃料,对改善北京市大气环境质量有积极作用",并同意了本项目的建设。

(七)资金计划

本公司拟投入56,712万元作为本项目资本金,占项目总投资的35%,本次募集资金将全部投入,资本金缺口部分由本公司以自有资金补足。项目总投资除资本金以外的部分由本公司申请商业银行贷款解决。中国建设银行北京分行已经出具了为本项目提供银行贷款的承诺函。

(八)项目选址

考虑天然气长输管线和已经预留接口的位置,本公司拟利用北京京丰热电有限责任公司(原北京第三热电厂)部分场地建设本项目。上述土地由北京国电和华北电力合资组建的北京京丰热电有限责任公司现状使用。在北京国电和华北电力有偿取得土地使用权后,通过协议形式租赁给本公司使用。

(九)项目组织实施:

在本公司募集资金未落实前,由北京国电和华北电力组建有本公司人员参加的天然气燃气蒸汽联合循环发电工程项目小组,具体负责项目开工前的组织和筹备工作。本公司募集资金到位后,本公司将独立按计划进行投资,并全面负责项目的设计、建设和运行。

(十)项目效益分析

本项目由本公司自行建设、自主经营,建设期18个月,预计达产期为2004年。项目完工后,本公司装机容量由现在的80万千瓦增加至110万千瓦。机组达产后按设计电价本公司可增加收入5.8亿元,实现利润3000万元。本项目的投资回收期为9.58年。

第十四章 发行定价及股利分配政策

一、发行价格的确定

本公司和主承销商在制定本次发行的10,000万股股票发行价格的过程中,主要考虑了本公司所处电力行业现状、发展趋势,产业政策、体制改革趋向,以及本公司独特的市场地位、经营优势、资产状况、现实和未来的盈利能力、拟投资项目的资金需求情况,参考同行业可比上市公司二级市场价格水平,在采用现金流贴现法、EV/EBITDA倍数法、市净率法和加权综合倍数法等进行股票估值后,结合向机构投资者询价的结果,以及股票一级市场资金容量、股票二级市场走势预期、最近新股发行市盈率水平等,经本公司与主承销商协商,暂定本次股票发行价格区间为每股4.50元-5.00元。

本次发行采用网上累计投标询价发行方式,在发行价格区间内按照5倍的超额认购倍数最终确定发行价格。

本次股票发行成功后,本公司总股本将达到57,336万股,以2001年12月31日本公司经审计的净资产值为基准,发行后本公司每股净资产将达到2.22元—2.30元。

二、股利分配政策

(一)股利分配一般政策

1、本公司将依照同股同利的原则,按各股东所持股份数分配股利。

2、股利分配采取现金股利与股票股利两种形式之一或两种形式结合。

3、本公司股利一般每年派发一次,当年的股利于次年二季度内派付。然而是否派发股利以及派发股利的数额、方式、时间,均需由董事会根据盈利状况提出分配方案,经股东大会审议通过后执行。

4、公司派发股利时,以公告形式通知股东。

5、本公司分派股利时,按有关法律和行政法规代扣股东股利收入的应纳税金。

(二)股利分配顺序

根据《公司法》和本公司章程的规定,本公司缴纳所得税后的利润按下列顺序分配:

1、弥补以前年度亏损(本公司现无亏损);

2、按净利润的10%提取法定公积金,当法定公积金达到公司注册资本的50%时,不再提取;

3、按净利润的10%提取法定公益金;

4、提取任意盈余公积金,具体比例由股东大会决定;

5、支付普通股股利。

(三)本公司股利分配政策在本次发行前后保持一致。

三、股利分配情况和利润共享安排

经本公司2001年第一次临时股东大会决议通过,本公司2000年度利润由公司发起人股东享有,在提取净利润的10%为法定公积金,提取净利润的10%为法定公益金后,余下部分以现金形式按其各自的持股比例分配给发起人股东80,948,806.12元。此次股利分配符合《公司法》和本公司《章程》的有关规定。本公司自2000年3月10日成立后,只进行过上述一次股利分配。

2002年2月5日,本公司召开第一届董事会第八次会议,通过了本公司2001年度利润分配预案,即提取净利润的10%作为法定公积金,提取净利润的10%作为法定公益金,剩余可供股东分配的利润暂不分配。本公司滚存的未分配利润由本次发行后本公司新老股东共享。本预案尚需股东大会通过后执行。

四、本次股票发行后派发股利的计划

本公司预计于2002年二季度进行发行后的首次股利分配,具体分配数额、方式和时间,则需由董事会根据盈利状况和发行进度提出分配预案,经股东大会审议通过后执行。

第十五章 附录和备查文件

一、附录

北京兴华会计师事务所有限责任公司出具的审计报告及财务报告全文

二、备查文件

(一)投资者在阅读招股说明书时可在发行期间于下列地点查询下列文件:

1.北京京能热电股份有限公司

住所:北京市石景山区广宁路10号

电话:(010)88991155-3083

传真:(010)88991155-3084

联系人:王彬

2.大鹏证券有限责任公司

住所:深圳市深南东路5002号信兴广场地王商业中心商业大楼8层

查询地点:北京市朝阳区宵云路26号鹏大厦B座21层2106-2109

电话:010-84584939

传真:010-84583038

联系人:张瑾、张艳英、徐定虎

(二)备查文件目录

1、政府部门和证券监管机构对本次发行有关的文件

2、为本次发行而编制的财务报告及审计报告原件

3、发行人律师对本次股票发行的法律意见书及其他有关法律意见

4、发行人验资报告

5、资产评估报告及其确认文件

6、发行人成立的批准和注册登记文件

7、发行人的公司章程及其他有关内部规定

8、发行人的营业执照

9、发行人的发起人协议

10、关于本次发行事宜的股东大会决议

11、与本次发行有关的重大合同

12、本次承销的有关协议

13、历次股利分配的决议及记录

14、有关关联交易协议

15、各中介机构及签字人员的证券从业资格证书复印件

北京京能热电股份有限公司

二〇〇二年四月十五日

600578 北京京能热电股份有限公司

股票上市公告书

第一节 重要声明与提示

北京京能热电股份有限公司(以下简称"本公司"或"发行人")董事会保证上市公告书的真实性、准确性、完整性,全体董事承诺上市公告书不存在虚假记载、误导性陈述或重大遗漏,并承担个别和连带的法律责任。

根据《公司法》、《证券法》等有关法律、法规的规定,本公司董事、高级管理人员已依法履行诚信和勤勉尽责的义务和责任。

上海证券交易所、中国证券监督管理委员会(以下简称"中国证监会")、其他政府机关对本公司股票上市及有关事项的意见,均不表明对本公司的任何保证。

本公司提醒广大投资者注意,凡本上市公告书未涉及的有关内容,请投资者查阅2002年4月16日刊载于《中国证券报》、《上海证券报》、《证券时报》的本公司招股说明书摘要,及刊载于上海证券交易所网站(http://www.sse.com.cn)的本公司招股说明书全文。

本上市公告书刊登网址:http://www.sse.com.cn

第二节 概 览

股票简称:京能热电
股票代码:600578
股本总额:57,336万股
可流通股本:10,000万股
本次上市流通股本:10,000万股
上市地点:上海证券交易所
上市日期:2002年5月10日
股票登记机构:中国证券登记结算有限责任公司上海分公司
上市推荐人:大鹏证券有限责任公司

对首次公开发行股票前股东所持股份的流通限制及期限:根据国家现有法律、法规规定和中国证监会证监发行字[2002]8号《关于核准北京京能热电股份有限公司公开发行股票的通知》,本公司的国有法人股暂不上市流通。

本公司首次公开发行股票前股东所持股份自愿锁定的承诺:本公司第一大股东北京国际电力开发投资公司承诺,自本公司股票上市之日起12个月内,不转让其所持有的本公司的股份,也不由本公司回购其持有的本公司股份。

第三节 绪 言

本上市公告书是根据《中华人民共和国公司法》、《中华人民共和国证券法》、《股票发行与交易管理暂行条例》、《公开发行股票公司信息披露实施细则》和《上海证券交易所股票上市规则》等国家有关法律、法规的规定,并按照中国证监会《公开发行证券的公司信息披露内容与格式准则第7号-股票上市公告书》而编制,旨在向投资者提供本公司的基本情况和本次股票上市的有关资料。

经中国证监会证监发行字[2002]8号文核准本公司已于2002年4月19日以网上累计投标询价方式成功发行了10,000万股人民币普通股(A股),每股面值1.00元,发行价为每股人民币5.00元。

经上海证券交易所上证上字[2002]71号《上市通知书》批准,本公司公开发行的10,000万股社会公众股将于2002年5月10日起在上海证券交易所挂牌交易。股票简称"京能热电",股票代码"600578"。

本公司已于2002年4月16日在《中国证券报》、《上海证券报》和《证券时报》上刊登了《北京京能热电股份有限公司首次公开发行股票招股说明书摘要》。《北京京能热电股份有限公司首次公开发行股票招股说明书》正文及其附录可以在上海证券交易所网站(http://www.sse.com.cn)查询。招股说明书正文及摘要的披露距今不足三个月,故与其重复的内容不再重述,敬请投资者查阅上述内容。

第四节 发行人概况

(一)发行人的基本情况
公司名称:北京京能热电股份有限公司
英文名称:BEIJING JINGNENG THERMAL POWER CO.,LTD.
注册资本:573,360,000元
法定代表人:刘海峡
设立日期:2000年3月10日
公司住所:北京市石景山区广宁路10号(邮编:100041)
经营范围:生产、销售电力、热力产品,电力设备运行,发电设备检测、修理。
主营业务:电力、热力产品的生产、销售
所属行业:电力、蒸汽、热水的生产和供应业
电 话:(010)88991155-3083
传 真:(010)88991155-3084
电子信箱:jnrd-bj@sohu.com
董事会秘书:王彬

(二)发行人的历史沿革

本公司是经北京市人民政府京政办函[1999]154号文批准,以北京国际电力开发投资公司(以下简称"北京国电")和中国华北电力集团公司(以下简称"华北电力")作为主发起人,在对其所属北京市石景山热电厂和中国华北电力集团公司北京石景山发电总厂改制重组的基础上,联合北京市综合投资公司(以下简称"北综投")、北京电力设备总厂(以下简称"设备总厂")、北京变压器厂(以下简称"北变")于2000年3月10日以发起设立方式设立的股份有限公司,注册资本47,336万元。

北京国电和华北电力将其所属北京市石景山热电厂和中国华北电力集团公司北京石景山发电总厂与发电供热主营业务相关的优质生产经营性资产及相应负债纳入重组范围,经北京德威评估有限责任公司评估并经北京市国有资产管理局确认,北京国电和华北电力投入本公司的净资产为69,429.45万元,北京国电和华北电力分别拥有其中36,103.31万元和33,326.14万元,按67.983%的比例折为24,544万股和22,656万股,其他三家发起人北综投、设备总厂、北变分别以现金出资100万元、50万元和50万元,同样按67.983%的比例折为68万股、34万股和34万股。北京兴华会计师事务所有限责任公司对本公司发起人投入资本进行了验证,并出具了验资报告。

经中国证券监督管理委员会证监发行字[2002]8号文核准,本公司已于2002年4月19日采用网上累计投标询价方式成功发行了10,000万股人民币普通股(A股),每股面值1.00元,发行价为每股人民币5.00元。本公司于2002年4月26日办理了验资手续,并承诺于2002年5月24日前在北京市工商行政管理局完成变更注册登记,将注册资本变更为57,336万元。

(三)发行人主要经营情况

1、本公司业务概况

本公司经营范围包括生产、销售电力、热力产品,电力设备运行,发电设备检测、修理。目前,本公司建有四台20万千瓦现代化大型燃煤发电供热机组,总装机容量80万千瓦,设计供热能力为2,512吉焦/小时。本公司下辖石景山热电厂和发电设备检修分公司,是目前北京地区最大的火力发电企业,也是北京市重要的电源支撑点和供热热源。

2、本公司竞争优势和劣势

同与本公司同样进入京津唐电网售电的发电企业相比,本公司在竞争中有如下优势:

首先本公司由历史悠久的发电企业改制而成,积累了丰富的电厂管理和经营经验,拥有一批经验丰富、年富力强的公司管理者和科技人才。

其次本公司地处经济发展速度和电力增长幅度较高的北京市,是北京地区的电力负荷支撑点,在电网中的作用举足轻重。

第三,本公司发电机组是热电联产机组,其发电供热原理及性能使机组在供热期间的负荷率必须保持较高的水平,电网也将有别于普通发电机组对热电联产机组进行调度,在供热期间以热定电。

第四,本公司有较稳定的经营收入,并且本公司两大股东北京国电和华北电力均是拥有上百亿优良资产的特大型电力投资和电力管理公司,在本公司发展过程中对公司的融资担保和资金投入都将给予极大支持。

第五,本公司的平均上网电价、发电煤耗和厂用电率在北京地区的独立发电企业中均处于较低水平,在竞争中具有价格和成本优势。

本公司目前在竞争中存在的不足主要表现为:本公司的装机容量在北京市为最大,但同京津唐电网和内蒙古西电东送的全部发电企业相比,只是中等偏上的水平,因此,与北京地区以外的电厂相比本公司的生产规模优势,尚不十分明显。另外,由于本公司地处北京市,环保要求较高,且距离煤炭产地较远,从而相对提高了本公司的发电成本。

3、本公司市场简况

2000年本公司的装机容量占北京地区476万千瓦装机容量的16.8%,本公司2000年共发电46.8亿千瓦时,占北京市全社会用电量的12.2%,占北京地区发电厂发电量的25%。2000年本公司供热面积达到1333万平方米,占北京市集中供热面积的14%。本公司的发电量和供热面积在北京地区的发电和供热企业中排名第一。

本公司占有京津唐电力市场份额情况如下表所示:

	装机容量(万千瓦)			发电量(亿千瓦时)		
	本公司	京津唐电网总装机容量	市场份额	本公司	京津唐电网内总发电量	市场份额
1998年	80	1593.30	5.02%	49.3	696.43	7.08%
1999年	80	1798.75	4.45%	48.4	758.95	6.38%
2000年	80	1804.25	4.43%	46.8	842.81	5.55%

为杜绝拉闸限电以及满足北京地区内电源支撑和调峰的需要,经国务院批准,本公司拟再建两台30万千瓦天然气燃气蒸汽联合循环发电机组,此举将进一步提高本公司发电能力和调峰能力,进而扩大市场占有率。供热市场同样前景看好,随着人民生活水平的提高,环保意识的加强,加之作为首都的特殊地位和2008年办奥工作,北京市对环境质量指标的要求不断提高,城区不在集中供热网上的小锅炉将被强行取消,为保证北京市热用户的需要,必将增加新的热源并提高现有热源的供应量,从而为本公司在热力市场的发展提供难得的机遇。

4、行业简况

根据我国资源结构状况,在"十五"和"十一五"期间,我国发电行业的发展,在使用能源方面,仍以燃煤并安装环保治理设施的火力发电机组为主,大力发展水电,适当发展使用洁净燃料的天然气和核能发电机组。

目前我国的电力供应处于电力低消耗水平下供需基本平衡状态,各地区由于经济发展状况不同,其电力供需情况也不尽相同。我国目前年人均用电仅为世界平均用电水平的40%。根据国家计委预测,"十五"期间我国的电力增长速度估计为5-6%左右。

由于我国电网全国联网的格局尚未形成,各发电企业的竞争目前只在各区域电网内进行。发电企业的竞争主要表现在发电设备的安全稳定运行时间、设备基础容量和上网电价方面。随着我国电力体制改革的进一步深入,竞价上网将是我国发电企业竞争的必然趋势。在"厂网分开"后,电厂上网电价的高低、企业环保效率和发电设备安全稳定的运行时间,将是发电行业竞争的主要因素。

5、本公司主要财务数据

根据北京兴华会计师事务所有限责任公司出具的(2002)京会兴字第16号标准无保留意见的《审计报告》,截止2001年12月31日,本公司资产总额167,963.46万元,负债总额84,395.02万元,股东权益83,568.44万元。本公司经营情况为:

单位:万元

项 目	2001年度	2000年度	1999年度
主营业务收入	110,667.92	116,833.23	122,735.60
主营业务利润	25,592.26	30,160.26	36,314.08
利润总额	17,900.20	17,278.45	19,415.06
净利润	11,802.74	10,231.07	12,983.52

第五节 股票发行与股本结构

(一)本次股票上市前首次公开发行股票的情况

1、发行数量:10,000 万股
2、发行价格:5.00 元/股
3、募集资金总额: 50,000 万元(未扣除发行费用)
4、发行方式:网上累计投标询价发行方式
5、中签率:0.11254718%。
6、发行费用总额及项目:

本次发行费用总额为 1592.70 万元,主要包括承销费人民币 1,000 万元、审计费人民币 160 万元、资产评估费人民币 200 万元、律师费人民币 50 万元、发行手续费人民币 175 万元、审核费人民币 3 万元、股份登记费用 4.7 万元。

7、每股发行费用:0.16 元
(二)本次股票上市前首次公开发行股票的承销情况
本次公开发行的 10,000 万股社会公众股股票已全部被投资者认购,承销团无余额包销。
(三)本次上市前首次公开发行股票所募股资金的验资报告

验资报告

(2002)京会兴字第 242 号

北京京能热电股份有限公司全体股东:

我们接受委托,审验了贵公司截至 2002 年 4 月 26 日止新增注册资本实收情况。按照国家相关法律、法规的规定和协议、章程的要求出资,提供真实、合法、完整的验资资料,保护资产的安全、完整是全体股东及贵公司的责任。我们的责任是对贵公司新增注册资本的实收情况发表审验意见。我们的审验是依据《独立审计实务公告第 1 号——验资》进行的。在审验过程中,我们结合贵公司的实际情况,实施了检查等必要的审验程序。

贵公司原注册资本和实收股本均为人民币肆亿柒仟叁佰叁陆万元(RMB 473,360,000.00 元),业经本会计师事务所于 1999 年出具(99)京会兴字第 248 号验资报告予以审验。根据贵公司股东大会决议和修改后的章程(草案)的规定,贵公司申请增加注册资本人民币壹亿元(RMB 100,000,000.00 元)。经中国证券监督管理委员会证监发行字[2002] 8 号文批准,贵公司于 2002 年 4 月 19 日向社会公众发行人民币普通股 10,000 万股。经我们审验,截至 2002 年 4 月 26 日止,贵公司已收到社会公众股股东认缴的新增注册资本共计人民币壹亿元(RMB100,000,000.00 元),变更后的注册资本和实收股本均为人民币伍亿柒仟叁佰叁拾陆万元(RMB 573,360,000.00 元)。各股东均以货币资金出资。

本验资报告仅供贵公司申请变更登记及据以向出资者签发出资证明时使用,不应将其视为是对贵公司验资报告日后资本保全、偿债能力和持续经营能力等的保证,因使用不当所造成的后果,与注册会计师及本会计师事务所无关。

附件:1、注册资本变更情况明细表
(1)新增注册资本实收情况明细表(表 1)
(2)注册资本变更前后对照表(表 2)
2、验资事项说明

北京兴华会计师事务所有限责任公司　　中国注册会计师　王全洲
地址:北京市西城区阜成门外大街 2 号　　中国注册会计师　宋晓琴
万通广场 706 室
电话:(010)68587588　　报告日期:二〇〇二年四月二十六日

(四)募股资金入帐情况
1、入帐时间:2002 年 4 月 26 日
2、入帐金额:487,250,000 元
3、入帐帐号:05205001201090856 - 37
4、开户银行:北京市商业银行营业部
(五)发行人上市前股权结构及各类股东的持股情况
1、本公司上市前的股权结构:

股东单位	持股数(万股)	持股比例(%)
发起人股	47,336	82.56
其中:国有法人股	47,336	82.56
社会公众股	10,000	17.44
合 计	57,336	100.00

2、前十名股东持股情况

序号	股东名称	持股数(股)	持股比例(%)
1	北京国际电力开发投资公司	245,440,000	42.807
2	中国华北电力集团公司	226,560,000	39.514
3	北京市综合投资公司	680,000	0.119
4	中信证券	363,000	0.063
5	北京电力设备总厂	340,000	0.059
6	北京变压器厂	340,000	0.059
7	华安证券	324,000	0.057
8	海通证券	260,000	0.045
9	国信证券	235,000	0.041
10	国元证券	227,000	0.040

第六节　董事、监事、高级管理人员

以下是本公司董事、监事、高级管理人员的简要情况,投资者欲了解有关详细情况,请参阅本公司招股说明书全文。

(一)董事

1、刘海峡先生,公司董事长,现年 40 岁,硕士研究生,高级工程师。历任北京电子动力公司热电厂助理工程师、北京电子动力公司安装公司副总工程师、北京电子动力公司技术设备处副处长、常务副经理。现任北京国际电力开发投资公司总经理助理。

2、杨祝辉先生,公司副董事长,现年 60 岁,大学本科,优高工职称。历任龙凤发电厂副总工、哈尔滨第三发电厂副厂长兼总工程师、黑龙江省电力工业局生产技术处副处长、东北电业管理局生产技术处副处长、沈阳沈海热电厂厂长、东北电业管理局副总工程师兼辽宁省电业局副总工程师、中国东北电力集团公司副总经理。现任中国华北电力集团公司副总经理。

3、杨家义先生,公司董事,现年 43 岁,硕士研究生,副教授。历任中央财经大学投资系教师、1994 年赴法国格勒诺布尔第二大学商学院进修回国后任中央财经大学投资系任副主任。现任北京国际电力开发投资公司副总经理。

4、沈 群先生,公司董事,现年 50 岁,研究生,高级经济师。历任北京第一机床厂党委宣传部副部长、办公室主任、厂长助理、探矿机械厂厂长、北京市叉车总厂厂长、北京国际电力开发投资公司实业投资部经理,现任北京国际电力开发投资公司创业投资管理部经理。

5、郭明星先生,公司董事,现年 33 岁,硕士研究生,工程师。历任沈阳沈海热电厂电气技术员、厂办秘书、多经办主任、燃料部部长、沈阳市沈河区人民政府区长助理、北京国际电力开发投资公司电力投资部副经理。现任北京国际电力开发投资公司电力投资管理部经理。

6、王静远先生,公司董事,现年 46 岁,大学专科,高级工程师。历任华北电管局发电处副主任科员、设备科副科长、华北电力生技部综合处处长、华北电力人事部调研员、华北电力人事部领导干部处处长、北京十三陵蓄能电厂党委书记、副厂长、北京石景山发电总厂党委书记兼副厂长、本公司党委书记兼副总经理。现任中国华北电力集团公司人事部经理。

7、寇炳恩先生,公司董事,现年 39 岁,大学本科,高级工程师。历任北京石景山发电总厂技术科技术员、扩建工程处副总工程师、副主任、石景山发电总厂党委书记、中国华北电力集团公司综合计划部基建计划处处长、北京大唐发电股份有限公司计划发展部副经理、经理。现任中国华北电力集团公司计划部副经理。

8、钟为泉先生,公司董事,现年 32 岁,硕士研究生,会计师。历任华北电力开发公司财务工作人员、华北电力集团公司财务部资金价格处工作人员、财务部资金处副处长。现任华北电力集团公司财务部主任会计师。

9、刘太生先生,公司董事,现年 46 岁,大学专科,高级经济师。历任北京电力设备总厂二分厂机加工车间主任、二分厂副厂长、二分厂厂长兼党支部书记、北京电力设备总厂副厂长。现任北京电力设备总厂厂长。

10、李光忠先生,公司董事,现年 30 岁,硕士研究生,会计师。历任北京变压器厂厂办副主任、企管处副处长、财务处处长。现任北京变压器厂党委书记、常务副厂长、总会计师。

11、徐小萍女士,公司董事,现年 31 岁,大学本科,经济师。历任北京市综合投资公司投资一部经理助理。现任北京市综合投资公司投资一部副经理。

12、田国范先生,公司董事,现年 60 岁,大学专科,高级工程师。历任黑龙江龙凤热电厂锅炉运行副主任、哈尔滨第三热电厂锅炉主任、生产技术科科长、副总工程师、教育培训中心副主任、辽宁省绥中发电厂技术部培训专工、张家口发电总厂生产副厂长、厂长、中国华北电力集团公司生产技术部经理、北京石景山发电总厂厂长、本公司总经理。

13、邱淑芳女士,公司董事兼总会计师,现年 43 岁,研究生,高级会计师。历任北京市仪表局科学仪器厂财务部副经理、北京市华侨旅游侨汇服务公司财务部经理、首汽集团股份有限公司副总会计师兼财务部经理、北京国际电力开发投资公司财务部副经理。

(二)监事

1、张家兰先生,公司监事会主席,现年 58 岁,大学本科,会计师。历任石景山发电厂检修处技术员、副队长、队长、组织部副部长、干部科长、检修处主任、石景山发电总厂副厂长、华北电业管理局纪检组副组长。现任华北电业管理局监察处长。

2、郑铁男先生,公司监事会副主席,现年 52 岁,大学本科,工程师。历任北京量具刃具厂车间副主任、党支部书记、北京市委工业部副处级干部、北京市委组织部经济干部处副处长(正处级)人事部经理、北京国际电力开发投资公司人力资源部经理,现任北京国际电力开发投资公司党务工作部部长。

3、张 伟先生,公司监事,现年 33 岁,大学本科,会计师。历任交通部水运科学院财务室主任助理、副主任、北京国际电力开发投资公司财务部代经理,现任北京国际电力开发投资公司资银行业务部经理。

4、王万春先生,公司监事,现年 38 岁,大学本科,高级经济师。历任中国华北电业管理局干部处技术干部科副科长、中国华北电力集团公司人事部技术人员管理处处长、人事部副部长。现任中国华北电力集团公司总经理工作部经理。

5、李德顺先生,公司监事,现年 54 岁,大学专科,工程师。曾任石景山发电总厂京西电厂副厂长、石景山发电总厂石景山热电厂工会主席、副厂长、石景山发电总厂生产办公室副主任、发电处处长、副总工程师、石景山发电总厂石景山热电厂党委书记。现任本公司工会主席。

6、刘长胜先生,公司监事,现年 48 岁,大学专科,工程师。历任北京石景山发电总厂石景山热电厂丙值单元班长、甲值值长。现任本公司发电生产部副部长。

7、荣晓杰女士,公司监事,现年 31 岁,大学本科,双学士学位,高级经济师。历任北京石景山发电总厂综合计划处处长。现任本公司经营策划部部长。

(三)高级管理人员

1、关志生先生,公司总经理,现年 40 岁,双大专学历,高级工程师。历任北京电力科研所锅炉室技术员、华北电力科学研究院锅炉室助工、技术处副处长、技术处处长兼调试所所长、石景山发电总厂副厂长、本公司副总经理。

2、盛九庆先生,公司副总经理,现年 33 岁,大学本科,高级工程师。历任北京石景山发电总厂发电生产部电气专工,生产技术处电气专工,生产技术处副处长、处长,本公司设备工程部部长。

3、张正海先生,公司总工程师,现年 57 岁,大学本科,优高级工程师。历任石景山发电总厂工人、技术员、工程师、检修处汽机队副队长、华北电业管理局发电处专工、石景山发电总厂生产技术科专工、副科长、石景山发电总厂副总工程师、总工程师。

4、王 彬女士,公司董事会秘书,现年 36 岁,大学本科,工程师。历任北京天然气联合公司助理工程师、北京市政府办公厅新闻处主任科员、北京国际电力开发投资公司董事会秘书。

本公司董事、监事、高级管理人员均为中国国籍,无境外的永久居留权,相互之间不存在配偶关系、三代以内直系和旁系亲属关系。

本公司本次发行前,董事、监事、高级管理人员及其家属没有持有本公司股份,上述人员也没有通过其近亲属能够直接或间接控制的法人持有本公司股份。

第七节　同业竞争与关联交易

(一)同业竞争

本公司第一大股东北京国电是代表北京市政府出资从事电力投资与经营的全民所有制企业,主营电力、金融、房地产、高新技术等行业的投资业务。在电力投资方面,北京国电主要参与投资建设了北京、内蒙、河北等地的电厂,并按投资比例分得相应的机组容量,满足北京市全社会的用电需求。北京国电投资建于内蒙的电厂,其电力产品通过内蒙西部电网销售并送入京津唐电网;投资建于北京、河北的电厂其电力产品直接进入京津唐电网销售。因此,北京国电控股、参股的这些电力生产企业部分与本公司面对相同的市场并经营类似或相同的业务。

本公司第二大股东华北电力是国家电力公司的全资子公司,主营业务为电力、热力生产和电网的建设、运营管理,属于国家能源基础产业。本公司销售电力产品的京津唐电网由华北电力经营管理,此外由于我国电力管理体制原因,华北电力也可参与投资建设电厂,这些电厂中有些也需并入京津唐电网销售电力产品。因此,华北电力也存在控制与本公司面对相同市场的发电企业并经营类似或相同业务的情况。

为避免同业竞争,本公司第一大股东北京国电向本公司出具承诺函,承诺:1)在国家政策允许的范围内,在北京地区北京国电及其控制的下属企业拟将通过向公司进行委托经营、股权转让、资产出售或向第三方出售同类业务资产或放弃经营同类业务等方式来减少或避免从事与公司主营业务相同或相似的业务;2)若在北京地区投资建设发电设施时优先由本公司参与投资;3)北京国电承诺给予本公司与北京国电其他下属企业同等待遇,并按公平、合理的原则正确处理与公司的各项关系。

本公司另一主要股东华北电力也向本公司承诺:1)对于本公司与其控股子公司提供的产品或服务给予同等待遇,不利用优势地位予以歧视,在电量、电价、上网时间等方面给予的待遇不低于其他同类型机组;2)根据国家或北京市规划,在北京地区投资建设发电设施时,本公司具有与华北电力及华北电力控制的下属企业同等、公平地参与投资的权利。

(二)关联交易
1、关联方和关联关系

本公司的关联方包括:控股股东北京国电和其全资子公司、控股子公司,主要股东华北电力及其全资子公司、控股子公司。

2、关联交易
(1)向关联方销售电力产品

①经本公司第一届董事会第八次会议审议通过,本公司就下属石景山发电厂#1、#2、#3、#4 发电机组发电量送入京津唐电网销售事宜,在原协议到期后与华北电力续签了《购售电合同》,合同期限自 2002 年 4 月 1 日至 2004 年 3 月 31 日。本协议需经本公司股东大会审议通过后执行。2001 年该项交易金额为 100,287.18 万元。此项交易的交易额占本公司同类业务销售收入的 100%。

②经本公司第一届董事会第八次会议审议通过,本公司与华北电力于 2002 年 3 月 20 日就本公司电力产品的并网、调度和运行管理事宜签署了《并网调度协议》,协议有效期两年。本协议需经本公司股东大会审议通过后执行。

(2)向关联方购买商品

本公司前身北京石景山发电总厂于1999年12月就改造工程3×20万千瓦机组共计15台中速磨煤机及其附件的设计、制造、服务等事宜与设备总厂签署《磨煤机合同》。本合同总金额5150万元,有效期10年。2000年5月18日,本公司与设备总厂就《磨煤机合同》中的买方由北京石景山发电总厂变更为本公司签署了补充协议。2001年本公司未发生该项交易。

(3)接受关联方提供的劳务

①本公司4台机组由华北电力提供必要的安全生产服务及相应的培训,本公司成立后与华北电力签署了《安全生产服务协议》。2001年本公司为此支付费用1,192.92万元,占同类业务的100%。鉴于该协议已到期,本公司第一届董事会第八次会议决议同意与华北电力续签该协议,具体协议条款正在磋商中。

②为了保障本公司生产用煤采购后的运输和调配,保证本公司燃料及时供应、安全生产和经济运行,经本公司第一届董事会第八次会议审议通过,本公司在原协议到期后,于2002年3月6日与北京华北电力燃料总公司(以下简称"燃料公司")续签了《燃料供应服务协议》,协议有效期自2002年1月1日至2003年12月31日。2001年度本公司支付此项服务费用116.75万元,占同类业务的100%。

③本公司与北京京西发展有限责任公司(以下简称"京西公司")于2000年12月20日签署了《综合服务协议》,本协议主要规定了京西公司向本公司提供员工培训、安全消防、医疗保健、绿化环保、文体活动、设施维护检修、生产生活后勤服务。服务费用按国家或地区或当地标准或实际成本加合理利润或以上年费用为核定基准并不能高于向第三方提供的服务费用收取;合同有效期限为2000年1月1日至2002年12月31日。2001年此项交易金额为1,598.98万元,占同类业务的100%。

④《排灰、排渣系统委托协议》:本公司就排灰、排渣系统的使用、专业维护环保等事项与京西公司于2000年12月20日签署了《排灰、排渣系统委托协议》,本协议内容主要规定京西公司负责本公司的排灰、排渣系统的运行、维护、小修、大修、环境保护等服务。协议有效期为2000年1月1日至2002年12月31日止。2001年本公司此项交易额为1,600万元,占同类业务的100%。

4、租赁

(1)土地使用权租赁

本公司与北京国电、华北电力分别于2000年12月20日签署了《国有土地使用权租赁合同》共四份。北京国电、华北电力将本公司占用的龙口灰场(管线)宗地、龙口灰场(库区)宗地、修配厂汽车库宗地、石热南厂区四块宗地以出租方式提供给本公司使用,用途皆为工业用地,上述宗地每年的租金分别为9.12万元、131.44万元、27万元、275.9万元;租赁期限为2000年8月24日至2050年8月23日。2001年本公司此项交易额为443.46万元,占同类业务的100%。

(2)灰场出租

经本公司第一届董事会第八次会议审议通过,本公司在原协议到期后,于2002年3月5日与北京大唐发电股份有限公司(以下简称"大唐发电")续签了《龙口灰场租赁协议》,合同期限自2002年1月1日至2003年12月31日。大唐发电与本公司根据双方机组容量的比例确定由大唐发电租赁取得龙口灰场及附属设备42.85%的使用权。2001年大唐发电向本公司支付的龙口灰场租赁费为668.25万元,占本公司同类业务量的100%。

(3)租赁京西公司备用机组

本公司与京西公司于2000年12月20日签署了《租赁协议》,本协议主要规定:京西公司将其所属的京西电站租赁给本公司使用,华北电力核定给京西发电的备用容量补偿由本公司的四台机组代发,发电收入归本公司所有。协议约定年租金600万元,有效期三年。2001年此项交易额为600万元,占此类业务的100%。

5、接受关联方提供委托贷款

(1)北京国电委托中国建设银行北京宣武支行贷款给本公司,合同2000456003号的委托贷款金额为96,949,583.27元,年利息为3.6%,借款期限为2000年12月20日至2003年6月20日。合同2000456004号的委托贷款金额为705,207,383.66元,年利息为6.21%,借款期限为2000年12月20日至2007年12月31日;上述合同经北京国电京电字(2000)067号文批准同意由原委托贷款合同99456004、99456005变更而来。截止到2001年12月31日,委托贷款合同2000456003号和2000456004号的余额分别为55,949,583.27元和154,040,000元。

(2)1987年11月11日,华北电业管理局(华北电力前身)委托中国建设银行石景山支行发行电力建设债券,并将债券募集资金以委托贷款方式贷款给原北京石景山发电总厂用于石景山热电厂一期工程建设,贷款金额为7,500万元,无利息,借款期限15年。华北电力于2000年9月出具《关于同意变更借款人的批复》,同意将该笔借款主体由北京石景山发电总厂变更为本公司。截止到2001年12月31日,本公司已累计偿还该笔贷款7,000万元,尚余500万元未还。

6、接受关联方担保

(1)本公司为4号炉烟气改造而向中国工商银行北京石景山支行借款,合同(2000)年石景字第(C902)号的借款金额为1,000万元,期限为2000年12月28日起至2005年12月27日,利率为6.03%。北京国电为该笔借款合同提供了520万元担保,华北电力提供了480万元担保。合同(2001)年石景字第0027号的借款金额为9,000万元,期限为2001年3月20日起至2006年3月19日,利率为6.03%。北京国电为该笔借款合同以保证方式提供了9,000万元担保,华北电力为该笔借款以保证方式提供了4,320万元担。

(2)2001年3月28日本公司与中国民生银行北京安定门支行签署了两份《借款合同》,其中(2001)年(北安贷)字(1-008)号《借款合同》借款金额为1.5亿元,借款期限为2001年3月28日至2002年3月27日,借款利息为5.85%。北京国电以保证方式为本公司该笔借款进行担保;(2001)年(北安贷)字(1-009)号《借款合同》借款金额为3亿元,借款期限为2001年3月28日至2004年3月27日,借款利息为5.94%。北京国电以保证方式为本公司该笔借款进行担保。

7、与关联方债务重组

2001年9月17日,本公司与京西公司签署了《资产处置协议》,协议约定京西公司以其拥有的本公司日常生产所需的燃料、材料等非现金资产,按照经会计师审核后的2001年8月31日的账面金额抵偿京西公司应付本公司的债务,不足抵偿的部分由京西公司相应减少其2002年度为本公司提供服务的服务费用。

2001年12月16日,北京兴华会计师事务所有限责任公司出具《关于北京京西发电有限责任公司拟以非现金方式抵偿北京京能热电股份有限公司债务交易价格的专项报告》,经审核会计师认为此次京西发电拟以部分存货抵偿本公司债务的交易价格若采用京西公司账面单价,与本公司从其他非关联方单位的采购价格相比无重大差异。如本次交易按上述价格执行,不存在损害非关联股东利益的情形。京西公司拟用以抵偿债务的存货经审核的2001年8月31日的账面金额为8,205,668.99元。

该项债务重组已经本公司第一届董事会第七次会议审议通过。

第八节 财务会计资料

本公司应披露的财务会计资料,已于2002年4月16日在《中国证券报》、《上海证券报》和《证券时报》刊登的《北京京能热电股份有限公司首次公开发行股票招股说明书摘要》中进行了披露,投资者欲了解详细内容,请查阅上述报纸或刊载于上海证券交易所网站(http://www.sse.com.cn)的本公司招股说明书全文。

(一)注册会计师意见

本公司聘请北京兴华会计师事务所有限责任公司对本公司2001年12月31日、2000年12月31日的资产负债表,2001年度、2000年度及1999年度的利润表,2001年度及2000年度的利润分配表和2001年度的现金流量表进行了审计。会计师出具了(2002)京会兴字第16号标准无保留意见的审计报告。

(二)资产负债表、利润表、现金流量表(附后)

(三)往来款项情况

1、应收账款

本公司应收账款2001年12月31日净额为48,844,964.37元,账龄分析如下:

单位:人民币元

账龄分析	2001.12.31 金额	比例	坏账准备	2000.12.31 金额	比例	坏账准备
一年以内	51,415,751.97	100%	2,570,787.60	205,869,853.23	100%	10,293,492.66
合计	51,415,751.97	100%	2,570,787.60	205,869,853.23	100%	10,293,492.66

本公司年末应收账款余额比年初余额降低75.03%,主要原因是年末收回华北电力售电款。

截止至2001年12月31日,本公司应收账款中持有本公司5%以上股份股东单位的应收款项如下:

单位:人民币元

股东单位	欠款金额	欠款时间	欠款原因
中国华北电力集团公司	27,833,944.47	1年以内	电费

应收账款期末欠款单位共两名,占期末应收账款余额比例为100%。

2、其他应收款

本公司其他应收款2001年12月31日净额为6,757,511.19元,账龄及坏账准备列示如下:

单位:人民币元

账龄分析	2001.12.31 金额	比例	坏账准备	计提坏账准备比例	2000.12.31 金额	比例	坏账准备	计提坏账准备比例
一年以内	7,027,380.20	100%	269,869.01	5%	18,702,407.86	100%	935,120.39	5%
合计	7,027,380.20	100%	269,869.01	5%	18,702,407.86	100%	935,120.39	5%

本公司年末其他应收款余额比年初余额降低62.43%,主要原因是本期收回了大量其他应收款。

截止至2001年12月31日,其他应收款无持有本公司5%以上股份股东单位往来款。

3、预付账款

本公司预付账款2001年12月31日余额为1,175,168元,预付账款的账龄分析如下:

单位:人民币元

账龄	2001.12.31	比例	2000.12.31	比例
一年以内	1,175,168.00	100%	14,862,560.00	100%
合计	1,175,168.00	100%	14,862,560.00	100%

本公司年末预付账款余额比年初余额降低92.09%,主要是年初预付账款本期已结算。

截止至2001年12月31日,预付账款中无持有本公司5%以上股份股东单位的往来款。

4、应付账款

公司应付账款2001年12月31日余额为37,446,275.53元,无账龄超过三年的应付款项。

单位:人民币元

账龄	2001.12.31	2000.12.31
一年以内	37,446,275.53	50,307,459.93

应付账款余额中无持本公司5%以上股份股东单位的应付款项。

5、其他应付款

本公司其他应付款2001年12月31日余额为25,500,472.51元,比年初数降低62.20%,主要原因是本期支付了以前年度扣下施工单位和设备供应单位的质保金。

其他应付款余额中,应付持股5%以上股份的股东单位款项如下:

欠款单位	欠款金额(元)	欠款时间	欠款原因
中国华北电力集团公司	9,936,372.88	1年以内	安全生产服务费等
北京国际电力投资公司	212,333.00	1年以内	土地租赁费

6、应付股利

单位:人民币元

单位名称	2001.12.31 持股比例	应付股利	2000.12.31 持股比例	应付股利
北京国际电力开发投资公司	51.850%	367,761.53	51.850%	42,381,374.63
中国华北电力集团公司	47.862%	339,475.45	47.862%	39,121,646.14
北京市综合投资公司	0.144%	1,021.36	0.144%	117,703.34
北京电力设备总厂	0.072%	510.68	0.072%	58,851.67
北京市变压器厂	0.072%	510.68	0.072%	58,851.67
合计	100.00%	709,279.70	100.00%	81,738,427.45

(四)股东权益

1、股本和资本公积

本公司发起人北京国际电力开发投资公司以北京市石景山热电厂1999年3月31日的经营性净资产和中国华北电力集团公司以其下属中国华北电力集团北京石景山发电总厂1999年3月31日的经营性净资产共计694,294,564.32元,北京市综合投资公司、北京电力设备总厂、北京变压器厂共同以现金2,000,560元投入本公司。各发起人投入资本均按1:0.67983的比例折价入股,形成股本473,360,000.00元,折股后余额222,935,124.32元计入资本公积。

2、盈余公积

单位:人民币元

项目	2000.12.31	本年计提	本年减少	2001.12.31
法定盈余公积	10,231,068.32	11,802,740.03		22,033,808.35
法定公益金	10,231,068.32	11,802,740.03		22,033,808.35
合计	20,462,136.64	23,605,480.06		44,067,616.70

3、未分配利润

单位:人民币元

项目	2001.12.31	2000.12.31
年初未分配利润	899,740.44	
加:本年度净利润	118,027,400.30	102,310,683.20
减:提取法定盈余公积	11,802,740.03	10,231,068.32
提取法定公益金	11,802,740.03	10,231,068.32
分配普通股股利		80,948,806.12
期末未分配利润	95,321,660.68	899,740.44

根据本公司2001年2月2日第一次临时股东大会会议决议,2000年度利润分别方案为:提取净利润的10%为法定盈余公积金,提取净利润的10%为法定公益金,余下部分以现金方式分配给股东80,948,806.12元。

根据本公司2002年2月5日第一届董事会第八次会议决议,2001年度利润分配方案为:按净利润的10%计提法定盈余公积金,按净利润的10%计提法定公益金,提取两金后可供投资者分配的利润暂不分配。本公司滚存的未分配利润由本次发行后本公司新老股东共享。

(五)主要财务指标

1.基本财务指标

主要会计指标	2001年12月31日	2000年12月31日
流动比率	1.04	0.84
速动比率	0.85	0.72
资产负债率(%)	50.25	61.12
存货周转率(次)	28.27	37.05
应收账款周转率(次)	8.60	9.39

2、净资产收益率和每股收益:

项目	2000年度净资产收益率 全面摊薄	加权平均	2000年度每股收益(元) 全面摊薄	加权平均
主营业务利润	42.03%	50.27%	0.64	0.64
营业利润	26.59%	31.81%	0.40	0.40

净利润	14.26%	17.05%	0.22	0.22
扣除非经常性损益后的净利润	15.94%	19.07%	0.24	0.24

项 目	2001 年度净资产收益率		2001 年度每股收益(元)	
	全面摊薄	加权平均	全面摊薄	加权平均
主营业务利润	30.62%	32.95%	0.54	0.54
营业利润	21.77%	23.42%	0.38	0.38
净利润	14.12%	15.20%	0.25	0.25
扣除非经常性损益后的净利润	12.91%	13.18%	0.23	0.23

注:2000 年、2001 年每股收益计算所依据的股本总额为 47,336 万元

(六)有关发行当年净资产收益率的承诺

本公司根据截止 2001 年 12 月 31 日经审计的净资产情况,公司近三年盈利情况和发电量预测,考虑电价下调等因素,经谨慎分析后承诺:本公司本次公开发行股票后,预期利润率将能达到并超过同期银行存款利率。

第九节　其他重要事项

(一)自本公司股票首次公开发行之日至本上市公告书公告之日,本公司严格依照现行有关法律、法规的规定规范运行,生产经营情况正常,本公司所处行业和市场无重大变化,主要业务发展目标的进展状况正常,主要投入、产出物供求及价格无重大变化。

(二)自本公司股票首次公开发行之日至本上市公告书公告之日,本公司没有进行重大投资,无重大资产(股权)收购、出售行为。

(三)自本公司股票首次公开发行之日至本上市公告书公告之日,本公司重大会计政策和会计师事务所没有发生变化;

(四)根据本公司 2002 年 2 月 5 日第一届董事会第八次会议决议,2001 年度利润分配预案为:提取净利润的 10%作为法定公积金,提取净利润的 10%作为法定公益金,剩余可供股东分配的利润暂不分配。本公司滚存的未分配利润由本次发行后本公司新老股东共享。本预案尚需股东大会通过后执行。本公司预计于 2002 年二季度进行发行后的首次股利分配,具体分配数额、方式和时间,则需由董事会根据盈利状况和发行进度提出分配预案,经股东大会审议通过后执行。

(五)本公司股票首次公开发行和股票上市前后税负无变化。

(六)截止本上市公告书公告之日,本公司未涉及任何重大诉讼、仲裁或行政处罚案件,并且董事会认为本公司未面临任何重大影响的诉讼;本公司董事、监事和高级管理人员亦未受到任何刑事起诉。

(七)自本公司股票首次公开发行之日至本上市公告书公告之日,本公司住所未变更。

(八)自本公司股票首次公开发行之日至本上市公告书公告之日,未发生新的重大负债并且重大债项未发生变化。

(九)根据《上海证券交易所股票上市规则》,本公司第一大股东北京国电承诺,自本公司股票上市之日起 12 个月内,不转让其所持有的本公司股份,也不由本公司回购其持有的本公司股份。

(十)本公司股票首次公开发行至本上市公告书公告之日,没有其他应披露而未披露之重大事项。

第十节　董事会上市承诺

本公司董事会将严格遵守《中华人民共和国公司法》、《中华人民共和国证券法》、《股票发行与交易管理暂行条例》、《公开发行股票公司信息披露实施细则》和《上海证券交易所股票上市规则》等国家相关法律、法规和有关规定,并自股票上市之日起做到:

(一)承诺真实、准确、完整、公允和及时地公布定期报告,披露所有对投资者有重大影响的信息,并接受中国证监会、证券交易所的监督管理;

(二)承诺本公司在知悉可能对股票价格产生误导性影响的任何公共传播媒介中出现的消息后,将及时予以公开澄清;

(三)本公司董事、监事、高级管理人员和核心技术人员将认真听取社会公众的意见和批评,不利用已获得的内幕消息和其他不正当手段直接或间接从事发行人股票的买卖活动;

(四)本公司没有无记录的负债。

依据《上海证券交易所股票上市规则》,本公司全体董事、监事将按照有关规定,在本公司股票上市后两个月内签署《董事(监事)声明及承诺书》并送达上海证券交易所备案。

第十一节　上市推荐人及其意见

(一)上市推荐人情况

上市推荐人:大鹏证券有限责任公司

住 所:深圳市深南东路 5002 号信兴广场地王商业中心商业大楼 8 层

法定代表人:徐卫国

电 话:010－84584939

传 真:010－84583038

联 系 人:张瑾 张艳英 徐定虎

(二)上市推荐人的意见

上市推荐人大鹏证券有限责任公司认为发行人具备了《中华人民共和国公司法》、《中华人民共和国证券法》及《上海证券交易所股票上市规则》等法律、法规所规定的上市条件。

大鹏证券有限责任公司保证发行人的董事了解法律、法规、上海证券交易所上市规则及股票上市协议规定的董事的义务与责任,并协助发行人健全了法人治理结构、协助发行人制定了严格的信息披露制度与保密制度。大鹏证券有限责任公司已对上市文件所载的资料进行了核实,确保上市文件真实、准确、完整,符合规定要求。大鹏证券有限责任公司保证发行人的上市申请材料、上市公告书没有虚假、严重误导性陈述或者重大遗漏,并保证对其承担连带责任。大鹏证券有限责任公司保证不利用在上市过程中获得的内幕信息进行内幕交易,为自己或他人谋取利益。

作为北京京能热电股份有限公司股票的上市推荐人,大鹏证券有限责任公司推荐北京京能热电股份有限公司股票在上海证券交易所上市交易。

北京京能热电股份有限公司

2002 年 4 月 30 日

简要利润及利润分配表

单位:人民币元

项　　目	2001 年度	2002 年度
一、主营业务收入	1,106,679,207.38	1,168,332,325.85
减:主营业务成本	837,781,238.68	852,834,555.06
主营业务税金及附加	12,975,373.31	13,895,130.72
二、主营业务利润	255,922,595.39	301,602,640.07
加:其他业务利润	6,314,962.50	8,419,950.00
减:营业费用	3,976,414.25	4,356,389.00
管理费用	47,937,223.04	54,485,442.78
财务费用	28,433,714.07	60,342,246.38
三、营业利润	181,890,206.53	190,838,511.91
加:营业外收入	270,458.80	161,998.00
减:营业外支出	3,158,670.86	18,216,014.38
四、利润总额	179,001,994.47	172,784,495.53
减:所得税	60,974,594.17	70,473,812.33
五、净利润	118,027,400.30	102,310,683.20
加:年初未分配利润	899,740.44	
六、可供分配的利润	118,927,140.74	102,310,683.20
减:提取法定盈余公积	11,802,740.03	10,231,068.32
提取法定公益金	11,802,740.03	10,231,068.32
七、可供投资者分配的利润	95,321,660.68	81,848,546.56
减:应付普通股股利		80,948,806.12
八、未分配利润	95,321,660.68	899,740.44

简要资产负债表

单位:人民币元

项　　目	2001.12.31	2000.12.31
流动资产		
货币资金	103,699,397.15	5,905,899.08
应收账款	48,844,964.37	195,576,360.57
其他应收款	6,757,511.19	17,767,287.47
预付账款	1,175,168.00	14,862,560.00
存货	35,991,424.61	23,276,213.75
流动资产合计	196,468,465.32	257,388,320.87
固定资产		
固定资产原价	2,901,938,617.81	2,869,667,757.17
减:累计折旧	1,506,264,763.43	1,295,898,225.41
固定资产净值	1,395,673,854.38	1,573,769,531.76
固定资产净额	1,395,050,046.44	1,573,769,531.76
在建工程	88,116,108.35	14,750,007.17
固定资产合计	1,483,166,154.79	1,588,519,538.93
资产合计	1,679,634,620.11	1,845,907,859.80
流动负债		
短期借款	50,000,000.00	
应付账款	37,446,275.53	50,307,459.93
应付工资	2,126,583.13	10,390,258.95
应付福利费	－149,527.49	1,302,962.20
应付股利	709,279.70	81,738,427.45
应交税金	34,805,219.62	54,971,164.71
其他应交款	376,463.73	509,373.95
其他应付款	25,500,472.51	67,469,762.00
预提费用	37,345,868.41	38,524,702.08
流动负债合计	188,160,635.14	305,214,111.27
长期负债		
长期借款	614,989,583.27	808,729,583.27
专项应付款	40,800,000.00	14,307,163.86
长期负债合计	655,789,583.27	823,036,747.13
负债合计	843,950,218.41	1,128,250,858.40
股东权益		
股本	473,360,000.00	473,360,000.00
股本净额	473,360,000.00	473,360,000.00
资本公积	222,935,124.22	222,935,124.32
盈余公积	44,067,616.70	20,462,136.64
其中:法定公益金	22,033,808.35	10,231,068.32
未分配利润	95,321,660.68	899,740.44
股东权益合计	835,684,401.70	717,657,001.40
负债及股东权益合计	1,679,634,620.11	1,845,907,859.80

简要现金流量表

单位:人民币元

项　　目	2001 年度
一、经营活动产生的现金流量:	
销售商品、提供劳务收到的现金	1,467,476,274.21
收到的税费返还	28,000,000.00
收到的其他与经营活动有关的现金	11,514,663.91
现金流入小计	1,506,990,938.12
购买商品、接受劳务支付的现金	648,573,646.87
支付给职工以及为职工支付的现金	102,560,631.19
支付的各项税费	230,923,043.01
支付的其他与经活动有关的现金	57,977,870.80
现金流出小计	1,040,035,191.87
经营活动产生的现金流量净额	466,955,746.25
二、投资活动产生的现金流量:	
处置固定资、无形资产和其他长期资产所收回的现金净额	1,210,430.00
收到的其他与投资活动有关的现金	18,000,000.00
现金流入小计	19,210,430.00
购建固定 资产、无形资产和其他长期资产所支付的现金	113,413,462.00
支付的其他与投资活动有关的现金	1,733,609.29
现金流出小计	115,147,071.29
投资活动产生的现金流量净额	－95,936,641.29
三、筹资活动产生现金流量:	
借款所收到的现金	590,000,000.00
现金流入小计	590,000,000.00
偿还债务所支付的现金	733,740,000.00
分配股利、利润或偿付利息所支付的现金	129,485,606.89
支付的其他与筹资活动有关的现金	
现金流出小计	863,225,606.89
筹资活动产生的现金流量净额	－273,225,606.89
四、汇率变支对现金的影响额	
五、现金及现金等价物净增加额	97,793,498.07
补充资料	
1.将净利润调节为经营活动现金流量:	
净利润	118,027,400.34
加:计提的资产减值准备	－5,810,110.87
固定 资产折旧	215,657,494.54
预提费用增加(减:减少)	－1,178,833.67
处置固定资产、无形资产和其他长期资产的损失(减:收益)	1,275,113.48
财务费用	47,746,179.44
存货的减少(减:增加)	－12,715,210.86
经营性应收项目的减少(减:增加)	157,741,172.48
经营性应付项目的增加(减:减少)	－37,036,008.07
其他	－16,751,450.56
经营活动产生的现金流量净额	466,955,746.25
2.不涉及现金收支的投资和筹资活动:	0
3.现金及现金等价物净增加情况:	
现金的期末余额	103,699,397.15
减:现金的期初余额	5,905,899.08
现金及现金等价物净增加额	97,793,498.07

600583 海洋石油工程股份有限公司

2001年年度报告摘选

第一章 公司基本情况简介

公司法定名称:
中文:海洋石油工程股份有限公司
中文缩写:海油工程
英文:OFFSHORE OIL ENGINEERING CO.,LTD
英文缩写:CNOOC Engineering
公司法定代表人:何德祥
公司董事会秘书:刘连举
联系地址:天津市塘沽区闸北路3号536信箱
联系电话:022-25807793,25801800　　传　真:022-25801810
电子信箱:llj@mail.cooec.com.cn
公司注册地址:天津新技术产业园区华苑产业区中济科园A座248号
公司办公地址:天津市塘沽区闸北路3号　　邮政邮码:300452
公司国际互联网网址:http://www.cooec.com.cn
公司电子信箱:zqblx@mail.cooec.com.cn
公司选定的信息披露报纸:《中国证券报》、《上海证券报》
登载公司年度报告的中国证监会指定网址:http://www.sse.com.cn
公司年度报告备置地点:公司董事会秘书处
公司股票上市交易所:上海证券交易所
股票简称:海油工程　　股票代码:600583

第二章 会计数据和业务数据摘要

一、公司本年度会计数据和业务数据(合并报表):

项目	金额
利润总额:	127,229,375.51元
净利润:	103,701,562.53元
扣除非经常性损益后的净利润:	104,105,401.62元
主营业务利润:	188,265,111.99元
其他业务利润:	-11,871.94元
营业利润:	127,649,267.39元
投资收益:	-16,052.79元
补贴收入:	0元
营业外收支净额:	-403,839.09元
经营活动产生的现金流量净额:	185,694,771.25元
现金及现金等价物净增加额:	-22,606,865.43元

扣除非经常性损益的项目及金额:-403,839.09元(其中:营业外收入97,293.91元,营业外支出501,133元)

二、公司近两年的主要会计数据和财务指标

本公司成立未满三年,按要求只披露成立后完整会计年度的会计数据和财务指标。

项目	2001年	2000年
主营业务收入(元)	1,207,134,853.57	697,279,824.71
净利润(元)	103,701,562.53	83,424,285.66
总资产(元)	1,447,647,121.28	984,012,238.89
股东权益(不含少数股东权益)(元)	437,023,438.55	331,154,876.02
每股收益(摊薄)(元/股)	0.61	0.49
每股收益(加权)(元/股)	0.61	0.49
每股净资产(元/股)	2.57	1.95
调整后的每股净资产(元/股)	2.57	1.95
每股经营活动产生的现金流量净额(元/股)	1.09	0.84(5-12月)
净资产收益率(%)(摊薄)	23.73	25.19
净资产收益率(%)(加权)	27.00	31.98
扣除非经常性损益后的每股收益(摊薄)(元/股)	0.61	0.49
扣除非经常性损益后的每股收益(加权)(元/股)	0.61	0.49
扣除非经常性损益后的净利润为基础计算的加权净资产收益率(%)	27.10	31.95

三、报告期利润表附表

	报告期每股收益(元)		净资产收益率%	
	全面摊薄	加权平均	全面摊薄	加权平均
主营业务利润	1.11	1.11	43.08	49.02
营业利润	0.75	0.75	29.21	33.23
净利润	0.61	0.61	23.73	27.00
扣除非经常性损益后的净利润	0.61	0.61	23.82	27.10

第三章 股本变动及股东情况

(一)股份变动情况　　单位:股

	本次变动前	配股	送股	公积金转股	增发	其他	小计	本次变动后
一、未上市流通股份								
1.发起人股份								
其中:								
国家持有股份	170,000,000							170,000,000
境内法人持有股份								
境外法人持有股份								
其他								
2.募集法人股份								
3.内部职工股								
4.优先股或其他								
其中:转配股								
未上市流通股份合计								
二、已上市流通股份								
1.人民币普通股								
2.境内上市的外资股								
3.境外上市的外资股								
4.其他								
已上市流通股份合计								
股份总数	170,000,000							170,000,000

600588 北京用友软件股份有限公司

2001年年度报告摘选

一、公司基本情况简介

(一)公司法定中文名称:北京用友软件股份有限公司
公司法定英文名称:BEIJING　UFSOFT　CO.,LTD.
公司英文名称缩写:UFSOFT
(二)公司法定代表人:王文京
(三)公司董事会秘书:章珂
公司董事会证券事务代表:钱晓宁
联系地址:北京市海淀区上地信息产业基地开拓路15号
联系电话:(010)62986688　　联系传真:(010)62971426
电子信箱:ir@ufsoft.com.cn
(四)公司注册地址:北京市海淀区上地信息产业基地开拓路15号
公司办公地址:北京市海淀区上地信息产业基地开拓路15号
邮政编码:100085
公司国际互联网网址:http://www.ufsoft.com
电子信箱:ir@ufsoft.com.cn
(五)公司选定的信息披露报纸名称:《上海证券报》
登载年度报告的中国证监会指定网站的网址:http://www.sse.com.cn
公司年度报告备置地点:公司董事会秘书办公室
(六)公司股票上市交易所:上海证券交易所
股票简称:用友软件　　股票代码:600588

二、会计数据和业务数据摘要

(一)公司本年度主要会计数据(单位:人民币元)

项目	金额
利润总额	79,239,368
净利润	70,400,601
扣除非经常性损益后的净利润	71,240,027
主营业务利润	304,436,611
其他业务利润	12,523
营业利润	50,105,114
投资收益	-1,085,396
补贴收入	31,329,010
营业外收支净额	-1,109,360
经营活动产生的现金流量净额	103,293,352
现金及现金等价物净增加额	673,005,601

(二)截至报告期末,公司前三年主要会计数据和财务指标(单位:人民币元)

财务指标	2001年度	2000年度	1999年度
主营业务收入	333,483,187	212,885,320	185,143,567
净利润	70,400,601	40,042,866	35,065,566
总资产	1,167,865,248	162,499,084	129,682,112
股东权益(不含少数股东权益)	1,002,317,619	83,844,465	77,551,599
全面摊薄每股收益(元/股)	0.70	0.53	0.47
加权平均每股收益(元/股)	0.76	0.53	0.47
每股净资产(元/股)	10.02	1.12	1.03
调整后的每股净资产(元/股)	9.96	1.01	0.99
每股经营活动产生的现金流量净额(元/股)	1.03	0.64	-
全面摊薄净资产收益率	7.0%	47.8%	45.2%
加权平均净资产收益率	9.7%	43.5%	36.6%
扣除非经常性损益的加权平均净资产收益率	9.8%	42.1%	37.0%

三、股本变动及股东情况

(一)股本变动情况

1、公司股份变动情况表　　数量单位:股

	本次变动前	配股	送股	公积金转股	增发	其他	小计	本次变动后
一、未上市流通股份								
1、发起人股份								
其中:								
国家持有股份								
境内法人持有股份	75,000,000							75,000,000
境外法人持有股份								
其他								
2、募集法人股份								
3、内部职工股								
4、优先股或其他								
未上市流通股份合计	75,000,000							75,000,000
二、已上市流通股份								
1、人民币普通股					25,000,000		25,000,000	25,000,000
2、境内上市的外资股								
3、境外上市的外资股								
4、其他								
已上市流通股份合计					25,000,000		25,000,000	25,000,000
三、股份总数	75,000,000				25,000,000		25,000,000	100,000,000

2、截至报告期末,公司前十名股东持股情况如下:

股东名称	期初数		期末数		所持股份类别	所持股份质押冻结情况
	持股数量(股)	持股比例	持股数量(股)	持股比例		
北京用友科技有限公司	41,250,000	55%	41,250,000	41.25%	法人股	无
北京用友企业管理研究所有限公司	11,250,000	15%	11,250,000	11.25%	法人股	无
上海用友科技咨询有限公司	11,250,000	15%	11,250,000	11.25%	法人股	无
上海益倍管理咨询有限公司	7,500,000	10%	7,500,000	7.50%	法人股	无
上海优富信息咨询有限公司	3,750,000	5%	3,750,000	3.75%	法人股	无
西部证券	-	-	418,800	0.419%	流通股	不清楚
高明霞	-	-	105,760	0.106%	流通股	不清楚
国铁公司	-	-	102,875	0.103%	流通股	不清楚
国华实业	-	-	99,400	0.099%	流通股	不清楚
吴易	-	-	96,300	0.096%	流通股	不清楚

600589 广东榕泰实业股份有限公司

2001 年年度报告摘选

一、公司基本情况简介

1、公司法定中文名称:广东榕泰实业股份有限公司
公司法定英文名称:GUANGDONG RONGTAI INDUSTRY CO.,LTD
2、法定代表人姓名:杨启昭
3、公司董事会秘书:林岳金
证券事务代表:徐罗旭
联系地址:广东省揭阳市榕城区新兴东二路 1 号
联系电话:(0663)8676616 传 真:(0663)8676899
电子信箱:rongtai@rongtai.com.cn
4、公司注册地址:广东省揭阳市榕城区新兴东二路 1 号
公司办公地址:广东省揭阳市榕城区新兴东二路 1 号
邮政编码:522000
公司网址:HTTP://WWW.RONGTAI.COM.CN
公司电子信箱:rongtai@rongtai.com.cn
5、公司选定的信息披露报纸名称:《中国证券报》、《上海证券报》
登载年度报告的中国证监会制定网站的网址:HTTP://WWW.SSE.COM.CN
公司年报备置地点:公司董事会秘书办公室
6、公司股票上市交易所:上海证券交易所
股票简称:广东榕泰 股票代码:600589

二、会计数据和业务数据摘要

1、本年度主要利润指标:

单位:人民币元

项目	金额
利润总额	46,488,084.99
净利润	35,227,474.65
扣除非经常性损益的净利润 *	32,523,454.93
主营业务利润	60,770,292.62
其他业务利润	- -
营业利润	43,784,065.27
投资收益	- -
补贴收入	1,290,000.00
营业外收支净额	1,414,019.72
经营活动产生的现金流量净额	32,405,484.45
现金及现金等价物净增加额	195,678,857.83

* 注:扣除非经常性损益项目和涉及金额:1)营业外收入:1,463,957.81 元;2)补贴收入 1,290,000.00 元;3)营业外支出 49,938.09 元。

2、公司近三年主要会计数据和财务指标:

单位:人民币元

财务指标	2001 年	2000 年	1999 年
主营业务收入	274,812,786.09	230,193,143.72	210,664,104.15
净利润	35,227,474.65	26,423,951.85	36,649,788.88
总资产	688,375,246.37	269,563,223.43	234,482,670.01
股东权益	545,504,989.10	150,244,844.45	135,820,829.60
每股收益(加权平均)	0.25	0.22	0.31
每股收益(全面摊薄)	0.22	0.22	0.31
每股净资产	3.41	1.25	1.13
调整后的每股净资产	3.41	1.25	1.13
净资产收益率%	6.46	17.59	26.98
每股经营活动产生现金流量净额	0.20	0.19	- -

3、报告期利润附表

报告期利润	净资产收益率(%)		每股收益(元/股)	
	全面摊薄	加权平均	全面摊薄	加权平均
主营业务利润	11.14	16.89	0.380	0.434
营业利润	8.03	12.17	0.274	0.313
净利润	6.46	9.79	0.220	0.252
扣除非经常性损益后的利润	5.96	9.04	0.203	0.232

注:利润表附表的利润数据是按照中国证监会《公开发行证券公司信息披露编报规则(第 9 号)》要求计算的。

三、股本变动及股东情况

1、公司股本变动情况
1)股份变动情况表

单位:万股

	本次变动前	本次变动增减(+、-)						本次变动后
		配股	送股	公积金转股	增发	其它	小计	
一、未上市流通股份								
1、发起人股份	12,000							12,000
其中:								
国家持有股份								
境内法人持有股份	12,000							12,000
境外法人持有股份								
其它								
2、募集法人股								
3、内部职工股								
4、优先股或其他								
未上市流通股份合计	12,000							12,000
二、已上市流通股份								
1、人民币普通股					4,000		4,000	4,000
2、境内上市的外资股								
3、境外上市的外资股								
4、其它								
已上市流通股份合计					4,000		4,000	4,000
三、股份总数	12,000				4,000		4,000	16,000

600596 浙江新安化工集团股份有限公司

2001 年年度报告摘选

第一节 公司简介

一、公司法定中文名称:浙江新安化工集团股份有限公司
公司法定英文名称:ZHEJIANG XINAN CHEMICAL INDUSTRIAL GROUP CO.,LTD.
二、公司法定代表人:王伟
三、公司董事会秘书:姜永平
电话:(0571)64715693 传真:(0571)64726063
电子信箱:j-yping@263.net
公司证券事务代表:李明乔
电话:(0571)64726275 电子信箱:xahglmq@sina.com
联系地址:浙江省建德市新安江大桥路 93 号
四、公司注册地址:浙江省建德市新安江大桥路 93 号公司
办公地址:浙江省建德市新安江大桥路 93 号 邮政编码:311600
电子信箱:Xinanche@jd.hz.zj.cn
五、公司选定的信息披露报纸名称:《中国证券报》、《上海证券报》
网址:http://www.sse.com.cn
公司年度报告备置地点:公司证券部
六、公司股票上市交易所:上海证券交易所
股票简称:新安股份 股票代码:600596
七、其他有关事项:公司首次注册登记日期:1993 年 5 月 12 日
登记地点:浙江省工商行政管理局
公司变更注册登记日期:2001 年 8 月 21 日
登记地点:浙江省工商行政管理局
企业法人营业执照注册号:3300001001033
税务登记号码:330182142919274
公司聘请的会计师事务所:浙江天健会计师事务所
办公地址:浙江杭州文三路 388 号钱江科技大厦 15－21 层

第二节 会计数据和业务数据摘要

一、公司 2001 年度主要会计数据和财务指标 (单位:元)

指标	2001 年
利润总额	32,311,478.31
净利润	20,482,849.16
扣除非经常性损益后的净利润	18,382,956.80
主营业务利润	129,036,986.28
其他业务利润	1,950,546.20
营业利润	35,040,543.74
投资收益	－968,324.54
补贴收入	173,652.00
营业外收支净额	－1,934,392.89
经营活动产生的现金流量净额	1,033,581.82
现金及现金等价物净增减额	111,837,969.87

二、公司前三年的主要会计数据和财务指标(单位:元)

指标名称	单位	2001 年	2000 年	1999 年
主营业务收入	元	649,117,924.27	560,805,751.98	488,003,879.42
净利润	元	20,482,849.16	23,035,858.52	24,253,996.29
总资产	元	930,993,924.26	597,899,710.76	501,078,838.71
股东权益(不含少数股东权益)	元	493,745,747.26	192,904,263.99	178,141,648.67
全面摊薄每股收益	元	0.153	0.245	0.258
加权平均每股收益	元	0.191	0.245	0.258
扣除非经营性损益的加权平均每股收益	元	0.171	0.241	0.318
每股净资产	元	3.68	2.05	1.89
调整后的每股净资产	元	3.63	2.00	1.73
每股经营活动产生的现金流量净额	元	0.01	0.80	0.67
全面摊薄净资产收益率	%	4.15	11.94	13.61
加权平均净资产收益率	%	5.97	12.42	14.80
扣除非经营性损益的加权平均净资产收益率	%	5.35	12.22	18.27

第三节 股本变动及股东情况

一、公司股份变动情况表 数量单位:股

	本次变动前	本次变动增减(+,-)						本次变动后
		配股	送股	公积金转股	增发	其他	小计	
一、未上市流通股份								
1、发起人股份	42940000					－3010000	－3010000	39930000
其中:国家持有股份	42940000							
国有股减持	0					－3010000	－3010000	
减持后国家持股份	0							39930000
境内法人持有股份	0							
境外法人持有股份								
其他								
2、募集法人股份	34490363					－990000	－990000	33500363
其中:国有法人股	14026400							
国有股减持						－990000	－990000	
减持后国有法人股								13036400
3、内部职工股	16680000							16680000
4、优先股或其他								
未上市流通股份合计	94110363					－4000000		90110363
二、已上市流通股份								
1、人民币普通股				+40000000			+40000000	44000000
减持国有股存量发行						+4000000	+4000000	44000000
2、境内上市的外资股								
3、境外上市的外资股								
4、其他								
已上市流通股份合计				+40000000		+4000000	+44000000	44000000
三、股份总数	94110363			+40000000		0	+40000000	134110363

600593 大连圣亚海洋世界股份有限公司

首次公开发行股票招股说明书摘要

释 义

在本招股说明书中除文义另有所指,下列简称和名词具有如下意义:

发行人、公司、本公司、股份公司:指大连圣亚海洋世界股份有限公司

公司董事会:指大连圣亚海洋世界股份有限公司董事会

公司监事会:指大连圣亚海洋世界股份有限公司监事会

公司章程:指大连圣亚海洋世界股份有限公司章程

本行业:指旅游行业

元:指人民币元

A股:指每股面值为1.00元之人民币普通股

本次发行:指公司本次向社会公众公开发行的3,200万股A股之事项

社会公众股:指股份公司本次公开发行的每股面值人民币1.00元的人民币普通股股票(A股)

主承销商 :指广发证券股份有限公司

上市推荐人:指广发证券股份有限公司

承销协议:指本公司与主承销商达成的有关本次A股发行余额包销协议

证监会:指中国证券监督管理委员会

交易所:指上海证券交易所

赤潮:指海水中浮游生物异常和急剧繁殖,使海水被生物染色的一种现象,不同的赤潮生物引起的赤潮颜色不同。例如夜光虫呈现粉红色、硅藻呈现红褐色、鞭毛虫呈现绿色等。赤潮多发生在闷热无风的盛夏和营养盐丰富的沿海水域。

第一节 本次发行概况

一、本次发行的基本情况

1、股票种类:人民币普通股(A股)

2、股票面值:1.00元

3、预计发行股数及占发行后总股本的比例:向社会公众公开发行3,200万股,占发行后总股本的34.78%

4、预计每股发行价:人民币7.71元/股

5、预计市盈率:20倍

6、每股盈利:每股盈利0.3855元/股(按2001年度股本和利润计算)

7、发行前和发行后每股净资产:发行前每股净资产1.17元/股,发行后每股净资产为3.35元/股

8、拟发行方式:向二级市场投资者定价配售

9、发行对象:持有已上市流通A股股票市值达10,000元或以上的投资者

10、承销方式:余额包销

11、本次发行预计实收募股资金:人民币23813.25万元

12、发行费用:本公司本次发行费用合计858.75万元,包括

(1)承销费用:641.47万元

(2)审计费用:55万元

(3)验资费用:10万元

(4)律师费用:47万元

(5)上网发行费用:105.28万元

13、承销机构及承销份额

承销团成员	承销机构名称	承销股份(万股)	承销金额(万元)	承销比例(%)
主承销商	广发证券股份有限公司	2800	21588	87.5
副主承销商	大通证券股份有限公司	300	2313	9.375
分 销 商	新疆证券有限责任公司	100	771	3.125
合 计	共3家	3200	24672	100

二、发行新股有关的当事人

1、发 行 人:大连圣亚海洋世界股份有限公司

法定代表人:栗东生

地 址:大连市沙河口区中山路608-6号

邮 编:116023

电 话:0411-4685225

传 真:0411-4685217

联 系 人:肖峰

2、主承销商:广发证券股份有限公司

法定代表人:陈云贤

地 址:广州市天河北路183号大都会广场41楼

邮 编:510075

申购联系电话:020--87555888

传 真:020--87553583

联 系 人:钮华明、于明、于韶光、万丛林

3、副主承销商:大通证券股份有限公司

法定代表人:张凯华

地 址:大连市人民路24号平安大厦

电 话:0411-2539659

传 真:0411-2539606

联系人:殷丽辉

4、分销商:新疆证券有限责任公司

地 址:乌鲁木齐市解放北路1号

法定代表人:高虎

电 话:0991-2302164

传 真:0991-230111-8028

联 系 人:牛新华

5、上市推荐人:

广发证券股份有限公司

西南证券有限责任公司

法定代表人:张引

电 话:010-88092063

传 真:010-88092060

联 系 人:陶纯

6、发行人律师事务所:同维律师事务所

法定代表人:江华

地 址:北京市朝阳区朝外大街19号华普国际大厦818室

电 话:010-65993541

传 真:010-65993590

经办律师:江华、杨健

7、会计师事务所:大连华连会计师事务所

法定代表人:王秀玉

地 址:大连市中山区同兴街67号邮电万科大厦24层

电 话:0411-2819300

传 真:0411-2813033

经办会计师:朱平君、石笛侠、张耀麟

8、股票登记机构:中国证券登记结算有限责任公司上海分公司

总 经 理:王迪彬

地 址:上海市浦建路727号

电 话:021-58708888

传 真:021-58754185

发行人与本次发行有关的中介机构及其负责人、高级管理人员及经办人员之间不存在直接或间接的股权关系或其他权益关系。

三、本次发行的预期重要时间表

1、发行公告刊登日期:2002年6月25日

2、申购日期:2002年6月26日

3、摇号结果公告日期:2002年6月27日

4、收缴股款日期:2002年7月1日

5、预计挂牌交易日期:本次股票发行结束后将尽快安排在上海证券交易所挂牌交易

第二节 风险因素

投资者在评价本发行人此次发售的股票时,除本招股说明书提供的其它资料外,应特别认真考虑按风险的重要性和风险的类别排列的下述各项风险因素。

一、经营管理风险

本公司属于旅游服务业,公司的经营管理和服务质量直接影响公司的经营业绩。

(一)品种单一和经营场所过度集中的风险

本公司目前的营业收入主要来自于水族馆的门票收入,经营场所亦以大连圣亚海洋世界这一景观为主。2001年度主营业务收入为6802万元,其中门票收入为6592元,占主营业务收入的96.91%。一方面显示本公司经营业绩稳定,现金收入状况良好;另一方面,也可以看出公司的收入来源过于单一,经营场所过度集中,抗风险的能力较弱。

本公司在保持主营业务稳步增长的同时,将积极开辟新的利润增长点,若本次股票发行成功,募集资金将投入到与人造景观相关的以可参与性项目为主的服务项目上,将使公司形成以门票收入为基础、以参与性项目收入和餐饮商品收入为两翼的多元经营的抗风险能力较强的旅游类公司,同时,新开发的项目将和现有项目遥相呼应,形成多层次、多角度的立体组合,将增强本公司的盈利能力和抗风险能力。

(二)净资产收益率下降引致的风险

公司目前财务状况较好,公司2001年、2000年和1999年的流动比率分别为1.27、1.16和3.13;速动比率分别为1.23、1.13和3.06。公司偿债能力较强。目前公司没有长期股权投资,亦没有对外担保等或有负债,因行业的特点本公司应收帐款数额很小甚至为零。公司良好的财务状况、资产结构和盈利能力使公司保持了很强的再融资能力。同时,本公司自成立时即建立了行之有效的内控制度,不存在金额巨大的非经常性损益项目和重大或有负债。

本公司2001年度全面摊薄的每股净资产收益率为33.04%,若本次发行股票成功,2002年的净资产收益率将大幅下降,存在因净资产增长过快而引发的净资产收益率下降的风险。本次筹集资金将分阶段尽数投入三个募资资金项目中,公司资产结构将有较大变化,在建工程和固定资产金额将有大幅提高,资产流动性将有所降低。

公司将努力提高资金使用效率,进一步提高盈利能力,保障新项目取得预期收益,进而提高净资产收益率和资产的流动性。

（三）销售风险

以参观游览为主的海洋主题公园，能否吸引游客的注意力是个重要问题，若展品和表演长期一成不变，吸引游客再次光顾会有一定难度。因此本公司门票收入保持稳中有升的目标不是轻易能够实现的。公司地处大连，大连地区受气候影响，冬季寒冷，游客较少，而公司游客数量和大连市游客数量呈同比增减趋势，公司的经营有明显的季节性。每年的4月至10月为旺季，每年第一季度和11月份、12月份均处于亏损或微利状态。

以海洋为主题的游览项目在世界上不但数量多，而且历史悠久，现已有50年历史，例如美国圣地亚哥海洋世界、意大利热那亚水族馆和日本大阪水族馆均已成功运行多年，很多水族馆已成为当地甚至是一个国家的标志。本公司借鉴国外的成功经验，通过不断变换的展示内容提高信息量、知识含量和趣味性，并针对游客的需求逐步增加参与性强的项目，努力把水族馆建成一个多功能的、常去常新的学习和娱乐的场所。本公司借助于一流的企业策划和广告宣传，已形成了独具特色的销售理念，公司经营的大连圣亚海洋世界已成为大连市旅游业的一个知名品牌。经过7年多的经营发展，公司经营业绩稳步上升，接待游客数量逐年增长，随着新开工的大连圣亚海洋世界一期扩建工程和二期工程以及黄金山项目的建设完工，本公司经营的将不再是单一的参观型的人造景观，将形成以儿童娱乐学习、成人参与探险，以海洋生物的观赏和深海发现探险并重的高档次商务旅游区，销售风险将进一步降低。

（四）发行人组织模式及管理控制风险

1、组织模式和关联交易风险

本公司在本次股票发行前为中外合资经营的股份公司，目前外方的两个股东股本额合计占公司目前股本总额的25%，作为本公司发起人的5个股东分处不同行业，不同地域，经营理念有所差异，为公司的经营管理带来一定的困难。

有鉴于此，本公司自成立以来就建立了完善的法人治理结构和严格的"三分开"，同时因为本公司经营业务与目前5位股东的经营业务不尽相同，不存在关联业务发生的可能，自公司成立至今，本公司未与股东方发生过重大关联交易，也未出现过股东侵害公司利益的情况。同时，本公司目前没有对外长期股权投资，组织模式较为简单，风险较小。

2、与股东同业竞争的风险

本公司股东中只有大连神洲游艺公司主营游艺，该股东占本公司目前股本总额的5%，并且目前亦未从事与本公司类似业务。为避免同业竞争风险，本公司全部5家股东已签订了放弃从事与本公司类似业务的"不竞争承诺函"。本公司目前其它股东的营业范围中均不包括与本公司相同或类似的业务。

3、大股东减持股份的风险

本公司到2002年7月成立将满三年，大股东将具备转让其持有的本公司股份的权利；股票发行上市后，在国家政策许可的前提下，大股东亦有可能通过二级市场减持股份，从而引发管理不稳定和管理政策不连续的风险。

本公司自成立之初就已实现"五分开"，股东对本公司的决策控制均需履行相关程序，不能随意干扰本公司的正常生产经营和管理，因此股东对本公司管理层和管理政策的影响均限制在国家相关法律、法规和公司章程的框架之内，因此如在国家法规政策许可的情况下，大股东的变化或其通过二级市场减持股份，均不会对本公司管理层和管理政策产生大波动。

（五）募股资金投向风险

本次募集资金将全部投入到大连圣亚海洋世界一期扩建工程、二期工程以及大连黄金山海洋观光探险基地三个项目中，目前三个项目均已获得相关政府批文并得到大连市政府的大力支持，但仍存在不能如期完工的风险，届时将影响本公司的整体发展计划，减缓公司的发展速度。

对此，本公司决定在保持目前业务稳步发展的基础上，专门组织力量建设三个新项目。在募集资金未到位的情况下，努力筹措资金，投入到三个项目的前期准备工作中。目前已用自有资金支付了二期工程的土地款，土地证正在办理过程中，并已完成其土地三通一平工作。本公司的三个募集资金项目均在按原计划顺利实施，若募集资金能及时到位，将大大加快项目进程，实现本公司的业务发展目标。

（六）技术风险

1、设备先进程度风险

本公司拥有的圣亚海洋世界是海底通道式水族馆，于1995年6月对外营业。这种水族馆是目前世界水族馆业最先进的展示方式，也是中国第一座海底通道式水族馆，拥有长达118米的海底通道。开业6年多来，共接待游客700多万人，实现销售收入3.4亿元，税后利润11000万元。圣亚海洋世界在建成伊始为亚洲最长的海底通道，但目前从技术上看只处于同类项目的中上水平，并不具备绝对优势。公司目前重要设备的成新度大多在0.5以上，其中主要技术设备的成新度多在0.75以上。水族馆的重要设备臭氧机和蛋白分离器，现已安全运行一年，至少还能安全运行五年以上。近期内公司的现有展馆没有更新大型设备的计划。

虽然本公司依靠在旅游业界较高的企业知名度和良好的宣传策划和服务能力，能以现有技术条件在未来几年保持经营的稳定增长，但众所周知，技术的领先性对本行业是非常重要的。因此公司居安思危，积极筹划新项目，力求在业界保持技术领先。本次募集资金投向的三个项目不但创意独特，而且大量采用国际水平的高科技手段，在项目设计、施工和未来运作上运用了大量新思路、新材料、新工艺和新的管理手段，建成后将在国内乃至世界同类项目上处于领先水平。

2、技术先进程度风险

虽然本公司所处的行业对于设备的先进性要求很高，但与之相应的管理技术和维护技术在一定意义上更为重要。本公司经多年的经营，已培养出了自己的核心技术团队，技术人员占公司员工总数的近30%；同时，本公司的技术团队在多年的技术开发和实践过程中总结出一整套行之有效的管理手段和维护技术，在同行业中居优势地位。2000年底公司系统维护部通过了ISO9002认证。公司水族馆海洋水生动物的饲养人员均为水产专业院校毕业生，多年来在国内多家专业刊物上发表了数篇专业论文。公司的水处理技术、海底造景工程技术、海洋生物饲养技术以及对进口设备及安装工程的改造和更新能力等方面都形成和积累了在国内外处于中上游水平的技术和经验。公司将不断在技术研究上投入人力、物力和财力，保持自身的技术领先性。

3、设备维护风险

保证水族馆能够安全正常的对游客开放，要使用数量和种类繁多的机器设备，并且这些机器设备必须能够长时间的安全、正常运转，另外，本公司水族馆用水为经处理的天然海水，主要运行设备均长年受海水腐蚀。因此，设备的维护保养和防海水腐蚀工作极为重要。

本公司极为重视设备的维修保养工作，在公司制定的《管理制度》中有关于系统维护的专门章节，分为四节共计93条，详细规定了系统维护的分工、职能、工作程序和标准，公司的设备维护已形成经常化和制度化。设备维护风险已受到较好控制。

设备受海水腐蚀分为两种情况，一种情况是直接与海水接触的设备，如海水泵、阀门和管道等，这部分设备受海水腐蚀程度较严重，一些设备的使用寿命仅为正常环境下的一半。为尽量延长这部分设备的使用寿命，公司每年针对具体设备的使用情况制定相应的设备检修计划，定期更换易损件。同时尽量选用耐海水腐蚀能力强的设备和材料，以保障设备的安全运行。另一情况是非直接与海水接触但长期置于较潮湿环境中的设备，如照明设备、配电箱等。这部分设备受海水腐蚀程度相对较轻，这类设备的防腐主要是尽量减少潮湿空气进入设备内，维护工作相对简单。

（七）内部管理控制风险

1、饵料中毒风险

本公司的水族馆目前饲养生物种类250多种，鱼类近200种，各种无脊椎动物50余种，400余只，另外还有一定数量的珍稀海洋动物和鸟类，每天需要投放大量饵料，饵料的质量将对本公司的海洋生物产生直接影响。若发生中毒事件将对公司造成重大损失，甚至会造成公司停业。

本公司目前饵料的来源主要是外购，有七家固定供货商，从近5年来的合作情况看，完全可以满足我公司对饵料的数量和质量要求。1999年、2000年和2001年度从前5名供应商的采购量占该年度饵料总采购量的比例分别为99.38%、98.8%和100%。采购较为集中，进而保证了供货渠道的稳定和安全。同时，本公司的质检部门对饵料的质量有严格的控制和检验程序，本公司历史上从未出现过饵料中毒事件，今后将进一步加强管理，用严格的管理和先进科学的技术手段防范此类事件的发生。

2、海洋生物价格上涨风险

本公司饲养的海洋生物以外购为主，自身繁殖为辅。近年来，海洋生物外购价格呈上涨的趋势，使经营成本增加。1999年、2000年和2001年度活体生物采购金额分别为38万元、608万元和58万元。与此同时，门票价格并未因此有所调整，公司的盈利能力有下降的风险。

对此，公司一方面努力降低采购成本，通过与供应商建立的长期供货关系和广泛的采购渠道尽力降低采购成本。1999年、2000年和2001年度本公司活体生物的采购主要由前五名供货商承包，近三年来前五名供货商的供货额分别占当年采购额的86.54%、99.06%和95%。集中采购使本公司的采购成本尽可能降低并使采购质量得到相应保证。另一方面，动物采购在总成本的比重并不大，本公司将通过降低经营管理成本来克服因动物价格上涨带来的不利因素，并通过技术手段提高动物存活率，进而降低动物价格上涨对经营成本造成的负面影响。

3、技术人员人身安全风险

公司技术人员在工作时身处潮湿环境之中，有触电危险；潜水员在进行潜水作业时使用空压机和气瓶，设备有爆炸的危险；另外，潜水员易患潜水病。对此，公司一方面加强管理，保障设备安全运行，同时，严禁技术人员带病作业。公司已为相关人员购买了人身安全险，并每年安排技术人员体检和外出休假减压。

（八）依赖境外原材料供应商、境外客户以及境外技术服务的风险

本公司1999年10月1日与新西兰商会有限公司（NEWZEALAND BUSINESS COUNCIL LTD.）签订了《提供企鹅和提供相关服务合同书》，根据该合同，新西兰商会有限公司承诺在三至四年的时间内将本公司所建企鹅馆的企鹅数量补充到50只，每年补充企鹅不少于6只。因此，存在新西兰商会有限公司不能履行合同的风险。

本公司前身大连圣麦尔索海洋世界有限公司成立时境外股东新西兰海景有限公司以其专有技术作价入股，投入的专有技术是建造海洋世界所需的多项专有技术，主要有：咸水系统、人工岩石工程、水族馆整体设计。本公司通过几年来的实践摸索和向外国专家的学习，已完全掌握了水族馆维护的核心技术，因此在水族馆维护上已不依赖境外技术服务。但限于国内技术水平，预计本公司一期扩建项目中加长海底通道等工程仍将由境外公司来完成，因此，本公司在海底通道扩建工程中仍然存在依赖境外技术服务的风险。

据本公司统计，历年来境外游客数量占本公司游客总人数的比重都不大，不超过1%，因此不存在依赖境外客户的风险。

（九）外国股东住所地、总部所在国家或地区向中国境内投资或技术转让的法律、法规可能发生变化的风险。

1、本公司境外股东之一新西兰海底世界工程开发有限公司，其住所地为新西兰威灵顿Horotkiwi路200号。

新西兰与我国在1987年签署了《中华人民共和国政府和新西兰政府科学技术合作协定》，该协定规定五年以后，协定继续有效，直至缔约任何一方以书面形式通知另一方，希望终止本协定，并自通知之日起六个月后终止。因此，该协定有可能发生变化的风险。

新西兰与我国在1988年签署了《中华人民共和国政府和新西兰政府关于促进和保护投资的协定》，并于1989年3月25日起开始实施，该协定有效期为十五年，因此在2004年后该协定有可能发生变化的风险。

2、本公司另一境外股东香港世隆国际有限公司，其住所地为香港皇后大道西77－91号荷里活中心一字楼B室。

《中华人民共和国香港特别行政区基本法》第一百一十五条规定香港特别行政区实行自由贸易政策，保障货物、无形财产和资本的流动自由。香港为自由港，在对内地投资和技术转让方面无特别规定。目前来看，香港的这种宽松的法规面发生变化的可能性不大。

（十）汇率风险

本公司目前不经营进出口业务，日常经营都以人民币结算。公司有部分展示用海洋生物为进口，均与境外供货商和境内代理商分别签订外汇结算的供货合同和人民币结算的代理合同，两个合同不在同一时间签订。若在两个合同签订日间隔期间汇率发生大幅变动，将会受到汇率变动的风险。但因进口展示用海洋生物数量不多，因此本公司受汇率变动风险的影响较小。

二、市场风险

（一）市场分割的风险

根据公司目前经营项目的特点，客源主要依赖前来大连地区参观游览的游客，因此大连地区的旅游市场状况将直接影响本公司的经营业绩。近年来，大连市旅游业的发展速度较快。根据国家旅游局公布的资料显示，大连地区接待海内外游客总量和总收入在全国20个主要旅游城市中近三年的排名均稳定在第五名，在2000年全国20个主要旅游城市接待海外游客和创汇情况中，大连的排名分别在第15名和第9名，并且创汇增长幅度超过了北京、上海、广州和深圳四个最大的旅游创汇城市。2000年大连市接待海外游者的规模和旅游创汇额分别比上年增长30%，达到33.8万人次和2.3亿美元；接待国内游客的规模增加100万人次，达到2100万人次，国内收入达到73.7亿元。2001年大连市接待海外游者的规模为43万人次，比上年增长27%；旅游创汇为3亿美元，比上年增长30%；旅游总收入110亿元人民币，比上年增长19%，占大连市GDP的9%。

在2001年大连市"两会"提出大连市"十五"主要目标中，第三产业的增加值占国内生产总值的48%以上。根据该目标，"十五"期间大连市接待海外游客和旅游创汇年平均增长16%以上，到2005年，接待入境者71万人次，创汇5亿美元，旅游总收入将达到180亿元人民币，占同期全市GDP的10%，真正形成支柱产业。由此可以看出，大连旅游市场仍然存在较大的发展空间，立足本地，进一步开发本地市场是公司近期发展的重要战略。

近几年，随着旅游业的发展，国内陆续建立了近二十家以海洋生物为主题的海底世界游览项目，这些项目主要分布在沿海和内陆的一些省会和主要旅游城市，而且新建的一些海底世界项目，如北京海洋馆等，在规模上已经超过本公司的圣亚海洋世界。这些以海洋生物为主题的游览项目的运营，客观上造成了游客的分流和市场的分割。大连市的老虎滩地区目前已建成'老虎滩极地海洋动物馆'，以海洋动物表演为主。该项目已于2002年4月28日正式开业，在"五一"旅游黄金周期间客流量较大。本公司在"五一"旅游黄金周七天内共接待游客10.67万人，去年同期共接待10.45万人，今年比去年同期增长2.11%。尽管该项目目前对我公司冲击不大，但长期来看必将对本公司的客流量产生一定影响。如果本公司对市场开发重视不够，有可能会面临客流量减少并导致公司收入下降、经济效益降低的风险。本公司目前的定位是一个以海底通道方式展示丰富多采的海洋物种为主，以一定知识性、娱乐性和参与性项目为辅的海洋世界游览项目，这与老虎滩在建项目的定位有所不同，提供的服务也有很大差异。虽然两个地区风景和游览项目

较为类似,但由于影响力、服务设施、服务质量和交通便利程度等多方面原因,到本公司所在的星海公园地区的游客人数远远超过到虎滩地区的游客人数。根据大连市旅游局提供的2000年市内景点游客统计数据,虎滩公园为60万人次,星海公园为200万人次,后者是前者的3倍多。此外,由于游客到大连市旅游以短期旅游为主,而在这个较短的旅游期间同时到星海公园和虎滩公园两个地区游览的游客数量较少,因此两个地区的旅游市场之间有一定的独立性,在客流量上对彼此的影响并不显著。

本公司十分重视对国内同类项目和竞争对手的研究,并充分利用市场分割的特点,重视和强化市场开发和市场营销工作。近年来,公司通过电视、广播、报刊等媒体和广告等宣传手段,进行市场开拓和市场营销工作以吸引游客。公司依靠圣亚海洋世界多年来建立起来的品牌优势,依靠本公司优质服务,吸引了大量的游客前来观光游览。通过本公司进行的市场调查发现,近年来,来大连游览观光的游客主要集中在我国的东北地区,其它地区的游客数量相对较少。这说明,目前本公司受市场分割的影响不大。而就来大连现有游客数量来看,根据本公司聘请的北京清雪市场调研公司出具的统计数据,也只有13.8%的游客到过本公司的圣亚海洋世界,尚有86.2%的游客还没有到过,可见市场空间依然很大。另外,本公司通过加强圣亚海洋世界内部环境的建设,不断调整展区内容,增强知识性和参与性,做到常换常新,以吸引回头客。通过提高展品质量和变换展区内容的方式,本公司吸引游客二次观光的目标已初见成效。根据公司2000年的统计数字,有11%的游客已是两次以上来圣亚海洋世界参观游览。

(二)过度依赖单一市场的风险

由于本公司目前经营项目的特点,过度依赖前来大连参观游览的游客的现象是客观存在的,因此使本公司面临过度依赖单一市场的风险。

通过加大市场营销力度,通过提供优质服务,提升圣亚海洋世界的品牌知名度,以吸引更多尚未参观圣亚海洋世界的游客,这一方面的潜力还是很大的。

(三)受产品生命周期影响的风险

本公司经营的水族馆于1995年正式营业,现已安全运行6年。近年来水族馆技术发展较快,本公司的水族馆近年来虽进行过多次中、小规模的技术改造,但在技术上仅处于国内中上等水平,在行业中不具备绝对的领先性。

若本次能成功发行股票并上市,新筹集的资金将主要投入到扩建和新建水族馆的工程上,将使本公司经营的水族馆在技术上达到国际一流、国内领先水平。

三、自然灾害风险

公司的主要经营场所为人造景观即圣亚海洋世界,地处海滨,距海岸线不到1000米。和内陆水族馆相比,一方面营业成本大为降低,在竞争中处于优势;另一方面,受气候条件影响较大,如发生海啸、台风和赤潮,都会给公司的经营带来一定的风险。公司近三年没有受到海啸和台风的危害,但遭遇赤潮,由于危害较小并有针对性地制定了防范措施,没有给公司造成大的影响。但由于公司的经营受外部自然条件影响较大,因此自然灾害仍是本公司经营中的重要风险。

(一)海洋生物爆发性疾病引发的风险

存在两种导致海洋生物染病的可能性,一种可能是发生细菌性疾病,一种可能是发生寄生虫病。2000年底,本公司展厅中曾出现过一种叫做"贝尼登"的寄生虫,造成300多尾黄条鰤死亡,直接经济损失价值人民币3万余元。虽然公司目前利用臭氧系统杜绝了细菌性疾病的爆发,但还是存在发生寄生虫病的可能性。寄生虫病发生的主要原因是由于引进新的海洋生物而带来的,为防止发生这样的疾病,公司对新引进的海洋生物进行药浴,然后再放入展示系统,必要时还向整个展示系统加药预防。由于疾病的爆发有一定的不可控因素,本公司不能保证今后不会有类似事件发生,但公司已采取一切可能措施避免此类事件发生。本公司主要从管理上下功夫,以预防为主,作好生物引进的检疫和日常饲养的疾病防范工作。

(二)赤潮引发的风险

与国内远离大海的其它城市的海洋世界所使用的海水是经人工配制而成的不同,圣亚海洋世界使用的海水直接取自大海,这些海水在进入本公司的海水系统之前经过处理,大部分海水循环使用,但每天需要更换一定数量的海水并补充同样数量的新的海水。因此,一旦大海发生赤潮现象,将直接影响本公司海水系统的取水和水的补充,进而影响海洋世界的正常经营。

赤潮在本地区时有发生,1999年6月11日至23日持续了13天、1999年6月29日至7月30日持续了31天,造成生物量非常大、水由微红转达深红变成深褐色、有浓烈异味。2000年6月28日至7月5日持续了8天,造成生物量大、水色微红、无异味。2001年渤海、黄海地区未发生较大规模的赤潮。赤潮对饲养生物的影响较大,一是赤潮生物大量繁殖,可以阻塞鱼鳃,造成鱼呼吸困难而死亡;二是赤潮生物分泌毒素,使饲养鱼类死亡。目前馆内的水处理系统包括臭氧杀菌系统也无法去除赤潮生物分泌的毒素,因此其对公司经营会产生一定影响。

2001年全年本地区未发生赤潮,根据国家海洋局2001年发布的《中国海洋灾害公报》,预计我国2002年赤潮灾害将发生30次左右,其中渤海、黄海地区的高发期将在7月至9月。本公司已充分做好在"赤潮"发生期间应急措施的准备工作。通过采取相应措施,目前条件下馆内大约可以维持二个星期左右。

(三)台风和海啸引发的风险

台风和海啸是海洋性气候中有较大破坏力的自然灾害,对本公司的经营也有一定影响,近几年来,台风和海啸并未对本公司产生较大影响,但防台、防汛工作仍是公司安全管理工作的重点之一。

总经理办公室负责与大连市气象台保持联系,随时沟通,力争最早获得气象信息。汛期到来时,每天的值班经理或保安人员要在当天夜里和第二天早晨把大连气象台播发的天气预报和未来48小时的天气预报如实地记录在指定的记录本上,如遇台风或暴雨等特殊天气,要立即以口头形式传达给公司防台、防汛管理领导小组负责人,并通知各部门有关人员进行防汛准备。

(四)长时间停电造成的风险

本公司经营的海洋世界水族馆为全封闭管理,对电力有较大依赖性。2001年度公司用电总量为250万度,电力系统无论因自然原因和人为原因的不稳定,都将对本公司的经营产生一定影响。

对此,本公司自备了两台550KW和220KW的柴油发电机组,日常储备柴油6吨,可持续供电6天。同时,本公司与当地能源部门保持密切联系,以保证在非正常状态下的柴油供应,进行保障了本公司的经营用电。

四、税收政策变化的风险

本公司目前除企业所得税外,均按我国税法和相关税务规定执行标准税率。企业所得税按大连市税务局"大税字[1986]8号文"第四十九条的规定:中外合资经营企业从企业开始获利年度起免征七年地方所得税。因而公司享受免收3%的地方所得税的优惠政策,实际税率为30%。若本次公开发行股票成功,公司股份中的外资比例将降到25%以下,将无法享受3%的地方所得税免收的优惠政策,这将对公司的业绩造成一定影响。

以2001年度财务数据计算,若公司的企业所得税率由30%调整为33%,将使公司多缴纳约101万元的税款,税后利润将减少4.4%,税率的变化不会对本公司的经营业绩产生较大影响。今后本公司税收政策若有变化,公司将及时予以公告,以提醒中小投资者注意税收政策变化对公司业绩带来的影响。

五、经济周期与产业政策的风险

本公司所处的旅游服务业受国民经济影响较大,与经济周期有极强的正相关性。我国经济正处于一个相当长的上升期的相对平稳期,并有形成新的高增长期的趋势。朱总理在2001年1月8日召开的全国旅游发展工作会议上指出,旅游业已成为国民经济新的增长点,我国旅游业有着巨大的发展潜力和广阔前景,并表示要对旅游业发展给予大力支持。由此看来,我国旅游业已随着外部经济环境的改善,步入了一个新的高增长期。

2000年大连市加大了发展旅游业的力度,接待海外旅游者的规模和旅游创汇额分别增长30%,达到33.8万人次和2.3亿美元;接待国内游客的规模再增加100万人,达到2100万人次,国内收入达到73.7亿元。刚刚结束的大连市"两会",对未来5年大连市经济和社会发展提出了总体构想,"十五"的主要目标是:人均国内生产总值突破4000美元,高新技术产品产值占全市工业总产值的1/3以上,第三产业的增加值占国内生产总值的48%以上,城市化率达到55%以上,城镇和农村居民可支配收入年均增长6~8%,城市功能和环境再上一个新台阶,环境质量达到或接近中等发达国家水平。"十五"期间,大连市接待海外游客和旅游创汇年均增长16%以上,到2005年,接待入境旅游者71万人次,创汇5亿美元,旅游总收入达到180亿元人民币,占同期全市GDP的10%,真正形成支柱产业。外部环境的好转和受到大力扶持的产业政策将使本公司的宏观风险大为减少,本公司将在未来很长的一段时间内受益。

六、环保政策变化的风险

公司拟建设的项目均属于环保型项目,符合国家和行业的环保政策。但公司需引进一定数量的海洋生物,随着国际上和我国对野生珍稀品种生物的保护力度的加大,本公司引进的一些生物品种将受到政策限制。本公司将以积极的姿态应对国家环保政策的调整,一方面加大对现有存量生物的保护,另一方面积极引进人工繁殖的品种,本公司目前引进的极地企鹅即是人工繁殖的种群。

七、股市风险

近年来,中国证券市场发展迅速,但我国的股票市场仍处于发展的初级阶段,因此,投资者在选择投资本公司股票时,还应充分考虑涉及股票市场的各种风险。公司股票的交易价格可能受到国家政治、经济政策、投资者心理因素及其他不可预见因素的影响,从而不可避免地造成股价的剧烈波动,对发展中的中国股市来说,这种波动表现得尤为剧烈。同时,股价的变动不仅取决于公司的经营状况和业绩,由于诸多因素的迭加影响、不可预测事件的发生,都可能使本公司股票价格与实际营运业绩背离,从而有可能直接、间接地对投资者的投资行为带来一定的风险。投资者对此应有充分的心理准备。

虽然股市存在着不可预见的风险,但本公司董事会认为,在诸多外因的分析后,投资者更应注重股票发行公司的内在品质。针对股市风险,本公司将本着对股东负责的原则,严格执行《中华人民共和国公司法》、《中华人民共和国证券法》、《股票发行与交易管理暂行条例》和国家其他有关法律、法规的规定,并按国家证券监督管理部门和证券交易所的要求,及时、准确、完整地规范信息披露,以尽可能降低投资者的投资风险。

八、中国加入世界贸易组织(WTO)带来的风险

我国加入世界贸易组织(WTO)后,国外的旅游服务行业巨商将会乘中国加入WTO之机,以多种方式和渠道介入中国的旅游业。由于国外的旅游业巨商在资金规模、金融手段、服务水平、管理技术、新技术和新材料的应用等方面都有优势,将对公司的业务造成更加激烈的竞争压力。另一方面,我国的旅游业将得到更快发展,旅游行业也将更加规范,激烈的竞争将降低公司的利润率,但也将极大地刺激市场需求。此外,加入WTO后,随着就业机会的扩大、居民收入的增加和关税的下降,我国居民将更多地进行旅游消费。同时境外游客数量也将有较大增长。据世界旅游组织预测,到2020年,全球将接待16亿人次的国际旅游者,国际旅游消费将达2万亿美元,国际旅游人数和消费平均增长率将分别达到4.4%和6.7%,远远高于世界经济平均增长3%的幅度。在这个大趋势下,预计2020年中国将成为世界第一大旅游目的国和第四大旅游客源输出国,将有1.37亿国际旅游者到中国旅游,中国在整个东亚及亚太地区接待国际旅游者人数可达到4.38亿,占到31%的份额。因此旅游业在我国仍然是大有前途的。

本公司将积极利用我国加入WTO的契机,提高新建项目的技术含量,加强管理和服务水平,充分利用这一契机,提高公司的盈利能力和整体实力。

九、法律诉讼和仲裁风险

公司多年来在本行业保持了良好声誉,聘请了长年的法律顾问,对资产和项目所涉及的法律问题一直采取谨慎态度,自公司成立以来,未有影响公司主体资产和重大项目的诉讼问题。公司目前的资产和项目均无权属和收益争议,若今后出现法律诉讼和仲裁,公司将充分运用各种法律手段以积极的态度应对,并及时公告,以保护中小投资者的利益。

第三节　发行人基本情况

一、发行人概况

发行人名称:大连圣亚海洋世界股份有限公司

英文名称:DALIAN SHENGYA OCEAN WORLD CO.,LTD.

法定代表人:栗东生

设立日期:1994年1月18日

发行人住所:大连市沙河口区中山路608-6号

邮政编码:116023

联系电话:0411-4685225

传真:0411-4685217

互联网网址:www.sunasia.com

电子邮箱:shengya@online.ln.cn

二、发行人历史沿革

(一)发行人设立方式

公司是以发起设立方式设立,由大连圣亚海洋世界有限责任公司整体变更成的股份有限公司。

(二)发起人

公司发起人为中国石油辽阳石油化纤公司、辽宁迈克集团股份有限公司、新西兰海底世界工程开发有限公司、香港世隆国际有限公司与大连神洲游艺公司五家法人。

(三)历次股本形成、股权变化、改制重组情况及所履行的法定程序

本公司的前身可追溯到大连圣麦尔索海洋世界有限公司(以下简称"本公司")。该公司系经大连市对外经济贸易委员会(大外经贸外资字[1993]2198号文)批准,由大连圣城企业发展公司、辽宁省机械设备进出口公司、新西兰强力太平洋海洋世界有限公司及大连神洲企业有限公司四家企业于1994年1月18日合资设立的中外合资企业,注册资本为400万美元。企业法人营业执照注册号为工商企合辽大(副)字02426号。其中,大连圣城企业发展公司以180万美元现汇出资,占注册资本的45%;新西兰强力太平洋海洋世界有限公司以设备、技术作价及美元现汇折120万美元出资,占注册资本的30%;辽宁省机械设备进出口公司以80万美元现汇出资,占注册资本的20%;大连神洲企业有限公司以建筑物作价20万美元出资,占注册资本的5%。其中外方出资占公司注册资本的30%。

1995年3月25日,经大连市对外经济贸易委员会(大外经贸外企字[1995]86号文)批准,本公

司股东之一新西兰强力太平洋海洋世界有限公司退出本公司，其原持有的本公司30%的股份，分别转让给辽宁省机械设备进出口公司、香港世隆国际有限公司和新西兰海景有限公司（其中后两者为新加入股东）。此次股东变更后，外方出资占注册资本的25%，各股东出资比例情况如下：大连圣城企业发展公司出资占注册资本的45%；辽宁省机械设备进出口公司出资占注册资本的25%；香港世隆国际有限公司出资占注册资本的15%；新西兰海景有限公司出资占注册资本的10%；大连神洲企业有限公司出资占注册资本的5%。同时，大连市对外经济贸易委员会批准本公司名称变更为"大连圣亚海洋世界有限公司"。

1995年7月21日，经大连市沙河口区对外经济贸易委员会和大连市对外经济贸易委员会（沙外发[1995]第108号文）批准，大连圣城企业发展公司将其持有的本公司45%的股份全部转让给中国石化辽阳石油化纤公司。1998年2月10日，经大连市沙河口区对外经济贸易委员会和大连市对外经济贸易委员会（沙外发[1998]第8号文）批准，新西兰海景有限公司将其持有的本公司10%的股份全部转让给新西兰海底世界工程开发有限公司；香港世隆国际有限公司将其持有的本公司5%的股份转让给新西兰海底世界工程开发有限公司。

1997年9月4日，经中国对外贸易经济合作部（[1997]外经贸政审函字第208号文）批准，由辽宁省工商行政管理局核准并换发营业执照，本公司股东辽宁省机械设备进出口公司进行了规范重组，并更名为辽宁迈克集团股份有限公司。同年4月1日，另一股东大连神洲企业有限公司经大连市工商行政管理局批准并换发营业执照，更名为大连神洲游艺公司。1998年10月6日，由于中国石化辽阳石油化纤公司变更隶属关系，被划入中国石油天然气集团，根据中国石油集团公司政策法规局《关于对原中国石油化工总公司划入中国石油天然气集团公司化工企业和销售公司变更企业名称的报告》（政字[1998]第1号文），经辽阳市工商行政管理局核准并换发营业执照，"中国石化辽阳石油化纤公司"的名称变更为"中国石油辽阳石油化纤公司"。

1999年5月28日，经中国对外贸易经济合作部的《关于同意大连圣亚海洋世界有限责任公司转制为外商投资股份有限公司的批复》（[1999]外经贸资一函字第313号）及《中华人民共和国外商投资企业批准证书》（外经贸大资字[1993]1633号）批准，本公司由本公司原五家股东中国石油辽阳石油化纤公司、辽宁迈克集团股份有限公司、新西兰海底世界工程开发有限公司、香港世隆国际有限公司与大连神洲游艺公司作为发起人，以发起设立方式，整体变更为股份有限公司。公司注册资本为6000万元，总股本为6000万股。本公司于1999年7月9日由中华人民共和国工商行政管理局换发企业法人营业执照，注册号企股辽大总（副）字第02426号，经营期限和执照有效期自1994年1月18日始。整体变更后各股东出资比例情况如下：中国石油辽阳石油化纤公司出资额2700万股，占总股本的45%；辽宁迈克集团股份有限公司出资额1500万股，占总股本的25%；新西兰海底世界工程开发有限公司出资额900万股，占总股本的15%；香港世隆国际有限公司出资额600万股占总股本的10%；大连神洲游艺公司出资额300万股，占总股本的5%。其中外资股比例为25%。

（四）发行前股东持股情况

本次发行前公司股东名称及其持股数量和比例为：

股东名称	持股数量（万股）	占总股本比例（%）
中国石油辽阳石油化纤公司	2700	45
辽宁迈克集团股份有限公司	1500	25
新西兰海底世界工程开发有限公司	900	15
香港世隆国际有限公司	600	10
大连神洲游艺公司	300	5
合计	6000	100

三、股本结构变化对发行人的影响

公司自成立以来所发生的股本结构变化对公司的业务和经营业绩未有任何影响，公司一直围绕主营业务进行开拓和发展，经营业绩保持稳定增长。自公司创立以来，总经理一职一直由周昱今先生担任，公司的经营管理班子保持较好的稳定性，公司的经营战略和方针也保持了较好的延续性。变更为股份公司前，由于股权的转让及股东的变更，公司的董事会成员有所变动。具体情况为：

（一）大连圣城企业发展公司将其所持有的45%本公司股权转让给中国石化辽阳石油化纤公司后，原董事大连圣城企业发展公司总经理周万兴先生辞职退出，中国石化辽阳石油化纤公司委派李之平先生任新董事。

（二）新西兰海景有限公司将其所持有的10%本公司股权转让给新西兰海底世界工程开发有限公司后，新西兰海底世界工程开发有限公司委派周昱今先生任新董事。

四、验资和审计情况

（一）验资情况

1995年，鉴于本公司前身大连圣麦尔索海洋世界有限公司各合资方出资都已实际到位，公司委托大连会计师事务所东方分所对合资方出资到位情况进行了验资。1999年公司整体变更成股份有限公司时，委托大连正元会计师事务所对各发起人的资金到位情况进行了验资。以下是两次验资时会计师事务所及注册会计师出具的验资报告摘录。

1、1995年2月20日，大连会计师事务所东方分所接受委托，对本公司合资各方实际出资情况进行验证，并出具大会东验字（1995）第20号验资报告。经查验，公司投资总额为761万美元，注册资本400万美元。其中：大连圣城企业发展公司出资180万美元，占注册资本的45%；辽宁省机械设备进出口公司出资100万美元，占注册资本的25%；香港世隆贸易有限公司出资60万美元，占注册资本的15%；新西兰海景有限公司出资40万美元，占注册资本的10%；大连神洲企业有限公司出资20万美元，占注册资本的5%。截至1995年2月20日止，公司合资各方均已缴定各自认缴的出资额。

2、1999年7月8日，大连正元会计师事务所受本公司委托，对股份公司截至1999年6月30日止的实收资本的真实性和合法性进行了审验，并出具了大正会师外验字（1999）11号验资报告。截至1999年6月30日止，大连圣亚海洋世界股份有限公司已收到其发起股东投入资本六千万元人民币（60,000,000.00元人民币）。与上述实收资本相关的资产总额为73,478,073.30元，负债总额为9,165,680.08元，未分配利润为4,312,393.22元。

（二）审计情况

1、公司委托大连会计师事务所对1998年12月31日的资产负债表及1998年度的利润表、现金流量表进行审计，大连会计师事务所出具了无说明段的无保留意见的大会师外审字（1999）8号审计报告。

2、公司委托大连会计师事务所对1996年12月31日、1997年12月31日、1998年12月31日的资产负债表和1996年度、1997年度、1998年度的利润表及利润分配表以及1998年度现金流量表进行审计，大连华连会计师事务所出具了无说明段的无保留意见的大连师外审字（1999）104号审计报告。

3、公司委托大连正元会计师事务所对1999年12月31日的资产负债表及1999年度的利润表、现金流量表进行审计，大连正元会计师事务所出具了无说明段的无保留意见的大正会外审字（2000）75号审计报告。

4、公司委托大连华连会计师事务所对2000年12月31日的资产负债表及2000年度的利润表、现金流量表进行审计，大连华连会计师事务所出具了无说明段的无保留意见的华连外审字（2001）127号审计报告。

5、公司委托大连华连会计师事务所对1999年12月31日、2000年12月31日和2001年12月31日资产负债表和1999年度、2000年度和2001年度利润表及利润分配表、2001年度现金流量表进行审计，大连华连会计师事务所出具了无说明段的无保留意见的华连外审字（2002）31号审计报告。

五、无形资产使用及权属情况

股份公司设立后，原公司所拥有的商标、土地使用权、专利与非专利技术等无形资产，一并由股份公司继承。

（一）土地

本公司目前经营用地的土地使用权由公司以出让方式取得，国有土地使用权证号为大国用（2001）字第03040号，使用权面积2270.27平方米，使用期限至2033年5月10日。该块土地使用权并未有用于抵押或向外提供担保。募集资金投向的二期工程用地，位于大连市沙河口区星海公园东侧，用地面积10870平方米，土地使用证尚在办理过程中。

（二）房产

本公司现拥有建筑面积为5574.67平方米的经营用房产，并持有由大连市房地产管理局于2001年6月5日签发的编号为大房权证沙单字第2001180335号《房屋所有权证》。该房产并未有用于抵押或向外提供担保。

（三）注册商标

本公司主要注册商标共有8个。根据《中华人民共和国商标法》规定，注册商标有效期满，可以在期满前6个月内申请续展注册，每次续展注册的有效期为10年，续展次数无限制。全部8个注册商标情况列示如下：

序号	商标样式	类别	证书编号	有效期限
1	圣亚	42	1109857	1997年9月21日至2007年9月20日
2	圣亚	41	1109934	1997年9月21日至2007年9月20日
3	鱼眼图形	41	1109937	1997年9月21日至2007年9月20日
4	鱼眼图形	42	1109858	1997年9月21日至2007年9月20日
5	OCEAN WORLD	42	1109828	1997年9月21日至2007年9月20日
6	鱼眼图形 + OCEAN SCAPE	41	1127910	1997年11月14日至2007年11月13日
7	鱼眼图形 + MARINE - SCAPE	41	1127913	1997年11月14日至2007年11月13日
8	鱼眼图形 + OCEAN - WONDER	41	1127912	1997年11月14日至2007年11月13日

（四）专有技术

本公司前身大连圣麦尔索海洋世界有限公司成立时，股东新西兰海景有限公司以其专有技术作价入股，投入时入帐价值为344万元人民币，形成本公司无形资产。投入的专有技术是建造海洋世界所需的多项专有技术，主要有：

1、咸水系统

已研制且应用到实践中的复杂过滤系统的设计可使水质清澈透明，能见度达到50米。该技术在1994年已经过10年和8个工程的实践证明和再提高，特殊的建筑技术和抽泵系统使高效低消费的建筑和运作成为可能。

2、人工岩石工程

建造人工岩石、海草及特殊特点的技术研究，将知识应用到特别区域，使岩石表面五颜六色，表质纷繁，更加形象和逼真。

3、水族馆整体设计

包括特殊人员的需要、特殊鱼类保护技术的操作需要、水族馆的培训、特殊清洗技术以及过滤系统的管理，还包括活鱼的捕捉方法、运送方法和设备的选择及使用，此外还有对多种静态鱼类、岩石展示的所有版权。

除了上述三类主要专有技术，还有聚炳烯材料的设计和使用、多动过道传送带的设计和维护技术，这些技术在当时均处于国际领先水平。

六、公司员工及其社会保障情况

（一）发行人的员工构成

截止2000年12月31日，公司现有员工91人，无离退休人员，其具体构成情况如下表所示。

分类		人数（名）	比例（%）
教育程度	硕士	7	7.7
	大学本科	23	25.3
	大学专科	18	19.8
	大专以下	48	47.2
专业	管理人员	19	20.9
	技术人员	27	29.7
	财务人员	7	7.7
	其他人员	38	41.7
年龄	20－29岁	52	57.2
	30－39岁	33	36.2
	40－49岁	6	6.6
	50岁以上	0	0
职称	高级职称	2	2.2
	中级职称	10	11
	其它	79	86.8

（二）发行人职工的社会保障情况

本公司按国家和地方的有关政策为所有合同员工办理了社会保险，包括养老保险、医疗保险、住房公积金、工伤保险等。

七、公司业务、资产、人员、机构和财务等方面与股东的分开情况

（一）业务独立情况

本公司主营业务为建设、经营水族馆、海洋探险人造景观，与各股东所经营的业务完全不同，在业务方面自公司成立以来就一直自成一体，独立运作，与各股东完全分开，与各股东之间也不存在重大关联交易。因此，本公司业务独立完整，完全具备自主经营的能力。

（二）资产独立、完整情况

根据大连会计师事务所"大会师外审（1999）8号"审计报告，大连圣亚海洋世界有限公司截至1998年12月31日的帐面净资产为60,000,000元，按照1:1的比例折为6,000万股发起人股，由大连圣亚海洋世界有限公司原有的五家股东作为发起人，以发起设立方式设立大连圣亚海洋世界股份有限公司，于1999年7月9日由中华人民共和国工商行政管理局核准并颁发营业执照，大连圣亚海洋世界有限责任公司整体变更为大连圣亚海洋世界股份有限公司。

大连圣亚海洋世界有限公司已经完成整体变更，全部人员、业务、资产以及全部债权、债务进入股份公司。股份公司具有独立、完整的产、供、销系统，股份公司的全部资产独立、完整。

（三）人员独立情况

1、高级管理人员任职情况

目前,本公司董事长未在任何股东单位担任法定代表人,总经理、副总经理等高级管理人员未在公司和股东单位中双重任职。

2、财务人员任职情况

目前,本公司财务人员未在任何关联公司双重任职。

3、股份公司的劳动、人事及工资管理系统完全独立

本公司已建立了完善的劳动、人事和劳动工资管理制度,确保了公司独立的人事体系。股份公司已按照国家有关规定,统一安排员工参加了医疗、养老及失业保险。

(四)机构独立情况

本公司自成立起即建立了符合《公司法》、《证券法》等国家有关法律、法规及适合本公司特点的组织机构,组织与股东及其它关联方完全分开,机构完全独立。

(五)财务独立情况

1、按照《企业会计准则》及《企业会计制度》的要求,结合所在行业的特点及公司的实际情况,本公司建立了符合相关法规要求的规范的财务管理制度,并选择了较为稳健的会计政策在公司内部统一执行。

2、本公司设立独立的财务部门,建立了独立的内部控制制度和财务管理制度。

3、本公司建立了内部审计制度,对公司的内部控制制度及财务管理制度实施监控,确保财务核算的独立有效运作。

4.本公司在银行独立开户,不与股东共用帐户,并依法独立纳税。

综上所述,本公司自设立以来,已建立并完善了规范化的法人治理结构,公司股东大会、董事会、监事会和经理层严格按照《公司章程》规范运作;股份公司的业务、人员、资产、机构和财务体系独立、完整。

第四节　发行人股本情况

一、发行人股本结构变动情况

本公司历次股权转让及股本结构变动情况请参阅本招股书第四节第二部分“发行人历史沿革”。

二、外资股份持有人的情况

本公司现有外资股东两家,这两家股东的基本情况和持股情况如下表所示:

外资股东名称	注册地	持股数量(万股)	持股比例	业务范围
新西兰海底世界工程开发有限公司。	新西兰威灵顿Horotkiwi路200号	900	15%	专门提供现代水族馆等海洋旅游项目的设计、施工与工艺技术指导及特殊材料与设备
香港世隆国际有限公司	香港皇后大道西77-91号荷里活中心一字楼B室	600	10%	主要从事国际贸易及投资咨询

本公司持股5%(含)以上的外国股东所在国家或地区有新西兰和香港,现将其对于向中国投资和技术转让的法律、法规介绍如下。

1、新西兰对于其向中国投资和技术转让没有专门的法律、法规,主要体现在以下两个合作协定里。

两国于1987年3月23日签订了《中华人民共和国政府和新西兰政府科学技术合作协定》,该合作协定第四条约定:“缔约双方应在适当范围内,鼓励和促进两国的政府部门、研究机构、高等院校、公司和企业及其他实体之间建立直接联系;并支持这些组织为进行合作活动作出单独的安排或协议。缔约双方应在符合本协定的情况下及适当范围内进一步促进有利于两国的双边经济和商业活动。”

两国于1989年3月25日签订了《中华人民共和国政府和新西兰政府关于促进和保护投资协定》,该协定第三条“促进和保护投资”中的第一款约定:“缔约任何一方在符合其国家目标的条件下,应依照投资所在缔约一方的法律和法规鼓励缔约另一方的国民和公司在其境内进行投资,并为之创造良好的环境”。该协定第四条“最惠国条款”第一款约定:“缔约任何一方对在其境内的缔约另一方的国民和公司的投资或收益所给予的待遇不应低于其给予第三国国民和公司的投资或收益的待遇”。

2、香港为自由港,在对内地投资和技术转让方面无特别规定。

本公司章程中对股东转让股份作出限制规定:“发起人持有的股票,自公司成立之日起三年以内不得转让”;“持有公司5%以上有表决权的股份的股东,将其持有的公司股票在买入之日起六个月以内卖出,或者卖出之日起六个月以内又买入的,由此获得的利润归公司所有”。

三、本次拟发行的股份及发行后公司股本结构

本次发行拟向社会公众公开发行股票3200万股,发行成功后,本公司注册资本将增至9200万元。本次发行前后公司股本结构为:

	本次发行前股本结构		本次发行后股本结构	
股份类型	股数(万股)	比例(%)	股数(万股)	比例(%)
非流通股:				
国有法人股	2700	45	2700	29.35
外资法人股	1500	25	1500	16.30
法人股	1800	30	1800	19.57
流通股:				
社会公众股	0	0	3200	34.78
总投本	6000	100	9200	100

本次发行后,外资股比例将由发行前的25%降至16.30%,届时公司将向中华人民共和国对外贸易经济合作部申请将企业类型由外商投资股份制企业变更为股份制企业。

四、董事、监事、高级管理人员持股情况

本次公开发行前,本公司董事、监事、高级管理人员均未持有本公司股份。

第五节　股东的基本情况

本公司共有5家股东,现分别详述如下:

一、中国石油辽阳石油化纤公司

该公司原名中国石化辽阳石油化纤公司,隶属于中国石油化工总公司,1998年被划归为中国石油天然气集团公司,更名为现名。该公司成立于1998年10月6日,住所为辽阳市宏伟区火炬街5号,法定代表人孙洪来,注册资金人民币23亿3500万元,经济性质为全民所有制,经营范围主要是制造,安装,服务,运输,进出口,经营范围为主营化纤,化纤单体塑料原料,石油化工产品,化工原料,承包境外石化工程及所需的设备、材料出口和派遣境外工程所需的劳务人员,境内国际招标工程。该公司董事长兼总经理孙洪来,副总经理栗东生,财务经理陈玉玺。截止2001年12月31日该公司总资产276,734万元,净资产199,162万元,净利润-10,640万元(以上数据未经审计)。本次公开发行前,持有本公司45%的股权。该公司已承诺其持有的该部分股权没有对外质押或担保。

该公司是隶属于中国石油天然气集团公司的国有独资公司,控股或参股企业情况如图所示。

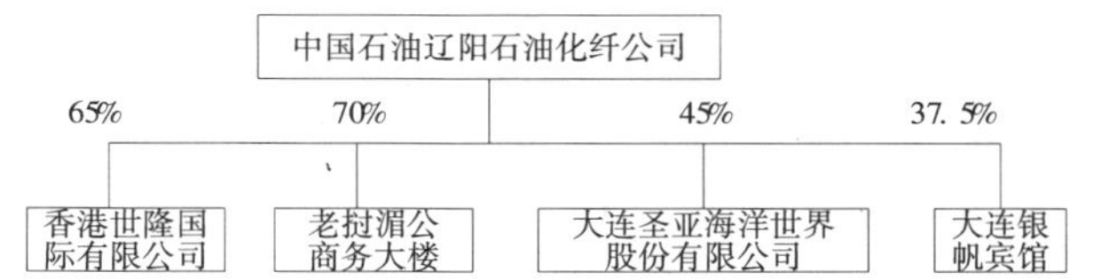

其中:

老挝湄公商务大楼主要经营酒店宾馆业务,依据中国石油辽阳石油化纤公司与老挝计划合作委员会签订的《互利经济合作项目合同》建设,项目地点为老挝万象市龙勃拉邦路西滩乐树,合同金额为135万美元。

大连银帆宾馆注册地为大连经济技术开发区长春路,企业类别为合资经营(港资),经营范围为客房、写字间、餐厅、游乐、商场、交通服务,注册资本为1680.72万美元,董事长陈焕民,总经理谭铭桥。

二、辽宁迈克集团股份有限公司

该公司前身为辽宁省机械设备进出口公司,1997年9月4日经中国对外贸易经济合作部批准成立,住所为大连市中山区昆明街42号,法定代表人康剑,注册资本4000万元,企业类型为股份有限公司,经营范围为机械设备、电子产品、仪器仪表、工农具、运输工具出口及国家政策允许的进出口贸易;承办中外合资、合作及“三来一补”业务;易货贸易及转口贸易;商务代理、住处咨询;上述出口转内销及易货商品国内销售。该公司董事长总经理康剑,副总经理王双宏、马正兴,财务经理孙淑花。截止2001年12月31日,该公司总资产50,140万元,净资产6,811万元,净利润282万元(以上数据未经审计)。本次公开发行前,持有本公司25%的股权。该公司已承诺其持有的该部分股权没有对外质押或担保。

该公司于1993年12月25日经辽宁省体改委批准,由辽宁省机械设备进出口公司作为独家发起人,以定向募集方式设立。后于1997年11月底依据国家有关规定完成了规范重组。重组后股本结构如表所示。

辽宁迈克集团股份有限公司股本结构

股东名称	持股数量(万股)	占总股本比例(%)
国有法人股		
辽宁省装备集团有限公司	1200	30.00
法人股		
大连镁强贸易有限公司	800	20.00
大连国际经济技术合作公司	250	6.25
利盟集团股份有限公司	100	2.50
中国人民保险公司大连公司	100	2.50
瓦房店轴承厂	100	2.50
大连冷冻机股份有限公司	100	2.50
牡丹江机床厂	100	2.50
汽车工业进出口辽宁公司	50	1.25
大连太平洋保险公司	50	1.25
沈阳邦杰分马力电机厂	30	0.75
浙江万象节集团公司	30	0.75
沈阳防暴电机厂	30	0.75
沈阳实业电磁线厂	20	0.50
沈于洪区洪电联营公司	20	0.50
辽设进出口公司营口公司	15	0.375
自然人股		
内部职工股	1005	25.125
合计	4000	100

该公司控股参股企业情况如图所示。

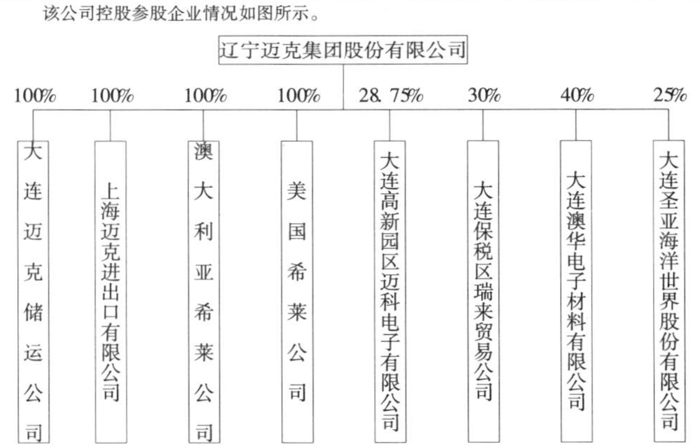

其中:

大连迈克储运公司住所为甘井子区革镇堡镇羊圈子村,法定代表人为王荣德,注册资金为60万元,经济性质为全民所有制,经营范围主营物资储存,兼营商品包装加工维修养护、本系统材料代收代运代保管代结算、本公司积压商品代销、货物运输装卸、金属材料、建筑材料销售。

上海迈克进出口有限公司住所为上海市外高桥保税区D径一路135号A401室,法定代表人为康剑,注册资本为人民币549.5万元,企业类型为国有独资有限责任公司,经营范围为机电仪产品转口贸易,代理区内企业生产用原材料,机电仪产品进出口及产品出口,与区外有外贸权企业贸易,区内仓储,商业性简单加工,设备出租和技术咨询业务(涉及许可经营的凭许可证经营)。

澳大利亚希莱公司和美国希莱公司主要经营国际贸易业务。

大连澳华电子材料有限公司住所为大连市甘井子区革镇堡羊圈村,企业类别为中外合资经营,经营范围为生产纸基积层板,注册资本为80.5万美元,董事长康剑,总经理李有林。

大连保税区瑞来贸易有限公司住所为大连保税区泰华大厦301-B,法定代表人为李楠,注册资本为120万元整,企业类型为有限责任公司,经营范围为机电产品(不含汽车)、针纺织品、五金交电、工艺美术品、土产产品、日用百货、建筑材料、金属材料、计算机及软件、办公家俱销售、贸易信息咨询。

大连高新园区迈科电子有限公司住所为大连市中山区昆明路街42号,法定代表人为陈祥,注册资本为80万元,企业类型为有限责任公司,经营范围为计算机软硬件及网络技术开发、技术

咨询、技术服务、技术转让及其产品代理;办公自动化设备、计算机软硬件、计算机消耗材料批发兼零售。

(三)新西兰海底世界工程开发有限公司

该公司 1997 年 9 月 29 日在新西兰注册成立,注册地址为新西兰威灵顿 Horotkiwi 路 200 号,该公司专门提供现代水族馆等海洋旅游项目的设计、施工与工艺技术指导及特殊材料与设备。该公司负责人为 Dango W.,截止 2001 年 12 月 31 日,该公司总资产 891 万新元,净资产 802 万新元,净利润为 -1930 新元(以上数据未经审计)。本次公开发行前,持有本公司 15% 的股权。该公司已承诺其持有的该部分股权没有对外质押或担保。

该公司由 Dango W. 个人根据新西兰当地法律注册成立,实际控制人即 Dango W.。除本公司外,该公司无其它控股或参股企业。

(四)香港世隆国际有限公司

该公司 1991 年 12 月 10 日在香港依据公司条例注册成立,注册地址为香港皇后大道西 77-91 号荷里活中心一字楼 B 室,注册资本为 100 万港币,主要从事国际贸易及投资咨询。该公司董事长王本勤,董事马锡荣。截止 2001 年 12 月 31 日,该公司总资产 1,469 万港元,净资产 1,343 万港元,净利润为 -34 万港元(以上数据未经审计)。本次公开发行前,持有本公司 10% 的股权。该公司已承诺其持有的该部分股权没有对外质押或担保。

该公司股本构成为:中国石油辽阳石油化纤公司投入 65 万港币,占注册资本的 65%,王本勤个人投入 35 万港币,占注册资本的 35%。除本公司外,该公司无其它控股或参股企业。

五、大连神洲游艺公司

该公司原名大连神洲企业有限公司,1997 年 4 月,经大连市工商行政管理局批准,变更为现名。该公司成立于 1992 年 10 月 20 日,住所为大连市沙河口区星海公园,法定代表人刘德义,注册资金 360 万元,经济性质为集体所有制,经营方式为批发兼零售、代购、代销,经营范围主营游艺,兼营五交化商品、化工原料、百货、饲料、建筑材料、针纺织品、日用杂品、经济信息咨询服务。该公司财务负责人为刘运海,截止 2001 年 12 月 31 日,该公司总资产 1,600 万元,净资产 370 万元,净利润为 3 万元(以上数据未经审计)。本次公开发行前,持有本公司 5% 的股权。该公司已承诺其持有的该部分股权没有对外质押或担保。

该公司为集体所有制企业,法定代表人为刘德义。除本公司外,该公司无其它控股或参股企业。

第六节 发行人的组织结构

一、公司的权益结构

本公司目前尚无对外投资,不存在控股、参股子公司、合营及联营企业。

二、公司内部组织机构

根据公司章程,本公司实行董事会领导下的总经理负责制。董事会对股东大会负责,下设董事会秘书;股东大会下设监事会;公司总经理由董事会聘任,总经理对董事会负责。公司其他高级管理人员由总经理提名并经董事会批准;总经理下设副总经理、总经理助理、财务部经理等高级管理人员;总经理全面负责公司的日常生产经营活动。公司的组织机构如图所示。

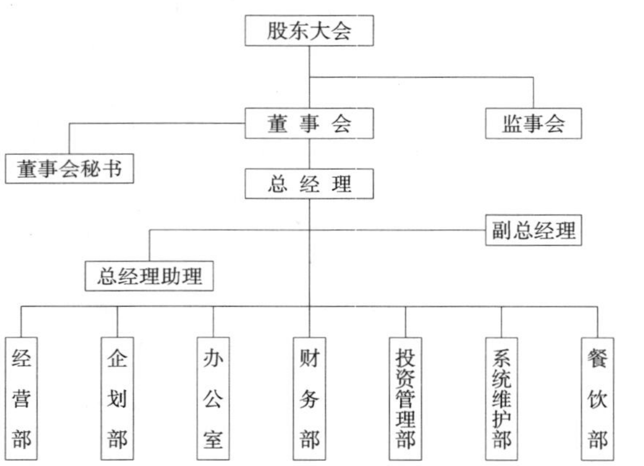

第七节 发行人业务和技术概况

一、本公司的业务情况

(一)本公司所处行业的基本情况

1、本公司所处的旅游行业现状及发展趋势

本公司所处行业为旅游服务业。旅游业是一个综合性行业,融劳动密集、资金密集、技术密集于一体,具有投入少、收效快、低污染的特征,被誉为永不衰落的"朝阳产业"。

国家旅游局何光日韦局长和朱镕基总理在 2001 年全国旅游发展工作会议上的讲话,将我国的旅游业的历史和现状做了量化分析并提出了具有前瞻性的具体工作布署。本节以下分析的数据均出自何光日韦局长和朱镕基总理的讲话以及国家旅游局对外公布的统计数字。

旅游业总产值占全球服务业总产值的 1/3 左右,我国只占 1/6 左右;全球旅游业总产值占 GDP 的比重已经超过 10%,我国只占 5%左右,而我国幅员辽阔,人文、历史和自然旅游资源极为丰富,因此发展旅游业潜力非常大。

旅游业作为我国一个新兴的产业,经过二十多年的发展,目前已具有相当的规模,成为我国发展速度最快的行业之一,也是我国第三产业中最有活力的行业之一。社会经济发展趋势上,旅游已位列 21 世纪国人消费五大需求之一(住房、旅游、汽车、健康、通讯),存在大规模的市场。我国已把旅游业确定为本世纪初国民经济新的经济增长点,并将给予更多的政策扶持。按照国家旅游局制定的发展计划,到 2010 年,中国旅游业总收入将达 1.3 万亿至 1.4 万亿人民币,占 GDP 的比重将提高到 8%左右,旅游业将发展成国家的支柱产业之一。

我国旅游行业自 1989 年以来国际旅游人数和旅游外汇收入一直呈现快速增长的趋势,据国家统计局提供的数字,1990-1997 年间的平均年旅游外汇收入环比增长速度高达 27%,但 1998 年以来,由于金融危机的影响,这一趋势有所减缓,1998 年入境旅游人数和旅游外汇收入增长率仅为 10.23%和 4.39%,1999 年恢复到 14.68%和 11.9%。2000 年上半年,我国旅游业继续保持了 1999 年以来的恢复性增长态势,2000 年前 7 个月,入境旅游人数比上年同期增长 16.18%,旅游外汇收入比去年同期增长 18.61%。与此同时,2000 年上半年国内旅游收入同比增速也达到 15%以上。随着我国居民消费水平的增长和消费习惯的改变,国内旅游出现了明显的排浪式增长态势,自 1995 年开始,国内旅游收入的增长幅度一直高于国际旅游外汇收入的增长,使我国的旅游产业市场格局出现了重大改变。1999 年国内游客数量是入境游客数量的 9.88 倍,国内旅游收入将近国际旅游收入的 2.3 倍。

自 1999 年"十一"延长法定休假期以来,"黄金周"期间数千万国人大举出游,掀起了空前的旅游热潮,使得"假日经济"成为旅游界关注的焦点。根据有关部门公布的数据显示,1999 年"十一"全国出游人数为 2800 万人次,2000 年"五一"为 4600 万人次,2000 年"十一"则达到 5500 万人次,一年来几乎翻了一番;旅游综合收入从 141 亿元到 181 亿元,再到 220 亿元,增长了 56%。近期中新网一份调查表明,目前国内旅游的主力军——中国城镇居民出游率已将近 95%,每年人均旅游消费 615 元人民币。国内旅游已从起步期进入成长期,这一时期将长期延续,可能长达几十年。目前,中国城镇居民消费支出的恩格尔系数达 48%,农村居民则高达 55%,随着这一系数的下降,旅游支出将在中国居民的消费增量中继续占有较大的份额,一个"大众旅游"的新阶段正在到来。

2000 年大连市加大了发展旅游业的力度,接待海外旅游者的规模和旅游创汇额分别增长 30%,达到 33.8 万人次和 2.3 亿美元;接待国内游客的规模再增加 100 万人,达到 2100 万人次,国内收入达到 73.7 亿元。

良好的国内旅游环境和本地区旅游环境,为本公司的业务发展提供了广阔的发展前景,近年来公司业务稳步增长,并将在未来几年随着旅游业的发展取得更好的经营业绩。

2、人造景观类旅游资源的现状及发展趋势

旅游产品主要由旅游资源、旅游服务设施、交通等几个方面组成。旅游业又可以分为旅行社类、酒店类和资源景点类几个子行业。本公司属于资源景点类中的人造景观类。

我国的旅游景点资源非常丰富,有着广阔的开发利用潜力。旅游产品可以分为传统产品和新兴的游乐产品。前者如山水风光、文物古迹、民俗风情,后者如微缩景观、游乐场等。我国有五千年的悠久历史,幅员辽阔,奇山异川千变万化。传统旅游产品丰富,随着游客需求的进一步提高,传统型的旅游产品正在加快更新改造,目前我国的旅游产品已由大众化向个性化发展,由一般观光旅游、单纯观光向主题观光、参与型观光等方向发展,同时开始了度假产品和专项产品的开发。目前我国有 12 个国家级度假区、54 个全省级度假区和一批环城市度假设施正在建设中。新兴的游乐产品经过 20 年的发展,从游乐园影城开始,逐步开发了从微缩景观、游乐场、水上世界一直到海洋世界,目前海洋世界方兴未艾、处于大规模建设的扩张阶段。

就本公司所经营的水族馆来看,国内水族馆的发展是受国外娱乐业的启发,近年来逐步发展起来的新兴观光项目。目前国内已开业的与本公司同等规模的水族馆共计十六家,总的看来,从早期的低投入、高产出逐步向高投入、高产出转变,这符合国内游乐行业的发展趋势。发展的经历显示,档次低、信息量少、缺乏参与的项目和科技含量低的景点终究将被淘汰。未来水族馆的竞争将是服务、技术和创新的竞争。

3、本公司的行业竞争力

(1) 影响本行业发展的因素

本公司的业务主要为旅游业,受国家旅游局的行业管理,同时本公司是合资企业,直接受大连市对外经济贸易委员会管理。

旅游行业作为国民经济新的增长点,受到朱总理的肯定和支持。在 2001 年全国旅游发展工作会议上,朱总理指出:"旅游业在扩大内需、拉动经济增长、提高人民生活质量方面发挥了日益重要的作用。我国旅游业有着巨大的发展潜力和广阔前景",同时朱总理表示政府要对旅游业给予大力支持。因此,旅游业是受国家产业政策鼓励和扶持的朝阳产业,同时由于地域的限制,市场处于相对分割状态,国际市场不会对本公司造成较大冲击。

水族馆是人造景观的一种,其建造技术已不再是具有垄断性的技术,因此目前国内已有几十家大小不一的水族馆已建成营业或正在建设中。若想进入本行业,首先需要有大量的资金支持。据统计,近两年开发建设的水族馆的投资额大多在一亿元人民币以上;其次,尽管建造技术已不再难以获得,但相关的管理技术、维护更新技术以及技术人员的获得也有一定难度,这也加大了运营风险,提高了行业壁垒。

(2) 本公司的行业地位

本公司经营的大连圣亚海洋世界是我国第一座建成并对外开放的、目前世界上最先进的第三代水族馆——海底通道式水族馆。它拥有长达 118 米的海底通道,1995 年建成时居亚洲第一位。海底通道是目前水族馆最先进的展示方式,它采用的透明玻璃是一种名叫丙烯玻璃的化工产品,每块板材的厚度为 0.06 米,长度为 3.37 米,是一个直径为 2.40 米的完整的半圆形,具有透明度高、承压力大、能够弯曲变形的特点。圣亚的海底通道是新西兰技术专家设计安装的,材料的设计、制作、剪裁和弯曲成型均在国外完成。

本公司项目建成至今已有 6 年时间,在这期间国内相继建成近 20 家同等规模的水族馆,一些新建的项目从国外引进和购买的设备在技术上已处于领先地位,本公司的技术设备处于中上游水平。

作为人造景观项目,市场处于分割状态,同行业的竞争一方面体现为对异地客源的争夺上,另一方面体现在修炼内功提高对游客的吸引上。本公司作为国内较早建立的水族馆,已建立了一整套符合本行业特点的宣传策划、技术更新维护和服务的管理体系。

另外,大连是一个三面环海的海滨城市,拥有丰富的海洋资源,其海洋渔业、海产养殖业历史悠久。大连专业人才众多,技术力量极为雄厚,国内两家水产专业的高校之一——"大连水产学院"即坐落于大连市。所以本公司在海洋生物养殖方面具有得天独厚的技术人才优势。依靠公司拥有的一批水族馆技术的专业人才,本公司能够完全解决在水质、鱼种、饲养等方面的技术问题,保证水质环境和水族生物的健康生长。

再者,圣亚海洋世界的水全部取用经过过滤、净化处理的天然海水,相对于其他利用人造海水的内陆水族馆而言,不但水质能够得到保障,而且具有经营成本较低的优势。依托大连市三面环海、拥有丰富海洋资源的地理优势,日常所需的鱼饵料能够就地获取,价格便宜,购买的新鱼等海洋生物的海上运输也极为方便,使本公司的运营成本也比内陆地区的水族馆低许多。

因此,在设备技术不占绝对优势的情况下,本公司在本行业仍保持领先地位。圣亚海洋世界项目开业 6 年多,已接待中外游客近 700 万人,实现销售收入 34000 万元。

(二)本公司的业务范围和主营业务

1、本公司业务基本情况

本公司的业务以建设经营水族馆为主,主营业务收入是水族馆门票收入。公司 2001 年度主营业务收入为 6802 万元,其中门票收入 6592 万元,占主营业务收入的 97%。收入来源稳定并逐年增长,使本公司的经营业绩得到有力保障。但是公司的业务带有明显的季节性,每年的 5 月至 10 月为经营旺季,前来参观游览的游客较多,营业收入高;其它月份为经营淡季,前来参观游览的游客较少,营业收入也相对较少,甚至会产生季节性经营亏损。

本公司水族馆市场定位为吸引较高消费层次的游客,与本地其它景点形成互补关系。据 2000 年度本公司对参观游览圣亚海洋世界的游客与大连地区其它景点游客的调查分析报告,游览本公司的游客在年度旅游平均花费、年度旅游人均花费及游客家庭月总收入等方面均超过大连地区其它景点游客的平均水平,因而本公司的业务将随着国家旅游业特别是大连地区旅游业的发展而稳步增长,同时仍将保持较高利润水平。

2、服务流程

(1)本公司业务以为游客提供服务为主,各业务部门工作人员服务内容如下:

前广场保安:负责维持前广场秩序,以及咨询服务和安全保卫工作

售票员:销售门票

检票员:提供检票、咨询、寄存物品等服务

前厅保安员:负责维持前厅秩序,以及咨询服务和安全保卫工作

巡馆员:为游客定时提供讲解服务

咨询员:提供电话咨询、游程信息服务和导游员安排工作

投诉接待员:负责受理并及时处理游客投诉工作

(2)服务项目简介

公司水族馆主要由以下七大部分组成:

①舰船模型展厅:展出 30 余艘手工精制而成的舰船模型。既有古代的木质帆船,也有现代先进的航空舰编队,其展示了人类进军海洋的历史,有着较高的艺术与欣赏价值。

②热带珊瑚展厅:集中展示热带鱼、鲨鱼、海龟等的生活环境与状态。20 多种形态各异、色彩迷人的珊瑚鱼与水草、海葵、礁石的造景构成了美丽的珊瑚丛世界,展现热带海底妩媚绚丽的迷人风光。

③海洋多功能展厅:集"海底直播室"与大型海洋电影展示墙于一体。运用现代化的造景工艺与高科技视听手段,制造并展现了亦真亦幻的海底世界。

④极地风光:该展区集中展示了雪锁冰封的极地风光,千里冰封的极地世界可满足现代人体验冰雪世界的神奇生命的猎奇心理。

⑤触摸池:展示近海生物,其生活状态清晰可见,并可用手触摸。

⑥海底通道:是圣亚海洋世界的主体,也是最为精彩的部分。118 米长的透明拱形长廊将游客引入海底世界,近 10000 只水族生物在清澈的水中自由生活,形成人在海底通道中缓行,海洋生物在海底通道外漫游的互动观赏景象。

⑦游客中心(含儿童涂鸦室、放映厅和救护室):为游客提供各种信息的咨询服务、免费提供本馆的宣传资料外,另设有电脑触摸屏,并提供游览流程线路图、休息设施、医疗救护及导游安排等各项服务。游客中心另外还设有儿童涂鸦室、放映厅及救护室等功能区。其中儿童涂鸦室让儿童在轻松活泼的氛围中,可信手涂抹,并可与活灵活现的玩具海洋动物,尽情嬉戏。放映厅里则在循环放映各种珍贵的海洋资料片,从而为广大游客展示本公司水族馆以外更为广阔的海洋世界。

3、本公司水族馆的主要设备有臭氧机和蛋白分离器,均于 2000 年度购置,处于国内外中上等水平,现已运行 1 年,还能安全运行 5 年以上,近期没有主要和重要设备的更新改造计划。

4、水族馆的技术人员和饲养人员处于潮湿环境中,有触电危险;潜水员作业时使用的空压机及气瓶,有爆炸的危险。在日常工作中,公司严禁工作人员带病操作和违规操作;同时本公司为所有从事高危工作的工作人员购买了人身安全险,并每年为员工安排体检,安排带薪休假以缓解工作压力。

5、客源构成情况

据本公司调查和统计,本公司水族馆游客主要来自东北三省、山东省、北京市和天津市等,其所占比重之和达到 60%以上。在参观游览圣亚海洋世界的游客构成中,主要的游客是学生、专业技术人员及企、事业单位人员,其所占比重之和为 83%以上。游客中大专以上学历者占 61%以上,这可以看出本公司水族馆已不再是仅满足低层次的参观游览需要,而是以其知识性、信息量吸引更高层次的游客。另外,还有 11%以上的游客参观游览水族馆在二次以上。

(三)本公司的主要资产情况

1、本公司近三年主要固定资产情况

(1)本公司 1999 年、2000 年和 2001 年末的固定资产原值分别为 6865 万元、8545 万元和 9181 万元。截至 2001 年 12 月 31 日,固定资产净值为 5135 万元,在建工程为 270 万元。主要固定资产帐面价值、成新度等情况列示如下:

类别	帐面原值(元)	主要固定资产成新度	最期有无报废更新计划	备注
房垩建筑物	19,529,301.96	0.78	无	募集资金项目开工后将有新的房屋建筑物形成
机器设备	38,662,950.59	在 0.5 至 0.96 间不等,综合成新度为 0.63	无	水族馆设立时即购置的设备成新度在 0.5,但运行情况良好
运输设备	6,603,597.08	综合成新度为 0.45	5 台成新度为 0.1 的车辆明年有更新可能	共计 15 辆,成新度差别较大,从 0.1 到 0.9 不等
电子设备	15,451,177.80	综合成新度 0.52	无	今明两年无主要电子设备有更新计划
其中 水下设备	2,453,686.71	0.90		
电视幕墙	460,000.00	0.75		
臭氧机	291,599.42	0.93		
臭氧分离器	111,522.70	0.70		
企鹅	5,060,773.18	0.93	无	今明两年年将引进更多数量企鹅

此外,在建工程由圣亚海洋世界二期工程和现有项目供电设备两二部分组成。

(2)水族馆重要设备情况

①臭氧机

包括两台 WaterTel WT60 型,每小时最大生产量为 60 克的大型机和两台最大生产量为 4.5 克的小型机。分别用于主池、蓄水池及新、旧热海水系统的水处理。

用臭氧杀灭水中的有害菌群,保证鱼类生活环境的细菌总量降至最低,减小二次感染的机会,这是目前国际水族馆行业中最为先进的水处理方式。其主要功效在于通过臭氧及其分解产生的离子的强化性来破坏微生物细胞膜上的原生质,以达到杀菌效果。

由于有机物会大量消耗臭氧,因此,为使所产生的臭氧最大量地与细菌发生反应,在使用臭氧前通常都有要将海水都先经过重力过滤,本馆目前有 60 平方米过滤池 6 个,压力式过滤罐 11 个,分别供主池、蓄水池及各热海水系统使用。

②蛋白分离器

包括 2 台直径 500mm 和 6 台直径 800mm 的蛋白分离器,分别为新、旧热海水系统和 6 个过滤池进水时净化。其工作过程是:将空气(或空气 + 臭氧)注入一个接触室中,通过泡沫的吸附作用将有机分子收集到气泡表面,并随气泡上升到表面,形成蛋白质浮渣而后排污。臭氧的使用可以大大提高蛋白分离器的过滤效果。

沙滤加臭氧杀菌、再加蛋白分离器,构成了水族馆维生系统中最重要、也是最有效的水处理主体,这一流程目前在水族馆运行良好,在确保观赏水体清洁透明,使饲养用水的细菌总数、BOD、COD 等理化指标保持在安全范围内起到了重要作用。

(3)本公司主要固定资产的成新度较高,近期没有重大更新计划,水族馆重要设备在技术上处于国内领先水平。

2、本公司近三年主要无形资产情况

本公司无形资产是本公司前身大连圣麦尔索海洋世界有限公司于 1994 年成立时由股东投入的与建造、运营水族馆密切相关的专有技术,投入时入帐价值为 344 万元人民币,其详细情况已在本节"三、本公司的技术情况"中的"(一)本公司的核心技术情况"中详细披露。按成立时的合营期限,无形资产的摊销期限为 20 年。根据新的《企业会计制度》,公司自 2001 年度开始,将无形资产的摊销期限改为 10 年,并从 1999 年度起追溯调整。无形资产的剩余摊销年限为 4 年。截至 2001 年 12 月 31 日帐面余额为 395,540.44 元。最近三年没有新增无形资产。

3、土地使用权及主要经营性房产取得和占有的情况

本公司目前从事经营活动所使用土地的土地使用权,由公司于 2001 年 5 月 21 日以出让方式取得,国有土地使用权证号为大国用(2001)字第 03040 号,地号为 16/7/13 - 1,图号 4 - 35 - 2 - 1,土地等级为一级,用途为商业服务业,土地使用权面积 2270.27 平方米,使用期限至 2033 年 5 月 10 日。

募集资金投向的二期工程用地,位于大连市沙河口区星海公园东侧,用地面积 10870 平方米,目前公司正在办理"详规"、"单体设计"等相关建设项目审批待续,土地使用证尚在办理过程中。

本公司现拥有建筑面积为 5574.67 平方米的经营用房产,并持有由大连市房地产管理局于 2001 年 6 月 5 日签发的编号为大房权证沙单字第 2001180335 号《房屋所有权证》。

4、本公司没有使用他人的或让他人使用本公司的特许经营权;亦没有合营、联营业务。公司目前没有境外资产。

(四)本公司的主要供应商及客户资料

本公司的采购主要以活体生物为主,2001 年度采购总额为 582,696 元,其中向前 5 名供应商合计采购额为 553,561 元,占年度采购总额的 95%。

由于本公司的主要收入来源于门票收入,2001 年度前 5 名客户的销售总额所占比例较小,仅占年度销售总额的 6.20%,且前 5 名客户均为当地旅行社的集体购买。本公司对游客出售的门票以零售为主,具有客户数量众多、来源分散,向单一客户销售量较小的特点。

(五)本公司董事、监事、高级管理人员和核心技术人员,主要关联方或持有本公司 5%以上股份的股东未在前述供应商中占有权益。

二、本公司所提供服务的质量控制情况

本公司所在的旅游服务行业,服务质量是公司生存之本,是公司经营管理的主要也是最重要的组成部分。本公司经过多年的研究探索和实践,建立并完善了质量控制体系,并于 2000 年 11 月通过了 ISO2002 质量体系认证。

(一)服务质量控制主要内容

公司的质量控制以《质量手册》为依据,该手册由 25 部分组成,是本公司表述质量体系、实施质量管理、提供质量保证、实现质量方针目标的纲领性文件,是公司质量体系范围内各项质量活动的法规和全体员工的行为准则。2000 年 11 月 10 日,CCAS 认证公司对公司进行质量认证,根据其审核的结果以及为提高经营管理水平的需要,公司对《质量手册》进行了修改,并于 2000 年 11 月 16 日正式发布。该《质量手册》覆盖了 GB/T19002 - 1994(idt)ISO9002:1994《质量体系生产、安装和服务的质量保证模式》标准的全部质量体系要求(要素)和公司提供的水族馆优质服务的过程,是贯彻实现质量方针、质量目标,履行质量职责和权限,实施各项质量活动的总体性文件。

质量手册对质量体系的规定,适用于公司控制和证实对水族馆游览提供优质服务的能力和场合。其目的在于通过防止所有过程出现不合格的情况,以使游客满意。它对质量体系要素所作的表述都体现了对体系要素的控制程度,要求每一项质量活动都按预先确定的程序和文件规定来进行,以防止不利于质量的因素发生。即使存在缺陷,也能及时发现,查明原因,防止其再发生。保证提供给游客的服务达到确定的质量水平。其中第"第 7 章顾客提供产品的控制"、"第 9 章过程控制"、"第十一章检验、测量和试验设备"、"第十三章不合格品的控制""第十四章纠正和预防措施"、"第十六章质量记录的控制"等章节中对质量控制提出了完整而有效的控制程序和监测方法。

(二)质量体系要素与职能部门的关系

严密而完整的质量控制体系和责任分工是质量控制得以实现的保障,本公司将质量控制细化到部门和个人,质量休系要素的分配情况如下表所示:

质量体系要素分配表

责任关系 \ 职能部门	总经理	管理者代表	总经理办公室	企划部	经营管理部	系统维护部
4.1 管理职责	▲		△	△	△	△
4.2 质量体系		▲	△	△	△	△
4.3 合同评审			△	△	▲	
4.4 设计控制						
4.5 文件和资料控制			▲	△	△	△
4.6 采购					▲	▲
4.7 顾客提供产品的控制					▲	
4.8 产品标识和可追溯性				▲	△	△
4.9 过程控制			△		▲	▲
4.10 检验和试验					▲	▲
4.11 检验测量和试验设备					▲	▲
4.12 检验和试验状态					▲	▲
4.13 不合格品的控制					▲	▲
4.14 纠正和预防措施			△	△	▲	▲
4.15 搬运、贮存、包装、防护和交付					△	▲
4.16 质量记录的控制			▲	△	△	△
4.17 内部质量审核			△	▲	△	△
4.18 培训			▲	△	△	△
4.19 服务				△	▲	
4.20 统计技术				▲	△	△

▲表示要素归口管理部门　　△表示相关部门

三、本公司的技术情况

(一) 本公司的核心技术情况

1、形成本公司无形资产的专有技术情况

本公司前身大连圣麦尔索海洋世界有限公司于成立时由股东 - - 新西兰海景有限公司以其专有技术作价入股,投入时入帐价值为 344 万元人民币形成本公司无形资产。投入的专有技术是建造海洋世界所需的多项专有技术,主要有:咸水系统、人工岩石工程、水族馆整体设计。此外,本公司还拥有聚炳稀材料的设计和使用、自动人行步道传送带的设计和维护技术,这些技术在当时均处于国际领先水平。上述技术情况已在本招股书第四节发行人基本情况一节中详细批露,请查阅。

2、水族馆的核心技术包括维生系统和人工造景技术。维生系统由循环过滤系统、杀菌系统、水温调控系统、充氧设备、灯光设备、动力设备和管路系统等组成。只有在上述各个系统和设备正常有效运行的情况下,才能获得理想的饲养效果。人工造景技术,不仅要能满足饲养生物的生存需要,尽量接近自然状态,而且要有较好的视觉感受。这是保证水族馆展出效果的重要条件,本公司通过几年来的实践摸索和向外国专家的学习,已完全掌握了水族馆的人工造景技术。

(二)技术发展和研究开发情况

1、水族馆技术发展方向和本公司拥有的专业技术情况

在水族馆行业蓬勃发展的今天,它的存在意义已经不仅仅局限在向人们展示海洋文化,其更深远的意义是随着现代科学技术的发展,将这些先进的技术应用于保护和研究这些珍稀海洋生物的过程中,在海洋生物多样性保护方面发挥更大的作用。随着全球范围的环境破坏的日益加剧,人类活动领域的扩大,严重破坏了一些野生生物的生存环境,很多珍稀种类的动物更是由于人类的捕杀而数量大幅度减少甚至濒临灭绝。

本公司在管理体系架构上并未单独设立研发部门,而是将研发工作放在系统维护部,这是由于本公司的技术研究以实践型、经验型为主的特点决定的。目前系统维护部共有 31 人,其研发工作均是在实际工作中完成的,其公开发表的著作和论文已在本招股书第八节董事、监事、高级管理人员与核心技术人员中详细披露。

本公司系统维护部对海洋生物的人工繁殖个体，以回放为主，展出为辅。通过建立人工繁殖生物的专门档案，进行回捕记录，以便更详细地研究生物学、生态学等诸多因素对该种生物的影响，从而更好地发挥水族馆生物保护的作用。通过填补国内珍稀生物人工饲养的空白使技术日臻完善，保持本公司在生物饲养和人工繁殖上的技术领先性。本公司现成功饲养着海豹、企鹅、海龟、鲨鱼等珍稀生物十余种上百只。在饲养过程中通过日常积累和查阅大量相关资料，已完全能够掌握上述生物在人工饲养环境中的繁殖，并有条件选择不同来源地的亲体进行繁殖，在保证物种多样性的同时确保遗传多样性，使该种群健康发展。

2、技术开发与创新

(1)海洋生物的饲养与繁殖技术

经过多年的研究和实践，本公司已掌握了企鹅、海龟、鲨鱼、海豹等珍稀、濒危海洋生物的饲养繁殖技术。尤其是本公司拥有的亚南极企鹅的饲养技术，已经填补了国内空白。企鹅是世界野生濒危保护动物，全球仅有6个属，17个种，本公司饲养了王企鹅和白眉企鹅两个种。从企鹅的分布地域上分，可分为温带、亚南极和南极企鹅。其中温带企鹅在我国人工饲养较为容易，但本公司目前饲养的亚南极企鹅对生存环境的要求较为苛刻，在我国尚是首次人工饲养成功。为此，公司建立了一套先进的水处理系统，并把先进的臭养蛋白分离技术运用在企鹅饲养系统中。

上述技术将在实践中不断完善，公司有望在未来几年内，通过大量的实践转化成成熟的批量、甚至是产业化技术。发挥自身在海洋生物饲养与繁殖技术方面的特长，通过技术的进一步成熟来实现其潜在的巨大经济价值，如企鹅、海龟、鲨鱼、海豹的饲养与繁殖，将成为公司利润的新的增长点。

(2)利用临海优势、防止近海危害以及水族馆设计运行的相关技术

鉴于海洋主题旅游项目多建设在海边，本公司一直致力于研究水族馆与海洋的充分结合。公司的工程技术人员多年来从事防海水施工技术和防海水渗漏技术的研究与开发，庞大的水处理系统抗震设计与施工(濒海地区大多处在地震带上)技术、防海水腐蚀技术、高科技展示手段在海洋主题人造景观中的应用，水下声、光、电技术的设计、安装、激光显象技术在景观中的应用等。此外，本公司还将工业建筑及生产中的导轨、(木行)桁架、垂直运送等技术应用于展示及表演中，把平面展示、表演发展为全方位空间展示、表演；对海水处理系统技术的改进重点放在海水的多次、长期循环利用，及利用海水防火方面；把生态概念引入到建筑(项目)设计中，充分利用外在的可利用自然资源(如：阳光、水、空气)，改善室内物理条件，降低能耗、节约能源，以及大空间、高密度人流建筑物的通风设计。

上述研究和开发成果已运用到现有水族馆的技术改造并将运用到公司三个新建项目中。

第八节　同业竞争与关联交易

一、关于同业竞争

(一)关于同业竞争的说明

本公司主营业务突出，拥有独立完整的服务经营体系。本公司与所有股东极其控制的其它企业之间经营的业务不存在同业竞争。

为充分保护股份公司权益，本公司全部股东以股东单位名义与本公司签订了《不竞争承诺函》，该承诺函明确表示：

"1、为保证股份公司的长远利益，本公司及所有全资、控股企业今后将不以任何方式直接或间接从事与股份公司相同、雷同或交叉之相竞争的任何业务活动。

2、本公司在与股份公司的任何交易中，将遵循公开、诚信的原则，以市场公认的合理价格和条件进行。本公司不得要求或接受股份公司给予任何优先于在一项市场公开交易中的第三者给予的条件。

3、本公司将依照股份公司章程参加股东大会，平等的行使相应权利、承但相应义务，不损害股份公司及股份公司其他股东的合法权益。

4、本声明、承诺与保证可被视为对股份公司全体及每一名股东分别作出的声明、承诺与保证。"

(二)发行人律师、主承销商就避免同业竞争事宜所发表的意见

本次发行的发行人律师认为，发行人与关联方之间不存在同业竞争。本次发行主承销商经核查认为，发行人与关联方之间不存在同业竞争。

二、关联方

本公司目前存在的关联方及关联关系如下：

(一) 本公司现有5家股东为公司的关联企业

其中本公司第一大股东中国石油辽阳石油化纤公司持有本公司45%的股权，同时其持有本公司第四大股东香港世隆国际有限公司65%的股份，后者持有本公司10%的股份，因而前者直接持有本公司45%的股份，间接持有本公司共计51.5%的股份，为本公司的控股股东。

(二)本公司现有股东控股或参股的企业为公司的关联企业

1、本公司股东中国石油辽阳石油化纤公司持有香港世隆国际有限公司65%的股权、老挝湄公商务大楼70%的股权、大连银帆宾馆37.5%的股权，因此上述企业都是本公司的关联企业。

2、本公司股东辽宁迈克集团股份有限公司持有辽宁迈克储运公司100%的股权、上海迈克进出口有限公司100%的股权、澳大利亚希莱公司100%的股权、美国希莱公司100%的股权、大连澳华电子材料有限公司40%的股权、大连高新园区迈科电子有限公司28.75%的股权、大连保税区瑞来贸易公司30%的股权，因此上述企业都是本公司的关联企业。

(三)本公司股东大连神洲游艺公司的法定代表人为刘德义，其亦是大连神洲游艺城的法定代表人，因此大连神洲游艺城也是本公司的关联企业。

(四)本公司没有参与任何合营企业和联营企业。除现有五个股东和上述情况外，不存在其他对本公司有实质影响的法人或自然人；亦不存在本公司董事、高级管理人员、核心技术人员控制的其他企业。

三、关联关系

1、本公司除与股东之间除存在股权关系外，不存在人事关系、管理关系和商业利益关系等任何关联关系。

2、本公司董事、监事、高级管理人员及核心技术人员在关联方单位任职的情况

栗东生先生，现任本公司董事长，中国石油辽阳石油化纤公司副总经理。

王双宏先生，现任本公司副董事长，辽宁迈克集团股份有限公司副董事长、常务副总裁。赵伟先生，现任本公司董事，中国石油辽阳石油化纤公司外事处处长。刘德义先生，现任本公司董事，大连神洲游艺公司总经理。肖军女士，现任本公司董事，中国石油辽阳石油化纤公司外事处项目科副科长。高锐峰女士，现任本公司监事会召集人，中国石油辽阳石油化纤公司外事处副处长。范力先生，现任本公司监事，辽宁迈克集团股份有限公司办公室副主任。

四、关联交易

(一)本公司向股东单位借款的情况

本公司的前身大连圣亚海洋世界有限公司于1995年3月24日与本公司三个股东辽阳石油化纤公司、辽宁省机械设备进出口公司和香港世隆国际有限公司签订《协议书》，分别向以上三家股东借款900万元、500万元和300万元，共计1700万元。并按银行同期存款利率10.98%支付利息，偿还时间为每年的12月30日。公司于1995年4月9日分别与上述三家股东签订了《借款合同》，并于1998年12月31日还清全部本金。上述借款共需支付利息7,894,620元。公司于2001年3月份支付利息3,715,115.30元后，前述利息已全部还清。

(二)公司从游艺城处获得房产情况

2001年6月8日，本公司与大连神州游艺城签订了《大连圣亚海洋世界股份有限公司与大连神州游艺城关于圣亚海洋世界一期扩建工程有关事宜的意向书》。大连神州游艺城与本公司股东大连神州游艺公司的法定代表人均为自然人刘德义先生。

在上述意向书中规定：本公司(以下简称甲方)的圣亚海洋世界一期扩建工程将使用大连神州游艺城(以下简称乙方)所属房产，即位于大连星海湾西部的急流勇进宫A区。甲方俟所有项目审批手续完毕后，正式与乙方签定购买上述房产的协议。双方初步拟订的购买价格将比照同等位置、同等房产的公允市场价格协商确定。本意向书一经签定，甲方即具有就该房产在一期扩建工程正式开工前的排他的购买权益，乙方在此期间与其他方签定的任何对该房产进行处置的文件均对本意向书无对抗性。

除上述两笔关联交易外，本公司与本公司股东间不存在其它重大关联交易。

五、公司章程中对涉及关联交易事项作出的制度安排

公司章程中对关联交易决策权利与程序做出的规定，关联股东或利益冲突的董事在关联交易表决中的回避制度以及将在适当时候增选独立董事的安排等，是对关联交易作出的制度安排。本公司章程中对涉及关联交易事项的规定如下：

1、公司的控股股东在行使表决权时，不得作出有损于公司和其他股东合法权益的决定。

2、股东大会审议有关关联交易事项时，关联股东不能参与投票表决，其所代表的有表决权的股份数不计入有效表决总数；股东大会决议的公告应当充分披露非关联股东的表决情况。如有特殊情况关联股东无法回避时，公司在征得有权部门的同意后，可以按照正常程序进行表决，并在股东大会决议公告中作出详细说明。

关联股东应事先声明表决事项与其有关联关系，如该股东未作声明，而两名以上股东提出该股东与表决事项有关联关系，则应先行由除该股东以外的股东对此事项进行表决，或该事项在表决后，有任何十名股东或5%以上表决权的股东提出该事项的表决与该股东有关联关系，则该事项表决无效，须重新进行表决。

3、董事个人或者其所任职的其他企业直接或者间接与公司已有的或者计划中的合同、交易、安排有关联关系时(聘任合同除外)，不论有关事项在一般情况下是否需要董事会批准同意，均应当尽快向董事会披露其关联关系的性质和程度。

当董事会的表决事项与董事个人或其所任职的其他企业直接或间接与公司有关联关系时，该董事应事先声明，并在董事会表决时不计入法定人数，该董事亦无表决权。

除非有关联关系的董事按照本条前款的要求向董事会作了披露，并且董事会在不将其计入法定人数，该董事亦未参加表决的会议上批准了该事项，公司有权撤销该合同、交易或者安排，但在对方是善意第三人的情况下除外。

六、发行人律师、主承销商就关联方、关联关系和关联交易事宜发表的意见

(一)发行人律师意见

本公司本次发行的发行律师认为，发行人与关联方辽阳石油化纤公司、辽宁省机械设备进出口公司、香港世隆国际有限公司及大连神洲游艺城在借款及房产购买意向方面存在关联交易，上述已经进行完毕或拟进行的关联交易公允，不存在损害发行人及其他股东权益的情形。

(二)主承销商意见

本公司本次发行的主承销商认为：本公司自成立以来，建立并完善了法人治理结构，并建立了内部关联交易的决策制度，公司目前不存在大股东操纵的情况，所有关联交易均有完整、明确记录，关联交易价格均在公允价格范围内。公司各关联方与本公司经营范围均有很大不同，关联交易数量较少。本公司已全面、真实的披露了公司的关联方、关联关系和关联交易，不存在损害发行人和中小股东利益的情形，公司制定的决策程序合法有效。

第九节　董事、监事、高级管理人员与核心技术人员

除前董事长和前财务负责人因正常原因发生变动外(详见本招股书第八节中的"九、近三年董事长、经理、财务负责人及技术负责人的变动情况")，本公司其他高级管理人员和核心技术人员未曾有过流失的现象，本公司董事、监事、高级管理人员与核心技术人员相互之间不存在配偶关系、三代以内直系和旁系亲属关系。本次公开发行前，上述人员不存在以个人持股、家属持股或法人持股的任何一种形式持有本公司股份的情况。

一、董事会成员

(一)非独立董事

栗东生先生，中国国籍，1956年9月出生，研究生学历，高级工程师，1978－1982年就读于沈阳化工大学，1982－1992年任中国石油辽阳石油化纤公司辽化化工一厂副厂长，1992－1995年就读于大连理工大学工商管理MBA，1995年11月－1997年7月任中国石油辽阳石油化纤公司纤维二厂厂长，1997年至今任中国石油辽阳石油化纤公司副总经理。现任本公司董事长，中国石油辽阳石油化纤公司公司副总经理。栗东生先生未在本公司领取薪酬。

王双宏先生，中国国籍，1956年8月出生，大学学历，1978年7月－1982年7月就读于东北财经大学外贸系，1982年8月－1986年4月任辽宁省机械设备进出口公司外销员，1986年4月－1991年9月任辽宁省机械设备进出口公司机床部副经理、经理，1991年9月－1994年3月任辽宁省机械设备进出口公司副总经理，1994年3月至今任辽宁迈克集团股份有限公司副董事长、常务副总裁。现任本公司副董事长，辽宁迈克集团股份有限公司副董事长、常务副总裁。王双宏先生未在本公司领取薪酬。

周昱今先生，中国国籍，1959年6月出生，经济学硕士，高级经济师，1978年10月－1982年7月就读于辽宁财经学院，1982年8月－1992年6月任教于东北财经大学，1992年7月－1993年12月在中国综合开发研究院(深圳)工作，1994年1月至今任本公司总经理。现任本公司副董事长、总经理。2000年在本公司领取薪酬为126895.00元。

赵伟先生，中国国籍，1949年7月出生，中专学历，1964年1月－1968年12月就读于大连化工学校，1968年12月－1975年3月锦西化工厂工人，1975年3月－1985年5月任中国石油辽阳石油化纤公司化工二厂设备处干部，1985年5月－1991年8月任中国石油辽阳石油化纤公司设备处机动处副处长，1991年8月－1998年9月任中国石油辽阳石油化纤公司联贸公司副经理，1998年9月至今任中国石油辽阳石油化纤公司外事处处长。现任本公司董事，中国石油辽阳石油化纤公司外事处处长。赵伟先生未在本公司领取薪酬。

刘德义先生，中国国籍，1954年4月出生，中专学历，1979年－1993年在大连市风景区管理处工作，1993年至今任大连神洲游艺公司总经理。现任本公司董事，大连神洲游艺公司总经理。刘德义先生未在本公司领取薪酬。

肖军女士，中国国籍，1967年3月出生，大学学历，1984年－1988年就读于东北财经大学，1988年－1991年3月在中国石油辽阳石油化纤公司发展建设部外经处工作，1991年3月－1999年7月任中国石油辽阳石油化纤公司外联处项目科科员，1999年7月至今任中国石油辽阳石油化纤公司外事处项目科副科长。现任本公司董事，中国石油辽阳石油化纤公司外事处项目科副科长。

肖军女士未在本公司领取薪酬。

(二)独立董事

艾洪德先生,中国国籍,1955年2月出生,教授,博士生导师,1996年任东北财经大学校长助理,1997年任大连市人民政府副秘书长,1998年任大连市高新技术产业园区管委会常务副主任,后调至东北财经大学任副校长。艾洪德先生现为本公司独立董事,未在本公司领取薪酬。

王盛军先生,中国国籍,1969年9月12日出生,1992年7月毕业于中南政法学院,获法学学士学位,1999年12月毕业于英国利物浦大学,获国际与欧洲法硕士学位,执业律师。1995年2月起为大连市同人律师事务所合伙人,任律师;2000年就职于北京市通商律师事务所,任律师;2000年12月起为北京市颐合律师事务所合伙人,任律师。王盛军先生现为本公司独立董事,未在本公司领取薪酬。

袁琳女士,中国国籍,1959年1月25日出生,1983年毕业于北京商学院会计系,获经济学学士学位,1995年8月毕业于财政部财政科学研究所会计专业,获经济学硕士。现为北京商学院副教授。著有《论企业会计政策及其揭示》、《资金的集中控制与结算中心》等多本专著。袁琳女士现为本公司独立董事,未在本公司领取薪酬。

二、监事会成员

高锐峰女士,中国国籍,1951年4月出生,1975年8月－1984年7月任中国石油辽阳石油化纤公司动力厂工资员,1984年8月－1986年6月任中国石油辽阳石油化纤公司计划处项目科科员,1986年7月－1989年6月任中国石油辽阳石油化纤公司计划处综合科副科长,1989年7月－1993年11月任中国石油辽阳石油化纤公司计划处联营科科长,1993年12月－1999年6月任中国石油辽阳石油化纤公司外联处副处长,1999年7月至今任中国石油辽阳石油化纤公司外事处副处长。现任本公司监事会召集人,中国石油辽阳石油化纤公司外事处副处长。高锐峰女士未在本公司领取薪酬。

范力先生,中国国籍,1966年6月出生,大学学历,1986年9月－1990年7月就读于辽宁大学工业经济专业,1990年7月－1992年11月任辽宁省机械工业委员会科员,1992年11月－1994年3月任辽宁省机械设备进出口公司科员,1994年3月至今,任辽宁迈克集团股份有限公司办公室副主任。现任本公司监事,辽宁迈克集团股份有限公司办公室副主任。范力先生未在本公司领取薪酬。

赵成东先生,中国国籍,1968年4月出生,大学学历,1989年－1993年就读大连大学,1993年－1995年任大连三环子弟中学教师,1995年至今任本公司总经理办公室副主任。大连圣亚海洋世界股份有限公司工会1999年第一次会议被选举为职工代表,担任股份公司每一届监事会监事。赵成东先生现兼任本公司监事,2000年在本公司领取薪酬为45506.02元。

三、其他高级管理人员

吕刚先生,中国国籍,1969年8月出生,经济学硕士,1987年－1991年就读东北财经大学,1991年－1993年任东北财经大学教师,1993年起任本公司办公室主任,现任本公司副总经理。2000年在本公司领取薪酬为73585.00元。

肖峰先生,中国国籍,1968年11月出生,经济学硕士,1988年9月－1992年8月就读东北财经大学,1992年－1993年在大连开发区飞翔集团公司工作,1993年－1995年12月在大连中外企业家俱乐部工作,1996年1月起任本公司特别助理,现任本公司投资管理部经理、总经理助理、董事会秘书。2000年在本公司领取薪酬为72448.00元。

韩志强先生,中国国籍,1963年1月出生,会计师,1983年8月－1989年9月在抚顺水泥股份有限公司从事计划统计工作,1989年9月－1991年5月就读大连管理干部学院经营管理系,1991年5月－1995年2月先后在抚顺水泥股份有限公司生产计划处从事综合计划工作以及在财务处从事会计工作,1995年2月－2000年4月在大连商业银行工作,担任行长助理,2000年4月至今在本公司投资管理部工作,2001年3月开始担任本公司财务部经理。2000年在本公司领取薪酬为62080.00元。

四、技术负责人及核心技术人员

(一)技术负责人

王炜先生,中国国籍,1969年3月出生,经济学硕士,1992年毕业于大连水产学院淡水养殖专业,1992年8月－1994年10月,就职于大连虎滩乐园实业发展总公司,任水下世界副经理;1994年10月至今,任本公司总经理助理兼系统维护部经理。2000年在本公司领取薪酬为71831.00元。

(二)核心技术人员

刘明先生,中国国籍,1970年2月出生,本科学历,1992年毕业于大连水产学院海水养殖专业,1992年8月－1994年11月,就职于大连市水产研究所;1994年11月至今,任本公司系统维护部经理助理。2000年在本公司领取薪酬为45440.00元。

闫百泽先生,中国国籍,1961年7月出生,本科学历,1984年毕业于锦州工学院(现名辽宁工学院)电气自动化专业,1984年7月至1994年就职于辽宁丹东整流器厂;1994年至今任本公司系统维护部经理助理。2000年在本公司领取薪酬为45387.00元。

佟伟明先生,中国国籍,1968年12月出生,本科学历,1993年毕业于北京农业大学动物科技学院动物营养与饲养加工专业,1994年4月至今,任本公司系统维护部经理助理。2000年在本公司领取薪酬为47956.00元。

黄继成先生,中国国籍,1970年4月出生,本科学历,1993年毕业于大连水产学院淡水养殖专业,1993年7月至1995年7月,就职于大连市水产研究所,1995年7月至今,任本公司系统维护部饲养主管。2000年在本公司领取薪酬为40720.00元。

五、兼职情况说明

本公司董事、监事、高级管理人员、技术负责人及核心技术人员在股东单位、发行人所控制的法人单位、同行业其它法人单位担任职务的情况如下:

栗东生先生,现任本公司董事长,中国石油辽阳石油化纤公司副总经理。王双宏先生,现任本公司副董事长,辽宁迈克集团股份有限公司副董事长、常务副总裁。赵伟先生,现任本公司董事,中国石油辽阳石油化纤公司外事处处长。刘德义先生,现任本公司董事,大连神洲游艺公司总经理。肖军女士,现任本公司董事,中国石油辽阳石油化纤公司外事处项目科副科长。高锐峰女士,现任本公司监事,中国石油辽阳石油化纤公司外事处副处长。范力先生,现任本公司监事,辽宁迈克集团股份有限公司办公室副主任。

除以上所提供的情况外,本公司其他董事、监事、高级管理人员、技术负责人及核心技术人员未在股东单位、发行人所控制的法人单位、同行业其它法人单位担任职务。

六、公司与董事、监事、高级管理人员、技术负责人及核心技术人员签定的协议

本公司董事、监事、高级管理人员、技术负责人及核心技术人员与公司签有《劳动合同》,对上述人员的有关权益和义务作出了规定。公司与上述人员之间未有借款和担保协议。

第十节　公司治理结构

本公司于1999年6月18日召开大连圣亚股份有限公司创立大会暨第一次股东大会,通过公司章程,选举公司董事会、监事会成员,建立起股份有限公司的法人治理结构。

本公司于2001年股东大会上,根据有关法律、法规审议并通过了制定或修订的《公司章程(二○○二年修订)》、《股东大会议事规则(二○○二年修订)》、《董事会议事规则(二○○二年修订)》、《监事会议事规则(二○○二年修订)》、《独立董事实施细则》以及《关联交易决策制度(二○○二年修订)》,进一步完善了法人治理结构。

一、独立董事设立情况

(一)独立董事人数

本公司现设独立董事三人。

(二)独立董事发挥作用的制度安排

公司根据需要,设独立董事,独立董事需由公司外的有关金融、法律、财务、旅游行业的专家担任,任期与董事会其他成员相同,与其他董事享有相同的职权。独立董事不得由下列人员担任:公司股东或股东单位的任职人员;公司的内部人员(如公司的经理或公司雇员);与公司关联人或公司管理层有利益关系的人员。

独立董事应亲自出席会议,不得授权其他人代理出席。独立董事在有关股东之间关联交易议案的表决中,拥有一票否决权。独立董事可以在其认为公司存在严重损害公众利益的情况下,聘请独立审计机构对公司进行审计。

(三)独立董事实际发挥作用的情况

自公司设立独立董事以来,独立董事依据有关法律法规和公司章程谨慎、认真、勤勉地履行权利和义务,对公司治理结构的完善和运作的规范化发挥了积极有效的作用。

二、股东权利与义务

(一)股东的权利

股东按其所持有股份的种类享有权利,承担义务;持有同一种类股份的股东,享有同等权利,承担同种义务。

公司股东享有下列权利:依照其所持有的股份份额获得股利和其他形式的利益分配;参加或者委派股东代理人参加股东会议;依照其所持有的股份份额行使表决权;对公司的经营行为进行监督,提出建议或者质询;依照法律、行政法规及公司章程的规定转让、赠与或质押其所持有的股份;依照法律、公司章程的规定获得有关信息,包括:1、缴付成本费用后得到公司章程;2、缴付合理费用后有权查阅和复印:(1)本人持股资料;(2)股东大会会议记录;(3)中期报告和年度报告;(4)公司股本总额、股本结构;公司终止或者清算时,按其所持有的股份份额参加公司剩余财产的分配;法律、行政法规及公司章程所赋予的其他权利。

(二)股东义务

公司股东承担下列义务:遵守公司章程;依其所认购的股份和入股方式缴纳股金;除法律、法规规定的情形外,不得退股;法律、行政法规及公司章程规定应当承担的其他义务。

三、股东大会的职责和议事规则

(一)股东大会的职责

股东大会是公司的权力机构,依法行使下列职权:决定公司经营方针;选举和更换董事,决定有关董事的报酬事项;选举和更换由股东代表出任的监事,决定有关监事的报酬事项;审议批准董事会的报告;审议批准监事会的报告;审议批准公司的年度财务预算方案、决算方案;审议批准公司的利润分配方案和弥补亏损方案;对公司增加或者减少注册资本作出决议;对发行公司债券作出决议;对公司合并、分立、解散和清算等事项作出决议;修改公司章程;对公司聘用、解聘会计师事务所作出决议;审议代表公司发行在外有表决权股份总数的百分之五以上的股东的提案;审议法律、法规和公司章程规定应当由股东大会决定的其他事项。

(二)股东大会的议事规则

公司根据《中华人民共和国公司法》、《中国证券监督管理委员会关于规范上市公司股东大会的通知》及《大连圣亚海洋世界股份有限公司章程》的有关规定,并结合公司的实际情况,制定了《股东大会议事规则》。

根据该规则,股东大会的宗旨是规范股份有限公司运作,充分发挥股东大会作为最高权力机构的作用,提高决策透明度和公正性,更好地保护中小股东权益。

公司召开股东大会,持有或者合并持有公司发行在外有表决权股份总数的百分之五以上的股东,有权向公司提出新的提案。股东大会提案应当符合下列条件:1、内容与法律、法规和章程的规定不相抵触,并且属于公司经营范围和股东大会职责范围;2、有明确议题和具体决议事项;3、以书面形式提交或送达董事会。

公司董事会应当以公司和股东的最大利益为行为准则,对股东大会提案进行审查。董事会决定不将股东大会提案列入会议议程的,应当在该次股东大会上进行解释和说明,并将提案内容和董事会的说明在股东大会结束后与股东大会决议一并公告。提出提案的股东对董事会不将其提案列入股东大会会议议程的决定持有异议的,可以要求召开临时股东大会。

股东大会审议有关关联交易事项时,关联股东不能参与投票表决,其所代表的有表决权的股份数不计入有效表决总数;股东大会决议的公告应当充分披露非关联股东的表决情况。如有特殊情况关联股东无法回避时,公司在征得有关部门的同意后,可以按照正常程序进行表决,并在股东大会公告中作出详细说明。关联股东应事先声明表决事项与其有关联关系,如该股东未作声明,而两名以上股东提出该股东与表决事项有关联关系,则应先行由除该股东以外的股东对此事项进行表决,或该事项在表决后,有任何十名股东或5%以上表决权的股东提出该事项的表决与该股东有关联关系,则该事项表决无效,须重新进行表决。股东大会的决议违反法律、法规,侵犯股东合法权益的,股东有权向人民法院提起要求停止该违法行为和侵害行为的诉讼。

该议事规则对股东大会职权范围、会议制度、会议的召集和召开、股东大会提案、会议的表决及决议、会议资料等事项作出的其它规定与公司章程一致。

四、公司章程中保护中小股东权益的规定及实际执行情况

(一)章程中保护中小股东权益的规定

公司章程对保护中小股东权益做出了详细而明确的规定:

"公司股份的发行,实行公开、公平、公正的原则,同股同权、同股同利。",这是保障中小股东权益的基础。

"股东大会、董事会的决议违反法律、行政法规,侵犯股东合法权益的,股东有权向人民法院提起要求停止该违法行为和侵害行为的诉讼。",这保证中小股东可以通过法律手段保护自己的权益。

"公司的控股股东在行使表决权时,不得作出有损于公司和其他股东合法权益的决定。",这有力地保证了中小股东的合法权益不会因大股东滥用其表决权而受到侵犯。

"公司召开股东大会,持有或者合并持有公司发行在外有表决权股份总数的5%以上的股东,有权向公司提出新的提案。",这使中小股东有充分的发表意见的权利。

"股东大会审议有关关联交易事项时,关联股东不能参与投票表决,其所代表的有表决权的股份数不计入有效表决总数;股东大会决议的公告应当充分披露非关联股东的表决情况。如有特殊情况关联股东无法回避时,公司在征得有权部门的同意后,可以按照正常程序进行表决,并在股东大会决议公告中作出详细说明。关联股东应事先声明表决事项与其有关联关系,如该股东未作声明,而两名以上股东提出该股东与表决事项有关联关系,则应先行由除该股东以外的股东对此事项进行表决,或该事项在表决后,有任何十名股东或5%以上表决权的股东提出该事项的表决与该股东有关联关系,则该事项表决无效,须重新进行表决。"这样就可以在很大程度上避免大股东通过关联交易损害公司或是中小股东权益。

(二)规定的执行情况

公司严格按照国家的相关法律、法规和公司章程保护中小股东权益,自公司成立以来,未发

生侵犯中小股东权益的事件。

五、董事会的构成和议事规则

(一)董事会的构成

董事会由七名董事组成,设董事长一人,副董事长二人,独立董事一人。

(二)董事会的议事规则

公司根据《中华人民共和国公司法》和《大连圣亚海洋世界股份有限公司章程》,制定了《董事会议事规则》。

根据该规则,独立董事需由公司外的有关金融、法律、财务、旅游行业的专家担任,任期与董事会其他人员相同,与其他董事享有相同的职权。独立董事应亲自出席董事会会议,不得授权其他人代理出席。独立董事可以在其认为公司存在严重损害公众利益的情况下,聘请独立审计机构对公司审计。独立董事在有关股东之间关联交易议案的表决中,拥有一票否决权。

董事会设董事会秘书1人,协助董事会行使职权。董事会秘书负责信息披露事务;办理公司与投资者、公司与证券管理部门、公司与交易所及中介机构之间的事务;负责办理董事会授权办理的工作。

董事会会议和董事会临时会议由董事长主持,至少有4名以上董事出席方可举行。

董事会决定公司净资产10%(含10%)以下的投资方案,决定在股东大会授权范围内的风险投资,资产抵押及其他担保事项。

该规则对董事会的组织结构、会议制度、职权、表决方式、记录方式、经费等事项作出的其它规定与公司章程一致。

六、监事会的构成和议事规则

(一)监事会的构成

公司监事会由三名监事组成,设监事会召集人一名。监事会召集人不能履行职权时,由该召集人指定一名监事代行其职权。

(二)监事会的议事规则

为了进一步规范股份公司监事会的运作,保证其依法行使权力,履行职责,承担义务,公司根据国家有关规定和《公司法》及公司章程,结合本公司实际情况,制定了《监事会议事规则》。

根据该规则,监事会每年至少召开一次会议。经监事长或三分之一以上的监事提议,或者应总经理请求,监事会可以举行临时会议。

监事连续2次不能亲自出席监事会议的,视为不能履行职责,股东大会或职工代表大会应当予以撤换。

监事会会议可以电话会议形式或借助类似通讯设备举行,只要与会监事能听清楚其他监事讲话,并进行交流,所有与会监事应被视作已亲自出席会议。

该规则对监事会的组织结构、会议制度、职权、表决方式、记录方式等事项作出的其它规定与公司章程一致。

七、高级管理人员的选择、考评、激励和约束机制

(一)选择机制

公司选择高管人员时主要考虑人才的以下素质:1创造力。能够结合公司的实际,进行创造性的思维和创造性的劳动,有自己的见解和创造能力;2进步性。对公司的发展和管理的进步起推动作用;3时代性。掌握现代的管理方法和先进的科学技术知识。

(二)考评机制

人员的考核是公司人力资源管理工作中的重要工作内容之一,主要是对员工工作成绩、学识、思想、品德及工作能力、身体状况等各方面进行全面考察和评价,并以此做为决定员工奖惩、升降、再培训的重要依据。

公司考核原则为:①贡献为主,长处为主的原则。公司考核的目的在于激发员工的工作积极性,使其在工作岗位上充分发挥潜能,激励员工奋进向上。②客观准确和公平、公正的原则。考核者对员工的考核必须与员工的实际状况相一致,应注重实际。在进行考核过程中及判定考核结果时一视同仁,不搞特殊,充分发挥考核的激励作用。③平时考核重于定期考核的原则。员工考核是一项制度化,常规化的工作,应持之以恒地坚持做下去,做到有记录、有小结、有检查、有评比、有总结,不能将这些做成形式化的东西。④责、权、利相结合的原则。员工考核是对其工作业绩的评价过程,对其是否称职的鉴别过程。因此,各部门在工作中必须对员工的责任、权力和利益加以明确,让员工在个自的岗位上充分施展自身的才华。

公司部门经理考核由公司副总经理考核评定,年终考核需上报总经理,总经理助理及副总经理考核由总经理考核评定。

3、激励机制

激励机制在本公司人力资源管理中具有十分重要的意义,其目的是通过员工的需要、愿望、欲望等得到满足,来激发员工的内在潜力,充分调动员工的积极性、主动性和创造性,从而提高公司的经济效益和管理水平。

本公司激励的种类有:①奖惩激励。通过公司的日常管理,对员工实行严格的检查、监督、采取相应的奖惩手段使员工努力工作,这种方式主要是为了维护公司正常的运营,不是主要手段。②目标激励。指员工个人目标与企业目标结合起来,形成目标链,从而成为对员工产生激励作用的一种有效方法。③竞争激励。通过员工考核工作,对于工作努力、积极性高的员工给予晋级;加薪、发放高标准奖金以及其它福利的奖励。由于择优给予,使员工之间进行竞争,有利于发挥员工的潜能,这种激励方法是有效的。④榜样激励。通过榜样巨大力量,使员工有学习的方向,赶超的目标。通过对榜样的合理嘉奖,起到激励多数员工的作用。

(三)约束机制

公司通过公司章程、签订《劳动合同》以及财务人事管理等内部管理制度,对董事、监事、经理和其他高级管理人员的履职行为、权限、职责等作了相应的约束,详细情况请参阅本节"十、董事、监事、高管人员和核心技术人员履行诚信义务的限制性规定"。

八、利用外部决策咨询力量的情况

本公司主要利用过两家外部决策咨询力量,分别为:

1、北京清雪市场调研公司

①咨询内容:1998年、1999年、2000年公司游客情况调查

②形成的结果:a、《圣亚海洋世界市场研究报告》(1998年)b、《大连圣亚海洋世界游客市场调查报告》(1999年)c、《2000圣亚海洋世界概念发展及游客研究分析报告》(2000年)

③达到的效果:通过借助专业调研公司的技术力量,对连续三年圣亚海洋世界项目的目标游客情况进行了全面、细致的分析研究。这些研究不但对第二年的营销计划提供了准确的参考依据,也为公司长远发展及旅游项目的整体营销工作提供了理论基础。

2、北京阳光玖千咨询公司

①咨询内容:关于建立ISO9002质量管理体系的咨询

②咨询的结果:在公司建立起ISO9002质量管理体系,形成《质量手册》,并顺利通过认证。在该体系执行过程中,此咨询公司提供长期的辅导,实践证明,这非常有利于公司管理体系的不断完善、改进。

九、对内部控制制度的评价

(一)本公司自我评价

本公司在多年生产、经营和管理过程中,建立并逐步完善了一整套符合《公司法》、《证券法》等相关法律法规的,符合现代企业管理制度的内部控制制度,主要有《公司章程》、《股东大会议事规则》、《董事会议事规则》、《监事会议事规则》、《财务管理制度》、《质量管理手册》、《安全管理规定》、《决策制度》等。

任何内部控制制度均有其固有的限制,公司设计上述内部控制制度,可能导致存在未发现的错误和舞弊。此外,未来的环境可能变迁,遵循内部控制制度的管理控制效果也可能减弱,故在本期有效的内部控制,并不表示在未来期间必然有效。因此,本公司将不断调整和完善内控制度。

本公司认为,本公司的内部控制制度是完整、合理和有效的。

(二)外部评价

大连华连会计师事务所对本公司的的内部控制制度进行了审核,并出具了《内部控制制度评价报告》,全文如下:

内部控制制度评价报告

大连圣亚海洋世界股份有限公司全体股东:

我们接受委托,对贵公司提供的内部控制制度的完整性及合理性进行审核,我们的审核是依据《独立审计具体准则第9号--内部控制与审计风险准则》进行的,在审核过程中,我们结合贵公司的实际情况,实施了包括了解上述制度的设计、测试其执行、查阅相关的内部控制文件、观察公司进行业务活动和内部控制的运行情况、采取选择具有代表性的交易和事项进行穿行测试等方法以及我们认为必要的其他审核程序。

任何内部控制制度均有其固有的限制,贵公司设计的上述内部控制制度,可能导致存在未发现的错误和舞弊。此外,未来的环境可能变迁,遵循内部控制制度的程度也可能减弱,故在本期有效的内部控制,并不表示在未来期间必然有效。

我们认为,贵公司与财务报表及资产安全有关的内部控制制度的完整性、合理性的声明,在所有重要方面是公允的。

大连华连会计师事务所　　中国注册会计师:朱平君

中国注册会计师:石笛侠

中国　大连　　2001年7月8日

十、近三年董事长、经理、财务负责人及技术负责人的变动情况

公司近三年除董事长和财务负责人因正常原因并按正常法律程序变动过一次外,经理和技术负责人均无任何变动。

(一)董事长变动情况

1999年,本公司前任董事长李传良先生因在中国石油辽阳石油化纤公司中的分管工作发生变化而提出辞职,栗东生先生被董事会选为新任董事长。此次董事长变动具体经过为:

1、根据1999年8月5日召开的公司1999年度第二次董事会会议决议,鉴于李传良先生工作变动的原因,同意李传良先生辞去董事长、董事职务,暂由副董事长王双宏先生代行董事长职务,待股东大会选举产生新的董事后,由董事会选举新的董事长。

2、根据1999年9月6日召开的公司1999年度第一次临时股东大会决议,更换董事的决议同意李传良先生辞去公司董事职务,并选举栗东生先生为公司董事。

3、根据1999年9月6日召开的公司1999年度第三次董事会会议关于选举董事长的决议,同意选举栗东生先生为公司董事长。

(二)财务负责人变动情况

2001年3月,本公司前财务负责人邹丽女士因本人有调动工作的意愿而提出辞职,根据公司总经理的提名,并经2001年3月9日召开的本公司董事会2000年度第二次会议决议通过,同意聘任韩志强先生为本公司财务负责人。

十一、董事、监事、高管人员和核心技术人员履行诚信义务的限制性规定

本公司章程规定,公司董事应当遵守法律、法规和公司章程的规定,忠实履行职责,维护公司利益。当其自身的利益与公司和股东的利益相冲突时,应当以公司和股东的最大利益为行为准则,并保证:在其职责范围内行使权利,不得越权;除经公司章程规定或者股东大会在知情的情况下批准,不得同本公司订立合同或者进行交易;不得利用内幕信息为自己或他人谋取利益;不得自营或者为他人经营与公司同类的营业或者从事损害本公司利益的活动;不得利用职权收受贿赂或者其他非法收入,不得侵占公司的财产。不得挪用资金或者将公司资金借贷给他人;不得利用职务便利为自己或他人侵占或者接受本应属于公司的商业机会;未经股东大会在知情的情况下批准,不得接受与公司交易有关的佣金。不得将公司资产以其个人名义或者以其他个人名义开立帐户储存;不得以公司资产为本公司的股东或者其他个人债务提供担保;未经股东大会在知情的情况下同意,不得泄漏在任职期间所获得的涉及本公司的机密信息;但在法律有规定、公众利益有要求或该董事本身的合法利益有要求情形下,可以向法院或者其他政府主管机关披露该信息。

公司章程规定董事应当谨慎、认真、勤勉地行使公司所赋予的权利,并保证:公司的商业行为符合国家的法律、行政法规以及各项经济政策的要求;商业活动不超越营业执照规定的业务范围;公平对待所有股东;认真阅读公司的各项商务、财务报告,及时了解公司业务经营管理状况;亲自行使被合法赋予的公司管理处置权,不得受他人操纵;非经法律、行政法规允许或者得到股东大会在知情的情况下批准,不得将其处置权转授他人行使;接受监事会对其履行职责的合法监督和合理建议。

当董事会的表决事项与董事个人或其所任职的其他企业直接或间接与公司有关联关系时,该董事应事先声明,并在董事会表决时不计入法定人数,该董事亦无表决权。

未经公司章程规定或者董事会的合法授权,任何董事不得以个人名义代表公司或者董事会行事。董事以个人名义行事时,在第三方会合理地认为该董事在代表公司或者董事会行事的情况下,该董事应事先声明其立场和身份。

董事个人或者其所任职的其他企业直接或者间接与公司已有的或者计划中的合同、交易、安排有关联关系时(聘任合同除外),不论有关事项在一般情况下是否需要董事会批准同意,均应当尽快向董事会披露其关联关系的性质和程度。

除非有关联关系的董事按照本条前款的要求向董事会作了披露,并且董事会在不将其计入法定人数,该董事亦未参加表决的会议上批准了该事项,公司有权撤销该合同、交易或者安排,但在对方是善意第三人的情况下除外。

如果董事在公司首次考虑订立有关合同、交易、安排前以书面形式通知董事会,声明由于通知所列内容,公司日后达成的合同、交易、安排与其有利益关系,则在通知阐明的范围内,有关董事视为做了前款所规定的披露。

董事连续二次未能亲自出席,也不委托其他董事出席董事会会议,视为不能履行职责,董事会应当建议股东大会予以撤换。

董事可以在任期届满以前提出辞职。董事辞职应当向董事会提交书面辞职报告。

如因董事的辞职导致公司董事会低于法定最低人数时,该董事的辞职报告应当在下任董事填补因其辞职产生缺额后方能生效。余任董事会应当尽快召集临时股东大会,选举董事填补因董事辞职产生的空缺。在股东大会未就董事选举作出决议以前,该提出辞职的董事以及余任董事的职权应当受到合理的限制。

董事提出辞职或者任期届满,其对公司和股东负有义务在其辞职报告尚未生效或者生效后合理期间内,以及任期结束后的合理期间内并不当然解除,其对公司商业秘密保密的义务在其任

职结束后仍然有效，直至该秘密成为公开信息。其他义务的持续期间应当根据公平的原则决定，视事件发生与离任之间时间的长短，以及与公司的关系何种情况和条件下结束而定。

任职尚未结束的董事，对因其擅自离职使公司造成的损失，应当承担赔偿责任。

公司不以任何形式为董事纳税。

有关董事义务的规定，适用于公司监事、经理和其他高级管理人员。

经理可以在任期届满以前提出辞职。有关经理辞职的具体程序和办法由经理与公司之间的劳务合同规定。

监事应当遵守法律、法规和公司章程的规定，履行诚信和勤勉义务。公司经理应当遵守法律、行政法规和公司章程的规定，履行诚信和勤勉的义务。

第十一节　财务会计信息

一、经审计的会计报表

大连华连会计师事务所对本公司1999年12月31日、2000年12月31日及2001年12月31日的资产负债表、利润表、利润分配表和2001年度现金流量表进行了审计，会计师已出具了标准无保留意见的审计报告。上述报表披露如下。

二、会计报表的编制基准及注册会计师意见

公司改制前为大连圣亚海洋世界有限公司，系中外合资经营企业，于1999年7月9日整体改制为大连圣亚海洋世界股份有限公司，公司现时架构在报告期初已经存在并持续经营，在报告期内未发生变化。会计报表编制的主体未发生变化，未进行资产重组。公司目前没有对外长期投资，没有合并报表单位。

本公司已聘请大连华连会计师事务所对本公司1999年12月31日、2000年12月31日及2001年12月31日三个会计年度的资产负债表、利润表、利润分配表与2001年度的现金流量表进行了审计。会计师已出具了标准无保留意见的审计报告。

三、经营业绩

(一)收入和利润形成的基本情况

公司1999年、2000年和2001年度的主营业务收入总额分别为6037万元、6532万元和6802万元，主营业务收入以水族馆门票收入为主，2001年度门票收入为6692元，占主营业务收入的96.91%。公司的收入确认原则是将水族馆的门票售出(按公司规定门票售出不退票)，相关的收入已经收到现金，与此有关的成本能够可靠地计量时，确认为营业收入实现。

公司主营业务突出，主营业务收入是公司利润的主要来源，近三年公司没有重大投资收益和非经常性损益带来的利润。公司的主营业务收入和利润总额呈逐年递增趋势，但增长速度保持稳定。

鉴于旅游行业的特点和地域的影响，公司的经营有明显的季节性。旅游行业在我国南北各地均有明显的季节性，客源和收入在不同季节变化较大，近年来的假日经济促进了旅游行业的增长，同时也进一步拉大了不同月份间客源和收入的差距。同时公司地处大连，大连地区受气候影响，每年的第一季度和11月份、12月份天气寒冷，游客较少，而公司游客数量和大连市游客数量呈同比增减趋势。因此，公司每年第一季度和11月份、12月份均处于亏损或微利状态，每年的4月至10月为旺季。随着大连市加大冬季旅游的工作力度和公司改进淡季的销售和宣传策略，公司将力争实现"旺季仍旺、淡季不淡"的目标。公司前三年季节性亏损的具体情况见下表。

近三年亏损月份经营性亏损情况统计表

时间	主营业务收入	主营业务利润	营业利润
1999年2月	1,314,439.00	335,731.61	－19,537.03
1999年3月	1,575,347.00	402,763.54	－282,196.92
1999年11月	1,312,178.00	－1,644,530.27	－1,992,252.84
1999年12月	248,917.00	－841,075.21	－2,722,827,59
1999年度亏损月份亏损数额小计			－5,016,814.38
2000年1月	250,147.00	－576,598.95	－833,885.72
2000年2月	1,097,077.50	－2,276.61	－320,030.43
2000年3月	1,320,996.00	－595,109.97	－1,545,172.67
2000年11月	1,499,544.50	8,476.98	－289,850.36
2000年12月	792,266.00	－2,076,633.19	－3,364,297.58
2000年度亏损月份亏损数额小计			－6,353,236.76
2001年1月	946,652.50	－244,738.83	－741,405.85
2001年2月	997,525.50	－330,869.18	－646,621.15
2001年3月	1,128,155.00	－303,232.90	－1,435,744.18
2001年11月	1,581,008.50	－1,379.25	－1,319,416.51
2001年12月	702,253.00	－1,006,007.37	－3,003,069.74
2001年度亏损月份亏损数额小计			－7,146,257.43

公司1999年、2000年和2001年度的主营业务成本总额分别为1543万元、1801万元和1824万元，主要为工资、修理费和固定资产折旧费用等构成。由于本公司以水族馆的经营为主营业务，成本较易控制，因而主营业务成本近年来保持稳定。

本公司毛利率稍高于同行业平均水平，这是因为，本公司经营的水族馆作为较为独特的人造景观，具备以下特点：(1)经营业务较为专一，固定资产主要是折旧率较低的房屋建筑屋，数值较小，相应进入营业成本的折旧额也较小；(2)由于业务较单纯，本公司管理得法，成本控制较为成功；(3)本公司门票价格对成人、儿童和团体虽有所差别，但长期以来保持不变，未有过淡季以降价方式吸引游客的做法，因此销售收入与游客数量的增长速度相同，毛利率也一直得以保持较高水平；(4)本公司员工人数仅90余人，用于支付工资的成本较低；(5)本公司地处海边，海水获取较为便利，使得相关运营成本较低。

本公司2001年度净资产收益率达到33.04%，高于同行业其它上市公司，但公司近三年净资产收益率分别为28.06%、33.97%和33.04%，保持稳定。公司在毛利率比同类公司略高的情况下，净资产收益率大大高于同行业上市公司。一方面是公司规模较小，且每年均进行现金方式的股利分配，净资产增量较小；另一方面，本公司主业突出，资产盈利能力较强。公司主营业务收入的95%以上均来自门票收入，公司目前没有低效率运营和闲置的资产，也没有对外股权投资；公司的营业费用主要是广告和企划费，数额较小；因公司人员较少费用较低、固定资产规模小且运行良好，因而折旧数额小且没有减值因素，所以管理费用也一直控制在较低水平；公司银行贷款较少，财务费用近三年均为负数。同行业其它上市公司净资产数额均较大，且已开始多元化经营，对外投资盈利能力不强，"三费"数额巨大且连年大幅增长，加之其资产已运行多年，资产减值数额均较大，致使净资产收益率较低。本次成功发行后，净资产规模将大幅提高，公司净资产收益率将接近同行业上市公司。

本公司1999年度至2001年度财务费用均为负数，其组成如下表：

项目	2001年度	2000年度	1999年度
利息收入	－357,050.38	－334,344.56	－306,563.04
减 利息支出	63,900.00	10,230.00	1,530.00
其他	3,927.29	10,631.24	8,744.67
合计	－289,223.09	－313,483.32	－296,288.37

本公司1999年末银行存款余额3205万元，2000年末银行存款余额为4505万元，2001年末银行存款余额为4185万元，由于本公司这期间存款余额保持于一定水平，故产生上述利息收入高于其他财务费用，致使财务费用为负数。

(二)所得税税率和财政税收优惠政策

本公司所得税的会计处理采用应付税款法。本公司企业所得税税率为33%(含地方所得税)。公司目前为中外合资股份有限公司，根据大连市税务局大税字(1986)8号文件的规定，自获利年度起七年内免交3%地方所得税，因此实际税率为30%。若公司本次成功发行股票，外资比例将下降到25%以下，将不再享受上述税收优惠政策。

公司报告期内没有财政返还收入，也不享受其它所得税税收优惠政策。

四、主要资产情况

本公司1999年、2000年和2001年末的资产总额分别为8686万元、12178万元和12237万元，主要由流动资产、固定资产和无形资产组成。

(一)流动资产

本公司1999年、2000年和2001年末的流动资产分别为3689万元、6409万元和6637万元。本公司流动资产主要由货币资金、其他应收款、预付帐款和存货组成。

本公司1999年、2000年和2001年末的货币资金分别为3205万元、4506万元和4185万元，2001年末货币资金占流动资产的63.06%，占总资产的34.20%，显示公司历年来现金均较为充足，资产的流动性较强。

本公司1999年、2000年和2001年末的其他应收款分别为206万元、272万元和265万元，在公司的总资产中所占比例较小。其他应收款中无持有本公司5%以上股份的主要股东的欠款，金额较大和期限较长的其他应收款主要是尚未结算的与本次发行有关的中介机构单位欠款。

公司1999年采用余额百分比法按应收帐款和其他应收款期末余额的6%计提坏帐准备。2000年根据董事会决议，采用帐龄分析法计提坏帐准备，并追溯至股份公司成立的1999年，坏帐准备计提方法变更影响数额为90,581.41元。本公司采用备抵法核算坏帐，坏帐准备按帐龄分析法计提。对应收款项(包括应收帐款和其他应收款等)，按不同帐龄分析后计提坏帐准备，其比例为帐龄在一年以内的款项按余额提取5%的坏帐准备；对帐龄在一年至二年的款项按余额提取10%的坏帐准备；对帐龄在二年至三年的款项按余额提取20%的坏帐准备；对帐龄在三年以上的款项按余额提取50%的坏帐准备。

本公司1999年、2000年和2001年末的预付帐款分别为197万元、1459万元和1993万元，其中2001年末预付帐款占流动资产的30.03%，占总资产的16.29%，主要为购买大连圣亚海洋世界二期工程用地的款项，目前全部款项已付款，土地使用证正在办理过程中。预付帐款中无持有本公司5%以上股份的主要股东的欠款。

本公司1999年、2000年和2001年末的存货分别为81万元、171万元和194万元，主要由原材料、库存商品和展示鱼组成。存货的日常核算以实际成本计价。库存商品采用实际成本计价，发出计价方法为全月一次加权平均法；原材料发出计价方法为先进先出法；低值易耗品采用一次摊销法进行核算。存货中的展示鱼采用先进先出法和实地盘存制相结合的方法。存货跌价准备的计提按单个存货项目的成本高于其可变现净值的差额提取。可变现净值按市价减去相应税金和费用确定。本公司存货主要为海洋馆展示所需的材料，变现能力相对较差。历年来存货数量变化不大，显示公司对存货数量有较好的控制能力，变现风险较小。

本公司将展示鱼列示为存货，而企鹅列示为固定资产，这是因为企鹅单位价值高，每只30万元左右，生存期10年左右，且对环境适应能力较强，饲养保障能力高，考虑其单位价值和存续与收益时间较长，将其列入固定资产核算较为合理。而展示鱼单位价值远低于企鹅，生存期为1－3年，对生存环境比较敏感，对饲养工艺要求严格，在会计核算上，其性质接近于易碎物品，故未作为固定资产核算，考虑展示鱼是海洋世界的象征，将其作为存货核算能体现公司的经营特色。展示鱼以实际成本计价，平时当展示鱼死亡或因其它原因减少时，根据饲养员统计的数量采用先进先出法结转成本，期末对展示鱼进行全面实地盘点，根据盘点结果最终确定本期应结转的成本。

(二)固定资产

本公司1999年、2000年和2001年末的固定资产净值分别为4225万元、5256万元和5135万元，其中2001年末固定资产净值占总资产的41.96%。固定资产折旧采用直线法，按原值的10%计留残值，各类固定资产折旧年限确定如下：

类别	折旧年限	年折旧率
房屋建筑物	20	4.5%
机器设备	10	9%
运输设备	5	18%
电子设备	5	18%
通讯设备	5	18%
企鹅	5	18%

目前固定资产实体状况运行良好，未发现减值因素存在，故没有计提固定资产减值准备。截止2001年末，未用固定资产对外提供抵押、担保。

此外，在建工程项目由圣亚海洋世界二期工程和现有项目供电设备二部分组成，2001年末帐面余额为2,700,432.00元。

(三)截至2001年12月31日，公司有形资产净值为120,420,521.40元

有形资产净值为总资产扣减无形资产及长期待摊费用的余额。此外，本公司在报告期内没有对外长期投资。

(四)本公司无形资产情况

本公司无形资产是本公司前身大连圣麦尔索海洋世界有限公司于1994年成立时由股东投入的专有技术，投入时入帐价值为344万元人民币。按成立时的合营期限，无形资产的摊销期限为20年。按《企业会计制度》，公司自2001年度开始，无形资产的摊销期限改为10年，并从1999年度起追溯调整。无形资产的剩余摊销年限为4年。无形资产摊销年限改变影响数额为288,213.43元。

类别	原始发生额	本期摊销	累计摊销	减值准备	期末数	剩余摊销年限
专有技术	3,440,000.00	421,495.58	2,022,241.78	983,900.00	433,858.22	1年

本公司1999年、2000年和2001年末的长期待摊费用分别为206万元、272万元和156万元，包括海底布景和装修改造支出，根据其预计的受益年限摊销期限分别为3年和4年。

五、主要负债情况

本公司1999年、2000年和2001年末的负债总额分别为1180万元、5523万元和5235万元，其中2001年末负债总额占总资产的46.78%，资产负债率在合理范围内。负债主要由应付股利、应交税金和其他应付款组成，本公司近三年来没有长期负债。

本公司1999年、2000年和2001年末的应付股利分别为610万元、3122万元和5088万元，呈连年增长态势。主要是由于2001年度和2000年度利润由老股东享有，公司将未分配利润一次性结转到应付股利科目，但并未支付股利所致。

本公司1999年、2000年和2001年末的应交税金分别为－59万元、－234万元和－30万元，应交税金为红字的原因主要是由于本公司采用按季预缴、第二年初汇算清缴的方式缴纳税金，实际缴付税款超出预计应缴税款所致。

本公司1999年、2000年和2001年末的其他应付款分别为583万元、624万元和159万元。2001年末，一年以内其他应付款金额为79.7万元，占其他应付款总额的50.06%；一年至二年的其他应付款余额为79.5万元，占49.94%；没有二年以上的其他应付款。其他应付款中有对本公司股东之一新西兰海底世界工程开发有限公司的46万元欠款，对本公司股东之一香港世隆国际有限公

司的 31 万元欠款，均为利润再投资退税款。

公司于 1995 年向辽阳石油化纤公司、辽宁省机械设备进出口公司和香港世隆国际有限公司三个股东单位借款，并签订了《协议书》和《借款合同》，公司偿还贷款本金的具体日期和金额见下表：

期间	本金(元)	利率(‰)	占用月数	应付利息(元)	备注
1995 年 1 月 1 日至 1997 年 12 月 31 日	17,000,000.00	10.98	36	6,719,760.00	1997 年 12 月 31 日还本金 500 万元
1998 年 1 月 1 日至 1998 年 5 月 31 日	12,000,000.00	10.98	5	658,800.00	1998 年 5 月 31 日还本金 300 万元
1998 年 6 月 1 日至 1998 年 8 月 31 日	9,000,000.00	10.98	3	296,460.00	1998 年 8 月 31 日还本金 400 万元
1998 年 9 月 1 日至 1998 年 12 月 31 日	5,000,000.00	10.98	4	219,600.00	1998 年 12 月 31 日还本金 500 万元

股东借款本金截至 1998 年 12 月 31 日已全部还清。1999 年 3 月 22 日还借款利息 4,179,504.70 元，2001 年 1 月 2 日还借款利息 2,321,947.06 元，2001 年 2 月 19 日还借款利息 1,393,168.24 元，全部利息共计 7,894,620.00 元，截至 2001 年 2 月 19 日，借款利息已全部还清。

六、股东权益情况

(一)报告期各会计期末的股东权益基本情况

项 目	2001.12.31	2000.12.31	1999.12.31
股本	60,000,000.00	60,000,000.00	60,000,000.00
盈余公积	10,019,655.44	6,549,716.78	3,159,050.03
未分配利润	0	0	11,901,283.47
合 计	70,019,655.44	66,549,716.78	75,060,333.50

(二)报告期股本情况

根据中华人民共和国对外贸易经济合作部[1999]外经贸资－函字第 313 号“关于同意大连圣亚海洋世界有限公司转制为外商投资股份有限公司的批复”的批准文件和股份公司的章程及发起人的协议，公司以原五家投资者为发起人以其所持有原大连圣亚海洋世界有限公司 1998 年 12 月 31 日的净资产，按 1:1 的比例折算为股份公司的股本，共计 60,000,000.00 元。上述股本已经大连正元会计师事务所“大正会师外验字(1999)11 号验资报告验证。1998 年末股本 34,467,158.00 元，为原大连圣亚海洋世界有限公司的实收资本。

1、2001 年 12 月 31 日股本情况

单位：万股

	期初数	本次变动增减(＋，－)	期末数
一、尚未流通股份			
1、发起人股份	6,000		6,000
其中：			
国家股			
国有法人股	2,700		2,700
境内法人持有股份	1,800		1,800
外资法人持有股份	1,500		1,500
尚未流通股份合计	6,000		6,000
二、股份总数	6,000		6,000

2、2001 年 12 月 31 日股东持股数以及比例

股 东 名 称	比例	股份(万股)
境内法人股：		
中国石油辽阳石油化纤公司	45%	2,700
辽宁迈克集团股份有限公司	25%	1,500
大连神洲游艺公司	5%	300
小 计	75%	4,500
境外法人股：		
香港世隆国际有限公司	10%	600
新西兰海底世界工程开发有限公司	15%	900
小 计	25%	1,500
合 计	100%	6,000

(三)盈余公积情况

项 目	2001.12.31	2000.12.31	1999.12.31
盈余公积	10,019,655.44	6,549,716.78	3,159,050.03

截止 1998 年 12 月 31 日原提取的储备基金和企业发展基金共计 7,672,492.00 元，已按有关批准文件和协议转为股本。2001 年度按税后净利润提取 10%法定盈余公积、5%法定公益金；2000 年度按税后净利润提取 10%法定盈余公积、5%法定公益金；1999 年度按税后净利润提取 10%法定盈余公积、5%法定公益金。

(四)未分配利润情况

项 目	2001.12.31	2000.12.31	1999.12.31
未分配利润	－	－	11,901,283.47

截止 1998 年 12 月 31 日累计的未分配利润 17,860,350.00 元，已按有关批准文件和协议转为股本。根据股东大会决议，1999 年度分配 6,000,000.00 元股利；2000 年度分配 31,115,161.75 元股利，2001 年度分配 19,662,985.79 元股利。

七、公司现金流量情况

2001 年度公司现金及现金等价物净增加额－3,207,395.08 元，其中经营活动产生的现金流量净额 30,388,365.76 元；投资活动产生的现金流量净额为－13,595,760.84 元，投资活动的现金流出 13,595,760.84 元，主要用于购置土地和固定资产；筹资活动产生的现金流量净额－20,000,000.00 元，全部为偿还银行借款。

投资活动和筹资活动现金流出较多，前者主要用于购置建造二期工程新项目用地，后者是因公司在现金较为充裕的情况下偿还了银行借款。由于公司近年来经营稳定持续增长，银行信用较好，银行借款均为信用担保方式，因此通过银行贷款筹资的能力较强；若公司能保持现有盈利能力，本公司现金流量的状况不会对公司的财务状况和经营状况产生重大影响。

八、本公司提醒投资者关注财务报表附注中的期后事项、重大关联交易、或有事项及其他重要事项。

九、公司历次验资情况

1995 年，鉴于本公司前身大连圣麦尔索海洋世界有限公司各合资方出资都已实际到位，公司委托大连会计师事务所东方分所对合资方出资到位情况进行了验资。1999 年公司整体变更成股份有限公司时，委托大连正元会计师事务所对各发起人的资金到位情况进行了验资。以下是两次验资时会计师事务所及注册会计师出具的验资报告摘录。

1、1995 年 2 月 20 日，大连会计师事务所东方分所接受委托，对本公司合资各方实际出资情况进行验证，并出具大会东验字(1995)第 20 号验资报告。经查验，公司投资总额为 761 万美元，注册资本 400 万美元。其中：大连圣城企业发展公司出资 180 万美元，占注册资本的 45%；辽宁省机械设备进出口公司出资 100 万美元，占注册资本的 25%；香港世隆贸易有限公司出资 60 万美元，占注册资本的 15%；新西兰海景有限公司出资 40 万美元，占注册资本的 10%；大连神州企业有限公司出资 20 万美元，占注册资本的 5%。截至 1995 年 2 月 20 日止，公司合资各方均已缴定各自认缴的出资额。

2、1999 年 7 月 8 日，大连正元会计师事务所受本公司委托，对股份公司截至 1999 年 6 月 30 日止的实收资本的真实性和合法性进行了审验，并出具了大正会师外验字(1999)11 号验资报告。截至 1999 年 6 月 30 日止，大连圣亚海洋世界股份有限公司已收到其发起股东投入资本六千万元人民币(60,000,000.00 元人民币)。与上述实收资本相关的资产总额为 73,478,073.30 元，负债总额为 9,165,680.08 元，未分配利润为 4,312,393.22 元。

十、财务指标

(一)本公司以合并财务报表为基础的近三年的各项财务指标

指标	2001 年度	2000 年度	1999 年度
流动比率	1.27	1.16	3.13
速动比率	1.23	1.13	3.06
应收帐款周转率	–	–	–
存货周转率	9.99	14.27	11.38
无形资产(土地使用权除外)占总资产比例(%)	0.32	1.51	2.65
资产负债率(%)	42.78	45.35	13.58
每股净资产(元)	1.17	1.11	1.25
研发费用占销售收入比例(%)	0	0	0
净资产收益率(%)	33.04	33.97	28.06
每股收益(元)	0.39	0.38	0.35

其中：

流动比率＝流动资产/流动负债

速动比率＝速动资产/流动负债

应收帐款周转率＝主营业务收入/应收帐款平均余额

存货周转率＝主营业务成本/存货平均余额

无形资产(土地使用权除外)占总资产比例＝无形资产(土地使用权除外)/总资产

资产负债率＝负债总额/资产总额

每股净资产＝净资产/期末股本总额

研发费用占销售收入比例＝研究发展费用/主营业务收入

净资产收益率＝净利润/期末净资产总额

每股收益＝净利润/期末股本总额

以上财务指标中，资产负债率以母公司财务报告的财务数据为基础计算，其余指标以合并财务报告数据为基础计算。

(二)发行前后的每股收益和净资产收益率

本公司 2001 年度每股经营活动的现金流量是 0.5065 元。

按《公开发行证券公司信息披露编报规则第 9 号》的计算及披露要求，本公司发行前后的每股收益和净资产收益率如下：

报告期利润	全面摊薄的净资产收益率(%)			加权平均的净资产收益率(%)		
	1999 年	2000 年	2001 年	1999 年	2000 年	2001 年
主营业务利润	57.40	68.08	68.13	61.09	52.46	61.07
营业利润	46.75	49.40	49.91	49.75	38.07	44.74
净利润	28.06	33.97	33.04	29.86	26.17	29.61
扣除非经常性损益后净利润	28.06	34.07	33.24	29.86	26.25	29.79

报告期利润	全面摊薄的每股收益(元)			加权平均的每股收益(元)		
	1999 年	2000 年	2001 年	1999 年	2000 年	2001 年
主营业务利润	0.718	0.755	0.795	0.718	0.755	0.795
营业利润	0.585	0.548	0.582	0.585	0.548	0.582
净利润	0.351	0.377	0.386	0.351	0.377	0.386
扣除非经常性损益后净利润	0.351	0.378	0.388	0.351	0.378	0.388

十一、公司管理层的财务分析

公司成立于 1994 年，改制前为外商投资企业，1999 年改制成立股份有限公司，随着公司体制的改变，以及公司经营规模的不断增长，公司经营环境变化较大，而作为股份有限公司对会计基础工作的要求越来越严格，公司的会计基础工作中尚显不足，为适应公司发展的需要，公司拟采取以下措施预以改进：

提高现有财会人员专业素质和职业技能。

由于公司业务发展较快，而且改制为股份有限公司后，财会工作面临许多新情况，尤其是与财会工作相关的法律、法规以及其他规章制度和有关政策变化较大，对财会人员素质要求越来越高，越来越专业，因此公司需要强化财会人员的培训工作，由财务经理制订培训计划，并负责监督实施，采取以下途径：

参加有关主管部门举办的培训班；聘请专家做专题讲座；对相关人员定期考核，实行淘汰制。

根据公司发展的需要适时聘请高素质的财会人员。若本次成功发行股票并上市，本公司资产规模将有大幅增长，财务会计的工作量将增大，对会计人员的要求也将相应提高，公司将根据业务发展的需要聘请高水平的财会管理人员。

公司的内控制度已经过多年的实际执行，在实践的基础上充分听取了所聘会计师和咨询公司等中介机构的专业人员对公司会计基础工作的意见和建议，对不规范的地方及时调整和完善。本公司将根据未来经营管理情况的变化适时完善内控规范和强化工作流程，使其更趋合法、合规、合理，从而使每个财会人员明确自己的工作职责，规范岗位工作，分岗位培训，加强职业道德教育。

(一)公司管理层的财务分析

1、关于公司资产的财务分析

(1)关于流动资产的分析

公司 2001 年 12 月 31 日资产总额为 12,237.26 万元，其中流动资产期末余额为 6,637.08 万元，占全部资产的 54.24%。按流动资产内部结构角度分析，存货为 199.27 万元.存货周转率为 9.99，其周转速度比 2000 年存货周转率 14.27 年降低了 4.28。

应收款项 2001 年 12 月 31 日余额为 313.88 万元，占总资产的 2.56%，比 2000 年减少 9.59 万元，减少了 2.96%，坏帐准备金期末余额为 48.57 万元，应收款项占总资产比例较低，公司采用比较谨慎的会计政策，降低应收款项风险。

预付帐款期末余额为 1992.70 万元比 2000 年末的 1459.35 万元增加 533.35 万元。

综合以上几方面显示流动资产的质量较好。

(2)固定资产期末余额为 5134.93 万元，占全部资产的的 41.96%。

以上二项资产占资产总额的 96.20%。且流动资产，固定资产占资产总额中的各自比例基本合理。

2、关于公司负债分析

公司 2001 年 12 月 31 日负债总额为 5235 万元，资产负债率为 42.78%，资产负债率处于合理水平。

3、公司的权益分析

公司的股权结构为总股本 6000 万股，其中：境内法人股为 4500 万股，外资法人股为 1500 万股，其比率分别为 75%和 25%。若公司本次公开发行股票成功，外资法人股所占比例将下降到 25%以下，公司将不再享受中外合资经营企业的各种优惠政策。

4、公司的资产流动性分析

公司2001年度现金及等价物净增加额为-320.74万元。其中:经营活动产生的现金流量净额为3038.84万元、投资活动产生的现金流量净额为-1359.58万元、筹资活动产生的现金流量净额-2000万元。

公司2001年度流动比率为1.27、比2000年提高了0.11,流动比率质量更加合理;速动比率为1.23,比2000年提高了0.10。两个指标反应出公司的流动性增强,偿债能力有所加强。

(二)公司管理层对公司盈利能力分析及未来发展规划设计

公司主营业务收入指标在2001年和2000年分别为6802.43万元和6531.70万元,主营业务收入增长率为4.14%。公司的主营业务利润率指标在2000年和2001年分别为69.36%和70.13%,在公司主营业务收入增长的前提下,公司在连续三年中主营业务利润率指标也随之稳步增长,表明公司的产品在行业市场中占有领先地位,市场需求大,具有较为广泛的发展前景。

公司的净资产收益率指标在2000年和2001年分别为33.97%和33.04%,净资产收益率处于较高水平,表明公司的资产运用比较充分,配置合理,资源的利用效率相对较高。2002年度若成功发行新股,当年净资产收益率将有较大幅度下降,公司面临较大压力。公司将努力提高现在业务的盈利能力,并努力提高募集资金使用效率,提高资产的盈利能力。

第十二节　业务发展目标

一、发展战略

近十年来,尽管世界经济兴衰起落,但旅游业每年仍以超过13%的速度增长,远远高于商业贸易和整个经济的增长速度。到2020年,中国将成为世界第一大旅游业来源国和目的地。可以看出,旅游业必将成为中国国民经济中一个充满朝气和活力的重要产业,尤其是富有特色、时代性强和科技文化含量高的新型旅游项目正在日益受到关注,将成为旅游业发展的新战略和新热点。本公司将顺应新经济下全球经济一体化的潮流,依托旅游业这一"朝阳产业",以在旅游业中属于超前的、科技含量较高的海洋世界项目为核心竞争优势,"立足长远、抓住时机、以人为本、以知见长",建立与完善有效的现代经营管理机制,并通过资本运作手段加速产业规模化,保证公司业绩持续稳定增长,促进我国旅游产业的全面发展。

(一)公司当年发展战略

公司当年发展战略为保证现有海洋世界的业绩稳步上升。实现途径为:

(1)加大开发经销网络(旅行社、一日游、疗养院、宾馆酒店、办事处、大型企事业单位、学校)的力度。该营销网络客流量占公司游客总量的比例从96年的18.7%上升到2000年的45.49%,且仍有较大的拓展空间。尤其是旅行社以外的单位,公司一直没有刻意的开发,因此有较大的盈利潜力。

(2)重点开发本地市场

刚刚结束的"两会"提出大连市"十五"主要目标中,第三产业的增加值占国内生产总值48%以上。根据该目标,"十五"期间大连市接待海外游客和旅游创汇年平均增长16%以上,到2005年,接待人境者71万人次,创汇5亿美元,旅游总收入将达到180亿元人民币,占同期全市GDP的10%,真正形成支柱产业。因此,大连旅游市场仍然存在较大的发展空间,立足本地,进一步开发本地市场是公司本年的重要战略。

(二)公司未来两年发展战略

(1)以建设现有三个项目为主。其它新项目均以参与为主,三个项目建设完成后,必将带动周边餐饮、娱乐业的发展,公司在这方面将充分利用海洋主题有所作为。

(2)以灵活的展示方式展示现有的珍稀动物(如:企鹅),增加新项目建设期的收入。

(3)参股其他旅游企业实现强强联合;

(4)新项目建成后,立即着手在上海、海南、哈尔滨的项目建设,目前公司已有足够的项目储备。

(三)公司发展区域定位

公司发展区域定位为:从大连开始,逐渐将旅游景区的开发和经营向上海、青岛、哈尔滨、广东、海南拓展,并根据业务发展的需要,充分借助上海作为中国经济中心的优势地位逐渐形成大连、上海双总部制。在条件成熟时,向东亚、东南亚地区发展,成为跨地区、建设、经营旅游景区的控股公司。

(四)公司发展方向定位

逐步将公司发展成为适应新经济发展要求,内涵科学、技术、环保、信息、科学幻想等现代流行概念的,以旅游景区的开发、建设、经营为核心业务的跨地区大型旅游控股公司。

(五)公司发展规模定位

逐步将公司发展成为中国旅游业中实力前茅、具有广泛影响力的上市控股公司。力争进入中国旅游业上市公司综合排名前三名。

(六)公司发展品牌定位

逐步使"圣亚"成为中国具有广泛影响力的品牌,成为中国的驰名商标,为公司创造一些可以有效利用的、具有特色的、有价值并可产生良好经营业绩的旅游商标。

二、经营目标

公司将充分利用自身的品牌优势、海洋技术优势和科学管理体系优势,扩大规模,以此次发行上市为契机,通过有效利用本次募股资金,在未来两年内完成大连圣亚海洋世界二期工程、大连圣亚海洋世界一期扩建工程、大连黄金山海洋观光探险基地三个项目的建设,提高本公司海洋主题旅游项目的档次、品位和文化与科技含量,同时将现有市场容量利用得更加充分,通过游客人数的增加,提高公司的经济效益和经济实力。

(一)公司当年经营目标

公司当年预计实现的营业收入6987万元,净利润2340万元。

(二)公司未来两年经营目标

公司2003年度预计实现的营业收入12780万元,净利润2800万元。公司2004年度预计实现的营业收入17306万元,净利润5615万元。

三、产品开发计划

(一)大连圣亚海洋世界一期扩建工程

就大连市目前旅游产品市场的开发情况来看,科技文化含量高的、现代化的、有特色的、体现现代旅游潮流的新型旅游项目,是大连这座旅游城市迫切需要的。大连圣亚海洋世界一期扩建工程是一个以现代科技为依托,表现海滨城市特色的海洋主题的旅游项目,它顺应了旅游业的发展趋势,它的建设适应大连旅游产品市场的现实需求。通过该项目的实施,一方面延长了海底通道;另一方面增加了海洋生物的种类和数量,并提高了文化含量和加大了游客的参与力度。因此可以认为这次扩建将丰富大连市和本公司的旅游产品。

(二)大连圣亚海洋世界二期工程

作为一个经营良好且已产生较大品牌效应的旅游企业,本公司进一步拓展开发新的旅游产品,丰富和扩充自身的内涵,其前景是非常广阔的。借助大连圣亚海洋世界一期已取得的经营业绩和宣传效应,通过建设大连圣亚海洋世界二期工程项目,把大连圣亚海洋世界建成海洋主题的旅游观光景区。这样的景区一旦建成,在我国将是独一无二的,它将完善大连星海湾作为高档次的商务旅游区的功能,将成为最能代表大连城市特色及其旅游业发展水平的景区。该项目的开发成功,可完善大连市旅游设施的建设,加快大连市旅游资源的开发,提高大连市旅游产品的档次,是将大连建成有特色、高品味、国际化、大客流、高创汇的中国旅游名城的重要举措。

(三)大连黄金山海洋观光探险基地

在"大连旅游产业'十五'计划及2020年远景目标纲要"中,提出大连要发展的十大旅游产品系列中,"海上大连"旅游系列名列第一位。但大连市目前"海上旅游"产品的种类比较单一,简单重复,基础设施不完备,旅游服务设施的软硬件建设处于较低水平,经营不规范等。大连黄金山海洋观光探险基地项目的建设,正是弥补了大连市海上旅游产品存在的这些缺陷,顺应了大连市旅游业发展的要求。其中,游艇观光项目采用进口半潜式观光游艇,游客不仅可以进行海上观光,而且还可以通过游艇的下潜部分看到海底的自然景观,这在大连市的海上旅游业中是首创;潜水项目也有突破性的意义,在具体运作上,采取会员制和对外开放制两种经营方法。潜水俱乐部的运作为大连市旅游业又增添了一个新的亮点。海洋动物表演深受广大游客的喜爱,但这种表演节目在海滨浴场非常少见。该项目中的海洋动物表演场正是抓住了这样的一个市场契机而兴建的,是一个颇具创新的旅游项目,不仅为大连市新添了一个旅游娱乐景点,还可为保护和利用海洋动物作出贡献。

(四)海洋生物饲养与繁殖

公司将发挥自身在海洋生物饲养与繁殖技术方面的特长,通过技术的进一步成熟来实现其潜在的巨大经济价值,如:企鹅、海龟、鲨鱼、海豹的饲养与繁殖。

四、人员扩充计划

公司多年来已培养、储备了一批技术、管理骨干,其中:中层以上管理员19人,专业技术人员27人,基层管理人员和业务骨干:27人,以上人员均为大专以上学历、在公司工作三年以上。在新项目启动时,可以直接从这批人才中抽调出一半即37人作为骨干力量充实到新项目中。

公司当年人员扩充计划为:增加项目设计、策划、相关技术人员10人;条件为:本科学历或中级技术职称以上;培训计划为:依本公司惯例,用三个月的时间较全面深入地考察、研究国内、国外现代人造景观。

公司2002年人员扩充计划为:根据工程进展情况,7月招聘并培训技术和管理骨干人员50人,要求大专以上学历,三年以上相关工作经验,培训期3个月。2003年人员扩充计划为:1月 招聘并培训一线(基层)服务、技术人员134人;3月招聘并培训一线(基层)服务、技术人员84人,培训期:根据不同岗位的要求1~3个月。

五、技术开发与创新计划

本公司十分重视本行业相关技术的研究开发,详细情况请已在本招股书第六节"三、本公司的技术情况"中详细批露,请查阅。

六、市场开发计划

一个企业必须依据发展规模的大小、上升的空间和层次来选择目标市场,进而确定发展区域。大连属中等城市,其城市市场的容量是非常有限的,一期扩建工程、二期工程和大连黄金山海洋观光探险基地建成后,相对大连地区的旅游消费市场在人造景区方面基本达到饱和。另外从一个城市的发展历史、文化沉淀、人文特征、人力资源储备等诸多方面来考证,大连亦有其不可逾越的局限性。正是出于这些考虑,公司未来的发展必须走出大连,积极的向外埠扩张。而上海以其得天独厚的优越条件,应当成为公司进一步发展的首选地。公司将来把要管理总部设在上海,寻求更有利的生存与发展的空间。公司上市成功后,未来几年内,将通过再融资,完成在上海建设海洋旅游景区的任务,并使其进入商业化运作阶段,使这一景区成为能代表上海形象的重要旅游景区。同时着手开展在青岛、哈尔滨、广东、海南等地区旅游景区的建设。

七、再融资计划

如本次发行成功,公司当年无再融资计划,未来两年将据实际发展情况制订再融资计划,用于上海、海南、哈尔滨等地的项目建设,或用于已建项目周边的有海洋主题特色的餐饮、娱乐项目。公司不排除拓展到其他行业的可能性。

八、深化改革和组织结构调整的规划

公司计划在2002年底以前,建立产业研究院。公司目前已经启动了该计划,自开业以来,每年都有计划地安排相关人员出国考察、研究国际上的先进人造景观,储备了大量的相关资料和技术,为产业研究院的建立储备了人才和技术。按计划2001年以前重点进行人才、技术储备;2002年筹建产业研究院,专职人员10人,公司内部兼职人员20人,共30人,两年后达到50人。产业研究院在三年内重点研究、策划、设计海洋主题的人造景观。产业研究院以后将是公司的重要规划部门,主要职能为:建设、管理行业信息库;规划公司发展;策划、设计、开发新项目。

九、业务发展目标实现的条件和困难

上述业务目标的实现条件是:(1)公司所遵循的有关国家现行法律、法规、政策近年内无重大变化。(2)公司所在地区大连市的社会经济环境市场条件近年内不会有重大变化。(3)公司所在旅游行业近年内不会出现衰退,市场不会陷入饱和。(4)公司此次募集资金到位,投资项目建设计划能如期进行。

上述业务目标实现的困难在于公司日益扩大的业务规模,将对公司的战略规划、组织构建、机制建立、资源配置、运营管理提出更高的要求。另外目标实现过程中可能遇到的风险也会给公司制造种种困难,相关风险及其对策请参阅本招股书第四节"风险因素"。

十、公司实现业务目标的主要经营理念和经营模式

质量体系

公司于2000年11月18日正式取得了英国UKAS标准化组织中老牌认证公司CCAS的ISO9002国际服务质量体系认证。为表达该质量体系公司编制了质量手册,覆盖了GB/T19002-1994(idt)ISO9002:1994《质量体系生产、安装和服务的质量保证模式》标准的全部质量体系要求(要素)和公司提供的水族馆优质服务的过程,贯彻实现质量方针、质量目标,履行质量职责和权限,实施各项质量活动。

公司的质量方针是信誉第一、服务至上、游人为本。公司的质量目标为管理科学化、景观国际化、设施标准化、服务星级化。

(二)经营宗旨

公司的经营宗旨是:本着加强合作、共同发展的原则,开发时代感强,科技文化含量高且前景广阔的旅游资源,建设具有现代城市特色的海洋、文化、探险、娱乐为一体的主题旅游项目,创造现代化、国际化、高品位的旅游名牌,向游客提供最优秀的服务。

(三)经营理念和模式

公司奉行"以游人为本"的经营理念,坚持质量效益型发展道路的经营机制,明确"市场是企业的生存空间、游客是企业的上帝"的行为准则,以确保质量管理水平的提高,环境保护和资源综合利用能力的增强,不断实现、保证、改进和提高公司服务质量,持续地满足不同地域、不同层次、不同类别游客的期望和要求,建立运行符合GB/T19000(idt ISO9000)族标准要求的质量体系和经营模式,加强管理,促进公司整体素质和经济效益的不断提高,建设充满生机和活力的一流旅游企业。

十一、业务发展计划与现有业务的关系

公司的业务发展计划与现有业务的关系是相辅相成,相互促进的。以往的经营业绩表明,现有业务将在新的业务发展计划实施期间,提供稳定有利的业绩支持。新项目建成后,必将产生更大的经济效益与社会效益,给公司带来新的利润增长点,多个项目组合的力量使公司近三年发展

目标的实现成为可能，并为公司更长远的发展提供基础。

十二、本次募股资金对实现业务目标的作用

公司未来几年发展战略和经营目标是否能成功实施很大程度上取决于所投三个项目的建设情况。如果公司发行股票募集资金成功，将为三个项目顺利建设成功提供强有力的保障。而这些项目所内涵的高科技文化含量的、现代化的、有特色的、体现现代旅游潮流的新型旅游项目必将为公司带来长期、丰厚和稳定的收益，为公司规模化和品牌化的持续发展提供源动力，从而进一步促进公司更长远的整体业务目标的顺利实现。

第十三节　募股资金运用

一、本次发行募股资金的总量及依据

本次发行价格由发行人与主承销商协商，根据发行人投资项目所需资金量，同时比照证券交易所二级市场同类上市公司股票价格而最终商定。

根据《证券法》第28条的有关规定，本次A股股票发行采用溢价方式，每股价格为人民币7.71元，预计发行3200万股，发行后本公司总股本为9200万股。2001年本公司税后利润总额为2313万元，按全面摊薄法计算，2001年本公司每股盈利为0.3855元，发行市盈率为20倍。

本次发行可募集资金24672万元，扣除发行费用858.75万元后，本公司实际募集资金为23813.25万元。

二、股东大会对本次募股资金投向的意见

根据本公司"2001年度第一次董事会决议"和"2001年度股东大会决议"，若本次股票发行成功，本公司拟将所募资金全部投入大连圣亚海洋世界二期工程、大连圣亚海洋世界一期扩建工程和大连黄金山海洋观光探险基地三个项目。

1、大连圣亚海洋世界二期工程

该项目经国家发展计划委员会计社会[2000]1727号文《国家计委关于大连对亚海洋世界二期工程项目建议书的批复》批准立项。该项目位于大连星海湾，占地面积10000万平方米，总建筑面积11152平方米。该项目设两个展区，其中西区一层为一次容纳1000人的深海发现探险（观赏并可参与），二层为海洋探险展区（展览）；东区一层为极地探险（观赏并可参与），二层分为航海探险剧场（观赏并可参与）和儿童乐园（以海洋为主题）两部分。该项目投资总额为18110万元，其中新增建设投资16110万元，新增流动资金2000万元。正常营业期年营业收入为6948.80万元，投资利税率为22.91%，投资回收期为5年4个月。

2、大连圣亚海洋世界一期扩建工程

该项目经大连市计划委员会大计社会发[2001]86号文《关于大连圣亚海洋世界一期扩建工程立项的批复》批准立项。该项目位于大连市星海湾西部，占地面积4123平方米，总建筑面积14569平方米，为三层建筑。建设内容为海底通道、商场、餐厅及配套设施。扩建后，圣亚海洋世界占地面积可达6323平方米，总建筑面积20099平方米，海底通道长增加到200米，展厅面积增加了7000平方米，并增设科技含量高、参与性强的展示项目，使游客对整个海洋生态系统有一个真实的了解，同时餐厅等营业面积也相应增大。该项目新增投资总额为8923.23万元，其中新增建设投资8461.23万元，新增流动资金462万元。正常营业期年营业收入3080万元，投资利税率为13.16%，投资回收期为6年11个月。

3、大连黄金山海洋观光探险基地项目

该项目经大连市计划委员会大计社会发[2001]152号文《关于大连黄金山海洋观光探险基地的立项批复》批准立项。该项目位于大连市旅顺口区黄金山海滨浴场内。总建筑面积1500平方米，建设内容为码头、游艇、潜水俱乐部、海洋动物表演场、海洋科普中心及配套服务设施。该项目投资总额为4209万元，其中新增建设投资3909万元，流动资金300万元。正常营业期年营业收入为1191万元，投资利税率为15.59%，投资回收期为5年7个月。

以上三个项目投资总额为31,242.23万元，本次募集资金将全部投入到这三个项目中，资金不足部分2,162.23万元由本公司用银行贷款和自有资金解决。

三、募集资金对财务状况和经营成果的影响

若本次股票成功发行，将募集23813.25万元万元，将对公司的财务状况和经营成果产生很大影响，下面以2001年度实际盈利状况和2002年度本公司所作盈利预算数为基础，列示募集资金到位后对财务状况和经营成果的影响（以下数据未将募集资金效益计算在内）。

	发行前(2001年度)		发行后(2002年度)	
净资产		9200万元		33200万元
每股净资产		1.17元		3.61元
净资产收益率		33%		7.23%
资产负债率		42.78%		13.62%
股本结构	数量(万股)	比例(%)	数量(万股)	比例(%)
国有法人股	2700	45	2700	29.35
外资法人股	1500	25	1500	16.30
企业法人股	1800	30	1800	19.57
社会公众股	0	0	3200	34.78
总股本	6000	100	9200	100

四、募集资金量变化的对策

据本公司的股票发行方案，本次将发行股票3200万股，发行价格为7.71元，扣除发行费用后，本次发行实际募集资金总量为23813.25万元。本次募集资金将投全部入到前述三个项目中，其资金需求总量为31242.23万元，将产生一定的资金缺口，公司将以自有资金和银行贷款解决。公司目前财务状况良好，银行信誉良好，近年来银行贷款均为信用贷款，通过银行贷款方式筹集资金的渠道较为畅通。

大连圣亚海洋世界二期工程、一期扩建工程和黄金山项目三个募集资金项目将分别于2001年10月、2001年12月和2002年3月开工，资金将分期投入，募集资金将有阶段性闲置，为保证资金的安全和投资项目的资金使用，本公司将采取较为稳健的措施合理使用阶段性闲置资金，将以短期国债投资和银行存款为主。

第十四节　发行定价及股利分配政策

一、发行定价

（一）发行估值的方法

本公司本次发行采用的估值方法主要有：净资产倍率法、发行市盈率法、相对价值法和现金流量折现法。本次发行的《股票发行定价分析报告》全文在本次公开发行股票申请文件的7－2部分。

（二）发行价格确定办法

本次发行价格由发行人与主承销商协商，根据发行人投资项目所需资金量，同时比价证券交易所二级市场同类上市公司股票价格而最终商定。

根据《证券法》第28条的有关规定，本次A股股票发行采用溢价方式，每股价格为人民币7.71元，预计发行3200万股，发行后本公司总股本为9200万股。2001年本公司税后利润总额为2313万元，按全面摊薄法计算，2001年本公司每股盈利为0.3855元，发行市盈率为20倍。

本次发行可募集资金24672万元，扣除发行费用858.75万元后，本公司实际募集资金为23813.25万元。

二、股利分配政策

（一）本公司股利分配政策：

1、本公司现行股利分配政策

本公司实行同股同利的股利分配政策。本公司将采取现金或股票的形式派发红利或采取股票和红利相结合的两种形式。股东大会决议将公积金转为股本时，按股东原有股份比例派送新股。但法定公积金转为股本时，所留存的该项公积金不得少于注册资本的25%。

2、利润分配顺序

根据公司章程规定，本公司税后利润按下列顺序分配：

（1）弥补上一年度的亏损；

（2）提取法定公积金百分之十；

（3）提取法定公益金；

（4）提取任意公积金；

（5）支付股东股利。

公司法定公积金累计额为公司注册资本的百分之五十以上的，可以不再提取。提取法定公积金、公益金后，是否提取任意公积金由股东大会决定。公司不在弥补公司亏损和提取法定公积金、公益金之前向股东分配利润。

公司股东大会对利润分配方案作出决议后，公司董事会须在股东大会召开后两个月内完成股利或股份的派发事项。

（二）最近三年分红派息情况

公司2000年4月10日召开第二次股东大会，通过1999年度股利分配政策。本次股利分配采用现金分配方式，共计600万元。

公司2001年4月18日召开2000年度第二次股东大会，通过2000年度股利分配政策。本次股利分配采用现金分配方式，共计31,115,161.75元。

公司2002年4月28日召开2001年度股东大会，通过2001年度股利分配政策。2001年度利润归公发前的股东享有，股利分配采用现金分配方式，共计19,662,985.79元。2002年度利润归新老股东共享。

（三）本次发行后股利的派发

根据公司2000年度第二次股东大会的决议，如果本次股票公开发行在2001年度完成，本次认购社会公众股的新股东将与原股东共同享有公司本次股票公开发行当年产生利润的分配权；如果本次公开发行在2002年度完成，本次认购社会公众股的新股东将与原股东共同享有公司本次股票公开发行当年产生利润的分配权；公司以往年度形成的滚存利润的分配权归公发前的股东享有。

根据公司二〇〇一年度股东大会决议，公司首次股利分配将于本次发行后的第一个盈利年度结束后6个月内进行，分配主要采用现金或股票的方式，具体分配办法将根据公司的实际情况确定。

本公司向个人股东分配股利时，由本公司按《中华人民共和国个人所得税法》和国家税务总局《征收个人所得税若干问题的规定》代扣代缴应缴所得税。

第十五节　附录和备查文件

一、附录

本招股说明书的附录是本招股说明书不可分割的部分，招股说明书附录包括：

（一）大连华连会计师事务所出具的本公司审计报告及财务报表全文

二、备查文件

（一）投资者可在如下时间、地点查阅与本次发行有关的所有正式法律文件：

1、查阅时间：每天上午9点至下午4点

2、查阅地点：大连市沙河口区中山路608－6号即公司本部

3、电话：0411－4685225

4、联系人：肖峰

（二）投资者可查阅的与本次发行有关的所有正式法律文件具体如下：

1、本次发行的招股说明书及其摘要，中国证监会对本次发行的核准文件；

2、招股说明书的附录文件，包括：

（1）大连华连会计师事务所出具的公司近三年审计报告及财务报表全文；

3、公司律师对本次股票发行的法律意见书及其他有关法律意见；

4、公司最近三年的原始财务报告；

5、公司历次验资报告；

6、公司土地使用权、房屋产权权属证书；

7、其他向中国证监会报送的发行申请文件，包括：

（1）发行人成立的批准和注册登记文件；

（2）发行人的公司章程及其他有关内部规定；

（3）发行人的营业执照；

（4）发行人的发起人协议；

（5）关于本次发行事宜的股东大会决议；

（6）与本次发行有关的重大合同；

（7）历次股利分配的决议及记录；

（8）有关关联交易协议。

600593 大连圣亚海洋世界股份有限公司

股票上市公告书

第一节 重要声明与提示

本公司董事会保证上市公告书的真实性、准确性、完整性,全体董事承诺上市公告书不存在虚假记载、误导性陈述或重大遗漏,并承担个别和连带的法律责任。

根据《公司法》、《证券法》等有关法律、法规的规定,本公司董事、高级管理人员已依法履行诚信和勤勉尽责的义务和责任。

上海证券交易所、中国证监会、其他政府机关对本公司股票上市及有关事项的意见,均不表明对本公司的任何保证。

本公司提醒广大投资者注意,凡本上市公告书未涉及的有关内容,请投资者查阅 2002 年 6 月 24 日刊载于《中国证券报》、《上海证券报》、《证券时报》的本公司招股说明书摘要,及刊载于上海证券交易所网站(http://www.sse.com.cn)的本公司招股说明书全文。

本上市公告书刊登网址:http//www.sse.com.cn

第二节 概 览

股票简称:大连圣亚
沪市股票代码:600593
深市股票代码:003593
总 股 本:92,000,000 股
可流通股本:32,000,000 股
本次上市可流通股本:32,000,000 股
发行价格:7.71 元/股
上市地点:上海证券交易所
上市时间:2002 年 7 月 11 日
股票登记机构:中国证券登记结算有限责任公司上海分公司
上市推荐人:广发证券股份有限公司、西南证券有限责任公司

本公司公开发行股票前股东所持股份的流通限制及期限:根据国家现有法律、法规规定和中国证监会证监发行字[2002]62 号《关于核准大连圣亚海洋世界股份有限公司公开发行股票的通知》,本公司的国有法人股和法人股暂不上市流通。

本公司公开发行股票前第一大股东中国石油辽阳石油化纤公司承诺:自本公司股票上市之日起 12 个月内,不转让所持有本公司的股份,也不会由本公司回购其所持有的股份。

第三节 绪 言

本上市公告书是根据《中华人民共和国公司法》、《中华人民共和国证券法》、《股票发行与交易管理暂行条例》、《公开发行股票公司信息披露实施细则》和《上海证券交易所股票上市规则》等国家有关法律、法规的规定,并按照中国证监会《公开发行证券的公司信息披露内容与格式准则第 7 号-股票上市公告书》而编制。

经中国证监会证监发行字[2002]62 号文核准,本公司于 2002 年 6 月 26 日采取 100%向沪市、深市二级市场投资者定价配售的方式成功发行了 3200 万股每股面值 1.00 元的人民币普通股,发行价为每股人民币 7.71 元。

经上海证券交易所上证上字[2002]122 号《关于大连圣亚海洋世界股份有限公司人民币普通股股票上市交易的通知》批准,本公司公开发行的 3200 万股社会公众股将于 2002 年 7 月 11 日起在上海证券交易所挂牌交易。股票简称"大连圣亚",沪市股票代码"600593",深市股票代码"003593"。

本公司已于 2002 年 6 月 24 日在《中国证券报》、《上海证券报》和《证券时报》上刊登了《招股说明书摘要》,招股说明书正文及其附录可以在上海证券交易所网站(http://www.sse.com.cn)查询。距今不足三个月,故与其重复的内容不再重述,敬请投资者查阅上述内容。

第四节 发行人概况

(一)发行人基本情况

1、发行人中文名称:大连圣亚海洋世界股份有限公司股份有限公司
英文名称:Dalian Shengya Ocean World Co.,Ltd.
2、注册资本:92,000,000 元
3、法定代表人:粟东生
4、注册地址:大连市沙河口区中山路 608-6 号
邮政编码:116023
5、经营范围:建设、经营水族馆、海洋探险人造景观、游乐园、海洋生物标本陈列馆、船舶模型陈列馆、餐饮、酒吧
主营业务:建设、经营水族馆、海洋探险人造景观
5、所属行业:旅游业
7、联系电话:(0411)4685225
传真:(0411)4685217
3、董事会秘书:肖峰

(二)发行人的历史沿革及历次股权变动情况

本公司的前身可追溯到大连圣麦尔索海洋世界有限公司。该公司系经大连市对外经济贸易委员会(大外经贸外资字[1993]2198 号文)批准,由大连圣城企业发展公司、辽宁省机械设备进出口公司、新西兰强力太平洋海洋世界有限公司及大连神洲企业有限公司四家企业于 1994 年 1 月 18 日合资设立的中外合资企业,注册资本为 400 万美元。企业法人营业执照注册号为工商企合辽大(副)字 02426 号。其中,大连圣城企业发展公司以 180 万美元现汇出资,占注册资本的 45%;新西兰强力太平洋海洋世界有限公司以设备、技术作价及美元现汇折 120 万美元出资,占注册资本的 30%;辽宁省机械设备进出口公司以 80 万美元现汇出资,占注册资本的 20%;大连神洲企业有限公司以建筑物作价 20 万美元出资,占注册资本的 5%。其中外方出资占公司注册资本的 30%。

1995 年 3 月 25 日,经大连市对外经济贸易委员会(大外经贸外企字[1995]86 号文)批准,本公司股东之一新西兰强力太平洋海洋世界有限公司退出本公司,其原持有的本公司 30%的股份,分别转让给辽宁省机械设备进出口公司、香港世隆国际有限公司和新西兰海景有限公司(其中后两者为新加入股东)。此次股东变更后,外方出资占注册资本的 25%,各股东出资比例情况如下:大连圣城企业发展公司出资占注册资本的 45%;辽宁省机械设备进出口公司出资占注册资本的 25%;香港世隆国际有限公司出资占注册资本的 15%;新西兰海景有限公司出资占注册资本的 10%;大连神洲企业有限公司出资占注册资本的 5%。同时,大连市对外经济贸易委员会批准本公司名称变更为"大连圣亚海洋世界有限公司"。

1995 年 7 月 21 日,经大连市沙河口区对外经济贸易委员会和大连市对外经济贸易委员会(沙外发[1995]第 108 号文)批准,大连圣城企业发展公司将其持有的本公司 45%的股份全部转让给中国石化辽阳石油化纤公司。1998 年 2 月 10 日,经大连市沙河口区对外经济贸易委员会和大连市对外经济贸易委员会(沙外发[1998]第 8 号文)批准,新西兰海景有限公司将其持有的本公司 10%的股份全部转让给新西兰海底世界工程开发有限公司;香港世隆国际有限公司将其持有的本公司 5%的股份转让给新西兰海底世界工程开发有限公司。

1997 年 9 月 4 日,经中国对外贸易经济合作部([1997]外经贸政审函字第 208 号文)批准,由辽宁省工商行政管理局核准并换发营业执照,本公司股东辽宁省机械设备进出口公司进行了规范重组,并更名为辽宁迈克集团股份有限公司。同年 4 月 1 日,另一股东大连神洲企业有限公司经大连市工商行政管理局批准并换发营业执照,更名为大连神洲游艺公司。1998 年 10 月 6 日,由于中国石化辽阳石油化纤公司变更隶属关系,被划入中国石油天然气集团,根据中国石油集团公司政策法规局《关于对原中国石油化工总公司划入中国石油天然气集团公司化工企业和销售公司变更企业名称的报告》(政字[1998]第 1 号文),经辽阳市工商行政管理局核准并换发营业执照,"中国石化辽阳石油化纤公司"的名称变更为"中国石油辽阳石油化纤公司"。

1999 年 5 月 28 日,经中国对外贸易经济合作部的《关于同意大连圣亚海洋世界有限责任公司转制为外商投资股份有限公司的批复》([1999] 外经贸资一函字第 313 号)及《中华人民共和国外商投资企业批准证书》(外经贸大资字[1993]1633 号)批准,本公司由本公司原五家股东中国石油辽阳石油化纤公司、辽宁迈克集团股份有限公司、新西兰海底世界工程开发有限公司、香港世隆国际有限公司与大连神洲游艺公司作为发起人,以发起设立方式,整体变更为股份有限公司。公司注册资本为 6000 万元,总股本为 6000 万股。本公司于 1999 年 7 月 9 日由中华人民共和国工商行政管理局换发企业法人营业执照,注册号企股辽大总(副)字第 02426 号,经营期限和执照有效期自 1994 年 1 月 18 日始。整体变更后各股东出资比例情况如下:中国石油辽阳石油化纤公司出资额 2700 万股,占总股本的 45%;辽宁迈克集团股份有限公司出资额 1500 万股,占总股本的 25%;新西兰海底世界工程开发有限公司出资额 900 万股,占总股本的 15%;香港世隆国际有限公司出资额 600 万股占总股本的 10%;大连神洲游艺公司出资额 300 万股,占总股本的 5%。其中外资股比例为 25%。

经中国证监会证监发行字[2002]62 号文核准,本公司于 2002 年 6 月 26 日以 100%向二级市场投资者定价配售方式成功地发行了人民币普通股 3200 万股,每股面值 1.00 元,每股发行价 7.71 元。此次发行完成后,本公司的总股本为 9200 万股,注册资本为 9200 万元。

(三)发行人的主要经营情况

1、发行人业务概况

本公司的业务以建设经营水族馆为主,主营业务收入是水族馆门票收入。公司 2001 年度主营业务收入为 6802 万元,其中门票收入 6592 万元,占主营业务收入的 97%。收入来源稳定并逐年增长,使本公司的经营业绩得到有力保障。但是公司的业务带有明显的季节性,每年的 5 月至 10 月为经营旺季,前来参观游览的游客较多,营业收入高;其它月份为经营淡季,前来参观游览的游客较少,营业收入也相对较少,甚至会产生季节性经营亏损。

本公司水族馆市场定位为吸引较高消费层次的游客,与本地其它景点形成互补关系。据 2000 年度本公司对参观游览圣亚海洋世界的游客与大连地区其它景点游客的调查分析报告,游览本公司的游客在年度旅游平均花费、年度旅游人均花费及游客家庭月总收入等方面均超过大连地区其它景点游客的平均水平,因而本公司的业务将随着国家旅游业特别是大连地区旅游业的发展而稳步增长,同时仍将保持较高利润水平。

2、发行人的行业地位

本公司经营的大连圣亚海洋世界是我国第一座建成并对外开放的、目前世界上最先进的第三代水族馆——海底通道式水族馆。它拥有长达 118 米的海底通道,1995 年建成时居亚洲第一位。海底通道是目前水族馆最先进的展示方式,它采用的透明玻璃是一种名叫丙烯玻璃的化工产品,每块板材的厚度为 0.06 米,长度为 3.37 米,是一个直径为 2.40 米的完整的半圆形,具有透明度高、承压力大、能够弯曲变形的特点。圣亚的海底通道是新西兰技术专家设计安装的,材料的设计、制作、剪裁和弯曲成型均在国外完成。

本公司项目建成至今已有 6 年时间,在这期间国内相继建成近 20 家同等规模的水族馆,一些新建的项目从国外引进和购买的设备在技术上已处于领先地位,本公司的技术设备处于中上游水平。

作为人造景观项目,市场处于分割状态,同行业的竞争一方面体现为对异地客源的争夺上,另一方面体现在修炼内功提高对游客的吸引上。本公司作为国内较早建立的水族馆,已建立了一整套符合本行业特点的宣传策划、技术更新维护和服务的管理体系。

另外,大连是一个三面环海的海滨城市,拥有丰富的海洋资源,其海洋渔业、海产养殖业历史

悠久。大连专业人才众多,技术力量极为雄厚,国内两家水产专业的高校之一——"大连水产学院"即坐落于大连市。所以本公司在海洋生物养殖方面具有得天独厚的技术人才优势。依靠公司拥有的一批水族馆技术的专业人才,本公司能够完全解决在水质、鱼种、饲养等方面的技术问题,保证水质环境和水族生物的健康生长。

再者,圣亚海洋世界的水全部取用经过过滤、净化处理的天然海水,相对于其他利用人造海水的内陆水族馆而言,不但水质能够得到保障,而且具有经营成本较低的优势。依托大连市三面环海、拥有丰富海洋资源的地理优势,日常所需的鱼饵料能够就地获取,价格便宜,购买的新鱼等海洋生物的海上运输也极为方便,使本公司的运营成本也比内陆地区的水族馆低许多。

因此,在设备技术不占绝对优势的情况下,本公司在本行业仍保持领先地位。圣亚海洋世界项目开业6年多以来,已接待中外游客700多万人,实现销售收入34000万元。据有关部门统计,1999年,与本公司同等规模的10家水族馆中,本公司水族馆投资规模最小、但接待游客人次排名第一,营业收入排名第二,利润排名第一,处于行业领先地位。

3、发行人主要财务指标

指标	2001年度	2000年度	1999年度
流动比率	1.27	1.16	3.13
速动比率	1.23	1.13	3.06
应收帐款周转率	-	-	-
存货周转率	9.99	14.27	11.38
资产负债率(%)	42.78	45.35	13.58
每股净资产(元)	1.17	1.11	1.25
净资产收益率(%)	33.04	33.97	28.06
每股收益(元)	0.39	0.38	0.35

4、发行人拥有的主要知识产权

本公司主要注册商标共有8个。根据《中华人民共和国商标法》规定,注册商标有效期满,可以在期满前6个月内申请续展注册,每次续展注册的有效期为10年,续展次数无限制。全部8个注册商标情况列示如下:

序号	商标样式	类别	证书编号	有效期限
1	圣亚	42	1109857	1997年9月21日至2007年9月20日
2	圣亚	41	1109934	1997年9月21日至2007年9月20日
3	鱼眼图形	41	1109937	1997年9月21日至2007年9月20日
4	鱼眼图形	42	1109858	1997年9月21日至2007年9月20日
5	OCEAN WORLD	42	1109828	1997年9月21日至2007年9月20日
6	鱼眼图形+OCEAN SCAPE	41	1127910	1997年11月14日至2007年11月13日
7	鱼眼图形+MARINE-SCAPE	41	1127913	1997年11月14日至2007年11月13日
8	鱼眼图形+OCEAN-WONDER	41	1127912	1997年11月14日至2007年11月13日

5、发行人享有的税收优惠政策

本次发行前,本公司为中外合资股份有限公司,根据大连市税务局大税字(1986)8号文件的规定,自获利年度起七年内免交3%地方所得税,因此实际税率为30%。发行后,外资比例下降到25%以下,将不再享受上述税收优惠政策。

第五节　股票发行与股本结构

(一)本次股票上市前首次公开发行股票的情况

1、发行数量:3200万股

2、发行价格:7.71元/股

3、募集资金总额:24,672万元

4、发行方式:向沪市、深市二级市场投资者定价配售

5、发行费用总额及项目:本次A股发行费用总额为726.737万元,包括承销费用、审计费用、律师费用、上网发行手续费、审核费用等。

6、每股发行费用:0.227元

(二)本次股票上市前首次公开发行股票的承销情况

本次公开发行的3200万股社会公众股的配号总数为60,632,260,中签率为0.05277718%。其中,二级市场投资者认购31,589,473股,其余410,527股由主承销商包销。

(三)本次上市前首次公开发行股票所募股资金的验资报告

验资报告

华连内验字(2002)14号

大连圣亚海洋世界股份有限公司全体股东:

我们接受委托,审验了贵公司截至2002年7月3日止的新增注册资本实收情况。按照国家相关法律、法规的规定和章程的要求出资是贵公司全体股东的责任,提供真实、合法、完整的验资资料,保护资产的安全、完整是贵公司的责任。我们的责任是对贵公司新增注册资本的实收情况发表审验意见。我们的审验是依据《独立审计实务公告第1号-验资》的要求进行的。在审验过程中,我们结合贵公司的实际情况,实施了检查等必要的审验程序。

贵公司原注册资本为人民币60,000,000.00元。根据贵公司股东大会决议和公司修改后章程的规定,贵公司申请增加注册资本人民币32,000,000.00元。经中国证券监督管理委员会证监发行字[2002]62号文件批准,贵公司于2002年6月26日向社会公众发行人民币普通股3,200万股,每股面值1元。经我们审验,截至2002年7月3日止,贵公司已收到社会公众股股东认缴的新增注册资本32,000,000.00元,社会公众股股东均以货币资金出资。

同时我们注意到,贵公司本次增资前的注册资本为人民币60,000,000.00元,业经大连正元会计师事务所大正会师外验字(1999)11号验资报告审验。截止2002年7月3日,变更后的累计注册资本实收金额为92,000,000.00元。

本验资报告仅供贵公司申请变更登记及据以向股东签发出资证明时使用,不应将其视为是对贵公司验资报告日后资本保全、偿债能力和持续经营能力等的保证。因使用不当造成的后果,与执行本验资业务的注册会计师及会计师事务所无关。

大连华连会计师事务所　　　　中国注册会计师:朱平君

中国·大连　　　　中国注册会计师:张耀麟

2002年7月3日

(四)募股资金入帐情况

1、入帐时间:2002年7月2日

2、入帐金额:239,452,742.41元(募集资金扣除承销费和上网手续费后的余额)

3、入帐帐号:721141018220010728l

4、开户银行:中信实业银行大连中山支行

(五)发行人上市前股本结构及各类股东的持股情况

1、本次股票上市前,本公司的股本结构

	股份类别	股份数量(股)	比例
尚未流通股份	国有法人股	27,000,000	29.35%
	法人股	33,000,000	35.87%
流通股	社会公众股	32,000,000	34.78%
合计		92,000,000	100%

2、本次股票上市前,本公司前十名股东及其持股比例

序号	股东名称	股权性质	持股数量(股)	占总股本比例
1	中国石油辽阳石油化纤公司	国有法人股	27,000,000	29.35%
2	辽宁迈克集团股份有限公司	法人股	15,000,000	16.31%
3	新西兰海底世界工程开发有限公司	外资法人股	9,000,000	9.78%
4	香港世隆国际有限公司	外资法人股	6,000,000	6.52%
5	大连神洲游艺公司	法人股	3,000,000	3.26%
6	广发证券	社会公众股	410,527	0.446%
7	通乾基金	社会公众股	26,000	0.028%
8	兴华基金	社会公众股	22,000	0.024%
9	丰和价值	社会公众股	22,000	0.024%
10	科瑞基金	社会公众股	21,000	0.023%

第六节　董事、监事、高级管理人员及核心技术人员

本公司董事、监事、高级管理人员与核心技术人员相互之间不存在配偶关系、三代以内直系和旁系亲属关系。本次公开发行前,上述人员不存在以个人持股、家属持股或法人持股的任何一种形式持有本公司股份的情况。

(一)董事会成员

1、非独立董事

栗东生先生,中国国籍,1956年9月出生,研究生学历,高级工程师,1978-1982年就读于沈阳化工大学,1982-1992年任中国石油辽阳石油化纤公司辽化化工一厂副厂长,1992-1995年就读于大连理工大学工商管理MBA,1995年11月-1997年7月任中国石油辽阳石油化纤公司纤维二厂厂长,1997年至今任中国石油辽阳石油化纤公司副总经理。现任本公司董事长,中国石油辽阳石油化纤公司公司副总经理。

王双宏先生,中国国籍,1956年8月出生,大学学历,1978年7月-1982年7月就读于东北财经大学外贸系,1982年8月-1986年4月任辽宁省机械设备进出口公司外销员,1986年4月-1991年9月任辽宁省机械设备进出口公司机床部副经理、经理,1991年9月-1994年3月任辽宁省机械设备进出口公司副总经理,1994年3月至今任辽宁迈克集团股份有限公司副董事长、常务副总裁。现任本公司副董事长,辽宁迈克集团股份有限公司副董事长、常务副总裁。

周昱今先生,中国国籍,1959年6月出生,经济学硕士,高级经济师,1978年10月-1982年7月就读于辽宁财经学院,1982年8月-1992年6月任教于东北财经大学,1992年7月-1993年12月在中国综合开发研究院(深圳)工作,1994年1月至今任本公司总经理。现任本公司副董事长、总经理。

赵伟先生,中国国籍,1949年7月出生,中专学历,1964年1月-1968年12月就读于大连化工学校,1968年12月-1975年3月锦西化工厂工人,1975年3月-1985年5月任中国石油辽阳石油化纤公司化工二厂设备处干部,1985年5月-1991年8月任中国石油辽阳石油化纤公司设备处机动处副处长,1991年8月-1998年9月任中国石油辽阳石油化纤公司联贸公司副经理,1998年9月至今任中国石油辽阳石油化纤公司外事处处长。现任本公司董事,中国石油辽阳石油化纤公司外事处处长。

刘德义先生,中国国籍,1954年4月出生,中专学历,1979年-1993年在大连市风景区管理处工作,1993年至今任大连神洲游艺公司总经理。现任本公司董事,大连神洲游艺公司总经理。

肖军女士,中国国籍,1967年3月出生,大学学历,1984年-1988年就读于东北财经大学,1988年-1991年3月在中国石油辽阳石油化纤公司发展建设部外经处工作,1991年3月-1999年7月任中国石油辽阳石油化纤公司外联处项目科科员,1999年7月至今任中国石油辽阳石油化纤公司外事处项目科副科长。现任本公司董事,中国石油辽阳石油化纤公司外事处项目科副科长。

2、独立董事

艾洪德先生,中国国籍,1955年2月出生,教授,博士生导师,1996年任东北财经大学校长助理,1997年任大连市人民政府副秘书长,1998年任大连市高新技术产业园区管委会常务副主任,后调至东北财经大学任副校长。艾洪德先生现为本公司独立董事。

王盛军先生,中国国籍,1969年9月12日出生,1992年7月毕业于中南政法学院,获法学学士学位,1999年12月毕业于英国利物浦大学,获国际与欧洲法硕士学位,执业律师。1995年2月起为大连市同人律师事务所合伙人,任律师;2000年就职于北京市通商律师事务所,任律师;2000年12月起为北京市顾合律师事务所合伙人,任律师。王盛军先生现为本公司独立董事。

袁琳女士,中国国籍,1959年1月25日出生,1983年毕业于北京商学院会计系,获经济学学士学位,1995年8月毕业于财政部财政科学研究所会计专业,获经济学硕士。现为北京商学院副教授。著有《论企业会计政策及其揭示》、《资金的集中控制与结算中心》等多本专著。袁琳女士现为本公司独立董事。

(二)监事会成员

高锐峰女士,中国国籍,1951年4月出生,1975年8月-1984年7月任中国石油辽阳石油化纤公司动力厂工资员,1984年8月-1986年6月任中国石油辽阳石油化纤公司计划处项目科科员,1986年7月-1989年6月任中国石油辽阳石油化纤公司计划处综合科副科长,1989年7月-1993年11月任中国石油辽阳石油化纤公司计划处联营科科长,1993年12月-1999年6月任中国石油辽阳石油化纤公司外联处副处长,1999年7月至今任中国石油辽阳石油化纤公司外事处副处长。现任本公司监事会召集人,中国石油辽阳石油化纤公司外事处副处长。

范力先生,中国国籍,1966年6月出生,大学学历,1986年9月-1990年7月就读于辽宁大学工业经济专业,1990年7月-1992年11月任辽宁省机械工业委员会科员,1992年11月-1994年3月任辽宁省机械设备进出口公司科员,1994年3月至今,任辽宁迈克集团股份有限公司办公室副主任。现任本公司监事,辽宁迈克集团股份有限公司办公室副主任。

赵成东先生,中国国籍,1968年4月出生,大学学历,1989年-1993年就读大连大学,1993年-1995年任大连三环子弟中学教师,1995年至今任本公司总经理办公室副主任。大连圣亚海洋世界股份有限公司工会1999年第一次会议被选举为职工代表,担任股份公司每一届监事会监事。赵成东先生现兼任本公司监事。

(三)其他高级管理人员

吕刚先生,中国国籍,1969年8月出生,经济学硕士,1987年-1991年就读东北财经大学,1991年-1993年任东北财经大学教师,1993年起任本公司办公室主任,现任本公司副总经理。

肖峰先生,中国国籍,1968年11月出生,经济学硕士,1988年9月-1992年8月就读东北财经大学,1992年-1993年在大连开发区飞翔集团公司工作,1993年-1995年12月在大连中外企业家俱乐部工作,1996年1月起任本公司特别助理,现任本公司投资管理部经理、总经理助理、董事会秘书。

韩志强先生，中国国籍，1963 年 1 月出生，会计师，1983 年 8 月－1989 年 9 月在抚顺水泥股份有限公司从事计划统计工作，1989 年 9 月－1991 年 5 月就读大连管理干部学院经营管理系，1991 年 5 月－1995 年 2 月先后在抚顺水泥股份有限公司生产计划处从事综合计划工作以及在财务处从事会计工作，1995 年 2 月－2000 年 4 月在大连商业银行工作，担任行长助理，2000 年 4 月至今在本公司投资管理部工作，2001 年 3 月开始担任本公司财务部经理。

（四）技术负责人及核心技术人员

1、技术负责人

王炜先生，中国国籍，1969 年 3 月出生，经济学硕士，1992 年毕业于大连水产学院淡水养殖专业，1992 年 8 月－1994 年 10 月，就职于大连虎滩乐园实业发展总公司，任水下世界副经理；1994 年 10 月至今，任本公司总经理助理兼系统维护部经理。

2、核心技术人员

刘明先生，中国国籍，1970 年 2 月出生，本科学历，1992 年毕业于大连水产学院海水养殖专业，1992 年 8 月－1994 年 11 月，就职于大连市水产研究所；1994 年 11 月至今，任本公司系统维护部经理助理。

闫百泽先生，中国国籍，1961 年 7 月出生，本科学历，1984 年毕业于锦州工学院（现名辽宁工学院）电气自动化专业，1984 年 7 月至 1994 年就职于辽宁丹东整流器厂；1994 年至今任本公司系统维护部经理助理。

佟伟明先生，中国国籍，1968 年 12 月出生，本科学历，1993 年毕业于北京农业大学动物科技学院动物营养与饲养加工专业，1994 年 4 月至今，任本公司系统维护部经理助理。

黄继成先生，中国国籍，1970 年 4 月出生，本科学历，1993 年毕业于大连水产学院淡水养殖专业，1993 年 7 月至 1995 年 7 月，就职于大连市水产研究所，1995 年 7 月至今，任本公司系统维护部饲养主管。

第七节 同业竞争与关联交易

（一）同业竞争

1、关于同业竞争的说明

本公司主营业务突出，拥有独立完整的服务经营体系。本公司与所有股东及其控制的其它企业之间经营的业务不存在同业竞争。

为充分保护股份公司权益，本公司全部股东以股东单位名义与本公司签订了《不竞争承诺函》，该承诺函明确表示：

"1、为保证股份公司的长远利益，本公司及所有全资、控股企业今后将不以任何方式直接或间接从事与股份公司相同、雷同或交叉之相竞争的任何业务活动。

2、本公司在与股份公司的任何交易中，将遵循公开、诚信的原则，以市场公认的合理价格和条件进行。本公司不得要求或接受股份公司给予任何优先于在一项市场公开交易中的第三者给予的条件。

3、本公司将依照股份公司章程参加股东大会，平等的行使相应权利、承但相应义务，不损害股份公司及股份公司其他股东的合法权益。

4、本声明、承诺与保证可被视为对股份公司全体及每一名股东分别作出的声明、承诺与保证。"

2、发行人律师、主承销商就避免同业竞争事宜所发表的意见

本次发行的发行人律师认为，发行人与关联方之间不存在同业竞争。本次发行主承销商经核查认为，发行人与关联方之间不存在同业竞争。

（二）关联方

本公司目前存在的关联方及关联关系如下：

1、本公司现有 5 家股东为公司的关联企业

其中本公司第一大股东中国石油辽阳石油化纤公司持有本公司 45% 的股权，同时其持有本公司第四大股东香港世隆国际有限公司 65% 的股份，后者持有本公司 10% 的股份，因而前者直接持有本公司 45% 的股份，并通过后者间接持有本公司 10% 的股份，为本公司的控股股东。

2、本公司现有股东控股或参股的企业为公司的关联企业

（1）本公司股东中国石油辽阳石油化纤公司持有香港世隆国际有限公司 65% 的股权、老挝湄公商务大楼 70% 的股权、大连银帆宾馆 37.5% 的股权，因此上述企业都是本公司的关联企业。

（2）本公司股东辽宁迈克集团股份有限公司持有辽宁迈克储运公司 100% 的股权、上海迈克进出口有限公司 100% 的股权、澳大利亚希莱公司 100% 的股权、美国希莱公司 100% 的股权、大连澳华电子材料有限公司 40% 的股权、大连高新园区迈科电子有限公司 28.75% 的股权、大连保税区瑞来贸易公司 30% 的股权，因此上述企业都是本公司的关联企业。

3、本公司股东大连神洲游艺公司的法定代表人为刘德义，其亦是大连神洲游艺城的法定代表人，因此大连神洲游艺城也是本公司的关联企业。

4、本公司没有参与任何合营企业和联营企业。除现有五个股东和上述情况外，不存在其他对本公司有实质影响的法人或自然人；亦不存在本公司董事、高级管理人员、核心技术人员控制的其他企业。

（三）关联关系

1、本公司与股东之间除存在股权关系外，不存在人事关系、管理关系和商业利益关系等任何关联关系。

2、本公司董事、监事、高级管理人员及核心技术人员在关联方单位任职的情况。

栗东生先生，现任本公司董事长，中国石油辽阳石油化纤公司副总经理。王双宏先生，现任本公司副董事长，辽宁迈克集团股份有限公司副董事长、常务副总裁。赵伟先生，现任本公司董事，中国石油辽阳石油化纤公司外事处处长。刘德义先生，现任本公司董事，大连神洲游艺公司总经理。肖军女士，现任本公司董事，中国石油辽阳石油化纤公司外事处项目科副科长。高锐峰女士，现任本公司监事会召集人，中国石油辽阳石油化纤公司外事处副处长。范力先生，现任本公司监事，辽宁迈克集团股份有限公司办公室副主任。

（四）关联交易

1、本公司向股东单位借款的情况

本公司的前身大连圣亚海洋世界有限公司于 1995 年 3 月 24 日与本公司三个股东辽阳石油化纤公司、辽宁省机械设备进出口公司和香港世隆国际有限公司签订《协议书》，分别向以上三家股东借款 900 万元、500 万元和 300 万元，共计 1700 万元。并按银行同期存款利率 10.98‰支付利息，偿还时间为每年的 12 月 30 日。公司于 1995 年 4 月 9 日分别与上述三家股东签订了《借款合同》，并于 1998 年 12 月 31 日还清全部本金。上述借款共需支付利息 7,894,620 元。公司于 2001 年 3 月份支付利息 3,715,115.30 元后，前述利息已全部还清。

2、公司从游艺城处获得房产情况

2001 年 6 月 8 日，本公司与大连神州游艺城签订了《大连圣亚海洋世界股份有限公司与大连神州游艺城关于圣亚海洋世界一期扩建工程有关事宜的意向书》。大连神州游艺城与本公司股东大连神州游艺公司的法定代表人均为自然人刘德义先生。

在上述意向书中规定：本公司（以下简称甲方）的圣亚海洋世界一期扩建工程将使用大连神州游艺城（以下简称乙方）所属房产，即位于大连星海湾西部的急流勇进宫 A 区。甲方俟所有项目审批手续完毕后，正式与乙方签定购买上述房产的协议。双方初步拟订的购买价格将比照同等位置、同等房产的公允市场价格协商确定。本意向书一经签定，甲方即具有就该房产在一期扩建工程正式开工前的排他的购买权益，乙方在此期间与其他方签定的任何对该房产进行处置的文件均对本意向书无对抗性。

除上述两笔关联交易外，本公司与本公司股东间不存在其它重大关联交易。

第八节 财务会计资料

本公司截止 2001 年 12 月 31 日的财务会计资料已于 2002 年 6 月 24 日分别在《中国证券报》、《上海证券报》和《证券时报》上刊登的招股说明书摘要以及刊载于上海证券交易所网站 http://www.sse.com.cn 的本公司招股说明书全文及附录中进行了详细批露，尚未超出招股说明书有效期限。欲了解本公司经审计的财务报表及主要财务指标的详细内容，敬请投资者查阅上述报纸、网站或在公告的招股说明书查阅地查阅。

（一）注册会计师意见

大连华连会计师事务所对本公司 1999 年 12 月 31 日、2000 年 12 月 31 日及 2001 年 12 月 31 日的资产负债表、利润表、利润分配表和 2001 年度现金流量表进行了审计，会计师已出具了标准无保留意见的审计报告。

（二）简要会计报表（附后）

（三）财务指标

1、主要财务指标

指标	2001 年度	2000 年度	1999 年度
流动比率	1.27	1.16	3.13
速动比率	1.23	1.13	3.06
应收帐款周转率	–	–	–
存货周转率	9.99	14.27	11.38
无形资产（土地使用权除外）占总资产比例（%）	0.32	1.51	2.65
资产负债率（%）	42.78	45.35	13.58
每股净资产（元）	1.17	1.11	1.25
研发费用占销售收入比例（%）	0	0	0
净资产收益率（%）	33.04	33.97	28.06
每股收益（元）	0.39	0.38	0.35

2、按中国证监会《公开发行证券公司信息披露编报规则第 9 号》的计算及披露要求，本公司发行前后的每股收益和净资产收益率如下：

报告期利润	全面摊薄的净资产收益率（%）			加权平均的净资产收益率（%）		
	1999 年	2000 年	2001 年	1999 年	2000 年	2001 年
主营业务利润	57.40	68.08	68.13	61.09	52.46	61.07
营业利润	46.75	49.40	49.91	49.75	38.07	44.74
净利润	28.06	33.97	33.04	29.86	26.17	29.61
扣除非经常性损益后净利润	28.06	34.07	33.24	29.86	26.25	29.79
报告期利润	全面摊薄的每股收益（元）			加权平均的每股收益（元）		
	1999 年	2000 年	2001 年	1999 年	2000 年	2001 年
主营业务利润	0.718	0.755	0.795	0.718	0.755	0.795
营业利润	0.585	0.548	0.582	0.585	0.548	0.582
净利润	0.351	0.377	0.386	0.351	0.377	0.386
扣除非经常性损益后净利润	0.351	0.378	0.388	0.351	0.378	0.388

第九节 其他重要事项

（一）本公司股票首次公开发行后至上市公告书公布之日时间间隔较短，公司所处行业和市场无重大变化，主要业务发展目标的进展状况正常，主要投入、产出物供求及价格无重大变化。

（二）在上述期间内，公司未发生重大投资行为、无重大资产（或股权）的收购、出售行为。

（三）在上述期间内，本公司住所未发生变更，无重大诉讼、仲裁案件，未发生重大会计政策和会计师事务所的变动，未发生新的重大负债、担保或重大债项发生变化。

（四）本公司在本次发行前为中外合资股份有限公司，根据大连市税务局大税字（1986）8 号文件的规定，自获利年度起七年内免交 3% 地方所得税，因此实际税率为 30%。发行后，外资比例下降到 25% 以下，将不再享受上述税收优惠政策。

（五）本公司计划在本次股票发行后的第一个盈利年度派发一次股利，时间不迟于次年的 6 月 30 日。

（六）根据《上海证券交易所股票上市规则》本公司第一大股东中国石油辽阳石油化纤公司已向上海证券交易所承诺，自本公司股票上市之日起 12 个月内，不转让其持有的本公司股份，也不由本公司回购其持有的股份。

（七）本次股票发行后至本上市公告书公告之日，本公司无其他应披露而未披露之重大事项。

第十节 董事会上市承诺

本公司董事会将严格遵守《中华人民共和国公司法》、《中华人民共和国证券法》、《股票发行与交易管理暂行条例》、《公开发行股票公司信息披露实施细则》和《上海证券交易所股票上市规则》等法律、法规和中国证监会的有关规定，并自股票上市之日起承诺做到：

（一）承诺真实、准确、完整、公允和及时的公布定期报告，批露所有对投资者有重大影响的信息，并接受中国证监会、证券交易所的监督管理；

（二）承诺本公司在知悉可能对股票价格产生误导性影响的任何公共传播媒介中出现的消息后，将及时予以公开澄清；

（三）本公司董事、监事、高级管理人员和核心技术人员将认真听取社会公众的意见和批评，不利用已获得的内幕消息和其他不正常手段直接或间接从事本公司股票的买卖活动；

（四）本公司没有无记录的负债。

第十一节 上市推荐人及其意见

（一）上市推荐人有关情况

上市推荐人：广发证券股份有限公司

法定代表人：陈云贤

地 址：广州市天河北路 183 号大都会广场 41 楼

邮 编:510075
电 话:020—87555888
传 真:020—87553583
联 系 人:于明、钮华明、于韶光、万丛林
上市推荐人:西南证券有限责任公司
法定代表人:张引
地 址:重庆市渝中区临江支路 2 号合景国际大厦 A 幢
邮 编:400011
电 话:010－88092063
传 真:010－88092060
联 系 人:陶纯

(二)上市推荐人意见

上市推荐人广发证券股份有限公司和西南证券有限责任公司认为:大连圣亚海洋世界股份有限公司具备了《中华人民共和国公司法》、《中华人民共和国证券法》及《上海证券交易所股票上市规则》等法律法规所规定的上市条件。

广发证券股份有限公司和西南证券有限责任公司保证大连圣亚海洋世界股份有限公司的董事了解法律、法规、上海证券交易所上市规则及股票上市协议规定的董事的义务与责任,并协助大连圣亚海洋世界股份有限公司健全了法人治理结构、制定了严格的信息披露制度与保密制度。广发证券股份有限公司和西南证券有限责任公司已对上市文件所载的资料进行了核实,确保上市文件真实、准确、完整,符合规定要求。广发证券股份有限公司和西南证券有限责任公司保证大连圣亚海洋世界股份有限公司的上市申请材料、上市公告书没有虚假、严重误导性陈述或者重大遗漏,并保证对其承担连带责任,并保证不利用在上市过程中获得的内幕信息进行内幕交易,为自己或他人谋取利益。

简要资产负债表(附后)
简要利润表(附后)
简要利润分配表(附后)
简要现金流量表(附后)

大连圣亚海洋世界股份有限公司
2002 年 7 月 6 日

简 要 利 润 表

编制单位:大连圣亚海洋世界股份有限公司　　金额单位:人民币元

项　目	附注	2001 年度	2000 年度	1999 年度
一、主营业务收入	16	68,024,295.00	65,317,008.50	60,367,371.00
减:主营业务成本	16	18,238,393.83	18,012,804.52	15,434,,382.86
主营业务税金及附加	17	2,082,738.25	1,998,812.63	1,848,625.15
二、主营业务利润		47,703,162.92	45,305,391.35	43,084,362.99
加:其他业务利润		-		
减:营业费用		3,328,534.20	3,414,059.45	3,067,552.50
管理费用		9,715,513.20	9,326,623.77	5,222,391.05
财务费用	18	-289,223.09	-313,483.32	-296,288.37
三、营业利润		34,948,338.61	32,878,191.45	35,090,707.81
加:投资收益		-		
补贴收入		-		
营业外收入		-	-	8,099.00
减:营业外支出	19	1,187,930.00	100,000.00	4,914,916.71
四、利润总额		33,760,408.61	32,778,191.45	30,183,890.10
减:所得税	20	10,627,484.16	10,173,746.42	9,123,556.60
五、净利润		23,132,924.45	22,604,445.03	21,060,333.50

简 要 资 产 负 债 表

编制单位:大连圣亚海洋世界股份有限公司　　金额单位:人民币元

资　产	附注	2001 年 12 月 31 日	2000 年 12 月 31 日	1999 年 12 月 31 日
流动资产:				
货币资金	1	41,850,318.61	45,057,713.69	32,053,221.85
其他应收款	2	2,653,040.80	2,724,970.67	2,061,764.98
预付帐款	3	19,927,000.00	14,593,477.00	1,967,440.00
应收补贴款		-		
存货	4	1,940,470.31	1,712,445.63	812,373.92
流动资产合计		66,370,829.72	64,088,606.99	36,894,800.75
固定资产:				
固定资产原价	5	91,814,259.45	85,445,554.61	68,650,594.19
减:累计折旧	5	40,464,999.77	32,886,695.33	26,396,074.79
固定资产净值	5	51,349,259.68	52,558,859.28	42,254,519.40
减:固定资产减值准备		-		
固定资产净额		51,349,259.68	52,558,859.28	42,254,519.40
在建工程	6	2,700,432.00	572,376.00	3,355,895.28
固定资产合计		54,049,691.68	53,131,235.28	45,610,414.68
无形资产及其他资产:				
无形资产	7	395,540.44	1,839,253.80	2,299,067.25
长期待摊费用	8	1,556,565.56	2,716,798.96	2,055,781.35
无形及其他资产合计		1,952,106.00	4,556,052.76	4,354,848.60
资产合计		122,372,627.40	121,775,895.03	86,860,064.03
流动负债:				
短期借款	9	-	20,000,000.00	-
应付帐款		-		
应付工资		157,840.16	85,448.01	74,669.35
应付福利费		22,643.40	22,643.40	381,119.94
应付股利	10	50,881,810.90	31,218,825.11	6,103,763.36
应交税金	11	-301,711.78	-2,339,473.57	-591,315.89
其他应付款	12	1,592,389.28	6,238,735.30	5,831,493.77
流动负债合计		52,352,971.96	55,226,178.25	11,799,730.53
负债合计		52,352,971.96	55,226,178.25	11,799,730.53
股东权益:				
股本	13	60,000,000.00	60,000,000.00	60,000,000.00
盈余公积	14	10,019,655.44	6,549,716.78	3,159,050.03
未分配利润	15	-	-	11,901,283.47
股东权益合计		70,019,655.44	66,549,716.78	75,060,333.50
负债和股东权益合计		122,372,627.40	121,775,895.03	86,860,064.03

简 要 利 润 分 配 表

编制单位:大连圣亚海洋世界股份有限公司　　金额单位:人民币元

项　目	2001 年度	2000 年度	1999 年度
一、净利润	23,132,924.45	22,604,445.03	21,060,333.50
加:年初未分配利润	-	11,901,283.47	17,860,350.00
二、可供分配的利润	23,132,924.45	34,505,728.50	38,920,683.50
减:提取法定盈余公积	2,313,292.44	2,260,444.50	2,106,033.35
提取法定公益金	1,156,646.22	1,130,222.25	1,053,016.68
减:提取职工奖励及福利基金	-	-	-
提取储备基金			
提取发展基金			
三、可供股东分配的利润	19,662,985.79	31,115,061.75	35,761,633.47
应付普通股股利	19,662,985.79	31,115,061.75	6,000,000.00
转作股本的普通股股利	-	-	17,860,350.00
四、未分配利润		-	11,901,283.47

简 要 现 金 流 量 表

编制单位:大连圣亚海洋世界股份有限公司　　金额单位:人民币元

项　目	金　额
一、经营活动产生的现金流量:	
销售商品、提供劳务收到的现金	68,024,295.00
现金流入小计	68,024,295.00
购买商品、接受劳务支付的现金	7,402,691.35
支付给职工以及为职工支付的现金	5,948,401.72
支付的各项税费	10,672,460.62
支付的其他与经营活动有关的现金	13,612,375.55
现金流出小计	37,635,929.24
经营活动产生的现金流量净额	30,338,365.76
二、投资活动产生的现金流量:	
现金流入小计	-
购建固定资产、无形资产和其他长期资产所支付的现金	13,595,760.84
现金流出小计	13,595,760.84
投资活动产生的现金流量净额	-13,595,760.84
三、筹资活动产生的现金流量:	
现金流入小计	-
偿还债务所支付的现金	20,000,000.00
现金流出小计	20,000,000.00
筹资活动产生的现金流量净额	-20,000,000.00
四、汇率变动对现金的影响	
五、现金及现金等价物净增加额	-3,207,395.08
补充资料	金额
1.将净利润调节为经营活动的现金流量:	
净利润	23,132,924.45
加:计提的资产减值准备	983,900.00
固定资产折旧	7,578,304.44
无形资产摊销	459,813.36
长期待摊费用摊销	1,160,233.40
存货的减少(减增加)	-228,024.68
经营性应收项目的减少(减增加)	-162,593.13
经营性应付项目的增加(减减少)	-2,536,192.08
经营活动产生的现金流量净额	30,388,365.76
2.不涉及现金收支的投资和筹资活动:	
3.现金及现金等价物净增加情况	
现金的期末余额	41,850,318.61
减:现金的期初余额	45,057,713.69
现金及现金等价物净增加额	-3,207,395.08

600597 上海光明乳业股份有限公司

首次公开发行股票招股说明书摘要

释 义

在本招股说明书中,除另有所指,下列词语具有如下含义:
光明乳业、发行人、公司、本公司:上海光明乳业股份有限公司及其前身上海光明乳业有限公司
牛奶集团:上海牛奶(集团)有限公司及其前身上海市牛奶公司
上实食品:上实食品控股有限公司(S.I.Food Products Holdings Limited)
国资公司:上海国有资产经营有限公司
大众交通:大众交通(集团)股份有限公司
东方希望:东方希望集团有限公司
达能亚洲:达能亚洲有限公司(Danone Asia Pte.Ltd)
上实控股:上海实业控股有限公司
上实资产:上海上实资产经营有限公司
黑龙江光明:黑龙江省光明松鹤乳品有限责任公司
呼伦贝尔光明:呼伦贝尔光明乳品有限责任公司
北京光明:北京光明健康乳业有限公司
乳品四厂:上海乳品四厂有限公司
西安光明:西安光明乳品有限责任公司
武汉光明:武汉光明乳品有限公司
永安乳品:上海永安乳品有限公司
南京光明:南京光明乳品有限公司
无锡光明:无锡光明乳品有限公司
可的便利:上海可的便利店有限公司
证 监 会:中国证券监督管理委员会
外经贸部:中华人民共和国对外贸易经济合作部
外 资 委:上海市外国投资工作委员会
工 商 局:国家工商行政管理局
公 司 法:《中华人民共和国公司法》
证 券 法:《中华人民共和国证券法》
主承销商:东方证券有限责任公司
承销机构:以东方证券有限责任公司为主承销商的承销团
发行人律师:国浩律师集团(上海)事务所
会 计 师:更名前指沪江德勤会计师事务所,现为德勤华永会计师事务所
股 票:本公司向社会公开发行的每股面值1.00元的人民币普通股
本次发行:本公司本次向社会公开发行15,000万股人民币普通股
UHT奶:超高温灭菌奶
口蹄病:A类传染病,由病毒感染引起的偶蹄病共患的急性、热性和接触病。
疯牛病:学名牛海绵状脑病(BSE),一种进行性、高效死性神经系统疾病。
公司章程:上海光明乳业股份有限公司公司章程
股东大会:上海光明乳业股份有限公司股东大会
董 事 会:上海光明乳业股份有限公司董事会
元:人民币元

第一章 本次发行概况

一、本次发行的基本情况
1、股票种类:记名式人民币普通股
2、每股面值:1.00元
3、发行股数:150,000,000股
发行后总股本:651,182,850股
发行股数占发行后总股本的比例:23.04%
4、每股发行价:6.50元
5、发行市盈率:20倍(根据2001年经审计的净利润额和截至2001年末股本总额计算)
6、发行前每股净资产:1.13元(截至2002年6月30日经审计数)
发行后每股净资产:2.33元
7、发行方式:全部向二级市场投资者定价配售
发行对象:于招股说明书摘要刊登当日2002年8月9日(T—3日)持有上证所或深交所已上市流通人民币普通股(A股)股票的收盘市值总和(包括可流通但暂时锁定的股份市值)不少于10,000元的投资者。投资者同时持有的沪市、深市二级市场的股票市值不合并计算。
8、承销方式:本次发行采用余额包销方式
9、实收募股资金:95,039万元
10、发行费用:
本次公开发行的发行费用总额预计为2,461万元,其中承销费用1,755万元、审计费用135万元、验资费用60万元、评估费用110万元、律师费用60万元、上网发行费用341万元。
二、本次发行的预期重要时间表
1、招股说明书摘要刊登日期:2002年8月9日
2、发行公告刊登日期:2002年8月12日
3、配售发行申购日期:2002年8月14日
4、申购配号确认、公布中签率日期:2002年8月15日
5、公布中签结果日期:2002年8月16日
6、中签投资者缴纳股款日期:2002年8月19日
7、预计上市日期:2002年8月28日
三、本次发售新股的有关当事人
1、发行人:上海光明乳业股份有限公司
法定代表人:王佳芬
地 址:上海市吴中路578号
电 话:021-54584520
传 真:021-64655033
联系人:吕公良、朱建毅
2、主承销商:东方证券有限责任公司
法定代表人:肖时庆
地 址:上海市浦东大道720号国际航运金融大厦20层
电 话:021-53067888
传 真:021-50366868
联 系 人:费华武、王金明、陈龙晖、何英、陈波
3、副主承销商:海通证券股份有限公司
西北证券有限公司
汉唐证券有限责任公司
分 销 商:联合证券有限责任公司
光大证券有限责任公司
华泰证券有限责任公司
广东证券股份有限公司
兴业证券股份有限公司
天同证券有限责任公司
平安证券有限责任公司
南京证券有限责任公司
4、上市推荐人:海通证券有限公司
东方证券有限责任公司
东北证券有限责任公司
5、发行人律师:国浩律师集团(上海)事务所
法定代表人:吕红兵
地 址:上海市南京西路580号南证大厦31层
电 话:021-52341668
传 真:021-52341670
联 系 人:吕红兵、葛剑秋
6、会计师事务所:德勤华永会计师事务所
地 址:上海市黄浦路99号上海滩国际大厦16楼
电 话:021-63936292
传 真:021-63936290
联 系 人:柳伟敏、顾红雨
会计师事务所:大华会计师事务所有限公司
法定代表人:汤云为
地 址:上海市昆山路146号
电 话:021-63242019
传 真:021-63243522
联 系 人:周渭明
7、评估机构:大华会计师事务所有限公司
法定代表人:汤云为
地 址:上海市昆山路146号
电 话:021-63242019
传 真:021-63243522
联 系 人:吕秋萍、顾敏仪
评估机构:上海上会资产评估有限公司
法定代表人:管文建
地 址:上海市中山北一路369号财大宾馆二楼

电　　话:021－65601619
传　　真:021－55510429
联　　系人:杨令匀、陈珉、王伟
评估机构:上海大华资产评估有限公司
法定代表人:李则兆
地　　址:延安东路 700 号 2407 室
电　　话:021－63508022
传　　真:021－63508022
联 系 人:唐丽敏、韩正旺
8、股票登记机构:中国证券登记结算有限责任公司上海分公司
地　　址:上海市浦建路 727 号
电　　话:021－58708888
传　　真:021－58754185
9、财务顾问:上海上实资产经营有限公司
法定代表人:陈伟恕
地　　址:上海市淮海中路 98 号金钟广场 21 楼
电　　话:021－53828877
传　　真:021－53828777
联　　系人:姚方
10、行业顾问:荷兰合作银行(中国)有限公司
法定代表人:李德林(HANNO W.E.RIEDLIN)
地　　址:上海浦东陆家嘴东路 161 号上海招商局大厦 33 楼 3301 室
电　　话:021－58889888*108
传　　真:021－58870647
联 系 人:林大鹏

第二章　风险因素

投资者在评价本公司此次发售的股票时,应特别认真地考虑下述各项风险因素,敬请投资者将下列风险因素相关资料连同本招股说明书中其他资料一并考虑。

根据重要性原则或可能影响投资决策的程序大小排序,本公司风险如下:

一、公司大股东牛奶集团对外担保引起的风险

公司大股东牛奶集团发行前持有本公司 40%股份,因牛奶集团为上海市农工商集团总公司及其附属企业提供多项债务担保,截止 2002 年 6 月 30 日牛奶集团对外担保的总额为 11,333.8 万元,其中部分已还款,还款金额合计为 1,800 万元,对外担保余额总计为 9,533.8 万元。其中二笔担保涉讼、一笔和解共涉及本金 1,550 万元。同时牛奶集团曾于 2001 年 7 月 27 日因为上海市农工商集团总公司借款担保导致其持有的本公司 50,118,285 股股权被上海市第二中级人民法院冻结,后经与债权人招商银行上海分行外滩支行和解,同年 9 月 19 日法院裁定,解除对牛奶集团所持本公司的股份的冻结。由于上述情形的存在,牛奶集团将可能会面临大股东地位不稳定的风险。

二、牛只疾病和防疫的风险

我国政府十分重视口蹄疫和疯牛病等传染病,经农业部证实我国目前尚未发现口蹄疫和疯牛病,同时国家有关部门加强对可能发生的牛只疾病采取了有效的控制措施。如建立检测体系和边境法规和防线,强化兽医技术人员培训,禁止生产牛羊肉骨粉和禁止从发病国家进口家畜及其制品,有效控制同类疫病(羊痒病)等。由于牛只疾病在世界范围内是多发,特别是人们对生活质量的关心和当代媒体的快速传播,使发生疾病的影响大大超过了疾病的本身,牛只疾病将会对乳制品行业和牧业带来风险,但是可控制的。作为以乳制品大型公司如不能有效防制牛只疾病尤其是口蹄疫和疯牛病,将会对公司生产经营活动产生重大风险。

本公司一直十分重视防疫牛只疾病工作,目前公司全部实行封闭式饲养,拥有自已控制的优质饲料供应链和先进的疾病检测系统,建立了以牛只饲料和牛只健康为中心的防病体系和一套危机处理系统,来预防疫病的发生和处理疫病发生后的应对策略。目前公司有效控制和防疫牛只疾病,同时将进一步加强相关技术研究以防范牛只疾病和防疫的风险。

三、原材料供应的风险

本公司最主要的原材料来自于生产过程中大量使用的生鲜牛奶。

本公司在生产过程中大量使用生鲜牛奶,我国乳品的原料产地主要在北方地区,而近年来,由于市场需求旺盛,主要生产企业对牧区原料的争夺十分激烈。除在畜牧区积极获取优质稳定的奶源外,本公司生产的主要产品为针对城市市场的保鲜乳品,由于保鲜产品的特性不适宜长途运输,要求原料产地与消费市场接近,所需的原料生奶,必须由销售市场城市附近的牧场和农户提供。除数量因素以外,各地乳牛养殖业虽然发展比较迅速,但是经验比较缺乏,在管理和技术等方面均有待提升。生奶的质量提高以及公司与牧场农户之间的合作也需要时间加以磨合。这一切均增加了主要原材料供应方面的不确定因素。

虽然公司经过数年的经营,在华东和东北地区已经拥有了相当规模的原料供应基地,目前控制着上海地区约 90%的奶源,控制存栏奶牛约 52,000 头。但公司生奶采购量的区域分布和自产外购比例不尽合理。2001 年本公司全国生奶采购量共计为 41.99 万吨,其中公司自产生奶 3.12 万吨,仅占 7.43%;对外收购 38.87 万吨,占 92.57%。对外收购奶源在上海地区以外采购量为 20.70 万吨,在上海地区收购的生奶量为 18.17 万吨,其中向牛奶集团下属牧场(已由本公司租赁经营)采购 4.72 万吨,租赁牧场经营生奶采购量占公司上海地区采购量的 26%,占全国采购总量的 11.24%;各郊县奶农采购 12.43 万吨占公司采购总量的 29.60%。所以随着公司生产经营活动的进一步扩张,将面临原材料生奶供应的风险。

本公司将加强奶源建设,同时加快以生物工程技术对现有奶牛的改良工程,以确保数量稳定和高质量的奶源供应。近年来,公司已经将奶源收购范围扩大到在整个长江三角洲地区。同时,由于酸奶可以利用一部分优质奶粉作为原料,为奶源调配带来很大的方便。因此,奶源问题可由公司内部统一调配解决。另外,公司将继续参与奶牛养殖业在中国的发展,为农户提供各种支持,建立双赢互利的合作关系,建立稳定、优质、价格合理的原材料供应。

本公司目前不存在直接向境外原材料供应商采购原料和境外技术服务的情形。

四、资产负债率偏高可能导致的偿债能力风险

公司 1999 年、2000 年、2001 年、以及截至 2002 年 6 月 30 日的负债率分别为 43.39%、62.79%、63.26%、65.14%;截止 2002 年 6 月 30 日,公司负债 141,913.16 万元,其中流动负债 137,088.22 万元,占负债总额的 96.60%,长期负债 4,824.95 万元,占负债总额的 3.40%。由于公司近几年来负债率呈上升趋势,且流动负债规模较大,使得 2002 年 6 月 30 日的流动比率和速动比率两项指标偏低,流动比率为 0.76,速动比率为 0.59。所以公司可能会面临无法偿还到期短期债务的风险。

公司虽然流动比率和速动比率两项指标偏低,但由于公司流动资产变现能力较强,且公司信誉较好,从银行短期融资较容易,故公司无法偿还到期债务的风险比较小。同时公司已建立以信息流为代表的企业资源计划管理系统(ERP),将原来分散的数字资源集中分析处理,强化财务管理和核算流程,优化资产结构,提高财务分析和监控水平,公司预计上市后资产负债率将下降为 41%左右。

针对债务结构不合理的风险,公司将通过合理安排债务期限、长短期债务比例等措施进一步改善目前债务结构,规避由于债务结构不合理可能给公司带来的风险。

五、产品质量与消费者权益纠纷的风险

由于本公司生产的乳制品直接为消费者食用和吸收,因此产品的洁净、卫生与否将直接对消费者的身体健康产生影响甚至产生食品中毒伤害的情形,即便在非责任和不可预见的情况下也有可能发生消费者权益纠纷;特别是随着市场竞争日益激烈,消费者对乳品认识的加深和消费者权益保护意识增加,消费标准的提高,乳品业的产品质量、生产技术方面的门槛将越来越高;上述因素将对公司产品的信誉度、产品的市场印象、市场占有率和经济效益构成潜在的风险。

公司已有严格的质量控制体系,通过国家质量认证并取得 ISO9002 质量管理体系论证,尽管几年来本公司无重大产品责任纠纷和赔偿,公司仍将尽最大努力加强产品质量管理和质量控制,搞好售后服务,避免发生责任纠纷。

六、行业内部竞争的风险

虽然本公司在所从事的主要业务领域占有领先地位,但该等业务的市场准入壁垒相对较低,目前行业内有不少具有竞争力的企业,年产销值超过 1 亿元的企业有 20 家,2000 年国内最大的 10 家乳制品企业的产值占整个行业 40%。由于新的资本源源进入这个行业,前几位企业的排名和组成则不断变化,行业内部竞争激烈。虽然本公司液态奶产品已连续三年市场占有率居全国首位,产值近 20 亿元,是国内规模最大的乳制品生产企业,但仍然存在着行业内部竞争的风险。

本公司将妥善使用本次发行募集资金,贯彻立足上海、利用全国资源、面向全国市场的产业发展方针,加大核心技术的科研开发力度,依托高科技,提高主要产品的技术含量和质量稳定性,全面提高核心产品的竞争力;以提高服务质量为目标,进一步完善市场销售体系,加强市场推广力度,维持和加强原有的业务优势;有计划有步骤地实施企业并购并加以改造,充分利用现有成熟的产业资源,稳步提高市场占有率,增强公司的抗风险能力。

企业竞争最终体现为资本使用效率的竞争,故本公司在发展过程中始终坚持以盈利为目标,不以牺牲利润为代价来获得市场,不参与低价低质的恶性竞争,保证企业实现持续稳定的增长目标。

七、依赖冷链销售端的市场风险

本公司生产的乳品中,需要具备低温冷链物流销售条件的产品比重较大。这些产品提供了公司区别于其他乳品公司的竞争优势,也是公司主要的利润来源。但是因为冷链产品需要具备低温链销售条件,公司冷链产品的销售终端又依赖于社会现代零售业态,而社会现代零售业态在全国发展很不平衡,所以给公司产品的市场拓展和深度分销带来困难。目前本公司冷链产品的主要市场为上海、江苏、浙江、安徽、江西、广州、北京、武汉、西安等城市和地区。

公司面对新拓展地区冷藏条件的匮乏,将通过合理布局生产基地建设,适度投放冷柜,提高运输质量,弥补新市场冷藏条件不足的情况。

八、资产流动性的风险

公司 1999 年、2000 年、2001 年、2002 年 1－6 月的应收帐款周转率分别为 9.70、12.54、15.75、8.14,周转天数分别为 37.11 天、28.71 天、22.86 天、22.11 天,分析得出公司应收帐款的情况良好。1999 年、2000 年、2001 年、2002 年 1－6 月,公司存货周转率分别为 11.41、9.97、10.75、6.07;周转天数分别为 31.55 天、36.11 天、33.49 天、29.65 天。公司存货周转天数与同行业相比处于较好水平;公司存货管理效率较高,占用资金水平较低,变现能力强。但由于能够影响资产流动性的因素众多,不排除在公司今后的生产经营中出现资产流动性风险的可能。

为了降低资产流动性风险可能带来的风险,公司在原来科学管理的基础上拟采用有效手段以加快应收帐款的回收速度和账款回收管理,并根据公司实际情况和市场行情,采用适宜的销售方式,加强销售、减少库存、减少资金占用,提高并保持资产良好的流动性。

九、应收款项呆坏帐损失的风险

公司截至 2002 年 6 月 30 日应收帐款净额 31,512 万元,占主营业务收入的 13.70%,公司的应收款项金额较大,虽然提取坏帐准备,但是一旦应收款项发生坏账损失,可能对公司的盈利水平产生不利的影响;随着市场竞争日益加剧,公司加大与商业连销大范围合作,大宗经销商的收款期在延长,公司应收款净额逐年呈上升趋势。

公司 2002 年 6 月 30 日应收款项中的应收帐款 33,788 万元,账期在 6 个月内的占总数的 88%;半年至 1 年的占 10%,按 50%计提准备;帐龄在 1 年以上的应收账款仅占总数的 1%,并且已全额提取了坏账准备。截止 2002 年 6 月 30 日至本公司计提坏帐准备金共计 2,276 万元。应收项款余额前 5 位单位的金额占到总数的 19%,大多是大型超市、合作经销商等,货款回收的风险比较小。因此目前公司所面临呆、坏账损失风险可能性较小。为了防范该风险的发生,同时缓解应收账款过多占用企业资金的问题,公司加强对销售和应收款项的清欠力度,降低应收账款的数额,从而尽可能地降低应收款项呆、坏账损失的风险。

十、关联交易风险

1999 年、2000 年、2001 年、2002 年 1－6 月,公司与牛奶集团及其下属子公司发生的商品关联交易:销售额分别为 4.84 亿、5.81 亿、1.13 亿、0.38 亿,采购金额分别为 3.17 亿、4.38 亿、1.72 亿 0.63 亿。1999 年、2000 年公司发生的大宗商品交易主要是由于销售系统不独立、产业链不完善及存在同业竞争情形等因素导致的;自 2000 年至 2001 年 3 月期间,公司完成系列收购后,关联交易已减少到最小程度。收购完成后至本报告期内发生采购、销售金额主要为本公司租赁大股东牛奶集团下属牧场所产生的正常业务往来。但公司仍然在综合服务、房屋土地租赁、牧场租赁、商标转让及许可等方面与牛奶集团存在着短期内不可避免的关联交易。如果关联交易处理不妥将会损害社会中小股东利益。

为此,公司在以上关联交易事项的决策过程中,大股东集团公司均执行了回避制度,公司将继续按《公司法》、《证券法》和国家有关法律法规的要求,进一步完善法人治理结构,明确股东责任,确保公司运作的独立性,保障广大股东的利益。严格执行关联交易的决策制度,在股东大会、董事会表决有关关联交易事项时,执行关联回避制度,充分发挥独立董事对关联交易的独立公正的表决权。

十一、大股东控制风险

本次公开发行前，牛奶集团和上实食品分别拥有本公司40%的股份，是本公司的相对控股股东。公司控股股东有可能通过行使投票权或其他方式对公司的生产、经营、管理、人事安排等方面加以控制，形成有利于大股东利益的决策和行为，因此，本公司存在一定的大股东控制风险。

为保护其他股东的利益，公司章程中已明确规定："公司控股股东在行使权时，不得作出有损于公司和其他股东合法权益的决定"、"股东大会审议有关关联交易事项时，关联股东不应参与投票表决，其所代表的有表决权的股份数不计入有效表决总数；股东大会决议的公告应当充分披露非关联股东的表决情况。如有特殊情况关联股东无法回避时，公司在征得有权部门的同意后，可以按照正常程序进行表决，并在股东大会决议公告中作出详细说明。关联股东不应当参与投票表决的关联交易事项的决议，应当根据规定由出席会议的有表决权的三分之二以上的股东表决通过，方可生效。"同时，牛奶集团和上实食品已分别承诺不从事与股份公司相竞争的业务。

公司将严格按照国家有关法律法规及《公司章程》的规定，引导控股股东依法合理行使股东权利，进一步完善和强化法人治理结构，发挥股东大会、董事会(特别是独立董事)、监事会的分权管理作用，公司将适时对经营层实施期股期权的激励制度；鼓励中介机构和新闻媒体依法进行外部监督，充分听取中、小股东的建议，以保护中、小股东的利益；保证公司稳定、健康地发展，实现公司利益的最大化以及股东利益最大化的目标。

十二、筹资结构不合理的风险

本公司所属的行业目前处于快速成长期，公司处于快速发展时期，投资规模和融资需求量将加大，融资不足将直接影响公司的发展。截至2002年6月30日，母公司的银行借款为30,500万元，占负债总额的28.85%。尽管公司具备良好的商业信誉基础，但目前公司融资渠道主要是银行借款，存在融资渠道单一的限制性，企业融资受宏观经济环境、国家政策调控等因素影响，在目前国内融资渠道不是十分顺畅的情况下，本公司无法回避资本不足引致的发展机遇丧失或经营风险的加大。

公司将以此次股票成功发行上市为存在契机，不断改善公司治理结构，提升经营水平，拓宽融资渠道，将公司再融资风险降低到最低水平；公司将通过签定银企合作协议等方式与银行加强联系，建立稳定的资金借贷关系，保证公司的再融资渠道畅通，实现持续稳定地增长。

十三、税收政策变化引致的风险

目前公司享受的税收优惠政策主要分为补贴收入和所得税优惠政策二个部分。该二项税收优惠政策合计对公司的净利润影响情况如下：　　单位：元

项　　目	2002年1至6月合并	2001年度合并	2000年度合并	1999年度合并
净利润	95,545,306	162,906,619	104,235,179	76,916,146
二项税收优惠合计影响数	5,658,404	46,413,547	28,392,921	21,471.823
其中：补贴收入	5,658,404	17,026,779	8,474,814	11,159,935
调整后净利润	91,425,371	116,493,072	75,842,258	55,444,323

本公司是在上海老市区设立的生产性中外合资企业，所得税率为27%，并从获利年度起执行"两免三减"的税收优惠政策，即1997年度、1998年度处于免税期。1999年度、2000年度、2001年度处于所得税减半期，适用税率为13.5%。从2002年起，公司将不再享受税收减半优惠，适用税率为27%。公司将继续享受自产鲜奶免征增值税返还而形成补贴收入的优惠政策。

如果今后国家关于外商投资企业税收优惠的法律、法规、政策发生变化，有可能导致公司的盈利能力受到影响的风险。

十四、控股股东牛奶集团部分下属企业使用本公司商标的潜在风险

本公司目前许可牛奶集团下属企业使用本公司部分商标：上海乳品七厂有偿使用"申光"、"练江"乳制品商标、上海乳品三厂有偿使用"光明"商标生产销售饮用水(详细情况见"招股说明书第六章同业竞争和关联交易之二关联交易之商标许可使用情况")。该等企业在使用本公司许可的商标进行日常生产经营活动过程中，存在着因其产品质量、经营管理及其他商业活动从而给消费者带来侵害的潜在风险，进而损害本公司品牌声誉和市场形象。

虽然自上述商标许可日至今，未发现被许可方因为质量及其他方面的原因造成本公司的品牌形象受到损害。但为了维护社会中小股东的权益，规避许可商标行为对本公司构成潜在的风险，进一步巩固"光明牌"商标的市场形象，公司已制定了《商标许可使用内部管理办法》，对被许可企业的生产经营、质量控制、及销售等方面进行严格监控，积极主动维护本公司的权益不受到侵害。同时本公司将严格遵守《商标使用许可协议》之规定，并承诺至2010年11月20日《商标使用许可协议》期满之日起将不再继续许可牛奶集团下属企业使用本公司部分商标。

十五、新项目投资风险

本次募集资金投资项目虽经严密的可行性论证和市场预测，并得到政府有关部门的批准，但这些项目在实施过程中可能会受到市场需求、投资环境、技术替代、工程进度、自然资源、产业政策、竞争条件及对应的管理水平等诸多因素变化引起的系统风险。

例如本次募集资金中投资总额13,500万元从事营养保健食品科技开发：进行转基因食品基础研究、软硬质风味奶酪研发、乳品中试生产改造、研究开发有机乳品豆品、推广奶牛遗传基因改良及高产技术、建立企业资源计划管理信息中心等；投资总额16,970万元建设大型现代物流基地项目包括建立大型物流运送中心、营运管理中心、发展华东12城市200家可的便利店、扩建全国20个城市电子商务送货网络等。

本次募集资金投向均通过充分论证，符合国家产业政策，具有良好的发展前景。在新项目投资过程中，公司更加注重合理使用各项产业资源，实现整体经营的规模化、集约化；严格按照项目可行性研究报告实施各项投资计划，在项目实施过程中结合市场发展状况审慎调研和论证，按时按质完成新项目的投产，最大限度地降低投资风险。此外，公司将进一步加强预算管理，强化对项目投资及财务收支的监控，定期向投资者报告募集资金的使用情况。

十六、技术更新换代的风险

由于我国乳制品生产技术的整体水平与国外发达国家之间存在一定的技术差距，特别是在高附加值产品的研究开发方面。如果公司不能紧跟技术发展来开拓新的市场，公司销售增长、利润增长无疑将受到影响。

十七、因净资产收益率下降引致的相关风险

本次发行扣除发行费用后实际募集资金为95,039万元，预计本公司的净资产将由2002年6月底的56,573万元增加至151,612万元，而本公司净利润增长很难与净资产扩张速度保证同步增长，净资产收益率(全面摊薄)很难保持2001年近30%水平，存在由于净资产收益率下降导致的相关风险。

十八、人力资源风险

公司正在着力建设"高科技的光明"，人才队伍的建设至关重要。截止2002年6月底，公司拥有乳品专业博士三名，管理人员和技术人员占员工总数的23%以上，虽然本公司已经建立了人力资源管理体系，但公司未来的高速发展将对人力资源提出更高的要求。日趋激烈的国内外人才资源争夺战，会对本公司进一步吸收高学历、高素质人才带来一定的影响；如果将来人力资源建设与其他方面的发展无法同步协调，将对公司的发展造成不利影响。

本公司将以职业化、市场化为原则建立新型人力资源管理体系，继续引进高素质的专业管理人员充实管理队伍，推进员工的专业培训制度化、科学化，建立与工作绩效挂钩的薪酬分配制度，同时将大胆尝试包括认股期权在内的各种长期激励与约束机制，始终保持高质量的管理团队和员工队伍。

十九、中国加入WTO以后对公司的影响

公司的主要产品是短期保质期的保鲜乳品，且本公司液态奶无论在质量、价格、品牌等方面，均能在国内市场与进口产品抗衡；特别是由于美国、大洋洲和欧盟的大部分乳制品企业正在着力于本土市场的整合，短期内大举进入中国或迅速扩大中国业务的举措有限，在中国加入WTO以后不会受到实质性影响。

但是中国加入WTO以后，乳品的进口关税将降低，与国内其他乳品公司一样，本公司的奶粉类产品将面临极大的压力。同时随着居民的保健、安全意识的增强，加之接受发达国家的乳饮料标准，国内乳品生产和销售将面临新的要求。

二十、汇率风险

本公司部分生产设备的进口需用外汇结算，如果外汇汇率变动造成人民币贬值，将影响公司的盈利水平。为此，本公司将根据需要及时办理用汇事宜，通过缩短审批时间的方式减少因汇率波动而引致的风险。

二十一、股市风险

由于股票市场的价格不仅取决于企业的经营状况，而且会受到利率、汇率、通货膨胀以及国家有关政策等因素的影响，同时还受到市场投资者的心理预期、股票市场供求关系的影响，因此股票市场存在着多方面的风险。

本公司将严格按照现代企业制度规范运作，建立、健全公司内部各项管理制度，妥善使用募集资金，以优良的业绩回报广大投资者；另一方面，公司将严格遵守《公司法》、《证券法》及《上海证券交易所上市公司规则》等法律、法规，及时、规范地作好信息披露工作，自觉接受证券监管部门和股东的监督。如果本公司股票二级市场发生异动，本公司将及时予以说明和澄清，使广大投资者了解公司的实际情况，尽可能减少股市风险。

第三章　发行人基本情况

一、发行人基本概况

(一)基本情况

1、发行人中文名称：上海光明乳业股份有限公司

发行人英文名称：SHANGHAI BRIGHT DAIRY & FOOD CO.,LTD.

2、法定代表人：王佳芬

3、设立日期：2000年11月17日

4、住所：上海市吴中路578号(邮政编码：201103)

5、电话号码：021－54584520　　传真号码：021－64655033

6、互联网网址：www.brightdairy.com

7、电子信箱："上市股票代码"@brightdairy.com

本公司在国内乳业中产销量、销售收入、利税总额、鲜奶收购量、液态奶产量和全国市场占有率等综合指标排名第一，是全国最大规模的生产销售乳制品的企业，跻身上海工业企业销售收入50强。公司已连续三年保持高速增长，2001年度主营业务收入较2000年度增长54.41%，实现净利润增长56.29%；2000年度主营业务收入较1999年度增长55.86%，实现净利润增长35.52%；1999年度主营业务收入较1998年度增长33.84%，实现净利润增长36.51%。公司拥有先进的乳品加工工艺、技术和设备，年处理生奶42万吨；公司具有国内一流水平的奶牛育种和饲养技术，为产品生产提供优质的奶源；公司拥有国内规模最大、最为完善的奶牛生产性能测定系统(DHI)，每月对头胎牛进行体型外貌鉴定，采用先进的动物模型BLUP的方法进行育种值的计算，保证公牛后裔测定的准确性，培育的优秀公牛的冻精畅销全国。

公司拥有的"光明牌"商标被评为上海市著名商标，1999年被国家主管商标的最高机构国家工商行政管理局商标局认定为中国驰名商标。2000年光明牌乳制品荣获第27届中国奥运代表团唯一指定乳制品的称号。2000年公司被农业部等八部委列为农业产业化国家重点龙头企业。2001年光明牌鲜奶、奶粉、酸牛奶和保鲜果汁被上海市名牌产品推荐委员会连续六年推荐为上海名牌产品。2001年6月公司被外资委、上海市对外经济贸易委员会、上海市外商投资企业协会评为"上海市2000年度高营业额先进企业"。2001年6月公司被《财富》(中文版)杂志评为2001年中国大陆最受赞赏的外资企业之一。

二、历史沿革

(一)公司历史沿革

本公司前身是1996年9月，经外资委沪外资委批字(96)第1178号文《关于设立沪港合资经营"上海光明乳业有限公司"的批复》批准，由牛奶集团(中方)和上实资产(外方)共同投资成立的沪港合资企业。公司注册资本2,950万美元，合资双方分别出资1,475万美元，各占50%，1996年10月在工商局登记注册。1997年4月，公司注册资本由2,950万美元增至5,900万美元，由原投资方按原投资比例出资。2000年11月13日，经外经贸部[2000]外经贸资二函字第822号文批准，上海光明乳业有限公司依法整体变更为上海光明乳业股份有限公司。公司于2000年11月17日在上海工商行政管理局登记注册。

(二)发起人

公司发起人共同六家法人单位：其中两家为外资股持股单位，四家内资股持股法人。六家股东持股比例如下：牛奶集团和上实食品各占注册资本的40%，国资公司、大众交通、东方希望和达能亚洲各占注册资本的5%。

三、历次验资、评估及审计情况

(一)有限公司设立时验资

有限公司于1996年经外资委沪外资委批字(96)第1178号文批准设立和外资委沪外资委批字(96)第1378号文批准增资等行为，均由大华会计师事务所验资并出具了华业字(96)第1285号、华业字(97)第568号《验资报告》。

(二)股份公司设立时验资

2000年11月，经外经贸部(2000)外经贸资二函字第822号文批准，上海光明乳业有限公司依法整体变更为上海光明乳业股份有限公司。此次出资由沪江德勤会计师事务所验资并出具了德师报(验)字(00)第059号《验资报告》。

（三）变更时资产评估

大华会计师事务所有限公司对上海光明乳业有限公司拟改制为股份有限公司所涉及的全部资产及相关负债进行评估并出具华业评报字(2000)第 42 号资产评估报告，评估基准日为 2000 年 6 月 30 日。该评估结果已经上海市资产评审中心沪评审字[2000]531 号文确认。此次评估的目的是为改制为股份公司提供参考依据，公司未根据该资产评估结果进行调帐处理。

（四）公司审计情况

受上海光明乳业股份有限公司全体股东的委托，德勤华永会计师事务所对本公司及下属子公司 1999 年 12 月 31 日、2000 年 12 月 31 日、2001 年 12 月 31 日的合并资产负债表，1999 年度、2000 年度、2001 年度的合并利润及利润分配表及 2000 年度、2001 年度的合并现金流量表进行了审计。德勤华永会计师事务所于 2001 年 9 月 17 日出具了德师报(审)字(01)第 P0529 号标准无保留意见的《审计报告》。

四、与发行人业务及生产经营有关的资产权属及变更情况

本公司是由上海光明乳业有限公司整体变更而成立的，股份公司承继了有限公司的资产、负债和权益。

（一）商标

原有限公司拥有"光明"、"三岛"、"SDC"、"可的"等 71 个注册商标，并已取得商标注册证。2001 年 3 月 7 日，工商局商标局出具核准变更商标注册人名义证明，以上商标注册人已全部变更为本公司。（详细内容请参见本招股说明书"业务和技术"）

（二）专利

公司已向国家知识产权局申请六项外观设计专利和一项发明专利，并获专利申请受理通知书。（详细内容请参见本招股说明书"业务和技术"）

（三）土地和房产

1、本公司通过出让方式取得两宗土地使用权，并已取得相应的房地产权证，其中土地面积合计 81,999 平方米，房产合计 45,169 平方米。（详细内容请参见本招股说明书"业务和技术"）

2、2000 年 11 月至 2002 年 7 月本公司向牛奶集团租赁生产用房 92,966 平方米；从 2002 年 8 月调整为 86,556.8 平方米。（详细内容请参见本招股说明书"同业竞争与关联交易"）

3、2000 年 11 月至 2002 年 7 月本公司向牛奶集团租赁办公用房 7,312 平方米，从 2002 年 8 月起调整为 2,304 平方米。（详细内容请参见本招股说明书"同业竞争与关联交易"）

五、员工及其社会保障情况

（一）人员情况：截止 2002 年 6 月底，公司员工总数为 2,559 人，结构如下：

1、按专业划分：

类别	人数(人)	占总人数的比例(%)
管理人员	324	12.7
销售人员	628	24.5
技术人员	265	10.4
生产人员	1342	52.4

2、按文化程度划分：

类别	人数(人)	占总人数的比例(%)
博士	3	0.1
硕士	38	1.5
本科	307	12
大专	345	13.5
大专以下	1866	72.9

3、按年龄划分：

年龄	人数(人)	占总人数的比例(%)
30 岁及以下	609	23.8
31－40 岁	614	24.0
41－50 岁	1126	44
50 岁以上	210	8.2

（二）保险与福利情况

公司职工实行劳动合同制，员工按照与公司签订的劳动合同承担义务和享受权利，根据国家有关规定参加社会养老保险、失业保险和补充保险，缴纳住房公积金和享有住房基金，执行医疗保险制度。

见本招股说明书"财务会计信息"。

六、公司的独立经营情况

公司在业务、资产、机构、人员、财务方面与各股东及其关联方相互独立。

（一）业务独立情况

本公司主要从事乳和乳制品的开发、生产和销售，奶牛和公牛的饲养、培育，物流配送，营养保健食品的开发、生产和销售，在业务上与控股股东及其控制的法人不存在同业竞争，拥有独立完整的采购、生产和销售系统，独立开展业务。

（二）资产完整情况

本公司拥有独立于牛奶集团、上实食品及其他股东的生产经营场所，除向牛奶集团租赁办公用房、生产用房及部分牧场外，其他生产经营所需的资产都属于本公司。

公司设立时，与生产经营所需的实物资产全部进入公司，公司拥有经营所需的技术、专利和商标。

（三）机构独立情况

本公司的生产经营和办公机构与牛奶集团完全分开，不存在混合经营情形。集团公司及其他任何单位或个人未干预本公司的机构设置。集团公司及其职能部门与本公司及其职能部门之间不存在上下级关系。

公司建立了适应自身发展需要的组织机构，明确了各机构的职能，独立开展生产经营活动。请参见"发行人内部组织结构"。

（四）人员独立情况

本公司的总经理、副总经理、董事会秘书、财务总监等高级管理人员专职在本公司工作并领取薪酬，未在持有本公司 5%以上股权的股东单位及其下属企业担任除董事、监事以外的任何职务，也未在与本公司业务相同或相近的其他企业任职。

本公司的董事、监事、总经理、副总经理、董事会秘书、财务总监等高级管理人员任职，根据《公司法》及其他法律、法规、规范性文件、公司章程规定的程序推选与任免，不存在超越本公司董事会和股东大会职权作出的人事任免决定。

本公司拥有独立于股东单位或其他关联方的员工，并在有关社会保障、工薪报酬等方面分帐独立管理。

（五）财务独立情况

公司设立了独立的财务部门，建立了独立的会计核算体系和财务管理制度，独立在银行开立帐户，独立纳税，没有为关联企业提供担保。

第四章　发行人的股本

一、公司股本变动情况及股东

本公司前身是 1996 年 9 月，经外资委沪外资委批字(96)第 1178 号文《关于设立沪港合资经营"上海光明乳业有限公司"的批复》批准，由牛奶集团(中方)和上实资产(外方)共同投资成立的沪港合资企业。公司注册资本 2,950 万美元，合资双方分别出资 1,475 万美元，各占 50%，1996 年 10 月在工商局登记注册。

1996 年 11 月，经外资委沪外资委批字(96)第 1378 号文《关于上海光明乳业有限公司增资及转股的批复》批准，公司注册资本由 2,950 万美元增至 5,900 万美元，由原投资方按原投资比例出资，同时，原港方股东上实资产将其在合资公司的全部股权(50%股权)转让给上实食品，1997 年 4 月在工商局登记注册。

2000 年 4 月 21 日，经外经贸部以[2000]外经贸资二函字第 301 号批准公司注册资本增加至 7400 万美元，在营业执照变更后 120 天内按期缴付，但因投资双方未实施上述增资计划。公司于 2000 年 8 月向外资委提出申请注册资本调回 5900 万美元，2000 年 9 月 18 日该申请获得外经贸部以[2000]外经贸资二函字第 677 号文批准同意。

2000 年 11 月 13 日，经外经贸部[2000]外经贸资二函字第 822 号文批准，上海光明乳业有限公司依法整体变更为上海光明乳业股份有限公司。以截止 2000 年 6 月 30 日经德勤华永会计师事务所德师报(审)字(00)第 P0474 号《审计报告》审计的净资产额(总计 501,182,851 元)中的 501,182,850 元按 1:1 的比例折合股本，每股面值 1 元，由有限公司原六家股东按原比例分别持有，另外 1 元计入资本公积金。公司于 2000 年 11 月 17 日在上海工商行政管理局登记注册。

二、股权转让

1996 年 11 月，原港方股东上实资产将其在光明乳业的全部股权(50%股权)转让给上实食品。本次转让经外资委沪外资委批字(96)第 1378 号文批准。

2000 年 10 月，上实食品将其持有的 5%、2.5%、2.5%的股权，分别转让给大众交通、国资公司和达能亚洲；牛奶集团将其持有的 5%、2.5%、2.5%的股权，分别转让给东方希望、国资公司和达能亚洲。转让后，各股东的出资比例为：牛奶集团和上实食品各占注册资本的 40%，国资公司、大众交通、东方希望和达能亚洲各占注册资本的 5%。本次转让经外经贸部[2000]外经贸资二函字第 822 号文批准。本次发行前，公司股本总额为 501,182,850 股，牛奶集团和国资公司所持股份为国有法人股，其余为社会法人股。其中，上实食品和达能亚洲为境外法人。

三、本次发行前后股本结构

公司计划本次发行 15,000 万股，社会公众股占发行后总股本的 23.04%。股本结构如下表：

股　　东	发行前		发行后	
	股数(股)	比例(%)	股数(股)	比例(%)
上海牛奶(集团)有限公司	200,473,141	40	200,473,141	30.78
上实食品控股有限公司	200,473,141	40	200,473,141	30.78
上海国有资产经营公司	25,059,142	5	25,059,142	3.85
大众交通(集团)股份有限公司	25,059,142	5	25,059,142	3.85
东方希望投资有限公司	25,059,142	5	25,059,142	3.85
达能亚洲有限公司	25,059,142	5	25,059,142	3.85
社会公众	0	0	150,000,000	23.04
－	501,182,850	100	651,182,850	100

第五章　公司股东的基本情况

一、本公司控股股东的情况

（一）上海牛奶(集团)有限公司

该公司成立于 1997 年 6 月 2 日，注册资本 50,576 万元，法定代表人为叶观年，现任总经理为陈宝祥，住所为上海市枫林路 251 号，经营范围包括：生产、加工、销售乳制品，奶牛，牛奶，冰淇淋，饮料，食品，糖果，橡胶制品，生物制品，畜牧机械，乳品食品加工机械，塑料与纸质包装容器，饮用水，上述范围的科研和咨询服务，实业投资，附设分支机构。但牛奶集团目前主要从事业务为：房地产开发、广告业务及其他对外投资。截止 2001 年 12 月 31 日，该公司总资产为 296,258 万元，净资产为 104,446 万元；2001 年度的净利润为 4,799 万元(以上数据未经审计)。

该公司利润来源主要是对发行人的长期股权投资收益，2001 年度从本公司获取投资收益 4,959 万元，占该公司全部投资收益的 79.8%，所以牛奶集团主要依赖于本公司的盈利能力。该公司属于国有独资有限公司、为国有法人股授权管理和持有单位，经上海市国有资产管理办公室以沪国资预(2000)409 号《关于上海光明乳业股份有限公司国有股权管理有关问题的批复》批准，持有本公司发行前 40%的股份。

牛奶集团之控股子公司(本公司除外)的简要情况

公司名称	主要业务	注册资本(万元)	法定代表人	出资比例(%)
上海金牛房地产有限公司	房地产及相关业务	5000	陈宝祥	90
上海可的广告有限公司	广告业务	175	王立新	80
上海金牛经济发展有限公司	房地产及相关业务	2000	陈宝祥	50
上海雪克食品有限公司	冰淇淋、冷冻食品	140 万美元	孙城曾	62
上海乳品机械厂有限公司	畜牧业、乳品机械及相关业务	750	陈宝祥	80
上海农工商集团练江总公司	农业、乳制品、饮料、饲料	443.6	张承吉	100
上海乳品三厂	乳制品、冰淇淋、食品、纯水、矿泉水等	533	沈庆元	100

另：上海乳品六厂牛奶集团承诺停产或转产。注：1)上海雪克食品有限公司目前已停产。2)发行人分别与达能亚洲、日尔维.达能公司于 2001 年 9 月签订《出资额转让协议》，约定由发行人分别以人民币 1 元收购达能亚洲持有的上海达能酸乳酪有限公司 75%出资额和日尔维.达能公司持有上海达能保鲜乳制品有限公司 75%出资额。该等协议于 2002 年 1 月 22 日获上海市外资委批准，有关产权交割和收购款项支付已办理完毕，目前正在办理工商变更登记事项。

牛奶集团上级单位－上海市农工商(集团)总公司的简要情况

牛奶集团隶属于上海市农工商(集团)总公司，上海市农工商(集团)总公司是 1994 年经上海市委、市人民政府批准由原上海市农场管理局转制组建为大型企业集团(非公司法人)，现注册资本为 1,240,168 万元，截止 2001 年 12 月 31 日，总资产为 3,145,550 万元，净资产为 1,560,344 万元，净利润 7,438 万元。(以上数据均未经审计)，经营范围为国有资产的经营与管理、实业投资、居民服务、农林牧渔水利及其服务业、国内商业批发零售(除专项规定)、产权经纪。公司主要经

营层：董事长（党委书记）兼总经理徐麟，周梅君为副董事长、党委副书记，顾勇为董事兼党委副书记，陆美华为董事兼常务副总经理，严明德为董事兼副总经理，庄国蔚为副总经理，张永泉为副总经理。

现上海市农工商（集团）总公司主要子公司、参股公司包括：上海农工商集团跃进有限公司、上海农工商集团新海总公司、上海农工商集团红星总公司、上海农工商集团长征总公司、上海农工商集团前进总公司、上海农工商集团东旺总公司、上海农工商集团朝阳总公司、上海农工商集团东海总公司、上海农工商集团芦潮港有限公司、上海农工商集团五四总公司、上海农工商集团燎原有限公司、上海农工商集团星火总公司、上海农工商集团海丰总公司、上海农工商集团向明总公司、上海农工商集团建设总公司、上海农工商集团出租汽车有限公司、上海荣臣集团公司、上海农工商集团商业总公司、上海农工商集团华都总公司、上海农工商集团对外贸易总公司、上海农工商集团经贸总公司、上海农工商集团外经总公司、上海华都大厦有限公司、上海农口房产有限公司、上海东海股份有限公司、上海城乡建筑设计院、上海世纪森林开发有限公司、上海农工商绿化总公司、上海星火开发联合发展公司、上海方兴咨询服务中心、上海星辉蔬菜有限公司、上海农工商现代农业园区开发有限公司、上海农工商超市有限公司、上海农工商集团星火开发总公司等。

（二）上实食品控股有限公司

该公司成立于1996年10月2日，注册资本1美元，上实控股持有其100%的股权，执行董事为卓福民，住所为英属维尔京群岛，主要业务为投资控股。截止2001年12月31日，该公司总资产为24,958.3万港元，净资产为8,762.8万港元；2001年度净利润为7,228.4万港元（以上数据未经审计）。本次发行前，其持有本公司40%的股份，为发行人控股股东之一。

Conyers Dill&Pearman律师事务所就上实食品控有限公司对本公司投资行为发表意见如下：持有本公司的股份不违反该公司组建备忘录或英属维尔京群岛任何适用的法律、法规、规章、决定或判决；在英属维尔京群岛没有任何对其的判决，也没有任何以其为对象的悬而未决的法律拆讼或政府程序。

上实食品控股股东－上海实业控股有限公司的简要情况

该公司注册资本89,934,100港元，上海实业（集团）有限公司持有其60.9%的股权，其余为公众人士持有。法定代表人为蔡来兴，现任副董事长为陈伟恕，执行董事为卓福民、陆大镛、厉伟达、陆禹平、余力、曹福康、闻松泉、葛文耀、黄彦正、顾文兴，住所为香港告士打道39号26楼，主要业务为基建、现代物流、消费品/零售、汽车零部件、信息技术、医药科技等。截止2001年12月31日，该公司总资产为1,483,820.4万港元；2001年度的净资产为1,243,840.8万港元，2001年度净利润为120,253.4万港元（以上数据经德勤·关黄陈方会计师行审计）。

（三）上海国有资产经营有限公司

该公司成立于1999年9月24日，注册资本250,000万元，为国有独资有限责任公司，法定代表人为祝世寅，现任总裁为祝世寅，副总裁为庄国平、陈绍昌，住所为上海市医学院路69号，经营范围包括：实业投资，资本运作，资产收购、包装和出让，企业和资产托管，债务重组，产权经纪，房地产中介，财务顾问，投资咨询及与经营范围相关的咨询服务。截止2001年12月31日，该公司总资产为1,146,626万元，净资产为727,106万元；2001年度的净利润为39,545万元（以上数据未经审计）。本次发行前，持有本公司5%的股份。

（四）大众交通（集团）股份有限公司

该公司成立于1994年6月6日，注册资本56,585.16万元，国家股占其总股本的20%，上海大众科技创业（集团）股份有限公司持有其24.7%的股权，社会公众股东持有其55.3%的股权，法定代表人为杨国平兼总经理，副总经理为张锡麟、赵纬纶、徐益民，住所为上海市浦东龙阳路100号，经营范围包括：出租汽车营运及相关的轿车维修，洗车场、停车场、汽车旅馆业务，投资举办企业。截止2001年12月31日，该公司总资产为454,381.89万元，净资产为212,741.92万元；2001年的净利润为21,033万元（以上数据已经立信长江会计师事务所）。本次发行前，其持有本公司5%的股份。

（五）东方希望投资有限公司

该公司成立于1999年4月2日，注册资本20,000万元，永行企业管理有限公司持有其51%的股权，刘相宇持有其39%的股权，刘永行和郑彦初分别持有其5%的股权，法定代表人为刘永行，住所为浦东新区崮山路322弄5号203室，经营范围包括：实业投资，资产营运（非金融业务），饲料、饲料添加剂、预混料的生产加工销售，饲料机械设备制造、加工，农副产品的生产加工销售，饲料原料、农产品的销售（粮食批发除外），附设分支机构。截止2001年12月31日，该公司总资产为56,601万元，净资产为33,187万元；2001年度的净利润为7,985万元（以上数据未经审计）。本次发行前，其持有本公司5%的股份。2001年12月18日，经工商局核准，该公司名称变更为东方希望集团有限公司。

（六）达能亚洲有限公司

该公司实收资本1,012,116,029元新币，由达能集团完全控股，法定代表人为伊盛盟（SI－MON ISRAEL），中国区副总裁为秦鹏，住所为新加坡淡马锡道1号美年大厦34－02，主要负责在亚太地区的投资并管理达能集团投资的企业。截止2001年12月31日，该公司总资产为345,771.6万元新币，净资产为213,136.3万元新币；2001年度的净利润为10,353.3万元新币（以上数据经普华永道会计师事务所审计）。本次发行前，其持有本公司5%的股份。

Wong Tan和Molly Lim律师行就达能亚洲有限公司对外投资行为发表法律意见如下：本股东在灼1989年12月30日在新加坡组建为一家无限定期限的有限公司；拥有在中华人民共和国投资的必要权力和权威，本股东在光明乳业持有的5%的权益不违背任何现在适用的新加坡法律规章；根据新加坡法律，本股东在公司投资不需要获得新加坡政府部门或任何其他部门的同意或批准；没有出现新加坡法律将会禁止或限制本股东在公司所持有的5%的权益投资的改变。

公司股东中不存在工会或职工持股会直接或间接持有公司股份的情况。

本公司控股股东为牛奶集团和上实食品，在发行前各持有本公司40%的股份，截至本招股说明书概要签署之日，本公司股东持有的公司股权未被质押。

第六章　公司的内部组织结构

一、公司的组织结构图（如下图）

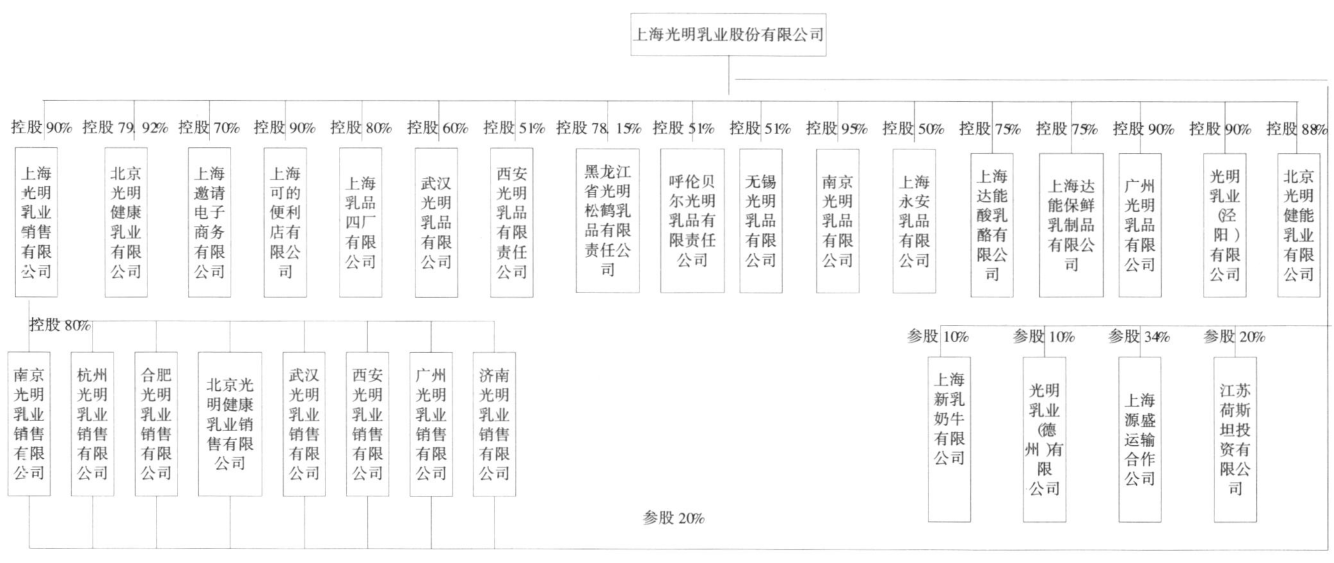

二、主要职能部门的运行情况

1、战略发展部：负责起草并协助总经理制订公司的远景发展目标和整体战略规划；推动公司的战略转移及适时开发相应的新业务；推动并协助公司发展战略规划的最基本部门——事业部进行战略规划、生产经营计划和投资计划的制订，以通过公司各个事业部的经营活动为公司创造最大的价值。负责起草并协助总经理制订为股东创造额外价值的公司扩展战略计划，并就重大投资项目为总经理和以总经理为首的决策班子提供业务和财务方面的分析和专家意见，规划并实施贯彻公司战略的重大交易。

2、财务部：在总裁直接领导下，建立公司的财务体系，协助制定集团的财务目标、政策及操作方法；领导公司的财务预算流程；监控公司总体的财务运作状况，并在经济运作中发现创造价值的机会；负责公司的资产与资本管理；拥有对投资建议的质询与审核权。

3、法律公关部：提供相关的法律咨询，处理公司总部各项法律事务，协助处理各事业部各表业务，保障公司正常合法运转。

4、审计部：实施内部审计；内部审计是公司为检查和评价公司经营活动并为公司服务而建立的一种独立评价功能，其工作职责主要是就内部控制制度、财务收支、经济效益、经济责任、投资及其他重大专项事件等进行检查、审核、证实与评价。

5、信息部：负责建立和维护公司的管理信息系统，维护、支持和升级公司的计算机软硬件网络系统，保障该系统正常运行；数据综合归纳分析，数据仓库的建设以及数据综合分析和决策支持（跨部门、面向未来的预测），建设分析平台，根据各部门要求进行综合归纳。

6、技术中心：根据战略规划要求，协助制定公司的科技发展蓝图；汇总各事业部的新品开发计划进行排序，并组织科技力量进行研发项目；根据各事业部提供的新品开发计划研究开发新产品，新工艺，新技术，新设备；协助各事业部生产厂实现新产品的大规模生产；改进现有产品的质量及降低成本；为各事业部生产厂解决生产技术问题；解决生产技术、奶牛饲养等方面的难点和关键问题；技术档案的建立和保存；收集国内外产品和技术情报，研究国内外最新乳业动态；组织国内外的技术交流和技术引进；收集国内外产品和技术情报，对先进技术的发展进行跟踪；对国家科技攻关项目的承担和管理；杂志的编发工作；质量的检查和监督。

7、人力资源部：根据公司发展战略制定公司人力资源战略及实施计划；为公司业务发展提供及时、有力的人力资源保证；致力于人力资源的开发、人员（尤其是关键岗位人员）的培养和优化配置；建立和完善与公司战略相适应的，以业绩理念和业绩文化为特征的激励机制；推动光明企业文化的建设、整和、发展与传播。

8、工程部：对工程技术服务、投资管理、资产管理、进口设备(含重大设备)管理、工程项目管理等方面进行服务、监控、协调。

9、市场部：负责了解消费需求，建立全局战略、品牌战略，根据市场细分及评价来确定产品投放；营运理念，定义和调整定价、分销策略；负责与消费者的沟通，建立讯息渠道；负责公司广告和促销计划。

10、采购部：协调奶牛、工业原料事业部与其他事业部之间对于奶源的供需关系；检查采购业务的执行；物资材质要求的确定；会同相关部门解决物资材质的应用；负责采购物资的质量控制和改进；负责对合格供应商复审；准供应商的调查、审核、评估、批准；会同相关部门解决物资因质量问题的退货与索赔；负责供应商资料的归档管理工作；落实公司采购成本。

三、公司分公司、子公司情况

(一)控股子公司

1、直接控股

公司名称	住所	注册资本(万元)	法定代表人	出资比例%
上海光明乳业销售有限公司	上海枫林路 251 号	2000	王佳芬	90
上海可的便利店有限公司	上海西藏中路 632 号	2000	王佳芬	90
上海乳品四厂有限公司	上海奉贤县星火农场	906	张华富	80
上海邀请电子商务有限公司	上海江宁路 645 号	3000	王佳芬	70
南京光明乳品有限公司	南京市江宁县禄口镇来凤路 2 号	1500	张华富	95
黑龙江省光明松鹤乳品有限责任公司	富裕镇新华南路	10000	吕公良	78
呼伦贝尔光明乳品有限责任公司	内蒙古鄂温克旗巴彦托海镇	1160	倪卫兵	51
无锡光明乳品有限公司	无锡市塘南三支路 3 号	1000	楼守俭	51
北京光明健康乳业有限公司	北京市石景山区景原路 7 号	2540	吕公良	80
武汉光明乳品有限公司	武汉市东西湖区张柏路 1 号	1800	张华富	60
西安光明乳品有限责任公司	西安长缨东路 19 号	880	李兴振	51
上海永安乳品有限公司	上海市奉贤县燎原农场	250 万美元	张华富	50
上海达能酸乳酪有限公司	上海浦东新区杨高路 186 号	435 万美元	王佳芬	75
上海达能保鲜乳制品有限公司	上海市场中路 3100 号	900 万美元	王佳芬	75
下列公司由本公司和上海光明乳业销售有限公司分别持股 90% 和 10%				
广州光明乳业有限公司	广州经济技术开发区永和经济区	2000	张华富	99
光明乳业(泾阳)有限公司	陕西泾阳县泾干大街西段 2 号	2000	张华富	99

2、间接控股

公司名称	住　所	注册资本(万元)	法定代表人	出资比例(%)
下列公司由本公司和上海光明乳业销售有限公司分别持股 20% 和 80%				
北京光明健康乳业销售有限公司	北京市海特饭店 5628 室	50	袁建平	92
南京光明乳业销售有限公司	南京市下关区黄坊村 82 号	50	洪登高	92
杭州光明乳业销售有限公司	杭州市上城区秋涛路 262 号	50	刘德宽	92
合肥光明乳业销售有限公司	合肥市屯溪路花鸟市场内 2 号	50	李　萍	92
武汉光明乳业销售有限公司	武汉东西湖区张柏路 1 号	50	李　念	92
西安光明乳品销售有限公司	环城东路南段 1 号 601 室	50	孟志忠	92
广州光明乳业销售有限公司	广州市天河南二路 19－21 号 622 房	101	黎容金	92
济南光明乳业销售有限公司	济南市槐荫区经三路 404 号	50	张乃健	92
下列公司由本公司和北京光明健康乳业有限公司分别持股 40% 和 60%				
北京光明健能乳业有限公司	北京顺义区林河工业开发区	2000	吕公良	88

(二)参股公司

公司名称	经营范围	注册资本(万元)	法定代表人	出资比例(%)
上海源盛运输合作公司	普通货物运输，货运代理(一级)	100	陶象海	34
江苏荷斯坦投资有限公司	奶牛的养殖与经营及相关咨询服务	5000	吴晓白	20
光明乳业(德州)有限公司	乳及其制品生产、加工、销售	1667	杨光来	10
上海新乳奶牛有限公司	奶牛的养殖与经营	1150	陶金福	10

(三)分公司

公司名称	经营范围	负责人
技术中心	乳和乳制品的制造，试制，研究和开发，相关产业技术，人员培训，咨询，服务(涉及许可经营的凭许可证经营)	郭本恒
乳品二厂	加工、生产乳和乳制品、冰淇淋、非碳酸饮料、饮用水等相关食品(涉及许可经营的凭许可证经营)	黄黎明
乳品五厂	加工、生产乳和乳制品、冰淇淋、非碳酸饮料、饮用水等相关食品(涉及许可经营的凭许可证经营)	王　瑛
乳品八厂	加工、生产乳和乳制品、冰淇淋、非碳酸饮料、饮用水等相关食品(涉及许可经营的凭许可证经营)	魏晓琨
第七牧场	牛奶生产，奶牛及乳牛饲养，饲料加工，仓储(涉及许可经营的凭许可证经营)	陆耀华
第九牧场	牛奶生产，奶牛及乳牛饲养，饲料加工，仓储(涉及许可经营的凭许可证经营)	陆耀华
第十牧场	牛奶生产，奶牛及乳牛饲养，饲料加工，仓储(涉及许可经营的凭许可证经营)	陆耀华
奶牛发展中心	牛奶，饲料和添加剂，公牛精液，胚胎，奶牛，售药和清洗消毒剂，畜牧器械和机械，牧场管理，相关技术，人员培训，咨询，服务，仓储(涉及许可经营的凭许可证经营)	陆耀华
奶牛育种中心	奶牛饲养，公牛精液，胚胎，良种牛，从事相关产业的技术，人员培训和牧业技术咨询，服务，售药和清洗消毒液(涉及许可经营的凭许可证经营)	陆耀华
饲料分公司	饲料和添加剂，粮食制品，饲料机械，相关技术咨询，服务(涉及许可经营的凭许可证经营)	陆耀华
销售部	销售本公司生产的乳和乳制品，冰淇淋，非碳酸饮料、饮用水等相关食品，饲料和添加剂，公牛精液，胚胎，良种牛(涉及许可经营的凭许可证经营)	吴健民

(四)办事处

本公司于 2000 年 8 月注册成立成都办事处，地址为成都市新华大道文武路 42 号新时代广场 14 楼 H1 座，负责人为苏文。

第七章　业务和技术

一、乳制品行业国内外基本情况

(一)乳制品行业的管理体制

和大多数食品工业类似，乳制品行业已经基本上市场化，即政府的介入主要限于行业政策的研究制定，专项基金的管理等，政府不再直接管理企业，原材料和产成品的价格由市场决定。乳制品行业的产业行政主管部门主要有两个，一是国家农业部及各地的农业厅(局)，其管理主要侧重于奶牛养殖业；二是国家经济贸易委员会下的轻工业总局，其管理主要侧重于乳品加工业。近年来行业协会在行业发展协调、自律管理、信息收集与分布等方面发挥着日益重要的作用。与农业部系统对应的中国奶业协会侧重于组织奶牛养殖场及其相关的乳品加工企业，与轻工业总局相对应的中国乳制品工业协会侧重于组织乳制品加工企业。这两个工业协会在许多省、市、自治区都有分会。

一个重要的例外是国家学生奶计划。2000 年 11 月 15 日，国家农业部等八部委局推出该计划，在政府统一部署下，定点乳品企业生产营养、安全、方便、价廉的牛奶，直接供应学校，以提高全国学生身体素质和健康水平。目前该计划已通过了实验阶段，正在全国省会和经济发达城市推广。

(二)市场容量

世界乳品行业规模巨大，同时地域性又很强。1999 年全球乳品产量约 5.6 亿吨，但其中只有 6% 进入世界贸易，世界 20 家最大的乳制品企业 2000 年销售额达到 1,002 亿美元，其中排名第一的雀巢销售额达 130 亿美元。

世界乳品的需求每年按 2% 的速度在增长。发达国家的增长率大约是 1%，而发展中国家则快得多，尤其是亚洲和拉美国家。中国属于世界上乳品市场增长最快的国家之一。1995 年乳制品制造业的产值为 90 亿元，2000 年达 210 亿元，扣除价格因素，5 年增长 110%，年增长 20%。根据目前的发展势头，行家们普遍预测在未来五年内乳制品市场的年增长率将在 15% 左右。

(三)乳制品行业竞争发展的主要趋势

中国的乳制品市场处在一个重要的转型期：乳制品从过去的营养滋补品转变为日常消费品；消费者从过去的老、少、病、弱特殊群体扩大为所有消费者；市场从城市扩展到城郊及其一般的乡村；产品也从简单的全脂奶粉和隔日消费的巴式灭菌奶进步到各种功能奶粉和各种保质期的液体奶，含乳饮料也逐渐风行。

乳制品企业大致分为三类，一是建立在奶牛养殖业发达、奶源丰富地区的资源型企业，这类企业的基础产品是适于长途运输的奶粉，二是建立在大都市的市场型企业，这类企业的基础产品是服务于市民每日需要的液体奶，三是服务于小城镇的社区型企业，基础产品也是保质期很短的液体奶。随着企业制度的改革，市场的扩大和技术的进步，不同企业类型间的差别正在淡化，相互隔开的市场空间正在融合为一，一些领先企业正在突破地域限制成为全国性的企业。

处在东北、华北和西北的资源型企业，一方面开发奶粉制品的新品种，增加传统产品的技术含量，巩固原有的优势，另一方面生产保质期长至 6－9 个月的超高温灭菌奶。资源型企业以这些液体奶制品进入都市与市场型企业竞争。而市场型企业通过并购、联合等方式在奶源丰富地区设厂，生产高附加值的功能性奶粉，与资源型企业竞争。规模较小的社区型企业或与大企业联合，或自我扩张，力求在市场中保有一席之地。同时值得注意的是一些没有乳制品经验的饮料企业凭借着品牌和销售网络的优势进入乳制品市场，他们多采用定牌加工的办法，委托设备利用率不足的乳制品加工企业代加工既定品牌的产品。

各种不同类型的企业互相渗透以争夺奶源和市场。在激烈的竞争中不少企业退出市场，销售收入在 500 万元以上的企业数由 1998 年的 395 个减为 1999 年的 378 个，少数大型企业的市场占有率迅速提高。1996 年最大的 10 家乳制品企业的产值占整个企业的 25.9%，到 2000 年为 40%，而这十家企业的排名和组成则不断变化。

品牌已成为乳业竞争的重要手段。有的品牌突出原料奶的纯正，有的品牌刻画产品的营养功能，有的品牌强调流行时尚，有的品牌显现科技含量。但是一般化的品牌仍是大多数乳制品企业的通病。

国外乳制品品牌在市场上占有重要的地位。超过重要半数的世界领先乳制品企业已在中国投资。2000 年外资乳制品企业数占销售额 500 万元以上企业数的 10% 左右。外资企业的优势集中在高附加值的婴儿奶粉和酸奶等产品上。但是，近几年国内乳制品企业迅速成长，对外资企业形成很大的竞争压力。

在国际市场上，乳制品行业重组以前所未有的声势进行，自 1998 年起，每 2.5 天就有一起并购或联合的事件发生。行业重组的原因是多方面的。首先是市场自由化。在发达国家中，由于乳制品特别重要的消费地位和一些历史原因，乳制品市场严格受到管制。原奶收购结构管制，进口配额出口补贴，卫生检疫条例是发达国家乳制品市场上常见的政府管控手段。现在这些政策手段在逐步弱化，特别是新一轮的世贸谈判迫使不少国家在降低保护。其次是市场竞争，因为争夺奶源、进入市场、开发产品的需要，许多企业进行重组。由于美国、大洋洲和欧盟的大部分乳制品企业正在着力于本土市场的整合，短期内大举进入中国或迅速扩大中国业务的举措将会有限。

但是，由于国内乳制品需求迅速增长，国内原料奶的价格也随之迅速上升。总体上中国原料奶的价格已高于不少发达国家。每年中国进口相当于国内产量(非液体制品)四分之一的乳制品。这一趋势在中国加入 WTO 后将会增强。进口乳制品的全脂奶粉和乳清粉为主，作为国内乳制品或相关行业的原料。

二、影响本行业发展的有利和不利因素

(一)产业政策

对于快速发展中的乳品行业，目前国家并未颁布一个乳品行业的产业政策。主要的行业管理来自于农业部和原来的轻工业部。

乳业目前属于国家鼓励投资发展的产业，享有一些优惠政策。

乳业的发展对于调整农村产业结构有重大的意义。在"十五"计划中，政府提出了加快乳业发展的要求，各个地方的政府部门也把加快乳业发展，鼓励农民养牛作为农村产业结构调整的重要一环。

国家推出了"学生饮用奶计划"，进一步推动奶类行动，加快我国畜牧业结构调整和发展，以缩小我国奶业生产消费与发达国家的差距。对此，农业部将结合"十五"计划和"2001－2010 年我国食物与营养发展纲要"，研究制定和实施奶业发展规划。各地方将根据自己的实际情况，制定奶业发展计划，实行科技兴奶，保证学生饮用奶的生产和奶源供应，以加快"学生饮用奶计划"的实施。随着"学生饮用奶计划"的实施，牛奶的消费必将大有增长。

(二)产品特性

在我国，乳品消费主要是牛乳及牛乳制品的消费。牛奶是除人奶外营养最丰富、最全面的食品。它含有人体生长、保持健康所需的几乎所有的营养素。与人奶相比，牛奶的有些营养成份还要高出几倍！例如：蛋白质及灰分含量高 2.5－3 倍，磷的含量高出 6 倍，钙的含量要高出 3 倍。乳钙，俗称"牛奶钙"，是最好的天然钙源。牛奶富含 100% 的纯乳钙，是最好的补钙品。牛奶不仅具有很高的含钙量(1.1 克/升)，且含有较多的乳糖(4.60%)、蛋白质(3.2%)和维生素 D(0.6 微克/千克)。

(三)产品替代

目前，我国居民乳及乳制品消费的品种有：乳粉、液态乳制品和含乳饮料。此外，以乳粉为原料的食品(如：冰淇淋、饼干等)也是我国居民消费乳品的重要方式。

从国外的乳品消费发展以及目前国内的消费情况看，乳品的替代产品还没有出现。乳品加工仍以牛乳和羊乳为主。

由于国内许多地区牛乳产量有限，为满足广大消费者的"白色乳汁"消费愿望，许多企业推出各种乳白色的"乳化"饮料，如椰奶、露露、豆奶等等。还有许多企业则推出各种含乳饮料，部分地满足了消费者的消费意愿，而牛奶始终是最有营养的产品，是其他"乳化"饮料所无法替代的。

(四)消费趋向与购买力

改革开放以来,特别是九十年代以来,我国居民的乳品消费有了很快的增长。我国的乳品行业同过去比,有了较大发展,但同世界先进国家相比,差距仍很大。我国人均年消费乳量不足7千克,而世界人均年消费94千克。从这一点上讲,乳及乳制品在中国是一个非常有发展前途的行业。同时还应该看到,中国是一个发展中国家,人民的消费水平同发达国家还有很大的差距,有很大部分的消费者,特别是众多农村人口还没有足够的消费乳及乳制品的经济能力。

牛乳作为富含营养的饮品,在一些大城市的零售价格与矿泉水相差无几,消费的增长制约因素主要来自于消费者的认识和生产的约束。我国传统上,北方地区人民的饮奶习惯好于南方地区。但是,近年来,随着经济的增长,沿海地区的乳品消费呈现快速增长的势头,特别是上海、广州等大城市已经成为国内乳品重要的消费市场。

近年来,在国内乳品消费快速增长的同时,也出现了一些新的消费趋势。第一是乳品消费结构发生了变化,乳粉消费的比重在下降,以乳粉为代表的乳制品的消费已经从占整个乳品消费的90%以上,降低到目前不足80%。预计到2005年,乳粉消费占整个乳品消费的比重将进一步降低到65%左右。液态乳品则以每年40%以上的速度递增。第二是液态乳品消费结构的变化,消费者对卫生质量的要求趋高,低档次的袋装产品的市场份额比重呈现下降的趋势,2000年,普通塑料袋装产品的比重下降了41%。目前市场上液态乳品有纸盒装、铝箔装、玻璃瓶装,产品花色有强化钙型、强化铁型等,十分丰富。第三,乳品消费人群结构发生大的变化。乳品的消费人群已经从老幼人群扩大到各个年龄段的消费者,越来越多的消费者正在把乳品作为日常的营养消费。酸奶、奶酪等产品正是迎合了这种消费趋势发展起来的。

(五)国际市场冲击

在国际乳制品市场上,我国目前处于进口国的地位,估计未来几年内,国内的乳品需求将继续快速增长,大于国内的生产,特别是对原料的需求将十分旺盛,我国将保持乳制品净进口国的地位。1999年,我国进口乳制品的总量为146,988吨(海关统计),2000年进口的总量约为200,000吨左右,主要的进口来源地为新西兰、欧盟和美国。由于存在运输成本、保质期限等方面的限制,目前进口的乳制品主要是乳粉和乳清制品,液态乳品的进口很少。以最主要的进口产品乳粉为例,目前国内市场上,进口乳粉的关税水平为25%,市场价格比国产乳粉约高24%。加入WTO以后,随着关税水平的降低(约为10-12%),以及国内乳品有效供给的不足,以乳粉为主的乳制品进口将扩大,价格也会下降。

加入WTO,对于光明乳业这样以生产销售液态乳品、特别是保鲜乳品的企业来说,冲击十分有限。但是,我们也看到,加入WTO以后,随着我国居民的保健、安全意识的增强,加之接受发达国家的乳饮料标准,国内乳品生产和销售将面临新的要求。

(六)进入本行业的主要障碍

进入乳品行业的主要障碍在于稳定、优质而价廉的原料的供应。由于历史和自然的原因,我国的乳品的原料产地主要在北方地区,而近年来,乳品消费增长最快的地区是经济比较发达的沿海地区。由于市场需求旺盛,主要生产企业对牧区原料的争夺是十分激烈。特别是生产液态保鲜乳品,要求原料产地与消费市场接近,这使得一些大城市的原料供应几乎被当地企业垄断。

生产技术方面的知识也是进入乳品行业的一个重要障碍。特别是随着市场竞争日益激烈,随着消费者对乳品认识的加深,消费标准的提高,乳品业的产品质量、生产技术方面的门槛将越来越高。

三、公司面临的主要竞争状况

(一)同行业竞争状况

公司主要的产品有工业奶粉、民用奶粉、奶酪、液态奶,其中液态奶又分为保鲜奶、酸奶、巴氏消毒奶、超高温灭菌奶,其他产品还有有机乳品、保鲜果汁、新鲜奶油等。公司产品的主要销售区域为华东地区。

公司在国内乳业中产销量、销售收入、利税总额及鲜奶收购量等综合指标排名第一,是全国最大规模的生产销售乳制品的企业。目前,我国乳业有大小加工企业近1500家,大部分规模偏小。年产销值超过1亿元的企业只有20家。

(二)自身竞争优势及劣势

作为国内乳品行业综合实力排名第一的企业,公司的竞争优势主要体现在:

1、管理优势。地处中国经济最发达的华东地区,深得改革开放的影响。特别是在企业管理体制方面,自1996年年底组建中外合资经营企业以来,获得了快速的发展。2000年11月,公司引入新的股东,改制成为股份有限公司,建立了以多元投资结构体制和职业经理人管理体制为主要内涵的现代企业制度。2000年年底,公司正式启动ERP(企业资源管理)系统,对企业内部资源进行优化管理,重组业务流程,全面提高了各部门的管理水平。2001年4月,公司开始推行总部战略管控和事业部损益中心的管理体制,进一步完善了公司的内部运行管理体制。

2、人才优势。体制的优势也带来了人才的优势,公司在科研、生产、销售、管理各个环节上都聚集了国内一流的人才,并以职业化、市场化为原则建立了新型的人力资源管理体系。

3、品牌优势。公司拥有的"光明牌"乳制品商标属上海市著名商标,1999年被国家主管商标的最高机构国家工商行政管理局商标局认定为中国驰名商标。世纪之交,公司凭借在国内同行中的良好信誉、企业的雄厚实力以及地处上海国际大都市等得天独厚的条件,取得了兴建中国乳业第一座博物馆——中国乳业博物馆的主办权,从而进一步确立了公司在中国乳业中的领先地位,更好地提升了公司的企业形象。

4、技术优势。公司特别注重产品的科技含量,着力建设"高科技的光明"。公司拥有先进的乳品加工工艺、技术和设备,具有国内一流水平的奶牛育种和饲养技术,为产品生产提供优质的奶源;公司拥有目前国内规模最大、最为完善的奶牛生产性能测定系统(DHI),每月对头胎牛进行体型外貌鉴定。公司采用先进的动物模型BLUP的方法进行育种值的计算,保证公牛后裔测定的准确性,培育的优秀公牛的冻精畅销全国30多个省市。公司成立了市级乳业技术中心,加快科研开发,提升产品的科技含量。

5、规模优势。公司是全国最大规模的生产销售乳制品的企业,除上海地区以外,在全国重点地区设厂布点,内蒙、黑龙江两个奶源基地型合资企业以及北京、西安、武汉、无锡、南京、杭州等产销地型城市保鲜奶生产基地,形成了光明乳业在全国范围的加工实力,实现了"用全国资源做全国市场"的目标。

从未来发展的要求来看,公司还在一些环节上存在不足:1)市场相对集中在上海和华东地区。光明乳业目前80%以上的销售集中在华东地区,华东以外的市场还有待进一步开拓。2)公司的原料来源主要是华东地区,原料的数量和价格都不能支持公司的进一步增长。必须加大开拓华东以外地区的原料供应。3)与公司每年快速增长相比较,公司运营资金略显欠缺,获得资金的渠道有限。

四、公司从事的主要业务

(一)主营业务构成:本公司主要从事乳和乳制品的开发、生产和销售,奶牛和公牛的饲养、培育,物流配送,营养保健食品的开发、生产和销售。

(二)主要产品的市场销售情况

本公司推行立足华东,拓展全国,品牌推动,提升销售的营销策略,已在上海以外设立9个销售大区,建立了辐射20多个中心城市的销售网络,在华东地区已直销至县一级,在华东外围地区建立了经销网络,销售渠道主要为大卖场、超市,为"光明牌"乳制品销售全国奠定了基础,公司在上海以外地区的销售额已占公司销售总额的45%以上。公司于2000年5月成立了上海邀请电子商务有限公司,建立了www.net1717.com网络平台和62171717电话呼叫中心,以公司营业部送奶上门服务为基础,利用光明乳业在上海几十年的网络优势和物流优势,扩展送货上门业务。

(三)前三年主要产品及产量　　单位:吨

产　品	2001年	2000年	1999年
液态奶	496,468	349,331	225,891
奶粉	11,757	4,865	2,584
果汁	2,086	2,029	1,512
黄油和奶酪	876	576	269

(四)前三年主要产品全国市场份额占有情况

产　品	2001年		2000年		1999年	
	市场占有率	名次	市场占有率	名次	市场占有率	名次
液态奶	26.50%	1	28.37%	1	33.35%	1
酸奶	15.73%	1	12.72%	1	12.35%	1
奶粉	2.25%	11	2.14%	14	2.57%	10

五、专利、商标及土地使用权

(一)专利

公司已把知识产权的保护列为重点工作之一,逐步开始申请专利,目前已有六项外观设计专利和一项发明专利获国家知识产权局专利申请受理通知书;尚未取得专利证书。具体情况如下:

专利名称	申请号	专利属性
液态奶包装盒	01311913.3	外观设计专利
液态奶包装盒	01311908.7	外观设计专利
液态奶包装盒	01311912.5	外观设计专利
液态奶包装盒	01311910.9	外观设计专利
液态奶包装盒	01311909.5	外观设计专利
液态奶包装盒	01311911.7	外观设计专利
益菌奶及其制造方法	01112799.6	发明专利

(二)商标

原有限公司拥有"光明"、"三岛"、"SDC"、"可的"等71个注册商标,并已取得商标注册证。2001年3月7日,工商局商标局出具核准变更商标注册人名义证明,以上商标注册人已全部变更为本公司。"光明"商标被工商局商标局评为中国驰名商标。公司使用的主要商标如下:

序号	商标名称	注册号	核准使用商品类别
1	光明 Bright	509735	29
2	光明 Bright	1255222	30
3	光明 Bright	1331810	32
4	光明(文字)	1319080	29
5	光明(文字)	1331808	32
6	光明(文字)	1470061	30
7	(图形)	1435762	29
8	(图形)	1420694	30
9	(图形)	1409145	32
10	(图形)	1435758	29
11	(图形)	1409146	32
12	三岛	877735	29
13	三岛	867176	30
14	三岛	1095649	32
15	SDC	727892	29
16	SDC	723111	30
17	SDC	747764	32
18	SDC	302418	29
19	练江	100819	29
20	申光	641294	29
21	可的	825219	29
22	可的	843166	30
23	可的	844980	32

达能亚洲许可发行人在部分酸奶业务中无偿使用"达能"商标。

(三)土地使用权

本公司通过出让方式取得两宗土地使用权,并已取得相应的房地产权证,其中土地面积合计81,999平方米,房产合计45,169平方米。

房产/土地坐落	面积(平方米)	房地产权证
成山路777号	土地:27538,房屋:15366	沪房地浦字(2000)第090526号
吴中路222号	土地:54461,房屋:29803	沪房地闵字(2000)第056189号

六、主要技术情况

公司拥有的技术主要有两方面——牧业与乳制品加工。牧业方面在引种、规模化、高产技术方面拥有核心技术;乳品方面主要集中在保鲜、发酵乳方面。另外公司的冷连技术水平也可称为核心技术。上述的核心技术在国内绝对领先,与国际水平相当。

主导及拟投资产品的技术水平、新工艺

保鲜奶的技术水平与国际接轨,它是公司整体设施的体现,它所采纳的先进工艺确保了牛奶的最新鲜食用性和营养性。它从对生奶的高要求、到工艺参数的优化,到整个系统的管理模式,都具有与国外乳业强手相当的水平。酸奶是公司核心与主导产品,发酵技术是公司核心技术与自主知识产权的重要组成部分,其技术水平与国际完全接轨,公司通过选择开发适合国情的菌种,利用中国丰富的中药资源,同时在益生菌上加大自主研究的力度,诞生光明专利菌种等方面保证今后以酸奶为代表的发酵乳产品的市场竞争和公司的技术优势。

七、研究开发情况

公司为国际乳业联合会(IDF)中国委员会常务副主席单位和IDF乳品经济与政策专业委员会中国唯一的常务委员单位,公司积极参加IDF年会,并组织多次学术交流。为适应市场经济发展需要,推进企业技术进步,增强企业技术开发与技术创新的能力,促进科研与生产的紧密结合,加速高技术的产业化,提高企业自我发展和市场竞争能力。1999年年底公司决定在原奶牛研究所和乳品培训研究中心的基础上,改建、重组光明乳业技术中心。并于2000年2月召开了光明乳业股份有限公司技术中心成立暨科技进步大会,提出:"建设高科技的光明,迎接新世纪的挑战"。光明乳业技术中心通过上海市企业技术中心认定办公室的认定,它是公司新产品、新技术的研究开发中心;产品和技术的决策中心;产学研联合和对外合作交流中心;人才吸收、凝聚和培训中心;产品和技术的服务、辐射中心。

技术中心汇聚了公司一流人才,固定资产投资在 8000 万元以上,主要从事奶牛和乳品技术的开发研究,设有液态奶、酸奶、奶粉、干酪、基础研究、奶牛营养、奶牛繁殖育种、奶牛保健等八个项目组和检测中心、情报信息部、行政部等部门,同时创办《乳业科学与技术》杂志。近几年来积极引进优秀人才,现有科技人员 70 人,其中博士 3 人、硕士 15 人、本科 23 人、大专 13 人,并且在人才的组成上打破以往的模式,跨学科、跨专业,更加注重人才的互补性。聘请了国内外 8 位专家,覆盖食品、乳品、畜牧等领域,成立专家委员会,丰富了我们的外脑;与无锡轻工学院、上海水产大学等两所院校建立产学研合作基地,进行中长期项目的合作,同时联合培养乳品专业硕士研究生。连续多年每年实施技术创新和新产品开发项目 50 余项,成功推向市场的新产品在 20 个以上。

目前技术中心正在积极申报国家级技术中心,是公司高科技光明定位的直接体现。同时检测中心正准备成为国家级实验室,《乳业科学与技术》杂志将成为全国公开发行的乳品专业杂志,光明乳业技术中心将在研究水平、检测水平、信息水平的的全面升级,为公司的持续高速发展做贡献。强大的科研开发力量保证了公司能不断开发出市场领先的新产品。公司已完成近二十大类约 60 几个品种的新品研究开发,其中已有 20 多个品种上市。

第八章　同业竞争与关联交易

一、关于同业竞争

(一)同业竞争情况

本公司控股股东牛奶集团和上实食品及其控制的企业与本公司不存在同业竞争。牛奶集团下属上海农工商集团练江总公司(下属上海乳品七厂)尚保留少量乳品业务,该等业务均在上海农工商集团练江总公司所在地安徽省境内的部分地区开展,其规模不足以对本公司的主营业务构成竞争。牛奶集团下属上海乳品三厂主要经营纯净水生产和销售业务,与本公司不存在同业竞争。

(二)避免同业竞争措施

1、牛奶集团与本公司于 2000 年 11 月签订的《不竞争协议》,牛奶集团承诺:不再直接或间接实施竞争产品的科学研究、开发新的竞争产品以及竞争产品的替代品、开展竞争业务、投资从事竞争业务的任何经济组织、代理他人从事竞争业务、作任何有关竞争产品或竞争业务的广告或其他任何形式的宣传,不再注册与竞争产品或竞争业务有关的商标、不再使用或许可第三方使用或转让其拥有的与竞争产品或竞争业务有关的商标。

2、上实食品向本公司出具的不竞争承诺函承诺:目前并未以任何方式直接或间接从事与本公司相竞争的业务,并未拥有从事与本公司可能产生同业竞争企业的任何股份、股权或在任何竞争企业有任何权益;将来不会以任何方式直接从事与本公司相竞争的业务,不会直接投资、收购竞争企业,亦不会以任何方式为竞争企业提供任何业务上的帮助。

3、依据国家工商行政管理局 1995 年 10 月 10 日颁布的[工商企字(1995)第 260 号],1997 年至 1998 年公司按中外合资企业享受所得税免税期间,不能对外投资。在这经营期间公司业务扩张及市场销售网络建设均通过牛奶集团公司对外投资完成,并委托本公司采取托管经营方式运行。为彻底避免同业竞争,本公司于 2000 年至 2001 年 3 月期间,全面完成对牛奶集团委托本公司经营的从事乳制品的相关企业和市场网络的收购。

二、关联方及关联方关系

根据中国证监会证监发[2001]41 号文的规定,本公司目前存在的关联方及关联关系如下:

(一)本公司股东

关联方	关联关系	法定代表人	注册资本
牛奶集团	本次发行前,持有本公司 40% 的股份	叶观年	50,576 万元
上实食品	本次发行前,持有本公司 40% 的股份	卓福民	1 美元
国资公司	本次发行前,持有本公司 5% 的股份	祝世寅	250,000 万元
大众交通	本次发行前,持有本公司 5% 的股份	杨国平	56,585.16 万元
东方希望	本次发行前,持有本公司 5% 的股份	刘永行	20,000 万元
达能亚洲	本次发行前,持有本公司 5% 的股份	伊盛盟(SIMON ISRAEL)	1,012,116,029 元新币

(二)上实食品的控股股东

上实控股。详细内容参见本招股说明书“发行人基本情况”。

(三)牛奶集团之控股子公司(本公司除外)

包括上海金牛经济发展有限公司等,详细内容参见本招股说明书“发行人股东基本情况”。

(四)本公司直接或间接控股的子公司

包括本公司直接控股的黑龙江光明、北京光明等 16 家子公司和间接控股的北京光明健康乳业销售有限公司、南京光明乳业销售有限公司等 9 家公司。详细内容参见本招股说明书“公司内部组织结构”。

(五)本公司之参股公司

上海源盛运输合作公司、江苏荷斯坦投资有限公司和光明乳业(德州)有限公司和上海新乳奶牛有限公司。详细内容参见本招股说明书“公司内部组织结构”。

(六)本公司关键管理人员、核心技术人员在其中任主要职务的其它企业

关联方	关联关系	主要产品或主要业务
上海实业医药科技集团有限公司	公司副董事长周杰任其董事总经理	生物医药投资
上实控股有限公司	公司副董事长周杰任其副总裁	实业投资、高新技术投资
上海盛基创业投资管理有限公司	公司副董事长周杰任其董事长	投资管理
上海国鑫投资发展有限公司	公司董事陈绍昌任执行董事兼总经理	实业投资.投资管理咨询.委托理财
上海大众科技创业股份有限公司	公司董事杨国平任其董事长	投资高新技术、海洋生物、新药、保健品、通讯等项目的研发
上海达能饼干有限公司	公司董事秦鹏任其董事长	饼干
江门达能饼干有限公司	同上	饼干
深圳达能益力泉饮品有限公司	同上	饮品
广州达能酸乳酪有限公司	同上	酸奶
唐山欧联豪门啤酒有限公司	同上	啤酒
武汉欧联东西湖啤酒有限公司	同上	啤酒

上海复星高科技(集团)有限公司　公司董事郭广昌任其董事长兼总经理 实业开发、生物制品、计算机等

三、关联交易

(一)近三年关联交易(商品交易)对财务状况和经营成果的影响

1、关联交易占同类业务的比例　　(单位:元)

关联交易金额及比例	1999 年度	2000 年	2001 年	2002 年 1-6 月
涉及销售的交易金额	484,677,884	581,394,850	113,201,204	38,128,804
占营业收入的比例	33.14%	25.50%	3.22%	2%
涉及采购的交易金额	317,074,681	438,033,478	171,500,850	62,716,220
占营业成本的比例	29.33%	27.62%	7.36%	4%

2、关联交易形成的原因

本公司系中外合资公司,根据工商局有关中外合资公司于免税期间不能对外投资的规定,在免税期间公司业务扩张及市场销售网络建设均通过牛奶集团公司对外投资完成,并由本公司托管经营。本报告期内,1999 年和 2000 年发生的商品关联交易均属于上述情形,但自本公司于 2000 年至 2001 年 3 月期间陆续完成对牛奶集团委托本公司经营的从事乳制品的相关企业和市场网络的收购后,与牛奶集团上述原因形成的关联交易基本上予以解决。本公司向牛奶集团租赁牧场形成的关联交易已按照有关企业准则如实披露。

3、近三年关联交易(商品)具体交易情况

本公司与关联方在 1999 年度、2000 年度、2001 年及 2002 年 1-6 月发生了如下重大关联交易:

(1)销售

	2002 年 1 至 6 月 人民币元	2001 年度 人民币元	2000 年度 人民币元	1999 年度 人民币元
上海牛奶(集团)下属牧场(注 2)	30,478,736	87,541,979	73,888,819	67,858,370
上海达能酸乳酪有限公司(注 1)	1,646,550	23,529,856	-	-
光明乳业(德州)有限公司	6,003,518	2,129,369	-	-
上海牛奶(集团)有限公司 下属销售公司(注)	-	-	436,314,347	337,966,290
武汉光明乳品有限公司(注 1)	-	-	18,413,353	-
西安光明乳品有限公司(注 1)	-	-	5,064,439	-
上海可的便利店有限公司(注 1)	-	-	23,718,131	46,575,925
上海乳品四厂(注 1)	-	-	9,570,635	8,292,082
上海乳品五厂(注 1)	-	-	13,143,741	18,893,430
其他企业	-	-	1,281,385	5,091,787
	38,128,804	113,201,204	581,394,850	484,677,884
占主营业务收入比例	2%	3%	26%	33%

关联方销售及采购交易的定价采用市场价、成本加价方法进行。

注 1:关联交易发生额系股权、资产收购前与之发生的交易。

注 2:公司自 2000 年 12 月 1 日起租赁经营这些牧场,租赁期限为 5 年。本会计报表 2002 年 1-6 月、2001 年度及 2000 年 12 月均未将与之进行销售、采购、经营牧场利润进行合并,故将其仍视为关联方进行披露。

(2)采购

	2002 年 1 至 6 月 人民币元	2001 年度 人民币元	2000 年度 人民币元	1999 年度 人民币元
上海牛奶(集团)有限公司 下属各牧场(注 2)	43,618,619	105,281,526	65,701,003	39,394,815
上海达能酸乳酪有限公司(注 1)	1,023,307	18,812,960	-	-
上海永安乳品有限公司(注 1)	-	17,900,620	52,656,530	40,138,574
北京光明健康乳业有限公司(注 1)	-	10,901,835	3,387,230	-
武汉光明乳品有限公司(注 1)	-	8,814,066	15,158,391	-
光明乳业(德州)有限公司	18,074,294	5,155,157	-	-
西安光明乳品有限公司(注 1)	-	4,634,686	7,335,414	-
上海乳品四厂(注 1)	-	-	127,912,719	65,667,373
上海乳品五厂(注 1)	-	-	83,088,090	124,903,713
黑龙江省光明松鹤乳品 有限责任公司(注 1)	-	-	78,368,541	42,720,013
其他企业	-	-	4,425,560	4,250,193
	62,716,220	171,500,850	438,033,478	317,074,681
占主营业务成本比例	4%	7%	28%	29%

(3)财产交易

	2002 年 1 至 6 月 人民币元	2001 年度 人民币元	2000 年度 人民币元	1999 年度 人民币元
购置资产-上海牛奶(集团)有限公司(注)	-	-	22,800,000	4,134,870
其他企业	-	-	-	931,736
合计	-	-	22,800,000	5,066,606
出售资产-上海牛奶(集团)有限公司	-	-	651,820	-

注:2000 年公司以现金人民币 22,800,000 元向牛奶集团购买原上海乳品五厂的净资产。与关联方的重大财产交易价格以评估价格为基准确定。

(4)融资

2001 年 5 月,上实管理(上海)有限公司以委托放款的形式向公司提供为期 1 年的贷款人民币 50,000,000 元,年利率为 5.85%,2002 年 5 月到期收回。2002 年 1 至 6 月及 2001 年度的利息费用分别为人民币 1,218,750 元及人民币 1,706,250 元。

2002 年 4 月、5 月,上实管理(上海)有限公司分别以委托放款的形式向公司提供为期 1 年的贷款人民币 50,000,000 元,总计人民币 100,000,000 元,年利率均为 5.31%。2002 年 1 至 6 月的利息费用为人民币 855,500 元。

2002年3月、4月,牛奶集团分别以委托放款的形式向公司提供为期1年的贷款人民币 70,000,000 元及 30,000,000 元,总计人民币 100,000,000 元,年利率分别为为 5.04% 及 5.31%。2002 年 1 至 6 月的利息费用为人民币 1,305,000 元。

(5)租赁费

	2002 年 1 至 6 月 人民币元	2001 年度 人民币元	2000 年度 人民币元	1999 年度 人民币元
上海牛奶(集团)有限公司 -房屋租赁	6,779,470	13,558,939	9,300,000	9,300,000

(6)费用

	2002 年 1 至 6 月 人民币元	2001 年度 人民币元	2000 年度 人民币元	1999 年度 人民币元
运输费用-上海源盛运输合作公司	4,553,647	12,595,111	-	-
广告费用-上海可的广告有限公司	-	-	1,314,910	21,602,488

(7)商标使用

自 2000 年 12 月开始上海乳品七厂使用本公司“申光”、“练江”牌商标用以奶及乳制品、奶粉的生产、销售,并按其审计后净销售额的 2.5% 支付商标使用费,2002 年 1 至 6 月、2001 年及 2000 年商标使用费为分别为人民币 33,750 元、人民币 474,560 元即 37,201 元。

(饮料)、水(饮料)的生产、销售,并按其审计后净销售额的 2.5% 支付商标使用费,2001 年和 2000 年商标使用费为人民币 71,750 元和人民币 5,516 元。

上海牛奶(集团)有限公司无偿使用本公司“SDC”牌商标。

本公司的子公司上海达能酸乳酪有限公司、上海达能保鲜乳制品有限公司无偿使用达能亚洲有限公司提供的部分“达能”商标和外观设计,使用期至 2011 年 9 月。

(8)债权债务往来情形

(8)债权债务往来情形

科目	关联方名称	2002 年 6 月 30 日 人民币元	2001 年 12 月 31 日 人民币元	2000 年 12 月 31 日 人民币元	1999 年 12 月 31 日 人民币元
应收账款	上海牛奶(集团)下属牧场(注)	13,150,126	19,156,310	6,548,107	4,569,072
	上海达能酸乳酪有限公司	-	6,793,894	-	-
	光明乳业(德州)有限公司	2,070,491	2,491,361	-	-
	上海牛奶(集团)有限公司				
	下属销售公司	-	-	23,443,795	73,299,915
	上海可的便利店有限公司	-	-	-	1,836,695
	上海乳品四厂	-	-	-	4,986,161
	上海乳品五厂	-	-	-	9,506,129
	其他企业	-	-	-	2,259,898
		15,220,617	28,441,565	29,991,902	96,457,870
占应收账款净额比例		5%	11%	15%	58%
其他应收款	上海牛奶(集团)下属牧场(注)	11,571,497	13,788,565	17,689,649	10,603,696
	上海牛奶(集团)有限公司	878,223	-	-	-
	西安光明乳品有限公司	-	-	2,000,000	-
	北京光明健康乳业有限公司	-	-	158,449	-
	黑龙江省明松鹤乳品有限责任公司	-	-	-	10,100,000
	其他企业	-	-	-	7,588,443
		12,449,720	13,788,565	19,848,098	28,292,139
占其他应收款净额比例		45%	31%	46%	69%
短期借款	上实管理(上海)有限公司	100,000,000	50,000,000		- -
	牛奶集团	100,000,000	-		- -
		200,000,000	50,000,000		- -
占短期借款比例		42%	17%	-	-
应付账款	上海牛奶(集团)下属牧场(注)	23,838,298	21,312,458	8,429,704	16,315,064
	光明乳业(德州)有限公司	1,434,443	5,825,328	-	-
	上海达能酸乳酪有限公司	-	3,417,098	-	-
	上海源盛运输合作公司	404,163,	1,372,336	-	-
	上海永安乳品有限公司	-	-	7,114,692	3,665,275
	武汉光明乳品有限公司	-	-	4,716,953	-
	上海可的广告有限公司	-	-	1,314,910	-
	上海乳品四厂	-	-	-	5,232,979
	上海乳品五厂	-	-	-	15,063,076
	上海乳品六厂	-	-	-	527,048
	黑龙江省光明松鹤乳品有限责任公司	-	-	-	9,414,709
	其他企业	-	-		-74,920
		25,676,904	31,927,220	21,576,259	50,293,071
占应付账款比例		8%	10%	13%	41%

注:系应收、应付上海牛奶(集团)下属牧场饲料款及生奶款。

科目	关联方名称	2002 年 6 月 30 日 人民币元	2001 年 12 月 31 日 人民币元	2000 年 12 月 31 日 人民币元	1999 年 12 月 31 日 人民币元
其他应付款	上海牛奶(集团)有限公司	-	70,668,515	130,445,872	40,291,115
	达能亚洲有限公司	7,704,149	-	-	-
	江苏荷斯坦奶牛投资有限公司	7,664,000	7,664,000	-	-
	上海金牛房地产有限公司	80,000	6,020,673	6,140,673	6,500,000
	西安光明乳业有限公司	-	-	3,716,032	
	上海乳品四厂	-	-	-	7,873,800
	上海乳品五厂	-	-	-	12,355,708
	上海可的广告有限公司	2,397,213	-	-	-
	其他企业	-	-	-	100,000
		17,845,362	84,353,188	140,305,577	67,120,623
占其他应付款比例		8%	40%	62%	59%
预收账款	上海乳品四厂	-	-	-	3,702,100
	上海乳品五厂	-	-	-	3,770,320
	其他企业	-	-	-	-
		-	-	-	7,472,420
占预收账款比例		0%	-	-	15%
一年内到期的					
长期负债	上海牛奶(集团)有限公司	5,500,000	5,500,000	7,000,000	5,500,000
占一年内到期的长期负债比例		42%	17%	48%	40%
长期应付款	上海牛奶(集团)有限公司	24,800,000	27,500,000	33,000,000	38,500,000
占长期应付款比例		96%	95%	96%	96%

应付上海牛奶(集团)有限公司 70,668,515 元已于 2002 年 3 月 8 日全部支付,且双方出具了确认书。

(9)股权转让

公司报告期内向其关联方上海(牛奶)集团有限公司及达能亚洲有限公司购买/出售股权详细情况如下:

购买股权 - 上海(牛奶)集团有限公司	股份比例	投资成本人民币元
2000 年度		
杭州光明乳业销售有限公司	92%	500,000
南京光明乳业销售有限公司	92%	500,000
西安光明乳业销售有限公司	92%	500,000
上海可的便利店有限公司	90%	18,515,855
上海乳品四厂有限公司	80%	7,251,627
黑龙江省光明松鹤乳品有限责任公司	51%	37,603,000
2001 年度		
北京光明健康乳业有限公司	63.83%	8,149,345
武汉光明乳品有限公司	60%	8,952,144
西安光明乳品有限公司	51%	2,257,900
上海永安乳品有限公司	50%	11,203,385

上述重大股权收购投资成本均以被收购企业收购日净资产的资产评估价值为依据而确定的。

购买股权 - 达能亚洲有限公司	股份比例	投资成本人民币元
2002 年 1 至 6 月		
上海达能保鲜乳制品有限公司	75%	1
上海达能酸乳酪有限公司	75%	1

上述股权收购以人民币 1 元、并承担上述公司的相关债务。

(10)牧场租赁

根据与上海牛奶(集团)有限公司签定的企业租赁经营框架协议,公司于 2000 年 12 月 1 日起租赁经营牛奶集团下属上海第一牧场一分场等牧场,详见附注 41(2)(a),租赁期限为 5 年,本公司支付租金采用出租企业利润分配的形式,即年租金为 534 万元人民币元;按租赁合同规定牧场超额的税后利润应归本公司享有,亏损由本公司承担。公司认为对其资产无控制权,故未视其为子公司,未列入合并报表范围。上述牧场 2000 年 12 月、2001 年度及 2002 年 1 至 6 月经营利润扣除应付牛奶集团的租赁费后,分别为人民币 26.2 万元(未经审计)、人民币 360 万元(未经审计)及人民币 592 万元(未经审计)。同时由于双方对上述牧场 2001 年度之前的利润审计尚未结束,双方尚未清算,故未列入当期损益。

公司于 2000 年 12 月、2001 年度及 2002 年 1 至 6 月应支付牛奶集团租赁费分别为人民币 44.5 万元、人民币 534 万元及人民币 267 万元,这些租赁费已在上述租赁牧场中列支。

公司与这些牧场发生的债权债务往来情况,详见附注 40(3)(g);公司与这些牧场 2001 年度发生的销售与采购情况,2000 年 12 月发生的销售与采购额分别是人民币 10,689,900 元、人民币 6,173,849 元。

(二)资产、股权收购及对外投资行为

股份公司成立前后,为减少与控股股东牛奶集团存在的关联交易和避免同业竞争,进行了如下收购行为,目前已完成产权交割手续。

1、2000 年 4 月 20 日,光明乳业及其下属上海光明乳业销售有限公司与牛奶集团签订股份转让协议,分别以人民币 10 万元和 40 万元收购其持有的西安光明乳品销售有限公司 20% 和 80% 的股份。该公司已于 2000 年 9 月办理相关变更手续,注册资本人民币 50 万元,由公司之控股子公司上海光明乳业销售有限公司持股 80%,公司持股 20%。

2、2000 年 5 月 28 日和 2000 年 6 月 30 日,光明乳业及其下属上海光明乳业销售有限公司与牛奶集团和上海可的食品公司分别就转让杭州光明销售有限公司、南京光明乳业销售有限公司签订了股份转让协议。公司分别以人民币 10 万元收购上海可的食品公司持有的杭州光明销售有限公司、南京光明乳业销售有限公司 20% 的股份,上海光明乳业销售有限公司分别以 37.5 万元和 2.5 万元收购牛奶集团和上海可的便利店有限公司持有的南京光明乳业销售有限公司 75% 和 5% 的股份。两公司已于 2000 年 9 月办理相关变更手续,注册资本 50 万元,由公司之控股子公司上海光明乳业销售有限公司持股 80%,公司持股 20%。

3、2000 年 6 月 15 日,与牛奶集团签订股份转让协议,以人民币 1,851.6 万元收购其持有的可的便利 90% 的股份,并于 2000 年 7 月 19 日全额支付了转让款。

4、2000 年 7 月 1 日,与牛奶集团签订协议,以人民币 2,280.2 万元购买其下属上海乳品五厂(包括乳品一厂)的部分优质资产,并于 2000 年 12 月付清了转让款。

5、2000 年 7 月 8 日,与牛奶集团签订股份转让协议,以人民币 725.2 万元收购其持有的乳品四厂 80% 的股份,本公司于同年 9 月 26 日全额支付了转让款。

6、2000 年 10 月,与牛奶集团签订股份转让协议,以人民币 3,760.63 万元收购其持有的黑龙江光明 51% 的股份。

7、2000 年 10 月 10 日,公司根据与牛奶集团签订《北京光明出资额转让协议》,以人民币 814.93 万元收购其持有的北京光明 63.83% 的股份

8、2000 年 11 月 22 日,公司依据与牛奶集团签订《西安光明出资额转让协议》,以人民币 225.79 万元收购其持有的西安光明 51% 的股份。

9、2000 年 11 月 22 日,公司根据与牛奶集团签订《武汉光明出资额转让协议》,以人民币 895.21 万元收购其持有的武汉光明 60% 的股份。

10、2000 年 11 月 22 日,依据与牛奶集团签订《永安乳品出资额转让协议》,以人民币 1,120.34 万元收购其持有的永安乳品 50% 的股份。

本公司于 2001 年 12 月 31 日前已全部支付了上述收购事宜应付的股权转让款。上述收购事项双方分别于 2002 年 2 月 5 日、6 日出具了股权转让款付款确认书。

除收购销售公司外,以上收购金额均以具有证券从业资格的资产评估师评估并经国有资产管理部门确认的评估结果为依据,并履行了必要的法定程序。

11、2001 年 7 月,公司以现金人民币 3500 万元对其直接控股企业黑龙江光明增资,并以人民币 1000 万元收购黑龙江省富裕乳品厂持有的黑龙江光明 1000 万元出资额。目前黑龙江光明注册资本增至人民币 10000 万元,公司持有的出资额比例从 51% 增至 78.15%,出资额数额从 3315 万元增至 7815 万元。并已完成法定变更手续。

12、2001 年 9 月 17 日,公司分别与达能亚洲有限公司、日尔维.达能公司签定《出资额转让协议》约定由发行人分别以人民币 1 元收购达能亚洲持有的上海达能酸乳酪有限公司 75% 出资额和日尔维.达能公司持有上海达能保鲜乳制品有限公司 75% 出资额。转让价格均为人民币壹元。该等协议于 2002 年 1 月 22 日获得上海市外国投资工作委员会的批准,有关产权交割和收购款项的支付已办理完毕,目前正在办理工商变更登记过程中。

13、根据公司一届七次董事会决议,出资 115 万元收购上海农工商集团新海总公司拥有的新海奶牛场经评估后的 1150 万元净资产中的 10%,收购完成后,该公司更名为上海新乳奶牛有限公司,并已于 2002 年 6 月 5 日登记注册,注册资本为 1150 万元,经营范围为鲜奶销售、奶牛饲养及销售、饲料加工及销售。

(三)担保

Danone France 为本公司之子公司上海达能酸乳酪有限公司提供借款担保,在 2002 年 6 月 30 日的担保金额为人民币 48,800,000 元。

(四)与关联方签订的合同

本公司已建立起独立完整的产、供、销生产经营系统和科研开发系统,拥有独立的生产经营环境。在以下方面与控股股东牛奶集团存在关联交易。

1、综合服务

本公司于 2000 年 11 月与牛奶集团签订《服务协议》,为保证股份公司的正常生产经营,牛奶集团同意向股份公司提供包括食堂、职工宿舍、通讯、房屋配套设施等服务,股份公司向牛奶集团支付服务费。服务费的支付应根据以下原则执行:A.服务费应该相等于国家价格或市场价格等条款 B.就服务而支付的市场价格应经双方协商后商定 C.对先前有适用国家价格的服务,如后来并无适用国家价格,则应适用市场价格,对先前适用市场价格的服务,如后来有适用的国家价格,则应适用国家价格。D.服务费可一次性或分期支付,付款时间应由双方参照有关服务及正常业务惯例决定。综合服务的具体内容如下:

服务种类	价格	支付方法	期限
食堂	相当于牛奶集团职工	股份公司职工自付	长期
职工宿舍	相当于牛奶集团职工	股份公司职工自付	长期
通讯	国家定价	股份公司支付	长期
房屋配套设施	国家定价或市场价格	股份公司支付	长期

另外,对于股份公司需要获得原来由第三方向牛奶集团提供的服务(如供水、供电、动力等),并且在一定时期内该等服务的接受方无法变更为股份公司,牛奶集团保证将以股份公司的名义完成取得该等服务所必须的手续或行动,并保证将代为收取股份公司依原有的接受服务的价格

支付的服务费并代替股份公司向提供服务的第三方全额支付该等服务费用。

2、企业租赁经营

本公司于2000年11月与牛奶集团签订《企业租赁经营框架协议》,作为股份公司的大股东,为确保股份公司的利益,牛奶集团承诺不从事与股份公司相竞争的业务,同意将其下属的从事与股份公司相同或相关联业务部分企业交由股份公司租赁经营,租赁期限为5年,租金的计算采用固定投资回报率,基数为双方确认的该等企业的有效净资产,年租赁费合计534万元,股份公司支付租金采用出租企业利润分配的形式,超额的税后利润应归股份公司享有,亏损由股份公司承担。租金的支付时间为每一会计年度结束之日起三个月内。同时,牛奶集团承诺,如果股份公司要求,其将按照公平、合理的商业条件将租赁企业的资产或权益转让予股份公司。租赁经营企业的具体情况如下:

企业名称	年租赁费(万元)
上海第一牧场一分场	63.42
上海第十一牧场叶榭分场	99.34
戬浜奶牛场	4.18
嘉西奶牛场	1.95
上海申星奶牛场	199.54
东风奶牛场	51.32
跃进奶牛场	40.37
七牧昆山联营场	8.48
七牧太仓分场	10.58
可的饲料厂	23
上海牛奶(集团)华德奶源分公司	31.82
合　计	534

3、办公用房租赁

本公司于2000年11月与牛奶集团签订《办公用房租赁协议》,股份公司为其办公需要,向牛奶集团租赁办公用房7,312平方米,租赁期限为3年,租金以市场价格为依据由双方协商确定,年租金为4,578,336.32元,于每月十日前的任一天由股份公司向出租方支付。租赁房产具体情况如下:

座落地址	房屋建筑面积(平方米)	年租金(万元)
枫林路251号	1,951	123.28
昌平路318号/江宁路645号	5,361	334.55
合计	7,312	457.83

依据公司与牛奶集团签署《办公用房租赁协议之补充协议》,将从2002年8月1日起租赁房产具体情况如下:

座落地址	房屋建筑面积(平方米)	年租金(元)
昌平路318号	2,304(包括相应的土地使用权)	1,438,060.03
合计	2,304	1,438,060.03

4、生产用房租赁

本公司于2000年11月与牛奶集团签订《生产用房租赁协议》,股份公司为其生产经营需要,向牛奶集团租赁生产用房92,966平方米,租赁期限5年,租金以市场价格为依据由双方协商确定,年租金8,980,602.55元,于每月十日前的任一天由股份公司向出租方支付。租赁房产具体情况如下:

座落地址	房屋建筑面积(平方米)	年租金(万元)
彭联路101号	14,238	143.56
沪太路塘桥北首	33,361	393.54
蕴川路1600号	18,543	238.14
场中路2995号	12,454	56.43
徐泾镇前明村	14,370	66.36
合　计	92,966	898.06

公司与牛奶集团签署《办公用房租赁协议之补充协议》,双方决定对原协议进行部分修改,将从2002年8月1日起租赁房产具体情况如下:

座落地址	房屋建筑面积(平方米)	年租金(元)
彭联路101号	11,310	1,412,493.00
沪太路塘桥北首	34,088.9	3,969,799.93
蕴川路1600号	26,787.9	2,771,564.61
徐泾镇前明村	14,370	651,104.70
合　计	86,556.8	8,804,962.24

5、商标许可

根据本公司于2000年11月与牛奶集团、北京光明、武汉光明、西安光明、乳品四厂、永安乳品、呼伦贝尔光明、上海乳品七厂、无锡光明、南京光明、黑龙江光明、上海乳品三厂签订《商标许可使用框架协议》,股份公司为进一步开拓市场,提高产品的市场占有率,更好地利用许可商标的品牌优势,愿意许可被许可人使用许可商标,许可商标的使用期限为10年,每一年的许可使用费为许可商品当年经审计净销售额的2.5%(牛奶集团为免费使用),由被许可人在每一年度结束以后三个月内向本公司一次性支付。商标许可使用的具体情况如下:

被许可人	与许可人关系	许可商标	许可范围
黑龙江光明	控股企业	光明	奶及乳制品
呼伦贝尔光明	控股企业	光明	奶及乳制品
无锡光明	控股企业	光明	奶及乳制品
南京光明	控股企业	光明	奶及乳制品
乳品四厂	控股企业	光明	奶及乳制品
北京光明	控股企业	光明	奶及乳制品
武汉光明	控股企业	光明	奶及乳制品
西安光明	控股企业	光明	奶及乳制品
永安乳品	控股企业	光明	奶及乳制品
上海乳品七厂	关联企业	申光、练江	奶及乳制品、奶粉
上海乳品三厂	关联企业	光明	矿泉水(饮料)、水(饮料)
牛奶集团	控股股东	SDC	无

"SDC"文字组合商标(上海市牛奶公司名称的英文缩写)于1995年2月7日由上海市牛奶公司注册(牛奶集团前身),注册号为"727888",注册于国家工商局商标局公布的"类似商品和服务区分表"第2907类,使用商品为奶及乳制品;1996年10月牛奶集团将此商标转让给本公司,同时本公司许可其继续无偿使用该商标。2000年11月本公司与牛奶集团及其部分下属企业签订《商标使用许可协议》,许可牛奶集团继续无偿使用该商标。同时,根据商标许可合同,牛奶集团使用"SDC"商标只能在其公开资料(包括名片、企业标志)中使用许可商标,不能将该商标用于生产经营活动。

"申光"商标于1993年5月14日由牛奶集团下属上海乳品七厂注册,注册号为"641294",注册于国家工商局商标局公布的"类似商品和服务区分表"第2907类,使用商品为奶及乳制品;1996年10月,上海乳品七厂将上述两个商标转让给本公司,同时本公司许可乳品七厂继续无偿使用该等商标。2000年11月本公司与牛奶集团及其部分下属企业签订《商标使用许可协议》,并按其审计后净销售额的2.5%支付商标费,许可上海乳品七厂有偿使用"练江"、"申光"乳制品商标。

"光明"饮用水商标于1999年11月6日由本公司注册,注册号为"1331808",注册于国家工商局商标局公布的"类似商品和服务区分表"第3202类,使用商品为"矿泉水(饮料)、汽水、无酒精饮料、茶饮料(水)、果汁饮料、苏打水、水(饮料)、豆奶、乳酸饮料(果制品,非奶)、果子粉"。1996年,牛奶集团下属乳品三厂由本公司托管经营,2000年11月本公司进行整体改制时,未对乳品三厂进行收购或通过其他方式控制经营权。同时2000年11月本公司与牛奶集团及其部分下属企业签订《商标使用许可协议》,并按其审计后净销售额的2.5%支付商标费,并规定不得将此件商标用于除矿泉水或水以外的其他任何产品的生产与销售。

上述商标许可除牛奶集团及其下属上海乳品七厂、上海乳品三厂外,都是本公司拥有实际控制权的控股子公司或本公司对其生产经营具有实际控制权的子公司。牛奶集团目前已不经营任何与乳业相关的业务,使用"SDC"主要是因为企业形象宣传的需要。上海乳品七厂生产规模小、产品销售区域集中在安徽歙县周边地区,因此其与本公司不产生冲突。上海乳品三厂主要生产桶装纯净水和桶装矿泉水,与本公司的主营业务不产生冲突。因此上述商标许可没有导致牛奶集团及其下属企业与本公司的主营业务产生实质性的同业竞争。

6、商标转让

光明乳业于1996年9月16日与牛奶集团签订《商标转让协议》,受让牛奶集团及其下属企业拥有的"光明"等著名商标,转让价款根据大华会计师事务所出具的华业字(96)第1001号评估报告及上海市资产评审中心出具的沪评审(1996)278号确认文件确定,共计6,000万元。该笔价款由受让人自1997年至2007年分11年支付,具体日期如下:A.受让人于1997年向转让人分两次(1月31日前及7月31日前)支付500万元;B.自1998年至2007年十年间,受让人每年向转让人分两次(1月31日前及7月31日前)支付550万元。截止2002年6月30日,该等商标转让款帐面余额为3,000万元。

(五)本次募股资金的运用涉及的关联交易

根据目前的安排,本次募股资金的运用不涉及关联交易。

(六)公司与外资股东之间的关联交易

本公司不存在对境外原材料供应商、境外技术服务依赖的情形;产品均在内中国大陆地区销售,没有依赖境外客户的情形。

公司目前股东中,上实控股和达能亚洲为境外法人。公司曾涉及到与上述两家境外法人股东之间的非正常关联交易有以下五笔:

1、2001年5月,上实管理(上海)有限公司以委托放款的形式向公司提供为期1年的贷款人民币50,000,000元,年利率为5.85%,2002年5月到期收回。

2、2002年4月、5月,上实管理(上海)有限公司分别以委托放款的形式向公司提供为期1年的贷款人民币50,000,000元,总计人民币100,000,000元,年利率为5.31%。

3、Danone France为公司子公司上海达能酸乳酪有限公司提供借款担保,在2002年6月30日的担保金额人民币48,800,000元。

4、2001年9月17日,公司分别与达能亚洲有限公司、日尔维.达能公司签定股权转让协议,向上述公司购买其在上海达能保鲜乳制品有限公司、上海达能酸乳酪有限公司75%的股权,转让价格均为人民币壹元。收购达能保鲜、达能酸乳酪有限公司已获得上海市外资委批准,目前收购款项已支付,产权交割办理完毕,正在办理工商变更登记手续之中。

5、达能亚洲许可本公司子公司上海达能保鲜乳制品有限公司、上海达能酸乳酪有限公司无偿使用部分"达能"商标和外观设计,使用期至2011年9月。

上述关联交易严格按照市场交易价格公平进行,没有通过上述关联交易损害本公司和本公司股东的权益。除此以外,本公司的业务和技术不依赖境外股东,也不存在商标、专利和专有技术方面的限制;也没有与境外股东签订有关市场分割方面的协议。

四、避免同业竞争和规范关联交易的制度安排

(一)公司章程对规范关联交易的安排

1、在本公司章程中规定:股东大会审议有关关联交易事项时,关联股东不应参与投票表决,其所代表的有表决权的股份数不计入有效表决总数;股东大会决议的公告应当充分披露非关联股东的表决情况。如有特殊情况关联股东无法回避时,公司在征得有权部门的同意后,可以按照正常程序进行表决,并在股东大会决议公告中作出详细说明。

关联股东不应当参与投票表决的关联交易事项的决议,应当根据规定由出席会议的有表决权的三分之二以上的股东表决通过,方可生效。

2、在本公司章程中规定:董事个人或者其所任职的其他企业直接或者间接与公司已有的或者计划中的合同、交易、安排有关联关系时(聘任合同除外),不论有关事项在一般情况下是否需要董事会批准同意,均应当尽快向董事会披露其关联关系的性质和程度。除非有关联关系的董事按照本条前款的要求向董事会作了披露,并且董事会在不将其计入法定人数,该董事亦未参加表决的会议上批准了该事项,公司有权撤销该合同、交易或者安排,但在对方是善意第三人的情况下除外。如果董事会需要对董事个人或其所任职的企业有关联关系的事项进行表决,该董事对该等事项没有表决权,且该董事不计入董事会法定人数,有关事项的决议经该董事以外的全体董事过半数通过。

(二)保护中小股东利益的其它安排

今后,本公司将尽量避免与关联企业发生关联交易。凡发生关联交易,将遵循市场公正、公平的原则进行,并严格按照有关规定公开披露。公司将严格按照中国证监会颁布的《在上市公司中建立独立董事制度的指导意见》要求,增加独立人数,创造良好的环境,全面行使独立董事对表决避免同业竞争和规范交易时的独立公平表决权。

六、发行人律师和主承销商对关联交易和同业竞争发表意见

1、公司律师认为:公司与关联方发生的关联交易均由发行人与有关方签订关联交易协议,有关交易条件和协议条款公平合理,定价采用市场、成本加价进行,不存在损害发行人及其他股东利益的内容,并已履行相关法定程序。涉关联交易均因正常业务和交易行为发生,没有发现损害发行人利益的不公平情形。在发行人完成对牛奶集团下属的部分企业出资额收购交易以后,该等交易的数量已经大幅度降低。本公司控股股东牛奶集团和上实食品及其控制的企业与本公司不存在同业竞争。

2、公司主承销商认为:本招股说明书概要已就关联方关系及关联交易进行了充分披露,目前未发现有损害发行人及中小股东利益的情形存在。公司章程关于关联交易的决策程序合法有效。本公司控股股东牛奶集团和上实食品及其控制的企业与本公司不存在同业竞争。

第九章　董事、监事、高级管理人员与核心技术人员

一、董事、监事、高级管理人员与核心技术人员简介

（一）董事

1、王佳芬，本公司董事长、总经理，女，1951年10月生，大学毕业，中共党员，高级经济师，被评为全国优秀企业家、上海市劳动模范。现任牛奶集团董事，曾任上海市星火农场五七连党支部副书记、副指导员，上海市星火农场党委副书记、工会主席，上海市芦潮港农场场长、党委副书记，上海市农场局工业外经处处长，牛奶集团董事长、总经理、党委副书记等职。

2、周杰，本公司副董事长，男，1967年12月生，中共党员。现任上海实业医药科技（集团）有限公司董事总经理、上实控股有限公司副行政总裁、上海盛基创业投资管理有限公司董事长等职。毕业于上海交通大学，获硕士学位。曾任上海万国证券有限公司投资银行部副总经理、上实资产经营有限公司董事长兼总经理等职。

3、叶观年，男，1950年1月生，中共党员，经济师。现任上海市农工商（集团）总公司总经济师，牛奶集团董事长等职。毕业于上海农学院农业经济管理专业干部专修班。曾任上海市芦潮港农场党委书记、副场长、上海市农场管理局计财处处长、国有资产经营管理部部长等职。

4、陈宝祥，男，1947年3月生，中共党员，高级政工师。现任牛奶集团党委书记、副董事长、总经理。大学毕业，曾任上海乳品用品厂党支部副书记、上海乳品二厂厂长、牛奶集团董事、副总经理等职。

5、沈伟家，男，1953年8月27日生，中共党员。现任上海三维生物技术有限公司常务副总裁。获复旦大学管理学院经济学博士学位、比利时鲁汶大学工商管理硕士。获授副教授职称。曾任复旦大学管理学院院长助理、MBA项目主任，上海市外高桥保税区联合发展有限公司总经理助理，上海市外高桥保税区三联发展有限公司党委书记、总经理等职。

6、季建忠，男，45岁。现任上实控股上海代表处财务总监，上实管理（上海）有限公司财务审计部主管。毕业于北京管理干部学院，获高级会计师职称。曾任浦东钢铁公司财务处处长。

7、陈绍昌，男，1948年4月9日生，中共党员，英国留学生、高级经济师。现任国资公司副总裁。大学本科。曾任中国银行上海分行副处长、中共上海市委办公厅副处长、中国银行伦敦分行银团部高级经理等职。

8、杨国平，男，1956年4月生，硕士，高级经济师。现任大众交通董事长兼总经理。曾任上海杨树浦煤气厂厂党委副书记、代书记，上海市公用事业管理局党办副主任、上海市出租汽车公司党委书记等职。

9、唐勇，男，1956年5月13日生，中共党员，讲师职称。现任东方希望集团及东方希望董事长助理、投资部部长。毕业于成都师专。曾任成都市粮食局金牛分局局长助理、成都大业投资股份有限公司总经理助理等职。

10、秦鹏，男，1955年10月20日生，法籍华裔，社会学硕士。现任达能集团中国区副总裁。曾任香港海大公司执行董事、亚太区公司发展部高级副总裁、东亚啤酒部首席执行官等职。

11、吕公良，本公司副总经理，男，1947年9月6日生，大学毕业，中共党员，经济师。曾任光明乳业副董事长、副总经理兼财务总监，上海乳品一厂厂长，上海市牛奶公司设备科科长，牛奶集团董事、副总经理等职。

12、张华富，本公司副总经理，男，1948年9月9日生，大学毕业，中共党员，助理经济师。曾任光明乳业董事、副总经理，江西省资溪县陈坊林场党委委员，上海第六牧场人事科负责人、场长，牛奶集团副总经理等职。

13、郭广昌，男，1967年2月16日生。现任上海复星高科技（集团）有限公司董事长、总经理。毕业于复旦大学哲学系，获硕士学位。曾任上海广信科技发展公司董事长、总经理，上海复星实业有限公司董事长、总经理等职。

（二）监事

1、曹福康，本公司监事长，男，1939年10月生，中共党员，高级经济师。现任上海实业（集团）有限公司董事、上实控股有限公司执行董事、上海上实（集团）有限公司副董事长、上实管理（上海）有限公司董事长。毕业于上海交通大学2701专业。曾任上海四方锅炉厂常务副厂长、上海石化通用机械公司副经理、市企业管理协会常务副秘书长、市经委技术开发处处长、市技监局副局长、市经委副总工程师、上海实业（集团）有限公司常务董事、党组成员、副总裁、工业板块董事长、总裁等职。

2、檀文耀，男，1946年11月生，中共党员，大专学历，会计师、注册会计师。现任牛奶集团资产总监。曾任上海牛奶公司乳品五厂财务科长，牛奶集团计财部副经理、审计部经理。

3、苏斌，男，1968年7月生，大专，助理畜牧师。现任本公司西北销售大区销售城市经理、工会副主席。曾任牛奶集团董事、团委书记。

（三）其他高级管理人员

1、林豪，本公司副总经理，男，1962年5月生，中共党员，学士。现任上海光明乳业股份有限公司常温事业部总经理，公司党委委员。毕业于上海复旦大学世界经济系。曾任复旦大学世界经济研究所助教，上海社会科学院《世界经济导报》编辑、记者，上海庄臣有限公司市场部副主任，香港开联置业有限公司经理，上海不凡帝糖果有限公司销售总监助理，广州喜之郎有限公司市场部经理，上海光明乳业股份有限公司市场总监等职。

2、郭本恒，本公司副总经理、技术中心总经理，男，1963年8月生，博士，曾任东北农业大学食品学院副院长、副教授，省重点学科带头人，农业部食品监督检验站（上海）站长，光明乳业新产品开发部经理，乳品培训研究中心主任、科技开发部经理、生产技术总监同时兼技术中心常务副主任、主任等职。郭博士的主要研究成果主要在生物活性物质及其应用、益生菌及其应用、功能性乳制品三方面，具体产品包括如酸奶、奶粉、液态奶、干酪等。最高获奖称呼是：99年全国星火计划带头人标兵。目前作为农口的唯一代表正在申报上海科技精英（共十名）。他所在的团队多次获上海农工商先进团队、突击队等称号。郭博士现兼任中国食品科技学会副理事长、上海食品学会理事、乳品专业委员会主任、中国畜产学会副理事长等职；共发表论文91篇，6篇被英、俄杂志摘录，获各类论文奖8次，通过省级鉴定项目5项，公开出版专著2部，主编4部，主审1部，参编和参评著作3部。

3、朱建毅，本公司董事会秘书，男，1954年3月生，中共党员，大专中文专业毕业，受训于上海大学法学院律师班。政工师，执业律师。现任本公司秘书长、行政总监、法律事务部经理、纪委书记。曾任牛奶集团党委委员、宣传科长、法律事务部经理等职。

4、章国政，本公司财务总监，男，1965年4月生，厦门大学会计系经济学学士，中国注册会计师协会（CICPA）会员，2001年4月起任本公司审计部总监，2002年3月被公司董事会聘任为财务总监。曾任上海财经大学会计系教师、泰国正大集团易初工业集团总部高级经理、洛阳北方易初摩托车有限公司财务会计部经理、上海日升石膏有限公司财务会计部经理、上海易初日精有限公司负责公司财务会计及营销工作的副总经理等职务。

（四）核心技术人员

1、郭本恒，简历见前述高级管理人员介绍。

2、陆耀华，本公司奶牛事业部总经理，男，1965年2月生，农学士，高级畜牧师，曾任上海市奶牛研究所技术员、所长，上海奶牛育种中心主任，光明乳业总经理助理、奶牛部经理等职。其开创了中国最大的DHI（生产性能测定、牛群改良）项目，2000年获得全国农牧渔业丰收奖三等奖，上海市良种牛及配套增产技术——奶牛项目第三名。

3、张少辉，本公司技术中心首席研究员，男，1965年7月生，博士，曾在解放军农牧大学从事教学工作，供职于日本Tanishow食品开发研究所，任开发部长代理，主要从事饮料的开发与研究。

4、蒋能群，本公司技术中心基础研究项目组高级项目经理，女，1973年12月生，博士。其主要从事分子生物学、转基因动物及益生菌的研究。曾经发现一条新基因，建立了转基因小鼠模型，有数篇论文发表在国家核心期刊上，有一篇论文被EI（国际工程学文摘，中国仅有少数几本期刊被收入）收录。另外还获得过医学领域内的商业策划大赛优胜奖。

5、吴昊，本公司技术中心酸奶项目经理，女，1973年10月生，硕士，吴小姐的主要工作成果主要在芦荟酸奶、黄桃果粒酸奶、草莓果粒酸奶、酸奶小超人及超人酸奶棒新产品。其获得的奖项主要包括：2000年度荣获上海市农口系统优秀党员，2000年度荣获上海市农工商系统新长征突击手，2000年度荣获上海市农工商系统"三八红旗手"，2000年度荣获上海光明乳业先进员工。

6、龚广予，本公司技术中心液态奶项目经理，男，1972年11月生，硕士，其主要负责开发了光明超高温高钙奶、光明高钙奶、光明特浓鲜奶、健能益菌奶、低脂高钙奶、光明高铁奶等新产品，发表了《钙与补钙》、《高钙奶的研制》、《乳铁蛋白的生理功能》、《低乳糖奶的研制》等论文，1999年被评为上海市科技先进工作者。

上述人员除董事秦鹏先生外，均为中国国籍，无境外永久居留权，相互之间不存在配偶关系、三代以内直系亲属和旁系亲属关系。截至本招股说明书签署之日，上述人员及其亲属未直接或间接持有本公司股份；且上述人员未持有本公司关联企业股份。

二、上述人员在公司股东、股东控制的单位、本公司控制的单位、同行业其他单位任职情况

姓　名	任职情况
王佳芬	上海光明乳业销售有限公司、上海邀请电子商务有限公司、可的便利、上海达能酸乳酪有限公司、上海达能保鲜乳制品有限公司董事长
叶观年	牛奶集团董事长
陈宝祥	牛奶集团总经理
陈绍昌	国资公司副总裁
杨国平	大众交通董事长兼总经理
唐　勇	东方希望董事长助理
秦　鹏	达能亚洲副总裁，上海达能饼干有限公司、江门达能饼干有限公司、广州达能酸乳酪有限公司、深圳达能益力泉饮品有限公司、唐山欧联豪门啤酒有限公司、武汉欧联东西湖啤酒有限公司董事长
吕公良	北京光明健康乳业、北京光明健能乳业、西安光明董事长，黑龙江光明、上海邀请电子商务有限公司副董事长，可的便利董事
张华富	武汉光明、南京光明、永安乳品、乳品四厂、广州光明、光明乳业（泾阳）董事长，无锡光明、呼伦贝尔光明副董事长，上海邀请电子商务有限公司董事
檀文耀	牛奶集团资产总监
林　豪	黑龙江光明、上海邀请电子商务有限公司董事
陆耀华	江苏荷斯坦投资有限公司副董事长

其他人员不在公司股东、股东控制的单位、本公司控制的单位、同行业其他单位任职。公司高级管理人员、核心技术人员专职在公司工作并领取薪酬。

第十章　公司治理结构

本公司于2000年11月13日召开创立大会，通过了公司章程，选举了公司董事会、监事会成员；2000年11月20日召开2000年度第一次临时股东大会，通过了公司章程（修订本），对公司股东大会、董事会和监事会的职权和议事规则进行了具体规定，从而建立了符合上市公司要求的法人治理结构。

一、独立董事及其发挥作用情况

目前本公司董事会中有一名独立董事，独立董事占本公司董事总数的7.7%。独立董事通过以下几种方式发挥作用：参加股东大会和董事会会议，参与董事会各项表决，并对重要关联合同及可能会影响投资者利益的事项等提出独立意见。

郭广昌，男，1967年2月16日生。现任上海复星高科技（集团）有限公司董事长、总经理。毕业于复旦大学哲学系，获硕士学位。曾任上海广信科技发展公司董事长、总经理，上海复星实业有限公司董事长、总经理等职。2000年11月选聘为本公司独立董事。公司全体股东和董事会认为独立董事对公司重大事项和关联交易事项的决策发挥了的作用。相信随着公司法人治理结构的不断完善和优化，尤其是股票发行以后，独立董事能更好地发挥作用，本公司也将尽力为其发挥作用提供良好的机制环境和工作条件。

二、关于公司股东、股东大会

按照公司章程的规定，公司股东享有依照其所持有的股份份额获得股利和其他形式的利益分配等《公司法》规定的权利。

公司章程规定股东大会是公司的权力机构，依法行使决定公司经营方针和投资计划；选举和更换董事，决定有关董事的报酬事项；选举和更换由股东代表出任的监事，决定有关监事的报酬事项；审议批准公司的年度财务预算方案、决算方案；审议批准公司的利润分配方案和弥补亏损方案；对公司增加或减少注册资本作出决议；对发行公司债券作出决议；对公司合并、分立、解散和清算等事项作出决议；修改公司章程等《公司法》规定的权利。

三、关于公司董事会

公司章程规定公司设董事会，对股东大会负责。董事会由十三名董事组成，设董事长一人，副董事长一人。公司董事为自然人。

董事会负责召集股东大会，并向大会报告工作；执行股东大会的决议；决定公司的经营计划等《公司法》规定的权利。

金额不超过公司最近经审计净资产百分之十的投资、收购或出售资产、担保、借贷以及其他资产处置事项（关联交易按上市规则的相关规定办理）的一般性投资，在经组织有关专家、专业人员评审后，经董事会批准实施。

四、关于监事会

公司设监事会，由三名监事组成，设监事长一名。

监事会有权检查公司的财务；对董事、总经理和其他高级管理人员执行公司职务时违反法律、法规或者章程的行为进行监督；当董事、总经理和其他高级管理人员的行为损害公司的利益时，要求其予以纠正，必要时向股东大会或国家有关主管机关报告；提议召开临时股东大会；列席董事会会议；享有公司章程规定或股东大会授予的其他职权。

监事会行使职权时，必要时可以聘请律师事务所、会计事务所等专业性机构给予帮助，由此

发生的费用由公司承担。

五、高级管理人员的选择、考评、激励和约束机制

选择机制:《公司章程》规定,由董事会聘任或者解聘公司总经理、董事会秘书;根据总经理的提名,聘任或者解聘公司副总经理、财务负责人等高级管理人员,并决定其报酬事项和奖惩事项。

考评机制:由董事会按照经股东大会批准的《公司年度经营计划与预算报告》所确定的经营目标与高管人员签定的《年度经营业绩合同》具体规定的业绩和履职情况进行考评。

激励机制:实行年薪制,由基薪、年度经营奖励、额外奖励组成。年度经营奖励根据经营业绩目标完成情况确定,超额完成经营目标,可获得额外奖励。公司适时将实施对高管经营层的期股期权的激励机制。

约束机制:公司通过章程、《劳动合同》以及其他财务人事管理等内部管理制度,对高管人员的行为、权限、职责等作了相应的约束。

六、公司财务负责人的变动情况

根据2001年9月17日的公司董事会决议,聘任王家谱先生为公司财务负责人(财务总监),公司副总经理吕公良先生不再兼任公司财务负责人。根据2002年3月4日的公司董事会决议,聘任章国政先生为公司财务总监,王家谱先生不再担任财务总监之职。

七、管理层和核心技术人员诚信义务的限制性规定

公司章程规定董事应当遵守法律、法规和公司章程的规定,忠实履行职责,维护公司利益。董事应当谨慎、认真、勤勉地行使公司所赋予的权利。

有关董事义务的规定,适用于公司监事、总经理、其他高级管理人员和核心技术人员。

八、重大生产经营、重大投资及重要财务等决策程序和规则

(一)重大生产经营、重大投资决策的程序与规则

公司重大投资的决策程序和规则主要依据公司章程、董事会工作条例、董事会决议和公司内部管理规章的规定进行。《公司章程》规定,由股东大会决定公司经营方针和投资计划。金额不超过公司最近经审计净资产百分之十的投资、收购或出售资产、担保、借贷以及其他资产处置事项(关联交易按上市规则的相关规定办理)经董事会批准实施。

根据公司董事会关于授权总经理行使董事会部分职权的决议,董事会授权总经理决定从事资金、资产的运用、处置等经营性业务活动(关联交易除外),其金额在该等活动发生当时公司净资产的百分之五(5%)以下(包括本数)并且列入公司当年度财务预算的,由总经理全权决定并代表公司签订有关经济合同;其金额在该等活动发生当时公司净资产的百分之五(5%)以上(不包括本数)、百分之十(10%)以下(不包括本数)并且列入公司当年度财务预算的,由总经理报公司董事会决定,待董事会作出相关决议后由总经理负责实施。从事未列入公司当年度财务预算的经营性业务活动(关联交易除外),其单项金额在人民币3000万元以下或在一年以内累计金额在人民币7000万元以下的,由总经理全权决定并代表公司签订有关经济合同。超过该等限额的,由总经理制订方案报公司董事会决定,待董事会作出相关决议后由总经理负责实施。公司在中国境内设立不具有独立法人资格的分支机构,由总经理全权决定。公司在中国境外设立不具有独立法人资格的分支机构,由总经理制订方案报董事会决定,待董事会作出相关决议后由总经理负责实施。

(二)重要财务决策的程序与规则

公司关于重要财务决策的程序和规则主要依据公司章程、董事会决议和公司内部管理规章的规定进行。

《公司章程》规定,由股东大会审议批准公司的年度财务预算方案、决算方案;审议批准公司的利润分配方案和弥补亏损方案;对公司增加或者减少注册资本作出决议;对发行公司债券作出决议等。由董事会制订公司的年度财务预算方案、决算方案;制订公司的利润分配方案和弥补亏损方案;制订公司增加或者减少注册资本、发行债券或其他证券及上市方案;拟订公司重大收购、回购本公司股票或者合并、分立和解散方案;在股东大会授权范围内,决定公司的资产处置事项等。由总经理组织实施董事会决议、公司年度计划和投资方案。

九、其他内部控制制度

本公司于1998年9月通过中国方圆标志认证委员会质量认证中心ISO9002标准质量体系认证,为此,公司制定了行之有效、完全符合ISO9002标准质量体系的研发、生产、服务的内部控制制度。

2000年,公司ERP(企业资源计划管理)系统正式启动,通过实行企业经营运作一体化,企业各级财务、生产、物流和销售管理业务数据一次生成,流程处理和业务数据标准化,实现企业数据共享。通过实施ERP系统,对企业内部资源进行优化管理,重组业务流程,全面提高各部门的管理水平,以适应公司的快速发展。

2001年本公司为提高统计工作的质量采取了一系列措施,包括:制定切实有效的考核机制和奖惩机制,选拔业务素质较强的人员担任此项工作;对ERP系统二次开发,满足统计口径需求;加强制度建设,针对统计岗位的特殊性,制订岗位责任制,明确责、权、利;加强业务人员的培训。2002年3月,市统计局对公司进行2001年度统计工作例行检查,充分肯定了公司的2001年度的统计工作和统计信息质量。公司将在此基础上强化上述措施的实施力度,进一步做好统计工作。

十、公司管理层评价

本公司已建立了完整的、适应自身运营及管理特性的各项政策和程序,覆盖了公司运营活动的各个环节和层面,并始终得以有效执行。公司管理层认为,公司的内部控制制度具备了完整性、合理性和有效性。同时,随着公司的发展和管理需求的提升,公司将进一步健全和完善内部控制制度。

第十一章 财务会计信息

第一节 主要财务资料

一、会计报表编制的基础和注册会计师的审计意见

(一)会计报表编制的基础

本公司1999年12月31日、2000年12月31日、2001年12月31日、2002年6月30日的母公司及合并的资产负债表;1999年、2000年、2001年度及2002年1至6月的母公司及合并的利润表和2001年度及2002年1至6月的母公司及合并的现金流量表均按《企业会计准则》、《企业会计制度》编制。

(二)会计制度

本公司执行《企业会计准则》和《企业会计制度》。在变更为股份有限公司前执行《中华人民共和国外商投资企业会计制度》,2000年11月17日改组为股份有限公司后执行《股份有限公司会计制度》,本会计报表假设股份公司架构从1999年1月1日起一直存在,为了使本会计报表所列示的三个年度又一期的会计政策一致,对1999年、2000年、2001年及2002年1至6月的会计报表依据《企业会计制度》及其他相关规定,对公司原实际未采用的会计政策采用追溯法进行相应调整。

本公司已聘请德勤华永会计师事务所对本公司1999年12月31日、2000年12月31日、2001年12月31日及2002年6月30日母公司及合并的资产负债表,1999年度、2000年度、2001年度及2002年1至6月母公司及合并利润和利润分配表以及2001年度、2002年1至6月母公司及合并现金流量表进行了审计。会计师事务所均出具了标准无保留意见的审计报告[德师报(审)字(02)第P0628号]。

以下引用的财务数据,非经特别说明,均引自经审计的合并会计报表及附注或根据其中数据计算所得。

投资者在阅读本章时,除关注本章所披露的财务信息外,还应关注财务报表附注中的期后事项、重大关联交易、或有事项及其他重要事项。

二、合并会计报表范围及变化情况

(一)合并范围确定原则

合并会计报表合并了公司及其所控制的境内所有子公司的年度会计报表。子公司是指公司通过直接或直接加间接拥有其50%以上权益性资本的被投资企业;或是公司通过其他方法对其经营活动能够实施控制的被投资企业。

(二)合并所采用的会计方法

当子公司所采用的会计政策与股份公司不一致时,合并时已按照股份公司的会计政策对子公司会计报表进行必要的调整。子公司在收购日生效后的经营成果已适当地包括在合并利润表中。公司与子公司及子公司相互之间的所有重大帐目及交易已于合并时冲销。少数股东所占的权益和损益,作为单独项目列示于合并会计报表内。

(三)纳入合并范围的控股子公司

(三)纳入合并范围的控股子公司

子公司名称	币种	注册资本人民币千元	公司直接所持股份(%)	通过子公司所持股份(%)	占有效权益(%)	主营业务范围	收购日或成立日
呼伦贝尔光明乳品有限责任公司	人民币	11,600	51	-	51	奶粉加工、销售	1996.10
上海光明乳业销售有限公司	人民币	20,000	90	-	90	食品批发、实业投资	2000.02
上海邀请电子商务有限公司	人民币	30,000	70	-	70	网站开发、经营和服务	2000.04
无锡光明乳品有限公司	人民币	10,000	51	-	51	乳品加工、销售	2000.05
上海可的便利店有限公司	人民币	20,000	90	-	90	商品零售	2000.10
上海乳品四厂有限公司	人民币	9,065	80	-	80	乳品加工、销售	2000.10
南京光明乳品有限公司	人民币	15,000	95	-	95	乳品加工、销售	2000.10
黑龙江省光明松鹤乳品有限责任公司	人民币	100,000	78	-	78	奶粉加工、销售	2000.11
北京光明健康乳业有限公司	人民币	25,400	80	-	80	乳品加工、销售	2001.02
武汉光明乳品有限公司	人民币	18,000	60	-	60	乳品加工、销售	2001.02
西安光明乳品有限公司	人民币	8,800	51	-	51	乳品加工、销售	2001.02
上海永安乳品有限公司(注)	美元	2,500	50	-	50	乳品加工、销售	2001.02
广州光明乳品有限公司	人民币	20,000	90	10	99	乳品加工、销售	2002.01
上海达能保鲜制品有限公司	美元	9,000	75	-	75	乳品加工、销售	2002.01
上海达能酸乳酪有限公司	美元	4,350	75	-	75	乳品加工、销售	2002.01
光明乳业(泾阳)有限公司	人民币	20,000	90	10	99	乳品加工、销售	2002.03
北京光明健康乳业销售有限公司	人民币	500	20	80	92	乳品批发、销售	2000.05
杭州光明乳业销售有限公司	人民币	500	20	80	92	乳品批发、销售	2000.06
合肥光明乳业销售有限公司	人民币	500	20	80	92	乳品批发、销售	2000.06
武汉光明乳业销售有限公司	人民币	500	20	80	92	乳品批发、销售	2000.08
西安光明乳业销售有限公司	人民币	500	20	80	92	乳品批发、销售	2000.09
南京光明乳业销售有限公司	人民币	500	20	80	92	乳品批发、销售	2000.09
杭州可的便利店有限公司	人民币	500	-	100	91	商品零售	2000.10
苏州可的便利店有限公司	人民币	500	-	75	68	商品零售	2000.10
上海可的森淼便利店有限公司	人民币	500	-	90	81	商品零售	2000.10
昆山可的便利店有限公司	人民币	500	-	75	68	商品零售	2000.10
无锡可的便利店有限公司	人民币	500	-	90	90	商品零售	2000.10
富裕县金鹤储运有限公司	人民币	1,000	-	51	40	货物仓储、运输	2000.11
广州光明乳业销售有限公司	人民币	1,010	20	80	92	乳品批发销售	2001.10
济南光明乳业销售有限公司	人民币	500	20	80	92	乳品批发销售	2001.12
上海可的宜川便利店有限公司	人民币	1,000	-	49	44	乳品批发销售	2002.01
北京光明健能乳业有限公司	人民币	20,000	40	60	88	乳品批发销售	2002.03

注:公司对其财务和经营有控制权。

原公司投资之子公司重庆光明乳品厂于1997年初已关停,并于2000年6月转让其股权,故一直未纳入合并报表。(1994年10月14日上海市牛奶公司与重庆市陪都事业总公司联合出资建立,1996年9月16日以其占有的重庆光明乳品厂51%股权251.65万元作为投资投入上海光明乳业有限公司。由于以下四个原因致使企业连年亏损:(1)生奶收购量不能保证;(2)生奶质量低劣,主要指标大大低于国家标准,且屡有掺假行为。(3)已明确由当地政府解决的老债务,未得到落实,严重影响企业的生产、经营活动。(4)当地水质差、杂质多,且经常发生停电现象,使生产受到极大影响。截止1996年12月31日,重庆光明乳品厂累计亏损193万元;帐面总资产679万元,负债总额530万元,所有者权益149万元。重庆光明乳品于1997年5月26日召开董事会,决定停止该厂的产品生产,处理该厂的债权和债务。光明乳业与上海牛奶(集团)有限公司于2000年6月10日签订了资产转让协议书,将光明乳业在重庆光明拥有的51%股份以1元的价格转让给集团公司。按会计原则,会计师追溯调整了96年光明乳业有限责任公司未分配利润数,调减净资产值251.65万元,对公司三年又一期的利润不发生影响。)

(四)报告期内子公司增减变化

报告期内公司因购买股权而直接或间接增加的子公司:

子公司名称	购买日
杭州光明乳业销售有限公司	2000.06
西安光明乳业销售有限公司	2000.09
南京光明乳业销售有限公司	2000.09
上海可的便利店有限公司(注1)	2000.10
杭州可的便利店有限公司	2000.10
苏州可的便利店有限公司	2000.10
上海可的森森便利店有限公司	2000.10
昆山可的便利店有限公司	2000.10
无锡可的便利店有限公司	2000.10
上海乳品四厂有限公司(注1)	2000.10
北京光明健康乳业有限公司(注1)	2000.10

黑龙江省光明松鹤乳品有限责任公司(注 1)	2000.11
富裕县金鹤储运有限公司(注 1)	2000.11
武汉光明乳品有限公司(注 2)	2001.02
西安光明乳品有限公司(注 2)	2001.02
上海永安乳品有限公司(注 2)	2001.02
上海达能保鲜乳制品有限公司(注 3)	2002.01
上海达能酸乳酪有限公司(注 3)	2002.01

上述购买日以被购买企业对净资产和经营的控制权实际上转让给购买公司的日期来确定。相关的产权变更手续均已于购买日完成。

注 1:2000 年度,因收购子公司所支付的现金成本与收购日所享有净资产份额之差异为股权投资差额,计人民币 4,934,552 元,已摊销计入 2000 年度损益。

注 2:2001 年度,收购子公司所支付的现金成本与收购日所享有净资产份额之差额为股权投资差额,计人民币 915,935 元,已摊销计入 2001 年度损益。

注 3:2002 年 1 至 6 月,收购子公司所支付的现金成本与收购日所享有净资产份额之差额为股权投资差额,计人民币 7,099,139 元,已摊销计入 2002 年 1 至 6 月损益人民币 709,914 元。

注 4:公司于 2001 年 3 月购买了北京光明 63.83% 的股权,西安光明 51% 的股权,武汉光明 60% 的股权,永安乳品 50% 的股权。收购的目的主要在于战略考虑。在收购前公司的主要市场在华东,为了扩大市场份额,公司需要在华北、华中和中国西部拥有自己的工厂,这样可以直接在消费者所在地生产和供应保鲜奶制品,提高竞争能力,在扩大销售额的同时,提高公司的盈利水平。收购上海上海永安乳品有限公司的主要目的是增加公司在上海地区的瓶袋奶生产能力,进一步扩大上海地区的销售额。

北京光明 2001 年实现销售额 8,468 万元,净利润 164 万元,2001 年 12 月 31 日总资产 4,786 万元,资产负债率 73%。武汉光明 2001 年实现销售额 6,175 万元,净利润 142 万元,2001 年 12 月 31 日总资产 3,818 万元,资产负债率 57%。西安光明 2001 年实现销售额 3,691 万元,净利润 144 万元,2001 年 12 月 31 日总资产 1,751 万元,资产负债率 70%。永安乳品 2001 年实现销售额 12,984 万元,净利润 538 万元,2001 年 12 月 31 日总资产 4,176 万元,资产负债率 38%.

2.报告期内公司设立的子公司

子公司名称	成立日
上海光明乳业销售有限公司	2000.02
上海邀请电子商务有限公司	2000.04
无锡光明乳品有限公司	2000.05
北京光明乳业销售有限公司	2000.05
合肥光明乳业销售有限公司	2000.06
武汉光明乳业销售有限公司	2000.08
南京光明乳品有限公司	2000.10
广州光明乳业销售有限公司	2001.10
济南光明乳业销售有限公司	2001.12
上海可的宜川便利店有限公司	2002.01
广州光明乳品有限公司	2002.01
光明乳业(泾阳)有限公司	2002.03
北京光明健能乳业有限公司	2002.03

报告期内子公司股权的变动情况:

2001 年 7 月,本公司以现金人民币 3,500 万对黑龙江省光明松鹤乳品有限责任公司进行增资,并以人民币 1,000 万元的价格向黑龙江富裕乳品厂购买其持有的黑龙江省光明松鹤乳品有限责任公司 10% 的股权。因此黑龙江省光明松鹤乳品有限责任公司的注册资本增至人民币 1 亿元,公司所持股权比例由 51% 增至 78.15%。由此而产生股权投资差额为人民币 926,130 元,已计入 2001 年度损益。

2002 年 2 月,本公司以现金 1,130 万元对北京光明健能乳业有限公司进行增资,增资后,北京光明健康乳业有限公司的注册资本变为人民币 2,540 万元,公司所持股权比例由 64% 增至 80%。

3.联营公司增减变化情况

本公司原拥有联营企业 - 上海东申天然矿泉水公司 24% 的股份,已于 2000 年 6 月 8 日将该股份转让。

本公司于 2000 年 12 月投资人民币 340,000 元成立上海源盛运输合作公司,占该公司注册资本的 34%。

本公司于 2001 年 3 月投资现金人民币 9,000,000 元以及养牛技术作价人民币 1,000,000 元与江苏兴澄集团公司合资成立江苏荷斯坦奶牛投资有限公司,占该公司注册资本的 20%。该联营公司注册资本为人民币 50,000,000 元,公司实际投资成本占注册资本的 18%。

4.参股公司

本公司于 2001 年 9 月以乳品生产技术作价人民币 166.7 万元作为投资与德州天恩牧业有限责任公司合资成立光明乳业(德州)有限公司,占该公司注册资本的 10%。该公司注册资本为人民币 16,670,000 元。

本公司于 2002 年 6 月出资 115 万元与上海牛奶集团有限公司、上海农工商集团新海总公司合资成立上海新乳奶牛有限公司,占该公司注册资本的 10%。该公司注册资本为人民币 11,500,000 元。

三、简要会计报表

本公司的简要合并报表反映了本公司的基本财务状况、经营成果和现金流情况,若想了解有关详细情况,请参见本招股说明书附录一"审计报告"。

(一)简要合并利润表

项　　目	2002 年 1 - 6 月 合并	2001 年度 合并	2000 年度 合并	1999 年度 合并
一、主营业务收入	2,300,266,615	3,520,210,605	2,279,828,659	1,462,719,208
减:主营业务成本	1,449,323,295	2,330,276,109	1,585,880,520	1,081,119,281
主营业务税金及附加	4,004,902	6,913,532	1,128,572	169,076
二、主营业务利润	846,938,418	1,183,020,964	692,819,567	381,430,851
加:其他业务利润	4,431,655	15,262,087	4,259,154	468,431
减:营业费用	557,080,369	754,451,064	384,845,504	217,188,607
管理费用	123,585,874	209,945,553	163,440,040	77,107,698
财务费用	13,978,748	9,928,035	-2,858,446	-7,153,989
三、营业利润	156,725,082	223,958,399	151,651,623	94,756,966
加:投资收益	-100,411	7,181,507	-12,421,430	-
补贴收入	5,658,404	17,026,779	8,474,814	11,159,935
营业外收入	1,246,326	1,468,938	1,266,919	338,671
减:营业外支出	2,614,604	28,630,694	19,215,163	15,575,060
四、利润总额	160,914,797	221,004,929	129,756,763	90,680,512
减:所得税	59,823,722	46,836,356	24,079,077	12,600,000
少数股东损益	5,545,769	11,261,954	1,442,507	1,164,366
五、净利润	95,546,306	162,906,619	104,235,179	76,916,146
加:年初未分配利润		40,728	105,592,005	36,078,471
六、可供分配的利润	95,545,306	162,947,347	209,827,184	112,994,617
减:提取法定盈余公积金	11,260,644	20,546,189	957,338	-
提取法定公益金	10,407,588	18,418,426	957,338	-
提取职工奖励及福利基金			4,027,646	3,701,306
提取储备基金			2,013,823	1,850,653
提取企业发展基金			2,013,823	1,850,653
七、可供股东分配的利润	73,877,074	123,982,732	199,857,216	105,592,005
减:提取任意盈余公积金		-	-	-
应付普通股股利	73,483,310	123,982,732	199,816,488	-
八、未分配利润	393,764		40,728	105,592,005

(二)简要合并资产负债表

项　　目 资　　产	2002.06.30 合并	2001.12.31 合并	2000.12.31 合并	1999.12.31 合并
货币资金	441,757,588	413,656,370	436,170,311	334,069,499
短期投资		793,660	-	-
应收账款	315,121,227	249,928,038	197,082,694	166,608,424
其他应收款	27,704,473	44,905,576	43,465,615	41,102,728
预付账款	4,294,217	1,688,834	1,377,828	7,298,006
存货	242,706,769	234,430,632	199,091,800	119,003,208
待摊费用	15,154,632	11,846,863	6,385,542	1,821,716
流动资产合计	1,046,738,906	957,249,973	883,573,790	669,903,581
长期投资				
长期股权投资	16,879,225	9,340,000	340,000	1,400,000
固定资产:				
固定资产原价	1,147,913,228	1,059,778,000	725,266,200	520,650,863
减:累计折旧	428,623,023	371,395,432	301,840,234	208,009,719
固定资产净值	719,290,205	688,382,568	423,425,966	312,641,144
减:固定资产减值准备	11,760,383	18,106,178		
固定资产净额	707,529,822	670,276,390	423,425,966	312,641,144
在建工程	160,064,980	70,317,455	71,917,801	3,898,399
固定资产合计	867,594,802	740,593,845	495,343,767	316,539,543
无形资产	79,470,018	80,854,733	88,038,935	83,005,065
长期待摊费用	41,363,305	41,131,565	21,595,098	6,529,971
无形资产及其他资产合计	120,833,323	121,986,298	109,634,033	89,535,036
资产总计	2,052,046,256	1,829,170,116	1,488,891,590	1,077,378,160
负债及股东权益				
短期借款	474,800,000	286,500,000	97,500,000	7,400,000
应付账款	333,436,775	321,032,838	168,898,497	123,827,927
预收账款	84,869,145	94,503,251	62,143,645	51,183,022
应付工资	64,457,257	64,465,271	64,635,309	35,551,709
应付福利费	12,539,665	12,539,665	12,539,665	9,112,020
应付股利	80,244,385	124,363,631	194,131,954	44,315,465
应交税金	55,112,751	20,994,324	20,360,379	1,546,311
其他应交款	1,178,467	538,910	600,258	-
其他应付款	235,851,195	210,157,312	226,924,920	113,872,233
预提费用	15,264,591	1,770,312	1,035,263	64,247
其他流动负债	6,913	211,011		254,643
一年内到期的长期负债	13,121,020	32,280,020	14,536,840	13,808,260
流动负债合计	1,370,882,164	1,169,356,545	863,306,730	400,935,837
长期负债:				
长期借款	22,457,340	20,422,500	41,881,540	26,182,980
长期应付款	25,792,112	29,021,957	34,521,957	40,070,664
长期负债合计	48,249,452	49,444,457	76,403,497	66,253,644
负债合计	1,419,131,616	1,218,801,002	939,710,227	467,189,481
少数股东权益	67,189,312	66,705,782	44,441,918	5,840,279
股东权益:				
股本	501,182,850	501,182,850	501,182,850	489,541,869
资本公积	1	1	1	102,506
盈余公积	64,148,713	42,480,481	3,515,866	9,112,020
其中:公益金	29,783,352	19,375,764	957,338	-
未分配利润	393,764		40,728	105,592,005
股东权益合计	565,725,328	543,663,332	504,739,445	604,348,400
负债及股东权益总计	2,052,046,256	1,829,170,116	1,488,891,590	1,077,378,160

(三)简要合并现金流量表

项　　目	2002 年 1 - 6 月	2001 年度
经营活动产生的现金流量净额	197,394,174	379,985,619
投资活动产生的现金流量净额	-153,665,919	-344,166,184
筹资活动产生的现金流量净额	-15,627,037	-58,333,376
现金及现金等价物净增加额	28,101,218	-22,513,941

四、经营业绩

(一)主营业务收入、利润总额

本公司在最近几年生产经营状况稳定增长,销售收入总额和利润总额呈现快速增长趋势。

公司利润增长的主要因素是主营业务产品销售增加,主营业务收入增长迅速,从而带动公司主营业务利润快速增长。

1、主营业务收入构成及变动趋势　　　　单位:人民币千元

项目	2002 年 1 - 6 月		2001 年度		2000 年度		1999 年度	
	金额	比例(%)	金额	比例(%)	金额	比例(%)	金额	比例(%)
液态奶	1,660,862	72	2,456,295	70	1,781,590	78.15	1,132,760	77.44
其他	228,616	10	458,047	13	429,046	18.82	329,959	22.56
商业零售(注)	410,789	18	605,869	17	69,193	3.03	-	-
合计	2,300,267	100	3,520,211	100	2,279,829	100	1,462,719	100

注:2000 年 10 月购入的上海可的便利店有限公司,自 2000 年 11 月起,该公司的销售额并入公司主营业务收入。

本公司的主营业务收入呈快速上升趋势,1999 年、2000 年、2001 年同比增长率分别 33.84%、

55.86%和54.41%。从收入结构看公司液态奶、其他两大类主要产品的销售收入占全部销售的比例有所下降;而公司从2000年开始新增的商业零售销售收入占全部销售的比例有较大提高。2001年的销售金额及所占比例显示:本公司第一大收入来源产品是液态奶,所占比例为70%,商业零售产品所占比例为17%,其他类产品所占比例为13%。2002年上半年实现主营业务收入2,300,266,615元,占2001年全年的65%,主营业务收入仍然保持强劲的发展态势。

公司主营业务收入2001年比2000年增加了124,038万元,增幅为54.41%,其主要原因是:

1.公司于2000年9月收购的上海可的便利店有限公司在2001年发展迅速,其门店数由年初的260家发展到年底的466家,增长79.23%。2001年纳入股份公司合并报表的可的便利的销售收入为60,587万元,比2000年增加53,668万元,占2001年度主营业务收入增加额的43.26%。

2.2001年公司乳制品的销售收入比2000年增加了70,370万元,占2001年度主营业务收入增加额的56.74%。其中液态奶销售收入比2000年增加67,471万元,增幅为37.87%,而黄油干酪、奶粉等的销售收入基本维持稳定。

(1)公司坚持以"以全国资源做全国市场"的经营方针,在2000年收购、设立黑龙江光明、呼伦贝尔光明等近二十家公司,快速抢占奶源、生产基地和布设全国性销售网络的基础上,2001年又收购、设立了武汉光明、西安光明、永安乳品等五家公司及在多个城市设立销售分公司,同时对公司的乳品二厂、四厂、八厂进行了扩建,增加引进高效先进的生产设备,保证了市场拓展和销售增长的需要;

(2)公司注重科技投入并得到回报,2001年新产品销售额占全部乳制品销售额的20%以上,同时公司品牌度得到巨大提升,2001年上海以外地区的销售收入比重超过了50%;

(3)2001年,公司化大力开拓新的销售通道(送奶上门),整合强化物流冷链系统的建设,扩大冰柜的铺陈密度,为销售的高速增长奠定了坚实的基础。

公司奶粉(属其他类主营业务收入)市场占有率逐年下降,其主要原因如下:

1)近年来,公司的战略重点主要集中在液态奶上,奶粉不作为公司的战略重点。公司的奶粉产品主要为工业奶粉。民用奶粉在公司奶粉产品中的比例较小。

2)国内奶粉市场增长较为迅速,公司的奶粉销量的增长速度低于国内市场的增长速度。

3)品牌定位及销售区域分布。光明奶粉主要定位于高端产品,产品销售价格价位较高。产品销售区域主要集中在国内大城市内。

4)奶粉产品结构调整。公司各个奶粉品种中婴儿奶粉的市场销售前景较好,从产品生命周期看,正处于上升期内。公司着眼于长期发展,将奶粉生产的重心向婴儿奶粉这个品种转移。在产品结构调整过程中,新产品尚未成熟,而原来成人奶粉增长有所放缓,导致市场占有率下降。

2、利润总额构成及变动趋势　　单位:人民币元

项　目	2002年1—6月	2001年	2000年	1999年
主营业务利润	846,938,418	1,183,020,414	692,819,567	381,430,851
其他业务利润	4,431,655	15,262,087	4,259,154	468,431
投资收益	(100,411)	7,181,507	(12,421,430)	-
补贴收入	5,658,404	17,026,779	8,474,814	11,159,935
营业外收支净额	(1,368,278)	(27,161,756)	(17,948,244)	(15,236,389)
利润总额	160,914,797	221,004,929	129,756,763	90,680,512

本公司的主营业务利润突出,且逐年呈现高速增长的趋势,2000年、2001年同比增长率分别为81.64%、70.75%,公司利润增长的主要动力来自于主营业务利润快速地增长,利润总额2000年、2001年同比增长率分别为43.09%和70.32%;公司利润总额与主营业务利润基本保持同步增长的状态,但2000年主营业务利润增长率与利润总额增长率相比较有一定差距主要系公司加大市场营销力度,当期三项期间费用占营业收入的比例较1999年有所上升。其他业务利润及营业外收支等对利润总额的影响很小。2002年上半年公司经营质量高,主营业务利润和利润总额增长迅速,上半年完成利润总额是2001年的72%。

(二)重大投资收益情况

公司2000年度投资收益为-12,421,430元,其中股权投资差额摊销-4,934,552元,为公司于2000年收购子公司所支付的现金成本与购买日所享有净资产的份额的差额;会计政策差异的调整净额-11,820,211元,是母公司按其会计政策于收购日对子公司净资产所做调整按投资比例所享有的净额部分,会计政策差异包括补提坏帐准备人民币3,312,839元及补提折旧人民币8,507,372元;证券投资收益4,583,333元,为2000年投资国债所取得的收益;出售联营公司损失-250,000元。公司2001年投资收益7,181,507元,其中股权投资差额摊销-1,842,069元,为公司于2001年1月—12月收购子公司所支付的现金成本与购买日所享有净资产的份额的差额;委托资产管理收益9,023,572元,为2001年投资国债所取得的收益。2002年1-6月产生的股权投资差额摊销为收购子公司的现金成本与收购日所享有净资产份额之差额,本期摊销709,914元,委托资产管理收益为本报告期内国债投资收益,之后已不再进行该等业务。详细情况如下:

	2002年1至6月 人民币元	2001年度 人民币元	2000年度 人民币元	1999年度 人民币元
股权投资差额摊销	(709,914)	(1,842,065)	(4,934,552)	-
会计政策对股权投资差额调整	-	-	(11,820,211)	-
委托资产管理收益	609,503	9,023,572	-	-
证券投资收益	-	-	4,583,333	-
出售联营公司损失	-	-	(250,000)	-
	(100,411)	7,181,507	(12,421,430)	-

(三)非经常损益情况

1、营业外收入

	2002年1-6月 人民币元	2001年度 人民币元	2000年度 人民币元
固定资产清理净收益	-	499,108.00	83,904.56
固定资产盘盈	-	10,000.00	-
罚款收入	25,169.59	477,640.00	111,170.00
其他	1,221,156.74	482,190.00	1,071,844.25
小计	1,246,326.33	1,468,938.00	1,266,918.81

2、营业外支出

	2002年1至6月 人民币元	2001年度 人民币元	2000年度 人民币元	1999年度 人民币元
处理固定资产损失(注1)	7,701,680	9,476,846	17,648,087	14,016,872
固定资产减值准备(注2)	(6,345,795)	18,106,178	-	-
其他	1,258,719	1,047,670	1,567,076	1,558,188
	2,614,604	28,630,694	19,215,163	15,575,060

注1:主要系公司调整产品结构,报废已不需用之固定资产。

2001年,根据公司产品结构调整目标,对不需用之固定资产计提减值准备。

注2:2002年1至6月,部分已提减值准备的固定资产报废,相应减值准备转回。

(四)适用税率及主要财政税收政策优惠情况

公司适用主要税种包括:增值税、营业税、企业所得税、城市维护建设税、教育费附加等。

流转税税率分别为:增值税按销售收入的17%或13%计算销项税,并按抵扣进项税后的余额缴纳;根据财政部、国家税务总局《关于印发<农业产品征税范围注释>的通知》(财税字(1995)52号)的规定,并经上海市国家税务局第八分局"沪国税八税专(2001)1号"确认,公司自产的农业产品-鲜奶免征增值税。根据财税(2001)121号文件的规定,公司销售的饲料为免税产品。营业税按营业额的3%至5%缴纳。城市维护建设税按应交流转税额的5%至7%缴纳。教育费附加按应交流转税额的3%缴纳。

企业所得税按应付税款法核算。计算所得税支出所依据的纳税所得额系根据有关税法规定对本年度会计所得额作相应调整后得出。本公司是在上海老市区设立的生产性中外合资企业,所得税率为27%,并从获利年度起执行"两免三减"的税收优惠政策,即1997年度、1998年度处于免税期。1999年度、2000年度、2001年度处于所得税减半期,适用税率为13.5%。公司的子公司除内蒙古呼伦贝尔光明乳品有限责任公司外,其他子公司的所得税税率均为33%。根据《内蒙古自治区人民政策关于进一步扩大横向联合的优惠政策》(试行)第十五条规定,并经内蒙古鄂温克旗地方税务局批准呼伦贝尔光明乳品有限责任公司1997年度至1999年度准予免征企业所得税。

1、会计报表中的销售收入是由食品加工、乳制品及饲料销售收入构成,三年又一期增值税申报表中的计税销售额只计食品加工,乳制品的销售收入,不包括饲料的销售收入。根据财税(2001)121号文件的规定,公司销售的饲料为免税产品,因此在每月增值税纳税申报时不予申报。同时,公司按成本价调拨给子公司的原料平时在其他业务中核算,但在增值税纳税申报时与主营业务收入合并在一起,形成了增值税计税销售额和申报会计报表中销售收入有差异。1999年至2001年销售收入汇总如下:

项　目	1999年 1-12月份	2000年 1-12月份	2001年 1-12月份	2002年 1-6月
计税销售额(主营)	1,041,330,079	1,776,497,153	2,129,590,902	1,367,004,520
免税销售额(纯鲜奶)	310,244,967	326,807,099	306,908,254	150,056,787
饲料销售收入(免税)	86,159,706	87,720,553	98,997,559	51,849,751
销售收入合计	1,437,734,752	2,191,024,805	2,535,496,715	1,568,911,058
加:计税销售额(其他业务)	5,099,856	107,639,874	128,629,549	45,437,424
减:免税销售额(纯鲜奶)	310,244,967	326,807,099	306,908,254	150,056,787
减:饲料销售收入(免税)	86,159,706	87,720,553	98,997,559	51,849,751
计税销售额	1,046,429,934	1,884,137,026	2,258,220,451	1,412,441,944

2、公司属于外商投资企业,根据《外商投资企业和外国企业所得税》规定,公司1997年1月1日至1998年12月31日止免征所得税,1999年1月1日起至2001年12月31日止按13.5%缴纳所得税。公司从2001年1月1日起执行所得税率为27%。

3、审计利润总额调整纳税所得额差异情况说明如下:

项　目	2002年1-6月	2001年度	2000年度	1999年度
注1:母公司会计所得额	148,645,752	195,640,895	126,447,924	89,516,146
子公司亏损/(利润)(注1)	20,595,572	8,419,347	3,365,023	(1,211,890)
计提坏帐准备	(11,838)	827,709	7,611,668	(3,055,875)
股权投资差额摊销及母子公司会计政策差异调整净额	709,914	1,842,069	16,754,763	-
福利费调整额(注2)	-		2,394,348	-
固定资产减值准备	(3,410,319)	14,779,177	-	-
未获相关发票的金额(注3)	24,078,093	20,164,187	7,965,123	7,872,631
罚款支出			-	12,000
存货跌价损失准备	(241,629)	1,728,875		
未经批准的坏帐损失			-	709,610
应纳税所得额	190,365,545	243,402,259	164,538,849	93,842,622

注1:根据税法有关规定,公司按权益法确认的收益或损失应从纳税总额中扣除;

注2:根据国家税务总局国税函(1999)709号规定,除医疗保险金、住房公积金、退休保险基金、职工教育经费和工会经费五项基金,外商投资企业实际发生的其他职工福利类支出,按实际发生数在当年税前扣除,但抵扣额不得超过税前列支工资总额的14%。

注3:公司按权责发生制确认费用,但根据《外商投资企业税法》第十七条规定,对尚未获得发票(非白条抵库)的费用,应进行纳税调整,待以后收到发票后在税前列支。

五、资产

截止2002年6月30日,本公司资产总计2,052,046,256元,包括流动资产、长期投资、固定资产、无形资产及其他资产。

(一)流动资产

流动资产主要包括货币资金、应收帐款、其他应收款、预付帐款、存货和待摊费用,具体情况如下:

1、货币资金

	2002年6月30日 人民币元	2001年12月31日 人民币元	2000年12月31日 人民币元
现金	1,342,474	514,129	443,443
银行存款	414,228,114	358,104,811	379,783,781
定期存款	11,000,000	34,000,000	51,963,846
在途资金	15,187,000	21,037,430	3,979,241
	441,757,588	413,656,370	436,170,311

2000年12月31日比1999年12月31日增加10,210万元。增幅主要原因是2000年经营活动增加净额为26,820万元,对外投资活动投出净额为18,816万元,筹资活动增加净额为2,206万元。

公司留存货币资金计划用于支付2002年下半年黑龙江、北京、广州和泾阳等地新的生产基地的固定资产投资支出及扩大其他地区现有生产能力的支出。

2、短期投资

	2002年6月30日 人民币元	2001年12月31日 人民币元	2000年12月31日
委托资产管理	—	793,660	—

2001年短期投资金额为委托中信证券股份有限公司进行资产管理用于国债和一级市场股市申购的款项,无需计提跌价准备。

3、应收帐款

应收帐款帐龄分析如下:

	2002年6月30日			2001年12月31日			2000年12月31日		
	金额 人民币元	比例(%)	坏帐准备 人民币元	金额	比例(%) 人民币元	坏帐准备	金额 人民币元	比例(%)	坏帐准备 人民币元
半年以内	298,754,431	88	-	238,923,464	89	-	192,246,285	92	-
半年至1年	32,733,592	10	16,366,796	22,009,148	9	11,004,574	9,672,818	5	4,836,409
1至2年	4,448,028	1	4,448,028	5,615,764	2	5,615,764	5,		

2 至 3 年	1,596,240	1	1,596,240	779,050	-	779,050	324,952	-	324,952
3 年以上	349,993	-	349,993	-	-	-	-	-	-
	337,882,284	100	22,761,057	267,327,426	100	17,399,388	207,686,955	100	10,604,261

2001 年销售收入较 2000 年上升人民币 1,240,381,946 元,增幅为 54%,导致应收帐款 2001 年末余额较 2000 年末上升人民币 59,640,471 元,增幅约为 28%。

2002 年上半年销售收入继续快速增长,导致应收帐款 2002 年 6 月 30 日余额较 2001 年末上升人民币 70,554,858 元,增幅约为 26%。

坏帐准备	期/年初余额	本期/年增加数	本期/年转回数	期/年末余额
2001 年度	10,604,261	6,795,127	-	17,399,388
2002 年 1 至 6 月	17,399,388	5,361,669	-	22,761,057

欠款金额前五名情况如下	所欠金额 人民币元	占应收帐款 总额比例(%)
前五名欠款总额	64,364,938	19

2002 年 6 月 30 日应收帐款余额中无持有本公司 5%以上股份的股东欠款。

4、其他应收款

其他应收款帐龄分析如下:

	2002 年 6 月 30 日			2001 年 12 月 31 日			2000 年 12 月 31 日		
	金额 人民币元	比例(%)	坏帐准备 人民币元	金额	比例(%) 人民币元	坏帐准备	金额 人民币元	比例(%)	坏帐准备 人民币元
1 年以内	26,837,650	88	-	43,846,645	93	-	35,515,806	80	-
1 至 2 年	505,544	2	50,554	637,732	1	63,773	6,655,699	15	365,907
2 至 3 年	378,247	1	94,562	648,714	1	513,755	1,770,622	4	416,425
3 年以上	2,734,125	9	2,605,977	2,336,030	5	1,986,017	578,840	1	273,020
	30,455,566	100	2,751,093	47,469,121	100	2,563,545	44,520,967	100	1,055,352

坏帐准备	期/年初余额	本期/年增加数	本期/年转回数	期/年末余额
2001 年度	1,055,352	1,508,193	-	2,563,545
2002 年 1 至 6 月	2,563,545	187,548	-	2,751,093

欠款金额前五名情况如下	所欠金额 人民币元	占其他应收 款总额比例(%)
前五名欠款总额	14,720,167	48

其他应收款余额中无持有本公司 5%以上股份的股东欠款。

5、预付帐款

预付帐款帐龄分析如下:

	2002 年 6 月 30 日 人民币元	%	2001 年 12 月 31 日 人民币元	%	2000 年 12 月 31 日 人民币元	%
1 年以内	3,413,973	80	998,834	59	1,377,828	100
1 至 2 年	880,244	20	690,000	41	-	-
	4,294,217	100	1,688,834	100	1,377,828	100

帐龄超过 1 年的预付帐款主要情况如下:

单位名称	所欠金额 人民币元	占预付帐款比例	欠款时间	未收回原因
内蒙古牧民	571,745	13%	1 至 2 年	预付奶款定金

预付帐款余额较小,无其他重大欠款余额需揭示。

预付帐款余额中无持有本公司 5%以上股份的股东欠款。

6、存货

	2002 年 6 月 30 日		2001 年 12 月 31 日		2000 年 12 月 31	
	金额 人民币元	跌价准备 人民币元	金额 人民币元	跌价准备 人民币元	金额 人民币元	跌价准备 人民币元
原材料	159,168,214	4,013,959	149,441,731	4,450,800	140,250,540	-
幼畜	10,196,470	-	8,638,720	-	10,352,740	-
产成品	41,352,653	-	39,428,843	-	24,419,862	-
库存商品	36,003,391	-	41,372,138	-	24,068,658	-
	246,720,728	4,013,959	238,881,432	4,450,800	199,091,800	-

存货跌价准备	期/年初余额	本期/年增加数	本期/年转回数	期/年末余额
2001 年度	-	4,450,800	-	4,450,800
2002 年 1 至 6 月	4,450,800	-	(436,841)	4,013,959

因公司规模扩大,2001 年销售收入比 2000 年上升人民币 1,240,381,946 元,导致 2001 年末存货余额较 2000 年末上升人民币 39,789,632 元,增幅为 20%。

2002 年上半年销售收入继续快速增长,导致存货 2002 年上半年末余额较 2001 年末上升人民币 7,839,296 元,增幅为 3%。

上述存货中扣除跌价准备之外,无不良及呆滞品。

公司通过以下措施对存货管理实施严格的检验和控制:1、公司根据存货的特点和种类制定有效的盘点制度,对于所有有保质期限的帐上存货,公司区分保质期的长短而实施每日或每月月末作库存盘点检查。盘点时,公司不但核实数量和种类,而且记录每类/每批号产品的生产日期及保质期间,对于接近保质期的产品及时进行处理。2、公司通过 ERP 系统控制存货的存量,按照销售部的销售计划制定当期的销售产量。ERP 系统的库存模块保存每类产品库存的永续记录,管理层实时监控公司存货的帐龄变化,调整生产采购计划防止库存的积压。3、公司设立质检部门,对存货的采购进料作专业性的质量检验,每笔采购原料都须经质检准许后方可完成。

因此公司期末存货除计提跌价准备外,不存在超过保质期的现象。德勤安永会计师事务所根据要求重新核查了 2001 年度的审计程序和审计工作底稿,并出具了专项审核意见,认为:"根据公司对库存的上述检验和控制程序,我们实施了符合性测试,未发现任何重大的违反程序的情况。此外,我们运用了抽样测试的方法对存货进行了盘点,除公司已对残次冷背的部分包装材料作了跌价准备外,我们未发现公司存在超过保质期的存货,盘点结果令我们满意。"

7、待摊费用

	2002 年 6 月 30 日 人民币元	2001 年 12 月 31 日 人民币元	2000 年 12 月 31 日 人民币元
预付门店租金	10,810,586	10,141,310	6,385,542
其他	4,344,046	1,705,553	-
合计	15,154,632	11,846,863	6,385,542

预付门店租金和其他在预付期限内作摊销且摊销期均不长于 1 年,2002 年 1 至 6 月摊销额为人民币 24,388,469 元(2001 年度为人民币 35,458,971 元)和人民币 9,413,197 元(2001 年度为人民币 1,839,922 元)。

(二)长期投资

	2002 年 1 月 1 日余额	本期增加	本期减少	2002 年 6 月 30 日余额
对联营公司投资				
江苏荷斯坦奶牛投资有限公司				
--投资成本	9,000,000	-	-	9,000,000
--损益调整	-	-	-	-
--小计	9,000,000	-	-	9,000,000
持股比例	20%	-	-	20%
投资成本占注册资本比例	18%	-	-	18%
上海源盛运输合作公司				
--投资成本	340,000	-	-	340,000
--损益调整	-	-	-	-
--小计	340,000	-	-	340,000
持股比例	34%	-	-	34%
投资成本占注册资本比例	34%	-	-	34%
对联营公司投资合计				
--投资成本	9,340,000	-	-	9,340,000
--损益调整	-	-	-	-
--合计	9,340,000	-	-	9,340,000
对参股公司投资				
上海新乳奶牛有限公司				
投资成本	-	1,150,000	-	1,150,000
持股比例	-	10%	-	10%
投资成本占注册资本比例	-	10%	-	10%
股权投资差额				
上海达能保鲜 乳制品有限公司(注 1)	-	(33,013,612)	3,301,361	(29,712,251)
上海达能酸乳酪有限公司(注 1)	-	40,112,751	(4,011,275)	36,101,476
--合计	-	7,099,139	(709,914)	6,389,225
投资合计	9,340,000	8,249,139	(709,914)	16,879,225

注 1:收购这些公司的成本与收购日所享有的净资产份额之差额为股权投资差额,按剩余经营年限 10 年进行摊销。

截至 2002 年 6 月 30 日,长期投资成本金额占净资产的比例为 1.85%。投资变现及投资收益汇回并未受重大限制。

(三)固定资产

	房屋建筑物 人民币元	机器设备 人民币元	电子设备、 器具及家具 人民币元	运输设备 人民币元	产畜 人民币元	合计 人民币元
合并数						
原值						
2001 年 1 月 1 日余额	211,640,291	629,052,596	124,602,657	66,877,456	27,605,000	1,059,778,000
本期购置	786,707	8,876,591	10,031,967	1,897,594	4,795,000	26,387,859
本期购买子公司转入	23,367,912	39,526,584	2,997,763	3,260,772	-	69,153,031
本期在建工程转入	137,300	24,731,722	4,490,506	825,652	-	30,185,180
本期报废及出售减少额	-1,236,246	-15,318,397	-12,976,311	-3,529,888	-4,530,000	-37,590,842
2002 年 6 月 30 日余额	234,695,964	686,869,096	129,146,582	69,331,586	27,870,000	1,147,913,228
累计折旧						
2002 年 1 月 1 日余额	38,778,734	242,832,855	54,265,697	28,287,607	7,230,539	371,395,432
本期计提额	5,003,001	30,326,209	6,231,471	4,917,853	3,727,093	50,205,627
本期购买子公司转入	5,819,336	19,557,034	1,441,474	2,526,249	-	29,344,093
本期转出额	-253,156	-9,931,244	-7,006,795	-3,216,214	-1,914,720	-22,322,129
2002 年 6 月 30 日余额	49,347,915	282,784,854	54,931,847	32,515,495	9,042,912	428,623,023
减值准备						
2002 年 1 月 1 日余额	577,000	17,529,178	-	-	-	18,106,178
本期计提数	-	-	-	-	-	-
本期转回数(注 1)	-577,000	-5,768,795	-	-	-	-6,345,795
2002 年 6 月 30 日						
余额(注 2)	-	11,760,383	-	-	-	11,760,383
净额						
2002 年 1 月 1 日余额	172,284,557	368,690,563	70,336,960	38,589,849	20,374,461	670,276,390
2002 年 6 月 30 日余额	185,348,049	392,323,859	74,214,735	36,816,091	18,827,088	707,529,822
2002 年 6 月 30 日已抵押						
之资产净值(注 3)	-	21,568,760	-	-	-	2,568,760

注 1:部分固定资产本期已作废处理,相应减值准备转出。

注 2:固定资产减值准备主要系对长期闲置不用及准备报废的设备、厂房所提的准备。

注 3:黑龙江省光明松鹤乳品有限公司以净值为人民币 21,568,769 元的机器设备为中国建设银行借款作抵押。

2002 年 1 至 6 月固定资产增加主要系收购上海达能保鲜乳制品有限公司、上海达能酸乳酪有限公司两家子公司而转入的厂房、生产及其他设备,以及为扩大公司生产能力而添置的生产线及相关辅助设备。

固定资产以历史成本计价,并从其达到预定可使用状态的次月起,采用直线法提取折旧。产畜的估计残值为原值的 20%,各类固定资产的估计残值为原值的 10%。各类固定资产的折旧年限和年折旧率如下:

内　容	折旧年限(年)	年折旧率(%)
房屋建筑物	20	4.5
机器设备	10	9
电子设备、器具及家具	5	18
运输设备	5	18
产畜	6	13.33

2000 年 12 月 31 日、2001 年 12 月 31 日较上年度分别增加 11,079 万元、26,496 万元,主要原因是:1.2000 年因收购子公司及上海乳品五厂净资产而增加净值 11,970 万元。2.2001 年除因收购子公司而增加净值 5,650 万元外,主要是增加对机器设备、厂房的投入,增加原值分别为 17,178 万元和 6,383 万元。

(四)在建工程

项目名称	预算数 人民币千元	2002 年 1 月 1 日 余额 人民币元	本期 增加数 人民币元	本期 购买子公司转入 人民币元	本期 完工转出数 人民币元	本期 其他转出 人民币元	2002 年 6 月 30 日 余额 人民币元	工程投入 占预算比例 %	资金来源 人民币元	减值准备
扩大液态保鲜奶 &UHT										

		2002年1月1日	本期	本期	本期	本期	2002年6月30日	工程投入		
生产能力	45,000	–	7,679,165	–	–	–	7,679,165	17	自筹	–
二厂制冷系统改造	7,900	–	3,299,936	–	–	–	3,299,936	42	自筹	–
八厂扩大前处理工程	9,000	–	6,332,589	–	–	–	6,332,589	70	自筹	–
保健发酵乳品生产基地										
引进六连杯酸奶灌装机	13,000	–	2,811,198	–	–	–	2,811,198	22	自筹	–
运营管理中心项目	–	–	6,790,678	–	–461,400	–	6,329,278	90	自筹	–
二厂液态保鲜奶										
扩建工程	41,500	3,897,940	–	–	–3,897,940	–	–	100	借款	–
黑龙江光明松鹤乳品公司										
引进速溶功能性奶粉线	69,160	37,795,347	21,995,797	–	–	–	59,791,144	86	借款	–
4万吨UHT新建工程	16,950	–	3,543,129	–	–	–	3,543,129	30	借款	–
陉阳光明厂建设	50,000	–	22,880,479	–	–	–	22,880,479	46	自筹	–
北京光明健能厂建设	70,000	–	9,184,889	–	–	–	9,184,889	13	自筹	–
广州光明厂建设	84,170	–	12,379,941	–	–	–	12,379,941	18	自筹	–
其他工程		28,624,168	28,748,034	1,744,352	–25,825,840	–7,457,482	25,833,232		自筹	–
		70,317,455	125,645,835	1,744,352	–30,185,180	–7,457,482	160,064,980			–

(五)无形资产及其他资产　　单位:元

项　目	2002.6.30	2001.12.31	2000.12.31	1999.12.31
无形资产	79,470,018	80,854,733	88,038,935	83,005,065
其中:土地使用权	48,801,201	47,854,733	49,538,935	39,005,065
商标权	30,000,000	33,000,000	38,500,000	44,000,000
专有技术	668,817			
开办费			–	1,036,514
长期待摊费用	41,363,305	41,131,565	21,595,098	5,493,457
合　计	120,833,323	121,986,298	109,634,033	89,535,036

2002年6月30日公司无形资产为7,947万元,包括土地使用权、商标权和专有技术,土地使用权属于股东投入及购买;商标权属于购买,达能专有技术为收购企业时购买。其初始金额分别为5,756万元、6,000万元。摊销年限分别为30－50年、10年。截止2002年6月30日剩余摊销年限分别为24至49年、5年及4年。

单项价值在100万元以上的土地使用权已由大华会计师事务所评估,并出具了华业字[96－1162]及[96－1164]号评估报告。商标权经大华会计师事务所采用收益现值法评估,并出具华业字(96)第1001号评估报告。

注1:2001年12月底长期待摊费用为4,113万元,该部分支出主要是

(1)子公司门店装修费2,121万元;(2)在租赁的土地上进行道路房屋建筑物建造和改良支出1,368万元。

注2:(1)商标的展期情况,公司受让牛奶集团商标,根据原商标注册证,部分商标为1996年、1997年、1999年及2000年。公司已于该等商标的到期日按商标注册的有关规定续延了10年。续延后,并无目前已到期的商标使用权。

(2)确定摊销年限的依据:根据《企业会计制度》对无形资产摊销年限的规定:无形资产的成本,应自取得当月起在预计使用年限内分期平均摊销。

如果预计使用年限超过了相关合同规定的受益年限或法律规定的有效年限,无形资产的摊销年限按如下原则确定:①合同规定了受益年限但法律没有规定有效年限的,摊销年限不应超过受益年限;②合同没有规定受益年限但法律规定了有效年限的,摊销年限不应超过有效年限;③合同规定了受益年限,法律也规定了有效年限的,摊销年限不应超过受益年限与有效年限两者之中较短者。如果合同没有规定受益年限,法律也没有规定有效年限的,摊销年限不应超过10年。

公司目前对商标权的摊销期限为10年。该摊销年限的确定,主要考虑了以下因素:①等商标系公司日常经营所必需的,同时公司于牛奶集团签订的是商标所有权的转让合同,公司认为:该等商标的收益期是永久的。②根据现行的商标注册管理规定,在注册商标到期后,[如无不使用等情况],公司可以为其注册商标延续10年。并且该等延续.③权可以无限止使用。鉴于上述关于商标注册年限的规定,已及公司并无放弃该等商标的计划,公司认为该等商标并无《企业会计制度》中所称"法律规定的有效年限"。因此,鉴于"合同没有规定受益年限,法律也没有规定有效年限的",根据《企业会计制度》的规定,公司对商标权的摊销年限确定为10年。

(六)有形资产净值

2002年6月30日,公司有形资产净值(总资产扣减待摊费用、无形资产、开办费、长期待摊费用后的余额)为1,916,058,301元。

六、负债

截止2002年6月30日,本公司负债总计1,419,131,616元,包括流动负债和长期负债。

(一)流动负债

截止2002年6月30日,本公司流动负债总计1,370,882,164元,主要包括短期借款、应付帐款、预收帐款、其他应付款、应付工资、应付福利费、应付股利、应交税金、预提费用和一年内到期的长期负债,具体情况如下:

1、短期借款

借款类别	2002年6月30日 人民币元	2001年12月31日 人民币元	2000年12月31日 人民币元
抵押借款(注1)	19,000,000	–	7,500,000
担保借款(注2)	48,800,000	20,000,000	75,000,000
委托贷款(注3)	200,000,000	50,000,000	–
信用借款	207,000,000	216,500,000	15,000,000
	474,800,000	286,500,000	97,500,000

2002年6月30日借款年利率为4.536%－6.534%。

注1:2002年6月30日抵押借款系由黑龙江省光明松鹤乳品有限责任公司以净值为人民币21,568,760元机器设备作抵押。

注2:2002年6月30日担保借款均由Danone France提供担保。

注3:2002年6月30日委托贷款中,人民币100,000,000元由上实管理(上海)有限公司提供,人民币100,000,000元由牛奶集团提供。

截至2002年6月30日没有未按期偿还的短期借款。

2000年12月31日、2001年12月31日的短期借款余额较上年均有较大增幅。主要原因:(1)2000年因收购子公司增加3,450万元,另外由于2000年公司规模大幅扩张,各项投资增加,故导致贷款上升。(2)2001年用于固定资产投资较上年增加约17,671万元,在公司股本没有增加情况下,贷款上升幅度较大。2002年上半年公司继续加大对外投资力度,增加在建工程12,565万元,导致公司短期借款大幅增加。

2、应付帐款

	2002年6月30日		2001年12月31日		2000年12月31日	
	金额	比例(%)	金额	比例(%)	金额	比例(%)
	人民币元		人民币元		人民币元	
1年以内	332,577,395	99	318,070,074	99	165,020,134	98
1至2年	859,380	1	2,962,764	1	3,878,363	2
	333,436,775	100	321,032,838	100	168,898,497	100

应付帐款主要系应付奶粉、生奶、包装物及零售商品采购款。

2000年末余额较1999年末余额有大幅增长,主要由于本公司收购的可的便利、松鹤乳品而增加应付零售商品款4,963万元。

2001年末余额较2000年末余额有大幅增长,主要系2001年由于公司实施ERP系统过程中,付款期较上年增加,导致应付帐款余额加大。应付帐款余额中持有股份公司5%以上股份的股东欠款情况见关联交易。

3、预收帐款

	2002年6月30日		2001年12月31日		2000年12月31日	
	金额 人民币元	比例(%)	金额 人民币元	比例(%)	金额 人民币元	比例(%)
1年以内	84,869,145	100	94,503,251	100	62,143,645	100

本公司预收帐款系预收订奶户下月奶款,2001年度公司瓶袋奶业务上升很快,导致2001年末余款较2000年末上升人民币32,359,606元,增幅为52%。因季节性原因,订户订奶减少,导致2002年6月末余额较2001年末略有下降。

预收帐款余额中无持有本公司5%以上股份的股东欠款。

4.应付工资

应付工资余额中主要系根据权责发生制原则计提应付奖金、双薪人民币2,911万元,为员工计提的养老金及补充养老金人民币1,545万元,各项应付经费人民币608万元,各子公司的应付工资1,382万元等。养老金及补充养老金将划拨至社保基金,奖金及双薪将分别于下半年及年终后支付。应付工资中无拖欠、工效挂钩工资。

5.应付股利

	2002年6月30日 人民币元	2001年12月31日 人民币元	2000年12月31日 人民币元
上海市牛奶(集团)有限公司	29,469,551	49,516,866	96,304,179
上实食品控股有限公司	29,469,551	49,516,866	96,304,179
上海国有资产经营有限公司	3,683,694	6,189,608	380,899
大众交通(集团)股份有限公司	3,683,694	6,189,608	380,899
东方希望投资有限公司	3,683,694	6,189,608	380,899
Danone Asia Pte Ltd. (达能亚洲有限公司)	10,254,201	6,570,507	380,899
	80,244,385	124,173,063	194,131,954

根据2002年7月29日董事会决议,对2002年1至6月净利润进行分配,分配情况如下:

2002年1至6月	人民币元
上海市牛奶(集团)有限公司	29,469,551
上实食品控股有限公司	29,469,551
上海国有资产经营有限公司	3,683,694
大众交通(集团)股份有限公司	3,683,694
东方希望投资有限公司	3,683,694
Danone Asia Pte Ltd.(达能亚洲有限公司)	3,683,694
	73,673,878

6、其他应付款

	2002年6月30日		2001年12月31日		2000年12月31日	
	人民币元	比例(%)	人民币元	比例(%)	人民币元	比例(%)
1年以内	199,745,063	85	167,480,696	80	118,327,142	52
1至2年	21,858,627	9	15,338,586	7	61,305,987	27
2至3年	589,761	–	6,880,944	3	17,102,627	8
3年以上	13,657,744	6	20,457,086	10	30,189,164	13
	235,851,195	100	210,157,312	100	226,924,920	100

其他应付款余额中持有本公司5%以上股份的股东欠款情况见附注40。

帐龄超过三年的大额款项情况如下:

单位名称	所欠金额 人民币元	欠款原因	未偿还原因
DANONE ASIA PTE LTD.	5,966,636	2002年新增子公司而转入的借款及代垫款项	协作关系
上海市奶项办	5,465,848	公司成立前借款	协作关系

金额较大的其他应付款项情况如下:

所欠金额 人民币元	欠款原因
54,204,964	应付广告费
30,978,959	应付经销商返利
27,375,191	应付经销商、超市冰柜、冰箱等押金
18,170,568	应付运费
12,840,732	应付设备款

无其他重大的其他应付款项需说明。

7.预提费用

	2002年6月30日 人民币元	2001年12月31日 人民币元	2000年12月31日 人民币元
奶箱内胆更换	4,620,032	–	–
大修理	2,506,346	–	–
租赁费	1,505,844	–	–

水电费等	6,632,369	1,770,312	1,035,263
	15,264,591	1,770,312	1,035,263

2002 年中期多项费用已发生，尚未支付，导致 2002 年 6 月末余额比 2001 年 12 月 31 日余额上升人民币 13,494,279 元。

8.一年内到期的长期负债

(1)一年内到期的长期借款

借款单位	2002 年 6 月 30 日 人民币元	2001 年 12 月 31 日 人民币元	2000 年 12 月 31 日 人民币元
中国建设银行	–	19,000,000	–
市蔬菜办	4,000,000	4,000,000	4,000,000
市副食品基金	2,000,000	2,000,000	2,000,000
丹麦政府贷款	1,321,020	1,480,020	1,236,840
市农业财政处	300,000	300,000	300,000
小计	7,621,020	26,780,020	7,536,840

(2)一年内到期的长期应付款

	2002 年 6 月 30 日 人民币元	2001 年 12 月 31 日 人民币元	2000 年 12 月 31 日 人民币元
商标款	5,500,000	5,500,000	7,000,000

2001 年 12 月 31 日较 2000 年 12 月 31 日有大幅上升。主要原因是一年内到期的中国建设银行贷款增加。

(二)长期负债

截止 2002 年 6 月 30 日，本公司长期负债总计 48,249,452 元，主要包括长期借款和长期应付款，具体情况如下：

1、长期借款

借款单位	2002 年 6 月 30 日 人民币元	2001 年 12 月 31 日 人民币元	2000 年 12 月 31 日 人民币元	借款剩余期限	年利率	借款条件
中国建设银行	–	19,000,000	19,000,000	不适用	不适用	不适用
丹麦政府贷款	23,778,360	21,902,520	24,118,380	18 年	免息	信用借款
市蔬菜办(注)	4,000,000	4,000,000	4,000,000	无	免息	信用借款
市副食品基金(注)	2,000,000	2,000,000	2,000,000	无	免息	信用借款
上海市农业财政处(注)	300,000	300,000	300,000	无	免息	信用借款
减:一年内到期						
长期负债	(7,621,020)	(26,780,020)	(7,536,840)			
一年后偿还的款项	22,457,340	20,422,500	41,881,540			

上述除丹麦政府贷款原币金额为 21,600,000 丹麦克朗，2002 年 6 月 30 日汇率为 1.10085 外，其余借款均为人民币借款。

注：由于是政府扶持建设贷款，故根据借款协议没有规定具体的还款期限。

2000 年 12 月 31 日较 1999 年 12 月 31 日上升 1,570 万元，主要是增加中国建设银行贷款用于黑龙江奶粉塔工程项目。2001 年 12 月 31 日较 2000 年 12 月 31 日下降 2,146 万元，主要是上述贷款一年内到期于 2001 年 12 月 31 日转出。

2、长期应付款

欠款项目	2002 年 6 月 30 日 人民币元	2001 年 12 月 31 日 人民币元	2000 年 12 月 31 日 人民币元	剩余偿还期限	初始金额 人民币元
商标款(注)	30,300,000	33,000,000	40,000,000	5.5 年	60,000,000
其他	992,112	1,521,957	1,521,957	4 年	992,112
减:一年内到期长期负债	(5,500,000)	(5,500,000)	(7,000,000)		
一年后偿还的款项	25,792,112	29,021,957	34,521,957		

注：应付商标款系应付牛奶集团的光明商标购买款。参见附注 40。

上述款项均无利息。

(三)补贴收入

内　　容	2001 年度 人民币元	2000 年度 人民币元	1999 年 人民币元
鲜奶免征增值税(注 1)	13,679,272	8,474,814	11,159,935
子公司农林特产税返还(注 2)	3,347,507	–	–
	17,026,779	8,474,814	11,159,935
占同期净利润比重	11%	8%	15%

注 1：根据财政部、国家税务总局《关于印发 < 农业产品征税范围注释 > 的通知》(财税字(1995)52 号)的规定，并经上海市国家税务局第八分局"沪国税八税专(2001)1 号"确认，对公司自产的农业产品所产牛奶加工而成的鲜牛奶实现的销售收入免征增值税，免征的增值税计入补贴收入。公司每月按实申报，在下月缴纳时予以扣除，并确认补贴收入。

注 2：系鄂温克族自治旗人民政府给予呼伦贝尔光明乳品有限公司 2001 年及 2002 年 1 至 6 月农林特产税奖励。

注 3：公司 1999 年、2000 年、2001 年及 2002 年 1－6 月享受的补贴收入分别为 11,159,935 元、8,474,814 元、13,679,272 元和 5,609,766 元。

时间	纯鲜奶销售额	纯鲜奶销项税额	纯鲜奶进项税额	补贴收入
1999 年	310,244,967	40,331,845	29,171,901	11,159,935
2000 年	326,807,099	42,484,922	34,010,108	8,474,814
2001 年	306,908,254	39,898,073	26,218,802	13,679,272
2002 年 1－6 月	178,040,371	23,145,248	17,535,482	5,609,766

根据财政部、国家税务总局《关于印发 < 农业产品征税范围注释 > 的通知》(财税字(1995)52 号)的规定，农业生产者销售的农产品免征增值税，企业外购农业产品生产、加工后销售的农产品按 13% 税率征收增值税。因此，公司用自己牧场所产牛奶加工而成的鲜牛奶实现的销售收入免征增值税，免征的增值税计入补贴收入，该项优惠已获上海市国家税务局第八分局"沪国税八税专(2001)1 号"确认；公司外购生奶加工的鲜奶按销售收入的 13% 缴纳增值税。

上述优惠政策实际执行时，公司每月按实申报，并在缴纳时予以扣除。公司应缴增值税的核算过程如下：

1、公司全部增值税进项计入"应交增值税"借方，计算全部产品的销项税额，并计入"应交增值税"贷方；

2、计算免税物的销项，并计入"应交增值税"贷方(红字)；

3、计算免税物不得抵扣的进项税额，计入"应交增值税"借方(红字)；

4、转出免税货物的不得抵扣的进项税额，转出免税货物的销项税额，然后把转出进项、销项税额的差额计入"补贴收入"。

(四)股利分配情况

公司在历年股利分配情况中披露 2000 年 1－6 月实现税后利润 48,529,108 元，所用数据来源于按《外商投资企业会计制度》编制的 2000 年 1－6 月的"利润及利润分配表"；2000 年申报利润表中净利润所用数据来源于按《企业会计制度》编制的 2000 年 1－6 月的"利润及利润分配表"，2000 年 1－6 月实现税后利润 62,638,005 元，2000 年 7－11 月实现税后利润 32,023,790 元，2000 年 12 月实现税后利润 9,573,384 元，将以上 1－6 月、7－11 月和 12 月实现税后利润 104,235,179 元与 2000 年申报利润表中净利润 104,235,179 元相等。

公司对 2000 年 7－11 月和 12 月的利润进行分配，都按照相关规定聘请具有证券、期货及相关从业资格的沪江德勤会计师事务所审计，并出具了德师报(审)字(00)第 P0500 号审计报告和德师报(审)字(01)第 P0185 号审计报告。

公司 2001 年度实现(经审计)的税后净利润 162,906,619 元，于 2002 年 1 月 21 日公司董事会形成决议及 2002 年 2 月 25 日公司股东大会决议通过进行分配。

公司 2002 年 1－6 月实现(经审计)的税后净利润 95,545,306 元，业经本公司 2002 年 7 月 29 日董事会形成决议，分配方案有待于公司股东大会审议通过并付予实施。

七、股东权益　　单位：元

项　目	2002 年 6 月 30 日	2001 年 12 月 30 日	2000 年 12 月 31 日	1999 年 12 月 31 日
股本	501,182,850	501,182,850	501,182,850	489,541,869
资本公积	1	1	1	102,506
盈余公积	64,148,713	42,480,481	3,515,866	9,112,020
其中:公益金	29,783,352	19,375,764	957,338	–
未分配利润	393,764	190,568	40,728	105,592,005
合　计	565,725,328	543,853,900	504,739,445	604,348,400

少数股东权益由于公司 2000 及 2001 年收购、设立许多子公司，故少数股东权益较 1999 及 2000 年大幅上升。

公司于 2000 年 6 月 30 日净资产折股，因此盈余公积 2000 年 12 月 31 日较 1999 年 12 月 31 日下降。2001 年公司净利润增加，计提的法定公积金、法定公益金相应增加，造成盈余公积相应增加。

八、现金流量

本公司现金流动情况及分析　　(单位：人民币元)

项　　目	2002 年 1－6 月	2001 年度
一、经营活动产生的现金流量		
现金流入小计	2,741,323,316	4,354,740,857
现金流出小计	2,543,928,142	3,974,755,238
经营活动产生的现金流量净额	197,394,174	379,985,619
二、投资活动产生的现金流量		
现金流入小计	16,792,790	18,905,829
现金流出小计	170,458,709	363,072,013
投资活动产生的现金流量净额	(153,665,919)	(344,166,184)
三、筹资活动产生的现金流量		
现金流入小计	476,510,000	424,493,180
现金流出小计	492,137,037	482,826,556
筹资活动产生的现金流量净额	(15,627,037)	(58,333,376)
四、汇率变动对现金的影响额		–
五、现金及现金等价物净增加额	28,101,218	(22,513,941)
不涉及现金收支的投资和筹资活动	–	–

九、资产评估

(一)投入有限公司的资产评估

有限公司设立时，牛奶集团委托大华会计师事务所对其拟投入有限公司的资产分别进行评估，并出具评估报告，该等评估结果已经上海市资产评审中心分别确认。此次评估作为有限公司设立时的出资依据，具体情况如下表：

单位(项目)	评估前资产净值	评估前负债	评估前净资产	评估后资产净值	评估后负债	评估后净资产	评估差异额	差异率(%)
牛奶集团部分资产	5,100,000.00	–	5,100,000.00	7,893,589.00	–	7,893,589.00	2,793,589.00	54.78
上海乳品二厂	146,429,387.90	89,583,236.41	56,846,151.49	167,238,501.34	89,583,236.41	77,655,264.93	20,809,113.44	36.61
上海乳品八厂	69,425,673.54	44,701,740.37	24,723,933.17	90,538,095.13	44,717,862.69	45,820,232.44	21,096,299.27	85.33
供销分公司	74,018,518.40	73,586,348.74	432,169.66	75,222,466.73	73,586,348.74	1,636,117.99	1,203,948.33	278.58
三达利牛奶亭公司	6,486,975.13	6,034,572.07	452,403.06	6,686,392.20	6,034,572.07	651,820.13	199,417.07	44.08
乳品培训研究中心	17,803,809.02	29,101,434.88	－11,297,625.86	38,216,220.48	51,507,396.00	－13,291,175.52	－1,993,549.66	－17.65
上海乳品二厂(土地)	6,031,121.00	–	6,031,121.00	28,556,952.00	–	28,556,952.00	22,525,831.00	373.49
上海乳品八厂(土地建筑物)	11,081,754.33	–	11,081,754.33	34,390,657.00	–	34,390,657.00	23,308,902.67	210.34
上海乳品三厂(东申)	1,400,000.00	–	1,400,000.00	1,400,000.00	–	1,400,000.00	0	0
上海第二牧场(马陆)	2,278,024.68	229,320.66	2,048,704.02	2,735,983.77	229,320.66	2,506,663.11	457,959.09	22.35
上海第四牧场	18,523,039.30	6,495,308.51	12,027,730.79	20,933,975.55	6,495,308.51	14,438,667.04	2,410,936.25	20.04
上海第六牧场(浦江)	2,844,424.29	964,287.09	1,880,137.20	3,594,617.29	964,287.09	2,630,330.20	750,193.00	39.9
上海第七牧场	23,582,111.72	18,061,878.20	5,520,233.52	27,325,222.10	18,061,878.20	9,263,343.90	3,743,110.38	67.81
上海奶牛育种中心	13,872,090.77	9,062,887.45	4,809,203.32	16,941,670.54	9,062,887.45	7,878,783.09	3,069,579.77	63.83
上海第十牧场	9,343,085.78	4,396,479.65	4,946,606.13	11,179,121.61	4,396,479.65	6,782,641.96	1,836,035.83	37.12
上海饲料分公司	39,596,611.32	39,429,815.00	166,796.32	39,841,989.65	39,429,815.00	412,174.65	245,378.33	147.11
上海光明运输公司	11,588,071.08	3,526,670.56	8,061,400.52	12,037,479.63	3,526,670.56	8,510,809.07	449,408.55	5.57
合计	459,404,698.26	325,173,979.59	134,230,718.67	584,732,934.02	347,596,063.03	237,136,870.99	102,906,152.32	76.66

(二)收购资产评估

1、为牛奶集团拟转让其拥有的上海乳品二厂的部分资产,大华会计师事务所有限公司对该部分资产进行评估并出具华业字(96)第921号资产评估报告,评估基准日为1996年2月29日。该评估结果已经上海市资产评审中心沪评审[1996]281号文确认,评估价值为60,243,874.97元。

2、为牛奶集团拟转让其拥有的45项商标权,大华会计师事务所有限公司对该部分资产(商标权)进行评估并出具华业字(96)第1001号资产评估报告,评估基准日为1996年2月29日。该评估结果已经上海市资产评审中心沪评审[1996]278号文确认,商标权的评估价值为60,527,655.00元。

3、为牛奶集团拟转让其持有的黑龙江光明51%的股权,大华会计师事务所有限公司对黑龙江光明的整体资产进行评估并出具华业评报字(2001)第002号资产评估报告,评估基准日为2000年6月30日。该评估结果已经上海市资产评审中心沪评审[2001]101号文确认,评估值总资产为152,927,812.14元,负债为79,189,894.10元,净资产为73,737,918.04元,增值率为11.5%。

4、为牛奶集团拟转让其持有的可的便利的股权,上海财达资产评估有限责任公司(现上海上会资产评估有限公司)对可的便利的整体资产进行评估并出具沪财达整评报字[2000]第64号资产评估报告,评估基准日为2000年2月29日。该评估结果已经上海市资产评审中心沪评审[2000]240号文确认,评估值净资产为2,271万元。

5、为牛奶集团拟转让其持有的乳品四厂的股权,大华会计师事务所有限公司对乳品四厂的全部资产和相关负债进行评估并出具华业评报字(2000)第018号资产评估报告,评估基准日为2000年2月29日。该评估结果已经上海市资产评审中心沪评审[2000]232号文确认,评估值总资产为43,665,681.38元,负债为29,262,247.77元,净资产为14,403,433.61元,增值率为37.09%。

6、为牛奶集团拟将上海乳品一厂的部分资产投入光明乳业,大华会计师事务所有限公司对该部分资产及相关负债进行评估并出具华业字(98)第904号资产评估报告,评估基准日为1998年6月30日。该评估结果已经上海市资产评审中心沪评审[1998]524号文确认,评估值总资产为1,930.49万元,负债为1,200.51万元,净资产为729.98万元,增值率为0.87%。

7、为牛奶集团拟将上海乳品五厂的部分资产投入光明乳业,大华会计师事务所有限公司对该部分资产及相关负债进行评估并出具华业字(98)第924号资产评估报告,评估基准日为1998年6月30日。该评估结果已经上海市资产评审中心沪评审[1998]525号文确认,评估值总资产为2,398.52万元,负债为2,081.18万元,净资产为317.35万元。

8、为牛奶集团拟转让其持有的北京光明的股权,上海上会资产评估有限公司对北京光明的整体资产及负债进行评估并出具沪上会整评报字[2001]第003号资产评估报告,评估基准日为2000年12月31日。该评估报告已经上海市资产评审中心以[2001]086号文件确认,评估值总资产为33,146,635.81元,负债为20,379,371.37元,净资产为12,767,264.44元,增值率为10.94%。

9、为牛奶集团拟转让其持有的西安光明的股权,上海上会资产评估有限公司对西安光明的整体资产进行评估并出具沪上会整评报字[2001]第007号资产评估报告,评估基准日为2000年12月31日。该评估报告已经上海市资产评审中心以[2001]089号文件确认,评估值总资产为15,055,761.17元,负债为10,628,507.20元,净资产为4,427,253.97元,增值率为19.86%。

10、为牛奶集团拟转让其持有的武汉光明的股权,上海上会资产评估有限公司对武汉光明的整体资产进行评估并出具沪上会整评报字[2001]第006号资产评估报告,评估基准日为2000年12月31日。该评估报告已经上海市资产评审中心以[2001]099号文件确认,评估值总资产为28,890,010.81元,负债为13,969,771.45元,净资产为14,920,239.36元,增值率为-0.90%。

11、为牛奶集团拟转让其持有的永安乳品50%的股权,上海大华资产评估有限公司对永安乳品的全部资产及相关负债进行评估并出具沪大华资评报(2001)第007号资产评估报告,评估基准日为2000年12月31日。该评估报告已经上海市资产评审中心以[2001]134号文件确认,评估值总资产为41,161,948.52元,负债为18,755,178.19元,净资产为22,406,770.33元,增值率为1.37%。

(三)改制为股份公司的资产评估

大华会计师事务所有限公司对上海光明乳业有限公司拟改制为股份有限公司所涉及的全部资产及相关负债进行评估并出具华业评报字(2000)第42号资产评估报告,评估基准日为2000年6月30日。该评估结果已经上海市资产评审中心沪评审字[2000]531号文确认。评估结果汇总表如下:单位:元

项目	帐面价值	调整后帐面值	评估价值	增减值	增减率(%)
流动资产	923,801,985.86	918,570,629.08	933,616,871.34	15,046,242.26	1.64
长期投资	50,259,212.84	50,259,212.84	51,211,031.62	951,818.78	1.89
固定资产	285,384,443.74	278,195,158.70	266,458,549.75	-11,736,608.95	-4.22
在建工程	8,953,263.44	8,953,263.44	8,953,263.44	-	-
无形资产	82,399,011.74	82,658,044.40	91,085,592.00	8,427,547.60	10.20
递延资产	2,308,388.07	9,242,470.45	8,519,981.07	-722,489.38	-7.82
资产合计	1,353,106,305.69	1,347,878,778.91	1,359,845,289.22	11,966,510.31	0.89
流动负债	790,417,378.51	785,189,851.73	782,214,926.39	-2,974,925.34	-0.38
长期负债	61,506,076.68	61,506,076.68	61,506,076.68	-	-
负债合计	851,923,455.19	846,695,928.41	843,721,003.07	-2,974,925.34	-0.35
净资产	501,182,850.50	501,182,850.50	516,124,286.15	14,941,435.65	2.98

此次评估的目的是为改制为股份公司提供参考依据,公司未根据该资产评估结果进行调帐处理。

注:1、大华会计师事务所有限公司在对本公司资产评估过程,对帐龄较长的应收帐款未予以确认,将其单独列入"待处理流动资产净损失",金额为人民币12,684,470.17元,同时对公司已计提的坏帐准备14,079,176元确认为零(详见资产评估报告中评估价值栏)。大华会计师事务所出具的以2001年6月30日为基准日的资产评估报告仅作为备案之用,并不作为实际出资的依据。

2、2000年6月30日公司按如下比列提取坏帐准备,金额为人民币14,079,176元(详见截至日为2000年6月30日的《德师报[审]字[00]第9047号》审计报告):

	2000年6月30日应收帐款		
	金额 人民币元	比例 %	坏帐准备 人民币元
半年以内	107,977,090	46.1	-
半年至1年	5,699,398	2.4	2,849,699
1至2年	4,455,818	1.9	4,455,818
2至3年	1,033,145	0.5	1,033,145
3年以上	3,355,582	1.4	3,355,582
	234,306,168	52.3	11,694,244

以上应收帐款中未包括关联方余额人民币111,785,135元。

	2000年6月30日其他应收款		
	金额 人民币元	比例 %	坏帐准备 人民币元
1年以内	37,962,157	44.7	-
1至2年	261,612	0.3	26,161
2至3年	5,884,785	6.9	1,471,196
3年以上	1,775,147	2.1	887,575
	45,883,701	54	2,384,932

以上其他应收款中未包括关联方余额人民币38,978,373元。

3、公司于2000年10月后,对帐龄较长的资产进行核销,核销金额共计人民币11,120,748元。对于其他债权,公司认为尚有回收的可能,因此进行了积极的催收,部分应收款现已收回。

综上所述,2000年6月30日有限公司整体变更股份公司的净资产是真实的,并未造成出资不实。

十、验资情况

(一)有限公司设立时验资

1、1996年10月,经外资委沪外资委批字(96)第1178号文《关于设立沪港合资经营"上海光明乳业有限公司"的批复》批准,由牛奶集团(中方)和上实资产(外方)共同投资成立光明乳业。公司注册资本2,950万美元,合资双方分别出资1,475万美元,各占50%。1996年11月,经外资委沪外资委批字(96)第1378号文《关于上海光明乳业有限公司增资及转股的批复》批准,公司注册资本由2,950万美元增至5,900万美元,由原投资方按原投资比例出资。此两次出资由大华会计师事务所验资并出具验资报告。

2、根据大华会计师事务所华业字(96)第1285号《验资报告》,截至1996年12月9日止,投资方已投入14,750,000美元,按当日汇率折合人民币122,431,325元记入"货币资金"帐户,按合同规定的资本折算汇率折合人民币122,390,500元记入"实收资本"帐户,资本折算差额人民币40,825元记入"资本公积"帐户。

3、根据大华会计师事务所华业字(97)第568号《验资报告》,截至1997年3月14日止,投资双方继续投入股款44,257,138.84美元,按合同规定的资本折算汇率折合人民币367,213,050元。其中:367,151,369.12元记入"实收资本"帐户,61,680.88元记入"资本公积"帐户。与投入股款相关的资产总额为899,997,741.09元,负债总额为532,784,691.09元。至此,投资双方应缴资本全部缴足。

(二)股份公司设立时验资

2000年11月,经外经贸部(2000)外经贸资二函字第822号文批准,上海光明乳业有限公司依法整体变更为上海光明乳业股份有限公司。以截止2000年6月30日经德勤华永会计师事务所德师报(审)字(00)第P0474号《审计报告》审计的公司净资产额(总计501,182,851元)中的501,182,850元按1:1的比例折合股本,每股面值1元,另外1元计入资本公积金,由有限公司原六家股东按原比例分别持有。此次出资由德勤华永会计师事务所验资并出具验资报告。

根据德勤华永会计师事务所德师报(验)字(00)第059号《验资报告》,截至2000年6月30日止,公司股东投入的净资产为501,182,851元,其中股本501,182,850元,资本公积1元;与上述投入资本相关的资产总额为1,353,106,306元,负债总额为851,923,455元。

十一、期后事项、承诺事项、或有事项及其他重要事项

(一)期后事项

本公司并无其他重大事项需说明。

(二)承诺事项

(1)资本承诺

截至2002年6月30日止,公司的资本承诺情况如下:

已签约但尚未于会计报表中拨备的资本支出	金额 人民币千元
引进六连杯酸奶灌装机	10,189
引进速溶功能性奶粉线	26,189
黑龙江松鹤光明4万吨UHT新建项目	9,158
北京光明健能厂建设	6,220
广州光明厂建设	15,889
泾阳光明厂建设	17,004
固定资产投资合计	84,649

2、租赁承诺

截至2002年6月30日止,公司对外签订的租赁期在1年以上的经营租赁合约情况如下:

	1年以内 (含1年) 人民币千元	1年至2年 (含2年) 人民币千元	2年至3年 (含3年) 人民币千元	3年以上 人民币千元	合计 人民币千元
土地	808	992	1,023	18,603	21,426
便利店门面	52,200	50,698	46,330	72,201	221,429
牧场	6,863	6,938	6,963	37,924	58,688
生产用房	9,294	9,294	9,281	12,515	40,384
办公用房	4,344	1,764	654	435	7,197
其他	1,144	271	140	86	1,641
合计	74,653	69,957	64,391	141,764	350,765

2002年1至6月经营租赁费合计为人民币38,249千元。

注:(1)公司租赁牛奶集团的土地房屋的确定依据是光明乳业与牛奶集团之间于2000年11月签定的生产用房租赁协议,租金的金额是经双方相互协商确定的。(2)租赁牧场,每年按照固定租金的形式支付给牛奶集团,年租金为534万元。(3)牧场的收益(损失)由股份公司享有(承担)。

(三)或有事项

截至2002年6月30日止公司并无重大的担保事项及其他需要说明的或有事项。

(四)关联交易事项,见本招股说明书概要第八章。

注:公司目前不存在与上实食品、东方希望及其所有的关联企业的关联交易。发行人分别与达能亚洲、日尔维.达能公司于2001年9月签订《出资额转让协议》,约定发行人分别以人民币1元收购达能亚洲持有的上海达能酸乳酪有限公司(下称:达能酸乳)75%的股权和日尔维.达能公司持有的上海达能保鲜乳制品有限公司(下称:达能保鲜)75%的股权。上述两家公司截止2000年底净资产合计-3,860,213.00元(未考虑无形资产价值),造成其经营亏损的主要原因是管理不善。鉴于该两家公司具备良好的销售渠道和"达能乳业"国际品牌综合品牌等无形资产,拥有数条装备精良的生产流水线等固定资产;为避免上市后产生同业竞争,收购后不仅可进一步降低公司生产成本,扩大固定资产规模,提高达能生产设备利用率,提高公司物流系统的管理水平,而且在无偿利用达能品牌的基础上,扩大光明乳品的市场占有率。本次收购是以帐面净资产值为基础,并充分考虑两家企业的综合价值,公司决定以1元价格收购上述两公司,此举从光明乳业的产业发展战略角度上分析是符合公司发展思想的。

收购两家达能公司资产、负债表和所有者权益简表及合并财

务报表备考资料:

	2001－12－31 达能酸乳酪	2001－12－31 达能保鲜	2001－12－31 达能汇总	2001－12－31 光明乳业	2001－12－31 合并后
货币资金	7,408,494	358,032	7,766,526	414,450,030	422,216,557
应收款项	18,264,423	14,056,636	32,321,058	296,522,448	325,708,814
存货	3,608,885	197,952	3,806,837	234,430,632	238,237,469
待摊费用	38,116		38,116	11,846,863	11,884,979
流动资产合计:	29,319,918	14,612,620	43,932,538	957,249,973	998,047,819
长期投资				9,340,000	9,340,000
固定资产	3,185,966	37,061,889	40,247,854	670,276,390	710,524,244
在建工程	1,744,352		1,744,352	70,317,455	72,061,807
其他长期资产	139,900	2,580,159	2,720,060	121,986,298	124,706,358
资产合计:	34,390,136	54,254,668	88,644,804	1,829,170,116	1,914,680,228
短期借款	49,800,000		49,800,000	286,500,000	336,300,000
应付款项	37,446,123	11,001,361	48,447,484	737,498,590	782,811,382
未交税金	586,343	－821,231	－234,888	20,994,324	20,759,436
应付股利				124,363,631	124,363,631
流动负债合计:	87,832,466	10,180,130	98,012,596	1,169,356,545	1,264,234,449
长期负债				49,444,457	49,444,457
负债合计:	87,832,466	10,180,130	98,012,596	1,218,801,002	1,313,678,906
少数股东权益				66,705,782	66,705,782
股本(实收资本)	26,198,093	76,251,260	102,449,353	501,182,850	501,182,850
资本公积		59,249	59,249	1	1
盈余公积				42,480,481	42,480,481
未分配利润	－79,640,423	－32,235,971	－111,876,394		－9,367,791
股东权益合计:	－53,442,330	44,074,538	－9,367,792	543,663,332	534,295,541
负债及股东权益合计	34,390,136	54,254,668	88,644,804	1,829,170,116	1,194,680,228
资产负债率(%)	255.4	18.76	110.57	66.63	68.61
流动比率(%)	33.38	143.54	44.82	81.86	78.94
速动比率(%)	29.27	141.6	40.94	61.81	60.1

达能并入光明乳业后,对光明乳业的财务状况无重大影响,主要为以下几方面:

1)公司的所有者权益减少了9,367,792元,系收购达能时因为该两家公司净资产为负9,367,792元产生的股权投资差额,由于公司占达能75%的股份,所以超过净资产的亏损全部由大股东承担,摊销计入当期损益。2)由于两家达能公司的净资产为负,所以合并后使公司的资产负债率从66.63%提高到了68.61%。3)由于两家达能公司有较大的负债,所以合并后使公司的流动比率和速动比率均有所下降,但由于光明的资产规模较大而且财务状况较好,所以下降的幅度较小。

自2001年9月光明乳业股份有限公司参与管理上海达能酸乳酪有限公司和上海达能保鲜乳制品有限公司以来,通过增效节支、扩大销售、加强内部管理,充分利用达能的品牌及营销网络,两公司亏损面有所缩小,经营情况大有好转。2001年至9月份,两家公司累计实现销售收入6400万元。2002年1至6月两家公司实现销售收入5510万元,实际盈利849万元,平均每月盈利141万元。通过收购后,有效地整合两家达能公司原有的资源,取得预计的效果。

该等协议目前已获得上海市外国投资工作委员会的批准。律师核查后认为:"公司与达能亚洲和达能日尔维于2001年9月签订的有关出资额转让协议,达能亚洲和达能日尔维持有上海达能酸乳酪有限公司、上海达能保鲜乳制品有限公司的全部出资额以后将向发行人转让该等公司各75%的出资额,收购价格共计人民币2元。该等协议的有关条款符合我国法律的相关规定,该等协议于2002年1月已获得上海市外国投资工作委员会的批准,目前产权交割手续正在积极办理中。"该项收购公司无其他安排。

十二、公司对2000年1—6月、7－11月和12月的利润进行分配,都按照相关规定聘请具有证券、期货及相关从业资格的德勤华永会计师事务所对2000年1至6月利润、1至11月利润及1至12月利润进行了审计,2000年7—11月、12月利润分配熟系根据上述经审计的利润计算所得。在核算上述2000年1—11月利润及2000年1—12月利润时,并未对2000年1—6月及2000年1—11月净审计利润进行任何调整。

十三、本公司报告期无重大资产置换、无重大购销价格变化情况。

第二节　发行后预期利润率的说明

根据中国证监会有关盈利预测的规定,本公司不出具盈利预测报告。公司所属行业符合国家产业政策,产业发展前景广阔,且公司在行业地位具备优势明显,具有较强的竞争力,主要体现在管理优势、品牌优势、规模优势、技术优势等方面。目前公司的主营业务市场占有率高、盈利能力强;近年来各项利润指标均持续增长,根据德勤华永会计师事务所出具的审计报告,本公司1999、2000、2001及2002年1－6月分别实现净利润7,691.61万元、10,423.52万元、16,290.66万元和9,554.53万元,加权净资产收益率为14%、16%、28%、16%,远远高于银行同期存款利率;2002年如发行成功,部分募集资金投资项目将从2002年开始产生效益。因此公司发行后的盈利能力将在2001年的基础上进一步保持较高的增长速度,发行当年的预期利润率将高于同期银行存款利率。

主承销商认为:发行人自成立以来经营状况良好,发行人已拥有业内优秀的乳制品行业经营团队,企业经营管理系统健全,加上乳制品行业快速发展,公司历年主营业务和利润总额呈高速增长的趋势。经过对发行人实际生产经营情况和正在履行和将要履行的合同等进行尽职调查,我们认为:如果发行人获中国证监会核准,于2002年内发行,发行人遵循的国家和地方现行法律、法规,发行人执行的税收政策,现行的汇率、利率,发行人所面临的外部环境及生产经营中未发生不可预见、人力不可抗拒的重大不利变化,发行人有能力确保发行当年的预期利润率不低于银行同期存款利率。

公司律师认为:在预计发行人2002年内发行成功的前提下,根据发行人历年来保持的经营业绩增长趋势,在发行人募股资金到位后,募股资金及募股资金投资项目将从2002年开始产生效益。如果没有不可预见、不可抗拒因素的影响,公司2002年实现的净利润应该在2001年的基础上继续增长一定的幅度,因此发行人发行后的净资产收益率将高于同期银行存款利率,符合《公司法》第137条规定。

第三节　财务指标

一、主要财务指标说明

(一)主要财务指标

主要财务指标	2002年6月	2001年	2000年	1999年
流动比率	0.76	0.82	1.02	1.67
速动比率	0.59	0.62	0.79	1.37
资产负债率(%)	65.14	63.26	62.79	43.39
应收帐款周转率	8.14	15.75	12.54	9.70
存货周转率	6.07	10.75	9.97	11.41
无形资产(土地使用权除外)占总资产的比例(%)	1.49	1.80	2.59	3.80
研究与开发费用占主营业务收入的比例(%)	0.23	0.39	0.26	0.62
每股净资产	1.13	1.08	1.01	1.23
每股经营活动的现金流量	0.39	0.76	0.54	0.33
净资产收益率(%)				
主营业务利润				
全面摊薄	150	218	137	63
加权平均	143	206	108	67
营业利润				
全面摊薄	28	41	30	16
加权平均	26	39	24	17
净利润				
全面摊薄	17	30	21	13
加权平均	16	28	16	14
扣除非经常性收益后的净利润				
全面摊薄	16	33	24	15
加权平均	15	32	21	16
每股收益(元)				
主营业务利润				
全面摊薄	1.69	2.36		
加权平均	1.46	2.36		
营业利润				
全面摊薄	0.31	0.44		
加权平均	0.27	0.44		
净利润				
全面摊薄	0.19	0.33		
加权平均	0.18	0.33		
扣除非经常性收益后的净利润				
全面摊薄	0.19	0.36		
加权平均	0.19	0.36		
发行后每股净资产			2.33	

(二)主要财务指标计算说明

流动比率＝流动资产/流动负债

速动比率＝(流动资产－存货)/流动负债

资产负债率＝(负债总额/资产总额)×100%(以母公司数据为基础)

应收帐款周转率＝主营业务收入/应收帐款平均余额

存货周转率＝主营业务成本/存货平均余额

无形资产(土地使用权除外)占总(净)资产的比例＝无形资产(土地使用权除外)/总(净)资产

研发费用占销售收入比例＝研究发展费用/销售收入

每股净资产＝净资产/期末股本总额

全面摊薄净资产收益率＝(报告期利润/期末净资产)×100%

加权平均净资产收益率＝(报告期利润/期初净资产＋本年净利润/2)×100%

全面摊薄每股收益＝报告期利润/期末股份总数

加权平均每股收益＝报告期利润/平均股份总数

每股经营活动现金流量＝经营活动产生的现金流量净额/期末股本总额

(三)净资产收益率及每股收益的计算公式

1.全面摊薄净资产收益率＝报告期利润÷期末净资产

2.全面摊薄每股收益＝报告期利润÷期末股份总数

3.加权平均净资产收益率的计算公式如下:

$$净资产收益率(加权平均)=\frac{报告期利润}{E_0+NP\div 2+E_i\times M_i\div M_0-E_j\times M_j\div M_0}$$

其中:NP为报告期净利润;E0为期初净资产;Ei为报告期发行新股或债转股等新增净资产;Ej为报告期回购或现金分红等减少净资产;M0为报告期月份数;Mi为新增净资产下一月份起至报告期期末的月份数;Mj为减少净资产下一月份起至报告期期末的月份数。

4.加权平均每股收益的计算公式如下:

$$每股收益(加权平均)=\frac{报告期利润}{S_0+S1+S_i\times M_i\div M_0-S_j\times M_j\div M_0}$$

其中:S0为期初股份总数;S1为报告期因公积金转增股本或股票股利分配等增加股份数;Si为报告期因发行新股或债转股等增加股份数;Sj为报告期因回购或缩股等减少股份数;M0为报告期月份数;Mi为增加股份下一月份起至报告期期末的月份数;Mj为减少股份下一月份起至报告期期末的月份数。

备注:

(1)以上发行后净资产、净资产收益率和每股净资产数据未经会计师审核。

(2)因为股份公司成立于2000年11月,所以1999年、2000年的每股收益无法计算。

(3)研究与开发费用的下降:主要由于管理费用中费用分类的改变,1999年和2000年,研发中心的折旧和人员工资均分类为研究与开发费用,但2001年,该部分折旧与工资直接分类为管理费用折旧及工资,造成帐面上研发费用的下降。2001年实际研发费用为1,397万元,2000年全年研发费用为1255万元,实际并没有下降。2002年1至6月份发生研发费用共526万元,但下半年公司将加大研究开发投入。

(四)计算说明

发行前净利润＝2002年1至6月净利润

发行前每股收益＝2002年1至6月的净利润/2002年6月末的股本总额

发行前净资产＝2002年6月末的净资产

发行前净资产收益率＝2002年1－6月净利润/2002年6月末净资产

发行前每股净资产＝2002年6月末净资产/2002年6月末的股本总额

第四节　公司管理层的财务分析

一、财务状况分析

(一)资产质量分析

1、资产规模稳步扩大。公司2002年6月末、2001、2000、1999年末的资产总额分别为20.52亿元、18.29亿元、14.89亿元和10.77亿元。2002年6月末资产总额分别是2001年、2000、1999年末资产总额的1.12倍、1.38倍和1.91倍。

2、资产结构稳定。本公司从1999年到2002年6月末,公司的资产包括流动资产、长期投资、固定资产与在建工程、无形资产及其他资产等。流动资产占总资产的比重稳定在50－60%左右;无形资产及其他资产比重逐年下降,从1999年的8.31%,分别下降到2002年6月底的5.89%。具体结构如下表所示:

资　产	2002年6月末	2001年末	2000年末	1999年末
流动资产	51.01%	52.33%	59.35%	62.18%
长期投资	0.82%	0.51%	0.02%	0.13%

固定资产与在建工程	42.28%	40.49%	33.27%	29.38%
无形资产及其他资产	5.89%	6.67%	7.36%	8.31%
合　计	100.00%	100.00%	100.00%	100.00%

3、资产质量较高。具体主要表现在以下方面：

一是货币资金比例稳定，1999、2000、2001年末及2002年6月30日，货币资金占总资产的比例分别为31.01%、29.29%、22.61%和21.53%，表明公司资金充裕、运转正常。

二是应收帐款周转快、货款回收风险小，1999年、2000年、2001年及2002年1－6月，应收账款周转率分别为9.70次/年、12.54次/年、15.75次/年、8.14次/年，周转天数分别为37.11天、28.71天、22.86天、22.11天；截止2001年12月31日，公司应收帐款余额2.50亿元，虽占流动资产总额的26.11%，但帐龄在一年以上的仅占2%，并已全额提取了坏账准备，没有三年以上的应收账款，表明公司销售信用良好、货款回收的风险小。

三是库存低、存货周转快，1999年、2000年、2001年及2002年1－6月，存货周转率分别为11.41次/年、9.97次/年、10.75次/年、6.07%次/年，周转天数分别为31.55天、36.11天、33.49天、29.65天，存货周转率相对于1999年，2000年仅有小幅下降，其主要原因是本公司在2000年5－11月收购了可的、杭州销售公司等12家公司，这些公司的存货直接增加了本公司的年末存货，但这些公司的销售收入只有从被本公司收购之日起才计算为本公司的销售收入，这一因素直接导致了本公司存货周转率的下降。本公司在2001年上半年收购永安等四家公司，同样的原因导致了2001年底存货周转率的下降。存货周转率相对于2000年，2001年有所上升，表明公司存货管理先进，在与同行业指标比较中处于较高水平。

四是无形资产占净资产的比例符合中国证监会的相关规定。2001年末公司无形资产余额为8,085.47万元，其中土地使用权余额4,785.47万元，扣除土地使用权后无形资产占净资产的比例为6.07%；2002年6月30日公司无形资产扣除土地使用权后占净资产的比例仅为5.42%，符合中国证监会关于首次公开发行股票的发行人"发行前一年末无形资产(不含土地使用权)占净资产的比例不高于20%"的规定。

公司严格按照《企业会计制度》的规定，对各项资产进行了全面检查，并根据谨慎性原则的要求，合理地预计各项资产可能发生的损失，对可能发生的损失计提了资产减值。截止2002年6月30日，本公司各项资产减值准备余额4,131.36万元，其中：坏帐准备2,551.22万元、存货跌价准备401.40万元、固定资产减值准备1,176.04万元。

(二)资产负债结构、股权结构的合理性分析

1、资产负债结构较为合理。1999年、2000年、2001年和2002年6月30日，公司资产负债率分别为43.36%、63.11%、63.26%、65.14%。1999年至2001年资产负债率的变化情况，表明公司能及时把握机遇，在确保较高盈利水平的前提下，充分利用合理的负债经营手段，快速扩大和提升公司生产经营规模，建立自已的产品优势和竞争优势，并取得了良好的经济效益。2000和2001年末净资产占总资产的比例分别为37.21%和36.74%，均高于中国证监会关于首次公开发行股票的发行人"发行前一年末净资产占总资产的比例不低于30%"的规定。公司上市后，资产负债率约为41%左右，必将进一步促进公司快速、健康地发展。

2、股权结构及股东特色。截止2002年6月30日，公司共有股份501,182,850股；其中国有法人股225,532,283股，占45%；社会法人股275,650,567股，占55%。公司的股权设置、股权变动、股本结构合法、合规、真实、有效，其产权界定和确认不存在纠纷及风险。公司利用改制设立股份公司之时，为建立具有国际水准的决策机构，充分吸收国内外同行业优秀企业加盟本公司。原大股东上实食品是上实控股有限公司(香港上市公司)的全资子公司；牛奶集团是大型国有独资企业；新股东东方希望是以经营饲料生产为主的知名民营企业；达能亚洲为法国达能集团子公司，其乳制品和饼干产销量位居世界首位；大众交通为一家早期成功上市的公司，具备丰富资本市场运作经验；国资公司是上海市政府直接授权经营管理的专业大型投资公司。

(三)现金流量与偿债能力分析

经营活动产生的现金流量充足。2001年度、2002年上半年经营活动产生的现金流量净额分别为3.80亿元、1.97亿元，远高于同期的净利润1.63亿元、0.95亿元，说明公司实现的利润质量高，经营活动的现金流转充足，现金支付正常。每股现金流量保持业内良好的水平，2001年和2002年上半年分别为0.76元和0.39元。

由于公司加大主营业务的投入，对外投资力度强劲。2001年、2002年上半年投资活动产生的现金流量净额分别为－3.44亿元和1.54亿元。

二、近三年业务的进展与盈利能力分析

(一)业务进展顺利，主营业务收入持续大幅增长。1999年、2000年和2001年主营业务收入分别与上年同期增长33.84%、55.86%和54.41%，表明公司业务发展迅速。2002年上半年实现主营业务收入2,300,266,615元，占2001年全年的65%，主营业务收入仍然保持强劲的发展态势。

(二)盈利能力较强并稳步上升。1999、2000年、2001年、2002年1－6月销售毛利率分别为26.08%、30.39%、34.62%和36.82%，呈现出稳步上升之态，表明公司销售盈利能力强。1999、2000年、2001年、2002年上半年加权平均净资产收益率分别为14%、16%、28%和16%，扣除非经常损益后加权净资产收益率分别为16%、21%、32%和15%。

三、未来业务目标及盈利前景

公司将利用募集资金，建设保健发酵乳品生产基地和大型现代物流基地，扩大液态保鲜奶、超高温灭菌奶生产能力，进行营养保健食品科技开发，补充营运资金，这将大大提高本公司主营业务产品的质量和附加值及整体盈利水平，保证股东利益的实现。

四、公司主要财务优势

(一)公司作为在国内乳制品行业居于领先地位的企业，通过几年的努力以在消费者中树立起了自身的品牌形象，加上覆盖全国的营销网络，公司已经初步建成了贴近市场、与消费者进行直接交流的经营架构。这为公司今后不断推出新产品、保持持续稳定的发展提供了良好的渠道。

(二)公司的财务制度健全，财务风险较小。公司的应收账款和存货管理情况良好，周转速度较快；长期偿债能力较强；现金流量稳定，收益质量良好；盈利能力和资产的使用效率都在不断提高。

五、公司可能面临的财务困难

与此同时，公司在财务方面也存在着困难，这主要体现在公司追求的快速发展目标与资金实力限制之间的矛盾。公司近年来的发展均依靠自身的利润积累和负债，这样长期下去会限制公司的发展速度，可能导致公司财务状况恶化。三年来，公司通过不断在全国范围内建设和收购了相当规模的奶源基地、生产工厂以及销售机构，使公司取得持续高速的发展，但也使基本财务结构出现了大幅的变化。特别是在2001年实现增长54.41%的同时，流动负债快速增加，影响了公司短期偿债能力，不利于公司今后进一步的发展。因此，通过公开发行股票的方式实施融资，增强公司的资金实力，为公司成为国际化大公司奠定坚实的基础。

第十二章　业务发展目标

一、发展计划

(一)总体目标

公司的总体目标是保持国内乳品行业综合实力排名第一的位置，争取用十到十五年的时间跻身世界乳业十强。在未来的两三年内，为实现这个目标，光明乳业将继续利用全国的资源做全国的市场，发展成为一个全国性的乳品公司。

(二)主要经营理念

公司的经营理念是"为股东创造价值、为顾客创造价值、为社会创造价值、为员工创造价值"。

(三)发展战略

在未来的4年内，光明乳业仍以乳品经营为其核心产业和主营业务，将以乳品产业链适时带动相关产业/子公司的纵向发展，上市后将以资产经营为手段加速自身的横向外部增长。

(四)整体经营目标

到2006年，公司发展成为一个以乳品加工销售为核心，跨牧业、现代物流业、连锁商业的集团公司，实现年销售额165亿元，利润10.5亿元，年加工原料奶230万吨，争取成为世界乳业25强之一。

(五)主要业务的经营目标

估计到2006年，公司各个主要业务将达到以下经营目标：1]液态奶业务：低温保鲜产品实现销售收入80亿元；常温产品实现销售收入50亿元；有机乳品实现销售收入7亿元；2]牧业业务：发展以饲料、冻精、胚胎等产品的销售和牧业技术服务为主的牧业服务业，实现销售收入7亿元；3]物流业务：发展以冷链为核心现代物流企业，实现销售收入2亿元；4]连锁便利店业务：到2006年，在上海、江苏、浙江建设具有国际标准的连锁便利商店2000家，实现年销售额30亿元。

(六)技术开发和创新计划

公司在研发费用上的投入逐年增长，并且呈现加速增长的趋势。2001年全年研发费用为1,397万元，2000年全年研发费用为1,255万元。同时2002年依据经董事会批准的年度经营预算，2002年计划投入2,646万元，比上年度增长89%。公司目前主要技术开发和创新计划如下：

1、乳制品方面：重点开发形成干酪、甜食、保健乳制品为三大产品系列；引进新型加工工艺和加工技术，重点研究开发新型发酵技术和菌种、膜处理技术、浓缩干燥技术以及新鲜奶酪和加工干酪技术；开发功能性益生菌的筛选、分离和保存技术，获得专利性菌株，有针对性开发功能性配料，形成新的产品定位；开展新一代婴儿配方奶粉的研究，重点增加产品的生理活性。

2、牧业方面：寻找建立合理的饲料结构和配方，重点开发可持续高产的饲料技术，在维生素、微量元素以及奶牛氨基酸有所突破；建立不同规模、不同气候条件下的奶牛饲料管理模式，重点研究南方、北方的饲料特点和管理模式。引进优良种质，开展全面提高蛋白质和脂肪含量的遗传育种工作；开发常见疾病的诊断技术和疫苗使用技术。

公司将继续坚持"高科技光明"的发展战略，加大科研开发投入力度，进一步提升公司产品的科技含量，继续保持行业技术领先的优势。本次募集资金将有大量资金用于新产品的研发及技术中心的建设。

(七)本次公开发行对本公司业务将产生重大影响，主要体现在：

1、有助于实现公司现有产品结构的升级和生产技术的改进

保健发酵乳品基地项目，投资7,445万元，项目建成以后，将新增搅拌型酸奶生产能力30,000吨/年；营养保健食品科技开发项目，投资13,500万元，项目建成以后，将提升公司的科技研究水平和新产品研发的能力；引进速溶功能性奶粉项目，投资4,109万元，速溶奶粉配套项目，投资2,975万元，项目建成以后，将形成鲜牛奶处理能力150,000吨/年；引进风味酸奶生产线项目，投资4,480万元，项目建成以后，将新增风味酸奶生产能力24,000吨/年；液态奶车间及配套项目，投资2,996万元，引进液态奶前处理系统项目，投资4,141万元，项目完成以后，将形成原料奶处理能力200,000吨/年。

2、有助于实现公司在主要市场的扩张

保鲜乳品厂改建项目，投资2,950万元，引进屋形纸盒保鲜奶生产线项目，投资4,459万元，项目建成后，在北京地区将形成牛奶60,000吨/年的生产能力，其中保鲜奶生产能力36,000吨/年；引进保鲜奶自动灌装线项目，投资5,627万元，项目建成后，将新增纸盒保鲜奶灌装生产能力45,000吨/年；引进超高温灭菌关键设备以及技术改造项目，投资2,950万元，引进超高温自动灌装线项目，投资5,612万元，项目建成后，将形成超高温灭菌奶60,000吨/的生产能力。

3、有助于公司获得稳定优质的原料供应

投资2,910万元建设机械化挤奶站项目，项目建成以后，在黑龙江富裕地区将形成120,000吨/年的原料奶收集能力，以保证在该地区光明松鹤工厂10万吨奶粉和1.8万吨超高温灭菌奶的生产。

4、有助于公司开拓与乳业发展相关的其他业务

先进的电子计算机管理网络和冷藏系统确保保鲜产品所必须的冷链储运标准。

第十三章　募集资金运用

一、募集资金投资规模及方向

本次预计发行人民币普通股1.5亿股，按发行价6.50元/股计算，扣除发行费用后实际募集资金95,039万元。其中拟投资项目需求为8.1124亿元，其余资金用于补充流动资金。

本公司将妥善使用本次发行募集资金，贯彻立足上海、利用全国资源、面向全国市场的产业发展方针，加大核心技术的科研开发力度，依托高科技，提高主要产品的技术含量和质量稳定性，全面提高核心产品的竞争力；有计划有步骤地实施企业并购并加以改造，充分利用现有成熟的产业资源，稳步提高市场占有率，增强公司的抗风险能力。经本公司临时股东大会决议通过，按照由重到轻、由急到缓的次序排序，拟将所募集资金用于以下项目：

1、建设保健发酵乳品生产基地项目

发酵乳制品是乳制品中的一个最大的衍生分类产品，除了现有普遍生产的纯酸奶之外，发酵乳制品还包括了乳酸菌饮料、乳清发酵制品、果料酸奶、果仁酸奶、长寿命保鲜酸奶等等。近年来，酸奶市场呈现较好的上升势头，连续几年以超过30%的增长率上升，预计2002年全国的市场容量可以达到45万吨。在所有的发展产品种类中，又以新包装和新口味的产品发展为最快。本公司目前在全国的酸奶市场份额中，约占有11%的市场占有率，而在上海地区，则占有48%以上的份额，在邻近上海的江浙市场，占有率也逐年提高，目前约占有30%的市场占有率。随着城市

化进程的加快、基础设施的进一步完善以及公司销售网络的扩大,公司酸奶产品的销售额也日益扩大,公司现有的生产能力和包装品类都已经不能满足市场发展的需要,为此,本项目计划引进目前国际上流行的子母杯酸奶灌装线、六连杯酸奶灌装线和塑料条形包装生产线各一套及相关配套设备。这三套设备均具有世界领先水平,为国内首次引进。

光明乳业目前控制着上海地区约90%的奶源,控制存栏奶牛约52,000头,在上海地区的年收购生奶量23万吨,近年来,光明乳业已经将奶源收购范围扩大到在整个长江三角洲地区。同时,由于酸奶可以利用一部分优质奶粉作为原料,为奶源调配带来很大的方便。因此,奶源问题可由光明乳业内部统一调配解决。

本项目预计总投资7,445万元,其中固定资产投资5,445万元(其中含引进设备用汇356万美元),铺底流动资金2,000万元。固定资产投资具体安排如下:土建955万元,公用设施730万元,国内工艺设备810万元,国外引进设备2,950万元。截止2002年6月底,该项目已累计完成投资4,383万元。

本项目建成后,发酵乳品生产基地将成为国内乳品行业中加工能力最大,设备和工艺技术最先进的专业化发酵乳品加工基地,项目达产后预计增加年生产能力30,000吨,年新增销售收入34,287万元,税后利润5,040万元,内部报酬率37%,投资回收期3.0年。该项目已经上海市经济委员会沪经技(2000)835号文批准立项。

2、扩大液态保鲜奶和UHT超高温灭菌奶生产能力项目

光明乳业乳品二厂专业化分工生产液态保鲜奶和UHT超高温灭菌奶和保鲜果汁,为了进一步提高专业化生产水平,扩大生产规模,提高产品技术含量,增强企业竞争能力。本项目计划对液态奶车间进行改扩建,主要分步安排发展液态奶自动前处理设施,引进屋型纸盒保鲜奶自动生产灌装线和UHT超高温灭菌奶生产线各一条,以扩大保鲜奶和UHT奶的生产能力,适应市场需求。

(1)引进屋型纸盒保鲜奶自动生产灌装线

屋型纸盒保鲜奶属于中高档产品,90年代初在国内的乳品市场上由本公司首创引进这一新颖的国际流行包装形式。发展初期,由于受到价格和商业冷链的制约,主要集中在经济发达城市进行销售。但随着国民经济的发展,城市商业业态的进步,居民收入的增加,消费者对乳制品品质要求的提升,这一产品和消费观念正日益被广大消费者所接受,市场容量日益扩大,其中,以上海和华东地区的保鲜奶市场最重要,约占全国市场份额的80%。而北京、广州、成都等其他大城市也都已起步,市场发展潜力巨大。预计今后几年中,上海、华东地区和周边省份的保鲜奶市场仍将继续以每年30%以上的速度增长。本项目计划引进的屋型纸盒自动生产灌装线均为美国生产的新型双头快速灌装线,包装速度比原型号提高一倍,非常适合开发新颖产品和降低成本。

(2)引进超高温灭菌奶自动生产灌装线

在国内液态乳制品总量高速增长的总体背景下,UHT灭菌奶的增长速度更快一些,近年来市场总量以60%的速度增长。国内市场的总体销售情况很好,虽然目前品牌众多,但随着竞争的加剧,市场份额将偏向质量好,品牌知名度高的产品。从地域上说,UHT灭菌奶是液态奶中保质期最长、运输和分销成本较低的产品,可以利用经销商分销至二三类城市甚至乡镇,所以具有很大的市场潜力。本项目计划引进的自动UHT灭菌奶生产灌装线均为国内首次引进的快速压力灌装线,包装速度比原型号有较大提高,包装盒形式也比较多样,非常适合开发新颖和高附加值的产品。

(3)引进液态奶自动前处理系统

液态奶车间引进液态奶前处理设备及扩大处理能力,主要为后续液态奶生产能力和包装能力的扩大提供前道加工。本项目计划引进的液态奶自动前处理系统是目前国际上先进的成套自动化设备,对提高产品的质量和技术水准的升级将起到非常重要的作用。

(4)液态奶车间及配套改扩建

在现有液态奶生产车间的基础上,进行厂房改扩建9,380平方米,建设相应配套公用设施,为后续项目扩大液态奶生产能力提供基础设施条件。

本项目预计总投资18,376万元,其中固定资产投资15,376万元(其中含用汇1,491.4万美元)、铺底流动资金3,000万元。固定资产投资具体安排如下:土建1,292万元,设备及安装工程12,550万元,其他建设费用150万元,预备费1,384万元。截止2002年6月底,本公司累计已完成投资5,561万元,其中对保鲜奶自动生产线投资310万元,对UHT自动生产罐装线投资2,565万元,对液态奶自动前处理系统投资768万元,对液态奶车间及配套工程投资1,918万元。该项目建成达产后,预计增加年生产保鲜奶45,000吨,超高温灭菌奶33,000吨的能力,年新增销售收入39,108万元,税后利润3,879万元,内部报酬率20.6%,投资回收期4.8年。该项目已经上海市发展计划委员会沪计产(2001)006号文批准立项。

3、营养保健食品等科技开发项目

为了加强光明乳业的高科技核心竞争力,不断推出高附加值、高科技含量、消费者喜爱的新产品,实现"高科技光明"的战略需要,本项目主要投向以下6个方面:

(1)投资2,980万元用于转基因食品基础研究

A、转基因动物及生物反应器的研究

牛乳作为一种营养丰富的产品在人们的日常生活中扮演着不可或缺的角色,包含了维持人体营养及生长所需的各种营养成分。乳牛的乳腺被各国学者公认为最好的生物反应器,将牛乳中含量较低的乳铁蛋白、免疫球蛋白或外源的人源生长因子在乳牛中增强表达后,通过乳牛乳腺的分泌作用,可生产乳铁蛋白、免疫球蛋白或人生长因子等生物医药产品。因此,在国内市场会形成以乳为载体的保健食品新领域。

B、口服疫苗

尽管部分疫苗通过注射途径进行免疫是一种行之有效的方法,但采用口服途径进行免疫已越来越多地被认可,而且更安全、副反应更小。研究发现,利用人们日常食用的乳酸菌作为口服疫苗的载体更安全有效,国际上研究成功的例子(如伤寒杆菌口服疫苗)已不胜枚举,已成为进行人体免疫的一种常规方法。通过将决定致病菌抗原性的基因克隆到乳酸菌染色体上以后,进行培养、表达,可获得免疫效果好、安全性高的口服疫苗。

C、具有特定疗效作用的活菌制剂的研制开发

利用具有特定健康疗效作用的益生菌(以乳酸菌为主)来促进和改善人体健康是目前国际上保健功能食品研制、开发的中心领域之一,已证实益生菌在预防和治疗各种肠道疾病、提高机体免疫力、减缓肿瘤发病率及预防各种心血管疾病(如高血压、高胆固醇和心血管梗塞)等方面具有明确的作用。因此,研制和开发具有特定疗效作用的益生菌产品(包括益生菌保健食品、胶囊、片剂、活菌饮料等)对改善人们的健康有重要的作用。光明乳业技术中心乳品研究所已在这方面从事了大量的研究,积累了丰富的技术经验。

D、重组基因产品和快速诊断试剂盒的研制开发.

乳酸菌作为新兴的安全有效的克隆、表达载体,可用于多种重组基因治疗产品(如人源白介素、干扰素、生长因子、血管生长因子等)和用于多种疾病(如心血管疾病、肿瘤、老年痴呆症等)早期快速诊断试剂产品的生产。

(2)投资2,950万元用于软、硬质风味奶酪研制与开发

干酪是国外乳制品中最重要的一种,是国外牛奶消费的主要形式,占整个牛奶产量的12-50%左右。干酪作为一种发酵乳制品,是一种健康长寿食品,营养密度极高,同时干酪又是乳制品中利润最大的产品。而干酪在我国的消费可以说仍处于起步阶段,所有干酪几乎都是国外进口,或者在国外定牌加工,国内涉足该产品的企业很少。因此加入WTO后,光明乳业进行软、硬质风味奶酪的研制与开发是必要的和切实可行的。

(3)投资2,550万元用于有机乳品、有机食品研究开发

有机食品是未来发展的方向,国外有机牛奶的兴起更进一步加快有机食品的发展速度,在我国当前流行的绿色食品可以讲在一定程度上是有机食品的先锋。本公司尝试建立有机食品生产示范基地,为提高光明乳业未来产品的竞争力做好充分的准备。

(4)投资1,280万元用于完善食品中试生产设施

光明乳业技术中心的硬件优势之一是拥有设备齐全的中试工厂,拥有中试工厂使我们的研究范围和应用能力与众不同,既有别于高校、研究所,又与企业单纯的新产品开发不同。随着公司的发展和技术的进步的加快,几年前引进的设备多少有些过时,况且每条中试线都是独立放置的,缺乏产品线组合的灵活度,所以为了加快公司的产品转化率,有必要进行中试生产线的完善。

(5)投资800万元奶牛遗传基因改良及高产技术推广中心建设

光明乳业99年完成并通过全国农牧渔业丰收计划项目97-10-2(良种牛及配套增产技术—奶牛)鉴定,公司饲养纯种荷斯坦良种公牛45头,年产冷冻精液49万剂,并向全国31个省市自治区提供良种冷冻精液30余万剂。本次投资主要内容为两项:奶牛育种中心改造和高产奶牛实用技术推广服务体系建设。以饲料选择、奶牛喂养、奶牛繁殖、疫病防治等全方面为全国奶牛业的发展提供服务和贡献,形成科学饲养奶牛一揽子服务工程,有效地改良奶牛品种、提高奶牛单产和改善奶源质量,并向全国牧场提供优质、经鉴定的良种冻精及配套服务。预计年可供冻精量为100万剂,产品面向全国销售。

(6)投资2,990万元用于企业资源计划(ERP)管理信息系统建设为了配合光明乳业迅速的销售增长和业务拓展,提高企业管理水平,公司迫切需要建立一套信息资源管理系统(ERP系统),以更有效合理地利用各种资源,为生产、市场营销和企业管理提供更好的帮助。目前,公司现有的信息管理系统已经不能适应企业发展的需要,同时光明乳业已经具备了实施ERP系统的企业内部条件和外部机遇,实施ERP系统可以配合企业高速发展目标的实现,ERP系统将为光明乳业企业管理带来重大变革,为光明乳业持续发展奠定基础。

该项目实施后,将率先在三个新领域展开全方位、系统的研究,使乳品开发向更深层次进军,生物工程,基因工程,干酪、有机乳品、豆品的涉足,都为下一轮竞争打好坚固的基石。同时改善了光明乳业在高科技领域的研究条件,更新完成后的乳品技术中心包括乳品研究所、菌种中心、奶酪中心、奶牛研究所、质量检测中心、培训中心、情报研究所等部门。本项目的实施,将进一步完扩大和丰富乳制品、食品的研究范围,提高新产品开发的力度和深度,增强光明产品的高科技含量,使光明乳业科技开发能力大幅提升。

本项目预计总投资13,500万元,其中固定资产投资10,500万元,铺底流动资金3,000万元。项目达产后预计新增高科技产品20余项,年新增销售收入65132万元,税后利润5794万元,内部报酬率19.3%,投资回收期5.3年。截止2002年6月底,本公司累计已完成投资994万元,其中主要对企业资源计划管理信息系统投资638万元。该项目已经上海市经济委员会沪经技(2000)840号文批准立项。

4、建设大型现代物流基地项目

光明乳业物流中心担负着整个公司从原材料至制成品的的配送和供应责任,以及上海可的便利店的仓储、配送业务。从1999年开始,又加大社会配送业务的市场份额,到目前为止业务已经遍及整个上海,并逐渐向华东地区发展。本项目建成后,光明物流的业务网也从华东继续向全国延伸,以北京、重庆、广州、武汉、西安等各大区域的中心城市为基点,在全国初步构成了一张物流网。大型现代化冷链物流基地的建设将首先用于满足不断增长光明乳业供应链的要求,并在这个基础上开拓冷链的第三方物流市场。该项目建设的冷链物流定位于低温-配送型物流基地。

整个供应链将由四个部分组成,每个部分保持相对的独立性和开放性,通过信息网络整合为一个覆盖华东地区的基于冷链物流配送能力的配销网。

(1)建立运营管理中心

建立包括行政办公、业务管理、网络管理、资金结算、展览厅等部门组成的运营管理中心。管理运营中心的建设,将可以较大地改善项目管理营运部门的办公环境和条件,适应现代化、智能化的管理需要,以进一步提高项目的管理经营效率,使整个公司的供应链管理达到新的水平。

(2)建设大规模物流运送中心

建设14340平方米建筑物,集冷食、保鲜食品的仓储、流通、配送及第三方冷链和常温物流业务等。

(3)发展华东12城市200家可的便利店

分别在华东地区的上海、杭州、南京、合肥、宁波、南通、苏州、镇江、扬州、无锡、嘉兴和常州的12城市新开设200家便利店。在华东6个城市中形成具有一定规模的连锁网络,便利店总数达到500家。

(4)扩建全国20个城市电子商务送货网络

在全国建成拥有以送货站为主要形式的直销服务网络系统,建立一个完善的互联网平台,包括在20个中心城市设立电话呼叫中心和2000个服务站点。致力于将"送奶上门"的新通道网络进一步改造为电子商务—网上购物通道。

本项目实施后,将使本公司达成每天30000条生产、销售和调运信息的处理能力,每年200万吨货物的吞吐能力、每年20万吨货物的储存能力及每天6000个网点的配送能力,实现配送网络覆盖华东地区地级以上城市和供应链网络拥有连锁销售门店1000家及网点2000家的市场网络建设目标。'

本项目预计总投资16,970万元,其中固定资产投资12,970万元,铺底流动资金4,000万元。固定资产投资具体安排如下:土建投资2,922万元,设备及安装工程2,620万元,其他建设费用7,428万元。达产后每年将直接增加营业收入27亿元人民币,增加利润5,250万元,预计三年可以收回全部投资。截止2002年6月底,本公司已累计完成投资10,169万元,其中投资运营管理中

心3,669万元,邀请电子19城市送货网络投资3,000万元,可的便利华东6城市拓展投资3,500万元。该项目业经上海市经济委员会沪经技(2000)836号文批准立项。

5、对本公司控股子公司松鹤乳品增资

松鹤乳品是本公司与原富裕乳品厂合资组建的有限公司,主要从事奶粉和UHT超高温灭菌奶生产、经营,注册资本10,000万元,本公司投资7,815万元,占78.15%的股份,为控股经营方。根据中国乳品市场的发展前景及公司的发展战略,特别是乳业资源发展规划,本公司计划要在黑龙江建设一个20万吨的优质奶源和绿色乳品生产基地。松鹤乳品所在地为黑龙江省富裕县,具有得天独厚的养牛条件和40多年的养牛历史,作为乳制品主要成本的奶源的价格,比上海地区有明显优势,其平均价格是上海的65%左右,并且具有良好的发展潜力。我国加入WTO以后,而国外企业进入中国市场的主要产品将是奶粉和UHT奶,本公司必须掌握一定数量的国产奶粉和国产UHT奶产品,才能在与国外企业的较量中处于主动的地位。

根据生产过程和配套建设的需要,增资资金中的12,944万元资金用于以下4个方面:厂房改扩建及公用设施改造,引进日处理鲜奶200T的速溶奶粉生产线和1万吨超高温灭菌奶关键设备各一条,配套建设集中的机械化挤奶站和收奶运输系统。

(1)引进速溶功能性奶粉生产线

随着消费水平的提高,人们将以功能性、保健性奶粉取代传统的全脂甜奶粉,因此高品质的奶粉能进一步满足市场的需求,市场前景看好。本项目生产的是速溶高档奶粉,包括脱脂奶粉、全脂加糖奶粉、全脂奶粉、婴儿配方奶粉和功能性奶粉。

(2)速溶奶粉生产线公用设施技术改造及厂房配套改扩建

2000年根据市场销售情况,要求松鹤乳品的奶粉生产总量达到8100吨,但松鹤乳品在目前设备超负荷运转的情况下,仍然无法完成光明乳业8100吨的销售需求。改扩建项目完成后,可以有效提高产品质量,使工厂的生产效率、工艺水平和整体实力迈上一个新台阶,按目前的发展速度,预计到2005年光明松鹤将可能成为光明乳业最大的奶粉和UHT奶加工厂,届时年可收购、加工牛奶15万吨,成为符合公司发展要求一流产品基地。

(3)建设机械化挤奶站及收奶运输系统

本项目通过建设集中的机械化挤奶站和收奶运输系统,以"分散饲养,集中挤奶,统一管理,全程服务"的方式,使企业和农户之间建立起一种全新的可持续发展的有利于双方共同利益的关系,有力地促进了当地经济的发展和农业结构的调整。本项目计划新建机械化挤奶站45座,增添运输奶槽车20辆及相应配套设施,建立完善的生奶运输系统。

(4)引进超高温灭菌奶关键生产设备技术改造

超高温灭菌奶不需要低温冷库,在货架上可保鲜6个月以上。低温贮藏可达到12个月,采用超高温灭菌、无菌包装,产品质量可以保证,也便于运输和贮藏。根据市场的预测,到2002年全国的UHT产品市场容量大致为232万吨左右,光明乳业2001年的销量为9.3万吨,因此,销售市场的潜在前景很好。本次计划引进目前世界上生产超高温灭菌乳制品最为先进的瑞典TetraPak公司的利乐灭菌奶生产设备。

本项目预计总投资12,944万元,其中固定资产投资12,494万元(其中含外汇715万美元),铺底流动资金450万元。固定资产投资具体安排如下:土建投资2,100万元,设备及安装工程8,804万元,其他建设费用500万元,预备费1,090万元。截止2001年底已实现引进速溶功能奶粉生产线项目(投资3,091万元)、公用设施技改及厂房配套的建设(投资810万元)、机械化挤奶站及运输系统建设(投资1,203万元)和引进UHT设备技改(投资1,955万元),上述项目共计7,059万元。截至2002年6月底,本公司已累计投资9,258万元,其中对引进速溶功能性奶粉生产线3,776万元,对公用设施技改及厂房配套投资2,202万元,对机械化挤奶站及收奶系统投资1,282万元,对引进UHT设备技改1,997万元。

该项目建成达产后,预计增加年生产13,000吨奶粉和18,000吨超高温灭菌奶的生产能力,年新增销售收入30,400万元,税后利润2,413万元,内部报酬率18.3%,投资回收期5.3年。该项目已经上海市发展计划委员会沪计产(2001)004号文批准立项。

6、对本公司控股子公司健康乳业增资

健康乳业是本公司与北京石景山区农工商总公司合资建立的专业化乳制品企业,主要从事液态保鲜奶和酸奶生产和经营,注册资金1,410万元,本公司占63.83%的控股比例。经过双方的共同努力,企业迅速步上正常正常生产轨道,但因规模较小,目前的生产能力和北京市巨大的市场需求差距很大。

为提高该公司专业化生产水平,发挥规模经济效应,经健康乳业股东会决议通过,本公司单方追加投资11,895万元,注册资本增至13,305万元,本公司占96.167%的控股比例。本项目配合投资扩建新的保鲜乳制品工厂的计划,在北京郊区的经济开发区,建设新的厂区和各项配套公用设施;同时引进国际上流行成熟的风味酸奶自动生产线和屋型纸盒保鲜奶自动生产线项目,进一步扩大北京光明酸奶和保鲜奶的生产能力,满足以京津地区为中心的华北乳品市场迅速发展的需求。

(1)引进风味酸奶自动生产线

计划引进德国海斯亚公司四连杯酸奶自动生产灌装机、单杯酸奶灌装机和美国常青公司自动屋型纸盒酸奶自动灌装线,上述生产线均为国际比较流行的快速压力灌装线,包装速度比较快,非常适合开发一类全新概念和大批量的产品。产品品种主要有:搅拌型酸奶(纯白、调香)、酸奶饮品。

(2)引进屋型纸盒保鲜奶自动生产线项目

计划引进美国常青公司QPC-11自动生产灌装线5套,生产产品主要有保鲜纯白奶和保鲜花色奶两种,此产品工艺先进,产品在完整的冷链系统中进行生产、运输和销售,产品新鲜程度高,质量有保证,因此深得消费者欢迎。同时屋型纸盒保鲜奶也是乳制品中附加值较高的产品之一,其具有品种繁多、包装精美和特有的质量优势,在此基础上开发新品种的空间非常大,具有良好的投资价值。

(3)保鲜乳品厂扩建工程

根据市场发展前景,为后续的屋型纸盒保鲜奶和风味酸奶引进项目,配备充足的车间、场地、公用设施能力,为后续项目打下良好的建设基础。

本项目所需奶源均将由健康乳业和光明乳业共同进行收购和调配解决。首先由健康乳业进行收购。健康乳业目前已经控制着北京地区约30吨/日的奶源,还将继续扩大在北京郊区的收购量;其次,正计划将奶源收购范围扩大到唐山地区,与唐山田力乳品公司意向合作收购奶源,收购量平均可以达到100吨/日;另外,光明乳业将利用在东北的奶源基地协助北京光明调配北京光明所需的大包装奶粉原料。因此,奶源问题可以由健康乳业和光明乳业统一解决。

本项目总投资11,889万元,固定资产投资8,889万元(其中含用汇519万美元),铺底流动资金3,000万元。固定资产投资具体安排如下;土建投资1,920万元,设备及安装工程5,939万元,其他建设费用1,030万元。

该项目建成达产后,预计增加年生产24,000吨风味酸奶和36,000吨保鲜奶的生产能力,年新增销售收入33,235万元,税后利润3,280万元,内部报酬率17.2%,投资回收期4.3年。

该项目已经上海市发展计划委员会沪计产(2001)003号文批准立项。

二、募集资金投资项目效益估算

项目名称	投资总额(万元)	新增净利润(万)	投资回收期(年)	内部报酬率	产生效益期
1、建设保健发酵乳品生产基地	7445	5040	3	37%	2003
2、扩大液态保鲜奶和UHT超高温灭菌奶生产能力	18376	3879	4.8	20.6%	2003
3、营养保健食品科技开发	13500	5794	5.3	19.3%	2005
4、建设大型现代物流基地	16970	5250	3		2003
5、增资控股子公司松鹤乳品	12944	2413	5.3	18.3%	2003
6、增资控股子公司健康乳业	11889	3280	4.3	17.2%	2004
合　　计	81124	25656	-	-	-

上述项目建成投产后,预计年增产保鲜奶81,000吨、酸奶54,000吨、UHT超高温灭菌奶51,000吨和功能性奶粉13,000吨。上述项目建成达产后,公司年新增销售收入472,162万元,新增税后利润2.57亿元。大型现代物流基地的建成,可使本公司产品销售在全国初步构成一张物流网,营养保健食品科技开发项目预计新增高科技含量的新产品20余项,保证了公司可持续发展,为公司长远发展奠定了坚实的基础,最终实现"高科技光明"的发展战略,为广大投资者带来丰厚回报。

上述项目的财务效益分析参照国家有关规定,并根据项目的自身特点,作适当的调整和补充后,测算财务评价的各项经济效益指标。以上数据未经审计,仅作为一种预测,供投资者参考。

三、本次募集资金对公司财务经营的影响及其管理实施

本次发行成功后,本公司的经营条件和财务状况将得到进一步的改善,特别是随着募集资金投入项目逐渐产生经济效益,本公司的经济实力和市场竞争能力将得到进一步增强。

1、募集资金运用对本公司资产结构的影响

本次发行扣除发行费用后募集资金95,039万元,预计本公司的净资产将由2002年6月30日的56,573万元增加至151,612万元左右,增加幅度约168%,而本公司净利润很难保证同步增长,预计净资产收益率(全面摊薄)将从2001年末的29.97%下降至10.75%左右,总资产将由205,205万元(截至2002年6月30日经审计数)增加到300,244万元,资产负债率(母公司)将由63.26%降至41%左右,每股净资产由2002年6月30日的1.13元增加到2.33元。同时其它指标也将会大幅度变化,如短期内流动资产(现金)大幅增加,流动比率和速动比率大幅度升高,企业的长期偿债能力和短期偿债能力都大大增强,项目投资能力也大大增强;随着募集资金项目的逐步实施,流动资产逐步向其他资产形态转移,企业的流动比率和速动比率将逐步趋向正常。

2、募集资金运用对本公司经营成果的影响

本次募集资金到位后,由于募集资金投入项目需要一定的建设期,项目的效益产生时间初步估算为1-3年,投资回收期为3-5年,因此短期内对本公司的营业收入和利润总量不会有太大的作用,相反由于净资产大幅度增加,净资产收益率会受到摊薄,由2001年底的29.97%降至发行后的10.75%左右,但随着募集资金投入项目的逐步完成并产生效益,本公司的盈利能力将大幅度提高,表现在营业收入和利润也将大幅度增长,净资产收益率会逐步回升。

3、募集资金投入对本公司资本结构的影响

本次募集资金到位后,本公司的资本结构将发生较大变化。一方面本公司引入外部股东,公司的股东结构将得到改善,发行后公众股占总股本的23.04%,企业的决策机制和内部制约机制更加完善,对企业的长期发展十分有利;另一方面企业的资本公积数量大大增加,每股净资产数量大幅度提高,企业的资本结构更加合理,股本扩张能力得到增强。

四、投资项目实施的组织与管理

为控制项目投资风险,使用好募集资金,公司对投资项目实施的组织管理做出了相应的安排。以上投资项目主要由公司自行组织实施。在公司各相关职能管理部门的监督管控下,扩大液态保鲜奶和UHT超高温灭菌奶生产能力的项目由保鲜产品事业部负责组织实施,增资北京光明健康乳业有限公司项目也由保鲜产品事业部负责组织实施,增资黑龙江省光明松鹤乳品有限公司项目由常温事业部负责组织实施,投资建设大型现代物流基地项目由物流事业部负责组织实施,投资建设保健发酵乳品生产基地项目由保鲜产品事业部负责组织实施,营养保健食品科技开发项目将由公司下属的科技中心负责组织实施,包括项目的可行性研究、项目进度安排、产品及技术方案和工艺方案的研究和制定、产品开发及升级,以及相应的人员技术培训、设备购置、安装与调试、厂房土建等。项目完成后的产品由各相应的事业部负责通过其市场销售网络向全国市场推广销售。公司财务部协同工程部负责项目投资的预算和决算管理及财务收支控制。战略发展部、人力资源部和审计部都将提供相应的支持服务。

公司将建立和完善有关募集资金投向的内部控制制度,拟设立审计委员会,协助公司董事会进一步加强预决算管理,强化对项目投资及财务收支的监控;拟设立投资管理委员会,协助公司董事会进一步加强对项目实施参与各方的协调与管理,对项目投资控制、实施进度、工程质量进行全过程监控,并视各项目实际进展情况决定聘请独立中介机构对项目实施进行全过程监理。公司董事会将定期向投资者报告募集资金的使用情况。参见本招股说明书第八章"公司治理结构"。

第十四章　发行定价及股利分配政策

一、发行定价

1、本公司在确定本次股票发行价格时综合考虑了下列因素:

国内宏观经济环境及乳制品行业发展的历程及今后的发展趋势;公司拟投资项目所需要的募集资金;公司成长性、过去三年的业绩以及股票发行当年的预测业绩;同行业可比上市公司的基本情况和在股票二级市场的表现以及一二级市场间价格折扣。

2、本次发行股票估值采用以下三种方法:

(1)二级市场可比上市公司综合定价法

(2)价格—收益比率模型法

(3)现金流折现法

3、本次发行的定价过程采用向机构投资者询价的方法,根据《证券法》第28条规定和中国证监会证监发(2000)131号文精神,按照公司经营的实际情况、二级市场同行业的整体价格水平及对

机构投资者的询价结果,由发行人与主承销商协商一致后确定发行的价格。

4、本次发行的发行价格为6.50元/股,按公司2001年度全面摊薄每股收益:0.325元计算,全面摊薄发行市盈率为20倍。

二、公司股利分配的一般政策

根据本公司章程规定,税后利润按下列顺序分配:

(1)弥补上一年度的亏损;

(2)提取法定公积金10%;

(3)提取法定公益金5%-10%;

(4)提取任意公积金;

(5)支付股东股利。

每年度具体分红派息方案由董事会提出,并经股东大会决议批准后执行。

公司股利分配将严格遵循同股同利之分配原则,按各股东所持有的份额进行分配,股利分配采用现金或股票两种方式。本公司分配股利时,按有关法律和法规代扣个人股东股利收入的应纳税金。

公司股东大会对利润分配方案做出决议后,公司董事会须在股东大会召开后两个月内完成股利(或股份)的派发事项。

三、利润共享安排

根据公司2001年度股东大会决议:若2002年下半年内公司公开发行股票方案经中国证监会核准并得以实施,自2002年7月1日起公司的滚存利润由新老股东共享。

若2002年下半年内公司公开发行股票方案经中国证监会核准并得以实施,预计公司首次股利分配时间在2003年。

第十五章 其他重要事项

一、公司及控股子公司未涉及应予披露的未了结的或可预见的重大诉讼、仲裁及行政处罚案件。

二、持有本公司20%以上股份的股东上实食品目前未涉及应予披露的未了结的或可预见的重大诉讼、仲裁及行政处罚案件。

三、公司董事、监事、高级管理人员和核心技术人员未涉及尚未了结的或可预见的重大诉讼、仲裁和刑事诉讼案件。

四、重要事项

(1)2000年4月,经外经贸部[2000]外经贸资二函字第301号文《关于同意上海光明乳业有限公司增资的批复》批准,公司注册资本由5,900万美元增至7,400万美元,投资双方投资比例不变。由于投资双方尚未实施上述增资计划,并已于2000年8月21日向外资委提出了将注册资本由7,400万美元调回至5,900万美元的申请,该申请已于2000年9月18日经外经贸部[2000]外经贸资二函字第677号文批复同意,公司注册资本由7,400万美元调整至5,900万美元,投资双方投资比例不变。

(2)本公司于2001年12月31日前全部支付了2000年至2001年相继收购牛奶集团下属企业的资产(股权)转让款。且双方分别于2002年2月5日、6日出具了《关于收购上海牛奶集团有限公司拥有的部分子公司股权转让款付款确认书》。鉴于收购款部分存在逾期支付的情形,为此牛奶集团于2002年3月6日出具了《确认书》明确不存在追究本公司任何违规责任的权利。另截止2001年12月31日,本公司应付牛奶集团其他应付款共计70,668,515元,于2002年3月8日全部还清。

(3)为了充分发挥流动资金使用效率,公司董事会曾于2001年2月1日通过决议,授权总经理在不存在风险的前提下,对公司的自有闲置资金进行必要的委托资产管理业务。本公司于2001年1月15日与中信证券股份有限公司东方路营业部签订了《委托资产管理协议》。由于东方路营业部并不具备受托主体的法定资格,因此,本公司根据国家有关法律法规的规定,于2001年4月与东方路营业部的上级主管单位中信证券股份有限公司另行签订了《委托资产管理协议》,公司委托理财行为的受托主体变更为中信证券股份有限公司。根据协议,委托资金全年平均加权委托总金额为18,000万元,委托理财资金的受托范围为认购新股和国债回购,符合国家有关法律法规的规定,并且在实际操作过程中严格按照协议,未发生受托范围以外的资金运作的行为。2001年4月1日,本公司与中信证券股份有限公司重新签定了《委托资产管理协议》,协议规定中信证券按照投资收益在扣除了证券交易所规定应付各项费用后的净收益收取7%的管理费,本公司获取93%的净收益。2001年度委托理财收益为9,023,572元,占本公司该年度净利润的5.54%。

上述授权行为业经相关批准程序,符合公司章程和国家有关法律、法规。

用于委托理财的资金并非银行信贷资金,系为本公司自有资金。截止2002年1月31日,本公司已经将委托理财资金全部收回,并撤消了在中信证券的指定交易。上述委托理财事项已在公司2001年度报告中披露,公司股东大会在审议该等事宜时对此亦未表示异议。该部分资金收回后至今公司未发生将闲置资金用于委托理财的行为。

为了进一步规范公司治理行为、提高治理水平、完善内部控制制度、强化风险防范意识,公司股东大会、董事会已严格遵循《公司法》、《公司章程》等法律法规,对总经理授权决策的程序、范围和风险防范等方面进行规范。

四、牛奶集团的诉讼案件

(1)原告中国建设银行上海市分行房地产信贷部(以下简称"建设银行")诉被告上海农工商集团粮油总公司(以下简称"粮油总公司")、牛奶集团借款纠纷案,于1998年7月30日经上海市第一中级人民法院发出(1998)沪一中经初字第141号民事判决书(已生效),判令主债务人粮油总公司归还建设银行借款本金1350万元、利息1558828.79元、案件受理费85304元,担保人牛奶集团对该等债务承担连带还款责任。目前该案尚在执行过程中。

(2)原告上海浦东发展银行黄浦支行(以下简称"浦发银行")诉被告农工商、牛奶集团借款纠纷案,于2001年1月10日经上海市第二中级人民法院发出(2000)沪二中经初字第744号民事判决书(已生效),判令主债务人农工商归还浦发银行借款本金1000万元(已归还800万)、利息526901.70元、案件受理费66920元、财产保全费57430元,担保人牛奶集团对该等债务承担连带还款责任。目前该案尚在执行过程中。

(3)原告招商银行上海分行外滩支行(以下简称"招商银行")诉被告农工商、牛奶集团借款纠纷案,涉及本金2534万元,于2001年7月25日由海市第二中级人民法院发出(2001)沪二中经初字第306号民事裁定书,因财产保全,冻结牛奶集团持有本公司股份50,118,285股。2001年9月17日,原、被告达成调解协议,原告向法院申请撤销对牛奶集团持有本公司股份的司法冻结。2001年9月19日,法院发出民事裁定书,解除牛奶集团所持有本公司股份的冻结。目前此项借款已归还1000万元,另有1534万元及利息按和解协议规定,归还期为2002年1月至2003年1月按月均衡归还,如果农工商在规定期限内不能按期执行和解协议,牛奶集团仍将承担连带偿还责任。至2002年7月底,农工商已严格按和解协议履行了2002年1-7月的还款义务。

除上述诉讼以外,牛奶集团还为农工商及其附属企业提供多项担保,截止2002年6月30日牛奶集团对外担保的总额为11,333.8万元,其中部分已还款,还款金额合计为1,800万元,对外担保余额总计为9,533.8万元。目前共有二笔担保涉讼,共涉及本金1,550万元。担保的履行可能导致牛奶集团承担有关债务的连带清偿责任,担保的具体情况如下表:

被担保单位名称	担保金额	贷款银行	归还情况	备注
1 农工商粮油总公司	1350万元	建行房地产信贷部	逾期未还	诉讼
2 农工商前进总公司	850万元	浦东发展银行信贷部	逾期未还	
3 农工商集团总公司	1000万元	浦东发展银行黄浦支行	已还800万,另200万逾期未还	诉讼
4 农工商集团总公司	2000万元	上海国际信托投资公司	逾期未还	
5 农工商集团总公司	2534万元	招商银行上海分行	已还1000万,其余正按还款计划逐步归还	和解
6 农工商集团总公司	300万元	中国信达资产管理公司	未到期	
7 农工商集团总公司	500万元	中国华融资产管理公司	未到期	
8 农工商集团总公司	2500万元	浦东发展银行社保部	逾期未还	
9 农工商集团总公司	200万元	上海市财政局未到期		
10 农工商集团总公司	99.8万元	建行上海分行五支行	本金600万元已归还利息部分	
担保总额	11333.8万元			
归还额合计			1800万元	
担保余额合计	9533.8万元			

4、1999年3月,本公司与中国工商银行上海市徐汇支行(以下简称"工商银行")签订最高额抵押合同,约定工商银行向牛奶集团提供10000万元贷款合同,牛奶集团以其持有的光明乳业的50%出资额提供质押担保。该合同有效期为1999年9月10日至2001年9月9日。1998年10月12日,上海市外国投资工作委员会出具沪外资委协字(98)第1253号文批准该等质押,1998年11月5日上海市工商行政管理局予以核准。

2000年10月18日,牛奶集团与工商银行签订协议,将上述质押数额从光明乳业的50%出资额变更为40%出资额。2000年12月15日,工商银行书面确认牛奶集团已经归还上述质押所涉贷款,并同意撤消质押担保。根据我国法律的有关原则,贷款合同为主合同,担保合同为从合同,主合同履行完毕,从合同亦履行完毕。公司律师认为上述质押的变更和撤消合法有效。经查证,在发行人设立以后,牛奶集团未以其持有的40%股份设立任何质押,公司律师认为牛奶集团持有的发行人40%股份目前不存在被质押的情形。

第十六章 附录和备查文件

一、附录

附录作为招股书不可分割的有机组成部分,主要包括:

附录一:审计报告(全文)

二、备查文件

投资者可查阅与本次发行有关的所有正式法律文件,具体如下:

1、中国证监会对本次发行的核准文件

2、招股说明书的附录文件

(1)为本次发行而编制的财务报告及审计报告原件

(2)发行人律师对本次股票发行的法律意见书及其他有关法律意见

(3)发行人历次验资报告

(4)历次资产评估报告及有关确认文件

3、其他向中国证监会报送的发行申请文件

(1)发行人成立的批准和注册登记文件

(2)发行人的公司章程及其他有关内部规定

(3)发行人的营业执照

(4)发行人的发起人协议

(5)关于本次发行事宜的股东大会决议

(6)与本次发行有关的重大合同

(7)本次承销的有关协议

(8)历次股利分配的决议及记录

(9)有关关联交易协议

4、其他相关文件

查阅时间:工作日上午8:30-11:30,下午2:00-5:00。

查阅地点:公司及主承销商的住所

上海光明乳业股份有限公司

600597　上海光明乳业股份有限公司

首次公开发行股票上市公告书

第一节　重要声明与提示

上海光明乳业股份有限公司(以下简称:"本公司"、"公司"、或"发行人")董事会保证上市公告书的真实性、准确性、完整性,全体董事承诺上市公告书不存在虚假记载、误导性陈述或重大遗漏,并承担个别和连带的法律责任。

根据《公司法》、《证券法》等有关法律、法规的规定,本公司董事、高级管理人员已依法履行诚信和勤勉尽责的义务和责任。

证券交易所、中国证监会、其他政府机关对本公司股票上市及有关事项的意见,均不表明对本公司的任何保证。

本公司提醒广大投资者注意,凡本上市公告书未涉及的有关内容,请投资者查阅 2002 年 8 月 9 日刊载于《中国证券报》、《上海证券报》、《证券时报》和《证券日报》的本公司招股说明书摘要,及刊载于上海证券交易所网站(http://www.sse.com.cn)的本公司招股说明书全文。

第二节　概　　览

股票简称:光明乳业

沪市股票代码:600597

深市代理股票代码:003597

总股本:651,182,850 股

可流通股本:150,000,000 股

本次上市流通股本:150,000,000 股

上市地点:上海证券交易所

上市日期:2002 年 8 月 28 日

股票登记机构:中国证券登记结算有限责任公司上海分公司

上市推荐人:海通证券股份有限公司

东方证券有限责任公司

东北证券有限责任公司

本公司首次公开发行股票前股东所持股份的流通限制及期限:根据国家有关法律、法规规定和中国证监会证监发行字[2002]80 号《关于核准上海光明乳业股份有限公司公开发行股票的通知》,本公司的国家股、国有法人股、其他法人股暂不上市流通。

本公司首次公开发行股票前并列第一大股东上海牛奶(集团)有限公司、上实食品控股有限公司承诺:自本公司股票上市之日起 12 个月内,不转让所持有的本公司股份,也不由本公司回购其所持有的股份。

第三节　绪　　言

本上市公告书是根据《中国人民共和国公司法》、《中华人民共和国证券法》、《股票发行与交易管理暂行条例》、《公开发行股票公司信息披露实施细则》和《上海证券交易所股票上市规则》等国家有关法律、法规的规定,并按照中国证监会《公开发行证券的公司信息披露内容与格式准则第 7 号 - - 股票上市公告书》而编制,旨在向投资者提供本公司的基本情况和本次股票上市的有关资料。

经中国证监会证监发行字[2002]80 号文核准,本公司于 2002 年 8 月 14 日以向二级市场投资者定价配售的方式成功发行 15,000 万股人民币普通股,每股面值 1.00 元,发行价为每股人民币 6.50 元。

经上海证券交易所上证上字[2002]143 号文批准,本公司公开发行 15,000 万股社会公众股将于 2002 年 8 月 28 日起在上海证券交易所挂牌交易。股票简称"光明乳业",沪市股票代码为"600597",深市代理股票代码为"003597"。

本公司已于 2002 年 8 月 9 日在《中国证券报》、《上海证券报》、《证券时报》和《证券日报》上刊登了《招股说明书摘要》,招股说明书正文及其附录刊载于上海证券交易所网站(http://www.sse.com.cn),距今不足三个月,故与其重复的内容不再重述,敬请投资者查阅上述内容。

第四节　发行人概况

一、发行人基本情况

发行人中文名称:上海光明乳业股份有限公司

发行人英文名称:SHANGHAI BRIGHT DAIRY & FOOD CO.,LTD.

法定代表人:王佳芬

设立日期:2000 年 11 月 17 日

住　　所:上海市吴中路 578 号(邮政编码:201103)

经营范围:开发、加工和生产乳和乳制品、冰淇淋、非碳酸饮料、饮用水、相关食品、饲料和添加剂、公牛精液、胚胎、良种牛,销售自产产品并从事相关产业的技术、人员培训和牧业技术服务(涉及许可经营的凭许可证经营)。

主营业务:从事生产、开发乳和乳制品、冰淇淋、国产品牌的非碳酸饮料、饮用水及相关食品,销售自产产品。

所属行业:食品加工业

电话号码:021 - 54584520

传真号码:021 - 64655033

互联网网址:www.brightdairy.com

电子信箱:600597@brightdairy.com

董事会秘书:朱建毅

二、发行人历史沿革

(一)公司历史沿革

本公司前身是 1996 年 9 月,经外资委沪外资委批字(96)第 1178 号文《关于设立沪港合资经营"上海光明乳业有限公司"的批复》批准,由牛奶集团(中方)和上实资产(外方)共同投资成立的沪港合资企业。公司注册资本 2,950 万美元,合资双方分别出资 1,475 万美元,各占 50%,1996 年 10 月在工商局登记注册。

1996 年 11 月,经外资委沪外资委批字(96)第 1378 号文《关于上海光明乳业有限公司增资及转股的批复》批准,公司注册资本由 2,950 万美元增至 5,900 万美元,由原投资方按原投资比例出资,同时,原港方股东上实资产将其在合资公司的全部股权(50%股权)转让给上实食品,1997 年 4 月在工商局登记注册。

2000 年 4 月 21 日,经外经贸部以[2000]外经贸资二函字第 301 号批准公司注册资本增加至 7400 万美元,在营业执照变更后 120 天内按期缴付,但因投资双方未实施上述增资计划。公司于 2000 年 8 月向外资委提出申请注册资本调回 5900 万美元,2000 年 9 月 18 日该申请获得外经贸部以[2000]外经贸资二函字第 677 号文批准同意。

2000 年 11 月 13 日,经外经贸部[2000]外经贸资二函字第 822 号文批准,上海光明乳业有限公司依法整体变更为上海光明乳业股份有限公司。以截止 2000 年 6 月 30 日经德勤华永会计师事务所德师报(审)字(00)第 P0474 号《审计报告》审计的净资产额(总计 501,182,851 元)中的 501,182,850 元按 1:1 的比例折合股本,每股面值 1 元,由有限公司原六家股东按原比例分别持有,另外 1 元计入资本公积金。公司于 2000 年 11 月 17 日在上海工商行政管理局登记注册。变更为股份有限公司后公司的主营业务、董事会和管理层未发生变化。有限公司原执行《外商投资企业会计制度》,变更为股份公司后公司执行《企业会计制度》,因此公司会计政策发生了变化,在股份公司设立后的会计年度公司都将计提八项准备,该项政策会影响公司的财务数据。但对公司实际经营和财务状况无重大负面影响。

(二)股权转让

1996 年 11 月,原港方股东上实资产将其在光明乳业的全部股权(50%股权)转让给上实食品。本次转让经外资委沪外资委批字(96)第 1378 号文批准。

2000 年 10 月,上实食品将其持有的 5%、2.5%、2.5%的股权,分别转让给大众交通、国资公司和达能亚洲;牛奶集团将其持有的 5%、2.5%、2.5%的股权,分别转让给东方希望、国资公司和达能亚洲。转让后,各股东的出资比例为:牛奶集团和上实食品各占注册资本的 40%,国资公司、大众交通、东方希望和达能亚洲各占注册资本的 5%。本次转让经外经贸部[2000]外经贸资二函字第 822 号文批准。本次股权转让后,公司主营业务未发生变化。陈绍昌、杨国平、唐勇、秦鹏进入董事会,公司其他经营管理层未发生变化,对公司的财务状况和经营成果无重大影响。

(三)首次公开发行股票

经中国证券监督管理委员会证监发行字[2002]80 号文核准,本公司已于 2002 年 8 月 14 日采用向二级市场投资者配售方式成功发行 15,000 万股人民币普通股(A 股),每股面值 1.00 元,发行价为每股人民币 6.50 元。本公司于 2002 年 8 月 21 日办理验资手续,本次发行完成后,本公司的总股本为 651,182,850 股。

三、发行人主要经营情况

(一)公司主要业务及生产经营管理概况

公司经营范围为开发、加工、生产乳和乳制品、冰淇淋、非碳酸饮料、饮用水等相关食品,饲料和添加剂、公牛精液、胚胎、良种牛,销售自产产品并从事相关产业的技术、人员培训业务和牧业技术服务。本公司主要从事乳和乳制品的开发、生产和销售,奶牛和公牛的饲养、培育,物流配送,营养保健食品的开发、生产和销售。

公司坚持以乳品为主的产业链一体化发展模式,建立了完善的产业结构:1)乳品是公司目前核心业务。公司目前拥有牛奶、酸奶、奶粉、干酪、果汁五大产品系列,主导产品液态奶占总销售额的 60%以上。主导产品具有高盈利能力,充分保证了公司的核心竞争力和市场竞争优势。2)牧业是公司基础性配套产业。公司拥有一流的牧场技术和管理专家团队,建立了专业的、多种形式的(网络,地区部、技术服务站)的客户服务平台,面向牧场及追求高产、高效、优质的奶农,提供专项牧场产品。3)物流是公司嫁接生产商和销售商的桥梁。光明物流始终衬托主营产品的畅通,冷链物流具有承运人管理、效率优先、成本优先、运作区域化、物流资源网络多元化的特色。光明冷链不断加大 IT 网络、配送中心、运输投资的力度。4)商业连锁是公司新型商业业态。公司旗下的可的便利店在上海地区已有 500 多家分店,服务区辐射杭州、无锡、苏州等城市区域。商业连锁不仅带给公司充裕的现金流,而且强化通道经济的竞争力。

在经营管理模式上,公司已建立总部战略管控及建立事业部为利润中心的管理机制。设有保鲜事业部、常温事业部、瓶袋奶事业部、黄油干酪事业部、工业奶粉事业部、奶牛事业部、物流事业部和可的便利事业部。其中保鲜事业部、常温事业部、瓶袋奶事业部、黄油干酪事业部、工业奶粉事业部是以产品类别划分,在全国范围内进行生产和销售。奶牛事业部着重进行奶源的开发和牛的育种、饲养;物流事业部着重进行冷链建设和产品配送;可的便利事业部着重进行便利店的建设以适应新型商业液态的发展,同时作为公司产品的重要销售通路。另外公司设有技术中心,进行新品开发和新生产工艺的研究,以高科技为手段保持自身的竞争优势。

公司已在上海、南京、无锡、北京、西安、武汉等重点区域中心城市建有保鲜产品及瓶袋产品生产基地,充分利用当地丰富的生奶资源,就地生产就地销售,建立保鲜产品生产基地贴近消费市场的科学产、供、销模式,不但节约运输成本,且确保保鲜产品的质量,有效地拓展保鲜产品市场,巩固公司在保鲜产品的龙头地位。在黑龙江松鹤和内蒙呼伦贝尔等奶源丰富且成本低的地区建立常温产品生产基地(常温产品保质期长、面向全国市场销售),降低产品制造成本,增强竞争优势,扩大公司常温产品在全国的市场占有率。

(二)主要产品的市场销售情况

公司在拓展市场的经营和拓展市场的策略坚持以牛饲养、加工、物流配送、销售为产业链,同时以高科技和服务构筑产业链,用全国资源做全国市场,在全国布局奶源基地、销售基地和生产基地;实施品牌的发展战略。同时公司在全国28个省及直辖市的重点城市均设有销售公司和经销点,并借助物流事业部的配送和可的便利事业部的销售通路,共同拓展产品销售,不断提高公司的产品销量。

从需求角度来看,由于受到乳制品的储藏条件(冷链)和人们生活水平等因素的影响,目前主要销售市场集中在国内大中型城市,上海、广州、北京、天津、深圳、南京、杭州、武汉、大连、大庆、青岛、成都等十六大城市占居全国乳制品市场容量的45%以上,全国目前已形成三大消费区域带:以上海市为中心的长江中下游消费带、以北京市、天津市为核心的华北带、以广州市为中心的珠江三角洲区域带。公司推行立足华东、拓展全国、品牌推动、提升销售的营销策略,已在上海以外设立9个销售大区,建立了辐射20多个中心城市的销售网络,在华东地区已直销至县一级,在华东外围地区建立了经销网络,销售渠道主要为大卖场、超市,为"神光明牌"乳制品销售全国奠定了基础。公司于2000年5月成立了上海邀请电子商务有限公司,建立了www.net1717.com网络平台和62171717电话呼叫中心,以公司营业部送奶上门服务为基础,利用光明乳业在上海几十年的网络优势和物流优势,扩展送货上门业务。

主要产品全国市场份额变动的情况及趋势

产品	2001年		2000年		1999年	
	市场占有率	名次	市场占有率	名次	市场占有率	名次
液态奶	26.50%	1	28.37%	1	33.35%	1
酸奶	15.73%	1	12.72%	1	12.35%	1
奶粉	2.25%	11	2.14%	14	2.57%	10

前三年公司主要产品及产量　　单位:吨

产品	2001年	2000年	1999年
液态奶	496,468	349,331	225,891
奶粉	11,757	4,865	2,584
果汁	2,086	2,029	1,512
黄油和奶酪	876	576	269

(三)公司的竞争优势与劣势

作为国内乳品行业综合实力排名第一的企业,公司的竞争优势主要体现在:

1、管理优势。地处中国经济最发达的华东地区,深得改革开放的影响。特别是在企业管理体制方面,自1996年年底组建中外合资经营企业以来,获得了快速的发展。2000年11月,公司引入新的股东,改制成为股份有限公司,建立了以多元投资结构体制和职业经理人管理体制为主要内涵的现代企业制度。2000年底,公司正式启动ERP(企业资源管理)系统,对企业内部资源进行优化管理,重组业务流程,全面提高了各部门的管理水平。2001年4月,公司开始推行总部战略管控和事业部损益中心的管理体制,进一步完善了公司的内部运行管理体制。

2、人才优势。体制的优势也带来了人才的优势,公司在科研、生产、销售、管理各个环节上都聚集了国内一流的人才,并以职业化、市场化为原则建立了新型的人力资源管理体系。

3、品牌优势。公司拥有的"光明牌"乳制品商标属上海市著名商标,1999年被国家主管商标的最高机构国家工商行政管理局商标局认定为中国驰名商标。世纪之交,公司凭借在国内同行中的良好信誉、企业的雄厚实力以及地处上海国际大都市等得天独厚的条件,取得了兴建中国乳业第一座博物馆--中国乳业博物馆的主办权,从而进一步确立了公司在中国乳业中的领先地位,更好地提升了公司的企业形象。

4、技术优势。公司特别注重产品的科技含量,着力建设"高科技的光明"。公司拥有先进的乳品加工工艺、技术和设备,具有国内一流水平的奶牛育种和饲养技术,为产品生产提供优质的奶源;公司拥有目前国内规模最大、最为完善的奶牛生产性能测定系统(DHI),每月对头胎牛进行体型外貌鉴定。公司采用先进的动物模型BLUP的方法进行育种值的计算,保证公牛后裔测定的准确性,培育的优秀公牛的冻精畅销全国30多个省市。公司成立了市级乳业技术中心,加快科研开发,提升产品的科技含量。

5、规模优势。公司是全国最大规模的生产销售乳制品的企业,除上海地区以外,在全国重点地区设厂布点,内蒙、黑龙江两个奶源基地型合资企业以及北京、西安、武汉、无锡、南京、杭州等产销地型城市保鲜奶生产基地,形成了光明乳业在全国范围的加工实力,实现了"用全国资源做全国市场"的目标。

从未来发展的要求来看,公司还在一些环节上存在不足。

1、市场相对集中在上海和华东地区。光明乳业目前80%以上的销售集中在华东地区,华东以外的市场还有待进一步开拓。

2、公司的原料来源主要是华东地区,原料的数量和价格都不能支持公司的进一步增长。必须加大开拓华东以外地区的原料供应。

3、与公司每年快速增长相比较,公司运营资金略显欠缺,获得资金的渠道有限。

(四)乳制品市场容量

世界乳品行业规模巨大,同时地域性又很强。1999年全球乳品产量约5.6亿吨,但其中只有6%进入世界贸易,世界20家最大的乳制品企业2000年销售额达到1,002亿美元,其中排名第一的雀巢销售额达130亿美元。

世界乳品的需求每年按2%的速度在增长。发达国家的增长率大约是1%,而发展中国家则快得多,尤其是亚洲和拉美国家。中国属于世界上乳品市场增长最快的国家之一。1995年乳制品制造业的产值为90亿元,2000年达210亿元,扣除价格因素,5年增长110%,年增长20%。根据目前的发展势头,行家们普遍预测在未来五年内乳制品市场的年增长率将在15%左右。

(五)发行人主要财务指标

详见本上市公告书第八节"财务会计资料"部分。

(六)知识产权

1、主要技术情况

公司拥有的技术主要有两方面--牧业与乳制品加工。牧业方面在引种、规模化、高产技术方面拥有核心技术;乳品方面主要集中在保鲜、发酵乳方面。另外公司的冷连技术水平也可称为核心技术。上述的核心技术在国内绝对领先,与国际水平相当。

例如牧业中的奶牛产量:公司牧场的单产平均水平已达到8吨,是全国平均的2倍。同时公司技术服务遍及全国,从奶牛的饲养、饲料的配置到疾病的预防等等都形成自己独特的技术体系。

乳品以保鲜奶为例,公司在1994年全国第一家推出该产品。在发酵乳方面,是全国首家拥有大批量生产搅拌型酸奶的技术,公司为国内首家推出果粒酸奶的公司、第一家将酸奶灌装到保鲜屋的公司,同时公司将对人体健康有益的益生菌应用到酸奶中去,又在积极开发拥有自主知识产权的益生菌。

2、知识产权

专利

公司已把知识产权的保护列为重点工作之一,逐步开始申请专利,目前已有六项外观设计专下:

专利名称	申请号	专利属性
液态奶包装盒	01311913.3	外观设计专利
液态奶包装盒	01311908.7	外观设计专利
液态奶包装盒	01311912.5	外观设计专利
液态奶包装盒	01311910.9	外观设计专利
液态奶包装盒	01311909.5	外观设计专利
液态奶包装盒	01311911.7	外观设计专利
益菌奶及其制造方法	01112799.6	发明专利

商标

公司拥有"光明"、"三岛"、"SDC"、"可的"等71个注册商标。

商标许可使用情况

公司为进一步开拓市场,提高产品市场占有率,更好地利用品牌优势,许可被许可人使用"光明"等商标,许可商标的使用期限为10年,每一年的许可使用费为许可商品当年经审计净销售额的2.5%(牛奶集团为免费使用),由被许可人在每一年度结束以后三个月内向本公司一次性支付。详细情况请参见本招股说明书"同业竞争与关联交易"。

(七)财政税收优惠政策

本公司是在上海老市区设立的生产性中外合资企业,所得税率为27%,并从获利年度起执行"两免三减"的税收优惠政策,即1997年度、1998年度处于免税期。1999年度、2000年度、2001年度处于所得税减半期,适用税率为13.5%。从2002年起,公司将不再享受税收减半优惠,适用税率为27%,子公司所得税税率均为33%。公司将继续享受自产鲜奶和饲料销售免征增值税返还而形成补贴收入的优惠政策,其他产品均按销售收入的17%或13%计算销项税,并按抵扣进项税后的余额缴纳。

第五节　股票发行与股本结构

一、本次发行的基本情况

1、股票种类:	记名式人民币普通股
2、每股面值:	1.00元
3、发行股数:	150,000,000股
发行后总股本:	651,182,850股
发行股数占发行后总股本的比例:	23.04%
4、每股发行价:	6.50元
5、发行市盈率:	20倍
6、发行前每股净资产:	1.13元(截至2002年6月30日经审计数)
发行后每股净资产:	2.33元
7、发行方式:	全部向二级市场投资者定价配售
8、配售比例:	100%
8、发行对象:	于招股说明书摘要刊登当日2002年8月9日(T-3日)持有上证所或深交所已上市流通人民币普通股(A股)股票的收盘市值总和(包括可流通但暂时锁定的股份市值)不少于10,000元的投资者。
9、承销方式:	本次发行采用余额包销方式
10、实收募股资金:	954,037,500元
11、发行费用:	本次公开发行的发行费用总额预计为2,870万元,其中包括承销费用、审计费用、验资费用、路演费用、律师费用、上网发行费用等。
12、每股发行费用:	0.19

二、本次股票上市前首次公开发行股票的承销情况

本次公开发行的15,000万股社会公众股的配号总数为87554391,中签率为0.17132208%。其中二级市场投资者认购148,649,741股,其余1,350,259股由主承销商包销。

三、本次上市前首次公开发行股票所募股资金的验资报告

验 资 报 告

德师报(验)字(02)第031号

上海光明乳业股份有限公司:

我们接受委托,审验了贵公司截至2002年8月20日止新增注册资本的实收情况。按照国家相关法律、法规的规定和协议、章程的要求出资,提供真实、合法、完整的验资资料,保护资产的安全、完整是股东及贵公司的责任。我们的责任是对贵公司新增注册资本的实收情况发表审验意见。我们的审验是依据《独立审计实务公告第1号--验资》进行的。在审验过程中,我们结合贵公司的实际情况,实施了检查等必要的审验程序。

贵公司原注册资本为人民币501,182,850元,根据贵公司2002年第一次临时股东大会决议和修改后章程的规定,申请增加注册资本人民币150,000,000元。经中国证券监督管理委员会证监发行字[2002]80号文核准,同意贵公司向社会公众发行人民币普通股150,000,000股。经我们审验,截至2002年8月20日止,贵公司已收到社会公众股股东以货币认缴的新增注册资本人民币150,000,

000 元。

贵公司本次增资前的注册资本为人民币 501,182,850 元,已经德勤华永会计师事务所有限公司(前称:"沪江德勤会计师事务所")审验,并于 2000 年 11 月 13 日出具了德师报(验)字(00)第 059 号验资报告。截至 2002 年 8 月 20 日止,变更后的累计注册资本实收金额为人民币 651,182,850 元。

本验资报告仅供贵公司申请变更登记时使用,不应将其视为是对贵公司验资报告日后资本保全、偿债能力和持续经营能力等的保证。因使用不当造成的后果,与执行本验资业务的注册会计师及会计师事务所无关。

附件:1.新增注册资本实收情况明细表及注册资本变更前后对照表

2.验资事项说明

德勤华永会计师事务所有限公司　　中国注册会计师

(前称:"沪江德勤会计师事务所")　　顾红雨

中国*上海　　吴　辉

四、本次募股资金入帐情况

入帐时间:2002 年 8 月 20 日

入帐金额:954,037,500 元

入帐帐号:工行徐汇支行建分处 1001220719016215222

民生银行浦东支行　144923－04180000782

开户银行:中国工商银行徐汇支行建分处　民生银行浦东支行

五、本公司上市前股权结构及各类股东的持股情况

1.本次上市前股权结构

股份类别	股数(万股)	比例(%)
发起人股	501,182,850	76.96%
社会公众股	150,000,000	23.04%

2.本次上市前十大股东情况

股份类型	股　东	股份数量(股)	所占比例(%)
国有法人股	上海牛奶(集团)有限公司	200,473,141	30.78
社会法人股	上实食品控股有限公司	200,473,141	30.78
国家股	上海国有资产经营公司	25,059,142	3.85
社会法人股	大众交通(集团)股份有限公司	25,059,142	3.85
社会法人股	东方希望投资有限公司	25,059,142	3.85
社会法人股	达能亚洲有限公司	25,059,142	3.85
流通股	东方证券有限公司	1,350,259	0.21
流通股	天华证券投资基金	27,900	0.004
流通股	华夏成长基金	27,600	0.004
流通股	同盛基金	27,300	0.004

其中上实食品控股有限公司、达能亚洲有限公司为境外法人。

第六节　董事、监事、高级管理人员及核心技术人员

(一)董事

1、王佳芬,本公司董事长、总经理,女,1951 年 10 月生,大学毕业,中共党员,高级经济师,被评为全国优秀企业家、上海市劳动模范。现任牛奶集团董事,曾任上海市星火农场五七连党支部副书记、副指导员,上海市星火农场党委副书记、工会主席,上海市芦潮港农场场长、党委副书记,上海市农场局工业外经处处长,牛奶集团董事长、总经理、党委副书记等职。

2、周杰,本公司副董事长,男,1967 年 12 月生,中共党员。现任上海实业医药科技(集团)有限公司董事总经理、上实控股有限公司副行政总裁、上海盛基创业投资管理有限公司董事长等职。毕业于上海交通大学,获硕士学位。曾任上海万国证券有限公司投资银行部副总经理、上实资产经营有限公司董事长兼总经理等职。

3、叶观年,男,1950 年 1 月生,中共党员,经济师。现任上海市农工商(集团)总公司总经济师,牛奶集团董事长等职。毕业于上海农学院农业经济管理专业干部专修班。曾任上海市芦潮港农场党委书记、副场长、上海市农场管理局计财处处长、国有资产经营管理部部长等职。

4、陈宝祥,男,1947 年 3 月生,中共党员,高级政工师。现任牛奶集团党委书记、副董事长、总经理。大学毕业,曾任上海乳品用品厂党支部副书记、上海乳品二厂厂长、牛奶集团董事、副总经理等职。

5、沈伟家,男,1953 年 8 月 27 日生,中共党员。现任上海三维生物技术有限公司常务副总裁。获复旦大学管理学院经济学博士学位、比利时鲁汶大学工商管理硕士。获授副教授职称。曾任复旦大学管理学院院长助理、MBA 项目主任,上海市外高桥保税区联合发展有限公司总经理助理,上海市外高桥保税区三联发展有限公司党委书记、总经理等职。

6、季建忠,男,45 岁。现任上实控股上海代表处财务总监,上实管理(上海)有限公司财务审计部主管。毕业于北京管理干部学院,获高级会计师职称。曾任浦东钢铁公司财务处处长。

7、陈绍昌,男,1948 年 4 月 9 日生,中共党员,英国留学生、高级经济师。现任国资公司副总裁。大学本科。曾任中国银行上海分行副处长、中共上海市委办公厅副处长、中国银行伦敦分行银团部高级经理等职。

8、杨国平,男,1956 年 4 月生,硕士,高级经济师。现任大众交通董事长兼总经理。曾任上海杨树浦煤气厂厂党委副书记、代书记,上海市公用事业管理局党办副主任、上海市出租汽车公司党委书记等职。

9、唐勇,男,1956 年 5 月 13 日生,中共党员,讲师职称。现任东方希望集团及东方希望董事长助理、投资部部长。毕业于成都师专。曾任成都市粮食局金牛分局局长助理、成都大业投资股份有限公司总经理助理等职。

10、秦鹏,男,1955 年 10 月 20 日生,法籍华裔,社会学硕士。现任达能集团中国区副总裁。曾任香港淘大公司执行董事、亚太区公司发展部高级副总裁、东亚啤酒部首席执行官等职。

11、吕公良,本公司副总经理,男,1947 年 9 月 6 日生,大学毕业,中共党员,经济师。曾任光明乳业副董事长、副总经理兼财务总监,上海乳品一厂厂长,上海市牛奶公司设备科科长,牛奶集团董事、副总经理等职。

12、张华富,本公司副总经理,男,1948 年 9 月 9 日生,大学毕业,中共党员,助理经济师。曾任光明乳业董事、副总经理,江西省资溪县陈坊林场党委委员,上海第六牧场人事科负责人、场长,牛奶集团副总经理等职。

13、郭广昌,男,1967 年 2 月 16 日生。现任上海复星高科技(集团)有限公司董事长、总经理。毕业于复旦大学哲学系,获硕士学位。曾任上海广信科技发展公司董事长、总经理,上海复星实业有限公司董事长、总经理等职。

(二)监事

1、曹福康,本公司监事长,男,1939 年 10 月生,中共党员,高级经济师。现任上海实业(集团)有限公司董事、上实控股有限公司执行董事、上海上实(集团)有限公司副董事长、上实管理(上海)有限公司董事长。毕业于上海交通大学 2701 专业。曾任上海四方锅炉厂常务副厂长、上海石化通用机械公司副经理、市企业管理协会常务副秘书长、市经委技术开发处处长、市技监局副局长、市经委副总工程师、上海实业(集团)有限公司常务董事、党组成员、副总裁、工业板块董事长、总裁等职。

2、檀文耀,男,1946 年 11 月生,中共党员,大专学历,会计师、注册会计师。现任牛奶集团资产总监。曾任上海牛奶公司乳品五厂财务科长,牛奶集团计财部副经理、审计部经理。

3、苏斌,男,1968 年 7 月生,大专,助理畜牧师。现任本公司西北销售大区销售城市经理、工会副主席。曾任牛奶集团董事、团委书记。

(三)其他高级管理人员

1、林豪,本公司副总经理,男,1962 年 5 月生,中共党员,学士。现任上海光明乳业股份有限公司常温事业部总经理,公司党委委员。毕业于上海复旦大学世界经济系。曾任复旦大学世界经济研究所助教,上海社会科学院《世界经济导报》编辑、记者,上海庄臣有限公司市场部副主任,香港开联置业有限公司经理,上海不凡帝糖果有限公司销售总监助理,广州喜之郎有限公司市场部经理,上海光明乳业股份有限公司市场总监等职。

2、郭本恒,本公司副总经理、技术中心总经理,男,1963 年 8 月生,博士,曾任东北农业大学食品学院副院长、副教授,省重点学科带头人,农业部食品监督检验站(上海)站长,光明乳业新产品开发部经理,乳品培训研究中心主任、科技开发部经理、生产技术总监同时兼技术中心常务副主任、主任等职。郭博士的主要研究成果主要在生物活性物质及其应用、益生菌及其应用、功能性乳制品三方面,具体产品包括如酸奶、奶粉、液态奶、干酪等。最高获奖称呼是:99 年全国星火计划带头人标兵。目前作为农口的唯一代表正在申报上海科技精英(共十名)。他所在的团队多次获上海农工商先进团队、突击队等称号。郭博士现兼任中国食品科技学会副理事长、上海食品学会理事、乳品专业委员会主任、中国畜产学会副理事长等职;共发表论文 91 篇,6 篇被英、俄杂志摘录,获各类论文奖 8 次,通过省级鉴定项目 5 项,公开出版专著 2 部,主编 4 部,主审 1 部,参编和参译著作 3 部。

3、朱建毅,本公司董事会秘书,男,1954 年 3 月生,中共党员,大专中文专业毕业,受训于上海大学法学院律师班。政工师,执业律师。现任本公司秘书长、行政总监、法律事务部经理、纪委书记。曾任牛奶集团党委委员、宣传科长、法律事务部经理等职。

4、章国政,本公司财务总监,男,1965 年 4 月生,厦门大学会计系经济学学士,中国注册会计师协会(CICPA)会员,2001 年 4 月起任本公司审计部总监,2002 年 3 月被公司董事会聘任为财务总监。曾任上海财经大学会计系教师、泰国正大集团易初工业集团总部高级经理、洛阳北方易初摩托车有限公司财务会计部经理、上海日升石膏有限公司财务会计部经理、上海易初日精有限公司负责公司财务会计及营销工作的副总经理等职务。

(四)核心技术人员

1、郭本恒,简历见前述高级管理人员介绍。

2、陆耀华,本公司奶牛事业部总经理,男,1965 年 2 月生,农学士,高级畜牧师,曾任上海市奶牛研究所技术员、所长,上海奶牛育种中心主任,光明乳业总经理助理、奶牛部经理等职。其开创了中国最大的 DHI(生产性能测定、牛群改良)项目,2000 年获得全国农牧渔业丰收奖三等奖,上海市良种牛及配套增产技术－－奶牛项目第三名。

3、张少辉,本公司技术中心首席研究员,男,1965 年 7 月生,博士,曾在解放军农牧大学从事教学工作,供职于日本 Tanishow 食品开发研究所,任开发部长代理,主要从事饮料的开发与研究。

4、蒋能群,本公司技术中心基础研究项目组高级项目经理,女,1973 年 12 月生,博士。其主要从事分子生物学、转基因动物及益生菌的研究。曾经发现一条新基因,建立了转基因小鼠模型,有数篇论文发表在国家核心期刊上,有一篇论文被 EI(国际工程学文摘,中国仅有少数几本期刊被收入)收录。另外还获得过医学领域内的商业策划大赛优胜奖。

5、吴昊,本公司技术中心酸奶项目经理,女,1973 年 10 月生,硕士,吴小姐的主要工作成果主要在芦荟酸奶、黄桃果粒酸奶、草莓果粒酸奶、酸奶小超人及超人酸奶棒新产品。其获得的奖项主要包括:2000 年度荣获上海市农口系统优秀党员,2000 年度荣获上海市农工商系统新长征突击手,2000 年度荣获上海市农工商系统"三八红旗手",2000 年度荣获上海光明乳业先进员工。

6、龚广予,本公司技术中心液态奶项目经理,男,1972 年 11 月生,硕士,其主要负责开发了光明超高温高钙奶、光明高钙奶、光明特浓鲜奶、健能益菌奶、低脂高钙奶、光明高铁奶等新产品,发表了《钙与补钙》、《高钙奶的研制》、《乳铁蛋白的生理功能》、《低乳糖奶的研制》等论文,1999 年被评为上海市科技先进工作者。

上述人员除董事秦鹏先生外,均为中国国籍,无境外永久居留权,相互之间不存在配偶关系、三代以内直系亲属和旁系亲属关系。

(二)持股情况说明

本次发行前本公司董事、监事、高级管理人员及核心技术人员及其亲属均未持有本公司及本公司关联企业的任何股权。

第七节　同业竞争与关联交易

一、关于同业竞争

(一)同业竞争情况

本公司控股股东牛奶集团和上实食品及其控制的企业与本公司不存在同业竞争。牛奶集团下属上海农工商集团练江总公司(下属上海乳品七厂)尚保留少量乳品业务,该等业务均在上海农工商集团练江总公司所在地安徽省境内的部分地区开展,其规模不足以对本公司的主营业务构成竞争。牛奶集团下属上海乳品三厂主要经营纯净水生产和销售业务,与本公司不存在同业竞争。

(二)避免同业竞争措施

1、牛奶集团与本公司于 2000 年 11 月签订的《不竞争协议》,牛奶集团承诺:不再直接或间接实施竞争产品的科学研究、开发新的竞争产品以及竞争产品的替代品、开展竞争业务、投资从事竞争业务的任何经济组织、代理他人从事竞争业务、作任何有关竞争产品或竞争业务的广告或其他任何形式的宣传,不再注册与竞争产品或竞争业务有关的商标、不再使用或许可第三方使用或转让其拥有的与竞争产品或竞争业务有关的商标。

2、上实食品向本公司出具的不竞争承诺函承诺：目前并未以任何方式直接或间接从事与本公司相竞争的业务，并未拥有从事与本公司可能产生同业竞争企业的任何股份、股权或在任何竞争企业有任何权益；将来不会以任何方式直接从事与本公司相竞争的业务，不会直接投资、收购竞争企业，亦不会以任何方式为竞争企业提供任何业务上的帮助。

3、依据国家工商行政管理局1995年10月10日颁布的[工商企字(1995)第260号]，1997年至1998年公司按中外合资企业享受所得税免税期间，不能对外投资。在这经营期间公司业务扩张及市场销售网络建设均通过牛奶集团公司对外投资完成，并委托本公司采取托管经营方式运行。为彻底避免同业竞争，本公司于2000年至2001年3月期间，全面完成对牛奶集团委托本公司经营的从事乳制品的相关企业和市场网络的收购。

(三)公司章程对避免同业竞争的规定

《章程修订本》第一百零七条规定：

董事应当遵守法律、法规和公司章程的规定。忠实履行职责，维护公司利益。当其自身的利益与公司和股东的利益相冲突时，应当以公司和股东的最大利益为行为准则，并保证：不得自营或者为他人经营与公司同类的营业或者从事损害本公司利益的活动。

二、关联方及关联方关系

根据中国证监会证监发[2001]41号文的规定，本公司目前存在的关联方及关联关系如下：

(一)本公司股东

关联方	关联关系	法定代表人	注册资本
牛奶集团	本次发行前，持有本公司40%的股份	叶观年	50,576万元
上实食品	本次发行前，持有本公司40%的股份	卓福民	1美元
国资公司	本次发行前，持有本公司5%的股份	祝世寅	250,000万元
大众交通	本次发行前，持有本公司5%的股份	杨国平	56,585.16万元
东方希望	本次发行前，持有本公司5%的股份	刘永行	20,000万元
达能亚洲	本次发行前，持有本公司5%的股份	伊盛盟(SIMON ISRAEL)	1,012,116,029元新币

(二)上实食品的控股股东

上海实业控股有限公司，该公司注册资本89,934,100港元，上海实业(集团)有限公司持有其60.9%的股权，其余为公众人士持有。法定代表人为蔡来兴，现任副董事长为陈伟恕，执行董事为卓福民、陆大镛、厉伟达、陆禹平、余力、曹福康、闻松泉、葛文耀、黄彦正、顾文兴，住所为香港告士打道39号26楼，主要业务为基建、现代物流、消费品/零售、汽车零部件、信息技术、医药科技等。截止2001年12月31日，该公司总资产为1,483,820.4万港元；2001年度的净资产为1,243,840.8万港元，2001年度净利润为120,253.4万港元(以上数据经德勤·关黄陈方会计师行审计)。

(三)牛奶集团之控股子公司(本公司除外)

包括上海金牛经济发展有限公司等，详细内容参见招股说明书"发行人基本情况"。

(四)本公司直接或间接控股的子公司

包括本公司直接控股的黑龙江光明、北京光明等子公司和间接控股的北京光明健康乳业销售有限公司、南京光明乳业销售有限公司等。详细内容参见招股说明书"发行人基本情况"。

(五)本公司之参股公司

上海源盛运输合作公司、江苏荷斯坦投资有限公司和光明乳业(德州)有限公司。详细内容参见招股说明书"发行人基本情况"。

(六)本公司关键管理人员、核心技术人员在其中任主要职务的其它企业

关联方	关联关系	主要产品或主要业务
上海实业医药科技集团有限公司	公司副董事长周杰任其董事总经理	生物医药投资
上实控股有限公司	公司副董事长周杰任其副总裁	实业投资、高新技术投资
上海盛基创业投资管理有限公司	公司副董事长周杰任其董事长	投资管理
上海国鑫投资发展有限公司	公司董事陈绍昌任执行董事兼总经理	实业投资.投资管理咨询.委托理财
上海大众科技创业股份有限公司	公司董事杨国平任其董事长	投资高新技术、海洋生物、新药、保健品、通讯等项目的研发
上海达能饼干有限公司	公司董事秦鹏任其董事长	饼干
江门达能饼干有限公司	同上	饼干
深圳达能益力泉饮品有限公司	同上	饮品
广州达能酸乳酪有限公司	同上	酸奶
唐山欧联豪门啤酒有限公司	同上	啤酒
武汉欧联东西湖啤酒有限公司	同上	啤酒
上海复星高科技(集团)有限公司	公司董事郭广昌任其董事长兼总经理	实业开发、生物制品、计算机等

三、关联方与本公司存在关联交易形式与控制或影响实质

(一)主要关联关系形式

本公司认为关联方可以通过以下几种关联形式的途径，对本公司的财务和经营决策产生直接或间接的控制或施加影响：

股权关系：通过股权关系途径，关联股东可通过股东大会投票表决对本公司包括财务和经营决策在内的重大事项产生直接或间接的控制或施加影响。

人事关系：公司的人事由本公司自主管理，独立于牛奶集团和上实食品外，控股股东不能直接在人事关系方面对公司进行控制。另王佳芬担任本公司董事长和总经理职务。

管理关系：牛奶集团作为本公司的控股股东，在与本公司人员、资产、财务三分开的前提下，按照合法程序，推荐董事并经股东大会选举参加董事会，通过董事会对本公司的重大决策施加影响。

商业利益关系：本公司与关联方发生的关联交易遵循公平原则和市场原则，在商业关系上体现平等、互利。

(二)控制和影响的实质

本公司董事会认为：在所有关联方中，有能力对本公司的财务和经营决策产生直接或间接控制或施加影响的关联方是本公司控股股东－－牛奶集团和上实食品，其实际控制或施加影响的途径和方式是通过在股东大会和董事会上的投票表决权等。以下近三年发生的关联交易，公司认为是在公平、公正、真实的原则基础上进行的，关联方销售及采购交易的定价基本上采用市场价、成本加价确定。

四、关联交易内容

请查阅2002年8月9日刊登在《中国证券报》、《上海证券报》、《证券时报》和《证券日报》刊登的《招股说明书摘要》以及刊载于上海证券交易所网站(http://www.sse.com.cn)的本公司招股说明书第七章同业竞争与关联交易。

第八节　财务会计资料

本公司1999年－2002年6月30日的财务会计资料已于2002年8月9日在《中国证券报》、《上海证券报》、《证券时报》和《证券日报》刊登的《招股说明书摘要》中进行了披露，投资者欲了解详细内容，请查阅上述报纸或刊载于上海证券交易所网站(http://www.sse.com.cn)的本公司招股说明书全文。

一、注册会计师意见

德勤华永会计师事务所受聘对本公司1999年1月1日至2002年6月30日的资产负债表、利润表、利润分配表以及2002年中期的现金流量表进行了审计，并已出具了标准无保留意见的审计报告。

二、简要会计报表(附后)

三、会计报表附注

本公司会计报表附注等有关内容，请查阅2002年8月9日刊登在《中国证券报》、《上海证券报》、《证券时报》和《证券日报》刊登的《招股说明书摘要》以及刊载于上海证券交易所网站(http://www.sse.com.cn)的本公司招股说明书全文与附录。

四、主要财务指标

本公司主要财务指标(附后)

第九节　其他重要事项

一、自本公司股票首次公开发行之日至本上市公告书公告之日，本公司严格依照现行有关法律、法规的规定规范运行，生产经营情况正常，本公司所处行业和市场无重大变化，主要业务发展目标的进展状况正常，主要投入、产出物供求及价格无重大变化；

二、自本公司股票首次公开发行之日至本上市公告书公告之日，本公司没有进行重大对外投资，无重大资产(股权)收购、出售行为；

三、自本公司股票首次公开发行之日至本上市公告书公告之日，本公司重大会计政策和会计师事务所没有发生变化；

四、根据二〇〇一年度股东大会决议：若2002年下半年内公司公开发行股票方案经中国证监会核准并得以实施，自2002年7月1日起公司的滚存利润由新老股东共享，并且预计公司首次利润分配时间在2003年。

五、本公司股票首次公开发行和股票上市前后税负无变化；

六、自本公司股票首次公开发行之日至本上市公告书公告之日，本公司未涉及任何重大诉讼、仲裁或行政处罚案件，并且董事会认为本公司未面临任何重大影响的诉讼和索赔要求；

七、自本公司股票首次公开发行之日至本上市公告书公告之日，本公司董事、监事和高级管理人员未受到任何刑事起诉，亦没有尚未了结或可能发生的刑事诉讼事项；

八、自本公司股票首次公开发行之日至本上市公告书公告之日，本公司住所未变更；

九、自本公司股票首次公开发行之日至本上市公告书公告之日，未发生新的重大负债，并且重大债项未发生变化；

十、根据《上海证券交易所股票上市规则》，本公司第一大股东上海牛奶(集团)有限公司、上实食品控股有限公司承诺，自本公司股票上市之日起12个月内，不转让其所持有的本公司股份，也不由本公司回购其持有的本公司股份；

十一、本公司董事会已于2002年7月29日审议通过本公司2002年半年度财务报告；

十二、本公司股票首次公开发行至本上市公告书公告之日，没有其他应披露而未披露之重大事项。

第十节　董事会上市承诺

本公司董事会承诺将严格遵守《中华人民共和国公司法》、《中华人民共和国证券法》、《股票发行与交易管理暂行条例》、《公开发行股票公司信息披露实施细则》和《上海证券交易所股票上市规则》等国家法律、法规和有关规定，并自股票上市之日起作到：

(一)承诺真实、准确、完整、公允和及时地公布定期报告，披露所有对投资者有重大影响的信息，并接受中国证监会、证券交易所的监督管理；

(二)承诺本公司在知悉可能对股票价格产生误导性影响的任何公共传播媒介中出现的消息后，将及时予以公开澄清；

(三)本公司董事、监事、高级管理人员和核心技术人员将认真听取社会公众的意见和批评，不利用已获得的内幕消息和其他不正当手段直接或间接从事本公司股票的买卖活动；

(四)本公司没有无记录的负债。

第十一节　上市推荐人及其意见

一、上市推荐人情况

上市推荐人：海通证券股份有限公司

法定代表人：王开国

地址：上海市淮海中路98号

电话：021－63756385

传真：021－63756458

联系人：姜诚君、孙剑峰、袁震、汪烽、侍江天

上市推荐人：东方证券有限责任公司

法定代表人：肖时庆

地址：上海市浦东大道720号国际航运金融大厦20楼

电话：021－50367888

传真：021－50366340

联系人：费华武、陈龙辉、王金明、何英、陈波

上市推荐人：东北证券有限责任公司

法定代表人：李树

地址：北京市西城区三里河东路5号中商大厦4楼

电话：010－68573829

传真：010－68573837

联系人:田树春

二、上市推荐人意见

本公司上市推荐人认为,本公司章程符合《中华人民共和国公司法》等有关法律、法规和中国证监会关于公司章程的相关规定。根据《中华人民共和国公司法》、《中华人民共和国证券法》、《股票发行与交易管理暂行条例》、《上海证券交易所股票上市规则》等国家有关法律、法规的规定,本公司首次公开发行的股票已具备公开上市的条件。

本公司上市推荐人保证本公司的董事了解法律、法规、上海证券交易所上市规则及股票上市协议规定的董事的义务与责任,并协助本公司健全了法人治理结构、制定了严格的信息披露制度与保密制度。

本公司上市推荐人已对上市文件所载的资料进行了核实,确保上市文件真实、准确、完整,符合规定要求。保证本公司的上市申请材料、上市公告书没有虚假、严重误导性陈述或者重大遗漏,并保证对其承担连带责任。

本公司上市推荐人愿意推荐本公司股票在上海证券交易所上市交易,并保证不利用在上市过程中获得的内幕信息进行内幕交易,为自己或他人谋取利益。

上海光明乳业股份有限公司

二〇〇二年八月二十三日

简要合并现金流量表

单位:元

项目	2002年1-6月	2001年度
经营活动产生的现金流量净额	197,394,174	379,985,619
投资活动产生的现金流量净额	-153,665,919	-344,166,184
筹资活动产生的现金流量净额	-15,627,037	-58,333,376
现金及现金等价物净增加额	28,101,218	-22,513,941

简要合并资产负债表

单位:元

项目 资产	2002.06.30 合并	2001.12.31 合并	2000.12.31 合并	1999.12.31 合并
货币资金	441,757,588	413,656,370	436,170,311	334,069,499
短期投资		793,660		
应收账款	315,121,227	249,928,038	197,082,694	166,608,424
其他应收款	27,704,473	44,905,576	43,465,615	41,102,728
预付账款	4,294,217	1,688,834	1,377,828	7,298,006
存货	242,706,769	234,430,632	199,091,800	119,003,208
待摊费用	15,154,632	11,846,863	6,385,542	1,821,716
流动资产合计	1,046,738,906	957,249,973	883,573,790	669,903,581
长期投资				
长期股权投资	16,879,225	9,340,000	340,000	1,400,000
固定资产:				
固定资产原价	1,147,913,228	1,059,778,000	725,266,200	520,650,863
减:累计折旧	428,623,023	371,395,432	301,840,234	208,009,719
固定资产净值	719,290,205	688,382,568	423,425,966	312,641,144
减:固定资产减值准备	11,760,383	18,106,178		
固定资产净额	707,529,822	670,276,390	423,425,966	312,641,144
在建工程	160,064,980	70,317,455	71,917,801	3,898,399
固定资产合计	867,594,802	740,593,845	495,343,767	316,539,543
无形资产	79,470,018	80,854,733	88,038,935	83,005,065
长期待摊费用	41,363,305	41,131,565	21,595,098	6,529,971
无形资产及其他资产合计	120,833,323	121,986,298	109,634,033	89,535,036
资产总计	2,052,046,256	1,829,170,116	1,488,891,590	1,077,378,160
负债及股东权益				
短期借款	474,800,000	286,500,000	97,500,000	7,400,000
应付账款	333,436,775	321,032,838	168,898,497	123,827,927
预收账款	84,869,145	94,503,251	62,143,645	51,183,022
应付工资	64,457,257	64,465,271	64,635,309	35,551,709
应付福利费	12,539,665	12,539,665	12,539,665	9,112,020
应付股利	80,244,385	124,363,631	194,131,954	44,315,465
应交税金	55,112,751	20,994,324	20,360,379	1,546,311
其他应交款	1,178,467	538,910	600,258	-
其他应付款	235,851,195	210,157,312	226,924,920	113,872,233
预提费用	15,264,591	1,770,312	1,035,263	64,247
其他流动负债	6,913	211,011		254,643
一年内到期的长期负债	13,121,020	32,280,020	14,536,840	13,808,260
流动负债合计	1,370,882,164	1,169,356,545	863,306,730	400,935,837
长期负债:				
长期借款	22,457,340	20,422,500	41,881,540	26,182,980
长期应付款	25,792,112	29,021,957	34,521,957	40,070,664
长期负债合计	48,249,452	49,444,457	76,403,497	66,253,644
负债合计	1,419,131,616	1,218,801,002	939,710,227	467,189,481
少数股东权益	67,189,312	66,705,782	44,441,918	5,840,279
股东权益:				
股本	501,182,850	501,182,850	501,182,850	489,541,869
资本公积	1	1	1	102,506
盈余公积	64,148,713	42,480,481	3,515,866	9,112,020
其中:公益金	29,783,352	19,375,764	957,338	-
未分配利润	393,764		40,728	105,592,005
股东权益合计	565,725,328	543,663,332	504,739,445	604,348,400
负债及股东权益总计	2,052,046,256	1,829,170,116	1,488,891,590	1,077,378,160

简要合并利润表

单位:元

资产	2002年1-6月 合并	2001年度 合并	2000年度 合并	1999年度 合并
一、主营业务收入	2,300,266,615	3,520,210,605	2,279,828,659	1,462,719,208
减:主营业务成本	1,449,323,295	2,330,276,109	1,585,880,520	1,081,119,281
主营业务税金及附加	4,004,902	6,913,532	1,128,572	169,076
二、主营业务利润	846,938,418	1,183,020,964	692,819,567	381,430,851
加:其他业务利润	4,431,655	15,262,087	4,259,154	468,431
减:营业费用	557,080,369	754,451,064	384,845,504	217,188,607
管理费用	123,585,874	209,945,553	163,440,040	77,107,698
财务费用	13,978,748	9,928,035	-2,858,446	-7,153,989
三、营业利润	156,725,082	223,958,399	151,651,623	94,756,966
加:投资收益	-100,411	7,181,507	-12,421,430	-
补贴收入	5,658,404	17,026,779	8,474,814	11,159,935
营业外收入	1,246,326	1,468,938	1,266,919	338,671
减:营业外支出	2,614,604	28,630,694	19,215,163	15,575,060
四、利润总额	160,914,797	221,004,929	129,756,763	90,680,512
减:所得税	59,823,722	46,836,356	24,079,077	12,600,000
少数股东损益	5,545,769	11,261,954	1,442,507	1,164,366
五、净利润	95,546,306	162,906,619	104,235,179	76,916,146
加:年初未分配利润		40,728	105,592,005	36,078,471
六、可供分配的利润	95,545,306	162,947,347	209,827,184	112,994,617
减:提取法定盈余公积金	11,260,644	20,546,189	957,338	-
提取法定公益金	10,407,588	18,418,426	957,338	-
提取职工奖励及福利基金			4,027,646	3,701,306
提取储备基金			2,013,823	1,850,653
提取企业发展基金			2,013,823	1,850,653
七、可供股东分配的利润	73,877,074	123,982,732	199,857,216	105,592,005
减:提取任意盈余公积金		-	-	-
应付普通股股利	73,483,310	123,982,732	199,816,488	-
八、未分配利润	393,764		40,728	105,592,005

主要财务指标

单位:元

主要财务指标			2002年6月	2001年	2000年	1999年
流动比率			0.76	0.82	1.02	1.67
速动比率			0.59	0.62	0.79	1.37
资产负债率(%)			65.14	63.26	62.79	43.39
应收账款周转率			8.14	15.75	12.54	9.7
存货周转率			6.07	10.75	9.97	11.41
无形资产(土地使用权除外)占总资产的比例(%)			1.49	1.8	2.59	3.8
研究与开发费用占主营业务收入的比例(%)			0.23	0.39	0.26	0.62
每股净资产			1.13	1.08	1.01	1.23
每股经营活动的现金流量			0.39	0.76	0.54	0.33
净资产收益率(%)	主营业务利润	全面摊薄	150	218	137	63
		加权平均	143	206	108	67
	营业利润	全面摊薄	28	41	30	16
		加权平均	26	39	24	17
	净利润	全面摊薄	17	30	21	13
		加权平均	16	28	16	14
	扣除非经营性收益后的净利润	全面摊薄	16	33	24	15
		加权平均	15	32	21	16
每股收益(元)	主营业务利润	全面摊薄	1.69	2.36		
		加权平均	1.46	2.36		
	营业利润	全面摊薄	0.31	0.44		
		加权平均	0.27	0.44		
	净利润	全面摊薄	0.19	0.33		
		加权平均	0.18	0.33		
	扣除非经常性收益后的净利润	全面摊薄	0.19	0.36		
		加权平均	0.19	0.36		
	发行后每股净资产			2.33		

600599 湖南浏阳花炮股份有限公司

2001 年年度报告摘选

一、公司基本情况简介

1、公司法定中文名称及缩写
公司法定中文名称:湖南浏阳花炮股份有限公司
公司中文缩写:浏阳花炮
公司法定英文名称:Hunan Liuyang Fireworks Co.,Ltd.
2、公司法定代表人:汤贤富
3、公司注册及办公地址:湖南省浏阳市金沙北路 369 号
邮政编码:410300
公司电子信箱:liuhua@public.cs.hn.cn
4、公司选定的信息披露报纸:《上海证券报》、《中国证券报》、《证券时报》
登载公司年度报告的中国证监会指定的国际互联网网址:http://www.sse.com.cn
公司年报备置地点:董事会秘书办公室
5、董事会秘书:唐和平
证券事务代表:柳曙光
联系地址:湖南省浏阳市金沙北路 369 号
联系电话:0731-3620966
专　　真:0731-3611670
电子信箱:lyhp600599@263.net
6、公司股票上市交易所:上海证券交易所
股票简称:浏阳花炮
股票代码:600599

二、会计数据和业务数据摘要

(一)本年度主要利润指标

	(单位:人民币元)
利润总额	25870676.74
净利润	17790096.31
扣除非经常性损益后的净利润	15225395.43
主营业务利润	42618937.51
其他业务利润	3447886.75
营业利润	22980647.56
投资收益	325328.3
补贴收入	2536893
营业外收支净额	27807.88
经营活动产生的现金流量净额	-1935970.77
现金及现金等价物净增加额	184070328.56

说明:经营活动产生的现金流量净额母公司为 6454399.23 元,合并后出现负数的原因主要子公司湖南浏花金峰纸业有限公司成立后在期末增加较多存货的原因。

(二)公司近三年主要会计数据及财务指标

项目	单位	2001 年度	2000 年度	1999 年度
主营业务收入	元	197170030.7	200257176.27	235586947.91
净利润	元	17790096.31	11854714.03	10496002.38
总资产	元	350247095.82	131947190.47	143823008.67
股东权益(不含少数股东权益)	元	271364038.97	77487701.67	73457528.02
全面摊薄每股收益	元/股	0.254	0.237	0.209
加权平均每股收益	元/股	0.305	0.237	0.209
扣除非经常性损益后的每股收益	元/股	0.218	0.235	0.195
扣除非经常性损益后的每股收益(加权)	元/股	0.261	0.235	0.195
每股净资产	元	3.88	1.55	1.47
调整后的每股净资产	元	3.86	1.53	1.44
每股经营活动产生的现金流量净额	元	-0.02	0.03	0.01
全面摊薄净资产收益率	%	6.56	14.93	13.97
加权平均净资产收益率	%	10.84	15.30	14.28
扣除非经常性损益后的加权平均资产收益率	%	9.30	14.81	13.87

注:上表利润数据按中国证监会《公开发行证券公司信息披露编报规则(第 9 号)》要求计算。

(三)报告期利润表附表

2001 年度利润	净资产收益率(%)		每股收益(元)	
	全面摊薄	加权平均	全面摊薄	加权平均
主营业务利润	15.71	25.97	0.61	0.73
营业利润	8.47	14.00	0.33	0.39
净利润	6.56	10.84	0.25	0.31
扣除非经常性损益后的净利润	5.62	9.30	0.22	0.26

三、股本变动及股东情况

(一)公司股份变动情况表

数量单位:股

	本次变动前	本次变动增减(+,-)						本次变动后
		配股	送股	转增	增发	其他	小计	
一、未上市流通股份								
其中:国有股	32932400					-2000000	-2000000	30932400
法人股	15000000							
个人股	2067600							
未上市流通股份合计								
二、已上市流通股份	50000000					+22000000	+22000000	22000000
人民币普通股								
已上市流通股合计						+22000000	+22000000	22000000
三、股份总数	50000000					+22000000	+22000000	70000000

600600 青岛啤酒股份有限公司

2001 年年度报告摘选

一、公司基本情况简介

1、法定中文名称:青岛啤酒股份有限公司
英文名称:TSINGTAO BREWERY COMPANY LIMITED
2、法定代表人:李桂荣
3、董事会秘书:张学举、袁璐
证券事务代表:张瑞祥
联系地址:青岛市香港中路五四广场青啤大厦 1703 室
联系电话:(0532)5713831;传真:(0532)5713240
电子信箱:secretary@tsingtao.com.cn
4、注册地址:山东省青岛市登州路 56 号
办公地址:山东省青岛市香港中路五四广场青啤大厦
邮政编码:266071
公司网址:http://www.tsingtao.com.cn
电子信箱:info@tsingtao.com.cn
5、选定信息披露报纸:《中国证券报》、《上海证券报》
登载公司年度报告的指定网址:http://www.sse.com.cn
年度报告备置地点:公司董事会秘书室
6、公司股票上市地:
A 股:上海证券交易所
股票简称:青岛啤酒;代码:600600
H 股:香港联交所;代码:0168

二、会计数据和业务数据摘要

1、公司 2001 年财务数据

利润总额	182,564,938
净利润	102,887,744
扣除非经常性损益后的净利润	23,084,917
主营业务利润	1,561,053,739
其他业务利润	7,071,287
营业利润	71,319,534
投资收益	31,442,577
补贴收入	85,859,803
营业外收支净额	(6,056,976)
经营活动产生的现金流量净额	529,894,751
现金及现金等价物净增减额	(170,138,399)

注:非经常性损益项目包括:A 补贴收入 85,859,803　B 营业外收支净额(6,056,976)

2、主要会计数据及财务指标　单位:人民币元

	2001 年	2000 年调整前	2000 年调整后	1999 年调整前	1999 年调整后
主营业务收入	5,276,724,546	3,766,259,130	3,766,259,130	2,445,436,497	2,445,436,497
净利润	102,887,744	95,201,759	91,697,252	89,472,227	79,651,350
总资产	8,243,838,412	6,995,231,025	6,978,958,118	5,172,518,356	5,165,034,062
股东权益(不含少数股东权益)	2,964,914,586	2,235,378,634	2,204,838,121	2,247,007,213	2,230,001,436
全面摊薄每股收益	0.1029	0.1058	0.1019	0.0994	0.0885
加权平均每股收益	0.1046	0.1058	0.1019	0.0994	0.0885
每股净资产	2.96	2.48	2.45	2.50	2.48
调整后的每股净资产	2.95	2.40	2.43	2.43	2.47
每股经营活动产生的现金流量净额	0.53	0.37	0.37	0.34	0.34
净资产收益率	3.47%	4.26%	4.16%	3.98%	3.57%
扣除非经常性损益后净资产收益率(加权)	0.80%	1.83%	1.67%	1.57%	1.15%

三、股本变动及股东情况

1、股份变动情况表

	本次变动前	本次变动增减(+,-)						本次变动后
		配股	送股	公积金转股	增发	其他	小计	
一、未上市流通股份								
1、发起人股份								
其中:								
国家持有股份	39982							39982
境内法人持有股份	5333							5333
境外法人持有股份								
其他								
2、募集法人股份								
3、内部职工股								
4、优先股或其他								
未上市流通股份合计	45315							45315
二、已上市流通股份								
1、人民币普通股	10000				10000		10000	20000
2、境内上市的外资股								
3、境外上市的外资股	34685							34685
4、其他								
已上市流通股份合计	44685							54685
三、股份总数	90000				10000		10000	100000

2、股东情况介绍
(1)报告期末股东总数为 142,272 户。
(2)报告期末本公司前十名股东

持有人	持股种类	期末持股数	占总股本比例(%)	持股增减
青岛市国有资产管理局	A	399,820,000	39.98	0
香港中央结算(代理人)有限公司	H	335,458,380	33.55	4,428,332
中国银行山东省分行	A	29,250,000	2.93	-
中国建设银行青岛市分行	A	19,080,000	1.91	-
泰和基金	A	5,854,404	0.59	-
青岛华青财务服务有限公司	A	5,000,000	0.5	-
香港汇丰银行代理人有限公司 A/C14	H	1,200,000	0.12	-
香港汇丰银行代理人有限公司	H	1,107,699	0.11	-
华安证券	A	934,450	0.09	-
白雪	A	650,000	0.07	-

600601 上海方正延中科技集团股份有限公司

2001 年年度报告摘选

第一章 公司基本情况简介

一、公司法定中文名称:上海方正延中科技集团股份有限公司
公司法定英文名称:SHANGHAI FOUNDER YANZHONG SCIENCE & TECHNOLOGY GROUP CO., LTD
公司英文名称缩写:FST
二、公司法定代表人:魏新先生
三、董事会秘书:侯郁波先生
联系地址:上海市浦东南路 360 号新上海国际大厦 36 层
联系电话:(021)58407668－654　　传　真:(021)58408970
电子信箱:houyb@foundertech.com
四、公司注册地址:上海市南京西路 1515 号嘉里中心九楼
公司办公地址:上海市浦东南路 360 号新上海国际大厦 36 层
邮政编码:200120
公司网址:http://www.foundertech.com
五、公司选定的信息披露报纸:《上海证券报》、《中国证券报》
登载公司年度报告的中国证监会指定国际互联网网址:http://www.sse.com.cn
公司年报备置地点:上海市浦东南路 360 号新上海国际大厦 36 层董事会秘书处
六、股票上市地:上海证券交易所
股票简称:方正科技　　股票代码:600601

第二章 会计数据和业务数据摘要

一、主要财务数据　　单位:元

项目	金额
利润总额:	120,015,487.47
净利润:	100,305,043.57
扣除非经常性损益后的净利润:	49,282,177.25
主营业务利润:	359,413,638.04
其他业务利润:	2,205,608.99
营业利润:	63,559,208.45
投资收益:	30,705,696.02
补贴收入:	19,000,000
营业外收支净额:	－2,869,417.00
经营活动产生的现金流量净额:	560,334,056.76
现金及现金等价物净增加额:	470,385,222.01

非经常性损益为 51,022,866.32 元,主要内容为:

项目	金额
①被投资单位股权转让	13,577,037.24
②补贴收入	28,620,000
③营业外收支净额	－2,869,417.00
转让法人股收益	11,740,116.08
委托投资收益	2,500,000.00
其他投资收益	2,497,800.00
所得税影响	－5,042,670.00

二、截止报告期末公司前三年的主要会计数据和财务指标

项目	2001 年	2000 年		1999 年	
		调整前	调整后	调整前	调整后
主营业务收入	3,692,870,125.54	2,698,527,300.26	31,85,531,699.96	1,652,792,891.02	1,990,743,554.11
净利润	100,305,043.57	124,831,373.16	93,056,219.38	33,856,938.63	29,362,099.56
总资产	2,390,968,339.74	1,308,750,890.49	1,424,964,277.43	843,241,351.71	944,238,929.59
股东权益(不含少数股东权益)	587,058,250.93	517,426,220.15	484,354,176.62	391,924,828.93	390,627,939.18
每股收益(摊薄)	0.268	0.67	0.498	0.18	0.156
每股收益(加权)	0.268	0.67	0.498	0.21	0.182
扣除非经营性损益每股收益(摊薄)	0.132	0.67	0.398	0.20	0.035
扣除非经营性损益每股收益(加权)	0.132	0.67	0.398	0.23	0.041
每股净资产	1.57	2.77	2.59	2.10	2.09
调整后的每股净资产	1.52	2.67	2.49	1.95	2.00
每股经营活动产生的现金流量净额	1.50	0.03	0.03	－0.60	
净资产收益率(%)(摊薄)	17.09	24.13	19.21	8.64	7.51

三、净资产收益率和每股收益指标

	净资产收益率		每股收益	
	全面摊薄	加权平均	全面摊薄	加权平均
(1)主营业务利润	61.22%	67.24%	0.95	0.95
(2)营业利润	10.83%	11.89%	0.17	0.17
(3)净利润	17.09%	18.76%	0.26	0.26
(4)扣除非经常性损益后的净利润	8.39%	9.22%	0.13	0.13

第三章 股本变动和主要股东持股情况

	本次变动前	配股	送股	公积金转股	其他	小计	本次变动后
一、未上市流通股份							
1、发起人股份							
其中:							
国家拥有股份							
境内法人持有股份							
境外法人持有股份							
其他							
2、募集法人股							
3、内部职工股							
4、优先股或其他							
其中:转配股							
未上市流通股份合计							
二、已上市流通股份							
1、人民币普通股	186,624,000			186,624,000			373,248,000
2、境内上市的外资股							
3、境外上市的外资股	186,624,000			186,624,000			373,248,000
4、其他							
已上市流通股份合计							
三、股份总数	186,624,000			186,624,000			373,248,000

（注:表头“本次变动增减(＋,－)”涵盖配股至小计各列。）

600603 上海兴业房产股份有限公司

2001 年年度报告摘选

第一节 公司基本情况简介

一、公司法定中文名称:上海兴业房产股份有限公司
公司英文名称:SHANGHAI XINGYE HOUSING CO., LTD
公司英文名称缩写:XYHC
二、公司法定代表人:唐相道
三、公司董事会秘书:祁勇
联系地址:上海市长乐路 333 号　　邮政编码:200031
联系电话:021－54042455　　传真电话:021－54045488
电子信箱(E－mail):Xingyeb @ online.sh.cn
四、公司注册地址:上海市四川南路 38 号　　邮政编码:200002
联系电话:021－54042455　　传真号码:021－54045488
公司办公地址:上海市长乐路 333 号　　邮政编码:200031
联系电话:021－54042455　　传真号码:021－54045488
电子信箱(E－mail):Xingyeb @ online.sh.cn
五、公司选定的信息披露的报纸名称:《上海证券报》
登载公司年度报告的中国证监会指定的国际互联网网址:http: // www. sse. com. cn
公司年度报告备置地点:上海市长乐路 333 号公司办公室
六、公司股票上市交易所:上海证券交易所
公司股票简称:ST 兴业　　公司股票代码:600603

第二节 会计数据和业务数据摘要

一、本年度主要利润指标情况:(单位:元)

项目	金额
利润总额:	－360,159,411.52
净利润	－360,257,085.70
扣除非经常性损益后的净利润:	－358,768,401.61
主营业务利润:	14,433,760.06
其它业务利润:	3,052,980.42
营业利润:	－358,698,155.43
投资收益:	－1,575,218.00
营业外收支净额:	113,961.91
经营活动产生的现金流量净额:	43,897,729.99
现金及现金等价物净增加额:	2,769,268.78

注:扣除的非经常性损益项目和涉及金额:

项目	金额
股票股权转让收益	－1,602,646.00
营业外收支净额	113,961.91

二、截止报告期末公司前三年主要会计数据和财务指标(单位:万元)

项目	2001 年	2000 年		1999 年	
		调整前	调整后	调整前	调整后
主营业务收入(万元)	7,257.11	22,597.50	22,597.00	33,196.00	33,196.00
净利润(万元)	－36,025.71	404.00	403.56	2,713.00	2,713.00
总资产(万元)	70,607.13	114,618.00	114,555.81	99,016.00	99,016.00
股东权益(万元)(不含少数股东权益)	1,695.92	37,857.00	37,721.62	37,453.00	37,453.00
每股收益(摊薄)(元)	－1.85	0.02	0.02	0.17	0.17
每股收益(加权)(元)	－1.85				
扣除非经常性损益后每股收益(元)	－1.84	0.02	0.02	0.17	0.17
每股净资产(元)	0.09	1.94	1.94	2.31	2.31
调整后每股净资产(元)	0.09	1.94	1.94	2.30	2.30
每股经营活动产生的现金流量净额(元)	0.23	－0.98	－0.98	－1.22	－1.22
净资产收益率(摊薄)(%)	－2,124.26	1.07	1.07	7.24	7.24
净资产收益率(加权)(%)	－2,124.26	1.07	1.07	7.24	7.24

三、报告期利润表附表:

项目	报告期利润(元)	净资产收益率%		每股收益(元)	
		全面摊薄	加权平均	全面摊薄	加权平均
主营业务利润	14,433,760.06			0.07	0.07
营业利润	－358,698,155.43			－1.84	－1.84
净利润	－360,257,085.70			－1.85	－1.85
扣除非经常性损益后的净利润	－358,768,401.61			－1.84	－1.84

第三节 股本变动及股东情况

一、股本变动情况　　(数量单位:股)

	本次变动前	配股	送股	公积金转股	增发	其他	小计	本次变动后
一、未上市流通股份								
1、发起人股份								
其中:								
国家持有股份								
境内法人持有股份								
境外法人持有股份								
其他								
2、募集法人股份								
3、内部职工股								
4、优先股或其他								
其中:转配股								
未上市流通股份合计								
二、已上市流通股份	194641920							194641920
1、人民币普通股	194641920							194641920
2、境内上市的外资股								
3、境外上市的外资股								
4、其他								
已上市流通股份合计	194641920							194641920
三、股份总数	194641920							194641920

600602　上海广电电子股份有限公司

2001 年年度报告摘要

第一节　公司基本情况简介

一、公司法定中文名称:上海广电电子股份有限公司
公司法定英文名称:SVA ELECTRON CO.,LTD.
公司英文名称缩写:SVA－E
二、公司法定代表人:董事长　顾培柱先生
三、公司信息披露机构:董事会办公室
公司董事会秘书:胡之奎先生
其他联系人:周祁顺先生、肖敏小姐
联系地址:上海市长寿路 97 号世纪商务大厦 26 楼
电话:62980202 转 646 或 647
专真:62982121
电子信箱:stock@sva－e.com
四、公司注册地址:上海市浦东新区即墨路 95－97 号 2 号楼 4 层
公司办公地址:上海市长寿路 97 号世纪商务大厦 26 楼
邮政编码:200060
公司国际互联网网址:http://www.sva－e.com
电子信箱:webmaster@sva－e.com
五、公司选定的信息披露报纸名称:《上海证券报》、香港《南华早报》
登载公司年度报告的中国证监会指定国际互联网网址:http://www.sse.com.cn
公司年度报告备置地点:公司董事会办公室
六、公司股票上市交易所:上海证券交易所
股票简称:广电电子　上电 B 股
股票代码:600602　　900901

第二节　会计数据和业务数据摘要(合并报表)

一、主要利润指标及境内外审计差异
(一)本年度主要利润指标情况(单位:人民币元)

项目	金额
利润总额	202,595,870.62
其中:主营业务利润	365,884,510.20
其他业务利润	149,349,181.48
营业利润	72,092,666.24
投资收益	133,500,807.02
补贴收入	2,482,180.19
营业外收支净额	－5,479,782.83
净利润	170,444,004.72
扣除非经常性损益后的净利润	67,382,404.54
经营活动产生的现金流量净额	431,279,287.82
现金及现金等价物净增加额	－246,709,453.50

说明:扣除非经常性损益后的净利润包括土地补偿利润 106,124,458.80 元,新品开发费－621,839.07 元,补贴收入 2,084,522.92 元,固定资产清理收益 138,993.30 元,罚款收入 476,187.18 元,固定资产净损失－4,816,875.85 元,罚款支出－338,597.24 元。

(二)境内外审计差异情况及原因

本集团的法定帐户是根据中华人民共和国会计准则编制的适用于股份制公司的帐户。这些会计准则在某些重大方面不同于国际会计准则。所产生的差异对截至二 OO 一年十二月三十一日止年度税后亏损以及少数股东收益、股东权益的影响概括如下:(RMB'000)

	税后亏损和少数股东收益		股东权益	
	2001	2000	2001	2000
根据中国会计准则先前列报	170,441	300,875	2,692,924	2,865,123
－固定资产及在建工程减值	－	(654)	－	(368,984)
－特定费用确认	－	(955)	－	(7,444)
－少数股东收益	－	194	－	26,477
根据中国会计准则重新列报	170,441	299,460	2,692,924	2,515,172
计入本年度的以前年度调整	－	－	－	－
－固定资产及在建工程减值	(274,584)	(42,346)	－	－
－投资减值	－	(13,500)	－	－
－其他	(1,441)	(904)	－	－
固定资产及在建工程减值	－	－	－	274,584
应占联营公司净资产	(2,319)	－	(2,319)	－
尚未确认的无形资产及其摊销	14,591	(21,002)	(166)	(14,757)
尚未确认的商誉及其摊销	2,258	1,492	(39,479)	(40,753)
坏帐准备	1,416	－	－	(1,416)
存货跌价准备	1,300	－	－	(1,300)
预提负债	(4,995)	－	－	4,995
尚未确认的营运收入和购货	(1,522)	－	(1,522)	－
少数股东收益	(10,841)	(194)	(6,508)	1,447
已宣告尚未派发的股利	－	－	8,429	84,293
职工住房周转金转销	16,299	－	－	－
职工奖励及福利基金	(561)	(24,164)	－	－
其他	1,783	1,784	(3)	1,559
合计	(88,175)	200,626	2,651,356	2,823,824

二、截至报告期末公司前三年主要会计数据和财务指标:(单位:人民币元)

项　目	2001 年	2000 年(调整后)	2000 年(调整前)	1999 年(调整后)	1999 年(调整前)
主营业务收入	4,058,711,570.29	5,055,646,755.07	5,055,646,755.07	4,374,000,131.03	4,374,000,131.03
净利润	170,444,004.72	299,460,108.80	300,875,042.36	289,007,348.88	323,269,075.81
总资产	7,679,584,053.96	7,297,072,817.35	7,739,914,912.66	6,624,692,928.20	7,018,488,612.80
股东权益(不含少数股东权益)	2,692,924,399.87	2,515,171,898.02	2,865,122,853.87	2,322,385,318.61	2,689,870,113.11
每股收益(全面摊薄)	0.202	0.355	0.357	0.377	0.422
每股收益(加权平均)	0.202	0.355	0.357	0.453	0.507
扣除非经常性损益后的每股收益	0.08	0.365	0.366	0.121	0.166
每股净资产	3.19	2.98	3.40	3.03	3.51
调整后的每股净资产	3.13	2.93	3.36	3.01	3.48
每股经营活动产生的现金流量净额	0.51	0.45	0.45	0.81	0.81
净资产收益率%(摊薄)	6.33	11.91	10.50	12.44	12.02
净资产收益率%(加权)	6.55	12.11	10.66	27.06	24.08
按扣除非经常性损益后净利润为基础的净资产收益率%(加权)	2.59	12.43	10.94	8.67	9.45

三、利润表附表

报告期利润	净资产收益率(%)		每股收益(元)	
	全面摊薄	加权平均	全面摊薄	加权平均
主营业务利润	13.59	14.07	0.434	0.434
营业利润	2.68	2.77	0.086	0.086
净利润	6.33	6.55	0.202	0.202
扣除非经常性损益后的净利润	2.50	2.59	0.080	0.080

第三节　股本变动及股东情况

一、股份变动情况表　数量单位:股

	本次变动前	本次变动增减(+、－) 配股	送股	公积金转股	增发	其他	小计	本次变动后
一、未上市流通股份								
1、发起人股份								
其中:								
国家持有股份	313,947,548							313,947,548
境内法人持有股份								
境外法人持有股份								
其他:								
2、募集法人股份								
3、内部职工股								
4、优先股或其他								
其中:转配股								
未上市流通股份合计	313,947,548							313,947,548
二、已上市流通股份								
1、人民币普通股	318,156,381							318,156,381
2、境内上市的外资股	210,830,374							210,830,374
3、境外上市的外资股								
4、其他								
已上市流通股份合计	528,986,755							528,986,755
三、股份总数	842,934,303							842,934,303

二、股东情况介绍

(一)报告期末公司股东总数为 249831 户,其中未上市流通国有股 1 户,A 股 214506 户,B 股 35324 户。

(二)报告期末持有本公司 5%以上股份的股东仍为上海广电(集团)有限公司,报告期末持股数量为 313,947,548 股。所持股份均为非流通股,不存在质押或冻结的情况。

报告期末公司主要股东持股情况:

	股东名称	持股数(股)	占总股本比例(%)
1	上海广电(集团)有限公司(国有股)	313,947,548	37.24
2	上海久事公司	6,618,241	0.79
3	上海置业集团(上海)有限公司	5,250,000	0.62
4	上海天原(集团)有限公司	4,000,000	0.47
5	WATTSBURG CO.LTD.	3,162,456	0.38
6	CBNY S/APNC/SKANDIA SELECT FUND/ CHINA EQUITY AC	2,755,060	0.33
7	上海贝岭股份有限公司	2,400,000	0.28
8	上海市上投实业公司	2,200,000	0.26
9	SCBHK A/C NOMURA TB/NOMURA ITM	1,499,500	0.18
10	李华利	1,492,150	0.18

说明(1)以上十名股东中,第 1 名为国有股股东;第 5、6、9 名股东均为 B 股股东;第 2、3、4、7、8 名股东为参与公司 1999 年度增发新股(A 股)配售的战略投资者,至报告期末其所持股份全部上市流通。前十名股东之间不存在关联关系。

(2)国有股权的代表为:上海广电(集团)有限公司。

(3)持股 10%以上的股东只有一名,即公司国有股股东上海广电(集团)有限公司。

(4)报告期内无控股股东变更情况。

(三)公司控股股东情况

法定代表人:徐为飚先生

成立日期:1997 年 3 月

主要业务和产品:电子电器产品及设备、实业投资、商业投资、商业贸易(除专项规定)、新办经济实体、投资、控股、参股等资产经营业务,计算机信息网络国际联网经营业务,自营和代理各类商品及技术的进出口业务,但国家限定公司经营或禁止进出口的商品及技术除外,经营进料加工和"三来一补"业务,经营对销贸易和转口贸易、产权经纪。

注册资本:20.9 亿元

股权结构:

股　东	所占比例
上海汽车工业(集团)总公司	48.61%
上海仪电控股(集团)有限公司	19.43%
上海上实(集团)有限公司	12.54%
上海国际信托投资公司	9.71%
上海广播电影电视发展总公司	9.71%

第四节　董事、监事、高级管理人员和员工情况

一、基本情况

姓　名	职务	性别	年龄	任期起止日期	年初持股数(股)	年末持股数(股)	变动原因
顾培柱	董事长	男	54	99.5 至 2002.5	4886	4886	
周家春	副董事长	男	57	99.5 至 2002.5	10000	10000	
吴冀南	副董事长	男	54	99.5 至 2002.5	2033	2033	
顾忠惠	董事、总经理	男	51	00.3 至 2002.5	0	0	

钱佩勇	董事	男	56	99.5 至 2002.5	1628	1628
李慈祖	董事	男	60	99.5 至 2002.5	2033	2033
王　旭	董事	男	37	99.5 至 2002.5	0	0
周克明	董事	男	50	99.5 至 2002.5	924	924
唐齐千	董事	男	68	99.5 至 2002.5	924	924
陆　敏	董事	男	48	99.5 至 2002.5	0	0
袁恩桢	董事	男	63	99.5 至 2002.5	0	0
崔振佳	监事会主席	男	51	99.5 至 2002.5	0	0
周正春	监事会副主席	男	56	99.5 至 2002.5	2440	2440
宋　涛	监事	男	58	99.5 至 2002.5	0	0
唐人善	监事	男	58	99.5 至 2002.5	739	739
胡志先	监事	男	49	99.5 至 2002.5	0	0
王爱萍	监事	女	44	99.5 至 2002.5	528	528
陈国辉	监事	男	45	99.5 至 2002.5	0	0
王海涛	副总经理	男	46	99.5 至 2002.5	1848	1848
蔡涵芳	副总经理	女	44	99.5 至 2002.5	1100	1100
顾泽人	副总经理	男	45	99.5 至 2002.5	1100	1100
关坚韧	副总经理	男	34	01.4 至 2002.5	0	0
钱尊训	副总经理	男	57	01.9 至 2002.5	0	0
黎继皋	总工程师	男	58	99.5 至 2002.5	1848	1848
滕明芳	总会计师	男	46	01.7 至 2002.5	0	0
胡之奎	董事会秘书	男	36	99.5 至 2002.5	1294	1294

注:董事长顾培柱先生同时担任上海广电(集团)有限公司副总裁;董事钱佩勇先生同时担任上海广电(集团)有限公司副总裁;董事王旭先生同时担任上海广电(集团)有限公司财务部经理;董事李慈祖先生同时担任上海广电(集团)有限公司工会常务副主席,现已退休;监事会主席崔振佳先生同时担任上海广电(集团)有限公司党委副书记、纪委书记、工会主席;监事宋涛先生同时担任上海广电(集团)有限公司财务总监。

二、年度报酬情况

公司根据制定的"对经营管理者的考核分配办法",对公司高级管理人员实施考核分配激励。主要依据是公司与其签订的"业绩合同","工作任务书"的完成情况。报告期内有董事、监事高级管理人员共 15 人在公司领取报酬,年度报酬总额 127.48 万元。其中在 10 - 12 万元之间的有 2 人,9 - 10 万元之间的有 3 人,8 - 9 万元之间的有 5 人,7 - 8 万元之间的有 2 人,5 - 7 万元之间的有 3 人。其中金额最高的前三名董事的报酬总额 32 万元,金额最高的前三名高级管理人员报酬总额为 26.78 万元。公司董事中顾培柱、钱佩勇、王旭、李慈祖(现已退休)等四人在上海广电(集团)有限公司领取薪酬;董事周家春在上海永新彩色显像管股份有限公司(公司持有 45%的股权的子公司)领取薪酬;董事袁恩桢、陆敏、唐齐千不在公司以及关联单位领取报酬。公司监事中崔振佳、宋涛在上海广电(集团)有限公司领取薪酬;监事陈国辉不在公司及其关联单位领取薪酬。

三、在报告期内离任的高级管理人员有副总经理张坚白,原因是工作调动。聘任了副总经理关坚韧和钱尊训;总会计师滕明芳。

第五节　公司治理结构

公司自上市以来,严格按照《公司法》、《证券法》、《上海证券交易所股票上市规则》以及中国证监会有关规定的要求,不断完善公司法人治理结构,规范公司运作。公司已根据 2002 年 1 月 7 日发布的《上市公司治理准则》的有关要求,重新修订了公司《章程》、《股东大会议事规则》、《董事会议事规则》、《独立董事议事规则》、《监事会议事规则》、《总经理工作细则》、《公司信息披露制度》等相关规范性文件。

一、关于股东与股东大会

公司能够确保所有股东,特别是中小股东,享有平等权利。公司制定了《股东大会议事规则》,严格按照中国证监会公布的《股东大会规范意见》的要求召集、召开股东大会,董事会能够严格执行股东大会对董事会的授权,以及落实股东大会的各项决议。

二、关于控股股东与上市公司的关系

本公司控股股东按照有关规定行使出资人权利,没有利用其特殊地位谋取额外利益。公司与控股股东在人员、资产、财务、机构、业务方面做到相互独立,公司董事会、监事会和内部机构能够独立运作。

三、关于董事和董事会

公司严格按照《公司章程》规定的董事选聘程序选举董事,并将根据《上市公司治理准则》的有关要求推行累积投票制度。公司董事能够勤勉尽责,维护公司和全体股东的利益。公司制定了《董事会议事规则》、《独立董事议事规则》,并将在 2002 年度按照《上市公司治理准则》的要求,组成董事会专门委员会,进一步完善公司法人治理结构。

四、关于监事和监事会

公司建立了《监事会议事规则》,监事会人数与人员构成符合法律、法规的要求。公司监事会能够认真履行职责,对公司财务以及公司董事、经理与其他高级管理人员履行职责的合法合规性进行监督。

五、关于绩效与激励约束机制

公司高级管理人员的聘免公开、透明,符合法律、法规和公司章程的规定。公司根据制定的"对经营管理者的考核分配办法"对公司高级管理人员实施考核分配激励。公司对高级管理人员一年进行二次考核,将高级管理人员的收入与公司经营业绩紧密挂钩。以上办法的实施后,高级管理人员的工作目标进一步明确,考核、检查与督促更具有针对性。

六、关于利益相关者

公司能够充分尊重和维护银行及其他债权人、职工、消费者等其他利益相关者的合法权益,在经济交往中,做到互惠互利,共同推动公司持续、健康地发展。

七、关于信息披露与透明度

公司能够做好股东的来电来访咨询工作,保持公司与股东沟通渠道的畅通。公司严格按照法律、法规和公司章程的规定,真实、准确、完整、及时地披露有关信息,并确保所有股东有平等的机会获得公司信息。

第六节　股东大会情况简介

公司 2000 年度股东大会于 2001 年 5 月 30 日在上海国际体操中心召开,本次股东大会决议刊登在 2001 年 5 月 31 日的《上海证券报》和香港《南华早报》。

第七节　董事会报告

一、公司经营情况

(一)公司主营业务的范围以及经营状况

1、公司主营业务范围

本公司主营业务为真空光电子器件及其应用产品、配件的生产和销售,主导产品为各种型号和尺寸的彩色显像管及其主要配套件彩色显像管玻壳、电子枪及荫罩。

2001 年度公司共生产彩色显像管 487.79 万只,销售 503.20 万只,实现主营业务收入 405871.16 万元,主营业务利润 36588.45 万元,净利润 17044.40 万元,扣除非经常性损益后的净利润 6738.24 万元。

2、公司生产经营的主要产品情况　　单位:万元

产品种类	销售收入	销售成本	毛利率(%)
21 英寸彩管	69256.22	58914.67	14.93
25 英寸彩管	62401.30	58883.49	5.64
29 英寸彩管	106179.47	107512.56	- 1.26
34 英寸彩管	92221.34	89713.79	2.72
荫罩	11382.20	11070.84	2.74
电子枪	29767.59	26326.98	11.56

3、报告期内公司主营业务或其结构与前一报告期相比,无重大变化。

公司控股子公司上海永新彩色显像管股份有限公司 2001 年 10 月完成了 29 英寸纯平彩管生产线的建设,并投入试生产。此举将对公司 2002 年度主营业务收入产生影响。

2001 年,公司投资占 70%的上海广电液晶显示器有限公司共生产各类 STN - LCD 液晶 71 万片,销售 43.7 万片,实现销售收入 1056 万元。预计 2002 年将生产 730 万片,实现销售收入 13000 万元。

(二)主要参股子公司的经营情况及业绩

1、上海旭电子玻璃有限公司主要业务为生产销售彩色显像管、显示管用玻壳,注册资本 107901.78 万元,报告期内实现销售收入 147588 万元,净利润 19186.22 万元,2001 年末该公司总资产为 386146.85 万元,本公司占 30%的股权。

2、上海索广映像有限公司主要业务为生产销售彩色电视机、显示器及其主要配件,注册资本 85071.93 万元,报告期内实现销售收入 302846.82 万元,净利润 53576.26 万元,2001 年末该公司总资产为 213192.49 万元,本公司占 10%的股权。

(三)主要供应商、客户情况

报告期内,公司向前五名供应商合计采购金额 176068.31 万元,占年度采购总额的 51.63%;向前五名客户销售额合计 219212.45 万元,占公司销售总额的 54.01%。

二、公司投资情况

(一)1999 年度增发新股(A 股)募集资金投资情况

公司于 1999 年 12 月增发了 1.29 亿股新股(A 股),共募集了 12.78 亿元资金,至 2001 年末共使用了募集资金 11.35 亿元,剩余资金均为公司银行存款。因此募集资金的使用延续到本报告期内,具体投资情况如下:(单位:万元)

	项　目	原计划投资	实际已投资	进展情况
1	上海广电液晶显示器有限公司(超扭曲向列型液晶项目)	10400	10400	已投产
2	上海旭电子玻璃有限公司	4500	4490	已达产
3	上海索广映像有限公司	2129	2123	已达产
4	上海永新彩色显像管股份有限公司	10300	10300	已达产
5	PDP 项目(经变更)	20271	20238	建设中
6	VFD 项目(经变更)	11911	11879	已投产
7	T5 荧光灯项目(经变更)	6270	323	小批量生产
8	LED 项目(经变更)	4980	0	筹建中
9	VFD 厂房(经变更)	7000	6138	已建成
10	PDP 厂房(经变更)	10865	8029	建设中
11	归还流动资金贷款	39548	39548	

注:(1)PDP 项目、VFD 项目及 VFD 厂房项目经 2000 年度第一次临时股东大会审议通过后变更,具体情况见公司 2000 年度报告。

(2)经公司 2000 年度股东大会审议通过,调整了 1999 年度增发新股募集资金投资 T5 荧光灯项目。

原项目计划使用 1999 年度增发新股募集资金,项目总投资 19560 万元(含美元 948.2 万元),年产量为 1200 万支 T5 荧光灯,配套双管型电子镇流器 500 万只,配套双管灯具 500 万只。项目内部收益率为 28.5%,投资回收期 3.7 年。

现项目计划仍使用 1999 年度增发新股募集资金,项目总投资 6270 万元,年产量为 400 万支 T5 荧光灯,预计项目达纲年的销售额为 6680 万元,净利润 2408 万元,静态投资回收期 3.9 年。

公司还将根据 T5 荧光灯的市场增长情况,在适当的时机,以自有资金投资,逐步扩大 T5 荧光灯的生产规模和开展其配套镇流器及灯具的生产。

(3)经公司 2000 年度股东大会审议通过,调整了公司 1999 年度增发新股募集资金投资微波硫灯项目。

鉴于目前微波硫灯的应用范围和客户群还较狭窄,公司自行开发的微波硫灯产品性能也有待进一步完善,为提高募集资金的使用效率,经公司 2000 年度股东大会审议通过,该项目不再以增发新股募集资金投入,改用公司自有资金进行,已经以增发新股募集资金投入的 500 万元同时变更为公司自有资金投入。

(4)经公司 2000 年度股东大会审议通过,公司以 1999 年度增发新股募集资金投资建设 PDP 项目厂房后租与合资企业。

根据公司与日本松下电器产业株式会社关于 PDP 合资项目的要求,公司使用 1999 年度增发新股募集资金在上海金桥出口加工区 75 号地块投资建设新厂房。厂房建设好以后由公司出面租赁给合资企业使用。预计总投资为 10,865 万元,投资回收期为 8.9 年。

(5)经公司 2000 年度股东大会审议通过,公司以 1999 年度增发新股募集资金投资建设发光二极管(LED)项目。

根据公司战略发展的要求,经公司 2000 年度股东大会审议通过,以 1999 年度增发新股募集资金投资建设发光二极管(LED)项目。该项目总投资 2850 万美元,注册资本 1500 万美元,其中:

A、上海广电电子股份有限公司以现金出资 600 万美元(折合人民币 4980 万元),占注册资本的 40%;

B、台湾连威磊晶科技股份有限公司出资 375 万美元,占注册资本的 25%,其中以知识产权作价入股 240 万美元(知识产权作价以最终评估价为准),其余以现金投入;

C、上海汉世纪创业投资管理有限公司以现金出资 450 万美元,占注册资本的 30%;

D、上海金桥集团公司出资 75 万美元,以土地和部分厂房等实物投入,占注册资本的 5%。

项目建成达产后,预计年销售收入 60000 万元,内部收益率 27.1%,投资回收期(含建设期)4.2 年。

(二)报告期内非募集资金投资重大项目

1、公司控股子公司上海永新彩色显像管股份有限公司 2001 年 10 月完成了 29 英寸纯平彩管生产线的建设,并投入试生产。将会对公司 2002 年度主营业务收入产生影响。

2、公司投资占 30%股权的上海旭电子玻璃有限公司 2001 年投资 75000 万元建设 29 英寸彩色显像管玻屏项目,同年 12 月建成,并进入生产线调试和试生产阶段。

三、公司财务状况

项　目	年初数	年末数	增减数(+、-)	增减幅度
总资产(元)	7,297,072,817.35	7,679,584,053.96	382,511,236.61	5.24%
长期负债(元)	928,875,223.52	839,772,788.31	- 89,102,435.21	- 9.59%
股东权益(元)	2,515,171,898.02	2,692,924,399.87	177,752,501.85	7.07%
	上年数	本年数	增减数(+、-)	增减幅度
主营业务利润(元)	884,735,514.35	365,884,510.20	- 518,851,004.15	- 58.64%
净利润(元)	299,460,108.80	170,444,004.72	- 129,016,104.08	- 43.08%

变动的原因:

(一)总资产的增加是由于 2001 年度公司盈利等原因所致;

(二)长期负债的减少是由于长期借款减少所致;

(三)股东权益的增加是由于 2001 年度经营盈利所致;

(四)主营业务利润的减少是由于并表子公司上海永新彩色显像管股份有限公司 2001 年度利润较 2000 年度有较大幅度的减少所致;

(五)净利润的减少是由于有大幅度是由于并表子公司上海永新彩色显像管股份有限公司 2001 年度利润较 2000 年度有较大幅度的减少所致。

四、报告期内,国内彩电价格大幅下降,彩电企业大幅压低彩管收购价格,使上海永新彩色显像管股份有限公司的业绩受到较大影响,为此,上海永新彩色显像管股份有限公司根据对市场、销售、材料采购、财务状况的综合分析,调整了设备检修时间,从 2001 年 5 月 1 日起到 5 月 31 日止,实施策略性全面停产限产。

五、新年度的经营计划

在新的一年中公司将继续围绕"产业升级,管理创新"的工作方针。加强对现有业务的整合,提高综合竞争能力,加快产业升级步伐,实现主导产品升级换代。

(一)2002 年公司主营业务收入力争比上年增长 10%,费用成本同比持平;

(二)考虑到市场因素,2002 年公司将对现有一些业务进行行业优势整合,提高综合竞争能力;

(三)2002 年公司将继续加大对研发的投入力度,重点研究与开发高清晰度彩管、彩管玻壳、新型平板显示器和新型照明器件以及相关电子材料、驱动电路、工艺技术及其应用。主要研发项目如下:

1、公司平板显示器件研究开发中心承担的,与清华大学合作开发的国家级创新项目新型平板显示器场助热电子发射显示器(FAHED)项目,已取得阶段性成果,2002 年将继续投入研发;

2、由公司与国内大学及中国科学院合作开发的国家级创新项目有机电致发光显示器(OLED)项目,计划 2002 年启动;

3、公司照明技术研究开发中心在 2002 年将承担数字高清晰度投影机光源项目、高频无极灯项目的研究与开发,计划于年底通过设计鉴定,并开发出样品供用户进行技术认定;

4、公司及公司投资子公司还将在2002年进行全平彩管玻屏项目、33英寸多媒体彩色显示管项目、MHA01WME液晶显示模块开发项目及17英寸TFT－LCD多媒体电视机、电脑显示器项目的研究开发，上述项目都将计划在2002年底完成鉴定验收并投入生产。

以上项目预计将增加公司2002年研发资金投入约4300万元。

六、公司本次利润分配预案

本公司2001年度实现净利润170,444,004.72元，加年初未分配利润－47,091,740.55元，加其他转入16,298,841.17元，可供分配的利润为139,651,105.34元，提取法定盈余公积23,014,683.37元，其中母公司提取10%法定盈余公积16,988,300.37元，提取法定公益金18,933,813.63元，子公司提取职工奖福基金561,001.01元，本年度可供股东分配的利润为97,141,607.33元。

2001年度利润分配预案为：以2001年末公司总股本842,934,303股为基数，按每10股派送0.1元红利（含税）向全体股东实施利润分配，按每10股转增1股向全体股东实施资本公积金转增股本。

经利润分配和资本公积金转增股本后，公司总股本将达到927,227,733股，未分配利润尚余88,712,264.30元，结转以后年度分配。

以上预案需经2001年度股东大会审议通过。

第八节　监事会报告

报告期内监事会共召开三次会议，具体情况如下：

在2001年4月16日召开的4届4次会议上，与会监事审议通过了关于《公司2000年度报告》及《年度报告摘要》的议案，讨论通过了《2000年度公司监事会工作报告》，并形成了四项决议。在5月11日召开的4届5次会议上，讨论通过了公司监事会《关于改聘会计师事务所的提案》。这一提案已经公司股东大会审议通过。在8月16日召开的4届6次会议上，审议并表决通过了以下四项议案：(1)关于《公司2001年度中期报告》和《报告摘要》的议案；(2)关于补充修订《公司各项资产减值准备和损失处理的内部控制制度》的议案；(3)《关于公司计提固定资产减值准备的议案》；(4)《关于公司2001年中期不分配，也不进行公积金转增股本的议案》。

第九节　重要事项

一、报告期内公司无重大诉讼、仲裁事项。

二、报告期内公司无收购及出售资产、吸收合并事项发生。

三、重大关联交易事项

（一）收购商品、提供劳务发生的关联交易

1、报告期内，公司控股子公司上海永新彩色显像管股份有限公司购买上海旭电子玻璃有限公司52730.59万元彩管玻壳，交易价格按市场价交易，并以货币资金方式结算；

2、报告期内，公司控股子公司上海永新彩色显像管股份有限公司向上海广电信息产业股份有限公司销售14385.03万元彩管，交易价格按市场价交易，并以货币资金方式结算。

上述两项关联交易属正常企业生产经营业务范围。

（二）公司与关联方债权、债务往来、担保等事项

1、公司与关联方债权、债务往来等事项

(1)公司应收上海广电信息产业股份有限公司1738.99万元应收帐款与3446.95万元应收票据；

(2)公司应收上海嘉汇达房产经营公司1331万元；

(3)公司应收上海广电（集团）有限公司结算中心结算款7326.63万元，应收上海广电（集团）有限公司欠款323.96万元，此二项款项已于报告截止日前收回；

(4)公司应付上海旭电子玻璃有限公司12161.82万元应付帐款与4000万元应付票据；

2、公司与关联方存在担保等事项

序号	被担保企业	担保金额		担保类型
		人民币（万元）	美元（万元）	
1	上海旭电子玻璃有限公司	6750	548.15	保证
2	上海海宝玻璃厂	352		保证
3	上海海晶电子有限公司	899	100	保证
4	上海海昌国际有限公司	2000		保证
5	上海上灯钨钼制品有限公司	1200		保证
6	上海广电液晶显示器有限公司	13070		保证
7	上海广电音响电子有限公司	100		保证
8	上海开诚投资有限公司	3000		保证
9	上海三星真空电子器件有限公司	12658.05	450	保证
10	上海始安房产置业有限公司	1200		保证
合计		41229.05	1098.15	

（三）其他重大关联交易

1、本公司与上海广电（集团）有限公司于1997年对广电集团与上海复星高科技（集团）有限公司就开发本公司实际使用的武宁路35号地块对本公司所造成的实际影响达成补偿协议，广电集团承诺地块转让后支付本公司1.9亿补偿款，由本公司直接向上海复星高科技（集团）有限公司收取。公司董事会就上述土地置换行为已在1998年5月26日公司1997年度股东大会上向股东作了汇报，并在公司2001年中期报告中作了相关披露（见2001年8月20日上海证券报22版与公司网站）。

截至本年度末，本公司已收到上海复星高科技（集团）有限公司支付补偿款现金12173万元及商业承兑汇票5000万元作为其他业务收入，扣除相应成本7310万元，实际利润9863万元。

2、本公司与上海广电（集团）有限公司于2001年1月对广电集团与上海旭电子玻璃有限公司就转让本公司实际使用的朱梅路1号地块的补偿事项达成协议，由广电集团补偿本公司对该地块的投入及地上建筑物损失2222.37万元。至本年度末公司已收到广电集团支付转让款2222.37万元作为其他业务收入，扣除相应成本1472.64万元，实际利润为749.73万元，公司在2001年中期报告中作了相关披露（见2001年8月20日上海证券报22版与公司网站）。

3、本公司与上海旭电子玻璃有限公司于2000年8月签订厂房、场地等资产租赁合同，本年度公司收到旭电子玻璃有限公司支付的租金1977万元作为其他业务收入，公司在2001年中期报告中作了相关披露（见2001年8月20日上海证券报22版与公司网站）。

4、公司于2001年1月与上海广电（集团）有限公司就本公司购并上海广电（集团）有限公司所属上海电子管厂时接受安置该厂职工的事项达成协议，上海广电（集团）有限公司相应支付1700万元补偿款。至本年度末，公司已收到该款项作冲减管理费用，公司就购并上海广电（集团）有限公司所属上海电子管厂有关事宜分别于1998年4月22日与1998年5月27日在上海证券报刊登了公司董事会决议公告与1997年度股东大会决议公告，并在2001年中期报告中作了相关披露（见2001年8月20日上海证券报22版与公司网站）。

5、本公司与上海三星真空显示器件有限公司于2001年签订厂房租赁合同，本年度公司收到对方支付的租金247万元作为其他业务收入。

6、公司本年度收到存放于上海广电（集团）有限公司结算中心2001年度利息321.83万元。

7、公司于2000年12月31日与广电信息股份有限公司就以前年度显像管质量异议形成的争议货款签订了债权债务协议，根据清欠协议，双方各承担50%的争议货款，既公司核消对上海广电信息股份有限公司的应收账款1,023,542.04元。

8、公司子公司上海永新彩色显像管股份有限公司本年度向上海旭电子玻璃有限公司收取票据贴现收入8,196,447.99元。

四、重大合同及其履行情况

（一）公司将所属显像管玻璃厂厂房、场地等资产出租给上海旭电子玻璃有限公司，具体见上述“其他重大关联交易”下第3点。

（二）重大担保

报告期内，除上述公司与关联方存在担保事项外，公司与以下公司进行了相互担保：

序号	被担保企业	担保金额（万元）	担保类型
1	上海化纤集团有限公司	6570	保证
2	上海明佳实业有限公司	1700	保证
3	上海金陵股份有限公司	6000	保证
4	上海飞乐股份有限公司	9616	保证
5	合　计	23886	

以上担保都由公司董事会作出决议。

（三）公司报告期或报告期继续发生委托他人进行现金资产管理事项

公司投资占95.5%股权的子公司上海始安房地产置业有限公司（以下简称“始安房产”）委托上海天智资产管理有限公司代为理财。公司母体无委托理财事项。

2000年8月，经始安房产董事会决议通过，始安房产与上海天智资产管理有限公司签署了委托理财协议，委托理财金额为3000万元，委托理财期限2000年8月至2001年8月，委托理财收益率为10%，计300万元。此项委托理财业务由东方证券有限责任公司监管。至2001年8月，此项委托理财业务情况正常，始安房产已收到全部委托理财收益300万元。因此始安房产继续与上海天智资产管理有限公司合作，将此3000万元再次委托上海天智资产管理有限公司代为理财，至报告截止日，始安房产已收回此项委托理财本息共计3075万元。

五、公司或持股5%以上股东报告期内或持续到报告期内无承诺事项。

六、报告期内公司聘任、解聘会计师事务所情况

（一）经2001年5月30日召开的公司2000年度股东大会审议通过，公司改聘上海立信长江会计师事务所有限公司和浩华中国上海会计师事务所，分别负责我公司2001年度会计报表境内外审计工作。公司不再聘任上海上会会计师事务所有限公司和香港罗兵咸永道会计师事务所为公司财务报告审计机构。详见刊登在2001年5月31日《上海证券报》和香港《南华早报》上的公司2000年度股东大会决议公告。

（二）2001年公司支付给上海上会会计师事务所有限公司2000年度境内审计费49.50万元，支付给香港罗兵咸永道会计师事务所2000年度境外审计费89.69万元。

七、报告期内没有发生公司、公司董事会及董事受中国证监会稽查、中国证监会行政处罚、通报批评、证券交易所公开谴责的情况。

第十节　财务报告

一、上海立信长江会计师事务所有限公司对公司2001年度财务报表出具了无保留意见的审计报告书【信长会师报字(2002)第10522号】。

二、会计报表（附后）

三、本年度主要会计政策、会计估计的变更及影响：

1、根据《企业会计制度》及有关规定，公司应计提固定资产减值准备、在建工程减值准备、无形资产减值准备，委托贷款减值准备，开办费应于开始生产经营当月一次计入损益，且作为会计政策变更，进行追溯调整。

2、本次会计政策变更的影响数及累计影响数：

项　目	固定资产减值准备	在建工程减值准备	无形资产减值准备	委托贷款减值准备	开办费一次转销	合计
对2000年初留存收益影响	－310,335,271.16	－31,811,290.13			－6,389,461.00	－348,536,022.29
其中：对2000年初未分配利润影响	－248,268,216.93	－25,449,032.10			－5,111,568.8	－278,828,817.83
对上年净利润影响	－460,218.59				－486,270.20	
对2001年初留存收益影响	－310,795,489.75	－31811290.13			－5,903,190.80	－348,509,970.68
其中：对2001年初未分配利润影响	－248,636,391.80	－25,449,032.01			－4,722,552.64	－278,807,976.45
对本年净利润影响	－7,122,888.26	－600,000.00			12,574,749.79	

3、会计估计的变更及累计影响

上海永新彩色显像管股份有限公司对上海新芝电子有限公司股权投资差额原从2000年度起分10年摊销，现按调整自1998年度起分21年摊销。上述会计估计变更调增本年利润189,886.28元。

上海永新彩色显像管股份有限公司对账龄在一年内的应收款项原不计提坏账准备金，现本年度改为按1%比例计提，上述会计估计变更调减本年利润2,880,221.36元。

四、本年度合并报表范围的变更情况：

与上年相比本年新增合并单位六家，原因为：上海真空数字技术发展有限公司、上海真空显示器件有限公司、上海广电音响电子有限公司、上海上灯钨钼制品有限公司、上海真空特种光源有限公司、上海管三玻璃厂，上年资产总额、销售收入和净利润均未达到合并报表同类指标10%，未纳入合并范围，本年上述六家公司均合并会计报表。

上海广电电子股份有限公司

2002年3月26日

利润及利润分配表

编制单位：上海广电电子股份有限公司　　2001年　　金额单位：元

项　目	行次	母公司本年数	合并本年数	母公司上年数	合并上年数
一、主营业务收入	1	135,604,731.65	4,058,711,570.29	162,280,146.32	5,055,646,755.07
减：主营业务成本	2	126,546,636.49	3,677,184,107.75	155,050,242.79	4,168,936,062.20
主营业务税金及附加	3	5,785.25	15,642,952.34	18,170.09	1,975,178.52
二、主营业务利润	4	9,052,309.91	365,884,510.20	7,211,733.44	884,735,514.35
加：其他业务利润	5	127,466,596.50	149,349,181.48	－12,410,295.95	－11,321,088.73
营业费用	6	4,342,380.45	111,163,833.16	5,791,020.08	68,105,909.83
管理费用	7	46,780,050.46	227,556,082.44	91,004,209.77	259,456,956.11
财务费用	8	12,161,731.10	104,421,109.84	－252,963.14	115,379,701.82
三、营业费用	10	73,234,744.40	72,092,666.24	－101,740,829.22	430,471,857.86
加：投资收益	11	100,293,197.66	133,500,807.02	398,901,655.59	214,580,627.37
补贴收入	12	0.00	2,482,180.19	0.00	360,705.01
营业外收入	13	163,282.01	753,280.62	3,099,886.37	5,842,737.51
减：营业外收入	14	3,808,220.36	6,233,063.45	24,964,460.57	27,580,798.85
四、利润总额	15	169,883,003.71	202,595,870.62	275,296,252.17	623,675,128.90
减：所得税	16	0.00	11,031,553.14	0.00	73,185,389.70
减：少数股东损益	17	0.00	21,120,312.76	0.00	251,029,630.40
加：未确认的投资损失	18	0.00	0.00	0.00	0.00
五、净利润	20	169,883,003.71	170,444,004.72	275,296,252.17	299,460,108.80
加：年初未分配利润	21	37,820,775.55	－47,091,740.55	－98,122,795.98	－162,870,107.97
其他转入	22	16,298,841.17	16,298,841.17	0.00	0.00
六、可供分配的利润	25	224002620.4	139651105.3	177173456.2	136590000.8
减：提取法定盈余公积	26	16988300.37	23014683.37	27529625.17	47602115.2
提取法定公益金	27	16988300.37	18933813.63	27529625.17	27622339.25
职工奖福基金	28	0	561001.01	0	24163856.63
七、可供股东分配的利润	35	190026019.7	97141607.33	122114205.9	37201689.75
减：应付优先股股利	36	0	0	0	0
提取任意盈余公积	37	0	0	0	0
应付普通股股利	38	8429343.03	8429343.03	84293430.3	84293430.3
转作股本的普通股股利	39	0	0	0	0
八、未分配利润	40	181596676.7	88712264.3	37820775.55	－47091740.55
补充资料：	41				
1、出售、处置部门或被投资单位	42				
2、自然灾害发生的损失	43				
3、会计政策变更增加（减少）利润总额	44				
4、会计估计变更增加（减少）利润总额	45				
5、债务重组损失	46				
6、其他					

资产负债表

2001 年 12 月 31 日

编制单位:上海广电电子股份有限公司　　金额单位:元

资　　产	行次	母公司年末数	合并年末数	母公司年初数	合并年初数
流动资产:					
货币资金	1	648,414,035.86	1,039,481,101.51	973,001,272.32	1,286,190,555.01
短期投资	2	24,139,704.56	73,461,332.78	15,795,477.34	45,795,477.34
应收票据	3	55,112,120.00	743,549,114.98	5,408,640.00	462,019,208.38
应收股利	4	0.00	0.00	136,400.00	136,400.00
应收利息	5	0.00	0.00	0.00	0.00
应收账款	6	20,737,593.75	714,385,466.23	52,344,163.63	904,781,913.10
其他应收款	7	613,566,621.26	466,827,522.59	535,277,721.07	487,363,075.44
预付账款	8	11,604,363.68	91,878,441.66	1,565,068.52	95,598,654.65
应收补贴款	9	0.00	0.00	0.00	0.00
存货	10	34,075,194.79	584,387,071.51	50,684,689.24	1,045,311,418.33
待摊费用	11	0.00	2,658,401.13	225,963.35	2,336,741.32
一年内到期的长期债权投资	21	0.00	0.00	0.00	0.00
其他流动资产	24	0.00	0.00	0.00	389,778.73
流动资产合计	30	1,407,649,633.90	3,716,628,452.39	1,634,439,395.47	4,329,923,222.30
长期投资:		0.00	0.00	0.00	0.00
长期股权投资	31	2,057,337,990.72	1,150,025,415.85	1,770,786,646.41	933,220,135.48
长期债权投资	32	0.00	1,000.00	0.00	0.00
长期投资合计	33	2,057,337,990.72	1,150,026,415.85	1,770,786,646.41	933,220,135.48
其中:合并价差	33-1	0.00	49,545,158.70	0.00	56,575,665.63
固定资产:		0.00	0.00	0.00	0.00
固定资产原价	38	574,183,501.34	3,548,254,525.30	627,504,609.03	3,385,196,482.06
减:累计折旧	39	261,415,558.27	1,720,877,488.90	285,297,696.33	1,536,415,946.21
固定资产净值	40	312,767,943.07	1,827,377,036.40	342,206,912.70	1,848,780,535.85
减:固定资产减值准备	41	267,975,278.81	331,515,607.22	275,098,167.07	337,172,572.72
固定资产净额	42	44,792,664.26	1,495,861,429.18	67,108,745.63	1,511,607,963.13
工程物资	43	0.00	0.00	182,130.78	182,130.78
在建工程	44	154,997,304.78	1,168,979,042.14	10,846,575.05	339,647,854.36
固定资产清理	45	0.00	0.00	0.00	0.00
固定资产合计	50	199,789,969.04	2,664,840,471.32	78,137,451.46	1,851,437,948.27
无形资产及其他资产:		0.00	0.00	0.00	0.00
无形资产	51	46,635,870.74	146,422,664.40	47,587,623.20	165,620,810.29
长期待摊费用	52	1,500,000.00	1,666,050.00	2,113,765.55	16,870,701.01
其他长期资产	53	0.00	0.00	0.00	0.00
无形资产及其他资产合计	55	48,135,870.74	148,088,714.40	49,701,388.75	182,491,511.30
递延税项:		0.00	0.00	0.00	0.00
递延税项借项	56	0.00	0.00	0.00	0.00
资产总计	60	3,712,913,464.40	7,679,584,053.96	3,533,064,882.09	7,297,072,817.35
负债和所有者权益(或股东权益)					
流动负债:					
短期借款	61	771,640,000.00	1,890,785,102.21	532,820,000.00	1,544,209,720.18
应付票据	62	0.00	59,104,417.72	0.00	109,173,598.62
应付账款	63	38,400,853.21	408,752,999.81	47,055,058.44	382,987,783.49
预收账款	64	3,749,379.19	43,476,520.94	3,787,379.19	139,852,141.76
应付工资	65	0.00	450,552.22	834,867.88	834,867.88
应付福利费	66	0.00	27,570,556.00	5,206,305.38	50,453,685.27
应付股利	67	8,429,343.03	8,429,343.03	84,293,430.30	84,293,430.30
应交税金	68	-1,359,188.74	10,092,222.42	-1,310,391.74	29,061,753.69
其他应交款	69	13,633.15	158,623.17	1,679.10	-211,110.36
其他应付款	70	47,481,413.55	170,902,573.44	139,418,396.43	241,465,809.26
预提费用	71	1,848,862.09	16,731,789.61	663,954.83	23,993,378.02
预计负债	72	0.00	0.00	0.00	0.00
一年内到期的长期负债	73	40,000,000.00	568,212,800.00	0.00	292,472,660.00
其他流动负债	74	0.00	0.00	0.00	0.00
流动负债合计	80	910,204,295.48	3,204,667,500.57	812,770,679.81	2,898,587,718.11
长期负债:		0.00	0.00	0.00	0.00
长期借款	81	97,226,969.21	827,429,769.21	176,193,881.24	900,261,581.24
应付债券	82	0.00	0.00	0.00	0.00
长期应付款	83	920,000.00	1,020,000.00	17,218,841.17	17,218,841.17
专项应付款	84	11,000,000.00	11,000,000.00	11,000,000.00	11,000,000.00
其他长期负债	86	323,019.10	323,019.10	394,801.11	394,801.11
长期负债合计	87	109,469,988.31	839,772,788.31	204,807,523.52	928,875,223.52
递延税项:		0.00	0.00	0.00	0.00
递延税款贷项	88	314,780.74	314,780.74	314,780.74	314,780.74
负债合计	90	1,019,989,064.53	4,044,755,069.62	1,017,892,984.07	3,827,777,722.37
少数股东权益(合并报表填列)	90-1	0.00	941,904,584.47	0.00	954,123,196.96
所有者权益(或股东权益)		0.00		0.00	0.00
实收资本(或股本)	91	842,934,303.00	842,934,303.00	842,934,303.00	842,934,303.00
减:已归还投资	92	0.00	0.00	0.00	0.00
实收资本(或股本)净额	93	842,934,303.00	842,934,303.00	842,934,303.00	842,934,303.00
资本公积	94	1,385,742,833.13	1,385,742,833.13	1,385,742,833.13	1,385,742,833.13
盈余公积	95	282,650,587.08	375,534,999.44	248,673,986.34	333,586,502.44
其中:公益金	96	56,306,677.22	58,743,114.46	39,318,376.85	39,809,300.83
减:未确认投资损失(合并报表填列)	96-1	0.00	0.00	0.00	0.00
未分配利润	97	181,596,676.66	88,712,264.30	37,820,775.55	-47,091,740.55
外币报表折算差额(合并报表填列)	97-1	0.00	0.00	0.00	0.00
所有者权益(或股东权益)合计	99	2,692,924,399.87	2,692,924,399.87	2,515,171,898.02	2,515,171,898.02
负债和所有者权益(或股东权益)总计	100	3,712,913,464.40	7,679,584,053.96	3,533,064,882.09	7,297,072,817.35

现金流量表

编制单位:上海广电电子股份有限公司　　2001 年　金额单位:元

项　　目	行次	母公司	合并
一、经营活动产生的现金流量:			
销售商品、提供劳务收到的现金	1	111,728,543.87	4,635,032,572.69
收到的税费返还	2	0.00	10,179,739.14
收到的其他与经营活动有关的现金	3	10,446,715.55	118,168,551.52
经营活动现金流入小计	5	122,175,259.42	4,763,380,863.35
购买商品,接受劳务支付的现金	6	101,654,909.70	3,653,142,602.57
支付给职工以及为职工支付的现金	7	81,584,236.61	346,240,213.25
支付的各项税费	8	7,395,454.72	110,665,555.64
支付的其他与经营活动有关的现金	9	190,456,780.66	222,053,204.07
经营活动现金流出小计	10	381,091,381.69	4,332,101,575.53
经营活动产生的现金流量净额	11	-258,916,122.27	431,279,287.82
二、投资活动产生的现金流量:			
收回投资所收到的现金	12	112,923,624.97	113,223,624.97
取得投资收益所收到的现金	13	178,480,826.83	183,004,138.90
处置固定资产、无形资产和其他长期资产而收回的现金	14	66,361,632.21	66,472,653.47
收到的其他与投资活动有关的现金	15	0.00	19,562,429.46
投资活动现金流入小计	16	357,766,084.01	382,262,846.80
购建固定资产、无形资产和其他长期资产所支付的现金	18	89,816,246.37	845,744,061.11
投资所支付的现金	19	461,580,283.92	488,042,093.02
支付的其他与投资活动有关的现金	20	0.00	4,728,734.74
投资活动现金流出小计	22	551,396,530.29	1,338,514,888.87
投资活动产生的现金流量净额	25	-193,630,446.28	-956,252,042.07
三、筹资活动产生的现金流量:			
吸收投资所收到的现金	26	0.00	7,810,000.00
其中:子公司吸收少数股东权益性的投资收到的现金	27	0.00	11,743,000.00
借款所收到的现金	28	921,440,000.00	3,009,169,113.37
收到的其他与筹资活动有关的现金	29	1,625,000.00	1,625,000.00
筹资活动现金流入小计	30	923,065,000.00	3,018,604,113.37
偿还债务所支付的现金	31	637,730,000.00	2,395,918,580.09
分配股利、利润或偿付利息所支付的现金	32	157,252,443.65	344,976,325.90
其中:支付少数股东的股利	33	0.00	45,277,800.00
支付的其他与筹资活动有关的现金	34	0.00	0.00
其中:子公司依法减资支付给少数股东的现金	35	0.00	0.00
筹资活动现金流出小计	36	794,982,443.65	2,740,894,905.99
筹资活动产生的现金流量净额	40	128,082,556.35	277,709,207.38
四、汇率变动对现金的影响	41	-123,224.26	554,093.37
五、现金及现金等价物净增加额	42	-324,587,236.46	-246,709,453.50
补充资料			
1、将净利润调节为经营活动现金流量:			
净利润(亏损以"-"号填列)	43	169,883,003.71	170,444,004.72
加:少数股东损益(亏损以"-"号填列)	44	0.00	21,120,312.76
减:未确认的投资损失	45	0.00	0.00
加:计提的资产减值准备	46	4,581,032.18	22,977,853.91
固定资产折旧	47	9,030,982.59	234,651,223.60
无形资产摊销	48	951,752.46	18,355,969.14
长期待摊费用摊销	49	613,765.55	16,048,590.07
待摊费用减少(减:增加)	50	225,963.35	-321,659.81
预提费用的增加(减:减少)	51	-86,863.49	-5,362,311.29
处置固定资产、无形资产和其他长期资产的损失(减:收益)	52	-107,072,665.86	-105,409,521.44
固定资产报废损失	53	3,833,340.20	3,847,000.08
财务费用	54	41,659,937.95	195,989,364.96
投资损失(减:收益)	55	-106,694,377.87	-140,550,339.47
递延税款贷项(减:借项)	56	0.00	0.00
存货的减少(减:增加)	57	11,609,494.45	449,938,300.00
经营性应收项目的减少(减:增加)	58	-155,284,744.90	-195,417,146.73
经营性应付项目的增加(减:减少)	59	-132,166,742.59	-255,032,352.68
其他	60	0.00	0.00
经营活动产生的现金流量净额	65	-258,916,122.27	431,279,287.82
2、不涉及现金收支的投资和筹资活动:		0.00	0.00
债务转为资本	66	0.00	0.00
一年内到期的可转换公司债券	67	0.00	0.00
融资租入固定资产	68	0.00	0.00
3、现金及现金等价物净增加情况:		0.00	0.00
现金的期末余额	69	648,414,035.86	1,039,481,101.51
减:现金的期初余额	70	973,001,272.32	1,286,190,555.01
现金等价物的期末余额	71	0.00	0.00
减:现金等价物的期初余额	72	0.00	0.00
现金及现金等价物净增加额	73	-324,587,236.46	-246,709,453.50

600604 上海二纺机股份有限公司

2001 年年度报告摘选

一、公司简介

1.公司的法定中、英文名称及缩写
公司法定中文名称:上海二纺机股份有限公司
公司法定英文名称:SHANGHAI ERFANGJI CO.,LTD.
2.公司法定代表人:张文卿
3.公司董事会秘书:朱建忠
公司董事会秘书授权人:吴涛
联系地址:上海市场中路 687 号
电话:(021)65318888 * 2673
传真:(021)65421963
电子信箱:master @ shej.com
公司国际互联网址:http://www.shej.com
4.公司注册及办公地址:上海市场中路 687 号　　邮编:200434
5.公司选定的信息披露报纸名称:《上海证券报》、《大公报》
登载公司年度报告的中国证监会指定国际互联网网址:
http://www.sse.com.cn
公司年度报告备置地点:上海市场中路 687 号公司本部发展筹划部
6.公司股票上市地:上海证券交易所
股票简称:二纺机　　　　二纺 B 股
A 股股票代码:600604;　　　B 股股票代码:900902

二、会计数据和业务数据

(一)公司本年度会计数据(单位:元)

项目	金额
1 利润总额	18,250,589.52
2 净利润	13,896,263.20
3 扣除非经常性损益后的净利润	13,459,433.48
4 主营业务利润	151,129,881.65
5 其它业务利润	4,781,663.23
6 营业利润	9,741,758.58
7 投资收益	8,072,001.22
8 补贴收入	223,496.47
9 营业外收支净额	213,333.25
10 经营活动产生的现金流量净值	128,882,431.89
11 现金及现金等价物的净增加值	99,163,465.81

注:扣除非经营性损益后的净利润:补贴收入 223,496.47 元;营业外收支净额 213,333.25 元。

(二)截止报告期末公司前三年主要会计数据和财务指标(合并报表)(单位:万元)

项目	2001 年	2000 年		1999 年	
		调整前	调整后	调整前	调整后
1 主营业务收入	81,530.24	46,529.56	46,529.56	29,103.99	28,169.75
2 净利润	1,389.63	691.71	789.52	680.58	675.16
3 总资产	142,296.72	164,148.27	143,555.21	160,207.55	158,502.10
4 股东权益	67,728.32	86,286.14	65,912.43	89,671.94	89,498.58
5 每股收益(元)	0.025	0.012	0.014	0.012	0.012
6 扣除非经营损益后的每股收益(元)	0.024	-0.155	0.142	-0.223	-0.223
7 每股净资产(元)	1.196	1.523	1.16	1.583	1.580
8 调整后每股净资产(元)	1.157	1.391	1.059	1.414	1.414
9 每股经营活动产生的现金净流量(元)	0.228	0.156	0.156	0.133	0.133
10 净资产收益率(%)	2.05	0.80	1.20	0.759	0.754
11 加权平均净资产收益率(%)	2.05	0.80	1.20	0.759	0.754

三、股本变动及股东情况介绍

(一)股本变动情况(单位:股)

	期初数	期末数
1、尚未流通股份		
发起人股份	262,342,309.46	262,342,309.46
其中:国家拥有股份	262,342,309.46	262,342,309.46
尚未流通股合计:	262,342,309.46	262,342,309.46
2、已流通股份		
.境内上市的人民币普通股	71,181,880.00	71,181,880.00
.境内上市的外资股	232,925,000.00	232,925,000.00
已流通股份合计:	304,106,880.00	304,106,880.00
3、股份总数	566,449,189.46	566,449,189.46

(二)主要股东持股情况介绍
1、股东情况:
本公司报告期末股东总数为:102,270 户
2、截止 2001 年 12 月 31 日,公司前十名股东持股情况:

股东名称	年末持数量(股)	占总股本比例(%)
(国有资产)授权经营单位:太平洋机电(集团)有限公司	262,342,310	46.31
应纬勤	3,901,786	0.68
林青青	2433912	0.43
CBMY S/A PNC/SKANDIA SELECT FUMD/CHINA EQUITY AC	1969500	0.35
MERRILL LYNCH NOMINEES(HK)LTD	864335	0.15
WISEMAX INTERNATIONAL LIMITED 智万国际有限公司	846000	0.15
张光中	643805	0.11
王家宜	597740	0.11
郁玉生	553000	0.10
徐秀娣	547000	0.10
鲍世颖	499787	0.09

注:(1)太平洋机电(集团)有限公司是本公司(国有资产)控股经营单位,持有本公司 262342310.00 股,占总股本 46.31%股份。
(2)排名第二至第十位的股东均为 B 股股东。
(3)报告期内,公司控股股东未发生变更。

600605 上海轻工机械股份有限公司

2001 年年度报告摘选

第一章　公司基本情况简介

1、公司法定中文名称:上海轻工机械股份有限公司
公司法定英文名称:SHANGHAI LIGHT INDUSTRY MACHINERY CO.,LTD.
英文名称缩写:SLIMC
2、公司法定代表人:叶红英
3、公司董事会秘书:沈军
联系电话:021 - 62560000 - 147
联系地址:上海市南京西路 1576 号
电子信箱:qinggong@eastday.com
传真:021 - - 62566022
4、公司注册地址:上海浦东新区川沙镇东河浜路 10 号
公司办公地址:上海市南京西路 1576 号
邮政编码:200040
公司国际互联网网址:http://www.china - slime.com
公司电子信箱:slimcf@online.sh.cn
5、公司选定信息披露报纸名称:《上海证券报》
公司年度报告登载的互联网网址:http://www.sse.com.cn
公司年度报告备置地点:上海市南京西路 1576 号董秘办公室
6、公司股票上市交易所:上海证券交易所
股票简称:轻工机械
股票代码:600605

第二章　财务数据和业务数据摘要

第一节　本年度利润总额及构成:(单位:人民币元)

项目	金额
利润总额	7,528,590.07
净利润	9,423,253.13
扣除非经常性损益后的净利润	2,150,626.99
主营业务利润	25,277,364.54
其他业务利润	9,393,638.23
营业利润	-3,732,277.85
投资收益	4,787,168.57
补贴收入	377,000.00
营业外收支净额	6,096,699.35
经营活动产生的现金流量净额	5,019,771.16
现金及现金等价物净增减额	14,487,127.94

第二节　前三年主要会计数据及财务指标(单位:人民币元)

指标项目	2001 年度	2000 年度		1999 年度	
		调整前	调整后	调整前	调整后
主营业务收入	195028557.10	219749970.75	219749970.76	271148095.45	271148095.45
净利润	9423253.13	8465481.71	8036561.35	31943644.91	32010888.85
总资产	599701045.16	615925320.46	607758640.44	636751144.53	644488904.19
股东权益	309611965.64	321279933.99	313113253.97	312814452.28	305076692.62
每股收益(摊薄)	0.045	0.040	0.038	0.152	0.152
扣除非经常性损益后的每股收益	0.010	0.029	0.029	0.097	0.097
每股收益(加权)	0.045	0.040	0.038	0.152	0.152
每股净资产	1.473	1.529	1.490	1.488	1.451
调整后的每股净资产	1.375	1.447	1.408	1.421	1.384
每股经营活动产生的现金流量净额	0.024	0.024	0.024	0.135	0.135
净资产收益率(%)	3.044	2.634	2.566	10.212	10.493
扣除非经常性损益后年度加权平均净资产收益率(%)	0.690	1.923	1.972	6.893	7.079

说明:(1)2000 年度、1999 年度调整后主要数据和财务指标因追溯调整以前年度计算所得
(2)本报告期内股本未发生变动

第三章　股本变动和股东情况

第一节　股本变动情况:
1、公司股份变动情况表

数量单位:万股

	本次变动前	本次变动增减(+,—)						本次变动后
		配股	送股	公积金转股	增发	其他	小计	
一、未上市流通股份	18619.2							18619.2
1、发起人股份	18619.2							18619.2
其中:								
国家持有股份	18619.2							18619.2
境内法人持有股份								
境外法人持有股份								
其他								
2、募集法人股份								
3、内部职工股								
4、优先股或其他								
其中:转配股								
未上市流通股份合计	18619.2							18619.2
二、已上市流通股份	2400							2400
1、人民币普通股	2400							2400
2、境内上市的外资股								
4、其他								
已上市流通股份合计	2400							2400
三、股份总数	21019.2							21019.2

600606 上海金丰投资股份有限公司

2001 年年度报告摘选

一、公司基本情况简介

1、法定中文名称:上海金丰投资股份有限公司
法定英文名称:Shanghai Jinfeng Investment Co.,Ltd.(缩写:JF)
2、法定代表人:肖宏振
3、董事会秘书:王南
董事会秘书授权代表:李雪琳
联系地址:上海市延安西路 129 号华侨大厦 17 楼
联系电话:(021)62496858
联系传真:(021)62496860
电子信箱:jftz@vip.sina.com
4、注册地址:上海市浦东新区松林路 111 号
办公地址:上海市延安西路 129 号华侨大厦 17 楼
邮政编码:200040
公司网址:www.ehousee.com
5、公司信息披露报纸名称:《中国证券报》、《上海证券报》
登载公司年度报告的互联网网址:http://www.sse.com.cn
年度报告备置地点:公司董事会秘书室
6、股票上市地:上海证券交易所
股票简称:金丰投资
股票代码:600606

二、会计数据和业务数据摘要

(一)本年度主要利润指标(单位:人民币元)

利润总额:	94,848,229.10
净利润:	75,615,913.53
扣除非经常性损益后的净利润(注 1)	42,081,941.66
主营业务利润:	215,630,313.92
其他业务利润:	7,694,881.90
营业利润	49,455,443.24
投资收益:	31,676,023.84
补贴收入:	9,616,234.98
营业外收支净额:	4,100,527.04
经营活动产生的现金流量净额:	-114,880,180.79
现金及现金等价物净增加额:	84,628,332.11

注 1:扣除非经常性损益项目涉及金额具体如下:

(1)股权转让收益	25,481,861.12 元;
(2)补贴收入	6,424,195.24 元;
(3)其他	1,627,915.51 元;

(二)近三年主要会计数据及财务指标(单位:人民币元)

项目	2001 年度	2000 年度		1999 年度	
		调整后	调整前	调整后	调整前
主营业务收入	640,566,916.05	240,205,482.12	240,205,482.12	140,293,623.34	140,293,623.34
净利润	75,615,913.53	35,172,974.61	44,147,656.54	37,683,925.74	41,778,801.07
总资产	1,450,902,957.24	1,074,244,525.51	1,097,530,609.56	761,210,444.08	768,840,675.07
股东权益	285,441,090.54	218,114,726.34	231,184,283.60	200,974,959.25	205,069,834.58
每股收益(摊薄)	0.459	0.213	0.268	0.434	0.482
(加权)	0.459	0.213	0.268	0.434	0.482
扣除非经常性损益后的每股收益	0.255	0.020	0.085	0.365	0.435
每股净资产	1.732	1.324	1.403	2.317	2.364
调整后每股净资产	1.536	1.148	1.097	2.082	2.027
每股经营活动产生的现金流量净额	-0.697	0.127	0.127	-0.270	-0.270
净资产收益率(%)(摊薄)	26.49	16.13	19.10	18.75	20.37
净资产收益率(%)(加权)	29.55	16.09	19.44	20.63	22.62
扣除非经常性损益后的加权净资产收益率(%)	16.44	1.48	6.15	17.31	20.43

三、股本变动及股东情况

(一)股本变动情况表:(单位:股)

	期初数	比例	本年增减变动(+、-)					期末数	比例
			配股	送股	公积金转股	其他	小计		
一.尚未流通部分	-	-	-	-	-	-	-	-	-
1.发起人股份	-	-	-	-	-	-	-	-	-
(1)国家拥有股份	123,085,785.00	74.69%	-	-	-	-	-	123,085,785.00	74.69%
(2)境内法人持有股份	-	-	-	-	-	-	-	-	-
(3)外资法人持有股份	-	-	-	-	-	-	-	-	-
(4)其他	-	-	-	-	-	-	-	-	-
2.募集法人股	-	-	-	-	-	-	-	-	-
3.内部职工股	-	-	-	-	-	-	-	-	-
4.优先股或其他	-	-	-	-	-	-	-	-	-
尚未流通股份合计	123,085,785.00	74.69%	-	-	-	-	-	123,085,785.00	74.69%
二.已流通股份	-	-	-	-	-	-	-	-	-
1.境内上市的人民币普通股	41,708,952.00	25.31%	-	-	-	-	-	41,708,952.00	25.31%
2.境内上市的外资股	-	-	-	-	-	-	-	-	-
3.境外上市的外资股	-	-	-	-	-	-	-	-	-
4.其他	-	-	-	-	-	-	-	-	-
已流通股份合计	41,708,952.00	25.31%	-	-	-	-	-	41,708,952.00	25.31%
三.股份总数	164,794,737.00	100.00%	-	-	-	-	-	164,794,737.00	100%

600607 上海实业联合集团股份有限公司

2001 年年度报告摘选

一、公司简介

1、公司法定中文名称:上海实业联合集团股份有限公司(以下简称"本集团"或"公司")
公司英文名称:Shanghai Industrial United Holdings Co.,Lt
2、公司法定代表人:丁忠德
3、公司董事会秘书:施祖琪
联系地址:上海市桃江路 8 号宝轻大厦 5 楼
电话:021-64331098
传真:021-64337533
电子信箱:Suiljim@public3.sta.net.cn
证券事务代表:李德芳
4、公司注册地址:上海市浦东新区郭守敬路 351 号海泰楼 2 号 628 室
公司办公地址:上海市桃江路 8 号宝轻大厦 5 楼
邮政编码:200031
电话:021-64331098
传真:021-64337533
国际互联网网址:http://www.siuc.com.cn
电子信箱:Suiljim@public3.sta.net.cn
5、公司选定的信息披露报纸:《中国证券报》、《上海证券报》、《证券时报》
登载公司年度报告的中国证监会指定国际互联网网址:http://www.sse.com.cn
公司年度报告备置地点:上海市桃江路 8 号宝轻大厦 5 楼
6、公司股票上市交易所:上海证券交易所
股票简称:上实联合　　股票代码:600607

二、会计数据和业务数据摘要

1、2001 年度(以下简称"本年度"或"报告期")本集团会计数据及业务数据摘要

单位:元

利润总额	152,437,618.70
净利润	101,555,626.96
扣除非经常性损益后的净利润	98,790,033.37
主营业务利润	309,357,651.54
其他业务利润	12,849,461.16
营业利润	40,947,767.66
投资收益	84,664,133.20
补贴收入	19,723,041.77
营业外收支净额	7,102,676.07
经营活动产生的现金流量净额	106,565,568.93
现金及现金等价物净增加额	-25,775,305.57

2、本集团近三年主要会计数据和财务指标　　单位:元

项目	本年度	2000 年度		1999 年度	
		调整前	调整后	调整前	调整后
主营业务收入	1,375,417,608.08	921,439,492.40	918,240,826.84	543,377,442.38	543,377,442.38
净利润	101,555,626.96	97,083,798.95	85,598,862.66	63,524,388.92	47,840,486.21
总资产	2,419,244,774.62	2,373,790,935.30	2,339,668,827.93	1,055,761,350.86	1,039,662,490.18
股东权益(不含少数股东权益)	1,380,646,926.68	1,361,676,781.43	1,334,092,984.46	456,816,358.47	440,717,497.79
每股收益(摊薄)	0.3313	0.4751	0.4189	0.4116	0.3100
每股收益(加权)	0.3313	0.5413	0.4773	0.4116	0.3100
每股净资产	4.5044	6.6637	6.5287	2.9598	2.8555
调整后每股净资产	4.3734	6.4400	6.3696	2.7935	2.6735
每股经营活动产生的现金流量净额(摊薄)	0.3477	0.3173	0.3173	0.7511	0.7511
每股经营活动产生的现金流量净额(加权)	0.3477	0.3615	0.3615	0.7511	0.7511
净资产收益率(摊薄)	7.36%	7.13%	6.42%	13.91%	10.86%
净资产收益率(加权)	7.33%	10.55%	9.55%	14.39%	11.04%

注 2:报告期扣除非经常性损益后净利润为基础计算的加权平均净资产收益率为 7.13%。

三、股本变动及股东持股情况

1、股份变动情况表(单位:股)

	期初数(本次变动前)	比例	本次变动增减(+,-)资本公积金转增股本	小计	期末数(本次变动后)	比例
一、未上市流通股份						
1、发起人股份						
其中:						
国家持有股份	45,648,000	22.34%	22,824,000	22,824,000	68,472,000	22.34%
境内法人持有股份	24,159,672	11.82%	12,079,836	12,079,836	36,239,508	11.82%
境外法人持有股份	45,912,555	22.47%	22,956,278	22,956,278	68,868,833	22.47%
2、转配股						
未上市流通股份合计	115,720,227	56.63%	57,860,114	57,860,114	173,580,341	56.63%
二、已上市流通股份						
1、人民币普通股	88,621,340	43.37%	44,310,670	44,310,670	132,932,010	43.37%
已上市流通股份合计	88,621,340	43.37%	44,310,670	44,310,670	132,932,010	43.37%
三、股份总数	204,341,567	100.00%	102,170,784	102,170,784	306,512,351	100.00%

2、股东情况介绍

(1)报告期末(2001 年 12 月 31 日)本集团股东总户数为 65,336 户。

(2)报告期末主要股东持股情况(2001 年 12 月 31 日)

股东名称或简称	持股数量(万股)	持股比例	年度内持股变动情况(万股)
(1)上海上实(集团)有限公司	6847.2000	22.34%	2282.4000
(2)CITY NOTE HOLDINGS LTD.	5902.7603	19.26%	1967.5868
(3)上海纺织发展总公司	2768.8500	9.03%	922.9500
(4)香港联沪毛纺织厂有限公司	984.1230	3.21%	
(5)上海爱建股份有限公司	855.1008	2.79%	
(6)同盛基金	150.0674	0.49%	
(7)金泰基金	137.0182	0.45%	
(8)普惠基金	69.3200	0.23%	
(9)开元基金	44.6060	0.15%	
(10)国际大厦	37.5000	0.12%	

600608 上海宽频科技股份有限公司

2001年年度报告摘选

第一章 公司基本情况简介

1. 公司名称：
公司中文全称：上海宽频科技股份有限公司
公司股票简称：上海科技
公司英文名称：SHANGHAI BROADBAND TECHNOLOGY CO.,LTD.
公司英文缩写：SBT
2. 公司法定代表人：张杰
3. 公司董事会秘书：胡兴堂
联系部门：董秘办公室
联系电话：021－68865313　　传真电话：021－68866341
电子信箱：invest@sbt.sh.cn
4. 公司注册地址：上海浦东新区曹化路2号　　邮政编码：201209
公司办公地址：上海银城东路139号四楼　　邮政编码：200120
公司网页：http:\ www.i600608.com
5. 信息披露报刊名称：上海证券报
公司年报的网址：http:\ www.sse.com.cn
公司年度报告备置地点：董秘办公室
6. 公司股票上市地点：上海证券交易所
股票简称：上海科技　　股票代码：600608

第二章 会计数据和业务数据摘要

1. 本年度利润总额及其构成（单位：人民币元）

项目	金额
利润总额	29,831,049.55
净利润	30,119,571.82
扣除非经常性损益后的净利润	43,932,667.35
主营业务利润	84,148,983.03
其它业务利润	1,570,162.73
营业利润	34,374,620.05
投资收益	1,840,688.42
补贴收入	13,107,830.38
营业外收支净额	－19,492,089.30
经营活动产生的现金流量净额	67,864,255.43
现金及现金等价物净增加额	155,790,696.16

2. 前三年主要会计数据和财务指标

指标项目		单位	2001年	2000年		1999年	
				调整后	调整前	调整后	调整前
主营业务收入		元	319,629,313.39	181,173,331.89	181,173,331.89	176,875,308.76	176,875,308.76
净利润		元	30,119,571.82	18,957,060.09	21,438,373.73	12,171,196.04	13,047,421.35
总资产		元	658,178,693.53	462,313,335.54	467,806,962.77	320,240,572.31	323,252,885.90
股东权益		元	315,414,432.80	299,077,719.68	304,505,539.57	208,673,101.29	211,619,607.54
每股净资产		元/股	2.09	1.98	2.01	1.79	1.82
调整后每股净资产		元/股	2.02	1.90	1.94	1.66	1.65
每股收益	摊薄	元/股	0.1991	0.1253	0.1417	0.1044	0.1119
	加权		0.1991	0.1268	0.1434	0.1044	0.1119
净资产收益率	摊薄	%	9.55	6.34	7.04	5.83	6.17
	加权		9.90	6.68	7.45	6.01	6.36
扣除非经常性损益后每股收益	摊薄	%	0.2904	0.0993	0.1157	0.1022	0.1097
	加权		0.2904	0.1005	0.1171	0.1022	0.1097
扣除非经常性损益后净资产收益率	摊薄	%	13.93	5.02	5.75	5.71	6.08
	加权		14.45	5.30	6.08	5.88	6.24
每股经营活动产生的现金流量净额		元/股	0.4487	0.9387	0.9387	0.0871	0.0871

第三章 股本变动及股东情况

1. 股本变动情况
(1)股份变动情况表　　单位：股

股份类别	本次变动前	本次变动增减（＋，－）					本次变动后
		配股	送股	公积金转股	其他	小计	
一、未上市流通股份							
1.发起人股份							
其中：							
国家持有股份							
境内法人持有股份	58,054,508						58,054,508
境外法人持有股份							
其他							
2.募集法人股份							
3.内部职工股							
4.优先股或其他							
其中 转配股							
未上市流通股份合计	58,054,508						58,054,508
二、已上市流通股份							
1.人民币普通股	93,207,704						93,207,704
2.境内上市的外资股							
3.境外上市的外资股							
4.其他							
已流通股份合计	93,207,704						93,207,704
三、股份总数	151,262,212						151,262,212

600609 金杯汽车股份有限公司

2001年年度报告摘选

一、公司简介

1、公司名称
法定中文名称：金杯汽车股份有限公司
中文缩写：金杯汽车
法定英文名称：SHENYANG BRILLIANCE AUTOMOTIVE COMPANY LIMITED
英文缩写：SBA
2、公司法定代表人：何国华
3、公司董事会秘书：杜红谱
证券事务代表：乔广海
联系地址：公司董事会办公室
电话：(024)24133535
传真：(024)24133473
电子信箱：stock@syba.com.cn
4、公司注册地址：沈阳市沈河区万柳塘路38号
公司办公地址：中国沈阳高新技术开发区浑南产业开发区世纪路1号二十一世纪大厦A座
邮政编码：110179
公司国际互联网网址：http://www.faw－jinbei.com
电子信箱：stock@syba.com.cn
5、公司选定的信息披露报纸名称：《上海证券报》、《中国证券报》
登载公司年度报告的中国证监会指定国际互联网网址：http://www.sse.com.cn
公司年度报告备置地点：公司董事会办公室
6、公司股票上市交易所：上海证券交易所
股票简称：金杯汽车
股票代码：600609

二、会计数据和业务数据摘要

1、公司本年度主要会计数据：

项目	金额
利润总额：	－811,125,503.27元
净利润：	－825,038,723.72元
扣除非经常性损益后的净利润：	－14,568,842.02元
主营业务利润：	103,485,677.67元
其他业务利润：	9,229,906.45元
营业利润：	－988,102,007.63元
投资收益：	177,720,436.42元
补贴收入：	1,202,184.00元
营业外收支净额：	－1,946,116.06元
经营活动产生的现金流量净额：	－14,076,601.30元
现金及现金等价物净增加额：	－265,591,072.69元

2、公司前三年的主要会计数据及财务指标：（单位：人民币元）

指标项目	2001年	2000年		1999年	
		调整前	调整后	调整前	调整后
主营业务收入	648,469,033.41	824,992,433.79	795,417,581.72	786,037,403.16	786,037,403.16
净利润	－825,038,723.72	249,850,505.40	257,801,963.35	192,570,260.43	211,443,938.73
总资产	4,866,748,790.62	5,473,010,345.22	5,286,750,464.76	5,310,921,315.14	5,159,931,888.74
股东权益	1,550,852,861.04	2,560,285,655.86	2,374,827,238.50	1,741,778,279.17	1,590,788,852.77
每股收益(摊薄)	－0.7551	0.2287	0.2359	0.1982	0.2176
加权平均每股收益	－0.7551	0.2545	0.2625	0.1982	0.2176
扣除非经常性损益后的每股收益	－0.0133	0.1178	0.1387	0.2132	0.2326
每股净资产	1.4193	2.3432	2.1700	1.7923	1.6369
调整后的每股净资产	1.2520	1.8677	1.7200	0.7554	0.7554
每股经营活动产生的现金流量净额	－0.0129	－0.3885	－0.3885	－0.0864	－0.0864
净资产收益率(摊薄)	－53.20%	9.76%	10.86%	11.06%	13.29%
加权平均净资产收益率	－42.04%	13.05%	14.59%	11.99%	14.63%
扣除非经常性损益后加权净资产收益率	－0.74%	6.94%	7.71%	12.84%	15.63%

3、利润表附表（单位：人民币元）

报告期利润	净资产收益率(%)		每股收益(元)	
	全面摊薄	加权平均	全面摊薄	加权平均
主营业务利润	6.67	5.27	0.0947	0.0947
营业利润	－63.71	－50.35	－0.9043	－0.9043
净利润	－53.20	－42.04	－0.7551	－0.7551
扣除非经常性损益后的净利润	－0.94	－0.74	－0.0133	－0.0133

三、股本变动及股东情况

（一）股本变动情况
1、股份变动情况表

数量单位：股

	本次变动前	本次变动增减（＋、－）						本次变动后
		配股	送股	公积金转股	增发	其他	小计	
一、未上市流通股份								
1、发起人股份	728,667,132							728,667,132
其中：								
国家持有股份	606,239,895							606,239,895
境内法人持有股份	122,427,237							122,427,237
境外法人持有股份								
其他								
2、募集法人股份								
3、内部职工股								
4、优先股或其他								
其中：转配股								
未上市流通股份合计	728,667,132							728,667,132
二、已上市流通股份								
1、人民币普通股	364,000,000							364,000,000
2、境内上市的外资股								
3、境外上市的外资股								
4、其他								
已上市流通股份合计	364,000,000							364,000,000
三、股份总数	1,092,667,132							1,092,667,132

600610 中国纺织机械股份有限公司

2001 年年度报告摘选

一、公司简介

1、公司的法定中文名称:中国纺织机械股份有限公司
中文缩写:中纺机
公司的英文名称:CHINA TEXTILE MACHINERY CO., LTD.
英文名称缩写:CTM
2、公司法定代表人:张文卿
3、公司董事会秘书:潘新光
公司董事会证券事务代表:应民刚
联系地址:上海市长阳路 1687 号
电话:(021)65432970
传真:(021)65455130
电子信箱:ctmzjbk @ online.sh.cn
4、公司注册地址:上海市长阳路 1687 号
公司办公地址:上海市长阳路 1687 号
邮政编码:200090
公司国际互联网网址:http://www.ctmco.com.cn
公司电子信箱:ctmzjbk @ online.sh.cn
5、公司选定的信息披露报纸:上海证券报、香港文汇报
登载公司年度报告的中国证监会指定网站的网址:http://www.sse.com.cn
公司年度报告备置地点:中国纺织机械股份有限公司证券部
6、公司股票上市交易所:上海证券交易所
股票简称:A 股 ST 中纺机 B 股 ST 中纺 B
股票代码:A 股 600610 B 股 900906

二、会计数据和业务数据摘要

1、公司本年度主要利润总额及构成(合并报表)

项目	单位:人民币元
利润总额	8,615,778.01
净利润	6,612,032.41
扣除非经常性损益后的净利润(注)	-37,813,050.63
主营业务利润	63,026,186.12
其他业务利润	4,222,025.80
营业利润	-41,710,862.99
投资收益	47,100,993.92
补贴收入	6,642,554.00
营业外收支净额	-3,416,906.92
经营活动产生的现金流量净额	45,356,974.80
现金及现金等价物净增加额	23,141,162.38

2、公司近三年主要会计数据和财务指标(合并报表)(单位:人民币元)

项目	2001 年	2000 年		1999 年	
		调整后	调整前	调整后	调整前
主营业务收入	449,419,326.11	386,688,212.00	386,688,212.00	276,886,492.80	276,886,492.80
净利润	6,612,032.41	3,563,012.89	3,254,687.88	-186,391,170.81	-175,911,847.54
总资产	637,582,010.61	814,189,375.61	831,130,344.17	897,337,540.59	958,244,678.37
股东权益	42,433,258.31	35,821,225.90	88,155,221.76	84,900,533.88	152,719,127.99
每股收益(摊薄)	0.02	0.01	0.01	-0.52	-0.493
每股收益(扣除非经常性损益后)	-0.11	-0.13	-0.12	-0.58	-0.433
每股净资产	0.12	0.10	0.25	0.24	0.43
调整后的每股净资产	0.05	-0.03	0.05	0.21	0.23
每股经营活动产生的现金流量净额	0.13	0.10	0.10	-0.069	-0.069
净资产收益率	15.58%	9.95%	3.69%	-219.54%	-115.19%

注:按中国证监会发布的《公开发行证券公司信息披露编报规则》第 9 号的要求计算的净资产收益率及每股收益。

报告期利润	净资产收益率(%)		每股收益(元)	
	全面摊薄	加权平均	全面摊薄	加权平均
主营业务利润	148.53	161.08	0.18	0.18
营业利润	-98.30	-106.60	-0.12	-0.12
净利润	15.58	16.90	0.02	0.02
扣除非经常性损益后的净利润	-89.11	-96.04	-0.11	-0.11

三、股本变动及股东情况

1、股份变动情况表

数量单位:股

	本次变动前	本次变动增减(+,-)						本次变动后
		配股	送股	公积金转股	增发	其他	小计	
一、未上市流通股份								
1、发起人股份								
其中:								
国家持有股份	188,923,535							188,923,535
境内法人持有股份								
境外法人持有股份								
其他								
2、募集法人股份	22,308,000							22,308,000
3、内部职工股								
4、优先股或其他								
未上市流通股份合计	211,231,535							211,231,535
二、已上市流通股份								
1、人民币普通股	25,740,000							25,740,000
2、境内上市的外资股	120,120,000							120,120,000
3、境外上市的外资股								
4、其他								
已上市流通股份合计	145,860,000							145,860,000
三、股份总数	357,091,535							357,091,535

600611 大众交通(集团)股份有限公司

2001 年年度报告摘选

第一节 公司基本情况简介

1、公司名称:大众交通(集团)股份有限公司
公司英文名称:DAZHONG TRANSPORTION(GROUP) CO., LTD.
公司英文缩写:DZT
2、公司法定代表人:杨国平
3、公司董事会秘书:顾华
联系地址:上海中山西路 1515 号大众大厦 12 楼
电话:021-64289122 传真:021-64288660
4、公司注册地址:上海市浦东新区龙阳路 100 号
办公地址:上海中山西路 1515 号大众大厦 12 楼
邮政编码:200233
公司网址:WWW.DZCGROUP.COM
E-MAIL:DZJT@82222.COM
5、公司选定的信息披露报纸名称:《上海证券报》、《中国证券报》、《证券时报》
登载公司年度报告的中国证监会指定国际互联网网址:http://www.sse.com.cn
公司年度报告备置地点:公司本部计财部
6、公司股票上市交易所:上海证券交易所
股票名称:大众交通
股票代码:A 股 600611 B 股 900903

第二节 会计数据与业务数据摘要

1、经立信长江会计师事务所有限公司(境内)审计,公司本年度主要利润指标(合并报表)如下:

(金额单位:人民币元)

项目	金额
利润总额	225,829,318.99
净利润	210,330,036.57
扣除非经常性损益后的净利润	147,664,398.27
主营业务利润	452,389,408.79
其他业务利润	15,821,000.79
营业利润	185,680,126.79
投资收益	109,853,511.49
补贴收入	1,717,900.00
营业外收支净额	-71,422,219.29
经营活动产生的现金流量净额	798,674,736.76
现金及现金等价物净增加额	·275,157,212.67

浩华中国上海会计师事务所按国际会计准则对净利润进行调整之影响:2001 年实现净利润按中国会计准则审计为 21033 万元,按国际会计准则审计为 18729 万元,具体差异如下:

(金额单位:人民币千元)

项目	净利润	股东权益
按中国会计准则编制	210,330	2,127,419
按国际会计准则调整合计:	23,039	52,643
(1)加速折旧	-67,241	-123,991
(2)旧车处置收益	76,326	---
(3)无形资产摊销之冲回	9,204	-1,885
(4)冲销开办费	2,938	---
(5)固定资产减值准备	-10,594	---
(6)宣告发放股利	---	155,662
(7)递延税项	12,204	12,204
(8)其他	-45,876	10,653
按国际会计准则编制	187,291	2,180,062

2、前三年主要会计数据和财务指标: (金额单位:人民币元)

指标名称	2001 年	2000 年		1999 年
		调整前	调整后	
主营业务收入	1,659,108,444.89	1,349,820,680.01	1,355,659,333.58	1,037,013,708.31
净利润	210,330,036.57	196,041,042.19	194,895,626.45	180,836,364.29
总资产	4,543,818,946.59	3,922,468,656.35	3,897,583,851.58	3,404,397,374.57
股东权益(不含少数股东权益)	2,127,419,219.04	1,913,289,816.54	1,862,127,982.45	1,858,335,297.36
每股收益(全面摊薄)	0.35	0.35	0.34	0.32
每股收益(加权)	0.37	0.35	0.34	0.36
扣除非经常性损益后的每股收益	0.25	0.35	0.35	0.28
每股净资产(元/股)	3.55	3.38	3.29	3.28
调整后的每股净资产(元/股)	3.40	3.21	3.20	3.18
每股经营活动产生的现金流量净额	1.33	0.64	0.64	0.44
全面摊薄净资产收益率%	9.89	10.25	10.47	9.73
加权平均净资产收益率%	10.69	10.02	9.97	10.88
扣除非经常性损益后的加权平均净资产收益率%	7.51	10.23	10.18	9.40

第三节 股本变动及股东情况

(一)股本变动情况

数量单位:股

	期初数	本次变动增减(+、-)			期末数
		公积金转股	增发	小计	
一、尚未流通股份					
1、发起人股份	113578180				113578180
其中:国家拥有股份	113578180				113578180
法人股	140000000				140000000
尚未流通股份合计	253578180				253578180
二、已流通股份					
1、境内上市的人民币普通股	109473400		32850000	32850000	142323400
2、境内上市的外资股	202800000				202800000
已流通股份合计	312273400				345123400
三、股份总数	565851580		32850000	32850000	598701580

600612 中国第一铅笔股份有限公司

2001 年年度报告摘选

一、公司基本情况简介

1、公司法定名称
中文名称:中国第一铅笔股份有限公司
英文名称:CHINA FIRST PENCIL CO.,LTD
英文名称缩写:CFP
2、公司法定代表:胡书刚
3、公司董事会秘书:周富良
联系地址:上海徐家汇路 550 号 24 楼(宝鼎大厦)
联系电话:(021)64453300
传真:(021)64720802
电子信箱:pencil@mail.china first pencil.com
4、公司注册地址:上海浦东金桥出口加工区川桥路 1295 号
公司办公地址:上海徐家汇路 550 号 24 楼(宝鼎大厦)
邮政编码:200025
国际互联网网址:http://www.china first pencil.com
5、公司选定的信息披露报纸名称:《上海证券报》
登载公司年度报告的中国证监会指定国际互联网
网址:http://www.sse.com.cn
公司年度报告备置地点:公司总经理办公室
股票上市交易所:上海证券交易所
6、股票简称:第一铅笔　　　　中铅 B 股
股票代码:600612　　　　900905

二、会计数据和业务数据摘要

1、公司本年度实现利润情况(合并报表)

序号	项目	金额(单位:人民币元)
(1)	利润总额	10,575,662.00
(2)	净利润	1,860,999.18
(3)	扣除非经常性损益后的净利润	-1,147,747.79
(4)	主营业务利润	165,861,913.05
(5)	其他业务利润	2,700,577.52
(6)	营业利润	1,127,413.09
(7)	投资收益	5,341,929.44
(8)	补贴收入	2,749,087.81
(9)	营业外收支净额	1,357,231.66
(10)	经营活动产生的现金流量净额	121,073,904.73
(11)	现金与现金等价物净增加额	14,793,396.01

说明:(1)"扣除非经常性损益后的净利润"是指:扣除补贴收入 2,749,087.81 营业外收支净额 1,357,231.66,加上股权投资差额 1,097,572.50。

2、截止本报告期末公司前三年主要会计数据和财务指标

(单位:人民币元、元/股、%)

序号	项目	2001 年	2000 年		1999 年	
			调整前	调整后	调整前	调整后
(1)	主营业务收入	910,746,959.07	1,000,755,791.81	1,000,755,791.81	900,604,096.43	900,604,096.43
(2)	净利润	1,860,999.18	12,205,195.22	9,228,663.95	13,751,788.91	2,251,412.65
(3)	总资产	1,375,804,610.39	1,451,024,639.88	1,426,890,060.49	1,452,364,977.21	1,437,139,608.40
(4)	股东权益	439,600,018.36	461,766,743.07	441,895,876.71	449,501,594.35	438,506,466.22
(5)	每股收益(摊薄)	0.007	0.049	0.037	0.055	0.009
(6)	每股净资产	1.746	1.834	1.755	1.785	1.742
(7)	调整后的每股净资产	1.612	1.669	1.632	1.646	1.639
(8)	每股经营活动产生的现金流量净额	0.481	0.102	0.102	0.093	0.093
(9)	净资产收益率(摊薄)	0.42	2.64			
	净资产收益率(加权)					
(10)	扣除非经常性损益后的每股收益	-0.005	0.036	0.053	0.044	0.026
(11)	扣除非经常性损益后加权平均净资产收益率(%)	-0.26	1.97	3.05	2.52	1.50

三、股本变动及股东情况

1、股本变动情况
股份变动情况表

数量单位:股

	期初数	本次变动(+、-)						期末数
		配股	送股	公积金转增	增发	其他	小计	
一、未上市流通股份								
1、发起人股份								
其中:								
国家持有股份	83328128							83328128
境内法人持有股份								
境外法人持有股份								
其他								
2、募集法人股份	19311992							19311992
3、内部职工股								
4、优先股或其他								
其中转配股								
未上市流通股份合计	102640120							102640120
二、已上市流通股份								
1、人民币普通股	29087916							29087916
2、境内上市的外资股	120051360							120051360
3、境外上市的外资股								
4、其他								
已上市流通股份合	149139276							149139276
三、段份总数	251779396							251779396

600613 上海永生数据科技股份有限公司

2001 年年度报告摘选

一、公司基本情况简介

(一) 公司的法定名称:上海永生数据科技股份有限公司
公司英文名称:Shanghai Wingsung Data Technology Co., Ltd.
英文缩写:Wingsung
(二) 公司法定代表人:方业荣
(三) 公司董事会秘书:
联系地址:斜土路 2669 号 11 楼
联系电话:64397553　　64399900
传　　真:54590737
(四) 公司注册地址:上海市浦东新区上川路 995 号
公司办公地点:上海市斜土路 2669 号 11 楼
邮政编码:200030
电子信箱:wingsung@online.sh.cn
公司网址:www.wingsung.com.cn
(五) 公司选定的信息披露报纸:《上海证券报》《香港商报》
登载年度报告的中国证监会指定网站的网址:http://www.sse.com.cn
公司年度报告备置地点:斜土路 2669 号 11 楼
(六) 公司股票上市交易所:上海证券交易所
股票简称:A 股:永生数据　　　　B 股:永生 B 股
股票代码:A 股:600613　　　　B 股:900904

二、会计数据和业务数据摘要

(一)本年度主要会计数据:

项目	(单位:人民币元)
利润总额	-42,801,828.46
净利润	-43,673,476.05
扣除非经常性损益后的净利润	-43,650,331.43
主营业务利润	16,261,275.93
其他业务利润	290,246.61
营业利润	-29,884,266.58
投资收益	-12,894,417.26
补贴收入	
营业外收支净额	23,144.62
经营活动产生的现金流量净额	-20,514,083.34
现金及现金等价物净增减额	12,754,706.04
注:扣除非经常性损益和涉及金额:	
营业外收支净额	-23,144.62

(二)公司近三年主要会计数据及财务指标(单位:人民币元)

项目	2001 年度	2000 年度		1999 年度	
		调整前	调整后	调整前	调整后
主营业务收入	36,764,042.48	55,807,659.80	36,001,105.46	104,785,605.11	104,785,605.11
净利润	-43,673,476.05	6,704,585.05	2,901,197.00	6,442,950.24	-32,052,049.76
总资产	408,987,579.52	530,131,246.95	470,143,382.42	486,198,168.63	447,703,468.60
股东权益(不含少数股东权益)	242,047,667.28	329,639,283.32	285,721,143.33	323.938,345.14	285,574,946.33
全面摊薄每股收益	-0.295	0.0453	0.0196	0.0436	-0.217
加权平均每股收益	-0.295	0.0453	0.0196	0.0436	-0.217
扣除非经常性损益后的每股收益	-0.295	-0.0185	-0.0185	-0.1048	-0.1048
每股净资产	1.637	2.2287	1.932	2.1902	1.931
调整后每股净资产	1.624	2.2074	1.911	2.1772	1.912
每股经营活动产生的现金流量净额	-0.139	0.1815	0.1815	-0.0222	-0.022
全面摊薄净资产收益率	-18.043%	2.034%	1.015%	1.990%	-11.22%
加权平均净资产收益率	-16.550%	2.050%	1.015%	2.007%	-10.61%
扣除非经常性损益后的加权平均净资产收益率	-16.540%	-0.837%	-0.958%	-4.824%	-5.130%

(三)利润表附表

报告期利润	净资产收益率		每股收益(元/股)	
	全面摊销	加权平均	全面摊销	加权平均
主营业务利润	6.72%	6.16%	0.110	0.110
营业利润	-12.34%	-11.32%	-0.202	-0.202
净利润	-18.04%	-16.55%	-0.295	-0.295
扣除非经常性损益后的净利润	-18.03%	-16.54%	-0.295	-0.295

三、股本变动及股东情况

(一) 公司股份变动情况表

	期初数	本次变动增减(+、-)				期末数
		配股	送股	公积金转股	其他	
一、未上市流通股份						
1、发起人股份						
其中:						
国家持有股份						
境内法人持有股份						
境外法人持有股份						
其他						
2、募集法人股份	12775350					12775350
3、内部职工股						
4、其他	80377757					80377757
流通股份合计	93153107					93153107
二、已上市流通股份						
1、人民币股份	9125516					9125516
2、境内上市的外资股	45626375					45626375
3、境外上市的外资股						
4、其他						
已上市流通股份合计	54751891					54751891
三、股份总数	147904998					147904998

600614 上海胶带股份有限公司

2001 年年度报告摘选

一、公司简介

1、公司法定中文名称：上海胶带股份有限公司
公司法定英文名称：SHANGHAI RUBBER BELT CO., LTD.
公司英文名称缩写：SRB
2、公司法定代表人：赵新先 先生
3、公司董事会秘书：于炳瀚 先生
联系地址：上海市浦东世纪大道 1600 号浦项商务广场 19 楼
电话：021－50813939
传真：021－58313117
E－MAIL：ybh@600614.com
公司证券事务代表：姜卫星 先生
电话：021－50813939＊698
传真：021－58313117
E－MAIL：jiang-wx@600614.com
4、公司注册地址：上海浦东东昌路 600 号
邮编：200120
公司办公地址：上海市浦东世纪大道 1600 号 浦项商务广场 19 楼
邮编：200122
5、公司选定的信息披露报纸：《上海证券报》、《香港商报》。
登载年度报告的国际互联网网址：http://www.sse.com.cn
公司年度报告备置地点：公司董事会办公室
6、公司股票上市地：上海证券交易所
股票简称：胶带股份　　胶带 B 股
股票代码：600614　　900907

二、会计数据与业务数据摘要

1、公司本年度财务数据如下：(单位：元)

项目	金额
利润总额：	35,131,013.98
净利润：	28,143,109.36
扣除非经常性损益后的净利润：	12,835,036.86
主营业务利润：	62,314,924.73
其他业务利润：	10,625,250.94
营业利润：	16,788,796.59
投资收益：	10,393,819.73
补贴收入：	1,760,000.00
营业外收支净额：	6,188,397.66
经营活动产生的现金流量净额：	18,676,175.19
现金及现金等价物净增加额：	107,226,142.54

2、截至报告期末公司近三年的主要会计数据和财务指标如下：
追溯调整后指标

项目	2001 年	2000 年	1999 年
主营业务收入	226,115,352.00	150,969,732.58	236,011,445.96
净利润	28,143,109.36	20,578,038.20	1,071,236.62
每股收益(摊薄)	0.244	0.179	0.009
每股收益(加权)	0.244	0.179	0.009
扣除非经常性损益后的每股收益(摊薄)	0.111	－0.297	－0.298
扣除非经常性损益后的每股收益(加权)	0.111	－0.297	－0.298
每股经营活动产生的现金流量净额	0.162	0.372	0.119

3、利润附表

报告期利润	净资产收益率		每股收益	
	全面摊薄	加权平均	全面摊薄	加权平均
主营业务利润	30.57%	32.43%	0.541	0.541
营业利润	8.24%	8.39%	0.146	0.146
净利润	13.81%	14.65%	0.244	0.244
扣除非经常性损益后的净利润	6.29%	6.68%	0.111	0.111

三、股本变动及股东情况

1、股本变动情况
(1) 股本变动情况表(单位：股)：

	期初数	配股	送股	公积金转股	增发	其他	小计	期末数
一、尚未流通股份								
1、发起人股份								
其中：								
国家拥有股份	56,690,378							22,726,031
国有法人股股份								33,964,347
社会法人股股份	8,349,000							8,349,000
其他								
2、募集法人股								
3、内部职工股								
4、优先股或其它								
未上市流通股份合计	65,039,378							65,039,378
二、已流通股份								
1、人民币普通股	8,349,000							8,349,000
2、境内上市的外资股	41,745,000							41,745,000
3、境外上市的外资股								
4、其他								
已上市流通股份合计	50,094,000							50,094,000
三、股份总数	115,133,378							115,133,378

600615 上海丰华(集团)股份有限公司

2001 年年度报告摘选

一、公司简介

(一)公司法定中、英文名称及缩写
公司法定中文名称：上海丰华(集团)股份有限公司
公司英文名称：SHANGHAI FENGHWA GROUP CO., LTD
公司英文名称缩写：SFH
(二)公司法定代表人：王延涛
(三)公司董事会秘书：王结根
董事会证券事务代表：张国丰
联系地址：上海市浦东新区东方路 3601 号
电话：(021) 58811688×333
传真：(021) 58702762
电子信箱：office@fenghwa.com.cn
(四)公司注册和办公地址：上海市浦东新区东方路 3601 号
邮政编码：200125
国际互联网网址：www.fenghwa.com.cn
电子信箱：office@fenghwa.com.cn
(五)公司选定的信息披露报纸名称：《上海证券报》
登载公司年度报告的中国证监会指定国际互联网网址：http://www.sse.com.cn
公司年度报告备置地点：股份制办公室
(六)公司股票上市交易所：上海证券交易所
股票简称：丰华股份
股票代码：600615

二、会计数据与业务数据摘要

(一) 本年度主要会计数据和业务数据(单位：人民币元)

项目	金额
利润总额	－41,424,888.10
净利润	－41,389,679.05
扣除非经常性损益后的净利润	－59,497,228.71
主营业务利润	51,225,716.44
其它业务利润	5,970,097.95
营业利润	－45,107,618.31
投资收益	4,635,210.17
补贴收入	
营业外收支净额	－952,479.96
经营活动产生的现金流量净额	19,917,226.04
现金及现金等价物净增加额	5,681,123.92

(二)截止报告期末公司前三年主要会计数据和其它财务指标(单位：元)

指标项目	2001 年	2000 年		1999 年
		调整前	调整后	
主营业务收入	203,044,764.03	3,506,206.64	35,013,042.88	210,581,007.31
净利润	－41,389,679.05	2,052,037.90	1,641,428.25	63,524,824.26
总资产	1,084,190,189.16	821,685,338.31	1,132,634,145.91	863,403,266.96
股东权益	538,634,604.47	614,622,229.41	580,003,641.92	620,091,011.81
股本	150,416,406.00	150,416,406.00	150,416,406.00	150,416,406.00
每股收益	－0.275	0.014	0.011	0.422
扣除非经营性损益后每股收益	－0.396	－0.034	－0.036	0.142
每股净资产	3.58	4.086	3.86	4.12
调整后的每股净资产	1.60	4.081	1.477	4.11
每股经营活动产生的现金流量净额	0.132	0.855	0.855	0.259
净资产收益率(%)	－7.68	0.344	0.283	10.24

三、股本变动及股东情况

(一)股本变动情况
1.股份变动情况表(单位：股)

	期初数	期末数
一、尚未流通股份		
1.发起人股份		
其中：		
国有法人持有股份	79,186,360	79,186,360
2.募集法人股	24,729,566	24,729,566
尚未流通股份合计	103,915,926	103,915,926
二、已流通股份		
1.境内上市的人民币普通股		
已流通股份合计	46,500,480	46,500,480
三、股份总数	150,416,406	150,416,406

(二)股东情况介绍：
1.报告期末股东总数为 19,936 户。
2.本公司前 10 名股东持股情况

股东名称	持股数量(股)	占总股本%	性质
1.汉骐集团有限公司	43,620,758	29.00	国有法人股
2.三河东方科技发展有限公司	31,775,602	21.13	国有法人股
3.豫园(集团)有限公司	3,790,000	2.52	国有法人股
4.上海第十七棉纺织总厂	3,168,000	2.11	法人股
5.上海国际信托投资公司	2,073,600	1.38	法人股
6.申银万国证券股份有限公司	1,947,369	1.29	法人股
7.裕元基金	1,812,661	1.21	流通股
8.上海市泰康食品有限公司	1,603,200	1.07	法人股 365200 股 其余为流通股
9.中国纺织机械股份有限公司	1,267,200	0.84	法人股
10.上海东方明珠股份有限公司	1,036,800	0.69	法人股

600616 上海市第一食品商店股份有限公司

2001 年年度报告摘选

一、公司基本情况简介

(一)公司法定中文名称:上海市第一食品商店股份有限公司
公司英文名称:SHANGHAI FIRST PROVISIONS STORE COMPANY LIMTED
英文缩写:SFPS
(二)公司法定代表人:吴顺宝　董事长
(三)公司董事会秘书:邝志强
董事会证券事务代表:张黎云
联系地址:上海市浦东新区张杨路 579 号
电话:021－58352624　50812727×8624
传真:021－58352620
电子信箱:kzq@firstfood－cn.com
(四)公司注册及办公地址:上海市浦东新区张杨路 579 号(三鑫大厦内)
邮政编码:200120
公司国际互联网网址:http://www.firstfood－cn.com
http://www.firstfood.com.cn
电子信箱:sfps@firstfood－cn.com
(五)公司选定的信息披露报纸名称:《上海证券报》
登载公司年度报告的中国证监会指定网站的网址:http://www.sse.com.cn
公司年度报告备置地点:公司董事会办公室
(六)公司股票上市交易所:上海证券交易所
股票简称:第一食品
股票代码:600616

二、会计数据和业务数据摘要

(一)本年度主要利润指标情况　单位:元

项目	金额
1、利润总额	34,876,021.17
2、净利润	27,158,555.52
3、扣除非经常性损益后的净利润	26,918,822.82
4、主营业务利润	112,506,234.57
5、其他业务利润	9,468,271.53
6、营业利润	29,057,173.76
7、投资收益	5,937,387.72
8、补贴收入	21,182.00
9、营业外收支净额	－139,722.31
10、经营活动产生的现金流量净额	50,549,792.19
11、现金及现金等价物净增减额	10,561,264.77

(二)主要会计数据和财务指标

项目	2001 年	2000 年		1999 年	
		追溯调整后	追溯调整前	追溯调整后	追溯调整前
1.主营业务收入	586,193,791.15	593,764,367.95	593,764,367.95	463,186,824.09	463,186,824.09
2.净利润	27,158,555.52	19,017,638.78	26,502,642.07	17,408,050.33	17,937,759.00
3.总资产	547,429,430.96	503,484,483.57	510,786,459.98	305,929,086.34	305,929,086.34
4.股东权益(不含少数股东权益)	309,474,748.30	314,204,760.46	322,219,472.42	175,713,635.36	176,243,344.03
5.每股收益(摊簿)	0.21	0.15	0.21	0.16	0.16
6.每股收益(加权)	0.21	0.16	0.23	0.16	0.16
7.扣除非经常性损益后的每股收益(摊簿)	0.21	0.15	0.21	0.15	0.16
8.扣除非经常性损益后的每股收益(加权)	0.21	0.16	0.21	0.16	0.16
9. 每股净资产	2.44	2.48	2.54	1.61	1.62
10. 调整后的每股净资产	2.15	2.18	2.17	0.89	0.90
11.净资产收益率(摊簿)%	8.78	6.05	8.23	9.91	10.18
12.净资产收益率(加权)%	8.71	7.90	10.81	10.26	10.55
13.扣除非经常性损益后净利润为基础计算的净资产收益率(摊薄)%	8.70	6.03	8.20	9.41	9.69
14.扣除非经常性损益后净利润为基础计算的净资产收益率(加权)%	8.63	7.87	10.79	9.75	10.04
15.每股经营活动中产生的现金流量净额	0.40	0.28	0.28	0.27	0.27

三、股本变动及股东情况

(一) 股份变动情况表

数量单位:股

	期初数	比例	本期变动增减(+、-)						期末数	比例
			配股	送股	公积金转股	增发	其他	小计		
一、未上市流通股份										
1、发起人股份	56,251,655	44.32%							56,251,655	44.32%
其中										
国家持有股份	56,251,655	44.32%							56,251,655	44.32%
境内法人持有股份										
境外法人持有股份										
其他										
2、募集法人股	25,024,717	19.72%							25,024,717	19.72%
3、内部职工股										
4、优先股或其他										
未上市流通股份合计	81,276,372	64.03%							81,276,372	64.03%
二、已上市流通股份										
1、人民币普通股	45,654,036	35.97%							45,654,036	35.97%
2、境内上市的外资股										
3、境外上市的外资股										
4、其他										
已上市流通股份合计	45,654,036	35.97%							45,654,036	35.97%
三、股份总数	126,930,408	100%							126,930,408	100%

600617 上海联华合纤股份有限公司

2001 年年度报告摘选

一、公司基本情况简介

(一)公司名称
公司法定中文名称:上海联华合纤股份有限公司
公司英文名称及缩写:Shanghai Lian Hua Fibre Corporation (LH FIBRE)
(二)公司法定代表人:刘作亮
(三)公司董事会秘书:冯颖明
联系电话:021－59528713、021－68862188
传真:021－59528433、021－68862199
E－Mail:lh－zb@lh－fibre.com
(四)公司注册地址:上海市浦东新区恒大路 62 号
公司办公地址:上海市嘉定区沪宜公路 4290 号
邮政编码:201800
网址:http://www.lh－fibre.com
E－Mail:lhfibre@public4.sta.net.cn
(五)公司选定的信息披露报纸名称:《上海证券报》　香港《文汇报》
刊登公司年度报告的中国证监会指定的国际互联网网址:http://www.sse.com.cn
公司年度报告备置地点:上海市浦东南路 360 号新上海国际大厦 15 楼 E 座
(六)公司股票上市交易所:上海证券交易所
股票简称:联华合纤　联华 B 股
股票代码:600617　900913

二、会计数据和业务数据摘要

(一)本年度会计数据和业务数据摘要

项目	单位:元
1、利润总额	271,882.24
2、净利润	1,128,163.45
3、扣除非经常性损益后的净利润	－404,219.49
4、主营业务利润	18,785,716.15
5、其他业务利润	－775,336.34
6、营业利润	－1,530,921.22
7、投资收益	610,463.32
8、补贴收入	391,000.00
9、营业外收支净额	801,340.14
10、经营活动产生的现金流量净额	－20,347,451.17
11、现金及现金等价物净增加额	－13,688,687.30

(二)截止报告期公司近三年主要会计数据和财务指标

项目	单位	2001 年	2000 年	1999 年
1、主营业务收入	万元	32,311.77	41,430.44	27,825.45
2、净利润	万元	112.82	619.22	524.99
3、总资产	万元	56,456.16	53,244.37	52,408.35
4、股东权益(不含少数股东权益)	万元	28,480.48	28,364.15	28,179.64
5、每股收益(摊薄)	元/股	0.007	0.037	0.0314
6、每股收益(加权)	元/股	0.007	0.037	0.0314
7、扣除非经常性损益的每股收益	元/股	－0.002	0.0375	0.03
8、每股净资产(摊薄)	元/股	1.70	1.70	1.69
9、调整后的每股净资产	元/股	1.60	1.60	1.60
10、每股经营活动产生的现金流量净额	元/股	－0.12	0.12	0.19
11、净资产收益率(摊薄)	%	0.40	2.18	1.86
12、净资产收益率(加权)	%	－0.14	2.18	1.86
13、扣除非经常性损益的加权平均净资产收益率	%	－0.02	2.20	0.037

三、股本变动及股东情况

(一)股本变动情况

1、股本变动情况表

数量单位:股

	本次变动前	本次增减(+,-)其它	本次变动后
一、未上市流通股份			
1、发起人股份	85,194,800	－18,558,440	66,636,360
其中:			
国家持有股份			
境内法人持有股份	66,636,360	0	66,636,360
境外法人持有股份	18,558,440	－18,558,440	0
2、募集法人股份	27,000,000	0	27,000,00
3、境外法人持有股份	10,000,000	－10,000,000	0
未上市流通股份合计	122,194,800	－28,558,440	93,636,360
二、已上市流通股份			
1、人民币普通股	9,000,000	0	9,000,000
2、境内上市的外资股	36,000,000	+28,558,440	64,558,440
已上市流通股份合计	45,000,000	+28,558,440	73,558,440
三、股份总数	167,194,800	0	167,194,800

600618 上海氯碱化工股份有限公司

2001 年年度报告摘选

第一节 公司基本情况简介

一、公司法定中文名称:上海氯碱化工股份有限公司
公司法定英文名称:SHANGHAI CHLOR - ALKALI CHEMICAL CO.,LTD.
缩写:SCAC
二、公司法定代表人:周波
三、公司董事会秘书:许沛文
董事会证券事务代表:庞学英(代)
联系地址:上海市龙吴路 4747 号
电话:021 - 64342640 传真:021 - 64341341
邮政编码:200241
电子信箱:xupeiwen@styc.com.
四、公司注册地址和办公地址:上海市龙吴路 4747 号 邮政编码:200241
电话:021 - 64340000
网址:www.scacc.com
电子信箱:office@styc.com
五、公司选定的信息披露报纸:上海证券报、中国证券报、亚洲华尔街报
登载年度报告的中国证监会指定网址:http://www.sse.com.cn
公司年度报告备置地点:董事会秘书室市区办事处
联系地址:上海市浦东南路 1271 号 17 楼
电话:021 - 58829587 传真:021 - 58829587
邮政编码:200122
六、公司股票上市交易所:上海证券交易所
股票简称:氯碱化工 氯碱 B 股
股票代码:600618(A 股) 900908(B 股)

第二节 会计数据和业务数据摘要

一、本年度公司主要经营数据: (单位:万元)

	2001 年
利润总额	2645.03
净利润	513.34
扣除非经常性损益后的净利润	- 10485.79
主营业务利润	34417.68
其他业务利润	1667.54
营业利润	- 5712.38
投资收益	8970.84
补贴收入	310.70
营业外收支净额	924.13
经营活动产生的现金流量净额	23788.54
现金及现金等价物净增加额	33011.59

非经常性损益包括补贴收入 3,107,000.00 元(减免增值税),资金占用收入 126294456.41 元,剔除所得税后共影响净利润 109,991,237.95 元。

二、主要财务数据和指标:

	2001 年 12 月 31 日	2000 年 12 月 31 日 调整前	2000 年 12 月 31 日 调整后	1999 年 12 月 31 日
主营业务收入	272832.30	294143.44	294143.44	222460.04
净利润	513.34	5067.46	2596.96	3575.77
扣除非经常性损益后的净利润	- 10485.79	4379.70	1909.21	243.48
每股收益(人民币元)				
全面摊薄	0.004	0.044	0.022	0.034
加权平均	0.004	0.046	0.023	0.034
全面摊薄净资产收益率(%)	0.18%	1.66%	0.93%	1.19%
加权平均净资产收益率(%)	0.18%	1.67%	0.90%	1.20%
每股经营活动产生的现金流量净额(人民币元)	0.20	0.37	0.37	0.23
总资产	461008.64	490545.91	474315.70	500322.23
股东权益(不含少数股东权益)	280301.93	305126.50	279788.60	300046.54
每股净资产(人民币元)	2.41	2.62	2.40	2.83
调整后的每股净资产(人民币元)	2.05	2.30	2.00	2.47

三、报告期利润表附表(按照中国证监会《公开发行证券的公司信息披露编报规则(第 9 号)》要求计算)

报告期利润	净资产收益率(%) 全面摊薄	净资产收益率(%) 加权平均	每股收益(元) 全面摊薄	每股收益(元) 加权平均
主营业务利润	12.28%	12.29%	0.30	0.30
营业利润	- 2.04%	- 2.04%	- 0.049	- 0.049
净利润	0.18%	0.18%	0.004	0.004
扣除非经常性损益后净利润	- 3.74%	- 3.74%	- 0.09	- 0.09

第三节 股本变动及股东情况

一、股份变动情况表

	本次变动前	配股	送股	公积金转股	增发	其他	小计	本次变动后
一、未上市流通股份								
1、发起人股份								
其中:								
国家持有股份	611510647							611510647
境内法人持有股份								
境外法人持有股份								
其他								
2、募集法人股份	118580000							118580000
3、内部职工股								
4、优先股或其他								
未上市流通股份合计	730090647							730090647
二、已上市流通股份								
1、人民币普通股	27832420							27832420
2、境内上市的外资股	406560000							406560000
已上市流通股份合计	434392420							434392420
三、股份总数	1164483067							1164483067

600620 上海市天宸股份有限公司

2001 年年度报告摘选

一、公司简介:

1、公司法定中文名称:上海市天宸股份有限公司
公司法定英文名称:SHANGHAI TIANCHEN CO., LTD.
公司英文简称:SHSTC
2、公司法定代表人:叶立润
3、公司董事会秘书:吕楠
联系地址:上海市徐家汇路 550 号 15 楼
联系电话:(021)64453550 - 1520;传真:(021)64456910
电子信箱:shstc@online.sh.cn
4、公司注册地址:上海市沪闵路 6200 号
公司办公地址:上海市徐家汇路 550 号 15 楼
公司邮政编码:200025
公司电子信箱:shstc@online.sh.cn
5、公司选定信息披露报纸名称:《上海证券报》
登载年报指定网址:http://www.sse.com.cn
年报备置地点:上海市徐家汇路 550 号 15 楼
6、公司股票上市交易所:上海证券交易所
股票简称:天宸股份 证券代码:600620

二、会计数据和业务数据摘要:

1、本年度主要利润指标情况:

(单位:人民币元)

项目	金 额
(1)利润总额:	38,457,960.03
(2)净利润:	34,132,139.97
(3)扣除非经常性损益后的净利润:	20,574,706.27
(4)主营业务利润:	48,883,494.42
(5)其他业务利润:	830,248.22
(6)营业利润:	1,430,983.88
(7)投资收益:	24,956,019.09
(8)补贴收入:	12,064,134.69
(9)营业外收支净额:	6,822.37
(10)经营活动产生的现金流量净额	16,981,694.74
(11)现金及现金等价物净增加额:	11,393,369.53
非经常性损益	单位:人民币元
扣除项目	扣除金额
委托理财收入	1,487,500.00
补贴收入	12,064,134.69
营业外收支净额	5,799.01

2、截止报告期末公司前三年的主要会计数据和财务指标:(单位:人民币元)

	2001 年	2000 年 (调整后)	2000 年 (调整前)	1999 年
主营业务收入	195,689,438.35	274,648,754.60	274,648,754.60	170,550,031.90
净利润	34,132,139.97	3,655,573.34	31,654,210.27	27,063,462.99
总资产	1,293,692,948.00	1,004,734,195.49	998,007,046.71	1,165,539,339.82
股东权益	382,812,234.19	335,531,458.97	377,005,643.26	358,690,149.08
每股收益(摊薄)	0.128	0.014	0.119	0.139
(加权)	0.128	0.014	0.119	0.161
扣除非经常性损益后每股收益	0.08	- 0.011	0.094	- 0.046
每股净资产	1.43	1.26	1.413	1.345
调整后每股净资产	1.235	1.039	1.190	1.160
每股经营活动产生的现金流量净额	0.064	0.455	0.455	- 0.566
净资产收益率(摊薄)	8.92%	1.089%	8.40%	10.333%
(加权)	9.68%	1.053%	8.60%	10.798%

注:2001 年度扣除非经常性损益后加权平均净资产收益率为 5.835%。

报告期利润	净资产收益率(%) 全面摊薄	净资产收益率(%) 加权平均	每股收益(元) 全面摊薄	每股收益(元) 加权平均
主营业务利润	12.770	13.864	0.183	0.183
营业利润	0.374	0.406	0.005	0.005
净利润	8.916	9.680	0.128	0.128
扣除非经常性损益后的净利润	5.375	5.835	0.077	0.077

三、股本变动及股东情况:

1、股本变动情况:

(数量单位:万股)

	本次变动前	配股	送股	公积金转股	增发	其他	小计	本次变动后
一、未上市流通股份								
1、发起人股份	2848.0788							2848.0788
其中:								
国家持有股份								
境内法人持有股份	2848.0788							2848.0788
境外法人持有股份								
其他								
2、募集法人股份	15782.8050							15782.8050
3、内部职工股								
4、优先股或其它								
未上市流通股份合计	18630.8838							18630.8838
二、已上市流通股份								
1、人民币普通股	8046.5487							8046.5487
2、境内上市的外资股								
3、境外上市的外资股								
4、其他								
已上市流通股份合计	8046.5487							8046.5487
三、股份总数	26677.4325							26677.4325

600621 上海金陵股份有限公司

2001 年年度报告摘选

一、公司简介

(一)公司法定中文名称:上海金陵股份有限公司
公司英文名称:SHANGHAI JINLING CO.,LTD.
(二)公司法定代表人:佘宝庆
(三)公司董事会秘书:陈炳良
联系地址:上海福州路 666 号 26F
上海金陵股份有限公司办公室
电　　话:(021)63222658　　63226000－221
传　　真:(021)63502688
电子信箱:jin－ling@online.sh.cn
(四)公司注册地址:上海浦东杨高南路 475～483 号
公司办公地址:上海福州路 666 号 26F
邮政编码:200001
电话:63226000
公司国际互联网网址:http://www.jin－ling.com
电子信箱:jin－ling@online.sh.cn
(五)公司选定的中国证监会指定报纸名称:《中国证券报》、《上海证券报》
登载公司年度报告的中国证监会指定国际互联网网址:http://www.sse.com.cn
公司年度报告备置地点:公司办公室
(六)公司股票上市交易所:上海证券交易所
股票简称:上海金陵
股票代码:600621

二、会计数据和业务数据摘要(合并报表)

(一)本年度主要利润指标情况

(单位:人民币元)

项目	金额
利润总额	－118,765,856.69
净利润	－126,165,071.23
扣除非经常性损益后的净利润	32,037,215.77
主营业务利润	188,272,143.19
其他业务利润	7,128,856.26
营业利润	30,810,415.96
投资收益	－155,781,924.82
补贴收入	4,332,455.03
营业外收支净额	1,873,197.14
经营活动产生的现金流量净额	198,044,140.02
现金及现金等价物净增加额	－129,483,575.00

(二)公司近三年主要会计数据和财务指标

(单位:人民币元)

指标项目	2001 年	2000 年(调整前)	2000 年(调整后)	1999 年(调整前)	1999 年(调整后)
主营业务收入	904,430,571.52	869,666,425.72	869,666,425.72	562,779,730.72	562,779,730.72
净利润	－126,165,071.23	202,018,024.56	201,117,956.11	108,696,413.76	107,170,370.60
总资产	1,410,571,873.20	1,820,180,054.39	1,818,099,186.11	1,282,462,253.62	1,280,936,210.46
股东权益	838,184,573.24	966,775,756.08	964,349,644.47	764,757,731.52	763,231,688.36
每股收益(摊薄)	－0.2407	0.5011	0.4989	0.27	0.27
每股收益(加权)	－0.2407	0.5011	0.4989	0.27	0.27
扣除非经常性损益后每股收益	0.0611	0.2884	0.2862	0.20	0.19
每股净资产(摊薄)	1.60	2.40	2.39	1.90	1.89
每股净资产(加权)	1.60	2.40	2.39	1.90	1.89
调整后每股净资产	1.50	2.26	2.24	1.75	1.75
每股经营活动产生的现金流量净额	0.3779	0.02	0.017	0.15	0.15
净资产收益率(%)	－15.05%	20.90%	20.86%	14.21%	14.04%

报告期利润表附表

报告期利润	净资产收益率		每股收益	
	全面摊薄	加权平均	全面摊薄	加权平均
主营业务利润	22.46%	20.89%	0.359	0.359
营业利润	3.68%	3.42%	0.059	0.059
净利润	－15.05%	－14.00%	－0.241	－0.241
扣除非经常性损益后净利润	3.82%	3.55%	0.061	0.061

三、股本变动及股东情况

(一)股本变动情况
股本变动情况表

单位:股

	本次变动前	本次增加(送股)	本次变动后	占总股本
(1)未上市流通股份				
①发起人股份	187,215,867	56,164,760	243,380,627	46.44%
其中:				
国家拥有股份	106,383,201	31,914,960	138,298,161	26.39%
境内法人持有股份	80,832,666	24,249,800	105,082,466	20.05%
外资法人持有股份				
其他				
②募集法人股份	54,420,282	16,326,085	70,746,367	13.50%
③内部职工股				
④优先股或其他				
未上市流通股份合计	241,636,149	72,490,845	314,126,994	59.94%
(2)已上市流通股份				
①人民币普通股	161,504,121	48,451,236	209,955,357	40.06%
②境内上市的外资股				
③境外上市的外资股				
④其他				
已上市流通股份合计	161,504,121	48,451,236	209,955,357	40.06%
(3)股份总数	403,140,270	120,942,081	524,082,351	100%

600622 上海嘉宝实业(集团)股份有限公司

2001 年年度报告摘选

第一章　公司基本情况简介

一、公司法定中文名称:上海嘉宝实业(集团)股份有限公司
公司英文名称:SHANGHAI JIABAO INDUSTRY & COMMERCE (GROUP) CO.,LTD.
公司英文名称缩写:JB
二、公司法定代表人:汤富祥
三、公司董事会秘书:孙红良
联系地址:上海市嘉定区清河路 55 号 7F
电话:021－59529711
传真:021－59536931
电子信箱:jbdm@jbjt.com
四、公司注册地址:上海市嘉定区清河路 55 号 6－7F
公司办公地址:上海市嘉定区清河路 55 号 6－7F
公司邮政编码:201800
公司网站 http://www.jbjt.com
公司电话:021－59524888 转接各部室
五、公司信息披露的报刊:《上海证券报》
登载公司年度报告的中国证监会指定的网址:
http://www.sse.com.cn
公司年度报告备置地点:董事会办公室
六、公司股票上市地:上海证券交易所
股票简称:嘉宝实业
股票代码:600622

第二章　会计数据和业务数据摘要

一、公司 2001 年度各项会计数据(合并报表):

金额单位:人民币元

项目	金　额
利润总额	－146,869,030.61
净利润	－149,637,910.96
扣除非经常性损益后的净利润	－138,903,126.99
主营业务利润	36,168,801.02
其他业务利润	2,420,355.70
营业利润	－69,976,410.87
投资收益	－74,232,118.32
补贴收入	2,597,932.68
营业外收支净额	－5,258,434.10
经营活动产生的现金流量净额	13,643,214.14
现金及现金等价物净增减额	－50,956,500.44

注:1、扣除的非经常性损益项目及金额:

项目	金额(元)
加:营业外收支净额:	－5,258,434.10
委托投资收益:	4,318,101.77
补贴收入:	2,597,932.68
股权投资转让收益:	－167,644.32
减:人员分流及安置费用:	12,224,740.00
非经常性损益合计	－10,734,783.97

2、非经常性损益项目所得税影响:　1,610,217.60

二、主要会计数据和财务指标(合并报表):

单位:元、元/股

项目	2001 年	2000 年		1999 年	
		调整后	调整前	调整后	调整前
主营业务收入	190,805,857.20	148,395,025.17	148,395,025.17	123,528,678.88	123,528,678.88
净利润	－149,637,910.96	－86,481,836.71	－89,052,218.63	1,624,412.26	764,298.25
总资产	744,747,981.82	1,046,605,774.50	1,049,605,953.09	1,227,751,525.43	1,231,647,443.08
股东权益(不含少数股东权益)	444,754,328.82	655,605,068.11	656,930,603.84	741,399,123.39	745,295,041.04
每股收益(摊薄)	－0.448	－0.259	－0.267	0.005	0.002
每股收益(扣除非经常性损益后)(摊薄)	－0.416	－0.275	－0.275	－0.048	－0.048
每股净资产	1.333	1.965	1.969	2.222	2.234
调整后每股净资产	1.250	1.936	1.946	2.182	2.194
每股经营活动产生现金流量净额	0.041	0.453	0.453	0.251	0.251
净资产收益率%(摊薄)	－33.65	－13.19	－13.56	0.22	0.10
净资产收益率%(扣除非经常性损益后净利润为基础计算的加权平均)	－23.94	－13.15	－13.10	－2.16	－2.15

第三章　股本变动及股东情况

一、股本变动情况

单位:股

	本次变动前	本次变动增减(＋、－) 其它	小计	本次变动后
1、上市流通股份				
(1)发起人股份	60,730,802	－48,210,802	－48,210,802	12,520,000
(2)募集法人股份	157,758,371	48210802	48,210,802	205,969,173
未上市流通股合计	218,489,173	0	0	218,489,173
2、已上市流通股份				
人民币普通股	115,199,136	0	0	115,199,136
已上市流通股合计	115,199,136	0	0	115,199,136
3、股份总数	333,688,309	0	0	333,688,309

600623 上海轮胎橡胶(集团)股份有限公司

2001 年年度报告摘选

一、公司基本情况简介

(一)公司法定中文名称:上海轮胎橡胶(集团)股份有限公司
公司法定英文名称:Shanghai Tyre & Rubber Co., Ltd.
缩写:STRC
(二)公司法定代表人:范宪
(三)公司董事会秘书:周建辉
证券事务代表:吴志文
联系地址:上海市徐家汇路 560 号华仑大厦 1204 室
电话:021-64735577-2214
传真:021-64735921
电子信箱:shareholder@cstarc.com
(四)公司注册地址:上海市四川中路 63 号
公司办公地址:上海市徐家汇路 560 号华仑大厦
邮编:200025
公司网址:http://www.cstarc.com
公司电子信箱:company@cstarc.com
(五)公司选定的信息披露报纸:《上海证券报》、香港《南华早报》
公司登载年度报告的中国证监会指定网站:http://www.sse.com.cn
公司年度报告备置地点:公司办公室
(六)公司股票上市地:上海证券交易所
股票简称及代码:轮胎橡胶 600623
轮胎 B 股 900909

二、会计数据和业务数据摘要

(一)主要利润及现金流量指标

单位:人民币元

项目	金额
利润总额	20,698,376.78
净利润	16,601,794.31
扣除非经常性损益后的净利润	-226,160,485.76
主营业务利润	259,705,407.66
其他业务利润	18,342,776.37
营业利润	-161,167,718.76
投资收益	-36,527,321.85
补贴收入	---
营业外收支净额	218,393,417.39
经营活动产生的现金流量净额	750,340,065.37
现金及现金等价物净增减额	345,785,559.85

注:非经常性损益项目包括:

1、与米其林公司资产交易收益 196,306,990.60 元(其中含 94 专项退税冲销兼并钢丝厂商誉);

2、向华谊集团出售部分资产交易收益 31,017,742.39 元;

3、其他:15,437,547.08 元

(二)近三年主要会计数据和财务指标(单位:人民币元)

项目	2001 年度	2000 年调整后	2000 年调整前	1999 年
主营业务收入	2,465,765,016.56	3,629,794,782.00	3,704,348,266.48	4,028,490,455.18
净利润	16,601,794.31	-741,042,228.56	-430,742,890.70	13,260,218.05
总资产	5,935,294,460.67	6,373,694,085.63	6,716,684,714.18	7,777,995,975.58
股东权益(不含少数股东权益)	1,082,406,688.41	1,129,243,262.22	1,516,497,460.98	1,944,110,852.49
每股收益	0.019	-0.833	-0.484	0.015
每股净资产	1.217	1.270	1.70	2.19
调整后的每股净资产	1.166	1.134	1.45	1.92
每股经营活动产生的现金流量净额	0.844	0.08	0.08	0.59
净资产收益率	1.534%	-65.623%	-28.40%	0.68%

(三)利润表附表

2001 年度	净资产收益率(%)		每股收益(元)	
	全面摊薄	加权平均	全面摊薄	加权平均
主营业务利润	23.93	22.83	0.292	0.292
营业利润	-14.89	-14.17	-0.181	-0.181
净利润	1.534	1.459	0.019	0.019
扣除非经常性损益后的净利润	-20.89	-0.199	-0.254	-0.254

三、股本变动及股东情况

(一)股本变动情况

1、股份变动情况表

(单位:股)

	本次变动前	本次变动增减(+,—)						本次变动后
		配股	送股	公积金转股	增发	其他	小计	
一、未上市流通股份								
1、发起人股份	617,767,722							617,767,722
其中:								
国家持有股份	608,357,461							608,357,461
境内法人持有股份	9,410,261							9,410,261
境外法人持有股份								
其他								
2、募集法人股份	5,720,000							5,720,000
3、内部职工股								
4、优先股或其他								
未上市流通股份合计	623,487,722							623,487,722
二、已上市流通股份								
1、人民币普通股	22,880,000							22,880,000
2、境内上市的外资股	243,100,000							243,100,000
3、境外上市的外资股								
4、其他								
已上市流通股份合计	265,980,000							265,980,000
三、股份总数	889,467,722							889,467,722

600624 上海复旦复华科技股份有限公司

2001 年年度报告摘选

一、公司基本情况简介

(一)公司法定中文名称:上海复旦复华科技股份有限公司
公司英文名称:Shanghai Fudan Forward Science & Technology Co., Ltd.
公司英文缩写:Fudan Forward
(二)公司法定代表人:陈苏阳
(三) 公司董事会秘书:任琳芳
公司董事会证券事务代表:李小苏
联系地址:上海市国权路 525 号复华科技楼十楼
电话:(021)65103021 63872288
传真:(021)65107402 63869700
电子信箱:shareholder@forwardgroup.net
(四) 公司注册地址:上海市浦东金张路 1167 号
公司办公地址:上海市国权路 525 号
公司邮政编码:200433
公司国际互联网网址:http://www.forwardgroup.com
公司电子信箱:shareholder@forwardgroup.net
(五)公司选定信息披露报纸:《上海证券报》
登载公司年度报告的中国证监会指定国际互联网网址:http://www.sse.com.cn
公司年报备置地点:上海市国权路 525 号复华科技楼十楼
(六)公司股票上市交易所:上海证券交易所
公司股票简称:复旦复华
公司股票代码:600624

二、会计数据和业务数据摘要

(一)本年度主要利润指标(合并报表)如下:(单位:人民币元)

项目	金额
利润总额	1,065,479.34
净利润	3,166,380.14
扣除非经常性损益后的净利润	1,485,940.75
主营业务利润	68,008,595.40
其他业务利润	5,862,228.78
营业利润	2,017,424.21
投资收益	-2,632,384.26
补贴收入	1,380,690.38
营业外收支净额	299,749.01
经营活动产生的现金流量净额	-10,713,157.01
现金及现金等价物净增加额	-33,464,092.72

(二)本报告期末公司前三年主要会计数据及财务指标:

项目	单位	2001 年度	2000 年度		1999 年度
			调整前	调整后	
1.主营业务收入	万元	30,213.19	25,251.51	22,583.38	22,363.05
2.净利润	万元	316.64	2,841.63	2,659.45	1,883.76
3.总资产	万元	106,849.39	95,321.82	93,365.39	84,907.60
4.股东权益	万元	43,284.25	50,630.41	43,376.13	49,492.75
5.每股收益	元	0.012	0.1079	0.101	0.093
6.每股收益(扣除非经营性损益)	元	0.006	0.084	0.077	0.084
7.每股净资产	元	1.642	1.9216	1.646	2.442
8.调整后每股净资产	元	1.575	1.6927	1.588	2.416
9.每股经营活动产生的现金流量净额	元	-0.041	0.0460	-0.046	-0.234
10.净资产收益率	%	0.732	5.61	6.131	3.806
11.报告期内扣除非经营性损益后加权平均后净资产收益率	%	0.34	4.96	4.85	3.48

三、股本变动及股东情况

(一)股本变动情况

1、股份变动情况表

数量单位:股

	本次变动前	本次变动增减(+,-)	本次变动后
一、未上市流通股份			
1、发起人股份	101,755,208		101,755,208
其中:			
国家持有股份	15,503,523		15,503,523
境内法人持有股份	86,251,685		86,251,685
境外法人持有股份			
其他			
2、募集法人股份			
3、内部职工股			
4、优先股或其他			
未上市流通股份合计	101,755,208		101,755,208
二、已上市流通股份			
1、人民币普通股	161,721,918		161,721,918
2、境内上市的外资股			
3、境外上市的外资股			
4、其他			
已上市流通股份合计	161,721,918		161,721,918
三、股份总数	263,477,126		263,477,126

600626 上海申达股份有限公司

2001 年年度报告摘选

一、公司简介

(一) 公司名称
法定中文名称:上海申达股份有限公司
法定英文名称:Shanghai Shenda Co., Ltd.
(二) 公司地址
注册地址:上海市浦东南路 3888 号
办公地址:上海市武宁南路 448 号申达大厦(邮政编码:200042)
国际互联网地址:http://www.cnshenda.com.cn
电子信箱地址:shenda@public1.sta.net.cn
(三) 公司法定代表人
公司法定代表人:席时平
(四) 公司董事会秘书及证券事务代表
董事会秘书:玛天羽(e-mail: brucema@shenda.com.cn)
董事会证券事务代表:张志
联系地址:上海市武宁南路 448 号申达大厦(邮政编码:200042)
联系电话:(8621)62319898
联系传真:(8621)62317250
(五) 公司信息披露媒体
选定报纸:《上海证券报》、《证券时报》
中国证监会指定国际互联网地址:http://www.sse.com.cn
年度报告备置地点:上海市武宁南路 448 号申达大厦
(六) 公司股票上市地、股票简称和股票代码
股票上市地:上海证券交易所
股票简称:申达股份
股票代码:600626

二、主要财务数据和指标

(一)本年度数据

项目	金 额
利润总额	180,795,653.15 元
净利润	143,786,987.43 元
扣除非经常性损益后的净利润	135,192,912.41 元
主营业务利润	314,088,201.54 元
其它业务利润	7,666,832.76 元
营业利润	80,295,262.70 元
投资收益	92,195,854.06 元
补贴收入	6,535,979.38 元
营业外收支净额	1,768,557.01 元
经营活动产生的现金流量净额	144,555,020.31 元
现金及现金等价物净增加额	111,651,263.30 元

(二) 前三年主要会计数据和财务指标(单位:元)

项目	2001 年	2000 年		1999 年
		调整前	调整后	
主营业务收入	3,125,233,764.67	2,805,826,560.81	2,805,826,560.81	2,401,629,006.61
净利润	143,786,987.43	123,366,200.45	105,917,128.25	104,412,219.44
总资产	2,274,702,411.70	2,249,512,887.52	2,222,264,046.31	2,001,065,039.33
股东权益	1,192,559,364.28	891,315,007.76	867,320,332.64	798,350,925.91
每股收益	0.425	0.406	0.348	0.379
每股净资产	3.53	2.93	2.85	2.89
调整后每股净资产	3.48	2.85	2.78	2.84
每股经营活动产生的现金流量净额	0.42	0.23	0.23	0.65
净资产收益率	12.05%	13.84%	12.21%	13.10%
加权平均每股收益	0.436	0.406	0.348	0.379
加权净资产收益率	12.07%	14.34%	12.65%	13.10%
扣除非经常性损益后每股收益	0.40	0.414	0.356	0.368

三、股本变动和主要股东持股情况

(1)报告期内股本变动情况

	本次配股前	本次配股增加	本次配股后
一、未上市流通股份			
1.发起人股份			
其中:国家持有股份	147,450,600	4,000,000	151,450,600
境内法人持有股份	0	0	0
境外法人持有股份	0	0	0
其它	0	0 0	
2.募集法人股份	46,192,186	86,479	46,278,665
3.内部职工股	0	0	0
4.优先股或其它	0	0	0
未上市流通股份合计	193,642,786	4,086,479	197,729,265
二、已上市流通股份			
1.人民币普通股	110,378,400	30,103,200	140,481,600
2.境内上市的外资股	0	0	0
3.境外上市的外资股	0	0	0
已上市流通股份合计	110,378,400	30,103,200	140,481,600
三、股份总数	304,021,186	34,189,679	338,210,865

600627 上海电器股份有限公司

2001 年年度报告摘选

第一节 公司基本情况简介

1、公司法定中文名称:上海电器股份有限公司
公司英文名称:Shanghai Electrical Apparatus Co., Ltd.
公司英文名称缩写:SEAC
2、公司法定代表人:周飞达
3、董事会秘书:程彦敏
证券事务代表:顾晓燕
联系地址:上海市福州路 89 号
联系电话:021—63216717
传　　真:021—63297808
电子信箱:cym@eastday.com
4、公司注册地址:上海市东方路 428 号
公司办公地址:上海市福州路 89 号
公司邮政编码:200002
公司国际互联网网址:www.seac.cn.com.cn
公司电子信箱:seac.cn@online.sh.cn
5、公司选定中国证监会指定报纸名称:《上海证券报》
登载公司年度报告的中国证监会指定的国际互联网网址:http://www.sse.com.cn
公司年度报告备置地点:公司证券部
6、公司股票上市交易所:上海证券交易所
股票简称:电器股份
股票代码:600627

第二节 会计数据和业务数据摘要

1、本年度主要利润指标(单位:人民币元)

项目	2001 年
利润总额	47419055.32
净利润	40368668.38
扣除非经营性损益后的净利润	27761621.36
主营业务利润	427262146.80
其他业务利润	32150664.24
营业利润	-25491578.33
投资收益	60303586.63
补贴收入	3566081.23
营业外收支净额	9040965.79
经营活动产生的现金流量净额	222382276.85
现金及现金等价物净增加额	40335540.25

2、截止报告期末公司前三年的主要会计数据及财务指标:(单位:人民币元)

项目	2001 年度	2000 年度		1999 年度	
		调整前	调整后	调整前	调整后
主营业务收入	2592939544.92	2365013336.01	2365013336.01	1665898458.79	1665898458.79
净利润	40368668.38	106182395.08	105742522.69	29695466.70	311182183.70
总资产	4971667164.98	4367967102.26	4271710272.86	4472820309.55	4402667824.63
股东权益(不含少数股东权益)	848829632.17	895756415.35	805560188.72	804204079.92	805173819.58
每股收益	0.08	0.20	0.20	0.06	0.06
扣除非经常性损益后的每股收益	0.05	0.11	0.11	0.01	0.02
每股净资产	1.64	1.73	1.56	1.55	1.55
调整后每股净资产	1.32	1.25	1.18	0.99	1.02
每股经营活动产生的现金流量净额	0.43	0.20	0.20	0.38	0.38
净资产收益率(%)	4.76	11.85	13.13	3.69	3.87
加权平均净资产收益率(%)	4.88	12.48	13.13	3.77	3.96
扣除非经常性损益后的加权平均净资产收益率(%)	3.36	6.69	7.06	0.60	0.60

第三节 股本变动及股东情况

1、股本变动情况　　数量单位:股

	本次变动前	本次变动增减						本次变动后
		配股	送股	公积金转股	增发	其他	小计	
一、未上市流通股份								
1、发起人股份	433807200							433807200
其中:								
国家持有股份	433807200							433807200
境内法人持有股份								
境外法人持有股份								
其他								
2、募集法人股份	33158249							33158249
3、内部职工股								
4、优先股或其他								
未上市流通股份合计	466965449							466965449
二、已上市流通股份								
1、人民币普通股	51000003							51000003
2、境内上市的外资股								
3、境外上市的外资 股								
4、其他								
已上市流通股份合计	51000003							51000003
三、股份总数	517965452							517965452

600628 上海新世界股份有限公司

2001 年年度报告摘选

第一章 公司简介

1.公司法定中文名称:上海新世界股份有限公司
公司法定英文名称及缩写:SHANGHAI NEW WORLD CO., L T D.(SNW)
2.公司法定代表人:董事长江锡洲先生
3.公司董事会秘书:马炳芳先生
联系电话:(021)63588888＊3322
传真:(021)63583331
电子信箱:nwuser@public2.sta.net.cn
联系地址:上海市南京西路 2～68 号新世界城 14 楼董事会办公室
证券事务代表:公司总会计师周丽芬女士
联系电话:(021)63582189
传真:(021)63582189
电子信箱:zlf@newworld－china.com
联系地址:上海市南京西路 2～68 号新世界城 13 楼财务部
4.公司注册及办公地址:上海市南京西路 2～68 号
公司邮政编码:200003
公司国际互联网网址:http://www.newworld－china.com
电子信箱:newworld@newworld－china.com
5.公司选定的信息披露报纸:《上海证券报》
登载年度报告的中国证监会指定网站的网址:http://www.sse.com.cn
公司年度报告备置地点:董事会办公室、财务部
6.公司股票上市交易所:上海证券交易所
股票简称:新世界
股票代码:600628

第二章 会计数据和业务数据摘要

1.本年度会计数据和业务数据摘要

单位:元

项目	金额
利润总额	93,969,740.57
净利润	78,718,891.84
扣除非经常性损益后的净利润	71,265,157.93
主营业务利润	329,037,712.56
其他业务利润	8,250,441.77
营业利润	86,967,669.85
投资收益	7,080,916.20
补贴收入	500,000.00
营业外收支净额	－578,845.48
经营活动产生的现金流量净额	62,534,511.48
现金及现金等价物净增加额	－18,269,025.22

注:扣除非经常性损益项目和涉及金额股票债券投资 7,524,204.64 元,长期投资减值准备－176,191.00元,股权转让收益184,565.75元,补贴收入500,000.00元,营业外收支净额－578,845.48 元,合计为 7,453,733.91 元。

2.公司近三年主要会计数据与财务指标

单位:元

项目	2001 年	2000 年	1999 年
主营业务收入	1,881,094,861.91	1,998,670,377.90	1,914,805,386.97
净利润	78,718,891.84	75,731,039.12	59,256,012.42
总资产	1,852,359,538.00	2,047,491,534.99	1,733,550,348.79
股东权益	817,583,657.50	757,655,356.26	483,223,164.82
每股收益	0.30	0.34	0.31
每股净资产	3.08	3.42	2.56
调整后每股净资产	3.06	3.37	2.54
每股经营活动产生的现金流量净额	0.24	0.96	1.36
净资产收益率(%)	9.63	10.00	12.26
扣除非经营性损益后的每股收益	0.27	0.27	0.31

注 1:按《企业会计制度》规定,代销商品款作为存货的抵减项列示,由此,2000 年、1999 年的总资产相应调整为 1,952,442,245.39 元和 1,635,047,561.74 元,均不影响公司利润。

注 2:2001 年扣除非经常性损益加权平均净资产收益率为 9.83%。

第三章 股本变动及股东情况

1.股本变动情况
(1)股份情况变动表

数量单位:股

股份类型	本次变动前	本次变动增减(＋,－) 送股	公积金转股	小计	本次变动后
(一)未上市流通股份					
发起人股份					
其中:					
国家持有股份	96,818,890	19,363,778		19,363,778	116,182,668
境内法人持有股份					
境外法人持有股份					
其他					
①募集法人股份	27,856,089	5,571,218		5,571,218	33,182,668
②内部职工股					
③优先股或其他					
其中:转配股					
未上市流通股份合计	124,674,979	24,934,996		24,934,996	149,609,975
①已上市流通股份					
人民币普通股	96,785,693	19,357,138		19,357,138	116,142,831
②境内上市的外资股					
③境外上市的外资股					
④其他					
已上市流通股份合计	96,785,693	19,357,138		19,357,138	116,142,831
股份总数	221,460,672	44,292,134		44,292,134	265,752,806

600629 上海棱光实业股份有限公司

2001 年年度报告摘选

第一节 公司基本情况简介

(一)公司的法定中文名称:上海棱光实业股份有限公司
公司的法定英文名称:SHANGHAI LENGGUANG INDUSTRIAL CO., LTD.
英文缩写:LICO
(二)公司法定代表人:张斌
(三)公司董事会秘书:李恒广证
券事务代表:陆俊宏
联系地址:上海市龙吴路 4900 号
电话:(021)64342772 转 64348289
传真:(021)64345664
(四)公司注册地址:上海市浦东新区钱仓路 400 号
邮编:200120
公司办公地址:上海市龙吴路 4900 号
邮编:200241
电子信箱:lgzqb@online.sh.cn
(五)公司选定的信息披露报纸名称:《上海证券报》
刊登公司年度报告的中国证监会指定国际互联网网址:http://www.sse.com.cn
公司年度报告备置地点:上海市龙吴路 4900 号公司董事会秘书处
(六)公司股票上市交易所:上海证券交易所
股票简称:ST 棱光
股票代码:600629

第二节 会计数据和业务摘要

一、本年度利润总额及构成(2001 年度)

单位:人民币元

项目	金 额
利润总额	－489478039.47
净利润	－489478039.47
扣除非经常性损益后的净利润	－20701309.46
主营业务利润	5722648.20
其他业务利润	978998.72
营业利润	－286016738.77
投资收益	－4772079.49
补贴收入	0.00
营业外收支净额	－198689221.21
经营活动产生的现金流量净额	11,829,368.94
现金及现金等价物净增减额	6,993,165.47

注:非经常性损益的内容及金额:
A、一次性补偿金人民币 300 万元整,得利润 2832675 元;
B、固定资产报废损失等 382942.40 元。
C、或有负债预计损失 201138953.81 元。
D、计提主要债务人应收款坏帐准备 270087508.80 元。

二、截止报告期末公司前三年的主要会计数据及财务指标

单位:人民币元

项目	2001 年	2000 年 调整前	2000 年 调整后	1999 年 调整前	1999 年 调整后
主营业务收入	32,450,811.29	28,405,448.35	28,405,448.35	31695461.69	31695461.69
净利润	－489478039.47	－39,991,239.42	－41,874,559.72	－37479566.71	－48956238.75
总资产	174266001.51	542,841,709.75	480,219,509.97	556791303.25	545314631.21
股东权益(不含少数股东权益)	－408142285.94	122,003,312.11	63,425,202.65	161994551.53	150517879.49
每股收益	－3.23	－0.264	－0.277	－0.248	－0.323
每股净资产	－2.70	0.81	0.42	1.07	0.99
调整后每股净资产	－3.23	0.29	0.10	1.04	0.96
每股经营活动产生的现金流量净额	0.08	0.01	0.01	－0.096	－0.096
净资产收益率(%)		－32.78	－66.02	－23.14	－32.53

注:1、本报告期内未发生股本变动;
2、2001 年因净资产及收益均为负数,故净资产收益率无法比较。

第三节 股本变动及股东情况

一、股本变动情况
(一)股份变动情况表:
公司股份变动情况(单位:股)

	本次变动前	本次变动增减(＋,－) 配股	送股	公积金转股	增发	其他	本次变动后
一、未上市流通股份							
1、发起人股份							
其中:							
国家持有股份	25140864						25140864
境内法人持有股份							
境外法人持有股份							
其他							
2、募集法人股份	68476186						68476186
3、内部职工股							
4、优先股或其他							
未上市流通股份合计	93617050						93617050
二、已上市流通股份							
1、人民币普通股	57760548						57760548
2、境内上市的外资股							
3、境外上市的外资股							
4、其他							
已上市流通股份合计	57760548						57760548
三、股份总数	151377598						151377598

600630　上海龙头(集团)股份有限公司

2001年年度报告摘要

一、公司基本情况简介

(一)公司法定中文名称:上海龙头(集团)股份有限公司
公司法定英文名称:SHANGHAI DRAGON CORPORATION
(二)法定代表人:朱匡宇
(三)公司董事会秘书:袁梅
联系电话:021－34061116
传真:021－54666630
电子信箱:ltdsh@shanghaidragon.com.cn
联系地址:上海市肇嘉浜路736号
(四)公司注册地址:上海市浦东南路360号新上海国际大厦
公司办公地址:上海市肇嘉浜路736号
邮政编码:200030
公司网址:http://www.shanghaidragon.com.cn
公司电子信箱:longtou@shanghaidragon.com.cn
(五)公司指定的信息披露报刊:《中国证券报》、《上海证券报》
登载年度报告的国际互联网网址:http://www.sse.com.cn
公司年度报告备置地点:公司董秘室
(六)公司股票上市地:上海证券交易所
A股简称:龙头股份
A股代码:600630

二、会计数据和业务数据摘要

(一)本年度主要利润指标情况(单位:人民币元)

利润总额	109,308,854.08
净利润	96,795,823.28
扣除非经常性损益后的净利润	96,697,794.99
主营业务利润	406,610,053.14
其他业务利润	12,875,163.34
营业利润	11,496,705.12
投资收益	89,482,171.65
补贴收入	11,229,069.44
营业外收支净额	－2,899,092.13
经营活动产生的现金流量净额	3,764,283.26
现金及现金等价物净增减额	191,073,627.67

注:扣除非经常性损益的项目和涉及金额:

非经常性损益明细项目	金额
营业外收入	1,532,023.78
一次性补贴收入	3,077,247.71
处置股权投资取得的收益	661,089.48
减:合并价差摊销(股权投资差额摊销)	723,917.66
减:营业外支出	4,431,115.91
小计	115,327.40
其中:所得税影响数	17,299.11
非经常性损益合计	98,028.29

(二)公司近三年主要会计数据和财务指标

指标项目	单位	2001年	2000年		1999年	
			调整前	调整后	调整前	调整后
主营业务收入	元	2,078,799,708.39	1,948,658,834.35	1,947,984,428.35	1,801,140,263.83	1,801,140,263.83
净利润	元	96,795,823.28	151,788,665.10	134,438,825.95	118,954,686.89	115,539,233.68
总资产	元	4,388,543,314.03	3,972,265,115.19	3,781,985,370.60	3,565,299,245.80	3,403,735,124.47
股东权益(不含少数股东权益)	元	1,625,659,426.99	1,290,512,748.70	1,102,263,337.10	1,188,496,439.23	1,026,932,317.90
每股收益	元/股	0.228	0.405	0.358	0.317	0.308
扣除非经常性损益后净利润	元	96,697,794.99	151,172,115.58	149,912,497.79	116,856,228.18	116,856,228.18
扣除非经常性损益后每股收益	元/股	0.228	0.403	0.400	0.317	0.317
每股净资产	元/股	3.826	3.440	2.938	3.170	2.737
调整后的每股净资产	元/股	3.453	2.916	2.430	2.700	2.323
经营活动产生的现金流量净额	元	3,764,283.26	154,483,888.42	154,483,888.42	－11,977,127.22	－11,977,127.22
每股经营活动产生的现金流量净额	元/股	0.009	0.412	0.412	－0.030	－0.032
净资产收益率(%)	%	5.954	11.762	12.197	10.010	11.251
年度末普通股股份总数	股	424,861,597.00	375,202,154.00	375,202,154.00	375,202,154.00	375,202,154.00

(三)报告期利润表附表:

报告期利润	净资产收益率		每股收益(元/股)	
	全面摊薄	加权平均	全面摊薄	加权平均
主营业务利润	25.01%	27.66%	0.96	0.99
营业利润	0.71%	0.78%	0.03	0.03
净利润	5.954%	6.586%	0.228	0.235
扣除非经常性损益后的净利润	5.948%	6.579%	0.228	0.234

三、股本变动及股东情况介绍

(一)股本变动情况
1、公司股份变动情况表

数量单位:股

	本次变动前	本次变动增减(+,－)						本次变动后
		配股	送股	公积金转股	增发	其他	小计	
一、未上市流通股份								
发起人股份	185,314,754	+5,559,443					5,559,443	190,874,197
其中:国家持有股份	185,314,754	+5,559,443					5,559,443	190,874,197
募集法人股份	42,887,400						42,887,400	
未上市流通股份合计	228,202,154	+5,559,443					5,559,443	233,761,597
二、已上市流通股份								
人民币普通股	147,000,000	+44,100,000					44,100,000	191,100,000
已上市流通股份合计	147,000,000	+44,100,000					44,100,000	191,100,000
三、股份总数	375,202,154	+49,659,443					49,659,443	424,861,597

2、股票发行与上市情况

(1)公司至报告期末为止的前三年股票发行情况:

2000年10月经公司2000年第二次临时股东大会审议通过,并经中国证券监督管理委员会证监公司字[2001](16)号文批复同意后,公司于2001年3月2日至3月15日实施了《2000年配股方案》:以1999年年末总股本37520.2154万股为基数,以10配3的比例,向全体股东以8.80元/股的价格实施配股。该次配股,国家股以现金配股555.9443万股,公众股可配4410万股,由承销商包销。扣除各项费用后实际募得资金423,350,710.47元,公司总股本由37520.2154万股增加到42486.1597万股。获配新增的社会公众股流通部分4410万股于2001年4月10日起上市流通。

(2)本报告期公司股份总数及结构变动情况说明:

本期股份变动是由于公司于2001年3月2日至3月15日实施了《2000配股方案》所致。即以1999年年末总股本37520.2154万股为基数,以10配3的比例,向全体股东以8.80元/股的价格实施配股。本次配股,国家股以现金配股555.9443万股,公众股可配4410万股,由承销商包销。公司总股本由37520.2154万股增加到42486.1597万股。《2000年配股说明书》刊登在2001年2月15日的《中国证券报》和《上海证券报》上,《股份变动公告及配股股份上市公告书》刊登在2001年4月5日《中国证券报》和《上海证券报》上。

(3)公司现在无内部职工股。

(二)股东情况介绍

1、报告期末股东总数:截止2001年12月31日,公司股东总数为105463户。

2、主要股东持股情况

2001年12月31日在册,拥有公司股份前十名的股东情况:

名次	股东名称	本期末持股数(股)	持股占总股本比例(%)	股份性质
1	上海纺织控股(集团)公司	190,874,197	44.93	国家股
2	上海国际信托投资公司	15,156,000	3.57	法人股
3	金鑫基金	6,853,688	1.61	流通股
4	科创投资	3,600,000	0.85	法人股
5	中国纺织机械股份有限公司	2,401,300	0.57	法人股、流通股
6	上海申达股份有限公司	2,400,000	0.56	法人股
7	天迪投资	2,400,000	0.56	法人股
8	南商房产	2,160,000	0.51	法人股
9	高舜企发	1,900,000	0.45	法人股
10	江南重工	1,800,000	0.42	法人股

持股5%以上的法人股东所持股份无质押及冻结情况。

四、董事、监事、高级管理人员和员工情况

(一)公司董事、监事、高级管理人员情况

1、基本情况

姓名	性别	年龄	职务	任期
朱匡宇	男	54	董事长	2001.6－2004.6
薛　伟	男	59	副董事长	2001.6－2004.6
王水官	男	52	董事	2001.6－2004.6
吴光玉	女	46	董事	2001.6－2004.6
丁晓云	女	44	董事	2001.6－2004.6
芮明杰	男	48	独立董事	2001.6－2004.6
余木火	男	41	独立董事	2001.6－2004.6
黄均祥	男	48	董事、总经理	2001.6－2004.6
刘　平	男	32	董事、副总经理	2001.6－2004.6
苏寿南	男	64	董事	2001.6－2004.6
刘寅峰	男	52	董事	2001.6－2004.6
戴自毅	男	48	董事	2001.6－2004.6
顾永林	男	53	董事	2001.6－2004.6
黄昭仁	男	57	监事长	2001.6－2004.6
谭军梅	女	52	监事	2001.6－2004.6
赵　达	男	37	监事	2001.6－2004.6
包炜堂	男	57	监事	2001.6－2004.6
金　跃	女	55	监事	2001.6－2004.6
黄　杰	男	37	副总经理	2001.6－2004.6
黎玲玲	女	48	副总经理	2001.6－2004.6
丁祖光	男	52	副总经理	2001.6－2004.6
孟庆福	男	46	财务副总监	2001.6－2004.6
王志勇	男	43	人事总监	2001.6－2004.6
杜国巍	男	38	总经理助理	2001.6－2004.6
钟振华	女	51	总经理助理	2001.6－2004.6
袁　梅	女	34	董事会秘书	2001.6－2004.6

至报告期末,公司董事、监事、高级管理人员均未持有本公司股票。

在股东单位任职的董事、监事情况:

姓名	任职单位	职务
朱匡宇	上海纺织控股(集团)公司	董事长、党委书记
薛　伟	上海纺织控股(集团)公司	副总裁
王水官	上海纺织控股(集团)公司	党委委员、上海纺织工会主席、党组书记
吴光玉	上海纺织控股(集团)公司	资产经营部经理
黄昭仁	上海纺织控股(集团)公司	总会计师
金　跃	上海纺织控股(集团)公司	监审室业务主管

丁晓云	上海国际信托投资公司	上海国际信托投资公司投资的上海证券有限责任公司副董事长

2、年度报酬情况

(1)现任董事、监事、高级管理人员在公司领取的年度报酬总额为 117.6 万元,共有 6 名董事在公司领取报酬,报酬总额为 60.6 万元,金额最高的前三名董事在公司领取报酬的总额为 33.01 万元,金额最高的前三名高级管理人员在公司领取报酬的总额为 27.1 万元。

(2)年度报酬总额及划分年度报酬区间:

a、年度报酬总额:117.6 万元;

b、年度报酬区间:4 万元~8 万元　　9 人

　　　　　　　　8 万元~12 万元　　7 人

(3)不在公司领取报酬的董事、监事、高级管理人员

董事:朱匡宇、薛伟、王水官、吴光玉、丁晓云、芮明杰、余木火

监事:黄昭仁、金跃、赵达

3、报告期内聘任或解聘公司董事、监事、高级管理人员的情况:

(1)2001 年 2 月 22 日公司第三届董事会第十五次会议决定,聘任黎玲玲女士为公司副总经理。

(2)2001 年 6 月 5 日公司 2000 年年度股东大会选举朱匡宇先生、薛伟先生、王水官先生、吴光玉女士、丁晓云女士、芮明杰先生、余木火先生、黄均祥先生、刘平先生、苏寿南先生、刘寅峰先生、戴自毅先生、顾永林先生为公司第四届董事会董事;黄昭仁先生、赵达先生、金跃女士为公司第四届监事会监事。

(3)2001 年 6 月 5 日公司第四届董事会第一次会议,选举朱匡宇先生为公司董事长、薛伟先生为公司副董事长;续聘黄均祥先生为公司总经理、袁梅女士为公司董事会秘书、孟庆福先生为公司财务副总监、刘平先生为公司副总经理、黄杰先生为公司副总经理、黎玲玲女士为公司副总经理、杜国巍先生为公司总经理助理、钟振华女士为公司总经理助理;增聘丁祖光先生为公司副总经理、王志勇先生为公司人事总监。

(4)2001 年 6 月 6 日公司工会联合会函告公司监事会,经公司职工代表联席会议选举,谭军梅女士、包炜堂先生当选为公司第四届监事会职工监事。

(5)2001 年 6 月 7 日公司第四届监事会第一次会议,选举黄昭仁先生为公司第四届监事会监事长。

五、公司治理结构

(一)公司治理结构现状

本公司严格按照《公司法》、《证券法》和中国证监会有关文件的要求,已建立健全完备的法人治理结构,以实现规范化、制度化为宗旨,制定了《公司章程》、《股东大会议事规则》、《董事会议事规则》、《监事会议事规则》、《公开信息披露制度》等有关规章制度。从总体来看,公司的运作和管理符合中国证监会和国家经贸委于 2002 年 1 月 7 日发布的《上市公司治理准则》的要求,主要体现在以下几方面:

1、关于股东和股东大会:公司能够确保所有股东特别是中小股东享有平等地位,确保所有股东能够充分行使自己的权利;公司制定了《股东大会议事规则》,严格按照有关规定召集、召开股东大会和进行投票表决。公司在关联交易上能遵循"公开、公平、公正"的原则,未有损害公司和股东利益的行为。

2、关于控股股东和上市公司:控股股东以诚信为准则、行为规范,严格依法行使出资人的权利和义务,没有利用资产转让等方式损害公司和其他股东的合法权益及利用其特殊地位谋取额外的利益,没有直接或间接干预公司的决策及依法开展生产经营活动;控股股东与公司已实现人员、财务、资产分开,业务、机构独立,各自独立核算,独立承担责任和风险。

3、关于董事和董事会:本公司严格按照有关规定施行董事选聘程序选举董事,保证董事选聘的公开、公平、公正、独立;2001 年已聘请 2 名独立董事,并制定了《董事会议事规则》;董事会的人员构成符合法律法规的规定,公司董事能够忠实、诚信、勤勉地履行职责,以认真负责的态度出席董事会和股东大会,履行董事的权利、义务和责任。

4、关于监事和监事会:本公司监事会人数和人员构成符合法律、法规和《公司章程》的要求;公司监事会建立了《监事会议事规则》,公司监事会能够本着对股东负责的态度,认真地履行自己的职责,定期召开监事会,按规定程序对公司的财务以及董事、公司经理和其他高级管理人员履行职责的合法性、合规性进行有效监督。

5、关于绩效评价和激励约束机制:本公司正着手建立更公正、透明的董事、监事和高级管理人员的绩效评价标准和激励约束机制;同时,将进一步完善绩效评价程序,董事和经理人员的绩效评价将由董事会负责组织。

6、关于利益相关者:本公司能够充分尊重和维护银行及其他债权人、公司职工、消费者等其他利益相关者的合法利益;与利益相关者积极合作,共同推动公司持续、健康地发展;重视公司的社会责任。

7、关于信息披露与透明度:本公司能够按照法律法规和有关监管部门的要求,真实、准确、完整、及时地披露信息,并已制定《公司公开信息披露制度》,指定由公司董事会秘书具体负责信息披露事项。

本公司始终严格按照《公司法》法律法规的要求规范运作,并将继续按照有关议事规则和《上市公司治理准则》等要求规范运作,切实维护全体股东的合法权利。按照中国证监会发布的《关于在上市公司建立独立董事制度的指导意见》以下简称"指导意见",公司正积极寻找合适人选,争取在 2002 年 6 月 30 日前独立董事人数达到董事总人数的三分之一。同时,对照"指导意见",公司目前的独立董事结构中尚缺一名会计专业人士。公司董事会将在 2003 年 6 月 30 日前完善独立董事结构。

(二)公司独立董事履行职责情况

目前已聘任的 2 位独立董事能认真、独立、负责地履行其职责,并积极参加公司的董事会,履行独立董事的权利、义务和责任。

六、股东大会情况简介

(一)股东大会有关情况

报告期内,公司共召开了一次年度股东大会和一次临时股东大会。

1、2000 年度股东大会情况

经公司第三届董事会第十七次会议决定,公司第十次股东大会暨 2000 年度股东大会于 2001 年 6 月 5 日上午在上海市新华路 160 号上海影城二楼第一放映厅召开。《上海龙头股份有限公司董事会关于召开第十次股东大会暨二零零零年度股东大会的公告》刊登于 2001 年 4 月 19 日的《上海证券报》和《中国证券报》上。《上海龙头股份有限公司关于 2000 年度股东大会有关事项的公告》刊登于 2001 年 5 月 30 日的《上海证券报》和《中国证券报》上。

2001 年 6 月 5 日公司 2000 年度股东大会如期召开,748 名股东和股东代理人出席了会议,代表股份 207,187,234 股,占公司有表决权总股本数的 48.7658%。根据《公司法》和《公司章程》规定,大会有效。会议按通知的内容报告工作并逐项审议表决通过如下议案:

(1)《2000 年度董事会工作报告》

(2)《2000 年度监事会工作报告》

(3)《关于第四届董事会董事成员的人事提案》

(4)《关于第四届监事会监事成员的人事提案》

(5)《2000 年度报告》

(6)《2000 年财务决算》

(7)《2000 年度利润分配预案》

(8)《2001 年财务预算》

(9)《关于修改公司章程的提案》

(10)《关于修改股东大会议事规则的提案》

(11)《关于 2000 年四项准备金变化情况及核销事项的报告》

(12)《关于变更公司名称的提案》

(13)《关于续聘 2001 年度会计师事务所的议案》

上述股东大会决议公告刊登在 2001 年 6 月 6 日的《上海证券报》和《中国证券报》上。

2、2001 年临时股东大会

经公司第四届董事会第三次会议授权,公司董事长决定于 2001 年 12 月 29 日上午在上海市肇嘉浜路 777 号上海青松城大酒店召开 2001 年临时股东大会。《上海龙头(集团)股份有限公司第四届董事会关于召开 2001 年临时股东大会的公告》刊登在 2001 年 11 月 28 日的《上海证券报》和《中国证券报》上。《上海龙头(集团)股份有限公司关于 2001 年临时股东大会会议地点的公告》刊登于 2001 年 12 月 21 日的《上海证券报》和《中国证券报》上。

2001 年 12 月 29 日公司 2001 年临时股东大会如期召开,849 名股东和股东代理人出席了会议,代表股份 217703736 股,占公司有表决权总股本的 51.2410%。根据《公司法》和《公司章程》规定,大会有效。会议按通知的内容报告工作并逐项审议表决通过如下议案:

(1)《2001 年资产置换方案》

(2)《关于增资 4000 万元投资上海华纶印染有限公司的提案》

(3)《关于增加 98 年募股资金投向的提案》

(4)《关于变更公司经营范围的提案》

上述股东大会决议公告刊登在 2002 年 1 月 4 日的《上海证券报》和《中国证券报》上。

七、董事会报告

(一)公司报告期内经营情况

1、公司主营业务的范围及其经营状况

公司经营范围:生产经营纺织品,实业投资,资产经营与管理,国内贸易(除专项规定);自营和代理各类商品及技术的进出口业务(不另附进出口商品目录),但国家限定公司经营和国家禁止进出口的商品及技术除外;经营进料加工和'三来一补'业务,开展对销贸易和转口贸易(以上涉及许可经营凭许可证经营)。

(1)公司生产经营的主要产品及其市场占有率情况:

公司生产经营的主要产品为针织内衣、床上用品和衬衫。据全国商业信息中心提供的数据显示本公司针织内衣的市场占有率为 25%,衬衫的市场占有率为 6%;由上海家纺协会提供的数据显示本公司生产的床上用品市场占有率为 10%。

(2)公司主要业务活动所属行业及主要产品介绍:

公司主营业务主要由针织、家用纺织品、服装服饰等产品的生产和销售构成,其 2001 年销售收入分别为 9.56 亿元、7.69 亿元、1.59 亿元。主要产品有:"三枪"、"菊花"品牌针织服装,"民光"、"幸福"等品牌的家用纺织产品,"海螺"品牌服装服饰。

行业	主营业务收入(亿元)	占全部主营业务收入(%)	主营业务利润(亿元)	占全部主营业利润(%)	产品品牌	产品品牌说明
针织	9.56	46%	2.77	68%	三枪、菊花	"三枪"为中国驰名商标 "菊花"为上海著名商标
家用纺织品	7.69	37%	0.935	23%	民光、幸福钟牌 414	"民光"、"幸福"、"钟牌 414"为上海著名商标
服装服饰	1.59	7.65%	0.29	7.14%	海螺	"海螺"为中国名牌

2、公司主要控股公司及参股公司的经营情况及业绩

类别指标	公司名称	本公司所持股权(%)	主要经营范围	注册资本(万元)	2001 年底总资产(万元)	2001 年主营业务收入(万元)	2001 年净利润(万元)
全资	上海三枪(集团)有限公司	100%	针织品、纺织面料、针织内衣的生产销售,进出口业务,国内贸易。	2300	174,669	89,003	4,442
	上海民光国际企业有限公司	100%	针纺织品,纺织复制品,纺织装饰品,室内装饰的生产销售等。	1350	91,696	76,916	859
	上海海螺服饰有限公司	100%	服装、服饰、纺织品等的生产销售。	1200	56,260	15,888	449
	上海菊花纺织有限公司	100%	针纺织品,服饰,原辅材料的生产销售等。	630	29,521	6,574	17
控股	上海双龙高科技开发有限公司	94%	生物技术及医药科技的开发、生产、销售,生物技术公司的投资等。	1000	11,325	0	-211
	上海萨福郎实业有限公司	51%	西红花等西红花系列药品的生产、销售,投资控股制药厂等。	200	3,469	1,024	-59
	上海龙头张江信息产业有限公司	45%	软件开发、系统集成、电子商务等。	100	1,419	675	10
	上海华纶印染有限公司	37.50%	棉、麻、粘、化纤及其混纺服饰面料的印染加工、销售等。	400	8,309	16,901	1,332
参股	大众保险股份有限公司	7.78%	承办人民币和外币的各种保险业务及其再保险和法定保险业务等。	4200	85,351	40,680	2,303
	上海交大科技园有限公司	21.13%	科技园开发与管理,电子、通信、网络、生物、医药专业领域内服务。	1420	17,365	38	223
	上海八六三信息安全产业基地有限公司	27%	信息安全软件开发、销售。	1000	13810	在投入期	3.1

3、主要供应商、客户情况

公司向前五名客户销售总额为 121,558,280.39 元,占公司全部主营业务收入的 5.85%;公司向前五名供应商采购总额为 81,147,285.48 元,占公司全部采购金额的 4.87%。

4、在经营中出现的问题与困难及解决方案

在本报告期内,公司在经营中遭遇了原料成本上涨和国际、国内市场竞争加剧等诸多困难,导致纺织主业产品的平均毛利率下降 3.79%,面对困难,公司采取措施以确保市场份额,保持品牌影响为目标,调整销售价格策略,扩大销售,特别是外贸出口增长达 25.77%。同时强化管理,控制费用,开发新品,提升技术含量,全年申请专利达 330 项,从而实现了主营业务收入的同比增长 6.72%,达 20.79 亿元。

(二)公司报告期内的投资情况

1、报告期内募股资金使用情况

(1)本报告期内前次募集资金使用情况和说明:

公司于 1998 年 6 月成功进行了资产重组,向社会公众增发 A 股 12000 万股,募得资金 60771 万元,截止 2001 年 12 月 31 日,实际使用资金 60771 万元,占总募股资金的 100%,其中 1998 年使用 10800 万元,占总募股资金的 17.77%,1999 年使用 25679 万元,占总募股资金的 42.26%,2000 年使用 11912.12 万元,占募股资金的 19.60%,2001 年使用 12379.88 万元。

公司在 98 年募集资金项目实施的过程中,根据市场的变化,严格执行招投标预决算等制度,在保证项目质量的前提下,节约每一分资金,原定项目实际用款 57585.6 万元,占 98 年募集资金总额的 94.76%,节省资金 3185.4 万元。为了充分发挥好这部分节省得来的募股资金,经公司 2001 年 8 月 11 日召开的第四届董事会第二次会议决定,增加 3 个募股资金投向,并经公司 2001 年临时股东大会通过。

公司于 98 年募得资金 60771 万元,截止本报告期末,除下述六个项目(含新增的 3 个项目,下图中以"*"标示)外,均在本报告期前竣工或投产,并产生收益。

①延续到本报告期内的前次募集资金使用情况总表:　　(万元)

承诺投资项目	承诺项目总投资额	承诺运用日期	项目预计收益	实际投资项目	实际投资金额	实际投资日期
海螺开发 GORE-TEX风衣	2,800.00	1999-05-18	666.00	海螺开发 GORE-TEX风衣	1300.00	1999-05-18
海螺开发精品女装	1,800.00	1999-05-18	450.00	海螺开发精品女装	797.00	1999-05-18
投资建立三枪高档针织坯布生产基地	15,000.00	1999-12-25	4,000.00	投资建立三枪高档针织坯布生产基地	15,000.00	2000-03-15
*投资组建上海联合纺织印染进出口有限公司	2,000.00	2001-8-12	586.00	投资组建上海联合纺织印染进出口有限公司	2000.00	2001-8-12
*收购上海锦乐纺织装饰品有限公司股权	800.00	2001-8-12	10.00	收购上海锦乐纺织装饰品有限公司57.5%股权	800.00	2001-8-12
*补充流动资金	385.43				385.43	

②延续到本报告期内的前次募集资金项目进展情况说明:

a.海螺开发 GORE-TEX 风衣项目,计划投资 2800 万元,根据目前服装行业的发展状况,公司适时调整了投资规模,该项目实际投资 1300 万元,已于 2001 年 6 月竣工。

b.海螺开发精品女装项目,计划投资 1800 万元,根据目前服装行业的发展状况,适应服装个性化的特点,适时调整投资规模,该项目实际投资 797 万元,已于 2001 年 6 月竣工。

c.三枪高档针织坯布基地项目,计划投资15000万元,现已投资15000万元。

d.投资组建上海联合纺织印染进出口有限公司,计划投资2000万元,现已完成投资2000万元,拥有其50%股权。

e.收购上海锦乐纺织装饰品有限公司股权,计划出资800万元,现已投资800万元。2001年该公司利润为83万元。

f.补充流动资金385.43万元已投入运用。

至此,截止本报告期末,98年募集资金项目已全部按募集资金计划投入并产生效益。

(2)本报告期内募集资金的使用情况和说明:

公司于2001年3月实施了2000年配股方案,共筹资金42335万元,截止2001年12月31日,实际使用资金21570.41万元,占总募集资金的50.95%。尚未投入使用的募集资金20764.59万元目前暂存于开户银行。

①本报告期内募集资金使用情况总表 (万元)

承诺投资项目	承诺项目总投资额	承诺运用日期	项目预计收益	实际投资项目	至2001年底实际投资金额	实际投资日期
建立三枪高档针织面料生产基地	19,000.00	2001-05-15	4,000.00	建立三枪高档针织面料生产基地	9,574.50	2001-05-15
市场营销网络信息化智能建设	15,000.00	2001-09-15	2,525.00	市场营销网络信息化智能建设	5,660.91	2001-7
民光公司发展家用纺织品、促进海外品牌代理	2,000.00	2001-05-15	220.00	民光公司发展家用纺织品、促进海外品牌代理	1,000.00	2001-05-15
海外品牌代理收购上海针织科学技术研究所出资及权益	2,000.00	2001-05-15	190.00	收购上海针织科学技术研究所出资及权益	1,000.00	2001-05-15
补充流动资金	4,335.00	2001-05-20		补充流动资金	4,335.00	2001-03-20

②本报告期内募集资金项目进展情况说明:

a.三枪高档针织坯布基地项目,计划后期投资19000万元,现已投资9574.5万元,该项目于2001年底预验收。

b.市场营销网络信息化智能建设,计划投资15000万元,现已投资5660.91万元,目前尚在建设中。

c.民光公司发展家用纺织品、促进海外品牌代理项目,计划投资2000万元,现已投资1000万元,威立国际品牌代理公司并已开设6家专卖厅(柜)。由于投入时间较短,目前尚未产生收益。

d.收购上海针织科学技术研究所的出资及权益,计划投资2000万元,现已投资1000万元完成收购,下一步将着力于建设国家级技术中心。2001年针研所实现净利润278万元。

e.补充流动资金4335万元已分批投入运用。

2、报告期内非募资金使用情况

(1)2001年3月公司出资3000万元,投资组建注册资本14200万元的上海交大科技园有限公司,占21.13%股权,项目进度按计划进行,2001年实现净利润223万元。该项目经公司第三届董事会第十六会议通过,并于2001年3月30日公告于《中国证券报》、《上海证券报》。

(2)2001年5月公司出资1900万元,投资组建注册资本为10000万元的上海八六三信息安全产业基地有限公司,占19%股权,项目进度按计划进行2001年实现净利润3.1万元。该项目经公司第三届董事会2001年临时会议通过,并于2001年5月12日公告于《中国证券报》、《上海证券报》。

(3)2001年5月公司出资135万元,受让上海环保工程成套有限公司持有的埃通电气股份有限公司75万股,至此公司共持有上海埃通电气股份有限公司460万股,持有股权比例15.91%。埃通公司2001年实现净利润65.8万元。

(4)2001年7月公司出资1672.8万元,收购上海萨福郎实业有限公司51%的股权。该项目经第四届董事会第一次会议通过,并于2001年6月6日公告于《中国证券报》和《上海证券报》。

(5)2001年11月公司对下属全资子公司上海海螺服饰有限公司增加资本金1000万元,由其对上海海螺进出口有限公司增资1000万元,增资后海螺服饰持有进出口公司62.5%股权。该项目经第四届董事会第三次会议通过,并于2001年11月17日公告于《中国证券报》、《上海证券报》。

(6)2001年11月公司对下属全资子公司上海民光国际企业有限公司增加资本金2500万元,用于其出资1000万元投资组建注册资本为2000万元的上海民光国际毯业有限公司,占50%股权和出资1500万元投资组建注册资本为3500万元的上海民光国际毛巾有限公司,占42.86%股权。以上项目经第四届董事会第三次会议通过,并于2001年11月17日公告于《中国证券报》、《上海证券报》。

(7)2001年12月公司出资1114.6万元,受让上海申达股份有限公司和上海三毛股份有限公司持有的上海华纶印染有限公司1000万股,至此公司共持有华纶印染1500万股,占37.5%。该项目经第四届董事会第三次会议通过,并于2001年12月1日公告于《中国证券报》、《上海证券报》。华纶公司2001年净利润为1332万元。

(三)公司报告期内的财务状况

项目	2001年	2000年 调整前	2000年 调整后	变动数量	变动幅度(%)
总资产	4,388,543,314.03	3,972,265,115.19	3,781,985,370.60	606,557,943.43	16%
长期负债	650,362,180.59	411,754,436.99	414,782,192.10	235,579,988.49	57%
股东权益	1,625,659,426.99	1,290,512,748.70	1,102,263,337.10	523,396,089.89	47%
主营业务利润	406,610,053.14	454,094,333.27	454,094,333.27	-47,484,280.13	-10%
净利润	96,795,823.28	151,788,665.10	134,438,825.95	-37,643,002.67	-28%

注:财务状况变动原因的说明:

1、总资产增加的主要原因是2001年配股募得资金和当年净利润。

2、长期负债增加的主要原因是技术改造投入。

3、股东权益增加的主要原因为当年净利润和配股募集资金。

4、主营业务利润减少由于产品销售价格调整。

5、净利润减少的主要原因为主营业务利润减少。

(四)生产经营环境以及宏观政策、法规发生重大变化,对公司的财务状况和经营成果产生重要影响的说明

2001年,全球经济形势下滑,特别是美、日等中国纺织工业的主要出口市场,经济增长受阻,消费不振,对公司产品的销售价格形成极大的压力,致使公司纺织品的平均毛利率同比有所下降。即使主营业务收入同比有所增长,亦不能完全弥补净利润的同比下降。

中国加入WTO,纺织业的经营环境将发生重大变化,给公司的纺织业经营带来了机遇,亦带来了挑战。按照纺织品协议规定,设限产品逐步自由化,在设限国市场上以配额划分的进口市场(我们的出口市场)将不复存在。市场空间会进一步扩大,但亦会带来市场竞争的进一步加剧。同时,技术壁垒、绿色壁垒亦会在一定时期对公司的经营产生影响,公司必须加强技术投入,予以全面应对。在国内市场上,国际大集团采购力度的加强,可以使公司得到更多的机会,同时,随着国外企业的大举进军中国市场,亦将进一步引发国内市场竞争的白热化。公司将争取一切有效措施抓住机遇,迎接挑战。

另外,根据上海市地方税务局第二分局沪地税二财(2002)8号批文,本公司2002年度将继续执行税率为15%的企业所得税政策,这将对公司的财务状况和现金流量产生一定的正面影响。

(五)新年度的经营计划

展望2002年,中国加入世界贸易组织以后,纺织业的生产经营环境正在发生重大变化。WTO的贸易自由化要求将会模糊国际和国内市场之间的界限,市场空间会进一步扩大,为公司的业务向国际拓展提供了一个前所未有的机遇。中国入世后,为纺织业提供了WTO的非歧视原则所具有的一个多边的、平等的、互惠的贸易环境,纺织品出口稳定增长成为一种可能。但市场竞争也将更趋于激烈。公司必须抓住机遇依托行业内品牌优势,开发创新,加强管理,提高市场竞争力,力争2002年实现经营目标:

1)主营业务收入预计225,000万元,比2001年207880万元增长8.24%;

2)净利润预计完成11000万元,比2001年9680万元增长13.64%。

为实现上述目标,公司将从以下几方面重点抓好落实措施:

1、拓展市场

继续巩固和拓展现有的产品市场份额,发挥品牌优势。

●保持原有的中国名牌和驰名商标优势,开发和培育适应高端市场的新的品牌,拓展国内外市场;

●依托国内和海外的生产基地,加强国际、国内的联动发展,保持外贸增长势头,进一步提高外贸对主营业务的拉动作用;

●充分利用面料开发优势,加强中高档面料市场的拓展,以面料业务作为一项新的重要业务。重点为三枪工业城的中高档针织面料,华纶印染的中高档服饰面料。

2、技术创新

1)加大对企业技术装备的投入,启动建设幸福家纺面料基地;

2)加强技术中心建设,提升企业的产品开发能力;

●将上海针织科学技术研究所注入三枪集团,争取建立国家级的技术中心;

●建设家纺与服装、服饰的市级技术中心;

3)强化产品的技术含量,做好产品专利申请,2002年公司将完成25个专利项目;

4)大力发展纺织新材料,加快产品升级换代:

●引进绿色环保产品——甲壳素,将可溶于水的甲壳素在针织家纺和服饰产品上全面应用;

●发起投资组建上海纺织新材料研究中心,拟与中国人民解放军总后勤部军需装备研究所合作,共同研究满足国防和民用的新产品;

3、强化管理

1)运用信息技术,改造传统的管理模式,以信息化建设促进和提高公司的运行效率和质量。

●在公司主要生产企业逐步推广ERP系统,2002年底,首先在上海第九针织厂、上海萃众毛巾厂、上海华纶印染厂三个企业进行试点;

●在海螺销售公司,进行供应链管理系统试点;

●在公司及各企业的外贸系统进行业务流程信息试点;

●逐步推进实施DS决策支持信息系统。

2)用国际标准提升企业的管理水平

●二〇〇二年,公司拟定在现有9家企业完成ISO9002技术质量认证的基础上,申请ISO14000的环保认证工作,以获取进入国际市场的通行证;

4、开创新业

●积极培育信息和医药产业,为争取海外上市创造良好的条件;

●充分发挥上海生龙达生物技术(集团)有限公司已经形成的研发、中试、生产、销售一体化的产业格局作用,整合医药产业,形成生物医药和创新中药两大系统;

●充分利用公司信息化建设发展的联动、牵动效应,上海龙头张江信息产业有限公司要尽快形成拥有自主知识产权的软件产品、扩大市场份额,为争取海外上市创造条件。

(六)本次利润分配预案或资本公积金转增股本预案

经上海立信长江会计师事务所有限公司审计确认的公司2001年度税后净利润96,795,823.28元。根据《公司法》和《公司章程》,以及股份制企业会计制度的规定,母公司当年提取10%的法定盈余公积金8,030,911.32元和10%的法定公益金8,030,911.32元。各控股子公司提取法定盈余公积金14,624,694.56元和法定公益金14,624,694.56元。属多元投资企业的子公司提取任意盈余公积2,409,165.31元。提取上述二金和任意盈余公积后,可供股东分配利润为65,137,268.89元,加上上年未分配利润-45,550,083.76元(经追溯调整),2001年可供股东分配利润为19,587,185.09元。公司考虑长远发展,将当年未分配利润19,587,185.09元留作以后年度一并分配,当年不进行利润分配,也不进行资本公积金转增股本。

(七)本公司指定的信息披露报纸未作变更,仍为《中国证券报》和《上海证券报》,公司指定信息披露的网站为http://www.sse.com.cn。

八、监事会报告

(一)监事会工作情况

本报告期内共召开了四次监事会会议:

1、公司第三届监事会第七次会议于2001年4月17日召开。会议审议通过了以下决议:《2000年度监事会工作报告》、《关于选举黄昭仁先生、赵达先生、金跃女士为第四届监事会成员的人事提案》、《关于修改监事会会议议事规则的提案》、《2000年年报》、《2000年年报摘要》、《2000年财务决算及利润分配预案》、《2001利润分配预案》、《关于修改公司章程的提案》、《关于修改股东大会议事规则的提案》、《2000年度计提四项准备金及坏帐核销报告》。

2、公司第四届监事会第一次会议于2001年6月7日召开。会议审议通过了《关于选举黄昭仁先生为监事长的议案》。

3、公司第四届监事会第二次会议于2001年8月11日召开。会议审议通过了《关于对固定资产、在建工程、无形资产、委托贷款计提减值准备的内部控制制度》、《2001年中期资产减值准备金变化情况报告》、《2001年中期资产减值准备金核销报告》、《2001年中期报告》、《2001年中期报告摘要》。

4、公司第四届监事会第三次会议于2001年11月15日召开。会议审议通过了《关于收购上海四季海螺置业有限公司股权的议案》、《关于增资4000万元投资上海华纶印染有限公司的议案》:该议案将提交公司2001年临时股东大会审议通过后生效、《关于增资投资上海海螺进出口有限公司的议案》、《关于投资组建上海民光国际毯业有限公司的议案》、《关于组建上海民光国际毛巾有限公司的议案》。

(二)监事会独立意见

1.本报告期内,公司依法进行运作,公司的决策程序合法,现任公司董事、经理执行公司职务中,未发现有违反法律、法规、《公司章程》或损害公司利益的行为。

2.公司于98年7月获得募股资金净额60771万元,截止本报告期末已全部按募股资金使用计划投入,期间部分资金使用变更时程序合法。公司又于2001年3月实施了2000年配股方案,共募集资金42335万元,截止2001年12月31日按使用计划使用21570.41万元,占配股募集资金的50.95%。配股募集资金中的2000万元用于收购上海针织科学技术研究所部分股权项目,其中1000万元用于向上海纺织控股(集团)公司收购其35.33%的股权,并拟对其追加投资1000万元,上海纺织控股(集团)公司是公司的第一大股东,此交易为关联交易。该项交易经上海东洲资产评估有限公司,并经上海市资产评审中心确认,未发现有损害公司利益的行为。

3.本报告期内公司与上海纺织控股(集团)公司及其子公司上海海螺(集团)有限公司进行了资产置换,置换总额10190万元,经上海东洲资产评估有限公司和上海上会资产评估有限公司评估并经上海市资产评审中心确认。置换过程中没有发现内幕交易及损害本公司利益。

4.公司在报告期内的关联交易未发现有损害公司利益的行为。

5.公司2001年度财务报告经上海立信长江会计师事务所有限公司审计,出具了标准无保留意见的审计报告。出具的审计报告及所涉及事项作出的评价,真实反映了公司的财务状况和经营成果。2001年上海龙头(集团)股份有限公司实现主营业务收入20.79亿元,净利润0.97亿元,完成每股盈利0.228元,年末每股净资产3.826元,净资产收益率(加权平均)为6.586%。

九、重要事项

(一)本年度公司无重大诉讼、仲裁事项。

(二)报告期内公司收购及出售资产、吸收合并事项的简要情况及进程。

详见第七章"董事会报告"第二部分"公司报告期内的投资情况"第2点"报告期内非募股资金使用情况"。

(三)报告期内重大关联交易事项

1、关联方应收款项余额(单位:元)

(1)应收帐款

企业名称	金额	形成原因
上海海螺(集团)有限公司	91,966,461.78	货款

(2)其他应收款

企业名称	金额	形成原因
上海海螺(集团)有限公司	52,898,978.34	往来款
上海永畅制衣公司	34,628,682.37	往来款

2、重大关联担保事项:

被担保单位名称	担保金额(万元)	到期日	担保类型	备注
上海海螺集团有限公司	3,400	2002.3.12-2002.11.7	连带责任担保	金额为多笔合计数

上海五和针织二厂	3,299	2001.9.15	连带责任担保	98 年重组前形成

3、资产置换事项：

(1)公司下属子公司上海海螺服饰有限公司与公司第一大股东上海纺织控股(集团)公司下属子公司上海海螺(集团)有限公司进行资产置换。上海海螺服饰有限公司将应收上海海螺(集团)有限公司的应收款置换上海唬螺(集团)有限公司所属上海海螺(集团)马陆衬衫厂 100.00%的股权、上海海螺集团商务有限责任公司 100.00%的股权、上海海螺(集团)公司东畅衬衫厂 70.00%的股权、上海爱华商务服务中心 100.00%的股权、上海浦东新蝶理时装有限公司 37.50%的股权、上海海螺(集团)时装有限公司 100.00%的股权和上海第二衬衫厂 100.00%的股权。换出资产总值 46,590,045.22 元，换入资产总值 60,954,438.62 元，差额部分由上海海螺服饰有限公司以承担债务的方式支付。以上置换的资产价值均经上海上会资产评估有限公司评估并出具了沪上会部评报字(2001)第 309－315、322 号评估报告，并经上海资产评审中心确认。

(2)公司下属子公司上海民光国际企业有限公司将其所持有的上海毛巾一厂 100.00%的股权、应收款和上海三枪集团有限公司的应收款置换上海纺织控股(集团)有限公司所拥有的土地资产。换出资产总值 55,311,488.16 元，换入资产总值 55,381,081.00 元，双方在资产置换后不再发生支付行为。以上置换的资产价值均经上海东洲资产评估有限公司评估并出具了沪东洲评报字(2001)第 540－545 号评估报告，并经上海资产评审中心确认。

以上关联交易经公司第四届董事会第三次会议审议通过，详细公告刊登在 2001 年 11 月 28 日的《中国证券报》和《上海证券报》上，并由上海立信长江会计师事务所出具信长会师报字(2001)第 11208 号关联交易的独立财务顾问报告且刊登在 2001 年 12 月 21 日的《中国证券报》和《上海证券报》上。同时该关联交易已经公司 2001 年 12 月 29 日临时股东大会决议通过，决议公告刊登在 2002 年 1 月 4 日的《中国证券报》和《上海证券报》上。

(四)重大合同及其履行情况

1、公司没有因发生托管、承包、租赁其他公司资产或其他公司托管、承包、租赁公司资产，为公司带来利润达到公司当年利润总额的 10%以上(含 10%)的事项。

2、重大非关联担保合同：

公司于 2001 年 4 月 20 日与上海大众科技创业(集团)股份有限公司签订了互相担保协议：互相对等担保最高限额为 2 亿元人民币，协议有效期为二年。该项议案已经公司第三届董事会第十七次会议通过并于 2001 年 4 月 19 日公告于《中国证券报》、《上海证券报》。

3、重大非关联担保事项：

被担保单位名称	担保金额(万元)	到期日	担保类型	备注
上海大众科技创业股份有限公司	5,000	2001.12.20	连带责任担保	已于到期日履行完毕
上海大众交通股份有限公司	5,000	2002.3.29	连带责任担保	履行中
上海对外贸易公司	20,000	2002.4.12	连带责任担保	履行中

4、资产管理事项

公司与鞍山证券公司于 2001 年 1 月 8 日签订了委托理财协议：委托金额 10000 万元，委托期限为 2001 年 1 月 8 日至 2001 年 6 月 30 日。合同已在 2001 年 6 月 30 日履行完毕，实际收益 569.99 万元(税前)。

以上委托理财事宜按照公司制定的《关于重大投资审批的规定》履行审批程序。

(五)在报告期内，公司及持有公司 5%以上股权的股东没有在指定报刊和网站上刊登过承诺事项。

(六)经 2000 年度股东大会通过，2001 年公司聘任上海立信长江会计师事务所有限公司为公司的财务审计机构，其审计了公司 2001 年年报、资产置换中需经审计的事项及公司两项关联交易的独立财务顾问报告，共支付其审计费用 90 万元。(公司支付上海立信长江会计师事务所有限公司 2000 年年报审计费用 50 万元。)

(七)报告期内，公司董事及高级管理人员没有受监管部门处罚的情况。

(八)报告期内，经于 2001 年 6 月 5 日召开的 2000 年度股东大会审议通过，公司名称由"上海龙头股份有限公司"变更为"上海龙头(集团)股份有限公司"，股票简称不变。《上海龙头(集团)股份有限公司关于公司名称和办公地址变更的公告》已刊登在 2001 年 8 月 14 日的《中国证券报》和《上海证券报》上。

(九)期后事项：

1、上海市国家税务局第二分局于 2002 年 1 月 28 日发出文号为沪国税二稽 A－26 的《实施 A 类纳税人管理通知书》给本公司告知：自 2002 年 1 月 1 日起，上海市国家、地方税务局评定本公司纳税信用等级为 A 级，并实施 A 类管理。

2、上海市地方税务局第二分局于 2002 年 2 月 11 日发出文号为沪地税二财(2002)8 号的《关于上海龙头(集团)股份有限公司申请享受浦东新区 15%企业所得税的批复》，同意本公司自 2001 年 9 月 1 日起享受浦东新区所得税优惠政策，减按 15%税率征收企业所得税。

3、关于公司 2001 年临时股东大会通过的《关于增资 4000 万元投资上海华纶印染有限公司的议案》的实施进展情况：

公司于 2002 年 3 月实施了 2001 年临时股东大会通过的《关于增资 4000 万元投资上海华纶印染有限公司的议案》，即公司以 4000 万元单方向上海华纶印染有限公司增资，增资后华纶印染注册资本将达到 8000 万元，公司共投资 5500 万元，占 68.75%，为控股股东。

此关联交易经公司第四届董事会第三次会议审议通过，详细公告刊登在 2001 年 11 月 17 日的《中国证券报》和《上海证券报》上，并由上海立信长江会计师事务所出具信长会师报字(2001)第 11207 号关联交易的独立财务顾问报告且刊登在 2001 年 12 月 21 日的《中国证券报》和《上海证券报》上。同时该关联交易已经公司 2001 年 12 月 29 日临时股东大会决议通过，决议公告刊登在 2002 年 1 月 4 日的《中国证券报》和《上海证券报》上。

十、财务报告

(一)审计报告

本公司财务报告经上海立信长江会计师事务所中国注册会计师戴定毅、黄晔审计，出具了信会师报字(2002)第 10718 号标准无保留意见的审计报告。

(二)会计报表，包括合并及母公司会计报表(附后)

1、资产负债表

2、利润及利润分配表

3、现金流量表

附加：资产减值准备明细表、利润表附表

(三)会计报表附注

1、会计政策、会计估计的变更及影响：

(1)根据《企业会计制度》及有关规定，公司应计提固定资产减值准备、在建工程减值准备、无形资产减值准备，委托贷款减值准备，开办费应于开始生产经营当月一次计入损益，且作为会计政策变更，进行追溯调整。

(2)本次会计政策变更的影响数及累计影响数：

项目	固定资产减值准备	无形资产减值准备	开办费一次转销	合计
对 2000 年初留存收益影响	157,711,613.18	614,999.96	3,237,508.19	161,564,121.33
其中：对 2000 年初未分配利润影响	118,401,028.98	368,999.98	1,942,504.91	120,712,533.87
对上年净利润影响	13,257,735.93	81,250.19	2,710,634.88	16,049,621.00
对 2001 年初留存收益影响	170,969,349.11	696,250.15	5,948,143.07	177,613,742.33
其中：对 2001 年初未分配利润影响	98,947,761.68	417,750.09	3,568,885.84	102,934,397.61
对本年净利润影响	－－－	－－－	－－－	－－－

2、本年度合并报表范围的变更情况：

与上年相比本年新增合并单位共有 13 家，分别为：上海萨福郎实业有限公司、上海利生药业有限公司、上海四季海螺置业有限公司、上海三枪进出口有限公司、上海海螺进出口有限公司、上海赛纳森床上用品有限公司、上海海螺(集团)商务有限责任公司、上海第二衬衫厂、上海海螺集团时装有限公司、上海爱华商务服务中心、上海海螺集团马陆衬衫厂、上海海螺(集团)东畅衬衫厂、上海良盛针织时装有限公司。

本年减少合并单位为上海毛巾一厂。

上海龙头(集团)股份有限公司董事会

二零零二年四月十六日

上海龙头(集团)股份有限公司二〇〇一年度会计报表
利 润 及 利 润 分 配 表

编制单位：上海龙头(集团)股份有限公司　　2001 年度　　金额单位：元

项　目	行次	附注六	上年数	本年数	项　目	行次	附注六	上年数	本年数
一、主营业务收入	1	5	82,292,495.65	180,460,568.93	六、可供分配的利润(亏损以〈－〉号填列)	25		34,617,291.06	80,309,113.21
减：主营业务成本	2	5	79,361,768.48	176,230,911.44	减：提取法定盈余公积	26		3,500,695.36	8,030,911.32
主营业务税金及附加	3		4,520.74	43,807.37	提取法定公益金	27		3,500,695.36	8,030,911.32
二、主营业务利润(亏损以"－"号填列)	4		2,926,206.43	4,185,850.12	提取职工奖励及福利基金(合并报表填列，子公司为外商投资企业的项目)	28			
加：其他业务利润(亏损以"－"号填列)	5		2,027,514.87	5,435,519.67					
减：营业费用	6		910,381.83	1,465,419.46					
管理费用	7		10,090,059.54	10,076,428.62					
财务费用	8		3,825,454.51	16,593,859.24	七、可供股东分配的利润(亏损以"－"号填列)	35		27,615,900.34	64,247,290.57
三、营业利润(亏损以"－"号填列)	10		－9,872,174.58	－18,514,337.53	减：应付优先股股利	36			
加：投资收益(亏损以"－"号填列)	11	4	154,440,639.84	129,531,939.59	提取任意盈余公积	37			
补贴收入	12			630,098.92	应付普通股股利	38		50,989,972.73	
营业收入	13			2.00	转作股本的普通股股利	39			
减：营业外支出	14		30,369.76	2,055,873.28	八、未分配利润(未弥补亏损以"－"号表示)	40		－23,374,072.39	64,247,290.57
四、利润总额(亏损以"－"号填列)	15		144,538,095.50	109,591,829.70					
减：所得税	16		7,921,073.78	5,908,644.10	补充资料：				
减：少数股东损益(合并报表填列)	17				1、出售、处置部门或被投资单位所得收益	41			
加：未确认投资损失(合并报表填列)	18				2、自然灾害发生的损失	42			
					3、会计政策变更增加(或减少)利润总额	43		－16,049,621.00	
五、净利润(净亏损以"－"号填列)	20		136,617,021.72	103,683,185.60	4、会计估计变更增加(或减少)利润总额	44			
加：年初未分配利润(未弥补亏损以"－"号填列)	21		－101,999,730.66	－23,374,072.39	5、债务重组损失	45			
加：其他转入	22				6、其他	46			

上海龙头(集团)股份有限公司二〇〇一年度会计报表
合并利润及利润分配表

编制单位：上海龙头(集团)股份有限公司　　2001 年度　　金额单位：元

项　目	行次	附注六	上年数	本年数	项目	行次	附注六	上年数	本年数
一、主营业务收入	1	35	1,947,984,428.35	2,078,799,708.39	六、可供分配的利润(亏损以"－号填列")	25		23,811,446.32	51,245,739.52
减：主营业务成本	2	35	1,487,586,157.80	1,665,418,617.01	减：提取法定盈余公积	26		9,086,989.34	14,624,694.56
主营业务税金及附加	3	36	6,303,937.28	6,771,038.24	提取法定公益金	27		9,086,989.34	14,624,694.56
二、主营业务利润(亏损以"－"号填列)	4		454,094,333.27	406,610,053.14	提取职工奖励及福利基金(合并报表填列，子公司为外商投资企业的项目)	28		197,578.67	
加：其他业务利润(亏损以"－"号填列)	5	37	8,223,911.87	12,875,163.34					
减：营业费用	6		143,509,859.07	131,720,504.76					
管理费用	7		160,813,934.19	167,296,462.92					
财务费用	8	38	90,244,022.20	108,971,543.68	七、可供股东分配的利润(亏损以"－"号填列)	35		5,439,888.97	21,996,350.40
三、营业利润(亏损以"－"号填列)	10		67,750,429.68	11,496,705.12	减：应付优先股股利	36			
加：投资收益(亏损以"－"号填列)	11	39	101,155,541.81	89,482,171.65	提取任意盈余公积	37			2,409,165.31
补贴收入	12	40	7,594,355.86	11,229,069.44	应付普通股股利	38		50,989,972.73	
营业外收入	13	41	1,696,293.98	1,532,023.78	转作股本的普通股股利	39			
减：营业外支出	14	42	18,697,695.06	4,431,115.91	八、未分配利润(未弥补亏损以"－"号表示)	40		－45,550,083.76	19,587,185.09
四、利润总额(亏损以"－"号填列)	15		159,498,926.27	109,308,854.08					
减：所得税	16		22,134,136.05	11,876,857.60	补充资料：				
减：少数股东损益(合并报表填列)	17		2,925,964.27	636,173.20	1、出售、处置部门或被投资单位所得收益	41		97,889.77	661,089.48
加：未确认投资损失(合并报表填列)	18				2、自然灾害发生的损失	42			
					3、会计政策变更增加(或减少)利润总额	43		－16,049,621.00	
五、净利润(净亏损以"－"号列)	20		134,438,825.95	96,795,823.28	4、会计估计变更增加(或减少)利润总额	44			
加：年初未分配利润(未弥补亏损以"－"号填列)	21		－110,627,379.63	－45,550,083.76	5、债务重组损失	45			
加：其他转入	22				6、其他	46			

上海龙头(集团)股份有限公司二〇〇一年度会计报表
资 产 负 债 表

编制单位:上海龙头(集团)股份有限公司　　2001年12月31日　　金额单位:元

资　　产	行次	附注六	年初数	年末数	负债和股东权益	行次	附注六	年初数	年末数
资动资产:					流动负债:				
货币资金	1		70,410,895.14	377,516,515.32	短期借款	61		8,430,000.00	14,900,000.00
短期投资	2		91,950,000.00	32,724,795.80	应付票据	62			
应收票据	3		274,000,00	1,370,000.15	应付帐款	63		16,170,030.83	7,687,625.69
应收股利	4			3,660,000.00	预收帐款	64		5,154,232.67	3,863,518.67
应收利息	5				应付工资	65			
应收帐款	6	1	10,743,826.35	10,049,931.76	应付福利费	66		293,402.33	299,380.62
其他应收款	7	2	219,340,711.89	246,547,292.10	应付股利	67		52,038,606.02	793,106.66
预付账款	8		44,966,454.35	12,867,853.10	应交税金	68		4,493,945.19	-5,396,033.87
应收补贴款	9		9,695,357.53	17,664,047.42	其他应交款	69		16,444.70	8,759.35
存货	10		1,017,657.82	759,816.36	其他应付款	70		7,536,378.65	22,426,959.15
待摊费用	11		811.40	3,816.40	预提费用	71		59,101.50	23,095.00
					预计负债	72			2,055,000.00
一年内到期的长期债权投资	21								
其他流动资产	24				一年内到期的长期负债	78			
流动资产合计	30		448,399,714.48	703,164,068.41	其他流动负债	79			
					流动负债合计	80		94,192,141.89	46,661,411.27
长期投资:					长期负债:				
长期股权投资	31	3	819,301,003.91	1,191,541,688.31	长期借款	81		74,645,000.00	220,464,993.49
长期债权投资	32				应付债券	82			
长期投资合计	33		819,301,003.91	1,191,541,688.31	长期应付款	83			
其中:合并价差(贷差以"-"号表示合并报表填列)	34				专项应付款	84			
其中:股权投资差额(贷差以"-"号表示合并报表填列)	35				其他长期负债	85			
固定资产:					长期负债合计	87		74,645,000.00	220,464,993.49
固定资产原价	39		4,213,828.53	5,944,887.09	递延税款:	88			
减:累计折旧	40		478,384.08	1,091,013.89	递延税款贷项	89			
固定资产净值	41		3,735,444.45	4,853,873.20	负债合计	90		168,837,141.89	267,126,404.76
减:固定资产减值准备	42								
固定资产净额	43		3,735,444.45	4,853,873.20	少数股东权益(合并报表填列)	91			
工程物资	44								
在建工程	45			490,000.00	股东权益:				
固定资产清理	46				股本	92		375,202,154.00	424,861,597.00
固定资产合计	50		3,735,444.45	5,343,873.20	资本公积	93		732,003,983.62	1,108,944,807.23
无形资产及其他资产:					盈余公积	94		18,871,568.03	34,933,390.67
无形资产	51				其中:法定公益金	95		3,500,695.36	11,531,606.68
长期待摊费用	52		104,612.31	63,860.31	减:未确认的投资损失(合并报表填列)	96			
其他长期资产	53				未分配利润	97		-23,374,072.39	64,247,290.57
无形资产及其他资产合计	54		104,612.31	63,860.31					
递延税项:					外币报表折算差额(合并报表填列)	98			
递延税款借项	55				股东权益合计	99		1,102,703,633.26	1,632,987,085.47
资产总计	60		1,271,540,775.15	1,900,113,490.23	负债和股东权益总计	100		1,271,540,775.15	1,900,113,490.23

上海龙头(集团)股份有限公司二〇〇一年度会计报表
合 并 资 产 负 债 表

编制单位:上海龙头(集团)股份有限公司　　2001年12月31日　　金额单位:元

资　　产	行次	附注六	年初数	年末数	负债和股东权益	行次	附注六	年初数	年末数
资动资产:					流动负债:				
货币资金	1	1	624,860,827.17	820,134,278.46	短期借款	61	17	1,398,968,345.79	1,412,571,503.48
短期投资	2	2	96,757,200.00	80,526,538.06	应付票据	62	18	72,344,763.91	50,315,958.54
应收票据	3	3	6,031,989.20	3,928,206.49	应付账款	63	19	343,395,950.21	254,529,234.50
应收股利	4	4	197,862.50	287,862.50	预收账款	64	20	78,496,359.49	80,134,401.98
应收利息	5				应付工资	65	22	25,154,635.98	7,039,437.05
应收帐款	6	5	764,713,852.41	695,460,389.52	应付福利费	66		14,302,866.41	12,734,006.50
其他应收款	7	6	286,443,671.10	305,248,722.90	应付股利	67	23	53,048,653.93	2,463,274.72
预付账款	8	7	108,189,366.58	47,212,726.52	应交税金	68	24	-18,492,717.40	-19,381,256.91
应收补贴款	9	8	50,469,229.68	60,942,597.84	其他应交款	69	25	3,431,501.21	3,675,570.22
存货	10	9	944,264,040.70	1,003,781,705.03	其他应付款	70	21	235,232,247.52	232,833,824.43
待摊费用	11	10	1,469,901.98	2,356,130.01	预提费用	71	26	2,849,456.04	2,390,186.11
					预计负债	72	27		2,055,000.00
一年内到期的长期债权投资	21	11	197,420.00	259,220.00					
其他流动资产	24				一年内到期的长期负债	78			3,500,000.00
流动资产合计	30		2,883,595,361.32	3,020,138,377.33	其他流动负债	79			
					流动负债合计	80		2,208,732,063.09	2,044,861,140.62
长期投资:					长期负债:				
长期股权投资	31	12	325,005,170.49	438,634,096.60	长期借款	81	28	402,221,212.10	538,841,205.59
长期债权投资	32	12	1,229,780.00	2,053,700.00	应付债券	82			
长期投资合计	33		326,234,950.49	440,687,796.60	长期应付款	83	29	12,560,980.00	101,158,900.00
其中:合并价差(贷差以"-"号表示合并报表填列)	34		491,947.53	22,719,446.71	专项应付款	84	30		10,362,075.00
其中:股权投资差额(贷差以"-"号表示合并报表填列)	35		491,947.53	22,719,446.71	其他长期负债	85			
固定资产:					长期负债合计	87		414,782,192.10	650,362,180.59
固定资产原价	39	13	889,141,138.66	1,068,523,689.80	递延税款:	88			
减:累计折旧	40	13	389,125,743.35	423,908,814.07	递延税款贷项	89			
固定资产净值	41		500,015,395.31	644,614,875.73	负债合计	90		2,623,514,255.19	2,695,223,321.21
减:固定资产减值准备	42	13	171,502,052.70	163,499,769.52					
固定资产净额	43		328,513,342.61	481,115,106.21	少数股东权益(合并报表填列)	91		56,207,778.31	67,660,565.83
工程物资	44								
在建工程	45	14	138,158,655.55	238,974,286.44	股东权益:				
固定资产清理	46		-307,757.66	731,834.50	股本	92	31	375,202,154.00	424,861,597.00
固定资产合计	50		466,364,240.50	720,821,227.15	资本公积	93	32	732,003,983.62	1,108,944,807.23
无形资产及其他资产:					盈余公积	94	33	40,607,283.24	72,265,837.67
无形资产	51	15	96,964,528.26	190,309,722.65	其中:法定公益金	95		13,784,472.90	28,409,167.46
长期待摊费用	52	16	8,826,290.03	16,481,217.30	减:未确认的投资损失(合并报表填列)	96			
其他长期资产	53			104,973.00	未分配利润	97	34	-45,550,083.76	19,587,185.09
无形资产及其他资产合计	54		105,790,818.29	206,895,912.95					
递延税项:					外币报表折算差额(合并报表填列)	98			
递延税款借项	55				股东权益合计	99		1,102,263,337.10	1,625,659,426.99
资产总计	60		3,781,985,370.60	4,388,543,314.03	负债和股东权益总计	100		3,781,985,370.60	4,388,543,314.03

上海龙头(集团)股份有限公司二〇〇一年度会计报表
现金流量表

编制单位:上海龙头(集团)股分有限公司　　2001 年度　　金额单位:元

项　目	行次	金　额
一、经营活动产生的现金流量:		
销售商品、提供劳务收到的现金	1	190,485,044.51
收到的税费返还	2	14,118,806.16
收到的其他与经营活动有关的现金	3	46,126,660.59
经营活动现金流入小计	5	250,730,511.26
购买商品、接受劳务支付的现金	6	208,934,647.99
支付给职工以及为职工支付的现金	7	4,157,895.54
支付的各项税费	8	31,948,618.39
支付的其他与经营活动有关的现金	9	16,230,401.57
经营活动现金流出小计	10	261,271,563.49
经营活动产生的现金流量净额	11	-10,541,052.23
二、投资活动产生的现金流量:		
收回投资所收到的现金	12	92,330,000.00
取得投资收益所收到的现金	13	82,117,768.17
处置固定资产、无形资产和其他长期资产所收回的现金	14	4,000.00
收到的其他与投资活动有关的现金	15	
投资活动现金流入小计	16	174,451,768.17
购建固定资产、无形资产和其他长期资产所支付的现金	18	2,227,338.56
投资所支付的现金	19	361,641,752.64
支付的其他与投资活动有关的现金	20	
投资活动现金流出小计	22	363,869,091.20
投资活动产生的现金流量净额	25	-189,417,323.03
三、筹资活动产生的现金流量:		
吸收投资所收到的现金	26	423,350,710.47
其中:子公司吸收少数股东权益性投资收到的现金	27	
借款所收到的现金	28	152,129,960.00
收到的其他与筹资活动有关的现金	29	
筹资活动现金流入小计	30	575,480,670.47
偿还债务所支付的现金	31	
分配股利、利润或偿付利息所支付的现金	32	68,400,181.83
其中:支付少数股东的股利	33	
支付的其他与筹资活动有关的现金	34	399,823.62
其中:子公司依法减资支付给少数股东的现金	35	
筹资活动现金流出小计	36	68,800.005.45
筹资活动产生的现金流量净额	40	506,680,665.02
四、汇率变动对现金的影响	41	-16,493.20
五、现金及现金等价物净增加额	42	306,705,796.56
补充资料	行次	金　额
1、将净利润调节为经营活动的现金流量:		
净利润(亏损以"-"号表示)	43	103,683,185.60
加:少数股东损益(亏损以"-"号表示)	44	
减:未确定的投资损失	45	
加:计提的资产减值准备	46	157,766.22
固定资产折旧	47	614,036.53
无形资产摊销	48	
长期待摊费用摊销	49	40,752.00
待摊费用的减少(减:增加)	50	-3,005.00
预提费用的增加(减:减少)	51	
处置固定资产、无形资产和其他长期资产的损失(减:收益)	52	873.28
固定资产报废损失	53	
财务费用	54	17,295,202.66
投资损失(减:收益)	55	-130,224,240.43
递延税款贷项(减:借项)	56	
存货的减少(减:增加)	57	257,841.46
经营性应收项目的减少(减:增加)	58	355,760.21
经营性应付项目的增加(减:减少)	59	-2,719,224.76
其他	60	
经营活动产生的现金流量净额	65	-10,541,052.23
2、不涉及现金收支的投资和筹资活动:		
债务转为资本	66	
一年内到期的可转换公司债券	67	
融资租入固定资产	68	
3、现金及现金等价物净增加情况:		
现金的期末余额	69	377,116,691.70
减:现金的期初余额	70	70,410,895.14
加:现金等价物的期末余额	71	
减:现金等价物的期初余额	72	
现金及现金等价物净增加额	73	306,705,796.56

上海龙头(集团)股份有限公司二〇〇一年度会计报表
合并现金流量表

编制单位:上海龙头(集团)股分有限公司　　2001 年度　　金额单位:元

项　目	行次	附注五	金　额
一、经营活动产生的现金流量:			
销售商品、提供劳务收到的现金	1		2,586,027,343.17
收到的税费返还	2		79,174,711.29
收到的其他与经营活动有关的现金	3	43	71,731,315.50
经营活动现金流入小计	5		2,736,933,369.96
购买商品、接受劳务支付的现金	6		2,124,750,001.47
支付给职工以及为职工支付的现金	7		88,933,724.95
支付的各项税费	8		140,746,811.80
支付的其他与经营活动有关的现金	9	44	378,738,548.48
经营活动现金流出小计	10		2,733,169,086.70
经营活动产生的现金流量净额	11		3,764,283.26
二、投资活动产生的现金流量:			
收回投资所收到的现金	12		94,190,673.78
取得投资收益所收到的现金	13		86,318,808.13
处置固定资产、无形资产和其他长期资产所收回的现金	14		8,887,227.79
收到的其他与投资活动有关的现金	15	45	9,459,965.55
投资活动现金流入小计	16		198,856,675.25
购建固定资产、无形资产和其他长期资产所支付的现金	18		276,085,648.57
投资所支付的现金	19		215,281,168.30
支付的其他与投资活动有关的现金	20	46	1,528,110.00
投资活动现金流出小计	22		492,894,926.87
投资活动产生的现金流量净额	25		-294,038,251.62
三、筹资活动产生的现金流量:			
吸收投资所收到的现金	26		433,350,710.47
其中:子公司吸收少数股东权益性投资收到的现金	27		10,000,000.00
借款所收到的现金	28		2,029,597,102.40
收到的其他与筹资活动有关的现金	29	47	120,000.00
筹资活动现金流入小计	30		2,463,067,812.87
偿还债务所支付的现金	31		1,791,517,084.71
分配股利、利润或偿付利息所支付的现金	32		185,887,421.41
其中:支付少数股东的股利	33		1,002,088.01
支付的其他与筹资活动有关的现金	34	48	4,199,823.62
其中:子公司依法减资支付给少数股东的现金	35		
筹资活动现金流出小计	36		1,981,604,329.74
筹资活动产生的现金流量净额	40		481,463,483.13
四、汇率变动对现金的影响	41		-115,887.10
五、现金及现金等价物净增加额	42		191,073,627.67
补充资料	行次	附注五	金　额
1、将净利润调节为经营活动的现金流量:			
净利润(亏损以"-"号表示)	43		96,795,823.28
加:少数股东损益(亏损以"-"号表示)	44		636,173.20
减:未确定的投资损失	45		
加:计提的资产减值准备	46		-6,491,540.46
固定资产折旧	47		37,934,421.64
无形资产摊销	48		2,460,796.41
长期待摊费用摊销	49		1,309,864.69
待摊费用的减少(减:增加)	50		-806,511.84
预提费用的增加(减:减少)	51		-45,520.90
处置固定资产、无形资产和其他长期资产的损失(减:收益)	52		-591,672.11
固定资产报废损失	53		-14,352.58
财务费用	54		120,285,005.57
投资损失(减:收益)	55		-90,374,472.49
递延税款贷项(减:借项)	56		
存货的减少(减:增加)	57		-46,127,206.31
经营性应收项目的减少(减:增加)	58		100,795,586.93
经营性应付项目的增加(减:减少)	59		-212,002,111.77
其他	60		
经营活动产生的现金流量净额	65		3,764,283,260.00
2、不涉及现金收支的投资和筹资活动:			
债务转为资本	66		
一年内到期的可转换公司债券	67		
融资租入固定资产	68		
3、现金及现金等价物净增加情况:			
现金的期末余额	69		815,934,454.84
减:现金的期初余额	70		624,860,827.17
加:现金等价物的期末余额	71		
减:现金等价物的期初余额	72		
现金及现金等价物净增加额	73		191,073,627.67

600631 上海市第一百货商店股份有限公司

2001年年度报告摘选

一、公司基本情况简介

(一)公司法定中文名称:上海市第一百货商店股份有限公司
英文名称:SHANGHAI №1 DEPARTMENT STORE CO., LTD
英文简写:№1 SDS
(二)公司法定代表人:董绍诚先生
(三)公司董事会秘书:张锡援女士
公司董事会证券事务代表:朱俊小姐
联系地址:上海市南京东路800号新一百大厦18楼
电话:(021)63223344转
传真:(021)63517447
电子信箱:stock @ no-1.com.cn
(四)公司注册地址:上海市浦东南路1111号
公司办公地址:上海市南京东路800号新一百大厦18楼
邮政编码:200001
公司国际互联网网址:www.sh100.net
公司电子信箱:office @ no-1.com.cn
(五)公司选定的信息披露报纸:《上海证券报》
登载公司年度报告的中国证监会指定国际互联网址:www.sse.com.cn
公司年度报告备置地点:公司总经理办公室
(六)公司股票上市交易所:上海证券交易所
股票简称:第一百货
股票代码:600631

二、会计数据和业务数据摘要

(一)本年度主要利润指标情况:　　单位:元

利润总额	86,297,330.61
净利润	69,161,275.42
扣除非经常性损益后的净利润	53,645,875.24
主营业务利润	616,266,451.41
其他业务利润	69,575,385.80
营业利润	66,443,177.31
投资收益	24,080,627.78
营业外收支净额	-4,226,474.48
经营活动产生的现金流量净额	178,900,861.85
现金及现金等价物净增加额	-462,138,945.35

说明:本年度非经常性损益为15,515,400.18元,其中:委托理财收益9,182,453元,股权转让收益3,168,873.71元,债券投资收益7,390,547.95元,营业外收支净额-4,226,474.48元。

(二)主要会计数据与财务指标:(单位:元)

项目	单位	2001年	2000年		1999年	
			调整前	调整后	调整前	调整后
主营业务收入	元	3289279478.60	4269918939.56	4269877623.21	4988193800.55	4988193800.55
净利润	元	69161275.42	58665089.34	57410055.87	128890573.75	109261834.92
总资产	元	3901918768.20	4585248031.39	4451464224.73	4707865856.75	4657781526.79
股东权益(不含少数股东权益)	元	1640624341.16	1757732928.59	1572713956.40	1736156571.50	1707781609.44
全面摊薄每股收益	元/股	0.119	0.11	0.108	0.24	0.22
加权平均每股收益	元/股	0.124	0.11	0.108	0.25	0.23
扣除非经常性损益后的每股收益	元/股	0.092	0.11	0.108	0.17	0.12
每股净资产	元/股	2.81	3.32	2.97	3.28	3.22
调整后的每股净资产	元/股	2.40	2.62	2.55	2.75	2.70
每股经营活动产生的现金流量净额	元/股	0.31	0.85	0.85	0.44	0.44

三、股本变动及股东情况介绍

(一)股本变动情况:
1、股份变动情况表:

数量单位:股

	本次变动前	本次增减变动(+、-)						本次变动后
		配股	送股	公积金转股	增发	其他	小计	
一、未上市流通股份								
1、发起人股份								
其中:								
国家持有股份	239408123			23940812				263348935
境内法人持有股份								
境外法人持有股份								
其他								
2、募集法人股	119259658			11925966				131185624
3、内部职工股								
4、优先股或其他								
其中:转配股								
未上市流通股份合计	358667781			35866778				394534559
二、已上市流通股份								
1、人民币普通股	171191587			17121793				188313380
2、境内上市的外资股								
3、境外上市的外资股								
4、其他								
已上市流通股份合计	171191587			17121793				188313380
三、股份总数	529859368			52988571				582847939

600632 上海华联商厦股份有限公司

2001年年度报告摘选

一、公司基本情况简介

(一)公司法定中文名称:上海华联商厦股份有限公司
公司法定英文名称:SHANGHAI HUA LIAN CO., LTD.
公司法定英文缩写:SHHL
(二)公司法定代表人:张新生先生
(三)公司董事会秘书:陈冠军先生
联系地址:上海市南京东路635号631室
电话:021-63224466转7666　　传真:021-63226105
电子信箱:shhualian@ sohu.com
公司董事会证券事务代表:尹敏女士
联系地址:上海市南京东路635号631室
电话:021-63224466转7666　　传真:021-63226105
电子信箱:yim@hualian.sh.cn
(四)公司注册地址:上海市浦东新区张杨路655号
邮政编码:200120
公司办公地址:上海市南京东路635号
邮政编码:200001
公司国际互联网网址:hualian.sh.cn
公司电子信箱:shhlcob @online.sh.cn
(五)公司选定的信息披露报纸:《上海证券报》
登载公司年度报告的中国证监会指定国际互联网网址:http://www.sse.com.cn
公司年度报告备置地点:公司董事会秘书室
(六)公司股票上市交易所:上海证券交易所
股票简称:华联商厦　　股票代码:600632

二、会计数据和业务数据摘要

(一)本年度主要利润指标情况:
根据中国会计准则审计后的主要利润指标:　　单位:元

利润总额	103,820,112.75
净利润	90,273,170.49
扣除非经常性损益后的净利润	77,022,056.05
主营业务利润	278,498,240.40
其他业务利润	25,895,665.73
营业利润	42,757,136.37
投资收益	60,305,676.25
补贴收入	167,975.28
营业外收支净额	589,324.85
经营活动产生的现金流量净额	-267,072,254.55
现金及现金等价物净增加额	108,744,573.57

本期经营活动产生的现金流量净额为负值,是因本年根据政府有关规定,停止出售电子消费卡,并集中回笼以前年度发生的电子消费卡所致。

(二)截止报告期末公司前三年的主要会计数据和财务指标　　单位:元

项目	2001年	2000年(调整后)	2000年(调整前)	1999年
主营业务收入	2,546,611,652.35	3,619,562,425.82	3,619,562,425.82	3,706,137,904.74
净利润	90,273,170.49	108,927,299.03	114,812,565.14	94,817,563.84
每股收益(摊薄)	0.214	0.283	0.296	0.247
每股收益(加权)	0.219	0.283	0.296	0.273
扣除非经营性损益后的每股收益(摊薄)	0.182	0.127	0.142	0.199
扣除非经营性损益后的每股收益(加权)	0.186	0.127	0.142	0.20
每股经营活动产生的现金流量净额	-0.632	0.851	0.851	1.126
	2001年12月31日	2000年12月31日(调整后)	2000年12月31(调整前)	1999年12月31日
总资产	2,313,938,291.94	2,200,136,597.22	2,236,293,234.92	2,558,266,875.11
股东权益(不含少数股东权益)	1,361,917,349.30	1,002,337,570.8	1,066,447,233.16	990,030,086.09
每股净资产	3.22	2.61	2.77	2.57
调整后的每股净资产	3.02	2.45	2.60	1.97
净资产收益率(摊薄)	6.63%	10.87%	10.77%	9.58%
净资产收益率(加权)	7.01%	10.43%	11.11%	9.67%

(三)报告期公司扣除非经常性损益后加权平均净资产收益率为5.98%。

三、股本变动及股东情况

(一)股本变动情况
1、股份变动情况表

	本次变动前	本次变动增减(+、—)						本次变动后
		配股	送股	公积金转股	增发	其他	小计	
一、未上市流通股份								
1、发起人股份	139,725,283	+8,383,516						148,108,799
其中:								
国家持有股份	139,725,283	+8,383,516						148,108,799
境内法人持有股份								
境外法人持有股份								
其他								
2、募集法人股份	149,132,810	+891,169						150,023,979
3、内部职工股								
4、优先股或其他								
其中:转配股								
未上市流通股份合计	288,858,093	+9,274,685						298,132,778
二、已上市流通股份								
1、人民币普通股								
2、境内上市的外资股	95,743,910	+28,723,173						124,467,083
3、境外上市的外资股								
4、其他								
已上市流通股份合计	95,743,910	+28,723,173						124,467,083
三、股份总数	384,602,003	+37,997,858						422,599,861

600633 上海白猫股份有限公司

2001 年年度报告摘选

一、公司基本情况简介

1－1、公司法定中文名称：上海白猫股份有限公司
公司法定英文名称：Shanghai Whitecat Shareholding Co., Ltd.
英文名称缩写：SWSC
1－2、法定代表人：马立行先生
1－3、公司董事会秘书：丁一新先生
联系电话：21－54097633
传真：21－54096025
电子信箱：admin@whitecat.com
联系地址：上海市金沙江路 1829 号
证券事务代表：顾正秋先生
联系电话：21－52709214
传真：21－52700505
电子信箱：gu.zq@stof.com
1－4、公司注册地址：上海市常德路 774 号
公司办公地址：上海市金沙江路 1829 号
邮政编码：200333
1－5、信息披露媒体：
网站：http://www.sse.com.cn
定期报告刊登报刊：《上海证券报》
公司定期报告备置地点：公司董事会办公室
1－6、公司股票上市地：上海证券交易所
股票简称：PT 白猫
股票代码：600633

二、会计数据和业务数据摘要

2－1、本年度主要利润指标情况

单位：元

项目	金　额
利润总额	22,286,422.62
净利润	17,758,498.53
扣除非经常性损益后的净利润*	11,215,502.23
主营业务利润	45,274,044.13
其他业务利润	27,648,480.21
营业利润	2,525,570.05
投资收益	29,825,536.62
补贴收入	1,071,209.37
营业外收支净额	－11,135,893.42
经营活动产生的现金流量净额	11,275,920.95
现金及现金等价物净增减额	22,126,218.84

*注：扣除的非经常性损益项目和金额　单位：元

项目	金额
投资收益	30,034,281.38
营业外收支净额	－11,135,893.42
其他业务利润	5,033,880.60
与生产经营无直接关系的各项费用支出	17,889,272.26
补贴收入	500,000.00
合计	6,542,996.30

2－2、截至本报告期末公司前三年的主要会计数据和财务指标

项目	2001 年	2000 年	1999 年
主营业务收入(元)	206,742,353.36	0.00	/
净利润(元)	17,758,498.53	－177,311,931.87	－46,082,509.59
总资产(元)	379,196,981.09	557,603,233.83	706,536,307.74
股东权益[不含少数股东权益](元)	182,629,166.34	－160,104,444.03	18,957,124.23
每股收益(元)	0.1168	－1.166	－0.303
每股净资产(元)	1.2011	－1.053	0.12
调整后的每股净资产(元)	1.0957	－1.168	－0.13
每股经营活动产生的现金流量净额(元)	0.0742	－0.004	－0.003
净资产收益率(%)	9.7238	/	－243.09
扣除非经常损益后的加权净资产收益率(%)	6.1411	/	－242.96

三、股本变动及股东情况

3－1、股本变动情况
3－1－1 股本变动情况表

单位：万股

项目	期初数	本期配股	本期送股	本期公积金转增股本	增发	本期其他变动	期末数
一、尚未流通股份							
1、发起人股份	8,301.62	/	/	/	/	/	8,301.62
国家拥有股份							
境内法人持有股份	8,301.62	/	/	/	/	/	8,301.62
外资法人持有股份							
其他							
2、募集法人股	5,583.46	/	/	/	/	/	5,583.46
3、内部职工股							
4、优先股或其他							
尚未流通股份合计	13,885.08	/	/	/	/	/	13,885.08
二、已流通股份							
1、境内上市的人民币普通股	1,320.00	/	/	/	/	/	1,320.00
2、境内上市的外资股							
3、境外上市的外资股							
4、其他							
已流通股份合计	1,320.00	/	/	/	/	/	1,320.00
股本总数	15,205.08	/	/	/	/	/	15,205.08

600634 上海海鸟企业发展股份有限公司

2001 年年度报告摘选

第一章　公司基本情况简介

一、公司名称：
中文：上海海鸟企业发展股份有限公司
英文：SHANGHAI HAINIAO ENTERPRISE DEVELOPMENT CO., LTD.
二、公司法定代表人：唐海根
三、公司董事会秘书：吴裕芹
联系地址：上海市襄阳南路 485 号 9 楼
电话：(021) 64458259　　传真：(021) 64454222
四、公司注册地址：上海市余姚路 317 号
邮政编码：200042
办公地址：上海市襄阳南路 485 号 9 楼
邮政编码：200031
电子信箱：albatrob@online.sh.cn
五、公司指定信息披露报刊：上海证券报
登载公司年度报告的中国证监会指定国际互联网网址：http://www.sse.com.cn
公司年度报告备置地点：公司本部
六、公司股票上市交易所：上海证券交易所
股票简称：海鸟发展　　股票代码：600634

第二章　会计数据和业务数据摘要

一、公司本年度主要会计数据(金额单位：元)

项目	金额
1、利润总额：	40,201,717.45
2、净利润：	27,935,908.78
3、*扣除非经常性损益的净利润：	26,861,356.80
4、主营业务利润：	47,591,211.24
5、其他业务利润：	1,356,161.44
6、营业利润：	41,835,401.69
7、投资收益：	101,990.23
8、补贴收入：	0
9、营业外收支净额：	－1,735,674.47
10、经营活动产生的现金流量净额：	－195,241,924.45
11、现金及现金等价物净增加额：	142,244,681.97
*：扣除非经常性损益项目和涉及金额	
1、投资国债收益：	784,250.85
2、投资股票收益：	290,301.13
合计	1,074,551.98

二、近三年主要会计数据及财务指标

项目	2001 年度	2000 年度	1999 年度
主营业务收入(元)	182,581,517.01	181,350,068.98	258,151,068.94
净利润(元)	27,935,908.78	4,185,575.64	6,409,734.17
总资产(元)	913,822,448.60	276,460,114.94	254,574,934.99
股东权益(不含少数股东权益)(元)	210,724,663.81	184,532,900.69	180,347,325.05
每股收益(摊薄)(元)	0.32	0.05	0.07
(加权)	0.32	0.05	0.08
每股净资产(元)	2.42	2.12	2.07
调整后的每股净资产(元)	2.42	2.11	2.06
每股经营活动产生的现金流量净额	－2.24	－0.05	0.10
净资产收益率(摊薄)(%)	13.26	2.27	3.55
(加权)	14.07	2.29	3.62

第三章　股本变动及股东情况

一、股本变动情况　　数量单位：股

	本次变动前	本次变动增减(+,-)						本次变动后
		配股	送股	公积金转股	增发	其他	小计	
一、未上市流通股份								
1、发起人股份	47397546							47397546
其中：								
国家持有股份								
境内法人持有股份	2446700							2446700
境外法人持有股份	22276846							22276846
其他	22674000							22674000
2、募集法人股份								
3、内部职工股								
4、优先股或其他								
其中：转配股								
未上市流通股份合计	47397546							47397546
二、已上市流通股份								
1、人民币普通股	39809737							39809737
2、境内上市的外资股								
3、境外上市的外资股								
4、其他								
已上市流通股份合计	39809737							39809737
三、股份总数	87207283							87207283

二、股东情况介绍
1、前十名股东持股情况：

股东名称	期初持股数	期末持股数	占总股本(%)
(1) 上海东宏实业投资有限公司	22,674,000	22,674,000	26.00
(2) 香港新科创力有限公司	18,959,017	18,959,017	21.74
(3) 香港美泰国际有限公司	3,317,829	3,317,829	3.80
(4) 上海华成无线电厂	2,446,700	2,446,700	2.81
(5) 葛锦芳		337,946	0.39
(6) 罗益宪		240,735	0.28
(7) 上投信托		224,022	0.26
(8) 翟明东		193,400	0.22
(9) 范正豪		189,610	0.22
(10) 梁晓芸		175,349	0.20

600635 上海大众科技创业(集团)股份有限公司

2001年年度报告摘要

一、公司简介

1、公司法定中、英文名称及缩写
公司法定中文名称:上海大众科技创业(集团)股份有限公司
公司法定英文名称:SHANGHAI DAZHONG ENTERPRISES OF SCIENCE AND TECHNOLOGY, LTD.
英文缩写:DEST
2、公司法定代表人:杨国平
3、公司董事会秘书:陈靖丰
联系地址:上海中山西路1515号大众大厦806室
电话:021-64288888×5609
传真:021-64288727
电子信箱:dzkc@82222.com
4、公司注册地址:上海浦东商城路518号24楼
公司办公地址:上海中山西路1515号8楼
邮政编码:200235
公司国际互联网网址:http://www.dzkcgroup.com.cn
公司电子信箱:dzkc@82222.com
5、公司选定信息披露报纸:《中国证券报》、《上海证券报》、《证券时报》
登载公司年度报告的国际互联网网址:http://www.sse.com.cn
公司年度报告备置地点:上海中山西路1515号806室
6、公司股票上市地:上海证券交易所
股票简称:大众科创
股票代码:600635

二、会计数据和业务数据摘要

1、本年度会计数据和业务数据摘要 (单位:元)

项目	金额
利润总额	155,230,362.22
净利润	128,329,660.41
扣除非经常性损益后的净利润	96,223,205.07
主营业务利润	90,414,475.70
其他业务利润	4,059,773.91
营业利润	26,730,943.67
投资收益	104,907,827.57
补贴收入	14,649,400.15
营业外收支净额	8,942,190.83
经营活动产生的现金流量净额	320,514,477.75
现金及现金等价物净增加额	323,767,247.39

注:扣除非经常性损益项目和涉及金额:

扣除项目	涉及金额
开发西部补贴	743,750.00
财政返还	14,889,584.64
股权转让收入	8,277,239.48
无形资产转让收入	6,739,427.06
其他收入与支出差额	1,456,454.16

2、公司近三年主要会计数据和财务指标

(单位:元)

指标项目	2001年	2000年		1999年
		调整后	调整前	
(1)主营业务收入	425,339,021.02	231,174,641.29	231,174,641.29	334,782,509.30
(2)净利润	128,329,660.41	123,269,286.56	128,167,150.82	123,032,036.32
(3)总资产	3,107,690,587.67	1,749,393,477.05	1,789,808,208.39	1,730,856,309.19
(4)股东权益	1,160,913,245.47	1,113,678,138.38	1,161,063,446.80	1,127,900,986.75
(5)每股收益(摊薄)	0.2695	0.2589	0.2692	0.2584
(加权)	0.2695	0.2589	0.2692	0.2584
扣除非经营性损益(摊薄)	0.2021	0.1899	0.2001	0.2080
后的每股收益(加权)	0.2021	0.1899	0.2001	0.2080
(6)每股净资产(摊薄)	2.44	2.34	2.44	2.37
(加权)	2.44	2.34	2.44	2.37
(7)净资产收益率(摊薄)	11.05%	10.60%	11.04%	10.91%
(加权)	10.90%	9.95%	11.04%	10.91%
扣除非经营性损益后(摊薄)	8.29%	7.65%	8.21%	8.78%
的加权净资产收益率(加权)	8.17%	7.28%	8.21%	8.78%
(8)每股经营活动产生的现金流量净额:	0.6731	0.1454	0.1454	0.2633
(9)调整后每股净资产	2.42	2.32	2.37	2.35

3、报告期利润表附表

(单位:元)

项目	报告期利润	净资产收益率(%)		每股收益	
		全面摊薄	加权平均	全面摊薄	加权平均
1 主营业务利润	90,414,475.70	7.79	7.68	0.1899	0.1899
2 营业利润	26,730,943.67	2.30	2.27	0.0561	0.0561
3 净利润	128,329,660.41	11.05	10.90	0.2695	0.2695
4 扣除非经常性损益后的净利润	96,223,205.07	8.29	8.17	0.2021	0.2021

三、股本变动及股东情况

1、股本变动情况

股本变动情况表

(单位:股)

	期初数	本次变动增减	期末数
一、尚未流通股份			
1、发起人股份	64,873,750	-	64,873,750
其中:国家持有股份			
境内法人持有股份	64,873,750	-	64,873,750
境外法人持有股份			
其他			
2、募集法人股份	151,608,750	-	151,608,750
3、内部职工股份	2,400,000	-	2,400,000
4、优先股或其他			
未流通股份合计	218,882,500	-	218,882,500
二、已上市流通股份			
1、人民币普通股	257,299,166	-	257,299,166
2、境内上市的外资股			
3、境外上市的外资股			
4、其他			
已上市流通股份合计	257,299,166	-	257,299,166
三、股份总数	476,181,666	-	476,181,666

2、股东持股情况介绍(截止2001年12月31日)

(1)截止本报告期末股东总数为149941户。

(2)前10名股东情况

名次	股东名称	持股数(股)	占总股本比例(%)
1	上海大众企业管理有限公司	134,016,212	28.14
2	上海煤气销售(集团)有限公司	57,861,250	12.15
3	交通银行浦东分行	7,012,500	1.47
4	上海大众万祥汽车修理公司	5,184,830	1.09
5	无锡客运总公司	4,800,000	1.01
6	上海双发投资有限公司	4,600,000	0.97
7	大众保险股份有限公司	3,750,000	0.79
8	废钢公司	3,659,246	0.77
9	中保服务	2,400,000	0.50
10	无锡中联	1,800,000	0.38

说明:持有公司5%以上股份的股东本年度内无股份增减变动,也无股份被质押和冻结的情况。其中,上海大众企业管理有限公司系本公司的第一大股东,为控制本公司的关联方。第八大股东为社会公众股股东,本公司未知其是否存在关联关系。

(3)持股比例10%股东的介绍:

A、上海大众企业管理有限公司是在上海注册的有限责任公司,成立于1995年3月10日,注册资本为15900万元。该公司主要从事出租汽车企业及相关企业的经营管理和企业管理、投资、技术的咨询、代理、服务和人才培训、商品汽车的转运、汽车配件零售、客运出租汽车、汽车维修等业务。该公司股东:上海大众企业管理有限公司职工持股会占90%股权,上海大众巴士公司占8.49%股权,上海大众物资有限公司占1.51%股权。

B、上海煤气销售(集团)有限公司为本公司第二大股东,占本公司12.15%的股份。该公司注册于上海市潍坊路162号。经营范围为:煤气、天然气、液化气、燃化表灶、燃气输配、燃气设备用具、厨房设备、燃气工程设计规划。

四、董事、监事、高级管理人员和员工情况

(1)董事、监事、高级管理人员情况

姓名	性别	年龄	职务	任期起止日期	年初持股数	年末持股数
*杨国平	男	45	董事长	1999.4-2002.4	85766	85766
孔炜	男	47	副董事长、总经理	1999.4-2002.4	36000	36000
陈靖丰	男	33	董事、常务副总经理、董秘	1999.4-2002.4	0	0
钟晋倖	男	47	董事、财务总监	1999.4-2002.4	10000	10000
杨玉成	男	36	董事、副总经理	1999.4-2002.4	0	0
*张士楚	男	53	董事	1999.4-2002.4	0	0
*缪林标	男	49	董事	1999.4-2002.4	85766	85766
*韩娟芳	女	48	董事	1999.4-2002.4	0	0
*李龙龄	男	61	董事	1999.4-2002.4	53122	53122
*金盛利	男	51	董事	1999.4-2002.4	53122	53122
*张锡麟	男	54	董事	1999.4-2002.4	65974	65974
*赵国屏	男	53	董事	2000.4-2002.4	0	0
*严世芸	男	61	董事	2000.4-2002.4	0	0
*曹永勤	女	44	监事长	1999.4-2002.4	0	0
*吴本瑾	女	51	监事	1999.4-2002.4	0	0
*顾倚涛	男	51	监事	1999.4-2002.4	0	0
袁丽敏	女	40	副总经理	2000.4-2002.4	0	0

监事顾倚涛担任上海大众企业管理有限公司总经理,任期从2001年7月至2004年6月。

(2)董事、监事、高级管理人员年度报酬情况

公司董事会对公司任职的董事、监事、高管人员实行年薪制,并与公司经营绩效挂钩。公司现任董事、监事、高级管理人员共17人,在公司领取报酬的5人,其中15万元1人,10-12万元4人,加*者为不在本公司领取薪金者。金额最高的前三名董事报酬总额37.4万元,金额最高的前三名高级管理人员的报酬总额37.4万元。

(3)公司员工的数量、专业构成、教育程度及离退休人数情况

截止报告期末，母公司员工总数为 84 人，其中生产人员 20 人，销售人员 9 人，技术人员 11 人，财务人员 10 人，行政管理人员 12 人，其它 22 人；公司现有管理人员平均年龄 35 岁，大学本科以上占 78%，其中硕士研究生以上占 37%，中级职称及以上占 55%。目前公司尚无退休人员。

五、公司治理结构

1、公司治理情况

公司严格按照《公司法》、《证券法》和中国证监会制定的有关法律法规和规范性文件的要求，不断完善公司的法人治理结构，规范自身的行为，加强信息披露工作。公司已制定了《公司章程》、《董事会议事规则》、《监事会议事规则》、《总经理工作细则》、《董事会秘书工作细则》等一系列文件，目前，公司正在按照中国证监会和国家经贸委 2002 年 1 月 7 日联合发布的《上市公司治理准则》，结合公司实际情况，修订、健全公司的相关制度，不断提升公司规范运作的水平。公司目前治理状况如下：

(1)关于股东和股东大会：公司能确保所有股东充分行使自身的权利，特别是中小股东享有平等的地位。公司设立了和股东沟通的专门渠道，能认真接待股东的来电来访咨询。能够严格按照中国证监会发布的《股东大会规范意见》的要求召集、召开股东大会，在会场的选择、会议的出席登记方面尽可能地方便股东参会以行使表决权。公司的股东大会还聘请律师出席见证。

(2)关于控股股东与上市公司的关系：控股股东行为规范，没有超越股东大会直接或间接干预公司的决策和经营活动。公司关联交易公平合理，对定价依据能予以充分的披露。公司与控股股东在人员、资产、财务、机构和业务方面做到了"五分开"。公司的董事会、监事会、内部机构能独立运作，并建立了较为完善的内部控制制度。公司经营稳健，发展思路明确。

(3)关于董事和董事会：公司严格按《公司章程》规定的董事选聘程序选聘董事。公司董事会的人数和人员构成符合法律、法规要求。公司董事会制订了《董事会议事规则》，各位董事能以认真负责、勤勉诚信的态度出席董事会和股东大会。公司将尽快按照中国证监会的要求建立独立董事制度，并修订《公司章程》和《董事会议事规则》。同时公司还将尽早设立董事会下设的战略、薪酬与考核等专门委员会。

(4)关于监事和监事会：公司监事会的人数和人员构成符合法律、法规要求。监事会制订了《监事会议事规则》。公司的监事能认真履行自身的职责，本着对全体股东负责的精神，对公司重大决策和公司董事、公司经理、其他高级管理人员履行职责的合法合规性进行监督。

(5)关于绩效评估和激励约束机制：公司经营管理人员的聘任公开、透明，符合法律法规的规定。公司已建立经理人员的薪酬与公司绩效、个人业绩相联系的考评和激励约束机制。公司正着手建立更为合理、公正、透明的绩效评价标准和激励约束机制。

(6)关于利益相关者：公司能够充分尊重银行及其他债权人、职工、消费者等利益相关者的合法权益，共同推动公司持续、健康地发展。

(7)关于信息披露和透明度：公司由董事会秘书牵头负责信息披露工作，接待股东的来访来电咨询。公司能够严格按照法律、法规和公司章程的规定，真实、准确、完整、及时地披露信息，确保所有股东有平等的机会获得信息。

公司自成立以来，一贯严格按照《公司法》等有关法律法规的要求规范运作，并将一如既往地按照《上市公司治理准则》等要求规范运作，努力寻求利润最大化，切实维护中小股东的利益。

2、独立董事履行职责情况

公司根据中国证监会发布的《上市公司治理准则》的规定要求，正在积极建立独立董事制度，确定独立董事人选。

六、股东大会简介

公司于 2001 年 4 月 21 日在《中国证券报》、《上海证券报》、《证券时报》上刊登召开 2000 年度股东大会通知，并于 2001 年 5 月 25 日在虹漕南路 200 号召开，参加人数 935 人，代表股份 219416523 股，占公司总股本 46.078%，会议审议通过了如下决议：

(1) 公司 2000 年度董事会工作报告；
(2) 公司 2000 年度监事会工作报告；
(3) 公司 2000 年度总经理业务工作报告；
(4) 公司 2000 年度财务决算报告和 2001 年度财务预算报告；
(5) 公司 2000 年度利润分配预案及 2001 年度股利分配政策；
(6) 公司关于大额资金使用管理办法；
(7) 公司关于住房补贴会计处理的议案；
(8) 关于修改公司《章程》的说明；
(9) 董事会关于前次募集资金使用情况的说明；
(10) 关于公司 2001 年增发 A 股的议案；
(11) 关于公司本次募集资金运用可行性分析的议案；

本次股东大会经上海市普陀区公证处公证。该决议公告刊登于 2001 年 5 月 26 日的《中国证券报》、《上海证券报》、《证券时报》。

七、董事会报告

1、公司经营状况

(1)主营业务及经营状况

2001 年是进行产业整合后的第三年，公司的经营模式正向投资交通运输、环保燃气、高新技术(海洋生物、医药等)三大领域的投资控股型公司进行转变。一年来，公司在调整产业布局、优化资源配置、加强投资控制、提高核心竞争力等方面做出了积极推进，取得了良好的经营业绩。2001 年度公司的主营业务收入 42,533.90 万元；主营业务利润 9,041.45 万元；净利润 12,832.97 万元；占主营业务利润 10%以上的产业为交通运输业，比例为 67.02%。

在交通运输领域，大众交通(集团)股份有限公司(600611)是公司的主要投资企业。大众交通以经营交通运输业务为主，目前的经营规模、经营区域以及业务的市场占有量均位居行业前列。特别在出租车客运、公交客运、汽车租赁和货运等业务在上海市处于行业的领先地位。

根据 2000 年度股东大会决议，公司拟将增发新股的募集资金人民币 4 亿元受让上海燃气市南有限公司 50%权益。因该项目进展顺利，公司已以自筹资金(银行贷款)先期实施了该项目，并拟用部分募集资金予以归还。2001 年 9 月 28 日，由公司与上海市政资产经营发展有限公司共同投资的上海大众燃气有限公司举行了揭牌仪式。公司通过本次高起点地进入环保燃气业，将增强公司的核心竞争力和可持续发展的能力。

2001 年公司对海洋板块的经营结构予以了调整。调整后的海洋板块，已形成以海南为种植、养殖和生产中心，以上海为研发和销售中心的格局。同时对海南大众凌伟公司原生产线进行了技术改造，现技改工程已接近尾声。该项目完成后，将使卡拉胶产品的质量和数量上一新台阶，为公司海洋产业的进一步发展奠定坚实的基础。

公司控股的上海中医大药业股份有限公司，全面开展了市场营销机制的转换。通过规范市场销售运作，强化品牌的宣传和推广，扩大了产品的市场占有率，并逐步建立起全国营销网络。为扩大生产规模和提升市场的竞争力，该公司正在兴建符合 GMP 标准的新厂房。

(2)主要控股公司及参股公司的经营情况及业绩

公司名称	主营业务	注册资本(万元)	资产规模(万元)	净利润(万元)	投资比例(%)
上海大众燃气有限公司	燃气销售	80,000.00	166,674.39	309.46	50
大众交通(集团)股份有限公司	交通客运	59,870.16	444,306.08	20,989.66	23.38
海南大众凌伟海洋产业有限公司	海洋生物养殖加工	2,500.00	9,772.62	773.62	100
上海虹口大众出租汽车有限公司	出租车客运	15,800.00	25,392.30	5,712.78	95.57
上海中医大药业股份有限公司	中药制药销售	1,762.00	4,829.14	101.39	59
青海金河藏药股份有限公司	藏药制药销售	4,380.00	6,004.56	759.14	30

注：上海大众燃气有限公司系公司于 2001 年 9 月底投入。

2、投资情况

(1)募集资金使用情况

本报告期内公司未公开募集资金，也无募集资金使用情况。

(2)非募集资金使用情况

出资 4 亿元控股上海大众燃气有限公司，股份比例为 50%；

3、公司财务状况(单位：万元)

项目	2001 年度	2000 年度	增减幅度(%)
总资产	310,769.06	174,939.35	77.00
长期负债	13,984.09	6,000.00	133.07
股东权益	116,091.32	111,367.81	4.24
主营业务利润	9,041.45	10,690.24	-15.42
净利润	12,832.97	11,807.65	8.68

公司财务状况变动的主要原因：

(1)总资产增加是由于控股上海大众燃气有限公司合并报表所致；

(2)长期负债增加是由于控股上海大众燃气有限公司合并报表所致；

(3)股东权益增加是由于公司利润增加所致；

(4)主营业务利润减少是由于海南凌伟 2001 年下半年停产技改、上海大众燃气公司权益从 2001 年 10 月起算所致；

(5)净利润增加是由于投资收益增加所致。

4、2002 年公司经营计划

2002 年度，公司将以提升核心竞争力为发展目标来继续深化产业结构的调整。在巩固交通运输业发展的基础上，积极拓展环保燃气业，稳步推进对高新技术的投入。力争完成主营业务收入 10 亿元，预计主营业务成本 6.3 亿元。

(1)将制定五年发展规划和优化管理流程作为一项重要工作予以推进

公司从 1999 年转型至今已有三年，经过三年的努力，目前作为投资控股型集团的产业架构已基本形成。今后五年的发展是公司极为重要的历史时期，所以迫切需要规划出公司近五年的发展蓝图，从而起到高屋建瓴的指导作用。在此基础上，公司将建立健全各项管理制度，优化内部管理流程，以真正适应投资控股型集团的运作需要。

(2)积极推进上海大众燃气有限公司各项经营管理的改革进程

推动建立、健全大众燃气的公司法人治理结构，积极引进先进的管理模式和灵活的市场机制，大众燃气将以"立足上海、面向华东、走向全国"作为战略目标，在巩固现有人工煤气市场份额的基础上，加快绿色能源天然气的转换和发展，以做好迎接"西气东输"的全面准备。上海大众燃气有限公司将尽快强化核心竞争能力，力争在体制、机制、市场、管理等方面有所创新和突破，从而确立行业中的强势地位和可持续发展的态势。

(3)完善海洋板块的经营结构

对海南大众的组织架构及人员做进一步的整合，形成海南大众经营团队有效的激励和考核机制，使海洋板块再添活力。与此同时，对海南大众和上海大众凌伟之间继续进行业务整合，进一步强化海南作为生产中心，上海作为研发和市场中心的定位。

(4)继续推进医药板块的健康发展

促进上海中医大药业股份有限公司加强营销队伍的建设，完善全国营销网络，加大中医药产品宣传力度。同时，2002 年新厂房将要竣工交付使用，并迎接国家 SDA 的 GMP 认证，要做到确保工程质量，保证新厂房按期投入使用。

(5)培育企业文化，增强企业凝聚力，强化人力资源队伍建设

人才战略问题是一个投资控股型企业的核心问题，尤其是我国加入 WTO 以后，经济领域的竞争更趋激烈。我们要营造尊重知识、尊重人才，使优秀人员能够脱颖而出的良好环境。建立和完善与现代企业制度相适应的运作机制和管理制度，并在管理制度科学化的基础上，建立优秀的企业文化，引进精干的投资复合型人才，控制投资风险，为各类人才施展才华搭建舞台。

5、本年度董事会日常工作情况及对股东大会决议的执行情况

本报告期内，公司共召开三次董事会会议(四届五次、六次、七次)和一次临时会议；一次股东大会(2000 年年会)。董事会认真贯彻执行了股东大会通过的各项决议。

6、本次利润分配预案与 2002 年度利润分配政策

本次利润分配预案：

(1)按照国家有关法律、法规和公司《章程》的有关规定，提取两金：

①提取法定公积金 1997.49 万元(含子公司提取数)，占税后利润的 15.57%；

②提取法定公益金 1673.17 万元(含子公司提取数)，占税后利润的 13.04%。

(2)提取两金后，2001 年公司可供股东分配的利润为 9162.31 万元，加上上年未分配利润 7468.58 万元，减去其他转入数 294.86 万元，本次可供分配的利润为 16336.03 万元。拟提议本次分配方案为：每股派发现金红利 0.21 元(含税)，共派发现金红利 9,999.81 万元，剩余可分配利润 6336.22 万元结转 2002 年度使用。本年度不进行公积金转赠股本。

2002 年度利润分配政策：

本公司拟在 2002 年度向全体股东利润分配 1－2 次，拟不进行资本公积转增股本，公司在 2002 年度实现的净利润不低于 30%用于股利分配；公司 2001 年末分配利润不低于 30%用于 2002 年度的股利分配。分配方式采用派发现金红利或送红股，派发现金红利的比例不低于 20%。2002 年的利润分配政策为预案，如遇重大政策性调整或不可抗力等因素，公司董事会保留根据实际情况对该分配政策进行调整的可能。

八、监事会报告

1、报告期内监事会情况：

报告期内监事会共召开三次会议，主要内容：

(1) 2001 年 3 月 14 日第四届监事会召开第五次会议，会议议题如下：

①公司 2000 年度监事会工作报告；

②公司 2000 年度审计报告的有关内容；

③公司 2000 年度财务决算报告和 2001 年度财务预算报告；

④公司 2000 年度利润分配预案及 2001 年度股利分配政策；

⑤公司 2000 年年报及年报摘要；

⑥公司关于大额资金使用管理办法；

⑦公司关于住房补贴会计处理的议案；

本次会议决议公告刊登于 2001 年 3 月 15 日的《中国证券报》、《上海证券报》、《证券时报》。

(2) 2001年4月20日第四届监事会召开第六次会议，会议议题：审议公司关于前次募集资金使用情况的议案。

本次会议决议公告刊登于2001年4月25日的《中国证券报》、《上海证券报》、《证券时报》。

(3) 2001年8月17日第四届监事会召开第七次会议，会议议题如下：

①审议公司总经理2001年上半年度经营工作报告；

②审议公司2001年中期报告及摘要；

③审议关于公司固定资产减值准备和无形资产准备用追溯调整处理的议案；

④审议关于计提固定资产减值准备、在建工程减值准备、无形资产减值准备、委托贷款减值准备的内部控制制度的议案。

本次会议决议公告刊登于2001年8月21日的《中国证券报》、《上海证券报》、《证券时报》。

2、监事会对公司2001年度有关事项的独立意见

(1)公司各重大事项的决策程序均按《公司法》、《证券法》和中国证监会、上海证券交易所颁布的有关法规以及公司章程执行。公司建立完善了各项内部控制制度。公司董事、经理等高级管理人员在执行公司职务时无违反法律、法规、公司章程或损害公司和股东利益的行为。

(2)上海立信长江会计师事务所有限公司出具的标准无保留意见审计报告是客观公正的，公司的财务报告真实反映了公司的财务状况和经营成果。

(3)公司最近一次募集资金实际投入项目的情况与上海立信长江会计师事务所有限公司于2001年4月15日出具的《前次募集资金使用情况专项审核报告》内容符合。

(4)公司与关联交易单位的经济往来公平，且经济利益及帐目清晰，无任何损害上市公司利益的行为。

九、重要事项

1、本年度公司无重大诉讼、仲裁事项。

2、公司控股子公司上海虹口大众出租汽车有限公司(大众科创占其股份95.57%)，以人民币2484万元出让部分无形资产——138辆出租车经营权(车辆牌照)，受让方为大众交通(集团)股份有限公司。该转让价款于合同签订日(2001年11月30日)以支票方式支付50%，即人民币1242万元；余款自合同签订后30日内全部付清，所得款项将用于车辆更新。该部分资产转让的债权债务由大众交通承担。

该次交易旨在完善1999年本公司和大众交通实施资产重组的工作。通过在适当时间逐步解决本公司委托大众交通进行车辆经营事宜，将进一步理顺同大众交通之间的资产关系，从而最大限度地避免同业竞争。

3、公司控股子公司上海虹口大众出租汽车有限公司与大众交通(集团)股份有限公司，为避免同业竞争而达成托管协议。自1999年8月1日起，将上海虹口大众出租汽车有限公司的全部营运车辆委托大众交通(集团)股份有限公司进行管理，双方根据协议规定的代收营业收入和代管营运费用标准按实进行结算，2001年上海虹口大众出租汽车有限公司与大众交通(集团)股份有限公司进行托管结算，总的结算收入为11227.40万元，总的结算成本及费用为2071.14万元。

4、截至2001年12月31日公司为大众交通(集团)股份有限公司54800万元贷款提供了担保。

5、本年度公司没有发生委托他人进行现金资产管理事项。

6、上海大众企业管理有限公司及其股东职工持股会承诺将按国家现行的、有效的规范性文件的要求对其股份处置方式予以进一步规范。

7、报告期内公司续聘上海立信长江会计师事务所有限公司担任审计工作。2001年度，支付给上海立信长江会计师事务所有限公司的审计费用40万元。

8、报告期内公司通过了中国证监会上海证管办的巡检。没有受到中国证监会稽查、中国证监会限期整改、行政处罚、通报批评、证券交易所公开谴责的情况。

十、财务会计报告

1、本公司2001年财务报告经上海立信长江会计师事务所有限公司中国注册会计师王德霞、潘莉华审计，出具信长会师报字(2002)第10626号标准无保留审计报告。

2、会计报表见附表。

3、会计报表附注：

与最近一期年度报表相比，会计政策发生变化：

(一)会计政策的变更及影响：

根据《企业会计制度》及有关规定，公司应计提固定资产减值准备、在建工程减值准备、无形资产减值准备，委托贷款减值准备，开办费应于开始生产经营当月一次计入损益，且作为会计政策变更，进行追溯调整。本次会计政策变更的影响数及累计影响数：

项　目	固定资产减值准备	在建工程减值准备	无形资产减值准备	开办费一次转销	住房周转金转销	所得税	大众交通追溯调整	合　计
对2000年初留存收益影响	-6,698,854.63	-10,525,500.00	-2,580,205.31	-480,883.50	- - - -	- - - -	-12,374,797.24	-32,660,240.68
其中：对2000年初未分配利润影响	-4,354,255.51	-8,376,075.00	-1,677,133.45	-312,574.27	- - - -	- - -	-9,899,837.79	-24,619,876.02
对上年净利润影响	-3,040,086.27	- - -	- - -	- - -	- - -	-1,604,722.16	-253,105.83	-4,897,864.26
对2001年初留存收益影响	-9,738,890.90	-10,525,500.00	-2,580,205.31	-480,883.50	-9,827,203.48	-1,604,722.16	-12,627,903.07	-47,385,308.42
其中：对2001年初未分配利润影响	-6,330,279.07	-8,376,075.00	-1,677,133.45	-312,574.27	-9,827,203.48	-1,283,777.74	-10,102,322.45	-37,909,365.46

(二)合并会计报表编制方法：

合并会计报表按照《合并会计报表暂行规定》及有关文件，以母公司和纳入合并范围的子公司的个别会计报表以及其他资料为依据进行编制。但对行业特殊及子公司规模较小，符合财政部财会二字(1996)2号《关于合并会计报表合并范围请示的复函》文件的规定，则不予合并。合并时对内部权益性投资与子公司所有者权益、内部投资收益与子公司利润分配、内部交易事项、内部债权债务进行抵销，对合并盈余公积进行调整。母公司与子公司采用的会计政策和会计处理方法无重大差异。

(三)合并报表范围：

与上年相比本年新增合并单位6家，原因为：上海大众燃气有限公司及其所属子公司上海浦西工业煤气营销有限公司、上海市南煤气管道工程有限公司、上海燃气技术发展有限公司、上海普鲁士格管道工程技术有限公司、上海华焰燃气管道工程技术发展有限公司。2001年9月公司受让上海市政资产经营发展有限公司持有的上海燃气市南销售有限公司(后更名为上海大众燃气有限公司)的50%股份。股权转让交割手续完成之后，公司持有上海大众燃气有限公司50%股份并对其拥有实质控制权，故将其及其所属子公司纳入合并报表范围。

上海大众科技创业(集团)股份有限公司

2002年4月8日

上海大众科技创业(集团)股份有限公司二00一年度会计报表

利润及利润分配表

编制单位：上海大众科技创业(集团)股份有限公司　　2001年　　金额单位：元

项　目	行次	上年数		本年数	
		母公司	合并	母公司	合并
一、主营业务收入	1	3,802,713.61	231,174,641.29		425,339,021.02
减：主营业务成本	2	1,996,525.85	115,797,732.73		327,545,406.77
主营业务税金及附加	3	204,468.44	8,474,533.41		7,379,138.55
二、主营业务利润(亏损以"-"号填列)	4	1,601,719.32	106,902,375.15		90,414,475.70
加：其他业务利润(亏损以"-"号填列)	5	8,277.49	1,844,001.97		4,059,773.91
减：营业费用	6		2,468,684.50		10,650,817.51
管理费用	7	14,711,298.15	30,530,755.94	15,506,976.64	39,155,441.48
财务费用	8	17,451,374.29	17,560,224.00	13,734,888.35	17,937,046.95
三、营业利润(亏损以"-"号填列)	10	-30,552,675.63	58,186,712.68	-29,241,864.99	26,730,943.67
加：投资收益(损失以"-"号填列)	11	155,449,267.70	71,822,665.37	160,189,715.76	104,907,827.57
补贴收入	12		18,041,142.47		14,649,400.15
营业外收入	13	217,804.06	230,680.77		10,387,853.20
减：营业外支出	14	417,268.76	3,498,906.77		1,445,662.37
四、利润总额(亏损以"-"号填列)	15	124,697,127.37	144,782,294.52	130,947,850.77	155,230,362.22
减：所得税	16	1,427,840.81	20,547,882.92	1,726,433.80	24,813,213.73
少数股东损益(合并报表填列)	17		965,125.04		2,087,488.08
加：未确认投资损失(合并报表填列)	18				
五、净利润(亏损以"-"号填列)	20	123,269,286.56	123,269,286.56	129,221,416.97	128,329,660.41
加：年初未分配利润	21	114,596,090.92	84,777,491.60	108,147,983.50	74,685,817.15
其他转入	22	-9,827,203.48	2,974,795.26		-2,948,636.82
六、可供分配的利润	25	228,038,174.00	211,021,573.42	237,369,400.47	200,066,840.74
减：提取法定盈余公积	26	12,326,928.65	20,841,754.94	12,922,141.70	19,974,857.81
提取法定公益金	27	12,326,928.65	20,257,668.13	12,922,141.70	16,731,657.66
提取职工奖励及福利基金(合并报表填列，子公司为外商投资企业的项目)	28				
七、可供股东分配的利润	35	203,384,316.70	169,922,150.35	211,525,117.07	163,360,325.27
减：应付优先股股利	36				
提取任意盈余公积	37				
应付普通股股利	38	95,236,333.20	95,236,333.20	99,998,149.86	99,998,149.86
转作股本的普通股股利	39				
八、未分配利润(未弥补亏损以"-"号表示)	40	108,147,983.50	74,685,817.15	111,526,967.21	63,362,175.41

上海大众科技创业(集团)股份有限公司二00一年度会计报表

资 产 负 债 表

2001 年 12 月 31 日

编制单位:上海大众科技创业(集团)股份有限公司　　金额单位:元

资　　产	行次	年初数		年末数	
		母公司	合并	母公司	合并
流动资产:					
货币资金	1	86,002,381.03	396,635,712.24	128,143,076.59	720,402,959.63
短期投资	2	135,200,000.00	136,082,627.20	67,600,000.00	69,572,602.95
应收票据	3				80,000.00
应收股利	4				
应收利息	5				
应收账款	6		31,309,315.63		58,704,865.02
其他应收款	7	248,685,230.14	105,674,414.84	32,048,786.58	82,275,133.41
预付账款	8		56,475,547.01		26,923,658.72
应收补贴款	9				0.00
存货	10		25,955,905.84		172,425,790.67
待摊费用	11		24,613.23		250,524.65
一年内到期的长期债权投资	21				
其他流动资产	24				
流动资产合计	30	469,887,611.17	752,158,135.99	227,791,863.17	1,130,635,535.05
长期投资:					
长期股权投资	31	1,210,999,814.13	833,422,009.72	1,394,570,178.73	722,351,009.67
长期债权投资	32		10,000.00		
长期投资合计	33	1,210,999,814.13	833,432,009.72	1,394,570,178.73	722,351,009.67
其中:合并价差(贷差以"-"号表示合并报表填列)	34		-543,266.84		-3,267,972.44
其中:股权投资差额(贷差以"-"号表示合并报表填列)	35		-534,266.84		-3,267,972.44
固定资产:					
固定资产原价	39	13,406,842.97	71,445,615.89	13,406,842.97	1,518,011,585.47
减:累计折旧	40	1,921,314.72	21,030,121.96	2,385,809.34	437,098,965.06
固定资产净值	41	11,485,528.25	50,415,493.93	11,021,033.63	1,080,912,620.41
减:固定资产减值准备	42		9,738,890.90		60,698,783.39
固定资产净额	43	11,485,528.25	40,676,603.03	11,021,033.63	1,020,213,837.02
工程物资	44				
在建工程	45	40,850,000.00	43,612,588.32	40,850,000.00	165,982,677.72
固定资产清理	46		927,105.88		
固定资产合计	50	52,335,528.25	85,216,297.23	51,871,033.63	1,186,196,514.74
无形资产及其他资产:					
无形资产	51	2,790,350.74	67,621,406.41	3,911,225.43	58,843,087.35
长期待摊费用	52	1,005,628.90	10,965,627.70	398,796.70	9,664,440.86
其他长期资产	53				
无形资产及其他资产合计	54	3,795,979.64	78,587,034.11	4,310,022.13	68,507,528.21
递延税项:					
递延税款借项	55				
资产总计	60	1,737,018,933.19	1,749,393,477.05	1,678,543,097.66	3,107,690,587.67
流动负债:					
短期借款	61	200,000,000.00	200,000,00.00	400,000,000.00	500,000,000.00
应付票据	62				
应付账款	63		5,998,673.80		81,773,208.67
预收账款	64		618,031.61		450,200,997.56
应付工资	65				59,800,138.14
应付福利费	66	30,741.23	696,685.38	19,166.57	2,036,344.85
应付股利	67	96,147,724.20	96,164,806.65	102,866,493.86	103,603,576.31
应交税金	68	-183,518.09	1,556,747.29	1,935,852.31	33,853,364.62
其他应交款	69		172,574.75	5,994.43	480,331.01
其他应付款	70	327,345,847.47	240,046,314.51	8,961,951.64	122,164,557.22
预提费用	71		154,118.52		17,738,851.81
预计负债	72				
一年内到期的长期负债	78				
其他流动负债	79				
流动负债合计	80	623,340,794.81	545,407,952.51	513,789,458.81	1,371,651,370.19
长期负债:					
长期借款	81		60,000,000.00		60,000,000.00
应付债券	82				
长期应付款	83				79,840,883.93
专项应付款	84				
其他长期负债	85				
长期负债合计	87		60,000,000.00		139,840,883.93
递延税项:	88				
递延税款贷项	89				
负债合计	90	623,340,794.81	605,407,952.51	513,789,458.81	1,511,492,254.12
少数股东权益(合并报表填列)	91		30,307,386.16		435,285,088.08
股东权益:					
股本	92	476,181,666.00	476,181,666.00	476,181,666.00	476,181,666.00
资本公积	93	417,946,785.78	417,946,785.78	439,799,019.14	439,799,019.14
盈余公积	94	111,401,703.10	144,863,869.45	137,245,986.50	181,570,384.92
其中:法定公益金	95	29,676,717.87	48,207,383.32	42,598,313.57	64,939,040.98
减:未确认的投资损失(合并报表填列)	96				
未分配利润	97	108,147,983.50	74,685,817.15	111,526,967.21	63,362,175.41
外币报表折算差额(合并报表填列)	98				
股东权益合计	99	1,113,678,138.38	1,113,678,138.38	1,164,753,638.85	1,160,913,245.47
负债及股东权益总计	100	1,737,018,933.19	1,749,393,477.05	1,678,543,097.66	3,107,690,587.67

上海大众科技创业(集团)股份有限公司二00一年度会计报表

现 金 流 量 表

2001 年

编制单位:上海大众科技创业(集团)股份有限公司　　金额单位:元

项　　目	行次	金额	
		母公司	合并
一、经营活动产生的现金流量:			
销售商品、提供劳务收到的现金	1		533,575,095.30
收到的税费返还	2		15,039,584.64
收到的其他与经营活动有关的现金	3	314,181,750.80	117,284,949.37
经营活动现金流入小计	5	314,181,750.80	665,899,629.31
购买商品、接受劳务支付的现金	6		259,732,695.37
支付给职工以及为职工支付的现金	7	3,972,428.74	25,081,544.12
支付的各项税费	8	26,289.79	24,579,616.22
支付的其他与经营活动有关的现金	9	52,625,423.73	35,991,295.85
经营活动现金流出小计	10	56,624,142.26	345,385,151.56
经营活动产生的现金流量净额	11	257,557,608.54	320,514,477.75
二、投资活动产生的现金流量:			
收回投资所收到的现金	12	195,596,803.68	205,307,848.72
取得投资收益所收到的现金	13	11,944,636.54	11,944,636.54
处置固定资产、无形资产和其他长期资产所收回的现金	14		37,466,918.98
收到的其他与投资活动有关的现金	15		336,409,165.53
投资活动现金流入小计	16	207,541,440.22	591,128,569.77
购建固定资产、无形资产和其他长期资产所支付的现金	18	1,194,398.00	180,241,059.25
投资所支付的现金	19	512,955,900.00	523,523,645.70
支付的其他与投资活动有关的现金	20		
投资活动现金流出小计	22	514,150,298.00	703,764,704.95
投资活动产生的现金流量净额	25	-306,608,857.78	-112,636,135.18
三、筹资活动产生的现金流量:			
吸收投资所收到的现金	26		
其中:子公司吸收少数股东权益性投资收到的现金	27		
借款所收到的现金	28	1,100,000,000.00	1,235,000,00.000
收到的其他与筹资活动有关的现金	29		
筹资活动现金流入小计	30	1,100,000,000.00	1,235,000,000.00
偿还债务所支付的现金	31	900,000,000.00	1,005,000,000.00
分配股利、利润或偿付利息所支付的现金	32	108,808,055.20	114,111,065.20
其中:支付少数股东的股利	33		
支付的其他与筹资活动有关的现金	34		
其中:子公司依法减资支付给少数股东的现金	35		
筹资活动现金流出小计	36	1,008,808,055.20	1,119,111,065.20
筹资活动产生的现金流量净额	40	91,191,944.80	115,888,934.80
四、汇率变动对现金的影响	41		-29.98
五、现金及现金等价物净增加额	42	42,140,695.56	323,767,247.39
1、将净利润调节为经营活动的现金流量:			
净利润(亏损以"-"号表示)	43	129,221,416.97	128,329,660.41
加:少数股东损益(亏损以"-"号表示)	44		2,087,488.08
减:未确定的投资损失	45		
加:计提的资产减值准备	46	5,702,517.12	12,461,732.80
固定资产折旧	47	464,494.62	28,629,377.02
无形资产摊销	48	73,523.31	1,451,585.79
长期待摊费用摊销	49	606,832.20	3,697,896.81
待摊费用的减少(减:增加)	50		56,359.90
预提费用的增加(减:减少)	51		3,510,550.07
处置固定资产、无形资产和其他长期资产的损失(减:收益)	52		-9,511,151.24
固定资产报废损失	53		
财务费用	54	15,528,675.00	20,945,564.98
投资损失(减:收益)	55	-160,189,715.76	-104,907,827.57
递延税款贷项(减:借项)	56		
存货的减少(减:增加)	57		3,733,633.89
经营性应收项目的减少(减:增加)	58	214,294,147.05	366,086,821.29
经营性应付项目的增加(减:减少)	59	51,855,718.03	-136,057,214.48
其他	60		
经营活动产生的现金流量净额	65	257,557,608.54	320,514,477.75
2、不涉及现金收支的投资和筹资活动:			
债务转为资本	66		
一年内到期的可转换公司债券	67		
融资租入固定资产	68		
3、现金及现金等价物净增加情况:			
现金的期末余额	69	128,143,076.59	720,402,959.63
减:现金的期初余额	70	86,002,381.03	396,635,712.24
加:现金等价物的期末余额	71		
减:现金等价物的期初余额	72		
现金及现金等价物净增加额	73	42,140,695.56	323,767,247.39

中国证券大全

A COMPREHENSIVE HANDBOOK OF CHINESE SECURITIES

(2002)

施光耀
陈京华　主编

③

上海證券交易所
深圳证券交易所　协办

中国证券大全编辑委员会　编

经济科学出版社

鉴证历史，开创未来

A Comprehensive Ha

Chinese

《中国证券大全》作为我国证券界的一部大型品牌全书，拥有“权威、真实、实用、规范、全面”的良好口碑。她与中国证券市场一同成长，一同经历风雨，收获喜悦。作为该书的编辑，我们将全力以赴，做好今后的编辑工作，以回报各方的热情支持，为稳步发展中的中国证券市场贡献自己的力量。

中国证券大全 (2001) ②
中国证券大全 (2001) ①

董事长：张国平　先生

总裁：薛志刚　先生

南京中达制膜(集团)股份有限公司
NANJING ZHONGDA FILM (GROUP) CO., LTD.

南京中达制膜（集团）股份有限公司（以下简称：中达集团）是专业从事软塑新材料研究开发、生产和销售的国家级高新技术企业集团，1997年6月作为“中华制膜第一股”在上交所上市（简称：南京中达，股票代码：600074），曾被《新财富》杂志评为我国百强上市公司之一；被《中国证券报》和亚商企业咨询有限公司评选为中国最具发展潜力上市公司50强。

中达集团是我国“软塑材料生产基地”和国家烟草辅材定点生产企业，主要生产和销售BOPP薄膜系列材料、BOPET薄膜系列材料、CPP薄膜系列材料三大系列两百余种产品，年生产能力10万吨。其中，BOPP薄膜生产规模位居亚洲前列，BOPP香烟专用包装薄膜产销量全国第一。下属江阴、四川内江两个烟膜生产基地、均是国家烟草物资辅材定点生产企业，“金中达”牌商标是我国软塑材料行业的知名品牌。

中达集团是特级(AAA)信用企业、AAA资信企业。1998年通过了ISO9002质量体系认证，2002年，通过了2000版ISO9001质量体系认证。集团BOPP烟膜主要生产基地江阴各企业，还通过了ISO14000环境标准的认证。

中达集团在BOPP香烟包装薄膜的研制开发方面取得了骄人的业绩，先后成功开发出收缩型、半收缩型、微收缩型香烟专用包装薄膜新产品，获得了江苏省优秀新产品“金牛奖”。在此基础上，又成功开发出新一代防伪烟膜，获得国家四项专利。之后，还分别推出了BOPP彩印定位防伪型烟用包装膜、BOPP抗皱防污型烟用包装膜投放市场。

中达集团以民族包装工业为依托，立足中国，放眼世界，立志建成亚洲一流的软塑包装新材料企业集团。

南京中达首创防伪烟膜技术，填补了国内空白，已获得国家四项专利，实现了防伪技术升级，形成可靠的技术壁垒，保护香烟品牌免受造假者侵害。

国际先进的生产设备

BOPP隐印防伪型烟用包装膜优点：

与盒皮防伪相比，成本更底。
专利技术，壁垒显著，法律保护，防伪更可靠。
防伪烟膜的制作需要上亿元的设备投入，使造假者难以仿制。
在正常视觉情况下，浅印区看不出任何痕迹和图案，对烟标效果绝对无影响。
调整视线到特定角度，可看到浅印区图案，大众识别更直观、更方便。
在紫外光照射下，显示出艳丽的荧光图案，具有新奇及宣传烟标的效果。
防伪信息容量大，可根据烟厂的要求进行设计制作，独家使用。
开放式的设计方案，便于升级换版。

中达集团BOPP新产品

BOPP彩印定位防伪型烟用包装膜优点：

防伪成本低，简便易行。
在烟盒包装薄膜上进行防伪处理，直观、方便、破坏后不能再次使用。
多重技术组合、防伪可靠。
与香烟纸盒图案配合，色彩相得益彰；并可取代或部分取代香烟纸盒印刷。
可根据烟厂的要求进行设计制作，独家使用。
防伪信息容量大，可根据需要升级换版。
适应于各类具备定位系统的卷烟包装设备。

地址：江苏省南京市汉中路89号金鹰国际商城20层C座　邮编：210029　电话：025－4718462　4718463　传真：025－4718465
网址：http://www.njzdzm.com　电子信箱：office@njzdzm.com

江苏恒瑞医药股份有限公司

JIANGSU HENGRUI MEDICINE CO.,LTD

公司董事长：孙飘扬先生

股票代码：600276 股票简称：恒瑞医药

江苏恒瑞医药股份有限公司位于亚欧大陆桥东桥头堡。

公司是由连云港制药厂改制成立的，始建于七十年代初，具有几十年生产抗肿瘤药、心血管类药、镇痛类药和抗生素类药的历史，是国内集合成、制造和研究为一体的规模型制药企业，在追求更高的制药境界过程中，始终坚持走“高层次、高科技、高效益”道路，广纳精英贤才，与院校、科研单位加强合作，联手开发新产品，抓住机遇、锐意改革、创新品、打名牌，大力开发国内、国际市场，实现了令人惊叹的业绩，迅速使企业步入了良性循环、快速发展的轨道。

“恒瑞”人信守“不断提高药品品质，致力人类健康幸福”的宗旨，严格按照GMP组织生产，靠优秀的品质立足于社会，以优良的信誉服务于人类。自94年以来，每年主要经济指标平均以28%的速度递增。95年为江苏省技术进步先进企业，省高新技术企业，96年被省医药局列入省制药行业骨干企业。目前为国内最大的抗肿瘤药、镇痛药生产基地。

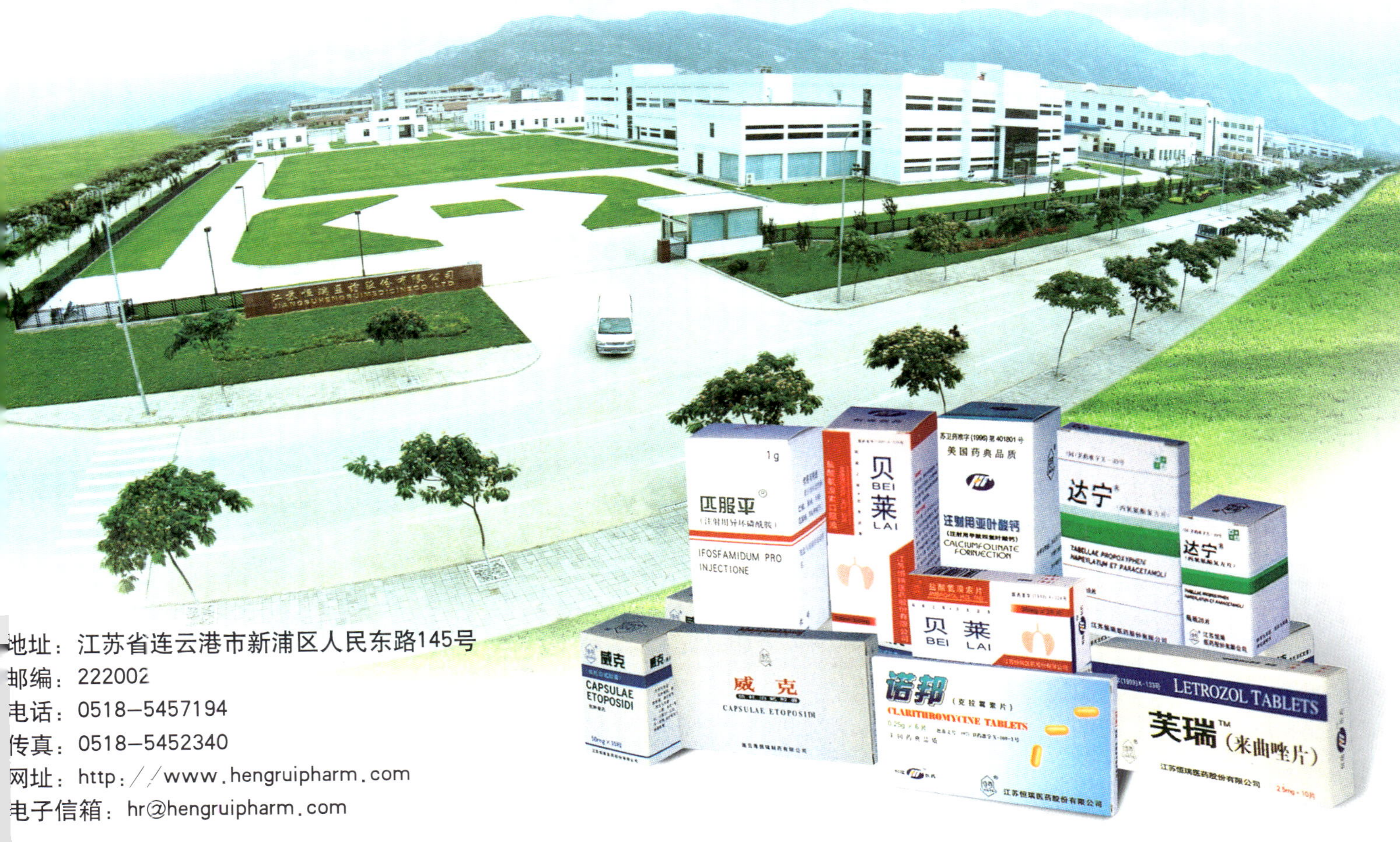

地址：江苏省连云港市新浦区人民东路145号
邮编：222002
电话：0518－5457194
传真：0518－5452340
网址：http://www.hengruipharm.com
电子信箱：hr@hengruipharm.com

董事长兼总经理：扎西江措　先生

西藏天路

TIBET TIANLU

股票简称：西藏天路　股票代码：600326

西藏天路交通股份有限公司（以下简称“公司”）成立于1999年3月29日，是由西藏公路工程总公司、西藏自治区交通工业总公司、西藏拉萨汽车运输总公司、西藏自治区汽车工业贸易总公司、西藏自治区交通厅格尔木运输总公司等五家企业共同发起组建的。公司股票于2001年1月16日在上海证券交易所成功上市（股票简称西藏天路，股票代码600326），通过2002年转增股本使总股本达到18,000万股，截止2002年9月30日资产总额为49,300万元，净资产总额为39,893万元。

公司主要经营公路、桥梁的建设；货物运输、长短途客运，与公路建设相关的建筑材料（含水泥制品）的生产、销售，汽车贸易及配件（含小轿车），筑路机械配件的经营、销售，汽车维修，塑料制品，氧气制造；承包境外公路工程和境内国际招标工程；上述境外工程所需的设备、材料出口；对外派遣实施上述境外工程所需的劳务人员；工业与民用建筑施工、装饰；承担大型及以下水利水电建筑工程施工、基础处理施工，中型及以下水利水电工程机电设备安装、金属结构制作安装；电压等级为110KW及以下输变电工程施工与安装（水利水电工程施工二级资质）。公司的资金和技术力量雄厚，机械化施工程度高，经营管理规范，经济效益显著。目前，公司现有员工1125人，各类专业技术人员220余人（其中，大学本科以上24人，大中专179人），主要机械设备230台（套），运输车辆242辆，动力设备117台，使公司迈入了现代化公路、桥梁施工队伍行列。公司自成立以来，在区内承建和扩建公路里程达4000多公里，建设桥梁69座，曾承担过青藏公路、川藏公路、中尼公路等国道和区内主要干线公路的施工任务，修建了曲水、岗嘎、妥峡等大型公路桥梁。公司公路施工建设占西藏自治区20%的市场份额，高等级公路建设占50%以上，所交验工程合格率达100%，优质工程达85%以上，为西藏的交通事业做出了巨大贡献。曾在2001年3月被西藏自治区评为纳税大户、2001年5月荣获全国“五一”劳动奖、2001年12月获得交通部表彰1999－2001年全国公路建设质量年活动优秀项目优秀单位等。

西藏天路交通

公司成立以来的主要经营情况：1999年1－12月30日累计实现主营业务收入21,243万元，利润总额1,741万元，上缴税金711万元；2000年1－12月30日累计实现主营业务收入25,191万元，利润总额1,638万元，上缴税金1,144万元；2001年1－12月30日累计实现主营业务收入34,257万元，利润总额2,704万元，上缴税金1,435万元；2002年1－9月30日累计实现主营业务收入32,069万元，利润总额2,977万元，上缴税金1,306万元，取得了良好的经济效益与社会效益。

随着中国加入WTO和西部大开发战略的实施，将给公司带来了前所未有的发展机遇。公司将在未来的三年内，通过股权单一模式的突破，实现由粗放的经验管理向规范化的制度管理转变；由劳动密集型的施工企业向技术密集型的管理公司转变；达到市场占有率的提升、管理机制的提升、企业文化的提升。逐步将公司发展为集公路、桥梁、房屋建筑、水利水电、铁路建设为一体的大型建设集团。公司将紧紧抓住西部大开发的历史机遇，继续注重人才培养，以市场为导向，以管理体制为手段，以质量为根本，以效益为中心，充分利用资本市场募集的资金，进行企业技术改造，鼓励技术创新，拓展经营领域，带动其它产业的开拓发展，逐步形成围绕公路工程主营业务发展的产业链。把公司建设成为管理科学，创新求实，高效团结，具有明显现代企业文化的一流企业，实现天路公司的新跨越。

地　　址：西藏自治区拉萨市夺底路14号

邮政编码：850000

电　　话：0891-6322725　6333506

传　　真：0891-6333071

电子邮箱：xztlgf@163.net

股份有限公司

TIBET TIANLU COMMUNICATIONS CO., LTD.

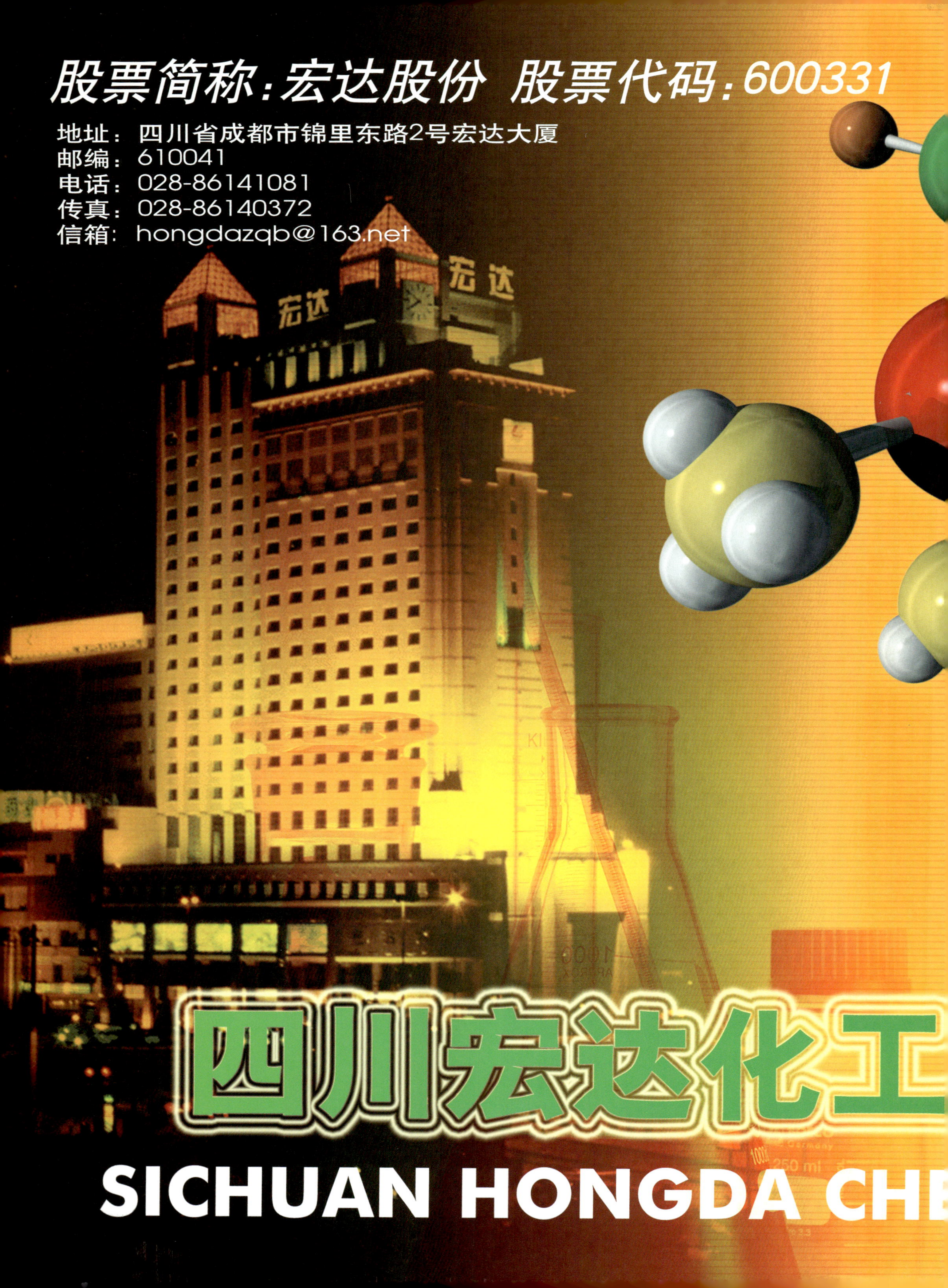
股票简称：宏达股份 股票代码：600331
地址：四川省成都市锦里东路2号宏达大厦
邮编：610041
电话：028-86141081
传真：028-86140372
信箱：hongdazqb@163.net
宏达
宏达
四川宏达化工
SICHUAN HONGDA CHE

股份有限公司

ICAL INDUSTRY CO.,LTD.

华鲁恒升

HUALU-HENGSHENG

股票简称：华鲁恒升　股票代码：600426

国家原石化局局长李勇武（中）来企业视察

山东华鲁恒升化工股份有限公司是由山东华鲁恒升集团有限公司为主发起人，联合鲁银投资集团股份有限公司、山东德棉集团有限公司、山东省化肥工业总公司、山东省石油化工经贸集团总公司、山东华鲁国际商务中心有限公司等五家发起人共同发起设立的。在职员工1500余人，其中大中专以上学历人员占员工总数的34.3%，高中级专业技术人员占18.7%。

华鲁恒升主营尿素、甲醇的生产与销售，具备年产18万吨合成氨、30万吨尿素、6万吨甲醇的生产能力，并拥有自营进出口权。

改革开放以来，华鲁恒升一贯坚持“用心铸辉煌”的企业理念，从一个濒临倒闭的小化肥厂发展成为山东省重点企业和利税大户。主导产品产销率和货款回收率连续多年保持较高水平。“友谊”牌尿素2001年被国家质量监督局首批认定为全国质量免检产品。2000年1月公司通过了ISO9002质量管理体系认证，12月又通过了ISO14001环境管理体系认证。

多年来，华鲁恒升把“敬业、诚信、求是、创新”作为企业精神，以追求卓越、创造一流的豪迈气概，搏击市场经济大潮，取得了辉煌业绩。

在人力资源管理方面，建立了“以员工价值分析为基础的人力资源管理体系”，形成了“四工并存，动态转换”的用工机制；在财务管理方面，构建了“以财务管理为中心的成本管理体系”，实现了货币化管理；在生产管理方面创建了“精细化管理体系”；在技术管理上建立了技术创新奖励机制；在营销管理方面，确立了“立足国内、瞄准国际”的大营销战略。

我国加入WTO以后，华鲁恒升审时度势，确立了“以经济效益最大化为中心，面向国际国内两个市场、着力发展化肥和化工两大支柱”的“十五”规划。目前拟投资13.9亿元的大氮肥项目被国家经贸委和国家计委列入第四批国债专项资金项目，十几个高科技含量、高附加值的碳一化工系列产品已完成规划论证，列入了项目储备。

“十五”期间，华鲁恒升将以创新思维适应时代发展，壮大企业规模和经济实力，在发展中走向新的辉煌！

山东华鲁恒升化工股份有限公司

SHANDONG HUALU-HENGSHENG CHEMICAL CO.,LTD

地址：山东省德州市德城区天衢西路24号
邮编：253024
电话：0534-2421973
传真：0534-2421845
网址：http://www.hl-hengsheng.com
E-mail: hs-dz@dz-public.sd.cninfo.net

副董事长：杨立新 先生

总经理：何世荣 先生

科技股份有限公司

EW MATERIAL CO., LTD

兰州海龙新材料科技股份有限公司地处中国西部工业重镇-兰州市红古区。公司成立于1999年1月，是由我国大型炭素生产企业兰州炭素集团有限责任公司为主发起人，联合窑街煤电有限责任公司、太西集团有限责任公司、甘肃祁连山水泥股份有限公司、兰州科技技术公司等发起设立的股份有限公司。公司于2002年向社会公开发行股票，股票简称："海龙科技"，股票代码：600516。海龙科技主营石墨电极、新型炭砖、高品质炭糊、特种石墨、人工生物炭材料等新型炭素制品的生产、加工、销售和服务。现有炭素制品综合生产能力7.6万吨。产品系列分为11个大类、38个品种、126种规格，其多项为国内首创，是中国炭素行业的排头兵和国内炭素行业的高科技企业。

海龙科技坚持高科技发展方向，产品科技含量高，生产技术先进，1999年被认定为省级高新技术企业，2000年通过了由中国科学院和国家科技部组织的高新技术企业认证。海龙科技强调以产品为龙头，率先在国内同行业通过了ISO9001质量体系认证；海龙科技坚持以市场为导向，为客户提供高品质的产品和高水平的服务，产品畅销全国30个省市自治区，并出口欧美、日本、东南亚、非洲等地。

海龙科技本着依法诚信经营、科学决策，最大限度的调动人、财、物的效能及主观能动性。公司全体员工团结协作、不断进取，力争以优良的业绩回报股东。自强不息、务实创新、与时俱进是我们的宗旨；更优、更精、更强是我们的理念；高科技、高品质、诚信服务是我们的经营方针；建立国际一流企业是我们的最终目标。

海龙科技将乘企业改革之浪潮，借西部开发之东风，与海内外各界人士携手合作，共谋发展，为建设一个更加美好，更加繁荣的未来不懈努力。

华阳科技
HUAYANG TECHNOLOGY
为了丰收的希冀
为了绿色的大地
公司办公楼
公司生产厂区一角

山东华阳科技股份有限公司

股票简称：华阳科技　股票代码：600532

山东华阳科技股份有限公司是一家从事农用化工和精细化工的科技先导型企业、国家科技部认定的重点高新技术企业。

公司始终坚持科技创新战略，面向现代化农业，不断开发具有高科技含量的产品，主导产品的国内市场占有率在50%以上，积极开拓国际市场，参与国际竞争，产品销往30多个国家和地区。目前公司是中国农药协会副理事长单位、全国最大的氨基甲酸酯类农药生产基地、国家经贸委确定的种衣剂生产基地，名列全国农药企业十强。

公司将充分利用国家重视农业的有利环境，依靠与科研院所的密切合作及自身的技术创新实力，以市场为导向、以经济效益和社会效益最大化为目标，通过产品经营和资本经营相结合的方式，积极、稳健地致力于新型农药和精细化工产品的开发，不断提高公司管理水平，实现公司跨越式发展。

地址：山东省宁阳县磁窑镇
邮编：271411
电话：0538－5826208
传真：0538－5826066
公司网址：http://www.huayang.com
电子信箱：cnhy@huayang.com

公司董事长封照波先生

公司总经理韩畅巨先生与上海证券交易所领导交换公司上市纪念品

宏智科技

http://www.wholewise.com.cn

股票简称：宏智科技　股票代码：600503

董事长：林起泰

宏智科技股份有限公司，组建于1996年10月，是国家级重点高新技术企业和国家火炬计划闽东南电子与信息产业基地骨干企业、信息产业部认定的计算机信息系统集成一级资质单位，在全国计算机应用开发、系统集成实体中位居前列。

公司立足通信行业，以应用开发和系统集成为主导，长期专注于大中型企事业单位全方位电信级信息化解决方案的研究和开发，并向合作伙伴和最终用户提供标准化、开放式的应用中间件平台。公司组建以来，在统一的系统体系结构下，完成了业务管理、网络管理、客户服务、商业智能等多个平台系统的积累，并在此基础上形成了二十多个拥有自主知识产权的产品。

宏智科技现有员工800余人，其中3名博士生导师，22名博士，115名硕士，拥有本科以上学历的员工占公司总人数的90%以上。公司在全国各地分设12个销售服务中心，拥有5家控股、参股公司，产品覆盖全国20多个省、市、自治区，并与北京邮电大学合作成立了北京北邮宏智通信技术有限公司,与南京邮电学院合作成立了江苏宏智南邮信息技术有限公司。

1999年10月，公司完成了股份制改造，实现了股东多元化、董事会专业化和经营班子职业化的治理结构变革，注册资本扩大到7000万元。

1999年12月，通过北京九千质量体系认证中心的ISO9001质量体系国内、国际双重认证。

2000年1月，通过科技部及中国科学院高科技企业的资格认定。

2001年5月，在福建省首批通过的软件企业认定中名列榜首。

2001年10月，获得信息产业部颁发的计算机信息系统集成一级资质证书。

2002年4月，获得国家保密局颁发的涉及国家机密的计算机信息系统集成资质证书。

2002年7月，在上海证券交易所挂牌上市，注册资本扩大到1亿1000万元。

2002年8月，通过深圳质量认证中心的ISO9001:2000国际国内权威双重认证。

宏智将以“为客户创造价值、以服务求生存”的运营原则为指导，建设拥有大服务、大科技、大市场的大宏智，全面服务于中国的信息化进程。

正在紧张进行研发工作的宏智人

宏智科技股份有限公司
WHOLEWISE SCI.&TECH. CO., LTD

地 址：福建省福州市五一中路57号
邮 编：350005
电话：0591-3321996
传 真：0591-3322000

目　　录

第八卷　证券市场的诚信建设

第九卷　沪深证券交易所

第十卷　证券商经营规范与发展

第十一卷 证券经纪操作实务

第十二卷 股市投资技巧

第十三卷 证券市场新知识

第十四卷 证券法律实务与最新证券法律法规汇编

第十五卷 年报汇集与统计

附　卷

彩页目录索引

汉唐证券有限责任公司
天同证券有限责任公司
大同证券经纪有限责任公司
浙江金迪期货经纪有限公司
重庆天健会计师事务所有限责任公司
江苏武晋会计师事务所

第二册(目录前)第 649 页前

600028 中国石油化工股份有限公司
600805 江苏悦达投资股份有限公司
600010 内蒙古包钢钢联股份有限公司
600011 华能国际电力股份有限公司
600102 莱芜钢铁股份有限公司
600104 上海汽车股份有限公司
600103 福建省青山纸业股份有限公司
600108 甘肃亚盛实业(集团)股份有限公司
600122 江苏宏图高科技股份有限公司
600123 山西兰花科技创业股份有限公司
600121 郑州煤电股份有限公司
600156 湖南华升益鑫泰股份有限公司
600129 重庆太极实业(集团)股份有限公司
600181 云大科技股份有限公司
600186 河南莲花味精股份有限公司
600188 兖州煤业股份有限公司
600195 中牧实业股份有限公司
600205 山东铝业股份有限公司
600256 新疆广汇实业股份有限公司
600258 北京首都旅游股份有限公司
600263 路桥集团国际建设股份有限公司
600266 北京城建投资发展股份有限公司
600270 中外运空运发展股份有限公司
600309 烟台万华聚氨酯股份有限公司
600332 广州药业股份有限公司
600362 江西铜业股份有限公司
600377 江苏宁沪高速公路股份有限公司
600395 贵州盘江精煤股份有限公司
600500 中化国际贸易股份有限公司
600519 贵州茅台酒股份有限公司
600569 安阳钢铁股份有限公司
600602 上海广电电子股份有限公司
600635 上海大众科技创业(集团)股份有限公司
600630 上海龙头(集团)股份有限公司
600640 联通国脉通信股份有限公司
600642 申能股份有限公司
600652 上海爱使股份有限公司
600772 沧州化学工业股份有限公司
600668 浙江尖峰集团股份有限公司
600747 大连大显股份有限公司
600835 上海上菱电器股份有限公司
600795 国电电力发展股份有限公司
600861 北京城乡贸易中心股份有限公司
600887 内蒙古伊利实业集团股份有限公司
600896 中海(海南)海盛船务股份有限公司
600874 天津创业环保股份有限公司

第三册第 1293 页前(目录前)

600074 南京中达制膜(集团)股份有限公司
600276 江苏恒瑞医药股份有限公司
600326 西藏天路交通股份有限公司
600331 四川宏达化工股份有限公司
600397 安源实业股份有限公司
600426 山东华鲁恒升化工股份有限公司
600516 兰州海龙新材料科技股份有限公司
600532 山东华阳科技股份有限公司
600503 宏智科技股份有限公司

第三册第 1472 页后

600529 山东省药用玻璃股份有限公司
600535 天津天士力制药股份有限公司
600559 河北裕丰实业股份有限公司
600560 北京金自天正智能控制股份有限公司
600577 铜陵精达特种电磁线股份有限公司
600578 北京京能热电股份有限公司
600593 大连圣亚海洋世界股份有限公司
600597 上海光明乳业股份有限公司
000726 鲁泰纺织股份有限公司
000733 中国振华(集团)科技股份有限公司
000780 内蒙古草原兴发股份有限公司
000817 辽河金马油田股份有限公司
000860 北京顺鑫农业股份有限公司
000878 云南铜业股份有限公司
000887 安徽飞彩车辆股份有限公司
000895 河南双汇投资发展股份有限公司
000939 武汉凯迪电力股份有限公司

600636 上海三爱富新材料股份有限公司

2001 年年度报告摘选

一、公司基本情况简介

(一)公司法定中文名称:上海三爱富新材料股份有限公司
公司英文名称:SHANGHAI 3F NEW MATERIALS COMPANY LIMITED(缩写 3FNM)
(二)公司法定代表人:周云鹤
(三)公司董事会秘书:张经仪
董事会证券事务代表:何兰娟
联系地址:上海市衡山路 20 号 6A
联系电话:021－64310558
传真:021－64310700
电子信箱:ssafdb@online.sh.cn
(四)公司注册地址:上海市浦东新区蔡路
邮政编码:201201
公司办公地址:上海市衡山路 20 号 6A　　邮政编码:200031
国际互联网网址:sh3f.com
电子信箱:ssafdb@online.sh.cn
(五)公司选定的信息披露报纸名称:《上海证券报》
登载公司年度报告的中国证监会指定国际互联网网址:http://www.sse.com.cn
公司年度报告备置地点:上海市衡山路 20 号 6A
(六)公司股票上市交易所:上海证券交易所
股票简称:三爱富　　股票代码:600636

二、会计数据和业务数据摘要

1、本年度利润总额及构成(2001 年度合并)　　单位:元

项目	金额
利润总额	81,109,532.55
净利润	48,879,993.07
扣除非经常性损益后的净利润	49,433,963.44
主营业务利润	130,972,253.85
其他业务利润	12,950,224.91
营业利润	82,089,920.83
投资收益	－426,417.92
补贴收入	22,800.00
营业外收支净额	－576,770.36
经营活动产生的现金流量净额	32,851,190.28
现金及现金等价物净增加额	－18,496,010.16

扣除非经常性损益项目及涉及金额

项目	金额
补贴收入	22,800.00
营业外收入	473,094.51
营业外支出	1,049,864.87
合计	－553,970.36

2、截止报告期末公司前三年的主要会计数据及财务指标　　单位:元

项目	2001 年	2000 年		1999 年
		调整前	调整后	
主营业务收入	564,120,930.07	488,586,141.44	488,807,151.97	404,093,158.77
净利润	48,879,993.07	41,768,779.99	34,970,073.37	23,455,564.59
总资产	565,877,985.06	490,076,779.02	483,870,047.49	436,932,107.63
股东权益	271,356,472.97	252,230,946.52	245,432,239.90	221,349,545.53
每股收益(摊薄)	0.4211	0.3599	0.3013	0.2021
(加权)	0.4211	0.3599	0.3013	0.2240
(扣除非经常性损益后)	0.4259	0.3627	0.3358	0.2010
每股净资产(摊薄)	2.34	2.17	2.11	1.91
调整后的每股净资产	2.31	2.14	2.10	1.86
每股经营活动产生的现金流量净额	0.283	0.338	0.386	0.386
净资产收益率(%)	18.01	16.56	14.25	10.60
扣除非经常性损益后的净资产收益率(%)	18.22	16.69	15.88	10.54

3、利润表附表列示如下:

2001 年度利润	2001 年 12 月 31 日				2000 年 12 月 31 日			
	净资产收益率(%)		每股收益(元)		净资产收益率(%)		每股收益(元)	
	全面摊薄	加权平均	全面摊薄	加权平均	全面摊薄	加权平均	全面摊薄	加权平均
主营业务利润	48.27	53.04	1.13	1.13	48.59	52.32	1.03	1.03
营业利润	30.25	33.25	0.71	0.71	22.39	24.10	0.50	0.50
净利润	18.01	19.80	0.42	0.42	14.25	15.34	0.32	0.32
扣除非经常性损益后的净利润	18.22	20.02	0.42	0.42	15.88	17.10	0.34	0.34

三、股本变动及股东情况

(一)股份变动情况表(截止 2001 年 12 月 31 日)　　数量单位:股

	本次变动前	配股	送股	公积金转股	增发	其他	小计	本次变动后
一、未上市流通股份								
1、发起人股份								
其中:								
国家持有股份	32497920							32497920
境内法人持有股份	23662080							23662080
境外法人持有股份								
其他								
2、募集法人股	14976000							14976000
3、内部职工股								
4、优先股或其他								
二、未上市流通股份合计	71136000							71136000
1、人民币普通股	44928000							44928000
2、境内上市的外资股								
3、境外上市的外资股								
4、其他								
已上市流通股份合计	44928000							44928000
三、股份总数	116064000							116064000

600637 上海广电信息产业股份有限公司

2001 年年度报告摘选

第一章　公司基本情况简介

1.公司的法定中、英文名称及缩写
公司中文名称:上海广电信息产业股份有限公司
公司中文名称缩写:广电信息
公司英文名称:SVA INFORMATION INDUSTRY CO.,LTD.
公司英文名称缩写:SVA—I
2.公司法定代表人:王成明
3.公司董事会秘书:马祖飞
联系地址:上海市斜土路 1646 号
电话:021－64031133
传真:021－64189828
4.公司注册地址:上海市田林路 140 号
邮政编码:200233
公司办公地址:上海市斜土路 1646 号
邮政编码:200032
公司国际互联网网址:www.svainfo.com
电子信箱:dongban@svainfo.com
5.公司选定的信息披露报纸名称:上海证券报
中国证监会指定国际互联网网址:http://www.sse.com.cn
公司年度报告备置地点:上海证券交易所、上海广电信息产业股份有限公司董事会办公室
6.公司股票上市交易所:上海证券交易所
股票简称:广电信息
股票代码:600637

第二章　会计数据和业务数据摘要

1、公司本年度会计数据(单位:千元)

项目	金额
利润总额	210,484
净利润	203,105
扣除非经常性损益后的净利润	175,109
主营业务利润	258,649
其他业务利润	20,840
营业利润	－133,036
投资收益	336,033
补贴收入	1,321
营业外收支净额	6,166
经营活动产生的现金流量净额	－465,509
现金及现金等价物净增加额	1,661,446

注:"扣除非经常性损益后的净利润"说明:

项目	金额
(1)处理被投资单位股权损益	－13,729
(2)营业外收支净额	6,166
(3)法人股转让收益	19,174
(4)债券投资收益	20,989
(5)增发新股冻结资金利息	336
(6)扣除所得税影响数	－4,940

2、前三年主要会计数据和财务指标(单位:千元)

指标项目	2001 年	2000 调整后	2000 年调整前	1999 年
主营业务收入	2,728,597	2,318,569	2,703,610	2,223,545
净利润	203,105	119,024	173,784	118,025
总资产	6,392,495	3,518,034	4,684,145	3,824,585
股东权益(注:不含少数股东权益)	3,446,196	1,121,594	1,236,655	1,137,197
每股收益(元)	0.2725	0.1934	0.2824	0.1918
每股净资产(元)	4.6240	1.8229	2.0099	1.8482
调整后的每股净资产(元)	4.3888	1.5851	1.7420	1.6513
每股经营活动产生的现金流量净额(元)	－0.6246	－0.4633	－0.4633	0.4481
净资产收益率(%)	5.89	10.61	14.05	10.38

第三章　股本变动及股东情况

1、股本变动情况表

截止 2001 年 12 月 31 日,公司股本结构如下:(单位:万股)

	本次变动前	本次变动增减(+、-)						本次变动后
		配股	送股	公积金转增	增发	其他	小计	
一、未上市流通股份								
1.发起人股份	47655.1603							47655.1603
其中:								
国家持有股份	47655.1603							47655.1603
2.募集法人股	8345.5055							8345.5055
未上市流通股份合计	56000.6658							56000.6658
二、已上市流通股份								
1.人民币普通股	5527.7419				13000			18527.7419
已上市流通股份合计	5527.7419				13000			18527.7419
三、股份总数	61528.4077				13000			74528.4077

600638 上海新黄浦置业股份有限公司

2001 年年度报告摘选

一、公司基本情况简介

(一)公司法定名称:
中文名称:上海新黄浦置业股份有限公司
英文名称:SHANGHAI NEW HUANG PU REAL ESTATE CO., LTD.
英文缩写:NHPRECL
(二)公司法定代表人:吴明烈
(三)公司董事会秘书:李薇洁
联系地址:上海市北京东路 668 号西楼 6 层
电话:(021)63238888　传真:(021)63237777
电子信箱:stock@600638.com
(四)公司注册地址:上海市延安东路 110 号 7 楼　邮政编码:200002
公司办公地址:上海市北京东路 668 号西楼 6 层　邮政编码:200001
公司国际互联网网址:http://www.600638.com
公司电子信箱:600638@600638.com
(五)公司选定的信息披露报纸:《上海证券报》、《中国证券报》
登载公司年度报告的中国证监会指定国际互联网网址:http://www.sse.com.cn
公司年度报告备置地点:公司证券部
(六)公司股票上市地:上海证券交易所
股票简称:新黄浦　股票代码:600638

二、会计数据和业务数据摘要(合并报表)

(一)本年度利润总额构成及现金流量(单位:元)

项目	金额
利润总额	71,528,899.98
净利润	55,100,789.65
扣除非经常性损益后的净利润	50,923,788.51
主营业务利润	21,687,393.50
其他业务利润	880,137.54
营业利润	54,934,027.32
投资收益	11,680,753.68
补贴收入	5,000,000.00
营业外收支净额	-85,881.02
经营活动产生的现金流量净额	-271,607,703.81
现金及现金等价物净增加额	129,893,189.86

注:"扣除非经常性损益后的净利润"说明:

扣除项目	涉及金额(元)
1、补贴收入	4,250,000.00
2、营业外收入	9,931.59
3、营业外支出	82,930.45

(二)前三年主要会计资料及财务指标(单位:元)

项目	2001 年度	2000 年度		1999 年度	
		调整前	调整后	调整前	调整后
主营业务收入	347,000,543.31	480,675,976.55	379,615,699.39	418,828,901.10	418,828,901.10
净利润	55,100,789.65	122,951,854.46	122,181,695.17	95,475,118.99	95,475,118.99
总资产	3,132,108,458.67	2,986,279,532.17	2,705,805,017.95	3,131,971,093.31	3,136,086,811.05
股东权益(不含少数股东权益)	2,083,397,604.02	1,677,958,961.50	1,659,974,022.26	1,550,891,389.30	1,555,007,107.04
每股收益	0.0982	0.2372	0.2357	0.1842	0.1842
加权每股收益	0.1056	0.2372	0.2357	0.1842	0.1842

项目	2001 年度	2000 年度		1999 年度	
		调整前	追溯调整后	调整前	追溯调整后
扣除非经常性损益后的每股收益	0.0976	0.2244	0.2317	0.0887	0.0887
每股净资产	3.7126	3.2374	3.2027	2.9922	3.0000
调整后每股净资产	3.7054	3.2176	3.1484	2.9451	2.9531
每股经营活动产生的现金流量净额	-0.4840	0.4230	0.4230	0.5939	0.5939
净资产收益率%(摊薄)	2.64%	7.33%	7.36%	6.16%	6.14%
净资产收益率%(加权)	3.20%	7.61%	7.56%	5.48%	6.04%

(三)报告期内股东权益变动情况:(单位:元)

项目	股本	资本公积	盈余公积	其中公益金	未分配利润	股东权益合计
期初数	518,307,374.00	758,710,909.80	150,176,463.34	39,247,950.69	232,779,275.12	1,659,974,022.26
本期增加	42,856,614.00	370,359,297.15	10,837,239.75	3,612,413.25	55,100,789.65	479,153,940.55
本期减少					55,730,358.79	55,730,358.79
期末数	561,163,988.00	1,129,070,206.95	161,013,703.09	42,860,363.94	232,149,705.98	2,083,397,604.02
变动原因	配股	配股	利润分配		经营取得及利润分配	

三、股本变动及股东情况

(一)股本变动情况:
1、公司股份变动情况表

单位:股

	本次变动前	本次变动增减(+,—)						本次变动后
		配股	送股	公积金转股	增发	其他	小计	
1、未上市流通股份								
(1)发起人股份	235,695,671	2,920,518						238,616,189
其中:								
国家拥有股份	194,701,118	2,920,518						197,621,636
境内法人持有股份	40,994,553	0						40,994,553
境外法人持有股份								
其他								
(2)募集法人股份	151,725,417	670,210						152,395,627
(3)内部职工股								
(4)优先股或其他								
未上市流通股份合计	387,421,088	3,590,728						391,011,816
2、已上市流通股份								
(1)人民币普通股	130,886,286	39,265,886						170,152,172
(2)境内上市的外资股								
(3)境外上市的外资股								
(4)其他								
已上市流通股份合计	130,886,286	39,265,886						170,152,172
3、股份总数	518,307,374	42,856,614						561,163,988

600639 上海金桥出口加工区开发股份有限公司

2001 年年度报告摘选

一、公司基本情况简介

1、公司法定名称:上海金桥出口加工区开发股份有限公司
SHANGHAI JINQIAO EXPORT PROCESSING ZONE DEVELOPMENT CO., LTD.
2、公司法定代表人:杨小明
3、公司董事会秘书:陈恩华
证券事务代表:吴海燕
电话:(021)58991818
传真:(021)58991533、58991812
4、公司注册及办公地址:上海浦东新金桥路 28 号
邮政编码:201206
公司国际互联网网址:http://www.goldenbridge.sh.cn
电子信箱:jqepz@public1.sta.net.cn
5、公司选定信息披露报纸名称:《上海证券报》、香港《大公报》
登载公司年度报告指定国际互联网网址:http://www.sse.com.cn
公司年度报告备置地点:公司董事会办公室
6、公司股票上市地:上海证券交易所
股票简称及代码:A 股　浦东金桥　600639
B 股　金桥 B 股　900911

二、会计数据和业务数据摘要

(一)公司 2001 年度主要业务数据:

项目	金额(单位:元)
利润总额	119,817,147.40
净利润	97,430,566.67
扣除非经常性损益后净利润	92,448,478.38
主营业务利润	202,734,389.33
其他业务利润	22,252.84
营业利润	143,493,489.93
投资收益	-24,988,240.09
营业外收支净额	1,311,897.56
经营活动产生的现金流量净额	-223,083,778.30
现金及现金等价物净增减额	-15,648,966.12

注:"扣除非经常性损益后的净利润"中扣除项目金额合计 4,982,088.29 元,涉及项目有:

1. 处置被投资单位股权收益 3,473,406.10
2. 营业外收支净额 1,311,897.56
3. 所得税影响数 196,784.63

(二)截至报告期末公司前三年的主要会计数据和财务指标:

项目	2001 年	2000 年调整后	2000 年调整前	1999 年本次调整后	1999 年前次调整后	1999 年调整前
(1)主营业务收入(千元)	397,290.0	569,822.7	569,822.7	627,815.2	627,815.2	627,815.2
(2)净利润(千元)	97,430.6	70,250.4	70,250.4	47,397.0	47,397.0	47,397.0
(3)总资产(千元)	3,034,338.1	2,588,862.3	2,740,914.8	2,830,944.1	2,982,996.6	2,911,611.9
(4)股东权益(不含少数股东权益,千元)	1,638,759.5	1,543,878.0	1,695,930.5	1,467,846.0	1,619,898.5	1,619,898.5
(5)全面摊薄每股收益(元)	0.14	0.101	0.101	0.075	0.075	0.075
(6)加权平均每股收益(元)	0.14	0.101	0.101	0.075	0.075	0.075
(7)扣除非经营性损益后的每股收益(元)	0.132	0.099	0.099	0.06	0.06	0.06
(8)每股净资产(元)	2.35	2.21	2.43	2.31	2.55	2.55
(9)调整后的每股净资产(元)	2.26	2.06	2.28	2.17	-2.41	-2.37
(10)每股经营活动产生的现金流量净额(元)	-0.32	-0.215	-0.215	-0.041	-0.041	-0.035
(11)全面摊薄净资产收益率(%)	5.95	4.55	4.14	3.23	2.93	2.93
(12)加权平均净资产收益率(%)	6.12	4.67	4.24	3.28	2.97	2.97
(13)扣除非经营性损益后的加权平均净资产收益率(%)	5.81	4.61	4.18	2.64	2.39	2.39

三、股本变动及股东情况

(一)股本变动情况
2001 年度公司股份变动情况表

数量单位:万股

	期初数	本次变动增减(+,-)					期末数
		配股	送股	公积金转股	其他	小计	
一、尚未流通股份							
发起人股份							
其中:							
国家持有股份	34,320						34,320
境内法人持有股份	3,300						3,300
未上市流通股份合计	37,620						37,620
二、已上市流通股份							
1、人民币普通股	11,715						11,715
2、境内上市的外资股	20,449						20,449
已上市流通股份合计	32,164						32,164
三、股份总数	69,784						69,784

600640 联通国脉通信股份有限公司

2001年年度报告摘要

第一节 公司基本情况简介

一、公司法定名称

中文:联通国脉通信股份有限公司

英文:UNICOM GUOMAI COMMUNICATIONS CO., LTD

英文名称缩写:UGM

二、公司法定代表人

董事长:葛镭

三、公司董事会秘书及其证券事务代表

董事会秘书:赵一雷

联系地址:国脉大厦1404室

联系电话及传真:021-62763321

电子信箱:db1407@guomai.sh.cn

董事会证券事务代表:王飚

联系地址:国脉大厦1510室

联系电话:021-62769616

传真:62763318

四、公司地址

注册地址:上海市浦东新区川北公路2626号(邮编:201204)

办公地址:上海市江宁路1207号国脉大厦(邮编:200060)

网址:http://www.guomai.sh.cn

电子信箱:sgm@guomai.sh.cn

五、公司信息披露方式

选定的报纸:《上海证券报》

中国证监会指定登载公司年度报告的国际互联网网址:

http://www.sse.com.cn

年度报告备置地点:国脉大厦1404室董事会办公室

六、公司股票交易

上市交易所:上海证券交易所

股票简称:联通国脉

股票代码:600640

第二节 会计数据和业务数据摘要(合并报表)

一、本年度利润总额构成及现金流量

单位:元

项 目	2001年12月31日余额
利润总额	43,065,580
净利润	38,043,300
扣除非经常性损益后的净利润	37,568,299
主营业务利润	79,793,591
其他业务利润	2,131,668
营业利润	11,221,832
投资收益	28,619,665
补贴收入	
营业外收支净额	3,224,083
经营活动产生的现金流量净额	18,470,496
现金及现金等价物净增减额	91,314,550
注:"扣除非经常性损益后的净利润"说明:	
扣除项目	涉及金额
资产处置损益	3,224,083
股权投资差额摊销	-47,424
委托理财收益	2,432,903
股权处置损益	-592,487
非经常性损益项目所得税影响数	-4,542,074
合计	475,001

二、前三年主要会计数据和财务指标

单位:元

项目名称	2001年	2000年(调整后)	2000年(调整前)	1999年(调整后)	1999年(调整前)
主营业务收入	264,437,267	385,764,779	385,764,779	501,998,849	501,998,849
净利润	38,043,300	68,273,619	61,725,804	14,542,104	123,484,829
总资产	1,275,854,947	1,323,692,970	1,360,093,889	1,299,816,264	1,408,758,990
股东权益(不含少数股东权益)	1,121,340,491	1,115,570,854	1,209,640,152	1,075,381,574	1,184,324,299
全面摊薄每股收益	0.10	0.19	0.17	0.04	0.34
加权平均每股收益	0.10	0.19	0.17	0.04	0.34
扣除非经常性损益的每股收益	0.10	0.08	0.18	0.04	0.34
每股净资产	3.07	3.06	3.32	2.95	3.25
调整后的每股净资产	3.05	3.03	3.11	2.87	3.15
每股经营活动产生的现金流量净额	0.05	0.21	0.21	0.40	0.40
全面摊薄净资产收益率(%)	3.39	6.12	5.10	1.35	10.43
加权平均净资产收益率(%)	3.35	6.18	5.08	1.29	10.60
扣除非经常性损益的加权平均净资产收益率(%)	3.31	6.10	5.25	1.32	10.27

第三节 股本变动及股东情况

一、股份变动情况表

数量单位:股

股份类别	本次变动前	本次变动增减(+,-)						本次变动后
		配股	送股	公积金转股	增发	其他	小计	
一、未上市流通股份								
1、发起人股份	214,852,514							214,852,514
其中:								
国家持有股份								
境内法人持有股份	214,852,514							214,852,514
境外法人持有股份								
其他								
2、募集法人股份	94,694,615							94,694,615
3、内部职工股								
4、优先股或其他								
未上市流通股份合计	309,547,129							309,547,129
二、已上市流通股份								
1、人民币普通股	55,335,571							55,335,571
2、境内上市的外资股								
3、境外上市的外资股								
4、其他								
已上市流通股份合计	55,335,571							55,335,571
三、股份总数	364,882,700							364,882,700

二、股东情况介绍

(一)报告期末股东总数38,737户。

(二)前十名股东情况:

股东名称	年度内股份变动情况	期末持有股数(股)	股份类别	持股分例(%)
国信寻呼有限责任公司	无	214,852,514	法人股	58.88
陆家嘴股份有限公司	股份转让	12,581,888	法人股	3.44
上海电信公司	名称变更	10,435,493	法人股	2.86
上海长途电信综合公司	无	6,499,726	法人股	1.78
上海捷时达邮政专递公司	无	5,490,935	其中:5,002,985法人股 487,950流通股	1.50
中国邮电工会上海市委员会	无	4,781,400	其中:4,519,350法人股 262,050流通股	1.31
上海申银万国证券研究所	无	2,765,880	法人股	0.76
上海财政证券公司	无	1,706,562	法人股	0.47
上海鸿讯贸易有限公司	无	1,240,102	法人股	0.34
浦东新区邮电局	无	1,100,195	法人股	0.30

上述股东的股份无质押或冻结的情况。

(三)控股股东情况:

公司控股股东为国信寻呼有限责任公司,法定代表人:葛镭;成立日期:1998年9月17日;主要业务和产品:无线电寻呼、电话信息服务,计算机信息服务;与上述业务相关的技术开发、工程咨询及线路设备安装;通信设备、产品的销售;注册资金:107,229.75万元;股权结构:中国联通公司100%持股。

国信寻呼有限责任公司的控股股东为中国联合通信有限公司,法定代表人:杨贤足;成立日期:1994年7月19日;主要业务和产品:无线通信业务、长途电话业务、本地电话业务、数据通信业务、电信增值业务以及与主营业务有关的其他业务及相关产品;注册资金:158.76亿元;股权结构:国家股占79.18%,中华通信系统有限公司占2.51%,中铁通信中心、国电通信中心、中国国际信托投资公司、光大通信有限公司、中国华润总公司等14家公司占18.31%。

第四节 董事、监事、高级管理人员情况

一、现任董事、监事和高级管理人员基本情况

(一)董事、监事和高级管理人员的简况,详见下表。

姓名	性别	年龄	公司职务	任期起止日期	年初持股数(股)	年初持股数(股)
葛镭	男	61	董事长	2000.6.30-2002.6.30		
刘文祥	男	59	副董事长	2001.6.28-2002.6.30		
赵乐	男	46	副董事长	2001.6.28-2002.6.30		
梁雄健	男	67	独立董事	1999.6.30-2002.6.30		
康慧军	男	44	董事	1999.6.30-2002.6.30		
刘克选	男	45	董事总经理	2001.3.12-2002.6.30		
张静星	女	47	董事副总经理	1999.6.30-2002.6.30	6000	6000
曹丽	女	46	董事	2000.6.30-2002.6.30		
宋丽梅	女	31	董事	1999.6.30-2002.6.30		
赵一雷	男	52	董事董秘	1999.6.30-2002.6.30	1000	1000
唐富馨	女	45	监事长	2000.6.30-2002.6.30		
张来发	男	51	监事	2001.6.28-2002.6.30	3689	3689
沈健春	男	42	监事	1999.6.30-2002.6.30	1000	1000
季 禔	男	47	副总经理	1999.6.30-2002.6.30	3000	3000
郑炜	男	33	副总经理	1999.6.30-2002.6.30	2000	2000
叶伟鹤	男	50	副总经理	1999.6.30-2002.6.30		

(二)董事、监事在股东单位的职务及任职期间:

葛镭:中国联合通信有限公司董事、中国联通股份有限公司董事(1998 年 9 月 17 日至今)

刘文祥:上海电信公司党委副书记(2000 年 7 月 1 日至今)

赵乐:中国联通公司上海分公司总经理(1999 年 5 月 1 日至今)

康慧军:上海陆家嘴(集团)有限公司总经理(1998 年 6 月 1 日至今)

曹丽:中国联通公司寻呼事业部副总经理(2000 年 8 月至今)

宋丽梅:中国联通公司互联网与电子商务部副总经理(2002 年 1 月 28 日至今)

唐富馨:中国联通公司计财部副总经理(2000 年 7 月 1 日至今)

张来发:上海电信公司财务部经理(2000 年 7 月 1 日至今)

二年度报酬情况:

根据《公司章程》的规定,董事、监事的报酬由公司股东大会决定;高级管理人员的报酬由董事会决定。现任董事、监事和高级管理人员中有七人在公司领取报酬,其年度报酬总额为 78.74 万元;金额最高的前三名董事的报酬总额为 32.34 万元;报酬数额区间分布如下表:

数额区间(万元)	8-10	10-12	12-14
人数	1	5	1

不在公司领取报酬、津贴的董事、监事:葛镭、刘文祥、赵乐、梁雄健、康慧军、曹丽、宋丽梅、唐富馨、张来发。他们分别在自己任职的单位领取报酬和津贴。

三、董事、监事和高级管理人员变动情况

(三)报告期内离任的董事、监事情况见第七节;董事会三届八次会议决定,因工作需要,免去王福生先生的总经理职务,聘请刘克选先生任总经理。

第五节　公司治理结构

一、公司治理情况

公司按照《公司法》、《证券法》和有关法律法规的要求,不断完善法人治理结构,为建立现代企业制度,规范公司运作开展了一系列工作。对照中国证监会 2002 年 1 月初颁布的《上市公司治理准则》,公司治理的实际状况及需进一步完善的地方如下。

(一) 关于股东与股东大会:

公司根据中国证监会颁布的《上市公司章程指引》,制订了《公司章程》,通过章程确保所有股东,特别是中小股东享有平等地位,能充分行使自己的权利。公司于报告期内制订了《股东大会议事规则》,进一步从制度上保证股东大会能依法行使职权,包括会议的召集、召开、通知、登记、提案的审议、投票、计票、表决结果的公布、会议决议的形成、会议记录及公告等。

公司的关联交易遵循商业原则,公平合理;自 1999 年起公司未向股东及其关联方提供担保。

(二) 关于控股股东与公司的关系:

控股股东行为规范,没有超越股东大会和董事会直接或间接干预公司的决策及依法开展的生产经营活动。公司与控股股东在人员、资产、财务、机构和业务等方面做到分开独立,公司具有独立完整的业务及自主经营能力;公司董事会、监事会及内部机构能独立运作。

(三) 关于董事与董事会:

公司在《公司章程》中规定了董事选聘程序,实际操作是严格按有关规定进行的。公司将进一步完善这一程序,积极推行董事选举的累积投票制度。董事会的人数和人员构成符合法律、法规的要求;各位董事能够以认真负责的态度出席董事会和股东大会,并能忠实、诚信、勤勉地履行职责。公司对〈〈董事会议事规则〉〉已经有了一份修改草案,该草案根据〈〈上市公司治理准则〉〉的要求,具体规范董事会的高效运作和科学决策;公司已有一名独立董事,上半年将修改〈〈公司章程〉〉,进一步完善独立董事制度;公司将结合董事会的换届改选,在董事会内设立专门委员会。

(四) 关于监事与监事会:

公司监事会的人数和人员构成符合法律、法规的要求;监事会修改完善了《监事会议事规则》;监事能够认真履行自己的职责,本着对股东负责的精神,对公司财务以及公司董事、经理和其他高级管理人员履行职责的合法合规性进行监督。

(五) 关于绩效评价与激励约束机制:

公司正积极着手建立公正透明的董事、监事和经理人员的绩效评价标准和激励机制;根据《公司章程》及有关规定,公司已经建立了约束机制和内控制度,并将进一步完善。

(六) 关于利益相关者:

公司充分尊重银行及其他债权人、员工、用户等其他利益相关者的合法权益,共同推动公司持续健康地发展。

(七) 关于信息披露与透明度:

董事会已经建立了《信息披露管理办法》,指定董事会秘书负责信息披露工作,包括接待股东、回答咨询、向投资者提供公司公开披露的资料等。公司按有关规定,真实、准确、完整、及时地披露有关信息,并确保所有股东,有平等的机会获得信息;公司能按有关规定及时披露大股东的详细资料、公司股份变动等情况。公司将按规定披露公司治理的有关信息。

二、独立董事履行职责情况

梁雄健教授自 1999 年 6 月起担任公司独立董事,于 2001 年 12 月参加了中国证监会举办的独立董事培训,并获得了结业证书。梁雄健教授自担任公司独立董事以来,能认真履行董事职责,参加董事会和股东大会会议,积极发表意见,对董事会的重大决策起到了很好的作用。

第六节　股东大会情况简介

报告期内召开了二次股东大会会议,按序排列为第十八次、第十九次会议,有关情况如下。

一、第十八次会议(暨 2000 年年会)

会议通知刊登在 2001 年 5 月 26 日的《上海证券报》,会议于 2001 年 6 月 28 日在上海召开。会议决议刊登在 2001 年 6 月 29 日的《上海证券报》。

二、第十九次会议

会议通知刊登在 2001 年 11 月 28 日的《上海证券报》,会议于 2001 年 12 月 28 日在上海召开。会议决议刊登在 2001 年 12 月 29 日的《上海证券报》。

第七节　董事会报告

一、报告期内的经营情况

(一)主营业务的范围及其经营状况:

公司属通信、信息行业,主要经营无线寻呼业务,目前是上海最大的寻呼企业,此外,公司还经营集群通信和信息业务等。

占公司主营业务收入或主营业务利润 10%以上的是寻呼通信业务和集群通信业务,属邮电通信行业。公司的寻呼通信业务主要从事中文及数字寻呼业务,公司现有特服号五个,分别是 126、127、128、198、199,公司的品牌被授予"上海市著名商标";公司的集群通信系统是一种多信道、多用户共享的高级无线指挥调度系统,它以调度为主,辅以双工电话和数据业务,广泛运用于交通运输、工程建设、物业管理、安全保卫,目前是全国经营最为成功、亚太地区系统效率最好的系统。在 2001 年召开的 APEC 会议上,公司数字集群通信系统的成功运用,使公司获得了 APEC 会议组委会颁发的"一流技术、一流服务"的锦旗和上海市信息办授予的"APEC 通信保障工作突出贡献奖"。

上述二项业务的经营情况(单位:万元):

项目名称	主营业务收入	主营业务成本	毛利率%
寻呼通信	15,315.62	7,775.46	49.23
集群通信	1,856.57	760.27	59.05

(二)主要参股公司的经营情况及业绩:

1.上海邦联创业投资有限公司:截至报告期末,公司持有上海邦联创业投资有限公司 7.64% 股权;报告期内公司获得投资收益 900 万元。该公司注册资本 52,331 万元,主要经营范围:投资咨询,企业购并及委托经营;销售百货,五金交电,金属材料,机电设备(凡涉及许可经营的凭许可证经营)。报告期末该公司总资产 70,427 万元,报告期内实现净利润 5,875 万元。

2.深圳市华为电气股份有限公司:截至报告期末,公司持有深圳市华为电气股份有限公司 1.26% 股权;报告期内公司获得投资收益 1,130 万元。该公司注册资本 79,161 万元,主要经营范围:大容量数字交换机、高频电源、监控工程、集成电路等通信领域产品开发研究和生产。报告期中期末该公司总资产 344,776.91 万元,报告期中期实现净利润 27,464.56 万元。

(三)主要供应商、客户情况:

1.报告期内公司向前五名供应商采购金额合计 5,629 万元,占公司年度采购总额的 53%。

2.报告期内公司向前五名客户销售金额合计 1,070 万元,占公司年度销售总额的 19%。

(四)经营计划完成情况:

公司在 2000 年年度报告中提出 2001 年利润总额计划为 6,000 万元,实际完成 4,307 万元,完成计划 72%。没有完成计划的主要原因:一是寻呼市场已趋饱和,市场竞争更趋激烈,受其他移动通信产品的冲击,寻呼用户数的下降超出预计;二是短期投资因证券市场变化造成收益减少。

二、报告期内的投资情况

(一) 募股资金使用情况:

报告期内公司未募集资金。公司于 1999 年和 2000 年收回对原上海市邮电管理局移动电话网的投资款 2.68 亿元,属于公司 1997 年 1 月配股募集资金,目前存于银行。详情请见公司于 1999 年 11 月 30 日和 12 月 31 日《上海证券报》刊登的公告。

(二)其他投资情况:

2001 年度投资计划数为 12,920 万元;根据市场的实际发展情况,股东大会第十八次会议对 2001 年度的发展计划作了调整,取消了 IDC 建设工程项目 4,000 万元,互联网的业务发展计划由 1,500 万元调整为 2,500 万元,新增商务呼叫中心业务发展计划 3,000 万元。报告期内实际完成 7,296 万元,完成年计划的 56.47%,比上年增加 4,077 万元,增幅 126.65%,详情如下。

1.数字集群二期扩容项目:

HARMONY 数字集群二期扩容投资计划 1,700 万元,本年度实际完成 85.75%。网络优化项目结转至下年度实施。

2.互联网接入二期扩容项目:

互联网接入二期扩容项目投资计划 2,500 万元,因业务移交中国联通上海分公司,所以,本年度只实施完成了宽带 IP 业务 203.36 万元。

3.寻呼系统改造项目:

寻呼系统改造项目投资计划 2,000 万元,本年度实际完成 48.82%。未完项目结转至下年度实施。

4.科研与新业务开发项目:

科研与新业务开发项目投资计划 1,000 万元,本年度实际完成 6.77%。

5.商务呼叫中心项目:

商务呼叫中心项目投资计划 3,000 万元,本年度实际完成 64.61%。未完项目结转至下年度。

6.上海邦联投资有限公司配股项目:

上海邦联投资有限公司配股项目投资计划 2,720 万元。2001 年 1 月,公司投资上海邦联投资有限公司配股,配股数2,000万股,配股价1.36元/股,配股总价2,720万元,期末公司共持有其股份4,000万股,累计投资成本4,720万元。

三、报告期内的财务状况

公司报告期末总资产为127,585.49万元,较期初减少4,783.8万元,下降了3.61%,主要系预收款项、应付股利减少所致。其中:长期负债减少27.5万元,系归还部分声讯系统设备款;股东权益增加576.96万元,系本年度留存收益增加。

公司报告期主营业务利润为7,979.36万元,同比下降13.69%,主要系寻呼收入减少所致;净利润为3,804.33万元,同比下降44.28%,主要系主营业务收入、投资收益减少所致。

四、2002年度的经营计划

(一)经营计划:

1.利润总额:确保3,000万元,力争达到去年水平。

2. 主营业务收入:完成主营业务收入88,000万元,其中:销售收入71,000万元。

3.投资计划:13,580万元,其中:

①数字集群通信系统补网扩容工程 11,000万元

②寻呼、呼叫中心、新业务等项目 2,580万元

(二)公司的主要工作:

为完成上述目标,2002年公司将重点做好以下几方面工作:

1、稳定、提升现有业务,夯实发展基础

抓好寻呼、集群、呼叫中心等现有业务,投入适当的资金,并提升现有业务的技术含量、增值空间和服务质量,实现公司收入、利润和现金流的稳定增长。

2、开拓、发展新业务,实现公司的业务转型

2002年,公司将以中国联通CDMA网正式投入商业运行为契机,以服务联通业务和网络为出发点,开展销售服务(包括手机销售和综合业务销售)、网络支撑服务(包括直放站设备制造和网络优化)、增值业务服务(包括内容集成、虚拟网络业务和定位服务等)。

3、深化企业改革,提高企业核心竞争能力

在新的一年里公司要继续以用工制度、用人制度、分配制度改革为重点,深化企业改革;加强绩效考核,实行量化管理,建设企业文化,重塑企业形象。

五、2001年度利润分配预案

根据已经审计的财务决算草案(合并),公司2001年度实现利润总额为4,306.56万元,扣除15%所得税、少数股权和未确认投资损失后,净利润为3,804.33万元,其中母公司净利润为3,804.33万元。综合公司在分配与发展上的关系及2001年利润分配政策,提出以下分配预案:

1. 提取母公司净利润的10%为法定公积金,计380.43万元;

2. 提取母公司净利润的5%为法定公益金,计190.22万元;

3. 加年初合并未分配利润324.93万元,加其他转入112.92万元,扣除子公司提留各项基金114.93万元,可供股东分配的利润为3,556.60万元;

4. 按公司总股份36,488.27万股计,每10股派发现金红利0.70元(含税),共计2,554.18万元;

5. 经上述分配后,合并未分配利润为1,002.42万元,结转下一年度分配。

第八节 监事会报告

报告期内,监事会依据《公司法》与《公司章程》的规定履行职责,召开了六次监事会会议,列度董事会会议,审核公司财务报表,并对公司贯彻执行股东大会与或董事会决议以及遵守国家相关法律、法规的情况进行检查。

监事会六次会议的情况:

1. 2001年3月11日召开监事会三届八次会议,审议《数字集群扩容项目》、《互联网数据中心(IDC)项目》、《互联网接入服务(ISP)二期扩容项目》以及《双向寻呼向外省延伸项目》;审议通过《2000年监事会报告》、《2000年监事会工作总结与2001年监事会工作目标》、《2001年上半年监事会工作计划》、《公司2000年度报告及其摘要》、《公司2000年度财务决算和2001年度财务预算的报告》、《公司2000年度利润分配预案及2001年度利润分配政策的报告》以及《2000年度公司资产减值准备金计提及核销的报告》;会议组织学习了中国证监会〈〈上市公司治理指引(征求意见稿)〉〉,并作了讨论。

2. 2001年6月27日召开监事会三届九次会议,审议通过要求股东大会第十八次会议增加两项议案的事项。

3. 2001年6月28日召开监事会三届十次会议,学习中国证监会发布的《上市公司新股发行管理办法》、《上市公司检查办法》、《上市公司董事长谈话制度实施办法》;对如何改进监督检查的方法进行讨论;并根据监事会工作的需要,对监事作了分工。

4. 2001年8月18日召开监事会三届十一次会议,审议通过《关于监事会审核公司2001年度中期财务报表的情况通报》、《公司资产减值准备提取的办法》、《公司2001年度中期资产减值准备金计提的报告》、《公司2001年度中期未分配利润负值的解决方案》以及《公司2001年度中期报告》。

5. 2001年10月9日召开监事会三届十二次会议,审议《关于中国证监会对公司委托理财进行公开批评的情况通报》;审议通过《关于对短期投资安排作部分调整的方案》以及《关于公司薪酬制度改革的方案》。

6. 2001年11月26日召开监事会三届十三次会议,审议《董事会议事规则》和《信息披露管理办法》;审议通过《监事会议事规则》、《公司业务重组的基本框架》、《关于2002年短期投资的计划》、《关于召开股东大会第十九次会议的若干意见》以及《股东大会议事规则》。

第九节 重要事项

一、所得税优惠政策终止对公司未来业绩的影响

2001年公司所得税率为15%,2002年公司目前暂按15%的税率缴纳所得税,但随着国税局取消上市公司税率优惠政策的出台,公司的所得税税率将会有所调整。公司下属的各子公司从2002年开始均已按照33%的税率缴纳所得税(房产公司除外)。预计调整后将会使公司的利润有一定的减少。

二、加入世界贸易组织对公司未来经营活动的影响

根据我国加入世界贸易组织所作的承诺,我国电信行业将于入世后首先开放增值电信服务市场,并将逐步放开基础电信业务。这将使公司的业务发展、经营管理面临更大的压力。同时,也为公司扩大对外合作,发展新业务提供了机遇。

三、本年度公司无重大诉讼、仲裁事项

四、本年度公司无收购及出售资产、吸收合并事项

五、重大关联交易事项

报告期内公司支付上海北雁劳服有限公司劳务费21,809,867元。劳务人员的用工费用按劳务市场价格进行结算。

报告期末其他应收款中公司代垫深圳佳讯实业有限公司直放站设备款等1,422万元。

六、重大合同及其履行情况

(一) 重大担保:

截至报告期末,公司为上海市电信公司(前"上海市邮电管理局")25,023,733美元的借款(2000年为43,612,500美元和人民币30,000,000元)提供了担保。这些借款主要用于上海邮电通信工程建设。于2001年12月31日,上述借款均未到期,上海市电信公司一直在按借款合同规定如期归还,公司亦于1999年4月同上海市电信公司签订了反担保合同。

(二)委托理财事项:

2001年6月28日公司股东大会第十八次会议审议通过了关于短期投资的决议,授权董事会:在总额不超过3.5亿元人民币的额度内,分别委托若干投资机构做资产委托管理业务,期限为一年;另以不超过1亿元人民币的资金,由公司做其它短期投资项目,期限为一年。同日下午,董事会三届十次会议对公司2001年下半年的短期投资做出了具体安排。

2001年11月27日公司董事会三届十三次会议及2001年12月28日公司股东大会第十九次会议审议通过了关于短期投资的决议:在2001年度各项委托理财协议到期后,全部收回,公司在2002年度内不再从事委托理财业务。

2001年公司委托理财总金额为31,500万元,累计共获得收益2,562.22万元,并已按协议,到期收回本金或按公司股东大会第十九次会议的决议收回股票帐户内的存量股票,由公司根据国家 有关规定自行操作。报告期末已对将在2002年1月1日收回的存量股票计提投资减值准备1,678.4万元。

上述信息的详细情况均已披露于2001年6月29日、7月3日、7月14日、10月13日、10月20日、11月28日、2002年1月5日的《上海证券报》。

七、本年度公司聘任会计师事务所情况

经公司股东大会第十八次会议同意,公司2001年度继续聘请安达信.华强会计师事务所。报告年度支付其报酬为35万元,含营业税及杂项费用。公司2000年度支付其报酬为:审计费30万元,杂项费1万元。杂项费中包括通讯、交通费用。

八、中国证监会对公司公开批评的情况

2001年9月10日,中国证监会发出通报,就公司在委托理财业务中存在的问题,对公司及有关人员提出了公开批评。公司于2001年9月19日在《上海证券报》刊登了"致歉公告",公开表示诚恳接受,并向全体股东致歉。同日,公司向中国证监会上报了专题整改报告。自2001年6月18日中国证监会约见公司董事长谈话之后,公司即进行了认真整改;2001年6月28日召开的股东大会第十八次会议,对公司2001年的委托理财业务作出了明确的决议;董事会三届十次会议根据股东大会的授权,对委托理财和短期投资提出了具体的实施方案。以上信息分别刊登在2001年6月29日、7月3日的《上海证券报》。此后,公司严格按照董事会的决议实施,并及时披露了有关信息,详见本节"重大合同及其履行情况"中有关内容。

九、其他重大事项

公司曾于1997年4月以募股资金800万元,参与投资设立上海比尔德通信工程有限公司,占该公司40%股份。该公司主要经营楼宇通信设备,智能化综合布线等。现由于电信体制改革及上海电话市场的变化,该公司进入歇业清算。为了确保资金安全,公司已在报告期内先行收回现金920.76万元。2002年3月20日董事会三届十六次会议决定,同意收回该项资金,并与前期收回的募股资金2.68亿元一并研究确定新的投资项目。该项变更事宜尚须提交公司股东大会审议。

第十节 财务报告

一、审计报告

本年度公司的会计报表经安达信.华强会计师事务所中国注册会计师何影帆、陈经纬的审计,并出具了无保留意见的审计报告。

二、会计报表

会计报表详见附表。

三、会计报表附注

本年度报告与公司2001年年度报告相比,会计政策、会计估计和核算方法未有变化。合并范围的变化情况:于2001年12月31日,公司的合并报表包括上海八达通信设备配套有限公司的会计报表。上海八达通信设备配套有限公司已于2001年清算完毕,故于报告期末,公司的合并报表未包括其会计报表。

联通国脉通信股份有限公司

二〇〇二年三月二十日

合并利润及利润分配表(续)

二〇〇一年度

编制单位:联通国脉通信股份有限公司及其子公司　　　　金额单位:人民币元

		本公司				本集团			
		二00一年度				二00一年度			
报告期利润	附注	净资产收益率		每股收益		净资产收益率		每股收益	
		全面摊薄	加权平均	全面摊薄	加权平均	全面摊薄	加权平均	全面摊薄	加权平均
主营业务利润	39	7.1%	7.1%	0.22	0.22	7.1%	7.1%	0.22	0.22
营业利润	39	2.0%	2.0%	0.06	0.06	1.0%	1.0%	0.03	0.03
净利润	39	3.4%	3.4%	0.10	0.10	3.4%	3.4%	0.10	0.10
扣除非经常性损益后的净利润	39	3.4%	3.4%	0.10	0.10	3.3%	3.3%	0.10	0.10
		本公司				本集团			
		二000年度				二000年度			
报告期利润	附注	净资产收益率		每股收益		净资产收益率		每股收益	
		全面摊薄	加权平均	全面摊薄	加权平均	全面摊薄	加权平均	全面摊薄	加权平均
主营业务利润	39	8.6%	8.5%	0.26	0.26	8.3%	8.2%	0.25	0.25
营业利润	39	2.6%	2.6%	0.08	0.08	1.0%	1.0%	0.03	0.03
净利润	39	6.2%	6.2%	0.19	0.19	6.1%	6.1%	0.19	0.19
扣除非经常性损益后的净利润	39	2.6%	2.6%	0.08	0.08	2.6%	2.6%	0.08	0.08

合并资产负债表

二〇〇一年十二月三十一日

编制单位:联通国脉通信股份有限公司及其子公司　　　　金额单位:人民币元

		二〇〇一年十二月三十一日		二〇〇〇年十二月三十一日	
资产	附注	本公司	本集团	本公司	本集团
流动资产:					
货币资金	3	411,863,987.00	505,941,599.00	318,447,347.00	414,627,049.00
短期投资	4	202,958,899.00	203,557,637.00	320,132,900.00	331,549,928.00
应收票据		0.00	0.00	0.00	0.00
应收股利		652,131.00	0.00	424,110.00	12,125.00
应收利息		0.00	0.00	0.00	0.00
应收账款	5	4,549,333.00	4,900,868.00	10,937,118.00	9,018,943.00
其他应收款	6	95,432,921.00	17,570,115.00	108,505,089.00	15,228,540.00
预付账款	7	1,082,324.00	1,123,748.00	358,007.00	916,878.00
应收补贴款		0.00	0.00	0.00	0.00
存货	8	1,992,934.00	36,339,977.00	327,132.00	48,229,034.00
待摊费用	9	2,254,232.00	2,274,487.00	2,298,207.00	2,336,515.00
一年内到期的长期债权投资	10	0.00	0.00	0.00	0.00
其他流动资产		0.00	0.00	0.00	0.00
流动资产合计		720,786,761.00	771,708,431.00	761,429,910.00	821,919,012.00
长期投资:					
长期股权投资	10	214,301,309.00	126,355,565.00	184,599,250.00	114,700,004.00
长期债权投资	11	0.00	0.00	0.00	0.00
固定资产:					
固定资产原价	12	695,155,954.00	735,661,025.00	663,708,938.00	706,674,124.00
减:累计折旧	12	-339,330,309.00	-351,379,133.00	-301,354,962.00	-311,180,790.00
固定资产净值		355,825,645.00	384,281,892.00	362,353,976.00	395,493,334.00
减:减值准备	12	-49,451,839.00	-43,851,239.00	-49,763,783.00	-44,163,183.00
固定资产净额		306,373,806.00	340,430,653.00	312,590,193.00	351,330,151.00
工程物资		0.00	0.00	0.00	0.00
在建工程	13	29,490,336.00	29,490,336.00	26,898,707.00	26,898,707.00
固定资产清理		0.00	0.00	0.00	0.00
固定资产合计		335,864,142.00	369,920,989.00	339,488,900.00	378,228,858.00
无形资产及其他资产:					
无形资产	14	1,105,866.00	1,355,036.00	1,300,975.00	1,631,382.00
长期待摊费用	15	6,514,926.00	6,514,926.00	7,213,714.00	7,213,714.00
其他长期资产		0.00	0.00	0.00	0.00
无形资产及其他资产合计		7,620,792.00	7,869,962.00	8,514,689.00	8,845,096.00
递延税项:					
递延税款借项		0.00	0.00	0.00	0.00
资产总计		1,278,573,004.00	1,275,854,947.00	1,294,032,749.00	1,323,692,970.00
负债及股东权益	附注	本公司	本集团	本公司	本集团
流动负债:					
短期借款		0.00	0.00	0.00	0.00
应付票据		0.00	0.00	0.00	0.00
应付账款	16	5,181,725.00	6,433,080.00	318,039.00	6,182,326.19
预收账款	17	69,589,110.00	72,741,035.00	91,345,795.00	96,469,999.18
应付工资		0.00	0.00	0.00	0.00
应付福利费		450,647.00	2,614,609.00	872,893.00	2,876,151.29
应付股利	18	29,909,066.00	30,192,379.00	41,568,948.00	42,187,163.35
应交税金	19	2,862,968.00	-4,382,268.00	504,740.00	-5,572,133.17
其他应交款		39,169.00	72,571.00	48,346.00	67,481.64
其他应付款	20	29,786,268.00	35,164,388.00	29,358,615.00	51,165,682.00
预提费用	21	6,955,000.00	7,448,362.00	8,515,833.00	8,922,986.00
预计负债		0.00	0.00	0.00	0.00
一年内到期的长期负债	22	2,879,315.00	3,212,870.00	2,879,315.00	3,212,870.00
其他流动负债		0.00	0.00	0.00	0.00
流动负债合计		147,653,268.00	153,497,026.00	175,412,524.00	205,512,526.48
长期负债:					
长期借款		0.00	0.00	0.00	0.00
应付债券		0.00	0.00	0.00	0.00
长期应付款	22	17,766,599.00	150,000.00	18,041,598.98	425,000.00
专项应付款		0.00	0.00	0.00	0.00
其他长期负债		0.00	0.00	0.00	0.00
长期负债合计		17,766,599.00	150,000.00	18,041,598.98	425,000.00
递延税项:					
递延税款贷项	23	1,202,775.00	1,202,775.00	1,191,825.00	1,191,825.00
负债合计		166,622,642.00	154,849,801.00	194,645,947.98	207,129,351.48
少数股东权益		0.00	-335,345.00	0.00	992,765.00
股东权益:					
股本	24	364,882,700.00	364,882,700.00	364,882,700.00	364,882,700.00
资本公积	25	483,355,605.00	483,355,605.00	483,293,555.00	483,293,555.00
盈余公积	26	256,917,041.00	275,086,204.00	251,210,546.00	269,359,618.00
其中:法定公益金	26	5,412,806.00	9,945,385.00	3,510,641.00	7,658,831.00
未确认的投资损失	36	0.00	-12,008,247.00	0.00	-5,214,323.00
未分配利润	27	6,795,016.00	10,024,229.00	0.00	3,249,304.00
股东权益合计		1,111,950,362.00	1,121,340,491.00	1,099,386,801.00	1,115,570,854.00
负债及股东权益总计		1,278,573,004.00	1,275,854,947.00	1,294,032,748.98	1,323,692,970.48

合并利润及利润分配表

二〇〇一年度

编制单位:联通国脉通信股份有限公司及其子公司　　　　金额单位:人民币元

	项目	附注	二00一年度 本公司	二00一年度 本集团	二000年度 本公司	二000年度 本集团
一、	主营业务收入	28	181,801,889.00	264,437,267.00	227,640,024.00	385,764,779.00
	减:主营业务成本	29	(96,869,931.00)	(177,096,945.00)	(126,071,623.00)	(284,790,486.00)
	主营业务税金及附加	2(v),30	(5,954,918.00)	(7,546,731.00)	(7,459,914.00)	(8,525,672.00)
二、	主营业务利润		78,977,040.00	79,793,591.00	94,108,487.00	92,448,621.00
	加:其他业务利润	31	842,878.00	2,131,668.00	2,229,758.00	8,565,382.00
	减:营业费用		(19,698,462.00)	(24,554,858.00)	(28,420,678.00)	(36,363,773.00)
	管理费用		(41,058,643.00)	(50,246,507.00)	(41,013,372.00)	(56,027,468.00)
	财务费用	32	3,268,202.00	4,097,938.00	2,048,819.00	2,752,522.00
三、	营业利润		22,331,015.00	11,221,832.00	28,953,014.00	11,375,284.00
	加:投资收益	33	23,460,146.00	28,619,665.00	51,805,320.00	70,991,169.00
	补贴收入		0.00	0.00	0.00	0.00
	营业外收入	34	3,414,035.00	3,703,289.00	24,329.00	91,983.00
	减:营业外支出	35	(434,372.00)	(479,206.00)	(1,805,623.00)	(2,205,680.00)
四、	利润总额		48,770,824.00	43,065,580.00	78,977,040.00	80,252,756.00
	减:所得税	2(s),2(u)	(10,727,524.00)	(11,689,302.00)	(10,710,632.00)	(12,020,501.00)
	减:少数股东损益		0.00	(126,902.00)	0.00	(383,367.00)
	加:未确认的投资损失	36	0.00	6,793,924.00	0.00	424,731.00
五、	净利润		38,043,300.00	38,043,300.00	68,266,408.00	68,273,619.00
	加:年初未分配利润	27	0.00	3,249,304.00	(76,116,932.00)	(68,527,537.00)
	其他转入	26	0.00	1,129,155.00	60,787,257.00	60,787,257.00
六、	可供分配的利润		38,043,300.00	42,421,759.00	52,936,733.00	60,533,339.00
	减:提取法定盈余公积	26,27	(3,804,330.00)	(4,188,719.00)	(6,826,641.00)	(8,280,081.00)
	提取法定公益金	26,27	(1,902,165.00)	(2,286,554.00)	(6,826,641.00)	(8,269,966.00)
	提取职工奖励及福利基金	27	0.00	0.00	0.00	(7,212.00)
七、	可供股东分配的利润		32,336,805.00	35,946,486.00	39,283,451.00	43,976,080.00
	减:应付优先股股利		0.00	0.00	0.00	0.00
	提取任意盈余公积	26,27	0.00	(380,468.00)	(2,795,181.00)	(4,238,506.00)
	应付普通股股利	27	(25,541,789.00)	(25,541,789.00)	(36,488,270.00)	(36,488,270.00)
	转作股本的普通股股利		0.00	0.00	0.00	0.00
八、	未分配利润	27	6,795,016.00	10,024,229.00	0.00	3,249,304.00

合并现金流量表

二〇〇一年度及二〇〇〇年度

编制单位:联通国脉通信股份有限公司及其子公司　　　　金额单位:人民币元

	项目	附注	二00一年度 本公司	二00一年度 本集团	二000年度 本公司	二000年度 本集团
一、	经营活动产生的现金流量:					
	销售商品、提供劳务收到的现金		166,976,666.00	253,595,719.00	227,322,601.00	407,328,099.00
	收到的税费返还		0.00	0.00	0.00	0.00
	收到的其他与经营活动有关的现金		12,325,502.00	5,771,506.00	10,014,205.00	11,908,460.00
	现金流入小计		179,302,168.00	259,367,225.00	237,336,806.00	419,236,559.00
	购买商品、接受劳务支付的现金		(53,321,264.00)	(125,081,172.00)	(50,533,795.00)	(166,012,878.00)
	支付给职工以及为职工支付的现金		(30,982,863.00)	(35,613,057.00)	(34,125,408.00)	(38,643,677.00)
	支付的各项税费		(16,251,453.00)	(18,449,926.00)	(24,634,644.00)	(26,201,396.00)
	支付的其他与经营活动有关的现金		(30,384,029.00)	(61,752,574.00)	(62,147,552.00)	(112,949,256.00)
	现金流出小计		(130,939,609.00)	(240,896,729.00)	(171,441,399.00)	(343,807,207.00)
	经营活动产生的现金流量净额		48,362,559.00	18,470,496.00	65,895,407.00	75,429,352.00
二、	投资活动产生的现金流量:					
	收回投资所收到的现金		210,858,709.00	210,858,709.00	430,903,688.00	437,096,914.00
	取得投资收益收到的现金		51,476,685.00	68,759,317.00	33,238,855.00	26,913,682.00
	处置固定资产、无形资产和其他长期资产所收回的现金净额		7,323,499.00	6,401,929.00	326,315.00	393,394.00
	收到的其他与投资活动有关的现金		0.00	0.00	0.00	0.00
	现金流入小计		269,658,893.00	286,019,955.00	464,468,858.00	464,403,990.00
	购建固定资产、无形资产和其他长期资产所支付的现金		(41,719,925.00)	(39,259,810.00)	(28,030,059.00)	(26,339,882.00)
	投资所支付的现金		(145,408,216.00)	(134,649,506.00)	(303,730,515.00)	(315,147,543.00)
	支付的其他与投资活动有关的现金		0.00	0.00	0.00	0.00
	现金流出小计		(187,128,141.00)	(173,909,316.00)	(331,760,574.00)	(341,487,425.00)
	投资活动产生的现金流量净额		82,530,752.00	112,110,639.00	132,708,284.00	122,916,565.00
三、	筹资活动产生的现金流量:					
	吸收投资所收到的现金		0.00	0.00	0.00	0.00
	借款所收到的现金		0.00	0.00	0.00	0.00
	收到的其他与筹资活动有关的现金		0.00	0.00	0.00	0.00
	现金流入小计		0.00	0.00	0.00	0.00
	偿还债务所支付的现金		(275,000.00)	(275,000.00)	(300,000.00)	(300,000.00)
	分配股利、利润或偿付利息所支付的现金		(37,201,671.00)	(38,991,585.00)	(67,930,029.00)	(70,117,851.00)
	支付的其他与筹资活动有关的现金		0.00	0.00	0.00	0.00
	现金流出小计		(37,476,671.00)	(39,266,585.00)	(68,230,029.00)	(70,417,851.00)
	筹资活动所产生的现金流量净额		(37,476,671.00)	(39,266,585.00)	(68,230,029.00)	(70,417,851.00)
四、	汇率变动对现金的影响		0.00	0.00	0.00	0.00
五、	现金及现金等价物净增加额		93,416,640.00	91,314,550.00	130,373,662.00	127,928,066.00
	补充资料:	附注	本公司	本集团	本公司	本集团
1.	将净利润调节为经营活动现金流量:					
	净利润		38,043,300.00	38,043,300.00	68,266,408.00	68,273,619.00
	加:计提(转销)的资产减值准备		1,188,204.00	(552,472.00)	21,933,299.00	(11,570,414.00)
	少数股东损益		0.00	126,902.00	0.00	383,367.00
	未确认的投资损失		0.00	(6,793,924.00)	0.00	(424,731.00)
	固定资产折旧		45,327,064.00	48,471,630.00	46,771,538.00	51,119,769.00
	无形资产摊销		195,109.00	276,346.00	969,403.00	1,050,641.00
	长期待摊费用摊销		1,439,801.00	1,439,801.00	1,334,461.00	1,334,461.00
	待摊费用减少(减:增加)		43,975.00	62,028.00	(285,113.00)	(280,714.00)
	预提费用增加(减:减少)		(1,560,833.00)	(1,474,624.00)	882,500.00	827,652.00
	处置固定资产、无形资产和其他长期资产损失(减:收益)		(2,799,289.00)	(2,799,289.00)	1,907,757.00	1,907,757.00
	财务费用		0.00	0.00	0.00	0.00
	投资损失(减:收益)		(29,683,257.00)	(28,619,665.00)	(74,072,692.00)	(70,991,169.00)
	递延税款贷项(减:借项)		10,950.00	10,950.00	39,166.00	39,166.00
	存货的减少(减:增加)		(1,652,168.00)	8,162,540.00	355,598.00	36,428,319.00
	经营性应收项目的减少(减:增加)		17,221,854.00	5,536,675.00	10,383,130.00	5,883,665.00
	经营性应付项目的增加(减:减少)		(19,412,151.00)	(43,419,702.00)	(12,590,048.00)	(8,552,036.00)
	其他		0.00	0.00	0.00	0.00
	经营活动产生的现金流量净额		48,362,559.00	18,470,496.00	65,895,407.00	75,429,352.00
2.	不涉及现金收支的投资和筹资活动:					
	债务转为资本		0.00	0.00	0.00	0.00
	一年内到期的可转换公司债券		0.00	0.00	0.00	0.00
	融资租赁固定资产		0.00	0.00	0.00	0.00
3.	现金及现金等价物净增加情况:					
	现金的期末余额		411,863,987.00	505,941,599.00	318,447,347.00	414,627,049.00
	减:现金的期初余额		(318,447,347.00)	(414,627,049.00)	(188,073,685.00)	(286,698,983.00)
	加:现金等价物的期末余额		0.00	0.00	0.00	0.00
	减:现金等价物的期初余额		0.00	0.00	0.00	0.00
	现金及现金等价物的净增加额		93,416,640.00	91,314,550.00	130,373,662.00	127,928,066.00

600641 中远发展股份有限公司

2001 年年度报告摘选

第一章 公司基本情况简介

一、公司法定中文名称:中远发展股份有限公司
公司法定英文名称:COSCO DEVELOPMENT CO.,LTD
英文名称缩写:CDC
二、公司法定代表人:李建红
三、公司董事会秘书:李澜
公司董事会证券事务代表:曹曼华
联系地址:上海市浦东大道 720 号
电话:021-50367878 转 6805 分机
传真:021-50366858
电子信箱:zhyfzh@online.sh.cn
四、公司注册地址:上海市浦东南路 2161 号
办公地址:上海市浦东大道 720 号
邮政编码:200120
电子信箱:zhyfzh@online.sh.cn
五、公司信息披露的中国证监会指定报纸名称:《中国证券报》、《上海证券报》
公司信息披露的中国证监会指定国际互联网网址:http://www.sse.com.cn
公司年度报告备置地点:公司董事会办公室
六、公司股票上市交易所:上海证券交易所
股票简称:中远发展
股票代码:600641

第二章 会计数据和业务数据摘要

一、本年度主要利润指标:(单位:元)

项目	2001 年度
1 利润总额	264,906,521.82
2 净利润	225,649,128.94
3 扣除非经常性损益后的净利润	225,188,504.86
4 主营业务利润	307,938,367.77
5 其他业务利润	17,578,830.93
6 营业利润	260,035,188.69
7 投资收益	4,318,826.57
8 补贴收入	0
9 营业外收支净额	552,506.56
10 经营活动产生的现金流量净额	-153,299,939.41
11 现金及现金等价物净增减额	-50,661,070.30

注:扣除非经常性损益的项目、涉及金额如下:
1.营业外收支净额　448,630.58 元。
2.股权转让收益　11,993.50 元。

二、截止报告期末公司前三年主要会计数据和财务指标:(单位:元)

项目	2001 年度	2000 年度 调整前	2000 年度 调整后	1999 年度
1 主营业务收入	761,546,076.85	292,491,363.50	292,491,363.50	532,845,167.59
2 净利润	225,649,128.94	281,403,771.41	280,229,909.13	220,796,493.66
3 总资产	2,737,539,333.89	2,410,746,408.75	2,409,572,546.47	1,394,793,619.15
4 股东权益(不含少数股东权益)	1,156,035,100.36	1,008,221,166.75	1,007,047,304.47	800,390,589.54
5 每股收益(摊薄)	0.613	0.765	0.762	0.840
6 每股收益(加权平均)	0.613	0.765	0.762	0.840
7 每股收益(扣除非经常性损益)	0.612	0.490	0.487	0.840
8 每股净资产	3.143	2.74	2.74	3.05
9 调整后的每股净资产	3.142	2.73	2.73	3.04
10 每股经营活动产生的现金流量净额	-0.417	-0.690	-0.690	-1.752
11 净资产收益率%(摊薄)	19.52	27.91	27.83	27.59
12 净资产收益率%(加权平均)	20.18	29.90	29.80	32.00

注:1、报告期末至报告披露日,公司完成增发新股 8,000 万股,按新股本 447,865,971 股计算,每股收益为 0.504 元。
2、报告期内扣除非经常性损益后加权平均净资产收益率为 20.14%。

第三章 股本变动及股东情况

一、股本变动情况表:(单位:股)

	本次变动后	配股	送股	公积金转股	增发	其他	本次变动前
一、未上市流通股份							
1、发起人股份	268799731						268799731
其中:							
国家持有股份	268799731						268799731
境内法人持有股份							
境外法人持有股份							
其他							
2、募集法人股份							
3、内部职工股							
4、优先股或其他							
未上市流通股份合计	268799731						268799731
二、已上市流通股份							
1、人民币普通股	99066240						99066240
2、境内上市的外资股							
3、境外上市的外资股							
4、其他							
已上市流通股份合计	99066240						99066240
三、股份总数	367865971						367865971

(表头:配股、送股、公积金转股、增发、其他 均属"本次变动增减(+,-)")

600643 上海爱建股份有限公司

2001 年年度报告摘选

一、公司简介

1、公司法定中文名称:上海爱建股份有限公司
法定英文名称:SHANGHAI AJ CORPORATION
2、公司法定代表人:陈铭珊
3、公司董事会秘书:周浩奎
证券事务代表:张禾
联系地址:上海市零陵路 599 号
电话:021-64396600　　传真:021-64392118
电子信箱:ajcoob@mail2.online.sh.cn
4、公司注册地址:上海市浦东新区云桥路 848 号　　邮政编码:200122
公司办公地址:上海市零陵路 599 号　　邮政编码:200030
公司国际互联网网址:http://www.aj.com.cn
公司电子信箱:ajcorp@online.sh.cn
5、公司选定的信息披露报纸:中国证券报、上海证券报
登载公司年度报告的国际互联网网址:http://www.sse.com.cn
公司年度报告备置地点:上海市零陵路 599 号
6、公司股票上市交易所:上海证券交易所
股票简称:爱建股份　　股票代码:600643

二、会计数据和业务数据摘要(合并报表)

(一)本年度主要利润指标情况:　　单位:人民币元

项目	金额
利润总额	144,570,432.24
净利润	130,638,966.63
扣除非经常性损益后的净利润	131,638,750.67
主营业务利润	144,875,175.95
其他业务利润	10,176,112.43
营业利润	8,703,305.29
投资收益	136,866,910.99
补贴收入	1,772,496.44
营业外收支净额	-2,772,280.48
经营活动产生的现金流量净额	-320,853,324.81
现金及现金等价物净增加额	88,202,316.30
注:扣除的非经常性损益项目和涉及金额	
补贴收入	1,772,496.44
营业外收入	3,127,234.21
营业外支出	5,899,514.69

(二)截至报告期末公司前三年主要会计数据和财务指标

项目	2001 年	2000 年 调整前	2000 年 调整后	1999 年 调整前	1999 年 调整后
主营业务收入(元)	804,166,617.48	564,751,292.16	564,751,292.16	656,126,648.77	656,126,648.77
净利润(元)	130,638,966.63	135,482,321.57	133,409,915.51	124,667,275.62	124,058,652.96
总资产	3,226,354,322.01	2,611,081,012.52	2,608,178,030.37	2,358,596,110.37	2,357,987,487.71
股东权益(不含少数股东权益)	2,007,146,921.70	2,046,649,233.27	2,043,968,142.86	1,979,557,944.89	1,978,949,322.23
每股收益	0.284	0.294	0.290	0.298	0.296
每股收益(按月平均加权法计算)	0.284	0.308	0.303	0.321	0.319
扣除非经常性损益后的每股收益	0.286	0.298	0.296	0.299	0.291
每股净资产	4.36	4.44	4.44	4.73	4.73
调整后每股净资产	4.21	4.27	4.27	4.61	4.61
净资产收益率(%)	6.51%	6.62%	6.53%	6.30%	6.27%
每股经营活动产生的现金流量净额	-0.696	-0.118	-0.118	0.131	0.131

(三)报告期内扣除非经常性损益后加权平均净资产收益率为 6.24%。

三、股本变动及股东情况

(一)股本变动情况数量　　单位:股

	本次变动前	本次变动	本次变动后
一、未上市流通股份			
1、发起人法人持股	108492078	--	108492078
2、社会法人持股	43843220	--	43843220
3、其他	0	--	0
未上市流通股份合计	152335298	--	152335298
二、已上市流通股份			
人民币普通股	308352666	--	308352666
已上市流通股份合计	308352666	--	308352666
三、股份总数	460687964	--	460687964

(二)报告期末持股前十名股东情况:

股东名称	占总股本(%)	持股数(股)	持股增减(股)	股份性质
①上海工商界爱国建设特种基金	22.65	104347008	-110552	其中:流通股 20000 股 发起人法人股 103757106 股 社会法人股 569902 股
②上海国际信托投资公司	1.36	6250163	--	社会法人股
③上海市工商业联合会	1.03	4734972	--	发起人法人股
④刘靖基	0.88	4058113	--	流通股
⑤爱群实业	0.80	3702218	+491413	其中:流通股 2565142 股 其余为社会法人股
⑥久事公司	0.68	3125081	--	社会法人股
⑦荣智丰	0.65	2983736	-30000	流通股
⑧丁鹤寿	0.63	2900000	-27510	流通股
⑨丁眉寿	0.56	2570996	--	流通股
⑩二纺机	0.45	2083388	--	社会法人股
交行上分	0.45	2083388	--	社会法人股

600642 申能股份有限公司

2001年年度报告摘要

第一章 公司基本情况简介

1、公司法定中文名称:申能股份有限公司
公司法定英文名称:Shenergy Company Limited
英文缩写:Shenergy
2、公司法定代表人:董事长杨祥海
3、公司董事会秘书:陈铭锡 联系地址:上海市复兴中路1号
电话:021-63900888 传真:021-63900119
电子信箱:zhenquan@shenergy.com.cn
4、公司证券事务代表:周燕飞 联系地址:上海市复兴中路1号
电话:021-63900145 传真:021-63900119
电子信箱:zhouming@shenergy.com.cn
5、公司注册地址:上海市浦东银城东路139号
公司办公地址:上海市复兴中路1号 邮政编码:200021
公司国际互联网网址:www.shenergy.com.cn
公司电子信箱:zhenquan@shenergy.com.cn
6、公司选定的信息披露报纸:《上海证券报》、《中国证券报》
登载年度报告的中国证监会指定网站网址:http://www.sse.com.cn
公司年度报告备置地:公司策划部
7、公司股票上市交易所:上海证券交易所
股票简称:申能股份 股票代码:600642

第二章 会计数据和业务数据摘要

表一 报告期内公司主要利润指标情况(单位:元)

	2001年1月1日-2001年12月31日
利润总额	1,011,767,229.70
净利润(调整后)	1,155,485,205.26
扣除非经常性损益后净利润	866,030,901.03
主营业务利润	772,795,012.65
其他业务利润	23,906,143.69
营业利润	449,884,204.54
投资收益	563,166,741.59
补贴收入	0
营业外收支净额	-1,283,716.43
经营活动产生的现金流量净额	1,113,172,526.81
现金及现金等价物净增减额	332,841,643.29

注:扣除的非经常性损益的项目和所涉及的金额是指:
1、转让石洞口第二电厂"非正常经营项目收益调整"290,545,463.20元;
2、营业外收支税后净额-1,091,158.97元。

表二 截止报告期末公司前三年主要会计数据和财务指标(单位:元)

项目	2001年		2000年	1999年
	调整后	调整前	调整后	调整后
1、主营业务收入	2,004,831,864.11	2,004,831,864.11	1,423,971,949.88	1,144,791,088.65
2、净利润	1,155,485,205.26	864,939,742.06	1,463,294,043.32	829,541,482.74
3、总资产	9,907,849,920.62	9,907,849,920.62	9,830,255,715.65	12,359,586,893.74
4、股东权益(不含少数股东权益)	5,041,890,652.34	5,041,890,652.34	4,684,363,129.43	4,244,412,305.82
5、每股收益(摊薄)	0.708	0.530	0.896	0.508
6、每股收益(加权平均)	0.708	0.530	0.896	0.408
7、每股收益(扣除非经常性损益)	0.530	0.530	0.491	0.276
8、每股净资产	3.087	3.087	2.868	2.599
9、调整后的每股净资产	3.043	3.043	2.806	2.525
10、每股经营活动产生的现金流量净额	0.682	0.682	0.499	0.409
11、净资产收益率(摊薄)	22.92%	17.16%	31.24%	19.54%
12、净资产收益率(加权平均)	21.96%	16.90%	29.41%	11.96%

注:

1、表中"调整后"财务指标说明:为客观、公允、合理地反映公司2001年度的经营成果,公司按调整出让华能上海石洞口第二电厂"非正常经营项目收益"后,计算公司的净利润和相关财务指标,以科学、合理地评价公司经营业绩。

2、报告期末至报告披露日,公司完成增发新股16000万股,按新股本179309万股计算的每股收益为0.644元。

3、报告期公司扣除非经常性损益后加权平均净资产收益率为16.46%。

第三章 股本变动及股东情况

第一节 股本变动情况

报告期内公司股份总数及股本结构均未发生变化,截止2001年12月31日,公司股本结构如下:(单位:股)

(一)未上市流通股份
(1)国家股:1113096700
(2)募集法人股:268999069
未上市流通股份合计:1382095769
(二)已上市流通股份
人民币A股:250992000
已上市流通股份合计:250992000
(三)股份总数:1633087769

第二节 股东情况

1、股东总数:截止2001年12月31日,公司共有股东126560名。

2、前十名股东持股情况(单位:股)

名称	年末持股数	较去年末增减数	股份类别	质押冻结情况	持股比例(%)
申能集团公司	1113096700	0	国家股	无	68.16
申能实业公司	27294820	+13983394	流通股、募集法人股	无	1.67
上海市电力公司	17981000	0	募集法人股	无	1.10
国泰君安证券公司	14882600	0	募集法人股	无	0.91
上海久事公司	11604833	0	募集法人股	无	0.71
广发证券公司	7880872		上市流通股	无	0.48
上海国际信托投资公司	7829500	-100000	募集法人股	无	0.48
华东电力集团公司	6700000	0	募集法人股	无	0.41
安徽国际信托投资公司	6050000	0	募集法人股	无	0.37
申银万国证券公司	5804398		流通股、募集法人股	无	0.36

注:

(1)以上股东中,上海申能实业有限公司所持有的27294820股股份中,流通股26011820股,未上市流通股份1283000股;申银万国证券公司所持有的5804398股股份中,流通股5504398股,未上市流通股300000股。

(2)以上股东中,上海申能实业有限公司与申能(集团)有限公司存在关联关系,申能(集团)有限公司占上海申能实业有限公司注册资本金的80%。

(3)以上股东中,广发证券公司和申银万国证券公司去年底未进入公司前十名股东,故未计算本年度内股份增减变动情况。

3、公司控股股东介绍

公司控股股东为申能(集团)有限公司。申能(集团)有限公司系上海市国有资产管理委员会授权经营的国有独资公司,成立于1996年11月18日,主要业务为从事基础产业、金融证券、房地产、高科技等产业投资、开发和管理。该公司注册资本30亿元,法定代表人许冠庠。

4、除申能(集团)有限公司外,报告期末,公司股本中不存在其他持股10%以上的法人股股东。

第四章 董事、监事、高级管理人员

1、基本情况(按姓氏笔划顺序排列)持股单位:股

姓名	性别	年龄	职务	任期起止期	年末持股数	较年初持股数量增减
王益民	男	51	董事	1999.6-2002.6	0	0
王敏文	男	38	董事	1999.6-2002.6	0	0
史兴祥	男	48	董事	1999.6-2002.6	0	0
刘承泽	男	64	董事 副总经理	1999.6-2002.6	12,000	+12,000
许冠庠	男	64	董事	1999.6-2002.6	20,000	+20,000
牟继祥	男	63	董事	1999.6-2002.6	0	0
陈光华	男	64	董事 副总经理	1999.6-2002.6	28,800	+12,000
陈铭锡	男	34	董事 副总经理、董事会秘书	1999.6-2002.6	12,000	+12,000
何怀芥	男	58	董事	1999.6-2002.6	10,000	+10,000
沈芳珍	女	49	董事	1999.6-2002.6	0	0
吴家骅	男	53	副董事长 总经理	1999.6-2002.6	26,800	+10,000
杨祥海	男	49	董事长	1999.6-2002.6	20,000	+20,000
仇伟国	男	49	监事长	1999.6-2002.6	0	0
余永林	男	36	监事	2001.8-2002.6	2000	+2000
张行	女	41	监事	1999.6-2002.6	0	0
吴建雄	男	36	副总经理	2001.2-2002.6	9000	+9000

注:公司董事、监事在股东单位任职情况:(按姓氏笔划顺序排列)
(1)公司董事王益民现任公司股东-国泰君安证券股份有限公司监事会主席;
(2)公司董事史兴祥现任公司股东-交通银行上海分行长宁支行行长;
(3)公司董事许冠庠现任公司股东-申能(集团)有限公司董事长;
(4)公司董事牟继祥原任公司股东-上海久事公司党委副书记;
(5)公司董事沈芳珍现任公司股东-建设银行上海市分行副行长;
(6)公司董事长杨祥海现任公司股东-申能(集团)有限公司总经理;
(7)公司监事长仇伟国现任公司股东-申能(集团)有限公司副总经理;
(8)公司监事张行现任公司股东-上海国际信托投资公司所属上投实业公司总经理。

2、年度报酬情况

2001年度,公司报酬金额最高的前三名董事的报酬总额合计51.4万元,报酬金额最高的前三名高级管理人员报酬总额合计为51.4万元。

在公司领取报酬的董事、监事及高级管理人员7名,年度报酬总额104.4万元,报酬区间范围为:10-15万元2人,15万元以上5人。

不在公司领取报酬的董事、监事姓名:许冠庠、杨祥海、王敏文、王益民、牟继祥、史兴祥、沈芳珍、仇伟国、张行。上述不在公司领取报酬的董事、监事均在股东单位领取报酬。

3、报告期内公司董事、监事及高级管理人员变动情况

(1)报告期内因工作变动,王知不再担任公司职工代表监事;经公司职工民主选举余永林担任职工代表监事,任期与本届监事会相同。

(2)2001年2月20日,公司三届七次董事会决定聘任吴建雄、陈铭锡担任公司副总经理,任期

与本届董事会相同。

(3)2001 年 8 月 22 日,公司三届九次董事会同意王敏文因工作变动不再担任公司董事会秘书;经董事长提名,董事会聘任陈铭锡担任董事会秘书,任期与本届董事会相同。

第五章　公司治理结构

公司严格按照《公司法》、《证券法》和其他法规规定的要求,不断完善公司法人治理结构,建立现代企业制度,规范公司运作。公司的治理结构基本符合中国证监会《上市公司治理准则》的要求。

1、关于股东与股东大会:公司确保所有股东,特别是中小股东的平等地位,维护全体股东的权利。公司严格按照《股东大会规范意见》的要求召集、召开股东大会,尽可能让更多的股东参加股东大会。

2、关于控股股东与上市公司关系:控股股东行为规范,没有超越股东大会直接或间接干预公司的决策和经营活动;公司与控股股东在业务、人员、资产、机构、财务等方面分开,独立于控股股东;公司董事会、监事会和内部机构能够独立运作。公司关联交易公平合理,对定价依据披露充分。

3、关于董事与董事会:公司严格按照《公司章程》规定的董事选聘程序选举董事,并将进一步完善董事选聘程序,实行累积投票制。公司董事会的人数和人员符合法律法规的要求。公司各位董事以认真负责的态度出席董事会和股东大会,熟悉有关法律法规,了解作为董事的权利、义务和责任,忠实、勤勉地履行职责。公司在报告期内尚未设立独立董事,公司将根据有关规定在 2002 年 6 月 30 日前设立两名独立董事。

4、关于监事和监事会:公司监事会的人数和人员构成符合法律法规的要求。公司监事能够认真履行自己的职责,本着对全体股东负责的精神,对公司财务以及公司董事、总经理和其他高级管理人员履行职责的合法性、合规性进行监督。

5、关于相关利益者:公司充分尊重和维护银行和其他债权人、职工、其他合作方的合法权益,共同推动公司持续、健康的发展。

6、关于信息披露制度:公司董事会秘书负责信息披露工作,接待股东来访和咨询。公司严格按照法律法规和《公司章程》的规定,真实、准确、完整、及时地披露有关信息,并确保所有股东有平等的机会获得信息。

7、公司将根据规范化要求进一步修改、完善有关法人治理结构方面的规章制度,包括《股东大会议事规则》、《董事会议事规则》、《监事会议事规则》等,同时修改《公司章程》中的相关内容。

第六章　股东大会简介

2001 年 5 月 9 日,公司召开第十三次股东大会(年度股东大会)。出席会议股东 2982 名,代表股份 1175415914 股,占公司总股本 71.98%。会议由公司董事会召集,有关股东大会决议内容刊登于 2001 年 5 月 10 日《上海证券报》和《中国证券报》。

有关公司第十三次股东大会通知刊登于 2001 年 4 月 5 日《上海证券报》和《中国证券报》。

第七章　董事会报告

第一节　报告期内经营情况

(一)主营业务的范围及其经营状况

公司主营业务范围为电力、能源的投资、建设和管理。公司主营业务收入和主营业务利润主要来源于上海地区电力产品的销售收入。占公司主营业务或主营业务利润 10%以上的业务活动为电力行业。2001 年度公司电力收入 200483 万元,营业成本 120626 万元,毛利率为 39.8%。

(二)报告期内,公司来源于参股的上海石油天然气总公司的投资收益对公司净利润影响达到 10%以上。上海石油天然气总公司业务性质为石油、天然气的开发、生产和经营,主要产品为石油、天然气,报告期内,该公司的净利润为 63630 万元。

(三)主要供应商、客户情况

公司向前五名供应商合计的采购金额占年度采购总额的比例为 94.7%,公司向前五名客户的销售额合计占公司销售总额的比例为 99.3%。

第二节　报告期内投资情况

1、报告期内公司投资情况

报告期内,公司实现投资额 107072 万元,较上年增加 58249 万元,主要原因是按照公司年度投资计划和项目实际进展情况进行投资。报告期内公司投资项目如下:

名称	主要经营活动	公司占被投资公司权益比例
1、上海外高桥第二发电有限责任公司	电力建设	40%
2、浙江桐柏抽水蓄能电站	电力建设	20%
3、上海天然气管网有限公司	城市主干输气管网建设	60%
4、上海外高桥发电有限责任公司	电力生产经营	50%
5、上海申能星火热电有限责任公司	电力、热力生产经营	90%

2、在报告期内,公司没有募集资金,也没有发生在报告期前募集资金的使用延续到报告期内的情况。

3、报告期内公司投资的重大项目生产经营及建设进度情况说明。

2001 年公司投资的电力能源企业生产经营情况继续保持良好的态势,各发电企业认真抓好安全生产和设备管理,充分抓住第三季度发用电高峰时机,克服困难多发电,经营情况均完成或超额完成企业的年度经营目标。

上海外高桥发电有限责任公司去年通过加强管理和扎实工作,年度累计发电量 69.65 亿度,完成全年计划的 107%,供电煤耗、厂用电率等技术经济指标均完成年度计划,截止 2001 年 12 月 31 日,该公司实现连续安全生产 1036 天。上海吴泾第二发电有限责任公司第 2 台机组于去年 5 月投入商业运行,为上海电网迎峰渡夏作出了重要贡献,12 月第 2 台机组先后通过上海市电力公司的基建达标预检和国家电力公司华东公司的复检,该公司去年年度累计发电量 54.4 亿度,完成全年计划 101%。上海石油天然气总公司 2001 年油气产量稳步增长,特别是石油产量达到 58.93 万吨,完成年度计划的 118%,创投产以来的最高水平,天然气产量 3.3 亿立方米,完成年度计划的 106%。上海申能星火热电有限责任公司去年累计完成发电量 1.28 亿度,售热量 143.5 万百万千焦,分别完成全年计划的 105%和 102%。浙江天荒坪抽水蓄能发电有限责任公司去年累计完成发电量 22.38 亿度,完成年度计划的 118%,该电站在去年迎峰渡夏期间,为华东电网安全运行作出了积极贡献。

公司在建和拟建项目去年也取得了重要进展。上海外高桥第二发电有限责任公司开工报告 2001 年 5 月底获国家计委批准,工程于去年 7 月 18 日正式开工。上海天然气高压输气管网一期工程项目去年 5 月市计委同意开展"首站至江桥调压站(即"两站一线")"段管道前期工作,8 月市计委批复两站一线项目可行性研究报告,年底,上海天然气管网有限公司正式注册成立,目前该工程的开工准备工作已基本就绪。浙江桐柏抽水蓄能电站项目 2000 年 12 月国家计委批准项目可行性研究报告,项目开工报告已获国务院批准,目前正积极进行各项前期准备工作。上海化学工业区热电联供项目去年抓紧进行中资合同谈判,年底前基本完成对合同和章程的草签工作,与管网公司间的供气协议和与下游用户的用汽协议以及对外招商的文件均在积极准备中。东海平湖油气田扩建工程的各项前期准备工作也在积极进行中。

第三节　报告期内公司财务状况和经营成果

单位:人民币元

指标	报告期末数	上年期末数	增减数(+、-)	增减原因
总资产	9,907,849,920.62	9,830,255,715.65	77,594,204.97	正常经营活动
长期负债	2,442,029,618.78	2,687,491,407.90	-245,461,789.12	归还长期借款
股东权益	5,041,890,652.34	4,684,363,129.43	357,527,522.91	本年度利润增加
主营业务利润	772,795,012.65	536,151,335.13	236,643,677.52	注 1
净利润(调整后)	1,155,485,205.26	1,463,294,043.32	-307,808,838.06	注 2

注:

1、主营业务利润增加主要原因是上海吴泾第二发电有限责任公司 1 号机组本年度实现了全年度安全满发和 2 号机组 2001 年 5 月投产;

2、调整后净利润下降主要原因是上年度转让石洞口电厂 1 号机组获得 3.31 亿元转让收益,债券投资获得收益 1.09 亿元,而本期无上述收益,并且本期长期债权投资收益下降。

第四节　公司 2002 年度经营计划

2002 年公司将按照国家和上海经济、社会发展的大局,结合公司实际情况,在顺利完成增发新股工作的基础上,抓紧募集资金投资项目的建设。同时加强内部管理,稳定经营业绩,进一步增强公司的综合竞争能力。

1、进一步完善电力能源项目的投资管理体系,做好电力能源项目的经营管理,提高经济效益。

2002 年度针对公司已控股一家大型发电企业和天然气管网建设运营企业的实际情况,以建立健全投资项目法人治理结构为抓手,以有利于企业发展为原则,既强化管理,又切实帮助、支持、配合所投资项目公司搞好生产经营;加强研究电力能源市场情况,积极与有关部门沟通,确保电量、电价、气价在公平、公正原则下制定,探索并逐步建立公司电力能源投资管理体系。

2002 年度上海外高桥发电有限责任公司计划发电 65 亿度,上海吴泾第二发电有限责任公司计划发电 65 亿度,上海石油天然气总公司计划生产原油 40 万吨,生产天然气 3.76 亿立方米,上海吴泾发电有限责任公司计划发电 33 亿度,上海申能星火热电公司计划发电 1.2 亿度,售热量 150 万百万千焦,浙江天荒坪抽水蓄能发电有限责任公司计划发电 23.9 亿度。

2、用好增发募集资金,抓紧募集资金投资项目的建设,积极做好新一轮电力能源项目的建设及前期准备工作。

公司将本着对全体股东负责的精神,严格按《招股说明书》所列资金用途和投资进度运用好募集资金,抓紧项目的建设,争取早日建成投产并产生经济效益,回报广大股东。

天然气管网一期工程建设是公司今年的重点工作之一。管网公司正式注册成立后,今年主要工作是进一步理顺关系,并全面开始管网一期工程的建设,主要建设首站、白鹤-江桥管线和郊环线、外环线局部管道。同时要进一步落实大用户,做好签订购销协议的各项准备工作。积极与其他投资方合作,做好外高桥电厂二期工程的建设工作,进一步加强在投资及资金使用、工程质量、施工进度、成本控制等方面的规范科学管理。浙江桐柏抽水蓄能电站 2002 年计划主体工程正式开工建设,公司将抓紧研究确定电站的管理模式。上海化学工业区热电联供项目计划年内部分工程开工建设,项目公司成立,同时抓紧与化工区热用户的蒸汽购销协议的谈判,签定购电合同。东海平湖油气田扩建项目可研报告今年将获得批准,争取年内开工,以迎接未来上海多气源竞争的挑战。

3、进一步夯实、优化公司资产质量,完善公司法人治理结构和机构体制建设,提高公司规范化管理水平。

今年公司将按照监管部门新颁布的有关上市公司规范化建设的文件要求,结合公司董事会换届,进一步健全董事会的工作,深化完善有关法人治理结构和信息披露方面的规章制度建设。

公司将在前些年顺利完成国家股回购、资产置换和增发新股工作的基础上,从进一步夯实、优化公司资产质量角度出发,积极争取集团公司和有关主管部门的支持,适时再作进一步的资产结构调整,不断提高公司的规范化管理水平。

4、进一步加强公司的资金财务管理,努力提高公司资金使用效益和公司的盈利能力。

根据公司发展需要,进一步加强内控制度建设,完善财务监控和财务信息系统建设,进一步强化财务计划、资产、收入、成本、费用管理。同时根据公司投资经营活动产生的现金流量情况,在满足投资项目资金需求和日常经营活动必要的资金需求前提下,在有效控制风险的前提下,努力提高资金使用效益和公司的盈利能力。

第五节　公司本次利润分配预案

公司 2001 年度调整后净利润为 115549 万元,从中提取法定盈余公积金 17295 万元,提取法定公益金 8648 万元,为满足公司电力、能源项目建设资金需求,提取 25%的任意盈余公积金 28887 万元,当年尚余可供股东分配利润 60719 万元,加年初未分配利润和其他转入合计 7783 万元,本次可供股东分配利润合计为 68502 万元。公司拟按增发后总股本 179308.78 万股为基数,每股派发现金红利 0.35 元(社会公众股含个人所得税),共计分配股利 62758 万元,尚余未分配利润 5744 万元,结转至下年度。

公司 2001 年利润分配占公司 2001 年度实现净利润加 2000 年度结转未分配利润的 51%,超过了公司 2000 年度报告预计 2001 年度利润分配不低于 45%的分配比例,与《2001 年度利润分配政策》相符。

第八章　监事会报告

第一节　监事会工作情况

报告期内,公司共召开 3 次监事会。分别是:

1、2001 年 2 月 20 日,公司召开三届监事会第五次会议。会议应到监事 3 名,参加表决监事 3 名。会议通过了以下决议:

(1)审议通过了《公司 2000 年度监事会工作报告》;

(2)审议通过了《公司监事会 2001 年度工作计划》;

(3)监事会认为公司 2000 年度财务报表、财务报告及大华会计师事务所年度审计报告真实、客观、准确地反映了公司的财务状况和经营成果;

(4)监事会认为公司 2000 年度重大决策事项,均符合《公司法》及《公司章程》有关规定,未发现公司董事及高级管理人员在执行职务时违反法律、法规、公司章程及侵犯股东利益的行为;

(5)监事会认为公司在 2000 年度与申能(集团)有限公司进行的关于转让对石洞口电厂一号机组长期投资的关联交易公开、公允,维护了公司和非关联股东的利益;

(6)监事会认为三届七次董事会所作出的各项决议操作程序符合《公司法》及《公司章程》规定。

2、2001 年 8 月 22 日,公司召开三届监事会第六次会议,会议应到监事 3 名,参加表决监事 3 名。会议形成以下决议:

(1)调整职工代表监事人选;

(2)监事会认为《申能股份有限公司 2001 年中期报告》中的各项经济指标真实地反映了公司的财务状况和经营情况,财务会计文件无虚假记载或重大遗漏。有关各项资产减值准备的计提和会计调整符合财政部《企业会计制度》及其他有关规定,合法有效,依据充分;

(3)监事会认为公司三届九次董事会所作出的各项决议是规范、审慎的,符合《公司法》及《公司章程》有关规定。

3、2001 年 10 月 30 日,公司召开三届监事会第七次全体会议。会议应到监事 3 名,参加表决监事 3 名。经审议,监事会认为《申能股份有限公司 2001 年度第三季度报告》中的各项经济指标真实地反映了公司财务状况和经营情况,财务会计文件无虚假记载或重大遗漏。

另外,2001年度监事会对公司重大投资项目上海外高桥发电有限责任公司的经营管理状况作了专题了解,促进了公司投资的电力企业建立现代企业制度,维护股东方的合法权益。

第二节　监事会独立意见

(一)公司依法运作情况

监事会依据有关法律法规,对公司股东大会、董事会的召开程序、决议事项、董事会对股东大会决议的执行情况、公司高级管理人员执行职务的情况及公司管理制度等进行了监督和检查。监事会认为公司董事、经理和高级管理人员能认真遵照《公司法》、《证券法》、《上市公司治理准则》、《公司章程》及其他有关法律、法规制度进行规范运作,经营决策合理。公司建立了较为完善的内控机制,公司董事、经理和高级管理人员在执行职务行为时未发现有违反法律、法规、《公司章程》或损害公司利益的行为。

(二)检查公司财务的情况

公司监事会对公司的财务制度和财务状况进行了认真、细致的检查,认为公司2001年度财务报告能够真实地反映公司的财务状况和经营成果,相关的内部控制制度健全有效,大华会计师事务所有限公司出具的审计意见和对有关事项作出的评价是客观公正的。

(三)公司最近一次募集资金使用情况

公司1996年募集的资金已按配股说明书的承诺使用完毕,大华会计师事务所已对此作了说明。

(四)公司收购、出售资产情况

本报告期内,公司未发生收购和出售资产的行为。监事会未发现任何内幕交易,也没有发现损害股东权益或造成公司资产流失的情况。

(五)公司关联交易情况

报告期内,公司未发生重大关联交易。

第九章　重要事项

一、重大诉讼、仲裁事项

本年度公司无重大仲裁、诉讼事项。

二、收购及出售资产

本年度公司无重大收购及出售资产行为。

三、重大关联交易

本年度公司无重大关联交易。

四、重大合同及其履行情况

1、报告期内,公司没有发生重大托管、承包、租赁其他公司资产或其他公司托管、承包、租赁公司资产的事项。

2、重大担保事项

报告期内,公司根据第十三次股东大会的授权,按出资比例为浙江桐柏抽水蓄能发电有限责任公司提供担保,担保金额为3亿元;根据第十三次股东大会决议,按出资比例为上海外高桥第二发电有限责任公司使用世界银行联合融资贷款提供担保,担保金额为7593万德国马克,折合人民币3亿元。

3、公司不存在在报告期内或延续到报告期继续发生委托他人进行现金资产管理事项。

五、承诺事项

公司或持股5%以上股东没有在报告期内或持续到报告期内有承诺事项。

六、聘任、解聘会计师事务所情况

(一)报告期内聘任的会计师事务所仍为大华会计师事务所有限公司。该项聘任已经公司第十三次股东大会通过。

(二)支付会计师事务所报酬(单位:元)

	2001年度	2000年度
财务审计费用	600,000	500,000
其他费用	无	无
差旅费承担方式	公司承担1491元	公司承担11283元

注:1、2001年度审计费包括2000年度财务报告审计费、2001年中期财务报告审计费及增发新股盈利预测审计费;

2、2000年度审计费包括1999年度财务报告审计费、2000年中期财务报告审计费及增发新股《前次募集资金使用专项报告》审计费。

七、整改情况

报告期内,公司、公司董事会及董事没有受证监会稽查、行政处罚、通报批评及证券交易所公开谴责的情形。

八、增发新股方案实施情况

经中国证监会核准,公司于2002年1月30日刊登《增发招股意向书》,增发不超过16000万新股。2月1日,公司新股发行申购日,申购价格区间为1月30日"申能股份"收盘价格的80%-100%,即每股8.40-10.50元,以1月31日为股权登记日,原流通股股东的有效申购按10:3获得优先配售。

经过网下向机构投资者、网上向原流通股股东及其他社会公众者同时以累计投标询价,最终确定本次公司增发发行价格为每股10.50元,实际发行数量为16000万股,其中向网上原流通股股东和其他公众投资者发行14126.01万股,向网下机构投资者发行1873.99万股。扣除原流通股股东优先配售因素后,本次发行网上其他公众投资者和网下机构投资者的超额认购倍率为7.463倍。

经大华会计师事务所有限公司验资,本次发行扣除发行费用后,实际募集资金164598万元。由于银行结息时间原因,与本次发行申购有关的冻结资金利息尚未入帐,预计2002年3月底可入帐。

本次增发网上原流通股股东和其他公众投资者成功认购的股份14126.01万股于2002年3月5日上市流通。

九、中国加入世界贸易组织相关条款对公司未来经营活动的影响

入世后,我国经济将融入世界经济一体化的主流。据初步分析,"入世"对于我公司投资的电力、天然气行业所面临的形势,是利大于弊,机遇大于挑战。主要表现在:

1、公司的投资成本和经营成本的降低有一定的空间。

"入世"后我国电力、天然气工业基本建设项目的进口设备的关税税率将降低,从而降低公司投资项目的建设成本;同时,"入世"后对国内设备制造企业带来竞争,国内制造业将提高产品质量、服务质量和降低价格,使公司投资的电力企业得益。

2、"入世"后将推动国际资本进入我国能源市场,使能源产业资本总量增加,有利于公司与国际资本强强联合,做大做强电力能源主业。

3、对我公司经营管理提出了新的要求。

"入世"后,我公司的主营业务与国际能源市场的关联程度会逐步增大,国际市场的能源价格及汇率的波动对公司的影响将进一步显现,要求公司进一步提高综合竞争力。

第十章　财务报告

(一)审计意见

公司2001年度财务会计报告已经大华会计师事务所有限公司审计,并由注册会计师陆永炜、陆国豪出具了标准无保留意见审计报告。

(二)会计报表(附后)

(三)会计报表附注:

会计政策、会计估计的变更:

(1)期末固定资产原按帐面净值计价,现改为按固定资产帐面价值与可收回金额孰低计价,对可收回金额低于帐面价值的差额,计提固定资产减值准备;

(2)期末在建工程原按实际发生的购建成本计价,现改为按在建工程帐面价值与可收回金额孰低计价,对可收回金额低于购建成本的差额,计提在建工程减值准备;

(3)期末无形资产原按帐面净值计价,现改为按无形资产帐面价值与可收回金额孰低计价,对可收回金额低于帐面价值的差额,计提无形资产减值准备;

(4)期末委托贷款原按帐面原值计价,现改为按委托贷款帐面价值与可收回金额孰低计价,对可收回金额低于帐面价值的差额,计提委托贷款减值准备。

本公司原执行《股份有限公司会计制度》,根据财政部财会(2000)25号《关于印发〈企业会计制度〉的通知》的规定,自2001年1月1日起执行《企业会计制度》。在编制2001年年度会计报表时,对于上年度会计报表中的项目名称和金额,已按照《企业会计制度》规定的报表格式进行了重新分类和表述;对于本年度会计政策与上年度会计政策的差异,已按照《企业会计制度》及相关会计准则的规定进行了追溯调整,具体如下:

	在建工程减值准备	影响当年净利润	影响留存收益(含盈余公积)	其中:年初盈余公积	其中:年末未分配利润
2000年末					
调整前余额	0.00	0.00			
调整后余额	3,000,000.00	0.00			
差额	3,000,000.00	0.00	-3,000,000.00	-1,500,000.00	-1,500,000.00
1999年及以前					
调整前余额	0.00	0.00			
调整后余额	3,000,000.00	-3,000,000.00			
差额	3,000,000.00	-3,000,000.00	-3,000,000.00	-1,500,000.00	-1,500,000.00

(2)因调整住房周转金及职工住房影响2000年度利润总额56,474,745.57元,影响1999年度及以前年度利润总额31,712,292.40元。

申能股份有限公司董事会

2002年3月5日

利润及利润分配表

编制单位:申能股份有限公司　　2001年　　单位:元

项目	注释号	本年数		上年数	
		母公司	合并	母公司	合并
一、主营业务收入	五.30	328,820.00	2,004,831,864.11	4,805,290.00	1,423,971,949.88
减:主营业务成本	五.30	0.00	1,206,260,488.79	0.00	871,338,097.02
主营业务税金及附加	五.31	118,375.75	25,776,362.67	167,979.26	16,482,517.73
二、主营业务利润(亏损以"-"号填列)		210,444.25	772,795,012.65	4,637,310.74	536,151,335.13
加:其他业务利润(亏损以"-"号填列)		23,605,625.00	23,906,143.69	103,878.50	407,766.42
减:营业费用		0.00	0.00	0.00	0.00
管理费用		22,713,639.83	150,467,308.03	11,411,349.20	150,657,561.15
财务费用	五.32	68,342,273.62	196,349,643.77	130,926,745.37	219,749,612.27
三、营业利润(亏损以"-"号填列)		-67,239,844.20	449,884,204.54	-137,596,905.33	166,151,928.13
加:投资收益(损失以"-"号填列)	五.33	941,895,605.28	563,166,741.59	1,424,191,681.91	1,203,702,336.67
补贴收入		0.00	0.00	0.00	0.00
营业外收入		50,326.94	331,934.96	0.00	18,011.50
减:营业外支出		84,844.61	1,615,651.39	0.00	10,910,158.71
四、利润总额(亏损以"-"号填列)		874,621,243.41	1,011,767,229.70	1,286,594,776.58	1,358,962,117.59
减:所得税		9,681,501.35	126,176,492.59	113,846,196.46	168,446,810.01
少数股东损益(合并报表填列)		0.00	20,650,995.05	0.00	17,766,727.46
加:未确认的投资损失(合并报表填列)		0.00	0.00	0.00	0.00
五、净利润(亏损以"-"号表示)		864,939,742.06	864,939,742.06	1,172,748,580.12	1,172,748,580.12
加:非正常经营项目收益调整		290,545,463.20	290,545,463.20	290,545,463.20	290,545,463.20
六、调整后净利润(亏损以"-"号表示)		1,155,485,205.26	1,155,485,205.26	1,463,294,043.32	1,463,294,043.32
加:年初未分配利润		135,016,998.83	62,802,825.90	138,259,473.23	136,282,815.64
减:减少注册资本减少的未分配利润		0.00	0.00	0.00	0.00
加:其他转入		0.00	15,029,074.89	0.00	0.00
六、可供分配的利润		1,290,502,204.09	1,233,317,106.05	1,601,553,516.55	1,599,576,858.96
减:提取法定盈余公积		115,548,520.53	172,950,565.64	146,329,404.33	189,050,310.06
提取法定公益金		57,774,260.26	86,475,282.82	73,164,702.17	100,681,311.78
提取职工奖励及福利基金		0.00	0.00	0.00	0.00
提取储备基金		0.00	0.00	0.00	0.00
提取企业发展基金		0.00	0.00	0.00	0.00
利润归还投资		0.00	0.00	0.00	0.00
补充流动资本		0.00	0.00	0.00	0.00
归还借款的利润		0.00	0.00	0.00	0.00
单项留用的利润		0.00	0.00	0.00	0.00
七、可供投资者分配的利润		1,117,179,423.30	973,891,257.59	1,382,059,410.05	1,309,845,237.12
减:应付优先股股利		0.00	0.00		
提取任意盈余公积		288,871,301.32	288,871,301.32	512,152,915.17	512,152,915.17
应付普通股股利		627,580,719.15	627,580,719.15	734,889,496.05	734,889,496.05
转作股本的普通股股利		0.00	0.00	0.00	0.00
八、未分配利润		200,727,402.83	57,439,237.12	135,016,998.83	62,802,825.90
补充资料:					
1、出售、处置部门或被投资单位所得收益					
2、自然灾害发生的损失					
3、会计政策变更增加(或减少)利润总额				-59,746,231.91	-60,103,025.61
4、会计估计变更增加(或减少)利润总额					
5、债务重组损失					
6、其他					

资产负债表

编制单位:申能股份有限公司　　2001 年 12 月 31 日　　单位:元

		年末数		年初数	
资　　产	注释号	母公司	合并	母公司	合并
流动资产:					
货币资金	五.1	297,301,943.39	835,346,627.75	275,443,409.27	502,504,983.46
短期投资	五.2	14,000,000.00	0.00	14,000,000.00	87,549,365.27
应收票据	五.3	0.00	8,836,303.90	0.00	5,744,535.84
应收股利	五.4	40,845,420.00	40,845,420.00	0.00	0.00
应收利息		0.00	0.00	1,810,902.50	0.00
应收账款	五.5	0.00	285,400,432.06	0.00	399,513,702.71
其他应收款	五.6	45,759,917.97	50,381,521.71	2,774,617.61	12,774,528.31
预付账款	五.7	0.00	12,348,424.95	0.00	13,129,404.89
应收补贴款		0.00	0.00	0.00	0.00
存货	五.8	0.00	66,469,659.39	0.00	55,658,878.07
待摊费用		0.00	0.00	0.00	250,000.00
一年内到期的长期债权投资		0.00	0.00	0.00	47,270.00
其他流动资产		0.00	0.00	0.00	0.00
流动资产合计		397,907,281.36	1,299,628,389.76	294,028,929.38	1,077,172,668.55
长期投资:	五.9				
长期股权投资		4,909,932,845.87	2,540,801,369.92	4,028,210,637.45	1,719,254,861.45
长期债权投资		1,560,077,097.66	1,233,862,968.40	2,892,502,265.63	2,134,137,156.42
长期投资合计		6,470,009,943.53	3,774,664,338.32	6,920,712,903.08	3,853,392,017.87
其中:合并价差		0.00	-642,432,933.14	0.00	-731,548,722.51
固定资产:	五.10				
固定资产原值		8,482,651.75	5,888,964,014.83	7,256,361.75	4,841,129,478.35
减:累计折旧		4,895,277.29	1,331,291,803.81	4,084,148.99	916,102,374.52
固定资产净值		3,587,374.46	4,557,672,211.02	3,172,212.76	3,925,027,103.83
减:固定资产减值准备		0.00	0.00	0.00	0.00
固定资产净额		3,587,374.46	4,557,672,211.02	3,172,212.76	3,925,027,103.83
工程物资		0.00		0.00	241,232,795.62
在建工程	五.11	0.00	202,142,030.84	160,000.00	639,661,031.38
固定资产清理		0.00		66,544.88	66,544.88
固定资产合计		3,587,374.46	4,759,814,241.86	3,398,757.64	4,805,987,475.71
无形资产及其他资产:					
无形资产	五.12	0.00	1,458,368.71	0.00	2,152,400.05
长期待摊费用	五.13	58,938,456.91	72,284,581.97	65,104,512.21	91,551,153.47
其他长期资产		0.00	0.00	0.00	0.00
无形资产及其他资产合计		58,938,456.91	73,742,950.68	65,104,512.21	93,703,553.52
递延税项:					
递延税款借项		0.00	0.00	0.00	0.00
资产总计		6,930,443,056.26	9,907,849,920.62	7,283,245,102.31	9,830,255,715.65
负债和所有者权益(或股东权益)					
流动负债:					
短期借款	五.14	400,000,000.00	940,000,000.00	600,000,000.00	859,000,000.00
应付票据		0.00	0.00	0.00	0.00
应付账款	五.15	0.00	315,132,880.55	0.00	84,530,313.63
预收账款		0.00	0.00	0.00	0.00
应付工资	五.16	0.00	3,591,247.66	0.00	6,094,961.58
应付福利费		0.00	46,997.88	434,672.12	979,539.35
应付股利	五.17	627,580,719.15	627,580,719.15	734,889,496.05	734,889,496.05
应交税金	五.18	3,785,262.42	38,226,756.67	-258,619.78	25,217,084.35
其他应交款	五.19	23,421.00	758,283.51	0.00	684,657.95
其他应付款	五.20	251,475,078.23	285,782,357.72	637,966.50	49,059,230.48
预提费用	五.21	0.00	6,482,759.66	1,179,750.00	7,517,395.07
预计负债		0.00	0.00	0.00	0.00
一年内到期的长期负债	五.22	136,610,321.60	136,610,321.60	628,564,535.41	628,564,535.41
其他流动负债		0.00	0.00	0.00	0.00
流动负债合计		1,419,474,802.40	2,354,212,324.40	1,965,447,800.30	2,396,537,213.87
长期负债:					
长期借款	五.23	270,777,850.86	2,243,729,868.12	351,411,601.32	2,405,468,836.64
应付债券		0.00	0.00	0.00	0.00
长期应付款	五.24	198,299,750.66	198,299,750.66	282,022,571.26	282,022,571.26
专项应付款		0.00	0.00	0.00	0.00
其他长期负债		0.00	0.00	0.00	0.00
长期负债合计		469,077,601.52	2,442,029,618.78	633,434,172.58	2,687,491,407.90
递延税项:					
递延税款贷项	五.25	0.00	13,775,023.60	0.00	15,894,258.00
负债合计		1,888,552,403.92	4,810,016,966.78	2,598,881,972.88	5,099,922,879.77
少数股东权益(合并报表填列)		0.00	55,942,301.50	0.00	45,969,706.45
所有者权益(或股东权益):					
实收资本(或股本)	五.26	1,633,087,769.00	1,633,087,769.00	1,633,087,769.00	1,633,087,769.00
减:已归还投资		0.00	0.00	0.00	0.00
实收资本(或股本)净额		1,633,087,769.00	1,633,087,769.00	1,633,087,769.00	1,633,087,769.00
资本公积	五.27	1,140,972,274.95	1,140,972,274.95	1,020,803,774.95	1,020,803,774.95
盈余公积	五.28	2,067,103,205.56	2,210,391,371.27	1,604,909,123.45	1,677,123,296.38
其中:法定公益金		336,760,612.48	379,562,025.93	278,986,352.22	307,218,572.85
减:未确认的投资损失(合并报表填列)		0.00	0.00	0.00	0.00
未分配利润(未弥补亏损以"-"表示)	五.29	200,727,402.83	57,439,237.12	135,016,998.83	62,802,825.90
外币报表折算差额(合并报表填列)		0.00	0.00		
非正常经营项目收益调整		0.00	0.00	290,545,463.20	290,545,463.20
所有者权益(或股东权益)合计		5,041,890,652.34	5,041,890,652.34	4,684,363,129.43	4,684,363,129.43
负债和所有者权益(或股东权益)合计		6,930,443,056.26	9,907,849,920.62	7,283,245,102.31	9,830,255,715.65

现金流量表

编制单位:申能股份有限公司　　2001 年　　单位:元

项　　目	注释号	母公司	合并
一、经营活动产生的现金流量:			
销售商品、提供劳务收到的现金		27,122,380.00	2,464,585,161.82
收到的税费返还		6,925,103.05	6,925,103.05
收到的其他与经营活动有关的现金	五.34	6,085,148.36	18,025,456.08
现金流入小计		40,132,631.41	2,489,535,720.95
购买商品,接受劳务支付的现金		0.00	844,997,971.25
支付给职工以及为职工支付的现金		14,942,758.59	84,658,427.94
支付的各项税费		14,529,825.19	401,073,647.31
支付的其他与经营活动有关的现金	五.37	6,772,780.79	45,633,147.64
现金流出小计		36,245,364.57	1,376,363,194.14
经营活动产生的现金流量净额		3,887,266.84	1,113,172,526.81
二、投资活动产生的现金流量:			
收回投资所收到的现金		1,180,420,930.19	843,138,300.75
取得投资收益所收到的现金		1,205,340,878.44	675,985,096.94
处置固定资产、无形资产和其他长期资产所收回的现金净额		110,000.00	139,500.00
收到的其他与投资活动有关的现金	五.35	0.00	70,533,279.49
现金流入小计		2,385,871,808.63	1,589,796,177.18
购建固定资产、无形资产其他长期资产所支付的现金		1,286,468.12	244,917,062.96
投资所支付的现金		1,070,720,000.00	869,000,000.00
支付的其他与投资活动有关的现金	五.39	43,000,000.00	43,855,444.39
现金流出小计		1,115,006,468.12	1,157,772,507.35
投资活动产生的现金流量净额		1,270,865,340.51	432,023,669.83
三、筹资活动产生的现金流量:			
吸收投资所收到的现金		0.00	0.00
其中:子公司吸收少数股东权益性投资所收到的现金(合并报表填列)		0.00	0.00
借款所收到的现金		1,000,000,000.00	1,965,000,000.00
收到的其他与筹资活动有关的现金	五.36	112,716,000.00	112,716,000.00
现金流入小计		1,112,716,000.00	2,077,716,000.00
偿还债务所支付的现金		1,564,680,199.73	2,295,360,199.73
分配股利、利润或偿付利息所支付的现金		800,929,873.50	994,710,352.62
其中:子公司支付给少数股东的股利(合并报表填列)			
支付的其他与筹资活动有关的现金	五.38		
现金流出小计		2,365,610,073.23	3,290,070,552.35
筹资活动产生的现金流量净额		-1,252,894,073.23	-1,212,354,552.35
四、汇率变动对现金的影响			
五、现金及现金等价物净增加额		21,858,534.12	332,841,664.29
项　　目	注释号	母公司	合并
补充资料:			
1、将净利润调节为经营活动的现金流量:			
净利润		864,939,742.06	864,939,742.06
加:少数股东本期损益(合并报表填列)(亏损以"-"号表示)		0.00	20,650,995.05
减:未确认的投资损失(合并报表填列)		0.00	0.00
加:计提的资产减值准备		6,567,340.00	7,099,982.04
固定资产折旧		811,128.30	412,857,501.70
无形资产摊销		0.00	0.00
长期待摊费用摊销		6,166,055.30	20,077,196.00
待摊费用减少(减增加)		0.00	250,000.00
预提费用增加(减减少)		0.00	250,000.00
处置固定资产、无形资产和其他长期资产的损失(减收益)		-40,482.33	601,866.40
固定资产报废损失		0.00	870,929.05
财务费用		69,178,798.15	201,558,632.13
投资损失(减收益)		-948,564,105.28	-569,835,241.59
递延税款贷项(减借项)		0.00	-2,119,234.40
存货的减少(减增加)		0.00	-10,852,301.46
经营性应收项目的减少(减增加)		154,359.64	89,596,171.99
经营性应付项目的增加(减减少)		4,469,742.81	76,966,155.25
其他		204,688.19	260,132.59
经营活动产生的现金流量净额		3,887,266.84	1,113,172,526.81
2、不涉及现金收支的投资和筹资活动:			
债务转为资本			
一年内到期的可转换公司债券			
融资租赁固定资产			
3、现金及现金等价物净增加情况:			
现金的期末余额		297,301,943.39	835,346,627.75
减:现金的期初余额		275,443,409.27	502,504,983.46
现金等价物的期末余额		0.00	0.00
减:现金等价物的期初余额		0.00	0.00
现金及现金等价物增加净额		21,858,534.12	332,841,644.29

600644 乐山电力股份有限公司

2001年年度报告摘选

一、公司基本情况简介

(一)公司法定中、英文名称及缩写
中文名称:乐山电力股份有限公司
英文名称:LESHAN ELECTRIC POWER CO.,LTD
英文缩写:LEP
(二)公司法定代表人:刘虎廷
(三)公司董事会秘书及其证券事务代表的姓名、联系地址、电话、传真、电子信箱
董事会秘书:李江
董事会证券事务代表:吴 忠
联系地址:乐山市市中区嘉定北路46号
联系电话:0833-2445800 0833-2445801
传真:0833-2445900
电子信箱:Lslep@ls-public.sc.cninfo.net
(四)公司注册地址、公司办公地址及其邮政编码、公司国际互联网网址、电子信箱
注册地址:乐山市市中区嘉定北路46号
办公地址:乐山市市中区嘉定北路46号
邮政编码:614000
国际互联网网址:http//www.lsep.com.cn
电子信箱:Lslep@ls-public.sc.cninfo.net
(五)公司选定的信息披露报纸名称、登载年度报告的中国证监会指定网站的网址、公司年度报告备置地点
选定的信息披露报纸名称:《中国证券报》、《上海证券报》
登载年度报告的中国证监会指定网站的网址:http//www.sse.com.cn
年度报告备置地点:乐山市市中区嘉定北路46号公司董事会办公室
(六)公司股票上市交易所、股票简称、股票代码
股票上市交易所:上海证券交易所
股票简称:乐山电力
股票代码:600644

二、会计数据和业务数据摘要(合并报表)

(一)本年度利润完成情况及构成

项 目	单位:元
1、利润总额	35,023,162.98
2、净利润	28,025,731.38
3、扣除非经常性损益后的净利润	22,919,395.79
4、主营业务利润	72,668,882.52
5、其他业务利润	1,863,816.22
6、营业利润	12,695,508.58
7、投资收益	1,634,841.99
8、补贴收入	19,720,089.97
9、营业外收支净额	972,722.94
10、经营活动产生的现金流量净额	72,529,854.90
11、现金及现金等价物净增减额	51,434,871.00

注:扣除非经常损益的项目和涉及的金额:

项目	金额
股权转让收益	4,326,789.00
营业外收入	4,146,310.05
非经常性补贴收入	538,525.42
营业外支出	3,905,288.88
小计	5,106,335.59

(二)截止报告期末公司前三年的主要会计数据和财务指标

(单位:元)

项目	2001年	2000年		1999年	
		调整前	调整后	调整前	调整后
1、主营业务收入	251,851,884.84	284,691,306.05	300,804,560.36	265,786,854.35	265,786,854.35
2、净利润	28,025,731.38	37,130,911.30	40,204,616.98	29,117,360.51	27,857,473.17
3、总资产	1,119,153,800.72	1,103,302,434.71	1,084,083,598.19	1,038,159,069.73	1,014,527,642.67
4、股东权益(不含少数股东权益)	464,719,050.55	477,126,704.22	443,946,893.23	448,089,795.88	429,701,073.77
5、每股收益(摊薄)	0.11	0.15	0.16	0.19	0.18
6、每股收益(加权平均)	0.11	0.15	0.16	0.19	0.18
7、每股收益(扣除非经常性损益)	0.09	0.13	0.14	0.20	0.19
8、每股净资产	1.89	1.91	1.78	2.87	2.76
9、调整后的每股净资产	1.80	1.69	1.63	2.76	2.64
10、每股经营活动产生的现金流量净额	0.29	0.29	0.29	0.25	0.25
11、净资产收益率	5.94	7.78	9.06	6.57	6.48

三、股本变动及股东情况

(一)股本变动情况表

(单位:股)

	本次变动前	本次变动增减(+、—) 配股	送股	公积金转增	增发	其他	小计	本次变动后
一、尚未流通股								
(一)发起人股份								
其中:								
国家持有股份	73153822							73153822
境内法人持有股份	2993191							2993191
(二)非发起人股								
境内法人持有股份	44427915							44427915
尚未流通股合计	120574928							120574928
二、已流通股份								
人民币普通股	128761571							128761571
已流通股合计	128761571							128761571
股份总数	249336499							249336499

600645 上海望春花(集团)股份有限公司

2001年年度报告摘选

一、公司简介

1、公司法定中文名称:上海望春花(集团)股份有限公司
公司法定英文名称:SHANGHAI MET (GROUP) CORPORATION
2、公司法定代表人:李德福
3、公司董事会秘书:刘诚
公司证券事务代表:严建中
联系地址:上海市北翟路1168号
电话:(021)52171679、62398803*5311 传真:(021)52600580
e-mail:yanjz@online.sh.cn
4、公司注册地址及办公地址:上海市北翟路1168号
邮政编码:200335
公司网址:http://www.met-china.com
5、公司信息披露报纸:上海证券报
登载公司年度报告的国际互联网网址:http://www.sse.com.cn
公司年度报告备置地点:公司董秘室
6、公司股票上市交易所:上海证券交易所
股票简称:望春花 股票代码:600645

二、会计数据和业务数据摘要

1、本年度利润总额及构成(单位:元)

项目	金额
利润总额	10,378,233.51
净利润	2,525,687.33
扣除非经常性损益后的净利润	4,531,429.54
主营业务利润	32,254,121.81
其他业务利润	2,669,758.04
营业利润	-10,576,380.82
投资收益	21,814,629.41
补贴收入	939,316.60
营业外收支净额	-1,799,331.68
经营活动产生的现金流量净额	-68,836,095.46
现金及现金等价物净增加额	18,079,500.64

注:非经常性损益是指公司正常经营损益之外的、一次性或偶发性损益。
本公司扣除的非经常性损益包括的项目、涉及金额为:

项目	金额
(1)处置长期投资净收益	-1,178,530.19
(2)处置固定资产净损失	-1,008,952.37
(3)赔款收入	71,740.35
(4)星火项目贴息款	110,000.00
合计	-2,005,742.21

2、近三年主要会计数据和财务指标(单位:元)

指标项目	2001年	2000年		1999年	
		调整后	调整前	调整后	调整前
主营业务收入	296,054,213.91	200,936,590.60	200,936,590.60	100,207,573.60	100,207,573.60
净利润	2,525,687.33	18,100,459.28	47,399,139.84	5,291,126.99	19,894,676.32
总资产	781,364,485.82	619,070,292.50	678,355,994.84	635,475,395.84	652,210,749.25
股东权益(不含少数股东权益)	360,544,549.32	364,117,640.34	418,139,181.37	356,122,448.30	372,302,716.48
每股收益					
--摊薄	0.010	0.116	0.303	0.034	0.127
--加权	0.010	0.116	0.303	0.034	0.127
--扣除非经常性损益	0.018	0.042	0.230	-0.062	-0.062
每股净资产	1.442	2.330	2.676	2.279	2.382
调整后的每股净资产	1.327	2.176	2.486	2.091	2.194
每股经营活动产生的现金流量净额	-0.275	0.203	0.203		
净资产收益率(%)	0.701	4.97	11.33	1.49	5.34

三、股本变动及股东情况

1、股本变动情况
截止日:2001年12月31日;单位:股

	期初数	本次变动增减(+/--)	期末数
(一)尚未流通股份			
1、社会法人股	94,920,395	+56,952,237	151,872,632
尚未流通股份合计	94,920,395	+56,952,237	151,872,632
(二)已流通股份			
1、境内上市的人民币普通股	61,347,100	+36,808,260	98,155,360
已流通股份合计	61,347,100	+36,808,260	98,155,360
(三)股份总数	156,267,495	+93,760,497	250,027,992

2、股东情况介绍
(1)报告期末股东总数为8,941户。
(2)报告期末前十名股东持股情况

序号	股东名称	本期末持股增减情况(+/-)(股)	年末持股数量(股)	占总股本比例(%)	股份性质
1	华银投资控股有限公司	+27,348,307	72,928,819	29.17	法人股 流通股
2	厦门奇胜股份有限公司	+5,790,393	40,507,714	16.20	法人股
3	上海望春花实业有限公司	+9,120,000	24,320,000	9.72	法人股 流通股
4	瑞奇置业		2,942,600	1.18	流通股
5	兴海大修		1,325,290	0.53	流通股
6	青阳绒布		1,048,320	0.42	法人股
7	李维喜		967,807	0.38	流通股
8	肖海		842,560	0.34	流通股
9	日清生物		754,790	0.30	法人股
10	纺织进出		748,800	0.30	法人股

600646 上海国嘉实业股份有限公司

2001 年年度报告摘选

第一章 公司基本情况介绍

一、公司中文名称:上海国嘉实业股份有限公司
公司英文名称:SHANGHAI CITIC-JIADING INDUSTRIAL CO.,LTD.
二、公司法定代表人:王英玲
三、公司董事会秘书:李文利
证券事务代表:翁海永
联系电话:021-63916888-286
传真号码:021-63916777、63916555
电子信箱:gjsy600646@sina.com
联系地址:上海淮海中路 381 号中环广场 32 层
四、公司注册地址:上海余庆路 134 弄 3 号
公司办公地址:上海淮海中路 381 号中环广场 32 层
邮政编码:200020
公司国际互联网网址:www.wizabc.com
五、公司信息披露报纸:《上海证券报》
六、登载公司年报的国际互联网网址:www.sse.com.cn
七、公司年报备置地点:公司董事会办公室
八、公司股东接待日:每周五下午 1:00—5:00
接待人:翁海永、盛静文
九、公司股票上市地:上海证券交易所
股票简称:国嘉实业
股票代码:600646

第二章 会计数据和业务数据摘要

一、本年度主要利润指标情况: 单位:元

项目	2001 年 1-12 月
1、利润总额	-173,715,966.46
2、净利润	-168,139,583.00
3、扣除非经常性损益后的净利润 *	-122,127,982.43
4、主营业务利润	1,492,853.61
5、其他业务利润	1,292,126.10
6、营业利润	-118,271,328.44
7、投资收益	-18,445,078.29
8、补贴收入	0
9、营业外收支净额	-36,999,559.73
10、经营活动产生的现金流量金额	-101,317,405.47
11、现金及现金等价物净增减额	-57,488,063.10

二、截至报告期末前三年主要会计数据和财务指标: 单位:元

指标项目	2001 年	2000 年		1999 年	
		调整前	调整后	调整前	调整后
1、主营业务收入	6,924,218.05	211,668,693.05	211,668,693.05	385,864,228.53	385,864,228.53
2、净利润	-168,139,583.00	45,452,079.82	-32,385,995.73	73,338,510.82	49,272,070.45
3、总资产	838,613,835.27	900,115,872.72	945,191,912.05	812,832,365.17	860,559,936.22
4、股东权益(不含少数股东权益)	101,772,953.99	387,571,501.37	269,912,536.99	341,423,759.12	300,579,533.59
5、每股收益(摊薄)	-0.936	0.253	-0.18	0.408	0.274
6、每股收益(加权)	-0.936	0.253	-0.18	0.408	0.274
7、每股收益(扣除非经营性损益后)	-0.680	0.254	-0.179	0.455	0.321
8、每股净资产	0.566	2.16	1.50	1.90	1.67
9、调整后的每股净资产	0.091	2.12	1.46	1.88	1.65
10、净资产收益率(摊薄)	-165.21%	11.73%	-12%	21.48%	16.39%
11、净资产收益率(加权)	-90.47%	12.48%	-11.39%	24.23%	16.29%
12、净资产收益率(扣除非经常性损益后)	-120.00%	11.77%	-11.92%	23.95%	19.19%
13、每股经营活动产生的现金流量净额	-0.564	-0.027	-0.027	-1.09	1.09

第三章 股东变动及股东情况

一、股份变动情况表

数量单位:万股

	本次变动前	本次变动增减						本次变动后
		配股	送股	公积金转股	增发	其他	小计	
一、未上市流通股份								
1、发起人股份								
其中:								
国家持有股份								
境内法人持有股份								
境外法人持有股份								
其他								
2、募集法人股	3038.01							3038.01
3、内部职工股								
4、优先股或其他								
*5、其他	11894.97							11894.97
未上市流通股份	14932.98							14932.98
二、已上市流通股份								
1、人民币普通股	3038.01							3038.01
2、境内上市外资股								
3、境外上市外资股								
4、其他								
已上市流通股份合计	3038.01							3038.01
三、股份总数	17970.99							17970.99

600647 上海同达创业投资股份有限公司

2001 年年度报告摘选

第一节 公司简介

(一)公司法定中文名称:上海同达创业投资股份有限公司
公司法定英文名称:SHANGHAI TONGDA VENTURE CAPITAL CO., LTD.
公司英文名称缩写:STD
(二)公司法定代表人:陈玉华先生
(三)公司董事会秘书:胡嘉捷先生
联系地址:上海市浦东新区金新路 58 号银桥大厦 25 楼
联系电话:(021)58545898 传真:(021)58541001
(四)公司注册地址:上海市浦东新区金新路 58 号银桥大厦 25 楼
公司办公地址:上海市浦东新区金新路 58 号银桥大厦 25 楼
邮政编码:201206
公司电子信箱:gd600647@online.sh.cn
(五)公司选定的信息披露报纸名称:《上海证券报》
登载公司年度报告的中国证监会指定国际互联网网址:http://www.sse.com.cn
公司年度报告备置地点:上海市浦东新区金新路 58 号银桥大厦 25 楼
(六)公司股票上市地:上海证券交易所
股票简称:ST 同达 股票代码:600647
(七)公司首次注册日期:1991 年 7 月 27 日
变更注册日期:2001 年 8 月 20 日
注册地址:上海市浦东新区金新路 58 号银桥大厦 25 楼
企业法人营业执照注册号:3100001000586
税务登记号:310044521344035
公司聘请的会计师事务所名称:大华会计师事务所有限公司
办公地址:上海市昆山路 146 号

第二节 会计数据和业务数据摘要

(一)本年度主要利润指标(合并报表)(单位:人民币元)

项目	金 额
利润总额	-21,811,261.64
净利润	-21,513,240.22
扣除非经常性损益后的净利润	-21,492,981.64
主营业务利润	6,971,634.76
其他业务利润	668,933.57
营业利润	-5,519,983.45
投资收益	-16,271,019.61
补贴收入	-
营业外收支净额	-20,258.58
经营活动产生的现金流量净额	1,525,221.70
现金及现金等价物净增加额	-7,587,463.03

注:扣除的非经常性损益项目和涉及金额:营业外支出 20258.58 元。

(二)截止报告期末公司前三年主要会计数据和财务指标(合并报表) 单位:人民币元

项目	2001 年度	2000 年度		1999 年度	
		调整后	调整前	调整后	调整前
主营业务收入	27,002,148.35	27,489,164.65	27,489,164.65	24,583,305.06	24,583,305.06
净利润	-21,513,240.22	-17,277,894.08	-7,909,806.82	1,920,804.06	3,044,681.42
总资产	75,830,287.75	152,137,347.05	166,773,810.50	168,266,867.52	173,456,846.81
股东权益	-26,125,888.09	-4,314,626.45	10,416,279.04	3,592,200.13	8,926,884.86
每股收益(摊薄)	-0.4020	-0.3229	-0.1478	0.0359	0.0569
扣除非经常性损益后的每股净利润	-0.4016	-0.3231	-0.1481	0.0378	0.0516
每股净资产	-0.4882	-0.0806	0.1946	0.0671	0.1668
调整后的每股净资产	-0.8879	-0.1663	0.0945	-0.0295	0.0531
每股经营活动产生的现金流量净额	0.0285	0.0171	0.0171	-0.6099	-1.9225
净资产收益率(%)摊薄			-0.7594	0.5347	0.3411

说明:

1、因净资产及收益均为负数,故净资产收益率无法比较。

2、2000 年度调整后净利润比调整前减少主要是调整了计提江都亚海造船有限公司的投资收益。

(三)报告期利润表附表

利润指标	净资产收益率(%)		每股收益(元/股)	
	全面摊薄	加权平均	全面摊薄	加权平均
主营业务利润	-0.2668	-0.4580	0.1303	0.1303
营业利润			-0.1031	-0.1031
净利润			-0.4020	-0.4020
扣除非经常性损益后的净利润			-0.4016	-0.4016

说明:因净资产及收益均为负数,故净资产收益率无法比较。

第三节 股本变动及股东情况

(一)股本变动情况(数量单位:股)

	本次变动前	本次变动增减(+、-)					本次变动后
		配股	送股	公积金转股	其他	小计	
一、未上市流通股份							
1、发起人股份							
其中:国家拥有股份							
境内法人持有股份	2,670,000						2,670,000
外资法人持有股份							
其他							
2、募集法人股	7,476,750						7,476,750
3、内部职工股							
4、优先股或其他	22,370,000						22,370,000
未上市流通股份合计	32,516,750						32,516,750
二、已上市流通股份							
1、人民币普通股	21,000,000						21,000,000
2、境内上市的外资股							
3、境外上市的外资股							
4、其他							
已上市流通股份合计	21,000,000						21,000,000
三、股份总数	53,516,750						53,516,750

600648 上海外高桥保税区开发股份有限公司

2001 年年度报告摘选

(一)公司基本情况简介

1、公司法定中文名称:上海外高桥保税区开发股份有限公司
公司法定英文名称:SHANGHAI WAI GAOQIAO FREE TRADE ZONE DEVELOPMENT CO.,LTD(缩写:WGQ)
2、公司法定代表人:刘新民
3、公司董事会秘书:高海明、仲春明
证券事务代表:刘巍
联系地址:中国上海浦东杨高北路 889 号贵宾楼(200131)
电话:021-58669217
传真:021-58680808
电子信箱:wgq@mail.shini.net.cn
4、公司注册及办公地址:中国上海浦东杨高北路 889 号
邮政编码:200131
公司国际互联网网址:http://www.waigaoqiao.com.cn
5、公司选定信息披露报纸:上海证券报、香港商报
登载公司年度报告的中国证监会指定国际互联网网址:http://www.sse.com.cn
公司年度报告备置地址:中国上海浦东杨高北路 889 号贵宾楼
6、公司股票上市交易所:上海证券交易所
公司股票简称(A 股):外高桥　代码:600648
(B 股):外高 B 股　代码:900912

(二)会计数据和业务数据摘要

1、业务数据摘要(单位:人民币元)

项目	金额
利润总额	-9,322,729.78
净利润	9,170,213.67
扣除非经常性损益后净利润	-31,617,131.35
主营业务利润	41,853,753.38
其他业务利润	329,640.77
营业利润	-38,242,810.56
投资收益	24,818,720.35
补贴收入	908,000.00
营业外收支净额	3,193,360.43
经营活动产生的现金流量净额	77,603,712.72
现金及现金等价物净增加额	110,062,380.51
注:扣除的非经常性损益项目和涉及金额	
(1) 营业外收支净额	3,193,360.43
(2) 委托投资损益	15,506,575.35
(3) 股权处置收益	-30,213.33
(4) 资金占用费	22,117,622.57
合计	40,787,345.02

2、主要会计数据和财务指标:(单位人民币万元,每股单位元)

	2001	2000 调整后	2000 调整前	1999 调整后	1999 调整前
主营业务收入(万元)	20,312.34	9,249.11	9,249.11	11,819.29	11,819.29
净利润(万元)	917.02	1,391.81	2,377.81	2,830.44	3,049.54
总资产(万元)	291,430.33	278,442.82	279,740.53	291,208.29	291,519.99
股东权益(不含少数股东权益)(万元)	139,140.90	139,974.43	141,259.25	140,621.26	140,920.09
每股收益(元)	0.0123	0.0205	0.0351	0.0418	0.045
每股净资产(元)	1.8675	2.0666	2.0855	2.0761	2.0805
调整后的每股净资产(元)	1.8054	2.0043	2.0695	1.9422	2.0437
每股经营活动产生的现金流量净额(元)	0.1042	0.0338	0.0338	-0.0904	-0.0904
净资产收益率(摊薄)	0.66	0.99	1.68	2.01	2.16

注:1、根据《企业会计制度》,本年度公司变更了会计政策(详见(十)财务会计报告二、公司主要会计政策、会计估计和合并财务报表的编制方法第 19 条)计提了固定资产减值准备,并进行了追溯调整,因此相应调整了 1999 年度和 2000 年度会计报表的相关数据。

注:2、公司在编制 2001 年中期报告时,计提了固定资产减值准备 1,246.86 万元,其中对自用房屋按市场价格预估计提了减值准备 1,038.29 万元,并采用追溯调整法,调整了期初留存收益及相关项目的期初数。为更准确地评价公司资产价值,经会计师事务所提议,期末公司对自用房屋进行了评估并按评估价值补提了固定资产减值准备 50.85 万元,会计师事务所又将该项调整时间界定为 2000 年。由此,公司调整了报表相关项目的期初数。

(三)股本变动及股东情况

1、股本变动情况:
(1)股份变动情况表:(数量单位:万股)

	本次变动前	本次变动增减(+、-) 配股	送股	公积金转股	增发	其他	小计	本次变动后
一、未上市流通股份								
1、发起人股份								
其中:								
国家持有股份	39,600	--	3,960	--	--	--	3,960	43,560
2、法人股	4,950	--	495	--	--	--	495	5,445
未上市流通股份合计	44,550	--	--	--	--	--	--	49,005
二、已上市流通股份								
1、人民币普通股	4,950	--	495	--	--		495	5,445
2、境内上市的外资股	18,232.5	--	1,823.25	--	--	--	1,823.25	20,055.75
已上市流通股份合计	23,182.5	--	--	--	--	--	--	25,500.75
三、股份总数	67,732.5	--	--	--	--	--	--	74,505.75

600649 上海市原水股份有限公司

2001 年年度报告摘选

一、公司基本情况简介

(一)公司法定名称:上海市原水股份有限公司
英文名称:SHANGHAI MUNICIPAL RAW WATER CO.,LTD.
英文缩写:SMRWC
(二)公司法定代表人:芮友仁
(三)公司董事会秘书:王 镩柔
证券事务代表:项伯利
联系地址:上海市四川北路 818 号五楼
电话:(021)63564899(总机)
传真:(021)63564880
电子信箱:smrwc@online.sh.cn
(四)公司注册地址:上海市浦东新区北艾路 1540 号
公司办公地址:上海市四川北路 818 号五楼
邮政编码:200085
电子信箱:smrwc@online.sh.cn
(五)公司选定的信息披露报纸:《上海证券报》
登载公司年度报告的国际互联网网址:http://www.sse.com.cn
公司年度报告备置地点:上海市四川北路 818 号五楼 516 室
(六)公司股票上市交易所:上海证券交易所
股票简称:原水股份
股票代码:600649

二、会计数据和业务数据摘要

(一)本年度利润总额及其构成(单位:人民币元)

项目	2001 年度
利润总额	457470202.47
净利润	387757392.06
扣除非经常性损益后的净利润	370845164.16
主营业务利润	410091805.11
其他业务利润	-206723.36
营业利润	325360049.01
投资收益	135746514.46
补贴收入	
营业外收支净额	-3636361.00
经营活动产生的现金流量净额	743419141.62
现金及现金等价物净增加额	-562434363.16

(二)公司前三年主要会计数据和财务指标

指标项目	单位	2001 年	2000 年 调整后	2000 年 调整前	1999 年 调整后	1999 年 调整前
主营业务收入	元	750508358.32	808114349.14	808619499.09	913574837.30	913574837.30
净利润	元	387757392.06	406115767.25	406494704.60	435311776.23	440139530.62
总资产	元	5884090487.81	7016358914.67	7051404419.89	5181941115.96	5191394691.16
股东权益	元	4749878020.76	4468326351.16	4498731640.31	4391724195.66	4401177770.86
每股收益(摊薄)	元	0.21	0.22	0.22	0.25	0.26
每股收益(加权)	元	0.21	0.22	0.22	0.25	0.26
扣除非经常性损益后的每股收益	元	0.20	0.22	0.22	0.25	0.26
每股净资产	元	2.52	2.37	2.39	2.56	2.57
调整后每股净资产	元	2.52	2.36	2.38	2.55	2.56
每股经营活动产生的现金流量净额	元	0.40	0.44	0.44	0.29	0.29
净资产收益率(摊薄)	%	8.16	9.09	9.04	9.91	10.00
净资产收益率(加权)	%	8.32	8.84	8.85	10.00	10.11

三、股本变动及股东情况

(一)股本变动情况

数量单位:股

	本次变动前	本次变动增减(+、-) 配股	送股	公积金转股	增发	其他	小计	本次变动后
一、未上市流通股份								
1、发起人股份	987762727							987762727
其中:								
国家持有股份	987762727							987762727
境内法人持有股份								
境外法人持有股份								
其他								
2、募集法人股份	335780825							335780825
3、内部职工股								
4、优先股或其他								
未上市流通股份合计	1323543552							1323543552
二、已上市流通股份								
1、人民币普通股	560851462							560851462
2、境内上市的外资股								
3、境外上市的外资股								
4、其他								
已上市流通股份合计	560851462							560851462
三、股份总数	1884395014							1884395014

600650 上海新锦江股份有限公司

2001 年年度报告摘选

一、公司简介

1、公司法定名称：中文名称：上海新锦江股份有限公司
英文名称：Shanghai Jin Jiang Tower Co., LTD.
英文缩写：JJT
2、公司法定代表人：董事长沈懋兴先生
3、公司董事会秘书：王均行先生
证券事务代表：胡韵先生
联系地址：上海市长乐路 161 号 819 室
电话：(021)64151188 转 653
传真：(021)64726815
4、公司注册地址：上海市浦东大道 1 号
邮政编码：200120
公司办公地址：上海市长乐路 161 号
邮政编码：200020
公司网址：www.jjtcn.com
电子信箱：jjtrsv@public.sta.net.cn
5、公司选定的信息披露报纸名称：《上海证券报》、香港《南华早报》。
登载公司年度报告的中国证监会指定互联网网址：http://www.sse.com.cn
公司年报备置地点：上海市长乐路 161 号 819 室
6、公司股票上市交易所：上海证券交易所
股票简称：A 股"新锦江" B 股"新锦 B 股"
股票代码：A 股 600650 B 股 900914

二、会计数据和业务数据摘要

1、本年度主要会计数据：（单位：人民币元）

项目	金额
利润总额	13,186,303
净利润	8,904,763
扣除非经营性损益后的净利润	9,733,302
主营业务利润	197,374,603
营业利润	1,772,640
其他业务利润	-
投资收益	12,310,935
补贴收入	-
营业外收支净额	-897,272
经营活动产生的现金流量净额	82,102,639
现金及现金等价物净增加额	44,790,232

注：扣除非经营性损益项目及涉及金额：
报告期内，因会计政策变更减少净利润 828,539 元。

2、公司前三年主要会计数据和财务指标（单位：人民币元）

项目	2001 年	2000 年	1999 年
主营业务收入	251,161,693	217,602,519	185,364,535
净利润	8,904,763	2,388,954	148,872
总资产	1,906,102,373	1,864,423,843	1,822,311,148
股东权益	1,512,567,937	1,503,663,174	1,501,755,208
每股收益（摊薄）	0.018	0.005	0.00030
（加权）	0.018	0.005	0.00032
扣除非经营性损益后的每股收益	0.019	0.011	0.00032
每股净资产（摊薄）	3.02	3.00	2.99
（加权）	3.02	3.00	3.27
调整后每股净资产（摊薄）	2.81	2.77	2.90
（加权）	2.81	2.77	3.17
每股经营活动产生的现金流量净额	0.164	0.107	0.057
净资产收益率(%)（摊薄）	0.59	0.16	0.01
（加权）	0.59	0.16	0.01

三、股本变动及股东情况介绍

1、股本变动情况（数量单位：股）
本报告期内公司股本无变动。

	期初数	期末数
(1) 尚未流通股份		
① 发起人股	202,990,614	202,990,614
其中：		
境内法人持有股份	202,990,614	202,990,614
② 募集法人股	114,048,000	114,048,000
尚未流通股份合计	317,038,614	317,038,614
(2) 已流通股份		
① 境内上市人民币普通股	38,016,000	38,016,000
② 境内上市外资股	146,409,120	146,409,120
已流通股份合计	184,425,120	184,425,120
(3) 股份总数	501,463,734	501,463,734

2、报告期末的公司股东总数为 56,847 户，其中境内上市外资股（B 股）股东 25,282 户。
3、主要股东持股情况（单位：股）

股东名称	期末持股数	占总股本比例
锦江（集团）有限公司	205,397,027	40.96%
上海国际信托投资公司	3,706,560	0.74%
蔡青峰	3,530,640	0.70%
上海锦江饭店	3,356,813	0.67%
友谊汽车	3,212,352	0.64%
工行二营	2,851,200	0.57%
中纺机工会	1,719,297	0.34%
上海爱建股份有限公司	1,710,720	0.34%
上海冰箱压缩股份有限公司	1,710,720	0.34%
和平饭店	1,672,704	0.33%

600651 上海飞乐音响股份有限公司

2001 年年度报告摘选

一、公司基本情况简介

1.公司法定中文名称：上海飞乐音响股份有限公司
公司英文名称：FEILO ACOUSTICS CO., LTD. SHANGHAI
公司英文名称缩写：FACS
2.公司法定代表人：唐岷
3.公司董事会秘书：施正明
联系地址：上海市长寿路 468 号中环商务大厦 A 幢 9 楼
邮政编码：200060
联系电话：(021)62770068 *1833
传真：(021)62982217
4.公司注册地址：上海市江苏路 61 号
公司办公地址：上海市长寿路 468 号中环商务大厦 A 幢 9 楼
邮政编码：200060
公司电子信箱：feileyinxiang @ sh - ed. com
5.公司选定的信息披露报刊：上海证券报
公司登载年度报告的中国证监会指定网站网址：
http://www.sse.com.cn
公司年度报告备置地点：公司董事会秘书处
6.公司股票上市交易所：上海证券交易所
公司股票简称：飞乐音响
公司股票代码：600651

二、会计数据和业务数据摘要

1.本年度会计数据摘要（单位：元）

项目	金额
利润总额	123,319,996.73
净利润	102,722,237.53
扣除非经常性损益后的净利润	58,937,033.74
主营业务利润	138,217,330.56
其他业务利润	450,959.43
营业利润	75,959,349.74
投资收益	42,930,519.49
补贴收入	4,336,600.00
营业外收支净额	93,527.50
经营活动产生的现金流量净额	18,925,006.97
现金及现金等价物净增减额	417,390,458.49

说明：扣除非经常性损益项目和涉及金额：

项目	金额
(1)法人股转让及其他股权转让收益	20,338,051.86
(2)短期投资收益	12,947,341.10
(3)资金占用费	6,693,750.00
(4)补贴收入	3,592,743.03
(5)营业外收支净额	213,317.81

2.前三年主要会计数据和财务指标

项目	2001 年	2000 年		1999 年
		追溯调整后	追溯调整前	
主营业务收入(元)	599,645,542.08	275,715,715.19	275,715,715.19	210,535,090.05
净利润(元)	102,722,237.53	64,378,148.92	79,802937.27	18,166,369.92
总资产(元)	1,499,029,317.52	799,311,495.10	820,973,261.64	289,242,806.36
股东权益(元)	635,900,148.60	229,787,713.11	246,006,125.36	165,709,861.04
每股收益(元/股)	0.242	0.436	0.541	0.123
每股净资产(元/股)	1.50	1.56	1.67	1.12
调整后的每股净资产(元/股)	1.47	1.51	1.59	1.07
每股经营活动产生的现金流量净额(元)	0.045	0.61	0.61	0.067
全面摊薄净资产收益率(%)	16.15	28.02	32.44	10.96
加权平均净资产收益率(%)	17.80	32.53	38.81	11.58
扣除非经常性损益后的加权平均净资产收益率(%)	10.21	16.66	23.54	7.34

三、股本变动及股东情况

1.股份变动情况表（单位：股）

股份类别	期初数	本次变动增减			期末数
		配股	送股	转增股本	
一、未上市流通股份	0	0	0	0	0
二、已上市流通股份	147638400	44291520	57578976	174656227	424165123
其中：人民币普通股	147638400	44291520	57578976	174656227	424165123
三、股份总数	147638400	44291520	57578976	174656227	424165123

2.股东情况
(1)报告期末股东总数：
报告期末，公司股东总数为 21811 户。
(2)前十名股东持股情况：

股东名称	持股数量(股)	持股比例(%)
上海仪电控股(集团)公司	71728343	16.91
上海飞乐股份有限公司	22000000	5.19
沪财南京	18172250	4.28
爱建信托	17134559	4.04
物群实业	7106200	1.68
华铭投资	4830000	1.14
铭中科贸	2880000	0.68
上海财政	2864228	0.68
青海广告	1600000	0.38
市政资产	1586975	0.37

600652　上海爱使股份有限公司

2001 年年度报告摘要

一、公司基本情况简介

(一)公司法定中文名称:上海爱使股份有限公司
公司法定英文名称:SHANGHAI ACE CO.,LTD.
英文缩写:SACE
(二)公司法定代表人:邓景顺
(三)公司董事会秘书:许汉章
证券事务代表:陆佩华
联系地址:上海市肇嘉浜路 666 号
联系电话:021－64710022 转 8105
传　　真:021－64711120
电子信箱:shace@online.sh.cn
(四)公司注册地址:上海市石门二路 333 弄 3 号 6 楼
公司办公地址:上海市肇嘉浜路 666 号
邮政编码:200031
公司国际互联网网址:http://www.sh－ace.com
电子信箱:shace@online.sh.cn
(五)公司选定的信息披露报刊:《上海证券报》
登载年度报告的国际互联网网址:http://www.sse.com.cn
公司年度报告备置地点:公司董事会办公室
(六)公司股票上市交易所:上海证券交易所
股票简称:爱使股份
股票代码:600652

二、会计数据和业务数据摘要

(一)会计数据(合并表)　　单位:元

项目	金额
利润总额	32,374,768.18
净利润	25,668,911.11
扣除非经常性损益后的净利润	29,942,173.38
主营业务利润	95,015,526.47
其他业务利润	－2,918,688.57
营业利润	30,686,489.25
投资收益	－3,967,261.66
补贴收入	5,550,000.00
营业外收支净额	105,540.59
经营活动产生的现金流量净额	50,161,115.23
现金及现金等价物净增减额	566,066,826.04
注:扣除非经常性损益后的净利润项目	涉及金额
股权转让净收益	－6,019,313.26
合并价差摊入	－359,489.60
委托投资收益	2,000,000.00
营业外收支净额	105,540.59

(二)近三年主要会计数据和财务指标

项目	2001 年度	2000 年度		1999 年度	
		调整后	调整前	调整后	调整前
主营业务收入	282,290,982.06	89,758,161.67	317,356,192.66	92,295,867.71	275,933,559.08
净利润	25,668,911.11	62,879,953.80	67,223,146.81	24,548,502.66	25,413,359.50
总资产	1,633,676,506.88	913,525,712.18	1,015,062,280.34	421,079,383.02	509,299,529.22
股东权益(不含少数股东权益)	605,553,323.66	584,216,920.27	589,612,565.21	194,852,309.45	195,805,134.55
每股收益	0.09	0.21	0.22	0.13	0.13
每股净资产	2.02	1.95	1.97	1.0039	1.0059
调整后的每股净资产	2.01	1.94	1.94	0.8989	0.8989
每股经营活动产生的现金流量净额	0.17	－0.18	－0.10	0.01	0.35
净资产收益率	4.24	10.76	11.40	12.60	13.02

注:报告期扣除非经常性损益后的净资产收益率(加权平均)为 5.02%,加权平均每股收益为 0.10 元。

三、股本变动及股东情况

(一)股份变动情况表　　单位:股

	本次变动前	本次变动增减(+,-) 配股	送股	公积金转股	增发	其他	小计	本次变动后
1.已上市流通股份								
人民币普通股	299624832							299624832
已上市流通股份合计	299624832							299624832
2.股份总数	299624832							299624832

注:公司发行在外的股份全部为境内上市流通的人民币普通股。报告期内公司无股份变动情况。

(二)股东情况

1.截止 2001 年 12 月 31 日,公司股东总数为 143359 户,全部为社会公众股股东。

2.前十名股东持股情况

序号	股东名称	持股数量(股)	持股比例(%)
1	重油公司	11189140	3.73
2	天天科技	9701159	3.24
3	同达网络	5280198	1.76
4	港联公司	3126978	1.04
5	金明华	3025655	1.01
6	恒辉永泰	1307108	0.44
7	鑫宝通达	1046700	0.35
8	科伟利达	1003251	0.33
9	上海航嘉	880628	0.29
10	刘微	880000	0.29

注:(1)天天科技、同达网络两家公司合并持有本公司股票占总股本的 5%。

(2)重油公司、港联公司合并持有本公司股票占总股本的 4.77%。

(3)上述公司所持股份无增减变动,也无质押或冻结情况。

3.公司控股股东的情况

(1)天天科技有限公司法定代表人:张立燕,成立日期:2000 年 3 月 14 日,主要从事:计算机产业、电子、高新技术产业、信息产业及系统网络工程项目的投资管理等,注册资本:30000 万元,由北京海峡恒业计算机信息系统有限责任公司及刘祥、雷宪红、张立燕四方共同出资。

(2)北京同达志远网络系统工程有限公司法定代表人:谢慧瑗,成立日期:1999 年 11 月 18 日,主要从事:维修电子计算机网络系统、技术开发、技术转让、技术咨询、技术培训等,注册资本:3000 万元,由刘祥、王爱良、郭锐、周雪天四方共同出资。

(3)天津大港油田重油公司法定代表人:齐庆利,成立日期:1993 年 7 月 1 日,主要从事:原油加工、石油化工工程设计、汽车运输等,注册资本:7411.5 万元。

(4)天津市大港油田港联石油产业股份有限公司法定代表人:齐庆利,成立日期:1998 年 6 月 4 日,主要从事:渣油尾料加工、石油制品、化工产品的生产、销售等,注册资本:10000 万元。

4.公司控股股东的控股股东情况

北京海峡恒业计算机系统有限责任公司注册地址:北京市怀柔县青春路 11 号,法定代表人:周丽文,成立日期:1996 年 9 月 4 日,主要经营:计算机信息网络系统的开发、研究,销售计算机硬件及外围设备等,注册资本:100 万元,由周丽文出资。

由于刘祥先生持有天天科技有限公司的股权同时持有同达志远网络系统工程有限公司的股权,所以天天科技有限公司和同达志远网络系统工程有限公司为关联企业。

四、董事、监事、高级管理人员和员工情况

(一)董事、监事、高级管理人员基本情况

1.基本情况

姓　名	性别	职务	出生年月	任期起止日期	持股数(股) 期初数	期末数
邓景顺	男	董事长	1941.03	2000.9－－2002.6	0	0
王宝义	男	常务副董事长	1962.09	1999.6－－2002.6	0	0
齐庆利	男	副董事长	1941.03	1999.6－－2002.6	0	0
徐宜阳	男	董事、总经理	1964.04	1999.6－－2002.6	0	0
李遵义	男	董事	1954.10	1999.6－－2002.6	0	0
肖建华	男	董事	1972.01	2000.9－－2002.6	0	0
周虹文	女	董事	1970.07	2000.9－－2002.6	0	0
程景泰	男	董事	1934.04	2000.9－－2002.6	0	0
刘鸿雁	男	董事	1974.11	2000.9－－2002.6	0	0
郭　锐	男	董事	1967.10	2000.9－－2002.6	0	0
王晓惠	女	董事	1970.10	2000.9－－2002.6	0	0
冯国栋	男	董事	1963.04	1999.6－－2002.6	0	0
武文斌	男	董事	1959.11	1999.6－－2002.6	0	0
许汉章	男	董事会秘书 常务副总经理	1956.09	2000.9－－2002.6	0	0
潘顺琪	男	监事长	1949.08	1999.6－－2002.6	0	0
王学望	男	监事	1941.10	1999.6－－2002.6	0	0
赵　婵	女	监事	1962.10	1999.6－－2002.6	2223	2223
康　喜	男	财务总监	1967.12	2000.9－－	0	2400
居庆平	男	副总经理	1954.05	1999.6－－	0	0

注:(1)期末持股数的增加是买入公司股份所致。

(2)董事齐庆利先生在天津大港油田重油公司任董事长、在天津大港油田港联石油产业股份有限公司任董事长。

(3)董事武文斌先生在天津大港油田重油公司任总经理、在天津大港油田港联石油产业股份有限公司任总经理。

2.年度报酬情况

董事、监事、高级管理人员报酬的决策程序、报酬确定依据是根据本公司章程及当年主要经济效益指标的完成情况。

现任董事、监事、高级管理人员的年度报酬总额为 44 万元。二名董事在公司领取报酬,总额是 15 万元。金额最高的前三名高级管理人员的报酬总额是 21 万元。领取报酬的董事、监事、高级管理人员共 8 人,不在公司领取报酬,也不在股东单位或其他关联单位领取报酬、津贴的董事是邓景顺、齐庆利、肖建华、李遵义、周虹文、程景泰、刘鸿雁、郭锐、王晓惠、冯国栋、武文斌。

3.报告期内,董事、监事、高级管理人员无离任情况。

五、公司治理结构

(一)公司治理情况

公司严格按照《公司法》、《证券法》及《上市公司治理准则》等相关法律法规的要求,先后修改、补充和完善了《公司章程》、《股东大会议事规则》等一系列公司内部文件。在现代企业制度的

规范运作下,公司法人治理结构不断健全、完善,基本情况如下:

1.股东与股东大会:公司严格确保所有股东,特别是中小股东享有平等的地位,充分行使自己的合法权利。公司认真地按照《上市公司股东大会规范意见》修改了股东大会议事规则,对股东大会的通知、召开过程、表决程序、关联交易时关联方回避的原则、股东大会决议及时公告、股东大会会议记录的长期保存等都作了严格的规定,且股东大会的所有决议内容均在《上海证券报》上充分披露。

2.控股股东与上市公司:公司与控股股东之间在人员、资产、财务、机构和业务各方面相互独立,董事会、监事会及内部机构都独立运作。

3.董事与董事会:公司严格按照《公司章程》的规定选聘董事,董事由股东大会选举或更换,并做到公平、公开、公正及独立的原则。公司董事会的人数及人员构成均符合有关法律、法规的要求,每位董事做到了忠实履行职责,维护公司利益。董事会制订了董事会议事规则,以此保证董事会作出科学决策,高效运作。

4.监事与监事会:公司监事由股东代表和公司职工代表担任。监事会制定了监事会议事规则,确保监事尽职尽责,对公司财务、董事、高级管理人员履行责职的合法合规性进行监督,维护公司及股东的合法权益。

5.利益相关者:公司积极与银行、其他债权人、职工、社区等利益相关者合作,经常听取职工对公司经营、财务状况及涉及职工利益的合理性意见,使公司在确定的目标上持续、稳健地发展。

6.信息披露与透明度:公司董事会指定董事会秘书及证券事务代表负责信息披露工作,接待股东来访和咨询,并严格按照有关法律、法规和上海证券交易所《股票上市规则》的规定,及时、真实、准确、完整地做好公司的信息披露工作。

7.公司治理结构存在的差异

对照《上市公司治理准则》,目前公司在治理结构上尚存在以下差异:

(1)尚未聘任独立董事,公司将在2002年6月董事会换届时产生。

(2)公司董事会尚未设立专门委员会。

(二)独立董事履行职责情况

根据中国证监会发布的《关于上市公司建立独立董事制度的指导意见》有关规定,结合公司2002年6月董事会换届的实际情况,公司正积极选择独立董事人选,将在换届时产生,同时还将修改公司章程有关条款,按规定建立独立董事制度。

六、股东大会情况简介

报告期内,公司召开了一次年度股东大会:第十七次股东大会(2000年年会)。股东大会的通知刊登于2001年5月23日《上海证券报》。股东大会审议并通过的决议公告刊登于2001年6月28日《上海证券报》。

七、董事会报告

(一)公司经营情况

1.主营业务的范围及其经营状况

公司经营范围主要是计算机软硬件及网络设备,计算机系统及网络安装工程,参与投资经营,对石油液化气行业的投资,机电设备及四技服务,非专控通讯设备等。

公司在董事会和经理班子的领导下,全体员工精诚合作,努力开拓,完成了年初制订的全年计划,经营情况良好。报告期内,主营业务收入28229万元,主营业务利润9502万元。其中,IT行业(软件的开发、硬件及配套销售)的主营业务收入22491万元,主营业务利润5763万元;传统产业的主营业务收入5738万元,主营业务利润3739万元。

2.主要控股公司的经营情况及业绩

(1)北京时代博讯高科技有限公司主要从事计算机软硬件的技术开发、技术转让、承接计算机网络工程等,注册资本12000万元,公司持有其80%的股权,总资产26587万元,本年度实现主营业务收入17588万元,净利润5076万元。

(2)上海博胜佳益科技有限公司主要从事IDC项目的建设,以及计算机、电子、高新技术的投资管理等业务,注册资本15000万元,公司持有其100%的股权,总资产20378万元,本年度实现主营业务收入4352万元,净利润233万元。

(3)上海新延中企业发展有限公司主要从事经销饮料、"延中"牌饮用水的制造与销售,注册资本1000万元,公司持有其90%的股权,总资产2887万元,本年度实现主营业务收入4703万元,净利润-498万元。

(4)上海延泉饮料有限公司主要从事洁净饮用水的制造,饮料的制造。注册资本1500万元,公司持有其90%的股权,总资产3625万元,本年度实现主营业务收入2187万元,净利润355万元。

(5)上海爱使包装有限公司主要从事包装桶、罐的制造加工,注册资本1500万元,公司持有其90%的股权,总资产1581万元,本年度实现主营业务收入499万元,净利润111万元。

(6)上海爱使饮水机发展有限公司主要从事销售饮水机、食品机械设备、塑料制品、家用电器,注册资本1000万元,公司持有其100%的股权,总资产1179万元,本年度实现主营业务收入1332万元,净利润108万元。

3.向前五名供应商采购量为39,371,794.10元,占总采购量的32.61%;向前五名客户的销售收入总额121,080,426.30元,占公司全部销售收入比例的42.89%。

(二)投资情况

报告期内,公司投资额31094万元,比上年增加6795万元,增长比例28%。

1.募集资金使用情况

报告期内,公司无募集资金,前次募集资金已全部投完并产生收益,其中部分募集资金的变更投向、资金使用及结果说明如下:

公司五届十二次董事会审议通过了《关于变更部分配股资金投向的议案》,决议公告刊登于2001年3月15日《上海证券报》。该议案已经2000年度股东大会审议通过,股东大会决议公告刊登于2001年6月28日《上海证券报》。调整后的这部分募集资金,投资并成立了上海博胜佳益科技有限公司。目前,该公司生产经营情况良好,并已产生效益,本年度实现主营业务收入4352万元,主营业务利润252万元。

公司前次募集资金投资建设的LPG汽车加气站清洁能源环保项目,克服了审批手续复杂、建设工程涉及面广等不利因素,截止2001年末,上海浦东南路等站点已经建成并开始产生效益,公司将抓紧此项工作,以确保各个站点早日建成。

2.其他投资情况

(1)公司用自有资金9240万元,增持6600万股北京国际信托投资有限公司5.5%的股权。(详见2001年6月7日《上海证券报》)

(2)公司用自有资金5600万元,参股设立了浙江金融租赁股份有限公司,共认股4458.7311万股,占该公司注册资本的8.64%。(详见2001年11月20日《上海证券报》)

(三)财务状况及经营成果

单位:元

项目	2001年度	2000年度	增减%(+/-)	变动原因
总资产	1,633,676,506.88	913,525,712.18	78.83	合并范围变化
长期负债	390,000,000.00	-		拓展LPG项目
股东权益	605,553,323.66	584,216,920.27	3.65	本期利润增加
主营业务利润	95,015,526.47	54,607,642.35	74.00	扩展业务收入增加
净利润	25,668,911.11	62,879,593.80	-59.18	合并范围变化

(四)生产经营环境、宏观政策、法规等变化对公司产生的影响

我国加入WTO,对企业而言既拥有远大前景,又蕴含着严峻挑战。市场经济运作逐渐规范,形成了同等的市场竞争格局。面对国外跨国公司IT企业凭借其资金和品牌的优势,使本公司计算机行业原有的产品质量、产品技术和服务水平面临新挑战;而国内饮料行业市场集中度的进一步提高,也增加了公司传统行业饮用水经营的竞争压力。

(五)新年度的经营发展计划

2000年末是公司向高科技、金融、环保等产业发展的定位之年,2001年是公司产业转换、结构调整的实施之年,2002年将是公司持续、稳健发展之年。在新年度的经营计划中,公司预计主营业务收入31000万元,费用成本25000万元。

1.确保2002年公司经营目标的实现。公司在实事求是地分析上年度经营情况的基础上,制订了一套合理的新年度经营发展计划。2002年公司确保IT、环保和金融投资等领域的主营业务收入及利润稳步增长的同时,依托ERP系统强化供应链和资金管理,严格控制生产成本。在加强原有客户管理基础上,挖掘市场潜力,深度分销,快速扩大市场占有率。

2.注重高新技术产业的开发,创造新的利润增长点。公司凭借专业化的技术团队,超前的技术意识,对技术含量高、附加值大、市场空间广阔的产品或企业,将进一步加大投资力度,使其为公司拓宽新的盈利空间。

3.做好公司的内部管理工作。公司继续以"加强内部管理,确保股东利益最大化"为原则,在规范运作,风险控制,专业能力的管理上制订了一系列制度。管理模式的系统性、准确性、协作性和激励性,确保了公司经营决策的正确性、持续性和稳定性。

4.加强企业文化建设。公司在已建立的公平人才培养和有效的激励机制中,不断鼓励员工勇于创新,通过创新的机制引导创新的思维,进而带来创新的技术和产品,为公司的发展提供源源不断的动力。

管理是生存的需要,创新是发展的选择,面对瞬息万变的环境,公司将在发展中求创新,在创新中求发展。

(六)本次利润分配预案或资本公积金转赠股本预案

经上海众华沪银会计师事务所审计,公司2001年度利润总额为32,374,768.18元,应交所得税1,154,521.89元,少数股东权益为10,036,442.90元,净利润为25,668,911.11元,提取法定盈余公积金6,329,869.49元,提取法定公益金4,299,369.87元,当年可分配利润为35,420,570.31元。为了让有限的资金用于开发新产品来加大企业盈利能力,确保公司可持续发展,董事会决定2001年度公司不进行利润分配,也不进行资本公积金转赠股本。

八、监事会报告

(一)监事会工作情况

报告期内,公司监事会共召开了三次会议。

1.2001年3月13日监事会召开二届六次会议,审议并通过了如下决议:公司2000年度监事会工作报告;公司2000年年度报告及报告摘要;公司2000年度财务决算报告及利润分配预案;关于修改公司章程部分条款的议案;关于变更部分募集资金投向的议案;关于取消投资参股上海谷元石油软件工程中心有限公司的议案;关于公司召开第十七次股东大会的议案。

2.2001年6月27日监事会召开二届七次会议,审议并通过了如下决议:关于转让天津大港油田港润石油高科技有限责任公司部分股权的预案;关于增持北京国际信托投资有限公司部分股权的议案。

3.2001年7月23日监事会召开二届八次会议,审议并通过了如下决议:公司2001年度中期报告及报告摘要;公司2001年度中期利润分配方案;对公司在2001年上半年中的运作和经营决策情况进行了评价。

(二)监事会对公司2001年度有关事项的独立意见

监事会列席了历次股东大会、董事会会议和总经理办公会议,并对公司的运作情况、重大经营决策进行了全面的监督。监事会认为:

1.公司在完善的内控制度下,决策程序规范、合理;公司董事、高级管理人员在执行公司职务时,无违反法律、法规、公司章程或损害公司利益的行为。

2.监事会对公司财务运作情况进行了严格的监督,财务状况安全可靠、运行良好,财务制度健全,管理模式合理,未发现违反财经纪律的行为;上海众华沪银会计师事务所出具的审计报告是客观公正的。

3.公司对最近一次部分募集资金的变更投向是严格按照上海证券交易所《股票上市规则》、《公司章程》及其他有关规定执行的,变更程序合法。

4.公司收购、出售资产交易价格合理,无内幕交易,无损害部分股东的权益或造成公司资产流失。

5.公司关联交易公平,无损害公司利益。

九、重要事项

(一)重大诉讼、仲裁事项

关于上海中西药业股份有限公司对本公司诉讼一事,经上海市第一中级人民法院判决认为:本公司已履行了《出资转让协议书》规定的出资义务,不存在违约行为,也不承担返还责任。(详见2001年7月3日和2001年10月16日《上海证券报》)

(二)公司收购及出售资产、吸收合并事项

公司用自有资金5600万元参股设立浙江金融租赁股份有限公司,共持有该公司股份4458.7311万股,占该公司注册资本的8.64%,公司已接中国人民银行杭州中心支行杭银发[2001]451号批文,报告期内无投资收益。(详见2001年11月20日《上海证券报》)

(三)重大关联交易事项

1.公司将持有的天津大港油田港润石油高科技有限责任公司70%的股权转让给了天津大港油田重油公司等四家公司,而重油公司是本公司第一大股东,故本次股权转让属关联交易。

其中:天津大港油田重油公司受让价格为3739.54万元;天津炼达集团有限公司受让价格为2000万元;天津大港油田浦海化工有限公司受让价格为500万元;天津大港油田浦洲油气产业有限公司受让价格为500万元。

转让方同意受让方采用分期付款方式支付股利及股权转让款项。第一次在协议生效后30天内支付总额的40%,第一次支付后的3个月内,第二次支付总额的30%,第三次余款在公司公告2001年年报日之前付清。本公司预计该股权转让损失783万元,转让所得款项8519.9万元。

2.公司用9240万元自有资金受让明天控股有限公司持有的6600万股北京国际信托投资有限公司的股权。明天控股有限公司的法人代表是本公司的董事,故本次股权受让属关联交易,公司已接到中国人民银行营业管理部的发文-银管复[2001]114号批文。

上述两事项都已经2000年度股东大会审议通过。(详见2001年5月23日、2001年6月7日《上海证券报》)

(四)公司与关联方存在债权、债务往来、担保等事项

应收款项	期末数
天津大港油田港润石油高科技有限公司	16,803,600.00
天津大港油田重油公司	37,395,400.00
天津大港油田炼达集团有限公司	20,000,000.00
天津大港油田浦海化工有限公司	5,000,000.00
天津大港油田浦洲油气产业有限公司	5,000,000.00
上海龙鑫包装企业有限公司	15,933,090.90
上海爱使科技有限公司	100,000.00

报告期内,公司与关联方无重大担保、关联采购、销售事项。

(五)重大合同及其履行情况

1.报告期内,公司无托管、承包、租赁其他公司资产事项。

2.报告期内,公司已全部收回了2000年度委托资产管理款项2500万元,并取得200万元的投资收益,无其他委托理财事项。

3.重大担保

担保单位	担保金额(万元)	担保类型	担保程序
上海方正延中科技集团股份有限公司	2000	保证担保	双方签定互保协议
同上	2000	同上	同上
同上	4000	同上	同上
同上	3000	同上	同上
同上	2000	同上	同上
同上	1000	同上	同上
同上	2400	同上	同上
上海永生数据科技股份有限公司	1500	同上	同上
同上	1000	同上	同上
同上	1000	同上	同上
同上	1000	同上	同上
上海同济科技实业股份有限公司	2000	同上	同上
上海延泉饮料有限公司	200	同上	
同上	200	同上	

(六)公司或持股5%以上股东无承诺事项。

(七)公司续聘上海众华沪银会计师事务所担任本公司的审计工作,报告年度及2000年度支付给会计师事务所审计费都为30万元。公司不承担会计师事务所的差旅费和其他费用。

(八)报告期内公司、公司董事会及董事未受中国证监会行政处罚、通报批评、证券交易所公开谴责。

十、财务报告

(一)审计报告

本公司2001年度的会计报表经上海众华沪银会计师事务所林东模、孙勇注册会计师审计,并出具了沪众会字(2002)第0473号无保留意见的审计报告。

(二)会计政策的变更

公司原执行《股份有限公司会计制度》,根据财政部财会字[2000]25号《关于印发<企业会计制度>的通知》、财会字[2001]17号文《关于印发贯彻实施<企业会计制度>有关政策衔接问题的规定的通知》等文件的规定,公司从2001年1月1日起执行《企业会计制度》和《企业会计准则》及补充规定,改变以下会计政策:

1.开办费原按5年摊销,现采取一次性计入企业开始营业的当期损益。

2.期末固定资产原按账面净值计价,现改为按固定资产净值与预计可收回孰低计价,对可收回金额低于账面价值的差额,计提固定资产减值准备。

3.期末在建工程原按账面价值计价,现改为按在建工程账面价值与预计可收回孰低计价,对可收回金额低于账面价值的差额,计提在建工程减值准备。

4.期末无形资产原按账面价值计价,现改为按无形资产账面价值与预计可收回金额孰低计价,对预计可收回金额低于其账面价值的,计提无形资产减值准备。

5.确实无法支付的应付账款原按账面价值计入当期营业外收入,现改为直接转入资本公积。

在编制2001年度会计报表时,对于涉及上年度会计报表中的项目名称和金额,已按照《企业会计制度》规定的报表格式进行了重新分类和表述;对于本年度会计政策与上年度会计政策的差异,已按照《企业会计制度》及相关会计准则的规定进行了调整。

(三)合并报表范围变更及说明

1.公司于2001年5月与天津大港油田重油公司、天津大港重油炼达集团有限公司、天津大港重油浦海化工有限公司和天津大港油田浦洲油气产业有限公司签定关于定向转让天津大港油田港润石油科技有限责任公司股权的协议,公司将天津大港油田港润石油科技有限公司70%的股权转让,该公司不再纳入合并范围,并相应调整了年初数。

2.报告期内公司投资设立上海博胜佳益科技有限公司,投资额为12,000万元,投资比例80%,已正式运营,故纳入合并范围。

上海爱使股份有限公司

二OO二年三月二十二日

利润表附表

编制单位:上海爱使股份有限公司　　2001年度　　单位:元

报告期利润	净资产收益率		每股收益	
	全面摊薄	加权平均	全面摊薄	加权平均
主营业利润	15.69%	15.91%	0.32	0.32
营业利润	5.07%	5.14%	0.10	0.10
净利润	4.24%	4.30%	0.09	0.09
扣除非经常性损益后的净利润	4.94%	5.02%	0.10	0.10

利润及利润分配表

编制单位:上海爱使股份有限公司　　2001年度　　金额单位:元

项目	注释	本年实际数(合并)	上年实际数(合并)	本年实际数(母公司)	上年实际数(母公司)
一、主营业务收入	5.26	282,290,982.06	89,758,161.67	9,417,323.49	
减:折扣与折让		–	–	–	–
主营业务收入净额		282,290,982.06	89,758,161.67	9,417,323.49	
减:主营业务成本		184,219,274.26	33,437,023.20	6,629,478.68	
主营业务税金及附加	5.27	3,056,181.33	1,713,496.12	28,499.47	
二、主营业务利润(亏损以"–"号表示)		95,015,526.47	54,607,642.35	2,759,345.34	
加:其他业务利润(亏损以"–"号表示)		–2,918,688.57	–862,325.50	429,291.10	–1,037,746.05
营业费用		17,765,724.93	15,917,261.65	–	–
管理费用		26,692,798.62	20,982,813.83	13,493,139.76	7,676,736.02
财务费用	5.28	16,951,825.10	4,362,931.11	17,651,052.26	3,802,310.98
三、营业利润(亏损以"–"号表示)		30,686,489.25	12,482,310.26	–27,955,555.58	–12,516,793.05
加:投资收益(损失以"–"号表示)	5.29	–3,967,261.66	53,784,731.84	41,524,299.28	72,365,760.61
期货损益		–	–	–	–
补贴收入	5.30	5,550,000.00	296,396.16	3,950,000.00	113,289.16
营业外收入	5.31	277,200.88	496,599.18	85,723.05	327,923.68
减:营业外支出	5.32	171,660.29	2,835,557.87	2.68	2,761,886.00
四、利润总额(亏损以"–"号表示)		32,374,768.18	64,224,479.57	17,604,464.07	57,528,294.40
减:所得税		1,154,521.89	2,429,232.42	–	704,765.69
减:少数股东损益(合并报表填列)(亏损以"–"号表示)		10,036,442.90	3,660,695.68	–	–
加:未确认投资损失		4,485,107.72	4,745,402.33	–	–
五、净利润(亏损以"–"号表示)		25,668,911.11	62,879,953.80	17,604,464.07	56,823,528.71
加:年初未分配利润(未弥补亏损以"–"号表示)		20,380,898.56	–11,927,681.89	1,551,228.34	–27,750,787.45
减:减少注册资本减少的未分配利润		–	–	–	–
加:盈余公积转入数		–	–	–	–
六、可分配的利润(亏损以"–"号表示)		46,049,809.67	50,952,271.91	19,155,692.41	29,072,741.26
减:提取法定盈余公积金		6,329,869.49	5,307,127.63	1,760,446.41	3,273,887.34
提取法定公益金		4,299,369.87	4,290,507.48	1,760,446.41	3,273,887.34
职工奖金及福利(合并报表填列,子公司为外商投资企业项目)		–	–	–	–
七、可供股东分配的利润(亏损以"–"号表示)		35,420,570.31	41,354,636.80	15,634,799.59	22,524,966.58
减:应付优先股股利		–	–	–	–
提取任意盈余公积		–	–	–	–
应付普通股股利		–	–	–	–
转作股本的普通股股利		–	20,973,738.24	–	20,973,738.24
八、未分配利润(未弥补亏损以"–"号表示)		35,420,570.31	20,380,898.56	15,634,799.59	1,551,228.34

资产负债表

编制单位：上海爱使股份公司　　2001 年 12 月 31 日　金额单位：元

资产	注释	年末数(合并)	年初数(合并)	年末数(母公司)	年初数(母公司)
流动资产：					
货币资金	5.1	742,600,355.75	176,533,529.71	425,641,752.02	123,117,098.97
短期投资	5.2	-	25,000,000.00	-	25,000,000.00
应收票据		-	-	-	-
应收股利		16,866,100.00	147,750.00	16,866,100.00	147,750.00
应收利息		-	-	-	-
应收账款	5.4	10,237,079.45	6,463,099.09	-	
其他应收款	5.6	89,893,226.66	42,851,276.38	88,951,961.15	33,955,783.83
预付账款	5.5	101,833,951.90	50,022,885.59	-	-
应收补贴款	5.3	-	-	-	-
期货保证金		-	-	-	-
应收席位费		-	-	-	-
存货	5.7	17,517,836.47	44,137,582.06	-	-
待摊费用	5.8	432,008.83	244,043.63	40,356.00	-
待处理流动资产净损失		-	-	-	-
一年内到期的长期债权投资		-	-	-	-
其他流动资产		-	-	-	-
流动资产合计		979,380,559.06	345,400,166.46	531,500,169.17	182,220,632.80
长期投资：					
长期股权投资	5.9	310,941,817.58	242,986,718.80	608,738,783.40	389,086,358.93
长期债权投资		-	-	-	-
长期投资合计		310,941,817.58	242,986,718.80	608,738,783.40	389,086,358.93
固定资产：					
固定资产原价	5.10	150,704,313.79	116,475,353.77	96,549,021.72	64,378,943.50
减：累计折旧	5.10	23,758,548.87	16,354,041.29	6,674,358.77	3,941,971.76
固定资产净值		126,945,764.92	100,121,312.48	89,874,662.95	60,436,971.74
减：固定资产减值准备	5.10	205,831.76	205,831.76	100,886.00	100,886.00
固定资产净额		126,739,933.16	99,915,480.72	89,773,776.95	60,336,085.74
工程物资		-	32,141.76	-	-
在建工程	5.11	212,552,226.30	219,727,870.17	211,024,506.30	219,112,751.90
固定资产清理		-		-	-
固定资产合计		339,292,159.46	319,675,492.65	300,798,283.25	279,448,837.64
无形资产及其他资产：		-		-	
无形资产	5.12	1,860,098.89	1,906,719.29	-	-
长期待摊费用	5.13	2,201,871.89	3,556,614.98	246,366.61	347,602.65
其他长期资产		-		-	
无形资产及其他资产合计		4,061,970.78	5,463,334.27	246,366.61	347,602.65
递延税项：					
递延税款借项		-	-	-	-
资产总计		1,633,676,506.88	913,525,712.18	1,441,283,602.43	851,103,432.02
负债股东权益	注释	年末数(合并)	年初数(合并)	年末数(母公司)	年初数(母公司)
流动负债：					
短期借款	5.14	562,500,000.00	235,700,000.00	442,500,000.00	233,000,000.00
应付票据	5.15	139,500.00	3,000,000.00	-	-
应付账款	5.16	10,135,208.33	4,892,461.01	-	-
预收货款	5.17	1,992,585.03	1,553,055.99	-	-
代销商品款		-	-	-	-
应付工资		176,884.50	346,156.50	-	-
应付福利费		734,172.65	1,363,737.62	-	173,235.16
应付股利		-	20,973,738.24	-	20,973,738.24
应交税金	5.18	2,711,160.31	6,428,034.33	519,137.04	3,791,142.87
其他应交款		98,167.11	56,842.43	23,023.63	-
其他应付款	5.19	16,586,400.80	21,313,449.66	5,678,707.84	8,359,645.90
预提费用	5.20	511,292.99	319,436.18	-	
一年内到期的长期负债		-		-	
其他流动负债		-			
流动负债合计		595,585,371.72	295,946,911.96	448,720,868.51	266,297,762.17
长期负债：					
长期借款	5.21	390,000,000.00		390,000,000.00	
应付债券		-	-		-
长期应付款					
住房周转金					
其他长期负债					
长期负债合计		390,000,000.00		390,000,000.00	
递延税项：					
递延税款贷项					
负债合计		985,585,371.72	295,946,911.96	838,720,868.51	266,297,762.17
少数股东权益(合并报表填列)		42,537,811.50	33,361,879.95		
股东权益：					
股本	5.22	299,624,832.00	299,624,832.00	299,624,832.00	299,624,832.00
资本公积	5.23	263,833,044.29	263,680,444.29	263,833,044.29	263,680,444.29
盈余公积	5.24	33,962,234.35	23,332,994.99	23,470,058.04	19,949,165.22
其中：公益金		15,098,646.76	10,799,276.89	11,431,780.05	9,671,333.64
未确认的投资损失		-27,287,357.29	-22,802,249.57	-	-
未分配利润(未弥补亏损以"-"号表示)	5.25	35,420,570.31	20,380,898.56	15,634,799.59	1,551,228.34
外币报表折算价差(合并报表填列)					
股东权益合计		605,553,323.66	584,216,920.27	602,562,733.92	584,805,669.85
负债及股东权益总计		1,633,676,506.88	913,525,712.18	1,441,283,602.43	851,103,432.02

现金流量表

编制单位：上海爱使股份有限公司　　2001 年度　　单位：元

项目	行次	金额(合并)	金额(母公司)
一、经营活动产生的现金流量			
销售商品、提供劳务收到的现金	1	321,286,925.19	10,862,020.00
收到的税费返还	2	5,550,000.00	3,950,000.00
收到的其他与经营活动有关的现金	3	80,941,779.45	22,645,215.34
现金流入小计	5	407,778,704.64	37,457,235.34
购买商品、接受劳务支付的现金	6	242,990,099.26	7,691,386.72
支付给职工以及为职工支付的现金	7	14,529,563.76	3,429,299.78
支付的税款	8	15,808,880.16	4,167,418.04
支付的其他与经营活动有关的现金	9	84,289,046.23	16,366,990.11
现金流出小计	10	357,617,589.41	31,655,094.65
经营活动产生的现金流量净额	11	50,161,115.23	5,802,140.69
二、投资活动产生的现金流量			
收回投资所收到的现金	12	33,351,664.35	33,351,664.35
取得投资收益收到的现金	13	4,375,724.81	4,375,724.81
处置固定资产，无形资产和其他长期资产而收回的现金净额	14	744,532.82	
收到的其他与投资活动有关的现金	15	0.00	
现金流入小计	16	38,471,921.98	37,727,389.16
购建固定资产，无形资产和其他长期资产所支付的现金	18	29,570,709.77	24,831,320.48
投资所支付的现金	19	167,719,746.60	274,065,000.00
支付的其他与投资活动有关的现金	20	0.00	
现金流出小计	22	197,290,456.37	298,896,320.48
投资活动产生的现金流量净额	25	(158,818,534.39)	(261,168,931.32)
三、筹资活动产生的现金流量：			
吸收投资所收到的现金	26	0.00	
其中：子公司吸收少数权益性投资所收到的现金	27	0.00	
借款所收到的现金	28	834,000,000.00	709,500,000.00
收到的其他与筹资活动有关的现金	29	0.00	
现金流入小计	30	834,000,000.00	709,500,000.00
偿还债务所支付的现金	31	117,200,000.00	110,000,000.00
分配股利、利润或偿付利息所支付的现金	32	42,075,754.80	41,608,556.32
其中：子公司支付少数股东股利	33	0.00	
支付的其他与筹资活动有关的现金	34	0.00	
其中：子公司依法减资支付给少数股东的现金	35		
现金流出小计	36	159,275,754.80	151,608,556.32
筹资活动产生的现金流量净额	40	674,724,245.20	557,891,443.68
四、汇率变动对现金的影响	41		
五、现金及现金等价物的净增加额	42	566,066,826.04	302,524,653.05
附注：			
1.将净利润调节为经营活动的现金流量			
净利润(亏损以"-"号填列)	43	25,668,911.11	17,604,464.07
加：少数股东损益	44	10,036,577.02	
加：未确认的投资损失	45	(4,485,107.72)	
计提的资产减值准备	46	5,403,001.93	3,314,165.91
固定资产折旧	47	7,985,548.25	2,732,387.01
无形资产摊销	48	53,420.40	
长期待摊费用摊销	49	1,725,138.08	(101,236.04)
待摊费用的减少(减：增加)	50	(187,965.20)	(40,356.00)
预提费用的增加(减：减少)	51	191,856.81	
处置固定资产，无形资产和其他长期资产的损失(减收益)	52	121,972.44	
固定资产报废损失	53	42,768.94	
财务费用	54	20,391,433.69	20,634,815.44
投资损失(减收益)	55	3,967,261.66	(41,524,299.28)
递延税款贷项(减借项)	56	0.00	
存货的减少(减增加)	57	26,984,212.46	
经营性应收项目的减少(减增加)	58	(35,935,935.21)	9,085,056.77
经营性应付项目的增加(减减少)	59	(11,801,979.43)	(5,902,857.19)
其他	60		
经营活动产生的现金流量净额	65	50,161,115.23	5,802,140.69
2.不涉及现金收支的投资和筹资活动			
债务转为资本	66		
一年内到期的可转换公司债券	67		
融资租入固定资产	68		
3.现金及现金等价物净增加情况：			
现金的期末余额	69	742,600,355.75	425,641,752.02
减：现金的期初余额	70	176,533,529.71	123,117,098.97
现金等价物的期末余额	71		
减：现金等价物的期初余额	72		
现金及现金等价物净增加额	73	566,066,826.04	302,524,653.05

600653 上海申华控股股份有限公司

2001年年度报告摘选

第一章 公司基本情况简介

一、公司法定名称：
中文名称：上海申华控股股份有限公司
英文名称：Shanghai Brilliance Holdings Co., Ltd.
英文缩写：SBHC
二、公司法定代表人：仰 融
三、公司董事会秘书：汤 琪
证券事务代表：姚 云
联系地址：上海市宁波路1号
电话：(021)63372010,63372011
传真：(021)63372000
电子信箱：stock@bgh.com.cn
四、公司注册地址：上海市宁波路1号
公司办公地址：上海市宁波路1号
邮政编码：200002
公司国际互联网网址：http://www.brilliancegroup.com
公司电子信箱：stock@bgh.com.cn
五、公司选定的信息披露报纸：《中国证券报》、《上海证券报》、《证券时报》
登载公司年报的国际互联网址：http://www.sse.com.cn
公司年度报告备置地点：上海市宁波路1号公司董事会秘书处
六、公司股票上市交易地点：上海证券交易所
股票简称：申华控股
股票代码：600653
七、公司首次注册登记日期：1986年7月1日　　地点：上海市
企业法人营业执照注册号：3100001000677
税务登记号码：310101132214676
公司聘请的会计师事务所名称：上海立信长江会计师事务所有限公司
办公地址：上海市南京东路61号新黄浦金融大厦4楼

第二章 会计数据和业务数据摘要

一、公司本年度会计数据和业务数据：

	2001年12月31日余额
利润总额(元)：	236,730,153.48
净利润(元)：	135,516,812.26
扣除非经常性损益后的净利润(元)：	-28,865,719.42
主营业务利润(元)：	254,323,253.36
其他业务利润(元)：	41,123,308.58
营业利润(元)：	40,735,001.97
投资收益(元)：	172,224,363.07
补贴收入(元)：	26,719,194.93
营业外收支净额(元)：	-2,948,406.49
经营活动产生的现金流量净额(元)：	-188,554,744.87
现金及现金等价物净增加额(元)：	465,999,609.43
扣除非经常性损益后的加权平均净资产收益率：	-1.795%

二、截止报告期末公司前三年的主要会计数据和财务指标

项目	2001年	2000年(调整后)	2000年(调整前)	1999年
主营业务收入(千元)	3,850,372	5,511,311	5,511,417	2,431,761
净利润(千元)	135,517	215,764	225,938	187,803
总资产(千元)	4,840,383	3,376,171	3,531,302	1,591,102
股东权益(千元)(不含少数股东权益)	2,017,489	861,508	1,033,572	810,537
每股收益(元)(摊薄)	0.168	0.394	0.412	0.514
(加权)	0.210	0.430	0.450	0.596
扣除非经常性损益后的每股收益(元)(摊薄)	-0.036	0.221	0.239	0.222
(加权)	-0.045	0.241	0.261	0.258
每股净资产(元)	2.495	1.573	1.89	2.22
调整后的每股净资产(元)	2.414	1.456	1.77	2.21
每股经营活动产生的现金流量净额(元)	-0.233	0.187	0.187	0.07
净资产收益率(%)(摊薄)	6.717	25.04	21.86	23.17

第三章 股本变动及股东情况

股东情况介绍
(一) 截止报告期末，公司计有股东305,141户。
(二)本公司前10名股东的持股情况(截止至2001年12月31日交易结束)

股东名称	年末持股数量	占总股本比例(%)
深圳市正国投资发展有限公司	122810000	15.19
瞿建国	5557157	0.687
联众网络	2537072	0.314
吉林证券	1710416	0.212
北京财政	1485717	0.184
金石资产	1329778	0.164
上国投	1030540	0.127
张玉祥	984000	0.122
李月英	857471	0.106
中星投资	856000	0.1059

注：截止报告期末，公司前10名股东所持公司股份无质押或冻结的情况。
(三)截止报告披露日前，持股10%以上(含10%)的法人股东为：
深圳市正国投资发展有限公司
法定代表人：舒畅
注册资本：20000万元
股权结构：宁波正运实业有限公司以及沈阳金杯汽车工业有限公司分别持有75%和25%的股权。
经营范围：投资兴办各类实业；国内商业、物资供销业(不含专营、专控和专卖商品)；各类经济信息咨询。

600654 上海飞乐股份有限公司

2001年年度报告摘选

一、公司基本情况简介

1、公司的法定中文名称：上海飞乐股份有限公司
公司法定英文名称：SHANGHAI FEILO CO., LTD
公司英文名称缩写：FEILO LTD
2、公司法定代表人：郁建福
3、公司董事会秘书：刘仁仁
证券事务代表：毛丽建
联系地址：上海市昭化路54号
联系电话：021-62512629
传真：021-62517323
E-Mail信箱：flrr@feilo.com.cn
4、公司注册地址：上海市浦东新区新金桥路201号
办公地址：上海市昭化路54号
邮政编码：200050
公司国际互联网网址：http://www.feilo.com.cn
E-Mail信箱：feilo-zq@mail2.online.sh.cn
5、公司选定的信息披露报纸名称：上海证券报
刊载公司年度报告的中国证监会
指定国际互联网网址：http://www.sse.com.cn
公司年度报告备置地点：上海市昭化路54号
6、公司股票上市交易所：上海证券交易所
股票简称：飞乐股份　　股票代码：600654

二、会计数据和业务数据摘要

1、公司本年度实现利润情况：　　单位：元

项目	金额
利润总额	88,942,291.18
净利润	78,050,192.13
扣除非经常性损益后的净利润	70,108,430.84
主营业务利润	70,548,125.66
其他业务利润	215,501.54
营业利润	-45,773,038.19
投资收益	132,265,265.57
补贴收入	1,437,952.43
营业外收支净额	1,012,111.37
经营活动产生的现金流量净额	-8,051,523.95
现金及现金等价物净增加额	126,313,450.21

注：(1)扣除的非经常性损益项目和涉及金额：

项目	金额
①财政所得税退税	2,342,222.25
②财政补贴	1,437,952.43
③委托理财收益	3,693,819.66
④短期投资收益	467,766.95

(2)公司是上海飞乐音响股份有限公司发起人，长期持有上海飞乐音响股份有限公司股份，这部分投资收益一直是公司利润来源之一，是公司较稳定的一块收益。故本报告期内公司将这部分投资收益作为经常性损益处理，涉及金额为8976万元。

2、公司近三年的主要会计数据和财务指标：

项目	2001年	2000年 调整后	2000年 调整前	1999年
主营业务收入(元)	450,910,083.02	545,757,112.57	552,288,474.85	532,683,982.01
净利润(元)	78,050,192.13	76,666,829.15	76,666,829.15	75,046,405.32
总资产(元)	2,191,230,156.59	1,584,733,754.70	1,649,743,927.90	1,545,703,429.30
股东权益(元)(不含少数股东权益)	1,215,804,390.89	650,480,102.20	705,598,130.18	637,046,170.88
每股收益(元/股)(摊薄)	0.18	0.20	0.20	0.20
扣除非经常性损益后的每股收益(元/股)(摊薄)	0.16	0.12	0.12	0.18
每股净资产(元/股)	2.76	1.74	1.88	1.70
调整后的每股净资产(元/股)	2.45	1.54	1.55	1.59
每股经营活动产生的现金流量净额(元)	-0.02	0.02	0.02	0.06
净资产收益率(%)(摊薄)	6.42	11.79	10.87	11.78
净资产收益率(%)(加权)	7.10			

扣除非经常性损益后的加权净资产收益率为6.38%。

三、股本变动及股东情况

1、公司股份变动情况表

单位：股

(一)未上市流通股份	本次变动前	本次变动增减(+、-) 配股	本次变动后
(1)发起人股份			
其中：			
国家持有股份	97,258,602	9,725,860	106,984,462
境内法人持有股份			
境外法人持有股份			
其他			
(2)募集法人股份			
(3)内部职工股			
(4)优先股或其他			
未上市流通股份合计	97,258,602	9,725,860	106,984,462
(二) 已上市流通股份			
(1)人民币普通股	277,514,480	55,502,896	333,017,376
(2)境内上市的外资股			
(3)境外上市的外资股			
(4)其他			
已上市流通股份合计	277,514,480	55,502,896	333,017,376
(三) 股份总数	374,773,082	65,228,756	440,001,838

600655 上海豫园旅游商城股份有限公司

2001 年年度报告摘选

一、公司简介

(一)公司的法定中文名称:上海豫园旅游商城股份有限公司
公司的英文名称:SHANGHAI YUYUAN TOURIST MART CO.,LTD
英文缩写:YYTM
(二)公司法定代表人:董事长吴平
(三)公司董事会秘书:曹有源
联系地址:中国上海市方浜中路 269 号
电　　话:(021)63559999
传　　真:(021)63550558
电子信箱:obd@yuyuantm.com.cn
(四)公司注册地址:中国上海市文昌路 19 号
办公地址:中国上海市方浜中路 269 号
邮政编码:200010
公司国际互联网网址:www.yuyuantm.com.cn
(五)公司选定的信息披露报纸:《上海证券报》、《中国证券报》
登载公司年度报告的中国证监会指定国际互联网网址:http://www.sse.com.cn
公司年度报告备置地点:公司董事会办公室
(六)公司股票上市交易所:上海证券交易所
股票简称:豫园商城
股票代码:600655

二、会计数据和业务数据摘要(合并报表)

(一)公司本年度会计数据和业务数据:

单位:人民币元

项目	2001 年
(1)利润总额	123,463,144.30
(2)净利润	99,403,070.09
(3)扣除非经常性损益后的净利润	92,820,398.18
(4)主营业务利润	438,887,204.43
(5)其他业务利润	52,006,823.91
(6)营业利润	93,825,106.06
(7)投资收益	30,039,116.98
(8)补贴收入	796,374.41
(9)营业外收支净额	-1,197,453.15
(10)经营活动产生的现金流量净额	260,310,499.89
(11)现金及现金等价物净增加额	-47,303,577.18
本期扣除的非经常性损益项目(已扣除所得税影响数)	
资产处置损益	96,475.00
委托投资收益	1,477,653.67
营业外收支净额	-1,017,835.18
合并价差摊入	6,026,378.42
合计	6,582,671.91

(二)截止报告期末公司前三年的主要会计数据及财务指标

单位:人民币元

项目	2001 年	2000 年		1999 年	
		追溯调整后	追溯调整前	追溯调整后	追溯调整前
主营业务收入	3,219,833,920.78	3,615,991,439.69	3,615,991,439.69	3,570,293,910.25	3,570,293,910.25
净利润	99,403,070.09	96,866,802.52	104,422,243.80	88,685,143.65	95,959,661.66
总资产	3,585,676,682.76	3,358,823,462.56	3,439,286,155.46	3,145,674,174.86	3,218,263,132.72
股东权益(不含少数股东权益)	1,661,140,715.03	1,613,286,371.58	1,692,226,508.49	1,354,649,330.01	1,426,034,025.64
每股收益	0.214	0.208	0.224	0.207	0.224
每股净资产	3.570	3.467	3.637	3.160	3.327
调整后的每股净资产	3.295	3.215	3.343	2.957	3.116
每股经营活动中产生的现金流量净额	0.559	0.287	0.287	0.217	0.217
净资产收益率(%)	5.984	6.004	6.171	6.547	6.729
以扣除非经常性损益后的净利润为基础计算的加权平均净资产收益率(%)	5.582				

三、股本变化及股东情况介绍:

(一)股本变动情况
股份变动情况表:

单位:股

	本次变动前	本次变动增减(+,-)						本次变动后
		配股	送股	公积金转股	增发	其他	小计	
一、未上市流通股份								
1、发起人股份	155,135,834					-7,301,558	-7,301,558	147,834,276
其中								
国家股拥有股份	57,566,683							57,566,683
境内法人持有股份	97,569,151					-7,301,558	-7,301,558	90,267,593
境外法人持有股份								
其他								
2、募集法人股份	161,118,164					7,301,558	7,301,558	168,419,722
3、内部职工股								
4、优先股或其他	45,300,236					-45,300,236	-45,300,236	
其中:转配股	45,300,236					-45,300,236	-45,300,236	
未上市流通股份合计	361,554,234					-45,300,236	-45,300,236	316,253,998
二、已上市流通股份								
1、人民币普通股	103,779,221					45,300,236	45,300,236	149,079,457
2、境内上市的外资股								
3、境外上市的外资股								
4、其他								
已上市流通股份合计	103,779,221					45,300,236	45,300,236	149,079,457
三、股份总数	465,333,455							465,333,455

600656 上海华源制药股份有限公司

2001 年年度报告摘选

第一节　公司简介

(一)公司法定中文名称:上海华源制药股份有限公司
公司法定英文名称:SHANGHAI WORLDBEST PHARMACEUTICAL CO.,LTD.
(二)公司法定代表人:丁公才
(三)公司董事会秘书:王长虹
联系地址:上海市中山北路 1958 号华源世界广场 2506 室
电话及传真:021-62030205
电子信箱:huayuan@cwgc-pharm.com
邮编:200063
(四)公司注册地址:上海市浦东新区张江高科技园区郭守敬路 351 号
公司办公地点:上海市中山北路 1958 号华源世界广场 25 层
邮政编码:200063
公司电子信箱:huayuan@cwgc-pharm.com
(五)公司选定的信息披露报刊名称:《上海证券报》、《中国证券报》
刊登《年度报告》的中国证监会指定国际互联网网址:http://www.sse.com.cn
公司《年度报告》备置地点:董事会秘书办公室
(六)公司股票上市地:上海证券交易所
股票简称:华源制药　　　股票代码:600656

第二节　会计数据和业务数据摘要

(一)本年度主要利润指标:　　(单位:人民币元)

项目	金　额
利润总额	33,370,124.86
净利润	18,868,490.28
扣除非经常性损益后的净利润	18,005,414.32
主营业务利润	139,297,676.52
其他业务利润	7,000,309.61
营业利润	24,610,211.55
投资收益	8,240,652.39
补贴收入	472,155.59
营业外收支净额	47,105.33
经营活动产生的现金流量净额	43,809,645.74
现金及现金等价物净增额	58,633,249.21

(二)截止报告期末公司前三年主要会计数据和财务指标　　(单位:人民币元)

项目	2001 年	2000 年		1999 年
		调整后	调整前	
主营业务收入	613,777,404.14	264,445,693.61	264,445,639.61	331,134,759.67
净利润	18,868,490.28	11,823,808.59	13,801,832.09	9,360,539.87
总资产	1,208,886,745.29	877,607,607.87	405,158,837.58	784,896,191.84
股东权益	147,404,730.88	131,163,614.79	141,505,128.21	127,703,296.12
每股收益	0.20	0.13	0.15	0.10
每股净资产	1.58	1.41	1.52	1.37
调整后每股净资产	1.25	1.11	1.26	0.86
每股经营活动产生的现金流量净额	0.47	0.27	0.27	0.19
净资产收益率%	12.80	9.00	9.75	7.33

(三)报告期利润表附表

利润指标	净资产收益率(%)		每股收益(元/股)	
	全面摊薄	加权平均	全面摊薄	加权平均
主营业务利润	94.50	98.79	1.49	1.49
营业利润	16.70	17.45	0.26	0.26
净利润	12.80	13.38	0.20	0.20
扣除非经常性损益后的净利润	12.21	12.80	0.19	0.19

第三节　股本变动及股东情况

(一)股份变动情况表:　　(单位:股)

	本次变动前	本次变动增减(+、-)					本次变动后
		配股	送股	公积金转股	其它	小计	
一、未上市流通股份							
1、发起人股份							
其中:国家拥有股份	3,954,456						3,954,456
境内法人持有股份							
外资法人持有股份							
其他							
2、募集法人股	38,304,000						38,304,000
3、内部职工股							
4、优先股或其他							
尚未上市流通股份合计	42,258,456						42,258,456
二、已上市流通股份							
1、人民币普通股	50,959,985						50,959,985
2.境内上市的外资股							
3.境外上市的外资股							
4.其他							
已上市流通股份合计	50,959,985						50,959,985
三、股份总数	93,218,441						93,218,441

600657 北京天桥北大青鸟科技股份有限公司

2001年年度报告摘选

第一节 公司简介

1、公司法定中文名称:北京天桥北大青鸟科技股份有限公司
中文缩写:青鸟天桥
英文名称:Beijing Tianqiao Beida Jade Bird Sci – Tech Co.,Ltd.
英文缩写:JBTQ
2、公司注册地址:北京市崇文区永内大街1号 邮政编码:100050
办公地址:北京市海淀区成府路207号(北大青鸟楼) 邮政编码:100871
国际互联网网址:www.jbbis.com.cn
电子信箱:jbtq@jbbis.com.cn
3、公司法定代表人:许振东
4、公司董事会秘书:于 明
电话:010－62526688转660 传 真:010－62526688转656
电子信箱:yuming13@sina.com
联系地址:北京市海淀区海淀路52号北大太平洋科技发展中心14层
董事会证券事务代表:石莹
电话:010－62526688转660 传 真:010－62526688转656
电子信箱:shiying47@elong.com
联系地址:北京市海淀区海淀路52号北大太平洋科技发展中心14层
5、公司选定的中国证监会指定报纸:《中国证券报》、《上海证券报》
中国证监会指定国际互联网网址:www.sse.com.cn
公司年度报告备置地点:公司董事会秘书办公室
6、公司股票上市交易所:上海证券交易所
股票简称:青鸟天桥 股票代码:600657

第二节 会计数据和业务数据摘要

1、公司本年度主要会计数据:(单位:人民币元)

利润总额:	90,965,787.26
净利润:	46,460,863.06
扣除非经常性损益后的净利润:	49,390,383.51
主营业务利润:	362,558,302.42
其他业务利润:	4,222,171.67
营业利润:	80,066,159.75
投资收益:	－9,561,288.29
补贴收入:	19,759,832.39
营业外收支净额:	701,083.41
经营活动产生的现金流量净额:	285,392,500.69
现金及现金等价物净增加额:	560,174,816.45
注:扣除的非经常性损益项目及金额:	－2,929,520.45
其中:处理被投资单位股权损失	－1,255,267.71
营业外支出	－776,920.13
股权投资差额摊销	－2,375,336.15
营业外收入	1,478,003.54

2、截至报告期末公司前三年的主要会计数据和财务指标

项目	2001年	2000年		1999年	
		调整前	调整后	调整前	调整后
主营业务收入	1,134,794,511.44	489,210,310.56	489,210,310.56	273,176,987.99	273,176,987.99
净利润	46,460,863.06	68,957,940.76	54,194,658.00	47,685,862.01	40,604,165.24
总资产	3,537,508,305.27	2,650,453,721.56	2,618,396,378.81	415,244,285.24	394,960,528.10
股东权益	743,865,886.14	743,186,592.90	708,139,553.00	289,098,650.65	268,81,893.51
每股收益(摊薄法)	0.2594	0.5006	0.3934	0.40	0.34
每股收益(加权法)	0.2594	0.557	0.438	0.43	0.34
扣除非经常性损益后的每股收益	0.2758	0.5083	0.5083	0.33	0.33
每股净资产	4.1539	5.3951	5.1407	2.43	2.26
调整后的每股净资产	3.9133	5.1229	4.87	2.35	2.22
每股经营活动产生的现金流量净额	1.5937	－4.37	－4.27	0.24	0.24
净资产收益率(摊薄)	6.2459%	9.28%	7.65%	16.49%	15.10%
净资产收益率(加权)	6.3526%	16.29%	13.49%	17.98%	16.34%
扣除非经常性损益后净资产收益率(摊薄)	6.6397%	9.42%	9.89%	13.66%	14.69%
扣除非经常性损益后净资产收益率(加权)	6.7531%	16.55%	17.43%	14.88%	15.89%

第三节 股本变动及股东情况

1、股本变动情况
股份变动情况表

数量单位:股

	本次变动前	本次变动增减(＋、－)						本次变动后
		配股	送股	公积金转股	增发	其他	小计	
一、未上市流通股份								
1、发起人股份	17861441			＋5358432			＋5358432	23219873
其中:								
国家持有股份	14591574			＋4377472			＋4377472	18969046
境内法人持有股份	3269867			＋980960			＋980960	4250827
境外法人持有股份								
其他								
2、募集法人股份	40663004			＋12198901			＋12198901	52861905
3、内部职工股								
4、优先股或其他								
其中:转配股								
未上市流通股份合计	58524445			＋17557333			＋17557333	76081778
二、已上市流通股份								
1、人民币普通股	79227734			＋23768320			＋23768320	102996054
2、境内上市的外资股								
3、境外上市的外资股								
4、其他								
已上市流通股份合计	79227734			＋23768320			＋23768320	102996054
三、股份总数	137752179			＋41325653			＋41325653	179077832

600658 北京兆维科技股份有限公司

2001年年度报告摘选

第一章 公司简介

一、公司法定中文名称:北京兆维科技股份有限公司
公司法定英文名称:BEIJING C&W TECHNOLOGY CO.,LTD.
公司英文名称缩写:C&W TECH
二、公司法定代表人:鲍玉桐
三、公司董事会秘书:姚诚
联系地址:北京市朝阳区酒仙桥路14号
联系电话:010－84567920
传 真:010－84567917
电子信箱:yaocheng@cwtech.com.cn
公司证券事务代表:罗丽丽
联系电话:010－64372784
传 真:010－84567917
电子信箱:luolili@cwtech.com.cn
四、公司注册地址:北京市崇文区琉璃井东街3号楼
公司办公地址:北京市朝阳区酒仙桥路14号
公司邮政编码:100016
国际互联网址:www.cwtech.com.cn
公司电子信箱:gongsi@cwtech.com.cn
五、公司选定的信息披露报纸:《上海证券报》、《中国证券报》
刊登公司年度报告的国际互联网址:http://www.sse.com.cn
公司年度报告置备地点:本公司证券投资部
六、公司股票上市交易所:上海证券交易所
股票简称:兆维科技 股票代码:600658

第二章 会计数据和业务数据摘要

第一节 年度利润总额及构成 单位:元

1	利润总额:	104,811,484.84
2	净利润:	101,756,251.05
3	扣除非经常性损益后的净利润:	103,695,158.05
4	主营业务利润:	73,815,386.51
5	其他业务利润:	1,913,149.02
6	营业利润:	525,853.58
7	投资收益:	107,346,310.41
8	补贴收入:	2,503,813.53
9	营业外收支净额:	－5,564,492.68
10	经营活动产生的现金流量净额:	－36,292,920.89
11	现金及现金等价物净增加额:	99,906,969.81
12	扣除非经常性损益项目及涉及金额合计:	－1,938,907.00

第二节 前三年主要会计数据和财务指标

序号	项目	2001年	2000年		1999年
			调整前	调整后	调整前
1	主营业务收入	528,593,331.39	167,846,185.32	167,846,185.32	117,917,898.50
2	净利润	101,756,251.05	5,528,077.74	953,724.91	－68,330,947.93
3	总资产	666,528,294.26	553,936,671.38	536,055,035.12	491,682,193.25
4	股东权益(不含少数股东权益)	275,171,506.61	188,560,681.33	171,062,044.77	183,032,603.55
5	每股收益(摊薄)	0.6092	0.0331	0.0057	－0.4091
6	每股收益(加权)	0.6092	0.0331	0.0057	－0.4091
7	扣除非经常性损益后的每股收益(摊薄)	0.6208	－0.0611	－0.0571	－0.2534
8	扣除非经常性损益后的每股收益(加权)	0.6208	－0.0611	－0.0571	－0.2534
9	每股净资产	1.6475	1.1289	1.0242	1.096
10	调整后的每股净资产	1.6302	1.1037	0.9990	0.574
11	每股经营活动产生的现金流量净额	－0.2173	0.3342	0.3342	－0.002
12	净资产收益率(摊薄)	36.98%	2.93%	0.56%	－37.33%
13	净资产收益率(加权)	45.85%	2.98%	0.54%	－31.46%
14	扣除非经常性损益后的净资产收益率(摊薄)	37.68%	－5.41%	－5.58%	－23.12%
15	扣除非经常性损益后的净资产收益率(加权)	46.72%	－5.49%	－5.39%	－19.49%

第三章 股本变动及股东情况

第一节 股本变动情况

公司股份变动情况表 数量单位:股

	本次变动前	本次变动增减(＋,－)						本次变动后
		配股	送股	公积金转股	增发	其他	小计	
一、未上市流通股份								
1、发起人股份	23,365,708							23,365,708
其中:								
国家持有股份	5,974,800							5,974,800
境内法人持有股份	17,390,908							17,390,908
境外法人持有股份								
其他								
2、募集法人股份								
3、内部职工股								
4、国有法人股	48,587,432							48,587,432
未上市流通股份合计	71,953,140							71,953,140
二、已上市流通股份								
1、人民币普通股	95,069,976							95,069,976
2、境内上市的外资股								
3、境外上市的外资股								
4、其他								
已上市流通股份合计	95,069,976							95,069,976
三、股份总数	167,023,116							167,023,116

600659 福建省神龙发展股份有限公司

2001 年年度报告摘选

一、公司简介

1、公司法定名称　福建省神龙发展股份有限公司
英文名称：FU JIAN shenlong development co.，LTD
英文缩写：FJSL
2、公司法定代表人　陈克恩
3、公司董事会秘书　何佳
联系地址：福建省福州市鼓楼区东街 123 号航空大厦十五层
联系电话：0591－7503366　　传真：0591－7503068
电子信箱：fjhj@sina.com
4、公司注册地址　福建省福州市省府路一号金皇大厦十七层
公司办公地址：福建省福州市鼓楼区东街 123 号航空大厦十五层
邮政编码：350001
电子信箱：fjtl_659@sina.com
5、公司年度报告备置地点　公司董事会秘书室
公司选定的信息披露报纸：《上海证券报》、《中国证券报》
信息披露网址：www.sse.com.cn
6、公司股票上市地　上海证券交易所
股票简称：神龙发展　　股票代码：600659

二、会计数据和业务数据摘要

1、本年度主要利润指标　　单位：元

项目	金额
利润总额	42789921.46
净利润	24929355.67
扣除非经常性损益后净利润	21422949.63
主营业务利润	44544978.09
其他业务利润	22737605.68
营业利润	25624553.10
投资收益	15061919.70
补贴收入	
营业外收支净额	2103448.66
经营活动产生的现金流量净额	97103873.02
现金及现金等价物净增减额	47649576.84

2、近三年主要会计数据及财务指标

项目	单位	2001 年度	2000 年度		1999 年度	
			调整前	调整后	调整前	调整后
主营业务收入	元	393870771.99	346315972.72	312995006.12	2142233916.03	214223916.03
净利润	元	24929355.67	25014672.46	22950371.53	24318564.26	29850700.48
总资产	元	942557551.66	1285358898.55	920559823.43	634075112.78	639607249.00
股东权益(不含少数股东权益)	元	258105645.53	242053588.96	233176289.86	214640882.45	220173018.67
全面摊薄每股收益	元/股	0.144	0.20	0.19	0.20	0.24
加权平均每股收益	元/股	0.168	0.20	0.19	0.20	0.24
扣除非经常性损益每股收益	元/股	0.101	0.20	0.18	0.023	0.07
每股净资产	元/股	1.49	1.95	1.88	1.73	1.78
调整后每股净资产	元/股	1.40	1.73	1.71	1.35	1.40
每股经营活动产生的现金流量净额	元/股	0.56	－0.88		－0.90	
全面摊薄净资产收益率	%	9.66	10.33	9.84	11.33	13.5
加权平均净资产收益率	%	10.15	10.33	9.84	12.01	13.5
扣除非经常性损益的加权		6.10	10.26	9.77	1.32	3.8

3、利润分配表附表

报告期利润	2001 年度			
	净资产收益率(%)		每股收益(元)	
	全面摊薄	加权平均	全面摊薄	加权平均
主营业务利润	17.26	18.13	0.2569	0.2997
营业利润	9.93	10.43	0.1478	0.1724
净利润	9.66	10.15	0.1437	0.1677
扣除非经常性损益的加权	5.81	6.10	0.08664	0.1009

三、股本变动及股东情况

1、股本变动情况
(1)股份变动情况表　　单位：股

	本次变动前	本次变动增减(+、-)						本次变动后
		配股	送股	公积金转股	增发	其它	小计	
一、未上市流通股份								
1、发起人股份	92036934		31292558	5522216			36814774	128851708
其中：国家持有股份								
境内法人持有股份	92036934		31292558	5522216			36814774	128851708
境外法人持有股份								
其它								
2、募集法人股份								
3、内部职工股								
4、优先股或其它								
其中：转配股								
未上市流通股份合计	92036934		31292558	5522216			36814774	128851708
二、已上市流通股份								
1、人民币普通股	31835760		10824158	1910146			12734304	44570064
2、境内上市外资股								
3、境外上市外资股								
4、其它								
已上市流通股份合计	31835760		10824158	1910146			12734304	44570064
三、股份总数	123872694		42116716	7432362			49549078	173421772

600660 福耀玻璃工业集团股份有限公司

2001 年年度报告摘选

一、公司基本情况简介

1、公司法定中文名称：福耀玻璃工业集团股份有限公司
公司法定英文名称：FUYAO GROUP GLASS INDUSTRIES CO.，LTD.
英文名称缩写：FYG
2、公司法定代表人：曹德旺
3、公司董事会秘书：陈跃丹
联系地址：福建省福清市福耀工业村
联系电话：0591－5383777　　传真：0591－5383666、0591－5382719
电子信箱：danych@fuyaogroup.com
证券事务代表：陈向明
联系地址：福建省福清市福耀工业村
联系电话：0591－5382723　　传真：0591－5383666、0591－5382719
电子信箱：chenxiangming@fuyaogroup.com
4、公司注册地址：福建省福清市融侨经济技术开发区
公司办公地址：福清市福耀工业村　　邮政编码：350301
公司国际互联网网址：HTTP://WWW.FUYAOGROUP.COM
电子信箱：info@fuyaogroup.com
5、信息披露报纸名称：《上海证券报》、《中国证券报》、《证券时报》
登载年度报告的中国证监会指定网站的网址：HTTP://www.sse.com.cn
公司年报备置地点：福清市福耀工业村公司董秘办
6、股票上市交易所：上海证券交易所
股票简称：福耀玻璃　　股票代码：600660

二、会计数据和业务数据摘要

1、本年度主要利润指标：　　单位：人民币元

项目	金额
利润总额	154,811,857
净利润	152,153,548
扣除非经常性损益后的净利润 *	169,418,695
主营业务利润	356,160,973
其他业务利润	3,090,183
营业利润	173,014,752
投资收益	－7,859,991
补贴收入	500,000
营业外收支净额	－10,842,904
经营活动产生的现金流量净额	204,206,714
现金及现金等价物净增加额	－26,009,895

2、近三年主要会计数据及财务指标　　单位：人民币元

项目	单位	2001 年	2000 年		1999 年
			追溯调整前	追溯调整后	
主营业务收入	元	938,287,622	754,999,237	753,812,693	608,741,151
净利润	元	152,153,548	150,034,203	126,612,633	70,573,213
总资产	元	1,688,731,889	1,382,430,389	1,359,008,819	1,118,620,987
股东权益(不含少数股东权益)	元	557,061,671	483,514,062	460,092,492	401,781,206
每股收益(摊薄)	元/股	0.37	0.59	0.50	0.28
每股收益(加权)	元/股	0.37	0.59	0.50	0.28
每股收益(扣除非经常性损益)	元/股	0.42	0.61	0.61	0.25
每股净资产	元/股	1.37	1.90	1.81	1.58
调整后每股净资产	元/股	1.26	1.79	1.66	1.51
每股经营活动产生的现金流量净额	元/股	0.50	0.89	0.89	0.55
净资产收益率(摊薄)	%	27.3%	31.0%	27.5%	17.6%
净资产收益率(加权)	%	28.4%	31.5%	27.2%	19.3%
扣除非经常性损益加权平均净资产收益率	%	31.6%	22.5%	33.3%	20.2%

3、报告期内股东权益变动情况及说明：

项目	股本	资本公积	盈余公积	法定公益金	未分配利润	股东权益合计
期初数	254,725,513	60,273,119	42,614,337	26,913,827	75,460,403	460,092,492
本期增加	152,835,312	－	23,180,840	7,607,677	152,153,548	335,777,377
本期减少	－	58,586,868	－	－	180,057,672	238,644,540
期末数	407,560,825	1,686,251	65,795,177	34,521,504	47,556,279	557,061,671
变动原因	送红股、资本公积金转增股本	本年度资本公积转增股本	本年度提取	本年度提取	备注	

三、股本变动及股东情况

1、公司股本变动情况
(1)公司股份变动情况表　　单位：股

	本次变动前	本次变动增减(+，-)						本次变动后
		配股	送股	公积金转股	增发	其他	合计	
一、未上市流通股份								
1、发起人股份	173,369,664	－	64,146,780	39,875,023	－	－	104,021,803	277,391,467
其中：								
国家拥有股份	－	－	－	－	－	－	－	－
境内法人持有股份	65,961,968	－	24,405,929	15,171,253	－	－	39,577,182	105,539,150
境外法人持有股份	107,407,696	－	39,740,851	24,703,770	－	－	64,444,621	171,852,317
其他	－	－	－	－	－	－	－	－
2、募集法人股	－	－	－	－	－	－	－	－
3、内部职工股	－	－	－	－	－	－	－	－
4、优先股或其他	－	－	－	－	－	－	－	－
未上市流通股份合计	173,369,664	－	64,146,780	39,875,023	－	－	104,021,803	277,391,467
二、已上市流通股份								
1、人民币普通股	81,355,849	－	30,101,664	18,711,845	－	－	48,813,509	130,169,358
2、境内上市外资股	－	－	－	－	－	－	－	－
3、境外上市外资股	－	－	－	－	－	－	－	－
4、其他	－	－	－	－	－	－	－	－
已上市流通股份合计	81,355,849	－	30,101,664	18,711,845	－	－	48,813,509	130,169,358
三、股份总数	254,725,513	－	94,248,444	58,586,868	－	－	152,835,312	407,560,825

600661 上海交大南洋股份有限公司

2001年年度报告摘选

第一章 公司基本情况简介

1、公司法定中文名称:上海交大南洋股份有限公司
中文名称缩写:交大南洋
公司法定英文名称:Shanghai Jiao Da Nan Yang Co., Ltd.
英文名称缩写:SJN
2、公司法定代表人:王宗光
3、公司董事会秘书:吴伟
公司董事会证券事务代表:朱凯泳
联系地址:上海市番禺路667号六楼
电话:021-62814035-67
传真:021-62801900
电子信箱:zkyongb@online.sh.cn
4、公司注册地址:上海浦东金桥纬七路17号地块衫达大厦
办公地址:上海市番禺路667号六楼
邮政编码:200030
电子信箱:sjdny@online.sh.cn
国际互联网网址:http://www.jdny.com.cn
5、公司信息披露的报刊为《上海证券报》
登载公司年报的中国证监会指定网址 http://www.sse.com.cn
年报备置地点:上海市番禺路667号六楼董事会秘书办公室
6、公司股票上市交易所:上海证券交易所
股票简称:交大南洋
股票代码:600661

第二章 会计数据和业务数据摘要

1、本年度利润总额及构成(单位:人民币元)

项目	金额
利润总额	39,178,491.65
净利润	31,290,432.33
扣除非经常性损益后的净利润	27,236,992.36
主营业务利润	56,751,700.29
其他业务利润	2,127,535.90
营业利润	12,311,075.66
投资收益	24,724,599.88
补贴收入	2,106,956.34
营业外收支净额	35,859.77
经营活动产生的现金流量净额	38,293,113.51
现金及现金等价物净增加额	37,096,508.73

2、前三年主要会计数据及财务指标(单位:人民币元)

指标项目	2001年度	2000年度		1999年度	
		调整后	调整前	调整后	调整前
主营业务收入	350,641,430.30	408,503,198.91	415,508,061.05	141,995,803.29	141,650,700.31
净利润	31,290,432.33	29,500,344.45	30,177,244.98	24,825,755.01	25,016,284.24
总资产	662,743,338.27	521,555,265.90	514,360,292.16	457,840,749.33	455,758,040.02
股东权益	293,053,123.29	282,927,192.71	284,570,787.85	275,007,218.87	276,293,205.60
每股收益(摊薄)	0.22	0.20	0.21	0.17	0.17
扣除非经常性损益后的每股收益	0.19	0.18	0.21	0.07	0.08
每股收益(加权)	0.22	0.20	0.21	0.17	0.17
每股净资产	2.02	1.95	1.97	1.90	1.91
调整后的每股净资产	2.00	1.90	1.91	1.87	1.88
每股经营活动产生的现金流量净额	0.27	0.26	0.26	0.15	0.15
净资产收益率(%)	10.68	10.43	10.60	9.03	9.05
扣除非经常性损益后年度加权平均净资产收益率(%)	9.12	9.12	9.24	3.91	4.00

第三章 股本变动及股东情况

1.股本变动情况

股份变动情况表

数量单位:股

	本次变动前	本次变动增减	本次变动后
一、未上市流通股份			
1.发起人股份	74,053,634		74,053,634
其中:			
国家持有股份	10,801,065		10,801,065
境内法人持有股份	63,252,569		63,252,569
境外法人持有股份			
其他			
2.募集法人股份	45,221,679		45,221,679
3.内部职工股			
4.优先股或其他			
未上市流通股份合计	119,275,313		119,275,313
二、已上市流通股份			
1.人民币普通股	25,455,375		25,455,375
2.境内上市的外资股			
3.境外上市的外资股			
4.其他			
已上市流通股份合计	25,455,375		25,455,375
三、股份总数	144,730,688		144,730,688

600662 上海强生控股股份有限公司

2001年年度报告摘选

一、公司简介

1、公司法定中文名称:上海强生控股股份有限公司
公司法定英文名称:Shanghai QiangSheng Holding CO., LTD.
2、公司法定代表人:张同恩
3、公司董事会秘书:吴本初
联系电话:021—62151181
联系地址:上海市南京西路920号18楼
传　　真:021—62538782
4、公司注册地址:上海市浦东新区浦建路145号
公司办公地址:上海市南京西路920号18楼
邮政编码:200041
公司国际互联网网址:http//www.qiangsheng—taxi.com.cn
公司电子信箱:qiangshenggufen @ qiangsheng—taxi.com.cn
5、公司选定的信息披露报纸名称:《上海证券报》、《中国证券报》、《证券时报》
公司年度报告登载的互联网网址:http//www.sse.com.cn
公司年度报告备置地点:上海市南京西路920号18楼董事会办公室
6、公司股票上市交易所:上海证券交易所
股票简称:强生控股　　　股票代码:600662

二、财务数据和业务数据摘要

1、本年度主要利润指标

(单位:元)

项目	金额
利润总额	129,714,429.11
净利润	103,533,599.78
扣除非经常性损益后的净利润	77,471,964.07
主营业务利润	252,771,798.56
其他业务利润	7,576,887.20
营业利润	94,917,145.60
投资收益	42,895,980.28
补贴收入	2,286,986.73
营业外收支净额	-10,385,683.50
经营活动产生的现金流量净额	273,668,382.24
现金及现金等价物净增减额	165,386,451.46

2、公司近三年主要会计数据及财务指标　(单位:元)

财务指标	单位	2001年度	2000年度		1999年度
			调整后	调整前	
主营业务收入	元	843,572,427.46	654,389,105.86	606,681,328.04	514,167,367.88
净利润	元	103,533,599.78	89,128,214.56	92,310,996.88	89,691,559.66
总资产	元	1,734,693,052.01	1,441,877,648.94	1,383,965,406.68	1,223,807,796.38
股东权益(不含少数股东权益)	元	936,385,125.65	849,368,579.52	852,551,361.84	788,334,404.96
全面摊薄每股收益	元/股	0.34	0.32	0.33	0.32
扣除非经常性损益的每股收益	元/股	0.25	0.29	0.30	0.32
每股净资产	元/股	3.03	3.02	3.03	2.81
调整后的每股净资产	元/股	2.94	2.91	2.92	2.71
每股经营活动产生的现金流量净额	元/股	0.89	0.89	0.89	0.94
全面摊薄净资产收益率	%	11.06	10.49	10.83	11.38
加权平均净资产收益率	%	11.86	10.70	11.06	12.06
扣除非经常性损益的加权平均净资产收益率	%	8.87	10.35	10.15	10.57

3、报告期利润表附表

2001年度利润	净资产收益率(%)		每股收益(元)	
	全面摊薄	加权平均	全面摊薄	加权平均
主营业务利润	26.99	28.95	0.82	0.82
营业利润	10.14	10.87	0.31	0.31
净利润	11.06	11.86	0.34	0.34
扣除非经常性损益后的净利润	8.27	8.87	0.24	0.24

三、股本变动和股东情况

1.股本变动情况

公司股份变动情况表　　数量单位:股

	本次变动前	本次变动增减(+,-)						本次变动后
		配股	送股	公积金转股	增发	其他	小计	
一、未上市流通股份								
1、发起人股份	130604400		130604400					143664840
其中:								
国家持有股份								
境内法人持有股份	130604400		130604400					143664840
境外法人持有股份								
其他								
2、募集法人股份								
3、内部职工股								
4、优先股或其他								
未上市流通股份合计	130604400		130604400					143664840
二、已上市流通股份								
1、人民币普通股	150336000		150336000					165369600
2、境内上市的外资股								
1、境外上市的外资股								
2、其他								
已上市流通股份合计	150336000		150336000					165369600
三、股份总数	280940400		280940400					309034440

600663 上海陆家嘴金融贸易区开发股份有限公司

2001 年年度报告摘选

一、公司简介

1、公司法定中、英文名称及缩写：
中文：上海陆家嘴金融贸易区开发股份有限公司
英文：Shanghai Lujiazui Finance & Trade Zone Development Co., Ltd.
英文缩写：SLDC
2、公司法定代表人：康慧军
3、公司董事会秘书：张日法
联系地址：中国上海市浦东大道 981 号
电话：86－21－58878888
传真：86－21－58764039
电子信箱：zhangrifa@163.com
4、公司注册及办公地址：中国上海市浦东大道 981 号
邮政编码：200135
国际互联网网址：www.shld.com
电子信箱：invest@ljz.com.cn
5、公司信息披露报刊：上海证券报、亚洲华尔街日报
登载年度报告的国际互联网网址：www.sse.com.cn(中国证监会指定网站)
www.shld.com(公司网站)
公司年度报告备置地点：中国上海市浦东大道 981 号
6、公司股票上市交易所：上海证券交易所
股票简称及代码：A 股：陆家嘴　600663
B 股：陆家 B 股　900932

二、会计数据和业务数据摘要

1、公司本年度主要会计数据：

单位：元

项目	金额
利润总额	168,558,102.07
净利润	117,516,800.62
扣除非经常性损益后的净利润	107,308,388.79
主营业务利润	260,591,949.01
其它业务利润	46,264,652.09
营业利润	163,821,736.98
投资收益	1,897,726.66
补贴收入	
营业外收支净额	2,838,638.43
经营活动产生的现金流量净额	412,648,509.31
现金及现金等价物净增加额	62,950,278.48
非经常性损益涉及项目	金额
股权转让收益	7,996,315.36
营业外收支净额	2,412,842.67
股权投资差额摊销	－200,746.20
合计	10,208,411.83

2、前三年主要会计数据和财务指标

指标项目	2001 年度	2000 年度	1999 年度
主营业务收入(万元)	99,901.14	66,331.75	64,178.83
净利润(万元)	11,751.68	35,001.25	2,185.05
总资产(万元)	752,830.24	738,460.17	786,055.19
股东权益(万元)	442,064.61	430,798.03	414,667.45
全面摊薄每股收益(元)	0.063	0.187	0.012
加权平均每股收益(元)	0.063	0.187	0.012
扣除非经常性损益后的每股收益(元)	0.057	0.155	0.012
每股净资产(元)	2.37	2.31	2.22
调整后的每股净资产(元)	2.27	2.30	2.19
每股经营活动产生的现金流量净额(元)	0.22	0.15	0.27
全面摊薄净资产收益率(%)	2.66	8.12	0.53
加权平均净资产收益率(%)	2.69	8.10	0.53

三、股本变动及股东情况

1、股本变动情况
(1)报告期内公司股份未发生变动

数量单位：万股

	本次变动前	本次变动增减(+、-)						本次变动后
		配股	送股	公积金转股	增发	其他	小计	
一、未上市流通股份								
1、发起人股份	117,992.0							117,992.0
其中：								
国家拥有股份	112,112.0							112,112.0
境内法人持有股份	5,880.0							5,880.0
2、募集法人股	1,764.0							1,764.0
未上市流通股份合计	119,756.0							119,756.0
二、已上市流通股份								
1、境内上市的								
人民币普通股	16,052.4							16,052.4
2、境内上市的外资股	50,960.0							50,960.0
已上市流通股份合计	67,012.4							67,012.4
三、股份总数	186,768.4							186,768.4

600664 哈药集团股份有限公司

2001 年年度报告摘选

一、公司基本情况简介

1、公司法定中文名称：哈药集团股份有限公司
公司法定英文名称：HARBIN PHARMACEUTICAL GROUP CO., LTD.
英文简称：HPGC
2、法定代表人：刘存周
3、公司董事会秘书：林本松
联系地址：哈尔滨市道里区友谊路 431 号
联系电话：0451－4604688
传　　真：0451－4604688
电子信箱：sec@hayao.com
4、公司注册地址：哈尔滨市南岗区学府路 109 号
公司办公地址：哈尔滨市道里区友谊路 431 号
邮政编码：150018
公司互联网网址：http://www.hayao.com
公司信箱：master@hayao.com
5、公司选定的信息披露报刊：《中国证券报》、《上海证券报》
登载定期报告的国际互联网网址：http://www.sse.com.cn
年度报告备置地点：公司证券部
6、公司股票上市地点：上海证券交易所
股票简称：哈药集团　　股票代码：600664

二、会计数据和业务数据摘要

1、公司 2001 年度实现的利润情况

指标项目	单位：元
本公司本年度实现利润总额	393,882,918.17
净利润	283,799,925.16
扣除非经营性损益后的净利润	288,833,805.64
主营业务利润	2,221,310,482.88
其他业务利润	1,704,880.74
营业利润	399,588,442.36
投资收益	139,492.17
补贴收入	1,081,223.49
营业外收支净额	－6,926,239.85
经营活动产生的现金流量净额	604,128,838.34
现金及现金等价物净增加额	708,914,777.92

2、公司前三年主要会计数据和财务指标

指标项目	2001 年	2000 年		1999 年	
		调整后	调整前	调整后	调整前
主营业务收入(元)	5,368,313,591.02	6,444,458,354.56	6,444,458,354.56	4,486,974,024.44	4,486,974,024.44
净利润(元)	283,799,925.16	217,614,964.03	228,063,414.38	109,215,323.80	138,696,788.10
总资产(元)	5,766,309,715.56	4,379,988,726.14	4,449,400,105.09	4,385,199,958.70	4,414,681,423.00
股东权益(元)(不含少数股东权益)	2,645,415,345.38	1,430,576,885.94	1,614,[illegible]61,696.33	1,410,480,518.27	1,439,691,982.57
每股收益(元)					
摊薄	0.53	0.48	0.51	0.24	0.31
扣除非经常性损益后的每股收益	0.54	0.47	0.49	0.26	0.33
每股净资产(元)	4.98	3.17	3.58	3.13	3.19
调整后的每股净资产(元)	4.90	3.07	3.48	2.74	2.81
净资产收益率(%)摊薄	10.73	15.21	14.13	7.74	9.63
每股经营活动产生的现金流量净额(元)	1.14	1.20	1.20	0.96	0.96

按照中国证监会《公开发行证券公司信息披露编报规则(第 9 号)》要求计算 2001 年度的加权净资产收益率和加权每股收益。

报告期利润	金额(元)	净资产收益率(%)		每股收益(元)	
		全面摊薄	加权平均	全面摊薄	加权平均
主营业务利润	2,221,310,482.88	83.97	122.15	4.19	4.72
营业利润	399,588,442.36	15.10	21.97	0.75	0.85
净利润	283,799,925.16	10.73	15.61	0.53	0.60
扣除非经常性损益后的净利润	288,833,805.64	10.92	15.88	0.54	0.61

三、股本变动及股东情况

(一)股份变动情况表　　数量单位：股

	本次变动前	本次变动增减(+/-)						本次变动后
		配股	送股	公积金转股	增发	其他	小计	
一、未上市流通股份								
1、发起人股份								
其中：								
国家持有股份	184,489,686	0					0	184,489,686
境内法人持有股份								
境外法人持有股份								
其他								
2、募集法人股份								
3、内部职工股								
4、优先股或其他								
其中：转配股								
未上市流通股份合计	184,489,686	0					0	184,489,686
二、已上市流通股份								
1、人民币普通股	266,370,671	79,911,201					79,911,201	346,281,872
2、境内上市外资股								
3、境外上市外资股份								
4、其他								
已上市流通股份合计	266,370,671	79,911,201					79,911,201	346,281,872
三、股份总数	450,860,357	79,911,201					79,911,201	530,771,558

600665 上海沪昌特殊钢股份有限公司

2001 年年度报告摘选

一、公司简介

(一)公司中文名称:上海沪昌特殊钢股份有限公司
公司英文名称:SHANGHAI HU CHANG SPECIAL STEEL CO.,LTD
英文缩写:SHC
(二)公司法定代表人:谢蔚
(三)公司董事会秘书:田为全
证券事务代表:金惟
联系地址:上海宝杨路 1988 号
电话:021-56126920　　传真:021-56128176
电子信箱:shcrx@online.sh.cn
(四)公司注册地址:上海同济路 332 号
公司办公地址:上海宝杨路 1988 号
邮政编码:200940
公司网址:http://www.600665shc.com
电子信箱:shcrx@online.sh.cn
(五)公司信息披露报纸:上海证券报
登载公司年报的中国证监会指定网站的网址:http://www.sse.com.cn
公司年度报告备置地点:公司总经理办公室
(六)公司股票上市交易所:上海证券交易所
股票简称:沪昌特钢　　股票代码:600665

二、会计数据和业务数据摘要

(一)本年度主要会计数据和业务数据(合并报表)

利润总额:	16,418,702.04 元
净利润:	13,684,981.67 元
扣除非经常性损益后的净利润:	18,489,471.81 元
主营业务利润:	29,594,097.36 元
其他业务利润:	9,079,427.30 元
营业利润:	16,581,235.28 元
投资收益:	4,641,956.90 元
补贴收入:	0 元
营业外收支净额:	-4,804,490.14 元
经营活动产生的现金流量净额:	348,583,368.30 元
现金及现金等价物净增加额:	129,087,171.39 元

扣除"非经常性损益后的净利润"系净利润减去营业外收入 81,459.10 元,加上营业外支出 4,885,949.24 元后的余额。

(二)前三年主要会计数据和财务指标　　(单位:元)

项目	2001 年	2000 年 调整前	2000 年 调整后	1999 年
主营业务收入	826,208,087.26	752,431,469.89	752,431,469.89	1,121,260,925.10
净利润	13,684,981.67	12,815,719.70	14,309,773.22	11,069,757.07
总资产	1,329,611,232.36	1,587,070,243.81	1,497,212,191.27	1,722,305,134.62
股东权益	1,241,169,401.78	1,337,042,644.53	1,247,184,591.99	1,324,226,924.83
每股收益(摊薄)	0.019	0.0178	0.0199	0.0154
每股收益(加权)	0.019	0.0178	0.0199	0.0154
扣除非经常性损益后的每股收益	0.026	0.0175	0.0198	0.0153
每股净资产	1.724	1.860	1.732	1.840
调整后每股净资产	1.697	1.84	1.73	1.83
每股经营活动产生的现金流量净额	0.484	0.170	0.170	-0.140
净资产收益率(摊薄)%	1.103	0.959	1.147	0.836
净资产收益率(加权)%	1.100	0.963	1.113	0.839

三、股本变动及股东情况

(一)股份变动情况　　单位:股

	本次变动前	本次变动增减(+、-) 配股	送股	公积金转股	增发	其他	小计	本次变动后
一、尚未流通股份								
1. 发起人股份	496,868,420							496,868,420
其中:								
国家拥有股份	323,427,000							323,427,000
境内法人持有股份	173,441,420							173,441,420
2. 募集法人股份	76,233,681							76,233,681
3. 转配股	36,750,000					-36,750,000	-36,750,000	0
尚未流通股份合计	609,852,101					-36,750,000	-36,750,000	573,102,101
二、已流通股份								
境内已上市的人民币普通股	110,250,000					+36,750,000	+36,750,000	147,000,000
已流通股份合计	110,250,000					+36,750,000	+36,750,000	147,000,000
股本总数	720,102,101							720,102,101

(二)股东情况介绍
1、报告期末前十名股东持股情况

股东名称	持股数量(股)	持股比例(%)
上海五钢有限公司	498,820,412	69.27
上海申银万国证券有限公司	8,202,000	1.14
上海金属材料总公司	2,847,600	0.40
建设银行上海市分行	2,358,000	0.33
工商银行上海市分行第二营业部	2,358,000	0.33
上海汽车工业有限公司	2,358,000	0.33
交通银行上海市分行	2,358,000	0.33
上海公积金管理中心	1,880,400	0.26
上海柴油机股份有限公司	1,680,000	0.23
南钢集团	1,650,000	0.23

600666 西南药业股份有限公司

2001 年年度报告摘选

一、公司基本情况简介

1、公司法定中文名称:西南药业股份有限公司
公司英文名称:SOUTHWEST PHARMACEUTICAL CO.LTD.
公司英文名称缩写:SWP
2、公司法定代表人:张逸屏
3、公司董事会秘书:张新力
董事会证券事务代表:牟晓
联系地址:重庆市沙坪坝区天星桥 21 号
电话号码:(023)65313118-5027
传真号码:(023)65311721
4、公司注册及办公地址:重庆市沙坪坝区天星桥 21 号
邮政编码:400038
电子信箱:swpcom@public.cta.cq.cn
5、公司信息披露报纸名称:《中国证券报》、《上海证券报》
公司登载年度报告国际互联网网址:http://www.sse.com.cn
公司年度报告备置地点:公司证券办公室
6、股票上市交易所:上海证券交易所
股票简称:西南药业
股票代码:600666

二、会计数据和业务数据摘要

1、本年度主要利润指标及现金流量情况　　(单位:人民币)

利润总额	22,874,107.92
净利润	19,450,360.59
扣除非经常性损益后的净利润	15,076,771.53
主营业务利润	100,196,917.65
其他业务利润	435,061.71
营业利润	18,286,237.33
投资收益	5,293,408.66
补贴收入	
营业外收支净额	-705,538.07
经营活动产生的现金流量净额	18,846,122.06
现金及现金等价物净增加额	14,416,938.73

注:扣除的非经常性损益项目和涉及的金额:

营业外收支净额	705,538.07
委托理财收益	5,850,936.97
合计	5,145,398.90
扣税后	4,373,589.07

2、近三年主要会计数据和财务指标

项目	2001 年	2000 年 调整前	2000 年 调整后	1999 年 调整前	1999 年 调整后
主营业务收入	305,021,457.91	293,613,233.46	293,613,233.46	285,710,598.22	285,710,598.22
净利润	19,450,360.59	20,249,089.90	15,555,036.93	17,620,616.56	15,364,607.10
总资产	357,189,886.20	408,349,351.53	396,495,935.89	357,884,468.16	349,003,490.89
股东权益	238,600,211.47	248,519,077.30	229,421,326.01	229,789,155.90	221,305,956.88
每股收益 摊薄	0.13	0.14	0.10	0.12	0.10
每股收益 加权	0.13	0.14	0.10	0.12	0.12
每股收益(扣除非经常性损益)	0.10	0.09	0.08	0.07	0.07
每股净资产	1.60	1.67	1.54	1.54	1.49
调整后的每股净资产	1.52	1.53	1.47	1.39	1.39
每股经营活动产生的现金流量净额	0.13	0.18	0.18	0.39	0.39
净资产收益率 摊薄	8.15%	8.15%	6.78%	7.67%	6.94%
净资产收益率 加权	8.26%	8.49%	7.02%	7.47%	6.72%
扣除非经常性损益后加权净资产收益率	6.40%	5.55%	5.47%	4.51%	4.50%

三、股本变动及股东情况

1、股本变动情况　　数量单位:股

	本次变动前	本次变动增减(+,-) 配股	送股	公积金转股	其他	小计	本次变动后
一、未上市流通股份							
1、发起人股份							
其中:国家持有股份	83,949,180						83,949,180
境内法人持有股份							
境外法人持有股份							
其他							
2、募集法人股份	1,650,000						1,650,000
3、内部职工股							
4、优先股或其他							
未上市流通股份合计	85,599,180						85,599,180
二、已上市流通股份							
1、人民币普通股	63,193,793						63,193,793
2、境内上市的外资股							
3、境外上市的外资股							
4、其他							
已上市流通股份合计	63,193,793						63,193,793
三、股份总数	148,792,973						148,792,973

600667 无锡市太极实业股份有限公司

2001 年年度报告摘选

一、公司基本情况简介

1、公司名称:无锡市太极实业股份有限公司
英文名称:WUXI TAIJI INDUSTRY LIMITED CORPORATION
英文缩写:TJ
2、公司法定代表人:荆朝晖
3、公司董事会秘书:朱巨雄
联系地址:无锡市锡北路 321 号
电话:(0510)2351797　　2351371 - - 399
传真:(0510)2351368
电子信箱:board@wxtj.com
公司证券事务代表:丁伟文
联系地址:无锡市锡北路 321 号
电话:(0510)2351797 2351371 - - 399
传真:(0510)2351368
电子信箱:board@wxtj.com
4、公司注册及办公地址:无锡市锡北路 321 号
邮政编码:214011
公司网址:www.wxtj.com
电子信箱:tjgf@public1.wx.js.cn
5、公司选定的信息披露报纸名称:上海证券报
登载公司年度报告的中国证监会指定国际互联网网址:http://www.sse.com.cn
公司年度报告备置地点:公司证券部
6、公司股票上市交易所:上海证券交易所
股票简称:太极实业
股票代码:600667

二、会计数据和业务数据摘要

1、本年度实现的利润总额及构成　　(单位:元)

项目	金额
利润总额:	5923230.82
主营业务利润:	122213486.72
其他业务利润:	-374556.48
营业利润:	7334049.50
投资收益:	2149163.87
补贴收入:	65480.00
营业外收支净额:	-3625462.55
净利润:	3817276.08
扣除非经常性损益后的净利润:	883470.61
经营活动产生的现金流量净额:	132740954.83
现金及现金等价物净增加额:	80386259.60
注:扣除非经常性损益项目及金额:	
减:收取关联企业资金占用费:	3018326.36
股票投资收益:	1208968.62
财政贴息:	367026.00
营业外收入:	314626.9
加:营业外支出:	1975142.41

2、截止报告期末公司前三年主要会计数据和财务指标

指标项目	2001 年	2000 年 调整后/调整前	1999 年
(1)主营业务收入(元)	640914597.88	623975205.91/ 623975205.91	611398292.83
(2)净利润(元)	3817276.08	-382532749.59/ -41053670.48	19308160.76
(3)总资产(元)	1706827131.17	1754351691.88/2096114296.90	2127612605.26
(4)股东权益(元) (扣除少数股东权益)	551482379.48	547923944.38/ 894557680.55	936577614.49
(5)每股收益(元/股)	0.010	-1.037/ -0.111	0.052
(6)每股净资产(元/股)	1.51	1.50/ 2.43	2.54
(7)调整后的每股净资产(元/股)	1.26	1.43/2.28	2.46
(8)每股经营活动产生的现金流量净额(元/股)	0.360	0.359/0.359	0.074
(9)净资产收益率(%)	0.69	-69.16/ -4.59	2.07
(10)扣除非经常性损益后的净资产收益率(加权)(%)	0.16	-51.35/ -8.79	-1.13

三、股本变动及股东情况

1、股份变动情况表　　数量单位:股

股份类别	股份数量
一、末上市流通股份	
1、发起人股份	164657381
其中:	
国家持有股份	71128776
境内法人持有股份	93528605
2、募集法人股份	14520000
末上市流通股份合计	179177381
二、已上市流通股份	
1、人民币普通股	189640000
已上市流通股份合计	189640000
三、股份总数	368817381

600669 鞍山合成(集团)股份有限公司

2001 年年度报告摘选

第一章　公司简介

1、公司法定中文名称:鞍山合成(集团)股份有限公司
英文名称:ANSHAN CO - OPERATION(GROUP)CO.,LTD
英文缩写:ACOC
2、公司法定代表人:贺殿斌先生
3、公司董事会秘书:王月红女士
联系地址:中国辽宁省鞍山市铁西区柳西街 168 号
电话:(0412)8840881　　传真:(0412)8813178
电子信箱:ashcjt@china.com
4、公司注册地址及办公地址:中国辽宁省鞍山市铁西区柳西街 168 号
邮政编码:114011
电子信箱:ashc@ashcjt.com
网址:http://www.ashcjt.com
5、公司选定信息披露的报纸:《中国证券报》、《上海证券报》
登载公司年度报告的中国证监会指定网址:http://www.sse.com.cn
公司年度报告备置地点:公司股权事务部
6、公司股票上市交易所:上海证券交易所
股票简称:鞍山合成
股票代码:600669

第二章　会计数据和业务数据摘要

1、本年度主要利润指标情况(金额单位:人民币元)

项目	2001 年
利润总额:	-102,634,566.59
净利润:	-98,735,225.00
扣除非经常性损益后的净利润:	-91,404,417.53
主营业务利润;	-2,235,032.47
其它业务利润:	588,494.76
营业利润:	-95,303,759.12
投资收益:	763,925.87
补贴收入:	-
营业外收支净额:	-8,094,733.34
经营活动产生的现金流量净额:	-117,988,244.71
现金及现金等价物净增加额:	-30,096,886.89

2、公司近三年主要会计资料和财务指标(金额单位:人民币元)

项目	2001 年度	2000 年度		1999 年度	
		调整前	调整后	调整前	调整后
主营业务收入	48,449,362.83	182,789,881.68	167,004,794.12	220,828,447.03	134,613,105.16
净利润	-98,735,225.00	22,447,008.54	8,522,732.91	39,623,698.33	30,881,170.90
总资产	878,911,725.72	992,763,321.11	977,263,240.21	992,996,045.32	880,915,512.90
股东权益(不含少数股东权益)	219,268,540.16	328,771,180.25	314,846,904.62	314,197,316.13	306,324,171.71
每股收益	-0.43	0.097	0.04	0.17	0.13
每股净资产	0.94	1.42	1.36	1.35	1.32
调整后的每股净资产	0.61	1.20	1.16	1.14	1.13
每股经营活动产生的现金流量净额	-0.51	-0.038	-0.038	-0.06	-0.12
净资产收益率(%)	-45.03	6.83	2.71	12.61	324.17

3、报告期内利润表附表:

报告期利润		净资产收益率(%)		每股收益(元)	
		全面摊薄	加权平均	全面摊薄	加权平均
营业利润	-95,303,759.12	-43.46	-35.90	-0.41	-0.41
净利润	-98,735,225.00	-45.03	-37.19	-0.43	-0.43
扣除非经常性损益后的净利润	-91,404,417.53	-41.69	-34.43	-0.39	-0.39

*注:报告期末至本报告披露日,本公司股本未发生变化。

第三章　股东变动及股东情况

一、股本变动情况
1、公司股份变动情况表

数量单位:股

项目	期初数	本次变动增减(+、-)					期末数
		配股	送股	公积金转股	其它	小计	
一、未上市流通股份							
1、发起人股份	83,522,332		–		–		83,522,332
其中:							
国家持有股份	37,111,382		–		–		37,111,382
境内法人持有股份	46,410,950		–		–		46,410,950
境外法人持有股份							
其它							
2、募集法人股份							
3、内部职工股							
4、优先股或其它							
未上市流通股份合计	83,522,332		0		0		83,522,332
二、已流通股份							
1、人民币普通股	148,648,500		–		–		148,648,500
2、境内上市的外资股							
3、境外上市的外资股							
4、其它							
已上市流通股份合计	148,648,500		–		–		148,648,500
三、股份总数	232,170,832		0		0		232,170,832

600668 浙江尖峰集团股份有限公司

2001 年年度报告摘要

第一部分 公司简介

1、公司法定中文名称:浙江尖峰集团股份有限公司

英文名称:ZHEJIANG JIANFENG GROUP CO., LTD.(英文缩写 ZJJF)

2、公司法定代表人:杜自弘

3、公司董事会秘书:朱坚卫

证券事务代表:陈展宏

联系地址:浙江省金华市婺江东路 88 号

电话:0579－2326868 转 3907、3917

传真:0579－2324611

电子信箱:zjjfo@mail.jhptt.zj.cn

4、公司注册地址:浙江省金华市罗店镇

办公地址:浙江省金华市婺江东路 88 号

邮政编码:321000

网址:http://www.jianfeng.com.cn

电子信箱:zjjfo@mail.jhptt.zj.cn

5、公司选定的信息披露报纸:《上海证券报》

登载公司年报的指定互联网网址:http://www.sse.com.cn

公司年度报告备置地点:浙江省金华市婺江东路 88 号尖峰大厦 907 室

6、公司股票上市地:上海证券交易所

股票简称:尖峰集团

股票代码:600668

第二部分 会计数据和业务数据摘要(合并)

1、本年度主要利润指标情况:(单位:元)

项目	金额
利润总额	54,713,273.67
净利润	43,904,861.56
扣除非经营性损益的净利润	46,843,798.67
主营业务利润	202,413,615.10
其他业务利润	19,271,493.20
营业利润	25,372,059.44
投资收益	30,496,785.05
补贴收入	1,148,370.18
营业外收支净额	－2,303,941.00
经营活动产生的现金流量净额	91,021,595.52
现金及现金等价物净增加额	－45,561,409.12

注:扣除的非经常性损益金额合计:－2,938,937.11 元,涉及的项目如下:

项目	金额
(1)资金占用费	－3,216,707.36 元
(2)营业外收支净额	－2,303,941.00 元
(3)股权转让	146,465.55 元
(4)补贴收入	967,633.18 元
(5)流动盘盈、盘亏损益	947,820.41 元
(6)纳税影响	519,792.11 元

2、截止报告期末公司前三年主要会计数据和财务指标(单位:元)

财务指标	2001 年	2000 年		1999 年	
		调整前	调整后	调整前	调整后
主营业务收入	1,054,530,058.41	942,390,173.85	941,012,890.32	646,946,840.25	646,946,840.25
净利润	43,904,861.56	38,862,084.44	36,933,527.13	34,083,709.29	34,200,022.82
全面摊薄每股收益(元/股)	0.15	0.13	0.12	0.11	0.11
加权平均每股收益(元/股)	0.15	0.13	0.12	0.11	0.11
扣除非经常性损益后的每股收益(元/股)	0.16	0.13	0.13	0.14	0.14
每股经营活动产生的现金流量净额	0.30	0.19	0.19	0.29	0.29
全面摊薄净资产收益率(%)	8.63	7.51	7.48	7.13	7.15
加权平均净资产收益率(%)	8.52	7.81	7.60	7.49	7.46
扣除非经常性损益后加权平均净资产收益率收益率(%)	9.09	7.99	7.79	9.21	9.17

财务指标	2001 年 12 月 31 日	2000 年 12 月 31 日		1999 年 12 月 31 日	
		调整前	调整后	调整前	调整后
总资产	1,558,913,558.12	1,586,833,963.94	1,568,376,098.17	1,382,846,217.34	1,382,846,217.34
股东权益(不含少数股东权益)	508,882,931.04	517,207,875.75	493,294,959.69	477,894,424.30	478,077,553.77
每股净资产(元/股)	1.69	1.72	1.64	1.59	1.59
调整后的每股净资产(元/股)	1.65	16.4	1.55	1.47	1.47

第三部分 股本变动及股东情况

(一)股本变动情况:(单位:股)

项目			期初数	本期增减变动(+,-) 配股	送股	公积金转股	其他	小计	期末数
(一)尚未流通股份	1.发起人股份	国家拥有股份	95,000,000						95,000,000
		境内法人持有股份	27,965,088						27,965,088
		外资法人持有股份							
		其他							
	2.募集法人股		32,656,003						32,656,003
	3.内部职工股								
	4.优先股								
	5.其他								
	未上市流通股份合计		155,621,091						155,621,091
(二)已流通股份	1.境内上市的人民币普通股		144,838,048						144,838,048
	2.境内上市的外资股								
	3.境外上市的外资股								
	4.其他								
	已流通股份合计		144,838,048						144,838,048
(三)股份总数			300,459,139						300,459,139

(二)股票发行与上市情况

1、2000 年 11 月 6 日,经上海证券交易所批准,公司 39133048 股转配股上市流通。

2、公司不存在内部职工股。

(三)主要股东情况

1、至报告期末公司股东总数为 88355 户。

2、至报告期末公司前十名股东持股情况:

序号	股东名称	增减变动情况(股)	持股数(股)	占总股本比例(%)	股份性质	质押或冻结情况
1	金华市通济国有资产投资有限公司		95000000	31.62	国家股	
2	金华经济开发区峰联实业有限公司	－34614	20314832	6.76	法人股	其中 2000 万股质押
3	深圳昌圳投资有限公司		15000000	4.99	法人股	
4	杭州康和工贸有限公司		5395228	1.80	法人股	
5	深圳顺鑫达投资有限公司		3000000	1.00	法人股	
6	浙江省电力公司		1314576	0.44	法人股	
7	英特电子		1291512	0.43	流通股	
8	辽宁财证		1202635	0.40	流通股	
9	金华市工联建材有限公司	－850000	1200000	0.40	法人股	
10	金华市婺城区罗店镇玲珑岩村		1174584	0.39	法人股	

(1)报告期末持股在 5%以上的股东有两家,其中金华市通济国有资产投资有限公司所持股份未发生变化,金华经济开发区峰联实业有限公司因出让股份而减少了 34614 股;

(2)第一大股东的董事会成员与第二大股东的董事会成员有交叉现象;

(3)根据股东提供的资料表明,深圳昌圳投资有限公司和深圳顺鑫达投资有限公司的控制人是许继集团有限公司;

(4)公司未发现其他股东之间存在关联关系。

3、至报告期末公司控股股东的情况

控股股东名称:金华市通济国有资产投资有限公司

法定代表人:傅得清

成立日期:1998 年 9 月 30 日

主要业务:从事授权的国有资产投资、经营

注册资本:9500 万元

股权结构:国有独资公司

报告期内公司控股股东未发生变化。

4、控股股东的控股股东的情况

本公司的控股股东金华市通济国有资产投资有限公司的实际控制人为金华市财政局,系行政机关单位,其主要负责人为王建平。

公司没有其他持股在 10%以上的股东。

第四部分 董事、监事、高级管理人员和员工情况

(一)董事、监事、高级管理人员基本情况

姓名	职务	性别	年龄	任期起止日期	年初持股	年末持股
杜自弘	董事长	男	62	1999.6—2002.6	63928	63928
傅得清	副董事长	男	56	1999.6—2002.6	60308	60308
王友法	董事、总经理	男	46	1999.6—2002.6	0	0
王旭初	董事	男	41	1999.6—2002.6	0	0
殷荣富	董事	男	50	1999.6—2002.6	60308	60308
金文乾	董事	男	49	1999.6—2002.6	5199	5199
邵志根	董事	男	51	1999.6—2002.6	0	0
徐建国	董事、副总经理	男	51	1999.6—2002.6	0	0
郑爱民	董事	男	37	1999.6—2002.6	0	0
杜自强	董事	男	63	1999.6—2002.6	0	0
黄速建	董事	男	45	1999.6—2002.6	0	0
王贵兴	监事会主席	男	57	1999.6—2002.6	60308	60308
虞忠许	监事	男	55	1999.6—2002.6	0	0
盛立先	监事	男	44	1999.6—2002.6	0	0
程德嘉	监事	男	54	1999.6—2002.6	2625	2625
徐志毅	监事	男	42	1999.6—2002.6	0	0
蒋晓萌	副总经理	男	37	1999.6—2002.6	0	0
厉自强	副总经理	男	39	1999.12—2002.6	0	0
程亦军	副总经理	男	42	2000.4—2002.6	0	0
虞建宏	副总经理	男	37	2001.4—2002.6	0	0

张志杭	财务负责人	女	46	2001.9—2002.6	0	0
朱坚卫	董事会秘书	男	35	2001.9—2002.6	0	0

(二)董事、监事、高级管理人员在股东单位任职情况

副董事长傅得清先生任控股股东金华市通济国有资产投资有限公司法定代表人；董事邵志根先生任股东单位金华市工联建材有限公司法定代表人。

(三)董事、监事、高级管理人员年度报酬情况

公司董事、监事、高级管理人员的报酬由年薪和风险奖励组成，实行收入和业绩挂钩的办法，根据四届七次董事会及2000年度股东大会的决议按利润完成情况，设立奖励制度。公司现任董事、监事、高级管理人员共22人，有15人在公司领取报酬，报酬总额为164.50万元，其中金额最高的前三名董事的报酬总额为51万元，金额最高的前三名高级管理人员的报酬总额为44.8万元。

在公司领取报酬的董事、监事、高级管理人员中年度报酬在3.9—10万元的共7人，在10—15万元的共5人，在15—21.5万元的共3人。

未在公司领取报酬的董事、监事、高级管理人员有：王旭初、郑爱民、黄速建、虞忠许、盛立先、殷荣富、厉自强。董事殷荣富、副总经理厉自强在未合并报表的子公司浙江金发股份有限公司领取报酬。均不在公司的股东单位领取薪水。

(四)报告期内董事、监事、高级管理人员的变动情况

2001年4月，董事会聘任虞建宏先生为公司副总经理。

2001年9月，因工作调动，董事会同意原董事会秘书徐飞先生提出的辞职申请，改聘朱坚卫先生任董事会秘书。

2001年9月，因工作调动，董事会同意原财务总监费忠新先生提出的辞职申请，改聘张志杭女士任财务负责人。

第五部分　公司治理结构

(一)公司治理情况

公司自觉遵守《公司法》、《证券法》和中国证监会有关法律法规，不断完善法人治理结构，建立现代企业制度，规范公司运作。公司制定了《公司章程》、《股东大会议事规则》、《董事会议事规则》、《监事会议事规则》、《总经理工作细则》、《信息披露管理办法》等制度，这些制度符合中国证监会和国家经贸委于2002年1月7日发布的《上市公司治理准则》规范性文件的要求。

1、股东与股东大会。公司能够确保所有股东，特别是中小股东的权利，公司设立了和股东沟通的有效渠道，方便股东了解公司的情况；严格按照《章程》和《股东大会议事规则》的规定召集、召开股东大会，并能确保所有股东行使其权利；公司的关联交易活动遵循商业原则，关联交易的定价不偏离市场价格标准。

2、控股股东与上市公司。控股股东能严格依法行使出资人的权利，没有超越股东大会直接或间接干预公司的决策和经营活动，控股股东与公司在人员、资产、财务、机构和业务方面做到"五分开"，公司的经理人员、财务负责人和董事会秘书在控股股东单位没有出任除董事以外的其他职务，公司的董事会、监事会及其他内部机构能独立运作。

3、董事与董事会。公司严格按照《公司章程》的规定选聘董事，公司董事人员构成符合法律、法规的要求，组成合理、科学。公司董事能以公司和全体股东的最大利益为己任，忠实、诚信、勤勉地履行职责。公司按要求制定了《董事会议事规则》，并能以此规范董事行为。公司将在本年度股东大会上选举2名独立董事，并按规定建立独立董事制度，保证其独立性，公司还将在董事会中建立战略、审计、提名、薪酬与考核等专门委员会。

4、监事与监事会。公司监事会人数和人员构成符合法律、法规的要求，公司按要求制定了《监事会议事规则》，公司监事会向全体股东负责，监事都能列席董事会会议，对公司财务以及公司董事、经理和其他高级管理人员履行职责的合法合规性进行监督。

5、绩效评价与激励约束机制。公司已经建立了董事、监事和经理人员的报酬与公司绩效挂钩的考评办法与激励机制。

6、利益相关者。公司充分尊重银行及其它债权人、职工、消费者、供应商、社区等利益相关者的合法权利，以确保持公司持续稳定的发展。

7、信息披露。公司能严格按照法律、法规和公司章程的规定，真实、准确、完整、及时地披露信息；公司指定董事会秘书负责信息披露事项，董事会及经理人员能积极支持董事会秘书的工作。

公司将一如既往地自觉遵照相关法规，并按要求在2002年中制定公司《治理纲要》不断提高公司的治理水平。

(二)独立董事履行职责情况

公司目前尚未聘请独立董事，公司董事会根据中国证监会《关于上市公司建立独立董事制度的指导意见》的要求，已确定独立董事人选、修订有关制度，准备提交股东大会审议并将按有关规定及时进行披露。

第六部分　股东大会情况简介

报告期内公司共召开了两次股东大会，其中一次为年度股东大会，另一次为临时股东大会。

(一)公司于2001年5月18日召开2000年度股东大会，本次会议决议公告于2001年5月19日的《上海证券报》。

(二)公司于2001年9月22日召开2001年第一次临时股东大会，本次会议决议公告于2001年9月25日的《上海证券报》。

第七部分　董事会报告

一、公司经营情况

(一)主营业务的范围及其经营情况

公司贯彻年初股东大会确定的经营目标，以"提高经营效益为中心，以改善财务状况为重点，坚持改革，调整结构，努力提高企业竞争力"为工作指导思想，扎实工作，取得了良好的经营业绩。至2001年底，公司拥有总资产155891.36万元，股东权益50888.29万元，资产负债率65.84%。

1、主营业务经营情况及其构成

公司实行多元化战略，主营业务收入分为水泥等建材、药品制造及销售和其它行业三大类，主营业务主要分布在金华、杭州等地区，报告期内公司合并实现主营业务收入105453.01万元，同比增长12.06%；实现利润总额5471.33万元，同比增长36.01%，实现净利润4390.49万元，同比增长18.88%。公司的主营业务收入和利润来源主要是水泥和医药两大主业。

2、占公司主营业务收入或主营业务利润10%以上的产品情况。

公司的水泥及其它建材产品的营业收入为44074.00万元，占主营业务收入的41.79%，因水泥产品有一定销售半径的特性决定了其市场以金华地区为主；医药类产品的营业收入为48337.42万元，占主营业务收入的45.84%；针对国家对药品销售管理的有关规定及公司实际情况，公司制定了医药类业务的发展规划为：生产基地以金华地区为主，杭州、台州等地区为辅，营销网络遍布全国；

占公司主营业务收入或主营业务利润10%以上的产品如下：(单位：万元)

	销售收入	销售成本	毛利率%	占主营业务的比例%
水泥产品	36334.73	26395.26	27.36	34.46

报告期内因国家宏观政策的拉动，周边地区的基本建设项目大增，公司及时把握机遇，加大资本投入和营销力度，使主打产品"尖峰"水泥的名牌效应凸现，主营业务利润也相应增长。

(二)投资收益对净利润的影响达10%以上的参股子公司情况

1."37省道东阳段项目"51%优先收益权(原浙江省东阳市峻顺交通发展有限公司51%的股权，后根据财政部有关文件的精神调整为优先收益权，记入公司无形资产科目)，1－6月实际收到的固定分红1485.3万元，记投资收益科目，其相应的投资成本摊销数为482.24万元；7月1日以后该投资记入无形资产(优先收益权)，下半年的收益2514.70万元，摊销成本815.76万元，相应记入其他业务利润。本年度共得收益4000万元，共扣除摊销成本1298万元后净收益为2702万元，占公司净利润的60.50%，其主要为"四自工程"的公路收费经营所得，报告期内根据协议，公司收取固定分红。

2.天津天士力集团有限公司，注册资本18600万元，本公司持有27.44%，报告期内的投资收益为1789.48万元，占公司净利润的40.06%，该公司主要从事医药生产，其主要产品为：复方丹参滴丸、养血清脑颗粒及柴胡滴丸，2001年的净利润为6521.45万元。另，公司持有天津天士力制药股份有限公司的3.24%股权，本期投资收益328.39万元。

(三)主要供应商、客户情况

2001年度公司在原材料采购及产品销售中继续实行以市场价格为标准，采取招标的办法，由各专业公司自行采购及销售。

1、报告期内公司向前五名供应商合计的采购金额为10082.88万元，占公司年度采购总额的33.77%。

2、报告期内公司向前五名客户销售额合计5683.27万元，占公司销售总额的5.39%。

二、投资情况

报告期内公司实际完成投资额为9634.38万元，2000年度公司的投资额为14294.44万元，本年度比上年度减少投资4660.06万元，下降了32.6%。

(一)2001年度没有募集资金投资也没有前期募集资金延续到本期的投资。

(二)非募集资金投入的重大项目情况

根据2000年度非募集资金投入的重大项目具体情况如下：

1、浙江尖峰药业有限公司(以下简称药业公司)投资、技改项目，共投入2651万元。

(1)药业公司水针车间和滴丸、输液车间GMP技改项目，投入1359万元。

2001年2月，该项目初步设计通过省经贸委组织的专家评审会评审，经初步设计调整，项目总投资为8776万元。2001年进口设备如灭菌柜等已到货，到年底土建主体工程结顶，2001年共投入了资金约1359万元。至2001年底累计投入2325万元。

(2)药业公司综合制剂车间GMP技改项目，投入692万元。

药业公司综合制剂车间(片剂、胶囊、水针、输液)GMP技改项目已于2000年投入资金286万元，2001年继续投入了692万元，累计投入978万元。项目于2001年8月份建成，并于12月份通过了国家GMP论证，江北制药分厂也顺利搬迁至综合制剂车间。

(3)药业公司新产品开发，投入600万元。

2001年药业公司完成硫酸阿奇霉素冻干粉针、异福酰胺片、阿莫西林克拉维酸钾粉针、头孢呋辛钠粉针等四个新药的开发并获得新药证书和生产批件，新开发依地甲膦钙原料及冻干针、盐酸头孢甲肟及粉针等六个新药，以及对加替沙星、香丹滴注液等十多个新药延续开发，共投入新药开发费用600万元。

2、其它投资、技改项目，投入5722万元

(1)尖峰陶瓷公司抛光砖生产线项目，投入2400万元。

尖峰陶瓷公司年产150万平方米高档抛光砖生产线技改项目总投资2800万元。该生产线建成后，预计新增年销售收入8250万元，新增利润868万元。该项目于2000年底开始实施，2001年共投入资金2400万元，已完成了进口设备的引进，土建和设备安装调试，并于8月初进行了点火试产。现生产正常，产品优等品率较高。

(2)成立浙江尖峰投资有限公司。

杭州作为我省的政治、经济、文化中心，有着交通便利、信息灵通、人才资源丰富等众多优势，为公司长远发展的需要。公司出资2400万元，浙江尖峰水泥有限公司出资600万元，共同在杭州组建成立了浙江尖峰投资有限公司，从事实业投资及百货和水泥的销售业务，为以后公司的投资决策中心迁往杭州打下基础。

(3)参股金华市商业银行，投入1000万元。

金华市商业银行股份有限公司是由金华市地方财政、企业入股建立的金融企业，注册资本为24000万元。2001年12月公司入股金华市商业银行1000万元，占注册资本的4.17%。

三、财务情况、经营成果

2001年度公司的财务状况较上年有了一定的改善，经天健会计师事务所审计并出具了标准的审计报告，报告期内公司的主要财务指标如下：　单位：万元

项目	2001年度	2000年度	变动数额	增减幅度(%)
总资产	155,891.36	156,837.61	-946.25	-0.60
长期负债	15,772.64	29,877.54	-14,104.90	-47.21
股东权益	50,888.29	49,329.50	1,558.79	3.16
主营业务利润	20,241.36	18,872.36	1,369.00	7.25
净利润	4,390.49	3,693.35	697.14	18.88

变动主要原因：

1、总资产下降主要是因为安排兑付公司8000万元的三年期债券所致；

2、长期负债下降主要是因为调整一年内到期的长期负债所致；

3、股东权益增加主要是因为本年度实现净利润所致；

4、主营业务利润增加主要是因为本年度主营业务收入增加所致；

5、净利润增加主要是因为主营业务收入增加，管理费用有较大下降所致。

四、生产经营环境、宏观政策、法规的变化对公司产生的影响

水泥和制药是公司的两大主营业务，近年来特别是报告期内，由于国家实行积极的财政政策，加大了基础设施建设的投入，水泥的社会需求大幅增长，这为公司的水泥生产和销售提供了良好的市场环境。但与此同时，由于近年来部分药品的销售价格持续下调，使得公司的药业生产和销售受到了较大的冲击，盈利能力下降。

报告期内公司享受15%的所得税优惠政策，根据财政部有关文件精神，2002年开始公司将按

33%的税率交纳所得税,不再享受优惠,这将对公司的利润产生直接影响。

五.新年度的经营计划

2002年公司的经营指导思想是:以提高经济效益为中心,壮大主营业务为重点,以发展促调整,以改善促稳定,以创新求优势,有效控制经营风险,提高企业核心竞争能力。争取实现主营业务收入110000万元,同时降低主营业务成本及各项费用,重点将做好以下各项工作。

1、全面贯彻落实《上市公司治理准则》,逐步建立并不断完善公司的治理结构,重点做好董事会、监事会的换届工作,同时建立独立董事制度;开展"学习年"活动,全面提高公司董事、监事、高级管理人员的自身素质,进一步强化决策的科学性,完善高级管理人员的激励机制;编制公司的《治理纲要》,努力实现公司治理的长期性、连续性和科学性。

2、增强主营业务,实现战略规划

(1)加大新药产品的开发力度,完善营销网络,整合现有资源,密切注意国际上医药领域的动向,随时掌握国家的有关方针政策及市场信息的变化,并建立快速反应机制。重点实施药业公司水针车间和滴丸、输液车间GMP技改项目和浙江尖峰海洲制药有限公司的土地置换及易地搬迁改造项目。

(2)加大对水泥产业的资金和技术投入,占领资源和市场两个制高点,确保公司在浙江省的水泥优势地位,力争进入全国前五位。

规划在富阳建一个年产400万吨规模的水泥生产基地。根据对石灰石等资源情况和水泥市场情况的调查,富阳市石灰石资源丰富且质量较好,面临的是杭州及沿海地区市场,随着水泥产业结构的调整,杭州地区将有很多小水泥厂将被淘汰,使水泥市场出现一定空额,规划用5年的时间分期投入,首期建设年产100-200万吨的新型干法水泥生产线,首期投资额为25000-50000万元,2002年计划投入10000万元,完成项目的可行性研究、初步设计及土地征用、三通一平等前期工作,争取2002年三季度能正式动工建设。

逐步扩建金华水泥生产基地。该基地现有旋窑水泥生产能力60万吨/年、机立窑水泥生产能力80万吨/年,为进一步增强公司水泥板块的实力和市场竞争力,改善水泥产品的结构,提高旋窑水泥的比例,公司计划通过技改、收购、扩建使金华水泥生产基地年水泥生产能力达300万吨以上。第一步计划投资5000万元,通过技术改造,使现有的旋窑水泥生产企业新增40万吨/年水泥生产能力;第二步计划投资5000万元收购现有水泥生产企业和矿山资源,增加30万吨/年水泥生产能力;第三步计划投资19311万元扩建一条年产100万吨的新型干法水泥生产线。技改和收购工作计划2002年内完成,扩建工程计划在2002年内完成前期准备工作。

现有的水泥生产企业要精心组织生产,通过挖掘生产能力,2002年增加5万吨以上水泥产品。

(3)尖峰通信电缆公司要在2002年上半年制定好异地改造方案,促进产品的升级换代,拓展新的发展空间;尖峰陶瓷公司要在抛光砖项目试生产成功的基础上,稳定提高产品质量,积极开拓市场,不断开发新花色,新品种,实现扭亏为盈。

3、加强财务管理,防范经营风险

继续执行资金的统一管理制度,合理调度,保证重点,提高资金的综合使用效率。要十分重视融资工作,广泛建立联系,多渠道、多途径进行融资,以满足项目投入对资金的需求。加大力度清收应收帐款,全年应收帐款占销售收入的比例在上年的基础上下降10%以上。处置各类不良资产,提高资产的流动性,增加现金流量。加强预算管理,提高预算的科学性和准确性,对各单位的预算执行情况定期进行自查和互查,使各子公司的资金使用做到规范、合理、有计划。注重对存货的管理,把控制存货作为一项指标,单独纳入经济责任制予以考核,促使各企业提高生产管理水平。

4、紧密贴近市场,奋力提高市场占有率

面对激励的市场竞争,要主动出击,维护并发挥好"尖峰"水泥的品牌效应,努力提高市场占有率。抓牢主要销售区域和重点销售对象。有选择、有控制地发展经销商,防止过多过散。要做好细分市场,大中化小,因地制宜,因"人"而宜。挖掘潜力,改进产品运输方式和销售模式,降低成本。抓好产品的全过程服务,以服务赢得客户。

利用现有资源进一步整合药品的营销网络,为即将上市的新产品做好前期铺垫,借助"尖峰"品牌,推广尖峰药业。转变消费者对尖峰的单纯认识,增加对尖峰药品的了解、熟悉和接受。

尖峰陶瓷公司必须调整产品销售策略,针对陶瓷品种变化较快的特点,应时刻把握市场动向,满足消费者的要求。研究并创新销售模式,塑造品牌,扩大销量,降低库存。

5、开展"学习年"活动,全面提高员工素质

2002年是我国正式加入WTO的第一年,是中国经济史上重要的一年,我们将会遇到很多的新知识、新问题、新思维、新方式、新机遇,不学习的人很快会落后,不创新的公司必将被淘汰。为了公司的长远发展将在2002年开展"学习年"活动,大力提倡学习、加强学习,提高员工学习的观念和动力。培训教育是开发人力资本和提升员工整体素质的现实需要。集团公司将根据企业发展战略,制订远期的培训规划和年度培训计划,建立多层次、多形式、开放性的培训体系,为各类员工提供学习的机会。要针对公司产业特点,重视开展以职业教育为重点的岗位业务培训,提高业务水平。要认真总结经验,学习借鉴,研究改进培训形式,切实提高培训效果。

六、本年度的利润分配预案

经浙江天健会计师事务所审计,2001年度公司合并实现净利润43,904,861.56元,按母公司的净利润47,588,874.36元,提取10%法定公积金4,758,887.44元,提取10%法定公益金4,758,887.44元后,可供股东分配的利润为34,387,086.68元,加年初未分配利润10,889,305.17元,共45,276,391.85元。

根据年初决定的利润分配政策,董事会拟将年初未分配利润的全部10,889,305.17元,及2001年度净利润提取两金后净利润中的19,156,608.73元(占实现净利润的43.63%),合计30,045,913.90元用于本年度股东分配,按2001年末总股本300,459,139股为基数,每10股派发现金红利1元(含税),余额结转以后年度分配。

本预案尚需报2001年度股东大会审议批准,根据公司《章程》的规定,本预案将在股东大会通过后的两个月内实施,2001年度财务报表已按上述分配预案编制。

第八部分 监事会报告

(一)监事会会议情况

报告期内监事会共召开二次会议,具体情况如下:

1、三届七次监事会会议,于2001年4月1日在公司总部召开,监事会全体成员出席了会议。会议经审议与表决通过了以下报告:《公司2000年度监事会工作报告》、《公司2000年年度报告及其摘要》、《公司2000年度财务决算报告》。

决议公告于2001年4月5日的《上海证券报》。

2、三届八次监事会会议,于2001年8月16日在公司总部召开。监事会全体成员出席了会议。会议经审议与表决,通过了以下报告;《公司2001年上半年总经理工作汇报》、《公司2001年中期报告及其摘要》、《公司执行<企业会计制度>和计提固定资产等四项减值准备议案》。决议公告于2001年8月20日的《上海证券报》。

(二)监事会对公司2001年度有关事项发表独立意见

监事会认为:

1、报告期内,公司全体董事及经营班子成员能认真按国家法律、法规、公司章程及股东大会的各项决议履行职责与权利,未发生违反法律、法规、公司章程和股东大会决议以及损害公司与股东权益的行为。

2、报告期内,监事会对公司财务状况、财务制度进行了检查,认为公司的财务制度健全、财务运作正常,天健会计师事务所出具的审计报告全面、真实地反映了公司报告期的财务状况和经营成果。

3、公司本年度未曾实施增资扩股。最近一次募集资金是1998年实施的配股计划,配股承诺投入的项目和实际投向一致。

4、报告期内公司无重大出售或收购资产行为。

5、公司的关联交易公平,无损害上市公司利益的情况。

6、本年度公司未作利润预测。

第九部分 重要事项

(一)本年度公司无重大诉讼、仲裁事项

(二)重大关联交易事项

关联采购

企业名称	本期数		上年同期数	
	金额	定价政策	金额	定价政策
金华市工联建材有限公司	80,691,424.27	市场价	33,824,576.11	市场价
小计	80,691,424.27		33,824,576.11	

报告期内公司与金华市工联建材有限公司的关联交易是向其采购水泥生产的原材料,定价依据为以公开招标来确定市场价。

(三)报告期内重大合同及其履行情况

1)重大经营合同

(1)公司投资的"37省道东阳段项目"的优先收益权,是按公司与浙江顺风交通集团公司签署的《"37省道东阳段项目"优先收益的合同》进行分配的,合同规定公司对该项目优先收益的具体数额为:从1998年4月1日开始,第一年至第五年为每年4000万元,第六年至第十八年为每年3200万元。报告期内公司共收到该项目的收益4000万元,扣除成本1298万元,本期净收益为2702万(详见本报告第七部分 董事会报告主要控股公司及参股公司的经营情况)。该事项已于2002年1月4日的《上海证券报》上公开披露。

(2)配股承销协议。2001年9月25日公司于北京证券有限责任公司签订了《配股承销协议》,主要内容:北京证券有限责任公司担任公司2001年度配股主承销商,对社会公众股配股部分实行余额包销;对法人股配股部分实行代销;承销费用:本次配股募集资金总额的3%。目前公司的配股申报材料正由中国证监会审核,该协议正在履行当中。

(3)公司在2001年7月10日与浙江省第一建筑工程公司签署了《建筑工程施工承包协议书》,主要内容:浙江省第一建筑工程公司承包尖峰药业工业园技改工程,工程内容为土建工程及水电安装,工程地点:金华市工业园区,合同价款:1500万元,合同工期:240天。目前该协议正在履行之中,工程进展顺利。

2)重大担保合同

截止2001年12月31日公司为控股子公司(未纳入合并报表)浙江金发股份有限公司向银行借款合计2000万元提供连带责任担保;为浙江金发股份有限公司的全资子公司金华商城有限公司的企业债券2000万元提供连带责任担保。以上担保事项均由董事会授权执行董事具体执行。

3)报告期内公司没有发生委托他人进行现金资产管理事项。

(四)公司曾接到通知,第一大股东金华市通济国有资产投资有限公司与第二大股东金华经济开发区峰联实业有限公司于2001年12月26日签订了《停止转让尖峰集团国有股的协议》,双方约定停止履行2000年12月18日签署的股权转让协议。该事项已于2001年12月28日的《上海证券报》上公开披露。

(五)公司支付给会计师事务所的报酬情况

公司聘请的会计师事务所为浙江天健会计师事务所有限公司。公司支付的审计等费用如下:

审计内容	审计费用	是否已支付	备注
2000年度审计	55万元	是	
2001年中期审计	47万元	否	配股
内部控制制度评价	18万元	否	配股
前次募集资金专项审核	15万元	否	配股
加权平均净资产收益率审核	5万元	否	配股
2001年度会计报表审计	55万元	否	

审计期间的食、宿等费用由公司承担。

(六)报告期内没有受中国证监会稽查、中国证监会行政处罚、通报批评、证券交易所公开谴责的情形。

第十部分 财务报告

(一)审计报告(略)

(二)会计报表(见附表)

(三)会计报表(见附表)

(一)会计政策和会计估计变更说明

本公司委托贷款、固定资产、在建工程和无形资产原期末不计提减值准备,现按照《企业会计制度》的规定和财政部财会[2001]17号文的有关要求,从2001年1月1日起改为执行对上述资产期末可收回金额低于账面价值的差额提取减值准备的会计政策;公司发生的债务重组和非货币性交易,改按现行会计准则进行会计处理;根据财政部财会[2001]5号文的有关要求,公司从2001年1月1日起取消"住房周转金"项目,其余额连同账挂"其他应收款"科目属住房周转金性质的房改维修基金一并调整2001年年初未分配利润,经董事会和股东大会批准后冲减"法定公益金";公司开办费原从开始生产经营的当月起,在5年内分期平均摊销,现按照《企业会计制度》的规定,开办费在开始生产经营当月一次计入损益。公司对上述会计政策变更已采用追溯调整法,调整了期初留存收益及相关项目的期初数;利润及利润分配表的上年同期数栏,已按调整后的数字填列。上述会计政策变更的累积影响数为27,171,504.02元,其中,固定资产减值准备计提方法变更的累积影响数为7,130,497.69元;无形资产减值准备计提方法变更的累积影响数为493,085.43元;因取消"住房周转金"项目的累积影响数为10,672,468.22元;开办费核算方法变更的累积影

响数为 8,875,452.68 元。由于会计政策变更,调减了 2000 年度的净利润 1,928,557.31 元;调减了 2001 年年初留存收益 23,912,916.06 元,其中,未分配利润调减了 11,256,665.50 元,盈余公积调减了 12,656,250.56 元;另调减了 2001 年年初少数股东权益 3,258,587.96 元;利润及利润分配表上年同期数栏的年初未分配利润调减了 11,313,438.23 元。

(二)合并报表范围发生变更的内容和原因

1.本期新增子公司

浙江尖峰投资有限公司 本公司和控股子公司浙江尖峰水泥有限公司共同投资成立浙江尖峰投资有限公司,其中:本公司出资 2,400 万元,占 80.00%,浙江尖峰药业有限公司出资 600 万元,占 20.00%。本公司直接和间接控股拥有的权益比例为 99.00%。该公司于 2001 年 11 月 8 日成立,相应自 2001 年 11 月 1 日起纳入合并报表。

2.本期减少子公司

(1) 浙江金华生化药品经销公司

该公司已于 2001 年 4 月 29 日注销,本期不再将其纳入合并报表。

(2) 金华市尖峰包装材料厂

2001 年 7 月 25 日,本公司与控股子公司浙江尖峰水泥有限公司和叶旭明、胡建康签署协议,本公司将拥有的该厂全部净资产转让给浙江尖峰水泥有限公司、叶旭明和胡建康,并由其成立金华市尖峰包装材料有限公司承接该厂的净资产,转让基准日为 2001 年 7 月 1 日。金华市尖峰包装材料有限公司由浙江尖峰水泥有限公司、叶旭明和胡建康以现金方式出资,注册资本 100 万元,其中浙江尖峰水泥有限公司出资 19 万元,仅占 19.00%,故自 2001 年 7 月 1 日起,不再将该厂纳入合并报表。

(3) 浙江尖峰集团梁山石灰石矿

2001 年 8 月 15 日,本公司与控股子公司浙江尖峰水泥有限公司签署协议,本公司将拥有的该矿全部净资产转让给浙江尖峰水泥有限公司,转让基准日为 2001 年 7 月 1 日,且该矿变更为浙江尖峰水泥有限公司的下属法人单位,故自 2001 年 7 月 1 日起,不再将该矿单独作为控股子公司纳入合并报表。

(4) 浙江尖峰集团玲珑石灰石矿

2001 年 8 月 15 日,本公司与控股子公司浙江尖峰水泥有限公司签署协议,本公司将拥有的该矿全部净资产转让给浙江尖峰水泥有限公司,转让基准日为 2001 年 7 月 1 日,且该矿变更为浙江尖峰水泥有限公司的下属法人单位,故自 2001 年 7 月 1 日起,不再将该矿单独作为控股子公司纳入合并报表。

第十一部分 备查文件

1、载有法定代表人、财务负责人、会计主管人员亲笔签名并盖章的会计报表;

2、载有会计师事务所盖章、注册会计师签名并盖章的审计报告原件;

3、报告期内中国证监会指定报纸上公开披露过的所有公司文件的正本及公告的原稿。

上述文件的原件备置在公司董事会办公室,当中国证券监督委员会、上海证券交易所要求提供时,或公司股东依据法律及公司《章程》规定要求查阅时,公司将及时提供。

浙江尖峰集团股份有限公司董事会

董事长:杜自弘

二 OO 二年三月一日

浙江尖峰集团股份有限公司
利润及利润分配表

2001 年度　　(单位:元)

项目	注释	行次	本期数		上年同期数	
			母公司	合并	母公司	合并
一、主营业务收入	1	1		1,054,530,058.41		941,012,890.32
减:主营业务成本	1	4		848,680,273.49		748,241,403.68
主营业务税金及附加	2	5		3,436,169.82		4,047,901.07
二、主营业务利润		10		202,413,615.10		188,723,585.57
加:其他业务利润	3	11	16,989,402.60	19,271,493.20		3,097,869.63
减:营业费用		14	939,833.70	60,698,794.75	867,134.30	57,821,020.11
管理费用		15	22,775,622.60	92,838,549.31	25,494,620.17	112,859,073.34
财务费用	4	16	6,375,579.26	42,775,704.80	10,591,957.55	41,137,203.27
三、营业利润		18	-13,101,632.96	25,372,059.44	-36,953,712.02	-19,995,841.52
加:投资收益	5	19	61,740,793.12	30,496,785.05	78,663,611.24	59,962,310.72
补贴收入	6	22		1,148,370.18		
营业外收入	7	23	702,365.18	2,929,317.16	350	5,065,694.00
减:营业外支出	8	25	306,386.68	5,233,258.16	1,444,618.59	4,805,061.53
四、利润总额		27	49,035,138.66	54,713,273.67	40,265,630.63	40,227,101.67
减:所得税		28	1,446,264.30	4,728,163.12		2,095,679.98
少数股东损益		29		6,080,248.99		1,197,894.56
五、净利润		30	47,588,874.36	43,904,861.56	40,265,630.63	36,933,527.13
加:年初未分配利润		31	10,276,632.28	10,889,305.17	-28,175,475.01	-23,338,055.75
其他转入		33				
六、可供分配的利润		37	57,865,506.64	54,794,166.73	12,090,155.62	13,595,471.38
减:提取法定盈余公积		38	4,758,887.44	4,758,887.44	1,209,015.56	1,804,110.81
提取法定公益金		39	4,758,887.44	4,758,887.44	604,507.78	902,055.40
提取职工奖励及福利基金		40				
提取储备基金		41				
提取企业发展基金		42				
利润归还投资		43				
七、可供投资者分配的利润		45	48,347,731.76	45,276,391.85	10,276,632.28	10,889,305.17
减:应付优先股股利		46				
提取任意盈余公积		47				
应付普通股股利		48	30,045,913.90	30,045,913.90		
转作股本的普通股股利		49				
八、未分配利润		51	18,301,817.86	15,230,477.95	10,276,632.28	10,889,305.17

利润表补充资料:

项目	本期数		上年同期数	
	母公司	合并	母公司	合并
1、出售、处置部门或被投资单位所得收益	146,465.55	146,465.55		
2、自然灾害发生的损失				
3、会计政策变更增加(或减少)利润总额			-1,922,095.27	-1,928,557.31
4、会计估计变更增加(或减少)利润总额				
5、债务重组损失				
6、其他				

法定代表人:杜自弘　　主管会计工作负责人:张志杭　　会计机构负责人:徐跃进

浙江尖峰集团股份有限公司
资产负债表(资产、负债)

2001年12月31日　　(单位:元)

资产	注释	行次	期末数		期初数	
			母公司	合并	母公司	合并
流动资产:						
货币资金	1	1	91,211,197.38	152,708,971.05	77,295,146.91	150,345,380.17
短期投资	2	2			1,000,000.00	1,000,000.00
应收票据	3	3		8,710,300.00		23,070,772.80
应收股利	4	4	3,183,909.03	3,183,909.03	4,799,689.69	3,799,689.69
应收利息		5				
应收账款	5	6	1,337,053.51	159,318,434.64		189,184,781.45
其他应收款	6	7	327,861,985.52	32,220,603.27	362,198,560.12	57,127,707.20
预付账款	7	8		35,357,527.13		33,073,726.94
应收补贴款	8	9		11,730,747.45		167,703.12
存货	9	10	2,643.72	192,970,440.71		175,080,264.57
待摊费用	10	11		294,421.12	115,203.90	917,824.28
一年内到期的长期债权投资	11	21	158,000.00	164,800.00		
其他流动资产		24				
流动资产合计		31	423,754,789.16	596,660,154.40	445,408,600.62	633,767,850.22
长期投资:						
长期股权投资	12	32	433,646,137.67	176,924,861.30	564,919,135.08	315,838,185.40
长期债权投资	13	34	2,161,000.00	8,172,200.00	3,098,000.00	9,116,400.00
长期投资合计		38	435,807,137.67	185,097,061.30	568,017,135.08	324,954,585.40
固定资产:						
固定资产原价	14	39	68,719,789.62	741,889,257.34	68,780,525.25	722,232,108.22
减:累计折旧	15	40	10,557,773.01	221,026,388.93	8,769,288.93	192,388,889.72
固定资产净值	16	41	58,162,016.61	520,862,868.41	60,011,236.32	529,843,218.50
减:固定资产减值准备	17	42	339,670.69	4,545,143.11	339,670.69	8,131,497.69
固定资产净额		43	57,822,345.92	516,317,725.30	59,671,565.63	521,711,720.81
工程物资		44				7,451.80
在建工程	18	45		43,743,976.29		15,281,985.70
固定资产清理		46				1,419,136.42
固定资产合计		50	57,822,345.92	560,061,701.59	59,671,565.63	538,420,294.73
无形资产及其他资产:						
无形资产	19	51	163,286,849.70	212,316,217.26	13,107,990.06	65,819,800.87
长期待摊费用	20	52	816,776.24	4,778,423.57	2,919,758.48	5,413,566.95
其他长期资产		53				
无形资产及其他资产合计		60	164,103,625.94	217,094,640.83	16,027,748.54	71,233,367.82
递延税项:						
递延税款借项		61				
资产总计		67	1,081,487,898.69	1,558,913,558.12	1,089,125,049.87	1,568,376,098.17
负债和股东权益						
流动负债:						
短期借款	21	68	287,640,000.00	455,135,800.00	180,740,000.00	308,660,000.00
应付票据	22	69		9,550,000.00	75,000,000.00	88,163,000.00
应付账款	23	70	339,371.57	143,255,528.09		158,574,728.26
预收账款	24	71		13,267,362.26		15,536,264.60
应付工资	25	72	4,935,066.74	14,061,843.89	2,958,644.09	10,400,406.26
应付福利费		73	4,422,261.57	11,567,577.26	4,387,034.35	8,018,085.00
应付股利	26	74	32,505,607.13	34,011,224.82	2,459,693.23	3,120,262.09
应交税金	27	75	751,130.70	2,482,869.79		9,911,085.63
其他应交款	28	80		325,031.30	17,142.84	523,269.94
其他应付款	29	81	93,014,715.17	122,269,534.59	87,385,037.03	137,532,567.92
预提费用	30	82	560,849.30	5,565,898.21	1,772,500.00	8,444,055.31
预计负债		83				
一年内到期的长期负债	31	86	53,510,000.00	57,110,000.00	12,500,000.00	15,500,000.00
其他流动负债		90				
流动负债合计		100	477,679,002.18	868,602,670.21	367,220,051.54	764,383,725.01
长期负债:						
长期借款	32	101	89,191,583.00	152,710,999.00	138,000,000.00	205,219,416.00
应付债券		102			88,878,000.00	88,878,000.00
长期应付款	33	103	5,015,402.20	5,015,402.20	4,677,958.20	4,677,958.20
专项应付款		106				
其他长期负债		108				
长期负债合计		110	94,206,985.20	157,726,401.20	231,555,958.20	298,775,374.20
递延税项:						
递延税款贷项		111				
负债合计		114	571,885,987.38	1,026,329,071.41	598,776,009.74	1,063,159,099.21
少数股东权益				23,701,555.67		11,922,039.27
股东权益:						
股本	34	115	300,459,139.00	300,459,139.00	300,459,139.00	300,459,139.00
减:已归还投资		116				
股本净额		117	300,459,139.00	300,459,139.00	300,459,139.00	300,459,139.00
资本公积	35	118	150,281,055.20	150,326,488.74	148,571,144.48	148,597,465.05
盈余公积	36	119	40,559,899.25	42,866,825.35	31,042,124.37	33,349,050.47
其中:法定公益金		120	7,822,467.50	8,577,872.93	3,063,580.06	3,818,985.49
未分配利润	37	121	18,301,817.86	15,230,477.95	10,276,632.28	10,889,305.17
股东权益合计		122	509,601,911.31	508,882,931.04	490,349,040.13	493,294,959.69
负债和股东权益总计		135	1,081,487,898.69	1,558,913,558.12	1,089,125,049.87	1,568,376,098.17

法定代表人:杜自弘　主管会计工作的负责人:张志杭　会计机构负责人:徐跃进

浙江尖峰集团股份有限公司
现金流量表

2001年度　　(单位;元)

项目	注释	行次	金额	
			母公司	合并
一、经营活动产生的现金流量:				
销售商品、提供劳务收到的现金		1		1,229,271,800.23
收到的税费返还		3		2,264,474.76
收到的其他与经营活动有关的现金		8	83,976,009.86	14,759,105.00
现金流入小计		9	83,976,009.86	1,246,295,379.99
购买商品、接受劳务支付的现金		10	70,031.18	932,522,655.89
支付给职工以及为职工支付的现金		12	6,725,738.85	72,206,912.93
支付的各项税费		13	1,214,801.06	58,473,754.95
支付的其他与经营活动有关的现金	1	18	10,843,098.47	92,070,460.70
现金流出小计		20	18,853,669.56	1,155,273,784.47
经营活动产生的现金流量净额		21	65,122,340,30	91,021,595.52
二、投资活动产生的现金流量:				
收回投资所收到的现金		22	18,736,571.59	14,607,506.06
取得投资收益所收到的现金		23	58,239,930.13	46,855,656.46
处置固定资产、无形资产和其他长期资产所收回的现金净额		25	4,830,002.49	13,524,435.99
收到的其他与投资活动有关的现金		28	2,369,485.74	3,709,822.68
现金流入小计		29	84,175,989.95	78,697,421.19
购建固定资产、无形资产和其他长期资产所支付的现金		30	4,303,420.46	78,927,719.03
投资所支付的现金		31	34,403,500.00	23,707,300.00
支付的其他与投资活动有关的现金		35		
现金流出小计		36	38,706,920.46	102,635,019.03
投资活动产生的现金流量净额		37	45,469,069.49	-23,937,597.84
三、筹资活动产生的现金流量:				
吸收投资所收到的现金		38		7,500,000.00
其中:子公司吸收少数股东权益投资收到的现金		39		7,500,000.00
借款所收到的现金		40	329,980,000.00	485,765,800.00
收到的其他与筹资活动有关的现金		43		2,317,004.55
现金流入小计		44	329,980,000.00	495,582,804.55
偿还债务所支付的现金		45	324,580,000.00	440,440,000.00
分配股利、利润或偿付利息所支付的现金		46	27,075,359.32	44,851,732.44
其中:子公司支付少数股东的股利		47		30,000.00
支付的其他与筹资活动有关的现金	2	52	122,925,000.00	122,925,000.00
现金流出小计		53	474,580,359.32	608,216,732.44
筹资活动产生的现金流量净额		54	-144,600,359.32	-112,633,927.89
四、汇率变动对现金的影响		55		-11,478.91
五、现金及现金等价物增加额		56	-34,008,949.53	-45,561,409.12

补充资料	行次	金额	
		母公司	合并
1、将净利润调节为经营活动的现金流量:			
净利润	57	47,588,874.36	43,904,861.56
加:少数股东损益	58		6,080,248.99
计提的资产减值准备	59	-2,484,206.64	-1,704,723.78
固定资产折旧	60	2,529,726.18	38,824,125.89
无形资产摊销	61	9,298,737.76	11,085,768.61
长期待摊费用摊销	62	449,232.24	1,339,020.82
待摊费用减少(减:增加)	63	115,203.90	623,403.16
预提费用增加(减:减少)	64		-1,554,463.76
处置固定资产、无形资产和其他长期资产的损失(减:收益)	65	-627,088.50	1,180,356.27
固定资产报废损失	66		
财务费用	67	6,354,844.68	42,587,517.84
投资损失(减:收益)	68	-63,012,754.14	-31,768,746.07
递延税款贷项(减:借项)	69		
存货的减少(减:增加)	70	-2,643.72	-11,976,744.31
经营性应收项目的减少(减:增加)	71	80,890,747.55	50,050,507.17
经营性应付项目的增加(减:减少)	72	7,514,916.63	-34,591,821.47
其他	73	-23,493,250.00	-23,057,715.40
经营活动产生的现金流量净额	75	65,122,340.30	91,021,595.52
2、不涉及现金收支的投资和筹资活动:			
债务转为资本	76		
一年内到期的可转换公司债券	77		
融资租入固定资产	78		
3、现金及现金等价物净增加情况			
现金的期末余额	79	43,286,197.38	104,783,971.05
减:现金的期初余额	80	77,295,146.91	150,345,380.17
加:现金等价的期末余额	81		
减:现金等价物的期初余额	82		
现金及现金等价物净增加额	83	-34,008,949.53	-45,561,409.12

法定代表人:杜自弘　主管会计工作的负责人:张志杭　会计机构负责人:徐跃进

600670 长春高斯达生物科技集团股份有限公司

2001年年度报告摘选

第一章 公司简介

1.公司法定名称:长春高斯达生物科技集团股份有限公司
公司英文名称:Changchun Goldenstar Biotech Group Co., Ltd.
英文缩写:CCGS
2.公司法定代表人:唐群雁
3.公司董事局秘书:王巍巍
联系电话:(0431)8931333　　传　真:(0431)8913238
电子信箱:gsdco@fm365.com
联系地址:长春市解放大路62号中吉大厦2314号
4.公司办公地:长春市解放大路62号中吉大厦
邮编:130022
5.公司选定信息披露报纸名称:《上海证券报》、《中国证券报》
登载公司年度报告的中国证监会指定国际互联网网址:http:www.sse.com.cn
公司年度报告备置地点:董事局秘书处
6.公司股票上市地:上海证券交易所
股票简称:ST高斯达　　股票代码:600670

第二章 会计数据和业务数据摘要

1.本年度利润总额及其构成(单位:元)

项目	金额
利润总额	-78,812,350.47
净利润	-78,812,350.47
扣除非经常性损益后的净利润*	-82,686,526.33
主营业务利润	-180,269.09
其它业务利润	376,334.28
营业利润	-70,565,070.18
投资收益	-2,164,404.36
营业外收支净额	-6,082,875.93
经营活动产生的现金流量净额	298,213.26
现金及现金等价物净增加额	-252,168.40
*扣除项目为:	
营业外收入	7,819,311.41元
营业外支出	3,945,135.55元。

2.报告期末公司前三年主要会计数据和财务指标(单位:元)

指标项目	2001年	2000年		1999年	
		调整后	调整前	调整前	调整后
主营业务收入	4,179,722.73	36,220,791.63	36,220,791.63	3,109,442.19	3,109,442.19
净利润	-78,812,350.47	18,764,588.53	29,841,967.57	20,789,028.76	20,789,028.76
总资产	222,728,370.89	294,266,910.77	315,694,389.18	254,178,131.25	277,704,222.36
股东权益(不含少数股东权益)	64,256,236.55	142,588,161.45	162,129,909.43	19,222,306.55	132,287,941.55
每股收益(元/股)	-0.562	0.134	0.213	0.148	0.148
扣除非经常性损益后的每股收益	-0.59	0.038	0.116		
每股净资产	0.458	1.016	1.155	0.85	0.943
调整后的每股净资产	-0.14	0.76	0.922	0.71	0.803
每股经营活动产生的现金流量净额	0.002	-0.18	-0.175	-0.0158	-0.0158
净资产收益率(%)	-122.65	13.16	18.41	17.44	15.71

根据中国证监会《公开发行证券公司信息披露编报规则(第9号)》要求计算2001年度的加权净资产收益率和加权每股收益。

报告期利润	净资产收益率(%)		每股收益(元)	
	全面摊薄	加权平均	全面摊薄	加权平均
主营业务利润	-0.28	-0.17	-0.0013	-0.0013
营业利润	-109.82	-68.39	-0.5028	-0.5028
净利	-122.65	-76.38	-0.5616	-0.5616
扣除非经常性损益后的净利润	-113.19	-70.49	-0.5183	-0.5183

第三章 股东情况介绍

1.股本变动情况

	期初数	期末数
(一)尚未流通股份		
(1)国家持股	6,038,039	6,038,039
(2)法人持股	48,243,582	48,243,582
其中:		
国有法人股	13,170,000	13,170,000
其它法人股	35,073,582	35,073,582
小计:	54,281,621	54,281,621
(二)已流通股份		
(1)境内上市的人民币普通股	86,052,063	86,052,063
已流通股份合计:	86,052,063	86,052,063
(三)股份合计:	140,333,684	140,333,684

注:报告期内公司股本未发生变化
2.本报告期末股东总数为45909户。
3.报告期末公司前十名股东持股情况

股东名称	持股数(股)	持股比例(%)	股份性质
(1)长春高斯达生化药业集团股份有限公司	23,199,132	16.54	法人股
(2)吉林省国际信托投资有限责任公司	13,170,000	9.38	法人股
(3)辽源市国有资产管理局	6,038,039	4.30	国家股
(4)广州经济技术开发区广开经贸有限公司	2,310,000	1.65	法人股
(5)太原兆和投资发展有限公司	2,310,000	1.65	法人股
(6)深圳鸿基集团股份有限公司	2,100,000	1.50	法人股
(7)上海源德公司	1,155,000	0.82	法人股
(8)上海颐伽经贸公司	800,000	0.57	法人股
(9)许青	780,000	0.56	流通股
(10)深圳蛇口旭业投资发展公司	577,500	0.41	法人股

600671 杭州天目山药业股份有限公司

2001年年度报告摘选

一、公司简介

1、公司法定中文名称:杭州天目山药业股份有限公司
公司法定英文名称:HANGZHOU TIAN-MU-SHAN PHARMACEUTICAL ENTERPRISE CO., LTD.
公司英文名称缩写:TMSP
2、公司法定代表人:钱永涛
3、公司董事会秘书:周群林
联系地址:浙江省临安市锦城镇安阁弄3号
联系电话:0571-63722229　　传　真:0571-63715401
电子信箱:tmsp@la.hz.zj.cn
4、公司注册地址、办公地址:浙江省临安市锦城镇安阁弄3号
邮政编码:311300
公司国际互联网网址:http://www.hztm.com　　公司电子信箱:tmsp@la.hz.zj.cn
5、信息披露报纸名称:上海证券报、中国证券报
登载年度报告的中国证监会指定网站的网址:http://www.sse.com.cn
公司年度报告备置地点:浙江省临安市锦城镇安阁弄3号董事会秘书处
6、公司股票上市交易所:上海证券交易所
公司股票简称:天目药业　　公司股票代码:600671

二、会计数据和业务数据摘要

1、本年度主要利润指标情况:(单位:人民币元)

项目	金额
利润总额:	7,716,965.32
净利润:	3,368,234.31
扣除非经常性损益后的净利润:	1,500,012.73
主营业务利润:	66,965,382.23
其他业务利润:	163,637.54
营业利润:	7,858,594.40
投资收益:	80,521.95
补贴收入:	475,000.00
营业外收支净额:	-697,151.03
经营活动产生的现金流量净额:	10,517,537.81
现金及现金等价物净增减额:	-2,122,933.78

注:"扣除非经营性损益"中扣除的项目、涉及金额为:补贴收入:475,000.00 营业外支出:806,604.85 营业外收入:109,453.82 资金占用费:2,090,372.61

2、截至报告期末公司前三年主要会计数据和财务指标(合并报表):

财务指标	2001年度	2000年度		1999年度
		调整前	调整后	
主营业务收入(元)	144,426,652.48	94,175,490.01	94,154,364.56	137,794,282.96
净利润(元)	3,368,234.31	2,484,971.26	2,484,971.26	13,861,490.10
全面摊薄普通股每股收益(元/股)	0.018	0.01	0.01	0.12
加权平均普通股每股收益(元/股)	0.018	0.01	0.01	0.12
扣除非经常性损益后普通股每股收益(元/股)	0.005	0.01	0.01	0.11
净资产收益率(%)	1.50	1.10	1.11	6.09
每股经营活动产生的现金流量净额(元)	0.102	-0.09	-0.09	0.48
财务指标	**2001年12月31日**	**2001年12月31日**		**1999年12月31日**
		调整前	调整后	
总资产(元)	408,745,600.77	405,881,106.30	402,727,083.01	339,777,920.99
股东权益(不含少数股东股益)(元)	224,372,376.91	226,632,802.17	223,478,778.88	227,651,253.47
普通股每股净资产(元)	1.98	2.00	1.97	2.02
调整后的普通股每股净资产(元/股)	1.88	1.90	1.87	1.94

三、股本变动及股东情况

(一)股本变动情况:
1、股份变动情况表:　　数量单位:股

	本次变动前	本次变动增减(+,-)	本次变动后
一、未流通股份			
1、发起人股份	28,828,911.00	/	28,828,911.00
其中:境内法人持有股份	28,828,911.00	/	28,828,911.00
2、募集法人股份	10,634,289.00	/	10,634,289.00
3、优先股	18,900,000.00	/	18,900,000.00
未上市流通股份合计	58,363,200.00	/	58,363,200.00
二、已上市流通股份			
1、人民币普通股	63,415,428.006	/	3,415,428.00
已上市流通股份合计	63,415,428.006	/	3,415,428.00
三、股份总数	121,778,628.00	/	121,778,628.00

(二)股东情况介绍:
1、股东数量:本报告期末,公司股东总数为42772户。
2、前10名主要股东的持股情况:

序号	股东名称	年末持股数(股)	占股份总数比例%	股份类别
(1)	杭州天目山药厂	36,728,911(其中,优先股7,900,000股)	30.16	未上市流通
(2)	浙江临安天目山石材公司	15,176,000(其中,优先股11,000,000股)	12.46	未上市流通
(3)	临安天目山医药包装品厂	2,930,787	2.41	未上市流通
(4)	曹昱	1,189,311	0.98	上市流通
(5)	河北力维投资有限公司	1,000,000	0.82	未上市流通
(6)	上海嘉虹商务咨询有限公司	950,000	0.78	未上市流通
(7)	杭州临安半唐斋旅游商品有限公司	740,000	0.61	未上市流通
(8)	张小妹	490,669	0.40	上市流通
(9)	汇垄经贸	380,000	0.31	未上市流通
(10)	鲍维刚	261,000	0.21	上市流通

600672 广东英豪科技教育投资股份有限公司

2001年年度报告摘要

一、公司基本情况简介

1.公司法定中文名称:广东英豪科技教育投资股份有限公司
公司法定英文名称:GUANGDONG YINGHAO SCIENCE - TECHNO LOGY& EDUCATION INVEST - MENT CO.,LTD.
中文简称:英豪科教
英文简称:YINGHAO SCI - TEC - EDU
2、法定代表人:陈忠联
公司总经理:孙正文
3、董事会秘书:于 尹
证券事务代表:梁 继
联系地址:广东英豪科技教育投资股份有限公司
联系电话:020 - 38878200　020 - 87841938
传真:020 - 38878772　020 - 87841938
电子信箱:yhkj.90020@yhoa.net
4、公司注册地址:广州市从化新温泉旅游度假区英豪宾馆三楼
公司办公地址:广州市从化新温泉旅游度假区英豪宾馆三楼
邮政编码:510960
公司国际互联网网址:http://www.gdyhkj.com
电子信箱:yhkj.600672@yhoa.net
5、公司选定的信息披露报刊:《中国证券报》、《上海证券报》
登载年度报告的国际互联网网址:http//www.sse.com.cn
年度报告备置地点:公司董事会办公室
6、股票上市交易所:上海证券交易所
股票简称:英豪科教　股票代码:600672

二、会计数据和业务数据摘要

1、本年度主要利润指标　(单位:人民币元)

项目	金额
利润总额	63,847,811.39
净利润	25,435,359.54
扣除非经常性损益后的净利润 *	66,836,396.28
主营业务利润	159,070,338.83
其他业务利润	-2,418,497.90
营业利润	104,334,315.12
投资收益	3,037,383.33
补贴收入	16,391,000.00
营业外收支净额	-59,914,887.06
经营活动产生的现金流量净额	131,096,228.17
现金及现金等价物净增减额	54,982,074.42

2、公司近三年主要会计数据及财务指标

财务指标	单位	2001年度	2000年度		1999年度
			调整前	调整后	
主营业务收入	元	542,765,733.43	635,388,561.68	602,431,290.15	695,519,339.27
净利润	元	25,435,359.54	116,246,588.14	121,691,073.39	242,328,430.82
总资产	元	1,155,315,199.39	1,207,101,863.60	1,179,081,727.27	903,831,659.90
股东权益(不含少数股东权益)	元	627,231,553.88	616,737,317.87	600,201,004.40	554,113,261.13
全面摊薄每股收益	元/股	0.06	0.26	0.28	0.88
加权平均每股收益	元/股	0.06	0.26	0.28	0.88
扣除非经常性损益的每股收益	元/股	0.15	0.25	0.26	0.84
每股净资产	元/股	1.42	1.40	1.36	2.01
调整后的每股净资产	元/股	1.36	1.39	1.32	1.99
每股经营活动产生的现金流量净额	元/股	0.30	0.23	0.23	0.58
全面摊薄净资产收益率	%	4.06	18.85	20.3	43.73
加权平均净资产收益率	%	4.24	18.99	20.5	55.97
扣除非经常性损益的加权平均净资产收益率	%	10.66	18.36	19.8	53.50

3、报告期利润表附表

2001年度利润	净资产收益率(%)		每股收益(元)	
	全面摊薄	加权平均	全面摊薄	加权平均
主营业务利润	25.36	26.53	0.36	0.36
营业利润	16.63	17.40	0.24	0.24
净利润	4.06	4.24	0.06	0.06
扣除非经常性损益后的净利润	10.66	11.15	0.15	0.15

三、股本变动及股东情况

1、公司前十名股东持股情况(截止2001年12月31日)

名次	股东名称	期末持股数(股)	期末持股比例(%)
1	从化市英豪博大实业有限公司	131,279,584	29.77
2	深圳市英迈尔实业有限公司	35,200,000	7.98
3	广汉市国有资产管理局	18,497,376	4.19
4	王学定	1,491,808	0.34
5	新华保险	880,000	0.20
6	杭淑美	870,000	0.20
7	林樱	662,400	0.15
8	晏福庆	580,000	0.13
9	唐恒香	576,000	0.13
10	王刚	544,000	0.12

600673 成都量具刃具股份有限公司

2001年年度报告摘要

第一节　公司基本情况简介

(一)公司法定中文名称:成都量具刃具股份有限公司
公司法定英文名称:CHENGDU MEASURING&CUTTING TOOLS CO.LTD
英文名称缩写:CMCTC
(二)法定代表人姓名:夏义宝
(三)公司董事会秘书:唐晓林
联系电话:(028)3241923 - 2425　传真:(028)3242494
电子信箱:CMCTC@Chinachengliang.com
联系地址:四川成都二环路东一段十四号成都量具刃具股份有限公司办公室
证券事务代表:徐兵
联系电话:(028)3241923 - 2419
传真:(028)3242494
电子信箱:CMCTC@Chinachengliang.com
(四)公司注册地址:四川成都二环路东一段十四号
公司办公地址:四川成都二环路东一段十四号
邮政编码:610056
公司网址://WWW.Chinachengliang.com
公司电子信箱:CMCTC@Chinachengliang.com
(五)公司中报备置地点:成都二环路东一段十四号公司董事办、公司证券部
定期报告刊登报刊:《上海证券报》
证监会指定网站://WWW.sse.com.cn
(六)公司股票上市地:上海证券交易所
股票简称:成量股份　股票代码:600673

第二节　会计数据和业务数据摘要

一、公司本年度主要会计数据(合并数据)

单位:元

项目	金　额
利润总额	2802876.40
净利润	2605547.56
扣除非经常性损益后的净利润	2605547.56
主营业务利润	39856197.43
其他业务利润	1753338.02
营业利润	4259831.03
投资收益	-720022.89
补贴收入	0.00
营业外收支净额	-736931.74
经营活动产生的现金流量净额	3181673.02
现金及现金等价物净增加额	2593269.09

二、截止报告期末公司前三年会计数据和财务指标(合并数)

单位:元

项目	2001年	2000年		1999年	
		调整前	调整后	调整前	调整后
主营业务收入	131506504.35	113749405.57	113749405.57	93185619.69	93185619.69
净利润	2605547.56	1255630.14	2200745.90	-2116993.07	-5637230.06
总资产	333041853.71	339077058.98	329438452.61	350057414.50	341513692.37
股东权益(不含少数股东权益)	123617000.62	128410059.43	120811453.06	127154429.29	118610707.16
每股收益(摊薄)	0.02	0.01	0.02	-0.02	-0.05
每股收益(加权)	0.02	0.01	0.02	-0.02	-0.05
每股净资产(摊薄)	1.12	1.16	1.09	1.15	1.07
每股净资产(加权)	1.12	1.16	1.09	1.15	1.07
调整后的每股净资产(摊薄)	0.94	1.03	0.90	1.00	1.00
调整后的每股净资产(加权)	0.94	1.03	0.90	1.00	1.00
净资产收益率(摊薄)	2.11%	0.98%	1.71%	-1.91%	-4.75%
净资产收益率(加权)	2.11%	0.98%	1.71%	-1.91%	-4.75%
每股经营活动产生的现金流量净额	0.03	0.12	0.12	0.09	0.09

第三节　股本变动及股东情况

一、股本变动情况表

数量单位:万股

	本次变动前	本次变动增减(+,-)					本次变动后
		配股	送股	公积金转股	其他	小计	
一、未上市流通股份							
1、发起人股	4710.4394						4710.4394
其中:							
国家持有股份	4710.4394						4710.4394
境内法人持有股份							
境外法人持有股份							
其他							
2、募集法人股	1815.0000						1815.0000
3、内部职工股							
4、优先股或其他							
未流通股份合计	6525.4394						6525.4394
二、已上市流通股份							
1、境内上市的人民币普通股	4554.0000						4554.0000
2、境内上市的外资股							
3、境外上市的外资股							
4、其他							
已上市流通股份合计	4554.0000						4554.0000
三、股份总数	11079.4394						11079.4394

600674 四川川投控股股份有限公司

2001 年年度报告摘要

一、公司基本情况简介

(一)公司法定中、英文名称及缩写:
1、中文名称:四川川投控股股份有限公司
2、英文名称:SICHUAN CHUANTOU HOLDING STOCK CO., LTD.
3、英文名称缩写:SCTHC
(二)公司法定代表人:宋伍生
(三)公司董事会秘书的姓名、联系地址、电话、传真、电子信箱:
1、董事会秘书:许克义
2、联系地址:四川省峨眉山市九里镇
3、联系电话:0833-5576179
4、传真:0833-5576490
(四)公司注册地址、办公地址、邮政编码及电子信箱
1、公司注册地址及办公地址:四川省峨眉山市九里镇
2、邮政编码:614222
3、电子信箱:Scemfa@LS-Public.Sc.cninfo.net
(五)公司选定的信息披露报纸名称,登载公司年度报告的中国证监会指定国际互联网网址,公司年度报告备置地点:
1、信息披露报纸名称:《中国证券报》、《上海证券报》
2、证监会指定的国际互联网网址:http://WWW.sse.com.cn
3、年度报告备置地点:公司董事会办公室
(六)公司股票上市交易所、股票简称和股票代码:
1、上市交易所:上海证券交易所
2、股票简称:川投控股
3、股票代码:600674

二、会计数据和业务数据

(一)利润情况: (金额:元)

项目	2001 年度
1、利润总额	86,876,507.84
2、净利润	68,414,586.83
3、扣除非经常性损益后的净利润	68,904,498.16
4、主营业务利润	116,347,893.82
5、其他业务利润	3,998,158.73
6、营业利润	96,027,543.38
7、投资收益	-8,574,669.27
8、补贴收入	0
9、营业外收支净额	-576,366.27
10、经营活动产生的现金流量净额	222,620,901.47
11、现金及现金等价物净增加额	89,652,197.69
其中:非经常性损益总额	-489,911.33
非经常性损益项目和金额:	
1、债务重组损失:	495167.50
2、保险公司赔款收入:	100300.00
3、其它损失:	95043.83

(二)前三年主要会计数据和财务指标(单位:元)

序号	项目	2001	2000 年		1999 年
			调整前	调整后	
1	主营业务收入	653,868,294.84	595,897,999.41	595,897,999.41	302,993,082.74
2	净利润	68,414,586.83	123,152,889.28	120,229,086.79	33,680,081.09
3	总资产	939,751,373.86	956,615,840.21	947,531,846.52	653,205,756.40
4	股东权益(不含少数股东权益)	578,237,986.37	522,210,136.93	514,459,413.29	416,146,658.91
5	每股收益(摊薄)	0.177	0.51	0.498	0.14
6	每股收益(加权平均)	0.177	0.51	0.498	0.146
7	每股收益(扣除非经常性损益)	0.178	0.38	0.378	0.10
8	每股净资产	1.50	2.16	2.13	1.72
9	调整后的每股净资产	1.45	2.10	2.13	1.70
10	每股经营活动产生的现金流量净额	0.58	-0.24	-0.24	0.013
11	净资产收益率(%)	11.83	23.58	23.37	8.09
12	净资产收益率(加权%)	12.33	25.78	25.24	8.43

三、股本变动及股东情况

(一)股本变动情况
1、公司股份变动情况表:(数量单位:股)

	本次变动前	本次变动增减(+、-)						本次变动后
		配股	送股	公积金转股	增发	其他	小计	
一、未上市流通股份								
1、发起人股份	7,477,800		2,243,340	2,243,340			4,486,680	11,964,480
其中:国家持有股份								
境内法人持有股份	7,477,800		2,243,340	2,243,340			4,486,680	11,964,480
境外法人持有股份								
其他								
2、募集法人股								
3、内部职工股								
4、优先股或其他	137,189,610		41,156,883	41,156,883			82,313,766	219,503,376
未上市流通股份合计	144,667,410		43,400,223	43,400,223			86,800,446	231,467,856
二、已流通股份								
1、人民币普通股	96,712,880		29,013,864	29,013,864			58,027,728	154,740,608
2、境内上市的外资股								
境外上市的外资股								
其他								
已上市流通股份合计	96,712,880		29,013,864	29,013,864			58,027,728	154,740,608
三、股份总计	241,380,290		72,414,087	72,414,087			144,828,174	386,208,464

600675 中华企业股份有限公司

2001 年年度报告摘要

第一节 公司基本情况简介

一、法定中文名称:中华企业股份有限公司公司
英文名称:CHINA ENTERPRISE COMPANY LIMITED
英文名称缩写:CECL.
二、公司法定代表人:徐林宝
三、公司董事会秘书:印学青
联系地址:上海市华山路 2 号中华企业大厦
联系电话:021-62170088 传真:021-62179197
电子信箱:zhqydm@cecl.com.cn
四、公司注册地址:上海市浦东大道 1700 弄 17 号
公司办公地址:上海市华山路 2 号中华企业大厦(200040)
公司国际互联网网址:http://www.cecl.com.cn 公司电子信箱:zhqy@cecl.com.cn
五、公司选定的信息披露报纸名称:《上海证券报》、《中国证券报》
登载年度报告的中国证监会指定网站的网址:http://www.sse.com.cn
公司年度报告备置地点:公司董事会办公室
六、公司股票上市交易所:上海证券交易所
公司股票简称:中华企业 公司股票代码:600675

第二节 会计数据和业务数据摘要

一、本年度主要财务指标情况 (单位:元)

项目	金额
利润总额	286,350,767.56
净利润	135,224,009.13
扣除非经常性损益后的净利润	164,402,259.24
主营业务利润	663,171,043.64
其他业务利润	5,092,471.80
营业利润	345,568,197.67
投资收益	-51,154,102.13
补贴收入	36,144,814.18
营业外收支净额	-44,208,142.16
经营活动产生的现金流量净额	854,015,836.87
现金及现金等价物净增加额	486,021,600.63

注:扣除的非经常性损益项目和涉及金额

非经常性损益项目	金额
股票股权转让收益	4,288,395.74
融资利息收益	4,928,292.45
营业外收支净额	-45,958,749.73
税收优惠	34,753,941.93
委托理财损益	5,323,536.00
股权投资差额摊销	-32,513,666.50
合计	-29,178,250.11

二、截至报告期末公司前三年的主要会计数据和财务指标 (单位:元)

项目	2001 年	2000 年		1999 年	
		调整前	调整后	调整前	调整后
主营业务收入	1,595,508,414.36	588,764,612.80	662,151,362.26	335,871,233.07	335,871,233.07
净利润	135,224,009.13	108,101,726.40	84,862,794.45	120,582,590.63	112,365,796.73
总资产	5,194,228,014.96	3,578,349,788.10	3,734,994,633.49	3,371,409,228.15	3,370,645,788.76
股东权益(不含少数股东权益)	1,294,019,121.64	1,211,303,028.29	1,169,965,877.80	1,176,852,344.77	1,168,635,550.87
每股收益(摊薄)	0.23	0.19	0.15	0.31	0.29
每股收益(加权)	0.23	0.19	0.15	0.31	0.29
扣除非经常性损益后的每股收益	0.28	0.02	0.02	0.03	0.03
每股净资产	2.23	2.08	2.01	3.04	3.02
调整后每股净资产	1.99	2.00	1.96	2.91	2.91
每股经营活动产生的现金流量净额	1.47	-0.01	-0.01	-0.02	-0.02
净资产收益率(摊薄)	10.45%	8.92%	7.25%	10.25%	9.62%
净资产收益率(加权)	10.93%	8.78%	7.01%	10.80%	10.10%

三、利润表附表

项目	报告期利润(元)	净资产收益率(%)		每股收益(元/股)	
		全面摊薄	加权平均	全面摊薄	加权平均
主营业务利润	663,171,043.64	51.25%	53.59%	1.14	1.14
营业利润	345,568,197.67	26.71%	27.92%	0.59	0.59
净利润	135,224,009.13	10.45%	10.93%	0.23	0.23
扣除非经常性损益后的净利润	164,402,259.24	12.70%	13.28%	0.28	0.28

第三节 股本变动及股东情况

一、股份变动情况表 (数量单位:股)

	本次变动前	本次变动增减(+,-)						本次变动后
		配股	送股	公积金转股	增发	其他	小计	
一、未上市流通股份								
1、发起人股份	289,851,191	0	0	0	0	0	0	289,851,191
其中:								
国家持有股份	289,851,191	0	0	0	0	0	0	289,851,191
境内法人持有股份	0	0	0	0	0	0	0	0
境外法人持有股份	0	0	0	0	0	0	0	0
其他	0	0	0	0	0	0	0	0
2、募集法人股份	25,894,622	0	0	0	0	0	0	25,894,622
3、内部职工股	0	0	0	0	0	0	0	0
4、优先股或其他	0	0	0	0	0	0	0	0
未上市流通股份合计	315,745,813	0	0	0	0	0	0	315,745,813
二、已上市流通股份								
1、人民币普通股	265,466,768	0	0	0	0	0	0	265,466,768
2、境内上市的外资股	0	0	0	0	0	0	0	0
3、境外上市的外资股	0	0	0	0	0	0	0	0
4、其他	0	0	0	0	0	0	0	0
已上市流通股份合计	265,466,768	0	0	0	0	0	0	265,466,768
三、股份总数	581,212,581	0	0	0	0	0	0	581,212,581

600676 上海交运股份有限公司

2001 年年度报告摘选

一、公司基本情况简介

1、公司的法定中文名称:上海交运股份有限公司

英文名称:SHANGHAI JIAO YUN CO., LTD.

缩写:JYC.

2、公司法定代表人:刘世才

3、公司董事会秘书:李汝德

董事会授权代表:华志明

联系地址:上海市平武路 38 号仁达商务楼三楼

电话:(021)62520140 * 8027 或 8015

传真:(021)62116123

电子信箱:jygf@public1.sta.net.cn

4、公司注册地址:上海市浦东新区浦东南路 2304 号

邮政编码:200127

公司办公地址:上海市平武路 38 号仁达商务楼三楼

邮政编码:200052

电子信箱:jygf@public1.sta.net.cn

5、公司选定的信息披露报刊名称:《上海证券报》

登载公司年度报告的中国证监会指定网站的网址:http://www.sse.com.cn

公司年度报告备置地点:上海市平武路 38 号仁达商务楼三楼公司本部总经理办公室

6、公司股票上市交易所:上海证券交易所

公司股票简称:交运股份

公司股票代码:600676

二、会计数据和业务数据摘要

1、本报告年度利润总额及构成(合并报表　　单位:元)

利润总额	60,175,731.99
净利润	50,798,718.71
扣除非经常性损益后的净利润	35,823,839.97
主营业务利润	124,589,059.28
其他业务利润	5,056,389.07
营业利润	39,022,295.81
投资收益	20,168,180.81
补贴收入	416,293.00
营业外收支净额	568,962.37
经营活动产生的现金流量净额	103,222,383.07
现金及现金等价物净增减额	-142,792,032.10
注:扣除非经常性损益项目和涉及的金额:	14,974,878.74 元
(1)补贴收入	416,293.00 元
(2)营业外收支净额	483,618.01 元
(3)债权投资收益	14,074,967.73 元

2、截至报告期末公司前三年的主要会计数据和财务指标

指标项目	2001 年	2000 年 调整后	2000 年 调整前	1999 年
主营业务收入(万元)	34,885.57	26,173.67	26,173.67	21,360.82
净利润(万元)	5,079.87	5,087.61	5,543.33	4,067.08
总资产(万元)	133,115.03	124,519.58	125,186.29	37,301.20
股东权益(不含少数股东权益)(万元)	93,613.53	90,263.66	90,917.02	21,307.21
全面摊薄每股收益(元)	0.3007	0.3011	0.3281	0.3419
加权平均每股收益(元)	0.3007	0.3534	0.4087	0.3419
每股净资产(元/股)	5.541	5.342	5.381	1.791
调整后的每股净资产(元/股)	5.496	5.292	5.331	1.714
每股经营活动产生的现金流量净额(元)	0.6109	0.22	0.22	0.12
全面摊薄净资产收益率(%)	5.43	5.64	6.10	19.09
加权平均净资产收益率(%)	5.53	9.12	11.90	21.03
扣除非经常性损益的加权平均净资产收益率(%)	3.90	9.01	11.76	-

三、股本变动及股东情况

1、股份变动情况表(数量单位:股)

	期初数	本次变动增减(+,-) 配股	送股	公积金转股	增发	其它	小计	期末数
(1)未上市流通股份								
①发起人股份	64,361,856							64,361,856
其中:								
国家持有股份	64,361,856							64,361,856
②募集法人股份	31,200,000							31,200,000
未上市流通股份合计	95,561,856							95,561,856
(二)已上市流通股份								
人民币普通股	73,400,000							73,400,000
已上市流通股份合计	73,400,000							73,400,000
(三)股份总数	168,961,856							168,961,856

600677 航天中汇集团股份有限公司

2001 年年度报告摘选

第一章　公司基本情况简介

(一)公司法定中方名称:航天中汇集团股份有限公司

公司中文名称缩写:航天中汇

公司法定英文名称:AEROSPACE ZHONGHUI GROUP CO., LTD.

公司英文名称缩写:AZHC

(二)公司法定代表人:陈鹏飞

(三)公司董事会秘书:丛培育

联系地址:浙江省杭州市解放路 138 号纺织服装大楼二号楼

联系电话:0571—87034676　　　传　真:0571—87077662

电子信箱:zhonghui@mail.hz.zj.cn

公司董事会证券事务代表:叶瑞忠

联系地址:浙江省杭州市解放路 138 号纺织服装大楼二号楼

联系电话:0571—87075755　　　传　真:0571—87077662

电子信箱:zhonghui@mail.hz.zj.cn

(四)公司注册及办公地址:浙江省杭州市解放路 138 号纺织服装大楼二号楼

邮政编码:310009

公司电子信箱:zhonghui@mail.hz.zj.cn

(五)公司选定的信息披露报纸名称:《中国证券报》、《上海证券报》

登载公司年度报告的中国证监会指定网站网址:http://www.sse.com.cn

公司年度报告备置地点:公司董事会办公室

(六)公司股票上市地:上海证券交易所

股票简称:航天中汇　　　股票代码:600677

第二章　会计数据和业务数据摘要

一、2001 年主要会计数据(单位:元):

利润总额:	45622905.23 元
净利润:	29947844.40 元
扣除非经常性损益后的净利润:	18303668.52 元
主营业务利润:	208867389.91 元
其他业务利润:	18995366.9 元
营业利润:	47299135.08 元
投资收益:	-3100874.03 元
补贴收入:	3667795.95 元
营业外收支净额:	-2243151.77 元
经营活动产生的现金流量净额:	51119229.29 元
现金及现金等价物净增加额:	103936984.98 元

注:扣除的非经常性损益项目、涉及金额(单位:元):

项目	涉及金额
处置下属部门被投资单位股权损益	-1661463.58
补贴收入	5474322.31
流动资产盘亏、盘盈损益	-960963.99
资金占用费	17549340.55
委托投资损益	326119.40
营业外收入	6827863.18
营业外支出	-10175850.90
所得税影响数	5735191.11
合计	11644175.88

二、前三年的主要会计数据和财务指标:

	2001 年	2000 年 调整后	2000 年 调整前	1999 年
主营业务收入(万元)	159694.13	157064.85	157064.85	138991.08
净利润(万元)	2994.78	7469.70	9208.15	6018.46
总资产(万元)	187427.75	153701.51	156883.43	146969.08
股东权益(万元)	49746.15	49390.45	52619.63	44663.46
每股收益(元)	0.0918	0.229	0.2823	0.24
加权平均每股收益(元)	0.0918	0.229	0.2823	0.24
扣除非经常性损益后的每股收益(元)	0.056	0.164	0.217	0.145
每股净资产(元)	1.525	1.514	1.613	1.78
调整后的每股净资产(元)	1.315	1.33	1.43	1.525
每股经营活动产生的现金流量净额(元)	0.1567	0.305	0.305	0.418
全面摊薄净资产收益率(%)	6.02	15.12	17.5	13.48
加权平均净资产收益率(%)	6.02	15.72	18.64	13.92
扣除非经常性损益后的加权平均净资产收益率(%)	3.67	11.27	11.27	8.39

第三章　股本变动及股东情况

一、股本变动情况

股份变动情况表(数量单位:股)

项目	期初数	本期增减变动(+,-) 配股	送股	公积金转股	其他	小计	期末数
(一)尚未流通股份							
1.发起人股份							
国家拥有股份	101,220,320.00						101,220,320.00
境内法人持有股份	7,687,680.00						7,687,680.00
外资法人持有股份							
其他							
2.募集法人股	46,518,672.00						46,518,672.00
3.内部职工股							
4.优先股							
5.其他							
未上市流通股份合计	155,426,672.00						155,426,672.00
(二)已流通股份							
1.境内上市的人民币普通股	170,745,684.00						170,745,684.00
2.境内上市的外资股							
3.境外上市的外资股							
4.其他							
已流通股份合计	170,745,684.00						170,745,684.00
(三)股份总数	326,172,356.00						326,172,356.00

600678 四川金顶(集团)股份有限公司

2001 年年度报告摘选

一、公司基本情况简介

(一)公司法定中文名称:四川金顶(集团)股份有限公司
公司法定英文名称:SICHUAN GOLDEN SUMMIT(GROUP)JOINT－STOCK CO.,LTD.
英文名称缩写:SCGS
(二)公司法定代表人:古松
(三)公司董事会秘书:许毅刚
董事会秘书证券事务代表:魏良益
联系地址:四川省峨眉山市名山路东段
电话:0833－5521271　　传真:0833－5521205
电子信箱:S6512288@ls－public.sc.cninfo.net
(四)公司注册地址:四川省峨眉山市名山路东段
公司办公地址:四川省峨眉山市名山路东段　　邮政编码:614200
电子信箱:S6512288@ls－public.sc.cninfo.net
(五)公司选定的信息披露报纸为《中国证券报》、《上海证券报》
中国证监会指定的登载公司年度报告的国际互联网网址:http://www.sse.com.cn.
公司年度报告备置地点:四川省峨眉山市名山路东段公司董事会办公室
(六)公司股票上市交易所:上海证券交易所
股票简称:四川金顶　　股票代码:600678

二、会计数据和业务数据摘要

(一)本年度利润及构成:(单位:元)

项目	金额
利润总额	－87,105,869.91
净利润	－79,836,842.65
扣除非经常性损益后的净利润	－52,540,330.28
主营业务利润	142,251,070.50
其他业务利润	－512,802.27
营业利润	－69,959,216.87
投资收益	－6,242,285.90
补贴收入	1,826,383.32
营业外收支净额	－12,730,750.46
经营活动产生的现金流量净额	58,197,388.07
现金及现金等价物净增减额	97,119,555.10

(二)截止报告期末公司前三年的主要会计数据和财务指标　　单位:千元

指标名称	2001 年	2000 年		1999 年	
		调整前	调整后	调整前	调整后
主营业务收入	428,809.35	212,893.74	394,055.13	232,982.58	422,586.39
净利润	－79,836.84	17,380.83	5,507.28	8,180.49	15,263.93
总资产	940,285.66	736,385.46	837,089.84	673,547.60	753,278.86
股东权益(不含少数股东权益)	252,219.95	428,861.18	331,988.45	411,437.44	346,375.39
全面摊薄每股收益(元/股)	－0.343	0.075	0.024	0.035	0.066
加权平均每股收益(元/股)	－0.343	0.075	0.024	0.035	0.066
扣除非经常性损益后的每股收益(元/股)	－0.226	0.079	0.058	0.044	0.116
每股净资产(元/股)	1.084	1.840	1.427	1.77	1.489
调整后的每股净资产(元/股)	0.94	1.511	1.160	1.694	1.153
每股经营活动产生的现金流量净额(元/股)	0.25	0.059	0.088	0.064	0.064
全面摊薄净资产收益率(%)	－31.65	4.05	1.66	1.99	4.41
加权平均净资产收益率(%)	－27.33	4.14	1.62	2.01	4.51

注:2000 年、1999 年调整前为未合并金宏、协和、嘉华,调整后的数据含金宏、协和、嘉华合并调整数。

按照中国证监会《公开发行证券公司信息披露编报规则》(第 9 号)通知要求,计算 2001 年度利润数据如下(单位元):

项目	净资产收益率		每股收益	
	全面摊薄(%)	加权平均(%)	全面摊薄	加权平均
主营业务利润	56.40	48.70	0.61	0.61
营业利润	－27.74	－23.95	－0.30	－0.30
净利润	－31.65	－27.33	－0.34	－0.34
扣除非经常性损益后的净利润	－20.83	－17.99	－0.23	－0.23

三、股本变动及股东情况

(一)股份变动情况表　　数量单位:股

	本次变动前	配股	送股	公积金转股	增发	其他	小计	本次变动后
一、未上市流通股份								
1.发起人股份	133,660,000							133,660,000
其中:								
国家持有股份	131,160,000							131,160,000
境内法人持有股份	2,500,000							2,500,000
境外法人持有股份								
其他								
2.募集法人股	3,000,000							3,000,000
3.内部职工股								
4.优先股及其他								
未上市流通股份合计	136,660,000							136,660,000
二、已上市流通股份								
1.人民币普通股	96,000,000							96,000,000
2.境内上市的外资股								
境外上市的外资股								
其他								
已上市流通股份合计	96,000,000							96,000,000
三、股份总数	232,660,000							232,660,000

600679 凤凰股份有限公司

2001 年年度报告摘选

一、公司基本情况简介

1.公司名称:(中文)凤凰股份有限公司
(英文)PHOENIX CO., LTD.
2.公司法定代表人:陈国强
3.公司董事会秘书及证券事务代表:
董事会秘书:李玉龙
证券事务代表:朱晴睿
电话:(86)021 65954641　65950100×611　　传真:(86)021 65952565　65956731
联系地址:中国上海市高阳路 168 号
电子信箱:slyk @ citiz.net
4.公司注册地址:中国上海市浦东塘南路 20 号　　注册地址邮编:200125
公司办公地址:中国上海市高阳路 168 号　　办公地址邮编:200080
公司国际互联网网址:http: // www. Sunrise－cn.com
公司电子信箱:slyk @ citiz.net
5.公司指定信息披露报纸:《上海证券报》、《香港商报》或《南华早报》
登载公司年度报告的中国证监会指定国际互联网网址:http://www.sse.com.cn
公司年度报告备置地点:中国上海市高阳路 168 号董事会秘书室
6.公司股票上市交易所:上海证券交易所
股票简称:凤凰股份(A 股)　　凤凰 B 股(B 股)
股票代码:600679(A 股)　　900916(B 股)

二、会计数据和业务数据摘要

1.本年度利润总额构成:　　(单位:元　合并报表)

项目	金额
利润总额	24,842,022.65
净利润	18,264,791.37
扣除非经营性损益后的净利润	16,057,933.52
主营业务利润	105,660,649.06
其他业务利润	806,972.79
营业利润	22,749,264.30
投资收益	1,600,430.80
补贴收入	744,100.05
营业外收支净额	－251,772.50
经营活动产生的现金流量净额	－4,705,392.70
现金及现金等价物净增加额	－106,198,992.67
扣除非经营性项目涉及金额	2,206,857.85

注:扣除非经营性损益后的净利润是指扣除补贴收入 744,100.05 元、投资收益 1,600,430.80 元及营业外收支净额 251,772.50 元

2.截止报告期末公司前三年的主要会计数据和财务指标:(单位:元)

栏目	2001 年	2000 年		1999 年	
		调整后	调整前	调整后	调整前
主营业务收入	781,560,955.59	689,950,906.88	689,950,906.88	699,564,475.55	669,564,475.55
净利润	18,264,791.37	18,132,343.76	25,588,916.45	2,309,663.60	1,874,446,332.59
总资产	1,923,941,278.53	1,675,596,381.99	1,753,177,089.67	1,803,393,699.34	1,874,446,332.59
股东权益	866,567,074.95	847,185,543.80	925,661,264.74	812,315,931.53	883,335,079.78
每股收益(摊薄)元/股	0.0393	0.0391	0.0551	0.0050	0.0117
每股收益(加权)元/股	0.0393	0.0391	0.0551	0.0050	0.0117
扣除非经营性损益后的每股收益(元/股)	0.0346	－0.0531	－0.0370	－0.2216	－0.2148
每股净资产(元/股)	1.8663	1.8246	1.9936	1.7495	1.9024
调整后每股净资产(元/股)	1.7922	1.7691	1.9366	1.6600	1.8130
每股营业活动产生的现金净流量(元/股)	－0.0101	－0.2589	－0.2589	0.0429	0.0430
净资产收益率(%)	2.1077	2.1403	2.7644	0.2843	0.6158
加权净资产收益率(%)	2.1406	2.1941	2.8501	0.2875	0.6178
扣除非经营性损益后加权净资产收益率(%)	1.8819	－2.9832	－1.9154	－12.8049	－11.2918

3.按照中国证监会《公开发行证券的公司信息披露编报规则(第 9 号)》要求计算 2001 年度的净资产收益率和每股收益

报告期利润	每股收益		净资产收益率	
	全面摊薄	加权平均	全面摊薄	加权平均
主营业务利润	0.2276	0.2276	12.1930%	12.3830%
营业利润	0.0490	0.0490	2.6252%	2.6661%
净利润	0.0393	0.0393	2.1077%	2.1406%
扣除非经营损益后的净利润	0.0346	0.0346	1.8530%	1.8819%

三、股本变动及股东情况

1.公司股份变动情况表　　数量单位:股

	本次变动前	本次变动增减(+,—)						本次变动后
		配股	送股	公积金转股	增发	其他	小计	
一、未流上市通股份								
1.发起人股份								
其中:								
国家持有股份	292,722,804							292,722,804
境内法人持有股份								
境外法人持有股份								
其他								
2.募集法人股份	13,200,000							13,200,000
3.内部职工股								
4.优先股或其他								
未上市流通股份合计	305,922,804							305,922,804
二、已上市流通股份								
1.人民币普通股	26,400,013							26,400,013
2.境内上市的外资股	132,000,000							132,000,000
3.境外上市的外资股								
4.其他								
已上市流通股份合计	158400013							158400013
三、股份总数	464322817							464322817

600680 上海邮电通信设备股份有限公司

2001年年度报告摘选

一、公司基本情况简介

1、公司法定中文名称:上海邮电通信设备股份有限公司
公司法定英文名称:SHANGHAI POSTS & TELECOMMUNICATIONS EQUIPMENT CO., LTD.
英文名称缩写:STE
2、公司法定代表人:张延爱
3、公司董事会秘书:杨家霖
公司董事会证券事务代表:周应昕
联系地址:上海市宜山路700号公司证券办公室
电　话:86－21－64834310、86－21－64360900－2371
传　真:86－21－64333435、86－21－64834310
4、公司注册、办公地址:上海市宜山路700号　　邮政编码:200233
公司国际互联网网址:http://www.shpte.com.cn
公司电子信箱:spte@ public6. sta. net. cn
5、公司选定的信息披露报纸:上海证券报、香港商报、南华早报
登载公司年度报告的中国证监会指定国际互联网网址:
http://www.sse.com.cn
公司年度报告备置地点:上海市宜山路700号公司证券办公室
6、公司股票上市交易所:上海证券交易所
股票简称及代码:A股:上海邮通　600680
B股:邮通B股　900930

二、会计数据和业务数据摘要

1、本年度主要会计数据:　　(单位:人民币元)

项目	金额
利润总额	68,660,656.03
净利润	61,437,714.44
扣除非经常性损益后的净利润	61,558,808.31
主营业务利润	145,131,734.90
其他业务利润	31,808,807.98
营业利润	15,007,518.86
投资收益	55,756,731.14
补贴收入	7,592.70
营业外收支净额	－2,111,186.67
经营活动产生的现金流量净额	49,437,931.76
现金及现金等价物净增减额	121,185,777.60

注:扣除非经常性损益项目和涉及金额:
①营业外收支净额　－127,547.67元。
②补贴收入净额　6,453.80元。

2、利润表附表

报告期利润	净资产收益率(%)		每股收益(元/股)	
	全面摊薄	加权平均	全面摊薄	加权平均
主营业务利润	25.04	25.40	0.48	0.48
营业利润	2.59	2.63	0.05	0.05
净利润	10.60	10.75	0.20	0.20
扣除非经常性损益后的净利润	10.66	10.77	0.20	0.20

3、公司近三年主要会计数据及财务指标

指标项目	单位	2001年度	2000年度	1999年度
主营业务收入	人民币元	990,122,658.23	555,540,379.27	515,312,958.76
净利润	人民币元	61,437,714.44	27,673,041.06	12,132,538.36
总资产	人民币元	1,709,895,237.35	1,177,456,246.03	1,031,593,656.99
股东权益(不含少数股东权益)	人民币元	579,530,709.63	540,769,819.06	522,185,462.13
全面摊薄每股收益	人民币元/股	0.20	0.09	0.04
加权平均每股收益	人民币元/股	0.20	0.09	0.05
扣除非经常性损益后的每股收益	人民币元/股	0.20	0.09	0.03
每股净资产	人民币元/股	1.90	1.77	1.71
调整后的每股净资产	人民币元/股	1.68	1.65	1.63
每股经营活动产生的现金流量净额	人民币元/股	0.16	0.12	－0.14
全面摊薄净资产收益率	%	10.60	5.12	2.32
加权平均净资产收益率	%	10.75	5.16	2.34
扣除非经常性损益后的加权平均净资产收益率	%	10.77	5.00	2.42

三、股本变动及股东情况

1、股份变动情况表　　数量单位:股

	本次变动前	配股	送股	公积金转股	增发	其他	小计	本次变动后
一、未上市流通股份								
1、发起人股份								
其中:								
国家持有股份	128,749,337							128,749,337
境内法人持有股份	24,336,000							24,336,000
境外法人持有股份								
其他								
2、募集法人股份								
3、内部职工股								
4、优先股或其他								
未上市流通股份合计	153,085,337							153,085,337
二、已上市流通股份								
1、人民币普通股	27,040,000							27,040,000
2、境内上市的外资股	124,800,000							124,800,000
3、境外上市的外资股								
4、其他								
已上市流通股份合计	151,840,000							151,840,000
三、股份总数	304,925,337							304,925,337

600681 武汉诚成文化投资集团股份有限公司

2001年年度报告摘选

一、公司基本情况简介

1、公司中文名称:武汉诚成文化投资集团股份有限公司
公司英文名称:WUHAN CHENG CHENG INVESTMENT IN CULTURE GROUP CO., LTD
公司英文名称缩写:WHCCIC
2、公司法定代表人:刘　波
3、公司董事会秘书:邹毅生
董事会证券事务代表:黄　博
联系地址:武汉市汉口民意四路55号
联系电话:027－85426963　　传　真:027－85863470
E－MAIL:stock@whccic.com
4、公司注册及办公地址:武汉市汉口民意四路55号　　邮政编码:430022
互联网址:http://www.whccic.com/　　E－MAIL:stock@whccic.com
5、公司选定的信息披露报纸:《中国证券报》、《上海证券报》、《证券时报》
登载公司年度报告的国际互联网网址:http://www.sse.com.cn/
公司年度报告备置地点:董事会秘书处
6、公司股票上市交易所:上海证券交易所
股票简称:诚成文化　　股票代码:600681

二、会计数据与业务数据摘要

1、本年度利润总额及构成　　(单位:元)

项目	金额
利润总额:	22,241,758.51
净利润:	16,652,747.70
扣除非经常性损益后的净利润:	9,764,324.60
主营业务利润:	75,319,502.20
其他业务利润:	1,752,932.23
营业利润:	17,482,902.44
投资收益:	5,282,651.42
补贴收入:	133,665.21
营业外收支净额:	－657,460.56
经营活动产生的现金流量净额:	9,390,018.10
现金及现金等价物净增减额:	48,304,155.42

2、近三年主要会计数据和财务指标　　(单位:元)

指标项目	2001年度	2000年度		1999年度	
		调整后	调整前	调整后	调整前
主营业务收入	237,181,746.49	235,747,591.97	238,036,238.77	153,219,357.59	157,591,014.98
净利润	16,652,747.70	28,895,716.68	30,974,170.81	3,503,513.42	3,503,513.42
总资产	824,806,306.61	683,999,442.60	670,673,781.40	566,633,609.59	575,257,799.57
股东权益	374,017,620.62	357,459,933.16	359,876,311.85	338,044,546.11	338,382,470.69
每股收益(摊薄)	0.08	0.14	0.15	0.025	0.025
每股收益(加权)	0.08	0.14	0.15	0.025	0.025
扣除非经常性损益后的每股收益	0.05	0.13	0.14	0.025	0.025
每股净资产	1.80	1.72	1.73	2.44	2.44
调整后每股净资产	1.76	1.65	1.66	2.37	2.37
每股经营活动产生的现金流量净额	0.045	0.082	0.082	0.02	0.02
净资产收益率(摊薄)%	4.45	8.08	8.61	1.036	1.035
净资产收益率(加权)%	4.55	8.20	8.75	1.04	1.04

(说明:2000年末和2001年末公司股本为208,068,030股,1999年末公司股本为138,712,020股)

3、证监会《公开发行股票公司信息披露编报规则(第9号)》要求计算的利润数据:

2001年度利润	净资产收益率(%)		每股收益(元/股)	
	全面摊薄	加权平均	全面摊薄	加权平均
主营业务利润	20.14	20.59	0.36	0.36
营业利润	4.67	4.78	0.08	0.08
净利润	4.45	4.55	0.08	0.08
扣除非经常损益后净利润	2.61	2.67	0.05	0.05

2000年度利润	净资产收益率(%)		每股收益(元/股)	
	全面摊薄	加权平均	全面摊薄	加权平均
主营业务利润	25.00	25.35	0.43	0.43
营业利润	12.96	13.15	0.22	0.22
净利润	8.08	8.20	0.14	0.14
扣除非经常损益后净利润	7.57	7.67	0.13	0.13

三、股本变动及股东情况

1、股份变动情况表　　数量单位:股

股份类别	期初数	配股	送股	公积金转股	增发	其他	小计	期末数
一.未上市流通股份								
1.发起人股份	26,162,862	0	0	0	0	0	0	26,162,862
其中:国家持有股份	14,678,862	0	0	0	0	0	0	14,678,862
境内法人持有股份	11,484,000	0	0	0	0	0	0	11,484,000
境外法人持有股份	0	0	0	0	0	0	0	0
其他	0	0	0	0	0	0	0	0
2.募集法人股份	73,381,368	0	0	0	0	0	0	73,381,368
3.内部职工股	0	0	0	0	0	0	0	0
4.优先股或其他	0	0	0	0	0	0	0	0
其中:转配股	0	0	0	0	0	0	0	0
未上市流通股份合计	99,544,230	0	0	0	0	0	0	99,544,230
二.已上市流通股份								
1.人民币普通股	108,523,800	0	0	0	0	0	0	108,523,800
2.境内上市外资股	0	0	0	0	0	0	0	0
3.境外上市的外资股	0	0	0	0	0	0	0	0
4.其他	0	0	0	0	0	0	0	0
已上市流通股份合计	108,523,800	0	0	0	0	0	0	108,523,800
三.股份总数	208,068,030	0	0	0	0	0	0	208,068,030

600682 南京新街口百货商店股份有限公司

2001 年年度报告摘选

一、公司基本情况简介

1.公司名称:南京新街口百货商店股份有限公司
英文全称:Nanjing Xinjiekou Department Store Co.,ltd.
英文缩写:NXDSC
2.公司法定代表人:李三宁先生
3.公司董事会秘书:王毓兰女士　　证券事务代表:冯建康先生
联系地址:南京市中山南路三号十楼　　联系地址:公司新十楼董秘室
电话:(025)4717494　　电话:(025)4717494
传真:(025)4724722　　传真:(025)4724722
电子信箱:wyl@njxb.com　　电子信箱:fengjiankang@hotmail.com
4.公司注册地址:南京市中山南路三号
公司办公地址:南京市中山南路三号　　邮政编码:210005
公司国际互联网网址:http://www.njxb.com
公司电子信箱:njxbgs.z@public1.ptt.js.cn
5.公司选定的信息披露报纸:《中国证券报》、《上海证券报》
刊登公司年度报告的中国证监会指定国际互联网网址:http://www.sse.com.cn
公司年度报告备置地点:南京市中山南路 3 号十楼董事会秘书室(1004 室)
6.公司股票上市地:上海证券交易所
股票简称:南京新百
证券代码:600682

二、会计数据和业务数据摘要

1、本年度会计数据与业务数据摘要　　单位:元

项目	2001 年
利润总额	78,496,286.73
净利润	62,240,477.33
扣除非经常性损益后的净利润	53,057,929.57
主营业务利润	258,935,501.40
其它业务利润	12,314,900.62
营业利润	75,382,672.94
投资收益	903,196.61
补贴收入	
营业外收支净额	2,210,417.18
经营活动产生的现金流量净额	44,926,853.42
现金及现金等价物净增加额	-118,175,923.70
注:扣除非经常性损益项目和涉及金额	
(1)投资损失	14,823,250.00
(2)处理固定资产净损失	4,679,960.49
(3)罚款支出	83,459.39
(4)捐赠支出	121,560.00
(5)其他营业外支出	300,801.75
(6)投资收益	14,107,698.54
(7)拆迁补偿	8,012,632.20
(8)营业外收入	127,755.66
(9)补贴收入	13,298,300.00
(10)转让股权收益	2,983,480.00
非经常性损益	18,520,834.77
非经常性损益影响所得税额	-9,338,287.01
年度非经常性(净)损益	9,182,547.76

2、公司近三年主要会计数据及财务指标　　单位:元

项目	2001 年度	2000 年度		1999 年度	
		调整前	调整后	调整前	调整后
主营业务收入	1,448,689,337.11	1,347,402,812.86	1,376,547,329.45	1,275,059,339.39	1,275,059,339.39
净利润	62,240,477.33	71,825,892.47	66,200,979.01	57,168,531.98	47,229,308.51
总资产	1,652,269,033.63	1,409,894,100.18	1,603,482,240.27	1,129,872,387.28	1,104,137,003.14
股东权益	824,606,008.03	852,106,845.20	801,475,596.75	514,354,740.80	504,415,517.33
每股收益(摊薄)	0.27	0.31	0.29	0.30	0.25
加权平均每股收益	0.27	0.36	0.33	0.30	0.25
扣除非经营性损益后的每股收益	0.23	0.31	0.24	0.30	0.31
每股净资产	3.58	3.70	3.48	2.69	2.64
调整后的每股净资产	3.56	3.51	3.45	2.65	2.60
每股经营活动产生的现金流量净额	0.195	0.67	0.67	0.50	0.50
净资产收益率%(摊薄)	7.55	8.43	8.26	11.11	9.36
加权平均净资产收益率%	7.48	12.02	11.27	10.04	9.45
扣除非经常性损益后的加权平均净资产收益率%	6.37	10.04	9.26	13.73	11.88

注:1)上表中各年度的加权平均净资产收益率及加权平均每股收益均已按《公开发行证券公司信息披露编报规则(第 9 号)－－净资产收益率和每股收益的计算及披露》的要求计算。
2)因会计政策变更追溯调整 99 年和 2000 年数据。

三、股本变动及股东情况

1.公司股本变动情况表　　数量单位:万股

	本次变动前	配股	送股	公积金转股	增发	其他	小计	本次变动后
一、未上市流通股份								
1、发起人股份	5638.26							5638.26
其中:国家持有股份	5638.26							5638.26
境内法人持有股份								
境外法人持有股份								
其他								
2、募集法人股	2094.56							2094.56
3、内部职工股								
4、优先股或其他								
未上市流通股份合计	7732.82							7732.82
二、已上市流通股份								
1、人民币普通股	15288.00							15288.00
2、境内上市的外资股								
3、境外上市的外资股								
4、其他								
已上市流通股份合计	15288.00							15288.00
三、股份总数	23020.82							23020.82

600683 宁波华联集团股份有限公司

2001 年年度报告摘选

一、公司基本情况介绍

(一)公司法定中英文名称中文名称:宁波华联集团股份有限公司
英文名称:NINGBO　HUALIAN　GROUP　CO.,LTD
英文缩写:NBHL
(二)公司法定代表人:沈国军
(三)公司董事会秘书:钟明海
证券事务代表:曹颖颖
联系地址:宁波市东渡路 55 号华联大厦 8 楼
联系电话:(0574)87092006
传真:(0574)87092059
电子信箱:cao5566@sina.com
(四)公司注册地址:宁波市中山东路 238 号
办公地址:宁波市东渡路 55 号华联大厦 8 楼
邮政编码:315000
公司网址:http://www.nbhl.com.cn
电子信箱:hualian@public.nbptt.zj.cn
(五)公司选定的信息披露报纸名称:中国证券报
登载公司年度报告的国际互联网网址:http://www.sse.com.cn
公司年度报告备置地点:本公司办公室
(六)公司股票上市交易所:上海证券交易所
股票简称:宁波华联
股票代码:600683

二、会计数据和业务数据摘要

(一)本年度主要会计数据(单位:元)

项目	金额
利润总额	5,305,725.28
净利润	4,033,349.98
扣除非经常性损益后的净利润	-3,370,858.15
主营业务利润	54,354,648.23
其他业务利润	7,124,522.01
营业利润	-10,150,586.60
投资收益	7,699,634.60
补贴收入	3,440,100.50
营业外收支净额	4,316,576.78
经营活动产生的现金流量净额	4,806,449.49
现金及现金等价物净增加额	-282,562.60
注:扣除的非经常性损益项目和涉及的金额:	7,404,208.13
项目:处置被投资单位股权收益	1,846,770.00
税收减免及财政补贴	2,709,774.98
拆迁赔偿收益	2,918,067.15
赔偿、罚款收支净额	-70,404.00
所得税影响数不清	0.00

(二)前三年主要会计数据和财务指标(单位:元)

指标项目	2001 年度	2000 年		1999 年	
		调整后	调整前	调整后	调整前
主营业务收入	660,115,154.60	659,907,683.55	659,907,683.55	733,092,144.75	733,092,144.75
净利润	4,033,349.98	5,338,817.17	6,839,588.25	-280,629,305.64	-308,940,185.81
总资产	888,220,876,09	878,139,992.77	884,181,289.17	975,426,173.74	975,079,431.88
股东权益	236,593,525.92	231,472,657.18	233,000,681.44	226,885,809.58	198,574,929.41
每股收益	0.02	0.03	0.03	-1.41	-1.55
每股净资产	1.19	1.16	1.17	1.14	1.00
调整后的每股净资产	1.16	1.12	1.12	1.10	0.96
每股经营活动产生的现金流量净额	0.02	0.04	0.04	0.11	0.11
净资产收益率(%)	1.70	2.31	2.94	-123.69	-155.58

(三)利润表附表(按《公开发行证券公司信息披露编报规则第 9 号》规定计算及披露)

报告期利润	净资产收益率(%)		每股收益(元)	
	全面摊薄	加权平均	全面摊薄	加权平均
主营业务利润	22.97	23.28	0.27	0.27
营业利润	-4.29	-4.35	-0.05	-0.05
净利润	1.70	1.73	0.02	0.02
扣除非经常性损益后的净利润	-1.42	-1.44	-0.02	-0.02

三、股本变动及股东情况

(一)股份变动情况表(数量单位:股)

股份类别	本次变动前	本次变动增减(+,-)						本次变动后
		配股	送股	公积金转股	增发	其他	小计	
一、未上市流通股份								
1、发起人股份	14,872,000							14,872,000
其中:								
国家持有股份								
境内法人持有股份	14,872,000							14,872,000
境外法人持有股份								
其他								
2、募集法人股份	51,835,680							51,835,680
3、境内法人股份	42,655,600							42,655,600
4、内部职工股								
5、优先股或其他								
未上市流通股份合计	109,363,280							109,363,280
二、已上市流通股份								
1、人民币普通股	89,890,449							89,890,449
2、境内上市的外资股								
3、境外上市的外资股								
4、其他								
已上市流通股份合计	89,890,449							89,890,449
三、股份总数	199,253,729							199,253,729

600684 广州珠江实业开发股份有限公司

2001 年年度报告摘选

一、公司基本情况简介

1、公司中文名称:广州珠江实业开发股份有限公司
英文名称:GUANGZHOU PEARL RIVER INDUSTRIAL DEVELOPMENT CO.LTD
英文缩写:GZPR
2、公司法定代表人:周孟尝
3、公司董事会秘书:黄宇文
联系地址:广州市华乐路 49 号二楼董事会秘书处
联系电话:020-83838056　　传　真:020-83808469
电子信箱:huangyw65@21cn.com
证券事务代表:黄静
联系地址:广州市华乐路 49 号二楼办公室
联系电话:020-83870982　　传　真:020-83808469
电子信箱:黄静(珠江)@fm365.com
4、公司注册地址:广州市华乐路 49 号二楼
公司办公地址:广州市华乐路 49 号二楼　　邮政编码:510060
公司国际互联网网址:http://www.gzzjsy.com
公司电子信箱:Gzzjsy@gzzjsy.com
5、公司选定的信息披露报纸名称:《上海证券报》
登载公司年度报告的中国证监会指定国际互联网网址:http://www.sse.com.cn
公司年度报告备置地点:公司董事会秘书处
6、公司股票上市交易所:上海证券交易所
股票简称:珠江实业　　股票代码:600684

二、会计数据和业务数据摘要

一、本年度主要利润指标　　单位:人民币元

项目	金　额
利润总额	16,735,051.25
净利润	13,522,578.98
扣除非经常性损益后的净利润	-2,787,594.00
主营业务利润	27,681,513.83
其他业务利润	577,447.93
营业利润	8,046,625.05
投资收益	6,621,979.73
补贴收入	
营业外收支净额	2,066,446.47
经营活动产生的现金流量净额	44,745,678.64
现金及现金等价物净增额	15,464,461.85

二、截止报告期末公司数据及财务指标　　单位:人民币元

项目	2001 年	2000 年		1999 年
		调整前	调整后	
主营业务收入	170,037,115.20	103,307,384.27	103,307,384.27	6,724,779.73
净利润	13,522,578.98	-102,035,837.32	-101,992,020.84	20,291,228.73
总资产	1,055,056,928.11	1,060,046,539.50	1,058,028,055.93	1,206,347,594.97
股东权益	586,866,191.04	575,404,274.01	573,507,284.19	677,424,775.56
每股收益	0.07	-0.55	-0.55	0.11
每股净资产	3.14	3.08	3.07	3.62
调整后的每股净资产	2.20	2.11	2.11	3.51
每股经营活动产生的现金流量净额	0.24	-0.21	-0.21	-0.47
净资产收益率(%)	2.30	-17.73	-17.78	3.00
扣除非经常性损益后的净资产收益率(%)	-0.47	-4.07	-4.08	3.01

三、利润分配表附表

根据中国证监会《公开发行证券公司信息披露编报规则》(第 9 号)的要求,利润附表列示如下:(单位:人民币元)

项目	净资产收益率(%)		每股收益	
	全面摊薄	加权平均	全面摊薄	加权平均
主营业务利润	4.72	4.77	0.15	0.15
营业利润	1.37	1.39	0.04	0.04
净利润	2.30	2.33	0.07	0.07
扣除非经常性损益后的净利润	-0.47	-0.47	-0.01	-0.01

三、股本变动及股东情况

(一)股本变动情况

数量单位股

	期初数	(本次变动增减+、-) 配股	送股	公积金转股	增发	其他	小计	期末数
一未上市流通股份								
发起人股份								
其中:国家持有股份								
境内法人持有股份								
境外法人持有股份								
其他	12,903,437.00							12,903,437.00
募集法人股份	74,100,940.20							74,100,940.20
内部职工股								
优先股或其他								
其中:转配股								
未上市流通股份合计								
二已上市流通股份								
1 人民币普通股								0
2 境内上市的外资股	87,004,377.20							87,004,377.20
3 境外上市的外资股	100,035,010.00							100,035,010.00
4 其他								
已上市流通股份合计	100,035,010.00							100,035,010.00
三股份总数	187,039,387.20							187,039,387.20

600685 广州广船国际股份有限公司

2001 年年度报告摘选

一、公司基本情况简介

公司法定中文名称:　　广州广船国际股份有限公司
公司法定英文名称:GUANGZHOU SHIPYARD INTERNATIONAL COMPANY LIMITED
公司英文名称缩写:GSI
公司法定代表人:胡国良　　公司董事会秘书:李志东
联系地址:中国,广州市芳村大道南 40 号
电话:(020)81896411　　传真:(020)81891575
电子信箱:lzd@chinagsi.com
公司注册地址及办公地址:中国,广州市芳村大道南 40 号　　邮政编码:510382
公司国际互联网网址:www.chinagsi.com　　公司电子信箱:gsi@chinagsi.com
公司选定的信息披露报纸名称:上海证券报、香港「商报」、「Hong Kong iMail」
登载公司年度报告的网址:www.sse.com.cn　　公司年度报告备置地点:公司董事会秘书室
公司股票上市地:A 股—— 上海证券交易所
股票代码:600685　　股票简称:广船国际
H 股—— 香港联合交易所有限公司
股票代码:317　　股票简称:广船国际

二、会计数据和业务数据摘要

(一)本年度实现的利润总额及其构成
本年度本公司及其附属公司(统称[本集团])实现的利润及其构成如下:
1、按中华人民共和国会计准则编制

	人民币千元
利润(亏损)总额	11,325
净利润(亏损)	8,978
扣除非经常性损益后的净利润(亏损)(注)	9,033
主营业务利润	90,319
其他业务利润	12,966
营业利润(亏损)	(45,435)
投资收益	8,733
补贴收入	48,082
营业外收支净额	54
经营活动产生的现金流量净额	333,833
现金及现金等价物净增加(减少)额	98,192

(二)近三年主要会计数据及财务指标
1、按中华人民共和国会计准则编制　　(以人民币千元计算)

	2001 年	2000 年	1999 年
主营业务收入	2,076,603	2,222,270	2,281,357
利润(亏损)总额	11,325	(729,783)	19,350
净利润(亏损)	8,978	(739,770)	1,101
资产总值	2,510,263	2,396,910	3,466,470
负债总额	1,830,445	1,732,594	2,057,312
股东权益(不含少数股东权益)	617,730	608,663	1,351,865
每股收益(亏损)(人民币元)(按年末股数计算)	0.018	(1.50)	0.0022
每股收益(亏损)(人民币元)(按加权平均股数计算)	0.018	(1.50)	0.0022
每股净资产(人民币元)(按年末股数计算)	1.25	1.23	2.73
调整后的每股净资产(人民币元)(按年末股数计算)	1.24	1.12	2.69
每股经营活动产生的现金流量净额(按年末股数计算)	0.6748	0.0483	0.0381
净资产收益(亏损)率(%)(按年末股东权益数计算)	1.45	(121.55)	0.0814
净资产收益(亏损)率(%)(按年初与年末股东权益平均数计算)	1.46	(75.46)	0.0815
扣除非经常性损益后的净资产收益(亏损)率(按年初与年末股东权益平均数计算)	1.47	(1.82)	6.93
股东权益比率(%)(股东权益/资产总值×100%)	24.61	25.39	39.00
流动比率(流动资产/流动负债)	0.96	0.85	1.38

三、股东变动及股东情况

1、股分变动情况表
于年度内本公司无安排任何其他新股发行及送、配股、公积金转股和股份的拆细、合并等,公司股本无变化。公司现股本结构如下:

数量单位:股

	本次变动前	(本次变动增减(+、-)) 配股	送股	公积金转股	其他	小计	本次变动后
(一)未上市流通股份							
(1)发起人股份	210,800,080						210,800,080
其中:							
国家持有股份	210,800,080						210,800,080
境内法人持有股份							
外资法人持有股份							
其他							
(2)募集法人股							
(3)内部职工股							
(4)优先股或其他							
未上市流通股份合计	210,800,080						210,800,080
(二)已上市流通股份							
(1)人民币普通股	126,479,500						126,479,500
(2)境内上市的外资股							
(3) 境外上市的外资股	157,398,000						157,398,000
(4)其他							
已上市流通股份合计	283,877,500						283,877,500
(三)股份总计	494,677,580						494,677,580

600686 厦门汽车股份有限公司

2001 年年度报告摘选

第一节 公司基本情况简介

一、公司法定中文名称:厦门汽车股份有限公司

公司法定英文名称:XIAMEN MOTOR CO.,LTD.

英文缩写:AMC

二、公司法定代表人:凌玉章

三、公司董事会秘书:姚永宁

董事会证券事务代表:唐祝敏

联系地址:厦门市厦禾路 820 号帝豪大厦 28 层

邮政编码:361004

电话:0592-2962988

传真:0592-2960686

四、公司注册地址:厦门市厦禾路 820 号帝豪大厦 27-28 层

公司办公地址:厦门市厦禾路 820 号帝豪大厦 27-28 层

邮政编码:361004

国际互联网网址:http://www.amc.com.cn

电子信箱:amc@public.xm.fj.cn

五、公司选定的信息披露报刊:《上海证券报》

中国证监会指定刊载本报告的国际互联网网址:http://www.sse.com.cn

公司年度报告备置地点:公司董事会秘书室

六、公司股票上市交易所:上海证券交易所

股票简称:厦门汽车

股票代码:600686

第二节 会计数据和业务数据摘要

一、本年度主要业务指标(合并报表)　　(单位:万元)

项目	金额
(1)利润总额	7043.95
(2)净利润	4438.75
(3)扣除非经常性损益后的净利润*	5231.37
(4)主营业务利润	19645.75
(5)其他业务利润	495.92
(6)营业利润	3623.24
(7)投资收益	2545.11
(8)补贴收入	25.22
(9)营业外收支净额	850.38
(10)经营活动中产生的现金流量净额	10936.33
(11)现金及现金等价物净增减额	-249.08

二、公司近三年主要会计数据及财务指标(合并报表)

财务指标	2001 年	2000 年 调整后	2000 年 调整前	1999 年
(1)主营业务收入(万元)	118759.07	86314.19	86314.19	54772.37
(2)净利润(万元)	4438.75	3571.01	3674.83	3175.05
(3)总资产(万元)	98833.49	89790.66	89586.87	71006.57
(4)股东权益(不含少数股东权益)(万元)	31006.47	29398.92	31051.67	29326.47
(5)每股收益(元)	0.293	0.236	0.24	0.21
(6)每股净资产(元)	2.046	1.94	2.05	1.94
(7)调整后的每股净资产(元)	2.008	1.908	1.98	1.92
(8)每股经营活动产生的现金流量净额(元)	0.72	0.53	0.53	0.75
(9)净资产收益率(%)	14.32	12.147	11.83	10.82
(10)扣除非经常性损益后的净资产收益率(加权平均)	16.87	10.36	10.68	8.47

第三节 股本变动及股东情况

一、公司股份变动情况表

(数量单位:股)

项目	期初数	本次变动增减	期末数
一、尚未流通股份			
1、发起人股份	44,975,592	0	44,975,592
其中:			
国家拥有股份	44,975,592	0	44,975,592
境内法人持有股份			
境外法人持有股份			
其他			
2、募集法人股	48,942,000	0	48,942,000
3、内部职工股			
4、优先股或其他			
未上市流通股份合计	93,917,592	0	93,917,592
二、已上市流通股份			
1、人民币普通股	57,600,000	0	57,600,000
2、境内上市的外资股			
3、境外上市的外资股			
4、其他			
已上市流通股份合计	57,600,000	0	57,600,000
三、股份总数	151,517,592	0	151,517,592

600687 厦门新宇软件股份有限公司

2001 年年度报告摘选

一、公司基本情况简介

1、公司法定中文名称:厦门新宇软件股份有限公司
公司法定英文名称:XIAMEN NEWSKY SOFTWARE CO.,LTD.
英文名称缩写:NEWSKY
2、公司法定代表人:唐南军
3、公司董事会秘书:万久清
股证事务代表:洪斐斐
联系地址:厦门市大西洋海景城 A 栋 30 层
联系电话:0592-2397318
传真:0592-2397338
4、公司注册地址及办公地址:福建省厦门市大西洋海景城 A 栋 30 层
邮政编码:361003
公司电子信箱:newskyxm@public.xm.fj.cn
5、公司选定的信息披露报纸:《上海证券报》、《中国证券报》
登载公司年报的中国证监会指定网站网址:http://www.sse.com.cn
公司年度报告备置地点:公司董事会秘书处
6、公司股票上市交易所:上海证券交易所
股票简称:新宇软件
股票代码:600687

二、会计数据和业务数据摘要

1、本年度主要利润指标

单位:人民币元

项目	金额
利润总额	23,047,306.24
净利润	20,660,030.93
扣除非经常性损益后的净利润	22,664,240.09
主营业务利润	56,032,948.00
其他业务利润	0.00
营业利润	30,622,208.54
投资收益	-5,570,693.14
补贴收入	607,698.50
营业外收支净额	-2,611,907.66
经营活动产生的现金流量净额	64,839,202.61
现金及现金等价物净增加额	25,676,212.43

注:扣除非经常性损益项目和涉及金额
(1)补贴收入:607,689.50 元;
(2)营业外支出:2,611,907.66 元。

2、公司近三年主要会计数据和财务指标

财务指标	单位	2001 年度	2000 年度	1999 年度
主营业务收入	元	204,506,102.27	83,258,394.09	4,213,943.58
净利润	元	20,660,030.93	25,371,634.95	10,784,568.13
总资产	元	396,332,073.21	378,942,024.19	253,943,766.05
股东权益(不含少数股东权益)	元	203,074,148.01	182,408,717.08	166,551,444.13
全面摊薄每股收益	元/股	0.19	0.40	0.17
加权平均每股收益	元/股	0.19	0.40	0.17
扣除非经常性损益的每股收益	元/股	0.21	0.4313	-0.14
每股净资产	元/股	1.85	2.88	2.62
调整后的每股净资产	元/股	1.85	2.88	2.45
每股经营活动产生的现金流量净额	元/股	0.59	-0.54	0.77
全面摊薄净资产收益率	%	10.17	13.91	6.47
加权平均净资产收益率	%	10.72	14.15	6.69
扣除非经常性损益的加权平均净资产收益率	%	11.76	15.17	-5.49

3、报告期利润表附表

2001 年度利润	净资产收益率(%) 全面摊薄	净资产收益率(%) 加权平均	每股收益(元) 全面摊薄	每股收益(元) 加权平均
主营业务利润	27.58	29.07	0.51	0.51
营业利润	15.08	15.88	0.28	0.28
净利润	10.17	10.72	0.19	0.19
扣除非经营性损益后的净利润	11.16	11.76	0.21	0.21

注:利润表附表的利润数据是按照中国证监会《公开发行证券公司信息披露编报规则(第 9 号)》要求计算的。

三、股本变动及股东情况

(一)公司股本变动情况
1、公司股份变动情况表

单位:股

	本次变动前	本次变动增减(+,-) 配股	送股	公积金转股	其他	小计	本次变动后
一、尚未流通股份							
1.发起人股份							
其中:							
国家持有股份							
境内法人持有股份	24,783,000		14,869,800	3,326,374		18,196,174	42,979,174
境外法人持有股份							
其他							
募集法人股份	14,300,000		8,580,000	1,919,346		10,499,346	24,799,346
3.内部职工股							
4.优先股或其他							
其中:转配股							
未上市流通股份合计	39,083,000		23,449,800	5,245,720		28,695,520	67,778,520
二、已上市流通股份							
1.人民币普通股	24,346,080		14,607,648	3,267,731		17,875,379	42,221,459
2.境内上市的外资股							
3.境外上市的外资股							
4.其他							
已上市流通股份合计	24,346,080		14,607,648	3,267,731		17,875,379	42,221,459
三、股份总数	63,429,080		38,057,448	8,513,451		46,570,899	109,999,979

600688 中国石化上海石油化工股份有限公司

2001 年年度报告摘选

一、公司基本情况简介

1.公司名称:中国石化上海石油化工股份有限公司
简称:上海石化
英文名称:Sinopec Shanghai Petrochemical Company Limited
简称:SPC
2.公司法定代表人:陆益平
3.公司秘书:张经明
联系电话:(8621)57943143　　传　真:(8621)57940050
电子信箱:zhangjm@spc.com.cn
4.公司注册地址:上海市、金山区金一路 48 号
办公地址:上海市、金山区金一路 48 号　　邮政编码:200540
网址:http://www.spc.com.cn　　电子信箱:spc@spc.com.cn
5.公司选定的信息披露报纸为:《上海证券报》、《中国证券报》、香港的《南华早报》及《香港商报》。如中英文发生歧义,以中文为准。
刊登公司年度报告指定网址为:http://www.sse.com.cn
公司年度报告备置地点:董事会秘书室
6.公司股票上市地、股票简称、股票代码

股票种类	股票上市地	股票简称	股票代码
A 股	上海	上海石化	600688
H 股	香港	上海石化	338
ADR	纽约	SHI	

二、主要财务数据和业务数据摘要

(按中华人民共和国会计准则编制)
1.2001 年度主要业务数据

项目	金额(人民币千元)
主营业务利润	1,776,146
其他业务利润	66,939
营业利润	238,397
投资收益	13,953
营业外收支净额	(158,841)
利润总额	93,509
净利润	71,604
扣除非经常性损益后的净利润	206,619
经营活动产生的现金流量净额	2,838,737
现金及现金等价物净减少额	165,519

2.财务指标

截至十二月三十一日止年度

指标项目	2001 年	2000 年	1999 年
1.主营业务收入(人民币千元)	20,197,396	21,277,268	14,386,482
2.净利润(人民币千元)	71,604	903,932	737,814
3.扣除非经常性损益后的净利润(人民币千元)	206,619	926,278	796,084
4.每股收益(人民币元)	0.010	0.126	0.102
5.净资产收益率(%)(年末)	0.53	6.54	5.69
6.加权平均净资产收益率(%)	0.53	6.75	5.78
7.每股经营活动产生的现金流量净额(人民币元)	0.394	0.409	0.432

于十二月三十一日

指标项目	2001 年	2000 年	1999 年
8.总资产(人民币千元)	24,770,182	22,099,657	21,908,455
9.股东权益(人民币千元)	13,572,495	13,817,038	12,958,736
10.每股净资产(人民币元)	1.885	1.919	1.800
11.调整后每股净资产(人民币元)	1.867	1.855	1.740

3.依据中国证监会《公开发行证券公司信息披露编报规则(第 9 号)》要求计算的净资产收益率和每股收益:

报告期利润	净资产收益率 全面摊薄(%)	净资产收益率 加权平均(%)	每股收益 全面摊薄 人民币元	每股收益 加权平均 人民币元
主营业务利润	13.09	13.12	0.247	0.247
营业利润	1.76	1.76	0.033	0.033
净利润	0.53	0.53	0.010	0.010
扣除非经常性损益后净利润	1.52	1.52	0.029	0.029

三、股本结构及股东情况

1.股本结构情况
截至 2001 年 12 月 31 日止,本公司的股本结构及变化如下:

数量单位:股

	本次变动前	配股	送股	公积金转股	增发	其他	小计	本次变动后
一.未上市流通股份								
1.发起人股份								
其中:								
国家持有股份								
境内法人持有股份	4,000,000,000							4,000,000,000
境外法人持有股份								
其他								
2.募集法人股	150,000,000							150,000,000
3.内部职工股								
4.优先股或其他								
未上市流通股份合计	4,150,000,000							4,150,000,000
二.已上市流通股份								
1.人民币普通股	720,000,000							720,000,000
2.境内上市的外资股								
境外上市的外资股	2,330,000,000							2,330,000,000
其他								
已上市流通股份合计	3,050,000,000							3,050,000,000
三.股份总数	7,200,000,000							7,200,000,000

600689 上海三毛纺织股份有限公司

2001 年年度报告摘选

一、公司基本情况简介

(一)公司法定中、英文名称:
中文名称:上海三毛纺织股份有限公司
英文名称:SHANGHAI SANMAO TEXTILE
(二)公司法定代表人:倪志华
(三)公司董事会秘书:张黎芳
联系地址:上海许昌路 1150 号
联系电话:021—65121377
传真:021—65453247
公司 E-Mail 地址:sanmao@public6.sta.net.cn
(四)公司注册地址:浦东大道 1476 号　　邮政编码:200135
公司办公地址:上海许昌路 1150 号　　邮政编码:200082
公司 E-Mail 地址:sanmao@public6.sta.net.cn
(五)公司选定的信息披露报纸名称:《上海证券报》、《香港文汇报》
登载公司年度报告的中国证监会指定国际互联网网址:
http://WWW.SSE.COM.CN
公司年度报告备置地点:许昌路 1150 号公司总经理办公室
(六)公司股票上市交易所:上海证券交易所
股票简称:上海三毛
股票代码:A　600689
　　　　　B　900922

二、会计数据与业务数据摘要

(一)本年度利润总额及其构成(合并报表)　　单位:人民币元

项目	金　额
1、利润总额	-3724500.72
2、净利润	1316292.79
3、扣除非经常性损益后的净利润	263649.79
4、主营业务利润	72175019.90
5、其他业务利润	7670600.51
6、营业利润	-5609062.70
7、投资收益	646158.45
8、补贴收入	792008.42
9、营业外收支净额	446395.11
10、经营活动产生的现金流量净额	18928779.71
11、现金及现金等价物净增加额	58062708.59

(二)前三年主要会计数据和财务指标(合并报表)　　(单位:元)

项目	2001 年	2000 年 调整前	2000 年 调整后	1999 年 调整前	1999 年 调整后
主营业务收入	680703472.01	663984616.54	663984616.54	298353087.32	298353087.32
净利润	1316292.79	65212759.15	46369736.24	40806769.50	17625059.98
总资产	1108045706.17	1030910220.15	979312624.99	806652140.87	802587772.15
股东权益	485010958.52	534889096.33	486720773.88	480858796.38	457677086.86
每股收益(摊薄)	0.0065	0.3893	0.2768	0.2719	0.1179
每股收益(加权)	0.0071	0.4114	0.2925	0.2719	0.1179
每股收益(扣除非经营性损益)	0.0013	0.0295	-0.1284	0.0906	0.1081
每股净资产	2.4131	3.1935	2.9059	3.2144	3.0604
调整后的每股净资产	2.3549	3.0900	2.8501	3.1700	3.0390
每股经营活动产生的现金流量净额	0.0942	-0.2232	-0.2232	-0.2307	-0.2307
净资产收益率(%)(摊薄)	0.27	12.19	9.53	8.46	3.85
净资产收益率(%)(加权)	0.27	12.70	9.64	8.79	3.91
净资产收益率(%)(扣除非经常性损益)	0.05	0.92	-4.42	2.82	3.53

利润表附表:
净资产收益率和每股收益:

报告期利润	净资产收益率(%) 全面摊薄	净资产收益率(%) 加权平均	每股收益(元) 全面摊薄	每股收益(元) 加权平均
1、主营业务利润	14.88	14.81	0.3591	0.3917
2、营业利润	-1.16	-1.15	-0.0279	-0.0304
3、净利润	0.27	0.27	0.0065	0.0071
4、扣除非经常性损益后的净利润	0.05	0.05	0.0013	0.0014

三、股本变动及股东情况

(一)股份变动情况表　　数量单位:股

	本次变动前	本次变动增减(+—) 配股	送股	公积金转股	增发	其它	本次变动后
一、未上市流通股							
1、发起人股份							
其中:							
国家持有股份	60,476,486		12,095,357				72,572,143
境内法人持有股份							
境外法人持有股份							
其它							
2、募集法人股份	9,240,000		1,848,000				11,088,000
3、内部职工股份							
4、优先股或其它							
未上市流通股份合计	69,716,786		13,943,357				83,660,143
二、上市流通股							
1、人民币普通股	57,120,000		11,424,000				68,544,000
2、境内上市的外资股	40,656,000		8,131,200				48,787,200
3、境外上市的外资股							
4、其它							
已上市流通股份合计	97,776,000		19,555,200				117,331,200
三、股份总数	167,492,786		33,498,557				200,991,343

600690 青岛海尔股份有限公司

2001 年年度报告摘选

一、公司简介

1、公司法定中文名称:青岛海尔股份有限公司
公司法定英文名称:QINGDAO HAIER CO.,LTD.
公司英文名称缩写:HAIER
2、公司法定代表人:杨绵绵
3、公司董事会秘书:崔少华
联系地址:青岛市高科园海尔工业园青岛海尔股份有限公司证券部　　邮政编码:266101
联系电话:(0532)8938138　　传真:(0532)8938313
电子信箱:cuish@haier.com
证券事务代表:纪东
联系电话:(0532)8938138　　传真:(0532)8938313
电子信箱:jidong@haier.com
4、公司注册地址:青岛市高科技工业园海尔工业园内
公司办公地址:青岛市重庆南路 99 号
联系电话:(0532)5751323　　传真:(0532)5751608
邮政编码:266032
公司网址:http://www.haier.com　　电子信箱:ref@haier.com
5、公司选定的信息披露报纸:《上海证券报》、《证券时报》、《中国证券报》。
公司年度报告登载网址:http://www.sse.com.cn
公司 2002 年度报告备置地点:青岛市高科园海尔工业园青岛海尔股份有限公司证券部
6、公司股票上市交易所:上海证券交易所
股票简称:青岛海尔　　股票代码:600690

二、会计数据和业务数据摘要

(一)公司本年度实现的利润情况:

项目	2001 年度(元)
利润总额	897,880,145.49
净利润	617,838,607.39
扣除非经常性损益后的净利润	603,843,412.72
主营业务利润	1,903,719,236.15
其他业务利润	32,481,741.96
营业利润	987,331,285.41
投资收益	-105,916,074.83
补贴收入	——
营业外收支净额	16,464,934.91
经营活动产生的现金流量净额	701,881,581.41
现金及现金等价物净增加额	250,150,203.31

(二)公司近三年主要业务数据和财务指标:

项目	2001 年	2000 年		1999 年	
		调整后	调整前	调整后	调整前
主营业务收入(万元)	1,144,182	482,838	482,838	397,427	397,427
净利润(万元)	61,784	42,409	42,409	31,064	31,064
总资产(万元)	694,241	393,356	403,509	367,902	378,055
股东权益(万元)不含少数股东权益)	493,218	281,016	289,070	250,248	258,302
每股收益(元)	0.77	0.75	0.75	0.66	0.66
每股净资产(元)	6.18	4.98	5.12	5.31	5.49
调整后的每股净资产(元)	6.15	4.98	5.12	5.32	5.49
每股经营活动产生的现金流量净额(元)	0.88	0.85	0.85	-0.14	-0.14
净资产收益率(%)	12.53	15.09	14.67	12.41	12.03
加权平均每股收益(元)	0.78	0.75	0.75	0.70	0.71
扣除非经常性损益后的每股收益(元)	0.77	0.75	0.75	0.66	0.66
按目前股本计算的每股收益(元)	0.77	0.64	0.64	-	-

(三)净资产收益率、每股收益指标:

报告期利润	净资产收益率(%)				每股收益(元/股)			
	全面摊薄		加权平均		全面摊薄		加权平均	
	2001	2000	2001	2000	2001	2000	2001	2000
主营业务利润	38.6%	30.96%	40.32%	32.05%	2.39	1.54	2.41	1.54
营业利润	20.02%	13.19%	20.91%	13.65%	1.24	0.66	1.25	0.66
净利润	12.53%	15.09%	13.09%	15.62%	0.77	0.75	0.78	0.75
扣除非经常性损益后的净利润	12.24%	15.04%	12.79%	15.57%	0.76	0.75	0.77	0.75

三、股本变动及股东情况

(一)股本变动情况表:　　(数量单位:股　　每股面值:1 元)

	期初数	报告期内变动增减(+/-)						期末数
		配股	送股	公积金转股	增发	其他(转配股上市)	小计	
一、未上市流通股份								
1、发起人股份	289,792,673		+57,958,535				+57,958,535	347,751,208
其中:								
国家持有股份								
境内法人持有股份	289,792,673		+57,958,535				+57,958,535	347,751,208
境外法人持有股份								
其他								
2、募集法人股份								
3、内部职工股								
4、优先股或者其他								
其中:转配股								
未上市流通股份合计	289,792,673		+57,958,535				+57,958,535	347,751,208
二、已上市流通股份								
1、人民币普通股	274,914,229		+74,982,845		+100,000,000		+174,982,845	449,897,074
2、境内上市的外资股								
3、境外上市的外资股								
4、其他								
已上市流通股份合计	274,914,229		+74,982,845		+100,000,000		+174,982,845	449,897,074
三、股份总数	564,706,902		+132,941,380		+100,000,000		+232,941,380	797,648,282

600691 东新电碳股份有限公司

2001 年年度报告摘选

第一节　公司基本情况简介

一、公司法定中文名称:东新电碳股份有限公司
公司法定英文名称:DONGXIN ELECTRICAL CARBON CO.,LTD
英文名称缩写:DONGXIN
二、公司法定代表人:张维加
三、公司董事会秘书及授权代表情况:
公司董事会秘书:杜东海
董事会秘书授权代表:王立君
联系电话:(0813)2600860
传　　真:(0813)2600861
四、公司注册及办公地址:四川省自贡市自流井区东光路桌子山 22 号
邮政编码:643000
电子信箱:dxt888@163.net
五、公司选定的信息披露报纸名称:《上海证券报》
登载公司年度报告的中国证监会指定国际互联网网址:http://www.sse.com.cn
六、公司年度报告置备地点:公司董秘办公室
七、公司股票上市交易所:上海证券交易所
股票简称:东新电碳
股票代码:600691

第二节　会计数据和业务数据摘要(合并报表)

一、公司 2001 年度利润总额及其构成:

指标项目	金额(人民币元)
利润总额	2148488.36
净利润	2148488.36
扣除非经常性损益后的净利润	-12931511.64
主营业务利润	12420974.88
其他业务利润	214260.02
营业利润	-12602505.40
投资收益	14972928.04
补贴收入	
营业外收支净额	244850.37
经营活动产生的现金流量净额	-15271555.26
现金及现金等价物净增加额	-2271544.49

注:非经常性损益项目为转让东新实业有限责任公司 43.3% 的股权产生的投资收益,金额为 1508 万元。

二、公司近三年主要会计数据和财务指标:(单位:人民币元)

项目	2001 年	2000 年		1999 年
		调整前	调整后	
主营业务收入	60861957.54	62788961.78	62788961.78	61953250.54
净利润	2148488.36	-11549050.38	-11714694.31	4589342.35
总资产	231760820.31	244490891.49	229897272.85	252130570.61
股东权益	93023225.15	100880365.40	90786746.76	112429415.78
每股收益(摊薄)	0.03	-0.149	-0.152	0.059
每股净资产	1.2	1.305	1.175	1.45
调后的每股净资产	0.541	0.785	0.705	1.02
每股经营活动产生的现金流量净额	-0.1976	-0.157	-0.157	-0.007
净资产收益率(%)(摊薄)	2.3	-11.45	-15.16	4.08
扣除非经常性损益后加权平均净资产收益率(%)	-14.99	-10.83	-11.00	-6.05

三、利润表附表

报告期利润	净资产收益率(%)		每股收益(元)	
	全面摊薄	加权平均	全面摊薄	加权平均
主营业务利润	13.35	13.52	0.16	0.16
营业利润	-13.54	-13.72	-0.16	-0.16
净利润	2.3	2.34	0.03	0.03
扣除非经常性损益后的净利润	-14.80	-14.99	-0.18	-0.18

第三节　股本变动和主要股东情况

一、股本变化及股权结构情况(单位:股)

	本次变动前	本次变动(+、-)						次变动后
		配股	送股	公积金转股	增发	其它	小计	
1、尚未流通股份								
[1]发起人股份	37274229							37274229
其中:国家股	22082299							22082299
境内法人持有股	15192000							15192000
境外法人持有股								
[2]募集法人股	6784200							6784200
尚未流通股份合计	44058499							44058499
2、流通股份								
[1]境内上市								
人民币普通股	33216000							33216000
(2)境内上市的外资股								
[3]境外上市的外资股								
[4]其他								
已流通股合计	33216000							33216000
3、股份合计	77274499							77274499

600692 上海亚通股份有限公司

2001年年度报告摘选

一、公司基本情况简介

1、公司法定中文名称:上海亚通股份有限公司
公司法定英文名称:SHANG HAI YA TONG CO., LTD.
英文缩写:YT
2、公司法定代表人:郁葱
3、公司董事会秘书:蔡福生
联系地址:上海崇明八一路9号
联系电话:021-69612714
传真:021-69612782
证券事务代表:赵柳滨
联系电话:021-69612738
传真:021-69612782
4、公司注册及办公地址:上海市崇明县八一路9号
邮政编码:202150
公司国际互联网网址:http:/www.cmjt.com
公司电子信箱:E-mail:shytcl@online.sh.cn
5、公司选定的信息披露报纸名称《上海证券报》
登载年度报告的中国证监会指定网站的网址:http://www.sse.com.cn
公司年报备置地点:上海崇明八一路9号董事会秘书室
6、公司股票上市交易所:上海证券交易所
股票简称:亚通股份
股票代码:600692

二、会计数据和业务数据摘要

(一)本年度主要经济指标情况(单位:人民币元)

项目	2001年
(1)利润总额:	19,930,537.08
(2)净利润:	15,958,014.99
(3)扣除非经常性损益后的净利润:	8,406,131.63
(4)主营业务利润:	47,763,573.55
(5)其他业务利润:	460,109.03
(6)营业利润:	1,327,386.73
(7)投资收益:	16,099,329.29
(8)补贴收入:	
(9)营业外收支净额:	2,503,821.06
(10)经营活动产生的现金流量净额:	70,074,411.74
(11)现金及现金等价物净增加额	78,061,445.59

(二)公司近三年主要会计数据及财务指标:　　单位:人民币元

项目	2001年度	2000年度		1999年度	
		调整后	调整前	调整后	调整前
(1)主营业务收入	186789433.32	169786628.18	169786628.18	152515315.05	152515315.05
(2)净利润	15958014.99	12744602.72	25631802.72	6866896.79	19483396.79
(3)总资产	538170100.08	511346360.30	536850060.36	483978492.57	496594992.57
(4)股东权益	323187912.04	313549855.45	339053555.45	300805252.73	313421752.73
(5)每股收益(摊薄)	0.126	0.101	0.203	0.054	0.15
每股收益(加权)	0.126	0.101	0.203	0.054	0.15
(6)扣除非经常性损益后的每股收益(摊薄)	0.0665	0.144	0.155	0.025	0.128
扣除非经常性损益后的每股收益(加权)	0.0665	0.144	0.155	0.025	0.128
(7)每股净资产	2.56	2.48	2.68	2.38	2.48
(8)调整后的每股净资产	2.51	2.45	2.63	2.29	2.39
(9)每股经营活动产生的现金流量净额(摊薄)	0.55	0.42	0.42	-0.26	-0.26
每股经营活动产生的现金流量净额(加权)	0.55	0.42	0.42	-0.26	-0.26
(10)净资产收益率(%)(摊薄)	4.94	5.80	7.56	2.28	6.22
净资产收益率(%)(加权)	4.96	6.70	7.86	2.23	6.42
(11)扣除非经常性损益后的加权平均净资产收益率(%)	2.61				

三、股本变动及股东情况

(一)股本变动情况
1、股份变动情况表

数量单位:股

	本次变动前	本次变动增减(+,-) 配股	送股	公积金转股	其他	小计	本次变动后
一.尚未流通股份							
1.发起人股份							
其中:							
国家拥有股份	59079168						59079168
境内法人持有股份							
外资法人持有股份							
其他:							
2.募集法人股	14400000						14400000
3.内部职工股							
4.优先股或其他							
未上市流通股份合计	73479168						73479168
二.已上市流通股份							
1.境内上市的人民币普通股	52920000						52920000
2.境内上市的外资股							
3.境外上市的外资股							
4.其他							
已上市流通股份合计	52920000						52920000
三.股份总数	126399168						126399168

600694 大商集团股份有限公司

2001年年度报告摘选

一、公司基本情况简介

一、公司法定中文名称:大商集团股份有限公司
英文名称:DA SHANG GROUP CO., LTD
英文缩写:DSG
二、公司法定代表人:牛钢
三、公司董事会秘书:姜福德
董事会证券事务代表:刘艳华
联系地址:大连市中山区青三街1号公司证券部
联系电话:0411-3643215
传真:0411-3630358
电子信箱:LYH66838@sina.com
四、公司注册(办公)地址:大连市中山区青三街1号
邮政编码:116001
公司国际互联网网址:http://www.dsjt.com
电子信箱:dsjt@dalian-gov.net
五、公司信息披露报刊:《上海证券报》、《中国证券报》
登载年度报告的国际互联网网址:http://www.sse.com.cn
年度报告备置地点:大连市中山区青三街1号公司证券部
六、公司股票上市交易所:上海证券交易所
股票简称:大商股份　　股票代码:600694

二、会计数据和业务数据摘要

一、本年度主要利润指标情况(单位:人民币元)

项目	金额
利润总额	109,973,317.07
净利润	88,426,585.95
扣除非经常性损益后的净利润	89,366,501.18
主营业务利润	319,705,826.89
其他业务利润	76,674,086.50
营业利润	116,242,558.74
投资收益	-5,163,459.05
补贴收入	-
营业外收支净额	-1,105,782.62
经营活动产生的现金流量净额	205,502,760.26
现金及现金等价物净增减额	109,665,374.68

二、主要会计数据和财务指标

单位:人民币元

项目	2001年	2000年	1999年
主营业务收入	1,980,522,849.43	1,357,857,674.15	1,237,846,877.19
净利润	88,426,585.95	84,093,636.61	54,365,790.39
总资产	2,509,951,718.38	1,298,900,443.18	1,174,740,518.42
股东权益(不含少数股东权益)	1,227,634,542.34	812,657,331.59	783,087,886.09
每股收益(摊薄)	0.33	0.37	0.24
每股收益(加权)	0.37	0.37	0.25
每股净资产	4.60	3.59	3.46
调整后每股净资产	4.47	3.46	3.32
每股经营活动产生现金流量净额	0.77	0.48	0.51
净资产收益率	7.20%	10.35%	6.94%

三、报告期利润表附表

项目	净资产收益率(%) 全面摊薄	加权平均	每股收益 全面摊薄	加权平均
主营业务利润	26.04	33.59	1.20	1.35
营业利润	9.47	12.21	0.44	0.49
净利润	7.20	9.29	0.33	0.37
扣除非经常性损益后的净利润	7.28	9.39	0.33	0.38

注:利润表附表是按照中国证监会《公开发行证券公司信息披露编报规则(第9号)要求计算的。

三、股本变动及股东情况

一、股本变动情况
股份变动情况表　　数量单位:股

	本次变动前	本次变动增减(+、-) 配股	送股	公积金转股	增发	其他	小计	本次变动后
一、未上市流通股份								
1.发起人股份	94978000	4500000					4500000	99478000
其中:								
国家持有股份	94978000	4500000					4500000	99478000
境内法人持有股份								
境外法人持有股份								
其他								
2.募集法人股份	11050000	317577					317577	11367577
3.内部职工股								
4.优先股或其他								
未上市流通股份合计	106028000	4817577					4817577	110845577
二、已上市流通股份								
1.人民币普通股	120131791	36039537					36039537	156171328
2.境内上市外资股								
3.境外上市外资股								
4.其他								
已上市流通股份合计	120131791	36039537					36039537	156171328
三、股份总数	226159791	40857114					40857114	267016905

600695 上海大江(集团)股份有限公司

2001 年年度报告摘选

一、公司基本情况简介

1、公司法定中文名称:上海大江(集团)股份有限公司
公司法定英文名称:Shanghai Dajiang (Group) Stock Co., Ltd.
公司英文名称缩写:SDJ
2、公司法定代表人:Mr. Thanakorn Seriburi(李绍祝先生,董事长)
3、公司董事会秘书:顾德明先生
联系地址:上海市松江区谷阳南路 26 号
联系电话:86-21-57817566
传真号码:86-21-57820072
电子信箱:dajiang@dajiang.com
公司咨询服务机构:公司行政部
4、公司注册地址:上海市松江区谷阳南路 26 号
办公地址:上海市松江区谷阳南路 26 号
邮政编码:201600
互联网网址:http://www.dajiang.com
电子信箱:dajiang@dajiang.com
5、公司选定的信息披露报纸:《上海证券报》(境内),《香港商报》(境外)。
登载公司年度报告的互联网网址:http://www.sse.com.cn
公司年度报告备置地点:公司行政部
6、公司股票上市交易所:上海证券交易所
大江股份(A 股),证券代码 600695
大江 B 股(B 股),证券代码 900919。

二、会计数据和业务数据摘要

一、本年度主要利润指标(合并报表,金额单位:人民币元)

项目	金额
利润总额	-121286413.16
净利润	-141562813.39
扣除非经常性损益后的净利润	-169688499.80
主营业务利润	189570853.88
其他业务利润	3543232.12
营业利润	-149651645.38
投资收益	239545.81
补贴收入	1245510.88
营业外收支净额	26880175.53
经营活动产生的现金流量净额	36041198.21
现金及现金等价物净增加额	-185550631.71

注:扣除非经常性损益项目和涉及金额:营业外收支净额 26880175.53 元,补贴收入 1245510.88 元。

二、近三年主要会计数据及财务指标(合并)

指标项目	单位	2001 年度	2000 年度		1999 年度	
			调整前	调整后	调整前	调整后
主营业务收入	元	1757218491.59	1620431308.54	1620431308.54	1782765554.88	1775808867.94
净利润	元	-141562813.39	7925200.56	9430019.63	6903865.52	6903865.52
总资产	元	2014782130.11	2162869960.11	2159240796.96	1975119158.08	1972286688.59
股东权益(不含少数股东权益)	元	816953272.21	971702756.63	956109377.37	964300296.68	964300296.68
每股收益(摊薄)	元	-0.209	0.012	0.014	0.010	0.010
每股净资产	元	1.208	1.437	1.414	1.426	1.426
调整后每股净资产	元	1.178	1.390	1.366	1.380	1.380
每股经营活动产生的现金流量净额	元	0.05	0.13	0.13	0.33	0.33
净资产收益率(摊薄)	%	-17.33	0.82	0.98	0.72	0.72
净资产收益率(加权)	%	-15.99	0.82	0.98	0.72	0.72

三、股本变动及股东情况

一、股份变动情况表

数量单位:股

股份类别	期初数	增减变动(+,-)						期末数
		配股	送股	公积金转股	增发	其他	小计	
一、未上市流通股份								
1、发起人股份	573345696					-286672848	-286672848	286672848
其中:								
国家持有股份								
境内法人持有股份	286672848							286672848
境外法人持有股份	286672848					-286672848	-286672848	(注)
其他								
2、募集法人股	17160000							17160000
3、内部职工股								
4、优先股或其他								
未上市流通股	590505696					-286672848	-286672848	303832848
二、已上市流通股份								
1、人民币普通股	25740000							25740000
2、境内上市的外资股	60060000					+286672848	+286672848	346732848
3、境外上市的外资股								
4、其他								
已上市流通股份	85800000					+286672848	+286672848	372472848
三、股份总数	676305696							676305696

600696 利嘉(福建)股份有限公司

2001 年年度报告摘选

第一部分 公司基本情况简介

一、公司法定中文名称:利嘉(福建)股份有限公司
公司法定英文名称:LINCA (FUJIAN) LIMITED
英文缩写:LCL
二、公司法定代表人:陈隆基
三、公司董事会秘书:陈勇
授权代表:李鹏
联系地址:福建省福州市五一中路 169 号大利嘉城 25 层
邮政编码:350009
联系电话:0591-3373063、7112719
传真:0591-7112739
电子信箱:mbri@sina.com
四、公司注册地址:福建省福州市开发区君竹路电子小区 1 号楼
邮政编码:350015
公司办公地址:福建省福州市五一中路 169 号大利嘉城 25 层
邮政编码:350009
公司网址:http://www.linca.com.cn
公司电子信箱:linca@public.fz.fj.cn
五、公司选定的信息披露报纸名称:《上海证券报》、《中国证券报》
登载公司年度报告的中国证监会指定国际互联网网站:
http://www.sse.com.cn
公司年度报告备置地点:公司董秘办公室
六、公司股票上市交易所:上海证券交易所
股票简称:利嘉股份
股票代码:600696

第二部分 会计数据和业务数据摘要

一、公司本年度主要利润指标

单位:人民币元

项目	2001 年度母公司数	2001 年合并数
利润总额	25,501,013.25	25,501,013.25
净利润	25,501,013.25	25,501,013.25
扣除非经常性损益后的净利润	38,869,837.49	38,869,837.49
主营业务利润	75,858,297.10	75,858,297.10
其他业务利润	1,233,531.50	1,233,531.50
营业利润	38,869,837.49	38,869,837.49
投资收益	-1,956,495.02	-1,956,495.02
补贴收入	0	0
营业外收支净额	-11,412,329.22	-11,412,329.22
经营活动产生的现金流量净额	32,587,852.67	32,587,852.67
现金及现金等价物净增加额	3,550,408.33	3,550,408.33

说明:"扣除非经常性损益后的净利润"中所扣除的项目及金额为:投资收益-1,956,495.02 元;营业外收入 15,471.10 元;营业外支出 11,427,800.32 元。

二、公司近三年主要会计数据及财务指标

单位:人民币元

项目	2001 年度(合并)	2000 年度(合并)	1999 年度(合并)	
			调整后	调整前
主营业务收入	155,193,837.88	61,638,152.70	61,638,152.70	101,087,757.35
净利润	25,501,013.25	-14,685,141.44	7,917,605.07	-96,080,504.99
总资产	801,200,693.59	658,370,619.74	720,113,393.76	775,919,216.18
每股收益摊薄	0.097	-0.056	0.0302	-0.3668
按月平均加权法计算的每股收益	0.097	-0.056	0.0302	-0.3668
每股净资产	1.35	1.22	1.46	1.43
调整后的每股净资产	1.34	1.22	1.46	1.38
每股经营活动产生的现金流量净额	0.12	-0.1645	-0.1645	0.078
净资产收益率%(摊薄)	7.23%	-4.58%	2.07%	-25.67%
净资产收益率%(加权平均)	7.65%	-4.58%	2.09%	-25.67%
扣除非经常性损益后加权平均净资产收益率%	11.70%	-14.89%	-12.62%	-25.67%

报告期内利润表附表:

项目	净资产收益率%		每股收益	
	全面摊薄	加权平均	全面摊薄	加权平均
主营业务利润	22.50	22.76	0.2896	0.2896
营业利润	11.12	11.66	0.1484	0.1484
净利润	7.23	7.65	0.0973	0.0973
扣除非经常性损益后的净利润	11.05	11.70	0.1488	0.1488

第三部分 股本变动及股东情况

一、股本变动情况

数量单位:万股

项目	期初数	期末数
1、未上市流通股份		
发起人股份	17,232.14	17,232.14
其中:外资法人股	11,308.51	11,308.51
境内法人股	5,923.63	5,923.63
未上市流通股合计	17,232.14	17,232.14
2、已上市流通股份		
境内上市的人民币普通股	8,965.21	8,965.21
已上市流通股份合计	8,965.21	8,965.21
3、股份总数合计	26,197.35	26,197.35

600697 长春欧亚集团股份有限公司

2001年年度报告摘选

一、公司基本情况简介

1.公司法定中文名称:长春欧亚集团股份有限公司
英文名称:CHANG CHUN EURASIA GROUP CO. LTD
英文缩写:CCEG
2.公司法定代表人:曹和平
3.公司董事会秘书:席汝珍
联系地址:长春市工农大路14号
电话:0431-5620053　　传真:0431-5666517
4.公司注册及办公地址:长春市工农大路14号
邮政编码:130021
公司国际互联网网址:www.cn-eurasiagroup.com
电子信箱:ouya@public.cc.jl.cn
5.公司选定的信息披露报纸名称:上海证券报
登载公司年度报告的国际互联网网址:http://www.sse.com.cn
公司年度报告备置地点:公司证券部
6.公司股票上市交易所:上海证券交易所
股票简称:欧亚集团　　股票代码:600697

二、会计数据和业务数据摘要

1.本年度主要会计数据　　单位:人民币元

项目	金额
利润总额	47,528,884.06
净利润	39,659,548.46
扣除非经常性损益后的净利润	39,812,028.47
主营业务利润	53,300,887.09
其他业务利润	51,591,043.17
营业利润	47,853,775.49
投资收益	110,438.13
营业外收支净额	-435,329.56
经营活动产生的现金流量净额	77,610,227.25
现金及现金等价物净增加额	-20,135,633.59

注:扣除的非经常性损益项目及涉及金额:

项目	金额
营业外收支净额	-435,329.56
控股子公司欧亚卖场免征企业所得税	282,849.55

2.近三年主要会计数据及财务指标　　单位:人民币元

项目	2001年	2000年		1999年	
		调整后	调整前	调整后	调整前
主营业务收入	613889604.32	604784536.77	604784536.77	499128304.10	499128304.10
净利润	39659548.46	39596184.60	44150239.91	32127499.11	33449900.21
总资产	719535331.77	645112797.75	675642709.78	526787684.48	551063606.12
股东权益(不含少数股东权 益)	422298257.21	407552127.49	436382104.44	392869361.43	417145283.07
每股收益(摊薄)	0.323	0.323	0.360	0.262	0.273
(加权)	0.323	0.323	0.360	0.269	0.276
扣除非经常性损益后的每股收益	0.324	0.292	0.285	0.246	0.246
每股净资产(摊薄)	3.44	3.32	3.56	3.20	3.40
调整后的每股净资产	3.39	3.26	3.49	3.15	3.34
每股经营活动产生的现金流量净额	0.632	0.376	0.376	0.266	0.266
净资产收益率(摊薄)	9.39%	9.72%	10.12%	8.18%	8.02%
(加权)	9.28%	9.60%	10.05%	9.05%	8.84%
扣除非经常性损益后的加权平均净资产收益率	9.32%	8.69%	7.96%	8.50%	7.97%

3.利润表附表:

报告期利润(人民币元)	全面摊薄净资产收益率(%)		加权平均净资产收益率(%)		全面摊薄每股收益(元/股)		加权平均每股收益(元/股)	
项目	2001年	2000年	2001年	2000年	2001年	2000年	2001年	2000年
主营业务利润	12.62%	14.60%	12.47%	14.42%	0.434	0.485	0.434	0.485
营业利润	11.33%	11.23%	11.20%	11.09%	0.389	0.373	0.389	0.373
净利润	9.39%	9.72%	9.28%	9.60%	0.323	0.323	0.323	0.323
扣除非常性损益后的净利润	9.43%	8.80%	9.32%	8.69%	0.324	0.292	0.324	0.292

三、股本变动及股东情况

1.股本变动情况
(1)股份变动情况表

数量单位:股

项目	本次变动前	本次变动增减(十、—)						本次变动后
		配股	送股	公积金转股	增发	其他	小计	
一、未上市流通股份								
1、发起人股份	43,072,428							43,072,428
其中:国家持有股份	43,072,428							43,072,428
境内法人持有股份								
境外法人持有股份								
其他								
2、募集法人股	14,752,460							14,752,460
3、内部职工股	5,386,000					-5,386,000	-5,386,000	
4、优先股或其他								
未上市流通股份合计	63,210,888					-5,386,000	-5,386,000	57,824,888
二、已上市流通股份								
1.人民币普通股	59,526,298					5,386,001	5,386,001	64,912,299
2.境内上市的外资股								
3.境外上市的外资股								
4.其他								
已上市流通股份合计	59,526,298					5,386,001	5,386,001	64,912,299
三、股份总数	122,737,186					1	1	122,737,87

600698 济南轻骑摩托车股份有限公司

2001年年度报告摘选

第一章　公司基本情况简介

1、公司法定中文名称:济南轻骑摩托车股份有限公司
公司中文缩写:济南轻骑
公司法定英文名称:JINAN QINGQI MOTORCYCLE CO.,LTD
公司英文缩写:JNQQ
2、公司法定代表人:王为
3、公司董事会秘书:韩金科
联系地址:山东省济南市历下区和平路34号
电话:0531-6953325-5515
传真:0531-6960676
证券事务代表:宋义才
联系地址:山东省济南市历下区和平路34号
电话:0531-6414419
传真:0531-6960676
电子信箱:songyicai@chinaren.com
4、公司注册地址及办公地址:山东省济南市历下区和平路34号
邮政编码:250014
公司国际互联网网址:http://www.chinaqingqi.net
电子信箱:jnqqcw@21cn.com
5、公司选定的信息披露报纸:《上海证券报》、香港《文汇报》
登载本公司年度报告的中国证监会指定国际互联网网址:http://www.sse.com.cn
公司年度报告备置地点:本公司证券投资部
6、公司股票上市交易所:上海证券交易所
股票简称:济南轻骑(A股)　　轻骑B股(B股)
股票代码:600698(A股)　　900946(B股)

第二章　会计数据和业务数据摘要

1、本年度利润总额及构成情况

(单位:人民币元)

项目	金额
利润总额	-718,478,732.13
净利润	-699,782,683.72
扣除非经常性损益后的净利润	-200,711,286.77
主营业务利润	-5,767,151.39
其他业务利润	3,899,894.11
营业利润	-489,104,478.90
投资收益	-39,347.16
补贴收入	0
营业外收支净额	-229,334,906.07
经营活动产生的现金流量净额	-138,738,066.67
现金及现金等价物净增加额	-87,632,881.07

注A:非经常性损益是指公司正常经营损益之外的、一次性或偶发性损益,本公司扣除的非经营性损益有:应收帐款计提坏帐准备-175,788,286.21元,计提存货跌价准备-93,948,204.67元,营业外收支净额-229,334,906.07元。

注B:按照国际会计准则审计的净利润为-794,198,000元,按中国会计准则审计的净利润为-699,782,683.72元,差额为-9415316.28元。

2、公司近三年主要会计数据及财务指标

财务指标	单位	2001年度	2000年度	1999年度
主营业务收入	元	643410345.18	534116193.41	901597548.37
净利润	元	-699782683.72	-272432967.32	19725048.29
总资产	元	3464628171.31	4146817121.07	3848896833.37
股东权益	元	1790624161.51	2715954708.69	2988387676.01
每股收益(全面摊薄)	元/股	-0.72	-0.28	0.02
扣除非经常性损益后的每股收益	元/股	-0.21	-0.27	0.014
每股收益(加权平均)	元/股	-0.72	-0.28	0.02
每股净资产	元/股	1.84	2.79	3.08
调整后的每股净资产	元/股	1.84	2.79	3.08
每股经营活动--产生的现金流量净额	元/股	-0.14	-0.33	0.09
净资产收益率	%	-39.08	-10.03	0.66
扣除非经常性损益净利润的加权平均净资产收益率	%	-11.21	-9.80	0.46

第三章　股本变动及股东情况

1、公司股本变动情况

数量单位:股

项目	本次变动前	本次变动增减(+,-)						本次变动后
		配股	送股	公积金转股	增发	其他	小计	
一、未上市流通股份								
1、发起人股份								
其中:								
国家持有股份	397488000							397488000
境内法人持有股份								
境外法人持有股份								
其他								
2、募集法人股份	37619400							37619400
3、内部职工股								
4、优先股或其他								
未上市流通股份合计	435107400							435107400
二、已上市流通股份								
1、人民币普通股	306710040							306710040
2、境内上市的外资股	230000000							230000000
3、境外上市的外资股								
4、其他								
已上市流通股份合计	536710040							536710040
三、股份总数	971817440							971817440

600699 辽源得亨股份有限公司

2001 年年度报告摘选

一、公司简介

(一)公司法定中文名称:辽源得亨股份有限公司
公司英文名称:LIAOYUAN DEHENG COMPANY LIMITED.
公司英文名称缩写:LYDH
(二)公司法定代表人:孟祥杰
联系电话:0437－3521077　　传真:0437－3520181
(三)公司董事会秘书:由春玲
电话:0437－3512077　3513931－335　　传真:0437－3520181
地址:吉林省辽源市福兴路 3 号
电子信箱:lydhb@163.net
(四)公司注册地址:辽源市福兴路 3 号
公司注册英文地址:No.3 FuXing Road LiaoYuan City JiLin China.
公司办公地址:吉林省辽源市福兴路 3 号　　邮政编码:136200
(五)公司信息披露的报刊为:《上海证券报》
登载公司年度报告的中国证监会指定的国际互联网网址:http://www.sse.com.cn
公司年度报告备置地点:吉林省辽源市福兴路 3 号(公司办公地)
(六)公司股票上市地:上海证券交易所
股票简称:辽源得亨　　股票代码:600699

二、会计数据和业务数据摘要

(一)本年度利润总额及构成 (单位:元　合并报表)

项目	金额
利润总额	23,627,490.30
净利润	19,100,161.58
主营业务利润	41,535,450.35
其他业务利润	－40,687.21
营业利润	20,877,613.90
投资收益	－62,769.04
补贴收入	3,000,000.00
营业外收支净额	－187,354.56
扣除非经常性损益后的净利润	19,287,516.14
经营活动产生的现金流量净额	590,343.77
现金及现金等价物净增加额	172,956,360.06

注:扣除非经营性损益项目及金额
营业外收支净额　－187,354.56 元

(二)截至报告年度末公司前三年的主要会计数据及财务指标　　单位:元

序号	项目	2001 年度	2000 年度		1999 年度
			调整前	调整后	
1	主营业务收入(元)	183,528,236.12	227,624,529.17	226,097,968.80	151,778,284.59
2	净利润(元)	19,100,161.58	46,588,425.35	37,584,238.59	22,980,585.98
3	总资产(元)	854,799,392.97	566,589,773.67	548,521,841.27	405,859,263.25
4	股东权益(元)(不含少数股东权益)	411,238,318.43	281,504,332.01	274,976,290.13	240,875,238.88
5	每股经营活动产生的现金流量(元/股)	0.003	0.75	0.75	－0.11
6	每股收益(元/股)				
	全面摊薄	0.108	0.293	0.237	0.174
	加权平均	0.120	0.340	0.237	0.174
	扣除非经营性损益后全面摊薄	0.109	0.293	0.236	0.064
	扣除非经营性损益后加权平均	0.121	0.260	0.245	0.064
7	净资产收益率(%)				
	全面摊薄	4.64	16.55	13.67	9.54
	加权平均	6.71	17.64	14.47	10.02
	扣除非经营性损益后全面摊薄	4.69	16.52	13.60	6.36
	扣除非经营性损益后加权平均	6.78	13.46	14.42	6.68
8	每股净资产(元/股)	2.32	1.77	1.73	1.82
9	调整后的每股净资产(元/股)(摊簿)	2.19	1.59	1.55	1.38
10	调整后的每股净资产(元/股)(加权)	2.31	1.748	1.69	1.38

其他财务指标:

报告期利润	净资产收益率		每股收益	
	全面摊簿	加权平均	全面摊簿	加权平均
主营业务利润	10.10%	14.60%	0.235 元	0.261 元
营业利润	5.08%	7.34%	0.118 元	0.131 元
净利润	4.69%	6.71%	0.108 元	0.120 元
扣除非经常性损益后的净利润	4.64%	6.78%	0.109 元	0.121 元

三、股本变动及股东情况

(一)股本变动情况
1、股份变动情况表　　数量单位:股

项目	本次变动前	本次变动增减(＋、－)						本次变动后
		配股	送股	公积金转增	增发	其他	小计	
(1)未上市流通股份	86,925,893	17,128					17,128	86,943,021
发起人股份	63,718,709							63,718,709
其中:								
国家持有股份	49,510,229							49,510,229
境内法人持有股份	14,208,480							14,208,480
境外法人持有股份								
其他								
募集法人股	23,207,184	17,128					17,128	23,224,312
内部职工股								
优先股或其他								
未上市流通股份合计	86,925,893	17,128					17,128	86,943,021
(2)已上市流通股份	71,989,632	17,997,408					17,997,408	89,987,040
人民币普通股	71,989,632	17,997,408					17,997,408	89,987,040
境内上市的外资股								
其他								
已上市流通股份合计	71,989,632	17,997,408					17,997,408	89,987,040
(3)股份总数	158,915,525	18,014,536					18,014,536	176,930,061

600700 陕西煤航数码测绘(集团)股份有限公司

2001 年年度报告摘选

一、公司简介

1.公司的法定中、英文名称及缩写
中文名称:陕西煤航数码测绘(集团)股份有限公司
英文名称:SHAANXI MEIHANG DIGITAL SURVEYING (GROUP) CO.,LTD
缩写:SMDS
2.公司法定代表人:宋理
3.公司董事会秘书:穆耀
电子信箱:Greenmu@public.xa.sn.cn
证券事务代表:田昆仑
联系电话:(029)7216331－2020　　传　真:(029)7218622
电子信箱:tiankunlun@163.com
联系地址:西安市南新街 28 号
4.公司注册、办公地址:西安市南新街 28 号　　邮政编码:710004
公司国际互联网网址:http://www.mhsmch.com.cn
电子信箱:sbl@public.xa.sn.cn
5.公司选定的信息披露报纸名称:《中国证券报》、《上海证券报》
登载公司年度报告的中国证监会指定国际互联网网址:http://www.sse.com.cn
公司年度报告备置地点:公司董事会秘书处
6.公司股票上市交易所:上海证券交易所
股票简称:数码测绘　　股票代码:600700

二、会计数据和业务数据摘要

1.本年度主要利润指标情况(单位:人民币元)

项　目	2001 年 1－12 月
利润总额:	9012540.47
净利润:	5338156.10
扣除非经常性损益后的净利润:	5777332.57
主营业务利润:	60297133.97
其他业务利润:	5198881.54
营业利润:	16611465.22
投资收益:	－7159748.28
补贴收入:	－
营业外收支净额:	－439176.47
经营活动产生的现金流量净额:	24351620.79
现金及现金等价物净增加额:	18585669.51

说明:扣除非经常性损益项目为营业外收支净额,涉及金额 439176.47 元。
2.截至报告期末公司前三年的主要会计数据和财务指标(含并报表数)

指标项目	2001 年度	2000 年度		1999 年度	
		调整后	调整前	调整后	调整前
主营业务收入(元)	517,940,237.03	522,598,556.20	586,919,460.20	513,730,068.15	602,692,558.51
净利润(元)	5,338,156.10	57,681,247.63	56,185,886.86	25,153,688.22	46,330,907.87
总资产(元)	1,104,612,828.54	943,241,637.41	1,057,527,822.95	656,985,683.74	748,947,853.61
股东权益(元)(不含少数股东权益)	370,329,652.14	364,858,902.04	402,143,185.97	181,261,242.66	202,438,462.31
每股收益(元)(摊薄)	0.018	0.40	0.39	0.19	0.35
(加权)	0.018	0.44	0.42	0.19	0.47
扣除非经常性损益后的每股收益(元)	0.0199	0.44	0.39	0.35	0.35
每股净资产(元)	1.27	2.51	2.76	1.37	1.53
调整后的每股净资产(元)	1.11	2.37	2.67	1.37	1.36
每股经营活动产生的现金流量净额(元)	0.13	－0.33	－0.34	0.038	0.04
净资产收益率(%)	1.44	15.81	13.97	13.88	22.89
加权净资产收益率(%)	1.45	27.45	24.37	15.75	25.22
扣除非经常性损益的净资产收益率(%)	1.56	15.91	24.51	25.77	23.07

三、股本变动及股东情况

1.股本变动情况
(1)公司股份变动情况表:

数量单位:股

	本次变动前	本期变动增加				本次变动后
		转配股上市	小计	送股	公积金转增	
一、未上市流通股份						
1.发起人股份	30645030		30645030	6129006	24516024	61290060
其中:						
国家持有股份	30645030		30645030	6129006	24516024	61290060
2.募集法人股份	36958350		36958350	7391670	29566680	73916700
3.转配股	16169760	－16169760	0	0	0	0
未上市流通股份合计	83773140		67603380	13520676	54082704	135206760
二、已上市流通股份						
人民币普通股	61675884	16169760	77845644	15569129	62276515	155691288
已上市流通股份合计	61675884	16169760	77845644	15569129	62276515	155691288
三、股份总数	145449024		145449024	29089805	116359219	290898048

2.股东情况介绍
(1)截止报告期末,本公司股东总数为 37852 户。
(2)公司前十名股东持股情况:

	股东名称	持股数(股)	持股比例(%)
1	煤航(集团)实业发展有限公司	69620508	23.93
2	陕西省国资局	61290060	21.07
3	刘学农	910000	0.31
4	京润科贸	800000	0.28
5	煤航天河	730000	0.25
6	刘永成	666200	0.23
7	琼龙旺达	613470	0.21
8	西安力飞	602316	0.21
9	中实实业	557700	0.19
10	张振海	510100	0.18

600701 哈尔滨工大高新技术产业开发股份有限公司

2001年年度报告摘选

一、公司基本情况简介

1、公司法定中文名称：哈尔滨工大高新技术产业开发股份有限公司
公司英文名称：HABIN GONG DA HIGH-TECH ENTERPRISE DEVELOPMENT CO.,LTD
公司英文名称缩写：HGDHTED
2、公司法定代表人：张大成
公司总经理：张景杰
3、董事会秘书：张海英
联系地址：哈尔滨市南岗区西大直街118号工大高新董事会秘书办公室
联系电话：0451—6219247　　传真：0451—6253555
电子信箱：godagaxi@public.hr.hl.cn
4、公司注册地址：哈尔滨市南岗区护军街40号
公司办公地址：哈尔滨市南岗区西大直街118号　　邮编：150001
5、公司选定的信息披露报刊：《上海证券报》
登载年度报告的国际互联网网址：http://www.sse.com.cn
年度报告备置地点：公司董事会秘书办公室
6、股票上市交易所：上海证券交易所
股票简称：工大高新　　股票代码：600701

二、会计数据和业务数据摘要

1、本年度主要利润指标　　(单位：人民币元)

项目	金额
利润总额	48,313,865.74
净利润	38,228,929.75
扣除非经常性损益后的净利润*	38,934,985.80
主营业务利润	104,172,039.89
其他业务利润	7,522,020.28
营业利润	49,559,701.21
投资收益	-1,108,019.98
补贴收入	0
营业外收支净额	-137,815.49
经营活动产生的现金流量净额	48,129,894.73
现金及现金等价物净增减额	-40,204,507.28

注：扣除非经常性损益项目及涉及金额：

项目	金额
(1)投资收益	-562,696.19
(2)营业外收入	106,912.82
(3)营业外支出	244,728.31
(4)非经常性损益对所得税影响	5,544.37

2、截止报告期末公司近三年主要会计数据及财务指标

项目	2001年	2000年		1999年	
		调整前	调整后	调整前	调整后
(1)主营业务收入	639,061,584.30	559,364,991.65	558,762,074.89	633,709,366.67	366,989,813.17
(2)净利润	38,228,929.75	62,501,202.56	56,327,360.43	58,741,173.58	57,265,250.40
(3)总资产	1,529,972,835.33	1,585,780,131.05	1,564,853,148.55	1,362,800,608.31	1,225,675,178.17
(4)股东权益	802,706,119.15	771,927,195.67	764,277,430.36	741,835,089.91	740,359,166.73
(5)每股收益摊薄	0.118	0.193	0.174	0.181	0.177
加权	0.118	0.193	0.174	0.233	0.227
(6)扣除非经常性损益后的每股收益	0.12	0.178	0.176	0.181	0.172
(7)每股净资产	2.48	2.38	2.36	2.29	2.28
调整后每股净资产	2.45	2.34	2.32	2.19	2.23
(8)每股经营活动产生的现金流量净额	0.149	0.23	0.23	-0.21	-0.21
(9)净资产收益率(%)	4.76	8.10	7.37	7.92	7.73

3、按照中国证监会《公开发行证券公司信息披露编报规则(第9号)》要求计算的报告期利润表附表

2001年度利润	净资产收益率(%)		每股收益(元)	
	全面摊薄	加权平均	全面摊薄	加权平均
主营业务利润	12.89	13.30	0.32	0.32
营业利润	6.17	6.33	0.15	0.15
净利润	4.76	4.88	0.12	0.12
扣除非经营性损益后的净利润	4.85	4.97	0.12	0.12

三、股本变动及股东情况

1、股本变动情况

股份变动情况表

	期初数	本次变动增减(+、-)				期末数
		配股	送股	公积金转股	其他	
一、尚未流通股份	149,400,000					149,400,000
1、发起人股份						
其中：						
国家拥有股份	113,400,000					113,400,000
境内法人持有股份	36,000,000					36,000,000
外资法人持有股份						
其他						
2、募集法人股						
3、内部职工股						
4、优先股或其他						
其中：转配股						
尚未流通股份合计	149,400,000					149,400,000
二、已流通部分						
1、境内上市的人民币普通股	174,690,968					174,690,968
2、境内上市的外资股						
3、境外上市的外资股						
4、转配股						
5、其他						
已流通股份合计	174,690,968					174,690,968
三、股份总数	324,090,968					324,090,968

600702 四川沱牌曲酒股份有限公司

2001年年度报告摘选

第一章　公司基本情况简介

一、公司法定中、英文名称
中文名称：四川沱牌曲酒股份有限公司
英文名称：TUOPAI YEAST LIQUOR CO.,LTD.SICHUAN
二、公司法定代表人：李家顺
三、公司董事会秘书：谢常荣
联系地址：四川省射洪县柳树镇中街149号
电话：(0825)6766322
传真：(0825)6766322
电子信箱：tpzqb@21cn.com
四、公司注册及办公地址：四川省射洪县柳树镇中街149号
邮政编码：629209
国际互联网网址：http://www.chinatuopai.com
电子信箱：tuopai@mail.sc.cninfo.net
五、公司选定的信息披露报纸：中国证券报　　上海证券报
登载年度报告的中国证监会指定网站的网址：http//www.sse.com.cn
公司年度报告备置地点：公司证券部
六、公司股票上市交易所：上海证券交易所
股票简称：沱牌曲酒
股票代码：600702

第二章　会计数据和业务数据摘要

一、公司本年度实现利润情况

项目	金额(元)
利润总额	38,330,116.94
净利润	30,856,401.13
扣除非经常性损益后的净利润	30,415,092.04
主营业务利润	157,327,970.78
其他业务利润	9,725,803.98
营业利润	37,532,673.45
投资收益	278,256.32
补贴收入	-
营业外收支净额	519,187.17
经营活动产生的现金流量净额	50,075,286.46
现金及现金等价物净增减额	-77,461,315.88

注：扣除非经常性损益后的净利润＝净利润－(补贴收入＋营业外收支净额)×(1－实征所得税税率15%)。

二、截止报告期末，公司前三年的主要会计数据和财务指标

(单位：元)

项目	2001年	2000年(调整后)	2000年(调整前)	1999年(调整后)	1999年(调整前)
主营业务收入	858,281,393.05	940,908,459.49	940,908,459.49	846,161,481.82	846,161,481.82
净利润	30,856,401.13	102,474,777.04	106,491,104.44	92,247,396.06	101,626,431.21
总资产	2,006,374,531.38	1,965,547,215.20	2,059,127,243.45	1,549,388,990.63	1,638,952,691.48
股东权益	1,593,683,173.24	1,562,826,772.11	1,656,379,599.63	1,077,389,489.37	1,166,953,190.22
每股收益	0.09	0.30	0.32	0.27	0.34
每股净资产	4.72	4.63	4.91	3.61	3.91
调整后的每股净资产	4.72	4.62	4.90	3.60	3.90
每股经营活动产生的现金流量净额	0.15	0.32	0.32	0.62	0.62
净资产收益率(%)	1.94	6.56	6.43	8.56	8.71
加权平均每股收益	0.09	0.34	0.35	0.27	0.34
扣除非经常性损益后净资产收益率(加权平均)%	1.93	8.09	7.81	8.10	8.31

报告期利润	净资产收益率		每股收益	
	全面摊薄	加权平均	全面摊薄	加权平均
主营业务利润	9.87%	9.97%	0.47	0.47
营业利润	2.36%	2.38%	0.11	0.11
净利润	1.94%	1.96%	0.09	0.09
扣除非经常性损益后的净利润	1.91%	1.93%	0.09	0.09

第三章　股本变动及股东情况

一、股份变动情况

(数量单位：股)

股份类别	本次变动前	本次变动增减(+、-)						本次变动后
		配股	送股	公积金转股	增发	其他	小计	
一、未上市流通股份		– –	– –	– –	– –	– –	– –	
1、发起人股份	165,081,400	– –	– –	– –	– –	– –	– –	165,081,400
其中：		– –	– –	– –	– –	– –	– –	
国家持有股份	165,081,400	– –	– –	– –	– –	– –	– –	165,081,400
境内法人持有股份	10,000,000	– –	– –	– –	– –	– –	– –	10,000,000
境外法人持有股份		– –	– –	– –	– –	– –	– –	
其他		– –	– –	– –	– –	– –	– –	
2、募集法人股份	23,600,000	– –	– –	– –	– –	– –	– –	23,600,000
3、内部职工股		– –	– –	– –	– –	– –	– –	
4、优先股或其他		– –	– –	– –	– –	– –	– –	
未上市流通股份合计	188,681,400	– –	– –	– –	– –	– –	– –	148,681,400
二、已上市流通股份		– –	– –	– –	– –	– –	– –	
1、人民币普通股	148,618,600	– –	– –	– –	– –	– –	– –	148,618,600
2、境内上市的外资股		– –	– –	– –	– –	– –	– –	
3、境外上市的外资股		– –	– –	– –	– –	– –	– –	
4、其他		– –	– –	– –	– –	– –	– –	
已上市流通股份合计	148,618,600	– –	– –	– –	– –	– –	– –	148,618,600
三、股份总数	337,300,000	– –	– –	– –	– –	– –	– –	337,300,000

600703 湖北天颐科技股份有限公司

2001 年年度报告摘选

一、公司简介

(一)公司法定中文名称:湖北天颐科技股份有限公司
公司法定英文名称:HUBEI TIANYI SCIENCE& TECHNOLOGY CO.,LTD.
英文名称缩写:HTS
(二)法定代表人姓名:薛维军
(三)公司董事会秘书:易声泽
联系电话:0716-8328443　　传真:0716-8328443
电子信箱:yshz1972@163.com
联系地址:湖北省荆州市沙市区高新技术开发区三湾路1号
(四)公司注册地址:湖北省荆州市沙市区高新技术开发区三湾路1号
公司办公地址:湖北省荆州市沙市区高新技术开发区三湾路1号
邮政编码:434000
公司网址:HTTP://WWW.CHINATIANYI.COM.CN
(五)信息披露媒体:《上海证券报》《证券时报》《中国证券报》
网站:http//www.sse.com.cn
定期报告刊登报刊:《上海证券报》《证券时报》《中国证券报》
公司年报备置地点:天颐科技证券部
(六)公司股票上市地:上海证券交易所
A股简称:ST天颐　　A股代码:600703
(七)经营范围:农副产品加工与销售、油脂化工、精细化工产品的生产、销售(不含化学危险品)。

二、会计数据与业务数据摘要

(一)公司本年度主要利润指标情况

	(单位:元)
利润总额	13,179,064.86
净利润	13,124,406.38
扣除非经常损益后的净利润	13,822,705.41
主营业务利润	42,783,999.53
其他业务利润	7,925,208.63
营业利润	14,771,155.54
投资收益	-893,791.65
补贴收入	—
营业外收支净额	-698,299.03
经营活动产生的现金流量净额	-34,720,699.04
现金及现金等价物净增加额	28,042,358.66

注:扣除非经常性损益的项目、涉及金额(单位:人民币元)

扣除项目	涉及金额
营业外收入	5,918.00
营业外支出	704,217.03
以上项目涉及金额合计	-698,299.03

(二)截止2001年末,公司前三年主要会计数据及财务指标　　单位:元

项目	2001.1-12月	2000.1-12月	1999.1-12月
主营业务收入	421,729,398.58	71,746,564.41	113,765,780.74
净利润	13,124,406.38	-24,468,864.44	-117,546,580.08
总资产	428,830,393.10	306,788,214.66	431,605,063.98
股东权益(不含少数股东权益)	157,755,783.28	101,397,739.90	126,501,966.73
每股收益	0.11	-0.205	-0.98
报告期末至披露日股份变动后每股收益	0.11	-0.205	-0.98
每股净资产	1.32	0.85	1.06
调整后每股净资产	1.32	0.73	0.93
报告期末至披露日股本变化后的每股净资产	1.32	0.85	1.06
每股经营活动产生的现金流量净额	-0.29	0.81	-0.195
净资产收益率(%)	8.32	-24.13	-92.92
扣除非常性损益后的加权平均净资产收益率(%)	10.52	-20.35	--

(三)报告期利润表附表

报告期利润 2001年度	净资产收益率(%)		每股收益(元)	
	全面摊薄	加权平均	全面摊薄	加权平均
主营业务利润	27	33	0.36	0.36
营业利润	9	11	0.12	0.12
净利润	8	10	0.11	0.11
扣除非经常性损益后的净利润	9	11	0.12	0.12

三、股本变动及股东情况

(一)股本变动情况
公司股份变动情况表　　单位:万股

股本结构	期初数	本期配股	本期送股	本期公积金转增股本	增发	本期其他变动	期末数
一、尚未流通股份							
1、发起人股份	5,498.05					-68.35	5,429.70
国家拥有股份	5,429.70					-5,429.70	
境内法人持有股份						5,429.70	5,429.70
境外法人持有股份							
其他	68.35					-68.35	
2、募集法人股	660.40						660.40
3、内部职工股							
4、优先股或其他							
尚未流通股份合计	6,158.45					-68.35	6,090.10
二、已流通股份							
1、境内上市的人民币普通股	5,793.20					68.35	5,861.55
2、境内上市外资股							
3、境外上市外资股							
4、其他							
已流通股份合计	5,793.20					68.35	5,861.55
三、股份总数	11,951.65						11,951.65

600704 浙江中大集团股份有限公司

2001 年年度报告摘选

一、公司基本情况简介

1、公司法定中文名称:浙江中大集团股份有限公司
公司英文名称:ZHEJIANG ZHONGDA GROUP CO.,LTD.
公司英文名称缩写:ZD
2、公司法定代表人:陈继达
3、公司董事会秘书:邱亦军
联系地址:杭州市中大广场A座
电话:0571-85155000转85777029　　传真:0571-85777050
4、公司注册地址:杭州市中大广场A座
公司办公地址:杭州市中大广场A座
邮政编码:310003
公司网站:http://www.zhongda.com
公司电子信箱:zdinc@mail.hz.zj.cn
5、公司选定的信息披露报纸名称:上海证券报、中国证券报
登载公司年度报告的中国证监会指定国际互联网网址:http://www.sse.com.cn
公司年度报告备置地点:公司董事会秘书处
6、股票上市交易所:上海证券交易所
股票简称:中大股份　　股票代码:600704

二、会计数据与业务数据摘要

(一)公司本年度利润总额及构成(单位:元 合并报表)

1、利润总额:	88,197,714.33
2、净利润:	73,097,335.73
3、扣除非经营性损益后的净利润:	80,798,862.32
4、主营业务利润:	224,082,128.34
5、其他业务利润:	6,230,963.69
6、营业利润:	37,252,145.13
7、投资收益:	35,863,662.04
8、补贴收入:	17,931,071.63
9、营业外收支净额:	-2,849,164.47
10、经营活动产生的现金流量净额:	192,128,343.23
11、现金及现金等价物净增加额:	-107,167,397.53

扣除的非经营性损益项目和涉及的金额:

项目	金额
1、营业外收支净额项目:	-2,849,164.47
2、长期投资减值准备:	-5,320,319.65
3.所得税影响数:	467957.53
小计	-7701526.59

(二)截止报告期末公司前三年主要会计数据和财务指标(单位:人民币元)

指标项目	2001年	2000年	1999年
1、主营业务收入	2,644,169,147.28	6,519,892,814.67	4,133,081,278.02
2、净利润	73,097,335.73	72,805,184.57	102,179,664.98
3、总资产	2,707,219,824.31	2,782,914,623.31	2,987,625,355.23
4、股东权益	1,083,181,422.30	1,038,629,289.60	775,842,590.02
5、每股收益	0.25	0.25	0.40
6、每股收益(加权)	0.25	0.28	0.40
7、每股收益(扣除非经营性损益)	0.28	0.22	0.33
8、每股净资产	3.76	3.58	3.02
9、调整后的每股净资产	3.51	3.45	2.87
10、每股经营活动产生的现金流量净额	0.67	-0.10	-0.42
11、净资产收益率(%)	6.75	6.98	13.17

(三)按照中国证监会《公开发行证券公司信息披露规则第9号》计算的每股收益和每股净资产收益率如下:

	净资产收益率(%)		每股收益(元)	
	全面摊薄	加权平均	全面摊薄	加权平均
主营业务利润	20.69	20.84	0.78	0.78
营业利润	3.44	3.46	0.13	0.13
净利润	6.75	6.80	0.25	0.25
扣除非经营性损益后的利润	7.46	7.51	0.28	0.28

三、股本变动及股东情况

(一)股本变动情况(截止到2001年12月31日)
报告期内,公司总股本没有变化。

数量单位:股

	本次变动前	本次变动增减(+,-)						本次变动后
		配股	送股	公积金转股	增发	其他	小计	
一、未上市流通股份								
1、发起人股份	114,684,446							114,684,446
其中:								
国家持有股份	100,734,446							100,734,446
境内法人持有股份	13,950,000							13,950,000
境外法人持有股份								
其他								
2、募集法人股	45,202,500							45,202,500
3、内部职工股								
4、优先股或其他	17,232,092						-17,232,092	
其中:转配股	17,232,092						-17,232,092	
未上市流通股份合计	177,119,038						-17,232,092	159,886,946
二、已上市流通股份								
1、人民币普通股	111,150,000						17,232,092	128,382,092
2、境内上市的外资股								
3、境外上市的外资股								
4、其他								
已上市流通股份合计	111,150,000						17,232,092	128,382,092
三、股份总数	288,269,038							288,269,038

600705 北亚实业(集团)股份有限公司

2001 年年度报告摘选

一、公司基本情况简介

1.公司法定中文名称:北亚实业(集团)股份有限公司
公司法定英文名称:BEIYA INDUSTRIAL (GROUP) CO.,LTD.
英文缩写:BIG
2.公司法定代表人:何洪达
3.公司董事会秘书:陈东
联系地址:黑龙江省哈尔滨市南岗区红军街 26 号北亚大厦
联系电话:(0451)3600764　传　真:(0451)3600770
电子信箱:mr.chendong@263.net
4.公司注册地址:哈尔滨市南岗区衡山路 12 号
公司办公地址:哈尔滨市南岗区红军街 26 号
邮政编码:150001
公司网址:http://www.beiya.com.cn
公司电子信箱:beiya@beiya.com.cn
5.公司选定的信息披露报纸:《中国证券报》、《上海证券报》
登载公司年度报告的国际互联网网址:http://www.sse.com.cn
公司年度报告备置地点:北亚实业(集团)股份有限公司证券部
6.公司股票上市交易所:上海证券交易所
公司股票简称:北亚集团　公司股票代码:600705

二、会计数据和业务数据摘要

1、公司本年度主要会计数据和业务数据

单位:人民币元

项目	金额
利润总额	89,734,576.52
净利润	75,390,439.96
扣除非经常性损益后的净利润	80,108,001.32
主营业务利润	180,118,402.42
其他业务利润	3,073,942.61
营业利润	81,949,859.33
投资收益	5,563,427.55
补贴收入	8,892,835.59
营业外收支净额	-6,671,545.95
经营活动产生的现金流量净额	51,133,035.86
现金及现金等价物净增加额	195,401,752.26

扣除非经常性损益的项目及涉及金额:
(1)投资损失:4,850,000.00 元
(2)一次性投资收益:106,976.31 元
(3)固定资产清理收益:25,462.33 元

2、公司近三年主要会计数据和财务指标

单位:人民币元

项目	2001 年	2000 年(调整后)	2000 年(调整前)	1999 年
主营业务收入	528,022,974.66	313,696,046.44	314,002,464.83	325,342,119.39
净利润	75,390,439.96	87,382,156.83	100,834,470.78	82,773,503.70
总资产	2,414,184,288.75	1,452,922,068.79	1,473,003,371.46	1,300,767,735.30
股东权益(不含少数股东权益)	1,705,192,989.17	790,471,695.92	804,149,809.24	713,198,107.57
全面摊薄每股收益	0.115	0.174	0.200	0.247
加权平均每股收益	0.150	0.174	0.200	0.247
扣除非经常性损益后的加权平均每股收益	0.159	0.164	0.191	0.247
每股净资产	2.611	1.57	1.60	2.13
调整后的每股净资产	2.545	1.47	1.55	1.95
每股经营活动产生的现金流量净额	0.08	0.165	0.165	0.04
全面摊薄净资产收益率(%)	4.42	11.05	12.54	11.6
加权平均净资产收益率(%)	9.10	11.54	13.30	16.6
扣除非经常性损益后的加权平均净资产收益率(%)	9.65	10.93	12.60	16.6

利润表附表:

报告期利润	全面摊薄净资产收益率(%)	加权平均净资产收益率(%)	全面摊薄每股收益(元/股)	加权平均每股收益(元/股)
主营业务利润	10.56%	20.46%	0.276	0.358
营业利润	4.81%	9.86%	0.125	0.163
净利润	4.42%	9.10%	0.115	0.150
扣除非经常性损益后的净利润	4.70%	9.65%	0.123	0.159

三、股本变动及股东情况

(一)股本变动情况
股份变动情况表

数量单位:股

项目	本次变动前	本次变动增减(+,-)						本次变动后
		配股	送股	公积金转股	增发	其他	小计	
一、未上市流通股份								
1、发起人股份	116,821,536							116,821,536
其中:国家持有股份								
境内法人持有股份	116,821,536							116,821,536
境外法人持有股份								
其他								
2、募集法人股份	177,400,704							177,400,704
3、内部职工股								
4、优先股或其他								
5、基金配售股份					+15,840,130		+15,840,130	15,840,130
未上市流通股份合计	294,222,240				+15,840,130		+15,840,130	310,062,370
二、已上市流通股份								
1、人民币普通股	208,915,200				+134,159,870		+134,159,870	343,075,070
2、境内上市的外资股								
3、境外上市的外资股								
4、其他								
已上市流通股份合计	208,915,200				+134,159,870		+134,159,870	343,075,070
三、股份总数	503,137,440				+150,000,000		+150,000,000	653,137,440

600706 长安信息产业(集团)股份有限公司

2001 年年度报告摘选

一、公司基本情况简介

1、公司法定中文名称:长安信息产业(集团)股份有限公司
公司法定英文名称:CHANG AN INFORMATION INDUSTRY (GROUP)CO.,LTD.
英文缩写:CIIC
2、公司法定代表人:蔡世杰
3、公司董事会秘书及证券事务代表:董事会秘书张安平、证券事务代表高艳
联系地址:陕西省西安市友谊东路 41 号
电话:(029)2214266　传真:(029)2233943
电子信箱:cadsh@pub.xaonline.com
4、公司注册地址:陕西省西安市友谊东路 41 号
公司办公地址:同注册地址
邮政编码:710054
公司国际互联网网址:HTTP://WWW.changxin.com
电子信箱:cainfor@pub.xaonline.com
5、公司选定的信息披露报纸名称:上海证券报、中国证券报、证券时报
登载年度报告的中国证监会指定网址:HTTP://WWW.sse.com.cn
公司年度报告备置地点:公司董事会秘书处
6、公司股票上市交易所:上海证券交易所
股票简称:长安信息　股票代码:600706

二、会计数据和业务数据摘要

1、公司本年度实现利润情况:

单位:元

项目	金额
利润总额	31,864,691.99
净利润	19,908,712.20
扣除非经常性损益后的净利润	19,908,712.20
主营业务利润	73,474,183.15
其他业务利润	39,860,928.40
营业利润	29,532,739.05
投资收益	2,956,241.98
补贴收入	6,698.67
营业外收支净额	-630,987.71
经营活动产生的现金流量净额	16,358,209.70
现金及现金等价物净增减额	39,628,315.28

2、截至报告期末公司前三年的主要会计数据和财务指标:

指标项目	2001 年	2000 年 调整后	2000 年 调整前	1999 年
1.主营业务收入(元)	596,660,872.76	377,108,523.84	377,108,523.84	179,357,583.98
2.净利润(元)	19,908,712.20	6,889,557.90	10,941,625.47	-100,716,046.93
3.总资产(元)	819,095,495.96	724,622,369.81	724,758,299.51	356,131,981.40
4.股东权益(不含少数股东权益)(元)	138,620,442.80	118,828,960.14	119,731,508.42	110,334,443.98
5.每股收益(元) 摊薄	0.23	0.079	0.125	-1.153
加权	0.23	0.079	0.125	-1.153
扣除非经常性损益后的每股收益(元)	0.23	0.079	0.125	-1.153
6.每股净资产(元)	1.59	1.36	1.37	1.26
7.调整后的每股净资产(元)	1.45	1.22	1.23	1.20
8.每股经营活动产生的现金流量净额(元)	0.19	0.60	0.60	-0.48
9.净资产收益率(%) 摊薄	14.36	5.80	9.14	-91.28
加权	15.46	6.06	9.45	-62.79
扣除非经常性损益后的加权平均净资产收益率(%)	15.46	6.06	9.45	-62.79

3、公司报告期内股东权益变动情况:

项目	股本	资本公积	盈余公积	法定公益金	未分配利润	股东权益合计
* 期初数	87,333,441.00	86,210,507.90	13,431,888.84	6,341,707.66	-68,146,877.60	118,828,960.14
本期增加	/	41,846.82	1,727,244.68	588,574.32	19,908,712.20	21,677,803.70
本期减少	/	/	/	/	1,886,321.04	1,886,321.04
期末数	87,333,441.00	86,252,354.72	15,159,133.52	6,930,281.98	-50,124,486.44	138,620,442.80

* 为调整后的期初数。
变动原因:
(1)资本公积增加为子公司陕西秦明电子(集团)有限公司股权溢价提取的股权投资准备;
(2)盈余公积增加主要为子公司计提盈余公积金;
(3)未分配利润、股东权益增加主要为本期净利润增加。

三、股本变动及股东情况

1、公司股份变动情况表

数量单位:股

	本次变动前	本次变动增减(+、-)						本次变动后
		配股	送股	公积金转股	增发	其他	小计	
一、未上市流通股份								
1、发起人股份	14,049,750							14,049,750
其中:								
国家持有股份	14,049,750							14,049,750
境内法人持有股份								
境外法人持有股份								
其他								
2、募集法人股份	35,783,670							35,783,670
3、内部职工股								
4、优先股或其他	14,581,086					-14,581,086	-14,581,086	
未上市流通股份合计	64,414,506					-14,581,086	-14,581,086	49,833,420
二、已上市流通股份								
1、人民币普通股	22,918,935					14,581,086	14,581,086	37,500,021
2、境内上市的外资股								
境外上市的外资股								
其他								
已上市流通股份合计	22,918,935					14,581,086	14,581,086	37,500,021
三、股份总数	87,333,441							87,333,441

600707 彩虹显示器件股份有限公司

2001 年年度报告摘选

一、公司基本情况简介

1、公司名称
公司法定中文名称:彩虹显示器件股份有限公司
公司英文名称:IRICO DISPLAY DEVICES CO.,LTD
2、公司法定代表人:马金泉
3、董事会秘书:路西良
联系电话:(029)8311073
董事会证券事务代表:郑涛
联系电话:(029)8214865　　传　真:(029)8214864
电子信箱:stock@iricoltd.com.cn
4、公司注册地址:西安高新产业开发区西区
公司办公地址:西安高新技术开发区西区高新一路 16 号　　邮政编码:710075
公司电子信箱:office@iricoltd.com.cn
公司国际互联网网址:http://www.iricoltd.com.cn
5、公司选定的信息披露刊物:《中国证券报》、《上海证券报》
登载年报的中国证监会指定网站的网址:http://www.sse.com.cn
公司年报备置地点:公司证券部
6、公司股票上市交易所:上海证券交易所
股票简称:彩虹股份　　股票代码:600707

二、会计数据和业务数据摘要

(一)公司本年度主要会计数据

	2001 年度
利润总额	103,601,618.83 元
净利润	84,419,021.19 元
扣除非经常性损益后的净利润 *	55,109,532.55 元
主营业务利润	256,111,480.00 元
其他业务利润	10,758,739.57 元
营业利润	103,249,233.80 元
投资收益	352,916.46 元
补贴收入	0.00 元
营业外收支净额	-531.43 元
经营活动产生的现金流量净额	109,808,898.00 元
现金及现金等价物净增加额	97,250,443.70 元

注 *:"扣除非经常性损益后的净利润"扣除项目和涉及金额

项目	金额
会计估计变更	34,482,376.55 元
营业外收入净额	-531.43 元
扣除非经常性损益的所得税影响数	-5,172,356.48 元
合计	29,309,488.64 元

(二)公司近三年主要会计数据和财务指标

指标项目	2001 年度	2000 年度	1999 年度
主营业务收入(元)	2,422,511,497.90	1,905,630,595.34	1,020,477,484.20
净利润(元)	84,419,021.19	115,143,113.94	163,485,885.01
总资产(元)	2,626,950,965.88	2,245,496,217.95	1,251,490,073.75
股东权益(元)	1,561,994,194.19	1,548,749,320.20	941,157,783.45
每股收益(元)	0.20	0.273	0.454
扣除非经常性损益后的每股收益(元)	0.13	0.280	0.454
每股净资产(元)	3.71	3.677	2.614
调整后的每股净资产(元)	3.71	3.675	2.613
每股经营活动产生的现金流量净额	0.26	0.122	0.263
净资产收益率(%)-摊薄	5.40	7.430	17.37
净资产收益率(%)-加权	5.31	7.930	17.37

三、股本变动及股东情况

(一)股本变动情况

股份变动情况表　　(数量单位:股)

	本次变动前	本次变动增减(+、-)	本次变动后
一、未上市流通股份			
1、发起人股份	240,160,000	--	240,160,000
其中:			
国有法人股份	240,160,000	--	240,160,000
2、募集法人股份	37,344,000	--	37,344,000
未上市流通股份合计	277,504,000	--	277,504,000
二、已上市流通股份			
人民币普通股	143,644,800	--	143,644,800
已上市流通股份合计	143,644,800	--	143,644,800
三、股份总数	421,148,800	--	421,148,800

注:报告期内,公司股本情况未发生变化。
(二)股东情况介绍
1.报告期末股东总数
报告期末本公司股东总数为 88838 名。
2.主要股东持股情况(单位:股)

股东名称	持股数	股份性质	持股比例
彩虹集团公司	236440000	国有法人股	56.14%
浙江兰溪兰申新科电脑开发公司	7200000	社会法人股	1.71%
西安雅轩商贸有限责任公司	6000000	社会法人股	1.42%
中国建设银行陕西省分行第二直属支行	3720000	国有法人股	0.88%
深圳蛇口社会保险公司	3600000	社会法人股	0.85%
乌鲁木齐幸福城市信用社	2400000	社会法人股	0.57%
中化国际石油有限公司	2400000	社会法人股	0.57%
上海天迪科技投资发展有限公司	1800000	社会法人股	0.43%
泰德实业	1500000	社会法人股	0.36%
乌鲁木齐市红山棉纺厂	1200000	社会法人股	0.28%

600708 上海东海股份有限公司

2001 年年度报告摘选

一、公司基本情况简介

(一)公司法定中文名称:上海东海股份有限公司
公司法定英文名称:Shanghai Donghai Co.,Ltd
公司英文简称:SDH
(二)公司法定代表人:庄国蔚
(三)公司董事会秘书:王忠达
证券事务代表:王华
联系地址:上海市定西路 1016 号银统北楼 11 楼
电话:021-52551620　　传真:021-62526043
电子信箱:whdhgfnh@online.sh.cn
(四)公司注册地址:上海浦东北艾路 1638 号
公司办公地址:上海市定西路 1016 号银统北楼 11 楼
邮政编码:200050
(五)公司选定的信息披露报纸名称:<<上海证券报>>
登载公司年度报告的中国证监会指定互连网网址:http://www.sse.com.cn
公司年度报告备置地点:公司证券信息部
(六)公司股票上市交易所:上海证券交易所
股票简称:东海股份　　股票代码:600708

二、会计数据和业务数据摘要

(一)本年度主要利润指标情况(单位:人民币元)

利润总额:	37,850,007.83 元
净利润:	30,189,794.97 元
扣除非经常性损益后的净利润:	-5,901,919.37 元
主营业务利润:	56,279,549.14 元
其他业务利润:	40,676,811.15 元
营业利润:	40,807,118.13 元
投资收益:	-3,730,638.06 元
补贴收入:	1,248,409.99 元
营业外收支净额:	-474,882.23 元
经营活动产生的现金流量净额:	67,671,128.32 元
现金及现金等价物净增加额:	31,856,686.18 元

注:扣除的非经常性损益项目包括(托管收益:35,318,186.58 元,补贴收入:1,248,409.99 元,处理固定资产净损益:-1,044,307.19 元,罚款收入:524,757.12 元,其他:44,667.84 元)。
(二)公司近三年主要会计数据和财务指标:

项目	2001 年度	2000 年度	1999 年
主营业务收入(元)	199,367,850.48	172,730,328.25	133,831,851.59
净利润(元)	30,189,794.97	5,521,859.77	-61,039,566.44
总资产(元)	1,241,634,669.59	1,321,114,025.01	1,431,291,526.39
股东权益(元)	366,012,492.93	254,909,306.03	238,254,991.40
每股收益(元/股)	0.1269	0.0232	-0.2565
扣除非经常性损益后每股收益	-0.0248	0.0184	-0.4434
每股净资产(元/股)	1.538	1.0713	1.0013
调整后每股净资产(元/股)	1.3692	1.0354	0.9649
每股经营活动产生现金流量净额	0.2844	0.1236	-0.0788
净资产收益率(%)	8.25	2.16	-25.62

报告期内扣除非经常性损益加权平均净资产收益率为-2.19%。

三、股本变动及股东情况

(一)股本变动情况
1.股份变动情况表

单位:股

	本次变动前	配股	送股	公积金转股	增发	其他	小计	本次变动后
		本次变动增减(+,-)						
一、尚未流通股份								
1、发起人股份								
其中:								
国家拥有股份	105262848							105262848
境内法人持有股份	3840000							3840000
外资法人持有股份								
其他								
2、募集法人股	42240000							42240000
3、内部职工股								
4、优先股或其他								
其中转配股								
未上市流通股份合计	151342848							151342848
二、已流通股份								
1、人民币普通股	86592000							86592000
2、境内上市的外资股								
3、境外上市的外资股								
4、其他								
已流通股份合计	86592000							86592000
三、股份总数	237934848							237934848

(二)股东情况介绍
1.截止 2001 年末,公司股东总数为 28563 户。

序号	股东名称	年末持股数(股)	占总股本(%)
1	国家股	105262848	44.24
2	上海农工商集团东海总公司	19200000	8.07
3	上海金鸿实业总公司	4627200	1.94
4	珠海申光电子股份有限公司	3840000	1.61
5	闵行联合发展有限公司	960000	0.40
6	南汇县信用合作社联社	960000	0.40
7	东方明珠	576000	0.24
8	谷丰公司	576000	0.24
9	汽车房产	576000	0.24
10	汽车开发	576000	0.24

600709 湖北江湖生态农业股份有限公司

2991年年度报告摘选

一、公司基本情况简介

(一)公司法定中文名称:湖北江湖生态农业股份有限公司

英文简称:Hubei jianghu ecology CO.,ltd

缩写:Ecosystem agriculture

(二)公司法定代表人:保田(董事肖纯林先生经2002年元月22日召开的第一次董事会,会议决议委托其代理行使董事长职权。)

(三)公司董事会秘书:王意玲(因王意玲被拘捕,现公司指定联络人王波)

电话:0716-2742181　　传真:0716-2742275

(四)公司注册及办公地址:湖北省洪湖市瞿家湾开发区唐城大道18号

邮政编码:433228

国际互联网网址:http://www.lantianstock.com.cn

E-mail地址:sysltgf@pub.ln.cninfo.net

(五)指定信息披露报刊:《中国证券报》、《上海证券报》

证监会指定国际互联网网址:http://www.sse.com.cn

年度报告备置地点:公司证券部　　上海证券交易所

(六)股票上市交易所:上海证券交易所

股票简称:ST生态　　股票代码:600709

二、会计数据和业务数据摘要

一、本年度主要会计数据和财务指标情况:

项目	金额(单位:元)
1、利润总额	-192,705,691.90
2、净利润	-80,349,607.10
3、扣除非经常性损益后的净利润	-80,349,607.10
4、主营业务利润	-30,603,313.29
5、其他业务利润	-1,783,754.39
6、营业利润	-185,696,605.00
7、投资收益	-111,138.01
8、补贴收入	
9、营业外收支净额	-6,897,948.89
10、经营活动产生的现金流量净额	-146,555,107.88
11、现金及现金等价物净增加额	52,255,135.70

二、截止报告期末前三年主要会计数据和财务指标(单位:元)

项目	2001年	2000年		1999年	
		追溯调整前	追溯调整后	追溯调整前	追溯调整后
主营业务收入	55,683,712.48	1,840,909,605.20	38,094,774.28	1,851,429,973.84	24,238,787.13
净利润	-80349,607.10	431,628,612.17	-10,686,569.22	513,027,676.07	-22,879,728.64
总资产	1,518,676,162.60	2,837,651,897.83	1,155,472,867.85	2,337,962,510.16	874,766,383.26
股东权益	-46,775,415.82	2,178,418,146.29	129,253,932.45	1,746,789,534.12	268,102,569.94
每股收益(摊薄)	-0.1801	0.97	-0.0239	1.15	-0.0049
每股收益(加权)	-0.1801	0.97	-0.0239	1.15	-0.0049
每股收益(扣除非经营性损益后)		0.97		1.15	
每股净资产	-0.1048	4.88	0.2897	3.93	0.6010
调整后的每股净资产	-0.4110	4.46	0.1181	3.68	0.5639
每股经营活动产生的现金流量净额	-0.3285	1.76	0.0005	1.15	0.0010
净资产收益率(摊薄%)		19.81	-8.26	29.28	-0.8152
净资产收益率(加权%)		21.99	-4.06	34.3	

三、股本变动及股东情况

(一)股本变动情况

1、公司股份变动情况表　　数量单位:股

	本次变动前	本次增减变动(+、-)					本次变动后
		配股	送股	公积金转股	其它	小计	
一、未上市流通股份合计	246,288,820						246,288,820
其中:国家持有股份	84,097,100						84,097,100
境内法人持有股份	162,191,720						162,191,720
二、已上市流通股份合计	199,750,400						199,750,400
人民币普通股	199,750,400						199,750,400
三、股份总数	446,039,220						446,039,220

2、股票发行与上市情况

公司3000万社会公众股经批准于1996年6月18日在上海证券交易所上市交易。

1999年5月28日公司61,750,400股内部职工股上市流通,股本结构相应发生变化。

本公司报告期末为止的前三年未有增发、配股事项发生。

(二)股东情况介绍

1、报告期末本公司股东总数146771户。

2、前10名股东为:

股东名称	期初持股数(股)	期末持股数(股)	占总股本比例(%)	持有股份的质押、冻结情况	持股性质
洪湖蓝田	159253320	159253320	35.70	质押、冻结	法人股
洪福水产	84097098	84097098	18.85		国有股
青海盐湖	2000000	2000000	0.448		法人股
中石物资	439577	439577	0.099		法人股
周楚玉	370000	370000	0.083		流通股
	339350	339350	0.076		流通股
浙余物再	337566	337566	0.076		法人股
恒生公司	310200	310200	0.070		流通股
刘承泉	256000	256000	0.057		流通股
朱海东	202794	202794	0.045		流通股

600710 常林股份有限公司

2001年年度报告摘选

一、公司基本情况简介

1、公司名称

公司法定中文名称:常林股份有限公司

公司法定英文名称:CHANGLIN COMPANY LIMITED

公司英文名称缩写:CHL

2、公司法定代表人:董事长尚德鑫先生

3、公司董事会秘书:周龙江先生

授权代表:冯伟国先生

联系地址:江苏省常州市常林路10号

联系电话:(0519)6752853　　传真:(0519)6750025

电子信箱:clcdm@pub.cz.jsinfo.net

4、公司注册地址:江苏省常州市新区常澄路55号

公司办公地址:江苏省常州市常林路10号　　邮政编码:213002

公司国际互联网网址:http://www.changlin.com.cn

公司电子信箱:clcxs@public.cz.js.cn

5、公司指定信息披露报纸:《上海证券报》

中国证监会指定登载公司年度报告的网址:http://www.sse.com.cn

公司年度报告备置地点:董事会秘书室

6、公司股票上市地:上海证券交易所

股票简称:常林股份　　股票代码:600710

二、会计数据和业务数据摘要

1、公司本年度实现的利润总额及构成(单位:人民币元)

项目	金额
利润总额	10,764,380.97
净利润	10,302,317.16
扣除非经常性损益的净利润	3,663,420.95
主营业务利润	69,115,699.46
其它业务利润	135,823.75
营业利润	-5,837,611.11
投资收益	17,029,507.66
补贴收入	-
营业外收支净额	-427,515.58
经营活动产生的现金流量净额	50,235,369.22
现金及现金等价物净增加额	7,462,397.01

注:本年度公司非经常性损益构成如下:

项目	金额
股票投资收益	820,217.64
债权投资收益	6,650,000.00
营业外收支净额	-369,257.62
所得税影响数	-462,063.81
合计	6,638,896.21

2、主要会计数据和财务指标

项目	2001年	2000年		1999年
		调整后	调整前	
(1)主营业务收入(万元)	52811.70	40295.36	40295.36	38827.56
(2)净利润(万元)	1030.23	989.18	983.25	620.96
(3)总资产(万元)	86016.38	78072.30	78677.78	78237.27
(4)股东权益(万元)	45429.44	44976.70	46017.06	45033.81
(5)每股收益(元)	0.062	0.060	0.060	0.038
(6)每股收益(元)(加权)	0.062	0.060	0.060	0.038
(7)每股收益(元)(扣除非经常性损益后)	0.022	0.026	0.025	0.029
(8)每股净资产(元)	2.75	2.73	2.79	2.73
(9)调整后每股净资产(元)	2.69	2.67	2.71	2.69
(10)每股经营活动产生的现金净流量净额(元)	0.30	0.15	0.15	0.10
(11)净资产收益率%	2.27	2.20	2.14	1.38
(12)净资产收益率(加权)%	2.26	2.20	2.16	
(13)净资产收益率(加权)%(扣除非经常性损益后)	0.81	0.95	0.92	

3、利润表附表

报告期利润	净资产收益率		每股收益(元)	
	全面摊薄	加权平均	全面摊薄	加权平均
主营业务利润	15.21%	15.19%	0.4189	0.4189
营业利润	-1.28%	-1.28%	-0.0354	-0.0354
净利润	2.27%	2.26%	0.0624	0.0624
扣除非经常性损益后的净利润	0.81%	0.81%	0.0222	0.0222

三、股本变动及股东情况

1、股份变动情况表　　数量单位:股

	本次变动前	本次变动增减(+,-)						本次变动后
		配股	送股	公积金转股	增发	其他	小计	
一、未上市流通股份								
1、发起人股份	90,600,000							90,600,000
其中:国家拥有股份								
境内法人持有股份	90,600,000							90,600,000
境外法人持有股份								
其他								
2、募集法人股份								
3、内部职工股								
4、优先股或其他								
未上市流通股份合计	90,600,000							90,600,000
二、已上市流通股份								
1、人民币普通股	74,400,000							74,400,000
2、境内上市的外资股								
3、境外上市的外资股								
4、其他								
已上市流通股份合计	74,400,000							74,400,000
三、股份总数	165,000,000							165,000,000

600711 厦门雄震集团股份有限公司

2001 年年度报告摘选

一、公司基本情况简介

1、公司法定中、英文名称及缩写
公司法定中文名称：厦门雄震集团股份有限公司
中文缩写：雄震集团
公司法定英文名称：XIAMEN EAGLE GROUP CO.,LTD
英文缩写：EIG
2、公司法定代表人：姚雄杰
公司总经理：陈东
3、公司董事会秘书：丁笑
联系地址：厦门市厦禾路 189 号银行中心 17 楼 6—8 单元
邮政编码：361003
联系电话：0592－2394735　　传真：0592－2394706
电子信箱：600711@600711.com
4、公司注册地址：厦门市厦禾路 189 号银行中心 17 楼 6—8 单元
公司办公地址：厦门市厦禾路 189 号银行中心 17 楼 6—8 单元
邮政编码：361003
公司国际互联网网址：http://www.600711.com
公司电子信箱：600711@600711.com
5、公司选定的信息披露报纸名称：中国证券报、上海证券报
登载公司年报的国际互联网网址：http://www.sse.com.cn
公司年报备置地点：厦门市厦禾路 189 号银行中心 17 楼 6—8 单元
6、公司股票上市交易所：上海证券交易所
股票简称：雄震集团　　股票代码：600711

二、会计数据和业务数据摘要

1、本年度主要利润指标(单位：元)

项目	金额
利润总额	19,332,112.56
净利润	16,600,491.50
扣除非经常性损益后的净利润	16,487,938.15
主营业务利润	33,303,188.75
其他业务利润	1,772,432.61
营业利润	20,042,142.58
投资收益	(822,583.37)
补贴收入	－－
营业外收支净额	112,553.35
经营活动产生的现金流量净额	21,689,918.85
现金及现金等价物净增加额	63,744,392.20

注：扣除的非经常性损益的项目及金额：
营业外收支净额：112,553.35 元

2、公司近三年主要会计数据和财务指标

财务指标	单位	2001 年度	2000 年度	1999 年度	
				调整前	调整后
主营业务收入	万元	6,613.24	3,240.00	1,899.57	1,881.26
净利润	万元	1,660.05	58.83	60.43	204.28
总资产	万元	19,501.23	14,714.35	13,873.48	14,001.60
股东权益(不含少数股东权益)	万元	7,759.21	6,408.39	6,572.14	6,349.56
全面摊薄每股收益	元/股	0.28	0.009	0.01	0.03
加权平均每股收益	元/股	0.28	0.009	0.01	0.03
扣除非经常性损益的每股收益	元/股	0.27	－0.077		
每股净资产	元/股	1.285	1.06	1.089	1.05
调整后的每股净资产	元/股	1.275	0.87	1.08	1.04
每股经营活动产生的现金流量净额	元/股	0.359	0.077	－0.05	－0.05
全面摊薄净资产收益率	%	21.40	0.92	0.92	3.20
加权平均净资产收益率	%	22.96			
扣除非经常性损益的加权平均净资产收益率	%	22.80			

注：本表中 1999 年度调整后为追溯调整后数据。

三、股本变动和主要股东持股情况

1、公司股本变动情况
(1)公司股份变动情况表

数量单位：股

	本次变动前	本次变动增减(＋，－)						本次变动后
		配股	送股	公积金转股	增发	其他	小计	
一、未上市流通股份								
1、发起人股份其中：								
国家持有股份								
境内法人持有股份	45,240,000							45,240,000
境外法人持有股份								
其他								
2、募集法人股份								
3、内部职工股								
4、优先股或其他								
未上市流通股份合计	45,240,000							45,240,000
二、已上市流通股份								
1、人民币普通股	15,120,000							15,120,000
2、境内上市的外资股								
1、境外上市的外资股								
2、其他								
已上市流通股份合计	15,120,000							15,120,000
三、股份总数	60,360,000							60,360,000

600712 南宁百货大楼股份有限公司

2001 年年度报告摘选

一、公司简介

一、公司名称：
中文：南宁百货大楼股份有限公司
英文：NANNING DEPARTMENT STORE CO.,LTD.
英文缩写：N.N. STORE
二、法定代表人：陈民群
三、董事会秘书：张燕辉
地址：广西南宁市朝阳路 39－41,45 号
电话：(0771)2610906
传真：(0771)2810261
电子信箱：nnbhzq @ cnuninet.com
四、公司注册、办公地址：广西南宁市朝阳路 39－41,45 号
邮政编码：530012
电子信箱：nnbh @ 13911.com
五、公司选定的信息披露报纸名称：上海证券报
上海证券交易所国际互联网网址：http://www.sse.com.cn;
公司年度报告备置地点：公司南楼证券部
六、公司股票上市地：上海证券交易所
股票简称：南宁百货　　　股票代码：600712

二、会计数据和业务数据摘要

一、本年度主要经济指标：(单位：元)

项目	金额
利润总额	20,320,734.51
净利润	16,522,143.48
扣除非经常性损溢后的净利润	17,033,803.53
主营业务利润	85,050,509.28
其他业务利润	6,358,255.09
营业利润	20,710,516.61
投资收益	－563,553.47
补贴收入	27,527.00
营业外收支净额	146,244.37
经营活动产生的现金流量净额	68,865,195.11
现金及现金等价物净增加额	37,306,151.89

二、近三年主要会计数据和指标

项目	2001 年	2000 年		1999 年	
		调整前	调整后	调整前	调整后
主营业务收入(万元)	55,945.91	46,788.67	46,788.67	38,975.53	38,975.53
净利润(万元)	1,652.21	1,793.78	1,342.38	1,744.06	－52.24
资产总额(万元)	61,275.97	62,799.04	58,553.58	58,935.11	56,398.60
股东权益(万元)	26,461.14	27,596.71	25,351.44	26,668.96	24,691.58
每股收益(元/股)	0.18	0.20	0.15	0.19	－0.01
每股收益(元/股)(加权)	0.18	0.20	0.15	0.19	－0.01
扣除非经常性损益后的每股收益(元/股)	0.19	0.20	0.09	0.11	0.13
每股净资产(元/股)	2.93	3.05	2.80	2.95	2.73
调整后的每股净资产(元/股)	2.50	2.45	2.70	2.72	2.66
每股经营活动产生的现金流量净额(元/股)	0.76	0.34	0.34	0.49	0.49
净资产收益率(%)	6.24	6.50	5.29	6.54	6.58
净资产收益率(%)(加权)	6.31	6.61	5.34	6.69	－0.21

三、根据中国证监会《公开发行证券公司信息披露编报规则(第 9 号)》要求计算的 2001 年报告期利润的净资产收益率和每股收益如下：

报告期利润	净资产收益率(%)		每股收益(元)	
	全面摊薄	加权平均	全面摊薄	加权平均
主营业务利润	32.14	32.49	0.94	0.94
营业利润	7.83	7.91	0.23	0.23
净利润	6.24	6.31	0.18	0.18
扣除非经常性损益后的净利润	6.44	6.51	0.19	0.19

三、股本变动及股东情况

一、股本变动情况
(一)股份变动情况表

单位：股

	本次变动前	本次变动增减(＋，－)						本次变动后
		配股	送股	公积金转股	增发	其他	小计	
一、未上市股份								
1、发起人股份	22,260,000							22,260,000
其中：								
国家持有股份	22,260,000							22,260,000
境内法人持有股份								
境外法人持有股份								
其他								
2、募集法人股	28,620,000							28,620,000
3、内部职工股								
4、优先股或其他								
其中：转配股								
未上市流通股合计	50,880,000							50,880,000
二、已上市流通股股份								
1、人民币普通股	39,540,000							39,540,000
2、境内上市的外资股								
3、境外上市的外资股								
4、其他								
已上市流通股合计	39,540,000							39,540,000
三、股份总数	90,420,000							90,420,000

600713 南京医药股份有限公司

2001年年度报告摘选

一、公司简介

公司名称：南京医药股份有限公司
英文名称：NANJING MEDICAL COMPANY LIMITED
英文缩写：NJMC
公司法人代表：李家森
公司负责信息披露人员：董事会秘书王永利女士
咨询电话：(025)4415515—1407
传真：(025)4453856
公司证券事务代表：梁毅宁
电话：(025)4525221　　传真：(025)4525221
公司注册地址：南京市经济技术开发区(中山东路486号)
公司办公地址：南京市中山东路486号　　邮政编码：210002
电子信箱：info@njyy.com
公司网址：www.njyy.com.cn
公司年度报告刊登报纸：《上海证券报》
公司年度报告登载网址：www.sse.com.cn
公司年度报告备置地点：公司董事会办公室
公司股票上市地：上海证券交易所
股票简称：南京医药　　股票代码：600713

二、会计数据和业务数据摘要(合并报表)

1.本年度财务指标	金额单位：元
利润总额	54,614,100.03
净利润	36,897,819.53
扣除非经常性损益后的净利润	18,202,324.95
主营业务利润	225,991,830.51
其它业务利润	5,554,510.65
营业利润	26,179,401.23
投资收益	29,727,143.62
补贴收入	1,115,047.64
营业外收支净额	-2,407,492.46
经营活动产生的现金流量净额	-4,202,536.98
现金及现金等价物净增加额	-35,273,047.11

注：扣除的非经营性损益项目和涉及金额：

项目	金额(万元)
战略配售股票投资净收益	1547.02
补贴收入	111.50
营业外收入	97.87
营业外支出	-338.62
委托投资净收益	451.78
扣除非经常性损益合计金额	1869.55

2、1999年－2001年主要财务数据与财务指标

指标项目	2001年度	2000年度		1999年度
		调整后	调整前	
主营业务收入(万元)	142,864.44	132,920.06	132,987.64	114,667.37
净利润(万元)	3,689.78	3,946.86	4,852.67	7,401.54
总资产(万元)	116,996.86	118,611.31	12,923.83	94,617.86
股东权益(万元)(不含少数股东权益)	43,443.41	41,912.67	45,651.30	43,464.91
每股收益(元)	0.19	0.203	0.25	0.381
每股平均加权收益(元)	0.19	0.203	0.25	0.381
扣除非经营损益后的每股收益	0.094	0.196	0.243	0.380
每股净资产(元)	2.24	2.16	2.35	2.24
调整后的每股净资产(元)	2.22	2.13	2.32	2.21
每股经营活动产生现金流量净额	-0.02	0.45	0.45	0.26
净资产收益率(%)	8.49	9.42	10.63	17.03
平均加权净资产收益率(%)	8.65	9.25	10.89	17.75

3、利润表附表

报告期利润	净资产收益率(%)		每股收益(元)	
	全面摊薄	加权平均	全面摊薄	加权平均
主营业务利润	52.02	52.95	1.16	1.16
营业利润	6.03	6.13	0.15	0.15
净利润	8.49	8.65	0.19	0.19
扣除非经营损益后的净利润	4.19	4.27	0.09	0.09

三、股本变动及股东情况

1.股本变动情况

数量单位：股　　每股面值：1元

股份类别	期初数	本期其他变动	期末数
(一)尚未流通股份			
1 发起人股份	5356.332		5356.332
其中：			
国家持有股份	5266.332		5266.332
境内法人持有股份	90.00		90.00
境外法人持有股份	0		0
小计	5356.332		5356.332
2 募集法人股	5760.00		5760.00
3 转配股	3100.8996	-3100.8996	0
尚未流通股份合计	14217.2316	-3100.8996	11116.332
(二)已流通股份			
境内上市的人民币普通股	5208.84	+3100.8996	8309.7396
已流通股份合计	5208.84	+3100.8996	8309.7396
(三)股份总数	19426.0716		19426.0716

600714 青海山川铁合金股份有限公司

2001年年度报告摘选

第一节　公司基本情况简介

(一)公司法定中文名称：青海山川铁合金股份有限公司
公司法定英文名称：QINGHAI SHANCHUAN FERROALLOY CO.,LTD
(二)公司法定代表人：王俊卿
(三)公司董事会秘书：张光周
联系地址：青海省西宁市朝阳西路112号
电　　话：(0971)5509464
传　　真：(0971)5507586
电子信箱：scgfxx@public.xn.qh.cn
(四)公司注册地址：青海省西宁市朝阳西路112号
公司办公地址：青海省西宁市朝阳西路112号
邮政编码：810028
电子信箱：scgfxx@public.xn.qh.cn
(五)公司选定的信息披露报纸名称：《上海证券报》
登载公司年度报告的中国证监会指定国际互联网网址：
http://www.sse.com.cn
公司年度报告备置地点：公司证券部
(六)公司股票上市交易所：上海证券交易所
股票简称：山川股份
股票代码：600714

第二节　会计数据和业务数据摘要

(一)本年度公司主要利润指标(单位：人民币元)

序号	项目	数　据
1	利润总额	25,238,325.66
2	净利润	22,490,786.99
3	扣除非经常性损益后的净利润	21,831,444.14
4	主营业务利润	48,458,748.63
5	其他业务利润	-195,936.21
6	营业利润	10,734,295.05
7	投资收益	13,844,687.76
8	补贴收入	665,776.25
9	营业外收支净额	-6,433.40
10	经营活动产生的现金流量净额	-1,657,556.03
11	现金及现金等价物净增减额	-1,939,237.00

[注]：扣除非经常性损益的项目及涉及金额

项目	涉及金额
营业外收入及补贴收入	711,176.33
其中：补贴收入	665,776.25
营业外收入	45,400.08
营业外支出	51,833.48

(二)截至报告期末公司前三年的主要会计数据和财务指标

序号	项目	单位	2001年度(或2001年12月31日)	2000年度(或2000年12月31日)	1999年度(或1999年12月31日)
1	主营业务收入	元	153,067,493.41	156,934,680.65	142,763,755.29
2	净利润	元	22,490,786.99	20,819,738.52	18,719,478.05
3	总资产	元	346,795,419.73	332,572,644.42	335,916,358.81
4	股东权益(不含少数股东权益)	元	217,422,568.13	198,018,080.61	181,835,842.09
5	每股收益(摊薄)	元/股	0.2086	0.1931	0.1997
6	每股收益(加权)	元/股	0.2086	0.1931	
7	每股收益(扣除非经常性损益)	元/股	0.2025	0.1939	0.2017
8	每股净资产	元/股	2.0167	1.8367	1.9396
9	调整后的每股净资产	元/股		1.7859	1.8952
10	每股经营活动产生的现金流量净额	元/股	-0.015	-0.062	0.40
11	净资产收益率(摊薄)	%	10.34	10.51	10.29
12	净资产收益率(加权)	%	10.91	10.83	
13	扣除非经常性损益的加权平均净资产收益率	%	10.04	10.56	10.40

第三节　股份变动及股东情况

(一)股份变动情况表

数量单位：股

	本次变动前	本次变动增减(+,-)						本次变动后
		配股	送股	公积金转股	增发	其他	小计	
一、未上市流通股份								
1、发起人股份	79,062,500							79,062,500
其中：								
国家持有股份						39,675,000	39,675,000	39,675,000
境内法人持有股份	79,062,500					-39,675,000	-39,675,000	39,387,500
境外法人持有股份								
其他								
2、募集法人股份								
3、内部职工股								
4、优先股或其他								
未上市流通股份合计	79,062,500							79,062,500
二、已上市流通股份								
1、人民币普通股	28,750,000							28,750,000
2、境内上市的外资股								
3、境外上市的外资股								
4、其他								
已上市流通股份合计	28,750,000							28,750,000
三、股份总数	107,812,500							107,812,500

600715 松辽汽车股份有限公司

2001 年年度报告摘选

一、公司基本情况简介

1、公司法定中文名称：松辽汽车股份有限公司
公司法定中文名称缩写：松辽汽车
公司法定英文名称：SongLiao Automobile Co.,LTD
公司法定英文名称缩写：SLA
2、公司法定代表人：李中钦
3、公司董事会秘书：孙华东
电话：024－23985558
传真：024－23985559
联系地址：沈阳市沈河区青年大街 227 号
电子信箱：slqccom@mail.sy.ln.cn
4、公司注册地：沈阳市苏家屯区白松路 22 号
邮政编码：110101
公司办公地：沈阳市沈河区青年大街 227 号
邮政编码：100015
公司电子信箱：slqccom@mail.sy.ln.cn
5、公司选定的信息披露报刊：《中国证券报》、《上海证券报》
登载公司年度报告的中国证监会指定网址：http://www.sse.com.cn
公司年度报告备置地点：公司证券部
6、公司股票上市交易所：上海证券交易所
股票简称：松辽汽车
股票代码：600715

二、会计数据和业务数据摘要

1、本年度主要会计数据摘要(单位：人民币元)

项目	金额
利润总额	－62,710,244.54
净利润	－62,710,244.54
扣除非经常性损益后的净利润	－58,888,827.52
主营业务利润	－－－－－－－－
其他业务利润	18,355,125.03
营业利润	－58,888,827.52
投资收益	－－－－－－－－
补贴收入	－－－－－－－－
营业外收支净额	－3,821,417.02
经营活动产生的现金流量净额	83,996,947.27
现金及现金等价物净增减额	－4,112,843.34

注：扣除非经常性损益的项目和金额

项目	金额(元)
营业外支出	3,821,417.02

2、公司近三年主要会计数据和财务指标

财务指标	单位	2001 年度	2000 年度		1999 年度
			调整后	调整前	
主营业务收入	元	－－－－－－－	10,384,502.59	10,384,502.59	－3,044,372.75
净利润	元	－62,710,244.54	6,839,079.80	8,436,996.45	20,736,601.14
总资产	元	598,774,921.90	651,294,476.33	652,892,392.98	652,406,423.61
股东权益(不含少数股东权益)	元	192,806,461.58	236,679,176.12	238,277,092.77	207,212,828.82
全面摊薄每股收益	元/股	－0.28	0.05	0.06	0.147
加权平均每股收益	元/股	－0.28	0.05	0.06	0.147
扣除非经常性损益的每股收益	元	－0.26	0.05	0.06	0.147
每股净资产	元/股	0.86	1.69	1.70	1.48
调整后的每股净资产	元/股	0.82	1.62	1.56	1.31
每股经营活动产生的现金流量净额	元/股	0.37	0.04	0.04	－0.06
全面摊薄净资产收益率	%	－32.52	2.89	3.54	10.00
加权平均净资产收益率	%	－30.31	2.89	3.54	－－－－－
扣除非经常性损益的加权平均净资产收益率	%	－28.46	2.89	3.54	－－－－－

注：上表利润数据按照中国证监会《公开发行证券公司信息披露编报规则第 9 号－净资产收益率和每股收益的计算和披露》的有关规定计算的。

三、股本变动及股东情况

(一)股份变动情况

1、股份变动情况表

单位：股

	本次变动前	本次增减变动(＋,—)						本次变动后
		配股	送股	公积金转增	增发	其他	合计	
一、未上市流通股份								
1、发起人股份	74400000			44640000			44640000	119040000
其中：								
国家持有股份								
境内法人持有股份	74400000			44640000			44640000	119040000
境外法人持有股份								
其他								
2、募集法人股	2400000			1440000			1440000	3840000
3、内部职工股								
4、优先股或其他								
未上市流通股份合计	76800000			46080000			46080000	122880000
二、已上市流通股份								
1、人民币普通股	63360000			38016000			38016000	101376000
2、境内上市的外资股								
3、境外上市的外资股								
4、其他								
已上市流通股份合计	63360000			38016000			38016000	101376000
三、股份总数	140160000						84096000	224256000

600716 秦皇岛耀华玻璃股份有限公司

2001 年年度报告摘选

一、公司简介

1、公司名称：秦皇岛耀华玻璃股份有限公司
英文名称：QINHUANGDAO YAOHUA GLASS CO.,LTD
英文名称缩写：YHGC
2、公司法定代表人：曹田平
3、公司董事会秘书：宋英利
证券事务代表：陈幸
联系地址：河北省秦皇岛市西港路
联系电话：(0335)3028173　传真：(0335)3028173
电子信箱：syl@yhgc.com.cn
4、公司注册、办公地址：河北省秦皇岛市西港路
邮政编码：066013
公司国际互联网网址：http://www.yhgc.com.cn
电子信箱：yhgc@yhgc.com.cn
5、公司信息披露报纸：中国证券报、上海证券报
登载公司年报的国际互联网网址：http://www.sse.com.cn
公司年度报告备置地点：公司董事会秘书处
6、公司股票上市地：上海证券交易所
股票简称：耀华玻璃　　股票代码：600716

二、会计数据和业务数据摘要

(一)本年度会计数据

单位：元

项目	金额
利润总额	39,457,057.26
净利润	32,470,701.81
扣除非经常性损益后的净利润	31,956,293.28
主营业务利润	89,782,265.57
其他业务利润	4,436,736.13
营业利润	38,841,054.26
投资收益	－236,158.19
补贴收入	246,974.68
营业外收支净额	605,186.51
经营活动产生的现金流量净额	79,487,642.18
现金及现金等价物净增加额	－40,742,626.51

注：扣除非经常性损益项目及涉及金额

项目	金额
营业外收支净额增加净利润	514,408.53

(二)主要会计数据和财务指标

项目	单位	2001 年	2000 年		1999 年
			追溯调整后	追溯调整前	
主营业务收入	万元	42534.33	31256.14	31502.95	29966.50
净利润	万元	3247.07	2917.68	3245.78	1703.90
总资产	万元	92381.75	84007.84	86050.99	80480.52
股东权益(不含少数股东权益)	万元	51669.92	50964.85	53093.06	52866.30
每股收益	元	0.100	0.090	0.100	0.0526
每股净资产	元	1.59	1.57	1.64	1.63
调整后每股净资产	元	1.51	1.47	1.51	1.49
每股经营活动产生的现金流量净额	元	0.245	0.158	0.158	0.110
净资产收益率	%	6.28	5.72	6.11	3.22

(三)利润表附表：

报告期利润	净资产收益率(%)		每股收益(元)	
	全面摊薄	加权平均	全面摊薄	加权平均
主营业务利润	17.38	16.19	0.277	0.277
营业利润	7.52	7.34	0.120	0.120
净利润	6.28	6.17	0.100	0.100
扣除非经常性损益后的净利润	6.18	6.08	0.099	0.099

注：本附表数据按照中国证监会《公开发行证券公司信息披露编报规则(第 9 号)》要求计算。

(四)报告期内股东权益变动情况及变动原因(单位：元)

项目	股本	资本公积	盈余公积	法定公益金	未分配利润	股东权益合计
期初数	324,000,000	167,759,576.81	32,127,572.74	16,063,786.37	－14,238,679.14	509,648,470.41
本期增加	0	500,000.00	6,494,140.36	3,247,070.18	46,709,380.95	53,703,521.31
本期减少	0	0	14,238,679.14		32,414,140.36	46,652,819.50
期末数	324,000,000	168,259,576.81	24,383,033.96	19,310,856.55	56,561.45	516,699,172.22

注 1.期初未分配利润为－14238679.14 元，是由于 2001 年按《企业会计制度》的规定提取固定资产、在建工程减值准备并追溯调整以前年度损益所致。

注 2.本期变动原因：盈余公积金、公益金增加系按本年度实现净利润计提所致。盈余公积减少系使用盈余公积弥补“注 1”所述的期初未分配利润所致。

三、股本变动和股东情况

1、股本变动情况

(1)股份变动情况表

数量单位：万股

	本次变动前	本次变动增减(＋,－)						本次变动后
		配股	送股	公积金转股	增发	其他	小计	
一、尚未流通股份								
1、发起人股份	24300							24300
其中：国有法人股	24156							24156
其他法人股	144							144
2、内部职工股	0							0
尚未流通股份合计	24300							24300
二、已流通股份								
社会公众股	8100							8100
已流通股份合计	8100							8100
三、股份总数	32400							32400

600717 天津港(集团)股份有限公司

2001 年年度报告摘选

第一章 公司基本情况简介

1、公司法定中文名称:天津港(集团)股份有限公司
2、公司法定代表人:王恩德
3、公司董事会秘书:李全勇
联系地址:天津市塘沽区新港二号路 35 号
联系电话:(022)25706615 传 真:(022)25706615
电子信箱:tjpsec@tianjinport.ptacn.com
4、公司注册地址:天津市塘沽区新港二号路卡子门内
公司办公地址:天津市塘沽区新港二号路 35 号 邮政编码:300456
公司电子信箱:tjpgroup@tianjinport.ptacn.com
5、公司选定的信息披露报刊《上海证券报》、《中国证券报》
登载公司年度报告的中国证监会指定国际互联网网址:http://www.sse.com.cn
公司年度报告备置地点:公司证券融资部
6、公司股票上市交易所:上海证券交易所
股票简称:天津港 股票代码:600717

第二章 会计数据和业务数据摘要

一、公司本年度主要会计数据和财务指标

指标项目	金额(元)
利润总额	339,592,666.99
净利润	269,841,009.32
扣除非经常性损益后的净利润	266,332,369.45
主营业务利润	513,810,857.95
其他业务利润	599,121.47
营业利润	322,811,332.01
投资收益	17,112,235.04
补贴收入	
营业外收支净额	-330,900.06
经营活动产生的现金流量净额	477,977,783.21
现金及现金等价物净增加额	81,742,277.12

注:非经常性损益的构成涉及营业外收支净额-330,900.06 元、委托投资收益 4,343,332 元、扣除所得税影响数-503,792.07

二、截止报告期末公司前三年的主要会计数据和财务指标

指标项目	2001 年	2000 年	1999 年
主营业务收入(元)	1,000,674,677.25	650,689,330.72	492,635,228.25
净利润(元)	269,841,009.32	191,761,167.90	118,144,083.33
总资产(元)	2,813,011,389.44	2,190,468,057.26	2,005,602,948.86
股东权益(元)(不含少数股东权益)	1,593,647,930.76	1,482,639,591.05	1,140,152,744.48
每股收益(元)(摊薄)	0.41	0.52	0.35
(加权平均)	0.41	0.53	0.35
扣除非经常性损益后的每股收益(元)	0.40	0.51	0.32
每股净资产(元)(摊薄)	2.42	4.04	3.36
调整后每股净资产(元)	2.40	3.98	3.32
每股经营活动产生的现金流量净额(元)	0.72	0.91	0.77
净资产收益率(%)(全面摊薄)	16.93	12.93	10.36

报告期公司扣除非经常性损益后的净利润加权平均净资产收益率为 17.60%。
注:公司合并报表范围发生变化,上表各期指标已按照财政部有关规定重新计算填列。

第三章 股本变动及股东情况

一、股本变动情况表 数量单位:股

	本次变动前	配股	送股	公积金转股	增发	其他	小计	本次变动后
一.未上市流通股份								
1.发起人股份	230,307,036			184,245,629			184,245,629	414,552,665
其中:								
国家持有股份	230,307,036			184,245,629			184,245,629	414,552,665
境内法人持有股份								
境外法人持有股份								
其他								
2.募集法人股	16,710,960			13,368,768			13,368,768	30,079,728
3.内部职工股								
4.优先股或其他								
未上市流通股份合计	247,017,996			197,614,397			197,614,397	444,632,393
二.已上市流通股份								
1.人民币普通股	119,567,448			95,653,958			95,653,958	215,221,406
2.境内上市的外资股								
(1)境外上市的外资股								
(2)其他								
已上市流通股份合计	119,567,448			95,653,958			95,653,958	215,221,406
三.股份总数	366,585,444			293,268,355			293,268,355	659,853,799

(本次变动增减(+、-):配股、送股、公积金转股、增发、其他、小计)

二、股东情况介绍
1、截止报告期末公司股东总数为 55,171 户。
2、报告期内公司前十名股东

序号	股东名称	报告期末持股数量(股)	占总股本比例(%)	股份类别
1	天津港务局(代表国家持有)	414,552,665	62.82	国家股
2	四川长虹	9,090,057	1.38	流通股
3	格力电器	8,156,084	1.24	流通股
4	宁沪高速	7,038,100	1.07	流通股
5	天津北方国际信托投资公司	2,822,400	0.43	法人股
6	中国电子系统工程总公司	2,469,600	0.37	法人股
7	电车供电	2,265,372	0.34	流通股
8	铁十六局	2,197,798	0.33	流通股
9	锡新传媒	2,197,690	0.33	流通股
10	天津市药材集团公司	1,764,000	0.27	法人股

600718 沈阳东软软件股份有限公司

2001 年年度报告摘选

一、公司基本情况简介

(一)公司法定中文名称:沈阳东软软件股份有限公司
公司英文名称:Shenyang Neusoft Co.,Ltd.
缩写:Neusoft
(二)公司法定代表人:刘积仁
(三)公司董事会秘书:王自栋
证券事务代表:徐庆荣
联系地址:沈阳市高新技术产业开发区浑南产业区东大软件园
邮编:110179
电话:024-23783000-50302 传真:024-23783375
电子信箱:investor@neusoft.com
(四)公司注册地址:沈阳市和平区文化路 3 号巷 11 号
办公及通讯地址:沈阳高新技术产业开发区浑南产业区东大软件园
邮政编码:110179
公司网址:http://www.neusoft.com
电子信箱:investor@neusoft.com
(五)公司选定的中国证监会指定报纸:中国证券报、上海证券报
中国证监会指定的国际互联网网址:http://www.sse.com.cn
公司年报备置地点:沈阳高新技术产业开发区浑南产业区东大软件园公司董事会办公室
(六)股票上市交易所:上海证券交易所
股票简称:东软股份 证券代码:600718

二、会计数据和业务数据摘要

(一)2001 年度主要财务数据 单位:元

项目	金额
利润总额	151,628,987
净利润	135,134,213
扣除非经常性损益后的净利润	141,032,481
主营业务利润	498,264,238
其他业务利润	8,144,423
营业利润	144,461,829
投资收益	7,404,691
补贴收入	10,413,682
营业外收支净额	-10,651,215
经营活动产生的现金流量净额	74,023,325
现金及现金等价物净增减额	257,921,529

(二)截至报告期末公司前三年的主要会计数据和财务指标 单位:元

项目	2001 年	2000 年 调整前	2000 年 调整后	1999 年 调整前	1999 年 调整后
主营业务收入	1,758,647,799	1,108,999,418	1,089,137,919	734,755,475	734,755,475
净利润	135,134,213	162,893,430	128,584,187	125,620,878	117,407,138
总资产	2,457,471,215	1,981,021,264	1,953,967,186	1,569,313,155	1,557,852,512
股东权益(不含少数股东权益)	1,192,016,738	1,163,415,576	1,120,892,596	1,141,281,174	1,133,067,434
每股收益(全面摊薄)	0.48	0.58	0.46	0.58	0.54
每股净资产	4.24	4.13	3.98	5.27	5.23
调整后的每股净资产	4.12	4.02	3.89	5.16	5.13
每股经营活动产生的现金流量净额	0.26	0.23	0.23	0.51	0.51
净资产收益率(全面摊薄)(%)	11.34	14.00	11.47	11.00	10.36
以扣除非经常性损益后净利润为基数计算的加权平均净资产收益率(%)	11.87	13.36	13.64	18.77	18.89

三、股本变动及股东情况

(一)股份变动情况表

	本次变动前	配股	送股	公积金转股	增发	其他	小计	本次变动后
一、未上市流通股份								
1.发起人股份	168,193,397							168,193,397
其中:								
国家持有股份	11,430,619							11,430,619
境内法人持有股份	86,273,959							86,273,959
外资法人持有股份	70,488,819							70,488,819
其他								
2.募集法人股份								
3.内部职工股								
4.优先股或其他	3,265,891					-3,265,891	-3,265,891	0
未上市流通股份合计	171,459,288					-3,265,891	-3,265,891	168,193,397
二、已上市流通股份								
1.人民币普通股	109,992,402					3,265,891	3,265,891	113,258,293
2.境内上市的外资股								
3.境外上市的外资股								
4.其他								
已上市流通股份合计	109,992,402					3,265,891	3,265,891	113,258,293
三、股份总数	281,451,690					0	0	281,451,690

(本次变动增减(+、-):配股、送股、公积金转股、增发、其他、小计)

(二)股东情况
1、截止 2001 年 12 月 31 日,公司股东总数为 77,627 户。
2、截止 2001 年 12 月 31 日,公司前 10 名股东的持股情况如下:

序号	股东名称	持股数量(股)	年度内增加(股)
1	东软集团有限公司	99,065,366	0
2	阿尔派电子(中国)有限公司	70,488,819	0
3	普惠基金	2,394,670	-4,880,622
4	华安证券	2,346,075	2,346,075
5	裕阳基金	2,312,053	-2,987,950
6	天元基金	1,275,394	-1,290,706
7	景福基金	993,166	93,173
8	裕元基金	971,932	-1,781,529
9	裕隆基金	906,827	-4,765,575
10	泰和基金	707,212	288,945

600719 大连热电股份有限公司

2001 年年度报告摘选

一、公司基本情况简介

1、公司的法定中文名称:大连热电股份有限公司
公司的英文名称:DALIAN THERMAL POWER CO.,LTD.
英文名称缩写:DTPC
2、公司法定代表人:秦宏伟
3、公司董事会秘书:张耀和
联系地址:大连市西岗区沿海街 90 号
电　　话:0411－4422999－8290　　传　真:0411－4438670
电子信箱:dlrdzqb@sina.com
4、公司注册地址:大连市沙河口区香周路 210 号
公司办公地址:大连市西岗区沿海街 90 号
邮政编码:116021
公司国际互联网网址:http://www.dlredian.com
电子信箱:webmaster@dlredian.com
5、公司选定的信息披露报纸名称:《上海证券报》
登载公司年度报告的中国证监会指定国际互联网网址:http://www.sse.com.cn
公司年度报告备置地点:公司证券部
6、公司股票上市交易所:上海证券交易所
公司股票简称:大连热电　　公司股票代码:600719

二、会计数据和业务数据摘要

(一)本年度主要利润指标(单位:人民币元)

利润总额:	65,036,610.75
净利润:	54,923,767.73
扣除非经常性损益后的净利润*:	53,183,293.92
主营业务利润:	101,353,760.63
其他业务利润:	17,986.26
营业利润:	67,698,812.22
投资收益:	－2,281,917.72
补贴收入:	0.00
营业外收支净额:	－380,283.75
经营活动产生的现金流量净额:	18,939,031.23
现金及现金等价物净增减额:	111,050,005.53

注:扣除非经常性损益项目和涉及金额

营业外收支净额:	－380,283.75 元
原材料盘盈:	2,427,900.00 元
所得税影响数:	307,142.44 元

(二)公司近三年的主要会计数据和财务指标

项目	2001 年度	2000 年度		1999 年度	
		调整前	调整后	调整前	调整后
1.主营业务收入(元)	371,980,228.66	320,450,367.38	320,450,367.38	277,393,797.66	275,710,647.36
2.净利润(元)	54,923,767.73	61,146,972.41	54,734,644.96	42,096,003.48	42,070,501.02
3.总资产(元)	1,502,498,085.08	1,199,620,316.31	1,193,207,988.86	1,074,326,037.01	1,069,663,058.98
4.股东权益(元)	669,975,110.91	637,088,656.17	630,676,328.72	647,936,306.15	646,921,884.49
5.每股收益(元)	0.27	0.30	0.27	0.21	0.21
6.加权平均每股收益(元)	0.27	0.30	0.27	0.22	0.22
7.扣除非经常性损益后的每股收益	0.26	0.30	0.30	0.21	0.21
6.每股净资产(元)	3.31	3.15	3.12	3.20	3.20
9.调整后的每股净资产(元)	3.28	3.10	3.08	3.15	3.14
10.每股经营活动产生的现金流量净额(元)	0.09	1.38	1.38	0.01	0.01
11.净资产收益率(%)	8.20	9.60	8.68	6.50	6.50

(三)利润表附表

按照中国证监会《公开发行股票公司信息披露编报规则》(第 9 号)的通知要求计算的利润数据如下:

报告期利润	净资产收益率		每股收益(元	
	全面摊薄	加权平均	全面摊薄	加权平均
主营业务利润	15.13%	15.76%	0.50	0.50
营业利润	10.10%	10.53%	0.33	0.33
净利润	8.20%	8.54%	0.27	0.27
扣除非经常性损益后的净利润	7.94%	8.27%	0.26	0.26

三、股本变动及股东情况

(一)股份变动情况表

数量单位:股

	本次变动前	本次变动增减(＋、－)						本次变动后
		配股	送股	公积金转股	增发	其他	小计	
一、未上市流通股份								
1、发起人股份	81,249,800							81,249,800
其中:国家持有股份	81,249,800							81,249,800
境内法人持有股份								
境外法人持有股份								
其他								
2、募集法人股份	45,000,000							45,000,000
3、内部职工股								
4、优先股或其他								
未上市流通股份合计	126,249,800							126,249,800
二、已上市流通股份								
1、人民币普通股	76,050,000							76,050,000
2、境内上市的外资股								
3、境外上市的外资股								
4、其他								
已上市流通股份合计	76,050,000							76,050,000
三、股份总数	202,299,800							202,299,800

600720 甘肃祁连山水泥股份有限公司

2001 年年度报告摘选

一、公司基本情况简介

1.公司法定中文名称:甘肃祁连山水泥股份有限公司
公司英文名称:GANSU QILIANSHAN CEMENT CO.,LTD.
公司英文名称缩写:QLS
2.公司法定代表人:杨皓
3.公司董事会秘书:王云鹏
证券事务代表:陈军
联系地址:甘肃省兰州市永登县中堡镇
联系电话:(0931)6476501　6479298
传　　真:(0931)6476671
电子信箱:qlscj@263.net
4.公司注册、办公地址:甘肃省兰州市永登县中堡镇
邮政编码:730301
公司电子信箱:zqb@qilianshan.com
5.公司指定信息披露报刊名称:《上海证券报》、《中国证券报》
登载公司年度报告指定网址:http://www.sse.com.cn
公司年度报告备置地点:公司证券部
6.股票上市交易所:上海证券交易所
股票简称:祁连山
股票代码:600720

二、会计数据和业务数据摘要

(一)本年度主要利润指标情况(单位:人民币元　合并报表)

利润总额	61,806,231.77
净利润	52,064,495.66
扣除非经常性损益后的净利润	39,819,117.91
主营业务利润	87,800,638.67
其他业务利润	5,115,898.23
营业利润	48,278,868.45
投资收益	1,281,985.57
补贴收入	12,500,000.00
营业外收支净额	－254,622.25
经营活动产生的现金流量净额	61,701,746.58
现金及现金等价物净增加额	－96,539,060.58

(二)近三年主要会计数据和财务指标(单位:人民币元)

项目	2001 年	2000 年	1999 年
主营业务收入	266834785.30	274292956.33	243518271.46
净利润	52064495.66	54894234.12	41510774.97
总资产	972906072.63	803922810.41	581843723.47
股东权益(不含少数股东权益)	547951092.45	525399692.28	342537587.72
每股收益	0.15	0.253	0.33
每股收益(按月平均加权法计算)	0.15	0.253	0.33
扣除非经常性损益后的每股收益	0.12	0.23	0.28
每股净资产	1.58	2.43	2.72
调整后的每股净资产	1.51	2.27	2.61
每股经营活动产生的现金流量净额	0.18	0.11	0.06
净资产收益率	9.5%	10.43%	12.12%

注:(1)按照中国证监会《公开发行证券公司信息披露编报规则(第 9 号)》要求计算的利润数据:

报告期利润		净资产收益率		每股收益	
		全面摊薄	加权平均	全面摊薄	加权平均
主营业务利润	87800638.67	16.02%	15.92%	0.25	0.25
营业利润	48278868.45	8.81%	8.76%	0.14	0.14
净利润	52064495.66	9.5%	9.44%	0.15	0.15
扣除非经常性损益后的净利润	39819117.91	7.27%	7.22%	0.12	0.12

三、股本变动及股东情况

(一)股本变动情况

1、公司股份变动情况表　　数量单位:股

	本次变动前	本次变动增减(＋,－)					本次变动后
		配股	送股	公积金转股	增发	其他	
一、尚未流通股份	114871241			68922745			183793986
1、发起人股份							
其中:							
国家拥有股份	95021856			57013114			152034970
境内法人持有股份	19849385			11909631			31759016
境外法人持有股份							
其他							
2、募集法人股							
3、内部职工股							
4、优先股或其他	114871241			68922745			183793986
未上市流通股份合计	101975166			61185100			163160266
二、已上市流通股份	101975166			61185100			163160266
1、人民币普通股							
2、境内上市的外资股							
3、境外上市的外资股	101975166			61185100			163160266
4、其他							
已上市流通股份合计							
三、股份总数	216846407			130107845			346954252

600721 新疆百花村股份有限公司

2001 年年度报告摘选

一、基本情况简介

1、公司名称:
公司法定中文名称:新疆百花村股份有限公司
公司法定英文名称:XIN JIANG BAI HUA CUN CO.,LTD
英文缩写:B H C
2、公司法定代表人:李万佰
经公司第二届董事会第十三次会议决议,选举乔连学先生为公司董事长
3、董事会秘书:苗军
联系地址:新疆乌鲁木齐市中山路 141 号
联系电话:0991－7793678　　联系传真:0991－7793700、7793789
电子信箱:xjbhc@sina.com.cn
4、公司注册地址:新疆乌鲁木齐市中山路 141 号
公司办公地址:新疆乌鲁木齐市中山路 141 号
公司邮政编码:830002
公司网址:http://www.xjbhcsoftp.com
电子信箱:xjbhc@sina.com.cn
5、公司信息披露报刊:《上海证券报》
公司登载年度报告网址:http://www.sse.com.cn
公司年度报告备置地点:公司董事会秘书办公室
6、公司股票上市地:上海证券交易所
股票简称:PT 百花村　　股票代码:600721

二、会计数据和业务数据摘要

1、本年度主要会计数据:　　单位:元

项目	金额
利润总额	3,864,703.17
净利润	4,703,593.29
*扣除非经常性损益后的净利润	－4,969,788.09
主营业务利润	13,539,777.99
其他业务利润	11,854,517.28
营业利润	－5,808,679.21
投资收益	－417,406.93
补贴收入	654,177.47
营业外收支净额	9,436,611.84
经营活动产生的现金流量净额	32,634,627.80
现金及现金等价物净增加额	914,613.49

*注:扣除非经营性损益项目和涉及金额　　单位:元

项目	金　额
投资收益	－417,406.93
补贴收入	654,177.47
补偿收入	4,500,000
处置固定资产净收益	4,936,611.84
合计	9,673,382.38

2、前三年的主要会计数据和财务指标

财务指标	单位	2001 年度	2000 年度	1999 年度
主营业务收入	元	39,080,183.80	92,199,253.82	107,054,344.00
净利润	元	4,703,593.29	－93,541,294.81	－39,835,271.00
总资产	元	313,186,611.20	341,180,828.82	427,514,421.00
股东权益(不含少数股东权益)	元	119,505,244.33	114,620,206.44	214,074,410.00
每股收益	元/股	0.05	－0.99	－0.42
每股净资产	元/股	1.26	1.25	2.26
调整后的每股净资产	元/股	1.19	1.02	2.13
每股经营活动产生的现金流量净额	元/股	0.34	－0.0349	－0.0047
净资产收益率	%	3.94	－0.82	－18.6
扣除非经营性损益后的加权平均净资产收益率	%	－4.12	－41.58	－17.28

3、报告期利润表附表

2001 年度利润	净资产收益率(%)		每股收益(元)	
	全面摊薄	加权平均	全面摊薄	加权平均
主营业务利润	0.11	0.12	0.14	0.14
营业利润	－0.05	－0.05	－0.06	－0.06
净利润	0.04	0.04	0.05	0.05
扣除非经营性损益后的净利润	－4.51	－4.60	－0.06	－0.06

注:利润表附表的利润数据是按照中国证监会《公开发行证券公司信息披露编报规则(第 9 号)》要求计算的。

三、股本变动及股东情况

1、股本变动情况
(1)公司股份变动情况表

单位:股

	本次变动前	配股	送股	公积金转股	增发	其它	小计	本次变动后
		本次变动增减(＋、－)						
一、未上市流通股份								
1、发起人股份	48300750							48300750
其中:国家持有股份								
境内法人持有股份	48300750							48300750
境外法人持有股份								
其他								
2、募集法人股								
3、内部职工股								
4、优先股或其他								
未上市流通股份合计	48300750							48300750
二、已上市流通股								
1、人民币普通股	46500000							46500000
2、境内上市的外资股								
3、境外上市的外资股	46500000							46500000
4、其它								
已上市流通股份合计								
三、股份总数	94800750							94800750

600723 北京市西单商场股份有限公司

2001 年年度报告摘选

一、公司简介

1、公司的法定中文名称:北京市西单商场股份有限公司
英文名称:BEIJING XIDAN MARKET COMPANY LIMITED(BJXMCO.LTD)
英文缩写:xdsc
2、公司法定代表人:刘秀玲
3、公司董事会秘书:王　健
联系地址:北京市西城区西单北大街 120 号
电话:(010)66024984　　传真:(010)66014196
电子信箱:xdsc600723@sina.com
4、公司注册地址:北京市西城区西单北大街 120 号
公司办公地址:北京市西城区西单北大街 120 号　　邮政编码:100031
公司网址:http://www.xdsc.com.cn　　电子信箱:xdsc600723@sina.com
5、公司信息披露报刊名称:《上海证券报》
公司年度报告登载网址:http://www.sse.com.cn
公司年报备置地点:公司证券办公室
6、公司股票上市交易所:上海证券交易所
股票简称:西单商场　　股票代码:600723

二、会计数据和业务数据摘要

1、2001 年 01－12 月实现利润总额及构成(金额单位:人民币元)

项目	金额
利润总额	62,189,710.02
净利润	56,483,040.16
扣除非经常性损益后的净利润	44,067,481.71
主营业务利润	233,546,825.06
其他业务利润	28,330,023.68
营业利润	40,556,289.05
投资收益	23,097,529.74
补贴收入	82,683.76
营业外收支净额	－1,546,792.53
经营活动产生的现金流量净额	100,944,834.14
现金及现金等价物净增加额	374,958,814.76

2、主要会计数据及财务指标
2001 年度财务指标

指标项目	2001.01－12
主营业务收入(元)	1,575,711,349.73
净利润(元)	56,483,040.16
总资产(元)	1,765,675,021.87
股东权益(不含少数股东权益)(元)	1,272,104,455.38
每股收益(元)	0.14
每股净资产(元)	3.10
调整后的每股净资产(元)	3.05
每股经营活动产生的现金流量净额(元)	0.25
净资产收益率(%)	4.44
扣除非经常性损益后加权平均净资产收益率(%)	3.51

2000 年及 1999 年财务指标

指标项目	2000.01－12		1999.01－12
	追溯调整后	追溯调整前	
主营业务收入(元)	1,646,483,185.33	1,737,939,174.35	1,635,382,643.03
净利润(元)	50,533,478.69	62,940,425.52	74,463,061.65
总资产(元)	1,389,844,704.49	1,554,112,137.42	1,433,612,855.94
股东权益(不含少数股东权益)(元)	901,374,113.30	913,781,060.13	887,246,991.41
每股收益(元)	0.14	0.17	0.20
每股净资产(元)	2.48	2.51	2.44
调整后的每股净资产(元)	2.40	2.43	2.35
每股经营活动产生的现金流量净额(元)	0.25	0.25	0.32
净资产收益率(%)	5.61	6.89	8.39
扣除非经常性损益后加权平均净资产收益率(%)	5.54	6.85	

三、股本变动及股东情况

(一)股本变动情况
公司股份变动情况表　　单位:股

	本次变动前	配股	送股	公积金转股	其他	小计	本次变动后
		本次变动增减幅度(＋,－)					
一、尚未流通股份							
1、发起人股份	210,733,668	2,750,000				2,750,000	213,483,668
其中:							
国家拥有股份	183,329,557	2,750,000				2,750,000	186,079,557
境内法人持有股份	27,404,111						27,404,111
外资法人持有股份							
其他							
2、募集法人股	10,315,000						10,315,000
3、内部职工股							
4、优先股或其他							
尚未流通股份合计	221,048,668	2,750,000				2,750,000	223,798,668
二、已流通股份							
1、境内上市的人民币普通股	143,014,900	42,904,470				42,904,470	185,919,370
2、境内上市的外资股							
3、境外上市的外资股							
4、其他							
已流通股份合计	143,014,900	42,904,470				42,904,470	185,919,370
三、股份总数	364,063,568	45,654,470				45,654,470	409,718,038

600722 沧州化学工业股份有限公司

2001年年度报告摘要

一、公司基本情况简介

1、公司名称:沧州化学工业股份有限公司
英文名称:CANGZHOU CHEMICAL INDUSTRIAL CO.,LTD
公司注册地址:河北省沧州市南环中路18号
公司办公地址:河北省沧州市南环中路18号
电子信箱:info@czchem.com
公司网址:http://www.czchem.com
2、法定代表人:周振德
3、董事会秘书:李龙海
授权代表:邢金生
联系电话:(0317)3030719
传真:(0317)3042321
邮编:061000
4、公司选定的信息披露刊物:《上海证券报》
刊登公司年报的中国证监会指定的国际互联网址:http://www.sse.com.cn
公司年报备置地点:公司证券部
5、股票上市地:上海证券交易所
6、股票简称:沧州化工　　股票代码:600722

二、会计数据和业务数据摘要

(一)本年度主要利润指标情况(合并报表)

	单位:元
1、利润总额	23105502.40
2、净利润	19883780.98
3、扣除非经常性损益的净利润	19692823.86
4、主营业务利润	132934029.03
5、其他业务利润	13638608.31
6、营业利润	22656558.31
7、投资收益	257986.97
8、补贴收入	0.00
9、营业外收支净额	190957.12
10、经营活动产生的现金流量净额	70699776.54
11、现金及现金等价物净增加额	26841840.31

(二)公司前三年主要会计数据和财务指标(合并报表)　　单位:元

项目	2001年	2000年		1999年度	
		调整前	调整后	调整前	调整后
1、主营业务收入	1318739352.54	1357635825.68	1357635825.68	670674037.96	670674037.96
2、净利润	19883780.98	104168287.06	100049901.84	138120895.81	115058260.29
3、总资产	2905813075.14	2679522375.96	2611531592.87	2107186322.24	2044860802.41
4、股东权益	972348805.49	1018908929.56	952465024.51	741746499.31	684415979.48
5、每股收益(摊薄)	0.047	0.247	0.238	0.352	0.273
6、每股收益(加权)	0.047	0.258	0.247	0.563	0.469
7、扣除非经常损益后的每股收益	0.045	0.25	0.241	0.35	0.35
8、每股净资产	2.31	2.42	2.27	1.76	1.62
9、调整后的每股净资产	2.31	2.37	2.22	1.73	1.59
10、净资产收益率	2.05%	10.23%	10.51%	18.63%	16.82%
11、扣除非经常损益后的净资产收益率	2.03%	10.35%	10.64%	18.63%	16.82%
12、每股经营活动产生的现金流量净额	0.167	0.297	0.322	0.086	0.086

三、股本变动及股东持股情况

(一)股本变动情况

1、报告期内公司股份总数未发生变化,股本结构变化情况如下:　　单位:股

股份类别	期初数	本次变动增减(+、-) 配股	送股	公积金转股	增发	其他	期末数
1、尚未流通股份							
(1)发起人股份							
其中:							
国家拥有股份	306420000	0	0	0		-100000000	206420000
境内法人持有股份							
外资法人持有股份							
其他							
(2)募集法人股							
(3)内部职工股							
(4)优先股或其他	0	0	0	0		100000000	100000000
尚未流通股份合计	306420000	0	0	0			306420000
2、已流通股份							
(1)境内上市的人民币普通股	115000000	0	0	0		0	115000000
(2)境内上市的外资股							
(3)境外上市的外资股							
(4)其他							
已流通股份合计	115000000	0	0	0		0	115000000
3、股份总数	421420000	0	0	0		0	421420000

(二)股东情况介绍

(1)截止2001年12月31日,本公司股东总数为86158人。

(2)主要股东持股情况(前十名股东)

姓名	持股数(股)	比例(%)	股份类别
1. 河北沧州化工实业集团有限责任公司	206420000	48.98	国家股
2、广州利德龙科技集团有限公司	100000000	23.72	国家股
3、兴和基金	256528	0.06	流通股
4、陈诚	230000	0.05	流通股
5、刘艳秋	178000	0.04	流通股
6、兴成惠通	143200	0.03	流通股
7、朱素风	141000	0.03	流通股
8、赵伟	124000	0.03	流通股
9、钱伟风	120001	0.03	流通股
10 周初盛	110000	0.03	流通股

(3)河北沧化实业集团有限公司持有本公司国家股20642万股占48.98%,其所持有股份未作任何抵押,亦未有其他法律争议。法定代表人:周振德,注册资本16664万元。经营范围:聚氯乙烯树脂、氢氧化钠、液氯、塑料制品、造粒。

除以上股东外,公司无其他法人股东持股10%(含10%)以上。

(4)截止报告期,本公司尚未获悉前10名股东之间存在关联关系。

河北沧化实业集团有限责任公司为国有独资公司。

四、董事、监事和高级管理人员

1、董事、监事和高级管理人员基本情况:

姓名	性别	年龄	职务	任期
周振德	男	57岁	董事长	2001.10.16—2004.10.16
孙文育	男	52岁	董事兼总经理	2001.10.16--2004.10.16
曹建林	男	46岁	董事兼副总经理	2001.10.16--2004.10.16
李晓华	男	39岁	董事	2001.10.16--2004.10.16
于生春	男	39岁	董事兼副总经理	2001.10.16--2004.10.16
张建珍	男	40岁	董事兼副总经理	2001.10.16--2004.10.16
靳洪强	男	39岁	董事	2001.10.16--2004.10.16
吴桂华	女	53岁	监事会主席	2001.10.16--2004.10.16
于占祥	男	56岁	监事会副主席	2001.10.16--2004.10.16
孙秀旺	男	46岁	监事	2001.10.16--2004.10.16
李　强	男	38岁	监事	2001.10.16--2004.10.16
穆德胜	男	49岁	监事	2001.10.16--2004.10.16
李龙海	男	35岁	董事会秘书	2001.10.16--2004.10.16

2、董、监事在控股股东任职情况

以上董事均在控股股东—河北沧州化工实业集团有限责任公司任董事,其中周振德先生任河北沧州化工实业集团有限责任公司的董事长,孙文育先生任副董事长。

监事吴桂华女士任集团公司党委副书记;监事于占祥先生任集团公司工会主席。

3、年度报酬情况:

董事、监事和高级管理人员报酬的决策程序、报酬确定依据:

报告期内,公司董事、监事和高级管理人员实行岗位工资制.其报酬根据公司工资管理制度相关规定确定。

现任董事、监事和高级管理人员的年度报酬总额为34.39万元,金额最高的前三名董事的报酬总额为11.95万元,金额最高的前三名高级管理人员的报酬总额为7.41万元。董事、监事、高级管理人员年度报酬数数额在1~2万元区间的有2人,在2~4万元区间的有10人,在5万元以上有1人。

董事、监事和高级管理人员全部在公司领取报酬。

4、报告期内离任的董事、监事、高级管理人员:报告期内杨青山先生因年龄原因退休不再担任副董事长职务。郑玉珍女士、高润东先生辞去公司董事会秘书职务的请求,同时聘任李龙海先生为公司董事会秘书。

五、公司治理结构

(一)公司治理情况

上市以来,公司严格按照《公司法》、《证券法》、中国证监会有关规定和《上海证券交易所股票上市规则》的要求,不断完善公司法人治理结构、规范运作,加强信息披露工作,公司正按照中国证监会和国家经贸委于2002年1月7日发布的《上市公司治理准则》规范性文件的要求,研究修改公司章程,并已制定了《股东大会议事规则》、《董事会议事规则》、《监事会议事规则》等有关规定,上述规定符合《上市公司治理准则》等规范性文件的要求。公司目前治理情况如下:

1、关于股东与股东大会:公司能够确保所有股东,特别是中小股东与大股东享有平等地位和充分行使自己的权力,保持与股东有效的沟通渠道;认真接待股东来访和来电咨询,使股东了解公司的运作情况;严格按照中国证监会公布的《股东大会规范意见》的要求召集、召开股东大会,尽可能地让更多的股东能够参加股东大会,行使股东的表决权,并有律师出席见证;公司关联交易公平合理,对关联交易定价依据予以充分披露。公司已拟订了股东大会的议事规则。

2、关于控股股东与上市公司的关系:控股股东通过股东大会依法行使出资人权利,没有超越股东大会直接或间接干预公司的决策和经营活动;公司与控股股东在人员、资产、财务、机构和业务方面做到相互独立,具有独立完整的业务及自主经营能力,公司董事会、监事会和内部机构能够独立运作。

3、关于董事与董事会:公司严格按照《公司章程》规定的董事选聘程序选聘董事;公司董事会的人数和人员构成符合法律、法规和《公司章程》的要求;公司董事能够以认真负责、勤勉诚信的态度出席董事会和股东大会,熟悉有关法律法规,了解作为董事的权利、义务和责任;公司正在积极物色独立董事人选,并按照有关规定修改公司章程。

4、关于监事和监事会:公司监事会的人数和人员构成符合法律、法规和《公司章程》的要求;公司监事能够认真履行自己的职责,能够本着对股东负责的精神,对公司财务以及公司董事、公司经理和其他高级管理人员履行职责的合法合规性进行监督。

5、关于绩效评价与激励约束机制:公司将拟定《对公司董事、监事及高级管理人员实施年度奖励的方案》,并将制定实施细则,根据公司年度业绩情况对董事、监事及高管人员实施奖励,初

步建立公正、透明的绩效评价标准与激励约束机制;经理人员的聘任公开、透明,符合法律法规和《公司章程》的规定。

6、关于相关利益者:公司能够充分尊重和维护银行、法人等债权人、员工、客户、消费者等其他利益相关者的合法权益,共同推动公司持续、健康发展。

7、关于信息披露与透明度:公司制定了内部信息披露制度,公司指定董事会秘书负责信息披露工作、接待股东来访和咨询,加强与股东交流;公司能够严格按照法律、法规和《公司章程》的规定,真实、准确、完整、及时地披露有关信息,并确保所有股东有平等的机会获得信息;公司能够按照有关规定,及时披露大股东或公司实际控制人的详细资料和股份的变化情况。

(二)独立董事履行职责情况

报告期内公司尚未聘请独立董事。董事会正根据中国证监会发布的《关于在上市公司建立独立董事制度的指导意见》的规定要求,正在积极的起草相关规则,修改《公司章程》,物色独立董事人选,在2002年6月30日前按照有关规定建立独立董事制度。

(三)改进公司治理的具体计划和措施。

公司将按照《上市公司治理准则》、《关于在上市公司建立独立董事制度的指导意见》等规范性文件要求,进一步改进公司治理:(1)认真组织学习、贯彻实施中国证监会关于公司治理的规范性文件,使公司充分认识规范公司治理的重要意义;(2)根据上述规范性文件等有关规定,积极起草和修订《公司章程》及相关规定,建立独立董事制度,聘任独立董事,在规定的时限内,达到规定的数量和比例要求,同时为充分发挥独立董事的作用创造必要条件;(3)进一步完善董事、监事、经理人员的绩效评价标准、程序,积极探索实施经理人员的激励约束制度。

六、股东大会情况简介

(一)公司本年度共召开了三次股东大会

1、公司于2001年5月12日召开2000年度股东大会,决议公告刊登于2001年5月13日的上海证券报》上。

2、公司于2001年7月26日召开了2001年第一次临时股东大会,决议公告刊登于2001年7月27日的《上海证券报》上。

3、公司于2001年10月16日召开2001年第二次临时股东大会,决议公告刊登于2001年10月17日的《上海证券报》上。

(二)报告期内公司董事会、监事会举行了换届选举。本届董事会由7名董事组成,杨青山先生因年龄问题退休,不再担任公司副董事长,其它人员没有发生变化。监事会人员没有变化。

七、董事会报告

(一)公司的主营业务范围和经营情况

1、主营业务收入和主营业务利润情况

(1)公司主营业务收入为1318739352.54元,主营业务利润为132934029.03元。

本公司主要产品PVC树脂主营业务收入117061.54万元,毛利润16910.57万元,另一主要产品烧碱(隔膜碱、离子膜碱、固碱)其主营业务收入8279.67万元,毛利润1710.74万元。

(2)占公司主营业务收入和主营业务利润10%以上的产品为PVC树脂,该产品属于化工产品,是公司的主导产品。本报告期公司生产PVC树脂255199吨,比去年同期增长25.1%,销售244099吨,产销率为95.7%,该产品本报告期销售收入为1170615440.78元,产品销售成本为1001509697.39元,毛利率为16.89%。

2、主要控股公司的经营情况及业绩

沧州沧井化工有限公司,本公司持有该公司75%的股权,该公司主营产品为聚氯乙烯树脂,注册资本18878.15万元,本年主营业务收入为308241943.72元,净利润13944381.96元。

3、主要供应商、客户情况

本期公司向前五名供应商合计的采购金额占年度采购总额的:34.64%

本期公司向前五名客户合计的销售额占公司销售总额的:33.1%

4、公司经营中出现的问题、困难及解决方案

公司经营中出现的问题、困难:

(1)由于全股经济放缓,对氯碱行业带来较大的影响,聚氯乙烯树脂的价格大幅下滑,给企业经营带来很大的困难,产品的利润率显著下降,公司的利润明显低于同期。

(2)我们有理由认为国外一些大的pvc厂商对国内倾销,造成国内pvc市场供求关系产生很大变化,行业内部竞争日趋激烈。

(3)中国加入世贸组织后,关税的降低会对氯碱行业产生一定的影响。

(4)公司通过挖掘潜力、扩大规模、提高科技含量可以保持较强的竞争力,但是在发展的过程当中,会对资金面产生很大的需求;二级市场的低迷,给企业再融资带来了困难。

(5)公司体制的创新需要不断的摸索与支持,外界保守思想的阻滞也会带来潜在的风险。

针对以上问题和困难,公司主要采取以下措施:

(1)面对化工行业激烈的竞争,公司根据自身的实际情况,以市场为导向,以效益为中心,加大产品结构战略性调整的力度,利用高新技术和先进适用技术改造提升公司传统产业,培育公司核心竞争力,提高企业的持续发展能力;

(2)公司的主要产品聚氯乙烯树脂的生产工艺采用世界先进技术,一些原材料的供应需要国外进口,针对原材料价格受世界原油价格波动的影响,公司除继续与长期供应商保持良好的合作关系外,开辟新的进货渠道。并密切跟踪国内外市场的变化,在低价位时增加原材料储备,努力控制原料采购成本,本年度已经取得了很好的收效;

(3)公司针对PVC树脂产品价格下降幅度较大等因素对公司带来的不利影响,公司狠抓内部管理,加强各项内控制度,严格各项费用的支出,加大成本控制的力度,实行全员、全方位、全过程的降耗增效。

(4)积极探索营销体制改革,制定灵活的合理的销售机制,强化激励机制,注重营销队伍的建设,在稳定现有市场的基础上,拓展新的市场领域,加大货款回笼力度,防范资金风险,提高了市场占有率;

(5)为保持竞争力,公司准备扩大生产规模。这样,对资金面会产生一定需求,为此,公司加大了筹资力度,为拓宽融资渠道,对增发事宜做了前期准备工作;

(6)公司注重对人力资源的开发和利用,注重以人为本,通过招聘、培训、合作等多种途径吸纳优秀人员和管理人员,并对公司体制进行大胆改革,将个人报酬与工作业绩及公司的经营成果挂钩,较好地调动员工的积极性;

(7)信息化是企业实现现代化建设的重要而有效的手段,是企业实现跨越式发展的辅助保障,也是现代化企业发展的必由之路。本年度,公司对企业资源计划系统(ERP)进行了升级,使公司的现代化管理水平更进一步。

(8)强化安全管理,确保生产安全是企业开展各项工作的前提条件。2001年,公司通过不断地加强安全教育,健全安全生产责任制,加大安全管理力度,及时消除了多种安全隐患,公司安全事故为"0"。

(9)随着我国加入世贸组织,在给企业带来机遇的同时,也带来际市场的压力。在新的形势、新的挑战下,公司董事会的指导思想是:面对全球经济一体化趋势的增强,科技发展日新月异,国有经济调整步伐加快和国内外市场竞争日趋激烈的新形势,公司将以创造最大利润为目的,调整产业结构、巩固发展PVC主业,全面提升企业核心竞争力,以市场为导向,充分研究规划加入WTO后的市场竞争形势,进一步将国内、国外两个市场紧密结合起来,努力提高全员市场意识、竞争意识、危机意识。公司坚定不移地以生产经营为中心,以深化改革为动力,扩大生产规模,深入进行多层次、全方面的结构调整,推进技术进步,挖掘潜力,降本增效,严格管理,提高企业的综合竞争能力。

5、公司投资情况

(1)募集资金使用情况

本报告期内没有募集资金的使用。

(2)非募集资金的投资情况

公司今年对内投资主要有:

<1>VCM主体工程及配套公用工程,本期投资4828.70万元,已正式投产并转固;因其属配套工程,其效益体现在VCM主体工程中。

<2>苦咸水淡化技改工程,本期投资25.42万元,现已完工,并于2001年4月正式投产;

<3>公司综合技改工程,本期投资1099.90万元,现在已完成85%,其中已转固2066.08万元。

<4>水泥工程,本期投资12050.24万元,已完成90%。

6、公司财务状况

(1)公司财务指标　　　　单位:人民币元

项目	2001年末	2000年末	增减
总资产	2905813075.14	2611531592.87	309125554.53
长期负债	840800000.00	449900000.00	390900000.00
股东权益	972348805.49	952465024.51	31781722.90
主营业务利润	132934029.03	242751390.25	－109817361.22
净利润	19883780.98	100049901.84	－68268178.94

指标变动原因:

<1>总资产增加主要是今年负债和利润增加所致;

<2>长期负债增加是因为公司本年度长期借款增加所致;

<3>股东权益增加主要是本年实现利润所致;

<4>主营业务利润减少是因为公司本年度产品价格下滑,销售收入减少所致;

<5>净利润减少是因为公司产品价格大幅下滑;

(2)河北华安会计师事务所有限公司为本公司出具了标准无保留意见审计报告。

7、生产经营环境变化的影响

(1)国家税收政策对公司经营成果的影响

按照财政部财税[2000]99号文《关于进一步认真贯彻落实国务院〈关于纠正地方自行制定税收先征后返政策的通知〉》第四条规定和冀财企[2000]74号文件规定,截至2001年12月31日,公司的企业所得税继续享受先按33%的法定税率征收再返还18%(实征15%)的优惠政策,本公司在2002年企业所得税将按33%的法定税率征收,不再享受优惠。国家税收政策的改变对公司未来业绩将产生一定的影响。本公司已被河北省科学技术委员会冀科工字[1999]020号文件批准,被认定为高新技术企业,目前公司正积极申请享受15%的企业所得税率的优惠。

(2)加入WTO带来的影响:根据国家对外经济贸易合作部公布的中国加入世界贸易组织的法律文件的相关内容,中国加入WTO后,由于关税的逐步降低将加剧国内市场竞争。同时外资更倾向于在国内直接设厂,建立自己的营销网络,由分销逐渐演变为直销,对国内市场形成强大的冲击,这将对公司的经营业绩产生一定的影响。加入WTO也为公司带来了发展机遇。公司主要产品聚氯乙烯的原材料EDC依靠国外进口,入关后,EDC的价格也将随关税的降低而下降,生产成本随之降低;公司目前已在技术装备、生产规模、营销网络等方面于国内市场形成一定的优势,特别是我们有一个信誉高、素质强的营销网络,国外公司短期内难与之竞争。我们可以利用国际市场的开放,学习引进国外先进的经营理念与方式,迅速提高公司营销网络的含金量。我们还可以进一步开辟海外市场,拓展我们的营销空间;世界经济一体化,有利于公司加强与国际产业资本和金融资本进行合作,加快了公司的发展和国际化进程。

(3)根据国家经贸委2001年6月26日公布的《部分行业"十五"规划》,公司的主要产品的生产工艺"乙烯法——聚氯乙烯"被列为重点支持和发展的项目,这有利于公司进一步扩大生产规模,增强核心竞争力,公司拟用募集资金扩大生产规模至70万吨/年聚氯乙烯已获国家经贸委的批文。

8、2002年发展计划

2002年是中国正式成为WTO组织的成员,全面融入全球经济一体化的第一年,我们正面临着不同于以往的新形势、新问题。因此在新的一年里我们一定要认清形势,振奋精神,战胜所面临的困难。结合公司实际情况,2002年度经营计划和经营目标为:主营业务收入计划为169000万元,主营业务成本计划为162000万元。进一步扩大市场份额,市场占有率9%以上。完成40吨/年聚氯乙烯的开工建设。

研发计划:

①继续开展"临港工业规划"调研。

②纳米技术。由调研阶段步入实质性研发阶段,选择高附加值、高科技含量并且有发展前景的项目。

③聚氯乙烯加工。开展微发泡系列制品及其它新品的研制和开发,最终达到中试规模。

④精细化工。开展聚合助剂和加工助剂以及本地资源丰富的海洋化工实质性开发,形成中试规模。

拟采取的策略和行动:

(1)适应新形势,树立新观念,以全新的面貌迎接新的挑战。

在新的一年里,我们要面对新形势,适应新形势、勇于改革,改革不适应企业发展的体制;树立全新的观念,坚信发展才是硬道理,继续扩大规模,增强企业的综合竞争力。

(2)以降低成本、提高竞争力为核心,强化生产管理,合理安排生产量,全面完成各项生产指标。

2002年的生产工作要随着生产系统的组织结构转型有较大程度的创新,强化基础管理工作和安全生产,实现现场管理规范化运行,生产平衡调度。要建立健全新的激励和约束机制,加强监督和监管,强化产品研发职能,在此基础上,严格按照ISO9002质量体系标准组织生产,提高产品质量,并根据市场需求合理安排生产量,全面完成各项生产指标,使企业更能适应市场的要求,提高企业的市场竞争力。

(3)创新营销体制和机制,全面应对入世挑战。

针对中国加入WTO对企业的影响,创新营销体制和机制,重点优化调整营销组织机构、岗位和程序,突出以人为先、以人为本的销售理念,加强供应、销售与生产的密切联系,形成一个紧密的价值链关系。继续推行和完善物资采购招标制度,改进采购方式,及时把握营销方式的变化,树立销售整体目标的观念,搞好关系营销。加强行业外的影响力,强化售后服务的技术支持;进一步理顺物流配送体系,加大销售回款和清欠力度,实现货款及时回收,杜绝新增不良应收账款。

(4)完成40万吨/年PVC树脂大项目的开工建设。

继续优化原料路线,采用乙烯法继续巩固发展PVC主业,力争发展成为亚太地区最具竞争力的制造商,2002年在总结23万吨/年联合法树脂项目建设的经验和教训,抓紧做好40万吨/年乙烯法PVC树脂项目的前期准备工作,完成项目开工建设。

(5)建立适应市场经济的研发体系,促进企业核心竞争力的提高。

改革现有研发机构,合并职能重复的设计研究机构,建立两级研发体系,能够直接为生产和产品销售服务。研究有市场前景的新产品新技术,做好技术引进和技术储备工作。

(6)加强财务监管与控制,确保企业经营活动规范运行。

重组财务机构和人员,建立规范的财务监管体系,使其能对企业的每一项经济活动进行全程监管;强化财务预算的严肃性,严格资金收支的控制,杜绝乱花钱和过度开支;加强财务指标的分析和研究,定期写出财务分析报告,为决策提供依据;规范企业各个成员单位的财务管理,重视对财务人员的培训和指导,提高财务运作的整体水平。

(7)优化和调整企业组织结构,实现成功转型,实现全员参与管理,增强企业的活力。规范企业经营活动,建立全新的监管体系。

为适应中国加入WTO后的市场竞争形势,制订优化和调整企业组织结构转型方案,坚持先选择转型试点单位、后全面推开方针,积极稳妥的完成组织结构整体优化转型。重点围绕着有利于降低成本、提高质量、注重市场来进行,最终形成科研、生产、采购、销售部门与职能管理部门高效配合,并通过利益互动进行制约的新型组织结构。

学习先进的管理经验,引入全员参与管理的体制和机制,遵循"尊重、信任、承诺、认同"的八字方针,落实职工的知情权和参与权,做到职工能参与企业的各项管理活动,从而增强企业的活

力。

建立健全新的监管体系,重点对物资的采购供应、对外投资、产品销售、工程项目建设、大修及技措工程、资金收支等经济行为进行事前、事中、事后的的监督检查,从而使企业的每一项经济活动都受到有效的监管,有利于企业堵塞漏洞,提高经济效益。

(8)适应全球经济一体化要求,充分发挥信息网络的作用。

提高现代信息技术的应用水平,在发挥已有的信息网络作用方面要取得新的突破,巩固信息网络在国内同行业领先地位,充分利用中国站,宣传企业的良好形象;发挥 ERP 系统的作用,进一步完善企业内部管理的信息化、网络化,以利于企业管理水平的提高。

(9)创新企业文化建设,增强企业的凝聚力。

创新企业文化,突出人性化特点,坚持在企业的各项经营活动中以人为本、以人为先的原则,提高职工对企业的认同感,从而增强企业的凝聚力。

(10)按照中国证监会的要求,进一步完善法人治理结构。

9、本次分配预案

(1)本年度公司实现净利润 1988.38 万元,提取 10%的公积金和 5%的公益金,加上以前年度未分配利润 17306.19 万元,可供股东分配的利润 19294.57 万元,由于公司为增加市场竞争力,准备优化工艺路线并扩大生产规模,需要大量的资金,公司董事会决定:2001 年度利润暂不分配,也不进行资本公积金转增股本。

该预案须经股东大会审议通过。

八、监事会报告

报告期内工作情况

本年度监事会共召开四次会议,出席人数均符合《证券法》和《公司章程》的有关规定。

1、2001 年度第一次会议于 2001 年 4 月 7 日召开,会议审议通过了:(1)2000 年度报告正本及摘要。(2)审议并通过了《2000 年度监事会工作报告》;

2、2001 年度第二次会议于 2000 年 8 月 28 日召开,会议讨论通过了 2000 年中期报告正本及摘要;

3、2001 年度第三次会议于 2000 年 9 月 14 日召开,会议讨论通过了新一届监事会提名。

4、公司 2001 年度监事会第四次会议于 2001 年 12 月 14 日召开。会议审议并通过了如下议案:(1)选举吴桂华女士为公司监事会主席;(2)选举于占祥先生为监事会副主席;(3)由职工代表大会选举出孙秀旺先生、李强先生、穆德胜先生为监事会成员;

九、重要事项

(一) 本年度公司无重大诉讼、仲裁事项。

(二) 报告期内,公司无重大收购及出售资产、吸收合并事项。

(三)报告期内重大关联交易事项

(1)由于集团公司和股份公司生产经营中需要部分相同的原辅材料,为了有利于市场竞争降低采购成本,双方签订了《物资供应协议》,由股份公司统一采购,按实际价格结算,向集团公司销售电石、备品配件,并利用剩的配套供应能力向集团公司供应水、电、气,双方按市场价格结算,2001 年向集团公司销售货物 121621761.17 元。因公司向集团公司 AVCM 厂采购 VCM,2001 年 10 月份取消了股份公司和集团公司之间的租赁协议,此项关联交易将不再存在,2001 年度公司向集团公司采购货物 136196727.16 元。

(2)本公司 2000 年投产的 23 万吨 PVC 每年需要 20 万吨 EDC 作原料,由于国内 EDC 规模小品质不稳定,而 EDC 又是生产高质量 PVC 的关键原料,因此所需 EDC 全部进口,而股份公司目前没有进出口经营权,所以委托沧化集团进出口公司代理采购,结算价格按 EDC 国际市场价格 + 关税 + 仓储费 + 运杂费 + 代理费。2001 年度向沧化集团进出口公司采购货物 394474114.14 元。

(3)揭阳华南沧化有限公司为集团子公司,本公司与之形成 PVC 销售往来。由于双方距离较远,货物在途时间较长,对方验货付款,货物发出并取得海运结算依据后作帐务处理,本公司严格执行《企业会计制度》及"收入"确认准则,货物发出并取得海运结算依据后作帐务处理,但由于双方距离太远,货物途中时间平均 15 天,对方验货付款,应收揭阳华南沧化有限公司 302.06 万元,本公司应收业务的减少体现在下一个会计期间。

(4)广东沧化实业有限公司作为公司的销售子公司与本公司形成了 PVC 销售往来,双方以市场价作为定价原则,2001 年公司向销售货物 173448662.72 元。

沧州化工自上市以来严格按照上市规则,采取了一系列措施规范关联交易,并逐步实施减少关联交易的具体措施如下:

(1)2001 年 7 月股份公司实施分红方案,集团公司取得的红利 2298 万,已全部归还股份公司欠款,减少了关联交易。2001 年下半年集团公司将所持有的沧州化工 100,000,000 股权转让给广州利德龙科技有限公司,双方已签订协议,所得转让款优先偿还股份公司欠款。

(2)2001 年 10 月 16 日经沧州化工股东大会批准,正式解除了《AVCM 资产租赁及加工承揽合同》,该项关联交易不在发生,相应的《物资供应协议》同时失效,股份公司不再向集团销售任何材料、辅料。

(3)股份公司目前正在申请进出口代理权,以减少同进出口的关联交易,该项工作拟在 2002 年底完成。

(4)对于其它项目较少与金额不大的非经常性关联交易事项,公司一方面将尽量避免发生,另一方面将严格按照有关法律法规和本公司的关联交易管理办法规范关联交易行为,确保关联交易事项公允、合理,并及时披露相关信息。

(四)重大合同及其履行情况。

1、公司于 2001 年 5 月 12 日召开年度股东大会,审议通过了将公司价值 18250 万元的 AVCM 装置租赁给沧州化工实业集团有限公司的议案。产生上述关联交易的主要原因是:本公司 AVCM 生产设施完工投产,但与 AVCM 设施相关的主要管理人员和技术人员的人事关系均在集团公司,为便于该设备的有效运转又能克服人事调配障碍,本公司决定将该设备租赁给集团公司,由集团公司自主采购原材料,生产 AVCM 后按市场价售予本公司;集团公司与本公司签订《AVCM 资产租赁及加工承揽合同》,租金 210 万元/月。为减少关联交易数额,本公司与集团公司协商一致,解除以上关联协议,与 AVCM 设施相关的主要管理人员和技术人员的人事关系目前也已理顺,全部进入股份公司,由本公司与其签订劳动合同。公司于 2001 年 10 月 16 日召开第二次临时股东大会审议通过了《关于解除本公司同本公司之控股股东——河北沧州化工实业集团有限公司签订的〈AVCM 资产租赁及加工承揽合同〉的议案》。以上事项均分别于 2001 年 5 月 13 日和 2001 年 10 月 17 日在《上海证券报》上披露。

2、报告期内公司对外担保事项。

本公司为阳江市稀土厂短期借款 4000 万元提供担保,保证期间为 2001 年 12 月 14 日至 2004 年 12 月 14 日。

3、报告期内,公司没有发生委托他人进行现金资产管理事项。

4、报告期内公司各项业务合同履行正常,无重大合同纠纷发生。

(五)公司和持股 5%以上股东在报告期内或持续到报告期内承诺事项。

1、公司生产聚氯乙烯所用原材料 EDC 全部需要进口,而股份公司目前没有进出口经营权,所以委托沧化集团进出口公司代理采购,为减少关联交易事项,目前正在申请进出口代理权,该项工作争取在 2002 年底完成。

2、2001 年 12 月 11 日集团公司将所持有的沧州化工 100,000,000 股国家股被司法裁定转让给广州利德龙科技有限公司,转让价格为 2.38 元/股。双方已签订协议,集团公司承诺所得转让款优先偿还股份公司欠款。

以上事项均于 2001 年 12 月 13 日在《上海证券报》上披露。

(六)本报告期公司未解聘会计师事务所,仍续聘华安会计师事务为审计单位,根据双方协议 2001 年度支付给华安会计师事务所有限责任公司的报酬为 50 万元;(含中期审计,不包括差旅费及住宿费等);2000 年度支付给华安会计师事务所有限责任公司的报酬为 40 万元(不包括差旅费及住宿费等)。

(七)报告期内,公司、公司董事会及董事没有受中国证监会稽查、行政处罚、通报批评、证券交易所公开谴责的情形。

(八)其他重要事项

1、本公司所得税优惠政策自 2002 年 1 月 1 日起终止。公司的企业所得税不再享受优惠政策,实行统一税率 33%。国家税收政策的改变对公司未来业绩将产生一定的影响。

2、加入 WTO 会给公司经营带来一定的影响。具体内容详见第七章 – 7 –(2)。

3、河北沧州化工实业集团有限公司为本公司发起人股东,占本公司总股本的 72.71%,2001 年 5 月 21 日沧化集团与广州利德龙科技有限公司签订了《股权转让协议》拟将其持有的"沧州化工"股份中的 100000000 股(占本公司总股本的 23.73%)转让给广州利德龙科技有限公司。由于沧化集团没有在协议期限内办理完股权转让的批准文件和股权过户手续,被利德龙起诉至广东省高级人民法院。广东省高级人民法院于 10 月 31 日做出(2001)粤高法执字第 24 号民事调解书,并于 12 月 5 日向上海中央登记结算公司下达(2001)粤高法立执字第 44 号协助执行通知书,于 2001 年 12 月 11 日将沧化集团持有的"沧州化工"股份中 100000000 股国家股通过过户给利德龙。这样,利德龙持有"沧州化工"股份中的 100000000 股(占本公司总股本的 23.73%),从而成为"沧州化工"的第二大股东。沧化集团仍将持有本公司国家股 206420000 股,占本公司总股本的 48.98%,为本公司第一大股东。

十、财务报告

(一)审计报告

河北华安会计师事务所有限公司注册会计师齐正华、赵鉴对本公司 2001 年度财务报表进行了审计,出具了标准的无保留意见的审计报告(冀华会审字[2002]2048 号)

(二)会计报表(见附表)

(三)会计报表附注

1、会计政策、会计估计变更和会计差错

公司原执行《股份有限公司会计制度》,根据财政部财会字[2000]25 号文《关于印发〈企业会计制度〉的通知》、财会字[2001]17 号文《关于印发贯彻实施〈企业会计制度〉有关政策衔接问题的规定的通知》等文件的规定,公司从 2001 年 1 月 1 日起执行《企业会计制度》和《企业会计准则》及其补充规定。

本公司改变了以下会计政策:委托贷款、固定资产、在建工程、无形资产原不记提减值准备,现记提相关资产的减值准备。

本公司对有关资产进行了逐项检查,对因上述会计政策变更而记提的减值准备已采用追溯调整法,调整了年初留存收益及相关项目的年初数,利润及利润分配表的上年数栏已按调整后的数字填列。上述会计政策变更采用追溯调整法的累计影响数为 57678262.82 元,其中:因计提固定资产减值准备的累计影响数为 57678262.82 元,因无形资产和在建工程的计价方法的变化的累计影响数为 0。由于会计政策变更使期初未分配利润减少 49026523.46 元,盈余公积减少 8.651739.42 元。由于上述变更分别调增了 2000 年度的净利润 4647257.01 元,调减 2000 年期初留存收益 62325519.83 元,其中:调减未分配利润 52976691.86 元,调减盈余公积 9348827.97 元,资产负债表上的相关科目也进行了调整。

(1)会计估计的变更

本公司本期无会计估计的变更。

(2)会计差错调整:

本年度发现 2000 年度成本核算有误差,在编制本年的比较会计报表时进行了调整,调减了 2000 年度的净利润 8765642.23 元,相应的调整了 2000 年度的留存收益 8765642.23 元,其中:未分配利润调减 7450795.90 元,盈余公积调减 1314846.33 元。

2、合并报表范围变更情况:

纳入公司合并范围的公司为沧州沧井化工有限公司。广东中科信投资有限公司、北京华夏新达科技股份有限公司,因本期其资产、收入、净利润占公司资产、收入、净利润的比例均低于 10%,故未合并其会计报表。

沧州化学工业股份有限公司

2002 年 4 月 18 日

利润及利润分配表

编制单位:沧州化学工业股份有限公司　2001 年度　　单位:人民币元

项　　目	注释	母公司		合　并	
		2001 年度	2000 年度	2001 年度	2000 年度
一、主营业务收入	5/27	1,396,697,811.87	1,357,635,825.68	1,318,739,352.54	1,357,635,825.68
减:主营业务成本		1,313,756,650.60	1,163,250,846.76	1,183,782,103.32	1,111,727,587.29
主营业务税金及附加		2,023,220.19	3,156,848.14	2,023,220.19	3,156,848.14
二、主营业务利润		80,917,941.08	191,228,130.78	132,934,029.03	242,751,390.25
加:其他业务利润	6/28	15,764,295.81	25,769,461.31	13,638,608.31	11,511,787.13
减:营业费用		17,901,456.75	19,417,469.77	17,901,456.75	19,417,469.77
管理费用		30,484,276.95	51,690,917.71	38,236,346.76	67,853,579.62
财务费用	29	35,332,529.79	39,666,255.78	67,778,275.52	48,238,580.73
三、营业利润		12,963,973.40	106,222,948.83	22,656,558.31	118,753,547.26
加:投资收益	7/30	12,807,930.73	16,704,479.22	257,986.97	561,056.29
补贴收入		–		–	
营业外收入		–	6,624,96	207,157.12	42,224.96
减:营业外支出		–	2,064,475.41	16,200.00	2,064,475.41
四、利润总额		25,771,904.13	120,869,577.60	23,105,502.40	117,292,353.10
减:所得税		1,827,283.22	15,355,856.48	1,827,283.22	15,355,856.48
减:少数股东本期收益		–		1,394,438.20	1,886,594.78
五、净利润		23,944,620.91	105,513,721.12	19,883,780.98	100,049,901.84
加:年初未分配利润		178,525,750.59	120,445,587.64	173,061,931.31	120,445,587.64
盈余公积转入		–		–	
六、可供分配的利润		202,470,371.50	225,959,308.76	192,945,712.29	220,495,489.48
减:提取法定盈余公积		2,394,462.09	10,551,372.11	2,394,462.09	10,551,372.11
提取法定公益金		1,197,231.04	5,275,686.06	1,197,231.04	5,275,686.06
提取职工奖励及福利基金		–		–	
提取储备基金		–		–	
提取企业发展基金		–		–	
七、可供股东分配的利润		198,878,678.37	210,132,250.59	189,354,019.16	204,668,431.31
减:应付优先股股利		–		–	
提取任意盈余公积		–		–	
应付普通股股利		–	31,606,500.00	–	31,606,500.00
转作股本的普通股股利		–		–	
八、未分配利润		198,878,678.37	178,525,750.59	189,354,019.16	173,061,931.31

资 产 负 债 表

2001 年 12 月 31 日

编制单位:沧州化学工业股份有限公司　　单位:人民币元

资　产	注释	母公司		合并	
		期初数	期末数	期初数	期末数
流动资产:					
货币资金	1	125,277,555.27	153,133,406.77	129,080,588.37	155,922,428.68
短期投资			-		-
应收票据	2		10,770,000.00		10,770,000.00
应收股利			-		-
应收利息			-		-
应收帐款	1/3	543,784,079.93	436,573,089.96	388,565,965.20	287,481,068.74
其他应收款	2/4	27,628,082.12	112,546,872.20	27,660,419.62	112,930,223.06
预付帐款	5	17,147,632.64	99,605,680.32	18,044,582.52	99,790,680.32
应收补贴款			-		-
存货	6	200,648,108.42	319,408,219.40	198,829,773.12	314,094,499.40
待摊费用	7	13,501,932.88	8,202,301.93	15,361,932.88	9,831,666.01
一年内到期的长期债权投资			-		-
其他流动资产			-		-
流动资产合计		927,987,391.26	1,140,239,570.58	777,543,261.71	990,820,566.21
长期投资:			-		-
长期股权投资	3/8	245,374,856.03	258,182,786.76	87,112,680.65	87,370,667.62
长期债权投资			-		-
长期投资合计		245,374,856.03	258,182,786.76	87,112,680.65	87,370,667.62
其中:合并价差			-		-
固定资产:			-		-
固定资产原价	9	528,351,184.42	970,133,063.78	1,419,553,980.42	1,864,995,384.20
减:累计折旧	9	134,430,087.95	177,146,283.57	159,118,848.53	245,253,980.07
固定资产净值	9	393,921,096.47	792,986,780.21	1,260,435,131.89	1,619,741,404.13
减:固定资产减值准备	9	68,188,922.03	68,188,922.03	68,188,922.03	68,188,922.03
固定资产净额	9	325,732,174.44	724,797,858.18	1,192,246,209.86	1,551,552,482.10
工程物资			-		-
在建工程	10	385,046,574.31	116,736,370.29	385,046,574.31	116,736,370.29
固定资产清理			-		-
固定资产合计		710,778,748.75	841,534,228.47	1,577,292,784.17	1,668,288,852.39
无形资产及其他资产:			-		-
无形资产	11	97,267,229.14	95,304,379.32	169,362,866.34	159,134,988.92
长期待摊费用	12	220,000.00	198,000.00	220,000.00	198,000.00
其他长期资产	4/	284,175,483.00	284,175,483.00		-
无形资产及其他资产合计		381,662,712.14	379,677,862.32	169,582,866.34	159,332,988.92
递延税项:			-		-
递延税款借项			-		-
资产总计		2,265,803,708.18	2,619,634,448.13	2,611,531,592.87	2,905,813,075.14
负债和股东权益					
流动负债:					
短期借款	13	236,800,000.00	310,429,600.00	236,800,000.00	463,429,600.00
应付票据	14	169,000,000.00	243,942,515.75	169,000,000.00	243,942,515.75
应付帐款	15	93,178,794.00	142,295,052.35	95,553,702.35	142,960,464.32
预收帐款	16	59,140,774.81	99,295,150.10	59,140,774.81	99,295,150.10
应付工资			-		-
应付福利费		-1,503,920.02	-2,798,967.95	-1,657,000.02	-3,213,651.75
应付股利		31,608,896.00	-	31,608,896.00	-
应交税金	17	-5,327,707.63	-5,358,474.11	-3,020,952.79	-3,503,823.55
其他应交款	18	1,116,958.07	338,823.69	1,116,958.07	338,823.69
其他应付款	19	31,900,139.24	5,592,841.43	87,774,722.08	7,007,772.78
预提费用	20	11,060,929.92	9,124,442.17	11,060,929.92	9,124,442.17
预计负债			-		-
一年内到期的长期负债	21	251,000,000.00	83,100,000.00	473,000,000.00	83,100,000.00
其他流动负债			-		-
流动负债合计		877,974,864.39	885,960,983.43	1,160,378,030.42	1,042,481,293.51
长期负债:			-		-
长期借款	22	429,900,000.00	751,800,000.00	449,900,000.00	840,800,000.00
应付债券			-		-
长期应付款			-		-
专项应付款			-		-
其他长期负债			-		-
长期负债合计		429,900,000.00	751,800,000.00	449,900,000.00	840,800,000.00
递延税项:			-		-
递延税款贷项			-		-
负债合计		1,307,874,864.39	1,637,760,983.43	1,610,278,030.42	1,883,281,293.51
少数股东权益:			-	48,788,537.94	50,182,976.14
股东权益:			-		-
股本	23	421,420,000.00	421,420,000.00	421,420,000.00	421,420,000.00
资本公积	24	291,565,493.07	291,565,493.07	291,565,493.07	291,565,493.07
盈余公积	25	66,417,600.13	70,009,293.26	66,417,600.13	70,009,293.26
其中:公益金	25	22,117,866.28	23,315,097.32	22,117,866.28	23,315,097.32
未分配利润	26	178,525,750.59	198,878,678.37	173,061,931.31	189,354,019.16
股东权益合计		957,928,843.79	981,873,464.70	952,465,024.51	972,348,805.49
负债和股东权益总计		2,265,803,708.18	2,619,634,448.13	2,611,531,592.87	2,905,813,075.14

现 金 流 量 表

2001 年度

编制单位:沧州化学工业股份有限公司　　单位:人民币元

项　目	注释	母公司	合　并
一、经营活动产生的现金流量			
销售商品、提供劳务收到的现金		1,947,766,994.79	1,947,766,994.79
收到的税费返还		-	-
收到的与其他经营活动有关的现金		2,593,712.82	2,593,712.82
现金流入小计		1,950,360,707.61	1,950,360,707.61
购买商品、接受劳务支付的现金		1,801,291,300.05	1,752,518,272.18
支付给职工以及为职工支付的现金		27,037,797.13	44,156,977.61
支付的各项税费		25,911,511.96	45,954,581.72
支付的与其他经营活动有关的现金	31	44,515,632.26	37,031,099.56
现金流出小计		1,898,756,241.40	1,879,660,931.07
经营活动产生的现金流量净额		51,604,466.21	70,699,776.54
二、投资活动产生的现金流量		-	-
收回投资所收到的现金		-	-
取得投资收益所收到的现金		-	-
处置固定资产无形资产和其他长期资产而收到的现金净额		-	-
收到的与其他与投资活动有关的现金		-	-
现金流入小计		-	-
购建固定资产、无形资产和其他长期资产所支付的现金		159,750,901.22	159,750,901.22
投资所支付的现金		-	-
支付的其他与投资活动有关的现金		4,000,000.00	4,000,000.00
现金流出小计		163,750,901.22	163,750,901.22
投资活动产生的现金流量净额		-163,750,901.22	-163,750,901.22
三、筹资活动产生的现金流量		-	-
吸收投资所收到的现金		-	-
其中:子公司吸收少数股东投资所收到的现金		-	-
借款所收到的现金		747,898,000.00	969,898,000.00
收到的其他与筹资活动有关的现金		-	-
现金流入小计		747,898,000.00	969,898,000.00
偿还债务所支付的现金		520,128,000.00	742,128,000.00
分配股利、利润或偿付利息所支付的现金		81,750,401.09	101,859,722.61
其中:子公司支付少数股东的股利		-	-
支付的其他与筹资活动有关的现金		6,010,000.00	6,010,000.00
现金流出小计		607,888,401.09	849,997,722.61
筹资活动产生的现金净流量		140,009,598.91	119,900,277.39
四、汇率变动对现金的影响额		-7,312.40	-7,312.40
五、现金及现金等价物的净增加额		27,855,851.50	26,841,840.31
补充资料:			
1.将净利润调节为经营活动的现金流量			
净利润		23,944,620.91	19,883,780.98
加:少数股东损益		-	1,394,438.20
计提的资产减值准备		-1,401,488.63	-1,368,940.35
固定资产折旧		42,716,195.62	86,135,131.54
无形资产摊销		1,962,849.82	10,227,877.42
长期待摊费用摊销		22,000.00	22,000.00
待摊费用的减少(减:增加)		9,689,291.97	9,919,927.89
预提费用的增加(减:减少)		473,651.27	473,651.27
处置固定资产、无形资产和其他长期资产的损失(减:收益)		-	-
固定资产报废损失		-	-
财务费用		35,325,217.39	67,770,963.12
投资损失(减:收益)		-12,807,930.73	-257,986.97
递延税款贷项(减:借项)		-	-
存货的减少(减:增加)		-136,231,682.67	-132,736,297.97
经营性应收项目的减少(减:增加)		-22,704,124.02	-162,133,565.51
经营性应付项目的增加(减:减少)		110,615,865.28	171,368,796.92
其他		-	-
经营活动产生的现金净流量		51,604,466.21	70,699,776.54
2.不涉及现金收支的投资和筹资活动		-	-
债务转为资本		-	-
一年内到期的可转换公司公司债券		-	-
融资租赁固定资产		-	-
3.现金及现金等价物净增加情况		-	-
现金的期末余额		153,133,406.77	155,922,428.68
减:现金的期初余额		125,277,555.27	129,080,588.37
加:现金等价物的期末余额		-	-
减:现金等价物的期初余额		-	-
现金及现金等价物净增加额		27,855,851.50	26,841,840.31

600724 宁波富达电器股份有限公司

2001 年年度报告摘选

一、公司基本情况简介

(一)公司法定中文名称:宁波富达电器股份有限公司
公司英文名称:NINGBO FUDA ELECTRIC APPLIANCE CO.,LTD.
公司英文缩写名称:NINGBO FUDA
(二)公司法定代表人:白小易
(三)公司董事会秘书:陈建新
证券事务代表:施亚琴
电话:(0574)62814275　传真:(0574)62813915
E-mail:dsbcjx@fuda.com
(四)公司地址:浙江省余姚市阳明西路355号
邮编:315400
(五)公司国际互联网网址、电子信箱:http://www.Fuda.com
E-mail:fuda@fuda.com
(六)公司选定的信息披露报纸名称:《上海证券报》、《中国证券报》
(七)登载公司年度报告的中国证监会指定国际互联网网址:http://www.sse.com.cn
(八)公司年度报告备置地点:浙江省余姚市阳明西路355号公司董事办
(九)公司股票上市交易所:上海证券交易所
(十)股票简称:宁波富达　股票代码:600724

二、会计数据和业务数据摘要

(一)会计数据及财务指标(合并报表)

序号	栏目	2001年度(元)
1	利润总额	91,946,257.55
2	净利润	71,080,868.93
3	扣除非经常性损益后的净利润	71,338,290.01
4	主营业务利润	189,383,012.75
5	其他业务利润	136,127.52
6	营业利润	70,310,003.43
7	投资收益	1,584,690.87
8	补贴收入	20,401,973.62
9	营业外收支净额	-350,410.37
10	经营活动产生的现金流量净额	14,309,147.38
11	现金及现金等价物净增加额	42,426,671.51

非经常性损益所涉及的项目及金额:
1、营业外收入:1,301,547.58元,
其中:(1)固定资产清理收入:1,295,869.68元(2)其他:5,677.90元。
2、营业外支出:1,651,957.95元,
其中:(1)固定资产清理损失:1,340,387.84元(2)其他:311,570.11元。
3、一次性补贴收入:120,000.00元。
4、所得税及少数股东损益调整影响数:27,010.71元。

(二)截止2001年12月31日公司前三年主要会计数据和财务指标

序号	栏目	2001年度	2000年度 调整前	2000年度 调整后	1999年度 调整前	1999年度 调整后
1	主营业务收入(千元)	684,320.50	468,790.74	468,790.74	336,949.20	336,949.20
2	净利润(千元)	71,080.87	43,285.72	40,546.25	27,023.98	24,446.64
3	每股收益(元/股)(摊薄)	0.20	0.21	0.20	0.26	0.24
4	每股收益(元/股)(加权)	0.20	0.21	0.20	0.26	0.24
5	扣除非经常性损益后的每股收益(元/股)	0.20	0.20	0.20	0.25	0.25
6	每股经营活动产生的现金流量净额(元/股)	0.04	0.13	0.13	-0.01	-0.01
7	净资产收益率(%)	13.40	14.45	14.35	10.50	10.05

序号	栏目	2001年度	2000年度 调整前	2000年度 调整后	1999年度 调整前	1999年度 调整后
1	总资产(千元)	971,019.27	547,958.85	528,959.14	431,711.26	415,409.34
2	股东权益(千元)(不含少数股东权益)	530,636.89	299,485.94	282,566.95	257,386.02	243,206.51
3	每股净资产(元)	1.46	1.46	1.38	2.51	2.37
4	调整后的每股净资产(元)	1.41	1.39	1.31	2.43	2.31

三、股本变动及股东情况

(一)股本变动情况

公司股份变动情况表　数量单位:股

	本次变动前	本次变动增减(+、-) 配股	送股	公积金转股	增发	其他	小计	本次变动后
一、未上市流通股份								
1、发起人股份	110,911,008	9,848,376		72,455,630			82,304,006	193,215,014
其中:国家拥有股份								
境内法人持有股份	110,911,008	9,848,376		72,455,630			82,304,006	193,215,014
境外法人持有股份								
其他								
2、募集法人股份	8,548,800			5,129,280			5,129,280	13,678,080
3、内部职工股								
4、优先股或其他	27,559,376	4,133,906				-31,693,282	-27,559,376	
其中:转配股	27,559,376	4,133,906				-31,693,282	-27,559,376	
未上市流通股份合计	147,019,184	13,982,282		77,584,910		-31,693,282	59,873,910	206,893,094
二、已上市流通股份								
1、人民币普通股	58,025,280	8,703,792		59,053,408		31,693,282	99,450,482	157,475,762
2、境内上市的外资股								
3、境外上市的外资股								
4、其他								
已上市流通股份合计	58,025,280	8,703,792		59,053,408		31,693,282	99,450,482	157,475,762
三、股份总额	205,044,464	22,686,074		136,638,318			159,324,392	364,368,856

600725 云南云维股份有限公司

2001 年年度报告摘选

一、公司基本情况简介

(一)公司法定中文名称:云南云维股份有限公司
公司法定英文名称:YUNNAN YUNWEI COMPANY LIMITED
英文缩写:YNYW
(二)公司法定代表人:李剑秋　公司总经理:于毅
(三)公司董事会秘书:李斌
联系地址:云南省曲靖市沾益县花山镇云维公司办公室
电话:0874-3064350　传真:0874-3064195
电子信箱:ynywlb@ynmail.com　咨询电话:0874-3068588
(四)公司注册地址:云省曲靖市沾益县花山镇
公司办公地址:云南省曲靖市沾益县花山镇
公司国际互联网网址:http://www.yunweigroup.com
电子信箱:yunwei@hi2000.com　&ywgroup@hi2000.com
邮政编码:655038
(五)公司信息披露报纸名称:《中国证券报》、《上海证券报》
登载公司年度报告的国际互联网网址:http://www.sse.com.cn
公司年度报告备置地点:云南云维股份有限公司办公室
(六)公司股票上市交易所:上海证券交易所
股票简称:云维股份　股票代码:600725
(七)公司其他资料
公司首次注册日期:1996年6月26日
企业法人营业执照注册号:29198030-06/6
税务登记号:532201291980300
公司未流通股票的托管机构:中国证券登记结算公司上海分公司
公司聘请的会计师事务所:云南亚太会计师事务所有限公司
公司聘请的会计师事务所办公地址:昆明市拓东路23号
公司聘请的律师事务所:云南千和律师事务所
公司聘请的律师事务所办公地址:云南省昆明市人民中路长春花园十楼

二、会计数据和业务数据摘要

(一)本年度实现利润及构成(合并报表数据,单位:元)

项　目	金　额
利润总额	66,035,483.12
净利润	45,670,133.71
扣除非经常性损益后的净利润	44,617,051.60
主营业务利润	101,252,158.38
其他业务利润	1,663,697.71
营业利润	64,682,401.01
投资收益	1,500,000.00
补贴收入	
营业外收支净额	-146,917.89
经营活动产生的现金流量净额	42,896,158.95
现金及现金等价物净增加额	46,836,464.83

注:扣除非经常性损益项目及金额如下:
①技改贷款贴息收入1,200,000.00元
②营业外收入545,611.44元
③营业外支出692,529.33元

(二)至报告期末公司前三年的主要会计数据和财务指标(合并报表数据,单位:元)

指标项目	2001年度	2000年度	1999年度
主营业务收入	255,878,969.33	154,019,576.63	144,320,016.08
净利润	45,670,133.71	21,593,742.56	3,260,574.24
总资产	498,788,948.21	381,177,883.51	353,798,393.08
股东权益(不含少数股东权益)	368,401,733.05	343,091,599.34	319,747,856.78
每股收益(全面摊薄计算)	0.415	0.196	0.0296
每股收益(加权平均计算)	0.415	0.196	0.0296
扣除非经常性损益每股收益	0.409	0.195	0.0296
每股净资产	3.349	3.119	2.91
调整后每股净资产	3.274	3.092	2.79
每股经营活动产生的现金流量净额	0.39	0.36	0.117
净资产收益率(全面摊薄计算)	12.397	6.294	1.02
净资产收益率(加权平均计算)	12.481	6.533	1.02
扣除非经常性损益加权净资产收益率	12.288	6.501	1.02

三、股本变动及股东情况

(一)股本变动情况

股份变动情况表(数量单位:股)

	本次变动前	本次变动增减(+、-) 配股	送股	公积金转股	增发	其他	小计	本次变动后
一、未上市流通股份								
1、发起人股份	72,500,000							72,500,000
其中:国家拥有股份	72,500,000							72,500,000
境内法人持有股份								
境外法人持有股份								
其他								
2、募集法人股份	15,200							15,200
3、高管持股								
4、优先股或其他								
其中:转配股								
未上市流通股份合计	72,515,200							72,515,200
二、已流通股份	37,484,800							37,484,800
1、人民币普通股	37,484,800							37,484,800
2、境内上市的外资股								
3、境外上市的外资股								
4、其他								
已上市流通股份合计								
三、股份总数	110,000,000							110,000,000

600726 黑龙江电力股份有限公司

2001 年年度报告摘要

一、公司基本情况简介

1、公司法定中文名称：黑龙江电力股份有限公司
公司中文名称缩写：龙电股份
公司英文名称：HEILONGJIANG ELECTRIC POWER COMPANY LIMITED
公司英文名称缩写：HLJEPCL
2、公司法定代表人：郑宝森
3、公司董事会秘书：梅君超
联系电话：0451－2525998
证券事务代表：战莹
联系电话：0451－2525778
传真：0451－2525878
电子信箱：dlgf@public.hr.hl.cn
联系地址：哈尔滨市南岗区大成街 209 号
4、公司注册地址：哈尔滨市香坊区市高新技术开发区 12 号楼 B 座
公司办公地址：哈尔滨市南岗区大成街 209 号
邮编：150001
国际互联网网址：http://www.londian.com
电子信箱：dlgf@public.hr.hl.cn
5、公司信息披露报纸：《上海证券报》、《文汇报》、《南华早报》
登载公司年报的中国证监会指定国际互联网网址：
http://www.sse.com.cn
公司年报备置地点：公司股权管理部
6、公司股票上市交易所：上海证券交易所
股票代码：600726（A 股）　900937（B 股）
股票简称：龙电股份（A 股）龙电 B 股（B 股）

二、会计数据和业务数据摘要

（一）公司本年度主要财务数据

单位：人民币元

项目	金额
利润总额	312,922,344.37
净利润	281,644,119.58
扣除非经常性损益后的净利润	281,702,360.82
主营业务利润	343,656,107.54
其他业务利润	12,925,049.12
营业利润	322,641,334.26
投资收益	(9,656,026.39)
补贴收入	
营业外收支净额	(62,963.50)
经营活动产生的现金流量净额	589,796,905.85
现金及现金等价物净增加额	(309,079,282.83)

非经常性损益涉及的项目和金额为：营业外收支净额为－58,241.24 元（税后）

（二）前三年主要会计数据和财务指标

单位：人民币元

指标项目	2001 年	2000 年	1999 年
主营业务收入	1,188,046,509.35	807,498,682.91	775,585,732.49
净利润	281,644,119.58	228,215,735.53	187,643,786.51
总资产	3,495,309,851.84	3,297,266,583.46	2,486,662,684.01
股东权益	2,887,786,328.85	2,740,694,004.47	1,673,989,737.87
每股净资产（元/股）	2.58	3.91	2.85
调整后每股净资产（元/股）	2.58	3.91	2.85
每股经营活动产生的现金流量净额	0.53	0.27	1.26

注：以上所列 2000 年度和 1999 年度财务数据均为追溯调整后数据，调整前数据如下。

单位：人民币元

指标项目	2000 年	1999 年
主营业务收入	807,498,682.91	775,585,732.49
净利润	224,700,092.53	184,128,143.51
总资产	3,305,762,720.89	2,498,674,464.44
股东权益	2,749,190,141.90	1,686,001,518.30
每股净资产（元/股）	3.92	2.87
调整后每股净资产（元/股）	3.91	2.85
每股经营活动产生的现金流量净额	0.27	1.26

三、股本变动及股东情况

1、股本变动情况
（1）股份变动情况表

数量单位：股

	本次变动前	公积金转股	增发股份上市	本次变动后
一、未上市流通股份				
发起人股份	29,798,550	17,879,130		47,677,680
其中：境内法人持有股份	29,798,550	17,879,130		47,677,680
募集法人股	282,658,717	169,595,230		452,253,947
内部职工股	13,333,333	8,000,000		21,333,333
增发 A 股	45,000,000		(45,000,000)	0
未上市流通股份合计	370,790,600	195,474,360	(45,000,000)	521,264,960
二、已上市流通股份				
境内上市普通股	60,000,000	63,000,000	45,000,000	168,000,000
境内上市外资股	270,000,000	162,000,000		432,000,000
已上市流通股份合计	330,000,000	225,000,000	45,000,000	600,000,000
股本总数	700,790,600	420,474,360		1,121,264,960

600727 山东鲁北化工股份有限公司

2001 年年度报告摘要

第一节　公司基本情况简介

一、公司中文名称：山东鲁北化工股份有限公司
英文名称：SHANDONG LUBEI CHEMICAL Co.,LTD
英文缩写：LBC
二、法定代表人：冯久田
三、董事会秘书：田玉新
联系地址：山东省无棣县埕口镇东
电话：(0543)6451265
传真：(0543)6451057　6451265
电子信箱：bz683@public.bzptt.sd.cn
四、公司注册地址：山东省无棣县马山子镇
邮政编码：251907
办公地址：山东省无棣县埕口镇东
邮政编码：251909
公司网址：www.Lubei.com
电子信箱：Lubei@public.bzptt.sd.cn
五、信息披露报刊：《中国证券报》、《上海证券报》
登载公司年度报告的国际互联网网址：http://www.sse.com.cn
年报备置地点：公司证券部
六、股票上市地：上海证券交易所
股票简称：鲁北化工　　股票代码：600727

第二节　会计数据和业务数据摘要

一、公司本年度利润情况

单位：元

项目	金额
利润总额：	156688222.83
净利润：	132481217.77
扣除非经常性损益后的净利润	132481217.77
主营业务利润：	124797204.46
其他业务利润：	148232.68
营业利润：	70202263.89
投资收益：	0.00
补贴收入：	85399651.22
营业外收支净额：	1086307.72
经营活动产生的现金流量净额：	198451966.65
现金及现金等价物净增加额：	－5198329.40

二、主要会计数据和财务指标

单位：元

指标项目	2001 年	2000 年调整后	2000 年调整前	1999 年调整后	1999 年调整前
1、主营业务收入	642059234.00	837739283.68	838625788.66	951749094.86	955706977.74
2、净利润	132481217.77	193430127.19	196056819.62	270845915.84	274803798.72
3、总资产	3218212365.63	3054541334.06	3089928242.83	2039242386.98	2043200269.86
4、股东权益	2154530043.73	2022048825.96	2095365734.73	1167930763.25	1171888646.13
5、每股收益	0.35	0.51	0.52	0.81	0.83
每股收益（加权）	0.35	0.54	0.55	0.89	0.96
扣除非经常性损益后的每股收益	0.35	0.51	0.52	0.81	0.83
6、每股净资产	5.68	5.33	5.52	3.51	3.52
7、调整后的每股净资产	5.68	5.33	5.52	3.51	3.52
6、每股经营活动产生的现金流量净额	0.52	1.03	1.03	1.17	1.00
9、净资产收益率（%）	6.15	9.60	9.40	23.19	23.45

三、利润表附表

报告期利润	净资产收益率（%）		每股收益（元）	
	全面摊薄	加权平均	全面摊薄	加权平均
主营业务利润	5.80	6.00	32.90	32.90
营业利润	3.30	3.40	18.50	18.50
净利润	6.10	6.30	34.90	34.90
扣除非经营性损益后的净利润	6.10	6.30	34.90	34.90

第三节　股本变动及股东情况

一、股本变动情况
1、股本变动情况表

数量单位：万股

	本次变动前	本次变动增减（+，-）						本次变动后
		配股	送股	公积金转股	增发	其他	小计	
一、未上市流通股份								
1、发起人股份	22720							22720
其中：								
国家持有股份								
境内法人持有股份	22720							22720
外资法人持有股份								
其他								
2、募集法人股份								
3、内部职工股								
4、优先股或其他								
其中：转配股								
未上市流通股份合计	22720							22720
二、已上市流通股份								
1、人民币普通股	15210							15210
2、境内上市的外资股								
3、境外上市的外资股								
4、其他								
已上市流通股份								
已上市流通股份合计	15210							15210
三、股份总数	37930							37930

600728 新太科技股份有限公司

2001 年年度报告摘选

一、公司基本情况简介

公司法定中文名称:新太科技股份有限公司
公司法定英文名称:SUNTEK TECHNOLOGY CO.,LTD.
法定代表人:邓龙龙
董事会秘书:潘福久
联系地址:广州市天河高新技术产业开发区工业园建中路 51-53 号
电子信箱:panfj@suntektech.com
证券事务代表:刘颖
联系地址:广州市天河高新技术产业开发区工业园建中路 51-53 号
联系电话:020-85520635,85550260
传真:020-85538988
电子信箱:ly@suntektech.com
公司注册地址:中国广东省广州市天河高新技术产业开发区建中路 51-53 号
公司办公地址:中国广东省广州市天河高新技术产业开发区建中路 51-53 号
邮政编码:510665
公司国际互联网网址:http://www.suntektech.com
公司电子信箱:info@suntektech.com
公司选定的信息披露报刊:上海证券报、中国证券报
登载年度报告的国际互联网网址:http://www.sse.com.cn
年度报告备置地点:公司证券部
股票上市交易所:上海证券交易所
股票简称:新太科技
股票代码:600728

二、会计数据和业务数据摘要

1、本年度主要利润指标 (单位:元)

项目	金额
利润总额	35,248,829.62
净利润	28,070,985.14
扣除非经常性损益后的净利润	31,966,215.27
主营业务利润	155,449,811.12
其它业务利润	1,352,532.66
营业利润	32,692,430.62
投资收益	3,026,588.63
补贴收入	0.00
营业外收支净额	-470,189.63
经营活动产生的现金流量净额	48,770,019.72
现金及现金等价物净增减额	-65,877,104.45

2、公司近三年的主要会计数据及财务指标 (单位:元)

项目	2001 年	2000 年		1999 年	
		调整前	调整后	调整前	调整后
主营业务收入	581,100,303.75	725,291,886.45	725,291,886.45	611,227,190.78	611,227,190.78
净利润	28,070,985.14	63,453,178.28	53,077,606.15	47,260,544.60	43,758,429.79
总资产	1,066,437,732.27	1,170,275,084.86	1,156,889,973.76	871,759,140.21	868,257,025.40
股东权益(不含少数股东权益)	814,797,588.44	811,013,299.23	797,135,612.30	441,916,527.18	438,414,412.37
每股收益	0.135	0.305	0.255	0.249	0.231
每股净资产	3.914	3.896	3.829	2.333	2.314
调整后的每股净资产	3.911	3.890	3.823	2.259	2.241
每股经营活动产生的现金流量净额	0.234	0.011	0.011	0.439	0.439
净资产收益率(%)	3.445	7.824	6.659	10.694	9.981

3、按照《公开发行证券公司信息披露编报规则(第 9 号)》要求计算的利润数据:

报告期利润	净资产收益率(%)		每股收益(元)	
	全面摊薄	加权平均	全面摊薄	加权平均
主营业务利润	19.078	19.164	0.747	0.747
营业利润	4.012	4.030	0.157	0.157
净利润	3.445	3.461	0.135	0.135
扣除非经常性损益后的净利润	3.923	3.941	0.154	0.154

三、股本变动及股东情况

1、股份变动情况表

截止 2001 年 12 月 31 日的股份情况如下:

	本次变动前	本次变动增减(+,-)						本次变动后
		配股	送股	公积金转股	增发	其他	小计	
一、未上市流通股份								
1、发起人股份	61,411,586							61,411,586
其中:								
国家持有股份	61,411,586							61,411,586
境内法人持有股份								
境外法人持有股份								
其它								
2、募集法人股份	9,000,000							9,000,000
3、内部职工股								
4、社会法人股	56,648,594							56,648,594
未上市流通股份合计	127,060,180							127,060,180
二、已上市流通股份								
1、人民币普通股	81,120,000							81,120,000
2、境内上市的外资股								
3、境外上市的外资股								
4、其他								
已上市流通股份合计	81,120,000							81,120,000
三、股份总数	208,180,180							208,180,180

600729 重庆百货大楼股份有限公司

2001 年年度报告摘选

一、公司基本情况简介

1、法定中文名称:重庆百货大楼股份有限公司
英文名称:Chongqing Department Store Co.,ltd
缩　　写:CBDL
2、公司法定代表人:龚小力
3、董事会秘书:张邕
联系地址:重庆市渝中区民权路 2 号
联系电话:023-63843197　　传　真:023-63844212
证券事务代表:赵耀
联系地址:重庆市渝中区民权路 2 号
联系电话:023-63822594　　传　真:023-63844212
4、公司注册地址:重庆市渝中区民权路 2 号
公司办公地址:重庆市渝中区民权路 2 号　　邮政编码:400010
互联网网址:http://www.cqbhdl.com.cn
电子信箱:600729@cqbhdl.com.cn
5、公司信息披露报纸:上海证券报、中国证券报
登载年度报告的指定网址:http://www.sse.com.cn
年度报告备置地点:公司证券部
6、股票上市交易所:上海证券交易所
股票简称:重庆百货　　股票代码:600729

二、会计数据和业务数据摘要

1、本年度实现的会计数据(单位:元)

项目	金额
利润总额	71,341,071.76
净利润	58,244,159.92
扣除非经常性损益后的净利润	54,008,264.95
主营业务利润	285,391,898.40
其他业务利润	8,730,846.47
营业利润	65,300,519.05
投资收益	14,117,561.77
补贴收入	175,000.00
营业外收支净额	-8,252,009.06
经营活动产生的现金流量净额	75,861,911.30
现金及现金等价物净增减额	2,885,982.23

注:扣除非经常性损益后的净利润,扣除项目:(单位元)
捐赠支出:-54,890.00
处理固定资产净收益:-6,024,684.93
股票投资收益:2,798,051.32
债权投资收益:7,335,072.11
委托贷款收益:929,857.34
合计:4,983,405.84,扣除所得税后:4,235,894.96

2、近三年主要会计数据和财务指标

项目	单位	2001 年	2000 年		1999 年	
			追溯调整前	追溯调整后	追溯调整前	追溯调整后
主营业务收入	元	2,358,293,015.17	2,036,090,639.90	2,036,090,639.90	1,730,830,354.76	1,730,830,354.76
净利润	元	58,244,159.92	70,877,992.58	58,095,107.18	72,913,636.11	73,356,036.11
总资产	元	1,235,916,344.67	1,022,722,032.04	916,017,864.54	801,320,061.00	794,343,461.00
股东权益(不含少数股东权益)	元	424,339,672.32	389,512,312.95	370,235,819.48	375,368,370.50	368,874,670.50
每股收益	元/股	0.26	0.21	0.22	0.13	0.13
每股净资产	元/股	2.08	1.91	1.81	1.84	1.81
调整后每股净资产	元/股	1.82	1.70	1.61	1.75	1.72
每股经营活动产生的现金流量净额	元/股	0.37	0.54	0.54	0.10	0.10
净资产收益率	%	13.52	10.62	11.26	7.02	7.25

3、报告期利润表附表

2001 年度利润	净资产收益率(%)		每股收益(元)	
	全面摊薄	加权平均	全面摊薄	加权平均
主营业务利润	67.26	71.46	1.40	1.40
营业利润	15.39	16.35	0.32	0.32
净利润	13.73	14.58	0.29	0.29
扣除非经常损益后的净利润	12.73	13.52	0.26	0.26

注:本表按《公开发行证券的公司信息披露编报规则第九号》规定编制

三、股本变动及股东情况

1、股份变动情况表 (单位:股)

	本次变动前	本次变动增减(+,-)						本次变动后
		配股	送股	公积金转股	增发	其他	小计	
一、未上市流通股份								
1、发起人股份								
其中:国家持有股份	71,400,000							71,400,000
境内法人持有股份								
境外法人持有股份								
其他								
2、募集法人股份	81,600,000							81,600,000
3、内部职工股								
4、优先股或其他								
未上市流通股份合计	153,000,000							153,000,000
二、已上市流通股份								
1、人民币普通股	51,000,000							51,000,000
2、境内上市的外资股								
3、境外上市的外资股								
4、其他								
已上市流通股份合计								
三、股份总数	204,000,000							204,000,000

600730 中国高科集团股份有限公司

2001年年度报告摘选

一、公司基本情况简介

(一)公司的法定中文名称:中国高科集团股份有限公司
英文名称:CHINA HI－TECH GROUP CO.,LTD.
(二)公司法定代表人:薛延禄
(三)公司董事会秘书:刘丹旭
联系地址:上海市成都北路333号招商局广场南幢17层
电话:(021)52980008
传真:(021)52980816
电子信箱:hi－tech@china－hi－tech.com
(四)公司注册地址:上海市浦东新区金港路501号
邮政编码:201206
公司办公地址:上海市成都北路333号招商局广场南幢17层
邮政编码:200041
公司国际互联网网址:http://www.china－hi－tech.com
公司电子信箱:hi－tech@china－hi－tech.com
(五)公司指定的信息披露报纸名称:《上海证券报》、《中国证券报》
登载公司年度报告的中国证监会指定国际互联网网址:http://www.sse.com.cn
公司年度报告备置地点:上海市成都北路333号招商局广场南幢17层
(六)公司股票上市交易所:上海证券交易所
股票简称:中国高科
股票代码:600730

二、会计数据和业务数据摘要

1、主要利润指标情况(单位:人民币元)

	2001年度
利润总额	72,791,642.18
净利润	45,289,502.26
扣除非经常性损益后的净利润	33,342,234.87
主营业务利润	131,642,038.23
其他业务利润	1,704,168.81
营业利润	59,708,638.57
投资收益	12,956,374.63
补贴收入	73,277.87
营业外收支净额	53,351.11
经营活动产生的现金流量净额	102,037,820.48
现金及现金等价物净增加额	74,404,908.73

注:公司已扣除的非经常性损益项目具体明细如下

补贴收入	10,274,549.83
营业外收支净额	39,037.51
股权投资处置损益	1,633,680.05
合计	11,947,267.39

2、截至本报告期末前三年的主要会计数据及财务指标:

项目	2001年	2000年	1999年
主营业务收入(元)	1,505,759,098.31	865,613,182.74	347,842,467.14
净利润(元)	45,289,502.26	29,394,468.00	4,905,138.03
总资产(元)	1,355,539,521.53	1,580,076,867.70	671,177,318.19
股东权益(元)	370,149,037.19	324,782,854.93	244,061,798.94
每股收益(元/股)	0.26	0.17	0.03
每股净资产(元/股)	2.12	1.86	1.40
调整后的每股净资产(元/股)	2.08	1.83	1.33
每股经营活动产生的现金流量净额	0.58	2.63	0.02
净资产收益率(%)	12.24	9.05	2.01

3、利润表附表

报告期利润	净资产收益率(%)		每股收益(元)	
	全面摊薄	加权平均	全面摊薄	加权平均
主营业务利润	35.56	37.89	0.75	0.75
营业利润	16.13	17.18	0.34	0.34
净利润	12.24	13.03	0.26	0.26
扣除非经常性损益后的净利润	9.01	9.60	0.19	0.19

注:该指标是按照《公开发行证券公司信息披露编报规则第九号》规定计算的。

三、股本变动及股东情况

1、股本变动情况
(1)股份变动情况表

数量单位:万股

	期初数	本次变动增减(＋,－)					期末数
		配股	送股	公积金转股	其他	小计	
一、尚未流通股份							
1、发起人股份	10980						10980
其中:国家拥有股份							
境内法人拥有股份	10980						10980
外资法人拥有股份							
其他							
2、募集法人股	1020						1020
3、内部职工股							
4、优先股或其他							
尚未流通股合计	12000						12000
二、已流通股份							
1、境内上市的人民币普通股	5460						5460
2、境内上市的外资股							
3、境外上市的外资股							
4、其他							
已流通股份合计	5460						5460
三、股份总数	17460						17460

600731 湖南海利化工股份有限公司

2001年年度报告摘选

第一节 公司基本情况简介

1.公司法定中文名称:湖南海利化工股份有限公司
公司英文名称:Hunan Haili Chemical Industry Co.,Ltd.
公司英文名称缩写:HLC
2.公司法定代表人:王晓光
3.公司董事会秘书:肖光普
联系地址:湖南省长沙市芙蓉中路399号
电　　话:(0731)5552484　　传　真:(0731)5540475
电子信箱:hnhlzq03@public.cs.hn.cn
4.公司注册、办公地址:湖南省长沙市芙蓉中路399号
邮政编码:410007
公司国际互联网网址:http://www.hnhlc.com
公司电子信箱:hnhlzq01@public.cs.hn.cn
5.公司选定的信息披露报纸名称:《中国证券报》、《上海证券报》
登载年报的指定网址:http://www.sse.com.cn
公司年报备置地点:公司证券办公室
6.公司股票上市交易所:上海证券交易所
股票简称:湖南海利　　股票代码:600731

第二节 会计数据和业务数据摘要

1、本年度主要利润指标情况(单位:元)

利润总额	27787633.79
净利润	22040482.27
扣除非经常性损益后的净利润	20676799.95
主营业务利润	72735299.69
其它业务利润	3862571.28
营业利润	26157570.33
投资收益	1818808.82
补贴收入	－－－－－
营业外收支净额	－188745.36
经营活动产生的现金流量净额	2179725.89
现金及现金等价物净增加额	－69674602.31

扣除非经常性损益后的净利润中扣除了营业外收支净额－188745.36元和投资收益1793077.50元(不含股权投资差额摊销),以上数据扣税后共涉及金额1363682.32元。

2、报告期末公司前三年的主要会计数据和财务指标(单位:人民币元)

指标项目	2001年度	2000年度		1999年度
		调整后	调整前	
主营业务收入	300386408.37	331058796.14	333164394.89	300148666.67
净利润	22040482.27	27560302.86	36102715.13	26375793.11
总资产	917332349.39	875896607.14	917451509.99	525610945.82
股东权益(不含少数股东权益)	433086286.06	415724227.31	452614594.02	298224840.19
每股收益				
摊薄	0.094	0.118	0.154	0.1874
加权	0.094	0.122	0.16	0.1874
每股净资产	1.85	1.78	1.93	2.1193
调整后每股净资产	1.81	1.74	1.89	2.110
每股经营活动产生的现金流量净额	0.009	0.03	0.03	0.0212
净资产收益率(%)				
摊薄	5.09	6.63	7.98	8.844
加权	5.11	7.31	9.75	9.253

3、报告期利润表附表:

报告期利润	金额(元)	净资产收益率(%)		每股收益(元/股)	
		全面摊薄	加权平均	全面摊薄	加权平均
主营业务利润	72735299.69	16.79	16.87	0.311	0.311
营业利润	26157570.33	6.04	6.07	0.112	0.112
净利润	22040482.27	5.09	5.11	0.094	0.094
扣除非经常性损益后的净利润	20676799.95	4.77	4.80	0.088	0.088

第三节 股本变动及股东情况

1、公司股份变动情况表

截止2001年12月31日,公司总股本233,921,176股,其股权结构及变动增减如下:(数量单位:股)

股份类别	本次变动前	本期增减(＋,－)			本次变动后
		配股	公积金转增股本	小计	
一、未上市流通股份					
1、发起人股份	125475286	0	0	0	125475286
其中:					
国家持有股份	117054016	0	0	0	117054016
境内法人持有股份	8421270	0	0	0	8421270
境外法人持有股份	0	0	0	0	0
其他	0	0	0	0	0
2、募集法人股份	33802815	0	0	0	33802815
3、内部职工股	0	0	0	0	0
4、优先股或其他	0	0	0	0	0
未上市流通股份合计	159278101	0	0	0	159278101
二、已上市流通股份					
1、人民币普通股	74643075	0	0	0	74643075
2、境内上市的外资股	0	0	0	0	0
3、境外上市的外资股	0	0	0	0	0
4、其它	0	0	0	0	0
已上市流通股份合计	74643075	0	0	0	74643075
三、股份总数	233921176	0	0	0	233921176

600732 上海港机股份有限公司

2001 年年度报告摘选

一、公司基本情况简介

1、公司法定中文名称:上海港机股份有限公司
公司英文名称:Shanghai Port Machinery Co.,Ltd.
公司英文名称缩写:SPMC
2、公司法定代表人:陈云
3、公司董事会秘书:蔡爱国
联系地址:上海市浦东南路 3500 号　董事会秘书室
电话:(021)58395139 转 6665　　传真:(021)58398836
4、公司注册地址及办公地址:上海市浦东南路 3500 号
邮政编码:200125
国际互联网网址:http://www.spmp.com
电子信箱:spmc@mail.spmp.com
5、公司选定的信息披露报纸:《中国证券报》、《上海证券报》
登载公司年度报告的中国证监会指定国际互联网网址:http://www.sse.com.cn
公司年度报告备置地点:公司董事会秘书室
6、公司股票上市地:上海证券交易所
股票简称:上海港机　　股票代码:600732
7、其它有关资料:
(1)公司首次注册登记日期、地点:
注册日期:1996 年 8 月 12 日
注册地点:上海市
(2)企业法人营业执照注册号:3100001004243
(3)税务登记号码:国税沪字 310042132269407
(4)公司聘请的会计师事务所:上海立信长江会计师事务所有限公司
办公地点:上海市南京东路 61 号 4 楼　　邮政编号:200002

二、会计数据和业务数据摘要(合并报表)

1、本年度主要会计数据　(单位:元)

项目	金额
利润总额:	-59,056,259.52
净利润:	-59,559,709.15
扣除非经常性损益后的净利润:	-65,828,918.55
主营业务利润:	-6,622,320.82
其他业务利润:	-176,936.80
营业利润:	-59,230,470.49
投资收益:	257,658.45
补贴收入:	---
营业外收支净额:	-83,447.48
经营活动产生的现金流量净额:	119,078,581.58
现金及现金等价物净增加额:	38,453,400.39

注:扣除非经常性损益项目和涉及金额如下:
营业外收支净额:-83,447.48 元;
收取的资金占用费:6,352,656.88 元。

2、近三年主要会计数据和财务指标(合并报表)　(单位:元)

指标项目	2001 年	2000 年		1999 年
		调整前	调整后	
主营业务收入	709,404,619.37	495,044,179.90	495,044,179.90	548019878.24
净利润	-59,559,709.15	20,144,675.74	20,144,675.74	10,535,377.84
总资产	1,123,493,896.97	1,196,649,900.55	1,192,371,827.87	1,037,080,219.82
股东权益	341,101,464.91	407,183,606.36	394,644,633.61	387,038,930.62
每股收益(摊薄)	-0.24	0.081	0.081	0.055
扣除非经常损益后的每股收益	-0.2654	0.045	0.045	0.034
每股净资产	1.3755	1.64	1.5914	2.13
调整后的每股净资产	1.3711	1.55	1.5308	2.00
每股经营活动产生的现金流量净额	0.4802	-0.4132	-0.4132	0.301
净资产收益率(%)(摊薄)	-17.46%	4.95%	4.95%	2.59%
净资产收益率(%)(加权)	-16.19%	5.07%	5.15%	2.59%

注:本报告期扣除非经常性损益后的加权平均净资产收益率为-17.89%。

三、股本变动及股东情况

1、股本变动情况
股本变动情况表　数量单位:股

	本次变动前	本次变动增减(+,-) 配股	送股	公积金转股	增发	其他	小计	本次变动后
一、未上市流通股份								
1、发起人股份	165,050,600							165,050,600
其中:								
国家持有股份	165,050,600							165,050,600
未上市流通股份合计	165,050,600							165,050,600
二、已上市流通股份								
1、人民币普通股	82,940,000							82,940,000
已上市流通股份合计	82,940,000							82,940,000
三、股份总数	247,990,600							247,990,600

2、股东情况介绍
(1)截至 2001 年 12 月 31 日,公司股东总数为 25,933 户。
(2)主要股东持股情况:

序号	股东名称	年末持股数(股)	持股比例(%)
1	上海港口机械制造厂	165,050,600	66.560
2	特发工贸	504,570	0.203
3	范思平	278,309	0.112
4	吴亚琴	265,720	0.107
5	刘正秀	225,434	0.090
6	蒋红	218,800	0.088
7	申银万国	215,885	0.087
8	凯旋酒店	200,000	0.080
9	金玉勤	190,920	0.076
10	高百羽	189,162	0.076

600733 成都前锋电子股份有限公司

2001 年年度报告摘选

一、公司基本情况简介

1、公司法定中文名称:成都前锋电子股份有限公司
公司法定英文名称:ChengDu QianFeng Electronics Co.,Ltd.
英文缩写:QFEC
2、公司法定代表人:杨晓斌
3、公司董事会秘书:姜久富
联系地址:四川省成都市西玉龙街 211 号交银大厦 16 层
电话:(028)6525719
传真:(028)6525725
电子信箱:jiangjiufu@qianfeng-ltd.com
证券事务代表:邓红光
电话:(028)6525723
传真:(028)6525725
电子信箱:denghongguang@qianfeng-ltd.com
4、公司注册及办公地址:四川省成都市西玉龙街 211 号交银大厦 16 层
邮政编码:610015
公司国际互联网网址:http://www.qianfeng-ltd.com
公司电子信箱:office@qianfeng-ltd.com
5、公司信息披露报刊:《中国证券报》、《上海证券报》
中国证监会指定国际互联网网址:http://www.sse.com.cn
公司年度报告备置地点:本公司董事会办公室
6、公司股票上市地:上海证券交易所
股票简称:前锋股份　　股票代码:600733

二、会计数据和业务数据摘要

(一)公司本年度主要利润指标情况(金额单位:人民币元)

项目	2001 年度
利润总额	2,045,354.41
净利润	4,749,033.17
扣除非经常性损益后的净利润	-1,621,552.64
主营业务利润	22,585,025.02
其他业务利润	5,360,604.01
营业利润	-1,802,822.46
投资收益	474,332.59
补贴收入	
营业外收支净额	3,373,844.28
经营活动产生的现金流量净额	12,904,204.89
现金及现金等价物净增减额	117,331,242.29

注:扣除的非经常性损益项目金额为:

项目	金额
营业外支出	98,227.69
营业外收入	2,358,753.36
委托理财	2,036,800.00
收取的资金占用费	2,075,543.12
处理股权损失	2,232.98

(二)公司近三年主要会计数据和财务指标:　金额单位:人民币元

项目	2001 年	2000 年		1999 年	
		调整后	调整前	调整后	调整前
主营业务收入	71,596,296.33	136,910,641.43	136,910,641.43	153,961,933.98	152,652,369.90
净利润	4,749,033.17	21,989,030.46	24,904,903.11	13,669,645.90	26,320,236.00
总资产	520,640,976.64	442,212,146.43	445,872,044.80	454,599,926.75	458,939,875.78
股东权益(不含少数股东权益)	262,036,044.64	256,360,011.47	278,241,948.42	208,591,395.90	221,241,986.00
每股收益(元/股)	0.024	0.1113	0.126	0.069	0.133
每股净资产(元/股)	1.3262	1.2975	1.408	1.056	1.12
调整后每股净资产	1.3225	1.2975	1.406	1.053	1.12
每股经营活动产生的现金流量净额	0.0653	0.2445	0.244	-0.461	-0.255
净资产收益率(%)	1.8124	8.5774	8.95	6.55	11.9

(三)报告期利润表附表:

	净资产收益率%		每股收益	
	全面摊薄	加权平均	全面摊薄	加权平均
主营业务利润	8.6191	8.7134	0.1143	0.1143
营业利润	-0.6880	-0.6955	-0.0091	-0.0091
净利润	1.8124	1.8322	0.0240	0.0240
扣除非经常性损益后的净利润	-0.6188	-0.6256	-0.0082	-0.0082

三、股本变动和主要股东情况

(一)股份变动情况表(截止 2001 年 12 月 31 日)　单位:股

	期初数	本次变动增减(+,-) 配股	送股	公积金转股	其他	小计	期末数
一、未流通股份							
1、发起人股份							
其中:							
国家持有股份	36270000						36270000
境内法人持有股份							
境外法人持有股份							
其他							
2、募集法人股	85716000						85716000
3、内部职工股							
4、优先股或其他							
未上市流通股份合计	121986000						121986000
二、已上市流通股份							
1、境内上市的人民币普通股	75600000						75600000
2、境内上市的外资股							
3、境外上市的外资股							
4、其他							
已上市流通股份合计	75600000						75600000
三、股份总数	197586000						197586000

600734 福建实达电脑集团股份有限公司

2001 年年度报告摘选

一、公司简介

1.公司法定中文名称:福建实达电脑集团股份有限公司
中文名称简称:实达电脑
英文名称:FUJIAN START COMPUTER GROUP CO.LTD
英文名称缩写:SCG
2.公司法定代表人:景源
3.公司董事会秘书:陈承平
公司证券事务代表:吴波
联系地址:福建省福州市福二工业区实达科技城九层
联系电话:0591－3700974
联系传真:0591－3708128
电子信箱:ccp@start.com.cn、gzwb@start.com.cn
4.公司注册地址:福州市经济技术开发区科技工业区 A 小区 C 号楼
办公地址:福建省福州市福二工业区实达科技城
邮政编码:350002
公司网址:http://www.start.com.cn
公司电子信箱:gzwb@start.com.cn
5.公司选定的信息披露媒体名称:《中国证券报》
登载公司年度报告的中国证监会指定国际互联网网址:http://www.sse.com.cn
公司年报备置地点:本公司董事会办公室
6.公司股票上市交易所:上海证券交易所
股票简称:实达电脑　　股票代码:600734

二、会计数据和业务数据摘要

1、公司本年度会计数据　　单位:人民币元

项目	金额
(1)利润总额:	80,434,578.74
(2)净利润:	51,298,942.33
(3)扣除非经常性损益后的净利润:	34,868,203.09
(4)主营业务利润:	490,861,332.27
(5)其他业务利润:	12,891,255.31
(6)营业利润:	54,991,241.62
(7)投资收益:	16,828,430.94
(8)补贴收入:	11,000,000.00
(9)营业外收支净额:	－2,385,093.82
(10)经营活动产生的现金流量净额:	－32,991,282.49
(11)现金及现金等价物净增加额:	－130,150,210.64

注:扣除的非经常性损益项目和涉及的金额:

处置下属部门、被投资单位股权损益 7,815,833.06,具体处置情况见公司报告期内投资情况说明。补贴收入 11,000,000.00,系安徽实达电脑科技有限公司 2001 年度新产品研发及品牌推广费。营业外收支净额－2,385,093.82。

2、公司前三年主要会计数据和财务指标

指标项目	单位	2001	2000	1999
主营业务收入	元	2,896,863,453.73	3,201,611,925.02	2,193,859,422.98
净利润	元	51,298,942.33	－260,172,219.46	－53,390,328.17
总资产	元	1,682,125,515.07	1,777,744,940.58	1,789,073,301.28
股东权益(不含少数股东权益)	元	578,428,667.58	523,427,818.06	786,336,119.17
全面摊薄每股收益	元/股	0.1459	－0.7401	－0.1519
加权平均每股收益	元/股	0.1459	－0.7401	－0.1609
扣除非经常性损益后的每股收益	元/股	0.0992	－0.7455	－0.2120
每股净资产	元/股	1.6453	1.4889	2.2367
调整后的每股净资产	元/股	1.6171	1.4378	2.2060
每股经营活动产生的现金流量净额	元/股	－0.0938	－0.1882	－0.1519
全面摊薄净资产收益率	%	8.8687	－49.7055	－6.7898
加权平均净资产收益率	%	9.3428	－39.6453	－6.92
扣除非经常性损益后的加权平均净资产收益率	%	6.3503	－39.9396	－9.18

三、股本变动及股东情况

(一)股份变动情况表　　单位:股

	本次变动前	本次变动增减(+,－)						本次变动后
		配股	送股	公积金转股	增发	其它	小计	
一.未上市流通股份								
1.发起人股份								
其中:								
国家持有股份								
境内法人持有股份	149,762,500							149,762,500
境外法人持有股份								
其他								
2.募集法人股份	69,063,750							69,063,750
3.内部职工股								
4.优先股或其他								
其中:转配股	23,154,819					－23,154,819	－23,154,819	0
未上市流通股份合计	241,9981,069					－23,154,819	－23,154,819	218,862,250
二.已上市流通股份								
1.人民币普通股	109,577,325					+23,154,819	+23,154,819	132,732,144
2.境内上市的外资股								
3.境外上市的外资股								
4.其他								
已上市流通股份合计	109,577,325					+23,154,819	+23,154,819	132,732,144
三.股份总数	351,558,394							351,558,394

600735 山东兰陵陈香酒业股份有限公司

2001 年年度报告摘选

一、公司基本情况简介

1、法定名称:山东兰陵陈香酒业股份有限
公司英文名称:SHANDONG LANLING CHENXIANG JIUYE CO.LTD
英文缩写:LLCX
2、法定代表人:张兴华先生
3、董事会秘书:陈东辉先生
联系地址:山东省临沂市沂蒙路 426 号
电话:(0539)8322568－3058/3068
传真:(0539)8315880
董秘电子信箱:ml_cdh@sina.com
4、注册地址、办公地址:山东省临沂市沂蒙路 426 号
邮政编码:276004
电子信箱:llzqb@ly－public.sd.cninfo.net
5、信息披露报纸:中国证券报、上海证券报
年报指定披露的网址:http://www.sse.com.cn
年度报告备置地:山东省临沂市沂蒙路 426 号公司办公室
6、股票上市交易所:上海证券交易所
股票简称:兰陵陈香　　股票代码:600735

二、会计数据和业务数据摘要

1、公司本年度主要利润指标情况:

项目	数额(元)
利润总额	10,537,510.50
净利润	12,068,040.74
扣除非经常性损益后的净利润	9,101,488.56
主营业务利润	33,323,019.53
其他业务利润	1,216,534.82
营业利润	11,475,210.18
投资收益	347,717.01
补贴收入	0.00
营业外收支净额	－1,285,416.69
经营活动产生的现金流量净额	23,257,645.53
现金及现金等价物净增加额	1,790,923.66

注:扣除的非经营性项目损益项目及金额:固定资产盘盈 1,328,813.69 元,固定资产盘亏 126,417.16 元,资金占用费 3,049,572.34 元,营业外收入 9,897.41 元,营业外支出 1,295,314.10 元。

2、会计数据和财务指标:(单位:元)

指标项目	2001 年	2000 年	1999 年
主营业务收入	184,074,006.35	224,891,007.18	227,092,853.30
净利润	12,068,040.74	18,382,894.17	22,225,470.92
总资产	456,918,841.11	403,961,416.50	314,303,849.08
股东权益	302,651,710.89	290,583,670.15	203,642,376.67
每股收益(摊薄)	0.078	0.154	0.254
每股收益(加权)	0.078	0.168	0.254
每股净资产	1.955	2.440	2.325
调整后的每股净资产	1.936	2.414	2.302
每股经营活动产生的现金流量净额	0.150	－0.361	0.026
净资产收益率%(摊薄)	4.0	6.3	10.9
净资产收益率%(加权)	4.1	8.7	10.9
扣除非经常性损益后的每股收益	0.058	0.145	0.159

利润表附表:

报告期利润	净资产收益率%		每股收益(元)	
	全面摊薄	加权平均	全面摊薄	加权平均
主营业务利润	11.01	11.23	0.22	0.22
营业利润	3.79	3.87	0.07	0.07
净利润	3.99	4.07	0.08	0.08
扣除非经常性损益后的净利润	3.01	3.07	0.06	0.06

因会计政策及会计差错更正追溯调整 2000 年度会计数据:

	调整后	调整前
净利润	18,382,894.17	20,444,927.03
总资产	403,961,416.50	425,057,024.26
股东权益	290,583,670.15	311,679,276.91
每股收益	0.154	0.172
每股净资产	2.440	2.617

调整情况详见第十节财务报告(二)会计报表附注第 8 项、第 9 项。

3、报告期内股东权益变动情况:

项目	股本	资本公积金	盈余公积金	公益金	未分配利润	股东权益合计
期初数	119,086,875.00	107,932,954.29	17,197,148.02	5,732,382.67	46,366,692.84	290,583,670.15
本期增加	35,726,061.00			1,810,206.09	603,402.03	37,536,267.09
本期减少		23,817,374.00			1,650,852.35	25,468,226.35
期末数	154,812,936.00	84,115,580.29	19,007,354.11	6,333,784.70	44,715,840.49	302,651,710.89
变动原因	送股、转增增加	转增减少	按章程提取	按章程提取	本年实现利润及分红	

三、股本变动及股东情况

(一)股本变动情况

1、股本变动情况表:

	变动前	本次增加		变动后	比例%
(一)未上市流通股份		送股	转增股		
发起人股份	54,885,697	5,488,570	10,977,139	71,351,406	46.09%
其中:					
国家持有股份	54,885,697	5,488,570	10,977,139	71,351,406	46.09%
未上市流通股份合计	54,885,697	5,488,570	10,977,139	71,351,406	46.09%
(二)已上市流通股份					
人民币普通股	64,201,177	6,420,118	12,840,235	83,461,530	53.91%
已上市流通股份合计	64,201,177	6,420,118	12,840,235	83,461,530	53.91%
(三)股份总数	119,086,874	11,908,688	23,817,374	154,812,936	100%

600736 苏州新区高新技术产业股份有限公司

2001 年年度报告摘选

第一章 公司基本情况简介

1.公司法定中文名称:苏州新区高新技术产业股份有限公司
公司法定英文名称:SUZHOU NEW DISTRICT HI - TECH INDUSTRIAL CO.,LTD
英文缩写:SZNH
2.公司法定代表人:吴友明
3.公司董事会秘书:缪凯
公司董事会证券事务代表:吴光亚
联系地址:江苏省苏州市新区狮山路 12 号金狮大厦 6 楼
电话:(0512)8096283　　传真:(0512)8099281
电子信箱:miao.k@c - snd.com/wu.gy@c - snd.com
4.公司注册地址:江苏省苏州市新区运河路 8 号
办公地址:江苏省苏州市新区狮山路 12 号金狮大厦 6 楼　　邮政编码:215011
公司国际互联网网址:HTTP//WWW.SNDHT.COM.CN
公司电子信箱:SZGX@MAIL.CS - SND.COM.CN
5.公司信息披露报纸:《中国证券报》、《上海证券报》
登载公司年度报告的中国证监会指定网站网址:HTTP//WWW.SSE.COM.CN
公司年度报告备置地点:公司董事会秘书处
6.公司股票上市交易所:上海证券交易所
股票简称:苏州高新　　股票代码:600736

第二章 会计数据和业务数据摘要

一、公司本年度的主要会计数据与业务数据摘要(单位:元)

项目	2001 年
利润总额	117,822,017.37
净利润	84,858,562.05
扣除非经常性损益后的净利润 *	78,489,325.79
主营业务利润	182,034,552.79
其他业务利润	1,372,397.51
营业利润	101,088,511.70
投资收益	11,922,726.39
补贴收入	0.00
营业外收支净额	4,810,779.28
经营活动产生的现金流量净额	249,318,649.49
现金及现金等价物净增加额	83,420,683.46

注:公司扣除非经常性损益的项目、涉及金额如下:

项目	金额
1、营业外收入	5,415,388.55
2、营业外支出	-604,609.27
3、股权投资处置损益	2,682,439.85
以上项目涉及的所得税	-1,123,982.87
合计	6,369,236.26

二、截止报告期末前三年主要会计数据及财务指标(单位:元)

项目	2001 年	2000 年	1999 年
主营业务收入	573,611,309.45	460,741,547.59	536,230,572.46
净利润	84,858,562.05	108,082,221.42	149,183,884.99
总资产	2,270,241,039.14	2,465,207,866.88	2,416,167,192.56
股东权益(不含少数股权)	1,374,171,653.12	960,992,009.07	922,016,531.51
每股收益(摊薄)	0.185	0.26	0.35
每股收益(加权平均)	0.189	0.26	0.35
每股收益(扣除非经常性损益)	0.172	0.25	0.34
每股净资产	3.00	2.27	2.18
调整后的每股净资产	2.99	2.25	2.17
每股经营活动产生的现金流量净额	0.54	-0.07	-0.49
净资产收益率(摊薄)	6.17%	11.28%	16.18%
净资产收益率(加权平均)	6.61%	11.28%	

按照中国证监会《公开发行证券公司信息披露编报规则(第九号)》要求计算的利润数据如下:

利润表附表

报告期利润	2001 年			
	净资产产收益率(%)		每股收益(元)	
	全面摊薄	加权平均	全面摊薄	加权平均
主营业务利润	13.24	14.18	0.398	0.406
营业利润	7.36	7.87	0.221	0.225
净利润	6.17	6.61	0.185	0.189
扣除非经常性损益后的净利润	5.71	6.11	0.172	0.175

第三章 股本变动及股东情况

一、股份变动情况表(数量单位:股)

	本次变动前	本次变动增减(+、—)						本次变动后
		配股	送股	公积金转股	增发	其他	小计	
一、未上市流通股份								
1.发起人股份	261,180,000.00							261,180,000.00
其中:								
国家拥有股份	222,300,000.00							222,300,000.00
境内法人持有股份	38,880,000.00							38,880,000.00
境外法人持有股份								
其他								
2.募集法人股	45,360,000.00							45,360,000.00
3.内部职工股								
4.优先股或其他								
未上市流通股份合计	306,540,000.00							306,540,000.00
二、已上市流通股份								
1.人民币普通股	116,100,000.00	34,830,000.00						150,930,000.00
2.境内上市的外资股								
1.境外上市的外资股								
2.其他								
已上市流通股份合计	116,100,000.00	34,830,000.00						150,930,000.00
三、股份总数	422,640,000.00	34,830,000.00						457,470,000.00

600737 新疆屯河投资股份有限公司

2001 年年度报告摘选

第一节 公司基本情况简介

(一)公司法定中文名称:新疆屯河投资股份有限公司
公司英文名称:Xinjiang Tunhe Investment Co.,ltd.
(二)公司法定代表人:何贵品
(三)公司董事会秘书:刘涛
联系地址:新疆昌吉市乌伊东路 33 号
电　话:0994 - 2350079
传　真:0994 - 2337689
电子信箱:build - cj@mail.xj.cninfo.net
(四)公司注册地址:新疆昌吉市河滩北路 8 号
公司办公地址:新疆昌吉市乌伊东路 33 号
邮政编码:831100
公司国际互联网网址:http://www.tunhe.com
电子信箱:tunhe@tunhe.com
(五)公司选定的信息披露报纸名称:《中国证券报》、《上海证券报》
登载年度报告的中国证监会指定网站的网址:http://www.sse.com.cn
公司年度报告备置地点:新疆昌吉市乌伊东路 33 号公司董事会办公室
(六)公司股票上市交易所:上海证券交易所
股票简称:新疆屯河
股票代码:600737

第二节 会计数据和业务数据摘要

(一)公司本年度会计数据(单位:人民币元)

项目	金额
利润总额	87,859,210.72
净利润	50,665,783.80
扣除非经常性损益后的净利润	15,587,536.53
主营业务利润	258,721,122.89
其他业务利润	17,331,676.74
营业利润	38,249,317.46
投资收益	42,350,665.59
补贴收入	5,650,751.76
营业外收支净额	1,608,475.91
经营活动产生的现金流量净额	-196,187,766.87
现金及现金等价物净增加额	91,035,528.55

注:扣除非经常性损益项目及涉及金额:

项目	金额
1、国产设备替代进口抵免所得税:	19,695,624.63 元
2、北京汇源饮料食品集团有限公司托管收益:	4,847,143.29 元
3、北京汇源饮料食品集团有限公司资金占用费:	7,055,121.55 元
4、出口贴息收入:	213,923.09 元
5、宜昌公司税收返还:	1,657,958.80 元
6、营业外收入:	3,174,087.85 元
7、营业外支出:	-1,565,611.94 元
合计	35,078,247.27 元

(二)截止报告期末公司前三年的主要会计数据和财务指标(单位:人民币元)

项 目	2001 年	2000 年		1999 年
		调整后	调整前	
主营业务收入	767,261,504.20	454,075,534.08	454,075,534.08	311,765,951.68
净利润	50,665,783.80	91,857,924.47	91,857,924.47	88,750,214.93
总资产	4,297,685,027.44	1,910,917,770.78	1,910,917,770.78	1,030,122,150.13
股东权益	884,460,052.85	836,295,923.99	836,295,923.99	523,038,709.11
每股收益(摊薄)	0.13	0.24	0.24	0.52
每股收益(加权)	0.13	0.24	0.24	0.52
扣除非经常性损益后的每股收益	0.04	0.22	0.22	0.51
每股净资产	2.31	2.18	2.18	3.04
调整后的每股净资产	2.30	2.16	2.16	2.97
每股经营活动产生的现金流量净额	-0.51	0.12	0.12	0.25
净资产收益率(摊薄)(%)	5.73	10.98	10.98	16.97
净资产收益率(加权)(%)	5.88	12.69	12.69	16.97
扣除非经常性损益后的加权平均净资产收益率(%)	1.81	11.73	11.73	15.41

第三节 股本变动及股东情况

(一)股本变动情况
1、股份变动情况表

(数量单位:股)

	本次变动前	本次变动增减(+、)						本次变动后
		配股	送股	公积金转股	增发	其他	小计	
一、未上市流通股份								
1、发起人股份	190152000							190152000
其中:								
国家持有股份								
境内法人持有股份	190152000							190152000
境外法人持有股份								
其他								
2、募集法人股份								
3、内部职工股								
4、优先股或其他	23975050					-23975050	-23975050	0
未上市流通股份合计	214127050					-23975050	-23975050	190152000
二、已上市流通股份								
1、人民币普通股	169494000					23975050	23975050	193469050
2、境内上市的外资股								
3、境外上市的外资股								
4、其他								
已上市流通股份合计	169494000					23975050	23975050	193469050
三、股份总数	383621050					0	0	383621050

600738 兰州民百(集团)股份有限公司

2001 年年度报告摘选

一、公司基本情况简介

(一)公司法定中文名称:兰州民百(集团)股份有限公司
公司法定英文名称:LANZHOU MINBAI SHAREHOLDING(GROUP)CO.,LTD
(二)公司法定代表人:范余祯
(三)公司董事会秘书:甘培万
授权代表:孙志民
联系地址:兰州市中山路 368 号亚欧商厦九楼投资部
联系电话:(0931)8473891　8435839
传　　真:(0931)8473891
(四)公司注册地址:兰州市中山路 368 号
公司办公地址:兰州市中山路 368 号亚欧商厦 8－10 层
公司邮政编码:730030
(五)公司信息披露报纸名称:《上海证券报》《中国证券报》《证券时报》
登载年度报告的中国证监会指定国际互联网网址:http:www.sse.com.cn
公司年度报告备置地点:公司投资部
(六)公司股票上市交易所:上海证券交易所
股票简称:兰州民百
股票代码:600738
(七)其他有关资料
公司首次注册登记日期:1992 年 9 月 8 日
首次注册地址:兰州市城关区民主西路 7 号
公司最近一次变更注册登记日期:2001 年 4 月 5 日
变更注册地址:兰州市城关区中山路 368 号
企业法人营业执照注册号:6200001050670
税务登记号码:620101224336881
公司聘请的会计师事务所名称:五联联合会计师事务所有限公司
会计师事务所办公地址:兰州市民主东路 249 号移动通信大厦五楼

二、会计数据和业务数据摘要

(一)本年度主要利润指标:

单位:元

项 目	
利润总额:	－39,847,351.70
净利润:	－39,699,368.64
扣除非经常损益后净利润:	－39,858,496.64
主营业务利润:	99,869,857.16
其他业务利润:	13,680,467.88
营业利润:	－31,360,134.35
投资收益:	－7,253,243.58
补贴收入:	159,128.00
营业外收支净额:	－1,393,101.87
经营活动产生的现金流量净额:	－3,750,423.43
现金及现金等价物净增加额:	－60,995,852.51

注:本年度补贴收入是省财政厅对公司出口商品的财政贴息。

(二)主要会计数据和财务指标:

项目	2001 年	2000 年		1999 年	
		调整前	调整后	调整前	调整后
主营业务收入(元)	649,680,863.10	612,791,930.24	649,870,942.79	587,005,192.26	587,005,192.26
净利润(元)	－39,699,368.64	52,153,318.71	44,872,394.95	21,292,746.98	19,140,368.60
总资产(元)	1,088,077,749.84	1,066,012,882.28	1,079,144,558.68	1,036,184,178.95	1,036,184,178.95
股东权益(元)	311,373,284.43	371,803,342.00	361,990,208.37	319,818,583.69	317,666,205.31
每股收益(元/股)(摊薄)	－0.169	0.445	0.383	0.182	0.163
(加权)	－0.169	0.445	0.383	0.191	0.173
扣除非经常性损益后的每股收益(元/股)	－0.17	0.02	－0.04	0.08	0.062
每股净资产(元/股)	1.33	3.17	3.09	2.85	2.71
调整后每股净资产(元/股)	1.31	3.14	3.07	2.82	2.68
每股经营活动产生的现金流量净额(元/股)	－0.016	0.57	0.57	0.39	0.39
净资产收益率(%)	－12.75	14.03	12.40	6.38	6.03
加权平均净资产收益率(%)	－11.65	15.08	12.89	7.15	6.36

三、股本变动及股东情况

(一)股本变动情况

1、公司股本变动情况表

数量单位:股

	本次变动前	本次变动增减(+、-)					本次变动后
		配股	送股	公积金转股	其他	小计	
一、未上市流通股份							
1.发起人股份	45544400		13663320	31881080		45544400	91088800
其中:							
国家持有股份	39554000		11866200	27687800		39554000	79108000
境内法人持有股份	5990400		1797120	4193280		5990400	11980800
境外法人持有股份							
其他							
2.募集法人股	6026160		1807848	4218312		6026160	12052320
3.内部职工股							
4.优先股或其他							
其中:转配股							
未上市流通股份合计	51570560		15471168	36099392		51570560	103141120
二、已流通股份							
1.人民币普通股	65628000		19688400	45939600		65628000	131256000
2.境内上市的外资股							
3.境外上市的外资股							
4.其他							
上市已流通股份合计	65628000		19688400	45939600		65628000	131256000
三、股份总数	117198560		35159568	82038992		117198560	234397120

600739 辽宁成大股份有限公司

2001 年年度报告摘选

一、公司基本情况简介

(一)公司简介
公司法定中、英文名称及缩写
中文名称:辽宁成大股份有限公司
英文名称:LIAONING CHENG DA CO.,LTD
英文名称缩写:LNCD
(二)公司法定代表人:尚书志
(三)公司董事会秘书:罗启库
联系地址:大连市人民路 71 号
电话:0411－2803736　　　传　真:0411－2656051
电子信箱:LUOQK@CHENGDA.COM.CN
(四)公司注册地址:大连市人民路 71 号
公司办公地址:大连市人民路 71 号　　　邮政编码:116001
公司国际互联网网址:WWW.CHENGDA.COM.CN
公司电子信箱:WUCS@CHENGDA.COM.CN
(五)公司选定的信息披露报刊为《中国证券报》、《上海证券报》。
登载公司年度报告的中国证监会指定国际互联网网址:http://www.sse.com.cn
公司年度报告备置地点:大连市人民路 71 号成大大厦 26 楼 2609 室。
(六)公司股票上市交易所:上海证券交易所
股票简称:辽宁成大　　　股票代码:600739

二、会计数据和业务数据摘要

(一)本年度的主要会计数据和财务指标

单位:元

项目	2001 年度金额
利润总额	127,401,775.98
净利润	113,903,627.29
扣除非经常损益后的净利润	109,246,441.34
主营业务利润	188,341,290.01
其他业务利润	8,874,177.98
营业利润	36,742,700.81
投资收益	88,201,114.65
补贴收入	3,564,911.38
营业外收支净额	－1,106,950.86
经营活动产生的现金流量净额	－58,096,840.41
现金及现金等价物净增加额	－33,540,493.24

注:扣除的非经常性损益项目和涉及金额

单位:元

补贴收入	3,564,911.38
营业外收支净额	－1,106,950.86
股权投资差额摊销	5,294,274.04
短期投资收益	－801,210.76
以上项目涉及的所得税	2,293,837.85
对净利润的影响数	4,657,185.95

(二)截止报告期末前三年的主要会计数据和财务指标

会计数据和财务指标	2001	2000		1999	
		调整后	调整前	调整后	调整前
主营业务收入	1,486,697,568.47	1,224,830,569.60	1,244,832,754.60	1,320,314,028.22	1,320,314,028.22
净利润	113,903,627.29	172,028,150.20	173,897,894.53	119,432,863.93	134,106,097.68
每股收益	0.46	0.69	0.70	0.87	0.98
加权平均每股收益	0.46	0.69	0.70	0.87	0.98
扣除非经常性损益后每股收益	0.43	0.67	0.69	0.87	0.74
每股经营活动产生的现金流量净额	－0.23	－0.03	－0.03	0.40	0.40
净资产收益率(%)	14.20	24.60	24.34	20.59	22.46
扣除非经常性损益后的净资产收益率	13.21	23.78	23.87	20.52	17.03
扣除非经常性损益后的加权平均净资产收益率(%)	14.01	24.97	24.94	23.12	19.38
总资产	1,394,130,024.71	1,257,465,700.47	1,276,929,768.16	914,363,192.60	929,036,426.35
股东权益(不含少数股东权益)	802,092,715.11	699,273,180.45	714,339,796.57	580,067,970.61	596,982,262.36
每股净资产	3.24	2.82	2.89	4.22	4.34
调整后的每股净资产	3.07	2.68	2.72	4.03	4.16

三、股本变动及股东情况

(一)股份变动情况表

数量单位:股

	本次变动前	本次变动增减(+、-)						本次变动后
		配股	送股	公积金转股	增发	其他	小计	
1.未上市流通股份								
(1)发起人股份	66,240,000							66,240,000
其中:								
国家持有股份	51,376,320							51,376,320
境内法人持有股份	14,863,680							14,863,680
境外法人持有股份								
其他:								
(2)募集法人股份	83,520,000							83,520,000
(3)内部职工股								
(4)优先股或其他								
未上市流通股份合计	149,760,000							149,760,000
2.已上市流通股份								
(1)人民币普通股	97,812,000							97,812,000
(2)境内上市的外资股								
(3)境外上市的外资股								
(4)其他								
已上市流通股合计	97,812,000							97,812,000
3.股份总数	247,572,000							247,572,000

600740 山西焦化股份有限公司

2001 年年度报告摘选

一、公司基本情况简介

1.公司法定中文名称:山西焦化股份有限公司
公司法定英文名称:ShanXi Coking Co., Ltd
英文缩写:SCC
2.公司法定代表人:薛佩珍
3.公司董事会秘书:李　峰
联系地址:山西省洪洞县广胜寺镇
电话:0357－6626012　　传　真:0357－6625045
4.公司注册地址:山西省洪洞县广胜寺镇
办公地址:山西省洪洞县广胜寺镇
邮政编码:041606
公司国际互联网网址:www.sxjh.com.cn
电子信箱:sjgf@public.lf.sx.cn
5.公司选定的信息披露报纸:《中国证券报》、《上海证券报》
登载公司年度报告的中国证监会指定国际互联网网址:http://www.sse.com.cn
公司年度报告备置地点:公司董事会秘书处
6.公司股票上市交易所:上海证券交易所
股票简称:山西焦化　　股票代码:600740

二、会计数据和业务数据摘要

(一)本年度主要利润指标　　单位:人民币元

项目	金　额
利润总额	68000932.94
净利润	67139836.87
扣除非经常性损益后的净利润	67222743.03
主营业务利润	222474674.26
其他业务利润	－5990384.65
营业利润	71506862.79
投资收益	－693135.49
补贴收入	0
营业外收支净额	－2812794.36
经营活动产生的现金流量净额	2466095.90
现金及现金等价物净增加额	－363610848.34

(二)截止报告期末公司前三年的主要会计数据和财务指标　　单位:人民币元

序号	项目	2001 年	2000 年	1999 年	
				调整前	调整后
1	主营业务收入	623782160.48	325646717.17	265298822.58	265298822.58
2	净利润	67139836.87	47714210.73	44727044.07	35841478.39
3	总资产	1740180034.78	1614101860.14	934591891.24	934591891.24
4	股东权益(不含少数股东权益)	680440660.76	633585823.89	430423771.52	431991812.53
5	每股收益(元/股)(全面摊薄)	0.3310	0.2352	0.246	0.197
6	每股收益(元/股)(加权平均)	0.3310	0.2627	0.246	0.197
7	扣除非经常性损益后的每股收益(元 /股)	0.3314	0.2453	0.225	0.225
8	每股净资产(元/股)	3.354	3.12	2.37	2.38
9	调整后的每股净资产(元/股)	3.136	2.97	2.37	2.38
10	每股经营活动产生的现金流量净额(元/股)	0.012	0.93	－0.016	－0.016
11	净资产收益率(%)(全面摊薄)	9.87	7.53	10.39	8.30
12	净资产收益率(%)(加权平均)	10.06	10.47	10.39	8.30
13	扣除非经常性损益后的净资产收益率(%)	9.88	7.85	9.49	9.49

(三)报告期利润表附表

根据中国证监会关于发布《公开发行证券公司信息披露编报规则》第 9 号通知精神,公司 2001 年按全面摊薄和加权平均法计算的净资产收益率及每股收益如下:

报告期利润	净资产收益率		每股收益	
	全面摊薄	加权平均	全面摊薄	加权平均
主营业务利润	32.70%	33.35%	1.0967	1.0967
营业利润	10.51%	10.72%	0.3525	0.3525
净利润	9.87%	10.06%	0.3310	0.3310
扣除非经常性损益后的利润	9.88%	10.08%	0.3314	0.3314

三、股本变动及股东情况

(一)股本变动情况

股份变动情况表

数量单位:股

项目	本次变动前	本次变动增减(＋、－)						本次变动后
		配股	送股	公积金转股	增发	其他	小计	
一、未上市流通股份								
1、发起人股份	118350000						0	118350000
其中:								
国家持有股份	118350000						0	118350000
境内法人持有股份								
境外法人持有股份								
其他								
2、募集法人股份								
3、内部职工股								
4、优先股或其他未上市流通股份合计	118350000						0	118350000
二、已上市流通股份								
1、人民币普通股	84500000						0	84500000
2、境内上市的外资股								
3、境外上市的外资股								
4、其他								
已上市流通股份合计	84500000						0	84500000
三、股份总数	202850000						0	202850000

600741 上海巴士实业(集团)股份有限公司

2001 年年度报告摘选

一、公司基本情况简介

1、公司法定中文名称:上海巴士实业(集团)股份有限公司
中文缩写:巴士股份
公司法定英文名称:Shanghai Bashi Industrial (Group) Co., Ltd.
英文缩写:Bashi Group
2、公司法定代表人:金晓林
3、公司董事会秘书:王国军
公司董事会证券事务代表:周沧桑、徐峥嵘
联系地址:上海市建国东路 525 号巴士大厦 18 楼
电话:021－63848484　　传真:021－63863118
电子信箱:DM@84000.com.cn
4、公司注册地址:上海市浦东南路 500 号　　邮政编码:200120
公司办公地址:上海市建国东路 525 号巴士大厦　　邮政编码:200025
公司国际互联网网址:http://www.84000.com.cn
电子信箱:office@84000.com.cn
5、公司选定的信息披露报纸:上海证券报、中国证券报
登载公司年度报告的中国证监会指定网站的网址:http://www.sse.com.cn
公司年度报告备置地点:公司证券部
6、公司股票上市交易所:上海证券交易所
股票简称:巴士股份　　股票代码:600741

二、会计数据和业务数据摘要

1、公司本年度会计数据:

单位:人民币元

项目	金额
利润总额	224,962,495.08
净利润	172,006,581.54
扣除非经常性损益后的净利润＊	185,847,798.29
主营业务利润	645,255,040.02
其他业务利润	81,918,341.55
营业利润	175,929,036.82
投资收益	71,215,285.06
补贴收入	2,973,275.03
营业外收支净额	－25,155,101.83
经营活动产生的现金流量净额	526,768,750.16
现金及现金等价物净增减额	－3,337,224.77

＊注:扣除的非经常性损益项目和涉及金额:

单位:人民币元

项目	金额
(1)劳服安置收入	5,898,042.39
(2)补贴收入	2,973,275.03
(3)营业外收支净额	－25,155,101.83
(4)扣除所得税	2,442,567.66
合计	13,841,216.75

2、截至报告期末公司前三年的主要会计数据和财务指标:

项目	单位	2001 年度	2000 年度		1999 年度
			调整后	调整前	
主营业务收入	元	2,351,465,562.99	2,181,409,934.11	2,205,609,211.82	1,661,610,629.80
净利润	元	172,006,581.54	149,425,296.68	162,069,677.61	138,173,663.54
总资产	元	4,374,349,398.00	4,053,270,511.56	4,078,444,683.55	2,782,428,944.42
股东权益(不含少数股东权益)	元	1,429,127,969.20	1,308,074,306.27	1,323,498,603.59	866,070,568.10
全面摊薄每股收益	元/股	0.33	0.29	0.31	0.46
扣除非经常性损益后的每股收益	元/股	0.36	0.30	0.32	0.45
每股净资产	元/股	2.76	2.52	2.55	2.89
调整后的每股净资产	元/股	2.55	2.38	2.41	2.70
每股经营活动产生的现金流量净额	元/股	1.02	0.90	0.90	1.60
全面摊薄净资产收益率	%	12.04	11.42	12.25	15.95
加权平均净资产收益率	%	12.34	14.39	15.51	15.95
扣除非经常性损益后的加权平均净资产收益率	%	13.33	14.75	14.87	15.57

三、股本变动及股东情况

1、股本变动情况:
公司股份变动情况表:

数量单位:股

	期初数	本次变动增减(＋,－)						期末数
		配股	送股	公积金转股	增发	其他	小计	
一、未上市流通股份								
1、发起人股份								
其中:								
国家拥有股份	21,617.2							21,617.2
境内法人持有股份	6,248.2							6,248.2
境外法人持有股份								
其他								
2、募集法人股								
3、内部职工股								
4、优先股或其他								
其中:转配股								
未上市流通股份合计	27,865.4							27,865.4
二、已上市流通股份								
1、人民币普通股	24,000							24,000
2、境内上市的外资股								
3、境外上市的外资股								
4、其他								
已上市流通股份合计	24,000							24,000
三、股份总数	51,865.4							51,865.4

600742 长春一汽四环汽车股份有限公司

2001 年年度报告摘选

一、公司简介

(一)公司法定中文名称:长春一汽四环汽车股份有限公司
A 股简称:一汽四环　　A 股代码:600742
公司法定英文名称:CHANGCHUN FAW – SIHUAN AUTOMOBILEI NC.
英文名称缩写:FAWSH
(二)法定代表人姓名:徐建一
(三)公司董事会秘书:范希军
联系电话:0431 – 7629115　　传真:0431 – 7629113
电子信箱:fxj178@sina.com
联系地址:吉林省长春市普阳街 99 号
证券事务代表:李文东
联系电话:0431 – 7629115　　传真:0431 – 7629113
电子信箱:fawsh@public.cc.jl.cn
联系地址:吉林省长春市普阳街 99 号
(四)公司注册地址:吉林省长春市普阳街 99 号
公司办公地址:吉林省长春市普阳街 99 号　　邮政编码:130011
公司电子信箱:fawsh@public.cc.jl.cn
(五)公司选定的信息披露报纸名称:《上海证券报》
登载公司年度报告的中国证监会指定国际互联网网址:http://www.sse.com.cn
公司年度报告备置地点:公司证券部
(六)公司股票上市地:上海证券交易所
股票简称:一汽四环　　股票代码:600742

二、会计数据和业务数据摘要

(一)公司本年度主要会计数据如下:　　单位:元

利润总额	179,757,514.80
净利润	142,564,856.09
扣除非经营性损益后的净利润	163,200,857.18
主营业务利润	297,491,684.80
其它业务利润	5,518,371.32
营业利润	195,032,081.50
投资收益	3,084,037.38
补贴收入	
营业外收支净额	–18,358,604.08
经营活动产生的现金流量净额	168,944,889.53
现金及现金等价物净增加额	65,534,134.74
注:扣除的非经常性损益项目和涉及金额:	–20,636,001.09
其中:营业外收入	436,137.89
营业外支出	–18,794,741.97
营业外收入应交纳的所得税	–143,925.50
存货报废损失	–2,133,471.51

(二)截止报告期末公司前三年主要会计数据和财务指标:　　单位:元

指标项目	2001 年度	2000 年度		1999 年度
		调整前	调整后	
主营业务收入	2,137,738,469.91	837,032,260.46	837,032,260.46	788,259,127.09
净利润	142,564,856.09	109,946,393.60	106,182,134.47	107,163,190.80
总资产	1,361,341,406.75	1,247,797,511.97	1,247,797,511.97	635,087,476.84
股东权益(不含少数股东权益)	1,046,808,884.49	967,164,029.45	960073359.35	470,460,728.66
每股收益(元/股)	0.674	0.520	0.500	0.585
按月平均加权法计算的每股收益(元/股)	0.674	0.600	0.580	0.877
扣除非经常性损益后的每股收益(元/股)	0.770	0.530	0.520	0.560
每股净资产(元/股)	4.95	4.57	4.54	2.57
调整后的每股净资产(元/股)	4.70	4.33	4.30	2.52
每股经营活动产生的现金流量净额	0.80	0.35	0.35	0.44
净资产收益率(%)	13.62	11.37	11.06	22.78

(三)净资产收益率及每股收益指标结构分析附表:

报告期利润	净资产收益率(%)		每股收益(元)	
	全面摊薄	加权平均	全面摊薄	加权平均
主营业务利润	28.42	28.84	1.41	1.41
营业利润	18.63	18.91	0.92	0.92
净利润	13.62	13.82	0.67	0.67
扣除非经常性损益后的净利润	15.59	15.82	0.77	0.77

注:该指标的计算方法参照《公开发行证券公司信息披露编报规则第九号》的规定。

三、股本变动及股东情况

(一)股本变动情况
A、股份变动情况表　　数量单位:股

	本次变动前	本次变动增减(+,-)						本次变动后
		配股	送股	公积金转股	增发	其他	小计	
一、未上市流通股份								
1、发起人股份	94,721,400							94,721,400
其中:国家持有股份	66,776,400							66,776,400
境内法人持有股份	27,945,000							27,945,000
境外法人持有股份								
其他	13,608,000							13,608,000
2、募集法人股份								
3、内部职工股								
4、优先股或其他	108,329,400							108,329,400
未上市流通股份合计								
二、已上市流通股份	103,194,000							103,194,000
1、人民币普通股								
2、境内上市的外资股								
1、境外上市的外资股	103,194,000							103,194,000
2、其他								
已上市流通股份合计								
三、股份总数	211,523,400							211,523,400

600743 湖北幸福实业股份有限公司

2001 年年度报告摘选

一、公司基本情况简介

(一) 公司法定中文名称:湖北幸福实业股份有限公司
公司法定英文名称:HUBEI XINFU INDUSTRY CO.LTD
英文名称缩写:HBXF
(二) 公司法定代表人:刘道明
(三) 公司董事会秘书:李军
联系电话:0728 – 6641566
传真:0728 – 6641566
电子信箱:xfsy0230@sina.com
联系地址:湖北省潜江市张金镇幸福北路 1 号
(四) 公司注册地址:湖北省潜江市张金镇幸福北路 1 号
公司办公地址:湖北省潜江市张金镇幸福北路 1 号
邮政编码:433140
(五) 公司信息披露报纸名称:《上海证券报》
国际互联网网址:http://www.sse.com.cn
公司年度报告备置地点:公司证券部
(六) 公司股票上市交易所:上海证券交易所
股票简称:ST 幸福
股票代码:600743

二、会计数据及业务数据摘要

(一) 本年度主要利润指标情况

项目	金额(元)
利润总额	–24,150,875.01
净利润	–24,150,875.01
扣除非经营性损益后的净利润	–8,333,510.48
主营业务利润	8,183,136.39
其他业务利润	–625,608.51
营业利润	–14,709,215.20
投资收益	113,615.94
补贴收入	140,498.20
营业外收支净额	–9,695,773.95
经营活动产生的现金流量净额	20,889,207.23
现金及现金等价物净增加额	1,393,690.32
注:非经营性损益 –15,817,364.53 元包括:	
1、计提固定资产减值准备	–4,423,829.32
2、计提存货跌价准备	–7,569,277.07
3、原制衣公司职工清算费用	–3,354,090.00
4、原制衣公司固定资产盘亏损失	–724,282.28
5、出口退税补贴收入	140,498.20
6、分摊股权投资差异(贷方)	113,615.94

(二) 截止报告期末公司前三年主要会计数据和财务指标
1.截止报告期末公司前三年调整后主要会计数据和财务指标

项目	2001 年	2000 年	1999 年
主营业务收入(元)	287,408,661.51	295,577,882.15	144,899,980.24
净利润(元)	–24,150,875.01	–331,370,878.50	–65,876,271.70
总资产(元)	252,866,882.04	260,922,055.54	534,087,259.31
股东权益(元)	102,401,776.96	123,774,839.32	456,952,164.22
每股收益(元/股)	–0.077	–1.059	–0.2106
净资产收益率(%)	–23.58%	–267.72%	–14.42%
每股净资产(元/股)	0.3274	0.3957	1.46
调整后的每股净资产(元/股)	0.3268	0.3807	1.31
每股经营活动产生的现金流量净额(元/股)	0.0668	0.009	–0.016

(三) 报告期利润表附表

项目	2001 年度			
	净资产收益率(%)		每股收益(元)	
	全面摊薄	加权平均	全面摊薄	加权平均
主营业务利润	7.99	5.39	0.026	0.019
营业利润	–14.36	–80.96	–0.047	–0.308
净利润	–23.58	–157.19	–0.077	–0.568
扣除非经营性损益后的净利润	–8.14	–15.62	–0.027	–0.056

三、股本变动及股东情况

(一)股本变动情况表

	期初数	本次变动增减(+,-)					期末数
		配股	送股	公积金转股	其它	小计	
一、未上市流通股份							
1.发起人股份	45,199,855				–38,625,995	–38,625,995	6,573,860
其中:							
国家持有股份							
境内法人持有股份	45,199,855				–38,625,995	–38,625,995	6,573,860
境外法人持有股份							
其他							
2.募集法人股份	189,400,145				38,625,995	38,625,995	228,026,140
3.内部职工股							
4.优先股或其他							
其中:转配股							
未上市流通股份合计	234,600,000						234,600,000
二、已上市流通股份							
1.人民币普通股	78,200,000						78,200,000
2.境内上市的外资股							
3.境外上市的外资股							
4.其他							
已上市流通股份合计	782,000,000						78,200,000
三、股份总数	312,800,000						312,800,000

600744 湖南华银电力股份有限公司

2001 年年度报告摘选

一、公司基本情况简介

(一)公司法定中文名称:湖南华银电力股份有限公司
英文名称:HUNAN HUAYIN ELECTRIC POWER CO.,LTD
英文缩写:HHEP
(二)公司法定代表人:李维建
(三)公司董事会秘书:金毓江
电话:(0731)5388088　电子信箱:hyjyj@cs.hn.cn
董事会证券事务代表:刘杰
电话:(0731)5388028
电子信箱:hheplj@cs.hn.cn
联系地址:湖南省长沙市芙蓉南路 308 号
公司传真:(0731)5510188
(四)公司注册地址:湖南省长沙市芙蓉南路 308 号
公司办公地址:湖南省长沙市芙蓉南路 308 号　邮政编码:410007
公司国际互联网网址:www.hypower.com.cn
电子信箱:hyep@cs.hn.cn
(五)信息披露报纸:《中国证券报》、《上海证券报》
信息披露网址:www.sse.com.cn
年度报告备置地点:本公司办公室
(六)股票上市交易所:上海证券交易所
股票简称:华银电力　证券代码:600744

二、会计数据和业务数据摘要

(一)本年度主要利润指标(单位:元)

项目	金额
利润总额	127822055.55
净利润	113563603.85
扣除非经常性损益后的净利润 *	114346156.92
主营业务利润	235743662.78
其他业务利润	592185.62
营业利润	123542070.53
投资收益	5062538.09
补贴收入	0
营业外收支净额	-782553.07
经营活动产生的现金流量净额	182401021.94
现金及现金等价物净增加额	304073266.20

注:扣除的非经常性损益项目和涉及金额(单位:元)
1、营业外收入:262243.40
2、营业外支出:1044796.47
以上项目涉及金额:-782553.07

(二)截止至报告期末公司前三年主要会计数据和财务指标(单位:元)

项目	2001 年	2000 年	1999 年
主营业务收入	1069988823.11	1067713009.79	960150744.67
净利润	113563603.85	177490551.48	197938027.85
总资产	5093395754.07	4576837256.28	4410898092.04
股东权益	2904387436.67	2595632004.11	2500660752.85
全面摊薄每股收益	0.1596	0.2751	0.3068
加权平均每股收益	0.1760	0.2751	0.4367
扣除非经常性损益后每股收益	0.1607	0.2529	0.2882
每股净资产	4.081	4.023	3.876
调整后每股净资产	4.065	3.998	3.843
每股经营活动产生的现金流量净额	0.256	0.470	0.039
全面摊薄净资产收益率(%)	3.91	6.84	7.92
加权平均净资产收益率(%)	4.57	6.85	12.20
扣除非经常性损益后的加权平均净资产收益率	4.60	6.30	11.46

(三)报告期利润表附表

报告期利润	净资产收益率(%)		每股收益(元)	
	全面摊薄	加权平均	全面摊薄	加权平均
主营业务利润	8.12	9.48	0.3313	0.3654
营业利润	4.25	4.97	0.1736	0.1915
净利润	3.91	4.57	0.1596	0.1760
扣除非经常性损益后的净利润	3.94	4.60	0.1607	0.1772

三、股本变动及股东情况

(一)股本变动情况表　数量单位:股

	本次变动前	本次变动增减(+、-)						本次变动后
		配股	送股	公积金转股	增发	其他	小计	
一、未上市流通股份								
1、发起人股份	396891272							396891272
其中:国家持有股份								
境内法人持有股份	396891272							396891272
境外法人持有股份								
其他								
2、募集法人股份	26468728							26468728
3、内部职工股								
4、优先股或其他								
其中:转配股								
未上市流通股份合计	423360000							423360000
二、已上市流通股份								
1、人民币普通股	221760000	66528000					66528000	288288000
2、境内上市的外资股								
3、境外上市的外资股								
4、其他								
已上市流通股份合计	221760000	66528000					66528000	288288000
三、股份总数	645120000	66528000					66528000	711648000

600745 黄石康赛股份有限公司

2001 年年度报告摘选

一、公司基本情况简介

1.公司法定中文名称:黄石康赛股份有限公司
公司中文名称缩写:康赛集团
公司法定英文名称:HUANGSHI KANGSAI SECTION LIMITED
公司法定英文名称缩写:HSKG
2.公司法定代表人:徐 伟
3.公司董事会秘书:吴年有
公司证券事务代表:徐 芬
联系地址:湖北省黄石市团城山桂林路 1 号中银大厦附楼
联系电话:(0714)6366993
传 真:(0714)6366085
电子信箱:ksxf@163.net
4.公司注册地址:湖北省黄石市芜湖路 85 号
公司办公地址:湖北省黄石市团城山桂林路 1 号中银大厦附楼
邮 政 编 码:435003
电 子 信 箱:ksxf@163.net
5.公司选定信息披露报纸:
《中国证券报》、《上海证券报》、《证券时报》
登载公司年度报告的中国证监会指定国际互联网网址:
http://www.sse.com.cn.
公司年度报告备置地点:公司证券部
6.公司股票上市交易所:上海证券交易所
股票简称:ST 康赛
股票代码:600745

二、会计数据和业务数据摘要

1、本年度公司利润情况:(单位:人民币元)

项目	金额
利润总额	2,708,272.65
净 利 润	7,365,430.02
扣除非经常性损益后的净利润	6,317,354.96
主营业务利润	15,448,533.44
其他业务利润	-123,107.08
营业利润	1,660,197.60
投资收益	/
补贴收入	/
营业外收支净额	1,048,075.05
经营活动产生的现金流量净额	-5,676,392.76
现金及现金等价物净增加额	-1,188,783.35

注:扣除非经常性损益的项目及金额:
①营业外收入 5,676.02　②营业外支出 -1,042,399.03

2、截至报告期末公司前三年的主要会计数据和财务指标:(单位:人民币元)

指标项目	2001 年	2000 年		1999 年	
		调整前	调整后	调整前	调整后
1.主营业务收入	31,826,152.64	81,721,196.39	78,674,512.92	56,990,266.07	56,023,321.54
2.净利润	7,365,430.01	-91,378,711.87	-72,767,962.98	-76,791,205.01	-100,314,597.87
3.总资产	333,272,939.63	400,554,545.62	287,618,938.76	645,477,766.81	518,232,205.36
4.股东权益(不含少数股东权益)	128,914,476.01	97,988,057.19	58,881,883.70	189,205,627.24	144,432,201.02
5.每股收益(摊薄)	0.06	-0.75	-0.60	-0.63	-0.82
6.扣除非经常性损益后的每股收益	0.05	-0.49	-0.30	-0.64	-0.48
7.每股净资产	1.06	0.80	0.48	1.55	1.190
8.调整后的每股净资产	0.73	0.16	0.16	1.00	0.64
9.每股经营活动产生的现金流量净额	-0.05	-0.05	-0.05	0.01	-1.63
10.净资产收益率(摊薄)	5.71%	-93.25%	-123.58%	-40.59%	-69.39%
11.净资产收益率(加权)	11.77%	-63.67%	-50.38%	-72%	-51.55%
12.扣除非经常性损益后净资产收益率(加权)	10.10%	-41.24%	-33.90%	-73%	-30.23%

三、股本变动及股东情况

1、公司股份变动情况表　数量单位:股

	本次变动前	本次变动增减(+,-)						本次变动后
		配股	送股	公积金转股	增发	其他	小计	
一、未上市流通股份								
1、发起人股份								
其中:								
国家持有股份								
境内法人持有股份	65049456							65049456
境外法人持有股份								
其他								
2、募集法人股份	9936000							9936000
3、内部职工股								
4、优先股或其他								
未上市流通股份合计	74985456							74985456
二、已上市流通股份								
1、人民币普通股	46759440							46759440
2、境内上市的外资股								
3、境外上市的外资股								
4、其他								
已上市流通股份合计								
三、股份总数	121744896							121744896

600746 江苏索普化工股份有限公司

2001年年度报告摘选

一、公司基本情况简介

1、公司的法定中、英文名称及缩写
江苏索普化工股份有限公司
Jiangsu sopo chemical co.ltd
缩写:SOPO
2、公司法定代表人:宋勤华
3、公司董事会秘书:许逸中
联系地址:江苏省镇江市谏壁镇越河街50号
电话:0511—3366244　　传真:0511—3362036
电子信箱:sopo@pub.zj.jsinfo.net
4、公司注册地址:江苏省镇江市谏壁镇越河街50号
公司办公地址:江苏省镇江市谏壁镇越河街50号
邮政编码:212006
公司国际互联网网址:http//www.sopo.com.cn
电子信箱:sopo@pub.zj.jsinfo.net
5、公司选定的信息披露报纸:上海证券报
登载公司年度报告的中国证监会指定网站的网址:http//www.sse.com.cn
公司年度报告备置地点:本公司
6、公司股票上市交易所:上海证券交易所
股票简称:江苏索普　　股票代码:600746
7、其他有关资料
公司首次注册登记日期:1996年9月13日
公司首次注册登记地址:江苏省镇江市谏壁镇越河街50号
企业法人营业执照注册号:3200001103206
税务登记号码:321102134790773
公司聘请的会计师事务所:江苏天衡会计师事务所有限公司
办公地址:江苏省南京市新街口正洪街18号东宇大厦8楼

二、会计数据和业务数据摘要

1、本年度主要会计数据　　(单位:元)

项目	金额
利润总额	26368784.61
净利润	24019322.04
扣除非经常性损益后的净利润	6524207.50
主营业务利润	38784354.60
其他业务利润	125612.96
营业利润	14961116.99
投资收益	4488055.54
补贴收入	7000000.00
营业外收支净额	-80387.92
经营活动产生的现金流量净额	102543147.85
现金及现金等价物净增减额	122367905.94

2、公司前三年的主要会计数据和财务指标

项目	2001年	2000年		1999年
		调整前	调整后	
主营业务收入(万元)	25395.39	24792.82	24792.82	20415.11
净利润(万元)	2401.93	3739.85	3688.13	1870.71
总资产(万元)	57823.15	53747.68	53303.83	30912.78
股东权益(不含少数股东权益)	36839.19	34885.57	34437.26	22672.99
每股收益(元/每股)	0.0784	0.2197	0.2166	0.1195
每股净资产(元/每股)	1.202	2.049	2.023	1.448
调整后的每股净资产(元/每股)	1.173	1.996	1.976	1.418
每股经营活动产生的现金流量净额(元/每股)	0.3346	0.3229	0.3229	0.1026
净资产收益率(%)	6.52	10.72	10.71	8.25
扣除非经常性损益后的净资产收益率(%)	1.77	8.11	8.22	5.88
扣除非经常性损益后的净资产收益率(加权平均)(%)	1.83	8.99	7.66	5.71

三、股本变动及股东情况

1、股份变动情况表

	期初数	本次变动增、减(+、-)				期末数
		配股	送股	公积金转增	小计	
一、尚未流通股份						
1、发起人股份	121330390		24266078	72798234	97064312	218394702
境内法人持股	121330390		24266078	72798234	97064312	218394702
尚未流通股份合计	121330390		24266078	72798234	97064312	218394702
二、已流通股份						
境内上市的人民币普通股	48903750		9780750	29342250	39123000	88026750
已流通股份合计	48903750		9780750	29342250	39123000	88026750
三、股份总数	170234140		34046828	102140484	136187312	306421452

2、公司股东情况
报告期末公司股东总数为10104户。
公司前10名股东情况

股东姓名	年度内股份增减情况	年末持股数量	股份类别
(1)江苏索普(集团)有限公司	+694381592	212358582	国有法人股
(2)上海爱建		1982244	流通股
(3)镇江精细化工有限公司	+782461	1760537	社会法人股
(4)镇江市第二化工厂	+782461	1760537	社会法人股
(5)镇江硫酸厂	+782461	1760533	社会法人股
(6)爱建投资		1710180	流通股
(7)爱建信托		1660413	流通股
(8)武汉鑫茂		1632714	流通股
(9)爱建信托		1498980	流通股
(10)复天企业		1240448	流通股

600748 上海浦东不锈薄板股份有限公司

2001年年度报告摘选

一、公司基本情况简介

1、公司法定中文名称:上海浦东不锈薄板股份有限公司
中文缩写:浦东不锈
公司法定英文名称:SHANGHAI PUDONG STAINLESS SHEET CO.,LTD.
英文缩写:SPSS
2、公司法定代表人:朱锌
3、公司董事会秘书:阙兆森
公司董事会证券事务代表:陈水林
联系地址:上海市浦东新区上南路300号
电话:(021)58723089
传真:(021)68630598
4、公司注册地址:上海市浦东新区上南路300号
公司办公地址:上海市浦东新区上南路300号
邮政编码:200126
公司电子信箱:spssa@shtel.net.cn
5、公司选定的信息披露报纸:上海证券报
登载公司年度报告的国际互联网网址:http://www.sse.com.cn
公司年度报告备置地点:公司证券办公室
6、公司股票上市交易所:上海证券交易所
股票简称:浦东不锈
股票代码:600748

二、会计数据和业务数据摘要

1、本年度主要利润指标情况(单位:元合并报表)

项目	金额
利润总额	10,229,321.89
净利润	7,929,021.90
扣除非经常性损益后的净利润	2,888,561.69
主营业务利润	4,990,415.49
其他业务利润	18,272,306.01
营业利润	4,392,928.35
投资收益	51,840.00
补贴收入	134,000.00
营业外收支净额	5,650,553.54
经营活动产生的现金流量净额	96,111,741.79
现金及现金等价物净增加额	64,811,673.06

2、主要会计数据和财务指标(合并报表)

项目	2001年	2000年		1999年
		调整后	调整前	
主营业务收入(元)	315,547,247.67	516,343,018.34	516,343,018.34	330,206,646.19
净利润(元)	7,929,021.90	-876,107.49	14,705,404.13	24,234,014.82
总资产(元)	1,170,732,183.78	1,197,383,823.58	1,212,340,524.76	1,242,911,270.87
股东权益(元)	1,051,641,365.90	1,043,712,344.00	1,064,158,321.70	1,049,452,917.57
每股收益(元/股)(摊薄)	0.013	-0.0015	0.025	0.041
每股收益(扣除非经常性损益后)(元/股)	0.005	-0.014	0.012	0.028
每股净资产(元/股)	1.79	1.78	1.811	1.786
净资产收益率(%)(摊薄)	0.75	-0.08	1.38	2.31
净资产收益率(%)(扣除非经常性损益后净利润为基础计算的加权平均)	0.28	-0.80	0.68	1.61
调整后的每股净资产(元/股)	1.76	1.78	1.811	1.786
每股经营活动产生的现金流量净额	0.164	-0.016	-0.016	-0.065

三、股本变动及股东情况

1、股本变动情况

股份变动情况表　　数量单位:股

	本次变动前	本次变动增减(+,-)						本次变动后
		配股	送股	公积金转股	增发	其他	小计	
一、未上市流通股份								
(1)发起人股份								
其中								
国家持有股份	430571622	/	/	/	/	/	/	430571622
境内法人持有股份								
境外法人持有股份								
其他								
(2)募集法人股								
(3)内部职工股								
(4)优先股或其他								
未上市流通股份合计	430571622	/	/	/	/	/	/	430571622
二、已上市流通股份								
(1)人民币普通股	156970021	/	/	/	/	/	/	156970021
(2)境内上市的外资股								
(3)境外上市的外资股								
(4)其它								
已上市流通股份合计	156970021	/	/	/	/	/	/	156970021
三、股份总数	587541643	/	/	/	/	/	/	587541643

600747　大连大显股份有限公司

2001年年度报告摘要

第一节　重要提示

本公司董事会及其董事保证本报告所载资料不存在任何虚假记载、误导性陈述或者重大遗漏,并对其内容的真实性、准确性和完整性承担个别及连带责任。

本公司独立董事肖志国先生未参加公司第三届董事会第七次会议。

第二节　公司基本情况简介

一、公司法定中文名称:大连大显股份有限公司
公司法定英文名称:DALIAN DAXIAN CO., LTD
公司简称:大显股份
缩写:DXGF
二、公司法定代表人:刘秉强
三、公司董事会秘书:王忠全
授权代表:原隆欣
电话:(0411)6458775-992　(0411)6459612
传真:(0411)6458328
四、公司注册地址:辽宁省大连市甘井子区革镇堡
公司办公地址:辽宁省大连市甘井子区革镇堡
邮政编码:116035
公司网址:http://www.dxdl.com
电子信箱:dxdl@mail.dlptt.ln.cn
五、公司选定的信息披露报纸:上海证券报、中国证券报
登载公司年报的指定网址:http://www.sse.com.cn
公司年度报告备置地点:公司证券投资部
六、公司股票上市地:上海证券交易所
股票简称:大显股份
股票代码:600747
七、其它有关资料
公司首次注册:
变更注册登记日期、地点:1998年8月31日、大连市甘井子区革镇堡
企业法人营业执照注册号:大工商企法字24129677-X　6-1921
税务登记号码:210211241296770
公司未流通股票的托管机构名称:中国证券登记结算有限责任公司上海分公司集中托管
公司聘请的会计师事务所名称、办公地:大连华连会计师事务所
会计师事务所办公地:大连市中山区同兴街67号邮电万科大厦24层。

第三节　会计数据和业务数据摘要

一、本年度主要利润指标情况　单位:人民币元

项目	金额
利润总额	126,036,062.95
净利润	100,693,217.61
扣除非经常性损益后的净利润	107,780,897.53
主营业务利润	217,785,544.86
其它业务利润	-672,609.69
营业利润	103,337,499.77
投资收益	25,329,787.69
补贴收入	548,864.38
营业外收支净额	-3,180,088.89
经营活动产生的现金流量净额	247,847,947.78
现金及现金等价物净增减额	541,317,928.73

二、公司近三年主要会计数据和财务指标　单位:人民币元

年度	2001年	2000年		1999年	
项目		调整后	调整前	调整后	调整前
主营业务收入	745,108,381.79	661,114,673.88	633,629,069.34	409,377,805.69	482,005,158.42
净利润	100,693,217.61	92,823,001.36	134,076,148.89	77,433,019.90	84,309,514.51
总资产	1,906,124,561.52	1,314,898,137.95	1,389,262,315.21	820,897,243.84	1,208,064,904.33
股东权益	1,268,207,398.56	751,112,932.12	792,366,079.65	601,269,421.06	672,119,212.12
每股收益	0.308	0.374	0.54	0.47	0.34
每股收益(加权)	0.312	0.459	0.54	0.45	0.53
每股净资产	3.876	3.028	3.19	3.64	2.71
调整后的每股净资产	3.820	2.988	3.15	3.60	2.67
净资产收益率(%)	7.94	12.36	16.92	12.88	12.45
调整后的净资产收益率(%)	8.79	14.33	18.14		
扣除非经常性损益后的每股收益	0.329	0.459	0.46	0.44	0.32
每股经营活动产生的现金流量净额	0.758	0.444	0.33	0.28	0.28

注:扣除非经常性损益项目和涉及金额:

项目	金额
营业外收支净额	-3,180,088.89
流动资产盘亏	-1,900,498.59
投资收益	-2,778,097.24
补贴收入	548,864.38
所得税	222,140.42
合计	-7,087,679.92

2、净资产收益率和每股收益系列指标(根据中国证监会《编制规则第9号》编制)

报告期利润	净资产收益率		每股收益(元)	
	全面摊薄	加权平均	全面摊薄	加权平均
主营业务利润	17.17	19.02	0.666	0.676
营业利润	8.15	9.03	0.316	0.321
净利润	7.94	8.79	0.308	0.312
扣除非经常性损益的净利润	8.50	9.41	0.329	0.334

3、股东权益变动情况　单位:人民币元

项目	股本	资本公积	盈余公积	法定公益金	未分配利润	股东权益合计
期初数	248,026,500.00	159,127,772.08	89,502,575.21	19,304,218.71	254,456,084.83	751,112,932.12
本期增加	79,159,500.00	402,493,596.66	19,721,908.98	5,822,591.78	100,693,217.61	602,068,223.25
本期减少					68,614,456.81	68,614,456.81
期末数	327,186,000.00	561,621,368.74	109,224,484.19	25,126,810.49	286,534,845.63	1,284,566,698.56
变动原因	配、送股	股本溢价	本期提取	本期提取	本年利润形成及分配	

第四节　股本变动和主要股东情况

一、股本变动情况

(一)股份变动情况表

数量单位:股

股份类别	期初数	本次变动增减(+、-)	期末数
一、尚未流通股份			
1、发起人股份			
其中:			
国家拥有股份	140,400,000	25,090,182	165,490,182
境内法人持有股份			
外资法人持有股份			
其他			
2、募集法人股	9,112,500	1,628,428	10,740,928
3、内部职工股	0	0	0
4、优先股或其他			
尚未流通股份合计	149,512,500		
二、已流通股份			
1、境内上市的人民币普通股	98,514,000	52,440,739	150,954,739
2、境内上市的外资股			
3、境外上市的外资股			
4、其他			
已流通股份合计	98,514,000	52,440,739	150,954,739
三、股份总数	248,026,500	79,159,349	327,185,849

报告期内,公司股本变动情况说明:

(1)本公司实施2000年度配股方案导致公司股份变动。本次配股方案:以1999年末总股本24802.65万股为基数,每10股配售3股,配股价15元/股。国家股股东、法人股股东全部放弃配股权,向社会公众股股东配售2955.42万股,经中国证券监督管理委员会证监公司字[2000]220号文批准,本次配股缴款工作已于2001年2月13日结束,实际配售总数2955.42万股。本公司本次配股应募集现金443,313,000.00元,扣除配股手续费、承销费、发行费用等9,865,633.34元,实际募集现金433,447,366.66元,已全部到位,由大连华连会计师事务所有限公司验资并出具华连内验字[2001]2号验资报告。公司增加股本2,955.42万元,变更后股本总额为27,758.07万元。此次配股新增可流通股份2955.42万股(其中:董事、监事及高级管理人员获配新增的125,925股按规定暂冻结)已于2001年3月12日上市流通。

(2)本公司实施2000年度分红派息方案导致公司股份变动。本次分配方案:以2000年末总股本24,802.65万股为基数,按10:2的比例送红股并每10派现金红利0.5元(含税)。共计派发62,006,625元,其中现金12,401,325元,剩余未分配利润239,212,697.34元结转下一年度。按配股后总股本27,758.07万股为基数,每10股送红股1.78705股,每10股派现金红利0.446元。本次利润分配股权登记日2001年5月24日,除权除息及红股上市日2001年5月25日。

2、股票发行与上市情况

(1)1993年3月,经大连市体改委【大体改委(1993)63号】文件批准,原大连显象管厂经大连市国有资产管理局【大国资工字(1993)号文】批准,以经评估后的经营性资产4800万元以1:1比例折为国家股4800万股,同时四家社会法人认购法人股390万股(其中工信大连130万股、连鑫商贸110万股、南京显象100万股、上海永新50万股)本公司内部职工认购1240万股,认购价为1元。经中国证券监督管理委员会【证监会字(1996)161号文】和【证监发字(1996)162号文】批准,向社会公众发行每股面值1元的人民币普通股2128万股,发行价为每股6.1元,并于1996年9月16日在上海证券交易所挂牌交易。

(2)公司内部职工股0股(原1240万股的30%即372万股占额度上市剩余868万股。1996年11月29日公积金10转增5后增至1302万股。1998年4月30日配股后增至1692.6万股。1999年9月3日全部上市流通。)

3、股东情况介绍

截止2001年12月31日股东总数为50554户。

主要股东持股情况

公司前十名股东持股情况如下:

序号	股东名称	年末持股数(股)	占总股本比例(%)	股份类别
1	大显集团	165,490,182	50.58	国家股
2	中信证券	12,289,643	3.76	流通股
3	工信大连	3,447,712	1.05	法人股
4	连鑫商贸	2,917,295	0.89	法人股
5	中证太平	2,297,407	0.70	流通股
6	北泰集团	2,250,000	0.68	法人股
7	裕阳基金	2,206,224	0.67	流通股
8	汉兴基金	1,500,019	0.46	法人股
9	中信证券	1,132,794	0.35	流通股
10	六合兴	960,000	0.29	流通股

说明：

(1) 持有本公司5%以上股份的股东只有本公司的国家股股东大连大显集团公司，大连大显集团有限公司所持股份无质押和冻结。

(2) 公司发起人股东南京显象管将所持本公司225万法人股转让给北泰集团。

(3) 前十名股东之间不存在关联关系。

4、持股10%以上法人股股东情况

股东名称：大连大显集团有限公司。法人代表：刘秉强。经营范围：电子元器件、电视机、汽车音响机芯、计算机软盘、线路板、模具、工业电子设备、医用材料、轻工产品制造及宾馆、商贸、超市、餐饮、房地产等所持本公司股份无质押情况。

第五节　董事、监事、高级管理人员和员工情况

一、董事、监事及高级管理人员情况

(一)基本情况

姓名	职务	性别	年龄	任期	持股数(股) 期初数	期末数
刘秉强	董事长、总经理	男	54	2000.4－2003.4	29250	34477
李学成	副董事长、党委书记	男	59	2000.4－2003.4	23400	27582
戴玉钧	董事、财务总监	男	57	2000.4－2003.4	23400	34654
王忠全	董事、董秘	男	38	2000.4－2003.4	0	0
黄　铎	董事	男	47	2000.4－2003.4	0	0
安彦雄	董事	男	32	2000.4－2003.4	0	0
肖志国	董事	男	39	2000.4－2003.4	0	0
杨　建	监事会主席	男	48	2000.4－2003.4	14625	17239
李焕新	监事	男	55	2000.4－2003.4	0	0
朱本华	监事	女	55	2000.4－2003.4	0	0
王长盛	监事	男	39	2000.4－2003.4	0	0
刘奎杰	监事	男	38	2000.4－2003.4	0	0

(二)年度报酬情况

1、2001年度在本公司领取薪酬的董事、监事、高级管理人员的年度报酬由公司确定。

2、现任董事、监事、高级管理人员在公司领取的年度报酬总额(包括基本工资、各项资金、福利、补贴、住房津贴及其它津贴等)情况如下：

现任董事黄铎、肖志国先生不在本公司领取报酬。年度报酬在12－15万元4人，5－6万元4人，2－3万元2人。

现任董事、监事、高级管理人员在公司领取的年报酬总额为109.1万元。其中金额最高的前三名董事的报酬总额为41.85万元，金额最高的前三名高级管理人员的报酬总额为41.85万元。

(三)董事、监事、高级管理人员变动情况

报告期内，公司高级管理人员发生变动。

大连大显股份有限公司第三届董事会第四次会议决定聘任孟庆民先生为公司副总经理。

二、公司员工的数量、专业构成情况

本报告年末公司员工1678人，研究生2名，大中专学历432名。技术人员341人，行政人员62人，财务人员38人，销售人员44人，生产人员759人，生产工人大多是职业技校毕业生，一部分经过国内实习培训，少数生产骨干在日本培训。退休职工人数为149人。

第六节　公司治理结构

一、公司治理情况

公司自上市以来，严格按照《公司法》、《证券法》、中国证监会有关规定和《上海证券交易所股票上市规则》的要求，不断完善公司法人治理结构，规范公司运作，建立健全现代企业制度。目前，公司正按照中国证监会和国家经贸委于2002年1月7日发布的《上市公司治理准则》规范性文件的要求，研究修改公司章程，并制定股东大会、董事会、监事会等议事规则。公司当前的治理结构主要表现在以下几个方面：

(一)关于股东与股东大会：公司严格按照《公司法》和《上市公司治理准则》规定的程序进行，保证每个议题得到充分讨论和每个股东权利的充分行使。在关联交易方面，公司保证其符合“公开、公平、公正”的原则，及时批露相关信息，关联股东在表决时放弃表决权。

(二)关于控股股东与上市公司的关系：控股股东与上市公司之间实行人员、资产、财务分开，机构、业务独立，各自独立核算、独立承担责任和风险；公司董事会、监事会和内部机构能够独立运作，确保公司重大决策由公司股东大会和董事会依法作出。

(三)关于董事与董事会：公司按照有关规定在董事的选聘、人员的构成等方面严格把关，公司董事会的人数和人员构成符合法律、法规和《公司章程》的要求；公司董事能够认真负责，勤勉尽职，熟悉有关法律法规，对股东大会负责，能从所有股东的利益出发履行相应职责、承担相应义务；在独立董事制度公司于2000年已初具雏形，现今根据中国证监会《关于上市公司建立独立董事的指导意见》正加以完善。

(四)关于监事会：根据《公司章程》和法律法规的要求，监事会成员能够依法对公司生产经营、财务、董事及高级管理人员进行有效的监督，做到对全体股东的利益负责。

(五)关于绩效与激励约束机制：公司正积极建立公正透明的董事、监事和经理人员的绩效评价标准，使之与公司的业绩挂钩。

(六)关于相关利益者；公司历来重视银行及其它债权人、职工、消费者、供应商、等利益相关者的合法权利，努力加强与他们的沟通和交流，共同推动企业稳定、持续健康发展，实现股东利益最大化。

(七)关于信息批露与透明度：公司指定董事会秘书负责信息披露工作，加强与股东交流。公司能够严格按照法律、法规和《公司章程》的规定，及时披露所有可能对股东和其它利益相关者决策产生实质性影响的信息，保证所有股东平等的机会获得信息，力求在信息披露上真正做到“公开、公平、公正”的三公原则。

二、独立董事履行职责情况

公司董事会根据中国证监会《关于在上市公司建立独立董事制度的指导意见》的规定要求，积极推行独立董事制度的建立，修订了公司章程，公司董事会由7名董事组成，其中1名为独立董事，另外两名独立董事，将在规定期限内补足。这将进一步完善公司的法人治理结构。

三、公司与控股股东在业务、人员、资产、机构、财务上的“五分开”情况说明

(一)业务独立完整方面：公司拥有自己独立的生产系统、辅助生产系统和配套设施，拥有自己的工业产权、商标和非专利技术，具有自己独立的采购和销售系统，自主经营，业务结构完整。

(二)人员独立方面：公司在人员任免、工资管理等方面完全独立，公司高级管理人员全部在公司领取报酬，没有在股东单位兼职的情况。

(三)资产独立方面：公司拥有独立的经营场所，产权清晰，不存在资金占用情况。

(四)机构独立方面：公司在劳动、人事及工资关系等行政管理上与控股股东完全分开，不存在混合经营、合署办公的情形。所有机构设置程序和机构职能独立，董事会、监事会等内部机构独立运作，不存在与控股股东职能部门之间的从属关系。

(五)财务独立方面：公司设立独立的财务会计部门，有独立的财务人员并建立了独立的会计核算体系和财务管理制度，独立在银行开户，独立纳税，能够独立作出财务决策。

四、对高级管理人员的考评及奖励情况：公司正建立高级管理人员的绩效评价体系，并建立薪酬与公司绩效和个人业绩相结合的相关激励制度；公司经理人员的聘任严格按照有关的法律、法规和《公司章程》的规定执行。

第七节　股东大会简介

一、股东大会有关情况

报告期内召开了第十一次股东大会

公司第十一次股东大会于2001年5月18日上午在大连大显股份有限公司137＃会议室召开。本次大会以记名投票表决方式通过以下决议：

1、《公司2000年度董事会工作报告》；

2、《公司2000年度监事会工作报告》；

3、《公司2000年度利润分配预案》；

决议公告刊登于2001年5月19日的《上海证券报》、《中国证券报》上。

二、选举、更换公司董事、监事情况

报告期内，公司高级管理人员发生变动。

大连大显股份有限公司第三届董事会第四次会议决定聘任孟庆民先生为公司副总经理。

第八节　董事会报告

一、公司经营情况

(一)公司主营业务范围及经营情况

1、本公司主营业务为：彩色显象管用电子枪金属零件及组件、扩频数字无绳电话、网络设备、电视机、显示器件、精密模具、高精密轴、高精密多层线路板。

本报告期内，公司各类产品共实现主营业务收入745,108,381.79万元，比去年同期增长12.7%，实现净利润100,693,217.61万元，比去年同期增长8.5%。

2001年度主营业务收入及主营业务构成情况如下：

产品	主营业务收入(元)	主营业务成本(元)
主要产品	742,472,868.7	521,202,114.1
其它产品	2,635,513.0	1,732,706.6

公司销售前五名的收入总额为485,163,816.97，占全部销售收入的65.11%。

(二)主要控股及参股公司的经营状况和业绩

1、大连太平洋多层线路板有限公司

该公司系本公司控股子公司，本公司持有其75%的股权。该公司主营通信、航天、程控交换机、计算机行业用高精密多层线路板，经技术改造，由年生产15万平方米增至45万平方米，通过生产技术含量高、高附加值产品，开发市场，产品在用户中享有很高的信誉和市场占有率。报告期内实现主营业务收入15,819万元，利润总额726万元，净利润642万元。

报告期内，占公司主营业务收入或主营业务利润10%以上的业务的经营情况：

2、大连东芝电视机有限公司

该公司系本公司参股企业，本公司拥有其30%的股权。该公司属家电制造行业。该公司主要产品是“TOSHIBA”系列彩色电视机及超大屏幕背投电视，国内外市场广阔。报告期内实现主营收入424,765万元，利润总额10,884万元，净利润10,068万元。

(三)主要供应商及客户情况

2001年公司主要供应商及客户未发生重大变化。

1、前五名供应商合计的采购金额为15,553万元，占年度采购总额26,429万元的58.84%。

2、前五名供应商及客户销售额共计38,615万元，占公司全年销售总额52,361万元的73.75%。

(四)在经营中出现的问题与困难及解决方案

2001年世界经济发展趋缓，欧、美、日等主要经济实体出现衰退迹象，外需有所萎缩，加上国内通货紧缩，家电制造业的经营环境有所变化，竞争更加激烈。针对上述情况，公司在国家一系列扩大内需，拉动经济增长政策促进下，紧紧围绕市场营销、产品结构调整、新产品开发，技术改造、成本管理等方面开展工作，通过资本运作和资产重组，提高了公司资金使用效率，公司为最大限度保障股东利益，实施了以下解决方案：

1、开拓销售渠道、扩大出口、注重货款回笼

公司面对2001年的经营难度，采取强化经营管理，利用价格杠杆来调节供求关系。积极开拓销售渠道，特别是出口渠道，稳定和巩固南亚、韩国和埃及市场，逐步扩大产品销售面。注重货款回笼工作，努力压缩外欠款，积极清理各种呆死帐。在经营规模扩大的前提下，控制外欠款增长幅度。2001年回收货款35943万元，销售回款率达95%。

2、重视成本管理，降低采购成本

作好成本控制，细化物资管理，强化领料过程中的检查监督。通过清仓查库，清理了近百万元的闲置物资，采取相应的处理措施，已重新使用10余万元。积极推进进口材料的第二厂家的认定工作，全年实验60多种材料，已通过认定18种，拓宽发材料采购渠道，使公司各种材料的采购价格也大幅度降低，2001年末比年初下降了20%左右，达到了降低成本核算的目的，提高了产品的竞争力。

3、加快新品开发进程

2001年公司以彩枪零件的开发为主线，辅之以日立三大件和普通冲压件的开发，并加快新产品的市场转化，提高新品开发的经济效益，保持经济良好的运转。公司对普通冲压件的开发，也由点到面逐步扩大，这些新产品的开发将成为公司2002年新的利润增长点。

4、加大技改力度，增强企业内劲

随着公司经济实力的增强以及外部经济环境的变化，公司在2001年加大了技术改造的力度。计划投资近亿元的精密轴二期扩产改造及新建工和进展顺利，厂房、动力配套设施基本完成，设备已陆续安装就位，生产规模和生产技术水平显著提高，产品竞争力明显增强，真正实现公司的战略目标。

二、公司投资情况

(一)报告期内募集资金使用情况

1、报告期内，公司于2001年2月13日完成2000年度配股计划，实际配售总数2955.42万股。本公司本次配股实际募集现金433,447,366.66元，截止报告期末，募集集资金实际投入的项目与配股说明书承诺项目一致，实际投入的资金为63,629,269.50元(不包括已注入的流动资金)。

承诺项目与实际投资项目如下：

单位：元

工程名称	计划投资额	累计投资额	项目进度(%)
73CM日立彩件	5,890,000.00	5,930,253.64	100.68
86CM三菱彩	15,250,000.00	1,036,368.00	7
日立三大件	8,000,000.00	6,973,859.01	88
73CM东芝纯平	7,790,000.00	7,634,469.61	98
54CM日立彩件	14,828,000.00	14,619,250.87	99
64CM日立彩枪	1,400,000.00	802,400.74	57
64CM华飞彩件	25,600,000.00	19,763,807.49	77
精密轴扩产	25,440,000.00	12,799,113.78	50

具体情况说明如下：

(1) 73CM日立彩件、86CM三菱彩件、日立三大件、73CM东芝纯平、54CM日立彩件、64CM日立彩枪项目是公司建立国家级彩色电子枪金属零部件基地项目的一部分，该项目总投资额为19,936万元，摆脱我国彩电业对彩枪金属零部件进口的依赖。

(2)64CM华飞彩件是公司2000年度配股项目之一，在报告期至2002年一季度该项目从技术开发到产品试用已达到用户的要求。预计该项目在2002年可小批量生产并达产。

(3)精密轴扩产项目是公司2000年度配股项目之一，在报告期内，该项目的基础设施已建成，设备已逐步安装到位，预计2002年度进行设备调试，稳定后开始生产。

2、尚未使用的募集资金使用情况
存于银行并拟投资多层线路板项目。
(二)报告期内非募集资金收益情况:
在2001年3月,公司委托银河证券进行3亿元现金资产管理,现已将本金及3600万元收益收回入帐。
三、公司财务状况

单位:人民币元

项目	2001年	2000年度	同比(%)
总资产	1,906,124,561.52	1,314,898,137.95	44.9
长期负债	130,000,000.00	130,000,000.00	0
股东权益	1,284,566,698.56	751,112,932.12	71.0
主营业务利润	217,785,544.86	222,943,475.20	-2.3
净利润	100,693,217.61	92,823,001.36	8.5

公司财务状况变动的主要原因:
(一)资产增加的原因:
主要是本期利润增加和本期配股所致。
(二)股东权益增加的原因:
同上。
(三)主营业务利润减少的原因:
主导产品价格降低及太平洋多层线路板有限公司产品受美国通讯产品市场影响造成主营业务利润下降。
四、本年度大连华连会计师事务所对公司年报出具了标准无保留意见的审计报告,真实、公正、完整地反映了公司的财务状况和经营成果。
五、生产经营环境及宏观政策、法规变化对本公司的影响
(一)公司2001年度按国家税收政策,所得税享受"先征后返"税收政策优惠。自2002年1月1日起,该税收政策优惠将停止执行。
(二)公司2001年被大连市科委认定为高新技术企业,具体税收政策待定。
六、新年度业务发展计划
(一)完善管理体制、完成机构调整
坚持不懈地推进人事、劳动、分配三项制度改革,量化业务流程,尽快建立起管理人员竟聘上岗、职工择优录用机制,进一步提高员工素质,提高劳动生产力。对机构进行调整,实现精简高效。
(二)完成日立三大件工程项目
加紧实施日立三种零件项目,按合同保进度,确保年中试车成功。及时与用户沟通,加快认证进度,保证年产300万套计划的实施。加大环境整治力度。
(三)重点开发彩枪零件及冲压件的新产品
加快新品彩枪零件开发进度,尽快形成多系列全品种生产,提高抗风险能力。积极开展普、精冲压件的开发工作,逐步将其培育成主导产品,形成梯级开发。加大设备改造力度,提高设备利用率,达到降低产品成本目的。
(四)完成ISO9000升级2000版
为取得产品国际市场的"通行证",2002年3、4月间申请ISO9002质量体系(2000版)及ISO14001环境体系的认证工作,要确保通过。
(五)大力推进信息化管理
进一步完善办公自动化和ERP管理,对公司业务流程和管理流程方面进行改造,使其服务于企业的发展战略,提高企业竞争力。
(六)推行全员、全过程、全方位降低成本
降低成本是企业生产经营工作的永恒主题。全面动员,在采购、生产、销售、资金运用等方面全过程,全方位地降低产品成本。
(七)做好2000年度配股募集资金投入项目的实施。
七、董事会日常工作情况
本年度共召开3次董事会会议,会议情况及决议内容如下:
(一)大连大显股份有限公司第三届董事会第四次会议于2001年3月27日在公司137#会议室召开,会议审议通过了以下决议:
(1)公司2000年度董事会工作报告;
(2)公司2000年度财务报告;
(3)公司2000年度分配预案;
(4)公司2001年度利润分配政策;
(5)公司2000年度报告及摘要;
(6)决定聘任孟庆民先生为公司副总经理;
(7)对公司独立董事参加公司重要会议予以适当补贴;
(8)关于召开第十一次股东大会的事宜
本次会议决议公告刊登于2001年3月29日的《中国证券报》、《上海证券报》上。
(二)大连大显股份有限公司第三届董事会第五次会议于2001年8月13日在公司137#会议室召开,会议审议通过了以下决议:
(1)审议通过了公司2001年中期报告正文及摘要;
(2)审议通过了公司2001年中期利润分配及公积金转增股本的议案:
公司中期利润不分配也不进行公积金转增股本;
(3)审议通过了关于新增计提四项资产减值准备会计政策的议案;
(4)审议通过了公司将持有大连大显网络系统有限公司的股权转让议案;
本次会议决议公告刊登于2001年8月15日的《中国证券报》、《上海证券报》上。
(三)大连大显股份有限公司第三届董事会第六次会议于2001年11月7日在公司137#会议室召开,审议通过了《关于对大连大显股份有限公司的部分资产有偿转让给大连大显电子器件厂》的议案。
本次会议决议公告刊登于2001年11月9日的《中国证券报》、《上海证券报》上。
八、本年度利润分配预案
(一)经大连华连会计师事务所审计,本公司2001年共实现净利润100,693,217.61元,根据《公司章程》的规定,提取法定公积金10%计13,328,947.06元,提取法定公益金5%计5,531,512.19元,提取职工奖励及福利基金148,697.56元,合计19,009,156.81元,上年未分配利润254,456,084.83元。本年度可供股东分配的利润336,140,145.63元。经董事会研究决定,2001年度分配预案为:以2001年末总股本32,718.6万股为基数,按10:2的比例送红股和用资本公积金按10:3的比例转增股本并每10股派现金红利0.5元人民币(含税)。
(二)公司2002年度利润分配政策:
预计公司2002年度将分配1—2次利润。2002年度实现的净利润用于股利分配的比例为10-20%,2001年度未分配利润用于2002年度股利分配的比例不低于10%。分配主要是采用派现或送红股相结合的形式。需说明的是以上2002年度利润分配政策,在实施时需董事会以分配预案形式提交股东大会审议通过后才能正式实施,且董事会保留根据公司发展和盈利情况做出调整选择的权力。
九、其他报告事项
本公司选定用于信息披露的报刊为《中国证券报》、《上海证券报》。
公司无应披露而未披露的其它重要事项。

第九节 监事会报告

一、监事会会议组织情况
(一)本年度,监事会共召开了两次会议
三届三次监事会于2001年3月27日召开,会议情况如下:
1、审议通过了公司2000年度监事会工作报告;
2、审议通过了公司2000年度报告正文及摘要。
本次会议决议公告刊登于2001年3月29日的《中国证券报》、《上海证券报》上。
(二)三届四次监事会于2001年8月13日召开,会议情况如下:
1、审议通过了公司2001年中期报告正文及摘要;
2、审议通过了公司2001年中期利润分配及公积金转增股本的议案:公司中期利润不分配也不进行公积金转增股本;
3、审议通过了关于新增计提四项资产减值准备会计政策的议案;
4、审议通过了公司将持有大连大显网络系统有限公司的股权转让议案。
本次会议决议公告刊登于2001年8月14日的《中国证券报》、《上海证券报》上。
二、监事会对公司2001年度有关事项的独立意见
(一)公司依法运作情况
2001年度,公司严格按照国家有关政策法规和公司章程规范运作,股东大会和董事会的召开程序、议事规则和决议程序合法有效,内部控制制度完善,符合《公司法》和《公司章程》的有关规定。公司董事及总经理等高级管理人员恪尽职守,在履行各自的职责时,严格守法,没有违反法律、法规、公司章程和损害公司利益的行为。
(二)检查公司财务情况
公司监事会对公司的财务制度和财务状况进行了认真、细致地检查,认为公司2001年度财务结构合理,财务状况良好。大连华连会计师事务所出具的审计意见及所涉及事项作出的评价是客观公正的,公司2001年度财务报告能够真实反映公司的财务状况和经营的实际情况。
(三)关于募集资金的使用
公司2000年度配股募集资金的已使用情况与承诺情况一致。
(四)公司收购、出售资产情况
公司本年度内在收购、出售资产的交易行为中,没有发现内幕交易和损害部分股东利益或造成公司资产流失的行为。
(五)2001年度,公司发生的关联交易都经过了合法的决策程序,是在公平交易额的原则基础上进行的,没有损害公司利益。
(六)大连华连会计师事务所出具了标准无保留意见的审计报告,报告真实、客观、准确地反映了公司的经营实际情况和财务状况。

第十节 重要事项

一、本年度公司无重大诉讼、仲裁事项。
二、报告期内公司收购、出售资产事项如下:
(一)大连大显股份有限公司第三届董事会第五次会议审议通过《将公司持有大连大显网络系统有限公司的股权转让给大显集团有限公司》的议案;
1、经大连大显股份有限公司及大连大显集团有限公司双方董事会决定,为使大连大显网络系统有限公司符合上市规定,决定将本公司持有的大连大显网络系统有限公司55%股权转让给大连大显集团有限公司。
2、转让协议内容:
转让价格:根据大连大显网络系统有限公司增资扩股后的注册资本金及两年来的盈利情况,55%的股权为人民币1100万元,加上两年盈利额292万元,合计1392万元。
(二)大连大显股份有限公司第三届董事会第六次会议审议通过《大连大显股份有限公司部分资产有偿转让》的议案。
1、本次转让的主要内容是将大显股份的黑白显示部件资产转让给大连大显电子器件厂,双方于2001年11月7日在大显股份公司137#会议室签定协议,所转让的资产经大连中连资产评估有限公司评估后的为1922.67万元人民币。
2、大连大显电子器件厂是大连大显集团有限公司的全资子公司,大连大显集团有限公司为大显股份的控股公司。因此,此次交易构成了本公司的关联交易。
三、重大关联交易事项:
报告期内,公司所持有的股权转让和出售部分资产事项均属于关联交易。
四、重大合同及其履行情况
(一)报告期内,公司没有发生托管、承包、租赁资产的情况,也未发生占公司当期利润总额10%以上(10%)的合同事项。
(二)报告期内,公司无重大担保行为。
(三)报告期内,公司委托理财情况说明如下:
公司2001年3月14日与中国银河证券有限责任公司在大连签署委托资产管理合同。
委托资产种类及金额:人民币现金3亿元整。
委托期限为:一年(2001年3月14至2002年3月13日)。
委托方大连大显股份有限公司已于2002年月3日22日将本金3亿元及收益3600万元全部收回存入公司账户。
(四)报告期内,公司无其它重要合同。
五、公司或持股5%以上股东公开披露承诺事项的履行情况
报告期内,公司或持股5%以上股东未在指定报纸或网站上披露承诺事项。
六、聘任、解聘会计师事务所情况
报告期内,公司继续聘任大连华连会计师事务所有限公司为公司审计单位,报告年度支付给会计师事务所的报酬总额为30万元,年度审计费用30万元,公司不承担差旅费等其它费用。
七、报告期内,公司、公司董事会及董事、监事、高级管理人员没有受到中国证监会稽查、中国证监会行政处罚、通报批评、证券交易所公开遣责的情形。
八、中国加入世界贸易组织相关条款对公司未来经营活动的影响
彩枪金属零部件及视像产品将获得较大的发展机遇。
九、其他重大事件
2001年12月21日公司被大连市科学技术委员会认定为高新技术企业。
高新技术企业编号:0121211B549。有效期为:2002年起至2003年止,每两年由市面上科委组织资格复审,合格延续。

第十一节 财务报告

一、审计报告

审计报告
华连内审字(2002)68号

大连大显股份有限公司全体股东:
我们接受委托,审计了贵公司2001年12月31日母公司及合并的资产负债表、2001年度母公司及合并的利润及利润分配表和2001年度母公司及合并的现金流量表。这些会计报表由贵公司负责,我们的责任是对这些会计报表发表审计意见。我们的审计是依据《中国注册会计师独立审计准则》进行的。在审计过程中,我们结合贵公司实际情况,实施了包括抽查会计记录等我们认为必要的审计程序。
我们认为,贵公司上述会计报表的编制符合《企业会计准则》和《企业会计制度》的规定,在所有重大方面公允地反映了贵公司2001年12月31日的财务状况及2001年度的经营成果和现金流量情况,会计处理方法的选用符合一贯性原则。

大连华连会计师事务所有限公司　　中国注册会计师：王秀玉
中国注册会计师：王灵霞
中国·大连　　二00二年三月二十四日

二、会计报表(见附表)；

三、会计报表附注：

一、公司概况：

大连大显股份有限公司(以下简称公司)是于1993年8月经大连市体改委批准，由国家大型一类企业——原大连显像管厂改制而成为定向募集公司，经中国证监会批准，公司于1996年公开发行社会公众股，由定向募集公司转变为社会公众公司。公司主要产品有彩色显像管用电子枪、电子枪金属零件、黑白显像管及电子枪，是国内显像管电子枪零件唯一生产基地。公司占地15.6万平方米，现有员工1,700余人。

二、公司采用的主要会计政策、会计估计和合并会计报表的编制方法：

1.会计制度：

执行《企业会计准则》、《企业会计制度》及其补充规定。公司的控股子公司大连太平洋多层线路板有限公司(以下简称太平洋公司)执行《外商投资企业会计制度》；全资子公司大连大显模具制造有限公司(以下简称模具公司)执行《工业企业会计制度》。在编制合并报表时已按《企业会计制度》进行了相应调整编制。

2.会计期间：

公历1月1日至12月31日。

3.记账本位币：

以人民币为记账本位币。公司的控股子公司太平洋公司以美元为记账本位币，在合并报表时折算为人民币。

4.记账基础及计价原则：

按权责发生制原则进行会计核算，以实际成本为计价原则。

5.外币业务核算方法：

发生的外币业务，以当月1日的外汇市场汇率折合人民币记账，月份终了，将各种外币账户的外币余额，按照月末外汇市场汇率折合为人民币余额，其发生的差额，与购建固定资产有关的外币专门借款的本金和利息发生的部分予以资本化，其他部分计入当期财务费用。

6.外币会计报表的折算方法：

外币合并报表，均采用结算日汇率折算成人民币编报。

7.现金等价物的确定标准：

公司持有的期限短、流动性强、易于转换为已知金额现金、价值变动风险很小的投资，确认为现金等价物。

8.短期投资核算方法：

短期投资为随时变现并且持有时间不准备超过一年(含一年)的投资。

短期投资计价及收益确认方法，短期投资以初始投资成本，即取得投资时实际支付的全部价款(扣除税金、手续费和相关费用)扣除实际支付的价款中包含的已宣告但尚未领取的现金股利，或已到付息期但尚未领取的债券利息入账；处置时，按所收到的处置收入与短期投资账面价值的差额确认为当期投资收益。

短期投资跌价准备的确认标准及计提方法，期末短期投资按成本与市价孰低计价，按市价低于成本的差额，按单项投资计算并计提短期投资跌价准备，并计入当期损益。

9.坏账核算方法：

坏账损失采用备抵法核算。按期末应收款项余额(包括应收账款和其他应收款)的10%计提坏账准备。

坏账的确认标准：

(1)因债务人破产或死亡，以其破产财产或遗产清偿后，仍不能收回的应收款项；

(2)因债务人逾期未履行偿债义务超过三年仍无法收回的应收款项。

上述确实不能收回的应收款项，经董事会批准后作为坏账转销。

10.存货核算方法：

原材料、自制半成品采用计划价格核算，材料成本差异按材料类别进行核算与结转；委托加工材料、产成品等均按实际成本计价，发出计价方法为加权平均法；低值易耗品采用一次摊销法进行核算。

公司的存货盘存制度采用永续盘存制，每年末(或其他盘点时间)对所有存货进行一次全面盘点，并将盘点结果与永续盘存制下存货的账面记录相核对，对实地盘点结果与账面数量的差异，根据不同的发生原因，将盘盈、盘亏的存货的价值分别转入管理费用和营业外收支。

期末存货按成本与可变现净值孰低计价，按单个存货项目的期末成本高于其可变现净值的差额提取存货跌价准备。

11.长期投资核算方法：

长期股权投资包括股票投资和其他股权投资。长期股权投资按其初始投资成本，即投资时实际支付的价款入帐。

长期股权投资，以实际支付的款项计价，占被投资单位权益为20%以下的，按成本法核算，占被投资单位权益为20%以上至50%的，按权益法核算；占被投资单位权益为50%以上的按权益法核算，并合并会计报表。

对长期股权投资采用权益法核算时，其取得成本与其在被投资单位所有者权益中所占份额的差额，计入股权投资差额。股权投资差额的摊销期限，合同规定投资期限低于十年的，按实际投资期限摊销，投资期限高于十年或未规定投资期限的，按十年摊销。

长期债权投资按其初始投资成本，即取得时实际支付的全部价款扣除实际支付的分期付息债券价款中包含的已到付息期但尚未领取的债券利息后的余额作为实际成本入账，并按权责发生制原则按期计提利息，并计入投资收益。

在债券购入后至到期日止的期间内按直线法于确认债券利息收入的同时摊销长期债券投资的溢价和折价。

对被投资单位由于市价持续下跌或经营状况恶化等原因导致其可收回金额低于长期股权投资的账面价值，并且这种降低的价值在可预计的未来期间内不可能恢复时，按可收回金额低于长期股权投资账面价值的差额计提长期投资减值准备。

12.固定资产及其折旧：

固定资产为使用期限超过一年，单位价值在2,000元以上的房屋、建筑物、通用设备、专用及电子设备、起重运输设备以及其他生产经营有关的设备、器具、工具等。固定资产按实际成本或确认的价值入账，其中，融资租入固定资产的入账价值按租赁开始日租赁资产的原账面价值与最低租赁付款额的现值两者中较低者作为入账价值。如果融资租赁固定资产占企业资产总额比例等于或低于30%的，在租赁开始日，也可按最低租赁付款额作为固定资产的入账价值。

每年末对固定资产进行检查，将可收回金额低于账面价值的差额作为固定资产减值准备，计入当期损益。固定资产减值准备按单项资产计提。

固定资产折旧采用平均年限法，并按各类固定资产的原值扣除预留残值(原值的5%)后分类折旧。

各类固定资产折旧年限和折旧率列示如下：

类别	折旧年限	年折旧率(%)
房屋	30	3.17
建筑物	15	6.33
通用设备	12	7.92
专用及电子设备	5	19.00
起重运输设备	6	15.83
变电配电设备	18	5.28
其他设备	8	11.88

已计提减值准备的固定资产在计提折旧时，按照该项固定资产的账面价值以及尚可使用年限重新计算确定折旧率和折旧额；如果已提减值准备的固定资产价值又得以恢复，该项固定资产的折旧率和折旧额的确认方法，按照固定资产价值恢复后的账面价值，以及尚可使用年限重新计算确定。

13.在建工程核算方法：

在建工程按实际成本核算，在达到预定可使用状态时，按实际发生的全部支出确认为固定资产。

每年末对在建工程进行全面检查，当存在下列情况时，则计提减值准备，计入当期损益。

(1)长期停建并且在未来3年内不会重新开工的；

(2)所建项目无论在性能上，还是在技术上已经落后，并且给公司带来的经济利益具有很大的不确定性；

(3)其他足以证明在建工程已经发生减值的情形。

在建工程减值准备按单项资产计提。

14.借款费用的核算方法：

为购建固定资产所借入的专门借款，发生的利息、折价或溢价的摊销、辅助费用和汇兑差额，在同时符合以下条件时予以资本化，计入该项资产的成本，资产支出已经发生；借款费用已经发生；为使资产达到预定可使用状态所必要的购建活动已经开始。其他的借款利息、折价或溢价的摊销、辅助费用和汇兑差额，计入发生当期的损益。

当所购建的固定资产达到预定可使用状态时，停止其借款费用的资本化，以后发生的借款费用于发生当期确认为费用。

每一会计期间的利息资本化金额根据至当期末止的购建固定资产累计支出加权平均数和资本化利率确定，但利息和折价或溢价摊销的资本化金额不超过当期专门借款实际发生的利息和折价或溢价的摊销金额。

15.无形资产计价及摊销：

无形资产包括非专利技术和土地使用权，按发生时的实际成本计价。从开始使用当月起，按受益年限与法律规定的有效年限中的较短者(摊销年限最长不超过十年)平均摊销。各项无形资产的摊销年限为：非专利技术按二至十年摊销，土地使用权按五十年摊销。

每年末或中期报告期终了，检查各项无形资产预计给公司带来未来经济利益的能力，对预计可收回金额低于其账面价值的，计提减值准备，计入当期损益。无形资产减值准备按单项资产计提。

16.长期待摊费用的摊销：

长期待摊费用包括电话工程、装修费、维修费和软件费等，自费用发生之日起按预计受益期摊销。公司在筹建期间发生的费用，先在"长期待摊费用"中归集，在开始生产经营的当月一次计入损益。

17.营业收入实现的确认方法：

产品销售，公司已将商品所有权上的重要风险和报酬转移给对方，公司不再对该商品实施继续管理权和实际控制权，相关的收入已经收到或取得了收款的证据，并且与销售该商品有关的成本能够可靠地计量时，确认营业收入的实现。

让渡资产使用权产生的利息收入和使用费收入，在与交易相关的经济利益能够流入企业，收入的金额能够可靠计量时，确认收入的实现。

18.所得税的会计处理：

所得税的会计处理采用应付税款法。

19.主要会计政策变更的影响：

公司原执行《股份有限公司会计制度》及其补充规定，根据财政部财会[2000]25号通知，自2001年1月1日起执行《企业会计制度》及补充规定。

会计政策变更及其影响如下：

(1)开办费原按5年摊销，现改为于开始生产经营当月一次计入当期损益；

(2)期末固定资产原按账面价值计价，现改为按账面价值与可收回金额孰低计价；

(3)期末在建工程原按账面价值计价，现改为按账面价值与可收回金额孰低计价；

(4)期末无形资产原按账面价值计价，现改为按账面价值与可收回金额孰低计价；

上述会计政策变更已采用追溯调整法，调整了期初留存收益和固定资产、在建工程及无形资产等相关项目的年初数，利润及利润分配表的上年数已按调整后的数据填列。上述会计政策变更的累计影响数为41,811,223.15元，其中，追溯调整计提固定资产减值准备影响数为29,253,410.09元，追溯调整计提在建工程减值准备影响数为1,479,990.00元，追溯调整计提无形资产减值准备影响数为11,077,814.06元。由于上述会计政策的变更，调减2001年期初留存收益41,811,223.15元，其中未分配利润调减了35,539,539.67元，盈余公积调减了6,271,683.48元。

20.合并会计报表的编制方法：

按照财政部制定的《合并会计报表暂行规定》，对母公司拥有半数以上(不包括半数)权益性资本的被投资企业合并会计报表。合并报表时，公司的重大内部交易和资金往来均相互抵消。

公司在编制合并利润及利润分配表时，对子公司本年度计提的法定盈余公积金、法定公益金按本公司所拥有的份额，相应调整公司本年度提取的法定盈余公积金、法定公益金。

三、税项：

公司适用的主要税种和税率如下：

1.增值税：出口产品销售收入，按国家有关税收法规规定，增值税税率为0；

内销产品销售收入，增值税税率为17%。

2.营业税：按技术转让收入额的5%计提并缴纳。

3.城市维护建设税：按应纳增值税及营业税额的7%计提并缴纳。

4.教育费附加：按应纳增值税及营业税额的3%计提并缴纳。

5.地方教育费附加：按应纳增值税及营业税额的1%计提并缴纳。

6.所得税：企业所得税税率为33%。根据大连市财政局大财税(1997)155号及大财指工字(2001)595号文件批准，公司按33%计征所得税，财政返还18%，并入公司税后利润统一分配，实际税负为15%。

7.其他税项：包括房产税、车船使用税、印花税等，按照有关规定计提并缴纳。

第十二节　备查文件目录

一、有法人代表、财务负责人和会计经办人签名并盖章的2001年度会计报告。

二、有会计师事务所盖章、注册会计师签字并盖章的公司2001年度审计报告原件。

三、报告期内在中国证监会指定报纸上公开披露过的所有的公司文件的正本及公告的原稿。

大连大显股份有限公司

董事长：刘秉强

2002年3月24日

资 产 负 债 表

2001 年 12 月 31 日

编制单位:大连大显股份有限公司　　单位:人民币元

资　产	附注	期末数		期初数	
		母公司	合 并	母公司	合 并
流动资产:					
货币资金	1	474,281,895.12	519,295,358.60	261,414,035.15	285,975,669.11
短期投资					
短期投资	2	300,000,000.00	307,998,239.24		
应收票据	3	29,353,685.50	39,373,098.93	5,180,000.00	9,599,930.49
应收账款	4	84,032,848.77	132,818,853.70	80,571,975.59	149,119,277.61
其他应收款		66,153,992.46	35,267,610.45	44,178,471.42	45,128,296.47
预付货款	5	8,513,367.02	9,874,084.96	5,110,729.61	8,950,438.90
存货	6	152,946,559.01	175,112,402.97	183,715,178.30	217,453,300.32
待摊费用	7		290,542.73		209,479.14
一年内到期的长期债券投资					
其他流动资产					
流动资产合计		1,115,282,347.88	1,220,030,191.58	580,170,390.07	716,436,392.04
长期投资:					
长期股权投资	8	341,757,777.03	174,332,543.79	328,635,115.37	168,108,705.50
长期债权投资					
长期合计投资		341,757,777.03	174,332,543.79	328,635,115.37	168,108,705.50
固定资产:					
固定资产原价	9	397,911,242.48	770,957,406.56	389,524,591.48	696,037,369.10
减:累计折旧		188,741,528.48	333,014,077.64	178,886,779.66	301,547,939.52
固定资产净值		209,169,714.00	437,943,328.92	210,637,811.82	394,489,429.58
减:固定资产减值准备		29,253,410.09	29,253,410.09	29,253,410.09	29,253,410.09
固定资产净额		179,916,303.91	408,689,918.83	181,384,401.73	365,236,019.49
工程物资					
在建工程	10	78,530,602.75	97,449,551.78	49,244,930.63	56,210,779.53
固定资产清理					
固定资产合计		258,446,906.66	506,139,470.61	230,629,332.36	421,446,799.02
无形资产及其他资产:					
无形资产	11	1,504,350.10	5,528,467.94	2,064,425.35	6,172,671.11
长期待摊费用	12		93,887.60		2,733,570.28
其他资产					
无形资产及其他资产合计		1,504,350.10	5,622,355.54	2,064,425.35	8,906,241.39
递延税项:					
递延税款借项					
资产合计		1,716,991,381.67	1,906,124,561.52	1,141,499,263.15	1,314,898,137.95
负债及股东权益					
流动负债:					
短期借款	13	160,914,900.00	238,908,545.89	192,500,000.00	278,500,000.00
应付票据					
应付票据	14	68,525,622.15	68,525,622.15	2,400,000.00	2,400,000.00
应付账款	15	2,667,427.98	23,007,444.77	10,792,896.28	44,121,686.22
预收账款	16	10,893,150.09	12,281,713.50	10,897,904.92	6,622,201.99
应付工资	18	12,213,582.89	12,213,582.89		
应付福利费		3,021,211.76	3,416,182.09	719,465.24	632,305.82
未付股利	19	16,622,663.87	16,622,663.87	12,401,325.00	12,401,325.00
未交税金	20	21,393,277.13	21,269,758.02	9,149,272.73	16,855,462.67
其他未交款	21	546,537.14	552,405.07	134,511.71	137,684.92
其他应付款	17	20,697,200.34	43,278,958.59	20,834,592.64	43,028,316.84
预提费用	22	1,288,409.74	1,288,409.74	556,362.50	556,362.50
职工奖励及福利基金					3,670,492.40
预计负债					
一年内到期的长期负债					
其他流动负债					
流动负债合计		318,783,983.09	441,365,286.58	260,386,331.02	408,925,838.36
长期负债:					
长期借款	23	130,000,000.00	130,000,000.00	130,000,000.00	130,000,000.00
应付债券					
其他长期负债					
长期负债合计		130,000,000.00	130,000,000.00	130,000,000.00	130,000,000.00
递延税项:					
递延税款贷项					
其他负债					
负债合计		448,783,983.09	571,365,286.58	390,386,331.02	538,925,838.36
少数股东权益			66,551,876.38		24,871,038.54
股东权益:					
股本	24	327,186,000.00	327,186,000.00	248,026,500.00	248,026,500.00
资本公积	25	561,621,368.74	561,621,368.74	159,127,772.08	159,127,772.08
盈余公积	26	101,084,162.01	109,224,484.19	85,141,034.27	89,502,575.21
其中:公益金		23,682,655.88	25,126,810.49	18,605,798.98	19,304,218.71
未分配利润	27	278,315,867.83	270,175,545.63	258,817,625.78	254,456,084.83
股东权益合计		1,268,207,398.58	1,268,207,398.56	751,112,932.13	751,112,932.12
汇率调整					-11,671.07
负债及股东权益总计		1,716,991,381.67	1,906,124,561.52	1,141,499,263.15	1,314,898,137.95

利润及利润分配表

编制单位:大连大显股份有限公司　　2001 年度　　单位:人民币元

项　目	附注	本年数		上年数	
		母公司	合并	母公司	合并
一、主营业务收入	28	523,614,631.36	745,108,381.79	416,981,904.20	661,114,673.88
减:主营业务成本		345,946,027.75	522,934,820.78	261,853,499.04	436,201,070.91
主营业务税金及附加	29	4,027,551.71	4,388,016.15	1,871,872.66	1,970,127.77
二、主营业务利润		173,641,051.90	217,785,544.86	153,256,532.50	222,943,475.20
加:其他业务利润	30	-670,511.08	-672,609.69	812,726.72	812,726.72
营业费用		11,237,188.58	17,502,094.47	12,089,847.92	18,165,832.37
管理费用		54,711,564.13	68,522,153.78	37,249,190.72	54,591,434.12
财务费用	31	22,554,325.16	27,751,187.15	17,346,298.45	22,462,566.65
三、营业利润		84,467,462.95	103,337,499.77	87,383,922.13	128,536,368.78
加:投资收益	32	39,056,206.70	25,329,787.69	57,153,649.50	27,528,093.53
补贴收入		114,076.00	548,864.38	25,822.00	446,319.00
营业外收入	34	759,560.26	958,059.38	3,277,189.07	3,329,518.91
减:营业外支出		3,999,269.80	4,138,148.27	40,230,897.25	41,094,000.27
四、利润总额		120,398,036.11	126,036,062.95	107,609,685.45	118,746,299.95
减:所得税		40,341,547.72	43,047,193.89	35,672,208.99	41,656,353.44
少数股东损益			2,783,683.11		5,954,432.62
加:财政返还所得税		20,488,031.66	20,488,031.66	19,457,568.54	21,687,487.47
五、净利润		100,544,520.05	100,693,217.61	91,395,045.00	92,823,001.36
加:年初未分配利润		258,817,625.78	254,456,084.83	195,763,081.46	192,831,391.39
盈余公积转入					
六、可供分配的利润		359,362,145.83	355,149,302.44	287,158,126.46	285,654,392.75
减:提取法定盈余公积		10,054,452.00	13,328,947.06	11,369,423.43	12,322,657.35
提取法定公益金		5,027,226.00	5,531,512.19	4,569,752.25	5,046,369.21
提取职工奖励及福利基金			148,697.56		1,427,956.36
七、可供股东分配的利润		344,280,467.83	336,140,145.63	271,218,950.78	266,857,409.83
减:应付优先股股利					
提取任意盈余公积					
应付普通股股利		16,359,300.00	16,359,300.00	12,401,325.00	12,401,325.00
转作股本的普通股股利		49,605,300.00	49,605,300.00		
八、未分配利润	27	278,315,867.83	270,175,545.63	258,817,625.78	254,456,084.83

2001 年利润表补充资料表

编制单位:大连大显股份有限公司　　2001 年度　　单位:人民币元

	项　目	母公司		合 并	
		本年数	上年数	本年数	上年数
1	出售、处置部门或被投资单位所得收益	-699,556.13	19,292,756.55	-699,556.13	19,292,756.55
2	自然灾害发生的净损益	-52,698.44		-52,698.44	
3	会计政策变更影响的利润总额		-35,539,539.67	-3,723,951.49	-35,539,539.67
4	会计估计变更影响的利润总额				
5	债务重组损失				

现 金 流 量 表

编制单位:大连大显股份有限公司　　2001 年度　　单位:人民币元

项　目	行次	母公司	合 并
一、经营活动产生的现金流量			
销售商品、提供劳务收到的现金	1	543,008,615.64	791,699,255.56
收到的税费返还	2	26,350,600.00	37,321,243.41
收到的其他与经营活动有关的现金	3	54,778,795.35	65,771,298.40
现金流入小计	4	624,138,010.99	894,791,797.37
购买商品、接受劳务支付的现金	5	284,061,339.06	398,896,783.41
支付给职工以及为职工支付的现金	6	47,829,189.72	76,093,538.40
支付的各项税费	7	68,194,219.29	96,691,705.91
支付的其他与经营活动有关的现金	8	52,705,964.65	75,261,821.87
现金流出小计	9	452,790,712.72	646,943,849.59
经营活动产生的现金流量净额	10	171,347,298.27	247,847,947.78
二、投资活动产生的现金流量		-	-
收回投资所收到的现金	11	-	-
取得投资收益所收到的现金	12	23,549,142.10	4,972,481.36
处置固定资产、无形资产和其他长期资产所收回的现金净额	13	25,116.03	25,116.03
收到的其他与投资活动有关的现金	14	-	-
现金流入小计	15	23,574,258.13	4,997,597.39
购建固定资产、无形资产和其他长期资产所支付的现金	16	45,974,193.02	106,130,323.36
投资所支付的现金	17	11,900,000.00	7,998,755.37
支付的其他与投资活动有关的现金	18	-	-
现金流出小计	19	57,874,193.02	114,129,078.73
投资活动产生的现金流量净额	20	-34,299,934.89	-109,131,481.34
三、筹资活动产生的现金流量		-	-
吸收投资所收到的现金	21	433,447,366.66	472,585,338.91
借款所收到的现金	22	160,915,500.00	290,909,990.85
收到的其他与筹资活动有关的现金	23	-	-
现金流入小计	24	594,362,866.66	763,495,329.76
偿还债务所支付的现金	25	192,500,000.00	330,492,147.01
分配股利、利润或偿付利息所支付的现金	26	24,275,979.24	28,726,590.08
支付的其他与筹资活动有关的现金	27	1,329,193.22	1,329,193.22
现金流出小计	28	218,105,172.46	360,547,930.31
筹资活动产生的现金流量净额	29	376,257,694.20	402,947,399.45
四、汇率变动对现金的影响额	30	-437,197.61	-345,937.16
五、现金及现金等价物净增加额	31	512,867,859.97	541,317,928.73
补充资料:			
1.将净利润调节为经营活动的现金流量			
净利润	32	100,544,520.05	100,693,217.61
加:少数股东损益	33		2,783,683.11
加:计提的资产减值准备	34	10,221,650.99	6,813,749.33
固定资产折旧	35	24,227,916.31	45,876,345.25
无形资产摊销	36	1,756,106.42	2,068,875.42
长期待摊费用摊销	37	-	2,425,806.85
待摊费用减少(减:增加)	38	-	-81,063.00
预提费用增加(减:减少)	39	1,648,232.42	1,648,232.42
处置固定资产、无形资产和其他长期资产的损失(减:收益)	40	-210,004.73	-206,861.61
固定资产报废损失	41	917,001.84	917,001.84
财务费用	42	18,955,188.33	22,916,305.96
投资损失(减:收益)	43	-39,056,206.70	-25,329,787.69
递延税款贷项(减:借项)	44	-	-
存货的减少(减:增加)	45	21,039,139.03	32,606,893.77
经营性应收项目的减少(减:增加)	46	-51,299,274.44	-24,318,823.78
经营性应付项目的增加(减:减少)	47	82,603,028.75	80,129,079.42
其他	48	-	-1,094,707.12
经营活动产生的现金流量净额	49	171,347,298.27	247,847,947.78
2.不涉及现金收支的投资和筹资活动			
债务转为资本	50		
一年内到期的可转换公司债券	51		
融资租入固定资产	52		
3.现金及现金等价物净增加情况			
现金的期末余额	53	474,281,895.12	519,295,358.60
减:现金的期初余额	54	261,414,035.15	285,975,669.11
加:现金等价物的期末余额	55	300,000,000.00	307,998,239.24
减:现金等价物的期初余额	56		-
现金及现金等价物净增加额	57	512,867,859.97	541,317,928.73

600749 西藏圣地股份有限公司

2001年年度报告摘选

一、公司基本情况简介

(一)公司的法定中、英文名称及缩写
中文名称:西藏圣地股份有限公司
中文名称缩写:西藏圣地
英文名称:TIBET SHENGDI CO., LTD
英文名称缩写:TSDC
(二)公司法定代表人:宋毅先生
(三)公司董事会秘书及证券事务代表的姓名、联系地址、电话、传真:
董事会秘书:谢勍先生
证券事务代表:张芸霞女士
联系地址:西藏自治区拉萨市林廓东路6号
邮政编码:850000
电话:0891-6339150　0510-7990732
传真:0891-6339041　0510-7990732
电子信箱:xxcxq@hotmail.com
(四)公司注册地址,公司办公地址及其邮政编码,公司国际互联网网址、电子信箱
公司注册地址:西藏自治区拉萨市林廓东路6号
公司办公地址:西藏自治区拉萨市林廓东路6号
邮政编码:850000
电子信箱:tsdc@hotmail.com
(五)公司选定的信息披露报刊:《中国证券报》、《上海证券报》
登载公司年度报告的中国证监会指定国际互联网:http://www.sse.com.cn
公司年度报告备置地点:公司董事会办公室
(六)公司股票上市交易所、股票简称和股票代码
股票上市交易所:上海证券交易所
股票简称:西藏圣地　股票代码:600749

二、会计数据和业务数据摘要

(一)公司2001年度会计数据和业务数据:(单位:人民币元)

项目	本期数
利润总额	-27,086,362.27
净利润	-26,837,744.30
扣除非经常性损益后的净利润	-565,532.56
主营业务利润	11,049,925.40
其他业务利润	6,952,582.34
营业利润	-2,991,227.09
投资收益	-348,765.26
补贴收益	423,000.00
营业外收支净额	-24,169,369.92
经营活动产生的现金流量净额	14,539,851.73
现金及现金等价物净增加额	9,978,295.63
注:扣减非经常性损益项目及金额	
(1)营业外收入	42,068.75
(2)营业外支出	24,211,438.67
(3)补贴收入	423,000.00
(4)投资收益	-348,765.26
(5)流动资产盘亏	2,425,694.53

(二)公司前三年的主要会计数据和财务指标(单位:人民币元)

指标	2001年	2000年		1999年
		调整前	调整后	
主营业务收入	30,733,718.75	38,182,824.94	38,182,824.94	42,777,254.30
净利润	-26,837,744.30	6,672,902.04	6,120,314.97	957,662.50
总资产	193,788,226.46	204,093,362.62	204,093,362.62	192,851,651.29
股东权益	83,463,054.09	110,853,385.46	110,300,798.39	104,180,483.42
每股收益	-0.3355	0.083	0.08	0.01
每股净资产	1.04	1.39	1.38	1.30
调整后的每股净资产	1.03	1.20	1.19	1.15
每股经营活动产生的现金流量净额	0.18	0.008	0.008	-0.021
净资产收益率(%)	-32.16	6.02	5.55	0.92

(三)报告期利润表附表:

报告期利润	净资产收益率(%)		每股收益(元/股)	
	全面摊薄	加权平均	全面摊薄	加权平均
主营业务利润	13.24	11.41	0.1381	0.1381
营业利润	-3.584	-3.087	-0.0374	-0.0374
净利润	-32.16	-27.70	-0.3355	-0.3355
扣除非经常性损益后净利润	-0.68	-0.58	-0.0071	-0.0071

注:上表系按照中国证监会《公开发行证券公司信息披露编报规则》(第9号文)要求计算。

三、股本变动及股东情况

(一)公司股份变动情况　数量单位:万股

股份类别	期初数	配股	送股	公积金转股	其他	小计	期末数
		本次变动增减(+、-)					
一、尚未流通股份							
1、发起人股份其中:							
境内法人持有股份	5,600						5,600
2、募集法人股							
3、内部职工股							
4、优先股或其他							
尚未流通股份合计	5,600						5,600
二、已流通股份							
1、境内上市的人民币普通股	2,400						2,400
2、境内上市外资股							
3、境外上市外资股							
4、其他							
已流通股份合计	2,400						2,400
三、股份总数	8,000						8,000

600750 江西东风药业股份有限公司

2001年年度报告摘选

一、公司基本情况简介

(一)公司法定中文名称:江西东风药业股份有限公司
公司法定英文名称:JIANGXI DONGFENG PHARMACEUTICAL CO., LTD
(二)公司法定代表人:廖礼村
(三)公司董事会秘书:杨人彦
证券事务代表:吴伯帆
联系地址:江西省南昌市福州路347号
电话:0791-8515742　传真:0791-8515742
电子信箱:jzyy@jzjt.com
(四)公司注册地址:江西省乐平市东风路15号
公司办公地址:江西省乐平市东风路15号　邮政编码:330077
公司网址:Http://www.jzjt.com
电子信箱:jzyy@jzjt.com
(五)公司选定的信息披露报纸:《上海证券报》
登载公司年度报告的中国证监会指定国际互联网网址:http://www.sse.com.cn
公司年度报告备置地点:公司证券部
(六)公司股票上市交易所:上海证券交易所
股票简称:东风药业　股票代码:600750

二、会计数据和业务数据摘要

1、本年度主要利润指标

(单位:人民币元)

项目	2001年度
利润总额	70,212,740.74
净利润	40,243,819.24
扣除非经常性损益后的净利润*	45,367,937.29
主营业务利润	132,904,703.42
其他业务利润	-274,919.21
营业利润	81,080,501.12
投资收益	-3,511,976.33
补贴收入	2,159,922.47
营业外收支净额	-9,515,706.52
经营活动产生的现金流量净额	41,278,693.52
现金及现金等价物净增减额	36,650,394.24

注:扣除非经常性损益项目和涉及金额

项目	金额
委托投资收益	2,231,666.00
补贴收入	2,159,922.47
营业外收支净额	-9,515,706.52
合计	-5,124,118.05

2、公司近三年主要会计数据及财务指标

(单位:人民币元)

项目	2001年	2000年调整后	2000年调整前	1999年
主营业务收入	354,965,944.99	368,460,145.52	368,460,145.52	130,097,647.79
净利润	40,243,819.24	555,536.82	27,615,978.36	29,227,972.91
总资产	639,271,897.00	686,640,107.26	708,467,229.90	669,322,206.42
股东权益(不含少数股东权益)	523,559,864.77	497,240,102.06	523,167,613.57	507,864,126.37
每股收益	0.28	0.004	0.19	0.20
每股净资产	3.58	3.40	3.58	3.48
调整后的每股净资产	3.55	3.38	3.56	3.46
每股经营活动产生的现金流量净额	0.28	0.83	0.83	-0.15
净资产收益率%	7.68%	0.11%	5.28%	5.75%

3、报告期利润表附表

利润指标	净资产收益率(%)		每股收益(元/股)	
	全面摊薄	加权平均	全面摊薄	加权平均
主营业务利润	25.38%	25.98%	0.91	0.91
营业利润	15.48%	15.85%	0.55	0.55
净利润	7.68%	7.87%	0.28	0.28
扣除非经常性损益后的净利润	8.66%	8.87%	0.31	0.31

注:利润表附表的利润数据是按照中国证监会《公开发行证券公司信息披露编报规则(第9号)》要求计算的。

三、股本变动及股东情况

1、股本变动情况
(1)股份变动情况表

数量单位:万股

	本次变动前	配股	送股	公积金转股	增发	其他	小计	本次变动后
		本次变动增减(+、-)						
一、尚未流通股份								
1、发起人股份	8371.2							8371.2
其中:	8371.2							8371.2
国家持有股份								
境内法人持有股份								
境外法人持有股份								
其他								
2、募集法人股份								
内部职工股								
优先股及其他								
未上市流通股份合计	8371.2							8371.2
二、已流通股份	6240							6240
1、人民币普通股								
2、境内上市的外资股								
3、境外上市的外 资股								
4、其他								
已上市流通股份合计	6240							6240
三、股份总数	14611.2							14611.2

600751 天津市海运股份有限公司

2001 年年度报告摘选

一、公司简介

1.公司法定中文名称:天津市海运股份有限公司
公司法定英文名称:TIANJIN MARINE SHIPPING CO.,LTD.
公司中文名称缩写:天津海运
公司英文名称缩写:TMSC
2.公司法定代表人:宋兴庭
3.公司董事会秘书:姜涛
联系地址:天津市河西区马场道 207 号
电　话:86－22－23281780　　传　真:86－22－23286115
电子信箱:tmsc600751@163.com.cn
4.公司注册地址:天津市河西区马场道 207 号
公司办公地址:天津市河西区马场道 207 号
邮政编码:300204
公司国际互联网址:http//www.tmsc－tj.com.cn
公司电子信箱:tmsc600751@163.com.cn
5.公司选定的信息披露报纸名称:《中国证券报》、《上海证券报》、《大公报》
登载公司年度报告的中国证监会指定的国际互联网网址:http//www.sse.com.cn
公司年度报告备置地点:公司董事会秘书处
6.股票上市交易所名称:上海证券交易所
公司 A 股股票名称及交易代码:天津海运　600751
公司 B 股股票名称及交易代码:天海 B 股　900938

二、会计数据和业务数据摘要

1.本年度利润总额及构成　单位:人民币元

项目	金额
利润总额	31,209,682.72
净利润	24,774,786.70
扣除非经常性损益后的净利润	24,809,776.44
主营业务利润	108,966,747.56
其他业务利润	30,075,478.72
营业利润	23,214,622.87
投资收益	8,036,224.25
补贴收入	
营业外收支净额	－41,164.40
经营活动产生的现金流量净额	40,402,060.84
现金及现金等价物净增加额	388,235,375.73

注 1:扣除非经常性损益后的净利润中扣除的项目为:营业外收支净额和所得税扣除非经常性损益后的净利润中扣除的金额为:－41164.40 元和－6174.66 元

注 2:根据国际会计准则,本公司有关业务数据(调整)如下:

项目	金额
调整坏帐准备:	10,498 千元
冲回重估增值的影响:	1,007 千元
以前年度已冲回多预提工资的影响:	－5,562 千元
其他:	－3,334 千元
根据国际会计准则,本公司 2001 年度净利润为:	27,384 千元
按中国会计准则编制	1,141,178 千元
调整坏账准备	1,845 千元
冲回重估增值的影响	
以前年度已冲回多预提工资的影响	
其 他	－2,652 千元
按国际会计准则,本公司 2001 年度净资产为:	1,140,371 千元

2.本年度及前两年会计数据及财务指标　单位:人民币元

	2001 年	2000 年		1999 年	
		调整前	调整后	调整前	调整后
主营业务收入	855,644,642.96	846,757,717.94	846,757,717.94	504,873,162.60	504,873,162.60
净利润	24,774,786.70	82,266,981.42	83,380,891.09	49,533,108.79	49,533,108.79
总资产	2,001,101,546.75	1,629,455,003.25	1,605,867,854.22	1,370,003,181.16	1,369,914,943.98
股东权益(不含少数股东权益)	1,141,178,345.51	855,989,729.30	828,917,658.21	745,582,650.45	745,536,767.12
每股收益	0.05	0.18	0.18	0.11	0.11
扣除非经常性损益后的每股收益	0.05	0.18	0.18	0.11	0.11
每股净资产	2.32	1.84	1.78	1.60	1.60
调整后的每股净资产	2.17	1.74	1.59	1.35	1.50
每股经营活动产生的现金流量净额	0.08	－0.10	－0.10	0.23	0.23
净资产收益率	2.18%	9.61%	10.06%	6.64%	6.64%
加权平均净资产收益率	2.35%	9.61%	10.06%	6.64%	6.64%

三、股本变动及股东情况

一、股本变动情况:
1.股份变动情况表

数量单位:股

	本次变动前	本次变动增减						本次变动后
		配股	送股	公积金转股	增发	其它	小计	
一、未上市流通股份								
1、发起人股份								
其中:								
国家拥有股份	181368000	2720520					2720520	184088520
境内法人持有股份	24871000							24871000
境外法人持有股份								
其他								
2、募集法人股份								
3、内部职工股								
4、优先股或其他								
未上市流通股份合计	206239000	2720520					2720520	208959520
二、已上市流通股份								
1、人民币普通股	79761000	23928300					23928300	103689300
2、境内上市的外资股	180000000							180000000
3、境外上市的外资股								
4、其他								
已上市流通股份合计	259761000	23928300					23928300	283689300
三、股份总数	466000000	26648820					26648820	492648820

600752 哈慈股份有限公司

2001 年年度报告摘选

一、公司简介

(一)公司法定中文名称:哈慈股份有限公司
公司法定英文名称:HACI COMPANY LIMITED
英文缩写:HACI
(二)公司注册及办公地址:哈尔滨市动力区通乡街 169 号
邮政编码:150046
公司国际互联网网址:www.hacico.com
公司电子信箱:feedback@hacico.com
(三)公司法定代表人:郭立文
(四)公司董事会秘书:张文博
董事会证券事务代表:赵雪梅
联系地址:哈尔滨市动力区通乡街 169 号
联系电话:0451－2688688
传真电话:0451－5672268
电子信箱:zhangwenbo@hacico.com
(五)公司选定的信息披露报纸名称:《上海证券报》、《中国证券报》、《证券时报》
登载公司年度报告的中国证监会指定国际互联网网址:http://www.sse.com.cn
公司年度报告备置地点:哈尔滨市动力区通乡街 169 号
(六)公司股票上市地点:上海证券交易所
股票简称:哈慈股份　　股票代码:600752

二、会计数据和业务数据摘要

(一)本年度公司实现利润情况:　单位:人民币元

项目	金额
1、利润总额	39,951,042.86
2、净利润	34,678,684.20
3、扣除非经常性损益后的净利润	38,763,769.10
4、主营业务利润	159,146,186.31
5、其他业务利润	1,046,763.07
6、营业利润	50,218,834.94
7、投资收益	－3,854,935.04
8、补贴收入	1,436.00
9、营业外收支净额	－6,414,293.04
10、经营活动产生的现金流量净额	122,940,571.77
11、现金及现金等价物净增加额	526,450,342.97

(二)截止 2001 年公司前三年会计数据和财务指标　单位:人民币元

项目	2001 年	2000 年		1999 年
		调整后	调整前	
主营业务收入	254,005,843.60	395,522,904.15	395,522,904.15	208,244,501.94
净利润	34,678,684.20	47,258,436.66	53,046,530.95	68,431,166.05
总资产	1,394,520,894.39	893,257,231.56	899,045,325.85	811,008,250.55
股东权益	981,492,035.53	663,582,049.90	669,370,144.19	616,323,613.24
每股收益	0.10	0.16	0.18	0.23
每股净资产	2.90	2.20	2.22	2.05
调整后的每股净资产	2.85	2.14	2.16	1.9
每股经营活动产生的现金流量净额	0.36	0.11	0.11	0.08
净资产收益率(%)	3.53	7.12	7.92	11.1
扣除非经常性损益后净利润计算的加权平均净资产收益率(%)	5.32	7.68	7.68	9.93

三、股本变动和股东情况

(一)股份变动情况表

数量单位:股

	期初数	本次变动增减(+、－)		期末数
		配股	小计	
一、尚未流通股份				
1、发起人股份	177575574			177575574
2、内部职工股				
尚未流通股份合计	177575574			177575574
二、已流通股份				
境内上市的人民币普通股	123760426	37128128	37128128	160888554
已流通股份合计	123760426	37128128	37128128	160888554
三、股份总数	301336000	37128128	37128128	338464128

(二)主要股东持股情况

1、截止 2001 年 12 月 31 日,本公司共有股东 93543 户。

2、主要股东持股情况

持有本公司 5%以上股份的股东是哈慈集团有限公司,报告期初持股数量为 177575574 股,报告期内将 13000000 股转让给上海涌金实业有限公司,2000000 股转让给上海港杰实业发展有限公司,报告期末持股数量为 162575574 股。公司前十名股东持股情况如下:

股东名称	持股数量(股)	持股比例(%)	股份类别
哈慈集团	162575574	48.03	法人股
长江证券	13922136	4.11	流通股
涌金实业	13000000	3.84	法人股
港杰实业	2000000	0.59	法人股
景福基金	712459	0.21	流通股
韩亚坤	602202	0.18	流通股
李新英	571090	0.17	流通股
左志江	400000	0.12	流通股
韩宝峰	351632	0.10	流通股
裕隆基金	300000	0.09	流通股

600753 河南冰熊保鲜设备股份有限公司

2001年年度报告摘要

一、公司简介

(一)公司法定中文名称:河南冰熊保鲜设备股份有限公司
中文缩写:冰熊股份
公司法定英文名称:HENAN BINGXIONG FRESH - PRESER VATION EQUIPMENIS CO.,LTD
英文缩写:BXGF
(二)公司注册和办公地址:河南省民权县府后街22号
邮政编码:476800
国际互联网网址:http://www.bingxiong.com.cn
公司电子信箱:bxiong@public2.zz.ha.cn
(三)公司法定代表人:周莉萍
(四)公司董事会秘书:韩　飞
证券事务代表:李玉钦
联系地址:河南省民权县府后街22号
联系电话:(0370)8551431　　(0370)8522789-2026
传真:(0370)8526256
电子信箱:hanfei@cnlwest.com
(五)公司信息披露报纸:上海证券报
公司信息披露互联网址:http://www.sse.com.cn
公司年报备置地点:公司董事会秘书办公室
(六)公司股票上市地:上海证券交易所
股票简称:ST冰熊
股票代码:600753

二、主要财务指标

1、公司本年度会计数据　　单位:人民币元

项目	金额
利润总额	5,390,776.94
净利润	5,390,776.94
扣除非经常性损益后的净利润	5,352,214.09
主营业务利润	17,026,985.42
其他业务利润	301,492.22
营业利润	322,464.07
投资收益	5,029,750.02
补贴收入	0.00
营业外收支净额	38,562.85
经营活动产生的现金流量净额	-7,671,198.90
现金及现金等价物净增减额	-4,489,273.83

2、公司前三年财务指标　　单位:人民币元

项目	2001年度	2000年度		1999年度	
		调整后	调整前	调整后	调整前
主营业务收入	100,158,467.59	103,397,009.41	103,397,009.41	97,065,850.99	97,065,850.99
净利润	5,390,776.94	-48,999,734.26	-43,699,736.85	-34,134,424.97	-28,438,958.64
总资产	426,830,127.31	391,808,355.68	394,708,016.43	381,240,656.78	382,551,481.18
股东权益	104,844,757.67	85,135,817.66	96,131,281.40	134,135,551.22	139,831,018.25
每股收益(元)	0.04	-0.38	-0.34	-0.27	-0.22
每股净资产	0.82	0.67	0.75	1.05	1.09
调整后的每股净资产	0.77	0.62	0.68	1.00	1.06
每股经营活动产生的现金流量净额	-0.06	0.08	0.08	0.45	0.45
净资产收益率(%)	5.14	-57.55	-45.46	-25.45	-20.33
净资产收益率(加权)(%)	6.14	-44.69	-37.00	-22.58	-17.00
扣除非经营性损益后加权净资产收益率(%)	6.10	-44.39	-37.00	-22.25	-17.00

按照中国证监会《公开发行证券公司信息披露编报规则(第9号)》要求计算的利润数据:

	报告期利润(人民币元)	净资产收益率(%)		每股收益(元/股)	
		全面摊薄	加权平均	全面摊薄	加权平均
主营业务利润	17,026,985.42	16.24	19.39	0.13	0.13
营业利润	322,464.07	0.31	0.37	0.003	0.003
净利润	5,390,776.94	5.14	6.14	0.04	0.04
扣除非常性损益后的净利润	5,352,214.09	5.10	6.10	0.04	0.04

三、股本变动和主要股东持股情况

(一)公司股本变动情况

股本变动情况表　　(单位:股)

项目	期初数	配股	送股	公积金转股	增发	其它变动	期末数
1、尚未流通股份							
(1)发起人股份							
其中:							
国家拥有股份	60,160,000						60,160,000
境内法人持有股份	35,840,000						35,840,000
境外法人持有股份							
其他							
(2)募集法人股							
(3)内部职工股							
(4)优先股或其他							
尚未流通股份合计	96,000,000						96,000,000
2、已流通股份							
(1)境内上市人民币普通股	32,000,000						32,000,000
(2)境内上市的外资股							
(3)境外上市的外资股							
(4)其他							
已流通股份合计	32,000,000						32,000,000
3、股份总数	128,000,000						128,000,000

600755 厦门国贸集团股份有限公司

2001年年度报告摘要

第一章　公司基本情况简介

1、公司法定中文名称:厦门国贸集团股份有限公司
公司法定英文名称:XIAMEN INTERNATIONAL TRADE GROUP CORP.,LTD
公司英文名称缩写:ITG
2、公司注册地址及办公地址:厦门市湖滨南路国贸大厦8-18层
邮政编码:361004
互联网网址:http://www.itgchina.com
电子信箱:itg@public.xm.fj.cn
3、公司法定代表人:何福龙
4、公司董事会秘书:肖　伟
联系电话:0592-5161888
联系地址:厦门市湖滨南路国贸大厦8-18层
传真:0592-5160280
电子信箱:xiaowei@itg.com.cn
5、公司选定的信息披露报纸:《中国证券报》和《上海证券报》
登载公司年度报告的中国证监会指定互联网网址:http://www.sse.com.cn
公司年度报告备置地点:厦门国贸集团股份有限公司企划部
6、公司股票上市交易所:上海证券交易所
股票简称:厦门国贸　　股票代码:600755
7、公司首次注册地址:厦门市海滨大厦16层-18层
首次注册日期:1993年4月2日
企业法人营业执照注册号:3502001004264
税务登记号码:厦国税管字350204155005439号
厦地税直字350204155054390号
聘请会计师事务所:厦门天健华天有限责任会计师事务所
会计师事务所地址:厦门市湖滨南路57号金源大厦18层

第二章　会计数据和业务数据摘要

一、报告期主要利润指标(单位:人民币元)

项目	金额
1、利润总额:	34,454,070.06
2、净利润:	25,889,996.54
3、扣除非经常性损益后的净利润:	10,058,093.36
4、主营业务利润:	128,225,901.01
5、其他业务利润:	17,782,977.95
6、营业利润:	-181,107.30
7、投资收益:	38,692,760.26
8、补贴收入:	3,227,073.23
9、营业外收支净额:	-7,284,656.13
10、经营活动产生的现金流量净额:	86,121,453.33
11、现金及现金等价物净增加额:	70,964,925.83

注:扣除非经常性损益的项目	金额
新宇软件股份转让收益	20,616,084.03
委托理财收益	5,237,445.00
长期投资减值准备	-2,736,969.72
营业外收支	-7,284,656.13

二、截止报告期末公司前三年主要会计数据和财务指标(单位:人民币元)

	2001年	2000年(调整后)	2000年(调整前)	1999年(调整后)	1999年(调整前)
主营业务收入	2,018,619,670.71	2,274,559,953.85	2,274,565,953.85	2,341,410,642.58	2,341,410,642.58
净利润	25,889,996.54	7,973,798.38	4,133,481.47	24,107,98.89	57,090,725.95
总资产	1,663,620,425.28	1,453,715,827.55	1,489,408,260.40	1,578,118,482.36	1,654,099,918.83
股东权益(不含少数股东权益)	683,311,762.02	657,373,720.94	653,000,927.16	639,731,263.57	713,405,827.68
每股收益	0.13	0.04	0.02	0.12	0.29
每股净资产	3.45	3.32	3.30	3.23	3.60
调整后的每股净资产	3.43	3.30	3.27	3.18	3.54
每股经营活动产生的现金流量净额	0.43	0.52	0.52	-0.07	-0.07
净资产收益率	3.79%	1.21%	0.63%	3.77%	8.00%

三、报告期利润表附表

报告期利润	净资产收益率(%)		每股收益(元/股)	
	全面摊薄	加权平均	全面摊薄	加权平均
主营业务利润	18.77%	18.77%	0.65	0.65
营业利润	-0.03%	-0.03%	-0.001	-0.001
净利润	3.79%	3.79%	0.13	0.13
扣除非经常性损益后的净利润	1.47%	1.47%	0.05	0.05

第三章　股本变动及股东情况

一、股份变动情况表
1、股东变动情况表:　　(单位:股)

	期初数	本次变动增减(+-)					期末数
		配股	送股	公积金转股	其他	小计	
一、尚未流通股份							
1、发起人股份其中:	71,120,000	-	-	-	-	-	71,120,000
国家持有股份	71,120,000	-	-	-	-	-	71,120,000
境内法人持有股份							
境外法人持有股份							
其他							
2、募集法人股							
3、内部职工股							
4、优先股或其他							
其中:转配股							
尚未流通股份合计	71,120,000	-	-	-	-	-	71,120,000
二、已流通股份							
1、人民币普通股	127,000,000	-	-	-	-	-	127,000,000
2、境内上市的外资股							
3、境外上市的外资股							
4、其他							
已流通股份合计	127,000,000	-	-	-	-	-	127,000,000
三、股份总数	198,120,000	-	-	-	-	-	198,120,000

600757 上海华源企业发展股份有限公司

2001 年年度报告摘选

一、公司基本情况简介

(一)公司法定中文名称:上海华源企业发展股份有限公司
公司英文名称:SHANGHAI WORLDBEST INDUSTRY DEVELOPMENT CO.,LTD.
英文缩写:SWID
(二)公司法定代表人:卢继延
(三)公司董事会秘书:杨林峰
证券事务代表:夏渊
联系地址:上海市浦东新区商城路 660 号乐凯大厦 21 层
电话:(021)58793617,68875566-2190　　传真:(021)58792223
电子信箱:office@shworldbest.com
(四)公司注册地址:上海市浦东新区商城路 660 号
公司办公地址:上海市浦东新区商城路 660 号乐凯大厦 20-21 层　　邮政编码:200120
公司国际互联网网址:http://www.shworldbest.com
电子信箱:office@shworldbest.com
(五)公司选定的信息披露报纸:中国证券报、上海证券报
登载公司年度报告的中国证监会指定国际互联网网址:http://www.sse.com.cn
公司年度报告备置地点:公司董事会办公室
(六)公司股票上市交易所:上海证券交易所
股票简称:华源发展　　股票代码:600757

二、会计数据和业务数据摘要

(一)公司本年度主要会计数据(单位:人民币元)

项目	金额
利润总额	65,292,620.02
净利润	55,572,273.30
扣除非经常性损益后的净利润	41,647,811.11
主营业务利润	207,988,276.03
其他业务利润	55,245,080.61
营业利润	47,980,349.02
投资收益	-5,024,603.05
补贴收入	9,261,572.72
营业外收支净额	13,075,301.33
经营活动产生的现金流量净额	-162,302,314.45
现金及现金等价物净增加额	-206,349,553.74

(二)截止本报告期末公司前三年的主要会计数据和财务指标

指标项目	2001 年	2000 年		1999 年
		调整后	调整前	
主营业务收入(万元)	179,321.71	181,084.30	208,419.68	146,098.19
净利润(万元)	5,557.23	9,030.15	10,446.25	7,239.89
总资产(万元)	329,835.81	285,006.52	288,541.33	177,228.74
股东权益(万元)	121,155.40	117,989.68	122,804.85	70,388.84
每股收益(元)	0.12	0.29	0.33	0.34
每股净资产(元)	2.57	3.75	3.90	3.28
调整后的每股净资产(元)	2.48	3.71	3.85	3.24
每股经营活动产生的现金流量净额(元)	-0.34	0.65	0.65	0.54
净资产收益率(%)	4.59	7.65	8.51	10.29
扣除非经常性损益后的加权平均净资产收益率(%)	3.53	11.34	13.15	10.50

三、股本变动及股东情况

(一)股份变动情况表
截止 2001 年末,公司股本结构如下:(数量单位:股)

小计				增发		其他
一、未上市流通股份						
1.发起人股份	221,162,818	44,232,564	66,348,845		110,581,409	331,744,227
其中:国家持有股份						
境内法人持有股份	204,127,618	40,825,524	61,238,285		102,063,809	51,061,500
境外法人持有股份	17,035,200	3,407,040	5,110,560		8,517,600	25,552,800
其他						
2.募集法人股份						
3.内部职工股						
4.优先股或其他						
未上市流通股份合计	221,162,818	44,232,564	66,348,845		110,581,409	331,744,227
二、已上市流通股份						
1.人民币普通股	93,600,000	18,720,000	28,080,000		46,800,000	140,400,000
2.境内上市的外资股						
3.境外上市的外资股						
4.其他						
已上市流通股份合计	93,600,000	18,720,000	28,080,000		46,800,000	140,400,000
三、股份总数	314,762,818	62,952,564	94,428,845		157,381,409	472,144,227

(二)公司前十名股东持股情况(数量单位:股)

名次	股东名称	本期末持股数	本期持股变动增减情况(+-)	持股占总股本比例(%)	持有股份的质押或冻结情况	股份类别
1	中国华源集团有限公司	190,127,100	+63,375,700	40.27	未质押冻结	国有法人股
2	江苏新雅鹿集团有限公司	42,522,900	+9,427,500	9.01	全部质押	境内法人股
3	江苏双猫纺织装饰集团有限公司	40,833,327	+13,611,109	8.65	未质押冻结	国有法人股
4	香港冠丰国际投资有限公司	17,023,500	+5,674,500	3.61	不详	境外法人股
5	上海外高桥保税区联合发展有限公司	8,529,300	+2,843,100	1.81	不详	境内法人股
6	嘉丰纺织(香港)有限公司	8,529,300	+2,843,100	1.81	不详	境外法人股
7	博德基因	8,529,300	+2,843,100	1.81	见注 2	境内法人股
8	投资集团	7,120,200	+7,120,200	1.51	不详	境内法人股
9	汉兴基金	3,450,201	-	0.73	不详	流通股
10	嘉丰工贸	3,120,000	+3,120,000	0.66	不详	境内法人股

600758 辽宁金帝建设集团股份有限公司

2001 年年度报告摘选

一、公司基本情况简介

(一)公司法定中文名称:辽宁金帝建设集团股份有限公司
公司法定英文名称:LIAONING JINDI CONSTRUCTION CONSORTIUM CO.,LTD
(二)公司法定代表人:胡毅力
(三)公司董事会秘书:朱丹石
证券事务代表:王莉
联系地址:沈阳市沈河区青年大街 118 号
联系电话:024-22870330　　传真:024-22855430
电子信箱:jindicc@mail.sy.ln.cn
(四)公司注册地址:沈阳市沈河区青年大街 118 号
公司办公地址:沈阳市沈河区青年大街 118 号
邮政编码:110014
公司电子信箱:jindicc@mial.sy.ln.cn
(五)公司选定的信息披露报纸:《上海证券报》、《中国证券报》
登载年度报告的中国证监会指定网站:http://www.sse.com.cn
公司年度报告备置地点:公司董事会办公室
(六)公司股票上市交易所:上海证券交易所
股票简称:金帝建设
股票代码:600758

二、会计数据和业务数据摘要

(一)公司本年度实现利润情况(单位:元)

项目	2001 年度
利润总额	-34,056,490.27
净利润	-33,695,988.97
扣除非经常性损益后的净利润	-36,470,613.93
主营业务利润	32,928,118.74
其他业务利润	1,079,864.75
营业利润	-38,506,591.05
投资收益	1,675,475.82
补贴收入	---
营业外收支净额	2,774,624.96
经营活动产生的现金流量净额	-12,587,506.06
现金及现金等价物净增加额	-23,653,612.42

注:扣除非经常性损益项目和涉及金额:

项目	金额
1、营业外收入无效申购资金冻结利息	4,573,648.55
2、营业外收入其他	619,490.67
3、营业外支出处理固定资产净损失	2,345,384.26
4、营业外支出罚款支出	73,130.00

(二)截至报告期末公司前三年的主要会计数据和财务指标(单位:元)

项目	2001 年	2000 年(调整后)	1999 年(调整后)
主营业务收入	636,143,748.38	593,073,913.23	546,024,539.04
净利润	-33,695,988.97	3,639,497.95	11,076,881.41
总资产	1,111,671,809.90	1,109,192,790.50	1,007,854,414.39
股东权益(不含少数股东权益)	309,428,367.31	344,235,694.81	340,596,196.86
每股收益	-0.21	0.02	0.07
每股净资产	1.94	2.15	2.13
调整后的每股净资产	1.54	1.65	1.67
每股经营活动产生的现金流量净额	-0.148	0.202	0.01
净资产收益率(%)	-10.89	1.057	3.25

项目	2000 年(调整前)	1999 年(调整前)
主营业务收入	593,073,913.23	546,024,539.04
净利润	5,038,462.52	11,076,881.41
总资产	1,122,472,624.78	1,019,021,049.05
股东权益(不含少数股东权益)	356,801,294.04	351,762,831.52
每股收益	0.0315	0.069
每股净资产	2.23	2.20
调整后的每股净资产	1.71	1.82
每股经营活动产生的现金流量净额	0.202	0.01
净资产收益率(%)	1.412	3.149

三、股本变动及股东情况

(一)股本变动情况
1、股份变动情况　　单位:股

	本次变动前	本次变动增减(+,-)						本次变动后
		配股	送股	公积金转股	增发	其他	小计	
一、未上市流通股份								
1、发起人股份								
其中:								
国家持有股份	33,150,000							33,150,000
境内法人持有股份	65,010,000							65,010,000
境外法人持有股份								
其他								
2、募集法人股份								
3、内部职工股								
4、优先股或其他								
未上市流通股份合计	98,160,000							98,160,000
二、已上市流通股份								
1、人民币普通股	61,595,200							61,595,200
2、境内上市的外资股								
3、境外上市的外资股								
4、其他								
已上市流通股份合计	61,595,200							61,595,200
三、股份总数	159,755,200							159,755,200

600759 海南华侨投资股份有限公司

2001年年度报告摘选

一、公司简介

(一)公司法定名称:
中文:海南华侨投资股份有限公司
英文:Hainan Overseas Chinese Investment CO.LTD.
英文缩写:OCI
(二)公司法定代表人:孙小钢先生
(三)公司董事会秘书:宋扬先生
联系地址:海口市南航东路28号侨企大楼B座第八层
电话:0898-6787220 6788559
传真:0898-6773665 6757661
电子信箱:songy69@163.net
(四)公司注册地址、办公地址
海口市南航东路28号侨企大楼B座第八层
邮政编码:570206
电子信箱:HQTZ@263.net
(五)公司选定的披露信息报纸:《上海证券报》
登载公司年度报告的中国证监会指定国际互联网网址:http://www.sse.com.cn
公司年度报告备置地点:海口市南航东路28号侨企大楼B座第八层公司董事会秘书处
(六)公司股票上市交易所:上海证券交易所
股票简称:PT琼华侨
股票代码:600759

二、会计数据和业务数据摘要

(一)本年度主要利润指标情况(单位:人民币元)

项目	金额
本年度实现利润总额	533,999.40
净利润	1,144,402.18
扣除非经常性损益后的净利润	-12,725,456.39
主营业务利润	-339,115.30
其他业务利润	3,146.70
营业利润	-13,335,859.17
投资收益	12,537,562.95
补贴收入	
营业外收支净额	1,332,295.62
经营活动产生的现金流量净额	13,499,185.93
现金及现金等价物净增加额	1,787,834.93
注:"扣除非经常性损益"项目及涉及金额:	
投资收益	12,537,562.95
营业外收支净额	1,332,295.62

(二)截止报告期末公司前三年的主要会计数据和财务指标(单位:人民币元)

项目	2001年	2000年调整后	2000年调整前	1999年调整后	1999年调整前
主营业务收入	572,642.78	434,108.48	434,108.48	3,468,046.13	3,468,046.13
净利润	1,144,402.18	-72,954,017.41	-68,332,242.47	-172,803,515.61	-151,792,930.13
总资产	58,509,833.08	243,612,593.81	252,435,676.44	275,893,405.51	272,355,247.51
股东权益	-359,941,160.02	-490,833,069.75	-478,032,357.50	-388,008,176.39	-348,788,872.04
每股收益(摊薄)	0.0055	-0.3498	-0.3277	-0.8286	-0.73
每股收益(加权)	0.0055	0.3498	-0.3277	-0.8286	-0.73
每股收益(扣除非经常性损益)	-0.061	-0.3343	-0.3252	-0.79	-0.71
每股净资产	-1.726	-2.354	-2.292	-1.86	-1.67
调整后的每股净资产	-1.787	-2.834	-2.773	-2.218	-2.03
每股经营活动产生的现金流量净额	0.065	-0.0149	-0.0149	-0.01	-0.01
净资产收益率%(摊薄)					
净资产收益率%(加权)					

(三)利润表附表

	报告期利润(元)	净资产收益率(%) 全面摊薄	净资产收益率(%) 加权平均	每股收益(元) 全面摊薄	每股收益(元) 加权平均
主营业务利润	-339,115.30	/	/	-0.0016	-0.0016
营业利润	-13,335,859.17	/	/	-0.064	-0.064
净利润	1,144,402.18	/	/	0.0055	0.0055
扣除非经营性损益后的净利润	-12,725,456.93	/	/	-0.061	-0.061

三、股本变动及股东情况

(一)股本变动情况
1、公司股份变动情况表

数量单位:股

股本结构	本次变动前	配股	送股	公积金转股	增发	其他	小计	本次变动后
一、未上市流通股份								
1、发起人股份	92,490,400							92,490,400
其中:								
国家持有股份								
境内法人持有股份	79,818,400							79,818,400
境外法人持有股份	12,672,000							12,672,000
其他								
2、募集法人股份	40,565,600							40,565,600
3、内部职工股	6,336,000							6,336,000
4、优先股或其他	-							-
未上市流通股份合计	139,392,000							139,392,000
二、已上市流通股份								
1、人民币普通股	69,159,974							69,159,974
2、境内上市的外资股								
3、境外上市的外资股								
4、其他								
已上市流通股份合计	69,159,974							69,159,974
三、股份总数	208,551,974							208,551,974

600760 山东黑豹股份有限公司

2001年年度报告摘选

一、公司简介

1、公司法定中文名称:山东黑豹股份有限公司
公司法定英文名称:SHANDONG HEIBAO CO.,LTD
公司英文名称缩写:SDHB
2、公司法定代表人:孙军亮
3、公司董事会秘书:孙军芳
联系地址:山东省文登市龙山路107号证券部
电话:0631-8352083
传真:0631-8352228
电子信箱:wdnyys@public.whptt.sd.cn
4、公司注册地址:山东省文登市龙山路107号
公司办公地址:山东省文登市龙山路107号
邮政编码:264400
公司国际互联网网址:http://www.heibao.com.cn
公司电子信箱:wdnyys@public.whptt.sd.cn
5、公司选定的信息披露报纸名称:上海证券报
登载公司年度报告的中国证监会指定国际互联网网址:http://www.sse.com.cn
公司年度报告备置地点:山东省文登市龙山路107号董事会秘书处
6、股票上市交易所:上海证券交易所
股票简称:山东黑豹
股票代码:600760

二、会计数据和业务数据摘要

(一)本年度主要会计数据(单位:人民币元)

项目	金额
利润总额	-51987848.74
净利润	-51987848.74
扣除非经常性损益后的净利润	-51863923.15
主营业务利润	7686537.77
其他业务利润	5380178.63
营业利润	-31774639.63
投资收益	-20089283.52
补贴收入	0
营业外收支净额	-123925.59
经营活动产生的现金流量净额	10708101.95
现金及现金等价物净增减额	-10655676.45

(二)截止报告期末公司前三年主要会计数据和财务指标

项目	2001年度	2000年度 调整后	2000年度 调整前	1999年度 调整后	1999年度 调整前
主营业务收入(万元)	28270.22	29295.68	29295.68	37459.45	37459.45
净利润(万元)	-5198.78	2080.14	2563.52	4939.81	4939.81
总资产(万元)	95899.60	101507.14	102626.76	10532.00	105834.37
股东权益(万元)(不含少数股东权益)	74671.13	79863.92	80692.01	79149.00	79493.49
每股收益(元/股)	-0.19	0.076	0.094	0.181	0.181
每股净资产(元/股)	2.74	2.93	2.96	2.90	2.90
调整后的每股净资产(元/股)	2.64	2.92	2.92	2.90	2.90
每股经营活动产生的现金流量净额(元)	0.04	0.02	0.02	-0.09	-0.09
净资产收益率(%)	-6.96	2.60	3.18	6.21	6.21

(三)报告期利润表附表

报告期利润	净资产收益率(%) 全面摊薄	净资产收益率(%) 加权平均	每股收益(元/股) 全面摊薄	每股收益(元/股) 加权平均
主营业务利润	1.03	0.99	0.028	0.028
营业利润	-4.26	-4.11	-0.116	-0.116
净利润	-6.96	-6.73	-0.190	-0.190
扣除非经常性损益后的净利润	-6.95	-6.71	-0.190	-0.190

三、股本变动及股东情况

(一)股本变动情况
1、本报告期公司股份变动情况表: (数量单位:股)

	本次变动前	配股	送股	公积金转股	增发	其他	小计	本次变动后
一、未上市流通股份								
1、发起人股份	136499986							136499986
其中								
国家持有股份								
境内法人持有股份	136499986							136499986
境外法人持有股份								
其他								
2、募集法人股	4914000							4914000
3、内部职工股	0							0
4、优先股或其他								
未上市流通股份合计	141413986							141413986
二、已上市流通股份								
1、人民币普通股	131585987							131585987
2、境内上市的外资股								
境外上市的外资股								
其他								
已上市流通股份合计	131585987							131585987
三、股份总数	272999973							272999973

600761 安徽合力股份有限公司

2001 年年度报告摘选

一、公司基本情况简介

(一)公司法定中文名称:安徽合力股份有限公司
公司中文名称缩写:安徽合力
公司法定英文名称:ANHUI HELI CO.,LTD
公司英文名称缩写:AHHL
(二)法定代表人:刘汉生
(三)公司董事会秘书:徐琳
联系地址:安徽省合肥市望江西路 15 号
联系电话:(0551)3648005—6498 传 真:(0551)3633431
电子信箱:xl@helichina.com
授权代表:周星琪
联系电话:(0551)3648005—6902
电子信箱:heli_zxq@sina.com
(四)公司注册地址:安徽省合肥市望江西路 15 号
公司办公地址:安徽省合肥市望江西路 15 号
邮政编码:230022
公司国际互联网网址:http://www.helichina.com/
公司电子信箱:heli@helichina.com
(五)公司信息披露报刊名称:《上海证券报》、《中国证券报》
刊登公司年度报告的上海证券交易所国际互联网网址:
http://www.sse.com.cn/
公司年报备置地点:安徽省合肥市望江西路 15 号合力大厦九楼公司证券办
(六)公司股票上市交易所:上海证券交易所
股票简称:安徽合力 股票代码:600761

二、会计数据和业务数据摘要

(一)2001 年度公司主要财务利润指标情况 (单位:人民币元)

项目	金额
利润总额	73,146,248.47
净利润	61,445,709.16
扣除非经常性损益后的净利润 *	60,027,219.69
主营业务利润	127,573,480.61
其他业务利润	2,966,018.08
营业利润	74,964,150.05
投资收益	-3,486,712.72
补贴收入	1,274,786.23
营业外收支净额	143,703.24
经营活动产生的现金流量净额	62,331,748.90
现金及现金等价物净增减额(增+,减-)	-107,654,789.74

(二)截止报告期末公司前三年主要会计数据及财务指标列表(单位:人民币元)

项目	2001 年度	2000 年度		1999 年度
		调整前	调整后	
主营业务收入	528,558,651.79	485,076,904.58	485,076,904.58	372,507,714.38
净利润	61,445,709.16	58,324,838.41	55,334,278.02	40,470,932.53
每股收益(摊薄)	0.30	0.29	0.27	0.22
每股收益(加权)	0.30	0.30	0.29	0.22
扣除非经常性损益后每股收益(摊薄)	0.29	0.28	0.26	0.22
扣除非经常性损益后每股收益(加权)	0.29	0.30	0.28	0.22
每股经营活动产生的现金流量净额	0.31	0.49	0.49	0.06
净资产收益率(摊薄)(%)	9.17	8.92	8.52	8.01
净资产收益率(加权)(%)	9.04	9.43	8.97	8.34

项目	2001.12.31	2000.12.31		1999.12.31
		调整前	调整后	
总资产	1,008,499,459.02	875,629,754.06	872,256,602.11	631,850,758.92
股东权益	670,031,794.19	654,119,309.76	649,399,033.41	505,568,910.69
每股净资产	3.27	3.20	3.17	2.80
调整后每股净资产	3.25	3.18	3.16	2.72

注:以上指标计算涉及股份总数 2001 年末、2000 年末均为 204,636,311 股,1999 年末为 180,856,000 股。

三、股本变动及股东情况

(一)股本变动情况
1.公司股份变动情况: (单位:股)

项目	本次变动前	本次变动增减(+-)						本次变动后
		配股	送股	公积金转股	增发	其他(转配股上市)	小计	
(一)未上市流通股份								
(1)发起人股份	110,416,000							110,416,000
其中:国有法人股份	110,416,000							110,416,000
境内法人股份								
境外法人股份								
其 他								
(2)募集法人股								
(3)内部职工股								
(4)优先股或其他	13,100,311					-13,100,311	-13,100,311	0
未上市流通股份合计	123,516,311					-13,100,311	-13,100,311	110,416,000
(二)已上市流通股份								
(1)人民币普通股	81,120,000					13,100,311	13,100,311	94,220,311
(2)境内上市的外资股								
(3)境外上市的外资股								
(4)其 他								
已上市流通股份合计	81,120,000						13,100,311	94,220,311
三、股份总数	204,636,311							204,636,311

600762 衡阳市金荔科技农业股份有限公司

2001 年年度报告摘选

一、公司简介

(一)公司法定中文名称:衡阳市金荔科技农业股份有限公司
公司法定英文名称:HUNAN HENGYANG JINLI TECHNOLOGY (AGRICULTURAL) CO.,LTD
英文名称缩写:JINLIKEJI
(二)公司注册地址:衡阳市解放路 131 号
公司办公地址:衡阳市沿江北路 168 号
邮政编码:421001
公司电子信箱:jinlikj@163.com
(三)法定代表人姓名:刘作超
(四)公司董事会秘书:欧阳述安
联系电话:0734-8709868 传 真:0734-8709892
电子信箱:yangshu-an@263.com
联系地址:湖南衡阳市沿江北路 168 号
证券事务代表:王剑军
联系电话:0734-8709868 传 真:0734-8709892
电子信箱:hywjj@263.com
(五)公司年报备置地点:公司董秘办公室
(六)公司股票上市地:上海证券交易所
A 股简称:金荔科技 A 股代码:600762
(七)信息披露媒体:网站:HTTP://WWW.SSE.com
定期报告刊登报刊:《中国证券报》《上海证券报》

二、主要财务数据和指标

(一)本年度主要财务数据和指标 单位:元

项目	金额
利润总额:	32709692.87
净利润:	32709692.87
扣除非经常性损益后的净利润:	19998203.26
主营业务利润:	45770195.67
其他业务利润:	
营业利润:	19998203.26
投资收益:	
补贴收入:	
营业外收支净额:	12711489.61
经营活动产生的现金流量净额:	9213079.37
现金及现金等价物净增减额:	-44110120.63

(二)公司近三年的主要会计数据和财务指标(单位:人民币元)

项目	2001 年	2000 年		1999 年	
		调整前	调整后	调整前	调整后
主营业务收入	115062162.70	194374345.12	195815230.12	47361919.03	47361919.03
净利润	32709692.87	9441165.36	9265565.55	-54590165.10	-54987584.52
总资产	564580968.83	592205958.82	591413029.94	297598761.53	297598761.53
股东权益(不含少数股东权益)	230250100.95	124826941.49	124253923.26	-36390404.81	-36787824.23
每股收益	0.31	0.14	0.14	-0.826	-0.83
每股净资产	2.17	1.89	1.88	-0.496	-0.496
调整后的每股净资产	2.17	1.89	1.88	-0.44	-0.44
每股经营活动产生的现金流量净额	0.09	0.98	0.98	0.131	0.131
净资产收益率(%)	14.21	7.56	7.56		
扣除非经常性损益后的每股收益	0.19	0.14	0.14	-0.826	-0.826

(三)利润表附表

报告期利润	全面摊薄净资产收益率(%)		加权平均净资产收益率(%)		全面摊薄每股收益(元/股)		加权平均每股收益(元/股)	
	2001	2000	2001	2000	2001	2000	2001	2000
主营业务利润	19.88	39.43	24.22	40.96	0.43	0.74	0.43	0.74
营业利润	8.69	16.10	10.58	16.73	0.19	0.30	0.19	0.30
净利润	14.21	7.46	17.31	7.75	0.31	0.14	0.31	0.14
扣除非经常性损益后的净利润	8.69	7.43	10.58	7.72	0.19	0.14	0.19	0.14

三、股本变动及主要股东持股情况

(一)股本变动情况 单位:股

	本次变动前	本次变动增减(+/-)					本次变动后
		配股	送股	公积金转股	其他	小计	
一、未上市流通股份							
1.发起人股份							
其中:国家持有股份							
境内法人持有股份	39000000			23400000		23400000	62400000
境外法人持有股份							
其他							
2.募集法人股份							
3.内部职工股							
4.优先股或其他							
其中:转配股							
未上市流通股份合计	39000000			23400000		23400000	62400000
二、已上市流通股份							
1.人民币普通股	27040000			16224000		16224000	43264000
2.境内上市的外资股							
3.境外上市的外资股							
4.其他							
已上市流通股份合计	27040000			16224000		16224000	43264000
股份总数	66040000			39624000		39624000	105664000

600763 北京中燕探戈羽绒制品股份有限公司

2001年年度报告摘选

第一部分 公司基本情况简介

1.公司法定中文名称:北京中燕探戈羽绒制品股份有限公司
中文名称缩写:北京中燕
公司法定英文名称:BEIJING ZHONGYAN TANGO DOWN PRODUCTS SHARE CO,.LTD
英文名称简称:BJZY
2.公司法定代表人:刘建新
3.公司董事会秘书:金涛
联系电话:010-84891867　传真:010-84891805
电子信箱:jint4@sina.com
4.公司注册地址:北京市平谷县北杨桥乡
办公地址:北京市朝阳区慧忠路5号远大中心B座12层东区
邮政编码:100101
公司电子信箱:bjzhy-600763@sohu.com
5.公司选定的信息披露报刊:《中国证券报》、《上海证券报》
信息披露媒体网站:http://www.sse.com.cn
公司年度报告备置地点:公司董事会秘书办公室
6.公司股票上市交易所:上海证券交易所
股票简称:ST中燕　股票代码:600763

第二部分 会计数据和业务数据摘要

1.年度主要会计数据　单位:人民币元

项目	2001年1—12月
利润总额	-151,696,185.84
净利润	-151,696,185.84
扣除非经常性损益后的净利润	-147,586,230.63
主营业务利润	-
其他业务利润	184,000.0
营业利润	-130,012,433.06
投资收益	-17,573,797.57
补贴收入	-
营业外收支净额	-4,109,955.21
经营活动产生的现金流量净额	-916,685.45
现金及现金等价物净增减额	-189,945.45

*注:扣除的非经常性损益项目和金额

单位:人民币元

项目	金额
1.各项营业外收入	26,374.78
2.各项营业外支出	-4,136,329.99
合计	-4,109,955.21

2.公司最近三年主要会计数据和财务指标

项目	单位	2001年度	2000年度		1999年度	
			调整前	调整后	调整前	调整后
主营业务收入	元	-	116,694.02	116,694.02	80,989,502.38	80,989,502.38
净利润	元	-151,696,185.84	-23,813,171.31	-27,301,626.15	16,560,435.84	16,560,435.84
总资产	元	48,963,227.05	205,074,271.21	198,236,029.65	239,217,259.85	239,217,259.85
股东权益(不含少数股东权益)	元	41,468,232.19	200,002,659.59	193,164,418.03	223,815,830.90	223,815,830.90
每股收益	元	-0.95	-0.149	-0.17	0.103	0.103
每股净资产	元	0.26	1.25	1.20	1.40	1.40
调整后每股净资产	元	0.20	1.18	1.17	1.32	1.32
每股经营活动产生的现金流量净额	元	-0.01	-0.04	-0.04	0.13	0.13
净资产收益率	%	-365.81	-11.91	-14.13	7.4	7.4

3.按照中国证监会"公开发行证券公司信息披露编报规则第9号"要求计算的本期净资产收益率和每股收益

报告期利润	净资产收益率(%)		每股收益	
	全面摊薄	加权平均	全面摊薄	加权平均
主营业务利润	0.00	0.00	0.00	0.00
营业利润	-313.52	-110.82	-0.81	-0.81
净利润	-365.81	-129.31	-0.95	-0.95
扣除非经常性损益后的净利润	-355.90	-125.80	-0.92	-0.92

第三部分 股本变动及股东情况

1.公司股份变动情况
报告期内,本公司股份没有发生变动。
2.股票发行与上市情况
2.1 1996年10月21日,经中国证监会批准,以4.08元/股的价格上网溢价发行3360万社会公众股,其中内部职工股336万股,其余3024万股于1996年10月30日在上海证券交易所挂牌上市交易。
2.2 报告期内公司无送股、转增股本或内部职工股上市的情形。
2.3 公司内部职工股于1997年5月获准上市流通。
3.主要股东情况介绍
3.1 截止2001年12月31日,公司股东总数为:8663户。
3.2 本公司前10名股东的持股情况(截止2001年12月31日交易结束)

名次	股东名称	期末持股数量(股)	变动增减情况(+、—)	持股比例	质押、冻结情况	股份性质
1	新疆屯河集团有限责任公司	47600000	+47600000	29.69%	无	3800万股为国有法人股,960万股为社会法人股
2	北京中燕实业集团公司	25000000	无	15.59%	500万股质押	国有法人股
3	郴州筑养路机械有限公司	20400000	+20400000	12.72%	不详	社会法人股
4	北京农工商贸易开发公司	9900000	无	6.18%	无	社会法人股
5	方程兴业投资有限公司	7900000	+7900000	4.93%	无	社会法人股
6	颐和丰业投资有限公司	7200000	+7200000	4.49%	无	社会法人股
7	龙聚兴投资顾问有限公司	2000000	2000000	1.25%	无	社会法人股
8	刘耘	812360		0.51%		流通股
9	陈爱林	605000		0.38%		流通股
10	贾亚雄	467310		0.29%		流通股

600765 贵州力源液压股份有限公司

2001年年度报告摘选

一、公司简介

1.公司中文名称:贵州力源液压股份有限公司
公司英文名称:GUIZHOU LIYUAN HYDRAULIC COMPONENTS CO.,LTD.
公司英文名称缩写:LYHC
2.公司法定代表人:李利
3.公司董事会秘书:舒代游
联系地址:贵阳市九十九号信箱公司办公室
联系电话:(0851)6132002
传真:(0851)6132590
4.公司注册地址:贵州省贵阳国家高新技术产业开发区
公司办公地址:贵州省贵阳市乌当区新场乡
邮政编码:550202
公司电子信箱:lkccx@public.gzzt.net.cn
5.公司选定的信息披露报纸名称:《上海证券报》
登载公司年度报告国际互联网网址:http://www.sse.com.cn
公司年度报告备置地点:公司董事会秘书处
6.公司股票上市交易所:上海证券交易所
股票简称:力源液压
股票代码:600765

二、会计数据和业务数据摘要

1.公司本年度主要会计数据:

单位:人民币元

项目	金额
利润总额	1,146,046.41
净利润	1,146,046.41
扣除非经常性损益后的净利润	2,070,752.56
主营业务利润	18,960,910.85
其它业务利润	365,383.54
营业利润	2,030,647.43
投资收益	40,105.13
补贴收入	15,442.00
营业外收支净额	-940,148.15
经营活动产生的现金流量净额	13,858,001.03
现金及现金等价物净增加额	11,755,937.29

注:扣除的非经常性损益项目和金额:924,706.15元,其中,补贴收入15,442元;营业外收入33,950.47元;营业外支出974,098.62元。

2.公司前三年主要会计数据和财务指标:

单位:人民币元

指标项目	2001年	2000年		1999年	
		调整前	调整后	调整前	调整后
主营业务收入	51,641,296.33	43,948,159.87	43,948,159.87	36,850,455.80	36,850,455.80
净利润	1,146,046.41	408,530.85	312,115.05	-7,457,881.70	-7,533,777.67
总资产	213,168,761.71	237,991,731.93	206,298,967.70	241,457,889.37	209,845,845.16
股东权益	152,863,693.89	182,504,563.33	150,796,103.72	181,836,412.53	150,224,368.32
每股净资产	1.377	1.644	1.358	1.638	1.353
调整后的每股净资产	1.360	1.629	1.343	1.619	1.33
每股经营活动产生的现金流量净额	0.125	0.066	0.066	0.128	0.128
净资产收益率(%)	0.750	0.224	0.207	-4.101	-5.015

3.利润表附表列示如下:

单位:人民币元

报告期利润	2001年12月31日			2000年12月31日(调整前)			2000年12月31日(调整后)		
	净资产收益率(%)		每股收益	净资产收益率(%)		每股收益	净资产收益率(%)		每股收益
	全面摊薄	加权平均	全面摊薄(加权平均)	全面摊薄	加权平均	全面摊薄(加权平均)	全面摊薄	加权平均	全面摊薄(加权平均)
主营业务利润	12.404	12.526	0.171	7.613	7.632	0.125	8.960	8.985	0.122
营业利润	1.328	1.342	0.018	0.312	0.312	0.005	0.313	0.314	0.004
净利润	0.750	0.757	0.010	0.224	0.224	0.004	0.207	0.208	0.003
扣除非经营性损益后的净利润	1.355	1.368	0.019	0.329	0.329	0.005	0.334	0.335	0.005

三、股本变动及股东情况介绍

(一)股份变动情况表

数量单位:股

股份类别	本次变动前	本次变动增减(+,-)						本次变动后
		配股	送股	公积金转增	增发	其他	小计	
一、未上市流通股份								
1.发起人股份	76532000							76532000
其中:国家持有股份								
境内法人持有股份	76532000							76532000
境外法人持有股份								
其他								
2.法人股募集								
3.内部职工股								
其中:高管人员持股	17940							17940
4.优先股或其他								
未上市流通股份合计	76549940							76549940
二、已上市流通股份								
1.人民币普通股	34482060							34482060
2.境内上市外资股								
3.境外上市外资股								
4.其他								
已上市流通股份合计	34482060							34482060
三、股份总数	111032000							111032000

600766 烟台华联发展集团股份有限公司

2001 年年度报告摘选

一、公司简介

1、公司法定中文名称：烟台华联发展集团股份有限公司
公司法定英文名称：Yantai Hualian Development Group CO.,LTD.
2、法定代表人：陈伟东
3、董事会秘书：杨剑波
证券事务代表：张建中
联系地址：山东省烟台市南大街 9 号金都大厦 26 楼
联系电话：0535－6624347
传真：0535－6603260
电子信箱：dshbgs@yt－public.sd.cninfo.net
4、公司注册地址：山东省烟台市南大街 261 号
公司办公地址：山东省烟台市南大街 9 号金都大厦 26 楼
邮政编码：264001
公司选定的信息披露报纸：《中国证券报》、《上海证券报》
登载公司年度报告的国际互联网网址：http://www.sse.com.cn
5、公司年报备置地点：董事会办公室
6、公司股票上市交易所：上海证券交易所
股票简称：烟台发展
股票代码：600766

二、会计数据和业务数据摘要

（一）本年度主要利润指标(单位：元)

利润总额：	－80,683,864.13
净利润：	－75,390,442.75
扣除非经常性损益后的净利润*：	－29,908,337.80
主营业务利润：	28,219,403.66
其他业务利润：	6,476,086.62
营业利润：	－28,129,835.09
投资收益：	－7,071,924.09
补贴收入	0.00
营业外收支净额：	－45,482,104.95
经营活动产生的现金流量净额：	－89,979,370.44
现金及现金等价物净增加额：	80,648,602.45

（二）前三年主要会计数据和财务指标

年份 项目	2001 年	2000 年 调整前	调整后	1999 年 调整前	调整后
主营业务收入(元)	218,272,192.21	308,731,893.55	308,731,893.55	422,402,677.94	422,402,677.94
净利润(元)	－75,390,442.75	21,226,271.10	20,538,262.07	21,142,422.12	16,697,762.67
总资产(元)	846,802,705.54	780,707,398.62	725,529,180.14	609,791,059.33	557,801,969.81
股东权益(不含少数股东权益)(元)	260,522,516.42	232,902,353.82	218,503,272.34	210,504,976.97	202,366,940.60
每股收益(元/股)(全面摊薄)	－0.4405	0.1327	0.1284	0.1983	0.1566
每股收益(元/股)(加权平均)	－0.4478	0.1770	0.1713	0.1983	0.1566
扣除非经常损益后的每股收益(元/股)	－0.1733	0.1215	0.1202	0.1939	0.2138
每股净资产(元/股)	1.5221	1.4565	1.3665	1.9747	1.8983
调整后的每股净资产(元/股)	1.4225	1.2455	1.2009	1.7826	1.7185
每股经营活动产生的现金流量净额(元/股)	－0.5257	－0.0151	－0.0151	0.5875	0.5875
净资产收益率(%)	－28.9382	9.1138	9.3995	10.0437	8.2512
加权净资产收益率(%)	－28.0400	9.5742	9.7600	9.8863	8.0000
扣除非经常损益后的加权净资产收益率(%)	－12.3852	8.7620	9.1336	9.6600	10.9100

三、股本变动及股东情况

（一）股本变动情况

公司股份变动情况表

数量单位：股

	期初数	本次变动增减(+,－) 配股	送股	转股	其他	小计	期末数
一、未上市流通股份							
1、发起人股份							
其中：国家持有股份	32,040,000	318,182	0	0	0	318,182	32,358,182
境内法人持有股份							
境外法人持有股份							
其他							
2、募集法人股	77,685,000	909,091	0	0	0	909,091	78,594,091
3、内部职工股							
4、优先股或其他							
未上市流通股份合计	109,725,000	1,227,273	0	0	0	1,227,273	110,952,273
二、已上市流通股份							
1、人民币普通股	50,177,700	10,035,540	0	0	0	10,035,540	60,213,240
2、境内上市的外资股							
3、境外上市的外资股							
4、其他							
已上市流通股份合计	50,177,700	10,035,540	0	0	0	10,035,540	60,213,240
三、股份总数	159,902,700	11,262,813	0	0	0	11,262,813	171,165,513

600767 运盛(上海)实业股份有限公司

2001 年年度报告摘选

一、公司基本情况简介

（一）公司名称：运盛(上海)实业股份有限公司
公司英文名称：WINSAN (SHANGHAI) INDUSTRIAL CORPORATION LTD.
（二）公司法定代表人：倪健鹤
（三）董事会秘书
姓名：李威
电话：0591－7609998
传真：021－62880901
电子信箱：wszj@pub3.fz.fj.cn
（四）注册地址：上海市青浦区朱家角镇(祥凝浜路 168 号)
办公地址：上海市南京西路 1266 号恒隆广场 31 层 3108－3112 室
邮政编码：200040
公司电子信箱：wsfj@pub2.fz.fj.cn
（五）指定信息披露报纸：《中国证券报》、《上海证券报》
登载公司中期报告正文的中国证监会指定国际互联网网址：Http://www.sse.com.cn
公司中期报告正文备置地点：公司证券部
（六）公司股票上市地点：上海证券交易所
股票简称：运盛实业
股票代码：600767

二、会计数据和业务数据摘要

1.本年度主要利润指标情况利润总额：(币种：人民币　单位：元)

利润总额：	25,575,670.62
净利润：	5,134,155.00
扣除非经常性损益后的净利润：	2,900,611.35
主营业务利润：	86,456,745.08
其他业务利润：	－343,007.20
营业利润：	25,809,238.99
投资收益：	－1,663,035.81
补贴收入：	0
营业外收支净额：	1,429,467.44
经营活动产生的现金流量净额：	－22,735,274.01
现金及现金等价物净增加额：	94,358,349.80
注：非经常性损益扣除项目及金额	
(1)营业外收支净额	1,429,467.44
(2)股权投资转让收益	2,604,076.21
(3)合并价差摊销	－4,267,112.01
(4)资金占用费收入	2,467,112.01

2.截止报告期末公司前三年主要会计数据和财务指标：

指标	2001 年	2000 年 调整前	调整后	1999 年 调整前	调整后
(1)主营业务收入	316,591,411.71	264,817,804.45	250,528,360.69	342,479,507.61	342,479,506.61
(2)净利润	5,134,155.00	2,418,444.21	3,104,509.52	4,229,691.70	2,218,834.83
(3)总资产	1,511,483,438.31	1,296,942,504.26	1,285,529,969.45	1,116,134,799.42	1,114,123,942.55
(4)股东权益(不含少数股东权益)	605,645,927.50	603,427,510.18	600,392,407.29	600,633,814.99	598,622,958.12
(5)每股净资产	1.78	1.77	1.76	2.03	2.03
(6)调整后的每股净资产	1.78	1.76	1.76	2.03	2.03
(7)每股收益(全面摊薄)	0.02	0.01	0.01	0.02	0.01
每股收益(加权平均)	0.02	0.01	0.01	0.02	0.01
(8)净资产收益率%(全面摊薄)	0.85%	0.40%	0.52%	0.70%	0.37%
净资产收益率%(加权平均)	0.85%	0.40%	0.52%	0.70%	0.37%
(9)扣除非经常性损益后每股收益	0.0085	0.01	0.01	0.05	0.014
(10)每股经营活动产生的现金流量净额	－0.07	－0.01	－0.01	0.49	0.49

三、股本变动及股东情况介绍

（一）股份变动情况

2001 年度公司股份变动情况

数量单位：万股

	本次变动前	本次变动增减(+,－) 配股	送股	公积金转股	增发	其他	小计	本次变动后
一、未上市流通股份								
1.发起人股份	24426.5625							24426.5625
其中：								
国家持有股份								
境内法人持有股份	8685							8685
境外法人持有股份	15741.5625							15741.5625
其他								
2.募集法人股份								
3.内部职工股								
4.优先股或其他								
其中：转配股								
未上市流通股份合计	24426.5625							24426.5625
二、已上市流通股份								
1.人民币普通股	9674.4557							9674.4557
2.境内上市的外资股								
3.境外上市的外资股								
4.其他								
已上市流通股份合计	9674.4557							9674.4557
三、股份总数	34101.0182							34101.0182

600768 宁波华通集团股份有限公司

2001年年度报告摘选

一、公司基本情况简介

(一)公司法定中文名称:宁波华通集团股份有限公司
缩写:宁波华通
英文名称:NINGBO HUATONG GROUP Co,LTD
缩写:NBHT
(二)公司法定代表人:宋汉平
(三)公司董事会秘书:马晓勇
联系地址:宁波市中山东路336号
电话:(0574)87725920
传真:(0574)87375767
电子信箱:tjj6768@sina.com.cn
(四)公司注册及办公地址:宁波市中山东路336号
邮政编码:315040
公司网站网址:http://www.600768.com.cn
(五)公司选定的信息披露报纸:《中国证券报》
登载公司年度报告的中国证监会指定国际互联网网址:http://www.sse.com.cn
公司年度报告备置地点:董事会秘书处
(六)公司股票上市交易所:上海证券交易所
股票简称:ST甬华通
股票代码:600768

二、会计数据和业务数据摘要

(一)本年度主要利润指标情况:

项目	金额(元)
1、利润总额	508,982.45
2、净利润	282,410.61
3、扣除非经常性损益后的净利润	-1,057,804.37
4、主营业务利润	20,948,736.93
5、其他业务利润	892,414.18
6、营业利润	-1,576,744.82
7、投资收益	745,512.29
8、补贴收入	0
9、营业外收支净额	1,340,214.98
10、经营活动产生的现金流量净额	8,586,472.30
11、现金及现金等价物净增加额	30,149,455.61
说明:扣除非经常性损益项目(单位:元)	
(1)处置固定资产净收入	1,484,055.12
(2)其他罚款收入等	22,500.43
(3)水利建设基金支出	148,019.01
(4)合同终止赔偿支出	18,321.56
合计	1,340,214.98

(二)截止报告期末前三年主要会计数据和财务指标

指标项目	2001年	2000年		1999年	
		调整后	调整前	调整后	调整前
1主营业务收入(元)	208,161,506.10	134,165,263.33	134,165,263.33	123,860,284.43	151,136,407.68
2净利润(元)	282,410.61	-29,732,122.97	-28,613,413.58	-22,118,682.88	9,200,794.59
3总资产(元)	264,125,098.74	233,702,187.28	234,249,093.87	251,622,911.06	293,164,417.00
4股东权益(元)	78,716,561.18	78,355,681.63	81,530,890.32	110,144,303.90	149,830,431.37
5每股收益(元/股)	0.003	-0.32	-0.31	-0.24	0.10
6扣除非经常性损益后的每股收益(元/股)	-0.011	-0.31	-0.31	-0.24	0.10
7每股净资产(元/股)	0.85	0.84	0.88	1.19	1.61
8调整后的每股净资产(元/股)	0.82	0.75	0.76	1.15	1.60
9每股经营活动产生的现金流量净额	0.09	0.04	0.04	0.05	0.05
10净资产收益率(%)	0.36	-37.95	-35.10	-20.08	6.14
11扣除非经常性损益后净资产收益率(加权)	-1.35	-30.59	-29.81	-18.26	5.80

三、股本变动及股东情况

(一)股本变动情况
1、股份变动情况表

数量单位:股

	本次变动前	本次变动增减(+,-)				本次变动后
		送股	公积金转股	内职股上市	小计	
一、未上市流通股份						
1、发起人股份	18,504,000					18,504,000
其中:国家持有股份						
境内法人持有股份	18,504,000					18,504,000
境外法人持有股份						
其他						
2、募集法人股份	47,592,000					47,592,000
3、内部职工股						
4、优先股或其他						
未上市流通股份合计	66,096,000					66,096,000
二、已上市流通股份						
1、人民币普通股	26,784,000					26,784,000
2、境内上市的外资股						
3、境外上市的外资股						
4、其他						
已上市流通股份合计	26,784,000					26,784,000
三、股份总数	92,880,000					92,880,000

600769 武汉祥龙电业股份有限公司

2001年年度报告摘选

第一章 公司简介

1、公司法定中文名称:武汉祥龙电业股份有限公司
公司法定英文名称:WUHAN XIANGLONG POWER INDUSTRY CO.LTD
公司英文名称缩写:XLI
2、公司法定代表人:江涤清
3、公司董事会秘书:杨思兵
电话:027—87600367　传真:027—87600367
联系地址:武汉市洪山区葛化街化工路31号
4、公司注册及办公地址:武汉市洪山区葛化街化工路31号
邮政编码:430078
E—mail:xldy@public.wh.hb.cn
5、公司信息披露报纸:《中国证券报》、《上海证券报》
登载公司年报的中国证监会指定国际互联网网址:http://www.sse.com.cn
公司年报备置地点:本公司证券部
6、公司上市地点:上海证券交易所
股票简称:祥龙电业　股票代码:600769

第二章 会计数据和业务数据摘要

一、公司本年度主要会计数据和业务数据摘要(单位:人民币元)

项目	金额
利润总额	-49,226,192.16
净利润	-49,226,192.16
扣除非经常性损益后的净利润	-46,356,793.91
主营业务利润	28,163,558.22
其他业务利润	3,104,068.20
营业利润	-45,182,638.13
投资收益	-3,028,948.93
补贴收入	0
营业外收支净额	-1,014,605.10
经营活动产生的现金流量净额	5,126,821.08
现金及现金等价物净增减额	-40,245,640.29

二、前三年主要会计数据和财务指标

指标项目	2001年	2000年		1999年	
		调整后	调整前	调整后	调整前
主营业务收入(万元)	43,677.43	49,947.03	49,947.03	36,313.84	36,693.84
净利润(万元)	-4,922.62	1,967.10	2,132.85	5,307.36	5,630.36
总资产(万元)	112,889.24	118,089.31	120,014.27	113,179.77	113,559.77
股东权益(万元)	85,630.76	90,553.38	93,270.54	90,757.69	91,137.69
每股收益(元/股)(摊薄)	-0.14	0.0564	0.06	0.15	0.16
每股净资产(元)	2.45	2.59	2.67	2.60	2.61
调整后的每股净资产(元)	2.43	2.59	2.67	2.60	2.61
每股经营活动中产生的现金流量净额(元)	0.0147	-0.06	-0.06	-0.19	-0.19
净资产收益率(%)(摊薄)	-5.75	2.17	2.29	6.17	6.18

第三章 股本变动及股东情况

一、股本变动情况
股份变动情况表

数量单位:股

	本次变动前	本次变动增减(+、—)						本次变动后
		配股	送股	公积金转增	增发	其他	小计	
一、未上市流通股份								
1、发起人股份								
其中:								
国家持有股份	0					112837796	112837796	112837796
境内法人持有股份	258256000					-112837796	-112837796	145418204
境外法人持有股份								
其他								
2、募集法人股份	3200000							3200000
3、内部职工股								
4、优先股或其他								
其中:转配股								
未上市流通股份合计	261456000							261456000
二、已上市流通股份								
1、人民币普通股	87360000							87360000
2、境内上市的外资股								
3、境外上市的外资股								
4、其他								
已上市流通股份合计	87360000							87360000
三、股份总数	348816000							348816000

二、股东情况介绍
1、前十名股东持股情况

序号	股东名称	年末持股数(股)	占总股本	股权性质
1	中国信达资产管理公司	112837796	32.35%	国家股
2	武汉葛化集团有限公司	86442204	24.78%	法人股
3	武汉华原能源物资开发公司	26816000	7.69%	法人股
4	武汉市电力开发公司	13760000	3.94%	法人股
5	武汉建设投资公司	11829213	3.39%	法人股
6	葛化运输	3200000	0.92%	法人股
7	吕墩农工	3200000	0.92%	法人股
8	瑞通房产	1686630	0.48%	法人股
9	特区证券	964157	0.28%	法人股
10	长发武汉	720000	0.21%	

600770 江苏综艺股份有限公司

2001 年年度报告摘选

一、公司基本情况简介

(一) 公司法定名称:
中文名称:江苏综艺股份有限公司
英文名称:JIANGSU ZONGYI CO.,LTD
英文名称缩写:JSZY
(二) 公司法定代表人:昝圣达
(三) 公司董事会秘书:季风华
证券事务代表:顾政巍
联系地址:江苏省通州市兴东镇黄金村
联系电话:(0513)6639999 6563931 6563932 传真:(0513)6563502
电子信箱:zyjs.n@public.nt.js.cn
(四) 公司注册地址及办公地址:江苏省通州市兴东镇黄金村
邮政编码:226376
电子信箱:zy600770@public.nt.js.cn 公司网址:http://www.600770.com.cn
(五) 公司指定信息披露报纸:《中国证券报》、《上海证券报》、《证券时报》
公司年度报告登载网址:http://www.sse.com.cn
年度报告置备地点:公司证券部
(六) 公司股票上市交易所:上海证券交易所
股票简称:综艺股份 股票代码:600770

二、会计数据和业务数据摘要

(一) 公司 2001 年度主要利润指标 单位:人民币元

项目	金额
利润总额	71,668,786.42
净利润	41,729,092.24
扣除非经常性损益后的净利润	23,003,485.78
主营业务利润	85,539,685.82
其他业务利润	19,147,324.12
营业利润	49,995,757.73
投资收益	8,626,199.73
补贴收入	11,299,000.87
营业外收支净额	1,747,828.09
经营活动产生的现金流量净额	-53,452,408.14
现金及现金等价物净增减额	118,710,488.36

(二)公司近三年主要会计数据和财务指标

项目	2001	2000(调整后)	2000(调整前)	1999
主营业务收入(元)	297,125,088.30	373,684,085.33	375,217,317.33	404,140,926.48
净利润(元)	41,729,092.24	83,676,265.43	90,603,742.18	83,924,386.80
总资产(元)	1,029,315,420.17	958,788,339.78	972,655,371.89	763,584,319.96
股东权益(元)	588,449,861.66	550,850,096.18	564,950,417.36	501,346,675.18
全面摊薄每股收益(元/股)	0.155	0.310	0.336	0.311
加权平均每股收益(元/股)	0.155	0.310	0.336	0.311
扣除非经常性损益的每股收益(元/股)	0.085	0.107	0.116	0.270
每股净资产(元/股)	2.179	2.040	2.092	1.857
调整后的每股净资产(元/股)	2.122	1.953	2.002	1.816
每股经营活动产生的现金流量净额(元/股)	-0.198	0.080	0.063	0.237
全面摊薄净资产收益率(%)	7.09	15.19	16.04	16.74
加权平均净资产收益率(%)	7.30	15.40	16.57	18.27
扣除非经常性损益的全面摊薄净资产收益率(%)	3.91	5.25	5.53	14.56
扣除非经常性损益的加权平均净资产收益率(%)	4.02	5.33	5.71	15.89

(三)报告期利润表附表

报告期利润	净资产收益率(%)		每股收益(元)	
	全面摊薄	加权平均	全面摊薄	加权平均
主营业务利润	14.54	14.96	0.317	0.317
营业利润	8.50	8.74	0.185	0.185
净利润	7.09	7.30	0.155	0.155
扣除非经常性损益后的净利润	3.91	4.02	0.085	0.085

三、股本变动及股东情况

1、股份变动情况表 数量单位:股

	本次变动前	本次变动增减(+、-)						本次变动后
		配股	增发	送股	公积金转股	其他	小计	
一、未上市流通股份								
1、发起人股份								
其中								
国家持有股份								
境内法人持有股份	148,950,000							148,950,000
境外法人持有股份								
其他								
2、募集法人股份	13,500,000							13,500,000
3、内部职工股	8,550,000					-8,550,000	-8,550,000	0
4、优先股或其他								
5、社会法人股	0					+8,550,000	+8,550,000	8,550,000
未上市流通股份合计	171,000,000							171,000,000
二、已上市流通股份								
1、人民币普通股	99,000,000							99,000,000
2、境内上市的外资股								
3、境外上市的外资股								
4、其他								
已上市流通股份合计								
三、股份总数	270,000,000					0	0	270,000,000

600771 东盛科技股份有限公司

2001 年年度报告摘选

一、公司简介

(一)公司法定中文名称:东盛科技股份有限公司
公司法定英文名称:topsun science and technology CO.,Ltd
(二)公司法定代表人:郭家学
(三)公司董事会秘书:田 红
证券事务代表:郑延莉
联系地址:陕西省西安市南二环西段九号永安大厦
联系电话:029-8378949 转 8085
传真:029-8378953
电子信箱:th0552@sina.com
电子信箱:zhengyl1975@sina.com
(四)公司注册地址:青海省西宁市高新开发区
公司办公地址:陕西省西安市南二环西段九号永安大厦
邮政编码:710068
公司国际互联网网址:http://www.topsun.com
电子信箱:topsun@public.xa.sn.cn
(五)公司选定的信息披露报纸名称:《中国证券报》《上海证券报》《证券时报》《证券日报》
中国证监会指定国际互联网网址:http://www.sse.com.cn
公司年度报告备置地点:陕西省西安市南二环西段九号永安大厦公司证券部
(六)公司股票上市交易所:上海证券交易所
股票简称:东盛科技
股票代码:600771

二、会计数据和业务数据摘要

(一)报告期内公司主要利润指标 单位:元

项目	金额
利润总额	30,106,904
净利润	40,766,696
扣除非经常性损益后的净利润	57,841,789
主营业务利润	362,124,742
其他业务利润	911,942
营业利润	58,265,030
投资收益	-12,187,245
补贴收入	131,313
营业外收支净额	-16,102,194
经营活动产生的现金流量净额	19,964,642
现金及现金等价物净增减额	114,729,549

(二)公司近三年主要会计数据和财务指标

单位:元

财务指标	2001 年	2000 年	1999 年
主营业务收入	445,672,499	311,038,666	237,201,504
净利润	40,766,696	53,154,569	28,623,097
总资产	1,005,878,992	659,554,900	371,327,238
股东权益(不含少数股东权益)	332,968,859	292,202,163	239,047,594
全面摊薄每股收益	0.22	0.284	0.306
加权平均每股收益	0.22	0.284	0.312
扣除非经常性损益的每股收益	0.31	0.291	0.305
每股净资产	1.78	1.564	2.56
调整后的每股净资产	1.75	1.504	2.455
每股经营活动产生的现金流量净额	0.11	0.062	-0.34
全面摊薄净资产收益率(%)	12.24	18.19	
加权平均净资产收益率(%)	13.04	20.01	
扣除非经常性损益的加权平均净资产收益率(%)	18.50	20.49	

(三)利润表附表

2001 年度利润	净资产收益率(%)		每股收益(元)	
	全面摊薄	加权平均	全面摊薄	加权平均
主营业务利润	108.76	115.85	1.94	1.94
营业利润	17.50	18.64	0.31	0.31
净利润	12.24	13.04	0.22	0.22
扣除非经常性损益后净利润	17.37	18.50	0.31	0.31

三、股本变动及股东情况

(一)股本变动情况
1、股份变动情况表

数量单位:股

	本次变动前	本次变动增减(+、-)						本次变动后
		配股	送股	公积金转股	增发	其他	小计	
一、未上市流通股份								
1、发起人股份	137,386,960							137,386,960
其中:国家持有股份								
境内法人持有股份	137,386,960							137,386,960
境外法人持有股份								
其他								
2、募集法人股份								
3、内部职工股								
4、优先股或其他								
未上市流通股合计	137,386,960							137,386,960
二、已上市流通股份								
1、人民币普通股	49,500,000							49,500,000
2、境内上市外资股								
3、境外上市外资股								
4、其他								
已上市流通股份合计	49,500,000							49,500,000
三、股份总数	186,886,960							186,886,960

600772 中油龙昌(集团)股份有限公司

2001年年度报告摘选

第一节 公司基本情况简介

1、公司法定中文名称	中油龙昌(集团)股份有限公司
公司英文名称	PETROLEUM LONG CHAMP (GROUP) CO.,LTD.
公司英文名称缩写	LONG CHAMP
2、公司法定代表人	黄维和
3、公司董事会秘书	赵伟文
公司证券事务代表	温玉芬
联系地址	河北省廊坊市爱民东道158号
电话	(0316)2075875
传真	(0316)2077066
电子信箱	E—Mail:hjlflc@heinfo.net
5、公司注册地址	河北省廊坊市经济技术开发区
公司办公地址	河北省廊坊市爱民东道158号
邮政编码	065000
公司电子信箱	E—Mail:hjlflc@heinfo.net
6、指定信息披露报纸	《中国证券报》、《上海证券报》
登载年报指定国际互联网网址	http://www.sse.com.cn
公司年度报告备置地点	董事会秘书处
7、公司股票上市交易所	上海证券交易所
股票简称	石油龙昌
股票代码	600772

第二节 会计数据和业务数据摘要

一、本年度主要利润指标 单位:元

项目	金 额
利润总额	49,327,504.30
净利润	9,918,284.43
扣除非经常性损益后的净利润	9,832,704.86
主营业务利润	100,229,561.74
其他业务利润	-52,317.68
营业利润	56,635,403.92
投资收益	-5,118,190.63
补贴收入	181,858.31
营业外收支净额	2,371,567.30
经营活动产生的现金流量净额	118,465,175.40
现金及现金等价物净增加额	191,792,780.55

注:扣除非经常性损益项目和涉及金额:资金占用费收益2,104,075.54元,营业外收支净额2,371,567.3元,处理股权投资损益186,315.28元,税收返还及政府补贴181,858.31元,以上所得税影响数15,102.27元。

二、公司近三年主要会计数据与财务指标

项目	2001年	2000年		1999年	
		调整后	调整前	调整后	调整前
主营业务收入(千元)	210,519.34	355,277.85	355,277.85	317,933.68	317,933.68
净利润(千元)	9,918.28	41,486.89	51,078.55	63,120.97	65,297.99
总资产(千元)	1,485,460.60	1,334,956.51	1,358,266.94	1,286,050.04	1,287,144.45
股东权益(千元)	650,849.13	458,958.85	482,269.29	431,190.73	432,285.15
每股收益(摊薄)(元)	0.0414	0.183	0.225	0.2781	0.2877
扣除非经常性损益后的每股收益(元)	0.0410	0.192	0.2342	0.2793	0.2889
每股收益(加权)(元)	0.0416	0.183	0.225	0.3229	0.334
每股净资产(元)	2.71	2.02	2.12	1.90	1.90
调整后每股净资产(元)	2.666	1.96	2.06	1.85	1.86
每股经营活动产生的现金流量净额(元)	0.49	0.66	0.66	1.41	1.41
净资产收益率(%)	1.52	9	10.59	14.64	15.10
扣除非经常性损益后的净资产收益率加权(%)	1.64	9.64	11.64	16.48	16.99

三、报告期利润表附表:

2001年度利润	净资产收益率(%)		每股收益(元)	
	全面摊薄	加权平均	全面摊薄	加权平均
主营业务利润	15.40	16.69	0.42	0.42
营业利润	8.70	9.43	0.24	0.24
净利润	1.52	1.65	0.04	0.04
扣除非经常性损益后的净利润	1.51	1.64	0.04	0.04

第三节 股本变动及股东情况介绍

一、股本变动情况

股本变动情况表 单位:万股

股本结构	本次变动前	配股	送股	公积金转股	增发	其他	小计	本次变动后
一、未上市流通股份								
1、发起人股份	9,559.68							9,559.68
国家拥有股份	9,559.68							9,559.68
境内法人持有股份								
境外法人持有股份								
其他								
2、募集法人股	6,820.32							6,820.32
3、内部职工股								
4、优先股或其他								
尚未流通股份合计	16,380.00							16,380.00
二、已流通股份								
1、人民币普通股	6,318.00	1263.60					1,263.60	7,581.60
2、境内上市外资股								
3、境外上市外资股								
4、其他								
已流通股份合计	6,318.00	1263.60					1,263.60	7,581.60
三、股份总数	22,698.00	1263.60					1,263.60	23,961.60

600773 西藏金珠股份有限公司

2001年年度报告摘选

一、公司基本情况简介

(一)公司的法定中文名称:西藏金珠股份有限公司
公司中文简称名:西藏金珠
公司的法定英文名称:TIBET JINZHU CO.,LTD.
公司英文简称名:TJZC
(二)公司法定代表人:熊先儒先生
(三)公司董事会秘书:次仁多吉先生
联系地址:西藏自治区拉萨市北京中路182号
联系电话:0891-6832913 传 真:0891-6824804
电子信箱:cdxhsbj@163.com 公司证券事务代表:邵滨江先生
联系地址:四川省成都市鼓楼南街117号世界贸易中心A座2002室
联系电话:028-6743768 传 真:028-6744378
电子信箱:s_b_j@263.net 公司证券事务代表:西虹女士
联系地址:西藏自治区拉萨市北京中路182号
联系电话:0891-6832913 传 真:0891-6824804
电子信箱:cdxhsbj@163.com
(四)公司注册地址:西藏自治区拉萨市北京中路182号
公司办公地址:(拉萨总部)西藏自治区拉萨市北京中路182号 邮政编码:850000
(成都总部)四川省成都市鼓楼南街117号世界贸易中心A座2002室 邮政编码:610015
公司国际互联网网址:www.jinzhu.com 公司电子信箱:jinzhu@public.ls.xz.cn
(五)公司选定的信息披露报纸名称:《中国证券报》
中国证监会指定登载年度报告的网址:www.sse.com.cn
公司年度报告备置地点:公司拉萨总部董事会办公室公司成都总部股政办公室
(六)公司股票上市交易所:上海证券交易所
股票简称:西藏金珠 股票代码:600773

二、会计数据和业务数据摘要

(一)2001年度主要会计数据和指标
利润总额:28,746,045.21元
净利润:24,836,497.07元
扣除非经常损益后的净利润:12,222,977.55元
主营业务利润:53,488,856.92元
其他业务利润:266,917.40元
营业利润:13,906,610.48元
投资收益:15,370,000.00元
补贴收入:59,966.00元
营业外收支净额:-590,531.27元
经营活动产生的现金流量净额:-72,555,990.80元
现金及现金等价物净增加额:-1,247,653.05元

(二)截止报告期末公司前三年的主要会计数据和财务指标(单位:人民币元):

项 目	2001年	2000年		1999年	
		调整前	调整后	调整前	调整后
主营业务收入	181,131,119.60	111,351,020.74	111,351,020.74	107,494,921.38	108,392,015.41
净利润	24,836,497.07	24,181,587.35	20,781,986.15	18,706,401.34	18,438,586.44
总资产	522,116,526.02	388,271,748.30	377,011,804.63	253,823,571.60	245,958,968.75
股东权益(不含少数股东权益)	338,329,598.10	324,327,633.95	314,954,140.30	220,957,488.61	216,656,076.33
每股收益(摊薄)	0.21	0.25	0.21	0.21	0.21
每股收益(加权)	0.21	0.27	0.23	0.21	0.21
每股净资产	2.89	3.32	3.23	2.48	2.44
调整后每股净资产	2.73	3.19	3.15	2.43	2.17
每股经营活动产生的现金流量净额	-0.62	0.16	0.16	0.15	-0.005
扣除非经常性损益后的净资产收益率(%)(加权)	3.73	9.17	7.88	8.75	8.77
扣除非经常性损益后的净资产收益率(%)(摊薄)	3.61	6.37	5.68	8.38	8.42
净资产收益率(%)(加权)	7.59	10.42	9.15	8.84	8.86
净资产收益率(%)(摊薄)	7.34	7.24	6.60	8.47	8.51

(三)按照公开发行证券公司信息披露编报规则第9号计算的净资产收益率和每股收益:

报告期利润	净资产收益率(%)		每股收益(元)	
主营业务利润	15.81	16.34	0.46	0.46
营业利润	4.11	4.25	0.12	0.12
净利润	7.34	7.59	0.21	0.21
扣除非经常性损益后的净利润	3.61	3.73	0.10	0.10

三、股本及股东情况

1、股份变动情况表 数量单位:股

股份类型	本次变动前	本次变动增减						本次变动后
		配股	送股	公积金转股	增发	其他	小计	
一、未上市流通股份								
1、发起人股份	6006.32		1201.26				1201.26	7207.58
其中:								
国家持有股份	5852.40		1170.48				1170.48	7022.88
境内法人持有股份	153.92		30.78				30.78	184.70
境外法人持有股份								
其他								
2、募集法人股份								
3、内部职工股								
4、优先股或其他								
未上市流通股份合计	6006.32		1201.26				1201.26	7207.58
二、已上市流通股份								
1、人民币普通股	3751.80		750.36				750.36	4502.16
2、境内上市的外资股								
3、境外上市的外资股								
4、其他								
已上市流通股份合计	3751.80		750.36				750.36	4502.16
三、股份总数	9758.12		1951.62				1951.62	11709.74

600774 武汉市汉商集团股份有限公司

2001 年年度报告摘选

第一节 公司基本情况简介

一、公司法定中文名称:武汉市汉商集团股份有限公司
公司法定英文名称:WUHAN HANSHANG GROUP CO.,LTD.
公司英文名称缩写:HSGC
二、公司法定代表人:张先华
三、公司董事会秘书:张晴
联系地址:湖北省武汉市汉阳大道 134 号
联系电话:(027)84843197 传 真:(027)84842384
电子信箱:hssd@public.wh.hb.cn
四、公司注册及办公地址:湖北省武汉市汉阳大道 134 号 邮 编:430050
公司国际互联网网址:http://www.hanshang.com.cn
电子信箱:hanshang@public.wh.hb.cn
五、公司选定的信息披露报纸名称:《中国证券报》、《上海证券报》
登载公司年度报告的中国证监会指定国际互联网网址:http://www.sse.com.cn
公司年度报告备置地点:公司股证部
六、公司股票上市交易所:上海证券交易所
股票简称:汉商集团 股票代码:600774
七、其他有关资料:
1.公司变更注册登记日期及地点:
公司最近变更注册登记日期:2001 年 7 月 26 日
地址:武汉市汉阳大道 134 号
2.企业法人营业执照注册号:4201001101372
3.税务登记号码:国税鄂字 420105177918415
鄂地税武字 402105177918415
4.公司聘请的会计师事务所名称:湖北中正会计事务有限公司
地址:武汉市武昌区中南路 80 号中南大厦 4-5 楼

第二节 会计数据和业务数据摘要

一、本年度利润表及现金流量表主要数据摘要(金额单位:人民币元):

项目	金 额
利润总额	3,747,200.85
净利润	2,929,839.41
扣除非经常性损益后的净利润	4,853,632.93
主营业务利润	78,123,558.59
其他业务利润	19,336,072.99
营业利润	6,543,624.01
投资收益	-1,401,384.66
营业外收支净额	-1,395,038.50
经营活动产生的现金流量净额	-21,764,008.93
现金及现金等价物净增加额	346,321.27

注:本年度扣除非经常性损益(金额单位:人民币元):

项 目	金 额
投资收益	-1,401,384.66
营业外收支(不含平抑基金等经常性支出)	-300,393.13
待处理流动资产净损失	-222,015.73
合 计	-1,923,793.52

二、截至报告期末公司前三年主要会计数据及财务指标(金额单位:人民币元):

项 目	2001 年	2000 年		1999 年
		调整前	调整后	
主营业务收入	548,776,412.66	624,378,858.28	622,697,560.37	802,768,207.81
净利润	2,929,839.41	27,215,562.14	22,169,512.05	26,288,706.96
总资产	1,560,617,761.71	675,585,178.19	667,857,843.94	624,837,529.60
股东权益	446,400,013.07	371,634,448.06	360,920,433.86	343,685,703.44
每股收益(摊薄)	0.031	0.315	0.256	0.30
每股收益(加权)	0.032	0.315	0.256	0.30
扣除非经常性损益后的每股收益(摊薄)	0.051	0.306	0.248	0.30
扣除非经常性损益后的每股收益(加权)	0.052	0.306	0.248	0.30
每股净资产	4.73	4.30	4.17	3.97
调整后的每股净资产	4.70	4.12	4.00	3.85
每股经营活动产生的现金流量净额	-0.23	0.58	0.58	0.63
净资产收益率(%)(摊薄)	0.66	7.32	6.14	7.65
净资产收益率(%)(加权)	0.68	7.62	6.25	9.31

三、根据中国证监会关于发布《公开发行证券公司信息披露编报规则(第 9 号)》要求,公司按全面摊薄法和加权平均法计算的净资产收益率及每股收益(金额单位:人民币元):

项目	报告期利润	净资产收益率(%)		每股收益(元)	
		全面摊薄	加权平均	全面摊薄	加权平均
主营业务利润	78,123,558.59	17.50	16.64	0.827	0.845
营业利润	6,543,624.01	1.47	1.51	0.069	0.071
净利润	2,929,839.41	0.66	0.68	0.031	0.032
扣除非经常性损益后的净利润	4,853,632.93	1.09	1.12	0.051	0.052

第三节 股本变动及股东情况介绍

公司股份变动情况表 数量单位:股

项目	本次变动前	本次变动增减(+、-)						本次变动后
		配股	送股	公积金转股	增发	其他	小计	
一、未上市流通股份								
1.发起人股份								
其中:								
国有持有股份	32,000,000							32,000,000
境内法人持有股份	4,800,000							4,800,000
2.募集法人股	23,056,000							23,056,000
未上市流通股份合计	59,856,000							59,856,000
二、已上市流通股份								
1.人民币普通股	26,624,000	7,987,200					7,987,200	34,611,200
2.境内上市的外资股								
已流通股份合计	26,624,000	7,987,200					7,987,200	34,611,200
三、股份总额	86,480,000	7,987,200					7,987,200	94,667,200

600775 南京熊猫电子股份有限公司

2001 年年度报告摘选

一、公司基本情况简介

公司法定中文名称:南京熊猫电子股份有限公司
公司法定英文名称:Nanjing Panda Electronics Company Limited
公司英文名称缩写:NPEC
董事长:李安建
授权代表:施秋生(董事会秘书)
证券事务代表:陈业宝
联系地址:中华人民共和国南京市中山东路 301 号
邮政编码:210002
电话:(86 25)4801144
传真:(86 25)4820729
电子信箱:gfb@panda.nj.js.cn
公司注册地址:中华人民共和国南京市南京高新技术产业开发区 05 幢北侧 1-2 层
公司办公及通讯地址:中华人民共和国南京市中山东路 301 号
邮政编码:210002
公司国际互联网网址:http://www.chinapanda.com.cn
公司选定的信息披露报纸名称:《上海证券报》、《中国证券报》、香港《文汇报》、《HongKong iMail》
登载公司年度报告的中国证监会指定的国际互联网网址:http://www.sse.com.cn
公司年度报告备置地点:中华人民共和国南京市中山东路 301 号
公司股票上市交易所、股票简称和股票代码
H 股:香港交易及结算所有限公司
股票简称:南京熊猫
股票代码:0553
A 股:上海证券交易所
股票简称:南京熊猫
股票代码:600775

二、会计数据与业务数据摘要

(一)按照中华人民共和国企业会计制度编制
1、公司本年度实现利润情况: 单位:人民币千元

项目	金额
利润总额	179,016
净利润	179,419
扣除非经常性损益后的净利润	140,514
主营业务利润	68,385
其他业务利润	15,527
营业利润	(136,714)
投资收益	277,568
补贴收入	939
营业外收支净额	37,223
经营活动产生的现金流量净额	(51,036)
现金及现金等价物净增减额	(4,505)

注:"扣除非经常性损益后的净利润"所扣除的项目、涉及金额分别为补贴收入 939 千元,营业外收支净额 37,223 千元,处置被投资单位股权损失 1,783 千元,委托投资收益 1,312 千元,会计政策变更影响收益 1,214 千元。

2、公司近三年主要会计数据和财务指标 单位:人民币

指标项目	2001 年	2000 年	1999 年
主营业务收入(千元)	861,560	584,247	1,036,355
净利润(千元)	179,419	115,349	49,484
总资产(千元)	2,069,729	2,419,628	1,585,705
股东权益(千元)(不含少数股东权益)	939,077	759,580	644,208
每股收益(元)	0.27	0.18	0.08
每股净资产(元)	1.43	1.16	0.98
调整后的每股净资产(元)	1.38	1.08	0.95
每股经营活动产生的现金流量净额(元)	(0.08)	(0.19)	0.32
净资产收益率(%)	19.11	15.19	7.68

注:(1)本公司在本年度总股本未发生变化。
(2)2000 年、1999 年主要会计指标比照 2001 年同一口径计算调整。

3、利润表附表:

报告期利润	净资产收益率(%)		每股收益(人民币元,元)	
	全面摊薄	加权平均	全面摊薄	加权平均
主营业务利润	7.28	8.05	0.10	0.10
营业利润	(14.56)	(16.10)	(0.21)	(0.21)
净利润	19.11	21.13	0.27	0.27
扣除非经常性损益后的净利润	14.96	16.55	0.21	0.21

注:利润表附表的利润数据是按照中国证监会《公开发行证券公司信息披露编报规则(第 9 号)》要求计算的。

三、股本变动及股东情况

(一)股本变动情况
年度公司股份变动情况 数量单位:股

	本次变动前	配股	送股	公积金转股	增发	其他	小计	本次变动后
1、未上市流通股份								
发起人股份								
其中:								
国家持有股份	355,015,000							355,015,000
未上市流通股份合计	355,015,000							355,015,000
2、已上市流通股份								
(1)人民币普通股	58,000,000							58,000,000
(2)境外上市的外资股	242,000,000							242,000,000
已上市流通股份合计	300,000,000							300,000,000
3、股份总数	655,015,000							655,015,000

600776 东方通信股份有限公司

2001年年度报告摘选

一、公司简介

(一)公司的法定中、英文名称及缩写
公司法定中文名称:东方通信股份有限公司
公司法定英文名称:EAST ERN COMMUNICATIONS CO.,LTD.
公司中、英文名称缩写:东方通信　　EASTCOM
(二)公司法定代表人:施继兴
(三)公司董事会秘书:郭端端
公司证券事务代表:蔡祝平
联系地址:中国浙江省杭州市文三路398号
联系电话:(0571)88865242
联系传真:(0571)88865243
(四)公司注册地址:中国浙江省杭州市文三路398号
公司办公地址:中国浙江省杭州市文三路398号
公司邮编:310013
公司国际互联网网址:http://www.eastcom.com
公司电子信箱:webmaster@eastcom.com
(五)公司指定信息披露报纸名称:《中国证券报》、《上海证券报》《香港文汇报》、《南华早报》
(六)登载公司年度报告的国际互联网网址:http://www.sse.com.cn
(七)公司年度报告备置地点:杭州市文三路398号东信大厦
(八)公司股票上市交易所:上海证券交易所
公司股票简称:东方通信　　东信B股
公司股票代码:600776　　900941

二、会计数据和业务数据摘要

(一)本年度利润总额及构成(合并报表)　　(单位:人民币元)

1、利润总额	259,768,033.36
其中:主营业务利润	1,185,059,811.63
其他业务利润	9,802,456.98
投资收益	73,793,504.54
营业外收支净额	6,185,440.57
补贴收入	1,721,004.25
2、净利润	
扣除非经常性损益后的净利润	179,188,634.56
经营活动产生的现金流量净额	1,066,427,001.47
现金及现金等价物净增加额	506,092,189.94
3、非经常性损益差异说明	
净利润	207,343,655.91
减:营业外收支净额	6,185,440.57
处置股权损益	-993,906.31
收取和支付的资金占用费	5,319,406.25
美元托管损益	17,644,080.84

(二)近三年主要会计数据

(单位:人民币元)

项目	2001年	2000年	1999年
主营业务收入	8,398,612,585.77	7,713,900,606.51	6,910,346,448.66
净利润	207,343,655.91	378,624,495.53	287,790,359.59
总资产	7,721,345,597.39	7,943,229,192.89	4,902,172,072.87
股东权益(不含少数股东权益)	3,652,284,660.76	3,565,283,104.21	1,960,144,082.24
每股收益	0.330	0.60	0.50
每股净资产	5.816	5.68	3.44
调整后的每股净资产	5.777	5.54	3.37
每股经营活动产生的现金流量净额	1.698	1.37	0.69
净资产收益率	5.68%	10.62%	14.68%

(三)利润分配表附表

报告期利润	净资产收益(%)		每股收益(元)	
	全面摊薄	加权平均	全面摊薄	加权平均
主营业务利润	32.45%	32.28%	1.887	1.887
营业利润	4.88%	4.85%	0.284	0.284
净利润	5.68%	5.65%	0.330	0.330
扣除非经常性损益后的净利润	4.91%	4.88%	0.285	0.285

三、股本变动及股东情况

(一)股本变动情况表

	本次变动前	本次变动增减(+,-)						本次变动后
		配股	送股	公积金转股	增发	其他	小计	
一、未上市流通								
1、发起人股份								
其中:								
国家持有股份								
境内法人持有股份	360,000,000							360,000,000
境外法人持有股份								
2、募集法人股份								
3、向法人配售的股份	23,060,000					23,060,000	23,060,000	
4、内部职工股								
5、优先股或其他								
未上市流通股份合计	383,060,000					-23,060,000	-23,060,000	360,000,000
二、已上市流通股份								
1、人民币普通股	94,940,000					+23,060,000	+23,060,000	118,000,000
2、境内上市的外资股	150,000,000							150,000,000
3、境外上市的外资股								
4、其他								
已上市流通股份合计	244,940,000					+23,060.00	+23,060.00	268,000,000
三、股份总数合计	628,000,000							628,000,000

600777 烟台新潮实业股份有限公司

2001年年度报告摘选

第一节　公司基本情况简介

(一)公司法定中、英文名称及缩写
公司法定中文名称:烟台新潮实业股份有限公司
英文名称:YANTAI XINCHAO INDUSTRY CO.,LTD
英文缩写:XCIC
(二)法定代表人:孙树刚
(三)公司董事会秘书:卢作明、于德海
联系地址:烟台市牟平区牟山路98号
联系电话:(0535)4259777　　联系传真:(0535)4225688
电子信箱:Lzm425977@163.com　　Yudehai726@sina.com
(四)公司注册地址及办公地址:烟台市牟平区牟山路98号
邮政编码:264100
网　　址:http://WWW.xinchaoshiye.com
电子信箱:xinchao600777@sina.com
(五)公司选定的信息披露报纸名称:上海证券报
登载公司年度报告的上海证券交易所网址:http://WWW.sse.com.cn
公司年度报告备置地点:公司证券部
(六)公司股票上市交易所:上海证券交易所
股票简称:新潮实业　　股票代码:600777

第二节　会计数据和业务数据摘要

(一)本年度主要会计数据和业务数据　　单位:元

利润总额:	87,042,202.50
净利润:	71,927,213.13
扣除非经常性损益后的净利润:	71,661,941.60
主营业务利润:	148,041,160.28
其他业务利润:	831,890.00
营业利润:	86,646,274.84
投资收益:	-201,474.41
补贴收入:	0.00
营业外收支净额:	597,402.07
经营活动产生的现金流量净额:	89,127,210.29
现金及现金等价物净增加额:	185,152.94
注:扣除非经常性损益项目及所涉及的金额	
1.营业外收支净额:	597,402.07
2.投资收益:	-201,474.41
3.所得税影响数:	-130,656.13

(二)公司前三年的主要会计数据和财务指标　　单位:元

项目	2001年	2000年		1999年
		调整前	调整后	
(1)主营业务收入	664,041,861.87	585,073,727.45	585,073,727.45	389,509,671.11
(2)净利润	71,927,213.13	64,557,139.06	45,203,535.74	57,630,640.01
(3)总资产	1,115,296,079.96	977,387,540.23	928,262,262.46	720,406,455.57
(4)股东权益(不含少数股东权益)	707,975,266.13	724,727,553.53	680,324,905.61	515,805,856.07
(5)每股收益	0.35	0.32	0.22	0.309
(6)每股净资产	3.46	3.54	3.32	2.76
(7)调整后的每股净资产	3.44	3.52	3.30	2.74
(8)每股经营活动产生的现金流量净额	0.44	0.39	0.39	0.153
(9)净资产收益率(%)	10.16	8.91	6.64	11.17
(10)扣除非经常性损益后加权平均净资产收益率(%)	10.00	10.40	10.40	11.80

(三)根据中国证监会《公开发行证券公司信息披露编号细则(第九号)》要求计算的利润数据如下:

报告期利润	净资产收益率(%)		每股收益(元)	
	全面摊薄	加权平均	全面摊薄	加权平均
主营业务利润	20.91	20.67	0.72	0.72
营业利润	12.24	12.10	0.42	0.42
净利润	10.16	10.04	0.35	0.35
扣除非经常性损益后的净利润	10.12	10.00	0.35	0.35

第三节　股本变动及股东情况

(一)股本变动情况
1.股份变动情况表　　数量单位:股

	本次变动前	本次变动增减(+、-)						本次变动后
		配股	送股	公积金转股	增发	其它	小计	
一、未上市流通股份	78,996,840							78,996,840
1.发起人股份								
其中:国家持有股份								
境内法人持有股份	78,996,840							78,996,840
境外法人持有股份								
其他								
2.募集法人股份	28,333,333							28,333,333
3.优先股或其他	48,029,735					-861,336	-861,336	47,168,399
其中:因合并增加的个人股	47,168,399							47,168,399
转配股	861,336					-861,336	-861,336	
未上市流通股份合计	155,359,908					-861,336	-861,336	154,498,572
二、已上市流通股份								
1.人民币普通股	49,509,593					861,336	861,336	50,370,929
2.境内上市的外资股								
3.境外上市的外资股								
4.其他								
已上市流通股份合计	49,509,593					861,336	861,336	50,370,929
股份总数	204,869,501							204,869,501

600778 新疆友好(集团)股份有限公司

2001 年年度报告摘选

一、公司简介

(一)公司法定中文名称:新疆友好(集团)股份有限公司
公司法定英文名称:XINJIANG FRIENDSHIP (GROUP) CO., LTD
(二)公司法定代表人:马雍全
(三)公司董事会秘书:王建平
证券事务代表:金子楠
联系地址:乌鲁木齐市友好北路 14 号
电话:(0991)4841698
传真:(0991)4815090
电子信箱:yhzqb@mail.xj.cninfo.net
(四)公司注册地址:乌鲁木齐市友好北路 14 号
公司办公地址:乌鲁木齐市友好北路 14 号
邮政编码:830000
公司国际互连网网址:http://www.xjyh.com.cn
电子信箱:xjyhjt@mail.xj.cninfo.net
(五)公司选定的信息披露报纸名称:《中国证券报》、《上海证券报》
登载公司年度报告的中国证监会指定国际互连网网址:http:/www.sse.com.cn
公司年度报告置备地点:公司证券投资部
(六)公司股票上市交易所:上海证券交易所
股票简称:友好集团
股票代码:600778
(七)公司变更注册登记日期:2001 年 4 月 13 日
登记地点:新疆维吾尔自治区工商行政管理局
企业法人营业执照注册号:6500001000007-4
税务登记号码:650103228584428
公司聘请的会计师事务所名称:深圳鹏城会计师事务所
会计师事务所办公地址:深圳市东门南路 2006 号宝丰大厦五楼

二、会计数据和业务数据摘要

(一)本年度利润总额及构成　　单位:元

项目	金　额
利润总额	49375386.78
净利润	33083931.35
扣除非经常性损益后的净利润	25546834.78
主营业务利润	202976944.49
其他业务利润	16329127.59
营业利润	21090315.12
投资收益	13681216.74
补贴收入	15157705.60
营业外收支净额	-553850.68
经营活动产生的现金流量净额	49944398.31
现金及现金等价物净增加额	27540529.29

(二)截止报告期末公司近三年的主要会计数据和财务指标　　单位:元

项目	2001 年	2000 年		1999 年
		调整前	调整后	
主营业务收入	1068834192.63	982893671.44	982893671.44	914409178.96
净利润	33083931.35	29671032.96	29245937.82	54146783.30
总资产	1916039727.22	1435721134.24	1323465052.66	1036749395.37
股东权益	752040432.86	453803775.39	453378680.25	468737980.21
每股收益(摊薄)	0.1062	0.12	0.12	0.21
(加权)	0.1078	0.12	0.12	0.21
扣除非经常性损益	0.082	0.12	0.12	0.21
配股完成后每股收益(摊薄)	0.11	0.10	0.10	
每股净资产	2.41	1.77	1.77	1.83
调整后的每股净资产	2.27	1.65	1.67	1.92
每股经营活动产生的现金流量净额	0.16	0.23	0.23	0.36
净资产收益率(摊薄)	4.4%	6.54%	6.45%	11.55%
(加权)	4.49%			
净资产收益率(扣除非经常损益加权)	3.47%			

(三)利润表附表

报告期利润	净资产收益率		每股收益(元)	
	全面摊薄板	加权平均	全面摊薄板	加权平均
主营业务利润	26.99%	27.57%	0.6516	0.6613
营业利润	2.80%	2.86%	0.0677	0.0687
净利润	4.40%	4.49%	0.1062	0.1078
扣除非经营性损益后的净利润	3.40%	3.47%	0.0820	0.0832

三、股本变动及股东情况

(一)股份变动情况
1、股份变动情况表数量　　单位:股

项目	本次变动前	本次变动增减(+-)					本次变动后
		配股	送股	公积金转增	其他	小计	
一、未上市流通股份							
1、发起人股	78458625	15318110					93776735
其中:国家拥有股份	51060375	15318110					66378485
境内法人持有股份	27398250						27398250
境外法人持有股份							
其他							
2、募集法人股份	46401750						46401750
3、内部职工股							
4、优先股或其他							
其中:转配股	28643625	8593090				-37236715	0
尚未流通股份合计	153504000	23911200				-37236715	140178485
二、已上市流通股份							
1、人民币普通股	103135500	30940652				+37236715	171312867
已上市流通股份合计	103135500	30940652				+37236715	171312867
三、股份总数	256639500	54851852					311491352

600779 四川全兴股份有限公司

2001 年年度报告摘选

一、公司基本情况简介

(一)公司法定中文名称:四川全兴股份有限公司公司
法定英文名称:SICHUAN QUANXING CO., LTD
(二)公司法定代表人:杨肇基
(三)公司董事会秘书:张宗俊
联系地址:成都市人民中路二段 68 号公司董事办
联络电话:(028)6252847　　传真:(028)6695460
邮政编码:610031
电子信箱:zzj70@chinaren.com
(四)公司注册地址:四川省成都市金牛区全兴路 9 号
公司办公地址:四川省成都市金牛区全兴路 9 号　　邮政编码:610036
公司国际互联网网址:http://www.quanxing-china.com/
公司电子信箱:quanxing@mail.sc.cninfo.net
(五)公司选定的信息披露报纸名称:《中国证券报》、《上海证券报》
登载年度报告的国际互联网网址:http://www.sse.com.cn
公司年度报告备置地点:成都市人民中路二段 68 号公司董事办
(六)公司股票上市交易所:上海证券交易所
公司股票简称:全兴股份　　公司股票代码:600779

二、会计数据和业务数据摘要

(一)本年度主要利润指标情况　　单位:人民币元

项目	2001 年 1~12 月
利润总额:	218,999,722.67
净利润:	172,784,822.25
扣除非经常性损益后的净利润:	146,129,852.92
主营业务利润:	400,360,088.86
其他业务利润:	50,913,747.51
营业利润:	220,660,117.63
投资收益:	163,301.88
补贴收入:	1,023,225.44
营业外收支净额:	-2,846,922.28
经营活动产生的现金流量净额:	113,873,005.39
现金及现金等价物净增加额:	187,910,012.61

说明:"扣除非经常性损益"项目及涉及金额:

项　目		金额(元)
1	补贴收入	1,023,225.44
2	税收返还	41,607,233.15
3	营业外收支净额	-2,846,922.28
4	所得税影响	-13,128,566.98

(二)截止报告期末公司前三年的主要会计数据和财务指标　　单位:人民币元

财务指标	单位	2001 年度	2000 年度		1999 年度	
			调整后	调整前	调整后	调整前
主营业务收入	元	1,144,355,034.75	1,280,558,496.74	1,280,558,496.74	1,181,068,079.12	1,181,068,079.12
净利润	元	172,784,822.25	176,132,875.92	178,967,152.14	218,300,217.53	220,523,182.61
总资产	元	2,475,520,565.04	1,670,055,559.91	1,680,054,059.91	1,388,629,784.79	1,388,629,784.79
股东权益(不含少数股东权益)	元	1,214,410,779.28	671,672,849.95	677,963,646.92	534,511,068.07	536,734,033.15
每股收益(摊薄计算)	元/股	0.39	0.43	0.44	0.80	0.81
每股收益(加权计算)	元/股	0.41	0.43	0.44	0.80	0.81
扣除非经常性损益后的每股收益	元/股	0.33	0.35	0.35	0.60	0.60
每股净资产	元/股	2.73	1.65	1.66	1.97	1.97
调整后的每股净资产	元/股	2.70	1.62	1.63	1.92	1.92
每股经营活动产生的现金流量净额	元/股	0.26	0.34	0.34	0.56	0.56
净资产收益率(摊薄计算)	%	14.23	26.22	26.40	40.84	41.09
净资产收益率(加权计算)	%	19.87	28.22	28.58	50.88	51.27
扣除非经常性损益的加权平均净资产收益率	%	106.80	23.10	22.83	38.11	38.01

三、股本变动及股东情况

(一)股本变动情况
1. 股份变动情况表　　单位:股

	本次变动前	本次变动增减(+,-)						期末数
		配股	送股	公积金转股	增发	国有股减持	小计	
一、未上市流通股份								
1、发起人股份	218,791,653.24					-3,660,000	-3,660,000	215,131,653.24
其中:国家股拥有股份	218,791,653.24					-3,660,000	-3,660,000	215,131,653.24
境内法人持有股份								
外资法人持有股份								
其他								
2、募集法人股	55,080,000.00							55,080,000.00
3、内部职工股								
4、优先股或其他								
尚未流通股份合计	273,871,653.24					-3,660,000	-3,660,000	270,211,653.24
二、已流通股份								
1、境内上市的人民币普通股	133,660,800.00				40,260,000		40,260,000	173,920,800.00
2、境内上市的外资股								
3、境外上市的外资股								
4、其他								
已流通股份合计	133,660,800.00				40,260,000		40,260,000	173,920,800.00
三、股份总数	407,532,453.24				40,260,000	-3,660,000	36,600,000	444,132,453.24

600780 山西通宝能源股份有限公司

2001 年年度报告摘选

一、公司基本情况简介

(一)公司法定中、英文名称及缩写
1.中文名称:山西通宝能源股份有限公司
2.英文名称:TOP ENERGY COMPANY LTD.SHANXI
3.英文名称缩写:TEC
(二)公司法定代表人:常小刚
(三)公司董事会秘书及其证券事务代表的姓名、联系地址、电话、传真、电子信箱:
1.董事会秘书:叶宁华
联系地址:山西省太原市高新技术产业开发区学府工业园区 V－6 区
电话:0351－7021877　　传真:0351－7021877
2.证券事务代表:梁丽星
联系地址:山西省太原市高新技术产业开发区学府工业园区 V－6 区
电话:0351－7021857　　传真:0351－7021857
(四)公司注册地址,办公地址及其邮政编码,公司国际互联网网址、电子信箱。
1.公司注册地址及办公地址:山西省太原市高新技术产业开发区学府工业园区 V－6 区
2.邮政编码:030006
3.公司国际互联网网址:http://www.600780.com
4.电子信箱:top600780@sina.com
(五)公司选定的信息披露报纸名称,登载公司年度报告的中国证监会指定网站的网址,公司年度报告备置地点:
1.信息披露报纸名称:《上海证券报》
2.证监会指定网站的网址:http://www.sse.com.cn.
3.年度报告备置地点:公司投资证券部
(六)公司股票上市交易所、股票简称和股票代码:
1.上市交易所:上海证券交易所
2.股票简称:通宝能源
3.股票代码:600780

二、会计数据和业务数据摘要

(一)本年度主要会计数据　　单位:人民币元

项 目	金 额
利润总额	70,924,958.08
净利润	58,804,501.61
扣除非经常性损益后的净利润	61,329,670.35
主营业务利润	101,591,999.41
其他业务利润	68,376.07
营业利润	78,518,359.02
投资收益	－8,232.20
补贴收入	0
营业外收支净额	－7,585,168.74
经营活动产生的现金流量净额	141,764,689.50
现金及现金等价物净增加额	87,526,351.67

(二)公司近三年主要会计数据和财务指标　　单位:人民币元

项目	2001 年	2000 年		1999 年	
		调整后	调整前	调整后	调整前
主营业务收入	265,718,724.24	240,657,419.62	240,657,419.62	176,200,684.77	176,200,684.77
净利润	58,804,501.61	59,431,483.91	52,866,019.14	68,200,872.53	60,720,856.68
总资产	690,943,782.08	793,694,610.73	779,649,130.11	877,984,032.47	870,504,016.62
股东权益(不含少数股东权益)	526,947,816.34	495,105,141.23	481,059,660.61	462,635,483.81	455,155,467.96
每股收益(摊薄)	0.27	0.28	0.25	0.32	0.28
每股收益(加权)	0.27	0.28	0.25	0.34	0.32
扣除非经常性损益的每股收益	0.28	0.22	0.22	0.19	0.19
每股净资产	2.44	2.30	2.23	2.14	2.11
调整后的每股净资产	2.44	2.29	2.23	2.14	2.11
每股经营活动产生的现金流量净额	0.66	0.62	0.62	0.53	0.53
净资产收益率(摊薄%)	11.16	12	10.99	14.74	13.34
净资产收益率(加权%)	11.21	12.07	10.98		
(扣除非经常性损益的加权平均%)	11.69	9.73	9.73		

(三)利润表附表

项目	净资产收益率(%)		每股收益(元)	
	全面摊薄	加权平均	全面摊薄	加权平均
主营业务利润	19.28	19.37	0.47	0.47
营业利润	14.90	14.97	0.36	0.36
净利润	11.16	11.21	0.27	0.27
扣除非经常性损益后的净利润	11.63	11.69	0.28	0.28

三、股本变动及股东情况

1.公司股份变动情况表　　单位:股

	本次变动前	本次变动增减(＋、－)						本次变动后
		配股	送股	公积金转股	增发	其他	小计	
(1)未上市流通股份								
①发起人股份	13,930,099							13,930,099
其中:国家持有股份								
境内法人持有股份	13,930,099							13,930,099
境外法人持有股份								
其 他								
②募集法人股	108,197,266							108,197,266
③内部职工股								
④优先股或其他								
未上市流通股份合计	122,127,365							122,127,365
(2)已上市流通股份								
①人民币普通股	93,567,247							93,567,247
②境内上市的外资股								
③境外上市的外资股								
④其他								
已上市流通股份合计	93,567,247							93,567,247
(3)股份总数	215,694,612							215,694,612

600781 上海民丰实业股份有限公司

2001 年年度报告摘选

一、公司基本情况简介

1、公司的法定中文名称:上海民丰实业股份有限公司
公司的英文名称:SHANGHAI MINFENG HOLDING CO.,LTD
缩写:MF
2、公司法定代表人:孙凤娟
3、公司董事会秘书:蒋伟
公司董事会秘书授权人:孙佩琳
联系地址:上海市建国西路 285 号 13 楼(科投大厦)
联系电话:(021)64458811 转 33、18　　传真:(021)64456611
电子信箱:SPL-2002@online.sh.cn
4、公司注册地址:中国上海市徐家汇路 300 号
公司办公地址:中国上海市建国西路 285 号 13 楼(科投大厦)
邮政编码:200031
网址:http://www.minfengholding.com
电子信箱:ZZ@mail.minfengholding.com
5、公司选定的信息披露报纸名称:上海证券报
登载公司年度报告的中国证监会指定国际互联网网址:
http://www.sse.com.cn
公司年度报告备置地点:上海民丰实业股份有限公司
6、公司股票上市地:上海证券交易所
股票简称:民丰实业　　股票代码:600781

二、财务数据和业务数据摘要

1、本年度公司主要经营指标
本年度公司主要经营数据:(单位:元)

项目	金额
利润总额:	－74,470,628.69
净利润:	－70,386,466.75
扣除非经常性损益后的净利润:	－56,533,925.87
主营业务利润:	－555,485.29
其他业务利润:	1,007,704.51
营业利润:	－55,386,248.41
投资收益:	－176,411.02
补贴收入:	3,141,785.96
营业外收支净额:	－22,049,755.22
经营活动产生的现金流量净额:	－1,619,753.77
现金及现金等价物净增加额:	－133,037,015.67

＊注:扣除的非经常性损益项目和金额:

项目	金额
(1)补贴收入:	3,141,785.96 元
(2)营业外收支净额:	－22,049,755.22 元
(3)股权投资差额摊销:	－1,682,973.86 元
(4)委托理财收益:	6,256,327.92 元
(5)收取资金占用费:	482,074.32 元
合计	－13,852,540.88 元

2、公司前三年主要会计数据及财务指标
公司前三年主要会计数据和财务指标(单位:元)

项目	2001 年	2000 年度		1999 年度	
		调整后	调整前	调整后	调整前
主营业务收入	210,705,933.78	294,920,634.49	294,920,634.49	318,151,039.29	318,151,039.29
净利润	－70,386,466.75	281,650.71	1,983,262.65	－24,613,517.18	1,966,666.78
总资产	545,096,209.04	831,584,838.51	860,136,634.41	697,594,613.84	724,174,797.80
股东权益(不含少数股东收益)	195,076,964.26	265,463,431.01	293,745,226.91	265,181,780.30	291,761,964.26
每股收益(摊薄)(元/股)	－0.396	0.002	0.017	－0.208	0.017
每股收益(加权)(元/股)	－0.396	0.002	0.017	－0.208	0.017
扣除非经常性损益后的每股收益	－0.318	－0.081	－0.012	－0.046	0.01
期后股本变化后的每股收益	－0.396	0.002	0.017	－0.208	0.017
每股净资产(元/股)	1.10	2.24	2.48	2.24	2.41
调整后每股净资产(元/股)	1.06	2.07	2.29	2.20	2.41
每股经营活动产生的现金流量净额	－0.01	0.28	0.28	－0.27	－0.27
净资产收益率(%)(摊薄)	－36.08	0.11	0.68	－9.28	0.67
净资产收益率(%)(加权)	－30.57	0.03		－2.22	

＊注:按照《公开发行证券公司信息披露规范问答第 1 号－非经常性损益》的要求,确定和计算非经常性损益;
有关指标的计算方法参照《公开发行证券公司信息披露编报规则(9 号)》的规定

三、股本变动及股东情况

1、股本变动情况
(1)股本结构变动情况表:
数量单位:股

	本次变动前	本次变动增减(＋、－)					本次变动后
		配股	送股	公积金转股	其他	小计	
(一)未上市流通股份							
1、发起人股份	73,215,243	0	0	36,607,621	0	0	109,822,864
其中:国家拥有股份							
境内法人持有股份	37,315,575	0	0	18,657,787	0	0	55,973,362
境外法人持有股份	35,899,668	0	0	17,949,834	0	0	53,849,502
其他							
2、募集法人股	11,430,000	0	0	5,715,000	0	0	17,145,000
3、内部职工股							
4、优先股或其他							
其中:转配股							
未上市流通股份合计	84,645,243	0	0	42,322,621	0	0	126,967,864
(二)已上市流通股份							
1、人民币普通股	33,750,000	0	0	16,875,000	0	0	50,625,000
2、境内上市的外资股	0	0	0	0	0	0	0
3、境外上市的外资股	0	0	0	0	0	0	0
4、其他	0	0	0	0	0	0	0
已流通股份合计	33,750,000	0	0	16,875,000	0	0	50,625,000
(三)股份总数	118,395,243	0	0	59,197,621	0	0	177,592,864

600782 新华金属制品股份有限公司

2001 年年度报告摘选

一、公司基本情况简介

(一)公司的法定中、英文名称及缩写
中文名称:新华金属制品股份有限公司
英文名称:XINHUA METAL PRODUCTS CO.,LTD.
英文缩写:XMPC
(二)公司法定代表人:施嘉良。
(三)公司董事会秘书及其证券事务代表的姓名、联系地址、电话、传真及电子信箱
董事会秘书:游绍诚
证券事务代表:张伟国
联系地址:江西省新余市高新技术经济开发区
电话:0790-6460888　传真:0790-6460999
电子信箱:xmpc@publicl.xyptt.jx.cn
(四)公司注册地址、办公地址、邮政编码、国际互联网网址、电子信箱
注册地址:江西省新余市铁焦路　邮编:338001
办公地址:江西省新余市高新技术经济开发区　邮编:338004
国际互联网网址:http//www.xmpc.com.cn
电子信箱:xmpc@publicl.xyptt.jx.cn
(五)公司选定的信息披露报纸名称、登载公司年度报告网址、年度报告备置地点
信息披露报纸:《上海证券报》　登载年报网址:http://www.sse.com.cn
年报备置地点:公司证券部
(六)公司股票上市交易所、股票简称和股票代码
股票上市交易所:上海证券交易所
股票简称:新华股份　股票代码:600782

二、会计数据和业务数据摘要

(一)本年度主要会计数据　单位:元

序号	项目	金　额
1	利润总额	31,300,927.84
2	净利润	26,440,873.18
3	扣除非经常性损益后的净利润	18,897,758.26
4	主营业务利润	56,644,712.73
5	其他业务利润	-895,059.88
6	营业利润	22,426,674.99
7	投资收益	7,518,258.41
8	补贴收入	0.00
9	营业外收支净额	1,355,994.44
10	经营活动产生的现金流量净额	32,727,715.41
11	现金及现金等价物净增加额	-7,848,590.59

(二)截至报告期末公司前三年的主要会计数据和财务指标

序号	项目	单位	2001 年	2000 年	1999 年
1	主营业务收入	元	292,873,428.11	254,390,271.81	165,309,240.50
2	净利润	元	26,440,873.18	26,887,935.16	14,976,640.52
3	总资产	元	400,858,724.56	384,082,282.86	274,634,122.32
4	股东权益(不含少数股东权益)	元	266,435,934.45	261,249,302.41	245,230,013.31
5	每股收益	元	0.1368	0.2227	0.1240
6	扣除非经常性损益后的每股收益	元	0.0978	0.1952	0.1191
7	每股净资产	元	1.3789	2.1633	2.0307
8	调整后的每股净资产	元	1.3531	2.1328	1.9788
9	每股经营活动产生的现金流量净额	元	0.1694	-0.0684	0.2990
10	净资产收益率	%	9.92	10.29	8.77

(三)利润表附表

按照中国证监会《公开发行证券公司信息披露编报规则(第 9 号)》要求计算本年报告期利润的净资产收益率和每股收益。

序号	报告期利润	净资产收益率(%)		每股收益(元)	
		全面摊薄	加权平均	全面摊薄	加权平均
1	主营业务利润	21.26	20.64	0.2932	0.2932
2	营业利润	8.42	8.17	0.1161	0.1161
3	净利润	9.92	9.63	0.1368	0.1368
4	扣除非经常性损益后的净利润	7.09	6.89	0.0978	0.0978

三、股本变动及股东情况

(一)股本变动情况表　数量单位:股

	本次变动前	本次变动增减(+、-)						本次变动后
		配股	送股	公积金转股	增发	其他	小计	
一、未上市流通股份								
1.发起人股份								
其中:								
国家拥有股份								
境内法人持有股份	65,425,969		6,542,597	32,712,984			39,255,581	104,681,550
境外法人持有股份	20,236,765		2,023,676	10,118,383			12,142,059	32,378,824
其他								
2.募集法人股份								
3.内部职工股								
4.优先股或其他								
其中:转配股								
未上市流通股份合计	85,662,734		8,566,273	42,831,367			51,397,640	137,060,374
二、已上市流通股份								
1.人民币普通股	35,100,000		3,510,000	17,550,000			21,060,000	56,160,000
2.境内上市的外资股								
3.境外上市的外资股								
4.其他								
已上市流通股份合计	35,100,000		3,510,000	17,550,000			21,060,000	56,160,000
三、股份总数	120,762,734		12,076,273	60,381,367			72,457,640	193,220,374

600783 四砂股份有限公司

2001 年年度报告摘选

一、公司基本情况简介

(一)公司的法定中文名称:四砂股份有限公司
公司的法定英文名称柒缩写:SISHA CO.,LTD
(二)公司法定代表人:李功臣
(三)公司董事会秘书:赵鹏
联系地址:山东省淄博市张店区南定车站街 69 号
电　话:0533-2980151-8273　传　真:0533-2981033
电子信箱:sisha@zb-public.sd.cninfo.net
(四)公司注册地址:山东省淄博市高新技术产业开发区中路
公司办公地址:山东省淄博市张店区南定车站街 69 号
邮政编码:255055
公司国际互联网网址:http://www.sisha.com
电子信箱:sisha@zb-public.sd.cninfo.net
(五)公司选定的信息披露报纸名称:《上海证券报》、《证券时报》
登载年度报告的中国证监会指定网站的网址:http://www.sse.com.cn
公司年度报告备置地点:公司董事会秘书处
(六)公司股票上市交易所:上海证券交易所
股票简称:四砂股份　股票代码:600783

二、会计数据和业务数据摘要

1、公司本年度的主要利润指标情况(单位:人民币元)

项目	金额
利润总额:	-1,608,040.29
净利润:	1,313,010.31
扣除非经常性损益后的净利润:	-14,911,697.60
主营业务利润:	25,610,447.64
其他业务利润:	3,763,562.86
营业利润:	-14,114,139.98
投资收益:	12,314,188.61
补贴收入:	19,534.37
营业外收支净额:	172,376.71
经营活动产生的现金流量净额:	7,811,599.09
现金及现金等价物净增减额:	29,448,198.68

注:"扣除非经常性损益后的净利润"所扣除的项目、涉及金额:
1)本期收到淄博市财政局财源建设项目贴息 330 万元而冲减了财务费用;
2)本期收到出口退税补贴收入 19534.37 元;
3)出售子公司新泰泰山生化有限公司 60%的股权,获得股权转让收益 1273.28 万元。
4)营业外收支净额 172376.71 元

2、报告期末,公司前三年主要会计数据和财务指标(单位:人民币元)

指标项目	2001 年	2000 年	1999 年	
			调整前	调整后
主营业务收入	132,758,371.08	173,474,773.74	288664855.42	289176393.86
净利润	1,313,010.31	-32,162,135.46	22853372.33	18366611.58
总资产	544,226,888.70	563,564,954.54	653621929.43	637400233.73
股东权益(不含少数股东权益)	304,718,083.59	304,444,172.01	362126174.44	338051942.46
每股收益	0.0065	-0.1590	0.1130	0.0908
每股净资产	1.51	1.51	1.79	1.67
调整后每股净资产	1.36	1.42	1.73	1.61
每股经营活动产生的现金流量净额	0.0386	0.08	-0.14	-0.14
净资产收益率(%)	0.43	-10.81	6.31	5.43
扣除非经常性损益后净资产收益率(加权)(%)	-4.89	-9.88		

3、报告期利润表附表

报告期利润	净资产收益率(%)		每股收益(元)	
	全面摊薄	加权平均	全面摊薄	加权平均
主营业务利润	11.90	8.39	0.1266	0.1266
营业利润	-3.81	-3.81	-0.057	-0.057
净利润	0.43	0.43	0.0065	0.0065
扣除非经常性损益后净利润	-4.89	-4.89	-0.0737	-0.0737

三、股本变动及股东情况

(一)股份变动情况表
报告日期:2001 年 12 月 31 日　数量单位:股　每股面值:1 元

	本次变动前	本次变动增减	本次变动后
一、未上市流通股份			
1、发起人股份	59052900		59052900
其中:国家持有股份	59052900		59052900
境内法人持有股份			
境外法人持有股份			
其他			
2、募集法人股份	78330000		78330000
3、内部职工股			
4、优先股或其他			
未上市流通股份合计	137382900		137382900
二、已上市流通股份			
1、人民币普通股	64896000		64896000
2、境内上市的外资股			
3、境外上市的外资股			
4、其他			
已上市流通股份合计	64896000		64896000
三、股份总数	202278900		202278900

600784 鲁银投资集团股份有限公司

2001年年度报告摘选

一、公司简介

1、公司的法定中文名称:鲁银投资集团股份有限公司
公司的法定英文名称:LUYIN INVESTMENT GROUP CO.,LTD.
2、公司法定代表人:刘歧鸣
3、公司董事会秘书:刘方潭
联系地址:山东省济南市经十路128号
联系电话:0531-2024156
传真:0531-2024179
4、公司注册地址:山东省济南市经十路128号
公司办公地址:山东省济南市经十路128号
邮政编码:250001
电子信箱:luyin@public.jn.sd.cn
5、公司信息披露报纸:《上海证券报》
登载公司年报的中国证监会指定国际互联网网址:
http://www.sse.com.cn
公司年度报告备置地点:董事会秘书办公室
6、公司股票上市交易所:上海证券交易所
股票简称:鲁银投资
股票代码:600784
7、公司经营范围:股权投资、经营与管理;投资于生物医药、网络技术等高科技产业;高科技项目的开发、转让;机械、电子设备的销售;批准范围内的进出口业务;经济信息咨询服务。

二、会计数据和业务数据摘要

(一)本年度主要财务指标情况:(单位:元)

利润总额	6851818.32
净利润	3783367.82
扣除非经常性损益后的净利润	-9203857.28
主营业务利润	24681438.18
其他业务利润	9079176.76
营业利润	-8492506.71
投资收益	14882433.71
补贴收入	239791.80
经营活动产生的现金流量净额	27126220.61
现金及现金等价物净增加额	-29729552.29

(二)截止报告期末公司前三年的主要会计数据和财务指标:

单位:元

项目	2001年	2000年	1999年
主营业务收入	89220332.79	99672697.54	138646871.59
净利润	3783367.82	40258388.43	47661365.04
总资产	1400239007.24	1228975867.07	1048530491.36
股东权益	517106594.00	513262226.18	508093379.54
每股收益	0.0168	0.1783	0.2323
每股收益(加权)	0.0168	0.1783	0.2323
扣除非经常性损益后的每股收益	-0.0408	0.1805	0.2340
每股净资产	2.2908	2.2738	2.4759
调整后的每股净资产	2.2753	2.2584	2.4735
每股经营活动产生的现金流量净额	0.12	-0.1994	0.0257
净资产收益率(%)	0.73	7.84	9.38

(三)本年度股东权益变动情况(单位:元)

项目	期初数	本期增加	本期减少	期末数
股本	225733521.00			225733521.00
资本公积	158523421.61	61000.00		158584421.61
盈余公积	51487057.50	756673.56		52245731.06
公益金	21928271.02	378336.78		22306607.80
未分配利润	77516226.07	3026694.26		80542920.33
合计	535188497.20	4222704.60		539413201.80

三、股本变动和主要股东持股情况

(一)股本变动情况

1、股本变动情况表:

	期初数(股)	本次变动增减(+ -)股 配股	送股	转股	其他	小计	期末数(股)
一、尚未流通股份							
1.发起人股份	53905501						53905501
其中:							
国家拥有股份							
境内法人持有股份	16650563						16650563
外资法人持有股份							
其他							
2.募集法人股	37254938						37254938
3.内部职工股							
4.优先股或其他							
尚未流通股份合计	53905501						
二、已流通股份							
1.境内上市的人民币普通股	171828020						171828020
2.境内上市的外资股							
3.境外上市的外资股							
4.其他							
已流通股份合计							
三、股份总数	225733521						225733521

600785 银川新华百货商店股份有限公司

2001年年度报告摘选

一、公司简介

1、公司名称:
公司法定名称:银川新华百货商店股份有限公司
公司英文名称:YinChuan XinHua Department Store Co.,LTD
公司英文名称缩写:XHDS
2、公司注册地址:宁夏回族自治区银川市新华东街29号
办公地址:宁夏回族自治区银川市新华东街29号
邮政编码:750004
3、公司法定代表人:徐鸣凤
4、公司董事会秘书:马卫红
联系电话:0951—4010058
董事会证券事务代表人:张凤琴
联系电话:0951—6022866
联系地址:宁夏回族自治区银川市新华东街29号
传真:0951—6041983
5、公司信息披露报纸:中国证券报
登载年报的中国证监会指定国际互联网网址:http://www.sse.com.cn
公司年度报告备置地点:公司证券部
6、公司股票上市交易所:上海证券交易所
股票简称:新华百货　　股票代码:600785

二、会计数据和业务数据摘要

(一)本年度主要财务数据和指标:　　单位:人民币元

利润总额	41,934,968.05
净利润	35,714,937.74
扣除非经常性损益后的净利润	35,418,319.65
主营业务利润	95,654,720.66
其他业务利润	6,678,705.24
营业利润	39,446,812.89
投资收益	3,510,400.99
补贴收入	0
营业外收支净额	-1,022,245.83
经营活动产生的现金流量净额	57,966,107.04
现金及现金等价物净增减额	61,631,493.49

(二)截止报告期末公司近三年的主要会计数据和财务指标　　单位:人民币元

项目	2001年	2000年 调整前	2000年 调整后	1999年 调整前	1999年 调整后
主营业务收入	618,233,706.87	506,361,364.96	506,361,364.96	255,074,458.84	255,074,458.84
净利润	35,714,937.74	34,786,952.21	31,071,182.82	21,025,982.06	18,637,693.87
总资产	731,501,411.97	510,653,832.10	592,454,399.34	476,969,780.99	474,581,492.80
股东权益(不含少数股东权益)	454,981,951.06	275,590,147.20	270,399,489.62	250,819,646.85	248,431,358.66
每股收益	0.35	0.395	0.395	0.239	0.239
每股净资产	4.422	3.133	3.133	2.851	2.851
调整后的每股净资产	4.411	3.112	3.112	2.835	2.835
每股经营活动产生的现金流量净额	0.56	0.051	0.051	0.785	0.785
净资产收益率%	7.85	12.62	12.62	8.38	8.38
扣除非经常性损益后的每股收益	0.344	0.363	0.363	0.195	0.195

(三)利润表附表

报告期利润	全面摊薄资产收益率(%) 2001年	2000年	加权平均净资产收益率(%) 2001年	2000年	全面摊薄每股收益(元/股) 2001年	2000年	加权平均每股收益(元/股 2001年	2000年
主营业务利润	21.02	27.21	31.72	27.96	0.64	0.852	1.07	0.852
营业利润	8.67	11.93	13.08	12.26	0.38	0.374	0.39	0.374
净利润	7.85	12.62	11.84	12.97	0.35	0.395	0.40	0.395
扣除非经常性损益后的净利润	7.78	10.75	11.75	11.05	0.344	0.363	0.397	0.363

三、股本变动及股东情况

(一)股份变动情况表

单位:股

	本次变动前	本次变动增减(+、-) 配股	送股	公积金转股	增发	其它	小计	本次变动后
一、未上市流通股份								
1.发起人股份	28,500,000							28,500,000
其中:								
国家持有股份	28,500,000							28,500,000
境内法人持有股份								
境外法人持有股份								
其他								
2.募集法人股份	9,750,000							9,750,000
3.内部职工股								
4.优先股或其他								
其中:								
转配股								
未上市流通股份合计	38,250,000							38,250,000
二、已上市流通股份								
1.人民币普通股	49,725,000	14,917,500					14,917,500	64,642,500
2.境内上市的外资股								
3.境外上市的外资股								
4.其他								
已上市流通股份合计	49,725,000	14,917,500					14,917,500	64,642,500
三、股份总数	87,975,000	14,917,500					14,917,500	102,892,500

600786 东方锅炉(集团)股份有限公司

2001 年年度报告摘选

第一节 公司基本情况简介

(一)公司名称及英文缩写:
公司法定中文名称:东方锅炉(集团)股份有限公司
公司英文名称:DongFang Boiler Croup Co.,Ltd.
公司英文名称缩写:DBC
(二)公司法定代表人:易兴旺
(三)董事会秘书:
姓名:贺建强
联系地址:四川省自贡市五星街黄桷坪路 150 号
电话:0813-4735000 4734600
传真:0813-2203200
电子信箱:dbcdm@zg-public.sc.cninfo.net
(四)公司注册地址及办公地址:
注册(办公)地址:四川省自贡市五星街黄桷坪路 150 号
邮政编码:643001
公司国际互联网址:http://www.dbc-cn.com
电子信箱:dbc@zg-public.sc.cninfo.net
(五)公司信息披露:
指定报刊:上海证券报
指定披露网址:http://www.sse.com.cn
年度报告备置地点:公司董事会秘书处
(六)公司股票上市交易所:上海证券交易所
股票简称:东方锅炉 股票代码:600786

第二节 会计数据和业务数据摘要

(一)本年度会计数据和业务数据摘要(单位:元)

项目	数额(元)
利润总额	-180,222,782.32
净利润	-180,596,361.74
扣除非经常性损益后的净利润	-213,415,682.57
主营业务利润	4,035,372.31
其他业务利润	3,743,610.37
营业利润	-212,231,019.65
投资收益	-831,083.50
补贴收入	8,894.54
营业外收支净额	32,830,426.29
经营活动产生的现金流量净额	113,967,532.97
现金及现金等价物净增加额	92,102,562.91

(二)公司前三年(含 2001 年)主要会计数据和财务指标

指标	2001 年	2000 年		1999 年	
		调整后	调整前	调整后	调整前
主营业务收入(元)	489,537,181.43	363,215,170.51	358,762,828.96	785,988,523.69	785,988,523.69
净利润(元)	-180,596,361.74	-124,105,830.58	-118,095,992.55	9,256,692.33	6,787,321.94
总资产(元)	1,300,816,719.13	1,226,713,871.49	1,255,809,834.65	1,378,662,356.47	1,418,247,990.22
股东权益(不含少数股东权益)(元)	150,960,596.26	329,935,184.24	375,530,656.02	453,649,020.08	493,234,653.83
每股收益(元/股)	-0.8548	-0.5874	-0.5590	0.0438	0.0321
每股净资产(元/股)	0.7145	1.5617	1.7775	2.1472	2.3346
调整后的每股净资产(元/股)	0.0567	1.1154	1.1467	1.5434	1.5434
每股经营活动产生的现金流量净额(元/股)	0.5394	0.1978	0.1978	0.0562	0.0562
净资产收益率(%)	-119.6315	-37.6152	-31.4478	2.0405	1.3761

(三)按照中国证监会《公开发行证券公司信息披露编报规则(第 9 号)》要求计算的《利润分配附表》如下:

报告期利润	净资产收益率(%)		每股收益(元/股)	
	全面摊薄	加权平均	全面摊薄	加权平均
主营业务利润	2.6731%	1.6840%	0.0191	0.0191
营业利润	-140.5870%	-88.5635%	-1.0045	-1.0045
净利润	-119.6315%	-75.3625%	-0.8548	-0.8548
扣除非经常损益后的净利润	-141.3718%	-89.0579%	-1.0102	-1.0102

第三节 股本变动及股东情况

(一)股东情况变动表(单位:股)

本次变动前	本次变动前	本次变动增减(+,-)						本次变动后
		配股	送股	公积金转股	增发	其它	小计	
一、未上市流通股份	157,271,181							157,271,181
1.发起人股份	157,271,181							157,271,181
其中:国家拥有股份								
境内法人持有股份	157,271,181							157,271,181
境外法人持有股份								
其他								
2.募集法人股份								
3.内部职工股								
4.优先股或其他								
未上市流通股份合计								
二、已上市流通股份								
1.人民币普通股	54,000,000							54,000,000
2.境内上市的外资股								
3.境外上市的外资股								
4.其他								
已上市流通股份合计	54,000,000							54,000,000
三、股份总数	211,271,181							211,271,181

600787 中储发展股份有限公司

2001 年年度报告摘选

一、公司简介

1、公司法定中文名称:中储发展股份有限公司
公司英文名称:Zhongchu development stock Co.,LTD.
公司英文名称缩写:ZDS
2、公司法定代表人:洪水坤
3、公司董事会秘书:薛斌
电话:(022)28010734
传真:(022)28010722
E-mail:zq@zcgf.com.cn
联系地址:公司证券部
4、公司注册地址:天津市北辰经济开发区开发大厦
公司办公地址:天津市河西区友谊路 19 号
邮政编码:300201
公司国际互联网网址:www.zcgf.com.cn
公司电子信箱:zjb@zcgf.com.cn
5、公司信息披露报纸名称:上海证券报
登载公司年度报告的中国证监会指定国际互联网网址:http://www.sse.com.cn
公司年度报告备置地点:公司证券部
6、公司股票上市交易所:上海证券交易所
公司股票简称:中储股份
公司股票代码:600787

二、会计数据和业务数据摘要

(一)本年度主要会计数据: (单位:人民币元)

项目	金额
1、利润总额	41,086,670.53
2、净利润	33,633,683.07
3、扣除非经常性损益后的净利润	18,285,312.50
4、主营业务利润	145,593,547.50
5、其他业务利润	3,089,912.84
6、营业利润	41,476,727.45
7、投资收益	-1,118,392.54
8、补贴收入	0
9、营业外收支净额	728,335.62
10、经营活动产生的现金流量净额	8,958,905.22
11、现金及现金等价物净增减额	-420,260.88

注:本年度公司扣除非经常性损益项目是收到天津乐康置业有限公司所欠本公司土地转让款 3425 万元,影响本年度公司净利润 1534.84 万元。

(二)近三年主要会计数据和财务指标:

序号	项目	2001 年度	2000 年度		1999 年度	
			调整前	调整后	调整前	调整后
1	主营业务收入(元)	699,630,285.37	443,898,119.60	443,898,119 60	580,916,414.03	580,916,414.03
2	净利润(元)	33,633,683.07	47,425,274.87	45,648,774 87	135,222,189.82	118,170,016.32
3	总资产(元)	1,167,769,057.22	942,550,498.10	923,721,824 60	572,652,249.21	555,600,075.71
4	股东权益(不含少数股东权益)(元)	743,629,897.57	752,058,951.19	733,230,277 69	441,789,679.53	424,737,506.03
5	①每股收益(元/股)	0.108	0.153	0.147	0.71	0.62
	②按加权计算的每股收益(元/股)	0.108	0.165	0.1575	0.71	0.62
	③扣除非经常性损益后的每股收益(元/股)	0.059	0.153	0.147	0.244	0.154
6	①每股净资产(元/股)	2.396	2.42	2.36	2.33	2.23
	②调整后的每股净资产(元/股)	2.345	2.39	2.33	2.27	2.18
7	每股经营活动产生的现金流量净额(元/股)	0.029	0.318	0.318	0.43	0.43
8	净资产收益率(%)	4.52	6.31	6.225	30.61	27.82
9	加权净资产收益率(%)	4.52	9.7	9.236	36.14	32.32
10	扣除非经常损益后的加权净资产收益率(%)	2.46	9.7	9.236	14.08	13.82

三、股本变动及股东情况

(一)股份变动情况

(单位:股)

	本次变动前	本期变动增减(+,-)					本次变动后
		配股	送股	公积金转股	其他	小计	
一、未上市流通股份	184,173,905						184,173,905
1、发起人股份							
其中:							
国家拥有股份	184,173,905						184,173,905
境内法人持有股份							
境外法人持有股份							
其他							
2、募集法人股份							
3、内部职工股							
4、优先股或其他							
其中:转配股							
未上市流通股份合计							
二、已上市流通股份							
1、人民币普通股	126,163,800						126,163,800
2、境内上市的外资股							
3、境外上市的外资股							
4、其他							
已上市流通股份合计	126,163,800						126,163,800
三、股份总数	310,337,705						310,337,705

600788 西安达尔曼实业股份有限公司

2001 年年度报告摘选

一、公司基本情况简介

1、公司法定中文名称:西安达尔曼实业股份有限公司
公司法定英文名称:XI' AN DIAMOND CO., LTD.
2、公司法定代表人:许宗林
3、公司董事会秘书:王全胜
董事会证券事务代表:杨宏伟
联系地址:西安市建工路 19 号
电　话:(029)2238824
传　真:(029)2244503
电子信箱:cdiamond@pub.xaonline.com
4、公司注册地址:西安市建工路
公司办公地址:西安市建工路 19 号
邮政编码:710043
公司国际互联网网址:www.cndiamond.com.
电子信箱:cdiamond@pub.xaonline.com
5、公司选定的信息披露报纸:《上海证券报》、《中国证券报》
登载公司年度报告的中国证监会指定的国际互联网网址:http://www.sse.com.cn
公司年度报告备置地点:公司证券部
6、股票上市交易所:上海证券交易所
股票简称:达尔曼
股票代码:600788

二、会计数据和业务数据摘要

一、本年度主要会计数据和业务数据

(单位:人民币元)

项目	数　据
利润总额	52,362,776.26
净利润	54,216,473.30
扣除非经常性损益后的净利润	43,664,433.14
主营业务利润	96,184,434.60
其他业务利润	22,099,434.94
营业利润	54,084,076.19
投资收益	－178,024.78
补贴收入	0.00
营业外收支净额	－1,543,275.15
经营活动产生的现金流量净额	－106,365,158.31
现金及现金等价物净增加额	458,237,966.42

注:"扣除非经常性损益后的净利润"中扣除的项目和涉及金额:

项　目	涉及金额(元)
营业外收支净额	－1,543,275.15
财政贴息	900,000.00
退还所得税进入当期损益	11,098,824.04

二、截止报告期末,公司前三年主要会计数据和财务指标

(单位:人民币元)

项目	2001 年	2000 年 调整后	2000 年 调整前	1999 年
主营业务收入	191,247,026.13	307,859,648.10	306,564,887.22	282,082,697.40
净利润	54,216,473.30	90,072,050.69	107,614,687.12	133,911,981.28
总资产	2,153,128,783.23	1,631,541,569.29	1,652,177,447.58	1,440,522,590.43
股东权益(不含少数股东权益)	1,339,110,483.60	998,126,122.22	1,047,054,080.07	937,023,999.55
每股收益				
－－－全面摊薄	0.19	0.348	0.416	0.517
－－－加权平均	0.19	0.348	0.416	0.517
－－－扣除非经常性损益	0.15	0.361	0.429	0.412
每股净资产	4.67	3.857	4.046	3.62
调整后的每股净资产	4.47	3.733	3.92	3.55
每股经营活动产生的现金流量净额	－0.37	0.23	0.23	0.56
全面摊薄净资产收益率	4.05%	9.02%	10.28%	14.29%
加权平均净资产收益率	4.40%	9.12%	11.01%	14.73%

三、股本变动及股东情况

一、股本变动情况
1、股份变动情况表:

单位:万股

	本次变动前	本次变动增减(+、-) 配股	送股	公积金转股	增发	其他	小计	本次变动后
(1)尚未流通股份								
①发起人股份								
其中:								
国家持有股份								
境内法人股份	10065	+300						10365
外资法人股份								
其他								
②募集法人股	7757.444	+70						7827.444
③内部职工股								
④优先股或其他								
尚未流通股份合计	17822.444	+370						18192.444
(2)已流通股份								
①人民币普通股	8055	+2416.5						10471.5
②境内上市外资股								
③境外上市外资股								
已流通股份合计	8055	+2416.5						10471.5
(3)股份总数	25877.444	+2786.5						28663.944

600789 山东鲁抗医药股份有限公司

2001 年年度报告摘选

一、公司简介

(一)公司法定中文名称:山东鲁抗医药股份有限公司
A 股简称:鲁抗医药　　　　A 股代码:600789
英文名称:SHANDONG LUKANG PHARMACEUTICAL CO., LTD.
名称缩写:LKPC
(二)公司法定代表人:章建辉先生
(三)公司董事会秘书:田立新先生
联系电话:0537－2271423　　　　电子信箱:tlxl@zdl.net
证券事务代表:王德泉先生
联系电话:0537－2213961 转 3142　　电子信箱:wdq801@sina.com
联系地址:山东省济宁市太白楼西路 173 号鲁抗证券部
联系传真:0537－2278572
(四)公司注册地址:山东省济宁市太白楼西路 173 号
公司办公地址:山东省济宁市太白楼西路 173 号
公司邮政编码:272021
公司网址:HTTP://WWW.chinalukang.com
公司电子信箱:zqwlk@public.jiptt.sd.cn
(五)定期报告刊登报刊:《中国证券报》、《上海证券报》
信息披露媒体:网站:HTTP://WWW.sse.com.cn
公司年报备置地点:公司证券部办公室
(六)公司股票上市地:上海证券交易所

二、会计数据和业务数据摘要

1、公司本年度会计数据

单位:人民币元

项目	金额
利润总额	81,994,231.14
净利润	70,460,242.86
扣除非经常性损益后的净利润	56,967,040.83
主营业务利润	181,262,579.90
其它业务利润	3,068,616.78
营业利润	77,412,037.19
投资收益	5,100,975.92
补贴收入	－－
营业外收支净额	－518,781.97
经营活动产生的现金流量净额	270,430,098.30
现金及现金等价物净增加额	－30,316,420.07

2、公司前三年财务指标

单位:人民币元

指标项目	2001 年度	2000 年度 调整后	2000 年度 调整前	1999 年度
主营业务收入	771,137,423.89	701,322,197.30	701,322,197.30	592,742,084.23
净利润	70,460,242.86	56,809,169.18	59,755,484.84	46,269,194.57
总资产	2,405,011,588.93	2,259,906,130.47	2,269,924,797.20	1,791,820,551.38
股东权益	1,161,735,481.31	1,120,455,575.25	1,130,474,241.98	1,099,899,093.94
每股收益(摊薄)	0.19	0.16	0.16	0.13
每股净资产	3.18	3.07	3.10	3.02
调整后的每股净资产	3.17	3.02	3.05	2.92
每股经营活动产生的现金流量净额	0.74	0.061	0.061	0.096
净资产收益率(%)	6.07	5.07	5.29	4.21

三、股本变动及股东情况介绍

(一)股本变动情况 (单位:股)

股份类别	本次变动前	本次变动增减(+,-) 配股	送股	公积金转增	增发	其它	小计	本次变动后
未上市流通股份								
1、发起人股份								
其中:国有股份	142,997,400							142,997,400
境内法人持有股份								
外资法人持有股份	63,658,870							63,658,870
其他								
2、募集法人股份								
3、内部职工股								
4、优先股及其他								
其中:转配股								
未上市流通股份合计	206,656,270							206,656,270
已上市流通股份								
1、人民币普通股	158,097,940							158,097,940
2、境内上市的外资股								
3、境外上市的外资股								
4、其它								
已上市流通股份合计	158,097,940							158,097,940
股份总数	364,754,210							364,754,210

(二)股东情况介绍

1、截止 2001 年 12 月 31 日,公司股东总数共为 98743 户。

2、截止 2001 年 12 月 31 日,公司前十名股东持股情况如下:

序号	股东名称	年末持股数量(股)	持股比例(%)	股份类别
1	山东鲁抗医药集团有限公司	142997400	39.200	国家股
2	中国置业(控股)有限公司	63658870	17.450	境外法人股
3	国投兴业	1331840	0.365	已上市流通股份
4	景博基金	1170858	0.321	已上市流通股份
5	河北农行	600000	0.164	已上市流通股份
6	铭中科贸	380000	0.104	已上市流通股份
7	王莹	284350	0.078	已上市流通股份
8	张林峰	283497	0.078	已上市流通股份
9	张永瑾	239709	0.066	已上市流通股份
10	兴和基金	206494	0.057	已上市流通股份

600790 浙江中国轻纺城集团股份有限公司

2001 年年度报告摘选

一、公司基本情况简介

1、公司法定中文名称:浙江中国轻纺城集团股份有限公司
公司法定英文名称:ZheJiang China Light & Textile Industrial City Group Co.,Ltd
公司英文名称缩写:L&T City
2、公司法定代表人:谢方员
3、公司董事会秘书:俞吉伟
联系地址:浙江省绍兴县柯桥镇鉴湖路1号中轻大厦
联系电话:0575-4116158　　传真:0575-4116045
电子信箱:qfcjt@mail.sxptt.zj.cn
4、公司注册地址:浙江省绍兴县柯桥轻纺大厦
公司办公地址:浙江省绍兴县柯桥镇鉴湖路1号中轻大厦　　邮政编码:312030
公司国际互联网网址:http://www.zjctc.com.cn
5、公司选定的信息披露报纸:《上海证券报》、《中国证券报》
登载公司年度报告的国际互联网网址:http://www.sse.com.cn
公司年度报告备置地点:公司董事会秘书室
6、公司股票上市交易所:上海证券交易所
股票简称:轻纺城　　股票代码:600790

二、会计数据和业务数据摘要

1、本年度主要利润指标(单位:人民币元)

项目	金　额
利润总额	-29,383,490.10
净利润	-46,764,119.32
扣除非经常性损益后的净利润	-58,595,511.75
主营业务利润	199,196,992.85
其他业务利润	13,625,482.70
营业利润	40,103,516.94
投资收益	-72,814,451.31
补贴收入	2,626,000.00
营业外收支净额	701,444.27
经营活动产生的现金流量净额	203,107,982.18
现金及现金等价物净增加额	-368,390,998.75

2、截止报告期末公司前三年的主要会计数据及财务指标:(单位:人民币元)

项目	2001 年度	2000 年度		1999 年度
		调整前	调整后	
主营业务收入	1,040,709,717.56	984,676,067.96	984,676,067.96	787,956,607.95
净利润	-46,764,119.32	86,953,850.34	79,957,313.27	79,511,194.42
总资产	2,708,568,208.73	2,678,111,395.04	2,646,020,513.52	1,903,082,155.89
股东权益(不含少数股东权益)	962,347,369.92	1,042,009,133.37	1,013,131,260.66	571,562,590.25
每股收益(摊薄)	-0.126	0.374	0.344	0.406
每股收益(加权)	-0.144	0.444	0.408	0.406
扣除非经常性损益后的每股收益	-0.158	0.346	0.316	0.398
每股净资产(摊薄)	2.59	4.48	4.36	2.92
调整后每股净资产	2.49	4.22	4.10	2.78
每股经营活动产生的现金流量净额	0.546	0.282	0.282	0.763
净资产收益率(%)	-4.86	8.34	7.89	13.91
加权平均净资产收益率(%)	-4.74	14.14	12.84	14.32
扣除非经常性损益后的加权平均净资产收益率(%)	-5.94	13.07	11.79	14.04

3、净资产收益率和每股净资产

2001 年利润	净资产收益率(%)		每股收益(元)	
	全面摊薄	加权平均	全面摊薄	加权平均
主营业务利润	20.70	20.19	0.536	0.612
营业利润	4.17	4.06	0.108	0.123
净利润	-4.86	-4.74	-0.126	-0.144
扣除非经常性损益后的净利润	-6.09	-5.94	-0.158	-0.180

三、股本变动及股东情况

(一)股份变动情况表　　数量单位:股

	本次变动前	本次变动增减(+,-)				本次变动后
		配股	送股(10:2)	公积金转增股本(10:4)	小计	
一、未上市流通股份						
1、发起人股	35317081		+7063416	+14126832	+21190248	56507329
其中:						
国家持有股份						
境内法人持有股份	35317081		+7063416	+14126832	+21190248	56507329
境外法人持有股份						
其他						
2、募集法人股份	39450048		+7890010	+15780019	+23670029	63120077
3、内部职工股						
4、优先股或其他						
其中:转配股						
未上市流通股份合计	74767129		+14953426	+29906851	+44860277	119627406
二、已上市流通股份						
1、人民币普通股	157645800		+31529160	+63058320	+94587480	252233280
2、境内上市的外资股						
3、境外上市的外资股						
4、其他						
已上市流通股份合计	157645800		+31529160	+63058320	+94587480	252233280
三、股份总数	232412929		+46482586	+92965171	139447757	371860686

600791 天创置业股份有限公司

2001 年年度报告摘选

一、公司简介

1、公司法定中、英文名称及缩写
法定中文名称:天创置业股份有限公司
法定英文名称:TIANCHUANG PROPERTY CO.,LTD.
英文缩写:TCHP
2、公司法定代表人:王少武
3、公司董事会秘书:江帆
联系地址:北京市西城区复兴门南大街甲2号天银大厦A西八层
贵州省贵阳市省府路8号贵阳市外贸粮油大厦16楼
电话:010—66413762　　0851-5804482
传真:010—66413760　　0851-5804482
电子信箱:ghlydm@163.net
4、公司注册地址:贵州省贵阳市中华中路137号
公司办公地址:北京市西城区复兴门南大街甲2号天银大厦A西八层
邮政编码:100031
公司电子信箱:hualian@public1 gy.gz.cn
5、公司指定信息披露报刊:中国证券报、上海证券报
中国证监会指定登载公司年度报告的国际互联网网址:
http://www.sse.com.cn
公司年度报告备置地点:公司董事会办公室
6、公司股票上市交易所:上海证券交易所
公司股票简称:天创置业
公司股票代码:600791

二、会计数据和业务数据摘要

1、本年度公司实现利润情况:　　单位:人民币元

项目	
利润总额	16,674,990.84
净利润	8,681,270.71
扣除非经常性损益后的净利润	3,379,169.48
主营业务利润	44,086,329.31
其他业务利润	813,321.04
营业利润	13,938,177.11
投资收益	-1,983,660.98
补贴收入	——
营业外收支净额	4,720,474.71
经营活动产生的现金流量净额	23,524,176.97
现金及现金等价物净增加额	5,252,141.47

2、截止本年度末公司前三年的主要会计数据和财务指标:

项目	2001 年	2000 年		1999 年	
		调整后	调整前	调整后	调整前
主营业务收入(万元)	30,540.94	5,796.79	11,871.00	19,794.34	19,794.34
净利润(万元)	868.13	-4,594.80	-4,688.30	1,564.59	1,721.89
总资产(万元)	58,281.12	23,923.32	25,240.00	31,563.78	31,682.73
股东权益(万元)	12,180.78	11,312.65	11,219.20	15,907.45	16,165.14
每股收益(元)	0.088	-0.46	-0.47	0.158	0.174
每股净资产(元)	1.23	1.14	1.13	1.61	1.63
调整后的每股净资产(元)	1.22	0.99	0.92	1.49	1.51
每股经营活动产生的现金流量净额	0.23	-0.09	-0.09	-0.33	-0.33
净资产收益率(%)	7.13	-40.62	-41.79	9.84	10.65

3、本报告期利润附表:

报告期利润	净资产收益率(%)		每股收益(元)	
	全面摊薄	加权平均	全面摊薄	加权平均
主营业务利润	36.19	37.53	0.45	0.45
营业利润	11.44	11.87	0.14	0.14
净利润	7.13	7.39	0.088	0.088
扣除非经常性损益后的净利润	2.77	2.88	0.034	0.034

三、股本变动及股东情况

1、股份变动情况表

数量单位:股

	本次变动前	本次变动增减(+、-)						本次变动后
		配股	送股	公积金转股	增发	其他	小计	
一、未上市流通股份								
1、发起人股份	26,683,908							26,683,908
其中:								
国家持有股份	16,033,908							16,033,908
境内法人持有股份	10,650,000							10,650,000
境外法人持有股份								
其他								
2、募集法人股份	39,316,092							39,316,092
3、内部职工股								
4、优先股或其他								
未上市流通股份合计	66,000,000							66,000,000
二、已上市流通股份								
1、人民币普通股	33,000,000							33,000,000
2、境内上市的外资股								
3、境外上市的外资股								
4、其他								
已上市流通股份合计	33,000,000							33,000,000
三、股份总数	99,000,000							99,000,000

600792 云南马龙化建股份有限公司

2001 年年度报告摘要

一、公司基本情况简介

1、公司法定中文名称及中英文简称
公司法定中文名称:云南马龙化建股份有限公司
公司中文简称:云南马龙
公司英文简称:YUNNAN MALONG CHEMICALS & CONSTRUCTION CO.,LTD
公司英文名称缩写:MLCC
2、公司法定代表人:夏蜀先生
3、公司董事会秘书:鲜思林先生
联系地址:云南省曲靖市马龙县王家庄镇
联系电话:0874—8010050,0871－3013309
联系传真:0874—8010036,0871－3013309
电子信箱:Xiansiling@163.com
4、公司注册地址:云南省曲靖市马龙县王家庄镇
公司办公地址:云南省曲靖市马龙县王家庄镇　　邮政编码:655102
5、公司选定的信息披露报纸名称:《上海证券报》
登载公司年度报告的中国证监会指定国际互联网网址:http://www.sse.com.cn
公司年度报告备置地点:董事会秘书处
6、公司股票上市交易所:上海证券交易所
股票简称:云南马龙　　股票代码:600792

二、会计数据和业务数据摘要

(一)本年度公司各项会计数据(单位:人民币元)

项目	金　额
利润总额	－25,752,813.60
净利润:	－25,752,813.60
扣除非经常性损益后的净利润:	－17,017,077.09
主营业务利润:	8,983,359.81
其它业务利润:	－31,937.24
营业利润:	－25,124,859.72
投资收益	99,722.12
补贴收入:	0
营业外收支净额:	－727,676.00
经营活动产生的现金流量净额:	12,179,632.87
现金及现金等价物净增加额:	62,834,325.03
注:扣除的非经常性损益项目及涉及金额	
1、投资收益:	99,722.12
2、营业外收支净额	－727,676.00
合计	－627,953.88

(二)公司近三年的主要会计数据和财务指标(单位:人民币元)

项目	2001 年 12 月 31 日	2000 年 12 月 31 日		1999 年 12 月 31 日
		调整后	调整前	
总资产	154,594,876.93	159,595,878.36	160,743,324.23	192,191,387.55
股东权益(不含少数股东权益)	70,730,603.45	96,164,457.05	97,311,902.92	112,641,633.15
每股净资产	1.39	1.88	1.91	2.21
调整后的每股净资产	1.38	1.79	1.81	2.09

项目	2001 年	2000 年	1999 年
主营业务收入	80,638,328.05	59,566,561.68	56,501,457.78
净利润(元)	－25,752,813.60	－13,786,748.82	7,465,083.85
每股收益(全面摊薄)	－0.50	－0.27	0.146
每股收益(加权平均)	－0.50	－0.27	0.146
每股经营活动产生的现金流量净额	0.24	－0.94	0.22
净资产收益率(全面摊薄%)	－36.36	－14.17	6.63
净资产收益率(加权平均%)	－30.88	－13.23	6.77
扣除非经常性损益后的每股收益(全面摊薄)	－0.33	－0.27	－0.06
扣除非经常性损益后的每股收益(加权平均)	－0.33	－0.27	－0.06

注:执行《企业会计制度》对 2000 年报表进行追溯调整。

(三)根据中国证监会《信息披露编报规则》第 9 号规定,公司加权每股收益及净资产收益率利润表附表:

报告期利润项目	净资产收益率(%)		每股收益(元)	
	全面摊薄	加权平均	全面摊薄	加权平均
主营业务利润	12.70	10.79	0.18	0.18
营业利润	－35.52	－30.17	－0.49	－0.49
净利润	－36.41	－30.92	－0.50	－0.50
扣除非经常性损益后的净利润	－24.06	－20.43	－0.33	－0.33

三、股本变动及股东情况

1、股份变动情况表　　单位:股

股份类别	期初数	本次变动增减	期末数
一、尚未流通股份			
1.发起人股份			
其中:			
国家拥有股份	36,000,000		36,000,000
境内法人持有股份			
外资法人持有股份			
其他			
2.募集法人股份			
3.内部职工股			
4.优先股或其他			
未上市流通股份合计	36,000,000		36,000,000
二、已上市流通股份:			
1.境内上市的人民币普通股	15,000,000		15,000,000
2.境内上市的外资股			
3.境外上市的外资股			
4.其他			
已流通股份合计	15,000,000		15,000,000
三、股份总额	51,000,000		51,000,000

600794 云南新概念保税科技股份有限公司

2001 年年度报告摘要

第一章　公司基本情况简介

公司名称:
法定中文名称:云南新概念保税科技股份有限公司
法定英文名称:YUNNAN FREETRADE SCIENCE AND TECHNOLOGY CO.LTD.
英文名称缩写:YNFT
公司法定代表人:叶效良　　公司董事会秘书:肖功伟
联系电话:0871－3186316　　传真:0871－3186312
电子信箱:dlxgw@163.net
联系地址:云南省昆明市春城路 62 号证券大厦 15 楼 A1506
董事会证券事务代表:刘露
联系电话:0872－2224214　　传真:0872－2224214
电子信箱:lliu－xgll@163.com
公司注册地址:云南省昆明市春城路 62 号证券(基)大厦四楼
公司办公地址:云南省昆明市春城路 62 号证券大厦 15 楼
邮政编码:650011
公司电子信箱:ynft@ynmail.com
公司信息披露报刊:上海证券报
刊登公司年度报告的国际互联网网址:http://www.sse.com.cn
公司年度报告备置地点:公司董事会秘书办公室
公司股票上市地:上海证券交易所
股票简称:保税科技　　股票代码:600794

第二章　会计数据和业务数据摘要

一、本年度主要会计数据和业务数据(合并报表)　　单位:人民币元

项目	金额
利润总额	33918757.63
净利润	14753511.06
扣除非经常性损益后的净利润	13972647.03
主营业务利润	48486242.21
其他业务利润	150188.46
营业利润	32503152.52
投资收益	1565392.60
营业外收支净额	－149787.49
经营活动产生的现金流量净额	72821181.43
现金及现金等价物净增加额	152243440.35

二、公司近三年主要会计数据和财务指标

单位:人民币元

项目	2001 年	2000 年		1999 年	
		调整前	调整后	调整前	调整后
主营业务收入	135107986.07	161881822.14	161881822.14	130732482.30	130732482.30
净利润	14753511.06	20670053.94	16932467.04	19109448.88	12686030.54
总资产	575861997.53	373665294.67	330748174.71	372814916.78	333635383.72
股东权益(不含少数股东权益)	316058746.99	190344485.97	147427366.01	169638886.03	130459352.97
每股收益(摊薄)	0.124	0.192	0.157	0.177	0.118
(加权)	0.127	0.192	0.157	0.258	0.171
扣除非经常性损益后的每股收益(摊薄)	0.105	0.177	0.143	0.177	0.118
(加权)	0.108	0.177	0.143	0.258	0.171
每股净资产	2.65	1.77	1.36	1.59	1.21
调整后每股净资产	2.58	1.69	1.29	1.56	1.20
每股经营活动产生的现金流量净额	0.61	0.022	0.022	0.40	0.40
净资产收益率(%)	4.67	10.86	11.48	11.17	9.72
加权平均净资产收益率(%)	5.46	10.86	11.48	11.35	9.25

三、报告期利润表附表

	报告期每股收益(元)		净资产收益率%	
	全面摊薄	加权平均	全面摊薄	加权平均
主营业务利润	0.407	0.417	15.34	17.95
营业利润	0.273	0.279	10.28	12.04
净利润	0.124	0.127	4.67	5.46
扣除非经常性损益后的净利润	0.105	0.108	3.97	4.64

第三章　股本变动和股东情况

一、股本变动情况
(一)股份变动情况

单位:股

	年初数	增减变动 配股	送股	公积金转股	其他	小计	年末数
一、尚未流通股份							
1、发起人股份	53,760,000						53,760,000
其中:							
国家拥有股份	16,420,000						16,420,000
境内法人持有股份	37,340,000						37,340,000
外资法人持有股份							
其他							
2、募集法人股	15,360,000						15,360,000
3、内部职工股							
4、优先股或其他							
未上市流通股份合计	69,120,000						69,120,000
二、已上市流通股份							
1、人民币普通股	38,553,600	11,566,080				11,566,080	50,119,080
2、境内上市的外资股							
3、境外上市的外资股							
4、其他							
已上市流通股份合计	38,553,600	11,566,080				11,566,080	50,119,680
三、股份总数	107,673,600	11,566,080				11,566,080	119,239,680

600795 国电电力发展股份有限公司

2001年年度报告摘要

一、公司基本情况简介

(一)公司法定中、英文名称及缩写
公司法定中文名称:国电电力发展股份有限公司
公司中文名称缩写:国电电力
公司英文名称:SP POWER DEVELOPMENT CO.,LTD
公司英文名称缩写:SPPD
(二)公司法定代表人:赵希正
(三)公司董事会秘书:陈景东
证券事务代表:刘曙光
联系地址:北京市宣武区南滨河路1号高新大厦
电话:010-63318866
传真:010-63428555
电子信箱:600795@sina.com
(四)公司注册地址:大连经济技术开发区黄海西路4号
公司办公地址:北京市宣武区南滨河路1号高新大厦九层
邮政编码:100055
公司国际互联网网址:http://www.600795.com.cn
公司电子信箱:gddl@600795.com.cn
(五)公司选定的信息披露报纸名称:中国证券报、上海证券报
登载公司年度报告的中国证监会指定国际互联网网址:http://www.sse.com.cn
公司年度报告备置地点:北京市宣武区南滨河路1号高新大厦九层
(六)公司股票上市交易所:上海证券交易所
股票简称:国电电力
股票代码:600795

二、会计数据和业务数据摘要

(一)本年度主要利润指标

利润总额	756,370,998.18元
净利润	552,344,646.47元
扣除非经常性损益后的净利润*	532,065,695.42元
主营业务利润	888,038,726.43元
其他业务利润	9,254,508.76元
营业利润	710,019,391.46元
投资收益	8,598,392.25元
补贴收入	20,636,550.92元
营业外收支净额	17,116,663.55元
经营活动产生的现金流量净额	1,043,607,989.94元
现金及现金等价物净增加额	560,018,632.88元

注:扣除非经常性损益项目和涉及金额:
1、营业外收入29,403,028.09元
2、营业外支出12,286,364.54元
3、燃料补贴款20,636,550.92元
4、支付的资金占用费13,895,625元

(二)公司近三年主要会计数据及财务指标

项 目	单位	2001年度	2000年度	1999年度
主营业务收入	元	2,934,008,688.41	1,407,253,837.65	685,114,934.17
净利润	元	552,344,646.47	281,844,969.61	220,246,608.89
总资产	元	8,882,586,043.62	8,513,498,560.86	813,950,522.98
股东权益(不含少数股东权益)	元	4,279,066,134.09	4,077,316,815.33	584,801,688.16
全面摊薄每股收益	元/股	0.670	0.615	0.865
加权平均每股收益	元/股	0.670	1.038	0.865
扣除非经常性损益后的每股收益	元/股	0.645	0.608	0.865
每股净资产	元/股	5.188	8.897	2.297
调整后的每股净资产	元/股	5.163	8.872	2.285
每股经营活动产生的现金流量净额	元/股	1.265	0.768	0.935
全面摊薄净资产收益率	%	12.908	6.913	37.660
加权平均净资产收益率	%	12.908	29.430	48.940
扣除非经常性损益后的加权平均资产收益率	%	12.970	6.918	37.744

注:上表利润数据按中国证监会《公开发行证券公司信息披露编报规则(第9号)》要求计算。

三、股本变动及股东情况

(一)公司股份变动情况表

数量单位:股

	本次变动前	本次变动增减(+,-) 配股	送股	公积金转股	增发	其他	小计	本次变动后
一、未上市流通股份								
发起人股份	343,249,920			274,599,936			274,599,936	617,849,856
其中:国有法人股份	343,249,920			274,599,936			274,599,936	617,849,856
未上市流通股份合计	343,249,920			274,599,936			274,599,936	617,849,856
二、已上市流通股份								
人民币普通股	115,015,680			92,012,544			92,012,544	207,028,224
已上市流通股份合计	115,015,680			92,012,544			92,012,544	207,028,224
三、股份总数	458,265,600			366,612,480			366,612,480	824,878,080

(二)股东情况
1、报告期末股东总数:34359户
2、主要股东持股情况
2001年12月31日在册,拥有公司股份前十名股东情况

名次	股东名称	本期末持股数(股)	本期持股变动增减情况(+-)	持股占总股份比例(%)	持有股份的质押或冻结情况	股份性质
1	国家电力公司	280,458,612	124,648,272	34.00	无	国有法人股
2	辽宁省电力有限公司	255,728,340	113,657,040	31.00	无	国有法人股
3	龙源电力集团公司	81,662,904	36,294,624	9.90	无	国有法人股
4	景福基金	17,895,476	8,367,854	2.17	不详	流通股
5	资产管理	8,095,247	不详	0.98	不详	流通股
6	恒信咨询	7,816,104	3,403,724	0.95	不详	流通股
7	中电信托	7,295,143	3,140,166	0.88	不详	流通股
8	景阳基金	4,800,000	-317,199	0.58	不详	流通股
9	景博基金	4,403,427	-22,630	0.53	不详	流通股
10	德润国投	1,920,251	不详	0.23	不详	流通股

以上十名股东中,存在关联关系的是国有法人股股东国家电力公司和辽宁省电力有限公司、龙源电力集团公司,国家电力公司是辽宁省电力有限公司和龙源电力集团公司的母公司。景福基金、景阳基金、景博基金的基金管理人均为大成基金管理有限公司。中电信托是中国电力财务有限公司的前身,中国电力财务有限公司的第一大股东是公司控股股东国家电力公司。

3、公司控股股东情况

公司控股股东为国家电力公司,持有公司34%股份,成立于1997年,是国务院出资设立的国有独资公司,法定代表人高严,注册资本人民币1600亿元。主要经营范围为:国有资产经营;电力项目投资;电力工程设计、施工;电力、热力生产和电网经营。

四、董事、监事、高级管理人员情况

(一)基本情况

姓 名	性别	年龄	职 务	任 期	年初持股数(股)	本年度增减额(股)	年末持股数(股)
赵希正	男	59	董事长	2001.6-2003.1	0	0	0
高 严	男	59	名誉董事长、董事	2000.1-2003.1	0	0	0
朱永芃	男	51	副董事长、总经理	2000.7-2003.1	0	0	0
钟 俊	男	48	副董事长	2001.6-2003.1	0	0	0
陈月明	女	44	董事	2000.1-2003.1	0	0	0
程念高	男	46	董事	2001.12-2003.1			8660
陆启洲	男	51	董事	2001.12-2003.1	0	0	0
章钢柱	男	39	董事	2000.1-2003.1	26957	21566	48523
谢长军	男	45	董事	2001.6-2003.1	0	0	0
耿占东	男	48	董事	2000.1-2003.1	17971	14377	32348
谢松林	男	59	监事会主席	2000.1-2003.1	0	0	0
魏振有	男	55	监事	2001.6-2003.1	0	0	0
梁世斋	男	45	监事	2001.5-2003.1	0	0	0
王风华	男	49	副总经理		0	0	0
刘润来	男	56	副总经理		0	0	0
陈景东	男	38	副总经理、董事会秘书	2000.7-2003.1	0	0	0
王 萍	女	46	总会计师		1000	800	1800

注:以上持股变动系由2001年3月16日实施2000年度资本公积金转增股本方案所致。董事、监事、高级管理人员所持股份均已锁定。

在股东单位任职董事、监事情况:

姓 名	任职单位	职 务
高 严	国家电力公司	总经理
赵希正	国家电力公司	副总经理
谢松林	国家电力公司	副总经理
陈月明	国家电力公司	总会计师兼财务与产权管理部主任
程念高	国家电力公司	计划与投融资部主任
陆启洲	国家电力公司	发输电运营部三任
钟 俊	辽宁省电力有限公司	总经理
谢长军	龙源电力集团公司	总经理
耿占东	辽宁省电力有限公司	总会计师
魏振有	辽宁省电力有限公司	纪律检查组组长、监察专员

(二)年度报酬情况

报酬支付原则:目前,公司尚未实行高级管理人员年薪制,高级管理人员的工资、福利待遇参照电力行业工资管理办法制定并执行。

不在公司领取报酬的董事、监事的报酬由派出的股东方支付,公司不单独(额外)为其提供工资、津贴、福利。不在公司领取报酬的董事、监事共11人:高严、赵希正、谢松林、钟俊、陈月明、程念高、陆启洲、章钢柱、谢长军、耿占东、魏振有。

在公司领取报酬的董事、监事包括:朱永芃副董事长、梁世斋监事,公司根据其担任的公司职务(朱永芃担任公司总经理、梁世斋担任公司审计部经理),按公司工资制度获得劳动报酬、享受相应员工福利,此外公司不再额外提供其他报酬和福利待遇。

报告期内公司尚未聘请独立董事。

现任董事、监事、高级管理人员在公司领取年度报酬总额为53万元,共有一名董事和一名监事在公司领取报酬,报酬总额为21万元,在公司领取报酬的金额最高的前三名高级管理人员,报

酬总额为33万元。

公司现任董事、监事、高级管理人员共17人，在公司领取报酬的6人，其中年度报酬数额在10万元以上的2人，年度报酬数额在8－10万元之间的2人，年度报酬数额在8万元以下的2人。

(三)在报告期内离任的董事、监事、高级管理人员

由于工作变动原因，赵建国先生、张贺先生、王禹民先生、王炳华先生、孟振平先生辞去公司董事职务，钟俊先生、张秀华女士辞去公司监事职务，张国厚先生辞去公司总会计师职务，章钢柱先生辞去公司常务副总经理职务。

报告期内董事会聘任王风华先生、刘润来先生、陈景东先生为公司副总经理，聘任王萍女士为公司总会计师。

详见股东大会情况、董事会日常工作情况和监事会工作情况。

五、公司治理结构

上市以来，公司严格按照《公司法》、《证券法》、中国证监会有关规定和《上海证券交易所股票上市规则》的要求，不断完善公司法人治理结构建设、规范运作，加强信息披露工作，公司正按照中国证监会和国家经贸委于2002年1月7日发布的《上市公司治理准则》规范性文件的要求，研究修改公司章程，并制定股东大会、董事会等议事规则。公司目前治理结构如下：

(一)关于股东与股东大会：公司能够确保所有股东，特别是中小股东与大股东享有平等地位和充分行使自己的权力，建立了公司网站和论坛，保持与股东有效的沟通渠道；认真接待股东来访和来电咨询，使股东了解公司的运作情况；公司建立了股东大会的议事规则，严格按照中国证监会公布的《股东大会规范意见》的要求召集、召开股东大会，在会场的选择上尽可能地让更多的股东能够参加股东大会，行使股东的表决权，并有律师出席见证；公司关联交易公平合理，对关联交易定价依据予以充分披露，关联股东在表决时放弃表决权。

(二)关于控股股东与上市公司的关系：控股股东通过股东大会依法行使出资人权利，从未干涉公司决策和生产经营活动；公司与控股股东在人员、资产、财务、机构和业务方面做到相互独立，公司董事会、监事会和内部机构能够独立运作。

(三)关于董事与董事会：公司严格按照《公司章程》规定的董事选聘程序选聘董事；公司董事会的人数和人员构成符合法律、法规和《公司章程》的要求；公司董事能够以认真负责、勤勉诚信的态度出席董事会和股东大会，熟悉有关法律法规，了解作为董事的权利、义务和责任；公司正在积极物色独立董事人选，将按照有关规定修改公司章程，建立独立董事制度和董事会专门委员会，进一步完善董事的选聘程序，积极推行累积投票制度。

(四)关于监事和监事会：公司监事会的人数和人员构成符合法律、法规和《公司章程》的要求；公司监事会建立了监事会议事规则；公司监事能够认真履行自己的职责，能够本着对股东负责的精神，对公司财务以及公司董事、公司经理和其他高级管理人员履行职责的合法合规性进行监督。

(五)关于绩效评价与激励约束机制：公司正积极着手建立公正、透明的董事、监事和经理人员的绩效评价标准与激励约束机制；经理人员的聘任公开、透明，符合法律法规的规定。

(六)关于相关利益者：公司能够充分尊重和维护银行、法人等债权人、员工、客户、消费者、社区等其他利益相关者的合法权益，共同推动公司持续、健康发展。

(七)关于信息披露与透明度：公司指定董事会秘书负责信息披露工作、接待股东来访和咨询，加强与股东交流；公司能够严格按照法律、法规和公司章程的规定，真实、准确、完整、及时地披露有关信息，并确保所有股东有平等的机会获得信息；公司能够按照有关规定，及时披露大股东或公司实际控制人的详细资料和股份的变化情况。

六、股东大会情况简介

报告期内公司共召开一次年度股东大会和两次临时股东大会。

(一)2000年度股东大会情况

2001年1月20日公司在《中国证券报》和《上海证券报》上公告了召开2000年度股东大会的通知，公布了会议召开时间、地点、会议议程等事项。

2000年度股东大会于2001年3月8日上午在北京深圳大厦三层大鹏厅召开。出席会议股东及股东代表共22名，代表股份346,025,161股，占公司总股本的75.51%，符合《公司法》和本公司章程的规定。经大会审议，表决通过了以下决议：

1、董事会2000年度工作报告

2、公司2000年度财务决算及2001年度财务预算的议案

3、关于2000年度利润分配的议案

4、公司2000年度资本公积金转增股本的议案

5、监事会2000年度工作报告

6、关于更换部分董事的议案

由于工作变动原因，赵建国先生和张贺先生辞去公司董事职务，董事会推荐孟振平先生担任公司董事

7、关于核销住房周转金差额的议案

上述股东大会决议公告刊登在2001年3月9日《中国证券报》和《上海证券报》上。

(二)2001年第一次临时股东大会情况

2001年5月16日公司在《中国证券报》和《上海证券报》上公告了召开2001年第一次临时股东大会的通知，公布了会议召开时间、地点、会议议程等事项。

公司2001年第一次临时股东大会于2001年6月20日上午在北京高新大厦九层公司本部会议室召开。出席会议股东及股东代表共6名，代表股份617,859,116股，占公司总股本的74.903%，符合《公司法》和本公司章程的规定。经大会审议，表决通过了以下决议：

1、关于修改公司《章程》的议案

2、关于更换部分董事的议案

由于工作变动原因，王禹民先生提出辞去公司董事职务，公司股东单位推荐赵希正先生、钟俊先生和谢长军先生担任公司董事。

3、关于更换部分监事的议案

由于工作变动原因，钟俊先生提出辞去公司监事职务，公司股东单位推荐魏振有先生担任公司监事。

上述股东大会决议公告刊登在2001年6月21日《中国证券报》和《上海证券报》上。

(三)2001年第二次临时股东大会情况

2001年11月23日公司在《中国证券报》和《上海证券报》上公告了召开2001年第二次临时股东大会的通知，公布了会议召开时间、地点、会议议程等事项。

公司2001年第二次临时股东大会于2001年12月24日上午在北京苏源锦江大厦三层会议室召开，出席会议股东及股东代表共12名，代表股份646,865,603股，占公司总股本的78.42%，符合《公司法》和本公司章程的规定。经大会审议，表决通过了以下决议：

1、关于受让云南宣威发电有限责任公司部分出资权的议案

2、关于投资贵州黔北电厂建设工程的议案

3、关于更换部分董事的议案

由于工作变动原因，王炳华先生和孟振平先生提出辞去公司董事职务。公司股东单位推荐程念高先生和陆启洲先生担任公司董事。

上述股东大会决议公告刊登在2001年12月25日《中国证券报》和《上海证券报》上。

七、董事会报告

(一)公司经营情况

1、公司主营业务范围及其经营状况

公司的主营业务为电力、热力生产、销售，电网经营；新能源项目、高新技术、环保产业的开发及应用；信息咨询。报告期内，公司通过加强管理，挖掘潜力，降低成本，压缩费用；改革用人制度、分配制度，以减人增效、目标考核责任制为突破口，加强内部制度建设；建立了以预算管理和资金管理为中心的财务管理体制；完善了对电厂直接经营管理体系，加强安全生产；对高科技公司开始进行股权多元化和以上市为目的的改组改制，生产经营和资本经营并重，使公司的综合实力迈上一个新台阶。

报告期内公司的主营业务为电力、热力产品的生产与销售，主营业务收入为293,400.87万元，比去年同期增长108.50%，净利润为55,234.46万元，比去年同期增长95.98%。

2、主要供应商和客户情况

本公司主营业务为电力、热力生产和销售，主营业务收入主要来自电力生产和销售。2001年度，公司本年度电力产品销售获得销售收入274,351万元，其中：华北电力集团公司103,072万元；辽宁省电力有限公司99,740万元；四川省电力公司71,538万元，电力产品销售收入占全部销售收入的93.51%。供应商主要为燃料供应商，其中采购金额前五位的燃料供应商为：

供应商	金额
山西省煤炭运销总公司	23,551万元
山西省大同矿务局	13,920万元
辽宁省平庄矿务局	11,247万元
辽宁省朝阳电力燃料分公司	5,189万元
辽宁省大连开发区亿栋商贸有限公司	5,062万元

(二)公司投资情况

1、募集资金使用情况

本报告期内，公司无募集资金。

2、其他投资情况

公司以自有资金90万元参股中能联合电力燃料有限公司，占其股份总额的1.8%；以自有资金200万元参股长安保险经纪有限公司，占该公司股份的1%；以自有资金2000万元投资华夏成长开放式基金。

(三)公司财务状况

本报告期，公司财务状况较上年度有了较大的提高，辽宁天健会计师事务所为本公司出具了标准无保留意见的审计报告，具体分析如下：

1、2001年12月31日，公司总资产888,258.60万元，较上年度总资产851,349.86万元增加了4.34%。

2、2001年12月31日，公司长期负债248,999.38万元，较上年度长期负债229,536.02万元增加8.48%，主要系国电大渡河流域水电开发有限公司根据合同将流动负债调整到长期负债所致。

3、2001年12月31日，公司股东权益427,766.13万元，较上年度股东权益398,566.37万元增加7.33%，主要系本年利润增加所致。

4、本年度公司主营业务利润88,803.87万元，比上年度主营业务利润40,469.63万元增长了119.43%，主要系本公司主营业务收入增加所致。

5、本年度净利润55,234.46万元，比上年度净利润28,184.50万元增长95.98%。

(四)生产经营环境、宏观政策、法规的变化对公司产生的影响

2000年底，国务院办公厅下发《关于电力工业体制改革有关问题的通知》(国办发[2000]69号)，规定除按国家规定程序审批的资产重组、电站出售、盘活存量项目外，停止其他任何形式的国有电力资产的流动，包括电力资产的重组、上市、转让、划拨及主业外的投资等。对公司的进一步发展产生了一定的不利影响。面对这种形势，公司及时调整发展战略，走并购与基建并举的道路，积极投资电力基建项目。同时，一旦国家政策允许，公司将积极开展并购工作，促进公司的进一步发展。

(五)新年度的经营计划

1、围绕改革和发展两大主题，拓展市场，在国家政策允许的前提下，通过各种形式，促进发展，提高市场占有率，扩大产品销售业绩。

2、进一步完善法人治理结构，加强信息披露和与投资者的沟通，依法经营、规范运作，树立企业良好的市场形象。

3、严格执行年度财务预算制度，进一步挖掘潜力，控制各项成本费用支出，提高公司经济效益。

4、继续加强内部管理，落实安全生产责任制和经济目标责任制，进一步完善生产管理体系。

5、改革用人制度和分配制度，建立企业内部激励机制和约束机制。

6、高科技公司在改制改组的基础上，加大新产品开发力度，加强市场营销工作，积极开拓市场，推动高科技公司上市，使高科技公司成为公司利润的增长点。

7、继续加强党建和思想政治工作，贯彻"依法治企"、"以德治企"方针，加强思想道德建设和企业文化建设。

(七)本次利润分配预案或资本公积金转增股本预案

1、利润分配方案

经辽宁天健会计师事务所有限公司审计，本公司2001年度母公司实现净利润553,749,452.04元。依照《公司法》和本公司章程的规定，按净利润的10%提取法定盈余公积金55,374,945.20元；按净利润的5%提取法定公益金27,687,472.60元，母公司可供股东分配利润为782,094,931.65元(含2000年度未分配利润)。根据公司的实际情况，董事会建议以2001年期末总股本824,878,080股为基数，向全体股东每10股派现金2.5元(含税)，计206,219,520元；此外，支出一次性住房补贴5500万元，母公司剩余520,875,411.65元结转下年度。

2、资本公积金转增股本预案。

本次不进行公积金转增股本。

以上预案需经股东大会审议通过后实施。

八、监事会报告

(一)监事会工作情况

2001年度共召开4次监事会，具体情况如下：

1、公司三届四次监事会于2001年1月18日在北京高新大厦召开，应到监事3人，实到2人，

另有 1 名监事授权其他监事行使表决权，符合《公司法》和本公司章程的规定。会议讨论并一致通过了以下议案：

(1)公司 2000 年年度报告及摘要；

(2)2000 年度财务决算及 2001 年度财务预算的议案；

(3)关于核销住房周转金差额的议案。

上述监事会决议公告刊登在 2001 年 1 月 20 日《中国证券报》和《上海证券报》上。

2、公司三届五次监事会于 2001 年 5 月 14 日下午在北京高新大厦公司本部会议室召开，应到监事 3 人，实到 2 人，1 名监事因工作安排请假并授权其他监事行使表决权，符合《公司法》和本公司章程的规定。

会议讨论并通过了《更换部分监事的议案》：由于工作变动原因，钟俊先生提出辞去公司监事职务。公司股东单位推荐魏振有先生为监事候选人。由于工作变动原因，张秀华女士提出辞去公司监事职务。鉴于张秀华女士系职工监事，经公司职工选举，梁世斋先生担任职工监事。

上述监事会决议公告刊登在 2001 年 5 月 16 日《中国证券报》和《上海证券报》上。

3、公司三届六次监事会于 2001 年 7 月 31 日上午在大连东方大厦二层会议室召开，应到监事 3 人，实到 3 人，符合《公司法》和本公司章程的规定。会议讨论并通过了以下议案：

(1)公司 2001 年上半年工作报告

(2)公司 2001 年中期报告及摘要

上述监事会决议公告刊登在 2001 年 8 月 2 日《中国证券报》和《上海证券报》上。

4、公司三届七次监事会于 2001 年 10 月 26 日在北京高新大厦九层公司会议室召开，应到监事 3 人，实到 2 人，1 名监事授权其他监事行使表决权，符合《公司法》和本公司章程的规定。

会议讨论并通过了《公司 2001 年第三季度报告》。

上述监事会决议公告刊登在 2001 年 10 月 29 日《中国证券报》和《上海证券报》上。

5、公司三届八次监事会于 2001 年 11 月 21 日在北京公司本部会议室召开。应到监事 3 人，实到 3 人，符合《公司法》及本公司章程有关规定。会议审议并通过了以下决议：

(1)审议通过了《监事会会议议事规程》；

(2)审议通过了公司有关关联交易提案。

监事会对三届十二次董事会审议的公司受让云南宣威发电有限责任公司 41%出资权的全过程进行了监督，监事会认为：本次关联交易符合有关规定，充分体现了公开、公平、公正的原则，定价合理。董事会成员在对该项交易的判断和审查所考虑的客观标准以及各方利益关系是基于公司在电力市场的拓展和长远发展以及主营利润的快速增长，履行了诚信义务并维护了全体股东的利益。其审议程序符合有关规定。

上述监事会决议公告刊登在 2001 年 11 月 23 日《中国证券报》和《上海证券报》上。

(二)监事会对公司 2001 年度有关事项独立意见

1、公司依法运作情况

监事会依据有关法律法规，对公司的生产经营及财务状况进行了监督和检查，列席了各次董事会和股东大会，认为公司董事会决策程序合法，建立了良好的内部控制制度，董事、高级管理人员执行职务时无违反法律、法规、公司章程或损害公司利益的行为。

2、检查公司财务情况

本着对全体股东负责的精神，监事会对公司的财务状况进行了监督和检查，认为 2001 年度财务决算报告真实准确地反映了公司的经营成果。公司所做的各项工作，符合公司的发展战略，维护了股东的长远利益。辽宁天健会计师事务所出具的审计意见客观公正。

3、公司最近一次募集资金为 2000 年 11 月完成的 10:8 配股工作，配股募集资金投入项目及进度与承诺投入项目及进度一致。

4、监事会认为公司关联交易价格合理，关联交易股东大会表决程序符合有关法规和公司章程规定，关联股东放弃表决，不存在内幕交易和损害部分股东利益的行为。

九、重要事项

(一)本年度公司无重大诉讼、仲裁事项。

(二)报告期内重大关联交易事项

公司与云南电力集团公司(以下简称云南电力)于 2001 年 11 月 21 日签署了《合同书》，公司决定受让云南电力持有的云南宣威发电有限责任公司(以下简称宣威发电)41%的出资权。鉴于云南电力是公司控股股东国家电力公司的全资子公司，因此，根据《上海证券交易所股票上市规则》的有关规定，上述出资权转让构成公司的关联交易。定价原则为：交易价格包括云南电力投入宣威发电的项目资本金和资金占用费两部分，资本金按宣威发电注册资本金的 41%计算；资金占用费按照年利率 5.9%(单利)计算，从云南电力资本金到位时间算起，直至公司将受让资本金支付完为止。交易价格：资本金转让金额为 25,782 万元，资金占用费按照本次交易定价政策支付。有关情况详见 2001 年 11 月 23 日中国证券报和上海证券报《国电电力发展股份有限公司关联交易公告》。

(三)重大合同及其履行情况

1、2001 年 4 月 28 日，公司控股子公司北京国电龙源环保工程有限公司与北京京能热电股份有限公司签署了《北京京能热电股份有限公司 #4 炉脱硫改造工程总承包协议》，承包范围为工程设计、设备供货、建筑安装、调试与性能试验并竣工投产的全部工程项目，合同金额 15,225 万元。工程于 2001 年 6 月 5 日开工，目前正在进行中。

2、2001 年 6 月 30 日，公司控股子公司北京国电龙源环保工程有限公司与北京热电总厂第一热电厂技改工程处签署了《北京热电总厂第一热电厂技改工程一号机组烟气脱硫工程合同》，合同主要范围为工程设计、部分设备供货、调试与性能试验，合同金额 5,449 万元。目前已完成部分核心装置施工图设计和 40%设备的采购订货。

3、2001 年 10 月 16 日，公司控股子公司龙威发电技术有限公司与江苏谏壁电厂签署了《谏壁 #10(300MW)汽机改造合同》，合同金额 5,170 万元。目前正在实施中。

(四)公司或持股 5%以上股东对公开披露承诺事项的履行情况

报告期内公司或持股 5%以上股东没有在指定报纸和网站上披露承诺事项。

(五)公司聘任、解聘会计师事务所情况

报告期内公司续聘辽宁天健会计师事务所有限公司担任本公司审计工作。公司最近两年内支付给会计师事务所的报酬如下：

2000 年财务审计费 650,000 元，2001 年财务审计费 590,000 元，公司不承担差旅费等其他费用。

公司 2001 年聘请中瑞华恒信会计师事务所有限责任公司担任受让云南宣威发电厂五期扩建工程出资权独立财务顾问，支付咨询费 150,000 元，公司不承担差旅费等其他费用。公司 2001 年聘请辽宁天健会计师事务所有限公司对受让云南宣威发电厂五期扩建工程出资权进行了专项审计，支付审计费 150,000 元，公司不承担差旅费等其他费用。

(六)中国证监会大连证券监管特派员办事处 2001 年对公司进行巡回检查情况

中国证监会大连证券监管特派员办事处于 2001 年 5 月 21—28 日对公司进行了巡回检查，并于 6 月 5 日下发了《关于国电电力发展股份有限公司巡回检查结果的通报》，对公司运作的规范性给予了充分肯定，未提出任何整改意见。

十、财务报告

(一)审计报告

公司财务报告经辽宁天健会计师事务所有限公司中国注册会计师林英士、于雷审计，并出具了无保留意见审计报告(辽天会证审字[2002]111 号)。审计报告如下：

国电电力发展股份有限公司全体股东：

我们接受委托，审计了贵公司 2001 年 12 月 31 日母公司的资产负债表和合并资产负债表，2001 年度母公司的利润表及利润分配表和合并利润表及利润分配表，2001 年度母公司的现金流量表和合并现金流量表。这些会计报表由贵公司负责，我们的责任是对这些会计报表发表审计意见。我们的审计是根据《中国注册会计师独立审计准则》进行的。在审计过程中，我们结合贵公司实际情况，实施了包括抽查会计记录等我们认为必要的审计程序。我们认为，上述会计报表符合《企业会计准则》和《企业会计制度》的规定，在所有重大方面公正地反映了贵公司 2001 年 12 月 31 日的财务状况和 2001 年度经营成果及现金流量情况，会计处理方法的选用遵循了一贯性原则。

中国注册会计师　林英士

中国注册会计师　于　雷

2002 年 1 月 23 日

(二)会计报表(附后)

十一、备查文件目录

(一)载有法定代表人、主管会计工作负责人、会计机构负责人签名并盖章的会计报表。

(二)载有会计师事务所盖章、注册会计师签名并盖章的审计报告原件。

(三)报告期内在中国证监会指定报纸上公开披露过的所有公司文件的正本及公告的原稿。

董事长：赵希正

二〇〇二年一月二十五日

利润及利润分配表

2001 年度

单位：人民币元

项　目	2001 年度		2000 年度	
	母公司	合并	母公司	合并
一、主营业务收入	2,144,819,500.72	2,934,008,688.41	1,179,894,488.24	1,407,253,837.65
减：主营业务成本	1,625,252,757.86	2,001,533,016.77	832,829,717.60	984,580,901.63
主营业务税金及附加	27,393,959.31	44,436,945.21	14,547,649.59	17,975,301.90
二、主营业务利润	492,172,783.55	888,038,726.43	332,517,121.05	404,697,634.12
加：其他业务利润	224,408.80	9,254,508.76	1,737,219.04	7,740,215.29
减：营业费用	2,488,697.67	3,651,189.24	540,919.72	949,192.22
管理费用	43,391,154.73	73,794,884.69	38,968,922.57	46,613,646.30
财务费用	12,767,547.33	109,827,769.80	359,469.98	20,173,493.34
三、营业利润	433,749,792.62	710,019,391.46	294,385,027.82	344,701,517.55
加：投资收益	150,522,092.29	8,598,392.25	32,362,641.22	5,312,958.78
补贴收入	20,636,550.92	20,636,550.92		
营业外收入	29,332,479.80	29,403,028.09	2,459,047.10	3,865,718.92
减：营业外支出	11,175,800.17	12,286,364.54	1,584,247.96	4,662,995.17
四、利润总额	623,065,115.46	756,370,998.18	327,622,468.18	349,217,200.08
减：所得税	69,315,663.42	71,363,943.17	46,676,662.16	46,676,662.16
少数股东损益		132,662,408.54		24,908,135.47
以前年度损益调整			899,163.59	4,212,567.16
五、净利润	553,749,452.04	552,344,645.47	281,844,969.61	281,844,969.61
加：年初未分配利润	311,407,897.41	311,407,897.41	163,492,793.24	163,492,793.24
其他转入				
六、可供分配的利润	865,157,349.45	863,752,543.88	445,337,762.85	445,337,762.85
减：提取法定盈余公积	55,374,945.20	73,206,613.49	28,184,496.96	28,184,496.96
提取法定公益金	27,687,472.60	36,195,069.43	14,092,248.48	14,092,248.48
提取职工奖励及福利基金				
提取储备基金				
提取企业发展基金				
利润归还投资				
七、可供投资者分配的利润	782,094,931.65	754,350,850.96	403,061,017.41	403,061,017.41
减：应付优先股股利				
提取任意盈余公积				
应付普通股股利	206,219,520.00	206,219,520.00	91,653,120.00	91,653,120.00
转作股本的普通股股利				
弥补累计亏损				
其他	55,000,000.00	55,000,000.00		
八、未分配利润	520,875,411.65	493,131,340.96	311,407,897.41	311,407,897.41

资产负债表

2001年12月31日

单位:人民币元

资　　产	2001年12月31日		2000年12月31日	
	母公司	合并	母公司	合并
流动资产:				
货币资金	564,171,438.39	876,487,293.85	268,520,306.26	316,468,660.97
短期投资	20,000,000.00	27,679,896.71		
应收票据		89,606,048.26		
应收股利				
应收利息				
应收账款	321,980,250.71	433,095,372.91	285,878,152.45	466,427,850.01
其他应收款	25,648,150.82	46,880,544.60	62,245,668.21	71,555,715.74
预付账款	5,194,860.89	9,659,237.00	11,660,273.78	26,202,697.89
应收补贴款				
存货	83,457,466.52	130,940,088.97	116,543,804.99	129,650,650.74
待摊费用	978,310.61	1,660,614.20	893,990.12	1,341,485.77
一年内到期的长期债权投资				
其他流动资产				
流动资产合计	1,021,430,477.94	1,616,009,096.50	745,742,195.81	1,011,647,061.12
长期投资:				
长期股权投资	1,126,249,452.99	101,570,470.91	916,800,050.65	71,054,851.53
长期债权投资				
长期投资合计	1,126,249,452.99	101,570,470.91	916,800,050.65	71,054,851.53
其中:合并价差				
固定资产:				
固定资产原价	5,355,071,089.47	9,870,796,545.89	5,240,983,266.80	9,641,206,118.97
减:累计折旧	1,711,823,348.51	2,944,871,213.82	1,388,395,932.50	2,432,879,384.64
固定资产净额	3,643,247,740.96	6,925,925,332.07	3,852,587,334.30	7,208,326,734.33
工程物资	737,857.45	737,857.45	342,186.52	4,459,454.08
在建工程	100,629,088.11	215,755,338.18	77,145,800.54	196,681,605.43
固定资产清理			790.50	790.50
固定资产合计	3,744,614,686.52	7,142,418,527.70	3,930,076,111.86	7,409,468,584.34
无形资产及其他资产:				
无形资产	2,695,399.75	4,395,399.75	8,088,813.79	11,308,845.79
长期待摊费用	18,192,548.76	18,192,548.76	9,349,322.80	10,019,218.08
其他长期资产				
无形资产及其他资产合计	20,887,948.51	22,587,948.51	17,438,136.59	21,328,063.87
递延税项:				
递延税款借项				
资产总计	5,913,182,565.96	8,882,586,043.62	5,610,056,494.91	8,513,498,560.86
负债和所有者权益				
流动负债				
短期借款	8,430,000.00	20,130,000.00	24,620,000.00	27,620,000.00
应付票据				
应付账款	103,920,964.76	127,350,018.85	152,606,136.97	167,648,024.87
预收账款	7,319,304.91	38,618,071.63	11,057,179.98	13,185,189.98
应付工资	65,878,696.39	95,858,536.77	27,779,589.70	45,667,796.30
应付福利费	5,482,863.36	11,995,079.98	-1,847,136.11	4,587,614.43
应付股利	265,956,228.00	265,956,228.00	91,653,120.00	91,653,120.00
应交税金	53,789,601.86	73,206,109.56	78,015,303.58	97,222,223.42
其他应交款	1,260,424.82	6,596,237.93	1,452,516.93	2,514,286.17
其他应付款	463,355,597.53	519,939,980.82	160,590,850.38	964,583,583.63
预提费用	409,686.65	409,686.65	544,772.00	747,663.55
预计负债				
一年内到期的长期负债				
其他流动负债			6,920,290.73	
流动负债合计	975,803,368.28	1,160,059,950.19	553,392,624.16	1,415,429,502.35
长期负债:				
长期借款	7,860,000.01	1,839,440,767.68	27,560,458.00	1,251,920,458.00
应付债券				
长期应付款	388,987,127.38	388,987,127.38	753,623,350.00	753,623,350.00
专项应付款				
其他长期负债	261,465,936.21	261,565,936.21	289,816,367.42	289,816,367.42
长期负债合计	658,313,063.59	2,489,993,831.27	1,071,000,175.42	2,295,360,175.42
递延税项:				
递延税款贷项				
负债合计	1,634,116,431.87	3,650,053,781.46	1,624,392,799.58	3,710,789,677.77
少数股东权益		954,870,933.64		817,045,187.76
股东权益:				
股本	824,878,080.00	824,878,080.00	458,265,600.00	458,265,600.00
减:已归还投资				
股本净额	824,878,080.00	824,878,080.00	458,265,600.00	458,265,600.00
资本公积	2,730,391,656.48	2,730,391,656.48	3,096,131,629.76	3,096,131,629.76
盈余公积	202,920,985.96	229,260,251.07	119,858,568.16	119,858,568.16
其中:法定公益金	67,640,328.57	76,147,925.40	39,952,855.97	39,952,855.97
未分配利润	520,875,411.65	493,131,340.97	311,407,897.41	311,407,897.41
外币报表折算差额				
其他权益				
股东权益合计	4,279,066,134.09	4,277,661,328.52	3,985,663,695.33	3,985,663,695.33
负债和股东权益总计	5,913,182,565.96	8,882,586,043.62	5,610,056,494.91	8,513,498,560.86

现金流量表

2001年度

单位:人民币元

项　　目	合并报表	母公司报表
一、经营活动产生的现金流量:		
销售商品、提供劳务收到的现金	3,319,179,694.21	2,415,424,297.68
收到的税费返还		
收到其他与经营活动有关的现金	196,546,255.05	170,170,594.20
现金流入小计	3,515,725,949.26	2,585,594,891.88
购买商品、接受劳务支付的现金	1,169,097,413.10	1,048,835,958.32
支付给职工以及为职工支付现金	356,377,519.03	277,169,243.07
支付的各项税费	544,100,110.98	415,774,270.80
支付的其他与经营活动有关的现金	402,542,916.21	348,275,091.99
现金流出小计	2,472,117,959.32	2,090,054,564.18
经营活动产生的现金流量净额	1,043,607,989.94	495,540,327.70
二、投资活动产生的现金流量:		
收回投资所收到的现金		
取得投资收益所收到的现金	149,689.38	149,689.38
处置固定资产、无形资产和其他长期资所收回的现金净额	1,203,884.05	700,125.03
收到的其他与投资活动有关的现金	1,406,892.82	13,838.74
现金流入小计	2,760,466.25	863,653.15
购建固定资产、无形资产和其他长期资产所支付的现金	200,620,498.93	132,493,635.44
投资所支付的现金	26,438,600.20	22,450,000.00
支付的其他与投资活动有关的现金	20,000.00	20,000.00
现金流出小计	227,079,099.13	154,963,635.44
投资活动产生的现金流量净额	-224,318,632.88	-154,099,982.29
三、筹资活动产生的现金流量:		
吸收投资所收到的现金	5,224,600.00	70,000.00
借款所收到的现金	28,700,000.00	
收到的其他与筹资活动有关的现金	269,526.33	269,526.33
现金流出小计	34,194,126.33	339,526.33
偿还债务所支付的现金	191,768,390.65	16,000,000.00
分配股利、利润或偿付利息所支付的现金	101,600,423.19	30,032,702.94
支付的其他与筹资活动有关的现金	96,036.67	96,036.67
现金流出小计	293,464,850.51	46,128,739.61
筹资活动产生的现金流量净额	-259,270,724.18	-45,789,213.28
四、汇率变动对现金的影响		
五、现金及现金等价物净增加额	560,018,632.88	295,651,132.13
补充资料:		
1.将净利润调节为经营活动的现金流量:		
净利润	552,344,646.47	553,749,452.04
加:少数股东损益	132,662,408.54	376348.58
计提的资产减值准备	8,808,244.40	8,767,835.68
固定资折旧	492,889,678.23	302,472,186.27
无形资产摊销	5,464,589.46	5,393,414.04
长期待摊费用摊销	9688025.1	7649,139.76
待摊费用减少(减:增加)	-419,128.43	-184320.49
预提费用增加(减:减少)	-337,976.90	-135,085.35
处置固定资产、无形资产和其他长期资产损失(减:收益)	11,714,885.99	11,637,656.87
固定资产报废损失	224499.73	
财务费用	98,005,635.27	2,432,134.29
投资损失(减:收益)	-8,598,392.25	-150,522,092.29
递延税贷项(减:借项)		
存货的减少(减:增加)	-7,047,490.03	27,328,286.67
经营性应收项目的减少(减:增加)	155,928,160.05	150,330,842.31
经营性应付项目的增加(减:减少)	-407,719,795.69	-423,755,470.68
其他		
经营活动产生的现金流量净额	1,043,607,989.94	495,540,327.70
2.不涉及现金收支的投资和筹资活动:		
债券转为资本		
一年内到期的可转换公司债券		
融资租入固定资产		
3.现金及现金等价物净增加情况:		
现金的期末余额	876,487,293.85	564,171,438.39
减:现金的期初余额	316,468,660.97	268,520,306.26
现金等价物的期末余额	560,018,632.88	295,651,132.13
减:现金等价物的期初余额		
现金及现金等价物净增加额	560,018,632.88	295,651,132.13

600796 浙江钱江生物化学股份有限公司

2001 年年度报告摘选

一、公司简介

(一)公司中文名称:浙江钱江生物化学股份有限公司
缩写:钱江生化
公司英文名称:Zhejiang Qianjiang Biochemical Co., Ltd.
缩写:QJBIOCH
(二)公司法定代表人:马炎
(三)公司董事会秘书:胡明
联系地址:浙江省海宁市硖石镇西山路 598 号
浙江钱江生物化学股份有限公司董事会办公室
电　　话:0573－7042800　　传　真:0573－7035640
电子信箱:qjbioch@mail.jxptt.zj.cn
(四)公司注册地址:浙江省海宁市硖石镇西山路 598 号(亦为总部地址)
邮政编码:314400
公司网址:www.qianjiang－bioch.com
公司电子信箱:qjbioch@mail.jxptt.zj.cn
(五)公司选定的信息披露报刊:中国证券报、上海证券报
刊登年度报告的中国证监会指定的国际互联网网址:http://www.sse.com.cn
公司年度报告备置地点:浙江省海宁市硖石镇西山路 598 号
浙江钱江生物化学股份有限公司董事会办公室
(六)公司上市交易所:上海证券交易所
股票简称:钱江生化　　　股票代码:600796

二、会计数据和业务数据摘要

(一)本年度利润总额及构成:　　　(单位:元)

栏 目	2001 年度
利润总额	28,818,175.59
净利润	26,316,321.44
扣除非经常性损益后的净利润	22,847,936.62
主营业务利润	62,948,366.45
其它业务利润	－255,711.94
营业利润	21,787,145.16
投资收益	6,466,195.66
补贴收入	842,416.00
营业外收支净额	－277,581.23
经营活动产生的现金流量净额	31,194,065.13
现金及现金等价物净增加额	20,314,125.93

注:扣除的非经常性损益项目和涉及金额:

项目	金额
处置下属部门、被投资单位股权损益	－1,114,714.12
财政补贴	1,676,416.00
所得税返还	3,114,000.00
流动资产盘盈、盘亏损益	－501,927.92
各项营业外收支	－217,966.69
其他	484,000.00
所得税影响数	28,577.55
合计	3,468,384.82

(二)公司前三年主要会计数据及财务指标　　　单位:元

栏目	2001 年度	2000 年度		1999 年度	
		调整后	调整前	调整后	调整前
主营业务收入	200,244,518.55	198,601,692.48	198,601,692.48	206,133,723.59	206,133,723.59
净利润	26,316,321.44	35,877,603.41	39,129,652.12	35,136,280.21	36,659,383.56
每股收益(摊薄)	0.247	0.337	0.367	0.330	0.344
(加权)	0.247	0.337	0.367	0.373	0.363
(扣除非经常性损益)	0.215	0.299	0.336	0.300	0.310
每股经营活动产生的现金流量净额	0.293	0.395	0.395	0.17	0.17
净资产收益率(摊薄)(%)	10.52	14.64	15.60	15.61	16.11
(加权)(%)	10.19	14.76	15.83	20.93	19.55
栏目	2001 年 12 月 31 日	2000 年 12 月 31 日		1999 年 12 月 31 日	
		调整后	调整前	调整后	调整前
总资产	439,942,417.33	407,881,991.75	413,050,741.16	347,817,117.55	350,126,367.19
股东权益(不含少数股东权益)	250,040,558.47	245,027,037.03	250,764,376.44	225,126,533.62	227,611,824.32
每股净资产(摊薄)	2.347	2.300	2.354	2.114	2.137
调整后的每股净资产(摊薄)	2.339	2.290	2.341	2.095	2.124

三、股本变动及股东情况

1、股份变动情况表　　　数量单位:股

	本次变动前	本次变动增减(＋,－) 配股	送股	公积金转股	增发	其他	小计	本次变动后
一、未上市流通股份								
1、发起人股份								
其中:								
国家持有股份	55,590,150.00							55,590,150.00
境内法人持有股份	16,889,450.00							16,889,450.00
境外法人持有股份								
其 他								
2、募集法人股	1,544,400.00							1,544,400.00
3、内部职工股								
4、优先股或其他								
未上市流通股份合计	74,024,000.00							74,024,000.00
二、已上市流通股份								
1、人民币普通股	32,490,000.00							32,490,000.00
2、境内上市的外资股								
3、境外上市的外资股								
4、其 他								
已上市流通股份合计	32,490,000.00							32,490,000.00
三、股份总数	106,514,000.00							106,514,000.00

600797 浙江浙大网新科技股份有限公司

2001 年年度报告摘选

一、公司简介

(一)公司法定中文名称:浙江浙大网新科技股份有限公司
公司英文名称:ZHEJIANG UNIVERSITY INNOVATION TECHNOLOGY CO., LTD.
英文名称缩写:ZDWX
(二)公司法定代表人:沈水荣
(三)公司董事会秘书:董丹青
联系地址:浙江省杭州市曙光路 15 号世贸中心 C 座 12 楼公司董事会办公室
电　　话:0571－87950500　　传　真:0571－87950117
电子信箱:dongdanqing@insigma.com.cn
公司证券事务代表:叶栋
联系地址:浙江省杭州市曙光路 15 号世贸中心 C 座 12 楼公司董事会办公室
电　　话:0571－87950588　　传　真:0571－87988110
(四)公司注册地址:绍兴市胜利东路 17 号
办公地址:杭州市曙光路 15 号世贸中心 C 座 12 楼　　邮政编码:310007
公司国际互联网网址:www.insigma.com.cn　　电子信箱:zdwx@insigma.com.cn
(五)公司指定信息披露报纸:《中国证券报》、《上海证券报》
中国证监会指定登载公司年度报告的网址:http://www.sse.com.cn
公司年度报告备置地点:浙江省杭州市曙光路 15 号世贸中心 C 座 12 楼公司董事会办公室
(六)公司股票上市地:上海证券交易所
股票简称:浙大网新　　　股票代码:600797

二、会计数据和业务数据摘要

(一)公司本年度利润总额及构成(合并报表):(单位:人民币元)

项目	金额
利润总额	95036503.83
净利润	84415558.04
扣除非经常性损益后的净利润	61111642.96
主营业务利润	190123169.02
其他业务利润	26147967.25
营业利润	54912411.37
投资收益	34826434.83
补贴收入	5929232.00
营业外收支净额	－631574.37
经营活动产生的现金流量净额	223909424.70
现金及现金等价物净增减额	256373713.77

(二)截止报告期末公司前三年的主要会计数据和财务指标(合并报表):

项目	2001 年	2000 年		1999 年
		调整前	调整后	
主营业务收入(元)	1114304625.28	644374338.92	567464138.17	582793583.01
净利润(元)	84415558.04	65940006.66	59802345.06	60527556.15
总资产(元)	2260828025.23	1756525539.97	1759805548.17	1037785588.84
股东权益(元)	948869255.00	547004036.29	537388340.72	516384894.92
每股收益(摊薄)(元/股)	0.25	0.28	0.25	0.25
每股收益(加权)(元/股)	0.25	0.28	0.25	0.25
扣除非经常性损益后每股收益(摊薄)(元/股)	0.18	－0.04	－0.06	0.03
扣除非经常性损益后每股收益(加权)(元/股)	0.18	－0.04	－0.06	0.03
每股净资产(元/股)	2.78	2.28	2.24	2.16
调整后的每股净资产(元/股)	2.76	2.22	2.18	2.08
每股经营活动产生的现金流量净额(元/股)	0.66	0.52	0.52	－0.57
净资产收益率%	8.90	12.05	11.13	11.72

(三)按照中国证监会《公开发行证券公司信息披露编报规则(第 9 号)》要求计算 2001 年报告期利润的净资产收益率和每股收益如下:　　　(单位:元)

报告期利润	净资产收益率 全面摊薄	净资产收益率 加权平均	每股收益 全面摊薄	每股收益 加权平均
主营业务利润	20.04%	21.75%	0.56	0.56
营业利润	5.79%	6.28%	0.16	0.16
净利润	8.90%	9.66%	0.25	0.25
扣除非经常性损益后的净利润	6.44%	6.99%	0.18	0.18

三、股本变动及股东情况

(一)股本变动情况
1、股份变动情况表:

股份变动情况表　　　单位(股)

项目	期初数	本期增减变动(＋,－) 配股	送股	其他	公积金转股	小计	期末数
(一)尚未流通股份							
1.发起人股份							
国家拥有股份							
境内法人持有股份	53,150,000.00		14,155,174.00	－67,305,174.00[注]		－53,150,000.00	
外资法人持有股份							
其他							
2.募集法人股	85,400,000.00		22,744,155.00	67,305,174.00[注]		90,049,329.00	175,449,329.00
3.内部职工股							
4.优先股							
5.其他							
未上市流通股份合计	138,550,000.00		36,899,329.00			36,899,329.00	175,449,329.00
(二)已流通股份							
1.境内上市的人民币普通股	100,937,500.00	30,281,250.00	34,946,834.00			65,228,084.00	166,165,584.00
2.境内上市的外资股							
3.境外上市的外资股							
4.其他							
已流通股份合计	100,937,500.00	30,281,250.00	34,946,834.00			65,228,084.00	166,165,584.00
(三)股份总数	239,487,500.00	30,281,250.00	71,846,163.00			102,127,413.00	341,614,913.00

600798 宁波海运股份有限公司

2001年年度报告摘要

一、公司基本情况简介

1、公司中文名称:宁波海运股份有限公司
公司英文名称:NINGBO MARINE COMPANY LIMITED
公司英文缩写:NBMC
2、公司法定代表人:夏刚
3、公司董事会秘书:吴明越
联系地址:宁波市中马路202号
电　　话:(0574)87356271　　　传　真:(0574)87355051
电子信箱:wmingyue@pub.cnnb.net
4、公司注册、办公地址:宁波市中马路202号公司证券部
邮政编码:315020
公司电子信箱:nbmcl@mail.nbptt.zj.cn
5、公司选定的信息披露报纸:《中国证券报》、《上海证券报》
登载公司年度报告的中国证监会指定国际互联网网址:http://www.sse.com.cn
公司年度报告置备地点:宁波市中马路202号
6、公司股票上市交易所:上海证券交易所
股票简称:宁波海运　　　股票代码:600798

二、会计数据和业务数据摘要

(一)公司利润的构成及现金流量(单位:人民币元)

项目	金　额
利润总额	98,910,482.85
净利润	87,851,700.89
扣除非经常性损益后的净利润	85,420,902.92
主营业务利润	93,008,158.07
其他业务利润	－－－－－
营业利润	76,659,902.70
投资收益	23,945,472.52
补贴收入	－－－－－
营业外收支净额	－1,694,892.37
经营活动产生的现金流量净额	67,990,790.74
现金及现金等价物净增减额	36,690,830.50
注:非经常性损益项目	
1、股权转让收益	90,000.00
2、收取的资金占用费	4,006,379.95
3、营业外收支净额	－1,485,581.98
4、所得税影响	802,163.33

(二)截止报告期末公司前三年的主要会计数据和财务指标　　(单位:人民币元)

项目	2001年	2000年		1999年	
		调整后	调整前	调整后	调整前
主营业务收入	265,458,300.34	262,153,438.84	262,153,438.84	208,402,921.54	208,402,921.54
净利润	87,851,700.89	82,256,356.37	83,384,455.97	82,670,241.04	107,357,353.56
总资产	927,161,939.14	893,853,915.47	927,484,340.84	847,775,680.73	889,349,268.74
股东权益	748,508,945.22	724,641,619.33	758,272,044.70	697,298,375.72	738,871,963.73
每股收益(元/股)	0.172	0.161	0.163	0.162	0.210
每股净资产(元/股)	1.462	1.416	1.481	1.380	1.443
调整后每股净资产(元/股)	1.462	1.416	1.481	1.380	1.443
每股经营活动产生的现金流量净额(元/股)	0.133	0.196	0.196	0.182	0.182
净资产收益率(%)	11.74	11.35	10.99	11.70	14.53
扣除非经常性损益后的每股收益(元/股)	0.167	0.127	0.164	0.106	0.162

三、股本变动及股东情况

(一)股本变动情况
1、股份变动情况表　　　　数量单位:股

	期初数	本期变动增减(+,-) 配股	送股	公积金转股	其他	小计	期末数
一、未上市流通股份							
1、发起人股份							
其中:							
国家持有股份							
境内法人持有股份	370425000						370425000
外资法人持有股份							
其他							
2、募集法人股份							
3、内部职工股							
4、优先股或其他							
未上市流通股份合计	370425000						370425000
二、已上市流通股份							
1、人民币普通股	141450000						141450000
2、境内上市的外资股							
3、境外上市的外资股							
4、其他							
已上市流通股份合计	141450000						141450000
三、股份总数	511875000						511875000

(二)股东情况介绍
1、前10名股东持股情况(截止2001年12月31日)

股东名称	持股数(股)	占总股本比例(%)
(1)宁波海运(集团)总公司	261439200	51.07
(2)浙江省电力燃料总公司	91603200	17.89
(3)宁波经济技术开发区顺风贸易公司	8548800	1.67
(4)东胜聚力有限责任公司	6888000	1.34
(5)宁波市交通投资开发公司	1945800	0.38
(6)通宝基金	360400	0.07
(7)彭矛文	300000	0.06
(8)兴和基金	284276	0.06
(9)上投房产	280000	0.05
(10)陈文金	271000	0.05

600799 黑龙江省科利华网络股份有限公司

2001年年度报告摘要

一、公司基本情况简介

(一)公司法定中文名称:黑龙江省科利华网络股份有限公司
公司法定英文名称:HEILONG JIANG CLEVER NET CORP., LTD.
英文名称缩写:HLJCN Corp., Ltd.
(二)法定代表人姓名:宋朝弟
(三)公司董事会秘书:孙斌
证券事务代表:郑婷
联系电话:010－82899729
传真:010－82899731
电子信箱:clever@clever.com.cn
联系地址:北京市海淀区上地信息产业基地创业东路33号科利华网络大厦
(四)公司注册地址:黑龙江省阿城市北环路2号
公司办公地址:北京市海淀区上地信息产业基地创业东路33号科利华网络大厦
邮政编码:100084
公司网址:HTTP://www.clever.com.cn
公司电子信箱:webmaster@clever.com.cn
(五)信息披露报纸:《中国证券报》、《上海证券报》、《证券时报》
信息披露网站:HTTP://www.sse.com.cn
公司年报备置地点:北京市海淀区上地信息产业基地创业东路33号科利华网络大厦
(六)公司股票上市交易所:上海证券交易所
股票简称:科利华　　　股票代码:600799

二、会计数据和业务数据摘要

(一)本年度主要利润指标(单位:人民币元)

项目	2001年12月31日
利润总额	27,838,342.07
净利润	22,405,163.63
扣除非经常性损益后的净利润	27,700,530.06
主营业务利润	126,754,765.16
其他业务利润	2,172,166.59
营业利润	20,515,824.99
投资收益	319,807.74
补贴收入	12,298,075.77
营业外收支净额	－5,295,366.43
经营活动产生的现金流量净额	－97,166,411.30
现金及现金等价物净增减额	－21,549,883.18

注:扣除非经常性损益项目和涉及金额共计5,295,366.43元。
非经常性损益项目为营业外收支净额。

(二)公司近三年主要会计数据和财务指标(单位:人民币元)

项目	2001年	2000年		1999年	
		调整后	调整前	调整后	调整前
主营业务收入	188,924,682.73	343,825,218.49	343,825,218.49	311,766,612.81	311,766,612.81
净利润	22,405,163.63	86,408,307.50	119,637,776.91	77,067,240.24	117,806,072.10
总资产	1,469,915.100.43	1,253,625,970.19	1,339,855,258.69	1,184,337,156.26	1,225,075,988.12
股东权益(不含少数股东权益)	662,462,407.55	640,057,243.92	714,025,545.19	565,344,256.26	606,083,088.28
全面摊薄每股收益	0.057	0.222	0.307	0.336	0.513
加权平均每股收益	0.057	0.222	0.307	0.336	0.513
扣除非常性损益的每股收益	0.071	0.307	0.307	0.0515	0.0518
每股净资产	1.701	1.642	1.832	2.465	2.643
调整后的每股净资产	1.524	1.535	1.783	2.430	2.609
每股经营活动产生的现金流量净额	－0.22	0.160	0.160	－0.238	－0.405
全面摊薄净资产收益率(%)	3.13	15.573	16.760	13.63	19.437
加权平均净资产收益率(%)	3.79	17.432	17.970	14.32	17.970
扣除非经常性损益的加权平均净资产收益率(%)	3.13	17.694	18.000	21.95	18.000

(三)报告期利润表附表

报告期利润	净资产收益率(%)		每股收益(人民币元)	
	全面摊薄	加权平均	全面摊薄	加权平均
主营业务利润	19.13	19.46	0.32514	0.32514
营业利润	3.10	3.15	0.05263	0.05263
净利润	3.38	3.44	0.05747	0.05747
扣除非经常损益后的净利润	3.38	3.44	0.05747	0.05747

三、股本变动及股东情况

(一)股本变动情况:
1、股本变动情况表　　　　数量单位:股

	本次变动前	本次变动增减(+,-) 配股	送股	公积金转股	增发	其他	小计	本次变动后
一、未上市流通股份	21,134.40							21,134.40
1、发起人股份	21,134.40							21,134.40
其中:	17,850.00							17,850.00
国家持有股份								
境内法人持有股份								
境外法人持有股份								
其他								
2、募集法人股								
3、内部职工股								
4、优先股或其它								
未上市流通股份合计								
二、已上市流通股份	17,850.00							17,850.00
1、人民币普通股								
2、境内上市的外资股								
3、境外上市的外资股								
4、其他								
已上市流通股份合计								
三、股份总数	38,984.40							38,984.40

600800 天津环球磁卡股份有限公司

2001 年年度报告摘选

一、公司基本情况简介

1、公司法定中文名称:天津环球磁卡股份有限公司
公司法定英文名称:TianJin Global Magnetic Card CO.,LTD.
英文缩写:GMCC
2、公司法定代表人:姜肃敌
3、公司董事会秘书:崔晓东
联系地址:天津市河西区解放南路 325 号　　邮政编码:300202
联系电话:022－23264012、022－23264874－2038
传真:022－23269333
4、公司注册地址:天津市河西区解放南路 325 号
公司办公地址:天津市河西区解放南路 325 号　　邮政编码:300202
公司国际互连网网址:http://www.gmcc.com.cn
公司电子邮箱:gmcc@tjlink.tistic.ac.cn
5、公司年度报告备置地点:公司金融证券部
公司信息披露报纸:《中国证券报》《上海证券报》
中国证监会指定披露年报的国际互联网网址:http://www.sse.com.cn
6、公司股票上市交易所:上海证券交易所
股票简称:天津磁卡　　股票代码:600800

二、会计数据和业务数据摘要

1、本年度主要利润指标情况(单位:元)

项目	金额
利润总额:	102,783,563.40
净利润:	84,358,309.46
扣除非经常性损益后的净利润:	63,907,309.46
主营业务利润:	241,203,979.13
其他业务利润:	3,710,471.80
营业利润:	87,109,894.09
投资收益:	15,336,420.58
补贴收入:	23,034.19
营业外收支净额:	314,214.54
经营活动产生的现金流量净额:	213,528,451.70
现金及现金等价物净增加额:	207,755,041.60

说明:报告期内公司转让持有的光大银行股权,获得收益 2045.1 万元。

2、主要会计数据和财务指标:

指标项目	2001 年	2000 年调整前	2000 年调整后	1999 年
主营业务收入(元)	615,872,506.15	376,710,752.59	377,243,012.23	339,625,355.26
净利润(元)	84,358,309.46	110,886,419.21	44,653,498.59	147,464,914.77
总资产(元)	3,098,831,212.62	2,335,960,131.09	2,236,433,049.28	1,724,649,929.24
股东权益(元)(不含少数股东权益)	1,037,657,073.79	1,086,763,596.45	945,372,232.79	1,004,436,331.95
每股收益(元/股)	0.153	0.302	0.121	0.601
每股净资产(元/股)	1.88	2.95	2.57	4.10
调整后的每股净资产(元/股)	1.87	2.84	2.50	3.94
每股经营活动产生的现金流量(元/股)	0.387	－0.94	－0.944	－0.40
净资产收益率(%)	8.13%	10.20%	4.7%	14.68%
加权平均净资产收益率(%)	8.54%			

三、股本变动及股东情况

(一)股本变动情况

1、股份变动情况表　　数量单位:股

股本结构	期初数	本期增减变动(+、-)						期末数
		配股	送股	公积金转股	增发	其他	小计	
一、尚未流通股份								
国家股	146705050		14670505	58682020			73352525	220057575
法人股	46575000		4657500	18630000			23287500	69862500
尚未流通股份合计	193280050		19328005	77312020			96640025	289920075
二、已流通股份								
人民币普通股	174492752		17449275	69797101			87246376	261739128
已流通股份合计	174492752		17449275	69797101			87246376	261739128
三、股份总数	367772802		36777280	147109121			183886401	551659203

2、截止到报告期末为止的三年中,公司股票发行与上市情况

(1)1999 年 9 月,公司以 1998 年末总股本 213330306 股为基数,向全体股东每 10 股配售 2 股,公司总股本增至 245181868 股。

(2)2000 年 5 月 31 日,公司以 1999 年末总股本 245181868 股为基数,实施了 1999 年度每 10 股送红股 5 股的分配方案,公司总股本增至 367772802 股。

(3)2000 年 12 月 8 日,公司转配股 37076252 股上市流通,公司已上市流通股股份增至 174492752 股,未上市流通股股份为 193280050 股。

(4)2001 年 8 月 1 日,公司以 2000 年末总股本 367772802 股为基数,实施了 2000 年度每 10 股送红股 1 股,公积金转增 4 股,派现金 0.25 元(含税)的分配方案,公司总股本增至 551659203 股。

(二)股东情况介绍

1、截止 2001 年 12 月 31 日,股东总数为 98486 户。

2、本公司前十名股东持股情况:

名次	股东名称	期末持股数(股)	比例(%)	股份性质
1	天津市一轻总公司	220057575	39.89	国家股
2	天津环球化学科技有限公司	18973125	3.44	法人股
3	天津国际信托投资公司	10125000	1.84	法人股
4	渤海证券有限责任公司	8100000	1.47	法人股
5	一德集团	7523861	1.36	流通股
6	裕盛投资	6075000	1.10	法人股
7	天津劝业场股份有限公司	5062500	0.92	法人股
8	国泰证券有限公司天津分公司	3037500	0.55	法人股
9	北方国际信托投资公司	3037500	0.55	法人股
10	中国国际信托投资公司天津证券部	3037500	0.55	法人股

600801 华新水泥股份有限公司

2001 年年度报告摘选

一、公司简况

公司法定名称:华新水泥股份有限公司
英文名称:HUAXIN CEMENT CO.,LTD.
英文名称缩写:HUAXINCEM
公司法定代表人:陈木森先生
公司董事会秘书:王锡明先生
联系地址:湖北省黄石市黄石大道 897 号
电话:(0714)6224971 转 310　　传真:(0714)6235204
公司信息披露事务联系人:证券办公室王璐女士、彭普新先生
联系电话:(0714)6224971 转 471、474　　电子信箱:stock@huaxincem.com
公司注册及办公地址:湖北省黄石市黄石大道 897 号
邮政编码:435002
公司国际互联网网址:http//www.huaxincem.com
电子信箱:stock@huaxincem.com
公司选定的信息披露报纸名称:《中国证券报》、《上海证券报》、《香港商报》
登载公司年度报告的中国证监会指定国际互联网网址:http//www.sse.com.cn
年度报告备置地点:公司证券办公室
公司股票上市地:上海证券交易所
股票简称:华新水泥　　华新 B 股
股票代码:A 股 600801　　B 股 900933
公司首次注册登记日期:1993 年 11 月 30 日
公司最近变更注册登记日期:2000 年 1 月 11 日
注册登记地点:湖北省黄石市黄石大道 897 号
企业法人营业执照注册号:4200001000351
税务登记号码:420203178423X
公司未流通股票的托管机构名称:中央证券登记结算公司上海分公司
公司 2001 年度聘请的会计师事务所:
国内会计师事务所:信永中和会计师事务所(原信永会计师事务所)
地址:北京市东城区朝阳门北大街 8 号富华大厦 C 座 12 层
电话:(010)65542288　　传真:(010)65541612
国际会计师事务所:普华永道中国有限公司
地址:广州市建设六马路 33 号宜安广场 1808 室
电话:(020)83633168　　传真:(020)83633182

二、会计数据与业务数据摘要

(一)本年度主要会计数据(单位:人民币元)

项目	金额
利润总额	29,202,654.67
净利润	22,619,211.67
扣除非经常性损益后的净利润	19,259,076.87
主营业务利润	217,100,468.95
其他业务利润	1,744,869.49
营业利润	24,242,243.58
投资收益	1,007,311.32
补贴收入	4,290,592.67
营业外收支净额	－337,492.9
经营活动产生的现金流量净额	118,171,613.11
现金及现金等价物净增加额	－24,210,038.15

注:扣除的非经常性损益项目及涉及金额为补贴收入及营业外收支净额 3,953,099.77 元,扣除净利润 3,360,134.80 元。

(二)近三年主要会计数据和财务指标

	单位	2001 年	2000 年		1999 年	
			调整后	调整前	调整后	调整前
主营业务收入	元	691,883,574	594,625,818	594,625,818	455,379,709	455,379,709
净利润	元	22,619,212	16,523,105	16,523,105	4,235,628	4,235,628
总资产	元	2,063,115,187	2,011,302,834	2,015,350,070	2,018,320,724	2,022,367,960
股东权益	元	722,391,828	711,266,616	715,313,852	706,214,511	710,261,747
全面摊薄每股收益	元	0.07	0.05	0.05	0.013	0.013
加权平均每股收益	元	0.07	0.05	0.05	0.014	0.014
扣除非经常性损益后每股收益	元	0.06	0.047	0.047	0.013	0.013
每股净资产	元	2.20	2.17	2.18	2.15	2.16
调整后的每股净资产	元	2.12	2.09	2.11	2.10	2.11
每股经营活动产生现金流量净额	元	0.36	0.42	0.42	0.36	0.36
净资产收益率	%	3.13	2.32	2.31	0.6	0.6

报告期利润	净资产收益率(%)				每股收益(元/股)			
	全面摊薄		加权平均		全面摊薄		加权平均	
	2001	2000	2001	2000	2001	2000	2001	2000
主营业务利润	30.05	27.98	30.05	27.81	0.66	0.61	0.66	0.61
营业利润	3.36	2.93	3.35	2.91	0.07	0.06	0.07	0.06
净利润	3.13	2.32	3.13	2.31	0.07	0.05	0.07	0.05
扣除非经常性损益后的净利润	2.67	2.16	2.67	2.14	0.06	0.05	0.06	0.05

三、股本变动及股东情况

(一)股份变动情况

1、报告期内公司股份未发生变动情况。

2、股票发行及上市情况。

1999 年 3 月 4 日,公司向 HOLCHIN B.V.(HOLDERBANK)发行境内上市外资股 7700 万股。发行价格 0.2609 美元。1999 年 3 月 12 日,新增发行的股票在上海证交所上市交易。

600802 福建水泥股份有限公司

2001 年年度报告摘选

一、公司简介

1.公司法定中文名称:福建水泥股份有限公司
公司法定英文名称:FUJIAN CEMENT INC.
英文法定英文名称缩写:FJC
2.公司法定代表人:黄建民
3.董事会秘书:林成潮
联系地址:福建省福州市杨桥路 118 号宏杨新城建福大厦
联系电话:0591—7527300(7517808 转 1560)
传真:0591—7527300
电子信箱:dmcement@pub5.fz.fj.cn
证券事务代表:林国金;
公司年度报告备置地点:董事会秘书处
联系地址:福建省福州市杨桥路 118 号宏杨新城建福大厦　　邮编:350001
电话:0591—7527300(或 7517808 转 1546)　　传真:0591—7527300(或 7517018)
4.公司注册地址:福建省福州市杨桥路 118 号宏杨新城建福大厦
邮编:350001
公司办公地址:福建省福州市杨桥路 118 号宏杨新城建福大厦
公司国际互联网网址:http://www.jianfu.com
公司电子信箱:cement@pub5.fz.fj.cn
5.公司信息披露报纸:《上海证券报》
登载公司年度报告的中国证监会指定国际互联网网址:http://www.sse.com.cn
6.公司股票上市交易所:上海证券交易所
股票简称:福建水泥　　股票代码:600802

二、会计数据和业务数据摘要

(一)本年度主要利润指标　　单位:人民币元

项目	金　额
利润总额	-4,556,346.32
净利润	2,104,167.64
扣除非经常性损益后的净利润	952,302.98
主营业务利润	198,743,550.19
其他业务利润	2,913,003.74
营业利润	-9,281,830.55
投资收益	6,013,492.26
补贴收入	2,320,000.00
营业外收支净额	-3,608,008.03
经营活动产生的现金流量净额	83,852,329.56
现金及现金等价物净增加额	-26,742,786.03

注:扣除非经常损益项目计 1,151,864.66 元,包括以下项目金额:
短期投资收益及利息:3,569,230.03
营业外收支净额:-2,417,365.38(税前为-3,608,008.03)

(二)近三年主要会计数据及财务指标　　单位:人民币元

项目	2001 年度	2000 年度		1999 年度	
		调整后	调整前	调整后	调整前
主营业务收入	582,648,450.50	542,123,770.13	542,123,770.13	593,244,585.81	593,244,585.81
净利润	2,104,167.64	-95,140,105.17	52,423,893.00	74,054,935.49	74,054,935.49
总资产	1,591,870,720.80	1,518,133,663.57	1,678,259,579.22	1,355,748,835	1,361,427,508.20
股东权益	701,563,955.53	699,269,187.89	858,927,236.22	637,591,366.69	643,270,039.89
每股收益(摊薄)	0.007	-0.336	0.185	0.298	0.298
每股收益(加权)	0.007	-0.366	0.202	0.298	0.298
每股收益(扣除非经常性损益)	0.003	-0.337	0.184	0.298	0.298
每股净资产	2.481	2.473	3.04	2.53	2.69
调整后的每股净资产	2.216	2.33	2.84	0.355	2.549
每股经营活动产生的现金流量净额	0.296	-0.215	-0.215	11.61	0.355
净资产收益率%	0.300	-13.606	6.10	11.51	11.51
净资产收益率(加权)%	0.300	-16.46	7.38	11.51	11.51

说明:公司已按照信息披露规范问答 1 号-非经常性损益要求,调整了以前年度每股收益(扣除非经常性损益)。

(三)报告期利润表附表

报告期利润	净资产收益率(%)		每股收益(元)	
	全面摊薄	加权平均	全面摊薄	加权平均
主营业务利润	28.33	28.37	0.70	0.70
营业利润	-1.32	-1.32	-0.03	-0.03
净利润	0.30	0.30	0.01	0.01
扣除非经常性损益后净利润	0.14	0.14	0.003	0.003

三、股本变动及股东情况

(一)股份变动情况表　　数量单位:股

	本次变动前	本次变动增减(+、-)						本次变动后
		配股	送股	公积金转股	增发	其他	小计	
一、未上市未流通股份								
1.发起人股份	145145000							145145000
其中:								
国家拥有股份	145145000							145145000
境内法人持有股份								
境外法人持有股份								
其他								
2.募集法人股	3372600							3372600
3.内部职工股								
4.优先股或其他								
未上市流通股份合计	148517600							148517600
二、已上市流通股份								
1.人民币普通股	134299391							134299391
2.境内上市的外资股								
3.境外上市的外资股								
4.其他								
已上市流通股份合计	134299391							134299391
三、股份总数	282816991							282816991

600803 河北威远生物化工股份有限公司

2001 年年度报告摘选

一、公司基本情况简介

1.公司法定中文名称:河北威远生物化工股份有限公司
公司英文名称:Hebei Weiyuan Bio-chemical Co.,Ltd.
公司简称:威远生化
英文缩号:HBWY
2.公司法定代表人:霍丽君
3.公司董事会秘书:白岩
联系地址:河北省石家庄市新石北路 166 号
电话:0311-3834233-8016　　传真:0311-3833524
电子信箱:baiyan@vian.com.cn
公司证券事务授权代表:郑德河
电话:0311-3834233-8015　　传真:0311-3833524
电子信箱:weiyuan-zdh@263.net
4.公司注册地址:河北省石家庄市新石北路 166 号
公司办公地址:河北省石家庄市新石北路 166 号
邮政编码:050091
公司互联网址:http://www.vian.com.cn
5.公司选定的信息披露报纸名称:《上海证券报》
登载公司年度报告的中国证监会指定互联网网址:http://www.sse.com.cn
公司年度报告备置地点:本公司股份办
6.公司股票上市交易所:上海证券交易所
股票简称:威远生化　　股票代码:600803

二、会计数据和业务数据摘要

(一)本年度主要会计数据和业务数据　　(单位:元)

项目	2001 年
利润总额	14,651,169.43
净利润	13,658,238.74
扣除非经常性损益后的净利润	7,597,072.76
主营业务利润	49,476,580.84
其他业务利润	4,174,016.37
营业利润	12,531,004.05
投资收益	790,192.61
补贴收入	1,600,000.00
营业外收支净额	-270,027.23
经营活动产生的现金流量净额	-18,226,296.13
现金及现金等价物净增加额	-37,250,129.62

(二)前三年的主要会计数据和财务指标　　(单位:万元)

项目	2001 年	2000 年调整前	2000 年调整后	1999 年调整前	1999 年调整后
主营业务收入	26,400.19	23,682.60	23,682.60	25,739.06	25,739.06
净利润	1,365.82	2,306.72	2,005.19	2,246.24	2,246.24
总资产	75,460.26	58,596.17	57,909.73	48,640.39	48,271.27
股东权益	31,950.40	32,457.14	30,628.36	31,289.34	30,920.22
每股收益(元/股)					
摊薄	0.12	0.20	0.17	0.19	0.19
加权	0.12	0.20	0.17	0.21	0.21
扣除非经常性损益后的每股收益(元/股)	0.06	0.19	0.12	0.19	0.16
每股净资产(元/股)	2.70	2.75	2.59	2.65	2.62
调整后每股净资产(元/股)	2.67	2.75	2.55	2.59	2.57
净资产收益率(%)					
摊薄	4.27	7.11	6.55	7.18	7.26
加权	4.36	7.11	6.08	10.15	10.32
每股经营活动产生的现金流量净额(元/股)	-0.15	-0.22	-0.22	-0.10	-0.10
扣除非经常性损益后的加权净资产收益率(%)	2.43	5.25	4.26	8.52	8.66

(三)利润附表

报告期利润	净资产收益率(%)		每股收益(元)	
	全面摊薄	加权平均	全面摊薄	加权平均
主营业务利润	15.49	15.80	0.42	0.42
营业利润	3.92	4.00	0.11	0.11
净利润	4.27	4.36	0.12	0.12
扣除非经常性损益后的净利润	2.38	2.43	0.06	0.06

三、股本变动及股东情况

(一)股本变动情况表

公司股份变动情况表　　数量单位:股

项目	本次变动前	本次变动增减(+,-)	本次变动后
一、未上市流通股份			
1.发起人股份			
其中:			
国家持有股份	52125713	0	52125713
境内法人持有股份			
境外法人持有股份			
其他			
2.募集法人股份			
3.内部职工股			
4.优先股或其他			
其中:转配股			
未上市流通股份合计	52125713	0	52125713
二、已上市流通股份			
1.人民币普通股	66096000	0	66096000
2.境内上市的外资股			
3.境外上市的外资股			
4.其他			
已上市流通股份合计	66096000	0	66096000
三、股份总数	118221713	0	118221713

600804 成都工益冶金股份有限公司

2001 年年度报告摘选

一、公司简介

1、公司法定中文名称:成都工益冶金股份有限公司
公司英文名称:CHENDU GONGYI METALLURGY CO.,LTD
公司英文缩写名称:CDGY
2、公司法定代表人:王群英
3、公司董事会秘书:何斌
电话:(028)4550710
传真:(028)4407189
E-MAIL:gonyi@mail.sc.cninfo.net
公司证券事务代表:林世进
电话:(028)4408483
传真:(028)4407002
4、公司注册地址:中国四川成都市经华南路 3 号
公司办公地址:同上
邮政编码:610069
5、公司信息披露报纸:上海证券报
登载年度报告的中国证监会指定的国际互联网网址:http://www.sse.com.cn
6、公司年度报告备置地点:四川成都市经华南路 3 号公司证券投资部
7、公司股票上市交易所:上海证券交易所
股票简称:工益股份　　股票代码:600804

二、会计数据和业务数据摘要

1、公司本年度的主要会计数据(单位:人民币千元)

项目	金　额
利润总额	1,323.89
净利润	1,325.19
扣除非经常性损益后的净利润	-234.66
主营业务利润	15,915.35
其他业务利润	844.53
投资收益	-1,821.66
补贴收入	0
营业外收支净额	-77.55
经营活动产生的现金流量净额	15,581.73
现金及现金等价物净增加额	-1,525.14

2、截止本报告期末公司前三年的主要会计数据和财务指标　　(单位:人民币千元)

项目	2001 年	2000 年		1999 年	
		调整后	调整前	调整后	调整前
主营业务收入	294,196.92	234,171.87		261,568.37	
净利润	1,325.19	-31,473.52		830.89	
总资产	341,308.64	363,637.05	368,894.97	401,020.13	408,761.52
股东权益	190,677.50	192,369.79	200,111.17	228,125.34	235,866.73
每股收益(元)	0.011	-0.27		0.01	
每股净资产(元)	1.635	1.649	1.716	1.956	2.020
调整后的每股净资产(元)	1.514	1.542	1.608	1.805	1.871
每股经营活动产生的现金流量净额(元)	0.13	0.123		0.056	
净资产收益率(%)(全面摊薄)	0.69	-16.36	-15.73	0.36	0.35
扣除非经常性损益后的净资产收益率(%)(全面摊薄)	-0.98	-16.36	-15.73	0.36	0.35
(加权平均)	-0.96	-14.64	-14.30	0.36	0.35

三、股本变动及股东情况

1、股份变动情况表(截至 2001 年末数量单位:股)

	期初数	本次增减变动(+,-)	期末数
一、尚未流通股份			
发起人股份	43,214,400	0	43,214,400
其中:			
国家拥有股份			
境内法人持有股份	43,214,400	0	43,214,400
外资法人持有股份			
募集法人股	1,440,000	0	1,440,000
内部职工股			
优先股及其它			
尚未流通股份合计	44,654,400		44,654,400
二、已流通股份			
境内上市的人民币普通股	71,956,800	0	71,956,800
境内上市的外资股			
境外上市的外资股			
其它			
已流通股份合计	71,956,800	0	71,956,800
三、股份总额	116,611,200	0	116,611,200

600806 交大昆机科技股份有限公司

2001 年年度报告摘选

一、公司简介

公司法定名称(中文):交大昆机科技股份有限公司
公司法定名称(英文):JIAODA KUNJI HIGH-TECH COMPANY LIMITED
公司英文名称缩写:JKHT
公司注册和办公地址:中华人民共和国云南省昆明市茨坝路 23 号
公司法定代表人:岳华峰先生
公司董事会秘书:冯思忠先生
公司证券事务代表:曲莘野女士
联系电话:86-871-5212410、86-871-5212411
传真:86-871-5150317
邮政编码:650203
公司国际互联网网址为:http://www.cnkmtc.com
电子信箱:KMMTCL@public.km.yn.cn
公司选定的信息披露报纸:《上海证券报》及香港《经济日报》、《HONG KONG IMAIL》
公司登载年报(中国证监会和香港联合交易所指定的国际互联网)网址分别为:
http://www.sse.com.cn　　http://www.hkex.com.hk
公司年度报告备置地点:中华人民共和国云南省昆明市茨坝路 23 号昆明机床股份有限公司董事会秘书室
公司股票上市地:A 股,上海证券交易所
H 股,香港联合交易所
公司股票代码:A 股,600806
H 股,0300
公司 A 股、H 股股票简称:交大科技

二、会计数据和业务数据

1. 公司主要会计数据和业务数据
(1)根据中国会计准则　　单位:人民币千元

项目	金额
利润总额:	2,051
净利润:	2,051
扣除非经常性损益后的净利润:	912
主营业务利润:	24,968
其他业务利润:	600
营业利润:	-2,361
投资收益:	3,273
补贴收入:	1,700
营业外收支净额:	-561
经营活动产生的现金流量净额:	-13,689
现金及现金等价物净增加额:	-7,398

注:"扣除非经常性损益后的净利润"所扣除的项目、涉及的金额分别为补贴收入 1700 千元、营业外收支净额-561 千元。

2. 公司主要会计数据和财务指标
(1)根据中国会计准则　　至 12 月 31 日止年度

项目	单位	2001	2000	1999	1998	1997
主营业务收入	人民币千元	102,494	91,071	46,247	47,314	74,347
净利润	人民币千元	2,051	3,576	(46,568)	(25,671)	1,195
总资产	人民币千元	774,442	669,435	575,903	613,271	646,870
股东权益	人民币千元	499,034	509,337	505,761	552,329	578,000
每股收益	人民币元/股	0.008	0.015	(0.19)	(0.105)	0.0049
每股净资产	人民币元/股	2.04	2.08	2.06	2.25	2.36
净资产收益率	%	0.41	0.70	(9.21)	(4.65)	0.21
调整后的每股净资产	人民币元/股	2.03	2.01	2.00	2.23	2.34
每股经营活动产生的现金流量净额	人民币元/股	-0.06	0.05	-0.04	-0.07	0

(2)按照中国证监会《公开发行证券公司信息披露编报规则(第九号)》要求计算的利润表附表:

报告期利润	净资产收益率(%)		每股收益(人民币元)	
	全面摊薄	加权平均	全面摊薄	加权平均
主营业务利润	5.000	5.000	0.102	0.102
营业利润	(0.471)	(0.471)	(0.010)	(0.010)
净利润	0.409	0.409	0.008	0.008
扣除非经常性损益后的净利润	(1.614)	(1.595)	(3.301)	(3.301)

三、股本变动及股东情况

1、股本变动情况表

	期初数及期末数(股)
一、未上市流通股份	
1、发起人股份	102,397,700
其中:	
国家持有股份	31,345,554
国有法人持有股份	71,052,146
境外法人持有股份	0
其他	0
2、募集法人股份	17,609,700
3、内部职工股	0
4、优先股或其他	0
未上市流通股份合计	120,007,400
二、已上市流通股份	
1、境内上市的人民币普通股	60,000,000
2、境内上市的外资股	0
3、境外上市的外资股	65,000,000
4、其他	0
已上市流通股份合计	125,000,000
三、股份总数	245,007,400

600805 江苏悦达投资股份有限公司

2001年年度报告摘要

第一节 重要提示

本公司董事会及其董事保证本报告所载资料不存在任何虚假记载、误导性陈述或者重大遗漏,并对其内容的真实性、准确性和完整性承担个别及连带责任。本年度报告摘要摘自年度报告全文,投资者欲了解详细内容,应阅读年度报告全文。

公司董事王树华先生、邵衍伟先生未出席本次四届十九次董事会会议,也未委托其他董事代为表决。

第二节 公司基本情况简介

1、公司法定中文名称:江苏悦达投资股份有限公司
公司法定英文名称:JIANGSU YUEDA INVESTMENT CO., LTD.
2、法定代表人:胡友林
3、董事会秘书:高一山
联系地址:江苏省盐城市通榆中路36号
联系电话:0515-8202599
传　　真:0515-8334601
电子信箱:gao-yishan@163.net
董事会证券事务代表:董广勇
联系地址:江苏省盐城市通榆中路36号
电话号码:(0515)8202863
传　　真:(0515)8334601
电子信箱:jsyd@public.yc.js.cn
4、公司注册地址:江苏省盐城市通榆中路36号
公司办公地址:江苏省盐城市通榆中路36号
邮政编码:224002
公司国际互联网网址:http://www.yueda.com
电子信箱:yueda@public.yc.js.cn
5、公司选定的信息披露报刊:《上海证券报》
登载年度报告的国际互联网网址:http://www.sse.com.cn
年度报告备置地点:江苏省盐城市通榆中路36号公司总部二楼证券部
6、股票上市交易所:上海证券交易所
股票简称:悦达投资
股票代码:600805

第三节 会计数据和业务数据摘要

(一)本年度主要利润指标　(单位:元)

项目	金额
利润总额	-7,187,351.63
净利润	20,355,836.94
扣除非经常性损益后的净利润	-28,792,916.38
主营业务利润	274,932,756.96
其他业务利润	9,055,898.93
营业利润	-27,060,706.17
投资收益	14,728,539.34
补贴收入	6,302,566.85
营业外收支净额	-1,157,751.65
经营活动产生的现金流量净额	446,686,920.87
现金及现金等价物净增减额	-294,499,664.35

注:非经常性损益项目和涉及金额(元):

项目	金额
减:(1)收取新阜公路资金利息	6,220,000.00
(2)拖拉机厂财政贴息	1,560,000.00
(3)转让股权收益	5,600,000.00
(4)收取江苏悦达集团有限公司租赁收入	9,100,000.00
(5)财政补贴收入	20,132,400.00
(6)营业外收入	757,393.96
(7)收取江苏悦达集团有限公司资金占用费	8,098,190.24
加:(8)资产盘亏	404,085.27
(9)营业外支出	1,915,145.61
扣除非经营性损益合计	49,148,753.32

(二)截止报告期末前三年主要会计数据和财务指标(单位:元)

项目	2001年	2000年(调整后)	2000年(调整前)	1999年
主营业务收入	1,267,196,532.73	1,037,094,863.66	1,037,094,863.66	649,680,952.54
净利润	20,355,836.94	132,934,584.51	134,429,083.92	131,806,019.43
总资产	5,377,270,373.68	3,673,817,672.40	3,545,020,116.88	2,273,654,102.31
股东权益(不含少数股东权益)	1,701,574,516.68	1,681,218,679.75	1,729,210,836.20	1,104,339,270.19
每股收益:摊薄	0.037	0.244	0.246	0.283
每股净资产	3.12	3.08	3.17	2.37
调整后每股净资产	3.10	3.06	3.15	2.27
每股经营活动产生的现金流量净额	0.82	0.92	0.92	0.28
净资产收益率(%)	1.20	7.91	7.77	11.94
扣除非经常性损益的加权平均净资产收益率(%)	-1.70	3.84	3.94	1.94

第四节 股本变动及股东情况

(一)股本变动情况

1、股份变动情况表

单位:股

项目	期初数	本次变动增减 配股	送股	公积金转增	增发	其他	期末数
一、未上市流通股份							
1、发起人股份	233,366,634	- -	- -	- -	- -	- -	233,366,634
其中:							
国家持有股份	233,366,634	- -	- -	- -	- -	- -	233,366,634
2、募集法人股份	2,588,040	- -	- -	- -	- -	- -	2,588,040
3、优先股或其他	- -	- -	- -	- -	- -	- -	- -
未上市流通股份合计	235,954,674	- -	- -	- -	- -	- -	235,954,674
二、已上市流通股份							
境内上市人民币普通股	309,490,514	- -	- -	- -	- -	- -	309,490,514
已上市流通股份合计	309,490,514	- -	- -	- -	- -	- -	309,490,514
三、股份总数	545,445,188	- -	- -	- -	- -	- -	545,445,188

(二)股东情况

1、报告期末股东总数为173372户。

2、本公司前十名股东持股情况:

股东名称	持有数量(股)	持股比例(%)	增减变动	股份类别
江苏悦达集团有限公司	128,234,486	23.51	0	国有法人股
江苏省国际信托投资公司	72,144,000	13.23	0	国有法人股
盐城市国有资产经营公司	32,988,148	6.05	0	国家股
刘可牧	1,404,000	0.26	0	流通股
王连荣	1,404,000	0.26	0	流通股
桑军庆	1,404,000	0.26	0	流通股
潘太军	1,404,000	0.26	0	流通股
桑会庆	1,177,556	0.22	0	流通股
宋音莲	977,130	0.18	-1,245,870	流通股
盐城工信	655,200	0.12	0	社会法人股

注:(1)江苏悦达集团有限公司为公司国有法人股股东,1997年8月21日,江苏悦达集团有限公司以其持有的我公司法人股3169.091万股为质押物,为其控股的盐城悦银汽车有限公司向浙江兴业银行香港分行贷款1800万美元,质押期限5年,宽限期2年,计7年。截止2001年12月31日,上述美元贷款已归还13,130,445.01美元,贷款余额为4,869,554.99美元。

(2)持股5%以上的股东之间无关联关系。

(三)公司控股股东情况介绍

1、公司控股股东情况介绍
控股股东名称:江苏悦达集团有限公司
法定代表人:胡友林
成立日期:1995年8月4日
注册资本:14154万元人民币
公司类别:有限责任公司(国有独资)

经营范围:国内商业,物资供销和仓储业(国家法律及政策禁止的除外);面包车、客货两用汽车、拖拉机生产、销售;海洋货运;旅游服务;铁路、公路运输(待领取许可证后经营)。拖拉机,农机具,工具及零配件,服装,工艺品,玩具,电子原件,塑料制品,渔具,食品,家用电器出口;本企业生产所需原辅材料、机械设备、零配件进口(除国家实行核定公司经营的12种进口商品)。

报告期内本公司控股股东没有发生变化。

2、江苏悦达集团有限公司控股股东情况介绍

经江苏省人民政府苏政复[1999]1号文批复,授权江苏悦达集团有限公司为国有资产投资主体,江苏省人民政府为出资者,由盐城市代行出资者职能。

第五节 董事、监事、高级管理人员

董事、监事、高级管理人员基本情况:

1、基本情况

姓名	职务	性别	年龄	任期起止日期	年初持股(股)	年末持股(股)	增减
胡友林	董事长、总经理	男	52	2000.5-2003.5	38461	38461	0
陆道斌	副董事长、副总经理	男	60	2000.5-2003.5	23248	23248	0
陈启民	副董事长、副总经理	男	59	2000.5-2003.5	34355	34355	0
陈云华	董事、副总经理	男	49	2000.5-2003.5	27840	27840	0
王树华	董事	男	34	2000.5-2003.5	0	0	0
王均亮	董事、副总经理	男	55	2000.5-2003.5	27273	27273	0
荣乃顺	董事	男	39	2000.5-2003.5	0	0	0
张　群	董事	男	38	2000.5-2003.5	0	0	0
王雨和	董事	男	48	2000.5-2003.5	14911	14911	0
刘必茂	董事	男	43	2000.5-2003.5	0	0	0
高一山	董事、董事会秘书	男	34	2001.3-2003.5	0	0	0
杨　锋	董事	男	55	2000.5-2003.5	17996	17996	0
周崇华	董事	男	47	2000.5-2003.5	0	0	0
巫振华	董事	男	46	2000.5-2003.5	0	0	0
邵衍伟	董事	男	32	2000.5-2003.5	0	0	0
孙为民	监事会主席	男	48	2000.5-2003.5	0	0	0
王怀喜	监事	男	56	2000.5-2003.5	10037	10037	0
薛　恬	监事	女	47	2000.5-2003.5	0	0	0
崔　林	监事	男	39	2001.10-2003.5	0	0	0
单　宁	监事	男	40	2000.5-2003.5	0	0	0

2、年度报酬情况

(1)根据《董事、监事年薪实施办法》和《高级管理人员年薪实施办法》以及其在公司担任的职务,对在公司领取报酬的董事、监事和高级管理人员,经考评后获得年度报酬,享受相应的员工福利;不在公司领取报酬的董、监事的报酬由派出股东方支付,公司不单独(额外)为其提供工资、津贴、福利。

(2)本年度公司支付给董、监事年度报酬总额为 86 万元,高级管理人员年度报酬总额为 53.5 万元,数额区间及人数如下:

报酬区间	人数
10－12 万	1
8－10 万	2
6－8 万	4
4－6 万	10

年度报酬最高的前三名董事报酬总额为 28 万元,年度报酬最高的前三名高级管理人员报酬总额为 28 万元。

(3)公司董事、监事、高级管理人员中,张群先生、王树华先生、邵衍伟先生、单宁先生及薛恬女士不在公司领取报酬,均由各委派的股东单位支付报酬。

3、报告期内离任的董事、监事、高级管理人员姓名及离任原因。

报告期内,因工作变动,刘晓光先生辞去公司董事和董事会秘书职务,齐勇先生辞去公司监事职务,荣乃顺先生辞去公司总会计师职务。

第六节　公司治理结构

(一)公司治理情况

公司严格按照《公司法》、《证券法》和中国证监会有关法律法规的要求,不断完善公司法人治理结构,建立现代企业制度,进一步规范公司运作,完善了《公司章程》、《股东大会议事规则》、《董事会议事规则》、《监事会议事规则》和《总经理工作细则》。这些规则符合中国证监会和国家经贸委于 2002 年 1 月 7 日发布的《上市公司治理准则》规范性文件的要求,主要内容如下:

(1)关于股东与股东大会:公司按照《上市公司股东大会规范意见》及《公司章程》的要求召集、召开股东大会,并聘请具有证券从业资格的律师出席见证和出具法律意见书;公司关联交易公平合理,以中介机构评估结果为依据确定交易价格,对定价依据充分披露,关联股东在表决时实行回避制度。今后公司争取通过各种手段在扩大股东参与股东大会的比例方面多做努力,并尽可能减少关联交易。

(2)关于控股股东与上市公司的关系:控股股东没有越过股东大会、董事会任免公司的高级管理人员,没有超越股东大会直接或间接干预公司的决策和经营活动;公司与控股股东在人员、资产、财务、机构和业务方面互相独立,公司董事会、监事会和内部机构能够独立运作。控股股东与公司不存在同业竞争。

(3)关于董事与董事会:公司严格按照《公司章程》规定的董事选聘程序选举董事;公司董事会的人数和人员构成符合法律、法规的要求;公司董事能够以认真负责、勤勉诚信的态度出席董事会和股东大会,积极参加有关培训,熟悉有关法律法规,了解作为董事的权利、义务和责任;公司董事会制定了《董事会议事规则》;公司董事会能够按照有关规定程序召开;2002 年 3 月 1 日公司召开临时股东大会选举王世定先生、杨盛福先生为公司独立董事;按照最新的规定全面修改了《公司章程》。

(4)关于监事和监事会:公司监事会的人数和人员构成符合法律、法规的要求;监事有足够的知情权,列席公司董事会;公司监事会制定了《监事会议事规则》;公司监事能够认真履行自己的职责,本着对股东负责的精神,对公司财务以及公司董事、公司经理和其他高级管理人员履行职责的合法合规性进行监督。

(5)关于绩效评价与激励约束机制:公司正积极着手建立公正、透明的董事、监事和经理人员的绩效评价标准与激励约束机制;高级管理人员的聘任公开、透明,符合法律法规的规定。

(6)关于相关利益者:公司能够充分尊重和维护银行及其他债权人、职工、客户、供应者等利益相关者的合法权益,共同推动公司持续、健康发展。

(7)关于信息披露与透明度:公司建立并不断健全信息披露管理制度,指定董事会秘书负责信息披露工作、接待股东来访和咨询;公司能够严格按照法律、法规和《公司章程》的规定,真实、准确、完整地披露有关信息,并确保所有股东有平等的机会获得信息;公司能够按照有关规定,及时披露大股东或公司实际控制人的详细资料和股份的变化情况。

(二)独立董事履行职责情况

报告期内公司尚未聘请独立董事。公司董事会根据《关于在上市公司建立独立董事制度的指导意见》的规定,经 2002 年 1 月 16 日召开的四届十七次董事会审议通过,提名王世定先生、杨盛福先生为公司独立董事候选人,并经 2002 年 3 月 1 日召开的公司 2002 年第一次临时股东大会审议通过。

第七节　股东大会情况简介

2001 年公司共召开三次股东大会,即一次年度股东大会和二次临时股东大会:

1、公司于 2001 年 2 月 10 日在《上海证券报》上刊登了召开 2000 年度股东大会年会的公告,会议于 2001 年 3 月 15 日上午在海悦大酒店南楼一楼会议室(盐城市通榆中路 36 号)召开,出席会议的股东代表 12 人,所持股份 168,181,218 股,占公司有表决权股数总额的 30.8%,符合《公司法》和《公司章程》的有关规定,大会审议通过:

(1)《公司 2000 年度董事会工作报告》

(2)《公司 2000 年度监事会工作报告》

(3)《公司 2000 年度财务决算和利润分配议案》及 2001 年度利润分配政策预测的方案

(4)《关于调整部分董事的议案》

(5)《股东大会议事规则》。

此次股东大会决议刊登于 2001 年 3 月 16 日的《上海证券报》。

2、公司于 2001 年 9 月 29 日在《上海证券报》上刊登了召开 2001 年度第一次临时股东大会的公告,会议于 2001 年 10 月 30 日上午在盐城悦达国际大酒店南楼 2511 会议室召开,出席会议的股东代表 12 人,所持股份 240,448,377 股,占公司有表决权股数总额的 44.08%,符合《公司法》和《公司章程》的有关规定,大会审议通过:

(1)《关于收购江苏悦达集团有限公司持有的陕西西铜高速公路有限公司 70%股权的议案》

(2)《关于调整部分监事的议案》

(3)《董事、监事年薪实施办法》

此次股东大会决议刊登于 2001 年 10 月 31 日的《上海证券报》。

3、公司于 2001 年 11 月 27 日在《上海证券报》上刊登了召开 2001 年度第二次临时股东大会的公告,会议于 2001 年 12 月 28 日上午在公司总部三楼三号会议室召开,出席会议的股东代表 10 人,所持股份 167,665,612 股,占公司有表决权股数总额的 30.7%,符合《公司法》和《公司章程》的有关规定,大会审议通过《关于将海南悦发房地产开发公司、江苏悦达盐城石油化工公司、江苏悦达盐城煤炭公司、江苏悦达中油石油化工有限公司、江苏悦达贸易股份有限公司等五家公司的资产或股权转让给江苏悦达集团有限公司的议案》

此次股东大会决议刊登于 2001 年 12 月 29 日的《上海证券报》。

第八节　董事会报告

(一)公司经营情况

1、公司主营业务范围及其经营状况

公司主营业务范围是:公路开发、经营,能源投资、农用机械、汽车制造和销售,国内贸易,酒店服务业。

(1)按行业、产品分析报告期内公司主营业务收入、主营业务毛利的构成情况:

单位:元

A、按行业分析

项　目	主营业务收入	主营业务毛利
交通业	124,852,311.88	67,028,627.71
制造业	760,209,007.38	124,858,538.44
商品流通	371,073,329.96	96,251,340.36
酒店服务业	11,061,883.51	7,061,583.86

B、按产品分析

项目	主营业务收入	主营业务毛利	毛利率(%)
拖拉机	306,320,443.28	39,396,602.16	12.86
汽车	412,627,711.61	55,666,252.58	13.49
水泥	83,863,216.69	24,116,729.59	28.76

(3)占主营业务收入 10%以上的业务经营活动及主要产品

项目	业务收入(元)	占主营业务收入的比例(%)
汽车	412,627,711.61	32.56
物资贸易	316,045,775.79	24.94
拖拉机	306,320,443.28	24.17

(4)占主营业务利润 10%以上的业务经营活动及主要产品

项目	业务利润(元)	占主营业务利润的比例(%)
公路经营	60,547,052.96	22.02
汽车	55,666,262.58	20.25
煤炭、石化产品销售	86,853,826.39	31.59

2、公司主要控股公司及参股公司的经营情况及业绩

名　称	注册资本(万元)	持股比例(%)	业务范围	总资产(万元)	净利润(万元)
陕西西铜高速公路有限公司	114,315.00	70	公路经营	124,154.25	2,024.68(注)
徐州通达(广通、运通)公路有限公司	26,000.00	55	公路经营	67,874.46	3,519.93
江苏悦达起亚汽车有限公司	USD1500	50	汽车制造	44,823.02	－6,284.98
上海赛达生物药业有限公司	7,693.00	56.88	生物制药	15,916.77	－71.25
江苏天辰股份有限公司	3,925.00	92.77	水泥制造	17,120.46	302.56
江苏悦达贸易股份有限公司	1,200.00	90	物资贸易	9,165.09	465.63
上海悦达金马贸易有限公司	3,000.00	90	拖拉机销售	10,762.69	127.34
华能淮阴发电有限责任公司	26,500	26.36	发电	90,069.55	5,339.89
南京悦家超市有限责任公司	3,973.30	25	连锁超市	9,679.12	1,194.51

注:陕西西铜高速公路有限公司 2001 年 6 月设立经营,2001 年 6－12 月实现净利润 2024.68 万元。本公司于 2002 年 11 月起拥有其 70%股权,并享有股权比例相一致的权益。

3、主要供应商和客户情况

公司向前五名供应商的采购金额为 309,448,905.07 元,占公司全部成本的 31.84%。公司销售前五名客户收入总额 499,852,899.65 元,占公司全部销售收入的 39.45%。

(二)公司投资情况:

截止 2001 年 12 月 31 日长期投资余额 1,301,627,437.77 元,长期投资减值准备 360,000.00 元,长期投资净额为 1,301,267,437.77 元

项　目	年初数		本期增加	本期减少	期末数	
	金　额	减值准备			金额	减值准备
长期股权投资	291,674,653.65	360,000.00	1,033,036,906.40	23,384,122.28	1,301,327,437.77	360,000.00
长期债权投资	7,300,000.00	-	-	7,000,000.00	300,000.00	-
合　计	298,974,653.65	360,000.00	1,033,036,906.40	30,384,122.28	1,301,627,437.77	360,000.00

本期长期股权投资增加主要项目:

①经公司 2000 年临时股东大会审议通过以 126,018 万元价格收购江苏高速公路集团有限公司持有的江苏京沪高速公路有限公司 21%股权。截止 2001 年 12 月 31 日已投入资金 99,309.9 万元。

②本期公司子公司—上海赛达生物药业有限公司又与上海赛尔生物技术公司共同出资设立上海赛达生物技术研究中心有限公司,其中,上海赛达生物药业有限公司本期出资 818 万元人民币,占上海赛达生物技术研究中心有限公司注册资本的 45%。该公司主要从事新药开发。

③本期公司以 530.13 万元人民币受让南京新街口百货商店股份有限公司所拥有的南京悦家超市有限公司的 10%股权,受让后公司对南京悦家超市有限公司的出资比例由 15%增至 25%。

1、募集资金使用情况

报告期内没有募集资金。经 2000 年 12 月 28 日召开的公司 2000 年第一次临时股东大会决议通过,决定变更 2000 年增发募集资金的部分投向,将原计划用于拖拉机技改项目的 8500 万元改为收购江苏京沪高速公路有限公司 21%股权。有关信息于 2000 年 12 月 29 日刊登在《上海证券报》。该部分资金于 2001 年 2 月完成投入。

2、报告期内非募集资金投资的重大项目的情况说明

(1)经 2000 年临时股东大会审议通过公司以 126,018 万元价格收购江苏高速公路集团有限公司持有的江苏京沪高速公路有限公司 21%股权。有关信息于 2000 年 12 月 29 日刊登在《上海证券报》。截止 2001 年 12 月 31 日已投入资金 99,309.9 万元。报告期内由于股权转让过户手续未完成,该公司 2001 年收益未进入本公司。

(2)经第四届十四次董事会和 2001 年第一次临时股东大会审议通过,公司以 80020 万元的价格收购江苏悦达集团有限公司持有的陕西西铜高速公路有限公司 70%股权。该公司损益自 2001 年 11 月 1 日起进入本公司,2001 年 11－12 月份本公司从该公司获得投资收益 4,611,435.70 元。

(3)根据公司与南京新街口百货商店股份有限公司签订的《股权转让协议》,公司以 530.13 万元人民币受让南京新街口百货商店股份有限公司所拥有的南京悦家超市有限公司的 10%股权,受让后公司对南京悦家超市有限公司的出资比例由 15%增至 25%。

(三)公司财务状况　　单位:元

项　目	期初数	期末数	增减变动数
总资产	3,673,817,672.40	5,377,270,373.68	＋1,703,452,701.28
长期负债	788,219,334.63	704,698,120.60	－83,521,214.03
股东权益	1,681,218,679.75	1,701,574,516.69	20,355,836.94
主营业务利润	219,999,407.67	274,932,756.96	＋54,933,349.29
净利润	132,934,584.51	20,355,836.94	－112,578,747.57

主要原因:

总资产增加系长期投资增加。

长期负债减少系应付债券减少。

股东权益增加系报告年度实现的净利润。

主营业务利润增加系汽车销售收入增加及合并报表范围增加。

(四)生产经营环境、宏观政策、法规的变化对公司产生的影响

根据中国政府入世的承诺,2001 年 12 月 11 日我国宣布,自 2002 年 1 月 1 日起,发动机排量在 3 升以下的轿车关税由目前的税率 70%降到 43.8%;排量 3 升以上的轿车关税由目前的 80%降到 50.7%,随即国内掀起一轮轿车降价大潮。本公司采取大幅降价的应对措施,这对公司的成本管理提出了更高的要求。

(五)新年度的经营计划

1、汽车方面。尽快实施与国内大的汽车集团进行重组的方案。计划生产汽车 1.5 万辆,销售 1.2 万辆。

2、拖拉机方面。计划 2002 年产销手扶拖拉机 5.5 万台、小四轮 6500 台。

3、生物制药方面。完成肿瘤坏死因子三期临床试验,着力推进一类新药证书申报工作。

4、基础设施业务寻求新突破。①加强与江苏京沪高速公路有限公司的沟通,做好股权完善的有关工作以及多渠道筹措资金,确保剩余资金按协商意见尽早到位。②在西铜公路项目,提高思想认识,保证股东权益,追求利益最大化,确保完成 2002 年的收费收入 1.4 亿元的目标。③徐州三环路项目,加强征费管理,消除封闭改造带来的负面影响,积极把握收费动态,确保全年实现收费收入 1.43 亿元。

(六)公司 2001 年度利润分配预案为:因公司最近投资的项目资金需求较大,2001 年度不进行利润分配,也不进行公积转增。

第九节　监事会报告

(一)报告期内监事会的工作情况:

报告期内,监事会共召开了三次会议。

第四届监事会第四次会议于2001年2月7日在公司总部召开,会议审议通过了《公司2000年监事会报告》和《监事会议事规则》

第四届监事会第五次会议于2001年8月25日在公司总部召开,会议审议通过公司《2001年中期报告及摘要》、《关于固定资产等四项减值准备金计提的议案》和内控制度。

第四届监事会第六次会议于2001年9月26日在海悦大酒店南楼2511会议室召开,会议审议通过《关于收购江苏悦达集团有限公司持有的陕西西铜高速公路有限公司70%股权的议案》和《关于变更部分监事的议案》。

(二)监事会对公司2001年度有关事项的独立意见

1、公司依法运作情况:监事会列席了2001年召开的七次董事会并参加了三次股东大会,对公司各项重大决策的依据、实施过程进行了监督。监事会认为,公司管理层的执行决议的情况与股东大会决议相符合的。监事会对公司董事、高级管理人员的经营工作进行了监督,认为公司董事会和高级管理人员在2001年度的工作中能开拓进取,忠于职守、规范管理,维护了公司股东的权益,没有违反法律、法规和《公司章程》的行为。

2、报告期内江苏天衡会计师事务所出具的财务报告真实反映了公司的财务状况和经营成果。

3、报告期内公司没有募集资金,变更的部分募集资金已如期投入。

4、报告期内收购出售资产交易价格合理,未发现内幕交易,无损害股东的权益或造成公司资产流失的情况。

5、报告期内公司发生的重大关联交易:公司以80020万元价格收购江苏悦达集团有限公司持有的陕西西铜高速公路有限公司70%股权,报告期内已实施。公司以1370.9万元价格将海南悦发房地产开发公司、江苏悦达盐城石油化工公司、江苏悦达盐城煤炭公司、江苏悦达中油石油化工有限公司、江苏悦达贸易股份有限公司等五家公司的资产或股权转让给江苏悦达集团有限公司,有关手续正在办理之中。上述两项交易均经公司董事会和股东大会审议通过,并请具有证券从业资格的独立财务顾问出具了独立财务顾问报告,交易价格均在具有证券从业资格的中介机构出具的资产评估报告结果的基础上确定的,无损害本公司利益的情况。

第十节 重要事项

(一)重大诉讼、仲裁事项。

本年度内公司无重大诉讼、仲裁事项。

(二)报告期内收购及出售资产、吸收合并事项的简要情况及进程。

1、经第四届十四次董事会和2001年第一次临时股东大会审议通过,公司以80020万元的价格收购江苏悦达集团有限公司持有的陕西西铜高速公路有限公司70%股权,本次交易为关联交易。江苏现代资产投资管理顾问有限公司为此次交易出具了独立财务顾问报告,江苏世纪同仁律师事务所出具了法律意见书,江苏仁合资产评估有限公司对收购资产进行了评估,并出具了资产评估报告书,评估结果经江苏省财政厅确认。此次关联交易有利于公司进一步提高基础设施产业在公司总资产、业务收入和利润总额中的比重,有利于公司的稳定发展。

2、经第四届十六次董事会和2001年第二次临时股东大会审议通过,公司以1370.9万元的价格将海南悦发房地产开发公司、江苏悦达盐城石油化工公司、江苏悦达盐城煤炭公司、江苏悦达中油石油化工有限公司、江苏悦达贸易股份有限公司等五家公司的资产或股权转让给江苏悦达集团有限公司持有。此次交易为关联交易,上海君创财经顾问有限公司为此次交易出具了独立财务顾问报告,南京永华会计师事务所有限公司对出售的资产进行了评估,并出具了资产评估报告。此次交易实施后,公司完全退出了传统的物资贸易行业,有助于公司集中精力投入到基础设施产业。目前转让手续正在办理中。

(三)报告期内发生的重大关联交易事项。

(1)固定资产租赁收入:公司向江苏悦达集团有限公司出租固定资产收取租赁费情况列示如下:

业务性质	本年累计数	上年同期数
房屋租赁收入	3,100,000.00	3,100,000.00
自备车租赁	6,000,000.00	6,000,000.00
合　计	9,100,000.00	9,100,000.00

(2)提供资金收取资金占用费:

项　目	本年累计数	上年同期数
江苏悦达集团有限公司	8,098,190.24	11,961,250.37

说明:公司根据与江苏悦达集团有限公司所签订的"资金有偿占用协议",向江苏悦达集团有限公司收取资金占用费。

(3)受让股权:

根据公司与江苏悦达集团有限公司签订的《关于陕西西铜公路有限公司的股权转让协议》,公司本期出资80020万元受让江苏悦达集团有限公司所拥有的陕西西铜高速公路有限公司的70%股权,受让价格参考江苏仁合资产评估有限公司苏仁评—报字(2001)49号评估结果。

(4)经第四届第十六次董事会和2001年度第2次临时股东大会审议通过,本公司将分公司—江苏悦达盐城石油化工公司、江苏悦达盐城煤炭公司的资产以及海南悦发房地产开发公司、江苏悦达中油化工有限公司的80%股权、江苏悦达贸易股份有限公司90%股权转让予江苏悦达集团有限公司。上述资产帐面价值为1,348,879.27万元,南京永华会计师事务所对上述资产进行了评估,评估价值为1370.91万元。依据评估结果,双方协商确定转让价格为1370.91万元。上述资产、股权转让手续正在办理之中。

(四)报告期内重大合同及其履行情况

1、托管、承包、租赁资产情况

除公司将模具等资产租赁给控股子公司悦达起亚公司收取租赁费外,报告期内公司无重大托管、承包其他公司资产,也没有重大其他公司托管、承包、租赁本公司资产的事项。

2、截止2001年12月31日,公司为非关联公司盐城市热电公司提供贷款担保合计38,610万元。截止2000年底,累计担保金额为32,644万元人民币。上述担保为多笔担保,且属互保行为或采取了反担保措施。

3、报告期内公司没有委托他人进行现金资产管理事项,也没有委托贷款事项。

(五)承诺事项。

(1)截止2001年12月31日,公司汽车技改项目合同金额30,098.88万元人民币,已执行金额26,148.38万元人民币,尚有3,950.50万元人民币合同未履行;公司拖拉机技改项目合同金额4,642.39万元人民币,已执行金额2,578.97万元人民币,尚有2,063.42万元人民币合同未履行;公司子公司—上海赛达生物药业有限公司生物制药工程合同金额7,869.44万元人民币,已执行金额6,676.42万元人民币,尚有1,193.02万元人民币合同未履行。

(2)根据公司与江苏交通产业集团有限公司签订的《股权转让协议》及《补充协议》,公司以126,018万元人民币受让江苏交通产业集团有限公司所拥有的江苏京沪高速公路有限公司的21%股权,截止2001年12月31日公司累计支付江苏交通产业集团有限公司股权转让款99,309.90万元,截止报告日尚有26,708.10万元未予支付。

(3)根据公司与中广有线信息网络有限公司签订的《关于合作组建"中广有线信息传媒服务有限公司"的协议》,公司与中广有线信息网络有限公司共同投资设立中广有线信息传媒服务有限公司,注册资本为1亿元人民币,其中公司占被投资企业注册资本的49%,截止2001年12月31日公司已累计投入1,500万元人民币,尚有3,400万元未予投入。

(4)根据公司与江苏悦达集团有限公司签订的《企业转让协议》和《股权转让协议》公司拟将分公司—江苏悦达盐城石油化工公司、江苏悦达盐城煤炭公司的资产以及海南悦发房地产开发公司、江苏悦达中油化工有限公司的80%股权、江苏悦达贸易股份有限公司90%股权转让予江苏悦达集团有限公司,转让价为1370.91万元,目前转让手续正在办理之中。

(六)报告期内聘任、解聘会计师事务所情况。

报告期内公司继续聘任江苏天衡会计师事务所担任公司审计事务。报告期内公司支付给天衡会计师事务所报酬为70万元。

第十一节 财务报告

一、会计报表(见附表)

二、会计报表附注

(一)会计政策变更及影响

公司原执行《股份有限公司会计制度》自2001年1月1日起执行《企业会计制度》,根据财政部财会字[2001]17号文的有关规定进行会计政策的衔接。经公司董事会决议,公司自2001年1月1日起变更了以下会计政策:

(1)固定资产原不计提减值准备,现改为期末按单项资产可收回金额低于其账面价值的差额计提固定资产减值准备。

(2)在建工程原不计提减值准备,现改为期末对在建工程进行全面检查,如果有证据证明在建工程已经发生了减值时计提减值准备。

(3)无形资产原不计提减值准备,现改为期末检查各项无形资产预计带来未来经济利益的能力,按单项无形资产的预计可收回金额低于其账面价值的差额计提无形资产减值准备。

(4)开办费原按五年摊销,现改为在公司生产经营的当期一次摊销。

(5)对非货币性交易中发生的损失,由原作为当期损失,现改作为换入资产的成本。

上述会计政策变更已采用追溯调整法。调整期初净资产及相关项目的年初数,利润及利润分配表的各期数已按调整后的数字填列。上述会计政策变更对各期经营成果的影响数列示如下:

单位:人民币元

会计政策变更内容	2000年初影响数	2000年度影响数	累计影响数
固定资产减值准备	-37,915,497.47	-663,059.88	-38,578,557.35
在建工程减值准备	-9,571,253.41	-	-9,571,253.41
无形资产减值准备	-583,313.28	-	-583,313.28
开办费	-53,448.02	-831,439.52	-884,887.54
合　计	-48,123,512.18	-1,494,499.40	-49,618,011.58

由于上述会计政策变更追溯调整而调减了2001年年初留存收益49,618,011.58元,其中:盈余公积12,404,502.90元、年初未分配利润37,213,508.68元。

(二)合并报表范围变化

因受让股权增加会计报表合并范围:

公司名称	投资比例	2001年12月31日		受让成立日
		资产总额	净资产	
陕西西铜高速公路有限公司	70.00%	1,241,542,450.74	1,149,737,765.28	2001年10月31日

江苏悦达投资股份有限公司

二OO二年三月二十八日

利 润 表 附 表

2001年度

编制单位:江苏悦达投资股份有限公司

报告期利润	净资产收益率		每股收益(人民币元/股)	
	全面摊薄	加权平均	全面摊薄	加权平均
主营业务利润	16.16%	16.25%	0.50	0.50
营业利润	-1.59%	-1.60%	-0.05	-0.05
净利润	1.20%	1.20%	0.04	0.04
扣除非经常性损益后的净利润	-1.69%	-1.70%	-0.05	-0.05

资产减值准备明细表

2001年度

编制单位:江苏悦达投资股份有限公司　　单位:人民币元

项　目		期初数	本期增加	本期转回数	期末余额
一、	坏帐准备合计	44,492,913.11	1,252,215.88	12,163,926.20	33,581,202.79
	其中:应收帐款	21,292,475.86	1,252,215.88		25,544,691.74
	其他应收款	23,200,437.25		12,163,926.20	11,036,511.05
二、	短期投资跌价准备合计				
	其中:股票投资				
	债券投资				
三、	存货跌价准备合计	3,308,250.03	3,564,312.98	2,939,449.00	3,933,114.01
	其中:库存商品	3,308,250.03		2,939,449.00	368,801.03
	原材料		3,564,312.98		3,564,312.98
四、	长期投资减值准备合计	360,000.00			360,000.00
	其中:长期股权投资	360,000.00			360,000.00
	长期债券投资				
五、	固定资产减值准备合计	38,846,358.12		317,120.75	38,529,237.37
	其中:房屋、建筑物	25,122,434.25			25,122,434.25
	机器设备	13,723,923.87		317,120.75	13,406,803.12
六、	在建工程减值准备	9,571,253.41			9,571,253.41
七、	无形资产减值准备	583,313.28			583,313.28

利 润 及 利 润 分 配 表

2001年度

编制单位:江苏悦达投资股份有限公司　　单位:人民币元

项　目	注释	本年累计数		上年同期数	
		母公司	合　并	母公司	合　并
一、主营业务收入	29	296,454,960.18	1,267,196,532.73	542,421,648.62	1,037,094,863.66
减:主营业务成本	29	236,951,763.56	971,996,442.36	450,778,275.82	803,979,810.81
主营业务税金及附加	30	538,361.30	20,267,333.41	3,653,626.68	13,115,645.18
二、主营业务利润		58,964,835.24	274,932,756.96	87,989,746.12	219,999,407.67
加:其他业务利润	31	27,494,140.46	9,055,898.93	12,756,456.00	11,754,296.36
减:营业费用	32	20,358,412.73	141,844,863.10	45,497,466.67	85,686,504.61
管理费用		20,415,862.62	91,175,215.46	24,657,810.54	78,118,893.93
财务费用	33	57,901,182.92	78,029,283.50	-21,364,492.50	12,161,412.32
三、营业利润		-12,216,482.57	-27,060,706.17	51,955,417.41	55,786,893.17
加:投资收益	34	31,876,718.39	14,728,539.34	97,183,677.90	78,817,167.44
补贴收入	35	-	6,302,566.85	-	6,427,726.41
营业外收入		570,188.72	757,393.96	1,046,470.86	1,258,899.05
减:营业外支出		730,120.56	1,915,145.61	834,974.48	2,105,890.95
四、利润总额		19,500,303.98	-7,187,351.63	149,350,591.69	140,184,795.12
减:所得税		-	3,425,252.05	18,518,924.38	20,216,908.28
减:少数股东损益		-	-30,968,440.62	-	-12,966,697.67
五、净利润		19,500,303.98	20,355,836.94	130,831,667.31	132,934,584.51
加:年初未分配利润		169,148,542.59	171,251,384.04	92,842,599.62	92,842,523.88
其他转入		-		-	-
六、可供分配的利润		188,648,846.57	191,607,220.98	223,674,266.93	225,777,108.39
减:提取法定盈余公积		1,950,030.40	2,921,816.82	13,083,166.73	13,083,166.73
提取法定公益金		975,015.20	1,460,908.41	6,541,583.37	6,541,583.37
提取职工奖励及福利基金					
提取储备基金					
提取企业发展基金					
利润归还投资					
七、可供投资者分配的利润		185,723,800.97	187,224,495.75	204,049,516.83	206,152,358.29
减:应付优先股股利					
提取任意盈余公积		1,950,030.40	1,950,030.40	13,083,166.73	13,083,166.73
应付普通股股利				21,817,807.52	21,817,807.52
转作股本的普通股股利					
八、未分配利润		183,773,770.57	185,274,465.35	169,148,542.58	171,251,384.04

资产负债表

2001 年 12 月 31 日

编制单位:江苏悦达投资股份有限公司　　单位:人民币元

资　产	注释	年末数		期初数	
		母公司	合　并	母公司	合　并
流动资产					
货币资金	1	558,979,601.42	778,380,226.30	901,965,041.99	1,072,879,890.65
短期投资					
应收票据	2	28,279,600.00	8,977,600.00	565,000.00	715,000.00
应收股利			-	9,146,127.18	9,146,127.18
应收利息					
应收账款	3	63,428,155.75	128,842,686.55	95,677,962.16	148,663,219.19
其他应收款	4	508,962,252.90	101,631,011.82	809,972,120.87	394,804,342.93
预付账款	5	7,545,668.83	84,727,141.85	17,499,556.35	92,338,656.17
应收补贴款	6		4,267,235.32	-	-
存货	7	55,582,951.51	296,760,737.78	39,042,572.98	161,062,676.07
待摊费用	8	-	5,125,452.84	-	2,443,638.78
一年内到期的长期债权投资				-	-
其他流动资产					-
流动资产合计		1,222,778,230.41	1,408,712,092.46	1,873,868,381.53	1,882,053,550.97
长期投资:					
长期股权投资	9	2,396,127,673.28	1,300,967,437.77	584,236,978.68	291,314,653.65
长期债权投资	-	300,000.00	300,000.00	7,300,000.00	7,300,000.00
长期投资合计		2,396,427,673.28	1,301,267,437.77	591,536,978.68	298,614,653.65
固定资产:					
固定资产原值	10	637,744,792.42	1,107,879,828.81	376,070,364.27	813,063,434.56
减:累计折旧	10	159,809,232.20	265,649,073.66	126,466,071.27	205,329,618.87
固定资产净值	10	477,935,560.22	842,230,755.15	249,604,293.00	607,733,815.69
减:固定资产减值准备	10	34,770,405.02	38,529,237.37	35,142,336.44	38,846,358.12
固定资产净额		443,165,155.20	803,701,517.78	214,461,956.56	568,887,457.57
工程物质					
在建工程	11	90,150,350.95	192,230,835.83	305,889,859.90	362,456,231.35
固定资产清理					
固定资产合计		533,315,506.15	995,932,353.61	520,351,816.46	931,343,688.92
无形资产及其他资产:					
无形资产	12	63,241,042.23	1,668,918,103.39	41,781,294.18	559,005,930.45
长期待摊费用	13	2,415,386.45	2,440,386.45	1,138,085.08	2,799,848.41
其他长期资产					
无形资产及其他资产合计		65,656,428.68	1,671,358,489.84	42,919,379.26	561,805,778.86
递延税项:					
递延税款借项					
资产总计		4,218,177,838.52	5,377,270,373.68	3,028,676,555.93	3,673,817,672.40
负债和股东权益					
流动负债:					
短期借款	14	1,473,606,000.00	1,596,256,000.00	380,930,000.00	482,970,000.00
应付票据	15	87,441,550.00	170,925,555.74	13,300,000.00	32,365,000.00
应付账款	16	131,725,328.90	187,105,205.18	82,366,655.73	107,942,661.87
预收账款	17	4,086,428.41	56,436,028.52	20,741,016.46	47,548,810.02
应付工资		601,795.30	2,368,822.09	357,246.50	3,118,248.85
应付福利费		6,170,596.65	10,209,940.76	5,554,695.04	7,360,637.62
应付股利		-	-	21,817,807.52	21,817,807.52
应交税金	18	-14,365,388.56	-15,650,970.94	-327,839.39	-6,629,923.90
其他应交款	19	1,206,304.41	12,455,652.37	911,219.68	8,519,503.05
其他应付款	20	192,347,936.58	188,913,655.58	120,962,167.38	69,536,493.70
预提费用	21	35,158,555.39	61,572,834.94	31,265,885.58	43,679,416.17
预计负债					
一年内到期的长期负债	22	183,417,910.90	192,417,910.90	182,408,834.40	182,408,834.40
其他流动负债				-	
流动负债合计		2,101,397,017.98	2,463,010,635.14	860,287,688.90	1,000,637,489.30
长期负债:					
长期借款	23	418,164,754.00	468,164,754.00	310,920,716.00	311,851,066.15
应付债券		-	-	178,132,443.96	178,132,443.96
长期应付款	24		236,533,366.60	219,944.52	298,235,824.52
专项应付款					
其他长期负债					
长期负债合计		418,164,754.00	704,698,120.60	489,273,104.48	788,219,334.63
递延税项:					
递延税款贷项					
负债合计:		2,519,561,771.98	3,167,708,755.74	1,349,560,793.38	1,788,856,823.93
少数股东权益			507,987,101.25		203,742,168.72
股东权益					
股本	25	545,445,188.00	545,445,188.00	545,445,188.00	545,445,188.00
减:已归还投资					
股本净额		545,445,188.00	545,445,188.00	545,445,188.00	545,445,188.00
资本公积	26	832,391,070.98	832,391,070.98	832,391,070.98	832,391,070.98
盈余公积	27	137,006,036.99	138,463,792.36	132,130,960.99	132,131,036.73
其中:法定公益金	27	26,654,773.67	27,140,692.13	25,679,758.47	25,679,783.72
未分配利润	28	183,773,770.57	185,274,465.35	169,148,542.58	171,251,384.04
股东权益合计		1,698,616,066.54	1,701,574,516.69	1,679,115,762.55	1,681,218,679.75
负债和股东权益总计		4,218,177,838.52	5,377,270,373.68	3,028,676,555.93	3,673,817,672.40

现金流量表

2001 年度

编制单位:江苏悦达投资股份有限公司　　单位:人民币元

项　目	注释	金　额	
		母公司	合　并
一、经营活动产生的现金流量:			
销售商品、提供劳务收到的现金		344,195,755.47	1,478,320,393.39
收到的税费返还		-	6,302,566.85
收到的其他与经营活动有关的现金	36	247,278,635.50	210,266,096.82
现金流入小计		591,474,390.97	1,694,889,057.06
购买商品、接受劳务支付的现金		167,592,575.36	944,658,400.03
支付给职工以及为职工支付的现金		25,521,424.95	93,241,120.67
支付的各项税费		17,571,961.35	64,699,888.85
支付的其他与经营活动有关的现金	37	32,837,304.74	145,602,726.64
现金流出小计		243,523,266.40	1,248,202,136.19
经营活动产生的现金流量净额		347,951,124.57	446,686,920.87
二、投资活动产生的现金流量:			
收回投资所收到的现金		14,000,000.00	14,000,000.00
取得投资收益所收到的现金		32,548,981.97	29,900.00
处置固定资产、无形资产和其他长期资产所收回的现金净额		51,858,801.00	51,900,401.00
收到的其他与投资活动有关的现金		-	-
现金流入小计		98,407,782.97	65,930,301.00
购建固定资产、无形资产和其他长期资产所支付的现金		72,102,819.36	150,264,499.90
投资所支付的现金		1,811,299,000.00	1,782,275,442.44
支付的其他与投资活动有关的现金		-	-
现金流出小计		1 883,401,819.36	1,932,539,942.34
投资活动产生的现金流量净额		-1,784,994,036.39	-1,866,609,641.34
三、筹资活动产生的现金流量:			
吸收投资所收到的现金		-	-
借款所收到的现金		1,221,980,000.00	1,321,590,000.00
收到的其他与筹资活动有关的现金	38	178,132,443.96	178,132,443.96
现金流入小计		1,400,112,443.96	1,499,722,443.96
偿还债务所支付的现金		197,068,796.40	217,999,146.55
分配股利、利润或偿付利息所支付的现金		108,986,176.31	156,300,241.29
支付的其他与筹资活动有关的现金		-	-
现金流出小计		306,054,972.71	374,299,387.84
筹资活动产生的现金流量净额		1,094,057,471.25	1,125,423,056.12
四、汇率变动对现金的影响额		-	-
五、现金及现金等价物净增加额		-342,985,440.57	-294,499,664.35
补充资料			
1、将净利润调节为经营活动的现金流量:			
净利润		19,500,303.98	20,355,836.94
加:少数股东损益		-	-30,968,440.61
计提的资产减值准备		-11,795,479.52	-10,723,967.06
固定资产折旧		32,021,900.88	57,160,735.27
无形资产的摊销		957,828.45	38,424,220.95
长期待摊费用摊销		175,089.96	359,461.96
待摊费用减少(减:增加)		-	-2,675,794.06
预提费用增加(减:减少)		3,892,669.81	9,454,559.57
处置固定资产、无形资产和其他长期资产的损失(减:收益)		-213,350.36	-238,512.86
固定资产报废损失		152,561.66	313,602.72
财务费用		87,990,988.63	99,954,124.11
投资损失(减:收益)		-31,876,718.39	-14,728,539.34
递延税款贷项(减:借项)		-	-
存货的减少(减:增加)		-15,604,254.15	-136,087,830.29
经营性应收项目的减少(减:增加)		107,471,399.45	87,999,108.11
经营性应付项目的增加(减:减少)		156,278,184.17	328,088,355.46
其他			
经营活动产生的现金流量净额		347,951,124.57	446,686,920.87
2、不涉及现金收支的投资和筹资活动:		-	-
债务转为资本		-	-
一年内到期的可转换公司债券		-	-
融资租入固定资产		-	-
3、现金及现金等价物净增加情况:		-	-
现金的期末余额		558,979,601.42	778,380,226.30
减:现金的期初余额		901,965,041.99	1,072,879,890.65
加:现金等价物的期末余额		-	-
减:现金等价物的期初余额		-	-
现金及现金等价物的净增加额		-342,985,440.57	-294,499,664.35

600807 山东济南百货大楼(集团)股份有限公司

2001年年度报告摘选

一、公司简介

1、公司的法定中、英文名称及缩写
公司的法定中文名称:山东济南百货大楼(集团)股份有限公司
公司的法定英文名称:SHANDONG JINAN DEPARTMENT STORE(GROUP) STOCK
英文缩写:S.J.D.S.G
2、公司法定代表人:黄河燕
3、公司董事会秘书:赵川辉
联系地址:济南市泉城路264号
电话:(0531)6030094
传真:(0531)6914416
4、公司注册地址:中国山东济南市泉城路264号
邮政编码:250011
网址:http://www.JNBH.com.cn
5、公司信息披露报纸名称:上海证券报　　中国证券报
上交所网址:http://www.sse.com.cn
公司年度报告备置地点:公司董事会办公室
6、公司股票上市地:上海证券交易所
股票简称:济南百货
股票代码:600807

二、会计数据和业务数据摘要

(一)公司本年度会计数据　　单位:人民币元

项目	金额
利润总额	-95,266,780.07
净利润	-92,088,995.29
扣除非经常性损益后的净利润	-92,088,995.29
主营业务利润	-1,555,269.59
其他业务利润	783,220.86
营业利润	-69,985,266.79
投资收益	-4,180,000.00
营业外收支净额	-21,101,513.28
经营活动产生的现金流量净额	-8,373,560.87
现金及现金等价物净增加额	-44,186,914.85

(二)公司近三年主要财务数据指标

指标项目	2001年	2000年	1999年
主营业务收入	41,822,074.43	159,696,903.25	189,086,797.72
净利润	-92,088,995.29	158,839.76	24,352,492.37
总资产	407,815,257.19	506,419,539.83	465,333,532.62
股东权益	137,640,585.06	229,465,146.26	229,306,306.50
每股收益	-0.853	0.0015	0.226
扣除非经常性损益后的每股收益	-0.853	0.0015	0.197
每股净资产	1.275	2.126	2.125
调整后的每股净资产	1.137	2.098	2.065
每股经营活动产生的现金流量净额	-0.0776	-0.365	0.047
净资产收益率(%)	-0.669	0.0692	10.62

(三)利润分配表附表

报告期利润	净资产收益率%		每股收益元	
	全面摊薄	加权平均	全面摊薄	加权平均
主营业务利润	-0.0113	-0.0085	-0.0144	-0.0144
营业利润	-0.5085	-0.3816	-0.6485	-0.6485
净利润	-0.6691	-0.5021	-0.8532	-0.8532
扣除非经常性损益后的净利润	-0.6691	-0.5021	-0.8532	-0.8532

(四)报告期内股东权益变动情况　　单位:人民币元

项目	股本	资本公积	盈余公积	法定公益金	未分配利润	股东权益合计
期初数	107,926,994.50	50,076,661.23	18,033,666.56	7,971,573.07	53,427,823.97	229,465,146.26
本期增加		120,219.12	144,214.97			264,434.09
本期减少					92,088,995.29	92,088,995.29
期末数	107,926,994.50	50,196,880.35	18,177,881.53	7,971,573.07	-38,661,171.32	137,640,585.06

变动原因:
1、年度内公司股东权益减少主要是由于2001年亏损92088995.29元所致;
2、未分配利润变动系本年度亏损由以前年度未分配利润弥补亏损所致。

三、股东变动及股东情况

1、股本变动情况
(1)股份变动情况表　　数量单位:股

	本次变动前	本次变动增减(+、-)						本次变动后
		配股	送股	公积金转股	增发	其他	小计	
一、未上市流通股份								
1、发起人股份	36,276,194.50							36,276,194.50
其中								
国家持有股份	36,276,194.50							36,276,194.50
境内法人持有股份								
境外法人持有股份								
其他								
2、募集法人股份	7,300,800.00							7,300,800.00
3、优先股或其他								
其中:转配股								
未上市流通股份合计	43,576,994.50							43,576,994.50
二、已上市流通股份								
1、人民币普通股	64,350,000.00							64,350,000.00
2、境内上市的外资股								
3、境外上市的外资股								
4、其他								
已上市流通股份合计	64,350,000.00							64,350,000.00
三、股份总数	107,926,994.50							107,926,994.50

600808 马鞍山钢铁股份有限公司

2001年年度报告摘选

一、公司基本情况简介

公司名称:马鞍山钢铁股份有限公司(简称"马钢")
英文名称:MAANSHAN IRON & STEEL COMPANY LIMTED(MAS C.L.)
公司法定代表人:顾建国
董事会秘书:苏鉴钢　　王大鹏
电话:86-555-2888158　　传真:86-555-2887284
电子信息:mggfdms@magang.com.cn
公司注册及办公地址:安徽省马鞍山市红旗中路8号
邮政编码:243003
公司网址:http://www.magang.com.cn
电子信息:mggfdms@magang.com.cn
公司信息披露报纸:《上海证券报》、香港《南华早报》、香港《文汇报》
中国证监会指定的年度报告登载网址:http://www.see.com.cn
公司年度报告备置地点:马鞍山钢铁股份有限公司董事会秘书室
股票上市地:上海证券交易所(A股)/香港联合交易所有限公司(H股)
股票简称:马钢股份(A股)/马鞍山钢铁(H股)
股票代码:600808(A股)/323(H股)

二、会计数据和业务数据摘要

1、按中国会计准则和制度编制的本公司及其子公司(简称"本集团")本年度实现利润总额及构成(单位:人民币千元)

项目	金额
利润总额	297,131
净利润	208,396
扣除非经常损益后的净利润(注一)	203,454
主营业务利润	1,281,847
其他业务利润	16,879
营业利润	587,760
投资收益	670
补贴收入	4,942
营业外收支净额	(296,240)
经营活动产生的现金流量净额	1,158,892
现金及现金等价物净减少额	257,456

注一:扣除的项目是补贴收入,涉及人民币4,942千元。
2、主要会计数据和财务指标(人民币)
(1)按中国会计准则和制度编制

指标项目	2001年	2000年	1999年
主营业务收入(千元)	9,547,929	8,185,687	6,668,436
净利润(千元)	208,396	176,031	13,112
总资产(千元)	16,723,013	16,857,270	17,299,627
股东权益(千元)	11,777,107	11,887,985	11,861,932
每股收益(元)			
全面摊薄	0.032	0.027	0.002
加权平均	0.032	0.027	0.002
每股净资产(元)	1.82	1.84	1.84
调整后每股净资产(元)	1.82	1.82	1.77
每股经营活动产生的现金流量净额(元)	0.1795	0.2273	0.1668
净资产收益率(%)			
全面摊薄	1.77	1.48	0.11
加权平均	1.74	1.47	0.11
扣除非经常损益后的净资产收益(亏损)率(%)			
全面摊薄	1.73	1.48	(0.82)
加权平均	1.70	1.47	(0.82)

注:计算上述财务指标时,待转销汇兑差异人民币1,373,631千元乃计入股东权益。
3、净资产收益率和每股收益表

2001年度利润	净资产收益率(%)		每股收益(元/股)	
	全面摊薄	加权平均	全面摊薄	加权平均
主营业务利润	10.88	10.69	0.199	0.199
营业利润	4.99	4.90	0.091	0.091
净利润	1.77	1.74	0.032	0.032
扣除非经营性损益后的净利润	1.73	1.70	0.032	0.032

三、股本变动及股东情况

1、股本变动情况表(数量单位:股)

	本次变动前	本次变动						本次变动后
		配股	送股	公积金转股	增发	其它	小计	
一、未上市流通股份								
1、发起人股份								
其中:								
国家持有股份	4,034,560,000							4,034,560,000
境内法人持有股份								
境外法人持有股份								
其它								
2、募集法人股	87,810,000							87,810,000
3、内部职工股								
4、优先股或其它								
未上市流通股份合计	4,122,370,000							4,122,370,000
二、已上市流通股份								
1、人民币普通股	600,000,000							600,000,000
2、境内上市的外资股								
境外上市的外资股	1,732,930,000							1,732,930,000
其它								
已上市流通股份合计	2,332,930,000							2,332,930,000
三、股份总数	6,455,300,000							6,455,300,000

600809 山西杏花村汾酒厂股份有限公司

2001 年年度报告摘选

第一章 公司基本情况简介

一、公司法定中文名称:山西杏花村汾酒厂股份有限公司
公司法定英文名称:SHANXI XINGHUACUN FEN WINE FACTORY CO.,LTD.
二、公司法定代表人:高玉文
三、公司董事会证券事务代表:郭志宏
联系地址:山西省汾阳市杏花村
电 话:0358—7229381 7220255
传 真:0358—7220394
电子信箱:363guo@sina.com
四、公司地址:山西省汾阳市杏花村
邮政编码:032205
公司国际互联网网址:Http://www.fenjiu.com.cn
公司电子信箱:info@fenjiu.com.cn
五、公司选定的信息披露报纸:《上海证券报》、《中国证券报》
中国证监会指定登载年报的国际互联网网址:Http://www.sse.com.cn
公司年度报告备置地点:董事会秘书处
六、公司股票上市交易所:上海证券交易所
股票简称:山西汾酒
股票代码:600809

第二章 会计数据和业务数据摘要

一、本年度利润指标情况(金额:元)

利润总额	36301331.42
净利润	28707277.42
扣除非经常性损益后净利润	25127039.93
主营业务利润	138853093.23
其他业务利润	6562714.43
营业利润	35949272.79
投资收益	285059.00
营业外收支净额	66999.63
经营活动产生的现金流量净额	90033363.64
现金及现金等价物净增加额	34665917.19
[注]扣除的非经常性损益项目和涉及金额	3580237.49
资金使用费	3512900.00
处理固定资产净收益	-1090.09
赔偿金违约金收入	39956.37
其它收入	28471.21

二、主要会计数据和财务指标

项目	2001 年	2000 年		1999 年
		调整后	调整前	
主营业务收入	433472307.87	372471598.72	372471598.72	303288197.33
净利润	28707277.42	10653776.11	12726091.11	4647301.43
总资产	1103927431.32	1119077113.07	1137407064.40	1106784925.21
股东权益(不含少数股东权益)	780469920.24	777738090.80	790844295.80	778118204.69
每股收益	0.07	0.025	0.0294	0.0107
扣除非经常性损益后每股收益	0.06	0.0176	0.0219	0.0039
每股净资产	1.8028	1.7965	1.8268	1.7974
调整后每股净资产	1.6925	1.6985	1.7288	1.7418
每股经营活动产生的现金流量净额	0.21	-0.01	-0.01	0.04
净资产收益率%	3.56	1.40	1.61	0.60
加权平均净资产收益率	3.62	1.39	1.62	0.59

三、利润表附表

报告期利润	净资产收益率		每股收益	
	全面摊薄	加权平均	全面摊薄	加权平均
主营业务利润	17.22	17.53	0.32	0.32
营业利润	4.46	4.54	0.08	0.08
净利润	3.56	3.62	0.07	0.07
扣除非经常性损益后净利润	3.22	3.18	0.06	0.06

第三章 股本变动及股东情况

一、股本变动情况表

数量单位:股

	本次变动前	本次变动增减(+,-)	本次变动后
一、未上市流通股份			
1.发起人股份	328240000		328240000
其中:国家拥有股份	328240000		328240000
境内法人持有股份			
境外法人持有股份			
其他			
2.募集法人股份	28000000		28000000
3.高管持股			
4.优先股或其他			
其中:转配股			
未上市流通股份合计	356240000		356240000
二、已流通股份			
1.人民币普通股	76684133		76684133
2.境内上市的外资股			
3.境外上市的外资股			
4.其他			
已上市流通股份合计	76684133		76684133
三、股份总数	432924133		432924133

600810 神马实业股份有限公司

2001 年年度报告摘选

一、公司基本情况简介

1. 公司法定中文名称:神马实业股份有限公司
公司中文名称缩写:神马实业
公司法定英文名称:SHEN MA INDUSTRY CO.LTD
公司英文名称缩写:SMIC
2. 公司法定代表人:宋春迎
3. 公司董事会秘书(负责信息披露):刘臻
联系地址:河南省平顶山市建设中路 63 号
联系电话:0375-3921231 传真:0375-3921500
电子信箱:liuzh@371.net
公司董事会证券事务代表:李旭东
联系地址:河南省平顶山市建设中路 63 号
联系电话:0375-3921231 传真:0375-3921500
电子信箱:lixudong@371.net
4. 公司注册地址:河南省平顶山市建设中路 63 号
公司办公地址:河南省平顶山市建设中路 63 号 邮政编码:467000
公司电子信箱:shenma@public.pdptt.ha.cn
5. 公司选定的信息披露报纸:上海证券报
登载公司年度报告的中国证监会指定国际互联网网址:http://www.sse.com.cn
公司年度报告备置地点:神马实业股份有限公司董事会办公室
6.公司股票上市交易所:上海证券交易所
股票简称:神马实业 股票代码:600810

二、会计数据和业务数据摘要

1. 本年度主要财务指标(单位:元)

公司本年度实现利润总额:	67693993.91
净利润:	34375430.48
扣除非经常性损益后的净利润:	8021115.34
主营业务利润:	109225201.67
其他业务利润:	39763808.51
营业利润:	67758603.91
投资收益:	0
补贴收入:	0
营业外收支净额:	-64610.00
经营活动产生的现金流量净额:	36850445.49
现金及现金等价物净增加额:	73073096.00

*注:扣除的非经常性损益项目和金额 单位:元

项目	金额
资产托管收益	39334798.71

注:2001 年度公司根据委托协议向中国神马集团尼龙 66 盐有限责任公司收取资产委托管费 16271.49 万元,扣除公司为该项托管资产提取的折旧费用 11439.14 万元和应交营业税及附加 898.87 万元,取得其它业务利润 3933.48 万元,占公司 2001 年实现利润总额的 58.11%。

2.公司前三年主要会计数据和财务指标

单位:人民币元

项目	2001 年度	2000 年(调整前)	2000 年度(调整后)	1999 年度
主营业务收入	1157430868.70	1040443506.81	1040443506.81	1193118253.55
净利润	34375430.48	110594794.17	81516979.45	95502259.39
总资产	4075737907.63	3963357156.13	3900341491.49	3845350286.92
股东权益	3415498855.11	3451196882.99	3379111952.63	3340602088.82
每股收益	0.061	0.215	0.158	0.186
每股净资产	6.031	6.704	6.564	6.489
调整后每股净资产	5.965	6.651	6.522	6.474
每股经营活动产生的现金流量净额	0.065	0.108	0.108	0.115
净资产收益率	1.006%	3.20%	2.41%	2.86%

3.根据证监会《公开发行证券公司信息披露编报规则》第 9 号通知,列表如下:

	净资产收益率		每股收益(元/股)	
	全面摊薄	加权平均	全面摊薄	加权平均
主营业务利润	3.198%	3.216%	0.193	0.193
营业利润	1.984%	1.995%	0.120	0.120
净利润	1.006%	1.012%	0.061	0.061
扣除非经常性损益后的净利润	0.235%	0.236%	0.014	0.014

三、股本变动及股东情况

1. 股本变动情况
股份变动情况表

单位:万股

	本次变动前	本次变动增减(+ -)						本次变动后
		配股	送股	公积金转股	增发	其他	小计	
一、未上市流通股份								
1.发起人股份	38610			3861				42471
其中:								
国家拥有股份								
境内法人持有股份	38610			3861				42471
境外法人持有股份								
其他								
2.募集法人股份								
3.内部职工股								
4.优先股或其他								
尚未上市流通股份合计	38610			3861				42471
二、已上市流通股份								
1.人民币普通股	12870			1287				14157
2.境内上市的外资股								
3.境外上市的外资股								
4.其他								
已上市流通股份合计	12870			1287				14157
三、股份总数	51480			5148				56628

600811 东方集团股份有限公司

2001 年年度报告摘选

第一章 公司基本情况简介

一、公司法定名称
中文名称:东方集团股份有限公司
英文名称:ORIENT GROUP INCORPORATIAN
缩写:OGI
二、公司法定代表人:张宏伟
三、公司董事会秘书:关卓华
联系地址:哈尔滨市南岗区花园街 235 号
电　　话:0451－3666028
传　　真:0451－3666030　0451－3643214
电子信箱:dfgzh@mail.hl.cn
四、公司注册地址:哈尔滨市平房开发区综合工业区 A－6 区域 1 栋
公司办公地址:哈尔滨市南岗区花园街 235 号
邮政编码:150001
公司国际互联网网址:http://www.china－orient.com
电子信箱:dflfh@mail.hl.cn
五、公司选定的信息披露报纸名称:《上海证券报》、《中国证券报》
公司登载年度报告的中国证监会指定国际互联网网址:http://www.sse.com.cn
公司年度报告备置地址:本公司证券部
六、公司股票上市交易所:上海证券交易所
股票简称:东方集团
股票代码:600811

第二章 会计数据和业务数据摘要

一、本年度主要会计数据、业务数据(单位:人民币元)

利润总额:	238,248,516.20
净利润:	163,194,001.75
扣除非经营性损益后的净利润:	141,294,313.17
主营业务利润:	383,961,908.46
其他业务利润:	14,296,274.42
营业利润:	110,718,427.79
投资收益:	120,278,262.54
补贴收入:	6,115,393.29
营业外收支净额:	1,136,432.58
经营活动产生的现金流量净额:	308,251,431.49
现金及现金等价物净增加额:	470,056,530.62

注:"扣除非经营性损益后的净利润"中扣除项目:
1、营业外收支净额 1,136,432.58 元;
2、委托理财收益 20,763,256.00 元。
二、截止报告期末公司前三年的主要会计数据和财务指标

(单位:人民币元)

项目	2001 年	2000 年		1999 年	
		调整前	调整后	调整前	调整后
主营业务收入	1,734,829,764.70	976,910,794.40	976,910,794.40	980,875,188.89	609,318,618.73
净利润	163,194,001.75	184,395,800.46	162,871,169.99	155,785,392.47	164,510,199.47
总资产	7,060,095,780.12	5,367,862,255.47	5,280,292,451.18	3,627,322,125.66	3,565,950,414.45
股东权益(不含少数股东权益)	2,574,057,862.38	2,505,858,265.77	2,424,999,824.82	1,510,109,990.13	1,518,834,797.13
每股净资产(摊薄计算)	4.48	4.80	4.65	3.55	3.57
调整后的每股净资产	4.36	4.63	4.54	3.41	3.44
每股经营活动产生的现金流量净额	0.54	0.64	0.64	0.49	0.49
每股收益(全面摊薄)	0.284	0.353	0.312	0.37	0.39
净资产收益率	6.34%	7.36%	6.72%	10.32%	10.83%

第三章 股本变动及股东情况

一、股本变动情况

(数量单位:股)

项目名称	本次变动前	本次变动增减(+、-)						本次变动后
		配股	送股	公积金转股	增发	其他	小计	
一、未上市流通股份								
1.发起人股份	156,627,140			15,662,714				172,289,854
其中:								
国家持有股份								
境内法人持有股份	156,627,140			15,662,714				172,289,854
境外法人持有股份								
其他								
2.募集法人股份								
3.内部职工股								
4.优先股或其他								
其中:转配股								
未上市流通股份合计	156,627,140			15,662,714				172,289,854
二、已上市流通股份								
1.人民币普通股	365,269,905			36,526,991				401,796,896
2.境内上市的外资股								
3.境外上市的外资股								
4.其他								
已上市流通股份合计	365,269,905			36,526,991				401,796,896
三、股份总额	521,897,045			52,189,705				574,086,750

600813 鞍山第一工程机械股份有限公司

2001 年年度报告摘选

第一节 公司简介

1、公司的法定中文名称:鞍山第一工程机械股份有限公司
中文简称:鞍山一工
英文简称:ANSHAN NO.1 CONSTRUCTION MACHINERY CO.,LTD.
英文简称:ASCM
2、公司法定代表人:沈铁方
3、公司董事会秘书:米嘉扬
联系地址:辽宁省鞍山市立山区红旗路 30 号
电话:0412－6211526　　6213830
传真:0412－6211644
4 公司注册地址:辽宁省鞍山市立山区红旗路 30 号
公司办公地址:辽宁省鞍山市立山区红旗路 30 号　　邮政编码:114042
公司网址:http://www.as－cm.com.cn
电子信箱:yigong@online.ln.cn
5、公司选定的信息披露报纸名称:《上海证券报》
中国证监会指定刊登公司年度报告国际互联网网址:http://www.sse.com.cn
公司年度报告备置地点:公司董事会秘书处
6:公司股票上市交易所:上海证券交易所
股票简称:ST 鞍一工　　　股票代码:600813
7、其他有关资料
公司首次注册日期:1993 年 5 月 12 日
公司首次注册地址:鞍山市立山区红旗路 30 号
企业法人营业执照注册号:2103001100300－1
税务登记号码:210304118899736
公司聘请的会计师事务所:上海立信长江会计师事务所有限公司
办公地址:上海南京东路 61 号 4 楼

第二节 会计数据和业务数据摘要

1、公司本年度主要会计数据(单位:人民币元)

利润总额	－782,266,856.64
净利润	－764,231,015.70
扣除非经营性损益后的净利润	－763,800,518.18
主营业务利润	－30,020,083.51
营业利润	－770,394,899.63
营业外收支净额	－430,497.52
经营活动产生的现金流量净额	－18,154,079.11
现金及现金等价物净增加额	44,831,068.18
注:①固定资产清理收入及罚没款	233,494.03
②固定资产清理支出	663,991.55

2、报告期末前三年的主要会计数据和财务指标(单位:人民币元)

指标项目	2001 年	2000 年		1999 年	
		调整前	调整后	调整前	调整后
主营业务收入	79,040,993.93	130,704,911.45	130,704,911.45	118,263,213.20	118,263,213.20
净利润	－764,231,015.70	－127,398,340.10	－127,398,340.10	－25,459,270.51	－89,203,034.58
总资产	648,827,664.21	1,330,096,515.08	1,266,352,751.01	1,405,246,158.03	1,341,502,393.96
股东权益	－808,497,932.87	14,809,338.34	－48,934,425.73	141,207,678.44	77,463,914.37
每股收益(摊薄)	－2.96	－0.49	－0.49	－0.10	－0.35
每股收益(加权)	－2.96	－0.49	－0.49	－0.10	－0.35
扣除非经营性损益后的每股收益	－2.96	－0.49	－0.49	－0.37	－0.62
每股净资产	－3.13	－0.06	－0.19	0.55	0.30
调整后的每股净资产	－3.13	－0.99	－1.24	－0.39	－0.64
每股经营活动产生的现金流量净额					
净资产收益率(加权)(%)					
资产收益率(摊薄)(%)					

3、按照中国证监会《公开发行证券信息披露编报规则(第 9 号)》要求计算 2001 年报告期利润的净资产收益率和每股收益。

报告期利润率	净资产收益率(%)		每股收益(元)	
	全面摊薄	加权平均	全面摊薄	加权平均
主营业务利润			－0.12	－0.12
营业利润			－2.99	－2.99
净利润			－2.96	－2.96
扣除非经营性损益后的净利润			－2.96	－2.96

第三节 股本变动及股东情况

一、股本变动情况

股份变动情况表

(单位:股)

	本次变动前	本次变动增减(+ -)					本次变动后
		配股	送股	公积金转股	其他	小计	
一、尚未流通股份							
1、发起人股份							
其中:							
国家持有股份	80,263,200						80,263,200
境内法人持有股份							
境外法人持有股份							
其他							
2、募集法人股份	78,136,800						78,136,800
3、内部职工股							
4、优先股或其他							
其中:转配股							
未上市流通股份合计	158,400,000						158,400,000
二、已上市流通股份							
1、人民币普通股	99,600,000						99,600,000
2、境内上市的外资股							
3、境外上市的外资股							
4、其他							
已上市流通股份合计	99,600,000						99,600,000
三、股份总数	258,000,000						258,000,000

600814 杭州解百集团股份有限公司

2001 年年度报告摘选

一、公司基本情况简介

1、公司法定中文名称:杭州解百集团股份有限公司
公司中文名称缩写:杭州解百
公司法定英文名称:HANGZHOU JIEBAI GROUP CO., LIMITED.
英文缩写:HJBG
2、公司法定代表人:胡崇杏
3、公司董事会秘书:诸雪强
联系地址:杭州市上城区解放路 251 号
联系电话:0571-87016888 转 5015　　传真:0571-87012247
电子信箱:zxq@jiebai.com
证券事务代表:沈瑾
联系电话:0571-87016888 转 5015　　传真:0571-87012247
电子信箱:jshen600814@sina.com
4、公司注册及办公地址:杭州市上城区解放路 251 号
邮政编码:310001
公司网址:http://www.jiebaigroup.com.cn
公司电子信箱:hjbg@jiebai.com
5、公司选定的信息披露报纸名称:《中国证券报》、《上海证券报》
登载公司年度报告的中国证监会指定网站的网址:http://www.sse.com.cn
公司年度报告备置地点:公司董事会秘书处/证券部
6、公司股票上市交易所:上海证券交易所
股票简称:杭州解百　　股票代码:600814

二、会计数据和业务数据摘要

一、本年度实现利润情况(合并报表):　　(单位:元)

项目	2001 年
1、利润总额	-3,376,886.14
2、净利润	-5,994,897.89
3、扣除非经常性损益后的净利润	-4,082,462.01
4、主营业务利润	141,101,496.27
5、其他业务利润	8,144,452.10
6、营业利润	-1,801,345.38
7、投资收益	202,503.18
8、补贴收入	203,599.00
9、营业外收支净额	-1,981,642.94
10、经营活动产生的现金流量净额	42,302,583.13
11、现金及现金等价物净增减额	-3,383,200.72
注:扣除的非经常性损益项目、涉及金额:	
1、处理固定资产净收益	34,863.27
2、罚款净收入	61,065.06
3、拆迁补偿收入	627,024.40
4、处理固定资产净损失	295,355.96
5、捐赠支出	42,200.00
6、水利建设基金	494,715.14
7、罚款支出	186,145.77
8、赔偿款	1,543,578.80
9、土地出让金滞纳金	142,600.00
小计	-1,981,642.94
10、所得税影响数	-69,207.06
11、扣税后影响数	-1,912,435.88

二、公司前三年的主要会计数据和财务指标:(单位:元)

	2001 年	2000 年		1999 年	
		调整前		调整前	
1、主营业务收入	990,095,254.64	858,837,770.28	858,837,770.28	745,370,937.38	745,370,937.38
2、净利润	-5,994,897.89	31,088,835.37	32,914,421.69	25,740,720.41	19,717,532.87
3、总资产	795,515,603.65	748,889,150.76	791,378,713.67	770,710,317.08	764,687,129.54
4、股东权益	386,444,859.76	392,369,004.75	408,292,852.11	397,035,022.26	386,123,493.25
5、每股收益(摊薄)	-0.0253	0.131	0.139	0.1627	0.1246
(加权)	-0.0253	0.131	0.139	0.165	0.163
6、每股净资产(摊薄)	1.63	1.65	1.72	2.51	2.44
7、调整后的每股净资产	1.47	1.49	1.61	2.45	2.378
8、每股经营活动产生的现金流量净额	0.178	0.294	0.294	0.44	
9、净资产收益率(%)	-1.55	7.92	8.061	6.48	

三、股本变动及股东情况

一、股份变动情况表。
1、公司股份变动情况表　　数量单位:股

	本次变动前	配股	送股	公积金转股	其他	小计	本次变动后
一、未上市流通股份							
1、发起人股份	83085074						83085074
其中:							
国家持有股份	83085074						83085074
境内法人持有股份							
境外法人持有股份							
其他							
2、募集法人股	52887753						52887753
3、内部职工股							
4、优先股或其他							
其中:转配股							
未上市流通股份合计	135972827						135972827
二、已上市流通股份							
1、人民币普通股	101397592						101397592
2、境内上市的外资股							
3、境外上市的外资股							
4、其他							
已上市流通股份合计	101397592						101397592
三、股份总数	237370419						237370419

600815 厦门工程机械股份有限公司

2001 年年度报告摘选

一、公司简介

1、公司法定名称:中文名称:厦门工程机械股份有限公司
英文名称:XIAMEN ENGINEERING MACHINERY CO., LTD
名称缩写:XEMC
2、公司法定代表人:王昆东
3、公司董事会秘书:王智勇　　证券事务代表:叶维萍
联系地址:厦门市厦禾路 668 号公司董事会秘书处
电话:0592-2115449　　传真:0592-2036720
电子信箱:xggfzqb@public.xm.fj.cn
4、公司注册地址及办公地址:厦门市厦禾路 668 号　　邮政编码:361004
公司互联网网址:www.xiagong.com.cn
电子信箱:xggfzqb@public.xm.fj.cn
5、公司选定的信息披露报纸名称:《上海证券报》
登载年度报告的中国证监会指定国际互联网网址:http://www.sse.com.cn
公司年度报告备置地点:董事会秘书处
6、公司股票上市交易所:上海证券交易所
股票简称:厦工股份　　股票代码:600815

二、会计数据及业务数据摘要

(一)公司本年度实现的利润总额及构成(单位:人民币元)

项目	
利润总额	40,073,666.29
净利润	29,505,475.83
扣除非经常性损益后的净利润	26,466,646.82
主营业务利润	181,835,266.33
其它业务利润	6,163,527.28
营业利润	32,471,330.45
投资收益	5,047,019.83
补贴收入	997,600.00
营业外收支净额	1,557,716.01
经营活动产生的现金流量净额	-26,791,083.15
现金及现金等价物净增加额	63,083,504.96

注:非经营性损益的构成如下:
股票投资收益:483,513 元;
补贴收入:997,600 元;
营业外收支净额:1,557,716.01 元

(二)公司前三年的主要会计数据和财务指标(单位:人民币元)

项目	2001 年度	2000 年度		1999 年度
		调整后	调整前	调整后
主营业务收入	1,062,394,301.38	716,803,166.34	716,803,166.34	555,161,779.98
净利润	29,505,475.83	10,888,985.70	20,331,876.53	26,652,211.21
总资产	1,307,649,115.74	1,101,256,634.85	1,110,448,695.56	1,091,434,281.39
股东权益(不含少数股东权益)	789,766,668.97	774,319,214.95	784,464,854.11	867,089,537.21
每股收益(摊薄)	0.10	0.04	0.07	0.09
每股收益(加权)	0.10	0.04	0.07	0.09
扣除非经常性损益后的每股收益	0.09	0.03	0.05	0.07
每股净资产	2.69	2.59	2.62	2.89
调整后的每股净资产	2.57	2.49	2.52	2.74
每股经营活动产生的现金流量净额	-0.09	0.19	0.19	0.30
净资产收益率(摊薄)	3.67%	1.41%	2.59%	3.07%
净资产收益率(加权)	3.79%	1.25%	2.33%	3.14%

报告期内扣除非经常性损益后加权平均净资产收益率为:3.40%

(三)本年度利润附表

按照中国证监会《公开发行证券公司信息披露编报规则》(第 9 号)的通知要求,计算 2001 年年度的利润数据如下:

报告期利润	净资产收益率		每股收益(元)	
	全面摊薄	加权平均	全面摊薄	加权平均
主营业务利润	23.02%	23.34%	0.61	0.61
营业利润	4.11%	4.17%	0.11	0.11
净利润	3.73%	3.79%	0.10	0.10
扣除非经常性损益后的净利润	3.35%	3.40%	0.09	0.09

三、股本变动和股东情况

(一)股份变动情况:
1、股本变动情况表　　(数量单位:股)

	本次变动前	配股	送股	公积金转股	增发	其他	小计	本次变动后
一、未上市流通股份:								
1、发起人股份	219809100			0				219809100
其中:								
国家拥有股份								
境内法人持有股份	219809100			0				219809100
境外法人持有股份								
其他								
2、募集法人股份								
3、内部职工股								
4、优先股或其他								
未上市流通股份合计	219809100			0				219809100
二、已流通股份:								
1、人民币普通股	79800000			0				79800000
2、境内上市的外资股								
3、境外上市的外资股								
4、其他								
已流通股份合计	79800000			0				79800000
三、股份总数	299609100			0				299609100

600816 鞍山市信托投资股份有限公司

2001 年年度报告摘选

第一部分 公司基本情况简介

1、公司名称:鞍山市信托投资股份有限公司
英文名称:ANSHAN TRUST & INVESTMENT CO., LTD
英文缩写:ASTI
2、公司法定代表人:曲玉春
3、公司信息咨询服务机构:董事会秘书处公司
董事会秘书:孙文娟
电话:0412－2215945
传真:0412－2217080
公司证券事务代表:刘铁铭
电话:0412－2234351
传真:0412－2217080
电子信箱:axmsc@mail.asptt.ln.cn
4、公司注册地址:鞍山市千山区汪峪路 215 号
办公地址:鞍山市铁东区五道街 55 号
邮政编码:114001
国际互联网网址:http://www.asxt.com.cn
电子信箱:axmsc@mail.asptt.ln.cn
5、公司选定的信息披露报纸:中国证券报
登载公司年度报告的网址:http://www.sse.com.cn
公司年度报告备置地点:公司办公楼 703 室
6、股票上市交易所:上海证券交易所
股票代码:600816
股票简称:鞍山信托
7、其他有关资料
公司首次注册日期:1992 年 9 月 12 日
地点:辽宁省鞍山市
企业法人营业执照注册号:11888361－1
税务登记号码:210302118883611
公司聘请的会计师事务所名称:辽宁天健会计师事务所
办公地址:辽宁省沈阳市和平区南京北街 36 号

第二部分 会计数据和业务数据摘要

1、主要经济指标完成情况

利润总额:	－197,736,439.34 元
净利润:	－201,289,919.39 元
扣除非经常性损益后的净利润:	－246,526,423.61 元
主营业务利润:	－155,932,748.02 元
其他业务利润:	0.00 元
营业利润:	－155,932,748.02 元
投资收益:	－8,357,410.95 元
补贴收入:	0.00 元
营业外收支净额:	－41,803,691.32 元
经营活动产生的现金流量净额:	135,976,161.06 元
现金及现金等价物净增加额:	138,787,189.74 元

注:计算"扣除非经常性损益后的净利润"指标时，所扣除的项目是：营业外收支净额－41,803,691.32 元、收取资金占用费 1,287,000.00 元、会计政策变更对以前期间净利润的追溯调整 85,753,195.54 元。

2、主要会计数据和财务指标单位:元

指标项目	2001 年	2000 年		1999 年
		调整后	调整前	
(1)营业收入	135,824,932.08	276,600,360.06	279,472,292.86	234,548,694.29
(2)净利润	－201,289,919.39	92,239,608.65	93,127,084.12	80,620,139.19
(3)总资产	2,722,290,139.05	2,720,910,929.22	2,830,106,648.02	2,423,090,612.30
(4)股东权益	577,116,656.34	777,024,556.75	886,682,481.31	820,206,288.24
(5)每股收益(摊薄)	－0.44	0.264	0.267	0.23
(6)每股净资产	1.27	2.224	2.538	2.348
(7)调整后的每股净资产	0.55	1.475	1.683	1.705
(8)每股经营活动产生的现金流量净额	0.299	0.784	0.784	0.16
(9)净资产收益率(摊薄)	－34.88	11.87%	10.50%	9.83%

注:①2001 年度指标按《公开发行证券公司的信息披露内容与格式准则第 2 号〈年度报告的内容与格式〉》(2001 年修订稿)所列公式计算。

②2000 年会计数据的调整:本公司根据财政部财会字(2000)25 号文件《关于印发 < 企业会计制度 > 的通知》、财会字(2001)5 号文件《关于印发 < 企业住房制度改革中有关会计处理问题的规定 > 的通知》、财会字(2001)17 号文件《关于印发贯彻实施 < 企业会计制度 > 有关政策衔接问题的规定的通知》等文件的规定,公司从 2001 年 1 月 1 日起改变会计政策,同时调整财务报表年初数。

3、利润表附表:

	报告期利润(元)	净资产收益率(%)		每股收益(元)	
		全面摊薄	加权平均	全面摊薄	加权平均
营业利润	－155,932,748.02	－27.02	－23.05	－0.34	－0.34
净利润	－200,002,919.39	－34.88	－29.76	－0.44	－0.44
扣除非经常性损益后的净利润	－246,526,423.61	－42.72	－36.45	－0.54	－0.54

第三部分 股本变动及股东情况

一、股本变动情况表(单位:股)

	期初数	本次变动增减(+,－)					期末数
		配股	送股	公积金转股	增发	其他	
一、未上市流通股份							
其中:							
1、国家持有股份	85,943,112		+25,782,934				111,726,046
2、境内法人持有股份	58,237,681		+17,471,304				75,708,985
未上市流通股份合计	144,180,793		+43,254,238				187,435,031
二、已上市流通股份							
人民币普通股	205,134,421		+61,540,326				266,674,747
三、股份总数	349,315,214		+104,794,564				454,109,778

600817 上海宏盛科技发展股份有限公司

2001 年年度报告摘选

第一节 公司基本情况简介

1、公司的法定中文名称:
上海宏盛科技发展股份有限公司
公司的法定英文名称:SHANGHAI HONGSHENG TECHNOLOGY CO., LTD.
英文缩写:HST
2、公司法定代表人:龙长生
3、公司董事会秘书:黄德丰
董事会证券事务代表:陈建梅
联系地址:上海市浦东新区商城路 618 号
电话:(8621)58822100
传真:(8621)58870670
电子信箱:Norcent@Norcent.com
4、公司注册地址:上海市浦东新区商城路 618 号
邮编:200120
公司办公地址:上海市浦东新区商城路 618 号
邮编:200120
公司互联网网址:http://www.Norcent.com.cn
公司电子信箱:Norcent@Norcent.com
5、公司选定的信息披露报纸名称:上海证券报、中国证券报
中国证监会指定国际互联网网址:
http://www.sse.com.cn
公司年度报告备置地点:公司董事会秘书办公室
6、公司股票上市交易所:上海证券交易所
公司股票简称:宏盛科技
公司股票代码:600817

第二节 会计数据和业务数据摘要

一、报告期主要会计数据(单位:元)

利润总额	8,605,394.44
净利润	1,078,895.25
扣除非经常性损益后净利润	438,947.92
主营业务利润	61,518,170.62
其它业务利润	5,144,306.13
营业利润	7,965,447.11
投资收益	226,688.39
补贴收入	595,310.00
营业外收支净额	－182,051.06
经营活动产生的现金流量净额	－45,515,016.66
现金及现金等价物净增加额	－32,797,517.68

二、截止报告期末前三年的主要会计数据和财务指标(单位:元)

	2001 年度	2000 年度		1999 年度	
		调整后	调整前	调整后	调整前
主营业务收入	795,307,582.22	678,665,465.67	678,665,465.67	96,265,603.43	96,265,603.43
净利润	1,078,895.25	23,224,536.89	23,333,975.95	6,464,050.59	5,859,371.33
总资产	603,439,293.88	392,232,275.49	412,959,564.91	273,951,103.12	294,568,953.48
股东权益(不含少数股东权益)	101,622,290.05	92,193,434.80	114,231,241.75	68,968,897.91	90,897,265.80
每股收益	0.01	0.28	0.28	0.08	0.071
扣除非经常性损益后每股收益	0.005	0.28	0.28	0.04	0.03
每股净资产	1.23	1.12	1.38	0.84	1.102
调整后每股净资产	1.21	1.03	1.104	0.82	1.013
每股经营活动产生的现金流量净额	－0.55	－0.56	－0.56	0.44	0.44
净资产收益率(%)	1.06	25.19	20.43	9.37	6.45
扣除非经常性损益后的净资产收益率(%)(加权平均)	0.45				

第三节 股本变动及股东情况

一、股份变动情况表
公司股份变动情况表

数量单位:股

	本次变动前	本次变动增减(+,－)						本次变动后
		配股	送股	公积金转股	增发	其他	小计	
一、未上市流通股份								
1、发起人股份								
其中:								
国家持有股份								
境内法人持有股份	25,797,602					－12,778,710	－12,778,710	13,018,892
境外法人持有股份								
其他								
2、募集法人股份	45,478,380					12,778,710	12,778,710	58,257,090
3、内部职工股								
4、优先股或其他								
未上市流通股份合计	71,275,982							71,275,982
二、已上市流通股份								
1、人民币普通股								
2、境内上市的外资股								
3、境外上市的外资股	11,242,000							11,242,000
4、其他								
已上市流通股份合计								
三、股份总数	82,517,982							82,517,982

600818 上海永久股份有限公司

2001 年年度报告摘选

第一章 公司基本情况简介

一、公司法定名称:
中文:上海永久股份有限公司
英文:SHANGHAI FOREVER CO,. LTD.
缩写:SFC
二、公司法定代表人:马惠熊
三、公司董事会秘书:袁志坚
联系地址:上海市辽源西路 209 号
电话:86－21－65131177
传真:86－21－65139966
证券事务代表:尚未设立
四、公司注册地址:上海市周家嘴路 1357 号
公司办公地址:上海市辽源西路 209 号
公司邮政编码:200092
公司国际互联网网址:http://www.cnforever.com
公司电子信箱:E－mail:forever@cnforever.com
五、公司选定的信息披露报纸名称:
《上海证券报》、《香港商报》
登载公司年度报告的中国证监会指定网站的网址:
http://www.sse.com.cn
公司年度报告备置地点:公司董事会秘书室
六、公司股票上市交易所:上海证券交易所
股票简称:PT 永久　　PT 永久 B
股票代码:600818　　900915

第二章 会计数据与业务数据摘要

一、本年度主要利润指标情况(单位:人民币元)

利润总额:	3,359,541.36
净利润:	8,837,276.26
扣除非经常性损益后的净利润:	－26,211,827.02
主营业务利润:	44,563,037.01
其它业务利润:	53,836,403.50
营业利润:	6,796,520.44
投资收益:	1,413,707.39
补贴收入:	/
营业外收支净额:	－4,850,686.47
经营活动产生的现金流量净额:	－47,974,495.86
现金及现金等价物净增减额:	31,504,188.62
注:扣除非经常性损益项目和涉及金额:	35,049,103.28
(1)周家嘴路地块一、二期转让	46,063,838.69
(2)赔偿及罚没净损益	4,622.54
(3)固定资产清理净收益	150,573.83
(4)工程项目报废损失	－428,623.36
(5)计提固定资产减值准备	－2,161,882.16
(6)对外担保损失	－2,020,000.00
(7)其他	－395,377.32
(8)补提的坏帐	－6,164,048.94

二、至报告期末公司前三年会计数据与财务指标:(单位:元)

指标项目	2001 年	2000 年		1999 年	
		调整后	调整前	调整后	调整前
主营业务收入	370,076,140.70	302,143,023.63	279,728,858.73	359,179,789.57	359,179,789.57
净利润	8,837,276.26	－220,475,694.88	－246,669,077.94	－350,298,751.85	－339,550,060.52
总资产	496,647,916.69	476,408,064.03	278,075,636.24	483,053,515.73	532,508,511.26
股东权益	63,013,411.47	－173,878,483.10	－341,902,442.50	－94,484,580.73	－54,069,268.23
每股收益	0.03	－0.82	－0.93	－1.32	－1.28
每股净资产:	0.24	－0.65	－1.29	－0.36	－0.21
调整后的每股净资产	0.24	－0.66	－1.29	－0.32	－0.65
每股经营活动产生的现金流量净额	－0.18	0.05	0.05	0.02	0.02
净资产收益率	14.02	/	/	/	/

注:按照中国证监会《公开发行证券公司披露编报规则(第九号)》要求计算的净资产收益率:

项目	净资产收益率(%)		每股收益	
	全面摊薄	加权平均	全面摊薄	加权平均
主营业务利润数	70.72	－38.14	0.17	0.17
营业利润	10.79	－5.01	0.03	0.03
净利润	14.02	－6.56	0.03	0.03
扣除非经常性损益后的净利润	－41.60	/	－0.10	－0.10

第三章 股本变动及股东情况

一、股本变动
(一)股份变动情况表(股)

一、未上市流通股份	
1. 发起人股份	
其中:	
国家持有股份	170,209,430
2. 募集法人股	11,500,000
未上市流通股份合计	181,709,430
二、已上市流通股份	
1. 人民币普通股	14,950,000
2. 境内上市的外资股	69,000,000
已上市流通股份合计	83,950,000
三、股份总数	265,659,430

(二)股票发行与上市情况
1. 至报告期末的前三年,公司未发行过股票及衍生证券
2. 报告期内股份总数及结构均未发生变动
3. 公司目前没有未上市的内部职工股

600819 上海耀华皮尔金顿玻璃股份有限公司

2001 年年度报告摘选

一、公司基本情况简介

1、公司法定中文名称:上海耀华皮尔金顿玻璃股份有限公司
公司英文名称:SHANGHAI YAOHUA PILKINGTON GLASS CO., LTD.
英文名称缩写:SYP
2、公司法定代表人:朱伯安先生
3、公司董事会秘书:金闽丽女士
联系地址:上海市浦东新区济阳路 100 号
电话:0086－21－58839305
传真:0086－21－58801554
电子信箱:office@sypglass.com
4、公司注册地址和办公地址:上海市浦东新区济阳路 100 号
邮政编码:200126
公司国际互联网网址:www.sypglass.com
电子信箱:office@sypglass.com
5、公司选定的信息披露报纸名称:《上海证券报》、《南华早报》
登载公司年度报告的中国证监会指定国际互联网网址:www.sse.com.cn
公司年度报告备置地点:上海市浦东新区济阳路 100 号
6、公司股票上市交易所:上海证券交易所
股票简称:A 股　耀皮玻璃
　　　　B 股　耀皮 B 股
股票代码:A 股　600819
　　　　B 股　900918

二、会计数据和业务数据摘要

1、2001 年度主要业务财务指标　　(单位:人民币千元)

利润总额	188,042
净利润	162,382
扣除非经常性损益后的净利润	161,226
主营业务利润	402,546
其它业务利润	10,264
营业利润	167,131
投资收益	16,611
补贴收入	4,300
营业外收支净额	0.8
经营活动产生的现金流量净额	217,353
现金及现金等价物净增加额	－38,301

注:扣除非经常性损益项目及涉及金额:

(1) 补贴收入	2,123
(2) 营业外收支(支出大于收入)	0.8
(3) 流动资产盘点盈亏(盘亏大于盘盈)	1,137

2、近三年主要会计数据和财务指标

(单位:人民币千元)

项目	2001 年	2000 年	1999 年
主营业务收入	1,044,917	866,874	658,259
净利润	162,382	154,621	94,186
扣除非经常性损益后的净利润	161,226	157,056	95,699
总资产	2,128,488	2,022,734	1,703,820
股东权益(不含少数权益)	1,663,849	1,608,729	1,561,358

项目	单位	2001 年	2000 年	1999 年
每股收益(全面摊薄)	元/股	0.333	0.317	0.193
每股收益(加权平均)	元/股	0.333	0.317	0.193
扣除非经营性损益后的每股收益	元/股	0.331	0.322	0.196
每股净资产(全面摊薄)	元/股	3.41	3.30	3.20
调整后的每股净资产	元/股	3.22	3.12	3.00
每股经营活动产生的现金流量净额(全面摊薄)	元/股	0.45	0.53	0.36
净资产收益率(全面摊薄)	%	9.76	9.61	6.03
净资产收益率(加权平均)	%	9.61	9.44	6.03
扣除非经常性损益后的净资产收益率(全面摊薄)	%	9.69	9.76	6.13

三、股本变动及股东情况介绍

1、股东变动情况

股份变动情况表

数量单位:股

	本次变动前	本期变动增减(＋ －) 配股	公积金转股	送股	其它	小计	本次变动后
(1) 未上市流通股份							
① 发起人股份							
其中:							
境内法人持有股份	244,197,281						244,197,281
境外法人持有股份	81,399,094						81,399,094
② 募集法人股	5,653,625						5,653,625
未上市流通股份合计	331,250,000						331,250,000
(2) 已上市流通股份							
① 人民币普通股	31,250,000						31,250,000
② 境内上市的外资股	125,000,000						125,000,000
已上市流通股份合计	156,250,000						156,250,000
(3) 股份总数	487,500,000						487,500,000

600820 上海隧道工程股份有限公司

2001年年度报告摘选

第一节 公司基本情况简介

1、公司法定中文名称:上海隧道工程股份有限公司
公司法定英文名称:SHANGHAI TUNNEL ENGINEERING CO.,LTD.
缩写:STEC
2、公司法定代表人:姜先赋
3、公司董事会秘书:金波
联系地址:上海市肇嘉浜路239号
电话:021-64312461　　传真:021-64377289
电子信箱:stecjb@guomai.sh.cn
4、公司注册地址:上海市浦东新区海徐路957号
公司办公地址:上海市肇嘉浜路239号
邮政编码:200032
公司国际互联网网址:www.stec.net
电子信箱:stecodd@public.sta.net.cn
5、公司选定的信息披露报纸名称:《中国证券报》、《上海证券报》
登载公司年度报告的中国证监会指定国际互联网网址:www.sse.com.cn
公司年度报告备置地点:公司董事会秘书室
6、公司股票上市交易所:上海证券交易所
股票简称:隧道股份　　股票代码:600820

第二节 会计数据和业务数据摘要

1、本年度主要利润指标:(单位:人民币元)

项目	金额
利润总额:	119,358,475.75
净利润:	96,890,195.61
扣除非经常性损益后的净利润:	132,459,803.65
主营业务利润:	384,432,695.79
其他业务利润:	-1,324,034.98
营业利润:	108,241,442.84
投资收益:	53,387,443.68
补贴收入:	7,345,137.00
营业外收支净额:	-49,615,547.77
经营活动产生的现金流量净额:	231,411,098.53
现金及现金等价物净增加额:	882,654,675.92
注:扣除的非经常性损益项目和涉及金额:	-35,569,608.04
营业外收支净额	-49,615,547.77
补贴收入	7,345,137.00
加:税费返还	2,977,100.00
减:处置股权投资损失	1,942,039.19
加:股权投资差额	-2,067,896.12
减:所得税影响数	-7,733,638.04

2、截止报告期末公司前三年主要会计数据和财务指标:币种:人民币

项目	2001年	2000年		1999年	
		调整前	调整后	调整前	调整后
主营业务收入(元)	3,973,425,764.34	2,761,477,290.39	2,761,477,290.39	2,165,449,311.55	2,165,449,311.55
净利润(元)	96,890,195.61	136,610,576.90	91,191,101.25	94,586,764.48	46,793,133.10
总资产(元)	5,985,377,183.38	4,431,554,950.08	4,315,413,659.90	3,960,056,721.99	3,849,461,878.95
股东权益(元)	1,573,228,017.53	1,296,137,524.25	1,134,239,556.10	1,180,210,764.63	1,063,732,272.13
每股收益(元/股)(摊薄)	0.1803	0.3633	0.2425	0.2515	0.1244
每股收益(元/股)(加权)	0.1982	0.3633	0.2425	0.2715	0.1343
扣除非经常性损益后的每股收益(摊薄)(元)	0.2465	0.3417	0.3002	0.2343	0.2324
扣除非经常性损益后的每股收益(加权)(元)	0.2709	0.3417	0.3002	0.2528	0.2509
每股净资产(元)	2.9275	3.4465	3.0160	3.1383	2.8286
调整后的每股净资产(元)	2.7487	3.3792	2.9487	2.9868	2.6771
每股经营活动产生的现金流量净额(元)	0.4306	-0.4131	-0.4131	-0.3975	-0.3975
净资产收益率%(摊薄)	6.159%	10.540%	8.040%	8.014%	4.399%
净资产收益率%(加权)	8.192%	10.942%	8.220%	9.751%	4.824%
扣除非经常性损益后的净资产收益率(摊薄)	8.420%	12.215%	9.954%	7.464%	8.218%
扣除非经常性损益后的净资产收益率(加权)	11.200%	12.681%	10.177%	9.081%	9.011%

第三节 股本变动及股东情况

1、公司股份变动情况表

数量单位:股

	本次变动前	本次变动增减(+,-)						本次变动后
		配股	送股	公积金转股	增发	其他	小计	
一、未上市流通股份								
1、发起人股份								
其中:								
国家持有股份	204965633	2802367		61489690			64292057	269257690
境内法人持有股份								
境外法人持有股份								
其他								
2、募集法人股份	19698411	275558		5909523			6185081	25883492
3、内部职工股								
4、优先股或其他								
其中:转配股								
未上市流通股份合计	224664044	3077925		67399213			70477138	295141182
二、已上市流通股份								
1、人民币普通股	151405361	45421608		45421608			90843216	242248577
2、境内上市的外资股								
3、境外上市的外资股								
4、其他								
已上市流通股份合计	151405361	45421608		45421608			90843216	242248577
三、股份总数	376069405	48499533		112820821			161320354	537389759

600821 天津劝业场(集团)股份有限公司

2001年年度报告摘选

第一章 公司基本情况简介

1、公司法定中文名称:天津劝业场(集团)股份有限公司
中文缩写:津劝业
公司法定英文名称:TIANJIN QUANYE BAZAAR (GROUP) COMPANY LIMITED
英文缩写:TJQYC
2、公司法定代表人:汪恒广
3、公司董事会秘书:赵熙珍
公司董事会证券事务代表:张立津
联系地址:天津市和平区和平路290号
联系电话:022-27211111-2869　　传真:022-27304989
4、公司注册及办公地址:天津市和平区和平路290号
邮政编码:300022
公司国际互联网网址:http://www.tjqy.com.cn
公司电子信箱:tjqyzqb@eyou.com
5、公司选定的信息披露报纸:中国证券报
登载公司年度报告的国际互联网网址:http://www.see.com.cn/
公司年度报告备置地点:天津市和平区和平路290号公司证券部
6、公司股票上市交易所:上海证券交易所
股票简称:津劝业　　股票代码:600821

第二章 会计数据和业务数据摘要

1、本年度主要利润指标情况

单位:元

项目	金　额
利润总额	3,689,284.82
净利润	5,216,799.34
扣除非经营性损益后的净利润	4,691,149.17
主营业务利润	160,287,315.72
其他业务利润	35,312,825.45
营业利润	-7,979,535.13
投资收益	10,025,407.99
补贴收入	1,025,000.00
营业外收支净额	618,411.96
经营活动产生的现金流量净额	74,682,294.74
现金及现金等价物净增减额	104,686,489.91

2、截止报告期末公司前三年的主要会计数据和财务指标

单位:元

项目	2001年度	2000年度		1999年度	
		调整前	调整后	调整前	调整后
主营业务收入	1,539,951,869.87	1,773,016,411.98	1,773,016,411.98	1,833,895,413.61	1,833,895,413.61
净利润	5,216,799.34	34,752,594.16	30,897,387.87	32,790,823.02	29,688,117.79
总资产	1,391,791,624.59	1,385,481,730.52	1,307,620,382.55	1,328,088,347.66	1,323,594,769.98
股东权益	668,697,403.59	750,868,658.82	664,337,019.97	754,556,814.93	751,454,109.70
每股收益	0.02	0.12	0.11	0.11	0.10
扣除非正常性损益每股收益	0.02	0.12	0.10	0.11	0.10
每股净资产	2.29	2.57	2.27	2.58	2.57
调整后的每股净资产	1.97	2.38	2.06	2.43	2.41
净资产收益率	0.78	4.63	4.65	4.35	3.95
每股经营活动产生的现金流量净额	0.26	0.03	0.03	-0.05	-0.05

3、按照中国证监会《公开发行证券公司信息披露编报规则》(第9号)的要求计算数据

报告期利润	净资产收益率		每股收益	
	全面摊薄	加权平均	全面摊薄	加权平均
主营业务利润	23.97%	24.03%	0.55	0.55
营业利润	-1.19%	-1.20%	-0.03	-0.03
净利润	0.78%	0.78%	0.02	0.02
扣除非经常性损益后的净利润	0.70%	0.70%	0.02	0.02

第三章 股本变动及股东情况

1、股本变动情况
股份变动情况表

数量单位:股

	本次变动前	本次变动增减(+,-)						本次变动后
		配股	送股	公积金转股	增发	其它	小计	
一、未上市流通股份								
1.发起人股份								
其中:								
国家持有股份	97023592						0	97023592
境内法人持有股份	49912347						0	49912347
境外法人持有股份								
其他								
2.募集法人股份								
3.内部职工股								
4.优先股或其他								
未上市流通股份合计	146935939						0	146935939
二、已上市流通股份								
1.人民币普通股	145585019						0	145585039
2.境内上市的外资股								
3.境外上市的外资股								
其他								
已上市流通股份合计	145585019						0	145585019
三、股份总数	292520958						0	292520958

600822 上海物资贸易中心股份有限公司

2001 年年度报告摘选

第一节 公司基本情况简介

1、公司的法定中英文名称及缩写
公司法定中文名称:上海物资贸易中心股份有限公司
中文缩写:物贸中心
公司法定英文名称:SHANGHAI MATERIAL TRADING CENTRE CO., LTD.
英文缩写:SMTC
2、公司法定代表人:陈伟宝董事长
3、公司董事会秘书:蔡嘉德
联系地点:中国上海市中山北路 2550 号 522 室
电话:(86) - 021 - 62570000 - 8522
传真:(86) - 021 - 62572959
电子信箱:caijd@shwmzx.com
公司董事会秘书:傅绍平
联系地点:中国上海市中山北路 2550 号 520 室
电话:(86) - 021 - 62570000 - 8520
传真:(86) - 021 - 62572959
电子信箱:fusp@shwmzx.com
4、公司注册地址:中国上海市浦东新区陆家嘴东昌路东园一村 139 号 201 室
办公地址:中国上海市中山北路 2550 号　　邮政编码:200063
电子信箱:smtc@shwmzx.com
公司国际互联网网址:http://www.shwmzx.com
5、公司选定的信息披露报纸名称:境内《上海证券报》、境外《香港商报》
登载公司年度报告的中国证监会指定国际互联网网址:http://www.sse.com.cn
公司年度报告备置地点:中国上海市中山北路 2550 号 522 室　　公司董事会秘书室
6、公司股票上市交易所:上海证券交易所
股票简称及代码:A 股　　物贸中心 600822
B 股　　物贸 B 股 900927

第二节 会计数据和业务数据摘要(合并报表)

一、本年度主要利润指标情况:　　单位:人民币元

项目	金额
利润总额	32,435,689.77
净利润	27,511,383.31
扣除非经常性损益后的净利润(注)	23,010,344.36
主营业务利润	131,867,879.62
其他业务利润	12,105,881.44
营业利润	15,858,958.10
投资收益	14,797,199.19
补贴收入	241,991.41
营业外收支净额	1,537,541.07
经营活动产生的现金流量净额	24,211,184.32
现金及现金等价物净增减额	-30,836,140.00

二、截至报告期末前三年的主要会计数据和财务指标(合并报表)

项目	2001 年度	2000 年度		1999 年度	
		调整前	调整后	调整前	调整后
主营业务收入(元)	3,184,316,798.50	1,266,320,252.05	1,266,320,252.05	1,097,755,191.81	1,097,755,191.81
净利润(元)	27,511,383.31	2,668,257.15	-22,804,675.76	-9,664,271.84	-13,756,193.74
总资产(元)	695,622,129.97	841,702,232.53	784,941,010.72	757,933,322.71	726,905,785.14
股东权益(不含少数股东权益)(元)	299,559,532.54	342,573,549.13	277,102,555.19	339,905,291.98	308,936,618.48
每股收益(元/股)(摊簿)	0.109	0.011	-0.0902	-0.038	-0.054
每股收益(元/股)(加权)	0.109	0.011	-0.0902	-0.038	-0.054
扣除非经常性损益后每股收益(元/股)	0.0911	-0.067	-0.067	-0.095	-0.095
每股净资产(元/股)	1.185	1.355	1.0965	1.345	1.222
调整后的每股净资产(元/股)	1.085	1.138	0.9859	0.92	0.6939
每股经营活动产生的现金流量净额(元/股)	0.0958	-0.044	-0.044	-0.11	-0.11
净资产收益率(%)(摊簿)	9.184	0.779	-8.2297	-2.84	-4.453
净资产收益率(%)(加权)	9.459	0.782	-7.665	-2.8	-4.357
扣除非经常损益后的加权净资产收益率(%)	7.911	-4.965	-5.6948	-6.978	-7.6169

第三节 股本变动及股东情况

一、股本变动情况
(一)公司股份变动情况表　　数量单位:股

	本次变动前	本次变动增减(+,-) 配股	送股	公积金转股	增发	其他	小计	本次变动后
一、未上市流通股份								
1、发起人股份								
其中:								
国家拥有股份	144,381,298							144,381,298
境内法人持有股份								
境外法人持有股份								
其他								
2、募集法人股份	28,479,000							28,479,000
3、内部职工股								
4、优先股或其他								
其中:转配股								
未上市流通股份合计	172,860,298							172,860,298
二、已上市流通股份								
1、人民币普通股	13,310,000							13,310,000
2、境内上市的外资股	66,550,000							66,550,000
3、境外上市的外资股								
4、其他								
已上市流通股份总计	79,860,000							79,860,000
三、股份总数	252,720,298							252,720,298

600823 上海世茂股份有限公司

2001 年年度报告摘选

一、公司基本情况简介

(一)公司的法定中文名称:上海世茂股份有限公司
英文名称:ShangHai ShiMao Co., LTD.
英文名称缩写:SMC
(二)公司法定代表人:许荣茂
(三)公司董事会秘书:祝木英
联系地址:上海市广东路 500 号世界贸易大厦 3008 室
电话:(021)63620099　　传真:(021)63620999
电子信箱:zhumuying@citiz.net
证券事务代表:葛卫东
联系地址:上海市广东路 500 号世界贸易大厦 3008 室
电话:(021)63620099　　传真:(021)63620999
电子邮箱:shgwd@yahoo.com.cn
(四)公司注册地址:上海市南京东路 819 号　　邮政编码:200003
公司办公地址:上海市广东路 500 号世界贸易大厦 3008 室　　邮政编码:200001
公司国际互联网网址:http://www.shimao.com.cn
公司电子信箱:600823@saimau.com
(五)公司指定的信息披露报纸名称:《上海证券报》
登载公司年度报告的中国证监会指定国际互联网网址:http://www.sse.com.cn
公司年度报告备置地点:上海市广东路 500 号世界贸易大厦 3008 室
(六)公司股票上市交易所:上海证券交易所
股票简称:世茂股份　　股票代码:600823

二、会计数据和业务数据摘要

(一)主要利润指标情况(单位:人民币元)

项目	2001 年度
利润总额	46,503,518.17
净利润	43,051,235.00
扣除非经常性损益后的净利润	339,401.85
主营业务利润	9,401,886.21
其他业务利润	7,276,715.91
营业利润	-9,592,691.84
投资收益	56,544,101.60
补贴收入	1,540.00
营业外收支净额	-449,431.59
经营活动产生的现金流量净额	33,231,041.23
现金及现金等价物净增加额	168,877,041.54

注:公司已扣除的非经常性损益项目具体明细如下:(负数为损失)

项目	金额	说明
补贴收入	1,540.00	残疾劳动补贴
营业外收支净额:	-449,431.59	处置固定资产损失等
投资收益	50,697,107.06	出售恒源祥 7 家子公司等
所得税影响数	-7,537,382.32	
合计	42,711,833.15	

(二)截至本报告期末前三年的主要会计数据及财务指标:

项目	2001 年	2000 年		1999 年
		调整后	调整前	
主营业务收入(元)	50,927,621.46	99,531,545.56	229,301,867.15	276,351,545.27
净利润(元)	43,051,235.00	-85,193,006.96	-36,488,841.04	67,666,412.60
总资产(元)	827,055,212.51	590,908,216.15	1,656,783,770.58	1,719,983,759.14
股东权益(元)	468,963,462.52	443,100,529.04	507,550,041.45	544,038,882.49
每股收益(全面摊薄)(元/股)	0.1821	-0.3603	-0.1543	0.3577
每股收益(加权平均)(元/股)	0.1821	-0.3603	-0.1543	0.3577
每股收益(扣除非经常性损益)(元/股)	0.0014	-0.0217	-0.0217	0.1531
每股净资产(元/股)	1.98	1.87	2.15	2.88
调整后的每股净资产(元/股)	1.91	1.84	2.04	2.80
每股经营活动产生的现金流量净额(元/股)	0.1405	0.2687	0.2687	-0.1413
净资产收益率(全面摊薄)(%)	9.18%	-19.23%	-7.19%	12.44%
净资产收益率(加权平均)(%)	9.44%	-17.26%	-6.94%	11.94%
扣除非经常性损益后的净资产收益率(%)	0.07%	-1.16%	-1.01%	5.38%
扣除非经常性损益后的净资产收益率(加权平均)(%)	0.07%	-1.04%	-0.98%	5.44%

注:由于公司今年会计政策及合并报表范围发生变化,并采取了追溯调整法,故此调整了 2001 年年初留存收益,详见会计报表附注 - 会计政策、会计估计及合并报表范围变更。

三、股本变动及股东情况

(一)股本变动情况
1、股份变动情况表　　数量单位:股

	期初数	本次变动增减(+,-) 配股	送股	公积金转股	其他	小计	期末数
一、尚未流通股份							
1、发起人股份	123285750						123285750
其中:国家拥有股份	38158250						38158250
境内法人拥有股份	85127500						85127500
外资法人拥有股份							
其他							
2、募集法人股							
3、内部职工股							
4、优先股或其他							
尚未流通股份合计	123285750						123285750
二、已流通股份							
1、境内上市的人民币普通股	113159027						113159027
2、境内上市的外资股							
3、境外上市的外资股							
4、其他							
已流通股份合计	113159027						113159027
三、股份总数	236444777						236444777

600824 上海益民百货股份有限公司

2001 年年度报告摘选

第一章 公司基本情况简介

1、公司法定中文名称:上海益民百货股份有限公司
中文缩写:益民百货
公司法定英文名称:SHANGHAI YIMIN DEPARTMENT STORES COMPANY LTD.
英文缩写:YIMIN
2、公司法定代表人:陈 圣
3、公司董事会秘书:邵振耀
公司董事会证券事务代表:钱国富
联系地址:上海市淮海中路 645－659 号六楼
电话:(021)53067597 传真:(021)53066576
4、公司注册地址:上海市淮海中路 645－659 号六楼
公司办公地址:上海市淮海中路 645－659 号六楼
邮政编码:200020
公司国际互联网网址:http://www.yimin－stores.com/
公司电子信箱:ymdept@online.sh.cn
5、公司选定的信息披露报纸:上海证券报
登载公司年度报告的国际互联网网址:http://www.sse.com.cn/
公司年度报告备置地点:公司董事会办公室
6、公司股票上市交易所:上海证券交易所
股票简称:益民百货
股票代码:600824

第二章 主要财务数据和指标

1、本年度主要利润指标情况 单位:元

项目	金额
利润总额	62,324,371.38
净利润	48,899,926.59
扣除非经常性损益后的净利润	53,006,566.99
主营业务利润	193,217,371.18
其他业务利润	12,462,597.46
营业利润	66,754,288.94
投资收益	791,376.10
补贴收入	0.00
营业外收支净额	－5,451,293.66
经营活动产生的现金流量净额	4,572,670.96
现金及现金等价物净增加额	－20,469,434.46

2、主要会计数据和财务指标 单位:元

项目	2001 年	2000 年		1999 年	
		调整后	调整前	调整后	调整前
主营业务收入(元)	731,835,064.68	601,996,131.60	601,996,131.60	555,086,661.44	555,086,661.44
净利润(元)	48,899,926.59	44,478,382.90	44,017,707.55	36,982,493.77	38,791,518.25
总资产(元)	1,051,205,254.91	955,623,141.61	1,011,602,189.64	817,964,234.55	823,500,230.49
股东权益(元)	658,917,747.73	480,252,479.36	487,802,512.41	463,047,451.89	468,583,447.83
每股收益(元/股)	0.253	0.262	0.259	0.218	0.228
每股收益(元/股)(加权)	0.261	0.262	0.259	0.218	0.228
每股净资产(元/股)	3.40	2.83	2.87	2.73	2.76
调整后的每股净资产(元/股)	3.36	2.77	2.79	2.64	2.66
净资产收益率(%)	7.42	9.26	9.02	7.99	8.28
净资产收益率(%)(扣除非经常性损益后净利润为基础计算的加权平均)	8.50	9.15	8.97	8.72	8.17
每股经营活动产生的现金流量净额(元/股)	0.024	0.458	0.458	0.645	0.645

注:2001 年度非经常性损益为－4,106,640.40 元,其中:开办费追溯调整影响本年度利润 640,634.36,元营业外收支净额－5,451,293.66 元,所得税影响数－704,018.90 元。

第三章 股本变动及股东情况

1、股本变动情况
(1) 股份变动情况表

数量单位:股

	本次变动前	本次变动增减(+、－)						本次变动后
		配股	送股	公积金转股	增发	其他	小计	
一、未上市流通股份								
1、发起人股份	100,760,800	3,022,800					3,022,800	103,783,600
其中								
国家持有股份	100,760,800	3,022,800					3,022,800	103,783,600
境内法人持有股份								
境外法人持有股份								
其他								
2、募集法人股份								
3、内部职工股								
4、优先股或其他								
未上市流通股份合计	100,760,800	3,022,800					3,022,800	103,783,600
二、已上市流通股份								
1、人民币普通股	69,127,302	20,738,190					20,738,190	89,865,492
2、境内上市的外资股								
3、境外上市的外资股								
4、其他								
已上市流通股份合计	69,127,302	20,738,190					20,738,190	89,865,492
三、股份总数	169,888,102	23,760,990					23,760,990	193,649,092

600825 华联超市股份有限公司

2001 年年度报告摘选

一、公司简介

1、公司法定中文名称:华联超市股份有限公司
公司法定英文名称:HUALIAN SUPERMARKET CO.,LTD.
公司法定英文缩写:HLS
2、公司法定代表人:华洲
3、公司董事会秘书:董小春
联系地址:上海市隆昌路 609 号
联系电话:021－65201818 转
传真:021－65432001
E－mail:hlscoltd@online.sh.cn
4、公司注册地址:上海市张杨路 655 号
公司办公地址:上海市隆昌路 609 号
邮政编码:200090
公司国际互联网网址:www.hualian－supermarket.com
电子信箱:hlscoltd@online.sh.cn
5、公司选定的信息披露报纸:《上海证券报》
登载公司年度报告的中国证监会指定国际互联网网址:www.sse.com.cn
公司年度报告备置地点:上海市隆昌路 609 号
6、公司股票上市交易所:上海证券交易所
股票简称:华联超市
股票代码:600825

二、会计数据和业务数据

(一)本年度主要利润指标情况 单位:元

项目	金额
利润总额	60,527,473.87
净利润	50,070,042.75
扣除非经常性损益后的净利润	51,290,204.49
主营业务利润	442,596,179.32
其他业务利润	－3,178,160.72
营业利润	60,833,694.43
投资收益	1,407,512.10
补贴收入	0
营业外收支净额	－1,713,732.66
经营活动产生的现金流量净额	－62,191,901.69
现金及现金等价物净增加额	－93,621,310.61

注:非经常性损益的项目为:

项目	金额
股权转让收益:	309,716.88
营业外收入:	499,165.36
营业外支出:	－2,212,898.02
所得税调整:	183,854.04
合计:	－1,220,161.74

(二)主要会计数据和财务指标 单位:元

项目	2001 年度	2000 年度		1999 年度	
		调整前	调整后	调整前	调整后
主营业务收入	3,247,882,437.11	1,703,381,125.90	1,444,530,218.69	258,603,679.32	258,603,679.32
净利润	50,070,042.75	28,583,501.68	20,252,927.07	12,582,767.71	12,783,712.09
总资产	1,136,396,053.74	1,184,113,447.31	1,139,771,597.99	308,187,048.01	308,187,048.01
股东权益(不含少数股东权益)	244,339,457.08	227,658,709.46	198,311,657.72	206,475,906.20	206,676,850.58
每股收益(按摊薄法计算)	0.325	0.278	0.20	0.12	0.12
每股收益(按月加权平均法计算)	0.377	0.278	0.20	0.12	0.12
每股收益(扣除非经常性损益)	0.332	0.278	0.24	0.03	0.03
每股净资产	1.584	2.213	1.93	2.00	2.01
调整后的每股净资产	1.012	0.627	1.06	1.86	1.86
每股经营活动产生的现金流量净额	－0.403	1.533	1.53	0.92	0.92
净资产收益率(%)	20.49	12.56	10.21	6.09	6.19

注:以扣除非经常性损益后的净利润为基础计算的加权平均净资产收益率为 22.96%。

三、股本变动及股东情况

(一)股本变动情况
1、股份变动情况表

股票名称	本次变动前	本次变动增减(+、－)						本次变动后
		配股	送股	公积金转股	增发	其他	小计	
一、未上市流通股份								
1、发起人股份	10,284,918		+2,056,983.6	+3,085,475.4		+154,275	+5,296,734	15,581,652
其中:								
国家持有股份	10,284,918		+2,056,983.6	+3,085,475.4		+154,275	+5,296,734	15,581,652
境内法人持有股份								
境外法人持有股份								
其他								
2、募集法人股份	66,852,582		+13,370,516.4	+20,055,774.6		－154,275	+33,272,016	100,124,598
3、内部职工股								
4、优先股或其他								
其中:转配股								
未上市流通股份合计	77,137,500		15,427,500	23,141,250			38,568,750	115,706,250
二、已上市流通股份								
1、人民币普通股	25,712,665		5,142,533	7,713,800			12,856,333	38,568,998
2、境内上市的外资股								
3、境外上市的外资股								
4、其他								
已上市流通股份合计	25,712,665		5,142,533	7,713,800			12,856,333	38,568,998
三、股份总数	102,850,165		20,570,033	30,855,050			51,425,083	154,275,248

600826 上海兰生股份有限公司

2001 年年度报告摘选

一、公司基本情况简介

1.公司法定中文名称:上海兰生股份有限公司
公司英文名称:SHANGHAI LANSHENG CORPORATION
公司英文名称缩写:LANSHENG
2.公司法定代表人:赵效定
3.公司董事会秘书及证券事务代表:
董事会秘书:张铸
证券事务代表:杨敏
联系地址:上海市中山北一路 1230 号
电话:(021)65445880×2041
传真:(021)65446061
电子信箱:lllsss @ public. sta.net.cn
4.公司注册地址:上海市浦东新区三林路 95 号
邮政编码:200124
公司办公地址:上海市浦东新区三林路 95 号
上海市中山北一路 1230 号　　邮政编码:200437
公司国际互联网网址:http://www.lanshengcorp.com
公司电子信箱:lllsss @ public. sta.net.cn
5.公司选定的信息披露报纸名称:《上海证券报》、《中国证券报》
登载公司年度报告的中国证监会指定国际互联网网址:
http://www.sse.com.cn
公司年度报告备置地点:公司董事会办公室
6.公司股票上市交易所:上海证券交易所
股票简称:兰生股份　　股票代码:600826

二、会计数据和业务数据摘要

(一)本年度主要利润指标情况(合并报表)　　单位:元

项目	金额
1.利润总额	52,552,893.63
2.净利润	39,607,271.44
3.扣除非经常性损益后的净利润	19,348,229.20
4.主营业务利润	158,255,800.61
5.其他业务利润	3,966,906.63
6.营业利润	33,379,291.58
7.投资收益	10,496,485.66
8.补贴收入	9,524,507.06
9.营业外收支净额	-847,390.67
10.经营活动产生的现金流量净额	89,875,459.35
11.现金及现金等价物净增加额	40,716,517.65

注:
非经常性损益项目及金额:补贴收入 9,524,507.06 元,委托理财收益 14,737,128.34 元,股权转让收益 -427,468.06 元;扣除所得税后合计为:20,259,042.24 元

(二)截止报告期末公司前三年主要会计数据和财务指标(合并报表):单位:元

项目	2001 年	2000 年		1999 年
		调整后	调整前	
1.主营业务收入	1,718,912,650.47	1,715,761,906.82	1,715,761,906.82	1,570,709,381.34
2.净利润	39,607,271.44	58,674,229.23	59,112,317.21	75,525,147.41
3.总资产	1,344,816,041.82	1,370,324,766.39	1,377,039,079.85	1,309,109,951.64
4.股东权益	789,025,318.64	777,962,394.39	786,196,943.89	728,907,486.03
5.每股收益(摊薄)	0.14	0.21	0.21	0.27
6.每股收益(加权)	0.14	0.21	0.21	0.27
7.扣除非经常损益后的每股收益	0.07	0.18	0.18	0.25
8.每股净资产	2.81	2.77	2.80	2.60
9.调整后每股净资产	2.58	2.59	2.62	2.41
10.每股经营活动产生的现金净流量	0.32	0.92	0.92	-0.33
11.净资产收益率(%)(摊薄)	5.02	7.54	7.52	10.36
12.扣除非经常性损益后的净资产收益率(%)(加权平均)	2.43			

(三)利润表附表:

报告期利润	净资产收益率(%)		每股收益	
	全面摊薄	加权平均	全面摊薄	加权平均
1、主营业务利润	20.06	19.84	0.56	0.56
2、营业利润	4.23	4.18	0.12	0.12
3、净利润	5.02	4.96	0.14	0.14
4、扣除非经常性损益后的净利润	2.45	2.43	0.07	0.07

三、股本变动及股东情况

(一)股本变动情况
1.报告期内公司股份总数及股本结构均未发生变化,情况如下(单位:股):

1.未上市流通股份	期初数	本次变动增减(+/-)	期末数
(1)发起人股份			
其中:			
国家持有股份	185,288,192		185,288,192
(2)募集法人股份			
(3)内部职工股			
(4)优先股或其他			
其中:转配股			
未上市流通股份合计	185,288,192		185,288,192
2.已上市流通股份			
(1)人民币普通股	95,140,000		95,140,000
已上市流通股份合计	95,140,000		95,140,000
3.股份总数	280,428,192		280,428,192

600827 上海友谊集团股份有限公司

2001 年年度报告摘选

一、公司基本情况简介

(一)公司法定中文名称:上海友谊集团股份有限公司
公司法定英文名称:SHANGHAI FRIENDSHIP GROUP INCORPORATED COMPANY
(二)法定代表人:王宗南
(三)董事会秘书:汪龙生
联系地址:上海市浦东新区商城路 518 号 10 楼
联系电话:021-58799358　　58883100-3012
传　　真:021-58883303
电子信箱:sfic@sh.cnuninet.net
(四)公司注册地址:上海市浦东新区商城路 518 号 10 楼
公司办公地址:上海市浦东新区商城路 518 号 10 楼
邮政编码:200120
公司国际互联网网址:http://www.shfriendship.com
电子信箱:sfic@sh.cnuninet.net
(五)公司选定的信息披露报刊:《上海证券报》、《香港商报》
登载年度报告的国际互联网网址:http://www.sse.com.cn
年度报告备置地点:公司股份制办公室
(六)股票上市交易所:上海证券交易所
股票简称:友谊股份、友谊 B 股
股票代码:600827、900923

二、财务数据和业务数据摘要

(一)本年度主要利润指标　　单位:元

项目	金　额
利润总额	122,378,244.25
净利润	70,052,811.75
扣除非经常性损益后的净利润*	55,809,550.64
主营业务利润	788,112,624.02
其他业务利润	113,228,838.43
营业利润	44,154,597.99
投资收益	79,753,779.34
补贴收入	2,476,547.53
营业外收支净额	-4,006,680.61
经营活动产生的现金流量净额	97,675,678.63
现金及现金等价物净增减额	140,420,064.29

(二)公司近三年主要会计数据及财务指标

财务指标	单位	2001 年度	2000 年度		1999 年度
			调整前	调整后	
主营业务收入	元	5,773,095,239.44	2,468,244,674.14	2,468,244,674.14	575,801,723.00
净利润	元	70,052,811.75	54,169,982.56	41,588,813.33	40,734,228.53
总资产	元	3,457,442,654.58	3,259,236,221.31	3,193,390,016.34	1,309,181,736.01
股东权益(不含少数股东权益)	元/股	564,771,493.26	541,086,724.58	494,966,166.25	407,164,159.93
全面摊薄每股收益	元/股	0.287	0.222	0.170	0.179
加权平均每股收益	元/股	0.287	0.226	0.173	0.200
扣除非经常性损益的每股收益	元/股	0.228	0.220	0.143	0.072
每股净资产	元/股	2.312	2.215	2.026	1.789
调整后的每股净资产	元/股	1.147	1.164	1.053	1.510
每股经营活动产生的现金流量净额	元/股	0.400	0.994	0.994	0.110
全面摊薄净资产收益率	%	12.404	10.011	8.402	10.000
加权平均净资产收益率	%	13.218	10.420	8.800	10.610
扣除非经常性损益的加权平均净资产收益率	%	10.530	10.420	7.791	4.024

(三)报告期利润表附表

2001 年利润	净资产收益率(%)		每股收益(元)	
	全面摊薄	加权平均	全面摊薄	加权平均
主营业务利润	139.545	148.703	3.226	3.226
营业利润	7.818	8.331	0.181	0.181
净利润	12.404	13.218	0.287	0.287
扣除非经营性损益后的净利润	9.882	10.530	0.228	0.228

三　股本变动及股东情况

(一)公司股本变动情况

单位:股

	本次变动前	本次变动增减(+/-)						本次变动后
		配股	送股	公积金转股	增发	其他	小计	
一、未上市流通股份								
①发起人股份	90,347,400							90,347,400
其中:								
国家持有股份	90,347,400							90,347,400
境内法人持有股份								
境外法人持有股份								
其他								
②募集法人股	13,303,153							13,303,153
③内部职工股								
④优先股或其他								
尚未流通股合计	103,650,553							103,650,553
二、已上市流通股份								
①人民币普通股	33,564,059							33,564,059
②境内上市的外资股	107,078,400							107,078,400
③境外上市的外资股								
④其他								
已上市流通股份合计	140,642,459							140,642,459
三、股份总数	244,293,012							244,293,012

600828 成都人民商场(集团)股份有限公司

2001年年度报告摘选

一、公司基本情况简介

1、公司法定中文名称:成都人民商场(集团)股份有限公司
公司英文名称:CHENGDU PEOPLE'S DEPARTMENT STORE(GROUP) CO.,LTD.
英文名称缩写:CPDS
2、公司法定代表人:吕根旭
3、公司董事会秘书:张学勤
联系地址:四川省成都市东御街19号
电　话:028－6665088　传　真:028－6651176
电子信箱:csdsb@cpdsg.com
4、公司注册、办公地址:四川省成都市东御街19号
邮政编码:610011
公司互联网网址:http://www.cpdsg.com
公司电子信箱:csgsb@cpdsg.com
5、公司选定的信息披露报纸:《上海证券报》、《中国证券报》
登载年度报告的中国证监会指定国际互联网网址:http://www.sse.com.cn
公司年度报告备置地点:公司董事会办公室
6、公司股票上市交易所:上海证券交易所
股票简称:成商集团　股票代码:600828

二、会计数据和业务数据摘要

1、本年度实现的会计数据(合并报表数据)(单位:元)

项目	金额
1.利润总额	26,565,037.02
2.净利润	20,399,187.68
3.扣除非经常性损益后的净利润	18,955,674.85
4.主营业务利润	152,751,012.11
5.其他业务利润	27,997,132.55
6.营业利润	－1,261,964.13
7.投资收益	25,421,977.20
8.补贴收入	4,000,000.00
9.营业外收支净额	－1,594,976.05
10.经营活动产生的现金流量净额	41,265,698.17
11.现金及现金等价物净增加额	42,867,275.42

注:扣除的非经常性损益项目和涉及金额为:补贴收入4,000,000.00元,营业外收支净额－1,594,976.05元,股权处置损失78,580.19元,冲销委贷利息171,947.00元,小计2,154,496.76元,按33%所得税率扣除影响后,非经常性损益合计1,443,512.83元。

2、公司近三年主要会计数据和财务指标　(单位:元)

项目	2001年	2000年		1999年	
		调整后	调整前	调整后	调整前
1.主营业务收入	1,413,073,399.44	1,439,517,540.81	1,439,517,540.81	1,368,886,804.73	1,382,378,690.96
2.净利润	20,399,187.68	23,454,912.81	24,123,808.33	34,341,896.24	35,116,153.46
3.总资产	963,942,578.64	976,118,362.18	992,697,472.55	991,504,702.27	1,010,737,658.24
4.股东权益(不含少数股东权益)	436,100,598.27	425,690,686.04	431,354,081.37	423,841,039.36	424,166,865.58
5.每股收益(摊薄)	0.12	0.14	0.142	0.20	0.21
6.每股收益(加权)	0.12	0.14	0.142	0.20	0.21
7.扣除非经常性损益后的每股收益(摊薄)	0.11	0.12	0.107	0.18	0.16
8.扣除非经常性损益后的每股收益(加权)	0.11	0.12	0.107	0.18	0.16
9.每股净资产	2.58	2.51	2.55	2.50	2.51
10.调整后的每股净资产	2.52	2.28	2.30	2.22	2.21
11.每股经营活动产生的现金流量净额	0.24	0.14	0.14	0.27	0.27
12.净资产收益率(%)(摊薄)	4.68	5.51	5.59	8.10	8.28
13.净资产收益率(%)(加权)	4.71	5.64	5.76	7.54	7.70
14.扣除非经常性损益后的加权净资产收益率	4.37	5.05	4.33	6.68	5.94

3、报告期利润表附表

2001年度利润	净资产收益率%		每股收益(元/股)	
	全面摊薄	加权平均	全面摊薄	加权平均
主营业务利润	35.03	35.24	0.90	0.90
营业利润	－0.29	－0.29	－0.01	－0.01
净利润	4.68	4.71	0.12	0.12
扣除非经常性损益后的净利润	4.35	4.37	0.11	0.11

注:本表按《公开发行证券的公司信息披露编报规则第九号》规定编制。

三、股本变动及股东情况

1、股份变动情况表

(单位:股)

	本次变动前	本次变动增减(＋、－)						本次变动后
		配股	送股	公积金转增	增发	其它	小计	
一、未上市流通股份								
1、发起人股份								
其中:								
国家持有股份	110690733							110690733
境内法人持有股份								
境外法人持有股份								
其他								
2、募集法人股份	16029267							16029267
3、内部职工股								
4、优先股或其他								
未上市流通股份合计	126720000							126720000
二、已上市流通股份								
1、人民币普通股	42570000							42570000
2、境内上市的外资股								
3、境外上市的外资股								
4、其他								
已上市流通股份合计	42570000							42570000
三、股份总数	169290000							169290000

600829 哈尔滨天鹅实业股份有限公司

2001年年度报告摘选

一、公司基本情况简介

1、公司法定中文名称:哈尔滨天鹅实业股份有限公司
公司英文名称:HARBIN SWAN INDUSTRY COMTANY LIMITED
公司英文名称缩写:HS
2、公司法定代表人:丁洪利
3、公司董事会秘书:乔克荣
联系地址:哈尔滨市道里区共乐街182号
联系电话:0451—4624124
传真:0451—4624142
电子信箱:haswan@public.hr.hl.cn
4、公司注册地址、办公地址:哈尔滨市道里区共乐街182号
邮政编码:150076
公司电子信箱:haswan@public.hr.hl.cn
5、公司指定信息披露报刊名称:《上海证券报》
登载公司年报的国际互联网网址:http://www.sse.com.cn
公司年度报告备置地点:公司公关部
6、公司股票上市交易所:上海证券交易所
股票简称:天鹅股份
股票代码:600829

二、会计数据和业务数据摘要

(一)本年度主要利润指标情况　(单位:人民币元　合并报表)

项目	金额
(1)利润总额	53,842,017.18
(2)净利润	44,208,252.81
(3)扣除非经常性损益后的净利润	23,676,000.89
(4)主营业务利润	145,451,777.25
(5)其他业务利润	1,081,774.34
(6)营业利润	45,535,924.56
(7)投资收益	1,900,138.20
(8)补贴收入	13,916,391.97
(9)营业外收支净额	－ 7,510,437.55
(10)经营活动产生的现金流量净额	14,791,214.86
(11)现金及现金等价物净增加额	－16,344,804.20

备注:扣除的非经常性损益项目和涉及金额说明:

扣除非经常性损益扣除项目为一次性免息冲减财务费用14,378,775.43元;补贴收入11,118,979.75元;营业外收支净额－5,481,619.61元;投资收益1,615,117.47元,长期待摊费用摊销1,099,001.11元,合计扣除金额为20,532,251.92元(已考虑所得税影响数)。

(二)公司近三年的主要会计数据和财务指标　(单位:人民币元)

项目	2001年	2000年(调整后)	2000年(调整前)	1999年
主营业务收入	521,117,959.29	516,969,629.74	516,969,629.74	385,944,704.35
净利润	44,208,252.81	61,543,119.65	61,543,119.65	2,322,593.64
总资产	960,695,651.16	989,346,205.81	1,001,094,572.92	709,693,028.37
股东权益	501,108,703.16	454,607,035.33	466,355,406.53	415,198,337.28
每股收益(摊簿)	0.3345	0.4656	0.4656	0.0176
每股收益(加权)	0.3345	0.4656	0.4656	0.0176
扣除非经常性损益后每股收益	0.1791	0.1973	0.2440	0.0176
每股净资产	3.79	3.44	3.53	3.14
调整后的每股净资产	3.68	3.28	3.36	2.72
每股经营活动产生的现金流量净额	0.11	0.47	0.47	0.44
净资产收益率(摊簿)(%)	8.82	13.54	13.20	0.56
净资产收益率(加权)(%)	9.27	13.80	13.80	1.99

注:按照中国证监会《公开发行证券公司信息披露编报规则(第9号)》要求计算的利润数据:

报告期利润	净资产收益率		每股收益	
	全面摊薄	加权平均	全面摊薄	加权平均
主营业务利润	29.03	30.51	1.10	1.10
营业利润	9.09	9.55	0.34	0.34
净利润	8.82	9.27	0.33	0.33
扣除非经常性损益后的净利润	4.72	4.97	0.18	0.18

三、股本变动及股东情况

(一)股本变动情况

1.股份变动情况表　数量单位:股

	本次变动前	本次变动增减(＋.－)					本次变动后
		配股	送股	公积金转股	其他	小计	
一、未上市流通股份							
1.发起人股份	98,893,300						98,893,300
其中:							
国家持有股份	98,893,300						98,893,300
境内法人持有股份							
外资法人持有股份							
其他							
2.募集法人股							
3.内部职工股							
4.优先股及其他							
其中:转配股							
未上市流通股份合计	98,893,300						98,893,300
二、已上市流通股份							
1.人民币普通股	33,275,000						33,275,000
2.境内上市的外资股							
3.境外上市的外资股							
4.其他							
已流通股份合计	33,275,000						33,275,000
三、股份总数	132,168,300						132,168,300

600830 宁波城隍庙实业股份有限公司

2001 年年度报告摘选

一、公司基本情况简介

(一)公司法定中文名称:宁波城隍庙实业股份有限公司
公司法定英文名称:NINGBO CHENGHUANGMIAO INDUSTRY CO.,LTD.
公司法定英文缩写:NCHMI
(二)公司法定代表人:赵万兴
(三)公司董事会秘书:林蔚晴
联系地址:浙江省宁波市开明街 130 弄 48 号公司总经理办公室
联系电话:0574—87315310　0574—87299688—2005、2045
传　　真:0574—87294676
(四)公司注册及办公地址:浙江省宁波市开明街 130 弄 48 号
公司邮政编码:315000
公司电子信箱:nbchmi@cnnb.net
(五)公司选定的信息披露报纸:《中国证券报》、《上海证券报》
登载公司年度报告的中国证监会指定国际互联网网址:http://www.sse.com.cn
公司年度报告备置地点:公司总经理办公室
(六)公司股票上市交易所:上海证券交易所
股票简称:甬城隍庙　　股票代码:600830

二、会计数据和业务数据摘要

(一)本年度主要利润指标情况(单位:人民币元)

项目	金　额
利润总额	33,292,077.93
净利润	19,296,759.32
扣除非经常性损益后的净利润	5,583,307.24
主营业务利润	65,772,049.58
其他业务利润	10,920,051.22
营业利润	-4,092,560.63
投资收益	20,372,630.72
补贴收入	17,507,949.68
营业外收支净额	-495,941.84
经营活动产生的现金流量净额	-47,238,085.06
现金及现金等价物净增加额	171,741,958.27

注:扣除非经常性损益项目和涉及金额(单位:人民币元)

项 目	金 额
1、股权转让收益	3,208,414.38
2、补贴收入	17,507,949.68
3、投资收益	9,451,847.00
4、支付理顺劳动关系补偿金	-10,257,414.40
5、营业外收支净额	-495,941.84
6、上述项目所得税影响数	-5,489,152.06
7、上述项目少数股权影响数	-212,250.68
以上项目涉及金额	13,713,452.08

(二)截至报告期末公司前三年的主要会计数据和财务指标(合并报表)

财务指标	2001 年度	2000 年度		1999 年度	
		调整前	调整后	调整前	调整后
主营业务收入(元)	723,014,134.86	442,655,000.10	442,655,000.10	367,898,758.67	367,898,758.67
净利润(元)	19,296,759.32	36,785,572.12	23,505,460.03	33,386,421.60	21,465,348.28
全面摊薄每股收益(元/股)	0.110	0.233	0.149	0.211	0.136
加权平均每股收益(元/股)	0.111	0.233	0.149	0.282	0.181
扣除非经常性损益后的每股收益(元/股)	0.032	0.055	-0.032	0.089	0.014
每股经营活动产生的现金流量净额(元/股)	-0.270	0.104	0.104	0.269	0.269
全面摊薄净资产收益率(%)	4.031	10.042	7.068	10.132	6.946
加权平均净资产收益率(%)	4.052	10.573	7.327	10.664	7.190
扣除非经常性损益后的净资产收益率(%)(摊薄)	1.166	2.373	-1.510	4.273	0.698
(加权)	1.172	2.498	-1.565	4.497	0.723

财务指标	2001 年 12 月 31 日	2000 年 12 月 31 日		1999 年 12 月 31 日	
		调整前	调整后	调整前	调整后
总资产(元)	812,856,492.00	601,431,844.29	568,857,178.94	489,682,533.25	466,871,830.50
股东权益(元)	478,719,316.94	366,304,201.13	332,551,112.45	329,518,629.01	309,045,652.42
每股净资产(元/股)	2.733	2.318	2.104	2.085	1.956
调整后每股净资产(元/股)	2.639	2.126	1.951	1.928	1.818

三、股本变动及股东情况

(一)股本变动情况(单位:股)

项目	本次变动前	本次变动增减(+、-)						本次变动后
		配股	送股	公积金转股	增发	其他	小计	
一、未上市流通股份								
1、发起人股份	1,179,750							1,179,750
其中:								
国家持有股份								
境内法人持有股份	1,179,750							1,179,750
境外法人持有股份								
其他								
2、募集法人股	71,333,961	4,290					4,290	71,338,251
3、内部职工股								
4、优先股或其他								
未上市流通股份合计	72,513,711	4,290					4,290	72,518,001
二、已上市流通股份								
人民币普通股	85,524,011	17,104,802					17,104,802	102,628,813
境内上市的外资股								
境外上市的外资股								
其他								
已上市流通股份合计	85,524,011	17,104,802					17,104,802	102,628,813
三、股份总数	158,037,722	17,109,092					17,109,092	175,146,814

600831 黄河机电股份有限公司

2001 年年度报告摘选

第一章　公司基本情况简介

一、公司原法定中文名称:黄河机电股份有限公司
公司原英文名称:HUANGHE MACHINERY AND ELECTRONICS.CO.LTD
公司原英文名称缩写:HMEC
公司原法定代表人:代志军先生
2001 年第一次临时股东大会审议通过变更公司名称及经营范围的议案,2001 年 12 月 26 日经西安市工商行政管理局批准,领取变更后的《企业法人营业执照》(公告刊登在 2001 年 12 月 28 日《上海证券报》),相关内容变更为:
公司法定中文名称:陕西广电网络传媒股份有限公司
公司英文名称:SHAANXI BROADCAST & TV NETWORK INTERMEDIARY CO.,LTD
公司英文名称缩写:SXBN
公司法定代表人:韩本毅先生
二、公司董事会秘书:李道光先生
联系地址:西安市幸福北路 21 号公司证券部
联系电话:(029)2526902　　传真:(029)2525966
电子信箱(E-mail):600831@pub.xaonline.com
三、公司注册地址:西安市幸福北路 21 号
公司办公地址:西安市幸福北路 21 号　　邮政编码:710043
公司网址:http://www.hhkj.com
电子信箱(E-mail):600831@pub.xaonline.com
四、公司信息披露报纸名称:《上海证券报》、《证券时报》
公司年度报告登载网址:http://www.sse.com.cn
公司年度报告备置地点:公司证券部
五、公司股票上市交易所:上海证券交易所
股票简称:ST 黄河科　　股票代码:600831

第二章　会计数据和业务数据摘要

1、本年度主要利润情况(单位:人民币元)

项目	2001 年
利润总额	9,934,119.60
净利润	9,934,119.60
扣除非经常性损益后的净利润 *	2,485,647.55
主营业务利润	15,034,311.39
其他业务利润	37,525.93
营业利润	2,485,647.55
投资收益	0
补贴收入	0
营业外收支净额	7,448,472.05
经营活动产生的现金流量净额	3,254,382.62
现金及现金等价物增加额	0

* 注:扣除非经常性损益项目和涉及金额:营业外收支净额 7,448,472.05 元。

2、公司近三年主要会计数据和财务指标(单位:人民币元)

项目	2001 年	2000 年		1999 年
		调整前	调整后	
主营业务收入	25,409,572.93	28,291,087.46	28,291,087.46	106,616,581.07
净利润	9,934,119.60	-24,600,576.55	-26,407,169.74	-21,927,062.15
总资产	329,893,196.10	456,308,760.41	425,863,473.31	664,950,569.31
股东权益(不含少数股东权益)	117,492,472.15	101,103,015.78	72,081,021.46	108,703,592.33
每股收益	0.089	-0.22[illegible]	-0.237	-0.197
加权平均每股收益	0.089	-0.22[illegible]	-0.237	-0.197
扣除非经常性损益后的每股收益	0.022	-0.22[illegible]	-0.233	-0.197
每股净资产	1.056	0.908	0.648	0.977
调整后的每股净资产	1.056	0.464	0.494	0.510
净资产收益率(%)	8.46	-24.33	-36.64	-20.18
每股经营活动产生的现金流量净额	0.03	-0.198	-0.20	-0.198

3、按照中国证监会《公开发行证券公司信息披露编报规则(第 9 号)》要求计算的相关指标

报告期利润	净资产收益率(%)		每股收益(人民币元)	
	全面摊薄	加权平均	全面摊薄	加权平均
主营业务利润	12.80	12.80	0.14	0.14
营业利润	2.12	2.12	0.02	0.02
净利润	8.46	8.46	0.09	0.09
扣除非经常性损益后的净利润	2.12	2.12	0.02	0.02

第三章　股本变动及股东情况

第一节　股份变动情况

公司股份变动情况表(数量单位:股)

	本次变动前	本次变动增减(+,-)						本次变动后
		配股	送股	公积金转股	增发	其他	小计	
一、未上市流通股份								
1、发起人股份	59,197,000							59,197,000
其中:								
国家持有股份	59,197,000							59,197,000
境内法人持有股份	0							0
境外法人持有股份	0							0
其他	0							0
2、募集法人股份	5,744,300							5,744,300
3、内部职工股	0							0
4、优先股或其他	0							0
未上市流通股份合计	64,641,300							64,641,300
二、已上市流通股份								
1、人民币普通股	46,345,400							46,345,400
2、境内上市的外资股	0							0
3、境外上市的外资股	0							0
4、其他	0							0
已上市流通股份合计	46,345,400							46,345,400
三、股份总数	111,286,700							111,286,700

600832 上海东方明珠股份有限公司

2001年年度报告摘要

一、公司简介

1、公司名称：
中文：上海东方明珠股份有限公司
英文：SHANGHAI ORIENTAL PEARL CO.,LTD
缩写：S.O.P
2、公司法定代表人：朱咏雷
3、董事会秘书：杨明秋
董事会秘书授权代表：刘海英
联系地址：上海市浦东世纪大道1号
电话：021－58791888
传真：021－58792222
电子信箱：shpearl@online.sh.cn
4、公司注册地址：上海浦东世纪大道1号　　邮编：200120
公司办公地址：上海浦东世纪大道1号　　邮编：200120
电子信箱：shpearl@online.sh.cn
公司网址：www.shpearl.com
5、公司选定的信息披露报纸：《上海证券报》
登载公司年度报告的中国证监会指定国际互联网网址：http://www.sse.com.cn
公司年度报告备置地点：上海市浦东世纪大道1号东方明珠股份有限公司董事会办公室
6、公司股票上市交易所：上海证券交易所
股票简称：东方明珠
股票代码：600832

二、会计数据和业务数据摘要

1、公司本年度利润情况　　单位：元

项目	金额
利润总额	263,086,296.93
净利润	229,298,765.57
扣除非经常性损益后的净利润	229,433,118.46
主营业务利润	314,594,276.48
其他业务利润	11,327,746.11
营业利润	217,441,504.58
投资收益	57,103,707.15
补贴收入	－－－
营业外收支净额	(－)11,458,914.80
经营活动产生的现金流量净额	480,143,376.27
现金及现金等价物净增减额	(－)65,359,699.29

2、截止报告年度末公司前三年的主要会计数据及财务指标　　单位：元

项目	2001年	2000年	1999年
主营业务收入	615,867,324.30	716,805,254.04	537,989,894.21
净利润	229,298,765.57	193,535,674.87	186,882,802.28
总资产	3,921,194,409.68	3,787,102,948.47	3,078,743,592.36
股东权益	2,714,429,530.38	1,623,478,513.28	1,589,590,095.02
每股收益(摊薄)	0.333	0.299	0.289
每股收益(加权)	0.338	0.299	0.289
扣除非经常性损益后的每股收益	0.333	0.299	0.259
每股净资产	3.95	2.51	2.46
调整后的每股净资产	3.88	2.34	2.34
每股经营活动产生的现金流量净额	0.70	－0.07	0.293
净资产收益率(%)	8.4	11.92	11.76
净资产收益率(加权)%	9.9	12.14	11.98

3、报告期利润表附注

报告期利润	净资产收益率(%)		每股收益	
	全面摊薄	加权平均	全面摊薄	加权平均
主营业务利润	11.6%	13.6%	0.457	0.464
营业利润	8%	9.4%	0.316	0.321
净利润	8.4%	9.9%	0.333	0.338
扣除非经常性损益后的净利润	8.4%	9.9%	0.333	0.338

三、股本变动及股东情况

1、股本变动情况
(1)股份变动情况表　　数量单位：股

	本次变动动前	本次变动增减(＋,－)						本次变动后
		配股	送股	公积金转股	增发	其他	小计	
一、未上市流通股份								
1、发起人股份	499567998	5268720						504836718
其中：								
国家拥有股份								
境内法人持有股份	499567998	5268720						504836718
境外法人持有股份								
其他								
2、募集法人股份	26021449	283770						26305219
3、内部职工股								
4、优先股或其他								
未上市流通股份合计	525589447	5552490						531141937
二、已上市流通股份								
1、人民币普通股	120682133	36204640						156886773
2、境内上市的外资股								
3、境外上市的外资股								
4、其他								
已流通股份合计	120682133	36204640						156886773
三、股份总数	646271580	41757130						688028710

600833 上海商业网点发展实业股份有限公司

2001年年度报告摘要

一、公司基本情况简介

(一)公司的法定中文名称：上海商业网点发展实业股份有限公司
公司的法定英文名称：SHANGHAI COMMERCIAL REAL ESTATE DEVELOPMENT INDUSTRY CO., LTD.
英文缩写：SCD
(二)公司法定代表人：股卓人先生
(三)公司董事会秘书：林安康先生
联系地址：上海市黄浦区外马路974号5楼
联系电话：(021)63136510　　传真：(021)63135518
(四)公司注册地址：上海市浦东新区浦三路1260弄4号
公司办公地址：上海市黄浦区外马路974号5楼
邮政编码：200011
电子信箱：shcred @ online.sh.cn
(五)公司选定的信息披露报刊名称：上海证券报
登载年度报告的中国证监会指定网站的网址：http://www.sse.com.cn
年度报告备置地点：公司董事会办公室
(六)公司股票上市交易所：上海证券交易所
股票简称：PT网点　　股票代码：600833

二、会计数据和业务数据摘要

(一)本年度主要利润指标　　单位：元

项目	金额
利润总额	28,302,820.79
净利润	24,234,052.66
扣除非经常性损益后的净利润	12,941,919.31
主营业务利润	55,869,433.44
其他业务利润	5,074,720.60
营业利润	15,717,201.63
投资收益	10,225,770.06
补贴收入	2,500,000.00
营业外收支净额	－140,150.90
经营活动产生的现金流量净额	56,493,085.29
现金及现金等价物净增加额	53,947,853.92

注：扣除非经常性损益项目和涉及金额计11,292,133.35元：
1.股权转让收益9,097,613.87元；
2.股权投资差额摊销－184,825.92元；
3.补贴收入2,500,000元；
4.营业外收支净额－140,150.90元；
5.所得税影响数19,496.30元。

(二)公司近三年主要会计数据与财务指标(单位：元、元/股、%)

财务指标	2001年度	2000年度		1999年度	
		调整前	调整后	调整前	调整后
主营业务收入	263,233,128.32	4,190,595.72	4,190,595.72	－9,220,914.74	－10,992,515.04
净利润	24,234,052.66	－136,539,890.30	－129,582,011.90	－185,903,032.44	－181,076,304.79
总资产	482,760,968.44	479,138,776.44	476,059,583.71	745,712,202.38	735,610,974.79
股东权益(不含少数股东权益)	165,524,209.51	－400,760,732.08	－401,388,272.35	－278,788,241.03	－264,220,841.78
全面摊薄每股收益	0.152	－0.857	－0.813	－1.167	－1.136
加权平均每股收益	0.152	－0.857	－0.813	－1.167	－1.136
每股净资产	1.039	－2.515	－2.519	－1.750	－1.658
调整后的每股净资产	0.982	－2.558	－2.562	－1.820	－1.693
每股经营活动产生的现金流量净额	0.355	0.013	0.013	－0.012	－0.012
全面摊薄净资产收益率	14.64	－	－	－	－
加权平均净资产收益率	15.79	－	－	－	－
扣除非经常性损益的每股收益	0.081	－0.725	－0.681	－1.093	－1.061
扣除非经常性损益的加权平均净资产收益率	8.44	－	－	－	－

(三)报告期利润表附表

2001年度利润	净资产收益率(%)		每股收益(元)	
	全面摊薄	加权平均	全面摊薄	加权平均
主营业务利润	33.75	36.41	0.351	0.351
营业利润	9.49	10.24	0.099	0.099
净利润	14.64	15.79	0.152	0.152
扣除非经营性损益后的净利润	7.82	8.44	0.081	0.081

三、股本变动及股东情况

(一)公司股本变动情况
1.股份变动情况表：

	本次变动前	本次变动增减(＋,－)						本次变动后
		配股	送股	公积金转股	增发	其他	小计	
(1)未上市流通股份								
①发起人股	77887176							77887176
其中：国家持有股份								
境内法人持有股份	77887176							77887176
境外法人持有股份								
其他								
②募集法人股份	33480959							33480959
③内部职工股								
④优先股或其他								
未上市流通股份合计	111368135							111368135
(2)已上市流通股份								
①人民币普通股	47979256							47979256
②境内上市的外资股								
③境外上市的外资股								
④其他								
已上市流通股份合计	47979256							47979256
(3)股份总数	159347391							159347391

600834 上海申通地铁股份有限公司

2001年年度报告摘选

一、公司基本情况简介

1、公司法定中文名称:上海申通地铁股份有限公司
公司中文名称缩写:申通地铁
公司法定英文名称:ShangHai ShenTong Metro Co.,Ltd.
公司英文名称缩写:ShenTong Metro
2、公司法定代表人:宋孝堃
3、公司董事会秘书:仲辉
联系地址:上海市中山南路28号(久事大厦31层)
联系电话及传真:(021)58308595
4、公司注册地址:上海市浦电路389号(由由燕乔大厦5F)
公司办公地址:上海市中山南路28号(久事大厦31层)　　邮政编码:200010
5、公司选定的信息披露报纸名称:上海证券报
登载年度报告的中国证监会指定国际互联网网址:http://www.sse.com.cn
公司年度报告备置地点:上海市中山南路28号(久事大厦31层)
6、公司股票上市交易所:上海证券交易所
股票简称:申通地铁　　股票代码:600834

二、会计数据和业务数据摘要

1、本年度会计数据和业务数据摘要(合并)　　单位:元

项目	
(1)利润总额	78,186,197.18
(2)净利润	65,518,488.43
(3)扣除非经常性损益后的净利润①	58,967,057.05
(4)主营业务利润	106,835,518.82
(5)其他业务利润	1,006,555.62
(6)营业利润	66,541,536.96
(7)投资收益	9,730,107.02
(8)补贴收入	0.00
(9)营业外收支净额	1,914,553.02
(10)经营活动产生的现金流量净额	148,885,596.98
(11)现金及现金等价物净增加额	-44,231,420.09
①扣除非经常性损益金额合计	6,551,431.38
委托国债投资收益	7,310,000.00
处理固定资产净损益	3,602,061.14
其他营业外支出	-1,973,826.76
所得税影响数	-2,386,803.00

2、截止报告期公司近三年主要会计数据和财务指标　　单位:元

项目	2001年(合并)	2000年	1999年
(1)主营业务收入	274,507,605.43	107,948,113.20	103,494,098.81
(2)净利润	65,518,488.43	54,232,672.07	44,735,904.39
(3)总资产	947,632,850.51	593,541,020.07	485,473,448.14
(4)股东权益(不含少数股东权益)	554,227,348.59	528,161,910.16	473,712,551.05
(5)每股收益(摊薄)	0.17	0.16	0.19
(6)每股收益(加权)	0.17	0.16	0.19
(7)扣除非经常性损益的每股收益	0.15	0.14	0.19
(8)每股净资产(摊薄)	1.40	1.53	2.00
(9)调整后的每股净资产	1.40	1.53	2.00
(10)每股经营活动产生的现金流量净额	0.38	0.35	0.22
(11)净资产收益率(%)摊薄	11.82	10.27	9.44
(12)净资产收益率(%)加权	11.68	10.82	9.91
(13)扣除非经常性损益的加权平均净资产收益率	10.57	9.76	10.16

3、利润分配表附表

报告期利润		净资产收益率(%)		每股收益(元)	
		摊薄	加权	摊薄	加权
主营业务利润	106,835,518.82	19.28	19.05	0.27	0.27
营业利润	66,541,536.96	12.01	11.86	0.17	0.17
净利润	65,518,488.43	11.82	11.68	0.17	0.17
扣除非经常性损益后的净利润	58,967,057.05	10.77	10.57	0.15	0.15

三、股本变动及股东情况

(一)股本变动情况:
股份变动情况表　　数量单位:股

	期初数	本次变动增减(+,-) 送股	公积金转增股	其它	期末数	持股比例
(1)尚未流通股份						
①发起人股份						
其中:						
国家拥有股份	218,370,000	32,755,500			251,125,500	63.65
境内法人持有股份	36,250,000	5,437,500			41,687,500	10.56
外资法人持有股份						
其他						
②募集法人股	18,850,000	2,827,500			21,677,500	5.5
③内部职工股						
④社会公众转配股	24,360,000			-24,360,000	0	0
尚未流通股份合计:	297,830,000	41,020,500		-24,360,000	314,490,500	79.71
(2)已流通股份合计:						
①境内上市人民币普通股	45,240,000	+24,360,000		10,440,000	80,040,000	20,29
②境内上市的外资股						
③境外上市的外资股						
④其他						
已流通股份合计:	45,240,000	+24,360,000		10,440,000	80,040,000	20,29
(3)股份总数	343,070,000	51,460,500			394,530,500	100

600836 上海界龙实业股份有限公司

2001年年度报告摘选

一、公司简介

1、公司法定中文名称:上海界龙实业股份有限公司
公司法定英文名称:SHANGHAI JIELONG INDUSTRY CORPORATION LIMITED
公司英文名称缩写:J.L.C
2、公司法定代表人:费钧德
3、公司董事会秘书:楼福良
联系地址:上海市宁海东路200号(申鑫大厦16楼)
联系电话:021-63746888　　传真:021-63732586
电子信箱:JLSYGF@ISDNNET.STA.NET.CN
4、公司注册地址:上海市浦东新区川周公路7111号
公司办公地址:上海市浦东新区川周公路7111号
邮政编码:201205
公司国际互联网网址:HTTP://WWW.JIELONG-PRINTING.COM
电子信箱:JLSYGF@ISDNNET.STA.NET.CN
5、公司选定的信息披露报纸名称:上海证券报,中国证券报
登载公司年度报告的中国证监会指定国际互联网网址:HTTP://WWW.SSE.COM.CN
公司年度报告备置地点:上海市宁海东路200号(申鑫大厦16楼)
6、公司股票上市交易所:上海证券交易所
股票简称:界龙实业　　股票代码:600836

二、会计数据

1、本年度实现利润及主要现金流量指标　　单位:人民币元

项目	金额
利润总额	8,647,797.40
净利润	5,538,009.57
扣除非经常性损益后的净利润	10,616,854.27
主营业务利润	91,366,463.66
其他业务利润	4,118,103.62
营业利润	12,130,280.95
投资收益	-606,188.68
补贴收入	2,202,549.83
营业外收支净额	-5,078,844.70
经营活动产生的现金流量净额	25,095,366.57
现金及现金等价物净增加额	-6,523,390.74

2、截止报告期末公司前三年主要会计数据和财务指标

项目	2001.12.31	2000.12.31 调整后	2000.12.31 调整前	1999.12.31 调整后	1999.12.31 调整前
主营业务收入(元)	507,818,589.48	408,120,751.85	408,120,751.85	304,648,912.66	304,648,912.66
净利润(元)	5,538,009.57	9,756,392.22	8,266,171.49	5,492,646.41	3,991,553.68
总资产(元)	723,227,163.34	706,416,796.34	720,450,911.40	653,368,454.67	669,906,578.62
股东权益(元)(不含少数股东权益)	202,406,726.12	197,101,901.54	209,003,674.80	187,205,084.04	200,871,633.54
每股收益(元)	0.05	0.087	0.074	0.049	0.036
加权每股收益(元)	0.05	0.087	0.074	0.049	0.036
扣除非经常性损益后的每股收益(元)	0.09	0.089	0.076	0.052	0.038
每股净资产(元)	1.81	1.76	1.87	1.67	1.80
调整后的每股净资产(元)	0.95	1.21	1.26	1.35	1.42
每股经营活动产生的现金流量净额(元)	0.22	0.21	0.21	-0.042	-0.042
净资产收益率(%)	2.74	4.95	3.96	3.09	1.99
扣除非经常损益后的加权净资产收益率(%)	5.25	5.04	4.12	4.96	4.12

三、股本变动及股东情况

1、股本变动情况
截止2001年12月31日止公司股本结构情况如下:
数量单位:股

股份类别	期初数	期末数
未上市流通股份		
发起人股份	58695008	58695008
募集法人股份	11670617	11670617
未上市流通股份合计	70365625	70365625
已上市流通股份		
人民币普通股	41328125	41328125
已上市流通股份合计	41328125	41328125
股份总数	111693750	111693750

2、股东情况介绍
(1)截止2001年12月31日止股东户数为29786户。
(2)报告期末公司前十名股东持股情况。
数量单位:股

序号	股东名称	期末持股数量(股)	持股比例(%)	股份性质
①	上海界龙发展有限公司	58695008	52.55	发起人股
②	海通证券有限公司	4765313	4.26	法人股
③	上海浦东联合信托投资有限责任公司	3001774	2.68	法人股
④	上海界龙食品有限公司	891250	0.80	法人股
⑤	吉林证券	412800	0.37	流通股
⑥	谭玮	247357	0.22	流通股
⑦	上海市农业投资公司	230000	0.20	法人股
⑧	魏英	203006	0.18	流通股
⑨	上海东方明珠股份有限公司	186875	0.17	法人股
⑩	上海浦东华厦房地产公司	186875	0.17	法人股

600835 上海上菱电器股份有限公司

2001年年度报告摘要

第一节 重要提示

本公司董事会保证本报告所载资料不存在任何虚假记载、误导性陈述或者重大遗漏，并对其内容的真实性、准确性和完整性负个别及连带责任。

公司副董事长陈俊民先生因公出差，未能亲自出席公司三届九次董事会，书面委托公司董事王树民先生代为表决。

本报告摘要摘自年度报告全文，投资者欲了解详细情况，请参阅年度报告全文。

第二节 公司基本情况简介

一、公司法定中文名称：上海上菱电器股份有限公司

公司法定英文名称：SHANGHAI SHANGLING ELECTRIC APPLIANCES CO.，LTD.

公司英文缩写：SLEC

二、公司法定代表人：夏毓灼先生

三、公司董事会秘书：曹俊先生

联系地址：上海市浦东新区建平路2号

电话：(021)58857888(总机)－3436

传真：(021)58858624

电子信箱：juncao@online.sh.cn

四、公司注册及办公地址：上海市浦东新区建平路2号

公司邮政编码：200135

公司国际互联网网址：http://www.shangling.com

电子信箱：sldsh@shangling.com

五、公司选定的信息披露报纸名称：

上海证券报(境内)、香港南华早报(境外)

登载公司年度报告的中国证监会指定国际互联网网址：http://www.sse.com.cn

公司年度报告备置地点：公司董事会秘书办公室

六、公司股票上市地：上海证券交易所

股票简称：上菱电器　上菱B股

A股股票代码：600835；B股股票代码：900925

第三节 会计数据和业务数据摘要

一、公司本年度实现

(单位：人民币元)

项目	金额
利润总额	618,143,834.19
净利润	246,444,551.36
扣除非经常性损益后的净利润	234,364,047.17
主营业务利润	1,281,507,343.03
其他业务利润	13,207,976.40
营业利润	560,471,416.37
投资收益	47,111,894.54
补贴收入	541,963.46
营业外收支净额	10,018,559.82
经营活动产生的现金流量净额	887,186,030.30
现金及现金等价物净增加额	378,093,462.21

注：扣除非经常性损益项目和涉及金额：(单位：人民币元)

项目	金额
1、营业外收入－合同取消违约金收入	16,952,039.00
2、补贴收入	541,963.46
3、营业外支出－解除劳动合同补偿	5,188,485.20
4、营业外支出－罚款	225,013.07
以上项目涉及金额共计	12,080,504.19

有关按两种不同会计准则计算净利润、净资产的差异形成原因如下：

单位：人民币千元

	净利润	净资产
根据中国法定帐目	246,445	2,714,715
国际会计准则和其他调整：		
.于利润表提取职工福利基金	－43,606	－
.固定资产、无形资产及在建工程之减值准备	－110,489	－
.冲回资产置换所产生之利润	－	－47,251
.商誉摊销差异	982	2,705
.冲回预提保养费	12,526	－
.本年资产负债表日后宣告发放的二零零一之股息	－	80,709
.其他	2,356	1,712
经国际会计准则及其他调整后所列报	108,214	2,752,590

二、主要会计数据和财务指标(单位：人民币元)

项目	2001年	2000年		1999年	
		调整后	调整前	调整后	调整前
主营业务收入	3844769510.00	3642435206.89	3628284505.64	3503166528.14	3503166528.14
净利润	246444551.36	155431251.19	275868909.14	240646168.09	244333013.37
总资产	7434956073.11	6982352479.47	7059816173.41	6880077974.15	6886955811.52
股东权益(不含少数股东权益)	2714715040.63	2591080115.28	2744244752.94	2637048454.06	2645724841.43
每股收益(全面摊薄)	0.458	0.347	0.615	0.537	0.545
扣除非经常性损益后的每股收益	0.436	0.312	0.580	0.355	0.365
每股收益(加权平均)	0.458	0.347	0.615	0.537	0.545
每股净资产	5.05	5.78	6.12	5.88	5.90
调整后每股净资产	4.99	5.53	5.87	5.64	5.67
经营活动产生的现金流量净额	1.64	1.51	1.51	0.55	0.55
净资产收益率(%)	9.08	6.00	10.05	9.13	9.24
净资产收益率(%)(加权平均)	9.29	5.94	10.25	12.92	13.07
净资产收益率(%)(加权平均)(扣除非经常性损益)	8.83	5.33	9.67	8.55	8.75

第四节 股本变动及股东情况

一、股本变动情况

1、股份变动情况表

单位：万股

	期初数	本次变动增减(＋、－)						期末数
		配股	送股	公积金转股	增发	其他	小计	
(一)尚未流通股份								
1、发起人股份	21,198.108			4,239.6216				25,437.7296
其中：								
国家拥有股份	21,198.108			4,239.6216				25,437.7296
境内法人持有股份								
外资法人持有股份								
其他								
2、募集法人股								
3、内部职工股								
4、优先股及其他								
尚未流通股份合计	21,198.108			4,239.6216				25,437.7296
(二)已流通股份								
1、境内上市的人民币普通股	14,160			2,832				16,992
2、境内上市的外资股	9,480			1,896				11,376
3、境外上市的外资股								
4、其他								
已流通股份合计	23,640			4,728				28,368
(三)股份总数	44,838.108			8,967.6216				53,805.7296

二、股东情况介绍

1、报告期末公司股东总数为65,845户。

2、主要股东持股情况：

股东名称	年末持股数量(股)	占总股本比例(%)
1、上海电气(集团)总公司	254,377,296	47.28
2、海通证券	8,927,250	1.66
3、安顺基金	7,482,550	1.39
4、华安创新	4,759,715	0.88
5、TOYO SECURITIES ASIA LTD. A/C CLIENT(B股)	3,787,952	0.70
6、金盛基金	3,213,648	0.60
7、三标物资	1,928,913	0.36
8、THE NOMURA SECURITIES CO. LTD(B股)	1,600,744	0.30
9、南方稳健	1,005,667	0.19
10、泰和基金	961,332	0.18

注：①上海电气(集团)总公司持有本公司国家股股权为25,437.7296万股，占总股本的47.28%，其股份无质押、冻结情况。上海电气(集团)总公司法定代表人：夏毓灼先生，该公司经营范围：电力工程项目总承包，设备总成套或设备分交，开展对外承包劳务业务，实业投资，机电产品及相关行业的设备制造和销售，为国内和出口项目提供有关技术咨询及培训，市国资委授权范围内的国有资产经营与管理，国内贸易。

②除特别注明外，其他均为A股股东。

③公司前10位股东无关联关系。

第五节 董事、监事、高级管理人员和员工情况

一、基本情况

姓名	性别	年龄	职务	任期起止日期	年初持股数(股)	年末持股数(股)
夏毓灼	男	61	董事长	2000.6.15－2003.6.14	0	0
陈俊民	男	46	副董事长	2000.6.15－2003.6.14	0	0
范秉勋	男	56	副董事长	2000.6.15－2003.6.14	0	0
方　林	男	41	董事、总经理	2000.6.15－2003.6.14	0	0
罗关龙	男	62	董事	2000.6.15－2003.6.14	0	0
徐　伟	男	38	董事	2000.6.15－2003.6.14	0	0
王树民	男	52	董事	2000.6.15－2003.6.14	0	0
张传武	男	61	董事	2000.6.15－2003.6.14	0	0
姜安成	男	52	董事	2000.6.15－2003.6.14	0	0
曹　俊	男	42	董事会秘书	2000.6.15－2003.6.14	0	0
徐永勤	女	54	监事长	2000.6.15－2003.6.14	0	0
陆红贵	男	51	监事	2000.6.15－2003.6.14	0	0
陈基铨	男	54	监事	2000.6.15－2003.6.14	6000	7200
赵光生	男	61	监事	2000.6.15－2003.6.14	0	0
吕伯轩	男	55	监事	2000.6.15－2003.6.14	0	0
周瑞筠	女	51	副总经理	2000.6.15－2003.6.14	0	0

沈雪文	男	32	副总经理	2000.6.15 - 2003.6.14	0	0
周　伟	男	46	副总经理	2000.6.15 - 2003.6.14	0	0
司文培	男	38	总会计师	2001.11.23 - 2003.6.14	0	0
陈富刚	男	52	总工程师	2000.6.15 - 2003.6.14	0	0

注:①董事长夏毓灼先生同时担任上海电气(集团)总公司董事长;副董事长陈俊民先生同时担任上海电气(集团)总公司家电事业部部长;董事罗关龙先生同时担任上海电气(集团)总公司副董事长;董事徐伟同时担任上海电气(集团)总公司财务总监;董事王树民先生同时担任上海电气(集团)总公司家电事业部财务总监;监事长徐永勤女士同时担任上海电气(集团)总公司家电事业部副部长;监事陆红贵先生同时担任上海电气(集团)总公司资产财务部部长。

②监事陈基铨先生持股数增加是由于公司公积金转增股本所致。

二、年度报酬情况

本年度在公司领取薪酬的监事和高级管理人员的报酬均依据公司工资制度按月发放。

现任监事和高级管理人员在公司领取的年度报酬总额为 20.88 万元,有一名监事在公司领取报酬,报酬为 4.32 万元,金额最高的前三名高级管理人员报酬总额为 12.96 万元。

公司现任董事、监事、高级管理人员共 20 人,在公司领取报酬的 5 人,其中年度报酬在 4 - 4.5 万元之间的 4 人,3.5 - 4 万元的 1 人。

未在公司领取报酬的董事、监事、高级管理人员情况如下:

姓　名	性别	职　　务	报酬领取单位
夏毓灼	男	董事长	在电气集团领取报酬
陈俊民	男	副董事长	在电气集团领取报酬
范秉勋	男	副董事长	在本公司控股的子公司领取报酬
方　林	男	董事、总经理	在电气集团的关联企业领取报酬
罗关龙	男	董事	在电气集团领取报酬
徐　伟	男	董事	在电气集团领取报酬
王树民	男	董事	在电气集团领取报酬
张传武	男	董事	在本公司控股的子公司领取报酬
姜安成	男	董事	在本公司控股的子公司领取报酬
徐永勤	女	监事长	在电气集团的关联企业领取报酬
陆红贵	男	监事	在电气集团领取报酬
赵光生	男	监事	在电气集团领取报酬
吕伯轩	男	监事	在本公司控股的子公司领取报酬
周瑞筠	女	副总经理	在电气集团的关联企业领取报酬
司文培	男	总会计师	在电气集团的关联企业领取报酬

三、在报告期内,因公司原总会计师施世平先生辞职,根据总经理方林先生提名,聘请司文培先生担任本公司总会计师。

第六节　公司治理结构

一、公司治理情况

公司自上市以来,严格按照《公司法》、《证券法》、《上海证券交易所股票上市规则》以及中国证监会有关法律法规的要求,不断完善公司法人治理结构,规范公司运作。对照《上市公司治理准则》就公司治理状况作如下说明:

1、关于股东与股东大会

公司确保所有股东充分行使合法权利,平等对待所有股东。依据公司制定的《股东大会议事规则》并严格按照中国证监会颁布的《股东大会规范意见》相关要求召集、召开股东大会。公司与关联人之间的关联交易遵循了平等、自愿、等价、有偿的原则,并做到公开、公平、公正。

2、关于控股股东与上市公司

公司控股股东对公司的资产重组有利于公司的发展,没有损害其他股东的的合法权益,公司控股股东没有利用其特殊地位谋取额外的利益。公司与控股股东在人员、资产、财务、机构、业务方面做到相互独立,公司董事会、监事会和内部机构能够独立运作。

3、关于董事和董事会

公司严格按照《公司章程》规定的董事选聘程序选举董事。公司董事会制定了董事会议事规则,各位董事能认真负责地履行其职责,勤勉尽责,维护公司和全体股东的合法权益。董事会能够严格执行股东大会对董事会的授权,以及落实股东大会的各项决议。公司正在积极筹划、物色独立董事人选,公司将按照有关规定建立独立董事制度和董事会专门委员会,进一步完善公司法人治理结构。

4、关于监事和监事会

公司监事会的构成符合法律、法规的要求。公司监事会制定了监事会议事规则,各位监事能够认真负责地履行其职责,本着对全体股东负责的态度,对公司财务以及公司董事、高级管理人员履行职责的合法合规性进行监督,以维护公司及股东的合法权益。

5、关于绩效评价与激励约束机制

公司正积极着手建立公正、透明的董事、监事和经理人员的绩效评价标准和激励约束机制。公司经理人员的聘任公开、透明,并严格按照有关法律、法规和公司章程的规定进行。

6、关于利益相关者

公司充分尊重银行、及其他债权人、职工、消费者和其他利益相关者的合法权利,与利益相关者积极合作,共同推动公司持续、健康地发展。

7、关于信息披露与透明度

公司严格按照法律、法规和公司章程的规定,真实、准确、完整、及时地披露信息。公司董事会秘书负责有关的信息披露、接待来访、回答咨询、联系股东,向投资者提供公司公开披露的资料等工作,确保所有股东有平等的机会获得信息。

二、公司独立董事情况

公司董事会根据中国证监会颁布的《关于上市公司建立独立董事制度的指导意见》的要求,正积极物色独立董事人选,并修改公司章程的相应条款,按规定建立独立董事制度。

三、公司与控股股东在业务、人员、资产、机构、财务上的分开情况

1、人员方面:公司在劳动、人事及工资管理等方面完全独立;除三名高级管理人员以外,其他高级管理人员均在公司领取薪酬。所有高级管理人员均未在股东单位担任重要职务。

2、资产方面:公司拥有独立的生产系统、辅助生产系统和配套设施,并拥有独立的工业产权、商标、非专利技术等无形资产。

3、财务方面:公司设立独立的财会部门,建立了独立的会计核算体系和财务管理制度;公司在银行独立开户。

4、机构方面:公司设立了健全的组织机构体系,董事会、监事会等机构独立运作,不存在与控股股东职能部门之间的从属关系。

5、业务方面:公司具有自主经营能力。但公司家电产品的销售主要依赖于受同一母公司控制的关联企业 - 上海上菱家用电器集团营销有限公司,公司已着手对家电业务进行调整,随着公司对家电业务的淡出,在业务方面将完全独立于控股股东。

四、报告期内公司对高级管理人员的考评及激励机制、相关奖励制度

公司高级管理人员由董事会聘任,直接对董事会负责,接受董事会的直接考核、奖惩。公司高级管理人员根据董事会制定的发展战略和投资决策及下达的经营目标对公司进行经营管理,董事会根据具体的经营管理情况对高级管理人员进行考核,并以此作为依据进行奖惩。

第七节　股东大会情况简介

股东大会情况:

1、2001 年 2 月 20 日,公司召开 2001 年第一次临时股东大会。

2001 年第一次临时股东大会决议公告刊登于 2001 年 2 月 21 日的《上海证券报》、《香港南华早报》。

2、2001 年 6 月 8 日,公司召开 2000 年度股东大会。

2000 年度股东大会决议公告刊登于 2001 年 6 月 9 日的《上海证券报》、《香港南华早报》。

第八节　董事会报告

一、报告期内公司经营情况

(一)主营业务的范围及其经营状况

1、公司所处行业以及公司在本行业中的地位,排名如下:

①电梯产品的销售收入、利税总额等指标 2001 年度继续保持行业首位。(根据中国电梯协会统计资料)

②中央空调产品、列车空调、冷藏车机组和活塞式冷水机组的各项经济指标和市场占有率在全国同行业中均名列前茅。(根据中国工业空调协会统计资料)。

③印刷包装机械产品的生产产值、销售收入、出口创汇均居全国印机行业首位。(根据中国印刷工业印刷机械行业协会统计资料)

(二)公司主营业务的范围及其经营状况

目前,公司的主营业务为电梯制造、冷冻空调设备制造;印刷包装机械制造等。

按行业分析:(单位:人民币元)

	主营业务收入	主营业务利润
电梯制造行业	3,077,135,934.88	1,101,875,470.76
冷冻空调设备制造行业	80,471,615.82	17,789,283.28
印刷包装机械制造行业	592,859,697.67	144,337,818.73
总计:	3,750,467,248.37	1,264,002,572.77

(三)公司全资附属公司及控股子公司的经营情况及业绩(单位:人民币元)

	总资产	主营业务收入	净利润	股东权益
机电实业	4,348,463,240.96	3,077,135,934.88	288,300,932.36	1,369,116,677.77
通用冷冻	467,686,374.27	80,471,615.82	48,991,441.51	362,484,266.29
印包机械	708,013,520.86	592,859,697.67	24,030,222.24	316,975,325.73
绿洲实业	95,476,985.63	49,695,125.48	8,769,704.34	68,797,672.71

(四)在经营中出现的问题与困难及解决方案

电梯产品、冷冻空调设备、印刷包装设备制造等主营业务,在发挥各自所长继续保持行业优势地位的同时,也面临着国内外同类产品的激烈竞争。电梯产品制造和销售及安装维修保养是主营业务收入和主营业务利润主要来源,通过跟踪承接大型项目和抓好电梯的安装和维修扩大市场份额,成为电梯生产企业竞争的重点;各种空调产品的著名国际品牌、新兴合资品牌及传统国产品牌并存,使用户对产品的要求不断提高,也加剧了市场在价格、质量及服务等方面的竞争;印刷包装设备制造企业的规模相对较小和资本扩张的力度不大,对新产品开发和固定资产的投资与印刷包装行业的发展要求不相适应,一定程度上影响了企业经营发展的后劲。家用电冰箱制造业务的市场竞争更趋激烈,市场明显供大于求,价格出现恶性竞争,货款回笼严重不足,加快调整是当务之急。

针对各项主营业务中出现的问题,公司采取下列措施,及时调整了经营策略:

电梯制造业务是公司的核心业务,极具市场竞争能力。公司通过全资子公司上海机电实业有限公司间接控股的上海三菱电梯有限公司作为中国电梯行业的骨干企业,继续引进国际领先的电梯制造企业日本三菱的无机房电梯技术,依靠高素质的技术人才队伍和亚洲最高的电梯试验塔等一流的技术开发设施,国家级技术开发中心的引进转化和自主开发能力正在不断提高,已设计生产出拥有自主知识产权的希望系列电梯产品,各类电梯产品已达到 90 年代国际先进水平,不仅使产品的设计能力基本与世界领先技术保持同步发展,也使合资生产的各类优质高效商用电梯和住宅电梯产品品种得以拓展;通过遍布全国的营销服务网络,重点对大项目实施全过程跟踪,根据产品特点开展全方位延伸服务,使推进电梯安装和维修保养的工作取得了实质性进展,使以用户需求为目标的快速反应机制和售后服务体系得到了市场的普遍认同,根据市场需求的变化,花大力气对产品结构进行了调整与优化,使自身的竞争优势在实施用户满意战略中得到了进一步提升;靠一流的企业管理、先进的制造工艺、领先的控制技术和合理的性能价格比等综合竞争优势,上海三菱电梯有限公司产品的国内市场占有率已经超过 20%,销售与服务网点遍布华东、华南、华北、西南、华中、东北等地,经营业绩稳步增长,各项经济技术指标在国内同业中继续保持领先优势,作为效益支柱的作用得以充分体现。

通用冷冻空调设备制造业是具有发展潜力的高技术产业。通过全资子公司上海电气集团通用冷冻空调设备有限公司与美国开利、德国哈克诺克等国际知名跨国企业共同投资冷冻设备制造企业,发挥各自的技术优势与借鉴先进的管理经验,使产品的知名度和客户满意度不断提升,根据市场需求及时调整营销策略,在控制成本及信用风险的基础上,推出了具有市场竞争力的价格,使中央空调、列车空调、汽车空调等产品在生产制造、市场营销等方面继续保持着技术领先和排名前列的市场占有率。

印刷包装机械设备制造业是具有良好增长势头的高科技机电一体化产业。通过全资子公司上海电气集团印刷包装机械有限公司与美国高斯等国际著名企业共同投资高性能印刷设备制造企业,在各类卷筒纸胶印机、程控切纸机、自动烫印模切机等印刷包装设备制造领域跟踪国际领先技术,不断开发新品,推动了印机产品以信息化带动工业化的进程。印包有限公司被认定为"高新技术企业",并跻身上海包装企业 50 强之列,通过参加北京国际印刷机械展览会,进一步提升了企业形象和国际知名度,取得了可观的商务成果,为企业的可持续发展创造了有利条件。

对家用电冰箱制造业务加大了调整的力度,在电冰箱业务全面转入参股子公司的同时,加快落实了减员增效、盘活存量资产等具体措施,并利用与国际先进电冰箱制造技术嫁接的契机,实施差异化战略对产品重新定位,针对细分市场特定消费需求调整经营策略,开发生产中高档产品以满足市场的有效需求,为家用电冰箱制造业务的健康发展创造了有利条件。

二、公司投资情况

(一)截止 2001 年 12 月 31 日,公司长期投资合计 1,152,130,892.74 元,较上年度增加 245,170,276.22 元,增加幅度为 21.28%。长期投资的增加主要是由于公司收购上海永新彩色显像管股份有限公司 9% 股权所致。

(二)被投资公司情况

被投资公司名称	主要经营活动	权益比例

上海机电实业有限公司	承办机电业企业中外合资业务	100%
上海电气集团印刷包装机械有限公司	生产销售各类印刷包装设备及备品配件	100%
上海电气集团通用冷冻空调设备有限公司	生产销售各类冷冻设备、空调设备	100%
上海上菱仓储运输有限公司	仓储、运输	90%
上海上菱燃油取暖器厂	制造空调、燃油取暖器	90%
上海绿洲实业有限公司	投资人造板制造企业，销售人造板	69.72%
上海上菱长安电冰箱有限公司	生产销售家用电冰箱	51.22%
上海上菱电冰箱总厂洋泾配件厂	加工制造家用电器零配件	50%
上海宝山万里制绳厂	制造加工棉线带绳、家电配件	50%
上海亚波广告有限公司	各类广告设计、制作	40%
上海永新彩色显像管股份有限公司	生产销售彩色显像管、彩色显示器件	24%
上海上菱家用电器有限公司	家用电器的开发、生产、销售	19%
上海祥生保险代理有限公司	代理推销保险产品、收取保险费，协助保险公司进行损失的勘查和理赔	10%
上海电气集团财务有限责任公司	办理经中国人民银行批准的电气集团各成员单位的金融业务	5%

（三）募集资金使用情况

1、公司通过增发新股募集资金投资26574万元收购了上海电气集团通用冷冻空调设备有限公司100%股权；投资24845万元收购了上海电气集团印刷包装机械有限公司100%股权；投资27467万元向上海真空电子器件股份有限公司收购了上海永新彩色显像管有限公司15%股权。以上投资项目均已完成，并在公司1999年度报告中作了披露。

2、公司通过增发新股募集资金投资3914万元参股69.72%组建了上海绿洲实业有限公司，该公司已开始正式运营，以上情况在公司2000年中期报告中作了披露。

3、由于行业风险增大、市场竞争加剧、投资环境变化等原因，经公司三届四次董事会、2001年第一次临时股东大会审议通过，决定放弃投资参股上海富叶工贸发展有限公司、投资宁波华信塑模制造有限公司、与上海东海电脑股份有限公司共同组建光驱项目等原募股投资项目，以上放弃投资的项目涉及资金共计12960万元。以上事项公告刊登于2000年12月7日的《上海证券报》、《香港南华早报》和2001年2月21日的《上海证券报》、《香港南华早报》。

4、经公司三届四次董事会、2001年第一次临时股东大会审议通过，公司将放弃原募股投资项目的该部分募股资金用于向上海久事公司收购上海永新彩色显象管有限公司5%股权、向上海工业投资（集团）有限公司收购上海永新彩色显象管有限公司4%股权、向上海电气（集团）总公司整体收购上海人造板机器厂，以上三个收购项目的收购价格分别为13404万元、10723万元、6455万元，收购资金不足部分用公司自有资金补足。以上投资项目均已完成。以上事项公告分别刊登于2000年12月7日和2001年2月21日以及2002年3月8日的《上海证券报》、《香港南华早报》。

1、结余的募集资金15376万元，均为本公司的银行存款。

（四）非募集资金投资项目

1、根据本公司对家用电器制造业务的调整发展计划，本公司与上海上菱家用电器（集团）总公司共同投资设立了上海上菱家用电器有限公司。上海上菱家用电器有限公司注册资本为人民币1亿元，其中本公司以自有资金出资人民币1900万元，占注册资本的19%；上海上菱家用电器（集团）总公司以现金出资人民币8100万元，占注册资本的81%。上海上菱家用电器有限公司从事家用电器的开发、生产、销售。以上事项公告分别刊登于2000年12月7日和2001年2月21日的《上海证券报》、香港《南华早报》。

2、经本公司董事会研究决定：本公司根据上海强生出租汽车股份有限公司关于共同发起筹建上海祥生保险代理有限公司的邀约，参与该项目的投资。根据国家有关法规规定本公司的出资额为50万元，占总注册资本500万元的10%。上海祥生保险代理有限公司于2001年6月25日获得中国保险监督管理委员会保监机审[2001]77号《关于上海祥生保险代理有限公司开业的批复》文件，在2001年7月2日获得由中国保监会发给的《保险代理机构法人许可证》，并于2001年7月12日获得了工商营业执照。该公司主营：代理推销保险产品，代理收取保险费，协助保险公司进行损失的勘查和理赔，中国保监会批准的其他业务。以上事项已在2001年8月22日的《上海证券报》、香港《南华早报》上刊登的公司2001年中期报告中披露。

三、公司财务状况（单位：人民币元）

项目	2001年	2000年	增减幅度
总资产	7,434,956,073.11	6,892,352,479.47	7.30%
长期负债	6,245,819.12	15,391,974.43	-59.42%
股东权益	2,714,715,040.63	2,591,080,115.28	4.55%
主营业务利润	1,281,507,343.03	1,133,008,760.60	11.59%
净利润	246,444,551.36	275,868,909.14	-10.67%

变动原因：

1、总资产的增加是因为本年度盈利及流动资产增加所致。

2、长期负债的减少是因为长期应付款减少所致。

3、股东权益的增加是因为本年度盈利增加所致。

4、主营业务利润的增加是因为本年度主营业务收入和主营业务毛利率增加所致。

5、净利润的减少是因为本年度会计政策变更计提减值准备所致。

四、新年度的经营计划

随着由生产制造型企业向高技术产业投资控股型公司转型的到位，核心业务已完成了由家用电冰箱产品制造向电梯、冷冻空调设备、印刷包装机械等高科技机电一体化产品领域的转移，使资产质量得到了根本改善，产业结构在制造业为主体的前提下得以合理多元化，也推动了整体盈利水平和市场竞争能力的进一步提高。坚持以高新技术改造传统制造业，以信息化带动工业化，发展机电一体化高科技产业，为逐步形成多项优势产业互补协调发展的格局，公司在年内将根据转型后对企业管理的要求，充分发挥上市公司集聚社会资源的优势，通过不断完善与之相配套的法人治理结构，建立健全各项管控制度，以增强对投资企业的实际控制力，完成综合性高技术产业投资型公司的架构，通过各项主营业务经营业绩的稳步增长及前次募集资金项目的投资效益充分体现，实现资本适度扩张与效益持续增长同步的目标；充分利用与跨国公司已有的良好合作基础，借鉴国际上先进的管理经验和资本运作方式，主动应对入世并积极参与中国经济的国际化进程，使公司在资本市场上不仅具有良好的企业形象，更具备业绩持续增长的潜力。

电梯制造业：

电梯制造业通过间接控股上海三菱电梯有限公司合资生产各类优质高效的商用梯和住宅梯，以提高核心竞争力为中心，实施"技术、服务、成本、人才"战略，坚持"四个结合"，即：引进和开发相结合、产品和服务相结合、培训和学习相结合、建设和挖掘相结合，围绕无机房电梯的引进消化和小机房无齿轮曳引、新型自动扶梯等新产品开发，通过跟踪国际领先的电梯制造技术，不断提高自主开发的能力，巩固在产品领域的领先优势；健全完善市场营销网络和维修服务网络，确立在国内电梯市场的地位；加快上海三菱培训中心建设，为培养多层次的技术开发、生产制造、营销服务、安装维修人才服务。电梯制造业作为公司具有核心竞争力的主营业务，2002年将通过增加电梯销量和安装维修保养的市场份额，继续保持在国内同行业中的领先地位，产品产量、销售收入、利税总额、市场份额等主要技术经济指标继续保持稳步增长。

冷冻空调设备制造业：

冷冻空调设备制造业通过与美国开利、法国法维莱等国际著名跨国企业共同投资的合资企业，生产中央空调、列车空调、客车空调产品，坚持以具有国际先进水平的环保低噪、高效节能的引进产品为主导，运用差异化战略借助国际知名品牌继续保持产品在行业中的竞争优势，向全国各地的铁路车辆厂提供列车和机组空调，为上海、深圳等城市建设提供地铁空调，冷冻空调产品销往广东、上海、北京、山东、东北等省市及地区，在保持技术领先的同时，使产品的市场份额稳步增加。同时部分投资企业将通过控制与管理的调整，全面引入国际著名冷冻空调生产企业的经营管理经验，采用更为稳健的会计核算方法，在冷冻设备制造领域形成新的竞争优势。通用冷冻空调制造业作为公司具有发展潜力高技术产业，2002年的经营业绩将有较大增长。

印刷包装机械制造业：

印刷包装机械制造业通过与美国高斯等国际知名印刷机械生产企业合资生产高性能卷筒纸胶印机，坚持以市场为先导制定营销策略，巩固发展中西部及东南沿海的市场优势；以加强预算管理为重点，推进比价采购等成本控制措施；以技术开发产品创新为重点，研制生产各种高效率的卷筒纸胶印机、程控切纸机、自动烫印模切机、自动平型网版印刷机等新产品；根据企业战略发展的需要，实施对合资企业的增资和重点产品的投资，加快技术引进与设备改造，以继续保持在国内同行业中产品技术、产品创新、产品结构所处的领先优势。印刷包装机械制造业作为具有良好增长势头的高科技机电一体化产业，2001年的经营业绩也将有所增长。

五、本次利润分配预案

经大华会计师事务所有限公司审计，二○○一年度公司实现税后利润246,444,551.36元，提取法定盈余公积金81,755,244.66元，提取法定公益金27,920,466.40元，提取职工奖福基金43,605,637.25元，加年初未分配利润24,363,807.97元，本年度公司可供股东分配的利润为117,527,011.02元，经罗兵咸永道会计师事务所审计，二○○一年度末分配利润为121,895,000.00元。

根据孰低分配原则，公司二○○一年度利润分配预案为：以公司二○○一年末的总股本538,057,296股为基数，向全体股东按每10股派送现金红利人民币1.5元（含税），计80,708,594.40元。剩余未分配利润36,818,416.62元，结转以后年度分配。

以公司二○○一年末的总股本538,057,296股为基数，向全体股东以资本公积转增股本，按每10股转增1股。

六、二○○二年度利润分配政策的预案

公司2002年度年终进行利润分配，可供分配利润用于股利分配的比例不低于30%，分配将采用派发现金红利或送红股形式。

公司董事会在经营业务未发生重大变化的情况下，将实施以上利润分配政策。

七、公司报告期内选定的信息披露报纸为：上海证券报、香港南华早报。

第九节 监事会报告

公司监事会在2001年度按照公司法和本公司章程，列席了各次董事会会议，审阅了公司有关财务报表，对公司经营管理过程提出了意见和建议。

一、报告期内，公司监事会召开了二次会议：

1、2001年3月26日公司三届四次监事会在上海锦江饭店小礼堂召开。会议审议通过了公司2000年度监事会工作报告。监事会对三届五次董事会通过的部分议案进行了审核，审核通过了公司2000年度报告和报告摘要、公司2000年度总经理业务报告、公司2000年财务决算和2001年财务预算的报告、公司2000年度利润分配预案、公司2001年度利润分配政策的预案、关于2001年对公司住房周转金进行财务处理的预案、关于续聘公司境内外审计机构的预案。

2、2001年8月20日公司三届五次监事会在上海锦江饭店小礼堂召开。与会监事列席了公司第三届董事会第六次会议，审议了公司二○○一年度中期报告及报告摘要。与会监事认为：三届六次董事会审议通过的关于增加四项资产减值准备提取和损失处理的内部控制制度程序合法；董事会通过的议案和决策过程符合现行有关法律、法规的规定，与会董事勤勉尽责，履行了诚信义务。

二、监事会认为：

1、报告期内公司切实履行了股东大会的各项决议，其决策程序符合《公司法》和《公司章程》的规定。公司管理正在不断规范和完善。在执行公司职务时监事会未发现公司董事及经理层等高级管理人员有违反法律、法规、公司章程或损害公司利益的行为。

2、报告期内，上海大华会计师事务所有限公司和香港罗兵咸永道会计师事务所出具了无保留意见的审计报告，真实地反映了公司的财务状况和经营成果。

3、公司三届四次董事会本着维护广大股东的利益，提高募集资金使用效率，充分考虑到外部环境变化对公司发展的影响，对调整募集资金投资项目进行了认真审议，并形成决议提交股东大会表决，符合现行有关法律、法规的规定。

4、公司关联交易的定价方式合理、程序规范，不存在产业政策和法律方面的障碍，对全体股东是公平的，没有发现内幕交易，没有损害股东的利益或造成公司资产流失。

第十节 重要事项

一、报告期内公司无重大诉讼、仲裁事项。

二、报告期内公司收购及出售资产情况

1、根据公司三届四次董事会和2001年临时股东大会决议，公司出资13404万元向上海久事公司收购上海永新彩色显象管有限公司5%股权，公司出资10723万元向上海工业投资（集团）有限公司收购上海永新彩色显象管有限公司4%股权，股权收购手续已经完成。本公司持有上海永新彩色显象管有限公司的股权由15%增加到24%。上海永新彩色显象管有限公司整体变更为中外合资股份制企业，同时更名为上海永新彩色显像管股份有限公司。上海永新彩色显像管股份有限公司已于2001年6月8日办妥工商变更登记手续。

2、根据公司三届四次董事会和2001年临时股东大会决议，公司出资6455万元向上海电气（集团）总公司整体收购上海人造板机器厂，股权收购的有关手续已经完成，上海人造板机器厂整体变更为本公司的全资子公司，同时更名为上海人造板机器厂有限公司，已于2002年3月1日办妥工商变更登记手续。

以上事项公告分别刊登于2000年12月7日、2001年2月21日、2001年6月9日、2002年3月8日的《上海证券报》、《香港南华早报》。

三、重大关联交易事项

1、购销商品发生的关联交易

关联交易方：上海上菱家用电器有限公司，该公司是受控股股东的全资子公司上海上菱家用电器（集团）总公司控制的关联企业。

交易内容：用于生产电冰箱的材料。

定价原则：综合考虑市价、成本因素，以互相协商方式确定冰箱产品交易价格。

交易金额：4039.86万元

占同类交易金额的比例：85.09%，

结算方式:现金结算。

2、资产、股权转让发生的关联交易

根据公司三届四次董事会和2001年临时股东大会决议,公司向上海电气(集团)总公司整体收购上海人造板机器厂,股权收购的有关手续已经完成。

关联交易方:上海电气(集团)总公司,该公司系本公司国家控股股东。

关联交易内容:公司向上海电气(集团)总公司整体收购上海人造板机器厂。

定价原则:以经上海资产评审中心确认的上海东洲资产评估有限公司对上海人造板机器厂整体资产评估的评估值为准。

资产帐面价值:截止2000年11月30日,上海人造板机器厂资产帐面价值为6455万元人民币。

交易价格:6455万元人民币。

结算方式:现金结算。

以上事项公告刊登于2001年2月13日的《上海证券报》、《香港南华早报》。

3、公司与关联方存在债权、债务、担保等事项:

(1)其他应收款－上海上菱新事业发展总公司(以下简称新事业)3198.86万元。

形成原因:新事业公司原系上菱公司全资子公司,由于历史原因,该公司经营决策方面存在较多问题,对上菱公司暂借款及其他债务3198.86万元至今无法偿还。

对公司影响:由于新事业公司资产变现能力较差,该笔应收款项存在坏帐可能,公司已在以前年度对该笔应收款项提取坏帐准备。

(2)贷款担保－上海上菱长安电冰箱有限公司(以下简称长安冰箱)1452万元。

形成原因:长安冰箱为公司控股子公司,公司为其经营活动提供1452万元的贷款担保。

对公司影响:由于长安冰箱经营状况不佳,公司可能因此而承担上述债务连带清偿责任。

四、重大担保

1、公司与关联方的担保事项

被担保单位名称	担保金额(万元)	担保类型
上海印刷包装机械总公司	3,925.00	保证
上海高斯印刷设备有限公司	100.00	保证
上海伯奈尔·亚华印刷包装机械有限公司	500.00	保证
上海紫宏机械有限公司	300.00	保证
上海光华机械有限公司	1,270.00	保证
上海上菱长安电冰箱有限公司	1,452.00	保证
小　　计	7,547.00	

2、公司对外提供担保情况

被担保单位名称	担保金额(万元)	担保类型
上海海立股份有限公司	9,900.00	保证
上海飞乐音响股份有限公司	4,000.00	保证
上海紫明机械有限公司	700.00	保证
上海精工机械电器厂	158.00	保证
合　　计	14,758.00	

五、本年度公司聘任的会计师事务所为大华会计师事务所有限公司和香港罗宾咸永道会计师事务所。2001年公司支付给大华会计师事务所有限公司2000年度境内审计费60万元,支付给香港罗宾咸永道会计师事务所2000年度境外审计费88万元。

六、报告期内公司、公司董事会及董事没有受中国证监会稽查、中国证监会行政处罚、通报批评、证券交易所公开谴责的情况。

七、期后事项

1、公司向上海电气(集团)总公司整体收购上海人造板机器厂的有关手续已经完成,上海人造板机器厂整体变更为本公司的全资子公司,同时更名为上海人造板机器厂有限公司,上海人造板机器厂有限公司已于2002年3月1日办妥工商变更登记手续。

以上事项公告刊登于2002年3月8日的《上海证券报》、《香港南华早报》。

2、公司原总经理方林先生因工作调动,辞去公司总经理职务。根据公司董事长夏毓灼先生提名,公司董事会聘请胡康先生担任公司总经理。

以上事项公告刊登于2002年3月27日的《中国证券报》、《上海证券报》、《香港南华早报》。

3、根据公司三届八次董事会决议,为保证公司应收帐款的安全,减少与电气集团的关联交易,使公司的运作更加规范,公司拟以部分应收帐款与上海电气(集团)总公司的部分资产及电气集团所持有的上海焊接器材有限公司全部股权进行等值置换。本次资产置换,公司置出资产为对上菱集团营销公司的应收帐款202,592,832.53元人民币;置入资产为电气集团部分土地使用权及电气集团所持有的上海焊接器材有限公司全部股权。此项关联交易将在公司下一次股东大会审议通过后实施。

以上事项公告刊登于2002年3月27日的《中国证券报》、《上海证券报》、《香港南华早报》。

第十一节　财务会计报告

一、审计报告

本公司聘请的境内审计机构大华会计师事务所有限公司注册会计师徐逸星、袁勇敏以华业字(200)第798号,为公司出具了标准无保留意见的审计报告。

本公司聘请的境外审计机构香港罗兵咸永道会计师事务所为公司出具了标准无保留意见的审计报告。

二、会计报表(附后)

三、会计报表附注

会计政策、会计估计和合并范围的变更

(1)会计政策、会计估计的变更:

公司根据财政部财会(2000)25号《关于印发〈企业会计制度〉的通知》的规定,自2001年1月1日起执行《企业会计制度》。在编制2001年度会计报表时,对于上年度会计报表中的项目名称和金额,已按照《企业会计制度》规定的报表格式进行了重新分类和表述;对于本年度会计政策与上年度会计政策的差异,已按照《企业会计制度》及相关会计准则的规定进行了追溯调整,具体追溯调整以前年度留存收益的情况如下:

单位:人民币元

项　目	固定资产减值准备	在建工程减值准备	无形资产减值准备	其他调整*1(子公司)	影　响净利润*2
2000年末调整前余额	110,235,573.52	7,357,466.48	2,942,315.96	1,454,911.06	121,990,267.02
调整后余额	104,417,025.61		2,942,315.96	1,454,911.06	109,814,252.63
差额	104,417,025.61		2,942,315.96	1,454,911.06	109,814,252.63
1999年及以前调整前余额	5,818,547.91	7,357,466.48			13,176,014.39
调整后余额	5,818,547.91	7,357,466.48			13,176,014.39
差额	5,818,547.91	7,357,466.48			13,176,014.39

注1:因子公司追溯调整固定资产减值准备母公司相应调整数。

注2:上述资产减值准备的调整,影响了2001年年初留存收益人民币121,990,267.02元,其中:未分配利润调减人民币97,592,213.62元,盈余公积调减了人民币24,398,053.40元;利润及利润分配表上年数栏的年初未分配利润调减人民币10,540,811.51元。

(2)合并范围的变更:

根据公司下属子公司上海上菱长安电冰箱有限公司第三届董事会第二次会议决议,该子公司将提前结束经营,进行清算。同时该公司2001年度实际已终止经营,故本年度未将其纳入合并报表,由此相应调整合并报表年初数,因合并范围变更影响年初合并报表未分配利润情况如下:

影响原因	影响金额	影响时期
一、影响合并报表年初未分配利润:		
1、合并时应收应付抵销而转回坏帐准备	－11,076,738.60	2000年度
2、合并时抵销以前年度在建工程内部未实现利润	4,499,090.62	2000年度以前
3、合并时抵销以前年度无形资产内部未实现利润	6,559,999.84	2000年度以前
小　　计	－17,648.14	
二、影响合并报表年初资产负债情况:		
1、影响合并报表年初资产总额	82,379,500.93	
2、影响合并报表年初负债总额	52,511,647.25	

上海上菱电器股份有限公司董事会

二〇〇二年四月二十三日

利润及利润分配表

编制单位:上海上菱电器股份有限公司　　2001年度　　金额单位:元

项　目	注释号	行次	本年实际数		上年实际数		项　目	注释号	行次	本年实际数		上年实际数	
			母公司	合并	母公司	合并				母公司	合并	母公司	合并
一、主营业务收入	30	1	44,607,136.15	3,844,769,510.00	263,397,435.07	3,624,435,206.89	六、可供分配的利润		25	253,855,957.11	270,803,359.33	208,707,929.98	246,397,816.73
减:主营业务成本		2	37,780,961.74	2,554,268,178.51	238,936,679.28	2,483,197,627.26	减:提取法定盈余公积		26	20,283,891.41	81,755,244.66	11,588,281.49	28,130,632.32
主营业务税金及附加		3	230,293.56	8,993,988.46	1,044,876.43	8,228,819.03	提取法定公益金		27	20,283,891.41	27,920,466.40	11,588,281.49	19,840,616.11
二、主营业务利润(亏损以"－"号填列)		4	6,595,880.85	1,281,507,343.03	23,415,879.36	1,133,008,760.60	提取职工奖励及福利基金(合并报表填列,子公司为外商投资企业的项目)		28		43,605,637.25		39,548,436.33
加:其他业务利润(亏损以"－"号填列)	32	5	1,681,814.54	13,207,976.40	1,075,966.91	12,057,890.81							
减:营业费用		6		290,137,966.11	2,303,258.91	245,249,626.66							
管理费用		7	68,661,819.49	438,597,820.00	73,440,059.22	434,314,834.52							
财务费用	31	8	39,530,578.74	5,508,116.95	40,206,993.23	3,410,802.03	七、可供股东分配的利润		35	213,288,174.29	117,527,011.02	185,531,367.00	158,878,131.97
三、营业利润(亏损以"－"号填列)		10	－99,914,702.84	560,471,416.37	－91,458,465.09	462,091,388.20	减:应付优先股股利		36				
加:投资收益(亏损以"－"号填列)	33	11	311,234,128.79	47,111,894.54	317,707,400.44	110,636,895.03	提取任意盈余公积		37				
补贴收入	34	12		541,963.46		54,717.43	应付普通股股利		38	80,708,594.40	80,708,594.40	134,514,324.00	134,514,324.00
营业外收入	35	13	512,035.16	23,022,268.89	19,614.69	5,601,648.53	转作股本的普通股股利		39				
减:营业外支出	36	14	8,992,547.00	13,003,709.07	110,256,403.44	116,829,524.24	八、未分配利润(未弥补亏损以"－"号填列)		40	132,579,579.89	36,813,416.62	51,017,043.00	24,363,807.97
四、利润总额(亏损以"－"号填列)		15	202,838,914.11	618,143,834.19	116,012,146.60	461,555,124.95							
减:所得税		16		113,460,021.93	129,331.74	100,791,733.87	补充资料:						
少数股东损益(合并报表填列)		17		258,239,260.90		205,332,139.89	1、出售、处置部门或被投资单位所得收益		41				
加:未确认的投资损失(合并报表填列)		18					2、自然灾害发生的损失		42				
							3、会计政策变更增加(或减少)利润总额		43				
五、净利润(亏损以"－"号表示)		20	202,838,914.11	246,444,551.36	115,882,814.86	155,431,251.19	4、会计估计变更增加(或减少)利润总额		44				
加:年初未分配利润		21	51,017,043.00	24,363,807.97	92,825,115.12	90,966,565.54	5、债务重组损失		45				
其他转入		22					6、其他		46				

资 产 负 债 表

2001 年 12 月 31 日

编制单位:上海上菱电器有股份有限公司　　　　金额单位:元

资　　产	注释号	行次	年末数		年初数	
			母公司	合并	母公司	合并
流动资产:						
货币资金	1	1	385,116,328.73	3,538,792,355.72	694,671,826.63	3,160,698,893.51
短期投资		2				
应收票据	2	3		5,251,400.00	231,133,640.00	233,149,840.00
应收股利	3	4		42,452,587.27	46,408,446.84	114,632,044.27
应收利息		5				
应收账款	4	6	526,335,446.10	873,450,069.86	209,643,761.76	635,151,687.95
其他应收款	5	7	170,910,515.65	261,079,399.84	34,150,190.04	168,674,404.07
预付账款	6	8	7,022,915.60	27,597,253.78	23,149,287.56	47,392,690.47
应收补贴款		9				
存货	7	10	36,628,214.37	677,058,191.64	76,804,603.60	715,680,046.64
待摊费用	8	11	160,455.64	1,374,962.52	130,131.52	2,633,044.96
一年内到期的长期债权投资		21				
其他流动资产		24				
流动资产合计		30	1,126,173,876.09	5,427,056,220.63	1,316,091,887.95	5,078,012,651.87
长期投资:						
长期股权投资	9	31	2,690,875,818.90	1,152,056,969.23	2,260,029,890.30	906,850,693.01
长期债权投资	9	32	30,420.00	73,923.51	30,420.00	109,923.51
长期投资合计		33	2,690,906,238.90	1,152,130,892.74	2,260,060,310.30	906,960,616.52
其中:合并价差(贷差以"-"号表示,合并报表填列)		34		191,369,873.07		218,425,903.22
其中:股权投资差额(贷差以"-"号表示,合并报表填列)		35				
固定资产:						
固定资产原值	10	39	387,992,095.55	1,432,066,346.83	404,760,310.44	1,407,693,494.27
减:累计折旧	10	40	213,983,359.12	633,992,096.40	209,343,047.08	559,291,877.81
固定资产净值		41	174,008,736.43	798,074,250.43	195,417,263.36	848,401,616.46
减:固定资产减值准备	10	42	109,111,091.99	111,181,965.05	110,235,573.52	111,690,484.58
固定资产净额		43	64,897,644.44	686,892,285.38	85,181,689.84	736,711,131.88
工程物资		44				
在建工程	11	45		130,779,812.30		117,061,775.62
固定资产清理		46				-7,682.90
固定资产合计		50	64,897,644.44	817,672,097.68	85,181,689.84	853,765,224.60
无形资产及其他资产:						
无形资产	12	51	26,248,590.57	28,147,358.85	27,603,470.61	29,742,758.97
长期待摊费用	13	52	1,754,512.16	8,073,214.78	18,564,179.84	23,871,227.51
其他长期资产	14	53	1,876,288.43	1,876,288.43		
无形资产及其他资产合计		54	29,879,391.16	38,096,862.06	46,167,650.45	53,613,986.48
递延税项:						
递延税款借项	56					
资产总计		60	3,911,857,150.59	7,434,956,073.11	3,707,501,538.54	6,892,352,479.47
负债和股东权益						
流动负债:						
短期借款	15	61	891,700,000.00	1,058,617,000.00	680,739,630.00	867,456,630.00
应付票据	16	62		1,230,000.00	5,000,000.00	5,350,000.00
应付账款	17	63	92,301,054.57	917,129,148.96	136,086,246.62	975,659,674.53
预收账款	18	64	365,510.87	988,322,704.77		844,645,517.49
应付工资		65		29,738,612.05		21,047,263.35
应付福利费		66	3,645,485.60	53,197,924.92	5,095,390.36	49,911,639.79
应付股利	19	67	80,708,594.40	94,133,175.36	134,514,324.00	175,655,544.66
应交税金	20	68	7,700,030.16	49,938,634.10	23,060,373.84	69,377,594.54
其他应交款		69	47,784.48	92,803.63	1,332,108.27	1,368,297.05
其他应付款	21	70	120,673,649.88	354,227,910.04	120,556,315.17	261,891,166.06
预提费用	22	71		1,133,172.00		35,557.00
预计负债		72				
一年内到期的长期负债	23	78		5,020,000.00		5,020,000.00
其他流动负债		79				
流动负债合计		80	1,197,142,109.96	3,552,781,085.83	1,106,384,388.26	3,277,418,884.47
长期负债:						
长期借款	24	81		3,888,110.17		3,888,110.17
应付债券		82				
长期应付款	25	83		2,357,708.95	10,037,035.00	11,503,864.26
专项应付款		84				
其他长期负债		85				
长期负债合计		87		6,245,819.12	10,037,035.00	15,391,974.43
递延税项:						
递延税款贷项		89				
负债合计		90	1,197,142,109.96	3,559,026,904.95	1,116,421,423.26	3,292,810,858.90
少数股东权益(合并报表填列)		91		1,161,214,127.53		1,008,461,505.29
股东权益:						
股本	26	92	538,057,296.00	538,057,296.00	448,381,080.00	448,381,080.00
资本公积	27	93	1,855,135,466.09	1,855,135,466.09	1,943,307,076.45	1,943,307,076.45
盈余公积	28	94	188,942,698.65	284,703,861.92	148,374,915.83	175,028,150.86
其中:法定公益金		95	21,386,663.37	38,204,847.77	1,102,771.96	10,284,381.37
减:未确认的投资损失(合并报表填列)		96				
未分配利润	29	97	132,579,579.89	36,818,416.62	51,017,043.00	24,363,807.97
外币报表折算差额(合并报表填列)		98				
股东权益合计		99	2,714,715,040.63	2,714,715,040.63	2,591,080,115.28	2,591,080,115.28
负债和股东权益总计		100	3,911,857,150.59	7,434,956,073.11	3,707,501,538.54	6,892,352,479.47

现 金 流 量 表

2001 年度

编制单位:上海上菱电器股份有限公司　　　　金额单位:元

项　　目	注释号	行次	母公司金额	合并金额
一、经营活动产生的现金流量:				
销售商品、提供劳务收到的现金		1	149,247,664.84	4,718,592,246.38
收到的税费返还		2		653,800.00
收到的其他与经营活动有关的现金		3	10,264,787.25	99,946,815.23
经营活动现金流入小计		5	159,512,452.09	4,819,192,861.61
购买商品、接受劳务支付的现金		6	109,685,943.09	2,894,800,732.76
支付给职工以及为职工支付的现金		7	36,913,181.82	263,161,682.46
支付的各项税费		8	23,663,299.65	366,733,267.85
支付的其他与经营活动有关的现金	37	9	61,853,208.28	407,311,148.24
经营活动现金流出小计		10	232,115,632.84	3,932,006,831.31
经营活动现金流量净额		11	-72,603,180.75	887,186,030.30
二、投资活动产生的现金流量:				
收回投资所收到的现金		12		770,000.00
取得投资收益所收到的现金		13	136,129,408.30	101,369,833.77
处置固定资产、无形资产和其他长期资产所收回的现金		14	986,959.85	6,827,460.85
收到的其他与投资活动有关的现金		15		
投资活动现金流入小计		16	137,116,368.15	108,967,294.62
购建固定资产、无形资产其他长期资产所支付的现金		18	4,207,432.05	58,085,745.12
投资所支付的现金		19	320,232,908.00	344,618,028.00
支付的其他与投资活动有关的现金		20		
投资活动现金流出小计		22	324,440,340.05	402,703,773.12
投资活动产生的现金流量净额		25	-187,323,971.90	-293,736,478.50
三、筹资活动产生的现金流量:				
吸收投资所收到的现金		26		
其中:子公司吸收少数股东权益性投资收到的现金		27		
借款所收到的现金		28	778,200,000.00	1,014,556,500.00
收到的其他与筹资活动有关的现金		29		
筹资活动现金流入小计		30	778,200,000.00	1,014,556,500.00
偿还债务所支付的现金		31	648,764,700.00	904,921,200.00
分配股利、利润或偿付利息所支付的现金		32	179,063,645.25	322,966,108.74
其中:支付少数股东的股利		33		141,605,131.96
支付的其他与筹资活动有关的现金		34		100,450.00
其中:子公司依法减资支付给少数股东的现金		35		
筹资活动现金流出小计		36	827,828,345.25	1,227,987,758.74
筹资活动产生的现金流量净额		40	-49,628,345.25	-213,431,258.74
四、汇率变动对现金的影响		41		-1,924,830.85
五、现金及现金等价物净增加额		42	-309,555,497.90	378,093,462.21
补充资料:				
1、将净利润调节为经营活动现金流量:				
净利润(亏损以"-"号填列)		43	202,838,914.11	246,444,551.36
加:少数股东本期损益(亏损以"-"号表示)		44		258,239,260.90
减:未确认的投资损失		45		
加:计提的资产减值准备		46	26,429,894.08	77,915,642.63
固定资产折旧		47	12,306,109.82	88,222,126.71
无形资产摊销		48	1,354,880.04	1,595,400.12
长期待摊费用摊销		49	15,869,949.56	16,627,329.00
待摊费用减少(减:增加)		50	-30,324.12	1,258,082.44
预提费用增加(减:减少)		51		1,097,615.00
处置固定资产、无形资产和其他长期资产的损失(减:收益)		52	367,158.34	403,950.03
固定资产报废损失		53		253,471.00
财务费用		54	44,549,321.25	60,025,590.37
投资损失(减:收益)		55	-311,234,128.79	-47,111,894.54
递延税款贷项(减:借项)		56		
存货的减少(减:增加)		57	30,736,519.50	24,042,664.36
经营性应收项目的减少(减:增加)		58	-32,522,065.97	82,198,383.30
经营性应付项目的增加(减:减少)		59	-63,269,408.57	75,973,857.62
其他		60		
经营活动产生的现金流量净额		65	-72,603,180.75	887,186,030.30
2、不涉及现金收支的投资和筹资活动:				
债务转为资本		66		
一年内到期的可转换公司债券		67		
融资租入固定资产		68		
3、现金及现金等价物净增加情况:				
现金的期末余额		69	385,116,328.73	3,538,792,355.72
减:现金的期初余额		70	694,671,826.63	3,160,698,893.51
加:现金等价物的期末余额		71		
减:现金等价物的期初余额		72		
现金及现金等价物净增加额		73	-309,555,497.90	378,093,462.21

600837 上海市都市农商社股份有限公司

2001 年年度报告摘选

一、公司基本情况简介

1、公司的法定中、英文名称及缩写
公司法定中文名称：上海市都市农商社股份有限公司
公司法定英文名称：SHANGHAI URBAN AGRO-BUSINESS CO.LTD
公司英文名称缩写：SUABC
2、公司法定代表人：徐 麟
3、公司董事会秘书：汪培毅
公司信息披露机构：公司董事会办公室
联系地址：上海市西藏南路 765 号永惠大厦 8 楼
联系电话：(021)63787858　　传真：(021)63788881
电子信箱：wangpeiyi@online.sh.cn
4、公司注册地址：上海市浦东新区张杨路 838 号
公司办公地址：上海市西藏南路 765 号永惠大厦 8 楼　　邮政编码：200011
公司电子信箱：suabc@online.sh.cn
5、公司选定的信息披露报刊：《上海证券报》
登载公司中期报告的国际互联网网址：http://www.sse.com.cn
公司年度报告备置地点：上海市西藏南路 765 号永惠大厦 8 楼
6、公司股票上市交易所：上海证券交易所
股票简称：PT 农商社　　股票代码：600837

二、会计数据和业务数据摘要

1、公司本年度会计数据　　单位人民币(元)

项目	金额
利润总额	28,984,493.83
净利润	26,540,039.84
扣除非经营性损益后的净利润	19,420,577.32
主营业务利润	30,881,221.35
其他业务利润	7,810,886.46
营业利润	9,796,440.57
投资收益	19,944,458.98
补贴收入	1,873,000.00
营业外收支净额	-2,629,405.72
经营活动产生的现金流量净额	11,702,776.81
现金及现金等价物净增减额	-13,335,082.36

注：扣除非经营性损益项目和涉及金额
(1)托管经营利润 6,207,944.31 元；
(2)税收返还和农业补贴 1,873,000.00 元；
(3)营业外收支净额 -2,629,405.72 元。
(4)租赁收入 1,667,923.93 元。

2、公司近三年的主要财务指标 单位 人民币(元)

财务指标项目	2001 年度	2000 年度	1999 年度
主营业务收入	215386597.45	287021907.15	576970600.93
净利润	26540039.84	-68897581.13	-402437448.59
总资产	475575362.18	569106208.46	706927598.42
股东权益	234623832.79	-573213502.18	-504315921.05
每股收益	0.4068	-1.06	-6.17
每股净资产	3.5960	-8.97	-7.73
调整后的每股净资产	3.5047	-8.93	-9.64
每股经营活动产生的现金流量净额	0.1794	-0.27	
净资产收益率(%)	11.31		
扣除非经营性损益后的加权平均净资产收益率(%)	8.28		

3、报告期利润表附表

报告期利润	净资产收益率(%)		每股收益(元)	
	全面摊薄	加权平均	全面摊薄	加权平均
主营业务利润	13.16	13.78	0.4733	0.4733
营业利润	4.18	4.37	0.1501	0.1501
净利润	11.31	11.85	0.4068	0.4068
扣除非经营性损益后的净利润	8.28	8.67	0.2977	0.2977

三、股本变动和股东情况

1、股本变动情况表　　单位(股)

	本次变动前	配股	送股	公积金转股	增发	其他	小计	本次变动后
1、未上市流通股份	48864920							48864920
①发起人股份	48864920							48864920
其中：								
国家持有股份	48864920							48864920
境内法人持有股份								
境外法人持有股份								
其中：								
②募集法人股								
③内部职工股								
④优先股或其他								
未上市流通股份合计	48864920							48864920
2、已上市流通股份	16380000							16380000
①人民币普通股	16380000							16380000
②境内上市的外资股								
③境外上市的外资股								
④其他								
已上市流通股份合计	16380000							16380000
3、股份总数	65244920							65244920

600838 上海九百股份有限公司

2001 年年度报告摘选

一、公司基本情况简介

1、公司法定中文名称：上海九百股份有限公司
公司英文名称：SHANGHAI JOIN BUY CO.,LTD
公司英文名称缩写：SJB
2、公司法定代表人：黄富贵
3、公司董事会秘书：冯幼苏
授权代表：鲍培年
联系地址：上海市南京西路 873-881 号上海静安新时代大厦 9 楼
联系电话：(021)62729898 转 838 分机
传真：(021)62175212
4、公司注册地址：上海市万航渡路 50 号
公司办公地址：上海市南京西路 873-881 号上海静安新时代大厦 9 楼
邮政编码：200041
公司国际互联网网址：WWW.sh9buy.com
公司电子信箱：shanghaijiubai@163.net
5、公司选定的信息披露报刊名称：《中国证券报》、《上海证券报》
登载公司年度报告的中国证监会指定的国际互联网网址：http://www.sse.com.cn
公司年度报告备置地点：公司证券部
6、公司股票上市交易所：上海证券交易所
股票简称：上海九百　　股票代码：600838

二、会计数据和业务数据摘要

(一)本年度利润总额及其构成

单位：人民币元

项目	金额
利润总额	-95,506,141.68
净利润	-98,306,942.83
扣除非经常性损益后的净利润	4,663,452.31
主营业务利润	106,544,488.03
其他业务利润	6,089,697.62
营业利润	-4,187,605.29
投资收益	2,171,368.16
补贴收入	2,148,151.91
营业外收支净额	-95,638,056.46
经营活动产生的现金流量净额	112,819,060.31
现金及现金等价物净增加额	566,937,173.04

(二)截至报告期末公司近三年主要会计数据和财务

指标单位：人民币元

指标项目	2001 年	2000 年		1999 年
		调整后	调整前	
主营业务收入	494,617,297.85	776,112,985.27	776,158,105.27	601,568,049.38
净利润	-98,306,942.83	4,258,093.88	51,737,517.72	27,706,090.63
总资产	1,448,908,240.86	988,767,382.27	1,079,180,493.12	979,974,131.41
股东权益	576,892,449.37	414,480,035.83	504,375,550.31	452,316,632.59
每股收益	-0.2452	0.0180	0.2184	0.1169
每股收益(加权)	-0.2500	0.0180	0.2184	0.1169
扣除非经常性损益后的每股收益	0.0116	-0.0028	0.1976	0.0783
每股净资产	1.4391	1.75	2.13	1.91
调整后的每股净资产	1.3806	1.59	1.96	1.70
每股经营活动产生的现金流量净额	0.2814	0.624	0.624	-0.858
净资产收益率(%)	-17.04%	1.03%	10.26%	6.13%

注：2001 年扣除非经常性损益加权平均净资产收益率为 0.83%。

三、股本变动及股东情况

(一)股本变动情况
1、股份变动情况表

单位：股

股本结构	期初数	本期变动增减(+、-)			期末数
		配股	送股及公积金转增	其他	
1、未上市流通股份					
(1)国家持有股份	110,255,880	0	55,127,940	-12,000,000	153,383,820
(2)境内法人持有股份	0			12,000,000	12,000,000
(3)募集法人股份	25,719,708	37,228	12,878,468		38,635,404
未上市流通股份合计	135,975,588	37,228	68,006,408		204,019,224
2、已上市流通股份					
人民币普通股	100,955,260	30,286,578	65,620,919		196,862,757
已上市流通股份合计	100,955,260	30,286,578	65,620,919		196,862,757
3、股份总数	236,930,848	30,323,806	133,627,327		400,881,981

注：2001 年 7 月 19 日，经国家财政部财企(2001)458 号文批准，本公司控股股东上海九百(集团)有限公司将其所持有的本公司 12,000,000 股国家股(占本公司总股本 400,881,981 股的 2.99%)，转让给上海市静安区土地开发控股总公司。

(二)股东情况介绍
1、报告期末股东总数：71344，其中国家股股东 1 户，国有法人投股东 1 户。
2、公司前十名股东持股情况：

股东名称	持股数	占总股本的比例(%)
(1)上海九百集团	153383820	38.26
(2)静安土地控股公司	12000000	2.99
(3)华辰经济	6927033	1.73
(4)国宏置业	6000000	1.50
(5)上海友谊集团	4240858	1.06
(6)上海华联集团	3125472	0.78
(7)上海电气集团	2999325	0.75
(8)许明燕	1436835	0.36
(9)陈冬	1079334	0.27
(10)杨智琼	834216	0.21

600839 四川长虹电器股份有限公司

2001年年度报告摘选

第一节 公司简介

(一)公司法定中文名称:四川长虹电器股份有限公司(以下简称公司)
中文名称简称:四川长虹
公司法定英文名称: SICHUAN CHANGHONG ELECTRIC CO.,LTD
英文名称缩写:CHANGHONG
(二)公司法定代表人:倪润峰
(三)公司董事会秘书姓名:谭明献
联系地址:四川省绵阳市高新区绵兴东路35号
电话:0816-2418486　　传真:0816-2418518
电子信箱:tan.mx@changhong.com
(四)公司注册地址:四川省绵阳市高新区绵兴东路35号
公司办公地址:四川省绵阳市高新区绵兴东路35号　　邮政编码:621000
公司国际互联网网址:http://www.changhong.com
公司电子信箱:600839@changhong.com
(五)公司选定的信息披露报纸名称:《中国证券报》、《上海证券报》
中国证监会指定登载年报网站:http://www.sse.com.cn
公司年度报告备置地点:公司董事会办公室
(六)公司股票上市交易所:上海证券交易所
股票简称:四川长虹　　股票代码:600839

第二节 会计数据和业务数据摘要

(一)本年度主要会计数据　(单位:元)

项目	金额
利润总额	111,607,618.22
净利润	88,535,874.77
扣除非经常性损益后的净利润	-58,061,336.24
主营业务利润	1,135,595,348.27
其他业务利润	86,882,510.11
营业利润	21,699,731.12
投资收益	120,262,292.00
补贴收入	3,512,399.46
营业外收支净额	-33,866,804.36
经营活动产生的现金流量净额	1,373,434,509.52
现金及现金等价物净增减额	121,719,082.18

注:扣除的非经常性损益项目和金额　(单位:元)

项目	金额
收取的资金占用费	60,685,853.83
资产受托管理净损益	21,253,730.94
处理被投资单位股权损益	52,500,000.00
投资收益	67,762,292.00
补贴收入	3,512,399.46
营业外收支净额	-33,866,804.36
小计	171,847,471.87
所得税影响数	25,250,260.86
扣除所得税影响后的非经常性损益	146,597,211.01

(二)截止报告期末公司前三年的主要会计数据和财务指标(单位:万元)

项目	2001年	2000年		1999年	
		调整后	调整前	调整后	调整前
主营业务收入	951,461.85	1,070,721.39	1,070,721.39	991,724.68	991,724.68
净利润	8,853.59	11,595.02	27,423.65	38,609.91	51,103.92
总资产	1,763,751.17	1,617,425.96	1,660,500.98	1,651,583.18	1,678,629.94
股东权益(不含少数股东权益)	1,274,131.39	1,265,211.01	1,317,462.95	1,253,639.95	1,289,972.51
每股收益(元/股)	0.041	0.054	0.127	0.178	0.236
每股净资产(元/股)	5.887	5.846	6.087	5.793	5.960
调整后的每股净资产(元/股)	5.874	5.789	5.978	5.770	5.934
每股经营活动产生的现金流量净额(元/股)	0.63	1.05	1.05	1.401	1.401
净资产收益率(%)	0.69	0.92	2.08	3.08	3.96

(三)利润表附表指标

报告期利润	净资产收益率(%)		每股收益(元/股)	
	全面摊薄	加权平均	全面摊薄	加权平均
主营业务利润	8.91%	8.94%	0.525	0.525
营业利润	0.17%	0.17%	0.010	0.010
净利润	0.69%	0.70%	0.041	0.041
扣除非经常性损益后的净利润	-0.46%	-0.46%	-0.027	-0.027

第三节 股本变动及股东情况

(一)股本变动情况

股本变动情况表　(单位:万股)

股本结构	本次变动前	配股	送股	公积金转股	增发	其他	小计	本次变动后
一、尚未流通股份								
1、发起人股份	121,280.91							121,280.91
国家拥有股份	116,068.28							116,068.28
境内法人持有股份	5,212.62							5,212.62
境外法人持有股份								
其他								
2、募集法人股								
3、内部职工股								
4、优先股或其他								
尚未流通股份合计	121,280.91							121,280.91
二、已流通股份								
1、境内上市的人民币普通股	95,140.23							95,140.23
2、境内上市外资股								
3、境外上市外资股								
4、其他								
已流通股份合计	95,140.23							95,140.23
三、股份总数	216,421.14							216,421.14

600840 浙江安平创业投资股份有限公司

2001年年度报告摘选

一、公司基本情况简介

(一)公司法定中文名称:浙江安平创业投资股份有限公司
公司法定英文名称:ZHEJIANG ANPING VENTURE INVESTMENT CO.,LTD.
(二)法定代表人:刘全民
(三)董事会秘书:林俊波
联系电话:0571-87055977、87055978
传真:0571-87055977、87055978
联系地址:杭州市体育场路479号7楼
证券事务代表:王微
联系电话:0571-87055979
传真:0571-87055978
(四)公司注册地址:杭州市体育场路479号7楼
公司办公地址:杭州市体育场路479号7楼
邮政编码:310007
公司网址:www.600840.com.cn
公司电子信箱:mail@600840.com.cn
(五)信息披露媒体:
网站:HTTP://WWW.SSE.COM.CN
定期报告刊登报刊:《中国证券报》、《上海证券报》
年度报告备置地点:公司董事会秘书处
(六)公司股票上市交易所:上海证券交易所
股票简称:浙江创业
股票代码:600840

二、会计数据和业务数据摘要

单位:人民币元

(一)本年度主要会计数据

项目	金额
利润总额	-5,726,809.73
净利润	-5,160,088.54
扣除非经常性损益后的净利润	-4,852,491.55
主营业务利润	12,658,460.69
其他业务利润	4,740,397.45
营业利润	-11,196,186.29
投资收益	5,796,492.35
补贴收入	
营业外收支净额	-327,115.79
经营活动产生的现金流量净额	-293,380,541.23
现金及现金等价物净增加额	94,606,505.86

(二)前三年主要会计数据和财务指标

项目	2001年	2000年	1999年
主营业务收入	154,238,737.64	116,868,668.04	73,090,951.36
净利润	-5,160,088.54	20,929,661.76	8,899,197.72
总资产	823,921,367.62	327,646,294.13	206,998,210.49
股东权益(不含少数股东权益)	159,166,192.01	166,914,361.92	145,677,142.69
每股收益	-0.037	0.150	0.064
每股净资产	1.139	1.19	1.04
调整后每股净资产	1.091	1.07	0.95
每股经营活动产生的现金流量净额	-2.099	0.274	0.038
净资产收益率	-3.24%	12.54%	6.11%

扣除的非经常性损益项目和涉及金额:

项目	金额	项目	金额
营业外收入	182,662.98	其中处理固定资产净收益	38,204.16
营业外支出	-509,778.77	其中处理固定资产净损失	5,161.57
处理部门净损益	-34,763.02		
小计	-361,878.81		
所得税影响(按15%计算)	-54,281.82		
扣税后影响	-307,596.99		

三、股本变动及主要股东持股情况

(一)股份变动情况

(数量单位:股)

	本次变动前	本次变动增减(+,-)						本次变动后
		配股	送股	公积金转股	增发	其它	小计	
一、未上市流通股份								
1、发起人股份	7183614							7183614
其中:								
国家拥有股份	7183614							7183614
境内法人持有股份								
境外法人持有股份								
其他								
2、募集法人股份	68147538							68147538
3、内部职工股份								
4、优先股或其他								
其中:转配股								
未上市流通股份合计	75331152							75331152
二、已上市流通股份								
1、人民币普通股	64420251							64420251
2、境内上市的外资股								
3、境外上市的外资股								
4、其他								
已上市流通股份合计	64420251							64420251
三、股份总数	139751403							139751403

600841 上海柴油机股份有限公司

2001 年年度报告摘选

一、公司基本情况简介

1、公司法定中文名称:上海柴油机股份有限公司
公司法定英文名称:SHANGHAI DIESEL ENGINE COMPANY LIMITED
英文缩写:SDEC
2、公司法定代表人:陈龙兴
3、公司董事会秘书:梁宝泉
联系地址:上海市军工路 2636 号
电话:(021)65745656－2207
传真:(021)65749845 65740047
电子信箱:sdecdsh@ sh163c.sta.net.cn
4、公司注册地址:上海市浦东大道 2748 号
邮编 200129
公司办公地址:上海市军工路 2636 号
邮编 200432
公司网址:http://www.sdec.com.cn
公司电子信箱:sdecdsh@sh163c.sta.net.cn
5、公司信息披露报纸:上海证券报、香港南华早报
公司刊登年度报告网址:http://www.sse.com.cn
公司年度报告备置地点:公司董事会秘书室
6、公司股票上市交易所:上海证券交易所
股票简称:上柴股份　　　上柴 B 股
股票代码:600841　　　　900920

二、会计数据和业务数据摘要

1、本年度主要指标情况(单位:人民币元)

项目	金额
利润总额	53,438,139
净利润	44,477,765
扣除非经常性损益后的净利润	30,306,794
主营业务利润	332,937,951
其他业务利润	(5,474,281)
营业利润	33,617,936
投资收益	15,069,043
补贴收入	1,651,929
营业外收支净额	3,099,231
经营活动产生的现金流量净额	240,910,637
现金及现金等价物净增加额	126,319,776

非经常性损益项目和金额为:营业外支出 16,883,349;营业外收入 19,982,480 元;投资收益中的委托投资收益 13,572,500 元(已扣除相应的所得税 2,500,760 元)。

2、截止报告期末公司前三年的主要会计数据和财务指标(单位:人民币元)

指标名称	2001 年度	2000 年度		1999 年度	
		调整后	调整前	调整后	调整前
主营业务收入	1,411,854,056	1,262,440,917	1,262,440,917	1,150,108,381	1,150,108,381
净利润	44,477,765	37,635,061	39,038,061	75,932,731	75,932,731
总资产	2,135,423,949	2,335,112,412	2,364,938,705	2,319,839,424	2,338,776,635
股东权益	1,584,367,257	1,578,909,779	1,656,850,212	1,645,110,396	1,664,047,557
每股收益	0.093	0.078	0.081	0.158	0.158
每股收益(加权)	0.093	0.078	0.081	0.158	0.158
扣除非经营性损益后的每股收益	0.063	0.058	0.061	0.158	0.158
每股净资产	3.30	3.29	3.45	3.42	3.46
调整后的每股净资产	3.30	3.29	3.28	3.42	3.43
每股经营活动的现金流量净额	0.50	0.25	0.25	0.41	0.41
净资产收益率(%)	2.81	2.38	2.36	4.62	4.56
净资产收益率(%)(加权)	2.79	2.34	2.36	4.62	4.57

3、利润表附表

报告期利润	净资产收益率		每股收益	
	全面摊薄	加权平均	全面摊薄	加权平均
主营业务利润	21.01	20.88	0.69	0.69
营业利润	2.12	2.11	0.07	0.07
净利润	2.81	2.79	0.09	0.09
扣除非经营性损益后的净利润	1.91	1.90	0.06	0.06

三、股本变动及股东情况

(一)股本变动情况表(单位:股)

	本次变动前	本次变动增减(+,－)						本次变动后
		配股	送股	公积金转股	增发	其他	小计	
一、未上市流通股份								
1、发起人股份	241,709,280							241,709,280
其中:								
国家持有股份	241,709,280							241,709,280
境内法人持有股份								
境外法人持有股份								
其他								
2、募集法人股份								
3、内部职工股								
4、优先股或其他								
未上市流通股份合计	241,709,280							241,709,280
二、已上市流通股份								
1、人民币普通股	21,600,000							21,600,000
2、境内上市的外资股	217,000,000							217,000,000
3、境外上市的外资股								
4、其他								
已上市流通股份合计	238,600,000							238,600,000
三、股份合计	480,309,280							480,309,280

600842 上海中西药业股份有限公司

2001 年年度报告摘选

第一章　公司基本情况简介

(一)公司的法定中、英文名称及缩写:
公司法定中文名称:上海中西药业股份有限公司
公司法定英文名称:SHANGHAI ZHONG XI PHARMACEUTICAL CO.,LTD。
公司英文名称缩写:ZXP
(二)公司法定代表人:唐颢
(三)公司董事会秘书及其证券事务代表的姓名、联系地址、电话、传真、电子信箱:
董事会秘书姓名:朱工政
证券事务代表姓名:冯骏
董事会秘书处联系地址:上海交通路 1515 号 1003 室
董事会秘书处联系电话:021－56082188 总机转
董事会秘书处传真电话:021－56083743
董事会秘书处电子信箱:zxjsjb @online.sh.cn
(四)公司注册地址、公司办公地址及其邮政编码,公司国际互联网网址、电子信箱:
公司注册地址:上海浦东江心沙路 9 号
公司办公地址:上海交通路 1515 号
邮政编码:200065
公司国际互联网网址:http://www.zhongxi.com.cn
公司电子信箱:http://zxjsjb @online.sh.cn
(五)公司选定的信息披露报纸名称、登载年度报告的中国证监会指定网站的网址,公司年度报告备置地点:
公司选定的信息披露报纸名称:《上海证券报》、《证券时报》
登载年度报告的中国证监会指定网站的网址:http://www.sse.com.cn
公司年度报告备置地点:公司投资部
(六)公司股票上市交易所、股票简称和股票代码:
公司股票上市交易所:上海证券交易所
股票简称:中西药业
股票代码:600842

第二章　会计数据和业务数据摘要

(一)本年度主要利润指标情况:(单位:元)

项目	金额
利润总额	－92011574.44
净利润	－85099127.73
扣除非经营性损益后的净利润	－32824056.05
主营业务利润	67692980.96
其他业务利润	3479533.82
营业利润	－22105925.09
投资收益	4195403.75
补贴收入	54000.00
营业外收支净额	－74155053.10
经营活动产生的现金流量净额	－24398072.44
现金及现金等价物净增减额	－97308260.22

(二)主要会计数据和财务指标:

指标项目	单位	2001 年	2000 年调整后	2000 年调整前	1999 年调整后	1999 年调整前
主营业务收入	元	235567802.42	239345208.81	239345208.81	370914294.70	370914294.70
净利润	元	－85099127.73	－150149343.20	－140431907.83	37847335.24	37847335.24
总资产	元	1217355590.81	1218141138.84	1254015100.05	1231318558.72	1272340150.54
股东权益(不含少数股东权益)	元	102799611.36	181975818.33	222997410.15	322942031.30	363963623.12
每股收益	元/股	－0.3947	－0.696	－0.6514	0.1755	0.1755
每股收益(按月平均加权法计算)	元/股	－0.3947	－0.696	－0.6514	0.2431	0.2431
每股收益(扣除非经常性损益)	元/股	－0.1522	－0.7698	－0.6514	0.2154	0.2154
每股净资产	元/股	0.4768	0.8441	1.0343	1.4979	1.6882
调整后的每股净资产	元/股	0.4158	0.6836	0.8261	1.3076	1.48
每股经营活动产生的现金流量净额	元/股	－0.1132	0.3189	0.3189	0.2590	0.2590
净资产收益率	%	－82.78	－82.55	－62.97	11.72	10.40
净资产收益率(加权)	%	－61.00	－59.47	－47.85	11.63	10.97

第三章　股本变动及股东情况

(一)股本变动情况表:(数量单位:股)

	本次变动前	本次变动增减(+,－)						本次变动后
		配股	送股	公积金转投	增发	其他	小计	
一、未上市流通股份	131369107	0	0	0	0	0	0	131369107
1、发起人股份	56939896	0	0	0	0	0	0	56939896
其中:国家持有股份	56939896	0	0	0	0	0	0	56939896
境内法人持有股份	0	0	0	0	0	0	0	0
境外法人持有股份	0	0	0	0	0	0	0	0
其他	0	0	0	0	0	0	0	0
2、募集法人股份	74429211	0	0	0	0	0	0	74429211
3、内部职工股	0	0	0	0	0	0	0	0
4、优先股或其他	0	0	0	0	0	0	0	0
未上市流通股份合计	131369107	0	0	0	0	0	0	131369107
二、已上市流通股份	84225521	0	0	0	0	0	0	84225521
1、人民币普通股	84225521	0	0	0	0	0	0	84225521
2、境内上市的外资股	0	0	0	0	0	0	0	0
3、境外上市的外资股	0	0	0	0	0	0	0	0
4、其他	0	0	0	0	0	0	0	0
已上市流通股份合计	84225521	0	0	0	0	0	0	84225521
三、股份总数	215594628	0	0	0	0	0	0	215594628

600843 上工股份有限公司

2001 年年度报告摘选

一、公司基本情况简介

1、公司法定中文名称:上工股份有限公司
公司英文名称:SHANGGONG CO.,LTD
公司英文名称缩写:SGC
2、公司法定代表人:倪永刚
3、公司董事会秘书:张一枫
公司证券事务代表:顾根荣
联系地址:上海市浦东新区世纪大道 1500 号东方大厦 12 楼
联系电话:(021)68407700-617　　(021)68407515
传真:(021)63302939
电子信箱:shggg@public3.sta.net.cn
4、公司注册地址:上海市浦东新区罗山路 1201 号
公司办公地址:上海市浦东新区世纪大道 1500 号东方大厦 12 楼
邮政编码:200122
公司网址:http://www.shanggonggroup.com
5、公司选定的信息披露报纸:《上海证券报》、《香港商报》
登载年度报告的中国证监会指定的国际互联网网址:http://www.see.com.cn
公司年度报告备置地点:公司董事会办公室
6、公司股票上市交易所:上海证券交易所
股票简称:上工股份(A 股)　　上工 B 股(B 股)
股票代码:600843　　900924

二、会计数据和业务数据摘要

1. 公司本年度实现利润情况

(单位:人民币元)

项目	金额
利润总额	52,582,339.60
净利润	45,840,041.90
扣除非经常性损益后的净利润	40,867,013.75
主营业务利润	195,460,439.66
其他业务利润	9,524,874.57
营业利润	40,625,946.19
投资收益	6,983,365.26
补贴收入	1,629,030.84
营业外收支净额	3,343,997.31
经营活动产生的现金流量净额	3,361,038.96
现金及现金等价物净增加额	-111,532,917.00

注:扣除非经常性损益的项目涉及金额:补贴收入 1,629,030.84 元,营业外收入 5,086,122.41 元,营业外支出 1,742,125.10 元。

2. 公司近三年的主要会计数据和财务指标:(合并报告)(单位:元)

项目	2001 年度	2000 年度		1999 年度	
		调整后	调整前	调整后	调整前
主营业务收入	916,259,944.36	559,084,567.97	559,084,567.97	378,249,956.49	378,249,956.49
净利润	45,840,041.90	37,678,637.13	35,008,460.17	5,998,820.00	5,725,485.66
总资产	1,317,411,199.56	1,129,660,907.74	1,324,735,394.84	1,093,288,919.94	1,302,263,364.49
股东权益(不含少数股东权益)	502,565,328.12	461,621,424.96	667,925,692.55	423,942,787.83	632,917,232.38
每股收益(摊薄)	0.1816	0.1492	0.1387	0.0238	0.0227
每股收益(加权)	0.1816	0.1492	0.1387	0.0238	0.0227
扣除非经性损益后的每股收益	0.1619	0.1180	0.1014	-0.1141	-0.1152
每股净资产	1.9906	1.8284	2.6456	1.6792	2.5069
调整后的每股净资产	1.9745	1.8188	2.4414	1.6765	2.2734
每股经营活动产生的现金流量净额	0.0133	-0.0136	-0.0136	1.2304	1.2304
净资产收益 率(摊薄)%	9.1212	8.1622	5.2414	1.4150	0.9046
扣除非经常性损益后的加权平均净净资产收益率%	8.4342	6.4902	3.9349	-6.8454	-4.5959

单位:元

报告期利润	净资产收益率		每股收益	
	全面摊薄	加权平均	全面摊薄	加权平均
主营业务利润	38.89%	40.34%	0.7742	0.7742
营业利润	8.08%	8.38%	0.1609	0.1609
净利润	9.12%	9.46%	0.1816	0.1816
扣除非经营性损益后的净利润	8.13%	8.43%	0.1619	0.1619

三、股本变动及股东情况

1、股本变动情况

(1) 股份变动情况(截止 2001 年 12 月 31 日)　　数量单位(股)

	本次变动前	本次变动增减(+/-)						本次变动后
		配股	送股	公积金转股	增发	其他	小计	
一、未上市流通股份								
1、发起人股份								
其中:								
国家持有股份	117,018,082							117,018,082
国有法人持有股份	9,348,288							9,348,288
境外法人持有股份								
其他								
2、募集法人股	13,000,000							13,000,000
3、内部职工股								
4、优先股或其他								
未上市流通股份合计	139,366,370							139,366,370
二、已上市流通股份								
1、人民币普通股	15,600,000							15,600,000
2、境内上市的外资股	97,500,000							97,500,000
3、境外上市的外资股								
4、其他								
已上市流通股份合计	113,100,000							113,100,000
三、股份总数	252,466,370							252,466,370

600844 英雄(集团)股份有限公司

2001 年年度报告摘选

第一节　公司基本情况简介

1、公司法定中文名称:英雄(集团)股份有限公司
英文名称:HERO(GROUP)CO.,LTD
英文缩写:HERO
2、公司法定代表人:蒋东亮
3、公司董事会秘书:朱黎明
联系地址:上海斜土路 2600 号海高大厦 6 楼
电话:021-64288618 转
传真:021-64289009
电子信箱:ZHULIMING2000@HOTMAIL.COM
4、公司注册地址:浦东新区川北公路 807 号
公司办公地址:上海斜土路 2600 号海高大厦 5、6 楼
邮政编码:200331
公司国际互联网址:http://www.hero.com.cn
公司电子信箱:SHNTBGSC@ONLINE.SH.CN
5、公司选定的信息披露报纸名称:《上海证券报》
香港《商报》
登载公司年度报告的中国证监会指定国际互联网址:http://www.sse.com.cn
公司年度报告备置地点:上海市斜土路 2600 号公司办公室
6、公司股票上市交易所:上海证券交易所
股票简称和股票代码:英雄股份 600844
英雄 B 股 900921

第二节　会计数据和业务数据摘要

本年度主要利润指标情况　　(单位:元)

项目	金额
利润总额:	9,701,157.31
净利润:	5,456,669.51
扣除非经常性损益后的净利润:	-44,185,594.59
主营业务利润:	34,063,258.93
其它业务利润:	20,353,814.50
营业利润:	-16,473,498.32
投资收益:	-2,067,314.46
补贴收入:	0.00
营业外收支净额:	28,241,970.09
经营活动产生的现金流量净额:	539,223.52
现金及现金等价物净增加额:	-30,803,039.91

2、公司前三年主要会计数据及财务指标(单位:元)

项目	2001 年度	2000 年度		1999 年度
		调整后	调整前	
主营业务收入	269,601,120.85	267,535,536.66	432,753,233.05	463,193,639.30
净利润	5,456,669.51	-21,769,974.77	13,760,970.24	13,113,667.98
总资产	1,535,754,551.28	1,358,710,953.80	1,605,329,965.46	1,625,930,852.41
股东权益(不含少数股东权益)	603,905,807.39	588,804,056.98	641,165,124.74	646,921,006.84
每股收益(元/股) 摊薄	0.018	-0.071	0.045	0.043
加权	0.018	-0.071	0.045	0.044
扣除非经常性损益后的每股收益(元/股)	-0.145	-0.148	-0.156	-0.054
每股净资产	1.983	1.933	2.105	2.124
调整后的每股净资产	1.88	1.86	1.98	1.98
每股经营活动产生的现金流量净额	0.002	0.18	0.18	-0.046
净资产收益率(摊薄)(%)	0.90	-3.70	2.15	2.03
净资产收益率(加权)(%)	0.90	-3.70	2.15	2.03

3、利润表附表

根据中国证监会发布的《公开发行证券公司信息披露编报规则》第 9 号通知 的精神,公司 2000 年按全面摊薄法和加权平均法计算的净资产收益率及每股收益:

报告期利润	净资产收益率%		每股收益(元)	
	全面摊薄%	加权平均%	全面摊薄%	加权平均%
主营业务利润	5.64	5.64	11.18	11.18
营业利润	-2.73	-2.73	-5.41	-5.41
净利润	0.90	0.90	1.79	1.79
扣除非经常性损益后的净利润	-7.32	-7.32	-14.51	-14.51

第三节　股本变动及股东情况

1、公司股份变动情况表:

数量单位:股

	本次变动前	本次变动增减(+,-)						本次变动后
		配股	送股	公积金转股	增发	其他	小计	
一、未上市流通股份								
1、发起人股份	179,983,469							179,983,469
其中:								
国家持有股份	161,157,847							161,157,847
境内法人持有股份	18,825,622							18,825,622
境外法人持有股份								
其他								
2、募集法人股份								
3、内部职工股								
4、优先股或其他								
未上市流通股份合计	179,983,469							179,983,469
二、已上市流通股份								
1、人民币普通股	27,684,336							27,684,336
2、境内上市的外资股	96,896,677							96,896,677
3、境外上市的外资股								
4、其他								
已上市流通股份合计	124,581,013							124,581,013
三、股份总数	304,564,482							304,564,482

600845 上海宝信软件股份有限公司

2001 年年度报告摘选

一、公司基本情况简介

(一)公司法定中、英文名称及缩写:
中文名称:上海宝信软件股份有限公司
中文缩写:宝信软件
英文名称:Shanghai Baosight Software Co.,Ltd
英文缩写: Baosight
(二) 法定代表人:徐乐江
公司总经理:王文海
(三)董事会秘书:陈健
证券事务代表: 胡德康
联系地址:上海浦东新区张江高科技园区郭守敬路 515 号
联系电话:021-50801155-1353
传真号码:021-38953436
电子信箱: investor@baosight.com
(四) 公司注册地址及办公地址:上海浦东新区张江高科技园区郭守敬路 515 号
邮政编码:201203
公司网址:http://www.baosight.com
(五)公司信息披露报刊:上海证券报(境内)、香港商报(境外)
中国证监会指定的国际互联网网址为:http://www.sse.com.cn
公司年度报告备置地点:公司董事会秘书室
(六)公司股票上市地:上海证券交易所
股票简称:宝信软件
股票代码: 600845 900926

二、会计数据和业务数据摘要

(一) 主要会计数据　　单位:元

项目	2001 年 1-3 月(钢铁资产)	2001 年 4-12 月(信息资产)	2001 年 1-12 月
利润总额	-7,199,139.33	45,657,821.80	38,458,682.47
净利润	-7,017,534.87	45,556,682.09	38,539,147.22
扣除非经常性损益后的净利润	-6,975,404.1	44,712,597.23	37,737,193.13
主营业务利润	9,593,684.38	89,745,837.83	99,339,522.21
其他业务利润	618,595.79	1,568,478.06	2,187,073.85
营业利润	-7,019,956.80	44,637,203.93	37,617,247.13
投资收益	-137,051.76	961,873.35	824,821.59
补贴收入	-	-	-
营业外收支净额	-42,130.77	58,744.52	16,613.75
经营活动产生的现金流量净额	-13,663,813.36	34,974,245.84	21,302,994.17
现金及现金等价物净增减额	-22,706,134.29	45,172,172.34	22,466,038.05

扣除的非经常性损益为:　　单位:元

项目	2001 年 1-3 月(钢铁资产)	2001 年 4-12 月(信息资产)	2001 年 1-12 月
投资收益	-	65,340.34	65,340.34
补贴收入	-	-	-
营业外收入	17,601.79	785,340.34	785,340.34
营业外支出	-59,732.56	-94,935.50	-154,668.06
合计	-42,130.77	844,084.16	801,954.09

(二)公司近三年主要会计数据和财务指标　　单位:元

项目	2001 年	2000 年		1999 年	
		调整前	调整后	调整前	调整后
主营业务收入	396,445,839.90	231,286,851.22	231,286,851.22	213,959,230.51	213,959,230.51
净利润	38,539,147.22	-116,201,886.15	-125,595,959.98	-182,831,138.41	-182,831,138.41
总资产	321,799,251.74	643,793,311.97	634,399,238.14	746,600,281.52	
股东权益(不含少数股东权益)	262,882,321.65	213,304,858.34	203,910,784.51	329,252,158.59	329,252,158.59
每股收益(摊薄)	0.147	-0.44	-0.48	-0.70	-0.70
每股净资产	1.002	0.81	0.78	1.26	1.26
调整后每股净资产	1.0004	0.73	0.69	1.20	1.20
每股经营活动产生的现金流量净额	0.08	0.12	0.12	0.07	0.07
净资产收益率(%)(摊薄)	14.66	-54.48	-61.59	-55.53	-55.53
扣除非经常性损益后的净资产收益率(%)(加权)	16.91	-36.59	-32.52	-43.42	-43.42

三、股本变动和股东情况

(一) 股本变动情况
报告期内公司股份总数及股本结构未发生任何变动。公司股本结构如下:

(单位:股)

项目	数量
1、未上市流通股份	
(1)发起人股份	
其中:	
国家持有股份	150,044,070
境内法人持有股份	
境外法人持有股份	
其他	
(2)募集法人股份	11,000,000
(3)内部职工股	
(4)优先股或其他	
未上市流通股份合计	161,044,070
2、已上市流通股份	
(1)人民币普通股	13,200,000
(2)境内上市的外资股	88,000,000
(3)境外上市的外资股	
(4)其他	
已上市流通股份合计	101,200,000
3、股份总数	262,244,070

600846 上海同济科技实业股份有限公司

2001 年年度报告摘选

一、公司简介

(一)公司法定中文名称:上海同济科技实业股份有限公司
英文名称:SHANGHAI TONGJI SCIENCE & TECHNOLOGY INDUSTRIAL CO., LTD
缩写:STJC
(二)法定代表人:王建云
(三)董事会秘书:林学言
证券事务代表:柴育筑
联系地址:上海市赤峰路 83 号
邮政编码:200092
电话:021-65985860
传真:021-65984903
电子信箱:dms@tjkjsy.com
(四)公司注册地址:上海市浦东新区栖山路 33 号
公司办公地址:上海市赤峰路 83 号
邮政编码:200092
公司国际互联网网址:http://www.tjkjsy.com
电子信箱:tjkjsy@online.sh.cn
(五)公司选定的信息披露报纸:《上海证券报》
登载公司年度报告的中国证监会指定国际互联网网址:http://www.sse.com.cn
公司年度报告备置地点:董事会秘书室
(六)公司股票上市交易所:上海证券交易所
股票简称:同济科技
股票代码:600846

二、会计数据和业务数据摘要

(一)本年度主要利润指标:

项目	单位(元)
利润总额	27,389,379.46
净利润	16,119,327.17
扣除非经常性损益后的净利润	11,550,934.54
主营业务利润	108,652,289.33
其它业务利润	2,233,102.84
营业利润	13,109,375.28
投资收益	9,467,395.49
补贴收入	4,470,526.67
营业外收支净额	342,082.02
经营活动产生的现金流量净额	21,842,339.81
现金及现金等价物净增减额	94,194,475.06

(二)公司前三年主要财务数据与财务指标

单位:元

指标项目	2001 年	2000 年		1999 年	
		调整前	调整后	调整前	调整后
1 主营业务收入	652,036,044.82	675,914,906.85	631,379,230.67	563,306,303.66	563,016,533.66
2 净利润	16,119,327.17	34,553,609.37	33,427,521.50	34,944,396.35	34,944,396.35
3 总资产	1,631,065,299.65	1,055,490,066.44	1,022,738,688.89	980,152,555.23	985,002,037.22
4 股东权益	426,978,709.84	358,425,622.80	344,504,694.55	348,314,377.78	348,314,377.78
5 每股收益	0.0580	0.1414	0.1368	0.2288	0.2288
6 每股净资产	1.5354	1.4671	1.4101	2.2811	2.2811
7 调整后的每股净资产	1.4492	1.4056	1.3580	2.1915	2.1915
8 每股经营活动产生的现金流量净额	0.0785	0.2045	0.2045	-0.0437	-0.0437
9 净资产收益率	3.78%	9.64%	9.70%	10.03%	10.03%

注:2001 年度扣除非经常损益后的净资产收益率(加权)为 2.89%。

三、股本变动及股东情况

(一)股份变动情况表

单位:股

	本次变动前	本次变动增减(+,-)						本次变动后
		配股	送股	公积金转股	增发	吸收合并	小计	
一、未上市流通股份								
1、发起人股份	125592283							125592283
其中:								
国家持有股份	22486742							22486742
境内法人持有股份	103105541							103105541
境外法人持有股份	0							0
其他	0							0
2、募集法人股份	0					+18160800	+18160800	18160800
3、内部职工股	0							0
4、优先股或其他	0							0
5、其他股						+15617400	+15617400	15617400
未上市流通股份合计	125592283					+33778200	+33778200	159370483
二、已上市流通股份								
1、人民币普通股	118719248							118719248
2、境内上市的外资股	0							0
3、境外上市的外资股	0							0
4、其他	0							0
已上市流通股份合计	118719248							118719248
三、股份总数	244311531					+33778200	+33778200	278089731

注:公司曾于 2001 年 9 月 14 日刊登公告称:上海市国资办将其所持有的本公司股票 22486742 股无偿划转给同济大学。因申请免除转股所要缴纳的印花税须经国家税务总局审核批准,手续繁杂,直至 2002 年 2 月 28 日才办理完转股手续,所以上表中"国家持有股份" 和"境内法人持有股份"都未作变动。(最新股份变动情况可参见 2002 年 3 月 8 日《上海证券报》)

600847 重庆万里蓄电池股份有限公司

2001 年年度报告摘选

第一章 公司基本情况简介

一、公司的法定中、英文名称及缩写
中文名称：重庆万里蓄电池股份有限公司
英文名称：CHONGQING WANLI STORAGE BATTER CO., LTD
英文名称缩写：CQWLSB
二、公司法定代表人姓名：罗钊明
三、公司董事会秘书：郭玲
联系地址：重庆市巴南区苦竹坝 31 号
联系电话：023－62597905
传真：023－62591155
电子信箱：guol @ sciencepark.com.cn
四、公司注册地址：重庆市巴南区苦竹坝 31 号
公司办公地址：重庆市巴南区苦竹坝 31 号
邮政编码：400054
五、公司选定的信息披露报纸：《上海证券报》
登载年度报告的中国证监会指定网站的网址：http://www.sse.com.cn
公司年度报告备置地点：重庆市巴南区苦竹坝 31 号
本公司董事会秘书处
六、公司股票上市交易所：上海证券交易所
股票简称：万里电池
股票代码：600847

第二章 会计数据和业务数据摘要

一、本年度主要会计数据：(单位：人民币元)

利润总额：	1362794.80
净利润：	1362794.80
扣除非经常性损益后的净利润：	1362794.80
主营业务利润：	26925506.06
其它业务利润：	1079995.51
营业利润：	2424085.35
投资收益：	－408480.00
补贴收入：	
营业外收支净额：	－116316.51
经营活动产生的现金流量净额：	3688580.28
现金及现金等价物净增加额：	8581863.43

二、截止报告年度末公司前三年主要会计数据和财务指标

项目	单位	2001 年度	2000 年度		1999 年度
			调整前	调整后	
主营业务收入	元	111123068.02	97054802.92	97054802.92	80806255.44
净利润	元	1362794.80	9037606.12	6776025.64	5476504.94
总资产	元	198068758.82	198552129.40	194010266.18	190725008.79
股东权益(不含少数股东权益)	元	88800019.50	98476455.94	87257224.70	87812056.20
每股收益(摊薄)	元/股	0.015	0.102	0.076	0.062
每股收益(加权)	元/股	0.015	0.102	0.076	0.062
扣除非经常性损益后的每股收益	元/股	0.015	－0.036	－0.062	－0.157
每股净资产	元/股	1.002	1.110	0.984	0.990
调整后的每股净资产	元/股	0.892	0.910	0.857	0.845
每股经营活动产生的现金流量净额	元/股	0.042	0.308	0.310	0.010
净资产收益率(摊薄)	%	1.53	9.18	7.75	6.24
净资产收益率(加权)	%	1.55	9.62	7.73	6.39
扣除非经常性损益后的加权平均净资产收益率	%	1.55	－3.28	－6.28	－11.63

三、利润表附表

报告期利润	净资产收益率		每股收益	
	全面摊薄	加权平均	全面摊薄	加权平均
主营业务利润	30.32	30.59	0.30	0.30
营业利润	2.73	2.75	0.027	0.027
净利润	1.53	1.55	0.015	0.015
扣除非经常性损益后的净利润	1.53	1.55	0.015	0.015

第三章 股本变动及股东情况

一、股本变动情况
公司股份变动情况表(数量单位：股)

	本次变动前	本次变动增减(+，－)					本次变动后
		配股	送股	公积金转股	增发	小计	
1、未上市流通股份							
①发起人股份，其中：							
国家持有股份	22763000						22763000
境内法人持有股份	26000000						26000000
其他							
②募集法人股份							
③内部职工股							
④优先股或其他							
其中：转配股							
未上市流通股份合计：	48763000						48763000
2.已上市流通股份							
①人民币普通股	39897000						39897000
②境内上市的外资股							
③境外上市的外资股							
④其他							
已上市流通股份合计	39897000						39897000
3.股份总数	88660000						88660000

600848 上海自动化仪表股份有限公司

2001 年年度报告摘选

第一节 公司基本情况简介

一、公司法定中文名称：上海自动化仪表股份有限公司
公司中文名称缩写：自仪股份
公司法定英文名称：Shanghai Automation Instrumentation Co., Ltd.
公司英文名称缩写：SAIC
二、公司法定代表人：肖宗义
三、公司董事会秘书：黄鼎发、李军
公司证券事务代表：沈瑞芳
联系地址：上海市延安西路 1599 号怡翔大楼七楼
联系电话：021－62800705
传真：021－62801680
电子信箱：bod@saic.sh.cn
四、公司注册地址及办公地址：上海市延安西路 1599 号怡翔大楼七楼
邮政编码：200050
国际互联网网址：http://www.saic.sh.cn
电子信箱：bod@saic.sh..cn
五、公司信息披露报纸名称：《上海证券报》、香港《南华早报》
登载公司年报的中国证监会指定网站网址：http://www.sse.com.cn
公司年报备置地点：上海市延安西路 1599 号怡翔大楼七楼
六、公司股票上市交易所：上海证券交易所
股票简称：A 股：自仪股份　　B 股：自仪 B 股
股票代码：A 股：600848　　B 股：900928

第二节 会计数据和业务数据摘要

一、公司 2001 年度各项主要会计数据：

(单位：元)

利润总额	18,101,894
净利润	8,355,729
扣除非经常性损益后的净利润	3,369,995
主营业务利润	188,975,072
其他业务利润	9,887,310
营业利润	－2,358,438
投资收益	14,764,178
补贴收入	710,420
营业外收支净额	4,985,734
经营活动产生的现金流量净额	98,892,246
现金及现金等价物净增减额	69,663,059
扣除的非经常性损益项目及金额：	
营业外收支净额	4,985,734 元

二、公司前三年的主要会计数据及财务指标：

(单位：元)

项目	2001 年	2000 年		1999 年	
		调整后	调整前	调整后	调整前
主营业务收入	578,447,967	541,961,090	541,961,091	480,725,330	480,725,330
净利润	8,355,729	－250,654,444	－215,633,300	－137,876,733	－140,159,090
总资产	997,012,622	1,017,144,602	1,118,608,202	1,376,865,616	1,476,612,214
股东权益(不含少数股东权益)	110,143,937	78,356,504	180,384,236	300,238,397	401,341,168
每股收益(全面摊薄)	0.02	－0.63	－0.54	－0.35	－0.35
每股净资产	0.28	0.20	0.45	0.75	1.01
调整后的每股净资产	0.18	0.05	0.25	0.29	0.55
每股经营活动产生的现金流量净额	0.25	0.15	0.16	0.14	0.14
净资产收益率(全面摊薄)	7.59%	－319.89%	－119.54%	－45.92%	－34.92%

三、利润表附表

项目	净资产收益率(%)				每股收益(元)			
	2001 年		2000 年		2001 年		2000 年	
	全面摊薄	加权平均	全面摊薄	加权平均	全面摊薄	加权平均	全面摊薄	加权平均
主营业务利润	171.57	228.97	222.55	99.70	0.47	0.47	0.44	0.44
营业利润	－2.82	－3.76	－369.73	－165.63	－0.01	－0.01	－0.73	－0.73
净利润	7.59	10.12	－319.89	－143.30	0.02	0.02	－0.63	－0.63
扣除非经常性损益后净利润	3.06	4.08	－332.03	－148.74	0.01	0.01	－0.65	－0.65

第三节 股本变动及股东情况

一、股本变动情况表

单位：股

股份类别	本次变动前	本次变动增减(+.－)						本次变动后
		配股	送股	公积金转股	增发	其他	小计	
1、未上市流通股份								
(1) 发起人股份								
其中：国家持有股份	207,842,149							207,842,149
境内法人持有股份	35,318,441							35,318,441
境外法人持有股份								
其他								
(2) 募集法人股	15,306,500							15,306,500
(3)内部职工股								
(4)优先股或其他								
未上市流通股份合计	258,467,090							258,467,090
2、已上市流通股份								
(1) 人民币普通股	33,674,300							33,674,300
(2) 境内上市的外资股	107,145,500							107,145,500
(3) 境外上市的外资股								
(4) 其他								
已上市流通股份合计	140,819,800							140,819,800
3、股份总数	399,286,890							399,286,890

600849 上海市医药股份有限公司

2001 年年度报告摘选

一、公司基本情况简介

(一)公司法定中文名称:上海市医药股份有限公司
公司法定英文名称:SHANGHAI PHARMACEUTICAL CO.,LTD
缩写:SHAPHAR
(二)公司法定代表人:钱　琎先生
(三)公司董事会秘书:曹伟荣先生
联系地址:上海浦东新区金桥路 1399 号
联系电话:(021)58999999　　传真:(021)58995835
电子信箱:caowr@elong.com
董事会证券事务代表:顾志浩先生
联系地址:上海浦东新区金桥路 1399 号
联系电话:(021)58999999　　传真:(021)58995835
电子信箱:huntgu@online.sh.cn
(四)公司注册地址:上海浦东新区金桥路 1399 号
公司办公地址:上海浦东新区金桥路 1399 号　　邮政编码:201206
国际互联网网址:www.shaphar.com.cn
电子信箱:shaphar@shaphar.com.cn
(五)公司选定的信息披露报纸名称:《上海证券报》、《中国证券报》
登载年度报告的中国证监会指定网站网址:http://www.sse.com.cn
年度报告备置地点:公司董事会办公室
(六)公司股票上市交易所:上海证券交易所
股票简称:上海医药　　股票代码:600849

二、会计数据和业务数据摘要

(一)本年度主要利润指标情况　　(单位:人民币元)

项目	金额
利润总额:	202,340,054.84
净利润:	145,280,748.02
扣除非经常性损益后的净利润:	133,328,665.97
主营业务利润:	697,385,291.63
其他业务利润:	8,558,849.97
营业利润:	168,355,346.19
投资收益:	34,985,700.51
补贴收入:	4,421,461.46
营业外收支净额:	-5,422,453.32
经营活动产生的现金流量净额:	65,733,190.72
现金及现金等价物净增加额:	-62,453,975.24

注:扣除的非经常性损益项目和涉及金额:
①营业外收入:502,461.94 元;②营业外支出:5,111,547.26 元;③补贴收入:3,758,242.24 元;④长期股权投资处置收益:404,433.22 元;⑤委托理财收益:15,803,101.09 元;⑥短期股票投资收益-6,126,901.63 元;⑦债权投资收益 2,722,292.45 元。(已考虑纳税影响数)

(二)公司近三年主要会计数据和财务指标:　　(单位:人民币元)

项目	单位	2001 年	2000 年	1999 年
主营业务收入	元	5,202,034,324.53	4,595,253,671.57	4,537,194,771.14
净利润	元	145,280,748.02	162,248,209.70	94,425,543.75
总资产	元	4,293,124,446.05	3,512,674,565.45	3,055,633,524.17
股东权益(不含少数股东权益)	元	1,505,282,943.69	754,442,749.41	627,790,204.57
全面摊薄每股收益	元/股	0.46	0.71	0.41
加权平均每股收益	元/股	0.51	0.71	0.41
扣除非经常损益后的每股收益	元/股	0.42	0.55	0.41
每股净资产	元/股	4.76	3.29	2.73
调整后的每股净资产	元/股	4.51	3.04	2.50
每股经营活动产生的现金流量净额	元/股	0.21	0.64	0.72
全面摊薄净资产收益率	%	9.65	21.51	15.04
加权平均净资产收益率	%	10.76	21.51	15.04
扣除非经营性损益的加权平均净资产收益率	%	9.88	16.04	14.47

三、股本变动及股东情况

(一)公司股份变动情况

公司股份变动情况表　　数量单位:股

	本次变动前	本次变动增减(+,-)						本次变动后
		配股	送股	公积金转股	增发	其他	小计	
一、未上市流通股份								
1、发起人股份	104,152,878	3,124,586		18,221,292				125,498,756
其中:								
国家持有股份	104,152,878	3,124,586		18,221,292				125,498,756
境内法人持有股份								
境外法人持有股份								
其他								
2、募集法人股份								
3、内部职工股								
4、优先股或其他								
未上市流通股份合计	104,152,878	3,124,586		18,221,292				125,498,756
二、已上市流通股份								
1、人民币普通股	125,399,427	37,619,828		27,689,147				190,708,402
2、境内上市的外资股								
3、境外上市的外资股								
4、其他								
已上市流通股份合计	125,399,427	37,619,828		27,689,147				190,708,402
3、股份总数	229,552,305	40,744,414		45,910,439				316,207,158

600851 上海海欣集团股份有限公司

2001 年年度报告摘选

一、公司基本情况简介

1、公司法定中、英文名称及缩写
公司法定中文名称:上海海欣集团股份有限公司
公司中文名称缩写:海欣股份/海欣 B 股
公司英文名称:SHANGHAI HAIXIN GROUP CO.,LTD
公司英文名称缩写:HXGROUP
2、公司法定代表人:严镇博
3、公司董事会秘书:陈谋亮
联系地址:上海市福州路 666 号金陵海欣大厦 18 楼
联系电话:63917000　　传 真:53513883
电子信箱:haixinzq@citiz.net
4、公司注册地址:上海市松江区洞泾镇
邮政编码:201601
公司办公地址:上海市福州路 666 号金陵海欣大厦 18 楼
邮政编码:200001
互联网址:http//www.haixin.com
电子信箱:haixin@haixin.com
5、公司指定信息披露报纸名称:
境内:《上海证券报》
境外:《香港大公报》
登载公司年度报告的中国证监会指定互联网址:www.sse.com.cn
公司年度报告备置地点:上海市福州路 666 号金陵海欣大厦 18 楼
6、公司股票上市交易所:上海证券交易所
A 股股票简称:海欣股份
股票代码:600851
B 股股票简称:海欣 B 股
股票代码:900917

二、会计数据和业务数据摘要

1、本年度主要利润指标　　(单位:人民币元)

项目	金额
利润总额	167,722,501.95
净利润	146,122,440.76
扣除非经常性损益后的净利润*	141,312,896.82
主营业务利润	236,123,824.20
其他业务利润	4,831,466.94
营业利润	84,005,194.29
投资收益	84,915,443.24
补贴收入	4,176,810.98
营业外收支净额	-5,374,946.56
经营活动产生的现金流量净额	279,066,998.30
现金及现金等价物净增减额	221,123,008.82

注:扣除非经常性损益项目和涉及金额:
(1)营业外收入　297,947.32 元
(2)营业外支出　5,672,893.88 元
(3)子公司会计政策变化追溯调整　9,997,853.47 元

2、公司近三年主要会计数据及财务指标

财务指标	单位	2001 年度	2000 年度 调整前	2000 年度 调整后	1999 年度(未作调整)
主营业务收入	人民币元	1,090,956,908.34	964,915,421.59	964,915,421.59	758,344,591.42
净利润	人民币元	146,122,440.76	117,315,056.15	108,534,571.24	94,539,793.03
总资产	人民币元	3,020,321,318.23	2,670,020,168.55	2,656,133,686.48	1,747,997,102.88
股东权益(不含少数股东权益)	人民币元	1,699,785,341.88	1,621,983,114.38	1,608,740,906.71	811,688,112.37
每股收益(全面摊薄)	人民币元/股	0.29	0.35	0.32	0.34
每股收益(加权平均)	人民币元/股	0.36	0.41	0.38	0.34
每股收益(扣除非经常性损益)	人民币元/股	0.28	0.41	0.33	0.34
每股净资产	人民币元/股	3.38	4.84	4.80	2.95
调整后的每股净资产	人民币元/股	3.35	4.76	4.75	2.88
每股经营活动产生的现金流量净额	人民币元/股	0.55	-0.05	-0.05	0.44
净资产收益率(全面摊薄)	%	8.60	7.24	6.75	11.68
净资产收益率(加权平均)	%	8.69	11.69	10.86	11.68
加权平均净资产收益率(扣除非经常性损益)	%	8.40	11.68	10.03	11.68

三、股本变动及股东情况

1、股份变动情况表　　数量单位:股

	本次变动前	本次变动增减(+,-)						本次变动后
		配股	送股	公积金转股	增发	外资发起人股转流通 B 股	小计	
一、未上市流通股份								
1、发起人股份	158,174,660			+79,087,330		-55,161,261	+23,926,069	182,100,729
其中:								
国有法人持有股份	36,894,252			+18,447,126			+18,447,126	55,341,378
境内法人持有股份	66,119,147			+33,059,574			+33,059,574	99,178,721
境外法人持有股份	55,161,261			+27,580,630		-55,161,261	-27,580,631	27,580,630
其他								
2、募集法人股份								
3、内部职工股								
4、优先股或其他								
未上市流通股份合计	158,174,660			+79,087,330		-55,161,261	+23,926,069	182,100,729
二、已上市流通股份								
1、人民币普通股	102,042,000			+51,021,000			+51,021,000	153,063,000
2、境内上市的外资股	75,075,000			+37,537,500		+55,161,261	+92,698,761	167,773,761
3、境外上市的外资股								
4、其他								
已上市流通股份合计	177,117,000			+88,558,500		+55,161,261	+143,719,761	320,836,761
三、股份总数	335,291,660			+167,645,830			+167,645,830	502,937,490

600852 中国四川国际合作股份有限公司

2001 年年度报告摘选

一、公司基本情况简介

1、公司法定中文名称：中国四川国际合作股份有限公司
英文名称：China Sichuan International Cooperation Co., Ltd.
英文名称缩写：SIETCO
2、公司法定代表人：丛钢董事长
3、公司董事会秘书：陈瑛
公司证券事务代表：侯伟齐
联系地址：四川省成都市顺城大街 206 号四川国际大厦 24 层
电话：028－6520852、6520505　　传真：028－6521326
电子信箱：sietcodb@21cn.com
4、公司注册地址：四川省成都市永兴巷 15 号
公司办公地址：四川省成都市顺城大街 206 号四川国际大厦 24 层　　邮编：610012
电子信箱：sietco@mail.sc.cninfo.net
公司国际互联网网址：http://www.sietco.com.cn
5、公司选定的信息披露报纸名称：《上海证券报》
刊载公司年度报告的中国证监会指定的国际互联网网址：http://www.sse.com.cn
公司年度报告备置地点：四川省成都市顺城大街 206 号公司董事会办公室
6、公司股票上市地：上海证券交易所
公司股票简称：中川国际　　股票代码：600852

二、会计数据和业务数据摘要

（一）本年度主要会计数据和业务数据（以合并报表数据填列和计算，单位：人民币元）

项目	金额
利润总额：	22,164,945.47
净利润：	15,982,911.89
扣除非经常性损益后的净利润：	6,241,036.81
主营业务利润：	69,799,318.50
其他业务利润：	1,961,655.00
营业利润：	12,423,070.39
投资收益：	7,118,148.59
补贴收入：	4,020,000.00
营业外收支净额：	－1,396,273.51
经营活动产生的现金流量净额：	284,382,590.29
现金及现金等价物净增加额：	316,547,562.86
注：扣除的非经常性损益项目和涉及金额：	9,741,875.08
其中：	
a.处理固定资产收益：	－75,043.71
b.补贴收入	4,020,000.00
c.收海湾战争赔款	247,946.54
d.以前年度净利润追溯调整影响数	－1,953,095.05
e.股票投资收益：	2,623,658.51
f.罚款支出：	－1,445,323.48
g.债务重组损失：	－165,801.00
h.短期投资收益：	6,501,184.87
i.其它：	－11,651.60

（二）截至报告期末公司前三年主要会计数据和财务指标（金额单位：人民币元）

项目	2001 年	2000 年 调整前	2000 年 调整后	1999 年
主营业务收入	222,902,431.15	288,003,204.29	287,801,284.29	215,278,995.87
净利润	15,982,911.89	24,213,830.94	40,287,026.20	18,145,393.63
总资产	1,186,625,961.54	1,088,996,876.52	1,095,741,306.76	917,491,513.08
股东权益（不含少数股东权益）	258,783,362.20	240,176,615.09	252,139,746.88	208,130,863.81
每股收益	0.10	0.15	0.25	0.11
扣除非经常性损益后的每股收益	0.04	0.14	0.24	0.08
每股净资产	1.57	1.46	1.53	1.27
调整后的每股净资产	1.45	1.34	1.41	1.09
每股经营活动产生的现金流量净额	1.73	0.13	0.13	0.90
净资产收益率%	6.18	10.08	15.98	8.72
扣除非经常性损益后的净资产收益率%（全面摊薄）	2.41	9.43	15.79	5.92
扣除非经常性损益后的净资产收益率%（加权平均）	2.51	10.29	16.97	6.18

三、股本变动及股东情况

（一）股本变动情况
1、股本变动情况表

数量单位：股

	本次变动前	本次变动增减（＋，－）送股	公积金转股	其他	合计	本次变动后
一、未上市流通股份						
1、发起人股份	24,000,000					24,000,000
其中：						
国家持有股份	24,000,000					24,000,000
境内法人持有股份						
境外法人持有股份						
其他						
2、募集法人股份	84,000,000					84,000,000
3、内部职工股						
4、优先股或其他						
未上市流通股份合计	108,000,000					108,000,000
二、已上市流通股份						
1、人民币普通股	56,308,602					56,308,602
2、境内上市的外资股						
3、境外上市的外资股						
4、其他						
已上市流通股份合计	56,308,602					56,308,602
股份总数	164,308,602					164,308,602

600853 北满特殊钢股份有限公司

2001 年年度报告摘选

第一节　公司基本情况简介

一、公司中文名称：北满特殊钢股份有限公司
英文名称：BEIMAN SPECIAL STEEL COMPANY LIMITED
二、公司注册地址：齐齐哈尔市富拉尔基区红岸大街 7 号
公司办公地址：黑龙江省哈尔滨市南岗区长江路 368 号（从 2002 年 3 月 17 日起）
邮政编码：150090
三、公司法定代表人：张振勤
四、公司董事会秘书：王征宇
联系地址：哈尔滨市南岗区长江路 368 号 802 室
联系电话：（0451）2281253　2281430　　传真：（0451）2281253
电子信箱：zheng yu－wang@sohu.com
五、公司选定的信息披露报纸名称：《上海证券报》
公司登载年报指定互联网址：http://www.sse.com.cn
公司年度报告备置地点：董事会秘书处
六、公司股票上市地：上海证券交易所
股票简称：ST 北特钢　　股票代码：600853

第二节　会计数据和业务数据摘要

一、公司利润总额的构成及现金流量（单位：人民币元）

项目	金额
利润总额	－78,533,740.76
净利润	－78,533,740.76
扣除非经常性损益后的净利润	－92,639,708.55
主营业务利润	－7,237,742.15
其他业务利润	7,817,346.25
营业利润	－75,388,626.63
投资收益	2,282,685.30
补贴收入	－－－
营业外收支净额	－5,427,799.43
经营活动产生的现金流量净额	105,005,777.42
现金及现金等价物净增加额	－50,651,713.36

注：报告期内涉及的非经常性损益项目及金额

项目	金额
财务费用－－贴息	20,630,000.00
固定资产评估增值	－－－
补贴收入	－－－
出售固定资产净损失	－－－
投资收益	－1,096,232.78
营业外收支净额	－5,427,799.43

二、截止报告期末公司前三年的主要会计数据和财务指标（单位：人民币元）

项目	2001 年	2000 年 调整前	2000 年 调整后	1999 年
主营业务收入	992,007,365.59	1,140,573,739.17	1,140,573,739.17	1,150,454,827.55
净利润	－78,533,740.76	－202,326,432.03	－203,185,317.26	－141,782,273.24
总资产	2,025,980,838.57	2,214,546,613.19	2,213,684,727.96	3,035,467,437.44
股东权益	700,599,191.63	776,665,184.87	775,806,299.64	978,991,616.90
每股收益	－0.1475	－0.38	－0.3816	－0.2663
扣除非经常性损益后每股收益（元/股）	－0.1740	－0.4335	－0.4558	－0.27
每股净资产	1.3159	1.4588	1.46	1.84
调整后每股净资产	0.8422	0.7145	1.31	1.59
每股经营活动产生的现金流量净额	0.1972	0.3205	0.3205	－0.1113
净资产收益率（%）	－11.21	－26.05	－26.19	－14.44
净资产收益率（加权%）	－10.65	－23.05	－23.16	－14.00
扣除非经常性损益后的净资产收益率（%）	－13.22	－29.3	－31.28	－14.44

三、根据中国证监会关于《公开发行证券公司信息披露编报规则》第 9 号通知》精神，报告期按全面摊薄法和加权平均法计算的净资产收益率及每股收益

报告期利润项目	资产收益率（%）全面摊薄	资产收益率（%）加权平均	每股收益（元/股）全面摊薄	每股收益（元/股）加权平均
主营业务利润	－1.03	－0.98	－0.0136	－0.0136
营业利润	－10.76	－10.22	－0.1416	－0.1416
净利润	－11.21	－10.65	－0.1475	－0.1475
扣除非经常性损益后的净利润	－13.22	－12.56	－0.1740	－0.1740

第三节　股本变动及股东情况

一、股本变动情况
公司股份变动情况表

数量单位：万股

	期初数	本次变动增减（＋，－）配股	送股	公积金转股	增发	其他	小计	期末数
一、尚未上市流通股份								
1、发起人股份								
其中：								
国家拥有股份	34243							34243
境内法人持有股份								
境外法人持有股份								
其他								
2、募集法人股	2541							2541
3、内部职工股								
4、优先股或其他								
未上市流通股份合计	36784							36784
二、已上市流通股份								
1、人民币普通股	16456							16456
2、境内上市的外资股								
3、境外上市的外资股								
4、其他								
已上市流通股份合计	16456							16456
三、股份总数	53240							53240

600854 江苏春兰制冷设备股份有限公司

2001 年年度报告摘选

一、公司简介

1、公司的法定中文名称:江苏春兰制冷设备股份有限公司
英文名称:Jiangsu chunlan refrigerating equipment stock co., ltd.
缩写:Chunlan
2、公司法定代表人:张鸿志
3、公司董事会秘书:陈震
证券事务代表:田森
联系地址:江苏省泰州市口泰路 58 号
联系电话:0523-6217958 6663663
传真:0523-6219729 6663839
电子邮件信箱:clzlgstz@pub.tz.jsinfo.net
4、公司注册地址、办公地址:江苏省泰州市春兰工业园区春兰路 1 号
邮政编码:225300
公司国际互联网网址:http://www.chunlan.com.cn
电子邮件信箱:clzl.tz@public.tz.js.cn
5、公司选定的信息披露报纸名称:《中国证券报》、《上海证券报》
登载公司年度报告的中国证监会指定国际互联网网址:Http://www.sse.com.cn
年度报告备置地点:江苏省泰州市春兰工业园区春兰路 1 号本公司证券办公室
6、公司股票上市交易所:上海证券交易所
股票简称:春兰股份
股票代码:600854

二、会计数据和业务数据摘要

1、公司本年度实现的利润指标情况

单位:元

项目	金额
利润总额:	289,740,929.76
净利润:	230,967,177.56
扣除非经常性损益后的净利润:	231,136,042.36
主营业务利润:	412,910,042.64
其他业务利润:	5,298,718.72
营业利润:	292,533,648.41
投资收益:	-1,829,231.12
补贴收入:	
营业外收支净额:	-963,487.53
经营活动产生的现金流量净额:	246,208,074.23
现金及现金等价物净增加额:	428,887,814.55
非经常性损益	-228,864.80

注:非经常性损益主要为交纳解困基金和罚款收入。

2、主要财务指标:

单位:元

	2001 年	2000 年		1999 年	
		调整后	调整前	调整后	调整前
主营业务收入:	1762227348.47	1824980951.86	1824980951.86	1947367406.71	1947367406.71
净利润:	230967177.56	262655990.40	266523026.07	264936748.85	264936748.85
总资产:	4101806908.72	2709439418.62	2560996512.49	2323715250.63	2323715250.63
股东权益:(不含少数股东权益)	2934427880.17	1737986613.46	1741853649.13	1536600812.40	1536600812.40
每股收益:	0.445	0.86	0.87	0.865	0.865
每股收益(加权)	0.482	0.86	0.87	0.865	0.865
每股净资产:	5.65	5.67	5.69	5.02	5.02
调整后的每股净资产:	5.65	5.67	5.67	5.02	5.02
每股经营活动产生的现金流量净额:	0.47	0.48	0.48	0.11	0.11
净资产收益率(%):	7.87	15.11	15.30	17.24	17.24
扣除非经常性损益后加权平均净资产收益率(%):	10.39	14.41	14.60	17.11	17.11

三、股本变动及股东情况

1、股本变动情况
股份变动情况表

数量单位:股

	本次变动前	本次变动增减(+、-)						本次变动后
		配股	送股	公积金转股	增发	其他	小计	
一、未上市流通股份								
1、发起人股份	226512000			94704667			94704667	321216667
其中:								
国家拥有股份								
境内法人持有股份	172972800			72319928			72319928	245292728
境外法人持有股份	53539200			22384739			22384739	75923939
2、募集法人股								
3、内部职工股								
4、优先股及其他								
未上市流通股份合计	226512000			94704667			94704667	321216667
二、已上市流通股份								
1、人民币普通股	79794000			58447871	60000000		118447871	198241871
2、境内上市的外资股								
3、境外上市的外资股								
4、其他								
已流通股份合计	79794000			58447871	60000000		118447871	198241871
三、股份总数	306306000			153152538	60000000		213152538	519458538

600855 北京航天长峰股份有限公司

2001 年年度报告摘选

一、公司简介

(一)公司法定中文名称:北京航天长峰股份有限公司
公司法定英文名称:BEIJING AEROSPACE CHANGFENG CO., LTD.
英文名称缩写:ASCF
(二)法定代表人姓名:殷兴良
(三)公司董事会秘书:张金奎
联系电话:010-88271805 传 真:010-88525775
联系地址:北京市 142 信箱 39 分箱 邮政编码:100854
电子信箱:ascf@ascf.com.cn
(四)公司注册地址:北京市海淀区永定路 51 号航天数控大楼
公司办公地址:北京市海淀区永定路 51 号航天数控大楼
邮政编码:100854
公司网址:HTTP://www.ascf.com.cn
公司电子信箱:ascf@ascf.com.cn
(五)公司选定的信息披露报纸名称:《中国证券报》、《上海证券报》
登载公司年度报告的中国证监会指定国际互联网网址:http://www.sse.com.cn
公司年度报告备置地点:公司董事会办公室
(六)公司股票上市交易所:上海证券交易所
股票简称:PT 北旅 股票代码:600855

二、会计数据和业务数据摘要

1、2001 年度实现利润情况(单位:元)

项 目	金 额
利润总额	21,278,883.31
净利润	19,898,881.91
扣除非经常性损益后的净利润	21,392,967.81
主营业务利润	50,316,189.59
其他业务利润	2,977,043.59
营业利润	21,707,069.21
投资收益	-565,027.20
补贴收入	105,900.00
营业外收支净额	30,941.30
经营活动产生的现金流量	20,202,753.51
现金及现金等价物净增加额	1,071,385.99

扣除非经常性损益项目(单位:元)

项 目	金 额
财政补贴	
债务重组	
股权投资差额摊销	-1,525,027.20
营业外收支净额	30,941.30
合计	-1,494,085.90

2、公司近三年主要会计数据和财务指标(单位:元)

指标项目	2001 年	2000 年	1999 年
主营业务收入	131,492,819.99	41,282,329.86	76,274,364.87
净利润	19,898,881.91	-6,334,979.66	-58,978,031.72
总资产	300,525,212.43	296,899,868.45	326,772,898.35
股东权益	198,528,316.31	179,477,833.54	26,005,465.12
每股收益	0.124	-0.040	-0.368
每股净资产	1.240	1.121	0.162
调整后的每股净资产	1.202	0.987	0.015
每股经营活动产生的现金流量净额	0.126	0.006	-0.007
净资产收益率(%)	10.02	-3.53	-226.79
扣除非经常性损益后的加权平均净资产收益率(%)	11.31	-51.22	-106.28

3.本报告期内股东权益变动情况及其原因(单位:元)

项目	股本	资本公积	盈余公积	法定公益金	未分配利润	股东权益合计
期初数	160080000.00	16911286.05	4169931.97	4169931.97	-1683384.49	179477833.54
本期增加		2353200.87	3979776.38	1989888.19	19898881.91	26231859.16
本期减少			1683384.49	1683384.49	5497991.89	7181376.38
期末数	160080000.00	19264486.92	6466323.86	4476435.67	12717505.53	198528316.31
变动原因		数控公司增资扩股和债务重组增加资本公积	数控公司改制折股		数控改制折股及提取公积金所致	

三、股本变动及股东情况

(一)股本变动情况
1、股本结构情况

公司股份变动情况表 数量单位:股

	本次变动前	本次变动增减(+,-)						本次变动后
		配股	送股	公积金转股	增发	其他	小计	
一、尚未流通股份	107091000							107091000
1、发起人股份								
其中:国家股	2099000							2099000
境内法人股	104992000							104992000
外资法人股								
2、募集法人股								
3、内部职工股								
4、优先股或其他								
尚未流通股份合计	107091000							107091000
二、已流通股份								
1、境内上市人民币普通股	52989000							52989000
2、境内上市外资股								
3、境外上市外资股								
4、其他								
已流通股份合计	52989000							52989000
三、股份总数	160080000							160080000

600856 长春百货大楼集团股份有限公司

2001年年度报告摘选

(一)公司基本情况简介

1、公司的法定中英文名称及缩写。
公司的法定中文名称:长春百货大楼集团股份有限公司
公司的法定英文名称:CHANGCHUN DEPARTMENT JITUAN STORE COMPANY LIMITED
缩写:CCD
2、公司法定代表:王建国
3、公司董事会秘书:耿文喜
联系地址:长春市人民大街77号
电话:0431 8965414
传真:0431 8920704
4、公司注册地址:长春市人民大街77号
邮政编码:130061
公司国际互联网网址:http://www.600856.com
电子信箱地址:cbjt@public.cc.jl.cn
5 公司信息披露报纸名称:上海证券报
上交所网址:http: www.sse.com.cn
公司年度报告备置地点:长春市人民大街77号
6 公司股票上市地:上海证券交易所
股票简称:长百集团
证券代码:600856

(二)会计数据和业务数据摘要

1、本年度主要会计数据

单位:人民币元

利润总额	5,525,991.12
净利润	4,930,836.80
扣除非经常性损益后的净利润	4,235,395.82
主营业务利润	89,807,055.20
其他业务利润	2,125,200.19
营业利润	6,824,135.36
投资收益	-646,190.17
营业外收支净额	-651,954.07
经营活动产生的现金流量净额	-1,075,576.58
现金及现金等价物净增加额	-54,955,811.86

注:扣除的非经常性损益项目及涉及金额:

项目	金额
营业外收支净额	-651,954.07
财政返还企业所得税	1,347,395.05

2、近三年主要会计数据及财务指标

单位:人民币元

项目	2001年	2000年		1999年	
		调整后	调整前	调整后	调整前
主营业务收入	380,578,755.92	337,191,429.97	337,191,429.97	306,687,324.05	306,687,324.05
净利润	4,930,836.80	22,467,800.56	24,183,279.62	26,292,918.58	56,237,388.13
总资产	678,847,569.62	707,670,629.06	715,539,452.55	682,343,155.28	689,956,499.71
股东权益(不含少数股东权益)	357,838,302.43	353,436,505.86	365,814,055.56	340,105,590.90	352,227,661.54
每股收益(摊薄)	0.03	0.12	0.13	0.14	0.31
(加权)	0.03	0.12	0.13	0.14	0.31
扣除非经常性损益后的每股收益	0.02	0.13	0.13	0.08	0.14
每股净资产(摊薄)	1.96	1.93	2.00	1.86	1.93
调整后的每股净资产	1.64	1.64	1.71	1.58	1.65
每股经营活动产生的现金流量净额	-0.01	0.39	0.39	0.04	0.04
净资产收益率(摊薄)	1.38	6.36	6.61	7.73	15.97
(加权)	1.39	6.39	6.87	7.45	15.28
扣除非经常性损益后的加权平均净资产收益率	1.19	6.84	6.83	4.06	7.03

(三)股本变动及股东情况

一、股本变动情况

单位:万股

项目	期初数	本期配股	本期送股	本期公积金转增股本	增发	本期其他变动	期末数
一、尚未流通股份							
(1)发起人股份							
其中:							
国家持有股份	56,872,480						56,872,480
境内法人持有股份							
境外法人持有股份							
其他							
(2)募集法人股份	39,950,400						39,950,400
(3)内部职工股							
(4)优先股或其他							
其中:转配股							
未上市流通股份合计	96,822,880						96,822,880
二、已流通股份							
(1)人民币普通股	85,914,832						85,914,832
(2)境内上市的外资股							
(3)境外上市的外资股							
(4)其他							
已上市流通股份合计	85,914,832						85,914,832
股本总数	182,737,712						182,737,712

600857 哈工大首创科技股份有限公司

2001年年度报告摘选

一、公司基本情况简介

1、公司法定中文名称:哈工大首创科技股份有限公司
公司法定英文名称:HIT SHOUCHUANG TECHNOLOGY CO.,LTD.
英文名称缩写:HITSC
2、公司法定代表人:杨士勤
3、公司董事会秘书:哈宁
证券事务代表:张红
联系地址:宁波市和义路45号
电话:(0574)-87347621
传真:(0574)-87367996
电子信箱:dongmi@hitsc.com
4、公司注册地址:宁波市和义路45号
公司办公地址:宁波市和义路45号
邮政编码:315000
公司国际互联网网址:http://www.hitsc.com
电子信箱:dongmi@hitsc.com
5、公司选定的信息披露报纸名称:中国证券报、上海证券报
登载公司年报的国际互联网网址:http://www.sse.com.cn
公司年度报告备置地点:公司办公室
6、公司股票上市交易所:上海证券交易所
股票简称:工大首创
股票代码:600857

二、会计数据和业务数据摘要(合并报表)

(一)本年度主要会计数据 (单位:元)

利润总额	25,999,036.43
净利润	23,433,997.01
扣除非经常性损益后的净利润	20,902,449.16
主营业务利润	67,309,173.95
其他业务利润	2,021,089.59
营业利润	19,479,365.22
投资收益	3,852,539.68
补贴收入	844,580.00
营业外收支净额	1,822,551.53
经营活动产生的现金流量净额	54,005,290.89
现金及现金等价物净增加额	20,219,121.65

注:扣除的非经常性损益项目和涉及金额

项目	涉及金额
营业外收入-拆迁补偿	3,316,768.08
其他营业外收支差额	-923,788.51
涉及的所得税	138,568.28
对净利润的影响数合计	2,531,547.85

(二)截至报告期末前三年主要会计数据和财务指标

项目	2001年度	2000年度		1999年度	
		调整后	调整前	调整后	调整前
主营业务收入(元)	595,723,144.21	661,417,368.57	661,417,368.57	537,234,186.33	539,573,027.99
净利润(元)	23,433,997.01	33,120,223.61	32,959,832.14	20,208,909.08	51,026,310.05
每股收益(元/股)	0.12	0.17	0.17	0.17	0.42
扣除非经常性损益后的每股收益(元/股)	0.11	0.11	0.11	0.17	0.17
每股经营活动产生的现金流量净额(元/股)	0.28	0.13	0.13	0.23	0.23
净资产收益率(%)	7.25	10.72	9.68	6.92	15.80

项目	2001年末	2000年末		1999年末	
		调整后	调整前	调整后	调整前
总资产(元)	462,393,430.59	426,140,742.76	456,966,542.67	387,497,067.15	447,792,620.30
股东权益(不含少数股东权益)(元)	323,067,991.47	309,081,395.22	340,467,513.90	292,073,627.99	322,891,028.96
每股净资产(元/股)	1.68	1.61	1.77	2.43	2.69
调整后的每股净资产(元/股)	1.67	1.60	1.76	2.42	2.68

三、股本变动及股东情况

(一)公司股本变动情况

1、公司股份变动情况表 (单位:股)

	本次变动前	本次变动增减(+,-)						本次变动后
		配股	送股	公积金转股	增发	其他	小计	
一、未上市流通股份								
1、发起人股份	34,560,000					-4,147,200	-4,147,200	30,412,800
其中:								
境内法人持有股份	34,560,000					-4,147,200	-4,147,200	30,412,800
境外法人持有股份								
其他								
2、募集法人股份	14,982,174					+4,147,200	+4,147,200	19,129,374
3、内部职工股								
4、国有法人股	51,240,869							51,240,869
未上市流通股份合计	100,783,043							100,783,043
二、已上市流通股份								
1、人民币普通股	91,508,797							91,508,797
2、境内上市外资股								
3、境外上市外资股								
4、其他								
已上市流通股份合计	91,508,797							91,508,797
三、股份总数	192,291,840							192,291,840

600858 渤海集团股份有限公司

2001年年度报告摘选

一、公司基本情况简介

(一)公司的法定中文名称:渤海集团股份有限公司
英文名称:BOHAI GROUP CO.,LTD.
缩　写:B.H.GROUP
(二)公司法定代表人:李福仁
(三)公司董事局秘书:李璐
联系地址:山东省济南市泺源大街22号20层
电　话:0531－6960688　　传　真:0531－6960688
电子信箱:bohai@jn－public.sd.cninfo.net
(四)公司注册地址:山东省济南市泺源大街中段
办公地址:山东省济南市泺源大街22号20层　　邮政编码:250063
电话总机:0531－6988888　　传　真:0531－6966666
国际互联网网址:http://www.bohai.com
电子信箱:bohai@jn－public.sd.cninfo.net
(五)公司选定的信息披露报纸名称:《上海证券报》、《中国证券报》
登载公司年度报告的中国证监会指定国际互联网网址:http://www.sse.com.cn
年度报告备置地点:公司董事局办公室
(六)公司股票上市交易所:上海证券交易所
股票简称:渤海集团　　股票代码:600858

二、会计数据和业务数据摘要

(一)本年度主要利润指标(单位:人民币元)

项目	金额
利润总额	－34,137,030.36
净利润	－33,635,161.10
扣除非经常性损益后的净利润	－22,853,742.27
主营业务利润	5,060,038.77
其他业务利润	2,795,148.16
营业利润	－28,873,417.97
投资收益	－2,425,614.89
补贴收入	
营业外收支净额	－2,837,997.50
经营活动产生的现金流量净额	－6,035,080.99
现金及现金等价物净增加额	－563,611.08

注:扣除非经常性损益项目及涉及金额	(单位:人民币元)
(1)营业外收支净额	－2,837,997.50
(2)投资收益	－2,425,614.89
(3)人员分流及安置费用	－5,517,806.44
以上项目涉及金额合计	－10,781,418.83

(二)前三年主要会计数据和财务指标(单位:人民币元)

项目	2001年	2000年 调整后	2000年 调整前	1999年
主营业务收入	27,752,937.85	24,036,563.09	24,071,293.55	26,958,840.52
净利润	－33,635,161.10	－27,248,811.18	－24,040,064.98	4,896,164.71
总资产	221,651,402.79	238,177,053.13	240,079,871.98	252,713,920.71
股东权益(不含少数股东权益)	107,331,581.87	140,857,145.82	143,998,993.57	168,039,058.55
每股收益				
－全面摊薄	－0.2772	－0.2245	－0.1981	0.0403
－加权平均	－0.2772	－0.2245	－0.1981	0.0403
－扣除非经常性损益	－0.1883	－0.1365	－0.1251	－0.0418
每股净资产	0.8845	1.1608	1.1867	1.3848
调整后的每股净资产	0.8713	1.1346	1.1521	1.3506
每股经营活动产生的现金流量净额	－0.0497	－0.0218	－0.0218	0.0187
净资产收益率(%)				
－全面摊薄	－31.3376	－19.3450	－16.6946	2.9137
－加权平均	－27.1045	－17.6427	－15.4084	2.9568

(三)按照中国证监会《公开发行证券公司信息披露编报规则(第9号)》要求计算的利润数据

	报告期利润(人民币元)	净资产收益率(%) 全面摊薄	净资产收益率(%) 加权平均	每股收益(人民币元) 全面摊薄	每股收益(人民币元) 加权平均
主营业务利润	5,060,038.77	4.7144	4.0776	0.0417	0.0417
营业利润	－28,873,417.97	－26.9011	－23.2673	－0.2379	－0.2379
净利润	－33,635,161.10	－31.3376	－27.1045	－0.2772	－0.2772
扣除非经常性损益后的净利润	－22,853,742.27	－21.2926	－18.4164	－0.1883	－0.1883

三、股本变动及股东情况

(一)股本变动情况

数量单位:股

	本次变动前	配股	送股	公积金转股	增发	其他	小计	本次变动后
一、未上市流通股份								
1、发起人股份								
其中:								
国家持有股份	17,600,000							17,600,000
境内法人持有股份	35,793,120							35,793,120
境外法人持有股份								
其他								
2、募集法人股份								
3、内部职工股								
4、优先股或其他								
未上市流通股份合计	53,393,120							53,393,120
二、已上市流通股份								
1、人民币普通股	67,953,600							67,953,600
2、境内上市的外资股								
3、境外上市的外资股								
4、其他								
已上市流通股份合计	67,953,600							67,953,600
三、股份总数	121,346,720							121,346,720

600859 北京王府井百货(集团)股份有限公司

2001年年度报告摘选

一、公司基本情况简介

1.公司法定中、英文名称及缩写
公司法定中文名称:北京王府井百货(集团)股份有限公司
公司英文名称:BEIJING WANGFUJING DEPARTMENT STORE (GROUP)CO.,LTD.
中文名称缩写:王府井百货
英文名称缩写:BWDSG
2.公司法定代表人:汤庆顺
3.公司董事会秘书:刘冰
联系地址:北京王府井大街255号
联系电话:(010)65125960或(010)65126677
传　真:(010)65133133
电子信箱:wfjcc@wfj.com.cn
4.公司注册及办公地址:中国北京王府井大街255号
邮　编:100006
公司国际互联网网址:http://www.wfj.com.cn
电子信箱:wfjcc@wfj.com.cn
5.公司选定信息披露报纸名称:《中国证券报》
登载年度报告的中国证监会指定国际互联网网址:http://www.sse.com.cn
公司年度报告备置地点:公司董事会办公室
6.公司股票上市交易所:上海证券交易所
股票简称:王府井　　股票代码:600859

二、会计数据和业务数据摘要

(一)本年度利润总额及其构成(单位:人民币元)

项目	金额
利润总额	60,961,717.66
净利润	24,414,167.47
扣除非经常性损益后的净利润	26,200,751.77
主营业务利润	514,036,587.45
其他业务利润	15,641,361.26
营业利润	32,648,299.23
投资收益	30,979,962.16
补贴收入	0.00
营业外收支净额	－2,666,543.73
经营活动产生的现金流量净额	82,321,729.18
现金及现金等价物净增加额	150,712,684.12
注:扣除的非经常性损益项目涉及金额	1,786,584.30
1.固定资产处置损失	3,013,297.32
2.其他收入	－346,753.59
3.上述金额影响所得税	－879,959.43

(二)主要会计数据及财务指标(单位:人民币元)

指标项目	2001年度	2000年度 调整后	2000年度 调整前	1999年度 调整后	1999年度 调整前
主营业务收入	3,104,594,642.77	2,267,590,152.46	2,272,355,697.91	1,391,814,914.43	1,391,814,914.43
净利润	24,414,167.47	28,405,772.95	30,505,610.21	－21,383,662.82	3,979,841.10
总资产	2,999,401,364.12	2,885,621,724.06	2,916,610,913.48	2,771,651,041.57	2,797,107,554.10
股东权益	1,525,462,425.61	1,519,473,710.49	1,553,787,749.84	1,517,122,027.41	1,542,485,531.33
每股收益	0.062	0.072	0.078	－0.060	0.011
扣除非经常性损益后的每股收益	0.067	0.063	0.063	0.017	0.017
每股净资产	3.882	3.867	3.954	4.247	4.318
调整后每股净资产	3.484	3.389	3.419	3.66	3.71
每股经营活动产生的现金流量净额	0.21	0.47	0.47	0.08	0.08
净资产收益率(%)	1.60	1.87	1.96	－1.41	0.26

(三)净资产收益率及每股收益(单位:人民币元)

报告期利润	净资产收益率(%) 全面摊薄 2001年	全面摊薄 2000年	加权平均 2001年	加权平均 2000年	每股收益 全面摊薄 2001年	全面摊薄 2000年	加权平均 2001年	加权平均 2000年
主营业务利润	33.70	23.42	33.56	23.24	1.308	0.906	1.308	0.906
营业利润	2.14	1.38	2.13	1.37	0.083	0.054	0.083	0.054
净利润	1.60	1.87	1.59	1.85	0.062	0.072	0.062	0.072
扣除非经常性损益后的净利润	1.72	1.64	1.71	1.63	0.067	0.063	0.067	0.063

三、股本变动及股东情况

(一)股份变动情况表

数量单位:股

	本次变动前	配股	送股	公积金转股	增发	其他	小计	本次变动后
一、未上市流通股份								
1.发起人股份	194,594,400							194,594,400
其中:								
国家持有股份	194,594,400							194,594,400
境内法人持有股份								
境外法人持有股份								
其他								
2.募集法人股份								
3.内部职工股								
4.优先股或其他								
其中:转配股								
未上市流通股份合计	194,594,400							194,594,400
二、已上市流通股份								
1.人民币普通股	198,378,626							198,378,626
2.境内上市的外资股								
3.境外上市的外资股								
4.其他								
已上市流通股份合计	198,378,626							198,378,626
三、股份总数	392,973,026							392,973,026

600860 北人印刷机械股份有限公司

2001年年度报告摘选

一、公司简介

1、公司名称
公司法定中文名称：北人印刷机械股份有限公司
中文简称：北人股份
公司法定英文名称：Beiren Printing Machinery Holdings Limited
英文缩写：BR
2、公司法定代表：朱武安
3、公司董事会秘书：戎佩敏
联系地址：中国北京市朝阳区广渠路南侧44号
联系电话：010－67748470　　传　真：010－67714086
电子邮箱：beirengf@beirengf.com
4、公司注册地址：中国北京市朝阳区广渠路南侧44号
公司办公地址：中国北京市朝阳区广渠路南侧44号　　邮政编码：100022
公司国际互联网网址：http://www.beirengf.com
电子邮箱：beirengf@beirengf.com
5、公司选定的信息披露报纸：中国《上海证券报》，香港《经济日报》、《Hong Kong iMail》(英文报)
中国证监会指定的国际互联网网址为：http://www.sse.com.cn
公司年度报告备置地点：北人印刷机械股份有限公司董事会秘书室
香港备置地点：胡关李罗律师行
香港中环怡和大厦27楼
6、公司A股上市地：上海证券交易所
A股简称：北人股份　　A股代码：600860
公司H股上市地：香港联合交易所有限公司
H股简称：北人印刷　　H股代码：187

二、会计数据和业务数据摘要

(一)按照中华人民共和国会计制度编制
1、公司本年度实现利润情况　　单位：人民币千元

项目	金额
利润总额	75,752
净利润	64,282
扣除非经常性损益后的净利润	65,626
主营业务利润	207,048
其他业务利润	1,669
营业利润	81,567
投资损失	－4,234
补贴收入	－
营业外收支净额	－1,581
经营活动产生的现金流量净额	50,324
现金及现金等价物净增减额	90,028

注：非经常性损益的项目有：营业外收入1,229,275.87元，营业外支出2,810,649.56元。其中所得税影响额237,206.05元。

2、近三年主要会计数据和财务指标(合并报表)　　单位：人民币

项目	2001年	2000年		1999年	
		追溯调整前	追溯调整后	追溯调整前	追溯调整后
主营业务收入(人民币千元)	699,076	442,056	442,056	459,834	459,834
净利润(人民币千元)	64,282	51,423	30,229	48,848	41,590
总资产(人民币千元)	1,581,331	1,357,076	1,317,293	1,164,980	1,146,392
股东权益(人民币千元)	951,126	974,627	934,844	1,003,886	985,297
每股收益(元/股)	0.16	0.129	0.076	0.122	0.104
每股净资产(元/股)	2.38	2.44	2.34	2.51	2.46
调整后的每股净资产(元/股)	2.22	2.34	2.19	2.32	2.31
每股经营活动产生的现金流量净额(人民币元)	0.13	0.089	0.089	0.169	0.169
净资产收益率(%)	6.76	5.28	3.23	4.87	4.22

3、利润表附表

报告期利润	净资产收益率(%)		每股收益(元)	
	全面摊薄	加权平均	全面摊薄	加权平均
主营业务利润	21.77	21.41	0.52	0.52
营业利润	8.58	8.44	0.20	0.20
净利润	6.76	6.65	0.16	0.16
扣除非经常损益后的净利润	6.90	6.79	0.16	0.16

注：利润表附表的数据是按照中国证监会《公开发行证券公司信息披露编报规则(第9号)》要求计算的。

三、股本变动及股东情况

(一)股本变动情况
报告期内股本无变动

项目	本次变动前	本次变动增减(＋，—)						本次变动后
		配股	送股	公积金转股	增发	其他	小计	
一、未上市流通股份	250,000,000							250,000,000
1、发起人股份								
其中：								
国家持有股份								
境内法人持有股份	250,000,000							250,000,000
境外法人持有股份								
其他								
2、募集法人股								
3、内部职工股								
4、优先股或其他								
未上市流通股份合计	250,000,000							250,000,000
二、已上市流通股份	150,000,000							150,000,000
1、人民币普通股	50,000,000							50,000,000
2、境内上市的外资股								
境外上市的外资股	100,000,000							100,000,000
其他								
已上市流通股份合计	150,000,000							150,000,000
三、股份总数	400,000,000							400,000,000

600862 南通纵横国际股份有限公司

2001年年度报告摘选

一、公司基本情况简介

(一)公司法定中文名称：南通纵横国际股份有限公司
公司法定英文名称：TONMAC International Co., Ltd.
缩写：TONMAC
(二)公司法定代表人：张宗平先生
(三)报告期内公司董事会秘书：刘西川先生
现任公司董事会秘书：陈志平先生
联系地址：江苏省南通市任港路23号
电话：0513－5516141　　传真：0513－5512271
公司董事会证券事务代表：丁　凯先生
联系地址：江苏省南通市任港路23号
电话：0513－5516141　　传真：0513－5512271
电子信箱：ntmt@public.nt.js.cn
(四)公司注册地址：江苏省南通市任港路23号
公司办公地址：江苏省南通市任港路23号　　邮政编码：226006
公司国际互联网网址：http://www.tonmac.com.cn
电子信箱：webmaster@tonmac.com.cn
(五)公司选定的信息披露报纸名称：《上海证券报》、《中国证券报》、《证券时报》
登载公司年度报告互联网网址：http://www.sse.com.cn
公司年度报告备置地点：公司证券部
(六)公司股票上市交易所：上海证券交易所
股票简称：纵横国际　　股票代码：600862

二、会计数据和业务数据摘要

单位：元

项目	金额
利润总额：	－238,920,782.58
净利润：	－238,272,671.30
扣除非经常性损益后的净利润	－235,165,127.30
主营业务利润：	－68,882,768.90
其他业务利润：	－527,066.43
营业利润：	－265,587,719.59
投资收益：	28,281,281.01
补贴收入：	1,493,200.00
营业外收支净额：	－3,107,544.00
经营活动产生的现金流量净额：	－484,287,099.58
现金及现金等价物净增加额：	－35,360,290.44

注：扣除的非经常性损益项目和涉及金额：
营业外收支净额　3,107,544.00

指标项目	2001年度	2000年度		1999年度
		调整后	调整前	
主营业务收入	282,493,906.70	312,335,977.82	405,921,839.16	231,058,364.24
净利润	－238,272,671.30	47,782,204.87	90,082,502.96	63,638,897.76
总资产	1,824,700,491.00	1,773,711,539.67	1,594,418,025.48	588,537,944.48
股东权益(不含少数股东权益)	613,458,733.76	862,804,280.64	925,733,183.47	197,542,560.73
每股收益(按净利润全面摊薄计算)	－0.9993	0.2405	0.45	0.43
每股收益(按净利润加权平均计算)	－1.0004	0.2686	0.51	0.43
扣除非经常性损益后的每股收益(全面摊薄)	－0.9862	0.2268	0.37	0.40
扣除非经常性损益后的每股收益(加权平均)	－0.9874	0.2533	0.41	0.40
每股净资产	2.57	4.34	4.66	1.33
调整后的每股净资产	2.5235	4.2625	4.61	1.29
每股经营活动产生的现金流量净额	－2.03	－0.19	－0.19	0.16
净资产收益率%(按净利润全面摊薄计算)	－38.8409	5.5380	9.49	32.22
净资产收益率%(按净利润加权平均计算)	－32.0402	8.3397	14.35	19.71

(三)按照中国证监会《公开发行证券公司信息披露编报规则(第9号)》要求计算2001年报告期利润的净资产收益率和每股收益。

报告期利润	净资产收益率(%)		每股收益(元)	
	全面摊薄	加权平均	全面摊薄	加权平均
主营业务利润	－11.2286	－9.2636	－0.2889	－0.2892
营业利润	－43.2935	－35.7173	－1.1138	－1.1151
净利润	－38.8409	－32.0402	－0.9993	－1.0004
扣除非经常性损益后的净利润	－38.3343	－31.6223	－0.9862	－0.9874

三、股本变动及股东情况

(一)股本变动情况
1、股份变动情况表　　数量单位：股

	本次变动前	本次变动增减(＋，－)						本次变动后
		配股	送股	公积金转增	增发	其他	小计	
一、未上市流通股份								
1、发起人股份	96,730,770							
其中								
国家持有股份	96,730,770			19,346,154			19,346,154	116,076,924
境内法人持有股份								
境外法人持有股份								
其他								
2、募集法人股份								
3、内部职工股								
4、优先股或其他								
其中：转配股								
未上市流通股份合计	96,730,770			19,346,154			19,346,154	116,076,924
二、已上市流通股份								
1、人民币普通股	101,973,200			20,394,640			20,394,640	122,367,840
2、境内上市的外资股								
3、境外上市的外资股								
4、其他								
已上市流通股份合计	101,973,200			20,394,640			20,394,640	122,367,840
三、股份总数	198,703,970			39,740,794			39,740,794	238,444,764

600861 北京城乡贸易中心股份有限公司

2001年年度报告摘要

一、公司基本情况简介

(一)公司法定中文名称:北京城乡贸易中心股份有限公司
公司英文名称:BEIJING RUBAN - RURAL TRADE CENTRE CO.,LTD
公司英文名称缩写:BURTC
(二)公司法定代表人:周和平
(三)公司董事会秘书:赵　磊
联系电话:(010)68296595
传　　真:(010)68216933
联系地址:北京市海淀区复兴路甲23号董事会办公室
(四)公司注册地址:北京市海淀区复兴路甲23号
公司办公地址:北京市海淀区复兴路甲23号
邮政编码:100036
(五)公司选定的信息披露报纸名称:《中国证券报》、《上海证券报》
中国证监会指定国际互联网网址:http://www.sse.com.cn
年度报告备置地点:北京城乡贸易中心股份有限公司董事会办公室
(六)公司股票上市地:上海证券交易所
股票简称:北京城乡
股票代码:600861
(七)公司首次注册日期:1992年11月03日
注册地址:北京市海淀区复兴路甲23号
企业法人营业执照注册号:1100001500711
税务登记号码:11010810196866X
公司聘请的会计师事务所名称:北京京都会计师事务所
办公地址:北京市建国门外大街22号赛特广场五层

二、会计数据和业务数据摘要

(一)本年度主要利润指标情况(单位:人民币元)

1、利润总额:	118,696,573.03
2、净利润:	95,152,244.48
3、扣除非经常性损益后的净利润:	91,890,061.25
4、主营业务利润:	227,709,646.13
5、其他业务利润:	45,509,568.55
6、营业利润:	128,464,009.95
7、投资收益:	-9,133,657.44
8、补贴收入:	
9、营业外收支净额:	-633,779.48
10、经营活动产生的现金流量净额:	167,693,799.00
11、现金及现金等价物净增加额:	-412,414,345.85
扣除的非经常性损益涉及项目及金额:	3,262,183.23

加:资产处置损失:140,322.28　　减:营业外收入:345,607.43
合并价差:151,248.96　　收取资金占用费:8,293,753.13
营业外支出:979,386.91　　所得税影响数:-1,606,746.96
支付的资金占用费:2,499,472.22

(二)截至报告期末公司前三年主要会计数据和财务指标:

主要会计数据和财务指标　　单位:人民币元

指标项目	2001年	2000年(调整前)	2000年(调整后)	1999年
(1)主营业务收入	1,281,135,445.46	1,064,977,538.57	1,063,424,879.57	1,203,400,479.26
(2)净利润	95,152,244.48	97,006,614.32	82,032,567.32	117,795,823.02
(3)总资产	2,188,390,795.24	2,245,983,597.41	2,192,102,514.80	2,310,040,408.89
(4)股东权益	1,611,509,552.15	1,555,675,691.43	1,540,701,644.43	1,491,059,142.45
(5)每股收益(摊薄)	0.23	0.24	0.20	0.29
(6)每股收益(加权)	0.23	0.24	0.20	0.29
(7)每股净资产	3.97	3.83	3.80	3.67
(8)调整后每股净资产	3.18	3.42	3.13	3.26
(9)每股经营活动产生的现金流量净额	0.41	1.39	1.40	-0.52
(10)净资产收益率(%)(摊薄)	5.90	6.2	5.32	7.9
净资产收益率(%)　(加权)	6.04	6.3	5.35	8.36

每股收益=净利润/年度末普通股股份总数

每股净资产=年度末股东权益/年度末普通股股份总数

调整后的每股净资产=(年度末股东权益-三年以上的应收款项净额-待摊费用-待处理(流动、固定)资产净额损失-开办费-长期待摊费用-住房周转金负数余额)/年度末普通股股份总数

每股经营活动产生的现金流量净额=经营活动产生的现金流量净额/年度末普通股股份总数

净资产收益率=净利润/年度末股东权益*100%

报告期利润表附表

报告期利润	净资产收益率(%)		每股收益(元/股)	
	全面摊薄	加权平均	全面摊薄	加权平均
主营业务利润	14.13	14.46	0.56	0.56
营业利润	7.97	8.16	0.32	0.32
净利润	5.90	6.04	0.23	0.23
扣除非经常性损益后的净利润	5.70	5.84	0.23	0.23

三、股本变动及股东情况

(一)股本变动情况:

	期初数	本次变动增减(+、-) 配股	送股	公积金转股	其他	小计	期末数
一、未流通股份							
1、发起人股份	214200000						214200000
其中:							
国家拥有股份							
境内法人持有股份	214200000						214200000
外资法人持有股份							
其他							
2、募集法人股	24228946						24228946
3、内部职工股							
4、优先股或其他							
其中:转配股							
未上市流通股份合计	238428946						238428946
二、已流通股份							
1、人民币普通股	167310000						167310000
2、境内上市的外资股							
3、境外上市的外资股							
4、其他							
已流通股份合计	167310000						167310000
三、股份总数	405738946						405738946

1、股东情况介绍

截止2001年12月31日,公司在册股东总数123106户。

2、公司前10名股东持股情况如下:

名称	年末持股数(万股)	占总股本比例(%)
①北京市郊区旅游实业开发公司	16920	41.7(法人股)
②北京北航天华科技有限责任公司	2422	5.97(法人股)
③北京海兴实业公司	1500	3.70(法人股)
④上海万丰资产管理公司	975	2.40(法人股)
⑤北信投资控股有限公司	750	1.85(法人股)
⑥华夏证券天宁寺证券营业部	597	1.47(法人股)
⑦北京仁达国际信息	525	1.29(法人股)
⑧华苑公司	78	0.19(法人股)
⑨天马科技	75	0.18(法人股)
⑩陈兰芳	52	0.13(流通股)

(1)前10名股东不存在关联关系;

(2)持股10%以上法人股东情况简介:

公司名称:北京市郊区旅游实业开发公司

成立日期:1985年4月1日

注册资本:1500万元人民币

法定代表人:周和平

公司性质:全民所有制

经营范围:日用百货、针织纺织品、服装鞋帽、文化体育用品、工艺美术品、家用电子产品的技术开发、研制、旅游方面的咨询。

(3)本报告期内控股股东未发生变更

第一大股东实际控制人情况:

本公司第一大股东北京市郊区旅游实业开发公司上级主管单位为北京市政府农村工作委员会。

四、董事、监事、高级管理人员和员工情况

(一)基本情况:

姓名	性别	年龄	职务	任期起止日期	年初持股	年末持股
周和平	男	48	董事长	2000.5-2003.5	7605	7605
沈士团	男	62	副董事长	2000.5-2003.5	0	0
王　石	男	51	副董事长	2000.5-2003.5	7800	7800
李　未	男	58	董事	2000.5-2003.5	0	0
王禄征	男	38	董事兼总经理	2000.5-2003.5	5850	5850
危红英	女	40	董事	2000.5-2003.5	7605	7605
周维平	男	47	董事	2000.5-2003.5	7605	7605
李青山	男	54	董事	2000.5-2003.5	7605	7605
许秀英	女	58	董事	2000.5-2003.5	0	0
陈　虹	女	46	董事兼常务副总经理、总会计师	2000.5-2003.5	7605	7605
门殿新	男	36	董事兼副总经理	2000.5-2003.5	0	0
孙国庆	男	55	董事兼副总经理	2000.5-2003.5	0	0
贺志仁	男	56	董事	2000.5-2003.5	0	0
陈金明	男	57	董事	2000.5-2003.5	0	0
赵司平	男	57	董事兼副总经理	2000.5-2003.5	0	0
李　铎	男	48	董事	2000.5-2003.5	0	0
赵　磊	女	47	董事兼董事会秘书	2000.5-2003.5	1267	1267
董铁军	男	51	监事长	2000.5-2003.5	0	0
谢承文	男	59	副监事长	2000.5-2003.5	7605	7605
叶尧水	男	60	监事	2000.5-2003.5	7605	7605

陈晓芸	女	52	监事	2000.5－2003.5	5850	5850
袁　丽	女	47	监事	2000.5－2003.5	0	0
张　虹	女	44	监事	2000.5－2003.5	0	0
石宝玉	男	47	监事	2000.5－2003.5	7605	7605
赵砚萍	女	31	监事	2000.5－2003.5	0	0

说明:以上董事、监事所持股数报告期内没有变化。

(二)年度报酬情况

本公司董事、监事及高级管理人员报酬确定根据董事会授权,依据本公司的工资,奖金管理规定按月考核发放。

现任本公司董事、监事及高级管理人员在本公司领取报酬总额为 1044306 元,金额最高前三名董事的年度报酬总额为 336105 元。

年度报酬区间人数情况:11－－10 万　4 人;9 万－－7 万　7 人。

不在本公司领取报酬的为:沈士团、王石、李耒、危红英、周维平、许秀英、李青山、贺志仁、陈金明、李铎、董铁军、叶尧水、张虹、赵砚萍。以上董事、监事均在其所在股东单位领取报酬。

(三)报告期内,聘任公司经理、财务负责人及董事会秘书情况。

报告期内,经 2001 年 4 月 16 日公司召开的第三届第五次董事会研究决定,聘任王禄征先生为公司总经理,周和平先生不再兼任公司总经理职务。

报告期内,财务负责人及董事会秘书无变化。

(四)公司员工情况

报告期末,公司在册职工 1226 人,其中大中专以上学历 682 人,售货人员 610 人;技术人员 125 人;管理人员 255 人;财务人员 46 人;公司需承担费用的离退休人员 166 人。

五、公司治理结构

(一)公司治理情况

公司严格按照《公司法》、《证券法》和中国证监会有关法律法规的要求,不断完善法人治理结构,规范公司运作,公司制定了《公司章程》、《董事会议事规则》、《监事会议事规则》、《经理办公会议事规则》等,这些规则和制度符合中国证监会和国家经贸委于 2002 年 1 月 7 日发布的《上市公司治理准则》规范性文件的要求,主要内容如下:

1、关于股东与股东大会:公司能够确保所有股东,特别是中小股东享有平等地位,确保股东能充分行使自己的权利,公司目前着手制定了《股东大会议事规则》进一步规范了股东大会召开、召集和议事程序。

2、关于控股股东与上市公司的关系:公司与控股股东在人员、资产、财务、机构、业务等方面明确分开,不受控股股东干预,公司独立决策,董事会、监事会和经营层能够独立规范运作。

3、关于董事与董事会:公司严格按照《公司章程》规定的董事选聘程序选举董事,公司董事会人数和人员构成符合法律,法规的要求,公司董事会制订了董事会议事规则,公司董事能够以认真负责的态度出席董事会和股东大会,能够积极参加有关培训,熟悉有关法律法规,了解作为董事的权利,义务和责任。

4、关于监事和监事会:公司监事会的人员人数构成符合法律、法规的要求,并制定了监事会议事规则;公司监事能够认真履行自己的职责,能够本着对股东负责的精神,对公司财务和董事、经理和其他高级管理人员履行职责,合法合规进行监督,并发表独立意见。

5、关于绩效评价与激励约束机制:公司高级管理人员的聘免公开、透明、公司将进一步完善董事、监事和高级管理人员的绩效评价标准和激励约束机制。

6、关于相关利益者:公司能够充分尊重和维护债权人、银行、客户等利益相关者合法权益,在经济交往中做到互惠互利,以推动公司持续、健康发展。

7、关于信息披露与透明度:公司能够按照法律、法规及公司章程的规定,真实、准确、完整、及时地披露相关信息、做到了信息披露前的保密工作,并确保所有股东都有平等机会获得信息。

(二)独立董事履行职责情况

报告期内,公司尚未聘请独立董事。

六、股东大会情况简介

2000 年度股东大会

公司于 2001 年 4 月 18 日在《上海证券报》刊登召开 2001 年度股东大会公告。会议于 2001 年 5 月 22 日下午 2:30 时,在本公司第一会议室召开。出席会议股东及股东授权代表共 25 人,代表股份 223,524,353 股,占公司股份总额的 55%,会议审议通过了如下决议:

1、《公司 2000 年度董事会工作报告》;

2、《公司 2000 年度业务工作报告》;

3、《公司 2000 年度监事会工作报告》;

4、《公司 2000 年度财务决算及 2001 年度财务预算报告》;

5、《公司 2000 年度利润分配方案及 2001 年度利润分配政策》;

6、《公司关于前次募集资金使用情况说明的议案》;

7、《公司关于 2001 年度增资配股资格的议案》;

8、《公司关于 2001 年度增资配股的预案》;

9、《公司关于 2001 年度配股募集资金投向可行性议案》;

决议刊登于 2001 年 5 月 23 日《上海证券报》;

七、董事会报告

(一)公司的主营业务范围及经营情况

1、公司主营业务范围:商品零售及批发、公共饮食业、物资供销业、仓储业、日用品修理、群众文化事业等。

2、公司经营情况回顾

2001 年是公司完成大规模装修改造并对商品定位、商品结构等进行全面调整后的第一年。公司各经营单位认真执行公司领导的正确决策,在经营上努力探索创新,在管理上不断规范提高,不但巩固了主业的优势地位,而且培育了新的商品增长点。公司全员的竞争意识更加明确,经营思想更加成熟,发现问题解决问题的本领也有所提高。公司全年主营业务收入 128114 万元。

为了不断扩大主营收益,公司抓紧时机,利用"店庆"、"元旦"、"春节"、"五一"、"十一"等时机开展大型促销活动吸引客源,使公司销售持续呈现活跃局面;与此同时,积极实施品牌战略,及时调整经营结构,积极组织适销对路的商品,赢得了更加广阔的市场空间。同时,还不断拓展新的经营领域,公司通讯电脑广场"以名店商誉,经营保真商品,为消费者提供全方位的满意服务"为宗旨,与"中国移动"一起创建了本市首家商场内的合作厅,形成了购手机、交话费、办卡、补卡、解锁等一条龙电信服务,本着与供应商精诚合作的愿望,通讯电脑广场与供应商实行了周结帐制度,从而加速了资金运转,调动了供应商根据市场需要及时调剂商品的积极性,为勤进快销提供了优越条件,实现了厂商双赢。

在企业管理方面,为实现经营科学化管理,以及建立现代企业制度的客观要求,公司应用计算机网络和财务软件建立和完善企业管理信息系统,从而进一步提高了企业管理水平。通过计算机信息化管理,加强了商品流转过程的控制,大大提高了工作效率和工作质量,降低了人工成本。2001 年,公司购置了先进的 COGNOS 分析系统软件,该软件具有数据基本查询、多维分析、数据挖掘、在线分析等功能。通过该软件的使用,使信息资源得以充分利用,提高了信息对经营控制、分析、决策的支持。

(二)主要供应商、客户情况:

公司前五名供应商合计的采购金额占年度采购总额的 10.10%,公司作为商业零售企业,客户主要是消费者个人或机关团体,销售较为分散。

(三)在经营中出现的问题及对策

问题:面对我国加入 WTO,外资抢滩中国市场,国内国际市场竞争势必竞争更趋激烈,商业将面临更大的冲击。

对策:公司将站在竞争的更高层面,确定企业的发展战略,加强企业内部管理、加强营销策划,同时,积极开发连锁超市,扩大市场分额,抵御市场风险。

(四)报告期内投资情况

1.报告期内募集资金使用情况

报告期内没有募集资金行为,也没有募集资金在报告期内完成情况。

2.其他投资情况

(1)本公司与北京金都房地产实业股份有限公司签订《合作协议书》,合作建设金玉花园项目,该项目预计总投资 79000 万元人民币,本公司负责投资 19000 万元,用于本公司新建金玉花园超市。该项目工程周期预计为自领取开工许可证起,三年完成。截至 2001 年 12 月 31 日,该项目已领取开工许可证,本公司已支付全部投资款 19000 万元。

(2)本公司与北京金都房地产实业股份有限公司签订《合作协议书》,合作建设军艺写字楼项目,建设内容:具有宽带网络的 5A 级智能化高档写字楼,总建筑面积 90000 平方米,该项目预计总投资 64000 万元人民币,本公司负责投资 16000 万元,该项目周期预计为自领取开工许可证起,两年半完成。截至 2001 年 12 月 31 日,该项目尚未领取开工许可证,本公司已支付全部投资款 16000 万元。

(3)本公司与香港华纳投资(国际集团)有限公司签订《朝阳区工体南路工程物业买卖合同书》,本公司购买香港华纳投资(国际集团)有限公司所拥有的"朝阳区工体南路工程"物业及其附属建筑和设施,用于本公司新建工体南路超市。总面积 15745.7 平方米,双方商定准销售价 117,405,000.00 元人民币,截至 2001 年 12 月 31 日,本公司已支付对方人民币 9894 万元。

(4)本公司与中国国际金融控股集团有限公司签订《银泰大厦 F1－F3 商用设施买卖合同书》,本公司购买中国国际金融控股集团有限公司所拥有的"银泰大厦"一至三层商用设施,用于本公司新建洋桥超市。总面积 8000 平方米,双方商定准销售价 5106 万元人民币,截至 2001 年 12 月 31 日,本公司已支付对方人民币 5106 万元。

(5)向公司所属大用软件有限责任公司增加投资 2000 万元,本次增加投资后,本公司在该公司累计投资 3050 万元,占该公司股份总额的 25.6%。

(五)报告期内公司财务状况

	2001 年	2000 年	同比%(+、-)
总资产	2,188,390,795.24	2,192,102,514.8	-0.17%
长期负债	229,717.6	192,037.6	19.62%
股东权益	1,611,509,552.15	1,540,701,644.43	4.60%
主营业务利润	227,709,646.13	196,638,278.34	15.80%
净利润	95,152,244.48	82,032,567.32	15.99%

变动原因:

总资产:合并报表范围减少 2 家所致。

长期负债:所属子公司代管基金增加所致。

股东权益:本期赢利所致。

主营业务利润和净利润:本期经营恢复正常,去年同期卖场装修。

(六)新年度发展计划

1、转变观念、加大力度、坚决实施品牌化经营战略

切实增强品牌意识,克服固步自封的保守观念,以开拓进取和只争朝夕的精神打造城乡的品牌形象。2002 年,公司在引进品牌的同时将加大品牌管理力度,对品牌业绩不佳,没有市场培育价值的及时置换;对好品牌,加强沟通、指导,真正实现优势互补、利益共享,保证品牌销售占有比率不断提高。

2、提高市场应变能力,搞好整体营销策划

提高市场反应速度和驾驭能力。争取在营销策划方面有所创新、搞出特色。第一、内容上不断丰富。公司将从各种角度摸透市场,多方挖掘促销题材,走出单纯低价促销的套路,开辟文化促销、主题促销、名人促销等多种渠道,形成热点,聚集人气,达到营销策划目的;第二、时间上巧妙选择。从规律中找出特点,在时间选择点上进行创新;第三、宣传形式上努力创新。做到软宣传与硬广告相结合,视觉效果与听觉效果相结合。

3、加大管理力度、提高企业综合管理水平

公司将继续坚持经营管理两手抓,坚决避免"重经营、轻管理"的现象发生。2002 年的管理工作重点之一是加强对中层管理干部的培训考核。第一、完善规章、严格考评。修订完善《中层管理人员考评办法》,着重提高干部的政治素质和思想道德水准,改变工作作风、提高工作艺术。充分调动中层管理人员的工作积极性、主动性,鼓励创新性;第二、分层培训,注重实效。组织广大干部职工,深入学习有关政策、法律法规、行业规范、经营管理知识及服务意识等,提高企业人员整体素质。

4、完善信息系统,实现现代管理

公司将充分利用最新计算机信息技术手段,为企业经营层和决策层提供有力的信息支持,对企业效益产生、费用控制、风险避免及商机把握等提供量化依据。第一、尽快完成信息化管理系统的升级换代。第二、充分发挥计算机管理系统准确、便捷的优势,为开发超市连锁经营做好准备。

5、以服务树信誉,创城乡服务品牌

我国加入 WTO 后,商界的竞争将更多地表现在服务方面。为此,公司将加大服务管理力度,树立具有城乡特色的星级服务品牌;第一、树立先进的服务理念、学习先进的服务经验。第二、强化服务意识,提高服务技能。不断规范营业人员的现场服务语言和行为;第三、服务管理人员学习再先、提高在先。2002 年服务管理部门将加强学习、善于总结,有所创新,开创服务管理新局面。

6、大力压缩费用开支

增收节支、降低费用是公司的一贯要求,各种费用的核算把关需进一步加强,物料采购成本也有待进一步降低。一是强化管理、堵住漏洞。可支可不支的费用,坚决不支;可少支的费用绝

不多支,向管理要效益。二是进行设备改造。对公司现有的设备要进行改造维护,减少固定资产投入。在确保安全运转的前提下,延长设备的使用年限。总之,要从一点一滴做起,最大限度地节约各项开支。

7、坚持多元化经营,建立新的经济增长点

在坚持主业的同时,积极稳妥地开展综合经营,从而强化企业综合竞争实力。

8、发展城乡连锁超市,加快拓展步伐

近年来,我国连锁企业已成长为商业领域最具活力的业态,我国加入 WTO 后,面临外国商业资本的挑战,我们必须强化公司主业,形成规模优势,有效扩大市场份额,抵御经营风险。实施连锁超市的规模发展规划,是我公司在现行市场条件下进一步壮大企业的重要举措,公司将精心运作,务求实效,全力扩展新的市场份额。

2002 年是企业发展的第十一个年头,一方面,我们已有了丰富的经验;另一方面,我们又会遇到许多新课题。我国加入 WTO 和申奥成功,将带来诸多挑战和机遇。面对更加开放的市场,更多竞争对手的涌入,公司将进一步解放思想,强化和完善企业内部管理,推进与国际接轨的现代化企业制度改革,进一步提高公司整体赢利能力和抵御风险能力,使企业得到长足的发展。

(七)报告期内,公司利润分配实施、配股及资本公积金转增股本情况。

2000 年 5 月 22 日召开的 2000 年度股东大会审议通过,公司 2000 年度利润分配方案为,以 2000 年末公司总股本 405,738,946 股为基数,向全体股东每 10 股派现金红利 0.80 元(含税),共计派发现金 32,459,115.68 元。股权登记日:2001 年 6 月 26 日,除权除息日:2001 年 6 月 27 日,红利发放日:2001 年 7 月 16 日,此分配方案已实施完毕。分红方案公告刊登于 2001 年 6 月 20 日《中国证券报》、《上海证券报》。

公司于 2001 年 5 月 22 日召开的 2000 年度股东大会审议通过了《关于公司 2001 年度增资配股预案》,并向中国证监会提出核准申请。根据中国证监会上市部反馈发审会意见函(2002)3 号通知,经股票发行审核委员会的复审,本公司的配股项目申请未予核准(公告刊登于 2002 年 1 月 31 日《上海证券报》)。

报告期内,公司未实施资本公积金转增股本。

(八)2001 年度公司进行利润分配情况及资本公积金转增情况

2001 年当年公司税后利润总额 95,152,244.48 元;2001 年期初未分配利润 59,565,707.12 元;可供分配利润共计 154,717,951.60 元。

根据公司 2001 年度经济指标完成情况,并兼顾股东利益和公司发展的需要,特拟定本年度利润分配预案如下:

按 2001 年当年净利润的 10%提取法定盈余公积金,计 9,515,224.45 元;

按 2001 年当年净利润的 10%提取法定公益金,计 9,515,224.45 元;

按 2001 年当年净利润的 54.42%提取任意公积金,计 51,777,458.82 元;

按 2001 年当年净利润的 25.58%分配普通股股利,计 24,344,336.76 元;

以 2001 年末总股本 405,738,946 股为基数向全体股东每 10 股派发现金红利 0.60 元(含税),共计派发现金 24,344,336.76 元。

其中:法人股 238,428,946 股,派发红利 14,305,736.76 元;

社会公众股 167,310,000 股,派发红利 10,038,600 元;

经上述分配后,截至 2001 年 12 月 31 日公司未分配利润为 59,565,707.12 元。

2001 年度公司不进行资本公积金转增。

以上议案尚需提请股东大会批准后实施。

八、监事会报告

2001 年公司监事会本着对企业和全体股东负责的精神,根据监事会职权,独立开展工作。监事会的主要成员列席董事会议;积极参与公司重大决策;对董事和高级管理人员进行监督;审议核查董事会提交股东大会的各项工作报告。

1、报告期内监事会共召开 3 次监事会会议:

公司第三届第三次监事会会议于 2001 年 4 月 16 日在本公司第二会议室召开。监事会应到 8 人,实到 8 人。会议审议通过了《公司 2000 年度监事会工作报告》、《2000 年度报告摘要》、《2000 年度财务决算及 2001 年度财务预算报告》。决议刊登于 2001 年 4 月 18 日《上海证券报》。

公司第三届第四次监事会会议于 2001 年 8 月 5 日在本公司第二会议室召开,监事会应到 8 人,实到 7 人。会议审议通过了《2001 年中期报告及摘要》。决议刊登于 8 月 7 日《上海证券报》。

公司第三届第五次监事会会议于 2001 年 12 月 12 日在本公司第二会议室召开。监事会应到 8 人,实到 6 人,会议审议通过了《上市公司规范运作自查问卷》。

2、公司依法运作情况

报告期内,公司董事及高级管理人员能严格按照国家有关法律法规及公司章程规定积极开展工作,决策程序符合《公司法》、《公司章程》。由于忠于职守、尽职尽责、并注重决策的民主性、科学性,公司各项经营指标达到了预期结果,并赢得了较好的经济效益和社会效益。

3、检查公司财务情况

报告期内,监事会密切注意公司的经营财务状况,对公司的会计报告,审计报告,利润分配等资料,确认其内容真实、合法。监事会认为,北京京都会计师事务所出具的无保留意见的审计报告,真实反映了公司的财务状况和经营成果。

4、公司募集资金使用情况

公司最近一次募集资金实际投入项目与承诺投入项目完全一致。

5、公司在重大经营、投资决策及关联交易上,未发现内幕交易,没有发生损害股东权益或造成公司资产流失的情况。

九、重要事项

1、本年度公司无重大诉讼,仲裁事项。

2、重大关联交易事项

2001 年 4 月 25 日,本公司控股子公司北航城乡科技实业有限公司(以下简称"甲方")与北京北航科技园建设发展中心(以下简称"乙方")签订《资产置换协议书》,甲方将所拥有的北航飞行学院楼的一部分与乙方货币资金进行一次性置换,置换价值为该楼在甲方帐中所反映的帐面价值 32311843.37 元。

具体关联方交易见财务报表附注。

3、公司担保情况

担保方	被担保方	担保内容	本期期末	上期期末
中鸿信拍卖有限公司	北京城乡华懋商厦有限公司	银行借款	4000 万元	4000 万元
北京金都房产实业股份有限公司	北京城乡华懋商厦有限公司	银行借款	2000 万元	2000 万元
北京城乡仓储大超市	北京城乡华懋商厦有限公司	银行借款	1000 万元	1000 万元
北京城乡华懋商厦有限公司	北京汇雅装饰有限责任公司	银行借款	800 万元	- -

4、在报告期内或报告期继续发生委托他人进行现金资产管理事项

本公司之子公司北京城乡华懋商厦有限公司与华夏证券有限公司北京中关村营业部签订委托代理国债交易协议书,本公司之子公司获得投资收益 1650000.00 元。

本公司之子公司北京城乡华懋娱乐有限公司与中国经济开发信托投资公司北京证券交易营业部签订委托代理国债交易协议书,本公司之子公司获得投资收益 3370000.00 元。

本公司与中国民族国际信托投资公司北京证券营业部签订协议书,收取资金占用费 3,858,075.00 元。

本公司与北京恒通信托投资有限公司工作证券交易营业部签订协议,收取资金占用费用 1,169,475.00 元。

5、其他重大事项:

本公司之子公司北京城乡华懋娱乐有限公司就股东欠款情况一直在办理减资事宜,但由于 2001 年 9 月国家经贸委、对外经济贸易合作部、国家工商总局〈关于进一步做好清理整顿非试点外商投资商业企业工作的通知〉,北京城乡华懋娱乐有限公司被该文件列入"需要整改的 216 家非试点外商投资商业企业名单",目前按照该文件和北京市商委等部门的部署,北京城乡华懋娱乐有限公司正处于整改阶段,所以影响了减资工作的进行。

本公司之子公司北京城乡华懋娱乐有限公司与中国国际金融控股集团有限公司(以下简称"该公司")2001 年 7 月 16 日签订〈购销合同〉,将北京城乡华懋娱乐有限公司自有游戏机转卖给该公司,货款总额 20827493.14 元,与该部分资产的帐面价值一致。货款分十年付清,北京城乡华懋娱乐有限公司每年收取 10%,2002 年 1 月 15 日北京城乡华懋娱乐有限公司收到第一笔货款 200 万元。根据上述购销合同,测算销售净额的现值为 19932334.62 元,比帐面价值低 895158.52 元,北京城乡华懋娱乐有限公司在 2001 年度计提固定资产减值准备 895158.52 元。

2002 年 3 月 25 日本公司作为法人投资者参加招商银行股份有限公司新股发行的申购活动,2002 年 3 月 31 日本公司获配股票 1,890,600 股,新股发行价格 7.3 元/股,本公司共计应缴股款 13,801,380.00 元,本公司所获配售股票锁定期限 4 个月。

6、公司披露聘任会计师事务所情况。

报告期内,公司继续聘任北京京都会计师事务所为本公司审计,本年度支付给聘任会计师事务所报酬为 70 万元。

7、报告期内,公司董事会及董事没有受中国证监会稽查、中国证监会行政处罚、通报批评及证券交易所公开谴责的情况。

十、财务会计报告

(一)会计政策、会计估计和核算方法发生变化说明。

1、本公司原执行《股份有限公司会计制度》。根据财政部财会字(2000)25 号、财会字(2001)17 号文的有关规定,本公司自 2001 年 1 月 1 日起执行《企业会计制度》及其补充规定,并改变以下会计政策:

(1)开办费原按五年期限摊销,现改为生产经营当月起一次计入当期损益;

(2)期末固定资产原按账面价值计价,现改为按帐面价值与可收回金额孰低计价,对可收回金额低于帐面价值的差额,计提固定资产减值准备;

(3)期末在建工程原按帐面价值计价,现改为按帐面价值与可收回金额孰低计价,对可收回金额低于帐面价值的差额,计提在建工程减值准备;

(4)期末无形资产原按帐面价值计价,现改为按帐面价值与可收回金额孰低计价,对可收回金额低于帐面价值的差额,计提无形资产减值准备。

2、根据财会(2000)3 号关于《股份有限公司税收返还等有关会计处理规定》,"按照国家规定实行所得税先征后返的公司,应当在实际上到返还的所得税时,冲减当期的所得税费用。"本公司 2000 年度所得税返还未在 2000 年度收回,按权责发生制对上述款项进行了确认,根据财政部有关规定按收付实现制予以确认。

上述会计政策变更已采用溯调整法,调整 2001 年年初留存收益及相关项目期初数,累计影响数 14,974,047.00 元,调减年初留存收益 14,974,047.00 元,其中:未分配利润调减 6,995,874.76 元,盈余公积调减 7,978,172.24 元。

(二)合并范围变化说明

2001 年度比 2000 年度合并会计报表范围减少二家:哈尔滨城乡燕兴商贸有限公司和北京卡梦达工艺礼品有限公司。

1、哈尔滨城乡燕兴商贸有限公司于 2001 年 3 月 7 日经黑龙江省哈尔滨市国家税务局开发区分局及哈尔滨市地方税务局开发区分局批准办理了工商注销登记。2001 年不做合并处理,同时调整比较报表 2000 年相关数据。

2、2001 年 9 月,本公司与香港盛兴表面厂签订《股权转让协议》,本公司将所有持有的 50%卡梦达工艺礼品有限公司股份全部一次性转让给对方。本公司 2001 年对卡梦达工艺礼品有限公司未做合并报表处理,同时调整比较报表 2000 年相关数据。

十一、备查文件目录

(一)载有法定代表人、总会计师亲笔签字并盖章的财务报表;

(二)载有会计师事务所盖章、注册会计师签名并盖章的审计报告原件;

(三)报告期内,在中国证监会指定报纸上公开披露过的所有公司文件的正本及公告的原件。

北京城乡贸易中心股份有限公司

2002 年 4 月 16 日

资 产 负 债 表

编制单位:北京城乡贸易中心股份有限公司　　　单位:人民币元

项　目	附注	2001.12.31		2000.12.31	
		合　并	母公司	合　并	母公司
流动资产:					
货币资金	七、1	227,162,642.34	50,463,687.53	608,676,988.19	169,583,659.71
短期投资					
应收票据					
应收股利	七、2	456,876.17	6,463,544.27	459,944.36	6,520,261.75
应收利息					
应收账款	七、3	24,955,470.81	2,598,099.39	28,371,223.46	3,986,268.67
其他应收款	七、4	209,857,057.40	95,419,932.38	259,012,267.82	432,635,476.69
预付账款	七、5	2,773,703.55	1,000,000.00	7,558,809.65	
应收补贴款					
存货	七、6	26,721,759.33	6,369,165.51	29,631,971.17	11,462,973.57
待摊费用	七、7	1,778,229.34	622,004.13	1,983,767.08	354,891.45
一年内到期的长期债权投资					
其他流动资产					
流动资产合计		492,705,738.94	162,936,434.21	935,694,971.63	624,543,521.84
长期投资:					
长期股权投资	七、8	105,613,529.84	425,961,859.39	97,516,313.45	421,858,548.53
长期债权投资					
长期投资合计		105,613,529.84	425,961,859.39	97,516,313.45	421,859,548.53
其中:合并价差	七、8	1,172,224.85		1,323,473.81	
长期股权投资差额	七、8	(1,045,627.09)	(1,045,627.09)		
固定资产:					
固定资产原价	七、9	881,165,561.80	683,002,415.08	911,338,791.05	681,028,706.04
减:累计折旧	七、9	145,281,503.55	103,850,274.50	120,301,870.51	86,986,222.47
固定资产净值	七、9	735,884,058.25	579,152,140.58	791,036,920.54	594,042,483.67
减:固定资产减值准备		895,158.52			
固定资产净额		734,988,899.73	579,152,140.58	791,036,920.54	594,042,483.57
工程物资					
在建工程	七、10	504,985,985.01	504,985,985.01	65,746,479.01	65,675,986.01
固定资产清理					
固定资产合计		1,239,974,884.74	1,084,138,125.59	856,782,399.55	659,718,468.58
无形资产及其他长期资产:					
无形资产	七、11	135,243,583.52	16,658,499.76	144,369,472.77	16,337,889.04
长期待摊费用	七、12－13	214,853,058.20	144,582,949.01	157,839,357.40	73,905,832.18
其他长期资产					
无形资产及其他长期资产合计		350,096,641.72	160,241,448.77	302,208,830.17	90,243,722.22
递延税项:					
递延税款借项					
资产总计		2,188,390,795.24	1,833,277,867.96	2,192,102,514.80	1,796,364,261.17
项　目	附注	2001.12.31		2000.12.31	
		合　并	母公司	合　并	母公司
流动负债:					
短期借款	七、14	84,000,000.00		84,000,000.00	
应付票据					
应付账款	七、15	88,996,803.63	45,943,395.45	97,109,073.55	44,208,115.60
预收账款		4,718,430.72	206,120.00	5,066,812.92	2,909,624.00
应付工资	七、16	3,183,509.42		33,895,359.74	30,877,721.54
应付福利费		32,184,324.01	28,348,093.27	31,842,364.86	28,594,047.53
应付股利	七、17	24,395,267.72	24,344,336.76	33,576,470.29	32,459,115.68
应交税金	七、18	29,752,224.56	23,496,551.36	29,910,688.66	22,032,681.43
其他应交款		419,758.79	293,773.80	376,192.60	220,217.27
其他应付款	七、19	63,012,523.62	99,136,045.17	91,833,555.21	92,943,843.68
预提费用	七、20	815,386.11		2,677,507.03	1,417,250.01
预计负债					
一年内到期的长期负债					
其他流动负债					
流动负债合计		331,478,208.58	221,768,315.81	410,288,024.86	255,662,616.74
长期负债:					
长期借款					
应付债券					
长期应付款					
专项应付款					
其他长期负债		229,717.60		192,037.60	
长期负债合计		229,717.60		192,037.60	
递延税项:					
递延税款贷项					
负债合计		331,707,926.18	221,768,315.81	410,480,062.46	255,662,616.74
少数股东权益:					
少数股东权益		245,173,316.91		240,920,807.91	
股东权益					
股本	七、21	405,738,946.00	405,738,946.00	405,738,946.00	405,738,946.00
资本公积	七、22	699,601,604.03	699,601,604.03	699,601,604.03	699,601,604.03
盈余公积	七、23	460,381,949.57	446,503,295.00	387,850,897.58	375,795,387.28
其中:法定公益金	七、23	826,824,354.09	78,233,469.89	72,736,748.88	68,718,245.44
未分配利润	七、24	45,787,052.55	59,565,707.12	47,510,196.82	59,565,707.12
外币报表折算差额					
股东权益合计		1,205,770,606.15	1,205,770,606.15	1,134,962,698.43	1,134,962,598.43
负债和股东权益合计		1,782,651,849.24	1,427,538,921.96	1,786,363,568.80	1,390,625,315.17

母公司资产减值准备明细表

2001 年度

编制单位:北京城乡贸易中心股份有限公司　　　单位:人民币元

项　目	期初余额	本期增加数	本期转回数	期末余额
一、坏账准备合计	1,927,074.51		661,031.91	1,266,042.60
其中:应收账款	233,029.23		82,433.66	150,595.57
其他应收款	1,694,045.28		578,598.25	1,115,447.03
二、短期投资跌价准备合计				
其中:股票投资				
债券投资				
三、存货跌价准备合计	1,164,301.13		1,000,000.00	164,301.13
其中:库存商品	1,164,301.13		1,000,000.00	164,301.13
原材料				
四、长期投资减值准备合计		11,550,000.00		11,550,000.00
其中:长期股权投资		11,550,000.00		11,550,000.00
长期债权投资				
五、固定资产减值准备合计				
其中:房屋建筑物				
运输设备				
办公设备				
电子设备				
其他设备				
六、无形资产减值准备				
其中:专利权				
商标权				
七、在建工程减值准备				
八、委托贷款减值准备				

合并资产减值准备明细表

2001 年度

编制单位:北京城乡贸易中心股份有限公司　　　单位:人民币元

项　目	期初余额	本期增加数	本期转回数	期末余额
一、坏账准备合计	15,049,212.33		471,041.95	14,578,170.38
其中:应收账款	1,726,186.49		125,841.62	1,600,344.87
其他应收款	13,323,025.84		345,200.33	12,977,825.51
二、短期投资跌价准备合计				
其中:股票投资				
债券投资				
三、存货跌价准备合计	1,164,301.13		1,000,000.00	164,301.13
其中:库存商品	1,641,301.13		1,000,000.00	164,301.13
原材料				
四、长期投资减值准备合计		11,550,000.00		11,550,000.00
其中:长期股权投资		11,550,000.00		11,550,000.00
长期债权投资				
五、固定资产减值准备合计		895,158.52		895,158.52
其中:房屋建筑物				
运输设备				
办公设备				
电子设备		895,158.52		895,158.52
其他设备				
六、无形资产减值准备				
其中:专利权				
商标权				
七、在建工程减值准备				
八、委托贷款减值准备				

利 润 表

编制单位：北京城乡贸易中心股份有限公司　　　　单位：人民币元

项　目	附注	2001 年度		2000 年度	
		合 并	母公司	合 并	母公司
一、主营业务收入	七、25	1,281,135,445.46	751,115,246.18	1,063,424,879.57	573,568,668.74
主营业务成本	七、26	1,048,233,715.49	607,130,574.24	861,328,253.16	455,580,394.40
主营业务税金及附加	七、27	5,192,083.84	2,834,368.69	5,458,348.07	2,463,955.65
二、主营业务利润		227,709,646.13	141,150,303.25	196,638,278.34	115,524,318.69
加:其他业务利润	七、26	45,509,568.55	46,990,190.75	35,238,378.44	38,133,308.04
减:营业费用		56,171,766.60	22,652,178.15	45,221,086.62	15,759,339.83
管理费用		105,076,335.58	55,419,974.81	104,594,931.22	50,682,783.52
财务费用	七、29	(16,889,186.50)	(13,196,264.07)	(25,412,816.37)	(24,750,232.56)
三、营业利润		128,860,299.00	123,264,605.11	107,473,455.31	111,965,735.94
加:投资收益	七、30	(9,133,657.44)	(8,727,318.09)	5,006,535.87	2,430,864.42
补贴收入					
营业外收入	七、31	345,607.43	32,551.69	840,323.12	601,050.63
减:营业外支出	七、32	1,375,675.96	398,071.05	1,212,413.87	1,180,730.78
四、利润总额		118,696,573.03	114,171,767.66	112,107,909.43	113,816,920.21
减:所得税	七、33	22,706,509.43	19,019,523.18	33,258,872.58	31,784,352.89
减:少数股东损益		837,819.12		(3,183,539.47)	
加:未确认的投资损失					
五、净利润		95,162,244.48	95,152,244.48	82,032,567.32	82,032,567.32
补充资料:					

项　目	附注	2001 年度		2000 年度	
		合 并	母公司	合 并	母公司
1、出售、处置部门或被投资单位所得收益		(140,322.28)	(140,322.28)	(59,205.91)	(59,205.91)
2、自然灾害发生的损失					
3、会计政策变更增加(或减少)利润总额					
4、会计估计变更增加(或减少)利润总额					
5、债务重组损失					
6、其他					

利 润 分 配 表

编制单位：北京城乡贸易中心股份有限公司　　　　单位：人民币元

项　目	附注	2001 年度		2000 年度	
		合 并	母公司	合 并	母公司
一、净利润		95,152,244.48	95,152,244.48	82,032,567.32	82,032,567.32
加:年初未分配利润		47,510,196.82	59,565,707.12	43,797,156.70	53,694,629.41
其他转入					
二、可供分配的利润		142,662,441.30	154,717,951.60	125,829,724.02	135,727,196.73
减:提取法定盈余公积		10,663,987.96	9,515,224.45	9,641,948.45	8,203,256.73
提取法定公益金		10,089,605.21	9,515,224.45	8,922,602.60	8,203,256.73
提取职工奖励及福利基金					
提取储备基金					
提取企业发展基金					
利润归还投资					
三、可供投资者分配的利润		121,908,846.13	135,687,502.70	107,265,172.97	119,320,683.27
减:应付优先股股利					
提取任意盈余公积		51,777,458.82	51,777,458.82	27,295,860.47	27,295,860.47
应付普通股股利		24,344,336.76	24,344,336.76	32,459,115.68	32,459,115.58
转作股本的普通股股利					
四、未分配利润		45,787,052.55	59,565,707.12	47,510,196.82	59,565,707.12

现 金 流 量 表

2001 年度

编制单位：北京城乡贸易中心股份有限公司　　　　单位：人民币元

项　目	附注	合 并	母公司
一、经营活动产生的现金流量:			
销售商品、提供劳务收到的现金		1,513,359,414.97	892,926,749.89
收到的税费返还		25,253,294.59	25,127,323.53
收到的其他与经营活动有关的现金	七、34	136,729,249.17	417,407,241.33
现金流入小计		1,675,341,958.73	1,335,461,314.75
购买商品、接受劳务支付的现金		1,266,483,209.41	734,858,693.76
支付给职工以及为职工支付的现金		69,282,993.11	48,680,262.88
支付的各项税费		90,885,713.90	73,688,326.85
支付的其他与经营活动有关的现金	七、35	80,996,243.31	20,391,373.71
现金流出小计		1,507,648,159.73	877,618,657.20
经营活动产生的现金流量净额		167,693,799.00	457,842,657.55
二、投资活动产生的现金流量:			
收回投资所收到的现金		300,000.00	300,000.00
取得投资收益所收到的现金		5,682,378.24	6,717,595.63
处置固定资产、无形资产和其他长期资产所收回的现金净额		32,530,113.37	187,770.00
收到的其他与投资活动有关的现金	七、36	14,765,716.21	7,796,395.67
现金流入小计		53,278,207.82	15,001,761.30
购建固定资产、无形资产和其他资产所支付的现金		528,478,482.28	526,808,451.00
投资所支付的现金		52,000,000.00	21,000,000.00
支付的其他与投资活动有关的现金			
现金流出小计		580,478,482.28	547,808,451.00
投资活动产生的现金流量净额		(527,200,274.46)	(532,806,689.70)
三、筹资活动产生的现金流量:			
吸收投资所收到的现金			
其中:子公司吸收少数股东权益性投资收到的现金			
借款所收到的现金		1,390,000,000.00	1,390,000,000.00
收到的其他与筹资活动有关的现金			
现金流入小计		1,390,000,000.00	1,390,000,000.00
偿还债务所支付的现金		1,390,000,000.00	1,390,000,000.00
分配股利、利润或偿付利息所支付的现金		52,019,644.05	43,863,640.98
其中:子公司支付少数股东的股利			
支付的其他与筹资活动有关的现金	七、37	888,110.86	292,299.05
现金流出小计		1,442,907,754.91	1,434,155,940.03
筹资活动产生的现金流量净额		(52,907,754.91)	(44,155,940.03)
四、汇率变动对现金的影响		(145.48)	
五、现金及现金等价物净增加额		(412,414,345.85)	(119,119,972.18)
补充资料	附注	合 并	母公司
1、将净利润调节为经营活动现金流量:			
净利润		95,152,244.48	95,152,244.48
加:少数股东损益		837,819.12	
加:计提的资产减值准备		(575,883.43)	(1,661,031.91)
固定资产折旧		27,800,117.01	18,178,578.34
无形资产摊销		14,878,148.68	474,500.04
长期待摊费用摊销		22,931,509.59	14,386,461.40
待摊费用减少(减:增加)		205,537.74	(267,112.68)
预提费用增加(减:减少)		(444,890.91)	
处置固定资产、无形资产和其他长期资产的损失(减:收益)			
固定资产报废损失		434,773.85	396,289.05
财务费用		(16,889,186.50)	(13,196,264.07)
投资损失(减:收益)		9,133,657.44	8,727,318.09
递延税款贷项(减:借项)			
存货的减少(减:增加)		4,910,211.84	6,093,807.06
经营性应收项目的减少(减:增加)		71,537,067.99	354,237,924.43
经营性应付项目的增加(减:减少)		(62,217,327.90)	(24,680,056.68)
其他			
经营活动产生的现金流量净额		167,693,799.00	457,842,657.55
2、不涉及现金收支的投资和筹资活动			
债务转为资本			
一年内到期的可转换公司债券			
融资租入固定资产			
3、现金及现金等价物净增加情况:			
现金期末余额	七、38	173,462,642.34	50,463,687.53
现金的期初余额	七、38	585,876,988.19	169,583,659.71
加:现金等价物的期末余额			
减:现金等价物的期初余额			
现金及现金等价物净增加额		(412,414,345.85)	(119,119,972.18)

600863 内蒙古蒙电华能热电股份有限公司

2001 年年度报告摘选

一、公司基本情况简介

1、公司法定中文名称:内蒙古蒙电华能热电股份有限公司
英文名称:Inner Mongolia MengDian HuaNeng Thermal Power Corporation Limited
英文名称缩写:NMHD
2、公司法定代表人:乌若思
3、公司董事会秘书:张彤
联系地址:内蒙古呼和浩特市锡林南路 218 号
邮政编码:010020
电话号码:(0471)6942388
传真电话:(0471)6926658
电子信箱:nmhd@public.hh.nm.cn
4、公司注册地址:内蒙古呼和浩特市锡林南路 218 号
公司办公地址:内蒙古呼和浩特市锡林南路 218 号
邮政编码:010020
公司国际互联网网址:www.nmhdwz.com
5、公司选定的信息披露报纸名称:《上海证券报》
登载公司年度报告的中国证监会指定国际互联网网址:www.sse.com.cn
公司年度报告备置地点:公司总经理工作部
6、公司股票上市交易所:上海证券交易所
股票简称:内蒙华电
股票代码:600863

二、会计数据和业务数据摘要

1、公司本年度实现的利润总额:	257,807,290.36 元
净利润:	220,205,633.68 元
扣除非经常性损益后的净利润:	220,205,633.68 元
主营业务利润:	255,670,107.78 元
其他业务利润:	150,559.80 元
营业利润:	250,640,721.21 元
投资收益:	7,176,785.45 元
补贴收入:	--------
营业外收支净额:	-10,216.30 元
经营活动产生的现金流量净额:	342,348,468.36 元
现金及现金等价物净增加额:	299,165,470.27 元

2、公司前三年的主要会计数据和财务指标:

单位:元

项目/年度	2001 年度(合并)	2000 年度 调整后*	2000 年度 调整前	1999 年度
主营业务收入	1,432,021,522.04	1,422,842,369.82	1,422,842,369.82	1,226,791,369.33
净利润	220,205,633.68	286,855,643.91	304,199,205.52	201,467,231.05
总资产	4,159,461,837.51	3,752,216,008.55	3,769,676,074.72	3,684,213,260.65
股东权益	3,718,355,416.15	3,325,923,861.13	3,343,267,422.74	3,227,266,329.41
每股收益	0.222	0.304	0.322	0.213
每股净资产	3.754	3.520	3.538	3.42
调整后每股净资产	3.725	3.483	3.501	3.38
每股经营活动产生的现金流量净额	0.346	0.054	0.054	-0.326
净资产收益率(摊薄)	5.92%	8.62%	9.10%	6.24%

*由于会计政策变更计提了固定资产减值准备,采用追溯调整法调减利润 17,460,066.17 元;上年福利人员工资未通过福利费核算,采用追溯调整法调增利润 116,504.56 元。

报告期利润表附表

2001 年度利润	净资产收益率(%) 全面摊薄	净资产收益率(%) 加权平均	每股收益(元) 全面摊薄	每股收益(元) 加权平均
主营业务利润	6.88	7.40	0.258	0.271
营业利润	6.74	7.26	0.253	0.265
净利润	5.92	6.41	0.222	0.233
扣除非经常性损益后的净利润	5.92	6.41	0.222	0.233

三、股本变动及股东情况

1、股本变动情况
(1)股份变动情况表:

数量单位:股

	本次变动前	本次增减变动(+ -) 配股	送股	公积金转股	其他	小计	本次变动后
一.未上市流通股份							
1.发起人股份							
其中:							
国家拥有股份	74,500,000						74,500,000
境内法人持有股份	718,380,000						718,380,000
境外法人持有股份							
其他							
2.募集法人股							
3.内部职工股							
4.优先股或其他							
其中:转配股							
未上市流通股份合计	792,880,000						792,880,000
二.已上市流通股份							
1.人民币普通股	152,100,000	45,630,000				45,630,000	197,730,000
2.境内上市的外资股							
3.境外上市的外资股							
4.其他	152,100,000						152,100,000
已上市流通股份合计							
三.股份总数	944,980,000	45,630,000				45,630,000	990,610,000

600864 哈尔滨岁宝热电股份有限公司

2001 年年度报告摘选

一、公司基本情况简介

(一)公司法定中文名称:哈尔滨岁宝热电股份有限公司
公司英文名称:HARBIN SHIRBLE ELECTRIC-HEAT CO.LTD
公司中文名称缩写:哈岁宝
公司英文名称缩写:HSB
(二)公司法定代表人:杨祥波
(三)公司董事会秘书:徐建伟
联系地址:哈尔滨市南岗区昆仑商城隆顺街 27 号
联系电话:0451-2333238　　联系传真:0451-2332228
电子信箱:hsbzjb@mail.hrb.hl.cninfo.net
(四)公司注册地址及办公地址:哈尔滨市南岗区昆仑商城隆顺街 27 号
邮政编码:150090
电子信箱:hsbzjb@mail.hrb.hl.cninfo.net
(五)公司选定的信息披露报纸:上海证券报
登载公司年度报告中国证监会指定的国际互联网网址为 http://WWW.sse.com.cn
公司年度报告备置地点:公司董事会秘书办公室
(六)公司股票上市交易所:上海证券交易所
公司股票简称:岁宝热电　　公司股票代码:600864

二、会计数据和业务数据摘要

(一)公司本年度会计数据

单位:人民币元

项目	金额
公司本年度实现的利润总额	30,326,251.42
主营业务利润	56,266,398.96
其他业务利润	451,189.23
净利润	19,714,234.71
扣除非经常性损益后的净利润	15,864,321.30
营业利润	10,039,537.43
投资收益	16,436,800.58
补贴收入	5,253,155.65
营业外收支净额	-1,403,242.24
经营活动产生现金流量净额	20,827,337.73
现金及现金等价物净增减额	3,927,611.42

注:非经常性损益 5,253,155.65 元为增值税退税及收到基本建设专项贷款财政贴息,及营业外收支净损失 1,403,242.24 元,合计影响净利润 3,849,913.41 元。

(二)公司近三年主要会计数据和财务指标

单位:人民币元

年度/指标项目	2001 年	2000 年 调整前	2000 年 调整后	1999 年
主营业务收入	214,350,125.66	236,205,237.04	236,205,237.04	192,422,456.67
净利润	19,714,234.71	16,111,595.82	12,239,538.50	23,548,971.73
总资产	916,462,006.39	827,800,465.57	825,937,755.38	824,469,346.90
股东权益(不含少数股东权益)	397,846,985.47	388,608,470.62	383,666,392.06	373,800,636.68
每股收益(摊薄)	0.144	0.118	0.089	0.172
每股收益(加权)	0.144	0.118	0.089	0.20
扣除非经营性损益后的每股收益	0.116	0.114	0.082	0.16
每股净资产	2.91	2.84	2.80	2.74
调整后每股净资产	2.68	2.79	2.71	2.70
每股经营活动产生的现金流量净额	0.152	0.152	0.152	0.083
净资产收益率(摊薄)	4.96	4.15	3.19	6.30
净资产收益率(加权)	5.01	4.23	3.14	7.0
加权净资产收益率(扣除非经常性损益)	4.18	4.09	3.26	6.46

按照中国证监会《关于发行证券公司信息披露编报规则(第 9 号)》要求计算的利润数据:(单位:人民币元)

报告期利润	净资产收益率 全面摊薄	净资产收益率 加权平均	每股收益 全面摊薄	每股收益 加权平均
主营业务利润	14.14	14.30	0.41	0.41
营业利润	2.52	2.55	0.07	0.07
净利润	4.96	5.01	0.14	0.14
扣除非经常性损益后的净利润	4.13	4.18	0.12	0.12

三、股本变动及股东情况

(一)公司股份变动情况

数量单位:股

	本次变动前	本次变动增减(+,-) 配股	送股	公积金转股	增发	其他	小计	本次变动后
一、未上市流通股份								
1.发起人股份	91,219,549							91,219,549
其中:								
国家持有股份	45,351,789							45,351,789
境内法人持有股份	45,867,760							45,867,760
境外法人持有股份								
其他								
2.募集法人股份								
3.内部职工股								
4.优先股或其他								
未上市流通股份合计	91,219,549							91,219,549
二、已上市流通股份								
1.人民币普通股	45,375,000							45,375,000
2.境内上市的外资股								
3.境外上市的外资股								
4.其他								
已上市流通股份合计	45,375,000							45,375,000
三、股份总数	136,594,549							136,594,549

600865 百大集团股份有限公司

2001 年年度报告摘选

一、公司基本情况简介

公司法定中文名称:百大集团股份有限公司
公司法定英文名称:BAIDA GROUP CO.,LTD.
公司英文名称缩写:BAIDA GROUP
公司法定代表人:董伟平
公司董事会秘书:何美云
电子信箱:xuqiang11@hotmail.com
联系地址:公司董事会办公室
联系电话:0571-85109129
公司传真:0571-85150586
国际互联网网址:http://www.baidagroup.com
公司注册及办公地址:杭州市延安路 546 号
邮政编码:310006
公司信息披露报纸:《上海证券报》、《中国证券报》
登载公司年度报告的国际互联网网址:http://www.sse.com.cn
公司年报备置地点:公司董事会办公室
公司股票上市交易所:上海证券交易所
股票简称:百大集团
股票代码:600865

二、会计数据和业务数据摘要

(一)本年度利润总额及其构成(单位:元)

利润总额	56,008,990.91
净利润	39,987,438.70
扣除非经常性损益后的净利润	45,235,938.91
主营业务利润	161,157,661.23
其他业务利润	13,793,392.95
营业利润	56,821,849.07
投资收益	2,404,521.81
补贴收入	----------
营业外收支净额	-3,217,379.97
经营活动产生的现金流量净额	107,117,057.98
现金及现金等价物净增减额	-75,440,731.57

(二)公司近三年主要会计数据和财务指标

项目	2001 年度	2000 年度		1999 年度	
		调整前	调整后	调整前	调整后
主营业务收入(元)	1,014,841,836.60	928,479,491.70	928,479,491.70	827,429,964.33	827,429,964.33
净利润(元)	39,987,438.70	54,377,909.58	41,236,699.88	49,069,653.67	50,291,643.43
总资产(元)	1,316,261,181.24	1,377,643,079.10	1,332,145,319.29	1,399,791,640.66	1,398,690,809.04
股东权益(元)	655,566,303.28	654,769,271.25	640,527,229.93	647,998,240.08	646,897,409.18
每股收益(元/股)	0.15	0.20	0.15	0.18	0.19
加权平均每股收益(元/股)	0.15	0.20	0.15	0.18	0.19
扣除非经常性损益后的每股收益(元/股)	0.17	0.20	0.20	0.19	0.20
每股净资产(元/股)	2.43	2.43	2.37	2.40	2.40
调整后每股净资产(元/股)	2.20	2.23	2.19	2.28	2.28
每股经营活动产生的现金流量净额(元/股)	0.40	0.52	0.52	0.13	0.13
净资产收益率(%)	6.10	8.30	6.44	7.57	7.77
扣除非经常性损益后的加权平均净资产收益率(%)	6.85	8.00	8.07	7.95	8.15

(三)利润分配表附表的财务指标

2001 年度利润	净资产收益率(%)		每股收益(元/股)	
	全面摊薄	加权平均	全面摊薄	加权平均
主营业务利润	24.58	24.40	0.60	0.60
营业利润	8.67	8.60	0.21	0.21
净利润	6.10	6.05	0.15	0.15
扣除非经常性损益后的净利润	6.90	6.85	0.17	0.17

(四)报告期内股东权益变动情况(单位:元)

项 目	股 本	资本公积	盈余公积	法定公益金	未分配利润	未确认投资损失	股东权益合计
期初余额	269,706,320.00	318,266,905.42	61,591,527.70	17,173,505.26	-9,037,523.19		640,527,229.93
本期增加			5,998,115.81	1,999,371.94	39,987,438.70	-674,796.55	45,310,757.96
本期减少					30,271,684.61		30,271,684.61
期末余额	269,706,320.00	318,266,905.42	67,589,643.51	19,172,877.20	678,230.90		655,566,303.28

三、股本变动及股东情况

(一)股份变动情况　　数量单位:股

公司股份变动情况表

	本次变动前	本次变动增减(+,-)						本次变动后
		配股	送股	公积金转股	增发	其他	小计	
一、未上市流通股份								
1、发起人股份	134,366,382							134,366,382
其中:								
国家持有股份	80,730,000							80,730,000
境内法人持有股份	53,636,382							53,636,382
境外法人持有股份								
其他								
2、募集法人股份								
3、内部职工股	134,366,382							134,366,382
4、优先股或其他								
未上市流通股份合计	135,339,938							135,339,938
二、已上市流通股份								
1、人民币普通股								
2、境内上市的外资股								
3、境外上市的外资股								
4、其他								
已上市流通股份合计	135,339,938							135,339,938
三、股份总数	269,706,320							269,706,320

600866 广东肇庆星湖生物科技股份有限公司

2001 年年度报告摘选

一、公司基本情况简介

(一)公司法定中文名称:广东肇庆星湖生物科技股份有限公司
公司英文名称:STAR LAKE BIOSCIENCE CO.,INC. ZHAOQING GUANGDONG
英文名称缩写:STAR LAKE SCIENCE
(二)公司法定代表人:黄增麟
(三)公司董事会秘书:陈　明
联系地址:广东省肇庆市工农北路 67 号
电　　话:(0758)2290079
传　　真:(0758)2286478
电子信箱:development@starlake.com.cn
公司董事会证券事务代表:杨达明
联系地址:广东省肇庆市工农北路 67 号
电　　话:(0758)2227148
传　　真:(0758)2286478
电子信箱:development@starlake.com.cn
(四)公司注册及办公地址:广东省肇庆市工农北路 67 号　　邮编:526060
公司国际互联网网址:http://www.starlake.com.cn
公司电子信箱:development@starlake.com.cn
(五)公司选定的信息披露报纸:《上海证券报》、《中国证券报》、《证券时报》
登载年报的指定网址:http://www.sse.com.cn
公司年报备置地点:公司办公室、技术发展部
(六)公司股票上市交易所:上海证券交易所
股票简称:星湖科技　　股票代码:600866

二、会计数据和业务数据摘要

(一)本年度主要利润指标情况(单位:元)

利润总额	76,238,388.24
净利润	67,754,594.17
扣除非经常损益后的净利润	67,380,258.17
主营业务利润	151,535,196.97
其他业务利润	535,610.42
营业利润	67,352,809.49
投资收益	8,725,948.71
补贴收入	374,336
营业外收支净额	-214,705.96
经营活动产生的现金流量净额	60,824,722.50
现金及现金等价物净增加额	-241,183,865.16

(二)截止报告期末公司前三年的主要会计数据和财务指标　　单位:元

项目	2001 年	2000 年		1999 年
		调整后	调整前	
主营业务收入	440,054,866.86	348,874,852.30	348,874,852.30	290,103,740.77
净利润	67,754,594.17	85,986,460.58	86,499,731.03	70,604,165.68
总资产	1,001,551,948.18	1,048,659,941.59	1,082,929,029.11	847,375,955.80
股东权益	752,374,791.78	717,189,105.71	751,398,279.10	703,503,153.18
每股收益(摊薄)	0.21	0.34	0.345	0.366
每股收益(加权)	0.23	0.39	0.39	0.393
每股净资产	2.31	2.86	3.00	3.65
调整后的每股净资产	2.28	2.84	2.92	3.50
每股经营活动产生的现金流量净额	0.187	0.373	0.373	0.275
净资产收益率(全面摊薄)	9.01	11.99	11.51	10.04
净资产收益率(加权平均)	9.23	12.01	11.61	12.35

根据《公开发行证券的公司信息披露编报规则第九号》的规定,按全面摊簿法和加权平均法计算的净资产收益率和每股收益:

报告期利润	净资产收益率(%)		每股收益(元)	
	全面摊薄	加权平均	全面摊薄	加权平均
主营业务利润	20.14	20.63	0.47	0.50
营业利润	8.95	9.17	0.21	0.22
净利润	9.01	9.23	0.21	0.23
扣除非经常性损益后的净利润	8.99	9.21	0.21	0.22

三、股本变动及股东情况

(一)股本变动情况表:　　数量单位:股

	本次变动前	本次变动增减(+,-)						本次变动后
		配股	送股	公积金转投	增发	其他	小计	
一、未上市流通股份								
国家持有股份	101,006,636		30,301,991				30,301,991	131,308,627
二、已上市流通股份								
人民币普通股	149523,426		44,857,028				44,857,028	194,380,454
三、股份总数	250,530,062		75,159,019				75,159,019	325,689,08

(二)股东情况介绍

1、报告期末股东总数

截止 2001 年 12 月 31 日,公司的股东总数为 96508 户,其中国家股股东 1 户,社会公众股股东 96507 户。

2、主要股东持股情况(前十名股东)

名次	股东名称	期末持股数	期末持股比例
1	肇庆市国有资产管理局	131,308,627	40.32%
2	金鑫基金	3,260,430	1%
3	飞龙工程	880,123	0.27%
4	张德录	420,000	0.13%
5	陈月娥	416,000	0.13%
6	同智基金	400,873	0.12%
7	孙娟	375,971	0.12%
8	陈洁	373,560	0.11%
9	投房地产	353,546	0.11%
10	杨福振	259,376	0.08%

600867 通化东宝药业股份有限公司

2001年年度报告摘选

一、公司基本情况简介

(一)公司法定中文名称:通化东宝药业股份有限公司
公司法定英文名称:TONGHUA DONGBAO MEDICINES CO.,LTD.　　缩写:THDB
(二)公司法定代表人:李一奎
(三)公司董事会秘书:王君业
联系地址:通化县东宝新村证券部
电话:(0435)3198025　　传真:(0435)3198268
电子信箱:thdb@public.th.jl.cn
证券事务代表:谷丽萍
联系电话:(0435)3198126　　电子信箱:dbzq@sina.com
(四)公司注册地址:通化县东宝新村
公司办公地址:通化县东宝新村　　邮政编码:134123
公司国际互联网网址:http://www.thdb.com　　公司电子信箱:thdb@public.th.jl.cn
(五)公司选定的信息年报纸:《上海证券报》
公司登载年报指定网址:http://www.sse.com.cn
公司年报备置地点:公司证券部
(六)公司股票上市交易所:上海证券交易所
股票简称:通化东宝　　股票代码:600867

二、会计数据与业务数据摘要

1、本年度主要利润指标情况　　(单位:元)

项目	金额
利润总额	36,772,675.35
净利润	29,334,276.34
扣除非经常性损益的净利润	28,453,162.44
主营业务利润	205,904,501.99
其他业务利润	5,320,060.58
营业利润	34,869,405.85
投资收益	2,050,740.64
补贴收入	
营业外收支净额	-192,471.14
经营活动产生的现金流量净额	117,729,251.88
现金及现金等价物净增加额	-3,867,431.51

注:非经常性损益项目和涉及金额
营业外收支净额-147,471.14元;
收取东宝集团有限公司资金占用费1,184,075.73元。
所得税影响数-155,490,69元。

2、主要财务数据与财务指标　　(单位:元)

指标项目	2001年度	2000年度(调整前)	2000年度(调整后)	1999年度
主营业务收入	205,904,501.99	199,083,473.09	199,083,473.09	219,718,509.06
净利润	29,334,276.34	46,309,015.69	3,541,823.21	67,608,116.84
全面摊薄每股收益	0.09	0.14	0.01	0.21
加权平均每股收益	0.09	0.14	0.01	0.22
全面摊薄净资产收益率%	2.14	3.27	0.26	4.93
加权平均净资产收益率%	2.16	3.32	0.26	6.23

指标项目	2001年12月31日	2000年12月31日 调整前	2000年12月31日 调整后	1999年12月31日
总资产	1,456,505,600.18	1,469,112,912.38	1,424,061,644.15	1,497,388,539.17
股东权益	1,372,058,725.26	1,417,940,945.00	1,342,724,448.92	1,371,631,929.31
每股净资产	4.23	4.36	4.14	4.23
调整后的每股净资产	4.00	4.26	3.95	4.14
每股经营活动产生的现金流量净额	0.36	0.09	0.09	-0.29

利润表附表

报告期利润	净资产收益率%		每股收益	
	全面摊薄	加权平均	全面摊薄	加权平均
主营业务利润	6.41	6.48	0.27	0.27
营业利润	2.54	2.57	0.11	0.11
净利润	2.14	2.16	0.09	0.09
扣除非经常性损益后的净利润	2.07	2.10	0.09	0.09

三、股本变动及股东情况

1、股本变动情况

(数量单位:股)

股份类型	本次变动前	配股	送股	公积金转股	增发	其他	小计	本次变动后
一、未上市流通股份								
1.发起人股份	166,795,756							166,795,756
其中:								
国家持有股份								
境内法人持有股份	166,795,756							166,795,756
境外法人持有股份								
其他								
2.募集法人股								
3.内部职工股								
4.优先股或其他								
未上市流通股份合计	166,795,756							166,795,756
二、已上市流通股份								
1.人民币普通股	157,697,280							157,697,280
2.境内上市的外资股								
3.境外上市的外资股								
4.其他								
已上市流通股份合计	157,697,280							157,697,280
三、股份总数	324,493,036							324,493,036

600868 广东梅雁企业(集团)股份有限公司

2001年年度报告摘选

一、公司基本情况简介

1、公司法定中文名称:广东梅雁企业(集团)股份有限公司(简称:梅雁股份)
英文名称:GUANG DONG MEI YAN ENTERPRISE (GROUP) CO.,LTD.(缩写:MEI YAN)
2、公司法定代表人:杨钦欢
3、公司董事会秘书:李海明
联系地址:广东省梅州市湾水塘
联系电话:(0753)2218286
传　　真:(0753)2232983
电子信箱:LI-HAIMING@21CN.COM
4、公司注册地址:广东省梅州市梅县
公司办公地址:广东省梅州市湾水塘　　邮政编码:514011
公司网址:http://www.chinameiyan.com
5、公司选定的信息披露报纸名称:《中国证券报》、《上海证券报》
登载公司年度报告的中国证监会指定国际互联网网址:http://www.sse.com.cn
公司年度报告备置地点:公司董事会秘书室
6、公司股票上市交易所:上海证券交易所
股票简称:梅雁股份　　股票代码600868

二、会计数据和业务数据摘要

1、公司本年度实现:　　单位:人民币元

项目	金额
利润总额	185,052,533.36
净利润	168,615,498.12
扣除非经常性损益后的净利润*	95,103,140.88
主营业务利润	214,144,995.87
其他业务利润	852,148.25
营业利润	111,111,117.12
投资收益	73,225,813.68
补贴收入	--
营业外收支净额	715,602.56
经营活动产生的现金流量净额	105,028,013.96
现金及现金等价物净增减额	443,781,322.23

2、截止报告期末公司前三年主要会计数据与财务指标(合并数)(单位:人民币元)

追溯调整后:

项目	2001年	2000年	1999年
(1)主营业务收入	663,997,470.29	515,212,972.96	542,479,643.24
(2)净利润	168,615,498.12	167,211,847.76	185,610,633.93
(3)总资产	3,787,405,177.96	2,476,566,600.50	2,007,068,516.93
(4)股东权益(不含少数股东权益)	2,519,333,735.09	1,581,160,089.43	1,494,957,867.20
(5)每股收益	0.17	0.24	0.27
(6)每股净资产	2.49	2.28	2.15
调整后的每股净资产	2.48	2.27	2.13
(7)每股经营活动产生的现金流量净额	0.10	0.326	0.285
(8)净资产收益率(%)	6.69	10.58	12.41

追溯调整前:

项目	2000年	1999年
(1)主营业务收入	593,774,269.80	542,479,643.24
(2)净利润	181,050,225.32	185,572,042.27
(3)总资产	2,439,894,154.55	1,905,611,590.04
(4)股东权益(不含少数股东权益)	1,633,827,370.72	1,494,879,347.99
(5)每股收益	0.261	0.27
(6)每股净资产	2.353	2.15
调整后的每股净资产	2.307	2.13
(7)每股经营活动产生的现金流量净额	0.326	0.285
(8)净资产收益率(%)	11.08	12.41

项目	净资产收益率(%)		每股收益(元/股)	
	全面摊薄	加权平均	全面摊薄	加权平均
主营业务利润	8.50	9.24	0.21	0.22
营业利润	4.41	4.79	0.11	0.11
净利润	6.69	7.28	0.17	0.17
扣除非经营性损益后的净利润	3.77	4.10	0.09	0.10

三、股本变动及股东情况

(一)股本变动情况表　　单位:股

	本次变动前	本次变动增减(+、-) 配股	送股	公积金转股	其他	小计	本次变动后
一、未上市流通股份							
1、发起人股份	159,374,592.00	-	31,874,918.00	-	-	31,874,918.00	191,249,510.00
其中:国家拥有股份	-	-	-	-	-	-	-
境内法人持有股份	159,374,592.00	-	31,874,918.00	-	-	31,874,918.00	191,249,510.00
外资法人持有股份	-	-	-	-	-	-	-
其他	-	-	-	-	-	-	-
2、募集法人股	37,374,106.00	-	7,474,821.00	-	-	7,474,821.00	44,848,927.00
3、内部职工股	-	-	-	-	-	-	-
4、优先股或其他	-	-	-	-	-	-	-
未上市流通股份合计	196,748,698.00	-	39,349,739.00	-	-	39,349,739.00	236,098,437.00
二、已上市流通股份							
1、人民币普通股	497,589,029.00	149,276,709.00	129,373,148.00	-	-	278,649,857.00	776,238,886.00
2、境内上市的外资股	-	-	-	-	-	-	-
3、境外上市的外资股	-	-	-	-	-	-	-
4、其他	-	-	-	-	-	-	-
已流通股份合计	497,589,029.00	149,276,709.00	129,373,148.00	-	-	278,649,857.00	776,238,886.00
三、股份总数	694,337,727.00	149,276,709.00	168,722,887.00	-	-	317,999,596.00	1,012,337,323.00

600869 青海三普药业股份有限公司

2001 年年度报告摘选

第一章 公司基本情况简介

一、公司法定中文名称:青海三普药业股份有限公司
英文名称:Qinghai Sunshine and People Pharmaceutical Industry CO.,Ltd
英文缩写:S&P
二、公司法定代表人:武琪
三、公司董事会秘书:李海军
联系地址:青海省西宁市建国路 88 号
联系电话:(0971)8166017
传　　真:(0971)8144025
邮政编码:810007
电子信箱:spdm@vip.163.com
四、公司注册地址:中国青海省西宁市建国路 88 号
公司办公地址:青海省西宁市建国路 88 号
邮政编码:810007
公司国际互联网网址:http://www.sanpumi.com.cn
公司电子信箱:sanpu@public.xn.qh.cn
五、公司信息披露报刊名称:《上海证券报》
登载公司年度报告的中国证监会指定国际互联网网址:http://www.sse.com.cn
公司年度报告备置地点:青海省西宁市建国路 88 号公司董事会秘书处
六、公司股票上市交易所:上海证券交易所
股票简称:青海三普
股票代码:600869

第二章 会计数据和业务数据摘要

一、本年度实现利润总额及构成(合并报表):

项目	单位:人民币元
利润总额	-74,715.14
净利润	1,768,955.18
扣除非经常性损益后的净利润	-476,057.02
主营业务利润	39,990,405.74
其他业务利润	1,180,729.65
营业利润	-1,705,068.12
投资收益	1,304,384.85
补贴收入	48,955.93
营业外收支净额	277,012.20
经营活动产生的现金流量净额	-3,647,029.33
现金及现金等价物净增加额	3,516,165.31

注:扣除非经常性损益明细表(单位:人民币元)

项目	金额
1、营业外收入	400,693.31
其中:	
(1)固定资产变价收入	291,430.00
(2)罚款收入	6,504.68
(3)处理包装物料	2,490.00
(4)其他	100,268.63
2、营业外支出	123,681.11
其中:	
(1)公益救济性支出	41,000.00
(2)处理固定资产损失	37,772.64
(3)滞纳金及罚款	39,341.71
(4)其他	5,566.76
3、所得税返还	1,968,000.00

二、近三年主要会计数据和财务指标(单位:人民币元):

指标项目	2001 年	2000 年		1999 年	
		调整后	调整前	调整后	调整前
主营业务收入	118,147,115.97	120,999,021.50	123,879,374.84	112,602,244.16	112,602,244.16
净利润	1,768,955.18	9,721,496.69	9,398,431.03	6,275,161.30	5,951,138.71
总资产	421,682,315.25	356,833,852.54	379,169,725.43	331,850,009.51	352,870,618.94
股东权益	207,060,359.83	205,291,404.65	227,249,570.94	196,830,530.48	217,851,139.91
每股收益	0.015	0.08	0.08	0.05	0.05
每股净资产	1.73	1.71	1.89	1.64	1.82
调整后的每股净资产	1.50	1.44	1.73	1.37	1.48
每股经营活动产生的现金流量净额	-0.03	0.03	0.03	0.01	0.01
净资产收益率%	0.85	4.75	4.14	3.19	2.73

三、报告期利润表附表:

报告期利润	净资产收益率%		每股收益(元)	
	全面摊薄	加权平均	全面摊薄	加权平均
主营业务利润	19.31	19.40	0.333	0.333
营业利润	-0.82	-0.83	-0.014	-0.014
净利润	0.85	0.86	0.015	0.015
扣除非经常性损益后的净利润	-0.23	-0.24	-0.004	-0.004

第三章 股本变动及股东情况介绍

一、股本变动情况
1、股份变动情况表:(数量单位:股)

	本次变动前	本次变动增减(+ -) 配股、送股、公积金转股、增发、其他	本次变动后
(1)未上市流通股份:			
发起人股份	90000000		90000000
其中:			
国家持有股份	36000000		36000000
境内法人持有股份	54000000		54000000
未上市流通股份合计	90000000		90000000
(2)已上市流通股份:			
人民币普通股(A)	30000000		30000000
已上市流通股份合计	30000000		30000000
(3)股份总数	120000000		120000000

600870 厦门华侨电子股份有限公司

2001 年年度报告摘选

第一节 公司基本情况简介

公司法定中文名称:厦门华侨电子股份有限公司
英文名称:XIAMEN OVERSEAS CHINESE ELECTRONIC CO.LTD　　英文缩写:XOCECO
2.法定代表人:吴小敏
3.公司董事会秘书:林旦旦
联系地址:厦门市湖里大道 22 号证券管理投资部　　邮政编码:361006
电话:(0592)6021091 转 203　传真:(0592)6021331　电子邮箱:xocecozq@public.xm.fj.cn
4.公司注册及办公地址:厦门市湖里大道 22 号　　邮政编码:361006
电传:93030XOCECO CN　　电挂:7193
国内域名:http://www.xoceco.com.cn　　国际域名:http://www.xoceco.com
电子信箱:xoceco@public.xm.fj.cn
5.信息披露指定报刊:《中国证券报》、《上海证券报》
中国证监会指定国际互联网网址:http://www.sse.com.cn
公司年度报告备置地点:公司证券管理投资部
6.股票上市交易所:上海证券交易所
股票简称:厦华电子　　股票代码:600870

第二节 会计数据和业务数据摘要

(一)公司本年度主要会计数据

利润总额:	-287,406,375.34 元
净利润:	-286,531,656.75 元
扣除非经常性损益后的净利润*:	-292,909,157.66 元
主营业务利润:	-194,647,493.99 元
其他业务利润:	-2,167,847.31 元
营业利润:	-245,536,207.15 元
投资收益:	-48,247,669.10 元
补贴收入:	-6,726,162.08 元
营业外收支净额:	-348,661.17 元
经营活动产生的现金流量净额:	-158,705,624.6 元
现金及现金等价物净增加额:	-354,819,788.29 元

*注:扣除的非经常性损益项目涉及金额总计 6,377,500 91 元,具体项目如下:
1、营业外收支净额为:-348,661.17 元
2、补贴收入项目:6,726,162.08 元
(1)境外加工周转贴息:3,981,800.00 元
(2)财政出口奖励金:23,000.00 元
(3)国外参展补贴:97,990.00 元
(4)出口贴息:950,164.00 元
(5)保费贴息:1,662,665.00 元
(6)退增值税:10,543.08 元
截止报告期末,公司前三年的主要会计数据和财务指标

(单位:人民币元)

会计数据和财务指标	2001 年度	2000 年度		1999 年度
		调整前	调整后	
主营业务收入	2135480826.00	3452248144.39	3291107402.68	2843230362.01
净利润	-286531656.75	-292725324.80	-395007432.51	54209197.70
总资产	3170083227.27	4202032643.51	3829138135.16	3286436862.60
股东权益(不含少数股东权益)	724560865.61	1119419611.30	1006016011.15	833056628.99
每股收益	-0.77	-0.79	-1.07	0.17
每股净资产	1.95	3.02	2.71	2.60
调整后的每股净资产	1.93	2.99	2.70	2.57
每股经营活动产生的现金流量净额	-0.43	0.24	-	-1.39
净资产收益率(%)	-39.53	-26.01	-39.26	6.51
扣除非经常性损益后的净资产收益率	-40.43	-25.75	-39.71	0.02

第三节 股本变动及股东情况

(一)股本变动情况:
1、股本变动情况:报告期内,公司股本未发生变动。
2、股票发行与上市情况:1998 年 9 月,根据 1998 年度临时股东大会决议,公司实施了 1997 年度利润分配和资本公积金转增股本方案,即以 18561.4875 万元股本为基数,向全体股东每 10 股送 2 股红股,转增 3 股,总股本由 18561.4875 万元增至 27842.2313 万元。股权登记日为 1998 年 9 月 18 日,除权及可流通红股、转增股上市交易日为 1998 年 9 月 21 日。

1999 年 1 月,经厦门市证券监督管理委员会厦证监[1998]092 号文同意,并经中国证券监督管理委员会证监上字[1998]155 号文批准,公司实施了 1998 年度增资配股方案,即以 18561.4875 万股股本为基数,向全体股东每 10 股配 3 股(经 1998 年度临时股东大会决定,公司于 1998 年 9 月实施了中期分红及资本公积金转增股本方案,总股本增至 27842.2313 万股,如以此股本为基数,则向全体股东每 10 股配 2 股),总股本增至 32031.4202 万股。股权登记日为 1998 年 12 月 31 日,除权基准日 1999 年 1 月 4 日,配股缴款期为 1999 年 1 月 4 日至 1999 年 1 月 15 日,配股获配的可流通股份上市交易日为 1999 年 3 月 2 日。

2000 年 9 月,经中国证券监督管理委员会厦门特派办厦证监发[2000]057 号文同意,并经中国证券监督管理委员会证监公司字[2000]136 号文复审批准,公司实施了 2000 年度增资配股方案,即以 1999 年末总股本 320,314,202 股为基数,向全体股东每 10 股配售 5 股,其中法人股全额放弃,配股价为每股人民币 11.88 元,总股本增至 37081.8715 万股,其中已流通股份为 15151.3539 万股,本次配股的股权登记日为 2000 年 9 月 22 日,除权基准日为 2000 年 9 月 25 日,配股缴款起止日期为 2000 年 9 月 25 日至 2000 年 10 月 13 日,配股获配的可流通股份上市交易日为 2000 年 11 月 7 日。

(二)股东情况介绍:
1、截止 2001 年 12 月 31 日,本公司股东总数为 51860 户。
2、截止 2001 年 12 月 31 日,公司前 10 名股东持股情况:

名次	股东名称	年末持股数量(股)	持股比例(%)
1、	厦门华侨电子企业有限公司	216065176	58.26%
2、	华宇轻化	10557994	2.85%
3、	成都卫安	6223950	1.68%
4、	华夏上证	3320500	0.89%
5、	华益工贸	3240000	0.87%
6、	李华凤	858500	0.23%
7、	厦门亚大	644308	0.17%
8、	吴建平	548035	0.15%
9、	黄萍梅	516373	0.14%
10、	赤峰银贸	449800	0.12%

600871 中国石化仪征化纤股份有限公司

2001年年度报告摘选

一、公司简介

1. 公司法定名称:中国石化仪征化纤股份有限公司
公司英文名称:Sinopec Yizheng Chemical Fibre Company Limited
公司简称:仪征化纤
英文缩写:YCF
2. 法定代表人:傅兴堂先生
3. 注册和办公地址:中华人民共和国("中国")江苏省仪征市
邮政编码:211900
电话:86-514-3232235
传真:86-514-3233880
互联网网址:http://www.ycfc.com
电子信箱:cso@ycfc.com
4. 董事会秘书:吴朝阳先生
董事会助理秘书:石敏小姐
联系地址:中国江苏省仪征市
中国石化仪征化纤股份有限公司
董事会秘书室
电话:86-514-3231888
传真:86-514-3235880
电子信箱:cso@ycfc.com
5. 信息披露报纸:《中国证券报》、《上海证券报》、
《证券时报》、《香港经济日报》、
《南华早报》(英文)
登载年度报告的中国证券监督管理委员会("中国证监会")
指定国际互联网网址:http://www.sse.com.cn
年报备置地点:中国石化仪征化纤股份有限公司
董事会秘书室
6. 股票上市地点、股票简称和股票代码:
H股上市地点:香港联合交易所有限公司
股票简称:仪征化纤　股票代码:1033
A股上市地点:上海证券交易所
股票简称:仪征化纤　股票代码:600871

二、财务数据和业务数据摘要

1. 本集团截至二〇〇一年十二月三十一日止年度实现利润情况(节录自按中国会计准则及制度编制之财务报告)

以人民币千元为单位

项目	金额
利润总额	213,375
净利润	170,789
未计非经常性损益的净利润	246,470
非经常性损失	(89,036)
处置固定资产损失	1,236
减员费用	87,800
非经常性损失(除税后)	75,681
主营业务利润	728,090
其它业务亏损	6,078
营业利润	276,745
投资收益	6,043
营业外收支净支出额	69,413
经营活动产生的现金流量净额	742,344
现金及现金等价物净减少额	155,837

2. 本集团主要财务数据和财务指标(节录自按中国会计准则及制度编制之财务报告)

截至十二月三十一日止年度或于十二月三十一日

	二〇〇一年 人民币千元	二〇〇〇年 人民币千元	一九九九年 人民币千元	一九九八年 人民币千元	一九九七年 人民币千元
主营业务收入	7,808,658	9,014,472	7,075,579	5,633,522	6,254,742
主营业务利润	728,090	1,840,860	1,788,717	659,848	747,119
其它业务(亏损)/利润	(6,078)	(11,356)	(14,925)	510	450
营业利润/(亏损)	276,745	1,079,493	1,050,758	(284,585)	(27,614)
投资收益	6,043	4,182	3,043	49,327	59,598
营业外净(支出)/收入	(69,413)	(98,182)	(147,567)	6,861	952
利润/(亏损)总额	213,375	985,493	906,234	(228,397)	32,936
所得税	40,087	139,391	136,372	(4,216)	24,724
少数股东应占本年利润	2,499	5,874	15,176	6,717	3,669
净利润/(亏损)	170,789	840,228	644,686*	(230,898)	4,543
总资产	11,201,494	11,361,088	11,502,568	11,979,890	12,889,209
总负债	2,345,706	2,593,757*	3,215,946*	3,904,586	4,592,024
股东权益(不含少数股东权益)	8,801,868	8,711,079*	8,230,851*	8,026,165	8,257,063
少数股东权益	53,920	56,252	55,771	49,139	40,122

三、股本变动及股东情况

(一)股本结构

单位:千股、每股人民币1元

股份类别	年初数	年内变动情况	年末数
(一)尚未流通股份:			
1.中国石油化工股份有限公司("中国石化")持有	1,680,000	0	1,680,000
2.中国国际信托投资公司("中信")持有	720,000	0	720,000
尚未流通股份合计	2,400,000	0	2,400,000
(二)已流通股份			
1.境内上市人民币普通A股	200,000	0	200,000
2.境外上市的外资H股	1,400,000	0	1,400,000
已流通股份合计	1,600,000	0	1,600,000
(三)股份总数	4,000,000	0	4,000,000

600872 中炬高新技术实业(集团)股份有限公司

2001年年度报告摘选

第一章　公司基本情况简介

(一)公司法定中、英文名称及缩写
公司法定中文名称:中炬高新技术实业(集团)股份有限公司
公司法定英文名称:JONJEE HIGH&NEW TECHNOLOGY AND
INDUSTRIAL GROUP CO.,LTD
公司英文名称缩写:JONJEE
(二)公司法定代表人:葛志斌
(三)公司董事会秘书:彭海泓
联系地址:广东省中山市中山火炬高技术产业开发区火炬大厦
电话:(0760)5596818-2033
传真:(0760)5596877
电子信箱:penghaihong@jonjee.com
董事会授权代表:熊炜
联系地址:广东省中山市中山火炬高技术产业开发区火炬大厦
电话:(0760)5596818-2033
传真:(0760)5596877
(四)公司注册地址:广东省中山市中山火炬高技术产业开发区
公司办公地址:广东省中山市中山火炬高技术产业开发区火炬大厦
邮政编码:528437
公司电子信箱:jonjee@jonjee.com　　公司网址:www.jonjee.com
(五)公司选定的信息披露报刊名称:《上海证券报》、《中国证券报》
刊登公司年度报告的中国证监会指定国际互联网网址:http://www.sse.com.cn
公司年度报告备置地点:公司证券部
(六)公司股票上市交易所:上海证券交易所
股票简称:中炬高新　　股票代码:600872

第二章　会计数据和业务数据摘要

(一)公司本年度的主要会计数据与业务数据摘要(单位:人民币元)

项目	2001年
利润总额:	84,380,718.86
其中:	
主营业务利润:	216,063,204.71
其他业务利润:	5,387,565.36
营业利润:	81,049,998.49
投资收益:	4,962,734.13
补贴收入:	514,817.00
营业外收支净额:	-2,146,830.76
净利润:	64,836,418.28
扣除非经常性损益后的净利润:	64,752,327.01
经营活动产生的现金流量净额:	43,254,154.69
现金及现金等价物净增加额:	-179,543,129.30

(二)截至报告期未公司前三年主要会计数据和财务指标(单位:人民币元)

项目	2001年	2000年		1999年	
		调整前	调整后	调整前	调整后
主营业务收入	836,309,507.05	760,474,498.77	750,975,578.77	519,633,608.82	519,633,608.82
净利润	64,836,418.28	133,942,241.89	72,099,357.07	105,177,393.64	103,177,571.13
总资产	2,394,944,688.76	2,587,103,561.55	2,387,871,562.59	217,651,321.74	2,172,651,499.23
股东权益(不含少数股权)	1,223,021,293.06	1,357,542,555.78	1,156,039,733.07	1,232,373,994.15	1,230,374,171.64
每股收益(摊薄)	0.144	0.298	0.160	0.234	0.229
每股收益(加权平均)	0.144	0.298	0.160	0.390	0.382
每股收益(扣除非经常性损益)	0.144	0.224	0.155	0.180	0.157
每股净资产	2.717	3.016	2.569	2.740	2.734
调整后的每股净资产	2.586	2.928	2.410	2.396	2.357
每股经营活动产生的现金流量净额	0.096	0.592	0.592	-0.103	-0.103
净资产收益率%(摊薄)	5.30	9.87	6.24	8.53	8.39
净资产收益率%(加权平均)	5.45	10.33	6.03	9.52	9.33

第三章　股本变动及股东情况

(一)股本变动情况

	本次变动前	本次变动增减(+、-) 配股	送股	公积金转股	增发	其它	小计	本次变动后
一、未上市流通股份								
1.发起人股份	173,570,302							173,570,302
其中:国家拥有股份								
境内法人持有股份	173,570,302							173,570,302
境外法人持有股份								
其他								
2.募集法人股	27,249,574							27,249,574
3.内部职工股								
4.优先股或其他								
未上市流通股份合计	200,819,876							200,819,876
二、已上市流通股份								
1.人民币普通股	249,236,074							249,236,074
2.境内上市的外资股								
3.境外上市的外资股								
4.其他								
已上市流通股份合计	249,236,074							249,236,074
三、股份总数	450,055,950							450,055,950

600873 西藏明珠股份有限公司

2001年年度报告摘选

一、公司基本情况简介

1、公司名称
法定中文名称:西藏明珠股份有限公司
英文名称:Tibet Pearl Star co.,Ltd.
英文缩写:TPS
2、公司法定代表人:何盛秋
公司总经理:付勇
3、公司董事会秘书:陈爱东
联系地址:四川省成都市长顺中街88号
电话:028-6600798
传真:028-6600928
电子信箱:xfcad@yahoo.com.cn
4、公司注册地址:西藏自治区拉萨市北京西路224号
公司办公地址:四川省成都市长顺中街88号
邮政编码:610031
公司国际互联网网址:HTTP://WWW.e-tibet.com
电子信箱:Pearstar@mail.e-tibet.com
5、公司选定的信息披露报刊:《上海证券报》
登载年度报告的网址:HTTP://WWW.sse.com.cn
公司年度报告备置地点:公司董事会秘书处
6、公司股票上市交易所:上海证券交易所
股票简称:西藏明珠
股票代码:600873

二、会计数据和业务数据摘要

1、本年度主要会计数据和财务指标(单位:人民币元)

项目	金　额
利润总额	-35,474,567.86
净利润	-35,474,567.86
扣除非经常性损益后的净利润	-15,437,160.98
主营业务利润	39,783,504.89
其他业务利润	5,654,592.81
营业利润	-15,437,160.98
投资收益	-19,827,056.15
补贴收入	0
营业外收支净额	-210,350.73
经营活动产生的现金流量净额	19,569,740.20
现金及现金等价物净增加额	-9,511,292.17

2、公司前三年主要会计数据和财务指标(单位:人民币元)

项目	2001年	2000年调整后	2000年调整前	1999年
主营业务收入	50,438,007.14	50,973,813.67	50,973,813.67	37,284,152.67
净利润	-35,474,567.86	5,204,605.17	4,904,464.17	-45,835,987.44
总资产	415,014,026.40	437,945,465.17	438,847,255.56	400,681,773.04
股东权益(不含少数股东权益)	214,504,617.66	249,575,959.22	258,320,860.71	253,416,396.54
每股收益(元/股)	-0.328	0.047	0.045	-0.423
扣除非经常性损益后的每股收益(元/股)	-0.143	0.045	0.043	-0.220
每股净资产(元/股)	1.980	2.293	2.387	2.341
调整后的每股净资产(元/股)	1.950	2.252	2.300	2.242
每股经营活动产生的现金流量净额(元/股)	0.181	0.125	0.125	0.215
净资产收益率(%)	-16.54	2.10	1.90	-18.09

3、利润表附表

报告期利润	净资产收益率%		每股收益(元)	
	全面摊薄	加权平均	全面摊薄	加权平均
主营业务收入	18.55	17.15	0.3676	0.3676
营业利润	-7.20	-6.65	-0.1426	-0.1426
净利润	-16.54	-15.29	-0.3278	-0.3278
扣除非经常性损益后的净利润	-7.20	-6.65	-0.1426	-0.1426

三、股本变动及股东情况

(一)公司股份变动情况表　　数量单位:万股

	本次变动前	本次变动增减(+,-)						本次变动后
		配股	送股	公积金转股	增发	其他	小计	
1、未上市流通股份								
(1)发起人股份								
其中:								
国家持有股份	4,863.80							4,863.80
境内法人持有股份	746.20							746.20
境外法人持有股份								
其他								
(2)募集法人股份								
(3)内部职工股								
(4)优先股或其他								
未上市流通股份合计	5,610.00							5,610.00
2、已上市流通股份								
(1)人民币普通股	5,213.66							5,213.66
(2)境内上市的外资股								
境外上市的外资股								
其他								
已上市流通股份合计	5,213.66							5,213.66
3、股份总数	10,823.66							10,823.66

600875 东方电机股份有限公司

2001年年度报告摘选

一、公司基本情况简介

公司法定中文名称:东方电机股份有限公司
简称:东方电机
公司法定英文名称:DONGFANG ELECTRICAL MACHINERY COMPANY LIMITED
英文缩写:DFEM
公司法定代表人:斯泽夫
董事会秘书:龚丹
证券事务代表:黄勇
电话:86-838-2409358
传真:86-838-2402125
电子信箱:dsb@dfem.com.cn
公司注册与办公地点:四川省德阳市黄河西路188号
网址:http://www.dfem.com.cn
邮政编码:618000
公司选定境内信息披露报纸:《上海证券报》、《中国证券报》
境外信息披露报纸:《香港文汇报》、《Hong Kongi Mail》(英文)
中国证监会指定年报刊登网址:http://www.sse.com.cn
公司年度报告备置地点:四川省德阳市黄河西路188号本公司董事会办公室
股票上市地:上海证券交易所、香港联合交易所有限公司
股票简称:东方电机
股票代码:600875(A股)、1072(H股)

二、会计数据和业务数据摘要

1、2001年度按照中国及香港公认会计准则审计的业务数据　　单位:人民币千元

项目	按照中国会计准则	按照香港公认会计准则
利润(亏损)总额	(261,499)	(262,239)
净利润(亏损)	(261,349)	(262,085)
扣除非正常性损益后的净利润(亏损)	(260,440)	(261,176)
主营业务利润	33,400	33,400
其他业务利润	(2,046)	(2,025)
营业利润	(254,880)	(255,537)
投资收益	(5,710)	934
补贴收入	0	-
营业外收支净额	(909)	(909)
经营活动产生的现金流量净额	(54,112)	(27,771)
现金及现金等价物净增加额	121,195	144,034

2、主要会计数据及财务指标
(1)按中国会计准则编制
截至2001年12月31日止年度　　单位:人民币千元

指标项目	2001年	2000年	1999年	
			调整前	调整后
主营业务收入	370,293	644,417	757,129	757,129
净利润	(261,349)	2,310	6,212	4,848
总资产	2,578,023	2,397,273	2,330,106	2,307,875
股东权益	885,832	1,147,065	1,166,159	1,142,885
每股收益(元)	(0.581)	0.0051	0.014	0.011
每股净资产(元)	1.97	2.55	2.59	2.54
净资产收益率(%)	(29.50)	0.20	0.53	0.42
调整后的每股净资产(元)	1.49	2.00	2.40	2.34
每股经营活动产生现金流量净额(元)	(0.12)	0.39	0.025	0.025

(2)按香港公认会计准则编制
截至2001年12月31日止年度　　单位:人民币千元

指标项目	2001年	2000年	1999年
营业额	369,738	639,678	750,120
本年(亏损)/溢利	(262,085)	(21,541)	(36,658)
总资产	2,582,366	2,487,769	2,406,019
股东权益	883,974	1,146,059	1,167,600
每股(亏损)/盈利(元)	(0.582)	(0.048)	(0.081)
每股净资产(元)	1.96	2.55	2.59
净资产收益率(%)	(29.65)	(1.88)	(3.14)
股东权益比率(%)	34.23	46.07	48.53

3、按照中国证监会《公开发行证券公司信息披露编报规则(第9号)》要求计算的利润表附表

报告期利润	净资产收益率%		每股收益(人民币元)	
	全面摊薄	加权平均	全面摊薄	加权平均
主营业务利润	3.77	3.29	0.0742	0.0742
营业利润	(28.77)	(25.08)	(0.5664)	(0.5664)
净利润	(29.50)	(25.71)	(0.5808)	(0.5808)
扣除非经常性损益后的净利润	(29.40)	(25.62)	(0.5788)	(0.5788)

三、股本变动及股东情况介绍

1、股本变动情况
(1)股本结构情况

	期初股数	占已发行股份比例%	本期变动增(减)	期末股数	占已发行股份比例%
(一)尚未流通股份					
境内法人持有股份(国有法人股)	220,000,000	48.89	0	220,000,000	48.89
(二)已流通股份					
1、境内上市的人民币普通股(A股)	60,000,000	13.33	0	60,000,000	13.33
2、境外上市的外资股(H股)	170,000,000	37.78	0	170,000,000	37.78
已流通股份合计	230,000,000	51.11	0	230,000,000	51.11
(三)股份合计	450,000,000	100.00	0	450,000,000	100.00

600874　天津创业环保股份有限公司

2001年年度报告摘要

一、公司基本情况简介

1.公司中文名称:天津创业环保股份有限公司("本公司")
(原称:天津渤海化工(集团)股份有限公司)
公司英文名称:Tianjin Capital Environmental Protection Company Limited
(原称:Tianjin Bohai Chemical Industry (Group) Company Limited)
公司英文名称缩写:TCEPC
2.公司法定代表人:马白玉
3.公司董事会秘书:
董事会秘书:付亚娜
联系地址:天津市和平区贵州路45号
邮政编码:300051
联系电话:86-22-23523036
传　　真:86-22-23523100
电子信箱:tjcep@public.tpt.tj.cn
公司香港秘书:叶沛森
联系地址:香港上环干诺道西三号亿利商业大厦十六楼A、E、F室
电话:00852—28032373
传真:00852—25406365
电子信箱:ippuisum@my.netvigator.com
4.公司注册地址:
天津市南开区水上公园北路津龙公寓18号
办公地址:
天津市和平区贵州路45号
邮政编码:300051
公司电子信箱:tjcep@public.tpt.tj.cn
5.公司选定的信息披露报纸的名称:《上海证券报》、香港《文汇报》和《Hong Kong imail》;
登载公司年度报告的中国证券监督管理委员会("中国证监会")指定国际互联网网址为:http://www.sse.com.cn
公司年度报告备置地点:天津市和平区贵州路45号公司董事会秘书办公室
6.公司股票上市资料:
A股上市地点:上海证券交易所("上交所")
股票简称:创业环保　　股票代码:600874
H股上市地点:香港联合交易所有限公司("香港联交所")
股票简称:天津创业环保　　股票代码:1065

二、会计数据与业务数据摘要

1.本年度主要利润指标情况

(1)按照中华人民共和国《企业会计准则》和《企业会计制度》编制,公司本年度实现利润总额399,345千元。其中:

利润总额	399,345,000元
净利润	267,634,000元
扣除非经常性损益后的净利润	267,634,000元
主营业务利润	431,558,000元
其他业务利润	89,000元
营业利润	399,220,000元
投资收益	0元
补贴收入	0元
营业外收支净额支出	125,000元
经营活动产生的现金流量净额	186,351,000元
现金及现金等价物净增(减)额	208,629,000元

(2)本年度公司按照中华人民共和国会计准则和制度计算的合并净利润为267,634千元。
按香港普遍采纳之会计准则计算的合并净利润为267,634千元。
主要差异为:无

2.截至报告期末公司前三年的主要会计数据和财务指标:

(1)按照中华人民共和国会计准则和制度编制截止2001年12月31日止三个年度

指标项目	2001年	2000年	1999年
①主营业务收入(人民币千元)	595,986	3,500,738	2,844,099
②净利润/(亏损)(人民币千元)	267,634	168,604	(374,179)
③总资产(人民币千元)	1,926,984	1,419,534	6,964,042
④股东权益(人民币千元)	1,567,888	1,406,654	1,226,452
⑤每股收益/(亏损)(摊薄)(元)	0.20	0.13	(0.28)
每股收益/(亏损)(加权)(元)	0.20	0.13	(0.28)
⑥每股收益/(亏损)(扣除非经常性损益后的每股收益)/(亏损	0.20	0.13	(0.28)
⑦每股净资产(元)	1.18	1.06	0.92
⑧调整后的每股净资产(元)	1.18	1.06	0.79
⑨每股经营活动产生的现金流量净额(元)	0.14	0.79	0.23
⑩净资产收益/(亏损)率(%)(摊薄)	17.07	11.99	(30.51)
净资产收益/(亏损)率(%)(加权)	17.99	12.81	(26.50)

注:按照中国证监会《公开发行证券公司信息披露编报规则》(第9号)计算的净资产收益率和每股收益率如下:

报告期利润	净资产收益率(%) 全面摊薄	净资产收益率(%) 加权平均	每股收益(元/股) 全面摊薄	每股收益(元/股) 加权平均
主营业务利润	27.52	29.02	0.32	0.32
营业利润	25.46	26.84	0.30	0.30
净利润	17.07	17.99	0.20	0.20
扣除非经常性损益后的净利润	17.07	17.99	0.20	0.20

(2)按照香港普遍采纳之会计准则编制截止2001年12月31日止三个年度

指标项目	2001年	2000年	1999年
①主营业务收入(千元)	563,207	3,499,943	2,844,099
②净利润/(亏损)(千元)	267,634	178,091	(364,373)
③总资产(千元)	1,926,984	1,419,534	6,938,993
④股东权益(千元)	1,674,288	1,406,654	1,194,646
⑤每股收益/(亏损)(摊薄)(元)	0.20	0.13	(0.27)
每股收益/(亏损)(加权)(元)	0.20	0.13	(0.27)
⑥每股收益/(亏损)(扣除非经常性损益后的每股收益)/(亏损	0.20	0.13	(0.27)
⑦每股净资产(元)	1.26	1.06	0.90
⑧调整后的每股净资产(元)	1.26	1.06	0.77
⑨每股经营活动产生的现金流量净额(元)	0.22	0.79	0.23
⑩净资产收益/(亏损)率(%)(摊薄)	15.98	12.66	(30.50)
净资产收益/(亏损)率(%)(加权)	17.99	13.69	(26.67)

注:因本年度内公司股份数额未发生变化,加权平均计算的每股收益与全面摊薄计算的相同。

3.报告期内股东权益变动情况

单位:人民币千元

项目	期初数	本期增加	本期减少	期末数	变动原因
股本	1,330,000	0	0	1,330,000	
资本公积	69,289	0	0	69,289	
盈余公积	1,104	40,146	0	41,250	从当年利润中计提
其中:法定公益金	368	13,382	0	13,750	利润分配
未分配利润	6,261	267,634	146,546	127,349	本年度分配后的利润实现数
股东权益合计	1,406,654	307,780	146,546	1,567,888	

三、股本变动及股东情况

1.股本变动情况:
(1)公司股份变动情况表:
报告期内公司无送股、转增股本或内部职工股上市的情形。

数量单位:股

	股本变动前	本次变动增减(+,-)					股本变动后
		配股	送股	公积金转股	其他	小计	
一、尚未流通股份							
1.发起人股份							
其中:							
国家拥有股份	839,020,000						839,020,000
境内法人持有股份							
外资法人持有股份							
其他							
2.募集法人股	38,485,000						38,485,000
3.内部职工股							
4.优先股或其他							
其中:转配股							
尚未流通股份合计	877,505,000						877,505,000
二、已流通股份							
1.境内上市的人民币普通股	112,495,000						112,495,000
2.境内上市的外资股							
3.境外上市的外资股	340,000,000						340,000,000
4.其他							
已流通股份合计	452,495,000						452,495,000
三、股份总数	1,330,000,000						1,330,000,000

(2)股票发行与上市情况:
截止2001年12月31日为止的前三年公司无股票发行情况。

2.股东情况介绍

(1)报告期末股东总数。截至2001年12月31日本公司股东总数为32586户。其中:国有股股东1户,法人股股东108户,社会公众股股东32275户、外资股股东202户。

(2)本公司前10名最大股东持股情况:(截至2001年12月31日)

名次　股东名称	类别	年末持股数(股)	占总股本(%)
1.天津市政投资有限公司(国家持股单位)	A	839,020,000	63.08
2.香港中央结算(代理人)有限公司(外资股东)	H	334,331,000	25.14
3.沈阳铁路局(法人股)	A	3,500,000	0.26
4.南方证券南京分公司(法人股)	A	2,725,000	0.20
5.中国东方信托投资公司南昌营业部(法人股)	A	1,500,000	0.11
6.李勇(社会公众股)	A	1,057,430	0.0795
7.冯英兰(社会公众股)	A	1,038,541	0.078
8.青岛市南区震远贸易公司(法人股)	A	1,000,000	0.075
9.民航结算(法人股)	A	1,000,000	0.075

10. 建津直属(法人股)	A	1,000,000	0.075

注:A、根据香港中央结算(代理人)有限公司(HKSCC NOMINEES LIMITED)提供的股东名册,其持有之 H 股股份乃代表多个客户所持有,并无任何个别客户持有本公司总股本 5% 或以上之权益。

B、天津市政投资有限公司("天津市政")持有本公司国有股 83,902 万股,占总股本的 63.08%,为本公司的第一大股东("控股股东"),报告期内,其所持股票没有质押或冻结的情况。

C、前十名股东均不是本公司的战略投资者。

D、前十名股东之间不存在关联关系。

(3)公司控股股东情况介绍

控股股东名称:天津市政投资有限公司

法定代表人:孙增印先生

成立日期:1998 年 1 月 20 日

注册资本:172427.8 万元人民币

公司类别:国有独资公司

股权结构:天津市市政工程局持有其 100% 股权

经营范围:市政基础设施项目的开发、建设管理;市政基础设施的配套、开发经营;城市建设工程技术设备的引进;市政公路基础设施招商引资、项目开发、建设管理(以上范围内国家有专营专项规定的按规定办理)。

报告期内本公司控股股东没有发生变化。

(4)公司控股股东的控股股东情况介绍

本公司控股股东天津市政投资有限公司是隶属于天津市市政工程局的国有独资公司,其实际控制人为天津市市政工程局。

控制人名称:天津市市政工程局

法定代表人:孙增印先生

机构类型:机关法人

主要业务:全市市政建设和管理。

(5)其他持股 10%(含 10%)以上的法人股东情况

报告期内本公司没有其他持股 10%(含 10%)以上的法人股东。

四、董事、监事、高级管理人员和员工情况

姓　名	性别	年龄	职　务	任期起止日期	人民币酬金(千元)	年初持股数	年末持股数
马白玉	女	39	董事长、总经理	2000.12.20 - 2003.12.19	400	0	0
安品东	男	33	董事、总会计师	2000.12.20 - 2003.12.19	300	0	0
顾启峰	男	35	董事、总工程师	2000.12.20 - 2003.12.19	300	0	0
朱　敏	男	47	董事	2000.12.20 - 2003.12.19	160	0	0
王月清	男	57	董事	2000.12.20 - 2003.12.19	160	0	0
张文辉	男	46	董事	2000.12.20 - 2003.12.19	160	0	0
李伟斌	男	40	独立董事	2000.12.20 - 2003.12.19	265	0	0
曾文仲	男	59	独立董事	2000.12.20 - 2003.12.19	265	0	0
管维立	男	58	独立董事	1999.6.29 - 2002.6.28	250	0	0
于瑞华	女	55	监事会主席	2000.12.20 - 2003.12.19	300	0	0
陈宝森	男	49	监事	2000.12.20 - 2003.12.19	100	0	0
李凯建	男	49	监事	2000.12.20 - 2003.12.19	0	0	0
窦振明	男	50	监事	2000.12.20 - 2003.12.19	0	0	0
史春华	男	37	监事	2000.12.20 - 2003.12.19	0	0	0
张明起	男	44	监事	2001.9.19 - 2004.9.18	80	0	0
林文波	男	44	副总经理	2000.12.20 - 2003.12.19	200	0	0
罗连芳	男	53	副总经理	2000.12.20 - 2003.12.19	250	0	0
刘文亚	男	43	副总经理	2000.12.20 - 2003.12.19	200	0	0
付亚娜	女	31	董事会秘书	2000.12.20 - 2003.12.19	172.6	0	0
叶沛森	男	42	董事会秘书	2000.12.20 - 2003.12.19	76	0	0

1.董事、监事、高级管理人员基本情况:

说明:(1)董事、监事、高级管理人员均未曾持有本公司股份;

(2)董事、监事、高级管理人员在股东单位任职情况:

董事长兼总经理马白玉女士在本公司控股股东天津市政投资有限公司任副董事长。

2.董事、监事、高级管理人员年度报酬情况:

2001 年度在本公司领取薪酬的董事、监事、高级管理人员的年度报酬依据董事服务协议、监事服务协议和本公司员工工资分配方案的有关规定。

现任董事、监事、高级管理人员在公司领取的年度报酬总额(包括基本工资、各项奖金、福利、补贴、住房津贴及其他津贴等)为人民币 363.86 万元,金额最高的前三名董事的报酬总额为人民币 100 万元,金额最高的前三名高级管理人员的报酬总额为人民币 100 万元。独立董事李伟斌先生、曾文仲先生、管维立先生的津贴分别为人民币 26.5 万元,人民币 26.5 万元,人民币 25 万元。

公司现任董事、监事、高级管理人员共 20 人,在公司领取报酬的 17 人,其中年度报酬数额在人民币 30 万元以上(含人民币 30 万元)的 4 人;年度报酬数额在人民币 20 万元(含人民币 20 万元)——人民币 30 万元的 6 人;年度报酬数额在人民币 20 万元以下的 7 人。其中李凯建、窦振明、史春华等 3 名监事未在本公司领取报酬。

3.报告期内董事、监事、高级管理人员离任情况及原因:

报告期内因荆世奎先生从本公司离职,本公司 2001 年 9 月 19 日职工代表大会决议批准荆世奎先生辞去本公司监事职务,选举张明起先生作为职工代表出任本公司监事,任期三年。

报告期内没有董事、高级管理人员离任的情况。

4.公司员工情况:

2001 年底,本公司在职职工 986 人,无离退休员工,公司员工中有各种专业职称的人数为 97 人,占员工总数的 9.84%,其中高级职称 10 人、中级职称 40 人、初级职称 47 人,本公司拥有国际企业与国际投资、环境工程、道路桥梁、工程管理等专业的高级人才,各个层次的专业结构合理。

(1) 员工的专业构成:

行政人员	96 人	占 9.73%
财务人员	13 人	占 1.32%
技术人员	97 人	占 9.84%
污水处理厂及收费站员工	780 人	占 79.11%

(2) 员工的教育程度

研究生	5 人	占 0.5%
本科	52 人	占 5.3%
大中专	472 人	占 47.9%
高中或以下	457 人	占 46.3%

五、公司治理结构

1.公司治理情况:

公司严格按照《公司法》、《证券法》和中国证监会有关法律法规的要求,积极完善公司法人治理结构、建立现代企业制度、规范公司运作。根据中国证监会和国家经贸委于 2002 年 1 月 7 日发布的《上市公司治理准则》规范文件的要求,公司修改了《公司章程》,并在公司经理办公会议上通过了《总经理工作细则》,同时,公司将在 2001 年年度股东大会上审议《股东大会议事规则》、《董事会议事规则》、《监事会议事规则》将在相关有权会议上审议,这些规则符合中国证监会、上海证券交易所及香港联交所的有关规定,主要内容如下:

(1)关于股东与股东大会:公司能够确保所有股东,特别是中小股东享有平等地位,确保所有股东能够充分行使自己的权利;公司建立了股东大会的议事规则,能够严格按照股东大会规范意见的要求召集、召开股东大会,在会场的选择上尽可能地让更多的股东能够参加股东大会,行使股东的表决权;公司关联交易公平合理,并对定价依据予以充分披露。

(2)关于控股股东与上市公司的关系:控股股东行为规范,没有超越股东大会直接或间接干预公司的决策和经营活动;公司与控股股东在人员、资产、财务、机构和业务方面做到"五独立",公司董事会、监事会和内部机构能够独立运作。

(3)关于董事与董事会:公司严格按照《公司章程》规定的董事选聘程序选举董事,并将进一步完善董事的选聘程序、积极推行累积投票制度;公司董事会的人数和人员构成符合法律、法规的要求;公司董事会建立了董事会议事规则,公司各位董事能够以认真负责的态度出席董事会和股东大会,能够积极参加有关培训,熟悉有关法律法规,了解作为董事的权利、义务和责任;公司按照有关规定建立了独立董事制度,董事会成员当中已有三名独立董事,占董事会成员的三分之一,同时设立了薪酬委员会和审核委员会。

(4)关于监事和监事会:公司共有 6 名监事,监事会的人数和人员构成符合法律、法规的要求;公司监事会建立了监事会的议事规则;公司监事能够认真履行自己的职责,能够本着对股东负责的精神,对公司财务以及公司董事、公司经理和其他高级管理人员履行职责的合法合规性进行监督。

(5)关于绩效评价与激励约束机制:公司正积极着手建立公开、公正的董事、监事和经理人员的绩效评价标准与激励约束机制;经理人员的聘任采取竞争机制,充分体现公开、公平、公正的原则。

(6)关于相关利益者:公司能够充分尊重和维护银行及其他债权人、职工、消费者等其他利益相关者的合法权益,共同推动公司持续、健康地发展。

(7)关于信息披露与透明度:公司指定董事会秘书负责信息披露工作、接待股东来访和咨询;公司能够严格按照法律、法规和公司章程的规定,真实、准确、完整、及时地披露有关信息,并确保所有股东有平等的机会获得信息;公司能够按照有关规定,及时披露关联交易、大股东或公司实际控制人的详细资料。

公司自成立以来,一贯严格按照《公司法》、《证券法》及中国证监会颁布的有关法律法规的要求规范运作,并将一如既往地按照有关议事规则和 2002 年 1 月 7 日发布的《上市公司治理准则》等要求规范运作,努力寻求利润最大化,切实维护中小股东的利益。

2.独立董事履行职责情况:

公司根据香港联合交易所有限公司上市规则建立了独立董事制度,董事会成员当中已有三名独立董事,占董事会成员的三分之一,各位独立董事熟悉公司的业务及经营情况,能够以认真负责的态度出席董事会和股东大会,并发表独立性意见,能够积极参加有关培训,了解作为独立董事的权利、义务和责任。根据中国证监会发布的《关于在上市公司建立独立董事制度的指导意见》的规定要求,公司现任独立董事李伟斌先生为公司香港法律顾问李伟斌律师行的合伙人,管维立先生因连任期限已超过 6 年,均失去任职资格。李伟斌先生、管维立先生已向公司董事会提交了辞去公司独立董事的辞呈。为了进一步加强独立董事制度,完善公司法人治理结构,公司董事会将提名推举新的独立董事候选人。

3. 公司与控股股东在人员、资产、财务、机构、业务等方面的分开

情况:

(1)人员分开方面:本公司与控股股东在劳动、人事及工资管理等方面是独立的,并设立了独立的劳动人事职能部门。公司总经理、副总经理、总会计师、董事会秘书等高级管理人员均在本公司领取薪酬,且均未在控股股东单位担任除董事以外的重要职务。

(2) 资产完整方面:所有与公司生产经营有关的资产均归公司所有。

(3) 财务独立方面:本公司设立了独立的财会部门,建立了独立的会计核算体系和财务管理制度,并在银行开设独立的帐户。

(4) 机构独立方面:本公司设立了完全独立于控股股东的组织机构,有独立的办公经营场所。

(5) 业务分开方面:本公司在业务方面独立于控股股东,具有独立完整的业务及自主经营能力。

4.高级管理人员的考评及激励机制:

公司董事会根据有关指标和标准对高级管理人员的业绩和绩效进行考评,公司将在适当的时机建立相关的奖励制度,在董事、监事和高级管理人员当中推行激励机制。

六、股东大会情况简介

本报告期内,公司共召开两次股东大会,即 2000 年年度股东大会和 2001 年临时股东大会:

1、2000 年年度股东大会于 2001 年 5 月 8 日召开。本次股东大会决议公告刊登在 2001 年 5 月 9 日的《上海证券报》、香港《文汇报》和《Hong Kong imail》上。

2、2001 年公司临时股东大会于 2001 年 11 月 12 日召开。本次临时股东大会决议公告刊登在 2001 年 11 月 13 日的《上海证券报》、香港《文汇报》和《Hong Kong imail》上。

七、董事会报告

1.公司经营情况:

(1)公司主营业务范围及其经营状况:

公司经营范围是:天津市东郊污水处理厂、天津市纪庄子污水处理厂及相关的配套设施建设、设计、管理、经营、技术咨询及配套服务;天津市中环线东南半环城市道路,天津市贷款道路建设车辆通行费收费站及相关的配套设施建设、设计、收费、养护、管理、技术咨询及配套服务,环保科技及环保产品的开发经营。

报告期内,本公司在不断完善法人治理结构的同时,积极加强内部的整改和内控机制。公司于 2000 年 12 月完成重组后,现从事的业务性质有了较大的变化,针对现有的业务性质,公司管理层采取了一系列的措施,取得了良好的效果。

a.污水处理及环保相关业务的经营情况:

污水处理厂的收入来源根据与天津市排水公司签订的《污水处理委托协议》获得。本公司对于污水处理厂的控制重点在于流程控制、成本控制、质量控制,从而提高效率,降低成本,力求在较低的成本基础上符合国家规定的污水处理标准。具体措施控制预算,加强人员培训,提高员工技术水平,招聘专业技术人才充实员工队伍等。报告期内两座污水处理厂共处理污水 218,818,896 立方米,较去年同期处理量的 193,576,500 立方米增加 25,242,396 立方米,增长 13%。

b.收费业务经营情况:

该项业务的收入来源由收费站员工直接收取,报告期内,针对该项业务的特点,公司管理层加大了对收费站的监控,进一步完善了收费站监控系统。由于天津市周边公路的修建及改造,使得报告期内收费交通流量有所下降。报告期内本公司收费交通流量为 3049512 车次,较去年同期的 3647004 车次,下降了 597492 车次,下降 16.38%。但针对收费流量的减少,公司裁减部分收费员工,以减少人工费用开支。

c.新项目经营情况:

2001 年 9 月 24 日天津市排水公司与本公司就北仓污水处理厂在建工程、咸阳路污水处理厂在建工程及纪庄子污水处理厂(扩建)在建工程签订了有条件的转让协议,除贷款的转贷手续正在办理之中外,其他条件均已成就。截至 2002 年 2 月,本公司日元贷款的转贷手续已取得国家财政部的批复,其余两笔贷款的转贷手续正在积极的办理之中,该项业务的收入来源根据 2001 年 9 月 24 日天津市排水公司与本公司签订的《污水处理(扩建)在建工程的收费协议》获得。报告期内,实际完成工程工作量 238,926,154 元,按照工程进度公司共获得工程建设费 91,013,057 元。

天津市有六大排水系统,但现有两座污水处理厂只能为其中的两个系统提供服务,因此,需要建设新的污水处理厂以满足其他排水系统的需求。咸阳路污水处理厂设计能力日处理污水 45 万立方米,总投资人民币 11.90 亿元,将服务于咸阳路系统;北仓污水处理厂设计能力一期日处理污水 10 万立方米,一期投资人民币 4.16 亿元,将服务于北仓排水系统;同时为解决纪庄子污水处理厂的处理能力不足的问题,对纪庄子污水处理厂进行了扩建,扩建后将新增污水处理能力 28 万立方米/日,包括配套的管网在内,总投资人民币 10.55 亿元。

2001 年 9 月 24 日天津市政投资有限公司与本公司签订了《中环线东南半环海河大桥项目委托管理合同》,报告期内,实际完成工程工作量 127,130,549 元,按照工程工作量公司共获得管理费收入 2,730,000 元。

各业务的财务数据如下所示:

	业务量	收入 人民币千元	占总收入%	净利 人民币千元	占净利润%
污水处理业务	218,818,896 立方米	417,944	70.13	191,703	71.63
道路及收费站业务	3049512 车次	84,299	14.14	27,574	10.30
新项目业务		93,743	15.73	48,357	18.07
总计		595,98	100	267,634	100

(2)公司主要控股公司及参股公司的经营情况及业绩

天津中水有限责任公司:截止报告期末,本公司持有天津中水有限责任公司 90% 的股权。该公司注册资本为人民币 2000 万元,主营业务范围为:中水生产、销售;中水设施的开发、建设;中水设备制造、安装、调试、运行;中水技术咨询、服务、培训;劳务服务;汽车冲洗。2001 年该公司尚处于筹建阶段,该公司将积极拓展再生水回用项目,以中水的开发、建设、生产、销售为主导产业,力求缓解天津市水资源的缺乏,达到水资源的综合利用,占领天津市中水市场。2001 年底该公司总资产 55,142,381 元。

天津北方人才港股份有限公司:截止报告期末,本公司投资天津北方人才港股份有限公司的总投资额为人民币 200 万元,占其注册资本的 6.1%,该公司主营业务范围为:高级人才保障业务;高级人才服务业务(人才流动中介服务,金融担保咨询服务,个人资信评估);企业人才援助工程;科技项目成果的开发、经营;房地产开发与经营业务。2001 年该公司尚处于起步阶段,该公司将积极开发人才资源,建立和完善天津市人才市场,致力于为天津乃至环渤海地区吸引更多的高级人才、专业人才及技术人才。

天津市宝通轻集料有限责任公司:截止报告期末,公司投资天津市宝通轻集料有限责任公司的总投资额为人民币 200 万元,占其注册资本的 20%,该公司主营业务为:高强轻集料及其制品生产、销售。2001 年该公司尚处于筹备阶段,该公司将积极致力于把高科技技术引入市政基础设施建设之中。

(3)公司主要供应商、客户情况:

排水公司代表天津市政府作为公司的主要客户,委托公司为其处理天津市的城市污水,同时,因为排水公司与公司的控股股东同时处于天津市市政工程局的监管之下,与公司构成关联关系。排水公司主要业务为雨污水管道、泵站、河道、排水设施、污水处理厂的养护、运行、开发及建设;电器设备的维修、安装;排水技术咨询服务。本公司污水处理厂的收入来源根据本公司与天津市排水公司签订的《污水处理委托协议》获得。

(4)在经营中出现的问题与困难及解决方案:

a.2001 年东郊污水处理厂进行了污水处理设施的维修和养护,纪庄子污水处理厂进行了扩建在建工程。在进行上述工作中,合理的安排工期,使生产运营与工程进度互不干扰,既保证了设施维修养护和扩建工程,又保证了处理水量。

b.由于天津市周边地区公路的修建及改造,使得报告期内收费交通流量有所下滑。公司一方面加大收费站的监察和管理力度,提高收费效率和管理水平。同时,考虑到收费交通量的减少,本公司关闭一些车道,减裁收费站员工以节约人工费用及其他相关成本。

(5)公司曾披露过本年度经营计划情况:

a.报告期内,本公司已完成了投资控股天津中水有限公司,总投资额为 1800 万元人民币。

b.报告期内,本公司没有从天津市政投资有限公司收购海河大桥在建工程项目,主要原因是考虑到该项工程的投资较大,同时为突出主营业务,公司新增加了一系列污水处理厂在建工程,因此本公司与天津市政投资有限公司就中环线东南半环海河大桥工程项目签订了委托管理合同。2001 年 9 月 24 日第二届董事会第十九次会议审议通过了对该项计划的调整,并提交公司临时股东大会审议。本次董事会临时会议决议公告刊登在 2001 年 9 月 25 日的《上海证券报》、香港《文汇报》和《Hong Kong imail》上。2001 年 11 月 12 日公司临时股东大会审议通过了该项决议。本次临时股东大会决议公告刊登在 2001 年 11 月 13 日的《上海证券报》、香港《文汇报》和《Hong Kong i-mail》上。

2.公司投资情况:

报告期内,公司对外投资额为 2200 万元,比上年的 0 万元,增长了 2200 万元。

(1)a.报告期内,公司投资控股天津中水有限责任公司,总投资额为人民币 1800 万元,占其注册资本的 90%,该公司主营业务范围为:中水生产、销售;中水设施的开发、建设;中水设备制造、安装、调试、运行;中水技术咨询、服务、培训;劳务服务;汽车冲洗。

b.报告期内,公司投资天津北方人才港股份有限公司,总投资额为人民币 200 万元,占其注册资本的 6.1%,该公司主营业务范围为:高级人才保障业务;高级人才服务业务(人才流动中介服务,金融担保咨询服务,个人资信评估);企业人才援助工程;科技项目成果的开发、经营;房地产开发与经营业务。

c.报告期内,公司投资天津市宝通轻集料有限责任公司,总投资额为人民币 200 万元,占其注册资本的 20%,该公司主营业务为:高强轻集料及其制品生产、销售。

(2)报告期内,公司没有募集资金,也没有报告期之前募集资金的使用延续到报告期内的情况。

3.公司财务状况:

本报告期,公司的财务状况较上一年度有了进一步的改善,普华永道中中天会计师事务所有限公司和香港罗兵咸永道会计师事务所为本公司出具了标准无保留意见的审计报告,具体分析如下:

(1)2001 年 12 月 31 日,公司总资产 192,698.40 万元,较上年度总资产 141,953.40 万元增加了 36.09%。

(2)2001 年 12 月 31 日,公司长期负债 3620 万元,较上年度长期负债 0 万元增长了 3620 万元,主要系子公司经营融资所致。

(3)2001 年 12 月 31 日,公司股东权益 156,788.80 万元,较上年度股东权益 140,665.40 万元增加了 11.46%,主要系公司盈利所致。

(4)本年度公司主营业务利润 43,155.80 万元,比上年度主营业务利润 54,763.90 万元减少了 21.20%,主要系转换主营业务所致。

(5)本年度净利润 26,763.40 万元,比上年度净利润 16,860.40 万元增长了 58.74%。

(6)净利润中 4707.2 万元来源于污水处理厂项目建设管理费收入,该业务属公司本年度新增经营项目。

4.生产经营环境、宏观政策、法规的变化对公司产生的影响

环保产业属于国家未来发展的重点产业,"十五"期间国家将进一步加大对环保产业的投入。城市污水处理作为环保的一个重要内容,已经越来越成为衡量一个城市国际化的重要标志。国务院 2000 年 11 月《关于加强城市供水、节水和水污染防治工作的通知》中明确指出,"十五期间,所有设市城市都必须建设污水处理设施。到 2005 年,50 万人口以上的城市,污水处理率应达到 60% 以上;到 2010 年,所有设市城市污水处理率应不低于 60%。直辖市、省会城市、计划单列市以及重点风景旅游城市的污水处理率不低于 70%"以及建设部、国家环保总局《关于转发 < 福建省关于推进城市污水处理产业化发展的暂行规定 > 的通知》的文件精神,都将对公司以污水处理厂建设、运营以及再生水回用等为主的业务产生积极的影响,为公司规模生产提供了可靠的市场保证。

随着中国加入 WTO,中国的改革和开放将进一步深入,宽松的投资环境是一个地区、城市吸引投资的重要保证以及随着天津市周边地区路网建设的进一步完善,对公司城市道路收费业务将产生负面影响。

5.新年度的经营计划

2002 年,公司主要任务是,进一步完善公司治理结构,严格规范运作。完善股东大会、董事会、监事会,充分发挥三会职能。依法运作,提高经济运行质量。继续推进全面预算管理,树立成本意识,节约意识。完成质量管理体系、环境保护管理体系、安全管理体系认证。坚持不懈地抓好安全生产和安全教育,确保污水处理厂安全高效运营,确保污水处理建设项目建设进度和质量,确保收费工作平稳、安全。进一步巩固主业,形成以水处理、水工程建设、再生水回用、污水处理设备、产品开发应用的的产业链,形成具有竞争力的产业结构。继续向天津市以外的其他地区拓展污水处理业务。以追求利润最大化为目标,积极寻求新的利润增长点,力争给广大投资者以丰厚的回报。

(1)继续建设纪庄子污水处理厂扩建工程、咸阳路、北仓污水处理厂等项目工程。

(2)积极与国际先进水处理公司合作,提高本公司技术水平和管理能力。

(3)开发外埠污水处理市场,向包括但不限于贵州、新疆、陕西等中国西北地区拓展污水处理厂建设、运营等市场,形成规模经济。

(4)成立科技研发中心,开发与城市污水处理等有关的环保产品、设备和技术,以科技的发展和应用推动企业的发展。

(5)将进行 ISO9001、ISO14001 和 OHSAS18001 的整合认证工作,使公司工作科学化、系统化、制度化。

(6)利用资本市场为在建工程筹集建设资金。

6.本次利润分配预案或资本公积金转增股本预案

经普华永道中天会计师事务所按中国注册会计师独立审计准则和香港罗兵咸永道会计师事务所按香港会计师公会所颁布的核数准则分别进行的审计,本公司 2001 年度实现净利润均为人民币 267,634 千元。按《公司章程》有关规定,提取 10% 的法定公积金人民币 26,764 千元和 5% 的法定公益金人民币 13,382 千元,加上 2000 年度未分配利润人民币 6,261 千元,本年度可供全体股东分配的利润为人民币 233,749 千元。董事会决定本次利润分配预案为:拟以 2001 年年末总股本 1,330,000,000 股为基数,向全体股东每 10 股派发人民币 0.80 元现金红利(含税),派发现金红利总额为人民币 106,400 千元,资本公积金本次不转增股本。以上利润分配预案或资本公积金转增股本预案须提交年度股东大会审议。2001 年度实际实施的利润分配政策与 2000 年度报告预计的分配政策相符。

八、监事会报告

1.报告期内监事会会议情况:

报告期内监事会共召开三次会议,主要内容如下:

(1)2001 年 3 月 15 日召开第二届监事会第十五次会议,会议通过如下决议:

a.本公司 2000 年度监事会工作报告;

b.同意本公司 2000 年年度报告及报告摘要;

c.同意本公司 2000 年度财务决算报告和 2001 年度财务预算报告;

d.同意本公司 2000 年度利润分配预案;

e.同意本公司 2001 年度利润分配政策预计;

f.本公司董事会和经营班子在 2000 年度认真履行了股东大会和董事会的各项决议,其运作符合《公司法》和本公司《章程》的有关规定;本公司董事和高级管理人员在执行职务时没有发生违反国家法律、法规、本公司《章程》及损害本公司利益的行为。

g.普华永道中天会计师事务所有限公司、罗兵咸永道会计师事务所出具的无保留意见的 2000 年度审计报告,真实地反映了本公司的实际财务状况和经营成果。

本次监事会会议决议公告刊登在 2001 年 3 月 19 日的《上海证券报》、香港《文汇报》和《Hong Kong imail》上。

(2)2001 年 7 月 30 日召开第二届监事会第十六次会议,会议审议并通过了如下决议:

a.同意监事会 2001 年度上半年工作报告;

b.同意经境内会计师事务所根据中国注册会计师独立审计准则审计的 2001 年度中期财务会计报告;

c.同意经境外会计师事务所根据香港会计师公会所颁布的核数准则审阅的 2001 年度中期财务会计报告;

d.同意在境内外分别公布的 2001 年度中期报告和 2001 年度中期报告摘要;

e.同意公司 2001 年度中期利润分配方案;

f.同意公司 2001 年度下半年计划;

g.公司董事会和管理层在 2001 年上半年认真履行了股东会和董事会的各项决议,其运作符合《公司法》和本公司《章程》的有关规定;本公司董事和高级管理人员在执行职务时没有发生违反国家法律、法规、本公司《章程》及损害本公司利益的行为。

h.经普华永道中天会计师事务所有限公司审计并出具无保留意见的审计报告及经香港罗兵咸永道会计师事务所审阅的 2001 年度中期财务报告,真实地反映了公司的实际财务状况和经营成果。

本次监事会会议决议公告刊登在 2001 年 8 月 1 日的《上海证券报》、香港《文汇报》和《Hong Kong imail》上。

(3)2001 年 9 月 24 日召开第二届监事会第十七次会议,会议审议并通过如下决议:

同意本公司第二届董事会第十九次会议所做的决议;与会监事列席了该次董事会,认为该次董事会召开程序符合《公司法》和《公司章程》,会议上通过的决议公平合理。

本次监事会会议决议公告刊登在 2001 年 9 月 25 日的《上海证券报》、香港《文汇报》和《Hong Kong imail》上。

2.监事会对公司 2001 年度有关事项的独立意见:

(1)公司依法运作情况:

公司监事会根据国家有关法律、法规,对公司股东大会、董事会的召开程序、决议事项、董事会对股东大会决议的执行情况、公司高级管理人员执行职务的情况及公司管理制度等进行了监督,认为公司董事会 2001 年度的工作能严格按照《公司法》、《证券法》、《上市规则》、《公司章程》及其他有关法规制度进行规范运作,工作认真负责、经营决策科学合理,并进一步完善了内部管理

和内部控制制度，建立了良好的内控机制；公司董事、经理执行职务时没有违反法律、法规、公司章程或损害公司利益的行为。

(2)检查公司财务情况：

公司监事会对公司的财务制度和财务状况进行了认真、细致的检查，认为公司 2001 年度财务报告能够真实地反映公司的财务状况和经营成果。普华永道中天会计师事务所出具的审计意见和对有关事项作出的评价是客观公正的。

(3)公司最近一次募集资金为公司前身(渤海化工)于 1995 年 6 月，公司前身渤海化工在 2000 年 12 月 20 日经过公司临时股东大会通过，与天津市政进行了资产重组，原渤海化工的所有业务、资产和负债都已置换出公司，置换后公司的资产与前次募集资金没有关系，前次募集资金的使用效果也与公司目前经营状况没有联系。公司现任监事会成员对重组前渤海化工的募集资金的实际运用及使用效果难以详细了解。鉴于以上原因，公司监事会没有而且无法对前次募集资金使用情况发表意见，会计师也无法对前次募集资金的使用情况进行专项审计。

(4)公司收购、出售资产交易价格合理，没有发现内幕交易和损害部分股东的权益或造成公司资产流失的行为。

(5)公司关联交易公平，未损害上市公司利益，无内幕交易行为。

(6)股东大会决议执行情况。

公司监事会成员列席了公司董事会和股东大会会议，对公司董事会提交股东大会审议的各项报告和提案内容，本公司监事会并无异议。公司监事会对股东大会的决议执行情况进行了监督，认为公司董事会能够认真履行股东大会的有关决议。

九、重要事项

1. 2001 年度公司无诉讼、仲裁事项。

2. 报告期内，公司收购及出售资产、吸收合并事项的简要情况及进程：

报告期内，2001 年 9 月 24 日天津市排水公司与本公司就北仓污水处理厂在建工程、咸阳路污水处理厂在建工程及纪庄子污水处理厂(扩建)在建工程签订了有条件的转让协议，除贷款的转贷手续正在办理之中外，其他条件均已成就。截至 2002 年 2 月，本公司日元贷款的转贷手续已取得国家财政部的批复，其余两笔贷款的转贷手续正在积极的办理之中。公司 2001 年度临时股东大会已通过了修改公司章程的议案，但由于报告期内，上述几项工程尚未完工，因此，待上述几项工程完工时，在对公司章程的相关内容进行修改。

该项业务的收入来源依据 2001 年 9 月 24 日与天津市排水公司签订的《污水处理(扩建)在建工程的收费协议》获得。报告期内，实际完成工程工作量 238,926,154 元，按照工程进度公司共获得工程建设费 91,013,057 元。

3. 重大关联交易事项：

(1)2001 年 9 月 24 日天津市排水公司与本公司签订了《北仓污水处理厂在建工程转让协议》。

(2)2001 年 9 月 24 日天津市排水公司与本公司签订了《咸阳路污水处理厂在建工程转让协议》。

(3)2001 年 9 月 24 日天津市排水公司与本公司签订了《纪庄子污水处理厂(扩建)在建工程转让协议》。

(4)2001 年 9 月 24 日天津市政投资有限公司与本公司签订的《中环线东南半环海河大桥项目委托管理合同》。

本次关联交易的公告刊登在 2001 年 9 月 25 日和 2001 年 10 月 18 日的《上海证券报》、香港《文汇报》和《Hong Kong imail》上。

(5)根据天津市政与天津市排水公司于 2000 年 10 月 10 日订立的污水处理委托协议，天津市排水公司同意聘用天津市政处理污水，为期三十年，而价格是根据计价公式所计出的价格计算。天津市排水公司为一家在中国成立的国有企业，并受天津市市政工程局的监控。该协议初步由天津市政与天津市排水公司订立，因为在该时期污水处理业务是由天津市政拥有及经营的。在资产置换完成后，天津市政的权利及责任自动转移予本公司，而本公司代替天津市政成为协议的订约方。根据计价公式，处理污水的价格是按[成本加盈利]的方法，并与(其中包括)污水处理成本和资本投资的固定回报及奖励金相挂钩计算。

(6)根据天津市政与天津市市政道桥建筑工程公司([道桥公司])于 2000 年 10 月 1 日订立的道路维修养护委托协议及于 2000 年 11 月 24 日订立的补充协议，道桥公司向天津市政提供有关东南半环城市道路的维修及养护服务。道桥公司为一家于中国成立的公司，并受天津市市政工程局监管。该协议初步由天津市政与道桥公司订立，因为在该时期东南半环城市道路是由天津市政拥有及经营的。在资产置换完成后，天津市政的权利及责任自动转让予本公司，而本公司代替天津市政成为协议的订约方。根据协议的条款，道桥公司将按建设部不时发出的《全国市政工程设施养护维修估算指标》(建设部成[1993]412 号文)所规定费率向本公司收取费用。

(7)本公司与天津市政于 2000 年 10 月 10 日订立房屋租赁协议，据此，本公司于资产置换完成后向天津市政租用位于中国天津市南开区水上公园北路津龙公寓 18 号作为其办公室物业，总建筑面积约为 674 平方米。本公司每年须向天津市政支付的租金为人民币 450,000 元。每三年按一名独立估值师所厘定的市场租金予以调整。

本公司独立董事确认上述交易是按一般商业条款进行的。

(8)公司为新增业务和一般常年性的法律咨询而支付公司香港法律顾问李伟斌律师行人民币 1,921,000 元，由于李伟斌先生现任公司独立董事并为李伟斌律师行的合伙人，因此构成关联交易。

4. 重大合同及其履行情况：

报告期内公司各项业务合同履行正常，无重大合同纠纷发生。

(1) 报告期内本公司没有重大托管、承包、租赁其他公司资产或其他公司托管、承包、租赁本公司资产的事项。

(2) 报告期内本公司未发生担保事项。

(3) 报告期内本公司没有发生委托他人进行现金资产管理事项，未来也没有委托理财计划。

5. 报告期或持续到报告期内，公司或持股 5% 以上股东未在指定报刊及网站上刊登任何承诺事项。

6. 报告期内公司继聘普华永道中天会计师事务所有限公司和香港罗兵咸永道会计师事务所担任本公司审计工作。公司最近一年内支付给会计师事务所的报酬如下：

	2001 年	备 注
财务审计费	413 .4 万元	公司不承担差旅费等其他费用
其他费用	7.77 万元	公司不承担差旅费等其他费用

上述财务审计费用包括：

(1)国际及国内审计师 2001 年中期会计报表审阅和审计及年终会计报表的审计。

(2)国际及国内审计师就有关新增业务的相关事宜提供咨询服务。

7. 报告期内，公司、公司董事会及董事、高级管理人员在报告期内没有受到中国证监会稽查、中国证监会行政处罚、通报批评、证券交易所公开谴责的情形。中国证监会及其派出机构也没有对公司进行例行巡回检查。

8. 报告期内，本公司执行 33% 的所得税率，没有享受所得税优惠政策。

9. 其他重大事项：

(1)经上海普华永道中天会计师事务所有限公司审计，本公司 2000 年度盈利 168,604 千元人民币，会计师事务所对本公司 2000 年年度财务报告出具了标准无保留意见审计报告。上海证券交易所决定于 2001 年 3 月 26 日起撤消对本公司 A 股股票交易的特别处理，本公司 A 股股票简称由"ST 创业"变更为"创业环保"。

(2)2001 年 6 月 20 日，经本公司、天津市政有限公司及天津渤海化工集团公司三方确认，除置出资产中的土地及房屋资产尚未办理完毕过户手续外，有关资产置换各项过户手续已全部完成。

十、财务报告

天津创业环保股份有限公司

2001 年度会计报表(见附表)

审计报告

普华永道审字(2002)第 380 号

致天津创业环保股份有限公司全体股东：

我们接受委托，审计了贵公司及贵集团(贵公司及其子公司)2001 年 12 月 31 日的资产负债表及 2001 年度的利润表、利润分配表和现金流量表。这些会计报表由贵公司负责，我们的责任是对这些会计报表发表审计意见。我们的审计是根据《中国注册会计师独立审计准则》进行的。在审计过程中，我们结合贵公司及贵集团的实际情况，实施了包括抽查会计记录等我们认为必要的审计程序。

我们认为，载于第 2 页至第 32 页的上述贵公司及贵集团会计报表符合中华人民共和国财政部制订的《企业会计准则》和《企业会计制度》的有关规定，在所有重大方面公允地反映了贵公司及贵集团 2001 年 12 月 31 日的财务状况及 2001 年度的经营成果和现金流量情况，会计处理方法的选用遵循了一贯性原则。

普华永道中天　　周忠惠　　王笑

会计师事务所有限公司　　注册会计师　　注册会计师

中国上海

2002 年 2 月 28 日

十一、备查文件目录

1. 载有法定代表人、主管会计工作负责人、会计机构负责人签名并盖章的会计报表。
2. 载有会计师事务所盖章、注册会计师签名并盖章的审计报告原件。
3. 报告期内在中国证监会指定报纸上公开披露过的所有公司文件的正本及公告原稿。
4. 在其它证券市场公布的年度报告。

天津创业环保股份有限公司

董事长：马白玉

2002 年 2 月 28 日

天津创业环保股份有限公司 2001 年度利润及利润分配表

	附注	合并		公司	
		2001 年 人民币千元 (见附注 1)	2000 年 人民币千元 (见附注 1)	2001 年 人民币千元 (见附注 1)	2000 年 人民币千元 (见附注 1)
主营业务收入	19	595,986	3,500,738	595,986	14,457
减：主营业务成本	19	(131,649)	(2,929,959)	(131,649)	(2,151)
主营业务税金及附加	19	(32,779)	(23,140)	(32,779)	(795)
主营业务利润		431,558	547,639	431,558	11,511
加：其他业务利润		89	8,689	12	4,100
减：营业费用		-	(33,720)	-	-
管理费用		(33,623)	(376,427)	(32,385)	(44,678)
拨回若干资产的损失准备		-	254,140	-	25,126
		(33,623)	(122,287)	(32,385)	(19,552)
财务收入/(费用)-净额	20	1,196	(218,407)	1,126	(11,377)
营业利润/(亏损)		399,220	181,914	400,311	(15,318)
加：投资收益/(损失)	21	-	2,353	(982)	110,497
补贴收入		-	6,630	-	-
营业外收入		317	9,679	317	-
减：营业外支出		(192)	(28,188)	(192)	(18)
利润总额		399,345	172,388	399,454	95,161
减：所得税	22	(131,820)	(3,784)	(131,820)	(3,627)
少数股东损益		109	-	-	-
净利润		267,634	168,604	267,634	91,534
加：年初未分配利润/(累计亏损)		6,261	(891,343)	6,261	(814,273)
		273,895	(722,739)	273,895	(722,739)
盈余公积弥补亏损		-	106,468	-	106,468
资本公积弥补亏损		-	623,636	-	623,636
可供分配的利润		273,895	7,365	273,895	7,365
减：提取法定盈余公积金	16	(26,764)	(736)	(26,764)	(736)
提取法定公益金	16	(13,382)	(368)	(13,382)	(368)
可供股东分配的利润		233,749	6,261	233,749	6,261
减：应付普通股股利	12	(106,400)	-	(106,400)	-
年末未分配利润		127,349	6,261	127,349	6,261

天津创业环保股份有限公司
资产负债表
2001年12月31日

	附注	合并		公司	
		2001年 人民币千元	2000年 人民币千元	2001年 人民币千元	2000年 人民币千元
资产					
流动资产					
货币资金	4	260,468	51,839	208,770	51,839
应收帐款	5	132,312	11,890	132,312	11,890
其他应收款	6	548	433	530	433
预付帐款	7	215,140	164	215,026	164
存货	8	2,514	2,854	2,514	2,854
流动资产合计		610,982	67,180	559,152	67,180
长期投资					
长期股权投资	9	4,000	-	21,018	-
固定资产					
固定资产原值		1,754,719	1,091,591	1,751,406	1,091,591
减:累计折旧		(442,717)	(376,481)	(442,717)	(376,481)
固定资产净值	10	1,312,002	715,110	1,308,689	715,110
无形资产及其他资产					
无形资产	11	-	637,244	-	637,244
资产总计		1,926,984	1,419,534	1,888,859	1,419,534

	附注	合并		公司	
		2001年 人民币千元	2000年 人民币千元	2001年 人民币千元	2000年 人民币千元
负债及股东权益					
流动负债					
应付帐款		209	1,139	199	1,139
应付福利费		3,471	1,632	3,465	1,632
应付股利	12	106,400	-	106,400	-
应交税金	13	46,597	4,350	46,593	4,350
其他应交款		2,200	80	2,200	80
其他应付款	14	157,545	4,879	157,531	4,879
预提费用		4,583	800	4,583	800
流动负债合计		321,005	12,880	320,971	12,880
长期负债					
专项应付款	15	36,200	-	-	-
负债合计		357,205	12,880	320,971	12,880
少数股东权益		1,891	-	-	-
股东权益					
股本	16	1,330,000	1,330,000	1,330,000	1,330,000
资本公积	17	69,289	69,289	69,289	69,289
盈余公积	17	41,250	1,104	41,250	1,104
其中:					
法定盈余公积金		27,500	736	27,500	736
法定公益金		13,750	368	13,750	368
未分配利润	18	127,349	6,261	127,349	6,261
股东权益合计		1,567,888	1,406,654	1,567,888	1,406,654
负债和股东权益总计		1,926,984	1,419,534	1,888,859	1,419,534

天津创业环保股份有限公司
现金流量表
2001年度

项　目	合并 2001年 人民币千元	公司 2001年 人民币千元
经营活动产生的现金流量		
提供劳务收到的现金	475,564	475,564
收到的其他与经营活动有关的现金	4,277	4,126
现金流入小计	479,841	479,690
购买商品、接受劳务支付的现金	(54,942)	(54,942)
支付给职工以及为职工支付的现金	(30,475)	(30,093)
支付的各项税费	(121,010)	(121,010)
支付的其他与经营活动有关的现金	(87,063)	(86,105)
现金流出小计	(293,490)	(292,150)
经营活动产生的现金流量净额	186,351	187,540
投资活动产生的现金流量		
收到的其他与投资活动有关的现金	1,208	1,208
购建固定资产、无形资产和其他长期资产所支付的现金	(13,130)	(9,817)
投资所支付的现金	(4,000)	(22,000)
现金流出小计	(17,130)	(31,817)
投资活动产生的现金流量净额	(15,922)	(30,609)
筹资活动产生的现金流量		
吸收投资所收到的现金	2,000	-
收到的其他与筹资活动有关的现金	36,200	-
现金流入小计	38,200	-
筹资活动产生的现金流量净额	38,200	-
现金及现金等价物净增加额	208,629	156,931
补充资料	合并 2001年 人民币千元	公司 2001年 人民币千元
(i)将净利润调节为经营活动的现金流量		
净利润	267,634	267,634
加/(减):		
少数股东损益	(109)	-
固定资产折旧	53,294	53,294
固定资产报废损失	188	188
投资损失	-	982
存货的减少	340	340
经营性应收项目的增加	(336,721)	(336,589)
经营性应付项目的增加	201,725	201,691
经营活动产生的现金流量净额	186,351	187,540
(ii)现金及现金等价物净增加情况		
现金的年末余额	260,468	208,770
减:现金的年初余额	(51,839)	(51,839)
现金及现金等价物净增加额	208,629	156,931

600876 洛阳玻璃股份有限公司

2001 年年度报告摘选

一、公司简介

1、公司法定中文名称：洛阳玻璃股份有限公司　　公司简称：洛阳玻璃
公司法定英文名称：Luoyang Glass Company Limited（英文缩写：LYG）
2、公司法定代表人：郭晓賽先生
3、公司董事会秘书：王捷先生
联系地址：中国河南省洛阳市西工区唐宫中路 9 号洛阳玻璃股份有限公司董事会秘书室
联系人：王凡先生　　郭兵先生
电话：86－379－3908588　　传　真：86－379－3251984
电子信箱：lbdms@public2.lyptt.ha.cn
4、公司注册及办公地址：中华人民共和国（"中国"）河南省洛阳市西工区唐宫中路 9 号
邮政编码：471009
公司国际互联网网址：http://www.clfg.com
5、公司信息披露报纸：《中国证券报》、《上海证券报》、《经济日报》、《虎报》（英文）
公司登载年度报告指定互联网网址：http://www.sse.com.cn
公司年度报告备置地点：洛阳玻璃股份有限公司董事会秘书室
6、A 股—上市地点：上海证券交易所
股票代码：600876　　股票简称：洛阳玻璃
H 股—上市地点：香港联合交易所有限公司
股票代码：1108　　股票简称：洛阳玻璃

二、会计数据和业务数据摘要

（一）洛阳玻璃股份有限公司（"本公司"）及其附属公司（"本集团"）本年度实现利润情况（按中国会计准则及制度编制）：

	二零零一年 人民币千元	二零零零年 人民币千元
利润总额	8,088	89,440
净利润	9,868	65,991
扣除公司非经常性损益后的净利润	9,868	65,991
主营业务利润	146,406	284,954
其他业务利润	－	－
营业利润	10,770	89,791
投资收益/（亏损）	（804）	（9,559）
补贴收入	－	－
营业外收支净额	（1,878）	9,208
经营活动产生的现金流量净额	135,567	45,062
现金及现金等价物净增加额（减少）	25,560	（62）

（二）本集团前三年主要会计数据和财务指标
1、按中国会计准则及制度编制（截至十二月三十一日止）

	2001 年 人民币千元	2000 年 人民币千元	1999 年 人民币千元
主营业务收入	817,277	901,522	822,082
净利润/（亏损）	9,868	65,991	52,147
总资产	3,121,000	2,889,045	2,878,541
股东权益（不含少数股东权益）	1,562,584	1,552,716	1,486,725
每股收益（摊薄）	0.014	0.094	0.074
每股收益（加权）	0.014	0.094	0.074
每股净资产（摊薄）（元）	2.23	2.22	2.12
调整后的每股净资产（元）	1.23	1.81	1.42
净资产收益/（亏损）率（%）（摊薄）	0.63	4.25	3.51
净资产收益/）亏损）率（%）（加权）	0.63	4.25	3.51
每股经营活动产生 的现金流量净额（元）	0.194	0.064	0.13

2、按照中国证监会《公开发行证券公司信息披露编报规则（第九号）》要求计算的净资产收益率和每股收益：
二零零一年度

报告期利润	净资产收益率		每股收益	
	全面摊薄	加权平均	全面摊薄	加权平均
主营业务利润	0.094	0.094	0.209	0.209
营业利润/（亏损）	0.007	0.007	0.015	0.015
净利润	0.006	0.006	0.014	0.014
扣除非经常性损益后的净利润	0.006	0.006	0.014	0.014

二零零零年度

报告期利润	净资产收益率		每股收益	
	全面摊薄	加权平均	全面摊薄	加权平均
主营业务利润	0.19	0.19	0.41	0.41
营业利润/（亏损）	0.06	0.06	0.13	0.13
净利润	0.04	0.04	0.09	0.09
扣除非经常性损益后的净利润	0.04	0.04	0.09	0.09

三、股本变动及股东情况

（一）股本结构和报告期内公司股份变动情况：（数量单位：万股）

项目	本次变动前	配股	送股	公积金转增股本	增发	其他	本次变动后
一、尚未流通股份							
1、发起人股份	40,000	—	—	—	—	—	40,000
其中：							
国家拥有股份	—	—	—	—	—	—	
境内法人拥有股份	40,000	—	—	—	—	—	40,000
外资法人持有股份	—	—	—	—	—	—	
其他	—	—	—	—	—	—	
2、募集法人股	—	—	—	—	—	—	
3、内部职工股	—	—	—	—	—	—	
4、优先股或其他	—	—	—	—	—	—	
未流通股份合计	40,000	—	—	—	—	—	40,000
二、已流通股份							
1、境内上市的人民币普通股（A 股）	5,000	—	—	—	—	—	5,000
2、境内上市的外资股	—	—	—	—	—	—	
3、境外上市的外资股（H 股）	25,000	—	—	—	—	—	25,000
4、其他	—	—	—	—	—	—	
已流通股份合计	30,000	—	—	—	—	—	30,000
三、股份总数	70,000	—	—	—	—	—	70,000

600877 中国嘉陵工业股份有限公司

2001 年年度报告摘选

第一节　公司基本情况简介

一、公司的法定中文名称：中国嘉陵工业股份有限公司（集团）
公司的法定英文名称：CHINA JIALING INDUSTRIAL CO.，LTD.（GROUP）
英文缩写：JIALING
二、公司法定代表人：何世斌
三、公司董事会秘书：黄经雨
联系地址：重庆市沙坪坝区双碑中国嘉陵工业股份有限公司（集团）
电　　话：（023）65194095
传　　真：（023）65196666
董事会证券事务代表：艾亿春
联系地址：重庆市沙坪坝区双碑中国嘉陵工业股份有限公司（集团）证券处
电　　话：（023）65194095
传　　真：（023）65194096
四、公司注册及办公地址：重庆市沙坪坝区双碑
邮政编码：400032
公司国际互联网网址：http://www.jialing.com.cn
公司电子信箱：zqc@jialing.com.cn
五、公司选定的信息披露报纸：《中国证券报》、《上海证券报》
登载公司年度报告的中国证监会指定网站的网址：http://www.sse.com.cn
公司年度报告备置地点：公司证券处
六、公司股票上市交易所：上海证券交易所
股票简称：中国嘉陵
股票代码：600877

第二节　会计数据和业务数据摘要

一、公司本年度主要会计数据和业务数据（合并报表）

单位：元

项目	2001 年度
1、利润总额	8,537,998.17
2、净利润	9,752,884.29
3、扣除非经常性损益后的净利润	－32,975,862.41
4、主营业务利润	256,972,266.39
5、其他业务利润	34,584,001.29
6、营业利润	4,147,521.42
7、投资收益	－182,148.67
8、补贴收入	4,710,000.00
9、营业外收支净额	－137,374.58
10、经营活动产生的现金流量净额	59,058,661.15
11、现金及现金等价物净增（减）额	151,377,593.62

注："扣除非经常性损益后的净利润"指标所扣除的项目及涉及金额：

项目	金额
收取的资金占用费	38,655,067.29
营业外收支净额	－137,374.58
股权投资差额摊销	－498,946.01
补贴收入	4,710,000.00

二、近三年主要会计数据和财务指标

单位：元

指标项目	2001 年	2000 年		1999 年	
		调整后	调整前	调整后	调整前
主营业务收入	2,590,508,981.69	2,605,457,880.72	2,572,520,360.98	3,215,725,709.66	3,148,600,196.83
净利润	9,752,884.29	19,754,525.30	23,543,131.82	48,403,891.11	52,928,409.11
总资产	3,994,313,443.39	3,711,282,506.04	3,854,130,296.82	3,363,063,905.01	3,513,362,636.02
股东权益（不含少数股东权益）	1,355,377,283.10	1,348,353,965.66	1,521,238,[illegible]95.25	1,327,173,377.72	1,496,269,045.18
每股收益	0.02	0.04	0.05	0.10	0.11
扣除非经常损益后的每股收益	－0.07	－0.07	－0.07	0.05	0.04
每股净资产	2.86	2.85	3.21	2.80	3.16
调整后的每股净资产	2.72	2.74	3.08	2.76	3.10
每股经营活动产生 的现金流量净额	0.12	1.66	1.66	0.17	0.17
净资产收益率（%）	0.72	1.47	1.55	3.65	3.54

第三节　股本变动及股东情况

一、股本变动情况：
（一）股份变动情况表

数量单位：股

	本次变动前	配股	送股	公积金转股	增发	其他	小计	本次变动后
一、未上市流通股份								
1、发起人股份	254270840							254270840
其中：								
国家持有股份	254270840							254270840
境内法人持有股份								
境外法人持有股份								
其他								
2、募集法人股								
3、内部职工股								
4、优先股或其他								
未上市流通股份合计	254270840							254270840
二、已上市流通股份								
1、人民币普通股	219600000							219600000
2、境内上市的外资股								
境外上市的外资股								
其他								
已上市流通股份合计	219600000							219600000
三、股份总数	473870840							473870840

600878 大连北大科技(集团)股份有限公司

2001年年度报告摘选

一、公司基本情况简介

1、中文名称:大连北大科技(集团)股份有限公司
英文名称:DALIAN BEEDA TECHNOLOGY (GROUP) CO.,LTD.
英文缩写:DBTC
2、法定代表人:黄治家
3、董事会秘书:黄俊涛
联系地址:大连市中山区10号东亚银行大厦18-F
大连北大科技(集团)股份有限公司董事会秘书处
电话:0411—2801226　　传真:0411—2801696
电子信箱:hjtao@sohu.com
证券事务代表:
联系地址:大连市中山区10号东亚银行大厦18-F
电话:0411—2801226　　传真:0411—2801696
电子信箱:hjtao@sohu.com
4、公司注册地址:大连市甘井子区凌南路58号
公司办公地址:大连市中山区10号东亚银行大厦18-F
邮政编码:116001
公司国际互联网网址:http://www.beeda.com
电子信箱:dbvt@mail.dlptt.ln.cn
5、指定信息披露报纸:《中国证券报》《上海证券报》
登载年报的国际互联网网址:http://www.sse.com.cn
年报备置地点:公司董事会秘书处
6、股票上市地:上海证券交易所
股票简称:北大科技　　股票代码:600878

二、会计数据与业务数据摘要

一、本年度利润指标情况　　单位:元

项目	金额
1.利润总额	20,250,648.84
2.净利润	17,190,816.46
3.扣除非经常性损益后的净利润	17,207,685.10
4.主营业务利润	42,357,721.39
5.其他业务利润	
6.营业利润	20,267,517.48
7.投资收益	
8.补贴收入	
9.营业外收支净额	-16,868.64
10.经营活动产生的现金流量净额	2,228,520.42
11.现金及现金等价物净增加额	16,243,230.66

二、公司前三年主要会计数据和财务指标

单位:元

项目	2001年	2000年	1999年
主营业务收入	83,188,506.84	259,799,248.98	558,199,727.36
净利润	17,190,816.46	32,488,487.60	70,109,996.66
总资产	797,256,743.40	775,807,118.57	671,126,885.38
股东权益	492,685,772.57	475,494,956.11	443,006,468.51
每股收益	0.06	0.114	0.246
每股净资产	1.732	1.672	1.558
调整后的每股净资产	1.723	1.646	1.537
每股经营活动产生的现金流量净额(元/股)	0.008	-0.13	0.045
净资产收益率(%)	3.49	6.83	15.83
按月平均加权计算:			
每股收益(元/股)	0.058		
扣除非经常性损益后的每股收益(元/股)	0.06		

净资产收益率及每股收益指标列示如下:

	净资产收益率		每股收益	
	全面摊薄%	加权平均%	全面摊薄	加权平均
主营业务利润	8.60	8.75	0.149	0.149
营业利润	4.11	4.19	0.071	0.071
净利润	3.49	3.55	0.06	0.06
扣除非经营性损益后的每股收益(元/股)	3.49	3.55	0.06	0.06

三、股本变动及股东情况

一、股本变动情况
1、股份变动情况表

数量单位:股

	本次变动前	本次变动增减(+,—)						本次变动后
		配股	送股	公积金转增	增发	其他	小计	
一、未上市流通股份	71241357					-66626468	-66626468	4614889
1、发起人股份	71241357					-66626468	-66626468	4614889
其中:								
国家持有股份								
境内法人持有股份								
境外法人持有股份	124553062					-66626468	66626468	191179530
其他								
2、募集法人股份								
3、内部职工股								
4、优先股或其他	195794419							195794419
其中:转配股								
未上市流通股份合计	88636288							88636288
二、已上市流通股份								
1、人民币普通股								
2、境内上市的外资股	88636288							88636288
3、境外上市的外资股								
4、其他								
已上市流通股份合计								
三、股份总数	284430707							284430707

600879 长征火箭技术股份有限公司

2001年年度报告摘选

一、公司基本情况简介

1、公司名称
中文名称:长征火箭技术股份有限公司
英文名称:LONG MARCH LAUNCH VEHICLE TECHNOLOGY CO.,LTD.
2、公司法定代表人:厉建中
3、公司董事会秘书:吕凡
联系地址:武汉市建设大道847号瑞通广场B座21层
联系电话:(027)85487719　　传真:(027)85487727
电子信箱:lufan@rocketstock.com.cn
4、公司注册地址:武汉经济技术开发区高科技园
邮政编码:430056
公司办公地址:武汉市建设大道847号瑞通广场B座21层
邮政编码:430015
公司国际互联网网址:http://www.rocketstock.com.cn
公司电子信箱:lmlv@rocketstock.com.cn
5、公司选定的信息披露报纸名称:《中国证券报》、《上海证券报》、《证券时报》
登载公司年度报告的中国证监会指定的国际互联网址:http://www.sse.com.cn
公司年度报告备置地点:武汉市建设大道847号瑞通广场B座21层公司证券部
6、公司股票上市交易所:上海证券交易所
股票简称:火箭股份　　股票代码:600879

二、会计数据和业务数据摘要

(一)本年度主要利润指标及现金流量状况:(单位:人民币元)

栏目	2001年母公司数	2001年合并数
利润总额	125,560,403.58	126,817,856.74
净利润	110,384,050.72	110,384,050.72
扣除非经常性损益后的净利润	110,646,294.26	110,191,006.64
主营业务利润	163,286,060.65	193,568,556.41
其它业务利润	1,789.21	143,916.60
营业利润	102,867,512.02	127,561,287.66
投资收益	22,955,135.10	-936,475.00
补贴收入	-	483,753.70
营业外收支净额	-262,243.54	-290,709.62
经营活动产生的现金流量净额	86,004,323.54	71,153,876.38
现金及现金等价物净增加额	94,951,990.26	87,101,276.75

本年度非经常性损益项目:

项目	2001年母公司数	2001年合并数
补贴收入		483,753.70
营业外收入		
营业外支出	262,243.54	290,709.62
合计	-262,243.54	193,044.08

(二)公司前三年主要会计数据及财务指标

栏目	2001年	2000年	1999年
主营业务收入(元)	468,558,607.30	420,292,613.65	266,573,939.57
净利润(元)	110,384,050.72	64,227,185.70	32,364,853.51
总资产(元)	1,232,197,309.05	882,939,319.44	628,949,205.02
股东权益(元)	744,403,698.72	337,502,232.50	272,662,001.31
每股收益(元)	0.47	0.44	0.33
每股净资产(元)	3.18	2.32	2.81
调整后的每股净资产(元)	3.18	2.32	2.72
每股经营活动产生的现金流量净额(元)	0.30	0.07	0.99
净资产收益率(%)	14.83	19.03	11.87

按照中国证监会《公开发行证券公司信息披露编报规则(第9号)》要求计算净资产收益率和每股收益。

项目	净资产收益率(%)			
	全面摊薄		加权平均	
	2001	2000	2001	2000
主营业务利润	26.00%	42.52%	29.08%	47.08%
营业利润	17.14%	20.89%	19.16%	23.14%
净利润	14.83%	19.03%	16.58%	23.14%
扣除非经常性损益后的净利润	14.80%	15.00%	16.55%	16.66%

三、股本变动及股东情况

(一)股本变动情况
股份结构变动表:

	本次变动前	本次变动增减+,-				本次变动后
		配股	送股	公积金转股	小计	
一、未上市流通股份						
1、发起人股份	17986073	0	3246342	4869513	8115855	26101928
其中:						
国家拥有股份	17986073	0	3246342	4869513	8115855	26101928
境内法人持有股份						
境外法人持有股份						
其他						
2、募集法人股份	48986055	0	8841591	13262387	22103978	71090033
3、内部职工股						
4、优先股或其他						
其中:转配股						
未上市流通股份合计	66972128	0	12087933	18131900	30219833	97191961
二、已上市流通股份						
1、人民币普通股	78750000	15750000	17056494	25584741	58391235	137141235
2、境内上市的外资股						
3、境外上市的外资股						
4、其他						
已上市流通股份合计	78750000	15750000	17056494	25584741	58391235	137141235
三、股份总数	145722128	15750000	29144427	43716641	88611068	234333196

600880 成都博瑞传播股份有限公司

2001 年年度报告摘选

一、公司基本情况简介

1 公司法定中文名称:成都博瑞传播股份有限公司
公司法定英文名称:Chengdu B - ray Media Co.,Ltd(缩写:B - RAY MEDIA)
2 公司法定代表人:孙旭军
3 董事会秘书:张跃铭
电话:(028)7651183　　传真:(028)7651183
电子信箱:zhangyueming@b - ray.com.cn
证券事务代表:李良
电话:(028)7688313　　传真:(028)7688427
4 公司注册地址:四川省成都市郫县唐昌镇南外街 2 号
邮编:611733
公司办公地址:成都市花牌坊街 185 号
邮编:610031
5 公司选定的信息披露报纸:《上海证券报》、《中国证券报》
登载公司年度报告的中国证监会指定的国际互联网网址:http://www.sse.com.cn
公司年度报告备置地点:公司办公室(成都市花牌坊街 185 号)
6 公司股票上市地:上海证券交易所
公司股票简称:博瑞传播
公司股票代码:600880

二、财务数据和业务数据摘要

1 本年度主要会计数据　　(单位:人民币元)

项目	金额
利润总额	31,084,696.34
净利润	29,598,722.63
扣除非经常性损益后的净利润	29,809,069.80
主营业务利润	83,691,525.89
其他业务利润	1,367,368.40
营业利润	27,882,323.66
投资收益	3,412,719.85
补贴收入	14,706.15
营业外收支净额	-225,053.32
经营活动产生的现金流量净额	110,250,352.63
现金及现金等价物净增减额	56,726,596.20

注:扣除非经常性损益项目和涉及金额:
(1)补贴收入　14,706.15 元;
(2)营业外收支净额　-225,053.32 元。

2 近三年主要财务指标

指标名称	计量单位	2001 年度	2000 年度		1999 年度	
			调整后	调整前	调整后	调整前
主营业务收入	元	277,902,609.64	224,757,988.46 元	224,757,988.46	156,176,448.92	156,176,448.92
净利润	元	29,598,722.63	25,463,456.43 元	27,353,798.68	23,898,819.72	23,587,667.90
总资产	元	374,105,275.62	396,637,296.58 元	398,647,462.54	342,436,533.09	350,364,604.20
股东权益(不含少数股东权益)	元	224,256,594.45	207,128,128.83 元	209,131,963.28	187,920,207.29	194,526,486.85
全面摊薄每股收益	元/股	0.23	0.20	0.21	0.18	0.18
加权平均每股收益	元/股	0.23	0.20	0.21	0.18	0.18
扣除非经常性损益的每股收益	元/股	0.23	0.20	0.20	0.11	0.10
每股净资产	元/股	1.72	1.59	1.61	1.44	1.49
调整后的每股净资产	元/股	1.71	1.37	1.38	1.29	1.34
每股经营活动产生的现金流量净额	元/股	0.85	0.32	0.32	0.06	0.06
全面摊薄净资产收益率	(%)	13.20	12.29	13.08	12.72	12.13
加权平均净资产收益率	(%)	13.34	12.69	13.14	13.57	12.86
扣除非经常性损益的加权平均净资产收益率	(%)	13.43	13.02	12.54	8.26	7.38

三、股本变动及股东情况

(一)股本变动情况
1 股份变动情况表　　数量单位:股

	期初数	本次变动增减(+/-) 其他	配股	送股	公积金转股	小计	期末数
一 尚未流通股份							
1 发起人股份	54,260,406						54,260,406
其中:国家拥有股份	18,260,406						18,260,406
境内法人持有股份	36,000,000						36,000,000
2 募集法人股	34,042,194						34,042,194
尚未流通股份合计	88,302,600						88,302,600
二 已流通股份							
境内上市的							
人民币普通股	41,877,450						41,877,450
已流通股份合计	41,877,450						41,877,450
三 股份总数	130,180,050						130,180,050

(二)股东情况介绍
1 本报告期末股东总数为 3749 户。
2 前十名股东持股情况(截止 2001 年 12 月 31 日)

序号	股东名称	期末持股数(股)	报告期内增减	占总股本比例(%)	股份性质
1	成都博瑞投资有限责任公司	38,808,000	468,000	29.81	社会法人股
2	成都市国有资产管理局	18,260,406		14.03	国家股
3	成都新阳实业投资有限公司	6,046,794		4.64	社会法人股
4	深圳农村信用合作社联合社	2,340,000		1.80	社会法人股
5	深圳市旭能投资有限公司	2,340,000		1.80	社会法人股
6	四川雪豪投资咨询有限公司	1,970,000		1.51	社会法人股
7	四川省世奇投资管理有限公司	1,702,000		1.31	社会法人股
8	上海新元投资有限公司	1,220,000		0.94	社会法人股
9	上海中策投资咨询有限公司	1,200,000		0.92	社会法人股
10	沪香工贸	1,170,000		0.90	社会法人股

600881 吉林亚泰集团股份有限公司

2001 年年度报告摘选

一、公司基本情况简介

1、公司法定中文名称:吉林亚泰集团股份有限公司
英文名称:JILIN YATAI (GROUP) CO.,LTD.
英文名称缩写:YTG
2、公司法定代表人:董事长　宋尚龙
3、公司董事会秘书:孙晓峰
证券事务代表:王劲松
联系地址:长春市吉林大路 281 号
联系电话:0431 4956688　　传　真:0431 4951400
电子信箱:yatai@public.cc.jl.cn
4、公司注册及办公地址:长春市吉林大路 281 号　　邮编:130031
公司国际互联网网址:www.yatai.com
公司电子信箱:yatai@public.cc.jl.cn
5、公司选定的信息披露报纸:《上海证券报》
登载年度报告的国际互联网网址:http://www.sse.com.cn
公司年报备置地点:公司证券投资部
6、公司股票上市交易所:上海证券交易所
股票简称:亚泰集团　　股票代码:600881

二、会计数据和业务数据摘要

(一)本年度主要财务指标情况(单位:元)

项目	金额
利润总额	141,656,647.61
净利润	111,892,133.23
扣除非经常性损益的净利润	109,495,938.32
主营业务利润	413,251,944.61
其他业务利润	8,029,921.21
营业利润	131,933,359.12
投资收益	7,093,059.80
补贴收入	4,706,674.51
营业外收支净额	-2,076,445.82
经营活动产生的现金流量净额	-117,755,305.76
现金及现金等价物净增加额	-96,631,358.08

注:扣除非经常性损益后的净利润:净利润额中扣除下列非经常性收入项目的税后净额

项目	金额
1、Rg3 开发补贴净额	2,429,192.37
2、Rg3 新产品补贴净额	201,000.00
3、增值税返还净额	663,862.11
4、抵免所得税净额	3,738,640.00
5、坏帐准备冲回净额	2,891,581.43
6、会计估计变更净额	-5,763,102.05
7、营业外收支净额	-1,764,978.95
合　计	2,396,194.91

(二)近三年的主要会计数据和财务指标
年　度

项目	2001	2000		1999	
		调整前	调整后	调整前	调整后
主营业务收入 元	1,087,410,062.24	1,055,335,590.63	1,044,837,530.51	824,356,975.67	776,260,774.50
净利润 元	111,892,133.23	174,345,193.17	168,901,304.23	123,289,240.65	122,488,962.16
总资产 元	4,809,274,856.03	4,033,217,280.13	3,947,061,181.20	3,428,087,375.52	3,284,512,047.16
股东权益 元(不含少数股东权益)	1,733,984,041.93	1,725,108,951.12	1,646,008,461.30	1,181,519,577.30	1,177,622,441.44
每股收益 元/股					
加权平均	0.24	0.41	0.39	0.33	0.33
全面摊薄	0.24	0.37	0.36	0.30	0.30
扣除非经常性损益后	0.23	0.27	0.27	0.20	0.21
每股净资产(元/股)					
全面摊薄	3.65	3.63	3.46	2.88	2.87
每股经营活动产生的现金流量净额(元/股)	-0.25	0.01	0.01	0.26	0.26
净资产收益率 %					
加权平均	6.57	12.75	12.08	10.81	10.74
全面摊薄	6.45	10.11	10.26	10.43	10.40
调整后的每股净资产元/股	3.56	3.51	3.35	2.79	2.72
扣除非经常性损益后的加权平均净资产收益率(%)	6.43	9.26	9.05	7.42	7.44

三、股本变动及股东情况

(一)股本变动情况
公司报告期内股份变动情况表
数量单位:股

	本次变动前	本次变动增减 +,- 配股	送股	公积金转股	增发	其他	小计	本次变动后
一、未上市流通股份								
1. 发起人股份								
其中								
国家持有股份	199,590,647							199,590,647
境内法人持有股份								
境外法人持有股份								
其他								
2. 募集法人股								
3. 内部职工股								
4. 优先股或其他								
未上市流通股份合计	199,590,647							199,590,647
二、已上市流通股份								
1. 人民币普通股	275,515,620							275,515,620
2. 境内上市的外资股								
3. 境外上市的外资股								
4. 其他								
已上市流通股份合计	275,515,620							275,515,620
三、股份总数	475,106,267							475,106,267

600882 山东大成农药股份有限公司

2001 年年度报告摘选

一、公司基本情况简介

(一)公司法定中文名称:山东大成农药股份有限公司
英文名称:SHANDONG DACHENG PESTICIDE CO.,LTD.
(二)公司法定代表人:耿佃杰
(三)公司董事会秘书:于宁
公司证券事务代表:张国昌
联系地址:山东省淄博市张店区洪沟路 25 号
联系电话:0533-2111919、2111999-6358
传真:0533-2113511
电子信箱:yn.882@163.com
(四)公司注册地址:山东省淄博市张店区洪沟路 25 号
公司办公地址:山东省淄博市张店区洪沟路 25 号
邮政编码:255009
公司网址:http://www.shannong.com
电子信箱:sdnyl@zb-public.sd.cninfo.net
(五)公司选定的信息披露报刊:《上海证券报》
登载公司年度报告的中国证监会指定的国际互联网网址:
http://www.sse.com.cn
公司年度报告备置地点:公司证券投资部
(六)公司股票上市地:上海证券交易所
股票简称:大成股份
股票代码:600882

二、会计数据和业务数据摘要

(一)公司本年度主要利润指标　　金额单位:元

项目	金额
利润总额:	8,994,941.19
净利润:	7,358,699.93
扣除非经常性损益后的净利润:	9,558,699.93
主营业务利润:	80,134,098.78
其他业务利润:	-330,156.15
营业利润:	-5,352,557.98
投资收益:	1,946,222.22
补贴收入:	15,877,390.96
营业外收支净额:	-3,476,114.01
经营活动产生的现金流量净额:	23,030,675.95
现金及现金等价物净增加额:	19,128,160.77

(二)截止报告期末公司前三年主要会计数据和财务指标

项目	2001 年度	2000 年度		1999 年度
		调整后	调整前	
主营业务收入(元)	419,082,731.79	390,147,731.34	390,147,731.34	399,219,031.52
净利润(元)	7,358,699.93	3,323,618.79	10,909,995.47	31,852,054.72
总资产(元)	933,878,951.08	914,121,471.30	937,155,788.34	892,989,083.57
股东权益(不含少数股东权益)(元)	483,944,289.05	481,402,916.65	528,778,551.11	517,868,555.64
每股收益(元/股)	0.04	0.02	0.06	0.17
加权平均每股收益(元/股)	0.04	0.02	0.06	0.20
扣除非经常性损益后的每股收益(元/股)	0.05	0.02	0.06	0.17
每股净资产(元/股)	2.60	2.59	2.85	2.78
调整后的每股净资产(元/股)	2.53	2.39	2.65	2.73
每股经营活动产生的现金流量净额(元/股)	0.12	0.12	0.12	-0.21
净资产收益率(%)	1.52	0.69	2.06	6.15
扣除非经常性损益后的加权平均净资产收益率(%)	1.97	0.64	2.08	9.57

(三)报告期利润表附表

报告期利润	净资产收益率(%)		每股收益(元/股)	
	全面摊薄	加权平均	全面摊薄	加权平均
主营业务利润	16.56	15.05	0.43	0.43
营业利润	-1.11	-1.00	-0.03	-0.03
净利润	1.52	1.38	0.04	0.04
扣除非经常性损益后的净利润	1.98	1.97	0.05	0.05

三、股本变动及股东情况

(一)股本变动情况
1、股份变动情况表

数量单位:股

	期初数	本次变动增减(+,-)						期末数
		配股	送股	公积金转股	增发	其他	小计	
一、未上市流通股份	87,739,146							87,739,146
1、发起人股份								
其中:								
国家持有股份	87,739,146							87,739,146
境内法人股份								
境外法人股份								
其他								
2、募集法人股份	1,280,295							1,280,295
3、内部职工股								
4、优先股或其他								
未上市流通股份合计	89,019,441							89,019,441
二、已上市流通股								
1、人民币普通股	96,829,622							96,829,622
2、境内上市的外资股								
3、境外上市的外资股								
4、其他								
已上市流通股份合计	96,829,622							96,829,622
三、股份总数	185,849,063							185,849,063

600883 云南富邦科技实业股份有限公司

2001 年年度报告摘选

第一节　公司基本情况简介

一、公司的法定中、英文名称及缩写
公司中文名称:云南富邦科技实业股份有限公司
公司英文名称:Yunnan Fortune Science&Technology Industry Co., Ltd.
英文名称缩写:YFSTIC
二、公司法定代表人
公司法定代表人:吴远之先生
三、公司信息披露人员及其联系方式
董事会秘书:张春东　　证券事务代表:赵建军
联系地址:云南省保山市人民路
电话:010-62187958、0875-2218496
传真:010-62186807、0875-2218498
电子信箱:yf883@163.com
四、公司地址及邮政编码
公司注册地址:云南省保山市汉庄镇黑石头(邮政编码:678000)
董事会办公室地址:云南省保山市人民路(邮政编码:678000)
五、公司信息披露媒体
公司选定的信息披露报纸:上海证券报
登载公司年度报告的网站:http://www.sse.com.cn
公司年度报告备置地点:公司董事会办公室
六、公司股票上市交易所
上市交易所:上海证券交易所
股票简称:富邦科技　　股票代码:600883

第二节　会计数据和业务数据摘要

一、公司本年度会计数据

单位:人民币元

项目	金　额
1、利润总额	11,081,345.07
2、净利润	9,773,885.26
3、扣除非经常性损益后的净利润	9,535,387.44
4、主营业务利润	24,505,436.14
5、其他业务利润	-251,509.82
6、营业利润	11,276,747.17
7、投资收益	12,908.26
8、补贴收入	--
9、营业外收支净额	-208,310.36
10、经营活动产生的现金流量净额	31,237,928.04
11、现金及现金等价物净增加额	142,698,168.37

二、公司近三年主要会计数据和财务指标

项目	2001 年	2000 年	1999 年
(1)主营业务收入(元)	71,184,128.72	61,699,139.10	72,821,546.12
(2)净利润(元)	9,773,885.26	10,365,164.06	20,444,474.81
(3)总资产(元)	321,813,811.31	201,171,817.92	185,202,988.56
(4)股东权益(不含少数股东权益)(元)	253,962,964.60	137,592,027.48	133,995,221.33
(5)每股收益(元)	0.089	0.102	0.3007
(6)每股净资产(元)	2.307	1.349	1.97
(7)调整后的每股净资产(元)	2.298	1.336	1.954
(8) 每股经营活动产生的现金流量净额(元)	0.284	0.036	0.392
(9)净资产收益率(%)	3.85	7.53	15.26
(10)加权平均净资产收益率(%)	6.45	7.47	16.52

按照中国证监会《公开发行证券公司信息披露编报规则(第 9 号)》规定计算的利润指标如下:

报告期利润	净资产收益率(%)		每股收益(元)	
	全面摊薄	加权平均	全面摊薄	加权平均
主营业务利润	9.65	9.72	0.223	0.239
营业利润	4.44	7.44	0.102	0.110
净利润	3.85	6.45	0.089	0.095
扣除非经常性损益后的净利润	3.69	6.18	0.085	0.091

注 1:以上数据和指标均以合并会计报表数填列或计算;
注 2:"应收款项"包括应收账款、其他应收款、预付账款、应收股利、应收利息、应收补贴款。

第三节　股本变动及股东情况

一、股本变动情况:
(一)股份变动情况表

数量单位:万股

	本次变动前	本次变动增减(+、-)						本次变动后
		配股	送股	公积金转股	增发	其他	小计	
一、未上市流通股份								
1、发起人股份								
其中:								
国家持有股份	1500							1500
境内法人持有股份								
境外法人持有股份								
其他								
2、募集法人股	6000							6000
3、内部职工股								
4、优先股或其他								
未上市流通股份合计	7500							7500
二、已上市流通股份								
1、人民币普通股	2700	810					810	3510
2、境内上市的外资股								
3、境外上市的外资股								
4、其他								
已上市流通股份合计	2700							3510
三、股份总数	10200	810					810	11010

600884 宁波杉杉股份有限公司

2001 年年度报告摘选

一、公司基本情况简介

1、公司法定中文名称:宁波杉杉股份有限公司
公司中文名称缩写:杉杉股份
公司法定英文名称:NINGBO SHANSHAN CO.,LTD.
公司英文名称缩写:NBSS
2、公司法定代表人:郑永刚
3、公司董事会秘书:金理平
联系地址:宁波市百丈路 158 号杉杉金贸大厦 805 室股票证券办公室
邮政编码:315040　　电子信箱:ssdsh@firs.com.cn
联系电话:0574—87711333—33827　　传真:0574—87716294
公司证券事务代表:周洪江
联系电话:0574—87716294　　0574—87711333—33828
4、公司注册地址:宁波市百丈路 158 号　　邮政编码:315040
办公地址:宁波市天童北路 1133 号　　邮政编码:315192
电子信箱:ssdsh@firs.com.cn
5、公司选定的信息披露报纸:《中国证券报》、《上海证券报》
登载公司年度报告的中国证监会指定网址:http://www.sse.com.cn
年度报告备置地点:宁波市百丈路 158 号杉杉金贸大厦 805 室公司股票证券办公室
6、公司股票上市交易所:上海证券交易所
股票简称:杉杉股份　　证券代码:600884

二、会计数据和业务数据摘要

1、会计数据及财务指标(合并报表数据)　　金额单位:人民币元

项目	2001 年度金额
利润总额	105,633,071.78
净利润	82,386,966.50
扣除非经常性损益后的净利润	66,504,332.77
主营业务利润	239,660,998.52
其他业务利润	6,253,758.00
营业利润	78,943,215.94
投资收益	4,797,259.27
补贴收入	18,501,312.76
营业外收支净额	3,391,283.81
经营活动产生的现金流量净额	196,210,042.93
现金及现金等价物净增加额	556,477,900.32

注:扣除的非经常性损益项目和涉及金额　　单位:元

项目	金额
补贴收入	18,501,312.76
清算关闭子公司损失	-1,541,530.96
营业外收入	5,340,565.06
营业外支出	-1,949,281.25
所得税影响	-4,468,431.88
注:对公司净利润的影响数	15,882,633.73

2、截止报告期末公司前三年主要会计数据和财务指标　　单位:人民币元

指标项目	2001 年	2000 年(调整后)	2000 年(调整前)	1999 年
主营业务收入	730,459,982.81	807,048,429.71	807,048,429.71	782,382,080.92
净利润	82,386,966.50	111,961,245.73	119,943,479.12	87,493,766.95
每股收益(摊薄)	0.30	0.47	0.504	0.368
每股收益(加权)	0.3420	0.47	0.504	0.594
扣除非经常性损益后每股收益(摊薄)	0.242	0.288	0.322	0.298
扣除非经常性损益后每股收益(加权)	0.276	0.288	0.322	0.48
每股经营活动产生的现金流量净额	0.72	0.239	0.239	0.515
全面摊薄净资产收益率(%)	6.47%	13.56%	14.27%	11.78%
全面加权净资产收益率(%)	9.13%	14.01%	14.94%	12.95%
扣除非经常性损益后净资产收益率(%)	5.22%	8.31%	9.11%	9.53%
扣除非经常性损益后加权净资产收益率(%)	7.37%	8.58%	9.53%	10.48%

单位:人民币元

指标项目	2001.12.31	2000.12.31(调整后)	2000.12.31(调整前)	1999.12.31
总资产	1,670,834,967.00	1,213,330,383.48	1,229,180,422.90	1,307,031,444.78
股东权益(不含少数股东权益)	1,273,997,788.58	825,610,393.38	840,461,759.48	743,041,529.42
每股净资产	4.65	3.47	3.53	3.12
调整后的每股净资产	4.65	3.42	3.48	3.04

三、股本变动及股东情况

(一)股本变动情况
股份变动情况表　　数量单位:股

	本次变动前	本次变动增减(+/-) 配股	公积金转股	转股上市	小计	本次变动后
一、未上市流通股份						
1、发起人股份	101,450,160	+1,000,000			+1,000,000	102,450,160
其中:国家持有股份						
其中:境内法人持有股份						
外资法人持有股份						
2、募集法人股	19,465,458					19,465,458
3、优先股或其它						
其中(转配股)						
未上市流通股份合计	120,915,618	+1,000,000			+1,000,000	121,915,618
二、已上市流通股份						
1、境内上市的人民币普通股	116,915,292	+35,074,588			+35,074,588	151,989,880
2、境内上市的外资股						
3、境外上市的外资股						
4、其他						
已上市流通股份合计	116,915,292	+35,074,588			+35,074,588	151,989,880
三、股份总数	237,830,910	+36,074,588			+36,074,588	273,905,498

600885 武汉力诺工业股份有限公司

2001 年年度报告摘选

一、公司基本情况简介

1、公司法定名称:武汉力诺工业股份有限公司
英文名称:WUHAN LINUO INDUSTRY CO.,LTD.　　英文缩写:LINUO IND
2、法定代表人:申英明先生
3、董事会秘书:杨　川先生
电　　话:027-85497163　　传　真:027-85497085
电子信箱:yc@lnind.com
证券事务代表:刘守明先生
电　　话:027-85497163　　电子信箱:stock@lnind.com
4、公司注册地址:武汉市汉口解放大道古田路十七号
公司办公地址:武汉市汉口建设大道 618 号信合大厦 9 楼　　邮政编码:430015
互联网址:www.lnind.com　　电子信箱:lnind@lnind.com
5、公司年度报告备置地点:公司董事会秘书处
公司选定的信息披露报纸:《中国证券报》、《上海证券报》
年度报告披露指定网址:http://www.sse.com.cn
6、公司股票上市交易所:上海证券交易所
股票简称:力诺工业　　股票代码:600885

二、会计数据和业务数据摘要

(一)本年度公司实现利润情况

项目	金额(单位:元)
利润总额	4,192,589.37
净利润	4,214,853.71
扣除非经常性损益后的净利润	2,335,339.38
主营业务利润	27,756,619.51
其它业务利润	1,477,073.66
营业利润	-8,129.09
投资收益	4,576,558.61
营业外收支净额	-375,840.15
经营活动产生的现金流量净额	5,424,921.46
现金及现金等价物净增减额	25,593,281.53

注:“扣除非经常性损益后的净利润”指标中,扣除项目和涉及金额为:

项目	金额
投资收益	2,030,786.59
营业外收入	63,976.00
营业外支出	-439,816.15
资金占用费	224,567.89

(二)截止本年度末公司前三年的主要会计数据和财务指标:(单位:元)

项目	2001 年度	2000 年度	1999 年度
主营业务收入	102,924,668.18	75,425,015.32	104,636,799.10
净利润	4,214,853.71	-15,367,661.02	1,721,087.35
总资产	547,740,286.50	412,954,555.28	493,233,319.15
股东权益(不包含少数股东权益)	136,854,995.71	132,375,168.00	149,023,254.85
每股收益(摊薄)	0.033	-0.118	0.013
(加权平均)	0.033	-0.118	0.013
扣除非经常性损益后的每股收益	0.02	-0.12	0.08
每股净资产	1.05	1.02	1.15
调整后的每股净资产	1.05	0.86	1.01
每股经营活动产生现金流量净额	0.04	0.06	-0.11
净资产收益率(%)(摊薄)	3.08	-11.61	1.15
(加权平均)	3.13	-10.97	1.16
扣除非经常性损益后的加权净资产收益率(%)	1.74	-11.55	-7.37

三、股本变动及股东情况

(一)股本变动情况
公司股份变动情况表(数量单位:股)

	期初数	本次变动(+,-)	期末数
1、未上市流通股份			
(1)发起人股份	9705332	-9705332	0
其中:			
国家持有股份	4245332	-4245332	0
境内法人持有股份	5460000	-5460000	0
(2)募集法人股份	70233800	+9705332	79939132
(3)内部职工股	0		0
未上市流通股合计	79939132		79939132
2、已流通股份			
境内上市人民币普通股	49868000		49868000
已流通股份合计	49868000		49868000
3、股份总数	129,807,132		129,807,132

(二)股东情况介绍
1、期末主要股东(前十名)持股情况

股东名称	年初持股数(万股)	增减(万股)	年末持股数(万股)	占总股本比例(%)
①力诺新材料	0	+2853.396	2853.396	21.98
②力诺集团	0	+1024.296	1024.296	7.89
③华亿实业	0	+438.984	438.984	3.38
④开元科创	0	+424.5332	424.5332	3.27
⑤东圣君和	0	+390	390	3.00
⑥浦宁科技	0	+182	182	1.40
⑦伟邦投资	0	+182	182	1.40
⑧科技信用	118.3	0	118.3	0.91
⑨铁四院	109.2	0	109.2	0.84
⑩杭州国梁	0	+100	100	0.77

600886 中国石化湖北兴化股份有限公司

2001 年年度报告摘要

一、公司简介

1、公司法定名称：
中文名称：中国石化湖北兴化股份有限公司
中文缩写：湖北兴化
英文名称：SINOPEC HUBEI XINGHUA COMPANY LTD.
英文缩写：HBXH CO.,LTD
2、公司法定代表人：郑国华
3、公司董事会秘书：刘　彦
联系地址：湖北省荆门市白庙路 63 号
联系电话：0724—2210632　　传　真：0724—2210632
电子信箱：liuyan437@sohu.com
4、公司注册及办公地址：湖北省荆门市白庙路 63 号　　邮政编码：448002
电子信箱：hbxhcltd @ jm－mail.hb.cninfo.net
5、公司选定的信息披露报纸：《中国证券报》、《上海证券报》
登载公司年度报告的中国证监会指定的国际互联网网址：http://www.sse.com.cn
公司年报备置地点：公司证券部
6、公司股票上市交易所：上海证券交易所
股票简称：湖北兴化　　股票代码：600886

二、会计数据和业务数据摘要

(一)本年度利润总额及其构成　(单位：元)

项目	金　额
1、利润总额	－39,628,397.74
2、净利润	－39,628,397.74
3、扣除非经常性损益后的净利润	－50,433,740.65
4、主营业务利润	792,341.05
5、其他业务利润	394,874.24
6、营业利润	－51,097,570.01
7、投资收益	2,566,409.36
8、补贴收入	16,389,296.40
9、营业外收支净额	－7,486,533.49
10、经营活动产生的现金流量净额	－39,103,770.67
11、现金及现金等价物净增加额	－124,310,388.93
注：扣除非经常性损益项目及涉及金额	10,805,342.91
1、投资收益	1,902,580.00
2、补贴收入	16,389,296.40
3、营业外收入	655,105.65
4、营业外支出	8,141,639.14

(二)近三年主要会计数据及财务指标　(单位：元)

项目	2001 年度	2000 年度	1999 年度
1、主营业务收入	1,906,409,322.80	1,859,074,053.90	1,314,714,236.11
2、净利润	－39,628,397.74	5,923,689.08	－75,620,224.15
3、总资产	910,684,101.21	1,113,451,195.33	1,210,092,361.98
4、股东权益	860,708,919.22	900,210,616.96	894,286,927.88
5、每股收益(全面摊薄)	－0.141	0.021	－0.268
6、每股收益(加权平均)	－0.141	0.021	－0.268
7、每股收益(扣除非经常性损益全面摊薄)	－0.179	0.025	－0.182
8、每股收益(扣除非经常性损益加权平均)	－0.179	0.025	－0.182
9、每股净资产	3.055	3.195	3.174
10、调整后的每股净资产	3.042	3.195	3.152
11、净资产收益率(全面摊薄)	－4.604%	0.658%	－8.46%
12、净资产收益率(加权平均)	－4.501%	0.660%	－8.11%
13、净资产收益率(扣除非经常性损益加权平均)	－5.73%	0.660%	－5.50%
14、每股经营活动产生的现金流量净额	－0.139	0.695	－0.250

(三)利润表补充资料：根据《公开发行证券的公司信息披露编报规则(第 9 号)》计算

项目	2001 年度	净资产收益率(%)		每股收益(元)	
		全面摊薄	加权平均	全面摊薄	加权平均
主营业务利润	792,341.05	0.09%	0.09%	0.003	0.003
营业利润	－51,097,570.01	－5.94%	－5.803%	－0.181	－0.181
净利润	－39,628,397.74	－4.60%	－4.501%	－0.141	－0.141
扣除非经常性损益后的净利润	－50,433,740.65	－5.86%	－5.729%	－0.179	－0.179

三、股本变动及股东情况

(一)股本变动情况
1、股份变动情况表　数量单位：股

	本次变动前	配股	送股	公积金转股	增发	其他	小计	本次变动后
		本次变动增减(＋,－)						
一、未上市流通股份								
1、发起人股份	162234423	0	0	0	0	0	0	162234423
其中：								
国家持有股份	162234423	0	0	0	0	0	0	162234423
境内法人持有股份								
境外法人持有股份								
其他								
2、募集法人股	12194418	0	0	0	0	0	0	12194418
3、内部职工股								
4、优先股或其他								
未上市流通股份合计	174428841	0	0	0	0	0	0	174428841
二、已上市流通股份								
1、人民币普通股	107316985	0	0	0	0	0	0	107316985
2、境内上市的外资股								
3、境外上市的外资股								
4、其他								
已上市流通股份合计	107316985	0	0	0	0	0	0	107316985
三、股份总数	281745826	0	0	0	0	0	0	281745826

600887 内蒙古伊利实业集团股份有限公司

2001 年年度报告摘要

第一节　公司基本情况简介

1、公司名称：内蒙古伊利实业集团股份有限公司
INNER MONGOLIA YILI INDUSTRIAL GROUP CO.,LTD.　　英文缩写：NMYILI
2、公司法定代表人：郑俊怀 先生
3、公司证券事务代表：李永平 先生
联系地址：内蒙古呼和浩特市金川开发区金四路 8 号
电话：(0471)3601621　3602351　　传真：(0471)3601615　3601621
电子信箱：liyongping@yiligroup.com.cn
4、公司注册及办公地址：内蒙古呼和浩特市金川开发区金四路 8 号　　邮政编码：010080
公司国际互联网网址：http://www.yiligroup.com.cn
电子信箱：info@yiligroup.com.cn
5、公司选定的信息披露报纸：《上海证券报》和《中国证券报》
指定的登载公司年度报告互联网网址：http://www.sse.com.cn
公司年度报告备置地点：内蒙古呼和浩特市金川开发区金四道 8 号伊利实业集团股份有限公司董事会办公室
6、公司股票上市交易所：上海证券交易所
股票简称：伊利股份　　股票代码：600887

第二节　会计数据和业务数据摘要

1、本年度利润总额及构成：(单位：人民币元)

项目	金额
利润总额：	141,055,433.54
净利润：	119,676,679.62
扣除非经营性损益后的净利润：	123,437,471.71
主营业务利润：	776,428,184.76
其他业务利润：	4,507,290.37
营业利润：	140,903,311.27
投资收益：	3,349,614.57
补贴收入：	239,579.99
营业外收支净额：	－3,437,072.29
经营活动产生的现金流量净额：	306,703,484.71
现金及现金等价物净增加额：	140,150,116.94
注：扣除非经常性损益的项目及金额：	
流动资产盘盈损益	－1,061,493.02
流动资产盘亏损益	6,263,256.53
股权投资差额摊销	－3,499,614.57
营业外收入	－2,185,401.27
营业外支出	5,622,473.56
小计	5,139,221.23
所得税影响数	1,378,429.14
扣除所得税影响后的非经常性损益	3,760,792.09

2、近三年主要会计数据和财务指标、

项目	2001 年	2000 年 调整前	2000 年 调整后	1999 年 调整前	1999 年 调整后
主营业务收入(元)	2,701,983,031.90	1,505,031,981.51	1,590,416,961.97	1,150,797,369.38	1,150,797,369.38
净利润(元)	119,676,679.62	98,476,957.81	89,290,196.71	89,274,944.51	89,274,944.51
总资产(元)	1,639,096,124.79	1,161,153,138.29	1,212,083,900.25	996,152,228.19	996,152,228.19
股东权益(元)(不含少数股东权益)	833,466,983.47	764,980,340.36	765,798,238.99	723,009,877.22	723,009,877.22
每股收益(元)	0.82	0.67	0.61	0.61	0.61
每股净资产(元)	5.68	5.22	5.22	4.93	4.93
调整后的每股净资产	5.42	5.05	5.01	4.81	4.81
每股经营活动产生的现金流量净额(元)	2.09	0.62	0.62	1.04	1.04
净资产收益率	14.36%	12.87%	11.66%	12.35%	12.35%
扣除非经常性损益的每股收益(元)	0.84	0.68	0.61	0.60	0.60
扣除非经常性损益的加权平均每股净资产收益率	14.95%	12.83%	11.72%	12.32%	12.32%

注：根据中国证券监督管理委员会关于<公开发行证券公司信息披露编报规则第 9 号>的规定，应披露的利润数据如下：

报告期利润	净资产收益率		每股收益	
	全面摊薄	加权平均	全面摊薄	加权平均
主营业务利润	93.16%	94.04%	5.29	5.29
营业利润	16.91%	17.07%	0.96	0.96
净利润	14.36%	14.50%	0.82	0.82
扣除非经常性损益后的净利润	14.81%	14.95%	0.84	0.84

第三节　股本变动及股东情况

1、股份变动情况表　数量单位：股

	本次变动前	配股	送股	公积金转股	增发	其他	小计	本次变动后
		本次变动增减(＋,－)						
一、未上市流通股份								
1、发起人股份								
其中：								
国家持有股份	33028743							33028743
境内法人持有股份	9710220							9710220
境外法人持有股份								
其他								
2、募集法人股份	24038176							24038176
3、内部职工股								
4、优先股或其他								
其中：转配股								
未上市流通股份合计	66777139							66777139
二、已上市流通股份								
1、人民币普通股	79893931							79893931
2、境内上市的外资股								
3、境外上市的外资股								
4、其他								
已上市流通股份合计	79893931							79893931
三、股份总数	146671070							146671070

600888 新疆众和股份有限公司

2001 年年度报告摘选

第一章　公司基本情况简介

1、公司法定中文名称:新疆众和股份有限公司
公司简称:新疆众和
公司英文名称:XINJIANG JOINWORLD CO.,LTD.
英文缩写:XJJW
2、公司法定代表人:张英千
3、公司董事会秘书:崔立新
证券事务代表:衡晓英
联系地址:新疆维吾尔自治区乌鲁木齐市喀什东路 18 号
联系电话:(0991)6635306－－2933
传　　真:(0991)6637493
电子信箱:600888xjjw2933@sina.com
4、注册地址:新疆维吾尔自治区乌鲁木齐市喀什东路 18 号
办公地址:新疆维吾尔自治区乌鲁木齐市喀什东路 18 号
邮政编码:830013
公司国际互联网网址:http//www.joinworld.com
公司电子信箱:joinworld@mail.china.com
5、公司指定信息披露报纸:《上海证券报》、《新疆经济报》
登载公司年度报告的中国证监会指定国际互联网网址:http://www.sse.com.cn
公司年度报告备置地点:新疆维吾尔自治区乌鲁木齐市喀什东路 18 号
新疆众和股份有限公司董事会秘书处
6、股票上市交易所:上海证券交易所
股票简称:新疆众和
股票代码:600888

第二章　会计数据和业务数据摘要

1、本年度主要利润指标　　单位:元

利润指标	金　额
利润总额	36,237,113.19
净利润	31,196,929.22
扣除非经常性损益后的净利润	31,151,929.22
主营业务利润	86,318,829.24
其他业务利润	2,250,712.45
营业利润	35,927,645.97
投资收益	1,178,808.52
补贴收入	－－－
营业外收支净额	－869,341.30
经营活动产生的现金流量净额	168,190,537.63
现金及现金等价物净增加额	123,004,180.93

2、公司近三年主要会计数据和财务指标

财务指标	2001 年	2000 年(合并)		1999 年	
		调整前	调整后	调整前	调整后
主营业务收入(元)	418,954,184.02	417,827,000.69	417,525,906.66	317,979,333.68	317,979,333.68
净利润(元)	31,196,929.22	25,000,925.77	24,980,585.16	4,637,079.29	2,972,642.93
总资产(元)	1,219,218,795.42	910,076,114.31	907,953,493.01	716,766,076.44	716,566,076.44
股东权益(元)	235,852,265.71	216,782,541.41	214,994,236.48	195,917,175.64	195,917,175.64
每股收益(元/股)	0.3017	0.242	0.242	0.045	0.029
每股净资产(元/股)	2.28	2.10	2.07	1.89	1.89
调整后的每股净资产(元/股)	2.17	1.99	1.97	1.74	1.74
每股经营活动产生的现金流量净额(元/股)	1.63	0.47	0.47	0.42	0.42
净资产收益率(%)	13.23	11.53	11.62	2.37	1.52

3、报告期利润表附表

报告期利润	净资产收益率(%)		每股收益(元/股)	
	全面摊薄	加权平均	全面摊薄	加权平均
主营业务利润	36.60	37.43	0.8349	0.8349
营业利润	15.23	15.58	0.3475	0.3475
净利润	13.23	13.53	0.3017	0.3017
扣除非经营性损益后的净利润	13.25	13.55	0.3022	0.3022

第三章　股本变动及股东情况

一、股本变动情况
1、股份变动情况表　　数量单位:股

	本次变动前	本次变动增减(＋,－)						本次变动后
		配股	送股	公积金转股	增发	其他	小计	
一、未上市流通股份								
1.发起人股份	74,139,000							74,139,000
其中:								
国家持有股份	64,506,000							64,506,000
境内法人持有股份	9,633,000							9,633,000
境外法人持有股份								
其他								
2.募集法人股								
3.内部职工股								
4.优先股及其他								
未上市流通股份合计	74,139,000							74,139,000
二、已上市流通股份								
1.人民币普通股	29,250,000							29,250,000
2.境内上市的外资股								
1.境外上市的外资股								
2.其他								
已上市流通股份合计	29,250,000							29,250,000
三、股份总数	103,389,000							103,389,000

600889 南京化纤股份有限公司

2001 年年度报告摘选

一、公司简介

(一)公司法定中文名称:南京化纤股份有限公司
A 股简称:南京化纤　　A 股代码:600889
公司法定英文名称:Nanjing Chemical Fibre Co.ltd
英文名称缩写:NCFC
(二)法定代表人姓名:周发亮
(三)公司董事会秘书:陈桐
联系电话:025－5561011－3685　　传真:025－5562809
电子信箱:stock@viscosefibre.com
联系地址:南京市中央门外伏家场(南京化纤股份有限公司证券办)
证券事务代表:朱斌
联系电话:13801586127　　传真:025－5562809
电子信箱:zb1962@163.net
(四)公司注册地址:南京市中央门外伏家场
公司办公地址:南京市中央门外伏家场　　邮政编码:210038
公司网址:HTTP://www.viscosefibre.com
公司电子信箱:ncfo@viscosefibre.com
(五)公司年报备置地点:南京化纤股份有限公司证券办
(六)公司股票上市地:上海证券交易所
(七)信息披露媒体:
网站:HTTP://www.sse.com.cn
报刊:《上海证券报》
(八)公司的其他有关资料
1、本公司于 2000 年 9 月 3 日,向南京市工商行政管理局进行最近一次变更注册登记;地址:江苏省南京市中央门外伏家场;
2、本公司法人营业执照注册号:13492334－5;
3、本公司税务登记号码:3201131345923;
4、本公司聘请的会计师事务所为南京永华会计师事务所,其办公地址在南京市中山北路 26 号新晨国际大厦 8－10 楼。

二、会计数据和业务数据摘要

一、公司本年度利润指标情况

利润总额	41,027,507.29 元
净利润	30,203,273.75 元
扣除非经常性损益后的净利润	28,514,872.73 元
主营业务利润	51,670,386.94 元
其他业务利润	12,521,762.15 元
营业利润	40,180,306.09 元
投资收益	1,035,110.85 元
补贴收入	——
营业外收支净额	－187,909.65 元
经营活动产生的现金流量净额	60,979,760.21 元
现金及现金等价物净增加额	26,639,434.12 元

注:扣除的非经常性损益项目和涉及金额

1、合并价差	－919,574.30 元
2、资金占用费	2,795,884.97 元
3、营业外收入	157,674.06 元
4、营业外支出	345,583.71 元

二、近三年主要会计数据和财务指标

项目	2001 年末	2000 年末 调整后	2000 年末 调整前	1999 年末
主营业务收入(元)	333,278,922.46	291,519,768.15	291,519,768.15	1,247,726,534.69
净利润(元)	30,203,273.75	38,796,108.99	39,763,036.17	36,759,203.75
总资产(元)	678,412,677.52	617,355,947.86	618,322,875.04	520,772,109.42
股东权益(元)	463,758,594.05	438,401,742.09	456,101,168.79	424,415,502.27
每股收益(元/股)	0.19	0.24	0.25	0.296
每股净资产(元/股)	2.87	2.71	2.82	3.42
调整后的每股净资产(元/股)	2.86	2.67	2.78	3.40
每股经营活动产生金流量净额(元/股)	0.38	－0.04	－0.04	1.27
净资产收益率(%)	6.51	8.85	8.72	8.66
扣除非经常性损益加权平均净资产收益率(%)	6.29	8.60	8.57	10.41

三、股本变动及股东情况

一、股本变动情况
1、股本变动情况表　　单位:股

	本次变动前	本次变动增减(＋、－)						本次变动后
		配股	送股	公积金转股	增发	其他	小计	
一、未上市流通股份								
1、发起人股份								
其中:								
国家持有股份	88,488,849							88,488,849
境内法人持有股份								
境外法人持有股份								
其他								
2、募集法人股份	6,240,000							6,240,000
3、内部职工股								
4、优先股或其他								
未上市流通股份合计	94,728,849							94,728,849
二、已上市流通股份								
1、人民币普通股	66,818,544							66,818,544
2、境内上市的外资股								
3、境外上市的外资股								
4、其他								
已上市流通股份合计	66,818,544							66,818,544
股本总数	161,547,393							161,547,393

600890 长春长铃实业股份有限公司

2001 年年度报告摘选

一、公司基本情况简介

(一)公司法定中文名称:长春长铃实业股份有限公司
公司英文名称:CHANGCHUN CHANLIN INDUSTRY & COMMERCE CO., LTD
(二)公司法定代表人:何金亭
(三)公司董事会秘书:董永吉
联系地址:长春市经济技术开发区临河街 230 号
电话:0431-4669888 转 8612
传真:0431-4647622
电子信箱:dyjchanlin@sina.com
公司董事会证券事务代表:桂红植
电话:0431-4647632、4669888 转 8416
传真:0431-4647622
电子信箱:ghzchanlin@163.com
(四)公司注册地址:长春市经济技术开发区临河街 230 号
公司办公地址:长春市经济技术开发区临河街 230 号
邮政编码:130031
公司国际互联网网址:http://www.chanlin.com
电子信箱:Chanlin @ Public.cc.jl.cn
(五)公司信息披露报纸名称:上海证券报
登载公司年度报告的中国证监会指定国际互联网网址:http://www.sse.com.cn
公司年度报告备置地点:长春长铃实业实业股份公司综合办公室
(六)公司股票上市交易所:上海证券交易所
股票简称:长春长铃　　股票代码:600890

二、会计数据和业务数据摘要

(一)公司本年度会计数据　　(单位:元)

项目	金额
利润总额:	20,763,478.67
净利润:	38,449,644.80
扣除非经常性损益后的净利润:	33,071,449.12
主营业务利润:	84,989,845.12
其他业务利润:	2,800,659.70
营业利润:	14,807,561.95
投资收益:	896,252.52
补贴收入:	0.00
营业外收支净额:	5,059,664.20
经营活动产生的现金流量净额:	73,859,119.58
现金及现金等价物净增加额:	-3,204,681.63

(二)公司近三年的主要会计数据及财务指标(单位:元)

指标项目	2001 年	2000 年		1999 年
		调整后	调整前	
主营业务收入	322,702,981.31	363,748,401.96	409,301,551.35	362,797,445.70
净利润	38,449,644.80	62,496,973.82	66,178,909.69	60,118,726.85
总资产	1,210,036,959.08	1,156,092,419.82	1,198,111,177.44	1,146,641,397.72
股东权益	735,517,325.23	712,190,765.03	721,766,691.64	685,924,634.28
(注:不含少数股东权益)				
每股收益(摊薄)	0.08	0.22	0.23	0.21
每股收益(加权)	0.08	0.22	0.23	0.21
每股净资产	1.52	2.48	2.52	2.39
调整后的每股净资产	1.51	2.45	2.47	2.36
每股经营活动产生的现金流量净额	0.15	-0.01	-0.01	0.25
净资产收益率%(摊薄)	5.23	8.78	9.17	8.76
净资产收益率%(加权)	5.26	8.78	9.17	8.82

(三)利润表附表

报告期利润	净资产收益率%		每股收益(元)	
	全面摊薄	加权平均	全面摊薄	加权平均
主营业务利润	11.55	11.62	0.1753	0.1753
营业利润	2.01	2.02	0.0305	0.0305
净利润	5.23	5.26	0.0793	0.0793
扣除非经常性损益后的净利润	4.49	4.52	0.0682	0.0682

三、股本变动及股东情况

(一)股份变动情况:(截止 2001 年 12 月 31 日)
1、公司股份变动情况表　　数量单位:股

	本次变动前	本次变动增减(+、-)					本次变动后
		配股	送股	公积金转股	其他	小计	
一、未上市流通股份							
1、发起人股份							
其中:							
国家持有股份	148,552,800			102,501,432			251,054,232
境内法人持有股份							
境外法人持有股份							
其他							
2、募集法人股	16,983,000			11,718,270			28,701,270
3、内部职工股							
4、优先股或其他							
其中:转配股							
未上市流通股份合计	165,535,800			114,219,702			279,755,502
二、已上市流通股份							
1、人民币普通股	121,358,281			83,737,214			205,095,495
2、境内上市的外资股							
3、境外上市的外资股							
已上市流通股份合计	121,358,281			83,737,214			205,095,495
三、股份总数	286,894,081			197,956,916			484,850,997

600891 哈尔滨秋林集团股份有限公司

2001 年年度报告摘选

一、公司简介

1、公司的法定中、英文名称
中文:哈尔滨秋林集团股份有限公司
英文:HARBIN CHURIN GROUP JOINTSTOCK CO., LTD.(缩写:HQL)
2、公司法定代表人:赵廷阁
3、公司董事会秘书:衣国强
联系地址:哈尔滨市南岗区东大直街 319 号
联系电话:0451—3644632
传真电话:0451—3649282
4、公司注册及办公地址:哈尔滨市南岗区东大直街 319 号
邮政编码:150001
公司网址:http://WWW.churin.com.cn
电子信箱:churin@ihw.com.cn
5、公司选定的信息披露报纸:《上海证券报》
登载公司年度报告的国际互联网网址:http://www.sse.com.cn
公司年度报告备置地点:公司证券部
6、公司股票上市地:上海证券交易所
股票简称:秋林集团
股票代码:600891

二、会计数据和业务数据摘要

(一)本年度主要利润及指标情况:　　单位:元

项目	金额
利润总额	-51,801,953.90
净利润	-51,801,953.90
扣除非经常性损益后的净利润	-47,519,818.73
主营业务利润	69,004,319.71
其他业务利润	8,767,632.63
营业利润	-47,486,271.32
投资收益	-1,488,258.46
营业外收支净额	-2,827,424.12
经营活动产生的现金流量净额	9,848,972.03
现金及现金等价物净增加额	-35,480,544.73
注:非经常性损益的项目及金额:	
①股权转让收益	-1,359,823.69
②股权投资差额	-94,887.36
③营业外收入	-424,476.32
④营业外支出	-2,402,947.80
合计	-4,282,135.17

(二)前三年主要会计数据和财务指标

单位:元

项目:	2001 年度	2000 年度		1999 年度	
		调整前	调整后	调整前	调整后
主营业务收入	401,918,253.01	567,408,265.20	567,408,265.20	607,959,716.03	602,464,697.28
净利润	-51,801,953.90	3,133,000.75	440,938.50	4,488,510.62	4,488,510.62
总资产	908,058,357.86	1,070,833,352.64	959,712,322.03	1,105,752,098.05	1,086,175,876.42
股东权益	547,101,096.12	613,336,006.55	601,754,204.68	617,110,540.85	617,110,540.85
每股收益摊薄	-0.21	0.013	0.002	0.02	0.02
每股收益加权	-0.21	0.013	0.002	0.02	0.02
每股收益(扣除非经常性损益后)	-0.20	-0.012	-0.02	0.02	0.02
每股净资产	2.25	2.52	2.47	2.787	2.787
调整后每股净资产	2.20	2.44	2.44	2.74	2.74
每股经营活动产生的现金流量净额	0.04	0.065	0.065	-0.144	-0.144
净资产收益率(%)	-9.47	0.51	0.073	0.727	0.727

三、股本变动和主要股东持股情况

(一)股本变动情况　　(单位:股　　每股面值:1 元)

	期初数	本次变动(±)	期末数
一、尚未流通股份			
1、发起人股	59,913,695	0	59,913,695
国家持有股份	59,913,695	0	59,913,695
2、募集法人股份	54,231,105	0	54,231,105
3、转配股	15,162,334	-15,162,334	0
未上市流通股份合计	129,307,134	-15,162,334	114,144,800
二、已流通股份			
人民币普通股	114,257,000	+15,162,334	129,419,334
已上市流通股份合计	114,257,000	+15,162,334	129,419,334
三、股份总数	243,564,134	0	243,564,134

公司转配股 15,162,334 股已于 2001 年 1 月 12 日上市流通。

(二)主要股东持股情况

股东名称	年初数	年末数	占股本比例(%)
①哈尔滨市国有资产管理局(国家股)	59,913,695	59,913,695	24.60
②康佳集团股份有限公司	9,350,000	9,350,000	3.84
③银江投资	9,150,000	9,150,000	3.76
④联合证券有限责任公司	3,740,000	3,740,000	1.54
⑤黑龙江天成物业有限公司(外资股)	3,740,000	3,740,000	1.54
⑥秋林公司食品厂	3,104,200	3,104,200	1.27
⑦上海彭家灯火酒家	0	2,927,000	1.20
⑧深圳港京裘革厂有限公司	2,805,000	2,805,000	1.15
⑨哈尔滨医药集团公司	1,870,000	1,870,000	0.77
⑩哈尔滨海外房地产开发有限公司	1,870,000	1,870,000	0.77

600893 吉林省吉发农业开发集团股份有限公司

2001 年年度报告摘选

一、公司基本情况简介

1、公司的法定中文名称:吉林省吉发农业开发集团股份有限公司
公司的法定英文名称:JILIN PROVINCE JIFA AGRICULTURAL DEVELOPMENT GROUP CO.,LTD
公司名称缩写:JIFA
2、公司法定代表人:刘少敏
3、公司董事会秘书:唐昭
联系电话:0431-5646655 转 183303
证券事务代表:曹凤荣
联系电话:0431-5646655 转 183302
联系地址:吉林省长春市人民大街 113-1 号
传真:0431-5630485
电子信箱:jfgfgs@fm365.com
4、公司注册地址:吉林省长春经济技术开发区浦东路 2 号
公司办公地址:吉林省长春市人民大街 113-1 号
邮政编码:130021
公司电子信箱:jfgfgs@fm365.com
5、公司选定的信息披露报纸:《上海证券报》
登载公司年报的中国证监会指定网站:http://www.sse.com.cn
公司年报备置地点:公司证券部
6、公司股票上市交易所:上海证券交易所
公司股票简称:ST 吉发
公司股票代码:600893

二、会计数据和业务数据摘要

1、本年度会计数据

单位:元

项目	金额
利润总额	-162,261,515.41
净利润	-141,114,416.93
扣除非经常性损益后的净利润	-119,440,568.58
主营业务利润	97,558,664.76
其他业务利润	2,692,497.53
营业利润	-135,817,431.94
投资收益	-24,549,817.73
补贴收入	/
营业外收支净额	-1,894,265.74
经营活动产生的现金流量净额	19,789,945.65
现金及现金等价物净增减额	-49,025,429.83

说明:扣除的非经营性损益的项目
①出售大连公司所得收益-26,133,968.59 元
②收取的资金占用费 6,354,385.98 元
③营业外收支净额-1,894,265.74 元。

2、截止报告期末前三年的主要会计数据和财务指标

单位:元

项目	2001 年	2000 年		1999 年	
		调整后	调整前	调整后	调整前
主营业务收入	874,836,349.61	1,009,554,849.68	1,039,057,842.61	729,263,031.84	729,263,031.84
净利润	-141,114,416.93	-16,621,606.93	-11,185,730.87	2,266,015.88	4,987,562.27
总资产	1,557,342,629.30	1,734,961,419.70	1,840,281,159.17	1,888,727,237.91	1,889,847,498.00
股东权益(不含少数股东权益)	494,607,519.04	618,515,137.74	656,264,080.58	681,944,807.27	684,666,353.66
每股收益	-0.6007	-0.0708	-0.0476	0.0096	0.0212
每股净资产	2.11	2.63	2.79	2.91	2.91
调整后的每股净资产	1.83	2.33	2.28	2.51	2.50
每股经营活动产生的现金流量净额	0.08	0.28	0.28	0.44	0.44
净资产收益率%	-28.53	-2.69	-1.70	0.33	0.73
加权平均净资产收益率(扣除非经常性损益)%	-21.80	-5.47	-2.24	-2.41	-1.20

注:报告期末至报告披露日,公司股本总额未发生变化。

三、股本变动及股东情况

1、股份变动情况表

数量单位:股

	本次变动前	报告期内变动情况 法人转配股上市	本次变动后
A 未上市流通股份			
a、发起人股份	104339510		104339510
其中:			
国家持有股份	86978430		86978430
境内法人持有股份	17361080		17361080
境外法人持有股份			
其他			
b、募集法人股份	15254470		15254470
c、内部职工股			
d、优先股或其他	1322455	-1322455	0
未上市流通股份合计	120916435	-1322455	119593980
B 已上市流通股份			
a、人民币普通股	113994430	+1322455	115316885
b、境内上市外资股			
已上市流通股份合计	113994430	+1322455	115316885
C 股份总数	234910865		234910865

600894 广州钢铁股份有限公司

2001 年年度报告摘选

一、公司基本情况简介

1、公司名称:广州钢铁股份有限公司
英文名称:GUANGZHOU IRON AND STEEL CO.,LTD.
英文缩写:GIS
2、公司法定代表人:陈嘉陵
3、公司董事会秘书:黄立传
联系地址:广州市芳村区白鹤洞广钢证券部
电话并传真:020-81809182
电子信箱:zhqub@21cn.com
4、公司注册及办公地址:广州市芳村区白鹤洞
邮政编码:510381
公司国际互联网网址:http//www.chinagis.com
公司电子信箱:zhqub@21cn.com
5、公司信息披露选定的报纸:《中国证券报》、《上海证券报》、《证券时报》
登载年报的国际互联网网址:http//www.sse.com.cn
年度报告备置地点:公司证券部
6、公司股票上市交易所:上海证券交易所
公司股票简称:广钢股份
公司股票代码:600894

二、会计数据和业务数据摘要

(一)本年度利润总额构成及现金流量(合并报表)　单位:人民币元

项目	金额
(1)利润总额:	74,151,517.71
(2)净利润	65,681,289.07
(3)扣除非经常性损益后的净利润	67,189,505.64
(4)主营业务利润:	222,981,195.81
(5)其他业务利润:	8,378,576.57
(6)营业利润	75,868,341.06
(7)投资收益:	-208,606.78
(8)补贴收入:	0
(9)营业外收支净额:	-1,508,216.57
(10)经营活动产生的现金流量净额:	79,167,178.43
(11)现金及现金等价物净增加额:	-57,071,972.31

(二) 近三年主要会计数据及财务指标

指标项目	2001 年度		2000 年度(调整后)		2000 年度(调整前)		1999 年度	
(1)主营业务收入(元)	2,446,110,721.47		2,506,834,905.72		2,506,834,905.72		2,207,760,954.94	
(2)净利润(元)	65,681,289.07		74,318,017.76		101,226,795.24		37,957,971.70	
(3)总资产(元)	3,348,928,211.31		3,328,415,570.50		3,431,151,933.85		3,195,812,489.50	
(4)股东权益(元)	1,546,622,968.48		1,508,388,879.41		1,611,125,242.76		1,595,407,587.52	
	摊薄	加权	摊薄	加权	摊薄	加权	摊薄	加权
(5)每股收益(元)	0.096	0.096	0.108	0.108	0.148	0.148	0.055	0.056
(6)每股净资产(元)	2.25		2.20		2.35		2.33	
(7)调整后每股净资产(元)	2.20		2.18		2.33		2.32	
(8)净资产收益率(%)	4.25	4.26	4.93	4.77	6.28	6.31	2.36	2.39
(9)每股经营活动产生的现金流量净额	0.12		0.39		0.39		0.37	

三、股本变动及股东情况

1、股份变动情况表:　(单位:股)

	期初数	本年增减	期末数
(1)尚未流通股份	524,489,735	0	524,489,735
其中:			
国有法人持有股份	352,969,735	0	352,969,735
外资法人持有股份	171,520,000	0	171,520,000
(2)流通股份(A 股)	161,690,265	0	161,690,265
(3)股份总数	686,180,000	0	686,180,000

2、股东情况介绍

(1) 报告期末公司股东总数为 25027 户。

(2) 报告期末前十名股东名单及持股情况(截止 2001 年 12 月 1 日)

序号	股东名称	持股数量(股)	持股比例
1	广州钢铁集团有限公司	352,969,735	51.44%
2	香港粤海企业(集团)有限公司	171,520,000	25.00%
3	湖南高科	5,323,900	0.78%
4	舟山信托	4,400,591	0.64%
5	汉盛基金	2,500,191	0.36%
6	华宝信托	1,206,803	0.18%
7	穗美林华	1,146,000	0.17%
8	刘 兵	835,356	0.12%
9	陈忠明	571,754	0.08%
10	乐沸泉	453,000	0.06%

600895 上海张江高科技园区开发股份有限公司

2001 年年度报告摘选

一、公司基本情况简介

1、公司法定中文名称:上海张江高科技园区开发股份有限公司
公司法定英文名称:SHANGHAI ZHANGJIANG HI - TECH PARK DEVELOPMENT CO., LTD
公司英文名称缩写:ZJHTC
2、公司法定代表人:戴海波
3、公司董事会秘书:章曦
董事会证券事务代表:须磊
联系地址:上海市浦东新区龙东大道 300 号
电话:(021)50803686、50801818　　传真:(021)50800492
电子信箱:zjhtc@public2.sta.net.cn
4、公司注册地址:上海市浦东新区龙东大道 200 号
公司办公地址:上海市浦东新区龙东大道 300 号
邮编:201203
公司国际互联网网址:http://www.600895.com
公司电子信箱:zjhtc@public2.sta.net.cn
5、公司选定的信息披露报纸:《中国证券报》、《上海证券报》、《证券时报》
刊登公司年度报告的中国证监会指定网站:http://www.sse.com.cn
公司年度报告备置地点:上海市浦东新区龙东大道 300 号
6、公司股票上市交易所:上海证券交易所
股票简称:张江高科　　股票代码:600895

二、会计数据和业务数据摘要

1、指标项目	本年数(元)
利润总额	240,448,201.51
净利润	202,441,946.24
扣除非经常性损益后的净利润	186,276,520.06
主营业务利润	276,204,242.06
其它业务利润	-71,420.98
营业利润	221,794,522.26
投资收益	18,484,994.09
补贴收入	
营业外收支净额	168,685.16
经营活动产生的现金流量净额	-237,993,008.27
现金及现金等价物净增加额	369,494,518.77
注:扣除的非经常性损益项目和涉及金额	
1. 营业外收支净额	107,829.48
2. 托管资金收益	16,945,864.74
3. 合并价差	-1,079,518.04
4. 流转税返还	191,250.00
合 计	16,165,426.18

2、截至报告期末公司前三年的主要会计数据和财务指标

指标项目	2001 年度	2000 年度		1999 年度
		调整后	调整前	
主营业务收入(万元)	61493.61	16897.91	18220.36	16866.31
净利润(万元)	20244.19	12790.16	12790.16	6400.68
总资产(万元)	274763.61	141149.48	143046.09	92770.01
股东权益(不含少数股东权益)(万元)	210041.21	84848.41	84848.41	74390.76
每股收益(元)	0.43	0.55	0.55	0.27
扣除非经常性损益后的每股收益(元)	0.40	0.48	0.55	0.27
每股净资产(元)	4.49	3.64	3.64	3.19
调整后的每股净资产(元)	4.49	3.63	3.63	3.19
每股经营活动产生的现金净流量(元)	-0.51	-0.37	-0.36	-0.29
净资产收益率(%)	9.64	15.07	15.07	8.60

注:报告期扣除非经常性损益后的加权平均净资产收益率为:10.73%

三、股本变动及股东情况

1、股本变动情况
股份变动情况表　　(单位:万股,每股面值:1 元)

	本次变动前	本次变动增减(+,-) 配股	送股	公积金转股	其它	小计	本次变动后
一、未上市流通股份							
1.发起人股份	173250000	23040000	60185537	45139153		128364690	301614690
其中:							
国家持有股份	173250000	23040000	60185537	45139153		128364690	301614690
其中:国家股							
国有法人股份	173250000	23040000	60185537	45139153		128364690	301614690
境内法人持有股份							
境外法人持有股份							
其它							
2.募集法人股份							
3.内部职工股							
4.优先股或其它							
其中:转配股							
未上市流通股份合计	173250000	23040000	60185537	45139153		128364690	301614690
二、已上市流通股份							
1.人民币普通股	60000000	48000000	33114463	24835847		105950310	165950310
2.境内上市的外资股							
3.境外上市的外资股							
4.其它							
已上市流通股份合计	60000000	48000000	33114463	24835847		105950310	165950310
三、股份总数	233250000	71040000	93300000	69975000		234315000	467565000

600897 厦门机场发展股份有限公司

2001 年年度报告摘选

一、公司基本情况简介

1、公司法定中文名称:厦门机场发展股份有限公司
英文名称:Xiamen Airport Development Co., Ltd.
公司英文名称缩写:XADC
2、公司法定代表人:王倜傥先生
3、公司董事会秘书:王建港先生
联系地址:厦门机场发展股份有限公司
电话:(0592)6022936 - 6005　　传真:(0592)6022936 - 8888
电子信箱:wjg@xiagc.com.cn
公司证券事务代表:钱进群先生
联系地址:厦门机场发展股份有限公司
电话:(0592)6022936 - 6005　　传真:(0592)6022936 - 8888
电子信箱:qjq@xiagc.com.cn
4、公司注册地址:厦门高崎国际机场
办公地址:厦门高崎国际机场内厦门机场发展股份有限公司办公楼
邮政编码:361006
电子信箱:wjg@xiagc.com.cn
5、公司披露信息的报纸:《上海证券报》
登载年度报告的网址:www.sse.com.cn
年度报告备置点:公司办公地点、福建省华福证券厦门营业部。
6、公司股票上市地:上海证券交易所
股票简称:厦门机场　　股票代码:600897

二、会计数据和业务数据摘要

1、公司本年度主要利润指标及现金流量情况(单位:人民币元)

项目	2001 年实现数
利润总额	61,667,681.94
净利润	51,489,647.22
扣除非经常性损益后的净利润	51,267,104.46
主营业务利润	76,089,541.83
其它业务利润	3,215,554.52
营业利润	61,186,719.27
投资收益	35,547.66
补贴收入	0
营业外收支净额	445,415.01
经营活动产生的现金流量净额	79,009,637.27
现金及现金等价物净增加额	-216,221,768.91

2、公司近三年主要会计数据和财务指标

项目	单位	2001 年度	2000 年度		1999 年度	
			调整前	调整后	调整前	调整后
主营业务收入	元	180,847,382.17	180,779,555.09	180,779,555.09	172,249,976.05	172,249,976.05
净利润	元	51,489,647.22	51,434,853.72	51,578,696.80	50,977,067.32	51,110,933.31
总资产	元	1,275,649,636.79	1,291,965,977.35	1,291,423,672.49	1,260,971,391.88	1,261,128,881.28
股东权益(不含少数股东权益)	元	1,144,172,546.11	1,132,926,049.82	1,133,182,898.89	1,108,491,196.10	1,108,625,062.09
全面摊薄每股收益	元/股	0.191	0.190	0.191	0.189	0.189
加权平均每股收益	元/股	0.191	0.190	0.191	0.189	0.189
扣除非经常性损益后的每股收益	元/股	0.190	0.187	0.188	0.189	0.190
每股净资产	元/股	4.238	4.20	4.20	4.11	4.11
调整后每股净资产	元/股	4.230	4.19	4.19	4.11	4.10
每股经营活动产生的现金流量净额	元/股	0.293	0.41	0.41	0.38	0.38
全面摊薄净资产收益率	%	4.50	4.54	4.55	4.60	4.61
加权平均净资产收益率	%	4.44	4.53	4.55	4.70	4.71
扣除非经常性损益后的加权平均净资产收益率	%	4.42	4.46	4.47	4.71	4.72

3、本报告期利润表附表

根据中国证监会《公开发行证券公司信息披露编报规则》第 9 号通知精神,公司 2001 年按全面摊薄法和加权平均法计算的净资产收益率及每股收益:

报告期利润	净资产收益率(%)		每股收益(元)	
	全面摊薄	加权平均	全面摊薄	加权平均
主营业务利润	6.65	6.57	0.282	0.282
营业利润	5.35	5.28	0.227	0.227
净利润	4.50	4.44	0.191	0.191
扣除非经常性损益后的净利润	4.48	4.42	0.190	0.190

三、股本变动及股东情况

1、股份变动情况表
公司股份变动情况表　　数量单位:股

	本次变动前	本次变动增减(+、-) 配股	送股	公积金转股	增发	其他	小计	本次变动后
一、未上市流通股份								
1、发起人股份	202,500,000							202,500,000
其中:								
国有法人持有股份	202,500,000							202,500,000
境内法人持有股份								
境外法人持有股份								
其他								
2、募集法人股份								
3、内部职工股								
4、优先股或其他								
未上市流通股份合计	202,500,000							202,500,000
二、已上市流通股份								
1、人民币普通股	67,500,000							67,500,000
2、境内上市的外资股								
3、境外上市的外资股								
4、其他								
已上市流通股份合计	67,500,000							67,500,000
三、股份总数	270,000,000							270,000,000

600896 中海(海南)海盛船务股份有限公司

2001年年度报告摘要

第一章 公司基本情况简介

1、公司法定中文名称:中海(海南)海盛船务股份有限公司
公司法定英文名称:CHINA SHIPPING HAISHENG CO.,LTD.
2、公司法定代表人:王大雄
3、公司董事会秘书:胡小波
董事会证券事务代表:孔琦
联系地址:海南省海口市龙昆北路2号珠江广场帝豪大厦25层公司证券部
联系电话:0898-68583985、68583777-388、307
传真:0898-68581486
电子信箱:hshuxiaobo@sohu.com
kongqi-due@sohu.com
4、公司注册地址及公司办公地址:海南省海口市龙昆北路2号珠江广场帝豪大厦25层
邮政编码:570125
公司国际互联网网址:http://www.hsshipping.com
公司电子信箱:hsbgs@email.hq.cninfo.net
5、公司选定的信息披露报纸名称:《中国证券报》、《上海证券报》
登载公司年度报告的中国证监会指定国际互联网网址:http://www.sse.com.cn
公司年度报告备置地点:海南省海口市龙昆北路2号珠江广场帝豪大厦25层公司证券部
6、公司股票上市地:上海证券交易所
股票简称:中海海盛
股票代码:600896

第二章 会计数据和业务数据摘要

一、本年度主要会计数据(合并报表)

项目	2001年度(单位:人民币元)
利润总额	66,242,463.70
净利润	48,268,832.35
扣除非经常性损益后的净利润	58,461,275.67
主营业务利润	60,383,581.60
其它业务利润	5,888,366.13
营业利润	19,850,046.37
投资收益	50,932,901.78
补贴收入	0
营业外收支净额	-4,540,484.45
经营活动产生的现金流量净额	71,925,935.75
现金及现金等价物净增减额	-39,109,306.16

说明:扣除的非经常性损益项目和涉及金额

营业外收支净额	-4,540,484.45
投资收益 合并价差摊入	-5,651,958.87
小计	-10,192,443.32

二、截止报告期末公司前三年主要会计数据和财务指标

指标项目	2001年度	2000年度 追溯调整后	2000年度 追溯调整前	1999年度
主营业务收入(元)	467,624,608.39	428,660,912.09	428,660,912.09	343,526,106.50
净利润(元)	48,268,832.35	66,721,502.55	67,449,421.31	64,641,746.41
总资产(元)	1,071,600,257.14	1,107,277,081.41	1,109,188,724.32	950,340,653.00
股东权益(元)(不含少数股东权益)	793,827,810.08	777,287,232.73	778,850,701.89	743,129,535.58
每股收益(摊薄)(元)	0.15	0.21	0.21	0.20
每股收益(加权)(元)	0.15	0.21	0.21	0.23
每股收益(扣除非经常性损益)(元)	0.18	0.23	0.23	0.21
每股净资产(元)	2.50	2.45	2.45	2.34
调整后的每股净资产(元)	2.38	2.35	2.35	2.28
每股经营活动产生的现金流量净额(元)	0.23	0.42	0.42	0.27
净资产收益率(摊薄)(%)	6.08	8.58	8.66	8.70
净资产收益率(加权)(%)	6.02	8.60	8.68	11.13

三、利润分配表附表

报告期利润	净资产收益率(%) 全面摊薄	净资产收益率(%) 加权平均	每股收益(元) 全面摊薄	每股收益(元) 加权平均
主营业务利润	7.61	7.53	0.19	0.19
营业利润	2.50	2.48	0.06	0.06
净利润	6.08	6.02	0.15	0.15
扣除非经常性损益后的净利润	7.36	7.29	0.18	0.18

四、报告期内股东权益变动情况(单位:元)

项目	股本	资本公积	盈余公积	公益金	未分配利润	股东权益合计
期初数	317,282,550	320,913,989.06	76,465,093.10	27,579,161.24	62,625,600.57	777,287,232.73
本期增加			13,809,690.51	4,664,369.00	48,268,832.35	62,078,522.86
本期减少					45,537,945.51	45,537,945.51
期末数	317,282,550	320,913,989.06	90,274,783.61	32,243,530.24	65,356,487.41	793,827,810.08

变动原因:盈余公积金和法定公益金增加是由于本年度提取两金所致,未分配利润增加是公司实现了净利润,减少是由于实施10派1元的派息方案和提取盈余公积金所致。

第三章 股本变动及股东情况

一、股本变动情况

1、股份变动情况表

数量单位:股

	期初数	本次变动增减(+、-) 送股	配股	其他	小计	期末数
一、尚未流通股份						
1、发起人股份	149925000					149925000
其中:						
国家持有股份	149925000					149925000
境内法人持有股份						
外资法人持有股份						
其他						
2、募集法人股	11279550					11279550
3、内部职工股						
4、优先股或其他						
尚未流通股份合计	161204550					161204550
二、已流通股份						
1、境内上市的人民币普通股	156078000					156078000
2、境内上市的外资股						
3、境外上市的外资股						
4、其他						
已流通股份合计	156078000					156078000
三、股份总数	317282550					317282550

2、股票发行与上市情况

(1)1999年8月22日,经中国证券监督管理委员会(证监公司字[1999]85号文)核准,公司以1998年末总股本28008.075万股为基数,按每10股配售2股的比例实施配股,共配售3720.18万股,每股面值1元,发行价6元,其中2601.3万股流通股已于1999年11月11日上市流通,公司股本总额增至31728.255万股,流通股份增至15607.8万股。

(2)1999年5月4日,公司4875万股内部职工股上市流通,上市后,公司股本总额不变,尚未流通股份减至15001.575万股,流通股份由8131.5万股增至13006.5万股。

二、股东情况介绍

1、报告期末公司股东总数为109952户。

2、公司前十名股东持股情况如下:

股东名称	年末持股数量(万股)	占总股本比例(%)
1、中国海运(集团)总公司(国有法人股)	12292.5	38.74
2、海南省电力有限公司(国有法人股)	1050	3.31
3、海口港集团公司(国有法人股)	1050	3.31
4、秦皇岛港务局(国有法人股)	600	1.89
5、八所港务总公司	225	0.71
6、上海裕海实业公司	105	0.33
7、海口兴华贸易公司	76.56	0.24
8、海南省海口岭南物资供运中心	75	0.24
9、中国人民保险公司海口分公司	75	0.24
10、海南省船舶引航公司	75	0.24

中国海运(集团)总公司共持有12292.5万股国有法人股,占总股本的38.74%,中国海运(集团)总公司所持股票无抵押或被冻结情况。

公司前十名股东之间无关联关系。

三、持股5%(含5%)以上的法人股东情况

中国海运(集团)总公司法定代表人:李克麟;成立于1997年8月;注册资本:561739万元;股权结构:国有独资企业;主要业务:向国外提供海员、海务、港口技术服务和其他工程、生产技术人员及服务人员;代理进出口业务;沿海、远洋、国内江海直达货物运输、集装箱运输及揽货订舱、运输报关、多式联运、船舶租赁、船舶代理、国际货运代理、船舶物料、淡水供应、船用食品伙食供应、储运及船舶修造及拆船、船舶销售、房地产开发与经营等。

中国海运(集团)总公司直属国务院。

四、本报告期内公司控股股东没有发生变更。

第四章 董事、监事、高级管理人员和员工情况

一、董事、监事、高级管理人员情况

1、基本情况

姓名	职务	性别	年龄	任期起止日期	持股数(股) 年初	年末	增减变动数
王大雄	董事长	男	41	1999.4-2002.4	1950	1950	0
王康田	董事	男	36	1999.4-2002.4	4875	4875	0
燕明义	董事	男	56	1999.4-2002.4	0	0	0
徐祖远	董事	男	49	1999.4-2002.4	5850	5850	0
周松柏	董事	男	55	2001.9-2002.4	0	0	0
朱万顺	董事	男	58	1999.4-2002.4	900	900	0
李 伟	董事	男	47	1999.4-2002.4	0	0	0
董咸德	董事	男	54	2001.9-2002.4	0	0	0
谭 兵	独立董事	男	59	2001.4-2002.4	0	0	0
寇来起	监事会主席	男	51	1999.4-2002.4	0	0	0
张云标	监事	男	40	1999.4-2002.4	0	0	0
杨大庆	监事	男	56	1999.4-2002.4	5850	5850	0
梅安健	监事	男	48	1999.4-2002.4	1950	1950	0
庄镇玩	监事	男	49	2000.4-2002.4	0	0	0

陈大维	职工监事	男	52	1999.4－2002.4	3510	3510	0
陈昌海	总经理	男	55	2000.1－2002.4	0	3600	3600
李全根	党委书记	男	51	2000.1－2002.4	0	0	0
赵汉顺	副总经理	男	42	1999.4－2002.4	975	975	0
赵英韬	副总经理	男	41	2000.1－2002.4	0	0	0
方楚南	总会计师	男	40	1999.4－2002.4	0	0	0
胡小波	董事会秘书	男	30	2000.9－2002.4	0	0	0

注:陈昌海总经理看好公司,自行购入3600股。

董事、监事在股东单位任职情况

姓名	股东单位职务
王大雄	中国海运(集团)总公司副总裁
王康田	中国海运(集团)总公司计财部部长
燕明义	中国海运(集团)总公司子公司上海海运公司总经理
徐祖远	中国海运(集团)总公司子公司广州海运公司总经理
周松柏	中国海运(集团)总公司子公司广州海运公司企划部主任
朱万顺	海南省电力有限公司总经理
李　伟	海口港集团公司副总经理
董威德	秦皇岛港务局总会计师
寇来起	中国海运(集团)总公司党组纪检组组长
张云标	中国海运(集团)总公司监审部部长
杨大庆	中国海运(集团)总公司子公司广州海运公司巡视员
梅安健	中国海运(集团)总公司子公司广州海运公司副总会计师
庄镇玩	八所港务总公司党委书记

2、年度报酬情况

(1)2001年度,公司现任董事、监事(不含职工监事)未在公司领取报酬,公司高级管理人员及职工监事的年度报酬依据公司工资薪酬制度有关工资管理和等级标准的规定按月发放。现任公司高级管理人员及职工监事的年度报酬总额为88.05万元,现任董事(含独立董事)未在公司领取报酬,金额最高的前三名高级管理人员的报酬总额为45.12万元,本年度报酬数额区间及人数如下:

报酬区间	人数
15－16万元	2
9－15万元	3
5－9万元	2

(2)未在公司领取报酬的董事、监事:王大雄、王康田、燕明义、徐祖远、周松柏、朱万顺、李伟、董威德、谭兵、寇来起、张云标、杨大庆、梅安健、庄镇玩。其中王大雄、王康田、朱万顺、李伟、董威德、寇来起、张云标、庄镇玩在股东单位领取报酬,燕明义、徐祖远、周松柏、杨大庆、梅安健在股东单位子公司领取报酬。

3、报告期内离任董事、监事、高级管理人员姓名及离任原因

因工作原因,李克麟先生辞去公司董事长、董事职务,王阳洋先生辞去公司董事职务,刘晓云先生辞去公司副总经理职务。

二、公司员工情况

公司现有员工173人,其中大专以上学历112人,约占总人数64.7%,员工专业构成:生产人员85人,技术人员23人,财务人员22人,行政人员36人,退休职工7人。

第五章　公司治理结构

一、公司治理情况

公司严格按照《公司法》、《证券法》等有关法律、法规的要求,不断完善公司的治理结构,制定公司治理细则,规范公司运作,公司治理结构基本符合《上市公司治理准则》的要求。

1、公司董事会具有健全的决策程序和议事规则,先后制定了《董事会工作条例》、《董事会议事规则》、《总经理工作细则》等规范性文件。董事能够按照法律、法规、公司《章程》的规定忠实、勤勉地履行自己的职责。董事会人数及人员符合有关法律法规的要求,公司按照《章程》规定的董事选聘程序选举董事,并将进一步完善董事选聘程序,实行累计投票制度。

2、公司制定了《股东大会工作条例》、《股东大会议事规则》,明确了股东大会的召开及表决程序,确保所有股东,特别是中小股东,享有平等权利,承担相应义务,对法律、法规和公司《章程》规定的公司重大事件享有知情权和参与权。公司董事会认真审议并安排股东大会的审议事项,严格执行股东大会对董事会的授权,落实股东大会的各项决议。

3、公司监事会按照《公司法》和《公司章程》赋予的职责正确行使职能,制定了《监事会工作条例》、《监事会议事规则》,严格履行自己的职责,本着向全体股东负责的精神对公司关联交易、经营决策、董事、高级管理人员的尽职情况进行监督,促进了公司的规范运作。

4、公司控股股东按照法律、法规行使出资人的权利,无利用其特殊地位谋取额外利益、损害中小股东权益或社会公众利益的情况发生;公司的重大决策在股东大会的授权范围内由董事会依法作出,其余由股东大会依法作出;控股股东与公司人员、资产、财务分开,机构、业务独立,各自独立核算、独立承担责任和风险;董事会、监事会、内部机构能独立运作;关联交易公平合理,并对定价依据予以充分披露。

5、为健全公司激励与约束相结合的运行机制,以落实经营者责任,提高经营者的积极性,最大限度地提高公司效益,公司已拟定了《公司经理人员薪酬分配方案》、《董事、监事津贴分配方案》,报董事会、股东大会审议。经理人员的聘任符合有关法律法规及公司章程的有关规定。

6、公司充分尊重和维护银行和其他债权人、职工、其他合作方的合法权益,共同推进公司持续、健康的发展。

7、公司指定董事会秘书负责信息披露事项,接待股东来访与咨询,加强与股东联系,严格按照法律法规和公司章程的规定,真实、准确、及时、完整地披露有关信息并确保所有股东有平等的机会获得信息。

二、独立董事履行职责情况

公司2000年度股东大会选举了谭兵先生为公司独立董事。谭兵董事就任后,出席公司董事会会议,发表独立意见,依法有效的行使职权。公司将在2002年6月30日前选聘2名独立董事。

第六章　股东大会情况简介

报告期内公司共召开二次股东大会。

一、公司董事会于2001年3月13日在《中国证券报》、《上海证券报》上以公告形式刊登了关于召开2000年度股东大会的通知,说明了会议召开的时间、地点、审议事项及其他有关事项。

公司2000年度股东大会于2001年4月20日在海口市龙昆北路2号珠江广场帝豪大厦25层公司会议室举行,会议由王大雄副董事长主持,出席会议的股东和股东代表共11人,共持有股份15682.5万股,占公司总股本的49.43%,符合《公司法》和公司《章程》的有关规定。本次会议以记名投票的表决方式,审议通过了大会决议。

此次股东大会经海南乾诚律师事务所邹志诚律师见证后,出具了法律意见书。公司于2001年4月21日在《中国证券报》、《上海证券报》上刊登了2000年度股东大会决议公告。

二、公司董事会于2001年7月31日在《中国证券报》、《上海证券报》上以公告形式刊登了关于召开2001年度第一次临时股东大会的通知,说明了会议召开的时间、地点、审议事项及其他有关事项。

公司2001年度第一次临时股东大会于2001年9月7日在海口市龙昆北路2号珠江广场帝豪大厦25层公司会议室举行,会议由王大雄董事长主持,出席会议的股东和股东代表共6人,共持有股份15322.5万股,占公司总股本的48.29%,符合《公司法》和公司《章程》的有关规定。本次会议以记名投票的表决方式,审议通过了大会决议。

此次股东大会经海南乾诚律师事务所邹志诚律师见证后,出具了法律意见书。公司于2001年9月8日在《中国证券报》、《上海证券报》上刊登了2001年度第一次临时股东大会决议公告。

第七章　董事会报告

一、公司经营情况

1、公司所处的行业及地位

公司所处行业属运输行业。公司作为海南省规模最大的航运企业,主要承运海南省电力工业所需的进岛煤炭和国内大型钢厂所需的出岛矿石及国内外化学品、沥青等特种运输货物,目前在海南省大宗散货运输市场上占据主导地位。

2、公司主营业务范围及经营情况

公司主营业务范围:从事以海南省港口为主的近洋国际航线运输、国际海运,国内沿海及长江中下游各港间货物(含液体危险品)运输,水路运输服务、船务代理,房地产开发及经营,宾馆酒店经营,旅游服务,石油仓储供应,海南省及国内沿海的货物运输、实业投资,高科技开发。

2001年,公司董事会领导经营班子坚持"完善机制,深化改革;突出重点,确保安全;拓展主业,积极发展;优化管理,提高效益"的工作方针,规范管理、稳健经营,以务实、稳步发展为原则,巩固散货和沥青运输市场、逐步开拓化学品运输市场、适度参与证券市场。虽然受到国内外航运市场低迷的不利影响,主营业务利润下降,但投资收益大幅上升,公司较好地完成了董事会确定的经营目标。全年完成货运量420.96万吨,货运周转量57.87亿吨海里;实现主营业务收入46762万元,主营业务利润6038万元,净利润4827万元。

3、公司主要控股公司及参股公司的经营情况及业绩

广州振华船务有限公司为公司控股子公司,占有80%股权,主营国内、国际大宗散货运输,截止2001年12月31日,该公司注册资本12604万元,总资产15729万元,净利润2937万元。

上海金海船务贸易有限公司为公司控股公司,占有80%股权,主营化学品货物运输,截止2001年12月31日,该公司注册资本6000万元,总资产12184万元,净利润1460万元。

深圳市中海海盛沥青有限公司为公司控股公司,占有60%股权,主营沥青仓储和贸易,截止2001年12月31日,该公司注册资本2000万元,总资产5513万元,净利润－148万元。

海南中海海盛海连船务有限公司为公司控股公司,占有51%股权,主营沥青运输,截止2001年12月31日,该公司注册资本5000万元,总资产9985万元,净利润668万元。

中海(海南)海盛贸易有限公司为公司控股公司,占有95%股权,主营贸易,截止2001年12月31日,该公司注册资本500万元,总资产1878万元,净利润－727万元。

国通证券股份有限公司为公司参股公司,占有4%股权,主营证券,截止2001年12月31日,该公司注册资本22亿元。公司2001年从该公司获得股利1936万元。

二、公司投资情况

1、募集资金使用情况

公司2000年度股东大会审议通过了关于运用1999年度配股募集资金尚未使用的6477万元和部分自筹资金购买一艘二手化学品运输船的议案,由于公司目前正在开展购船的前期工作,寻找合适的船舶,该项目尚未实施。尚未使用的6477万元暂时存放在银行。

2、其他投资情况

公司三届十一次董事会审议通过了关于出资2500万元与中国海运(集团)总公司等股东共同发起设立中国海运集团财务有限公司的议案,公司出资额占出资总额的5%,资金来源为公司自筹资金。目前,此项目正在报中国人民银行审批。

三、公司财务状况

2001年公司总资产107160.03万元,比去年减少3.22%,主要原因是控股子公司提前偿还长期借款。

2001年公司长期负债3028.74万元,比去年降低39.45%,主要原因是控股子公司提前偿还长期借款。

2001年公司股东权益79382.78万元,比去年增加2.13%,主要原因是盈利。

2001年公司主营业务利润6038.36万元,比去年减少30.92%,主要原因是航运市场低迷,主营业务收入减少。

2001年公司净利润4826.88万元,比去年减少27.66%,主要原因是航运市场低迷,主营业务利润减少。

四、新年度的经营计划

2002年的工作方针是:调整、治理、提高,开创发展新阶段。

调整船队结构和经营方式、经营手段,加强上市公司治理工作,从而提高企业竞争力和综合素质;坚持化学品运输发展方向,打开局面,开创中海海盛发展新阶段。公司本部争取实现主营业务收入25620万元,主营业务成本控制在21175万元。

2002年将切实做好以下工作:

1、按照《上市公司治理准则》进一步规范公司治理。

2、加强管理,突出主业,全力抓好增收节支工作。

3、进一步落实"十五"规划,大力发展特种运输。

4、规范运作,稳定投资收益。

5、以安全管理体系为纲,坚持不懈抓好安全生产。

6、提高职工素质,保持企业发展后劲。

五、本次利润分配预案

经大华会计师事务所有限公司审计,公司2001年度实现税后利润48,268,832.35元。根据公司《章程》有关规定,提取法定公积金9,145,321.51元,提取公益金4,664,369.00元,加上年初未分配利润62,625,600.57元,本年度可供股东分配的利润为97,084,742.41元。拟定以2001年末总股本317,282,550股为基数,向全体股东每10股派发现金红利1元(含税),共派发股利31,728,255元,剩余利润65,356,487.41元转入下一年度。

本分配预案将提请公司2001年度股东大会审议通过后实施。

第八章　监事会报告

2001年,公司监事会按照《公司法》、公司《章程》及有关法律法规规定,本着对股东负责的精神,列席了董事会会议并出席了股东大会,了解公司经营发展、规范运作情况,检查了公司财务状况,对公司的决策程序、关联交易、募集资金运用、决议执行等行使了监督职能,切实地履行了监事会的各项职责。

报告期内,公司监事会共召开二次会议:

一、2001年3月9日,公司召开第三届监事会第五次会议,会议审议并通过了以下事项:

1、审议并通过了公司2000年度监事会工作报告。

2、审议并通过了公司关于运用配股募集资金及自筹资金购买一艘二手化学品运输船的议案。

3、审议并原则通过了《公司监事会工作条例》

4、审议并通过了公司2000年年度报告及年度报告摘要

二、2001年7月27日,公司召开第三届监事会第六次会议,会议审议并通过公司2001年度中期报告及中期报告摘要。

监事会对公司2001年度有关事项发表独立意见如下:

1、2001年,公司规范运作,建立了完善的内部控制制度,决策程序合法规范,公司董事及高级管理人员认真履行自己的职责,没有违反法律、法规、公司《章程》或损害公司利益的行为。

2、上海大华会计师事务所有限公司对公司2001年度财务报告出具的无保留意见的审计意见是公正、真实的。公司财务报告真实反映了公司的财务状况和经营成果。

3、公司1999年配股募集资金共21818万元,原计划购买4艘沥青运输船和4艘水泥运输船。公司已于1999年度按计划投资10091万元购买并改造了3艘沥青运输船,由于市场变化的原因,经公司董事会及股东大会审议通过,公司变更了募集资金运用计划,即:放弃购买4艘水泥运输船,未使用的11727万元募集资金的运用项目变更为投资2550万元组建海南中海海盛海连船务有限公司和投资约2700万元购买并改造沥青运输船"万泉海"轮,余下的6477万元暂不投入使用。2001年,经公司董事会、股东大会审议,同意公司运用余下的6477万元配股募集资金和部分

自筹资金购买一艘化学品运输船，因公司尚在寻找合适的船舶，此项目尚未实施。公司配股募集资金运用及变更程序合法、有效。

4、公司收购、出售资产交易价格合理，在交易活动中，没有发现内幕交易，没有损害股东的权益，也未造成公司资产流失。

5、关联交易符合公平、公开、公正的原则，交易价格遵循市场价格原则，协商确定，公平交易，没有损害公司利益。

第九章 重要事项

一、重大诉讼、仲裁事项

1、本公司截止 2001 年 12 月 31 日已判决但尚未或正在执行的诉讼有：

(1)应收帐款－广州惠成企业发展有限公司 2001 年 12 月 31 日余额为人民币 934,600.00 元，经海南省高级人民币法院 99 年 3 月终审判决胜诉，债务人至今尚未履行。

(2)应收帐款－广东增城市沿海火电能源有限公司 2001 年 12 月 31 日余额为人民币 1,387,681.55 元，经广东省高级人民法院以(1998)粤法经二上字第 190、191 号民事判决书终审判决，广东增城市沿海火电能源有限公司应向本公司支付人民币 396,500.00 元，至今尚未执行。

(3)应收帐款－海南省京海建设实业总公司截止 2001 年 12 月 31 日余额为人民币 1,070,090.58 元，该款 2000 年 12 月 31 日余额为人民币 3,920,090.58 元，2000 年 10 月 8 日海口市新华区人民法院以(2000)新经初字第 232 号民事判决书判定京海公司向本公司偿付货款人民币 3,941,787.50 元及相关的违约金等，2000 年 12 月 8 日双方达成和解协议，以价值约 285 万元的房产抵作欠款，剩余款项自 2001 年 5 月 30 日－2001 年 11 月 30 日止分三期偿还，2001 年已收到价值 2,850,000.00 元的房产，余款尚未偿还。

2、或有事项

(1)子公司上海金海船务贸易有限公司其他应收款－上海亿德经济发展公司 2001 年 12 月 31 日余额为人民币 9,679,017.71 元原系存放在浦东发展银行普陀支行的定期存款，1998 年与浦东发展银行普陀支行、上海亿德经济发展公司签订委托贷款协议，将此款项贷给上海亿德经济发展公司，原定期存单一直展期至 2000 年 7 月，由于亿德公司经营不善，项目处于停建状态，定期存单不再转期，可能产生或有损失。

(2)子公司中海(海南)海盛贸易有限公司其他应收款－中海集团国际贸易有限公司 2001 年 12 月 31 日余额人民币 21,170,967.90 元，系为 1998 年本公司同中海集团国际贸易有限公司签订在国内代理运输及销售进口尿素合同后的垫付款(含货款、运费、保险费)，因该批由中海集团国际贸易有限公司负责进口的尿素入关后被北海海关扣押并变卖，由于委托进口方提供了虚假的化肥进口配额及许可证，并经广西北海海关货物监管科验证，中海集团国际贸易有限公司才与新加坡公司签定进口合同，故中海集团国际贸易有限公司正在以受害人的身份提起诉讼，故本公司该笔款项一直也未收回。

(3)子公司中海(海南)海盛贸易有限公司应收帐款－江门蓬江区威南经贸公司 2001 年 12 月 31 日余额为人民币 1,661,909.43 元，系 98 年销售给江门蓬江区威南经贸公司的燃料油款项，因该公司涉嫌诈骗，已被公安局立案侦察，本公司已报案，已取得部分抵押物资。

(4)子公司中海(海南)海盛贸易有限公司应收帐款－中国汽车贸易总公司郑州公司肇庆分公司 2001 年 12 月 31 日余额为人民币 4,197,922.61 元，系 98 年销售给中国汽车贸易总公司郑州公司肇庆分公司的煤炭款项，已报案追讨。

二、收购、出售资产事项简要说明

1、公司 2000 年度股东大会审议通过了关于运用 1999 年度配股募集资金尚未使用的 6477 万元和部分自筹资金购买一艘二手化学品运输船的议案，由于公司目前正在开展购船的前期工作，寻找合适的船舶，该项目尚未实施。

2、公司三届九次董事会审议通过了关于转让"向安轮"的议案。2001 年 3 月，"向安轮"评估报告确认后，交易双方参考评估价格协商确定交易价格为 2126 万元。本次交易，公司增加营业外收入 166 万元。

三、重大关联交易事项

(一)购销商品、提供劳务发生的关联交易

关联方名称	交易内容	交易金额	占同类交易金额的比例(%)	定价原则
上海立丰船厂	修船及改造船	12,785,999.51	24.30	市场协议价
上海立新船厂	修船及改造船	5,680,172.49	10.80	市场协议价
广州海运英华船员劳务分公司	船员租赁	6,448,066.86	48.14	市场协议价
中海上海船员公司	船员租赁	6,375,618.01	47.60	市场协议价
上海海运实业总公司	船舶、车辆租入	7,250,802.48	75.24	市场协议价
中海供贸有限公司	采购燃油	10,353,237.09	6.84	市场协议价
海南国盛石油有限公司	采购燃油	16,044,601.24	10.58	市场协议价
中海集团国际贸易有限公司	采购燃油	56,998,807.24	37.60	市场协议价
中国海运(香港)航运有限公司	租船收入	8,311,050.00	10.39	市场协议价
中海集装箱运输有限公司	租船收入	8,195,927.67	10.25	市场协议价
中海发展股份有限公司货轮公司	租船收入	11,789,536.20	14.74	市场协议价
中海发展股份有限公司货轮公司	运输收入	6,625,861.22	2.48	市场协议价

(二)公司与关联方债权、债务往来及担保情况

1、债权、债务往来

单位：元

关联方	项目	期末金额	占全部应收(付)款项余额的比重(%)
中海集装箱运输有限公司	应收帐款	1,854,402.50	3.50
中海上海船员公司	应付帐款	1,803,333.33	12.54
上海立丰船厂	应付帐款	1,169,950.88	8.14
上海立丰船厂	预付帐款	2,300,000.00	17.73
海南国盛石油有限公司	预付帐款	9,203,730.12	70.94
中海集团国际贸易有限公司	其他应收款	21,170,967.90	29.96
海南国盛石油有限公司	其他应收款	5,000,000.00	7.07

2、本公司年末向中国海运结算中心贷款余额为人民币 2200 万元，本年度共发生相应的利息支出为人民币 1,441,650.00 元；本公司年末存放在中国海运结算中心的存款余额为人民币 58,100,839.07 元，本年度共发生相应的利息收入为人民币 1,603,932.01 元。存贷款利率参照中国人民银行规定的金融机构存贷款利率。

3、本年度广州振华船务有限公司与中海海运(集团)结算中心广州分部达成协议，将 2,200 万元资金有偿提供其使用，使用期限从 2001 年 1 月 1 日至 2001 年 6 月 30 日，年利率 5.85%，本期相应的利息收入为人民币 643,500.00 元。

4、中海集团国际贸易有限公司为子公司深圳市中海海盛沥青有限公司 1000 万元人民币借款提供担保，到期日为 2002 年 1 月 18 日；

5、中国海运(集团)总公司为本公司 5000 万元借款提供担保，借款到期日为 2001 年 6 月 13 日。

6、公司为子公司深圳市中海海盛沥青有限公司人民币 1200 万元借款提供担保，其中 1000 万元到期日为 2002 年 2 月 15 日，200 万元借款到期日为 2002 年 4 月 1 日。

7、公司为海南中海海盛海连船务有限公司提供了 2550 万元人民币银行贷款担保，借款到期日为 2005 年 11 月 6 日。

四、重大合同及其履行情况

1、公司无重大托管、承包、租赁其他公司资产或其他公司托管、承包、租赁公司资产情况。

2、重大担保：

(1)公司第三届董事会第九次会议审议通过了为子公司海南中海海盛海连船务有限公司提供 2550 万元银行贷款担保的议案。截止 2001 年 12 月 31 日，公司为海南中海海盛海连船务有限公司提供了 2550 万元人民币银行贷款担保，借款到期日为 2005 年 11 月 6 日。

(2)公司第三届董事会第八次会议审议通过了公司为子公司深圳市中海海盛沥青有限公司提供 2000 万元银行贷款担保和 500 万元银行保函担保的议案，截止 2001 年 12 月 31 日，公司为深圳市中海海盛沥青有限公司 1200 万元人民币借款提供担保，其中 1000 万元到期日为 2002 年 2 月 15 日，200 万元借款到期日为 2002 年 4 月 1 日。

3、公司不存在在报告期内或持续到报告期内继续发生委托他人进行资产管理事项。

五、公司或持股 5%以上的股东在报告期内或持续到报告期内承诺事项。

公司在 2000 年报内承诺，"向安轮"评估报告确认后，公司将参考评估值决定交易价格并披露有关信息。2001 年 4 月 4 日，公司在《中国证券报》、《上海证券报》刊登了公司关于"向安"轮评估及交易有关情况的公告。

六、报告期内，公司继续聘用大华会计师事务所有限公司负责公司审计工作。公司最近两年支付给会计师事务所的报酬如下。

	2001 年度	2000 年度	备注
上年度财务审计费	31 万元	26 万元	公司承担差旅费

七、公司、公司董事会及董事在报告期内没有受中国证监会稽查、行政处罚、通报批评及证券交易所公开谴责的情形。

八、其它重大事项

1、1997 年，公司以"先征后返"的方式向海关申报进口一艘自用集装箱船舶("向华"轮)，因为未经许可，将该船出租，违反了海关监管规定。2001 年 12 月，海口海关出具了处罚决定书，决定对公司科处罚款人民币 350 万元。

2、2001 年，公司在三亚中亚信托投资公司海口证券营业部开设保证金帐户，运用部分闲置资金进行一级市场新股申购，为避免风险，该部分资金既未进入二级市场，也未与券商签订任何委托理财协议。2001 年 11 月 21 日，中国人民银行发布公告，鉴于三亚中亚信托投资公司严重违规经营，决定对该公司实施停业整顿。经商中国证券监督管理委员会同意，在该公司停业整顿期间，该公司下属的证券交易营业部(包括三亚中亚信托投资公司海口证券营业部)由包头市信托投资公司托管，证券交易营业部照常经营。但三亚中亚信托投资公司海口证券营业部口头通知公司，该营业部中所有机构帐户可以买卖，但均不得转帐、提现、撤消指定、转托管。

为增加资金安全系数，公司停止了一级市场申购，将帐户中的所有保证金 7800 余万元购入了价格波动幅度相对较小的国债。公司认为在采取上述措施后，该部分资金不存在损失的风险。截止 2002 年 3 月 15 日，公司帐户中国债的市值约 7900 余万元，帐面赢利 100 余万元。

董事会要求公司经营班子加强与有关方面协调，争取尽快、妥善的解决此事。

第十章 财务报告

公司 2001 年度会计报告已经大华会计师事务所有限公司注册会计师朱蕾蕾、杨晓梅审计并出具了华业字(2002)第 435 号标准无保留意见的审计报告。

一、会计报表(见附表)

二、主要会计政策、会计估计的变更及重大会计差错更正的说明

本公司原执行《股份有限公司会计制度》，根据财政部财会(2000)25 号《关于印发 <企业会计制度> 的通知》和《实施 <企业会计制度> 及相关准则问题解答》的规定，自 2001 年 1 月 1 日起执行《企业会计制度》。在编制 2001 年度会计报表时，对于上年度会计报表中的项目名称和金额，已按照《企业会计制度》规定的报表格式进行了重新分类和表述。

根据财政部财会[2001]5 号《关于印发 <企业住房制度改革中有关会计处理问题的规定> 的通知》的规定，对 2001 年 1 月 1 日"住房周转金"科目的余额追溯调整。

由于会计政策变更进行追溯调整，对 2000 年度利润总额的影响数为人民币－727,918.76 元，系追溯调整租办费。对 2000 年末净资产的累计影响数为人民币－1,563,469.16 元，其中减少未分配利润 1,328,948.78 元，减少盈余公积 234,520.38 元。上述影响数因追溯调整开办费累计影响数为－727,918.76 元，追溯调整住房周转金累计影响数为－835,550.40 元。

三、合并范围变更说明

与 2000 年年度报告相比，本年度公司合并范围未发生变化。

中海(海南)海盛船务股份有限公司

董　事　会

二〇〇二年三月十五日

利润及利润分配表

2001 年 12 月 31 日

编制单位：中海(海南)海盛船务股份有限公司　　金额单位：元

项目	注释号	行次	本年实际数		上年实际数	
			母公司	合并	母公司	合并
一、主营业务收入	28	1	200,287,139.59	467,624,608.39	227,128,856.17	428,660,912.09
减：主营业务成本	28	2	181,933,285.50	399,711,862.33	175,076,912.92	333,750,524.51
主营业务税金及附加		3	4,966,202.40	7,529,164.46	5,644,466.74	7,501,741.55
二、主营业务利润(亏损以"－"号填列)		4	13,387,651.69	60,383,581.60	46,407,476.51	87,408,646.03
加：其他业务利润(亏损以"－"号填列)		5	4,802,061.95	5,888,366.13	1,410,784.01	5,490,976.76
减：营业费用		6	0.00	2,946,938.98		416,211.88
管理费用		7	22,662,505.16	39,249,084.15	8,361,115.41	28,382,883.20
财务费用	29	8	1,581,909.12	4,225,878.23	1,203,185.78	－464,738.52
三、营业利润(亏损以"－"号填列)		10	－6,054,700.64	19,850,046.37	38,253,959.33	64,565,266.23
加：投资收益(亏损以"－"号填列)	30	11	60,184,372.93	50,932,901.78	32,627,847.88	24,405,955.44
补贴收入		12				
营业外收入		13	1,612,995.30	2,048,661.01	5,325,077.59	6,265,718.44
减：营业外支出		14	3,670,845.10	6,589,145.46	1,083,023.61	5,131,018.07
四、利润总额(亏损以"－"号填列)		15	52,071,822.49	66,242,463.70	75,123,861.19	90,105,922.04
减：所得税		16	3,042,794.17	6,496,600.53	8,402,358.64	13,032,370.63
少数股东损益(合并报表填列)		17		11,477,030.82		10,352,048.86
加：未确认的投资损失(合并报表填列)		18		0.00		
五、净利润(亏损以"－"号表示)		20	49,029,028.32	48,268,832.35	66,721,502.55	66,721,502.55
加：年初未分配利润		21	78,356,216.23	62,625,600.57	53,371,194.06	42,720,039.50
其他转入		22				
六、可供分配的利润		25	127,385,244.55	110,894,432.92	120,092,696.61	109,441,542.05
减：提取法定盈余公积		26	4,902,902.83	9,145,321.51	6,672,150.25	9,656,172.50
提取法定公益金		27	2,451,451.42	4,664,369.00	3,336,075.13	5,431,513.98
提取职工奖励及福利基金(合并报表填列，子公司外商投资企业的项目)		28	0.00			
提取储备基金						
七、可供股东分配的利润		35	120,030,890.30	97,084,742.41	110,084,471.23	94,353,855.57
减：应付优先股股利		36				
提取任意盈余公积		37				
应付普通股股利		38	31,728,255.00	31,728,255.00	31,728,255.00	31,728,255.00
转作股本的普通股股利		39				
八、未分配利润(未弥补亏损以"－"号填列)		40	88,302,635.30	65,356,487.41	78,356,216.23	62,625,600.57
补充资料：						
1.出售、处置部门或被投资单位所得收益		41				
2.自然灾害发生的损失		42				
3.会计政策变更增加(或减少)利润总额		43				
4.会计估计变更增加(或减少)利润总额		44				
5.债务重组损失		45				
6.其他		46				

资 产 负 债 表

2001年12月31日

编制单位：中海(海南)海盛船务股份有限公司　　　　金额单位：元

资产	注释号	行次	年末数		年初数	
			母公司	合并	母公司	合并
流动资产：						
货币资金	1	1	83,631,624.73	227,428,636.34	127,547,575.87	266,537,942.50
短期投资	2	2	78,429,504.47	78,483,024.47	1,092,620.00	1,092,620.00
应收票据	3	3	12,310,000.00	14,385,000.00	5,698,800.00	12,853,491.23
应收股利	4	4	0.00	5,000,000.00		10,516,758.30
应收利息		5	0.00			
应收账款	5	6	14,791,092.09	44,070,759.12	25,619,195.12	55,019,919.86
其他应收款	6	7	32,832,580.22	28,155,969.05	40,257,338.86	39,318,692.44
预付账款	7	8	9,345,396.07	12,974,003.10	3,319,113.68	3,899,418.87
应收补贴款		9				
存货	8	10	12,618,892.42	25,537,735.70	13,296,045.70	34,532,115.58
待摊费用	9	11	271,652.52	316,899.32	105,300.00	130,217.00
一年内到期的长期债权投资		21	0.00			
其他流动资产		24	0.00	0.00		
流动资产合计		30	244,230,742.52	436,352,027.10	216,935,989.23	423,901,175.78
长期投资：						
长期股权投资	10	31	392,828,900.24	234,717,236.31	393,180,604.51	223,767,859.06
长期债权投资	10	32	0.00	2,000.00	0.00	2,000.00
长期投资合计		33	392,828,900.24	234,719,236.31	393,180,604.51	223,769,859.06
其中：合并价差(贷差以“-”号表示,合并报表填列)		34		34,262,905.99		39,973,390.19
其中：股权投资差额(贷差以“-”号表示,合并报表填列)		35		34,262,905.99		39,973,390.19
固定资产：						
固定资产原值	11	39	400,927,740.09	682,722,591.81	410,770,446.96	690,707,297.45
减：累计折旧	11	40	168,597,482.87	312,144,831.79	141,638,846.20	266,502,343.77
固定资产净值		41	232,330,257.22	370,577,760.02	269,131,600.76	424,204,953.68
减：固定资产减值准备	11	42	0.00	69,151.19	0.00	
固定资产净额		43	232,330,257.22	370,508,608.83	269,131,600.76	424,204,953.68
工程物资		44				
在建工程	12	45	420,892.50	420,892.50	400,812.50	400,812.50
固定资产清理		46	0.00	0.00		10,133.23
固定资产合计		50	232,751,149.72	370,929,501.33	269,532,413.26	424,615,899.41
无形资产及其他资产：						
无形资产	13	51	6,897,453.79	7,213,179.79	8,459,911.79	8,807,713.79
长期待摊费用	14	52	19,298,560.73	22,386,312.61	22,583,101.45	26,182,433.37
其他长期资产		53	0.00			
无形资产及其他资产合计		54	26,196,014.52	29,599,492.40	31,043,013.24	34,990,147.16
递延税项：						
递延税款借项		56				
资产总计		60	896,006,807.00	1,071,600,257.14	910,692,020.24	1,107,277,081.41
负债和股东权益						
流动负债：						
短期借款	15	61	50,000,000.00	72,000,000.00	50,000,000.00	64,500,000.00
应付票据		62	0.00	0.00		0.00
应付账款	16	63	5,731,222.98	14,380,631.54	17,317,048.08	29,899,978.84
预收账款	17	64	2,628,519.80	7,101,331.57	1,530,445.70	10,801,011.10
应付工资		65	1,082,896.58	2,265,003.56	312,029.00	1,738,628.98
应付福利费		66	1,681,182.18	2,364,352.73	791,737.67	1,607,251.10
应付股利	18	67	35,265,925.60	35,265,925.60	34,146,585.00	34,146,585.00
应交税金	19	68	1,422,981.35	3,409,351.84	2,846,008.88	3,378,074.59
其他应交款		69	4,463.84	44,204.08	5,603.01	46,587.48
其他应付款	20	70	2,922,946.80	10,164,098.25	26,039,507.19	46,136,438.85
预提费用	21	71	316,879.40	656,879.40	0.00	
预计负债		72	0.00	0.00		
一年内到期的长期负债	22	78	361,782.42	10,361,782.42	415,822.98	415,822.98
其他流动负债		79	0.00			
流动负债合计		80	101,418,800.95	158,013,560.99	133,404,787.51	192,670,378.92
长期负债：						
长期借款	23	81	0.00	30,000,000.00		50,000,000.00
应付债券		82	0.00			
长期应付款		83	0.00	287,351.63		
专项应付款		84	0.00	0.00		
其他长期负债		85	0.00	0.00		0.00
长期负债合计		87	0.00	30,287,351.63	0.00	50,000,000.00
递延税项：						
递延税款贷项		89				
负债合计		90	101,418,800.95	188,300,912.62	133,404,787.51	242,670,378.92
少数股东权益(合并报表填列)		91		89,471,534.44		87,319,469.76
股东权益：						
股本	24	92	317,282,550.00	317,282,550.00	317,282,550.00	317,282,550.00
资本公积	25	93	320,913,989.06	320,913,989.06	320,913,989.06	320,913,989.06
盈余公积	26	94	68,088,831.69	90,274,783.61	60,734,477.44	76,465,093.10
其中：法定公益金		95	24,089,765.51	32,243,530.24	20,755,879.34	27,579,161.24
减：未确认的投资损失(合并报表填列)		96		0.00		
未分配利润	27	97	88,302,635.30	65,356,487.41	78,356,216.23	62,625,600.57
外币报表折算差额(合并报表填列)		98				
股东权益合计		99	794,588,006.05	793,827,810.08	777,287,232.73	777,287,232.73
负债和股东权益总计		100	896,006,807.00	1,071,600,257.14	910,692,020.24	1,107,277,081.41

现 金 流 量 表

2001年度

编制单位：中海(海南)海盛船务股份有限公司　　　　金额单位：元

项目	注释号	行次	母公司金额	合并金额
一、经营活动产生的现金流量				
销售商品、提供劳务收到的现金		1	199,024,162.63	453,458,477.69
收到的税费返还		2	0.00	793,992.75
收到的其他与经营活动有关的现金	31	3	5,784,450.52	23,024,614.83
经营活动现金流入小计		5	204,808,613.15	477,277,085.27
购买商品、接受劳务支付的现金		6	132,780,843.25	319,988,756.30
支付给职工以及为职工支付的现金		7	21,804,593.23	33,574,201.62
支付的各项税费		8	10,775,975.99	21,945,667.57
支付的其他与经营活动有关的现金	33	9	14,476,413.06	29,842,524.03
经营活动现金流出小计		10	179,837,825.53	405,351,149.52
经营活动现金流量净额		11	24,970,787.62	71,925,935.75
二、投资活动产生的现金流量				
收回投资所收到的现金		12	20,409,440.57	23,391,221.83
取得投资收益所收到的现金		13	52,722,654.31	36,821,350.95
处置固定资产、无形资产和其他长期资产所收回的现金		14	2,058,882.20	2,065,862.20
收到的其他与投资活动有关的现金	32	15	0.00	22,000,000.00
投资活动现金流入小计		16	75,190,977.08	84,278,434.98
购建固定资产、无形资产和其他长期资产所支付的现金		18	20,740,476.53	32,188,526.34
投资所支付的现金		19	89,932,902.15	91,617,642.15
支付的其他与投资活动有关的现金	34	20	0.00	22,000,000.00
投资活动现金流出小计		22	110,673,378.68	145,806,168.49
投资活动产生的现金流量净额		25	-35,482,401.60	-61,527,733.51
三、筹资活动产生的现金流量				
吸收投资所收到的现金		26	0.00	0.00
其中：子公司吸收少数股东权益性投资收到的现金		27	0.00	0.00
借款所收到的现金		28	100,000,000.00	150,000,000.00
收到的其他与筹资活动有关的现金		29	0.00	0.00
筹资活动现金流入小计		30	100,000,000.00	150,000,000.00
偿还债务所支付的现金		31	100,000,000.00	152,500,000.00
分配股利、利润或偿付利息所支付的现金		32	33,383,414.40	46,874,579.90
其中：支付少数股东的股利		33	0.00	3,675,984.78
支付的其他与筹资活动有关的现金		34	0.00	0.00
其中：子公司依法减资支付给少数股东的现金		35	0.00	0.00
筹资活动现金流出小计		36	133,383,414.40	199,374,579.90
筹资活动产生的现金流量净额		40	-33,383,414.40	-49,374,579.90
四、汇率变动对现金的影响		41	-20,922.76	-132,928.50
五、现金及现金等价物的净增加额		42	-43,915,951.14	-39,109,306.16
补充资料：				
1.将净利润调节为经营活动现金流量				
净利润(亏损以“-”号填列)		43	49,029,028.32	48,268,832.35
加：少数股东本期损益(亏损以“-”号表示)		44	0.00	11,477,030.82
减：未确认的投资损失		45	0.00	0.00
加：计提的资产减值准备		46	8,271,606.31	12,010,796.43
固定资产折旧		47	34,495,760.97	53,179,612.32
无形资产摊销		48	140,172.00	172,248.00
长期待摊费用摊销		49	13,495,149.22	14,106,729.26
待摊费用减少(减：增加)		50	-166,352.52	-186,682.32
预提费用增加(减：减少)		51	316,879.40	656,879.40
处置固定资产、无形资产和其他长期资产的损失(减：收益)		52	-993,550.50	-989,448.00
固定资产报废损失		53	0.00	0.00
财务费用		54	2,741,382.20	7,019,587.30
投资损失(减：收益)		55	-60,184,372.93	-50,932,901.78
递延税款贷项(减：借项)		56	0.00	0.00
存货的减少(减：增加)		57	677,153.28	8,994,379.88
经营性应收项目的减少(减：增加)		58	-23,591,431.93	-9,435,990.96
经营性应付项目的增加(减：减少)		59	739,363.80	-21,771,636.95
其他		60	0.00	-643,500.00
经营活动产生的现金流量净额		65	24,970,787.62	71,925,935.75
2.不涉及现金收支的投资和筹资活动				
债务转为资本		66		
一年内到期的可转换公司债券		67		
融资租入固定资产		68		
3.现金及现金等价物净增加情况				
现金的期末余额		69	83,631,624.73	227,428,636.34
减：现金的期初余额		70	127,547,575.87	266,537,942.50
加：现金等价物的期末余额		71		
减：现金等价物的期初余额		72		
现金及现金等价物净增加额		73	-43,915,951.14	-39,109,306.16

600898 郑州百文股份有限公司

2001 年年度报告摘选

一、公司基本情况简介

1、公司法定中文名称:郑州百文股份有限公司(集团)
公司英文名称:ZHENGZHOU BAIWEN CO.,LTD(GROUP)
缩写:ZZBW
2、公司法定代表人:周松安(张继升先生经 2002 年 2 月 4 日召开的公司 2002 年第一次临时股东大会选举,担任公司董事;经公司第五届董事会第四次会议选举,担任公司董事长)
3、公司董事会秘书:齐岸屏(宋洪琦先生经公司第五届董事会第四次会议聘任,担任公司董事会秘书)
电　　话:0371－3935993－3165
传　　真:0371－3935819
电子信箱:qap3925599@sina.com
4、公司注册地址、办公地址:河南省郑州市南阳路 2 号
邮政编码:450053
公司国际互联网网址:http://www.baiwen.com
E－mail:ZBW@public.ZZ.ha.cn
5、公司选定的信息披露报纸:上海证券报
登载公司年度报告的中国证监会指定网站的网址:http://www.sse.com.cn
公司年度报告备置地点:公司证券部
6、公司股票上市交易所:上海证券交易所
股票简称:PT 郑百文
股票代码:600898

二、会计数据和业务数据摘要

(一)本年度利润总额及其构成:(单位:元)

利润总额:	5410140.41
净 利 润:	3820836.54
扣除非经常性损益后的净利润:	－19389415.69
主营业务利润:	9662113.97
其他业务利润:	7246844.06
营业利润:	－29232027.09
投资收益:	0.00
补贴收入:	42169.80
营业外收支净额:	34599997.70
经营活动产生的现金流量净额:	22418693.04
现金及现金等价物净增减额:	－35325069.01

注:扣除非经常性损益项目和涉及的金额:

投资收益:	0.00
补贴收入:	42169.80
营业外收入:	38424209.78
营业外支出:	3824212.08

(二)公司近三年主要会计数据和财务指标:　(单位:元)

项目	2001 年度	2000 年度	1999 年度
主营业务收入	273169852.61	399992333.92	1307730523.83
净 利 润	3820836.54	－88783320.85	－956979894.02
总 资 产	479236852.33	922703348.25	1277715141.78
股东权益	－1218210655.76	－1372248732.30	－1299419528.24
每股收益(摊薄)	0.0193	－0.4493	－4.8435
每股收益(加权)	0.0193	－0.4493	－4.8435
每股收益(扣除非经常损益后)	－0.0981	－0.4312	－4.8429
每股净资产	－6.1656	－6.9452	－6.5766
调整后的每股净资产	－6.1662	－7.1938	－6.9706
每股经营活动产生的现金流量净额	0.1135	0.0699	0.4178
净资产收益率(摊薄)(%)			
净资产收益率(加权平均%)			

注:
(1)截止 2001 年 12 月 31 日,公司年度末股东权益为负数,故净资产收益率指标无意义。
(2)由于 2000 年经营活动产生的现金流量净额未作调整,故 2000 年度的每股经营活动产生的现金流量净额亦未调整。

三、股本变动及股东情况

(一)股本变动情况
1、公司股份变动情况表

数量单位:(股)

	本次变动前	配股	送股	公积金转股	增发	其他	小计	本次变动后
一、未上市流通股份								
1、发起人股份	28877869					－14438934	－14438934	14438935
其中:								
国家持有股份	28877869					－14438934	－14438934	14438935
境内法人持有股份								
境外法人持有股份								
其他								
2、募集法人股份	61605050					＋14438934	＋14438934	76043984
3、内部职工股								
4、优先股或其他								
未上市流通股份合计	90482919							90482919
二、已上市流通股份	107099200							107099200
1、人民币普通股	107099200							107099200
2、境内上市的外资股								
境外上市的外资股								
其他								
已上市流通股份合计	107099200							107099200
三、股份总数	197582119							197582119

600899 浙江信联股份有限公司

2001 年年度报告摘选

一、公司基本情况简介

(一)公司法定中文名称:浙江信联股份有限公司
中文名称缩写:信联股份
公司法定英文名称:Zhejiang Xinlian Co.,Ltd
英文名称缩写:ZJXL
(二)公司法定代表人:王宏声先生
(三)公司董事会秘书:曹志远先生
联系地址:杭州市西山路 7 号西湖国宾馆 33 号楼
联系电话:0571－87983619
传真:0571－87983791
电子信箱:zhiyuan2000@netease.com
公司证券事务代表:张旭颖先生
联系地址:杭州市上塘路 68 号
联系电话:0571－85463080
传真:0571－85454526
电子信箱:zxy899@163.net
(四)公司注册地址:杭州市上塘路 68 号
邮政编码:310014
公司办公地址:杭州市上塘路 68 号
公司电子信箱:zjxl600899@163.com
(五)公司选定的信息披露报纸名称:《中国证券报》、《上海证券报》
登载公司年度报告的中国证监会指定网站的网址:http://www.sse.com.cn
公司年度报告备置地点:公司证券部
(六)公司股票上市交易所:上海证交易所
股票简称:信联股份
股票代码:600899

二、会计数据和业务数据摘要

(一)公司本年度利润总额及构成(单位:人民币元)

项目	2001 年度
利润总额	14,137,836.84
净利润	15,881,005.22
扣除非经常性损益后的净利润	21,076,961.10
主营业务利润	52,257,777.91
其他业务利润	2,687,553.93
营业利润	20,003,163.60
投资收益	－5,875,233.36
补贴收入	0
营业外收支净额	9,906.60
经营活动产生的现金流量净额	－147,783,861.48
现金及现金等价物净增加额	110,585,386.33

(二)截止报告期末公司前三年的主要会计数据和财务指标(单位:人民币元)

指标项目	2001 年	2000 年 调整后	2000 年 调整前	1999 年
主营业务收入	167231661.36	155107328.31	155107328.31	110849634.62
净利润	15881005.22	31429134.83	61157661.38	37663622.92
总资产	1100274472.87	753222208.19	804505320.88	668943138.08
股东权益(不含少数股东权益)	461575860.04	454294601.41	482885539.92	436834811.68
每股收益	0.089	0.177	0.35	0.21
加权每股收益	0.089	0.177	0.35	0.21
每股净资产	2.60	2.56	2.72	2.46
调整后的每股净资产	2.58	2.54	2.70	2.45
每股经营活动产生的现金流量净额	－0.83	0.055	0.055	0.11
净资产收益率(%)	3.44	6.92	12.7	8.62

(三)报告期利润表附表

报告期利润项目	净资产收益率(%) 全面摊薄	净资产收益率(%) 加权平均	每股收益(元/股) 全面摊薄	每股收益(元/股) 加权平均
主营业务利润	11.11	11.11	0.294	0.294
营业利润	4.25	4.25	0.113	0.113
净利润	3.38	3.38	0.089	0.089
扣除非经常性损益后的利润	4.56	4.56	0.119	0.119

三、股本变动及股东情况

(一)股本变动情况
1.股本变动情况表(数量单位:股)

	本次变动前	配股	送股	公积金转股	增发	其他	小计	本次变动后
一、未上市流通股份	123,200,000							123,200,000
1、发起人股份								
其中:								
国家持有股份								
境内法人持有股份	123,200,000							123,200,000
境外法人持有股份								
其他								
2、募集法人股份								
3、内部职工股								
4、优先股或其他								
未上市流通股份合计	123,200,000							123,200,000
二、已上市流通股份								
1、人民币普通股	54,305,386							54,305,386
2、境内上市的外资股								
1、境外上市的外资股								
2、其他								
已上市流通股份合计	54,305,386							54,305,386
三、股份总数	177,505,386							177,505,386

900935 上海金泰股份有限公司

2001年年度报告摘选

一、公司基本情况简介

1、公司法定中文名称:上海金泰股份有限公司
英文名称:SHANGHAI JINTAI COMPANY LIMITED(缩写SJT)
2、公司法定代表人:虞网法
3、公司董事会秘书:陈雪英
联系地址:上海汶水路400号公司董事会秘书室
电话:56657316　传真:56657534
电子信箱:CXY_8108@sina.com
4、公司注册地址:上海安亭洛浦路45号　邮政编码:201805
5、公司办公地址:上海汶水路400号　邮政编码:200072
公司电子信箱:sjtbk@online.sh.cn
6、公司信息披露报纸:《上海证券报》、香港《南华早报》
7、登载公司年度报告的国际互联网网址:http://www.sse.com.cn
年度报告备置地点:上海汶水路400号公司董事会秘书室
8、公司股票上市交易所:上海证券交易所
股票简称:金泰B　股票代码:900935

二、会计数据和业务数据摘要

1、公司主要会计数据(合并报表)　单位:人民币元

项目	金额
利润总额	6,223,380
净利润	5,331,269
扣除非经常性损益后的净利润	4,946,004
主营业务利润	44,189,403
其他业务利润	1,879,117
营业利润	4,928,773
投资收益	774,850
补贴收入	283,000
营业外收支净额	236,757
经营活动产生的现金流量净额	17,542,719
现金及现金等价物净增减额	4,541,295

2、截止报告期末公司前三年的主要会计数据和财务指标

指标项目	单位	2001年	2000年	1999年
主营业务收入	人民币元	155,852,530	153,850,408	160,472,290
净利润	人民币元	5,331,269	1,867,445	1,096,431
总资产	人民币元	398,520,948	407,756,031	419,809,642
股东权益	人民币元	280,411,150	275,079,881	293,979,318
全面摊薄每股收益	人民币元/股	0.03	0.01	0.006
加权平均每股收益	人民币元/股	0.03	0.01	0.006
扣除非经常性损益后的每股收益	人民币元/股	0.03	-0.01	0.006
每股净资产	人民币元/股	1.51	1.48	1.59
调整后的每股净资产	人民币元/股	1.49	1.46	1.56
每股经营活动产生的现金流量净额	人民币元/股	0.095	0.142	0.079
全面摊薄净资产收益率	%	2	0.63	0.4
加权平均净资产收益率	%	2	0.63	0.4
扣除非经常性损益后的加权平均净资产收益率	%	2	-0.63	0.4

注1:按照《公开发行证券的公司信息披露编报规则第九号》的规定,计算的2001年度扣除非经常性损益后净利润为基础计算的加权平均净资产收益率如下:

报告期利润	净资产收益率(%)		每股收益(元/股)	
	全面摊薄	加权平均	全面摊薄	加权平均
主营业务利润	16	16	0.24	0.24
营业利润	2	2	0.03	0.03
净利润	2	2	0.03	0.03
扣除非经常性损益后的净利润	2	2	0.03	0.03

三、股本变动及股东情况

1、公司股份变动情况表
公司股份变动情况表

数量单位:股

	本次变动前	本次变动增减(+,-) 配股	送股	公积金转发	增发	其他	小计	本次变动后
一、未上市流通股份								
1、发起人股份								
其中:								
国家持有股份	105,300,000							105,300,000
境内法人持有股份								
境外法人持有股份								
其他								
2、募集法人股份								
3、内部职工股								
4、优先股或其他								
未上市流通股份合计	105,300,000							105,300,000
二、已上市流通股份								
1、人民币普通股								
2、境内上市的外资股	80,000,000							80,000,000
3、境外上市的外资股								
4、其他								
已上市流通股份合计	80,000,000							80,000,000
三、股份总数	185,300,000							185,300,000

900939 上海汇丽建材股份有限公司

2001年年度报告摘选

一、公司基本情况简介

1、公司中文名称为:上海汇丽建材股份有限公司
简称:汇丽建材
公司英文名称为:SHANGHAI HUILI BUILDING MATERIALS CO., LTD.
简称:HLBM
2、公司法定代表人:张永定先生
3、公司董事会秘书:陶娅龄女士
公司证券事务代表:张燕小姐
联系地址:上海浦东南路2161号
电话:(021)58705858—2250
传真:(021)68731596
4、公司注册地址:上海浦东康桥工业区
公司办公地址:上海浦东南路2161号
邮政编码:200127
公司网址:http://www.huiligp.com
公司电子信箱:huiligp@public.sta.net.cn
5、公司选定的信息披露报纸为:《上海证券报》和香港《大公报》
刊载公司年度报告的中国证监会指定国际互联网网址:http://www.sse.com.cn
公司年度报告备置地点:董事会秘书办公室
6、公司股票上市地:上海证券交易所
股票简称:汇丽B股　股票代码:900939

二、会计数据和业务数据摘要

1、公司本年度主要会计数据(合并报表)

单位:人民币元

项目	金额
利润总额	29,036,690.41
净利润	22,822,773.05
扣除非经常性损益后的净利润	9,976,848.52
主营业务利润	90,485,307.66
其他业务利润	11,030,196.48
营业利润	14,173,304.24
投资收益	-2,117,276.89
补贴收入	115,000.00
营业外收支净额	16,865,663.06
经营活动产生的现金流量净额	-33,554,475.02
现金及现金等价物净增加额	-18,660,186.09

注:扣除非经常性损益项目和涉及金额:

项目	金额(人民币元)
1.处理被投资单位股权转让收益	11,269.03
2.比较财务报表中会计政策变更对以前期间净利润的追溯调整数	-2,392,500.00
3.其他营业外收支净额(扣除少数股东损益)	13,363,510.67
4.一级市场股票投资收益	4,552,778.57
5.扣除所得税影响数	-2,689,133.74
合计	12,845,924.53

2、截止报告期末公司前三年主要会计数据和财务指标(合并报表)

单位:人民币元

项目	2001年	2000年		1999年	
		调整后	调整前	调整后	调整前
主营业务收入	414,043,528.96	330,228,780.46	330,231,633.46	227,055,809.72	227,055,809.72
净利润	22,822,773.05	17,709,905.56	21,440,132.02	-28,524,134.75	-7,180,035.45
总资产	847,381,921.49	758,700,713.95	801,256,340.88	592,332,407.03	629,424,486.20
股东权益(不含少数股东权益)	307,366,647.31	284,546,956.93	311,393,335.05	266,859,873.37	289,976,025.03
每股收益(摊薄)	0.14	0.11	0.13	-0.173	-0.043
每股收益(加权)	0.14	0.11	0.13	-0.173	-0.043
扣除非经常性损益后的每股收益	0.06	0.12	0.13	-0.186	-0.057
每股净资产	1.86	1.72	1.89	1.62	1.76
调整后的每股净资产	1.85	1.64	1.67	1.59	1.68
每股经营活动产生的现金流量净额	-0.20	0.13	0.13	0.18	0.18
净资产收益率(%)	7.43	6.22	6.89	-10.69	-2.48
加权平均净资产收益率(%)	7.71	6.42	7.13	-10.29	-2.47

三、股本变动及股东情况

1、股本变动情况:
(1)股本结构情况(单位:万股)

	期初数	本年度增减	期末数
一、未上市流通股份	8500		8500
发起人股份			
1、国家股	633.6		633.6
2、国家法人股	7866.4		7866.4
其中:			
上海汇丽集团有限公司	5386.3		5386.3
中信房地产公司	899.8		899.8
中国通用技术(集团)控股有限责任公司	899.8		899.8
中国建筑科学研究院	633.1		633.1
上海市上投实业公司	47.4		47.4
二、已上市流通股份			
境内上市的外资股	8000		8000
三、股份总数	16500		16500

900948 内蒙古伊泰煤炭股份有限公司

2001 年年度报告摘选

一、公司基本情况简介

(一)公司的法定中、英文名称及缩写
法定中文名称:内蒙古伊泰煤炭股份有限公司
英文名称:INNER MONGOLIA YITAI COAL COMPANY LIMITED
英文缩写:IMYCC
(二)公司法定代表人:祁文彬
(三)公司董事会秘书:田尚万
联系地址:内蒙古鄂尔多斯市东胜区鄂尔多斯西街
电话:0477 - - 8524944
传真:0477 - - 8530722
电子信箱:ytzqb@ email.nm.cninfo.net
董事会证券事务代表:菅青娥
电话:0477 - 8530722 或 8525584 转 2409
(四)公司注册地址:内蒙古鄂尔多斯市东胜区鄂尔多斯西街
邮政编码:017000
网址:Http://www.ytmt.nm.cninfo.net
电子信箱:ytmt@email.nm.cninfo.net
(五)公司指定的信息披露报纸:《上海证券报》《香港商报》。
登载公司年度报告的中国证监会指定的国际互联网网址:Http://www.sse.com.cn
公司年度报告备置地点:公司董事会秘书办公室、证券部
(六)公司股票上市交易所:上海证券交易所
公司股票简称:伊煤 B 股　　公司股票代码:900948

二、会计数据和业务数据摘要

(一)本年度主要利润指标情况(单位:人民币元)

利润总额	39,044,034.42
净利润	32,960,809.07
扣除非经常性损益后净利润	33,480,902.34
主营业务利润	879,604,105.43
其他业务利润	6,137,834.26
营业利润	39,451,886.88
投资收益	-1,299,993.17
补贴收入	748,553.55
营业外收支净额	-2,664,607.42
经营活动产生的现金流量净额	184,292,591.90
现金及现金等价物净增加额	59,731,968.97

(1)境内外审计差异及说明(单位:人民币元)

	净利润 2001 年 人民币元	净资产 2001 年 人民币元
按中国会计准则财务报表所载金额	32,960,809.07	790,627,069.64
调整坏帐准备	-3,810,004.00	-
冲减法定财务报表所载资产重估增值及相关折旧和摊销	1,373,138.65	-56,167,115.33
递延费用确认差异	-2,482,057.49	-14,215,129.51
商誉摊销	-372,741.60	-372,741.60
计提资产减值准备	-5,902,140.74	-
冲回计入资本公积的收入	141,883.70	-
资产负债表日后宣告的股利		18,300,000.00
按国际会计准则重新编列金额	21,908,887.59	738,172,083.20

(二)报告期公司前三年的主要会计数据和财务指标(中国会计制度)　单位:人民币元

项目 年度	2001	2000	1999
主营业务收入	1,147,229,961.70	832,910,811.27	689,350,691.05
净利润	32,960,809.07	12,556,109.30	6,509,124.51
总资产	1,361,864,433.35	1,276,360,641.80	1,248,082,719.85
股东权益	790,627,069.64	776,033,046.03	774,869,077.47
每股收益(摊薄)	0.09	0.034	0.018
每股收益(加权)	0.09	0.034	0.018
扣除非经常损益后的每股收益	0.092	0.039	0.020
每股经营活动产生的现金流量净额	0.50	0.38	0.13
净资产收益率%	4.17	1.62	0.84
每股净资产(摊薄)	2.16	2.12	2.12
调整后每股净资产	1.98	1.99	1.98

(三)按证监会《公开发行证券公司信息披露规则第 9 号》要求计算的净资产收益率和每股收益如下:(单位:人民币元)

报告期利润	净资产收益率		每股收益	
	全面摊薄	加权平均	全面摊薄	加权平均
主营业务利润	111.25%	110.99%	240.33%	240.33%
营业利润	4.99%	4.98%	10.78%	10.78%
净利润	4.17%	4.16%	9.01%	9.01%
扣除非经常性损益后的净利润	4.23%	4.22%	9.15%	9.15%

三、股本变动及股东情况

(一)股本变动情况
1、股份变动情况表　　数量单位:万股

	本次变动前	期末数
一、未上市流通股份		
1、发起人股份	20,000	20,000
其中:国家拥有股份	20,000	20,000
未上市流通股份合计	20,000	20,000
二、已上市流通股份		
1、境内上市的人民币普通股		
2、境内上市的外资股	16,600	16,600
已上市流通股份合计	16,600	16,600
三、股份总数	36,600	36,600

900949 浙江东南发电股份有限公司

2001 年年度报告摘选

第一节　公司基本情况简介

一、法定中文名称:浙江东南发电股份有限公司
法定英文名称:Zhejiang Southeast Electric Power Company Limited
英文名称缩写:ZSEPC
二、法定代表人:胡江潮
三、董事会秘书:戴建成
地址:浙江省杭州市延安路 528 号标力大厦 22 - 23 层
电话:0571 - 85774585、85774566
传真:0571 - 85774321
电子信箱:djc@zsepc.com
四、注册地址:杭州市凤起路 451 号
办公地址:浙江省杭州市延安路 528 号标力大厦 22 - 23 层
邮政编码:310006
互联网址:http://www.zsepc.com/
五、信息披露报纸:上海证券报、中国证券报、香港南华早报、香港文汇报
登载年度报告网址:http://www.sse.com.cn/、http://zsepc.com/
年度报告备置地点:公司办公地点、上海证券交易所、伦敦证券交易所、史密夫律师事务所香港及伦敦办事处
六、B 股上市地:上海证券交易所
B 股股票简称:东电 B 股　　B 股股票代码:900949
全球存托凭证(GDR)上市地:伦敦证券交易所
全球存托凭证(GDR)代码:0949QLT

第二节　会计数据和业务数据摘要

(按合并报表数填列)
一、本年度会计数据摘要
1、经境内会计师审计的数据　　单位:人民币元

项目	金　额
利润总额	963,055,067.05
净利润	734,057,844.37
扣除非经常性损益后的净利润	738,197,975.73
主营业务利润	1,139,871,211.52
其他业务利润	1,667,567.06
营业利润	953,835,865.05
投资收益	21,078,155.44
补贴收入	-
营业外收支净额	-11,858,953.44
经营活动产生的现金流量净额	1,297,137,638.21
现金及现金等价物净增加额	-167,499,909.48

(1)根据中国证监会《公开发行证券公司信息披露编报规则(第九号)》要求计算的利润数据:

项目	净资产收益率(%)		每股收益(元/股)	
	全面摊薄	加权平均	全面摊薄	加权平均
主营业务利润	21.24	20.72	0.57	0.57
营业利润	17.78	17.34	0.47	0.47
净利润	13.68	13.34	0.37	0.37
扣除非经常性损益后的净利润	13.76	13.42	0.37	0.37

二、前三年主要会计数据和财务指标
1、经境内会计师审计的数据　　单位:人民币元

	2001 年	2000 年	1999 年
主营业务收入	3,370,277,286.61	3,400,222,722.54	3,247,237,664.70
净利润	734,057,844.37	621,708,729.65	823,304,326.67
总资产	7,816,313,776.25	7,269,575,449.16	7,638,205,620.01
股东权益(不含少数股东权益)	5,365,858,739.06	5,134,300,894.69	4,963,935,038.25
每股收益(摊薄)	0.37	0.31	0.41
每股收益(加权)	0.37	0.31	0.41
扣除非经常性损益后每股收益	0.37	0.38	0.41
每股净资产	2.67	2.56	2.47
调整后的每股净资产	2.67	2.55	2.47
每股经营活动产生的现金流量净额	0.65	0.51	0.75
净资产收益率(%)	13.68	12.08	16.59
加权平均净资产收益率(%)	13.34	11.79	17.28

第三节　股本变动及股东情况

一、股份变动情况
1、股份情况表　　单位:股

	期初数	期末数
一、未上市流通股份		
1、发起人股份	1,320,000,000	1,320,000,000
其中:		
国家持有股份	1,315,000,000	1,315,000,000
境内法人持有股份	5,000,000	5,000,000
境外法人持有股份		
其他		
2、募集法人股份		
3、内部职工股		
4、优先股或其他		
未上市流通股份合计	1,320,000,000	1,320,000,000
二、已上市流通股份		
1、人民币普通股		
2、境内上市的外资股	690,000,000	690,000,000
3、境外上市的外资股		
4、其他		
已上市流通股份合计	690,000,000	690,000,000
三、股份总数	2,010,000,000	2,010,000,000

900950 江苏新城房产股份有限公司

2001年年度报告摘选

一、公司基本情况简介

1.公司法定中文名称:江苏新城房产股份有限公司
缩写:新城房产
英文名称:JIANGSU XINCHENG REAL ESTATE CO.,LTD.
缩　　写:XCRE
2.公司法定代表人:王振华
3.公司董事会秘书:唐云龙
联系地址:江苏省常州市和平南路150号国际金融大厦6楼　　邮编:213003
电话:0519－8127288　　传真:0519－8156698
电子信箱:xcgf@900950.com
4.公司注册地址:江苏省武进市湖塘镇人民东路158号高新开发区经创中心
邮政编码:213161
公司办公地址:江苏省常州市和平南路150号国际金融大厦6楼
邮政编码:213003
公司国际互联网网址:www.900950.com　　电子信箱:xcgf@900950.com
5.公司选定的信息披露报纸:中国证券报、上海证券报、香港商报
中国证监会指定登载年度报告的网址:www.sse.com.cn
公司年度报告备置地点:本公司董事会办公室
6.公司股票上市交易所:上海证券交易所
股票简称:新城B股　　股票代码:900950

二、会计数据和业务数据摘要

1.公司本年度主要会计数据和业务数据:(单位:人民币元)

项目	金额
利润总额	－209,356,318.19
净利润	－191,123,711.38
扣除非经常性损益后的净利润	－128,724,905.95
主营业务利润	－6,138,073.95
其他业务利润	2,594,324.33
营业利润	－136,625,158.85
投资收益	－9,530,756.01
补贴收入	－
营业外收支净额	－63,200,403.33
经营活动产生的现金流量净额	23,477,452.20
现金及现金等价物净增减额	－84,513,954.12

注:(1)按照中国会计准则编制的净利润:　－191,123,711.38
按照国际会计准则编制的净利润:　－172,182,640.00
按两种会计准则编制的净利润的差异如下:

项目	金额
处置柴油机业务之收益	－10,579,275
多确认收益	－9,433,115
股权投资差额及摊销	2,843,846
未开发土地摊销	－360,079
冲销递延税项资产	－
其他	－1,412,448

(2)本年度内扣除非经常性损益的

项目	金额
存货盘盈	522,568.57
营业外支出	62,921,374.00

2.截止报告期末公司前三年的主要会计数据和财务指标:

项目	2001年度	2000年度	1999年度
主营业务收入(元)	106,581,996.90	650,269,215	822,375,676
净利润(元)	－191,123,711.38	－72,934,824	5,030,893
总资产(元)	767,045,438.82	1,230,366,650	1,231,346,973
股东权益(不含少数股东权益)(元)	352,165,497.56	534,659,921	607,555,501
每股收益(元/股　摊薄)	－0.5758	－0.220	0.018
每股收益(元/股　加权)	－0.5758	－0.220	0.018
扣除非经常性损益后每股收益	－0.3878	－0.214	0.022
每股净资产(元/股)	1.06	1.61	2.20
调整后的每股净资产(元/股)	0.879	1.31	2.13
每股经营活动产生的现金流量净额(元/股)	0.071	－0.19	－0.19
净资产收益率(%)	－54.27	－13.64	0.82
扣除非经常性损益后加权平均净资产收益率(%)	－29.27	－0.12	

三、股本变动及股东情况

1.股份变动情况表　　数量单位:万股

	本次变动前	本次变动增减(＋、－) 配股	送股	公积金转股	增发	其他	小计	本次变动后
一、未上市流通股份								
1、发起人股份								
其中:国家持有股份	19536							19536
境内法人持有股份	264							264
境外法人持有股份								
其他								
2、募集法人股份								
3、内部职工股								
4、优先股或其他								
其中:转配股								
未上市流通股份合计	19800							19800
二、已上市流通股份								
1、人民币普通股								
2、境内上市的外资股	13391.4							13391.4
3、境外上市的外资股								
4、其他								
已上市流通股份合计	13391.4							13391.4
三、股份总数	33191.4							33191.4

900951 大化集团大连化工股份有限公司

2001年年度报告摘选

一、公司基本情况简介

(一)公司的法定中文名称:大化集团大连化工股份有限公司
英文名称:DAHUA GROUP DALIAN CHEMICAL INDUSTRY CO.,LTD
英文名称缩写:DLHG
(二)公司法定代表人:刘平芹
(三)公司董事会秘书及其授权代表的姓名:李建涛　　徐志明
联系地址:大化集团大连化工股份有限公司证券部
电话:(0411)6893992、13804087758
(0411)6893436、(0411)6892815
传　　真:(0411)6671948
(四)公司注册地址及办公地址:
辽宁省大连市甘井子区工兴路10号
公司电子信箱:dhjtdlhuagong@sina.com
邮政编码:116032
公司国际互联网网址:http://www.dahua-gf.com
(五)公司的信息披露报纸:
境内报刊为:《上海证券报》、《中国证券报》;
境外报刊为:《南华早报》(英文:South China Morning Post)、
《香港商报》(中文)
登载公司年度报告的国际互联网网址:http://www.sse.com.cn
公司年度报告备置地点:大化集团大连化工股份有限公司证券部
(六)公司股票上市交易所:上海证券交易所
股票简称:大化B股　　股票代码:900951

二、会计数据和业务数据摘要

项目	金额
(一)本年度实现的利润总额:	13,185,439.13元
净利润:	10,195,543.11元
扣除非经常性损益后的净利润:	13,705,991.60元
主营业务利润:	85,045,438.98元
其他业务利润:	－4,661,062.13元
营业利润:	17,315,378.53元
投资收益:	－
补贴收入:	－
营业外收支净额:	－4,129,939.40元
经营活动产生的现金流量净额:	4,736,970.15元
现金及现金的等价物净增加额:	－6,760,568.67元

注:扣除非经营性损益的项目包括:

项目	金额
营业外收入:	－12,000元
营业外支出:	4,141,939.4元
所得税影响:	－619,490.91元
合　　计:	3,510,448.49

国际会计准则调整对税后利润及股东权益的影响:(单位:人民币千元)

	税后利润	股东权益
本公司法定帐目之金额	10,195	567,640
调整:		
－提列停用设备之折旧	(397)	(2,274)
按国际会计准则重编后之金额	9,798	565,366

(二)截止报告期末公司前三年的主要会计数据和财务指标:(单位:元)

	2001年	2000年	1999年
主营业务收入	914,762,533.10	944,538,594.61	807,029,666.43
净利润	10,195,543.11	17,961,760.62	－31,466,729.90
总资产	836,299,743.81	938,128,717.36	949,919,757.56
股东权益(不含少数股东权益)	567,641,144.56	557,445,601.45	539,483,840.83
每股收益	0.04	0.065	－0.114
每股净资产	2.06	2.03	1.96
调整后的每股净资产	1.99	2.03	1.95
每股经营活动产生的现金流量净额	0.02	－0.032	－0.122
净资产收益率(%)	1.80	3.22	－5.83

三、股本变动及股东情况

(一)股份变动情况表

	本次变动前	本次变动增减(＋,－) 配股	送股	公积金转股	增发	其他	小计	本次变动后
一、未上市流通股								
1、发起人股份								
其中:								
国家法人股	175,000,000							175,000,000
境内法人持有股								
境外法人持有股								
其他								
2、募集法人股								
3、内部职工股								
4、优先股或其他								
未上市流通股合计	175,000,000							175,000,000
二、已上市流通股								
1、人民币普通股								
2、境内上市的外资股	100,000,000							100,000,000
3、境外上市的外资股								
4、其他								
已上市流通股合计	100,000,000							100,000,000
三、股份总数	275,000,000							275,000,000

900953 华源凯马机械股份有限公司

2001 年年度报告摘选

一、公司基本情况简介

1、公司法定中文名称：华源凯马机械股份有限公司
公司法定英文名称：WORLDBEST KAMA MACHINERY CO.,LTD.
(缩写：WKMC)
2、公司法定代表人：周郑生
3、公司董事会秘书：林伟君
公司证券事务代表：史建萍
联系地址：上海市中山北路 1958 号华源世界广场 6 楼
联系电话：(021)62031188－6636
传真号码：(021)62030851
电子信箱：604 < kama@chinaworldbest.com >
4、公司注册地址：上海市浦东新区商城路 660 号
公司办公地址：上海市中山北路 1958 号华源世界广场 6 楼
邮政编码：200063
公司国际互联网网址：http://www.kama.com.cn
电子信箱：kama@public7.sta.net.cn
5、公司信息披露报纸：《中国证券报》、《上海证券报》、香港《文汇报》
登载公司年度报告的中国证监会指定互联网网址：http://www.sse.com.cn
公司年度报告备置地点：公司总经理办公室
6、公司股票上市交易所：上海证券交易所
股票简称：凯马 B 股
股票代码：900953

二、会计数据和业务数据摘要

1、公司本年度主要会计数据和业务数据(合并报表)

单位：元

项目	金额
(1)利润总额：	－360,705,409.44
(2)净利润：	－344,180,796.94
(3)扣除非经常性损益后的净利润	－348,180,796.94
(4)主营业务利润：	204,307,555.06
(5)其他业务利润：	11,497,933.18
(6)营业利润：	－286,344,492.70
(7)投资收益：	－64,883,852.98
(8)补贴收入：	4,000,000.00
(9)营业外收支净额：	－13,477,063.76
(10)经营活动产生的现金流量净额：	－8,411,319.10
(11)现金及现金等价物净增加额：	68,251,172.72

实现净利润按中国会计准则审计为－344,181 千元，按国际会计准则为－367,711 千元，具体差异如下：

① 中国会计准则未确认投资损失增加 16155 千元。
② 固定资产减值准备中国会计准则当年冲减－10000 千元。
③ 子公司债务重组收益中国会计准则确认为资本公积－4680 千元。
④ 国际会计准则预提增值税准备＋18000 千元。
⑤ 长期股权投资差额分摊年限差异＋4500 千元。
⑥ 其他差异－445 千元。
合计：23530 千元。
注：扣除的非经常性损益项目和涉及金额：
下属子公司黑龙江富锦拖拉机制造有限公司获得补贴 4,000,000.00。
2、公司近三年主要会计数据和财务指标

(单位：元)

项目	2001 年	2000 年		1999 年
		调整前	调整后	
主营业务收入	2,329,711,671.41	3,179,359,353.71	3,110,670,464.94	2,832,254,806.96
净利润	－344,180,796.94	85,606,223.84	68,771,952.86	80,954,986.22
总资产	3,289,932,218.70	3,642,029,017.91	3,613,626,296.29	3,191,134,912.43
股东权益(不含少数股东权益)	964,275,272.72	1,348,631,172.50	1,320,432,960.36	1,258,877,617.23
每股收益	－0.54	0.13	0.11	0.13
扣除非经常损益后的每股收益	－0.54	0.11	0.08	0.09
每股净资产	1.51	2.11	2.06	1.97
调整后的每股净资产	1.47	2.08	2.05	1.95
每股经营活动产生的现金流量净额	－0.01	0.04	0.04	0.08
净资产收益率(%) 摊薄	－35.70	6.35	5.21	6.43
加权	－30.14	6.57	5.33	6.63

三、股本变动及股东情况

1、股本变动情况
(1)股份变动情况表

(数量单位：股)

	本次变动前	本次变动增减(＋,－)						本次变动后
		配 股	送 股	公积金转股	增发	其他	小计	
一、未上市流通股份								
发起人股份	400,000,000	0	0	0	0	0	0	400,000,000
其中：								
国家持有股份	378,294,668	0	0	0	0	0	0	378,294,668
境内法人持有股份	21,705,332	0	0	0	0	0	0	21,705,332
二、已上市流通股份								
境内上市的外资股	240,000,000	0	0	0	0	0	0	240,000,000
已上市流通股份合计		0	0	0	0	0	0	
三、股份总数	640,000,000	0	0	0	0	0	0	640,000,000

900956 黄石东贝电器股份有限公司

2001 年年度报告摘选

一、公司基本情况简介

1.公司法定名称：
中文：黄石东贝电器股份有限
公司英文：HUANGSHI DONGBEI ELECTRICAL APPLIANCE CO.LTD.
2.公司法定代表人：杨百昌
3.公司董事会秘书：朱金明
联系地址：湖北省黄石市铁山区武黄路 5 号
电话：(0714)5415858　5416688－8393　传真：(0714)5415858
电子邮箱：zhujm63@163.com
4.公司注册地址：湖北省黄石市铁山区武黄路 5 号
办公地址：湖北省黄石市铁山区武黄路 5 号　邮政编码：435006
互联网址：http://www.dongbei.com.cn
电子邮箱：dongbei@public.hs.hb.cn
5.公司信息披露报刊为：《中国证券报》、《上海证券报》、《香港商报》
登载公司年度报告的中国证监会指定互联网址：http://www.sse.com.cn
公司年度报告备置地点：公司证券部
6.公司股票上市交易所：上海证券交易所
股票简称：东贝 B 股
股票代码：900956

二、会计数据和业务数据摘要

1.本年度会计数据(单位：人民币元)

项目	金　额
利润总额	28,488,063.69
净利润	24,191,371.67
扣除非经常性损益后的净利润	23,482,210.78
主营业务利润	55,478,355.94
其他业务利润	955,721.28
营业利润	28,023,389.72
投资收益	－244,486.92
补贴收入	
营业外收支净额	709,160.89
经营活动产生的现金流量净额	26,298,809.80
现金及现金等价物净增加额	14,829,313.13

2.公司近三年的主要会计数据和财务指标

指标项目	2001 年	2000 年	1999 年
主营业务收入(千元)	258,197.79	175,826.93	186,773.27
净利润(千元)	24,191.37	25,443.68	30,966.06
总资产(千元)	704,487.04	571,688.08	590,732.35
股东权益(千元)	388,183.83	361,310.84	346,483.14
每股收益(按净利润全面摊薄计算)(元)	0.10	0.11	0.132
每股收益(按净利润加权平均计算)(元)	0.10	0.11	0.166
每股收益(扣除非经常性损益)(元)	0.10	0.11	0.132
每股净资产(元)	1.65	1.54	1.47
调整后的每股净资产(元)	1.63	1.50	1.44
净资产收益率(按净利润全面摊薄计算)(%)	6.05	7.04	8.94
净资产收益率(按净利润加权平均计算)(%)	6.29	7.06	11.3
每股经营活动产生的现金流量净额(元)	0.11	0.063	0.013

按中国证监会《公开发行证券公司信息披露编报原则(第 9 号)》要求计算 2001 年报告期利润的净资产收益率和每股收益如下：

报告期利润	净资产收益率(%)		每股收益(元)	
	全面摊薄	加权平均	全面摊薄	加权平均
主营业务利润	14.29	14.86	0.24	0.24
营业利润	7.22	7.50	0.12	0.12
净利润	6.23	6.48	0.10	0.10
扣除非经常性损益后的净利润	6.05	6.29	0.10	0.10

三、股本变动及股东情况

1.股本变动情况
股本变动情况表

单位：万股

	本次变动前	配股	送股	公积金转股	增发	其他	小计	本次变动后
一、未上市流通股								
1.发起人股份	12,000							12,000
其中：								
国家持有股份	11,760							11,760
境内法人持有股份	240							240
境外法人持有股份								
其他								
2.募集法人股份								
3.内部职工股								
4.优先股或其他								
未上市流通股份合计	12,000							12,000
二、已流通股份								
1.人民币普通股								
2.境内上市的外资股	11,500							11,500
3.境外上市的外资股								
4.其他								
已上市流通股份合计	11,500							11,500
三、股份总数	23,500							23,500

股票代码：600529 股票简称：山东药玻

山东省药用玻璃股份有限公司

中国第1大药用玻璃瓶制造商 SHANDONG PHARMACEUTICAL GLASS CO., LTD.

- 日产模制抗生素瓶、管制瓶、输液瓶、安瓿、棕色药瓶2300万支；
- 中国日用玻璃行业排头兵企业、绩优龙头企业和重点企业；
- 通过ISO9002质量体系认证和产品质量认证；
- 中国科技部命名的高新技术企业；
- 全国轻工业先进集体；
- 全国优秀包装企业。

输液瓶、模制抗生素瓶系列产品

管制瓶系列产品

棕色瓶系列产品

异型玻璃瓶系列产品

本公司是中国第一大药用玻璃瓶制造商，有着32年的生产历史，雄厚的经济实力，丰富的生产经验，先进的制造技术，精良的技术装备，专为国内外医药生产企业提供模制抗生素瓶（5–100ml Injection vials for antibiotics）、玻璃管（10–30ml Pharmaceutical glass tube）、安瓿（1–10ml Ampoule）、管制抗生素瓶（2–35ml Tube vial for antibiotic use）、管制口服液瓶、输液瓶等六大系列200多个规格的产品，其中：安瓿、管制瓶为USP Type Ⅰ型玻璃，模制抗生素瓶USP Type Ⅱ型玻璃。本公司已通过ISO9002国际质量体系认证和产品质量认证。可靠的质量，完善的服务，赢得了国内外客户的广泛信赖，拳头产品模制瓶抗生素瓶年产量达70多亿支，国内市场占有率达70%多并大量出口，是中国玻璃瓶制造业的“航空母舰”。

本公司拥有14台玻璃熔化炉，并拥有具有国际先进水平的进口生产线，能满足用户多方面的需要。

本公司拥有自营进出口权，可广泛拓展国际贸易，愿与国际医药界朋友真诚合作。

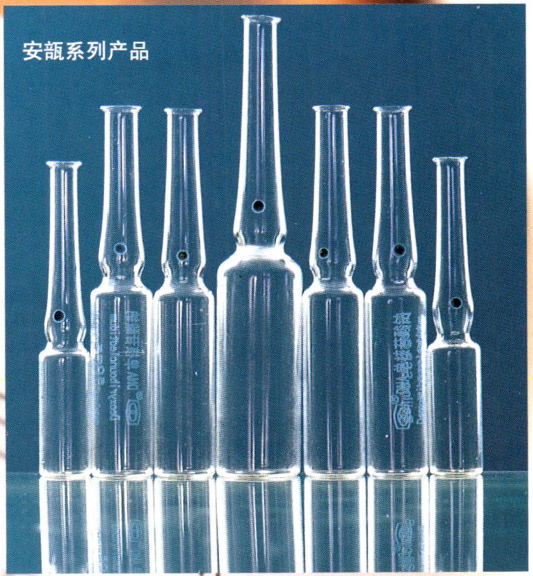

安瓿系列产品

“沂蒙牌”优质产品标志

地址：山东省淄博市沂源县二郎山路8号
邮编：256100
电话：0533－3242312　3241487
传真：0533－3243376
网址：http://www.pharmglass.com
信箱：sdyb@pharmglass.com

天士力制药
天士力商洛药源基地
科研基地
Scientific Research Base
天士力商洛药源基地

董事长：闫希军 先生

总经理：李文 先生

股票简称：**天士力** 股票代码：**600535**

天津天士力制药股份有限公司（以下简称“天士力公司”）位于环渤海经济发展中心，环境优美的天津北辰科技园区，建筑面积2.4万平方米，职工2千余人，总资产13亿元，拥有通过国家GMP和ISO9001认证的国际一流的生产车间，是当前国内最大的滴丸剂型生产企业。天士力公司用现代科技赋予传统中药以新的生命力，形成了涵盖药品研究开发、中药材种植、提取、制剂和销售的完整产业结构链，成功地研制生产了复方丹参滴丸和养血清脑颗粒，逐步建立了复方丹参滴丸等系列现代中药的产业化体系。其独家研究生产的复方丹参滴丸已经成为我国心脑血管药品市场的主导产品之一，先后列入国家科技部“中药现代化科技产业行动计划”重中之重项目、九五重大科技成果推广项目和国家973基础科学研究项目，被国家计委列入国家高技术产业化示范工程项目和国家中药现代化重大专项项目计划。

天士力公司致力于传统中药的产业化和现代化，开国内中药行业中标准化和规范化的风气之先，创下若干个全国制药业第一：

★ **复方丹参滴丸第一个以药品身份通过美国食品与药品管理局临床用药申请（FDA IND）；**

★ **第一家国家中药高技术产业化示范工程企业；**

★ **大力支持国家GAP标准的建立和实施，第一个建立了符合GAP标准的药源基地——陕西商洛丹参药源基地；**

★ **首倡中药提取生产质量规范（GEP），努力实践并引导建立第一个由中国人创立的行业标准；**

★ **从传统中汲取精华，大力宣扬中华医药文化，建立了国内第一座刻画中医药历史的浮雕巨作《中华医药图》；**

★ **策划承办中国首届中医药文化节。**

天士力公司在推进中医药现代化的事业中，形成了一支拥有现代管理和经营知识的团队。公司自行研制了国内首创的全自动、智能化滴丸生产线和计算机自动控制包装线，并通过了ISO9001-2000级和GMP认证。天士力公司以“追求天人合一，提高生命质量”为企业理念，以“高科技、高起点、高速度和新思维”的发展思路，进一步完善现代化企业制度，构建新产品研发和制剂工程技术创新平台，为中药走向世界、达到人类共享作出贡献。

天津天士力制药股份有限公司
TIANJIN TASLY PHARMACEUTICAL CO., LTD.

地址：天津市北辰科技园区新宜白大道天士力现代中药城　邮编：300402
电话：022-26736669　传真：022-26736721
网址：www.tasly.com.cn　邮箱：stock@tasly.com

董事长：张新广 先生

河北裕丰实业股份有限公司

河北裕丰实业股份有限公司是于1999年12月30日由河北衡水老白干酿酒（集团）有限公司作为主发起人联合衡水京安集团等六家发起人发起设立的，2002年10月8日经证监会核准发行4000万A股股票，并于10月29日上市，公司注册资本14000万元，其中，衡水老白干集团占46.98%，京安集团占23.59%，其他四家发起人占0.86%，社会流通股占28.57%。公司下设衡水老白干酒业公司、兴亚饲料公司、京安公司及中比合资的河北斯格种猪有限公司（参股42%），主导产业是衡水老白干酒酿造、畜禽养殖、饲料及添加剂生产。

衡水老白干酒业公司的前身是河北衡水老白干酒厂，于1946年把当时衡水18家传统私营酿酒作坊收归国有组建而成的，其主导产品衡水老白干酒有着悠久的酿造历史，据文字记载可追溯到汉代（公元104年），知名天下于唐代，正式定名于明代，并以醇香清雅、甘冽丰柔著称于世。几十年来，公司把现代化管理与传统工艺相结合，坚持“质量第一”的方针，在1994年及1995年通过ISO9002产品质量认证和质量体系认证，实现了与国际先进的质量管理标准接轨，使产品质量不断提高。同时，注重新产品的开发，衡水老白干酒品种由原来的十几个发展到现在的100余个，深受广大消费者的喜爱。

兴亚饲料公司其技术依托于中国农科院饲料研究所。科学的配方和全自动化先进的生产系统，生产出了优质的畜禽、水产饲养用的配合料、浓缩料和预混料三大系列，数十个品种。

京安公司的养殖业是公司的另一非常具有发展前途的产业，她以河北农业大学、北京农科院为技术依托，不断研究提高瘦肉型猪的养殖技术，经过几年的发展壮大，成为我国华北地区规模最大的瘦肉型种猪及商品猪生产基地，被国家农业部等八部委列为“农业产业化国家重点龙头企业”，是北京市“菜篮子基地”、“国家生猪活体储备基地”、“河北省农业开发高新技术示范园区”。

河北斯格种猪有限公司是世界第七个、亚洲第一个斯格核心种猪场，年产斯格种猪及其它优良种猪3万余头。

随着公司募投项目一植酸酶项目（列入国家863计划的生物工程项目）、京安斯格猪繁育推广中心项目和先进的大型肉类联合加工厂项目的全面启动，新的利润增长点将逐步形成，公司将继续坚持发挥衡水老白干酒和斯格等优良瘦肉型猪的品牌优势，坚持科技创新，增加产品的科技含量，提高产品市场占有率，将公司发展成为集科、农、工、贸为一体的大型企业。

Hebei Yufeng Industry

股票简称：裕丰股份
股票代码：600559
地　　址：河北省衡水市人民东路39号
邮政编码：053000
电　　话：0318-2122755
传　　真：0318-2122755
电子信箱：yfgfzq@yufengshiyegufen.com
YUFENG
Co., Ltd.
衡 水
五星
历史名酒
老白干
五星
老白干

AriTime

金自天正

股票简称：金自天正　证券代码：600560

公司工业控制计算机研发及模拟仿真实验室

公司生产的交流调速控制供电主柜

公司产品在轧钢机上应用

北京金自天正

Beijing AriTime Intelligent Contro

高新技术企业证书

企业名称：北京金自天正智能控制股份有限公司

统一编号：0121181F

北京市科学技术委员会

2000年01月06日

法定代表人：孟维宗 先生　总经理：葛钢 先生

北京金自天正智能控制股份有限公司是由中央直属大型科技企业——冶金自动化研究设计院(原冶金工业部自动化研究院)作为主发起人，联合北京富丰高科技发展总公司等四家发起人共同发起设立的综合性高科技股份有限公司。

公司被北京市科学技术委员会认定为高新技术企业，所处行业为工业自动化设备制造行业，主要业务是从事工业自动化领域系列产品的研制、生产、销售和承接系统集成工程及技术服务等，具体包括工业自动化控制业务、电气传动装置业务、工业检测及控制仪表业务等三大类。主要产品系列有工业计算机控制系统、电力电子及电气传动装置、工业专用检测及控制仪表、电力半导体元器件等产品。产品通过ISO9001质量标准认证，取得CNACR和UKAS质量认证证书。

其经营范围包括：自动化系统的技术开发、技术转让、技术咨询、技术培训、技术服务；制造销售计算机控制系统软硬件及网络产品、智能控制软硬件及配套设备、电气传动装置及配套设备、电子元器件、控制系统配套设备仪表；承接系统集成工程。

公司于2002年9月4日成功发行3000万股A股股票，并于9月19日在上海证券交易所上市。股票简称“金自天正”，证券代码为600560。

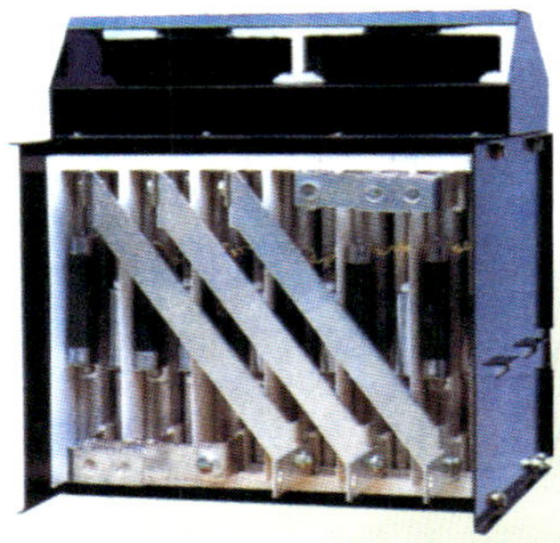

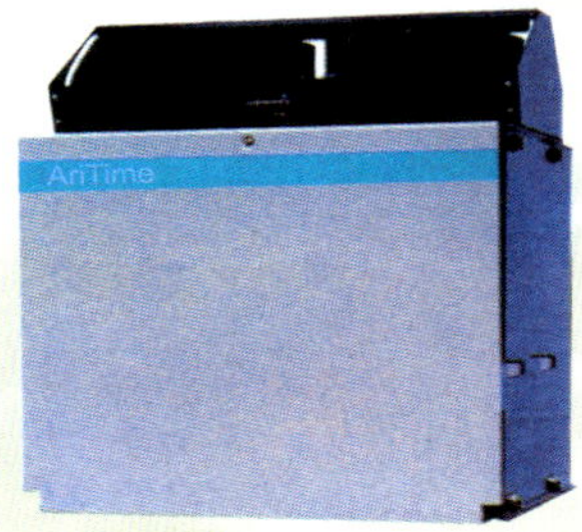

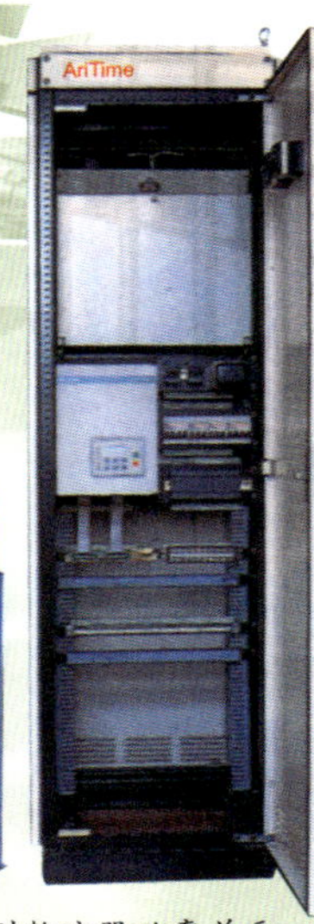

APU型系列整流器功率单元

玉TSC无功补偿及谐波滤波装置补偿柜

低压TSC无功补偿及谐波滤波装置电抗器部分

KF100燃气热值（指数）仪

智能控制股份有限公司

Co., Ltd.

公司自主拥有7项专利和17项专有技术。目前处于国内领先、国际先进水平的高新技术有：智能控制技术、现场总线控制技术、混合流程工业CIMS系统技术、冶金全流程成套技术和应用软件、大型自动化工程规范和开发平台、交流变频调速技术、高压大功率晶闸管制造技术、激光仪表及节能仪表技术。AriT me的主要产品系列有：AriCON(开放式分布控制系统)、AriDrive（电气传动系列产品）、AriSEMI（高压大功率晶闸管系列产品）、AriMETER（特殊仪表系列产品）。客户遍及全国29个省、市、自治区。

公司培养和造就了一支精于市场开拓，善于创新，勇于攻关，掌握先进技术，具有丰富现场安装调试经验和协同作战的技术队伍。

公司的目标：国际著名的大型工业自动化综合性高科技企业。

公司的宗旨：以人为本、高效创新、用户至上、服务至诚。

公司以“创新进取、团结合作、认真敬业、诚信求实”作为企业精神；坚持“以人才为根本、以市场为导向、以科技为基础、以质量为生命、以世界为目标”的企业经营方针；

公司的使命是：以先进的技术、优良的产品、周到的服务，致力于为用户提供智能化的工业自动化系统全面解决方案。

公司愿与国内外同仁密切合作，竭诚为冶金工业和国民经济各部门、各行业服务，推动企业的技术进步，提高经济效益，为国民经济建设的发展作出更大的贡献。

地址：北京市丰台路84号　电话：（010）63848915　传真：（010）63812131

铜陵精达特种电

TONGLING JINGDA SPE

卧式漆包机组

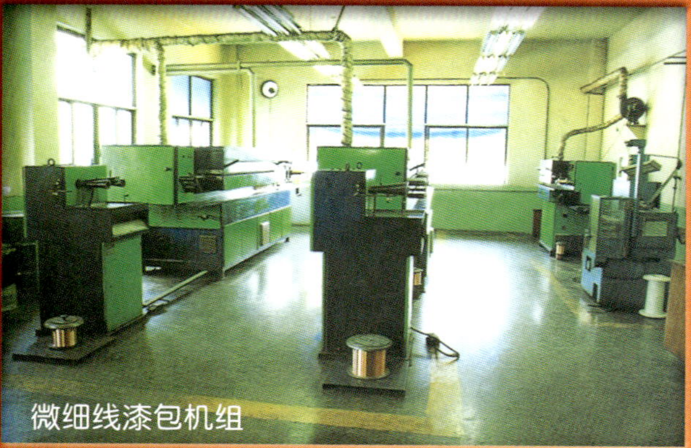

微细线漆包机组

自动计量包装线

铜陵精达特种电磁线股份有限公司是经安徽省体改委皖体改函[2000]62号文和安徽省人民政府皖府股[2000]24号批准证书批准，以铜陵精达铜材（集团）有限责任公司为主发起人，联合安徽省科技产业投资有限公司、合肥市高科技风险投资有限公司、北京中关村青年科技创业投资有限公司、铜陵市皖中物资有限责任公司共同发起设立，于2000年7月12日在安徽省工商行政管理局登记注册成立的股份有限公司，注册资本4,000万元。2002年9月11日，2000万A股在上海证券交易所上市，公司总股本增加到6,000万元。

公司为国家科技部认定的2000年重点高新技术企业，国家重点技术改造项目承担单位。公司主营业务为漆包电磁线制造和销售，主要产品有HFC134a压缩机用电磁线、HFC空调压缩机用多层复合电磁线、180级聚酯亚胺电磁线、200级聚酯亚胺复合聚酰胺酰亚胺电磁线、直焊性聚氨酯微细电磁线等。上述产品可广泛应用于冰箱、冷柜、空调压缩机、洗衣机、吸尘器电机、电视机行输出变压器及电动工具、特种电机、电器等。

公司产品的主要销售对象为世界著名家电公司在中国设立的独资或合资冰箱压缩机、空调压缩机公司及国内著名的压缩机和家用电器制造商，如：上海日立电器有限公司、上海森林电器有限公司、艾默生电气（苏州）有限公司、上海扎努西电气机械有限公司、扎努西电气机械天津压缩机有限公司、北京恩布拉科雪花压缩机有限公司、沈阳华润三洋压缩机有限公司、浙江加西贝拉压缩机有限公司、广州万宝压缩机有限公司、春兰压缩机厂、华意压缩机股份有限公司、江苏春花电器集团股份有限公司等。

地址：安徽省铜陵市芜铜路(经济技术开发区内)

邮编：244000

电话：0562－2809086

传真：0562－2809086

公司网址：www.jingdagroup.com.cn

电子信箱：zqb@jingda.sina.net

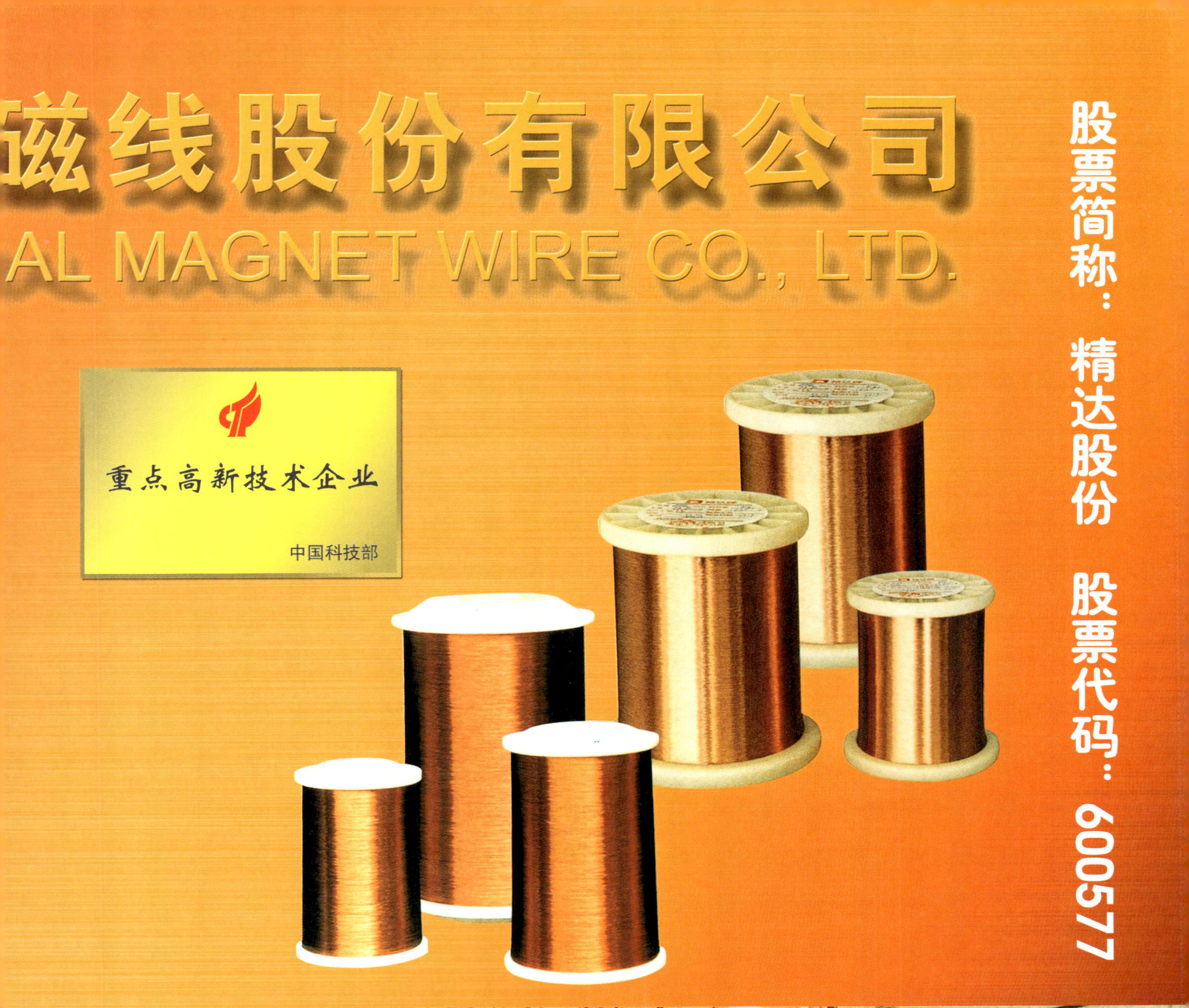
磁线股份有限公司
AL MAGNET WIRE CO., LTD.
股票简称：精达股份
股票代码：600577
重点高新技术企业
中国科技部

拉丝机组

公司外景

北京京能热电股份有限公司（简称京能热电）是由北京国际电力开发投资公司、中国华北电力集团公司、北京市综合投资公司、北京电力设备总厂、北京变压器厂五家发起人共同设立的北京地区第一家现代化的大型股份制发电供热上市企业。

公司第一任董事长（法定代表人）刘海峡，副董事长杨祝辉，公司总经理关志生。

京能热电具有悠久的历史和光荣的传统。建厂于1919年的北京石景山发电厂经历了83年的沧桑。是北京电力工业的缩影，是五十年代的“全国红旗厂”，六十年代的“北京工业的橱窗”，七十年代的“燕山明珠”。八十年代初被当时的李鹏总理誉为“电力工业战线上的一面旗帜”。石景山发电厂的建设和发展始终得到了党和国家领导人的亲切关怀和支持，倾注着他们的心血和才智。以40多位部、市和全国劳模为代表的职工，铸建了石电的历史辉煌。历史在发展，时代在前进，以石景山发电总厂为背景、以石景山热电厂为母体的北京京能热电股份有限公司在建立现代企业制度改革开放的大潮中诞生。

京能热电是北京地区最大的第一家上市的股份制发电供热企业，拥有4台20万千瓦现代化大型燃煤供热汽轮发电机组，年发电量45亿千瓦时左右，占北京地区发电市场的25%；供热面积达到1333万平方米，占北京地区集中供热市场的14%。公司具有先进的设备和广阔的市场，是技术密集型国家特大型企业。公司具有一大批高水平的电力专家和众多的科研成果。公司具有成熟的管理体系和丰富的管理经验。公司在全国电力体制改革即将实施的“厂网分开，竞价上网”中具有得天独厚的价格和成本的优势。公司依靠拥有上百亿优良资产实力雄厚的北京国际电力开发投资公司和中国华北电力集团公司等股东，具有资本运作的优势。公司的资产负债率在发电行业中属于较好水平，资金流向绝大部分是电力和热力，具有得天独厚的财务优势。公司重视环保，正在进行设备脱硫改造，是为首都提供清洁能源的环保型发电供热企业。

北京京能热电股份

BEIJING JINGNENG THERMAL

京能热电将利用募集的资金建设天然气燃气蒸气循环发电工程，创造公司新的稳定的利润增长点，使公司收益有长足增长，为股东带来丰厚的投资回报。

京能热电遵照《中华人民共和国公司法》和《公司章程》，认真贯彻执行国家法律、法规以及电力行业的有关标准。建立现代企业制度，完善法人治理结构。京能热电以改革为动力，以市场为导向，以安全文明生产为基础，以经济效益为中心，以公司股东利益最大化为宗旨，以创建国内、国际一流火力发电企业为目标，稳定生产，确保安全；强化管理、提高效益；奋发有为，与时俱进。有广大投资者对京能热电的关心和厚爱。京能热电的明天会更美好！

主控制室

公司MIS系统建设

4X200MW发电机组

董事长：刘海峡 先生

总经理：关志生 先生

有限公司

WER CO., LTD.

股票简称：京能热电
股票代码：600578

公司主营业务

本公司经营范围包括生产、销售电力、热力产品、电力设备运行，发电设备检测、修理。目前本公司建有四台20万千瓦现代化大型燃煤发电供热机组，总装机容量80万千瓦，设计供热能力为2,512吉焦／小时。公司年发电量约45亿千瓦时，占北京地区电厂总发电量的25%；供热面积1333万平方米，占北京市集中供热面积的14%。本公司下辖石景山热电厂和发电设备检修分公司，是目前北京地区最大的火力发电企业，也是北京市重要的电源支撑点和供电热热源。

公司厂前区一角

地址：北京市石景山区广宁路10号
邮编：100041
电话：(010)88991155
传真：(010)88992553
电子信箱：postmaster@jnrd.com.cn

圣亚新引进的海底漫步者系统（国内首家，您可以根据海上的指令在海底漫步）

圣亚新引进的水中遨游器（国内首家，可以让您在海底遨游）

畅游大连圣亚

中央电视台著名主持人李咏、王小丫与大连圣亚海洋世界的南极企鹅在一起。

拥抱海洋世界

大连圣亚海洋世界是于 1994 年兴建的中国第一座海底通道式水族馆，
于 1995 年 6 月对游人开放，其海底通道长 118 米，在建成时是亚洲最长的海底通道。
大连圣亚海洋世界股份有限公司是于 1999 年由大连圣亚海洋世界有限公司改制而成的，
位于大连市著名的风景区星海公园内（大连市沙河口区中山路 608 — 6 号），
公司董事长、法定代表人为栗东生先生，公司总经理为周昱今先生，
经营范围为建设、经营水族馆、海洋探险人造景观、游乐园、
海洋生物标本陈列馆、船舶模型陈列馆、餐饮、酒吧。
圣亚海洋世界放养来自世界各地的珍稀海洋动物 398 种、12000 多只，其中包括：
中国首次群体引进并首次饲养成功的南极企鹅，中国首次引进的沙虎鲨，中国最大的人工饲养深海鳐鱼等等。
今天，圣亚海洋世界已发展成为集海洋景观、海洋文化及科普教育于一体的综合行性主题人造景观，吸引了来自世界各地的万千游客。
圣亚海洋世界 1995 年接待游人 41 万人（次）、1996 年接待游人 76 万人（次）、1997 年接待游人 83 万人（次）、
1998 年接待游人 95 万人（次）、1999 年开始接待游人超过 100 万人（次）。
开业七年来，圣亚共接待游客 600 万人次，累计实现收入 3.6 亿元，累计向国家缴纳税款 6000 万元。
圣亚海洋世界的成功得到各级政府及广大游客的充分肯定，
先后获评“大连市十佳旅游景点”、“辽宁五十佳景”及“大连市十大科普教育基地”等荣誉称号；
连续三年被评为“大连市十大高效外商投资企业”；
2000 年 11 月圣亚海洋世界在北方旅游企业中率先通过 ISO9002 国际质量管理体系认证；
2001 年 1 月圣亚海洋世界顺利通过首批“国家 AAAA 级旅游景区（点）”评定；
2001 年 12 月“圣亚”商标连续三届（1999 — 2001）荣获大连市民“我最喜爱的地方商标（品牌）”，并被认定为“辽宁著名商标”；
圣亚企业之歌——《美丽的朋友》获国家“新世纪企业之歌大赛”金奖，国家“旅游歌曲大赛”金奖。

大连圣亚海洋世界股份有限公司

DALIAN SUN ASIA OCEAN WORLD CO., LTD.

地址：辽宁省大连市沙河口区中山路608-6号 邮政编码：116023 电话：0411-4685225 传真：0411-4685217
互联网网址：www.sunasia.com 电子邮箱：shengya@online.1n.cn

SHANGHAI BRIGHT DA

上海光明乳业股份

SHANGHA

董事长：王佳芬 女士

光明乳业

股票简称：光明乳业 股票代码：600597

上海光明乳业股份有限公司是由六家知名企业出资成立的中外合资股份制企业，是目前中国规模最大的生产和销售乳制品企业之一，被美国《财富》杂志评为“2002年中国最受赞赏的外资企业”和“2002年中国社会责任感最强的企业”。

公司拥有世界一流的乳业研发中心和乳品加工设备，以及先进的乳品加工工艺。主要从事乳和乳品的开发、生产和销售，奶牛和公牛的饲养、培育、物流配送、营养保健食品的开发、生产和销售。2001年，光明乳业在国内乳业中产销量、销售收入、利税总额、鲜奶收购量、液态奶、酸奶产量和全国市场占有率等综合指标排名第一。

光明乳业秉承“创新生活、共享健康”的使命，始终以领先变革首创的精神和行业领跑者的行事风范，锐意进取，不断创新，在打造中国乳业第一品牌的事业中取得了一定的成绩。1999年，“光明”乳制品商标荣获中国驰名商标；2001年，公司入围中国最受尊敬企业50强；2002年，由中国企业联合会、中国企业家协会评选入围中国企业500强并入围首届上海100强企业。

2002年8月，经中国证监会核准，光明乳业正式向社会公开发行1.5亿A股。标志着我们将以产业经营之实力跻身资本市场，经营资本，创造价值。

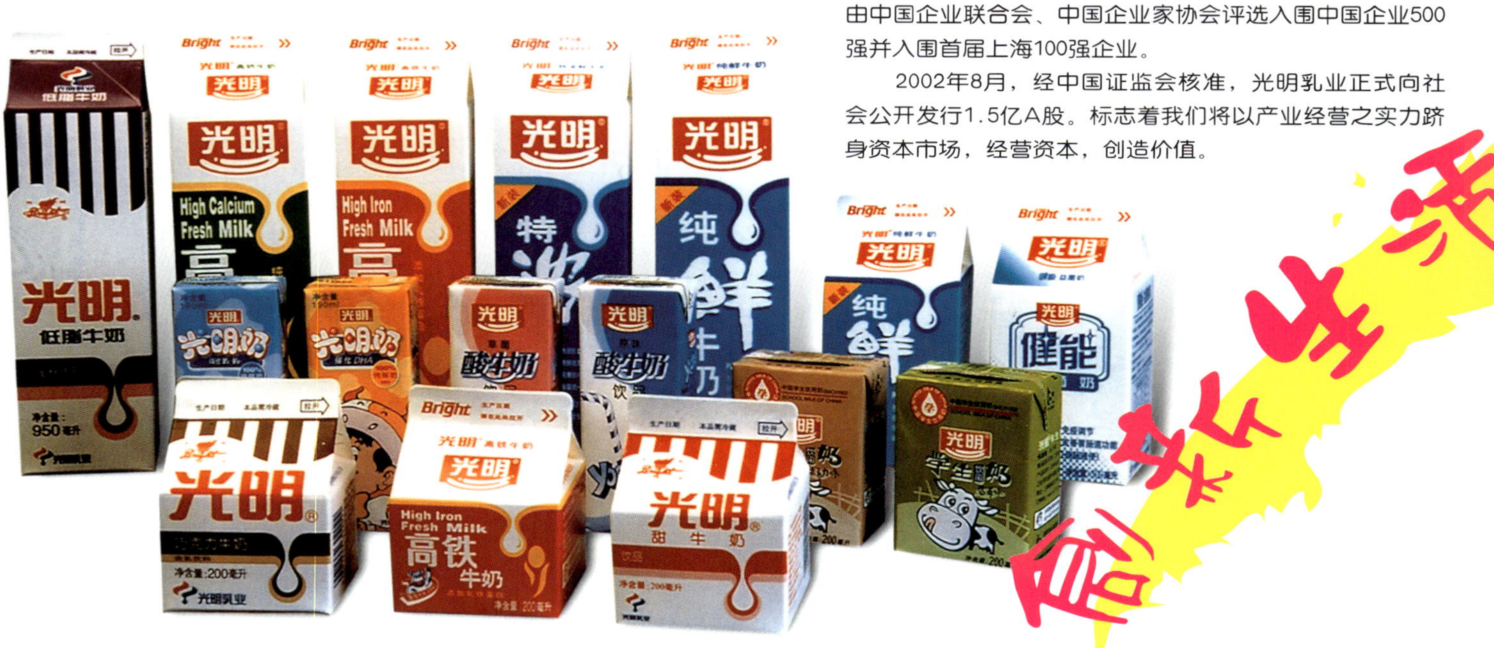

RY & FOOD CO.,LTD.
有限公司
BRIGHT DAIRY & FOOD CO.,LTD.
1999年，“光明”乳制品商标荣获中国驰名商标
2001年中国最受尊敬企业50强
2002年中国最受赞赏的外资企业
2002年中国社会责任感最强的企业
共享健康
上海光明乳业股份有限公司
SHANGHAI BRIGHT DAIRY & FOOD CO., LTD.
地址：上海市吴中路578号 邮编：201103 电话：(021)54584520 传真：(021)64655033 网址：www.brightdairy.com

公司董事长：陈清洁 先生

股票简称：振华科技 股票代码：000733

中国振华(集团)科技股份有限公司(简称振华科技公司)是中国振华电子集团有限公司独家发起，以优势企业为主体，以优势产品为基础，以优势资产为国有股本，按照“有效资产——有效重组——重组有效”的思路，进行资产重组而组建的一家高科技上市公司。现有的18家全资或控股子(分)公司分布在贵阳和深圳两地。截止2001年末，公司总资产24亿元。

2000年，振华科技公司被国家科技部认定为国家级重点高新技术企业；2001年，振华科技公司被国家科技部认定为“国家高技术研究发展计划(863计划)成果产业化基地”。贵州省委和省人民政府在2001年授予振华科技公司为“1998——2000年贵州省有突出贡献的国有企业”称号。

振华科技公司是一个以通信信息整机为龙头、新型电子元器件为基础的高新科技企业，主要从事电子通信产品的研发与生产。主导产品门类有：以程控交换机、电子电话机(含有绳电话、无绳电话、可视电话机)、CDMA手机、多媒体电脑、卫星数字电视接收机为代表的通信信息类整机；以片式钽电容器、片式电阻器、片式电感器、厚膜混合集成电路、高压真空开关管为代表的新型电子元器件；以开关柜成套设备、电力自动化控制设备、建材成套加工设备为代表的光机电一体化设备。这些产品在国内占有一定的市场份额，并且出口世界十多个国家和地区。

振华科技公司自1997年成立以来，始终按照《公司法》和上市公司有关法规的要求，不断完善法人治理结构，建立和完善各项管理制度，全力实施优势发展、科技兴业、名牌拓市三大战略，不断加大技术改造和科技开发的投入力度，充分发挥公司技术开发中心和博士后工作站的作用，努力培育新的经济增长点，呈现出良好的发展势头，开始步入高速高效之路，连续5年公司实现利税超亿元。

公司总经理：史汉兴 先生

中国振华(集团)科技股份有限公司

CHINA ZHENHUA (GROUP) SCIENCE & TECHNOLOGY CO., LTD

五年来，振华科技公司经上市、配股和公募增发所募集的近14亿元资金，全部用于重点项目的技术改造和新经济增长点的投入，取得了良好的回报。

西部大开发和我国加入WTO为振华科技公司带来了机遇和挑战。为应对我国加入WTO后的新形势，振华科技公司面向全球经济大市场，在做大做强10来个销售收入上亿元的主导产品、建设规模化、系列化、国际化、军民两用的新型电子元器件基地的同时，2001年9月又与世界500强企业一一日本京瓷株式会社签定了合资合作研发、生产CDMA手机的合同。同年12月建立了京瓷振华通信设备有限公司并在2002年正式投入生产，批量供应市场。

振华科技公司始终遵循“发展高科技，挤占大市场，争创高效益，佳绩报股东”的宗旨，坚持“诚信、创新、务实、高效”的经营理念，不断增强经济实力和市场竞争力，为富民兴黔和振兴民族信息产业做出贡献。

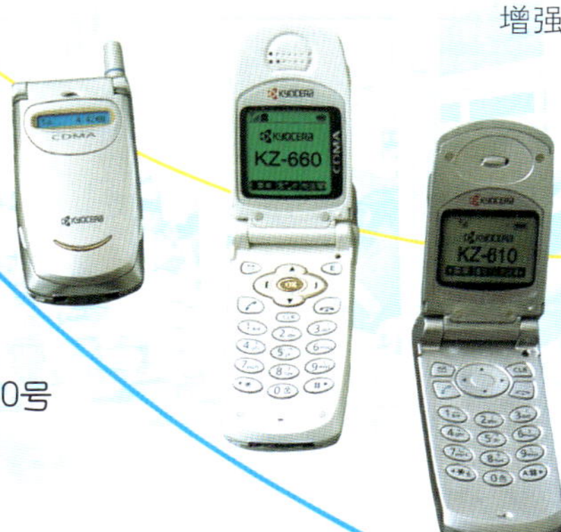

地址：贵州省贵阳市新天大道150号
邮政编码：550018
电话 (0851)6302675
传真：(0851)6302674
网址：www.CZELEC.COM
E-mail：zhjt@publici.gy.gz.cn

董事长：张振武 先生

股票简称：草原兴发
股票代码：000780

地　　址：内蒙古自治区赤峰市平庄镇兴发大厦
邮政编码：024076
电　　话：0476-3514285
传　　真：0476-3510053
电子信箱：nmxflx@public.hh.nm.cn

总经理：方武 先生

内蒙古草原兴发股份有限公司
INNER MONGOLIA PRAIRIE XINGFA CO., LTD

安徽飞彩车辆股份有限公司

ANHUI FEICAI VEHICLE CO., LTD.

股票简称：飞彩股份

股票代码：000887

董事长：洪理芳 先生

安徽飞彩车辆股份有限公司（以下简称“本公司”）是经安徽省人民政府皖政秘（1998）第111 号文件批准并由安徽飞彩（集团）有限公司独家发起设立的股份有限公司。本公司股票于1998年12月3日在深交所挂牌上市交易。本公司的注册资本为30100万元，经营范围为：农用机动运输车、链条、汽车覆盖件及其配件制造、销售；汽车、挂车、农机修理。

截止2001年12月31日止，本公司直接拥有两个控股子公司：

1、中奥环保高科技有限责任公司，本公司占其51%的股权，该公司成立于1999年12月28日，主要从事工业应用技术、环保技术、能源技术、臭氧应用技术、水处理技术等的研制、开发及产品生产、技术咨询、技术服务、技术转让等。

2、安徽飞彩黄山链传动有限公司，本公司占其96.55%的股权，该公司成立于2000年6月22日，经营范围主要为链传动系列产品生产、销售、出口。

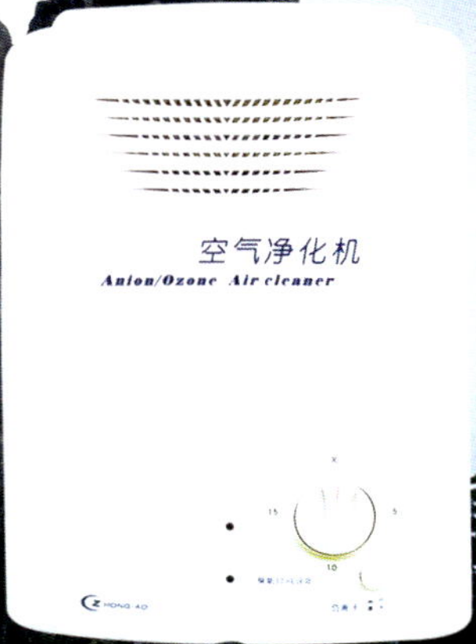

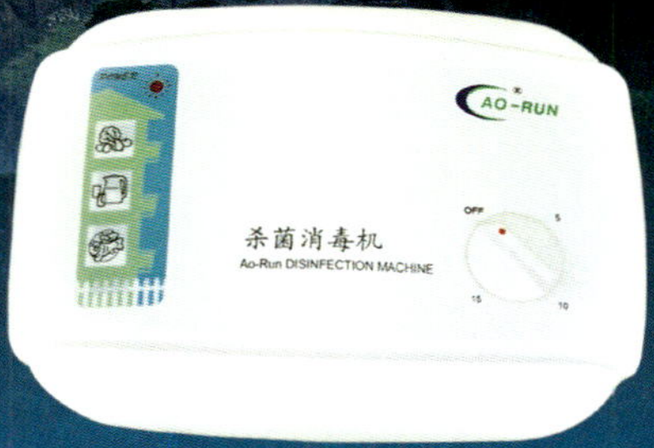

地址：安徽省宣城市宣南路口
电话：0563-2612718
传真：0563-2612568
邮政编码：242000
电子信箱：ahfc@mail.ahwhptt.net.cn

河南双汇投资

HENAN SHUANGHUI INVES

董事长：张俊杰 先生

河南双汇投资发展股份有限公司是经河南省人民政府豫股批字[1998]20号文批准，以河南省漯河市双汇实业集团有限责任公司独家发起、向社会公开发行人民币普通股5000万股，以社会募集方式设立的股份有限公司。

1998年10月15日，经河南省工商行政管理局登记注册，河南双汇投资发展股份有限公司正式成立。目前公司注册资本34237万元，总股本34237万股，其中国家股20787万股，社会公众股13450万股。公司的经营范围为：食品加工及销售，畜牧养殖，屠宰，化工产品（不含危险品），包装品生产销售，食品行业投资，技术咨询服务。公司所处行业是以肉类制品为终端产品的纵贯农牧养殖、食品加工、商业连锁服务业，横跨生物工程、化工、包装、彩印业，并拟在此基础上营造大型物流配送

股票代码：000895
股票简称：双汇发展

发展股份有限公司

MENT & DEVELOPMENT CO., LTD.

中心和电子商务交易平台的网络经济产业链。

目前，公司已拥有20个子公司和5个生产性分厂，2001年主营业务收入33.68亿元，净利润17050万元，分别比2000年增长8.65%和13.18%，预计2002年公司肉制品产量可达35万吨，公司已成为中国最大的肉类加工基地。

公司的未来发展目标是："十五"期间，公司将在全国建设2000家双汇连锁专卖店，在全国分别建40家生猪屠宰厂和低温肉制品厂，建设现代化的物流配送中心和计算机信息管理系统，建立起从种植、养殖、饲料加工、屠宰、肉制品加工、化工包装、彩色印刷、物流配送到商业连锁的大农业产业链，争取早日跨入国家特大型企业。

地　　址：河南省漯河市双汇路1号双汇大厦3层
邮政编码：462000
电　　话：（0395）2622616－6158
传　　真：（0395）2622660

凯迪电力

000939

武汉凯迪电力股份有限公司
是经武汉市经济体制改革委员会批准，
以定向募集方式于1993年2月设立的股份制企业。
1999年9月23日“凯迪电力”A股股票在深圳证券交易所上市。
公司致力于环保产业、新能源及电力工程新技术、新产品的开发和应用。
主要经营　燃煤电厂烟气脱硫工程、污水综合处理工程、
城镇生活垃圾发电工程、洁净煤燃烧发电技术及工程、
火力发电厂凝结水精处理工程、锅炉补给水工程、冲灰水及其
回水工程的设计、成套、安装、调试、培训等工程总承包；
环保设备制造、计算机控制工程；以及电站辅机系统技术改造等技术服务。
公司的新技术、新产品应用于电力、石油、化工、冶金、城建和轻工等行业。
自一九九五年起，公司连续被评为AAA级信用企业。
一九九七年被武汉东湖新技术开发区批准为高新技术企业，
同时被国家科委国科火[1997]52号文认定为国家级重点高新技术企业。
一九九七年起还连续被确定为武汉市重点工业企业。
一九九九年公司所属的四个控股子公司
通过了ISO9000系列质量体系认证。

与武汉锅炉集团有限公司签署环保产业合作协议

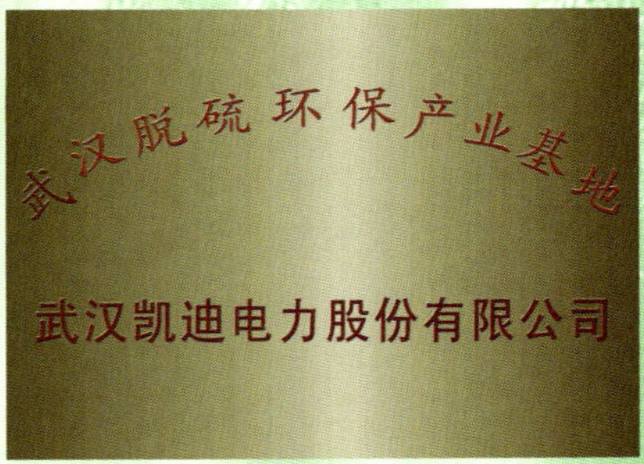

2000年香港国际发明博览会上，知名人士曾宪梓对公司获奖项目赞不绝口。

双膜气动阀门荣获“2000年国家级新产品”称号

成功。
超越便是
938
933

2002 年深圳证券交易所上市公司信息汇集与统计

000001 深圳发展银行股份有限公司

2001 年年度报告摘选

一、公司简介

(一)法定中文名称:深圳发展银行股份有限公司
(简称:深圳发展银行,下称"本行")
法定英文名称:ShenZhen Development Bank Co., Ltd.
(二)法定代表人:陈兆民
(三)董事会秘书:雷鸣
证券事务代表:吕旭光
联系地址:中国广东省深圳市深南东路 5047 号
深圳发展银行大厦深圳发展银行董事会秘书处
联系电话:(0755)2080387 传真:(0755)2080386
电子邮箱:fzyhdsh@szonline.net
(四)注册地址:中国广东省深圳市
办公地址:深圳市深南东路 5047 号深圳发展银行大厦 邮政编码:518001
本行国际互联网网址:http://www.sdb.com.cn
电子邮箱:netbank@sdb.com.cn
(五)本行选定信息披露报刊:《中国证券报》、《证券时报》
登载年度报告的中国证监会指定国际互联网网址:http://www.cninfo.com.cn
本行年度报告备置地点:本行董事会秘书处
(六)本行股票上市交易所:深圳证券交易所
股票简称:深发展 A 股票代码:000001

二、会计数据和业务数据摘要

(一)截止报告期末本行前三年的主要会计数据和财务指标: (货币单位:人民币元)

项 目	2001 年境内审计数	2001 年境外审计数
主营业务收入	4,328,943,726	4,126,950,128
利润总额	558,955,598	558,675,719
净利润	402,360,428	380,099,059
总资产	120,126,983,351	120,134,232,061
股东权益(不含少数股东权益)	3,627,668,792	4,220,804,065
每股收益(全面摊薄)	0.21	0.20
每股收益(加权平均)	0.21	0.20
每股净资产	1.86	2.17
调整后的每股净资产	1.75	2.06
每股经营活动产生的现金流量净额	7.52	7.48
净资产收益率(全面摊薄)	11.09%	9.01%
净资产收益率(加权平均)	10.82%	9.43%

项 目	2000 年		1999 年	
	境内审计调整后	境内审计调整前	境内审计调整后	境内审计调整前
主营业务收入	2,789,162,688	2,789,162,688	2,202,737,259	2,349,273,246
利润总额	503,191,921	546,768,142	156,319,131	605,184,420
净利润	462,975,563	506,551,785	105,149,665	555,191,092
总资产	66,006,167,607	67,227,499,769	42,734,638,211	45,868,972,050
股东权益(不含少数股东权益)	3,517,551,493	4,738,883,655	-36,152,055	2,900,830,706
每股收益(全面摊薄)	0.24	0.26	0.07	0.36
每股收益(加权平均)	0.29	0.32	0.07	0.36
每股净资产	1.81	2.44	-0.02	1.87
调整后的每股净资产	1.72	2.27	-0.15	1.62
每股经营活动产生的现金流量净额	0.82	0.82	3.01	3.01
净资产收益率(全面摊薄)	13.16%	10.68%	-	19.14%
净资产收益率(加权平均)	32.48%	30.65%	-	16.33%

根据中国证监会发布《公开发行证券公司信息披露编报规则第 9 号-净资产收益率和每股收益的计算及披露》有关规定,本行 2001 年度按境内外审计数计算的净资产收益率及每股收益如下:

项 目	净资产收益率		每股收益(元)	
	全面摊薄	加权平均	全面摊薄	加权平均
主营业务利润	15.49%	15.11%	0.29	0.29
营业利润	15.49%	15.11%	0.29	0.29
净利润	11.09%	10.82%	0.21	0.21
扣除非经常性损益后的净利润	11.17%	10.89%	0.208	0.21

三、股本变动及股东情况

(一)股份变动情况

1、股份变动情况表(截止日期:2001 年 12 月 31 日)

	本次变动前	本次变动增减(+,-)					本次变动后
		配股	送股	公积金转股	其他	小计	
一、未上市流通股份							
1、国家持有股份	125,390,017						125,390,017
2、境内法人持有股份							
3、外资法人持有股份							
4、募集法人股	427,307,368				-16,237,201	-16,237,201	411,070,167
5、内部职工股							
6、优先股或其他							
未上市流通股份合计	552,697,385						536,460,184
二、已上市流通股份							
1、人民币普通股	1,393,124,764				16,237,201	16,237,201	1,409,361,965
2、境内上市的外资股							
3、境外上市的外资资							
4、其他							
已上市流通股份合计	1,393,124,764						1,409,361,965
三、股份总数	1,945,822,149						1,945,822,149

000002 万科企业股份有限公司

2001 年年度报告摘选

一、公司简介

1、公司法定中文名称:万科企业股份有限公司
英文名称:CHINA VANKE CO., LTD.(缩写为 VANKE)
2、法定代表人:王石
3、董事会秘书:肖莉 电子信箱:xiaol@vanke.com
4、联系地址:公司办公地址
5、电话:0755-5606666 传真:0755-3152041
6、注册地址及办公地址:中国深圳市福田区梅林路 63 号万科建筑研究中心
邮政编码:518049
7、国际互联网网址:www.vanke.com 电子信箱:zb@vanke.com
8、信息披露报刊名称:《中国证券报》、《证券时报》及香港一家英文报刊
登载年报的国际互联网网址:www.cninfo.com.cn
9、年报备置地点:公司董事会秘书处
10、股票上市地:深圳证券交易所
11、股票简称及代码:万科 A 000002 万科 B 200002

二、会计数据和业务数据摘要

1、本年度主要会计数据(金额单位:人民币元)

利润总额	501,852,215.83
净利润	373,747,217.73
扣除非经常性损益后的净利润	190,618,052.89
主营业务利润	841,113,819.16
其它业务利润	-1,064,530.85
营业利润	296,569,303.93
投资收益	198,305,490.51
补贴收入	-
营业外收支净额	6,977,421.39
经营活动产生的现金流量净额	-1,204,549,247.74
现金及现金等价物净增加额	-190,363,742.86

注:非经常性收益总额 183,129,164.84 元,明细如下:营业外收支净额 6,977,421.39 元,股权投资差额摊销-5,106,870.24 元,出售、处理部门或投资单位 212,186,687.57 元,股票、股权投资收益 2,080,725.59 元,以上项目之应扣所得税影响-33,008,799.47 元。

2、近 3 年主要会计数据及财务指标

项目	2001	2000		1999	
		调整后	调整前	调整后	调整前
主营业务收入	4,455,064,776.93	3,783,668,674.18	3,783,668,674.18	2,872,795,896.07	2,872,795,896.07
利润总额	501,852,215.83	380,326,485.73	386,141,816.56	271,706,328.81	286,600,807.31
净利润	373,747,217.73	296,647,729.43	301,231,499.63	214,221,499.90	229,142,287.45
总资产	6,482,911,630.82	5,583,262,107.86	5,622,247,214.95	4,461,494,689.69	4,494,664,465.95
股东权益(不含少数股东权益)	3,124,089,960.15	2,873,443,063.56	2,906,198,742.58	2,064,858,350.35	2,093,030,259.17
每股收益	0.592	0.470	0.477	0.393	0.420
按月平均加权法计算的每股收益	0.592	0.476	0.483	0.415	0.444
扣除非经常性损益后的每股收益	0.302	0.445	0.445	0.383	0.383
每股净资产	4.951	4.554	4.606	3.785	3.837
调整后每股净资产	4.864	4.286	4.309	3.504	3.532
每股经营活动产生的现金流量净额	-1.91	0.14	0.14	0.08	0.08
净资产收益率	11.96%	10.32%	10.37%	10.37%	10.95%
按月平均加权法计算的净资产收益率	12.21%	10.65%	10.69%	10.44%	11.05%
按月平均加权法计算的净资产收益率(以扣除非经常性损益的净利润为基础)	6.23%	10.09%	9.98%	10.18%	10.07%

3、按国际会计准则调整对净利润的影响 (金额单位:人民币元)

项目	净利润(2001 年度)
依据中国会计准则计算	373,747,218
遵照国际会计准则作出之调整	
递延收入认定及摊销	1,950,559
商誉认定及摊销	432,095
长期投资转让利润确认	4,420,820
其它	-4,751,561
依据国际会计准则计算	375,799,131

三、股本变动及股东情况

(1)公司股份变动情况表(数量单位:股)

	本次变动前	本次变动后
一、未上市流通股份		
1、发起人股份	52,750,318	52,750,318
其中:		
国家持有股份	52,750,318	52,750,318
境内法人持有股份		
境外法人持有股份		
其他		
2、募集法人股份	57,754,610	57,754,610
3、内部职工股		
4、优先股或其他		
未上市流通股份合计	110,504,928	110,504,928
二、已上市流通股份		
1、人民币普通股	398,711,877	398,711,877
2、境内上市的外资股	121,755,136	121,755,136
3、境外上市的外资股		
4、其他		
已上市流通股份合计	520,467,013	520,467,013
三、股份总数	630,971,941	630,971,941

000003 金田实业(集团)股份有限公司

2001 年年度报告摘选

一、公司基本情况

(一)法定中文名称:金田实业(集团)股份有限公司
英文名称:GINTIAN INDUSTRY(GROUP) CO.,LTD.
(二)公司注册地址及办公地址:深圳市和平路 1199 号金田大厦 23～26 楼
邮政编码:518010
(三)法定代表人:黄汉清
(四)董事局秘书:丘学强
联系地址:深圳市和平路 1199 号金田大厦 23～26 楼
联系电话:86－755－5573548
传　　真:86－755－5592045,5591994
电子信箱:qiuxueqiang @sohu.com
(五)公司选定的信息披露报纸名称:《证券时报》、《大公报》
中国证监会指定登载公司年度报告的国际互联网网址:http://www.cninfo.com.cn
公司中期报告备置地点:公司董事局办公室
(六)公司股票上市地点:深圳证券交易所
股票简称:PT 金田 A、PT 金田 B
股票代码:000003、200003

二、会计数据与业务数据摘要

(一)本年度主要利润指标　(金额单位:人民币元)

项目	金额
利润总额	11,521,087.25
净利润	11,521,087.25
扣除非经常性损益后的净利润＊	－74,122,252.85
主营业务利润	－451,192.52
其他业务利润	6,320,750.96
营业利润	－73,785,777.57
投资收益	98,980,558.33
补贴收入	－
营业外收支净额	－13,673,693.51
经营活动产生的现金流量净额	12,585,805.81
现金及现金等价物净增加额	－4,183,136.09

注:扣除的非经常性损益项目:
(1)转让下五家公司的股权转让收益 93,741,180.25 元;
(2)年末调整被投资公司产生收益 5,575,853.36 元;
(3)处理固定资产、罚款收入、地产地销销项税转入等 1,548,913.48 元;
(4)罚款支出、地产地销进项税转入等 15,222,606.99 元。

(二)公司前三年的主要会计数据和财务指标(单位:人民币元):

项目	2001 年	2000 年		1999 年	
		调整前	调整后	调整前	调整后
主营业务收入	36,606,696.76	464,723,527.06	85,633,061.86	480,417,664.42	80,417,664.42
净利润	11,521,087.25	－605,271,154.66	－810,262,657.83	－181,996,297.42	－250,459,964.53
总资产	1,211,942,318.35	2,449,467,277.23	1,000,142,375.48	2,985,977,677.09	2,945,905,333.05
股东权益	－993,712,824.88	－543,600,839.98	1,012,487,114.89	102,284,962.02	61,724,740.07
每股收益	0.03	－1.815	－2.43	－0.546	－0.751
加权平均每股收益	0.03	－1.815	－2.43	－0.546	－0.75
扣除非经常性损益后的每股收益	－0.22	－1.824	－2.37	－0.626	－0.832
每股净资产	－2.98	－1.63	－3.04	0.307	0.185
调整后的每股净资产	－3.53	－2.18	－3.43	0.001	－0.121
每股经营活动产生的现金流量净额	0.038	－0.0004	－0.0004	－0.06	－0.06
净资产收益率(%)	-	-	-	-	-
加权平均净资产收益率(%)	-	-	-	-	-

(三)利润表附表

报告期利润	2001 年度				2000 年度			
	净资产收益率(%)		每股收益(元)		净资产收益率(%)		每股收益(元)	
	全面摊薄	加权平均	全面摊薄	加权平均	全面摊薄	加权平均	全面摊薄	加权平均
主营业务利润	－	－	0.001	0.001	－	－	0.02	0.02
营业利润	－	－	－0.22	－0.22	－	－	－2.29	－2.29
净利润	－	－	0.03	0.03	－	－	－2.43	－2.43
扣除非经常性损益后的利润	－	－	－0.22	0.22	－	－	－2.37	－2.37

三、股本变动和主要股东持股情况

1、股本结构及变动情况(单位:股)

项目	期初股数	期末股数
(一)尚未流通股份		
1、发起人股份		
其中:国有股		
境内法人股	67,185,978	67,185,978
2、募集法人股		
3、法人股转配股	166,305	166,305
4、内部职工股	201,894	201,894
尚未流通股份合计	67,554,177	67,554,177
(二)已流通股份		
境内上市的人民币普通股	191,642,605	191,642,605
境内上市的外资股	74,236,802	74,236,802
境外上市的外资股		
已流通股合计	265,738,637	265,738,637
(三)股份总数	333,433,584	333,433,584

000004 深圳市北大高科技股份有限公司

2001 年年度报告摘选

一、公司基本情况简介

1、公司中文名称:深圳市北大高科技股份有限公司
公司英文名称:SHENZHEN PKU HIGH－TECH CO., LTD.
公司中文名称缩写:北大高科
公司英文名称缩写:PKU HIGH－TECH
2、公司注册地址:深圳市蛇口新时代广场 27 楼 A－D
公司办公地址:深圳市蛇口新时代广场 27 楼 A－D
公司邮政编码:518067
公司电子信箱:szpkuht@pkuhi－tech.com
公司网址:http://www.pku－ht.com
3、公司法定代表人:陈章良
4、公司董事会秘书:蒋伟诚
联系地址:深圳市蛇口新时代广场 27 楼 A－D
电　　话:(0755)6826732
传　　真:(0755)6826779
电子信箱:jwc@pku－ht.com
证券事务代表:朱强
联系地址:深圳市蛇口新时代广场 27 楼 A－D
电话:(0755)6826724
传真:(0755)6826779
电子信箱:dannyqz@163.net
5、公司选定的信息披露报纸:《证券时报》
刊登公司年度报告的国际互联网址:http:// www.cninfo .com .cn
6、公司年度报告备置地点:
深圳市蛇口新时代广场 27 楼公司董事会秘书处
7、股票上市交易所:深圳证券交易所
股票简称:北大高科
股票代码:000004

二、会计数据和业务数据摘要

(一)本年度主要利润指标(单位:人民币元)

项目	金额
利润总额	12,965,947.78
净利润	11,095,114.62
扣除非经常性损益后的净利润	1,198,958.17
主营业务利润	33,465,387.60
其他业务利润	67,858.69
营业利润	4,804,652.18
投资收益	－1,734,860.85
补贴收入	0
营业外收支净额	9,896,156.45
经营活动产生的现金流量净额	5,223,972.32
现金及现金等价物净增加额	2,116,691.43

(二)公司近三年主要会计数据及财务指标

项 目	2001 年	2000 年	1999 年
1、主营业务收入(元)	61,984,462.82	131,006,632.91	125,647,599.48
2、净利润(元)	11,095,114.62	22,006,373.59	6,540,917.80
3、总资产(元)	222,008,804.79	508,206,707.12	333,497,678.96
4、股东权益(元)(不含少数股东权益)	95,841,262.59	88,942,337.25	66,922,030.05
5、每股收益(摊薄)(元)	0.132	0.262	0.078
6、每股收益(加权)(元)	0.132	0.262	0.078
7、扣除非经常性损益后的每股收益(摊薄)(元)	0.014	0.054	0.078
8、扣除非经常性损益后的每股收益(加权)(元)	0.014	0.054	0.078
9、每股净资产(元)	1.141	1.059	0.797
10、调整后的每股净资产(元)	1.134	0.796	0.511
11、每股经营活动产生的现金流量净额(元)	0.062	0.524	0.631
12、净资产收益率(%)	11.58	24.74	9.79
13、加权平均净资产收益率(%)	11.74	28.24	10.29

依据中国证监会《公开发行证券公司信息披露编报规则(第 9 号)》要求计算的净资产收益率和每股收益:

项 目	净资产收益率(%)		每股收益(元)	
	全面摊薄	加权平均	全面摊薄	加权平均
主营业务利润	34.92	35.42	0.399	0.399
营业利润	5.01	5.08	0.057	0.057
净利润	11.58	11.74	0.132	0.132
扣除非经常性损益后的净利润	1.25	1.27	0.014	0.014

三、股本变动及股东情况

(一) 股本变动情况表

数量单位:股

	本次变动前	本次变动增减(＋、－)						本次变动后
		配股	送股	公积金转增	增发	其他	小计	
一、未上市流通股份								
1、发起人股份	38,082,256	0	0	0	0	0	0	38,082,256
其中:								
境内法人持有股份	38,082,256	0	0	0	0	0	0	38,082,256
2、募集法人股	4,237,200	0	0	0	0	0	0	4,237,200
未流通股份合计	42,319,456	0	0	0	0	0	0	42,319,456
二、已上市流通股份								
人民币普通股	41,657,228	0	0	0	0	0	0	41,657,228
已上市流通股份合计	41,657,228	0	0	0	0	0	0	41,657,228
三、股份总数	83,976,684	0	0	0	0	0	0	83,976,684

000005 深圳世纪星源股份有限公司

2001 年年度报告摘选

一、公司基本情况简介

1、公司法定中文名称:深圳世纪星源股份有限公司

英文名称:SHENZHEN FOUNTAIN CORPORATION

2、公司法定代表人:董事长 丁芃女士

3、公司股证事务授权代表:罗晓春先生、张永奇先生

公司董事会秘书:罗晓春先生

办公地址:深圳市人民南路发展中心大厦 13 楼

电话:0755—2208888

传真:0755—2207055

电子信箱:xiaochun@sfc.com.cn

4、公司注册地址:深圳市人民南路发展中心大厦 13 楼

邮政编码:518001

电子信箱:fountain@sfc.com.cn

5、公司选定《证券时报》为信息披露报纸

登载公司年度报告的国际互联网网址:http://www.cninfo.com.cn

公司年度报告备置于公司总部董事会秘书处

6、公司股票在深圳证券交易所上市

股票简称:世纪星源

股票代码:000005

二、会计数据和业务数据摘要

1、本年度主要业务数据摘要(单位:元)

项目	金额
利润总额:	-90,948,708.94
净利润:	-66,613,878.26
扣除非经常性损益后的净利润:	-52,443,176.89
主营业务利润:	43,378,511.06
其他业务利润:	182,267.89
营业利润:	-80,205,724.36
投资收益:	-9,476,904.17
补贴收入:	0
营业外收支净额:	-4,693,797.20
经营活动产生的现金流量净额:	-31,514,226.77
现金及现金等价物净增加额:	-45,392,691.62

注:非经常性损益主要包括:投资收益、营业外收支净额。

涉及金额为:-9,476,904.17、-4,693,797.20

2、公司近三年主要会计数据和财务指标:

	2001 年	2000 年		1999 年	
		调整前	调整后	调整前	调整后
主营业务收入(千元)	67,128.30	145,947.50	157,373.43	135,572.73	135,572.73
净利润(千元)	-66,613.88	1,057.48	9,676.65	119,924.71	122,066.87
总资产(千元)	1,924,315.01	2,020,667.03	1,991,279.34	2,198,439.32	2,045,239.35
股东权益(千元)	1,079,698.65	824,589.28	770,553.13	1,012,728.01	828,299.45
每股收益(摊薄,元)	-0.094	0.002	0.017	0.23	0.24
每股收益(加权,元)	-0.0996	0.002	0.017	0.23	0.24
扣除非经常性损益后的每股收益(元)	-0.074	-0.02	0.02	-0.02	-0.01
每股净资产(元)	1.52	1.45	1.35	1.96	1.60
调整后的每股净资产(元)	1.48	1.42	1.32	1.87	1.51
每股经营活动产生的现金流量净额(元)	-0.044	0.04	0.04	-0.01	-0.01
净资产收益率(%)	-6.19	0.13	1.26	11.84	14.74
按净利润计算的加权净资产收益率(%)	-6.06	0.13	1.26	12.42	15.62
按扣除非经常性损益后净利润为基础计算的加权平均净资产收益率(%)	-4.77	-1.25	1.50	-0.83	-0.76

三、股本变动及股东情况

1、股份变动情况表

数量单位:股

	期初数	报告期变动增减(+、-)						期末数
		配股	送股	公积金转增	增发	其他	小计	
一.尚未流通股份								
1.发起人股份	293,610,220	8,171,640	13,193,601	13,193,601			34,558,842	328,169,062
其中:								
境内法人持有股份	75,739,831	955,594	3,353,047.5	3,353,047.5			7,661,689	83,401,520
外资法人持有股份	217,870,389	7,216,046	9,840,553.5	9,840,553.5			26,897,153	244,767,542
2.定向法人股	6,016,563		263,038	263,038			526,076	6,542,639
尚未流通股份合计	299,626,783	8,171,640	13,456,639	13,456,639			35,084,918	334,711,701
二.已流通股份								
境内上市的								
人民币普通股	270,192,467	73,688,855	15,034,146.5	15,034,146.5			103,757,148	373,949,615
已流通股份合计	270,192,467	73,688,855	15,034,146.5	15,034,146.5			103,757,148	373,949,615
三.股份总数	569,819,250	81,860,495	28,490,786.5	28,490,784.5			138,842,066	708,661,316

000006 深圳市振业(集团)股份有限公司

2001 年年度报告摘选

第一节 公司基本情况简介

一、公司法定名称

中文名称:深圳市振业(集团)股份有限公司

英文名称:SHENZHEN ZHENYE(GROUP) CO.,LTD.

二、公司法定代表人:范明月

三、公司董事会秘书:李富川

证券事务代表:李红光 杜汛

联系地址:深圳市宝安南路振业大厦 30 层董事会办公室

电 话:(0755)5863061 传 真:(0755)5863012

电子信箱:szzygp@public.szptt.net.cn

四、注册及办公地址:深圳市宝安南路振业大厦 29-32 层

邮政编码:518008

五、公司选定的信息披露报纸名称:《证券时报》、《中国证券报》

登载年度报告的中国证监会指定网站网址:http://www.cninfo.com.cn

公司年度报告备置地点:董事会办公室

六、公司股票上市交易所:深圳证券交易所

股票简称:深振业 A 股票代码:000006

第二节 会计数据和业务数据摘要

一、报告期内实现利润情况(单位:元)

项目	金额
利润总额	156,994,543.69
其中:净利润	119,148,923.92
扣除非经常性损益后的净利润	115,415,863.58
主营业务利润	362,896,272.95
其他业务利润	20,896,151.66
营业利润	154,203,831.03
投资收益	(4,474,715.64)
补贴收入	1,073,500.00
营业外收支净额	6,191,928.30
经营活动产生的现金流量净额	395,339,158.60
现金及现金等价物净增加额	96,639,106.74

注:以上数据以合并会计报表数计算填列。扣除非经常性损益项目及涉及金额共计 3,733,060.34 元,其中营业外收支净额 6,191,928.30 元,股权投资差额摊销 2,458,867.96 元。

二、截至报告期末公司前三年的主要会计数据及财务指标:

项 目	2001 年	2000 年	1999 年
主营业务收入(元)	2,024,189,534.16	1,767,242,002.53	1,867,604,044.30
净利润(元)	119,148,923.92	117,777,604.13	89,528,444.34
总资产(元)	4,218,937,390.09	4,183,523,235.66	3,265,709,625.59
股东权益(元)	1,191,004,567.94	1,108,120,817.11	1,055,157,785.99
每股收益(元)	0.4698	0.464	0.353
每股净资产(元)	4.696	4.37	4.16
调整后的每股净资产(元)	3.36	2.74	3.86
每股经营活动中产生的现金流量净额(元)	1.56	0.180	0.579
净资产收益率(%)	10.00	10.63	8.48
加权平均净资产收益率(%)	10.20	10.57	8.44

注:以上数据以合并会计报表数计算填列。

利润表附表:

报告期利润	净资产收益率(%)		每股收益(人民币元/股)	
	全面摊薄	加权平均	全面摊薄	加权平均
主营业务利润	30.47	31.08	1.4310	1.4310
营业利润	12.95	13.21	0.6081	0.6081
净利润	10.00	10.20	0.4698	0.4698
扣除非经常性损益后的净利润	9.69	9.88	0.4551	0.4551

第三节 股本变动及股东情况

一、股份变动情况表(单位:股)

	期初数	本次变动增减(+,-)					期末数
		配股	送股	公积金转股	其他	小计	
一、未上市流通股份							
1、发起人股份							
其中:国家持有股份	71,068,475						71,068,475
境内法人持有股份	24,716,119						24,716,119
2、内部职工股							
其中:高管股	76,838						76,838
未上市流通股份合计	95,861,432						95,861,432
二、已上市流通股份							
人民币普通股	157,730,199						157,730,199
三、股份总数	253,591,631						253,591,631

注:高管股系公司董事、监事和高级管理人员在任职前从二级市场购入,其股份已按规定办理冻结手续。

二、股东情况

(一)截至 2001 年 12 月 31 日,公司股东总数为 108,935 户,

其中:法人股东 5 户,社会公众股东 108,930 户。

(二)公司前十名股东持股情况(截止 2001 年 12 月 31 日)

股东名称	年末持股数(股)	持股比例
深圳市建设投资控股公司	71,068,475	28.02%
深圳市长城地产(集团)股份有限公司	12,533,078	4.94%
深圳市建筑机械动力公司	7,597,525	3.00%
深圳市第五建筑工程公司	3,646,242	1.44%
汉盛证券投资基金	2,300,086	0.91%
景福证券投资基金	1,157,125	0.46%
景阳证券投资基金	1,041,969	0.41%
同智证券投资基金	974,093	0.38%
深圳市深安企业股份有限公司	939,271	0.37%
景博证券投资基金	699,929	0.28%
合计	101,957,793	40.21%

000007 深圳市赛格达声股份有限公司

2001 年年度报告摘选

一、公司简介

1、公司中文名称：深圳市赛格达声股份有限公司
英文名称：ShenZhen SEG. DASHENG Co., Ltd.
2、法定代表人：张红斌
3、董事会秘书：李红卫
董事会证券事务代表：龚欣
联系地址：深圳市华强北路赛格工业大厦五楼董事会秘书处
电话：0755－3323300(总机)，3239242
传真：0755－3238585，3780408
电子信箱：szsegds@public.szptt.net.cn
4、公司注册地址：深圳市华强北路赛格工业大厦五楼
公司办公地址：深圳市华强北路赛格工业大厦五楼
邮政编码：518031
公司电子信箱：sds0007@public.szptt.net.cn
5、公司选定的信息披露报纸名称：《证券时报》
登载公司年度报告的中国证监会指定国际互联网网址：http://www.cninfo.com.cn
公司年度报告备置地点：本公司董事会秘书处
6、股票上市交易所：深圳证券交易所
股票简称：ST 达声　　股票代码：000007

二、会计数据和业务数据摘要

1、公司本年度主要会计数据：

项目	金额
利润总额	21,136,786.52
净利润	15,336,702.80
扣除非经常性损益后的净利润	18,643,612.45
主营业务利润	97,800,026.51
其他业务利润	6,422,443.60
营业利润	24,443,696.17
投资收益	13,362,650.53
补贴收入	
营业外收支净额	－16,669,560.18
经营活动产生的现金流量净额	31,439,450.28
现金及现金等价物净增加额	68,502,220.35

2、前三年的主要会计数据和财务指标：

指标项目	2001 年	2000 年		1999 年	
		调整前	调整后	调整前	调整后
主营业务收入(千元)	339,715.06	52,151.31	9,492.07	15,635.72	14,999.46
净利润(千元)	15,336.70	－172,145.22	－183,677.69	157.66	(3,837.14)
总资产(千元)	1,102,173.56	951,889.24	834,433.84	110,573.26	107,909.09
股东权益(不含少数股东权益)(千元)	146,221.61	77,489.29	38,237.94	28,958.25	24,963.45
每股收益(元/股)	0.11	(1.20)	(1.28)	0.01	(0.27)
每股净资产(元/股)	1.02	0.54	0.27	2.02	1.74
调整后的每股净资产(元/股)	0.64	0.10	(0.07)	1.33	1.40
每股经营活动产生的现金流量净额(元)	0.22	(0.15)	(0.15)	0.20	0.20
净资产收益率(%)	10.49	(222.15)	(480.35)	0.54	(15.37)
扣除非经常性损益后的每股收益(元/股)	0.13	(0.71)	(1.24)	(0.20)	(0.28)

3、按照中国证监会《公开发行证券公司信息披露编报规则(第 9 号)》要求计算的 2001 年度利润数据：

单位：人民币元

报告期利润	2001 年度				2000 年度(调整后)			
	净资产收益率		每股收益		净资产收益率		每股收益	
	全面摊薄	加权平均	全面摊薄	加权平均	全面摊薄	加权平均	全面摊薄	加权平均
主营业务利润	66.88%	182.37%	0.68	0.68	16.51%	4.61%	0.04	0.04
营业利润	16.72%	45.58%	0.17	0.17	(145.88%)	(40.75%)	(0.39)	(0.39)
净利润	10.49%	28.60%	0.11	0.11	(480.35%)	(134.18%)	(1.28)	(1.28)
扣除非经常性损益后的净利润	12.75%	34.77%	0.13	0.13	(466.66%)	(130.36%)	(1.24)	(1.24)

三、股本变动及股东情况

(一)股本变动情况

2001 年度公司股份变动情况表

数量单位：股

	本次变动前	本次变动增减(＋,－)					本次变动后
		配股	送股	公积金转股	其他	小计	
一、未上市流通股份							
国有法人股	47,338,194						47,338,194
法人股	16,694,509						16,694,509
未上市流通股份合计	64,032,703						64,032,703
二、已上市流通股份							
社会公众股	79,560,961						79,560,961
三、股份总数	143,593,664						143,593,664

(二)股东情况介绍

1、报告期末股东总数：本公司期末股东总数为 31778 户。

2、前 10 名股东持股情况：

序号	持股单位	年末持股数量(股)	持股比例(%)	股份类别
1	深圳赛格股份有限公司	47,338,194	32.967	国有法人股
2	北京电子城有限责任公司	7,684,550	5.352	法人股
3	深圳市智雄电子有限公司	4,095,000	2.852	法人股
4	深圳市申投投资有限公司	2,673,216	1.861	法人股
5	南方证券有限公司	1,365,000	0.951	法人股
6	深圳三环电阻有限公司	873,600	0.608	法人股
7	朱昌桂	499,000	0.348	社会公众股
8	李征	298,428	0.208	社会公众股
9	邵玉妹	274,606	0.191	社会公众股
10	彭学如	272,060	0.189	社会公众股

000008 广东亿安科技股份有限公司

2001 年年度报告摘选

第一节　公司基本情况简介

1.公司法定中英文名称：
中文名全称：广东亿安科技股份有限公司
英文名全称：YORKPOINT S & T CO., LTD. GUANGDONG
2.公司法定代表人：秦　钢先生
3.公司董事会秘书：邱大庆先生
联系地址：深圳市福田区新闻大厦 1 号楼 3111－3115 室
联系电话：0755－2092131
传 真：0755－2090850
电子邮箱：szsqdq@public.szptt.net.cn
4.公司注册及办公地址：深圳市福田区新闻大厦 1 号楼 3111－3115 室
邮政编码：518027
5.公司股票上市交易所：深圳证券交易所
股票简称：亿安科技
股票代码：0008
6.选定信息披露报刊：《中国证券报》、《证券时报》
7.年度报告登载国际互联网网址：http://www.cninfo.com.cn
8.公司年报备置地点：公司办公地点

第二节　会计数据和业务数据摘要

本公司经深圳南方民和会计师事务所有限责任公司按中国会计准则审计的 2001 年度主要会计数据和业务数据摘要如下：

一、本年度主要利润指标情况　　单位：人民币元

项目	金额
利润总额：	(162,139,224)
净利润：	(124,622,364)
扣除非经常性损益后的净利润：	(120,960,664)
主营业务利润：	5,416,293
其他业务利润：	53,572
营业利润：	(76,470,867)
投资收益：	(82,007,214)
营业外收支净额：	(3,661,142)
经营活动产生的现金流量净额：	(1,044,304)
现金及现金等价物增加额：	(7,051,603)

注：报告期公司非经常性损益共计 3,661,142 元。其主要构成系本年底计提无形资产减值准备所致。

二、截至报告期末本公司前三年主要会计数据和财务指标　　单位：人民币元

年度项目	2001 年度	2000 年度		1999 年度	
		调整后	调整前	调整后	调整前
主营业务收入	24,398,690	102,721,874	102,721,874	91,511,773	91,511,773
净利润	(124,622,364)	12,044,970	18,091,495	18,807,878	18,807,878
总资产	107,596,720	288,877,289	290,828,409	236,162,688	236,162,688
股东权益	(48,823,970)	108,280,732	104,283,343	86,191,849	86,191,849
每股收益	－1.692	0.164	0.246	0.255	0.255
扣除非经常性损益后的每股收益	－1.642	0.023	0.105	0.097	0.097
每股净资产	－0.66	1.47	1.416	1.17	1.17
调整后的每股净资产	－0.68	1.324	1.27	1.00	1.00
净资产收益率%	11.12	17.35	21.82	21.82	
每股经营活动产生的现金流量净额	－0.014	0.124	0.124	－0.124	－0.124
加权平均净资产收益率	－	－	－	－	－

三、利润表附表

报告期利润	净资产收益率(%)		每股收益	
	全面摊薄	加权平均	全面摊薄	加权平均
主营业务利润			0.0735	0.0735
营业利润			－1.0383	－1.0383
净利润			－1.6920	－1.6920
扣除非经常性损益后的净利润			－1.6423	－1.6423

注：因本公司 2001 年 12 月 31 日净资产已为负数，故对净资产收益率不进行计算。

第三节　股本变动及股东情况

一、股本变动情况　　单位：股

	期初数	期内变动增减	期末数
一、未上市流通股份			
1.发起人股份	15,634,683		15,634,683
其中：			
国家持有股份	8,568,330		8,568,330
境内法人持有股份	7,066,353		7,066,353
2.募集法人股	22,727,952		22,727,952
未上市流通股份合计	38,362,635		38,362,635
二、已上市流通股份			
境内上市的人民币普通股	35,290,573		35,290,573
已上市流通股份合计	35,290,573		35,290,573
三、股份总数	73,653,208		73,653,208

000009 中国宝安集团股份有限公司

2001年年度报告摘选

一、公司基本情况简介

(一)公司法定中、英文名称及缩写
中文名称:中国宝安集团股份有限公司　　简称:宝安集团
英文名称:CHINA BAOAN GROUP CO.,LTD
(二)公司法定代表人:陈政立
(三)公司董事局秘书:娄兵
电话:0755－5170336
电子信箱:loubing@163.net
公司股证事务代表:陶琴
电话:0755－5170382
电子信箱:q-tao@163.net
传真:0755－5170300,5170367
(四)公司注册及办公地址:深圳市笋岗东路宝安广场A座28－29层
联系地址:深圳市笋岗东路宝安广场A座28－29层
邮政编码:518020
公司国际互联网网址:http://www.中国宝安集团.com;http://www.china000009.com
公司电子信箱:szzgbajt@public.szptt.net.cn
(五)公司选定的信息披露报纸名称:《中国证券报》、《证券时报》
登载公司年度报告的中国证监会指定国际互联网网址:http://www.cninfo.com.cn
公司年度报告备置地点:公司董事局秘书处
(六)公司股票上市交易所:深圳证券交易所
公司简称:深宝安A
公司代码:000009

二、会计数据和业务数据摘要

(一)本年度会计数据

单位:人民币元

项目	金　额
利润总额:	69,615,057.69
净利润:	40,855,062.98
扣除非经常性损益后的净利润:	14,017,101.00
主营业务利润:	246,817,033.28
其他业务利润:	20,133,901.31
营业利润:	－94,186,008.72
投资收益:	136,963,104.43
补贴收入:	2,420,000.00
营业外收支净额:	24,417,961.98
经营活动产生的现金流量净额:	240,861,504.23
现金及现金等价物增加额:	79,416,631.71

(二)截至报告期末公司前三年的主要会计数据和财务指标　　单位:人民币元

指标项目	2001年	2000年	1999年
主营业务收入	849,414,725.37	644,126,777.94	858,626,346
净利润	40,855,062.98	34,931,852.49	30,873,378
总资产	4,046,206,293.17	4,568,545,807.08	4,893,258,229
股东权益(不含少数股东权益)	1,196,979,165.37	1,155,569,871.93	1,266,572,474
每股收益	0.043	0.036	0.032
每月平均加权法计算的每股收益	0.043	0.036	0.032
扣除非经营性损益的每股收益	0.015	0.011	0.032
每股净资产	1.25	1.21	1.32
调整后的每股净资产	1.21	1.18	1.23
每股经营活动产生的现金流量净额	0.25	0.15	－0.035
净资产收益率 %	3.41	3.02	2.44
按月平均加权法计算的净资产收益率	3.47	2.92	2.44
按全面摊薄计算的净资产收益率	3.41	3.02	2.44
扣除非经常性损益后的争资产收益率	1.17	0.91	2.44

三、股本变动及股东情况

(一)股份变动情况表

	本次变动前	本次变动增减(+、－)						
		配股	送股	公积金转股	增发	其他	小计	目　前
一、未上市流通股份								
1、发起人股份								
其中:								
国家持有股份	218,572,878							218,572,878
境内法人持有股份								
境外法人持有股份								
其他								
2、募集法人股份	160,510,314							160,510,314
3、内部职工股								
4、优先股或其他								
5、高管股	209,209							209,209
未上市流通股份合计								
二、已上市流通股份								
1、人民币普通股(已托管)	579,045,259							579,045,259
2、人民币普通股(未托管)	472,382							472,382
3、境内上市的外资股								
4、境外上市的外资股								
5、其他								
已上市流通股份合计								
三、股分总数	958,810,042							958,810,042

000010 深圳市华新股份有限公司

2001年年度报告摘选

一、公司基本情况简介

(一)公司法定名称:深圳市华新股份有限公司
英文法定名称:SHENZHEN HUAXIN CO,LTD.
(二)公司法定代表人:曹永红
(三)公司董事会秘书:刘常青
公司证券事务代表:吴新
联系地址:深圳市深南中路1019号万德大厦19楼
电话:(0755)82137764　　传真:(0755)82137404
电子信箱:szhuaxin@21cn.net
(四)公司注册地址和办公地址:
深圳市深南中路1019号万德大厦19楼　　邮政编码:518031
电子信箱:szhuaxin@21cn.net
(五)公司选定的信息披露报纸:《证券时报》
登载公司年度报告的国际互联网网址:http://www.cninfo.com.cn
公司年度报告备置地点:深圳市深南中路1019号万德大厦19楼公司董事会秘书处
(六)公司股票上市交易所:深圳证券交易所
股票简称:深华新　　股票代码:000010

二、会计数据和业务数据摘要

(一)公司本年度会计数据　　(单位:人民币元)

项目	金　额
利润总额	3,821,532.13
净利润	1,755,007.11
扣除非经常性损益后的净利润	1,205,912.35
主营业务利润	16,734,323.95
其他业务利润	1,099,583.09
营业利润	－4,741,814.33
投资收益	7,924,734.96
营业外收支净额	638,611.50
经营活动产生的现金流量净额	28,197,998.66
现金及现金等价物净增加额	15,583,810.72
注:扣除非经常性损益项目及涉及金额:	
营业外收入	638,611.50
一次性处置资产损益	－89,516.74

(二)截止报告期末,公司前三年的主要会计数据和财务指标:
主要会计数据和财务指标　　单位:人民币元

项目	2001年	2000年(调整后)	2000年(调整前)	1999年(调整后)	1999年(调整前)
主营业务收入	165,533,196.79	241,115,949.06	241,115,949.06	416,644,105.05	416,644,105.05
净利润	1,755,007.11	19,942,725.25	19,942,725.25	－53,746,384.88	－53,746,384.88
总资产	294,234,118.06	317,786,719.53	351,781,927.80	330,210,430.72	333,381,953.41
股东权益(不含少数股东权益)	150,699,523.83	150,894,296.86	154,065,819.55	130,951,571.61	134,123,094.30
每股收益	0.01	0.14	0.14	－0.37	－0.37
每股收益(扣除非经常性损益)	0.01	0.07	0.07	－0.17	－0.17
每股收益(加权)	0.01	0.14	0.14	－0.37	－0.37
每股净资产	1.03	1.03	1.05	0.89	0.91
调整后的每股净资产	0.96	0.97	0.99	0.87	0.89
每股经营活动产生的现金流量净额	0.20	－0.12	－0.19	－0.12	－0.12
净资产收益率(%)	1.16	13.22	12.94	－41.04	－40.07
净资产收益率(扣除非经常性损益)(%)	0.73	6.57	6.46	－19.10	－18.68
净资产收益率(加权)(%)	1.16	13.22	12.94	－41.04	－40.07

三、股本变动及股东情况

公司股份变动情况表　　数量单位:股

	本次变动前	本次变动增减(+、－)						本次变动后
		配股	送股	公积金转股	增发	其他	小计	
一、未上市流通股份								
1、发起人股份								
其中:								
国家持有股份								
境内法人持有股份	2,580,480							2,580,480
境外法人持有股份								
其他								
2、募集法人股份	76,643,122							76,643,122
3、内部职工股								
4、高管股						+2,124	+2,124	2,124
5、转配股	18,292,972					－18,292,972	－18,292,972	
未上市流通股份合计	97,516,574					－18,290,848	－18,290,848	79,225,726
二、已上市流通股份								
1、境内上市的人民币普通股	49,500,874					+18,087,866		67,588,740
2、境内上市的外资股								
3、境外上市的外资股	49,500,874							67,588,740
4、其他								
已上市流通股份合计								
三、股份总数	147,017,448							147,017,448

(二)股东情况介绍
1、报告期末前10名股东持股情况:(单位:股)

股东名称	年度内股份增减变动数	期末持股数	持股比例(%)	持股类别
深圳市华润丰实业发展有限公司	+35,393,074	35,393,074	24.07	法人股
中国信达信托投资公司	0	27,987,456	19.04	法人股
四川省创源投资管理有限公司	+5,824,000	5,824,000	3.96	法人股
北京永安商业公司	0	2,912,000	1.98	法人股
中国纺织机械和技术进出口公司	0	2,329,600	1.58	法人股
江苏省南通印染厂	0	1,032,192	0.70	法人股
青岛纺织物业有限公司	0	1,032,192	0.70	法人股
江苏省南通八一印染厂	0	645,120	0.44	法人股
深圳市众业经济发展中心	0	582,400	0.40	法人股
深圳中健实业有限公司	0	556,640	0.38	法人股

000011 深圳市物业发展(集团)股份有限公司

2001 年年度报告摘选

一、公司简介

1、公司中文名:深圳市物业发展(集团)股份有限公司 (简称"物业集团")
公司英文名:ShenZhen Properties & Resources Development (Group) Ltd.(PRD)
2、法定代表人:田承刚
3、董事会秘书:郭玉梅
董事会证券事务代表:董巍
电话:0755－2211020
传真:0755－2212043、2212997
联系地址:深圳市人民南路国贸大厦 42 层、39 层。
电子信箱:szwygf@public.szptt.net.cn
4、公司注册、办公地点:深圳市人民南路国贸大厦 39 层、42 层。
邮政编码:518014
5、信息披露媒体:A 股:《证券时报》,B 股:《大公报》
登载年报指定网址:http://www.cninfo.com.cn
年报备置地点:深圳市国贸大厦 42 层董事会办公室
6、股票上市交易所:深圳证券交易所
简称:ST 深物业(000011)　　ST 物业 B(200011)

二、会计数据和业务数据摘要

(一) 公司本年度会计数据(单位:人民币元)

利润总额	105,768,566.85
净利润	86,385,900.61
扣除非经常性损益的净利润	82,601,869.77
主营业务利润	287,957,154.56
其他业务利润	3,831,514.14
营业利润	113,026,105.17
投资收益	－11,041,569.16
补贴收入	0
营业外收支净额	3,784,030.84
经营活动产生的现金流量净额	133,563,365.47
现金及现金等价物净增加额	6,744,712.31

(二)截止报告期末前三年的主要会计数据和财务指标(单位:人民币元)

项目	2001 年度	2000 年度		1999 年度	
		调整后	调整前	调整后	调整前
主营业务收入	1,021,639,372.64	526,791,452.85	658,120,332.85	549,238,262.97	549,238,262.97
净利润	86,385,900.61	5,392,916.15	53,712,789.16	41,798,372.29	42,954,267.75
总资产	2,448,633,703.29	2,719,831,834.77	2,667,288,668.25	2,387,206,412.98	2,397,362,024.53
股东权益(不含少数股东权益)	285,880,553.67	198,144,112.71	264,249,800.28	171,484,721.45	189,270,536.01
每股收益(全面摊薄)	0.159	0.010	0.100	0.077	0.079
每股收益(加权平均)	0.159	0.010	0.100	0.077	0.079
扣除非经常性损益后的每股收益	0.153	0.006	0.095	0.077	0.079
每股净资产	0.528	0.366	0.488	0.317	0.349
调整后的每股净资产*	0.129	－0.077	0.040	0.021	0.074
每股经营活动产生的现金流量净额	0.247	0.591	0.591	0.080	0.080
加权平均净资产收益率	35.79%	3.10%	24.10%	25.46%	26.07%
全面摊薄净资产收益率	30.22%	2.72%	20.33%	24.37%	22.69%
扣除非经常性损益后的净资产收益率	28.89%	1.64%	19.48%	24.33%	22.61%

根据中国证监会《公开发行证券公司信息披露编号细则(第 9 号)》要求,公司按全面摊薄法和加权平均法计算净资产收益率和每股收益。计算的利润数据如下:

2001 年度利润表附表

报告期利润项目	净资产收益率		每股收益	
	全面摊薄(%)	加权平均(%)	全面摊薄(元)	加权平均(元)
主营业务利润	100.73	119.32	0.5315	0.5315
营业利润	39.54	46.83	0.2086	0.2086
净利润	30.22	35.79	0.1594	0.1594
扣除非经常性损益后的净利润	28.89	34.23	0.1525	0.1525

三、股本变动及股东情况

(一)股本变动情况
1、2001 年度公司股份变动情况

单位:股

	本次变动前	本次变动增减(＋ －)					本次变动后
		配股	送股	公积金转股	其他	小计	
一、尚未流通股份		无	无	无	无	无	
1、发起人股份(国家股)	323,747,713						323,747,713
2 、境内法人股	65,200,850						65,200,850
外资法人股							
其他							
3、募集法人股							
4、内部职工股							
5、优先股或其他							
尚未流通股份合计	388,948,563						388,948,563
二、已流通股份		无	无	无	无	无	
1、境内上市人民币普通股	91,355,000						91,355,000
2、境内上市外资股	61,459,312						61,459,312
3、境外上市外资股							
4、高管冻结股	36,300						36,300
已流通股份合计	152,850,612						152,850,612
三、股份总数	541,799,175	无	无	无	无	无	541,799,175

000012 中国南玻科技控股(集团)股份有限公司

2001 年年度报告摘选

第一节　公司基本情况简介

一、公司法定中文名称:中国南玻科技控股(集团)股份有限公司(南玻集团)
公司法定英文名称:CSG Technology Holding Co.,Ltd.(CSG)
二、公司法定代表人:陈潮
三、公司董事会秘书:吴国斌
证券事务代表:张志平
联系地址:中国深圳蛇口工业六路一号南玻大厦
联系电话:86－755－6695970　　联系传真:86－755－6692755
电子信箱:szcsgcsg@public.szptt.net.cn
四、公司注册及办公地址:中国深圳蛇口工业六路一号南玻大厦　　邮编:518067
公司国际互联网网址:http://www.csgholding.com
电子信箱:nbdnb@public.szptt.net.cn
五、公司选定的信息披露报纸名称:《证券时报》、《中国证券报》、《大公报》
登载公司年度报告的国际互联网网址:http://www.cninfo.com.cn
公司年度报告备置地点:中国深圳蛇口工业六路一号南玻大厦五楼证券部
六、公司股票上市地:深圳证券交易所
股票简称:南玻科控、深南玻 B　　股票代码:000012(A 股)、200012(B 股)

第二节　会计数据和业务数据摘要

一、本年度主要会计数据(单位:人民币元)

1、利润总额:	155,740,775
2、净利润:	151,297,232
3、扣除非经常性损益后的净利润:	152,413,313
4、主营业务利润:	376,231,009
5、其他业务利润:	3,589,166
6、营业利润	155,697,678
7、投资收益:	288,655
8、补贴收入:	3,243,300
9、营业外收支净值:	－3,488,858
10、经营活动产生的现金流量净值:	364,580,339
11、现金及现金等价物净增加额:	－39,594,551
净利润:	151,297,232
(1)营业外支出:	－17,356,999
(2)营业外收入:	13,868,141
(3)补贴收入:	3,243,300
(4)所得税影响:	－870,523
扣除非经营性损益后的净利润:	152,413,313

二、近三年主要会计数据和财务指标(单位:人民币元)

调整前:

项目	2001 年	2000 年	1999 年
主营业务收入	1,040,998,473	1,116,434,358	977,655,786
净利润	151,297,232	164,228,767	－169,700,554
总资产	2,698,960,790	2,824,842,003	2,865,585,033
股东权益(扣少数股权)	1,846,507,758	1,831,694,661	1,748,225,373
每股收益	0.22	0.24	－0.25
每股净资产	2.73	2.71	2.58
调整后的每股净资产	2.72	2.59	2.43
每股经营活动产生的现金流量净额	0.54	0.48	0.46
净资产收益率%	8.19	8.97	－9.71

调整后:

项目	2001 年	2000 年	1999 年
主营业务收入	1,040,998,473	1,116,434,358	977,655,786
净利润	151,297,232	184,998,326	－169,700,554
总资产	2,698,960,790	2,775,982,978	2,865,585,033
股东权益(扣少数股权)	1,846,507,758	1,782,946,208	1,748,225,373
每股收益	0.22	0.27	－0.25
每股净资产	2.73	2.63	2.58
调整后的每股净资产	2.72	2.62	2.43
每股经营活动产生的现金流量净额	0.54	0.48	0.46
净资产收益率%	8.19	10.38	－9.71

第三节　股本变动及股东情况

一、股本变动情况
1、股本变动情况表

数量单位:股

	本次变动前	本次变动增减(+,-)						本次变动后
		配股	送股	公积金转股	增发	其他	小计	
一、未上市流通股份								
1、发起人股份	318,371,179					(76,044,590)	(76,044,590)	242,326,589
其中:								
国家持有股份								
境内法人持有股份	242,326,589							242,326,589
境外法人持有股份	76,044,590					(76,044,590)	(76,044,590)	0
其他								
2、募集法人股份	28,430,284							28,430,284
3、内部职工股								
4、优先股或其他								
其中:转配股								
未上市流通股份合计	346,801,463					(76,044,590)	(76,044,590)	270,756,873
二、已上市的流通股份								
1、人民币普通股	107,165,997							107,165,997
2、境内上市的外资股	223,007,956					76,044,590	76,044,590	299,052,546(注)
3、境外上市的外资股								
4、其他								
已上市流通股份合计	330,173,953					76,044,590	76,044,590	406,218,543
三、股份总数	676,975,416							676,975,416

000013 深圳石化工业集团股份有限公司

2001年年度报告摘要

一、公司基本情况

公司法定中文名称:深圳石化工业集团股份有限公司
公司法定英文名称:Shenzhen Petrochemical Industry (Group) Co., LTD
(缩写为:SPEC)
公司法定代表人:丁富义先生
公司董事会秘书:蔡建平先生
联系地址:深圳市福田区红荔西路石化大厦
电话:(86)755-3344355
传真:(86)755-3324057
电子信箱:Caijp@spec.com.cn
公司注册地址及办公地址:深圳市福田区红荔西路石化大厦
邮政编码:518028
电子信箱:SPEC0013@spec.com.cn
公司选定的信息披露报纸名称:《证券时报》、《大公报》
登载公司年度报告的中国证监会指定网站的网址:http://www.cninfo.com.cn
公司年度报告备置地点:深圳市福田区红荔西路石化大厦四楼公司董事会秘书处
公司股票上市交易所:深圳证券交易所
股票简称和股票代码:深石化A、B
000013、200013

二、会计数据和业务数据摘要

1、公司本年度主要指标

项目	金额(元)
利润总额	-1,575,571,162.69
净利润	-1,575,991,936.86
扣除非经常性损益后净利润	-713,704,512.90
主营业务利润	132,252,893.10
其他业务利润	1,220,568.54
营业利润	-681,329,073.75
投资收益	-97,237,465.73
补贴收入	24,780.00
营业外收支净额	-797,029,403.21
经营活动产生的现金流量净额	7,829,760.11
现金及现金等价物净增加额	-3,734,219.29

2、主要会计数据和财务指标(人民币元)

项目	2001年	2000年		1999年	
		调整后	调整前	调整后	调整前
主营业务收入	724,093,611.10	819,096,831.89	819,096,831.89	621,441,096.63	621,441,096.63
净利润	-1,575,991,936.86	19,455,032.83	37,627,761.76	-5,104,966.24	10,098,265.71
总资产	1,006,699,813.15	1,892,938,537.84	2,329,941,990.90	1,909,563,700.88	2,435,308,287.92
股东权益	-1,645,312,072.30	-69,549,471.46	567,329,878.18	-86,976,302.38	530,618,368.70
每股收益	-5.195	0.064	0.124	-0.0168	0.033
每股净资产	-5.42	-0.23	1.87	-0.29	1.75
调整后的每股净资产	-5.52	-0.55	1.77		1.62
每股经营活动产生的现金流量净额	0.026	0.095	0.095	0.03	0.03
净资产收益率	--	--	6.63%	--	1.90%

注:本公司因追溯调整以前年度会计判断差错而重编(调整)以前年度会计报表。

3、报告期内利润表附表:

项目	净资产收益率(%)		每股收益(元)	
	全面摊薄	加权平均	全面摊薄	加权平均
主营业务利润	---	---	0.436	0.436
净利润	---	---	-5.195	-5.195
扣除非经常性损益后的净利润	---	---	-2.353	-2.353

三、股本变动及股东情况

1、股本变动情况
(1)股份变动情况表

	本次变动前	本次变动增减	本次变动后
一、未上市流通股份			
1、发起人股份	164,546,553	0	164,546,553
其中:			
国家持有股份	164,546,553	0	164,546,553
境内法人持有股份			
境外法人持有股份			
其他			
2、境内法人股份	54,724,424	0	54,724,424
3、内部职工股			
4、优先股或其他			
其中:转配股			
未上市流通股份合计	219,270,977	0	219,270,977
二、已上市流通股份			
1、人民币普通股	51,324,002	0	51,324,002
2、境内上市的外资股	32,760,000	0	32,760,000
3、境外上市的外资股			
4、其他			
已上市流通股合计	84,084,002	0	84,084,002
三、股份总数	303,354,979	0	303,354,979

000014 华源实业(集团)股份有限公司

2001年年度报告摘要

一、公司基本情况简介

1.公司法定中文名称:华源实业(集团)股份有限公司
公司法定英文名称:HUAYUAN INDUSTRIAL (GROUP) CO,LTD
公司英文名称缩写:SZHY
2.公司法定代表人:邹明武
3.公司董事会秘书:王　凡
公司证券事务代表:高舜尧
4.公司注册地址:中国深圳市沙河白石洲沙河商城七楼
5.联系地址:中国深圳市沙河白石洲沙河商城七楼
电话:0755-6900081-248　6900498　传真:0755-6908488
电子信箱:wf3721@21cn.com　公司选定的信息披露报纸名称:《证券时报》
登载公司年度报告的中国证监会指定的国际互联网网址:http://www.cninfo.com.cn
公司年度报告备置地点:公司董事会秘书处
5.公司股票上市交易所:深圳证券交易所
股票简称:ST深华源　股票代码:000014

二、会计数据和业务数据摘要

(一)公司本年度主要财务数据　(单位:人民币元)

项目	金额
利润总额	31,760,027.08
净利润	31,760,027.08
扣除非经常性损益后的净利润	31,845,968.91
主营业务利润	84,211,238.72
其他业务利润	1,619,968.54
营业利润	32,430,574.90
投资收益	-584,605.99
补贴收入	0
营业外收支净额	-85,941.83
经营活动产生的现金流量净额	70,334,935.51
现金及现金等价物净增加额	140,337,123.57

注:扣除非经常性损益项目和涉及金额:
营业外收支净额:-85,941.83

(二)公司近三年主要会计数据和财务指标

财务指标	单位	2001年度	2000年度	1999年度
主营业务收入	万元	46,563.73	7,818.36	7,025.84
净利润	万元	3,176.00	-3,342.56	-7,527.55
总资产	万元	69,352.14	31,041.99	32,882.45
股东权益(不含少数股东权益)	万元	19,193.52	19.02	-1,177.03
全面摊薄每股收益	元/股	0.35	-0.37	-0.84
加权平均每股收益	元/股	0.35	-0.37	-0.84
扣除非经常性损益后的每股收益	元/股	0.36	-0.36	-0.36
每股净资产	元/股	2.14	0.002	-0.13
调整后的每股净资产	元/股	1.82	-0.201	-0.58
每股经营活动产生的现金流量净额	元/股	0.78	0.12	-0.04
全面摊薄净资产收益率	%	16.55	-17,576.44	639.54
加权平均净资产收益率	%	22.12	117.35	-297.40
扣除非经常性损益的加权平均净资产收益率	%	22.18	114.33	-280.49

(三)报告期利润表附表

2001年度利润	净资产收益率(%)		每股收益(元)	
	全面摊薄	加权平均	全面摊薄	加权平均
主营业务利润	43.87	58.65	0.94	0.94
营业利润	16.90	22.59	0.36	0.36
净利润	16.55	22.12	0.35	0.35
扣除非经营性损益后的净利润	16.59	22.18	0.36	0.36

注:利润表附表的利润数据是按照中国证监会《公开发行证券公司信息披露编报规划(第9号)》要求计算的。

(四)报告期内股东权益变动情况:　(单位:人民币元)

项目	股本	资本公积	盈余公积	法定公益金	未分配利润	外币报表折算差额	股东权益合计
期初数	89,646,750	161,627,885.73	34,289,242.96	7,223,219.24	-256,270,747.48	-61,831.96	29,231,299.25
本期增加	—	131,277,097.58	—	—	31,760,027.08		163,037,124.66
本期减少	—	395,019.77	—	—	—	-61,831.96	333,187.81
期末数	89,646,750	292,509,963.54	34,289,242.96	7,223,219.24	-224,510,720.40	—	191,935,236.10

变动原因:1、本期"资本公积"增加系公司大股东深圳市沙河实业(集团)有限公司承接及豁免本公司债务转入、本公司确认而无须支付的应付款项转入及股权投资准备转入影响所致。

2、本期"资本公积"减少系本公司在资产重组时将子公司转让,将对子公司的投资准备转入"其他资本公积"而减少影响所致。

3、本期"未分配利润"增加系公司本年度经营产生净利润增加影响所致。

4、本期"外币报表折算差额"减少系公司执行新《企业会计制度》账务处理影响所致。

三、股本变动及股东情况

(一)股份变动情况
2001年度公司股份变动情况(单位:股)

	期初数	本次变动增减(+ -)	期末数
1.未流通股份			
(1)发起人股份	44,426,399		44,426,399
其中:			
国家持有股份			
境内法人持有股份	17,104,424	+27,321,975	44,426,399
境外法人持有股份	27,321,975	-27,321,975	
(2)募集法人股			
(3)内部职工股			
(4)优先股及其他			
尚未流通股份合计	44,426,399		44,426,399
2.已上市流通股份			
(1)人民币普通股	45,220,351		45,220,351
(2)境内上市的外资股			
(3)境外上市的外资股			
(4)其他			
已流通股份合计	45,220,351		45,220,351
3.股份数	89,646,750		89,646,750

000016 康佳集团股份有限公司

2001 年年度报告摘选

一、公司简介

1、公司法定中文名称:康佳集团股份有限公司
中文缩写:康佳集团
公司英文名称:KONKA GROUP CO.,LTD.
英文缩写:KONKA
2、公司注册(办公)地址:深圳市华侨城东部工业区
邮政编码:518053
公司国际互联网址:http://www.konka.com
电子信箱:szkonkas@sz.gd.cninfo.net 或 szkonka@konka.com
3、公司法定代表人:董事局主席　任克雷先生
4、公司董事局秘书:陈旭日先生
联系地址:中国深圳华侨城康佳集团股份有限公司
联系电话:0755-6608866
传真:0755-6600082
电子信箱:chenxuri@konka.com
股证事务代表:陈旭日先生、杨国彬先生
5、公司指定信息披露报纸:《中国证券报》、《证券时报》和香港《大公报》等
中国证监会指定国际互联网网址:http://www.cninfo.com.cn
公司年度报告备置地点:董事局秘书处
6、公司股票上市交易所:深圳证券交易所
股票简称:深康佳 A、深康佳 B
股票代码:000016、200016

二、会计数据和业务数据

1、公司本年度主要会计数据

单位:人民币元

项目	金 额
利润总额	(687,254,170.31)
净利润	(699,791,454.32)
扣除非经常性损益后的净利润	(719,894,370.88)
主营业务利润	566,414,837.14
其他业务利润	11,079,940.92
营业利润	(727,461,888.08)
投资收益	(274,493.81)
补贴收入	781,000.00
营业外收支净额	39,701,211.59
经营活动产生的现金流量净额	723,225,728.81
现金及现金等价物净增减额	(423,327,219.81)

2、公司近三年主要财务指标

单位:人民币元

项目	2001 年	2000 年调整后	2000 年调整前	1999 年
净利润	(699,791,454.32)	214,392,305.38	224,883,253.48	497,527,792.65
扣除非经常性损益后的净利润	(719,894,370.88)	215,154,080.72	225,660,761.17	502,050,963.47
全面摊薄每股收益	(1.1625)	0.3574	0.3736	0.9091
加权平均每股收益	(1.1625)	0.3574	0.3736	1.0832
净资产收益率	(24.18%)	5.98%	6.22%	14.32%
每股经营活动产生的现金流量净额	1.2014	(0.0223)	(0.0092)	0.70

项目	2001 年 12 月 31 日	2000 年 12 月 31 日调整后	2000 年 12 月 31 日调整前	1999 年 12 月 31 日
主营业务收入	6,748,122,042.36	8,953,781,004.78	9,016,554,732.77	10,127,098,593.31
总资产	7,211,736,823.48	9,980,417,959.42	10,063,013,806.96	9,769,410,621.91
资产负债率	56.26%		61.50%	62.19%
股东权益(不含少数股东权益)	2,893,912,961.21	3,583,066,424.80	3,614,840,673.89	3,475,067,642.44
每股净资产	4.8073	5.9571	6.0049	6.35
调整后的每股净资产	4.5859	5.6448	5.6549	6.15

3、报告期利润表附表

2001 年度利润	净资产收益率(%)		每股收益(元)	
	全面摊薄	加权平均	全面摊薄	加权平均
主营业务利润	19.57%	17.52%	0.9409	0.9409
营业利润	(25.14%)	(22.50%)	(1.2084)	(1.2084)
净利润	(24.18%)	(21.64%)	(1.1625)	(1.1625)
扣除非经常性损益后的净利润	(24.88%)	(22.27%)	(1.1959)	(1.1959)

三、股本变动及股东情况

1、股本变动情况

数量单位:股

项目	期初数	本次变动增减	期末数
一、未上市流通股份			
1、发起人股份	313,986,245	-139,036,499	174,949,746
其中:境内法人持有股份	174,949,746	0	174,949,746
境外法人持有股份	139,036,499	-139,036,499	0
未上市流通股份合计	313,986,245	-139,036,499	174,949,746
二、已上市流通股份			
1、境内上市公众股(A 股)	224,198,704	0	224,198,704
2、境内上市外资股(B 股)	63,801,403	+139,036,499	202,837,902
3、其他			
已上市流通股份合计	288,000,107	+139,036,499	427,036,606
三、股份总数	601,986,352	0	601,986,352

000017 深圳中华自行车(集团)股份有限公司

2001 年年度报告摘选

第一节　公司基本情况简介

一、公司的法定中文名称:深圳中华自行车(集团)股份有限公司
英文名称:SHENZHEN CHINA BICYCLE COMPANY(HOLDINGS)LIMITED
英文缩写:CBC
二、公司法定代表人:谢如贤先生
三、公司董事会秘书:李　海先生
联系地址:中国广东省深圳市布心路三零零八号
联系电话:0755-5516998　　传　真:0755-5516620
电子信箱:dmc@china-cbc.com;leocbc@163.net
四、公司注册及办公地址:中国广东省深圳市布心路三零零八号　　邮政编码:518019
国际互联网网址:www.china-cbc.com　　电子信箱:cbc@china-cbc.com
五、公司选定的信息披露报纸名称:《证券时报》、《大公报》
指定年度报告国际互联网网址:www.cninfo.com.cn
年度报告备置地点:深圳市布心路三零零八号本公司董事会秘书处
六、公司股票上市交易所、股票简称和股票代码:
股票上市交易所:深圳证券交易所
股票简称:ST 中华 A　　ST 中华 B
股票代码:A 股为 000017　　B 股为 200017

第二节　会计数据和业务数据摘要

一、本年度主要利润指标　(单位:人民币元)

项目	金额
利润总额	-2,271,925,142.71
净利润	-2,257,244,249.73
扣除非经常性损益后的净利润	-2,013,625,707.61
主营业务利润	-11,641,159.96
其他业务利润	6,881,353.90
营业利润	-1,970,152,269.64
投资收益	-58,154,330.95
补贴收入	0
营业外收支净额	-243,618,542.12
经营活动产生的现金流量净额	-8,509,360.67
现金及现金等价物净增加额	-53,442,701.81

注:扣除非经常损益后的净利润的项目和涉及金额

项目名称	涉及金额(单位:人民币元)
预计担保损失	-163,631,000.00
计提固定资产减值准备	-76,568,744.10
计提在建工程减值准备	-2,320,000.00
处理固定资产损益	126,359.49
其 他	-1,225,157.51
合 计	-243,618,542.12

二、公司近三年主要会计数据与财务指标　(单位:人民币元)

项 目	2001 年	2000 年		1999 年	
		调整前	调整后	调整前	调整后
主营业务收入	51,875,289.37	67,973,081.90	67,973,081.90	67,573,101.94	67,573,101.94
净利润	-2,257,244,249.73	-177,951,320.06	-165,852,661.66	200,102,834.72	-166,286,593.63
总资产	565,575,098.44	2,459,306,434.00	2,387,720,628.42	2,721,443,364.56	2,704,713,298.46
股东权益(不含少数股东权益)	-1,988,677,836.38	45,587,737.85	30,140,480.92	207,089,793.10	190,359,727.00
每股收益(全面摊薄)	-4.71	-0.371	-0.346	0.417	-0.347
每股收益(加权平均)	-4.71	-0.371	-0.346	0.417	-0.347
扣除非经常性损益的每股收益	-4.188	-0.374	-0.349	-0.373	-0.373
每股净资产	-4.148	-0.095	0.063	0.432	0.397
调整后的每股净资产	-4.155	-1.87	-1.87	-1.47	-1.47
每股经营活动产生的现金流量净额	-0.018	-0.014	-0.014	0.012	0.012
净资产收益率%(全面摊薄)	—	-390%	-550%	97%	-87%
净资产收益率%(加权平均)	—	-390%	-550%	97%	-87%
扣除非经常性损益后的加权净资产收益率%	—	-393%	-555%	-86%	-94%

三、报告期净资产收益率和每股收益利润表附表

2001 年度利润	净资产收益率(%)		每股收益	
	全面摊薄	加权平均	全面摊薄	加权平均
主营业务利润	—	—	-0.024	-0.024
营业利润	—	—	-4.109	-4.109
净利润	—	—	-4.708	-4.708
扣除非经常性损益后的净利润	—	—	-4.188	-4.188

第三节　股本变动及股东情况

公司股份变动情况表　数量单位:(股)

项目	本次变动前	本次变动增减(+,-) 配股	送股	公积金转股	增发	其他	小计	本次变动后
一、未上市流通股份	224,195,354							224,195,354
1、发起人股份								
其中:国家持有股份								
境内法人持有股份	111,607,002							111,607,002
境外法人持有股份	112,453,352							112,453,352
其他								
2、募集法人股份								
3、内部职工股	135,000							135,000
4、优先股或其他								
未上市流通股份合计	224,195,354							224,195,354
二、已上市流通股份	255,237,649							255,237,649
1、人民币普通股	76,617,000							76,617,000
2、境内上市的外资股	178,620,649							178,620,649
1、境外上市的外资股								
2、其他								
已上市流通股份合计	255,237,649							255,237,649
三、股份总数	479,433,003							479,433,003

000018 深圳中冠纺织印染股份有限公司

2001年年度报告摘选

第一章　公司基本情况简介

一、公司中文名称：深圳中冠纺织印染股份有限公司

公司英文名称：Shenzhen Victor Onward Textile Industrial Co.，Ltd.

二、公司法定代表人：董炳根

三、公司董事会秘书：任元卫

证券事务代表：麻根生

公司联系电话：(755)232 0942，(852)2428 1823

公司图文传真：(755)233 9100，(852)2480 5666

董秘电子信箱：szvomill@public.szptt.net.cn

四、公司注册地址：深圳市人民南路房地产大厦10楼C座

公司办公地址：香港九龙长沙湾道889号华创中心18楼

公司联系地址：深圳市人民南路房地产大厦10楼C座

公司邮政编码：518001

公司国际互联网网址：www.chinaszvo.com　　www.dyeing.com.cn

公司电子信箱：szvo@udcgroup.com　　szvo@sohu.com

五、公司信息披露报纸：《证券时报》、《香港商报》

公司信息披露网址：http://www.cninfo.com.cn

公司中期报告备置地点：深圳市人民南路房地产大厦10楼C座

六、公司股票上市地点：深圳证券交易所

股票简称：深中冠A股、B股，股票代码：000018、200018

第二章　会计数据和业务数据摘要

一、本公司2001年度利润总额及构成(单位：人民币元)

项目	金额
利润总额	1,254,999
净利润	841,358
扣除非经常性损益后的净利润	-189,153
主营业务利润	15,374,486
其他业务利润	2,555,005
营业利润	342,735
投资收益	1,030,511
补贴收入	-
营业外收支净额	-118,247
经营活动中产生的现金流量净额	6,842,277
现金及现金等价物净增加额	-33,117,291
注：扣除的非经常性损益项目和涉及资金	
营业外收入项目：	
其他收益	47,644
营业外支出项目：	
捐赠支出	54,109
计提长期服务金	30,000
其他支出	81,782

二、公司截至报告期末前三年会计数据与财务指标(单位：人民币万元)

项目	2001年度	2000年度	1999年度
主营业务收入	14,176	16,376	27,602
净利润	84	506	1,092
总资产	38,886	43,773	37,191
股东权益	30,692	30,717	30,213
每股收益	0.005元	0.03元	0.06元
每股净资产	1.815元	1.816元	1.786元
调整后的每股净资产	1.80元	1.80元	1.784元
每股经营活动产生的现金流量净额	0.11元	0.12元	0.11元
净资产收益率	0.274%	1.65%	3.614%

第三章　股本变动及股东情况介绍

一、股份变动情况

项目	本次变动前(期初数)	配股	送股	公积金转股	其他	本次变动后(期末数)
一、未上市流通股份						
1、发起人股份	122,291,150					122,291,150
其中：国家拥有股份	55,031,022					55,031,022
境内法人持有股份	24,458,231					24,458,231
境外法人持有股份	42,801,897				-42,801,897	0
其它						
2、募集法人股份						
3、内部职工股	110,000				-110,000	-
4、优先股或其它						
未流通股份合计	122,401,150				-42,911,897	79,379,253
二、已上市流通股份						
1、人民币普通股	20,121,200				110,000	20,341,200
2、境内上市的外资股	26,620,006				42,801,897	69,421,903
3、其它						
已流通股份合计	46,741,206				42,911,897	89,653,103
三、股份总数	169,142,356					169,142,356

000019 深圳市深宝实业股份有限公司

2001年年度报告摘选

一、公司基本情况简介

1、公司法定中文名称：深圳市深宝实业股份有限公司(缩写：深宝)

公司法定英文名称：SHENZHEN SHENBAO INDUSTRIAL CO.，LTD　　(缩写：SB)

2、公司法定代表人：林家宏先生

3、公司董事会秘书：刘雄佳先生

联系地址：深圳市笋岗东路1002号宝安广场BC座28楼

电话：0755-5507480　　传真：0755-5507480

电子信箱：a 0019 @ 21cn.com

4、公司注册地址：深圳市罗湖区文锦北路1058号

公司办公地址：深圳市笋岗东路1002号宝安广场BC座28楼

邮政编码：518020

公司国际互联网址：http://www.szsb.com.cn

电子信箱：szsbsy @ cmmail.com

5、信息披露报纸名称：《证券时报》(境内)、香港《大公报》(境外)

登载年报的国际互联网址：http://www.cninfo.com.cn

公司年报备置地点：公司董事会秘书处

6、公司股票上市交易所：深圳证券交易所

股票简称：深深宝A、深深宝B　　股票代码：000019、200019

二、会计数据与业务数据摘要

1、本年度主要利润指标　　(单位：人民币元)

项目	金额
利润总额	13,292,934.36
净利润	11,381,893.34
扣除非经营性损益后的净利润	(18,778,289.40)
主营业务利润	12,043,722.88
其他业务利润	28,439,578.01
营业利润	2,171,270.77
投资收益	8,551,043.00
补贴收入	——
营业外收支净额	2,570,620.59
经营活动产生的现金流量净额	(12,061,309.48)
现金及现金等价物净增加额	(20,135,631.62)
注：非经营性损益涉及的项目和金额如下：	
(1) 土地补偿收入	25,029,271.73元
(2)无形资产转让	1,884,286.21元
(3)投资顾问费	625,680.00元
(4)股票投资收益	2,273,879.79元
(5)营业外收支净额	347,065.01元
合计	30,160,182.74元

2、至报告期末公司前三年主要会计数据和财务指标

财务指标	单位	2001年度	2000年度		1999年度	
			调整前	调整后	调整前	调整后
主营业务收入	元	61,185,232.89	70,239,790.88	70,239,790.88	65,691,006.76	65,691,006.76
净利润	元	11,381,893.34	10,620,265.95	2,817,723.44	29,067,749.73	26,117,707.22
总资产	元	400,884,004.09	426,110,873.62	410,142,072.22	462,819,804.45	448,971,641.30
股东权益(不含少数股东权益)	元	327,805,905.07	289,644,961.71	252,824,362.08	281,527,554.46	269,709,786.29
全面摊薄每股收益	元/股	0.063	0.064	0.017	0.174	0.157
加权平均每股收益	元/股	0.063	0.064	0.017	0.174	0.157
扣除非经营性损益后的每股收益	元/股	(0.103)	(0.032)	(0.079)	(0.026)	(0.043)
每股净资产	元/股	1.802	1.737	1.517	1.689	1.618
调整后的每股净资产	元/股	1.743	1.730	1.509	1.621	1.576
每股经营活动产生现金流量净额	元/股	(0.066)	0.159	0.159	0.108	0.108
全面摊薄净资产收益率	%	3.47	3.67	1.11	10.33	9.68
加权平均净资产收益率	%	3.50	3.70	1.04	10.84	8.85
扣除非经常性损益后的加权平均净资产收益率	%	(5.78)	(6.55)	(4.87)	(1.59)	(2.44)

3、报告期利润表附表

2001年度利润	净资产收益率(%)		每股收益(元)	
	全面摊薄	加权平均	全面摊薄	加权平均
主营业务利润	3.67	3.70	0.066	0.067
营业利润	0.66	0.67	0.012	0.012
净利润	3.47	3.50	0.063	0.063
扣除非经营性损益后的净利润	(5.73)	(5.78)	(0.103)	(0.104)

注：利润表附表按中国证监会发布的《公开发行证券公司信息披露编报规则(第9号)》要求编制。

三、股本变动及股东情况

1、公司股份变动情况表(截止2001年12月31日，数量单位：股)

	本次变动前	配股	送股	公积金转股	增发	其他	小计	本次变动后
一、未上市流通股份								
1、发起人股份	109,842,086	5,996,525					5,996,525	115,838,611
其中：								
国家持有股份	99,942,086	5,996,525					5,996,525	105,938,611
境内法人持有股份	9,900,000							9,900,000
境外法人持有股份								
其他								
2、募集法人股份								
3、内部职工股								
4、高管股	5,964	1,788					1,788	7,752
5、优先股或其他								
未上市流通股份合计	109,848,050	5,998,313					5,998,313	115,846,363
二、已上市流通股份								
1、人民币普通股	30,723,634	9,217,091					9,217,091	39,940,725
2、境内上市的外资股	26,136,000							26,136,000
3、境外上市的外资股								
4、其他								
已上市流通股份合计	56,859,634	9,217,091					9,217,091	66,076,725
三、股份总数	166,707,684	15,215,404					15,215,404	181,923,088

000020 深圳华发电子股份有限公司

2001 年年度报告摘选

一、公司简介

(一)公司名称
中文名称:深圳华发电子股份有限公司
英文名称:SHENZHEN HUAFA ELECTRONICS CO., LTD.
(二)法定代表人:吴德华
(三)公司董事会秘书:胡建平
E-mail:jphu@huafa.com
证券事务代表:刘阳
E-mail:lyang@huafa.com
联系地址:深圳市福田区华发北路411栋六层
电话:(0755) 3352207　　传真:(0755) 3352207
(四)公司注册地址:深圳市福田区华发北路411栋
公司办公地址:深圳市福田区华发北路411栋六层
邮政编码:518031
公司国际互联网网址:http://www.huafa.com
E-mail:webmaster@huafa.com
(五)公司信息披露报纸:<<证券时报>>、香港<<大公报>>
登载公司年度报告的国际互联网网址:http://www.cninfo.com.cn
公司年度报告备置地点:深圳市福田区华发北路411栋六层
(六)公司股票上市交易所:深圳证券交易所
股票简称:深华发 A　　深华发 B
股票代码:000020　　200020

二、会计数据和业务数据摘要

(一)本年度主要会计数据

项 目	金额(单位:元)
利润总额	3,045,897.71
净利润	3,045,897.71
扣除非经常性损益后的净利润	-1,963,200.19
主营业务利润	2,400,647.76
其他业务利润	15,684,758.58
营业利润	-1,011,770.09
投资收益	-900,000.00
补贴收入	—
营业外收支净额	4,957,667.80
经营活动产生的现金流量净额	39,994,526.70
现金及现金等价物净增减额	-13,617,173.87

扣除的非经常性损益项目为出售资产收益,金额为人民币5,009,097.9元。

说明:华发电子股份有限公司(以下简称"本公司")为A、B股股票上市公司,按中国会计准则及相关的制度计算的净利润为人民币3,045,897.71元,按国际会计准则以及相关的制度计算的净利润为人民币1,889,445.37元。

差异原因:按中国会计准则及新的《企业会计制度》,将公司以前年度发生的"开办费"采用追溯调整法调减了"年初未分配利润",金额为1,156,452.34元;按国际会计准则以及相关的制度计算,此项费用计入了当期损益。

(二)近三年主要会计数据和财务指标

单位:元

项目	2001年	2000年度		1999年度	
		调整前	调整后	调整前	调整后
主营业务收入	82,861,879	118,411,642	118,411,642	164,663,658	164,663,658
净利润	3,045,898	2,928,449	2,928,449	10,013,131	10,013,131
总资产	450,225,732	466,966,588	455,366,931	485,131,947	462,489,474
股东权益(不含少数股东权益)	290,776,801	299,330,560	287,730,904	309,892,111	285,092,455
每股收益	0.01	0.01	0.01	0.035	0.035
每股净资产	1.03	1.057	1.016	1.094	1.007
调整后的每股净资产	0.98	0.97	0.94	1.06	0.93
每股经营活动产生的现金流量净额	0.14	0.016	0.016	0.110	0.110
净资产收益率	1.05%	0.98%	1.02%	3.23%	3.51%

(三)按中国证监会《公开发行证券公司信息披露编报规则(第9号)》要求计算的利润数据

报告期利润	净资产收益率(%)		每股收益(元)	
	全面摊薄	加权平均	全面摊薄	加权平均
主营业务利润	0.83	0.83	0.0085	0.0085
营业利润	-0.35	-0.35	-0.0036	-0.0036
净利润	1.05	1.05	0.0108	0.0108
扣除非经常性损益后的净利润	-0.66	-0.66	-0.0068	-0.0068

三、股本变动及股东情况

(一)股本变动情况
1、股份变动情况表

单位:股

	本次变动前	本次变动增减(+,-)						本次变动后
		配股	送股	公积金转股	增发	其他	小计	
一、未上市流通股份								
1、发起人股份								
其中:								
境内法人持有股份	124,925,828							124,925,828
境外法人持有股份	62,462,914					-62,462,914	-62,462,914	0
其他(境内法人转配股)	6,394,438					-6,394,438	-6,394,438	0
2、募集法人股份								
3、内部职工股								
4、优先股或其他								
未上市流通股份合计	193,783,180					-68,857,352	-68,857,352	124,925,828
二、已上市流通股份								
1、人民币普通股	49,845,125					+6,394,438	+6,394,438	56,239,563
2、境内上市外资股	39,532,922					+62,462,914	+62,462,914	101,995,836
已上市流通股份合计	89,378,047					+68,857,352	+68,857,352	158,235,399
三、股份总数	283,161,227							283,161,227

000021 深圳开发科技股份有限公司

2001 年年度报告摘选

第一章　公司基本情况简介

一、公司法定中文名称:深圳开发科技股份有限公司
公司法定英文名称:SHENZHEN KAIFA TECHNOLOGY CO., LTD.
二、公司法定代表人:王　之
三、公司董事会秘书:陈燕明
联系地址:深圳市福田区彩田路7006号
联系电话:0755-3275000-33187
传　　真:0755-3275997
电子信箱:jessichen@kaifa.com.hk
证券事务代表:无
四、公司注册及办公地址:深圳市福田区彩田路7006号
邮政编码:518035
国际互联网网址:http://www.kaifa.com.cn
电子信箱:jessichen@kaifa.com.hk
五、公司选定的信息披露报纸:《证券时报》、《中国证券报》、《上海证券报》
登载公司年度报告的国际互联网网址:http://www.cninfo.com.cn
公司年度报告备置地点:本公司董事会办公室
六、公司股票上市交易所:深圳证券交易所
股票简称:深科技 A
股票代码:000021

第二章　会计数据和业务数据摘要

一、公司本年度主要会计数据　　单位:人民币元

项目	2001年
利润总额	-14,556,086.45
净利润	-9,144,626.73
扣除非经常性损益后的净利润	-15,950,387.28
主营业务利润	238,687,524.49
其他业务利润	18,674,542.88
营业利润	-24,959,224.71
投资收益	10,770,514.82
补贴收入 -	
营业外收支净额	-367,376.56
经营活动产生的现金流量净额	204,958,815.22
现金及现金等价物净增减额	84,032,323.72

二、公司前三年主要会计数据和财务指标　　单位:人民币元

指标项目	2001年	2000年		1999年	
		调整前	调整后	调整前	调整后
主营业务收入	3,918,688,710.56	3,864,107,460.46	3,871,253,798.93	3,254,546,870.79	3,254,546,870.79
净利润	-9,144,626.73	150,869,984.37	148,176,045.69	313,115,473.98	312,512,197.70
总资产	4,645,331,162.42	3,874,861,637.62	3,953,203,765.84	3,822,434,472.45	3,822,434,472.45
股东权益(不含少数股东权益)	2,270,537,317.01	2,327,222,151.55	2,322,947,224.05	2,212,998,772.23	2,212,395,495.95
每股收益	-0.012	0.206	0.202	0.427	0.426
每股收益(扣除非经常性损益)	-0.022	0.203	0.200	0.426	0.425
每股净资产	3.098	3.175	3.169	3.019	3.018
调整后的每股净资产	3.064	3.150	3.150	2.978	2.977
每股经营活动产生的现金流量净额	0.280	-0.600	-0.600	0.677	0.677
净资产收益率(%)	-0.400%	6.480	6.380	14.15	14.13
净资产收益率(%)(扣除非经常性损益)	-0.700%	6.380	6.280	14.12	14.10

第三章　股本变动及股东情况

一、股本变动情况
1. 股本变动情况表

数量单位:股

项目	本次变动前	本次变动增减(+、-)						本次变动后
		配股	送股	公积金转股	增发	其他	小计	
一、未上市流通股份								
1、发起人股份	532,350,000							532,350,000
其中:								
国家持有股份								
境内法人持有股份	410,163,000					+3,000,000		413,163,000
境外法人持有股份	122,187,000					-3,000,000		119,187,000
其他								
2、募集法人股份								
3、内部职工股								
4、优先股或其他								
未上市流通股合计	532,350,000							532,350,000
二、已上市流通股份								
1、人民币普通股	200,582,101							200,582,101
其中:内部职工股(高管股)	1,085,315							1,085,315
2、境内上市的外资股								
3、境外上市的外资股								
4、其他								
已上市流通股份合计	200,582,101							200,582,101
三、股份总数	732,932,101							732,932,101

000022 深圳赤湾港航股份有限公司

2001 年年度报告摘选

一、公司简介

1.公司法定中文名称：深圳赤湾港航股份有限公司
公司法定英文名称及缩写：Shenzhen Chiwan Wharf Holdings Limited（CWH）
2.公司法定代表人：王芬 董事长
3.公司董事会秘书：裴姜媛　　　　证券事务代表：何颖班、唐青松
联系地址：中国深圳市赤湾港赤湾石油大厦11楼
电话：+(86)755 6835506,6694620
传真：+(86)755 6684117
电子信箱：szchiwan@public.szptt.net.cn
4.公司注册地址：中国深圳市赤湾港
公司办公地址：中国深圳市赤湾港赤湾石油大厦11－12楼
邮政编码：518068
公司电子信箱：szchiwan@public.szptt.net.cn
5.公司选定的信息披露报纸：《证券时报》、《大公报》
登载公司年度报告的国际互联网网址：http://www.cninfo.com.cn
公司年度报告备置地点：公司董事会秘书处
6.公司股票上市交易所：深圳证券交易所
股票简称　　深赤湾 A／深赤湾 B
股票代码　　000022/200022

二、会计数据和业务数据摘要

1.2001 年度利润总额及构成(单位:人民币元)

	2001 年度
利润总额	131,295,739
净利润	86,829,223
扣除非经常性损益后的净利润	75,650,838
主营业务利润	205,420,830
其他业务利润	8,088,158
营业利润	118,452,938
投资收益	12,134,819
补贴收入	--
营业外收支净额	707,982
经营活动产生的现金流量净额	226,743,727
现金及现金等价物净增加额	9,526,261

2.截止 2001 年末前三年主要会计数据和财务指标(单位:人民币元)

项目	2001 年	2000 年		1999 年	
		调整后	调整前	调整后	调整前
主营业务收入	475,852,613	432,170,659	432,170,659	378,929,134	378,929,134
净利润	86,829,223	71,737,831	82,561,186	70,265,402	72,446,700
总资产	2,223,564,238	2,239,056,600	2,252,338,534	1,745,288,339	1,747,586,132
股东权益(不含少数股东权益)	1,114,271,657	1,066,590,311	1,079,594,964	1,046,132,151	1,048,313,449
每股收益(元)	0.228	0.188	0.216	0.184	0.190
按月加权平均每股收益(元)	0.228	0.188	0.216	0.184	0.190
扣除非经常性损益后的每股收益(元)	0.198	0.213	0.216	0.186	0.196
每股净资产(元)	2.921	2.796	2.830	2.742	2.748
调整后的每股净资产	2.883	2.760	2.784	2.710	2.713
每股经营活动产生的现金流量净额	0.594	0.562	0.562	0.427	0.427
净资产收益率(%)	7.79	6.73	7.65	6.72	6.91
加权平均净资产收益率(%)	7.82	6.63	7.58	6.66	6.86
扣除非经常性损益后的加权平均净资产收益率(%)	6.82	7.50	7.55	6.72	7.07

3.按照中国证监会《公开发行证券的公司信息披露编报规则(第九号)》要求计算净资产收益率和每股收益。

项目	净资产收益率		每股收益	
	全面摊薄	加权平均	全面摊薄	加权平均
主营业务利润	18.44%	18.51%	0.5384	0.5384
营业利润	10.63%	10.67%	0.3105	0.3105
净利润	7.79%	7.82%	0.2276	0.2276
扣除非经常性损益后的净利润	6.79%	6.82%	0.1983	0.1983

三、股本变动及股东情况

1.股本变动情况

(1)公司股份变动情况表(数量单位:股)

	本次变动前	本次变动增减(+,-)						本次变动后
		配股	送股	公积金转股	增发	其他	小计	
一、未上市流通股份								
1、发起人股份	224,470,000							224,470,000
其中:								
国家持有股份								
境内法人持有股份	224,470,000							224,470,000
境外法人持有股份								
其他								
2、募集法人股份								
3、高管股	164,500					－43,000	－43,000	121,500
4、优先股或其他								
未上市流通股份合计	224,634,500					－43,000	－43,000	224,591,500
二、已上市流通股份								
1、人民币普通股	50,435,500					+43,000	+43,000	50,478,500
2、境内上市的外资股	106,447,000							106,447,000
3、境外上市的外资股								
4、其他								
已上市流通股份合计	156,882,500					+43,000	+43,000	156,925,500
三、股份总数	381,517,000							381,517,000

000023 深圳市天地(集团)股份有限公司

2001 年年度报告摘选

第一节　公司基本情况简介

1、公司的法定中、英文名称
中文名称:深圳市天地(集团)股份有限公司
英文名称:SHENZHEN UNIVERSE (GROUP)CO.,LTD.
2、公司法定代表人　　陈 德 伦 (董事长)
3、公司董事会秘书及其证券事务代表的姓名、联系地址、电话、传真、电子信箱
李 惟 诚 (董事会秘书、董事会办公室主任)　　侯　　剑 (董事会证券事务代表)
联系地址: 深圳市宝安南路天地大厦三楼
深圳市天地(集团)股份有限公司　董事会办公室
电　　话: (0755)5566321　　传　真: (0755)5590169
电子信箱: univese@public.szptt.net.cn
4、公司注册地址、公司办公地址及其邮政编码,公司国际互联网网址、电子信箱
公司注册地址及办公地址:深圳市宝安南路天地大厦二、三楼　　邮政编码: 518008
公司国际互联网网址:http://www.universe－sz.com.cn(国内域名)
http://www.universe－china.com(国际域名)
公司电子信箱:szunives@public.topway.net.cn
5、公司选定的信息披露报纸名称、登载年度报告的中国证监会指定网站的网址,公司年度报告备置地点
公司选定的信息披露报纸名称:《证券时报》
登载公司年度报告的中国证监会指定网站的网址: http://www.cninfo.com.cn
公司年度报告备置地点:公司董事会办公室
6、公司股票上市交易所、股票简称和股票代码
公司股票上市交易所:深圳证券交易所
股票简称: 深天地 A　　股票代码: 000023

第二节　会计数据和业务数据摘要

1、公司本年度实现利润情况　　单位:人民币元

项目	金　额
利润总额	(94,089,770.81)
净利润	(63,889,419.05)
扣除非经常性损益后的净利润	(41,073,935.96)
主营业务利润	21,645,620.43
其他业务利润	3,248,379.10
营业利润	(82,208,409.55)
投资收益	(11,136,686.95)
补贴收入	0
营业外收支净额	(744,674.31)
经营活动产生的现金流量净额	(22,242,098.94)
现金及现金等价物净增减额	10,708,995.83

2、截至报告期末公司前三年的主要会计数据和财务指标　　单位:人民币元

项目	2001 年度	2000 年度	1999 年度
主营业务收入	223,029,552.65	256,863,445.22	301,215,865.26
净利润	(63,889,419.05)	17,845,738.01	25,549,906.12
总资产	828,512,506.82	828,554,545.17	737,676,159.73
股东权益(不含少数股东权益)	170,169,613.24	270,545,036.32	257,637,805.37
每股收益	(0.46)	0.1286	0.1841
加权平均每股收益	(0.46)	0.1286	0.1902
扣除非经常性损益后的每股收益	(0.30)	0.002	0.1249
每股净资产	1.23	1.95	1.86
调整后的每股净资产	0.89	1.57	1.41
每股经营活动产生的现金流量净额	(0.1603)	0.1763	0.1242
净资产收益率(%)	(37.54)	6.60	9.92
加权净资产收益率(%)	(27.04)	6.69	10.11
扣除非经常性损益后的净资产收益率(%)	(24.14)	0.12	6.73
扣除非经常性损益后的加权净资产收益率(%)	(17.39)	0.12	6.86

3、根据中国证监会《公开发行证券公司信息披露编报规则(第 9 号)》文的规定,分别按全面摊薄和加权平均法计算 2001 年度净资产收益率和每股收益如下:

净资产收益率和每股收益利润表附表

报告期利润	净资产收益率(%)		每股收益(元)	
	全面摊薄	加权平均	全面摊薄	加权平均
主营业务利润	12.72	9.16	0.16	0.16
营业利润	(48.31)	(34.80)	(0.59)	(0.59)
净利润	(37.54)	(27.04)	(0.46)	(0.46)
扣除非经常性损益后的净利润	(24.14)	(17.39)	(0.30)	(0.30)

第三节　股本变动及股东情况

一、股份变动情况表　　数量单位:股

	本次变动前	本次变动增减(+,-)						本次变动后
		配股	送股	公积金转股	增发	其他	小计	
一、尚未流通股份								
1、发起人股份	92,565,018							92,565,018
其中:								
国家拥有股份	92,565,018							92,565,018
境内法人持有股份								
境外法人持有股份								
其他								
2、募集法人股份								
3、内部职工股								
4、优先股或其他								
未上市流通股份合计	92,565,018							92,565,018
二、已上市流通股份								
1、人民币普通股	46,191,222							46,191,222
2、境内上市的外资股								
3、境外上市的外资股								
4、其他								
已上市流通股份合计	46,191,222							46,191,222
三、股份总数	138,756,240							138,756,240

000024 招商局蛇口控股股份有限公司

2001 年年度报告摘选

第一节 公司基本情况简介

(一) 公司法定中、英文名称:
中文名全称:招商局蛇口控股股份有限公司
中文名简称:蛇口控股
英文名全称:CHINA MERCHANTS SHEKOU HOLDINGS CO., LTD.
英文名简称:CMSH
(二) 公司法定代表人:丁克义
(三) 公司董事会秘书:陈 宇
电子信箱:chenyu@cmre.com
公司证券事务授权代表:刘 宁
电子信箱:liuning@cmre.com
联系地址:深圳南山区蛇口工业区新时代广场 9 楼
联系电话:(0755)6819600
传 真:(0755)6819680
(四) 公司注册地址:深圳南山区蛇口工业区新时代广场 30 楼
公司办公地址:深圳南山区蛇口工业区新时代广场 9 楼
邮政编码:518067
电子信箱:cmdm@cmre.com
(五) 公司选定的信息披露报刊:《证券时报》、《中国证券报》和香港《大公报》
中国证监会指定国际互联网网址:http://www.cninfo.com.cn
公司年度报告备置地点:本公司董事会秘书处
(六) 公司股票上市交易所:深圳证券交易所
公司股票第二上市交易所:新加坡交易所
股票简称:招商局 A、 招商局 B
股票代码:000024、 200024

第二节 会计数据和业务数据摘要

(一) 公司本年度实现主要利润指标

序号	主要利润指标	金 额
1	利润总额	291,435,832
2	净利润	174,961,781
3	扣除非经常性损益后的净利润	189,537,364
4	主营业务利润	516,647,995
5	其他业务利润	3,093,865
6	营业利润	315,232,467
7	投资收益	-45,282,864
8	补贴收入	32,586,084
9	营业外收支净额	-11,099,855
10	经营活动产生的现金流量净额	27,055,362
11	现金及现金等价物净增减额	-225,345,436

表一:按中国证监会《公开发行证券公司信息披露编报规则(第 9 号)》要求计算的本公司净资产收益率和每股收益指标:

年度 利润指标	2001 年度				2000 年度				1999 年度			
	净资产收益率(%)		每股收益(元)		净资产收益率(%)		每股收益(元)		净资产收益率(%)		每股收益(元)	
	全面摊薄	加权平均	全面摊薄	加权平均	全面摊薄	加权平均	全面摊薄	加权平均	全面摊薄	加权平均	全面摊薄	加权平均
主营业务利润	22.96	23.28	1.084	1.084	22.93	25.43	1.026	1.071	22.82	23.69	0.749	0.749
营业利润	14.01	14.21	0.662	0.662	14.33	15.90	0.641	0.669	14.64	15.19	0.480	0.480
净利润	7.78	7.89	0.367	0.367	9.29	10.30	0.415	0.434	11.81	12.26	0.388	0.388
扣除非经常性损益后的净利润	8.42	8.54	0.398	0.398	8.58	9.52	0.384	0.401	11.25	11.67	0.369	0.369

表二:截止报告期末前三年主要财务数据和指标

指标项目/年度	2001 年	2000 年		1999 年	
		(调整前)	(调整后)	(调整前)	(调整后)
主营业务收入	3,320,820,664	2,917,231,109	2,917,231,110	930,466,427	930,466,427
利润总额	291,435,832	353,718,275	337,064,901	256,014,206	247,674,824
其中:主营业务利润	516,647,995	488,727,233	488,727,234	305,718,517	296,982,605
其他业务利润	3,093,865	2,925,052	2,925,052	4,517,413	4,517,413
投资收益	-45,282,864	5,403,822	5,403,821	28,679,695	28,679,695
补贴收入	32,586,084	33,828,361	22,186,440	20,805,846	20,805,846
营业外收支净额	-11,099,855	10,190,084	3,947,336	7,752,782	7,752,782
净利润	174,961,781	208,910,553	197,927,141	159,811,387	153,691,169
总资产	4,692,619,143	4,888,827,687	4,845,844,183	3,886,228,397	3,867,820,674
股东权益	2,250,277,995	2,148,559,123	2,131,455,493	1,337,352,896	1,301,219,137
每股收益(摊薄)	0.367	0.439	0.415	0.403	0.388
(加权)	0.367	0.458	0.434	0.422	0.388
每股净资产	4.724	4.510	4.474	3.374	3.283
净资产收益率(摊薄)	7.775	9.72	9.286	11.95	11.811
(加权)	7.885	10.78	10.300	12.56	12.259
调整后的每股净资产	4.656	4.380	4.411	3.299	3.231
每股经营活动产生的现金流量净额	0.057	0.474	0.474	0.381	0.381

第三节 股本变动及股东情况

(一) 股本变动情况表(单位:股)

	本次变动前	本次变动增减(+/-)	本次变动后
一、未上市流通股份			
1、发起人股份			
其中:			
境内法人持有股份	156,906,750	0	156,906,750
外资法人持有股份	52,302,250	0	52,302,250
未上市流通股份合计	209,209,000	0	209,209,000
二、已上市流通股份			
1、境内上市的人民币普通股	130,965,200	0	130,965,200
2、境内上市外资股	136,221,800	0	136,221,800
已上市流通股份合计	267,187,000	0	267,187,000
三、股份总数	476,396,000	0	476,396,000

000025 深圳市特力(集团)股份有限公司

2001 年年度报告摘选

一、公司基本情况简介

1、公 司 名 称:深圳市特力(集团)股份有限公司
英 文 名 称:Shenzhen Tellus Holding Co., Ltd.
英 文 缩 写:Tellus
2、法 定 代 表 人:宋仁权
3、董 事 会 秘 书:李春秀
联系地址:深圳市特力(集团)股份有限公司 董事会秘书处
电话:(0755)5536888-360 传真:(0755)5536658
电子信箱:lcx3333@163.net
董事会秘书授权代表:李明俊
联系地址:深圳市特力(集团)股份有限公司 计划财务部
电话:(0755)5536888-351 传真:(0755)5536658
电子信箱:szlmj@163.net
4、注册及办公地址:深圳市罗湖区水贝二路 56 号特力大厦 3 楼
邮 政 编 码:518020
电子信箱:sztljtgf@public.szptt.net.cn
5、公司选定的信息披露报刊:境内:深圳《证券时报》、境外:香港《大公报》。
登载公司年度报告的中国证监会指定国际互联网网址:http://www.cninfo.com.cn
公司年报备置地点:深圳市罗湖区水贝二路 56 号特力大厦 3 楼
6、公司股票上市地:深圳证券交易所
公司股票简称及其代码:ST 特力 A(000025)
ST 特力 B(200025)

二、会计数据和业务数据摘要

(一)公司本年度的财务数据

项目	金额(人民币:元)
利润总额	4,880,915.00
净利润	5,144,050.69
扣除非经常性损益后的净利润	-9,668,602.80
主营业务利润	79,644,040.66
其他业务利润	10,649,151.65
营业利润	-9,231,985.42
投资收益	5,067,547.89
补贴收入	0
营业外收支净额	9,045,352.53
经营活动产生的现金流量净额	57,918,274.85
现金及现金等价物净增加额	64,180,359.65

(二)近三年主要会计数据和财务指标

项 目	2001 年度(合并)	2000 年度		1999 年度	
		调整前	调整后	调整前	调整后
主营业务收入(元)	703,244,863.19	152,616,059.12	152,909,343.66	308,645,854.46	308,645,854.46
净利润(元)	5,144,050.69	-118,383,026.19	-72,536,653.23	-116,188,890.22	-72,920,300.16
总资产(元)	1,368,433,164.58	766,478,943.77	753,296,090.44	864,550,224.37	861,883,536.64
股东权益(不含少数股东权益)(元)	266,327,194.25	92,790,194.85	74,499,817.58	211,173,221.04	196,156,865.13
每股收益(元/股)	0.02	-0.54	-0.33	-0.53	-0.33
每股净资产(元/股)	1.21	0.42	0.34	0.96	0.89
调整后的每股净资产(元/股)	0.29	0.19	0.12	0.78	0.72
扣除非经常性损益后的每股收益(元/股)	-0.04	-0.52	-0.32	-0.44	-0.25
每股经营活动产生的现金流量净额(元/股)	0.26	0.001	0.001	-0.64	-0.64
净资产收益率(%)	1.93%	-127.58	-97.36	-55.02	-37.17

(三)报告期利润表附表

2001 年度利润	净资产收益率(%)		每股收益(元)	
	全面摊薄	加权平均	全面摊薄	加权平均
主营业务利润	29.90	48.83	0.36	0.36
营业利润	-3.47	-5.66	-0.04	-0.04
净利润	1.93	3.15	0.02	0.02
扣除非经常性损益后的净利润	-3.63	-5.93	-0.04	-0.04

注:利润表附表的利润数据是依据中国证监会《公开发行证券公司信息披露编报规则》(第 9 号)的要求计算的。

三、股本变动及股东情况

(一) 股本变动情况
股份变动情况表(数量单位:股)

单位:股

股份类别	本次变动前	本次变动增减(+,-)						本次变动后
		配股	送股	公积金转股	增发	其他	小计	
一、尚未流通股份								
1.发起人股份	159,588,000	0	0	0	0	0	0	159,588,000
其中:国有股份	159,588,000	0	0	0	0	0	0	159,588,000
境内法人持有股份	159,588,000	0	0	0	0	0	0	159,588,000
境外法人持有股份	0	0	0	0	0	0	0	0
其他	0	0	0	0	0	0	0	0
2.募集法人股份	0	0	0	0	0	0	0	0
3.内部职工股	8,550	0	0	0	0	0	0	8,550
4.优先股或其他	0	0	0	0	0	0	0	0
尚未流通股份合计	159,596,550	0	0	0	0	0	0	159,596,550
二、已流通股份								
1.境内上市的人民币普通股	34,285,050	0	0	0	0	0	0	34,285,050
2.境内上市的外资股	26,400,000	0	0	0	0	0	0	26,400,000
3.境外上市的外资股	0	0	0	0	0	0	0	0
4.其他	0	0	0	0	0	0	0	0
已流通股份合计	60,685,050	0	0	0	0	0	0	60,685,050
三、股份总额	220,281,600	0	0	0	0	0	0	220,281,600

000026 深圳市飞亚达(集团)股份有限公司

2001 年年度报告摘选

一、公司基本情况简介

1.公司的法定中、英文名称及缩写:
公司中文名称:深圳市飞亚达(集团)股份有限公司
公司英文名称:SHENZHEN FIYTA HOLDINGS LTD.
英文缩写:FIYTA
2.公司法定代表人:李志正
3.公司董事会秘书:郝惠文
证券事务代表:陈卓
联系地址:深圳市振华路 163 号飞亚达大厦
电话:(0755)3217888—8218
传真:(0755)3348369
电子信箱:szfydjts@sina.com
4.公司注册、办公地址:深圳市振华路 163 号飞亚达大厦
邮政编码:518041
公司国际互联网网址:http://www.fiyta.com
公司电子信箱:szfiyta@public.szptt.net.cn
5.公司信息披露的选定报纸:《证券时报》、《香港商报》
登载公司年度报告的中国证监会指定网站的网址:http://www.cninfo.com.cn
公司年度报告备置地点:公司证券部
6.公司股票上市交易所:深圳证券交易所
股票简称及代码:飞亚达 A 000026
飞亚达 B 200026

二、会计数据和业务数据摘要

1.公司本年度主要会计数据

项目	金额(人民币元)
利润总额	16,000,180
净利润	11,322,807
扣除非经常性损益后的净利润	3,751,042
主营业务利润	81,417,594
其他业务利润	19,142,605
营业利润	13,326,640
投资收益	1,909,801
补贴收入	0
营业外收净额	763,739
经营活动产生的现金流量净额	64,028,448
现金及现金等价物净增加额	65,000,072

2.扣除非经常性损益项目和涉及金额

项目	金额(人民币元)
利息收入	10,090,527
处理被投资公司产生损失	-2,655,190
其他	136,428
合计	7,571,765

3.公司前三年的主要会计数据和财务指标(单位:人民币元)

项目	2001 年	2000 年		1999 年	
		调整前	调整后	调整前	调整后
主营业务收入	219,813,846	253,028,149	253,028,149	280,224,092	280,224,092
净利润	11,322,807	14,665,211	15,680,229	33,139,196	30,834,873
总资产	725,845,783	781,982,535	777,436,334	821,940,797	821,940,797
股东权益	587,802,989	593,228,797	588,946,082	580,867,909	578,563,586
每股收益(摊薄)	0.045	0.059	0.063	0.133	0.124
每股收益(加权)	0.045	0.059	0.063	0.133	0.124
每股净资产	2.36	2.38	2.36	2.33	2.32
调整后每股净资产	2.25	2.26	2.26	2.19	2.17
每股经营活动产生的现金流量净额	0.26	-0.016	-0.016	0.151	0.151
净资产收益率	1.93%	2.47%	2.66%	5.71%	5.33%

4.根据中国证监会《公开发行证券公司信息披露编报规则第 9 号》计算的净资产收益率和每股收益:

报告期利润	净资产收益率(%)		每股收益(元/股)	
	全面摊薄	加权平均	全面摊薄	加权平均
主营业务利润	13.85	13.69	0.327	0.327
营业利润	2.27	2.24	0.053	0.053
净利润	1.93	1.90	0.045	0.045
扣除非经常性损益后的净利润	0.64	0.63	0.015	0.015

三、股本变动及股东情况

1.股份变动情况表
截止 2001 年 12 月 31 日,本公司股本变动如下:

数量单位:股

	本次变动前	本次变动增减(+,-)	本次变动后
一.未上市流通股份			
发起人股份	130,248,000	0	130,248,000
其中:境内法人持有股份	130,248,000	0	130,248,000
未上市流通股份合计	130,248,000	0	130,248,000
二.已上市流通股份			
1.人民币普通股	60,749,999	0	60,749,999
其中:高管股	405,907	-129,600	276,307
2.境内上市的外资股	58,320,000	0	58,320,000
已上市流通股份合计	119,069,999	0	119,069,999
三.股份总数	249,317,999	0	249,317,999

000027 深圳能源投资股份有限公司

2001 年年度报告摘选

一、公司简介

1、公司的法定中文名称:深圳能源投资股份有限公司
法定英文名称:SHENZHEN ENERGY INVESTMENT CO.,LTD.
英文缩写:SEIC
2、公司法定代表人:劳德容
3、公司董事会秘书:胡坚
股证事务代表:周朝晖
联系地址:深圳市福田区深南中路 2068 号 33 层
联系电话:0755-3684356　　传真:0755-3684248
电子信箱:seic@szonline.net
4、公司注册地址:深圳市福田区深南中路 2068 号 33 层
公司办公地址:深圳市福田区深南中路 2068 号 33 层　　邮政编码:518031
电子信箱:seic@szonline.net
5、公司选定的信息披露报纸:中国证券报、证券时报
登载公司年度报告的网址:www.cninfo.com.cn
公司年度报告备置地点:公司证券部
6、公司股票上市交易所:深圳证券交易所
股票简称:深能源 A　　股票代码:000027

二、会计数据和业务数据摘要

1、公司本年度主要利润指标(单位:人民币元)

项目	金 额
利润总额	860964258.50
净利润	398136838.90
扣除非经常性损益后的净利润	440833549.22
主营业务利润	1119373977.54
其他业务利润	2714748.58
营业利润	833531461.30
投资收益	-15813885.94
补贴收入	118636368.87
营业外收支净额	-75389685.73
经营活动产生的现金流量净额	1956684996.59
现金及现金等价物净增减额	272988792.82

扣除非经常性损益的项目为营业外收入 633125.07 元,营业外支出-76022810.80 元,扣除所得税影响数 32957.65,扣除少数股东损益影响数-32725933.06,合计-42696710.32 元。

2、截至报告期末公司前三年主要会计数据和财务指标(单位:人民币元)

项目	2001 年度	2000 年度		1999 年度	
		调整后	调整前	调整后	调整前
主营业务收入	3347807762.89	2297222927.17	2308022916.14	1583749777.70	1583749777.70
净利润	398136838.90	391697119.23	354902556.98	326970818.95	291471651.29
总资产	7764864405.23	7554237277.45	7544313536.46	5074135727.24	5051382472.56
股东权益(不含少数股东权益)	2598529087.39	2529468495.97	2557938947.75	1655160072.54	1648409053.39
每股收益	0.3973	0.3909	0.3542	0.3606	0.3215
每股收益(加权)	0.3973	0.4210	0.3814	0.3606	0.3215
每股收益(扣除非经常性损益后)	0.4399	0.4357	0.3990	0.3606	0.3229
每股净资产	2.5931	2.5242	2.5526	1.8256	1.8182
调整后的每股净资产	2.5321	2.2318	2.3347	1.6758	1.7300
每股经营活动产生的现金流量净额	1.9526	1.2375	1.2375	0.8678	0.8678
净资产收益率	15.32	15.49	13.87	19.75	17.68
净资产收益率(加权)	14.59	19.63	16.85	20.52	18.33
净资产收益率(扣除非经常性损益后)	16.96	17.26	15.63	19.75	17.76

3、根据中国证监会《公开发行证券公司信息披露编报第 9 号-净资产收益率和每股收益的计算及披露》要求计算的利润表附表

报告期利润	净资产收益率(%)		每股收益(元)	
	全面摊薄	加权平均	全面摊薄	加权平均
主营业务利润	43.08	41.02	1.12	1.12
营业利润	32.08	30.55	0.83	0.83
净利润	15.32	14.59	0.40	0.40
扣除非经常性损益后的净利润	16.96	16.16	0.44	0.44

三、股本变动及股东情况

1、股本变动情况表

数量单位:股

项目	期初数	本次变动增减						期末数
		配股	送股	公积金转股	增发	其他	小计	
一、尚未流通股份								
1、发起人股份(国家股)	553982467							553982467
2、募集法人股	42833493							42833493
3、国家股转配								
尚未流通股份合计	596815960							596815960
二、已流通股份								
境内上市的人民币普通股	405263484							405263484
其中:高级管理人员持股	483941							483941
已流通股份合计	405263484							405263484
三、股份总数	1002079444							1002079444

000028 深圳一致药业股份有限公司

2001 年年度报告摘选

第一章 公司简介

1.公司法定中文名称：深圳一致药业股份有限公司
公司法定英文名称：Shenzhen Accord Pharmaceutical Co., Ltd.
英文缩写：Accord Pharm.
2.公司法定代表人：郭原
3.公司董事会秘书：陈常兵
联系地址：广东省深圳市福田区八卦四路 15 号一致药业大厦
电话：+(86)755 2406994,2435022
传真：+(86)755 2407013
电子信箱：champion@szaccord.com.cn
4.公司注册地址：广东省深圳市福田区八卦四路 15 号一致药业大厦
公司办公地址：广东省深圳市福田区八卦四路 15 号一致药业大厦
邮政编码：518029　　公司互联网址：http://www.szaccord.com.cn
公司电子信箱：0028@szaccord.com.cn
5. 公司选定的信息披露报纸：《证券时报》、《大公报》
登载年度报告的国际互联网站：http://www.cninfo.com.cn
公司年度报告备置地点：董事会秘书办公室
6. 公司股票上市交易所：深圳证券交易所
股票简称：一致药业／一致 B
股票代码：000028/200028

第二章 会计数据和业务数据摘要

第一节　本年度主要经营数据

项目	2001 年度(单位:人民币元)
利润总额	46,120,414.33
净利润	36,517,159.37
扣除非经常性损益后的净利润	32,443,330.44
主营业务利润	459,654,425.72
其他业务利润	6,796,555.45
营业利润	30,490,901.58
投资收益	-5,824,855.74
补贴收入	4,351,941.17
营业外收支净额	17,102,427.32
经营活动产生的现金流量净额	71,156,540.79
现金及现金等价物净增加额	115,544,841.45

第二节　截止报告期末公司前三年主要会计数据和财务指标(单位:人民币元)

	2001 年度	2000 年度		1999 年度	
		调整后	调整前	调整后	调整前
主营业务收入	1,668,674,966.40	107,898,952.24	107,898,952.24	90,186,614.12	90,186,614.12
净利润	36,517,159.37	-7,788,340.01	-1,784,830.34	20,585,150.61	20,585,150.61
总资产	1,118,169,233.92	484,883,064.84	490,886,574.51	501,982,520.74	538,950,594.14
股东权益(不含少数股东权益)	354,009,008.63	316,989,926.64	322,993,436.31	324,778,266.65	341,680,551.55
每股收益(摊薄)	0.13	-0.027	-0.006	0.129	0.129
每股收益(加权)	0.13	-0.027	-0.006	0.129	0.129
扣除非经常性损益后的每股收益	0.113	-0.091	-0.07	-0.115	-0.115
每股净资产(元)	1.229	1.10	1.12	2.03	2.13
调整后的每股净资产	0.975	1.056	1.07	1.96	2.06
每股经营活动产生的现金流量净额	0.247	0.03	0.03	0.143	0.143
净资产收益率(摊薄)(%)	10.32	-2.46	-0.55	6.34	6.02
净资产收益率(加权)(%)	10.88	-2.43	-0.56	6.34	6.02

第三节　扣除非经常性损益后净利润为基础计算的净资产收益率和每股收益：

报告期利润	净资产收益率(%)		每股收益(元)	
	全面摊薄	加权平均	全面摊薄	加　权
主营业务利润	129.84	137.01	1.60	1.60
营业利润	8.61	9.09	0.106	0.106
净利润	10.32	10.88	0.13	0.13
扣除非经常性损益后的净利润	9.16	9.67	0.113	0.113

注：利润表附表的利润数据是按照中国证监会《公开发行证券公司信息披露编报规则(第 9 号)》的要求计算的。

第三章 股本变动及股东情况

第一节　股本变动情况
股份变动情况表

	本次变动前	本次变动增减(+、-)						本次变动后
		配股	送股	公积金转股	增发	其它	小计	
一、未上市流通股份								
1、发起人股份	150,935,400							150,935,400
其中：								
国家持有股份	124,864,740							124,864,740
境内法人持有股份	26,070,660							26,070,660
境外法人持有股份								
其他								
2、募集法人股份	27,442,800							27,442,800
3、内部职工股								
4、优先股或其他								
其中：转配股								
未上市流通股份合计	178,378,200							178,378,200
二、已上市流通股份								
1、人民币普通股	54,885,600							54,885,600
2、境内上市的外资股	54,885,600							54,885,600
3、境外上市的外资股								
4、其他								
已上市流通股份合计	109,771,200							109,771,200
三、股份总数	288,149,400							288,149,400

000029 深圳经济特区房地产(集团)股份有限公司

2001 年年度报告摘选

第一节 公司基本情况简介

(一)公司法定中文名称：深圳经济特区房地产(集团)股份有限公司
公司法定英文名称：SHENZHEN Special Economic Zone Real Estate&Properties (Group).co.,Ltd.
中文缩写：深房集团　　英文缩写：SPG
(二)公司法定代表人：叶环保
(三)公司董事会秘书：周复申
证券事务代表：涂志刚
联系地址：深圳市人民南路深房广场 47 楼
电话：(0755)2293000-4654、4715
传真：(0755)2294024
电子信箱 SZspgcs@public.SZptt.net.cn
(四)公司注册地址：深圳市人民南路深房广场 47 楼
公司办公地址：深圳市人民南路深房广场 45—48 楼
邮政编码：518001
电子信箱 SZspgcs@public.SZptt.net.cn
(五)公司选定的信息披露报纸
境内：《中国证券报》、《证券时报》
境外：《大公报》
登载公司年度报告的中国证监会指定的国际互联网址：http://www.cninfo.com.cn
公司年度报告备置地点：深圳市人民南路深房广场 47 楼
(六)股票上市交易所：深圳证券交易所
股票简称及股票代码：深深房 A(代码 000029)
深深房 B(代码 200029)

第二节 会计数据和业务数据摘要

(一)公司本年度实现的利润总额：	-537,575,257 元
净利润：	-537,280,418 元
扣除非经常性损益后的净利润：	-496,564,394 元
主营业务利润：	174,683,100 元
其他业务利润：	22,159,491 元
营业利润：	-460,272,554 元
投资收益：	-35,793,861 元
补贴收入：	0 元
营业外收支净额：	-41,508,842 元
经营活动增加的现金流量净额：	69,221,442 元
现金及现金等价物净增加额：	-8,992,316 元

(二)本公司最近三年的主要会计数据和财务指标

	2001 年	2000 年		1999 年	
		调整后	调整前	调整后	调整前
主营业务收入(万元)	61,625.1	85,284.1	85,284.1	72,360.3	84,915.8
净利润(万元)	-53,728.0	7607.5	7,655.2	10,600.9	10,208.5
总资产(万元)	347,321.3	411,390.4	411,391.3	411,289.6	426,214.9
股东权益(不含少数股东权益、单位万元)	101,908.2	155,246.9	160,157.2	155,061.1	152,034.8
每股收益—摊薄(元)	-0.5311	0.0752	0.0757	0.10	0.10
每股收益—加权(元)	-0.5311	0.0752	0.0757	0.10	0.10
每股收益—扣除非经常损益(元)	-0.4908	0.0751	0.0756	-0.0047	-0.0047
每股净资产(元)	1.01	1.53	1.58	1.53	1.50
调整后的每股净资产(元)	0.88	1.46	1.50	1.40	1.38
每股经营活动产生的现金流量净额(元)	0.07	0.13	0.13	0.14	0.14
净资产收益率—摊薄(%)	-52.72	4.90	4.78	6.71	6.71
净资产收益率—加权(%)	-41.85	4.90	4.82	7.00	6.71

第三节 股本变动及股东情况

一、股本变动情况表(截止于 2001 年 12 月 31 日)

	本次变动前	本次变动增减(+,-)						本次变动后
		配股	送股	公积金转股	增发	其他	小计	
一、未上市流通股份								
1、发起人股份								
其中：								
国有股	743,820,000							743,820,000
境内法人持有股份								
境外法人持有股份								
其他								
2、募集法人股								
3、内部职工股								
4、优先股或其他								
其中：转配股								
未上市流通股份合计	743,820,000							743,820,000
二、已上市流通股份								
1、人民币普通股	147,840,000							147,840,000
2、境内上市的外资股	120,000,000							120,000,000
3、境外上市的外资股								
4、其他								
已上市流通股份合计	267,840,000							267,840,000
三、股份总数	1,011,660,000							1,011,660,000

000030 广东盛润集团股份有限公司

2001 年年度报告摘要

第一节　公司基本情况简介

1、公司法定名称：广东盛润集团股份有限公司
公司英文名称：Shenzhen Lionda Holdings Co., Ltd.（缩写 LIONDA）
2、公司法定代表人：李承友
3、公司董事会秘书：潘世明
联系电话：(0755)3361666　　传真：(0755)3361777
证券事务代表：马科儒
联系地址：深圳市华强北路嘉华大厦产权及发展部
电子信箱：lionda@mailcenter.com.cn
4、公司注册地址：中国广东省深圳市华强北路
公司办公地址：深圳市华强北路嘉华大厦　　邮编：518031
公司国际互联网网址：www.lionda.com
公司电子信箱：szlionda@public.szptt.net.cn
5、公司选定的信息披露报纸名称：《证券时报》、香港《大公报》
刊登公司年度报告的中国证监会指定国际互联网网址：http://www.cninfo.com.cn/
年度报告备置地点：公司三楼产权及发展部
6、股票上市交易所：深圳证券交易所
股票简称：ST 盛润 A、ST 盛润 B　　股票代码：000030、200030

第二节　会计数据和业务数据摘要

一、本年度主要会计数据和业务数据（单位：人民币元）

项目	金额
利润总额	-981,340,933.01
净利润	-995,379,245.69
扣除非经常性损益后的净利润	-627,122,420.66
主营业务利润	64,022,160.57
其他业务利润	3,443,922.90
营业利润	-535,563,027.90
投资收益	-32,661,024.80
补贴收入	63,965.00
营业外收支净额	-413,180,845.31
经营活动产生的现金流量净额	31,171,906.34
现金及现金等价物净增减额	-129,293,793.08

注 1：公司境外披露按国际公认会计制度计算的净利润为 -1051,758,000 元，造成境内外净利润差异的因素如下表：（正值为按国际公认会计制度应增加净利润值，负值反之）

（单位：元）

项目	金额
坏帐准备	-8,466,000.00
地产项目原利息化注销	-63,810,000.00
待摊费用注销	429,245.69
债务重组收益	19,996,000.00
少数股东权益	-3,478,000.00
开办费注销	-1,050,000.00

二、公司前三年的主要会计数据和财务指标（单位：人民币元）

项目	2001 年	2000 年		1999 年	
		调整前	调整后	调整前	调整后
主营业务收入	514,193,221.51	739,838,601.55	739,838,601.55	1,016,658,905.44	1,013,426,361.47
净利润	-995,379,245.69	4,203,132.20	6,471,504.22	50,221,677.83	45,119,769.09
总资产	444,493,757.35	1,438,282,665.31	1,364,961,195.87	1,620,683,362.71	1.598,991,729.42
股东权益(不含少数股东权益)	-971,769,207.28	70,093,729.57	3,153,282.33	57,686,042.84	-32 ,474,698.45
每股收益	-3.45	0.0146	0.02	0.17	0.16
加权平均	-3.45	0.0146	0.02	0.17	0.16
全面摊薄	-3.45	0.0146	0.02	0.17	0.16
扣除非经常性损益每股收益	-2.18	-0.030	-0.097	-0.035	-0.053
每股净资产	-3.37	0.2430	0.011	0.20	-0.11
调整后的每股净资产	-3.39	-0.295	-0.417	-0.24	-0.35
每股经营活动产生的现金流量净额	0.108	-0.102	-0.10	0.40	0.39

附：利润表附表

报告期利润	每股收益(元)	
	全面摊薄	加权平均
主营业务利润	0.22	0.22
营业利润	-1.85	-1.85
净利润	-3.45	-3.45
扣除非经常性损益后净利润	-2.18	-2.18

第三节　股本变动及股东情况

一、股本变动情况
1. 股份变动情况表（数量单位：股）

2001 年 12 月 31 日

	本次变动前	本次变动增减(+,-)						本次变动后
		配股	送股	公积金转股	增发	其他	小计	
一、未上市流通股份								
1、发起人股份	208560000	0	0	0	0	0	0	208560000
其中：								
国家持有股份	191400000	0	0	0	0	0	0	191400000
境内法人持有股份								
境外法人持有股份								
其他								
2、募集法人股份	17160000	0	0	0	0	0	0	17160000
3、内部职工股								
4、优先股或其他								
未上市流通股份合计	208560000	0	0	0	0	0	0	208560000
二、已上市流通股份								
1、人民币普通股	40260000	0	0	0	0	0	0	40260000
2、境内上市的外资股	39600000	0	0	0	0	0	0	39600000
3、境外上市的外资股								
4、其他								
已上市流通股份合计	79860000	0	0	0	0	0	0	79860000
三、股份总数	288420000	0	0	0	0	0	0	288420000

000031 深圳市宝恒（集团）股份有限公司

2001 年年度报告摘要

一、公司基本情况简介

1、公司名称：深圳市宝恒（集团）股份有限公司
英文名称：SHENZHEN BAOHENG (GROUP) CO., LTD.
2、公司法定代表人：古焕坤
3、公司董事会秘书：朱海彬
证券事务代表：汤晓音
联系地址：深圳市宝安区湖滨路 5 号宝恒大厦
联系电话：7754517、7780713
传　　真：7789701、7780713
电子信箱：szbhjtgf@sz.gd.cninfo.net
4、公司注册地址：深圳市宝安区湖滨路 5 号
公司办公地址：深圳市宝安区湖滨路 5 号宝恒大厦
邮政编码：518101
公司国际互联网网址：http://www.baoheng.com.cn
电子信箱：szbhjtgf@sz.gd.cninfo.net
5、公司选定的信息披露报纸名称：证券时报
登载年度报告的中国证监会指定网站的网址：http://www.cninfo.com.cn
公司年度报告备置地点：深圳市宝安区湖滨路 5 号宝恒大厦
6、公司股票上市交易所：深圳证券交易所
股票简称：深宝恒 A
股票代码：000031

二、会计数据和业务数据摘要

1、公司本年度实现

（单位：元）

项目	金额
利润总额	92,356,702.51
净利润	58,449,448.84
扣除非经常性损益后的净利润	57,963,828.15
主营业务利润	162,482,317.23
其他业务利润	4,768,942.93
营业利润	66,861,233.37
投资收益	25,009,848.45
营业外收支净额	485,620.69
经营活动产生的现金流量净额	133,567,598.57
现金及现金等价物净增加额	-31,592,811.13

注：非经常性损益是指公司正常经常损益之外的、一次性或偶发性损益。公司扣除非经常性损益为：485,620.69 元。

2、截至报告期末公司前三年的主要会计数据和财务指标

项目（按人民币计）	2001 年	2000 年		1999 年	
		调整后	调整前	调整后	调整前
主营业务收入(元)	312,452,689.73	327,986,497.59	313,729,722.42	250,886,736.81	311,822,065.40
净利润(元)	58,449,448.84	23,109,961.64	20,401,096.53	-119,716,432.24	-116,491,818.59
总资产(元)	1,636,222,189.99	1,413,655,547.26	1,406,701,409.18	1,491,775,721.77	1,248,476,128.45
股东权益(元)	947,453,258.95	889,418,383.66	888,905,108.22	868,504,011.69	991,729,195.96
每股收益(元)	0.125	0.050	0.04	-0.26	-0.25
加权平均每股收益(元)	0.125	0.050	0.04	-0.26	-0.25
扣除非经常性损益的每股收益(元)	0.124	0.044	0.04	-0.2287	-0.2219
每股净资产（元）	2.03	1.91	1.91	1.86	2.08
调整后的每股净资产(元)	1.98	1.86	1.86	1.81	2.00
每股经营活动产生的现金流量净额(元)	0.29	0.19	0.19	0.132	0.132
净资产收益率(%)	6.17	2.60	2.30	-13.78	-12.01
加权平均净资产收益率(%)	6.36	2.63	2.32	-12.90	-11.19

3、利润表附表根据中国证监会《公开发行证券公司信息披露编报规则第 9 号》的要求计算的净资产收益率和每股收益如下：

报告期利润	净资产收益率		每股收益	
	全面摊薄	加权平均	全面摊薄	加权平均
主营业务利润	17.15%	17.69%	0.348	0.348
营业利润	7.06%	7.28%	0.143	0.143
净利润	6.17%	6.36%	0.125	0.125
扣除非经常性损益后净利润	6.12%	6.31%	0.124	0.124

三、股本变动及股东情况

1、股本变动情况
(1) 股本变动情况表
2001 年年度公司股份变动情况

数量单位：股

	本次变动前	本次变动增减(+,-)				本次变动后
		配股	送股	公积金转股	小计	
一、未上市流通股份						
1、发起人股份						
其中：						
国家持有股份	278,062,500					278,062,500
境内法人持有股份						
外资法人持有股份						
其他						
2、募集法人股份	24,750,000					24,750,000
3、内部职工股						
4、其他						
未上市流通股份合计	302,812,500					302,812,500
二、已上市流通股份						
1、人民币普通股	163,489,877					163,489,877
2、境内上市的外资股						
3、境外上市的外资股						
4、其他						
已上市流通股份合计	163,489,877					163,489,877
三、股份总数	466,302,377					466,302,377

000032 深圳市桑达实业股份有限公司

2001 年年度报告摘选

一、公司基本情况简介

1、公司中文名称:深圳市桑达实业股份有限公司
公司英文名称:SHENZHEN SED INDUSTRY CO.,LTD.
2、公司法定代表人:佟保安
3、公司董事会秘书:金涛
电子信箱:jintao@sedind
证券事务代表:李红梅
联系地址:深圳市福田区振华路 78 号西二层
联系电话:0755—3200636
传　真:0755—3200639
4、公司注册地址、办公地址:深圳市福田区振华路 78 号西二层
邮政编码:518031　　电子信箱:sed@sedind.com
5、公司选定的信息披露报刊:《证券时报》
登载公司年度报告的中国证监会指定国际互联网网址:www.cninfo.com.cn
公司年度报告备置地点:公司证券部
6、公司股票上市地:深圳证券交易所
股票简称:深桑达 A　　股票代码:000032

二、会计数据和业务数据摘要

1、公司本年度实现利润数及其构成

项 目	金额(元)
利润总额	46,750,344.70
净利润	36,375,973.55
扣除非经常性损益后的净利润	33,761,495.90
主营业务利润	153,268,844.37
其他业务利润	7,421,535.44
营业利润	35,274,237.14
投资收益	2,738,079.57
补贴收入	1,718,753.54
营业外收支净额	7,019,274.45
经营活动产生的现金流量净额	133,992,315.13
现金及现金等价物净增减额	57,169,475.70

扣除的非经常性损益项目包括:补贴收入 1,718,753.54 元,市政公共设施配套费减免收入 933,638.90 元,处理固定资产净收益 700 元,违约金收入 166,776.12 元,所得税返还 438,417.05 元,处理固定资产损失 16,698.09 元,罚款及滞纳金支出 153,228.48 元,其他营业外支出 89,870.70 元,剔除所得税影响后的非经常性收益 2,614,477.65 元。

2、公司近三年的主要会计数据和财务指标

项 目	2001 年	2000 年		1999 年	
		调整后	调整前	调整后	调整前
主营业务收入	1,691,814,692.18	1,152,602,985.77	1,152,602,985.77	851,657,402.03	851,657,402.03
净利润	36,375,973.55	30,228,505.46	31,756,182.99	31,003,685.92	31,003,685.92
总资产	893,896,557.56	841,183,733.66	845,296,102.08	729,674,039.02	731,148,198.57
股东权益(不含少数股东权益)	265,526,402.01	242,231,628.46	245,233,465.54	225,084,323.00	226,558,482.55
每股收益(摊薄)	0.278	0.231	0.243	0.237	0.237
每股收益(加权)	0.278	0.231	0.243	0.237	0.237
每股净资产(元/股)	2.03	1.85	1.87	1.72	1.73
调整后的每股净资产(元/股)	1.79	1.60	1.60	1.52	1.53
每股经营活动产生的现金流量净额	1.02	-0.09	-0.09	0.01	0.01
净资产收益率(摊薄)	13.70%	12.48%	12.95%	13.77%	13.68%
净资产收益率(加权)	13.97%	12.58%	13.10%	14.09%	13.99%
扣除非经营性损益的净资产收益率(摊薄)	12.72%	12.02%	12.95%	12.65%	12.98%
扣除非经营性损益的净资产收益率(加权)	12.96%	12.12%	13.10%	12.95%	13.27%

3、利润表附表

报告期利润	净资产收益率		每股收益	
	全面摊薄	加权平均	全面摊薄	加权平均
主营业务利润	57.72%	58.85%	1.172	1.172
营业利润	13.28%	13.55%	0.270	0.270
净利润	13.70%	13.97%	0.278	0.278
扣除非经营性损益后的净利润	12.72%	12.96%	0.258	0.258

注:计算方法参照中国证监会"《公开发行证券公司信息披露编报规则》第九号通知"。

4、报告期股东权益变动情况:(单位:元)

项 目	股 本	资本公积	盈余公积	法定公益金	未分配利润	股东权益
期初数	130,812,000.00	77,413,487.35	24,282,736.88	9,723,404.23	-	242,231,628.46
本期增加	-	-	21,098,064.66	1,818,798.68	36,375,973.55	59,292,836.89
本期减少	-	-	-	-	35,998,063.34	35,998,063.34
期末数	130,812,000.00	77,413,487.35	45,380,801.54	11,542,202.91	377,910.21	265,526,402.01

变动原因:盈余公积金、未分配利润变动是本年利润转入及实施 2001 年度利润分配所致。

三、股本变动及股东情况

1、股本变动情况

数量单位:股

	本次变动前	本次变动增减(+、-)						本次变动后
		配股	送股	公积金转股	增发	其他	小计	
一、未上市流通股份								
发起人股份	94,511,997							94,511,997
其中:								
国家持有股份	7,409,036							7,409,036
境内法人持有股份	87,102,961							87,102,961
境外法人持有股份	-							-
其他	-							-
未上市流通股份合计	94,511,997							94,511,997
二、已上市流通股份								
人民币普通股	36,300,003							36,300,003
已上市流通股份合计	36,300,003							36,300,003
三、股份总数	130,812,000							130,812,000

000033 深圳新都酒店股份有限公司

2001 年年度报告摘选

(一)公司基本情况简介

1、公司法定中文名称:深圳新都酒店股份有限公司
英文名称:SHENZHEN CENTURY PLAZA HOTEL CO.,LTD
2、公司法定代表人:张润钢
3、公司董事会秘书:董晓栗
电话:0755-2320888 转 382　　　传真:0755—2344699
联系地址:深圳春风路一号新都酒店 316 室
电子信箱:szxdjd@public.szptt.net.cn
4、公司注册地址:深圳市春风路一号
办公地址:深圳新都酒店 316 室
邮政编码:518001
电子信箱:szxdjd@public.szptt.net.cn
5、公司信息披露报纸:《证券时报》
登载公司年报的国际互联网网址:http://www.cninfo.com.cn
公司年度报告备置地点:深圳新都酒店 316 室
6、公司股票上市交易所:深圳证券交易所
公司股票简称:新都酒店 A
公司股票编号:0033
公司首次注册日期:1990 年 3 月 8 日
登记机关:深圳市工商行政管理局

(二)会计数据和业务数据摘要

1、公司 2001 年度主要业务数据:　　(单位:人民币元)

项目	金额
利润总额	5,251,716.34
净利润	5,251,716.34
扣除非经常性损益后的净利润	2,773,124.32
主营业务利润	72,924,659.86
营业利润	2,773,124.32
投资收益	2,669,664.79
营业外收支净额	-191,072.77
经营活动产生的现金流量净额	38,486,736.64
现金及现金等价物净增加额	4,619,618.68

注:扣除的非经常性损益项目和涉及金额

项目	金额
投资收益	2,669,664.79
营业外收入	46,441.65
营业外支出	237,514.42

2、公司截至报告年度末公司前三年的主要会计数据和财务指标:

指标项目	2001 年		2000 年		1999 年
	调整后	调整前	调整后	调整前	
主营业务收入(万元)	10225	10997	10997	10223	10223
净利润(万元)	525	-1137	-1237	-796	-290
总资产(万元)	65107	66756	66170	69293	68806
股东权益(万元)	43297	42772	42186	43909	43423
每股收益(元)	0.018	-0.040	-0.043	-0.028	-0.010
每股净资产(元)	1.505	1.487	1.466	1.526	1.509
调整后每股净资产(元)	1.439	1.441	1.410	1.466	1.440
每股经营活动产生的现金流量净额(元)	0.134	0.126	0.126	0.060	0.060
净资产收益率(%)	1.21%	-2.66%	-2.93%	-1.81%	-0.67%
扣除非经常性损益后的每股收益	0.010	-0.035	-0.038	-0.026	-0.010

(三)股本变动及股东情况

1、股本变动情况
(1) 股本结构

股份类别	年初数(万股)	年末数(万股)
(I)尚未流通股份		
发起人股份	22050	22050
其中:		
外资法人股	8820	8820
境内法人股	13230	13230
尚未流通股份合计	22050	22050
(II)已流通股份		
人民币普通股	6722.3488	6722.3488
(III)股份总计	28772.3488	28772.3488

本年度股份结构无变动。
2、股东情况介绍
(1)股东数量
截至 2001 年 12 月 31 日股东总人数 34565 人
(2)主要股东持股情况
截至 2001 年 12 月 31 日本公司前十名股东名单　　持股数(单位:股)

	未上市流通股份	已上市流通股份	合计	占股份总数比例
1.中国东方信托投资公司	66,150,000	0	66,150,000	22.99%
2.(香港)建辉投资有限公司	55,125,000	0	55,125,000	19.16%
4. 深圳贵州经济贸易公司	33,075,000	260,016	33,335,016	11.59%
3.南油(集团)有限公司	33,075,000		33,075,000	11.50%
5.(香港)桂江企业有限公司	33,075,000	0	33,075,000	11.50%
6.郑明星		497,762	497,762	0.17%
7.中储粮结算中心		333,000	333,000	0.12%
8.吴丽文		300,000	300,000	0.10%
9.朱承		252,000	252,000	0.8%
10.宋桥		228,401	228,401	0.8%

000034 深圳市深信泰丰(集团)股份有限公司

2001年年度报告摘要

一、公司简介

1、公司法定名称：
中文名称：深圳市深信泰丰(集团)股份有限公司
英文名称：SHENZHEN SHENXIN TAIFENG GROUP CO., LTD
2、公司法定代表人：肖水龙
3、公司董事会秘书：刘向阳
股证事务代表：李莉琨
联系地址：深圳市宝安区宝城23区新安三路28号海关大厦19楼
联系电话：(0755)7849181
传真：(0755)7849232
电子信箱：aday6@163.com
4、公司注册地址：深圳市宝安区宝城宝民一路102号
公司办公地址：深圳市宝安区宝城23区新安三路28号海关大厦19楼
邮政编码：518101
国际互联网网址：http://www.sxtf.com.cn
5、公司选定的信息披露报纸名称：《证券时报》、《中国证券报》
登载公司年度报告的中国证监会指定国际互联网网址：http://www.cninfo.com.cn
公司年度报告备置地点：公司总部董事会秘书处
6、股票上市交易所：深圳证券交易所
股票简称：深信泰丰
股票代码：000034

二、会计数据和业务数据摘要

1、公司本年度实现　　(单位：人民币元)

项目	金额
利润总额	46,834,817.08
净利润	43,614,361.42
扣除非经常性损益后的净利润	37,677,410.26
主营业务利润	177,983,894.35
其他业务利润	1,838,045.80
营业利润	40,897,865.92
投资收益	1,821,161.07
补贴收入	--
营业外收支净额	4,115,790.09
经营活动产生的现金流量净额	-62,344,037.00
现金及现金等价物净增加额	-218,403,448.82

注："扣除非经常性损益后的净利润"是指从净利润中扣除公司报告期内正常经营损益之外的、一次性或偶发性损益。非经常性损益的构成为营业外收支及投资收益，涉及金额5,936,951.16元。

2、主要会计数据与财务指标　　(单位：人民币元)

项目	2001年	2000年		1999年	
		调整后	调整前	调整后	调整前
主营业务收入	1,247,674,900.38	415,887,077.41	415,887,077.41	547,842,909.38	608,704,201.54
净利润	43,614,361.42	272,271,786.84	271,479,290.97	45,562,473.66	38,008,344.72
总资产	1,454,132,863.14	1,340,802,637.50	1,368,965,915.26	84,969,855.20	950,006,652.30
股东权益	359,547,156.19	315,932,794.77	342,765,361.37	71,286,070.40	63,731,941.46
每股收益	0.14	0.87	0.87	0.15	0.122
每股净资产	1.16	1.02	1.10	0.229	0.205
调整后的每股净资产	1.01	0.82	0.89	0.009	0.009
每股经营活动产生的现金流量净额	-0.20	0.52	0.52	0.32	0.30
净资产收益率(%)	12.13	86	79.2	64	60

3、按照中国证监会《公开发行证券公司信息披露编报规则(第9号)》要求计算的数据：

	净资产收益率(%)		每股收益(元/股)	
	全面摊薄	加权平均	全面摊薄	加权平均
主营业务利润	49.5	53	0.57	0.57
营业利润	11.37	12	0.13	0.13
净利润	12.13	13	0.14	0.14
扣除非经常性损益后的净利润	10.48	11	0.12	0.12

三、股本变动及股东情况

1、公司股份变动情况表
(1)股份变动情况表　　(单位：股)

项目	本次变动前	本次变动增减(+,-)						本次变动后
		配股	送股	公积金转股	增发	其它	小计	
一、未上市流通股份								
1.发起人股份								
其中：								
国家持有股份	133555572							133555572
境内法人持有股份	92924962							92924962
境外法人持有股份								
其他								
2.募集法人股份								
3.内部职工股	54268							54268
4.优先股或其他								
未上市流通股份合计	226534802							226534802
二、已上市流通股份								
1.人民币普通股	84604598							84604598
2.境内上市的外资股								
境外上市的外资股								
其它								
已上市流通股份合计	84604598							84604598
三、股份总数	311139400							311139400

000035 中国科健股份有限公司

2001年年度报告摘要

第一章　公司基本情况简介

一、公司名称：
中文：中国科健股份有限公司
英文：CHINA KEJIAN CO., LTD.
二、公司法定代表人：侯自强
三、公司董事会秘书：高文舍
联系地址：深圳福田区滨河路5022号联合广场B座六层，邮政编码：518026
电话：0755-2940282，2940208　　传真：0755-2900517；2940095
电子信箱：cnkj@public.szptt.net.cn
四、公司注册地址：深圳蛇口工业六路
办公地址：深圳福田区滨河路5022号联合广场B座六层，邮政编码：518026
互联网网址：http://www.chinakejian.net　　电子信箱：kejian@szonline.net
五、公司选定的中国证监会指定报纸名称：《中国证券报》和《证券时报》
中国证监会指定国际互联网网址：http://www.cninfo.com.cn
公司年度报告备置地点：公司证券部
六、公司股票上市交易所：深圳证券交易所
股票简称：中科健A　　股票代码：000035

第二章　会计数据和业务数据摘要

一、本年度公司主要财务数据(单位：元)

项目	金额
利润总额	50,379,575.74
净利润	51,793,988.76
扣除非经常性损益后的净利润	51,884,587.89
主营业务利润	192,307,589.17
其他业务利润	2,630,341.69
营业利润	26,160,222.97
投资收益	20,754,995.53
补贴收入	500,000.00
营业外收支净额	2,964,357.24
经营活动产生的现金流量净额	-203,111,442.38
现金及现金等价物净增减额	-64,738,247.42

注：扣除非经常性损益项目和涉及金额：

项目	金额(元)
财政专项补贴	500,000.00
营业外收入：	
其中：处理固定资产净收益	2,500.00
罚款收入	700.00
其他	141,047.17
营业外支出：	
其中：罚款支出	150,152.07
固定资产清理损失	302,683.56
其他	282,010.67

二、截至报告期末公司前三年的主要会计数据与财务指标

项目	2001年度	2000年度调整前	2000年度调整后	1999年度调整前	1999年度调整后
主营业务收入(万元)	144,482.89	86,615.16	86,393.90	61428.9	61272.96
净利润(万元)	5,179.40	4,546.42	2,244.58	4703.7	-2337.75
总资产(万元)	134,346.77	84,454.61	79,480.22	48890.6	42224.60
股东权益(万元)	19,947.71	21,279.56	14,768.31	24504.7	12523.73
每股收益(元/股)	0.447	0.39	0.19	0.406	-0.20
每股净资产(元/股)	1.72	1.84	1.27	2.115	1.08
调整后每股净资产(元/股)	1.60	1.51	1.17	1.89	1.02
每股经营活动产生的现金流量净额	-1.75	2.03	2.03	-0.829	-0.829
净资产收益率(%)	25.96	21.37	15.2	19.20	-18.67
净资产收益率(加权平均)(%)	29.84	23.67	16.45	21.23	-17.07

三、利润分配表附表

报告期内利润	净资产收益率(%)		每股收益(单位：人民币元)	
	全面摊薄	加权平均	全面摊薄	加权平均
主营业务利润	96.41	110.79	1.6594	1.6594
营业利润	13.11	15.07	0.2257	0.2257
净利润	25.96	29.84	0.4469	0.4469
扣除非经常性损益后的净利润	26.01	29.89	0.4477	0.4477

第三章　股本变动及股东情况

一、公司股份变动情况表　　数量单位：股

股份类别	本次变动前	本次变动增减(+,-)						本次变动后
		配股	送股	公积金转股	增发	其他	小计	
一、尚未上市流通股份								
1、发起人股份	33,614,000							33,614,000
其中：								
国家持有股份	33,614,000							33,614,000
境内法人持有股份								
境外法人持有股份								
其他								
2、募集法人股份	39,624,000							39,624,000
3、内部职工股	118,662							118,662
其中：高管股	118,662							118,662
4、优先股或其他								
未上市流通股份合计	73,356,662							73,356,662
二、已上市流通股份								
1、人民币普通股	42,530,538							42,530,538
2、境内上市的外资股								
3、境外上市的外资股								
4、其他								
已上市流通股份合计	42,530,538							42,530,538
三、股份总数	115,887,200							115,887,200

000036 深圳市华联控股股份有限公司

2001 年年度报告摘选

一、公司简介:

1、公司的法定名称:
中文名称:深圳市华联控股股份有限公司
英文名称:shenzhen union holdings china CO.,LTD.
2、公司法定代表人:丁　跃
3、公司总经理:范　炼
4、公司董事会秘书:孔庆富
注册(办公)地址:深圳市深南中路 2008 号华联大厦 17 层
电话:(0755)3667257
传真:(0755)3667583
邮政编码:518031
电子信箱:szhzhqgs@public.szptt.net.cn
5、公司选定信息披露报纸名称:《证券时报》和《中国证券报》
登载年报的国际互联网网址:http//www.cninfo.com.cn
年度报告备置地点:公司证券部
6、公司股票上市交易所:深圳证券交易所
股票简称:华联控股　　股票代码:000036

二、会计数据和业务数据摘要:

(一)本年度利润总额及其构成(单位:人民元)

项目	金额
利润总额	362,645,922.02
净利润	125,034,108.26
扣除非经常性损益后的净利润	114,717,886.92
主营业务利润	997,269,518.41
其他业务利润	16,771,384.77
营业利润	342,010,894.26
投资收益	265,843.37
补贴收入	24,881,876.00
营业外收支净额	-4,512,691.61
经营活动产生的现金流量净额	416,526,343.75
现金及现金等价物净增加额	209,321,534.84

(二)公司近三年主要会计数据和财务指标:(单位:人民元)

指标项目	2001 年	2000 年		1999 年	
		调整前	调整后	调整前	调整后
主营业务收入	3,164,116,923.07	2,438,828,972.33	2,248,665,298.22	1,186,310,343.08	1,186,310,343.08
净利润	125,034,108.26	94,738,455.02	123,808,822.97	80,994,306.16	81,394,661.40
总资产	4,039,973,229.88	2,629,279,494.88	2,869,915,517.33	2,227,263,104.32	2,234,625,638.53
股东权益	984,838,088.22	860,057,911.95	857,207,767.49	801,104,833.61	801,274,965.43
每股收益	0.35	0.2635	0.34	0.3379	0.3396
扣除非经常性损益后每股收益	0.32	0.2522	0.31	0.3261	0.3278
每股净资产	2.74	2.39	2.38	3.34	3.34
调整后的每股净资产	2.69	2.31	2.33	3.15	3.15
每股经营活动产生的现金流量净额	1.16	0.84	0.84	-0.04	-0.04
净资产收益率(%)	12.70	11.02	14.44	10.11	10.16

注:股东权益中不含少数股东权益

(三)按照中国证监会《公开发行证券公司信息披露编报规则》(第 9 号)要求编制的利润表附表如下:

报告期利润	净资产收益率		每股收益	
	全面摊薄	加权平均	全面摊薄	加权平均
主营业务利润	101.26%	108.37%	2.77	2.77
营业利润	34.73%	37.08%	0.95	0.95
净利润	12.70%	13.56%	0.35	0.35
扣除非经常性损益后的净利润	11.65%	12.44%	0.32	0.32

注:1. 上述会计数据和指标是按本公司合并会计报表数填列或计算。
2. 扣除非经常性损益项目及涉及金额 10,316,221.34 元:其中新股发行利息收益 2,867,663.64 元,财政补贴 2,736,875.53 元,技改补助 3,418,005.00 元,其它 1,293,677.17 元。
3. 合并会计报表期初数的调整(详见审计报告附注 12)。

三、股本变动及股东情况:

(一)股本变动情况
1、公司股份变动情况表

数量单位:股

	期初数	本次变动增减(+,-)					期末数
		配股	送股	公积金转增	其他	小计	
一、尚未流通股份							
1、发起人股份	180476835					0	180476835
其中:							
国家拥有股份							
境内法人持有股份							
外资法人持有股份							
其他:							
2、募集法人股	1905750					0	1905750
3、内部职工股							
4、优先股或其他							
尚未流通股份合计	182382585					0	182382585
二、已流通股份							
1、境内上市的人民币普通股	177172500					0	177172500
2、境内上市的外资股							
3、境外上市的外资股							
4、其他							
已流通股份合计	177172500					0	177172500
三、股份总数	359555085					0	359555085

000037 深圳南山热电股份有限公司

2001 年年度报告摘选

一、公司基本情况简介

1、公司法定中文名称:深圳南山热电股份有限公司
英文名称:SHENZHEN NANSHAN POWER STATION CO.,LTD
2、公司法定代表人:劳德容
3、公司董事会秘书:傅博
电　　话:(0755)6072818
电子信箱:fubo88@21cn.com
股证事务代表:胡琴
电　　话:(0755)6650064　　　传　真:(0755)6650642
联系地址:广东省深圳市南山区月亮湾大道 18 号
4、公司注册及办公地址:深圳市南山区月亮湾大道 18 号　　　邮政编码:518052
电子信箱:sznsrdgf@szptt.public.net.cn
5、公司选定的信息披露报纸:《中国证券报》、《证券时报》及《大公报》
中国证监会指定登载公司年度报告的国际互联网网址:http://www.cninfo.com.cn
公司年度报告备置地点:公司办公室
6、股票上市交易所:深圳证券交易所
股票简称及代码:深南电 A　　000037
　　　　　　　　深南电 B　　200037

二、会计数据和业务数据摘要

(一) 本年度主要会计数据(合并)

(单位:人民币元)

项目	金　额
利润总额	270,756,490.48
净利润	203,271,458.50
扣除非经常性损益后的净利润	187,581,841.13
主营业务利润	264,619,499.29
其他业务利润	-462,583.27
营业利润	233,922,925.58
投资收益	-1,017,636.84
补贴收入	41,491,683.28
营业外收支净额	-3,640,481.54
经营活动产生的现金流量净额	385,156,586.58
现金及现金等价物净增减额	61,227,589.24

注:扣除非经常性损益的项目和金额　(单位:人民币元)

项目	金额
中联电力财务有限公司坏帐冲回	11,422,963.45
2001 年 5-10 月电费补贴收入	8,453,207.69
营业外收支净额	-4,186,553.77

(二)公司近三年主要会计数据和财务指标(单位:人民币元)

项目	2001 年(合并)	2000 年		1999 年	
		调整后(合并)	调整前	调整后	调整前
主营业务收入	1,084,093,347.25	889,714,044.95	889,714,044.95	600,710,427.02	600,710,427.02
净利润	203,271,458.50	145,288,240.63	145,288,240.63	117,552,105.92	116,169,677.57
总资产	1,556,745,162.85	1,369,583,120.93	1,341,408,120.93	999,723,146.08	1,004,968,086.60
股东权益(不含少数股东权益)	908,452,033.47	704,429,276.28	717,541,627.36	600,926,793.00	594,408,321.66
每股收益(元/股)	0.37	0.41	0.41	0.33	0.33
每股净资产(元/股)	1.66	1.98	2.01	1.69	1.67
调整后的每股净资产(元/股)	1.65	1.84	1.84	1.63	1.63
扣除非经常性损益后的每股收益(元/股)	0.34	0.41	0.28	0.40	0.40
每股经营活动产生的现金流量净额(元/股)	0.70	0.57	0.57	0.59	0.59
净资产收益率(%)	22.38	20.62	20.25	19.56	19.56

(三)利润表附表

项目	2001 年度				2000 年度				1999 年度			
	净资产收益率(%)		每股收益(元)		净资产收益率(%)		每股收益(元)		净资产收益率(%)		每股收益(元)	
	全面摊薄	加权平均	全面摊薄	加权平均	全面摊薄	加权平均	全面摊薄	加权平均	全面摊薄	加权平均	全面摊薄	加权平均
主营业务利润	29.13	28.26	0.48	0.56	20	22	0.41	0.41	27	25	0.45	0.45
营业利润	25.75	25.43	0.43	0.50	15	16	0.30	0.30	13	13	0.23	0.23
净利润	22.38	22.09	0.37	0.43	20	22	0.41	0.41	20	18	0.33	0.33
扣除非经常性损益后的净利润	20.65	20.39	0.34	0.40	15	15	0.28	0.28	24	22	0.40	0.40

三、股本变动及股东情况

1、股份变动情况表

数量单位:股

内容	本次变动前	本次变动增减(+、-)						本次变动后
		配股	送股	公积金转股	增发	其他	小计	
一、未上市流通股份								
1、发起人股份								
其中:								
国家拥有股份	56,867,580	853,818	13,908,733	13,908,733			28,671,284	85,538,864
国家股	20,495,970	307,818	5,012,947	5,012,947			10,333,712	30,829,682
国有法人股	36,371,610	546,000	8,895,786	8,895,786			18,337,572	54,709,182
境内法人持有股份	75,641,346	1,139,227	18,501,293	18,501,293			38,141,813	113,783,159
境外法人持有股份	75,886,074	724,513	18,460,332	18,460,332			37,645,177	113,531,251
其他								
2、募集法人股份	41,085,000	550,442	10,032,610	10,032,610			20,615,662	61,700,661
3、内部职工股								
4、优先股或其他								
未上市流通股份合计	249,480,000	3,268,000	60,902,968	60,902,968			125,073,936	374,553,935
二、已上市流通股份								
1、人民币普通股	33,660,000	10,098,000	10,544,068	10,544,068			31,186,136	64,846,135
2、境内上市的外资股	73,260,000	0	17,652,964	17,652,964			35,305,928	108,565,928
3、境外上市的外资股								
4、其他								
已上市流通股份合计	106,920,000	10,098,000	28,197,032	28,197,032			66,492,064	173,412,063
三、股份总数	356,400,000	13,366,000	89,100,000	89,100,000			191,566,000	547,966,000

000038 深圳大通实业股份有限公司

2001年年度报告摘选

一、公司基本情况简介

1、公司名称
中文名称:深圳大通实业股份有限公司
英文名称:SHENZHEN CAPSTONE INDUSTRIAL CO.,LTD.
缩写:CAPSTONE
2、公司法定代表人:孙腾良先生
(注:孙腾良先生为报告期末公司法定代表人,公司现任法定代表人为夏杨军先生)
3、公司董事会秘书:郭旭光先生
联系地址:深圳市深南中路中航苑航都大厦26楼
电　话:(0755)3793793　　传　真:(0755)3790776
电子信箱:szmingaa@sz.gd.cninfo.net
4、公司注册地址:深圳市华侨城东部工业区
公司办公地址:深圳市深南中路中航苑航都大厦26楼　　邮政编码:518041
公司电子信箱:szmingaa@sz.gd.cninfo.net
5、公司信息披露报纸:《证券时报》
登载公司年度报告国际互联网网址:http://www.cnifo.com.cn
公司年报备置地点:公司董事会秘书处
6、公司股票上市交易所:深圳证券交易所
股票简称:深大通A　　股票代码:000038

二、会计数据和业务数据摘要

(一)本年度主要会计数据和业务数据(单位:元)

项目	金额
利润总额	2,542,349.36
净利润	6,497,944.78
扣除非经常性损益后的净利润	4,747,935.24
主营业务利润	2,733,751.39
其它业务利润	4,843,908.91
营业利润	792,339.82
投资收益	2,688,521.50
补贴收入	- - -
营业外收支净额	-938,511.96
经营活动产生的现金流量净额	13,030,759.02
现金及现金等价物净增减额	15,423,729.76

注:非经常性损益项目及涉及金额(单位:元)

项目	金额
非经常性损益项目	1,750,009.54
股权转让收益	2,688,521.50
处理固定资产净收益	781,286.10
固定资产减值准备	-1,162,730.23
固定资产盘亏	-848,047.92
其他营业外收入	290,980.09

(二)公司前三年的主要会计数据和财务指标

项目	2001年度	2000年度		1999年度	
		调整后	调整前	调整后	调整前
主营业务收入(元)	32,800,856.68	58,655,372.31	58,655,372.31	105,477,641.64	105,477,641.64
净利润(元)	6,497,944.78	2,200,987.36	4,139,632.59	-44,646,165.06	-36,769,462.87
总资产(元)	168,053,250.99	173,699,196.86	184,439,703.86	178,405,593.72	186,282,295.91
股东权益(元)(不含少数股东权益)	106,291,550.11	99,793,605.33	106,170,844.54	97,592,617.97	102,031,211.95
每股收益(元)(摊薄)	0.0718	0.0243	0.046	-0.493	-0.406
每股收益(元)(加权)	0.0718	0.0243	0.046	-0.493	-0.406
扣除非经常性损益后的每股收益(元)(加权)	0.0525	-0.0092	0.0067	-0.414	-0.39
每股净资产(元)	1.1747	1.1029	1.173	1.041	1.128
调整后的每股净资产(元)	1.136	1.056	1.123	0.984	1.071
每股经营活动产生的现金流量净额(元)	0.144	-0.004	-0.004	0.083	0.083
净资产收益率(%)(摊薄)	6.11	2.21	3.899	-47.42	-36.037
净资产收益率(%)(加权)	6.31	2.16	3.899	-47.42	-36.037

附:利润表附表

报告期利润	净资产收益率(%)		每股收益(元)	
	全面摊薄	加权平均	全面摊薄	加权平均
主营业务利润	2.57	2.65	0.0302	0.0302
营业利润	0.75	0.77	0.0088	0.0088
净利润	6.11	6.31	0.0718	0.0718
扣除非经常性损益后净利润	4.47	4.61	0.0525	0.0525

三、股本变动及股东情况

(一)股本变动情况
1、股份变动情况表

2001年12月31日　　数量单位:股

	本次变动前	本次变动增减(+,-)						本次变动后
		配股	送股	公积金转增	增发	其他	小计	
一、未上市流通股份								
1、发起人股份								
其中:								
国家持有股份	7134600							7134600
境内法人持有股份	64211400							64211400
境外法人持有股份								
其他								
2、募集法人股份								
3、内部职工股								
4、优先股或其他								
未上市流通股合计	71346000							71346000
二、已上市流通股份	19140000							19140000
1、人民币普通股								
2、境内上市的外资股								
3、境外上市的外资股	19140000							19140000
4、其他								
已上市流通股份合计								
三、股份总数	90486000							90486000

000039 中国国际海运集装箱(集团)股份有限公司

2001年年度报告摘选

一、公司基本情况简介

(一)公司法定中文名称:中国国际海运集装箱(集团)股份有限公司
公司中文名称缩写:中集集团
公司法定英文名称:CHINA INTERNATIONAL MARINE CONTAINERS (GROUP) CO.,LTD.
公司英文名称缩写:CIMC
(二)公司法定代表人:李建红
(三)公司董事会秘书:吴发沛
证券事务代表:于玉群
联系地址:广东省深圳市蛇口工业区金融中心5字楼
电话:(0755)6691130
传真:(0755)6826579
电子信箱:shareholder@cimc.com
(四)公司注册地址:广东省深圳市蛇口工业区金融中心5字楼
公司办公地址:广东省深圳市蛇口工业区金融中心5字楼
邮编:518067
公司国际互联网网址:www.cimc.com　　公司电子信箱:shareholder@cimc.com
(五)公司年度报告披露报刊:《证券时报》、香港《大公报》
公司年度报告披露的网址:www.cninfo.com.cn
公司年度报告备置地点:公司金融事务部
(六)公司股票上市交易所:深圳证券交易所
股票简称:中集集团　　证券代码:000039
股票简称:中集B　　证券代码:200039

二、会计数据和业务数据摘要

(一)本年度公司的利润及现金数据　　金额单位:人民币元

项目	金额
利润总额	694,743,537.79
净利润	543,006,715.99
扣除非经常性损益后的净利润(注)	575,076,243.84
主营业务利润	1,569,408,693.37
其他业务利润	43,230,970.97
营业利润	656,591,751.10
投资收益	71,540,272.70
补贴收入	15,199,693.67
营业外收支净额	-48,588,179.68
经营活动产生的现金流量净额	1,590,751,906.73
现金及现金等价物净增加额	162,508,713.63

注:扣除非经常性损益涉及的项目和金额如下:
(1)补贴收入:　15,199,693.67元
(2)营业外收支净额:　-48,588,179.68元
(3)出售、处置部门或被投资单位所得收益:　1,318,958.16元

(二)截至报告期末公司前三年主要会计数据和财务指标　　金额单位:人民币元

项目	2001年	2000年(调整后)	2000年(调整前)	1999年
集装箱产量(TEU)	445,351	717,274	717,274	496,000
集装箱销量(TEU)	453,299	697,355	697,355	491,462
主营业务收入	6,765,506,831.37	8,949,840,612.52	8,954,274,836.11	5,196,869,397.40
净利润	543,006,715.99	457,490,434.61	461,965,079.10	257,633,812.94
总资产	5,936,850,787.09	6,570,691,514.31	6,639,791,527.07	6,622,510,638.31
股东权益(不含少数股东权益)	2,396,052,166.72	2,023,362,811.92	2,090,672,553.78	1,696,118,950.11
摊薄每股收益	1.5961	1.34	1.358	0.757
加权平均每股收益	1.5961	1.34	1.358	0.757
扣除非经常性损益后的每股收益.	1.69	1.42	1.015	0.752
每股净资产	7.04	5.95	6.15	4.99
调整后的每股净资产	6.90	5.76	5.96	4.84
每股经营活动产生的现金流量净额	4.676	0.571	0.571	0.845
摊薄净资产收益率(%)	22.66	22.61	22.10	15.19
加权平均净资产收益率(%)	23.67	24.57	23.97	15.75

按不同利润指标计算的2001年度净资产收益率和每股收益

报告期利润	净资产收益率(%)		每股收益(元)	
	全面摊薄	加权平均	全面摊薄	加权平均
净利润	22.66	23.67	1.5961	1.5961
扣除非经常性损益后的净利润	24.00	25.06	1.6904	1.6904

三、股本变动及股东情况

(一)公司股份变动情况表

数量单位:股

	本次变动前	本次变动增减(+、-)	本次变动后
一、未上市流通股份			
1. 发起人股份	151,575,422	0	151,575,422
其中:			
境内法人持有股份	68,208,940	0	68,208,940
境外法人持有股份	83,366,482	0	83,366,482
2. 内部职工股(注)	230,888	0	230,888
未上市流通股份合计	151,806,310	0	151,806,310
二、已上市流通股份			
1. 人民币普通股	45,991,287	0	45,991,287
2. 境内上市的外资股	142,403,801	0	142,403,801
已上市流通股份合计	188,395,088	0	188,395,088
三、股份总数	340,201,398	0	340,201,398

000040 深圳市鸿基(集团)股份有限公司

2001 年年度报告摘选

第一节　公司简介

1.公司法定中文名称:深圳市鸿基(集团)股份有限公司
公司法定英文名称:SHENZHEN HONGKAI(GROUP) CO.,LTD.
2.公司法定代表人:邱瑞亨
3.公司董事局秘书:邓有高
授权代表:沈蜀江
联系地址:深圳市罗湖区东门中路 1011 号鸿基大厦 26 楼
联系电话:0755-2367726
传真:0755-2367780
4.公司注册地址: 深圳市罗湖区东门中路 1011 号鸿基大厦 25—27 楼
公司办公地址: 深圳市罗湖区东门中路 1011 号鸿基大厦 25—27 楼
公司邮政编码:518001
公司互联网网址:www.0040.com.cn
公司电子信箱:szhkxxzx@public.szptt.net.cn
5.公司指定信息披露报刊:《中国证券报》、《证券时报》
公司年度报告披露中国证监会指定国际互联网网址:http://www.cninfo.com.cn
公司年度报告备置地点:公司董事局办公室
6.公司股票上市交易所:深圳证券交易所
股票简称:深鸿基 A
股票代码:000040

第二节　会计数据和业务数据摘要

一、本年度主要利润指标情况(单位:人民币元)

项目	金额
1. 利润总额:	-140,651,007
2. 净利润:	-125,603,349
3. 扣除非经常性损益后的净利润:	-128,292,155
4. 主营业务利润:	90,989,892
5. 其他业务利润:	3,497,833
6. 营业利润:	-94,284,311
7. 投资收益:	-49,055,502
8. 补贴收入:	0
9. 营业外收支净额:	2,688,806
10.经营活动产生的现金流量净额:	42,572,946
11.现金及现金等价物净增加额:	-36,805,618

二、截止报告期末公司前三年的主要会计数据和财务指标(单位:人民币元)

指标项目	2001 年	2000 年		1999 年	
		调整前	调整后	调整前	调整后
1.主营业务收入(元)	314,770,398	374,323,531	374,323,531	590,004,773	590,004,773
2.净利润(元)	-125,603,349	11,665,948	15,538,138	120,673,625	94,105,779
3.总资产(元)	1,999,913,348	2,369,836,206	2,345,652,361	2,191,060,128	2,164,492,282
4.股东权益(不含少数股东权益)	1,058,648,318	1,208,530,510	1,184,251,667	1,196,864,562	1,170,296,716
5.每股收益(元/股)	-0.267	0.025	0.033	0.257	0.200
6.每股净资产(元/股)	2.254	2.574	2.522	2.549	2.492
调整后每股净资产(元/股)	2.181	2.421	2.418	2.404	2.347
7.每股经营活动产生的现金流量净额	0.091	0.073	0.073	0.315	0.315
8.净资产收益率(%)	-11.86	0.96	1.31	10.08	8.04
扣除非经常性损益后的加权净资产收益率(%)	-11.44	0.97	1.33	9.85	7.58

第三节　股本变动及股东情况

一、股本变动情况

数量单位:股

	期初数	期末数
一.未上市流通股份		
1.发起人股份	137,890,896	137,890,896
其中:		
境内法人持有股份	137,890,896	137,890,896
2.募集法人股	44,902,000	44,902,000
未上市流通股份合计	182,792,896	182,792,896
二.已上市流通股份		
人民币普通股	286,800,468	286,800,468
其中:高级管理人员股	1,522,698	1,522,698
已流通股份合计	286,800,468	286,800,468
三.股份总数	469,593,364	469,593,364

二、股东情况介绍

1.截止 2001 年 12 月 31 日,本公司股东总数为 188,520 户。

2.公司前十名股东持股情况:

股东名称	年末持股数(股)	持股比例(%)	股份性质
(1)深圳市东鸿信投资发展有限公司	137,890,896	29.36	发起法人股
(2)中国太平洋保险公司深圳分公司	15,730,000	3.35	定向法人股
(3)潮洲市意溪工艺实业公司	10,010,000	2.13	定向法人股
(4)深圳银信宝投资发展有限公司	4,400,000	1.16	定向法人股
(5)绍兴纺纱有限公司	3,575,000	0.76	定向法人股
(6)深圳丰华电子有限公司	3,003,000	0.64	定向法人股
(7)深圳奋高投资开发有限公司	2,860,000	0.57	定向法人股
(8)深圳机场侯机楼有限公司	2,145,000	0.46	定向法人股
(9)深圳发展银行	1,430,000	0.30	定向法人股
(10)绍兴县宇华印染纺织有限公司	1,000,000	0.21	定向法人股

000042 深圳市长城地产(集团)股份有限公司

2001 年年度报告摘选

第一章　公司基本情况简介

一.公司法定中、英文名称
中文名称:深圳市长城地产(集团)股份有限公司
英文名称:SHENZHEN CHANGCHENG REAL ESTATE (GROUP) HOLDINGS CO.,LTD
二.公司法定代表人:蒋洪库
三.公司董事会秘书:刘莉
董事会证券事务代表:唐曙
联系地址:深圳市福田区红荔路 2010 号长兴大厦(圣廷苑酒店)东区裙楼
电话:(0755)3789776　　传真:(0755)3789776
电子信箱:szccdcdm@sz.gd.cninfo.net
四.公司注册及办公地址:深圳市福田区红荔路 2010 号长兴大厦(圣廷苑酒店)东区裙楼
邮政编码:518028
公司国际互联网网址:http://www.ccdcjt.com
电子信箱:ccdcjtsz@szonline.net
五.信息披露报纸:《证券时报》或《中国证券报》
登载公司年度报告的中国证监会指定国际互联网网址: http://www.cninfo.com.cn
公司年度报告备置地点:本公司董事会办公室
六.公司股票上市交易所:深圳证券交易所
股票简称:深长城 A　　　股票代码:000042
七.其他有关资料
1.公司首次注册登记日期:1994 年 9 月 13 日
公司首次注册登记地点:深圳市福田区白沙岭百花村百花五路长源楼
2.营业执照注册号:4403011008906
3.税务登记号码:440304520800008
4.公司聘请的会计事务所名称:深圳南方民和会计师事务所
办公地址:深圳市深南中路 2072 号电子大厦 8 楼
邮政编码:518031

第二章　会计数据和业务数据摘要

一.本年度主要会计数据　　单位:人民币元

项目	金额
利润总额	161,119,114.13
净利润	108,653,193.49
扣除非经常性损益后的净利润	110,622,715.07
主营业务利润	357,008,634.53
其他业务利润	10,470,808.36
营业利润	127,039,319.46
投资收益	20,662,060.49
补贴收入	683,500.00
营业外收支净额	12,734,234.18
经营活动产生的现金流量净额	-55,555,097.90
现金及现金等价物净增加额	56,637,103.29

注:扣除非经常性损益后的净利润计 110,622,715.07 元,非经常性损益明细如下:

项目	对应科目	金额
处理被投资单位股权损益	投资收益	570,176.77
补贴收入	补贴收入	683,500.00
债券转让损益	投资收益	1,611,224.67
营业外收入	营业外收入	6,310,764.18
营业外支出	营业外支出	-2,169,609.10
股权投资差额摊销	投资收益	-7,575,578.10
投资减值准备	投资收益	-1,400,000.00
小计		-1,969,521.58

二.截止报告期末公司前三年的主要会计数据和财务指标 单位:人民币元

项目	2001 年	2000 年		1999 年	
		调整前	调整后	调整前	调整后
主营业务收入	1407580330.66	1442886552.45	1442886552.45	1211424356.36	1211424356.36
净利润	108653193.49	111788812.88	106931639.67	105362189.37	102414231.37
总资产	4115851137.27	3448564853.51	3445029796.51	3034434554.78	3034434554.78
股东权益	1282860175.18	1223040333.21	1205337176.89	1125017382.17	1112171399.06
每股收益(全面摊薄)	0.454	0.467	0.447	0.440	0.428
每股净资产	5.357	5.107	5.034	4.698	4.644
调整后的每股净资产	4.644	4.866	4.792	4.438	4.386
每股经营活动产生的现金流量净额	-0.232	+0.629	+0.629	-0.279	-0.279
净资产收益率(全面摊薄)	8.47%	9.14%	8.87%	9.37%	9.23%

根据中国证监会《公开发行证券公司信息披露编报规则第 9 号》文的规定,分别按全面摊薄和加权平均法计算 2001 年度净资产收益率和每股收益如下:

报告期利润	净资产收益率		每股收益	
	全面摊薄	加权平均	全面摊薄	加权平均
主营业务利润	27.83%	28.34%	1.491 元	1.491 元
营业利润	9.90%	10.09%	0.531 元	0.531 元
净利润	8.47%	8.63%	0.454 元	0.454 元
扣除非经常性损益后的净利润	8.62%	9.05%	0.462 元	0.462 元

第三章　股本变动及股东情况

一.股本变动情况

1.报告期内,公司股本未发生任何变动,其结构如下:　　数量单位:股

	股份数
未上市流动股份	
(1)发起人股份	
其中:国家拥有股份	150,383,147
(2)境内法人持有股份	19,750,451
(3)内部职工股	
其中:高管股	207,786
未上市流通股份合计	170,341,384
已上市流通股份	69,121,656
股份总数	239,463,040

000043 深圳市南光(集团)股份有限公司

2001 年年度报告摘选

第一节　公司基本情况简介

一、公司的法定中文名称:深圳市南光(集团)股份有限公司
公司的法定英文名称:SHENZHEN NAN - GUANG(GROUP)PLC
英文名称缩写:SNG
二、公司法定代表人:李志正
三、公司董事会秘书:霍无非
联系地址:深圳市福田区深南中路 68 号航空大厦 32 层
联系电话:(0755)3689888 转 13253
传真:(0755)3688903
电子信箱:szngitgs@public.szptt.net.cn
四、公司注册及办公地址:深圳市福田区深南中路 68 号航空大厦 32 层
邮政编码:518031
公司网址:http://www.nan - guang.com.cn
电子信箱:sng@nan - guang.com.cn
五、公司选定的信息披露报纸:《证券时报》
登载公司年度报告的中国证监会指定网站的网址:
http://www.cninfo.com.cn
公司年度报告备置地点:董事会秘书办公室
六、公司股票上市交易所:深圳证券交易所
股票简称:深南光 A
股票代码:000043

第二节　会计数据和业务数据摘要

一、公司本年度利润总额及其构成　(单位:元)

项目	金额
利润总额	(141,801,529.37)
净利润	(137,669,968.51)
扣除非经常性损益后的净利润	(138,318,700.73)
主营业务利润	134,863,747.85
其他业务利润	565,371.78
营业利润	(120,531,380.73)
投资收益	(21,918,880.86)
补贴收入	0
营业外收支净额	648,732.22
经营活动产生的现金流量净额	72,834,559.96
现金及现金等价物净增减额	(54,761,080.69)
注:扣除非经常性损益项目及金额(元)	
营业收支净额	648,732.22

二、截至报告期末公司前三年的主要会计数据和财务指标(单位:元)

项目	2001 年	2000 年		1999 年
		调整前	调整后	
主营业务收入	659,549,929.88	876,778,884.11	856,358,645.16	719,179,775.26
净利润	(137,669,968.51)	16,456,902.02	(15,757,071.58)	19,486,095.49
总资产	951,485,145.99	1,241,916,738.81	1,201,782,155.09	1,161,042,424.98
股东权益(不含少数股东权益)	253,812,662.17	436,984,136.19	404,770,162.59	433,950,530.87
每股收益(摊薄)	(0.988)	0.12	(0.113)	0.14
每股收益(加权)	(0.988)	0.12	(0.113)	0.14
每股净资产	1.82	3.14	2.91	3.11
调整后的每股净资产	1.24	2.31	1.93	2.49
每股经营活动产生的现金流量净额	0.52	0.47	0.47	0.36
净资产收益率(%)(摊薄)	(54.24)	3.77	(3.89)	4.49
净资产收益率(%)(加权)	(40.98)	3.79	(3.70)	4.36

三、报告期利润表附表:

报告期利润	净资产收益率(%)		每股收益(元)	
	全面摊薄	加权平均	全面摊薄	加权平均
主营业务利润	53.13	43.79	0.968	0.968
营业利润	(47.49)	(34.99)	(0.865)	(0.865)
净利润	(54.24)	(40.98)	(0.988)	(0.988)
扣除非经常性损益后的净利润	(54.50)	(41.21)	(0.993)	(0.993)

第三节　股本变动及股东情况

一、股份变动情况表　(数量单位:股)

	本次变动前	配股	送股	公积金转股	增发	其他	小计	本次变动后
一、未上市流通股份	102,603,192							101,223,260
1.发起人股份								
其中:								
国家持有股份								
境内法人持有股份	101,129,600							101,129,600
境外法人持有股份								
其他								
2.募集法人股份								
3.内部职工股(高管股)	187,320					- 93,660		93,660
4.优先股或其他								
其中:法人股转配	1,286,272					- 1,286,272		
未上市流通股份合计	102,603,192					- 1,379,932		101,223,260
二、已上市流通股份	36,722,280					1,379,932		38,102,212
1.人民币普通股								
2.境内上市的外资股								
3.境外上市的外资股								
4.其他								
已上市流通股份合计	36,722,280							38,102,212
三、股份总数	139,325,472							139,325,472

000045 深圳市纺织(集团)股份有限公司

2001 年年度报告摘选

一、公司基本情况简介

1、公司法定中文名称:深圳市纺织(集团)股份有限公司
英文名称:SHENZHEN TEXTILE (HOLDINGS) CO., LTD.
英文缩写:STHC
2、公司法定代表人:管同科
公司总经理:刘钧厚
3、公司董事会秘书:晁晋
联系地址:深圳市福田区华强北路 3 号深纺大厦六楼　　邮政编码:518031
电话:0755 - 3776043　　传真:0755 - 3776139
电子信箱:cjane@mail.china.com
4、公司注册地址:深圳市福田区华强北路 3 号深纺大厦六楼
办公地址:深圳市福田区华强北路 3 号深纺大厦六楼
邮政编码:518031
公司电子信箱:sztext@szonline.net
5、公司选定的信息披露报纸:《证券时报》、《香港商报》
登载公司年度报告的中国证监会指定互联网网址:http://www.cninfo.com.cn
公司年度报告备置地点:本公司办公室
6、公司股票上市交易所:深圳证券交易所
股票简称:深纺织 A、深纺织 B　　股票代码:000045、200045

二、会计数据和业务数据摘要

(一)本年度主要利润指标 (单位:人民币元)

项目	金额
利润总额:	27,167,036.51
净利润:	25,201,666.88
扣除非经常性损益后的净利润:	23,225,425.34
主营业务利润:	76,617,775.93
其它业务利润:	2,108,492.36
营业利润:	4,222,759.47
投资收益:	20,968,035.50
补贴收入:	136,200.00
营业外收支净额:	1,840,041.54
经营活动产生的现金流量净额:	28,809,368.92
现金及现金等价物净增加额:	10,737,190.67

注:1、非经常性损益的项目和金额:

项目	金　额
补贴收入	136,200
营业外收支净额	1,840,041.54
合计	1,976,241.54

(二)前三年主要会计数据和财务指标:

	2001 年度	2000 年度调整前	2000 年度调整后	1999 年度
主营业务收入(元)	343,884,245.87	292,896,328.36	381,006,058.11	206,691,794.76
净利润(元)	25,201,666.88	22,717,074.35	22,830,952.16	20,270,547.37
总资产(元)	735,019,073.11	696,570,046.89	725,024,562.57	630,278,515.75
股东权益(不含少数股东权益:元)	303,643,973.41	278,339,658.39	278,438,053.81	255,577,963.77
每股收益(元/股)	0.154	0.139	0.14	0.124
扣除非经常性损益后的每股收益(元/股)	0.142	0.139	0.14	0.093
每股净资产(元/股)	1.858	1.70	1.70	1.56
调整后每股净资产(元/股)	1.79	1.56	1.61	1.45
每股经营活动产生的现金流量净额(元/股)	0.176	0.44	0.44	0.251
净资产收益率(%)	8.30	8.16	8.20	7.93
扣除非经常性损益后的加权净资产收益率(%)	7.98	8.16	7.85	5.98

(三)按照中国证监会《公开发行证券公司信息披露编报规则(第 9 号)》要求计算的利润表附表:

项目	报告期利润(元)	净资产收益率(%)		每股收益(元)	
		全面摊薄	加权平均	全面摊薄	加权平均
主营业务利润	76,617,775.93	25.23	26.33	0.47	0.47
营业利润	4,222,759.47	1.39	1.45	0.03	0.03
净利润	25,201,666.88	8.30	8.66	0.154	0.154
扣除非经常性损益后的净利润	23,225,425.34	7.65	7.98	0.142	0.142

三、股本变动及股东情况

(一)股份变动情况表　数量单位:股

	本次变动前	配股	送股	公积金转股	增发	其它	小计	本次变动后
一、未上市流通股份								
1、发起人股份	108,240,000							108,240,000
其中:								
国家持有股份	108,240,000							108,240,000
境内法人持有股份								
境外法人持有股份								
其他								
2、募集法人股份								
3、内部职工股								
4、优先股或其它								
未上市流通股份合计	108,240,000							108,240,000
二、已上市流通股份								
1、人民币普通股	22,176,000							22,176,000
2、境内上市的外资股	33,000,000							33,000,000
3、境外上市的外资股								
4、其他								
已上市流通股份合计	55,176,000							55,176,000
三、股份总数	163,416,000							163,416,000

000046 光彩建设集团股份有限公司

2001 年年度报告摘选

第一章 公司基本情况简介

一、公司中文名称:光彩建设集团股份有限公司
公司英文名称: GuangCai Construction Group Co., Ltd.
二、公司法定代表人:卢志强
三、公司董事会秘书:陈家华
联系地址:深圳市南山区学府路 8 号荟芳园 A 栋三楼
联系电话:(0755)6648037-215
传真:(0755)6406604
电子信箱:cjh1964@sina.com
公司授权代表:张宇
联系地址:深圳市南山区学府路 8 号荟芳园 A 栋三楼
联系电话:(0755)6648037-238
传真:(0755)6072025
电子信箱:zsaner@163.net
四、公司注册地址:深圳市南山区学府路 8 号荟芳园 A 栋三楼
公司办公地址:深圳市南山区学府路 8 号荟芳园 A 栋三楼
邮政编码:518052
公司电子信箱:gcjs0046@sina.com.cn
五、公司选定的信息披露报纸:《中国证券报》、《证券时报》
登载公司年度报告的中国证监会指定国际互联网网址:http://www.cninfo.com.cn
公司年度报告备置地点:公司董事会秘书处
六、公司股票上市交易所:深圳证券交易所
股票简称:光彩建设
股票代码:000046

第二章 会计数据和业务数据摘要

一、主要利润指标情况(单位:人民币元)

项目	金额
利润总额:	87,472,458.21
净利润:	37,608,725.41
扣除非经常性损益后的净利润:	34,122,980.87
主营业务利润:	120,605,080.73
其他业务利润:	407,725.36
营业利润:	83,986,713.67
投资收益:	-483,572.87
补贴收入:	-
营业外收支净额:	3,969,317.41
经营活动产生的现金流量净额:	-284,047,923.92
现金及现金等价物净增加额:	311,728,402.36

二、主要会计数据和财务指标

项目	2001 年	2000 年(披露数)	2000 年(调整后)	1999 年(披露数)	1999 年(调整后)
主营业务收入(元)	345,280,127.17	275,170,592.07	275,170,592.07	103,185,769.62	103,185,769.62
净利润(元)	37,608,725.41	37,843,868.12	37,300,047.04	135,419,657.82	132,061,114.95
总资产(元)	2,184,248,643.40	1,304,624,597.81	1,299,454,354.73	869,563,688.02	866,205,145.15
股东权益(元)(不含少数股东权益)	963,666,387.21	555,223,990.88	550,217,102.98	537,868,905.26	534,510,362.39
每股收益(摊薄)(元/股)	0.1541	0.185	0.182	0.661	0.645
每股收益(加权平均)	0.1651	0.185	0.182	0.661	0.645
扣除非经常性损益后的每股收益	0.1398	0.180	0.178	0.019	0.003
每股净资产(元/股)	3.948	2.71	2.685	2.625	2.609
调整后的每股净资产(元)	3.900	2.626	2.602	2.475	2.459
每股经营活动产生的现金流量净额	-1.164	0.293	0.293	-0.241	-0.241
净资产收益率(%)(摊薄)	3.90	6.82	6.78	25.18	24.71
净资产收益率(%)(加权)	4.69	6.82	6.85	25.18	24.71
扣除非经常损益后摊薄净资产收益率(%)	3.54	6.65	6.62	0.96	0.95
扣除非经常损益后加权净资产收益率(%)	4.25	6.65	6.69	0.96	0.95

三、本年度利润附表

报告期利润	净资产收益率(%)		每股收益(元/股)	
	全面摊薄	加权平均	全面摊薄	加权平均
主营业务利润	12.52	15.03	0.4941	0.5295
营业利润	8.72	10.47	0.3441	0.3688
净利润	3.90	4.69	0.1541	0.1651
扣除非经常损益后利润	3.54	4.25	0.1398	0.1498

第三章 股本变动及股东情况

一、股份变动情况表

数量单位:股

	本次变动前	本次配股增加	本次变动后
(一)未上市流通股份			
境内法人持有股份	107,566,103	10,000,000	117,566,103
尚未流通股份合计	107,566,103	10,000,000	117,566,103
(二)已上市流通股份			
人民币普通股	97,321,722	29,196,516	126,518,238
已上市流通股份合计	97,321,722	29,196,516	126,518,238
(三)股份总数	204,887,825	39,196,516	244,084,341

000047 深圳市中侨发展股份有限公司

2001 年年度报告摘选

一、公司基本情况简介

1、法定的中文名称:深圳市中侨发展股份有限公司
法定的英文名称:SHENZHEN OVERGLOBE DEVELOPMENT CO., LTD.
2、公司法定代表人:黄安民
3、公司董事会秘书:杨玉梅
董事会证券事务授权代表:慕凌霞
联系地址:深圳市罗湖区宝安南路西湖花园三层
联系电话:0755-5566868
传　　真:0755-5566222
电子信箱:sz0047@163.net
4、公司注册、办公地址:深圳市罗湖区宝安南路西湖花园三层
邮政编码:518008
公司电子信箱:sz0047@163.net
5、公司选定信息披露报纸:《证券时报》
登载公司年度报告的网址:www.cninfo.com.cn
公司年度报告备置点:公司董事会秘书处
6、公司股票上市交易所:深圳证券交易所
股票简称:ST 中侨
股票代码:000047

二、会计数据和业务数据摘要

1、公司本年度利润指标(单位:人民币元)

项目	金　额
利润总额	10,954,831.22
净利润	10,954,831.22
扣除非经常性损益后的净利润	-50,383,374.33
主营业务利润	0
其他业务利润	0
营业利润	-29,030,610.83
投资收益	68,241,154.62
补贴收入	——
营业外收支净额	-28,255,606.64
经营活动产生的现金流量净额	-1,254,606.64
现金及现金等价物净增加额	31,965,660.67

2、截至报告期末公司前三年的主要会计数据和财务指标(单位:人民币元)

项目	2001 年度	2000 年度		1999 年度
		调整后	调整前	
主营业务收入		75,845,156.69	75,845,156.69	132,411,197.07
净利润	10,954,831.22	-123,496,490.45	-120,706,933.10	-144,324,331.32
总资产	505,231,052.99	1,371,652,951.74	1,371,652,951.74	1,513,533,527.05
股东权益(不含少数股东权益)	132,930,475.48	5,632,038.44	8,421,595.79	139,193,310.38
每股收益(按净利润全面摊薄)	0.09	-1.03	-1.00	-1.20
每股收益(按净利润加权平均)	0.09	-1.03	-1.00	-1.20
扣除非经营性损益后的每股收益	-50,383,374.33	-0.91	-0.89	-1.02
每股净资产	1.10	0.05	0.07	1.16
调整后的每股净资产	0.54	-1.35	-1.33	0.86
每股经营活动产生的现金流量净额	-0.01	0.29	0.29	0.07
净资产收益率(按净利润全面摊薄)	8.24%	-2192.75%	-1433.33%	-103.69%

3、利润表附表(单位:人民币元)

项目	净资产收益率(%)		每股收益	
	全面摊薄	加权平均	全面摊薄	加权平均
主营业务利润	—	—	—	—
营业利润	-21.84	-7,678.86	-0.241	-0.241
净利润	8.24	2,897.65	0.091	0.091
扣除非经常性损益后的净利润	-37.90	-13,326.86	-0.418	-0.418

三、股本变动及股东情况

1、股本变动情况

(1)股份变动情况表

数量单位:股

	报告期期初	本次变动增减(+,-)					报告期期末
		配股	送股	公积金转股	其他	小计	
一、尚未流通股份							
1、发起人股份	87,480,000						87,480,000
其中:境内法人持有股份	87,480,000						87,480,000
2、法人股转配股							
尚未流通股合计	87,480,000						87,480,000
二、已流通股份							
境内上市的人民币普通股	32,924,582						32,924,582
已流通股份合计	32,924,582						32,924,582
三、股份总数	120,404,582						120,404,582

000048 深圳市康达尔(集团)股份有限公司

2001年年度报告摘选

第一章 公司基本情况简介

一、公司的法定中、英文名称及缩写
中文名称:深圳市康达尔(集团)股份有限公司
中文缩写:ST康达尔
英文名称:SHENZHEN KONDARL(GROUP)CO., LTD.
二、公司法定代表人:陈枫
三、公司董事会秘书:祝去修
董事会证券事务代表:张明华
联系地址:深圳市罗湖区深南东路1086号集浩大厦三楼
电　　话:0755-5425020-288、359
传　　真:0755-5420155
电子信箱:kondarl@public.szptt.net.cn.
四、公司注册地址:深圳市罗湖区深南东路1086号集浩大厦二、三楼
公司办公地址:深圳市罗湖区深南东路1086号集浩大厦二、三楼
邮政编码:518003
公司国际互联网网址:http://www.china0048.com
电子信箱:kondarl@public.szptt.net.cn
五、公司选定的信息披露报纸:《中国证券报》、《证券时报》
登载公司年度报告的国际互联网网址:http://www.cninfo.com.cn
公司年度报告备置地点:公司董事会秘书处
六、公司股票上市交易所:深圳证券交易所
股票简称:ST康达尔
股票代码:000048

第二章 会计数据和业务数据摘要

一、公司本年度主要会计数据

项目	金额(元)
1、利润总额	-104,896,886
2、净利润	-106,449,254
3、扣除非经常性损益后的净利润	-120,632,241
4、主营业务利润	96,044,344
5、其他业务利润	15,046,939
6、营业利润	-68,279,297
7、投资收益	-48,639,929
8、补贴收入	
9、营业外收支净额	12,022,340
10、经营活动产生的现金流量净额	271,211,557
11、现金及现金等价物净增加额	-67,160,564

注:扣除的非经常性损益项目包括:1、投资收益650,000元,2、营业外收支净额12,022,340元,3、流动资产盘亏-2,524,421元,4、收取的资金占用费4,035,068元,合计为14,182,987元。

二、截至报告期末前三年主要会计数据和财务指标　　单位:人民币元

指标项目	单位	2001年度	2000年度	1999年度
1、主营业务收入		814,193,974	937,695,288	835,056,515
2、净利润		-106,449,254	-351,404,351	60,164,447
3、总资产		1,364,148,886	1,783,511,098	1,487,073,371
4、股东权益		50,763,353	157,212,607	508,616,958
5、每股收益	元/股	-0.27	-0.90	0.21
6、扣除非经常性损益后的每股收益	元/股	-0.31	-0.19	-0.06
7、每股净资产	元/股	0.13	0.40	1.8
8、调整后的每股净资产	元/股	0.07	0.33	1.69
9、每股经营活动产生的现金流量净额	元/股	0.69	0.27	0.13
10、净资产收益率	%	-209.70	-223.52	11.83

三、按照中国证监会《公开发行证券公司信息披露编报规则第九号》要求计算的相关指标:

报告期利润	净资产收益率		每股收益(元/股)	
	全面摊薄	加权平均	全面摊薄	加权平均
主营业务利润	189.20%	92.36%	0.2458	0.2458
营业利润	-134.51%	-65.66%	-0.1747	-0.1747
净利润	-209.70%	-102.37%	-0.2724	-0.2724
扣除非经常性损益后的净利润	-237.64%	-116.01%	-0.3087	-0.3087

第三章 股本变动及股东情况

一、股本变动情况
(一)股份变动情况表(单位:股)

股份种类	本次变动前 期初数	配股	送股	公积金转股	其他*	小计	本次变动后 期末数
一、未上市流通股份							
1、发起人股份	141,291,300						141,291,300
其中:国家持有股份	141,291,300						141,291,300
2、法人持有股份	135,240,000						135,240,000
3、国有股转配							
尚未流通股份合计	276,531,300						276,531,300
二、已上市流通股份							
1、境内上市的人民币普通股	114,237,371						114,237,371
其中:高级管理人员持股	141,588					2,800	169,588
已流通股份合计	114,237,371						114,237,371
三、股份总数	390,768,671						390,768,671

000049 深圳市万山实业股份有限公司

2001年年度报告摘选

一、公司简介

证券代码:000049　　证券简称:深万山A
公司全称(中文):深圳市万山实业股份有限公司
(英文):SHENZHEN WORLDSUN ENTERPRISE CO., LTD
注册地址:深圳市罗湖区桂圆路28号桂花大厦A座M层
办公地址:深圳市罗湖区桂圆路28号桂花大厦A座M层
邮政编码:518001
电子信箱(E-mail):szhzbing@sz.gd.cninfo.net
法定代表人:黄谭顺
董事会秘书:何冰洁
联系电话:0755-2131450　　传　真:0755-2131400
公司股票上市交易所:深圳证券交易所
公司选定的信息披露报纸:《证券时报》
刊登公司年度报告的中国证监会指定国际互联网网址:http://www.cninfo.com.cn
公司年度报告备置地点:公司办公室

二、会计数据与业务数据摘要

1、本年度实现利润及构成情况(单位:人民币元)

项目	金　额
(1)利润总额:	14,577,864.04
(2)净利润:	14,526,082.71
(3)扣除非经常性损益后的净利润:	14,558,550.14
(4)主营业务利润:	16,674,345.31
(5)其他业务利润:	29,862,000.00
(6)营业利润:	11,395,305.96
(7)投资收益:	3,215,025.51
(8)补贴收入:	/
(9)营业外收支净额:	-32,467.43
(10)经营活动产生的现金流量净额:	27,478,829.40
(11)现金及现金等价物净增加额:	13,845,296.63

(12)扣减非经常性损益内容及金额:营业外收入109,632.96元;营业外支出142,100.39元。

2、近三年的主要会计数据和财务指标(单位:人民币元)

项目	2001年	2000年(调整前)	2000年(调整后)	1999年(调整前)	1999年(调整后)
(1)主营业务收入	47,112,491.76	28,257,410.24	28,257,410.24	30,649,789.43	30,649,789.43
(2)净利润	14,526,082.71	437,192.27	15,131,101.69	-4,975,287.69	-4,975,287.69
(3)总资产	468,852,378.42	460,879,727.24	456,006,637.95	415,185,616.85	326,362,907.57
(4)股东权益(不含少数股东权益)	148,563,980.71	202,997,108.57	114,174,339.29	202,559,916.30	113,737,207.02
(5)以净利润计算的每股收益(摊薄)	0.1062	0.003	0.1106	-0.0364	-0.036
(6)以净利润计算的每股收益(加权)	0.1062	0.003	0.1106	-0.0364	-0.0364
(7)扣除非经常性损益后的每股收益(摊薄)	0.1064	-0.026	0.0824	-0.075	-0.075
(8)扣除非经常性损益后的每股收益(加权)	0.1064	-0.026	0.0824	0.075	-0.075
(9)每股净资产	1.08576	1.48	0.8344	1.48	0.8312
(10)调整后每股净资产	0.7926	1.27	0.2998	1.32	0.5703
(11)每股经营活动产生的现金流量净额	0.200825	-0.019	-0.019	0.0138	0.0138
(12)以净利润计算的净资产收益率(摊薄)	9.78%	0.22%	13.25%	-2.46%	-4.37%
(13)以净利润计算的净资产收益率(加权)	11.96%	0.22%	12.47%	-2.43%	-4.28%
(14)扣除非经常性损益后的净资产收益率(摊薄)	9.8%	1.77%	9.88%	-5.44%	-8.98%
(15)扣除非经常性损益后的净资产收益率(加权)	11.99%	1.77%	9.3%	-4.98%	-8.79%

三、股本变动及股东情况

(一)股本变动情况
1、股本结构情况

股份类别	本次变动前	本次变动增减(+、-)配股、送股、公积金转增、增发、其他、小计	本次变动后
(1)未上市流通股份			
①发起人股份		92,105,590	92,105,590
其中:国家持有股份		91,025,047	91,025,047
境内法人持有股份		1,080,540	1,080,540
境外法人持有股份			
其他			
②募集法人股			
③内部职工股			
④优先股或其他			
未上市流通股份合计	92,105,590		92,105,590
(2)已上市流通股份			
①人民币普通股	44,723,570		44,723,570
②境内上市的外资股			
③境外上市的外资股			
④其他			
已上市流通股份合计	44,723,570		44,723,570
(3)股份总数	136,829,160		136,829,160

000050 深圳天马微电子股份有限公司

2001 年年度报告摘选

第一节 公司简介

(一)公司名称:深圳天马微电子股份有限公司
英文名称:SHENZHEN TIANMA MICROELECTRONICS CO., LTD
(二)法定代表人:李志正
(三)董事会秘书:刘长清　　授权代表:王　红
联系地址:深圳市深南中路中航苑航都大厦 22 层
联系电话:3793863 3790775　　传真:3790431
电子信箱:sztmzq@sz.gd.cninfo.net
(四)注册地址:深圳市深南中路中航苑航都大厦 22 层
办公地址:深圳市深南中路中航苑航都大厦 22 层
邮政编码:518041
公司国际互联网网址:http://www.tianma.com.cn
公司电子信箱:admin@tianma.com.cn
(五)信息披露报纸:《证券时报》
登载年度报告指定国际互联网网址:http://www.cninfo.com.cn
年度报告备置地址:深圳市深南中路中航苑航都大厦 22 层公司办公室
(六)股票上市交易所:深圳证券交易所
股票简称:深天马 A
股票代码:000050

第二节 会计数据和业务数据摘要

(一)公司本年度实现利润总额 25,294,222.62 元,净利润 24,630,376.31 元,扣除非经常性损益后的净利润 17,863,607.75 元,主营业务利润 50,630,509.15 元,其它业务利润 1,859,486.19 元,营业利润 13,132,755.70 元,投资收益 5,394,698.36 元,营业外收支净额 6,766,768.56 元,经营活动产生的现金流量净额 79,034,723.51 元,现金及现金等价物净增加额 157,112,271.20 元。

注:扣除非经常性损益项目为营业外收支净额 6,766,768.56 元。

(二)报告期末公司前三年的主要会计数据和财务指标

(单位:人民币元)

指标项目	2001 年末数	2000 年末数	1999 年末数
主营业务收入	278,936,200.85	317,613,770.90	269,058,645.97
净利润	24,630,376.30	32,518,007.34	22,006,194.90
总资产	857,071,330.34	602,775,372.05	521,682,494.42
股东权益(不含少数股东权益)	698,858,765.51	341,654,534.77	336,158,439.75
每股收益(摊薄)	0.186	0.280	0.189
每股收益(加权)	0.188	0.280	0.189
扣除非经常性损益后每股收益(摊薄)	0.135	0.224	0.131
每股净资产	5.26	2.94	2.89
调整后的每股净资产	5.23	2.89	2.82
每股经营活动产生的现金流量净额	0.595	0.080	-0.197
净资产收益率(%)(摊薄)	3.52	9.52	6.55
净资产收益率(%)(加权)	3.71	9.23	6.53

(三)报告期利润表附表:

根据中国证监会关于发布《公开发行证券公司信息披露编报规则》第 9 号通知的规定计算出的有关财务指标:

报告期利润	净资产收益率(%)		每股收益(单位:元)	
	全面摊薄	加权平均	全面摊薄	加权平均
主营业务利润	7.24	7.37	0.3813	0.3853
营业利润	1.88	1.91	0.0989	0.0999
净利润	3.52	3.59	0.1855	0.1875
扣除非经营性损益的净利润	2.70	2.75	0.1422	0.1437

(四)报告期内股东权益变动情况

单位:元

项目	股本	资本公积	盈余公积	法定公益金	未分配利润	股东权益合计
期初数	116,270,000.00	159,458,137.28	42,248,611.42	16,407,593.59	23,677,786.07	341,654,534.77
本期增加	16,500,000.00	335,989,354.44	3,694,556.44	1,231,518.81	1,020,319.86	357,204,230.74
本期减少						
期末数	132,770,000.00	495,447,491.72	45,943,167.86	17,639,112.41	24,698,105.93	698858765.51

第三节 股东情况介绍

(一)报告期末股东总数

本公司截止 2001 年 12 月 31 日股东总数为 21,657 户。

(二)前 10 名股东持股情况(截止 2001 年 12 月 31 日)

股东名称	持股数(股)	持股比例(%)
深圳中航实业股份有限公司	79,464,000	59.85
深圳市投资管理公司	16,909,000	12.73
麦桃清	442,215	0.33
景宏证券投资基金	359,497	0.27
周安邦	358,000	0.27
王素贞	282,449	0.21
黄文达	241,825	0.18
王强	221,784	0.17
华夏证券有限公司深圳公司	200,300	0.15
周志略	189,246	0.14

000055 方大集团股份有限公司

2001 年年度报告摘选

一、公 司 简 介

1、公司的法定中、英文名称及缩写:
中文:方大集团股份有限公司(简称:方大集团)
英文:CHINA FANGDA GROUP CO., LTD.(英文缩写:CFDC)
2、本公司法定代表人:熊建明先生
3、本公司董事会秘书:卢卫卫先生
联系地址:中华人民共和国深圳市南山区西丽龙井方大城
邮政编码:518055
联系电话:86(755) 6788571 转 6622
传　　真:86(755) 6788353
电子信箱:2wlu @ 21cn.com
4、本公司注册地址:中华人民共和国深圳市南山区西丽龙井方大城
本公司办公地址:中华人民共和国深圳市南山区西丽龙井方大城科技大厦
邮政编码:518055
互联网址:http://www.fangda.com
电子信箱:fd@ fangda.com
5、本公司选定的信息披露报纸名称:
《中国证券报》、《证券时报》、《上海证券报》、香港《大公报》
本公司年度报告备置地点:本公司董事会秘书处
登载本公司年度报告的中国证监会指定国际互联网网址:http://www.cninfo.com.cn
6、本公司股票简称、股票代码和股票上市交易所:
A 股:深圳方大　000055　深圳证券交易所
B 股:深方大 B　200055　深圳证券交易所

二、会计数据和业务数据摘要

1、2001 年度主要会计数据　　(单位:人民币元)

项目	金额
利润总额:	48,632,512
净利润:	36,147,639
扣除非经常性损益后的净利润为:	36,282,799
主营业务利润:	107,388,371
其他业务利润:	290,816
营业利润:	38,285,650
投资收益	-2,202,243
补贴收入	-
营业外收支净额:	12,549,105
经营活动产生的现金流量净额:	143,438,700
现金及现金等价物净增加额:	141,406,992

2、公司前三年主要会计数据和财务指标:

项　目	2001 年	2000 年	1999 年
主营业务收入(元)	406,956,626	431,492,778	453,909,674
净利润(元)	36,147,639	69,299,888	66,486,812
总资产(元)	1,393,918,123	1,280,868,467	1,120,541,505
股东权益(元)	1,029,023,539	1,022,515,900	988,784,012
每股收益(元)	0.12	0.23	0.22
每股净资产(元)(全面摊薄)	3.47	3.45	3.34
调整后的每股净资产(元)	3.45	3.43	3.31
每股经营活动产生的现金流量净额(元)	0.484	0.107	0.124
净资产收益率(%)	3.51	6.78	6.72

3、2001 年度本公司股东权益变动情况　　(单位:股、人民币)

项目	股本	资本公积	盈余公积	法定公益金	未分配利润	股东权益合计
期初数	296,400,000	412,204,879	86,427,378	30,200,281	227,483,643	1,022,515,900
本期增加	0	0	5,465,794	1,821,931	36,147,639	6,507,639
本期减少	0	0	0	0	35,105,794	0
期末数	296,400,000	412,204,879	91,893,172	32,022,212	228,525,488	1,029,023,539
变动原因			利润分配	利润分配	实现利润及利润分配	实现利润及利润分配

三、股本变动及股东情况

1、股本变动情况

(1) 股份变动情况表　　数量单位:股

	本次变动前	本次变动增减(+,-)						本次变动后
		配股	送股	公积金转股	增发	其他	小计	
一、未上市流通股份								
发起人股份	134,400,000					-25,368,000	-25,368,000	109,032,000
其中:								
国家持有股份								
境内法人持有股份	109,032,000							109,032,000
境外法人持有股份	25,368,000					-25,368,000	-25,368,000	0
其他:								
2、募集法人股份								
3、内部职工股								
4、优先股或其他								
未上市流通股份合计	134,400,000					-25,368,000	-25,368,000	109,032,000
二、已上市流通股份								
1、人民币普通股	42,000,000							42,000,000
2、境内上市的外资股	120,000,000					+25,368,000	+25,368,000	145,368,000
3、境外上市的外资股								
4、其他								
已上市流通股份合计	162,000,000					+25,368,000	+25,368,000	187,368,000
三、股份总数	296,400,000							296,400,000

000056 深圳市国际企业股份有限公司

2001年年度报告摘选

第一节　公司基本情况简介

一、公司法定中文名称:深圳市国际企业股份有限公司
公司英文名称:SHENZHEN INTERNATIONAL ENTERPRISE CO. LTD
二、公司法定代表人:李锦全
三、公司董事会秘书:谢伟
股证事务代表:章伟东
联系电话:(0755)2281888、2285565
联系地址:深圳市人民南路发展中心大厦23层投资管理部
传　　真:(0755)2285573
电子信箱:guoqi@szonline.net
四、公司注册地址:深圳市人民南路发展中心大厦23层
公司办公地址:深圳市人民南路发展中心大厦23层
邮政编码:518001
公司国际互联网网址:http://www.china-ia.com
公司电子信箱:szia@szonline.net
五、公司选定的信息披露报纸名称:《证券时报》、《文汇报》
公司登载年度报告的中国证监会指定国际互联网网址:http://www.cninfo.com.cn
公司年度报告备置地点:深圳市人民南路发展中心大厦23层投资管理部
六、公司股票上市交易所:深圳证券交易所
股票简称:深国商A　　深国商B
股票代码:000056　　200056

第二节　会计数据和业务数据摘要

一、公司本年度主要会计数据和业务数据摘要(单位:元)

项目	2001年度合并报表
利润总额:	29,161,631.67
净利润:	19,705,795.74
扣除非经常性损益后的净利润:	-13,254,071.04
主营业务利润:	79,298,682.21
其它业务利润:	8,150,586.36
营业利润:	-9,025,192.75
投资收益:	39,220,321.65
补贴收入:	0
营业外收支净额:	-1,033,497.23
经营活动产生的现金流量净额:	-16,756,711.87
现金及现金等价物净增加额:	-22,090,936.22

二、截止报告期末公司近三年的主要会计数据和财务指标:(单位:元)

指标项目	2001年	2000年		1999年	
		调整前	调整后	调整前	调整后
主营业务收入	301,449,766.02	469,862,925.05	653,336,594.47	314,703,822.65	314,703,822.65
净利润	19,705,795.74	36,123,036.96	38,870,863.03	30,221,445.83	30,939,345.83
总资产	1,188,321,640.00	1,108,846,910.43	1,265,245,320.81	1,233,332,764.08	1,190,509,906.27
股东权益(不含少数股东权益)	372,763,039.20	424,662,995.72	353,057,243.46	416,034,158.76	388,539,958.76
每股收益(元/股)	0.09	0.16	0.176	0.14	0.14
加权平均每股收益	0.09	0.16	0.176	0.14	0.14
全面摊薄每股收益	0.09	0.16	0.176	0.14	0.14
扣除非经常性损益后的每股收益	-0.06	0.16	0.195	0.12	0.13
每股净资产(元/股)	1.69	1.72	1.60	1.88	1.76
调整后的每股净资产(元/股)	1.51	1.65	1.27	1.61	1.49
每股经营活动产生的现金流量净额	-0.08	0.18	0.18	0.22	0.22
净资产收益率(%)	5.29	8.51	11.01	7.26	8.29

三、利润表附表

报告期利润	净资产收益率(%)		每股收益(元/股)	
	全面摊薄	加权平均	全面摊薄	加权平均
主营业务利润	21.27	21.85	0.36	0.36
营业利润	-2.42	-2.49	-0.04	-0.04
净利润	5.29	5.43	0.09	0.09
扣除非经营性损益后的净利润	-3.37	-3.46	-0.06	-0.06

第三节　股本变动及股东情况介绍

一、股本变动情况
1、公司股份本变动情况表(截止2001年12月31日)
2001年度公司股份变动情况表

(单位:股)

股份类别	本次变动前	本次变动增减(+,-)						本次变动后
		配股	送股	公积金转股	增发	其他	小计	
一、未上市流通股份								
1、发起人股份	42,035,328							42,035,328
其中:								
国家持有股份	42,035,328							42,035,328
境内法人持有股份								
境外法人持有股份								
其他								
2、募集法人股份	51,643,584							51,643,584
3、内部职工股								
4、优先股或其他								
其中:转配股								
未上市流通股份合计	93,678,912							93,678,912
二、已上市流通股份								
1、人民币普通股	55,222,272							55,222,272
2、境内上市外资股	72,000,000							72,000,000
3、境外上市外资股								
4、其他								
已上市流通股份合计								
三、股份总数	220,901,184							220,901,184

000058 深圳赛格股份有限公司

2001年年度报告摘选

一、公司基本情况简介

(一)公司中文名称:深圳赛格股份有限公司
英文名称:SHENZHEN SEG CO.,LTD.
(二)法定代表人:张为民先生
(三)董事会秘书:郑　丹女士
联系地址:深圳市福田区华强北路宝华科技大厦16楼
电　　话:0755-3675060
传　　真:0755-3779770
电子信箱:segcl1@baohua.com.cn
(四)公司注册及办公地址:深圳市福田区华强北路宝华科技大厦16楼
邮政编码:518031
公司国际互联网网址:http://www.segcl.com.cn
电子信箱:segcl@baohua.com.cn
(五)公司选定的信息披露报纸:《证券时报》和《大公报》
登载公司年度报告的中国证监会指定国际互联网网址:http://www.cninfo.com.cn
公司年度报告备置地点:深圳市福田区华强北路宝华科技大厦16楼
公司董事会秘书办公室
(六)公司股票上市交易所:深圳证券交易所
股票简称及代码:A股　　深赛格　　000058
B股　　深赛格B　　200058

二、会计数据和业务数据摘要

(一)本年度公司利润指标情况(单位:人民币元):

利润总额:	-395,706,145.75
净利润:	-338,760,825.56
扣除非经常性损益后的净利润:	-131,918,973.78
主营业务利润:	214,311,045.08
其他业务利润:	4,311,718.62
营业利润:	-315,719,972.29
投资收益:	-23,102,507.64
补贴收入:	5,452,600.00
营业外收支净额:	-62,336,265.82
经营活动产生的现金流量净额:	288,444,954.47
现金及现金等价物净增减额:	96,010,634.51

(二)截至报告期末公司前三年主要会计数据和财务指标:

指标项目	2001年度	2000年度		1999年度	
		调整前	调整后	调整前	调整后
1、主营业务收入(元)	1,922,248,352.90	2,306,490,095.16	2,274,449,554.40	1,838,623,803.73	1,838,623,803.73
2、净利润(元)	-338,760,825.56	13,207,873.90	-162,145,474.11	84,462,054.84	74,059,011.27
3、总资产(元)	3,459,289,772.70	4,108,583,390.77	3,772,300,213.33	3,832,216,888.17	3,823,894,453.32
4、股东权益(不含少数股东权益)(元)	1,120,309,434.69	1,681,626,604.98	1,496,610,380.79	1,334,787,044.86	1,326,464,610.01
5、每股收益(元/股)(全面摊薄)	-0.467	0.018	-0.223	0.138	0.124
6、每股收益(元/股)(加权平均)	-0.467	0.019	-0.229	0.138	0.124
7、扣除非经常性损益后的每股收益(元/股)	-0.182	-0.005	-0.005	0.138	0.138
8、每股净资产(元/股)	1.543	2.316	2.061	2.176	2.162
9、调整后的每股净资产(元/股)	1.468	2.151	1.91	2.021	2.007
10、每股经营活动产生的现金流量净额(元/股)	0.397	-0.069	-0.069	-0.087	-0.087
11、净资产收益率(%)(全面摊薄)	-30.24	0.79	-10.83	6.33	5.74
12、净资产收益率(%)(加权平均)	-25.89	0.844	-11.06	6.53	5.76
13、扣除非经常性损益后的加权净资产收益率(%)	-9.34	-0.236	-0.236	6.53	6.53

三、股本变动及股东情况

(一)股本变动情况
1.股份变动情况表

股份变动情况表

数量单位:股

	本次变动前	本次变动增减(+,-)						本次变动后
		配股	送股	公积金转股	增发	其他	小计	
一、未上市流通股份								
1、发起人股份	411,477,898							
其中:								
国家持有股份	411,477,898					-44,150,000		367,327,898
境内法人持有股份						+44,150,000		44,150,000
境外法人持有股份								
其他								
2、募集法人股份								
3、内部职工股								
4、优先股或其他								
其中:转配股								
未上市流通股份合计	411,477,898							411,477,898
二、已上市流通股份								
1、人民币普通股	86,626,238							86,626,238
(其中:高管股)	(242,552)					(-155,922)		(86,630)
2、境内上市的外资股	228,041,727							228,041,727
3、境外上市的外资股								
4、其他								
已上市流通股份合计	314,667,965							314,667,965
三、股份总数	726,145,863							726,145,863

000059 深圳辽河通达化工股份有限公司

2001 年年度报告摘选

第一节 公司简介

一、公司中文名称:深圳辽河通达化工股份有限公司
公司英文名称:SHENZHEN LIAOHE TONGDA CHEMICALS COMPANY LIMITED
二、公司注册地址:深圳市深南中路 13 号新城大厦西座 11 楼
公司办公地址:辽宁省盘锦市深圳辽河通达化工股份有限公司
邮政编码:124021
E-mail:LTDM@MAIL.PJPTT.LN.CN
三、公司法定代表人:冯恩良先生
四、公司董事会秘书:陆 峰先生
联系地址:深圳市深南中路 13 号新城大厦西座 11 楼
联系电话:0755-2275565
联系传真:0755-2275575
E-mail:LTDM@MAIL.PJPTT.LN.CN
五、公司信息披露报纸为《中国证券报》、《证券时报》
中国证监会指定国际互联网网址 http//www.cninfo.com.cn
公司年度报告备置地点:深圳市深南中路 13 号新城大厦西座 11 楼
六、公司股票上市地:深圳证券交易所
公司股票简称:辽通化工
公司股票代码:000059

第二节 主要会计数据和业务数据摘要

一、本年度公司主要经营数据(单位:人民币元)

项目	
利润总额	18545429.57
净利润	2431725.89
扣除非经常性损益后的净利润	(38606377.53)
主营业务利润	116331438.18
其他业务利润	(4746337.56)
营业利润	(188502369.71)
投资收益	0
补贴收入	37768560.57
营业外收支净额	(791695.34)
经营活动产生的现金流量净额	188502369.76
现金及现金等价物净增加额	(15523159.71)

二、公司近三年主要会计数据及财务指标

项目	2001 年	2000 年	1999 年
主营业务收入(千元)	1067034.4	1120968.6	1396901.7
净利润(千元)	2431.7	2465.6	106581.4
总资产(千元)	2444560.1	2424005.5	2745139.9
股东权益 (千元)	1340465.3	1338033.6	1550759.5
每股收益 (元)	0.0037	0.0037	0.16
扣除非经常性损益后每股收益(元)	-0.0582	-0.05	0.065
每股净资产(元)	2.022	2.017	2.34
调整后每股净资产(元)	1.941	2.008	2.09
每股经营活动产生的现金流量净额(元)	0.284	0.35	0.355
净资产收益率(%)	0.18	0.18	6.84

按照中国证监会《公开发行证券公司信息披露编报规则(第 9 号)》要求计算的利润数据

报告期利润	净资产收益率		每股收益	
	全面摊薄	加权平均	全面摊薄	加权平均
主营业务利润	0.08679	0.08687	0.1754	0.1754
营业利润	(0.01375)	(0.01376)	(0.02779)	(0.02779)
净利润	0.001814	0.001816	0.003667	0.003667
扣除非经营性损益后的利润	(0.02880)	(0.02882)	(0.05821)	(0.05821)

第三节 股本变动及股东情况介绍

一、2001 年中期公司股份变动情况

单位:股

	期初数	本次变动增减(+,-) 配股	送股	公积金转增	其它	小计	期末数
一、未流通股份							
1 发起人股份	494225214						494225214
其中:国家持有股份							
境内法人持有股份	494225214						494225214
境外法人持有股份							
其他							
2 募集法人股							
3 内部职工股	1300						1300
4 优先股或其他							
未流通股份总计	494226514						494226514
二、已流通股份							
1 境内上市的人民普通股	168998700						168998700
2 境内上市的外资股							
3 境外上市的外资股							
4 其他							
已流通股份总计	168998700						168998700
三、股份总数	663225214						663225214

000060 深圳市中金岭南有色金属股份有限公司

2001 年年度报告摘选

一、公司基本情况简介

1、公司法定中文名称:深圳市中金岭南有色金属股份有限公司(缩写:中金岭南)
公司法定英文名称:SHENZHEN ZHONGJIN LINGNAN NONFEMET COMPANY LIMITED(缩写:NONFEMET)
2、公司法定代表人姓名:郭声琨
3、公司董事会秘书:彭玲
证券事务代表:黄建民
联系地址:深圳市嘉宾路 4028 号太平洋商贸大厦 12 楼
电　　话:(0755)2138819
传　　真:(0755)2138929
电子信箱:dsh@nonfemet.com.cn
4、公司注册地址:深圳市嘉宾路 4028 号太平洋商贸大厦 12 楼
公司办公地址:深圳市嘉宾路 4028 号太平洋商贸大厦 12 楼
公司邮政编码:518001
公司国际互联网网址:www.nonfemet.com
公司电子信箱:zjln@nonfemet.com.cn
5、信息披露报纸名称:《证券时报》《中国证券报》
登载年报的国际互联网网址:www.cninfo.com.cn
6、公司年报备置地点:公司董事会秘书室
7、公司股票上市交易所:深圳证券交易所
公司股票简称:中金岭南
公司股票代码:000060

二、主要财务数据和指标

1、本年度主要利润指标情况:

项目	金额(单位:人民币元)
利润总额	46,282,885.27
净利润	31,014,095.15
扣除非经常性损益后的净利润	24,019,034.15
主营业务利润	501,846,340.53
其他业务利润	9,841,950.72
营业利润	29,358,101.19
投资收益	6,212,937.50
补贴收入	8,608,008.91
营业外收支净额	2,103,837.67
经营活动产生的现金流量净额	480,420,764.44
现金及现金等价物净增减额	132,521,255.85

注:报告期扣除非经常性损益项目和涉及的金额:

(1)股权转让收入	778,695.61
(2)盘盈	6,979,317.43
(3)所得税退税	1,690,000.00
(4)处理固定资产损益	-1,888,317.69
(5)罚没支出	-165,780.15
(6)捐赠支出	-394,709.95
(7)其他	60.96
(8)扣除所得税影响	-4,205.21
合 计	6,995,061.00

2、截至报告期末公司前三年的主要会计数据和财务指标:(单位:人民币元)

项 目	2001 年	2000 年 调整后	2000 年 调整前	1999 年 调整后	1999 年 调整前
主营业务收入	2,789,152,268.38	2,850,309,697.59	2,850,783,022.56	2,869,644,402.78	2,869,644,402.78
净利润	31,014,095.15	124,580,006.09	130,247,071.51	74,034,389.12	125,048,196.19
总资产	4,660,915,841.95	4,487,456,729.05	4,579,011,658.95	4,175,741,133.94	4,261,549,658.96
股东权益(不含少数股东权益)	1,039,244,596.94	1,003,906,343.77	1,090,605,001.60	966,484,754.69	1,046,904,482.47
摊薄每股收益	0.07	0.29	0.30	0.26	0.43
每股收益	0.07	0.29	0.30	0.26	0.44
扣除非经常性损益后的每股收益	0.06	0.31	0.32	0.33	0.50
每股净资产	2.41	2.32	2.52	3.36	3.64
调整后的每股净资产	2.06	2.13	2.16	2.81	3.34
每股经营活动产生的现金流量净额	1.11	-0.07	-0.07	0.56	0.56
摊薄净资产收益率(%)	2.98	12.41	11.94	7.66	11.94
加权净资产收益率(%)	3.04	12.11	11.71	7.90	13.34
扣除非经常性损益后的加权净资产收益率	2.36	12.87	12.37	10.02	15.29

3、利润表附表

报告期利润	净资产收益率(%)		每股收益(元)	
	全面摊薄	加权平均	全面摊薄	加权平均
主营业务利润	48.21	49.23	1.16	1.16
营业利润	2.82	2.88	0.07	0.07
净利润	2.98	3.04	0.07	0.07
扣除非经营性损益后的利润	2.31	2.36	0.06	0.06

注:利润表附表按中国证监会发布的《公开发行证券公司信息披露编报规则(第 9 号)》要求编制。

三、股东变动及股东情况

1、股份变动情况表:

(单位:股)

	期初数	报告期增加	报告期减少	期末数
一、尚未流通股份				
国有法人股	226,800,000		-12,600,000	214,200,000
定向法人股	0	12,600,000	0	12,600,000
尚未流通股份合计	226,800,000	12,600,000	-12,600,000	226,800,000
二、已流通股份				
社会公众股	205,200,000	0	0	205,200,000
已流通股份合计	205,200,000	0	0	205,200,000
三、股份总数	432,000,000	12,600,000	-12,600,000	432,000,000

000061 深圳市农产品股份有限公司

2001年年度报告摘选

第一章　公司简介

公司法定中文名称及缩写：深圳市农产品股份有限公司(农产品)
公司法定英文名称：SHENZHEN AGRICULTURAL PRODUCTS CO.，LTD.
公司法定代表人：林家宏
董事会秘书兼股证事务代表：陈小华
联系地址：深圳市布吉路1021号天乐大厦22楼
电　　话：(0755)5850936　5850688转2203　　传真：(0755)5850936
电子信箱：a0061@163.com
公司注册及办公地址：深圳市布吉路1021号天乐大厦22楼　　邮编：518019
公司网址：www.szap.com　　　　电子信箱：a0061@163.com
公司信息披露报纸：《中国证券报》及《证券时报》
披露年报的国际互联网网址：WWW.cninfo.com.cn
年度报告备置地址：公司董事会办公室
公司股票上市交易所：深圳证券交易所
股票简称：农产品　　　股票代码：000061
公司首次注册登记日期、地点：1989年1月14日；深圳市爱国路一号外贸轻工大厦15楼
公司现注册登记地点：深圳市布吉路1021号天乐大厦22楼
企业法人营业执照注册号：4403011026644
税务登记号码：440301192179163
公司聘请的会计师事务所名称：深圳南方民和会计师事务所
公司聘请的会计师事务所地址：深圳市福田区深南中路2072号电子大厦8F

第二章　会计数据和业务数据摘要

第一节　2001年度业务数据(单位：元)

项目	金额
利润总额	126,844,863.60
净利润	87,477,449.09
扣除非经常性损益后的净利润	75,112,201.21
主营业务利润	385,252,069.35
其他业务利润	69,232,011.05
营业利润	122,026,290.86
投资收益	4,012,932.68
补贴收入	483,474.23
营业外收支净额	322,165.83
经营活动产生的现金流量净额	106,017,982.74
现金及现金等价物净增加额	1,289,955.78
扣除的非经常性损益项目及金额	12,365,247.88

第二节　会计数据和财务指标

前三年主要会计数据和财务指标　　　　单位：千元、元、%

	2001年	2000年		1999年
		调整后	调整前	
主营业务收入	1518917.06	833503.43	1272684.6	60611.17
利润总额	126844.86	107338.60	125657.9	9395.30
净利润	87477.45	74072.04	89219.6	6969.24
总资产	2720393.93	2225041.43	2246596.9	140073.4
股东权益	965181.96	914675.93	959604.7	52011.43
每股收益(摊薄)	0.473	0.401	0.483	0.542
每股收益(加权)	0.473	0.465	0.560	
扣除非经常性损益后的每股收益	0.406	0.400	0.482	0.537
每股净资产	5.22	4.948	5.191	4.05
调整后每股净资产	4.564	4.518	4.69	3.62
每股经营活动产生的现金流量净额	0.574	0.51	0.51	0.84
净资产收益率(摊薄)	9.063	8.10	9.30	13.40
净资产收益率(加权)	9.13	11.71	13.45	13.40

第三节　报告期利润表附表

按照中国证监会《公开发行证券公司信息披露编报规则第9号——净资产收益率和每股收益的计算及披露》的要求计算的利润数据

报告期利润	净资产收益率%		每股收益(元/股)	
	全面摊薄	加权平均	全面摊薄	加权平均
主营业务利润	39.91	40.20	2.08	2.08
营业利润	12.64	12.73	0.66	0.66
净利润	9.06	9.13	0.47	0.47
扣除非经常性损益后的净利润	7.78	7.84	0.41	0.41

第三章　股本变动及股东情况

第一节　股本变动情况

一、股份变动情况表

本年度公司股份变动情况

数量单位：股

	本次变动前	本次变动增减(+ -)						本次变动后
		配股	送股	公积金转增	增发	其它	小计	
一.未上市流通股份								
1.发起人股份	83154523							83154523
其中：								
国家拥有股份	54038569							54038569
境内法人持有股份	29115954							29115954
境外法人持有股份	0							0
2.募集法人股份	0							0
3.内部职工股	0							0
4.优先股或其它	0							0
未上市流通股份合计	83154523							83154523
二.已上市流通股份								
1. 人民币普通股	101703120							101703120
其中：高管股	1109821							1109821
2.境内上市的外资股								
1.境外上市的外资股								
2.其它								
已流通股份合计	101703120							101703120
三.股份总数	184857643							184857643

000062 深圳华强实业股份有限公司

2001年年度报告摘选

一、公司基本情况简介

1、公司中文名称：深圳华强实业股份有限公司
公司英文名称：SHENZHEN HUAQIANG INDUSTRY CO.，LTD.
2、公司法定代表人：梁光伟
3、公司董事会秘书：周红斌
联系地址：深圳市深南中路华强路口深圳华强实业股份有限公司
联系电话：0755－3216296
传真：0755－3368414
电子信箱：zhbin@szhq.com
证券事务代表：黄志敏
联系电话：0755－3365354—419
传真：0755－3368414
电子信箱：hzmin@szhq.com
4、公司注册及办公地址：
深圳市深南中路华强路口
邮政编码：518043
电子信箱：szhqsygf@public.szptt.net.cn
5、公司选定的信息披露报纸名称：《证券时报》
登载年度报告的中国证监会指定网站网址：http://www.cninfo.com.cn
公司年报备置地点：深圳市深南中路华强路口公司总部七楼办公室
6、公司股票上市交易所：深圳证券交易所
股票简称：深圳华强　　　股票代码：000062

二、会计数据和业务数据摘要

1、公司本年度主要利润指标情况

指标项目	金额(元)
利润总额	64,095,135
净利润	64,132,040
扣除非经常性损益后的净利润	62,531,884
主营业务利润	70,813,007
其他业务利润	－4,087,508
营业利润	53,223,550
投资收益	11,422,611
补贴收入	--
营业外收支净额	－551,026
经营活动产生的现金流量净额	65,654,295
现金及现金等价物净增减额	485,831,306

注：扣除的非经常性损益项目和涉及金额(元)

项目	金额
(1)股权转让收益	2,430,000
(2)处理固定资产收益	38,272
(3)其他收益	34,292
(4)处理固定资产损失	115,853
(5)存货盘亏	421,662
(6)其他支出	364,893

2、公司近三年的主要会计数据和财务指标

项　目	2001年	2000年	1999年
主营业务收入(元)	286,420,091	468,814,876.97	833,929,929.34
净利润(元)	64,132,040	97,845,614.63	113,512,558.95
总资产(元)	1,286,404,559	1,264,706,635.81	1,378,133,511.52
股东权益(元)	1,182,176,037	1,145,083,996.50	1,076,049,360.54
每股收益(元/股)(摊薄)	0.24	0.3619	0.42
每股净资产(元/股)	4.37	4.23	3.98
调整后的每股净资产(元)	4.369	4.21	3.88
每股经营活动产生的现金流量净额(元)	0.24	0.62	0.35
净资产收益率(%)(摊薄)	5.42	8.54	10.55
净资产收益率(%)(加权)	5.45	8.71	10.99

注：按照中国证监会《公开发行证券公司信息披露编报规则(第9号)》要求计算净资产收益率和每股收益。

利润及利润分配表附表

项目	金额(元)	净资产收益率(%)		每股收益(元/股)	
		全面摊薄	加权平均	全面摊薄	加权平均
主营业务利润	70,813,007	5.99	6.02	0.26	0.26
营业利润	53,223,550	4.50	4.52	0.20	0.20
净利润	64,132,040	5.42	5.45	0.24	0.24
扣除非经常性损益后的净利润	62,531,884	5.29	5.32	0.23	0.23

三、股本变动及股东情况

(一)公司股份变动情况表

	期初数	期末数
一、尚未流通股份		
1、发起人股份	141,960,000	141,960,000
其中：国家拥有股份	141,960,000	141,960,000
2、内部职工股(高管股)	418,477	418,477
尚未流通股份合计	142,378,477	142,378,477
二、已流通股份		
1、境内上市人民币普通股	128,021,521	128,021,521
已流通股份合计	128,021,521	128,021,521
三、股份总数	270,399,998	270,399,998

000063 深圳市中兴通讯股份有限公司

2001 年年度报告摘选

一、公司基本情况简介

(一)公司法定中文名称:深圳市中兴通讯股份有限公司
公司法定英文名称:ZTE CORPORATION
(二)公司法定代表人:张太峰
(三)公司董事会秘书:冯健雄
公司证券事务代表:李柳红
电话:(0755)6790282　　传真:(0755)6790286
电子信箱:fengjianxiong@mail.zte.com.cn
联系地址:深圳市南山区高新技术产业园科技南路中兴通讯大厦
(四)公司注册地址:深圳市南山区高新技术产业园科技南路中兴通讯大厦
公司办公地址:深圳市南山区高新技术产业园科技南路中兴通讯大厦　　邮政编码:518057
公司国际互联网网址:http://www.zte.com.cn
电子信箱:info@mail.zte.com.cn
(五)公司选定的信息披露报纸名称:《中国证券报》《证券时报》《上海证券报》
年度报告备置地点:深圳市高新技术产业园科技南路中兴通讯大厦
登载年度报告的中国证监会指定网站的网址:http://www.cninfo.com.cn
(六)公司股票上市地:深圳证券交易所
股票简称:中兴通讯　　股票代码:000063

二、会计数据和业务数据摘要

(一)本年度主要会计数据(单位:元)

项目	金额
利润总额:	680,881,137.63
净利润:	570,268,940.62
扣除非经常性损益后的净利润:	564,875,219.35
主营业务利润:	3,580,293,596.05
其他业务利润:	5,242,518.99
营业利润:	682,520,519.46
投资收益:	-6,809,507.92
补贴收入:	27,527,180.50
营业外收支净额:	-22,357,054.41
经营活动产生的现金流量净额:	327,689,702.78
现金及现金等价物净增加额:	860,686,234.35

注:扣除非经常性损益涉及的项目及金额(单位:元)

项目	金额
补贴收入:	27,527,180.50
营业外收入(未包括地产地销销项税额转入)	4,829,996.14
营业外支出(未包括地产地销进项税额转入)	17,463,455.37
长期投资减值准备	9,500,000.00
合计	5,393,721.27

(二)近三年主要会计数据(单位:元)

项目	2001 年	2000 年		1999 年	
		调整前	调整后	调整前	调整后
主营业务收入	9,332,020,754.14	4,523,425,803.08	4,523,425,803.08	2,501,897,352.47	2,501,897,352.47
净利润	570,268,940.62	354,152,434.27	342,911,242.63	211,471,962.97	188,546,393.94
总资产	9,054,549,428.98	6,321,006,764.04	6,286,840,003.37	3,364,854,294.47	3,341,928,725.44
股东权益(不含少数股东权益)	3,863,344,712.83	1,885,815,687.98	1,851,648,927.31	1,529,829,541.24	1,506,903,972.21
每股收益	1.026	0.86	0.829	0.61	0.55
每股净资产	6.95	4.56	4.48	4.44	4.37
净资产收益率(%)	14.76	18.78	18.52	13.82	12.51
调整后的每股净资产	6.87	4.50	4.42	4.41	4.34
每股经营活动产生的现金流量净额	0.59	-0.17	-0.17	-1.52	-1.52

(三)根据《公开发行证券公司信息披露编报规则(第九号)》,公司按全面摊薄法和加权平均法计算净资产收益率和每股收益。

报告期利润	净资产收益率(%)		每股收益(元)	
	全面摊薄	加权平均	全面摊薄	加权平均
主营业务利润	92.67	107.80	6.438	6.587
营业利润	17.67	20.55	1.227	1.256
净利润	14.76	17.17	1.026	1.049
扣除非经常性损益后的净利润	14.62	17.01	1.016	1.039

(四)股东权益变动情况

项目	股本	资本公积	盈余公积	法定公益金	未分配利润	外币报表折算差额	股东权益合计
期初数	413,400,000	647,768,296.11	180,980,323.17	66,391,680.10	609,446,595.56	53,712.47	1,851,648,927.31
本期增加	142,680,000	1,544,539,810.63	97,112,165.34	32,304,182.15	570,268,940.62	-190,965.73	2,354,409,950.86
本期减少	0	0	0	0	342,714,165.34	0	192,154,373.06
期末数	556,080,000	2,192,308,106.74	278,092,488.51	98,695,862.25	837,001,370.84	-137,253.26	3,863,344,712.83
变动原因	增发、送股	增发	利润分配	利润分配	利润增加	汇率变动	

三、股本变动及股东情况

(一)股本变动情况表

数量单位:股

	本次变动前	本次变动增减(+,-)			本次变动后
		增发	送股	小计	
一、未上市流通股份					
1、发起人股份	288,600,000		57,720,000	57,720,000	346,320,000
其中:					
国家持有股份	268,320,000		53,664,000	53,664,000	321,984,000
境内法人持有股份	20,280,000		4,056,000	4,056,000	24,336,000
境外法人持有股份					
其他					
2、募集法人股份					
3、内部职工股					
4、优先股或其他					
未上市流通股份合计	288,600,000		57,720,000	57,720,000	346,320,000
二、已上市流通股份					
1、人民币普通股	124,800,000	50,000,000	34,960,000	84,960,000	209,760,000
2、境内上市的外资股					
3、境外上市的外资股					
4、其他					
已上市流通股份合计	124,800,000	50,000,000	34,960,000	84,960,000	209,760,000
三、股份总数	413,400,000	50,000,000	92,680,000	142,680,000	556,080,000

000065 北方国际合作股份有限公司

2001 年年度报告摘选

第一节　公司基本情况简介

(一)公司的法定中文名称:北方国际合作股份有限公司
公司的法定英文名称:NORINCO INTERNATIONAL COOPERATION LTD.
(二)公司法定代表人:刘跃森
(三)公司董事会秘书:黄茜华
股证事务代表:贺　黎
联系地址:深圳市福田区天安数码城创新科技广场 B 座 910-912 室
邮政编码:518040
电　　话:0755-3433922、3279933
传　　真:0755-3433331
电子信箱:szszxldm@sz.gd.cninfo.net
(四)公司注册地址:深圳市深南中路国际科技大厦 11 层
公司办公地址:北京广安门南街甲 12 号北方大厦 18-19 层
邮政编码:100053
深圳市福田区天安数码城创新科技广场 B 座 910-912 室
邮政编码:518040
公司国际互联网网址:www.norinco-intl.com
电子信箱:szxl@public.szptt.net.cn
(五)公司选定的信息披露报纸:《中国证券报》《证券时报》
登载年度报告的中国证监会指定网站的网址:www.cninfo.com.cn
公司年度报告备置地点:公司董事会秘书处
(六)公司股票上市地:深圳证券交易所
股票简称:北方国际　　股票代码:000065

第二节　会计数据和业务数据摘要

(一)本年度主要利润指标　　单位:元

项目	金额
1、利润总额:	20,923,442.82
2、净利润:	17,237,129.72
3、扣除非经常性损益后的净利润:	16,635,104.53
4、主营业务利润:	84,161,978.88
5、其他业务利润:	1,005,684.35
6、营业利润:	20,262,734.91
7、投资收益:	139,786.61
8、补贴收入:	0.00
9、营业外收支净额:	520,921.30
10、经营活动产生的现金流量净额:	-40,218,723.34
11、现金及现金等价物净增减额:	79,532,920.34

注:扣除非经常性损益项目股票发行时无效申购的利息 602,025.19 元及固定资产处置等 29,107 元。

(二)截至报告期末公司前三年的主要会计数据和财务指标

单位:元

	2001.12.31	2000.12.31(调整后)	2000.12.31(调整前)	1999.12.31
主营业务收入	671,382,559.27	321,420,338.66	321,420,338.66	238,393,408.42
净利润	17,237,129.72	15,184,149.08	15,184,149.08	16,472,082.13
总资产	857,197,559.76	289,079,354.98	306,125,469.81	238,449,837.56
股东权益	331,572,285.76	130,389,148.73	147,435,299.56	132,251,150.48
每股收益	0.17	0.19	0.19	0.206
每股净资产	3.26	1.62	1.84	1.65
调整后每股净资产	3.20	—	1.78	1.64
每股经营活动产生的现金流量净额	-0.39	—	-0.37	-0.008
净资产收益率	5.2%	—	10.30%	12.46%

第三节　股本变动及股东情况

(一)股份变动情况表

数量单位:股

	本次变动前	本次变动增减(+,-)配股	本次变动后
一、未上市流通股份			
1、发起人股份	60,000,000	15,523,200	75,523,200
其中:			
国有法人持有	60,000,000	15,523,200	75,523,200
未上市流通股份合计	60,000,000	15,523,200	75,523,200
二、已上市流通股份			
1、人民币普通股	19,968,000	5,990,400	25,958,400
2、暂时冻结高管股	32,000	9,600	41,600
已上市流通股份合计	20,000,000	6,000,000	26,000,000
三、股份总数	80,000,000	21,523,200	101,523,200

本期股份总数及结构变动情况说明:

中国证监会"证监公司[2000]166 号"文予以核准。公司 2000 年度配股以 1999 年 12 月 31 日总股本 8000 万股为基数,按 10:3 的比例及每股 9 元的价格向全体股东配售,可配售股份总额为 2400 万股,实际配售 2152.32 万股,其中向国有法人股配售 1552.32 万股,向社会公众配售了流通股 600 万股。

2001 年 1 月 2 日公司股本变更为 10152.32 万股。变更后的股本中,国有法人股为 7552.32 万股(占变更后股本的 74.39%),社会公众股为 2600 万股(占变更后股本的 25.61%)。截止 2001 年 1 月 2 日,公司已收到股东增加的投入资本 19081.88 万元(已扣除发行费用 289 万元),其中,股本 2152.32 万元,资本公积为 16929.56 万元。此次变更事项由中瑞华会计师事务所于 2001 年 1 月 2 日,出具"中瑞华(2001)验字第 2001 号"验资报告验证。

(二)股票发行与上市情况

(1)公司于 98 年 4 月 16 日首次公开发行人民币普通股 1250 万股,发行价格 3.98 元/股,于 98 年 6 月 5 日在深交所上市;

(2)2000 年 12 月 18 日向公众配股 600 万股,配股价格 9 元/股,于 2001 年 1 月 18 日在深交所上市流通。

000066 中国长城计算机深圳股份有限公司

2001年年度报告摘选

一、公司基本情况简介

(一)公司法定中文名称:中国长城计算机深圳股份有限公司
公司法定英文名称:CHINA GREATWALL COMPUTER SHENZHEN CO.,LTD.
(二)公司法定代表人:卢明
(三)董事会秘书:李田
证券事务代表:卢海棠
电　　话:86-755-6634759
传　　真:86-755-6631106
电子信箱:stock@greatwall.com.cn
(四)公司注册地址:中国深圳南山区科技工业园长城计算机大厦
公司办公地址:中国深圳南山区科技工业园长城计算机大厦
邮政编码:518057
公司电子信箱:stock@greatwall.com.cn
公司国际互连网网址:www.greatwall.com.cn
(五)公司选定的信息披露报纸名称:《中国证券报》、《证券时报》、《上海证券报》
登载公司年度报告的中国证监会指定国际互连网地址:www.cninfo.com.cn
公司年度报告备置地点:公司董事会办公室
(六)公司股票上市交易所:深圳证券交易所
股票简称:长城电脑
股票代码:000066

二、会计数据和业务数据摘要

(一)公司2001年度会计数据

单位:人民币元

项目	金额
利润总额	70,761,803.90
净利润	71,079,242.33
扣除非经常性损益后的净利润	63,985,765.53
主营业务利润	111,957,769.36
其他业务利润	12,280,303.03
营业利润	-211,305,638.86
投资收益	266,820,151.21
补贴收入	8,199,930.40
营业外收支净额	7,047,361.15
经营活动产生的现金流量净额	-118,456,372.59
现金及现金等价物净增加额	-11,949,983.62

(二)公司前三年主要会计数据和财务指标

单位:人民币元

指标项目	2001年	2000年(调整后)	2000年(调整前)	1999年
主营业务收入	2,059,163,797.41	2,253,158,794.41	2,253,158,794.41	1,675,643,929.76
净利润	71,079,242.33	161,285,433.84	167,312,921.14	231,901,182.51
总资产	2,267,123,894.11	2,221,999,871.89	2,228,055,702.85	1,709,075,615.38
股东权益(不含少数股东权益)	1,181,008,628.96	1,201,230,070.00	1,206,897,679.26	887,852,535.38
每股收益(元/股)	0.156	0.352	0.3649	0.804
每股净资产(元/股)	2.576	2.620	2.63	3.077
调整后的每股净资产(元/股)	2.546	2.606	2.62	3.052
每股经营活动产生的现金流量净额(元/股)	-0.258	-0.133	-0.1332	0.162
净资产收益率(%)	6.02%	13.40%	13.86%	26.12%

(三)按照中国证监会《公开发行证券公司信息披露编报规则(第9号)》规定的要求计算的利润数据

单位:人民币元

	净资产收益率(%)		每股收益(元/股)	
	全面摊薄	加权平均	全面摊薄	加权平均
主营业务利润	9.48	9.05	0.24	0.24
营业利润	-17.89	-17.09	-0.46	-0.46
净利润	6.02	5.75	0.16	0.16
扣除非经常性损益后的净利润	5.42	5.17	0.14	0.14

三、股本变动及股东情况

(一)股本变动情况

单位:股

	本次变动前	本次变动增减(+,-)					本次变动后
		配股	送股	公积金转股	其他	小计	
一、未上市流通股份							
1.发起人股份	277,231,500						277,231,500
国家持有股份	277,231,500						277,231,500
境内法人持有股份							
境外法人持有股份							
其他							
2.募集法人股份							
3.内部职工股	540,600				-122,207	-122,207	418,393
4.优先股或其他							
未上市流通股份合计	277,772,100				-122,207	-122,207	277,649,893
二、已上市流通股份							
1.人民币普通股	180,719,400				122,207	122,207	180,841,607
2.境内上市的外资股							
3.境外上市的外资股							
4.其他							
已上市流通股份合计	180,719,400				122,207	122,207	180,841,607
三、股份总数	458,491,500						458,491,500

000068 深圳市赛格三星股份有限公司

2001年年度报告摘选

一、公司基本情况简介

(一)公司法定中文名称:深圳市赛格三星股份有限公司
公司法定英文名称:SHENZHEN SEG SAMSUNG GLASS CO.,LTD
英文名称缩写:SSG
(二)公司注册地址:深圳市福田区上梅林工业区101厂房
公司办公地址:深圳市福田区上梅林工业区101厂房
邮政编码:518049
(三)法定代表人姓名:张继良
(四)公司董事会秘书:王科夫
联系电话:3311988-1810
传真:3112656
联系地址:深圳市福田区上梅林26-811信箱
(五)公司中报备置地点:深圳市赛格三星股份有限公司证券部
信息披露网站:HTTP://WWW.CNINFO.COM.CN
定期报告刊登报刊:《证券时报》
(六)公司股票上市地:深圳证券交易所
股票简称:赛格三星
股票代码:000068

二、会计数据和业务数据摘要

(一)2001年度主要会计数据

单位:人民币元

项目	会计数据
利润总额	102,424,568.81
净利润	93,490,978.38
扣除非经常性损益后的净利润*	118,963,319.89
主营业务利润	294,568,710.07
其他业务利润	1,249,714.41
营业利润	51,389,871.42
投资收益	0.00
补贴收入	0.00
营业外收支净额	51,034,697.39
经营活动产生的现金流量净额	389,071,944.58
现金及现金等价物等价物净增减额	68,237,103.10

(二)公司近三年主要会计数据和财务指标

单位:人民币元

项目	2001.12.31	2000.12.31		1999.12.31	
		调整后	调整前	调整后	调整前
主营业务收入	977,507,548.75	1129780220.72	1129780220.72	853421325.42	853421325.42
净利润	93,490,978.38	146412532.31	146412532.31	5726328.45	5726328.45
总资产	2,784,401,557.18	2973353161.49	3074192412.81	2868890173.38	2868890173.38
股东权益(不含少数股东权益)	1,477,506,506.88	1402317998.26	1503157249.58	1419622358.63	1419622358.63
每股收益	0.119	0.186	0.186	0.007	0.007
加权平均每股收益	0.119	0.186	0.186	0.007	0.007
每股净资产	1.88	1.78	1.91	1.81	1.81
调整后的每股净资产	1.81	1.71	1.81	1.70	1.70
每股经营活动产生的现金流量净额	0.495	0.51	0.22	0.40	0.40
净资产收益率	6.33%	10.45%	9.74%	0.40%	0.40%

三、股本变动及股东情况

(一)股份变动情况表

公司股份变动情况表

数量单位:股

	本次变动前	本次变动增减(+、—)						本次变动后
		配股	送股	公积金转增	增发	其他	小计	
一、未上市流通股份								
1、发起人股份								
其中								
国家持有股份	223,943,608							223,943,608
境内法人持有股份	337,026,908							337,026,908
境外法人持有股份								
其他								
2、募集法人股份								
3、内部职工股								
4、优先股或其他								
未上市流通股份合计	560,970,517							560,970,517
二、已上市流通股份								
1、人民币普通股	225,000,000							225,000,000
2、境内上市的外资股								
3、境外上市的外资股								
4、其他								
已上市流通股份合计	225,000,000							225,000,000
三、股份总数	785,970,517							785,970,517

(二)公司股东情况

1、报告期末股东总数

报告期末,公司股东总数为102,064户。

2、公司主要股东持股情况及关联关系

公司前十名股东持股情况

名次	股东名称	本期末持股数(股)	本期持股变动增减情况(+-)	持股占总股本比例(%)	持有股份的质押或冻结情况	股份性质
1	深圳市赛格集团有限公司	223,943,608	0	28.49	3,000,000股冻结	国有股
2	深圳赛格股份有限公司	167,957,704	0	21.37	无	法人股
3	三星康宁投资有限公司	167,957,704	0	21.37	63,814,178股冻结	外资股
4	开元证券投资基金	1,345,647	1,345,647	0.17	无	流通股
5	兴业证券投资基金	906,780	906,780	0.12	无	流通股
6	刘植秋	600,000	0	0.08	无	流通股
7	深圳市赛格进出口公司	555,750	0	0.07	555,750股冻结	法人股
8	深圳市赛格储运公司	555,750	0	0.07	无	法人股
9	普丰证券投资基金	540,470	-10,293,039	0.07	无	流通股
10	兴安证券投资基金	500,068	500,068	0.06	无	流通股

000069 深圳华侨城控股股份有限公司

2001年年度报告摘选

第一节 公司基本情况简介

一、公司法定中文名称:深圳华侨城控股股份有限公司
公司法定英文名称:Shenzhen Overseas Chinese Town Holding Company
二、公司法定代表人:任克雷
三、公司董事会秘书:肖德中
证券事务代表:李珂晖
电话:0755—6909069　　传真:0755—6600517
联系地址:深圳华侨城控股股份有限公司
E－MAIL:szhqc@public.szptt.net.cn
四、公司注册地址及办公地址:广东省深圳市南山区华侨城办公大楼
邮编:518053
国际互联网网址:无
E－MAIL:oct069@public.topway.net.cn
五、公司年度报告指定披露报纸:《中国证券报》、《证券时报》
公司年度报告指定披露网址:http://www.cninfo.com.cn
公司年度报告备置地点:公司股证事务部
六、公司股票上市交易所:深圳证券交易所
股票简称:华侨城A　　股票代码:000069

第二节 会计数据和业务数据摘要

一、本年度主要财务数据:　　单位:元

项目	金额
利润总额	185,638,081.42
净利润	180,048,228.99
扣除非经常性损益后的净利润	180,375,382.21
主营业务利润	45,749,621.85
其他业务利润	7,895,224.86
营业利润	-10,916,846.43
投资收益	197,557,001.31
补贴收入	0.00
营业外收支净额	-1,002,073.46
经营活动产生的现金流量净额	42,734,958.10
现金及现金等价物净增加额	29,897,551.80

二、公司近三年主要会计数据和财务指标:(单位:元)

项目	2001年	2000年		1999年	
		(调整后)	(调整前)	(调整后)	(调整前)
主营业务收入	196,178,491.18	150,791,894.94	150,791,894.94	144,745,737.05	280,623,689.22
净利润	180,048,228.99	92,747,234.33	85,710,859.25	52,445,515.12	53,332,336.52
总资产	1,848,378,245.40	1,289,699,940.58	1,302,839,207.77	1,082,635,018.79	1,122,580,103.33
股东权益(不包含少数股东权益)	983,583,596.75	915,311,798.77	925,840,506.86	585,575,787.14	606,067,906.48
每股收益(摊薄)	0.403	0.249	0.230	0.152	0.154
每股净资产	2.20	2.46	2.48	1.69	1.75
调整后的每股净资产	2.16	2.41	2.41	1.64	1.61
每股经营活动产生的现金流量净额	0.096	0.136	0.136	0.194	0.194
净资产收益率(%)(摊薄)	18.31%	10.13%	9.26%	8.96%	8.80%

注:1、2001年扣除非经常性损益的项目、涉及金额列示如下:

项目	金额
营业外收入	85,469.24
营业外支出	1,087,542.70
股权转让收益	600,000.00
所得税影响	74,920.24

2、1999年调整前的主营业务收入包含了公司进行资产置换前的合并报表单位深圳华侨城水电公司和深圳华中发电有限公司的主营业务收入数据。

三、根据中国证监会《公开发行证券公司信息披露编报规则(第九号)》的通知精神,利润分配表附表列示如下:

报告期利润	净资产收益率(%)		每股收益(元)	
	全面摊薄	加权平均	全面摊薄	加权平均
主营业务利润	4.65%	4.55%	0.102	0.102
营业利润	-1.11%	-1.09%	-0.024	-0.024
净利润	18.31%	17.91%	0.403	0.403
扣除非经常性损益后的净利润	18.34%	17.94%	0.403	0.403

第三节 股本变动和股东情况

一、股本变动情况表:

公司股份变动情况表　　单位:股

	本次变动前	本次变动增减(+、-)					本次变动后
		配股	送股	公积金转股	其他	小计	
一、尚未流通股份							
1、发起人股份							
其中:							
国家拥有股份	7,434,000			1,486,800		1,486,800	8,920,800
境内法人持有股份	248,166,000			49,633,200		49,633,200	297,799,200
境外法人持有股份							
其他							
2、募集法人股							
3、内部职工股							
4、优先股或其他							
未上市流通股份合计	255,600,000			51,120,000		51,120,000	306,720,000
二、已流通股份							
1、境内上市的人民币普通股	116,848,368			23,388,300	93,132	23,481,432	140,329,800
2、境内上市的外资股							
3、境外上市的外资股							
4、其他(高管股)	151,632			11,700	-93,132	-81,432	70,200
已上市流通股份合计	117,000,000			23,400,000		23,400,000	140,400,000
三、股份总数	372,600,000			74,520,000		74,520,000	447,120,000

000070 深圳市特发信息股份有限公司

2001年年度报告摘选

一、公司基本情况简介

(一)公司的法定中文名称:深圳市特发信息股份有限公司
公司的法定英文名称:Shenzhen SDG Information Co., Ltd.
英文缩写:SDGI
(二)公司法定代表人:季德钧
(三)公司董事会秘书:张大军
联系地址:深圳市福田区香蜜湖度假村内西座酒店后侧1号楼
电话:0755－3711473　　传真:0755—3701133
电子信箱:zhangdj@sdgi.com.cn
董事会证券事务代表:伍历文
联系地址:深圳市福田区香蜜湖度假村内西座酒店后侧1号楼
电话:0755—3710594　　传真:0755—3710133
电子信箱:wulw@sdgi.com.cn
(四)公司注册地址:深圳市福田区香蜜湖度假村内西座酒店后侧一号楼
办公地址:深圳市福田区香蜜湖度假村内西座酒店后侧一号楼
邮政编码:518034
公司国际互联网网址:www.sdgi.com.cn　　公司电子信箱:sdgi0070@sdgi.com.cn
(五)公司选定的信息披露报纸名称:《证券时报》
刊登年度报告的中国证监会指定网站网址:www.cninfo.com.cn
公司年度报告备置地点:公司证券业务部
(六)公司股票上市交易所:深圳证券交易所
股票简称:特发信息　　股票代码:000070

二、会计数据和业务数据摘要

1、本年度主要会计数据(单位:人民币元)

项目	金额
利润总额	39,751,108.22
净利润	41,917,998.79
扣除非经常性损益后的净利润	24,578,345.66
主营业务利润	133,005,626.65
其他业务利润	7,963,634.6
营业利润	19,757,240.15
投资收益	16,293,291.32
补贴收入	637,500.00
营业外收支净额	3,063,076.75
经营活动所产生的现金流量净额	27,734,620.68
现金及现金等价物净增加额	73,699,912.24

2、公司近三年的主要会计数据和财务指标:　　单位:人民币元

项目	2001年	2000年		1999年	
		调整前	调整后	调整前	调整后
主营业务收入	659,157,655.52	570,810,294.00	570,806,070.84	487,963,473.00	487,963,473.00
净利润	41,917,998.79	55,879,546.00	42,499,621.88	52,387,244.00	31,077,091.49
总资产	1,348,565,469.04	1,369,357,327.00	1,335,750,014.84	730,376,911.00	716,996,986.88
股东权益(不含少数股东权益)	775,348,386.12	780,620,563.96	745,930,387.33	260,134,847.00	238,824,594.49
每股收益(摊薄)	0.1677	0.2235	0.1700	0.291	0.173
每股收益(加权)	0.1677	0.2403	0.1828	0.291	0.173
扣除非经常性损益后的每股收益	0.0983	0.0897	0.1034	0.2786	0.2600
每股净资产	3.101	3.122	2.984	1.445	1.327
调整后的每股净资产	2.988	2.989	2.850	1.305	1.187
每股经营活动产生的现金净流量	0.111	-0.5924	-0.5924	-0.2342	-0.2342
净资产收益率	0.0541	0.07158	0.0570	0.2014	0.1301
扣除非经常性损益后的净资产收益率	0.0317	0.0287	0.0346	0.1928	0.1208

3、报告期利润表附表

2001年度利润	净资产收益率(%)		每股收益(元/股)	
	全面摊薄	加权平均	全面摊薄	加权平均
主营业务利润	17.15	17.34	0.5320	0.5320
营业利润	2.55	2.58	0.0790	0.0790
净利润	5.41	5.46	0.1677	0.1677
扣除非经常性损益后的净利润	3.17	3.2	0.983	0.983

注:利润表附表的利润数据是按照中国证监会《公开发行证券公司信息披露规则(第9号)》要求计算的。

三、股本变动及股东情况

(一)股份变动情况表

报告日期:2001年12月31日　　数量单位:股　　每股面值:1元

	期初数	本次变动增减(+,—)						期末数
		配股	送股	公积金转股	增发	其他	小计	
一、未上市流通股份								
1、发起人股份	180000000							180000000
其中:								
国家持有股份	98094900							98094900
境内法人持有股份	81905100							81905100
境外法人持有股份								
其他								
2、募集法人股份								
3、内部职工股								
4、优先股或其他								
其中:转配股								
未上市流通股份合计	180000000							180000000
二、已上市的流通股份								
1、人民币普通股	70000000							70000000
2、境内上市的外资股								
3、境外上市的外资股								
4、其他								
已上市流通股份合计	70000000							70000000
三、股份总数	250000000							250000000

000078 深圳市海王生物工程股份有限公司

2001年年度报告摘选

一、公司基本情况简介

1、公司的法定中文名称:深圳市海王生物工程股份有限公司
公司的法定英文名称:Shenzhen Neptunus Bioengineering Co., Ltd
2、公司的法定代表人:张思民
3、公司董事会秘书:冯家信
联系地址:深圳市南山区南油大道海王大厦25层
电话:(0755)6416065,6649838-2671
传真:(0755)6416053
电子信箱:sznepsw@public.szptt.net.cn
4、公司注册及办公地址:深圳市南山区南油大道海王大厦26层
邮政编码:518054
电子信箱:sznepsw@public.szptt.net.cn
海王国际互联网网址:http://www.neptunus.com
5、本公司选定的信息披露报纸名称:《中国证券报》、《证券时报》
公司年报备置地点:公司董事会办公室
登载本公司年度报告的中国证监会指定国际互联网网址:http://www.cninfo.com.cn
6、公司股票上市交易所:深圳证券交易所
股票简称:海王生物　　股票代码:0078

二、会计数据和业务数据摘要

1、公司本年度主要会计数据(单位:人民币元)

利润总额:	116,268,966.73
净利润:	79,819,022.81
扣除非经营性损益后的净利润	76,595,801.80
主营业务利润:	524,793,830.24
其他业务利润:	21,146,791.33
营业利润:	113,045,745.72
投资收益:	-47,164,311.49
补贴收入:	51,488,794.00
营业外收支净额:	-1,101,261.50
经营活动产生的现金流量净额:	-82,836,672.02
现金及现金等价物净增加额:	1,091,441,949.01

注:扣除非经营性损益后的净利润=净利润-投资收益-补贴收入-营业外收支净额

2、截止2001年末公司前三年的主要会计数据和财务指标(单位:万元)

项目	2001年	2000年		1999年
		原数据	调整后数据	
主营业务收入	76505	19,898	19898	8,839
净利润	7982	6,153	5435	3,107
总资产	304363	87,230	78737	64,228
股东权益	166644	23,571	16249	20,474
每股收益(元/股)	0.36	0.40	0.36	0.20
*按月平均加权每股收益	0.36	0.40	0.36	0.27
扣除非经营性损益后的每股收益	0.35	0.48	0.44	0.17
每股净资产	7.51	1.54	1.06	1.34
调整后的每股净资产	7.50	1.47	1.02	1.26
每股经营活动产生的现金流量净额	-0.37	-0.71	-0.71	-0.13
净资产收益率(%)	4.79	26.11	33.45	15.17

3、报告期利润表附表

报告期利润项目	净资产收益率(%)		每股收益(元/股)
	全面摊薄	加权平均	
主营业务利润	31.83	32.62	2.36
营业利润	6.86	7.03	0.51
净利润	4.84	4.96	0.36
扣除非经常性损益后的净利润	4.50	4.62	0.35

4、2001年度本公司股东权益变动情况

项目	股本	资本公积金	盈余公积	法定公益金	未分配利润	股东权益合计
期初数	152800000	16468997.20	12074345.29	4191508.66	-18856996.13	162486346.37
本期增加	69000000	1365028488.00	8118619.75	4059309.87	79819022.81	1503958284.72
本期减少					12177929.62	
期末数	221800000	1381497485.20	24252274.91	10077603.25	48784097.06	1666444631.09
变动原因	增发A股	6900万股	利润分配	利润分配	实现利润及利润分配	

三、股本变动及股东情况

1、股份变动情况

股份变动情况表

数量单位:股

项目	期初数	配股	送股	公积金转股	增发A股	小计	期末数
一、尚未流通股份							
1、发起人股份	114600000						114600000
其中:国家拥有股份							
境内法人拥有股份	114600000						114600000
外资法人拥有股份							
其他							
2、募集法人股							
3、内部职工股	144000						144000
4、优先股或其他							
尚未流通股份合计	114744000						114744000
二、已流通股份							
1、境内上市的人民币普通股	38056000				69000000	69000000	107056000
2、境内上市的外资股							
3、境外上市的外资股							
4、其他							
已流通股份合计	38056000				69000000	69000000	107056000
三、股份总数	152800000						221800000

000088 深圳市盐田港股份有限公司

2001年年度报告摘选

一、公司简介

1、公司法定中文名称:深圳市盐田港股份有限公司
公司法定英文名称:Shenzhen Yan Tian Port Holdings Co., Ltd
2、公司法定代表人:李选民
3、公司董事会秘书:华　翔
证券事务代表:李翠云
联系电话:(0755)5290180　　传　真:(0755)5290932
4、公司办公地址:深圳市盐田区盐田港海港大厦十八--二十层　　公司邮政编码:518081
公司电子信箱:szytphcl@sz.gd.cninfo.net
公司国际互联网网址:http://www.yantian-port.com
5、公司选定的信息披露报纸:《证券时报》
登载年度报告的国际互联网网址:http://www.cninfo.com.cn
公司年度报告备置地点:深圳市盐田港股份有限公司董事会秘书处
6、公司股票上市地:深圳证券交易所
公司股票简称:盐田港A　　公司股票代码:000088

二、会计数据及业务数据摘要

(一)公司本年度会计数据和财务指标(单位:人民币元)

利润总额	453,739,839.71
净利润	376,277,383.42
扣除非经常性损益后的净利润	377,941,526.81
主营业务利润	201,525,056.72
其他业务利润	1,107,675.00
营业利润	129,731,040.35
投资收益	324,593,256.67
补贴收入	0.00
营业外收支净额	-584,457.31
经营活动产生的现金流量净额	203,685,970.99
现金及现金等价物净增加额	-16,266,301.62
注:扣除的非经常性损益项目和涉及金额:	
①国债投资收益	10,000,000.00
②股权投资差额摊销:	-7,447,243.85
③营业外收入(已剔除地产地销免税收入):	134,608.80
④营业外支出:	-4,351,508.34
⑤以上项目涉及金额为:	-1,664,143.39

(二)公司前三年主要会计数据和财务指标(单位:人民币元)

项目	2001年度	2000年度	1999年度
主营业务收入	383,405,091.52	247,837,342.71	229,047,173.48
净利润	376,277,383.42	93,453,286.16	87,131,536.98
总资产	3,329,204,610.14	3,401,705,478.42	1,964,393,078.76
股东权益	1,495,317,775.61	1,411,540,392.19	1,402,339,535.30
全面摊薄每股收益	0.643	0.160	0.149
加权平均每股收益	0.643	0.160	0.149
扣除非经常性损益后的全面摊薄每股收益	0.646	0.169	0.149
扣除非经常性损益后的加权平均每股收益	0.646	0.169	0.149
每股净资产	2.556	2.413	2.397
调整后的每股净资产	2.548	2.341	2.379
每股经营活动产生的现金流量净额	0.348	0.175	0.157
全面摊薄净资产收益率(%)	25.164	6.621	6.213
加权平均净资产收益率(%)	23.522	6.449	6.079
扣除非经常性损益后的全面摊薄净资产收益率(%)	25.275	6.995	6.226
扣除非经常性损益后的加权平均净资产收益率(%)	23.626	6.814	6.092

(三)本年度利润表附表:

按照中国证监会《公开发行证券公司信息披露编报规则(第9号)》要求计算的净资产收益率及每股收益:

项目	2001年度				2000年度			
	净资产收益率(%)		每股收益(元/股)		净效产收益率(%)		每股收益(元/股)	
	全面摊薄	加权平均	全面摊薄	加权平均	全面摊薄	加权平均	全面摊薄	加权平均
主营业务利润	13.477	12.598	0.344	0.344	7.585	7.388	0.183	0.183
营业利润	8.676	8.110	0.222	0.222	4.734	4.612	0.114	0.114
净利润	25.164	23.522	0.643	0.643	6.621	6.449	0.160	0.160
扣除非经常性损益后的净利润	25.275	23.626	0.646	0.646	6.995	6.814	0.169	0.169

三、股本变动及股东情况

1、本变动情况表:

单位:万股

	期初数	本期变动增减(+,-)	期末数
一、尚未流通股份	46,000		46,000
(一)发起人股份			
其中:国家拥有股份	46,000		46,000
境内法人持有股份			
(二)募集法人股			
(三)董事、监事和高级管理人员持股	12.9	-2.16	10.74
(四)优先股或其他			
尚未流通股份合计	46,012.9	-2.16	46,010.74
二、已流通股份			
(一)境内上市的人民币普通股	12,487.1	+2.16	12,487.26
(二)境内上市的外资股			
已流通股份合计	12,487.1	+2.16	12,487.26
三、股份总数	58,500		58,500

000089 深圳市机场股份有限公司

2001 年年度报告摘选

一、公司简介

1、公司的法定中文名称:深圳市机场股份有限公司
公司的法定英文名称:SHENZHEN AIRPORT CO.,LTD.
英文缩写:SACL
2、公司法定代表人:卢胜海
3、公司董事会秘书:谢爱龙
联系电话:(0755)7776018
授权代表:崔增明
联系电话:(0755)7776331
传　　真:(0755)7776327
联系地址:深圳市宝安区宝安国际机场第一办公楼 207
4、公司注册地址:深圳市宝安区宝安机场第一办公楼三、四层
公司办公地址:深圳市宝安区宝安国际机场第一办公楼
邮政编码:518128
公司国际互联网网址:http://www.szairport.com
公司电子信箱:szsacldd@sz.gd.cninfo.net
5、公司选定信息披露报纸:《证券时报》、《中国证券报》
刊登公司年度报告的国际互联网网址:http://www.cninfo.com.cn
公司年报备置地点:公司董事会秘书处
6、公司股票上市地:深圳证券交易所
股票简称:深圳机场　　股票代码:000089

二、会计数据和业务数据摘要

1、公司本年度会计数据:　　(单位:人民币元)

项目	金额
利润总额	359,726,619.49
净利润	335,758,162.29
扣除非经常性损益后的净利润	333,127,839.32
主营业务利润	275,648,387.44
其它业务利润	7,559,686.17
营业利润	236,632,583.27
投资收益	132,883,304.04
补贴收入	0.00
营业外收支净额	-9,789,267.82
经营活动产生的现金流量净额	355,551,713.77
现金及现金等价物净增加额	-47,245,790.54

注:扣除的非经常性损益项目和金额:

项目	金额
(1)营业外收支净额	-9,789,267.82
(2)委托理财收益	13,468,632.71
(3)所得税影响数	-1,049,041.92
扣除的非经常性损益项目合计金额为:	2,630,322.97 元.

2、公司前三年主要会计数据和财务指标

(单位:人民币元)

	2001 年	2000 年		1999 年	
		调整前	调整前	调整前	调整前
主营业务收入	602,979,485.94	452,737,139.66	453,900,718.33	367,106,084.78	366,568,680.65
净利润	335,758,162.29	312,037,750.72	316,496,561.13	250,515,691.06	255,317,265.64
总资产	2,609,340,155.45	2,610,309,193.40	2,623,583,287.45	1,671,796,887.88	1,676,679,534.40
股东权益(不含少数股东权益)	2,165,207,306.61	1,961.557,668.06	1,984,982,492.00	1,281,219,806.17	1,286,127,067.35
每股收益	0.672	0.624	0.633	0.557	0.567
每股收益(按加权平均法计算)	0.672	0.675	0.684	0.557	0.567
扣除非经常性损益后的每股收益	0.666	0.613	0.621	0.543	0.544
每股净资产	4.331	3.964	3.971	2.847	2.858
调整后每股净资产	4.313	3.938	3.942	2.824	2.835
每股经营活动产生的现金流量净额	0.711	0.430	0.430	0.483	0.483
净资产收益率	15.51%	15.75%	15.94%	19.55%	19.85%
净资产收益率(加权平均)	15.54%	19.71%	19.95%	21.67%	22.04%

3、利润表附表

	净资产收益率				每股收益			
	全面摊薄		加权平均		全面摊薄		加权平均	
	2001 年度	2000 年度	2001 年度	2000 年度	2001 年度	2000 年度	2001 年度	2000 年度
主营业务利润	12.73%	10.77%	12.76%	13.48%	0.551	0.427	0.551	0.462
营业利润	10.93%	8.82%	10.95%	11.04%	0.473	0.349	0.473	0.378
净利润	15.51%	15.75%	15.54%	19.71%	0.672	0.624	0.672	0.675
扣除非经常损益后的净利润	15.39%	15.46%	15.41%	19.35%	0.666	0.613	0.666	0.662

注 1:2001 年末和 2000 年末总股本 49,989 万股;1999 年末总股本为 45,000 万股。

三、股本变动及股东情况

1、股本变动情况
(1) 股份变动情况表　　数量单位:股

	本次变动前	本次变动增减(+、-)	本次变动后
一、未上市流通股份			
1、发起人股份			
其中:			
国家拥有股份	319,890,000	0	319,890,000
未上市流通股份合计	319,890,000	0	319,890,000
二、已上市流通股份			
1、人民币普通股	180,000,000	0	180,000,000
已上市流通股份合计	180,000,000	0	180,000,000
三、股份总数	499,890,000	0	499,890,000

000090 深圳市天健(集团)股份有限公司

2001 年年度报告摘选

第一节　公司基本情况简介

1、公司法定中文名称:深圳市天健(集团)股份有限公司
公司英文名称:SHENZHEN TONGE (GROUP) CO.,LTD.
2、公司法定代表人:邹志远
3、公司董事会秘书:徐肇松
董事会证券事务代表:陆炜弘
联系地址:深圳市福田区红荔西路 7058 号市政大厦六楼 619 室　董事会秘书处
联系电话:(0755)3928130　　传真:(0755)3915736
电子信箱:xuzhaosong@163.net
4、公司注册地址及办公地址:深圳市福田区红荔西路 7058 号市政大厦
邮政编码:518034
公司国际互联网网址:http://www.tonge.com.cn
公司电子信箱:sztonge@public.szptt.net.cn
5、公司选定的信息披露报纸名称:《证券时报》、《上海证券报》
登载公司年度报告的国际互联网网址:http://www.cninfo.com.cn
公司年度报告备置地点:公司董事会秘书处
6、公司股票上市交易所:深圳证券交易所
股票简称:深天健　　股票代码:000090

第二节　会计数据和业务数据摘要

一、本年度主要财务数据(单位:人民币元)

项目	金　额
利润总额	120,426,178.46
净利润	93,248,432.21
扣除非经常性损益后的净利润*	79,668,355.38
主营业务利润	189,833,492.19
其他业务利润	12,249,884.78
营业利润	105,316,436.32
投资收益	2,819,927.67
补贴收入	0
营业外收支净额	12,289,814.47
经营活动产生的现金流量净额	359,930,625.95
现金及现金等价物净增减额	80,089,642.60

二、公司前三年主要财务数据和财务指标(单位:人民币元)

项目	2001 年度	2000 年度	1999 年度
主营业务收入	1,459,511,978.68	1,541,583,096.97	1,351,203,491.80
净利润	93,248,432.21	97,104,006.26	104,137,552.85
总资产	3,111,497,182.61	3,011,878,342.89	2,438,924,950.80
股东权益(不含少数股东权益)	1,024,425,605.16	975,829,492.95	912,214,726.69
每股收益(摊薄)	0.417	0.435	0.466
每股收益(加权)	0.417	0.435	0.536
每股净资产	4.588	4.371	4.086
调整后每股净资产	4.418	4.103	3.829
扣除非经常性损益后净资产收益率%(加权)	7.78	8.79	15.37
每股经营活动产生的现金流量净额	1.612	-0.615	-1.086
净资产收益率(%)(摊薄)	9.10	9.95	11.42
净资产收益率(%)(加权)	9.12	10.28	16.72

三、本年度利润表附表

按照中国证监会《关于公开发行证券公司信息披露编报规则第九号》要求计算的净资产收益率和每股收益:

报告期利润	净资产收益率(%)		每股收益(元)	
	全面摊薄	加权平均	全面摊薄	加权平均
主营业务利润	18.53	18.53	0.850	0.850
营业利润	10.28	10.28	0.472	0.472
净利润	9.10	9.12	0.417	0.417
扣除非经常性损益后的净利润	7.78	7.79	0.357	0.357

第三节　股本变动及股东情况

一、股本变动情况
(一)股本变动情况表　　数量单位:股

	本次变动前	本次变动增减(+,-)	本次变动后
一、未上市流通股份			
1、发起人股份	113,181,600		113,181,600
其中:			
国家持有股份	113,181,600		113,181,600
2、募集法人股份	26,880,000		26,880,000
3、内部职工股	25,200,000		25,200,000
4、优先股或其他			
未上市流通股份合计	165,261,600		165,261,600
二、已上市流通股份			
1、人民币普通股	58,000,000		58,000,000
已上市流通股份合计	58,000,000		58,000,000
三、股份总数	223,261,600		223,261,600

二、股东情况
1、前 10 名股东的持股情况

序号	股东名称	年末持股数量(股)	持股比例(%)	股份性质
(1)	深圳市建设投资控股公司	113,181,600	50.69%	国有股
(2)	上海闵行联合发展有限公司	10,080,000	4.51%	法人股
(3)	深圳市金众(集团)股份有限公司	8,400,000	3.76%	法人股
(4)	深圳市建业(集团)股份有限公司	8,400,000	3.76%	法人股
(5)	中信证券有限责任公司武汉营业部	300,994	0.13%	上市流通股
(6)	中信实业银行深圳分行证券营业部	182,917	0.08%	上市流通股
(7)	彭智慧	177,000	0.08%	上市流通股
(8)	攀枝花钢铁有限责任公司	172,000	0.07%	上市流通股
(9)	肖国华	154,890	0.07%	上市流通股
(10)	普丰证券投资基金	153,515	0.07%	上市流通股

000096 深圳市广聚能源股份有限公司

2001 年年度报告摘选

一、公司简介

(一) 公司法定中文名称:深圳市广聚能源股份有限公司
公司法定英文名称:SHENZHEN GUANGJU ENERGY GO., LTD.
(二) 公司法定代表人:王建彬
(三) 公司董事会秘书:嵇元弘
股证事务代表:叶启良
联系地址:深圳市蛇口新街蛇口大厦六楼
联系电话:(0755)6690988
传　　真:(0755)6690998
电子信箱:gjny0096@public.szptt.net.cn
(四) 公司注册地址:深圳市蛇口新街蛇口大厦 6 楼
公司办公地址:深圳市蛇口新街蛇口大厦 6 楼
公司邮政编码:518067
(五) 公司信息披露报纸名称:《证券时报》
登载年度报告的中国证监会指定网站的网址:http://www.cninfo.com.cn
公司年度报告备置地点:董事会秘书处
(六) 公司股票上市交易所:深圳证券交易所
公司股票简称:广聚能源
公司股票代码:000096

二、会计数据和业务数据摘要

(一) 本年度主要利润指标情况　　　单位:人民币元

指标项目	金　额
利润总额	92,104,610.10
净利润	87,389,656.46
扣除非经营性损益后的净利润	66,780,881.79
主营业务利润	109,172,992.82
其他业务利润	2,375,814.59
营业利润	-6,663,910.73
投资收益	106,154,538.57
补贴收入	1,000,000.00
营业外收支净额	-8,386,017.74
经营活动产生的现金流量净额	97,837,937.72
现金及现金等价物净增加额	73,023,792.29

扣除的非经营性损益项目及所涉及的金额:
1. 营业外收支净额:-8,386,017.74 元
2. 股权投资差额摊销:1,725,869.72 元
3. 短期投资收益:26,268,922.69 元
4. 补贴收入:1,000,000.00 元

(二) 近三年主要会计数据和财务指标(单位:人民币元)

指标项目	2001 年	2000 年		1999 年	
		调整后	调整前	调整后	调整前
1. 主营业务收入	1,128,159,407.53	1,118,147,108.44	1,118,147,108.44	802,625,000.67	802,625,000.67
2. 净利润	87,389,656.46	68,438,509.64	70,889,638.01	43,856,816.77	45,919,094.67
3. 总资产	1,294,063,916.21	1,290,351,689.08	1,295,618,585.72	803,264,666.03	805,326,943.93
4. 股东权益(不含少数股东权益)	962,122,112.14	901,314,929.33	907,297,219.70	381,579,008.49	383,641,286.39
5. 每股收益(元/股)	0.26	0.21	0.21	0.18	0.19
6. 扣除非经营性损益后每股收益(元/股)(摊薄)	0.20	0.18	0.19	0.17	0.18
7. 每股净资产(元/股)	2.92	2.73	2.75	1.56	1.57
8. 调整后的每股净资产(元/股)	2.89	2.68	2.67	1.46	1.46
9. 每股经营活动产生的现金流量净额(元/股)	0.296	-0.04	-0.04	0.39	0.39
10.净资产收益率(%)(摊薄)	9.08	7.59	7.49	11.49	11.12

(三) 利润表附表:

报告期利润	净资产收益率(%)		每股收益(元/股)	
	全面摊薄	加权平均	全面摊薄	加权平均
主营业务利润	11.35	11.55	0.3308	0.3308
营业利润	-0.69	-0.71	-0.0202	-0.0202
净利润	9.08	9.25	0.2648	0.2648
扣除非经常性损益后的净利润	6.94	7.07	0.2024	0.2024

三、股本变动及股东情况

(一) 截止 2001 年 12 月 31 日本公司股本变动情况　　　单位:万股

	本次变动前	本次变动增减	本次变动后
一、未上市流通股份	24,500.00		24,500.00
发起人股份	24,500.00		24,500.00
其中:国家持有股份	6,996.00		6,996.00
境内法人持有股份	17,504.00		17,504.00
未上市流通股份合计	24,500.00		24,500.00
二、已上市流通股	8,500.00		8,500.00
人民币普通股	8,500.00		8,500.00
已上市流通股份合计	8,500.00		8,500.00
三、股份总数	33,000.00		33,000.00

000099 中信海洋直升机股份有限公司

2001 年年度报告摘选

一、公司简介

(一)公司法定中文名称:中信海洋直升机股份有限公司
公司法定英文名称:CITIC OFFSHORE HELICOPTER CO., LTD.
英文名称缩写:COHC
(二)法定代表人姓名:李士林
(三)公司董事会秘书:姚　旗
联系地址:深圳市罗湖区解放西路 188 号农业银行大厦 19 楼
联系电话:0755-5590755　　传真:0755-5590755
电子信箱:yaoqi777@21cn.com　　证券事务代表:苏韶霞
联系地址:深圳市罗湖区解放西路 188 号农业银行大厦 19 楼
联系电话:0755-5590753　　传真:0755-5580293
电子信箱:gzsw@mail.china-cohc.com
(四)公司注册地址:深圳市罗湖区解放西路 188 号农业银行大厦 19 楼
公司办公地址:深圳市罗湖区解放西路 188 号农业银行大厦 19 楼　　邮政编码:518001
公司网址:HTTP://WWW.china-cohc.com　　电子信箱:cohc@mail.china-cohc.com
(五)信息披露报刊:《中国证券报》、《证券时报》、《上海证券报》
年报披露网站:HTTP://WWW.cninfo.com.cn　　公司年报备置地点:计划发展部
(六)公司股票上市交易所:深圳证券交易所
股票简称:中信海直　　股票代码:000099

二、会计数据和业务数据摘要

(一)本年度主要会计数据　　　单位:人民币元

项目	金额
利润总额	70,861,705.98
净利润	61,281,686.28
扣除非经常性损益后的净利润	53,173,114.76
主营业务利润	102,493,909.59
其他业务利润	-256,745.31
营业利润	53,106,840.48
投资收益	15,854,319.92
补贴收入	
营业外收支净额	1,900,545.58
经营活动产生的现金流量净额	62,638,906.27
现金及现金等价物净增减额	-14,413,549.99

注:扣除的非经常性损益项目和金额为:

单位:人民币元

项目	金额
投资收益	7,530,000.00
网上申购冻结资金利息摊销	2,009,495.90
所得税影响额	-1,430,924.38
合计	8,108,571.52

(二)截至报告期末公司前三年的主要会计数据和财务指标　　　单位:人民币元

项目	2001 年度	2000 年度		1999 年度
		调整前	调整后	
主营业务收入	315,124,165.08	297,263,986.46	297,263,986.46	267,559,870.000
净利润	61,281,686.28	51,257,499.39	51,257,499.39	45,777,633.48
总资产	1,079,619,168.08	1,094,266,393.25	1,094,266,393.25	445,292,874.15
每股收益	0.3127	0.262	0.262	0.3366
每股收益(加权)	0.3127	0.318	0.318	0.3366
每股收益(扣除非经常性损益后)	0.2713	0.242	0.244	0.2904
每股净资产	4.4164	4.213	4.203	1.6550
调整后每股净资产	4.3474	4.189	4.180	1.6340
每股经营活动产生的现金流量净额	0.3196	0.295	0.295	0.1175
净资产收益率%	7.08	6.21	6.22	20.33
净资产收益率(加权)%	7.17	10.25	10.35	28.25
扣除非经常性损益后净资产收益率(加权)%	6.22	9.50	9.67	24.38

(三)按照中国证监会《公开发行证券公司信息披露编报规则(第 9 号)》要求,报告期利润表附表如下:

2001 年度利润	净资产收益率(%)		每股收益(元/股)	
	全面摊薄	加权平均	全面摊薄	加权平均
主营业务利润	11.84	12.00	0.5299	0.5299
营业利润	6.13	6.21	0.2709	0.2709
净利润	7.08	7.17	0.3127	0.3127
扣除非经常性损益后的净利润	6.14	6.22	0.2713	0.2713

三、股本变动及股东情况

(一)股本变动情况

股本变动情况表　　　数量单位:股

股份类别	本次变动前	本次变动增减(+,-)						本次变动后
		配股	送股	公积金转增	增发	其他	小计	
(一)未上市流通股份								
1、发起人股份	136,000,000							136,000,000
其中:国家持有股份	136,000,000							136,000,000
境内法人持有股份								
境外法人持有股份								
其他								
2、募集法人股								
3、内部职工股								
4、优先股或其他								
未上市流通股份合计	136,000,000							136,000,000
二、已流通股份								
1、人民币普通股	60,000,000							60,000,000
2、境内上市的外资股								
3、境外上市的外资股								
4、其他								
已上市流通股份合计	60,000,000							60,000,000
三、股份总数	196,000,000							196,000,000

000150 麦科特光电股份有限公司

2001 年年度报告摘选

一、公司基本情况简介

(一)公司法定中文名称:麦科特光电股份有限公司
公司法定英文名称:MACAT OPTICS & ELECTRONICS CO.,LTD.
(二)公司法定代表人:王平
(三)公司董事会秘书:刘永青
证券事务代表:舒晓玲
联系地址:广东省惠州市麦地路 63 号麦科特中心 15 楼
电话:(0752)2119664
传真:(0752)2118071
电子信箱:lyq261@263.net
(四)公司注册地址:广东省惠州市麦地路 63 号麦科特中心
公司办公地址:广东省惠州市麦地路 63 号麦科特中心 15 楼
邮政编码:516001
公司电子信箱:macatoe@pub.huizhou.gd.cn
(五)公司选定的信息披露报纸名称:《中国证券报》、《证券时报》
登载公司年度报告的中国证监会指定国际互联网网址:http://www.cninfo.com.cn
公司年度报告备置地点:本公司证券部
(六)公司股票上市交易所:深圳证券交易所
股票简称:麦科特
股票代码:000150

二、会计数据和业务数据摘要

(一)本年度主要利润指标情况(单位:人民币元)

项 目	金 额
本年度实现的利润总额	2,661,107.78
净利润	1,797,741.83
扣除非经常性损益后的净利润	-4,580,529.00
主营业务利润	13,088,988.92
其他业务利润	185,081.35
营业利润	-3,717,163.05
投资收益	7,448,060.00
补贴收入	302,901.00
营业外收支净额	-1,372,690.17
经营活动产生的现金流量净额	-47,970,306.07
现金及现金等价物净增加额	184,847,799.95

(二)截止报告期末公司前三年的主要会计数据和财务指标:(单位:人民币元)

项 目	2001 年	2000 年	1999 年
主营业务收入	143,867,409.36	292,859,642.23	294,970,705.05
净利润	1,797,741.83	39,806,308.13	36,202,857.49
总资产	698,137,726.54	766,803,706.34	333,801,250.56
股东权益(不含少数股东权益)	668,181,467.72	666,068,301.62	124,202,857.49
每股收益(摊薄)	0.0055	0.2211	0.3291
每股收益(加权)	0.0055	0.2860	3.5566
扣除非经常性损益后每股收益(摊薄)	-0.0141	0.1990	0.3291
扣除非经常性损益后每股收益(加权)	-0.0141	0.2574	3.5566
每股净资产	2.06	3.70	1.13
调整后的每股净资产	2.055	3.68	1.12
每股经营活动产生的现金流量净额	-0.15	-0.096	0.78
净资产收益率(摊薄)%	0.27	5.98	29.15
净资产收益率(加权)%	0.27	11.03	28.26

(三)按中国证监会《公开发行证券公司信息披露编报规则(第 9 号)》要求计算的利润表附表:

报告期利润	净资产收益率%		每股收益(元)	
	全面摊薄	加权平均	全面摊薄	加权平均
主营业务利润	1.96	1.96	0.0404	0.0404
营业利润	-0.56	-0.56	-0.0115	-0.0115
净利润	0.27	0.27	0.0055	0.0055
扣除非经常性损益后的净利润	-0.69	-0.69	-0.0141	-0.0141

三、股本变动及股东情况

(一)股本变动情况
公司股本变动情况表

数量单位:股

	本次变动前	本次变动增减(+、-)						本次变动后
		配股	送股	公积金转股	增发	其他	小计	
1、未上市流通股份								
(1)发起人股份	110,000,000			88,000,000				198,000,000
其中:								
国家持有股份	56,100,000			44,880,000				100,980,000
境内法人持有股份	49,709,000			39,767,200				89,476,200
境外法人持有股份	4,191,000			3,352,800				7,543,800
其他								
(2)募集法人股								
(3)内部职工股								
(4)优先股或其他								
其中:转配股								
未上市流通股份合计	110,000,000			88,000,000				198,000,000
2、已上市流通股份								
(1)人民币普通股	70,000,000			56,000,000				126,000,000
(2)境内上市的外资股								
(3)境外上市的外资股								
(4)其他								
已上市流通股份合计	70,000,000			56,000,000				126,000,000
3、股份总数	180,000,000			144,000,000				324,000,000

000151 中成进出口股份有限公司

2001 年年度报告摘选

一、公司简介

(一)公司法定名称:
中文名称:中成进出口股份有限公司　　中文名称缩写:中成股份
英文名称:CHINA NATIONAL COMPLETE PLANT IMPORT & EXPORT CORP. LTD.
英文名称缩写:COMPLANT
(二)公司法定代表人:范全木
(三)公司董事会秘书:戎蓓
联系人:何剑波
联系地址:北京市安定门西滨河路 9 号
联系电话:010-64218520　　联系传真:010-64251026
电子信箱:complant-ltd @ sina.com
(四)公司注册地址:北京市丰台区科学城 10D 地块 2 号楼
公司办公地址:北京市安定门西滨河路 9 号　　邮政编码:100011
电子信箱:complant-ltd @ sina.com
公司国际互联网网址:http://www.complant.com.cn
(五)公司选定的信息披露报纸名称:《中国证券报》、《证券时报》
公司年度报告登载网址:http://www.cninfo.com.cn
公司年度报告备置地点:北京市安定门西滨河路 9 号
(六)公司股票上市交易所:深圳证券交易所
公司股票简称:中成股份　　公司股票代码:000151

二、会计数据和业务数据摘要

(一)公司本年度主要利润指标

项目	金额(单位:人民币元)
利润总额	107,195,907.93
净利润	88,987,478.09
扣除非经常性损益后的净利润	88,803,117.94
主营业务利润	149,644,474.09
其他业务利润	1,307,423.47
营业利润	105,914,666.53
投资收益	1,534,833.28
补贴收入	235,566.00
营业外收支净额	-489,157.88
经营活动产生的现金流量净额	-48,042,263.71
现金及现金等价物净增加额	-67,667,891.04

(二)公司近三年主要会计数据和财务指标

项目	2001 年	2000 年		1999 年
		调整后	调整前	
主营业务收入(元)	675,886,957.16	397,642,834.22	397,642,834.22	307,544,408.86
净利润(元)	88,987,478.09	61,107,892.04	63,106,115.39	53,068,976.69
总资产(元)	1,092,123,700.81	987,097,252.87	989,095,476.22	389,408,488.18
股东权益(不含少数股东权益)(元)	789,585,950.09	750,085,545.68	752,083,769.03	207,736,127.78
每股收益(元/股)				
全面摊薄	0.30	0.31	0.32	0.42
加权平均	0.30	0.41	0.42	0.42
扣除非经常性损益后的每股收益(元/股)				
全面摊薄	0.30	0.29	0.30	0.42
加权平均	0.30	0.38	0.39	0.42
每股净资产(元/股)				
全面摊薄	2.67	3.80	3.81	1.63
加权平均	2.67	4.98	4.99	1.63
调整后的每股净资产(元/股)	2.67	3.79	3.80	1.60
每股经营活动产生的现金流量净额(元)	-0.16	0.41	0.41	0.28
净资产收益率(%)				
全面摊薄	11.27	8.15	8.39	25.55
加权平均	11.00	14.73	15.17	30.00

(三)利润表附表数据

报告期利润	净资产收益率		每股收益	
	全面摊薄	加权平均	全面摊薄	加权平均
主营业务利润	18.95%	18.49%	0.51	0.51
营业利润	13.41%	13.09%	0.36	0.36
净利润	11.27%	11.00%	0.30	0.30
扣除非经常性损益后的净利润	11.25%	10.97%	0.30	0.30

三、股本变动及股东情况

1、公司股份变动情况表

数量单位:股

	本次变动前	本次变动增减					本次变动后
		配股	送股	公积金转股	增发	小计	
一、未上市流通股							
1、发起人股份	127,320,000			63,660,000		63,660,000	190,980,000
其中							
国家持有股份	127,320,000			63,660,000		63,660,000	190,980,000
境内法人持有股份							
境外法人持有股份							
其他							
2、募集法人股份							
3、内部职工股							
4、优先股或其他							
其中:转配股							
未上市流通股份合计	127,320,000			63,660,000		63,660,000	190,980,000
二、已上市流通股份							
1、人民币普通股	70,000,000			35,000,000		35,000,000	105,000,000
2、境内上市的外资股							
3、境外上市的外资股							
4、其他							
三、股份总额	197,320,000			98,660,000		98,660,000	295,980,000

000153 安徽新力药业股份有限公司

2001年年度报告摘选

一、公司简介

1、公司法定中文名称:安徽新力药业股份有限公司
中文简称:新力药业
公司法定英文名称:ANHUI XINLI PHARMACEUTICAL CO., LTD.
英文简称:XINLI PHARMACEUTICAL
2、公司法定代表人:许克强 先生
3、公司董事会秘书:张 军 先生
联系地址:安徽省合肥市芜湖路258号
电 话:0551—2886567 传 真:0551—2888056
电子信箱:xlyyzj@163.com
4、公司注册地址:安徽省无为县北门外大街108号
公司办公地址:安徽省合肥市芜湖路258号 邮政编码:230061
5、公司选定的信息披露报纸名称:《证券时报》、《中国证券报》
公司登载年度报告的互联网网址:http://www.cninfo.com.cn
公司年报备置地点:公司证券部
6、公司股票上市交易所:深圳证券交易所
股票简称:新力药业 股票代码:000153

二、会计数据和业务数据摘要

1、本年度主要会计数据(单位:人民币元)

项目	金额
利润总额	31,689,518.46
净利润	24,767,240.79
扣除非经营性损益后的净利润	24,413,270.68
主营业务利润	77,134,825.59
营业利润	31,126,592.26
投资收益	-535,180.00
补贴收入	284,590.14
营业外收支净额	813,516.06
经营活动产生的现金流量净额	23,567,558.47
现金及现金等价物净增加额	-173,056,278.87

注:扣除的非经营性损益项目和涉及金额:

项目	金额
营业外收入	2,295,400.56
营业外支出	1,481,884.50
政策有效期短于三年,越权审批或无正式批准文件的税收返还、减免以及其他政府补贴	781,200
股权投资差额摊销	535,180.00
所得税影响	705,565.95
以上项目涉及金额:	353,970.11元

2、近三年主要会计数据和财务指标

项目	2001年	2000年		1999年	
		调整后	调整前	调整后	调整前
主营业务收入	159,210,601.97	114,146,466.06	114,146,466.06	52,267,695.08	57,207,948.50
净利润	24,767,240.79	21,899,971.61	26,269,246.76	6,062,009.52	8,635,092.69
总资产	709,481,579.00	637,532,307.18	634,786,180.28	131,877,079.75	134,632,021.05
股东权益	535,072,326.62	520,055,430.83	531,421,513.01	46,875,759.22	51,902,266.25
每股收益(全面摊薄)	0.381	0.337	0.404	0.151	0.216
每股收益(加权平均)	0.381	0.474	0.568	0.151	0.216
每股净资产	8.232	8.000	8.175	1.172	1.297
调整后每股净资产	8.138	7.931	8.106	1.054	1.179
每股经营活动产生的现金流量净额	0.363	0.398	0.398	0.025	0.025
净资产收益率%(全面摊薄)	4.63	4.21	4.94	12.93	16.63
净资产收益率%(加权平均)	4.64	12.83	14.73	13.09	18.14
扣除非经营性损益后的每股收益	0.376	0.329	0.392	0.178	0.225

3、利润表附表

报告期利润	净资产收益率(%)		每股收益(元)	
	全面摊薄	加权平均	全面摊薄	加权平均
主营业务利润	14.42	14.53	1.1870	1.1870
营业利润	5.82	5.86	0.4791	0.4791
净利润	4.64	4.67	0.3810	0.3810
扣除非经常性损益后的净利润	4.56	4.60	0.3756	0.3756

三、股本变动及股东情况

1、股东变动情况
(1)股东变动情况表

数量单位:股

	本次变动前	本次变动情况(+,-)					本次变动后
		配股	送股	公积金转股	发行新股	小计	
一、未上市流通股份							
1、发起人股份							
其中:国家持有股份	32,198,300						32,198,300
境内法人持有股	7,804,000						7,804,000
境外法人持有股							
其他							
2、募集法人股份							
3、内部职工股							
4、优选股或其他							
其中:转配股							
未上市流通股份合计	40,002,300						40,002,300
二、已上市流通股份							
1人民币普通股	25,000,000						25,000,000
2.境内上市的外资股							
3.境外上市的外资股							
4.其他							
已上市流通股份合计	25,000,000						25,000,000
三、股份总数	65,002,300						65,002,300

000155 川化股份有限公司

2001年年度报告摘选

一、公司基本情况简介

(一)公司法定中、英文名称及缩写
1、中文名称:川化股份有限公司
2、英文名称:SICHUAN CHEMICAL COMPANY LIMITED
3、英文名称缩写:SCC
(二)公司法定代表人:谢木喜
(三)公司董事会秘书及证券事务代表姓名、联系地址、电话、传真、电子信箱
1、董事会秘书:易千里
2、证券事务代表:武金波
3、联系地址:四川省成都市青白江区大弯镇团结路311号
4、联系电话:(028)3308291
5、传真:(028)3308290
(四)公司注册地址、办公地址、邮政编码、国际互联网网址、电子信箱
1、公司注册地址及办公地址:四川省成都市青白江区大弯镇团结路311号
2、公司邮政编码:610301
3、公司国际互联网网址:http://www.scwltd.com
4、公司电子信箱:scc33@mail.sc.cninfo.net
(五)公司选定的信息披露报纸名称、登载公司年度报告的国际互联网网址、公司年度报告备置地点
1、信息披露报纸:《中国证券报》、《证券时报》
2、中国证监会指定的国际互联网网址:http://www.cninfo.com.cn
3、年度报告备置地点:公司办公楼董事会秘书室
(六)公司股票上市交易所、股票简称和股票代码
1、上市交易所:深圳证券交易所
2、股票简称:川化股份
3、股票代码:000155

二、会计数据和业务数据摘要

(一)本年度主要利润指标情况

单位:元

项目	金额
利润总额	74,075,400.00
净利润	55,002,402.02
扣除非经常性损益后的净利润	60,814,939.27
主营业务利润	152,827,361.97
其他业务利润	381,886.58
营业利润	53,856,813.93
投资收益	15,110,964.93
补贴收入	24,631,811.20
营业外收支净额	-19,524,190.06
经营活动产生的现金流量净额	289,252,084.03
现金及现金等价物净增加额	350,686,183.73

注:扣除非经常性损益项目和涉及金额为:流动资产盘盈729,614.26元,流动资产盘亏17,961.45元,委托投资收益13,000,000元,营业外收入518,362.89元,营业外支出20,042,552.95元。

(二)公司近三年的主要会计数据和财务指标

项目	单位	2001年度	2000年度		1999年度
			调整后	调整前	
主营业务收入	元	949,947,308.85	1,042,511,038.28	1,042,511,038.28	1,032,797,633.60
净利润	元	55,002,402.02	93,250,291.44	97,364,208.94	100,596,131.43
总资产	元	1,943,286,153.73	1,769,105,165.18	1,773,219,082.68	1,300,818,896.03
股东权益(不含少数股东权益)	元	1,382,564,333.51	1,364,014,762.97	1,315,127,395.47	552,995,732.39
每股收益(摊薄)	元/股	0.12	0.20	0.21	0.30
每股收益(加权)	元/股	0.12	0.27	0.28	0.30
每股净资产	元/股	2.94	2.90	2.80	1.63
扣除非经常性损益后的每股收益	元/股	0.13	0.18	0.19	0.32
调整后的每股净资产	元/股	2.81	2.78	2.80	1.63
每股经营活动产生的现金流量净额	元/股	0.62	0.16	0.16	0.28
净资产收益率(摊薄)	%	3.98	6.84	7.00	18.19
净资产收益率(加权)	%	3.95	12.16	12.88	20.00
扣除非经常性损益后净资产收益率(加权)	%	4.40	11.27	11.98	19.00

(三)报告期利润表附表

报告期利润	净资产收益率(%)		每股收益(元)	
	全面摊薄	加权平均	全面摊薄	加权平均
主营业务利润	11.05	10.98	0.33	0.33
营业利润	3.90	3.87	0.12	0.12
净利润	3.98	3.95	0.12	0.12
扣除非经常性损益后的净利润	4.40	4.37	0.13	0.13

三、股本变动及股东情况

(一)公司股本变动情况

2001年12月31日 单位:万股

	期初数	本次增减变动				期末数
		送股	配股	发新股	小计	
(一)未上市流通股份						
发起人股份	34,000					34,000
其中:国家法人股	34,000					34,000
未上市流通股份合计	34,000					34,000
(二)已上市流通股份						
A股	13,000					13,000
已上市流通股份合计	13,000					13,000
(三)股份合计	47,000					47,000

000156 湖南安塑股份有限公司

2001 年年度报告摘选

第一章 公司基本情况简介

一、公司法定中文名称:湖南安塑股份有限公司
中文简称:安塑
公司法定英文名称:HUNAN ANPLAS CO.,LTD.
英文简称:ANPLAS
二、公司法定代表人:何述金
三、公司董事会秘书:陶阳波
联系电话:0731－8815260
传　　真:0731－8815299,8862888
电子信箱:dshm @ china－anplas.com
联系地址:长沙市河西望城坡湖南安塑股份有限公司
董事会证券事务代表:刘亦萍
联系电话:0731－8815278
传　　真:0731－8815299,8862888
电子信箱:dshm @ china－anplas.com
四、公司注册地址:湖南省洪江市安江镇大沙坪
公司办公地址:长沙市河西望城坡
邮政编码:410205
公司网址:http://www.china－anplas.com
公司电子信箱:dshm @ china－anplas.com
五、公司选定的信息披露报纸:《中国证券报》、《证券时报》、《上海证券报》
登载公司年度报告的国际互联网网址:http://www.cninfo.com.cn
公司年度报告备置点:公司证券投资部、董秘办公室
六、公司股票上市交易所:深圳证券交易所
股票简称:安塑股份　　股票代码:000156

第二章 会计数据和业务数据摘要

第一节　本年度主要经营指标数据:(单位:人民币元)

项 目	金 额
利润总额	17,154,180.85
净利润	14,488,964.59
扣除非经常性损益后的净利润	13,087,158.22
主营业务利润	31,066,477.54
其他业务利润	235,145.26
营业利润	15,504,996.88
投资收益	－764,804.22
补贴收入	－
营业外收支净额	2,413,988.19
经营活动产生的现金流量净额	19,914,777.98
现金及现金等价物净增加额	－102,374,132.81

注:扣除非经常性项目合计 1,404,808.37 元,其中:

1、营业外收入	3,351,284.08
2、营业外支出	937,295.89
3、股权投资差额摊销	891,940.89
4、股票投资收益	－1,656,745.11

第二节　截止报告期末前三年主要会计数据和财务指标(单位:人民币元)

项目	2001 年度	2000 年度		1999 年度	
		调整前	调整后	调整前	调整后
主营业务收入	132,611,505.98	133,875,279.51	133,875,279.51	114,618,454.92	114,618,454.92
净利润	14,488,964.59	22,261,579.26	22,487,079.12	15,174,226.33	14,846,522.05
总资产	671,315,200.37	641,256,378.03	635,404,957.62	270,045,485.22	264,354,653.36
股东权益(不含少数股东权益)	478,527,043.79	464,920,914.61	454,206,371.40	132,156,224.88	126,465,393.02
每股收益	0.15	0.23	0.23	0.25	0.25
每股净资产	4.96	4.82	4.71	2.18	2.09
调整后的每股净资产	4.90	4.69	4.58	2.09	2.01
每股经营活动产生的现金流量净额	0.21	0.02	0.02	0.34	0.34
净资产收益率(%)	3.03	4.79	4.79	11.48	11.74
净资产收益率(%)(加权)	3.08	9.02	9.02	12.18	12.45

第三章 股本变动及股东情况

第一节　股本变动情况

一、公司股份变动情况表

数量单位:股

	本次变动前	本次变动增减(+、-)						本次变动后
		配股	送股	公积金转股	增发	其他	小计	
(一)未上市流通股份								
1、发起人股份	39,754,000							39,754,000
其中:								
国家持有股份	1,947,000							1,947,000
境内法人持有股份	37,807,000							37,807,000
境外法人持有股份								
其他								
2、募集法人股份	15,246,000							15,246,000
3、内部职工股	5,500,000							5,500,000
4、优先股或其他								
未上市流通股份合计	60,500,000							60,500,000
(二)已上市流通股份								
1、人民币普通股	36,000,000							36,000,000
2、境内上市的外资股								
境外上市的外资股								
其他								
已上市流通股份合计	36,000,000							36,000,000
三、股份总数	96,500,000							96,500,000

000157 长沙中联重工科技发展股份有限公司

2001 年年度报告摘选

第一章 公司简介

1、公司名称(中文):长沙中联重工科技发展股份有限公司
公司英文名称:Changsha Zoomlion Heavy Industry Science And Technology Development Co., Ltd.
2、公司法定代表人:詹纯新
3、公司董事会秘书:陈旭辉
证券事务代表:李建达
联系地址:湖南省长沙市银盆南路 307 号
电话:(0731)8923779　　8923977　　传真:(0731)8923906
电子信箱:chenxh@china.com
4、公司注册地址及办公地址:湖南省长沙市银盆南路 307 号
邮政编码:410013
公司网址:http://www.zljt.com　　电子信箱:zljt@public.cs.hn.cn
5、公司指定的信息披露报刊:《中国证券报》、《证券时报》、《上海证券报》
年度报告登载网站:http://www.cninfo.com.cn
年度报告备置地点:公司投资发展部
6、公司股票上市交易所:深圳证券交易所
股票简称:中联重科　　股票代码:000157

第二章 会计数据和业务数据摘要

1、本年度公司利润情况　　单位:元

利润总额	105,619,085.18
净利润	105,233,405.66
扣除非经常性损益后的净利润	101,320,692.17
主营业务利润	171,953,975.43
其他业务利润	3,962,231.52
营业利润	104,557,108.53
投资收益	406,301.05
补贴收入	－
营业外收支净额	655,675.6
经营活动产生的现金流量净额	35,915,789.89
现金及现金等价物净增加额	－62,945,849.66

2、截止报告期末公司前三年的主要会计数据和财务指标　　(单位:元)

项 目	2001 年	2000 年	1999 年
主营业务收入	388,329,050.80	244,850,202.70	184,027,606.27
净利润	105,233,405.66	52,558,172.75	44,752,531.04
总资产	1,059,936,880.73	950,439,785.37	300,457,226.24
股东权益(不含少数股东权益)	874,895,624.43	809,674,191.29	144,569,862.08
每股收益(摊薄)	0.3508	0.3504	0.4475
每股收益(加权平均)	0.6013	0.4671	0.4475
扣除非经常性损益后的每股收益	0.3377	0.3395	0.4411
每股净资产	2.9163	5.3811	1.4457
调整后的每股净资产	2.7195	5.3106	1.2771
每股经营活动产生的现金流量净额	0.1197	0.0276	－0.0017
净资产收益率(摊薄%)	12.0281	6.67	30.96
净资产收益率(加权平均%)	12.2663	16.04	30.96

(1)根据中国证监会《公开发行证券公司信息披露编报规则(第九号)》要求计算的利润数据:

报告期利润	净资产收益率%		每股收益	
	全面摊薄	加权平均	全面摊薄	加权平均
主营业务利润	19.6542	20.0289	0.5732	0.9826
营业利润	11.9508	12.1875	0.3485	0.5975
净利润	12.0281	12.2574	0.3508	0.6013
扣除非经常性损益后的净利润	11.5809	11.8017	0.3377	0.579

(2)按照《公开发行证券的公司信息披露规范回答第 1 号－非经常性损益》的要求,确定和计算的非经常性损益数:

扣除的非经常性损益项目及涉及金额:3,912,713.49 元,其中:

①营业外收支净额:655,675.60 元;

营业外收入		营业外支出	
募集资金利息:	2,463,944.56	处置固定资产损失:	1,790,973.89
流动资产盘盈:	28,444.82	捐赠支出:	151,450.00
赔偿净额:	105,710.11	－	
合计:	2,598,099.49	合计:	1,942,423.89

②会计政策变更累计影响数:3,257,037.89 元。

第三章 股本变动及股东情况介绍

1、股本变动情况
(1)股份变动情况表　　　公司股份变动情况表

数量单位:股

	本次变动前	本年度变动增减(+,-)						本次变动后
		配股	送股	公积金转股	增发	其他	小计	
一、未上市流通股份								
1、发起人股	100000000		20000000	80000000			100000000	20000000
其中:国家持有股份	74752500		14950500	59802000			74752500	149505000
境内法人持有股份	25247500		5049500	20198000			25247500	50495000
境外法人持有股份								
其他								
2、募集法人股份								
3、内部职工股								
4、优先股或其他								
其中:转配股								
未上市流通股份合计	100000000		20000000	80000000			100000000	20000000
二、已上市流通股								
1、人民币普通股	50000000		10000000	40000000			50000000	10000000
2、境内上市的外资股								
3、境外上市的外资股								
4、其他								
已上市流通股合计	50000000		10000000	40000000			50000000	10000000
三、股份总数	150000000		30000000	120000000			150000000	30000000

000158 石家庄常山纺织股份有限公司

2001年年度报告摘要

第一章 公司基本情况简介

一、公司法定中文名称:石家庄常山纺织股份有限公司
中文缩写:常山股份
公司法定英文名称:SHIJIAZHUANG CHANGSHAN TEXTILE COMPANY LIMITED
二、公司法定代表人:韩希厚
三、公司董事会秘书:李京朝
联系地址:河北省石家庄市和平东路183号
联系电话:(0311)6673856　　传真:(0311)6673929
电子信箱:ljc@changshangf.com
董事会证券事务代表:肖荣智
联系地址:河北省石家庄市和平东路183号
联系电话:(0311)6673822　　传真:(0311)6673929
电子信箱:xrz@changshangf.com
四、公司注册地址和办公地址:河北省石家庄市和平东路183号　　邮政编码:050011
公司国际互联网网址:http://www.changshangf.com/
电子信箱:chshgf@heinfo.net
五、公司选定的中国证监会指定信息披露报纸:中国证券报、证券时报
中国证监会指定国际互联网网址:http://www.cninfo.com.cn/
公司年度报告备置地点:石家庄常山纺织股份有限公司证券部
六、公司股票上市交易所:深圳证券交易所
股票简称:常山股份　　股票代码:000158

第二章 会计数据和业务数据摘要

一、公司本年度主要会计数据和业务数据(单位:人民币元)

项目	金额
利润总额	78,552,407.71
净利润	79,209,221.29
扣除非经常性损益后的净利润	80,141,465.66
主营业务利润	188,505,323.14
其他业务利润	4,230,206.30
营业利润	79,560,971.00
投资收益	-756,716.37
补贴收入	0.00
营业外收支净额	-251,846.92
经营活动产生的现金流量净额	37,741,758.65
现金及现金等价物净增减额	66,560,449.53
注:扣除非经常性损益的项目和涉及金额	
1、投资收益	-763,506.93
2、营业外收支净额	-168,737.44
合计	-932,244.37

二、截止报告期末公司前三年的主要会计数据和财务指标(单位:人民币元)

项目	2001年	2000年	1999年
主营业务收入	1,725,160,945.83	1,832,128,986.45	1,641,870,410.99
净利润	79,209,221.29	93,610,711.82	82,294,568.03
总资产	2,057,623,565.91	1,885,159,536.88	1,330,578,082.40
股东权益(不含少数股东权益)	1,191,893,339.48	1,138,152,662.66	478,663,439.28
每股收益(摊薄)	0.20	0.23	0.27
每股收益(加权)	0.20	0.27	0.27
扣除非经常性损益后的每股收益(摊薄)	0.20	0.25	0.29
扣除非经常性损益后的每股收益(加权)	0.20	0.29	0.29
每股净资产	2.98	2.85	1.60
调整后的每股净资产	2.96	2.83	1.55
每股经营活动产生的现金流量净额	0.094	0.0015	0.94
净资产收益率%(摊薄)	6.65	8.22	17.19
净资产收益率%(加权)	6.65	12.08	17.07
扣除非经常性损益后的净资产收益率%(摊薄)	6.72	8.74	17.88
扣除非经常性损益后的净资产收益率%(加权)	6.73	12.83	17.75

第三章 股本变动及股东情况

一、股本变动情况表(数量单位:股)

	本次变动前	本次变动增减(+、-)						本次变动后
		配股	送股	公积金转股	增发	其他	小计	
一、未上市流通股份								
1、发起人股份	300,000,000							300,000,000
其中:								
国家持有股份	297,180,000							297,180,000
境内法人持有股份	2,820,000							2,820,000
境外法人持有股份								
其他								
2、募集法人股份								
3、内部职工股								
4、优先股或其他								
未上市流通股份合计	300,000,000							300,000,000
二、已上市流通股份								
1、人民币普通股	100,000,000							100,000,000
2、境内上市的外资股								
3、境外上市的外资股								
4、其他								
已上市流通股份合计	100,000,000							100,000,000
三、股份总数	400,000,000							400,000,000

000159 新疆国际实业股份有限公司

2001年年度报告摘要

一、公司简介

(一)公司法定中、英文名称及缩写:
1、中文名称:新疆国际实业股份有限公司
2、英文名称:XINJIANG INTERNATIONAL INDUSTRY CO.,LTD.
3、英文名称缩写:XIIC
(二)公司法定代表人:吴敏其
(三)公司董事会秘书:何春燕
1、联系地址:乌鲁木齐市团结路45号国际大厦
2、联系电话:0991—2885951
3、传　　真:0991—2861579　2862528
(四)公司注册地址、办公地址、邮政编码、电子信箱:
1、注册地址:乌鲁木齐市北京路22号龙岭大厦
2、邮政编码:830011
3、办公地址:乌鲁木齐市团结路45号国际大厦
4、邮政编码:830001
5、公司电子信箱:zqb00159@mail.xj.cninfo.net
(五)公司选定的信息披露报纸名称、登载公司年度报告的中国证监会指定国际互联网网址、公司年度报告备置地点:
1、信息披露报纸:《中国证券报》、《证券时报》、《新疆经济报》
2、登载公司年度报告的中国证监会指定国际互联网网址:http://www.cninfo.com.cn
3、公司年度报告备置地点:公司证券部
(六)公司股票上市交易所、股票简称和股票代码
1、上市交易所:深圳证券交易所
2、股票简称:国际实业
3、股票代码:000159

二、会计数据和业务数据摘要

(一)公司本年度主要财务数据和指标:(单位:人民币元)

项目	金额
利润总额	16,642,212.68
净利润	24,908,482.63
扣除非经常性损益后的净利润	15,790,307.04
主营业务利润	77,637,759.09
其他业务利润	-2,168,144.47
营业利润	7,838,206.01
投资收益	1,002,590.43
补贴收入	2,729,710.28
营业外收支净额	5,071,705.96
经营活动产生的现金流量净额	35,607,401.30
现金及现金等价物净增加额	-49,881,877.19

(二)近三年主要会计数据和财务指标:(单位:人民币元)

项目	2001年	2000年		1999年	
		调整前	调整后	调整前	调整后
主营业务收入	310,010,215.11	349,994,072.48	349,994,072.48	402,216,187.28	402,216,187.28
净利润	24,908,482.63	25,735,958.02	24,416,612.84	25,643,309.07	21,231,619.39
总资产	1,506,089,854.74	893,303,773.92	887,132,133.76	650,308,122.98	645,896,433.30
股东权益(不含少数股东权益)	584,731,970.94	565,553,847.28	559,822,812.42	141,398,013.07	136,986,323.39
加权平均每股收益	0.1450	0.1913	0.2047	0.2519	0.2086
扣除非经常性损益后的每股收益(摊薄)	0.0919	0.1057	0.1164	0.2519	0.2086
每股净资产	3.4037	3.2921	3.2587	1.3891	1.3457
调整后的每股净资产	3.3134	3.2793	3.2124	1.0726	1.0293
每股经营活动产生的现金流量净额	0.2073	-0.7754	-0.7754	-0.6171	-0.6171
净资产收益率(%)(摊薄)	4.26%	4.55%	4.36%	18.15%	15.5%
扣除非经常性损益后加权平均	2.78%		8.31%		14.24%

(三)利润表附表

报告期利润	净资产收益率(%)		每股收益(元/股)	
	全面摊薄	加权平均	全面摊薄	加权平均
主营业务利润	13.24	13.53	0.4519	0.4519
营业利润	1.34	1.37	0.0456	0.0456
净利润	4.25	4.34	0.1450	0.1450
扣除非经常性损益后的净利润	2.70	2.78	0.0919	0.0919

三、股本变动及股东情况

(一)股份变动情况
1、公司股份变化情况表(单位:万股)

	本次变动前	本次变动增减(+,-)						本次变动后
		配股	送股	公积金转股	增发	其他	小计	
一、未上市流通股份								
1、发起人股份	10179.23							10179.23
其中:								
国家持有股份	9479.23							9479.23
境内法人持有股份	700							700
境外法人持有股份								
其他								
2、募集法人股份								
3、内部职工股								
4、优先股或其他								
未上市流通股份合计	10179.23							10179.23
二、已上市流通股份								
1、人民币普通股	7000							7000
2、境内上市的外资股								
3、其他								
已上市流通股份合计	7000							7000
三、股份总数	171,792,300							171,792,300

000301 吴江丝绸股份有限公司

2001 年年度报告摘选

一、公司基本情况简介

(一)公司法定中文名称:吴江丝绸股份有限公司
公司中文名称缩写:"吴江丝绸"
公司法定英文名称:WuJiang Silk Co., LTD.
公司英文名称缩写:"WJSC"
(二)公司法定代表人:董东立
(三)公司董事会秘书:沈志祥
联系地址:江苏吴江市盛泽镇舜新中路 39 号
联系电话:0512-3558328
传　　真:0512-3552272
电子信箱:SILK-SM @ PUBLIC1.SZ.JS.CN
(四)公司注册地址:江苏省吴江市盛泽镇舜新中路 39 号
公司办公地址:江苏省吴江市盛泽镇舜新中路 39 号
邮政编码:215228
国际互联网网址:http://www.silkgroup.com/
公司电子信箱:SILK-SM @ PUBLIC1.SZ.JS.CN
(五)公司选定的信息披露报纸:《证券时报》
刊登公司年度报告的国际互联网网址:http://www.cninfo.com.cn
公司年度报告备置地点:公司证券部
(六)公司股票上市交易所:深圳证券交易所
股票名称:丝绸股份
股票代码:000301

二、会计数据和业务数据摘要

(一)公司本年度会计数据　　单位:人民币元

项目	金额
利润总额	116,420,037.83
净利润	105,340,193.93
扣除非经常性损益后的净利润	106,404,329.48
主营业务利润	174,819,473.90
其他业务利润	32,193,191.55
营业利润	113,850,416.29
投资收益	8,509,881.72
补贴收入	160,637.50
营业外收支净额	-6,100,897.68
经营活动产生的现金流量净额	251,145,186.95
现金及现金等价物净增加额	-50,122,872.96

(二)截止报告期末,公司前三年的主要会计数据和财务指标:

(1)主要会计数据和财务指标　　单位:人民币元

序号	项目	2001 年度	2000 年度		1999 年度
			追溯调整前	追溯调整后	
1	主营业务收入	1,656,648,124.03	1,326,384,162.20	1,326,384,162.20	1,017,635,225.11
2	净利润	105,340,193.93	108,187,780.56	103,479,104.06	83,119,798.65
3	总资产	1,909,099,265.18	1,788,129,796.29	1,781,607,953.12	1,242,302,930.82
4	股东权益	1,285,263,343.23	1,215,189,430.77	1,208,667,587.60	503,499,267.17
5	每股收益	0.226	0.232	0.222	0.2656
6	每股收益(扣除非经常性损益)	0.228	0.232	0.221	0.256
7	每股收益(加权)	0.226	0.265	0.265	0.267
8	每股净资产	2.754	2.604	2.59	1.6086
9	调整后的每股净资产	2.737	2.588	2.575	1.5480
10	每股经营活动产生的现金流量净额	0.538	0.523	0.523	0.9716
11	净资产收益率	8.20%	8.90%	8.56%	16.51%
12	净资产收益率(扣除非经常性损益)	8.28%	8.89%	8.55%	15.97%
13	净资产收益率(加权)	8.35%	12.59%	10.97%	16.11%

(三)报告期股东权益变动情况　　单位:人民币元

项目	股本	资本公积	盈余公积	法定公益金	未分配利润	股东权益合计
期初数	466600774	640982533.10	34889090.34	11629696.78	69503837.39	1211976234.83
本期增加	49438	562991.3	15801029.09	5267009.70	105340193.93	121753652.33
本期减少					48466543.93	48466543.93
期末数	466650212	641545524.41	50690119.43	16896706.48	126377487.39	1285263343.23

三、股本变动及股东情况

(一)股本变动情况表　　数量单位:股

项目	本次变动前	本次变动增减(+,-)						本次变动后
		配股	送股	公积金转股	增发	其他	小计	
一、未上市流通股份	313,000,000							313,000,000
1、发起人股份	313,000,000							313,000,000
其中:国家拥有股份	292,166,000							292,166,000
境内法人持有股份	20,834,000							20,834,000
境外法人持有股份								
其他								
2、募集法人股								
3、内部职工股								
4、向法人投资者配售	54,000,000							54,000,000
其中:证券投资基金								
战略投资者	54,000,000							54,000,000
5、优先股或其它								
未上市流通股份合计	367,000,000							367,000,000
二、已上市流通股份								
1、人民币普通股	99,600,774					49,438	49,438	99,650,212
2、境内上市的外资股								
1、境外上市的外资股								
2、其他								
已流通上市股份合计	99,600,774					49,438	49,438	99,650,212
三、股份总数	466,600,774					49,438	49,438	466,650,212

000400 许继电气股份有限公司

2001 年年度报告摘选

第一节　公司基本情况简介

(一)公司法定中文名称:许继电气股份有限公司
公司法定英文名称:XJ ELECTRIC CO., LTD.
(二)公司法定代表人:王纪年
(三)公司董事会秘书:姚　武
董事会证券事务代表:李维扬
电　　话:(0374)3212348
传　　真:(0374)3363549
电子信箱:chc@xjec.com
(四)公司注册(办公)地址:河南省许昌市建设路 178 号
邮政编码:461000
网　　址:http://www.xjec.com
电子信箱:webmaster@xjec.com
(五)公司选定信息披露报纸名称:《中国证券报》、《证券时报》
登载公司年度报告的中国证监会指定的国际互联网网址:http://www.cninfo.com.cn
公司年度报告备置地点:公司证券处
(六)公司股票上市交易所:深圳证券交易所
股票简称:许继电气　　　股票代码:000400

第二节　会计数据和业务数据摘要

(一)2001 年度利润情况　　单位:人民币元

项目	金额
利润总额	208,449,940.68
净利润	170,900,640.57
扣除非经常性损益后的净利润	169,163,786.67
主营业务利润	475,001,845.61
其他业务利润	5,614,673.16
营业利润	216,982,552.59
投资收益	-6,091,853.59
补贴收入	0
营业外收支净额	-2,440,758.32
经营活动产生的现金流量净额	102,208,435.74
现金及现金等价物净增加额	253,641,497.75

注:扣除非经常性损益项目及金额　　单位:人民币元

项目	金额
营业外收入	257,955.82
营业外支出	-2,698,714.14
短期股票投资收益	5,033,077.57
以上项目影响所得税	-855,465.35
以上项目合计	1,736,853.90

(二)公司前三年主要会计数据和财务指标　　单位:人民币元

项目	2001 年	2000 年		1999 年	
		调整前	调整后	调整前	调整后
主营业务收入	1,221,712,698.36	979,394,800.85	979,394,800.85	740,022,768	740,022,768
净利润	170,900,640.57	201,164,553.81	191,748,244.77	193,037,297	195,299,770
总资产	2,580,409,489.06	2,078,863,979.41	2,023,121,243.26	1,821,797,524	1,821,797,524
股东权益(不含少数股东权益)	1,450,023,787.13	1,407,551,348.59	1,357,331,531.83	1,279,660,017	1,281,922,491
每股收益	0.452	0.532	0.507	0.82	0.83
加权计算的每股收益	0.452	0.532	0.507	0.91	0.92
扣除非经常性损益后的每股收益	0.447	0.531	0.506	0.91	0.92
每股净资产	3.833	3.721	3.588	5.41	5.42
调整后的每股净资产	3.819	3.707	3.574	5.40	5.41
净资产收益率(%)	11.79	14.29	14.13	15.08	15.23
每股经营活动产生的现金流量净额	0.27	0.16	0.16	0.46	0.46

(三)利润表附表

报告期利润	净资产收益率(%)		每股收益(元/股)	
	全面摊薄	加权平均	全面摊薄	加权平均
主营业务利润	32.76	32.92	1.26	1.26
营业利润	14.96	15.04	0.57	0.57
净利润	11.79	11.85	0.45	0.45
扣除非经常性损益后的净利润	11.67	11.72	0.45	0.45

第三节　股本变动及股东情况

(一)股本变动情况:

1、公司股份变动情况表

数量单位:股

项目	本次变动前	本次变动增减(+,-)						本次变动后
		配股	送股	公积金转股	增发	其他	小计	
一、未上市流通股份								
1.发起人股份	172,640,000							172,640,000
其中:国家持有股份	172,640,000							172,640,000
境内法人持有股份								
境外法人持有股份								
其他								
2、募集法人股份	11,232,000							11,232,000
3、内部职工股								
4、优先股或其他								
其中:转配股								
未上市流通股份合计	183,872,000							183,872,000
二、已上市流通股份								
1、人民币普通股	194,400,000							194,400,000
2、境内上市的外资股								
3、境外上市的外资股								
4、其他								
已上市流通股份合计	194,400,000							194,400,000
三、股份总数	378,272,000							378,272,000

000401 唐山冀东水泥股份有限公司

2001年年度报告摘选

第一章 公司基本情况简介

1、公司法定中文名称:唐山冀东水泥股份有限公司
公司英文名称:TANGSHAN JIDONG CEMENT COMPANY LIMITED
2、公司法定代表人:杜金弘
3、公司董事会秘书:张士江
授权代表:吴志国
联系地址:河北省唐山市新区林荫路
电话:0315-3244005
传真:0315-3244005
电子信箱:Jdzj@heinfo.net
4、公司注册地址:河北省唐山市新区林荫路
公司办公地址:河北省唐山市新区林荫路
公司邮政编码:063031
公司国际互联网网址:http://www.jdsn.com.cn
公司电子信箱:zqb@jdsn.com.cn
5、公司信息披露报纸名称:中国证券报、证券时报
登载年度报告的中国证监会指定网站的网址:http://www.cninfo.com.cn
公司年度报告备置地点:公司证券部、深圳证券交易所
6、公司股票上市交易所:深圳证券交易所
股票简称:冀东水泥
股票代码:000401

第二章 会计数据和业务数据摘要

1、公司本年度实现的利润指标情况 单位:元

项目	金额(合并)	金额(母公司)
利润总额	136,694,293.23	132,809,141.45
净利润	114,940,029.81	114,940,029.81
扣除非经常性损益后的净利润	112,446,425.81	112,603,384.90
主营业务利润	352,473,701.50	253,753,202.55
其他业务利润	-3,906,501.25	-4,431,539.07
营业利润	114,519,244.00	79,526,650.08
投资收益	2,669,424.68	45,105,452.00
补贴收入	21,171,626.09	10,000,000.00
营业外收支净额	-1,666,001.54	-1,822,960.63
经营活动产生的现金流量净额	424,747,700.21	388,949,864.31
现金及现金等价物净增减额	442,690,408.31	355,536,216.28

非经常性损益的项目及金额(单位:元)
(1)营业外收入:-167,983.70元
(2)营业外支出:1,498,017.84元
(3)资金占用费:4,159,605.54元

2、主要会计数据和财务指标

项目	2001年	2000年 追溯调整后	2000年 追溯调整前	1999年 追溯调整后	1999年 追溯调整前
(1)主营业务收入(元)	1,002,489,602.27	654,857,386.91	654,857,386.91	550,582,360.43	550,582,360.43
(2)净利润(元)	114,940,029.81	93,150,492.97	93,150,492.97	105,493,788.64	105,493,788.64
(3)总资产(元)	2,845,037,517.93	2,223,284,665.44	2,238,243,947.94	2,027,013,942.59	2,041,973,225.09
(4)股东权益(元)	1,555,009,619.63	1,528,248,144.82	1,543,207,427.32	1,294,474,612.13	1,309,433,894.63
(5)每股收益(元/股)	0.1303	0.1056	0.1056	0.1295	0.1295
加权平均每股收益(元/股)	0.1303	0.1113	0.1113	0.1295	0.1295
(6)每股净资产(元/股)	1.7635	1.7331	1.7501	1.5895	1.6078
(7)调整后的每股净资产(元/股)	1.6720	1.6440	1.6523	1.5365	1.5433
(8)每股经营活动产生的现金流量净额(元/股)	0.4817	0.1003	0.1003	0.2242	0.2242
(9)净资产收益率(%)	7.39	6.10	6.04	8.15	8.06
扣除非经常性损益后的加权平均净资产收益率(%)	7.09	6.52	6.45	6.26	6.19

说明:根据《企业会计制度》规定,公司报告期对固定资产和在建工程计提了减值准备。对上述会计政策变更已采用追溯调整法,调整了期初留存收益及相关项目的期初数。上述会计政策变更的累计影响数为14,959千元,其中固定资产减值准备为13,615千元,在建工程减值准备为1,344千元。由于会计政策变更,调减了2001年年初留存收益14,959千元,其中未分配利润调减12,715千元,盈余公积调减2,244千元;利润及利润分配表上年数栏的年初未分配利润调减了12,715千元。

第三章 股本变动及股东情况

1、公司股份变动情况表:

数量单位:股

	本次变动前	本次变动增减(+,-) 配股	送股	公积金转股	增发	其他	小计	本次变动后
一、未上市流通股份								
1、发起人股份	605,916,500							605,916,500
其中:国家持有股份	605,916,500							605,916,500
2、募集法人股份	5,918,835							5,918,835
未上市流通股份合计	611,835,335							611,835,335
二、已上市流通股份								
人民币普通股	269,950,215							269,950,215
已上市流通股份合计	269,950,215							269,950,215
三、股份总数	881,785,550							881,785,550

000402 金融街控股股份有限公司

2001年年度报告摘选

一、公司基本情况简介

1、公司法定中文名称:金融街控股股份有限公司
公司法定英文名称:FINANCE STREET HOLDING CO., LTD.
2、公司注册地址:北京市西城区金融大街33号通泰大厦B座8层
邮政编码:100032
公司办公地址:北京市西城区金融大街33号通泰大厦B座8层
邮政编码:100032
3、公司法定代表人:王功伟
4、公司董事会秘书:许群峰
联系地址:北京市西城区金融大街33号通泰大厦B座8层
邮政编码:100032
电话:010-88086184 传真:010-88086186
电子信箱:investors@jrjkg.com
5、公司选定的信息披露报纸:《中国证券报》、《证券时报》
中国证监会指定国际互联网网址:http://www.cninfo.com.cn
公司国际互联网网址:http://www.jrjkg.com.cn
公司年度报告备置地点:北京市西城区金融大街33号通泰大厦B座8层公司董事会秘书处
6、公司股票上市交易所:深圳证券交易所
股票简称:金融街 股票代码:000402

二、会计数据和业务数据摘要

1、公司本年度实现 (单位:人民币元)

项目	金额
利润总额	215,277,500.26
净利润	151,047,979.44
扣除非经常性损益后的净利润	122,073,522.46
主营业务利润	216,166,245.43
其他业务利润	-48,728.87
营业利润	187,587,250.62
投资收益	7,483,345.36
补贴收入	20,000,000.00
营业外收支净额	206,904.28
经营活动产生的现金流量净额	-518,932,639.30
现金及现金等价物净增加额	-52,081,227.70

注:非经常性损益的具体内容系包括:补贴收入20,000,000.00元,短期投资收益6,223,966.21元,股权转让收入1,307,929.88元,营业外收支净额206,904.28元,小计27,738,800.37元,按33%所得税率扣除所得税影响后小计为18,584,996.25元,加上返还所得税款10,389,451.29元,非经常性损益合计为28,974,447.54元。

2、主要会计数据与财务指标 (单位:人民币元)

项目	2001年度	2000年度	1999年
主营业务收入	857,282,451.10	220,558,550.26	172,183,704.06
净利润	151,047,979.44	40,138,704.26	11,861,737.27
总资产	1,137,756,499.58	599,748,761.33	317,480,080.07
股东权益(不含少数股东权益)	346,491,744.65	201,739,085.21	170,106,782.39
每股收益(摊薄)	1.20元/股	0.32元/股	0.15元/股
每股收益(加权)	1.20元/股	0.32元/股	0.15元/股
扣除非经常性损益后的每股收益(摊薄)	0.97元/股	0.32元/股	0.03元/股
每股净资产	2.75元/股	1.60元/股	2.16元/股
调整后的每股净资产	2.74元/股	1.60元/股	2.14元/股
每股经营活动产生的现金流量净额	-4.12元/股	-0.25元/股	0.13元/股
净资产收益率(摊薄)	43.59%	19.90%	6.97%
净资产收益率(加权)	54.48%	21.15%	7.29%

3、公司2001年度股东权益变动情况及变动原因

项目	股本	资本公积	盈余公积	法定公益金	未分配利润	股东权益合计
期初数	125,906,400	32,409,205.86	13,940,352.95	5,315,762.71	29,483,126.40	201,739,085.21
本期增加	0	0	38,839,105.14	15,652,397.76	151,047,979.44	151,047,979.44
本期减少	0	0	0	0	45,134,425.14	6,295,320.00
期末数	125,906,400	32,409,205.86	52,779,458.09	20,968,160.47	135,396,680.70	346,491,744.65

三、股本变动及股东情况

(一)股本变动情况
1、公司股份变动情况表

数量单位:股

	本次变动前	本次变动增减(+-) 配股	送股	公积金转增股	增发	其他	小计	本次变动后
一、未上市流通股份								
1、发起人股份								
其中:								
国家持有股份	77,906,400							77,906,400
境内法人持有股份								
境外法人持有股份								
其他								
2、募集法人股份								
3、内部职工股								
4、优先股或其他								
未上市流通股份合计	77,906,400							77,906,400
二、已上市流通股份								
1、人民币普通股	48,000,000							48,000,000
2、境内上市的外资股								
3、境外上市的外资股								
4、其他								
已上市流通股份合计	48,000,000							48,000,000
三、股份总数	125,906,400							125,906,400

000403 三九宜工生化股份有限公司

2001年年度报告摘选

一、公司基本情况简介

(一)公司法定中文名称:三九宜工生化股份有限公司
公司法定英文名称:Sanjiu Yigong Biopharmaceutical & Chemical Inc.
英文缩写:SYB&C
(二)公司法定代表人:赵新先
(三)公司董事会秘书:黄鸿伟
联系地址:深圳市福田区联合广场A座35楼　　518026
电话:0755－2911999转3905,3909
传真:0755－2910777
电子信箱:huanghw123@sina.com
(四)证券事务代表:黄少林
联系地址:江西省宜春市环城西路1号　　336000
电话:0795－3298234
传真:0795－3228407
电子信箱:huangsll@sina.com
(五)公司注册地址:江西省宜春市环城西路1号
(六)公司办公地址:深圳市福田区联合广场A座35层　　邮政编码:518026
(七)公司国际互联网网址:http://www.999yichun.com.cn
电子信箱:board@39.net
(八)公司选定的信息披露报纸:《证券时报》
(九)登载公司年度报告的国际互联网网址:http://www.cninfo.com.cn
(十)公司年度报告备置地点:公司证券部
(十一)公司股票上市交易所:深圳证券交易所
(十二)股票简称:三九生化
股票代码:000403

二、会计数据和业务数据摘要

(一)公司利润总额及构成(单位:元)

项目	金额
利润总额:	102,172,030.52
净利润:	78,909,907.81
扣除非经常性损益后的净利润:	80,255,148.04
主营业务利润:	164,422,515.33
其他业务利润:	1,772,087.80
营业利润:	84,989,736.11
投资收益:	－1,278,810.61
补贴收入:	260,200.00
营业外收支净额:	18,200,905.02
经营活动产生的现金流量净额:	111,279,940.56
现金及现金等价物净增加(减少)额:	86,859,964.35

(二)公司近三年主要会计数据和财务指标

项目	2001年	2000年 调整后	2000年 调整前	1999年
主营业务收入(千元)	422,250.43	381,184.36	381,184.44	349,974.00
净利润(千元)	78,909.91	109,144.34	119,071.95	80,174.20
总资产(千元)	1,378,647.16	1,168,647.68	1,178,575.29	960,746.69
股东权益(千元)	620,447.45	541,537.54	551,465.16	452,061.55
每股收益(元)(摊薄)	0.401	0.55	0.61	0.61
(加权)	0.401	0.55	0.61	0.64
每股净资产(元)	3.15	2.75	2.80	3.45
调整后每股净资产(元)	3.13	2.74	2.79	3.41
每股经营活动产生的现金流量净额(元)	0.57	0.14	0.14	－0.18
净资产收益率(%)	12.72	20.15	21.59	17.74
扣除非经常性损益后的净资产收益率(%)(摊薄)	12.94	20.64	20.02	15.13
(加权)	13.81	22.49	22.00	18.94

报告期利润	净资产收益率 全面摊薄	净资产收益率 加权平均	每股收益 全面摊薄	每股收益 加权平均
主营业务利润	26.50%	28.30%	0.84	0.84
营业利润	13.70%	14.63%	0.43	0.43
净利润	12.72%	13.58%	0.40	0.40
扣除非经常性损益后的净利润	12.94%	13.81%	0.41	0.41

三、股本变动及股东情况

(一)股本变动情况
1、股份变动情况表　　数量单位:股

	本次变动前	本次变动增减(+,-) 股本结构	配股	送股	公积金转股	增发	其他	小计	本次变动后
一、未上市流通股份									
1、发起人股份									
国家持有股份	80,682,000								80,682,000
境内法人持有股份									
境外法人持有股份									
其他									
2、募集法人股	21,956,311								21,956,311
3、内部职工股									
4、优先股或其他	1,420,180						－1,420,180	－1,420,180	
未上市流通股份合计	104,058,491						－1,420,180	－1,420,180	102,638,311
二、已上市流通股份									
1、人民币普通股	92,625,000						1,420,180	1,420,180	94,045,180
2、境内上市外资股									
3、境外上市外资股									
4、其他									
已上市流通股份合计	92,625,000						1,420,2180	1,420,2180	94,045,180
三、股份总数	196,683,491								196,683,491

000404 华意压缩机股份有限公司

2001年年度报告摘选

第一节　公司基本情况简介

(一)公司的法定中文名称:华意压缩机股份有限公司
公司的法定英文名称:HUAYI COMPRESSOR CO.,LTD.
公司英文名称缩写:HUAYI
(二)公司法定代表人:符念平
(三)公司董事会秘书:简家凤
联系地址:江西省景德镇市新厂东路28号
电　　话:0798－8470227
传　　真:0798－8470219
电子信箱:hyyszqb@public1.jdptt.jx.cn
(四)公司注册及办公地址:江西省景德镇市新厂东路28号
邮政编码:333001
电子信箱:hyccglb1@public1.jdptt.jx.cn
(五)公司选定的信息披露报纸:《证券时报》
公司登载年报的网址:www.coinfo.com.cn
公司年报备置地点:公司证券办公室
(六)公司股票上市交易所:深圳证券交易所
股票简称:华意压缩
股票代码:000404

第二节　会计数据和业务数据摘要

(一)2001年度会计数据摘要

单位:人民币元

项目	金额
利润总额	667,453.65
净利润	921,812.40
扣除非经常性损益后的净利润	－10,230,617.02
主营业务利润	19,843,941.16
其他业务利润	44,028.24
营业利润	2,604,266.33
投资收益	－2,004,030.01
补贴收入	0
营业外收支净额	67,217.33
经营活动产生的现金流量净额	25,397,157.87
现金及现金等价物净增加额	269,185,990.88

(二)公司近三年的主要会计数据和财务指标

年度 指标	单位	2001年	2000年 调整前	2000年 调整后	1999年 调整前	1999年 调整后
主营业务收入	万元	18789.11	19982.02	19882.02	17453	17453
净利润	万元	92.18	3348.73	340.16	3399	2867
总资产	万元	114560.64	69979.59	88029.59	57769	58156
股东权益	万元	64711.51	46720.16	45867.31	46201	45744
每股收益	元/股	0.0035	0.14	0.014	0.143	0.121
每股净资产	元/股	2.48	1.97	1.93	1.947	1.93
调整后的每股净资产	元/股	2.48	1.97	1.93	1.947	1.93
每股经营活动产生的现金流量净额	元/股	0.097	－0.04	－0.04	－0.16	－0.16
净资产收益率	%	0.14	7.17	0.74	7.36	6.27

注1:非经常性损益按照《公开发行证券公司信息披露规范问答第1号－－非经常性损益》的要求确定。扣除的非经常性损益项目和涉及金额:

项目	金额
营业外收支净额:	45,035.61
资金占用费:	6,346,136.24
所得税返还:	3,549,913.45
坏帐准备:	1,211,344.11

注2:按照《公开发行证券的公司信息披露编报规则第九号》规定,计算的利润表附表如下:

报告期利润	净资产收益率(%) 全面摊薄	净资产收益率(%) 加权平均	每股收益(元) 全面摊薄	每股收益(元) 加权平均
主营业务利润	3.07	3.31	0.076	0.078
营业利润	0.40	0.43	0.010	0.010
净利润	0.14	0.15	0.0035	0.0036
扣除非经常性损益后的净利润	－1.58	－1.71	－0.039	－0.040

第三节　股本变动及股东情况

一、股本变动情况
(一)股份变动情况表(截止2001年12月31日)

数量单位:股

	本次变动前	本次变动增减(+、-) 配股	送股	公积金转股	其他	小计	本次变动后
一、未上市流通股份							
1、发起人股份							
其中:							
国家持有股份	163,800,000	+1,567,800					165,367,800
境内法人持有股份							
境外法人持有股份							
其他							
2、募集法人股份							
3、内部职工股							
4、优先股或其他							
其中:转配股	2,470,798	+741,239			－3,212,037		0
未上市流通股份合计	166,270,798	+2,309,039			－3,212,037		165,367,800
二、已上市流通股份							
1、人民币普通股	70,980,000	+21,294,000			+3,212,037		95,486,037
2、境内上市外资股							
3、境外上市外资股							
4、其他							
已上市流通股份合计	70,980,000	+21,294,000			+3,212,037		95,486,037
三、股份总数	237,250,798	23,603,039					260,853,837

000405 珠海鑫光集团股份有限公司

2001 年年度报告摘选

一、公司基本情况简介

1、公司法定中文名称:珠海鑫光集团股份有限公司
公司法定英文名称:ZHUHAI SHINING METALS GROUP INC.
(英文缩写:SMG)
2、公司法定代表人:王 宏
3、公司董事会秘书:夏文树
证券事务代表:邓 敏
联系地址:广东省珠海市吉大海洲路金苑大厦
电　　话:(0756)3338333 转 8142、8121
传　　真:(0756)3338123
4、公司注册地址:珠海市吉大海洲路金苑大厦
公司办公地址:珠海市吉大海洲路金苑大厦　　　邮政编码:519015
公司电子信箱:zhxgzq@pub.zhuhai.gd.cn
5、公司选定的信息披露报纸名称:《证券时报》、《中国证券报》
登载年报报告的网址:http://www.cninfo.com.cn
公司年报备置地点:本公司证券处
6、公司股票上市交易所:深圳证券交易所
股票简称:有色鑫光　　　股票代码:000405

二、会计数据和业务数据摘要

(一)本年度公司主要经营数据:　　　　单位:人民币元

项目	金　额
利润总额	-437,387,858.81
净利润	-437,387,858.81
扣除非经常性损益后的净利润	-370,495,915.00
主营业务利润	3,943,890.03
其他业务利润	1,901,019.81
营业利润	-328,247,409.36
投资收益	-42,248,505.64
补贴收入	37,864.00
营业外收支净额	-66,929,807.81
经营活动产生的现金流量净额	-954,956.79
现金及现金等价物净增减额	-4,409,439.58

(二)截止报告期末,公司前三年的主要会计数据和财务指标(单位:人民币元):

项目	2001 年	2000 年		1999 年
		调整前	调整后	
主营业务收入	20,117,185.24	655,828,164.00	43,119,596.11	531,685,043.21
净利润	-437,387,858.81	-112,195,742.01	-156,061,637.25	68,001,266.46
总资产	488,034,755.07	1,049,509,615.90	905,183,732.26	1,131,316,204.63
股东权益(不含少数股东权益)	48,046,917.95	582,008,929.20	475,800,060.52	694,204,671.21
每股收益	-1.15	-0.295	-0.41	0.179
加权平均每股收益	-1.15	-0.295	-0.41	0.179
扣除非经营性损益后的每股收益	-0.97	-0.253	-0.38	0.114
每股净资产	0.13	1.528	1.25	1.822
调整后每股净资产	-0.03	1.017	0.97	1.644
每股经营活动产生的现金流量净额	-0.003	0.047	-0.047	0.113
净资产收益率%	-910.33	-19.277	-32.80	9.796
加权净资产收益率%	-166.99	-17.583	-23.24	10.30
扣除非经营性损益后的净资产收益率%	-771.03	-15.13	-30.55	6.563

(三)净资产收益率和每股收益系列指标(根据中国证监会《公开发行证券的公司信息披露编报规则第九号》编制)

报告期利润	净资产收益率(%)		每股收益(元)	
	全面摊薄	加权平均	全面摊薄	加权平均
主营业务利润	8.21	1.51	0.010	0.010
营业利润	-683.18	-125.32	-0.86	-0.86
净利润	-910.33	-166.99	-1.15	-1.15
扣除非经营性损益后的净利润	-771.03	-141.44	-0.97	-0.97

三、股本变动和主要股东持股情况

(一) 股本变动情况
1.股份变动情况表

数量单位:股

股本结构	本次变动前	本次变动增减(+、-)						本次变动后
		配股	送股	公积金转股	增发	其他	小计	
一、尚未流通股份								
1、发起人股份	38,999,473							38,999,473
其中								
国家持有股份								
境内法人持有股份	38,999,473							38,999,473
2、募集法人股份	80,069,031							80,069,031
3、内部职工股								
4、优先股或其他	148,933,274							148,933,274
5、转配股	2,495,557					-2,495,557		
未上市流通股份合计	270,497,335					-2,495,557		268,001,778
二、已上市流通股份	110,428,113					+2,495,557		112,923,670
1、人民币普通股								
2、境内上市的外资股								
已上市流通股份合计	110,428,113					+2,495,557		112,923,670
三、股份总数	380,925,448							380,925,448

000406 中国石化胜利油田大明(集团)股份有限公司

2001 年年度报告摘选

第一节　公司基本情况简介

1、公司法定中文名称:中国石化胜利油田大明(集团)股份有限公司
缩 写:石油大明
公司英文名称:SINOPEC SHENGLI OIL FIELD DYNAMIC GROUP CO.,LTD
英文缩写:DYNAMIC
2、公司法定代表人:曹耀峰
3、公司董事会秘书:西景杰
证券事务代表:王进洲
联系地址:山东省东营市济南路 228 号大明大厦
联系电话:0546—8556533　　　传　真:0546—8556533
电子信箱:zqyw@sydm.com.cn
4、公司注册和办公地址:山东省东营市济南路 228 号大明大厦
邮政编码:257000
公司电子信箱:zqyw@sydm.com.cn
5、公司选定的信息披露报纸:《证券时报》、《中国证券报》
年度报告备置地点:公司证券部
中国证监会指定信息披露国际互联网网址为:http://www.cninfo.com.cn
6、公司股票上市地:深圳证券交易所
公司股票简称:石油大明　　　公司股票代码:000406

第二节　会计数据和业务数据摘要

1、公司 2001 年度各项会计数据:　　　(单位:元)

项目	金额
利润总额	248751890.32
净利润	200153990.16
扣除非经常性损益后的净利润	217623495.26
主营业务利润	406803104.64
其他业务利润	16756126.37
营业利润	282737570.01
投资收益	-6191437.64
补贴收入	86532.55
营业外收支净额	-27880774.60
经营活动产生的现金流量净额	316772024.16
现金及现金等价物净增加额	74712552.50

注:扣除的非经常性损益项目及金额:
收入项目:资金占用费 1806886.39 元。
支出项目:营业外收支净额 27880774.60 元。

2、截止报告期末公司前三年的主要会计数据和财务指标

项 目	2001 年	2000 年	1999 年
主营业务收入(元)	761693708.40	837809499.91	461490542.93
净利润(元)	200153990.16	275061114.92	52601206.05
总资产(元)	2031719441.84	1804069489.54	1078998102.22
股东权益(不含少数股东权益,元)	1324705117.19	1276219175.96	398500033.08
每股收益(摊薄,元)	0.66	0.91	0.31
每股收益(加权,元)	0.66	1.02	0.31
每股净资产(元)	4.37	4.21	2.36
调整后的每股净资产(元)	4.07	3.91	1.91
每股经营活动产生的现金流量净额(元)	1.04	0.93	0.50
净资产收益率(摊薄,%)	15.11	21.55	13.20
净资产收益率(加权,%)	15.11	30.68	13.20

按照中国证监会《公开发行证券公司信息披露编报规则(第 9 号)》要求计算 2001 年报告期利润的净资产收益率和每股收益。

报告期利润	净资产收益率(%) 2001 年		每股收益(元) 2001 年	
	全面摊薄	加权平均	全面摊薄	加权平均
主营业务利润	30.71	30.71	1.34	1.34
营业利润	21.34	21.34	0.93	0.93
净利润	15.11	15.11	0.66	0.66
扣除非经常性损益后的净利润	16.43	16.43	0.72	0.72

注:扣除非经常性损益项目后影响公司报告期利润 17469505.10 元,即每股收益增加 0.06 元,达到每股收益 0.72 元。

第三节　股本变动及股东情况

一、公司股份变动情况
报告期内公司股本变动及期末股本结构如下

数量单位:股

	本次变动前	本次变动增减(+,—)						本次变动后
		配股	送股	公积金转股	增发	其他	小计	
一、未上市流通股份								
1、发起人股份	81832680							81832680
其中:								
国家持有股份	79888680							79888680
境内法人持有股份	1944000							1944000
境外法人持有股份								
其他								
2、募集法人股份								
3、内部职工股								
4、优先股或其他								
其中:转配股								
未上市流通股份合计	81832680							81832680
二、已上市流通股份								
1、人民币普通股	221523660							221523660
其中:高管股	19440							19440
2、境内上市的外资股								
3、境外上市的外资股								
4、其他								
已上市流通股份合计	221523660							221523660
三、股份总数	303356340							303356340

000407 山东胜利股份有限公司

2001 年年度报告摘选

第一节 公司基本情况简介

一、公司法定名称(中文):山东胜利股份有限公司

(英文):SHANDONG SHENGLI CO., LTD.

英文缩写:SDSL

二、公司法定代表人:隋立祖

三、公司董事会秘书:于晓峰 刘志强

联系地址:山东省济南市黑虎泉西路 139 号胜利大厦

电 话:(0531) 6920495

传 真:(0531) 6018518

电子信箱:yuxf@vicome.com

四、公司注册地址及办公地址:山东省济南市黑虎泉西路 139 号胜利大厦

邮政编码:250011

国际互联网网址:www.vicome.com

五、公司选定的中国证监会指定信息披露报纸名称:《证券时报》、《中国证券报》

中国证监会指定国际互联网网址:http://www.cninfo.com.cn

公司年度报告备置地点:公司董事会秘书处

六、公司股票上市地:深圳证券交易所

股票简称:胜利股份

股票代码:000407

第二节 会计数据和业务数据摘要

一、年度实现的利润总额及其构成

单位:人民币元

项目	金额
利润总额	35,056,670.38
净利润	34,611,688.43
扣除非经常性损益后的净利润	35,020,366.36
主营业务利润	110,402,798.92
其他业务利润	3,819,322.29
营业利润	32,393,409.32
投资收益	4,071,938.99
补贴收入	0
营业外收支净额	-1,408,677.93
经营活动产生的现金流量净额	75,677,359.91
现金及现金等价物净增加额	33,165,915.94

二、截止报告期末公司前三年的主要会计数据和财务指标

单位:人民币元

指标项目	2001 年	2000 年		1999 年	
		调整前	调整后	调整前	调整后
主营业务收入	825,239,115.18	955,042,489.25	955,042,489.25	1,081,405,368.05	1,081,405,368.05
净利润	34,611,688.43	41,532,255.13	25,647,723.83	55,208,196.65	49,536,344.18
总资产	1,101,770,263.24	1,034,388,362.68	1,014,231,488.98	831,467,178.61	825,966,709.09
股东权益(不含少数股东股益)	537,415,627.53	576,216,244.24	550,987,333.27	368,474,644.92	359,130,265.25
每股收益	0.14	0.17	0.11	0.25	0.23
每股净资产	2.24	2.41	2.30	1.69	1.65
每股经营活动产生的现金流量净额	0.32	-0.06	-0.06	-0.20	-0.20
净资产收益率(%)	6.44	7.21	4.65	14.98	13.79

根据中国证监会关于《公开发行证券公司信息披露编报规则第 9 号》要求计算的净资产收益率和每股收益如下:

报告期利润	净资产收益率%		每股收益(元)	
	全面摊薄	加权平均	全面摊薄	加权平均
主营业务利润	20.54	20.28	0.46	0.46
营业利润	6.03	5.95	0.14	0.14
净利润	6.44	6.36	0.14	0.14
扣除非经常性损益后的净利润	6.52	6.43	0.15	0.15

第三节 股本变动及股东情况

一、股本变动情况

公司股份变动情况表

数量单位:股

	本次变动前	本次变动增减(+、-)			本次变动后
		转配股上市	其它	小计	
一、尚未流通股份					
1、发起人股份	17,410.850				17,410,850
其中:国家拥有股份	17,410.850				17,410,850
2、募集法人股	77,981.250				77,981,250
3、内部职工股					
4、转配股	19,996,658	-19,996.658		-19,996.658	0
尚未流通股份合计	115,388,758	-19,996.658		-19,996.658	95,392.100
二、已上市流通股份					
人民币普通股	124,200.000	+19,996.658		+19,996.658	144,196.658
已上市流通股份合计	124,200.000	+19,996.658		+19,996.658	144,196.658
三、股份总数	239,588,758				239,588,758

000408 河北华玉股份有限公司

2001 年年度报告摘选

第一章 公司简介

一、公司法定中文名称:河北华玉股份有限公司

公司法定英文名称:HEBEI HUAYU COMPANY LIMITED

二、公司法定代表人:张庆民

三、公司董事会秘书:郭宝贵

联系地址:河北省邯郸市峰峰矿区彭新路 21 号

联系电话:(010)84254714 (010)64275193

联系传真:(010)64275193

电子信箱:hydsh@mx.hd.hebei.net.cn

四、公司注册及办公地址:河北省邯郸市峰峰矿区彭新路 21 号

邮政编码:056200

电子信箱:hbhy@mx.hd.hebei.net.cn

五、公司指定信息披露报纸:《中国证券报》、《证券时报》

公司年报备置地点:公司董事会办公室

刊载年报国际互联网网址:http://www.cninfo.com.cn

六、公司股票上市交易所:深圳证券交易所

股票简称:河北华玉 股票代码:000408

第二章 会计数据和业务数据摘要

一、公司本年度实现利润情况

序号	项目	金额(元)
1	利润总额	21,431,676.35
2	净利润	15,207,967.49
3	扣除非经常性损益后的净利润	8,205,917.46
4	主营业务利润	66,740,070.57
5	其他业务利润	2,787,719.42
6	营业利润	20,181,259.89
7	投资收益	-1,255,868.68
8	补贴收入	1,723,499.23
9	营业外收支净额	782,785.91
10	经营活动产生的现金流量净额	45,510,127.69
11	现金及现金等价物净增加额	150,264,353.36

二、公司近三年的主要会计数据和财务指标(单位:元)

序号	项目	2001	2000(调整后)	1999
1	主营业务收入	329,058,069.19	447,090,517.99	308,693,323.37
2	净利润	15,207,967.49	19,084,828.57	34,402,139.93
3	总资产	877,300,447.52	731,110,664.27	740,949,165.03
4	股东权益不含少数股东权益	434,415.280.98	295,277,050.89	291,833,820.63
5	每股收益	0.133	0.184	0.33
6	每股净资产	3.79	2.84	2.65
7	调整后每股净资产	3.66	2.82	2.51
8	每股经营活动产生的现金流量净额	0.40	0.10	0.30
9	净资产收益率(%)	3.50	6.46	11.79
	项目		2000(调整前)	-
1	主营业务收入	329,058,069.19	447,992,517.99	308,693,323.37
2	净利润	15,207,967.49	19,842,005.85	34,402,139.93
3	总资产	877,300,447.52	732,385,463.21	740,949,165.03
4	股东权益不含少数股东权益	434,415,280.98	296,034,228.17	291,833,820.63
5	每股收益	0.133	0.19	0.33
6	每股净资产	3.79	2.85	2.65
7	调整后每股净资产	3.66	2.74	2.51
8	每股经营活动产生的现金流量净额	0.40	0.10	0.30
9	净资产收益率(%)	3.50	6.70	11.79

三、按照中国证监会《公开发行证券公司信息披露编报规则(第 9 号)》要求计算本报告期净资产收益率和每股收益:

报告期利润	净资产收益率(%)		每股收益(元)	
	全面摊薄	加权平均	全面摊薄	加权平均
主营业务利润(万元)	15.363	16.777	0.582	0.596
营业利润(万元)	4.646	5.073	0.176	0.180
净利润(万元)	3.501	3.823	0.133	0.136
扣除非经常性损益后的净利润(万元)	2.092	2.285	0.079	0.081

第三章 股本变动及股东情况

一、股本变动情况:

1、公司股份变动情况(单位:股)

	本次变动前	变动增减(+、—)			本次变动后
		配股	送股、转增、增发、其它	小计	
(一)尚未流通股份					
1、发起人股份					
其中:					
国家拥有股份	33,700,000			-33,700,000	
境内法人持有股份	704,000				704,000
境外法人持有股份					
转配股	420,000			-420,000	
其他:定向法人股	38,100,000	+1,500,000		+33,700,000	73,300,000
2、募集法人股					
3、公司职工股					
4、优先股或其他					
未上市流通股份合计	72,924,000				74,004,000
(二)已流通股份					
1、境内上市的人民币普通股	30,900,000	+9,396,000		+420,000	40,716,000
2、境内上市的外资股					
3、境外上市的外资股					
4、其他(高管股)					
已上市流通股份合计	30,900,000				40,716,000
(三)股份总数	103,824,000				114,720,000

000409 四通集团高科技股份有限公司

2001年年度报告摘选

一、公司简介

1、公司法定中文名称：四通集团高科技股份有限公司
公司法定英文名称：STONE GROUP HI－TECH CO.，LTD.
2、公司法定代表人：彭文辉
3、公司董事会秘书：柯健华
联系地址：广东省深圳市福田中心区深南大道4009号投资大厦
联系电话：0755—2912233
联系传真：0755—2912266
电子信箱：stonegrp@public.szptt.net.cn
4、公司注册地址：广东省深圳市福田中心区深南大道4009号投资大厦
公司办公地址：广东省深圳市福田中心区深南大道4009号投资大厦
邮 政 编 码：518048
电子信箱：stonegrp@public.szptt.net.cn
5、公司选定的信息披露报纸名称：《中国证券报》、《证券时报》
登载公司年报的中国证监会指定的国际互联网站：http://www.cninfo.com.cn
公司年度报告备置地点：公司董事会办公室
6、股票上市地：深圳证券交易所
股 票 简称：四通高科
股 票 代码：000409

二、会计数据和业务数据摘要

（一）公司本年度会计数据和业务数据

项目	金额
利润总额(元)：	－20,472,577.36
净利润(元)：	－21,030,836.95
扣除非经常性损益后的净利润(元)：	－20,474,865.85
主营业务利润(元)：	4,941,786.12
其他业务利润(元)：	4,558.10
营业利润(元)	－21,315,112.22
投资收益(元)：	1,398,505.96
补贴收入(元)：	
营业外收支净额(元)：	－555,971.10
经营活动产生的现金流量净额(元)：	－7,404,641.13
现金及现金等价物净增加额(元)：	－8,528,543.60

扣除非经常性损益项目：	营业外收入	营业外支出
固定资产减值准备	－	252,834.54
在建工程处置损失	－	281,776.99
捐赠支出	－	9,148.53
非常损失及罚款等其他支出	－	12,211.04
涉及金额为：		555,971.10

（二）截止报告期内末公司前三年的主要会计数据和财务指标

项目	2001年	2000年		1999年	
		调整前	调整后	调整前	调整后
主营业务收入(元)	67,010,191.36	91,629,364	34,535,346	5,841,436	5,841,436
净利润(元)	－21,030,836.95	6,811,441	1,102,804.21	－18,405,137	－31,389,931
总资产(元)	266,295,344.98	321,769,722	306,852,996.89	264,551,211	289,916,416
股东权益(元)	216,549,104.50	250,973,372	237,579,941.45	244,161,932	236,477,137
每股收益(元)(摊薄)	－0.123	0.04	0.006	－0.107	－0.183
每股收益(元)(加权)	－0.123	0.04	0.006	－0.107	－0.183
扣除非经常性损益后的每股收益(元)(加权)	－0.119	0.035	0.002	－0.085	－0.16
每股净资产(元)	1.26	1.46	1.39	1.42	1.38
调整后的每股净资产(元)	1.15	1.13	1.13	1.04	1.07
每股经营活动产生的现金流量争额(元)	－0.05	－0.076	－0.076	－0.05	－0.05
净资产收益率(%)(摊薄)：	－9.71	2.71	0.46	－7.54	－13.27

利润及利润分配附表：

项目	净资产收益率(%)		每股收益(元)	
	全面摊薄	加权平均	全面摊薄	加权平均
主营业务利润	2.28	2.18	0.029	0.029
营业利淮	－9.84	－9.39	－0.124	－0.124
净利润	－9.71	－9.26	－0.123	－0.123
扣除非经常性损益后的净利润	－9.46	－9.02	－0.119	－0.119

三、股本变动及股东情况

（一）股本变动情况：
1、股本变动情况表
编制日期：2001年12月31日　　数量单位：股

	本次变动前	配股	送股	公积金转股票	增发	其他	小计	本次变动后
一、尚未流通股份								
1.发起人股份	36,155,577							36,155,577
其中：								
国家拥有股份								
境内法人持有股份	36,155,577							36,155,577
境外法人持有股份								
其他								
2、募集法人段	59,942,100							59,942,100
3、内部职工段								
4、优先股或其他								
尚未流通股份合计	96,097,677							96,097,677
二、已流通股份								
1、人民币普通股	75,276,471							75,276,471
2、境内上市的外资股								
3、境外上市的外资股								
4、其他								
已流通股份合计	75,276,471							75,276,471
三、股份总数	171,374,148					0	0	171,374,148

000410 沈阳机床股份有限公司

2001年年度报告摘选

第一节　公司简介

1、公司简介
中文名称：沈阳机床股份有限公司
英文名称：SHENYANG MACHINE TOOL CO.LTD
英文名称简写：SMTCL
2、公司法定代表人：姚俊喜
3、公司董事会秘书：牟继勋
联系地址：沈阳市铁西区北二东路10－1号
董事会联系人：任芳贤
电　　话：024－25876185　　传　真：024－25878762
电子信箱：smtclzq@pub.sy.lnpta.net.cn
4、公司注册地址：沈阳市铁西区北二东路10－1号
邮政编码：110025
公司国际互联网址：http//www.smtcl.com
电子信箱：smtcl zq@pub.sy.lnpta.net.cn
5、公司年度报告备置地点：沈阳机床股份有限公司证券部
信息披露报纸名称：《证券时报》、《中国证券报》
登载年度报告的中国证监会指定国际互联网网址：http://www.cninfo.com.cn
6、公司股票上市交易所：深圳证券交易所
股票简称：沈阳机床
证券代码：000410

第二节　会计数据和业务数据摘要

1、本年度主要利润指标情况

项目	金额
利润指标	8,308,848.73
净利润(元)	8,474,562.54
扣除非经常性损益后的净利润(元)	15,315,423.60
主营业务利润	211,415,638.48
其它业务利润	914,941.54
投资收益	－2,300,144.53
补贴收入	7,835,985.85
营业外收支净额	－16,176,846.91
经营活动产生的现金流量净额	55,568,205.94
现金及现金等价物净增加额	20,325,680.99
(1)处置固定资产收入	8,142,532.22

2、公司三年来的主要会计数据和财务指标

项目	2001年	2000年	1999年
主营业务收入	741,701,576.24	563,167,250.63	348,909,042.43
股东权益	890,909,850.96	886,003,388.35	928,393,554.70
每股收益(元)	0.025	0.03	0.032
每股收益(加权)	0.025	0.03	0.032
每股收益(扣除非经常性损益后)	0.049	0.034	－0.21
每股净资产(元)	2.613	2.59	2.723
调整后的每股净资产	2.45	2.41	2.513
每股经营活动产生的现金流量净额	0.16	0.014	0.09
净资产收益率	0.95	1.15	1.19
净资产收益率（加权）	0.95	1.15	1.19
扣除非经常性损益后净资产收益率	1.89	0.934	－7.89

（注：应按照公开发行证券公司信息披露规范问答第1号—非经常性损益）的要求、确定和计算非经常性损益。

该指标的计算方法参照(公开发行证券公司信息披露编报规则第九号)的规定。

报告期利润	净资产收益率(%)				每股收益(元)			
	全面摊薄		加权平均		全面摊薄		加权平均	
	2001年	2000年	2001年	2000年	2001年	2000年	2001年	2000年
主营业务利润	23.51	13.93	23.64	13.93	0.6201	0.36	0.6201	0.36
扣除非经常性损益后的净利润	1.89	0.93	1.712	0.93	0.049	0.034	0.049	0.034

3、报告期内股东权益变动情况及说明
股东权益变动情况(单位：万元)

项 目	股本	资本公积金	盈余公积	法定公益金	未分配利润	股东权益合计
期初数	34,092	47,764	5,637	1,316	1,107	88,600
本期增加			127	43	720	1,737
本期减少		356				356
期末数	34,092	47,408	5,764	1,359	1,827	89,091

第三节　股本变动及股东情况

1、股份变动情况表
报告期内公司股本变动及期末股本结构如下：

项 目	本次变动前	配股	送股	公积金转股	增发	其他	小计	本次变动后
一、尚未流通股份								
1.发起人股份	185,544,503.00							185,544,503.00
其中：								
国家股拥有股份	185,544,503.00							185,544,503.00
境内法人股持有股份								
2.募集法人股	20,002,000.00							20,002,000.00
3.内部职工股							0.00	0.00
未上市流通股份合计	205,546,503.00							205,546,503.00
二、已流通股份								
人民币普通股	135,372,800.00						0.00	135,372,800.00
已上市流通股份合计								
三、合 计	340,919,303.00							340,919,303.00

000411 杭州凯地丝绸股份有限公司

2001 年年度报告摘选

第一章 公司基本情况简介

一、公司法定名称:杭州凯地丝绸股份有限公司
缩写:凯地丝绸
公司英文名称:HANG ZHOU KAIDI SILK CO.,LTD.
缩写:KD
二、公司法定代表人:王先龙
三、公司董事会秘书:包志虎
证券事务代表:邹 瑜
联系地址:公司证券审计部
电 话:0571-85068752
传 真:0571-85068752
电子信箱:kdbgs@mail.hz.zj.cn
四、公司注册地址:杭州市延安路 508 号
办公地址:杭州市延安路 508 号
邮政编码:310006
五、公司选定的信息披露报纸:证券时报
登载公司年度报告的中国证监会指定国际互联网网址:www.cninfo.com.cn
年度报告备置地:公司证券审计部
六、公司股票上市地:深圳证券交易所
股票简称:PT 凯地
股票代码:000411

第二章 会计数据和业务数据摘要

第一节 本年度主要会计数据

单位:元

项目	金额
利润总额	9,463,621
净利润	9,458,478
扣除非经常性损益后的净利润	-17,385,873
主营业务利润	-5,328,626
其他业务利润	2,040,260
营业利润	-28,307,488
投资收益	406,806
补贴收入	40,026,722
营业外收支净额	-2,662,419
经营活动产生的现金流量净额	4,227,460
现金及现金等价物净增加额	34,689,094

备 注:

扣除非经常性损益的项目及金额:处理被投资单位股权损益-216,220 元,补贴收入 40,026,722 元,资产托管净摊损益-168,342 元,营业外收支净额-2,662,419 元,人员分流安置收支净额-10,135,390 元。

第二节 公司前三年主要会计数据和财务指标

截至本报告期末,公司前三年主要会计数据和财务指标:

单位:元

项目	2001 年	2000 年 调整后	2000 年 调整前	1999 年
主营业务收入	24,025,262	88,702,519	88,702,519	81,268,194
净利润	9,458,478	-71,666,302	-73,666,302	-69,042,084
总资产	599,403,730	291,656,689	292,303,971	430,359,008
股东权益	74,036,867	45,938,828	44,586,110	118,252,412
每股收益	0.082	-0.622	-0.639	-0.599
每股净资产	0.642	0.399	0.387	1.026
调整后每股净资产	0.588	0.291	0.279	0.940
净资产收益率(摊薄)	12.78%	-156%	-165.22%	-58.39%
每股经营活动产生的现金流量净额	0.037	-0.061	-0.061	-0.106

第三节 利润表附表

报告期利润	净资产收益率(%) 全面摊薄	净资产收益率(%) 加权平均	每股收益(元) 全面摊薄	每股收益(元) 加权平均
主营业务利润	-7.20	-10.52	-0.046	-0.046
营业利润	-38.23	-55.87	-0.246	-0.246
净利润	12.78	18.67	0.082	0.082
扣除非经常性损益后的净利润	-23.48	-34.31	-0.151	-0.151

第三章 股本变动及股东情况

第一节 股本变动情况

根据中国证监会《关于上市公司股份分类有关业务处理事项的通知》和中国证券登记结算有限责任公司深圳分公司提供的公司股本结构表,2001 年度股份变动情况表如下:

数量单位:股

	本次变动前	本次变动增减原因(+.-) 配股	送股	公积金转股	其它	本次变动后
一.未上市流通股份						
1.发起人股份	65,399,540					65,399,540
其中:国家股	34,145,540					34,145,540
境内法人股	31,254,000					31,254,000
2.定向法人股份	18,319,700					18,319,700
其中:境内法人股	18,319,700					18,319,700
3.内部职工股	17,789				-5,800	11,989
未上市流通股份合计	83,737,029					83,731,229
二.已流通上市股份						
1.人民币普通股	31,512,941				+5,800	31,518,741
已上市流通股份合计	31,512,941				+5,800	31,518,741
三.股份总数	115,249,970					115,249,970

000412 长春北方五环实业股份有限公司

2001 年年度报告摘选

第一节 公司基本情况简介

1、公司中文名称:长春北方五环实业股份有限公司
公司英文名称:CHANGCHUN NORTH CHINA WOHUAN CO.,LTD
2、公司法定代表人:张振华
3、公司董事会秘书:周刚
公司证券事务代表:周刚
联系地址:长春市绿园区普阳街 15 号
联系电话:0431-7822218-8188
传 真:0431-7828282
4、公司注册地址:长春市南关区南岭大街 38 号
公司办公地址:长春市绿园区普阳街 15 号
公司邮政编码:130062
公司电子信箱:ccbfwh@mail.jl.cn
5、公司指定信息披露报刊名称为《证券时报》、《中国证券报》和《上海证券报》
公司登载年度报告的中国证监会指定国际互联网
网址:Http〃www.cninfo.com.cn
公司年度报告备置地点:公司董事会秘书处
6、公司股票上市交易所:深圳证券交易所
股票简称:北方五环
股票代码:000412

第二节 会计数据及业务数据摘要

1、公司本年度会计数据(单位:人民币元)

项目	金额
利润总额	-254,239,333.92
净利润	-253,863,788.70
扣除非经营性损益后的净利润	-99,041,625.92
主营业务利润	2,252,546.84
其他业务利润	243,065.67
营业利润	-94,237,991.39
投资收益	-5,671,871.15
补贴收入	
营业外收支净额	-154,329,471.38
经营活动产生的现金流量净额	6,809,411.23
现金及现金等价物净增加额	-13,028,842.80

注:扣除的非经营性损益项目和涉及金额 (单位:人民币元)

项目	金额
处置固定资产净收益	-387,700.53
或有担保赔款	-145,651,117.92
其他营业外收支净额	-27,929.05
无形资产减值准备	-8,262,723.88
股权投资差额摊销	-429,691.40
小计	-154,822,162.78

2、截止报告年度末公司前三年的主要会计数据和财务指标(单位:人民币元)

项目	2001 年	2000 年 调后	2000 年 调前	1999 年 调后	1999 年 调前
主营业务收入	7,829,334.120	17,331,327.740	57,325,637.320	43,084,538.310	78,512,337.190
净利润	-253,863,788.700	-171,959,806.970	-169,375,672.620	35,072,014.670	33,694,017.940
总资产	588,761,749.020	714,345,634.330	803,754,749.410	829,594,663.780	949,666,112.260
股东权益(不含少数股东权益)	86,529,209.410	338,222,238.610	322,964,444.240	510,182,045.580	505,301,111.910
每股收益	-0.879	-0.595	-0.586	0.121	0.117
扣除非经营性损益后的每股收益	-0.343	-0.583	-0.579	-0.043	-0.039
每股净资产	0.299	1.170	1.118	1.766	1.749
调整后的每股净资产	0.182	1.103	1.002	1.696	1.598
每股经营活动产生的现金流量净额	0.024	-0.117	-0.172	-0.123	-0.101
净资产收益率(%)	-293.39	-50.840	-52.440	6.870	6.670

3、本年度利润表附表

项 目	净资产收益率(%) 全面摊薄	净资产收益率(%) 加权平均	每股收益(元/每股) 全面摊薄	每股收益(元/每股) 加权平均
主营业务利润	2.6	1.07	0.008	0.008
营业利润	-108.91	-44.60	-0.326	-0.326
净利润	-293.39	-120.15	-0.879	-0.879
扣除非经常性损益的净利润	-114.46	-46.87	-0.343	-0.343

第三节 股本变动及股东情况

(一)股本变动情况

1、股份变动情况表(单位:股)

	本次变动前	本次股份增减(+、-) 配股	送股	公积金转股	增发	其他	小计	本次变动后
一、尚未流通股								
1、发起人股份	125,782,456					-31,935,091	-31,935,091	93,847,365
其中:								
国家拥有股份	31,935,091					-31,935,091	-31,935,091	0
境内法人持有股份	93,847,365							93,847,365
境外法人持有股份								
其他								
2、募集法人股份	56,857,500					+31,935,091	+31,935,091	88,792,591
3、内部职工股								
4、优先股或其他未								
未上市流通股份合计	182,639,956							182,639,956
二、已上市流通股份								
1、人民币普通股	106,321,720							106,321,720
2、境内上市外资股								
3、境外上市外资股								
4、其他								
已流通股份合计	106,321,720							106,321,720
三、股份总数	288,961,676							288,961,676

000415 新疆汇通(集团)股份有限公司

2001年年度报告摘选

第一节 公司基本情况简介

一、公司法定中文名称:新疆汇通(集团)股份有限公司
公司法定英文名称:Xin Jiang Hui Tong(group)Co.,Ltd.
二、公司法定代表人:刘德平
三、公司董事会秘书:胡敏辉
证券事务代表:郭秀林
联系地址:新疆乌鲁木齐市黄河路22号汇通大厦619室
电　　话:(0991)5852082
传　　真:(0991)5852082
电子信箱:huminhui@263·net
四、公司注册地址:新疆乌鲁木齐市黄河路22号汇通大厦
公司办公地址:新疆乌鲁木齐市黄河路22号汇通大厦
邮 政 编 码:830000
公司国际互联网网址:http://www.huitonggroup.com.cn
公司电子信箱:0415@163·net
五、公司选定的信息披露报纸:《证券时报》
中国证监会指定的公司登载年度报告的互联网站网址:http://www.cninfo.com.cn
公司年度报告备置地点:深圳证券交易所、董事会秘书处
六、公司股票上市交易所:深圳证券交易所
股票简称:汇通水利　　　股票代码:000415

第二节 会计数据和业务数据摘要

一、二00一年度主要利润指标情况　　　单位:人民币元

项目	金　额
1 利润总额	34,658,535.10
2 净 利 润	28,931,419.36
3 扣除非经常性损益后的净利润	28,700,935.43
4 主营业务利润	66,547,296.43
5 其他业务利润	5,435,751.57
6 营业利润	35,169,226.16
7 投资收益	813,734.18
8 补贴收入	- - -
9 营业外收支净额	-1,324,425.24
10 经营活动产生的现金流量净额	77,102,370.56
11 现金及现金等价物净增加额	89,664,336.89

二、近三年主要会计数据和财务指标　　　单位:人民币元

指标项目	2001年	2000年		1999年	
		调整前	调整后	调整前	调整后
1 主营业务收入	210,995,860.15	170,494,537.70	168,065,937.27	166,855,508.38	166,855,508.38
2 净利润	28,931,419.36	46,542,873.32	39,091,022.85	69,593,186.55	69,593,186.55
3 总资产	928,882,694.80	774,442,498.53	771,209,777.25	510,956,704.01	510,956,704.01
4 股东权益	438,475,625.70	425,649,893.32	414,207,806.26	386,102,419.88	382,112,183.29
(不含少数股东权益)					
5 每股收益(摊薄)	0.124	0.200	0.167	0.298	0.298
(加权)	0.124	0.200	0.167	0.365	0.298
6 每股净资产	1.880	1.825	1.776	1.656	1.639
7 调整后的每股净资产	1.812	1.782	1.752	1.611	1.628
8 每股经营活动	0.331	(0.763)	(0.763)	0.056	0.056
产生的现金流量净额					
9 净资产收益率(摊薄)	6.598%	10.93%	9.438%	18.02%	18.213%
(加权)	6.749%	11.37%	9.732%	19.81%	20.037%

根据中国证监会《公开发行证券公司信息披露编报规则第九号》要求编制的2001年度利润附表如下:

报告期利润	净资产收益率(%)				每股收益(元)			
	全面摊薄		加权平均		全面摊薄		加权平均	
	2001年	2000年	2001年	2000年	2001年	2000年	2001年	2000年
主营业务利润	15.177	18.693	15.524	19.277	0.285	0.332	0.285	0.332
营业利润	8.021	9.597	8.204	9.897	0.151	0.170	0.151	0.170
净利润	6.598	9.438	6.749	9.732	0.124	0.167	0.124	0.167
扣除非经常性损益后的净利润	6.546	8.423	6.695	8.687	0.123	0.150	0.123	0.150

第三节 股本变动及股东情况

一、股份变动情况表

单位:股

	本次变动前	本次变动增减(+、-)						本次变动后
		配股	送股	公积金转股	增发	其他	小计	
一、未上市流通股份								
1、发起人股份	65479306							65479306
其中:								
国家持有股份	65479306							65479306
境内法人持有股份	71743147							71743147
境外法人持有股份								
其他								
2、募集法人股份								
3、内部职工股	275703					-42011		233692
4、优先股或其他								
未上市流通股份合计	137498156					-42011		137456145
二、已上市流通股份								
1、人民币普通股	95681840					+42011		95723851
2、境内上市的外资股								
1、境外上市的外资股								
2、其他								
已上市流通股份合计	95681840					+42011		95723851
三、股份总数	233179996							233179996

000416 青岛健特生物投资股份有限公司

2001年年度报告摘选

一、公司基本情况简介

1、公司法定中文名称:青岛健特生物投资股份有限公司
公司法定英文名称:Qingdao Jiante Biological Investment Co.,Ltd.
2、公司法定代表人:陈青
3、公司董事会秘书:陈波
证券事务代表:杜心强
联系地址:青岛市太平角6路12号
联系电话:(0532)3884366　　传真:(0532)3876171
4、公司注册地址:青岛市崂山区香港东路268号
公司办公地址:青岛市太平角6路12号　　邮政编码:266071
5、公司选定的信息披露报纸:《证券时报》
登载公司年度报告的国际互联网址:www.cninfo.com.cn
公司年度报告备置地点:公司办公室
6、公司股票上市交易所:深圳证券交易所
股票简称:ST青健　　股票代码:000416

二、会计数据和业务数据摘要

(一)公司本年度主要的利润指标　　　金额:元

项目	金额
利润总额	102,487,494.39
所得税	19,956,820.42
少数股东权益	46,677,912.96
净利润	35,852,761.01
扣除非经常性损益后的净利润	24,130,498.21
主营业务利润	115,694,585.68
其他业务利润	6,263,463.29
营业利润	82,825,599.27
投资收益	-849,266.38
补贴收入	19,498,000.00
营业外收支净额	1,013,161.50
经营活动产生的现金流量净额	117,244,914.28
现金及现金等价物净增减额	136,228,330.17
注:扣除非经常性损益项目	
补贴收入	8,452,383.00
营业外收支净额	-136,231.59
托管收入	3,406,111.39

(二)截至报告期末公司前三年主要会计数据和财务指标

项目	2001年度	2000年度		1999年度
		调整后	调整前	
主营业务收入(元)	247,418,791.82	164,816,901.45	164,816,901.45	196,182,159.79
净利润(元)	35,852,761.01	-45,670,910.41	-23,939,027.99	-41,141,778.24
总资产(元)	494,267,201.76	350,595,461.08	381,474,800.88	435,407,801.31
股东权益(元)	222,959,632.57	198,474,776.46	224,577,961.15	248,516,989.14
每股收益(元)	0.315	-0.40	-0.21	-0.36
加权每股收益(元)	0.315	-0.40	-0.21	-0.36
扣除非经常性损益后的每股收益(元)	0.21	-0.40	-0.21	-0.28
每股净资产(元)	1.96	1.75	1.98	2.19
调整后的每股净资产(元)	1.95	1.66	1.91	2.15
每股经营活动产生的现金流量净额(元)	1.03	0.17	0.17	-0.35
净资产收益率(%)	16.08	-23.01	-10.66	-16.55
扣除非经常性损益的加权平均净资产收益率(%)	11.15	-20.24	-10.1	-15.29

(三)按照证监会《公开发行证券公司信息披露编报规则第9号》要求编制的利润表附表:

	净资产收益率(%)				每股收益(元)			
	全面摊薄		加权平均		全面摊薄		加权平均	
	2001	2000	2001	2000	2001	2000	2001	2000
主营业务利润	51.89	11.08	53.46	9.75	1.02	0.19	1.02	0.19
营业利润	37.15	-11.60	38.27	-10.20	0.73	-0.20	0.73	-0.20
净利润	16.08	-23.01	16.57	-20.24	0.315	-0.40	0.315	-0.40
扣除非经常性损益后的净利润	10.82	-23.01	11.15	-20.24	0.21	-0.40	0.21	-0.40

2000年采用调整后数据编制。

三、股本变动及股东情况

(一)股份变动情况表
截止2001年12月31日　　　数量单位:股

	本次变动前	本次变动增减(+,-)	本次变动后
一、未上市流通股份			
1、发起人股份	35662950		35662950
其中:			
国家持有股份	33796800		33796800
境内法人持有股份	1866150		1866150
境外法人持有股份			
其他			
2、募集法人股份	15428820		15428820
3、内部职工股			
4、优先股或其他			
其中:转配股	170479	-170479	0
未上市流通股份合计	51262249	-170479	51091770
二、已上市流通股份			
1、人民币普通股	62416800	+170479	62587279
2、境内上市的外资股			
3、境外上市的外资股			
4、其他			
已上市流通股份合计	62416800	+170479	62587279
三、股份总数	113679049	113679049	

000417 合肥百货大楼股份有限公司

2001 年年度报告摘选

一、公司基本情况简介

(一)公司法定中文名称:合肥百货大楼股份有限公司
公司法定英文名称:HEFEI DEPARTMENT STORE CO.,LTD
(二)公司法定代表人:董事长郑晓燕女士
(三)公司董事会秘书:赵文武先生
电子信箱:zhao-wenwu@sohu.com
董事会证券事务代表:李红英女士
电子信箱:hongyingli2002@hotmail.com
联系地址:安徽省合肥市长江中路 150 号公司证券发展部
电话:0551-2647133 转 6010、2640803　　传真:0551-2652936
(四)公司注册地址:安徽省合肥市长江中路 150 号
公司办公地址:安徽省合肥市长江中路 150 号综合楼　　邮政编码:230001
公司国际互联网网址:http://www.hfbh.com.cn
公司电子信箱:hfbhdl@mail.hf.ah.cn
(五)公司选定的信息披露报纸:《中国证券报》、《证券时报》
登载公司年度报告的中国证监会指定网站的网址:
http://www.cninfo.com.cn
公司年度报告备置地点:公司证券发展部
(六)公司股票上市交易所:深圳证券交易所
股票简称:合肥百货　　股票代码:000417

二、会计数据和业务数据摘要

(一)公司本年度主要会计数据:　　(单位:人民币元)

项目	2001 年度
利润总额	63,437,945.86
净利润	48,404,420.55
扣除非经常性损益后的净利润	43,772,021.61
主营业务利润	139,815,635.04
其他业务利润	5,405,120.28
营业利润	58,252,766.24
投资收益	4,889,067.67
补贴收入	-
营业外收支净额	296,111.95
经营活动产生的现金流量净额	86,523,078.86
现金及现金净流量净额	46,479,868.53

(二)截至报告期末公司前三年主要会计数据和财务指标　　(单位:人民币元)

项目	2001 年度	2000 年度		1999 年度
		调整后	调整前	
主营业务收入	1,003,501,846.59	787,717,934.09	787,717,934.09	723,082,691.43
净利润	48,404,420.55	49,339,419.95	49,856,345.75	42,552,511.05
总资产	1,124,519,427.76	1,037,011,817.61	974,241,901.62	692,563,053.73
股东权益	604,108,809.05	565,813,350.40	569,683,735.20	420,617,093.14
每股收益(摊薄)	0.4788	0.5857	0.592	0.564
(加权)	0.4788	0.6418	0.649	0.564
扣除非经常性损益的每股收益(摊薄)	0.4330	0.3422	0.386	0.564
扣除非经常性损益的每股收益(加权)	0.4330	0.4500	0.423	0.564
净资产收益率(摊薄)(%)	8.01	8.72	8.75	10.12
(加权)(%)	8.28	10.60	10.71	10.12
每股净资产	5.98	6.72	6.76	5.58
调整后每股净资产	5.90	6.41	6.47	5.37
每股经营活动产生的现金流量净额	0.86	0.84	0.84	1.19

(三)按照中国证监会《公开发行证券公司信息披露编报规则(第 9 号)》要求计算的相关指标数据:

报告期利润	净资产收益率%		每股收益(元)	
	全面摊薄	加权平均	全面摊薄	加权平均
主营业务利润	23.14	23.90	1.3831	1.3831
营业利润	9.64	9.96	0.5762	0.5762
净利润	8.01	8.27	0.4788	0.4788
扣除非经常性损益后的净利润	7.25	7.48	0.4330	0.4330

三、股本变动及股东情况

(一)股本变动情况:
1、公司股份变动情况表
填报日期:2001 年 12 月 31 日　　数量单位:股

	本次变动前	本次变动增减(+,-)						本次变动后
		配股	送股	公积金转股	增发	其它	小计	
一、未上市流通股份								
①发起人股份	45,623,560		9,124,712				9,124,712	54,748,272
其中:								
国家持有股份	42,206,960		8,441,392				8,441,392	50,648,352
境内法人持有股份	3,416,600		683,320				683,320	4,099,920
境外法人持有股份								
其他								
②募集法人股份	8,197,790		1,639,558				1,639,558	9,837,348
③内部职工股								
④优先股或其它								
未上市流通股份合计	53,821,350		10,764,270				10,764,270	64,585,620
二、已上市流通股份								
①人民币普通股	30,420,000		6,083,999				6,083,999	36,503,999
②境内上市的外资股								
③境外上市的外资股								
④其他								
已上市流通股份合计	30,420,000		6,083,999				6,083,999	36,503,999
三、股份总数	84,241,350		16,848,269				16,848,269	101,089,619

000418 无锡小天鹅股份有限公司

2001 年年度报告摘选

一、公司基本情况简介

1、公司的法定中文名称:无锡小天鹅股份有限公司
公司的法定英文名称:Wuxi Little Swan Company Limited
2、公司法定代表人:朱德坤先生
3、公司董事会秘书:王宪平先生
联系地址:江苏省无锡市惠钱路 67 号无锡小天鹅股份有限公司
邮政编码:214035
联系电话:0510-3704003-2147　　传　真:0510-3704031
电子信箱:Xpwang@littleswan.com.cn
董事会证券事务代表:陈伟农先生
联系地址:江苏省无锡市惠钱路 67 号无锡小天鹅股份有限公司证券部 邮政编码:214035
联系电话:0510-3704003-2022　　传　真:0510-3704031
电子信箱:chenwn@littleswan.com.cn
4、公司注册地址:无锡市国家高新技术开发区汉江路 1 号　　邮政编码:214028
公司办公地址:江苏省无锡市惠钱路 67 号　　邮政编码:214035
公司国际互联网网址:http://www.littleswan.com
公司电子信箱:Info@littleswan.com.cn
5、公司选定的信息披露报纸:《证券时报》香港《文汇报》
登载公司年报的证监会指定网址:Http://www.cninfo.com.cn
公司年度报告备置地点:公司证券部
6、公司股票上市交易所:深圳证券交易所
公司股票简称:小天鹅 A,小天鹅 B
公司股票代码:000418, 200418

二、会计数据和业务数据摘要

1. 本年度主要财务指标　　(单位:人民币元)

项目	2001 年度
利润总额	74,262,001.15
净利润	26,830,095.08
扣除非经常性损益后的净利润	27,699,415.83
主营业务利润	516,068,204.30
其他业务利润	18,471,447.51
营业利润	48,286,820.69
投资收益	14,015,947.06
补贴收入	20,000,000.00
营业外收支净额	-8,040,766.60
经营活动产生的现金流量净额	96,441,569.84
现金及现金等价物净增减额	-46,857,806.07

净利润调整　　(单位:人民币千元)

项 目	2001 年度
根据中国会计准则计算	26,830
按照国际会计准则所作的调整	
加:提取的坏帐准备	2,704
减:未确认的投资损失	-9,828
调整后的金额	19,706

2. 截至报告期末公司前三年的主要会计数据和财务指标

项目	2001 年度	2000 年度	1999 年度	
			调整后	调整前
主营业务收入(万元)	205,422.51	272,486.35	272,486.35	265,963.48
净利润(万元)	2,683.01	18,963.68	18,821.77	20,939.03
总资产(万元)	342,062.60	339,183.81	340,714.94	318,400.25
股东权益(不含少数股东权益)(万元)	199,546.77	198,438.23	199,586.58	191,631.80
每股收益(摊薄)(元)	0.0735	0.5194	0.5155	0.5735
每股净资产(元)	5.47	5.44	5.47	5.25
调整后的每股净资产(元)	5.3408	5.34	5.37	5.14
每股经营活动产生的现金流量净额(元)	0.2641	0.5360	0.5360	0.5905
净资产收益率(%)	1.34	9.56	9.43	10.93

3. 净资产收益率及每股收益指标结构分析
本报告期内股本未发生变动。

报告期利润	净资产收益率(%)		每股收益(元)	
	全面摊薄	加权平均	全面摊薄	加权平均
主营业务利润	25.86	25.83	1.4135	1.4135
营业利润	2.42	2.42	0.1323	0.1323
净利润	1.34	1.34	0.0735	0.0735
扣除非经常性损益后的净利润	1.93	1.92	0.1054	0.1054

三、股本变动及股东情况

1. 股份变动情况表
(1) 股份变动情况表　　单位:股

	本次变动前	本次变动增减(+,-)						本次变动后
		配股	送股	公积金转股	增发	其他	小计	
一、未上市流通股份								
1、发起人股份	109,622,592							109,622,592
其中:								
国家持有股份	101,628,864							101,628,864
境内法人持有股份	7,993,728							7,993,728
2、募集法人股份	99,481,248					-43,357,248	-43,357,248	56,124,000
其中:								
境内法人股	56,124,000							56,124,000
境外法人股	43,357,248					-43,357,248	-43,357,248	0
未上市流通股份合计	209,103,840					-43,357,248	-43,357,248	165,746,592
二、已流通股份								
1、人民币普通股	72,000,000							72,000,000
其中:高管股	166,800					-26,400	-26,400	140,400
2、境内上市的外资股	84,000,000					+43,357,248	+43,357,248	127,357,248
已上市流通股份合计	156,000,000					+43,357,248	+43,357,248	199,357,248
三、股份总数	365,103,840							365,103,840

000419 长沙通程控股股份有限公司

2001 年年度报告摘要

第一节 公司简介

(一)公司法定中文名称:长沙通程控股股份有限公司
公司法定英文名称:CHANGSHA TONGCHENG HOLDINGS CO.,LTD
(二)公司法定代表人:周兆达
(三)公司董事会秘书:苏千里
联系地址:长沙市劳动路 2 号长沙通程控股股份有限公司
电话:0731-5534994
传真:0731-5535588
电子信箱:tcsy@public.cs.hn.cn
(四)公司注册及办公地址:中国湖南长沙市劳动路 2 号
邮 编:410007
电子信箱:tcsy@public.cs.hn.cn
(五)公司指定信息披露报刊:《证券时报》
登载公司年度报告国际互联网址:www.cninfo.com.cn
公司年度报告备置地点:长沙市劳动路 2 号长沙通程控股股份有限公司董事会秘书处
(六)公司股票上市交易所:深圳证券交易所
股票简称:通程控股 股票代码:000419

第二节 会计数据和业务数据摘要

一、公司本年度主要利润指标情况 (单位:元)

项目	金额
利润总额	30,803,649.58
净利润	19,374,055.87
扣除非经常性损益后的净利润	18,807,374.72
主营业务利润	170,029,781.95
其他业务利润	897,151.25
营业利润	51,819,522.69
投资收益	-21,582,554.26
补贴收入	0.00
营业外收支净额	566,681.15
经营活动产生的现金流量净额	76,330,537.89
现金及现金等价物净增减额	-192,076,006.46
注:扣除的非经常性损益项目和涉及金额	
处置固定资产净损失	-152,256.48
机票代理费收入	339,787.10
其他	379,150.53
以上项目涉及金额	566,681.15

二、截止报告期末公司前三年主要会计数据和财务指标

指标项目	2001 年度	2000 年度	1999 年度
主营业务收入(元)	647360896.20	658781698.91	646874635.05
净利润(元)	19374055.87	37587305.61	39601579.71
总资产(元)	1089288748.15	1052911957.81	868274484.03
股东权益(元)	548749672.68	544563399.40	314999544.98
每股收益(元)	0.1104	0.2142	0.2481
每股收益(加权)(元)	0.1104	0.2243	0.2481
扣除非经营性损益后每股收益	0.1072	0.1923	0.2049
每股净资产	3.1266	3.0463	1.9731
调整后的每股净资产(元)	3.0806	3.0481	1.9220
每股经营活动产生的现金流量净额(元)	0.4349	0.5832	0.2637
净资产收益率(%)	3.53	6.90	12.57
净资产收益率(加权)%	3.54	8.57	13.42

根据中国证监会关于发布《公开发行证券公司信息披露编报规则》第 9 号号通知精神,公司 2001 年按全面摊薄法和加权平均法计算的净资产收益率及每股收益。

项目	净资产收益率(%)		每股收益(元)	
	摊薄	加权	摊薄	加权
主营业务利润	30.98	27.32	0.9688	0.9688
营业利润	9.44	9.20	0.2953	0.2953
净利润	3.53	3.54	0.1104	0.1104
扣除非经常性损益后净利润	3.43	3.44	0.1072	0.1072

第三节 股本变动及股东情况

一、股本变动情况 数量单位:股

股份类别	本次变动前	本期变动增减数(+,-)						本次变动后
		配股	送股	公积金转股	增发	其他	小计	
(一)未上市流通股份								
(1) 发起人股份								
其中:国家持有股股	98150000							98150000
境内法人持有股份	9000000							9000000
境外法人持有股份								
其它								
(2) 募集法人股份	3000000							3000000
(3) 内部职工股								
其中:高管股	276780							276780
(4) 优先股及其他								
其中:转配股	1008155					-1008155 0		
尚末流通股份合计	111434935					-1008155		110426780
(二)已上市流通股份								
(1) 人民币普通股	64073220					+1008155		65081375
(2) 境内上市的外资股								
(3) 境外上市的外资股								
(4) 其他								
已流通股份合计	64073220					+1008155		65081375
(三)股份合计	175508155							175508155

000420 吉林化纤股份有限公司

2001 年年度报告摘要

第一节 公司基本情况简介

1、公司中文名称:吉林化纤股份有限公司
公司英文名称:JILIN CHEMICAL FIBRE CO,. LTD
2、公司法定代表人:傅万才
3、公司董事会秘书:唐家维
电话:0432-3502331 传真:0432-3058453
联系地址:吉林市九站街 516-1 号
电子信箱:jlhxjtdm@jlhxjt.com
4、公司注册及办公地址:吉林省吉林市九站街 516-1 号
公司邮编:132101
公司国际互联网网址:http://www.jlhxjt.com
公司电子信箱:office@jlhxjt.com
5、公司信息披露报纸:《证券时报》
登载年报的国际互联网网址:http://www.cninfo.com.cn
年度报告备置地点:董秘办公室
6、公司股票上市交易所:深圳证券交易所
公司股票简称:吉林化纤
公司股票代码:000420
7、其他有关资料
公司变更注册登记日期:2000 年 8 月 7 日
公司变更注册登记地点:吉林省工商行政管理局
企业法人营业执照注册号:2200001030148
税务登记号码:220205124496079
公司聘请的会计师事务所名称:
中鸿信建元会计师事务所有限责任公司
办公地址:长春市建设街 12 号

第二节 会计数据和业务数据摘要

一、公司本年度主要业务数据

项 目	数据(元)
利润总额	-98,864,773.60
净利润	-98,678,929.13
扣除非经常性损益后的净利润	-108,955,141.28
主营业务利润	28,548,559.19
其他业务利润	1,213,788.33
营业利润	-101,361,725.84
投资收益	-262,130.70
补贴收入	1,329,659.79
营业外收支净额	1,429,423.15
经营活动产生的现金流量净额	80,757,957.78
现金及现金等价物净增减额	-27,048,749.01
*注:扣除的非经常性损益项目:	
补贴收入	1,329,659.79
收取的资金占用费	7,517,129.21
营业外收支净额	1,429,423.15
合计	10,276,212.15

二、公司近三年的主要会计数据和财务指标 单位:万元

项 目	2001 年	2000 年	2000 年追溯调整后	1999 年
主营业务收入	102,093.57	86,539.72	86,539.72	80,127.92
净利润	-9,867.89	4,830.83	3,824.64	9,331.02
总资产	206,507.82	212,312.15	211,141.70	14,132.50
股东权益	107,289.91	118,381.26	117,157.81	90,455.16
每股收益(元)	-0.26	0.13	0.10	0.28
每股净资产(元)	2.84	3.13	3.10	2.73
调整后的每股净资产(元)	2.79	3.08	3.05	2.71
每股经营活动产生的现金流量净额(元)	0.21	-0.74	-0.74	1.01
净资产收益率(%)	-9.20	4.08	3.26	10.32

* 根据《公开发行证券的公司信息披露编报规则第九号》以报告期净利润为基础计算的加权平均每股收益(元)为

项目	金额
主营业务利润	0.075
营业利润	-0.268
净利润	-0.261

第三节 股本变动及股东情况

一、股份情况变动表 单位:股

	本次变动前	本次变动增减(+,-)						本次变动后
		配股	送股	公积金转股	增发	其他	小计	
一、未上市流通股份								
1、发起人股份	147,291,725							147,291,725
其中:								
国家持有股份	147,291,725							147,291,725
境内法人持有股份								
境外法人持有股份								
其他								
2、募集法人股份	36,720,000							36,720,000
3、内部职工股	47,830					-10,699	-10,699	37,131
4、优先股或其他								
未上市流通股份合计	184,059,555					-10,699	-10,699	184,048,856
二、已上市流通股份								
1、人民币普通股	194,197,909					10,699	10,699	194,208,608
2、境内上市的外资股								
3、境外上市的外资股								
4、其他								
已上市流通股份合计	194,197,909					10,699	10,699	194,208,608
三、股份总数	378,257,464							378,257,464

000421 南京中北(集团)股份有限公司

2001 年年度报告摘选

一、公司基本情况简介

(一) 公司法定中文名称:南京中北(集团)股份有限公司
公司法定英文名称:Nanjing Zhongbei (Group) Co., Ltd.
(二) 公司法定代表人:朱自强
(三) 董事会秘书:李庆亮
证券事务代表:陈刚
地址:南京市汉中门大街 81 号
邮编:210029
电话:(025)6650169
传真:(025)6522634
电子信箱:leeql@jlonline.com
(四) 公司注册及办公地址:南京市汉中门大街 81 号
邮编:210029
公司国际互联网网址:http://www.zhong-bei.com
电子信箱:securities@zhong-bei.com
(五) 公司指定的信息披露报纸:《证券时报》、《中国证券报》
登载公司年度报告的中国证监会指定国际互联网网址:http://www.cninfo.com.cn
公司年度报告备置地点:公司董事会办公室
(六) 公司股票上市交易所:深圳证券交易所
股票简称:南京中北
股票代码:000421

二、会计数据和业务数据摘要

(一) 本年度主要利润指标

项　目	金额(元)
利润总额	35,237,881.34
净利润	26,612,999.21
扣除非经常性损益后的净利润	25,607,585.33
主营业务利润	82,523,841.54
其他业务利润	2,651,092.09
营业利润	18,637,329.49
投资收益	1,586,006.05
补贴收入	16,470,000.00
营业外收支净额	-1,455,454.20
经营活动产生的现金流量净额	36,599,581.62
现金及现金等价物净增减额	-751,974.82

说明:扣除的非经常性损益的项目和金额:

项目	金额(元)
处理固定资产收益	272,113.98
处置投资股权收益	1,473,188.41
委托投资收益	603,384.33
其他临时性营业外收入	1,931,761.07
处理固定资产损失	-518,374.90
其他临时性营业外支出	-2,194,871.45
合计	1,567,201.44
非经常性损益影响所得税额	-561,787.56

(二) 截止至报告期末公司前三年的主要会计数据和财务指标　　单位:元

项目	2001	2000		1999	
		调整前	调整后	调整前	调整后
主营业务收入	401,881,487.23	343,791,764.94	343,791,764.94	291,120,262.29	291,120,262.29
净利润	26,612,999.21	25,432,570.60	25,426,861.63	27,230,034.20	26,286,538.18
总资产	946,911,228.33	819,818,035.16	819,818,035.16	695,974,324.30	692,058,760.45
股东权益(不含少数股东权益)	411,532,448.67	405,399,090.93	405,393,381.96	403,195,348.37	399,336,069.09
每股收益	0.135	0.134	0.129	0.138	0.13
每股净资产	2.087	2.09	2.056	2.04	2.03
调整后每股净资产	1.81	1.89	1.86	1.85	1.85
每股经营活动产生的现金流量净额	0.1856	0.59	0.59	0.08	0.08
净资产收益率(%)	6.47	6.42	6.27	6.75	6.58

三、股本变动及股东情况

(一) 股份变动情况表

	本次变动前	本次变动增减(+、-)						本次变动后
		配股	送股	转股	增发	其它	小计	
一、未上市流通股份								
1、发起人股份	71,446,672							71,446,672
其中:								
国家持有股份	56,320,000							56,320,000
境内法人持有股份	15,126,672							15,126,672
境外法人持有股份								
其他								
2、募集法人股份	44,491,440							44,491,440
3、内部职工股								
4、优先股或其他	19,160,493					-13,880,493	-13,880,493	5,280,000
其中:转配股	13,880,493					-13,880,493	-13,880,493	
国家持有股	5,280,000							5,280,000
未上市流通股份合计	135,098,605					-13,880,493	-13,880,493	121,218,112
二、已上市流通股份								
1、人民币普通股	62,084,400					13,880,493	13,880,493	75,964,893
2、境内上市的外资股								
3、境外上市的外资股								
4、其他								
已上市流通股份合计	62,084,400					13,880,493	13,880,493	75,964,893
三、股份总数	197,183,005							197,183,005

000422 湖北宜化化工股份有限公司

2001 年年度报告摘选

一、公司基本情况简介

(一) 公司法定中文名称:湖北宜化化工股份有限公司
公司法定英文名称:Hubei Yihua Chemical Industry Co., LTD
公司英文名称缩写:HBYH
(二) 公司法定代表人:蒋远华
(三) 公司董事会秘书:余晨扬
证券事务代表:张拥军
电　　话:0717-6442268、6444588
传　　真:0717-6448689
联系地址:湖北省宜昌市东山大道 102 号
(四) 公司注册地址:湖北省宜昌市猇亭大道 399 号
邮 政 编 码:443007
公司办公地址:湖北省宜昌市东山大道 102 号
邮 政 编 码:443000
电 子 信 箱:hbyhwxha@yc.hb.cninfo.net
(五) 公司选定的信息披露报纸:《中国证券报》、《证券时报》
登载年报的互联网网址:http://www.cninfo.com.cn
公司年度报告备置地点:公司证券部
(六) 公司股票上市交易所:深圳证券交易所
股 票 简 称:湖北宜化　　　股 票 代 码:000422

二、会计数据和业务数据摘要

(一)本年度会计数据摘要

项　目	金额(元)
利润总额	54043115.75
净利润	40508238.15
主营业务利润	111238836.82
其他业务利润	2506742.88
营业利润	60914299.20
投资收益	-42690.78
补贴收入	0
营业外收支净额	-6818492.67
经营活动产生的现金流量净额	169815728.22
现金及现金等价物净增加额	28897033.32
扣除非经常性损益后的净利润	47326730.82

注:扣除的非经常性损益项目及金额为:
营业外收入:　2028369.73 元
营业外支出:　8846862.40 元

(二)公司前三年主要会计数据及财务指标

项　目	单位	2001 年	2000 年		1999 年	
			调整后	调整前	调整后	调整前
主营业务收入	万元	57404.70	39376.71	39376.71	42073.07	42073.07
净利润	万元	4050.82	3747.74	3944.20	7216.63	7413.09
总资产	万元	145169.32	89601.55	103146.27	67521.94	84725.58
股东权益	万元	77309.81	49229.17	63160.38	42012.54	59216.18
每股收益(摊薄)	元/股	0.189	0.200	0.211	0.386	0.397
每股收益(加权)	元/股	0.209	0.200	0.211	0.386	0.397
扣除非经常性损益后的每股收益	元/股	0.221	0.194	0.205	0.385	0.396
每股净资产	元/股	3.61	2.633	3.378	2.247	3.167
调整后的每股净资产	元/股	3.60	2.595	3.340	2.186	3.106
净资产收益率(摊薄)	%	5.24	7.61	6.24	17.18	12.52
净资产收益率(加权)	%	7.15	7.91	6.45	18.79	12.65
每股经营活动产生的现金流量净额	元/股	0.794	0.504	0.504	0.167	0.167

(三)报告期利润附表

报告期利润	净资产收益率(%)		每股收益(元)	
	全面摊薄	加权平均	全面摊薄	加权平均
主营业务利润	14.39	19.64	0.5201	0.5743
营业利润	7.88	10.75	0.2848	0.3145
净利润	5.24	7.15	0.1894	0.2091
扣除非经常性损益后的净利润	6.12	8.36	0.2213	0.2443

三、股本变动及股东情况

(一)股本变动情况

1、股份变动情况表　　数量单位:股

	期初数	本次变动增减(+,-)					期末数
		配股	送股	公积金转增	其他	小计	
一、尚未流通股份							
1.发起人股份	61077802	1798020	--	–	–	–	62875822
其中:							
国家持有股份	61077802	1798020	--	–	–	–	62875822
境内法人持有股份							
境外法人持有股份							
其他							
2.募集法人股份	42154183	–	–	–	–	–	42154183
3.内部职工股							
4.优先股或其他							
尚未流通股份合计	103231985	1798020	–	–	–	–	105030005
二、已流通股份							
1.人民币普通股	83731050	25119315	–	–	–	–	108850365
2.境内上市的外资股							
3.境外上市的外资股							
4.其他							
已流通股份合计	83731050	25119315	–	–	–	–	108850365
三、股份总数	186963035	25119315	–	–	–	–	213880370

000423 山东东阿阿胶股份有限公司

2001年年度报告摘选

一、公司基本情况简介

(一)公 司 名 称:中文:山东东阿阿胶股份有限公司
英文:SHAN DONG DONG - E E - JIAO CO., LTD
(二)公司法定代表人:刘维志
(三)1、公司董事会秘书:吴怀锋
2、公司证券事务代表:刘兴国
3、联 系 地 址:山东省东阿县阿胶街78号
4、电 话:0635 - 3264069
5、传 真:0635 - 3260786
6、电 子 信 箱:liuxg@dongeejiao.com
(四)1、公司注册地址:山东省东阿县阿胶街78号
2、公司办公地址:山东省东阿县阿胶街78号
3、邮 政 编 码:252201
4、公司国际互联网网址:WWW.DONGEEJIAO.COM
5、公司电子信箱:webmaster@dongeejiao.com
(五)1、公司信息披露报纸:《中国证券报》、《证券时报》、《上海证券报》
2、中国证监会指定互联网网址:WWW.CNINFO.COM.CN
3、公司年度报告备置地点:山东东阿阿胶股份有限公司证券部
(六)1、股票上市交易所:深圳证券交易所
2、股票简称:东阿阿胶
3、股票代码:000423

二、会计数据和业务数据摘要

(一)本年度主要会计数据 (单位:人民币元)

项目	金额
1、利润总额	118,835,845.65
2、净利润	109,668,321.13
3、扣除非经常性损益后的净利润	102,928,787.25
4、主营业务利润	276,718,336.09
5、其他业务利润	645,894.23
6、营业利润	112,096,311.77
7、投资收益	5,560,004.46
8、补贴收入	1,546,834.02
9、营业外收支净额	-367,304.60
10、经营活动产生的现金流量净额	44,893,753.87
11、现金及现金等价物净增减额	-47,530,719.98

注:扣除非经常性损益项目和涉及金额:

项目	金额
补贴收入	1,546,834.02
营业外收支净额	-367,304.60
投资收益	5,560,004.46

(二)主要会计数据和财务指标 单位:人民币元

指标项目	2001年	2000年		1999年	
		调整前	调整后	调整前	调整后
主营业务收入	452,021,137.73	405,363,561.42	405,363,561.42	280,262,552.13	280,262,552.13
净利润	109,668,321.13	84,444,995.57	83,684,724.39	45,065,031.92	30,479,042.36
总资产	985,912,558.45	871,023,250.11	855,676,989.47	535,212,776.80	520,626,787.34
股东权益	766,872,339.88	727,045,152.59	711,698,891.95	377,195,946.22	362,609,956.76
每股收益(摊薄)	0.402	0.403	0.399	0.323	0.281
每股净资产	2.814	3.469	3.396	2.699	2.595
调整后的每股净资产	2.812	3.463	3.390	2.697	2.592
每股经营活动产生的现金流量净额	0.165	0.839	0.839	-0.14	-0.14
净资产收益率%	14.301	11.615	11.758	11.947	8.405
扣除非经常性损益后的每股收益	0.378	0.411	0.411	0.246	0.246
扣除非经常性损益后的加权平均净资产收益率%	13.16	15.57	15.98	14.09	14.53

三、股本变动及股东情况

公司股份变动情况 截至日期:2001年12月31日 数量单位:股

	本次变动前	本次变动增减(+,-)						本次变动后
		配股	送股	公积金转股	增发	其他	小计	
一、未上市流通股份								
1、发起人股份								
其中:								
国家持有股份	62,093,018			18,627,905			18,627,905	80,720,923
境内法人持有股份								
境外法人持有股份								
其他								
2、募集法人股份								
3、内部职工股								
4、优先股或其他								
未上市流通股份合计	62,093,018			18,627,905			18,627,905	80,720,923
二、已上市流通股份								
1、人民币普通股	147,502,649			44,250,794			44,250,794	191,753,443
2、境内上市外资股								
3、境外上市外资股								
4、其他								
已上市流通股份合计	147,502,649			44,250,794			44,250,794	191,753,443
三、股份总数	209,595,667			62,878,699			62,878,699	272,474,366

(二)股东情况介绍
公司前十名股东持股情况
(截止2001年12月31日)

股东名称	拥有股数(股)	占总股本比例(%)	所持股份类别
1、聊城市国有资产管理委员会	80,720,923	29.62	国家股
2、汉兴证券投资基金	3,000,146	1.10	社会公众股
3、华安创新证券投资基金	1,710,819	0.68	社会公众股
4、普润证券投资基金	1,233,648	0.45	社会公众股
5、汉盛证券投资基金	1,000,214	0.37	社会公众股
6、刘瑛	900,000	0.33	社会公众股
7、陈天益	742,690	0.27	社会公众股
8、江新	741,000	0.27	社会公众股
9、王秀霞	703,586	0.26	社会公众股
10、高秀英	630,500	0.23	社会公众股

000425 徐州工程机械科技股份有限公司

2001年年度报告摘选

第一节 公司基本情况简介

(一)公司法定中英文名称及缩写:
中文名称:徐州工程机械科技股份有限公司
英文名称:XuGong Science & Technology Co., Ltd.
(二)公司法定代表人:王 民
(三)公司董事会秘书:费广胜
证券事务代表:薛国强
联系地址:江苏省徐州市苏堤北路5号
电 话:(0516)5756044 - 2528 传 真:(0516)5753151
电子信箱:zqb@xcmg.com
(四)公司注册地址及办公地址:江苏省徐州市苏堤北路5号 邮政编码:221006
互联网网址:http://www.xcmg.com 电子信箱:zqb@xcmg.com
(五)公司选定的信息披露报纸名称、登载公司年度报告的中国证监会指定国际互联网网址、公司年度报告备置地点:
信息披露报纸名称:《中国证券报》、《证券时报》
证监会指定的网址:http://www.cninfo.com.cn
年度报告备置地点:公司证券部
(六)公司股票上市交易所、股票简称和股票代码:
上市交易所:深圳证券交易所
股票简称:徐工科技 股票代码:000425

第二节 会计数据和业务数据摘要

(一)本年度公司主要利润指标情况 单位:万元

项目	金额
利润总额	10141.09
净利润	8564.75
扣除非经常性损益后的净利润	8619.31
主营业务利润	28804.43
其他业务利润	1231.31
营业利润	9156.04
投资收益	1091.47
补贴收入	-
营业外收支净额	-106.43
经营活动产生的现金流量净额	3576.37
现金及现金等价物净增加额	19750.87

(二)截止2001年末公司近三年的主要会计数据和财务指标 单位:万元

项目	2001年	2000年		1999年	
		调整后	调整前	调整后	调整前
主营业务收入(万元)	151085.96	126164.42	126164.4	114853.82	114853.82
净利润(万元)	8564.75	7259.01	7516	7650.82	7996.89
总资产(万元)	216123.37	150096.07	151076.78	152276.5	153000.30
股东权益(万元)	97789.66	62725.77	63706.5	58288.62	59012.42
全面摊薄每股收益(元)	0.17	0.21	0.213	0.43	0.453
加权平均每股收益(元)	0.19	0.21	0.213	0.47	0.497
扣除非经常性损益后的每股收益(元)	0.17	0.19	0.21	0.36	0.443
每股净资产	1.97	1.78	1.81	3.3	3.35
调整后的每股净资产(元)	1.78	1.57	1.42	2.8	2.82
每股经营活动产生的现金流量净额(元)	0.072	0.15	0.15	0.47	0.47
加权平均净资产收益率(%)	13.47	11.72	11.97	17.06	14.8
全面摊薄净资产收益率(%)	8.76	11.57	11.80	13.13	13.5

注:根据财政部有关规定,本期公司执行《企业会计制度》,因会计政策变更相应对1999年、2000年财务指标进行追溯调整。

(三)利润表附表

报告期利润	净资产收益率		每股收益	
	全面摊薄(%)	加权平均(%)	全面摊薄	加权平均
主营业务利润	29.46	45.31	0.58	0.62
营业利润	9.36	14.40	0.18	0.20
净利润	8.76	13.47	0.17	0.19
扣除非经常性损益后的净利润	8.81	13.56	0.17	0.19

第三节 股本变动及股东情况

(一)股本变动情况
1、股份变动情况表 单位:股

	期初数	本年度变动增减(+,-)					期末数
		送股	配股	公积金转股	其他	小计	
一、尚未流通股份							
1、发起人股份	135,440,116	13,544,011		27,088,023		40,632,034	176,072,150
其中:							
国家拥有股份							
境内法人持有股份	135,440,116	13,544,011		27,088,023		40,632,034	176,072,150
境外法人持有股份							
其他							
2、募集法人股份	95,924,400	9,592,440	557,970	19,184,880		29,335,290	125,259,690
3、内部职工股							
4、优先股或其他							
尚未流通股份合计	231,364,516	23,136,451	557,970	46,272,903		69,967,324	301,331,840
二、已流通股份							
1、境内上市的人民币普通股	121,376,476	12,137,647	36,412,942	24,275,295		72,825,884	194,202,360
2、境内上市的外资股							
3、境外上市的外资股							
4、其他							
已流通股份合计	121,376,476	12,137,647	36,412,942	24,275,295		72,825,884	194,202,360
三、股份总数	352,740,992	35,274,098*	36,970,912	70,548,198		142,793,208	495,534,200

000426 赤峰富龙热力股份有限公司

2001 年年度报告摘选

一、公司基本情况简介

(一)公司的法定中文名称:赤峰富龙热力股份有限公司
公司的法定英文名称:CHIFENG FULONGHEATING CO.,LTD
公司的英文名称缩写:CFL
(二)公司法定代表人:景树森
(三)公司董事会秘书:张春水
证券事务代表:张旭东
联系地址:内蒙古赤峰市红山区昭乌达路 8 号富龙大厦
联系电话:0476-8240042,8239823 传 真:0476--8231734
电子信箱:cfrongbing@public.hh.nm.cn
flrl04@public.hh.nm.cn
(四)公司注册地址:内蒙古赤峰市红山区北环路南 4 号
公司办公地址:内蒙古赤峰市红山区昭乌达路 8 号富龙大厦
邮政编码:024000
国际互联网网址:http://www.fulongheating.com
电子信箱:flrl@public.hh.nm.cn
(五)公司选定的信息披露报纸:中国证券报、证券时报
登载年度报告的指定网址:http://www.cninfo.com.cn
年度报告备置地点:公司董事会秘书处
(六)公司股票上市交易所:深圳证券交易所
股票简称:富龙热力 股票代码:000426
(七)其他有关资料:
公司变更注册登记日期:2001 年 4 月 4 日
公司变更注册登记地点:内蒙古自治区工商行政管理局
企业法人营业执照注册号:1500001700029
税务登记号(国税):150401114802589
会计师事务所名称:大连华连会计师事务所有限责任公司
会计师事务所办公地址:大连市中山区同兴街 67 号邮电万科大厦 1506 号

二、会计数据和业务数据摘要

(一)2001 年度主要利润指标

项目	金额
利润总额	62,775,615.89
净利润	62,193,441.93
扣除非经常损益后的净利润	62,957,477.38
主营业务利润	59,827,106.49
其他业务利润	1,762,442.76
营业利润	18,445,553.08
投资收益	865,529.44
补贴收入	43,370,800.00
营业外收支净额	93,733.37
经营活动产生的现金流量净额	18,092,969.48
现金及现金等价物净增加额	0

(二)公司近三年主要会计数据及财务指标(元)

财务指标	2001 年度	2000 年度		1999 年度	
		调整后	调整前	调整后	调整前
主营业务收	198,637,729.84	172,732,883.68	172,328,883.68	146,628,853.51	147,706,861.86
净利润	62,193,441.93	65,208,526.14	63,242,617.79	66,834,815.95	68,509,877.90
总资产	1,627,416,093.22	1,069,894,485.28	1,067,870,879.05	981,021,879.05	984,186,985.51
股东权益(不含少数股东权益)	1,009,812,318.90	734,000,955.57	737,076,853.22	673,503,362.04	675,178,423.99
每股收益	0.280	0.353	0.343	0.362	0.371
加权每股收益	0.286	0.353	0.343	0.389	0.399
每股净资产	4.552	3.979	4.00	3.65	3.66
调整后的每股净资产	4.373	3.773	3.79	3.55	3.55
每股经营活动产生的现金流量净额	0.082	0.665	0.665	0.036	0.036
净资产收益率	6.159%	8.884%	8.58%	9.92%	10.15%

(三)报告期利润表附表

2001 年度利润	净资产收益率(%)		每股收益(元)	
	全面摊薄	加权平均	全面摊薄	加权平均
主营业务利润	5.92	6.45	0.269	0.275
营业利润	1.83	1.99	0.083	0.085
净利润	6.16	6.71	0.280	0.286
扣除非经常损益后的净利润	6.23	6.79	0.284	0.289

三、股本变动及股东情况

(一)股份变动情况
1、股份变动情况表

	本次变动前	本次变动增减(+,—)			本次变动后
		配股(10:3 股)	送股(10:1 股)	小计	
一、未上市流通股份					
1、发起人股份	125,280,000	1,879,200	12,715,920	14,595,120	139,875,120
其中:					
国家持有股份	125,280,000	1,879,200	12,715,920	14,595,120	139,875,120
境内法人持有股份					
境外法人持有股份					
其他					
1、募集法人股份	8,160,000		816,000	816,000	8,976,000
2、内部职工股					
3、优先股或其他					
未上市流通股份合计	133,440,000	1,879,200	13,531,920	15,411,120	148,851,120
二、已上市流通股份					
1、人民币普通股	51,040,800	15,312,240	6,635,304	21,947,544	72,988,344
2、境内上市的外资股					
3、境外上市的外资股					
4、其他					
已上市流通股份合计	51,040,800	15,312,240	6,635,304	21,947,544	72,988,344
三、股份总数	184,480,800	17,191,440	20,167,224	37,358,664	221,839,464

000428 湖南华天大酒店股份有限公司

2001 年年度报告摘选

第一章 公司简介

公司法定中文名称:湖南华天大酒店股份有限公司
英文名称:HUNAN HUATIAN GREAT HOTEL CO.,LTD.
(缩写:HHGH)
公司法定代表人:陈纪明
公司董事会秘书:邹长贵
证券事务代表:李岚
联系地址:长沙市解放东路 380 号本公司董事会秘书室
电 话:0731-4442888-80928,80842
传 真:0731-4442270
电子信箱:zcgstock@163.net
公司注册地址:长沙市解放东路 380 号
办公地址:长沙市解放东路 380 号本公司综合楼八楼
邮政编码:410001
公司国际互联网网址:http://www.huatian-hotel.com
公司电子信箱:resv@huatian-hotel.com
公司信息披露报纸:《证券时报》
登载公司年报网址:http://www.cninfo.com.cn
公司年度报告备置地点:公司综合楼八楼董事会秘书室
公司股票上市交易所:深圳证券交易所
公司股票简称:华天酒店 公司股票代码:000428

第二章 会计数据和业务数据摘要

一、公司本年度利润总额及构成:

项目	金额
利润总额:	6151.20 万元
净利润:	4940.93 万元
扣除非经常性损益后的净利润:	3599.56 万元
主营业务利润:	11689.20 万元
其他业务利润:	236.34 万元
营业利润:	5237.29 万元
投资收益:	575.73 万元
补贴收入:	0 万元
营业外收支净额:	338.19 万元
经营活动产生的现金流量净额:	6865.75 万元
现金及现金等价物净增加额	12523.33 万元

注:非经常性损益包括:委托理财收益 5110063.99 元,营业外收支净额 3,381,798.81 元,所得税返还 940 万元,股权投资差额-2,503,192.43 元。

二、公司前三年主要会计数据和财务指标

项目	2001 年	2000 年		1999 年
		调整前	调整后	
主营业务收入(万元)	22560.61	19280.08	19280.08	14273.70
净利润(万元)	4940.93	3629.32	3461.56	3452.49
总资产(万元)	103652.65	70443.82	70299.21	62714.89
股东权益(万元)(不含少数股东权益)	63362.97	50461.76	50293.99	46836.15
每股收益(元)(摊薄)	0.286	0.23	0.218	0.217
每股收益(元)(加权)	0.29	0.23	0.218	0.217
每股净资产(元)	3.67	3.18	3.17	2.95
调整后的每股净资产(元)	3.66	3.01	3.00	2.92
每股经营活动产生的现金流量净额(元)	0.40	1.035	1.035	0.055
净资产收益率(摊薄)%	7.8	7.19	6.88	7.37
(加权)%	7.63	7.46	6.88	7.37
扣除非经常性损益后的每股收益(元)	0.21	0.19	0.18	0.196

项 目	净资产收益率(%)		每股收益(元)	
	全面摊薄	加权平均	全面摊薄	加权平均
主营业务利润	18.45	18.07	0.68	0.69
营业利润	8.27	8.10	0.30	0.31
净利润	7.80	7.63	0.29	0.29
扣除非经常性损益后的净利润	5.68	5.56	0.21	0.21

第三章 股本变动及股东情况

一、股本变动情况
1,股份变动情况表(单位:万股)

股本结构	期初数	本期增减					期末数
		配股	送股	公积金转股	增发	其它	
一、未上市流通股份							
1、发起人股份	11,200						11,200
其中:国家持有股份	11,200						11,200
境内法人持有股份							
境外法人持有股份							
其他							
2、募集法人股							
3、内部职工股							
4、优先股或其他							
未上市流通股份合计	11,200						11,200
二、已上市流通股份							
1、人民币普通股	4,680	1,404					6,084
2、境内上市外资股							
3、境外上市外资股							
4、其他							
已上市流通股份合计	4,680	1,404					6,084
三、股份总数	15,880	1,404					17,284

000429 广东省高速公路发展股份有限公司

2001 年年度报告摘选

一、公司基本情况简介

一、公司的法定名称
中文:广东省高速公路发展股份有限公司
英文:Guangdong Provincial Expressway Development Co. Ltd.
英文缩写:GPED
二、公司法定代表人:游国经
三、公司董事会秘书:霍燕滨
联系地址:广东省广州市白云路 85 号
电话:(020)83731365　　传　真:(020)83731384
电子信箱:ybhuou@163.net
证券事务代表:彭晓芳　　联系地址:广东省广州市白云路 85 号
电话:(020)83731394　　传　真:(020)83731384
电子信箱:pengxiaofang@163.com
四、公司注册地址:广东省广州市白云路 85 号
公司办公地址:广东省广州市白云路 85 号　　邮政编码:510100
国际互联网网址:www.gpedcl.com.cn　　电子信箱:gpedcl@public.guangzhou.gd.cn
五、公司选定的信息披露报纸:证券时报、中国证券报、上海证券报、大公报、香港商报
登载公司年度报告的中国证监会指定国际互联网网址:www.cninfo.com.cn
公司年度报告备置地点:广东省广州市白云路 85 号
六、公司股票上市交易所:深圳证券交易所
股票简称:粤高速 A、粤高速 B　　股票代码:000429、200429

二、会计数据和业务数据摘要

一、公司本年度实现的利润总额及其构成:　　单位:人民币元

指标项目	2001 年度
利润总额	239,532,613.11
净利润	158,930,022.26
扣除非经常性损益后的净利润	152,253,153.54
主营业务利润	376,432,942.65
其它业务利润	2,980,773.27
营业利润	241,025,096.10
投资收益	-6,431,181.12
补贴收入	0.00
营业外收支净额	4,938,698.13
经营活动产生的现金流量净额	478,144,530.20
现金及现金等价物净增减额	-367,811,052.01

二、截止报告期末公司前三年的主要会计数据和财务指标如下:

指标项目	2001 年度	2000 年度		1999 年度	
		调整前	调整后	调整前	调整后
主营业务收入(元)	625,400,744.00	251,100,909.99	251,100,909.99	258,208,665.50	258,208,665.50
净利润(元)	158,930,022.26	127,015,164.94	133,026,565.84	293,027,003.56	299,635,073.63
总资产(元)	5,775,201,426.79	3,791,087,549.15	6,177,940,889.87	3,056,506,789.09	3,049,771,294.19
股东权益(不含少数股东权益)(元)	3,331,314,404.76	3,276,688,685.57	3,298,096,157.30	2,452,184,508.92	2,451,787,362.07
每股收益(元/股)(全面摊薄)	0.13	0.15	0.16	0.38	0.39
每股收益(元/股)(加权)	0.13	0.16	0.17	0.38	0.39
扣除非经常性损益后的每股收益(元/股)	0.12	0.16	0.16	0.24	0.24
每股净资产(元/股)	2.65	3.91	3.94	3.21	3.21
调整后的每股净资产(元/股)	2.63	3.89	3.91	3.17	3.17
每股经营活动产生的现金流量净额	0.38	0.19	0.19	0.25	0.25
净资产收益率(全面摊薄)	4.77%	3.88%	4.03%	11.95%	12.22%
净资产收益率(加权平均)	4.71%	4.71%	4.90%	12.11%	12.40%
扣除非经常性损益后的加权净资产收益率	4.51%	4.90%	4.85%	7.49%	7.66%

三、报告期内股东权益变动情况

项目	股本	资本公积	盈余公积	法定公益金	未分配利润	股东权益合计
期初数	838,078,499	1,953,799,219.60	277,759,763.12	45,429,019.73	228,458,675.58	3,298,096,157.30
本期增加	419,039,249		23,839,503.34		9,378,744.12	33,218,247.46
本期减少		419,039,249		7,946,483.11		
期末数	1,257,117,748.00	1,534,759,970.60	301,599,266.46	53,375,502.84	237,837,419.70	3,331,314,404.76
变动原因	公积金转增股本	公积金转增股本	提取了盈余公积	提取了法定公益金	本年度盈利	本年度盈利

三、股本变动及股东情况

一、股份变动情况表

	本次变动前	本次变动增减(+、—)						本次变动后
		配股	送股	公积金转股	增发	其他	小计	
一、未上市流通股份								
1、发起人股份	341,428,630			+170,714,315			+170,714,315	512,142,945
其中:								
国家持有股份	316,520,350			+158,260,175			+158,260,175	474,780,525
境内法人持有股份	24,908,280			+12,454,140			+12,454,140	37,362,420
境外法人持有股份								
其他								
2、募集法人股	111,129,369			+55,564,684			+55,564,684	166,694,053
其中:境内法人持股	81,129,369			40,564,684			40,564,684	121,694,053
境外法人持股	30,000,000			+15,000,000			+15,000,000	45,000,000
3、内部职工股	53,020,500					-53,020,500	-53,020,500	0
4、优先股或其他								
未上市流通股份合计	505,578,499			+226,278,999		-53,020,500	+173,258,499	678,836,998
二、已流通股份								
1、境内上市的人民币普通股	130,000,000			+91,510,250		+53,020,500	+144,530,750	274,530,750
2、境内上市的外资股	202,500,000			+101,250,000			+101,250,000	303,750,000
3、境外上市的外资股								
4、其他								
已上市流通股份合计	332,500,000			+192,760,250		+53,020,500	+245,780,750	578,280,750
三、股份总数	838,078,499			+419,039,249			+419,039,249	1,257,117,748

000430 张家界旅游开发股份有限公司

2001 年年度报告摘选

一、公司简介

1、公司法定中文名称:张家界旅游开发股份有限公司
公司法定英文名称:ZHANG JIA JIE TOURISM DEVELOPMENT CO., LTD
2、公司法定代表人:李　健先生
3、公司董事会秘书:晏小平先生
公司董事会证券事务代表:王安祺先生
联系地址:湖南省长沙市芙蓉中路松桂园海东青大厦 20 楼
电话:0731-4331165　　传真:0731-4331165
邮政编码:410005　　电子信箱:sz000430@hotmail.com
4、公司注册地址:湖南省张家界市南庄坪 1 号花园
公司办公地址:湖南省长沙市芙蓉中路松桂园海东青大厦 20 楼　　公司邮政编码:410005
公司电子信箱:sz000430@hotmail.com
5、公司选定的信息披露报纸:《证券时报》、《上海证券报》
登载公司年度报告的国际互联网网址:http://www.cninfo.com.cn
年度报告备置地点:长沙市芙蓉中路松桂园海东青大厦 20 楼公司董秘办
6、公司股票上市交易所:深圳证券交易所
股票简称:ST 张家界　　股票代码:000430

二、会计数据和业务数据摘要

1、公司本年度主要财务指标　　(单位:人民币元)

财务指标	金　额
利润总额	17,539,292.91
净利润	17,389,023.90
扣除非经常性损益后的净利润	3,815,236.89
主营业务利润	23,719,517.04
其他业务利润	-
营业利润	16,750,674.88
投资收益	1,198,292.51
补贴收入	-
营业外收支净额	-409,674.48
经营活动产生的现金流量净额	153,576,085.18
现金及现金等价物净增加额	49,693,493.88

注:扣除非经常性损益项目及其金额如下
长期股权投资处置收益:13,983,461.49 元;
营业外收支净额:-409,674.48 元

2、截止本报告期末前三年主要会计数据和财务指标(单位:人民币元)

项　目	2001 年	2000 年	1999 年(追溯调整后)	1999 年(追溯调整前)
主营业务收入	49,462,099.73	33,895,088.60	51,881,314.46	51,881,314.46
净利润	17,389,023.9	-94,410,709.50	-3,026,424.63	1,550,319.27
总资产	352,486,489.1	354,414,230.94	382,818,289.09	325,334,406.8
股东权益	208,419,498.1	85,787,339.66	194,558,190.81	215,228,678.28
每股收益	0.095	-0.514	-0.016	0.0084
扣除非经常性损益后的每股收益	0.02	-0.32	0.0091	0.0091
每股净资产	1.14	0.467	1.060	1.172
调整后的每股净资产	1.05	0.446	0.996	1.132
每股经营活动产生的现金流量净额	0.83	-0.098	-0.149	-0.149
净资产收益率(摊薄)	9.55%	-110.05%	-1.556%	0.72%
净资产收益率(加权)	18.56%	-64.07%	-1.588%	0.72%
净资产收益率(扣除非经常损益加权)	19.83%	-44.11%	-1.578%	0.74%

3、利润表附表(单位:人民币元)

报告期利润	净资产收益率		每股收益	
	全面摊薄	加权平均	全面摊薄	加权平均
主营业务利润	11.38%	24.29%	0.12	0.12
营业利润	8.04%	17.79%	0.09	0.09
净利润	8.34%	18.40%	0.09	0.09
扣除非经常性损益后的净利润	1.83%	4.35%	0.02	0.02

4、年内股东权益变动情况及原因(单位:人民币元)

项　目	股　本	资本公积	盈余公积	法定公益金	未分配利润	股东权益合计
期初数	183600000	10512036.32	14527499.41	6969662.12	-122852196.07	85787339.66
本期增加		105243134.65	406731.13	203362.59	16778930.18	122632158.75
本期减少						
期末数	183600000	115755171.17	15137593.13	7173024.71	-106073265.89	208419498.41
变动主要原因		债务豁免所致	子公司提取法定盈余公积所致	子公司提取法定公益金所致	本期盈利所　致	本期盈利及资本公积增加所致

三、股本变动和股东情况

1、股本变动情况

股份变动情况表　　(单位:股)

	期初数	本次变动增减(+,-)						期末数
		配股	送股	公积金转股	增发	其他	小计	
一、尚未流通股份								
1、发起人股份	93942000							93942000
其中:国家拥有股份								
境内法人持有股份	93942000							93942000
外资法人持有股份								
其　他								
2、募集法人股	15300000							15300000
3、内部职工股	0							0
4、优先股或其他								
尚未流通股合计	109242000							109242000
二、已流通股份								
1、境内上市的人民币普通股	74358000							74358000
2、境内上市的外资股								
3、境外上市的外资股								
4、其他								
已流通股份合计	74358000							74358000
三、股份总数	183600000							183600000

000488 山东晨鸣纸业集团股份有限公司

2001 年年度报告摘选

一、公司基本情况简介

1、公司法定中文名称:山东晨鸣纸业集团股份有限公司
公司法定英文名称:SHANDONG CHENMING PAPER HOLDINGS LIMITED
英文名称缩写:SCPH
2、公司法定代表人:陈洪国
3、公司董事会秘书:郝筠
证券事务代表:王伟
联系地址:山东省寿光市圣城街 595 号证券部
电话:0536-5280011
传真:0536-5228900
4、公司注册地址和办公地址:山东省寿光市圣城街 595 号
邮政编码:262700
公司国际互联网网址:http://www.chenmingpaper.com
电子信箱:cmzqb@public.wfptt.sd.cn
5、公司选定的信息披露报纸:《中国证券报》和《香港商报》
登载年度报告的中国证监会指定网站的网址:http://www.cninfo.com.cn
公司年度报告备置地点:公司证券部
6、公司股票上市交易所:深圳证券交易所
股票简称:晨鸣纸业　晨鸣 B
股票代码:000488　200488

二、会计数据和业务数据摘要

1、本年度主要利润指标情况(单位:人民币元)

指标项目	2001 年度
利润总额	248,088,023.53
净利润	141,999,714.53
扣除非经常性损益后的净利润	132,240,356.43
主营业务利润	594,581,256.43
其他业务利润	7,454,125.51
营业利润	229,691,422.51
投资收益	-7,644,810.50
补贴收入	39,565,064.48
营业外收支净额	-13,523,652.96
经营活动产生的现金流量净额	145,497,415.40
现金及现金等价物净增减额	203,302,883.94

2、截止报告期末公司前三年的主要会计数据和财务指标

指标项目	2001 年度	2000 年度	1999 年度
主营业务收入(元)	2,405,533,667.40	2,411,474,316.81	1,720,307,508.38
净利润(元)	141,999,714.53	231,326,965.35	173,348,660.54
总资产(元)	7,392,134,448.98	5,384,263,585.32	3,316,785,771.14
股东权益(元)(不含少数股东权益)	3,176,669,565.23	2,863,730,747.28	1,341,214,269.86
每股收益(摊薄)(元/股)	0.2847	0.5102	0.452
每股收益(加权)(元/股)	0.2847	0.5943	0.452
每股收益(摊薄)(扣除非经常性损益后)	0.2652	0.3902	0.296
每股收益(加权)(扣除非经常性损益后)	0.2652	0.4545	0.296
每股净资产(元/股)	6.3694	6.3162	3.498
调整后的每股净资产(元/股)	6.3074	6.1841	3.423
每股经营活动产生的现金流量净额	0.2917	0.322	-0.597
净资产收益率(%)(摊薄)	4.47	8.08	12.92
净资产收益率(%)(加权)	4.84	14.68	13.77

根据中国证监会关于发布《公开发行证券公司信息披露编报规则》第 9 号通知精神,公司 2001 年按全面摊薄法和加权平均法计算的净资产收益率及每股收益:

报告期利润	2001 年度			
	净资产收益率(%)		每股收益(元)	
	全面摊薄	加权平均	全面摊薄	加权平均
主营业务利润	18.7171	20.2602	1.1922	1.1922
营业利润	7.2306	7.8267	0.4605	0.4605
净利润	4.4701	4.8386	0.2847	0.2847
扣除非经常性损益后的净利润	4.1629	4.5060	0.2652	0.2652

三、股本变动及股东情况

1、股本变动情况
(1)股份变动情况表　　(数量单位:股)

	本次变动前	本次变动增减(+,-)						本次变动后
		配股	送股	公积金转股	增发	其他	小计	
一、未上市流通股份								
1、发起人股份	146,495,231		+14,649,523					161,144,754
其中:								
国家持有股份	142,371,440		+14,237,144					156,608,584
境内法人持有股份	4,123,791		+412,379					4,536,170
境外法人持有股份								
其他								
2、募集法人股份								
3、内部职工股	49,193,109		+4,919,311					54,112,420
4、优先股或其他								
未上市流通股份合计	195,688,340		+19,568,834					215,257,174
二、已上市流通股份								
1、人民币普通股	70,000,000		+7,000,000					77,000,000
2、境内上市的外资股	187,709,591		+18,770,959					206,480,550
3、境外上市的外资股								
4、其他								
已上市流通股份合计	257,709,591		+25,770,959					283,480,550
三、股份总数	453,397,931		+45,339,793					498,737,724

000498 丹东化学纤维股份有限公司

2001 年年度报告摘选

一、公司基本情况

1、公司法定名称
中文:丹东化学纤维股份有限公司
英文:DANDONG CHEMICAL FIBRE CO.,LTD
2、法定代表人:赵向东
3、公司董事会秘书:张捷
证券事务代表:潘跃东
联系地址:辽宁省丹东市振兴区纤维街 58 号
电　话:0415-6192271、0415-6193718
传　真:0415-6191684　0415-6160297
电子信箱:dhzjyd@mail.ddptt.ln.cn
4、公司注册地址:辽宁省丹东市振兴区纤维街 58 号
邮政编码:118002
电子信箱:gfgs@ddcfco.com
5、公司选定的信息披露报纸:《中国证券报》、《证券时报》
登载公司年度报告的国际互联网网址:http://www.cninfo.com.cn
公司年度报告备置地点:公司证券办
6、公司股票上市交易所:深圳证券交易所
股票简称:丹东化纤　　股票代码:000498

二、会计数据和业务数据摘要

1、公司年度实现利润等指标情况(单位:元)

利润总额	-88,063,914.79
净利润	-88,063,914.79
扣除非经常性损益后的净利润	-94,134,292.90
主营业务利润	-2,187,073.09
其他业务利润	823,060.68
营业利润	-82,075,705.95
投资收益	0
补贴收入	0
营业外收支净额	-5,988,208.84
经营产生的现金流量净额	135,024,172.41
现金及现金等价物的净增加额	224,409,648.71
注:扣除的非经常性损益明细如下:	
营业外收支净额	-5,988,208.84
资金占用费	13,931,645.13
减:非经营性损益所得税影响数	1,873,058.18
合计	6,070,378.11

2、公司截止报告期末前三年的主要会计数据和财务指标(单位:元)

项目	2001 年度	2000 年度		1999 年度	
		调整前	调整后	调整前	调整后
主营业务收入	814,711,772.41	839,425,650.68	839,425,650.68	726,144,670.79	726,144,670.79
净利润	-88,063,914.79	7,088,186.07	550,017.22	35,850,183.49	-19,141,032.45
总资产	1,589,522,922.57	1,532,828,641.75	1,382,043,539.74	1,208,337,267.40	1,066,922,682.90
股东权益(不含少数股东权益)	518,353,507.48	724,525,705.55	581,217,422.27	716,380,519.48	579,610,405.05
每股收益	-0.226	0.018	0.001	0.092	-0.049
加权平均每股收益	-0.226	0.018	0.001	0.092	-0.049
每股净资产	1.33	1.86	1.49	1.84	1.49
调整后的每股净资产	1.31	1.84	1.48	1.81	1.47
每股经营活动产生的现金流量净额	0.346	-0.06	-0.06	0.02	0.02
净资产收益率(%)	-16.99	0.98	0.094	5.00	3.30

3、以报告期净利润为基础计算的每股加权平均收益及收益率:

报告期利润	净资产收益率(%)		每股收益(元)	
	全面摊薄	加权平均	全面摊薄	加权平均
主营业务利润	-0.00	-0.00	-0.01	-0.01
营业利润	-0.16	-0.15	-0.21	-0.21
净利润	-0.17	-0.16	-0.23	-0.23
扣除非经常性损益后的净利润	-0.18	-0 18	-0.24	-0.24

三、股本变动及股东情况

1、股本变动情况
本年度公司股本未发生变化。股份变动情况表如下:(单位:股)

	本次变动前	本次变动增减(+、-) 配股	送股	公积金转股	增发	其他	小计	本次变动后
一、未上市流通股份								
1、发起人股份	202,500,000							202,500,000
其中:国家持有股份								
境内法人持有股份	202,500,000							202,500,000
境外法人持有股份								
其他								
2、募集法人股	13,500,000							13,500,000
3、内部职工股								
4、优先股或其他								
未上市流通股份合计	216,000,000							216,000,000
二、已上市流通股份								
1、人民币普通股	174,000,000							174,000,000
2、境内上市外资股								
3、境外上市外资股								
4、其他								
已上市流通股份合计	174,000,000							174,000,000
三、股份总数	390,000,000							390,000,000

000501 武汉武商集团股份有限公司

2001 年年度报告摘选

一、公司简介

(一)公司法定名称:
中文:武汉武商集团股份有限公司
英文:WUHAN DEPARTMENT STORE GROUP CO. LTD.
(二)公司法定代表人:毛冬声
(三)公司董事会秘书:李 轩
证券事务代表:王 红
联系地址:武汉市汉口解放大道688号
联系电话:027-85714295
传 真:027-85714295
电子信箱:wsdongmi@public.wh.hb.cn
(四)公司注册办公地址:武汉市汉口解放大道688号
邮政编码:43022
公司国际互联网址:http://www.wushang.com.cn
公司电子信箱:wushanggroup1@public.wh.hb.cn
(五)公司信息披露报纸:《中国证券报》、《证券时报》
登载年度报告的中国证监会指定网站的网址:http://www.cninfo.com.cn
公司年度报告备置地点:公司董事会秘书处
(六)公司股票上市交易所:深圳证券交易所
股票简称:鄂武商A 股票代码:000501

二、会计数据和业务数据摘要

(一)公司主要会计数据 (单位:元)

项目	金 额
利润总额	-42,447,805.74
净利润	-98,310,077.19
扣除非经常性损益后的净利润	-52,916,576.96
主营业务利润	319,471,670.11
其他业务利润	47,775,382.37
营业利润	-7,254,766.76
投资收益	-12,029,555.74
补贴收入	0
营业外收支净额	-23,163,483.24
经营活动产生的现金流量净额	160,086,416.30
现金及现金等价物净增减额	60,527,961.57

注:扣除非经常性损益项目、涉及金额

项 目	金 额
1.流动资产盘亏	-3,759,646.62 元
2.收取的资金占用费	16,936,562.30 元
3.营业外收支净额	-23,163,483.24 元
4.税收返还	714,055.59 元
5.全额计提坏帐准备及核销坏帐	-35,100,988.26 元
6.长期股权投资差额摊销及减值准备	-1,020,000.00 元
合 计	-45,393,500.23 元

(二)截止报告期末公司前三年主要会计数据和财务指标 (单位:元)

	2001 年度	2000 年度		1999 年度	
		调整后	调整前	调整后	调整前
主营业务收入	2,225,361,332.53	1,988,332,382.84	2,011,534,047.90	1,661,571,638.25	1,661,571,638.25
净利润	-98,310,077.19	23,412,060.20	28,152,091.45	7,098,117.26	31,183,738.65
总资产	3,278,969,364.89	3,125,718,591.14	3,248,718,676.47	2,895,829,885.31	2,980,031,212.93
股东权益(不含少数股东权益)	976,164,235.44	1,074,629,835.07	1,165,961,341.10	1,069,786,981.38	1,144,530,070.51
每股收益	-0.19	0.05	0.06	0.01	0.06
(扣除非经常性损益后)	-0.10	0.05	0.06	0.02	0.07
每股净资产	1.92	2.12	2.30	2.11	2.26
调整后的每股净资产	1.28	1.50	1.65	1.74	1.78
净资产收益率(%)	-10.07	2.18	2.41	0.66	2.72
每股经营活动产生的现金流量净额	0.32	0.33	0.33	0.33	0.33

(三)按照中国证监会《公开发行证券公司信息披露编报规则(第9号)》要求计算的利润数据 (单位:元)

报告期利润	净资产收益率		每股收益	
	全面摊薄	加权平均	全面摊薄	加权平均
主营业务利润	32.73%	34.46%	0.63	0.63
营业利润	-0.74%	-0.78%	-0.01	-0.01
净利润	-10.07%	-10.61%	-0.19	-0.19
扣除非经营性损益后的净利润	-5.42%	-5.71%	-0.10	-0.10

三、股本变动及股东情况

(一)股本变动情况
(1)股份变动情况表 (单位:股)

	期初数	本次变动增减(+/-)	期末数
一、未上市流通股份			
1.发起人股份	169,970,625	0	169,970,625
其中:国家持有股份	150,927,732	0	150,927,732
境内法人持有股份	19,042,893	0	19,042,893
2.募集法人股份	132,888,113	0	132,888,113
3.国家、法人股转配	1,863,696	-1,863,696	0
未上市流通股份合计	304,722,434	-1,863,696	302,858,738
二、已上市流通股份			
人民币普通股	202,526,156	+1,863,696	204,389,852
其中:高管股	116,724	0	116,724
已上市流通股份合计	202,526,156	+1,863,696	204,389,852
三、股份总数	507,248,590	0	507,248,590

000502 海南新能源股份有限公司

2001 年年度报告摘选

一、公司简介

(一)公司名称
公司法定中文名称:海南新能源股份有限公司
公司法定英文名称:HAINAN NEW ENERGY CO., LTD.
公司英文名称缩写:HNE
(二)公司法定代表人:王涛
(三)公司董事会秘书:徐德智
授权代表:张娜
联系地址:海口市龙昆北路38号华银大厦24层
电 话:(0898)66713081
传 真:(0898)66713216
电子信箱:new-energy@163.net
(四)公司注册地址:海口市机场候机厅北侧海南万国贸易博览中心
公司办公地址:海口市龙昆北路38号华银大厦24层
邮政编码:570105
(五)公司信息披露报纸:《中国证券报》
登载公司年度报告的中国证监会指定的国际互联网网址:
http://www.cninfo.com.cn
公司年度报告备置地点:海南新能源股份有限公司董事会秘书处
(六)公司股票上市交易所:深圳证券交易所
公司股票简称:琼能源 公司股票代码:000502

二、会计数据和业务数据摘要

(一)利润总额及其构成

项 目	金额(人民币元)
利润总额	-49,007,666.25
净利润	-48,636,871.43
扣除非经常性损益后的净利润	-30,310,378.92
主营业务利润	10,527,020.72
其他业务利润	2,517.30
营业利润	-37,414,532.15
投资收益	-10,796,734.86
补贴收入	-
营业外收支净额	-796,399.24
经营活动产生的现金流量净额	595,652.53
现金及现金等价物净增加额	517,408.23

注:扣除的非经常性损益项目金额:营业外收支净额-796,399.24元,计提投资减值准备-1,530,093.37元,计提坏帐-16,000,000.00元。

(二)前三年的主要会计数据和财务指标(单位:人民币元)

项目	单位	2001 年	2000 年		1999 年	
			调整前	调整后	调整前	调整后
主营业务收入	元	15,747,800.60	62,130,562.06	62,130,562.06	2,196,937.81	2,196,937.81
净利润	元	-48,636,871.43	36,223,739.60	5,449,994.39	36,848,546.55	19,620,403.74
总资产	元	352,014,916.82	428,848,445.99	398,874,772.66	420,118,911.50	424,515,468.58
股东权益(不含少数股东权益)	元	180,969,128.07	260,040,190.20	227,830,310.90	232,796,267.32	221,958,076.15
每股收益	元/股	-0.3124	0.2327	0.035	0.2367	0.1260
每股净资产	元/股	1.1625	1.6705	1.4636	1.4955	1.4258
调整后的每股净资产	元/股	1.1164	1.4586	1.1736	1.2580	1.0235
每股经营活动产生的现金流量净额	元	0.0038	0.3139	0.3139	-0.0173	-0.0199
净资产收益率	(%)	-26.88	13.93	2.39	15.83	8.84

(三)报告期内股东权益变化情况:(单元:人民币元)

项目	股本(万股)	资本公积	盈余公积	法定公益金	未分配利润	股东权益合计
期初数	15,566.85	261,275,907.57	26,968,504.84	11,950,445.60	-228,033,060.11	227,830,310.90
本期增加		1,775,688.60				
本期减少					48,636,871.43	46,861,182.83
期末数	15,566.85	263,051,596.17	26,968,504.84	11,950,445.60	-276,669,931.54	180,969,128.07

变动说明:因本期债务重组增加其他资本公积1,683,766.26元;因被投资单位资本公积增加本公司按权益法调整而增加股权投资准备91,922.34元;本期经营亏损48,636,871.43元。

三、股本变动及股东情况

(一)股本变动情况

单位:股

股本结构	期初数	本期配股	本期送股	本期公积金转增股本	增发	期末数 本期其它变动
一、尚未流通股份						
1、发起人股份	44,416,908					44,416,908
国家拥有股份						
境内法人持有股份	44,416,908					44,416,908
境外法人持有股份						
其他						
2、募集法人股	54,092,596					54,092,596
3、内部职工股	315					315
4、优先股或其他						
尚未流通股份合计	98,509,819					98,509,819
二、已流通股份						
1、境内上市的人民币普通股	57,158,694					57,158,694
2、境内上市外资股						
3、境外上市外资股						
4、其他						
已流通股份合计	57,158,694					57,158,694
三、股份总数	155,668,513					155,668,513

000503 海虹企业(控股)股份有限公司

2001 年年度报告摘选

一、公司基本情况简介

1、法定中文名称:海虹企业(控股)股份有限公司
法定英文名称:SEARAINBOW HOLDING CORP.
2、法定代表人:曾塞外
3、董事会秘书:上官永强
证券事务代表:苗亚良
联系地址:海口市滨海大道文华大酒店七层
联系电话:0898-68510496
传　　真:0898-68510669
4、注册地址:海口市滨海大道文华大酒店七层
办公地址:海口市滨海大道文华大酒店七层
邮政编码:570105
互联网网址:http://www.searainbow.com
电子信箱:haihong @ public.hk.hi.cn
5、信息披露报纸名称:《证券时报》和《中国证券报》
登载公司年报网址:http://www.cninfo.com.cn
年度报告备置地点:董事会秘书处
6、股票上市交易所:深圳证券交易所
股票简称:海虹控股
股票代码:000503

二、会计数据和业务数据摘要

1、主要财务指标表

项目	金额
公司本年度利润总额	111,571,262.49
其中:净利润:	92,656,062.33
扣除非经常性损益后的净利润	72,402,018.49
主营业务利润	168,778,210.45
其他业务利润	2,116,253.39
营业利润	72,133,624.94
投资收益	31,465,373.21
补贴收入	6,964,400.50
营业外收支净额	1,007,863.84
经营活动产生的现金流量净额	1,063,827.16
现金及现金等价物净增加额	6,392,286.12

2、近三年主要会计数据和财务指标

指标项目	2001 年	2000 年	1999 年
主营业务收入(元)	339,651,353.37	385,422,700.78	295,375,142.76
净利润(元)	92,656,062.33	73,509,000.23	82,179,517.86
总资产(元)	936,814,567.80	837,850,378.53	791,965,930.97
股东权益(元)	438,225,631.25	345,787,132.75	378,727,493.87
每股收益(元/股)	0.2707	0.2148	0.408
扣除非经常性损益后的每股收益(元/股)	0.2115	0.1848	0.2396
每股净资产(元/股)	1.2803	1.0102	1.881
调整后的每股净资产(元/股)	1.2466	0.9522	1.801
经营活动产生的每股现金流量净额(元/股)	0.0031	0.5125	-0.1444
净资产收益率(%)	21.14	21.25	21.70

利润表附表

报告期利润	净资产收益率(%)		每股收益	
	全面摊薄	加权平均	全面摊薄	加权平均
主营业务利润	38.51	43.04	0.4931	0.4931
营业利润	16.46	18.39	0.2107	0.2107
净利润	21.14	23.63	0.2707	0.2707
扣除非经营性损益后的净利润	16.52	18.47	0.2145	0.2145

三、股本变动及股东情况

(一)公司股份变动情况
1、股份变动表

数量单位:股

	本次变动前	本次变动增减(+,-)					本次变动后
		配股	送股	公积金转股	其他	小计	
一、未上市流通股份							
1、发起人股份	149,432,611						149,432,611
其中:							
国家持有股份							
境内法人持有股份	149,432,611						149,432,611
境外法人持有股份							
其他							
2、募集法人股份	74,195,410						74,195,410
3、内部职工股	0						0
4、优先股或其他							
其中:转配股							
未上市流通股份合计	223,628,021						223,628,021
二、已上市流通股份							
1、人民币普通股	118,659,173						118,659,173
2、境内上市的外资股							
3、境外上市的外资股							
4、其他							
已上市流通股份合计	118,659,173						118,659,173
三、股份总数	342,287,194						342,287,194

000504 北京赛迪传媒投资股份有限公司

2001 年年度报告摘选

一、公司简介

1、公司法定中文名称:北京赛迪传媒投资股份有限公司
公司法定英文名称:BEIJING CCID MEDIA INVESTMENTS CO.,LTD.
公司简称:赛迪传媒
英文缩写:CMI
2、公司法定代表人:李颖
3、公司董事会秘书:刘旭黎
授权代表:方芳、王禹樵
电话:010-68710712,68710713
传真:010-68710711
E-mail:hmi@163bj.com
联系地址:北京市海淀区友谊宾馆苏园写字楼 278 室
4、公司注册地址:北京市昌平区超前路 9 号附楼 403
办公地址:北京市海淀区中关村南大街 1 号友谊宾馆苏园写字楼 278 室
邮政编码:100873
5、公司选定的信息披露报纸名称:《中国证券报》、《证券时报》为公司指定的信息披露报刊。
中国证监会指定的登载公司年度报告的国际互联网网址:
http://www.cninfo.com.cn
公司年度报告备置地点:公司年度报告备置于北京市海淀区友谊宾馆苏园写字楼 278 室
6、公司股票上市交易所:深圳证券交易所
公司股票简称:赛迪传媒
公司股票代码:000504

二、会计数据和业务数据摘要

1、本年度主要会计指标

项目	金额
利润总额(元):	16,016,718.38
净利润(元):	5,093,332.93
扣除非经常性损益后的净利润(元):	6,681,110.37
主营业务利润(元):	81,300,755.70
其它业务利润(元):	3,332,165.62
营业利润(元):	27,809,127.75
投资收益(元):	-10,204,631.93
补贴收入(元):	---
营业外收支净额(元):	-1,587,777.44
经营活动产生的现金流量净额(元):	34,223,172.46
现金及现金等价物净增减额(元):	26,975,302.33
注:非经常性损益项目和涉及金额:	
营业外支出	1,647,722.69
固定资产清理支出	333,391.67
债务重组损失	1,296,429.43
罚没支出	17,901.59
营业外收入	59,945.25

2、报告期末公司前三年的主要会计数据和财务指标

项目	2001 年度	2000 年度		99 年度	
		调整前	调整后	调整前	调整后
主营业务收入(元)	175,217,272.38	22,040,212.58	4,772,396.09	-30,064,409.61	-44,312,225.61
净利润(元)	5,093,332.93	28,261,411.65	26,847,365.44	-56,618,393.46	-60,871,236.42
总资产(元)	600,982,752.85	597,048,948.60	572,057,174.02	479,487,219.54	562,778,980.79
股东权益(元)	322,289,555.19	314,972,782.37	316,352,741.06	161,794,425.07	236,746,605.57
每股收益(元)	0.0163	0.09	0.09	-0.18	-0.195
每股净资产(元)	1.0343	1.01	1.02	0.52	0.76
调整后的每股净资产(元)	0.99	0.99	0.97	0.20	0.72
每股经营活动产生的现金流量净额(元)	0.11	-0.01	-0.01	-0.006	-0.006
净资产收益率	1.58%	8.97%	8.49%	-34.99%	-25.71%
加权平均净资产收益率	1.60%	---	10.73%	---	---

三、股本变动和股东情况

1、股份变动情况表

	本次变动前	本次变动增减(+,-)					本次变动后
		配股	送股	公积金转股	其它	小计	
一、尚未流通股份							
1、发起人股份	219,913,686						219,913,686
其中:							
国家持有股份							
境内法人持有股份							
外资法人持有股份							
其他	4,904,284						4,904,284
2、募集法人股							
3、内部职工股							
4、优先股或其他							
其中:法人股转配							
尚未上市流通股份合计	224,817,970						224,817,970
二、已流通股份							
1、人民币普通股	86,755,932						86,755,932
2、境内上市的外资股							
3、境外上市的外资股							
4、其他							
已流通股份合计	86,755,932						86,755,932
三、股份总数	311,573,902						311,573,902

000505 海南珠江控股股份有限公司

2001年年度报告摘选

一、公司简介

1、公司的法定中文名称:海南珠江控股股份有限公司
英文名称:HaiNan Pearl River Holdings Co.Ltd.
2、公司注册地址:海口市滨海大道珠江广场帝豪大厦29楼
公司办公地址:海口市滨海大道珠江广场帝豪大厦29楼
邮政编码:570125
电子信箱:hnpearl @ public.hk.hi.cn
3、公司法定代表人:郑清
4、公司董事会秘书:冯湃
证券事务代表:顾利荣
联系地址:海口市滨海大道珠江广场帝豪大厦29楼
联系电话:0898-68583723　　0898-68581888转
传 真:0898-68581026
5、公司指定信息披露的报纸:《证券时报》,香港《大公报》
中国证监会指定登载公司年报网址:http://www.cninfo.com.cn
公司年报备置地点:公司董事会秘书处
6、公司股票上市交易所:深圳证券交易所
股票简称:珠江控股、珠江B
股票代码:0505、2505
7、公司首次注册日期、地点:1992年1月11日,海南省海口市
企业法人营业执照注册号:20128455-6
税务登记号码:460100800600377
公司聘请的会计师事务所名称、办公地址:
海南从信会计师事务所、海口市国贸大道CMEC大厦1202室

二、会计数据和业务数据摘要

(一)公司本年度实现利润情况:(单位:人民币元)

项目	金额
利润总额:	-49,893,706
净利润:	-38,214,396
扣除非经常性损益后的净利润:	-20,252,670
主营业务利润:	19,312,923
其他业务利润:	1,394,093
营业利润:	-29,724,222
投资收益:	-16,260,734
营业外收支净额:	-3,908,750
经营活动产生的现金流量净额:	-17,591,817
现金及现金等价物净增加额:	-35,318,205

注:扣除的非经常性损益项目及金额:　-17,961,726元

扣除项目	金额(人民币元)
(1)转让儋州市大宝水泥厂股权收益	827,000
(2)营业外收支净额	-3,908,750
(3)投资差额摊销	-1,461,833
(4)长期投资减值准备	-13,179,296
(5)存货跌价准备	- 238,847

(二)公司前三年主要会计数据和财务指标:

1、主要会计数据和财务指标　　单位:人民币元

年度项目	2001年	2000年		1999年
		调整前	调整后	
主营业务收入	91,705,847	37,217,630	37,217,630	40,180,269
净利润	-38,214,396	62,724,718	60,471,973	27,494,827
总资产	716,629,413	804,014,294	773,127,931	899,605,994
股东权益	390,482,798	463,705,167	434,004,311	398,498,249
每股收益(摊薄)	-0.10	0.17	0.16	0.07
每股收益(加权)	-0.10	0.17	0.16	0.07
扣除非经常性损益后的每股收益	-0.05	-0.05	-0.05	-0.11
每股净资产	1.03	1.23	1.15	1.06
调整后每股净资产	0.95	1.17	1.09	1.02
每股经营活动产生的现金流量净额	-0.046	0.014	0.014	0.104
净资产收益率(%)	-9.79	13.53	13.93	6.65

2、根据中国证监会《公开发行证券公司信息披露编报规则(第9号)》要求计算报告期利润的净资产收益率和每股收益

报告期利润	净资产收益率(%)		每股收益	
	全面摊薄	加权平均	全面摊薄	加权平均
主营业务利润	4.95	4.68	0.051	0.051
营业利润	-7.61	-7.21	-0.079	-0.079
净利润	-9.79	-9.27	-0.101	-0.101
扣除非经常性损益后的净利润	-5.19	-4.91	-0.054	-0.054

三、股本变动及股东情况

(一)股本变动情况

公司股份变动情况表(数量单位:股)

	期初数	期末数
一、尚未流通股份		
1、发起人股份		
其中:		
境内法人持有股份	206,744,976	206,744,976
2、内部职工股		
尚未流通股份合计	206,744,976	206,744,976
二、已流通股份		
1、境内上市的		
人民币普通股	113,405,824	113,405,824
2、境内上市的外资股	57,500,000	57,500,000
已流通股份合计	170,905,824	170,905,824
三、股份总数	377,650,800	377,650,800

000506 四川东泰产业(控股)股份有限公司

2001年年度报告摘选

一、公司基本情况简介

1、公司的法定中文名称:四川东泰产业(控股)股份有限公司
英文名称:Sichuan Dong Tai Industry (Holdings) Co., Ltd.
缩写:DTH
2、公司法定代表人:楚健健
公司总经理:林伯奇
3、公司董事会秘书:阎　蜀
联系地址:四川省乐山市中区南安路41号
电话:(0833)2421471　　传真:(0833)2421473
4、公司注册地址:四川省乐山市市中区南安路41号
公司办公地址:四川省乐山市中区南安路41号工商银行市中区支行大楼10楼
邮政编码:614000
5、公司选定的信息披露报刊:《中国证券报》、《证券时报》
登载公司年度报告的国际互联网网址:http://www.cninfo.com.cn
公司年度报告备置地点:公司董事会办公室。
6、公司股票上市交易所:深圳证券交易所
股票简称:东泰控股　　股票代码:000506

二、会计数据和业务数据摘要

(一)公司本年度主要会计数据:　　单位:人民币元

项目	金额
利润总额:	39,498,122.26元
净利润:	26,684,975.88元
扣除非经常性损益后的净利润:	23,286,290.87元
主营业务利润:	83,467,088.12元
其它业务利润:	6,106,536.75元
营业利润:	36,099,437.25元
投资收益:	-3,932,645.73元
补贴收入:	8,168,757.00元
营业外收支净额:	-837,426.26元
经营活动产生的现金流量净额:	25,886,338.96元
现金及现金等价物净增加额:	701,347.58元

(二)报告期末公司前三年的主要会计数据和财务指标　　单位:人民币元

项目	2001年度	2000年度	1999年度
主营业务收入	361,973,404.11	270,308,443.26	98,416,385.71
净利润	26,684,975.88	25,460,553.35	24,472,355.24
总资产	695,118,176.16	750,104,359.07	581,872,035.68
股东权益(不含少数股东权益)	304,288,645.48	276,507,214.10	250,381,695.98
每股收益	0.107	0.103	0.097
每股净资产	1.22	1.11	1.004
调整后的每股净资产	1.219	1.049	0.92
每股经营性活动产生的现金流量净额	0.104	0.074	0.036
净资产收益率%	8.77	9.21	9.65

(三)报告期利润表附表:

	净资产收益率(%)		每股收益(元)	
	全面摊薄	加权平均	全面摊薄	加权平均
主营业务利润	27.43	28.80	0.3351	0.3351
营业利润	11.86	12.84	0.1449	0.1449
净利润	8.77	9.20	0.1071	0.1071
扣除非经常性损益后的利润	7.65	8.03	0.0935	0.0935

三、股本变动及股东情况

(一)公司股份变动情况表　　数量单位:股

	本次变动前	本次变动增减(+、-)						本次变动后
		配股	送股	公积金转股	增发	其他	小计	
一、未上市流通股份								
1、发起人股份	104,788,243							104,788,243
其中:								
国家持有股份	14,181,252							14,181,252
境内法人持有股份	68,154,993							68,154,993
境外法人持有股份								
其他								
2、募集法人股份	22,451,998							22,451,998
3、内部职工股								
4、优先股或其他								
未上市流通股份合计	104,788,243							104,788,243
二、已上市流通股份								
1、人民币普通股	144,313,500							144,313,500
2、境内上市的外资股								
3、境外上市的外资股								
4、其他								
已上市流通股份合计	144,313,500							144,313,500
三、股份总数	249,101,743							249,101,743

(二)股东情况介绍

1、截止本报告期末,公司前10名股东持股情况如下:

名次　股东名称	年初持股数(股)	年末持股数(股)	占总股本(%)	股份类别
(1)江阴长江科技投资有限公司		45,000,000	18.06	发起人国家股
(2)芜湖东泰实业有限公司	60,000,000	15,000,000	6.02	发起人国家股
(3)新乡市国有资产经营公司		5,000,000	2.01	法人股
(4)江门汇盛投资管理有限公司		4,181,252	1.68	法人股
(5)河北证券有限责任公司	8,098,171	3,098,171	1.24	法人股
(6)中国盐业总公司	2,998,858	2,998,858	1.20	法人股
(7)四川盐业公司	2,998,857	2,998,857	1.20	法人股
(8)上海郎吉科技投资有限公司		2,700,000	1.08	法人股
(9)海南普林投资管理有限公司		2,700,000	1.08	法人股
(10)海南颐科科技开发有限公司		1,840,000	0.74	法人股

000507 珠海经济特区富华集团股份有限公司

2001 年年度报告摘选

一、公司简介

(一)公司法定中文名称:珠海经济特区富华集团股份有限公司
公司法定英文名称:FUHUA GROUP CO., LTD. ZHUHAI S. E. Z.
(二)法定代表人:阎前
(三)董事局秘书:薛楠
证券事务代表:张金萍
联系地址:广东省珠海市拱北北岭工业区富华集团股份有限公司董事局秘书处
联系电话:0756 - 8886218
传真:0756 - 8888148
董秘电子信箱:zhxue-nan@yahoo.com.cn
(四)公司注册地址:广东省珠海市拱北北岭工业区
公司办公地址:广东省珠海市拱北北岭工业区富华集团股份有限公司
邮政编码:519070
公司电子信箱:zhfuhua0507@yahoo.com.cn
(五)公司选定的信息披露报纸:《证券时报》
刊载年报的互联网网址:http://www.cninfo.com.cn
公司年报备置地点:富华集团股份有限公司秘书处
(六)公司股票上市交易所:深圳证券交易所
股票简称:粤富华
股票代码:000507

二、会计数据和业务数据摘要

(一)本年度利润总额及构成(单位:元)

项目	金额
利润总额:	33,106,096.11
净利润:	26,894,392.26
扣除非经常性损益后的净利润:	28,087,870.62
主营业务利润:	42,570,083.19
其他业务利润:	4,229,370.38
营业利润:	7,124,105.81
投资收益:	26,075,676.89
补贴收入:	158,488.00
营业外收支净额:	-252,174.59
经营活动产生的现金流量净额:	3,885,973.52
现金及现金等价物净增加额:	-23,432,425.84

(二)公司前三年主要会计数据和财务指标:
追溯调整后:

项目	2001 年	2000 年	1999 年
主营业务收入(元)	171,507,819.89	209,589,198.33	102,126,015.47
净利润(元)	26,894,392.26	50,551,095.26	38,257,649.72
总资产(元)	1,306,539,779.92	1,134,916,679.69	1,058,804,088.06
股东权益(元)	938,318,899.51	911,424,507.25	860,629,313.32
每股收益(摊薄)	0.078	0.147	0.118
每股收益(加权)	0.078	0.147	0.118
扣除非经常损益后的每股收益(摊薄)	0.081	0.158	0.087
扣除非经常损益后的每股收益(加权)	0.081	0.158	0.087
每股净资产(元)	2.72	2.64	2.497
调整后的每股净资产(元)	2.67	2.6	2.49
每股经营活动产生的现金流量净额(摊薄)	0.068	0.24	-0.004
每股经营活动产生的现金流量净额(加权)	0.068	0.24	-0.004
净资产收益率(摊薄)	2.87%	5.55%	4.47%
净资产收益率(加权)	2.87%	5.55%	4.47%

注:2000 年度调整后会计数据和财务指标系根据《企业会计制度》对会计政策变更采用追溯调整法调整后重新计算的。

(三)利润表附表

报告期利润	净资产收益率(%)		每股收益(人民币元)	
	全面摊薄	加权平均	全面摊薄	加权平均
主营业务利润	4.54%	4.54%	0.123	0.123
营业利润	0.76%	0.76%	0.021	0.021
净利润	2.87%	2.87%	0.078	0.078
扣除非经常损益后的净利润	0.03	0.03	0.081	0.081

三、股本变动和主要股东持股情况

(一)股份变动情况表

数量单位:股

	本次变动前	本次变动增减(+、-)						本次变动后
		配股	送股	公积金转股	增发	其他	小计	
1、未上市流通股份								
(1)发起人股份	112,723,600							112,723,600
其中:								
国家持有股份	71,754,000							71,754,000
境内法人持有股份	40,969,600							40,969,600
(2)募集法人股份	36,715,800							36,715,800
未上市流通股份合计	149,439,400							149,439,400
2、已上市流通股份								
(1)人民币普通股	195,558,020							195,558,020
(2)其他	/							/
已上市流通股份合计	195,558,020							195,558,020
3、股份总数	344,997,420							344,997,420

000509 四川天歌科技集团股份有限公司

2001 年年度报告摘选

一、公司基本情况简介

1.公司法定中文名称:四川天歌科技集团股份有限公司
简称:天歌科技;
公司法定英文名称:SICHUAN TIANGE TECHNOLOGY GROUP CO., LTD,
缩写为:TIANGE TECHNOLOGY。
2.公司法定代表人:邹昌浩
3.公司董事会秘书:史笃应
公司证券事务代表:朱文生
联系地址:四川省成都市一环路南二段天歌科技大厦
电话:028-5435719 5438873 传真:028-5445907
4.公司注册地址:四川省南充市涪江路 117 号
公司办公地址:四川省成都市一环路南二段天歌科技大厦 邮编:610041
电子信箱:TGIMC01@Mail.sc.cninfo.net
5.公司选定的信息披露报纸:《中国证券报》、《证券时报》
中国证监会指定的信息披露网址:http://www.cninfo.com.cn
公司年度报告备置地点:公司董事会办公室
6.公司股票上市交易所:深圳证券交易所
股票简称:天歌科技 股票代码:000509

二、会计数据和业务数据摘要

(一)本年度主要利润指标情况

项目	金额(元)
利润总额	31,282,298.77
净利润	19,695,119.39
扣除非经常性损益后的净利润	25,612,803.60
主营业务利润	80,961,212.35
其它业务利润	2,601,597.31
营业利润	35,244,247.29
投资收益	6,937,735.69
补贴收入	5,174,460.00
营业外收支净额	16,074,144.21
经营活动产生的现金流量净额	56,422,471.97
现金及现金等价物净增加额	497,950,360.07

(二)公司近三年主要财务指标

指标项目	2001 年	2000 年		1999 年
		调整后	调整前	
主营业务收入(万元)	31,138.54	28,821.48	28,832.16	23,751.57
净利润(万元)	1,969.51	2,151.81	3,008.31	2,794.33
总资产(万元)	116,098.67	64,742.33	68,673.50	61,645.62
股东权益(不含少数股东权益)(万元)	71,953.71	32,023.57	33,745.72	31,541.74
每股收益(按净利润全面摊薄计算)(元)	0.0788	0.100	0.1398	0.1299
每股收益(按净利润加权平均计算)(元)	0.088	0.100	0.1398	0.1299
每股净资产(元)	2.878	1.488	1.66	1.62
调整后的每股净资产(元)	2.78	1.36	1.39	1.26
每股经营活动产生的现金流量净额(元)	0.226	0.257	0.26	0.06
净资产收益率(%)(按净利润全面摊薄)	2.74	6.72	8.42	8.02
加权净资产收益率(%)(按净利润计算)	4.63	6.50	8.27	8.35

按照中国证监会《公开发行证券公司信息披露编报规则(第 9 号)》要求计算的净资产收益率和每股收益。

项目 报告期利润	金额(万元)	净资产权益率(%)		每股权益(元)	
		全面摊薄	加权平均	全面摊薄	加权平均
主营业务利润	8,096.11	11.25	19.05	1.3238	0.3616
营业利润	13,524.42	4.90	8.29	0.1410	0.1574
净利润	1,969.12	2.74	4.63	0.0788	0.0880
扣除非经常性损益后的净利润	2,561.28	3.56	6.03	0.1024	0.1144

三、股本变动及股东情况

(1)公司股本变动情况表

(单位:股)

	本次变动前	本次变动增减(+,-)					本次变动后
		配股	送股	公积金转股	其它	小计	
一、未上市流通股份							
1.发起人股份							
其中:							
国家持有股份							
境内法人持有股份	19,901,760						19,901,760
境外法人持有股份							
其他							
2.募集法人股	79,201,200						79,201,200
3.内部职工股							
其中:高管							
4.优先股或其它							
其中:转配股							
未上市流通股份合计							
二、已流通股份							
1.人民币普通股	116,082,250	34,824,675					150,906,925
2.境内上市的外资股							
3.境外上市的外资股							
4.其他							
已上市流通股份合计	116,082,250	34,824,675					150,906,925
三、股份总数	215,185,210	34,824,675					250,000,885

000510 四川金路集团股份有限公司

2001 年年度报告摘选

第一章　公司基本情况简介

一、公司法定中文名称:四川金路集团股份有限公司
公司法定英文名称:SICHUAN JINLU GROUP CO., LTD.
二、公司法定代表人:何光昶
三、董事局秘书:彭朗
联系电话:(0838)2207936　　联系传真:(0838)2207936
电子信箱:penlan26@hotmail .com
联系地址:四川金路集团股份有限公司董事局办公室
四、公司注册及办公地址:四川省德阳市岷江西路二段57号金路大厦
邮政编码:618000
公司国际互联网网址:HTTP://WWW.JINLU.NET
电子信箱:JLWJGLZX@DY—PUBLIC.SC CNINFO.NET
五、公司信息披露报纸名称:《中国证券报》、《证券时报》
登载公司年报的国际互联网网址:HTTP://WWW.CNINFO.COM.CN
公司年度报告备置地点:公司董事局办公室
六、公司股票上市地:深圳证券交易所
股票简称:金路集团　　股票代码:000510

第二章　会计数据和业务数据摘要

第一节　公司本年度实现利润情况

单位:元

项目	金额
利润总额	92,735,866.78
净利润	94,053,947.52
扣除非经常性损益后的净利润	62,344,519.89
主营业务利润	131,498,943.99
其他业务利润	7,740,107.42
营业利润	77,131,044.37
投资收益	11,195,458.78
补贴收入	4,000,000.00
营业外收支净额	409,363.63
经营活动产生的现金流量净额	57,708,198.40
现金及现金等价物净增减额	172,530,051.50

注:扣除非经常性损益项目合计　31,709,427.63元。
1、出售法人股产生收益　13,695,580.00元;
2、补贴收入　4,000,000.00元;
3、营业外收支净额　409,363.63元;
4、政策性短于三年的所得税返还　11,040,000.00元;
5、收取资金占用费　2,564,484.00元。

第二节　公司前三年主要会计数据及财务指标

指标项目	2001年	2000年		1999年	
		调整后	调整前	调整后	调整前
1、主营业务收入(元)	633,962,961.20	511,002,929.41	511,002,929.41	344,301,100.21	344,301,100.21
2、净利润(元)	94,053,947.52	82,070,429.03	82,070,429.03	456,647.26	2,071,308.63
3、总资产(元)	1,727,273,646.42	960,458,024.28	1,001,453,494.70	896,384,022.02	951,833,121.16
4、股东权益(不含少数股东权益)(元)	687,174,878.17	543,510,644.42	584,506,114.84	457,250,583.51	510,450,965.30
5、每股收益(元) 摊薄	0.20	0.28	0.28	0.002	0.007
加权	0.20	0.28	0.28	0.002	0.007
扣除非经常性损益后的每股收益(元)	0.13	0.283	0.283	-0.026	-0.006
6、每股净资产(元)	1.466	1.81	1.996	1.56	1.74
7、调整后的每股净资产(元)	1.418	1.713	1.853	1.45	1.68
8、每股经营活动产生的现金流量净额(元)	0.12	0.242	0.242	0.012	0.012
9、净资产收益率(%) 摊薄	13.69	15.46	14.04	0.10	0.41
加权	16.27	16.07	15.13	0.10	0.41
10、扣除非经常性损益后的加权平均净资产收益率(%)	10.79	16.25	15.38	-2.36	-1.53

第三节　利润表附表

	净资产收益率(%)		每股收益(元)	
	全面摊薄	加权平均	全面摊薄	加权平均
主营业务利润	19.14	22.75	0.28	0.28
营业利润	11.23	13.35	0.16	0.16
净利润	13.69	16.27	0.20	0.20
扣除非经营性损益后的净利润	9.07	10.79	0.13	0.13

第三章　股本变动及股东情况

公司段份变动情况表　　单位:股

	本次变动前	本次变动增减(+ -)						本次变动后
		配股	送股	公积金转股	增发	其他	小计	
一、尚未流通股份								
1、发起人股份	39,099,760	0	0	23,459,856	0	0	0	62,559,616
其中:								
国家拥有股份	39,057,760	0	0	23,434,656	0	0	0	62,492,416
境内法人持有股份	42,000	0	0	25,200	0	0	0	67,200
外资法人持有股份								
其他								
2、募集法人股	60,581,360			36,348,816				96,930,176
3、内部职工股								
4、优先股或其他								
其中:转配股								
未上市流通股份合计	99,681,120	0	0	59,808,672	0	0	0	159,489,792
二、已上市流通股份								
1、人民币普通股	193,194,964	0	0	115,916,978	0	0	0	309,111,942
其中:高管股	70,936			42,561				113,497
2、其他								
已上市流通股份合计	193,194,964	0	0	115,916,978	0	0	0	309,111,942
三、股份总数	292,876,084	0	0	175,725,650	0	0	0	468,601,734

000511 沈阳银基发展股份有限公司

2001 年年度报告摘选

一、公司基本情况简介

1、公司法定中文名称:沈阳银基发展股份有限公司
公司法定英文名称:ShenYang Ingenious Development Co., Ltd
英文名称缩写:INGIN
2、公司注册地址:沈阳市东陵区文化东路20号　110015
办公地址:沈阳市和平区十一纬路82号　110003
互联网网址:www.ingin.com
电子信箱:yjfz@ingin.com.cn
3、公司法定代表人:刘成文
4、公司董事会秘书:王利群
证券事务代表:戴子凡
联系地址:沈阳市和平区十一纬路82号皇城酒店
联系电话:024－22857819
传　真:024－22846927
电子信箱:wlqiig@163.net
5、公司信息披露报纸:《中国证券报》、《证券时报》
公司刊登年度报告的网址:www.cninfo.com.cn
公司年度报告备置地点:公司证券部
6、股票上市地:深圳证券交易所
股票简称:银基发展
股票代码:000511

二、会计数据和业务数据摘要

1、本年度主要利润指标(单位:元)

项目	数 据
利润总额	102,511,767.92
净利润	96,371,142.26
扣除非经营性损益后的净利润	68,538,421.30
主营业务利润	150,269,179.34
其他业务利润	
营业利润	103,270,920.17
投资收益	
补贴收入	
营业外收支净额	-759,152.25
每股经营活动产生的现金流量净额	-1.61
现金及现金等价物净增加额	2,955,103.63

注:扣除的非经常性损益项目和金额:

项　目	金额
营业外收支净额	-759,152.25
退税	28,591,873.21

2、公司近三年主要会计数据及财务指标(单位:元)

项目	2001年度	2000年度		1999年度	
		调整后	调整前	调整前	调整后
主营业务收入	403,635,377.96	234,775,777.31	254,376,457.64	66,749,610.96	66,749,610.96
净利润	96,371,142.26	53,034,511.02	47,130,222.49	23,132,849.52	25,178,321.21
总资产	1,841,837,565.00	1,014,437,174.81	1,417,785,858.82	274,828,847.45	276,874,319.14
股东权益(不含少数股东权益)	973,019,151.32	876,591,518.01	888,675,324.52	176,484,807.03	178,530,278.72
每股收益(摊薄)	0.357	0.295	0.262	0.178	0.194
每股收益(加权)	0.357	0.362	0.322	0.178	0.194
每股净资产	3.606	4.873	4.940	1.359	1.375
调整后的每股净资产	3.595	4.858	4.920	1.330	1.350
每股经营活动产生的现金流量净额	-1.61	-1.18	-1.18	-0.039	-0.039
净资产收益率(%)(摊薄)	9.904	6.050	5.300	13.11	14.100
净资产收益率(%)(加权)	10.54	12.49	11.18		

根据中国证监会《公开发行证券公司信息披露编号细则(第九号)》要求计算的利润数据如下:

报告期利润	净资产收益率(%)		每股收益(元)	
	全面摊薄	加权平均	全面摊薄	加权平均
主营业务利润	15.444	16.436	0.557	0.557
营业利润	10.613	11.295	0.383	0.383
净利润	9.904	10.541	0.357	0.357
扣除非经常性损益后的净利润	7.044	7.496	0.254	0.254

三、股本变动及股东情况

1、股本变动情况(单位:股)

股份类别	本次变动前	本次变动增减(+ -)						本次变动后
		配股	送股	公积金转股	增发	其它	小计	
一、尚上市流通股份								
1、发起人股份	46,632,432			23,316,216			23,316,216	69,948,648
其中:国家持有股								
境内法人持有股	46,632,432			23,316,216			23,316,216	69,948,648
境外法人持有股份								
其他								
2、募集法人股	936,000			468,000			468,000	1,404,000
3、内部职工股								
4、优先股或其他	13,279,616			6,639,808			6,639,808	19,919,424
未上市流通股合计	60,848,048			30,424,024			30,424,024	91,272,072
二、已上市流通股份								
1、人民币普通股	119,032,902			59,516,451			59,516,451	178,549,353
2、境内上市的外资股								
3、境外上市的外资股								
4、其他								
已上市流通股合计	119,032,902			59,516,451			59,516,451	178,549,353
三、股份总数	179,880,950			89,940,475			89,940,475	269,821,425

000513 丽珠医药集团股份有限公司

2001 年年度报告摘选

第一节 公司基本情况简介

1、公司中文名称:丽珠医药集团股份有限公司
公司英文名称:LIVZON PHARMACEUTICAL GROUP INC.
中 文 缩 写 :丽 珠 集 团
英 文 缩 写 :LIVZON GROUP
2、法定代表人:易振球
总 裁:徐孝先
3、董事会秘书:王武平
证券事务代表:李 皓
电 话:(0756)8135888 传 真:(0756)8886002
电子信箱:wangwuping@livzon.com.cn lihao@livzon.com.cn
联系地址:珠海市拱北桂花北路丽珠大厦
4、公司注册地址:广东省珠海市拱北桂花北路 132 号
公司办公地址:广东省珠海市拱北桂花北路丽珠大厦
邮政编码:519020
网站:http://www.livzon.com
电子信箱:zhlivzon@pub.zhuhai.gd.cn.
5、选定的信息披露报纸:
《证券时报》、《上海证券报》、香港《文汇报》(中、英文)
本年度报告披露于中国证监会指定网站:http://www.cninfo.com.cn
年度报告备置地点:丽珠集团董事会秘书处
6、股票上市交易所:深圳证券交易所
股票简称及代码:丽珠集团(000513) 丽珠 B(200513)

第二节 会计数据和业务数据摘要

一、主要会计数据 (单位:人民币元)
(本公司年报中除去另有说明外涉及所有金额均以"人民币"为计量单位)

主营业务利润	651,215,325.09
其他业务利润	13,514,681.40
营业利润	116,228,439.22
投资收益	-8,361,253.37
补贴收入	263,000.00
营业外收支净额	-6,242,559.67
利润总额	101,887,626.18
净利润	50,392,136.63
扣除非经常性损益后的净利润	49,620,895.57
经营活动产生的现金流量净额	155,147,242.27
现金及现金等价物净增加额	92,132,157.02

注:扣除的非经常性损益涉及项目:

1、营业外收支净额	-6,242,559.67
2、补贴收入	263,000.00
3、资产处置收益	7,311,685.04
4、长期股权投资差额摊销	-424,782.95
合 计	907,342.42
扣除所得税影响后金额	771,241.06

二、近三年主要会计数据和财务指标 (单位:人民币元)
主要会计数据

	2001 年	2000 年 调整后	2000 年 调整前	1999 年
主营业务收入	1,395,791,951.65	1,178,553,154.35	1,178,553,154.35	1,133,819,577.64
净利润	50,392,136.63	10,352,417.00	10,375,817.00	1,647,444.89
股东权益(不含少数股东权益)	918,971,760.82	876,526,659.36	916,001,867.40	901,997,825.43
总资产	1,676,191,320.84	1,548,282,686.07	1,588,290,694.11	1,557,847,725.23
主要财务指标				
每股净资产	3.00	2.86	2.99	2.95
调整后的每股净资产	2.99	2.74	2.87	2.59
净资产收益率	5.48%	1.18%	1.13%	0.18%
每股经营活动产生的现金流量净额	0.51	0.13	0.13	0.80
每股收益	0.16	0.03	0.03	0.005

三、利润表附表:

报告期利润	全面摊薄净资产收益率(%)	加权平均净资产收益率(%)	全面摊薄每股收益(元/股)	加权平均每股收益(元/股)
主营业务利润	70.86%	72.22%	2.13	2.13
营业利润	12.65%	12.89%	0.38	0.38
净利润	5.48%	5.59%	0.16	0.16
扣除非经常性损益后净利润	5.40%	5.50%	0.16	0.16

第三节 股本变动及股东情况

一、股本变动情况
(一)股份变动情况表(截止 2001 年 12 月 31 日)

	本次变动前	本次变动增减(+,-) 配股	送股	公积金转股	增发	其他	本次变动后
一、未流通股份							
1.发起人股份							
其中:							
境内法人股	68,056,188						68,056,188
外资法人股	18,893,448					-18,893,448	0
未流通股份合计	86,949,636					-18,893,448	68,056,188
二、已流通股份							
1.A 股	115,672,310						115,672,310
其中:高级管理人员股	80,798						80,798
2.B 股	103,413,536					+18,893,448	122,306,984
已流通股份合计	219,085,846					+18,893,448	237,979,294
三、股份总计	306,035,482						306,035,482

000514 重庆渝开发股份有限公司

2001 年年度报告摘选

一、公司简介

1、公司法定中文名称:重庆渝开发股份有限公司
公司法定英文名称:CHONGQING YUKAIFA CO.,LTD.
2、公司法定代表人:张玉昌
3、公司董事会秘书:夏光明;授权代表:郭小庆、叶 菁
联系地址:重庆市渝中区曾家岩 1 号附 1 号
电话:(023)63626484
传真:(023)63852638
4、公司注册地址及办公地址:重庆市渝中区曾家岩 1 号附 1 号
邮政编码:400015
E-mail:ykf514@cta.cq.cn
5、公司选定的信息披露报纸名称:《证券时报》
登载公司年度报告的中国证监会指定国际互联网网址:http://www.cninfo.com.cn
公司年度报告备置地点:重庆渝中区曾家岩 1 号附 1 号公司总部
6、股票上市交易所:深圳证券交易所
股票简称:渝开发
股票代码:000514

二、会计数据和业务数据摘要

1、公司本年度会计数据

(单位:人民币元)

利润总额	-103,290,214.89
净利润	-103,371,855.66
扣除非经常性损益后的净利润	-103,371,855.66
主营业务利润	1,451,792.37
其他业务利润	1,108,949.51
营业利润	-59,523,517.48
投资收益	-5,920,262.64
补贴收入	5,269,000.00
营业外收支净额	-43,115,434.77
经营活动产生的现金流量净额	28,513,275.28
现金及现金等价物净增加额	-855,389.32

2、截至报告年度末公司前三年的主要会计数据和财务指标

(单位:人民币元)

项 目	2001 年	2000 年	1999 年
主营业务收入	36,745,474.96	43,838,040.12	50,658,568.82
净利润	-103,371,855.66	437,022.04	-18,612,611.08
总资产	336,242,115.32	444,848,230.31	450,222,432.72
股东权益(不含少数股东权益)	28,025,825.72	128,109,952.44	127,672,930.04
每股收益	-0.88	0.004	-0.16
每股收益(加权)	-0.88	0.004	-0.16
扣除非经常性损益后的每股收益	-0.88	-0.04	-0.2
每股净资产	0.24	1.09	1.08
调整后的每股净资产	0.22	1.05	1.07
每股经营活动产生的现金流量净额	0.24	-0.02	0.08
净资产收益率%	-368.84	0.34	-14.58
净资产收益率%(按净利润摊薄)	-368.84	0.34	-14.58
净资产收益率%(按净利润加权)	-184.35	-7.09	-2.50
净资产收益率%(扣除非经常性收益加权)	-359.88	-3.62	-11.12

附表:

报告期利润	净资产收益率(%) 全面摊薄	加权平均	每股收益(元) 全面摊薄	加权平均
主营业务利润	5.18	1.89	0.01	0.01
营业利润	-212.39	-77.89	-0.51	-0.51
净利润	-368.84	-135.26	-0.88	-0.88
扣除非经常性损益后的净利润	-368.84	-135.26	-0.88	-0.88

三、股本变动及股东情况

(一)股份变动情况表

数量单位:股

	本次变动前	本次变动增减(+,-) 配股	送股	公积金转增股本	增发	其他	小计	本次变动后
一、未上市流通股份								
1、发起人股份	74,299,680							74,299,680
其中:								
国家持有股份	61,467,120							61,467,120
境内法人持有股份	12,832,560							12,832,560
境外法人持有股份								
其他								
2、募集法人股份								
3、内部职工股								
4、优先股或其他								
未上市流通股份合计	74,299,680							74,299,680
二、已上市流通股份								
1、人民币普通股	43,243,200							43,243,200
2、境内上市的外资股								
境外上市的外资股								
其他								
已上市流通股份合计	43,243,200							40,243,200
三、股份总数	117,542,880							117,542,880

000515 重庆渝港钛白粉股份有限公司

2001年年度报告摘选

一、公司简介

(一)公司法定中文名称:重庆渝港钛白粉股份有限公司
公司法定英文名称:CHONGQING YU－GANG TIOXIDE CO.LTD
(二)公司注册地址:重庆市江北区建新北路41－1号
邮政编码:400020
公司办公地址:重庆市巴南区走马二村51号
邮政编码:400055
(三)公司法定代表人:代树培
(四)公司董事会秘书:向远平
证券事务代表:黄春熙
联系地址:重庆市巴南区走马二村51号
电　话:023－62551281－388
传　真:023－62551279
(五)公司选定的信息披露报纸名称:《证券时报》、《中国证券报》
中国证监会指定国际互联网网址:http://www.cninfo.com.cn
公司年度报告备置地点:公司证券部
(六)公司股票上市交易所:深圳证券交易所
公司股票简称:渝钛白
公司股票代码:000515

二、会计数据和业务数据摘要

(一)公司本年度主要会计数据和业务数据(单位:人民币元)

项目	金　额
利润总额:	11,284,617.60
净利润:	9,591,924.96
扣除非经常性损益后的净利润:	9,714,880.14
主营业务利润:	55,070,657.95
其他业务利润:	81,995.84
营业利润:	11,250,157.78
投资收益:	0
补贴收入:	3,604,415.00
营业外收支净额:	－3,569,955.18
经营活动产生的现金流量净额:	46,157,720.47
现金及现金等价物净增加额:	－21,064,066.92
注:扣除非经常性损益项目及其金额	
①财政补贴收入	3,447,000.00
②营业外收入	255,742.48
③营业外支出	3,825,697.66

(二)公司近三年主要会计数据和财务指标:

项目	2001年度	2000年度		1999年度	
		调整后	调整前	调整后	调整前
主营业务收入(元)	215,469,265.85	214,031,916.52	214,786,118.62	164,069,355.28	164,069,355.28
净利润(元)	9,591,924.96	4,285,135.44	3,509,307.49	－141,009,846.56	－141,434,132.74
总资产(元)	663,636,447.54	663,217,854.05	714,613,322.83	685,668,808.88	737,315,211.92
股东权益(不含少数股东权益)	178,498,668.06	166,964,859.30	217,835,434.39	－511,769,058.51	－460,122,655.47
每股收益(元)	0.061	0.033	0.027	－1.08	－1.09
加权平均每股收益(元/股)	0.079	0.033	0.027	－1.08	－1.09
扣除非经常性损益后的每股收益(元/股)	0.062	－0.01	－0.02	－1.15	－1.14
每股净资产(元)	1.14	1.28	1.68	－3.94	－3.54
调整后的每股净资产(元)	1.05	1.17	1.57	－3.94	－3.57
每股经营活动产生的现金流量净额(元)	0.296	0.51	0.51	0.36	0.36
净资产收益率(%)	5.37	2.57	1.61	-	-

注:按照中国证监会《公开发行证券公司信息披露编报规则(第9号)》的规定计算的"加权平均每股收益"和"扣除非经常性损益后的每股收益"系列指标:

报告期利润	净资产收益率		每股收益	
	全面摊薄	加权平均	全面摊薄	加权平均
主营业务利润	30.9	31.7	0.35	0.39
营业利润	6.3	6.5	0.07	0.08
净利润	5.4	5.5	0.061	0.067
扣除非经常性损益后的净利润	5.4	5.6	0.062	0.068

三、股本变动及股东情况

(一)股本变动情况表

单位:股

	本次变动前	本次变动增减(+,-) 配股	送股	公积金转股	增发	其他	小计	本次变动后
一、尚未流通股份								
1、发起人股份	74565200			14913040			14913040	89478240
其中:								
国家拥有	74565200			14913040			14913040	89478240
境内法人拥有股份								
境外法人拥有股份								
其他								
2、募集法人股								
3、内部职工股								
4、优先股或其他								
未上市流通股份合计	74565200			14913040			14913040	89478240
二、已上市流通股份合计								
1、人民币普通股	55440000			11088000			11088000	66528000
2、境内上市的外资股								
3、境外上市的外资股								
4、其他								
已上市流通股份合计	55440000			11088000			11088000	66528000
三、股份总数	130005200			26001040			26001040	156006240

000516 西安解放集团股份有限公司

2001年年度报告摘选

一、公司基本情况简介

1、公司法定中文名称:西安解放集团股份有限公司
公司英文名称:XI'AN JIEFANG GROUP CO.,LTD
公司英文名称缩写:JFG
2、公司法定代表人:王　科
3、公司董事会秘书:刘建锁
联系地址:西安市解放市场6号
电　话:(029)7217854
传　真:(029)7217705
4、公司注册地址及办公地址:西安市解放市场6号
公司邮政编码:710001
公司电子信箱:JFG@pub.xaonline.com
5、公司年度报告备置地点:公司证券部
公司选定的信息披露报纸名称:《证券时报》
登载公司年度报告的中国证监会指定国际互联网网址:http://www.cninfo.com.cn
6、公司股票上市地:深圳证券交易所
股票简称:陕解放A
股票代码:0516

二、会计数据和业务数据摘要

1、本年度实现利润情况(单位:人民币元)

项目	金额
利润总额:	46,213,094.92
净利润:	31,153,349.75
扣除非经常性损益后的净利润:	32,456,562.43
主营业务利润:	109,925,145.47
其他业务利润:	1,284,373.57
营业利润:	46,057,984.40
投资收益:	629,268.34
补贴收入:	0.00
营业外收支净额:	－474,157.82
经营活动产生的现金流量净额:	112,918,514.74
现金及现金等价物净增加额:	53,254,296.95
注:扣除的非经常性损益项目和涉及金额	
营业外收支净额	－474,157.82
流动资产损益	－1,470,935.73
扣除的非经常性损益所得税影响	641,880.87
合 计	－1,303,212.68

2、最近三年主要会计数据和财务指标

单位:人民币元

指标项目	2001年度	2000年度(追溯调整后)	2000年度(追溯调整前)	1999年度
主营业务收入	681,111,257	728,084,172	728,084,172	678,572,931
净利润	31,153,350	30,805,039	31,944,277	26,809,744
总资产	810,950,026	596,721,871	635,785,503	507,228,651
股东权益	356,023,109	229,367,061	230,506,299	222,030,115
每股收益	0.239	0.256	0.265	0.22
加权平均每股收益	0.242	0.256	0.265	0.22
扣除非经常性损益后的每股收益	0.249	0.256	0.265	0.24
每股净资产	2.73	1.91	1.92	1.84
调整后每股净资产	2.71	1.89	1.90	1.82
每股经营活动产生的现金流量净额	0.87	0.39	0.39	0.18
净资产收益率%	8.75	13.43	13.86	12.07
加权平均净资产收益率%	9.11	12.97	13.42	12.85
扣除非经常性损益后的加权平均净资产收益率%	9.49	12.97	13.42	13.79

注:①以上数据和指标以公司合并财务报表数据填列和计算;
② 追溯调整前指公司因会计政策、会计估计变更及会计差错更正追溯调整前的会计数据,追溯调整后指公司因会计政策、会计估计变更及会计差错更正追溯调整后的会计数据。

3、本年度净资产收益率和每股收益情况

报告期利润	净资产收益率(%)		每股收益(元)	
	全面摊薄	加权平均	全面摊薄	加权平均
主营业务利润	30.88	32.15	0.843	0.854
营业利润	12.94	13.47	0.353	0.358
净利润	8.75	9.11	0.239	0.242
扣除非经常性损益后的净利润	9.12	9.49	0.249	0.252

注:以上数据是根据中国证监会《公开发行证券公司信息披露编报规则第9号》要求计算。

三、股本变动及股东情况

1、股本变动情况(截止日期:2001年12月31日)
(1)股份变动情况表:

公司股份变动情况表

数量单位:股

	本次变动前	本次变动增减(+,-) 配股	送股	公积金转股	增发	其他	小计	本次变动后
一、未上市流通股份								
1.国家持有股份	28046293							28046293
2.募集法人股份	58877526							58877526
未上市流通股份合计	86923819							86923819
二、已上市流通股份								
人民币普通股	33426521	10027956					10027956	43454477
其中:高管股	6102	1830					1830	7932
三、股份总数	120350340	10027956					10027956	130378296

000517 宁波成功信息产业股份有限公司

2001 年年度报告摘选

一、公司基本情况简介

●公司的法定中文名称:宁波成功信息产业股份有限公司
●公司的法定英文名称:NINGBO SUCCESS INFORMATION INDUSTRY CO.,LTD.
●英文缩写:SIT
●公司法定代表人:陈　新
●公司董事局秘书:傅备镖
证券事务代表:胡约翰
联系地址:宁波市江东北路 138 号金融大厦 12AF
电　　话:0574－87730360　　0574－87730353　　传　　真:0574－87374078
电子信箱:fbb@successit.com　　john@successit.com
●公司注册地址(办公地址):宁波市江东北路 138 号金融大厦 12AF
邮政编码:315040
国际互联网址:http://www.successit.com　　电子信箱:info@successit.com
●公司选定的信息披露报纸名称:《证券时报》和《中国证券报》
●登载公司年度报告的中国证监会指定国际互联网网址:http://www.cninfo.com.cn
●公司年度报告备置地点:董事局秘书处
●公司股票上市交易所:深圳证券交易所
股票简称:甬成功　　股票代码:000517

二、会计数据和业务数据摘要

(一)本年度利润总额、净利润及其构成　　单位:人民币元

项目	2001 年度
利润总额	59546769.89
净利润	49613614.58
扣除非经常性损益后的净利润	46123241.70
主营业务利润	103293845.31
其他业务利润	1770220.96
营业利润	13311449.70
投资收益	3232127.02
补贴收入	2875476.84
营业外收支净额	40127716.33
经营活动产生的现金流量净额	31089151.41
现金及现金等价物净增加额	59035434.59

注:非经常性损益的项目及金额包括:1 处置被投资单位收益 2560762.00 元;2 补贴收入 2875476.84 元;3 处置固定资产净收益 85173.16 元;4 合作投资收益—皇嫂田桂花 2179782.00 元;5 股权投资差额摊销－1775246.05 元;6 其他各项营业外收支－204123.53 元;7 所得税影响数－2231451.54 元。

(二)截至报告期末公司前三年的主要会计数据和财务指标

单位:人民币元

项目	2001 年度	2000 年度		1999 年度	
		调整后	调整前	调整后	调整前
主营业务收入	494810466.24	203651917.05	203651917.05	47876013.37	47876013.37
净利润	49613614.58	54512750.97	54465913.46	27097025.50	28997444.35
总资产	757583806.33	568528330.11	570706203.43	282975578.37	284208197.69
股东权益(不含少数股东权益)	299302210.94	250449143.54	253683489.80	199107153.12	201007571.97
每股收益	0.55	0.61	0.61	0.30	0.32
扣除非经常性损益后每股收益	0.51	0.60	0.60	0.16	0.19
每股净资产	3.33	2.79	2.82	2.21	2.24
调整后每股净资产	3.31	2.73	2.79	2.20	2.21
每股经营活动产生的现金流量净额	0.35	0.12	0.12	0.13	0.13
净资产收益率(%)	16.58	21.77	21.47	13.61	14.43
加权平均净资产收益率(%)	18.02	24.08	24.06	14.60	15.55
扣除非经常性损益后加权平均净资产收益率(%)	16.76	23.98	23.97	7.98	6.59

按照中国证监会《公开发行证券公司信息披露编报规则》(第 9 号)要求计算的相关指标

报告期利润	净资产收益率(%)		每股收益(人民币元)	
	全面摊薄	加权平均	全面摊薄	加权平均
主营业务利润	34.51	37.53	1.15	1.15
营业利润	4.45	4.84	0.15	0.15
净利润	16.58	18.02	0.55	0.55
扣除非经常性损益后的净利润	15.41	16.76	0.51	0.51

三、股本变动及股东情况

(一)股本变动情况
1、二〇〇一年股份变动情况表

数量单位:股

	本次变动前	本次变动增减(+、-)						本次变动后
		配股	送股	公积金转股	增发	其他	小计	
一、未上市流通股份								
1、发起人股份	1578320							1578320
其中:								
国家持有股份								
境内法人持有股份	1578320							1578320
境外法人持有股份								
其他								
2、募集法人股份	60514561							60514561
3、内部职工股								
4、优先股或其他								
未上市流通股份合计	62092881							62092881
二、已上市流通股份								
1、人民币普通股	27801810							27801810
2、高级管理人员持股	3150							3150
2、境内上市的外资股								
3、境外上市的外资股								
4、其他								
已上市流通股份合计	27804960							27804960
三、股份总数	89897841							89897841

000518 江苏四环生物股份有限公司

2001 年年度报告摘选

一、公司简介

公司法定中文名称:江苏四环生物股份有限公司
中文缩写:四环生物
公司英文名称:JIANGSU SIHUAN BIOENGINEERING CO.,LTD
英文缩写:JSSH
公司法定代表人:华国强
董事会秘书:高立新
联系地址:江苏省江阴市新桥镇
联系电话:0510－6121071
传真:0510－6121071
电子信箱:ZX0518@china.mail.com
公司注册地址:江苏省江阴市滨江开发区
公司办公地址:江苏省江阴市新桥镇
邮政编码:214426
公司电子信箱:ZX0518@163.net
公司指定信息披露报纸:证券时报
登载公司年度报告国际互联网网址:http://www.cninfo.com.cn
公司年度报告备置地点:本公司证券部
公司股票上市交易所:深圳证券交易所
公司股票简称:四环生物
公司股票代码:000518

二、会计数据和业务数据摘要

1、公司本年度会计数据　　单位:人民币元

项目	金额
利润总额	96,031,687.68
净利润	76,379,603.89
扣除非经常性损益后的净利润	76,149,936.89
主营业务利润	123,393,985.06
其他业务利润	294,773.14
营业利润	95,782,4926.08
投资收益	19,524.60
补贴收入	0
营业外收支净额	229,667
经营活动产生的现金流量净额	29,398,832.90
现金及现金等价物净增减额	271,529,699.83

2、公司前三年财务指标　　单位:人民币元

指标项目	2001 年度	2000 年度		1999 年度	
		调整前	调整后	调整前	调整后
主营业务收入	366,757,881.65	187,246,758.48	187,246,758.48	105247190.20	105247190.20
净利润	76,379,603.89	53,016,114.97	51,728,232.06	38720344.89	25554013.05
总资产	1,081,943,703.24	274,672,391.51	274,672,391.51	216714913.75	21671493.75
股东权益	980,006,300.59	204,833,502.14	204,833,502.14	156832727.17	156832727.17
每股收益	0.43	0.40	0.387	0.2895	0.1911
每股净资产	5.48	1.53	1.53	1.1726	1.1726
调整后的每股净资产	5.45	1.44	1.44	1.1181	1.1181
每股经营活动产生的现金流量净额	0.16	0.18	0.18	0.0257	0.0257
净资产收益率(%)	7.79%	25.88	25.25	24.69	16.29

3、报告期内年度内股东权益变动情况及其原因　　单位:人民币元

项目	股本	资本公积	盈余公积金	法定公益金	未分配利润	股东权益
期初数	133,742,400	71,048,751.11	2,536,287.51	2,239,651.80	－2,493,936.48	204,833,502.14
本期增加	45,000,000	658,369,000	12,853,187.85	4,284,395.95	76,379,603.89	775,172,798.45
本期减少	－－－－	－－－－	－－－－	－－－	17,428,993.29	－－－
期末数	178,742,400	729,417,751.11	15,389,475.36	6,524,047.75	56,456,674.12	980,006,300.59
变动原因	增发	增发	计提	计提	本期利润增加本期计提与分配	增发、本期利润增加

三、股本变动及股东情况介绍

(一)股本变动情况(截止 2001 年 12 月 31 日):

数量单位:股

股份类别	本次变动前	本次变动增减(+,—)						本次变动后
		配股	送股	公积金转增	增发	其他	小计	
(一)未上市流通股份								
1、发起人股份								
其中:国家持有股份								
境内法人持有股份	10,390,320							10,390,320
境外法人持有股份								
其他								
2、募集法人股份	47,452,080							47,452,080
3、内部职工股	3,300							3,300
其中:高管股	3,300							3,300
4、优先股及其他								
其中:转配股								
未上市流通股份合计	57,845,700							57,845,700
(二)已上市流通股份								
1、人民币普通股	75,896,700				45,000,000			120,896,700
2、境内上市的外资股								
3、境外上市的外资股								
4、其他								
已上市流通股份合计	75,896,700				45,000,000			120,896,700
(三)股份总数	133,742,400							178,742,400

000519 成都银河创新科技股份有限公司

2001 年年度报告摘选

一、公司简介

1、公司法定名称
中文名称:成都银河创新科技股份有限公司
英文名称:CHENGDU YINHE INNOVATION TECHNOLOGY CO.,LTD.
英文缩写:YINHE INNOVATION
2、公司法定代表人:张　青
3、公司董事会秘书:高　斌
联系地址:四川省成都市华兴正街 5 号王府井商务楼 B 座 25B
联系电话:028－6629638　　028－6626418/6626428/6626438 转 668
传　　真:028－2903003
电子信箱:yhgb@163.com
公司董事会证券事务授权代表:王　磊
联系地址:四川省成都市华兴正街 5 号王府井商务楼 B 座 25B
联系电话:028－6626418 / 6626428 /6626438 转 166
传　　真:028－2903003　　电子信箱:wlyh－0519@163.com
4、公司注册地址:四川省成都市二环路东三段 40 号　　邮政编码:610051
公司办公地址:四川省成都市华兴正街 5 号王府井商务楼 B 座 25B
邮政编码:610016
公司国际互联网网址:Http://www.cyj.com.cn
公司电子信箱:cdyhdlgs@mail.sc.cninfo.net
5、公司选定信息披露报纸:《证券时报》、《中国证券报》、《证券日报》
公司年度报告登载网址:Http://www.cninfo.com.cn
公司年度报告文本备置于公司办公地点
6、公司股票上市交易所:深圳证券交易所
公司股票简称:银河创新　　公司股票代码:000519

二、会计数据和业务数据摘要

1、本年度主要会计数据:　　(单位:元)

项 目	金 额
利润总额	17,964,035.88
净利润	15,367,392.78
扣除非经常性损益后的净利润	2,012,664.62
主营业务利润	40,102,199.87
其他业务利润	6,735,150.18
营业利润	5,563,064.80
投资收益	13,379,366.55
补贴收入	0
营业外收支净额	－978,395.47
经营活动产生的现金流量净额	－8,293,616.01
现金及现金等价物净增减额	65,100,905.68

2、截至本报告期末,公司前三年的主要会计数据和财务指标:

项目	2001 年度	2000 年度		1999 年度	
		调整前	调整后	调整前	调整后
主营业务收入(元)	134,329,505.88	155,320,331.74	124,869,722.82	132,391,111.97	132,391,111.97
净利润(元)	15,367,392.78	25,595,070.32	24,122,814.62	16,603,486.28	16,453,885.95
总资产(元)	474,382,493.31	397,504,771.31	377,213,153.00	354,077,173.96	350,160,448.82
股东权益(不含少数股东权益)(元)	312,678,470.90	213,467,935.16	195,304,154.92	188,711,129.43	183,956,139.70
每股收益(元)	0.1126	0.20	0.189	0.23	0.23
加权每股收益(元)	0.1150	0.20	0.189	0.23	0.23
扣除非经常性损益后的每股收益(元)	0.0147	0.13	0.127	0.23	0.23
每股净资产(元)	2.29	1.67	1.529	2.66	2.60
调整后的每股净资产(元)	2.27	1.64	1.498	2.60	2.55
每股经营活动产生的现金流量净额(元)	－0.061	0.20	0.20	0.18	0.18
净资产收益率(%)	4.91	11.99	12.35	8.80	8.90
加权净资产收益率(%)	7.57	12.72	13.16	9.20	9.36

3、按中国证监会《公开发行证券公司信息披露编报规则(第 9 号)》要求计算的利润数据。

报告期利润	净资产收益率(%)		每股收益(元)	
	全面摊薄	加权平均	全面摊薄	加权平均
主营业务利润	12.83	19.76	0.2937	0.3001
营业利润	1.78	2.74	0.0407	0.0416
净利润	4.91	7.57	0.1126	0.1150
扣除非经常性损益后的净利润	0.64	0.99	0.0147	0.0151

三、股本变动及股东情况

(1)股本变动情况表(见下表)　　数量单位:股

	本次变动前	本次变动增减(+,—)						本次变动后
		配股	送股	公积金转股	增发	其他	小计	
一、未上市流通股份								
1、发起人股份								
其中:								
国家持有股份	60,726,240	500,000					500,000	61,226,240
境内法人持有股份								
境外法人持有股份								
其他								
2、募集法人股份	17,280,000							17,280,000
3、内部职工股								
4、优先股或其他								
其中:转配股								
未上市流通股份合计	78,006,240	500,000					500,000	78,506,240
二、已上市流通股份								
1、人民币普通股	49,741,754	8,290,292					8,290,292	58,032,046
2、境内上市的外资股								
3、境外上市的外资股								
4、其他								
已上市流通股份合计	49,741,754	8,290,292					8,290,292	
三、股份总数	127,747,994	8,790,292					8,790,292	136,538,286

000520 中国石化武汉凤凰股份有限公司

2001 年年度报告摘选

一、公司基本情况简介

(一)公司的法定中、英文名称及缩写。
中文名称:中国石化武汉凤凰股份有限公司
英文名称:SINOPEC WUHAN PHOENIX CO,LTD.
(二)公司法定代表人:邹昆华
(三)公司董事会秘书:
姓　　名:熊克金　　宫薇薇
联系地址:武汉市青山区长青路
电　　话:027－86516722
传　　真:027－86515968
(四)公司注册地址:
公司办公地址:武汉市青山区长青路
邮 政 编 码:430082
(五)公司选定的信息披露报纸名称:《中国证券报》、《证券时报》
登载年度报告的中国证监会指定网站的网址:http://www.cninfo.com.cn
公司年度报告备置地点:公司办公室
(六)公司股票上市交易所:深圳证券交易所
股票简称:中国凤凰　　股票代码:000520

二、会计数据和业务数据摘要

(一)财务数据(单位:元)

项目	金额
利润总额:	74,356,170.96
净利润:	45,078,722.09
扣除非经常性损益后的净利润:*	48,834,549.20
主营业务利润:	65,178,818.65
其他业务利润:	37,412,789.92
营业利润:	78,549,715.20
投资收益:	1,412,167.86
补贴收入:	
营业外收支净额:	－5,605,712.10
经营活动产生的现金流量净额:	259,710,720.45
现金及现金等价物净增加额:	220,838,459.65

*扣除非经常损益项目如下:固定资产报废净损失 162,169.84 元;固定资产减值准备 2,059,250 元;减员分流费用 3,194,260 元;其他营业外支出 190,032.26 元。

(二)截至报告期末公司前三年的主要会计数据和财务指标

	2001 年	2000 年		1999 年	
		调整后	调整前	调整后	调整前
主营业务收入(万元)	90378.10	80106.41	80106.41	41449.16	41449.16
净利润(万元)	4507.87	6853.22	6652.22	10307.42	10453.11
总资产(万元)	148271.03	138663.38	138663.38	135802.65	135948.34
股东权益(不含少数股东权益)(万元)	126473.13	126118.61	125917.61	124457.08	119930.25
每股收益(摊薄·元/股)	0.0868	0.132	0.128	0.199	0.20
每股净资产(摊薄·元/股)	2.44	2.43	2.43	2.397	2.31
调整后的每股净资产(元/股)	2.44	2.43	2.42	2.397	2.31
每股经营活动产生的现金流量净额(元/股)	0.50	－0.22	－0.22	0.45	0.43
净资产收益率(摊薄·元/股)	3.56	5.43	5.28	8.28	8.27
净资产收益率(加权·元/股)	3.43	5.28	5.13	8.40	

(三)利润表附表:

2001 年	金额	净资产收益率(%)		每股收益(元/股)	
		全面摊薄	加权平均	全面摊薄	加权平均
主营业务利润	65,178,818.65	5.15	4.96	0.1255	0.1255
营业利润	78,549,715.20	6.21	5.98	0.1513	0.1513
净利润	45,078,722.09	3.56	3.43	0.0868	0.0868
扣除非经常损益后净利润	48,834,549.20	3.86	3.72	0.0941	0.0941

(四)报告期内股东权益变动情况

项目	股本	资本公积	盈余公积	法定公益金	未分配利润	股东权益
期初数	519168762	455176501.76	236026223.65	64633477.29	50814652.03	1261186139.44
本期增加			9015744.42	4507872.21	45078722.09	54094466.51
本期减少					50549245.38	50549245.38
期末数	519168762	455176501.76	245041968.07	69141349.50	45344128.74	1264731360.57
变动原因			提取两金	提取公益金	利润分配	

三、股本变动及股东情况

(一)股份变动情况表

	本次变动前	本次变动增减(+,－)		本次变动后
		其他	小计	
一、未上市流通股份				
1、发起人股份	222,578,968			222,578,968
其中:				
国家持有股份	211,423,651			211,423,651
境内法人持有股份	11,155,317			11,155,317
境外法人持有股份				
其他				
2、募集法人股份	1,421,784			1,421,784
3、内部职工股				
4、优先股或其他				
未上市流通股份合计	224,000,752			224,000,752
二、已上市流通股份				
1、人民币普通股	294,990,931	22,276	22,276	295,013,207
2、境内上市的外资股				
3、其他(高管股)	177,079	－22,276	－22,276	154,803
已上市流通股份合计	295,168,010			295,168,010
三、股份总数	519,168,762			519,168,762

000521 合肥美菱股份有限公司

2001 年年度报告摘选

第一节　公司基本情况简介

1、公司法定名称
中文名称:合肥美菱股份有限公司
英文名称:HEFEI MEILING CO.,LTD.
英文名称缩写:HFML
2、公司法定代表人:张巨声
3、公司董事会秘书:薛辉
电话:(0551)2884961－394
传真:(0551)2883122
4、公司注册及办公地址:合肥市芜湖路 48 号
邮政编码:230001
公司网址:http://www.meiling.com
电子信箱:secretary@meiling.com
5、公司选定的信息披露报纸名称:《证券时报》、《中国证券报》、《大公报》
登载公司年度报告的国际互联网址:http://www.cninfo.com.cn
年度报告备置地点:公司办公楼 2 楼董事会秘书室
6、股票上市地:深圳证券交易所
股票简称:美菱电器　　股票代码:000521
　　皖美菱 B　　股票代码:200521

第二节　会计数据和业务数据摘要

1、公司本年度利润总额及构成(单位:人民币元)

项目	金额
利润总额	－349,549,858.61
净利润	－349,549,858.61
扣除非经常性损益后的净利润	－275,329,341.90
主营业务利润	185,631,449.27
其他业务利润	－5,99,2779.65
营业利润	－275,325,610.28
投资收益	1,382,068.38
补贴收入	1,614,200.00
营业外收支净额	－77,220,516.71
经营活动产生的现金流量净额	－25,838,200.11
现金及现金等价物净增加额	－40,646,594.35
非经常性损益项目明细:	
营业外收支净额	－77,220,516.71
合计:	－77,220,516.71

2、主要会计数据及财务指标(单位:人民币元):

项目	2001 年度	2000 年度	1999 年度	
			调整前	调整后
主营业务收入	1,292,676,068.23	1,339,023,354.59	1,326,822,251.40	1,339,023,354.59
净利润	－349,549,858.61	5,526,274.24	68,446,649.03	5,526,274.24
总资产	2,257,483,622.77	2,526,682,141.54	2,545,961,019.55	2,526,682,141.54
股东权益	1,027,960,658.86	1,377,510,517.47	1,404,435,992.36	1,377,510,517.47
每股收益(加权)	－0.85	0.013	0.165	0.013
每股收益(摊薄)	－0.85	0.013	0.165	0.013
每股收益(扣除非经常性损益)	－0.66	0.0127	0.164	0.0127
每股净资产	2.49	3.33	3.40	3.33
调整后每股净资产	2.36	3.33	3.40	3.33
净资产收益率%(摊薄)	－34.00	0.40	4.90	0.40
净资产收益率%(加权)	－26.49	0.40	4.9	0.40
每股经营活动产生现金流量净额	－0.06	0.14	－0.047	0.14

3、利润分配表附表:

报告期利润	净资产收益率(%)		每股收益(元)	
	全面摊薄	加权平均	全面摊薄	加权平均
主营业务利润	18.06	15.43	0.45	0.45
营业利润	－26.78	－22.89	－0.67	－0.67
净利润	－34.00	－29.06	－0.85	－0.85
扣除非经营损益后净利润	26.49	－22.64	－0.66	－0.66

第三节　股本变动及股东情况

1、公司股份变动情况(截止 2001 年 12 月 31 日,单位:股)

项目	期初数	本次增减变动(＋,－)					期末数
		配股	送股	公积金转股	其他	小计	
一、未上市流通股股份							
1、发起人股份	126,982,650						126,982,650
其中:							
国家拥有股份	123,396,375						123,396,375
境内法人持有股份	3,586,275						3,586,275
外资法人持有股份							
其他							
2、募集法人股	22,029,973						22,029,973
3、内部职工股	43,662						43,662
4、优先股或其他	13,433,844				－13,433,844	－13,433,844	0
尚未流通股份合计	162,490,129				－13,433,844	－13,433,844	149,056,285
二、已流通股份							
1、境内上市的人民币普通股	138,052,820				＋13,433,844	＋13,433,844	151,486,664
2、境内上市外资股	113,100,000						113,100,000
3、境外上市外资股							
4、其他							
已流通股份合计	251,152,820				＋13,433,844	＋13,433,844	264,586,664
三、股份总数	413,642,949						413,642,949

000522 广州白云山制药股份有限公司

20001 年年度报告摘选

一、公司基本情况简介

1.公司中文名称:广州白云山制药股份有限公司
公司英文名称:GuangZhou BaiYunShan Pharmaceutical Stock Co.Ltd.
公司中文缩写:白云山 A
公司英文缩写:BYS
2.公司法定代表人:李益民
3.公司董事会秘书:陈瑛
授权代表:罗善安
联系地址:广东省广州市白云区同和
联系电话:020－87706688－3513
传真:020－87705599
电子信箱:lifeiqing@163.net
4.公司注册地址:广东省广州市白云区同和
公司办公地址:广东省广州市白云区同和
邮政编码:510515
国际互联网网址:www.gzbys.com
电子信箱:bysqy@mxz.gd.cei.gov.cn
5.公司选定的信息披露报纸名称:中国证券报　证券时报
登载公司年报的中国证监会指定的国际互联网网址:http://www.cninfo.com.cn
公司业绩报告备置地点:广东省广州市白云区同和公司总部
6.公司股票上市交易所:深圳证券交易所
股票简称:ST 白云山　　股票代码:000522

二、会计数据和业务数据摘要

1、本公司 2001 年度主要会计数据

单位:元

项目	金额
利润总额	38,309,755.43
净利润	38,291,320.13
扣除非经常性损益后的净利润	47,932,927.64
主营业务利润	301,750,764.02
其他业务利润	17,535,990.83
营业利润	49,403,953.26
投资收益	－1,459,778.32
补贴收入	7,188
营业外收支净额	－9,641,607.51
经营活动产生的现金流量净额	108,414,295.24
现金及现金等价物净增减额	189,530,885.07

2、本公司截止报告期末前三年的主要会计数据和财务指标

项目	2001 年度	2000 年度		1999 年度	
		调整后	调整前	调整后	调整前
主营业务收入	833,363,272.20	665,591,178.04	822,526,886.47	789,697,866.89	789,697,866.89
净利润	38,291,320.13	67,247,678.36	71,764,797.55	56,241,112.35	56,324,706.83
总资产	2,350,712,013.81	1,615,339,534.80	1,801,117,337.04	1,762,219,826.51	1,865,737,424.25
股东权益(不含少数股东权益)	399,068,322.22	35,255,242.94	－18,353,455.73	－18,353,455.73	－17,703,261.34
每股收益	0.10	0.18	0.19	0.15	0.15
每股净资产	1.07	0.09	0.14	－0.05	－0.05
调整后每股净资产	0.95	0.01	0.04	－0.16	－0.16
每股经营活动产生的现金流量净额	0.29	0.32	0.32	0.18	0.18
净资产收益率	9.60%	190.75%	134.36%	－173.53%	－318.16%
扣除非经常性损益后净资产收益率	12.01%	204.96%	142.69%	－150.64%	－293.69%
扣除非经常性损益后加权平均净资产收益率	22.07%	4935.32%	434.78%	－91.74%	－113.36%

3、报告期利润表附表

	报告期利润(元)	全面摊薄净资产收益率(%)	加权平均净资产收益率(%)	全面摊薄每股收益(元/股)	加权平均每股收益(元/股)
主营业务利润	301,750,764.02	75.61%	138.95%	0.806	0.806
营业利润	49,403,953.26	12.38%	22.75%	0.132	0.132
净利润	38,291,320.13	9.60%	17.63%	0.102	0.102
扣除非经常性损益后的净利润	47,932,927.64	12.01%	22.07%	0.1280	0.1280

三、股本变动及股东情况

1、股本变动情况
(一)股份变动情况表

数量单位:股

	本次变动前	本次变动增减(＋,一)						本次变动后
		配股	送股	公积金转股	增发	其它	小计	
一、未上市流通股份								
1、发起人股份	217,800,000							217,800,000
其中:								
国家持有股份	108,900,000					－108,900,000		0
境内法人持有股份	108,900,000					108,900,000		217,800,000
境外法人持有股份								
其他								
2、募集法人股份								
3、内部职工股								
4、优先股或其他								
未上市流通股份合计	217,800,000							217,800,000
二、已上市流通股份								
1、人民币普通股	156,544,355							156,544,355
2、境内上市的外资股								
1、1、境内上市的外资股								
2、2、其他								
已上市流通股份合计	156,544,355							156,544,355
三、股份总数	374,344,355							374,344,355

000523 广州市浪奇实业股份有限公司

2001年年度报告摘选

一、公司基本情况简介

1.公司法定中文名称:广州市浪奇实业股份有限公司
公司英文名称:LONKEY INDUSTRIAL CO.LTD.,GUANGZHOU
2.公司法定代表人:梁建彬
3.公司信息披露负责人:李谨
联系地址:广州市天河区黄埔大道东128号
广州市浪奇实业股份有限公司董事会秘书处
电话:(020)82305933 或 (020)82305694转228
传真:(020)82305104
电子邮箱:lonkeydm@public.guangzhou.gd.cn
4.公司注册地址及办公地址:广州市天河区黄埔大道东128号
邮政编码:510660
公司国际互联网网址:http://www.lonkey.com.cn
公司电子邮箱:lonkeyok@public.guangzhou.gd.cn
5.公司选定的信息披露报纸:中国证券报
登载公司年度报告的中国证监会指定国际互联网网址:http://www.cninfo.com.cn
年度报告备置地点:公司董事会秘书处
6.公司股票上市交易所:深圳证券交易所
股票简称:广州浪奇　　股票代码:000523

二、会计数据和业务数据摘要

1.公司本年度的会计数据:(单位:人民币元)

项目	金额
利润总额	8,235,964.19
净利润	4,539,071.89
扣除非经常性损益后的净利润	4,380,535.62
主营业务利润	82,188,043.14
其他业务利润	167,218.62
营业利润	9,834,576.85
投资收益	-2,499,462.15
补贴收入	380,478.81
营业外收支净额	520,370.68
经营活动产生的现金流量净额	80,624,611.64
现金及现金等价物净增减额	-333,530.59

注:"扣除非经常性损益后的净利润"中包含以下扣除项目和金额:营业外收支净额520,370.68元,出口贴息收入358,131.81元,国有资产资金占用费-486,090元,济难基金利息-233,876.22元。

2.公司近三年的主要会计数据和财务指标:

财务指标	2001年	2000年 调整后	2000年 调整前	1999年
主营业务收入(元)	584,419,379.65	448,986,320.35	448,986,320.35	384,792,392.40
净利润(元)	4,539,071.89	2,432,487.69	2,432,487.69	20,372,141.82
总资产(元)	747,818,045.00	640,779,959.65	649,289,756.09	702,147,302.56
股东权益(元)	504,623,932.52	499,268,475.91	508,268,664.07	570,600,884.35
每股收益(元/股)	0.02	0.01	0.01	0.09
扣除非经营性损益后的每股收益(元/股)	0.02	0.01	0.01	0.09
每股净资产(元/股)	2.20	2.18	2.22	2.49
调整后的每股净资产(元)	2.01	2.15	2.16	2.38
每股经营活动产生的现金流量净额	0.35	0.05	0.05	(0.08)
净资产收益率(%)	0.90	0.49	0.48	3.57

3.利润表附表:

报告期利润	净资产收益率 全面摊薄	净资产收益率 加权平均	每股收益 全面摊薄	每股收益 加权平均
主营业务利润	16.29%	16.39%	0.36	0.36
营业利润	1.95%	1.96%	0.04	0.04
净利润	0.90%	0.91%	0.02	0.02
扣除非经常性损益后的净利润	0.87%	0.87%	0.02	0.02

注:利润表附表是按照中国证监会《公开发行证券公司信息披露编报规则(第9号)》规定的方法进行计算。

三、股本变动及股东情况

1.股本变动情况

公司股份变动情况表

数量单位:股

	本次变动前	配股	送股	公积金转股	增发	其他	小计	本次变动后
一、未上市流通股份								
1.发起人股份								
其中:								
国家拥有股份	135163877	-	-	-	-	-	-	135163877
境内法人持有股份								
境外法人持有股份								
其他								
2.募集法人股份								
3.内部职工股								
4.优先股或其他								
未上市流通股份合计	135163877	-	-	-	-	-	-	135163877
二、已上市流通股份								
1.人民币普通股(注)	94186745	-	-	-	-	-	-	94186745
2.境内上市的外资股								
3.境外上市的外资股								
4.其他								
已上市流通股份合计	94186745	-	-	-	-	-	-	94186745
三、股份总数	229350622							229350622

(本次变动增减(+、-):配股、送股、公积金转股、增发、其他、小计)

000524 广州市东方宾馆股份有限公司

2001年年度报告摘选

公司基本情况简介

公司法定中文名称:广州市东方宾馆股份有限公司
英文名称:GuangZhou Dongfang Hotel Co., Ltd.
公司法定代表人:谢树文
公司证券事务代表:陈聪
联系地址:广州市流花路120号公司证券部
联系电话:86662791　　传　真:86662791
电子邮箱:dfhotel@public.guangzhou.gd.cn
公司注册地址:广州市流花路120号
公司办公地点:广州市流花路120号　　邮政编码:510016
公司国际互联网网址:http://www.dongfanghotel-gz.com
公司电子邮箱:dfhtlbc@public.guangzhou.gd.cn
本公司选定的信息披露报刊:《中国证券报》、《证券时报》
登载年度报告的中国证监会指定网站网址:www.cninfo.com.cn
公司年度报告备置地点:公司证券部
公司股票上市交易所:深圳证券交易所
公司股票简称:东方宾馆　　公司股票代码:000524

会计数据和业务数据摘要

一、本年度实现的利润总额及构成　　金额单位:人民币元

项目	金额
利润总额	-92,546,333.87
净利润	-98,137,813.28
扣除非经常性损益后的净利润	827,970.04
主营业务利润	191,378,050.85
其他业务利润	-
营业利润	-68,808,061.44
投资收益	-9,725,051.70
补贴收入	-
营业外收支净额	-14,013,220.73
经营活动产生的现金流量净额	28,960,163.70
现金及现金等价物净增加额	-29,566,816.56
扣除的非经常性损益项目	金额
提取专项坏账准备	60,737,976.88
固定资产减值准备	9,993,946.77
长期投资减值准备	8,392,500.00
短期投资跌价准备	1,100,838.18
核销坏账损失	15,333,110.29
固定资产报废	4,415,714.43
提取存货跌价准备	510,833.55
所得税返还	-1,519,136.78
合　计	98,965,783.32

二、主要会计数据和财务指标

(一)截止至报告期末本公司前三年的主要会计数据和财务指标　　金额单位:人民币元

指标项目	2001年	2000年 调整后	2000年 调整前	1999年
主营业务收入	226,391,819	224,342,557	224,342,557	206,262,491
净利润	-98,137,813	19,635,263	20,425,763	23,667,802
总资产	665,709,051	800,738,798	801,668,798	770,847,349
股东权益	590,448,250	688,586,063	689,516,063	754,579,607
每股收益	-0.36	0.07	0.08	0.09
扣除非经常性损益后的每股收益	0.003	0.06	0.07	0.09
每股净资产	2.19	2.55	2.56	2.80
调整后每股净资产	2.00	2.21	2.21	2.42
每股经营活动产生的现金流量净额	0.11	0.17	0.17	0.16
净资产收益率(%)	-16.62	2.85	2.96	3.14

(二)净资产收益率和每股收益指标　　金额单位:人民币元

报告期利润(2001年) 项目	金额	净资产收益率 全面摊薄	净资产收益率 加权平均	每股收益 全面摊薄	每股收益 加权平均
主营业务利润	191,378,050.85	32.41%	29.93%	0.71	0.71
营业利润	-68,808,061.44	-11.65%	-10.76%	-0.26	-0.26
净利润	-98,137,813.28	-16.62%	-15.36%	-0.36	-0.36
扣除非经常性损益后的净利润	827,970.04	0.14%	0.13%	0.003	0.003

股本变动及股东情况

一、股份变动情况　　数量单位:股

股份项目	本次变动前	配股	送股	公积金转股	增发	其他	小计	本次变动后
一、未上市流通股份								
1.发起人股份	170,689,030							170,689,030
其中:国家持有股份	47,533,038							47,533,038
境内法人持有股份	123,155,992							123,155,992
境外法人持有股份								
其他								
2.募集法人股份								
3.内部职工股								
4.优先股或其他								
未上市流通股份合计	170,689,030							170,689,030
二、已上市流通股份								
1.人民币普通股	98,984,714							98,984,714
其中:高管股	84,261					-10,532	-10,532	73,729
2.境内上市的外资股								
1.境外上市的外资股								
2.其他								
已上市流通股份合计	98,984,714							98,984,714
三、股份总数	269,673,744							269,673,744

(本次变动增减(+、-):配股、送股、公积金转股、增发、其他、小计)

000525 南京红太阳股份有限公司

2001 年年度报告摘选

第一节 公司基本情况简介

一、公司名称:
公司的法定中文名称:南京红太阳股份有限公司
公司的法定英文名称:NANJING REDSUN CO., LTD.
二、公司法定代表人:杨寿海先生
三、公司董事会秘书:包建军先生
公司董事会证券事务代表:梁璐女士
联系地址:江苏省南京市汉中路 89 号金鹰国际商城 19 层 C 座
邮政编码:210029
联系电话:(025)4785899、4785833、4785866
联系传真:(025)4785828
电子信箱:redsunzqb@sina.com xliang18@sina.com
四、公司注册地址:江苏省南京市高淳县淳溪镇宝塔路 269 号
邮政编码:211300
公司办公地址:江苏省南京市汉中路 89 号金鹰国际商城 19 层 C 座
邮政编码:210029
公司网址:http://www.red sun.com.cn
电子邮箱: redsun@jlonline.com
五、公司选定的信息披露报纸:《证券时报》、《中国证券报》
登载公司年度报告的中国证监会指定网站的网址:http://www.cninfo.com.cn
公司年度报告备置地点:南京红太阳股份有限公司证券部
六、公司股票上市交易所:深圳证券交易所
股票简称:红太阳
股票代码:000525

第二节 会计数据和业务数据摘要

一、公司本年度会计数据

项 目	金额(元)
利润总额	80,899,744.87
净利润	66,376,080.30
扣除非经常性损益后的净利润	66,571,033.23
主营业务利润	122,278,360.71
其他业务利润	9,427.08
营业利润	83,866,882.61
投资收益	-2,777,796.17
补贴收入	—
营业外收支净额	-189,341.57
经营活动产生的现金流量净额	19,858,216.94
现金及现金等价物净增减额	72,135,343.87

二、公司近三年的主要会计数据和财务指标

项目	2001 年度	2000 年度		1999 年度	
		调整后	调整前	调整后	调整前
主营业务收入(元)	299,968,735.30	224,054,591.03	224,054,591.03	219,574,826.27	219,574,826.27
净利润(元)	66,376,080.30	39,728,974.20	39,693,519.79	45,687,334.71	45,939,898.71
总资产(元)	844,990,987.53	634,243,862.68	634,380,381.56	324,519,649.52	324,519,649.52
股东权益(不含少数股东权益)(元)	483,289,086.13	439,317,362.35	44,130,998.76	198,214,894.43	199,495,344.36
每股收益(元/股)	0.2369	0.2410	0.2408	0.3710	0.3730
加权平均每股收益	0.2369	0.2638	0.2757	0.3710	0.4145
扣除非经常性损益后的每股收益	0.2376	0.2458	0.2408	0.3752	0.3682
每股净资产	1.7246	2.6650	2.67	1.6096	1.62
调整后的每股净资产	1.6364	2.4714	2.4763	1.5381	1.5485
每股经营活动产生的现金流量净额	0.0709	0.4851	0.4851	0.6471	0.7067
净资产收益率(%)	13.7342	9.0433	9.02	23.0494	23.03

三、报告期利润表附表

报告期利润	净资产收益率		每股收益(元/股)	
	全面摊薄	加权平均	全面摊薄	加权平均
主营业务利润	25.30%	25.88%	0.44	0.44
营业利润	17.35%	17.75%	0.30	0.30
净利润	13.73%	14.05%	0.24	0.24
扣除非经常性损益后的净利润	13.77%	14.09%	0.24	0.24

第三节 股本变动及股东情况

一、股本变动情况
(一)股份变动情况表

数量单位:股

	本次变动前	本次变动增减(+,-)						本次变动后
		配股	送股	公积金转股	增发	其他	小计	
一、未上市流通股份								
1、发起人股份	75,657,282		11,348,592	41,611,505				128,617,379
其中:								
国家持有股份	75,657,282		11,348,592	41,611,505				128,617,379
境内法人持有股份								
境外法人持有股份								
其他								
2、募集法人股份	13,068,000		1,960,200	7,187,400				22,215,600
3、内部职工股								
4、优先股或其他								
未上市流通股份合计	88,725,282		13,308,792	48,798,905				150,832,979
二、已上市流通股份								
1、人民币普通股	76,121,096		11,418,164	41,866,603				129,405,863
2、境内上市的外资股								
1、境外上市的外资股								
2、其他								
已上市流通股份合计	76,121,096		11,418,164	41,866,603				129,405,863
三、股份总数	164,846,378		24,726,956	90,665,508				280,238,842

000526 厦门旭飞实业股份有限公司

2001 年年度报告摘选

一、公司简介

1、公司法定中文名称:厦门旭飞实业股份有限公司
英文名称:XIAMEN SUNRISE INDUSTRIAL CO., LTD.
2、公司法定代表人:郑嘉猷
3、公司董事会秘书:李厚洋
联系地址:厦门市湖里区寨上长乐路 1 号
电　　话:0592-5651889、0755-2496116
传　　真:0592-5652638
电子信箱:lihouyang@21cn.com
4、公司注册及办公地址:厦门市湖里区寨上长乐路 1 号
邮政编码:361006
联系电话:0592-5654888 转各部门
传　　真:0592-5652638
公司互联网网址:http://www.gdsunrise.com
公司电子邮箱:caoyuou@21cn.com
5、公司选定的信息披露报纸名称:《证券时报》
登载公司年度报告的中国证监会指定国际互联网网址:http://www.cninfo.com.cn
公司年度报告备置地点:公司办公室
6、公司股票上市交易所:深圳证券交易所
股票简称:旭飞实业　　　股票代码:000526

二、会计数据和业务数据摘要

(一) 公司本年度经营业绩的主要会计数据(单位:人民币元)

项目	金 额
1、利润总额	17,572,443.83
2、净利润	15,301,991.60
3、扣除非经营性损益后的净利润	12,745,021.87
4、主营业务利润	38,454,757.39
5、其他业务利润	/
6、营业利润	14,721,191.80
7、投资收益	294,282.30
8、补贴收入	/
9、营业外收支净额	2,556,969.73
10、经营活动产生的现金流量净额	13,751,592.57
11、现金及现金等价物净增加额	31,371,351.02

注:非经营性损益项目为各项营业外收入、支出净额,涉及金额为 2,556,969.73 元。

(二) 截止报告期末公司近三年的主要会计数据和财务指标(单位:人民币元)

指标项目	2001 年	2000 年	1999 年
1、主营业务收入	163,953,430.93	86,625,804.19	5,441,829.97
2、净利润	15,301,991.60	13,690,932.29	8,843,949.03
3、总资产	460,447,775.98	227,445,135.39	205,528,517.32
4、股东权益(不含少数股东权益)	157,420,151.53	142,118,159.93	128,427,227.64
5、每股收益			
(1) 全面摊薄	0.193	0.173	0.112
(2) 加权平均	0.193	0.173	0.112
(3) 扣除非经营性损益后	0.161	0.173	-0.105
6、每股净资产	1.986	1.793	1.621
7、调整后的每股净资产	1.986	1.792	1.618
8、每股经营活动产生的现金流量净额	0.174	0.207	-0.204
9、净资产收益率	9.72%	9.63%	6.89%

(三) 按照中国证监会《公开发行证券公司信息披露编报规则(第 9 号)》要求计算的利润数据

报告期利润	净资产收益率		每股收益(元)	
	全面推薄	加权平均	全面推薄	加权平均
主营业务利润	24.43%	25.62%	0.49	0.49
营业利润	9.35%	9.81%	0.19	0.19
净利润	9.72%	10.20%	0.19	0.19
扣除非经营性损益后的净利润	8.10%	8.49%	0.16	0.16

三、股本变动及股东情况

(一) 股份变动情况表

数量单位:股

	本次变动前	本次变动增减(+、-)						本次变动后
		配股	送股	公积金转股	增发	其他	小计	
一、未上市流通股份								
1、发起人股份	22,959,255							22,959,255
其中:								
国家持有股份								
境内法人持有股份	22,959,255							22,959,255
境外法人持有股份								
其他								
2、募集法人股份	23,515,745							23,515,745
3、内部职工股								
4、优先股或其他								
其中:								
转配股								
未上市流通股份合计	46,475,000							46,475,000
二、已上市流通股份								
1、人民币普通股	32,775,285							32,775,285
2、境内上市的外资股								
3、境外上市的外资股								
4、其他								
已上市流通股份合计	32,775,285							32,775,285
三、股份总数	79,250,285							79,250,285

000527 广东美的集团股份有限公司

2001年年度报告摘选

一、公司基本情况简介

(一)公司法定中文名称:广东美的集团股份有限公司
公司法定英文名称:GD MIDEA HOLDING CO.,LTD.
(二)公司法定代表人:何享健
(三)公司董事局秘书:黄晓明
证券事务代表:向春江
联系地址:广东省顺德市北滘镇蓬莱路
电　　话:(0765)6338779,6338807
传　　真:(0765)6651991
E-mail:dms@midea.com.cn
(四)公司注册及办公地址:广东省顺德市北滘镇蓬莱路
邮政编码:528311
网　　址:Http://www.midea.com.cn
E-mail:midea@midea.com.cn
(五)公司选定信息披露报刊:《中国证券报》、《证券时报》、《上海证券报》
登载年度报告国际互联网网址:Http://www.cninfo.com.cn
年报备置地点:公司董事局秘书室
(六)股票上市交易所:深圳证券交易所
股票简称:粤美的A　　股票代码:0527

二、会计数据和业务数据摘要

(一)本年度利润实现情况　　单位:元

指标名称	业务数据
利润总额	392,304,724.41
净利润	251,091,983.49
扣除非经常性损益后的净利润	203,277,613.58
主营业务利润	2,501,737,223.85
其他业务利润	29,370,468.56
营业利润	390,138,753.45
投资收益	-5,721,278.86
补贴收入	0
营业外收支净额	7,887,249.82
经营活动产生的现金流量净额	820,709,758.45
现金及现金等价物净增加额	264,758,390.01

注:扣除的非经常性损益包括:营业外收入20,052,452.30元,营业外支出12,165,202.48元,股权转让亏损4,465,958.05元,税收返还45,522,104.42元,所得税影响数1,129,026.28元。

(二)截止报告期末前三年的主要会计数据和财务指标

指标名称	2001年	2000年		1999年	
		调整前	调整后	调整前	调整后
主营业务收入(百万元)	10,525.30	8,805.24	8,805.24	5,789.99	5,789.99
净利润(百万元)	251.09	303.16	284.31	294.01	277.71
总资产(百万元)	7,652.89	7,174.09	7,147.21	4,469.35	4,458.44
股东权益(百万元)(不含少数股东权益)	2,091.29	1,975.36	1,933.82	1,845.01	1,817.87
每股收益(元)	0.52	0.63	0.59	0.61	0.57
每股净资产(元)	4.31	4.07	3.99	3.81	3.75
调整后的每股净资产(元)	3.81	3.67	3.61	3.56	3.50
每股经营活动产生的现金流量净额(元)	1.69	0.77	0.77	0.13	0.13
净资产收益率(%)	12.01	15.35	14.70	15.94	15.28

(三)报告期利润表附表

根据中国证监会《公开发行证券的公司信息披露编报规则第九号》文件的要求计算的利润数据:

报告期利润	净资产收益率(%)		每股收益(元/股)	
	全面摊薄	加权平均	全面摊薄	加权平均
主营业务利润	119.63	110.34	5.16	5.16
营业利润	18.66	17.22	0.80	0.80
净利润	12.01	11.08	0.52	0.52
扣除非经常性损益后的净利润	9.72	8.97	0.42	0.42

三、股本变动及股东情况

(一)股本变动情况
1、股份变动情况表　　单位:股　每股面值:1元

股份类别	期初数	报告期内变动增减 配股数	其它	期末数
一、未上市流通股份				
1、发起人股份	97,578,331	0	0	97,578,331
其中:国家持有股份	0	0	0	0
境内法人持有股份	97,578,331	0	0	97,578,331
增外法人持有股份	0	0		
其他	0	0		
2、募集法人股份	95,758,800	0	0	95,758,800
3、内部职工股	0	0	0	0
4、优先股或其他	0	0	0	0
未上市流通股份合计	193,337,131	0	0	193,337,131
二、已流通股份				
1、人民币普通股	290,082,964	0	+279,928	290,362,892
2、境内上市的外资股	0	0	0	0
3、境外上市的外资股	0	0	0	0
4、其他	1,469,631	0	-279,928	1,189,703
已上市流通股份合计	291,552,595	0	0	291,552,595
三、股份总数	484,889,726	0	0	484,889,726

000528 广西柳工机械股份有限公司

2001年年度报告摘选

一、公司基本情况简介

(一)公司的法定中文名称:广西柳工机械股份有限公司
公司英文名称:Guangxi Liugong Machinery Co., Ltd.
(二)公司法定代表人:王晓华
(三)公司董事会秘书:王祖光
联系地址:公司董事会秘书处
联系电话:(0772)3886509,3886510　　传　真:(0772)3886509
电子信箱:stock @ liugong.com.cn
(四)公司注册及办公地址:广西壮族自治区柳州市柳太路1号
公司总机:(0772)3691630,3887888　　公司传真:(0772)3691147
邮政编码:545007
公司国际互联网网址:http://www.liugong.com.cn
电子信箱:stock @ liugong.com.cn
(五)公司选定的信息披露报纸名称:中国证券报、证券时报
登载公司年度报告及其它公告信息的中国证监会指定国际互联网网址:
巨潮互联网 http://www.cninfo.com.cn
公司年度报告备置地点:公司董事会秘书处
(六)公司股票上市交易所:深圳证券交易所
股票简称:桂柳工A　　股票代码:000528

二、会计数据和业务数据摘要

(一)公司本年度利润总额及其构成

(单位:人民币元)

项目	金额
利润总额	27,154,138.71
净利润	21,445,474.53
扣除非经常性损益后的净利润	24,563,546.35
主营业务利润	162,130,414.34
其他业务利润	2,155,286.14
营业利润	30,274,279.49
投资收益	-224,093.56
补贴收入	222,024.60
营业外收支净额	-3,118,071.82
经营活动的现金流量净额	51,125,518.67
现金及现金等价物净增加额	12,128,175.17

注:扣除非经常性损益的项目和涉及金额:处理固定资产收益-685,669.14元,罚款收入-16,841.84元,其他收入-344,922.32元,固定资产盘亏2,200.85元,处理固定资产损失2,763,384.53元,职工子弟学校经费996,990.00元,赔偿金97,173.47元,罚款支出108,383.76元,其他支出197,372.51元,共计3,118,071.82元。

(二)前三年的主要会计数据和财务指标

单位:人民币元

项目	2001年	2000年		1999年
		调整前	调整后	
主营业务收入	977,567,129.27	765,190,487.72	764,776,379.83	726,737,329.59
净利润	21,445,474.53	1,154,292.14	142,739.70	2,503,903.33
总资产	1,260,739,108.57	1,205,027,128.23	1,203,415,182.22	1,175,632,135.24
股东权益	703,939,894.94	697,260,822.54	698,192,464.63	696,693,862.59
每股收益	0.0655	0.0035	0.0004	0.0076
按加权计算	0.0655	0.0035	0.0004	0.0076
扣除非经常性损益后每股收益	0.0750	0.0093	0.0076	0.0174
每股净资产	2.1492	2.1288	2.1316	2.1271
净资产收益率(%)	3.0465	0.1655	0.0204	0.3594
按加权平均计算(%)	3.0465	0.1655	0.0204	0.3594
调整后的每股净资产	2.1233	2.0772	2.0801	2.0961
每股经营活动产生的现金流量净额	0.1561	0.1211	0.1211	0.0139

(三)利润表附表

报告期利润	净资产收益率(%)						每股收益					
	全面摊薄			加权平均			全面摊薄			加权平均		
	2001年	2000年调整前	2000年调整后	2001年	2000年调整前	2000年调整后	2001年	2000年调整前	2000年调整后	2001年	2000年调整前	2000年调整后
主营业务利润	23.03	19.36	19.27	23.03	19.36	19.27	0.495	0.412	0.411	0.495	0.412	0.411
营业利润	4.30	4.71	4.63	4.30	4.71	4.63	0.092	0.100	0.099	0.092	0.100	0.099
净利润	3.05	0.17	0.02	3.05	0.17	0.02	0.065	0.004	0.0004	0.065	0.004	0.0004
扣除非经常性损益后的净利润	3.49	0.44	0.36	3.49	0.44	0.36	0.075	0.009	0.008	0.075	0.009	0.008

三、股本变动及股东情况

(一)股份变动情况表(截止:2001年12月31日　　数量单位:股)

	本次变动前	本次变动增减(+,-) 配股	送股	公积金转股	增发	其他	小计	本次变动后
一、未上市流通股份								
1、发起人股份	207,900,000							207,900,000
其中:								
国家拥有股份								
境内法人持有股份	207,900,000							207,900,000
境外法人持有股份								
其他								
2、募集法人股份								
3、内部职工股								
4、优先股或其他								
未上市流通股份合计	207,900,000							207,900,000
二、已上市流通股份								
1、人民币普通股	119,636,793							119,636,793
2、境内上市的外资股								
3、境外上市的外资股								
4、其他								
已上市流通股份合计	119,636,793							119,636,793
三、股份总数	327,536,793							327,536,793

000529 广东美雅集团股份有限公司

2001 年年度报告摘选

一、公司基本情况简介

(一)公司法定中文名称:广东美雅集团股份有限公司
公司英文名称:GUANGDONG MEIYA GROUP CO.,LTD.
(二) 公司法定代表人:冯国良
(三) 公司董事会秘书:冯伟
①传真:(0750)8889240
②董秘电子信箱:meiya@pub.jiangmen.gd.cn
③联系地址:广东省鹤山市人民西路 40 号　　联系电话:(0750)8888888
(四) 公司注册及办公地址:广东省鹤山市人民西路 40 号　　邮政编码:529700
公司网址:http://www.meiya.com.cn
公司电子信箱:meiya@pub.jiangmen.gd.cn
(五) 公司选定的信息披露报纸名称:《证券时报》、《中国证券报》
登载公司年度报告的国际互联网网址:http://www.cninfo.com.cn
公司年度报告备置地点:公司董事会秘书室
(六) 公司股票上市地:深圳证券交易所
公司股票简称:粤美雅　　公司股票代码:000529

二、会计数据和业务数据摘要

(一) 本年度主要会计数据和业务数据(单位:元)

项目	金　额
利润总额	-320,837,560.25
净利润	-320,837,560.25
扣除非经常性损益后的净利润	-326,736,807.35
主营业务利润	-14,120,846.62
其他业务利润	270,709.10
营业利润	-323,748,107.41
投资收益	-6,981,943.62
补贴收入	555,831.00
营业外收支净额	9,336,659.78
经营活动产生的现金流量净额	137,801,207.13
现金及现金等价物净增加额	-16,968,569.37

注:扣除的非经常性损益项目和涉及金额(单位:元)

项目	金额
投资收益	2,124,556.24
补贴收入	555,831.00
营业外收入	101,112.40
营业外支出	-3,117,747.46
合计	5,899,247.10

(二) 截至报告期末前三年的主要会计数据和财务指标(单位:元)

指标名称	2001 年	2000 年		1999 年	
		调整前	调整后	调整前	调整后
主营业务收入(元)	508,008,002.77	704,060,791.37	704,060,791.37	892,403,863.60	837,260,826.30
净利润(元)	-320,837,560.25	6,782,765.95	5,202,301.74	-298,484,942.42	-316,936,513.51
总资产(元)	2,336,168,163.39	2,746,059,720.90	2,688,161,413.67	2,822,499,969.23	2,755,350,989.41
股东权益	1,251,150,929.62	1,636,004,597.02	1,578,106,289.79	1,653,925,190.01	1,635,473,618.92
每股收益(摊薄)	-0.81	0.02	0.01	-0.75	-0.80
加权平均每股收益	-0.81	0.02	0.01	-0.75	-0.80
扣除非经常性损益后的每股收益(元)	-0.82	0.01	0.01	-0.78	-0.80
调整后每股净资产	3.13	4.15	3.98	4.15	4.02
每股经营活动产生的现金流量净额(元)	0.34	-0.31	-0.31	-0.23	-0.23
每股净资产	3.16	4.13	3.98	4.17	4.12
净资产收益率(%)	-25.63	0.41	0.33	-18.05	-19.38

报告期末利润表附表:

报告期利润	净资产收益率(%)		每股收益(元)	
	全面摊薄	加权平均	全面摊薄	加权平均
主营业务利润	-1.13	-1.00	-0.04	-0.04
营业利润	-25.87	-22.84	-0.82	-0.82
净利润	-25.63	-22.63	-0.81	-0.81
扣除非经常性损益后的净利润	-26.11	-23.05	-0.82	-0.82

三、股本变动及股东情况

(一) 股本变动情况表

单位:股

	本次变动前	本次变动增减						本次变动后
		配股	送股	公积金转股	增发	其他	小计	
一、未上市流通股份								
1. 发起人股份	143560141							143560141
其中:								
国家拥有股份	127610141							
境内法人持有股份	15950000							15950000
境外法人持有股份								
其他	5111							0
2. 募集法人股	36897640							36897640
3. 内部职工股								
4. 优先股或其他								
未流通股份合计	180452892							180457781
二、已上市流通股份								
1. 人民币普通股	216052980							216058091
2. 境内上市的外资股								
3. 境外上市的外资股								
4. 其他								
已上市流通股份合计	216052980							216058091
三、股份总数	396515872							396515872

000530 大连冷冻机股份有限公司

2001 年年度报告摘选

一、公司基本情况简介

1、公司法定中文名称:大连冷冻机股份有限公司
公司法定英文名称:Dalian Refrigeration CO., LTD.
公司英文名称缩写:DRC
2、公司法定代表人:张和先生
3、公司董事会秘书:吕连珍女士
电话:0086-411-6653081-8100　　传真:0086-411-6641470
证券事务代表:葛彦女士
电话:0086-411-6653081-8130　　传真:0086-411-6654530
联系地址:大连市沙河口区西南路 888 号
4、公司注册及办公地址:大连市沙河口区西南路 888 号
邮政编码:116033
互联网网址:http://www.bingshan.com
电子信箱:dlzj@mail.dlptt.ln.cn
5、公司选定的信息披露报纸:《中国证券报》、《大公报》
登载年度报告的证监会指定网址:http://www.cninfo.com.cn
公司年度报告备置地点:公司证券部
6、公司股票上市交易所:深圳证券交易所
股票简称:大冷股份;大冷 B　　股票代码:000530;200530

二、会计数据和业务数据摘要

1、报告期主要业务数据摘要(单位:元)

项目	金额
利润总额	92,649,928.26
净利润	88,918,520.81
扣除非经常性损益后的净利润	88,874,207.67
主营业务利润	134,830,510.18
其他业务利润	1,276,789.17
营业利润	13,776,904.25
投资收益	78,828,710.87
补贴收入	0
营业外收支净额	44,313.14
经营活动产生的现金流量净额	44,794,359.91
现金及现金等价物净增加额	74,379,802.42

注:扣除非经常性损益项目和涉及金额:
(1) 营业外收入 70,959.24 元。
(2) 营业外支出 -26,464.10 元。

2、截止报告期末公司前三年的主要会计数据和财务指标(单位:元)

项目	2001	2000		1999
		调整后	调整前	
主营业务收入	902,148,243.13	800,683,245.80	800,683,245.80	720,585,250.60
净利润	88,918,520.81	80,401,064.51	78,151,266.89	71,063,628.79
总资产	1,853,120,167.07	1,748,387,305.67	1,767,519,306.58	1,531,014,855.25
股东权益	1,137,488,584.64	1,083,571,561.33	1,102,703,562.24	1,059,513,792.85
每股收益	0.254	0.230	0.223	0.203
扣除非经常性损益后的每股收益	0.254	0.230	0.223	0.203
每股净资产	3.25	3.10	3.15	3.03
调整后的每股净资产	3.23	3.08	3.10	3.01
每股经营活动产生的现金流量净额	0.128	0.117	0.117	0.072
净资产收益率	7.82%	7.42%	7.09%	6.71%
扣除非经常性损益后的加权净资产收益率	8.01%	7.68%	7.09%	6.71%

3、2001 年度净资产收益率和每股收益

报告期利润	净资产收益率		每股收益(元)	
	全面摊薄	加权平均	全面摊薄	加权平均
主营业务利润	11.85%	12.14%	0.39	0.39
营业利润	1.21%	1.24%	0.04	0.04
净利润	7.82%	8.01%	0.25	0.25
扣除非经常性损益后净利润	7.82%	8.01%	0.25	0.25

三、股本变动及股东情况

1、股本变动情况　　数量单位:股

	期初数	期末数
一、未上市流通股份		
1、发起人股份	104,422,500	104,422,500
其中:国家股	104,422,500	104,422,500
2、募集法人股份	32,222,250	32,222,250
未上市流通股份合计	136,644,750	136,644,750
二、已上市流通股份		
1、人民币普通股	98,370,225	98,370,225
2、境内上市外资股(B 股)	115,000,000	115,000,000
已上市流通股份合计	213,370,225	213,370,225
三、股份总数	350,014,975	350,014,975

2、股东情况介绍
(1)主要股东持股情况(前 10 名股东)

股东名称	年初(万股)	年末(万股)	占总股本(%)	类别
大连冰山集团有限公司(国家股)	10,442.25	10,442.25	29.83	A
SANYO ELECTRIC CO., LTD.	3,500.15	3,500.15	10.00	B
国泰君安证券股份有限公司	0	534.55	1.53	A
吉林九州开发公司	315.00	315.00	0.90	A
太原兆和投资发展公司	315.00	315.00	0.90	A
申银万国证券股份有限公司	283.70	283.70	0.81	A
大连第一制冷设备厂	194.425	194.425	0.56	A
大连华信信托投资股份有限公司	179.50	179.50	0.51	A
大连热电集团股份有限公司	175.00	175.00	0.50	A
大连橡胶塑料机械厂	165.375	165.375	0.47	A

000531 广州恒运企业集团股份有限公司

2001 年年度报告摘选

一、公司基本情况简介

(一)公司法定中文名称:广州恒运企业集团股份有限公司
公司法定英文名称:Guangzhou Hengyun Enterprises Holdings Ltd.
(二)公司法定代表人:夏藩高
(三)公司董事会秘书:林国定
联系地址:广东省广州经济技术开发区西基路 8 号
电　　话:(020)82098330、82099511
传　　真:(020)82098658
电子信箱:hengyun0531@21cn.com
股证事务授权代表:李德鑫
联系地址、电话、传真、电子信箱同上。
(四)公司注册地址及办公地址:广州经济技术开发区西基路 8 号
邮政编码:510730
公司国际互联网网址:http://www.hengyun.com.cn
电子信箱:hengyun@public.guangzhou.gd.cn
(五)公司选定的信息披露报纸名称:
《证券时报》、《中国证券报》和《上海证券报》。
登载公司年度报告的中国证监会指定网站的网址:http://www.cninfo.com.cn
公司年度报告备置地点:公司董事会秘书室
(六)公司股票上市交易所:深圳证券交易所
股票简称:穗恒运 A
股票代码:000531

二、会计数据和业务数据摘要

(一)公司本年度利润构成及现金流量情况(单位:人民币元)

项目	金　额
利润总额	138,961,540.29
净利润	64,455,187.22
扣除非经常性损益后的净利润	76,978,264.42
主营业务利润	213,024,994.24
其他业务利润	1,199,955.57
营业利润	152,915,326.95
投资收益	-1,507,427.70
补贴收入	0.00
营业外收支净额	-12,446,358.96
经营活动产生的现金流量净额	260,866,913.84
现金及现金等价物净增加额	-97,468,538.04

(二)截止报告期末公司前三年的主要会计数据和财务指标(单位:人民币元)

	项目	2001 年	2000 年		1999 年	
			调整前	调整后	调整前	调整后
1.	主营业务收入	860,874,303.81	668,013,045.47	668,013,045.47	601,493,275.07	601,493,275.07
2.	净利润	64,455,187.22	59,280,171.83	59,025,969.46	68,820,993.80	65,593,367.34
3.	总资产	1,606,788,739.04	1,442,024,259.15	1,440,525,911.78	1,492,291,916.08	1,492,291,916.08
4.	股东权益	579,791,204.11	558,908,529.05	558,294,206.63	556,133,933.25	552,906,306.79
5.	每股收益(摊薄)	0.242	0.22	0.22	0.258	0.25
6.	每股收益(加权)	0.242	0.22	0.22	0.258	0.25
7.	每股净资产	2.175	2.097	2.095	2.087	2.075
8.	调整后的每股 净资产	2.159	2.000	1.998	1.943	1.953
9.	每股经营活动产生的现金流量净额	0.979	0.55	0.55	0.90	0.90
10.	净资产收益率(摊薄)	11.12%	10.61%	10.57%	12.37%	11.86%
11.	净资产收益率(加权)	10.92%	10.25%	10.21%	12.82%	12.26%
12.	扣除非经常性损益后的加权净资产收益率	13.04%	10.85%	10.82%	10.84%	10.27%

(三)报告期净资产收益率和每股收益指标:

报告期利润	净资产收益率(%)		每股收益(人民币元)	
	全面摊薄	加权平均	全面摊薄	加权平均
主营业务利润	36.74	36.09	0.799	0.799
营业利润	26.37	25.91	0.574	0.574
净利润	11.12	10.92	0.242	0.242
扣除非经常性损益后的净利润	13.28	13.04	0.289	0.289

三、股本变动及股东情况

(一)股本变动情况
1、股份变动情况表(数量单位:股)

	本次变动前	本次变动增减(+、-)						本次变动后
		配股	送股	公积金转股	增发	其他	小计	
一、未上市流通股份								
1、发起人股份	158,699,672							158,699,672
其中:								
国家持有股份	53,304,252					42,673,921		95,978,173
境内法人持有股份	105,395,420					-42,673,921		62,721,499
境外法人持有股份								
其他								
2、募集法人股份								
3、内部职工股								
4、优先股或其他								
未上市流通股份合计	158,699,672							158,699,672
二、已上市流通股份	107,821,588							107,821,588
1、人民币普通股	107,821,588							107,821,588
2、境内上市的外资股								
3、境外上市的外资股								
4、其他								
已上市流通股份合计	107,821,588							107,821,588
三、股份总数	266,521,260					0	0	266,521,260

000532 珠海华电股份有限公司

2001 年年度报告摘选

第一节　公司基本情况简介

一、公司法定中文名称:珠海华电股份有限公司
公司英文名称:ZHUHAI　HUADIAN　CO.,LTD.
公司英文名称缩写:ZHHD
二、公司法定代表人:冯冠平
三、公司董事会秘书:曹海霞
证券事务代表:詹梅樱
联系地址:珠海市海滨南路光大国际贸易中心三十三楼
电　　话:0756-3329623、3222630　　传　真:0756-3329828
电子信箱:cs@huadian.com
四、公司注册地址:珠海市九洲大道官村综合楼三楼
办公地址:珠海市海滨南路光大国际贸易中心三十三楼　　邮政编码:519015
公司国际互联网网址:www.huadian.com　　电子信箱:cs@huadian.com
五、公司选定信息披露报纸:《证券时报》
中国证监会指定信息披露网址:www.cninfo.com.cn
年度报告备置地点:珠海市海滨南路光大国际贸易中心 33 楼公司董事会秘书处
六、公司股票上市交易所:深圳证券交易所
公司股票简称:粤华电　　公司股票代码:000532

第二节　会计数据和业务数据摘要

一、公司报告期利润指标情况:

项目	金额(元)
利润总额	25,336,870.07
净利润	23,916,188.00
扣除非经常性损益后的净利润	26,737,322.63
主营业务利润	5,034,773.14
其他业务利润	64,335.58
营业利润	-2,510,622.21
投资收益	30,668,626.91
补贴收入	0
营业外收支净额	-2,821,134.63
经营活动产生的现金流量净额	-7,438,587.39
现金及现金等价物净增减额	-30,304,868.31

注:扣除非经常性损益项目和涉及金额(单位:元)

项　目	金　额
处置固定资产净收益	306,853.99
其他收入	347,160.60
解聘职工补偿支出	3,427,503.05
其他支出	47,646.17
合计	2,821,134.63

二、公司近三年的主要会计数据和财务指标:(单位:元)

项目	2001 年度	2000 年度		1999 年度	
		调整后	调整前	调整后	调整前
主营业务收入	20,047,426.80				94,970,778.70
净利润	23,916,188.00	-156,091,361.44	-155,920,807.39	2,431,522.42	2,142,193.85
总资产	424,062,543.13	440,723,374.69	410,388,441.63	566,369,639.67	600,196,609.35
股东权益(不含少数股东权益)	405,367,066.12	381,433,493.12	382,024,047.17	537,944,854.56	537,979,495.66
每股收益	0.11	-0.71	-0.71	0.01	0.009
扣除非经常性损益后的每股收益	0.12	-0.118	-0.117	0.009	0.009
每股净资产	1.86	1.75	1.75	2.46	2.46
调整后的每股净资产	1.83	1.68	1.68	2.02	2.02
每股经营活动产生的现金流量净额	-0.03	0.25	0.25	0.12	0.12
净资产收益率(%)	5.9%	-40.92%	-40.81%	0.39%	0.39%

三、按中国证监会《公开发行证券公司信息披露编报规则(第 9 号)》的要求计算的净资产收益率及每股收益:

报告期利润	净资产收益率(%)		每股收益(元)	
	全面摊薄	加权平均	全面摊薄	加权平均
主营业务利润	1.24	1.28	0.02	0.02
营业利润	-0.62	-0.64	-0.01	-0.01
净利润	5.90	6.08	0.11	0.11
扣除非经常性损益后的净利润	6.60	6.80	0.12	0.12

第三节　股本变动及股东情况

一、股份变动情况表:

单位:股

	期初数	本次变动增减(+,-)					期末数
		配股	送股	公积金转股	其他	小计	
一、未上市流通股份							
1、发起人股份	72,454,000						72,454,000
其中:							
国家拥有股份	72,454,000						72,454,000
境内法人持有股份	—						—
境外法人持有股份	—						—
其他	—						—
2、募集法人股份	52,402,075						52,402,075
3、内部职工股	—						—
4、转配股							—
未上市流通股份合计	124,856,075						124,856,075
二、已上市流通股份							
1、人民币普通股	93,536,125						93,536,125
2、境内上市的外资股							—
境外上市的外资股	—						—
其他							—
已流通股份合计	93,536,125						93,536,125
三、股份总数	218,392,200						218,392,200

000533 广东万家乐股份有限公司

2001 年年度报告摘选

一、公司简介

(一)公司法定中文名称:广东万家乐股份有限公司
公司法定英文名称:Guangdong Macro Co., Ltd.
(二) 法定代表人姓名:黄梅森
(三) 公司董事会秘书:何剑雄
证券事务代表:平少澜
联系电话:0765－2321232
电子信箱:pingsl@macro.com.cn
传真:0765－2321200
联系地址:广东顺德市顺峰工业区
(四)公司注册地址:广东顺德市大良区环市北路 38 号
公司办公地址:广东顺德市顺峰工业区　　　邮政编码:528333
公司网址:http://www.macro.com.cn　　　公司电子信箱:macro@macro.com.cn
(五)信息披露报刊名称:证券时报、中国证券报
年报指定登载网址:http://www.cninfo.com.cn
年度报告备置地点:公司证券法律部
(六) 股票上市交易所:深圳证券交易所
A 股简称:万家乐 A　　A 股代码:000533

二、会计数据与业务数据摘要

1、本年度主要经济指标完成情况　　(单位:元)

项目	金额
利润总额	－1,009,778,429.40
净利润	－978,556,712.78
扣除非经常性损益后的净利润	－264,568,865.76
主营业务利润	369,401,966.89
其他业务利润	－3,634,532.93
营业利润	－299,452,970.12
投资收益	8,143,650.44
补贴收入	995,909.00
营业外收支净额	－719,465,018.72
经营活动产生的现金流量净额	－360,120,748.50
现金及现金等价物净增加额	－410,060,381.86

2、最近三年主要会计数据和财务指标

项目	2001 年	2000 年		1999 年	
		调整前	调整后	调整前	调整后
主营业务收入(万元)	112,282	116,706	105,753	111,296	111,296
净利润(万元)	－97,856	2,318	548	15,524	10,180
总资产(万元)	270,804	369,690	348,822	325,846	312,791
股东权益(万元)(不含少数股东权益)	24,644	135,837	122,671	132,792	122,122
每股收益(元)	－1.6998	0.04	0.01	0.27	0.18
每股净资产(元)	0.4281	2.36	2.13	2.31	2.12
调整后的每股净资产(元)	0.2730	2.20	1.97	2.20	2.01
每股经营活动产生的现金流量净额(元)	－0.6256	0.24	0.24	0.23	0.23
净资产收益率(%)	－397.07	1.71	0.45	11.69	8.34
加权净资产收益率(%)	－35.88	1.87	0.85	9.89	12.53

3、本报告期内利润表附表

按照中国证监会<<公开发行证券公司信息披露编报规则(第 9 号)>>要求计算的净资产收益率及每股收益:

项目	2001 年度			
	净资产收益率(%)		每股收益(元/股)	
	全面摊薄	加权平均	全面摊薄	加权平均
主营业务利润	149.89%	50.09%	0.6417	0.6417
营业利润	－121.51%	－40.61%	－0.5202	－0.5202
净利润	－397.07%	－132.70%	－1.6998	－1.6998
扣除非经常性损益后的净利润	－107.36%	－35.88%	－0.4596	－0.4596

三、股本变动及股东情况

1、股本变动情况

(1)股份变动情况表(根据深交所 2002 年 1 月 4 日提供的股本结构表列示)

数量单位:股

	本次变动前	本次变动增减(+,－)						本次变动后
		配股	送股	公积金转股	增发	其它	小计	
一、未上市流通股份								
1、发起人股份	176,288,934							176,288,934
其中:								
国家持有股份								
境内法人持有股份	176,288,934							176,288,934
境外法人持有股份								
其他								
2、定向法人股份	195,685,466							195,685,466
3、内部职工股								
4、优先股或其他								
未上市流通股份合计	371,974,400					0	0	371,974,400
二、已上市流通股份								
1、人民币普通股	203,705,600					0	0	203,705,600
2、境内上市的外资股								
3、境外上市的外资股								
4、其他								
已上市流通股份合计	203,705,600					0	0	203,705,600
三、股份总数	575,680,000					0	0	575,680,000

000534 汕头电力发展股份有限公司

2001 年年度报告摘选

第一节　公司基本情况简介

(一) 公司的法定中文名称:汕头电力发展股份有限公司
公司的法定英文名称:SHANTOU ELECTRIC POWER DEVELOMENT CO., LTD.
(二) 公司法定代表人:沈宗敏
(三) 公司董事会秘书:黄曼华
证券事务代表:袁克新
联系地址:汕头市珠池路 23 号光明大厦(B 座)八楼
电话:0754－8857291　8857382
传真:0754－8857199
电子邮箱:sdla@pub.shantou.gd.cn
(四) 公司注册地址:汕头市珠池路 23 号光明大厦(B 座)八楼
公司办公地址:汕头市珠池路 23 号光明大厦(B 座)八楼
邮政编码:515041
电子信箱:sdla@pub.shantou.gd.cn
(五) 公司选定的信息披露报纸名称:《证券时报》、《中国证券报》
登载年度报告的中国证监会指定网站的网址:http://www.cninfo.com.cn
公司年度报告备置地点:公司证券投资部
(六) 公司股票上市交易所:深圳证券交易所
股票简称:汕电力
股票代码:000534

第二节　会计数据和业务数据摘要

(一)本年度主要财务数据:　　(金额单位:元)

项目	金额
利润总额	9,573,641.19
净利润	7,759,366.23
扣除非经济性损益后的净利润	7,701,608.09
主营业务利润	14,727,242.03
其他业务利润	77,641.30
营业利润	3,599,627.65
投资收益	5,906,062.79
补贴收入	——
营业外收支净额	67,950.75
经营活动产生的现金流量净额	14,524,114.42
现金及现金等价物净增加额	17,856,458.15

注:非经常性损益的金额为 57,758.14,其中营业外收入 97,449.63 元,营业外支出 29,498.88 元,所得税影响数 10,192.61 元。

(二)截至报告期末公司前三年的主要会计和财务指标:　　(金额单位:元)

项目	2001 年	2000 年		1999 年
		追溯调整后	追溯调整前	
主要业务收入	89,874,044.57	86,404,173.10	86,404,173.10	77,598,042.48
净利润	7,759,366.23	13,630,557.28	14,941,978.25	3,716,403.86
总资产	555,632,399.22	569,666,298.24	571,016,140.72	558,880,817.57
股东权益(不含少数股东权益)	549,143,837.75	541,384,471.52	542,695,892.49	548,580,046.14
每股收益	0.0373	0.0654	0.0717	0.0178
每股净资产	2.6368	2.5995	2.6058	2.6341
调整后的每股净资产	2.6174	2.5748	2.5811	2.5793
每股经营活动产生的现金流量净额	0.0697	0.0610	0.0610	－0.0154
净资产收益率(%)	1.4130	2.5177	2.7533	0.6775
加权平均净资产收益率(%)	1.4230	2.4542	2.6872	0.6798

(三)利润表附表:　　(金额单位:元)

报告期利润	数额	净资产收益率(%)		每股收益	
		摊薄	加权	摊薄	加权
主营业务利润	14,727,242.03	2.6827	2.6838	0.0707	0.0707
营业利润	3,599,627.65	0.6557	0.6627	0.0173	0.0173
净利润	7,759,366.23	1.4130	1.4230	0.0373	0.0373
扣除非经常性损益后的净利润	7,701,608.09	1.4025	1.4125	0.0370	0.0370

第三节　股本变动及股东情况

(一) 股本变动情况

1.股份变动情况表:　　(股份单位:股)

	本次变动前	本次变动增减(+,－)						本次变动后
		配股	送股	公积金转股	增发	其他	小计	
一、未上市流动股份								
1.发起人股份	118,580,000							118,580,000
其中:								
国家持有股份	79,860,000							79,860,000
境内法人持有股份	38,720,000							38,720,000
境外法人持有股份								
其他								
2.募集法人股份	1,452,000							1,452,000
3.内部职工股								
4.优先股或其他								
其中:转配股								
未上市流动股份合计	120,032,000							120,032,000
二、已上市流动股份								
1.人民币普通股	88,214,743							88,214,743
2.境内上市的外资股								
3.境外上市的外资股								
4.高管人员持股	14,582							14,582
已上市流动股合计	88,229,325							88,229,325
三、股份总数	208,261,325							208,261,325

000535 猴王股份有限公司

2001年年度报告摘选

一、公司简介

1.法定中文名称:猴王股份有限公司
法定英文名称:KMK CO.,LTD
2.注册地址:湖北省宜昌市夷陵路304号
办公地址:湖北省宜昌市夷陵路304号
邮政编码:443003
3.法定代表人:汪东林
4.董事会秘书:黄昌龄
联系地址:湖北省宜昌市夷陵路304号
联系电话:0717-6352517　　6359775
传真:0717-6351835
董事会证券事务代表:张德胜
联系电话:0717-6352517　　6359775
5.公司选定的中国证监会指定报纸:《证券时报》
公司年度报告备置地点:董事会秘书处
登载本公司年度报告的中国证监会指定国际互联网网址:http://www.cninfo.com.cn
6.公司股票上市地点:深圳证券交易所
股票简称:ST猴王
股票代码:000535

二、会计数据和业务数据摘要

1.本年度主要利润指标　　(单位:人民币元)

项目	金额
利润总额	5,274,822.03
净利润	5,274,822.03
扣除非经常性损益后的净利润	-43,057,874.18
主营业务利润	4,870,345.88
其他业务利润	-263,927.59
营业利润	-43,057,874.18
投资收益	52,516,519.71
补贴收入	
营业外收入净额	-4,183,823.50
经营活动产生的现金流量净额	-4,072,958.46
现金及现金等价物净增加额	-386,218.93

2.公司近三年主要会计数据和财务指标

项目	2001年	2000年	1999年
主营业务收入(元)	28,556,038.13	42,296,101.74	77,345,189.48
净利润(元)	5,274,822.03	-672,171,890.35	-95,230,164.48
总资产(元)	397,935,663.46	458,406,666.49	918,278,081.65
股东权益(元)(不含少数股东权益)	-303,401,992.23	-411,827,682.87	317,626,079.07
每股收益(元/股)	0.017	-2.22	-0.31
扣除非经常损益后的每股收益(元/股)	-0.16	-2.02	-0.32
每股净资产(元/股)	-1.00	-1.36	1.05
调整后每股净资产(元/股)	-1.01	-1.38	0.87
每股经营活动产生的现金流量净额(元)	-0.01	-0.01	0.004
净资产收益率(%)	-		-29.98

3.利润表附表数据

	报告期利润	净资产收益率(%)	每股收益(元)
主营业务利润(元)	4,870,345.88	--	0.016
营业利润(元)	-43,057,874.18	--	-0.14
净利润(元)	5,274,822.03	--	0.017
扣除非经常性损益后的净利润(元)	-49,436,839.71		-0.16

注:按中国证监会《公开发行证券公司信息披露编报规则第九号》要求编制。

三、股本变动和主要股东持股情况

(一)股本变动情况(单位:股)

	期初数	本次变动增减(+、-)	期末数
1.尚未流通股份			
(1)发起人股份	104186880		104186880
其中:			
国家持有股份	104186880		104186880
境内法人持有股份			
境外法人持有股份			
其它			
(2)募集法人股份	28356000		28356000
(3)内部职工股	22908	13992	8916
尚未上市流通股份合计	132565788		132551796
2.已上市流通股份			
(1)人民币普通股	170157434	13992	170171426
(2)境内上市有外资股			
(3)境外上市的外资股			
(4)其它			
已上市流通股合计	170157434	13992	170171426
3.股份总数	302723222		302723222

000536 闽东电机(集团)股份有限公司

2001年年度报告摘选

第一章　公司基本情况简介

一、公司法定中文名称:闽东电机(集团)股份有限公司
公司法定英文名称:MINDONG ELECTRIC GROUP CO.,LTD.
二、公司法定代表人:邹金仁
三、公司董事会秘书:黄晋球
证券事务代表:曹建
联系地址:福建省福州市斗东路12号
联系电话:(0591)3348228　　3364649
传真:(0591)3326201
四、公司注册及办公地址:福建省福州市斗东路12号
邮政编码:350005
电子信箱:mddjg@public.fz.fj.cn
国际互联网网址:http://www.mddjg.com
五、公司选定的信息披露报纸:《证券时报》、《中国证券报》
登载公司年度报告的中国证监会指定国际互联网网址:http://www.cninfo.com.cn
公司年度报告备置地点:公司董事会秘书处
六、公司股票上市地:深圳证券交易所
公司股票名称:PT闽闽东
公司股票代码:000536

第二章　会计数据和业务数据摘要

一、公司本年度主要会计数据(单位:元)

项目	金额
利润总额	-1,905,984.14
净利润	10,429,422.30
扣除非经常性损益后的净利润	-536,177.15
主营业务利润	-5,238,843.81
其他业务利润	1,603,456.66
营业利润	-42,128,755.78
投资收益	41,798,150.63
补贴收入	115,755.00
营业外收支净额	-1,691,133.99
经营活动产生的现金流量净额	52,149,969.68
现金及现金等价物净增加额	51,754,143.16

二、前三年的主要会计数据和财务指标

项目	2001年	2000年调整后	2000年调整前	1999年
主营业务收入(万元)	9,256.72	10,695.06	14,173.50	16,712.27
净利润(万元)	1,042.94	-4,260.81	-4,450.65	-5,099.71
总资产(万元)	29,309.13	29,851.43	37,706.16	41,502.21
股东权益(万元)	-1,889.09	-1,402.45	-3,491.17	906.83
每股收益(元)	0.09	-0.35	-0.37	-0.42
扣除非经常性损益后的每股收益(元)	-0.004	-0.25	-0.37	-0.42
每股净资产(元)	-0.15	-0.12	-0.29	0.07
调整后的每股净资产(元)	-0.18	-0.13	-0.41	-0.08
每股经营活动产生的现金流量净额(元)	0.43	-0.03	-0.03	-0.05
净资产收益率(%)	55.21	-303.81	-127.48	-562.37

三、按照中国证监会《公开发行证券公司信息披露编报规则(第9号)》要求计算的利润数据

报告期利润	净资产收益率(%) 全面摊薄	净资产收益率(%) 加权平均	每股收益(元) 全面摊薄	每股收益(元) 加权平均
主营业务利润	-27.73	-31.83	-0.04	-0.04
营业利润	-223.01	-255.98	-0.35	-0.35
净利润	55.21	63.37	0.09	0.09
扣除非经常性损益后的净利润	-0.03	-0.03	-0.004	-0.004

第三章　股本变动及股东情况

一、股本变动情况
股份变动情况表(单位:元)

	本次变动前	本次变动增减(+,-) 配股	送股	公积金转股	增发	其他	小计	本次变动后
一、未上市流通股份								
1、发起人股份	51,550,000							51,550,000
其中:								
国家持有股份	44,290,000							44,290,000
境内法人持有股份	7,260,000							7,260,000
境外法人持有股份								
其他								
2、募集法人股份	24,910,000							24,910,000
3、内部职工股								
4、优先股或其他								
未上市股份合计	76,460,000							76,460,000
二、已上市流通股份								
1、人民币普通股	45,459,193							45,459,193
2、境内上市的外资股								
3、境外上市的外资股								
4、其他(高管股)	8,000							8,000
已上市流通股份合计	45,467,193							45,467,193
三、股份总数	121,927,193							121,927,193

000537 天津南开戈德股份有限公司

2001 年年度报告摘选

第一节 公司基本情况简介

一、公司中文名称:天津南开戈德股份有限公司
公司英文名称:TIANJIN NANKAI GUARD CO., LTD.
公司英文名称缩写:NKGD
二、公司法定代表人:李明智
三、公司董事会秘书:刘 艳
证券事务代表:李江
电话:(022)28010550　　传　真:(022)28010599
电子信箱:board@nkguard.com
四、公司注册地址:天津经济技术开发区第三大街 16 号(泰达中心)
公司办公地址:天津市河西区友谊北路银丰花园 A 座 24 层
邮政编码:300204
公司网址:http://www.nkguard.com
公司电子信箱:board@nkguard.com
五、公司信息披露报纸:《证券时报》
登载公司年度报告的中国证监会指定的国际互联网网址:http://www.cninfo.com.cn
公司年度报告备置地点:公司董事会办公室
六、公司股票上市地:深圳证券交易所
股票简称:南开戈德　　股票代码:000537

第二节 会计数据和业务数据摘要

一、本年度利润总额及其构成　　单位:元

项目	金额
净利润	66,966,154.50
扣除非经常性损益后的净利润	63,998,346.87
主营业务利润	197,435,773.77
其他业务利润	8,068,593.09
营业利润	65,405,676.15
投资收益	-95,514.18
补贴收入	0.00
营业外收支净额	-737,471.74
经营活动产生的现金流量净额	118,940,109.97
现金及现金等价物净增减额	-162,077,196.37

二、前三年主要会计数据和财务指标　　单位:元

项 目	2001 年度实绩	2000 年度实绩 调整前	调整后	1999 年度实绩 调整后
主营业务收入	513,950,876.14	454,279,714.30	454,279,714.30	356,394,552.04
净利润	66,966,154.50	128,298,491.33	115,874,423.87	92,282,440.66
总资产	1,473,837,151.63	1,148,168,943.63	1,131,819,232.22	613,682,713.96
股东权益	837,409,572.88	809,811,166.87	797,387,099.41	386,696,142.42
每股收益(摊薄)	0.165	0.60	0.54	0.56
每股收益(加权)	0.165	0.63	0.57	0.56
扣除非经常性损益后的每股收益	0.158	0.54	0.50	0.55
每股净资产	2.06	3.79	3.73	2.34
调整后的每股净资产	2.00	3.76	3.69	2.24
每股经营活动产生的现金流量净额	0.29	-0.06	-0.06	0.64
净资产收益率(%)(摊薄)	8.00%	15.84	14.93	23.86
净资产收益率(%)(加权)	8.06%	23.47	21.44	27.10

三、利润表附表

报告期利润	净资产收益率(%) 全面摊薄	加权平均	每股收益(元) 全面摊薄	加权平均
主营业务利润	23.58	23.76	0.49	0.49
营业利润	7.81	7.87	0.16	0.16
净利润	8.00	8.06	0.16	0.16
扣除非经常性损益后的净利润	7.82	7.88	0.16	0.16

四、股东权益变动情况表　　单位:元

项目	股本	资本公积	盈余公积	法定公益金	未分配利润	股东权益合计
期初数	213762445	362381889.79	77850027.68	32395974.52	143392736.94	797387099.41
本期增加	192386200	1486724.12	13668872.40	6834436.20	66966154.50	68452878.62
本期减少		149633711.00			84851766.55	28430405.15
期末数	406148645	214234902.91	91518900.08	39230410.72	125507124.89	837409572.88

第三节 股本变动及股东情况

一、股份变动情况表　　数量单位:股

	本次变动前	本次变动增减(+ -) 配股	送股	公积金转股	增发	其他	小计	本次变动后
(一)未上市流通股份								
1、发起人股份								
其中:								
国家持有股份	101,285,568		20,257,113	70,899,898				192,442,579
境内法人持有股份								
境外资法人持有股份								
其他								
2、募集法人股份	24,988,320		4,997,664	17,491,824				47,477,808
3、内部职工股								
4、优先股或其他								
未上市流通股份合计	126,286,416		25,257,283	88,400,491				239,920,387
(二)已上市流通股份								
1、人民币普通股	87,476,0292		17,495,206	61,233,220				166,228,258
2、境内上市的外资股								
境外上市的外资股								
其他								
已上市流通股份合计	87,476,0292		17,495,206	61,233,220				166,228,258
(三)股份总数	213,762,445		42,752,489	149,633,712				406,148,645

000538 云南白药集团股份有限公司

2001 年年度报告摘选

一、公司简介

(一)公司法定名称:云南白药集团股份有限公司
公司英文名称:YUNNAN BAIYAO GROUP CO., LTD.
(二)公司法定代表人:龙江
(三)公司董事会秘书:黄艾农　　联系电话:(0871)4179814
电子信箱:huangainong@yunnanbaiyao.com.cn
公司董事会证券事务代表:马青　　联系电话:(0871)4141591
电子信箱:maqing@yunnanbaiyao.com.cn
联系地址:云南省昆明市西坝路 51 号
传真:(0871)4144960
(四)公司注册地址:昆明国家高新技术产业开发区　　邮政编码:650118
办公地址:云南省昆明市西坝路 51 号　　邮政编码:650032
公司国际互联网网址:www.yunnanbaiyao.com.cn
公司电子信箱:ynby@yunnanbaiyao.com.cn
(五)公司选定的信息披露报纸名称:《证券时报》、《中国证券报》
2002 年起改为:《证券时报》、《上海证券报》、
登载公司年度报告的国际互联网网址:http://www.cninfo.com.cn
公司年度报告备置地点:本公司档案室
(六)公司股票上市地:深圳证券交易所
公司股票简称:云南白药　　公司股票代码:000538

二、会计数据和业务数据摘要

(一)本年度实现利润总额及其构成(单位:人民币元)

项目	金额	备注
利润总额	81716810.84	
净利润	75137049.93	
扣除非经营性损益后的净利润	73230503.29	注
主营业务利润	308260764.49	
其他业务利润	1140922.35	
营业利润	78545432.20	
投资收益	5722830.58	
补贴收入	0	
营业外收支净额	-2551451.94	
经营活动产生的现金流量净额	80521073.72	
现金及现金等价物净增加额	83835705.24	
注:扣除非经营性损益项目及涉及金额		
a.债券投资收益	5199414.14 元	
b.股票投资收益	-105900.00 元	
d.营业外收支净额	-2551451.94 元	
合 计	2542062.20 元	
扣除所得税纳税影响后为	1906546.64 元	

(二)报告期末前三年的主要会计数据和财务指标

项目	单位	2001 年	2000 年 调整后	调整前	1999 年
1、主营业务收入	千元	900299	795297	795297	241232
2、净利润	千元	75137	48400	49224	33501
3、总资产	千元	843993	771492	792851	761856
4、股东权益(不含少数股东权益)	千元	417507	378339	389876	375378
5、每股收益	元	0.404	0.260	0.265	0.180
6、每股净资产	元	2.25	2.04	2.10	2.02
7、调整后的每股净资产	元	2.20	2.01	2.07	1.94
8、每股经营活动产生的现金流量净额	元	0.43	0.57	0.57	0.23
9、净资产收益率	%	18.00	12.79	12.63	8.92
10、加权平均每股收益	元	0.404	0.260	0.265	0.199

三、股本变动及股东情况

(一)股份变动情况表(根据深圳证券交易所存管部提供截至 2000 年 12 月 31 日的资料)

公司股份变动情况表　　单位:股

	期初数	本次变动增减(+,-) 配股	送股	公积金转增	增发	其他	小计	期末数	占总股本%
一、未上市流通股份									
1、发起人股份	85050000	0	0	0	0	0	0	85050000	45.77
其中:国家持有股份	58620000	0	0	0	0	0	0	58620000	31.55
境内法人持有股份	26430000	0	0	0	0	0	0	26430000	14.22
2、募集法人股份	42017490	0	0	0	0	0	0	42017490	22.61
3、内部职工股	0	0	0	0	0	0	0	0	0
4、法人转配股	0	0	0	0	0	0	0	0	0
尚未流通股份合计	127067490	0	0	0	0	0	0	127067490	68.38
二、已上市流通股份									
1、人民币普通股	58750486	0	0	0	0	0	0	58750486	31.62
已上市流通股份合计	48510000	0	0	0	0	0	0	58750486	31.62
三、股份总数	185817976	0	0	0	0	0	0	185817976	100

(二)股票发行与上市情况

本公司于 1993 年 11 月 3 日至 24 日发行社会公众股 2000 万股(其中内部职工股 200 万股),定向法人股 400 万股,均按每股 3.38 元发行,总股本 8000 万股。

1993 年 12 月 15 日在深圳证券交易所上市 1800 万股。

1994 年 3 月按每 10 股送 1 股红利,共送 800 万股,本公司股本总额增至 8800 万股。同年 7 月 11 日公司内部职工股 200 万股经批准上市交易。

1995 年 11 月,本公司按每 10 股送 2 股,共送 1760 万股,同时执行每 10 股配 2.7 股的方案,配股价每股 3.10 元。法人股认购了 23.166 万股,国家股及部分法人股的配股权按每股 0.10 元转让,社会公众股认购了 594 万股及转让部分的 35.162 万股,总股本达到 11212.328 万股。

1996 年至 1998 年未送配,股本总额和结构未发生变化。

1999 年 9 月按每 10 股送 1 股红利,用公积金每 10 股转增 4 股,共送转 5606.164 万股,12 月按送转股以后的每 10 股配 2 股,配股价每股 7 元,共配 1763.3056 万股,配股款已于 1999 年 12 月 30 日到帐,已办理验资及工商登记变更,总股本达到 18581.7976 万股(配股增加股份待批准上市,1999 年末在深交所的总股本为 16818.492 万股)。

2000 年 1 月 21 日配股部分 1763.3056 万股批准上市, 2000 年 8 月 3 日转配股 538486 股批准上市流通。

2001 年股本未变动。

000539 广东电力发展股份有限公司

2001年年度报告摘选

一、公司基本情况简介

(一)公司法定中文名称:广东电力发展股份有限公司
公司法定英文名称:GUANGDONG ELECTRIC POWER DEVELOPMENT CO., LTD.[英文名称缩写 GED]
(二)公司法定代表人:潘　力先生
(三)公司总经理:刘　谦先生
(四)公司董事会秘书:张德伟先生
联系电话:(020)87609276　　传　真:(020)87609909
证券事务代表:陈进良先生
联系电话:(020)87604922　　传　真:(020)87609909
联系地址:广东省广州市环市东路498号广发花园柏丽商业中心10楼
邮政编码:510075
(五)公司注册地址、办公地址:
公司注册地址:广东省广州市梅花路75号21楼　　邮政编码:510600
公司办公地址:广东省广州市环市东路498号广发花园柏丽商业中心10楼
邮政编码:510075
公司电子信箱:gpedco@public.guangzhou.gd.cn
公司互联网网址:http://www.ged.com.cn
(六)公司选定的信息披露报纸名称:
《中国证券报》、《证券时报》、《上海证券报》、《香港商报》(境外)、
《The Asian Wall Street Journal(亚洲华尔街日报)》(境外英文)。
登载公司年度报告的国际互联网网址为:http://www.cninfo.com.cn
http://www.china-stock.net
公司年度报告备置地点:董事会事务部
(七)公司股票上市交易所、股票简称和股票代码
公司股票上市交易所:深圳证券交易所
公司股票简称:粤电力A和粤电力B　　公司股票代码:000539和200539

二、会计数据和业务数据摘要

(一)本年度主要利润指标情况单位:人民币元

项目	金额
利润总额	2,123,314,122.48
净利润	1,057,768,824.32
扣除非经常性损益后的净利润	1,067,483,289.41
主营业务利润	2,521,312,415.53
其他业务利润	975,138.62
营业利润	2,135,981,448.88
投资收益	640,160.02
补贴收入	—
营业外收支净额	-13,307,486.42
经营活动产生的现金流量净额	2,019,216,317.62
现金及现金等价物净增加额	524,472,071.70

(二)公司最近三年的主要会计数据和财务指标　　单位:人民币元

指标项目	2001年	2000年	1999年
1.主营业务收入	5,440,942,238.69	4,288,092,115.21	3,436,918,008.02
2.净利润	1,057,768,824.32	970,292,208.75	834,603,648.54
3.总资产	12,193,080,473.37	11,299,123,769.90	8,585,982,043.56
4.股东权益	6,052,646,426.67	4,735,574,497.92	4,203,100,969.17
5.每股收益			
每股收益(全面)	0.398	0.377	0.648
每股收益(加权)	0.402	0.377	0.648
扣除非经常性损益后的每股收益	0.401	0.389	0.6480
6.每股净资产	2.28	1.84	3.26
7.调整后的每股净资产	2.19	1.78	3.22
8.净资产收益率(%)			
净资产收益率(全面)	17.48	20.49	19.84
净资产收益率(加权)	17.64	20.81	18.33
9.每股经营活动产生的现金流量净额	0.76	0.66	1.24

利润表附表:

指标项目	2001年1—12月 净资产收益率(%) 全面摊薄	加权平均	每股权益(元) 全面摊薄	加权平均
主营业务利润	41.66	42.95	0.948	0.958
营业利润	35.29	36.39	0.803	0.812
净利润	17.48	18.02	0.398	0.402
扣除非经常性损益后的净利润	17.64	18.19	0.401	0.406

三、股本变动及股东情况

1、股份变动情况表　　单位:股

股份类别	本次变动前	本次变动增加(+,-) 配股	送股	公积金转股	增发	其他	小计	本次变动后
一、尚未流通股份								
1.发起人股份	1,553,175,000							1,553,175,000
其中:国家拥有股份	1,333,800,000					41,207,400	41,207,400	1,375,007,400
境内法人持有股份	219,375,000					-41,207,400	-41,207,400	178,167,600
外资法人持有股份								
其他								
2.募集法人股	49,413,000							49,413,000
3.内部职工股								
4.优先股或其他								
其中:转配股								
未上市流通股份合计	1,602,588,000							1,602,588,000
二、已上市流通股份								
1.人民币普通股	307,476,000				84,000,00		84,000,000	391,476,000
2.境内上市的外资股	665,340,000							665,340,000
3.境外上市的外资股								
4.其他								
已上市流通股份合计	972,816,000							1,056,816,000
三、股份总数	2,575,404,000				84,000,000	0	84,000,000	2,659,404,000

000540 世纪中天投资股份有限公司

2001年年度报告摘选

第一节　公司基本情况简介

一、公司简介
公司中文名称:世纪中天投资股份有限公司
公司英文名称:CENTURY ZHONGTIAN INVESTMENT JOINT STOCK CO., LTD
公司名称缩写:世纪中天
二、公司法定代表人:鲁石
三、公司董事会秘书:赵虹
证券事务代表:何要求
联系地址:贵阳市云岩区吉祥路1号宅吉大厦五楼
联系电话:0851—6809072　010-68943811　　传　真:0851—6809115　010-68943813
电子信箱:ztqyd@public.gz.cn 或 bzmsc@public2.bta.net.cn
四、公司注册地址:贵阳市云岩区吉祥路1号宅吉大厦五楼
公司办公地址:贵阳市云岩区吉祥路1号宅吉大厦五楼　　邮政编码:550004
公司国际互联网网址:www.ztqy.com.cn　　公司电子信箱:ztqy@ztqy.com.cn
五、选定信息披露报纸:证券时报、中国证券报
年度报告登载的国际互联网网址 http://www.cninfo.com.cn
公司年度报告备置地点:世纪中天投资股份有限公司董事会秘书处
六、股票上市交易所:深圳证券交易所
公司股票简称:世纪中天　　公司股票代码:000540
公司首次注册日期:1994年01月08日
公司变更注册登记日期:2001年06月11日
注册地点(原):贵阳市花溪大道北段135号
企业法人营业执照注册号:5200001202521
税务登记号(地税):520100214466447
聘用的会计师事务所:天一会计师事务所有限公司
会计师事务所办公地址:北京市西城区金融街27号投资广场A座1804

第二节　会计数据和业务数据摘要

一、本年度主要会计数据(单位元):

项目	金额
利润总额:	45,405,463.59
净利润:	40,868,624.43
扣除非经常性损益后的净利润:	4,735,042.70
主营业务利润:	49,465,475.76
其他业务利润:	1,568,734.25
营业利润:	71,640.59
投资收益:	23,977,126.26
补贴收入:	20,731,068.93
营业外收支净额:	625,627.81
经营活动产生的现金流量净额:	-147,723,891.03
现金及现金等价物净增减额:	-85,203,037.34

二、截止报告期末公司近三年主要会计数据和财务指标:
追溯调整后　　单位:元

项目	2001年度	2000年度	1999年度	备注
主营业务收入	204,012,762.95	214,168,300.76	147,670,723.34	
净利润	40,868,624.43	229,477,611.99	28,920,239.03	
总资产	1,101,776,184.39	1,082,509,731.83	567,544,655.06	
股东权益	470,544,332.02	433,812,693.06	242,783,489.07	
每股收益	0.1250	1.1934	0.2949	
每股净资产	1.4400	2.2566	2.4512	
调整后每股净资产	1.3656	2.0700	2.3300	
每股经营活动产生的现金流量净额	-0.4520	0.0595	1.2011	
净资产收益率	8.69	52.89	12.03	

三、利润分配表附表　　单位:元

项目	净资产收益率(%) 全面摊薄	加权平均	每股收益(元/股) 全面摊薄	加权平均
主营业务利润	10.51	10.94	0.1514	0.1514
营业利润	0.15	0.16	0.00022	0.00022
净利润	8.69	9.04	0.1251	0.1251
扣除非经常损益后的净利润	0.0101	0.0105	0.0145	0.0145

第三节　股本变动情况及股东情况

一、股份变动情况表:　　单位:股

	本次变动前	本次变动增减(+、-) 送股	转增股	其他	小计	本次变动后
一、未上市流通股份						
1、发起人股份	32,701,837	22,891,285			22,891,285	55,593,122
其中:						
国家持有股份	21,318,157	14,922,709			14,922,709	36,240,866
境内法人持有股份	11,383,680	7,968,576			7,968,576	19,352,256
境外法人持有股份						
其他						
2、募集法人股	93,139,200	65,197,440			65,197,440	158,336,640
3、内部职工股	176,648	123,653		-48,369	75,266	251,932
其中:高管股	176,648	123,653		-48,369	75,266	251,932
4、优先股或其他						
未上市流通股份合计	126,017,685	88,212,378		-48,369	88,164,009	214,181,694
二、已上市流通股份						
1、境内人民币普通股	66,224,355	46,357,048		+48,369	46,405,417	112,629,772
2、其他						
已上市流通股份合计	66,224,355	46,357,048		+48,369	46,405,417	112,629,772
三、股份总数	192,242,040	134,569,426			134,569,428	326,811,466

000541 佛山电器照明股份有限公司

2001 年年度报告摘选

一、公司基本情况简介

1、公司法定中文名称：佛山电器照明股份有限公司
缩写：佛山照明
公司法定英文名称：FOSHAN ELECTRICAL AND LIGHTING CO., LTD.
缩写：FSL
2、公司法定代表人：钟信才
3、公司董事会秘书：林奕辉
联系地址：佛山市汾江北路 15 号
联系电话：(0757) 2813838－282、2814805　　联系传真：(0757) 2816276
电子信箱：gzfsligh@pub.foshan.gd.cn
4、公司注册、办公地址：广东省佛山市汾江北路 15 号　　邮政编码：528000
国际互联网网址：www.chinafsl.com　　电子信箱：gzfsligh@pub.foshan.gd.cn
5、公司的信息披露报纸：中国证券报、证券时报、香港大公报及佛山日报
登载年报的中国证监会指定国际互联网网址：http://www.cninfo.com.cn
年度报告备置地点：佛山市汾江北路 15 号本公司办公楼董事会秘书处
6、股票上市交易所：深圳证券交易所
股票简称：佛山照明（A 股）
　　　　　粤 照 明（B 股）
股票代码：000541（A 股）
　　　　　200541（B 股）

二、会计数据和业务数据摘要

1、本年度主要会计数据和业务数据　　单位：人民币元

项目	金额
利润总额	210,011,358.89
净利润	173,348,748.33
扣除非经常性损益后的净利润	176,950,887.37
主营业务利润	270,052,165.01
其他业务利润	957,309.51
营业利润	208,758,984.73
投资收益	11,234,465.06
补贴收入	—
营业外收支净额	－9,982,090.90
经营活动产生的现金流量净额	268,595,877.80
现金及现金等价物净增加额	49,226,496.52

注：扣除的非经常性损益项目和涉及金额为：营业外收入 340,677.45 元，营业外支出 3,942,816.49 元。

2、截止报告期末公司前三年的主要会计数据和财务指标(合并数)　　单位：人民币元

项目	2001 年	2000 年	1999 年
主营业务收入	823,711,732.02	687,280,388.24	602,540,212.54
净利润	173,348,748.33	161,153,528.61	158,371,893.31
总资产	2,242,302,393.20	2,171,997,490.15	1,462,921,963.07
股东权益(不含少数股东权益)	1,906,996,624.70	1,876,824,158.35	1,184,923,899.83
每股收益(全面摊薄)	0.484	0.45	0.574
每股收益(加权平均)	0.484	0.523	0.574
扣除非经常性损益后的每股收益(全面摊薄)	0.494	0.438	0.483
每股净资产	5.32	5.24	4.30
调整后的每股净资产	5.29	5.21	4.25
每股经营活动产生的现金流量净额	0.75	0.48	0.60
净资产收益率%(全面摊薄)	9.09	8.59	13.37
扣除非经常性损益后的净资产收益率(全面摊薄)%	9.28	8.37	11.24

3、根据中国证监会《公开发行证券公司信息披露编报规则》(第 9 号)要求计算的利润数据如下：

报告期利润	2001 年				2000 年			
	净资产收益率(%)		每股收益(元)		净资产收益率(%)		每股收益(元)	
	全面摊薄	加权平均	全面摊薄	加权平均	全面摊薄	加权平均	全面摊薄	加权平均
主营业务利润	14.16	14.84	0.75	0.75	11.12	15.99	0.582	0.677
营业利润	10.95	11.47	0.58	0.58	9.27	13.33	0.485	0.565
净利润	9.09	9.52	0.484	0.484	8.59	12.35	0.45	0.523
扣除非经常性损益后的净利润	9.28	9.72	0.494	0.494	8.37	12.03	0.438	0.51

三、股本变动及股东情况

1、公司股份变动情况表　　单位：股

	本次变动前	配股	送股	公积金转股	增发	其他	小计	本次变动后
一、未上市流通股份								
1、发起人股份	88,397,100							88,397,100
其中：国家持有股份	85,922,100							85,922,100
境内法人持有股份	2,475,000							2,475,000
境外法人持有股份								
其他								
2、募集法人股份	40,515,750							40,515,750
3、内部职工股								
4、优先股或其他								
未上市流通股份合计	128,912,850							128,912,850
二、已上市流通股份								
1、人民币普通股	147,035,409							147,035,409
其中：董事、监事持股	193,380							193,380
2、境内上市的外资股	82,500,000							82,500,000
3、境外上市的外资股								
4、其他								
已上市流通股份合计	229,535,409							229,535,409
三、股份总数	358,448,259							358,448,259

（本次变动增减(＋、－)：配股、送股、公积金转股、增发、其他、小计）

000542 TCL通讯设备股份有限公司

2001 年年度报告摘选

一、公司简介

1. 公司法定中文名称：TCL 通讯设备股份有限公司
公司法定英文名称：TCL Communication Equipment Co., Ltd.
2. 公司注册地址及办公地址：广东省惠州市上排大岭路 10 号 TCL 大厦
邮政编码：516001
公司国际互联网网址：http://www.tclcomm.com
电子信箱：stock@tclcomm.com
3. 公司法定代表人：李东生
4. 公司董事会秘书：林盛忠
电话：0752－2288898
电子信箱：linsz@tclcomm.com stock@tclcomm.com
证券事务代表：叶文洁
电话：0752－2288896　　传真：0752－2261868
电子信箱：yewj@tclcomm.com
联系地址：广东省惠州市上排大岭路 10 号 TCL 大厦
5. 公司选定的信息披露报纸名称：《中国证券报》、《证券时报》
中国证监会指定国际互联网网址：http://www.cninfo.com.cn
公司年度报告备置地点：证券部
6. 公司股票上市交易所：深圳证券交易所
股票简称：TCL 通讯　　股票代码：000542

二、会计数据和业务数据摘要

1. 本年度利润总额及其构成（合并报表）　　单位：人民币(元)

项目	金额
利润总额	155,647,123
净利润	21,543,781
扣除非经常性损益后的净利润	78,554,038
主营业务利润	865,380,149
其他业务利润	8,398,107
营业利润	206,130,373
投资收益	6,527,007
补贴收益	0.00
营业外收支净额	－57,010,257
经营活动产生的现金流量净额	408,286,877
现金及现金等价物净额增减额	292,078,001

扣除的非经常性损益项目和金额（单位：元）

项目	金额
营业外收入	1,342,070
营业外支出	58,352,327

2. 前三年的主要会计数据和财务指标表(合并报表)单位：人民币(元)

项目	2001 年度	2000 年		1999 年度	
		调整后	调整前	调整后	调整前
主营业务收入	2,769,018,234	922,938,994	931,805,256	296,827,929	296,827,929
净利润	21,543,781	－83,556,953	26,316,638	－199,321,823	－179,836,172
总资产	1,863,914,316	915,131,499	1,090,892,510	661,166,633	685,970,179
股东权益(不含少数股东权益)	280,979,963	268,827,221	437,527,329	409,241,043	428,726,694
每股收益	0.115	－0.444	0.140	－1.06	－0.956
每股净资产	1.494	1.429	2.326	2.176	2.279
调整后的每股净资产	1.348	1.207	1.429	2.176	2.176
每股经营活动产生的现金流量净额	2.17	－0.04	－0.05	－0.397	－0.397
净资产收益率(%)	7.67%	－31.08%	6.01%	－48.71	－41.95%

3. 按照中国证监会《公开发行证券公司信息披露编报规则第九号》要求计算的报告期利润的净资产收益率和每股收益。

报告期利润	净资产收益率		每股收益	
	全面摊薄	加权平均	全面摊薄	加权平均
主营业务利润	307.99%	309.80%	4.60	4.60
营业利润	73.36%	73.72%	1.10	1.10
净利润	7.67%	7.71%	0.11	0.11
扣除非经营性损益后的净利润	23.24%	25.50%	0.42	0.42

三、股本变动和股东情况

（一）股本变动情况表
报告期内，本公司股份总数较上年未发生变化。股本结构如下：
报告日期：2001 年 12 月 31 日　　数量单位：股 每股面值：1 元

	本次变动前	配股、送股、公积金转股	增发	其他	小计	本次变动后
一、未上市流通股份						
1. 发起人股份	103,953,300					103,953,300
其中：						
国家拥有股份	56,926,100					56,926,100
境内法人持有股份						
外资法人持有股份	47,027,200					47,027,200
其他						
2. 募集法人股	2,702,700					2,702,700
3. 内部职工股						
4. 优先股或其他股						
未上市流通股份合计	106,656,000					106,656,000
二、已上市流通股份						
1. 人民币普通股	81,452,800					81,452,800
其中：高管人员持股	60,489				－31,889	28,600
公众未托管股份	3,300					3,300
2. 境内上市的外资股						
3. 境外上市的外资股						
4. 其他						
已上市流通股份合计	81,452,800					81,452,800
三、股份总数	188,108,800					188,108,800

（本次变动增减(＋，－)：配股、送股、公积金转股、增发、其他、小计）

000543 安徽省皖能股份有限公司

2001 年年度报告摘选

第一节 公司基本情况简介

一、公司简介
(一)公司法定中文名称:安徽省皖能股份有限公司
公司法定英文名称:AN HUI WENERGY COMPANY, LIMITED
公司英文名称缩写:WENERGY CO., LTD
(二)公司法定代表人:张绍仓
(三)公司董事会秘书:周庆霞
联系地址:安徽省合肥市马鞍山路 99 号皖能大厦
联系电话:0551－4672679 传 真:0551－4669573
电子信箱:zhouqx@wenergy.com.cn
(四)公司注册(办公)地址:
安徽省合肥市马鞍山路 99 号皖能大厦 邮编:230011
公司国际互联网网址:http://www.wenergy.com.cn
电子信箱:group@wenergy.com.cn
(五)公司选定的信息披露报纸:《证券时报》、《中国证券报》;
登载公司年度报告的国际互联网网址 http://www.cninfo.com.cn;
公司年度报告备置地点:公司董事会办公室
(六)公司股票上市交易所:深圳证券交易所
股票简称:皖能电力 股票代码:000543

第二节 会计数据及业务数据摘要

一、本年度会计数据及业务数据摘要 单位:元

项目	金额
利润总额	183,420,507.35
净利润	168,718,779.72
扣除非经常性损益后的净利润	120,867,517.63
主营业务利润	124,559,713.31
其它业务利润	108,527.38
营业利润	96,353,606.75
投资收益	79,883,390.08
补贴收入	-
营业外收支净额	7,183,510.52
经营活动产生的现金流量净额	204,139,131.45
现金及现金等价物净增减额	205,725,979.31

二、近三年主要会计数据和财务指标: 单位:元

项目	2001 年度	2000 年度		1999 年度	
		调整后	调整前	调整后	调整前
主营业务收入	671,787,795.03	689,614,102.55	689,614,102.55	643,070,769.27	643,070,769.27
净利润	168,718,779.72	195,345,562.69	220,776,391.44	179,310,417.66	182,374,904.11
总资产	2721215996.99	2755224030.28	2790321817.13	2629081924.21	2679910145.64
股东权益(不含少数股东权益)	2329181580.79	2256853903.07	2290486081.19	2218035244.02	2268863465.45
每股收益(摊薄)	0.2183	0.2527	0.2856	0.2320	0.2359
每股收益(加权平均)	0.2183	0.2527	0.2856	0.2320	0.2359
扣除非经常性损益后每股收益	0.1564	0.1739	0.2681	0.1976	0.2148
每股净资产	3.01	2.92	2.96	2.87	2.94
调整后每股净资产	3.00	2.90	2.94	2.84	2.86
每股经营活动产生的现金流量净额	0.26	0.23	0.23	0.22	0.22
净资产收益率(%)(摊薄)	7.24	8.66	9.64	8.08	8.04
净资产收益率(%)(加权平均)	7.21	8.44	9.28	7.63	7.81
扣除非经常性损益后净资产收益率(%)	5.19	5.96	9.06	6.89	7.14

三、利润表附表:

项目 报告期利润	净资产收益率(%)		每股收益(元)	
	全面摊薄	加权平均	全面摊薄	加权平均
主营业务利润	5.35	5.32	0.1611	0.1611
营业利润	4.14	4.12	0.1246	0.1246
净利润	7.24	7.21	0.2183	0.2183
扣除非经常损益后的净利润	5.19	5.16	0.1564	0.1564

注:按照中证监会《公开发行证券的公司信息披露编报规则第九号》规定,计算净资产收益率和每股收益。

第三节 股本变动及股东情况

一、股本变动情况

数量单位:股

股份类别	本次变动前	本次增减变动(+,-)						次变动后
		配股	送股	公积金转股	增发	其他	小计	
一、未上市流通股份								
1、发起人股份	468,000,000						0	468,000,000
其中:国家持有股份	468,000,000						0	468,000,000
境内法人持有股份								
境外法人持有法人股								
其他								
2、募集法人股份	164,365,000						0	164,365,000
3、内部职工股								
4、优先股或其他								
未上市流通股份合计	632,365,000						0	632,365,000
二、已上市流通股份								
1、人民币普通股	140,643,816						0	140,643,816
其中:高级管理人员股	92,950						0	92,950
2、境内上市的外资股								
3、境外上市的外资股								
4、其他								
已上市流通股份合计	140,643,816						0	140,643,816
三、股份总数	773,008,816						0	773,008,816

000544 白鸽(集团)股份有限公司

2001 年年度报告摘选

第一章 公司基本情况简介

一、公司名称:
公司法定中文名称:白鸽(集团)股份有限公司
公司法定英文名称:White Dove (Group) CO., LTD
二、公司法定代表人:朱宝贵
三、公司董事会秘书:曹长岭
证券事务代表:徐炜
联系地址:河南省郑州市华山路 78 号
电话:0371—7635588—2762
传真:0371—7628013
公司董事会秘书处电子信箱:board@whitedove.com.cn
四、公司注册地址:河南省郑州市华山路 78 号
邮编:450006
公司办公地址:河南省郑州市华山路 78 号
公司国际互联网网址:http://www.whitedove.com.cn
五、公司信息披露报刊名称:《证券时报》
中国证监会指定登载公司年度报告的国际互联网网址:
http://www.cninfo.com.cn
六、公司年度报告备置地点:
白鸽(集团)股份有限公司董事会秘书处
七、公司股票上市交易所:深圳证券交易所
股票简称:豫白鸽 A
股票代码:000544

第二章 会计数据和业务数据摘要

一、公司 2001 年度各项会计数据和业务数据摘要 单位:人民币元

项目	金额(元)
利润总额	－97,250,746.37
净利润	－97,744,414.42
扣除非经常性损益后的净利润	－97,563,631.83
主营业务利润	137,824,778.24
其它业务利润	2,956,444.09
营业利润	－97,589,947.96
投资收益	519,984.18
补贴收入	－－
营业外收支净额	－180,782.59
经营活动产生的现金流量净额	95,210,183.11
现金及现金等价物净增减额	－22,072,800.75

注:扣除非经常性损益项目涉及金额:

减:营业外收入	4,227,525.01
加:营业外支出	4,408,307.60

二、截止报告年度末公司前三年的主要会计数据和财务指标:

指标项目	2001 年	2000 年		1999 年
		调整后	调整前	
1 主营业务收入(万元)	51,333.56	62,498.25	62,498.25	44,290.19
2 净利润(万元)	－9,774.44	281.07	535.73	－7,987.3
3 总资产(万元)	118,642.49	124,382.37	127,538.83	128,312.73
4 股东权益(万元)	4,839.49	14,607.09	28,025.98	28,045.64
5 每股收益(元)	－0.36	0.01	0.02	－0.30
6 每股净资产(元)	0.18	0.50	1.04	1.04
7 调整后的每股净资产(元)	0.09	0.44	0.96	1.0118
8 每股经营活动产生的现金流量净额(元)	0.35	0.86	0.86	0.17
9 净资产收益率(%)	－201.97	1.92	1.91	－28.34

注 1:股东权益数字不含少数股权

三、利润表附表

报告期利润	净资产收益率(%)		每股收益(元/股)	
	全面摊薄	加权平均(ROE)	全面摊薄	加权平均(EPS)
主营业务利润:	284.79	141.80	0.5115	0.5115
营业利润:	－201.65	－100.40	－0.3622	－0.3622
净利润:	－201.97	－100.56	－0.3627	－0.3627
扣除非经常性损益后的净利润:	－201.60	－100.38	－0.3621	－0.3621

第三章 股本变动及股东情况介绍

一、股本变动情况
1、2001 年度股本变动情况表
截止日期 2001 年 12 月 31 日 数量单位:股 每股面值:1 元

股份类别	期初数	本次变动增减(+、-)					期末数
		配股	送股	公积金转股	其他	小计	
一、尚未流通股份							
1、发起人股份							
国家拥有股份	92,536,432	－－	－－	－－	－－	－－	92,536,432
2、法人拥有股份	68,181,818	－－	－－	－－	－－	－－	68,181,818
3、国家股转配部分	0						0
尚未流通股份合计	164,262,402	－－	－－	－－	－－	－－	164,262,402
二、已流通股份							
境内上市的人民币普通股	108,741,549	－－	－－	－－	－－	－－	108,741,549
已流通股份合计	108,741,549	－－	－－	－－	－－	－－	108,741,549
股份总计	269,459,799	－－	－－	－－	－－	－－	269,459,799

000545 吉林恒和制药股份有限公司

2001 年年度报告摘选

第一节 公司基本情况简介

(一)公司中文名称:吉林恒和制药股份有限公司
英文名称:JILIN HENGHE PHARMACEUTICAL CO., LTD
中文缩写:恒和制药　　英文缩写:HHP
(二)公司法定代表人:孙宏伟
(三)公司董事会秘书:闻　成
联系电话:(0432)4809008　　证券事务代表:罗国建
联系电话:(0432)4809021　　联系传真:(0432)4841728
联系地址:吉林市长春路 99 号
电子信箱:JZYD@public.jl.jl.cn
(四)公司注册地址:吉林市长春路 99 号
办公地址:吉林市长春路 99 号　　邮政编码:132012
电子信箱:JLHHZY@public.jl.jl.cn
(五)公司选定信息披露报纸:《证券时报》、《中国证券报》
登载年度报告网址:http://www.cninfo.com.cn
年度报告备置地点:公司董事会秘书办
(六)公司上市地点:深圳证券交易所
股票简称:恒和制药　　股票代码:000545

第二节 会计数据和业务数据摘要

(一)公司本年度实现利润情况　　单位:元

项目	金额
利润总额:	-10487071.58
净 利 润:	-10487071.58
扣除非经常性损益后的净利润:	-5874713.02
其中:扣除项目	涉及金额
流动资产盘盈盘亏	1821638.46
预计负债	2790720.10
主营业务利润:	47391243.76
其他业务利润:	-1909720.85
营业利润:	-7336922.38
投资收益:	70704.80
补贴收入:	0
营业外收支净额:	-3220854.00
经营活动产生的现金流量净额:	-7160978.93
现金及现金等价物净增减额:	-1086261.11

(二)公司前三年的主要会计数据和财务指标　　单位:元

项目	2001 年度	2000 年度	1999 年度
主营业务收入	148220099.29	148996882.10	163725210.01
净利润	-10487071.58	4872220.14	-98693692.95
总资产	330605302.52	340642077.51	335106255.07
股东权益(不含少数股东权益)	143061017.07	163065410.12	159536063.87
每股收益(摊薄)	-0.077	0.036	-0.73
每股收益(加权)	-0.077	0.036	-0.73
每股净资产	1.05	1.20	1.18
调整后的每股净资产	1.03	1.14	1.04
每股经营活动产生的现金流量净额	-0.053	0.025	-0.008
净资产收益率(%)	-7.33	2.99	-61.86
加权平均净资产收益率	-7.06	3.01	47.27

第三节 股本变动及股东情况

(一)股份变动情况表(数量单位:股)

	本次变动前	本次变动增减(+,-)						本次变动后
		配股	送股	公积金转股	增发	其他	小计	
一、未上市流通股份								
1、发起人股份								
其中:								
国家拥有股份								
境内法人持有股份	18507500			0				18507500
境外法人持有股份								
其他								
2、募集法人股份	49032500			0				49032500
3、内部职工股								
4、优先股或其他								
其中转配股								
未上市流通股份合计	67540000			0				67540000
二、已上市流通股份								
1、人民币普通股	68095820			0				68095820
2、境内上市的外资股								
3、境外上市的外资股								
4、其他								
已上市流通股份合计	68095820			0				68095820
三、股份总数	135635820			0				135635820

(二)主要股东持股情况
1、截止 2001 年 12 月 31 日,公司股东总数为 33492 户。
2、前十名股东持股情况　　单位:股

股东名称	年末持股数	增减变动情况	持股比例(%)	股份类别	质押冻结情况
吉林省恒和企业集团有限责任公司	28655000	0	21.12	法人股	质押冻结
吉林省明日实业有限公司	18507500	0	13.64	法人股	司法冻结
深圳经济特区房地产(集团)股份有限公司	18507500	0	13.64	法人股	无
吉林市银丰物资经销公司	1320000	0	0.97	法人股	无
周泰勇	689289	-183000	0.51	社会公众股	不详
马书科	619700	-129154	0.46	社会公众股	不详
华夏证券有限公司北京东四营业部	550000	0	0.41	法人股	无
廊坊市光阳摩托车销售服务中心	542941	-79000	0.40	社会公众股	不详
张连华	386600	0	0.29	社会公众股	不详
王清德	209700	-16800	0.15	社会公众股	不详

000546 吉林轻工集团股份有限公司

2001 年年度报告摘选

一、公司简介

1、公司法定中文名称:吉林轻工集团股份有限公司
公司法定英文名称:JILIN LIGHT INDUSTRIAL GROUP CO., LTD
公司英文名称缩写:LIG
2、公司法定代表人:王鹏
3、公司董事会秘书:韩旭晖
联系地址:吉林省长春市建设街 81 号
电　　话:0431-8523476　　传　真:0431-8540236　8522149
E-mail:jlligco@public.cc.jl.cn
4、公司注册地址和办公地址:吉林省长春市建设街 81 号
邮政编码:130061
5、公司选定的信息披露报纸名称:《证券时报》
登载公司年度报告的中国证监会指定国际互联网网址:http://www.cninfo.com.cn
公司年度报告备置地点:公司董事会秘书处
6、公司股票上市交易所:深圳证券交易所
股票简称:PT 吉轻工
股票代码:000546

二、会计数据和业务数据摘要

1、本年度主要财务数据(金额单位:人民币元)

项 目	金 额
利润总额	22,585,424.68
净利润	22,585,424.68
扣除非经常性损益后的净利润	-28,383,994.23
主营业务利润	178,680.77
其他业务利润	636,369.81
营业利润	-28,383,994.23
投资收益	51,687,440.35
补贴收入	-
营业外收支净额	-718,021.44
经营活动产生的现金流量净额	-8,423,629.55
现金及现金等价物净增加额	21,568,174.45

注:扣除非经常性损益的项目及金额

项 目	金 额
营业外收支净额	-718,021.44
转让股权收益及减值准备等	51,687,440.35
合 计	50,969,418.91

2、截至报告期末公司前三年的主要会计数据和财务指标(金额单位:人民币元)

项 目	2001 年度	2000 年度		1999 年度
		调整后	调整前	
主营业务收入	1,381,736.00	29,654,845.76	59,903,658.99	43,504,324.28
净利润	22,585,424.68	-120,775,056.65	-132,898,020.38	-128,071,559.91
总资产	317,686,781.89	310,917,785.77	396,024,004.95	536,463,366.14
股东权益(不含少数股东权益)	6,766,030.09	-43,089,245.37	-96,003,980.39	68,176,020.23
每股收益(摊薄)	0.133	-0.713	-0.784	-0.756
每股收益(加权)	0.133	-0.713	-0.784	-0.756
扣除非经常性损益后的每股收益	-0.167	-0.379	-0.422	0.027
每股净资产	0.040	-0.245	-0.566	0.402
调整后的每股净资产	-0.208	-1.196	-1.012	-0.370
每股经营活动产生的现金流量净额	-0.050	0.007	0.007	-0.004
净资产收益率	333.81%	-	-	-187.85%

3、本年度利润表附表(金额单位:人民币元)

报告期利润	净资产收益率		每股收益	
	全面摊薄	加权平均	全面摊薄	加权平均
主营业务利润	2.64%	-	0.001	0.001
营业利润	-419.51%	-	-0.167	-0.167
净利润	333.81%	-	0.133	0.133
扣除非经常性损益后的净利润	-419.51%	-	-0.167	-0.167

注:上列指标的计算是依据中国证监会《公开发行证券公司信息披露编报规则第 9 号—净资产收益率和每股收益的计算及其披露》。

三、股本变动及股东情况

1、股份变动情况表

数量单位:股

项 目	本次变动前	本次变动增减(+,-)						本次变动后
		配股	送股	公积金转股	增发	其他	小计	
(一)未上市流通股份								
1、发起人股份	30,756,000							30,756,000
其中:								
国家持有股份	17,556,000							17,556,000
境内法人持有股份	13,200,000							13,200,000
境外法人持有股份								
其他								
2、募集法人股份	53,724,000							53,724,000
3、内部职工股								
4、优先股或其他								
未上市流通股份合计	84,480,000							84,480,000
(二)已上市流通股份								
1、人民币普通股	84,703,479			+11,000				84,714,479
2、境内上市的外资股								
3、境外上市的外资股								
4、其他	323,000			-11,000				312,000
已上市流通股份合计	85,026,479							85,026,479
(三)股份总数	169,506,479							169,506,479

000547 福建省福发集团股份有限公司

2001年年度报告摘选

一、公司基本情况简介

1、公司法定中文名称:福建省福发集团股份有限公司
公司法定英文名称:FUJIAN FUFA GROUP CO., LTD.
2、公司法定代表人:关敬如
3、公司董事会秘书:林 杰
联系地址:福建省福州市五一南路67号工行五一支行14层
联系电话:0591-3283128
传　　真:0591-3296358
电子信箱:fufa@pub3.fz.fj.cn
4、公司注册地址:福建省福州市工业路223号
邮政编码:350004
公司办公地址:福建省福州市五一南路67号工行五一支行14层
邮政编码:350009
互联网网址:http//www.fufa.com.cn
5、公司选定的信息披露报纸:《证券时报》、《中国证券报》
登载公司年度报告的中国证监会指定国际互联网网址:
http//www.cninfo.com.cn
公司年度报告备置地点:公司董事会办公室
6、股票上市交易所:深圳证券交易所
股票简称:闽福发A
股票代码:000547

二、会计数据与业务数据摘要

1、本年度实现的利润指标情况(单位:元)

项目	2001年
利润总额	34566644.15
净利润	21850043.05
扣除非经常性损益后的净利润	16292974.15
注:扣除的非经常性损益项目和涉及的金额	
(1)退税	2234982.58
(2)股票投资收益	5425928.48
(3)资金占用费	646155.00
(4)营业外收入	297321.82
(5)营业外支出	-310255.20
(6)所得税影响	2737063.78
主营业务利润	94463154.84
其他业务利润	2662305.01
营业利润	32428027.02
投资收益	2151550.51
补贴收入	0.00
营业外收支净额	-12933.38
经营活动产生的现金流量净额	178633065.91
现金及现金等价物净增加额	130464399.98

2、主要会计数据和财务指标　　单位:元

指标项目	2001年	2000年		1999年	
		调整前	调整后	调整前	调整后
(1)主营业务收入	251172410.10	225282112.98	225282112.98	154969650.61	154969650.61
(2)净利润	21850043.05	37945241.65	29939931.77	63518011.10	63511836.69
(3)总资产	1094218557.38	996927913.79	988837458.08	758850314.68	758850314.68
(4)股东权益	428294684.61	414446803.13	406441493.25	389643680.15	388556863.16
(5)每股收益	0.18	0.31	0.25	0.519	0.519
(6)每股净资产	3.50	3.39	3.32	3.18	3.17
(7)调整后每股净资产	3.46	3.31	3.25	3.11	3.10
(8)每股经营活动产生的现金流量净额	1.46	0.57	0.57	0.20	0.20
(9)净资产收益率	5.10%	9.16%	7.37	16.30%	16.35%

3、按照中国证监会《公开发行证券公司信息披露编报规则(第9号)》要求计算的数据

	净资产收益率%		每股收益(元/股)	
	全面摊薄	加权平均	全面摊薄	加权平均
主营业务利润	22.056	22.633	0.772	0.720
营业利润	7.571	7.77	0.265	0.265
净利润	5.102	5.235	0.178	0.178
扣除非经常性损益后净利润	3.804	3.904	0.133	0.133

三、股本变动及股东情况

(一)股本变动情况表
填报日期:2001年12月31日　　单位:股

	本次变动前	本次变动增减(+,-)	本次变动后
一、尚未流通股份			
1、国有股	12245112	0	12245112
2、法人股	36604529	0	36604529
2、内部职工股(高管)	10257	0	10257
3、国家股转配股	0	0	0
尚未流通股合计	48859898	0	48859898
二、已流通股份			
1、境内上市A股	73563276	0	73563276
已流通股份合计	73563276	0	73563276
三、股份总数	122423174	0	122423174

000548 湖南投资集团股份有限公司

2001年年度报告摘选

一、公司基本情况简介

(一)公司法定中文名称:湖南投资集团股份有限公司
英文:HUNAN INVESTMENT GROUP CO., LTD.
缩写:HIG
(二)法定代表人:刘忠明
(三)董事会秘书:黄满池
联系地址:长沙市劳动西路177号有色大厦8楼
联系电话:0731-5518565　　传真:0731-5500354
电子信箱:hntz0548@263.net
(四)公司注册地址:长沙市高新技术产业开发区C4组团A-718号
邮政编码:410000
公司办公地址:长沙市劳动西路177号有色大厦8楼
邮政编码:410015
(五)公司选定的信息披露报纸:《证券时报》、《上海证券报》
登载公司年度报告的国际互联网网址:http://www.cninfo.com.cn
年度报告备置地点:公司董事会秘书处
(六)公司股票上市交易所:深圳证券交易所
股票简称:湖南投资　　股票代码:000548

二、会计数据和业务数据摘要

(一)本年度主要利润指标

(单位:人民币元)

利润总额	130,057,876.57
净利润	81,314,945.10
扣除非经常性损益后的净利润	77,719,055.63
主营业务利润	78,618,712.07
其他业务利润	88,512.70
营业利润	36,078,161.60
投资收益	-2,706,174.50
补贴收入	92,550,000.00
营业外收支净额	4,135,889.47
经营活动产生的现金流量净额	54,087,196.03
现金及现金等价物净增加额	26,220,070.24
注:扣除的非经常性损益项目和涉及的金额	
营业外收支净额	4,135,889.47

(二)公司近三年主要会计数据及财务指标
公司近三年的主要会计数据和财务指标(单位:元)

项目	2001年	2000年		1999年
		调整后	调整前	
主营业务收入	303,099,833.80	154,902,847.91	130,955,130.41	100,654,239.76
净利润	81,314,945.10	31,599,773.32	56,921,676.53	62,829,699.43
总资产	1,597,432,015.24	870,079,992.70	807,397,040.36	620,112,621.12
股东权益(不含少数股东权益)	1,041,025,762.71	496,250,430.22	523,188,685.67	466,267,009.14
每股收益(摊薄)	0.239	0.109	0.196	0.216
每股收益(加权)	0.251	0.109	0.196	0.216
扣除非经常性损益后的每股收益	0.228	0.209	0.198	0.216
每股净资产	3.06	1.71	1.80	1.605
调整后的每股净资产	3.05	1.70	1.792	1.600
每股经营活动产生的现金流量净额	0.159	0.253	0.253	0.057
净资产收益率(%)	7.81	6.37	10.88	13.48

(三)报告期利润表附表

2001年度利润	净资产收益率(%)		每股收益(元)	
	全面摊薄	加权平均	全面摊薄	加权平均
主营业务利润	7.55	8.80	0.231	0.242
营业利润	3.47	4.03	0.106	0.111
净利润	7.81	9.10	0.239	0.251
扣除非经常性损益后的净利润	7.47	8.63	0.228	0.238

三、股本变动及股东情况

(一)公司股本变动情况

公司股份变动情况表

项目	期初数	本次变动增减(+、-)					期末数
		增发	送股	公积金转股	其他	小计	
一、尚未流通股份							
1、发起人股份	131877200	0			+24700000	+24700000	156577200
其中:							
国家拥有股份							
境内法人持有股份	131877200	0					156577200
境外法人持有股份							
外资法人持有股份							
其他							
2、募集法人股	32500000	0			-24700000	-24700000	7800000
3、内部职工股							
4、优先股或其他							
5、法人股转配							
尚末流通股份合计	164377200	0					164377200
二、已流通股份							
1、境内上市的人民币普通股	126230848	50000000				+50000000	176230848
其中:高管持股	26000	0					26000
2、境内上市的外资股							
3、境外上市的外资股							
4、其他							
已流通股份合计	126230848	50000000					176230848
三、股份总数	290608048	50000000				50000000	340608048

000549 湘火炬投资股份有限公司

2001 年年度报告摘选

第一节 公司基本情况简介

一、公司法定中文名称:湘火炬投资股份有限公司
公司法定英文名称:Torch Investment Co.,Ltd
二、公司法定代表人:聂新勇
三、公司董事会秘书:张英姿
联系地址:湖南省株洲市红旗北路 3 号
电　话:0733-8450105,8450019
传　真:0733-4850019
电子信箱:torchzyz@0733.com
四、公司注册地址:湖南省株洲市河西黄河南路 1 号
公司办公地址:湖南省株洲市红旗北路 3 号
邮政编码:412001
公司国际互联网网址:http://www.cntorch.com
电子邮箱:torchstock@163.net
五、公司选定的信息披露报纸名称:《中国证券报》、《证券时报》、《上海证券报》
登载年报报告的中国证监会指定网站的网址:http://www.cninfo.com.cn
公司年度报告备置地点:公司办公楼五楼董事会办公室
六、公司股票上市交易所:深圳证券交易所
股票简称:000549　　股票代码:湘火炬 A

第二节 会计数据和业务数据摘要

(一)公司本年度主要财务数据　　单位:人民币元

项目	金额
利润总额	135,073,960.38
净利润	65,171,130.61
扣除非经营性损益后的净利润	50,487,888.42
主营业务利润	487,484,866.27
其他业务利润	8,404,349.76
营业利润	131,176,447.75
投资收益	-785,729.56
补贴收入	3,007,466.33
营业外收支净额	1,675,775.86
经营活动产生的现金流量净额	38,974,048.46
现金及现金等价物净增加额	-409,853,609.53

扣除的非经营性损益为补贴收入 3,007,466.33 元和营业外收支净额 1,675,775.86 元、委托理财 1000 万元。

(二)截止报告期末公司前三年的主要会计数据和财务指标

	2001 年	2000 年		1999 年	
		调整后	调整前	调整后	调整前
主营业务收入(元)	2213446791.91	1517820812.04	1543383794.94	415686014.97	415686014.97
净利润(元)	65171130.61	61144345.68	85958528.68	38327519.31	52049799.45
总资产(元)	3028217564.56	2245811457.71	2308094685.99	1106832687.43	1120921428.33
股东权益(不含少数股东权益)(元)	942668793.52	902908765.32	941202849.23	335626043.76	349348323.90
每股收益(元/股)	0.1566	0.2351	0.331	0.173	0.235
每股净资产(元/股)	2.2653	3.4717	3.619	1.514	1.576
调整后的每股净资产(元/股)	2.1667	3.3483	3.4017	1.35	1.41
每股经营活动产生的现金流量净额(元/股)	0.0937	0.055	0.055	0.347	0.347
净资产收益率	6.91%	6.77%	9.13%	11.4%	14.9%
扣除非经营性损益后的每股收益(元/股)	0.1213	0.3851	0.326	0.208	0.235
按月平均加权法计算的每股收益(元/股)	0.1566	0.2643	0.372	0.173	0.293
扣除非经常性损益后的加权平均净资产收益率	5.63%	19.79%	15.78%		

(三)净资产收益率及每股收益

报告期利润	净资产收益率(%)		每股收益(元/股)	
	全面摊薄	加权平均	全面摊薄	加权平均
主营业务利润	51.71	54.38	1.1715	1.1715
营业利润	13.92	14.63	0.3152	0.3152
净利润	6.91	7.27	0.1566	0.1566
扣除非经常性损益后的净利润	5.36	5.63	0.1213	0.1213

第三节 股本变动及股东情况

一、股本变动情况

数量单位:股

	本次变动前	本次变动增减(+,—)						本次变动后
		配股	送股	公积金转股	增发	其他	小计	
一、未上市流通股份								
1、发起人股份:	93799200		18759840	37519680			56279520	150078720
其中:								
国家持有股份								
境内法人持有股份	20666000		4133200	8266400			12399600	33065600
境外法人持有股份	73133200		14626640	29253280			43879920	117013120
其他								
2、募集法人股份								
3、内部职工股								
4、优先股及其他								
其中:转配股								
未上市流通股份合计	93799200		18759840	37519680			56279520	150078720
二、已上市流通股份								
1、人民币普通股	166280400		33256080	66512160			99768240	266048640
2、境内上市的外资股								
3、境外上市的外资股								
4、其他								
已上市流通股份合计	166280400		33256080	66512160			99768240	266048640
三、股份总数	260079600		52015920	104031840			156047760	416127360

注:境内上市的人民币普通股中含被冻结的高管股 37939 股。

000550 江铃汽车股份有限公司

2001 年年度报告摘选

第一节 公司基本情况简介

公司的中文名称:江铃汽车股份有限公司
英文名称:Jiangling Motors Corporation, Ltd.
缩写:JMC
公司法定代表人:孙敏先生
公司董事会秘书:熊中平先生
公司证券事务代表:全实先生
联系地址:江西省南昌市迎宾北大道 509 号
电话:0791-5232888-6178
传真:0791-5232839
电子信箱:jmcgh@public.nc.jx.cn
财务信息披露人员:王文涛先生(电话 0791-5235742)
公司注册地址及办公地址:江西省南昌市迎宾北大道 509 号
邮政编码:330001
国际互联网网址:http://www.jmc.com.cn
公司信息披露报纸名称:中国证券报、证券时报、香港商报
登载公司年度报告的中国证监会指定国际互联网网址:http://www.cninfo.com.cn
公司年度报告备置地点:江铃汽车股份有限公司证券部
公司股票上市交易所:深圳证券交易所
股票简称:江铃汽车　　江铃 B
股票代码:000550　　200550

第二节 会计数据和业务数据摘要

一、本年度部分财务指标　　单位:人民币千元

项目	金额
利润总额	101,158
净利润	100,848
扣除非经营性损益后的净利润	163,766
主营业务利润	828,064
其他业务利润	12,498
营业利润	162,263
投资收益	1,813
补贴收入	0
营业外收支净额	-62,918
经营活动产生的现金流量净额	681,185
现金及现金等价物净增减额	-154,375

二、近三年主要会计数据和财务指标　　单位:人民币千元

项目	2001 年度	2000 年度		1999 年度	
		调整后	调整前	调整后	调整前
主营业务收入	3,379,072	2,824,840	2,824,840	2,439,819	2,439,819
净利润	100,848	55,366	53,291	-162,665	-161,080
总资产	3,666,636	4,257,278	4,302,039	4,463,036	4,509,959
股东权益(不含少数股东权益)	1,616,364	1,524,418	1,654,346	1,554,132	1,601,055
每股收益(元)	0.12	0.06	0.06	-0.19	-0.19
每股净资产(元)	1.87	1.77	1.92	1.80	1.86
调整后的每股净资产(元)	1.51	1.22	1.24	1.08	1.10
每股经营活动产生的现金流量净额(元)	0.79	1.21	1.21	1.12	1.12
净资产收益率	6.24%	3.63%	3.22%	-10.47%	-10.06%

本年度净资产收益率和每股收益有关指标

报告期利润	净资产收益率		每股收益(单位:人民币元)	
	全面摊薄	加权平均	全面摊薄	加权平均
主营业务利润	51.23%	52.73%	0.96	0.96
营业利润	10.04%	10.33%	0.19	0.19
净利润	6.24%	6.42%	0.12	0.12
扣除非经营性损益后的净利润	10.13%	10.43%	0.19	0.19

第三节 股本变动及股东情况

一、股份变动情况表

	本次变动前	本次变动增减(+,-)						本次变动后
		配股	送股	公积金转股	增发	其他	小计	
一、未上市流通股份								
1、发起人股份	354,176,000							354,176,000
其中:								
国家持有股份	354,176,000							354,176,000
境内法人持有股份								
境外法人持有股份								
其他								
2、募集法人股份	47,438,000							47,438,000
3、高管股	69,540							69,540
4、优先股或其他								
未上市流通股合计	401,683,540							401,683,540
二、已上市流通股份								
1、人民币普通股	117,530,460							117,530,460
2、境内上市的外资股	344,000,000							344,000,000
境外上市的外资股								
其他								
已上市流通股份合计	461,530,460							461,530,460
三、股份总数	863,214,000							863,214,000

000551 创元科技股份有限公司

2001 年年度报告摘选

第一节 公司基本情况简介

一、公司法定中文名称:创元科技股份有限公司
公司英文名称:CREATE TECHNOLOGY & SCIENCE CO.,LTD.
二、公司法定代表人:张志忠
三、公司董事会秘书:陈小麟
联系地址:苏州市南门东二路 4 号
联系电话:0512－5300551
传真:0512－5300551
公司证券事务电子信箱:cts0551@pub.sz.jsinfo.net
四、公司注册地址:江苏苏州市新区淮海街 6 幢 E3 号
邮政编码:215011
公司经营地址:苏州市南门东二路 4 号
邮政编码:215007
五、公司选定的信息披露报刊为《中国证券报》和《证券时报》
刊登公司年度报告的证监会指定国际互联网网址:www.cninfo.com.cn
公司年度报告备置地点:董事会秘书处
六、公司股票上市交易所:深圳证券交易所
股票简称:创元科技
股票代码:000551

第二节 会计数据和业务数据摘要

一、本年度实现利润情况: (单位:元)

项目	金额
利润总额	71,223,491.80
净利润	52,815,654.71
主营业务利润	129,788,364.97
其他业务利润	14,666,266.65
营业利润	41,385,693.02
投资收益	23,049,789.26
补贴收入	176,351.86
营业外收支净额	6,611,657.66
经营活动产生的现金流量净额	34,600,332.69
现金及现金等价物净增加额	9,817,511.74
备注:扣除非经常性损益后的净利润	47,123,396.62
扣除的非经常性损益项目和金额:	
其中:(1)股权处置损失	－91,235.30
(2)补贴收入	176,351.86
(3)营业外收支净额	6,611,657.66
(4)非经常性损益应纳所得税	－1,004,516.13

二、截止本报告期末公司前三年的主要会计数据和财务指标

(单位:元)

项目	2001 年度	2000 年度		1999 年度
		调整后	调整前	
主营收入	629,255,923.24	339,595,337.68	339,595,337.68	63,893,454.15
净利润	52,815654.71	33,996,765.37	44,939,466.39	48,807,781.24
总资产	1,048,140,644.62	1,186,295,482.78	1,197,238,183.80	813,419,140.39
股东权益	498,495,861.45	479,310,023.98	490,252,725.00	469,485,898.01
每股收益	0.22	0.14	0.19	0.20
每股净资产	2.06	1.98	2.03	1.94
调整后的每股净资产	2.03	1.91	1.96	1.92
每股经营活动产生的现金流量净额	0.14	1.02	1.02	－0.13
净资产收益率(%)(摊薄)	10.60	7.09	9.19	10.40

三、扣除非经常性损益后净利润为基础计算的净资产收益率和每股收益

报告期利润	净资产收益率(%)		每股收益(元)	
	全面摊薄	加权平均	全面摊薄	加权平均
主营业务利润	26.04	25.12	0.54	0.54
营业利润	8.30	8.01	0.17	0.17
净利润	10.60	10.22	0.22	0.22
扣除非经常性损益后的净利润	9.45	9.12	0.19	0.19

第三节 股本变动及股东情况

一、股本变动情况
(一)公司股份变动情况表

数量单位:股

	本次变动前	本次变动增减(+,－)						本次变动后
		配股	送股	公积金转股	增发	其他	小计	
一、未上市流通股份								
1、发起人股份	130,932,110	0	0	0	0	0	0	130,932,110
其中:								
国家持有股份	100,774,030	0	0	0	0	0	0	100,774,030
境内法人持有股份	30,158,080	0	0	0	0	0	0	30,158,080
境外法人持有股份								
其他								
2、募集法人股份								
3、内部职工股								
4、优先股或其他								
未上市流通股份合计	130,932,110	0	0	0	0	0	0	130,932,110
二、已上市流通股份								
1、人民币普通股	110,794,284	0	0	0	0	0	0	110,794,284
2、境内上市的外资股								
3、境外上市的外资股								
4、其他								
已上市流通股份合计	110,794,284	0	0	0	0	0	0	110,794,284
三、股份总数	241,726,394	0	0	0	0	0	0	241,726,394

000552 甘肃长风宝安实业股份有限公司

2001 年年度报告摘选

第一节 公司基本情况简介

一、公司法定中、英文名称
中文名称:甘肃长风宝安实业股份有限公司
英文名称:GANSU CHANGFENG BAOAN INDUSTRY CO.,LTD
二、公司法定代表人:邵乐冲
三、公司董事会秘书姓名、联系地址、电话、传真、电子信箱
董事会秘书:胡惠斌
联系地址:甘肃省兰州市安宁区安宁西路 270 号
电　　话:0931－7666251 7616756
传　　真:0931－7667172
电子信箱:zqbhhb@public.lz.gs.cn
四、公司注册地址、办公地址、邮政编码、电子信箱
注册地址:甘肃省兰州市安宁区安宁西路 270 号
办公地址:甘肃省兰州市安宁区安宁西路 270 号
邮政编码:730070
电子信箱:cfjqc@public.lz.gs.cn
五、公司选定的信息披露报刊名称、披露的网址、年度报告备置地点
公司选定的信息披露报刊名称:《证券时报》
公司指定披露的网址:http://www.cninfo.com.cn
公司年度报告备置地点:公司总部
六、公司股票上市交易所、股票简称、股票代码
公司股票上市交易所:深圳证券交易所
股票简称:甘长风 A
股票代码:000552

第二节 会计数据和业务数据摘要

一、本年度主要利润指标情况(单位:元)

项目	金额
利润总额	11,116,947.88
净利润	11,116,947.88
扣除非经常性损益后的净利润	7,458,024.50
主营业务利润	29,256,549.18
其他业务利润	3,386,374.45
营业利润	10,844,040.10
投资收益	－319,585.11
补贴收入	1,318,658.67
营业外收支净额	－726,165.78
经营活动产生的现金流量净额	－2,523,030.86
现金及现金等价物净增减额	5,765,458.35
注:扣除非经常性损益后的项目、涉及金额:	3,658,923.38
1、营业外收支净额	－726,165.78
2、房屋租赁净损益	4,385,089.16

二、截止报告期末公司前三年的主要会计数据和财务指标(单位:元)

项目	2001 年	2000 年		1999 年	
		调整后	调整前	调整后	调整前
主营业务收入	173,666,514.11	198,387,773.28	198,387,773.28	210,311,553.53	210,311,553.53
净利润	11,116,947.88	29,586,943.67	32,233,709.89	17,336,517.49	24,859,951.01
总资产	462,870,627.57	463,690,138.17	483,073,905.99	387,939,641.94	412,341,271.53
股东权益	224,789,133.04	206,756,306.57	233,804,472.00	173,382,980.08	197,784,609.67
每股收益	0.06	0.17	0.181	0.097	0.14
每股净资产	1.26	1.16	1.314	0.97	1.11
每股经营活动产生的现金流量净额	－0.014	－0.084	－0.084	0.27	0.27
净资产收益率(%)	4.95	14.31	13.79	10	12.57

第三节 股本变动及股东情况

一、公司股份变动情况表　数量单位:股

	本次变动前	本次变动增减(+,－)						本次变动后
		配股	送股	公积金转股	增发	其他	小计	
一、未上市流通股份								
1、发起人股份	100188000							100188000
其中:								
国家持有股份	74052000							74052000
境内法人持有股份	26136000							26136000
境外法人持有股份								
其他								
2、募集法人股份	10890000							10890000
3、内部职工股								
4、优先股或其他								
未上市流通股份合计	111078000							111078000
二、已上市流通股份								
1、人民币普通股	66792000							66792000
2、境内上市的外资股								
境外上市的外资股								
其他								
已上市流通股份合计	66792000							66792000
三、股份总数	177870000							177870000

000553 湖北沙隆达股份有限公司

2001 年年度报告摘选

一、公司基本情况简介

(一)公司法定名称:湖北沙隆达股份有限公司
中文缩写:沙隆达
公司英文名称:HUBEI SANONDA CO., LTD
英文名称缩写:SANONDA
(二)公司法定代表人:张 茂 立
(三)公司董事会秘书::李 忠 禧
联系电话:0716—8314802—2632
联系地址:湖北省荆州市北京东路 93 号
传 真:0716—8316796
股权事务代表:吴 蒙
联系地址:湖北省荆州市北京路 172 号
电话:0716—8114595
传真:0716—8110066
(四)公司注册地址:湖北省荆州市北京东路 93 号
公司办公地址:湖北省荆州市北京东路 93 号
邮政编码:434001
公司网址:http://www.sanonda.com
公司电子信箱:sanondas@public.jz.hb.cn
(五)公司选定的信息披露报纸名称:《中国证券报》
《证券时报》
《大公报》
登载公司年报的国际互联网网址:http://www.cninfo.com.cn
公司年度报告备置地点:公司证券处
(六)公司股票上市地:深圳证券交易所
股票简称:沙隆达 A(A 股)　　沙隆达 B(B 股)
股票代码:000553(A 股)　　200553(B 股)

二、会计数据和业务数据摘要

1.本年度主要利润指标情况(单位:人民币元)

项目	金 额
利润总额	16,699,339.40
净利润	10,496,755.08
扣除非经常性损益后的净利润	9,773,983.79
主营业务利润	118,424,380.35
其他业务利润	3,153,404.46
营业利润	14,643,847.56
投资收益	2,846,172.68
补贴收入	—-
营业外收支净额	-790,680.84
经营活动产生的现金流量净额	113,730,778.90
现金及现金等价物净增加额	-218,427,652.33

2.公司近三年来主要会计数据和财务指标(单位:人民币元)

财务指标	单位	2001 年度	2000 年度		1999 年度	
			调整后	调整前	调整后	调整前
主营业务收入	元	963,788,396.61	913,091,597.08	913,091,597.08	972,243,239.34	972,243,239.34
净利润	元	10,496,755.08	647,227.04	18,007,022.63	40,575,433.72	63,055,471.02
总资产	元	1,642,777,754.18	1,846,344,324.13	1,897,377,517.05	1,765,515,393.32	1,787,995,430.62
股东权益	元	973,700,189.12	963,203,434.04	1,008,137,600.62	967,650,540.69	990,130,577.99
每股收益(摊薄)	元	0.035	0.0022	0.061	0.137	0.212
每股收益(加权)	元	0.035	0.0022	0.061	0.137	0.212
每股收益(扣除非经常性损益)	元	0.033	0.031	0.031	0.197	0.197
每股净资产	元	3.28	3.24	3.39	3.26	3.33
调整后的每股净资产	元	3.10	3.10	3.26	3.19	3.27
每股经营活动产生的现金流量净额	元	0.38	0.35	0.35	0.04	0.04
净资产收益率(摊薄)	%	1.08	0.07	1.79	4.19	6.37
净资产收益率(加权)	%	1.08	0.07	1.79	4.19	6.37
净资产收益率(扣除非经常性损益)	%	1.00	0.04	0.91	5.93	5.93

三、股本变动和主要股东持股情况

1、股本变动情况
(1)股份变动情况
股份变动情况表

数量单位:股

	期初数	本次变动增减(+,-) 配股	送股	公积金转增	其他	小计	期末数
一、尚未流通股份							
1.发起人股份							
其中:							
国家持有股份	84,729,334						84,729,334
境内法人持有股份							
外资法人持有股份							
其他							
2.募集法人股							
3.内部职工股							
4.优先股或其他							
尚未流通股份合计	84,729,334						84,729,334
二、已流通股份							
1.境内上市的人民币普通股	97,232,276						97,232,276
其中:高级管理人员持股	40,158						40,158
2.境内上市的外资股	115,000,000						115,000,000
3.境外上市的外资股							
已流通股份合计	212,232,276						212,232,276
三、股份总数	296,961,610						296,961,610

000554 中国石化山东泰山石油股份有限公司

2001 年年度报告摘选

第一节 公司基本情况简介

1、公司法定中文名称:中国石化山东泰山石油股份有限公司
公司法定英文名称:SINOPEC ShanDong TaiShan Pectroleum CO., LTD.
中文缩写:泰山石油
英文缩写:TSPC
2、公司法定代表人:冯东青
3、公司董事会秘书:李建文
授权代表:李志清
联络地址:山东省泰安市东岳大街 104 号
电话:(0538)826 5456-2407,2408　　传真:(0538)826 5450
E-MAIL:tssh@public.taptt.sd.cn
4、注册地址及办公地址:山东省泰安市东岳大街 104 号
邮政编码:271000
E-MAIL:tssh@public.taptt.sd.cn
5、公司指定信息披露报纸:《证券时报》、《中国证券报》
登载本公司年度报告的中国证监会指定国际互联网网址:http://cninfo.com.cn
公司年度报告备置地点:公司证券管理部
6、公司股票上市交易所:深圳证券交易所
股票简称:泰山石油　　股票代码:000554

第二节 会计数据及业务数据摘要

1、本年度主要会计数据　　金额单位:元

项目	金额
利润总额	64,465,800.57
净利润	46,222,221.99
扣除非经常性损益后的净利润	48,096,571.89
主营业务利润	131,642,817.08
其他业务利润	6,828,947.66
营业利润	63,394,443.12
投资收益	2,945,707.35
补贴收入	0
营业外收支净额	-1,874,349.90
经营活动产生的现金流量净额	26,019,351.21
现金及现金等价物净增加额	-62,330,507.68

2、截止报告期末公司前三年的主要会计数据和财务指标　　(金额单位:元)

项目	2001 年度	2000 年度		1999 年度	
		调整后	调整前	调整后	调整前
主营业务收入	1,142,168,549.03	1,065,268,472.24	1,065,268,472.24	953,806,876.53	953,806,876.53
净利润	46,222,221.99	122,607,144.72	128,932,488.49	25,807,391.04	29,524,059.72
总资产	1,070,190,084.31	1,187,127,127.40	1,197,169,139.85	1,036,466,959.42	1,040,183,628.10
股东权益(不含少数股东权益)	765,966,401.76	776,241,901.08	786,283,913.53	653,634,756.36	657,351,425.04
每股收益	0.096	0.383	0.402	0.081	0.092
按新股本计算的每股收益	0.096	0.255	0.268	0.081	0.092
加权平均每股收益	0.096	0.255	0.268	0.081	0.092
每股净资产	1.593	2.422	2.453	2.039	2.051
调整后的每股净资产	1.436	2.350	2.271	1.953	1.814
每股经营活动产生的现金流量净额	0.054	0.523	0.523	-0.072	-0.072
净资产收益率(%)	6.03	15.79	16.40	3.95	4.49

第三节 股东变动及股东情况

1、股本变动情况
(1)股份变动情况表　　数量单位:股

	本次变动前	本次变动增减(+,-) 配股	送股	公积金转股	增发	其它	小计	本次变动后
一、未上市流通股份								
1、发起人股份								
其中:国家持有股份	123,968,880			61,984,440			61,984,440	185,953,320
境内法人持有股份								
境外法人持有股份								
其他								
2、募集法人股份								
3、内部职工股								
4、优先股或其他								
未上市流通股份合计	123,968,880			61,984,440			61,984,440	185,953,320
二、已流通股份								
1、人民币普通股	196,560,000			98,280,000			98,280,000	294,840,000
2、境内上市的外资股								
3、境外上市的外资股								
4、其他								
已上市流通股份合计	196,560,000			98,280,000			98,280,000	294,840,000
三、股份总数	320,528,880			160,264,440			160,264,440	480,793,320

2、股东情况
(1)截止 2001 年 12 月 31 日,公司股东总数为 53669 名。
(2)公司除国家股外无其他持有本公司 5%以上(含 5%)股份的股东,公司前十名股东列示如下:

股东名称	年度末持股数(股)	本期持股变动增减情况(+-)	占总股本比例(%)	股份性质
中国石油化工股份有限公司	185,953,320	+61984440	38.68	国家股,由其代为持有
刘全生	2,300,000		0.48	社会流通股
代省三	1,984,578		0.41	社会流通股
王虽弟	1,916,795		0.40	社会流通股
上海建富投资有限公司	1,913,600		0.40	社会流通股
夏锁锁	1,594,168		0.33	社会流通股
洪明礼	1,444,699		0.30	社会流通股
唐宜哥	1,155,005		0.24	社会流通股
稽永琴	1,144,900		0.24	社会流通股
古正付	1,109,307		0.23	社会流通股

000555 深圳市太光电信股份有限公司

2001年年度报告摘选

一、公司基本情况简介

一、公司法定中文名称:深圳市太光电信股份有限公司
公司法定英文名称:SHENZHEN TECHO TELCOM.,LTD
二、公司法定代表人:王敬武
三、公司董事会秘书:陈怀志
证券事务代表:岑 彪
联系地址:深圳市福田区车公庙泰然工贸园201栋2楼
联系电话:0755-3892829
传 真:0755-3892839
电子信箱:klxl@vip.sina.com
四、公司注册地址:深圳市福田区天安数码城天吉大厦四楼A2室
公司办公地址:深圳市福田区车公庙泰然工贸园201栋2楼
邮政编码:518040
公司国际互联网网址:www.sztecho.com
五、公司选定的信息披露报纸名称:《中国证券报》
登载年度报告的中国证监会指定网站的网址:www.cninfo.com.cn
公司年度报告备置地点:公司董事会秘书处
六、公司股票上市交易所:深圳证券交易所
股票简称:太光电信
股票代码:000555

二、会计数据和业务数据摘要

一、本年度主要经营指标:

项目	金额
利润总额	3,817,938.11
净利润	3,795,317.54
扣除非经常性损益后的净利润	1,712,701.31
主营业务利润	33,945,501.34
其他业务利润	-63,831.67
营业利润	4,943,880.16
投资收益	-1,208,558.28
补贴收入	
营业外收支净额	82,616.23
经营活动产生的现金流量净额	-33,567,689.48
现金及现金等价物净增减额	63,316,315.56

二、截止报告期末公司前三年的主要会计数据和财务指标:

财务指标	2001	2000		1999	
		调整前	调整后	调整前	调整后
主营业务收入	106,994,570.05	734,230.03	734,230.03	3,742,940.06	3,742,940.06
净利润	3,795,317.54	493,945.71	493,945.71	-12,199,576.86	-12,199,576.86
扣除非经常性损益后的净利润	1,712,701.31	-3,881,472.11	-3,881,472.11	-7,461,010.30	-7,461,010.30
总资产	296,300,838.85	114,498,048.89	107,168,060.47	120,606,856.21	113,276,867.79
股东权益	97,724,527.59	101,259,198.47	93,929,210.05	98,171,188.16	90,841,199.74
每股收益(全面摊薄)	0.05	0.006	0.006	-0.149	-0.149
每股收益(加权平均)	0.05	0.006	0.006	-0.149	-0.149
每股净资产	1.19	1.24	1.15	1.20	1.11
调整后的每股净资产	1.19	1.01	0.92	0.97	0.88
每股经营活动产生的现金流量净额	-0.41	0.09	0.09	0.14	0.14
净资产收益率(全面摊薄)	3.88%	0.49%	0.5%	-11.57%	-13.4%
扣除非经常性损益或的净资产收益率	1.75%	-3.8%	-4.1%	-7.6%	-8.2%

三、按《公开发行证券的公司信息披露编报规则第九号》的规定计算的每股收益及净资产收益率:

报告期利润	净资产收益率(%)		每股收益(元)	
	全面摊薄	加权平均	全面摊薄	加权平均
主营业务利润	33.87	34.97	0.41	0.41
营业利润	5.06	5.16	0.06	0.06
净利润	3.88	3.96	0.05	0.05
扣除非经常性损益后的净利润	1.75	1.79	0.02	0.02

三、股本变动及股东情况

一、股份变动情况表
2001年12月31日 数量单位:股

	本次变动前	本次变动增减(+,-)						本次变动后
		配股	送股	公积金转股	增发	其他	小计	
一、未上市流通股份	59934378					-106700	-106700	59827678
1、发起人股份								
其中:								
国家持有股份								
境内法人持有股份								
境外法人持有股份								
其他								
2、募集法人股份	59827678							59827678
3、内部职工股	106700					-106700	-106700	
4、优先股或其他								
未上市流通股份合计	59934378					-106700	-106700	59827678
二、已上市流通股份	21893300							22000000
1、人民币普通股	21893300					+106700	+106700	22000000
2、境内上市的外资股								
1、境外上市的外资股								
2、其他								
已上市流通股份合计	21893300					+106700	+106700	22000000
三、股份总数	81827678							81827678

000556 南洋航运集团股份有限公司

2001年年度报告摘选

一、公司基本情况简介

(一)公司的法定中英文名称:
1、中文名称:南洋航运集团股份有限公司
2、英文名称:NANYANG SHIPPING GROUP STOCK HOLDING CO.,LTD.
(二)公司法定代表人:范运海
(三)公司董事局秘书:缪海英
联系地址:本公司董事局秘书处
联系电话:0898—66775208/68666999 传 真:0898—66752989
电子信箱:NYSHIP@163.com
(四)公司注册地址及办公地址:
注册地址:海口市滨海大道288号东方洋大厦7、8楼 邮政编码:570311
电子信箱:NYSHIP@163.com
办公地址:海口市景湾路8号海景湾大厦7楼
(五)公司选定的信息披露报纸名称:《证券时报》、《中国证券报》
刊登公司年度报告的国际互联网网址:http://www.cninfo.com.cn
公司年度报告备置地点:深圳证券交易所、本公司董秘处
(六)公司股票上市地:深圳证券交易所
股票简称:"PT南洋" 股票代码:"000556"

二、会计数据和业务数据摘要

1、本年度主要经济指标

项目	金额
利润总额	-43,285,379.94
净利润	-43,285,379.94
扣除非经常性损益后的净利润	-22,748,519.11
主营业务利润	0.00
其他业务利润	0.00
营业利润	-22,748,519.11
投资收益	0.00
补贴收入	0.00
营业外收支净额	-20,536,860.83
经营活动产生的现金流量净额	-9,385,915.57
现金及现金等价物净增加额	-319,806.10
扣除非经常性损益的项目及涉及金额	
营业外收入	622,818.00
营业外支出	21,159,678.83
营业外收支净额	-20,536,860.83

2、截止报告期末公司前三年主要会计数据和财务指标

项 目	2001年	2000年		1999年	
		调整后	调整前	调整后	调整前
主营业务收入	0.00	0.00		54,266,540.61	54,266,540.61
净利润	-43,285,379.94	-41,809,860.41	-39,892,816.60	-81,895,671.02	-81,895,671.02
总资产	280,706,658.78	129,042,500.99	207,311,520.13	257,687,321.76	336,148,122.96
股东权渔	183,836,891.07	-300,355,853.24	-221,895,052.04	-213,667,527.02	-135,206,725.82
每股收益(摊薄)	-0.174	-0.17	-0.16	-0.33	-0.33
每股收益(加权)	-0.174	-0.17	-0.16	-0.33	-0.33
每股净资产	0.74	-1.21	-0.89	-0.86	-0.54
调整后每股净资产	0.71	-1.24	-0.93	-0.88	-0.56
每股经营活动产生的现金流量净额	-0.04	-0.01	-0.01	-0.09	-0.09

三、股本变动及主要股东持股情况

(一)股本变动情况
公司股份变动情况表 数量单位:股

	期初数	本次变动增减(+、-)						期末数
		配股	送股	公积金转股	增发	其他	小计	
一、未上市流通股份								
1.发起人股份	14,731,863							14,731,863
其中:								
国家持有股份	7,381,113							7,381,113
境内法人持有股份	7,350,750							7,350,750
境外法人持有股份								
其他								
2.募集法人股份	116,563,228							116,563,228
3.内部职工股								
4.优先股或其他								
其中:转配股								
未上市流通股份合计	131,295,091							131,295,091
二、已上市流通股份								
1.人民币普通股	117,423,037							117,423,037
2.境内上市的外资股								
3.境外上市的外资股								
4、其他								
已上市流通股份合计	117,423,037							117,423,037
三、股份总数	248,718,128							248,718,128

(二)股东情况
1、报告期末公司股东总数为37,625户。
2、报告期末公司前十名股东持股情况 数量单位:股

序号	股东名称	期初数	本期变动增减(+ -)	期末数	占总股本比例(%)
1	海南成功投资有限公司	66,414,778		66,414,778	26.70
2	海南省财政税务厅	7,381,113		7,381,113	2.97
3	三亚日冷空调技术专业公司	4,853,475		4,853,475	1.95
4	中国银行海口信托咨询公司	3,267,000		3,267,000	1.31
5	海南百勤投资顾问有限公司	0	+2,871,725	2,871,725	1.15
6	海南光大国信物业管理公司	1,960,200		1,960,200	0.79
7	中国人民保险公司海南分公司	1,633,500		1,633,500	0.66
8	海南财利装饰工程有限公司	1,633,500		1,633,500	0.66
9	海口海上世界有限公司	1,633,500		1,633,500	0.66
10	中国银行海信托咨询公司	1,633,500		1,633,500	0.66

000557 广夏(银川)实业股份有限公司

2001 年年度报告摘选

一、公司基本情况简介

(一) 公司法定中、英文名称
中文名称:广夏(银川)实业股份有限公司
英文名称:GUANGXIA (YINCHUAN) INDUSTRY CO., Ltd.
(二) 公司法定代表人:蔡中华
(三) 公司董事局秘书及授权代表:禹万明
联系地址:宁夏银川市高新技术产业开发区 15 号路东
电话:0951 - 5054984　　传真:0951 - 5054518
电子信箱:guangxia@public.yc.nx.cn
(四) 公司注册地址及办公地址:宁夏银川市高新技术产业开发区 15 号路东
邮政编码:750002
公司国际互联网网址:http://www.guangxia.com
公司电子信箱:guangxia@public.yc.nx.cn
(五) 公司选定的信息披露报纸名称:《中国证券报》和《证券时报》。
深圳证券交易所上市公司指定披露的网址为:http://www.coinfo.com.cn
年度报告备置地点:宁夏银川市高新技术产业开发区 15 号路东公司总部
(六)公司股票上市交易所:深圳证券交易所
股票简称:银广夏 A　　股票代码:000557
(七)其他有关资料:
1、公司首次地点:宁夏银川市
公司首次注册日期:1994 年 2 月 18 日
2、企业法人营业执照注册号:6400001201927
3、税务登记号码:64010262490080 - 8
4、公司尚未流通股票的托管机构名称:深圳证券登记有限公司
5、公司聘请的会计师事务所名称及办公地址:
上海上会会计师事务所　　上海市四川北路 1318 号福海商业中心九楼

二、会计数据和业务数据摘要

(一)2001 年度业务数据(单位:人民币元)

项目	金额
利润总额:	- 521,299,718.51
净利润:	- 394,441,413.39
扣除非经常性损益的净利润:	- 195,343,139.49
主营业务利润:	26,913,660.98
其他业务利润:	156,883.06
营业利润:	- 334,285,068.54
投资收益:	- 26,460,576.11
补贴收入:	9,125,800.00
营业外收支净额:	- 169,679,873.86
经营活动产生的现金流量净额:	134,682,830.62
现金及现金等价物净增加额:	- 265,674,128.40

注:扣除的非经常性损益项目及涉及金额

项目	金额
(1) 补贴收入:	9,125,800.00
(2) 固定资产处理净损失:	- 974,806.61
(3) 调整被投资单位权益损益:	- 20,361,331.07
(4) 预计负债损失:	- 148,615,981.50
(5) 其他营业外收支净额:	- 1,750,753.97
(6) 合并抵消债权计提的坏帐准备:	- 31,521,200.75
(7) 多交增值税:	- 5,000,000.00
以上项目涉及金额为:	- 199,098,273.90

(二)近三年主要会计数据及财务指标(单位:人民币元)

项 目	2001 年度	2000 年度	1999 度
主营业务收入	145,209,011.9	130,261,227.08	383,579,946.11
净利润	- 394,441,413.39	- 135,823,810.33	127,786,600.85
总资产	1,390,560,083.26	1,429,597,831.23	2,191,828,506.71
股东权益(不含少数股东权益)	- 838,724,923.99	- 340,353,948.53	942,460,049.35
每股收益(摊薄)	- 0.78	- 0.27	0.51
每股收益(加权)	- 0.78	- 0.27	0.56
扣除非经常性损益后的每股收益	- 0.39	0.04	0.47
每股净资产(摊薄)	- 1.66	- 0.67	3.73
调整后的每股净资产	- 2.14	- 1.28	3.42
每股经营活动产生的现金流量净额	0.27		- 0.02
净资产收益率(%,摊薄)			13.56

三、股本变动及股东情况

(一)股本变动情况
1、公司股份变动情况表(截止 2001 年 12 月 31 日。数量单位:股)

	本次变动前	本次变动增减(+、-)						本次变动后
		配股	送股	公积金转股	增发	其它	小计	
一、未上市流通股份								
1、发起人股份	128,622,360							128,622,360
其中:国家拥有股份								
境内法人持有股份	128,622,360							128,622,360
境外法人持有股份								
其它								
2、募集法人股份	95,601,614							95,601,614
3、内部职工股	217,932							217,932
4、优先股或其他								
未上市流通股份合计	224,441,906							224,441,906
二、已上市流通股份								
1、人民币普通股	280,819,474							280,819,474
2、境内上市的外资股								
3、境外上市的外资股								
4、其他								
已上市流通股份合计	280,819,474							280,819,474
三、股份总数	505,261,380							505,261,380

000558 莱茵达置业股份有限公司

2001 年年度报告摘选

第一节　公司简介

(一)公司名称:中文:莱茵达置业股份有限公司
英文:Lander Real Estate Co., Ltd
(二)法定代表人:高继胜
(三)董事会秘书:刘　峰
授权代表:黄　波
联系地址:辽宁省沈阳市和平区南京南街 192 号
联系电话:(024)23327948　　传真:(024)23327946
(四)注册地址:辽宁省沈阳市苏家屯区金钱松路 9 号
办公地址:辽宁省沈阳市和平区南京南街 192 号　　邮政编码:110005
公司电子信箱:liufeng02@263.net
(五)信息披露报纸:《中国证券报》、《证券时报》
登载年度报告的指定国际互联网网址:http://www.cninfo.com.cn
年度报告的备置地点:本公司管理部
(六)股票上市交易所:深圳证券交易所
股票简称:莱茵置业　　股票代码:000558

第二节　会计数据和业务数据摘要

(一)2001 年主要会计数据(单位:人民币元)

项目	金　额
利润总额	3,197,353.76
净利润	3,197,353.76
扣除非经常性损益后的净利润	3,300,199.72
主营业务利润	23,077,183.93
其他业务利润	36,011.27
营业利润	3,300,199.72
投资收益	
营业外收支净额	- 102,845.96
经营活动产生的现金流量净额	- 20,333,162.60
现金及现金等价物净增加额	- 31,919,532.08
注:扣除的非经常性损益项目	涉及金额(元)
补贴收入	
营业外收入	356,283.19
营业外支出	459,129.15
短期投资收益	

(二)截至报告期末公司前三年主要会计数据和财务指标(合并报表)　　单位:元

指标项目/年度	2001 年	2000 年		1999 年	
		调整后	调整前	调整后	调整前
主营业务收入	37,216,832.94	54,668,529.41	54,668,529.41	85,196,609.50	85,196,609.50
净利润	3,197,353.76	10,403,826.19	13,349,560.56	10,546,517.10	10,546,517.10
总资产	353,535,110.56	507,330,757.39	531,812,820.91	524,367,059.11	546,304,922.31
股东权益	166,829,795.75	162,027,580.22	164,322,250.79	159,522,996.59	159,291,458.36
每股收益	0.0273	0.0888	0.114	0.09	0.09
每股收益(加权计算值)	0.0273	0.0888	0.114	0.09	0.09
每股净资产	1.424	1.383	1.40	1.36	1.36
调整后的每股净资产	1.398	1.368	1.33	1.24	1.24
净资产收益率(%)(摊薄)	1.92	6.42	8.12	6.61	6.62
净资产收益率(%)(加权)	1.95	6.32	8.03	6.62	6.64
扣除非经常性损益的每股收益	0.0282	0.0149	0.019	0.068	0.068
每股经营活动产生的现金流量净额	- 0.1735	0.183	0.183	0.026	0.026

附利润附表(按照中国证监会《公开发行证券公司信息披露编报规则第 9 号 - 净资产收益率每股收益的计算及披露》的有关规定计算)

报告期利润	净资产收益率(%)		每股收益(元)	
	全面摊薄	加权平均	全面摊薄	加权平均
主营业务利润	13.83	14.10	0.1969	0.1969
营业利润	1.98	2.02	0.0282	0.0282
净利润	1.92	1.95	0.0272	0.0272
扣除非经常性损益后净利润	1.98	2.02	0.0282	0.0282

第三节　股本变动及股东情况

(一)股本变动情况
截止 2001 年 12 月 31 日,本公司股本结构无变化:

	期初数	本次变动增减(+,-)						期末数
		配股	送股	公积金转股	增发	其他	小计	
一、尚未流通股份								
1、发起人股份	66,660,000							66,660,000
其中:								
国家拥有股份								
境内法人持有股份	66,660,000							66,660,000
外资法人持有股份								
其他								
2、募集法人股								
3、内部职工股								
4、优先股或其他								
尚未流通股份合计	66,660,000							66,660,000
二、已流通股份								
1、境内上市的人民币普通股	50,504,373							50,504,373
2、境内上市的外资股								
3、境外上市的外资股								
4、其他								
已流通股份合计	50,504,373							50,504,373
三、股份总数	117,164,373							117,164,373

000559 万向钱潮股份有限公司

2001年年度报告摘选

一、公司基本情况简介

(一)公司的法定中文名称:万向钱潮股份有限公司
公司的法定英文名称:WANXIANG QIANCHAO CO.,LTD.
公司英文名称缩写:WXQC
(二)公司法定代表人:鲁冠球
(三)公司董事会秘书:管大源
联系地址:浙江省杭州市萧山区万向路
联系电话:0571-82832999
传　　真:0571-82602132
(四)公司注册及办公地址:浙江省杭州市萧山区万向路
邮政编码:311215
公司国际互联网网址:www.wanxiang.com.cn
电子信箱:WXQC@xsptt.zjpta.net.cn
(五)公司选定的信息披露报纸:《证券时报》、《上海证券报》
刊登公司年度报告的国际互联网网址:http://www.cninfo.com.cn
公司年报备置地:公司办公室
(六)公司股票上市交易所:深圳证券交易所
股票名称:万向钱潮
股票代码:000559

二、会计数据和业务数据摘要

(一)本年度主要会计数据:　　单位:人民币元

项目	金额
利润总额	191,528,252.96
净利润	121,183,784.34
扣除非经常性损益后的净利润	112,649,818.95
主营业务利润	271,425,214.81
其他业务利润	10,792,791.36
营业利润	150,747,617.05
投资收益	8,534,712.93
补贴收入	32,699,317.21
营业外收支净额	-453,394.23
经营活动产生的现金流量净额	251,070,206.28
现金及现金等价物净增加额	257,580,705.91

(二)截止报告期末,公司前三年的主要会计数据和财务指标:
1、主要会计数据和财务指标　　单位:人民币元

序号	项目	2001年度	2000年度	1999年度
1	主营业务收入	1,096,841,027.14	1,229,999,673.98	1,202,368,865.96
2	利润总额	191,528,252.96	154,154,071.20	128,304,195.39
3	净利润	121,183,784.34	146,508,844.23	116,468,869.68
4	总资产	2,068,799,765.73	1,592,732,879.67	1,378,464,935.97
5	股东权益(不含少数股东权益)	1,268,334,598.18	927,979,871.16	838,042,994.13
6	每股收益	0.331	0.518	0.412
7	加权每股收益	0.337	0.518	0.412
8	扣除非经常性损益后的每股收益	0.308	0.488	0.404
9	每股净资产	3.46	3.28	2.96
10	调整后的每股净资产	3.46	3.23	2.93
11	每股经营活动产生的现金流量净额	0.69	0.86	0.19
12	净资产收益率(%)	9.55	15.79	13.90

2、根据中国证监会《公开发行证券公司信息披露细则(第9号)》要求计算的利润数据如下:

项目 报告期利润	净资产收益率		每股收益	
	全面摊薄	加权平均	全面摊薄	加权平均
主营业务利润	21.40	22.13	0.741	0.755
营业利润	11.89	12.29	0.412	0.419
净利润	9.55	9.88	0.331	0.337
扣除非经营性损益后的净利润	8.88	9.18	0.308	0.313

三、股本变动及股东情况

(一)股本变动情况
1、股份变动情况表　　数量单位:股

	本次变动前	本次变动增减(+、-)						本次变动后
		配股	送股	公积金	增发	其他	小计	
一、未上市流通股份								
1、发起人股份								
其中:								
国家持有股份								
境内法人持有股份	192,639,638	350,025	35,251,491				35,601,516	228,241,154
境外法人持有股份								
其他								
2、募集法人股分	1,887,600	0	344,789				344,789	2,232,389
3、内部职工股								
4、优先股或其他								
其中:转配股								
未上市流通股份合计	194,527,238	350,025	35,596,280				35,946,305	230,473,543
已上市流通部分								
1、人民币普通股	88,332,598	26,499,780	20,975,281				47,475,061	135,807,659
2、境内上市的外资股								
3、境个上市的外资股								
4、其他								
已上市流通股份合计	88,332,598	26,499,780	20,975,281				47,475,061	135,807,659
三、股份总数	282,859,836	26,849,805	56,571,561				83,421,366	366,281,202

000560 昆明百货大楼(集团)股份有限公司

2001年年度报告摘选

第一章　公司基本情况简介

一、公司的法定中、英文名称
1、法定中文名称:昆明百货大楼(集团)股份有限公司
2、法定英文名称:Kunming Department Store(Group) Co., Ltd.
二、公司法定代表人:吴新元
三、公司董事会秘书:吴梦冰
联系地址:云南省昆明市东风西路99号昆明百货大楼(集团)股份有限公司董事会办公室
联系电话:(0871)3621681
传　　真:(0871)3623414
电子信箱:gzbdk@public.km.yn.cn
四、公司注册地址:云南省昆明市
办公地址:云南省昆明市东风西路99号
邮政编码:650021
五、公司信息披露报纸名称:深圳《证券时报》
登载公司年度报告的中国证监会指定国际互联网网址:www.cninfo.com.cn
公司年度报告备置地点:董事会办公室
六、公司股票上市交易所:深圳证券交易所
股票简称:昆百大A
股票代码:000560

第二章　会计数据和业务数据摘要

一、2001年度主要会计数据(金额单位:人民币元)

项目	金额
利润总额	-150,440,731.15
净利润	-147,518,857.70
扣除非经常性损益后的净利润	-128,679,602.87
主营业务利润	100,023,662.54
其他业务利润	8,426,304.80
营业利润	-115,574,970.73
投资收益	-22,886,871.59
补贴收入	30,975.00
营业外收支净额	-12,009,863.83
经营活动产生的现金流量净额	-12,745,423.67
现金及现金等价物净增减额	-5,913,723.04

注:扣除的非经常性损益项目金额

项目	金额
营业外收入	336,519.49
营业外支出	12,346,383.32
股权转让收入	-6,860,366.00
补贴收入	30,975.00

二、截止报告期末公司前三年的主要会计数据和财务指标　　金额单位:人民币元

指标	2001年	2000年		1999年	
		调整后	调整前	调整后	调整前
主营业务收入	623,569,233.02	742,194,887.88	751,369,586.50	887,742,470.01	936,811,151.71
主营业务收入(含税)	729,576,002.63	868,368,018.82	879,102,416.21	1,038,658,689.91	1,096,069,047.50
净利润	-147,518,857.70	-80,143,693.87	-77,416,883.29	11,812,921.25	1,337,138.15
总资产	952,320,645.25	1,108,505,825.65	1,102,393,818.49	1,207,301,046.98	1,270,673,758.29
股东权益(不含少数股东权益)	14,994,963.55	161,772,685.11	177,077,296.87	239,541,650.40	238,087,647.23
每股收益	-1.0976	-0.5963	-0.5760	0.0879	0.0099
每股净资产	0.11	1.20	1.32	1.78	1.77
调整后的每股净资产	-0.27	0.72	0.62	1.59	1.50
每股经营活动产生的现金流量净额	-0.09	—	0.18	—	0.48
净资产收益率(%)	-983.79	-49.54	-43.72	4.93	0.56
扣除非经常性损益后年度加权平均净资产收益率(%)	-146.20	-42.21	-36.50	-1.14	—

第三章　股本变动及股东情况

一、股本变动情况
1、股份变动情况表

数量单位:股

	本次变动前	本次变动增减(+、-)						本次变动后
		配股	送股	公积金转股	增发	其他	小计	
一、未上市流通股份								
1、发起人股份								
其中:								
国家持有股份								
境内法人持有股份	32,261,900							32,261,900
境外法人持有股份								
其他								
2、募集法人股份	39,738,100							39,738,100
3、内部职工股								
4、优先股或其他								
未上市流通股份合计	72,000,000							72,000,000
二、已上市流通股份								
1、人民币普通股	62,400,000							62,400,000
2、境内上市的外资股								
3、境外上市的外资股								
4、其他								
已上市流通股份合计	62,400,000							62,400,000
三、股份总数	134,400,000							134,400,000

000561 长岭(集团)股份有限公司

2001 年年度报告摘选

一、公司基本情况简介

公司法定中文名称:长岭(集团)股份有限公司
公司法定英文名称:CHANG LING(GROUP)CO.,LTD.
公司英文名称缩写:CLGCL
公司法定代表人:张寨冉
公司董事会秘书及证券事务授权代表:王　瑄　　杨婷婷
联系地址:陕西省宝鸡市长岭公司投资管理部
电　　话:0917－3624433 转 5041
传　　真:0917－3622392
电子信箱:dsh@changling.com.cn
公司注册地址:陕西省宝鸡市清姜路 75 号
公司办公地址:陕西省宝鸡市清姜路 75 号
邮政编码:721006
公司网址:http://www.changling.com.cn
电子信箱:cl@changling.com.cn
公司信息披露报刊:《证券时报》
登载年报的互联网网址:http://www.cninfo.com.cn
公司年度报告备置地点:投资管理部
公司股票上市地:深圳证券交易所
股票简称:陕长岭 A
股票代码:000561

二、会计数据和业务数据摘要

1、本年度主要利润指标情况

单位:元

项目	金额
利润总额:	－324039636.68
净利润:	－323543981.95
扣除非经常性损益后的净利润:	－232028790.54
主营业务利润:	96749496.70
其他业务利润:	－6335856.73
营业利润:	－234101173.62
投资收益:	－83941758.90
补贴收入:	879002.66
营业外收支净额:	－6875706.82
经营活动产生的现金流量净额:	－74868483.97
现金及现金等价物净增减额:	－4513407.09

注:非经常性损益共计－91515191.41 元。其中包括:长期投资减值准备－84639484.59 元,固定资产及在建工程减值准备－7070242.20 元,其他收益 194535.38 元。

2、近三年主要会计数据和财务指标

单位:元

项目	2001 年	2000 年	1999 年	
			调整后	调整前
主营业务收入	96749496.70	636777403.16	498848964.90	494613478.32
净利润	－323543981.95	10054907.56	－179117159.15	－181825393.33
总资产	1329920202.44	1629905033.20	1758328953.69	1927404207.36
股东权益	486175856.88	809491610.48	850922495.89	848214261.91
每股收益	－0.815	0.025	－0.451	－0.458
扣除非经常性损益后的每股收益	－0.584	－0.151	－0.457	－0.4611
每股净资产	1.2246	2.0390	2.143	2.137
调整后的每股净资产	1.008	1.820	2.098	2.069
每股经营活动产生的现金流量净额	－0.189	0.162	0.042	－0.0094
净资产收益率	－66.55%	1.24%	－21.05%	－21.43%

3、利润表附表:根据中国证监会《公开发行证券公司信息披露编报规则[第九号]》要求计算的利润数据如下:

报告期利润	净资产收益率(%)		每股收益(元)	
	全面摊薄	加权平均	全面摊薄	加权平均
主营业务利润	19.90	14.94	0.24	0.24
营业利润	－48.09	－36.10	－0.5896	－0.5896
净利润	－66.55	－49.95	－0.8149	－0.8149
扣除非经常性损益后净利润	－47.73	－35.82	－0.5844	－0.5844

注:以上数据和指标均以合并报表计算。

三、股本变动及股东情况

1、股本变动情况
(1)公司股份变动情况表

单位:股

	期初数	配股	送股	公积金转增	其他	小计	期末数
一、未上市流通股份							
1、发起人股份							
其中:							
国家拥有股份	119026400						119026400
境内法人持有股份							
外资法人持有股份							
其他							
2、募集法人股	35898480						35898480
3、内部职工股							
4、优先股或其他							
未上市流通股合计	154924880						154924880
二、已上市流通股份							
1、人民币普通股	242087705						242087705
2、境内上市的外资股							
3、境外上市的外资股							
4、其他							
已上市流通股合计	242087705						242087705
三、股份总数	397012585						397012585

000562 宏源证券股份有限公司

2001 年年度报告摘选

第一章　公司基本情况简介

一、公司的法定中文名称:宏源证券股份有限公司
公司的法定英文名称:Hong Yuan Securities Co.,Ltd
缩　　写:宏源证券
二、公司法定代表人:田国立
公司总经理:何加武
三、公司董事会秘书:于　帆
授权代表:高俪娟
联系地址:新疆乌鲁木齐市建设路 2 号宏源大厦八楼
联系电话:0991－2301870　　　联系传真:0991－2301779
四、公司注册地址:新疆乌鲁木齐市建设路 2 号
公司办公地址:新疆乌鲁木齐市建设路 2 号宏源大厦八楼
邮　　　编:830002
公 司 网 址:http://www.ehongyuan.com
公司电子信箱:hyxtdshj@mail.xj.cninfo.net
五、公司选定的信息披露报刊:《证券时报》、《中国证券报》、《上海证券报》
登载公司年度报告的国际互联网网址:http://www.cninfo.com.cn
公司年度报告备置地点:公司董事会秘书处
六、公司股票上市交易所:深圳证券交易所
股票简称:宏源证券　　　　股票代码:000562

第二章　会计数据和业务数据摘要

第一节　主要利润指标

单位:元

	境内审计	境外审计
1.利润总额	54,549,986.58	－60,821,000
2.净利润	44,942,881.45	－75,934,000
3.扣除非经常性损益后的净利润	44,314,532.50	－77,367,000
4.主营业务利润	209,139,104.75	155,707,000
5.其他业务利润	8,604,153.08	1,433,000
6.营业利润	15,481,649.65	－60,927,000
7.投资收益	38,330,405.10	32,410,000
7.补贴收入	－－	－－
9.营业外收支净额	737,931.73	－－
10.经营活动产生的现金流量净额	－47,557,446.47	－176,066,000
11.现金及现金等价物净增减额	92,818,491.29	－251,836,000

注:扣除非经常性损益的项目、涉及金额:
营业外收支净额 737,931.73 元。

第二节　前三年主要会计数据和财务指标

单位:元

	2001 年	2000 年		1999 年	
		调整前	调整后	调整前	调整后
1.主营业务收入	321,320,708	342,718,700	342,718,700	163,604,000	163,604,000
2.净利润	44,942,881	81,769,700	75,573,130	48,500,900	44,471,730
3.总资产	5,728,281,281	5,092,419,600	5,009,130,666	3,781,901,200	3,704,555,920
4.股东权益	607,538,651	646,137,600	562,595,769	592,511,100	512,959,897
5.每股收益	0.0867	0.1576	0.1457	0.1028	0.0858
6.每股净资产	1.171	1.246	1.0846	1.256	0.989
7.调整后的每股净资产	1.101	1.137	1.012	1.14	0.927
7.每股经营活动产生的现金流量净额	0.18	3.624	3.624	0.99	0.99
9.净资产收益率%	7.40	12.66	13.44	8.18	8.67
10.加权平均净资产收益率%	7.68	12.96	13.58	8.46	8.85

第三节　每股收益和净资产收益率

报告期利润	净资产收益率 %		每股收益(元/股)	
	全面摊薄	加权平均	全面摊薄	加权平均
主营业务利润	34.44	35.76	0.4034	0.4034
营业利润	2.55	2.65	0.0298	0.0298
净利润	7.40	7.68	0.0866	0.0866
扣除非经常性损益后的净利润	7.38	7.66	0.0864	0.0864

第三章　股本变动及股东情况

第一节　股本变动情况
一、公司股份变动情况表

数量单位:股

	本次变动前	配股	送股	公积金转股	增发	其他	小计	本次变动后
一、未上市流通股份								
1.发起人股份	257,276,250							257,276,250
其中:								
国家持有股份								
境内法人持有股份	257,276,250							257,276,250
境外法人持有股份								
其他								
2.募集法人股份	109,008,900							109,008,900
3.内部职工股								
4.优先股或其他								
未上市流通股份合计	366,285,150							366,285,150
二、已上市流通股份								
1.人民币普通股	152,284,917							152,284,917
2.境内上市的外资股								
3.境外上市的外资股								
4.其他	175,073							175,073
已上市流通股份合计	152,460,000							152,460,000
三、股份总数	518,745,150							518,745,150

000563 陕西省国际信托投资股份有限公司

2001年年度报告摘要

第一节 公司基本情况简介

1、公司法定中文名称：
陕西省国际信托投资股份有限公司(简称:陕国投)
公司法定英文名称:Shanxi International Trust & Investment Corp.,Ltd.
2、公司法定代表人:孙志诚
3、公司董事会秘书:胡梦琪
授权代表:黎惠民　王　勇
联系地址:陕西省西安市环城东路南段8号
联系电话:(029)3239354　3224277　传　真:(029)3239354
4、公司注册及办公地址:陕西省西安市环城东路南段8号　邮政编码:710048
公司国际互联网网址:http://www.siti.com.cn
电子信箱:sgtbgs@263.net
5、公司选定的信息披露报纸:《中国证券报》、《证券时报》
登载公司年度报告的中国证监会指定国际互联网网址:
http://www.cninfo.com.cn
公司年度报告备置地点:公司董事会办公室
6、股票上市交易所:深圳证券交易所
股 票 简 称:陕国投A　股 票 代 码:000563

第二节 会计数据和业务数据摘要

一、本年度实现利润数及其构成

项目	金额(元)
利润总额	48,838,643.84
净利润	37,200,720.95
扣除非经营性损益后的净利润	36,633,059.20
主营业务利润	114,693,745.18
其他业务利润	0
营业利润	22,222,411.76
投资收益	28,165,984.30
补贴收入	0
营业外收支净额	-1,549,752.22
经营活动产生的现金流量净额	106,387,842.19
现金及现金等价物净增减额	118,753,581.16

扣除的非经常性损益项目包括:返还企业所得税239980.30元,印花税返还353230.91元,罚没收入8541元,其他净收益33777.12元,处置固定资产净损失41364.29元,证券交易差错净损失26503.29元。

二、主要会计数据和财务指标(单位:元)

指标名称	2001年	2000年		1999年	
		调整前	调整后	调整前	调整后
1、主营业务收入	248872834.28	299398004.71	299398004.71	361155837.72	361155837.72
2、净利润	37200720.95	48960729.95	50042000.40	42675951.33	39111807.49
3、总资产	3915207016.91	3618322867.13	3588049932.16	2715994227.66	2684640022.24
4、股东权益	511619208.77	517552109.97	490127839.11	496118483.39	467612942.08
5、每股收益(摊薄)	0.12	0.156	0.159	0.136	0.124
(加权)	0.12	0.156	0.159	0.175	0.160
6、每股净资产	1.63	1.65	1.56	1.58	1.49
7、净资产收益率(摊薄%)	7.27	9.46	10.21	8.60	8.36
(加权%)	7.31	9.40	10.16	8.99	8.27
8、调整后的每股净资产	1.45	1.52	1.43	1.48	1.39
9、每股经营活动产生的经营流量净额	0.339	2.99	2.99	0.77	0.77
10、扣除非经常损益后净资产收益率(加权%)	7.20				

三、报告期内股东权益变动情况

单位:元

项目	股本	资本公积	盈余公积	法定公益金	一般风险准备	未分配利润	股东权益
合计	314187026	99572489.79	42555379.94	37576857.10	6864236.10	10860931.34	511619208.77
期初数	314187026	99572489.79	36992162.20	32044152.81	5004200.05	2325519.77	490127839.11
本期增加			5563217.74	5532704.29	1860036.05	8535411.57	21491369.66
本期减少							
期末数	314187026	99572489.79	42555379.94	37576857.10	6864236.10	10860931.34	511619208.77
变动原因			计提	计提	计提	当年实现利润	当年实现利润

第三节 股本变动及股东情况

一、股份变动情况
1、股份变动情况表
公司股份变动情况表

单位:股

	本次变动前	配股	送股	公积金转股	增发	其他	小计	本次变动后
		本次变动增减(+,-)						
一、未上市流通股份								
1、发起人股份	176560466							176560466
其中:								
国家持有股份	160360466							160360466
境内法人持有股份	16200000							16200000
境外法人持有股份								
其他								
2、募集法人股份	11266560							11266560
3、内部职工股								
4、优先股或其他								
其中:转配股								
未上市流通股份合计	187827026							187827026
二、已上市流通股份								
1、人民币普通股	126294480							126294480
2、境内上市的外资股								
3、境外上市的外资股								
4、其他(高管股)	65520							65520
已上市流通股份合计	126360000							126360000
三、股份总数	314187026							314187026

000564 西安民生集团股份有限公司

2001年年度报告摘要

一、公司基本情况简介

1、公司法定中文名称:西安民生集团股份有限公司
公司法定英文名称:XI"AN MINSHENG GROUP CO., LTD.
2、公司法定代表人:詹军道
3、公司董事局秘书:马明庆
联系地址:西安市解放路103号
电　话:029-7481961　传　真:029-7481871
电子信箱:dsj@cnminsheng.com
4、公司注册地址:西安市解放路103号
公司办公地址:西安市解放路103号　邮政编码:710005
公司国际互联网网址:www.cnminsheng.com
电子信箱:ms@cnminsheng.com
5、公司选定的信息披露报纸名称:《证券时报》
登载公司年度报告的中国证监会指定国际互联网网址:http://www.cninfo.com.cn
公司年度报告备置地点:公司本部八楼828室
6、公司股票上市交易所:深圳证券交易所
股票简称:西安民生　股票代码:000564

二、会计数据和业务数据摘要

1、公司本年度主要利润指标(单位:人民币元)

项目	金额
利润总额	44,317,175.47
净利润	34,160,706.69
扣除非经常性损益后的净利润	42,687,993.34
主营业务利润	178,610,509.63
其他业务利润	2,492,917.25
营业利润	56,943,222.57
投资收益	9,796,257.40
补贴收入	0
营业外收支净额	22,422,304.50
经营活动产生的现金流量净额	143,289,254.89
现金及现金等价物净增加额	87,438,310.21
注:扣除的非经常性损益项目涉及金额	-8,527,286.65元。
其中:	
委托理财收益	11,222,648.38
处理职工住宅损益	-19,746,478.31
待处理财产损益	-4,492.00
其他营业外收支	1,035.28

2、报告期末公司前三年的主要会计数据及财务指标(单位:人民币元)

指标	2001年	2000年	1999年
主营业务收入	804,966,167.08	818,414,872.73	724,327,735.22
净利润	34,160,706.69	34,204,548.98	12,805,700.17
总资产	952,177,284.06	997,774,371.88	1,045,390,091.03
股东权益(不包含少数股东权益)	557,904,473.73	543,522,531.72	509,317,982.74
每股收益	0.1691	0.1693	0.063
每股收益(按月平均加权计算)	0.1691	0.1693	0.063
每股收益(扣除非经常性损益后)		0.1693	0.063
每股净资产	2.76	2.69	2.52
调整后的每股净资产	2.74	2.67	2.50
每股经营活动产生的现金流量净额	0.70	0.41	0.57
净资产收益率	6.123%	6.29%	2.51%

3、利润表附表

报告期利润(单位:人民币元)		净资产收益率(%)		每股收益(元/股)	
		全面摊薄	加权平均	全面摊薄	加权平均
主营业务利润	178,610,509.63	32.01	31.86	0.8842	0.8842
营业利润	56,943,222.57	10.21	10.16	0.2819	0.2819
净利润	34,160,706.69	6.12	6.09	0.1691	0.1691
扣除非经常性损益后的净利润	42,687,993.34	7.65	7.61	0.2113	0.2113

三、股本变动及股东情况

1、股份变动情况(截止2001年12月31日)

数量单位:股

股份类别	本次变动前	配股	送股	公积金转增	增发	其他	小计	本次变动后
		本次变动增减(+,-)						
一、未上市流通股份								
1、发起人股份								
其中:								
国家持有股份	51805158							51805158
境内法人持有股份	4756969							4756969
境外法人持有股份								
其他								
2、募集法人股	8764800							8764800
3、内部职工股								
4、高管股	38506							38506
5、优先股或其他								
未上市股份合计	65365433							65365433
二、已上市流通股份								
1、人民币普通股	136641591							136641591
2、境内上市的外资股								
3、境外上市的外资股								
4、其他								
已上市流通股份合计	136641591							136641591
三、股份总数	202007024							202007024

000565 重庆三峡油漆股份有限公司

2001 年年度报告摘选

一、公司基本情况简介

(一)公司法定中文名称:重庆三峡油漆股份有限公司
公司法定英文名称:Chongqing Sanxia Paints Co.,Ltd
英文名称缩写:Chqsxp
(二)法定代表人姓名:苏中俊
公司办公地址:重庆九龙坡区石坪桥正街 121 号
(三)公司董事会秘书:戎路明
证券事务代表:徐厚梁
联系地址:重庆九龙坡区石坪桥正街 121 号
联系电话:023-68823076　　023-68824806
传真:023-68824806
电子信箱:zqb0565@163.net
(四)公司注册地址:重庆九龙坡区石坪桥正街 121 号
邮政编码:400051
(五)公司选定的信息披露报纸:《证券时报》、《中国证券报》
登载公司年度报告的中国证监会指定国际互联网网址:HTTP://WWW.cninfo.com.cn
公司年度报告备置地点:公司证券部
(六)公司股票上市交易所:深圳证券交易所
股票简称:渝三峡 A
股票代码:000565

二、会计数据和业务数据摘要

(一)本年度主要会计数据和业务数据(单位,:元)

项目	金额
利润总额:	2,385,588.93
净利润:	2,295,258.80
扣除非经常性损益后的净利润:	1,858,519.04
主营业务利润	50,607,348.50
其他业务利润	1,480,575.82
营业利润	879,349.32
投资收益	1,885,386.40
补贴收入	0.00
营业外收支净额	-379,146.79
经营活动产生的现金流量净额	2,186,519.86
现金及现金等价物净增加额	1,047,751.70

注:扣除非经常性损益项目及涉及金额

项目	金额
1.流动资产盘盈	815,886.55 元
2.营业外收支净额	-379,146.79 元

(二)公司近三年主要财务指标

项目	2001 年	2000 年		1999 年
		调整后	调整前	
主营业务收入	268,676,458.96	294,681,218.39	294,681,218.39	311,398,083.68
净利润	2,295,258.80	2,434,551.64	2,799,837.55	13,728,505.32
总资产	478,855,697.46	467,828,245.08	482,445,942.45	386,713,249.46
股东权益(不含少数股东权益)	351,191,802.23	348,896,543.43	364,457,642.77	249,780,057.24
每股收益	0.013	0.015	0.016	0.087
每股净资产	2.02	2.01	2.10	1.59
调整后每股净资产	1.96	1.99	2.07	1.56
每股经营活动产生的现金流量净额	0.0126	0.07	0.07	0.16
净资产收益率	0.65%	0.70%	0.77%	5.50%
扣除非经常性损益后的加权平均净资产收益率	0.52%	0.74%	0.79%	5.50%

(三)据中国证监会关于发布《公开发行证券公司信息披露编报规则》第 9 号通知精神,公司 2001 年按全面摊薄法和加权平均法计算的净资产收益率和每股收益:

报告期利润	净资产收益率		每股收益	
	全面摊薄	加权平均	全面摊薄	加权平均
主营业务利润	14.41%	14.41%	0.292	0.292
营业利润	0.25%	0.25%	0.005	0.005
净利润	0.65%	0.65%	0.013	0.013
扣除非经常性损益后的净利润	0.52%	0.52%	0.011	0.011

三、股本变动及股东情况

(一)股本变动情况表(数量单位:股)

	本次变动前	本次变动增减(+,-)						本次变动后
		配股	送股	公积金转股	增发	其他	小计	
一、未上市流通股								
1、发起人股份								
其中:								
国家持有股份	86023078							86023078
境内法人持有股份								
境外法人持有股份								
其他								
2、募集法人股								
3、内部职工股								
4、优先股或其他								
未上市流通股合计	86023078							86023078
二、已上市流通股份								
1、人民币普通股	87277697					+27239	+27239	87304936
2、境内上市的外资股								
境外上市的外资股								
高级管理人员持股	136113					-27239	-27239	108874
已上市流通股份合计	87413810							87413810
股份总数	173436888							173436888

000566 海南轻骑海药股份有限公司

2001 年年度报告摘选

一、公司基本情况简介

(一)公司法定中文名称:海南轻骑海药股份有限公司
公司法定英文名称:HAINAN QINGQIHAIYAO CO.,LTD.
(二)公司法定代表人:孟祥礼
(三)公司董事会秘书:李颖
联系地址:海南省海口市龙昆北路 30 号宏源证券大厦 7 楼
联系电话:0898-66785861　　传　真:0898-66705316
电子信箱:qhyzqb@public.hk.hi.cn
(四)公司注册地址:海南省海口市海秀大道 51 号
公司办公地址:海南省海口市龙昆北路 30 号宏源证券大厦 7 楼
邮政编码:570105
(五)公司选定的信息披露报纸名称:《证券时报》、《中国证券报》
(六)登载公司年度报告的中国证监会指定国际互联网网址:http://www.cninfo.com.cn
(七)公司年度报告备置地点:公司董事会秘书处
(八)公司股票上市交易所:深圳证券交易所
股票简称:轻骑海药　　股票代码:000566
(九)公司的其他有关资料
公司首次注册登记日期:1992 年 12 月 31 日。
公司首次注册登记地点:海南省工商行政管理局。
公司变更注册登记日期:1998 年 6 月 22 日。
公司变更注册登记地点:海南省工商行政管理局。
企业法人营业执照注册号:20128945-3
税务登记号码:国税琼字 460100600202397
公司聘请的会计师事务所名称:四川华信(集团)会计师事务
办公地址:四川省成都市洗面楼街 5 号

二、会计数据和业务数据摘要

(一)公司本年度主要会计数据

单位:人民币(元)

项目	金额
利润总额	-264,610,436.79
净利润	-264,610,436.79
扣除非经常性损益后的净利润	-55,754,680.43
主营业务利润	77,261,996.30
其他业务利润	104,496.18
营业利润	-237,622,702.99
投资收益	-5,832,394.54
补贴收入	6,776,949.21
营业外收支净额	-27,932,288.47
经营活动产生的现金流量净额	13,485,897.46
现金及现金等价物净增加额	-5,310,688.54

(二)公司近三年主要财务指标　　单位:人民币(元)

指标项目	2001 年	2000 年		1999 年	
		调整前	调整后	调整前	调整后
主营业务收入	193,337,985.69	175,486,555.28	175,486,555.28	135,880,830.43	135,880,830.43
净利润	-264,610,436.79	-54,082,128.33	-62,102,435.56	5,365,668.24	-20,295,350.65
总资产	399,685,263.33	885,584,043.55	705,747,146.28	914,732,521.83	914,732,521.83
股东权益	-249,437,884.08	208,643,291.24	15,017,012.29	215,120,857.95	216,388,584.24
每股收益(摊薄)	-1.31	-0.27	-0.31	0.03	-0.10
每股净资产	-1.23	1.03	0.07	1.06	1.07
调整后的每股净资产	-1.35	0.93	-0.02	1.01	1.02
每股经营活动产生的现金净流量	0.07	0.04	0.04	0.08	0.08
净资产收益率(%)	-106.08	-25.90	-413.55	2.49	-9.38
扣除非经常性损益后的每股收益	-0.28	-0.27	-0.27	-0.11	-0.10

根据中国证券会《公开发行证券公司信息披露编报规则第九号》的要求计算的净资产收益率和每股收益如下:

报告期利润	2001 年度		2000 年度	
	净资产收益率(%)	每股收益(元)	净资产收益率(%)	每股收益(元)
主营业务利润		0.38	328.07	0.24
营业利润		-1.17	-424.54	-0.32
净利润		-1.31	-413.55	-0.31
扣除非经营性损益后的净利润		-0.28	-360.14	-0.27

三、股本变动及股东情况

(一)股本变动情况
1、股份变动情况表

年度公司股份变动情况表　　数量单位:股

项目	本次变动前	本次变动增减(+,-)						本次变动后
		配股	送股	公积金转股	增发	其他	小计	
一、未上市流通股份								
1.发起人股份	89,710,830							89,710,830
其中:								
国家持有股份	16,198,033							16,198,033
境内法人持有股份	73,512,797							73,512,797
境外法人持有股份								
其他								
2.募集法人股份	29,089,170							29,089,170
3.内部职工股								
4.优先股或其他								
其中:转配股								
未上市流通股份合计	118,800,000							118,800,000
二、已上市流通股份								
1.人民币普通股	83,548,992							83,548,992
2.境内上市的外资股								
1.境外上市的外资股								
2.其他								
已上市流通股份合计	83,548,992							83,548,992
三、股份总数	202,348,992							202,348,992

000567 海南海德纺织实业股份有限公司

2001年年度报告摘选

一、公司基本情况简介

(一)公司法定名称:
中文名称:海南海德纺织实业股份有限公司
英文名称:HAINAN HAIDE TEXTILEI NDUSTRIAL CO., LTD
英文名称缩写:HDI
(二)公司法定代表人:俞发祥
(三)公司董事会秘书:徐玲
证券事务代表:陈金海
联系电话:0898-68535942
传真:0898-68535942
电子信箱:xuling@public.hk.hi.cn
联系地址:海南省海口市滨海大道67号黄金海景大酒店11楼琼海德董秘办公室
(四)公司注册地址:海南省海口市海德路5号
公司办公地址:海南省海口市滨海大道67号黄金海景大酒店11楼
邮政编码:570106
电子信箱:hdicoltd@public.hk.hi.cn
(五)信息披露报纸名称:《证券时报》、《中国证券报》
公司年度报告国际互联网网址:http://www.cninfo.com.cn
公司年度报告备置地点:公司董秘办公室
(六)公司股票上市交易所:深圳证券交易所
股票简称:琼海德A
股票代码:000567

二、会计数据和业务数据摘要

(一)公司本年度主要会计数据(单位:元)

利润总额:	-117,713,792.62
净利润:	-89,084,660.26
扣除非经常性损益后的净利润:	-75,045,610.36
主营业务利润:	-6,602,328.81
其他业务利润:	-426,521.11
营业利润:	-99,746,220.12
投资收益:	-15,408,811.90
补贴收入:	481,037.81
营业外收支净额:	-3,039,798.41
经营活动产生现金流量净额:	725,518.57
现金及现金等价物净增加额:	-216,102.72

注:扣除的非经常性损益项目:(单位:元)

名称	金额
处理分、子公司股权损益	-10,999,251.49
营业外收支净额	-3,039,798.41

(二)公司近三年主要会计数据和财务指标 (单位:元)

指标项目	2001年	2000年	1999年
主营业务收入:	12,202,943.89	9,430,586.54	32,426,469.66
净利润:	-89,084,660.26	-41,270,326.35	22,346272.40
总资产:	311,001,902.94	425,145,728.97	681,385,320.61
股东权益:	38,672,508.87	156,261,044.30	199,000,559.97
每股收益(元):	-0.589	-0.2730	0.15
扣除非经常性损益后的每股收益(元):	-0.496	-0.48	0.15
每股净资产(元):	0.256	1.0335	1.32
调整后每股净资产(元):	0.106	1.01	0.72
每股经营活动产生的现金流量净额:	0.0048	-0.02	-0.05
净资产收益率(%):	-230.36	-26.41	11.23

(三)报告期利润表附表

2001年度利润	净资产收益率%		每股收益(元)	
	全面摊薄	加权平均	全面摊薄	加权平均
主营业务利润	-17.07	-17.07	-0.044	-0.044
营业利润	-257.93	-257.93	-0.660	-0.660
净利润	-230.36	-230.36	-0.589	-0.589
扣除非经常性损益后的净利润	-194.05	-194.05	-0.496	-0.496

三、股本变动及股东情况

(一)股本变动情况

(单位:万股)

项目	本次变动前	本次变动增减(+,-)						本次变动后
		配股	送股	转增	增发	其他	小计	
一、未上市流通股份								
1.发起人股份	8072.54							8072.54
其中:								
国家持有股份								
境内法人持有股份	8072.54							8072.54
境外法人持有股份								
其他								
2.定向法人股份	999.46							999.46
3.内部职工股								
4.优先股或其他								
未上市流通股份合计	9072.00							9072.00
二、已上市流通股份								
1.人民币普通股	6048.00							6048.00
2.境内上市外资股								
3.境外上市外资股								
4.其他								
已上市流通股份合计	6048.00							6048.00
三、股份总数	15120.00							15120.00

000568 泸州老窖股份有限公司

2001年年度报告摘选

第一章 公司简介

一、公司法定中、英文名称
中文名称:泸州老窖股份有限公司
英文名称:LUZHOU LAO JIAO CO., LTD
二、公司法定代表人:袁秀平
三、公司董事会秘书:喻大河
证券事务代表:黄庆
联系地址:四川省泸州市桂花街46号
联系电话:(0830)2292023 传真:(0830)2391774
电子信箱:Lzljdsb@lz-public.sc.cninfo.net
四、公司注册地址:四川省泸州市国窖广场
公司办公地址:四川省泸州市桂花街46号 邮政编码:646000
公司电子信箱:Lzlj@lz-public.sc.cninfo.net
公司国际互联网网址:http://www.Lzlj.com.cn
五、公司选定的信息披露报刊:《中国证券报》、《证券时报》
刊登公司年度报告的网址:http://www.cninfo.com.cn
公司年度报告备置地点:公司董事会办公室
六、公司股票上市交易所:深圳证券交易所
公司股票简称:泸州老窖 公司股票代码:000568

第二章 会计数据和业务数据摘要

一、公司本年度实现利润情况

序号	项目	金额(元)
1	利润总额	121181243.77
2	净利润	85096626.92
3	扣除非经常性损益后的净利润	85365700.00
4	主营业务利润	484072448.31
5	其他业务利润	-1314273.79
6	营业利润	114401946.92
7	投资收益	9401189.94
8	补贴收入	2000000.00
9	营业外收支净额	-4621893.09
10	经营活动产生的现金流量净额	173878820.47
11	现金及现金等价物净增加额	69599511.83

二、公司近三年的主要会计数据和财务指标(单位:元)

序号	项目	2001	2000(调整后)	1999(调整后)
1	主营业务收入	996675472.04	944976323.53	1018020836.11
2	净利润	85096626.92	165078131.12	122105259.56
3	总资产	2153779462.78	2027448135.07	1824235924.09
4	股东权益不含少数股东权益	1267433141.92	1306388652.07	1141231463.83
5	每股收益	0.17	0.34	0.25
6	每股净资产	2.59	2.67	2.33
7	调整后每股净资产	2.56	2.63	2.32
8	每股经营活动产生的现金流量净额	0.36	0.06	0.19
9	净资产收益率(%)	6.71	12.63	10.70

	项目	2000(调整前)	1999(调整前)
1	主营业务收入	978731129.25	1018020836.11
2	净利润	166829154.11	128192044.50
3	总资产	2038171431.77	1828389887.29
4	股东权益不含少数股东权益	1315260405.87	1145385427.03
5	每股收益	0.34	0.26
6	每股净资产	2.69	2.34
7	调整后每股净资产	2.66	2.32
8	每股经营活动产生的现金流量净额	0.06	0.21
9	净资产收益率(%)	12.68	11.19

三、根据中国证监会《公开发行证券公司信息披露编报规则(第九号)》要求计算的净资产收益率和每股收益

报告期利润	净资产收益率(%)		每股收益(元)	
	全面摊薄	加权平均	全面摊薄	加权平均
主营业务利润(万元)	38.19	36.24	0.99	0.99
营业利润(万元)	9.03	8.57	0.23	0.23
净利润(万元)	6.71	6.37	0.17	0.17
扣除非经常性损益后的净利润(万元)	6.74	6.39	0.17	0.17

第三章 股本变动及股东情况

一、股本变动情况
1、公司股份变动情况表(单位:股)

	期初数	本次变动增减(+、—)					期末数
		配股	送股	公积金转股	其他	小计	
一、未上市流通股份	365800500						365800500
1、发起人股份							
其中:							
国家持有股份	365800500						365800500
境内法人持有股份							
境外法人持有股份							
其他							
2、募集法人股份							
3、内部职工股							
4、优先股或其他							
未上市流通股份合计	365800500						365800500
二、已上市流通股份							
1、人民币普通股	123134074						123134074
2、境内上市的外资股							
3、境外上市的外资股							
4、其他							
已上市流通股份合计	123134074						123134074
三、股份总数	488934574						488934574

000569 四川川投长城特殊钢股份有限公司

2001 年年度报告摘选

一、公司基本情况简介

1.公司名称:
法定中文名称:四川川投长城特殊钢股份有限公司
英文名称:SICHUAN CHUANTOU CHANGCHENG SPECIAL STEEL CO.,LTD.
英文名称缩写:CSSC
2.公司法定代表人:任德祚
3.公司董事会秘书:沈青峰
联系地址:四川川投长城特殊钢股份有限公司证券部
联系电话:0816－3650392　　传真:0816－3651872
电子信箱:zcbpub@mail.cssc.com.cn
4.公司注册(办公)地址:四川省江油市江东路 195 号　　邮政编码:621701
公司国际互联网网址:http://www.cssc.com.cn
公司电子信箱:ctgspub@mail.cssc.com.cn
5.公司信息披露报纸:《证券时报》、《中国证券报》
登载公司年度报告的中国证监会指定国际互联网网址:http://www.cninfo.com.cn
公司年度报告备置地点:公司证券部
6.公司股票上市地:深圳证券交易所
股票简称:川投长钢　　股票代码:0569
7.公司其他有关资料

公司首次注册登记日期、地点:1988 年 8 月 28 日在四川省江油市工商行政管理局注册登记,注册资本为 53,896 万元。

公司最近变更注册登记日期、地点:1998 年 8 月 12 日在四川省江油市工商行政管理局变更登记,注册资本为 69,514 万元。

法人营业执照注册号:5107811800888
税务登记号码:510781214308027
公司聘请的会计师事务所名称:四川君和会计师事务所
办公地址:四川省成都市走马街 68 号锦城大厦 10 楼

二、主要财务数据和指标

(一)公司本年度实现的会计数据如下:(单位:元)

项目	金额
利润总额	20,333,567.23
净利润	20,333,567.23
扣除非经常性损益后的净利润	17,045,099.89
主营业务利润	77,074,608.04
其他业务利润	7,235,614.52
营业利润	16,136,847.05
投资收益	908,252.84
补贴收入	—
营业外收支净额	3,288,467.34
经营活动产生的现金流量净额	6,229,955.57
现金及现金等价物净增减额	－16,733,301.06
注:扣除的非经常性损益项目及涉及金额	
营业外收支净额	3,288,467.34

(二)截止报告期末,公司前三年的主要会计数据和财务指标(单位:元)

项目	2001 年	2000 年		1999 年	
		调整后	调整前	调整后	调整前
主营业务收入	1,615,477,648.67	1,478,166,356.03	1,478,166,356.03	1,383,044,013.67	1,383,044,013.67
净利润	20,333,567.62	59,870,518.60	67,045,637.16	12,772,232.25	74,201,356.07
总资产	2,137,453,050.55	2,249,682,608.36	2,266,219,083.31	2,330,558,779.55	2,404,568,739.36
股东权益	806,359,820.66	782,497,959.72	799,034,434.67	716,473,252.84	790,483,212.65
每股收益 摊薄	0.029	0.086	0.096	0.018	0.107
加权	0.029	0.086	0.096	0.018	0.107
扣除非经常性损益后的每股收益	0.025	0.071	0.081	0.007	0.011
每股净资产	1.160	1.126	1.149	1.031	1.137
调整后的每股净资产	0.9997	0.983	1.000	0.928	1.034
每股经营活动产生的现金流量净额	0.009	0.005	0.005	－0.056	－0.056
净资产收益率(%) 摊薄	2.52	7.65	8.39	1.78	9.39
加权	2.57	7.96	8.94	1.77	9.85
扣除非经常损益后的加权净资产收益率(%)	2.15	6.52	7.52	0.68	10.62

(三)报告期内股东权益变动情况(单位:元)

项目	股本	资本公积	盈余公积	法定公益金	未分配利润	股东权益合计
期初数	695,142,187	267,128,226.10	67,356,614.63	20,176,847.90	－247,129,068.01	782,497,959.72
本期增加		3,528,293.71			20,333,567.23	23,861,860.94
本期减少						
期末数	695,142,187	270,656,519.81	67,356,614.63	20,176,847.90	－226,795,500.78	806,359,820.66

三、股本变动及股东情况

(一)公司股份变动情况(单位:股)

	本次变动前	本次变动增减(+,－) 配股 送股 公积金转股 其他	本次变动后
1.未上市流通股份			
(1)发起人股份	408,612,775		408,612,775
其中:			
国家拥有股份			
境内法人持有股份	408,612,775		408,612,775
境外法人持有股份			
其他			
(2)募集法人股	138,600,000		138,600,000
(3)内部职工股			
未上市流通股份合计	547,212,775		547,212,775
2.已上市流通股份			
(1)人民币普通股	147,929,412		147,929,412
(2)境内上市的外资股			
(3)境外上市的外资股			
(4)其他			
已上市流通股份合计	147,929,412		147,929,412
3.股份总数	695,142,187		695,142,187

000570 常柴股份有限公司

2001 年年度报告摘选

一、公司简介

(一)公司法定中文名称:常柴股份有限公司
公司法定英文名称:CHANGCHAI COMPANY,LIMITED
公司英文名称缩写:CHANGCHAI CO.,LTD.
(二)公司法定代表人:张骏原先生
(三)公司董事会秘书:张建和先生
联系地址:中国江苏常州市怀德中路 123 号
联系电话:(86)519－6600448
传　　真:(86)519－6630954
电子信箱:zjh000570@163.com
(四)公司注册及办公地址:中国江苏常州市怀德中路 123 号
邮政编码:213002
公司网址:http://www.changchai.com.cn
电子信箱:cctqm@public.cz.js.cn
(五)公司选定的信息披露报纸:《证券时报》、《大公报》
公司年度报告备置地点:公司办公室
证监会指定的公司登载年度报告的国际互联网网址:
http://www.cninfo.com.cn
(六)公司股票上市地:深圳证券交易所
股票简称:苏常柴 A　　股票代码:000570
　　　　苏常柴 B　　　200570

二、会计数据和业务数据摘要

(一)本年度利润总额及其构成情况(单位:人民币千元)

项目	金额
利润总额	－435,573
净利润	－381,429
扣除非经常性损益后的净利润	－380,150
主营业务利润	164,046
其他业务利润	4,823
营业利润	－399,510
投资收益	－37,567
补贴收入	6,386
营业外收支净额	－4,883
经营活动产生的现金流量净额	166,168
现金及现金等价物净增加额	99,228

(二)公司前三年主要会计数据和财务指标(单位:人民币千元)

指标项目	2001 年度	2000 年度	1999 年度
主营业务收入	1,743,487	2,240,847	3,092,750
净利润	－381,429	34,988	98,972
总资产	2,926,504	3,530,311	3,414,050
股东权益	1,239,421	1,627,951	1,460,480
每股收益(摊薄)(元)	－1.02	0.11	0.28
每股收益(加权)(元)	－1.02	0.11	0.28
扣除非经常性损益后的每股收益(元)	－1.02	0.07	0.27
每股净资产(元)	3.31	4.53	4.15
调整后的每股净资产(元)	3.19	4.41	4.03
每股经营活动产生的现金流量净额(元)	0.44	－0.47	－0.55
净资产收益率(%)(摊薄)	－30.8	2.34	6.78

(三)根据中国证监会《公开发行证券公司信息披露编报规则(第 9 号)》要求计算的利润数据:

利润表附表:

报告期利润	净资产收益率(%)		每股收益(元)	
	全面摊薄	加权平均	全面摊薄	加权平均
主营业务利润	13.2	11.4	0.44	0.44
营业利润	－32.2	－27.8	－1.07	－1.07
净利润	－30.8	－26.5	－1.02	－1.02
扣除非经常性损益后的净利润	－30.9	－26.6	－1.02	－1.02

三、股本变动及股东情况

(一)股本变动情况

1、股份变动情况表

股份类别	期初数	期末数
一、未上市流通股份		
1、发起人股份	153,160,000	153,160,000
其中:		
国家持有股份	153,160,000	153,160,000
境内法人持有股份		
境外法人持有股份		
其他		
2、募集法人股份	10,064,000	10,064,000
3、内部职工股		
4、优先股或其他		
未上市流通股份合计	163,224,000	163,224,000
二、已上市流通股份		
1、人民币普通股	111,025,551	111,025,551
2、境内上市的外资股	100,000,000	100,000,000
3、境外上市的外资股		
4、其他		
已上市流通股份合计	211,025,551	211,025,551
三、股份总数	374,249,551	374,249,551

000571 海南新大洲控股股份有限公司

2001年年度报告摘要

一、公司基本情况简介

1、公司法定中文名称:海南新大洲控股股份有限公司
公司法定英文名称:HAINAN SUNDIRO HOLDING CO., LTD.
2、公司法定代表人:赵序宏
3、公司董事会秘书:林帆
董事会证券事务代表:任春雨
联系地址:海南省海口市珠江广场帝豪大厦二十六层
电话:(0898)68583966-333、222
传真:(0898)68583518
电子信箱:http://lf-sundiro@163.com
电子信箱:http://rcy-sundiro@163.com
4、公司注册地址:海南省琼山市桂林洋经济开发区
公司办公地址:海南省海口市珠江广场帝豪大厦二十六层
邮政编码:570125
公司互联网址:http://www.sundiro.com
5、公司选定的信息披露报纸:《中国证券报》
登载年度报告的中国证监会指定网站网址:http://www.cninfo.com.cn
公司年度报告备置地点:公司董事会秘书处
6、公司股票上市交易所:深圳证券交易所
股票简称:新大洲A
股票代码:000571

二、会计数据和业务数据摘要

1、本年度利润总额、净利润及其构成(单位:元)

项目	金额
利润总额	-155,120,993.16
净利润	-150,304,696.62
扣除非经常性损益后的净利润	-159,957,871.12
主营业务利润	26,276,233.64
其他业务利润	794,582.80
营业利润	-100,814,758.07
投资收益	-43,388,673.82
补贴收入	264,636.03
营业外收支净额	-11,182,197.30
经营活动产生的现金流量净额	201,063,481.14
现金及现金等价物净增加额	72,364,891.19
注:扣除非经常性损益的项目和涉及金额	9,653,174.50
(1)营业外收入	119,863.10
(2)营业外支出	11,302,060.40
(3)转让损益	40,052,799.56
(4)存货跌价准备	14,063,182.17
(5)长期投资减值准备	5,154,245.59

2、截止报告期末公司前三年的主要会计数据和财务指标:

项目	单位	2001年度	2000年度		1999年度
			调整后	调整前	
主营业务收入	元	143,164,270.10	178,331,715.99	1,796,632,662.93	2,524,083,425.68
净利润	元	-150,304,696.62	-121,545,432.40	-139,653,649.10	13,401,869.35
总资产	元	1,309,156,770.06	1,610,883,982.74	2,911,717,294.62	2,746,322,569.00
股东权益	元	840,179,349.23	990,484,045.85	993,654,539.78	1,130,887,771.85
每股收益	元/股	-0.20	-0.17	-0.19	0.02
每股净资产	元/股	1.14	1.35	1.35	1.54
调整后的每股净资产	元/股	1.11	1.31	1.22	1.45
每股经营活动产生的现金流量净额	元	0.27	--	0.26	0.14
净资产收益率	%	-17.89	-12.27	-14.05	1.19

注:由于公司会计报表合并范围变更,公司追溯调整了2000年度的会计数据。

3、报告期利润表附表

2001年度利润	净资产收益率(%)		每股收益(元)	
	全面摊薄	加权平均	全面摊薄	加权平均
主营业务利润	3.13	2.87	0.04	0.04
营业利润	-12	-11.01	-0.14	-0.14
净利润	-17.89	-16.42	-0.20	-0.20
扣除非经常性损益后的净利润	-19.04	-17.48	-0.22	-0.22

注:以上指标按照中国证监会《公开发行证券公司信息披露编报规则第九号》的要求计算。

三、股本变动及股东情况

(一)股本变动情况表:
公司股份变动情况表 数量单位:股

股份类别	本次变动前	本次变动增减(+、-)						本次变动后
		配股	送股	公积金转股	增发	其他	小计	
一、未上市流通股份								
1、发起人股份	224,036,800					-75,587,200	-75,587,200	148,449,600
其中:								
国家持有股份								
境内法人持有股份	224,036,800					-75,587,200	-75,587,200	148,449,600
境外法人持有股份								
其他								
2、募集法人股份	174,862,400					75,587,200	75,587,200	250,449,600
其中:国家股						24,587,200	24,587,200	24,587,200
3、内部职工股								
4、优先股或其他								
未上市流通股份合计	398,899,200							398,899,200
二、已上市流通股份								
1、人民币普通股	337,164,800							337,164,800
2、境内上市的外资股								
3、境外上市的外资股								
4、其他								
已上市流通股份合计	337,164,800							337,164,800
三、股份总数	736,064,000							736,064,000

000572 海南金盘实业股份有限公司

2001年年度报告摘要

一、公司简介

1、公司中文名称:海南金盘实业股份有限公司 公司简称:金盘实业
公司英文名称:HAINAN JINPAN ENTERPRISE CO., LTD
公司英文缩写:JINPAN ENTERPRISE
2、公司法定代表人:曲大利
3、公司董事局秘书:章黔
联系地址:海口市金盘工业区金盘路12-8号 邮政编码:570216
联系电话:(0898)66822672 传真:(0898)66816370
电子信箱:zanqian@263.net
4、公司注册地址及办公地址:海口市金盘工业区金盘路12-8号
邮政编码:570216 公司电子信箱:jinpan@hi.com.cn
5、信息披露报纸名称:《证券时报》、《中国证券报》
登载年报的国际互联网站:http://www.cninfo.com.cn
年度报告备置地点:公司证券部
6、公司股票上市地:深圳证券交易所
公司股票简称:琼金盘 公司股票代码:000572

二、会计数据和业务数据摘要

1、本年度主要会计数据(单位:人民币元)

项目	金额
利润总额	-152,346,326.87
净利润	-127,098,370.61
扣除非经常性损益后的净利润	-80,144,227.47
主营业务利润	5,670,798.57
其他业务利润	891,531.46
营业利润	-113,691,168.17
投资收益	-821,060.92
补贴收入	9,120,045.36
营业外收支净额	-46,954,143.14
经营活动产生的现金流量净额	11,522,064.20
现金及现金等价物净增加额	-3,823,396.97

2、近三年主要会计数据 调整后(单位:人民币元)

项目	2001年	2000年	1999年
主营业务收入	70,887,485.00	34,186,554.94	50,890,005.12
净利润	-127,098,370.61	4,843,024.17	-409,766.32
总资产	737,645,713.05	867,765,404.54	804,501,635.78
股东权益(不含少数股东权益)	51,441,965.62	203,793,229.69	202,885,218.57
每股收益(摊薄)	-0.59	0.02	-0.002
每股收益(加权)	-0.59	0.02	-0.002
扣除非经营性损益后的每股收益	-0.37	-0.072	-0.01
每股净资产	0.24	0.94	0.94
调整后的每股净资产	0.08	0.73	0.84
每股经营活动产生的现金流量净额	0.05	0.11	0.07
净资产收益率(%)	-247	2.38	-0.202

调整前(单位:人民币元)

项目	2000年	1999年
主营业务收入	73,812,651.35	102,384,330.53
净利润	874,156.98	951,440.10
总资产	913,255,999.57	1,055,047,962.84
股东权益(不含少数股东权益)	243,829,673.09	243,461,609.26
每股收益(摊薄)	0.004	0.005
每股收益(加权)	0.004	0.005
扣除非经营性损益后的每股收益	-0.10	-0.03
每股净资产	1.129	1.128
调整后的每股净资产	0.98	1.02
每股经营活动产生的现金流量净额	0.16	0.07
净资产收益率(%)	0.35	0.39

3、利润分配表附表

报告期利润	净资产收益率(%)		每股收益(元/股)	
	全面摊薄	加权平均	全面摊薄	加权平均
主营业务利润	11.02	11.02	0.03	0.03
营业利润	-221	-221	-0.53	-0.53
净利润	-247	-247	-0.59	-0.59
扣除非经常性损益后的净利润	-156	-156	-0.37	-0.37

三、股本变动及股东情况

1、公司股份变动情况表 数量单位:股

股份类别	期初数	本期变动增减	期末数
(一)未上市流通股份			
①发起人股份	112,225,653	0	112,225,653
其中:国家持有股份	83,239,605	0	83,239,605
境内法人持有股份	28,986,048	0	28,986,048
外资法人持有股份	0	0	0
其他	0	0	0
②募集法人股份	16,809,954	0	16,809,954
③内部职工股	0	0	0
4 优先股或其他	0	0	0
未上市流通股份合计	129,035,607	0	129,035,607
(二)已上市流通股份			
①人民币普通股	86,786,103	0	86,786,103
②境内上市的外资股	0	0	0
③境外上市的外资股	0	0	0
④其他(高管股)	72,800	0	72,800
已上市流通股份合计	86,858,903	0	86,858,903
(三)股份总数	215,894,510	0	215,894,510

000573 东莞宏远工业区股份有限公司

2001 年年度报告摘选

第一节 公司基本情况简介

一、公司的法定中、英文名称
公司法定中文名称:东莞宏远工业区股份有限公司
公司法定英文名称:DongGuan Winnerway Industrial Zone LTD.
二、公司法定代表人:陈林
三、公司董事会秘书及其证券事务代表的姓名、联系地址、电话、传真、电子信箱
董事会秘书:李军印
证券事务代表:吴荔
联系地址:广东省东莞市宏远工业区宏远大厦 16 楼
电　　话:(0769)2412655　　传　真:(0769)2412655
电子信箱:lijunyin@163.net
四、公司注册地址、公司办公地址及其邮政编码,公司国际互联网网址、电子信箱
注册地址:广东省东莞市宏远工业区
办公地址:广东省东莞市宏远工业区宏远大厦 16 楼　　邮政编码:523087
国际互联网网址:www.winnerway.com.cn　　电子信箱:0573@21cn.com
五、公司选定的信息披露报纸名称,登载年度报告的中国证监会指定网站的网址,公司年度报告备置地点
公司选定的信息披露报纸名称:《证券时报》
刊载年报的中国证监会指定的国际互联网网址:www.cninfo.com.cn
年报备置点:本公司董秘办公室
六、公司股票上市交易所、股票简称和股票代码
股票上市地:深圳证券交易所
股票简称:粤宏远 A　　股票代码:000573

第二节 会计数据和业务数据摘要

一、本年度主要会计数据

单位:元

项目	金额
利润总额	-6,523,415.97
净利润	4,040,292.95
*扣除非经常性损益后的净利润	2,950,688.57
主营业务利润	101,792,999.37
其他业务利润	2,851,642.00
营业利润	278,452.80
投资收益	-6,457,435.92
补贴收入	0
营业外收支净额	-344,432.85
经营活动产生的现金流量净额	50,315,980.60
现金及现金等价物净增减额	95,246,583.08

二、公司近三年主要会计数据及财务指标

指标项目	2001 年	2000 年		1999 年	
		调整后	调整前	调整后	调整前
主营业务收入(万元)	24425.31	18,670.70	18,670.70	15,666.29	15,666.29
净利润(万元)	404.03	691.46	597.16	983.27	983.27
总资产(万元)	226,077.01	220,568.08	227,021.74	195,368.89	199,688.71
股东权益(万元)	134,863.34	135,286.44	140,975.82	136,058.84	140,378.66
每股收益(元)(摊薄)	0.010	0.0153	0.013	0.022	0.022
(加权)	0.010	0.0153	0.013	0.022	0.022
扣除非经常性损益后的每股收益(元)	0.0065	-0.0062	0.018	0.026	0.026
每股净资产(元)	2.988	2.998	3.1234	3.015	3.11
调整后每股净资产(元)	2.86	2.836	2.954	2.860	2.978
每股经营活动产生的现金流量净额(元)	0.11	0.17	0.17	0.04995	0.04995
净资产收益率(%)(摊薄)	0.30	0.51	0.42	0.723	0.70
(加权)	0.30	0.51	0.42	0.723	0.70
扣除非经常性损益后的净资产收益率(%)(加权)	0.22	-0.208	0.59	0.862	0.84

三、公司 2001 年利润表附表

	净资产收益率%				每股收益(元)			
	全面摊薄		加权平均		全面摊薄		加权平均	
	2001 年	2000 年	2001 年	2000 年	2001 年	2000 年	2001 年	2000 年
主营业务利润	7.55	6.39	7.55	6.39	0.2256	0.1917	0.2256	0.1917
营业利润	0.02	0.55	0.02	0.55	0.0006	0.0164	0.0006	0.0164
净利润	0.30	0.51	0.30	0.51	0.0090	0.0153	0.0090	0.0153
扣除非经常性损益后的净利润	0.22	-0.208	0.22	-0.208	0.0065	-0.0062	0.0065	-0.0062

第三节 股本变动及股东情况

一、股本变动情况

公司股份变动情况表　　数量单位:股

	本次变动前	配股	送股	公积金转股	增发	其他	小计	本次变动后
一、未上市流通股份								
1、发起人股份	108,058,720							108,058,720
其中:								
国家持有股份								
境内法人持有股份	108,058,720							108,058,720
境外法人持有股份								
其他								
2、募集法人股份	50,946,975							50,946,975
3、内部职工股	220,046					-52,237		167,809
4、优先股或其他								
未上市流通股份合计	159,225,741					-52,237		159,173,504
二、已上市流通股份								
1、人民币普通股	292,058,123					+52,237		292,110,360
2、境内上市的外资股								
1、境外上市的外资股								
2、其他								
已上市流通股份合计	292,058,123					+52,237		292,110,360
三、股份总数	451,283,864							451,283,864

000576 江门甘蔗化工厂(集团)股份有限公司

2001 年年度报告摘选

一、公司基本情况简介

(一)公司法定中文名称:
江门甘蔗化工厂(集团)股份有限公司
公司法定英文名称:THE JIANGMEN SUGARCANE CHEMICAL FACTORY(GROUP)CO.,LTD
(英文缩写为 JSCC)
(二)公司法定代表人:周　润
(三)公司董事局秘书:沙　伟
联系地址:广东省江门市甘化路 1 号
电　　话:(0750)3365000
传　　真:(0750)3361973
电子信箱:jmganhua@pub.jiangmen.gd.cn
(四)公司注册地址:广东省江门市甘化路 1 号
办公地址:广东省江门市甘化路 1 号
邮政编码:529075
公司国际互联网网址:www.jghg.com.cn
公司电子信箱:jmganhua@pub.jiangmen.gd.cn
(五)公司选定的信息披露报纸名称:《中国证券报》、《证券时报》。
登载年度报告的中国证监会指定网站的网址:http://www.cninfo.com.cn
公司年度报告备置地点:本公司证券部
(六)公司股票上市交易所:深圳证券交易所
公司股票简称:广东甘化
公司股票代码:000576

二、会计数据和业务数据摘要

(一)本年度公司利润情况

单位:人民币元

项目	金额
利润总额:	28,227,373.83
净利润:	27,792,057.76
扣除非经常性损益后的净利润:	5,716,695.05
主营业务利润:	109,289,656.02
其他业务利润:	350,732.07
营业利润:	6,440,293.16
投资收益:	21,251,805.96
补贴收入:	1,044,464.36
营业外收支净额:	-509,189.65
经营活动产生的现金流量净额:	85,624,346.99
现金及现金等价物净增加额:	88,667,739.61

(二)截至本报告期末公司前三年的主要会计数据和财务指标　　单位:人民币元

	2001 年	2000 年		1999 年	
		调整前	调整后	调整前	调整后
主营业务收入	856,133,918.12	769,542,595.54	769,542,595.54	450,141,256.54	450,141,256.54
净利润	27,792,057.76	26,706,172.31	11,924,172.31	17,778,633.50	2,996,633.50
总资产	1,977,635,058.45	1,663,512,918.44	1,633,087,313.53	1,475,052,729.98	1,460,270,729.98
股东权益(不含少数股东权益)	971,912,261.10	976,680,174.98	946,254,570.07	966,257,723.35	951,475,723.35
每股收益	0.11	0.11	0.05	0.07	0.01
加权平均每股收益	0.11	0.11	0.05	0.07	0.01
扣除非经常性损益后的每股收益	0.02	0.10	0.10	0.06	0.04
每股净资产	3.93	3.94	3.82	3.90	3.84
调整后的每股净资产	3.63	3.73	3.64	3.80	3.73
每股经营活动产生的现金流量净额	0.35	0.24	0.24	0.06	0.06
净资产收益率(%)	2.86	2.73	1.26	1.84	0.31
加权平均净资产收益率(%)	2.89	2.73	1.25	1.86	0.32

报告期末利润表附表

报告期利润	净资产收益率(%)		每股收益(元/股)	
	全面摊薄	加权平均	全面摊薄	加权平均
主营业务利润	11.24	11.38	0.44	0.44
营业利润	0.66	0.67	0.03	0.03
净利润	2.86	2.89	0.11	0.11
扣除非经常性损益后的净利润	0.59	0.60	0.02	0.02

三、股本变动及股东情况

(一)股本变动情况(截止 2001 年 12 月 31 日)

2001 年度公司股份变动情况表

数量单位:股

	本次变动前	配股	送股	公积金转股	增发	其他	小计	本次变动后
一、未上市流通股份								
1、发起人股份	95,558,668							95,558,668
其中:国家持有股份	88,747,468							88,747,468
境内法人持有股份	6,811,200							6,811,200
境外法人持有股份								
其 他								
2、募集法人股份	48,936,690							48,936,690
3、内部职工股								
4、优先股或其他								
其中:转配股								
未上市流通股份合计	144,495,358							144,495,358
二、已上市流通股份								
1、人民币普通股	103,103,266							103,103,266
2、境内上市的外资股								
3、境外上市的外资股								
4、其 他								
已上市流通股份合计	103,103,266							103,103,266
三、股份总数	247,598,624							247,598,624

000581 无锡威孚高科技股份有限公司

2001年年度报告摘选

第一节 公司简介

1、公司名称
中文名称：无锡威孚高科技股份有限公司
英文名称：WEIFU HIGH－TECHNOLOGY CO.，LTD.
2、公司法定代表人：许良飞先生
3、公司董事会秘书：刘永林先生
证券事务代表：周卫星先生
联系地址：无锡市人民西路107号
联系电话：0510－2719579
传真：0510－2751025
电子信箱：wfjt@public1.wx.js.cn
4、公司注册地址：无锡国家高新技术产业开发区46号地块
公司办公地址：无锡市人民西路107号
邮政编码：214031
公司国际互联网址：http://www.china－weifu.com
电子信箱：Webmaster@ china－weifu.com
5、公司选定的信息披露报纸名称：《证券时报》、《中国证券报》、香港《大公报》。
登载公司年度报告的中国证监会指定网站的网址：
http://www.cninfo.com.cn
公司年度报告备置地点：公司证券处
6、公司股票上市交易所：深圳证券交易所
股票简称：威孚高科、苏威孚B　股票代码：000581　200581

第二节 会计数据和业务数据摘要

（一）2001年主要会计数据
1.本年度主要利润指标情况

单位：元

项目	金额
利润总额	169,016,109.53
净利润	150,719,450.56
扣除非经常性损益后的净利润	145,439,265.78
主营业务利润	247,808,060.97
其他业务利润	1,580,604.50
营业利润	113,309,334.46
投资收益	57,613,863.62
补贴收入	-
营业外收支净额	－1,907,088.55
经营活动产生的现金流量净额	165,139,528.91
现金及现金等价物净增减额	－148,159,608.61

（二）公司近三年主要会计数据及财务指标

指标项目	单位	2001年	2000年	1999年
主营业务收入	元	983216185.66	851207431.67	772520416.86
净利润	元	150719450.56	132566594.62	106518530.73
总资产	元	2170269097.73	1992760589.74	1680270306.01
股东权益(不含少数股东权益)	元	1685336239.72	1621890019.16	1171543229.70
每股收益(摊薄)	元/股	0.35	0.30	0.27
每股收益(加权)	元/股	0.35	0.33	0.27
扣除非经常性损益后的每股收益	元/股	0.33	0.27	0.21
每股净资产	元/股	3.86	3.72	2.97
调整后的每股净资产	元/股	3.85	3.72	2.97
每股经营活动产生的现金流量净额	元/股	0.38	0.06	0.68
净资产收益率(摊薄)	%	8.94	8.17	9.09
(加权)	%	8.88	10.43	9.53
扣除非经常性损益后的净资产收益率	%	8.63	7.14	6.97

（三）按照中国证监会《公司发行证券的公司信息披露编报规则（第9号）的要求计算2001年度利润的净资产收益率和每股收益。

项目	报告期利润(元)	净资产收益率(%)		每股收益(元)	
		全面摊薄	加权平均	全面摊薄	加权平均
主营业务利润	247808060.97	14.70	14.60	0.57	0.57
营业利润	113309334.46	6.72	6.68	0.26	0.26
净利润	150719450.56	8.94	8.88	0.35	0.35
扣除非经常性损益后的净利润	145439265.78	8.63	8.57	0.33	0.33

第三节 股本变动及股东情况

（一）股份变动情况（截止2001年12月31日）　单位：股

股份类别	本次变动前	本次变动增减(±)					本次变动后
		配股	送股	公积金	其他	小计	
一、未上市流通股份							
1.发起人持有股份	121566150						121566150
其中：国有法人股	121566150						121566150
境内法人持有股份							
境外法人持有股份							
2.募集法人股份	10400000						10400000
3.内部职二股	24000000				－24000000		
4.优先股或其他							
未上市流通股份合计	155966150				－24000000		131966150
二、已上市流通股份							
1.人民币普通股	192000000				23838300		215838300
2.境内上市外资股	88400000						88400000
3.境外上市的外资股							
4.其他(高管股)					161700		161700
已上市流通股份合计	280400000				24000000		304400000
三、股份总数	436366150						436366150

000582 北海新力实业股份有限公司

2001年年度报告摘选

一、公司基本情况简介

（一）法定名称
中文：北海新力实业股份有限公司
英文：BEIHAI XINLI INDUSTRIAL CO.LTD
（二）法定代表人：刘凤堂
（三）董事会秘书：杨延华
授权代表：温　杰
联系地址：广西北海市海角路145号
电话：0779－3906393、3922254　传真：0779－3906393
（四）注册地址：广西北海市海角路145号
办公地址：广西北海市海角路145号　邮编：536000
国际互联网网址：http://www.bhxl.com
电子信箱：bhxlzq@bh.gx.cninfo.net
（五）信息披露报纸：中国证券报、证券时报
登载年度报告的互联网网址：http://www.cninfo.com.cn
年度报告备置地点：公司九楼证券部
（六）股票上市交易所：深圳证券交易所
股票简称：北海新力　股票代码：000582

二、会计数据和业务数据摘要

（一）主要业绩指标

项目	金额
利润总额(元)	1,167,326.46
净利润(元)	2,501,430.81
扣除非经常性损益后的净利润(元)	－4,477,990.24
主营业务利润(元)	20,798,489.36
其他业务利润(元)	1,793,305.35
营业利润(元)	－3,364,451.54
投资收益(元)	9,205,078.88
补贴收入(元)	-
营业外收支净额(元)	－4,673,300.88
经营活动产生的现金流量净额(元)	33,142,812.43
现金及现金等价物净增加额(元)	833,585.67
扣除的非经常性损益项目及金额合计：	6,979,421.05元

（二）主要会计数据及业务指标
1.截至报告期末公司前三年主要会计数据和财务指标

项目	2001年	2000年		1999年	
		调整后	调整前	调整后	调整前
主营业务收入(千元)	105,580.09	102,338.07	62,117.55	63,465.04	63,465.04
净利润(千元)	2,501.43	15,456.58	15,574.70	28,497.88	33,684.76
总资产(千元)	890,893.00	982,944.68	935,749.46	895,174.23	919,315.62
股东权益(不含少数股东权益)(千元)	510,944.45	508,443.02	532,486.41	504,195.10	528,120.37
每股收益(元)	0.013	0.082	0.083	0.151	0.179
加权平均每股收益(元)	0.013	0.082	0.083	0.193	0.211
扣除非经常性损益后的每股收益(元)	－0.02	0.04	0.060	0.178	0.202
每股净资产(元)	2.711	2.698	2.825	2.675	2.802
调整后的每股净资产(元)	2.627	2.609	2.720	2.649	2.769
每股经营活动产生的现金流量净额(元)	0.176	0.035	0.035	0.152	0.15
净资产收益率(%)	0.490	3.040	2.925	5.652	6.378
加权平均净资产收益率(%)	0.49	3.02	2.906	7.66	9.498
扣除非经常性损益后加权平均净资产收益率(%)	－0.88	1.42	2.101	6.29	9.122

（三）按照中国证监会发布的《公开发行证券公司信息披露编报规则第9号》的规定，计算的2001年度净资产收益率和每股收益。

报告期利润	净资产收益率(%)		每股收益(元)	
	全面摊薄	加权平均	全面摊薄	加权平均
主营业务利润	4.07	4.08	0.11	0.11
营业利润	－0.66	－0.66	－0.02	－0.02
净利润	0.49	0.49	0.01	0.01
扣除非经常性损益后的净利润	－0.88	－0.88	－0.02	－0.02

三、股本变动及股东情况

（一）股本变动情况
1.股份变动情况表

单位：万股

	本次变动前	本次变动增减(+/－)						本次变动后
		配股	送股	公积金转股	增发	其它	小计	
一、未上市流通股份								
1.发起人股份	13127							13127
其中：国家持有股份	5342							5386
境内法人持有股份	7785							7741
境外法有持有股份								
其他								
2.募集法人股份								
3.内部职工股								
4.优先股或其他								
未上市流通股份合计	13127							13127
二、已上市流通股份								
1.人民币普通股	5720							5720
2.境内上市的外资股								
3.境外上市的外资股								
4.其他								
已上市流通股份合计	5720							5720
三、股份总数	18847							18847

000583 四川托普软件股份有限公司

2001 年年度报告摘选

第一章 公司基本情况简介

(一)公司名称
中文名称:四川托普软件股份有限公司
英文名称:Sichuan Topsoftware Co.,Ltd.
(二)公司法定代表人:李智
(三)公司董事会秘书姓名、联系地址、电话、传真、电子信箱
董事会秘书:周涛
联系地址:四川省成都市金仙桥路 24 号托普集团客户中心
联系电话:(028)7675467　　联系传真:(028)7675753
电子信箱:zhoutao @ topgroup.com.cn
(四)公司注册地址、办公地址及邮政编码、公司国际互联网址
注册地址:四川省自贡市贡井区建设路 284 号
办公地址:四川省成都市金仙桥路 24 号托普集团客户中心
邮政编码:610031
公司国际互联网址:http://www.topsoftware.com.cn
(五)公司选定的信息披露报纸名称、登载公司年度报告的中国证监会指定国际互联网网址、年度报告备置地点
信息披露报纸名称:《证券时报》、《中国证券报》
登载年报的国际互联网址:http://www.cninfo.com.cn
年度报告备置地点:公司董事会办公室
(六)公司股票上市交易所、股票简称和股票代码
股票上市交易所:深圳证券交易所
股票简称:托普软件　　股票代码:000583

第二章 会计数据和业务数据摘要

(一)本年度主要会计数据和业务数据(单位:元)

利润总额:	108,980,465.02
净利润	88,521,729.82
扣除非经营性损益后的净利润:	53,402,579.19
主营业务利润:	114,124,759.25
其他业务利润:	294,563.11
营业利润:	53,749,639.08
投资收益:	20,111,675.31
补贴收入:	30,407,856.83
营业外收支净额:	4,711,293.80
经营活动产生的现金流量净额:	47,357,616.73
现金及现金等价物净增加额:	188,618,700.03

(二)前三年主要会计数据和财务指标,(单位:元)

项目	2001 年	2000 年		1999 年
		调整前	调整后	调整前
主营业务收入	710,999,079.99	508,264,093.07	415,473,439.41	274,221,434.21
净利润	88,521,729.82	87,293,809.56	98,910,162.99	57,505,362.51
总资产	2,419,053,556.41	1,893,163,327.86	1,758,783,943.53	739,114,530.63
股东权益(不含少数股东权益)	1,323,459,986.42	1,215,337,595.75	1,225,594,563.86	235,221,262.28
每股收益	0.726	0.71596	0.81	0.6525
每股净资产	10.85	9.9680	10.05	2.6692
调整后的每股净资产	10.63	9.7161	9.92	2.5780
每股经营活动产生的现金流量净额	0.3884	1.0833	1.0833	1.8306
净资产收益率%	6.69	7.1827	8.07	24.4473

第三章 股本变动及股东情况

(一)股本变动情况表　　单位:股

	期初数	本次变动增减(+)					期末数
		配股	送股	公积金转股	其他	小计	
一、未上市流通股份	53,124,313						53,124,313
1、发起人股份							
其中:							
国家持有股份							
境内法人持有股份							
境外法人持有股份							
其他							
2、募集法人股份	53,124,313						53,124,313
3、内部职工股							
4、优先股或其他							
尚上市流通股份合计	53,124,313						53,124,313
二、已上市流通股份	68,800,000						68,800,000
1、人民币普通股	68,800,000						68,800,000
其中:高管人员持股	21,400						21,400
2、境内上市外资股							
3、境外上市外资股							
4、其他							
已上市流通股份合计	68,800,000						68,800,000
三、股份总数	121,924,313						121,924,313

(二)股东情况介绍

股东名称	持股量(股)	持股比例(%)
(1)四川托普科技发展公司	42,624,313	34.96
(2)四川华普软件发展有限责任公司	2,884,000	2.37
(3)自贡市银建房地产综合开发公司	840,000	0.69
(4)四川大学	760,000	0.62
(5)自贡市自通房地产综合开发公司	700,000	0.57
(6)华能原材料公司	625,000	0.51
(7)工行四川省信托投资公司自贡办事处	560,000	0.46
(8)自贡财源开发公司	560,000	0.46
(9)成都托普咨询有限责任公司	514,000	0.42
(10)四川省信托投资公司	512,563	0.42

000584 成都蜀都大厦股份有限公司

2001 年年度报告摘选

一、公司简介

1、公司名称:成都蜀都大厦股份有限公司
英文名称:CHENGDU SHUDU MANSION CO,LTD.
2、公司法定代表人:程高潮
3、公司董事会秘书:罗亦弟
公司证券事务代表:崔益民
联系地址:成都市蜀都大道暑袜北三街 20 号
电话:(028)6757539　　6752215
传真:(028)6741677
4、公司注册地址:四川省成都市蜀都大道暑袜北三街 20 号
邮政编码:610016
公司办公地址:四川省成都市蜀都大道暑袜北三街 20 号　　邮政编码:610016
公司电子信箱:sddm@mail.sc.cninfo.net
5、公司选定的信息披露报纸名称:《证券时报》、《中国证券报》;
登载公司年度报告的国际互联网网址:深交所"巨潮证券资讯网":www.cninfo.com.cn
6、公司股票上市交易所:深圳证券交易所
股票简称:蜀都 A　　股票代码:000584

二、会计数据和业务数据摘要

1、本年度会计数据

项目	金额(元)
利润总额(元)	17,934,250.66
净利润(元)	17,895,188.99
扣除非经营性损益后的净利润(元)	15,771,121.96
主营业务利润(元)	49,211,833.61
其它业务利润(元)	6,443,499.65
营业利润(元)	10,754,740.80
投资收益(元)	6,775,502.94
补贴收入(元)	
营业外收支净额(元)	404,006.92
经营活动产生的现金流量净额(元)	17,627,343.08
现金及现金等价物净增加额(元)	33,378,107.80

2、前三年财务指标　　单位:人民币元

指标项目	2001 年度	2000 年度		1999 年度	
		调整前	调整后	调整前	调整后
主营业务收入	117,726,056.30	137,894,532.53	137,894,532.53	129,812,597.27	
净利润	17,895,188.99	20,657,627.61	18,906,723.50	-140,939,947.43	
总资产	754,798,890.40	675,846,515.53	674,593,200.31	731,817,829.93	
股东权益	289,407,012.53	279,617,332.64	277,554,017.42	265,778,928.32	
每股收益(摊薄)	0.0885	0.10	0.0935	-0.70	
每股收益(加权)	0.0885	0.10	0.0935	-0.70	
每股收益(扣除非经常性损益后)	0.0780	0.04	0.0487	-0.69	
每股净资产	1.43	1.38	1.37	1.31	
调整后的每股净资产	1.28	1.20	1.19	1.04	
每股经营活动产生的现金流量净额	0.087	0.05	0.05	0.17	
净资产收益率%	6.18	7.39	6.81	-46.49	
净资产收益率(加权)%	6.25	7.48	6.87	-37.02	
扣除非经常性损益后净资产收益率%	5.45	3.03	3.55	-45.83	
扣除非经常性损益后净资产收益率(加权)%	5.50	3.07	3:58	-36.49	

利润表附表:

报告期利润	净资产收益率(%)				每股收益(元)			
	全面摊薄		加权平均		全面摊薄		加权平均	
	2001 年	2000 年	2001 年	2000 年	2001 年	2000 年	2001 年	2000 年
主营业务利润	17.00	13.73	17.18	13.84	0.2433	0.1884	0.2433	0.1884
营业利润	3.72	-1.39	3.75	-1.40	0.0532	-0.0190	0.0532	-0.0190
净利润	6.18	6.81	6.25	6.87	0.0885	0.0935	0.0885	0.0935
扣除非经常性损益后的净利润	5.45	3.55	5.50	3.58	0.0780	0.0487	0.0780	0.0487

三、股本变动及股东情况

1、股本变动情况

公司股份变动情况表

单位:万股

	本次变动前	本次增减变化(+、—)					本次变动后
		配股	送股	增发	其他	合计	
一、尚未流通股份							
1、发起人股份	4,968.44						4,968.44
其中:国家持有股	4,968.44						4,968.44
境内法人持有股份							
境外法人持有股份							
其他							
2、募集法人股份	10,198.58				-3,517.80	-3,517.80	6,680.78
3、内部职工股							
4、优先股或其他							
其中:转配股							
未上市流通股份合计	15,167.03				-3,517.80	-3,517.80	11,649.23
二、已上市流通股份							
1、人民币普通股	5,056.48				3,517.80	3,517.80	8,574.28
2、境内上市的外资股							
3、境外上市的外资股							
4、其他							
已流通股份合计	5,056.48				3,517.80	3,517.80	8,574.28
三、股份总数	20,223.51						20,223.51

000585 东北输变电机械制造股份有限公司

2001年年度报告摘选

一、公司简介

1.法定名称:东北输变电机械制造股份有限公司
简称:东北电
英文名称:Northeast Electrical Transmission & Transformation Machinery Manufacturing Company Limited
缩写:NEMM
2.法定代表人:时延平先生
3.董事会秘书:罗宏先生
联系地址:中国辽宁省沈阳市和平区太原南街189号(邮编110001)
电话:(86)24-23527080
传真:(86)24-23527081
电子信箱:nemm585@sina.com
4.注册地址:中国辽宁省沈阳市铁西区北二中路18号
办公地址:中国辽宁省沈阳市和平区太原南街189号(邮编110001)
电话:(86)24-23527080
传真:(86)24-23527081
网站:www.china-dbd.com
电子邮箱:nemm585@sina.com
5.年度报告备置地点:董事会办公室
6.国内披露报纸名称:《中国证券报》、《证券时报》
7.香港披露报刊名称:《经济日报》、《HongKong I-mail》
8.登载年度报告的中国证监会指定网址:www.cninfo.com.cn
9.股票上市地及代码:H股: A股:
——香港联合交易所有限公司 ——深圳证券交易所
——股票简称:东北输变电 ——股票简称:ST东北电
——股票代码:0042 ——股票代码:000585

二、会计数据和业务数据摘要

1、按中国会计准则及制度编制的本年度财务数据摘要(单位:人民币千元)

项目	金额
利润总额	811,041
净利润	-803,807
扣除非经常性损益后的净利润	-436,672
其中:主营业务利润	176,709
其他业务利润	16,452
营业利润	-655,107
投资收益	333
补贴收入	3,370
营业外收支净额	-159,998
现金及现金等价物净增加额	-84,538
其中:经营活动产生的现金流量净额	173,602
按国际会计准则计算的2001年度净利润:	-780,140
按国内会计准则计算的2001年度净利润:	-803,807

注:扣除非经常性损益项目及涉及金额(单位:人民币千元):

项目	金额
增值税返还	3,730
营业外收支净额	-159,998
其他	-210,867
合计:	-367,135

2、按中国会计准则及制度编制的公司近三年主要会计数据和财务指标

指标项目	2001年	2000年	1999年
(1)主营业务收入(人民币千元)	1,281,942	1,320,048	1,406,926
(2)净利润/(亏损)(人民币千元)	-803,807	-363,597	-166,837
(3)总资产(人民币千元)	3,884,190	4,454,892	4,223,589
(4)股东权益(不含少数股东权益)(人民币千元)	333,138	1,125,563	1,550,659
(5)每段收益/(亏损)(人民币元)	-0.92	-0.416	-0.191
(6)扣除非经常性损益后的每股收益/(亏损)(人民币元)	-0.74	-0.4166	-0.196
(7)每股净资产(人民币元)	0.38	1.29	1.775
(8)调整后的每股净资产(人民币元)	0.34	1.25	1.767
(9)每股经营活动产生的现金流入/(流出)净额(人民币元)	0.21	-0.047	-0.086
(10)净资产收益率(%)	-241.28	-32.3	-10.76
(11)加权平均净资产收益率(%)	-111.08	-27.17	-10.21

3、利润表附表

报告期利润	净资产收益率(%)		每股收益(元)	
	全面摊薄	加权平均	全面摊薄	加权平均
主营业务利润	53.04	24.42	0.202	0.202
营业利润	-196.65	-90.53	-0.75	-0.75
净利润	-241.28	-111.08	-0.92	-0.92
扣除非经常性损益后的净利润	-131.08	-60.34	-0.5	-0.5

三、股本结构及股东情况

1、股本结构情况及本期股份变动情况表(数量单位:股)

	期初数	增减变动(+/—)	期末数
①尚未流通股份			
国家拥有股份	450,520,000	-70,000,000	380,520,000
社会法人股	21,300,000	+70,000,000	91,300,000
②已流通股份			
境内上市的A股	143,600,000	-	143,600,000
境外上市的H股	257,950,000	-	257,950,000
③股份总数	873,370,000	-	873,370,000

000586 四川省长江企业(集团)股份有限公司

2001年年度报告摘选

一、公司简介

1、公司名称:四川省长江企业(集团)股份有限公司
英文名称:SICHUAN CHANGJIANG BUSINESS ENTERPRISE (GROUP) COMPANY LIMITED
英文缩写:SCEC
2、公司法定代表人:郭新荣
3、公司董事会秘书:郭丽红
联系地址:四川省成都市府青路一段34号
电话号码:(028)3324561 3339888
传真号码:(028)3333896
4、注册地址:中国四川省成都市府青路一段34号
邮政编码:610082
办公地址:中国四川省成都市府青路一段34号
邮政编码:610082
电子信箱:scec@mail.sc.cninfo.net
5、公司选定的信息披露报纸:《中国证券报》、《证券时报》
中国证监会指定登载公司年度报告的国际互联网
网址:http//www.cninfo.com.cn
公司年度报告备置地点:公司证券部
6、公司股票上市交易地点:深圳证券交易所
股票简称:川长江A
股票代码:000586

二、会计数据和业务数据摘要

1、本年度会计数据和业务数据摘要

项目	金额(元)
利润总额	-48,503,458.15
净利润	-48,503,458.15
扣除非经常性损益后的净利润	-50,522,595.82
其他业务利润	409,365.60
营业利润	-33,423,372.82
投资收益	-14,407,690.21
补贴收入	1,933,973.97
营业外收支净额	-2,606,369.09
经营活动产生的现金流量净额	-21,066,050.98
现金和现金等价物净增加额	-47,445,175.90

注:非经常性损益扣除项目及金额如下:

项目	金额(元)
补贴收入	1,933,973.97
营业外收支净额	-2,606,369.09
转让股票收益	560,864.04
委托投资收益	1,700,000.00
收资金占用费	430,668.75

2、公司前三年主要会计数据及财务指标

单位:人民币元

指标项目	2001年	2000年	1999年
主营业务收入	359,815,874.76	407,053,082.42	396,700,668.54
净利润	-48,503,458.15	-56,278,909.55	3,911,556.67
总资产	403,583,618.80	502,950,867.44	542,514,516.94
股东权益	263,910,389.34	310,262,307.85	366,541,217.40
每股收益	-0.251	-0.291	0.02
每股净资产	1.364	1.60	1.89
调整后的每股净资产	1.323	1.169	1.38
每股经营活动产生的现金流量净额	-0.109	-0.089	0.22
净资产收益率	-18.38%	-18.14%	1.07%

3、利润表附表

(按照中国证监会《公开发行证券公司信息披露编报规则(第9号)》要求计算)

报告期利润(元)	净资产收益(%)		每股收益(元/股)	
	全面摊薄	加权平均	全面摊薄	加权平均
主营业务利润	3.57	3.29	0.049	0.049
营业利润	-12.66	-11.69	-0.173	-0.173
净利润	-18.38	-17.66	-0.251	-0.251
扣除非经常性损益后的净利润	-19.14	-16.96	-0.261	-0.261

三、股本变动及股东情况

1、公司股本变动情况

数量单位:股

	本次变动前	本次变动增减(+、-)						本次变动后
		配股	送股	公积金转股	增发	其他	小计	
一、未上市流通股份								
1、发起人股份								
其中:								
国家持有股份	68,380,000							68,380,000
境内法人持有股份								
境外法人持有股份								
其他								
2、募集法人股份	64,220,000							64,220,000
3、内部职工股								
4、优先股或其他								
未上市流通股份合计	132,600,000							132,600,000
二、已上市流通股份								
1、人民币普通股	60,840,000							60,840,000
2、境内上市的外资股								
3、境外上市的外资股								
4、其他								
已上市流通股份合计	60,840,000							60,840,000
三、股份总数	193,440,000							193,440,000

000587 光明集团家具股份有限公司

2001 年年度报告摘选

一、公司简介

(一)公司法定名称
中文:光明集团家具股份有限公司
英文:GUANGMING GROUP FURNITURE CO.,LTD.
缩写:GMF
(二)公司法定代表人:高金波女士
(三)公司董事会秘书:张法伦先生
证券事务代表:郑舒怀先生
联系地址:黑龙江省伊春市伊春区青山西路 118 号
联系电话:0458－3610587
传　　真:0458－3660588
电子信箱:gmfzfl@guangming.com
(四)公司注册地址及办公地址:黑龙江省伊春市伊春区青山西路 118 号
邮政编码:153000
公司国际互联网网址:http://www.guangming.com
公司电子信箱:Info@GuangMing.Com
公司信息披露报纸为《证券时报》
登载公司年度报告的中国证监会指定的国际互联网网站:http://www.Cninfo.com.cn
(五)公司年度报告备置地点:公司董事会秘书部
(六)公司股票上市交易所:深圳证券交易所
股票简称:光明家具　　　　股票代码:000587

二、会计数据和业务数据摘要

(一)本年度公司主要利润指标及现金流量情况(单位:人民币元)

项 目	2001 年度	2000 年度
利润总额	46,427,503.22	56,872,070.94
净利润	37,081,420.27	48,018,285.30
扣除非经常性损益后的净利润	28,143,861.37	46,007,837.82
主营业务利润	73,380,504.83	90,950,954.84
其他业务利润	2,809,479.28	7,938,217.80
营业利润	40,987,385.22	62,435,763.33
投资收益	4,105,200.00	－3,843,840.00
补贴收入		
营业外收支净额	1,334,917.70	－1,719,852.39
经营活动产生的现金流量净额	11,923,699.87	18,900,752.19
现金及现金等价物净增加额	47,228,306.61	3,854,393.37

(二)截止 2001 年末公司前三年主要会计数据和财务指标

指 标 项 目	单位	2001 年	2000 年		1999 年
			调整后	调整前	
主营业务收入	万元	25,761	30,725	30,725	21,351
净利润	万元	3,708	4,802	5,306	3,872
总资产	万元	79,318	69,452	69,710	62,892
股东权益 (不含少数股东权益)	万元	46,253	42,736	43,230	44,066
每股收益(摊薄)	元	0.200	0.259	0.286	0.209
(加权)	元	0.200	0.259	0.286	0.216
扣除非经常性损益 后的每股收益	元	0.152	0.248	0.299	0.197
每股净资产	元	2.49	2.30	2.33	2.37
调整后的每股净资产	元	2.47	2.23	2.29	2.33
净资产收益率(摊薄)	%	8.02	11.24	12.27	8.79
(加权)	%	8.32	10.64	12.12	9.99
扣除非经常性损益后的 净资产收益率(加权)	元	6.38	10.22	12.67	9.46
每股经营活动产生的 现金流量净额	元	0.06	0.10	0.10	0.11

注:以上主要会计数据和财务指标以公司合并报表进行列示和计算。

(三)2001 年度股东权益变动情况

单位:元

项 目	股 本	资本公积	盈余公积	法定公益金	未分配利润	股东权益合计
期初数	185,711,578	153,263,736.79	60,637,154.65	16,597,933.47	27,749,832.40	427,362,301.84
本期增加			8,970,402.56	1,811,038.77	37,081,420.27	46,051,822.83
本期减少					10,889,018.90	10,889,018.90
期末数	185,711,578	153,263,736.79	69,607,557.21	18,408,972.24	53,942,233.77	462,525,105.77

三、股本变动及股东情况

(一)股本变动情况

截止 2001 年 12 月 31 日,公司股本情况如下表:　　　　数量单位:股

	期初数	本次变动增减(+,-)						期末数
		配股	送股	公积金转股	增发	其它	小计	
一、未上市流通股份								
1、发起人股份	76,118,224							76,118,224
其中:国家拥有股份								
境内法人持有股份	76,118,224							76,118,224
境外法人持有股份								
其他								
2、募集法人股份	26,099,382							26,099,382
3、内部职工股								
4、优先股或其他								
未上市流通股份合计	102,272,723							102,272,723
二、已上市流通股份								
1、人民币普通股	83,438,855							83,438,855
2、境内上市的外资股								
3、境外上市的外资股								
4、其他								
已上市流通股份合计	83,438,855							83,438,855
三、股份总数	185,711,578							185,711,578

000589 贵州轮胎股份有限公司

2001 年年度报告摘选

一、公司基本情况简介

1、公司法定中文名称:贵州轮胎股份有限公司
公司法定英文名称:GUI ZHOU TYRE CO.,LTD.
2、法定代表人姓名:马世春
3、公司董事会秘书:李尚武
联系电话:0851 4763651
传真:0851 4764248
电子信箱:qtyre@public.gz.cn
证券事务代表:叶晓燕
联系电话:0851 4763651
传真:0851 4764248
电子信箱:qtyre@public.gz.cn
4、公司注册地址:贵州省贵阳市百花大道 41 号
公司办公地址:贵州省贵阳市百花大道 41 号
邮政编码:550008
公司网址:http://www.gtctire.com
公司电子信箱:qtyre@public.gz.cn
5、公司年报备置地点:贵州轮胎股份有限公司董事会秘书处
定期报告刊登报刊:《证券时报》
定期报告刊登网站:HTTP://WWW.cninfo.com.cn
6、公司股票上市地:深圳证券交易所
A 股简称:黔轮胎 A
A 股代码:000589

二、会计数据和业务数据摘要

1、本年度主要会计数据(单位:元)

项目	金 额
利润总额	－77,053,672
净利润	－75,255,228
扣除非经常性损益后的净利润	－76,754,173
主营业务利润	200,537,070
其他业务利润	2,263,334
营业利润	－97,635,532
投资收益	1,933,019
补贴收入	20,912,635
营业外收支净额	－2,263,794
经营活动产生的现金流量净额	54,979,201
现金及现金等价物净增减额	－38,463,827
扣除的非经营性损益项目和涉及金额:	
会计政策变更对期初净利润的 追溯调整数	3,762,739
营业外收支净额	－2,263,794
合 计	1,498,945

2、公司近三年主要会计数据和财务指标(单位:元)

项目	2001 年	2000 年	1999 年
主营业务收入	1,300,302,776	1,116,136,079	1,030,149,019
净利润	－75,255,228	11,000,869	11,879,756
总资产	2,407,361,669	2,362,564,572	2,152,262,791
股东权益	810,100,556	865,867,249	796,236,380
每股收益	－0.296	0.043	0.047
每股净资产	3.185	3.405	3.131
调整后的每股净资产	2.868	3.187	2.875
每股经营活动产生的现金流量净额	0.216	－0.233	－0.299
净资产收益率(%)	－9.29	1.27	1.49

3、利润表附表

	2001 年度				2000 年度			
	资产收益率(%)		每股收益(元)		净资产收益率(%)		每股收益(元)	
利润项目	全面摊薄法	加权平均法	全面摊薄法	加权平均法	全面摊薄法	加权平均法	全面摊薄法	加权平均法
主营业务利润	24.75	24.21	0.79	0.79	18.16	18.87	0.62	0.62
营业利润	－12.05	－11.79	－0.38	－0.38	2.20	2.28	0.06	0.06
净利润	－9.28	－9.09	－0.29	－0.29	1.70	1.76	0.04	0.04
扣除非经营性 损益后的净利润	－9.47	－9.27	－0.30	－0.30	0.61	0.64	0.02	0.02

三、股本变动及股东情况

1、股本变动情况
股份变动情况表(单位:股)

	本次变动前	本次变动增减(+,-)						本次变动后
		配股	送股	公积金转股	增发	其他	小计	
一、未上市流通股份								
1、发起人股份								
其中:								
国家持有股份	129,706,825	0	0	0	0	0	0	129,706,825
境内法人持有股份								
境外法人持有股份								
2、募集法人股								
3、内部职工股								
4、优先股或其他								
未上市流通股份	129,706,825	0	0	0	0	0	0	129,706,825
二、已上市流通股份								
1、人民币普通股	124,536,166	0	0	0	0	0	0	124,536,166
2、境内上市的外资股								
3、境外上市的外资股								
4、高管持股	84,074	0	0	0	0	0	0	84,074
已上市流通股份合计	124,620,240	0	0	0	0	0	0	124,620,240
三、股份总数	254,327,065	0	0	0	0	0	0	254,327,065

000590 清华紫光古汉生物制药股份有限公司

2001年年度报告摘选

第一节 公司基本情况简介

1、公司法定中文名称:清华紫光古汉生物制药股份有限公司
公司法定英文名称:Tsinghua Unisplendour Guhan Bio-Pharmaceutical Corporation Limited
2、公司法定代表人:张本正(董事长)
3、公司董事会秘书:廖德林
联系电话及传真:0734-8239335
电子信箱:stocks@guhan.com.
联系地址:湖南省衡阳市先锋路54号
公司股证事务代表:周世武
联系电话及传真:010-62780818
电子信箱:zhousw@thunis.com
4、公司注册及办公地址:湖南省衡阳市先锋路54号
邮编:421001
公司国际互联网网址 http://www.guhan.com
公司电子信箱:Webmaster@guhan.com
5、公司选定的信息披露报纸名称:《中国证券报》、《证券时报》、《上海证券报》。
登载公司年度报告的国际互联网:http://www.cninfo.com.cn
公司年度报告备置地点:湖南省衡阳市先锋路54号公司三楼董秘办
6、公司股票上市交易所:深圳证券交易所
股票简称:紫光古汉
股票代码:000590

第二节 会计数据和业务数据摘要

1、本年度主要利润指标情况

(1) 利润总额:	-67,217,741.37元
(2) 净利润:	-59,670,419.35元
(3) 扣除非经常性损益后的净利润:	-40,222,106.09元
(4) 主营业务利润:	93,285,469.20元
(5) 其它业务利润:	98,992.12元
(6) 营业利润:	-47,958,306.74元
(7) 投资收益:	-14,156,259.44元
(8) 补贴收入:	2,005.00元
(9) 营业外收支净额:	-5,105,080.19元
(10) 经营活动产生的现金流量净额:	-50,999,313.68元
(11) 现金及现金等价物净增加额:	-17,850,771.06元

2、公司近三年主要会计数据和财务指标(合并报表)
(1) 主要财务数据

指标项目	2001年度	2000年度		1999年度	
		调整后	调整前	调整后	调整前
主营业务收入(万元)	245,678,437.08	283,517,578.35	283,517,578.35	219,627,365.27	219,627,365.27
净利润(万元)	-59,670,419.35	14,586,370.06	30,329,956.77	5,559,664.39	114,404,433.29
总资产(万元)	695,049,908.18	606,128,433.64	631,856,179.04	586,871,664.39	596,855,823.08
股东权益(万元)	279,942,110.64	344,065,302.15	375,294,174.63	329,576,967.81	345,062,153.58
每股收益(元/股)摊薄	-0.29	0.07	0.15	0.049	0.101
每股收益(元/股)加权	-0.29	0.07	0.15	0.054	0.111
扣除非经常性损益后的每股收益(元/股)	-0.20	0.04	0.12	0.051	0.103
每股净资产(元)	1.38	1.69	1.85	2.922	3.059
调整后每股净资产(元)	1.30	1.62	1.77	2.788	2.925
每股经营活动产生的现金流量净额(元)	-0.25	0.04	0.04	-0.092	-0.092
净资产收益率(%)摊薄	-21.32	4.24	8.08	1.687	3.315
净资产收益率(%)加权	-18.99	4.33	8.42	1.644	3.268
扣除非经常性损益后的加权净资产收益率(%)	-14.42	2.48	6.69	1.710	3.332
非经常性收益	-19,448,313.26	6,230,000.00	6,230,000.00	-223,894.83	-223,894.83

(2) 利润表附表

报告期利润	净资产收益率(%)		每股收益(元/股)	
	全面摊薄	加权平均	全面摊薄	加权平均
主营业务利润	33.32	29.69	0.46	0.46
营业利润	-17.13	-15.26	-0.24	-0.24
净利润	-21.32	-18.99	-0.29	-0.29
扣除非经常性损益后的净利润	-16.20	-14.42	-0.20	-0.20

第三节 股本变动及股东情况

一、股份变动情况表
报告日期 2001年12月31日　　数量单位:股　　每股面值:1元

	本次变动前	本次变动增减(+,-)						本次变动后
		配股	送股	公积金转股	增发	其它	小计	
一、未上市流通股份								
1.发起人股份	108,780,899							108,780,899
其中:国家持有股份	85,312,800							85,312,800
境内法人持有股份	23,468,099							23,468,099
2.募集法人股份	30,693,600							30,693,600
3.转配股	373,926					-373,926	-373,926	0
未上市流通股份合计	139848425							139,474,499
二、已上市流通股份								
人民币普通股	63,083,124					445,530	445,530	63,528,654
三、高管人员股	96,876					-71,604	-71,604	25,272
四、股份总数	203,028,425					0	0	203,028,425

000591 重庆桐君阁股份有限公司

2001年年度报告摘选

一、公司基本情况简介

(一)公司全称:重庆桐君阁股份有限公司
英文名称:CHONGQING TONG JUN GE CO.,LTD.
英文缩写:TJG
(二)公司法定代表人:廖志扬
(三)公司董事会秘书:邹　莎
联系地址:重庆市渝中区解放西路120号
电话及传真:(023)63843398
电子信箱:cqtjgzs@sina.com.cn
(四)公司注册及办公地址:重庆市渝中区解放西路120号
邮政编码:400012
公司互联网网址:http://www.tjgcq.com
电子信箱:cqtjgco@cta.cq.cn
(五)公司选定的信息披露报刊名称:《中国证券报》、《证券时报》
中国证监会指定的国际互联网网址:http://www.cninfo.com.cn
公司年报备置地点:公司办公室
(六)公司股票上市地:深圳证券交易所
股票简称:桐君阁
股票代码:0591

二、会计数据与业务数据摘要

(一)主要经济指标完成情况　　(单位:元)

利润总额	35,918,582.43
净利润	30,774,396.11
扣除非经常性损益后的净利润	30,568,039.80
主营业务利润	111,867,309.89
其他业务利润	6,220,846.08
营业利润	35,832,081.04
投资收益	-408,963.91
补贴收入	0.00
营业外收支净额	495,465.30
经营活动产生的现金流量净额	31,081,557.76
现金及现金等价物净增减额	35,151,681.17

注:扣除非经常性损益后的净利润为30,568,039.80元,非经常性损益项目有,营业外收支净额421,145.51元,比较财务报表中会计政策变更对以前期间净利润的追溯调整数132,830.13元。

(二)主要会计数据和财务指标

项目	2001年	2000年		1999年	
		调整后	调整前	调整后	调整前
主营业务收入(元)	876,182,822.87	589,216,267.50	589,216,267.50	440,453,073.23	440,453,073.23
净利润(元)	30,774,396.11	25,050,176.13	26,341,169.09	18,906,847.35	19,608,975.32
总资产(元)	699,753,711.89	486,888,288.86	490,044,162.81	465,019,543.26	466,884,424.25
股东权益(元)	267,400,019.65	236,521,917.71	248,349,309.09	148,363,514.92	150,228,395.91
每股收益(元)	0.308	0.251	0.264	0.207	0.215
每股净资产(元)	2.68	2.37	2.49	1.63	1.65
调整后每股净资产(元)	2.47	2.03	2.07	1.26	1.25
每股经营活动产生的现金流量净额(元)	0.31	0.47	0.47	0.17	0.17
净资产收益率(%)	11.51	10.59	10.61	12.74	13.05

根据中国证监会《信息披露编报规则(第九号)》要求计算的数据

报告期利润	净资产收益率(%)		每股收益(元/股)	
	全面摊薄	加权平均	全面摊薄	加权平均
主营业务利润	41.84	44.41	1.12	1.12
营业利润	13.40	14.23	0.36	0.36
净利润	11.51	12.22	0.31	0.31
扣除非经常性损益后的净利润	11.35	12.05	0.30	0.30

三、股份变动及股东情况

(一)股份变动情况
数量单位:股

	本次变动前	本次变动增减(+,-)						本次变动后
		配股	送股	公积金转股	增发	其他	小计	
(一)尚未上市流通股份								
1、发起人股份								
其中:								
国家持有股份	65066192							65066192
境内法人持有股份								
外资法人持有股份								
其他								
2、募集法人股份								
3、内部职工股								
4、优先股或其他	65066192							65066192
未上市流通股份合计								
(二)已上市流通股份	34800000							34800000
1、人民币普通股								
2、境内上市的外资股								
3、境外上市的外资股								
4、其他	34800000							34800000
已上市流通股份合计	99866192							99866192
(三)股份总数								

000592 福建省中福实业股份有限公司

2001 年年度报告摘选

一、公司简介

1.法定中文名称:福建省中福实业股份有限公司
法定英文名称:FUJIAN CFC INDUSTRIES CO.,LTD.
2.公司法定代表人:甘晓笛
3.公司董事会秘书:邹　薇
联系地址:福建省福州市华林路 312 号
电话:0591－7571285、7581038
传真:0591－7582088
电子信箱:000592zw@sina.com
证券事务代表:鲁　飞
电话:0591－7571281
电子信箱:mrlufei@21cn.com
4.公司注册地址:福建省福州市五四路 157 号新天地大厦 21 层
公司办公地址:福建省福州市华林路 312 号
邮政编码:350013
电子信箱:cfc@public.fz.fj.cn
5.公司选定的信息披露报纸名称:《证券时报》、《中国证券报》
登载公司年度报告的中国证监会指定国际互联网网址:http://www.cninfo.com.cn
公司年度报告备置地点:福建省福州市华林路 312 号
6.公司股票上市交易所:深圳证券交易所
股票简称:ST 中福　　股票代码:000592

二、会计数据和业务数据摘要

1.本年度会计数据　　单位:人民币元

项目	金额
利润总额	－104,042,397.27
净利润	－105,754,920.52
扣除非经常性损益后的净利润	－32,278,827.08
主营业务利润	21,015,414.40
其他业务利润	18,718,328.81
营业利润	－24,423,628.06
投资收益	73,018.10
补贴收入	——
营业外收支净额	－79,691,787.31
经营活动产生的现金流量净额	－5,977,440.51
现金及现金等价物净增加额	69,414,581.46
注:扣除的非经常性损益项目和涉及金额	
收取的资金占用费	4,506,000.13
委托投资收益	1,709,693.74
营业外收支净额	－79,691,787.31
合计	－73,476,093.44

2.主要会计数据和财务指标　　单位:人民币元

指标项目	2001 年	2000 年		1999 年	
		调整后	调整前	调整后	调整前
主营业务收入	78,314,482.83	143,740,078.73	143,740,078.73	179,477,689.08	179,477,689.08
净利润	－105,754,920.52	14,427,081.27	14,427,081.27	－132,940,477.58	－160,613,675.98
总资产	1,170,882,038.16	760,262,388.81	899,419,817.41	916,451,828.23	843,830,699.10
股东权益	193,967,272.36	169,183,903.19	308,372,009.03	249,205,661.35	146,382,950.08
每股收益	－0.359	0.049	0.049	－0.45	－0.55
扣除非经常性损益后的每股收益	－0.11	－0.1205	－0.1205	－0.41	－0.52
每股净资产	0.659	0.575	1.047	0.846	0.497
调整后每股净资产	0.448	0.379	0.852	0.591	0.39
每股经营活动产生的现金流量净额	－0.02	——	0.063	——	0.37
净资产收益率(%)	－54.52	8.53	4.68	－53.35	－109.72

注:1.报告期内公司总股本无任何变动,故加权每股平均收益与每股收益相同。

按照中国证监会《公开发行证券公司信息披露编报规则》(第 9 号)通知要求,计算 2001 年度利润数据如下:

报告期利润	2001 年			
	净资产收益率(%)		每股收益(元)	
	全面摊薄	加权平均	全面摊薄	加权平均
主营业务利润	10.83	11.57	0.0714	0.0714
营业利润	－12.59	－13.45	－0.0829	－0.0829
净利润	－54.52	－58.24	－0.3592	－0.3592
扣除非正常性损益后的净利润	－16.64	－17.77	－0.1096	－0.1096

三、股本变动及股东情况

1、股本变动情况
(1)股份变动情况表　　数量单位:股

	本次变动前	本次变动增减(＋,－)					本次变动后
		配股	送股	公积金转股	增发	其他	
一、未上市流通股份							
1、发起人股份	130873600						130873600
其中:							
国家持有股份							
境内法人持有股份	130873600						130873600
2、募集法人股份	76222900						76222900
3、内部职工股							
4、优先股或其他	496771					－496771	
未上市流通股份合计	207593271					－496771	207096500
二、已上市流通股份							
1、人民币普通股	86811384					＋496771	87308155
2、其他							
已上市流通股份合计	86811384					＋496771	87308155
三、股份总数	294404655						294404655

000593 成都华联商厦股份有限公司

2001 年年度报告摘选

一、公司基本情况简介

1、公司法定中文名称:成都华联商厦股份有限公司
公司英文名称:CHENGDU HUALIAN BUSINESS BUILDING CO.,LTD.
2、公司法定代表人:付志明
3、公司董事会秘书:李能发
公司董事会证券事务代表:郑蜀闽
联系地址:四川省成都市建设路 55 号
电　话:(028)4312393　　传　真:(028)4299233
电子信箱:hldb@mail.sc.cninfo.net
4、公司注册及办公地址:四川省成都市建设路 55 号　　邮政编码:610051
公司电子信箱:hldb@mail.sc.cninfo.net
5、公司信息披露报纸:《证券时报》、《中国证券报》
公司刊登年报网址:http://www.cninfo.com.cn
公司年度报告备置地点:本公司董事会办公室
6、公司股票上市交易所:深圳证券交易所
股票简称:成都华联　　股票代码:000593

二、会计数据和业务数据摘要

(一)公司 2001 年度会计数据摘要

项目	金额(元)
利润总额	14,586,031.29
净利润	12,183,777.10
扣除非经常性损益后的净利润	11,589,657.34
主营业务利润	35,841,466.76
其他业务利润	2,582,973.65
营业利润	－633,312.76
投资收益	15,549,455.52
补贴收入	0.00
营业外收支净额	－330,111.47
经营活动产生的现金流量净额	－2,312,082.66
现金及现金等价物净增加额	4,143,612.50

(二)公司前三年的主要会计数据和财务指标

项目	2001 年	2000 年		1999 年	
		调整后	调整前	调整后	调整前
主营业务收入(元)	319,158,689.51	316,679,054.46	316,679,054.46	310,100,344.82	310,100,344.82
净利润(元)	12,183,777.10	20,984,854.36	20,984,854.36	28,238,088.24	29,065,633.74
总资产(元)	544,451,018.15	545,150,692.71	543,620,343.81	458,850,394.69	463,139,408.36
股东权益(不含少数股东权益)(元)	306,321,634.53	296,809,252.58	295,231,113.68	281,208,863.89	284,052,602.89
每股收益(元/股)摊薄	0.07	0.24	0.24	0.33	0.34
加权	0.07	0.24	0.24	0.33	0.34
扣除非经常性损益后的每股收益(元/股)					
摊薄	0.07	0.23	0.23	0.22	0.23
加权	0.07	0.23	0.23	0.22	0.23
每股净资产(元/股)摊薄	1.77	3.43	3.41	3.25	3.28
加权	1.77	3.43	3.41	3.25	3.28
调整后的每股净资产(元/股)					
摊薄	1.75	3.39	3.37	3.20	3.23
加权	1.75	3.39	3.37	3.20	3.23
净资产收益率(%)摊薄	3.98	7.07	7.11	10.04	10.23
加权	4.02	7.19	7.12	10.03	9.70
扣除非经常性损益后的加权平均净资产收益率(%)					
加权	3.83	6.89	6.82	6.94	6.80
每股经营活动产生的现金流量净额(元/股)					
摊薄	－0.01	0.36	0.36	－0.09	－0.09
加权	－0.01	0.36	0.36	－0.09	－0.09

三、股本变动及股东情况

(一)股本变动情况
1、股份变动情况表(截止 2001 年 12 月 31 日)　　数量单位:股

	本次变动前	本次变动增减(＋,－)						本次变动后
		配股	送股	公积金转股	增发	其他	小计	
一、未上市流通股份								
1、发起人股份	22,389,494.00		＋4,477,898.80	＋17,911,595.20			＋22,389,494.00	44,778,988.00
其中:								
国家持有股份	22,389,494.00		＋4,477,898.80	＋17,911,595.20			＋22,389,494.00	44,778,988.00
境内法人持有股份								
外资法人持有股份								
其他								
2、募集法人股	35,786,940.00		＋7,157,388.00	＋28,629,552.00			＋35,786,940.00	71,573,880.00
3、法人转配股	4,666,879.00					－4,666,879.00	－4,666,879.00	0.00
4、内部职工股	49,140.00		＋9,828.00	＋39,312.00			＋49,140.00	98,280.00
其中:								
高级管理人员持股	49,140.00		＋9,828.00	＋39,312.00			＋49,140.00	98,280.00
5、优先股或其他								
未上市流通股份合计	62,892,453.00		＋11,645,114.80	＋46,580,459.20		－4,666,879.00	＋53,558,695.00	1 16,451,148.00
二、已上市流通股份								
1、人民币普通股	23,610,860.00		＋5,655,547.80	＋22,622,191.20		＋4,666,879.00	＋32,944,618.00	56,555,478.00
2、境内上市的外资股								
3、境外上市的外资股								
4、其他								
已流通股份合计	23,610,860.00		＋5,655,547.80	＋22,622,191.20		＋4,666,879.00	＋32,944,618.00	56,555,478.00
三、股份总数	86,503,313.00		＋17,300,662.60	＋69,202,650.40		0.00	＋86,503,313.00	173,006,626.00

000594 内蒙古宏峰实业股份有限公司

2001年年度报告摘选

一、公司简介

1、公司的法定中、英文名称
中文名称:内蒙古宏峰实业股份有限公司
英文名称:NEIMENGGU HONGFENG INDUSTRY COMPANY LIMITED
2、公司法定代表人:高建华
3、公司董事会秘书:路春祥
董事会秘书授权代表:王力光
联系地址:北京市海淀区清华科技园学研大厦B908室
电话:010-62795080　　传真:010-62795077
4、公司注册地址:内蒙古赤峰市松山区建设街一号四层
办公地址:北京市海淀区清华科技园学研大厦B908室　　邮政编码:100084
5、公司选定的信息披露报纸名称为《中国证券报》、《证券时报》登载公司年度报告的中国证监会指定的国际互联网网址为:http://www,cninfo.com.cn
公司年度报告备置地点:公司证券部
6、公司股票上市交易所:深圳证券交易所
股票简称:内蒙宏峰　　股票代码:000594

二、会计数据和业务数据

(一)公司本年度会计数据(单位:人民币元)

1、利润总额:	60,215,093.18
2、净利润:	51,182,829.20
3、扣除非经常性损益后的净利润:	23,923,257.67
4、主营业务利润:	60,359,817.67
5、其它业务利润:	1,295,221.98
6、营业利润:	57,535,889.08
7、投资收益:	441,933.95
8、补贴收入:	0.00
9、营业外收支净额:	2,237,270.15
10、经营活动产生的现金流量净额:	143,585,704.35
11、现金及现金等价物净增加额:	103,726,053.38
注:扣除的非经常性损益项目和金额:	27,259,571.53
①利息净收入:	30,152,375.48
②处理流动资产净损失:	2,892,803.95

(二)公司近三年的主要会计数据和财务指标

(单位:人民币元)

项目	2001年	2000年		1999年
		调整前	调整后	
1、主营业务收入	194,560,334.33	289,926,449.99	289,926,449.99	238,717,477.88
2、净利润	51,182,829.20	71,515,695.56	71,515,695.56	63,067,009.24
3、总资产	1,112,426,461.40	911,801,893.19	909,374,196.43	817,180,837.57
4、股东权益(不含少数股东权益)	731,374, 761.68	682,619,629.24	680,191,932.48	629,519,125.71
5、每股收益(摊薄)	0.09	0.19	0.19	0.169
6、每股收益(加权)	0.09	0.19	0.19	0.18
7、每股收益(扣除非经常性损益)	0.043	0.11	0.11	0.127
8、每股净资产	1.30	1.82	1.82	1.68
9、调整后的每股净资产	1.27	1.77	1.77	1.63
10、每股经营活动产生的现金流量净额	0.26	0.02	0.02	-0.79
11、净资产收益率(%)	6.998	10.48	10.51	10.02
12、净资产收益率(%)(扣除非经常损益)	3.27	6.04	6.06	7.56

(三)报告期利润附表

报告期利润	净资产收益率(%)		每股收益(元)	
	全面摊薄	加权平均	全面摊薄	加权平均
主营业务利润	8.25	8.55	0.11	0.11
营业利润	7.87	8.15	0.10	0.10
净利润	6.998	7.25	0.09	0.09
扣除非经常性损益后的净利润	3.27	3.39	0.043	0.043

注:附表数字按《编报规则第9号》要求计算的。

(四)报告期内股东权益变动情况及原因　　(单位:万元)

项目	股本	资本公积	盈余公积	法定公益金	未分配利润	股东权益合计
期初数	37,407.74	18,630.42	4,554.16	1,103.53	7,426.87	68,019.19
本期增加	18,703.87	0.00	767.74	255.91	5,118.28	24,589.89
本期减少	0.00	11,222.32	0.00	0.00	8,249.29	19,471.61
期末数	56,111.61	7,408.10	5,321.90	1,359.44	4,295.86	73,137.47

变动原因:
(1)股本的本期增加一项为本期送股、公积金转增股本所致。
(2)资本公积金减少一项为本期转增股本所致。
(3)盈余公积、公益金增加为年度内按净利润的10%、5%提取法定盈余公积、公益金。
(4)未分配利润的本期增加一项为本年度实现的净利润,本期减少一项为提取法定盈余公积和公益金及送股所致。

三、股本变动及股东情况

(一)股本变动情况
1、股份变动情况表(单位:万股)

	本次变动前	本次变动增减(+、-)		本次变动后
		送股	公积金转股	
一、未上市流通股份				
1、发起人股份	10207.296	2041.4592	3062.1888	15310.944
其中国家拥有股份	10207.296	2041.4592	3062.1888	15310.944
2、募集法人股份	14227.488	2845.4976	4268.2464	21341.232
未上市流通股份合计	24434.784	4886.9568	7330.4352	36652.176
二、已上市流通股份				
1、人民币普通股	12972.96	2594.592	3891.888	19459.44
其中高管股	4.6332	0.9266	1.39	6.9498
已上市流通股份合计	12972.96	2594.592	3891.888	19459.44
三、股份总数	37407.744	7481.5488	11222.3232	56111.616

000595 西北轴承股份有限公司

2001年年度报告摘选

第一章　公司基本情况简介

一、公司的法定中文名称:西北轴承股份有限公司
公司的英文名称:XIBEI BEARING CO., LTD.
二、公司法定代表人:李柏如
三、公司董事会秘书:聂立卯
公司证券事务代表:马长存
联系地址:银川市北京西路4号
电　　话:0951-20204242、2020394
传　　真:0951-2036747
电子信箱:nxz dmn @public.yc.nx.cn
四、公司注册地址:银川市北京西路
公司办公地址:银川市北京西路4号
邮政编码:750021
公司国际互联网网址:www.nxz.com.cn
电子信箱:nxz@public.yc.nx.cn
五、公司选定的信息披露报纸名称:证券时报
登载公司年度报告的中国证监会指定国际互联网网址:http://www.cninfo.com.cn
公司年度报告备置地点:公司董事会秘书室
六、公司股票上市交易所:深圳证券交易所
股票简称:西北轴承
股票代码:000595

第二章　会计数据和业务数据摘要

第一节　本年度主要利润指标

(单位:人民币元)

	合并报表	母公司
利润总额	-5,224,810.04	-5,025,820.30
净利润	1,959,192.39	2,007,157.55
扣除非经常性损益后的净利润	3,883,287.40	3,789,952.95
主营业务利润	82,427,620.53	70,062,049.55
其他业务利润	6,044,579.28	6,054,628.84
营业利润	-4,789,278.97	-3,129,414.99
投资收益	137,547.28	-1,464,626.57
补贴收入	0	0
营业外收支净额	-573,078.35	-431,778.74
经营活动产生的现金流量净额	24,208,368.06	30,008,791.68
现金及现金等价物净增减额	-6,419,351.97	-567,598.51

注:合并报表中扣除非经常性损益后的净利润系扣除了流动资产净损失1,351,016.66元及营业外收支净额573,078.35元;母公司报表中系扣除了流动资产净损失1,351,016.66元,营业外收支净额431,778.74元。

第二节　截至报告期末公司前三年的主要会计数据和财务指标

(单位:人民币元)

	2001年	2000年		1999年	
		调整前	调整后	调整前	调整后
主营业务收入	384,832,549.72	474,127,716.52	474,127,716.52	492,057,732.78	490,106,413.67
净利润	1,959,192.39	2,223,132.57	6,938,641.79	6,955,158.06	
总资产	1,125,108,751.75	1,115,521,640.76	1,172,860,650.13	1,128,337,817.85	1,130,860,246.95
股东权益(不含少数股东权益)	425,131,891.23	426,073,879.48	420,832,559.56	420,807,700.57	420,736,432.69
全面摊薄每股收益	0.0112	0.0127	0.0397	0.0398	0.0393
加权平均每股收益	0.0112	0.0127	0.0397	0.0398	0.0393
扣除非经常性损益后的每股收益	0.0222	-0.037	0.0596	0.0737	0.041
每股净资产	2.4299	2.4353	2.4053	2.4052	2.4048
调整后的每股净资产	2.33	2.38	2.37	2.38	2.38
每股经营活动产生的现金流量净额	0.1384	-0.0168	-0.0168	0.2237	0.2237
全面摊薄净资产收益率(%)	0.4608	0.5218	1.6488	1.6528	1.6363
加权平均净资产收益率(%)	0.4632	0.5243	1.6277	1.5226	1.6496
扣除非经常性损益后的加权平均净资产收益率(%)	0.8960	2.4346	2.4349	2.8032	1.74

第三章　股本变动及股东情况

第一节　股份变动情况表

	本次变动前	本次变动增减(+,-)						本次变动后
		配股	送股	公积金转股	增发	其他	小计	
一、未上市流通股份								
1、发起人股份	109,127,400							109,127,400
其中								
国家持有股份	83,567,400							83,567,400
境内法人持有股份	25,560,000							25,560,000
其他								
2、募集法人股份								
3、内部职工股								
4、优先股及其他								
未上市流通股份合计	109,127,400							109,127,400
二、已上市流通股份								
1、人民币普通股	65,832,478							65,832,478
2、境内上市的外资股								
3、境外上市的外资股								
4、其他								
已上市流通股份合计	65,832,478							65,832,478
三、股份总数	174,959,878							174,959,878

000596 安徽古井贡酒股份有限公司

2001 年年度报告摘选

第一章 公司基本情况简介

一、公司法定中文名称:安徽古井贡酒股份有限公司
公司英文名称:ANHUI GUJING DISTILLERY COMPANY LIMITED
二、公司法定代表人:王效金
三、公司董事会秘书:王锋
公司证券授权代表:陈平
联系地址:安徽省亳州市古井镇
电话:(0558)5710057 5710085 传真:(0558)5710006
董事会秘书电子信箱:wfeng65@sina.com
证券授权代表电子信箱:cp01@yeah.net
四、公司注册地址:安徽省亳州市古井镇
公司办公地址:安徽省亳州市古井镇 邮编:236820
网址:www.gujing.com
email:gujing@mail.ahbbptt.net.cn
五、公司年度报告披露报刊:《中国证券报》、《上海证券报》、香港《文汇报》
公司年度报告披露的网址:www.cninfo.com.cn
公司年度报告备置地点:公司董事会秘书室
六、公司股票上市交易所:深圳证券交易所
股票简称:古井贡 A
证券代码:000596
股票简称:古井贡 B 证券代码:200596

第二章 会计数据与业务数据摘要

一、本年度公司主要经营数据: 单位:万元

项目	金额
利润总额:	10,461
净利润:	6,705
扣除非经常性损益后的净利润:	2,798
主营业务利润:	23,240
其他业务利润:	-49
营业利润:	7,632
投资收益:	201
补贴收入:	2,314
营业外收支净额:	314
经营活动产生的现金流量净额:	5,866
现金及现金等价物净增加额:	3,085

注:扣除非经常性损益涉及的项目和金额如下:
(1)投资收益:2,013,600 元,详细内容见财务报告附注之 27;
(2)补贴收入:23,140,175 元,详细内容见财务报告附注之 28;
(3)营业外收支净额:3,137,389 元,详细内容见财务报告附注之 29、30。
(4)利息收入:11,143,863 元,详细内容见财务报告附注之 7(b).

二、公司前三年主要会计数据和财务指标 单位:万元、元

指标项目	2001 年	2000 年	1999 年
主营业务收入	80,739	91,576	89,125
净利润	6,705	14,715	14,908
总资产	152,197	158,802	154,345
股东权益(不含少数股东权益)	113,726	111,721	104,057
摊薄每股收益	0.29	0.63	0.63
加权平均每股收益	0.29	0.63	0.63
扣除非经常性损益后的每股收益	0.12	0.63	0.56
每股净资产	4.84	4.75	4.43
调整后的每股净资产	4.83	4.74	4.42
每股经营活动产生的现金流量净额	0.25	0.34	0.31
摊薄净资产收益率(%)	5.90	13.20	14.33
加权平均净资产收益率(%)	5.80	12.40	13.40

三、利润分配表附表:

报告期利润	净资产收益率(%)		每股收益(元)	
	全面摊薄	加权平均	全面摊薄	加权平均
主营业务利润	20.4	20.2	0.99	0.99
营业利润	6.7	6.6	0.32	0.32
净利润	5.9	5.8	0.29	0.29
扣除非经常性损益后的净利润	2.5	2.4	0.12	0.12

第三章 股本变动及股东情况

一、股本变动情况表:

数量单位:股

	本次变动前	本次变动增减(+、-)						本次变动后
		配股	送股	公积金转股	增发	其他	小计	
一、未上市流通股份								
1、发起人股份	155,000,000							155,000,000
其中:								
国家持有股份	155,000,000							155,000,000
境内法人持有股份								
境外法人持有股份								
其他								
2、募集法人股份								
3、内部职工股	30,500					-6,000	-6,000	24,500
4、优先股或其他								
未上市流通股份合计	155,030,500							155,024,500
二、已上市流通股份								
1、人民币普通股	19,969,500					+6,000	+6,000	19,975,500
2、境内上市外资股	60,000,000							60,000,000
3、境外上市外资股								
4、其他								
已上市流通股份合计	79,969,500							79,975,500
三、股份总数	235,000,000							235,000,000

000597 东北制药集团股份有限公司

2001 年年度报告摘选

一、公司基本情况简介

1、公司法定中文名称:东北制药集团股份有限公司
公司法定英文名称:NORTHEAST PHARMACEUTICAL GROUP CO.,LTD.
2、公司法定代表人:陈钢
3、公司董事会秘书长:刘亚英
公司证券事务代表:吕林全
联系地址:沈阳市铁西区重工北街 37 号
电话:024-25806664
传真:024-25806664
电子信箱:dystock@negpf.163.com.cn
4、公司注册地址:沈阳市经济技术开发区昆明湖街
公司办公地址:沈阳市铁西区重工北街 37 号
邮政编码:110026
5、公司选定的信息披露报纸名称:《中国证券报》、《证券时报》
登载年度报告的中国证监会指定网站网址:http://www.cninfo.com.cn
公司年度报告备置地点:东北制药集团股份有限公司总管理部
6、公司股票上市交易所:深圳证券交易所
股票简称:东北药
股票代码:000597

二、会计数据和业务数据摘要

1、本年度会计数据摘要: 单位:人民币元

项目	金额
利润总额	21,553,289.12
净利润	9,587,091.32
扣除非经常性损益后的净利润	2,072,253.21
主营业务利润	305,444,548.56
其他业务利润	-477,528.88
营业利润	17,148,913.24
投资收益	8,403,761.90
补贴收入	3,100,000.00
营业外收支净额	-7,099,386.02
经营活动产生的现金流量净额	78,844,133.70
现金及现金等价物净增加额	26,598,360.91

2、前三年主要会计数据列表

项目	2001 年	2000 年		1999 年	
		调整后	调整前	调整后	调整前
主营业务收入(万元)	144,198	119,757	119,757	101,155	101,155
净利润(万元)	959	1,947	2,885	4,338	4,338
总资产(万元)	275,597	256,242	266,920	259,836	260,135
股东权益(万元)	88,376	87,201	90,935	85,613	86,954
每股收益(元)	0.0316	0.0641	0.095	0.14	0.14
每股净资产(元)	2.91	2.87	2.98	2.82	2.86
调整后的每股净资产(元)	1.51	-	2.70	-	2.39
每股经营活动产生的现金流量净额(元)	0.26	-	0.12	-	0.18
净资产收益率(%)	1.09	2.23	3.19	5.07	4.99

注:2000 年所得税按 15%计算,2001 年所得税按 33%计算。

按照《公开发行证券的公司信息披露编报规则第九号》规定计算的净资产收益率和每股收益指标:

	净资产收益率(%)		每股收益(元)	
	全面摊薄	加权平均	全面摊薄	加权平均
主营业务利润	34.58	34.80	1.0054	1.0054
营业利润	1.94	1.95	0.0564	0.0564
净利润	1.09	1.09	0.0316	0.0316
扣除非经常性损益后净利润	0.23	0.24	0.0068	0.0068

三、股本变动及股东情况

1、公司股本变动情况
(1)股份变动情况表:

数量单位:股

	本次变动前	本次变动增减(+,-)						本次变动后
		配股	送股	公积金转股	增发	其他	小计	
一、未上市流通股份								
1、发起人股份								
其中:国家持有股份	182520000							182520000
境内法人持有股份								
境外法人持有股份								
其他								
2、募集法人股份	12480000							12480000
3、内部职工股								
4、优先股或其他								
未上市流通股份合计	195000000							195000000
二、已上市流通股份								
1、人民币普通股	108810000							108810000
2、境内上市的外资股								
1、境外上市的外资股								
2、其他								
已上市流通股份合计	108810000							108810000
三、股份总数	303810000							303810000

000598 蓝星清洗剂股份有限公司

2001年年度报告摘选

第一章　公司基本情况简介

一、公司法定中文名称：蓝星清洗剂股份有限公司
公司法定英文名称：Blue Star Cleaner Co., Ltd.
二、公司法定代表人：杨兴强
三、公司董事会秘书：柯　威
董事会证券事务代表：赵月珑
联系地址：北京市顺义区空港工业开发区B区
蓝星清洗剂股份有限公司 证券部
电　话：(010)80483904　　传　真：(010)80483904
E-mail：lxqx@public.bta.net.cn
四、公司注册地址：甘肃省兰州市东岗西路196号　　邮政编码：730060
公司办公地址：北京市顺义区空港工业开发区B区　　邮政编码：101300
E-mail：lxqx@public.bta.net.cn
五、公司信息披露报纸名称：《证券时报》
登载公司年度报告的国际互联网网址：http://www.cninfo.com.cn
公司年度报告置备地点：本公司证券部
六、公司股票上市交易所：深圳证券交易所
股票简称：蓝星清洗　　股票代码：000598
七、公司变更注册登记日期：2000年11月20日
公司变更注册登记地点：甘肃省工商行政管理局
企业法人营业执照注册号：22436782—1—2/3
税务登记号码：620101224367821
公司聘请的会计师事务所名称：广东正中珠江会计师事务所
办公地址：广州市东风东路555号粤海集团大厦10楼

第二章　会计数据和业务数据摘要

一、公司本年度主要会计数据和业务数(合并报表)　　金额单位：人民币元

项目	金额
利润总额	68470168.37
净利润	57903147.61
扣除非经常性损益后的净利润	57961272.56
主营业务利润	78864429.27
其他业务利润	30402.27
营业利润	63383414.72
投资收益	5000000.00
补贴收入	0.00
营业外收支净额	86753.65
经营活动产生的现金流量净额	32970165.15
现金及现金等价物净增加额	290689258.87
扣除非经常性损益后的净利润	57961272.56
所涉项目和金额：	
1、营业外支出	12908.36
2、营业外收入	99662.01
3、财务费用	0
4、以上项目影响所得税	28628.70

二、公司近三年主要会计数据和财务指标：(合并报表)
年度

项目	2001年	2000年	1999年
1、主营业务收入(万元)	28289.90	24680.71	18152.87
2、净利润(万元)	5790.31	6415.42	5158.99
3、总资产(万元)	105291.22	70956.14	64417.73
4、股东权益(万元)	78829.07	57051.08	52170.16
5、每股收益(元)	0.33	0.42	0.34
扣除非经常性损益后的每股收益	4.47	0.41	0.34
6、每股净资产(元)	4.47	3.72	3.40
7、调整后的每股净资产(元)	4.59	3.70	3.39
8、每股经营活动产生的现金流量净额(元)	7.35	0.37	0.24
9、净资产收益率(%)	7.35	11.31	9.89

三、报告期利润表附表

报告期利润	净资产收益率(%)		每股收益(%)	
	全面摊薄	加权平均	全面摊薄	加权平均
主营业务利润	10.00	13.20	0.45	0.51
营业利润	8.04	10.61	0.35	0.41
净利润	7.35	9.69	0.33	0.37
扣除非经常性损益后的净利润	7.35	9.70	0.33	0.38

第三章　股本变动及股东情况

一、报告期内公司股本变动情况表　　数量单位：万股

项目	本次变动前	本次变动增减(+、-)						本次变动后
		配股	送股	公积金转股	增发	其他	小计	
一、未上市流通股份								
1、发起人股份	7740							7740
其中：								
国家拥有股份								
境内法人持有股份	7740							7740
境外法人持有股份								
其他								
2、募集法人股份								
3、内部职工股								
4、优先股或其他								
未上市流通股份合计	7740							7740
二、已上市流通股份								
1、人民币普通股	7605	2281.50					2281.50	9886.50
2、境内上市的外资股								
3、境外上市的外资股								
4、其他								
已上市流通股份合计	7605	2281.50					2281.50	9886.50
三、股份总数	15345	2281.50					2281.50	17626.50

000599 青岛双星鞋业股份有限公司

2001年年度报告摘选

一、公司基本情况简介：

1、公司的法定名称：青岛双星鞋业股份有限公司
英文名称：QINGDAO DOUBLESTAR SHOE MANUFACTURINGCO, LTD
2、公司法定代表人：汪海
3、公司董事会秘书：郭维顺
联系地址：青岛市贵州路5号海富楼三楼
电话：0532-2657986　　传真：0532-2657986
证券事务代表：戚兴
联系电话：0532-2674653　　传真：0532-2659736
电子信箱：gqb@doublestar.com.cn
联系地址：青岛市贵州路5号海富楼三楼
4、公司注册地址：青岛市经济技术开发区新街口工业区　　邮政编码：266510
公司办公地址：青岛市双星工业园　　邮政编码：266229
国际互联网网址：www.doublestar.com.cn
电子信箱：ZHLQ@doubles tar.com.cn
5、公司选定信息披露报刊名称：《证券时报》
登载公司年度报告的互联网网址：http://www.cninfo.com.cn
公司年度报告备置地点：青岛市贵州路5号海富楼三楼董秘办公室
6、公司股票上市交易所：深圳证券交易所
股票简称：青岛双星　　股东代码：000599

二、会计数据和业务数据摘要

1、本年度利润总额及构成(单位：元)

项目	金额
利润总额	89,725,101.36
净利润	52,421,769.02
扣除非经常性损益后的净利润	50,971,769.02
主营业务利润	182,483,421.22
其他业务利润	11,202,904.15
营业利润	86,813,153.54
投资收益	0
补贴收入	1,450,000.00
营业外收支净额	1,461,947.82
经营活动产生的现金流量净额	107,373,842.32
现金及现金等价物净增加额	184,542,167.86

2、公司近三年主要会计数据及财务指标：

项目	2001年	2000年调整后	2000年调整前	1999年
主营业务收入(千元)	1,147,047.66	553,134.42	553,134.4	303,535.5
净利润(千元)	52,421.77	17,324.66	29,773.5	48,381.4
总资产(千元)	1,636,621.39	940,174.33	950,432.5	539,645.2
股东权益(千元)	659,780.97	417,793.87	430,242.7	435,965.8
摊薄每股收益(元)	0.307	0.131	0.225	0.366
每股净资产(元)	3.869	3.164	3.258	3.30
调整后的每股净资产(元)	3.817	3.049	3.143	3.285
每股经营活动产生的现金流量净额(元)	0.63	0.40	0.40	0.335
摊薄净资产收益率(%)	7.95	4.15	6.92	11.10
按月平均加权计算的每股收益(元)	0.347	0.131	0.225	0.366
扣除非经常性损益后的每股收益(元)	0.299	0.114	0.208	0.29
加权计算净资产收益率(%)	9.50	4.01	6.60	11.72
扣除非经常性损益后加权净资产收益率(%)	9.23	3.37	6.92	9.29

根据中国证监会《公开发行证券公司信息披露编报规则第9号》的要求计算的净资产收益率和每股收益如下：

报告期利润	2001年度				2000年度			
	净资产收益率(%)		每股收益(元)		净资产收益率(%)		每股收益(元)	
	全面摊薄	加权平均	全面摊薄	加权平均	全面摊薄	加权平均	全面摊薄	加权平均
主营业务利润	27.66	33.06	1.07	1.207	11.25	10.73	0.367	0.367
营业利润	13.16	15.73	0.509	0.574	7.21	6.88	0.235	0.235
净利润	7.95	9.50	0.307	0.347	6.92	6.60	0.225	0.225
扣除非经常性损益后的净利润	7.73	9.23	0.299	0.337	6.37	6.08	0.208	0.208

三、股本变动及股东情况

1、股本变动情况
(1)股份变动情况表　　数量单位：股

	本次变动前	本年增减变动情况(+/-)						本次变动后
		配股	送股	公积金转股	增发	其他	小计	
一、未上市流通股份								
1、发起人股份：	81,600,000							81,600,000
其中：国家持有股份	81,600,000							81,600,000
境内法人持有股份								
境外法人持有股份								
其他								
2、募集法人股份					4,932,000		4,932,000	4,932,000
3、内部职工股					18,393,000	-2,453,571	18,393,000	18,393,000
4、优先股或其他	2,453,571						-2,453,571	
未上市流通股份合计	84,053,571						20,871,429	104,925,000
二、已上市流通股份								
1、人民币普通股	48,000,000	15,136,071			2,453,571		17,589,642	65,589,642
2、境内上市的外资股								
3、境外上市的外资股								
4、其他								
已上市流通股份合计	48,000,000	15,136,071						
三、股份总数	132,053,571	15,136,071			23,325,000		38,461,071	170,514,642

000600 石家庄国际大厦(集团)股份有限公司

2001 年年度报告摘选

一、公司基本情况简介

1、公司法定名称:
中文:石家庄国际大厦(集团)股份有限公司
英文:SHIJIAZHUANG INTERNATIONAL BUILDING GROUP CO.,LTD.
2、公司法定代表人:单群英
3、公司董事会秘书姓名:韩金平
授权代表姓名:李俊信
联系地址:石家庄广安大街 1 号
石家庄国际大厦(集团)股份有限公司董事会办公室
电话:0311－6672224
传真:0311－6672254
电子信箱:jphan@heinfo.net
4、公司注册地址:中国河北省石家庄市中山东路 301 号
公司办公地址:中国河北省石家庄市广安大街 1 号
邮政编码:050011
公司电子信箱:jphan@heinfo.net
5、公司选定的信息披露报纸:《中国证券报》、《证券时报》;
登载公司年度报告的中国证监会指定国际互联网网址为:http://www.cninfo.com.cn
公司年度报告备置地点:石家庄市广安大街 1 号公司董事会办公室
6、公司股票上市交易所:深圳证券交易所
股票简称:国际大厦　　股票代码:000600

二、会计数据和业务数据摘要

1、本年度利润总额构成及现金流量一览表　　单位:人民币元

项目	数　额
利润总额	－1817742.26
净利润	2015728.45
扣除非经常性损益后的净利润＊	1319225.80
主营业务利润	65791903.51
其他业务利润	0
营业利润	2757319.53
投资收益	－3503963.83
补贴收入	0
营业外收支净额	－1071097.96
经营活动产生的现金流量净额	119128065.17
现金及现金等价物净增加额	27510637.50

＊注:扣除项目及金额如下所示

扣除的项目	收益金额	涉及净利润金额
贷款手续费		
资金占用费	3025471.73	2571650.97
委托贷款利息		
营业外收入	315895.42	268511.11
营业外支出	310109.32	263592.92
会计制度变更追溯调整影响的损失额	1880066.51	1880066.51
合计	1151191.32	696502.65

2、截至报告期前三年的主要会计数据和财务指标:

项目	2001.12.31	2000.12.31		1999.12.31	
		调整前	调整后	调整前	调整后
主营业务收入(元)	162013655.28	132346081.06	132346081.06	101125314.57	101125314.57
净利润(元)	2015728.45	3737208.03	3238706.49	17743712.27	16606639.12
总资产(元)	581310669.49	668243546.46	664460054.65	679619566.89	678482493.74
股东权益(元)	304572303.80	304955854.91	302605771.76	301218646.88	300081573.73
每股收益(元/股)	0.0131	0.0243	0.0211	0.1154	0.1080
每股净资产(元/股)	1.9812	1.9837	1.9684	1.9594	1.9520
调整后的每股净资产(元/股)	1.9069	1.9233	1.9237	1.9164	1.9005
每股经营活动产生的现金流量净额(元)	0.7749	－0.1343	－0.1343	－0.6512	－0.6512
净资产收益率(%)	0.66	1.23	1.07	5.89	5.53

3、按照中国证监会发布《公开发行证券公司信息披露编报规则》第 9 号的规定,计算的净资产收益率和每股收益:

报告期利润	净资产收益率(%)		每股收益(元/股)	
	全面摊薄	加权平均	全面摊薄	加权平均
主营业务利润	21.6014	21.6696	0.4280	0.4280
营业利润	0.9053	0.9082	0.0179	0.0179
净利润	0.6618	0.6639	0.0131	0.0131
扣除非经常性损益后的净利润	0.4331	0.4345	0.0086	0.0086

三、股本变动及股东情况

(一)股本变动情况
1、股份变动情况表(单位:股):

	期初数	期内变动增减					期末数
		配股	送股	公积金转股	增发	其他	
一、未上市流通股份							
1.发起人股份	52359873						52359873
其中:							
国家拥有股份	47392449						47392449
境内法人持有股份	4967424						4967424
2.募集法人股	55300956						55300956
3.内部职工股	34513					－34513	0
4.高管股	0					＋34569	34569
5.优先股或其他	7012871					－7012871	0
二、已流通股份							
境内上市的人民币普通股	39025194					＋7012815	46038009
已流通股份合计	39025194						46038009
三、股份总数	153733407						153733407

000601 广东韶能集团股份有限公司

2001 年年度报告摘选

一、公司基本情况简介

1、公司法定中文名称:广东韶能集团股份有限公司
公司法定英文名称:Guangdong Shaoneng Group Co.,Ltd
2、公司法定代表人:徐兵
3、公司董事会秘书:胡启金
联系地址:广东省韶关市惠民南路 148 号
电话:(0751)8153162
传真:(0751)8535226
电子信箱:sngf@shaoneng.com.cn
4、公司注册地址:广东省韶关市惠民南路 148 号
办公地址:广东省韶关市惠民南路 148 号
邮政编码:512026
公司国际互联网网址:http://www.shaoneng.com.cn 或 www.sn0601.com 或韶能
电子信箱:sngf@shaoneng.com.cn
5、公司选定的信息披露报纸名称:《证券时报》
登载公司年度报告的中国证监会指定的国际互联网网址:http://www.cninfo.com.cn
公司年度报告备置地点:广东省韶关市惠民南路 148 号公司档案室
6、公司股票上市地点:深圳证券交易所
股票简称:韶能股份
股票代码:000601

二、会计数据和业务数据摘要

一、本年度主要会计数据(单位:千元)

项　目	金　额
利润总额	173,533.852
净利润	131,244.093
扣除非经常性损益后的净利润	121,624.370
主营业务利润	252,020.349
其他业务利润	6,148.915
营业利润	160,131.787
投资收益	4,790.367
补贴收入	3,240
营业外收支净额	5,371.698
经营活动产生的现金流量净额	195,164.421
现金及现金等价物净增减额	－298,352.497

二、截至报告期末公司前三年主要会计数据和财务指标

指　标	单位	2001 年度	2000 年度		1999 年度	
			调整前	调整后	调整前	调整后
主营业务收入	千元	613,670.866	547,030.499	564,871.171	625,913.055	566,917.945
净利润	千元	131,244.093	128,176.243	130,970.437	126,342.404	107,089.122
总资产	千元	3,019,807.462	2,567,567.187	2,515,581.199	1,997,441.439	1,938,446.329
股东权益(不含少数股东权益)	千元	1,765,867.248	1,718,802.349	1,673,661.208	1,136,435.903	1,115,985.862
每股收益	元/股	0.34	0.33	0.34	0.41	0.34
每股净资产	元/股	4.52	4.40	4.29	3.65	3.58
调整后每股净资产	元/股	4.48	4.29	4.22	3.55	3.48
每股经营活动产生的现金流量净额	元/股	0.50	0.46	0.46	0.83	0.83
净资产收益率	%	7.43	7.46	7.83	11.12	9.60

注:2000 年度主要财务数据是根据财政部新颁布的会计制度和会计准则及补充规定对 2000 年度财务报告进行调后的数据

三、利润表附表列示如下

报告期利润	净资产收益率(%)				每股收益(元/股)			
	全面摊薄		加权平均		全面摊薄		加权平均	
	2001 年	2000 年	2001 年	2000 年	2001 年	2000 年	2001 年	2000 年
主营业务利润	14.27	12.56	14.49	14.51	0.65	0.54	0.65	0.60
营业利润	9.07	8.09	9.21	9.35	0.41	0.35	0.41	0.39
净利润	7.43	7.83	7.55	9.04	0.34	0.34	0.34	0.37
扣除非经常性损益后的净利润	6.89	6.78	6.99	7.84	0.31	0.29	0.31	0.32

三、股本变动及股东情况

一、股本变动情况
1、股份变动情况表

单位:股

	本次变动前	本次变动增减(＋、－)						本次变动后
		配股	送股	公积金转股	增发	其他	小计	
一、未上市流通股份								
1、发起人股份	85,021,616							85,021,616
其中:								
国家持有股份	70,938,416							70,938,416
境内法人持有股份	14,083,200							14,083,200
境外法人持有股份								
其他:								
2、募集法人股份	133,716,672							133,716,672
3、内部职工股								
4、优先股或其他								
未上市流通股份合计	218,738,288							218,738,288
二、已上市流通股份								
1、人民币普通股	171,642,240							171,642,240
(含高管股)	(63,244)							(63,244)
2、境内上市的外资股								
2.1 境外上市的外资股								
2.2 其它								
已上市流通股份合计	171,642,240							171,642,240
三、股份总数	390,380,528							390,380,528

000602 广东金马旅游集团股份有限公司

2001年年度报告摘选

第一章 公司简介

一、公司法定名称中文名称:广东金马旅游集团股份有限公司
英文名称:GUANGDONG GOLDEN HORSE TOURISM GROUP STOCK CO.,LTD
英文简称:Golden Horse CO.,LTD
二、公司法定代表人:李汝革
三、公司董事会秘书:梁茂辉
联系地址:广东省潮州市潮枫路旅游大厦四层
联系电话:(0768)2268969
传真电话:(0768)2355955
电子信箱:LNKK@luneng.com
四、公司注册地址:广东省潮州市
公司办公地址:广东省潮州市潮枫路旅游大厦四层
邮政编码:521000
公司证券部电子信箱:lnkk@luneng.com
五、公司选定的信息披露报纸名称:《证券时报》、《中国证券报》
登载年度报告的中国证监会指定网站的网址:http://www.cninfo.com.cn
公司年度报告备置地点:本公司证券部
六、公司股票上市交易所:深圳证券交易所
股票简称:ST金马　　股票代码:000602

第二章 会计数据和业务数据摘要

一、本年度主要会计数据如下:(单位:人民币元)

项目	指标数
利润总额	15,244,877.75
净利润	2,819,302.90
扣除非经常性损益后的净利润	2,923,048.90
主营业务利润	14,879,124.26
其他业务利润	11,397,890.44
营业利润	15,301,582.90
投资收益	47,040.85
补贴收入	0
营业外收支净额	-103,746.00
经营活动产生的现金流量净额	42,291,452.97
现金及现金等价物净增加额	25,802,496.50

注:非经营性损益项目包括营业外收入和营业外支出,涉及金额为:-103,746.00

二、近三年主要会计数据和财务指标

项 目	2001年	2000年	1999年
1.主营业务收入(万元)	5,950	5,443	4,961
2.净利润(万元)	282	-2,400	-5,738
3.总资产(万元)	27,588	28,551	31,584
4.股东权益(万元)(不含少数股东权益)	12,278	11,966	14,428
5.每股收益(元/股)	0.03	-0.24	-0.57
6.扣除非经常性损益后的每股收益	0.03	-0.22	-0.53
7.每股净资产(元/股)	1.22	1.19	1.44
6.调整后的每股净资产(元/股)	1.22	1.19	1.03
9.每股经营活动产生的现金流量净额(元/股)	0.42	0.001	0.016
10.净资产收益率(%)(摊薄)	2.29	-20.05	-39.59

注1:2001年、2000年、1999年总股本按10050万股计算。
注2:按照中国证监会《公开发行证券公司信息披露内容与格式准则第2号》(2001年修订稿)要求计算的利润数据。

三、利润表附表

2001年利润	净资产收益率(%)		每股收益(单位:元/股)	
	全面摊薄	加权平均	全面摊薄	加权平均
净利润	2.30	2.33	0.028	0.028
扣除非经常性损益后的净利润	2.38	2.41	0.029	0.029

第三章 股本变动和股东情况

一、股本变动情况表
1.股份变动情况表。

数量单位:股

	本次变动前	本次变动增减(+-)						本次变动后
		配股	送股	公积金转股	增发	其他	小计	
一、未上市流通股份								
1.发起人股份	24,250,000							24,250,000
其中:								
国家持有股份	10,600,000							10,600,000
境内法人持有股份	13,650,000							13,650,000
境外法人持有股份								
其他								
2.募集法人股份	32,578,000							32,578,000
3.内部职工股								
4.优先股或其他								
未上市流通股份合计	56,828,000							56,828,000
二、已上市流通股份								
1.人民币普通股	43,672,000							43,672,000
2.境内上市的外资股								
1.境外上市的外资股								
2.其他								
已上市流通股份合计	43,672,000							43,672,000
三、股份总数	100,500,000							100,500,000

000603 威达医用科技股份有限公司

2001年年度报告摘选

第一章 公司简介

一、公司法定名称:威达医用科技股份有限公司
英文名称:Weida Medical Applied Technology Co.,LTD.
二、公司法定代表人:赵铁流
三、董事会秘书:陈洪东
办公及联系地址:广东省揭西县城霖都大道221号
邮编:515400
联系电话:(0663)5583675
传真:(0663)5582865
电子信箱:chenhong@pub.jieyang.net.cn
四、公司注册地:深圳市罗湖区罗芳南路38号
邮政编码:518002
公司办公地址:广东省揭西县城霖都大道221
邮政编码:515400
国际互联网网址:http//www.weida.com
五、公司选定的信息披露报纸:中国证券报
年报指定登载国际互联网网址:http//www.cninfo.com.cn
公司年度报告备置地:董事会秘书办公室
六、公司股票上市地:深圳证券交易所
股票简称:威达医械　　股票代码:000603

第二章 本年度主要会计数据和业务数据

一、主要会计数据　　单位:人民币元

利润总额	-95,243,068.24
净利润	-88,333,325.33
扣除非经营性损益后的净利润	-7,807,301.71
主营业务利润	3,785,400.43
其他业务利润	0
营业利润	-57,396,537.82
投资收益	114,400.00
补贴收入	0
营业外收支净额	-37,960,930.42
经营活动产生的现金流量净额	-304,703.50
现金及现金等价物净增加额	-868,194.78

二、公司近三年主要会计数据和财务指标(单位:元)

项目	2001年	2000年调整前	2000年调整后	1999年调整前	1999年调整后
主营业务收入	15,680,704.13	35,863,338.82	34,468,364.46	33,441,029.02	33,441,029.02
净利润	-88,333,325.33	2,130,734.47	2,130,734.47	1,199,804.45	199,804.45
总资产	151,115,248.92	259,167,567.60	230,242,926.30	266,154,310.40	266,154,310.40
股东权益	24,157,297.97	129,068,559.44	119,380,297.78	129,111,234.20	128,111,234.20
每股收益(摊薄)	-0.79	0.019	0.019	0.011	0.002
加权平均每股收益	-0.79	0.019	0.019	0.011	0.002
扣除非经营性损益后的每股收益	-0.07	0.019	0.019	0.011	0.002
每股净资产	0.22	1.067	1.07	1.15	1.14
调整后的每股净资产		1.024	-	1.02	1.01
每股经营活动产生的现金流量净额	-0.003	0.014	0.014	0.006	0.006
净资产收益率(%)	-365.66	1.65	1.78	0.93	0.15
加权平均净资产收益率(%)	-123.08	1.65	1.78	0.93	0.15

三、利润表附表

项目	净资产收益率(%)		每股收益(元)	
	全面摊薄	加权平均	全面摊薄	加权平均
主营业务利润	15.67	5.27	0.034	0.034
营业利润	-237.60	-79.97	-0.513	-0.513
净利润	-365.66	-123.08	-0.790	-0.790
扣除非经常性损益后净利润	-32.32	-6.44	-0.070	-0.070

第三章 股本变动及股东情况

一、股本变动情况
1、股份变动情况表(单位:万股)

	期初数	本次变动增减(+,-)					期末数
		配股	送股	公积金转股	其他	小计	
一、未上市流通股份							
1.发起人股份	7,303.6				-2,180	-2,180	5,123.6
其中:							
国家持有股份							
境内法人股	7,303.6				-2,180	-2,180	5,123.6
外资法人股							
其他							
2、定向法人股	1,032.65				+2,180	+2,180	3,212.65
3、内部职工股							
4、优先股或其他							
其中:转配股							
未上市流通股合计	8,336.25						8,336.25
二、已上市流通股份							
1、人民币普通股	2,850.00						2,850.00
2、境内上市的外资股							
3、境外上市的外资股							
4、其他							
已上市流通股合计	2,850.00						2,850.00
三、总股本	11,186.25						11,186.25

000605 四环药业股份有限公司

2001 年年度报告摘选

一、公司基本情况简介

1、公司法定中文名称:四环药业股份有限公司
公司法定英文名称:SIHUAN PHARMACEUTICAL CO., LTD.
公司英文名称缩写:SHPC
2、公司法定代表人:陈军
3、公司董事会秘书:李金柱
公司证券事务代表:王天霖
联系地址:北京市西城区阜外大街 3 号东润时代大厦六层
联系电话:(010)68001660　　传真:(010)68001816
电子信箱:wtl@yeah.net
4、公司注册地址:北京市顺义区南法信地区三家店村北
公司办公地址:北京市西城区阜外大街 3 号东润时代大厦六层
邮政编码:100037
公司互联网地址:
电子信箱:
5、公司选定的信息披露报纸:《中国证券报》、《证券时报》
登载公司年度报告的国际互联网网址:http://www.cninfo.com.cn
公司年度报告备置地点:
北京市西城区阜外大街 3 号东润时代大厦六层公司董事会秘书处
6、公司股票上市交易所:深圳证券交易所
股票简称:四环药业　　股票代码:000605

二、会计数据与业务数据摘要

(一)本年度主要会计数据(单位:人民币元)

项目	金额
利润总额	13,329,165
净利润	8,309,979
扣除非经常性损益后的净利润	8,499,241
主营业务利润	25,578,343
其他业务利润	4,197
营业利润	13,518,427
投资收益	-120,865
补贴收入	0
营业外收支净额	-68,396
经营活动产生的现金流量净额	22,787,083
现金及现金等价物净增加额	25,007,485

注:扣除非经常性损益项目及金额

项 目	金额(单位:元)
投资收益	-120,865
营业外收支净额	-68,396

(二)截至报告期末本公司近年的主要会计数据和财务指标

指标年份	2001 年	2000 年		1999 年	
		调整前	调整后	调整前	调整后
主营业务收入(千元)	35,828	54,084	54,084	54,353	54,353
净利润(千元)	8,310	1,111	1,111	-17,954	-17,178
总资产(千元)	210,536	300,939	293,144	282,662	281,725
股东权益(千元)	102,915	102,038	94,243	101,863	100,927
每股收益(元)	0.1007	0.01	0.01	-0.218	-0.208
每股净资产(元)	1.2474	1.237	1.142	1.235	1.223
调整后每股净资产	1.2101	1.049	0.955	1.089	1.078
每股经营活动产生的现金流量净额	0.2762	0.05	0.05	-0.007	-0.007
净资产收益率	8.07%	1.09%	1.18%	-17.63	-17.02%

(三)利润表附表

报告期利润	净资产收益率		每股收益	
	全面摊薄	加权平均	全面摊薄	加权平均
主营业务利润	24.85%	27.14%	0.3100	0.3100
营业利润	13.14%	14.34%	0.1639	0.1639
净利润	8.07%	8.82%	0.1007	0.1007
扣除非经常性损益后的净利润	8.26%	9.02%	0.1030	0.1030

三、股本变动及股东情况

(一)股本变动情况
1.股份变动情况表　　(单位:股)

股份类别	期初数	本次变动增减(+,-)						期末数
		配股	送股	公积金转增	增发	其他	小计	
一、尚未流通股份	61,875,000							61,875,000
1、发起人股份	61,875,000							61,875,000
其中:国家持有股份								
境内法人持有股份	61,875,000							61,875,000
境外法人持有股份								
其他								
2、募集法人股								
3、内部职工股								
4、优先股或其他								
5、尚未流通股份								
尚未流通股份合计	61,875,000							61,875,000
二、已流通股份	20,625,000							20,625,000
1、人民币普通股	20,625,000							20,625,000
2、境内上市的外资股								
3、境外上市的外资股								
4、其他								
已流通股份合计	20,625,000							20,625,000
三、股份总数	82,500,000							82,500,000

000606 青海明胶股份有限公司

2001 年年度报告摘选

一、公司简介

1、公司中文名称:青海明胶股份有限公司
公司英文名称:Qinghai Gelatin Company Limited
公司名称缩写:青海明胶
2、公司注册地址:青海省西宁市
办公地址:青海省西宁市付东路 13 号
邮政编码:810015
互联网网址:http://www.my0606.com
电子信箱:qhmj@public.xn.qh.cn
3、公司法定代表人:星晓明
4、公司董事会秘书:张海仓
公司证券事务代表:刘桂英
联系地址:青海省西宁市付东路 13 号
电话:0971-8013495　　传真:0971-8012106
电子信箱:qhmj@public.xn.qh.cn
5、公司选定的报纸名称:《中国证券报》、《证券时报》
选定的国际互联网网址:http://www.cninfo.com.cn
年度报告备置地点:公司董事会秘书处
6、公司股票上市交易所:深圳证券交易所
股票简称:青海明胶　　股票代码:000606

二、会计数据和业务数据摘要

1、本年度主要利润指标情况(单位:人民币元)

项目	金　额
利润总额	17,609,084.84
净利润	14,366,974.84
扣除非经常性损益后的净利润	14,538,386.39
主营业务利润	54,596,629.03
其他业务利润	449,724.21
营业利润	17,312,196.09
投资收益	-207,095.23
补贴收入	675,395.53
营业外收支净额	-171,411.55
经营活动产生的现金流量净额	69,452,780.18
现金及现金等价物净增减额	48,127,471.68

2、公司最近三年主要会计数据和财务指标

	单位	2001	2000	1999
主营业务收入	元	118,584,666.03	87,221,922.56	78,326,716.58
净利润	元	14,366,974.84	16,804,513.29	20,434,300.45
总资产	元	438,917,973.96	351,149,530.17	277,568,175.76
股东权益(不含少数股东权益)	元	274,390,555.81	260,023,580.97	171,916,048.62
全面摊薄每股收益	元/股	0.0947	0.2215	0.31
加权平均每股收益	元/股	0.0947	0.2260	0.31
扣除非经常性损益后的每股收益	元/股	0.0958	0.2275	——
每股净资产	元/股	1.81	3.43	2.57
每股净资产(调整后)	元/股	1.81	3.43	2.52
每股经营流动产生的净现金流量净额	元/股	0.46	-0.25	0.47
全面摊薄净资产收益率	%	5.24	6.46	11.89
加权平均净资产收益率	%	5.38	8.36	11.89
扣除非经常性损益后的净资产收益率	%	5.37	8.59	11.89

注:按《公开发行证券公司信息披露规范问答第 1 号—非经常性损益》的要求,确定和计算非经常性损益。并参照《公开发行证券公司信息披露编报规则第九号》的规定确定计算方法。

报告期利润	净资产收益率(%)				每股收益(元)			
	全面摊薄		加权平均		全面摊薄		加权平均	
	2001	2000	2001	2000	2001	2000	2001	2000
主营业务利润	19.90	13.40	20.43	14.74	0.3599	0.4595	0.3599	0.4686
营业利润	6.31	3.48	6.48	3.82	0.1141	0.1193	0.1141	0.1217
净利润	5.24	6.46	5.38	8.36	0.0947	0.2215	0.0947	0.2403
扣除非经常性损益后的净利润	5.29	6.63	5.37	8.59	0.0958	0.2275	0.0958	0.2468

三、股本变动及股东情况

1、公司股本变动情况
(1)股份变动情况表(单位:股)

	本次变动前	本次变动增减(+,—)						本次变动后
		配股	送股	公积金转增股本	增发	其他	小计	
一、未上市流通股份								
1、发起人股份	31,671,000			31,671,000			31,671,000	63,342,000
其中:								
国家持有股份								
境内法人持有股份	31,671,000			31,671,000			31,671,000	63,342,000
境外法人持有股份								
其他								
2、募集法人股	12,200,000			12,200,000			12,200,000	24,400,000
3、内部职工股								
4、优先股或其他(转配股)	6,630,000*							
未上市流通股份合计	50,501,000			43,871,000			43,871,000	87,742,000
二、已上市流通股份								
1、人民币普通股	25,350,000			25,350,000			25,350,000	50,700,000
2、境内上市的外资股								
境外上市的外资股								
3、其他(转配股)				6,630,000*			6,630,000*	13,260,000*
已上市流通股份合计	25,350,000			31,980,000			31,980,000	63,960,000
三、股份总数	75,851,000			75,851,000			75,851,000	151,702,000

000607 重庆华立控股股份有限公司

2001 年年度报告摘选

一、公司基本情况简介

(一)公司的法定中文名称:重庆华立控股股份有限公司
公司的法定英文名称:CHONGQING HOLLEY SHARE CO.LTD
英文名称缩写:HOLLEY SHAREHOLDING
(二)公司法定代表人:汪力成
(三)公司董事会秘书:袁子力
联系电话:023－67758090　　传　真:023－67755788
联系地址:重庆市江北区建新北路 76 号光宇大厦 12 楼
电子信箱:yanzili@public.cta.cq.cn
证券事务代表:熊　波
联系电话:023－67752652　　传　真:023－67755788
联系地址:重庆市江北区建新北路 76 号光宇大厦 12 楼
电子信箱:bobx@126.com
(四)公司注册地址:重庆市北碚区龙凤桥 258 号　　邮政编码:400700
公司办公地址:重庆市江北区建新北路 76 号光宇大厦 12 楼　　邮政编码:400020
公司国际互联网网址:HTTP://www.cqhlkg.com
公司电子信箱:cqhlkg@public.cta.cq.cn
(五)公司选定的信息披露报纸名称:《中国证券报》、《证券时报》
登载年度报告的中国证监会指定网站的网址:www.cninfo.com.cn
公司年度报告备置地点:公司证券管理部
(六)公司股票上市交易所:深圳证券交易所
股票简称:华立控股　　股票代码:000607

二、会计数据和业务数据摘要

(一) 2001 年度会计数据

	(单位:元)
利润总额:	122,637,257.55
净利润:	61,148,580.30
扣除非经常性损益后的净利润:	63,221,595.68
主营业务利润:	336,336,152.99
其他业务利润:	35,431,316.22
营业利润:	125,729,028.63
投资收益:	－5,164,493.82
补贴收入:	4,145,738.12
营业外收支净额:	－2,073,015.38
经营活动产生的现金流量净额:	143,016,640.69
现金及现金等价物增减额:	56,517,463.56

注:扣除非经常性损益的项目及所涉及的金额:

1、支出类	
1)固定资产盘亏	25,166.04
2)捐赠支出	101,198.33
3)处理固定资产净损失	2,357,628.26
4)其他	424,773.04
2、收入类	
其他收入	835,750.29
3、非经常性损益合计	－2,073,015.38

(二)截止报告期末,公司前三年的主要会计数据和财务指标(单位:元)

项 目	2001 年	2000 年	1999 年
主营业务收入	1,319,651,093.96	1,112,497,578.60	595,321,194.61
净利润	61,148,580.30	58,791,195.26	15,258,318.14
总资产	1,131,902,158.45	978,774,412.13	831,044,870.39
股东权益(不含少数股东权益)	298,281,070.50	259,231,177.16	198,990,671.34
每股收益	0.3202	0.3848	0.0999
每股净资产	1.56	1.70	1.30
调整后的每股净资产	1.52	1.65	1.23
每股经营活动产生的现金流量净额	0.75	0.896	－0.1292
净资产收益率(%)	20.73	22.68	7.668
扣除非经常性损益后的净资产收益率(%)	21.20	26.81	7.856

(三)按公开发行证券公司信息披露编报规则第 9 号计算的净资产收益率和每股收益

报告期利润	净资产收益率				每股收益			
	全面摊薄(%)		加权平均(%)		全面摊薄(元)		加权平均(元)	
	2001 年	2000 年	2001 年	2000 年	2001 年	2000 年	2001 年	2000 年
主营业务利润	112.76	82.87	120.66	94.06	1.76	1.40	1.92	1.40
营业利润	42.15	51.30	45.10	58.23	0.66	0.87	0.72	0.87
净利润	20.50	22.68	21.94	25.74	0.32	0.38	0.35	0.38
扣除非经常性损益后的净利润	21.20	23.60	22.68	26.81	0.33	0.40	0.36	0.40

三、股本变动及股东情况

(一)公司股本变动情况
1、公司股份变动情况表　　数量单位:股

	本次变动前	本次变动增减(+,－)						本次变动后
		配股	送股	公积金转股	增发	其他	小计	
一、未上市流通股份								
1、发起人股份	26,460,000			6,615,000			6,615,000	33,075,000
其中:国家持有股份								
境内法人持有股份	26,460,000			6,615,000			6,615,000	33,075,000
境外法人持有股份								
其他								
2、募集法人股份	81,320,000			20,330,000			20,330,000	101,650,000
3、内部职工股								
4、优先股或其他未上市流通股份合计	107,780,000			26,945,000			26,945,000	134,725,000
二、已上市流通股份								
1、人民币普通股	45,000,000			11,250,000			11,250,000	56,250,000
2、境内上市的外资股								
境外上市的外资股								
其他								
已上市流通股份合计	45,000,000			11,250,000			11,250,000	56,250,000
三、股份总数	152,780,000			38,195,000			38,195,000	190,975,000

000608 广西阳光股份有限公司

2001 年年度报告摘选

第一节　公司基本情况简介

一、公司法定中文名称:广西阳光股份有限公司
英文名称:SUPER SHINE CO.,LTD.
二、公司法定代表人:唐　军
三、公司董事会秘书:肖　虎
授权代表:王　新
联系地址:北京市西城区西直门南大街成铭大厦 C 座 20 层(100035)
联系电话:(010)66530628　　传　真:(010)66185187、68343211
电子信箱:YGDSH@263.net
四、公司注册地址:广西壮族自治区南宁市园湖南路 32 号
邮政编码:530022
公司北京办公地址:北京市西城区西直门南大街成铭大厦 C 座 20 层
邮政编码:100035
公司电子信箱:YGDSH@263.net
五、公司信息披露报纸名称:《证券时报》、《中国证券报》
登载年度报告的互联网网址:WWW.CNINFO.COM.CN
公司年度报告备置地点:公司董事会办公室
六、公司股票上市交易所:深圳证券交易所
股票简称:阳光股份　　股票代码:000608

第二节　会计数据和业务数据摘要

一、公司本年度会计数据(单位:人民币千元)

公司本年度实现利润总额	95,963
净 利 润	58,478
扣除非经常性损益后的净利润	39,031
主营业务利润	96,321
其他业务利润	25
营业利润	67,116
投资收益	53
补贴收入	29,370
营业外收支净额	－575
经营活动产生的现金流量净额	－72,615
现金及现金等价物净增加额	20,507

二、主要会计数据和财务指标

项 目	2001 年度	2000 年度		1999 年度	
		调整后	调整前	调整后	调整前
主营业务收入(千元)	444,108	842,128	681,735	26,555	186,748
净利润(千元)	58,478	87,866	83,773	15,732	49,999
总资产(千元)	1,043,435	1,128,773	1,190,581	996,660	843,267
股东权益(千元)	485,593	427,115	462,586	349,680	389,244
每股收益(元/股)	0.28	0.42	0.40	0.13	0.41
每股净资产(元/股)	2.33	2.05	2.22	2.85	3.17
调整后的每股净资产(元/股)	2.28	1.94	2.21	2.75	3.17
每股经营活动产生的现金流量净额	－0.35	－0.14	－0.14	0.11	0.11
净资产收益率(%)	12.04	20.57	18.11	4.50	12.85
扣除非经常性损益后净利润为基础计算的加权平均净资产收益率(%)	8.56	25.02	18.88	1.65	21.07

注:非经常性损益项目为:补贴收入 29,370 千元,营业外收支净额－575 千元,长期投资减值准备－160 千元,短期投资减值准备－69 千元,清理股权投资损失－676 千元,股票投资收益 949 千元。扣除所得税和少数股东收益 9,391 千元,非经常性损益为 19,447 千元。

三、报告期利润表附表

2001 年度利润	净资产收益率(%)		每股收益(元)	
	全面摊薄	加权平均	全面摊薄	加权平均
主营业务利润	19.84	21.11	0.46	0.46
营业利润	13.82	14.71	0.32	0.32
净利润	12.04	12.81	0.28	0.28
扣除非经常性损益后的净利润	8.04	8.56	0.19	0.19

第三节　股本变动及股东情况

一、股本变动情况
1、股份变动情况表(数量单位:股)

	本次变动前	本次变动增减(+ －)						本次变动后
		配股	送股	公积金转股	增发	其他	小计	
一、未上市流通股份								
1、发起人股份	23341000	0	0	0	0	0	0	23341000
其中:								
国家持有股份	23341000	0	0	0	0	0	0	23341000
境内法人持有股份	0	0	0	0	0	0	0	0
境外法人持有股份	0	0	0	0	0	0	0	0
其他								
2、募集法人股份	87758420	0	0	0	0	0	0	87758420
3、内部职工股	0	0	0	0	0	0	0	0
4、优先股或其他	0	0	0	0	0	0	0	0
未上市流通股份合计	111099420	0	0	0	0	0	0	111099420
二、已上市流通股份								
1、人民币普通股	97500780	0	0	0	0	0	0	97500780
2、境内上市的外资股	0	0	0	0	0	0	0	0
境外上市的外资股	0	0	0	0	0	0	0	0
其他	0	0	0	0	0	0	0	0
已上市流通股份合计	97500780	0	0	0	0	0	0	97500780
三、股份总数	208600200	0	0	0	0	0	0	208600200

000609 北京燕化高新技术股份有限公司

2001 年年度报告摘选

第一节 公司基本情况简介

(一)公司法定中文名称:北京燕化高新技术股份有限公司
公司法定英文名称:Beijing Yanhua Up - Dated Hi - Tech. Co., Ltd.
公司简称:燕化高新
(二)公司法定代表人:杜国盛
(三)公司董事会秘书:沈文辉
联系地址:北京房山区燕山迎风二里八号　　邮　编:102500
电　话:(010)69347433　　传　真:(010)69345895
证券事务代表:宋莹
电　话:(010)69346820
(四)公司注册地址:北京市丰台区科学城海鹰路 3 号　　邮政编码:100071
公司办公地址:北京市房山区燕山迎风二里八号　　邮政编码:102500
电子信箱:yhgxbgs@yspc.com
(五)公司选定的信息披露报纸名称:《中国证券报》、《证券时报》、《上海证券报》
登载公司年度报告的国际互联网网址:http://www.cninfo.com.cn
公司年度报告备置地点:公司办公室
(六)公司股票上市交易所:深圳证券交易所
公司股票简称:燕化高新　　公司股票代码:000609

第二节 会计数据和业务数据摘要

一、本年度主要会计数据和业务数据(单位:元)

利润总额:	27,904,130.70
净利润:	23,402,003.55
扣除非经常性损益后的净利润:	23,949,869.80
主营业务利润:	43,616,975.51
其他业务利润:	47,980.12
营业利润:	18,750,971.51
投资收益:	9,701,025.44
补贴收入:	0.00
营业外收支净额:	-547,866.25
经营活动产生的现金流量净额:	154,335.53
现金及现金等价物净增加额:	-21,007,581.77

注:非经常性损益为营业外收支净支出 547,866.25 元

二、前三年主要会计数据和财务指标(单位:元)

项目	2001 年	2000 年调整前	2000 年调整后	1999 年调整前	1999 年调整后
主营业务收入	227,774,009.66	186,705,080.30	186,705,080.30	178,691,693.06	178,691,693.06
净利润	23,402,003.55	36,170,189.41	22,286,065.60	37,088,041.39	23,053,949.97
总资产	424,878,411.43	470,768,268.01	421,291,317.97	438,248,105.93	411,661,094.87
股东权益	384,637,784.26	412,644,316.13	363,909,825.53	395,915,139.07	370,480,344.45
每股收益(摊薄)	0.181	0.279	0.172	0.286	0.178
每股收益(按月平均加权法)	0.181	0.279	0.172	0.286	0.178
扣除非经常性损益后的每股收益	0.185	0.261	0.262	0.288	0.288
每股净资产	2.97	3.18	2.81	3.05	2.86
调整后的每股净资产	2.94	3.09	2.79	3.05	2.85
每股经营活动产生的现金净流量	0.01	0.31	0.31	0.58	0.58
净资产收益率%(全面摊薄)	6.09	8.77	6.13	9.37	6.22
净资产收益率%(加权平均)	6.26	8.74	6.10	9.83	6.32

三、利润表附表

报告期利润	净资产收益率(%)		每股收益(元)	
	全面摊薄	加权平均	全面摊薄	加权平均
主营业务利润	11.30	11.64	0.37	0.37
营业利润	4.87	5.02	0.15	0.15
净利润	6.09	6.26	0.18	0.18
扣除非经常性损益后的净利润	6.21	6.40	0.19	0.19

四、报告期内股东权益变动情况

项目	股本	资本公积	盈余公积	法定公益金	未分配利润	股东权益合计
期初数	129,606,749.00	161,993,151.00	52,570,242.25	14,234,296.19	19,226,523.44	363,396,665.69
本期增加		431,250.00	7,020,601.08	2,340,200.36	23,402,003.55	30,853,854.63
本期减少					9,612,736.06	9,612,736.06
期末数	129,606,749.00	162,424,401.00	59,590,843.33	16,574,496.55	33,015,790.93	384,637,784.26

第三节 股本变动及股东情况

(一) 股份变动情况表 单位:股

	本次变动前	本次变动增减						本次变动后
		配股	送股	公积金转股	增发	其他	小计	
一、未上市流通股份								
1、发起人股份								
其中:								
国家持有股份	57700500						0	57700500
境内法人持有股份								
境外法人持有股份								
其他								
2、募集法人股份	22766250						0	22766250
3、内部职工股								
其中:高管股	23391					-4680	-4680	18711
4、优先股或其他								
未上市流通股份合计	80490141					-4680	-4680	80485461
二、已上市流通股份								
1、人民币普通股	49116608					4680	4680	49121288
2、境内上市的外资股								
3、境外上市的外资股								
4、其他								
已上市流通股份合计	49116608					4680	4680	49121288
三、股份总数	129606749						0	129606749

000610 西安旅游(集团)股份有限公司

2001 年年度报告摘选

一、公司基本情况

1、中文名称:西安旅游(集团)股份有限公司
英文名称:XI'AN TOURISM(GROUP) CO., LTD
2、法定代表人:蔡建新
3、董事会秘书:刘建利
联系地址:西安市环城南路中段 2 号
联系电话:(029)7858883　　联系传真:(029)7854296
电子信箱:anljl@netease.com
4、公司注册地址:西安市环城南路中段 2 号　　邮政编码:710054
公司办公地址:西安市环城南路中段 2 号　　邮政编码:710054
国际互联网网址:http://www.xiantourism.com
公司电子信箱:tourism@pub.xaonline.com
5、指定信息披露报刊:《证券时报》
登载公司年度报告国际互联网网址:http://www.cninfo.com.cn
公司年度报告备置地点:公司资本运营部、深圳证券交易所
6、公司股票上市交易所:深圳证券交易所
股票简称:西安旅游
股票代码:000610

二、会计数据和业务数据摘要

1、报告期主要会计数据和业务数据

利润总额	3,324,644.51 元
净利润	1,506,725.81 元
扣除非经营性损益后的净利润	3,990,044.06 元
主营业务利润	66,672,611.29 元
其它业务利润	—
营业利润	5,805,322.76 元
投资收益	2,640.00 元
补贴收入	—
营业外收支净额	-2,483,318.25 元
经营活动产生的现金流量净额	32,788,600.23 元
现金及现金等价物净增加额	-23,667,103.44 元

注:非经营性损益扣除项目有营业外收支净额 -2,483,318.25 元。

2、主要会计数据和财务指标

指标项目	单位	2001 年	2000 年度		1999 年度	
			调整后	调整前	调整后	调整前
主营业务收入	元	93,577,580.37	109,578,858.70	109,578,858.70	80,649,174.88	80,649,174.88
净利润	元	1,506,725.81	15,193,948.96	16,600,560.82	14,051,423.48	15,565,682.64
总资产	元	431,829,395.45	436,586,515.51	440,969,019.93	341,906,063.39	345,784,951.53
股东权益	元	347,952,763.42	353,149,953.61	359,141,661.81	232,448,536.65	237,033,632.99
每股收益(全面摊薄)	元	0.01	0.09	0.10	0.09	0.10
每股收益(加权平均)	元	0.01	0.09	0.10	0.09	0.10
净资产收益率(全面摊薄)	%	0.43	4.30	4.62	6.04	6.57
净资产收益率(加权平均)	%	0.43	4.61	4.96	6.23	6.79
每股净资产	元	2.08	2.11	2.14	1.55	1.58
调整后每股净资产	元	1.82	1.86	1.89	1.49	1.52
每股经营活动产生的现金流量净额	元	0.20	0.18	0.18	0.25	0.25

注:按照中国证监会《公开发行证券公司信息披露编报规则(第 9 号)》要求计算的净资产收益率及每股收益。

项目	净资产收益率(%)		每股收益(元)	
	全面摊薄	加权平均	全面摊薄	加权平均
报告期利润	0.955	0.939	0.020	0.020
主营业务利润	19.161	18.839	0.398	0.398
营业利润	1.668	1.640	0.035	0.035
净利润	0.433	0.426	0.009	0.009
扣除非经常性损益后的净利润	1.147	1.127	0.024	0.024

三、股本变动及股东情况

(一)股本变动情况
股本变动情况表　　数量单位:万股

	期初数	本期变动增减(+,-)					期末数
		配股	送股	公积金转股	其他	小计	
一、尚未流通股份							
1、发起人股份							
其中:							
国家拥有股份	6,355.79						6,355.79
境内法人持有股份							
外资法人持有股份							
其他							
2、募集法人股	5,100.00						5,100.00
3、内部职工股							
4、优先股或其他							
尚未流通股份合计	11,455.79						11,455.79
二、已流通股份							
1、境内上市的人民币普通股	5,304.00						5,304.00
2、境内上市的外资股							
3、境外上市的外资股							
4、其他							
已流通股份合计	5,304.00						5,304.00
三、股份总数	16,759.79						16,759.79

000611 内蒙古民族实业集团股份有限公司

2001年年度报告摘选

第一节 公司基本情况简介

一、公司法定中文名称:内蒙古民族实业集团股份有限公司
中文简称:民族集团
公司法定英文名称:The Inner Mongolia Minzu Industry&Commerce Group CO.,LTD
英文名称缩写:Minzu Group
二、公司法定代表人:云文广
三、公司董事会秘书:纳森巴雅尔
联系地址:呼和浩特市中山西路69号
联系电话:0471-6968822-2313
传真:0471-6962236
电子信箱:mzgroup@public.hh.nm.cn
证券事务代表:吕靖
联系地址:呼和浩特市中山西路69号
联系电话:0471-6968822-2888 传真:0471-6962236
电子信箱:mzgroup@public.hh.nm.cn
四、公司注册地址:呼和浩特市中山西路69号
公司办公地址:呼和浩特市中山西路69号
邮政编码:010020
公司电子信箱:mzgroup@public.hh.nm.cn
五、公司选定的信息披露报纸:《中国证券报》《证券时报》
中国证监会指定登载公司年度报告的国际互联网网址:
http://www.cninfo.com.cn
公司年度报告备置地点:公司证券部
六、公司股票上市交易所:深圳证券交易所
股票简称:民族集团 股票代码:000611

第二节 会计数据和业务数据摘要

一、报告期会计数据摘要

项目	金额(元)
利润总额:	-56,129,832.24
净利润:	-49,422,583.74
扣除非经常性损益后的净利润:	-44,892,853.23
主营业务利润:	36,593,067.20
其他业务利润:	845,418.59
营业利润:	-50,890,090.30
投资收益:	-509,447.66
补贴收入:	0
营业外收支净额:	-4,730,294.28
经营活动产生的现金流量净额:	77,781,937.17
现金及现金等价物净增加额:	55,977,974.00

二、三年主要会计数据和财务指标

项目	2001年	2000年	1999年调整后	1999年
主营业务收入(元)	192,126,276.19	225,208,187.08	222,293,529.88	222,293,529.88
净利润(元)	-49,422,583.74	836,847.44	-6,998,700.77	501,299.23
总资产(元)	541,956,885.95	607,418,765.30	591,523,762.28	605,023,762.28
股东权益(元)	249,067,243.97	298,489,827.71	297,652,980.27	311,152,980.27
每股收益(元)	-0.28	0.0048	-0.04	0.0029
每股净资产(元)	1.42	1.705	1.7	1.78
调整后的每股净资产(元)	1.29	1.63	1.64	1.72
每股经营活动产生的现金流量净额(元)	0.44	-0.037	-0.21	-0.21
净资产收益率(%)	-19.84	0.28	-2.35	0.16

报告期利润	2001年				2000年			
	净资产收益率%		每股收益		净资产收益率%		每股收益	
	全面摊薄	加权平均	全面摊薄	加权平均	全面摊薄	加权平均	全面摊薄	加权平均
主营业务利润	14.69	13.37	0.21	0.21	19.2	19.2	0.328	0.328
营业利润	-20.43	-18.59	-0.29	-0.29	-1.5	-1.5	-0.026	-0.026
净利润	-19.84	-18.05	-0.28	-0.28	0.28	0.28	0.0048	0.0048
扣除非经营性损益后的净利润:	-18.02	-16.4	-0.26	-0.26	0.2	0.2	0.0035	0.0035

第三节 股本变动及股东情况

一、股本变动情况

股本变动情况表(截止2001年12月31日) 数量单位:股

股份类别	本次变动前	本次变动增减(+,-)						本次变动后
		配股	送股	公积金转股	增发	其它	小计	
一、未上市流通股份								
1.发起人股份	82,755,131							82,755,131
其中:								
国家持有股份	82,755,131							82,755,131
境内法人持有股分								
外资法人持有股份								
其它								
2.募集法人股	16,803,912							16,803,912
3.内部职工股								
4.优先股或其它								
其中:转配股								
未上市流通股份合计	99,559,043							99,559,043
二、已上市流通股份								
1.人民币普通股	75,481,522							75,481,522
2.境内上市的外资股								
3.境外上市的外资股								
4.其它								
已流通股份合计	75,481,522							75,481,522
三、股份总额	175,040,565							175,040,565

000612 焦作万方铝业股份有限公司

2001年年度报告摘选

一、公司基本情况简介

(一)公司法定中文名称:焦作万方铝业股份有限公司
公司法定英文名称:JiaoZuo WanFang Aluminum Manufacturing Co.Ltd.
(二)公司法定代表人:金保庆
(三)公司董事会秘书:贾东焰
联系地址:河南省焦作市塔南路160号
联系电话:0391-3903848 传真:3903796
电子信箱:jzwf0612@371.net
(四)公司注册地址:河南省焦作市塔南路31号 邮编:454003
公司办公地址:焦作市马村区待王镇 邮编:454172
(五)选定信息披露报纸:《证券时报》、《中国证券报》
年度报告登载的国际互联网网址:http://www.cninfo.com.cn
年度报告备置地点:焦作市塔南路160号8楼公司证券部
(六)股票上市交易所:深圳证券交易所
股票简称:焦作万方 股票代码:000612

二、会计数据和业务数据摘要

(一)本年度主要会计数据 (单位:元)

项目	金额
利润总额:	50,823,252.31
净利润:	46,607,642.24
扣除非经常性损益后的净利润:	47,443,638.66
主营业务利润:	176,006,899.14
其他业务利润:	484,075.78
营业利润:	47,807,924.68
投资收益:	6,759,837.89
补贴收入:	0.00
营业外收支净额:	-3,744,510.26
经营活动产生的现金流量净额:	123,569,407.27
现金及现金等价物净增减额:	1,374,398.07

(二)截止报告期末,公司前三年主要会计数据和财务指标

追溯调整后: 单位:元

项目	2001年度	2000年度	1999年度
主营业务收入	1,291,708,094.19	665,292,587.07	673,853,384.06
净利润	46,607,642.24	48,238,548.16	80,166,595.27
总资产	1,725,935,433.01	1,581,666,179.63	966,054,646.30
股东权益(不含少数股东权益)	594,777,009.64	547,701,971.71	524,859,533.61
每股收益	0.173	0.179	0.357
每股净资产	2.206	2.031	2.336
调整后的每股净资产	2.007	2.016	2.235
每股经营活动产生的现金流量净额	0.458	-0.322	0.927
净资产收益率(%)	7.836	8.807	15.27
加权平均每股收益(以净利润为基础)	0.173	0.179	0.357
扣除非经营性损益后的每股收益(摊薄)	0.176	0.160	0.300

追溯调整前:

项目	2000年度	1999年度
主营业务收入	665,089,702.06	673,853,384.06
净利润	50,125,500.37	98,322,134.63
总资产(元)	1,582,999,582.32	974,027,275.92
股东权益(不含少数股东权益)	579,946,915.23	553,406,954.77
每股收益	0.186	0.438
每股净资产	2.151	2.463
调整后的每股净资产	2.068	2.257
每股经营活动产生的现金流量净额	-0.322	0.927
净资产收益率(%)	8.643	17.77
加权平均每股收益(以净利润为基础)	0.180	0.438
扣除非经营性损益后的每股收益(摊薄)	0.167	0.432

(三)利润分配表附表 单位:元

报告期利润	净资产收益率(%)		每股收益	
	全面摊薄	加权平均	全面摊薄	加权平均
主营业务利润	29.592	30.824	0.653	0.653
营业利润	8.038	8.373	0.177	0.177
净利润	7.836	8.162	0.173	0.173
扣除非经常损益后的净利润	7.977	8.309	0.176	0.176

三、股本变动及股东情况

(一)股份变动情况表

类别	本次变动前	本次变动增减(+,-)						本次变动后
		配股	送股	公积金转股	增发	其他	小计	
一、未上市流通股份								
1、发起人股份	160977972							160977972
其中:								
国家持有股份								
境内法人持有股份	160977972							160977972
境外法人持有股份								
其他								
2、募集法人股份	7128000							7128000
3、内部职工股								
4、优先股或其他								
其中:转配股								
未上市流通股份合计	168105972							168105972
二、已上市流通股份								
1、人民币普通股	101541600							101541600
2、境内上市的外资股								
3、境外上市的外资股								
4、其他								
已上市流通股份合计	101541600							101541600
三、股份总数	269647572							269647572

000613 海南大东海旅游中心股份有限公司

2001 年年度报告摘选

一、公司基本情况简介

(一)公司法定中文名称:海南大东海旅游中心股份有限公司
公司法定英文名称:Hainan Dadonghai Tourism Centre (Holdings) Co.,Ltd.
(二)公司法定代表人:李珊瑚
(三)公司董事会秘书:柳俊涛
联系地址:三亚市大东海
电　　话:0898－88219888 转 8264
传　　真:0898－88212298
电子信箱:hnddht@21cn.com
(四)公司注册地址:三亚市大东海
公司办公地址:三亚市大东海
邮政编码:572021
(五)公司选定的信息披露报纸:《证券时报》、和《香港商报》
登载公司年度报告的中国证监会指定国际互联网网址:http://www.cninfo.com.cn
公司年度报告备置地点:公司证券部
(六)公司股票上市交易所:深圳证券交易所
股票简称:PT 东海 A、PT 东海 B
股票代码:000613、200613

二、会计数据和业务数据摘要

(一)本年度主要利润指标(金额单位:人民币元)

项目	金额
利润总额	1,782,231.24
净利润	1,782,231.24
扣除非经常性损益后的净利润	－14,374,093.32
主营业务利润	19,142,572.31
其他业务利润	37,727.24
营业利润	－14,374,093.32
投资收益	
补贴收入	7,915,715.00
营业外收支净额	8,240,609.56
经营活动产生的现金流量净额	4,542,588.70
现金及现金等价物净增加额	3,947,787.98

(二)公司前三年的主要会计数据和财务指标(单位:人民币元)

项目	2001 年	2000 年	1999 年
主营业务收入	22,651,611.96	22,127,280.18	24,071,680.62
净利润	1,782,231.24	－56,656,944.20	－54,532,051.78
总资产	220,240,104.85	232,189,711.05	368,568,800.25
股东权益	7,352,146.10	3,028,637.15	165,038,708.54
每股收益	0.005	－0.16	－0.15
加权平均每股收益	0.005	－0.16	－0.15
扣除非经常性损益后的每股收益	－0.039	－0.089	－0.136
每股净资产	0.02	0.008	0.45
调整后的每股净资产	0.005	－0.10	0.45
每股经营活动产生的现金流量净额	0.012	－0.0004	－0.04
净资产收益率(%)	24.24	－1,870.77	－33.04
加权平均净资产收益率(%)	45.47	－90.34	－62.72

(三)利润表附表

报告期利润	净资产收益率(%)		每股收益(元/股)	
	全面摊薄	加权平均	全面摊薄	加权平均
主营业务利润	260.37	488.36	0.05	0.05
营业利润	－195.51	－366.71	－0.04	－0.04
净利润	24.24	45.47	0.005	0.005
扣除非经常性损益后的利润	－194.76	－365.31	－0.04	－0.04

三、股本变动及股东情况

(一)股本变动情况
股份变动情况表

	本次变动前	本次变动增减(+,－)						本次变动后
		配股	送股	公积金转股	增发	其他	小计	
一、未上市流通股份								
1、发起人股份	10,985.7							10,985.7
其中:国家持有股份	9,632.7							9,632.7
境内法人持有股份	1,353							1,353
境外法人持有股份								
其他								
2、募集法人股份	12,114.3							12,114.3
3、内部职工股								
4、优先股或其他								
未上市流通股份合计	23,100							23,100
二、已上市流通股份								
1、人民币普通股	4,510							4,510
2、境内上市的外资股	8,800							8,800
3、境外上市的外资股								
4、其他								
已上市流通股份合计	13,310							13,310
三、股份总数	36,410							36,410

000615 湖北金环股份有限公司

2001 年年度报告摘选

一、公司基本情况简介

(一)公司的法定中文名称:湖北金环股份有限公司
公司的法定英文名称:HUBEI GOLDEN RING CO.,LTD.
(二)公司法定代表人:张春景
(三)公司董事会秘书:郑小华
授权代表:陈诗武、陈金先
联系地址:湖北省襄樊市湖北金环股份有限公司
电话:0710－2108234　　　　传真:0710－2108233
电子信箱:2108233@sina.com
(四)公司注册地址:湖北省襄樊市
办公地址:湖北省襄樊市樊城区陈家湖　　　邮政编码:441133
公司国际互联网网址:http://www.golden－ring.com
公司电子信箱:2108234@sina.com
(五)公司选定的信息披露报纸:《证券时报》
登载年度报告的中国证监会指定网站网址:http://www.cninfo.com.cn
公司年度报告备置地点:公司证券部
(六)公司股票上市交易所:深圳证券交易所
公司股票简称:湖北金环　　　　公司股票代码:000615
办公地址:武汉市解放大道单洞路口武汉国际大厦 B 栋十六楼

二、会计数据和业务数据摘要

(一)公司本年度实现利润情况:

项目	金额(单位:人民币元)
1、利润总额	43,876,752.68
2、净利润	26,220,095.45
3、扣除非经常性损益后的净利润(注)	25,979,515.97
4、主营业务利润	61,243,618.09
5、其他业务利润	833,366.39
6、营业利润	37,156,970.31
7、投资收益	6,746,188.77
8、补贴收入	
9、营业外收支净额	－26,406.40
10、经营活动产生的现金流量净额	－84,604,298.97
11、现金及现金等价物净增减额	77,850,564.65

注:扣除非经常性损益项目和涉及金额:

扣除非经常性损益项目	涉及金额(单位:人民币元)
收取的资金占用费	320,545.19
营业外收入	36,516.85
营业外支出	－62,923.25
减所得税影响数(15%)	53,559.31
合 计	240,579.48

(二)公司近三年的主要会计数据及财务指标

项目	2001 年度	2000 年度		1999 年度	
		调整后	调整前	调整后	调整前
主营业务收入(元)	798,523,968.16	313,778,694.25	313,778,694.25	334,595,447.78	334,595,447.78
净利润(元)	26,220,095.45	31,807,940.19	37,459,259.50	35,108,038.79	50,916,059.51
总资产(元)	997,924,678.39	720,952,944.78	742,412,284.81	445,708,628.62	461,516,649.34
股东权益 (元)	549,794,083.39	523,567,987.94	545,027,327.97	349,349,536.47	365,157,557.19
每股收益(元/股)	0.17	0.21	0.24	0.25	0.37
加权平均每股收益(元/股)	0.17	0.22	0.26	0.25	0.37
扣除非经常性损益后的每股收益(元/股)	0.17	0.24	0.26	0.36	0.37
每股净资产(元/股)	3.55	3.38	3.52	2.52	2.64
调整后每股净资产(元/股)	3.54	3.37	3.51	2.52	2.64
每股经营活动产生的现金流量净额(元/股)	－0.55	0.17	0.17	0.34	0.34
净资产收益率(%)	4.77	6.08	6.87	10.05	13.94
加权平均净资产收益率(%)	4.89	7.29	8.23	10.58	14.99

(三)报告期利润表附表

报告期利润	净资产收益率(%)		每股收益(元)	
	全面摊薄	加权平均	全面摊薄	加权平均
主营业务利润	11.14	11.41	0.40	0.40
营业利润	6.76	6.92	0.24	0.24
净利润	4.77	4.88	0.17	0.17
扣除非经常性损益后的净利润	4.73	4.84	0.17	0.17

三、股本变动及股东情况

(一)股份变动情况表(数量单位:股)

项目	本次变动前	本次变动增减(+ －)						本次变动后
		配股	送股	公积金转股	增发	其他	小计	
一、未上市流通股份								
1、发起人股份	74,228,154							74,228,154
其中:国家拥有股份	67,020,954							67,020,954
境内法人持有股份	7,207,200							7,207,200
境外法人持有股份								
其他								
2、募集法人股份	9,719,236							9,719,236
3、内部职工股								
4、优先股或其他	1,088,360					－1,088,360	－1,088,360	
未上市流通股份合计	85,035,750					－1,088,360	－1,088,360	83,947,390
二、已上市流通股份								
1、人民币普通股	69,872,710					1,088,360	1,088,360	70,961,070
2、境内上市的外资股								
1、境外上市的外资股								
2、其他								
已上市流通股份合计	69,872,710					1,088,360	1,088,360	70,961,070
三、股份总计	154,908,460							154,908,460

000616 大连渤海饭店(集团)股份有限公司

2001年年度报告摘选

一、公司简介

1、公司法定中文名称:大连渤海饭店(集团)股份有限公司
公司法定英文名称:DALIAN BOHAI HOTEL (GROUP) CO., LTD.
2、公司法定代表人:汤　闯先生
3、公司董事会秘书:郑力齐先生
证券事务代表:孙福君先生
联系地址:辽宁省大连市中山区荣盛街27号
电　　话:(0411)3633671-381
传　　真:(0411)3642706
电子信箱:dlbh000616@hotmail.com
4、公司注册地址:辽宁省大连市中山区荣盛街27号
公司办公地址:辽宁省大连市中山区荣盛街27号
邮 政 编 码:116001
公司电子信箱:dlbh000616@hotmail.com
5、公司选定的信息披露报纸:中国证券报、证券时报
登载公司年度报告的国际互联网网址:http://www.cninfo.com.cn
年度报告备置地点:公司董事会办公室
6、公司股票上市交易所:深圳证券交易所
公司股票简称:大连渤海
公司股票代码:000616

二、会计数据和业务数据摘要

(一)本年度主要会计数据
利润总额为16,838,282.03元,
净利润14,905,132.38元,
扣除非经常性损益后的净利润14,889,437.97元,
主营业务利润69,947,962.58元,
营业利润13,679,261.81元,
投资收益为3,140,556.21元,
营业外收支净额18,464.01元,
经营活动产生的现金流量净额-137,311,347.92元,
现金及现金等价物净增加额58,079,331.27元。
注:扣除非经常性损益项目为山水楼拆迁补偿收益15,694.41元。
(二)截止报告期末公司前三年的主要会计数据和财务指标

指标项目	2001年	2000年		1999年	
		调整后	调整前	调整后	调整前
主营业务收入(元)	84,762,446.43	103,489,301.05	103,489,301.05	93,888,119.31	93,888,119.31
净利润(元)	14,905,132.38	25,490,496.66	26,870,564.61	22,094,099.80	23,591,705.92
总资产(元)	857,259,744.64	515,261,233.72	523,659,567.57	442,521,496.03	449,539,761.93
股东权益(元)	472,831,529.54	289,546,397.16	297,944,731.01	265,722,662.65	272,740,928.55
每股收益(元)(全面摊薄)	0.10	0.302	0.318	0.26	0.279
每股收益(元)(加权平均)	0.10	0.302	0.318	0.30	0.323
每股净资产(元)	3.25	3.43	3.53	3.14	3.23
调整后每股净资产(元)	3.05	3.12	3.19	2.97	3.04
每股经营活动产生现金流量净额	-0.94	0.28	0.28	-0.42	-0.42
净资产收益率(%)	3.15	8.80	9.02	8.31	8.65
扣除非经常性损益后的每股收益	0.10	0.309	0.309	0.09	0.107
加权平均净资产收益率(%)	3.41	8.80	9.39	8.60	9.04

按照中国证监会《公开发行证券公司信息披露编报规则(第九号)》的要求,计算2001年度的净资产收益率和每股收益如下:单位(元)

报告期利润	净资产收益率(%)		每股收益	
	全面摊薄	加权平均	全面摊薄	加权平均
主营业务利润	14.79	15.99	0.48	0.49
营业利润	2.89	3.13	0.09	0.10
净利润	3.15	3.41	0.10	0.10
扣除非经常损益后的净利润	3.15	3.40	0.10	0.10

注:报告期内公司实施2000年度配股方案增加股份1014万股,实施资本公积金转增股本方案增加股份5070万股,报告期末总股本为14534万股。

三、股本变动及股东情况

(一)股本变动情况
1、股份变动情况表
数量单位:股

	期初数	本期变动增减(+ -)					期末数
		配股	送股	公积金转股	其他	小计	
一、尚未流通股份							
1、发起人股份	26,260,000			14,067,857		14,067,857	40,327,857
其中:							
国家拥有股份	24,310,000			13,023,215		13,023,215	37,333,215
境内法人持有股份	1,950,000			1,044,642		1,044,642	2,994,642
外资法人持有股份							
其他							
2、募集法人股	24,440,000			13,092,857		13,092,857	37,532,857
3、内部职工股							
4、优先股或其他							
尚未流通股份合计	50,700,000			27,160,714		27,160,714	77,860,714
二、已流通股份							
1、境内上市人民币普通股	33,800,000	10,140,000		23,539,286		33,679,286	67,479,286
其中高管人员持有股份	14,703	4,409		10,238		14,647	29,350
2、境内上市的外资股							
3、境外上市的外资股							
4、其他							
已流通股份合计	33,800,000	10,140,000		23,539,286		33,679,286	67,479,286
三、股份总数	84,500,000	10,140,000		50,700,000		60,840,000	145,340,000

000617 济南柴油机股份有限公司

2001年年度报告摘选

一、公司基本情况简介

(一)公司的法定中文名称:济南柴油机股份有限公司
公司的法定英文名称:Jinan Diesel Engine Co., Ltd　　英文名称缩写:JDEC
(二)公司法定代表人:王　涛
(三)公司董事会秘书:张谦惕
联系地址:山东省济南市文化西路14号
联系电话:0531-2965971-2716　　传真:0531-2961241
电子信箱:jichai@jn-public.sd.cninfo.net　　证券事务代表:余良刚
联系地址:山东省济南市文化西路14号
联系电话:0531-2965971-3353　　传真:0531-2961241
电子信箱:Jichai@Jn-public.sd.cninfo.net
(四)公司注册地址:山东省济南市文化西路14号
公司办公地址:山东省济南市文化西路14号　　邮政编码:250063
公司网址:HTTP://WWW.jichai.com　　公司电子信箱:Jichai@Jn-public.sd.cninfo.net
(五)公司信息披露报纸:《证券时报》、《中国证券报》
登载年度报告的网址:HTTP://WWW.cninfo.com.cn
公司年度报告备置地点:公司证券办公室
(六)公司股票上市交易所:深圳证券交易所
股票简称:石油济柴　　股票代码:000617
(七)公司首次注册登记日期:1996年10月11日
公司首次注册地点:济南市文化西路14号
企业法人营业执照注册号:3700001800773　　税务登记号码:370102163098284
公司聘请的会计师事务所:湖北大信会计师事务有限公司
会计师事务所办公地址:武汉中山大道1056号金源世界中心A-B座1楼

二、会计数据和业务数据摘要

1、本年度主要利润指标情况　　(单位:人民币元)

项目	金额
利润总额:	22,665,382.24
净利润:	20,121,214.34
扣除非经常性损益后的净利润:	15,195,288.34
主营业务利润:	62,651,630.08
其他业务利润:	5,658,485.50
营业利润:	22,865,317.32
投资收益:	—
补贴收入:	118,762.33
营业外收支净额:	-318,697.41
经营活动产生的现金流量净额:	-3,255,866.99
现金及现金等价物净增减额:	3,474,456.56

2、主要会计数据和财务指标:(单位:元)

指标项目	2001年	2000年		1999年	
		调整前	调整后	调整前	调整后
主营业务收入(元)	230,798,513.31	228,362,913.46	227,820,144.23	232,378,323.92	232,378,323.92
净利润:	20,121,214.34	5,204,307.29	742,685.12	711,907.24	494,944.00
总资产:	456,235,944.40	476,624,639.29	450,975,767.04	473,853,457.14	448,784,176.48
股东权益(不含少数股东权益):	172,761,736.63	177,969,394.54	152,320,522.29	172,765,087.25	147,695,806.59
每股收益:	0.1935	0.050	0.00714	0.0068	0.00476
每股收益(加权):	0.1935	0.050	0.00714	0.0068	0.00476
每股净资产:	1.661	1.711	1.4646	1.661	1.42
调整后的每股净资产:	1.6196	1.595	1.4348	1.604	1.39
每股经营活动产生的现金流量净额:	-0.0313	0.0818	0.0818	0.108	0.108
净资产收益率(%):	11.647	2.924	0.4876	0.412	0.3351
净资产收益率(%)(加权):	12.39	2.968	0.4951	0.413	0.3241

3、利润表附表

项目	报告期利润(元)	净资产收益率(%)		每股收益(元/股)	
		全面摊薄	加权平均	全面摊薄	加权平均
主营业务利润	62,651,630.08	36.26	38.58	0.60	0.60
营业利润	22,865,317.32	13.24	14.08	0.22	0.22
净利润	20,121,214.34	11.65	12.39	0.19	0.19
扣除非经常性损益后的净利润	15,195,288.34	8.80	9.36	0.15	0.15

三、股本变动及股东情况

(一)股份变动情况表

	本次变动前	本次变动增减(+,-)						本次变动后
		配股	送股	公积金转股	增发	其他	小计	
一、未上市流通股份								
1.发起人股份	71,500,000							71,500,000
其中:								
国家持有股份								
境内法人持有股份	71,500,000							71,500,000
其他								
2.募集法人股份								
3.内部职工股								
4.优先股或其他								
其中:转配股								
未上市流通股份合计	71,500,000							71,500,000
二、流通股份								
1.人民币普通股	32,500,000							32,500,000
2.境内上市的外资股								
3.境外上市的外资股								
4.其他								
已流通股份合计	32,500,000							32,500,000
三、股份总数	104,000,000							104,000,000

000618 吉林化学工业股份有限公司

2001 年年度报告摘选

一、公司基本情况简介

1、中文名称:吉林化学工业股份有限公司
英文名称:Jilin Chemical Industrial Company Limited
中文简称:吉林化工
英文名称缩写:JCIC
2、公司法定代表人:徐丰利
公司授权代表:施建勋、张丽燕
3、公司董事会秘书:张丽燕
联系地址:吉林省吉林市龙潭区龙潭大街 9 号
联系电话:(86 432) - 3903651　　传真:(86 432) - 3028126
电子信箱:zly@jcic.com.cn
4、注册地址:中国吉林省吉林市龙潭区遵义东路 31 号
公司办公地址:中国吉林省吉林市龙潭区龙潭大街 9 号　　邮政编码:132021
网址:http://www.jcic.com　　公司电子信箱:jcic@jcic.com.cn
5、公司选定信息披露报纸:《证券时报》、《中国证券报》;香港《文汇报》、《Hong Kong iMail》
登载公司年度报告的中国证监会指定国际互联网网址:http://www.cninfo.com.cn
公司年度报告备置地点:中国:吉林化学工业股份有限公司董事会秘书室
吉林省吉林市龙潭区龙潭大街 9 号
香港:运中公关顾问有限公司
香港湾仔霎西街五号　新华社新闻大厦 2 楼

6、公司股票上市资料:
A 股上市交易所:深圳证券交易所;
股票简称:吉林化工;股票代码:000618
H 股上市交易所:香港联交所;股票简称:吉林化工;股票代码:0368
ADS 上市交易所:纽约证券交易所;股票代码:JCC;比例:1ADS = 100H 股

二、会计数据和业务数据摘要

1、下表列出本集团二零零一年度按照中国会计准则审计的有关财务数据:

项目	按照中国会计准则 人民币百万元
亏损总额	(1,797)
净亏损	(1,803)
扣除非经常性损益后的净亏损(注)	(1,706)
主营业务利润	283
其他业务亏损	(47)
营业亏损	(1,807)
投资收益	39
补贴收入	2
营业外收支净额	(31)
经营活动产生的现金流量净额	2,379
现金及现金等价物净减额	(192)

2、按中国会计准则

指标项目 人民币百万元	二零零一年	二零零零年	一九九九年
截至十二月三十一日止年度			
主营业务收入	11,914	13,847	10,980
净利润/(亏损)	(1,803)	(879)	153
每股收益/(亏损)(全面摊薄)	(人民币 0.51 元)	(人民币 0.25 元)	人民币 0.04 元
每股收益/(亏损)(加权平均)	(人民币 0.51 元)	(人民币 0.25 元)	人民币 0.04 元
每股经营活动产生的现金流入净额	人民币 0.67 元	人民币 0.04 元	人民币 0.17 元
净资产收益率(全面摊薄)	(46.45%)	(15.45%)	2.45%
净资产收益率(加权平均)	(37.69%)	(14.58%)	2.47%
于十二月三十一日止			
总资产	14,532	17,711	15,860
股东权益(不含少数股东权益)	3,882	5,687	6,073
每股净资产	人民币 1.09 元	人民币 1.60 元	人民币 1.79 元
调整后的每股净资产	人民币 1.04 元	人民币 1.50 元	人民币 1.73 元

3、按照中国证监会《公开发行证券公司信息披露编报规则(第 9 号)》计算的净资产收益率和每股收益如下:

报告期利润/(亏损)	净资产收益率(%) 全面摊薄	加权平均	每股收益/(亏损)(元/股) 全面摊薄	加权平均
主营业务利润	7.28	5.91	0.0794	0.0794
营业亏损	(46.57)	(37.78)	(0.5076)	(0.5076)
净亏损	(46.45)	(37.69)	(0.5063)	(0.5063)
扣除非经常性损益后的净亏损	(43.95)	(35.66)	(0.4791)	(0.4791)

三、股本变动及股东情况

1、股份变动情况表
(截至于二零零一年十二月三十一日止)　　单位:千股　面值:人民币 1.00 元

	期初数	本次变动增减(+,-) 配股	送股	公积金转股	增发	其他	小计	期末数
一、未上市流通股份								
1、发起人股份	2,396,300	-	-	-	-	-	-	2,396,300
其中:国家持有股份	-	-	-	-	-	-	-	-
境内法人持有股份	2,396,300	-	-	-	-	-	-	2,396,300
境外法人持有股份	-	-	-	-	-	-	-	-
其他	-	-	-	-	-	-	-	-
2、募集法人股份	-	-	-	-	-	-	-	-
3、内部职工股	-	-	-	-	-	-	-	-
4、优先股或其他	-	-	-	-	-	-	-	-
其中:转配股								
未上市流通股份合计	2,396,300	-	-	-	-	-	-	2,396,300
二、已上市流通股份								
1、人民币普通股	200,000	-	-	-	-	-	-	200,000
其中高管持股	31.95	-	-	-	-	-17.75	-17.75	14.2
2、境内上市的外资股	-	-	-	-	-	-	-	
3、境外上市的外资股	964,778	-	-	-	-	-	-	964,778
4、其他	-	-	-	-	-	-	-	
已上市流通股份合计	1,164,778	-	-	-	-	-	-	1,164,778
三、股份总数	3,561,078	-	-	-	-	-	-	3,561,078

000619 芜湖海螺型材科技股份有限公司

2001 年年度报告摘选

一、公司基本情况简介

(一)公司法定中文名称:芜湖海螺型材科技股份有限公司
公司法定英文名称:Wuhu Conch Profiles and Science Co., Ltd
(二)公司法定代表人:郭景彬
(三)公司董事会秘书:明章春
证券事务代表:周小川
联系地址:安徽芜湖市经济技术开发区港湾路
电　　话:0553 - 5840158 5840151
传　　真:0553 - 5840118
电子信箱:conch-xc@mail.ahwhptt.net.cn
(四)公司注册地址:安徽省芜湖市经济技术开发区
公司办公地址:安徽省芜湖市经济技术开发区港湾路
邮政编码:241009
网　　址:Http://www.conchxc.com.cn
公司电子信箱:conch-xc@mail.ahwhptt.net.cn
(五)公司选定的信息披露报纸:《证券时报》
登载公司年度报告的中国证监会指定国际互联网网址:http://www.cninfo.com.cn
公司年度报告备置地点:公司总经理办公室
(六)公司股票上市交易所:深圳证券交易所
股 票 简 称:海螺型材
股 票 代 码:000619

二、主要会计数据和业务数据摘要

(一)本年度主要会计数据和业务数据:

公司本年度实现利润总额为 184,819,105.71 元,净利润为 188,436,608.55 元,扣除非经常性损益后的净利润为 189,784,302.88 元,主营业务利润为 276,739,649.06 元,其他业务利润为 2,743,816.12 元,营业利润为 179,453,550.77 元,无投资收益,补贴收入为 6,378,858.95 万元,营业外收支净额为 - 1,013,304.01 元,经营活动产生的现金流量净额 224,237,233.72 元,现金及现金等价物净增加额 134,757,944.94 元。非经常性损益为 1,347,694.33 元,其中:营业外支出 1,108,862.06 元,营业外收入 95,558.05 元,非经常性项目所得税影响数 334,390.32 元,无投资收益,无资产处置净收入。

(二)前三年主要会计数据和财务指标

指标项目	2001 年	2000 年调整后	2000 年调整前	1999 年
主营业务收入(万元)	107,775	50,783	50,783	3,982
净利润(万元)	18,844	5,620	8,848	1,057
总资产(万元)	100,003	71,418	71,418	18,450
股东权益(不含少数股东权益)(万元)	38,642	22,499	25,727	16,561
每股收益(元/股)摊薄	1.26	0.37	0.59	0.14
加权	1.26	0.37	0.59	0.14
每股净资产(元/股)	2.58	1.50	1.72	2.21
调整后的每股净资产(元/股)	2.57	1.50	1.71	2.19
净资产收益率% 摊薄	48.76	24.98	34.39	6.38
加权	57.94	24.16	42.16	6.38
每股经营活动产生的现金流量净额(元/股)	1.49	0.36	0.36	0.08
扣除非经常性损益后每股收益(元/股)	1.27	0.34	0.48	0.14
按月平均加权法计算的每股收益(元/股)	1.26	0.37	0.60	0.14

(三)本年度利润表附表

报告期利润	净资产收益率(%) 全面摊薄	加权平均	每股收益 全面摊薄	加权平均
主营业务利润	71.62	85.10	1.8449	1.8449
营业利润	46.43	55.18	1.1964	1.1964
净利润	48.76	57.94	1.2562	1.2562
扣除非经常性损益后的利润	49.11	58.36	1.2652	1.2652

(四)本报告期内股东权益变动情况:　　(单位:人民币元)

项目	股本	资本公积	盈余公积	法定公益金	未分配利润	股东权益合计
期初数	150000000	43058594.99	19085760.10	9542880.05	12843040.39	224987395.48
本期增加		3000600.00	37687321.72	18843660.86	188436608.55	229124530.27
本期减少					67687321.72	67687321.72
期末数	150000000	46059194.99	56773081.82	28386540.91	133592327.22	386424604.03

三、股本变动及股东情况

(一) 公司股份变动情况表

(数量单位:股)

	本次变动前	本次变动增减(十、一) 配股	送股	公积金转股	增发	其他	小计	本次变动后
一、未上市流通股份	99000000							99000000
1、发起人股份	99000000							99000000
其中:								
国家持有股份								
境内法人持有股份	99000000							99000000
境外法人持有股份								
其他								
2、募集法人股份								
3、内部职工股								
4、优先股或其他								
未上市流通股份合计								
二、已上市流通股份	99000000							99000000
1、人民币普通股	51000000							51000000
2、境内上市的外资股	51000000							51000000
①境外上市的外资股								
②其他	51000000							51000000
已上市流通股份合计								
三、股本总数	150000000							150000000

000620 黑龙江圣方科技股份有限公司

2001年年度报告摘要

一、公司基本情况简介

1、公司的法定中文名称:黑龙江圣方科技股份有限公司
公司的法定英文名称:Heilongjiang SunField Science & Technology Co., Ltd.
英文缩写:SFT
2、公司法定代表人:张鹏飞
3、董事会秘书:胡晓东
联系地址:西安市高新技术产业开发区高新一路15号中航大厦8层
电话:029-8223129　　传真:029-8233538
电子信箱:davidhum@sunfieldgroup.com
4、公司注册地址:黑龙江省牡丹江市东三条路98号
公司办公地址:西安市高新技术产业开发区高新一路15号中航大厦8层
邮编:710075
公司电子信箱:sftbj@sunfieldgroup.com
5、公司选定的信息披露报纸:《证券时报》
刊登公司年报的中国证监会指定国际互联网网址:http://www.cninfo.com.cn
公司年度报告备置地点:公司证券部
6、公司股票上市交易所:深圳证券交易所
股票简称:圣方科技　　股票代码:000620

二、会计数据和业务数据摘要

1、公司本年度会计数据摘要　　单位:元

项目	金额
利润总额:	-82,627,691.72
净利润:	-81,534,195.91
扣除非经常性损益后的净利润:	-76,173,802.34
主营业务利润:	9,141,270.42
其他业务利润:	5,006.65
营业利润:	-78,946,881.00
投资收益:	1,679,582.85
补贴收入:	0
营业外收支净额:	-5,360,393.57
经营活动产生的现金流量净额:	-117,400,851.32
现金及现金等价物净增加额:	-54,863,363.91

2、前三年主要会计数据和财务指标

	2001年	2000年		1999年	
		调整前	调整后	调整前	调整后
主营业务收入(万元)	51,556.02	13,791.19	13,791.19	52,796.81	52,796.81
净利润(万元)	-8,153.42	4,529.75	4,884.32	9,553.66	6,195.32
总资产(万元)	115,945.25	120,898.00	11,704.28	93,774.84	87,213.54
股东权益(不含少数股东权益)万元	67,160.82	79,058.56	75,200.84	79,881.22	74,528.81
全面摊薄每股收益(元/股)	-0.26	0.15	0.16	0.37	0.24
加权平均每股收益(元/股)	-0.26	0.15	0.16	0.37	0.24
扣除非经常性损益后的每股收益(元/股)	-0.24	0.12	0.13	-0.01	0.04
每股净资产(元/股)	2.16	2.54	2.41	3.08	2.87
调整后的每股净资产(元)	2.16	2.54	2.41	3.07	2.87
每股经营活动产生的现金流量净额(元)	-0.38	-0.21	-0.21	-0.026	-0.03
全面摊薄净资产收益率(%)	-12.14	5.73	6.49	11.96	8.31
加权平均净资产收益率(%)	-11.46	4.62	6.29	11.96	8.31
扣除非经常性损益后的加权净资产收益率(%)	-10.67	4.62	5.21	-0.45	1.44

利润分配表附表

报告期利润	净资产收益率(%)		每股收益(元)	
	全面摊薄	加权平均	全面摊薄	加权平均
主营业务利润	1.36	1.21	1.65	1.65
营业利润	-11.75	-11.08	-0.25	-0.25
净利润	-12.14	-11.46	-0.26	-0.26
扣除非经常性损益后净利润	-11.34	-10.67	-0.24	-0.24

三、股本变动及股东情况介绍

1、股本变动情况
股本变动情况表

数量单位:股

	本次变动前	本次变动增减(+,-)						本次变动后
		配股	送股	公积金转股	增发	其他	小计	
一、未上市流通股份								
1、发起人股份	53,120,880					-13,000,000	13,000,000	40,120,880
其中:								
国家持有股份						13,000,000	13,000,000	13,000,000
境内法人持有股份	53,120,880						13,000,000	40,120,880
境外法人持有股份								
其它								
2、募集法人股份	20,770,560							20,770,560
3、内部职工股								
5、其它	87,255,600							87,255,600
未上市流通股份合计	161,147,040							174,147,040
二、已上市流通股份								
1、人民币普通股	150,480,000							150,480,000
2、境内上市的外资股								
1、境外上市外资股								
2、其他								
已上市流通股份合计	150,480,000							150,480,000
三、股份总数	311,627,040							311,627,040

000621 比特科技控股股份有限公司

2001年年度报告摘要

第一章　公司基本情况简介

(一)公司法定中文名称:比特科技控股股份有限公司
公司法定英文名称:BIT TECHNOLOGY HOLDING CO., LTD.
(二)公司法定代表人:郭朗华
(三)公司董事会秘书:张兴明
联系地址:北京市海淀区西直门外大街168号腾达大厦1009H
联系电话:(010)88576868-603　　联系传真:(010)88576148
电子信箱:zxm@bittech.com.cn
公司董事会证券事务代表:李檬
联系地址:北京市海淀区西直门外大街168号腾达大厦1009H
联系电话:(010)88576868-625　　联系传真:(010)88576868-625
电子信箱:lm@bittech.com.cn
(四)公司注册地址:北京市海淀区西直门外大街后二里沟8号腾达大厦8层H
公司办公地址:北京市海淀区西直门外大街168号腾达大厦1009H
邮政编码:100044
公司国际互联网网址:http://www.bittech.com.cn
公司电子信箱:bittech@bittech.com.cn
(五)公司公告报纸名称:《中国证券报》
公司公告国际互联网网址:http://www.cninfo.com.cn
公司年度报告备置地点:比特科技控股股份有限公司董事会秘书处
(六)公司股票上市交易所:深圳证券交易所
股票简称:比特科技　　股票代码:000621

第二章　会计数据和业务数据摘要

(一)本年度主要财务指标:　　单位:人民币元

项目	2001年
利润总额	-6,169,414.81
净利润	-13,693,175.55
扣除非经常性损益后的净利润	-23,049,214.85
主营业务利润	2,885,288.90
其他业务利润	50,851.94
营业利润	2,514,637.59
投资收益	-8,543,967.72
补贴收入	0
营业外收支净额	-140,084.68
经营活动产生的现金流量净额	-130,900,152.30
现金及现金等价物净增减额	51,782,033.85
扣除非经常损益的项目、涉及金额:	
本年度非经营性损益项目:	
股权转让收益	9,496,123.98
营业外收入	400.00
营业外支出	-140,484.68
合计	9,356,039.30

(二)报告期末公司前三年主要会计数据与财务指标:　　单位:人民币元

项目	2001年	2000年	1999年
主营业务收入	39,110,940.49	6,539,743.59	224597700.53
净利润	-13,693,175.55	33,780,878.23	35467502.22
总资产	609,455,636.53	386,579,133.95	503927469.42
股东权益	319,060,198.50	332,126,916.43	298346038.21
每股收益	-0.09	0.23	0.24
每股净资产	2.13	2.22	1.99
调整后的每股净资产	1.97	2.22	1.97
每股经营活动产生的现金流量净额	-0.87	0.02	0.89
净资产收益率(%)	-4.29	10.17	11.89
扣除非经常性损益后的加权平均净资产收益率(%)	-7.08	7.09	11.59

(三)利润表附表

项目	净资产收益率(%)				每股收益(元/股)			
	全面滩薄		加权平均		全面滩薄		加权平均	
	2001年	2000年	2001年	2000年	2001年	2000年	2001年	2000年
主营业务利润	7.49%	1.26%	7.34%	1.32%	0.16	2.79%	0.16	2.79%
营业利润	0.79%	-1.61%	0.77%	-1.70%	0.02	-3.57%	0.02	-3.57%
净利润	-4.29%	10.17%	-4.21%	10.72%	-0.09	22.57%	-0.09	22.57%
扣除非经常性损益后的净利润	-7.22%	6.73%	-7.08%	7.09%	-0.15	14.93%	-0.15	14.93%

第三章　股本变动及股东情况

(一)股本变动情况
1、股本变动情况表:　　数量单位:股

	本次变动前	本次变动增减(+、-)						本次变动后
		配股	增发	送股	公积金转股	其他	小计	
一、未上市流通股份								
①发起人股份	0							0
其中:								
国家持有股份								
境内法人持有股份	0							0
境外法人持有股份								
其他								
②募集法人股份	94,006,250							94,006,2503
高管持股	0							0
③优先股或其他								
其中:转配股								
未上市流通股份合计	94,006,250							94,006,250
二、已上市流通股份								
①人民币普通股	55,676,948							55,676,948
②境内上市的外资股								
③境外上市的外资股								
④其他								
已上市流通股份合计	55,664,948							55,676,948
三、股份总数	149,683,198							149,683,198

000622 岳阳恒立冷气设备股份有限公司

2001 年年度报告摘选

一、公司基本情况简介

1、公司法定中文名称:岳阳恒立冷气设备股份有限公司
公司法定英文名称:YUEYANG HENGLI AIR - COOLING EQUIPMENT,INC.
英文缩写:YUEYANG HENGLI
2、公司法定代表人:刘煌
3、公司董事会秘书:余凤庭
联系地址:岳阳市青年中路
电话:0730 - 8245198 0731 - 5168095 传真:0730 - 8221311 0731 - 5168095
4、公司注册地址:湖南省岳阳市青年中路
公司办公地址:湖南省岳阳市青年中路 邮政编码:414000
公司国际互联网网址:http:/www.yyhengli.com
电子信箱:yyhl@public.yy.hn.cn
5、公司选定的信息披露报纸名称:《证券时报》
登载公司二〇〇一年年度报告的中国证监会指定国际互联网网址:http:/www.cninfo.com.cn
公司二〇〇〇年年度报告备置地点:长沙市人民中路 245 号成功大厦
6、公司股票上市交易所:深圳证券交易所
股票简称:岳阳恒立 股票代码:000622
7、公司首次注册或变更注册登记日期:1993 年 5 月 18 号
公司首次注册或变更注册登记地点:湖南省工商局
企业法人营业执照注册号:4300001000868
税务登记号码:430602186095561
公司聘请的会计师事务所名称:湖南开元有限责任会计师事务所
公司聘请的会计师事务所办公地址:湖南省长沙市芙蓉中路 490 号

二、会计数据和业务数据摘要

1、2001 年度公司实现利润情况

利润总额	10,670,451.52 元
净利润	7,841,803.65 元
扣除非经常性损益后的净利润	5,067,796.30 元
主营业务利润	57,988,442.25 元
其他业务利润	2,320,897.12 元
营业利润	12,966,444.17 元
投资收益	1,040,000 元
补贴收入	
营业外收支净额	-3,365,992.65 元
经营活动产生的现金流量净额	1,276,241.93 元
现金及现金等价物净增加额	-9,536,895.26 元

主要会计数据和财务指标 单位:人民币元

项目	2001 年 12 月 31 日	2000 年 12 月 31 日		1999 年 12 月 31 日	
		调整前	调整后	调整前	调整后
主营业务收入	173,068,441.36	206,672,656.43	206,672,656.43	153,070,952.66	153,070,952.66
净利润	7,841,803.65	14,836,507.48	12,746,452.77	17,596,860.19	3,726,759.58
总资产	499,354,452.02	504,571,868.81	485,065,826.09	442,540,127.09	425,104,711.40
股东权益	205,074,213.57	216,157,880.32	197,232,409.92	205,433,632.84	188,598,217.15
每股收益	0.0553	0.1046	0.0899	0.12	0.0263
每股净资产	1.4468	1.49	1.3915	1.45	1.3
每股经营活动产生的现金流量净额	0.009	0.18	0.18	-0.03	-0.03
净资产收益率(%)	3.82	6.86	6.46	8.52	1.98
扣除非经常性损益后每股收益	3.58	0.097	0.0824	0.12	0.015

2、本年度利润附表

	净资产收益率(%)		每股收益(元)	
报告期利润	全面摊薄	加权平均	全面摊薄	加权平均
主营业务利润	28.28	28.28	0.4091	0.4091
营业利润	6.34	6.34	0.0917	0.0917
净利润	3.82	3.82	0.0553	0.0553

3、报告期内股东权益变动情况:

项目	股本	资本公积	盈余公积	法定公益金	未分配利润	股东权益
期初数	141742000	60680471.79	8728030.57	2403801.34	-13918092.44	197232409.92
本期增加			2165258.29	583308.22	5676545.36	7841803.65
本期减少						
期末数	141742000	60680471.79	10893288.86	2987109.56	-8241547.08	205074213.57
变动原因			本年提取	本年提取	本年实现	

三、股本变动和主要股东持股情况

1、股本变动情况:
2000 年度公司股份变动情况表 数量单位:股

股份类别	期初数	本次变动增减(+、-)					期末数
		配股	送股	公积金转股	其他	小计	
一、尚未流通股份							
发起人股份	66142000						66142000
其中:							
国家持有股份	13546000						13546000
境内法人持有股份	13896000						13896000
外资法人持有股份							
其他							
2、募集法人股	48300000						48300000
3、内部职工股	168374				-70000	-70000	98374
4、优先股或其他							
尚未流通股合计	75910374				-70000	-70000	75840374
二、已流通股份							
1、境内上市的股份	65831626				70000	70000	65901626
2、境内上市的外资股							
3、境外上市的外资股							
4、其他							
已流通股合计	65831626				70000	70000	65901626
三、股份总数	141742000						141742000

000623 吉林敖东药业集团股份有限公司

2001 年年度报告摘选

一、公司简介

1、公司法定中文名称:吉林敖东药业集团股份有限公司 中文缩写:吉林敖东
公司法定英文名称:JiLin AoDong Medicine Industry Croups Co.,Ltd
2、公司法定代表人:李秀林 先生
3、公司董事会秘书:郭 荣 先生
证券事务代表:李利平 先生
联系地址:吉林省敦化市胜利南大街 88 号
电话:0433 - 6224462 0433 - 6238973 传真:0433 - 6224462
电子信箱:dhadmsb4@public.yj.jl.cn
4、公司注册地址:吉林省敦化市胜利南大街 88 号
公司办公地址:吉林省敦化市胜利南大街 88 号 公司邮政编码:133700
公司国际互联网网址:http://www.jlaod.com
5、公司选定的信息披露报纸:证券时报
刊登公司年度报告的中国证监会指定国际互联网网址:http://www.cninfo.com.cn
公司年度报告备置地点:董事会办公室 电话:0433 - 6238973
6、公司股票上市交易所:深圳证券交易所
股票简称:吉林敖东 股票代码:000623

二、会计数据和业务数据摘要

1、利润总额:	95,704,788.22 元
净利润:	76,168,492.05 元
扣除非经常性损益后的净利润:	60,313,677.30 元
主营业务利润:	218,852,872.84 元
其他业务利润:	939,219.72 元
营业利润:	66,330,175.02 元
投资收益:	15,739,798.45 元
补贴收入:	2,025,000.00 元
营业外收支净额:	11,609,814.75 元
经营活动产生的现金流量净额:	138,761,307.59 元
现金及现金等价物净增加额:	-22,640,701.93 元

注:"扣除非经常性损益后的净利润"中扣除项目及金额:

(1)补贴收入:	2,025,000.00 元
(2)营业外收支净额:	11,609,814.75 元
(3)转让洮南公司股份收益:	2,220,000.00 元

2、前三年主要会计数据和指标

	二〇〇一年度	二〇〇〇年度		九九年度
		调整前	调整后	
主营业务收入:	359,634,498.75	314,183,034.49	314,183,034.49	385,555,236.98
净 利 润:	76,168,492.05	82,616,342.17	81,070,849.48	100,381,079.93
总 资 产:	1,552,166,324.92	1,432,667,801.46	1,426,072,926.42	1,162,694,759.76
股 东 权 益:	1,144,277,089.01	1,074,743,940.83	1,068,108,596.96	667,845,010.62
每股收益(摊薄):	0.326	0.354	0.346	0.513
每股收益(加权):	0.326	0.428	0.420	0.513
每 股 净 资 产:	4.90	4.60	4.57	3.42
调整后每股净资产:	4.84	4.44	4.51	3.30
每股经营活动产生的现金流量净额:	0.594	0.33	0.56	
净资产收益率(摊薄)%:	6.66	7.69	7.59	15.02
净资产收益率(加权)%:	6.66	10.61	10.50	15.02
扣除非常性损益后每股收益(摊薄):	0.258	0.338	0.330	0.475

按照中国证监会《公开发行证券公司信息披露编报规则》第 9 号的通知要求,计算的利润数据:

项 目	报告期利润	净资产收益率%		每股收益	
		摊薄	加权	摊薄	加权
主营业利润	218,852,872.84	19.12	20.13	0.937	0.937
营业利润	66,330,175.02	5.79	6.82	0.284	0.284
净 利 润	76,168,492.05	6.66	7.61	0.326	0.326
扣除非经常损益后的净利润	60,313,677.30	5.27	6.05	0.258	0.258

3、股东权益变动情况(单位:万元)

项 目	股 本	资本公积	盈余公积	其中:公益金	未分配利润	合计
期 初 数	23,366	53,235	10,956	2,130	19,253	106,810
本期增加			1,264	422	7,617	8,881
本期减少					1,264	1,264
期 末 数	23,366	53,235	12,220	2,552	25,606	114,427

三、股本变动及股东情况

(一)股本变动情况
1、股份变动情况表(单位数量:股)

	本次变动前	本次变动增减(+-)					本次变动后
		配股	送股	公积金转股	其它	小计	
一、未上市流通股份							
1、发起人股份							
其中:							
国家持有股份	71,162,000						71,162,000
境内法人持有股份	10,998,000						10,998,000
外资法人持有股份							
其他:							
2、募集法人股	26,208,000						26,208,000
3、优先股或其他							
其中:转配股	14,567,800					-14,567,800	0
未上市流通股份合计	122,935,800					-14,567,800	108,368,000
二、已上市流通股份							
1、人民币普通股	110,728,800					+14,567,800	125,296,600
其中:高管人员持股	353,378						353,378
已上市流通股份合计	110,728,800					+14,567,800	125,296,600
三、股份总数	233,664,600						233,664,600

000625 重庆长安汽车股份有限公司

2001年年度报告摘选

第一节 公司基本情况简介

1、公司法定中文名称:重庆长安汽车股份有限公司
公司法定英文名称:Chongqing Changan Automobile Company Limited
2、公司法定代表人:尹家绪
3、公司董事会秘书:崔云江、马军　　公司证券事务代表:黎军
联系地址:重庆市江北区建新东路260号
联系电话:(023)67591249、67591568、67591349　　传真:(023)67866055、67870261
电子信箱:cazjc@mail.changan.com.cn
4、公司注册地址:重庆市南岸区南城大道309号　　邮政编码:400060
公司办公地址:重庆市江北区建新东路260号　　邮政编码:400023
公司国际互联网网址:http://www.changan.com.cn
5、公司信息披露报刊:《中国证券报》、《证券时报》、《香港商报》
公司信息披露网址:http://www.cninfo.com.cn
公司年度报告备置地点:公司董事会办公室
6、股票上市地点:深圳证券交易所
股票简称:长安汽车　长安B　　股票代码:000625　　200625

第二节 会计数据和业务数据摘要

1、本年度主要利润指标(单位:人民币元)。

利润总额	283,942,249
净利润	160,215,482
扣除非经常性损益后的净利润	155,939,203
主营业务利润	1,432,342,254
其他业务利润	84,797,047
营业利润	267,291,037
投资收益	11,652,927
补贴收入	18,349,109
营业外收支净额	-13,350,824
经营活动产生的现金流量净额	991,955,298
现金及现金等价物净增加额	303,152,490

2、按两种会计准则、制度计算的净利润差异说明

	净资产	净利润
按企业会计制度编制的本集团报表余额	2,574,310,811	160,215,482
按国际会计准则所作的调整		
1. 重庆长安铃木汽车有限公司		
税后提取的职工奖励及福利基金	-	(13,000,000)
2. 摊销合并产生的商誉	(18,029,226)	858,000
3. 调整重庆长安铃木汽车有限公司开办费摊销	1,228,758	-
4. 冲销1995年长期资产重估增值	(7,876,812)	-
5. 递延税款	69,109,787	69,109,787
6. 冲销2001年已分派但未发放的股利	49,066,640	-
7. 投资损失	(11,000,000)	(11,000,000)
按国际会计准则调整后的余额	2,656,809,958	206,183,269

3、三年度主要会计数据和财务指标:

项目	2001年	2000年		1999年
		调整前	调整后	
主营业务收入(元)	7,331,805,826	6,703,211,839.88	6,703,211,840	5,446,762,000
净利润(元)	160,215,482	147,654,529.67	147,654,530	53,715,000
总资产(元)	6,636,749,746	7,571,674,232.64	7,368,097,981	7,093,918,000
股东权益(元)	2,574,310,811	2,460,631,236.11	2,476,161,970	2,373,590,000
每股收益(元/股)	0.13	0.1204	0.1204	0.044
每股净资产(元/股)	2.10	2.01	2.02	1.93
调整后的每股净资产(元/股)	2.08	1.86	1.87	1.89
每股经营活动产生的现金流量净额(元/股)	0.80	0.72	0.72	0.71
净资产收益率(%)	6.22	6	6	2.3

4、根据中国证监会《公开发行证券公司信息披露编报规则(第9号)》要求计算的2001年报告期利润的净资产收益率和每股收益

项目	报告期利润	净资产收益率(%)		每股收益(元/股)	
		全面摊薄	加权平均	全面摊薄	加权平均
主营业务利润	1,432,342,254	55.6	56	1.17	1.17
营业利润	267,291,037	10.4	10.5	0.22	0.22
净利润	160,215,482	6.2	6.3	0.13	0.13
扣除非经常性损益后的净利润	155,939,202	6	6.1	0.13	0.13

第三节 股本变动及股东情况

1、股本变动情况公司
股份变动情况表(数量单位:股)

	本次变动前	本次变动增减(+,-)						本次变动后
		配股	送股	公积金转股	增发	其他	小计	
一、未上市流通股份								
1、发起人股份	708,666,000							708,666,000
其中:								
国家持有股份								
境内法人持有股份	708,666,000							708,666,000
境外法人持有股份								
其他								
2、募集法人股								
3、内部职工股	28,200					-7,200	-7,200	21,000
4、优先股或其他								
其中:转配股								
未上市流通股份合计	708,694,200					-7,200	-7,200	708,687,000
二、已上市流通股份								
1、人民币普通股	167,971,800					7,200	7,200	167,979,000
2、境内上市的外资股	350,000,000							350,000,000
3、境外上市的外资股								
4、其他								
已上市流通股份合计	517,971,800					7,200	7,200	517,979,000
三、股份总数	1,226,666,000							1,226,666,000

000626 连云港如意集团股份有限公司

2001年年度报告摘选

一、公司基本情况简介

1、公司法定名称:
中文名称:连云港如意集团股份有限公司
英文名称:LIANYUNGANG IDEAL GROUP CO.,LTD
中文名称缩写:如意集团
英文名称缩写:IDEAL GROUP
2、公司法定代表人:李炳源
3、公司董事会秘书:刘滨
证券事务代表:谭卫
联系地址:连云港市新浦北郊路6号
电　　话:0518-5153595　　传真:0518-5150105
电子信箱:rydshmsc@pub.lyg.jsinfo.net
4、公司注册地址:连云港市新浦丁字路东首
公司办公地址:连云港市新浦北郊路6号　　邮政编码:222006
网　　址:http://www.ideal.com.cn
电子信箱:idealco@public.lyg.js.cn
5、公司选定的信息披露报纸名称:《中国证券报》、《证券时报》
登载本公司年度报告的中国证监会指定网站的网址:http://www.cninfo.com.cn
公司年度报告备置地:公司董事会秘书处
6、公司股票上市交易所:深圳证券交易所
公司股票简称:如意集团　　公司股票代码:000626

第二节 会计数据和业务数据摘要

1、公司本年度实现的主要经济指标

单位:人民币元

项目	金额
利润总额	64,020,287.33
净利润	26,380,488.44
扣除非经常性损益后的净利润	27,901,775.99
主营业务利润	131,066,415.49
其他业务利润	3,122,568.80
营业利润	52,470,743.67
投资收益	660,037.92
补贴收入	10,673,017.74
营业外收支净额	216,488.00
经营活动产生的现金流量净额	-69,411,394.36
现金及现金等价物净增加额	8,668,263.44

注:扣除非经常性损益后的净利润系从净利润中扣除了营业外收支净额、处理被投资单位股权损益及政策有效期短于3年的税收返还共计-1,521,287.55元。

2、截止本报告期末公司前三年的主要会计数据和财务指标

单位:人民币元

项目	2001年12月31日	2000年12月31日		1999年12月31日
		调整后	调整前	
主营业务收入	3,396,217,551.67	2,658,955,063.82	2,658,955,063.82	607,220,631.90
净利润	26,380,488.44	2,127,624.58	3,781,235.21	8,008,580.66
总资产	848,553,433.70	652,335,070.03	653,988,680.66	353,795,768.89
股东权益(不含少数股东权益)	177,533,656.88	153,213,426.72	154,867,037.35	148,493,232.14
每股收益(摊薄)	0.195	0.02	0.03	0.09
每股收益(加权)	0.195	0.02	0.03	0.09
扣除非经常性损益后的每股收益	0.207	0.02	0.03	0.065
每股净资产	1.32	1.13	1.15	1.65
调整后的每股净资产	1.27	1.02	1.03	1.48
每股经营活动产生的现金流量净额	-0.51	-0.31	-0.31	0.56
净资产收益率(%)(摊薄)	14.86	1.39	2.44	5.39
净资产收益率(%)(加权)	15.85	1.43	2.51	6.25
扣除非经常性损益后的加权净资产收益率(%)	16.77	1.39	2.44	4.60

第三节 股本变动及股东情况

1、股本变动情况
(1)股份变动情况表

数量单位:股

	本次变动前	本次变动增减(+、-)						本次变动后
		配股	送股	公积金转股	增发	其他	小计	
一、未上市流通股份								
1、发起人股份	75681000							75681000
其中:								
国家持有股份	41310000							41310000
境内法人持有股份	34371000							34371000
境外法人持有股份								
其他								
2、募集法人股	25569000							25569000
3、内部职工股								
4、优先股或其他								
未上市流通股份合计	101250000							101250000
二、已上市流通股份								
1、人民币普通股	33750000							33750000
2、境内上市的外资股								
3、境外上市的外资股								
4、其他								
已上市流通股份合计	33750000							33750000
三、股份总数	135000000							135000000

000627 湖北百科药业股份有限公司

2001 年年度报告摘选

一、公司基本情况简介

1、公司的法定中文名称：湖北百科药业股份有限公司
公司的法定英文名称：Hubei Biocause Pharmaceutical Co., Ltd.
英文名称缩写：Biocause Pharma
2、公司的法定代表人：向汉林
3、公司董事会秘书：丁振荣
证券事务授权代表：成六生
联系地址：湖北省荆门市杨湾路 132 号
联系电话：(0724)2211003 转 6218
联系传真：(0724)2217652
电子信箱：stock@biocause.com
4、公司注册及办公地址：湖北省荆门市杨湾路 132 号
邮政编码：448000
互联网网址：http://www.biocause.com
电子信箱：stock@biocause.com
5、公司选定的信息披露报刊：《中国证券报》、《证券时报》
登载年度报告的国际互联网网址：http://www.cninfo.com.cn
公司年度报告备置地点：公司董事会办公室
6、公司股票上市交易所：深圳证券交易所
股票简称：百科药业　　股票代码：000627

二、会计数据和业务数据摘要

1、公司本年度实现的主要利润指标（单位：人民币元）

项目	金额
利润总额：	57,701,977.08
净利润：	37,227,099.08
扣除非经常性损益后的净利润：	34,853,027.35
主营业务利润：	93,734,622.18
其他业务利润：	8,072,982.19
营业利润：	53,705,611.80
投资收益：	3,770,790.85
补贴收入：	498,458.11
营业外收支净额：	-272,883.68
经营活动产生的现金流量净额：	37,302,900.06
现金及现金等价物净增加额：	142,183,355.15

2、公司前三年的主要会计数据和财务指标：（单位：人民币元）

项目	2001 年	2000 年		1999 年	
		调整后	调整前	调整后	调整前
主营业务收入	356,012,078.42	321,963,396.98	321,963,396.98	255,862,869.65	255,862,869.65
净利润	37,227,099.08	35,921,300.84	34,243,380.77	33,139,874.74	31,354,603.13
总资产	989,087,740.51	869,736,519.58	886,330,517.23	752,340,844.72	770,676,221.78
股东权益(不含少数股东权益)	688,697,255.12	514,150,465.42	527,736,336.04	492,555,362.94	507,437,483.27
每股收益	0.07	0.13	0.12	0.14	0.135
每股净资产	1.33	1.84	1.89	2.12	2.18
调整后的每股净资产	1.30	1.80	1.86	2.10	2.12
每股经营活动产生的现金流量净额	0.072	-0.02	-0.02	0.20	0.20
全面摊薄净资产收益率(%)	5.41	6.99	6.49	6.73	6.18
加权平均净资产收益率(%)	5.80	7.04	6.53	6.91	6.37
扣除非经常性损益的加权平均净资产收益率(%)	5.17	6.70	6.51	5.84	5.18

根据中国证监会发布的《公开发行证券公司信息披露编报规则（第 9 号）》通知精神，公司 2001 年按全面摊薄法和加权平均法计算的净资产收益率及每股收益。

报告期利润	净资产收益率(%)				每股收益(元)			
	2001 年		2000 年		2001 年		2000 年	
	全面摊薄	加权平均	全面摊薄	加权平均	全面摊薄	加权平均	全面摊薄	加权平均
主营业务利润	13.61	14.59	15.75	15.86	0.18	0.18	0.29	0.29
营业利润	7.80	8.36	9.17	9.23	0.10	0.10	0.17	0.17
净利润	5.41	5.80	6.99	7.04	0.07	0.07	0.13	0.13
扣除非经常性损益后的净利润	5.06	5.17	6.65	6.70	0.06	0.06	0.12	0.12

三、股本变动及股东情况

（一）股本变动情况
股本变动情况表

（单位：股）

	本次变动前	本次变动增减(+,-)					本次变动后
		配股	送股	公积金转股	其他	小计	
一、未上市流通股份							
1、发起人股份							
其中：							
国家持有股份	171,313,920		33,060,742	71,644,731	-61,085,200	43,620,273	214,934,193
境内法人持有股份	2,160,000		416,844	1,288,422		1,705,266	3,865,266
境外法人持有股份							
其他							
2、募集法人股份	32,408,640		6,254,329	49,874,084	61,085,200	117,213,613	149,622,253
3、内部职工股							
4、优先股或其他							
未上市流通股份合计	205,882,560		39,731,915	122,807,237		162,539,152	368,421,712
二、已上市流通股份							
1、人民币普通股	73,008,000	10,140,000	16,046,183	49,597,091		75,783,274	148,791,274
2、境内上市的外资股							
3、境外上市的外资股							
已上市流通股份合计	73,008,000	10,140,000	16,046,183	49,597,091		75,783,274	148,791,274
三、股份总数	278,890,560	10,140,000	55,778,098	172,404,328		238,322,426	517,212,986

000628 成都倍特发展集团股份有限公司

2001 年年度报告摘选

一、公司简介

（一）公司法定中文名称：成都倍特发展集团股份有限公司
公司法定英文名称：CHENGDU BRILLIANT DEVELOPMENT GROUP, INC.
（二）公司法定代表人：曾绍清
（三）公司董事会秘书：解冶
证券事务代表：申书龙
联系地址：中国四川省成都市成都高新技术产业开发区
联络电话：(028)5199519
传　　真：(028)5184099
（四）公司注册地址：中国四川省成都市成都高新技术产业开发区
公司办公地址：中国四川省成都市成都高新技术产业开发区
邮政编码：610041
公司电子信箱：btgroup@sohu.com
（五）公司信息披露报纸：《中国证券报》
公司年度报告登载的国际互联网网址：http://www.cninfo.com.cn
公司年度报告备置地点：公司董事会办公室
（六）公司股票上市地：深圳证券交易所
公司股票简称：倍特高新
公司股票代码：000628

二、会计数据和业务数据摘要

（一）本年度实现利润数据情况

单位：元

项目	金额
利润总额	13,634,651.32
净利润	4,407,919.99
扣除非经常性损益后的净利润	5,183,870.60
主营业务利润	183,523,233.50
其他业务利润	403,783.10
营业利润	6,961,070.15
投资收益	7,586,464.24
补贴收入	35,666.59
营业外收支净额	-948,549.66
经营活动产生的现金流量净额	121,801,683.06
现金及现金等价物净增加额	68,140,693.77

注：本年度公司非经常性损益项目为：补贴收入 35,666.59 元，营业外收支净额 -948,549.66 元，所得税影响数 -136,932.46 元。

（二）截止报告期末前三年的主要会计数据和财务指标

项目	2001 年	2000 年		1999 年	
		调整后	调整前	调整后	调整前
主营业务收入(元)	693,934,605.90	469,360,048.31	469,360,048.31	432,989,351.07	432,989,351.07
净利润(元)	4,407,919.99	3,789,481.25	3,789,481.25	7,424,637.82	14,620,376.59
总资产	1,805,868,721.83	1,616,389,046.66	1,628,052,808.58	1,441,333,420.94	1,452,997,182.86
股东权益(元)	528,106,255.52	523,695,180.49	530,890,919.26	519,984,005.49	527,179,744.26
每股收益(元/股)	0.0228	0.0196	0.0196	0.0384	0.076
加权每股收益(元/股)	0.0228	0.0196	0.0196	0.0384	0.076
扣除非经常性损益后每股收益(元/股)	0.0268	0.0192	0.0192	-0.0323	0.005
每股净资产(元/股)	2.73	2.71	2.74	2.69	2.72
调整后的每股净资产(元/股)	2.54	2.48	2.46	2.40	2.43
每股经营活动产生的现金流量金额(元/股)	0.6293	0.0351	0.0351	-0.84	-0.84
净资产收益率(%)	0.83	0.72	0.71	1.43	2.77
加权净资产收益率(%)	0.84	0.73	0.72	1.44	2.82

（三）按中国证监会信息披露编报规则（第九号）要求计算报告期利润的净资产收益率和每股收益

	报告期利润	净资产收益率(%)		每股收益	
		全面摊薄	加权平均	全面摊薄	加权平均
主营业务利润	183,523,233.50	34.75	34.90	0.9481	0.9481
营业利润	6,961,070.15	1.32	1.32	0.0360	0.0360
净利润	4,407,919.99	0.83	0.84	0.0228	0.0228
扣除非经常性损益后的净利润	5,183,870.60	0.98	0.99	0.0268	0.0268

三、股本变动及股东情况

（一）股本变动情况
1、公司股份变动情况表

数量单位：股

	本次变动前	本次变动增减(+、-)						本次变动后
		配股	送股	公积金转股	增发	其他	小计	
一、未上市流通股份								
1、发起人股份	33480000							33480000
其中：								
国家持有股份	30360000							30360000
境内法人持有股份	3120000							3120000
外资法人持有股份								
其他								
2、募集法人股份	73680000							73680000
3、内部职工股								
4、优先股或其他								
其中：转配股								
未上市流通股份合计	107160000							107160000
二、已上市流通股份								
1、人民币普通股	86400000							86400000
2、境内上市的外资股								
3、境外上市的外资股								
4、其他								
已上市流通股份合计	86400000							86400000
三、股份总数	193560000							193560000

000629 攀枝花新钢钒股份有限公司

2001 年年度报告摘选

一、公司基本情况简介

(一)公司法定中文名称:攀枝花新钢钒股份有限公司
公司法定英文名称:PANZHIHUA NEW STEEL & VANADIUM COMPANY LIMITED
英文名称缩写:PSV
(二)法定代表人姓名:洪及鄙
(三)公司董事会秘书:李其明
联系电话:0812－2236281 2236280
传真:0812－2226014
电子信箱:yqw85@sina.com
联系地址:四川省攀枝花市大渡口街55号
证券事务代表:武坚
联系电话:0812－2236281 2236280 传真:0812－2226014
电子信箱:PSV－1@public.phpub.sc.cn
(四)公司注册地址:四川省攀枝花市弄弄坪
公司办公地址:四川省攀枝花市大渡口街55号 邮政编码:617067
公司电子信箱:PSV－1@public.phpub.sc.cn
(五)公司选定的信息披露报纸:《证券时报》《中国证券报》《上海证券报》
登载年度报告的中国证监会指定网站的网址:HTTP://WWW.cninfo.com.cn
公司年度报告备置地点:公司董事会秘书处
(六)公司股票上市交易所:深圳证券交易所
股票简称:新 钢 钒 股票代码:000629

二、会计数据和业务数据摘要

(一)本年度实现利润及主要现金流量指标 (单位:人民币元)

项目	金额
利润总额	718,442,191
净利润	481,318,206
扣除非经常损益后的净利润	568,785,211
主营业务利润	1,407,460,092
其他业务利润	24,602,633
营业利润	838,124,632
投资收益	6,375,624
营业外收支净额	－126,058,065
经营活动产生的现金流量净额	1,361,500,291
现金及现金等价物净增加额	－27,665,200

注:非经常性损失(收益)包括: (单位:人民币元)

项目	金额
营业外收入	2,532,474
营业外支出	128,590,539
支付资金占用费	4,489,703
以上三项所得税影响	43,080,763
合计	－87,467,005

(二) 主要财务指标(单位:人民币元)

项目		2001年	2000年	1999年
净利润		481,318,206	461,049,299	274,171,610
扣除非经常性损益后的净利润		568,785,211	477,922,349	324,877,427
主营业务收入		7,502,623,237	7,587,667,733	6,547,385,471
总资产		7,240,816,792	7,074,791,478	8,067,583,592
资产负债率(%)		39.14%	41.62%	51.98%
股东权益(不包含少数股东权益)		4,406,598,023	4,129,939,846	3,873,550,576
每股收益	摊薄	0.47	0.45	0.27
	加权	0.47	0.45	0.27
净资产收益率(%)	摊薄	10.92%	11.16%	7.08%
	加权	11.01%	11.23%	6.96%
每股净资产		4.31	4.04	3.79
调整后的每股净资产		3.90	3.70	3.36
每股经营活动产生的现金流量净额		1.33	1.73	－0.15

(三)利润表附表

截至二〇〇一年十二月三十一日止年度

报告期利润	公司				集团			
	净资产收益率		每股收益(元)		净资产收益率		每股收益(元)	
	全面摊薄	加权平均	全面摊薄	加权平均	全面摊薄	加权平均	全面摊薄	加权平均
主营业务利润	32.01%	32.28%	1.38	1.38	31.94%	32.20%	1.38	1.38
营业利润	19.81%	19.98%	0.85	0.85	19.02%	19.18%	0.82	0.82
净利润	10.92%	11.01%	0.47	0.47	10.92%	11.01%	0.47	0.47
扣除非经常性损益后的净利润	12.88%	12.98%	0.55	0.55	12.91%	13.01%	0.56	0.56

三、股本变动及股东情况

1、股本变动情况

(1)股份变动情况表(单位:股)

股份类别	期初数	本次变动增减(+,-) 配股	送股	公积金转增	增发	其他	小计	期末数
一、尚未流通股份								
1、发起人股份	723,500,145							723,500,145
其中:国家持有股份	723,500,145							723,500,145
境内法人持有股份								
境外法人持有股份								
其他								
2、募集法人股								
3、内部职工股								
4、优先股或其他								
5、尚未流通股份								
尚未流通股份合计	723,500,145							723,500,145
二、已流通股份								
1、人民币普通股	299,800,000							299,800,000
2、境内上市的外资股								
3、境外上市的外资股								
4、其他								
已流通股份合计	299,800,000							299,800,000
三、股份总数	1,023,300,145							1,023,300,145

000630 安徽铜都铜业股份有限公司

2001 年年度报告摘选

一、公司基本情况简介

(一)公司法定中文名称:安徽铜都铜业股份有限公司
公司英文名称:ANHUI TONGDU COPPER STOCK CO.LTD.
公司缩写:铜都铜业
(二)公司法定代表人:杨振超
(三)公司董事会秘书:吴国忠
联系地址:安徽省铜陵市长江西路有色大院西楼
联系电话:0562－2825029
传真:0562－2825082
公司注册地址:安徽省铜陵市长江西路
(四)公司办公地址:安徽省铜陵市长江西路有色大院西楼
邮政编码:244001
公司国际互联网网址:http://tongdu.yeah.net
公司电子信箱:tongdu@mail.ahwhptt.net.cn
(五)公司选订的信息披露报纸名称:《中国证券报》、《证券时报》
登载公司年度报告的中国证监会指定国际互联网网址:
http://www.cninfo.com.cn
年度报告备置地点:公司证券部
(六)股票上市交易所:深圳证券交易所
股票简称:铜都铜业 股票代码:000630

二、会计数据和业务数据摘要

1、本年度利润总额及其构成

(单位:人民币元)

项目	金额
利润总额	123,827,963.79
净利润:	116,354,494.26
扣除非经常性损益后的净利润:	118,992,022.54
主营业务利润:	253,379,249.66
其他业务利润:	6,161,833.55
营业利润:	133,320,748.79
投资收益:	－6,226,421.07
补贴收入:	19,410,000.00
营业外收支净额:	－22,676,363.93
经营活动产生的现金流量净额:	274,590,347.77
现金及现金等价物净增加额:	－220,839,479.90

注:扣除的非经常性项目和涉及金额

项目	金额
①补贴收入	19,410,000.00
②营业外收入	203,558.83
③营业外支出(不含固定资产减值准备)	21,519,121.41
其中:资产置换损失	20,426,886.09
④固定资产减值准备	1,360,801.35

⑤以上1－3项涉及金额1905562.58元,扣除所得税影响数为1276726.93元。1－4项合计影响金额为2637528.28元

2、公司三年来的主要会计数据和财务指标:

(单位:人民币元)

项目	2001年	2000年	1999年
主营业务收入(万元)	1892612776.38	2008034066.99	1655278038.65
净利润(万元)	116354494.26	138463960.32	131411309.73
总资产(万元)	2997844181.87	2758815829.72	1670282128.38
股东权益(万元)	1908356611.44	1914751173.29	1061695500.38
每股收益(元)(摊薄)	0.25	0.30	0.36
(加权)	0.25	0.38	0.36
每股收益(扣除非经常性损益后)	0.26	0.30	0.34
每股净资产(元)	4.10	4.11	2.92
调整后的每股净资产(元)	4.09	4.08	2.84
每股经营活动产生的现金流量净额	0.59	0.25	－0.54
净资产收益率(%)(摊薄)	6.10	7.23	12.38
(加权)	6.17	12.24	12.31
扣除非经常性益后净资产收益率(加权)%	6.31	7.28	11.54

三、股本变动和股东情况

1、股本变动情况

报告期内公司股本变动及期末股本结构如下:

股份变动情况表

数量单位:股

	本次变动前	本次变动增减(+,-)	本次变动后
一、未上市流通股份			
1、发起人股份	283036000		283036000
其中:			
国家拥有股份	283036000		283036000
境内法人持有股份	2860000		2860000
外资法人持有股份			
其他			
2、募集法人股			
3、内部职工股			
4、优先股或其他			
其中:转配股			
未上市流通股份合计	283036000		283036000
二、已上市流通股份			
1.人民币普通股	182520000		182520000
2.境外上市的外资股			
3.境内上市的外资股			
4.其他			
已上市流通股份合计	182520000		182520000
三、股份总额	465556000		465556000

000631 兰宝科技信息股份有限公司

2001 年年度报告摘选

一、公司简介

1、公司中文名称(中文简称):兰宝科技信息股份有限公司(兰宝信息)
公司英文名称(英文缩写):LAN BAO TECHNOLOGY INFORMATION CO.,LTD.(LBTI)
2、公司注册地址:长春市朝阳区同志街 73 号　　邮政编码:130021
公司办公地址:长春市高新技术产业开发区高新路 4370 号　　邮政编码:130012
公司国际互联网网址:http://www.lanbao.com.cn　　电子信箱:lb@lanbao.com.cn
3、公司法定代表人:刘铁杲
4、公司董事会秘书及董事会证券事务代表:曹志伟　　徐巍
联系地址:长春市高新技术产业开发区高新路 4370 号
联系电话:(0431)5528289　　联系传真:(0431)5528285
电子邮箱:caozw@lanbao.com.cn/xuwei@lanbo.com.cn
5、中国证监会指定信息披露报纸:《证券时报》
中国证监会指定国际互联网网址:http://www.cninfo.com.cn
公司报告备置地点:兰宝科技信息股份有限公司证券部
6、公司股票上市交易所:深圳证券交易所
股票简称:兰宝信息　　股票代码:000631

二、会计数据和业务数据摘要

1、公司本年度利润总额及其构成

项 目	金额(元)
利润总额	62,987,435.64
净利润	45,229,438.59
扣除非经常性损益的净利润	44,320,396.54
主营业务利润	123,569,329.89
其他业务利润	94,875.55
营业利润	60,798,393.59
投资收益	1,280,000.00
补贴收入	-
营业外收支净额	909,042.05
经营活动产生现金流量净额	23,204,432.34
现金及现金等价物净增加额	-89,255,588.93

注:扣除的非经常性损益

项目	金额(元)
营业外收入	1,445,679.28
营业外支出	536,637.23
合 计:	909,042.05

2、公司近三年主要会计数据和财务指标　　金额单位:人民币元

指标项目	2001 年	2000 年		1999 年(调整后)	
		调整前	调整后	调整前	调整后
主营业务收入	417,517,363.18	269,198,267.82	269,198,267.82	170,989,333.69	170,989,333.69
净利润	45,229,438.59	51,570,857.26	34,319,801.12	48,122,429.96	45,778,001.22
总资产	1,313,216,578.78	1,176,647,959.27	1,136,498,276.07	628,862,230.95	618,051,380.20
股东权益(不含少数股东权益)	713,423,621.10	721,548,965.72	668,028,435.35	435,662,822.31	424,851,971.56
每股收益(元/股)	0.1881	0.3004	0.1999	0.3319	0.3157
扣除非经营损益后的每股收益	0.1844	0.3032	0.2027	0.3270	0.3108
每股净资产(元/股)	2.9680	4.203	3.8908	3.00	2.93
净资产收益率(%)	6.34	7.15	5.14	11.05	10.78
调整后的每股净资产(元/股)	2.9543	4.029	3.8838	2.9554	2.9115
加权平均每股收益(元/股)	0.1881	0.3257	0.2167	0.3319	0.3157
加权平均净资产收益率(%)	6.55	8.91	6.14	11.64	11.34
每股经营活动产生的现金流量净额	0.0965	0.5465	0.5465	0.142	0.1420

3、按全面摊薄法和加权平均法计算的净资产收益率及每股收益:

报告期利润	金额(元)	净资产收益率(%)		每股收益(元/股)	
		全面摊薄	加权平均	全面摊薄	加权平均
主营业务利润	123,569,329.89	17.32	17.89	0.51	0.51
营业利润	60,798,393.59	8.52	8.80	0.25	0.25
净利润	45,229,438.59	6.34	6.55	0.19	0.19
扣除非经常性损益后的净利润	44,320,396.54	6.21	6.42	0.18	0.18

4、报告期股东权益变动情况(单位:元)

项 目	股本	资本公积	盈余公积	其中:法定公益金	未分配利润	股东权益合计
期 初 数	171,692,542	371,316,064.43	39,445,505.96	13,148,501.99	85,574,322.96	668,028,435.35
本期增加	68,677,016	165,747.16	10,745,292.12	3,581,764.04	34,484,146.47	45,395,185.75
本期减少	-	68,677,016	-	-	-	-
期 末 数	240,369,558	302,804,795.59	50,190,798.08	16,730,266.03	120,058,469.43	713,423,621.10
变动原因	报告期实施资本公积金转增股本。	增加由于被投资单位债务重组产生收益,减少是由于本期实施公积金转增股本。	期初变化由于追溯调整影响,增加是税后利润按比例提取转入。	税后利润按比例提取转入。	期初变化是由于追溯调整影响,增加是本年实现利润转入。	本期新增加利润转入。

三、股本变动及股东情况

1、股份变动情况
(1)股份变动情况表(截止 2001 年 12 月 31 日)

数量单位:股

	期 初 数	本次变动增减(+,-)						期 末 数
		配股	送股	公积金转股	增发	其它	小计	
一、尚未流通股份								
1、发起人股份								
其中:								
国有法人持有股份	63,392,542			25,357,016			25,357,016	88,749,558
境内法人持有股份	2,400,000			960,000			960,000	3,360,000
2、募集法人股	24,000,000			9,600,000			9,600,000	33,600,000
3、高管持股								
(已冻结流通股)								
尚未流通股份合计	89,792,542			35,917,016			35,917,016	125,709,558
二、已上市流通股份								
人民币普通股	81,900,000			32,760,000			32,760,000	114,660,000
包括:高管持股	13,200			5,280			5,280	18,480
已流通股份合计	81,900,000			32,760,000			32,760,000	114,660,000
三、股份总数	171,692,542			68,677,016			68,677,016	240,369,558

000632 福建三木集团股份有限公司

2001 年年度报告摘选

一、公司基本情况简介

1、公司法定中文名称:福建三木集团股份有限公司(缩写:三木集团)
英文名称:FUJIAN SANMU GROUP CO.,LTD.
(缩写:SANMU GROUP)
2、法定代表人:兰隽
3、董事会秘书:彭东明
电子信箱:fd8825@yahoo.com
联系地址:公司办公地址
电话:0591-3341509　　传真:0591-3341504
4、注册地址:福建省福州市开发区君竹路 162 号
邮政编码:350015
5、办公地址:福建省福州市台江区广达路 141 号
邮政编码:350004
6、国际互联网网址:http://www.san-mu.com
电子信箱:wsh@san-mu.com
7、选定的信息披露报纸:《证券时报》
登载年度报告的指定互联网网址:
http://www.cninfo.com.cn
年度报告备置地点:福建省福州市广达路 141 号恒宇大厦九层
8、股票上市地:深圳证券交易所
股票简称:三木集团　　股票代码:000632

二、会计数据和业务数据摘要

1、本年度主要会计数据

(单位:人民币元)

项目	金 额
利润总额	99,667,012.05
净利润	33,058,777.83
扣除非经常性损益后的净利润	29,555,573.39
主营业务利润	169,696,709.18
其它业务利润	4,616,282.94
营业利润	86,666,605.01
投资收益	8,102,363.76
补贴收入	5,456,982.88
营业外收支净额	-558,939.60
经营活动产生的现金流量净额	-109,665,078.72
现金及现金等价物净增加额	80,872,585.22

注:扣除的非经常性损益项目有:营业外收支净额-558,939.60 元,股权转让收益 4,062,144.04 元。

2、近三年主要会计数据和财务指标

单位:人民币元

项 目	2001-12-31	2000-12-31		1999-12-31	
		调整前	调整后	调整前	调整后
主营业务收入	1,090,152,738.58	1,044,603,593.84	866,281,758.58	595,692,711.51	595,692,711.51
净利润	33,058,777.83	31,599,599.07	31,457,452.35	47,727,036.22	47,742,806.38
总资产	1,983,610,710.03	1,533,385,564.04	1,430,252,924.19	1,272,336,775.72	1,271,710,171.98
股东权益	671,799,176.20	515,732,507.93	514,973,636.27	511,280,463.70	510,663,738.76
每股收益	0.1884	0.194	0.1927	0.292	0.292
每股净资产	3.828	3.159	3.155	3.132	3.128
调整后的每股净资产	3.767	3.145	3.141	3.100	3.096
每股经营活动产生的现金流量净额	-0.6248	-0.498	-0.498	0.241	0.241
净资产收益率	4.92%	6.13%	6.11%	9.30%	9.35%

根据中国证监会《公开发行证券的公司信息披露编报规则第九号》文的规定,分别按全面摊薄和加权平均法计算 2001 年度净资产收益率和每股收益如下:

报告期利润	净资产收益率		每股收益(单位:人民币元)	
	全面摊薄	加权平均	全面摊薄	加权平均
主营业务利润	25.26%	26.14%	0.9669	0.9783
营业利润	12.90%	13.35%	0.4938	0.4996
净利润	4.92%	5.09%	0.1884	0.1906
扣除非经常性损益后的利润	4.40%	4.55%	0.1684	0.1704

注:2001 年 3 月,公司实施 2000 年度配股后,总股本增至 175,512,979 股。2001 年 12 月 31 日至今,公司总股本及股权结构不变。

三、股本变动及股东情况

1、股份变动情况

数量单位:股

	本次变动前	本次变动增减(+,-)						本次变动后
		配股	送股	公积金转股	增发	其他	小计	
一、未上市流通股份								
1、发起人股份:	45359740	0	0	0	0	0	0	45359740
其中:国家持有股份	45359740	0	0	0	0	0	0	45359740
2、募集法人股份	77060961	21384	0	0	0	0	0	77082345
3、内部职工股								
4、优先股或其他								
未上市流通股份合计	122420701	21384	0	0	0	0	0	122442085
二、已上市流通股份								
1、人民币普通股	40823765	12247129	0	0	0	0	0	53070894
2、境内上市的外资股								
3、境外上市的外资股								
4、其他								
已上市流通股份合计	40823765	12247129	0	0	0	0	0	53070894
三、股份总数	163244466	12268513	0	0	0	0	0	175512979

000633 沈阳合金投资股份有限公司

2001 年年度报告摘选

第一章 公司基本情况简介

一、法定中文名称：沈阳合金投资股份有限公司

公司法定英文名称：SHENYANG HEJIN HOLDING CO., LTD

二、法定代表人：孔清华

注：公司于 2001 年 12 月 26 日第五届董事会第四次会议审议通过了更换董事长的议案，新任董事长为付忠先生，报告期内相关工商变更手续尚未办理完成，故公司法定代表人仍为孔清华先生。

三、董事会秘书：任穗欣

联系地址：沈阳市沈河区小西路 87 号甲东大智慧大厦 11、12 层

联系电话：024－22782116

证券事务代表：王端

联系电话：024－22782108　　传真：024－22782122

电子信箱：wduan6828@sina.com

四、公司注册地址：沈阳市浑南产业区第 22 号

公司办公地址：沈阳市沈河区小西路 87 号甲东大智慧大厦 11、12 层　　邮政编码：110013

电子信箱：syhjzb@sina.com

五、公司选定的信息披露报纸：《中国证券报》、《证券时报》、《上海证券报》

登载公司年度报告的国际互联网网址：http://www.cninfo.com.cn

公司年度报告备置地点：公司董事会秘书处

六、公司股票上市地：深圳证券交易所

股票简称：合金投资　　股票代码：000633

第二章 会计数据和业务数据摘要

一、报告期会计数据摘要：　　单位：人民币元

项目	金　额
利润总额：	39,700,095.93
净利润：	22,068,233.96
扣除非经常性损益后的净利润：	20,851,762.77
主营业务利润：	118,300,939.96
其他业务利润：	9,087,450.14
营业利润：	23,255,817.94
投资收益：	3,146,826.05
补贴收入：	12,592,913.00
营业外收支净额	704,538.94
经营活动产生的现金流量净额：	91,042,367.77
现金及现金等价物净增加额：	24,019,431.25

注：扣除的非经常性损益项目及金额：

1. 支付或收取的资金占用费：　763,125.00 元
2. 营业外收支净额：　559,255.72 元
3. 会计政策变更对本期净利润的影响：　－105,909.53 元

二、公司前三年主要会计数据和财务指标：

1. 主要会计数据和财务指标单位：　　单位：人民币元

项目	2001 年	2000 年调整数	2000 年	1999 年调整数	1999 年
主营业务收入	750,167,996.65	843,574,952.71	843,594,326.04	517,092,391.40	517,092,391.40
净利润	22,068,233.96	44,413,693.62	48,033,732.52	104,218,666.93	117,060,976.04
总资产	1,432,518,221.58	1,391,342,969.66	1,397,842,222.62	1,334,274,064.39	1,348,167,758.81
股东权益	434,950,800.70	414,204,028.73	429,082,186.59	370,399,829.36	381,771,782.87
每股收益(摊薄)	0.0688	0.1384	0.1497	0.4871	0.5471
每股收益(加权)	0.0688	0.1661	0.1796	0.5718	0.6423
扣除非经常性损益后的每股收益	0.0650	0.0939	0.0996	0.2983	0.3152
每股净资产	1.3553	1.2907	1.3370	1.7313	1.7844
调整后每股净资产	1.2985	1.2275	1.2743	1.6601	1.7100
每股经营活动产生的现金流量净额	0.2837	－0.6980	－0.6980	－0.0892	－0.0892
净资产收益率(%)	5.07	10.72	11.19	28.14	30.66

2. 根据中国证监会《公开发行证券公司信息披露编报规则[第 9 号]》要求计算的利润数据如下：　　单位：人民币元

报告期利润	净资产收益率(%)		每股收益	
	全面摊薄	加权平均	全面摊薄	加权平均
主营业务利润	27.20	27.86	0.3686	0.3686
营业利润	5.35	5.48	0.0725	0.0725
净利润	5.07	5.20	0.0688	0.0688
扣除非经常性损益后的净利润	4.79	4.91	0.0650	0.0650

第三章 股本变动及股东情况

一、股本变动情况

数量单位：股

	本次变动前	本次变动增减(＋、－)					本次变动后
		配股	送股	转增	其他	小计	
一、未上市流通股份							
1、发起人股份	26,030,835						26,030,835
其中：							
国家拥有股份	26,030,835						26,030,835
境内法人持有股份							
外资法人持有股份							
其他：							
2、募集法人股份	156,113,365						156,113,365
3、内部职工股(高管)	24,834						24,834
4、转配股	51,849,123				－51,849,123	－51,849,123	
未上市流通股份合计	234,018,157						182,169,034
二、已上市流通股份							
1、人民币普通股	86,903,821						138,752,944
2、境内上市外资股							
3、境外上市外资股							
4、其他：							
已上市流通股份合计	86,903,821				51,849,123	51,849,123	138,752,944
三、股份总数	320,921,978						320,921,978

000635 宁夏宁河民族化工股份有限公司

2001 年年度报告摘选

第一节 公司基本情况简介

1、公司名称：宁夏宁河民族化工股份有限公司

英文名称：NINGXAI NINGHE NATIONAL CHEMICALS CO., LTD.

2、公司法定代表人：张玉秋

3、公司董事会秘书：董海涛

证券事务代表：张继红

联系地址：宁夏石嘴山市石嘴山区康乐路

电话：(0952)3312333

传真：(0952)3312333

电子信箱：mzhg @ public.yc.nx.cn

4、公司注册地址：宁夏石嘴山市石嘴山区康乐路

公司办公地址：宁夏石嘴山市石嘴山区康乐路

邮政编码：753200

电子信箱：mzhg@public.yc.nx.cn

5、信息披露报纸名称：中国证券报、证券时报

中国证监会指定国际互联网网址：http://www.cninfo.com.cn

年度报告备置地点：本公司证券部

6、公司股票上市地：深圳证券交易所

股票简称：民族化工　　证券代码：000635

第二节 会计数据和业务数据摘要

一、年度主要利润指标情况(单位：元)

利润总额	－196,954,258.72
净利润	－196,954,258.72
扣除非经常性损益后的净利润	－94,114,330.90
主营业务利润	－19,763,662.87
其他业务利润	－463,441.74
营业利润	－183,700,584.83
投资收益	－7,059,771.27
补贴收入	931,768.00
营业外收支净额	－7,125,670.62
经营活动产生的现金流量净额	－121,798,332.01
现金及现金等价物净增加额	－100,762,230.91

＊注：扣除非经营性损益后的净利润指标中扣除项目包括：会计政策变更造成的利润减少(在建工程减值准备)7078562.08 元；会计估计变更造成的利润减少(坏帐准备)74508229.75 元；流动资产盘盈盘亏损益－299304801.47 元；支付或收取资金占用费 7929551.47 元；营业外收入 344138.92 元；营业外支出－14594.30 元；其他－14594.30 元。

二、公司前三年的主要会计数据和财务指标(单位：元)

项目	2001 年	2000 年		1999 年	
		调整前	调整后	调整前	调整后
主营业务收入	139,971,545.55	204,996,542.39	204367039.80	178,294,726.97	178294726.97
净利润	－196,954,258.72	28,827,845.66	18315393.86	28,856,728.07	18243291.76
总资产	549,015,427.53	727,940,831.23	617056861.97	486,955,131.00	427703572.80
股东权益	183,231,160.73	460,545,685.55	377531945.27	329,140,440.21	256819151.73
每股收益	－1.72	0.252	0.16	0.287	0.18
每股净资产	1.60	4.02	3.295	3.27	2.55
调整后的每股净资产	1.60	4.00	3.295	3.27	3.12
每股经营活动产生的现金流量净额	－1.06	－0.21	－0.21	0.06	0.06
净资产收益率(%)	－107.49	6.26	4.85	8.77	7.01
加权平均净资产收益率(%)	－107.49	6.26	4.85	8.77	8.06

三、按照中国证监会《公开发行证券公司信息披露编报规则(第 9 号)》要求计算的的利润数据：

	报告期利润	净资产收益率(%)		每股收益(元)	
		全面摊薄	加权平均	全面摊薄	加权平均
主营业务利润	－19,763,662.87	－10.79%	－7.06%	－0.17	－0.17
营业利润	－183,700,584.83	－100.26%	－65.61%	－1.60	－1.60
净利润	－196,954,258.72	－107.49%	－70.34%	－1.72	－1.72
扣除非经常性损益后的净利润	－94114330.90	－51.36%	－33.61%	－0.82	－0.82

第三节 股本变动及股东情况

一、股本变动情况

(一) 股份变动情况表

公司股份变动情况表

单位：股

项目	本次变动前	本期变动增减(＋、—)					本次变动后
		配股	送股	公积金转股	其他	小计	
一、未上市流通股份							
1.发起人股份							
其中：							
国家持有股份	45562000						45562000
境内法人持有股份	17000000						17000000
境外法人持有股份							
其他							
2.募集法人股份							
3.内部职工股							
4.优先股或其他							
其中：转配股							
未上市流通股份合计	62562000						62562000
二、已上市流通股份	52000000						52000000
1.人民币普通股							
2.境内上市的外资股							
1.境外上市外资股							
2.其他	52000000						52000000
已上市流通股份合计							
三、股份总数	114562000						114562000

000636 广东风华高新科技股份有限公司

2001 年年度报告摘选

第一节 公司基本情况简介

一、公司法定中文名称:广东风华高新科技股份有限公司
公司法定英文名称:FENGHUA ADVANCED TECHNOLOGY (HOLDING) CO., LTD.
二、法定代表人:梁力平
三、公司董事会秘书:廖永忠
公司证券事务代表:钟建薇
联系电话:0758-2844724,2865039
传　　真:0758-2849045
电子信箱:gdfhcn@pub.zhaoqing.gd.cn
联系地址:广东省肇庆市风华路 18 号风华电子工业城
四、公司注册地址:广东省肇庆市风华路 18 号风华电子工业城
公司办公地址:广东省肇庆市风华路 18 号风华电子工业城
邮政编码:526020
公司国际互联网网址:http://www.fenghua-advanced.com
电子信箱:gdfhcn@pub.zhaoqing.gd.cn
五、公司选定的信息披露报纸名称:《证券时报》、《中国证券报》、《上海证券报》
登载公司年度报告的中国证监会指定国际互联网网址:http://www.cninfo.com.cn
公司年度报告备置地点:公司董事会秘书办公室
六、公司股票上市交易所:深圳证券交易所
股票简称:风华高科
股票代码:000636

第二节 会计数据和业务数据摘要

一、本年度主要会计数据和业务数据:　　单位:人民币元

序号	项目	金　额
1	利润总额	43,768,340.00
2	净利润	42,831,656.36
3	扣除非经常性损益后的净利润	44,846,180.08
4	主营业务利润	192,064,770.49
5	其他业务利润	5,729,865.29
6	营业利润	49,562,346.68
7	投资收益	-4,678,038.16
8	补贴收入	3,148,590.00
9	营业外收支净额	-4,264,558.52
10	经营活动产生的现金流量净额	26,287,286.43
11	现金及现金等价物净增加额	-559,296,984.96

二、近三年主要会计数据和财务指标(合并报表)

项目	2001 年度	2000 年度		1999 年度	
		调整后	调整前	调整后	调整前
主营业务收入(元)	963,346,395.69	1,369,454,671.90	1,369,454,671.90	884,660,212.23	884,660,212.23
净利润(元)	42,831,656.36	359,156,280.53	365,564,238.42	209,810,170.04	224,045,611.79
总资产(元)	2,871,617,931.05	2,482,789,557.17	2,503,666,073.01	947,795,585.23	961,627,550.04
股东权益(元)(不含少数股东权益)	2,060,293,494.29	2,040,703,298.20	2,061,400,416.79	664,995,512.00	679,284,672.69
每股收益(元/股)	0.081	0.677	0.690	0.669	0.710
每股净资产(元/股)	3.885	3.848	3.890	2.121	2.170
调整后每股净资产(元/股)	3.832	3.815	3.850	2.090	2.140
净资产收益率(%)	2.08	17.60	17.73	31.551	32.98
每股经营活动产生的现金流量净额(元/股)	0.0496	0.410	0.410	1.380	1.380

三、按照中国证监会《公开发行证券公司信息披露编报规则(第 9 号)》要求计算的利润数据:

	报告期利润	净资产收益率(%)		每股收益(元)	
		全面摊薄	加权平均	全面摊薄	加权平均
主营业务利润(元)	192,064,770.49	9.30	9.31	0.362	0.362
营业利润(元)	49,562,346.68	2.39	2.40	0.093	0.093
净利润(元)	42,831,656.36	2.07	2.08	0.081	0.081
扣除非经常性损益后的净利润(元)	44,846,180.08	2.17	2.17	0.085	0.085

第三节 股本变动及股东情况

一、股本变动情况表
1、公司股份变动情况表

数量单位:股

	本次变动前	本次变动增减(+,-)						本次变动后
		配股	送股	公积金转股	增发	其他	小计	
一、未上市流通股份								
1、发起人股份	167,315,171							167,315,171
其中:								
国家持有股份	142,484,170							142,484,170
境内法人持有股份	24,831,001							24,831,001
境外法人持有股份								
其他								
2、募集法人股份	162,221,581							162,221,581
3、内部职工股								
4、高管股	412,590					-37,260	-37,260	375,330
5、优先股或其他	15,041,700					-15,041,700	-15,041,700	
未上市流通股份合计	344,991,042							329,912,082
二、已上市流通股份								
1、人民币普通股	185,339,910					+15,078,960	+15,078,960	200,418,870
2、境内上市的外资股								
3、境外上市的外资股								
4、其他								
已流通股份合计	185,339,910							200,418,870
三、股份总数	530,330,952							530,330,952

000637 茂名石化实华股份有限公司

2001 年年度报告摘选

第一节 公司基本情况简介

1、公司法定中文名称:茂名石化实华股份有限公司
英文名称:Maoming Petro-Chemical Shihua Co., Ltd
英文名称缩写:MPCSH
2、公司法定代表人:何德先
3、公司董事会秘书及授权代表:梁 杰
联系地址:广东省茂名市官渡路 162 号,联系电话:(0668)2276176
传真:(0668)2281965
电子邮箱:mhsh@21cn.com
4、公司注册和办公地址:广东省茂名市官渡路 162 号
邮政编码:525000,电话:(0668)2883198、2276176,
电子信箱:mhsh@21cn.com
5、公司选定的信息披露报纸:《中国证券报》、《证券时报》、《上海证券报》
刊登公司年度报告的中国证监会指定国际互联网网址:http://www.cninfo.com.cn
公司年度报告备置地点:公司投资理财部
6、公司股票上市交易所:深圳证券交易所
股票简称:茂化实华,股票代码:000637

第二节 会计数据和业务数据摘要

一、本年度利润总额及构成(单位:元)

项目	2001 年
1、利润总额	80462023.86
2、净利润	59298096.65
3、扣除非经营性损益后的净利润	58290793.92
4、主营业务利润	104396187.88
5、其他业务利润	6478523.30
6、营业利润	74423184.99
7、投资收益	5031536.14
8、补贴收入	
9、营业外收支净额	1007302.73
10、经营活动产生的现金流量净额	39915216.36
11、现金及现金等价物净增加额	-59026167.77

二、截止报告期末前三年主要会计数据和财务指标

指标项目	2001 年	2000 年	1999 年
1、主营业务收入(万元)	125357.68	140290.66	90489.91
2、净利润(万元)	5929.81	4895.83	7434.45
3、总资产(万元)	58823.50	56239.38	55484.01
4、股东权益(万元)	52787.25	49069.63	45782.48
5、每股收益(元)(摊薄)	0.246	0.311	0.462
(加权)	0.295	0.311	0.462
6、扣除非经常性损益后每股收益(元)	0.241	0.340	0.461
7、每股净资产(元)	2.186	3.05	2.84
8、调整后每股净资产(元)	2.083	2.90	2.71
9、每股经营活动产生的现金流量净额(元)	0.165	0.535	0.70
10、净资产收益率(%)(摊薄)	11.23%	9.98	16.24
(加权)	11.64%	9.98	17.02

三、根据中国证监会《公开发行证券公司信息披露编报规则》(第九号)要求,利润附表列示如下:

报告期利润	净资产收益率(%)		每股收益(元)	
	全面摊薄	加权平均	全面摊薄	加权平均
主营业务利润	19.28	20.50	0.432	0.519
营业利润	14.10	14.61	0.308	0.370
净利润	11.23	11.64	0.246	0.295
扣除非经常性损益后的净利润	11.04	11.45	0.241	0.290

四、报告期内股东权益变动情况(单位:元)

项目	期初数	本期增加	期末数
股本(股)	160991998	80495998	241487996
资本公积	155090235.23	-46270600.34	108819634.89
盈余公积	94106782.65	11859619.34	105966401.99
其中公益金	37494770.05	5929809.67	43424579.72
未分配利润	80507238.37	15240078.31	95747316.68
合计	490696254.25	61325095.31	552021349.56

第三节 股本变动及股东情况

一、股本变动情况
1、股份变动情况表

数量单位:股

项 目	本次变动前	本次变动增减(+,-)						本次变动后
		配股	送股	公积金转股	增发	其他	小计	
1、未上市流通股份								
(1)发起人股份	28651250		5730250	8595375		14325625		42976875
其中:国家持有股份	28651250		5730250	8595375		14325625		42976875
境内法人持有股份								
境外法人持有股份								
其他								
(2)募集法人股	77296320		15459264	23188896		38648160		115944480
(3)内部职工股								
(4)优先股或其他								
未上市流通股份合计	105947570		21189514	31784271		52973785		158921355
2、已上市流通股份								
(1)人民币普通股	55044428		11008885	16513328		27522213		82566641
其中:高级管理人员持股	33483		6145	9217		-10420	4942	38425
(2)境内上市的外资股								
(3)境外上市的外资股								
(4)其他								
已上市流通股份合计	55044428		11008885	16513328		27522213		82566641
3、股份总数	160991998		32198399	48297599		80495998		241487996

000638 中国辽宁国际合作(集团)股份有限公司

2001 年年度报告摘要

一、公司基本情况简介

(一)公司法定中文名称:中国辽宁国际合作(集团)股份有限公司
中 文 缩 写:中辽国际
公司英文名称:
China Liaoning International Cooperation(Group) Holdings Ltd.
英 文 缩 写:CLIC
(二)公司法定代表人:王新权
(三)公司董事会秘书: 王铁民
公司证券事务代表:郑金令
联系地址:沈阳市和平区中华路 126 号
电 话:024 - 23271740 传 真:024 - 23862853
(四)公司注册地址及办公地址:沈阳市和平区中华路 126 号 邮政编码:110001
公司网址:http://www.cn - clic.com 电子信箱:clicnet@mail.sy.ln.cn
(五)公司选定的信息披露报纸:《中国证券报》、《证券时报》
中国证监会指定国际互联网网址:http://www.cninfo.com.cn
公司年度报告备置地点:公司董事会秘书处
(六)公司股票上市地点:深圳证券交易所
股票简称:中辽国际 股票代码:000638

二、会计数据和业务数据摘要(合并报表)

1、公司本年度主要会计数据 单位:人民币元

项 目	金 额
利润总额	- 95,520,261.88
净利润	- 95,972,318.65
扣除非经常性损益后的净利润	- 53,263,274.92
主营业务利润	22,073,974.77
其他业务利润	2,073,202.32
营业利润	- 44,991,243.05
投资收益	- 7,498,194.39
补贴收入	0.00
营业外收支净额	- 43,030,824.44
经营活动产生的现金流量净额	- 3,758,588.59
现金及现金等价物净增减额	- 13,850,794.48
扣除非经常性损益项目及金额合计	- 42,709,043.73
其中:转让资产收益	0.00
营业外收支净额	- 43,030,824.44
长期股权溢价摊销	321,780.71

2、截止报告期末公司前三年的主要会计数据和财务指标(合并报表) 单位:人民币元

项 目	2001 年 12 月 31 日	2000 年 12 月 31 日	1999 年 12 月 31 日
主营业务收入	187,637,588.15	281,462,637.37	215,069,318.89
净利润	- 95,972,318.65	1,081,695.73	- 102,921,104.67
总资产	520,930,214.59	592,870,294.82	628,726,240.49
股东权益(不含少数股东权益)	60,514,157.32	154,557,092.36	188,629,760.90
每股收益(摊薄)	- 0.62	0.007	- 0.67
每股收益(加权)	- 0.62	0.007	- 0.67
扣除非经常性损益后的每股收益	- 0.32	- 0.176	- 0.67
每股净资产	0.39	1.00	1.22
调整后的每股净资产	0.19	0.84	1.10
每股经营活动产生的现金流量净额	- 0.02	0.06	0.11
净资产收益率(%)	- 158.59	0.70	- 54.58

3、依据中国证监会《公开发行证券公司信息披露编报规则第九号》要求计算的净资产收益率和每股收益:

报告期利润	全面摊薄净资产收益率(%)	加权平均净资产收益率(%)	全面摊薄每股收益(元/股)	加权平均每股收益(元/股)
主营业务利润	36.48	20.53	0.14	0.14
营业利润	- 74.35	- 41.84	- 0.29	- 0.29
净利润	- 158.60	- 89.25	- 0.62	- 0.62
扣除非经常性损益后的净利润	- 82.38	- 46.36	- 0.32	- 0.32

三、股本变动及股东情况

(一)股本变动情况
1、股份变动情况表

单位:万股

	本次变动前	本次变动增减(+,-)						本次变动后
		配股	送股	公积金转股	增发	其他	小计	
一、未上市流通股份								
1、发起人股份	6630							6630
其中:								
国家持有股份	6630							6630
境内法人持有股份								
境外法人持有股份								
其他								
2、募集法人股份								
3、内部职工股								
4、优先股或其他								
未上市流通股份合计	6630							6630
二、已上市流通股份								
1、人民币普通股	8840							8840
2、境内上市的外资股								
3、境外上市的外资股								
4、其他								
已上市流通股份合计	8840							8840
三、股份总数	15470							15470

000639 株洲庆云发展股份有限公司

2001 年年度报告摘要

一、公司基本情况简介

(一)公司法定中文名称:株洲庆云发展股份有限公司
公司法定英文名称:ZHUZHOU QINGYUN DEVELOPMENT CO.,LTD.
公司英文名称缩写:ZZQY
(二)公司法定代表人:张 澎
(三)公司董事会秘书:陈筱萍
联系地址:株洲市河西天台路株洲海关大楼 8 层
联系电话:0733 - 8826303 - 20 传真:0733 - 8826307 电子邮箱:zzqy@0733.com
公司证券事务代表:季晓康
联系地址:株洲市河西天台路株洲海关大楼 8 层董事会秘书处
联系电话:0733 - 8826303 - 13 传 真:0733 - 8826303 - 61
电子邮箱:ginwa@0733.com
(四)公司注册地址:湖南省株洲市车站路 1 号 邮 编:412008
公司办公地址:株洲市河西天台路株洲海关大楼 7、8 层 邮 编:412000
电子邮箱:zzqy@0733.com
(五)公司选定的信息披露报纸名称:《证券时报》
证监会指定登载公司年度报告的网站网址:http://www.cninfo.com.cn
公司年度报告备置地点:董事会秘书处
(六)公司股票上市交易所:深圳证券交易所
股票简称:庆云发展 股票代码:000639

二、会计数据和业务数据摘要

(一)本年度主要利润指标(单位:元)

项 目	2001 年度
利润总额	7,568,848.39
净利润	7,568,848.39
扣除非经营性损益后的净利润	7,467,474.37
主营业务利润	34,492,402.97
其他业务利润	756,478.54
营业利润	7,467,474.37
投资收益	60,000.00
补贴收入	0.00
营业外收支净额	41,374.02
经营活动产生的现金流量净额	17,817,493.55
现金及现金等价物净增减额	3,542,921.56
扣除非经营性损益后的项目和涉及金额:	41,374.02
其中:营业外收支净额:	41,374.02

(二)公司近三年主要会计数据及财务指标 单位:元

指标项目	2001 年度	2000 年度		1999 年度	
		调整前	调整后	调整前	调整后
主营业务收入	74,960,401.25	53,816,679.55	53,816,679.55	73,223,082.29	38,282,817.27
净利润	7,568,848.39	5,113,212.47	3,802,339.50	8,659,497.05	8,788,453.81
总资产	180,024,154.90	189,086,307.43	184,220,081.61	141,868,345.47	142,008,682.23
股东权益	82,143,554.35	79,910,078.21	76,522,866.21	74,667,908.98	74,796,865.74
每股收益	0.104	0.0702	0.0522	0.119	0.1206
每股净资产	1.13	1.0967	1.050	1.025	1.0265
调整后的每股净资产	1.037	0.9808	1.05	0.97	0.9556
每股经营活动产生的现金流量净额	0.245	0.1517	0.1517	0.423	0.2858
净资产收益率(%)	9.21	6.3987	4.9689	11.60	11.75

(三)按照中国证监会"公开发行证券公司信息披露编报规则(第九号)"要求计算的本期净资产收益率和每股收益

报告期利润	净资产收益率(%) 全面摊薄	净资产收益率(%) 加权平均	每股收益(元) 全面摊薄	每股收益(元) 加权平均
主营业务利润	41.99	43.48	0.47	0.47
营业利润	9.09	9.41	0.10	0.10
净利润	9.21	9.54	0.10	0.10
扣除非经常性损益后的净利润	9.09	9.49	0.10	0.10

(四)本年度股东权益变动情况 单位:元

项目	股本	资本公积	盈余公积	法定公益金	未分配利润	股东权益合计
期初数	72,864,935.00	7,336,823.21	25,342,573.49	0.00	- 25,676,132.44	77,823,126.95
本期增加	0.00	96,912.06	0.00	0.00	24,242,306.74	4,320,427.40
本期减少	0.00	0.00	24,931,515.11	0.00	0.00	0.00
期末数	72,864,935.00	7,433,735.27	411,058.38	0.00	1,433,825.70	82,143,554.35

变动原因:1、资本公积增加系三年以上无法支付的应付帐款转入所致;

2、盈余公积减少系(1)根据本公司 2001 年第一次临时股东大会"关于用 2001 年度利润和盈余公积金弥补亏损的决议",以盈余公积金弥补亏损 22,886,442.80 元,其中法定盈余公积金 5,172,448.37 元,任意盈余公积金 17,713,994.43 元和(2)根据财政部"关于企业住房制度改革中有关会计处理问题的规定"以盈余公积弥补住房周转金亏损 2,045,072.31 元,其中法定公益金 1,975,893.42 元,任意盈余公积金 69,178.89 元所致;

3、未分配利润增加系本年度实现利润以及用盈余公积金弥补亏损所致;

4、股东权益增加主要系本年度实现利润和资本公积增加所致。

三、股本变动及股东情况

(一)股份变动情况

股份变动情况表 数量单位:股

	期初数	本次变动增减(+ -)						期末数
		配股	送股	公积金转股	增发	其他	小计	
一、尚未流通股份								
国家拥有股份	1147835							1147835
境内法人持有股份	38904840							38904840
募集法人股								
内部职工股								
其他(高级人员持股)	5200					- 2600	- 2600	2600
尚未流通股份合计	40057875					- 2600	- 2600	40055275
二、已流通股份								
1、境内上市的人民币普通股	32807060							32809660
2、境内上市的外资股								
3、境外上市的外资股								
4、其他						+ 2600	+ 2600	
已流通股份合计	32807060					+ 2600	+ 2600	32809660
三、股份总数	72864935							72864935

000650 九江化纤股份有限公司

2001 年年度报告摘选

第一节 公司基本情况简介

1、公司法定中文名称:九江化纤股份有限公司
公司法定英文名称:Jiujiang Chemical Fibre Co.,Ltd
2、法定代表人:张棠华
3、公司董事会秘书:喻铨衡　　证券事务代表:叶玉玲
联系地址:公司证券部
联系电话:0792-8315675　　传真:0792-8316565
电子信箱:jjyqh@sina.com
4、公司注册地址:江西省九江市庐山区蛤蟆石
公司办公地址:九江化学纤维厂厂区　　邮政编码:332017
5、公司信息披露报纸名称:证券时报
登载年度报告的国际互联网网址:http://www.cninfo.com.cn
公司年度报告备置地点:公司证券部
6、公司股票上市交易所:深圳证券交易所
股票简称:九江化纤　　股票代码:000650

第二节 会计数据和业务数据摘要

一、本年度主要财务指标情况

利润总额:	-13,461,639.99 元;
净利润:	-12,713,183.49 元;
扣除非经常性损益后的净利润:	-12,713,183.49 元;
主营业务利润:	-10,305,535.27 元;
其他业务利润:	17,355,555.26 元;
营业利润:	-13,185,969.16 元;
投资收益:	元;
补贴收入:	元;
营业外收支净额:	-275,670.83 元;
经营活动产生的现金流量净额:	3,416,243.86 元;
现金及现金等价物净增加额:	11,420,640.17 元

二、近三年主要会计数据和财务指标:

项 目	2001 年末	2000 年末		1999 年末
		调整后	调整前	
主营业务收入(元)	225103800.51	236128941.51	236128941.51	236033886.80
净利润(元)	-12713183.49	21787844.76	21787844.76	27726367.00
总资产(元)	711942334.57	649496225.14	651614225.14	476214275.84
股东权益(元)	331582984.87	343205268.72	345323268.72	261489823.96
每股收益(元)(摊薄)	-0.06	0.20	0.20	0.27
每股收益(元)(加权)	-0.06	0.21	0.21	0.27
扣除非经常性损益后的每股收益(元)	-0.06	0.20	0.20	0.27
每股净资产(元)	1.66	3.09	3.11	2.55
调整后的每股净资产(元)	1.66	3.09	3.10	2.54
每股经营活动产生的现金流量净额(元)	0.02	-0.33	-0.33	0.66
净资产收益率(%)	-3.83	6.35	6.31	10.60

三、按中国证监会《公开发行证券公司信息披露编报规则[第 9 号]》要求编制的利润表附表

报告期利润	净资产收益率(%)		每股收益(元)	
	全面摊薄	加权平均	全面摊薄	加权平均
主营业务利润	-3.11	-3.06	-0.05	-0.05
营业利润	-3.98	-3.92	-0.07	-0.07
净利润	-3.83	-3.77	-0.06	-0.06
扣除非经常性损益后的净利润	-3.83	-3.77	-0.06	-0.06

第三节 股本变动及股东情况

一、股份变动情况表　　单位:万股

项目	本次变动前	本次变动增减(+,-)						本次变动后
		配股	送股	公积金转股	增发	其他	小计	
一、未上市流通股份								
1.发起人股份	7466.4							
其中:								
国家持有股份	7466.4		+1493.28	+4479.84			+5973.12	13439.52
境内法人持有股份								
境外法人持有股份								
其他								
2.募集法人股份								
3.内部职工股								
4.优先股或其他								
未上市流通股份合计	7466.4		+1493.28	+4479.84			+5973.12	13439.52
二、已上市流通股份								
1.人民币普通股	3650.4		+730.08	+2190.24			+2920.32	6570.72
2.境内上市的外资股								
3.境外上市的外资股								
4.其他								
已上市流通股份合计	3650.4		+730.08	+2190.24			+2920.32	6570.72
三、股份总数	11116.8		+2223.36	+6670.08			+8893.44	20010.24

二、公司股东情况
1、前十名股东持股情况:

名次	股东姓名	持股数(股)	占总股本比例(%)
1	九江化学纤维厂	134395200	67.16
2	浙江新龙头投资管理有限公司	896900	0.45
3	浙江金威电子技术工程有限公司	698822	0.35
4	吴莲娣	543903	0.27
5	符玉春	540000	0.27
6	强文昌	483363	0.24
7	林家才	465786	0.23
8	韩寿贵	463535	0.23
9	张月勤	456502	0.23
10	唐 燕	455527	0.23

000651 珠海格力电器股份有限公司

2001 年年度报告摘选

第一节 公司基本情况简介

(一)公司法定中文名称:珠海格力电器股份有限公司
公司法定英文名称:GREE ELECTRIC APPLIANCES, INC. OF ZHUHAI
(二)公司法定代表人:朱江洪
(三)公司董事会秘书:刘兴浩
联系地址:珠海市前山金鸡西路 6 号
联系电话:0756-8614883-2416
联系传真:0756-8622581　0756-8614998
电子信箱:gree0651@gree.com.cn
证券事务代表:邹爱民
联系地址:珠海市前山金鸡西路 6 号
联系电话:0756-8614883-2416
联系传真:0756-8622581　0756-8614998
电子信箱:touzb@gree.com.cn
(四)公司注册地址:珠海市前山金鸡西路 6 号
公司办公地址:珠海市前山金鸡西路 6 号
公司办公联系电话:0756-8614883
邮政编码:519070
公司网址:http://www.gree.com.cn
公司电子信箱:gree@gree.com.cn
(五)公司选定的信息披露报刊:中国证券报、证券时报、上海证券报
登载年度报告的中国证监会指定的国际互联网网址:http://www.cninfo.com.cn
公司年度报告备置地点:珠海市前山金鸡西路 6 号
(六)股票上市交易所:深圳证券交易所
股票简称:格力电器　　股票代码:000651

第二节 会计数据和业务数据摘要

(一)公司本年度实现利润总额:	323,543,173.43 元
净利润:	272,811,274.47 元
扣除非经常性损益后的净利润:	275,462,619.35 元。
主营业务利润:	1,417,119,278.25 元
其他业务利润:	21,428,855.43 元
营业利润:	324,579,713.31 元
投资收益:	1,249,411.69 元
补贴收入:	1,614,805.00 元
营业外收支净额:	-3,900,756.57 元
经营活动产生的现金流量净额:	-31,627,195.97 元
现金及现金等价物净增加额:	-311,404,040.59 元

注:"扣除非经常性损益后的净利润"中扣除项目及金额:减投资收益 1,249,411.69,减营业外收支净额 -3,900,756.57 元。

(二)公司前三年主要会计数据和财务指标(合并报表)　　单位:元

项目	2001.12.31	2000.12.31 调整前	2000.12.31 调整后	1999.12.31
主营业务收入	6,587,976,827.62	6,342,591,764.83	6,177,717,129.96	5,165,641,243.30
净利润	272,811,274.47	254,870,113.60	249,624,577.90	229,161,235.93
总资产	6,922,276,525.54	5,785,824,935.69	5,780,229,944.54	3,423,855,391.07
股东权益	1,724,655,101.89	1,618,520,818.57	1,618,520,818.57	1,057,238,919.24
每股收益(摊薄)	0.51	0.71	0.70	0.705
每股收益(加权)	0.51	0.76	0.75	0.705
每股净资产	3.21	4.52	4.51	3.25
调整后的每股净资产	3.21	4.50	4.49	3.23
每股经营活动产生的现金流量净额	-0.06	2.42	2.42	1.08
净资产收益率(%)	15.82	15.75	15.48	21.68

2001 年度利润表附表

项目 报告期利润	净资产收益率		每股收益	
	全面摊薄	加权平均	全面摊薄	加权平均
主营业务利润	82.17%	81.01%	2.64	2.64
营业利润	18.82%	18.55%	0.60	0.60
净利润	15.82%	15.60%	0.51	0.51
扣除非经常性损益后的净利润	15.97%	15.75%	0.51	0.51

第三节 股本变动及股东情况

(一)股份变动情况表　　(数量单位:股)

	本次变动前	本次变动增减(+,-)					本次变动后
		配股	送股	公积金转股	其他	小计	
一、未上市流通股份	180,000,000			90,000,000		90,000,000	270,000,000
1. 发起人股份							
其中:							
国家持有股份							
境内法人持有股份	180,000,000			90,000,000			270,000,000
境外法人持有股份							
其他							
2. 募集法人股份	36,000,000			18,000,000			54,000,000
3. 内部职工股							
4. 优先股或其他							
未上市流通股份合计	216,000,000			108,000,000		108,000,000	324,000,000
二、已上市流通股份							
1. 人民币普通股	141,960,000			70,980,000		70,980,000	212,940,000
2. 境内上市的外资股							
3. 境外上市的外资股							
4. 其他							
已上市流通股份合计	141,960,000			70,980,000		70,980,000	212,940,000
股份总数	536,940,000			178,980,000		178,980,000	536,940,000

000652 天津泰达股份有限公司

2001年年度报告摘选

第一章 公司基本情况简介

一、法定名称:天津泰达股份有限公司
英文名称:TIANJIN TEDA CO., LTD.
(TIANJIN ECONOMIC - TECHNOLOGICAL DEVELOPMENT AREA CO., LTD.)
二、法定代表人:刘惠文先生
三、董事会秘书:王平芬女士
证券事务代表:尚志先生
联系电话:(022)24138796　(022)24138115 - - - 536
联系传真:(022)24138796
联系邮箱:dinochang@sohu.com
联系地址:天津市河东区十一经路81号天星河畔广场15层
四、注册地址:天津泰达中心(天津开发区第三大街16号)
办公地址:天津市河东区十一经路81号天星河畔广场15层
邮政编码:300171
电子信箱:teda @ shell. tjvan. net. cn.
公司国际互联网网址:http://www.teda - stock.com.cn.
五、公司指定的信息披露报刊:《证券时报》和《中国证券报》。
公司指定的信息披露网站:http://www.cninfo.com.cn.
年报备置地点:董事会秘书处
六、股票上市交易所:深圳证券交易所
股票简称:泰达股份　股票代码:000652

第二章 会计数据和业务数据摘要

第一节:本年度公司主要经营数据

1、本年度公司经营数据:(单位:元)

项目	金额
利润总额	132,249,156.54
净利润	119,522,241.47
扣除非经常性损益后的净利润	117,207,996.04
主营业务利润	176,115,971.02
其他业务利润	17,526,805.67
营业利润	117,121,359.60
投资收益	23,559,411.95
补贴收入	246,200.00
营业外收支净额	82,184.99
经营活动产生的现金流量净额	156,920,618.54
现金及现金等价物净增减额	26,554,514.31

第二节:公司前三年主要会计数据及财务指标

前三年的主要会计数据和财务指标:　单位:元

指标项目	2001年度	2000年度	99年度
主营业务收入	374056399.85	382207668.54	217527232.25
净利润	119522241.47	140200471.12	167205283.71
总资产	2568033801.31	1284403616.27	742250762.80
股东权益(不含少数股东权益)	1296563116.63	652367062.48	554591379.36
每股收益	0.40	0.529	0.6306
摊薄每股收益	0.40	0.529	0.6306
加权每股收益	0.41	0.529	0.6306
扣除非经常性损益后的每股收益(摊薄)	0.39	0.529	0.6306
扣除非经常性损益后的每股收益(加权)	0.40	0.529	0.6306
每股净资产	4.32	2.46	2.09
调整后每股净资产	4.29	2.45	2.08
每股经营活动产生的现金流量净额	0.52	0.366	0.4623
净资产收益率(%)	9.22	21.49	30.15
摊薄净资产收益率(%)	9.22	21.49	30.15
加权净资产收益率(%)	10.82	22.44	36.10
扣除非经常性损益后加权净资产收益率(%)	10.61	21.55	30.15

第三章 股本变动及股东情况

第一节:股本变动情况

股份变动情况表　单位:股

	本次变动前	变动增减(+,-) 配股	送股	公积金转增	增发	其他	小计	本次变动后
一、未上市流通股份								
1、发起人股份								
其中:								
国家持有股份	104228156	3126845					3126845	107355001
境内法人持有股份								
境外法人持有股份								
其他								
2、募集法人股份	55106956	251866					251866	55358822
3、内部职工股								
4、优先股或其他								
其中:转配股								
未上市流通股份合计	159335112	3378711					3378711	162713823
二、已上市流通股份								
1、人民币普通股	105819813	31745944					31745944	137565757
2、境内上市的外资股								
3、境外上市的外资股								
4、内部职工股上市								
已上市流通股份合计	105819813	31745944					31745944	137565757
三、股份总数	265154925	35124655					35124655	300279580

000653 福建九州集团股份有限公司

2001年年度报告摘选

第一章 公司基本情况简介

1、公司法定中文名称:福建九州集团股份有限公司
中文名称缩写:九州股份
公司法定英文名称:FUJIAN JIUZHOU GROUP CO., LTD
英文名称缩写:jzgf
2、公司注册地址:福建省厦门市莲花香秀里62号八楼
公司办公地址:福建省厦门市湖滨东路湖光大厦五楼
邮政编码:361004
公司网址:www.jzgroup.com.cn
3、法定代表人:梁 健
4、公司董事会秘书:林 熹
联系电话:0592 - 5365688
传　　真:0592 - 5365613
电子信箱:535383@sohu.com
联系地址:福建省厦门市湖滨东路湖光大厦五楼
5、公司股票上市地:深圳证券交易所
公司股票简称:ST九州
公司股票代码:000653
6、信息披露媒体
指定信息披露网址:HTTP://www.cninfo.com.cn
指定信息披露报纸:《证券时报》
公司年度报告备置地点:公司董事会秘书办公室
7、其他有关资料
公司首次注册地址:厦门市湖滨东路湖光大厦五、八楼.
公司注册时间:1993年4月1日
企业法人营业执照注册号:3502001004432
税务登记号码:国税:350204155003919
地税:3502041550039190
聘请会计师事务所:岳华会计师事务所有限责任公司
会计师事务所地址:北京市朝阳区霄云路26号鹏润大厦B座12层

第二章 会计数据和业务数据摘要

一、公司本年度主要利润指标

利润总额:	-462,946,760.15元
净利润:	-468,825,170.48元
扣除非经常性损益后的净利润:	-298,341,532.54元
主营业务利润:	40,222,694.70元
其他业务利润:	0元
营业利润:	-170,483,637.94元
投资收益:	-4,807,539.45元
补贴收入:	0元
营业外收支净额:	-287,655,582.76元
经营活动产生的现金流量净额:	12,975,613.59元
现金及现金等价物净增加额:	-10,248,039.67元

*注:扣除的非经常性损益项目涉及金额总计-401,527,277.63元,具体项目如下:
营业外收入:65,288.49元
营业外支出:261,154,647.55元(不含在建工程/固定资产减值准备)
营业外收支净额:-287,655,582.76元
投资收益:-4,807,539.45元
补贴收入:0元
会计估计变更影响数:133,465,379.12
转让子公司坏账损失:2,150,000.00
合计:-292,463,122.21元
减所得税:5,878,410.33元
扣除非经常性损益金额:-298,341,532.54元。

二、截止报告期末,公司前三年的主要会计数据和财务指标

项目	2001年	2000年	1999年
主营业务收入	70,969,668.70	77,340,316.80	349,182,235.23
净利润	-468,825,170.48	-933,976,961.91	-415,689,622.40
总资产	179,512,013.09	397,565,559.87	1,367,805,400.25
股东权益	-1,268,167,381.34	-799,406,753.15	169,260,481.39
每股收益	-1.58	-3.15	-1.40
每股净资产	-4.27	-2.69	0.57
调整后的每股净资产	-4.28	-2.83	0.44
每股经营活动产生的现金流量净额	0.04	0.14	0.12
净资产收益率(摊薄)			
净资产收益率(加权)			

第三章 股本变动和股东情况

一、股本变动情况表(单位:万股)

项目	期初数	本次变动增减(+、-) 配股	送股	公积金转股	其他	小计	期末数
1.尚未流通股份							
(1)发起人股份	6,566.50						6,566.50
其中:国家拥有股份	6,566.50						6,566.50
境内法人持有股份	1400.00						1400.00
(2)募集法人股							
尚未流通股合计	7,966.50						7,966.50
2.已上市流通股份							
人民币普通股	21,704.64						21,704.64
已流通股份合计	21,704.64						21,704.64
3.股份总额	29,671.14						29,671.14

000655 山东淄博华光陶瓷股份有限公司

2001 年年度报告摘选

一、公司简介

1、公司法定名称：
中文名称：山东淄博华光陶瓷股份有限公司
英文名称：Shandong Zibo Huaguang Ceramics Co., Ltd.
2、公司法定代表人：苏同强
3、公司董事会秘书：刘玉光
证券事务代表：郝宇清
联系电话：0533－2064346 转　　传　真：0533－2061404
联系地址：中国山东省淄博市张店区湖田镇湖光路 6 号　　邮政编码：255076
4、公司注册、办公地址：山东省淄博市张店区湖田镇湖光路 6 号
公司国际互联网址：http://www.huaguanggroup.com.cn
公司电子信箱：hgjtzjb@zb－public.sd.cninfo.net
5、公司选定的中国证监会指定信息披露报纸：《中国证券报》、《证券时报》，登载公司年度报告的中国证监会指定国际互联网网址：http://www.cninfo.com.cn，公司年度期报告备置地点：公司董秘办公室
6、公司股票上市交易所：深圳证券交易所
股票简称：华光陶瓷　　股票代码：000655
7、其他有关资料
公司首次注册日期、地点：1989 年 6 月 20 日、淄博；
变更注册日期、地点：2000 年 8 月 31 日、济南。
企业法人营业执照注册号：3700001805174
税务登记号码：370303164100307
公司聘请的会计师事务所为深圳鹏城会计师事务所，办公地址为深圳市东门南路 2006 号宝丰大厦 5 楼。

二、会计数据和业务数据摘要

1、本年度会计数据（单位：人民币元）

项目	金额
利润总额	31650930.62
净利润	24826510.60
扣除非经常损益后的净利润	18726971.70
主营业务利润	70384883.95
其他业务利润	4509491.00
营业利润	24358738.94
投资收益	4973956.05
补贴收入	3120000.00
营业外收支净额	－801764.37
经营活动产生的现金净流量	187685575.79
现金及现金等价物净增加额	171470318.08

2、截止报告期末公司前三年的主要会计数据和财务指标（单位：人民币元）

指标项目	2001 年	2000 年 调整后	2000 年 调整前	1999 年
(1)主营业务收入	300287919.05	324764147.92	324764147.92	259649617.08
(2)净利润	24826510. 60	24067613.71	23397501.71	19378522.18
(3)总资产	1292725431.71	1183623591.59	1191804020.41	890932872.95
(4)股东权益	379591612.83	373651274.18	380578776.68	267303829.77
(5)每股收益	0.20	0.19	0.19	0.17
(6)每股净资产	3.01	2.97	3.02	2.30
(7)调整后的每股净资产	2.84	2.67	2.80	2.02
(8)净资产收益率(%)	6.54	6.44	6.15	7.25
(9)加权平均每股收益	0.20	0.19	0.19	0.17
(10)扣除非经常损益后的每股收益	0.15	0.14	0.14	0.10
(11)每股经营活动产生的现金流量净额	1.49	0.02	0.02	0.38
(12)加权平均净资产收益率(%)	6.43	6.49	6.49	7.52
(13)扣除非经常损益后的加权平均净资产收益率(%)	4.85	4.78	4.78	4.33

利润表附表

报告期利润	净资产收益率(%) 全面摊薄	净资产收益率(%) 加权平均	每股收益 全面摊薄	每股收益 加权平均
主营业务利润	0.1854	0.1823	0.5590	0.5590
营业利润	0.0642	0.0631	0.1935	0.1935
净利润	0.0654	0.0643	0.1972	0.1972
扣除非经常性损益后的净利润	0.0493	0.0485	0.1487	0.1487

三、股本变动及股东情况

股份变动情况表（表一）　　数量单位：股（表一）

	本次变动前	配股	送股	公积金转股	增发	其他	小计	本次变动后
		本次变动增减（+，－）						
一、未上市流通股份								
1、发起人股份								
其中：								
国家持有股份	48,598,000							48,598,000
境内法人持有股份								
境外法人持有股份								
其他								
2、募集法人股份	27,326,093							27,326,093
3、内部职工股	14,934,520							14,934,520
4、优先股或其他								
未上市流通股份合计	90,858,613							90,858,613
二、已上市流通股份								
1、人民币普通股	35,049,200							35,049,200
2、境内上市的外资股								
3、境外上市的外资股								
4、其他								
已上市流通股份合计	35,049,200							35,049,200
三、股 份 总 数	125,907,813							125,907,813

000656 重庆东源钢业股份有限公司

2001 年年度报告摘选

第一章　公司基本情况简介

一、公司法定中文名称：重庆东源钢业股份有限公司
公司法定英文名称：CHONG QING DONG YUAN STEEL CO., Ltd.
二、公司法定代表人：陈　凯
三、公司董事会秘书：陶旭城
联系地址：重庆市渝中区五四路 39 号都市广场 A 座 1216 房间
邮政编码：400010
联系电话：(023)63782974
联系传真：(023)63782974
电子信箱：cqdy@21cn.com
四、公司注册地址：重庆市渝中区民族路 15 号
邮政编码：400011
五、公司指定信息披露报刊：《中国证券报》、《证券时报》
登载公司年度报告的中国证监会指定国际互联网网址：http://www.cninfo.com.cn
公司年度报告备置地点：公司证券部
六、公司股票上市交易所：深圳证券交易所
股票简称：重庆东源
股票代码：000656

第二章　会计数据和业务数据摘要

一、公司本年度主要利润指标情况　　金额单位：人民币元

项目	2001 年度	2000 年度
利润总额	－39,141,260.19	2,381,091.02
净利润	－38,299,492.05	2,370,342.10
扣除非经常性损益后的净利润	－32,125,421.86	8,623,731.74
其中：主营业务利润	30,233,184.98	64,895,153.20
其他业务利润	1,858,932.68	3,135,253.25
营业利润	－33,049,545.21	9,862,892.12
投资收益		－1,289,932.04
补贴收入		
营业外收支净额	－6,091,714.98	－6,191,869.06
经营活动产生的现金流量净额	－14,242,426.02	－19,708,526.72
现金及现金等价物净增减额	11,770,102.08	9,653,338.24

二、截止报告期末公司前三年主要会计数据和财务指标　　金额单位：人民币元

财务指标	2001 年度	2000 年度 调整后	2000 年度 调整前	1999 年度
主营业务收入	381,925,614.27	472,713,056.76	458,231,431.95	371,422,385.47
净利润	－38,299,492.05	2,017,097.63	2,370,342.10	－24,963,108.38
总资产	712,467,275.63	708,365,406.27	702,137,037.01	474,965,119.87
股东权益(不含少数股东权益)	251,938,067.54	290,417,946.33	291,092,598.22	288,671,203.26
每股收益(加权)	－0.19	0.01	0.01	－0.12
每股收益(摊薄)	－0.19	0.01	0.01	－0.12
每股净资产	1.22	1.41	1.41	1.40
调整后每股净资产	1.02	1.05	1.05	1.04
每股经营活动产生的现金流量净额	－0.07	－0.10	－0.10	0.06
净资产收益率(加权)	－12.37%	0.70%	0.81%	－8.65%
净资产收益率(摊薄)	－15.20%	0.69%	0.82%	－8.29%
扣除非经常性损益后的净资产收益率(加权)	－10.38%	2.84%	2.95%	－4%
扣除非经常性损益后的净资产收益率(摊薄)	－12.75%	2.84%	2.94%	－4.19%

三、报告期利润表附表：

报告期利润	净资产收益率% 全面摊薄	净资产收益率% 加权平均	每股收益(元) 全面摊薄	每股收益(元) 加权平均
主营业务利润	12%	9.77%	0.15	0.15
营业利润	－13.12%	－10.68%	－0.16	－0.16
净利润	－15.20%	－12.37%	－0.19	－0.19
扣除非经常性损益后的净利润	－12.75%	－10.38%	－0.16	－0.16

第三章　股本变动及股东情况

一、公司股本变动情况
股份变动情况表

数量单位：股

	本次变动前	配股	送股	公积金转股	增发	其他	本次变动后
		本次变动增减（+、－）					
(一)未上市流通股份	132,121,847						132,121,847
1、发起人股份							
其中：国家持有股份	72,040,000						72,040,000
境内法人持有股份	55,081,847						55,081,847
2、定向法人股	5,000,000						5,000,000
3、募集法人股							
内部职工股							
优先股或其他							
未上市流通股份合计	132,121,847						132,121,847
(二)已上市流通股份							
社会公众股	73,697,580						73,697,580
高管股	2,420						2,420
已上市流通股份合计	73,700,000						73,700,000
(三)股份总数	205,821,847						205,821,847

000657 中钨高新材料股份有限公司

2001年年度报告摘选

一、公司基本情况简介

(一)公司法定中、英文名称及缩写
1、公司法定中文名称:中钨高新材料股份有限公司
公司中文名称缩写:中钨高新
2、公司英文名称:CHINA TUNGSTEN AND HIGHTECH MATERALS CO., LTD
英文名称缩写:CHINA TUNGSTEN HIGHTECH
(二)公司法定代表人:周菊秋
(三)公司董事会秘书:冯晓元
证券事务代表:周丽萍
联系地址:海南省海口市龙昆北路2号珠江广场帝都大厦18层
联系电话:(0898)68581224
传真:(0898)68583318
电子信箱:jinhaizq@public.hk.hi.cn.
(四)公司注册地址:海南省海口市龙昆北路2号珠江广场帝都大厦18层
公司办公地址:海南省海口市龙昆北路2号珠江广场帝都大厦18层
邮政编码:570125
(五)公司信息披露报纸:《证券时报》、《中国证券报》
登载年度报告的中国证监会指定国际互联网网址:http://www.cninfo.com.cn
公司年度报告备置地点:海南省海口市龙昆北路2号珠江广场帝都大厦18层公司证券部
(六)公司股票上市交易所:深圳证券交易所
股票简称:中钨高新
股票代码:000657

二、会计数据和业务数据摘要

(一)本年度利润总额及构成　　单位金额:人民币元

项目	金额
利润总额	39,615,458.53
净利润	33,153,199.57
扣除非经营性损益后的净利润	35,152,513.67
主营业务利润	151,270,675.64
其他业务利润	1,089,012.16
营业利润	41,353,946.74
投资收益	260,824.89
补贴收入	82,097.16
营业外收支净额	-2,081,410.26
经营活动产生的现金流量净额	10,665,125.53
现金及现金等价物净增加额	56,821,425.53

按照证监会《公开发行证券公司信息披露编报规则第九号》要求计算的净资产收益率和每股收益。

报告期利润	净资产收益率(%)		每股收益(元)	
	全面摊薄	加权平均	全面摊薄	加权平均
主营业务利润	29.08	29.54	0.884	0.884
营业利润	7.95	8.08	0.242	0.242
净利润	6.37	6.47	0.194	0.194
扣除非经营性损益后的净利润	6.76	6.86	0.205	0.205

(二)截止报告期末公司前三年主要会计数据及财务指标　　单位金额:人民币元

项目	2001年度	2000年度		1999年度	
		调整后	调整前	调整后	调整前
1、主营业务收入	1,168,081,765.19	1,002,605,951.88	1,009,458,333.31	805,875,913.49	805,875,913.49
2、净利润	33,153,199.57	35,783,784.03	37,809,088.21	51,555,929.75	51,829,983.24
3、总资产	1,016,385,565.61	909,557,970.85	927,481,384.78	881,617,876.92	883,891,930.41
4、股东权益(不含少数股东权益)	520,236,916.52	504,065,179.16	516,093,618.71	480,163,488.04	478,847,541.53
5、每股收益(摊薄)	0.194	0.209	0.221	0.301	0.303
(加权)	0.194	0.209	0.221	0.347	0.35
6、每股净资产	3.041	2.95	3.02	2.81	2.80
7、调整后的每股净资产	3.032	2.76	2.83	2.81	2.80
8、净资产收益率(摊薄)	6.37%	7.10	7.33	10.74	10.82
(加权)	6.47%	7.21	7.60	20.52	20.74
9、每股经营活动产生的现金流量净额	0.062	-0.526	-0.534	-0.40	-0.404

三、股本变动及股东情况

(一)股本变动情况
1、股份变动情况表　　数量单位:股

股份类别	本次变动前	本次变动增减(+,—)						本次变动后
		配股	送股	公积金转股	增发	其他	小计	
一、未上市流通股份	96561300	0	0	0		0		96561300
1、发起人股份	74299125	0	0	0		0		74299125
其中:								
国家持有股份	74299125	0	0	0		0		74299125
境内法人持有股份								
境外法人持有股份								
其他								
2、募集法人股份	22262175	0	0	0		0		22262175
3、内部职工股								
4、优先股或其他								
其中:转配股								
未上市流通股份合计	96561300	0	0	0		0		96561300
二、已上市流通股份	74520000	0	0	0		0		74520000
1、人民币普通股	74520000	0	0	0		0		74520000
2、境内上市的外资股								
1、境外上市的外资股								
2、其他								
已上市流通股份合计	74520000	0	0	0		0		74520000
三、股份总数	171081300	0	0	0		0		171081300

000658 厦门海洋实业(集团)股份有限公司

2001年年度报告摘选

一、公司基本情况简介

(一)公司名称(中文):厦门海洋实业(集团)股份有限公司
(英文):Xiamen Marine Industry (Group) Co., Ltd.
缩写:MIC
(二)法定代表人:梅　萌
(三)董事会秘书:邰志强
联系地址:厦门市蜂巢山路3号
电　　话:0592-2085752　　传　真:0592-2513899
电子信箱:ss0658@263.net
(四)公司注册地址:厦门市思明软件园2号楼3F-A2
公司办公地址:厦门市蜂巢山路3号　　邮政编码:361005
电子信箱:ss0658@263.net
(五)公司选定的信息披露报纸:《证券时报》、《中国证券报》
中国证监会指定年度报告登载网站的网址:http://www.cninfo.com.cn
公司年度报告备置地点为厦门市蜂巢山路3号公司四楼办公室
(六)公司股票上市交易所:深圳证券交易所
股票简称:ST海洋　　股票代码:000658

二、会计数据和业务数据摘要

(一)公司本年度会计数据

项目	金额
利润总额:	-505,751,819.34元
净利润:	-505,751,819.34元
扣除非经常性损益后的净利润:	-247,351,071.89元
主营业务利润:	-730,749.54元
其它业务利润:	0元
营业利润:	-246,012,703.79元
投资收益:	33,174,854.50元
补贴收入:	9,968.00元
营业外收支净额:	-292,923,938.05元
经营活动产生的现金流量净额:	-68,889,102.64元
现金及现金等价物净增加额:	-603,182.58元

*注:扣除的非经常性损益项目和金额　　单位:元

项 目	金 额
净利润	-505,751,819.34
加:资产处置损益	380,140.54
股权处置损益	-34,734,842.60
处置被投资企业股权相关费用	190,000.00
营业外支出	292,543,797.51
支付的资金占用费	31,620.00
减:补贴收入	9,968.00
扣除非经常性损益后的净利润	-247,351,071.89

(二)截至报告期末公司前三年的主要会计数据和财务指标　　单位:元

项目	2001年度	2000年度(调整后)	2000年度(调整前)	1999年度
主营业务收入	610,507.49	10,170,055.94	93,178,631.70	385,090,352.73
净利润	-505,751,819.34	-215,551,974.69	-215,950,717.44	-46,621,725.64
总资产	59,145,210.74	318,083,758.05	368,958,371.71	732,813,090.91
股东权益(不含少数股东权益)	-487,295,880.61	119,760.19	588,965.73	173,175,153.55
每股收益(摊薄)	-3.221	-1.373	-1.375	-0.297
每股收益(加权平均)	-3.221	-1.373	-1.375	-0.254
每股净资产	-3.103	0.001	0.004	1.103
调整后的每股净资产	-3.105	-0.286	-0.102	0.871
每股经营活动产生的现金流量净额	-0.439	0.253	0.253	-0.145
净资产收益率(%)		-179986	-36666	-26.9

注:由于报告期净利润和净资产均为负数,故不计算2001年度净资产收益率。

(三)利润表附表

报告期利润	净资产收益率(%)		每股收益(元)	
	全面摊薄*	加权平均*	全面摊薄	加权平均
主营业务利润			-0.0047	-0.0047
营业利润			-1.5667	-1.5667
净利润			-3.2209	-3.2209
扣除非经常损益后的净利润			-1.5753	-1.5753

*注:由于报告期利润和净资产均为负数,故不计算相应的净资产收益率。

(四)报告期内股东权益变动情况(单位:元)

项目	期初数	本期增加	本期减少	期末数
股本	157,021,602.00			157,021,602.00
资本公积	117,982,857.58	18,336,178.54		136,319,036.12
盈余公积	14,452,626.75			14,452,626.75
法定公益金	3,828,784.37			3,828,784.37
未分配利润	-289,337,326.14	-505,751,819.34		-795,089,145.48
股东权益合计	119,760.19	-487,415,640.80		-487,295,880.61

三、股本变动及股东情况

(一)股份变动情况表

(数量单位:股)

项目	期初数	报告期内变动增减	期末数
一、未上市流通股份			
1、发起人股份	4,306,249	21,661,355	25,967,604
国家持有股份	4,306,249	21,661,355	25,967,604
2、募集法人股份	53,000,355	-21,661,355	31,339,000
未上市流通股份合计	57,306,604	0	57,306,604
二、已上市流通股份			
1、人民币普通股	99,714,998	0	99,714,998
已上市流通股份合计	99,714,998	0	99,714,998
三、股份总数	157,021,602	0	157,021,602

000659 珠海中富实业股份有限公司

2001 年年度报告摘选

一、公司简介

(一)公司名称:珠海中富实业股份有限公司
英文名称:ZHUHAI ZHONGFU ENTERPRISE CO.,LTD.
缩写:ZHUHAI ZHONGFU
(二)公司法定代表人:黄乐夫
(三)公司董事会秘书及其授权代表:陈立上、周毛仔
联系地址:广东省珠海市湾仔镇第一工业区
电话:(0756)8821350　8821449　传真:(0756)8821103
E--Mail:zhongful@pub.zhuhai.gd.cn
(四)公司注册、办公地址:
广东省珠海市湾仔镇第一工业区
邮政编码:519030
公司国际互联网址:http://www.zhongfu.com.cn
E-MAIL 地址:zhongful @ pub.zhuhai.gd.cn
(五)①公司选定的信息披露报纸为《证券时报》
②公司年度报告登载的国际互联网网址:http://www.cninfo.com.cn
③公司报告置放地点:公司证券部
(六)公司上市交易所:深圳证券交易所
股票简称:珠海中富　股票代码:000659

二、会计数据和业务数据摘要

1、2001 年度主要业务数据:

项目	金额(单位:元)
利润总额	109,713,252.71
净利润	86,020,633.08
扣除非经常性损益后的净利润	85,589,108.30
主营业务利润	197,831,549.65
其他业务利润	2,151,798.80
营业利润	105,615,580.77
投资收益	3,666,147.16
补贴收入	210,000.00
营业外收支净额	221,524.78
经营活动产生的现金流量净额	76,684,981.67
现金及现金等价物净增加额	-161,520,351.90
注:扣除非经营性损益后的净利润为:	
A、补贴收入(返还增值税):	210,000.00
B、营业外收支净额:	221,524.78

2、报告期末前三年主要会计和财务指标:

项目	2001.12.31	2000.12.31		1999.12.31	
		调整前	调整后	调整前	调整后
主营业务收入(元)	851,036,539.70	731,233,347.04	731,233,347.04	836,299,189.95	836,299,189.95
净利润(元)	86,020,633.08	89,382,622.28	89,908,436.29	153,257,202.91	153,780,426.67
总资产(元)	2,491,020,509.65	2,107,555,535.40	2,092,399,621.77	1,512,066,789.77	1,496,910,876.14
股东权益(元)	1,219,313,181.24	1,186,326,726.79	1,171,170,813.16	855,272,395.75	840,116,482.12
每股收益(摊薄:元)	0.227	0.236	0.237	0.452	0.453
每股收益(加权:元)	0.227	0.249	0.250	0.452	0.453
扣除非经营性损益后的每股收益(摊薄:元)	0.226	0.234	0.235	0.367	0.368
扣除非经营性损益后的每股收益(加权:元)	0.226	0.247	0.248	0.367	0.368
每股净资产(元)	3.22	3.13	3.09	2.52	2.48
调整后的每股净资产(元)	3.16	3.09	3.05	2.49	2.46
每股经营活动产生的现金流量净额(元)	0.202	0.37	0.37	0.17	0.17
净资产收益率(摊薄:%)	7.05	7.53	7.68	17.92	17.98
净资产收益率(加权:%)	7.20	8.43	8.48	18.48	18.54

3、报告期利润附表:

项 目	报告期利润	净资产收益率(%)		每股收益(元/股)	
		全面摊薄	加权平均	全面摊薄	加权平均
主营业务利润	197,831,549.65	16.22	16.29	0.522	0.522
营业利润	105,615,580.77	8.66	8.70	0.279	0.279
净利润	86,020,633.08	7.05	7.08	0.227	0.227
扣除非经营损益后的净利润	85,589,108.30	7.02	7.05	0.226	0.226

三、股本变动及股东情况

(一)股本变动情况
股份变动情况表(数量单位:股)

	本次变动前	本次变动增减(+,-) 其他	送股	公积金转股	增发	配股	小计	本次变动后
一、未上市流通股份								
1、发起人股份	199,385,000.00							199,385,000.00
其中:								
国家持有股份								
境内法人持有股份	199,385,000.00							199,385,000.00
境外法人持有股份								
其他								
2、募集法人股份	8,100,000.00							8,100,000.00
3、优先股或其他								
其中:转配股								
未上市流通股份合计	207,485,000.00							207,485,000.00
二、已上市流通股份								
1、人民币普通股	171,307,500.00							171,307,500.00
2、境内上市的外资股								
3、境外上市的外资股								
4、其他								
已上市流通股份合计	171,307,500.00							171,307,500.00
三、股份总数	378,792,500.00							378,792,500.00

000660 广州南华西实业股份有限公司

2001 年年度报告摘选

第一节　公司基本情况简介

(一) 公司法定中文名称:广州南华西实业股份有限公司
公司英文名称:GUANGZHOU NANHUAXI INDUSTRIAL CO,LTD.
(二) 公司法定代表人:何竟棠
(三) 公司董事会秘书:张 获
授权代表:黄丽葵
电话:(020)84423292
传真:(020)84408033
(四)公司注册地址:广州市江南西路 111 号中国石油南方大厦 16 楼
公司办公地址:广州市江南西路 111 号中国石油南方大厦 16 楼
E-mail:nanhuaxi@public guangzhou.gd.cn
邮政编码:510240
(五)公司选定信息披露报纸:《中国证券报》、《证券时报》
中国证监会指定的年报登载网址:http://www.cninfo.com.cn
公司年度报告备置地点:广州市江南西路 111 号中国石油南方大厦 16 楼
本公司董事会秘书室
(六) 公司股票上市交易所:深圳证券交易所
股票简称:南华西
股票代码:000660

第二节　会计数据和业务数据摘要

(一)2001 年主要会计数据　单位:元

项目	
利润总额	-57,741,773.39
净利润	-58,086,052.77
扣除非经常性损益后的净利润	-82,017,803.78
主营业务利润	41,668,912.60
其他业务利润	238,793.56
营业利润	-57,948,220.22
投资收益	393,965.95
补贴收入	47,128.00
营业外收支净额	-234,647.12
经营活动产生的现金流量净额	-320,268.84
现金及现金等价物净增加额	-39,499,612.14
注:扣除非经常性损益项目及金额合计:	23,931,751.01
包括、支取或收取的资金占用费	24,065,011.86
营业外收入	138,294.51
营业外支出	372,941.63
处理下属部门、被投资单位股权损益	54,258.27
补贴收入	47,128.00
其中:出口产品贴息	47,128.00
所得税退税	
税负增加返还增值税	

(二)报告期末公司前三年主要数据和财务指标　单位:元

项目	2001 年	2000 年	1999 年
主营业务收入	133,081,311.10	239,722,836.63	232,903,347.83
净利润	-58,086,052.77	19,013,754.74	27,528,746.60
总资产	1,115,599,327.34	1,183,719,153.47	794,972,646.02
股东权益(不含少数股东权益)	313,452,581.13	372,513,836.43	353,500,081.69
每股收益(元)	-0.4370	0.1431	0.2071
每股净资产(元)	2.3583	2.8027	2.6596
调整后的每股净资产(元)	2.2122	2.6400	2.5600
每股经营活动产生的现金流量净额(元)	-0.0024	0.1996	0.2973
净资产收益率(%)	-18.5310	5.1042	7.7875

(三)股东权益变动情况　单位:元

项目	股本	资本公积	盈余公积	法定公益金	未分配利润	股东权益合计
期初数	132,913,293.00	137,257,076.97	22,825,896.63	6,104,822.30	79,517,569.83	372,513,836.43
本期增加	-	267,105.47	-	-	-58,086,052.77	-57,818,947.30
本期减少	-	-	-	-	1,242,308.00	1,242,308.00
期末数	132,913,293.00	137,524,182.44	22,825,896.63	6,104,822.30	20,189,209.06	313,452,581.13

(四)净资产指标计算

报告期利润	净资产收益率(%)		每股收益(元)	
	全面摊薄	加权平均	全面摊薄	加权平均
主营业务利润	13.29%	12.13%	0.3135	0.3135
营业利润	-18.49%	-16.87%	-0.4360	-0.4360
净利润	-18.53%	-16.91%	-0.4370	-0.4370
扣除非经常性损益后的净利润	-26.17%	-23.88%	-0.6171	-0.6171

第三节　股本变动及股东情况

一、股本变动情况
(一)股份变动情况表

单位:万股

	本次变动前	本次变动增减(+、-)	本次变动后
一.未上市流通股份			
1.发起人股份	9,359.9186	0	9,359.9186
其中:境内法人持有股份	9,117.9856	0	9,117.9856
境外法人持有股份	241.9330	0	241.9330
2.内部职工股	8.1776		8.1776
尚未流通股份合计	9,368.0962		9,368.0962
二.已流通股份			
境内上市的人民币普通股	3,923.2331		3,923.2331
三.股份总数	13,291.3293	0	13,291.3293

000661 长春高新技术产业(集团)股份有限公司

2001年年度报告摘选

一、公司基本情况简介

(一)公司的法定中、英文名称及缩写：
公司中文名称：长春高新技术产业(集团)股份有限公司
公司英文名称：Changchun High & New Technology Industries (Group) Inc.
公司名称缩写：CCHN
(二)公司法定代表人：杨占民
(三)公司董事会秘书：周伟群
证券事务代表：焦敏
联系地址：长春市同志街64号火炬大厦5层
电话：0431－5666367
传真：0431－5675390
电子信箱：cchn@public.cc.jl.cn
(四)公司注册地址：长春市同志街64号
公司办公地址：长春市同志街64号火炬大厦5层
邮政编码：130021
公司国际互联网网址：http://www.cchn.com.cn
电子信箱：cchn@public.cc.jl.cn
(五)公司选定的信息披露报纸名称：《证券时报》
登载年度报告的中国证监会指定网站的网址：http://www.incninfo.com.cn
公司年度报告备置地点：公司证券部
(六)公司股票上市交易所：深圳证券交易所
股票简称：长春高新
股票代码：000661

二、会计数据和业务数据摘要

(一)公司本年度主要会计数据(单位：元)

项目	金额
利润总额	23,712,414.06
净利润	4,326,128.42
扣除非经常性损益后的净利润	4,445,397.37
主营业务利润	254,226,542.35
其它业务利润	15,110,734.88
营业利润	23,612,390.93
投资收益	442,255.78
补贴收入	579,900.00
营业外收支净额	－922,132.65
经营活动产生的现金流量净额	25,680,463.18
现金及现金等价物净增加额	35,179,505.43

(二)截止报告期末公司前三年主要会计数据和财务指标：

指标项目	2001年度	2000年度		1999年度
		调整前	调整后	
主营业务收入(元)	406,673,218.39	314,055,672.32	314,055,672.32	304,831,836.20
净利润(元)	4,326,128.42	30,791,529.02	16,836,135.75	3,669,357.86
总资产(元)	1,261,718,550.34	1,185,921,698.95	1,153,259,234.83	1,331,878,369.37
股东权益(不含少数股东权益)(元)	452,885,785.48	477,829,359.04	447,590,376.92	668,337,483.51
每股收益(元/股)	0.03	0.23	0.13	0.018
每股净资产(元/股)	3.45	3.64	3.41	3.32
调整后的每股净资产(元/股)	3.26	3.33	3.22	3.22
每股经营活动产生的现金流量净额(元)	0.196	1.58	1.58	－0.427
净资产收益率(%)	0.96	6.44	3.76	0.55

(三)根据中国证监会《公开发行证券的公司信息披露编报规则第九号》要求计算的数据：

报告期利润	净资产收益率(%)		每股收益(元/股)	
	全面摊薄	加权平均	全面摊薄	加权平均
主营业务利润	56.13	56.53	1.94	1.94
营业利润	5.21	5.52	0.18	0.18
净利润	0.96	0.96	0.03	0.03
扣除非经常性损益后的净利润	0.98	0.99	0.03	0.03

三、股本变动及股东情况

(一)股本变动情况
1、股份变动情况表
截止日期：2001年12月31日　　数量单位：股；　　每股面值：1元

股份类别	本次变动前	本期变动增减(+、-)					本次变动后
		配股	送股	公积金转股	其它	小计	
(1)未上市流通股份							
①发起人股份	45,475,210	0	0	0	0		45,475,210
其中：							
国有持有股份	45,475,210						45,475,210
境内法人持有股份							
境外法人持有股份							
其他							
②募集法人股份	6,048,000	0	0	0			6,048,000
③内部职工股	0						0
④优先股或其他							
未上市流通股份合计	51,523,210	0	0	0			51,523,210
(2)已上市流通股份							
1、人民币普通股	79,803,360						79,803,360
2、境内上市的外资股							
3、境外上市的外资股							
4、其他							
已上市流通股份合计	79,803,360	0	0	0			79,803,360
(3)股份总数	131,326,570	0	0	0			131,326,570

000662 广西红日股份有限公司

2001年年度报告摘选

一、公司基本情况简介

1、公司法定中文名称：广西红日股份有限公司
公司法定英文名称：GUANGXI HONGRI CO., LTD.
公司英文缩写：HR
2、公司法定代表人：梁国坚
公司总经理：邝健雄
3、公司董事会秘书和证券事务授权代表：李　博
联系地址：广西梧州市新兴二路137号
联系电话：(0774)3863686
传　　真：(0774)3863582
电子信箱：kondacos@public.glptt.gx.cn
4、公司注册地址：广西梧州市新兴二路137号
公司办公地址：广西梧州市新兴二路137号
邮政编码：543002
公司国际互联网网址：http://www.kondagroup.com
公司电子信箱：kondasec@public.glptt.gx.cn
5、公司选定的信息披露报纸名称：《证券时报》
登载公司年度报告的中国证监会指定的国际互联网网址：http://www.cninfo.com.cn
公司年度报告备置地点：本公司证券部
6、股票上市地：深圳证券交易所
股票简称：ST红日　　　股票代码：000662

二、会计数据和业务数据摘要

1、本年度主要利润指标(合并报表)　　单位：人民币元

项目	金额
利润总额：	25,285,845.75
净利润：	24,541,896.92
扣除非经常性损益后的净利润：	2,329,521.32
主营业务利润：	16,567,461.84
其他业务利润：	326,058.42
营业利润：	14,295,403.64
投资收益：	－1,227,393.61
补贴收入：	793,895.14
营业外收支净额：	11,423,940.58
经营活动产生的现金流量净额：	62,014,629.20
现金及现金等价物净增加额：	38,399,109.93

2、公司近三年主要会计数据和财务指标(合并报表)

项目	2001年	2000年	1999年
主营业务收入(元)	30,384,628.43	17,003,947.12	146,588,046.72
净利润(元)	24,541,896.92	－71,811,604.91	－28,927,151.40
总资产(元)	415,016,286.35	138,594,955.49	340,108,102.04
股东权益(元、不含少数股东权益)	149,265,331.82	41,017,051.72	112,828,656.63
每股收益(元/股)(摊薄)	0.2291	－0.6703	－0.2700
每股收益(元/股)(加权)	0.2291	－0.6703	
扣除非经常性损益后的每股收益(元/股)	0.0217	－0.6673	－0.2670
每股净资产(元/股)	1.3932	0.3828	1.0531
调整后的每股净资产(元)	1.3805	0.0798	1.0144
每股经营活动产生的现金流量净额(元)	0.5788	0.3744	0.3579
净资产收益率(%)(摊薄)	16.44%	－175.08%	－25.64%
净资产收益率(%)(加权)	46.06%	－93.36%	

3、本年度利润表附表

报告期利润	净资产收益率(%)		每股收益(元)	
	全面摊薄	加权平均	全面摊薄	加权平均
主营业务利润	11.10%	31.09%	0.1546	0.1546
营业利润	8.25%	23.12%	0.1149	0.1149
净利润	16.44%	46.06%	0.2291	0.2291
扣除非经常性损益后的利润	1.56%	4.37%	0.0217	0.0217

注：利润表附表的利润数据是按照中国证监会《公开发行证券公司信息披露编报规则(第9号)》要求计算的。

三、股本变动及股东情况

(一)股本变动情况
1、股本变动情况表
数量单位：股

	本次变动前	本次变动增减(+,-)						本次变动后
		配股	送股	公积金转增股	增发	其他	小计	
一、未上市流通股份								
1、发起人股份	30,777,000							30,777,000
其中：								
国家持有股份	21,250,000							21,250,000
境内法人持有股份	9,527,000							9,527,000
境外法人持有股份								
其他								
2、募集法人股份	37,788,000							37,788,000
3、内部职工股								
4、优先股或其他								
未上市流通股份合计	68,565,000							68,565,000
二、已上市流通股份								
1、人民币普通股	38,572,500							38,572,500
2、境内上市的外资股								
3、境外上市的外资股								
4、其他								
已上市流通股份合计	38,572,500							38,572,500
三、股份总数	107,137,500							107,137,500

000663 福建省永安林业(集团)股份有限公司

2001 年年度报告摘选

一、公司简介

1、公司中文名称:福建省永安林业(集团)股份有限公司
公司英文名称:FUJIAN YONGAN FORESTRY(GROUP) JOINT —STOCK CO.,LTD.
2、公司法定代表人:吴景贤
公司总经理:谢益林
3、公司董事会秘书:黄忠明
公司证券事务授权代表:黄　荣
联系地址:福建省永安市燕江东路 12 号
电　　话:(0598)3614875　　传　　真:(0598)3633415
电子信箱:stock@yonglin.com
4、公司办公(注册)地址:福建省永安市燕江东路 12 号
邮 编:366000
公司国际互联网网址:http://www.yonglin.com
公司电子信箱:info@yonglin.com
5、公司指定信息披露报刊:《证券时报》、《中国证券报》、《上海证券报》
登载公司年报网址:http://www.cninfo.com.cn
公司年度报告置备地点:公司董事会秘书处
6、公司股票上市地:深圳证券交易所
股票简称:永安林业　　股票代码:000663

二、会计数据和业务数据摘要

1、公司本年度实现利润情况　　单位:元

项目	金额
利润总额:	10175237.84
净利润:	7934140.46
扣除非经常性损益后的净利润:	2311165.70
主营业务利润:	77803315.34
其他业务利润:	2623742.04
营业利润:	97632.82
投资收益:	5609238.85
补贴收入:	4778355.16
营业外收支净额:	－309988.99
经营活动产生的现金流量净额:	46373663.46
现金及现金等价物净增加额:	23031755.91

2、公司近三年的主要会计数据和财务指标:　　单位:元

项目	2001 年度	2000 年度	1999 年度
主营业务收入	307164262.76	357773544.17	325440415.04
净利润	7934140.46	12442726.99	48973583.27
总资产	857282903.32	813910666.61	881094996.66
股东权益	304168231.57	296234091.11	462580942.36
每股收益	0.047	0.074	0.293
加权平均每股收益	0.047	0.074	0.31
扣除非经常性损益后的每股收益	0.014	0.072	0.18
每股净资产	1.819	1.77	2.766
调整后的每股净资产	1.763	1.64	2.62
每股经营活动产生的现金流量净额	0.28	0.34	0.28
净资产收益率(%)	2.61	4.20	10.587
加权净资产收益率(%)	2.64	4.05	12.78

3、利润表附表

报告期利润	净资产收益率(%)		每股收益	
	全面摊薄	加权平均	全面摊薄	加权平均
主营业务利润	25.58	25.92	0.4652	0.4652
营业利润	0.03	0.03	0.0006	0.0006
净利润	2.61	2.64	0.0474	0.0474
扣除非经常性损益后的净利润	0.76	0.77	0.0138	0.0138

4、报告期内股东权益变化情况　　单位:万元

项目	股本	资本公积	盈余公积	法定公益金	未分配利润	合计
期初数	16723.26	19494.16	1576.24	816.35	－8170.25	29623.41
本期增加			2.13	0.71	793.41	795.54
本期减少					2.13	2.13
期末数	16723.26	19494.16	1578.37	817.06	－7378.97	30416.82

变动原因:本期增加、减少数为本公司控股子公司漳平市燕菁公司本年实现净利润提取 15% 盈余公积所致。

三、股本变动及股东情况

1、股本变动情况
(一)股本变动情况表　　单位:股

	期初数	本次变动增减(+、-)					期末数
		配股	送股	公积金转股	其他	小计	
一、尚未流通股份							
1、发起人股份	88200000						88200000
其中:							
国家持有股份	18635400						18635400
境内法人持有股份	69564600						69564600
境外法人持有股份							
其他							
2、募集法人股份	19819800						19819800
3、内部职工股	0						0
4、优先股或其他							
其中:转配股							
未上市流通股份合计	108019800						108019800
二、已流通股份							
1、人民币普通股	59212800						59212800
2、境内上市的外资股							
3、境外上市的外资股							
4、其他							
已上市流通股份合计	59212800						59212800
三、股份总数	167232600						167232600

000665 武汉塑料工业集团股份有限公司

2001 年年度报告摘选

第一节　公司基本情况简介

1、公司法定中文名称:武汉塑料工业集团股份有限公司
中文简称:武汉塑料
公司法定英文名称:Wuhan Plastics Industrial Group Co., Ltd.
英文简称:Wuhan Plastics
2、公司法定代表人:刘文彦
3、公司董事会秘书:詹大虎
联系地址:武汉市解放大道单洞路特 1 号武汉国际大厦 A 座 12 楼
电　　话:027－85425727
传　　真:027－85891746
电子信箱:James.tiger@163.net
4、公司注册地址:武汉经济技术开发区工业区
公司办公地址:武汉解放大道单洞路特 1 号武汉国际大厦 A 座 11－12 楼
邮政编码:430022
公司网址:http://www.wuhanplas.com
公司电子信箱:Wushuoxx@public.wh.hb.cn
5、公司信息披露报纸:《中国证券报》、《证券时报》
登载公司年报网址:http://www.cninfo.com.cn
公司年报备置地点:公司证券部
6、公司股票上市交易所:深圳证券交易所
股票简称:武汉塑料
股票代码:000665

第二节　会计数据和业务数据摘要

(一)本年度主要会计数据:　　单位:元

项目	金额
利润总额	45,838,615.02
净利润	31,435,981.88
扣除非经常性损益后的净利润	27,996,382.28
主营业务利润	86,746,232.11
其他业务利润	7,171,192.40
营业利润	42,399,015.42
投资收益	3,368,141.45
补贴收入	——
营业外收支净额	71,458.15
经营活动产生的现金流量净额	45,578,702.13
现金及现金等价物净增加额	－33,532,143.17
注:非经常性损益项目和涉及金额	——
(1)投资收益	3,368,141.45
(2)营业外收入	252,600.74
(3)营业外支出	181,142.59

(二)前三年主要会计数据和财务指标　　单位:元

项目	2001 年	2000 年	1999 年
主营业务收入	480,192,542.73	443,110,560.02	313,198,483.38
净利润	31,435,981.88	26,154,814.10	19,296,563.27
总资产	780,786,765.49	741,734,439.37	601,456,187.72
股东权益(不含少数股东权益)	447,112,938.85	415,676,956.97	265,076,993.50
每股收益(加权)	0.22	0.20	0.15
每股收益(摊薄)	0.22	0.19	0.15
扣除非经常性损益后的每股收益	0.20	0.17	0.13
每股净资产	3.17	2.95	2.05
调整后的每股净资产	3.15	2.92	1.97
每股经营活动产生的现金流量净额	0.32	0.31	0.49
净资产收益率(%)(摊薄)	7.03	6.29	7.28
净资产收益率(%)(加权)	7.29	8.43	7.40
扣除非经常性损益后的净资产收益率(%)(加权)	6.49	7.93	6.24

注:上述数据均以经注册会计师审计调整后的合并会计报表数填列或计算。

(三)利润表附表

报告期利润	净资产收益率(%)				每股收益(元)			
	全面摊薄		加权平均		全面摊薄		加权平均	
	2001 年	2000 年	2001 年	2000 年	2001 年	2000 年	2001 年	2000 年
主营业务利润	19.40	19.35	20.11	25.93	0.62	0.57	0.62	0.61
营业利润	9.48	9.06	9.83	12.14	0.30	0.27	0.30	0.28
净利润	7.03	6.29	7.29	8.43	0.22	0.19	0.22	0.20
扣除非经常性损益后的净利润	6.26	6.02	6.49	7.93	0.20	0.17	0.20	0.19

第三节　股本变动及股东情况

(一)股本变动情况

股份变动情况表

数量单位:股

	本次变动前	本次变动增减(+,-)						本次变动后
		配股	送股	公积金转股	增发	其他	小计	
一、未上市流通股份								
国有法人股	42,975,313							42,975,313
其他法人股	47,980,388							47,980,388
未上市流通股份合计	90,955,701							90,955,701
二、已上市流通股份								
人民币普通股	50,013,787							50,013,787
已流通股份合计	50,013,787							50,013,787
三、股份总数	140,969,488							140,969,488

000666 经纬纺织机械股份有限公司

2001 年年度报告摘选

一、公司基本情况简介

1.公司法定名称：经纬纺织机械股份有限公司
公司英文名称：Jingwei Textile Machinery Company Limited
2.公司法定代表人：陆云良
3.公司董事会秘书：叶雪华
电话：8610 84534078－8188
电子信箱：yxh@jwgf.com
证券事务代表：裘琳
电话：8610 84534081－8501　　电子信箱：ql@jwgf.com
联系地址：中华人民共和国北京市朝阳区亮马桥路 39 号第一上海中心 701 室
传真：8610 84534135
4.公司注册地址：中华人民共和国山西省太原市坞城路 15 号
公司办公地址：中华人民共和国北京市朝阳区亮马桥路 39 号第一上海中心七层
邮政编码：100016
国际互联网网址：http://www.jwgf.com　　电子信箱：jwgf@jwgf.com
5.公司信息披露报刊名称：
国内披露报刊名称：中国证券报、证券时报
香港披露报刊名称：文汇报(中文)、虎报(英文)
公司年度报告登载的国际互联网网址：http://www.cninfo.com.cn
年度报告备置地点：公司董事会秘书室
6.股票上市交易场所及股票代码：
A 股　　上市地点：深圳证券交易所
股票简称：经纬纺机　　股票代码：000666
H 股　　上市地点：香港联合交易所
股票简称：经纬纺机　　股票代码：0350

二、会计数据和业务数据摘要

①本年度经审计会计数据：

	2001 人民币千元
利润总额	144,622
净利润	122,888
扣除非经常性损益后的净利润	123,063
主营业务利润	434,459
其他业务利润	8,476
营业利润	146,973
投资收益	(523)
补贴收入	484
营业外收支净额	(2,311)
经营活动产生的现金流量净额	90,971
现金及现金等价物净减少额	(345,059)

②前三年主要会计数据和财务指标

项目	2001 年 人民币千元	2000 年 追溯调整后 人民币千元	2000 年 人民币千元	1999 年 追溯调整后 人民币千元	1999 年 人民币千元
主营业务收入	2,215,239	1,808,125	1,808,125	803,585	803,585
利润总额	144,622	139,568	146,160	64,539	97,485
净利润	122,888	127,341	133,933	56,184	88,598
总资产	4,012,056	3,634,027	3,673,565	1,893,765	1,926,711
股东权益(不含少数股东权益)	2,175,492	2,088,777	2,128,315	793,054	826,000
每股收益(人民币元)					
—全面摊薄	0.20	0.21	0.22	0.13	0.21
—加权平均	0.20	0.24	0.25	0.13	0.21
—扣除非经常性损益后	0.20	0.22	0.22	0.21	0.21
每股净资产(人民币元)	3.6	3.46	3.52	1.87	1.95
调整后每股净资产(人民币元)	3.51	3.40	3.46	1.83	1.90
每股经营活动产生的现金流量净额	0.15	0.41	0.41	(0.02)	(0.02)
净资产收益率(%)					
全面摊薄	5.65	6.10	6.29	7.08	10.73
加权平均	5.65	7.91	8.30	7.34	11.33

按照中国证监会《公开发行证券公司信息披露编报规则(第 9 号)》要求计算的利润数据：

报告期利润	净资产收益率(%)		每股收益(人民币元/股)	
	全面摊薄	加权平均	全面摊薄	加权平均
主营业务利润	19.97	20.21	0.72	0.72
营业利润	6.76	6.84	0.24	0.24
净利润	5.65	5.72	0.20	0.20
扣除非经常性损益后的净利润	5.66	5.72	0.20	0.20

三、股本变动及股东情况

1. 股份变动情况表

	本次变动前	本期变动增减					本次变动后
		配股	送股	公积金转股	增发	其他	
尚未流通股份合计	220,000	–	–	–	–	–	220,000
一、尚未流通股份							
1.发起人股份	220,000	–	–	–	–	–	220,000
其中：							
国家拥有股份		–	–	–	–	–	–
境内法人持有股份	220,000	–	–	–	–	–	220,000
境外法人持有股份	–	–	–	–	–	–	–
其他	–	–	–	–	–	–	–
2.募集法人股	–	–	–	–	–	–	–
3.内部职工股(A 股)	–	–	–	–	–	–	–
4.优先股或其他		–	–	–	–	–	
尚未流通股份合计	220,000	–	–	–	–	–	220,000
二、已流通股份							
1.境内上市的人民币	–	–	–	–	–	–	–
普通股(A 股)	203,000	–	–	–	–	–	203,000
2.境内上市外资股							
3.境外上市外资股	180,800	–	–	–	–	–	180,800
4.其他							
已流通股份合计	383,800	–	–	–	–	–	383,800
三、股份总数	603,800	–	–	–	–	–	603,800

000667 云南华一投资集团股份有限公司

2001 年年度报告摘选

一、公司简介

公司中文名称：云南华一投资集团股份有限公司
英文名称：YUNNAN HUAYI INVESTMENT GROUP CO.，LTD
英文名称缩写：YHIGC
公司法定代表人：温一雷
公司董事会秘书：赵安昆
公司董事会证券事务代表：李瑞琦
联系地址：云南省昆明市东风西路 19 号五华大厦五楼
联系电话：(0871)3610134　　传　真：(0871)3625615
公司注册及办公地址：云南省昆明市东风西路 19 号
邮政编码：650031
国际互联网网址：//huayi.kmcom.com.cn
公司电子信箱：huayi @ public.km.yn.cn
公司年度报告备置地点：董事会办公室、深圳证券交易所
信息披露报纸：证券时报
登载年报网址：//www.cninfo.com.cn
股票上市交易所：深圳证券交易所
股票简称：华一投资　　股票代码：000667

二、会计数据和业务数据摘要

(一)本年度主要利润指标情况(单位：人民币元)

项目	金额
利润总额	4,016,991.56
净利润	2,724,220.64
扣除非经营性损益后的净利润	1,443,040.91
主营业务利润	11,409,562.27
其他业务利润	11,931,570.80
营业利润	823,638.13
投资收益	2,432,026.69
补贴收入	–
营业外收支净额	761,326:74
经营活动产生的现金流量净额	–22,337,413.06
现金及现金等价物净增加额	–15,044,068.87

注：扣除非经常性损益项目及金额：股权投资差额 — 元。

(二)报告期末，公司前三年主要会计数据和财务指标(单位：人民币元)

项目	2001 年	2000 年(已调整)	1999 年(已调整)
主营业务收入	130,773,910.63	115,968,598.68	130,501,897.07
净利润	2,724,220.64	2,277,494.73	6,435,087.14
总资产	615,154,892.43	668,965,132.52	568,750,903.07
股东权益	486,089,502.03	484,191,627.65	476,418,593.30
每股收益(摊簿)	0.0111	0.0093	0.0263
——加权平均	0.0111	0.0093	0.0290
扣除非经常性损益后的每股收益	0.0059	0.0303	0.0098
每股净资产	1.9838	1.9761	1.9443
净资产收益率(%)	0.5604	0.4704	1.3507
——加权平均(%)	0.5611	0.4769	1.3467
扣除非经常性损益后的加权净资产收益率(%)	0.2972	1.5329	0.5038
调整后的每股净资产	1.8104	1.9052	1.7711
每股经营活动产生的现金流量净额	–0.0912	0.1172	–0.1571

(三)报告期利润表附表

2001 年度利润	净资产收益率(%)		每股收益(元)	
	全面摊薄	加权平均	全面摊薄	加权平均
主营业务利润	2.3472	2.3498	0.0466	0.0466
营业利润	0.1694	0.1696	0.0034	0.0034
净利润	0.5604	0.5611	0.0111	0.0111
扣除非经常性损益后的净利润	0.2969	0.2972	0.0059	0.0059

三、股本变动及股东情况

(一)股本变动情况
1、股份变动情况表

数量单位：万股

	本次变动前	本次变动增减(+、–)						本次变动后
		配股	送股	公积金转股	增发	其他	小计	
一、未上市流通股份								
1、发起人股份	18144							18144
其中：								
国家持有股份	18144							18144
境内法人持有股份								
外资法人持有股份								
其他								
2、募集法人股								
3、内部职工股								
4、优先股或其他								
其中：转配股								
未上市流通股份合计	18144							18144
二、已上市流通股份								
1、人民币普通股	6358.8							6358.8
2、境内上市的外资股								
3、境外上市的外资股								
4、其他								
已上市流通股份合计	6358.8							6358.8
三、股份总数	24502.8							24502.8

000668 中国石化武汉石油(集团)股份有限公司

2001 年年度报告摘选

第一节 公司基本情况简介

1、公司中文名称:中国石化武汉石油(集团)股份有限公司
公司英文名称:SINOPEC WUHAN PETROLEUM GROUP CO. LTD
2、公司法定代表人:吕品
3、公司董事会秘书:蒙弘
联系地址:中国石化武汉石油(集团)股份有限公司证券部
联系电话:027－85781439　　传真电话:027－85757897
电子信箱:ZQB888@263.net
4、公司注册地址:湖北省武汉市万松小区 18 栋
公司办公地址:湖北省武汉市万松小区 18 栋
公司邮政编码:430022
公司电子信箱:ZQB@WHOIL.COM
5、公司选定的信息披露报纸:《中国证券报》、《证券时报》
中国证监会指定信息披露国际互联网网址:HTTP://WWW.CNINFO.COM.CN
年度报告备置地点:中国石化武汉石油(集团)股份有限公司证券部
6、公司股票上市交易所:深圳证券交易所
公司股票简称:武汉石油　　公司股票代码:000668

第二节 会计数据与业务数据摘要

1、公司本年度利润总额及构成(单位:元)

	2001 年度
利润总额	27,081,861.23
净利润	17,368,559.40
扣除非经常性损益后的净利润	19,714,448.37
主营业务利润	142,756,269.12
其他业务利润	6,167,174.75
营业利润	30,163,567.85
投资收益	－735,817.65
补贴收入	－－
营业外收支净额	－2,345,888.97
经营活动产生的现金流量净额	22,932,320.73
现金及现金等价物净增加额	24,661,430.30

2、前三年主要财务数据和财务指标

指标项目	2001	2000	1999
主营业务收入	1,268,521,371.79	1,161,577,171.48	782,060,616.61
净利润	17,368,559.40	27,676,686.96	39,106,688.62
总资产	992,796,752.55	863,435,088.39	607,055,486.05
股东权益(不含少数股东权益)	328,803,659.18	314,371,937.58	304,259,470.50
每股收益(元)	0.12	0.19	0.35
每股收益(加权)(元)	0.12	0.21	0.35
扣除非经营性损益后的每股收益(元)	0.13	0.19	0.26
每股净资产(元)	2.24	2.14	2.69
调整后的每股净资产	1.96	1.88	2.65
净资产收益率(%)	5.28	8.80	12.80
净资产收益率(加权)(%)	5.40	8.95	13.74
每股经营活动产生的现金流量净额	0.16	0.54	－0.26

第三节 股东变动及股东情况

一、股本变动情况
(一)股份变动情况表

尚未流通股份	期初数	本次变动增减(＋,－) 配股	送股	公积金转股	其他	小计	期末数
发起人股份							
其中:							
国家拥有股份	96373940				－8138000	－8138000	88235940
境内法人持有股份	－－－					－－－	
外资法人持有股份	－－－					－－－	
其他	－－－					－－－	
募集法人股	8728200						8728200
内部职工股	79820				＋8095571	＋8095571	8175391
优先股或其他	－－－					－－－	
未上市流通股份合计	105181960				－42429	－42429	105139531
已上市流通股份							
境内上市的人民币普通股							
境内上市的外资股	－－－					－－－	
境外上市的外资股	－－－					－－－	
其他	－－－					－－－	
已上市流通股份合计	41659930				＋42429	＋42429	41702359
股份总数	146841890				－－－	－－－	146841890

二、股东情况介绍
(一)报告期末股东总数为:28179 户。
(二)持有本公司 5%以上股份及前十位股东持股情况:

股东名称	持股数量(万股)	持股比例%	备注
(1)中国石油化工股份有限公司	6791.2	46.25	代表国家持股
(2)武汉国有资产经营公司	1764.74948	12.02	代表国家持股
(3)华安证券有限责任公司	513.0844	3.49	已上市流通股份
(4)江汉石油管理局	304.2	2.072	法人股
(5)中国石化集团武汉石油化工厂	187.2	1.275	法人股
(6)武汉工业国有投资有限公司	187.2	1.275	法人股
(7)中国石油大庆石油化工总厂	139.035	0.947	代表国家持股
(8)兴业证券投资基金	60.9373	0.415	已上市流通股份
(9)中国石化兰州炼油化工总厂	59.9701	0.408	代表国家持股
(10)中国石化集团茂名石油化工公司	56.103	0.382	代表国家持股

000669 吉林中讯科技发展股份有限公司

2001 年年度报告摘选

第一节 公司简介

(一)公司法定中文名称:吉林中讯科技发展股份有限公司
公司法定英文名称:Jilin Sinosinic Technology Development Co.,ltd
(二)法定代表人姓名:刘晓钦
(三)公司董事会秘书:李林轩
联系电话:0432－4664051
传真:0432－4683884
电子信箱:wdl@public.jl.jl.cn
联系地址:吉林省吉林市高新区恒山西路 104 号
证券事务代表:陈兴华
联系电话:0432－4664051　　传真:0432－4683884
电子信箱:wdl@public.jl.jl.cn
(四)公司注册地址:吉林省吉林市高新技术开发区 C 区 26 号楼
公司办公地址:吉林省吉林市高新区恒山西路 104 号
邮政编码:132013
公司网址:http://www.000669.com
公司电子信箱:wdl@public.jl.jl.cn
(五)信息披露媒体:
网站:http://www.cninfo.com.cn
定期报告刊登报刊:《证券时报》
公司年报备置地点:公司证券部
(六)公司股票上市地:深圳证券交易所
A 股简称:中讯科技　　A 股代码:000669

第二节 会计数据和业务数据摘要

一、利润总额及构成　　单位:元

项目	金额
利润总额	7,182,893.39
净利润	6,200,349.59
扣除非经常性损益后的净利润	6,470,438.61
主营业务利润	14,505,364.27
其他业务利润	48,319.34
营业利润	7,452,982.41
投资收益	0
补贴收入	0
营业外收支净额	－270,089.02
经营活动产生的现金流量净额	871,039.75
现金及现金等价物净增加额	86,550.30

二、截至报告期末公司近三年的主要会计数据和财务指标如下:(单位:元)

项目	2001 年	2000 年	1999 年
主营业务收入	49,983,635.16	47,541,142.45	20,621,622.39
净利润	6,200,349.59	8,476,080.52	39,553,147.94
总资产	144,339,290.60	138,755,696.47	127,127,408.70
股东权益	75,123,320.46	71,379,770.87	62,903,690.35
每股收益	0.1005	0.1374	0.6414
扣除非经常性损益的每股收益	0.1049	0.1374	0.0652
加权平均每股收益	0.1005	0.1374	0.6414
每股净资产	1.2180	1.16	1.02
调整后的每股净资产	1.2180	1.154	1.02
每股经营活动中产生的现金流量净额	0.0141	－0.005	0.01
净资产收益率%	8.25	11.87	62.88
净资产收益率(加权)%	8.47	12.62	62.88
扣除非经常性损益后净资产收益率(加权)	8.83	12.63	82.39

该指标的计算方法参照《公开发行证券公司信息披露编报规则第九号》的规定。

报告期利润	净资产收益率(%) 全面摊薄 2001 年	2000 年	加权平均 2001 年	2000 年	每股收益(元) 全面摊薄 2001 年	2000 年	加权平均 2001 年	2000 年
主营业务利润	19.31%	15.97%	18.55%	16.98%	0.2352	0.1849	0.2352	0.1849
营业利润	9.92%	11.88%	9.53%	12.63%	0.1208	0.1375	0.1208	0.1375
净利润	8.25%	11.87%	7.93%	12.62%	0.1005	0.1374	0.1005	0.1374
扣除非经常性损益后的净利润	8.61%	11.88%	8.27%	12.63%	0.1049	0.1375	0.1049	0.1375

第三节 股本变动及股东情况

一、股本变动情况

股本变动情况表　　单位:股

股本结构	本次变动前	本次变动增减(＋,－) 配股	送股	公积金转增股本	增发	其他	小计	本次变动后
一、尚未流通股份								
1、发起人股份	38,680,000							38,680,000
国家拥有股份								
境内法人持有股份	38,680,000							38,680,000
境外法人持有股份								
其他								
2、募集法人股								
3、内部职工股								
4、优先股或其他								
尚未流通股份合计	38,680,000							38,680,000
二、已流通股份								
1、境内上市的人民币普通股	22,990,000							22,990,000
2、境内上市外资股								
3、境外上市外资股								
4、其他								
已流通股份合计	22,990,000							22,990,000
三、股份总数	61,670,000							61,670,000

000670 湖北天发股份有限公司

2001年年度报告摘选

一、公司基本情况简介

1、公司的法定名称：中文　湖北天发股份有限公司
英文　HUBEI TIANFA CO.,LTD
2、法定代表人：刘道兴
3、董事会秘书：张进斌
联系地址：荆州市江汉路106号天发大厦4楼B座
联系电话：0716－8560320
传　　真：0716－8566160
电子信箱：zjb1974@163.net
4、注册地址：荆州市江汉路106号
办公地址：荆州市江汉路106号天发大厦
邮政编码：434000
公司国际互联网网址：http://www.tianfa.com.cn
公司电子信箱：stock@tianfa.com.cn
5、公司信息披露报纸：《中国证券报》、《证券时报》
中国证监会指定登载公司年报的国际互联网网址：http://www.cninfo.com.cn
公司年度报告备置地点：公司证券部
6、股票上市交易所：深圳证券交易所
股票简称：天发股份　　股票代码：000670

二、会计数据和业务数据摘要

（一）公司本年度主要会计数据和业务数据（单位：人民币元）

项目	金额
利润总额	16718928.88
净利润	2234302.51
扣除非经常性损益后的净利润	－19270400.40
主营业务利润	121407827.80
其他业务利润	3770978.99
营业利润	4068803.88
投资收益	133846.99
补贴收入	13000000.00
营业外收支净额	－483721.99
经营活动产生的现金流量净额	－124264140.89
现金及现金等价物净增加额	10888086.39

注：扣除非经常性损益项目及金额　　（单位：人民币元）

扣除项目	涉及金额
补贴收入	13000000
营业外收入	139175.14
营业外支出	622897.13
资金占用费	8988424.90

（二）公司近三年的主要会计数据和财务指标（单位：人民币元）

财务指标	2001年度	2000年度		1999年度
		调整前	调整后	
主营业务收入	1165118764.50	1229556675.69	1229739274.49	1099950890.91
净利润	2234302.51	52360965.55	52286863.85	77606419.18
总资产	1994824927.51	1640304160.48	1548322210.59	1489611209.93
股东权益(不含少数股东权益)	1094571977.32	783875178.61	694707156.89	753738281.63
每股收益(摊薄)	0.0082	0.22	0.22	0.33
(加权)	0.0085	0.22		0.41
扣除非经常性损益后每股收益	－0.071	0.22		0.31
每股净资产	4.021	3.33	2.95	3.20
调整后的每股净资产	4.005	3.30	2.93	3.18
每股经营活动产生的现金流量净额	－0.457	1.12		0.44
净资产收益率(摊薄)	0.20%	6.68	7.53	10.30
扣除非经常性损益后的净利润为基础计算的加权平均净资产收益率	－2.66%			

（三）本年度利润表附表

报告期利润	净资产收益率(%)		每股收益(元)	
	全面摊薄	加权平均	全面摊薄	加权平均
主营业务利润	11.09	16.78	0.4460	0.4616
营业利润	0.37	0.56	0.0149	0.0155
净利润	0.20	0.31	0.0082	0.0085
扣除非经常性损益后的净利润	－1.76	－2.66	－0.0708	0.0733

三、股本变动及股东情况

（一）股本变动情况
1、公司股份变动情况表

数量单位：（万股）

	本次变动前	本次变动增减少(＋,－)				本次变动后
		配股	送股	公积金转股	小计	
一、未流通股份						
1、发起人股份						
国家持有股份	2019.2					2019.2
法人持有股份	9628.8	106.032			106.032	9734.832
尚未流通股份合计	11648	106.032			106.032	11754.032
二、已流通股份						
1、境内上市的人民币普通股	11897.6	3569.28			3569.28	15466.88
已流通股份合计	11897.6	3569.28			3569.28	15466.88
股份总数	23545.6	3675.312			3675.312	27220.912

000671 福建省石狮新发股份有限公司

2001年年度报告摘选

一、公司基本情况简介

（一）公司的法定中文名称：福建省石狮新发股份有限公司
公司的法定英文名称：FUJIAN SHISHI XINFA CO.,LTD
（二）公司法定代表人姓名：吴彦赞
（三）股证代表：黄永刚
联系电话：(0595)8880671
传　　真：(0595)8880410
电子信箱：xinfa@publ.qz.fj.cn
邮政编码：362700
（四）公司法定地址：福建省石狮市民生路208号
办公地址：福建省石狮市民生路208号石狮新乐园大酒店四楼
（五）公司选定的中国证监会指定报纸名称：《证券时报》
中国证监会指定国际互联网网址：http//www.cninfo.com.cn
公司年度报告备置地点：公司证券部
（六）公司股票上市地：深圳证券交易所
公司股票简称：石狮新发
股票代码：000671

二、会计数据和业务数据摘要

（一）本年度利润总额、利润总额的构成及经营活动产生的现金流量净额、现金及现金等价物净增加额：

（单位：人民币元）

项目	金额
1、利润总额：	4,245,226.92
2、净利润：	2,796,413.43
3、扣除非经常性损益后的净利润	3,750,877.54
4、主营业务利润：	17,257,292.38
5、其他业务利润：	1,565,831.96
6、营业利润：	4,786,390.91
7、投资收益：	413,300.12
8、补贴收入：	0
9、营业外收支净额：	－954,464.11
10、经营活动产生的现金流量净额：	11,359,343.28
11、现金及现金等价物净增加额：	16,268,081.73
注：扣除的项目及涉及金额：	
营业外收支净额：	－954,464.11
以上涉及金额：	－954,464.11

（二）前三年的主要会计数据和财务指标

单位：人民币元

项 目	2001年	2000年	1999年	2001年比2000年增减比例(%)
1、主营业务收入：	53,704,270.69	77,754,879.86	43,163,478.91	－30.93
2、净利润：	2,796,413.43	19,367,460.90	13,309,732.53	－85.56
3、总资产：	287,042,276.32	268,387,223.92	220,560,910.16	6.95
4、股东权益：	169,355,326.67	171,317,567.84	159,938,199.41	－1.15
5、每股收益：	0.03	0.20	0.14	－85.00
6、每股净资产：	1.78	1.80	1.68	－1.11
7、调整后的每股净资产：	1.70	1.73	1.62	－1.73
8、每股经营活动产生的现金流量净额：	0.12	－0.036	－0.069	433.33
9、净资产收益率：	1.65%	11.31%	8.32%	－85.41

（三）报告期利润表附表：

项 目	净资产收益率		每股收益	
	全面摊薄(%)	加权平均(%)	全面摊薄	加权平均
主营业务利润	10.19	10.13	0.18	0.18
营业利润	2.83	2.81	0.05	0.05
净利润	1.65	1.64	0.03	0.03
扣除非经常性损益后的净利润	2.06	2.05	0.04	0.04

三、股本变动及主要股东持股情况

（一）股本变动情况

公司股份变动情况表

单位：万股

	期初数	报告期内变动(＋,－)					期末数
		配股	送股	公积金转股	其他	小计	
一、未上市流通股份							
(1)发起人股份	2636.928						2636.928
其中：							
国家拥有股份							
境内法人持有股份	2636.928						2636.928
外资法人持有股份							
其他：							
(2)募集法人股	3969.882						3969.882
(3)内部职工股							
(4)优先股或其他							
其中：转配股							
尚未流通股份合计	6606.81						6606.81
二、已流通股份							
(1)人民币普通股	2910.4992						2910.4992
(2)境内上市的外资股							
(3)境外上市的外资股							
(4)其他：							
已上市流通股份合计	2910.4992						2910.4992
三、股份总数：	9517.3092						9517.3092

000672 白银铜城商厦(集团)股份有限公司

2001 年年度报告摘选

第一节 公司基本情况简介

(一)公司的法定中英文名称及缩写
中文名称:白银铜城商厦(集团)股份有限公司
中文名称简称:铜城集团
英文名称:BAIYIN COPPER COMERCIAL BUILDING (GROUP)CO. LTD
英文缩写:BCCCB
(二)公司法定代表人:胡智勇
(三)公司董事会秘书:任民
联系地址:白银市白银区五一街 8 号铜城商厦四楼
电　话:(0943)8223409　　传真:(0943)8227879
电子信箱:bytchjt@by.gs.cninfo.net
(四)公司注册地址:白银市白银区五一街 8 号
办公地址:白银市白银区五一街 8 号铜城商厦四楼
邮政编码:730900
电子信箱:bytchjt@by.gs.cninfo.net
(五)公司选定的信息披露报纸名称:《中国证券报》、《证券时报》
登载公司年度报告的国际互联网址:http://www.cninfo.com.cn
公司年度报告备置地点:公司证券部
(六)公司股票上市交易所:深圳证券交易所
股票简称:铜城集团　　股票代码:000672

第二节 会计数据和业务数据摘要

(一)报告期主要业务数据摘要(单位:人民币元)

项目	金额
(1)利润总额:	18,685,137.70
(2)净利润:	8,344,154.95
(3)扣除非经常性损益后的净利润:	8,380,169.51
(4)主营业务利润:	23,808,815.59
(5)其他业务利润:	23,382,000.22
(6)营业利润:	17,821,295.39
(7)投资收益:	899,856.87
(8)补贴收入:	------
(9)营业外收支净额:	-36,014.56
(10)经营活动产生的现金流量净额:	-34,207,560.41
(11)现金及现金等价物净增加额:	25,679,794.53

本报告期非经常性损益项目及金额:

项 目	金 额
营业外收入	39,400.66
营业外支出	75,415.22

(二)主要会计数据和财务指标　　单位:人民币元

指标项目	2001 年	2000 年	1999 年
(1)主营业务收入	123,373,655.14	91,526,059.85	69,167,235.43
(2)净利润	8,344,154.95	10,975,385.15	13,978,838.93
(3)总资产	777,657,270.51	364,440,055.67	300,786,325.57
(4)股东权益(不含少数股东权益)	257,176,762.37	119,917,485.45	112,182,937.62
(5)每股收益 (摊薄)	0.077	0.17	0.22
加权平均每股收益	0.078		
(6)扣除非经营性损益后的每股收益	0.077	0.12	-0.32
(7)每股净资产	2.37	1.84	1.73
(8)调整后的每股净资产	2.14	1.65	1.27
(9)每股经营活动产生的现金流量净额	-0.32	-0.24	-0.26
(10)净资产收益率(%)(摊薄)	3.24	9.15	12.46
加权平均净资产收益率	3.55		
(11)股东权益比率(%)	33.07	32.90	37.30
(12)股份变动后的每股收益	0.077	0.15	

(三)按照《中国证监会》公开发行证券公司信息披露编报规则《第九号》要求计算的 2001 年和 2000 年净资产收益率和每股收益

	2001 年				2000 年			
	净资产收益率		每股收益		净资产收益率		每股收益	
报告期利润	全面摊薄	加权平均	全面摊薄	加权平均	全面摊薄	加权平均	全面摊薄	加权平均
主营业务利润	9.26%	10.14%	0.219	0.222	13.49%	13.75%	0.25	0.25
营业利润	6.93%	7.59%	0.164	0.166	12.06%	12.29%	0.22	0.22
净利润	3.24%	3.55%	0.077	0.078	9.15%	9.33%	0.17	0.17
扣除非经常性损益后的净利润	3.26%	3.57%	0.077	0.078	6.28%	6.40%	0.12	0.12

第三节 股本变动及股东情况

(一)股本变动情况表　　数量单位:股
1、未流通股份

	本次变动前	本期变动增减(+、-)						本次变动后
		配股	送股	公积金转股	增发	其他	小计	
国有法人股	32,565,000		15,991,740				15,991,740	48,556,740
发起人法人股	3,315,000		1,627,902				1,627,902	4,942,902
募集法人股	3,120,000		1,532,142				1,532,142	4,652,142
尚未流通股份合计	39,000,000		19,151,784				19,151,784	58,151,784
2、已上市流通股份								
境内上市的								
人民币普通股	26,000,000	7,800,000	16,598,213				24,398,213	50,398,213
其中:高管股	9,100	2,730	5,809				8,539	17,639
已流通股份合计:	26,000,000	7,800,000	16,598,213				24,398,213	50,398,213
3、股份总数	65,000,000	7,800,000	35,749,997				43,549,997	108,549,997

000673 大同水泥股份有限公司

2001 年年度报告摘选

第一节 公司基本情况简介

一、公司法定中文名称:大同水泥股份有限公司
公司法定英文名称:DATONG CEMENT CO.,LTD
缩写:DCC
二、公司法定代表人:麻向阳
三、公司董事会秘书:刘刚
证券事务代表:陈雁峰
联系地址:山西省大同市口泉
电话:0352-4062400
传真:0352-4042623
电子信箱:dtsnzqb@public.dt.sx.cn
四、公司注册地址:山西省大同市口泉
公司办公地址:山西省大同市矿区五法路一号
邮政编码:037001
电子信箱:dtsnzqb@public.dt.sx.cn
五、公司信息披露报纸名称:《中国证券报》
登载公司年度报告的中国证监会指定国际互联网网址:http://www.cninfo.com.cn
公司年度报告备置地点:公司证券管理部
六、公司股票上市地:深圳证券交易所
股票简称:大同水泥
股票代码:000673

第二节 会计数据和业务数据摘要

一、本年度主要利润指标　　(单位:人民币元)

项目	金额
利润总额:	20,328,741.22
净利润:	14,735,266.59
扣除非经常性损益后的净利润:	21,924,533.75
主营业务利润:	59,184,939.61
其他业务利润:	0.00
营业利润:	27,763,594.91
投资收益:	-6,788,625.52
补贴收入:	0.00
营业外收支净额:	-646,228.17
经营活动产生的现金流量净额:	4,773,393.43
现金及现金等价物净增减额:	23,649,544.51

注:扣除的非经常性损益项目及金额:捐赠支出:500 元;罚款支出:6,886.88 元;投资收益:-6,788,625.52 元;其他:393,254.76 元。

二、截至报告期末公司前三年主要会计数据和财务指标　　单位:人民币元

项目	2001 年	2000 年(调整后)	1999 年(调整后)
主营业务收入	156,996,004.05	148,030,691.49	152,999,807.05
净利润	14,735,266.59	21,393,610.35	43,633,177.69
总资产	415,335,602.58	396,351,362.06	365,655,287.87
股东权益(不含少数股东权益)	289,918,206.40	275,182,939.81	271,129,330.46
每股收益	0.085	0.123	0.252
每股净资产	1.672	1.587	1.564
调整后的每股净资产	1.638	1.434	1.551
每股经营活动产生的现金流量净额	0.028	0.029	-0.014
净资产收益率(%)	5.083	7.774	16.093

三、股东权益变动情况　　单位:人民币元

项目	股本(万股)	资本公积	法定盈余公积	法定公益金	未分配利润	股东权益合计
期初数	17340	37,332,554.25	13,279,038.56	6,639,519.27	44,531,827.73	275,182,939.81
本期增加	0	0	1,473,526.66	736,763.33	12,524,976.60	14,735,266.59
本期减少	0	0	-	-	-	-
期末数	17340	37,332,554.25	14,752,565.22	7,376,282.60	57,056,804.33	289,918,206.40

变动原因:法定盈余公积金和法定公益金的增加是本年度利润提取数额;未分配利润的增加是由于本年度利润增加所致。

第三节 股本变动及股东情况

一、股本变动情况
(一)公司股份变动情况表
2001 年度公司股份变动情况表　　数量单位:股

项目	本次变动前	本次变动增减(+、-)						本次变动后
		配股	送股	公积金转股	增发	其他	小计	
一、未上市流通股份								
1、发起人股份	122,400,000							122,400,000
其中:国家持有股份								
境内法人持有股份	122,400,000							122,400,000
境外法人持有股份								
其他								
2、募集法人股份								
3、内部职工股								
4、优先股或其他								
未上市流通股份合计	122,400,000							122,400,000
二、已上市流通股份								
1、人民币普通股	51,000,000							51,000,000
2、境内上市的外资股								
已上市流通股份合计	51,000,000							51,000,000
三、股份总数	173,400,000							173,400,000

000675 四川银山化工(集团)股份有限公司

2001年年度报告摘选

一、公司基本情况简介

1.公司法定中文名称:四川银山化工(集团)股份有限公司
公司法定英文名称:SICHUAN YINSHAN CHEMICAL INDUSTRY (GROUP) CO.,LTD
缩写:YSCI
2.公司法定代表人:冯敬文
3.公司董事会秘书:石 焓
电话:(0832)5452216
授权代表:林 荔
电话:(0832)5452216
传真:(0832)5452216
联系地址:四川省内江市资中县银山镇四川银山化工(集团)股份有限公司董事办
电子信箱:zzyshg@163.net
4.公司注册地址:四川省内江市资中县银山镇
公司办公地址:四川省内江市资中县银山镇
邮政编码:641201
公司国际互联网网址:http://www.yinshan.com.cn
电子信箱:zzyshg@163.net
5.公司选定的信息披露报纸:《中国证券报》、《证券时报》
登载公司年度报告指定网站的网址:http://www.cninfo.com.cn
公司年度报告备置地点:公司董事会办公室
6.公司股票上市交易所:深圳证券交易所
股票简称:ST银山
股票代码:000675

二、会计数据和业务数据摘要

1.公司本年度实现利润情况　　单位:万元

项目	金额
利润总额	-15,071.16
净利润	-14,971.55
扣除非经常性损益后的净利润	-13,698.00
主营业务利润	1,156.86
其他业务利润	75.65
营业利润	-13,797.61
投资收益	-1,001.90
营业外收支净额	-271.65
经营活动产生的现金流量净额	835.80
现金及现金等价物增减额	-37.23

注:非经常性损益主要包括:投资收益-1,001.90万元,营业外收入96.41万元,营业外支出368.06万元。

2.截止本年度末公司前三年的主要会计数据和财务指标:　　单位:人民币元

项目	2001年	2000年		1999年
		调整前	调整后	
主营业务收入	215,127,763.56	209,916,137.27	209,916,137.27	281,759,919.31
净利润	-149,715,524.01	-59,643,381.44	-61,841,773.44	-47,087,145.16
总资产	473,280,209.66	645,150,799.73	596,378,955.68	679,578,851.82
股东权益(不含少数股东权益)	-138,202,257.28	78,173,972.21	9,793,286.93	137,817,353.65
每股收益	-1.31	-0.52	-0.54	-0.41
每股净资产	-1.21	0.68	0.09	1.21
调整后的每股净资产	-1.26	0.58	-0.06	1.08
每股经营活动产生的现金流量净额	0.07	0.22	0.22	-0.01
净资产收益率(%)	-108.33	-76.29	-631.47	-34.17

三、股本变动及股东情况

1.股本变动情况

单位:股

	本次变动前	本次变动增减(+,-) 配股	送股	公积金转股	其他	小计	本次变动后
一、未上市流通股份							
1、发起人股份							
其中:							
国家持有股份	66,061,762						66,061,762
境内法人持有股份	15,138,500						15,138,500
外资法人持有股份							
其他							
2、募集法人股							
3、内部职工股							
4、优先股或其他							
未上市流通股份合计	81,200,262						81,200,262
二、已上市流通股份							
1、人民币普通股	33,150,000						33,150,000
2、境内上市的外资股							
1.1 境外上市的外资股							
1.2 其他							
已上市流通股份合计	33,150,000						33,150,000
三、股份总数	114,350,262						114,350,262

000676 河南思达高科技股份有限公司

2001年年度报告摘选

一、公司基本情况简介

1.公司法定中英文名称:
公司法定中文名称:河南思达高科技股份有限公司
中文简称:思达高科
公司法定英文名称:HENAN STAR HI-TECH CO.,LTD.
英文简称:STAR HI-TECH
2.公司法定代表人:冯井岗
3.董事会秘书:王西林
证券事务代表:向 桥
联系地址:郑州市经三路北26号思达数码大厦915室　　邮政编码:450008
电子信箱:WXL0676@sohu.com　　X.QIAO@371.net
电话:(0371)5793081　　传真:(0371)5793089
4.公司注册及办公地址:中国河南郑州高新技术产业开发区金梭路38号
邮政编码:450001
公司国际互联网网址:http://www.starhi-tech.com
电子信箱:ZQB@starhi-tech.net
5.公司选定的信息披露报纸:《证券时报》
登载公司年度报告的中国证监会指定的国际互联网网址:http://www.cninfo.com.cn
公司年度报告备置地点:郑州市经三路北26号思达数码大厦915室

二、会计数据和业务数据摘要

1、2001年公司主要财务数据

项目	金额
实现利润总额	42,886,254元
主营业务利润	72,520,715元
其他业务利润	502,912元
投资收益	2,326,996元
营业外收支净额	58,645元
净利润	35,799,409元
扣除非经常性损益后的净利润	32,117,459元
经营活动产生的现金流量净额	5,457,472元
现金及现金等价物净增加额	191,014,059元

2、要会计数据和财务指标如下:

	2001年	2000年	1999年
主营收入(千元)	148,338,645	13,030,566	101017.4
净利润(千元)	35,799,408	29,312,297	21484.8
总资产(千元)	631,131,263	362,387,397	324493.6
股东权益(千元)	383,329,167	237,861,064	213117.4
摊薄每股收益(元)	0.11	0.17	0.24
加权每股收益(元)	0.16	0.17	0.24
扣除非经常性损益后的每股收益(元)	0.10	0.17	0.24
每股净资产(元)	1.16	1.34	2.40
调整后的每股净资产(元)	1.16	1.33	2.35
摊薄净资产收益率(%)	9.33%	12.19%	10.08%
加权净资产收益率(%)	11.53%	12.98%	10.41%
每股经营活动产生的现金流量净额(元)	0.02	0.12	0.18

3、报告期内股东权益的变动情况:(单位:千元)

	股本	资本公积	盈余公积	法定公益金	未分配利润	股东权益合计
期初数	177500	7770.56	19015.12	5707.55	33575.38	237861.06
本期增加数	137086.7	102117.69	6443.89	2863.95	35799.41	281447.69
本期减少数		96226.51			39753.07	135979.58
期末数	314586.7	13661.74	25459.01	8571.50	29621.72	383329.16
变动原因:	配股、送转股	配股	利润提取	利润提取	中期分红利润	配股、利润

利润表附表如下:

	净资产收益率(%) 全面摊薄	净资产收益率(%) 加权平均	每股收益(元/股) 全面摊薄	每股收益(元/股) 加权平均
主营业务利润	18.92	24.58	0.23	0.32
营业利润	10.57	13.73	0.13	0.18
净利润	9.3	12.13	0.11	0.16
扣除非经常性损益后的净利润	8.81	10.66	0.10	0.15

三、股本变动及股东情况介绍

1、股本变动情况
(1)股份变动情况表:

数量单位:万股

	本次变动前	本次变动增减(+、-) 配股	送股	公积金转股	小计	本次变动后
(一)尚未流通股份						
1.发起人股份	11740.8	5.1	2114.3	6107.8	8227.1	19967.9
其中:						
国家拥有股份						
境内法人持有股份	11740.8	5.1	2114.2	6107.8	8227.1	19967.9
外资法人持有股份						
其他						
2.定向法人股	1009.2		181.7	524.8	706.5	1715.7
3.内部职工股						
4.优先股或其他						
尚未流通股份合计	12750	5.1	2296	6632.7	8933.8	21683.7
(二)已流通股份						
1.境内上市的人民币普通股	5000	750	1035	2990	4775	9775
2.境内上市的外资股						
3.境外上市的外资股						
4.其他						
已流通股份合计	5000	750	1035	2990	4775	9775
(三)股份总数	17750	755.1	3330.9	9622.6	13708.6	31458.7

000677 山东潍坊海龙股份有限公司

2001 年年度报告摘选

一、公司本情况简介

(一)公司法定中文名称:
山东潍坊海龙股份有限公司
公司法定英文名称:
WEIFANG SEA DRAGON CO. LTD, SHANDONG
英文名称缩写:SDSD
(二)公司法定代表人:张荣安
(三)公司董事会秘书:牛海平
联系电话:0536－7275007　　传真:0536－7252140
电子信箱:hlnhp@163.net
联系地址:山东省潍坊市寒亭区潍县北路 555 号
证券事务代表:陈树广
联系电话:0536－7275007　　传真:0536－7252140
电子信箱:Zqb880@wf－public.sd.cninfo.net
(四)公司注册地址:山东省潍坊市寒亭区潍县北路 555 号
公司办公地址:山东省潍坊市寒亭区潍县北路 555 号
邮政编码:261100
公司网址:http://www.seadragon.com.cn
公司电子信箱:xxwjlxx@public.wfptt.sd.cn
(五)信息披露媒体:
网站:http://www.cninfo.com.cn
定期报告刊登报刊:《证券时报》
公司年报备置地点:山东潍坊海龙股份有限公司证券部
(六)股票上市交易所:深圳证券交易所
股票简称:山东海龙　　股票代码:000677

二、会计数据和业务数据摘要

1、公司本年度主要经营数据　　(单位:元)

项目	本期数
利润总额	36,119,077.25
净利润	32,138,661.96
扣除非经常性损益后的净利润	29,291,523.57
主营业务利润	73,804,708.55
其他业务利润	1,098,133.74
营业利润	34,990,204.74
营业外收支净额	－41,127.49
经营活动产生的现金流量净额	49,294,146.46
现金及现金等价物净增加额	19,157,769.83

注:扣除非经常性损益涉及的项目

项 目	金 额
所得税返还	1,919,773.48
收取的利息收入	927,364.91

2、主要会计数据和财务指标　　(单位:元)

指标项目	2001 年	2000 年		1999 年
		调整后	调整前	
主营业务收入	546,362,455.74	568,597,433.05	568,597,433.05	267,781,459.05
净利润	32,138,661.96	35,739,068.51	38,053,907.05	26,783,499.62
总资产	1,053,834,142.69	655,243,172.39	663,312,858.28	469,763,040.34
股东权益(不含少数股东权益)	317,869,484.18	285,730,822.22	293,800,508.11	255,746,601.06
每股收益(摊薄)	0.19	0.22	0.23	0.16
每股收益(加权)	0.19	0.22	0.23	0.16
扣除非经常性损益后的每股收益(摊薄)	0.18	0.22	0.22	0.12
扣除非经常性损益后的每股收益(加权)	0.18	0.22	0.22	0.12
每股净资产	1.92	1.72	1.77	1.54
调整后的每股净资产	1.89	1.71	1.77	1.54
每股经营活动产生的现金流量净额	0.30	0.006	0.006	－0.17
净资产收益率(摊薄)	10.11	12.51	12.95	10.47
净资产收益率(加权)	10.65	13.34	13.85	11.05
扣除非经常性损益后的加权净资产收益率	9.71	13.62	13.85	8.02

三、股本变动及股东情况

1、股本变动情况
(1)股份变动情况表　　单位:股

	本次变动前	本次变动增减(+,－)						本次变动后
		配股	送股	公积金转股	增发	其他	小计	
一、未上市流通股份								
1、发起人股份	46,051,200							46,051,200
其中:								
国家持有股份								
境内法人持有股份	46,051,200							46,051,200
境外法人持有股份								
其他								
2、募集法人股份	69,062,760							69,062,760
3、内部职工股								
4、优先股或其他								
未上市流通股份合计	115,113,960							115,113,960
二、已上市流通股份								
1、人民币普通股	5,054,400							5,054,400
2、境内上市的外资股								
3、境外上市的外资股								
4、其他								
已上市流通股份合计	5,054,400							5,054,400
三、股份总数	165,657,960							165,657,960

000678 襄阳汽车轴承股份有限公司

2001 年年度报告摘选

第一节　公司基本情况简介

1、公司法定中文名称:襄阳汽车轴承股份有限公司
公司法定英文名称:XIANGYANG AUTOMOBILE BEARING SHARE COMPANY.,LTD
2、公司法定代表人:张德炳
3、公司董事会秘书:姜岳生
联系地址:湖北襄樊市襄阳汽车轴承股份有限公司
电话:0710－3564101－82205
传真:0710－3564019
证券事务代表:于洁辉
联系地址:襄阳汽车轴承股份有限公司证券投资部
电话:0710－3564101 转 82429
传真:0710－3560874(或 3564019 转证券投资部)
电子信箱:ZXY@ZXY.net
4、公司注册及办公地址:湖北省襄樊市襄城区轴承路 1 号
邮政编码:441022
5、公司选定的信息披露报纸:《中国证券报》
登载年报的指定网站:http://www.cninfo.com.cn
公司年报备置地:襄阳汽车轴承股份有限公司证券投资部
6、公司股票上市地:深圳证券交易所
股票简称:襄阳轴承　　股票代码:000678

第二节　会计数据和业务数据摘要

一、主要业务数据指标　　单位:元

项目	2001 年度
利润总额	－92091316.97
净利润	－92091316.97
扣除非经常性损益后的净利润	－85485159.50
主营业务利润	20296086.17
其他业务利润	－384128.10
营业利润	－87722419.58
投资收益	5209512.94
补帖收入	8784.00
营业外收支净额	－9587194.33
经营活动产生的现金流量净额	58144049.98
现金及现金等价物净增减额	－2116346.67

二、前三年主要会计数据和财务指标

项目	2001 年度	2000 年度		1999 年度	
		调整前	调整后	调整前	调整后
主营业务收入(元)	252450242.65	210915711.41	210915711.41	277518123.63	277518123.63
净利润(元)	－92091316.97	－56147853.55	－93942384.82	26912492.02	18182993.44
总资产(元)	811279731.88	971788267.15	920832073.40	914335072.19	894292759.81
股东权益(不含少数股东权益)(元)	399734265.99	541124390.44	490168196.69	443530395.40	423488083.02
每股收益(元)	－0.65	－0.40	－0.67	0.223	0.150
每股净资产(元)	2.85	3.85	3.49	3.67	3.50
调整后每股净资产(元)	2.64	3.53	3.17	3.43	3.26
每股经营活动产生的现金流量净额(元)	0.414	－0.332	－0.332	－0.203	－0.203
扣除非经营性损益后的净利润(元)	－85485159.50	－61786098.12	－65682538.36	29349944.38	20620445.80
净资产收益率(%)(加权)	－20.70	－8.69	－18.97	6.268	4.294

利润表附表:
编制单位:襄阳汽车轴承股份有限公司　　金额单位:人民币元

时间	项目		净资产收益率(%)		每股收益(元)	
			全面摊薄	加权平均	全面摊薄	加权平均
2001 年度	主营业务利润	20296086.17	5.08	4.56	0.14	0.14
	营业利润	－87722419.58	－21.95	－19.72	－0.62	－0.62
	净利润	－92091316.97	－23.04	－20.70	－0.66	－0.66
	扣除非经常性损益后净利润	－85485159.50	－21.39	－19.21	－0.61	－0.61
2000 年度	主营业务利润	32282141.23	6.59	6.52	0.23	0.23
	营业利润	－66212706.55	－13.51	－13.37	－0.47	－0.47
	净利润	－93942384.82	－19.17	－18.97	－0.67	－0.67
	扣除非经常性损益后净利润	－65682538.36	－13.40	－13.26	－0.47	－0.47

第三节　股本变动及股东情况

一、股本变动情况
股份变动情况表　　数量单位:股

项目	期初数	本次变动增减(+、－)					期末数
		配股	送股	公积金转股	其他	小计	
一、未上市流通股份							
1、发起人股份	46,913,308						46,913,308
其中:国家持有股份	46,913,308						46,913,308
境内法人持有股份							
境外法人持有股份							
其它							
2、募集法人股份	14,625,157						14,625,157
3、内部职工股							
4、优先股或其他							
未上市流通股份合计	61,538,465						61,538,465
二、已上市流通股份							
1、人民币普通股	78,901,553						78,901,553
2、境内上市的外资股							
3、境外上市的外资股							
4、其他							
已上市流通股份合计	78,901,553						78,901,553
三、股份总数	140,440,018						140,440,018

000679 大连友谊(集团)股份有限公司

2001 年年度报告摘选

第一节 公司基本情况简介

一、公司法定中文名称:大连友谊(集团)股份有限公司
公司英文名称:DALIAN FRIENDSHIP (GROUP) CO., LTD.
英文名称缩写:DFGC
二、公司法定代表人:宋传远
三、公司董事会秘书:张宝森
公司证券事务代表:王士民
联系地址:辽宁省大连市中山区七一街 1 号
电 话:0411-2802712 传 真:0411-2650892
E-mail:dfsc@mail.dlptt.ln.cn
四、公司注册地址:辽宁省大连市中山区七一街 1 号
公司办公地址:辽宁省大连市中山区七一街 1 号
邮政编码:116001
五、信息披露报刊:《中国证券报》
公司年度报告正文登载于中国证监会指定的国际互联网址:www.cninfo.com.cn
公司年度报告备置地址:辽宁省大连市中山区七一街 1 号公司证券部
六、公司股票上市地:深圳证券交易所
公司股票简称:大连友谊 公司股票代码:000679

第二节 会计数据和业务数据摘要

一、本年度主要经济指标:

利润总额(元):	70,672,662.23
净利润(元):	54,740,860.46
扣除非经常性损益后的净利润(元):	45,320,284.71
主营业务利润(元):	252,760,582.72
其他业务利润(元):	1,190,057.19
营业利润(元):	63,825,450.36
投资收益(元):	7,438,328.23
补贴收入(元):	
营业外收支净额(元):	-591,116.36
经营活动产生的现金流量净额(元):	132,651,579.55
现金及现金等价物净增加额(元):	-73,378,672.15

注:扣除非经常性损益项目及所涉及的金额:
收取大连友谊集团有限公司资金占用费 9,420,575.75 元

二、截止报告期末公司前三年的主要会计数据和财务指标:

	2001 年	2000 年	1999 年
主营业务收入(元):	666,317,093.11	628,684,322.88	539,398,870.18
净利润(元):	54,740,860.46	46,789,263.46	57,834,133.10
总资产(元):	1,302,945,552.51	1,357,614,088.81	1,213,822,268.09
股东权益(元):(不含少数股东权益)	603,761,210.78	574,338,560.31	578,509,385.47
每股收益(元/股):	0.23	0.197	0.438
加权每股收益(元/股):	0.23	0.197	0.438
每股净资产(元/股):	2.54	2.41	4.38
调整后的每股净资产(元/股):	2.42	2.36	3.99
每股经营活动产生的现金流量净额(元):		0.898	1.48
净资产收益率(%)	9.07	8.15	9.997

三、按照中国证监会《公开发行证券公司信息披露编报规则(第 9 号)》要求计算的利润数据:

报告期利润	2001 年				2000 年			
	净资产收益率(%)		每股收益(元)		净资产收益率(%)		每股收益(元)	
	全面摊薄	加权平均	全面摊薄	加权平均	全面摊薄	加权平均	全面摊薄	加权平均
主营业务利润	41.86%	42.05%	1.064	1.064	43.45%	41.46%	1.05	1.05
营业利润	10.57%	10.62%	0.269	0.269	10.01%	9.55%	0.242	0.242
净利润	9.07%	9.11%	0.23	0.23	8.15%	7.77%	0.197	0.197
扣除非经常性损益后的净利润	7.51%	7.54%	0.19	0.19	6.20%	5.91%	0.187	0.187

第三节 股本变动及股东情况

一、股本变动情况
1.股份变动情况表: 单位:万股

	本次变动前	本次变动增减(+、-)						本次变动后
		配股	送股	公积金转股	增发	其他	小计	
一.未上市流通股份	12,960							12,960
1.发起人股份	12,960							12,960
其中:								
国家持有股份	12,960							12,960
境内法人持有股份								
境外法人持有股份								
其 他								
2.募集法人股份								
3.内部职工股								
4.优先股或其他								
未上市流通股份合计								
二.已上市流通股份	10,800							10,800
1.人民币普通股	10,800							10,800
2.境内上市的外资股								
3.境外上市的外资股								
4.其 他								
已上市流通股份合计								
三.股份总数	23,760							23,760

000680 山推工程机械股份有限公司

2001 年年度报告摘选

第一节 公司基本情况简介

1、公司法定中文名称:山推工程机械股份有限公司
公司英文名称:Shantui Construction Machinery Co., LTD.
2、公司法定代表人:周庆庭
3、公司董事会秘书:王 强
证券事务代表:杨海辉
联系地址:山东省济宁市太白楼东路 58 号
电话:0537-2909616 传真:0537-2340411
电子信箱:xsmxcs@ji-public.sd.cninfo.net
4、公司注册地址:山东省济宁市太白楼东路 58 号
邮政编码:272035
公司国际互联网网址:http://www.shantui.com
电子信箱:shantui@shantui.com
5、公司选定的信息披露报纸名称:《中国证券报》、《证券时报》
登载公司年报的中国证监会指定国际互联网网址:http://www.cninfo.com.cn
公司年度报告备置地点:公司投资证券部
6、公司股票上市交易所:深圳证券交易所
股票简称:山推股份 股票代码:000680

第二节 会计数据与业务数据摘要

一、本年度利润实现情况 单位:人民币元

利润总额	68,500,960.76
净利润	48,447,517.71
扣除非经常性损益后的净利润	48,716,898.11
主营业务利润	279,566,765.49
其它业务利润	4,390,235.07
营业利润	70,395,831.01
投资收益	-1,625,489.85
补贴收入	129,635.50
营业外收支净额	-399,015.90
经营活动产生的现金流量净额	102,207,635.07
现金及现金等价物净增加额	85,367,132.68

注:扣除的非经营性损益项目和涉及金额

营业外收支净额项目	-399,015.90
补贴收入	129,635.50
合 计	-269,380.40

二、截至报告期末公司前三年主要会计数据和财务指标 单位:人民币元

项 目	2001 年	2000 年	1999 年
主营业务收入	1,484,945,247.84	1,096,270,480.27	837,633,299.46
净利润	48,447,517.71	13,435,588.54	18,232,736.20
总资产	1,502,502,031.86	1,318,757,830.89	1,185,891,590.99
股东权益(不含少数股东权益)	600,095,559.45	562,123,470.78	547,239,807.98
每股收益	0.171	0.0475	0.065
加权平均每股收益	0.171	0.0475	0.065
每股净资产	2.123	1.988	1.936
调整后的每股净资产	1.919	1.877	1.863
每股经营活动产生的现金流量净额	0.362	0.123	-0.003
净资产收益率(%)	8.07	2.39	3.33
净资产收益率%(加权)	8.26	2.43	3.33
扣除非经营性损益后的加权净资产收益率(%)	8.31	2.41	3.26

三、按中国证监会信息披露编报规则(第九号)要求计算的数据

项目	净资产收益率(%)		每股收益(%)	
	全面摊薄	加权平均	全面摊薄	加权平均
1、主营业务利润	46.59	47.67	0.99	0.99
2、营业利润	11.73	12.01	0.25	0.25
3、净利润	8.07	8.26	0.17	0.17
4、扣除非经营性损益后的利润	8.12	8.31	0.17	0.17

第三节 股本变动及股东情况

一、股本变动情况
1、股本变动情况表

单位:股

	本次变动前	本期变动增减(+、-)						本次变动后
		配股	送股	公积金转股	增发	其他	小计	
一、尚未流通股份								
1、发起人股份	99000000							99000000
其中:								
国家持有股份								
境内法人持有股份	99000000							99000000
境外法人持有股份								
其他								
2、募集法人股份	2400000							2400000
3、内部职工股								
4、优先股或其他								
未上市流通股份合计	101400000							101400000
二、已上市流通股份								
1、人民币普通股	181320000							181320000
2、境内上市的外资股								
3、境外上市的外资股								
4、其他								
已上市流通股份合计	181320000							181320000
三、股份总数	282720000							282720000

000681 远东实业股份有限公司

2001 年年度报告摘选

一、公司简介

(一)公司名称:
中文:远东实业股份有限公司
英文:FAR EAST INDUSTRIAL STOCK CO.,LTD
(二)公司法定代表人:李晓卫
(三)公司董事会秘书:蒋顺生
联系地址:江苏省常州市通江大道 466 号新区大厦 11 层
电话:0519-5131666
传真:0519-5132666
电子信箱:ydgf@pub.cz.jsinfo.net
(四)公司注册地址:江苏省常州市清潭荆川南路
公司办公地址:江苏省常州市通江大道 466 号新区大厦 11 层
邮政编码:213022
网址:http://www.chinafareast.com
电子信箱:ydgf@pub.cz.jsinfo.net
(五)公司选定的信息披露报纸名称:《证券时报》
登载公司年度报告的中国证监会指定国际互联网网址:
http://www.cninfo.com.cn
公司年度报告备置地点:公司股证事务部
(六)公司股票上市地:深圳证券交易所
股票简称:远东股份
股票代码:000681

二、会计数据和业务数据摘要

(一)本年度主要会计数据(合并数)

(单位:人民币元)

项目	金额
利润总额	18,609,946.85
净利润	16,170,946.48
扣除非经常性损益后的净利润	15,960,592.48
主营业务利润	47,359,671.26
其他业务利润	56,670.00
营业利润	12,427,086.00
投资收益	6,220,000.00
补贴收入	210,354.00
营业外收支净额	-247,493.15
经营活动产生的现金流量净额	-45,975,238.16
现金及现金等价物净增加额。	-102,822,426.28

(二)截至报告期末公司前三年的主要会计数据和财务指标(合并数)

(单位:人民币元)

项目	2001 年度	2000 年度	1999 年度
主营业务收入	333,991,808.64	315,910,385.16	256,794,791.94
净利润	16,170,946.48	29,170,257.33	21,865,387.45
总资产	433,076,767.39	445,970,510.21	237,079,708.93
股东权益(不含少数股东权益)	334,158,127.50	325,023,813.22	164,918,275.71
每股收益	0.0814	0.2202	0.2187
每股净资产	1.68	2.45	1.6492
调整后的每股净资产	1.66	2.43	1.6262
每股经营活动产生的现金流量净额	-0.23	0.1619	0.1069
净资产收益率(%)	4.84	8.97	13.258

(三)利润表附表

(单位:人民币元)

报告期利润	净资产收益率(%)		每股收益(元/股)	
	全面摊薄	加权平均	全面摊薄	加权平均
主营业务利润	14.17	14.22	0.2383	0.2383
营业利润	3.72	3.73	0.0625	0.0625
净利润	4.84	4.85	0.0814	0.0814
扣除非经常性损益后的净利润	4.78	4.79	0.0803	0.0803

三、股本变动及股东情况

1、股份变动情况表

(单位:股)

	本次变动前	本次变动增减(+,-)						本次变动后
		配股	送股	公积金转股	增发	其他	小计	
一、未上市流通股份								
1、发起人股份	81,853,638			40,926,819			40,926,819	122,780,457
其中:								
国家持有股份								
境内法人持有股份	45,648,433			22,824,217			22,824,217	68,472,650
外资法人持有股份	36,205,205			18,102,602			18,102,602	54,307,807
其他								
2、募集法人股份	11,896,362			5,948,181			5,948,181	17,844,543
3、内部职工股								
4、优先股或其他								
未上市流通股份合计	93,750,000			46,875,000			46,875,000	140,625,000
二、已上市流通股份								
1、人民币普通股	38,750,000			19,375,000			19,375,000	58,125,000
2、境内上市的外资股								
3、境外上市的外资股								
4、其它								
已上市流通股份合计	38,750,000			19,375,000			19,375,000	58,125,000
三、股份总数	132,500,000			66,250,000			66,250,000	198,750,000

000682 烟台东方电子信息产业股份有限公司

2001 年年度报告摘选

第一章 公司基本情况简介

1、公司法定名称:
中文全称:烟台东方电子信息产业股份有限公司
中文简称:东方电子
英文名称:Yantai Dongfang Electronics InformationIndustry Co., Ltd.
2、公司法定代表人:隋元柏
3、公司董事会秘书:高 峰
证券事务代表:孔鹏
联系地址:烟台市世回尧路 228 号
联系电话:(0535)6582228
传 真:(0535)6582228
电子信箱:zhengquan@dongfang-china.com
4、公司注册地址:烟台市市府街 45 号
公司办公地址:烟台市世回尧路 228 号
邮政编码:264000
公司国际互联网网址:http://www.dongfang-china.com
5、公司选定的信息披露报纸:《中国证券报》《证券时报》《上海证券报》
登载公司年报的指定网址:http://www.cninfo.com.cn
公司年报备置地点:公司证券办公室
6、公司股票上市交易所:深圳证券交易所
股票简称:东方电子
股票代码:000682

第二章 会计数据与业务数据摘要

一、本年度公司主要经营指标 (单位:人民币元)

项目	金额
利润总额	7,407,603.69
净利润	62,697,780.26
扣除非经常性损益后的净利润	62,966,698.23
主营业务利润	106,201,866.63
其他业务利润	153,054.28
营业利润	-37,567,016.06
投资收益	74,304.85
补贴收入	45,243,537.72
营业外收支净额	-343,222.82
经营活动产生的现金流量净额	40,202,391.33
现金及现金等价物净增加额	-391,535,430.93

注:扣除的非经常性损益项目及涉及金额:

项目	金额
投资收益	74304.85
营业外收入	121589.97
营业外支出	464812.79

二、前三年主要会计数据及财务指标 (单位:人民币元)

项目	2001 年	2000 年		1999 年	
		调整后	调整前	调整后	调整前
主营业务收入	726,535,236.79	870,750,084.24	1,375,017,811.58	344,121,779.23	855,763,889.91
净利润	62,697,780.26	122,571,744.05	472,965,724.58	-20,639,638.40	303,614,900.34
总资产	1,819,063,203.21	1,825,357,946.99	1,847,906,906.33	967,452,520.93	1,291,517,427.79
股东权益(不含少数股东权益)	546,187,509.30	483,489,729.04	1,395,225,385.97	782,264,939.59	1,107,544,705.22
每股收益	0.068	0.13	0.52	-0.04	0.53
每股收益(加权)	0.068	0.13	0.52	-0.04	0.54
扣除非经常性损益后的每股收益(加权)	0.069	0.11	0.52	-0.04	0.54
每股净资产	0.595	0.53	1.52	1.50	1.93
调整后的每股净资产	0.585	0.53	1.51	1.50	1.929
每股经营活动产生的现金流量净额	0.044	0.42	0.42	0.10	0.55
净资产收益率(%)	11.48	25.35	33.90	-0.08	27.41
净资产收益率(加权)(%)	11.48	25.35	35.19	-0.11	35.59
扣除非经常性损益后的净资产收益率(加权)(%)	11.53	20.67	35.24	-0.12	35.59

三、利润分配表附表

报告期利润	净资产收益率(%)		每股收益(元)	
	全面摊薄	加权平均	全面摊薄	加权平均
主营业务利润	19.44	20.63	0.116	0.116
营业利润	-6.88	-7.30	-0.041	-0.041
净利润	11.48	12.18	0.068	0.068
扣除非经常性损益后的利润	11.53	12.23	0.0686	0.0686

第三章 股本变动及股东情况

一、股本变动情况
股份变动情况表(截止 2000 年 12 月 31 日) 数量单位:股

	期初数	本次变动增减(+,-)					期末数
		配股	送股	公积金转股	其他	小计	
一、尚未流通股份							
1.发起人股份	295,680,000						295,680,000
其中:							
国家拥有股份	295,680,000						295,680,000
2、募集法人股	20,160,000						20,160,000
3、内部职工股							
4、优先股或其他							
未上市流通股份合计	315,840,000						315,840,000
二、已上市流通股份							
1、人民币普通股	602,111,996						602,111,996
2、境内上市的外资股							
1、境外上市的外资股							
2、其他							
已上市流通股合计	602,111,996						602,111,996
三、股份总数	917,951,996						917,951,996

000683 内蒙古远兴天然碱股份有限公司

2001年年度报告摘选

第一章 公司基本情况简介

1、公司法定中文名称:内蒙古远兴天然碱股份有限公司
公司法定英文名称:"Inner Mongolian Yuan Xing Natural Alkali Company Limited"
2、公司法定代表人:钟志
3、公司董事会秘书:黄江
公司董事会证券事务代表:纪玉虎
联系地址:内蒙古鄂尔多斯市东胜区鄂尔多斯西街6号公司董事会秘书办公室
联系电话:0477-8539874
传真:0477-8521747
电子信箱:yxtrj@yh-group.com.cn
4、公司注册地址:内蒙古鄂尔多斯市
公司办公地址:内蒙古鄂尔多斯市东胜区鄂尔多斯西街6号
邮政编码:017000
国际互联网网址:http://www.yuanxing.com
电子信箱:yxtrj@yh-group.com.cn
5、公司选定的信息披露报纸名称:《中国证券报》、《证券时报》
登载公司年度报告的中国证监会指定国际互联网网址:http://www.cninfo.com.cn
公司年报置备地点:
内蒙古鄂尔多斯市鄂尔多斯西街6号公司董事会秘书办公室
6、公司股票上市交易所:深圳证券交易所
股票简称:"天然碱"
股票代码:"000683"

第二章 会计数据和业务数据摘要

1、公司本年度会计数据和业务数据 单位:人民币元

项目	金额
利润总额	-118,056,536.15
净利润	-121,095,208.77
扣除非经常性损益后的净利润	-117,447,963.69
主营业务利润	171,345,963.41
其他业务利润	150,141.13
营业利润	-114,409,291.07
投资收益	158,255.77
补贴收入	1,800,000.00
营业外收支净额	-5,605,500.85
经营活动产生的现金流量净额	102,231,721.35
现金及现金等价物净增减额	20,315,390.04
注:扣除的非经常性损益项目及金额	-3,647,245.08
投资收益:	158,255.77
营业外收入:	1,704,597.24
营业外支出:	7,310,098.09
补贴收入:	1,800,000.00

2、公司近三年主要会计数据和财务指标 单位:人民币元

项目	2001年度	2000年度		1999年度	
		调整前	调整后	调整前	调整后
主营业务收入	692,869,138.65	505,767,340.21	505,767,340.21	436,242,623.72	436,242,623.72
净利润	-121,095,208.77	20,355,257.60	2,222,326.92	22,131,165.77	-197,607,583.24
总资产	2,471,632,258.73	2,234,693,507.70	1,996,821,828.01	2,045,062,197.02	1,882,907,850.39
股东权益	559,172,488.11	934,950,678.35	680,267,696.88	914,595,420.75	694,856,671.74
每股收益	-0.258	0.043	0.0047	0.0472	-0.4213
每股净资产	1.192	1.99	1.450	1.95	1.482
净资产收益率(%)	-21.665	2.18	0.327	2.4198	-28.4386
调整后每股净资产	1.137	1.92	1.422	1.924	1.461
每股经营活动产生的现金流量净额	0.218	0.052	0.052	-0.0578	-0.0578

3、根据中国证监会《公开发行证券公司信息披露规则第9号》计算净资产收益率和每股收益:

报告期利润	净资产收益率(%)		每股收益(元/股)	
	全面摊薄	加权平均	全面摊薄	加权平均
主营业务利润	30.6415	19.5958	0.3653	0.3653
营业利润	-20.4596	-13.0843	-0.2439	-0.2439
净利润	-21.6553	-13.8489	-0.2582	-0.2582
扣除非经营性损益后的利润	-21.0030	-13.4318	-0.2504	-0.2504

第三章 股本变动及股东情况

1、股本变动情况
(1)股份变动情况表

公司股份变动情况表

数量单位:股

	期初数	本次变动增减(+,-)					期末数
		配股	送股	公积金转股	其他	小计	
一、未上市流通股份							
1、发起人股份	300,000,000						300,000,000
其中:							
*国家持有股份							
境内法人持有股份	300,000,000						300,000,000
境外法人持有股份							
其他							
募集法人股份							
内部职工股							
4、优先股或其他							
未上市流通股份合计	300,000,000						300,000,000
二、已上市流通股份							
1、人民币普通股	169,000,000						169,000,000
2、境内上市外资股							
3、境外上市外资股							
其他							
已上市流通股份合计	169,000,000						169,000,000
三、股份总数	469,000,000						469,000,000

000685 中山公用科技股份有限公司

2001年年度报告摘选

第一章 公司基本情况简介

一、公司法定中文名称:中山公用科技股份有限公司
公司法定英文名称:ZHONGSHAN PUBLIC UTILITIES SCIENCE & TECHNOLOGY CO., LTD.
公司英文名称缩写:ZPUS
二、公司法定代表人姓名:陈杰
三、公司董事会秘书:陈秋霞
联系地址:广东省中山市兴中道18号财兴大厦三楼
联系电话:0760-8380018 传真:0760-8380000
电子信箱:cqx@zpu0685.com
证券事务代表:黄海
联系地址:广东省中山市兴中道18号财兴大厦三楼
联系电话:0760-8380026 传真:0760-8380000
电子信箱:perry@zpu0685.com
四、公司注册地址:广东省中山市兴中道18号财兴大厦二楼
公司办公地址:广东省中山市兴中道18号财兴大厦二、三楼
邮政编码:528403
公司国际互联网网址:http://www.zpu0685.com
公司电子信箱:zpu0685@zpu0685.com
五、公司选定的信息披露报纸名称:《证券时报》、《中国证券报》
登载年度报告的中国证监会指定网站网址:http://www.cninfo.com.cn
公司年度报告备置地点:公司董秘室
六、公司股票上市交易所:深圳证券交易所
股票简称:公用科技 股票代码:000685

第二章 会计数据和业务数据摘要

一、本年度主要会计数据和业务数据(单位:人民币元)

项目	金额
利润总额	24,943,153.14
净利润	19,209,986.80
扣除非经常性损益后的净利润	19,150,772.80
主营业务利润	36,471,793.88
其它业务利润	6,760,645.05
营业利润	24,571,497.80
投资收益	312,441.34
营业外收支净额	59,214.00
经营活动产生的现金流量净额	10,071,256.03
现金及现金等价物净增加额	-12,913,449.88
注:扣除的非经常性损益项目和涉及金额:	
营业外收支净额:	59,214.00

二、公司近三年主要会计数据和财务指标(单位:人民币元)

指标项目	2001年度	2000年度	1999年度
主营业务收入	64,318,203.09	274,439,121.09	534,040,531.39
净利润	19,209,986.80	20,515,494.10	7,752,288.51
总资产	404,769,368.76	388,008,057.74	708,737,930.20
股东权益(不含少数股东权益)	305,313,678.38	287,772,588.71	277,292,057.82
每股收益	0.1406	0.1502	0.1021
加权每股收益	0.1406	0.1502	0.1021
扣除非经常性损益后的每股收益	0.1402	0.1486	0.0982
每股净资产	2.2348	2.1064	3.65
调整后的每股净资产	2.2242	2.0993	3.43
每股经营活动产生的现金流量净额	0.0737	0.2285	-0.06
净资产收益率(%)	6.29	7.13	2.80
加权净资产收益率(%)	6.43	6.93	2.83
扣除非经常性损益后的加权净资产收益率(%)	6.41	6.85	2.72

三、按照中国证监会《公开发行证券公司信息披露编报规则(第9号)》要求计算的利润数据:

报告期利润	2001年				2000年			
	净资产收益率(%)		每股收益(元)		净资产收益率(%)		每股收益(元)	
	全面摊薄	加权平均	全面摊薄	加权平均	全面摊薄	加权平均	全面摊薄	加权平均
主营业务利润	11.95	12.21	0.2670	0.2670	17.33	16.83	0.3650	0.3650
营业利润	8.05	8.23	0.1799	0.1799	7.10	6.90	0.1495	0.1495
净利润	6.29	6.43	0.1406	0.1406	7.13	6.93	0.1502	0.1502
扣除非经常损益后的净利润	6.27	6.41	0.1402	0.1402	7.05	6.85	0.1486	0.1486

第三章 股本变动及股东情况

一、公司股份变动情况表

单位:股

	本次变动前	本次变动增减(+、-)						本次变动后
		配股	送股	公积金转股	增发	其他	小计	
一、未上市流通股份								
1、发起人股份	53,190,720							53,190,720
其中:国家持有股份	53,190,720							53,190,720
境内法人持有股份								
境外法人持有股份								
其他								
2、募集法人股份	26,959,680							26,959,680
3、内部职工股								
4、优先股或其他								
未上市流通股份合计	80,150,400							80,150,400
二、已上市流通股份								
1、人民币普通股	56,469,600							56,469,600
2、境内上市的外资股								
3、境外上市的外资股								
4、其他								
已上市流通股份合计	56,469,600							56,469,600
三、股本总数	136,620,000							136,620,000

000686 锦州经济技术开发区六陆实业股份有限公司

2001 年年度报告摘选

第一节 公司基本情况简介

1、公司法定名称:锦州经济技术开发区六陆实业股份有限公司
缩写:锦州六陆
英文名称:THE LIULU INDUSTRIAL CO.,LTD. OF JINZHOU ECONOMIC&TECHNOLOGY DEVELOPMENT ZONE
缩写:JZLL
2、公司法定代表人:冷述铁
3、公司董事会秘书:肖爱东
董秘授权代表:王新华
联系电话:0416－4561247
联系传真:0416－4561377
4、公司注册地址:锦州经济技术开发区
办公地址:辽宁省锦州市古塔区红星里 9 号
邮政编码:121001
公司网址:http://www.liulu.com
电子信箱:info@liulu.com
5、公司选定的信息披露报纸:《中国证券报》、《证券时报》
登载公司年度报告网址:http://www.cninfo.com.cn
公司年度报告备置地点:公司证券部
6、公司股票上市交易所:深圳证券交易所
股票简称:锦州六陆　　股票代码:000686

第二节 会计数据与业务数据摘要

一、公司 2001 年度各项会计数据(合并): 单位:元

项目	金额
利润总额:	－10,822,086.03
净利润:	11,939,550.82
扣除非经常性损益后的净利润:	－21,752,078.63
主营业务利润:	29,451,456.64
其他业务利润:	－1,968,134.52
营业利润:	－13,642,703.33
投资收益:	1,429,356.04
补贴收入:	——
营业外收支净额:	1,391,261.26
经营活动产生的现金流量净额:	34,440,492.70
现金及现金等价物净增加额:	77,092,512.68

注:非经常性损益涉及的项目及金额:
1、债权投资收益: 1,052,891.58 元。
2、营业外收支净额:1,391,261.26 元。
3、因会计政策变更对以前期间的净利润追溯调整数:36,197,082.89 元。

二、截止本报告期末公司前三年主要会计数据与财务指标(合并):

主要指标(元)	2001 年度	2000 年度调整前	2000 年度调整后	1999 年度调整前	1999 年度调整后
1、主营业务收入	155,335,540.60	294,950,965.65	294,950,965.65	324,282,641.19	324,282,641.19
2、净利润	11,939,550.82	24,396,729.27	24,396,729.27	38,597,927.36	39,525,164.00
3、总资产	556,959,271.60	543,423,758.79	505,728,022.57	492,795,672.43	454,270,304.78
4、股东权益(不含少数股东权益)	503,719,825.04	382,086,866.89	352,871,513.56	375,507,028.62	345,359,736.57
5、全面摊薄每股收益	0.08	0.22	0.22	0.35	0.36
6、加权平均每股收益	0.09	0.22	0.22	0.35	0.36
7、扣除非经常性损益后的每股收益	－0.1476	0.23	0.23	0.35	0.30
8、每股净资产	3.42	3.47	3.20	3.41	3.13
9、调整后的每股净资产	3.28	3.34	3.10	3.12	3.08
10、每股经营活动产生的现金流量净额	0.23	0.10	0.10	0.13	0.13
11、全面摊薄净资产收益率	2.39%	6.39%	6.91%	10.28%	11.44%
12、加权平均净资产收益率	2.42%	6.29%	6.82%	10.28%	12.14%
13、扣除非经常性损益后的加权净资产收益率	－6.22%	6.42%	6.96%	9.91%	10.01%

三、报告期利润表附表

报告期利润	净资产收益率(%)		每股收益(元)	
	全面摊薄	加权平均	全面摊薄	加权平均
主营业务利润	5.85	5.97	0.1998	0.2015
营业利润	－2.71	－2.77	－0.0926	－0.0934
净利润	2.37	2.42	0.081	0.0817
扣除非经常性损益后的净利润	－4.32	－6.22	－0.1476	－0.1489

第三节 股本变动及股东情况

一、股本变动情况
1、股份变动情况表　　单位:股

	本次变动前	本次增减变动(+,－)			本次变动后
		配股	送股	其他	
一、未上市流通股份					
1、发起人股份	68158000	2895800	12488373		83542173
其中:国家拥有股份	64913200	2895800	11918069		79727069
境内法人持有股份	3244800		570304		3815104
境外法人持有股份					
其他					
2、募集法人股	1014000		178220		1192220
3、内部职工股					
4、优先股或其他					
未上市流通股份合计	69172000	2895800	12666593		84734393
二、已上市流通股份					
1、人民币普通股	40994000	12298200	9366605		62658805
2、境内上市的外资股					
3、境外上市的外资股					
4、其他					
已上市流通股份合计	40994000	12298200	9366605		62658805
三、股份总数	110166000	15194000	22033198		147393198

000687 保定天鹅股份有限公司

2001 年年度报告摘选

一、公司基本情况简介

1、公司法定中文名称:保定天鹅股份有限公司
公司法定英文名称:BAO DING SWAN CO.LTD.
2、公司法定代表人:王东兴
3、公司董事会秘书:高志强
联系地址:河北省保定市纸厂路 1 号
联系电话:0312－3137941－2261　　联系传真:0312－3131755
电子信箱:SWANZJB@bdinfo.net
公司证券事务代表:马 菁 、张春岭
联系电话:0312－3137941－2326　　联系传真:0312－3159881
4、公司注册地址:河北省保定市高开区金迪路 59 号
公司办公地址:河北省保定市纸厂路 1 号　　邮政编码:071055
5、信息披露报纸名称:中国证券报、证券时报
中国证监会指定国际互联网址:http://www.cninfo.com.cn
公司年度报告备置地点:公司董秘处
6、股票上市交易所:深圳证券交易所
股票简称:保定天鹅　　股票代码:000687

二、会计数据和业务数据摘要

(一)公司本年度实现利润情况

项目	本期数(单位:元)
本年度实现利润总额	18,593,365.23
净利润	24,112,069.53
扣除非经常性损益后的净利润	14,854,950.05
主营业务利润	55,115,098.21
其它业务利润	382,646.32
营业利润	9,590,538.61
投资收益	8,926,000.00
补贴收入	0.00
营业外收支净额	76,826.62
经营活动产生的现金流量净额	41,462,555.11
现金及现金等价物净增加额	－93,898,506.26

注:扣除经常性损益涉及的项目及其金额为:

项目	金额
投资收益	2,626,000.00 元
营业外收入	79,654.62 元
营业外支出	2,828.00 元
资金占用费	9,179,623.41 元
流动资产盘盈盘亏净额	1,934,293.97 元
合计	13,816,744.00 元
扣所得税后	9,257,119.48 元

(二)会计数据及财务指标
公司前三年度的主要会计数据和财务指标(单位:元)

指标项目	2001 年	2000 年		1999 年
		调整后	调整前	
主营业务收入	510,391,637.65	573,759,238.90	573,759,238.90	601,321,362.84
净利润	24,112,069.53	29,421,870.35	32,104,936.33	87,869,402.63
总资产	1,304,730,800.22	1,322,819,098.61	1,327,243,468.25	1,111,280,751.33
股东权益	981,719,231.13	969,839,161.60	1,054,446,033.50	1,009,560,529.43
每股收益	0.075	0.092	0.10	0.298
加权平均每股收益	0.075	0.092	0.10	0.298
每股净资产	3.06	3.02	3.29	3.42
调整后的每股净资产	3.00	2.99	3.01	3.40
每股经营活动产生的现金流量净额	0.13	－0.34	－0.34	0.559
净资产收益率(%)	2.456	3.03	3.04	8.7
加权平均净资产收益率(%)	2.456	2.51	2.73	9.1
扣除非经常性损益后的每股收益	0.046	0.10	0.10	0.298
股本变化后每股收益	0.075	0.09	0.10	0.274

三、股本变动及股东情况

(一)股本变动情况
1、公司股份变动情况表
填报日期:2001 年 12 月 31 日　　数量单位:股

	本次变动前	本期变动增减(+、－)						本次变动后
		配股	送股	公积金转股	增发	其他	小计	
一、未上市流通股份								
1、发起人股份	223300000						223300000	223300000
其中:								
国家拥有股份	223300000						223300000	223300000
境内法人持有股份								
外资法人持有股份								
其他								
2、募集法人股份								
3、内部职工股								
4、优先股或其他								
未上市流通股份合计	223300000						223300000	223300000
二、已上市流通股份								
1、人民币普通股	97500000						97500000	97500000
2、境内上市的外资股								
3、境外上市的外资股								
4、其他								
已上市流通股份合计	97500000						97500000	97500000
三、股份总数	320800000						320800000	320800000

000688 朝华科技(集团)股份有限公司

2001年年度报告摘选

第一章 公司基本情况简介

一、公司法定中文名称:朝华科技(集团)股份有限公司
公司法定英文名称:ZhaoHua Science&Technolohy (Group) CO., LTD
二、公司法定代表人:谭启
三、公司董事会秘书:张光华
公司董事会证券事务代表:方燕
联系地址:重庆市渝州路108号金鹤宾馆3楼
联系电话:(023)68638134
联系传真:(023)68880562
电子信箱:zhangguanghua@ljasp.net
四、公司注册地址:重庆市涪陵区江东群沱子街31号
邮政编码:408000
公司办公地址:重庆市渝州路108号金鹤宾馆3楼
邮政编码:400041
公司国际互联网网址:http://www.zarva.com
公司电子信箱:zhaohuazhengquan@ljasp.net
五、公司选定的中国证监会指定报纸名称:《中国证券报》、《证券时报》
中国证监会指定国际互联网网址:http://www.cninfo.com.cn
公司年度报告备置地点:朝华科技(集团)股份有限公司证券部
六、公司股票上市交易所:深圳证券交易所
股票简称:朝华科技
股票代码:000688

第二章 会计数据和业务数据摘要

一、主要财务数据和指标

单位:元

利润总额:	33,876,074.47
净利润:	28,132,838.39
扣除非经常性损益后的净利润:	-19,003,968.48
主营业务利润:	53,157,355.20
其他业务利润:	4,099,706.82
营业利润:	-17,079,852.04
投资收益:	30,287,397.65
补贴收入:	20,480,000.00
营业外收支净额:	188,528.86
经营活动产生的现金流量净额:	-584,065,271.67
现金及现金等价物净增加额:	242,243,395.53

注:扣除的非经常性损益项目涉及金额合计47,136,806.87元

①收入类	
投资收益	26,468,278.01元
补贴收入	20,480,000.00元
营业外收入	316,735.80元
②支出类	
营业外支出	128,206.94元

二、主要会计数据和财务指标:

项目	2001年	2000年	1999年
主营业务收入(元)	219,643,335.07	212,505,922.33	177,764,330.54
净利润(元)	28,132,838.39	81,962,136.83	42,775,788.11
总资产(元)	1,790,825,725.33	1,472,722,601.45	946,533,528.96
股东权益(不含少数股东权益)(元)	974,591,920.39	463,099,897.99	400,546,824.46
每股收益(元)(摊薄)	0.081	0.41	0.215
每股收益(元)(加权)	0.082	0.41	
扣除非经常性损益后的每股收益(元)(摊薄)	-0.044	0.17	
扣除非经常性损益后的每股收益(元)(加权)	-0.045	0.17	
每股净资产(元/股)	2.799	2.33	2.015
调整后的每股净资产(元/股)	2.794	2.24	1.99
每股经营活动产生的现金流量净额(元)	-1.677	0.96	0.22
净资产收益率(%)(摊薄)	2.89	17.70	10.68
净资产收益率(%)(加权)	3.11	18.98	11.29

三、根据中国证监会关于发布《公开发行证券公司信息披露编报规则(第9号)》要求,公司按全面摊薄法和加权平均法的净资产收益率及每股收益。

报告期利润	净资产收益率%		每股收益(元)	
	全面摊薄	加权平均	全面摊薄	加权平均
主营业务利润	5.45	5.89	0.153	0.155
营业利润	-1.75	-1.89	0.049	0.050
净利润	2.89	3.11	0.081	0.082
扣除非经常性损益后的净利润	-1.58	-1.70	-0.044	-0.045

第三章 股本变动及股东情况

一、股本变动情况
(一)股本变动情况表

数量单位:股

	本次变动前	本次变动增减(+,-)			本次变动后
		配股	送股	公积金转股	小计
一、未上市流通股份					
募集法人股份	98,168,507		34,093,922	17,051,870	149,314,299
未上市流通股合计	98,168,507		34,093,922	17,051,870	149,314,299
二、已上市流通股份					
人民币普通股	100,590,048	30,177,014	45,415,400	22,714,238	198,896,700
已上市流通股份合计	100,590,048	30,177,014	45,415,400	22,714,238	198,896,700
三、股份总数	198,758,555	30,177,014	79,509,322	39,766,108	348,210,999

000689 汕头宏业(集团)股份有限公司

2001年年度报告摘选

第一节 公司简介

1、公司法定名称:汕头宏业(集团)股份有限公司
公司法定英文名称:SHANTOU HONGYE(GROUP)CO., LTD.
英文缩写:H.Y.
2、公司法定代表人:曹宏达先生
联系地址:汕头市天山路宏业大楼
电话:0754-8895208
传真:0754-8897377
3、公司董事会秘书:黄钦亮先生
联系地址:汕头市天山路宏业大楼
电话:0754-8893332
传真:0754-8895312
电子信箱:ahuang@pub.shantou.gd.cn
4、公司注册地址:汕头市天山路宏业大楼
公司办公地址:汕头市天山路宏业大楼
邮编:515041
电子信箱:hygroup@pub.shantou.gd.cn
5、公司选定的信息披露报纸名称《证券时报》
登载公司年度报告的中国证监会指定的国际互联网网址:
http://www.cninfo.com.cn
公司年度报告备置地点:公司董事会办公室
6、公司股票上市交易所:深圳证券交易所
股票简称:ST宏业
股票代码:000689

第二节 会计数据和业务数据摘要

1、年度主要利润指标情况(单位:人民币元)

利润总额:	-466,500,373.66
净利润:	-466,500,373.66
扣除非经常性损益后的净利润:	-237,055,886.57
主营业务利润:	0.00
其它业务利润:	0.00
营业利润:	-202,016,115.95
投资收益:	-35,039,770.62
补贴收入:	0.00
营业外收支净额:	-229,444,487.09
经营活动产生的现金流量净额:	-862,082.68
现金及现金等价物净增加额:	-1,360,645.11

注:扣除的非经常性损益项目和涉及金额:
营业外收支净额项目:-229,444,487.09

2、截止报告期末本公司前三年主要会计数据和财务数据(单位:人民币:元)

项目	2001年	2000年		1999年
		调整后	调整前	
主营业务收入				
净利润	-466,500,373.66	-120,510,160.67	-76,984,936.73	-90,194,771.83
总资产	35,655,216.18	251,803,392.65	289,576,341.63	353,148,036.20
股东权益	-448,637,933.36	17,862,440.30	47,540,696.29	124,525,633.02
每股收益(摊薄)	-4.192	-1.083	-0.692	-0.811
(加权)	-4.192	-1.083	-0.692	-0.811
每股净资产	-4.032	0.161	0.427	1.119
调整后每股净资产	-2.130	-0.097	0.169	1.109
净资产收益率(%)	-674.66	-161.93	1.04	
每股经营活动产生的现金净流量	-0.008	0.0175	0.0176	-0.414

3、报告期内股东权益变动情况

单位:元

项目	股本(万股)	资本公积	盈余公积	法定公益金	未分配利润	股东权益合计
期初数	11128	124,102,301.52	12,035,243.16		-229,555,104.38	17,862,440.30
本期增加						
本期减少					446,500,373.66	466,500,373.66
期末数	11128	124,102,301.52	12,035,243.16		-696,055,478.04	-448,637,933.36

注:未分配利润及股东权益合计数期末数比期初数减少的原因是公司发生亏损以及计提坏帐准备、预计负债影响。

第三节 股本变动及股东情况

1、股份变动情况表

	本次变动前	本次变动增减(+,-)						本次变动后
		配股	送股	公积金转股	增发	其他	小计	
一、未上市流通股份								
1、发起人股份								
其中								
国家持有股份	1976							1976
境内法人持有股份	4264							4264
境外法人持有股份								
其他								
2、募集法人股份								
3、内部职工股								
4、优先股或其他	6240							6240
未上市流通股份合计								
二、已上市流通股份								
1、人民币普通股	4888							4888
2、境内上市的外资股								
3、境外上市的外资股	4888							4888
4、其他								
已上市流通股份合计								
三、股份总数	11128							11128

000690 广东宝丽华实业股份有限公司

2001 年年度报告摘选

一、公司基本情况简介

1、公司法定中文名称:广东宝丽华实业股份有限公司
公司法定英文名称:GUANGDONG BAOLIHUA INDUSTRY STOCK CO., LTD.
2、公司法定代表人:宁远喜
3、公司董事会秘书:周继来
公司董事会秘书授权代表:刘建章
联系地址:广东省梅州市梅县华侨城香港花园宝丽华综合大楼
电　　话:0753－2511298
传　　真:0753－2511398
4、公司注册、办公地址:广东省梅州市梅县华侨城香港花园宝丽华综合大楼
邮政编码:514788
E－mail:gdblh@pub.Meizhou.gd.cn
5、公司选定的信息披露报纸名称:《中国证券报》、《证券时报》
登载公司年度报告的中国证监会指定的国际互联网网址:http://www.cninfo.com.cn
公司年度报告备置地点:广东省梅州市梅县华侨城本公司办公室
6、公司股票上市交易所:深圳证券交易所
股票简称:宝丽华
股票代码:000690

二、会计数据和业务数据摘要

1、本年度主要利润指标情况(单位:人民币元)

指标项目	金　额
利润总额	38,689,108.03
净利润	32,103,203.71
扣除非经常性损益后的净利润	27,679,035.22
主营业务利润	86,661,949.55
其他业务利润	128,988.72
营业利润	33,856,784.02
投资收益	－372,580.10
补贴收入	5,500,000.00
营业外收支净额	－295,095.89
经营活动产生的现金流量净额	21,382,711.09
现金及现金等价物净增减额	17,027,483.18

2、截止报告期末公司前三年主要会计数据和财务指标

指标项目	2001 年	2000 年	1999 年
主营业务收入(元)	288,862,761.44	220,090,365.68	156,208,450.82
净利润(元)	32,103,203.71	44,382,274.60	42,361,325.23
总资产(元)	496,554,381.63	494,779,810.60	417,399,852.26
股东权益(元) (不含少数股东权益)	321,537,315.58	328,134,112.17	330,514,337.57
每股收益(元)	0.17	0.23	0.39
每股净资产(元)	1.66	1.70	3.07
调整后的每股净资产(元)	1.61	1.65	2.96
每股经营活动产生的现金流量净额(元)	0.11	0.18	0.0042
净资产收益率(%)	9.98	13.53	12.82
加权平均净资产收益率(%)(以扣除非经常性损益后的净利润为计算基础)	8.04	9.81	16.19

利润表附表

(根据中国证监会《公开发行证券公司信息披露编报规则第 9 号》的要求计算的净资产收益率和每股收益)

报告期利润	净资产收益率(%)		每股收益(元/股)	
	全面摊薄	加权平均	全面摊薄	加权平均
主营业务利润	26.95	25.18	0.45	0.45
营业利润	10.53	9.84	0.17	0.17
净利润	9.98	9.33	0.17	0.17
扣除非经常性损益后的净利润	8.61	8.04	0.14	0.14

三、股本变动及股东情况

1、股本变动情况

(1)股份变动情况表(数量单位:股)

	本次变动前	本次变动增减(+,-)						本次变动后
		配股	送股	公积金转股	增发	其他	小计	
一、未上市流通股份								
1、发起人股份	135,000,000							135,000,000
其中:								
国家持有股份								
境内法人持有股份	135,000,000							135,000,000
境外法人持有股份								
其他								
2、募集法人股								
3、内部职工股								
4、优先股或其他								
未上市流通股份合计	135,000,000							135,000,000
二、已上市流通股份								
1、人民币普通股	58,500,000							58,500,000
2、境内上市的外资股								
3、境外上市的外资股								
4、其他								
已上市流通股份合计	58,500,000							58,500,000
三、股份总数	193,500,000							193,500,000

000691 海南寰岛实业股份有限公司

2001 年年度报告摘选

第一章　公司简介

(一)公司的法定中文名称:海南寰岛实业股份有限公司
公司的法定英文名称:HAINAN HUANDAO INDUSTRY CO., LTD.
(二)公司法定代表人:张燕瑾
(三)公司董事会秘书:郑立宇
证券事务代表:林涛
联系地址:海南省海口市人民大道 25 号
电话:0898－66255909
传真:0898－66254684
电子信箱:hdsy@hq.cninfo.net
(四)公司注册及办公地址:海南省海口市人民大道 25 号
邮政编码:570208
公司电子信箱:hdsy@hq.cninfo.net
(五)公司选定的信息披露报纸:《中国证券报》和《证券时报》
中国证监会指定登载公司年度报告的国际互联网网址:http://www.cninfo.com.cn/
公司年度报告备置地点:公司证券部
(六)公司股票上市交易所:深圳证券交易所
股票简称:寰岛实业
股票代码:000691

第二章　主要财务数据和指标

1、公司本年度主要会计数据

项目	金额(人民币元)
主营业务利润	14,358,766.85
其他业务利润	－1,075,317.57
营业利润	587,077.05
投资收益	8,773,232.62
补贴收入	
营业外收支净额	－909,236.95
利润总额	8,451,072.72
净利润	5,586,337.52
扣除非经常性损益后的净利润	－3,929,497.88
经营活动产生的现金流量净额	125,932,492.46
现金及现金等价物净增减额	99,716,522.37

注:本报告期非经常性损益包括:(1)营业外收支净额 －909,236.95 元;(2)资金占用费收入 10,946,781.39 元;(3)股权投资差额摊销 －521,709.04 元;合计:9,515,835.40 元。

2、截止报告期末公司前三年的主要会计数据和财务指标

项目	2001 年度	2000 年		1999 年度	
		调整后	调整前	调整后	调整前
主营业务收入(元)	39,294,382.83	16,613,337.95	16,613,337.95	57,953,562.75	57,953,562.75
净利润(元)	5,586,337.52	3,628,700.41	2,612,422.57	45,605,616.91	44,589,339.07
总资产(元)	810,860,648.43	833,656,769.24	857,921,063.09	834,212,480.47	859,493,052.16
股东权益(元)	611,548,155.52	605,902,587.26	630,166,881.11	602,273,886.85	627,554,458.54
每股收益(元/股)	0.0216	0.0141	0.0101	0.1766	0.1727
扣除非经常性损益后的每股收益(元/股)	－0.0152	－0.0396	－0.0436	0.1060	0.1021
每股净资产(元/股)	2.3687	2.3468	2.4408	2.3328	2.4307
调整后的每股净资产(元/股)	2.3679	2.3407	2.4347	2.3268	2.4247
每股经营活动产生的现金流量净额(元/股)	0.4878	0.0003	0.0003	－0.2281	－0.2281
净资产收益率(%)	0.91	0.60	0.41	7.57	7.11

3、按照中国证监会《公开发行证券公司信息披露编报规则(第 9 号)》要求计算的 2001 年度部分财务指标:

报告期利润	净资产收益率(%)		每股收益(元)	
	全面摊薄	加权平均	全面摊薄	加权平均
主营业务利润	2.35	2.36	0.0556	0.0556
营业利润	0.10	0.10	0.0023	0.0023
净利润	0.91	0.92	0.0216	0.0216
扣除非经常性损益后的净利润	－0.64	－0.65	－0.0152	－0.0152

第三章　股本变动和主要股东持股情况

(一)股本变动情况

公司股份变动情况表

数量单位:股

	本次变动前	本次变动增减(+,-)						本次变动后
		配股	送股	公积金转股	增发	其他	小计	
一、未上市流通股份								
1、发起人股份	104,960,000					－70,947,200	－70,947,200	34,012,800
其中:								
国家持有股份	78,947,200					－70,947,200	－70,947,200	8,000,000
境内法人持有股份	26,012,800							26,012,800
境外法人持有股份								
其他								
2、募集法人股份	23,040,000					70,947,200	70,947,200	93,987,200
3、内部职工股								
4、优先股或其他								
未上市流通股份合计	128,000,000							128,000,000
二、已上市流通股份								
1、人民币普通股	130,180,000							130,180,000
2、境内上市的外资股								
1、境外上市的外资股								
2、其他								
已上市流通股份合计	130,180,000							130,180,000
三、股份总数	258,180,000							258,180,000

000692 沈阳惠天热电股份有限公司

2001年年度报告摘选

第一节 公司基本情况简介

一、公司中文名称：沈阳惠天热电股份有限公司
公司英文名称：SHENYANG HUITIAN THERMAL POWER CO.,LTD.
二、公司法定代表人：卢树春
三、公司董事会秘书：左小明
公司证券事务代表：刘斌
联系地址：沈阳市沈河区热闹路47号
电话：024—22928062　　传真：024—22939480
电子信箱：htrd@263.net
四、公司注册地址及办公地址：沈阳市沈河区热闹路47号
邮政编码：110014
公司电子信箱：htrdcor@mail.sy.ln.cn
五、公司选定的信息披露报纸名称：《中国证券报》、《证券时报》
登载年度报告的中国证监会指定网站的网址：http://www.cninfo.com.cn
公司年度报告备置地点：公司证券部
六、公司股票上市交易所：深圳证券交易所
股票简称：惠天热电　　股票代码：000692

第二节 会计数据和业务数据摘要

一、公司本年度利润总额及其构成

项目	金额(元)
利润总额	59,584,774.18
净利润	49,629,515.30
扣除非经常性损益的净利润	55,944,770.21
主营业务利润	147,623,500.63
其他业务利润	975,209.27
营业利润	66,221,449.36
投资收益	-158,089.58
补贴收入	4,800,000.00
营业外收支净额	-11,278,585.60
经营活动产生现金流量净额	131,752,191.56
现金及现金等价物净增加额	225,800,598.58

注：本公司2001年度非经常性损益为-6,315,254.91元，包括：补贴收入4,800,000.00元，营业外收入648,998.46和营业外支出11,927,584.06，处置债券投资收益163,330.69元。

二、公司前三年的主要会计数据和财务指标　　(单位：元)

项目	2001年	2000年 调整前	2000年 调整后	1999年 调整后
主营业务收入	528,438,256.15	541,916,558.65	541,914,844.65	372,397,150.56
净利润	49,629,515.30	93,331,769.86	89,212,174.95	84,786,082.84
总资产	2,137,262,133.70	1,626,619,767.08	1,570,192,474.69	1,354,984,687.38
股东权益(不含少数股东权益)	1,130,216,892.09	824,751,038.86	768,323,746.47	705,249,647.61
每股收益(元/股)	0.186	0.399	0.381	0.372
每股净资产(元/股)	4.24	3.52	3.28	3.07
调整后的每股净资产(元/股)	4.13	3.39	3.12	2.86
每股经营活动产生的现金流量净额	0.49	0.43	0.43	0.063
净资产收益率(%)	4.39	11.32	11.61	12.02

(根据中国证监会《公开发行证券公司信息披露编报规则第9号》的要求计算的净资产收益率和每股收益)

项目	净资产收益(%) 全面摊薄	净资产收益(%) 加权平均	每股收益(元) 全面摊薄	每股收益(元) 加权平均
主营业务利润	13.06	14.37	0.554	0.571
营业利润	5.86	6.45	0.249	0.256
净利润	4.39	4.83	0.186	0.192
扣除非经常性损益后的净利润	4.95	5.45	0.210	0.217

第三节 股本变动及股东情况

一、股本变动情况表

(数量单位：股)

项目	本次变动前	配股	送股	公积金转股	增发	其他	小计	本次变动后
一、未上市流通								
1.发起股份	143569849	5500000					5500000	14906.9849
其中：								
国家持有股份	143569849	5500000					5500000	14906.9849
2.内部职工股	4125000	1215703					1215703	534.0703
未上市流通股合计	147694849	6715703					6715703	15441.0552
二、已上市流通股份								
1.人民币普通股	86510032	25495904					25495904	11200.5936
已上市流通股份合计	86510032	25495904					25495904	11200.5936
三、股份总数	234204881	32211607					32211607	26641.6488

二、股东情况介绍

1、报告期末股东总数：截止2001年12月31日持有本公司股份的股东总数为62709户。

2、公司前十名股东的持股情况

序号	股东名称	持股数量(股)	持股比例(%)	股份性质
1	沈阳市房产国有资产经营有限责任公司	149,069,849	55.95	国家股
2	中信证券股份有限公司	873,886	0.328	配股包销内部职工股
3	刘辉	431,623	0.162	流通股
4	上海融昌资产管理有限公司	412,518	0.155	流通股
5	张仁义	406,490	0.153	流通股
6	陈丽华	395,311	0.148	流通股
7	王友库	385,947	0.145	流通股
8	李祥琴	352,024	0.132	流通股
9	赵润爽	345,182	0.130	流通股
10	代威	250,000	0.094	流通股

000693 成都聚友泰康网络股份有限公司

2001年年度报告摘选

第一节 公司基本情况简介

一、公司法定中文名称：成都聚友泰康网络股份有限公司
法定英文名称：Chengdu Unionfriend-Taikang Network Co.,LTD.
英文缩写：UFTK
二、公司法定代表人：陈健
三、公司董事会秘书：罗宏
联系电话：028-6624176　　传真：028-6615233　　电子信箱：lh0693@21cn.com
联系地址：成都市顺城大道252号顺吉大厦11层
证券事务代表：王小旭
联系电话：028-6757719　　传真：028-6757719　　电子信箱：wangxx0693@21cn.com
联系地址：成都市顺城大道252号顺吉大厦11层
四、公司注册地址：成都海峡两岸科技开发园科技创新中心
办公地址：成都市顺城大道252号顺吉大厦11层
办公电话：028-6512626　　邮政编码：610015
国际互联网网址：http://www.unionfriend.com/0693/index.htm
电子信箱：0693@sc.homeway.com.cn
五、公司选定的信息披露报纸名称：《中国证券报》、《证券时报》
登载年度报告的中国证监会指定网站的网址：http://www.cninfo.com.cn
年度报告备置地点：公司董事会办公室和深圳证券交易所
六、公司股票上市交易所：深圳证券交易所
股票简称：聚友网络　　股票代码：000693

第二节 会计数据和业务数据摘要

一、本年度会计数据摘要

项目	金额
利润总额：	49,428,136.87元
净利润：	37,752,641.71元
*扣除非经常性损益后的净利润：	26,443,299.96元
主营业务利润：	76,221,390.65元
其他业务利润：	332,746.79元
营业利润：	39,725,860.05元
投资收益：	10,249,746.65元
补贴收入：	-
营业外收支净额：	-547,469.83元
经营活动产生的现金流量净额：	19,928,121.26元
现金及现金等价物净增减额：	-20,348,468.68元
*扣除的非经常性损益项目及其涉及金额：	
收资金占用费	4,340,169.39元
股权转让收益	9,412,402.81元
营业外收支净额：	-547,469.83元
所得税影响数	-1,980,765.36元

二、截至报告期末公司前三年的主要会计数据和财务指标

项目		2001年	2000年	1999年
主营业务收入(元)		180,850,727.10	162,438,316.70	110,729,629.03
净利润(元)		37,752,641.71	31,697,741.67	32,919,642.45
总资产(元)		988,330,793.24	586,224,584.70	380,061,309.43
股东权益(不含少数股东权益)(元)		388,338,700.54	350,586,058.83	196,429,309.26
每股收益(元/股)	摊薄	0.294	0.25	0.276
	加权	0.294	0.26	
每股净资产(元/股)		3.030	2.73	1.65
调整后的每股净资产(元/股)		2.970	2.66	1.52
每股经营活动产生的现金流量净额(元)		0.155	0.53	0.57
净资产收益率(%)	摊薄	9.72	9.04	16.76
	加权	10.22	12.55	18.29

三、利润表附表

利润表附表

报告期利润	2001年度 净资产收益率(%) 全面摊薄	2001年度 净资产收益率(%) 加权平均	2001年度 每股收益(元/股) 全面摊薄	2001年度 每股收益(元/股) 加权平均	2000年度 净资产收益率(%) 全面摊薄	2000年度 净资产收益率(%) 加权平均	2000年度 每股收益(元/股) 全面摊薄	2000年度 每股收益(元/股) 加权平均
主营业务利润	19.64	20.63	0.59	0.59	12.26	17.03	0.33	0.35
营业利润	10.23	10.75	0.31	0.31	8.95	12.43	0.24	0.26
净利润	9.72	10.22	0.29	0.29	9.04	12.55	0.25	0.26
扣除非经常性损益后的净利润	6.84	7.18	0.21	0.21	9.04	12.55	0.25	0.26

第三节 股本变动及股东情况

一、公司股本变动情况

公司股份变动情况表

数量单位：股

项目	本次变动前	配股	送股	公积金转股	增发	其他	小计	本次变动后
一、未上市流通股份								
1、发起人股份								
其中：								
国家持有股份	6,568,856							6,568,856
境内法人持有股份								
境外法人持有股份								
其他								
2、募集法人股份	82,854,750							82,854,750
3、内部职工股								
4、优先股或其他								
未上市流通股份合计	89,423,606							89,423,606
二、已上市流通股份								
1、人民币普通股	39,039,000							39,039,000
2、境内上市的外资股								
3、境外上市的外资股								
4、其他								
已上市流通股份合计	39,039,000							39,039,000
三、股份总数	128,462,606							128,462,606

000695 天津灯塔涂料股份有限公司

2001 年年度报告摘选

一、公司基本情况简介

(一)公司法定中、英文名称及缩写:
(中文名称)天津灯塔涂料股份有限公司
(英文名称)TIANJIN BEACON PAINT & COATINGS CO., LTD (TJBP)
(二)公司法定代表人:熊必琪
(三)公司董事会秘书:沈鸿鑫
联系地址:天津市北辰区南仓道
电　　话:022—26345536
传　　真:022—26340776
(四)公司注册及办公地址:天津市北辰区南仓道
邮政编码:300400
公司国际互联网网址:http://www.beacon-paint.com
电子信箱:E-mail:beacon@mail,zlnet,com.cn
(五)公司选定的信息披露报纸名称:证券时报
登载公司年度报告的中国证监会指定国际互联网网址:http://www.cninfo.com.cn
公司年度报告备置地点:公司证券部
(六)公司股票上市交易所:深圳证券交易所
股票简称:灯塔油漆
股票代码:000695

二、会计数据和业务数据摘要

(一)2001 年度下列经济指标实现情况
公司本年度会计数据

	单位:元
利润总额	-29,111,886.31
净利润	-28,936,109.25
扣除非经常性损益后的净利润:	-46,732,357.08
主营业务利润	38,175,294.97
其他业务利润	344,733.25
营业利润:	-55,715,379.96
投资收益	20,220,777.84
补贴收入	无
营业外收支净额	6,382,715.81
经营活动产生的现金流量净额	-62,643,567.27
现金及现金等价物净增减额	-60,378,984.38

(二)截至报告期末公司前三年主要会计数据和财务指标:

项目	2001 年	2000 年	1999 年
主营业务收入(元)	202,517,024.57	250,083,184.75	290,868,953.21
净利润(元)	-28,936,109.25	24,089,291.39	24,486,232.25
总资产(元)	894,091,625.55	916,399,504.63	653,666,992.20
股东权益(不含少数股东权益)(元)	368,377,593.70	397,313,702.95	246,930,026.24
每股收益(元)	-0.13	0.141	0.158
每股净资产(元)	1.66	2.33	1.60
调整后的每股净资产(元)	1.54	2.28	1.54
每股经营活动产生的现金流量净额(元)	-0.28	0.29	0.42
净资产收益率(%)	-7.86	6.06	9.92

三、股本变动及股东情况

(一)股份变动情况表

公司股份变动情况表　　数量单位:股

	本次变动前	本次变动增减(+,-)						本次变动后
		配股	送股	公积金转增股本	增发	其他	小计	
一、未上市流通股份								
1、发起人股份								
其中:								
国家持有股份	87,148,723		8,714,872	17,429,744			26,144,616	113,293,339
境内法人持有股份								
境外法人持有股份								
其他								
2、募集法人股份	24,311,000		2,431,100	4,862,200			7,293,300	31,604,300
3、内部职工股								
4、优先股或其他								
其中:转配股								
未上市流通股份合计	111,459,723		11,145,972	22,291,944			33,437,916	144,897,639
二、已上市流通股份								
1、人民币普通股	59,423,000		5,942,300	11,884,600			17,826,900	77,249,900
2、境内上市的外资股								
3、境外上市的外资股								
4、其他								
已上市流通股份合计	59,423,000		5,942,300	11,884,600			17,826,900	77,249,900
三、股份总数	170,882,723		17,088,272	34,176,544			51,264,816	222,147,539

(二)公司股东情况
1、公司前 10 名股东持股情况:

股东	持股数(股)	持股比例(%)
天津津联投资贸易有限公司	113,293,339	51
申银万国证券股份有限公司	8,421,836	3.79
济南翔宇建筑装饰工程有限公司	3,613,194	1.63
北京恒锐科贸有限责任公司	3,351,133	1.51
山东民安发展有限公司	2,331,735	1.05
北京海视天恒科技有限责任公司	2,034,799	0.92
沈阳铁路局经济发展总公司	1,820,000	0.82
光明持股者协会	1,738,920	0.78
深圳兆科投资发展有限公司	1,638,000	0.74
济南鑫谷科贸有限公司	1,549,700	0.70

000697 咸阳偏转股份有限公司

2001 年年度报告摘选

第一节　公司基本情况简介

(一)公司法定中文名称:咸阳偏转股份有限公司
(二)公司法定代表人:雷奇
(三)董事会秘书:赵卫军
证券事务代表:赵兵
联系地址:陕西省咸阳市渭阳西路七十号
联系电话:(0910)3320567
联系传真:(0910)3320666
电子信箱:wjzhao@ns1.pianzhuan.com.cn
(四)公司注册地址及办公地址:陕西省咸阳市渭阳西路七十号
邮政编码:712021
国际互联网网址:http://www.pianzhuan.com.cn
电子信箱:gzk@ns1.pianzhuan.com.cn
(五)公司选定的信息披露报纸:《中国证券报》、《证券时报》
登载公司年度报告的国际互联网网址:http://www.cninfo.com.cn
公司年度报告备置地点:公司证券部
(六)公司股票上市地:深圳证券交易所
股票简称:咸阳偏转
股票代码:000697

第二节　会计数据和业务数据摘要

(一)公司本年度实现利润情况

	单位:人民币元
利润总额	9,908,450.78
净利润	11,982,227.49
扣除非经常性损益后的净利润	12,171,188.75
主营业务利润	77,983,517.00
其他业务利润	978,584.28
营业利润	15,042,859.64
投资收益	-4,945,447.60
补贴收入	0
营业外收支净额	-188,961.26
经营活动产生的现金流量净额	91,812,962.35
现金及现金等价物净增加额	-137,838,790.75

注:扣除非经常性损益项目及金额(元)
营业外收支净额　188,961.26

(二)截止本报告期末公司前三年的主要会计数据和财务指标

单位:人民币元

项目	2001 年度	2000 年度		1999 年度	
		调整前	调整后	调整前	调整后
主营业务收入	475,910,714.19	442,312,974.70	412,022,109.29	608,285,789.92	608,285,789.92
净利润	11,982,227.49	70,495,253.25	68,534,414.53	80,811,227.56	80,672,232.81
总资产	1,055,491,094.36	1,226,621,797.18	1,149,343,561.12	1,033,056,817.65	1,033,056,817.65
股东权益(不含少数股东权益)	744,625,537.98	764,254,839.24	732,381,363.40	719,633,494.40	715,505,755.99
每股收益(摊薄)	0.055	0.324	0.315	0.37	0.37
每股收益(加权)	0.055	0.324	0.315	0.40	0.40
扣除非经常性损益后的每股收益	0.056	0.283	0.285	0.32	0.32
每股净资产	3.42	3.51	3.37	3.31	3.29
调整后的每股净资产	3.41	3.51	3.37	3.28	3.26
每股经营活动产生的现金流量净额	0.42	-0.12	-0.12	0.65	0.65
净资产收益率(%)	1.61	9.22	9.36	11.23	11.27

利润表附表

报告期利润	净资产收益率(%)				每股收益(元)			
	全面摊薄		加权平均		全面摊薄		加权平均	
	2001 年	2000 年	2001 年	2000 年	2001 年	2000 年	2001 年	2000 年
主营业务利润	10.47	13.27	10.56	12.98	0.359	0.447	0.359	0.447
营业利润	2.02	7.92	2.04	7.34	0.069	0.267	0.069	0.267
净利润	1.61	9.36	1.62	9.59	0.055	0.315	0.055	0.315
扣除非经常性损益后的净利润	1.63	8.46	1.64	8.27	0.056	0.285	0.056	0.285

第三节　股本变动及股东情况

(一)股份变动情况表

单位:股

	本次变动前	本次变动增减(+、-)						本次变动后
		配股	送股	公积金转股	增发	其他	小计	
一、未上市流通股份								
1、发起人股份	86978800							86978800
其中:								
国家持有股份	86978800							86978800
境内法人持有股份								
境外法人持有股份								
其他								
2、募集法人股	53071200							53071200
3、内部职工股								
4、优先股或其他								
未上市流通股份合计	140050000							140050000
二、已上市流通股份								
1、人民币普通股	77411700							77411700
2、境内上市的外资股								
3、境外上市的外资股								
4、其他								
已上市流通股份合计	77411700							77411700
三、股份总数	217461700							217461700

000698 沈阳化工股份有限公司

2001年年度报告摘选

第一章 公司基本情况简介

1. 公司的法定中文名称:沈阳化工股份有限公司
英文名称:SHENYANG CHEMICAL INDUSTRY CO., LTD.
2. 公司法订代表人:梁会山
3. 公司董事会秘书:孙家庆
证券事务代表:杨志国
联系地址:沈阳市铁西区卫工北街46号(110026)
联系电话:024－25820516－3506 联系传真:024－25757776
电子信箱:syhgzqb@mail.sy.ln.cn
4. 公司注册地址:辽宁省沈阳市经济技术开发区沈大路888号(110141)
公司办公地址:辽宁省沈阳市铁西区卫工北街46号(110026)
5. 公司选定的信息披露报刊名称:《中国证券报》、《证券时报》
登载年度报告的中国证监会指定网站的网址:http://www.cninfo.com.cn
公司年度报告备置地点:公司证券部
6. 公司股票上市交易所:深圳证券交易所
股票简称:沈阳化工 股票代码:000698

第二章 会计数据和业务数据摘要

第一节 公司2001年度利润总额及构成 单位:元

项目	金额
利润总额	61,391,482.34
净利润	45,202,772.13
扣除非经常性损益后的净利润	49,166,075.88
主营业务利润	214,884,923.46
其他业务利润	2,342,647.66
营业利润	66,801,118.07
投资收益	－1,686,843.75
补贴收入	0
营业外收支净额	－3,722,791.98
经营活动产生的现金流量净额	78,141,811.50
现金及现金等价物净增减额	87,896,091.40

第二节 公司前三年的主要会计数据和财务指标

项目	2001年度	2000年度		1999年度
		调整后	调整前	
主营业务收入(元)	1,804,660,105.66	2,062,950,513.53	2,101,367,168.86	1,005,107,623.43
净利润(元)	45,202,772.13	181,466,610.38	191,931,888.83	114,845,888.26
总资产(元)	3,151,142,063.65	3,087,923,963.44	3,096,507,174.43	2,895,418,118.23
股东权益(不含少数股东权益)(元)	1,453,286,398.86	1,409,638,070.03	1,496,552,607.79	1,304,284,158.96
每股收益(元/股)	0.107	0.430	0.454	0.272
每股净资产(元)	3.44	3.34	3.54	3.09
调整后的每股净资产(元)	3.31	3.13	3.28	3.00
每股经营活动产生的现金流量净额(元)	0.185	0.59	0.59	0.22
净资产收益率(%)	3.11	13.01	12.82	8.81

第三节 净资产收益率和每股收益

报告期利润	净资产收益率(%)		每股收益(元/股)	
	全面摊薄	加权平均	全面摊薄	加权平均
主营业务利润	14.79	14.84	0.5087	0.5087
营业利润	4.60	4.61	0.1581	0.1581
净利润	3.11	3.12	0.1070	0.1070
扣除非经常性损益后的净利润	3.38	3.40	0.1164	0.1164

第三章 股本变动及股东情况

第一节 股份变动情况表

数量单位:股

	本次变动前	本次变动增减(+,-)						本次变动后
		配股	送股	公积金转股	增发	其他	小计	
一、未上市流通股份								
发起人股份								
其中:								
国家持有股份	147,350,560					+59,760,000	+59,760,000	207,110,560
境内法人持有股份	87,856,000					－59,760,000	－59,760,000	28,096,000
未上市流通股份合计	235,206,560							235,206,560
二、已上市流通股份								
人民币普通股	187,200,000							187,200,000
已上市流通股份合计	187,200,000							187,200,000
三、股份总数	422,406,560							422,406,560

第二节 股东情况

报告期末前10名股东的持股情况。

单位:股

股东名称	增减变动	年末持股	比例	股份类别	质押或冻结情况
沈阳化工集团有限公司	+137,350,560	197,110,560	46.66%	国家股	
沈阳铁西改造经济技术开发总公司	0	28,096,000	6.65%	法人股	全部冻结
杭州玮峰实业发展有限公司	+10,000,000	10,000,000	2.37%	国家股	
徐燕	－37,750	882,500	0.21%	流通股	
陈宏瑞	－50,000	400,000	0.10%	流通股	
王韶光	+395,780	395,780	0.09%	流通股	
沈阳北方证券公司兴顺证券营业部	－179,639	320,000	0.08%	流通股	
沈阳北方证券公司太原北街营业部	－195,064	300,000	0.07%	流通股	
沈阳北方证券公司北站营业部	－200,000	300,000	0.07%	流通股	
普丰证券投资基金	+290,441	290,441	0.07%	流通股	

000699 佳木斯造纸股份有限公司

2001年年度报告摘选

一、公司基本情况简介

1.公司法定中文名称:佳木斯造纸股份有限公司
公司法定英文名称:Jiamusi Paper Co., Ltd.
2.公司法定代表人:王永权
3.董事会秘书:张社佳
董事会证券事务代表:孟宪有
联系地址:佳木斯市光复路306号
佳木斯造纸股份有限公司
联系电话:0454－8379070
传　　真:0454－8391258
电子信箱:E—mail:jzgfgs@mail.hl.cn
4.公司注册及办公地址:
黑龙江省佳木斯市光复路306号　　邮政编码:154005
公司国际互联网网址:http://www.jzgf.com
电子信箱:Email:jzgfgs@mail.hl.cn
5.公司信息披露报纸名称:《证券时报》
公司年度报告登载网址:http://www.cninfo.com.cn
公司年度报告备置地点:董事会秘书处
6.公司股票上市交易所:深圳证券交易所
股票简称:佳纸股份　　股票代码:000699

二、会计数据和业务数据摘要

1.公司本年度主要利润指标情况:

利润总额:	－27710238.83元
净利润:	－27710238.83元
扣出非经常性损益后的净利润:	－26731125.79元
主营业务利润:	5424492.86元
其他业务利润:	26596097.02元
营业利润:	－24291048.51元
投资收益:	－3361141.06元
营业外收支净额:	－58049.32元
经营活动产生的现金流量净额:	－298219071.07元
现金及现金等价物净增加额:	－4809483.70元

2.截止报告期末公司前三年的主要会计数据和财务指标如下:　　单位:人民币元

项目	2001年	2000年		1999年
		追溯调整前	追溯调整后	
主营业务收入	290504600.90	573939316.01	335463232.22	612131772.75
净利润	－27710238.83	－43611813.91	－41018275.07	14362516.63
总资产	1503680447.31	1662388639.36	1348440895.30	1550944482.10
股东权益	443347141.60	523469217.75	466212691.19	577093556.95
每股收益	－0.1218	－0.1917	－0.1803	0.0631
每股净资产	1.9492	2.3015	2.0498	2.5373
净资产收益率	－6.25%	－8.33%	－8.80%	2.49%
调整后每股净资产	0.9669	1.9243	1.7741	2.2657
每股经营活动产生的现金流量净额	－1.311	0.0915	0.0915	－0.2566
扣除非经常性损益后的每股收益	－0.1175	－0.201	－0.1803	－0.077
扣除非经常性损益后的加权净资产收益率	－6.01	－8.74	－8.80	－3.04

3.利润表附表

报告期利润	净资产收益率		每股收益	
	全面摊薄	加权平均	全面摊薄	加权平均
主营业务利润	1.22%	1.20%	0.0238	0.0238
营业利润	－5.48%	－5.37%	－0.1068	－0.1068
净利润	－6.25%	－6.13%	－0.1218	－0.1218
扣除非经常损益后的净利润	－6.03%	－5.91%	－0.1175	－0.1175

4.报告期内股东权益变动情况:　　单位:人民币元

项目	股本	资本公积	盈余公积	法定公益金	未分配利润	股东权益合计
期初数	227448000	227547946.68	31279149.54	15639574.77	－20062405.03	466212691.19
本期增加		4918161.99				
本期减少					27783711.58	22865549.59
期末数	227448000	232466108.67	31279149.54	15639574.77	－47846116.61	443347141.60
变动原因						

三、股本变动及股东情况

1.股本变动情况
股份变动情况表　　数量单位:股

	本次变动前	本次变动增减(+,-)						本次变动后
		配股	送股	公积金转股	增发	其他	小计	
一、未上市流通股份								
1.发起人股份								
其中:								
国家拥有股份	114550000					－8046125		106503875
境内法人持有股份	2060000					8046125		10106125
境外法人持有股份								
其他								
2.募集法人股	17238000							17238000
3.内部职工股	22620					－3120		19500
4.优先股或其他								
未上市流通股份合计	133870620							
二、已上市流通股份								
1.人民币普通股	93577380					+3120		93580500
2.境内上市的外资股								
境外上市的外资股								
其他								
已上市流通股份合计	93577380							93580500
三、股份总数	227448000							227448000

000700 江南模塑科技股份有限公司

2001 年年度报告摘选

第一节 公司简介

1、公司名称
中文名称:江南模塑科技股份有限公司
缩 写:模塑科技
英文名称:JIANGNAN MOULD & PLASTIC TECHNOLOGY CO.,LTD
2、公司法定代表人:陶炜
3、公司董事会秘书:许剑
联系地址:江苏省江阴市周庄镇长青路 8 号
联系电话:0510-6242802 传 真:0510-6242818
电子信箱:jnms@public1.wx.js.cn
4、公司注册地址:江苏省江阴市周庄镇长青路 8 号
公司办公地址:江苏省江阴市周庄镇长青路 8 号
邮 政 编 码:214423
公司国际互联网网址:http://www.0700.com.cn
电 子 信 箱:jnms@public1.wx.js.cn
5、信息披露报纸名称:证券时报
登载公司年度报告的中国证监会指定网站的网址:http://www.cninfo.com.cn
公司年度报告备置地点:董事会秘书办公室
6、公司股票上市交易所:深圳证券交易所
股票简称:模塑科技 股票代码:000700

第二节 会计数据和业务数据摘要

1、本年度主要利润指标情况

利润总额:	66,669,696.17 元
净利润:	59,776,512.88 元
扣除非经常性损益后的净利润:	59,703,129.56 元
主营业务利润:	99,526,056.18 元
其他业务利润:	3,085,202.51 元
营业利润:	72,441,862.91 元
投资收益:	-3,986,897.12 元
补贴收入:	0 元
营业外收支净额:	-1,785,269.62 元
经营活动产生的现金流量净额:	155,629,624.10 元
现金及现金等价物净增加额:	-33,525,220.29 元
注:非经常性损益项目和涉及金额:	1,454,006.43 元
(1)保险赔款收入	71,257.02 元
(2)处置固定资产收入	2,126.30 元
(3)租赁收入	1,380,623.11 元

2、公司三年来的主要会计数据和财务指标(单位:人民币元)

项目	2001 年	2000 年	1999 年
主营业务收入	264,575,446.67	258,094,471.11	218,626,546.94
净利润	59,776,512.88	52,306,330.51	32,897,130.39
总资产	756,517,820.12	646,859,793.47	626,535,647.90
股东权益	425,312,563.90	405,542,071.30	390,592,280.78
每股收益	0.480	0.420	0.264
每股收益(加权)	0.480	0.420	0.291
每股收益(扣除非经常性损益后)	0.470	0.392	0.232
每股净资产	3.42	3.257	3.137
调整后的每股净资产	3.41	3.253	3.122
每股经营活动产生的现金流量净额	1.248	1.143	-0.116
净资产收益率%	14.05	12.89	8.42
净资产收益率(加权)%	14.13	17.26	11.73
扣除非经常性损益后净资产收益率(加权)%	13.84	11.72	11.59

(根据中国证监会《公开发行证券公司信息披露编报规则第 9 号》的要求计算的净资产收益率和每股收益)

报告期利润	净资产收益率(%)				每股收益(元)			
	全面摊薄		加权平均		全面摊薄		加权平均	
	2001 年	2000 年	2001 年	2000 年	2001 年	2000 年	2001 年	2000 年
主营业务利润	23.40%	24%	23.53%	23%	0.80	0.79	0.80	0.79
营业利润	17.03%	17%	17.13%	17%	0.58	0.57	0.58	0.57
净利润	14.05%	13%	14.13%	13%	0.48	0.42	0.48	0.42
扣除非经常性损益后的净利润	13.76%	11%	13.84%	11%	0.47	0.37	0.47	0.37

第三节 股本变动及股东情况

1、股份变动情况表
报告期内公司股本变动及期末股本结构如下:
公司股份变动情况表

数量单位:万股

	本次变动前	本次变动增减(+,-) 配股	送股	公积金转股	增发	其他	小计	本次变动后
一、未上市流通股份	8599.305							8599.305
1、发起人股份								
其中:								
国家持有股份								
境内法人持有股份								
境外法人持有股份								
其他								
2、募集法人股	8599.305							8599.305
3、内部职工股								
4、优先股或其他								
未上市流通股份合计	8599.305							8599.305
二、已上市流通股份	3852.875							3852.875
1、人民币普通股	3852.875							3852.875
2、境内上市的外资股								
3、境外上市的外资股								
4、其他								
已上市流通股份合计	3852.875							3852.875
三、股份总数	12452.18							12452.18

000701 厦门信达股份有限公司

2001 年年度报告摘选

一、公司基本情况简介

1、公司法定中文名称:厦门信达股份有限公司
公司法定英文名称:XIAMEN XINDECO LTD.
2、公司法定代表人:周昆山
3、董事会秘书:范丹
联系地址:厦门湖里信宏大厦二楼
联系电话:0592-6021666-1718
联系传真:0592-6021391
电子信箱:fd@xindeco.com
4、注册地址:厦门湖里信宏大厦二楼
办公地址:厦门湖里信宏大厦二楼
邮政编码:361006
电子信箱:board@xindeco.com
互联网址:www.xindeco.com
5、公司选定的信息披露报纸名称:《证券时报》
登载公司年度报告的中国证监会指定网站的网址:www.cninfo.com.cn
年报备置地点:厦门湖里信宏大厦二楼(公司办公地)
6、股票上市地:深圳证券交易所
股票简称:厦门信达
股票代码:000701

二、会计数据和业务数据摘要(合并报表)

1、本年度利润总额及构成(单位:人民币元)

利润总额:	-14,565,288.28
净利润:	-16,006,320.36
非经常性损益后的净利润:	-16,075,244.86
主营业务利润:	78,494,546.49
其他业务利润:	3,162,621.79
营业利润:	-20,836,250.08
投资收益:	6,202,037.30
补贴收入:	0.00
营业外收支净额:	68,924.50
经营活动产生的现金流量净额	26,856,048.29
现金及现金等价物净增加额	-555,290.38

*非经常性损益为营业外收支净额:68,924.50 元

2、截止报告期末公司前三年主要会计数据和财务指标(单位:人民币元)

项目	2001 年	2000 年	1999 年
主营业务收入	1,080,784,781.10	825,056,874.13	521,496,316.76
净利润(调整前)	-16,006,320.36	8,183,525.24	9,654,888.38
(调整后)		183,216.07	9,126,991.23
总资产(调整前)	1,035,380,081.11	953,012,589.24	898,107,583.53
(调整后)		964,546,449.30	887,108,857.05
股东权益(调整前)(不含少数股东权益)	467,543,673.54	489,833,036.15	493,184,974.95
(调整后)		483,590,794.36	481,661,853.72
每股收益(调整前)	-0.080	0.041	0.048
(调整后)		0.001	0.046
每股净资产(调整前)	2.34	2.45	2.47
(调整后)		2.42	2.41
净资产收益率(调整前)	-3.42%	1.67%	1.96%
(调整后)		0.04%	1.89%
调整后每股净资产(调整前)	2.24	2.38	2.44
(调整后)		2.33	2.37
每股经营活动产生的现金流量净额	0.13	0.04	-0.18

3、按中国证监会发布的《公开发行证券公司信息披露编报规则》第 9 号的要求计算的净资产收益率及每股收益

报告期利润	净资产收益率(%)		每股收益(元)	
	全面摊薄	加权平均	全面摊薄	加权平均
主营业务利润	16.79%	16.50%	0.3925	0.3925
营业利润	-4.46%	-4.38%	-0.1042	-0.1042
净利润	-3.42%	-3.37%	-0.0800	-0.0800
扣除非经常性损益后的净利润	-3.44%	-3.38%	-0.0804	-0.0804

三、股本变动及股东情况

1、股本变动情况
公司股份变动情况表

数量单位:股

	本次变动前	本次变动增减(+,-) 配股	送股	公积金转股	增发	其他	小计	本次变动后
一、未上市流通股份								
1.发起人股份	85,000,000							85,000,000
其中:								
国家持有股份	85,000,000							85,000,000
境内法人持有股份								
境外法人持有股份								
其他								
2.募集法人股份								
3.内部职工股								
4.优先股或其他								
未上市流通股份合计	85,000,000							85,000,000
二、已上市流通股份								
1.人民币普通股	115,000,000							115,000,000
2.境内上市的外资股								
3.境外上市的外资股								
4.其他								
已上市流通股份合计	115,000,000							115,000,000
三、股份总数	200,000,000							200,000,000

000702 湖南正虹科技发展股份有限公司

2001 年年度报告摘选

第一节 公司基本情况简介

(一)公司法定中文名称:湖南正虹科技发展股份有限公司
公司英文名称:Hunan Zhenghong Science and Technology Develop Co., Ltd.
公司名称缩写:HNZHKJ
(二)公司法定代表人:吴明夏先生
(三)公司董事会秘书:曹国庆先生
公司董事会证券事务代表:潘洁琼小姐、罗率力先生
联系地址:湖南省 岳阳市 屈原管理区营田镇
联系电话:0730-5728010　　联系传真:0730-5728011
公司电子信箱:dmb011 @mail.yy.hn.cn
(四)公司注册地址:湖南省 岳阳市 屈原管理区营田镇
公司办公地址:湖南省岳阳市屈原管理区营田镇　　邮政编码:4 1 4 4 1 8
网 址:www.hunan-zhenghong.com.cn
(五)公司选定的信息披露报纸:《证券时报》、《南方财经导报》;
公司定期报告登载于中国证监会指定国际互联网网址:http://www.cninfo.com.cn
公司定期报告备置地点:公司董事会秘书办公室
(六)公司股票上市交易所:深圳证券交易所
股票简称:正虹科技　　股票代码:000702

第二节 会计数据和业务数据摘要

一、本年度公司主要经营数据　　单位:元

项目	金　额
利润总额	75,378,707.62
净利润	60,382,800.37
扣除非经常性损益后的净利润	60,911,518.32
主营业务利润	226,629,716.06
其他业务利润	742,368.02
营业利润	61,254,823.30
投资收益	15,446,271.42
补贴收入	206,338.95
营业外收支净额	-1,528,726.05
经营活动产生的现金流量净额	73,263,646.88
现金及现金等价物净增加额	-153,906,083.80

注:2001 年扣除非经常性损益的项目、涉及金额列示如下:

项目	涉及金额	备注
营业外收支净额	-1,528,726.05	
补贴收入	206,338.95	
股权投资差额摊销	338,510.61	
其他业务利润	742,368.02	
会计政策变更增加利润总额	-287,209.48	
合计	-528,717.95	

二、公司前三年主要会计数据及财务指标

公司前三年主要会计数据及财务指标:

项目	2001 年度	2000 年度		1999 年度
		调整后	调整前	(调整前)
主营业务收入(万元)	111,503.02	100,270.14	103,819.29	67,976.59
净利润(万元)	6,038.28	9068.92	8,027.70	4,995.78
总资产(万元)	140,212.11	123,600.82	126,592.98	74,046.68
股东权益(万元)(不含少数股东权益)	82,564.75	80,768.53	84,399.64	55,973.29
加权每股收益(元)	0.214	0.607	0.4320	0.3838
摊薄每股收益(元)	0.214	0.577	0.5109	0.3838
扣除非经常性损益后的每股收益(元)	0.215	0.609	0.5123	0.3737
每股净资产(元)	2.92	5.14	5.37	4.30
调整后的每股净资产(元)	2.68	5.083	5.29	4.20
摊薄净资产收益率(%)	7.31	11.23	9.51	8.93
加权净资产收益率(%)	7.21	13.83	9.51	8.93
扣除非经常性损益后的加权平均净资产收益率(%)	7.27	13.87	9.51	8.93
每股经营活动产生的现金流量净额(元)	0.259	0.35	0.3455	0.84

三、利润分配表附表

报告期利润	净资产收益率(%)				每股收益(元)			
	全面摊薄		加权平均		全面摊薄		加权平均	
	2001 年	2000 年	2001 年	2000 年	2001 年	2000 年	2001 年	2000 年
主营业务利润	27.40	31.20	27.05	38.44	0.801	1.604	0.801	1.690
营业利润	7.42	13.10	7.31	16.20	0.217	0.676	0.217	0.710
净利润	7.31	11.20	7.21	13.83	0.214	0.577	0.214	0.607
扣除非经营性损益后的净利润	7.38	11.30	7.27	13.87	0.215	0.579	0.215	0.609

第三节 股本变动及股东情况

1、公司股份变动及股东情况　　单位:股

	本次变动前	本次变动增减(+、—)					本次变动后
		配股	送股	公积金转股	增发	其他	小结
一、尚未流通股							
1、发起人股份	80,680,000			64,544,000			145,224,000
其中:国有法人股	80,680,000			64,544,000			145,224,000
2、境内法人股	2,666,667			2,133,333			4,800,000
内部职二股	8,766,987			7,013,589			15,780,576
高管人员股	23,400			18,720		-7020	35,100
尚未流通股合计	92,137,054			73,709,642		-7020	165,839,676
二、已流通股份							
1、人民币普通股	64,976,600			51,981,280		7020	116,964,900
已流通股份合计	64,976,600			51,981,280		7020	116,964,900
股份总数	157,113,654			125,690,922			282,804,576

000703 世纪光华科技股份有限公司

2001 年年度报告摘选

一、公司简介

1、法定中文名称:世纪光华科技股份有限公司
英文名称:CENTENNIAL BRILLIANCE SCIENCE & TECHNOLOGY CO., LTD
中文名称缩写:世纪光华　　英文名称缩写:CBS
2、法定代表人:乔向明
3、董事会秘书:刘　杰
董事会证券事务代表:王志杰
联系地址:郑州市建设西路 187 号泰隆大厦 16 层　　邮政编码:450007
电话:0371-7422266　　传真:0371-7422233　　电子信箱:0703 @371.net
4、注册地址:北海市中山西路二号楼　　邮政编码:536000
办公地址:郑州市建设西路 187 号泰隆大厦 16 层　　邮政编码:450007
5、公司信息披露报纸:《证券时报》
登载公司年度报告的中国证监会指定国际互联网网址:http://www.cninfo.com.cn
年度报告备置地点:郑州市建设西路 187 号泰隆大厦 16 层(办公地址)
6、股票上市地:深圳证券交易所
股票简称:世纪光华　　股票代码:000703

二、会计数据和业务数据摘要

1、本年度利润总额及构成(单位:元)

项目	金额
利润总额:	32,574,868.03
其中:	
净利润:	17,243,737.52
扣除非经常性损益后的净利润:	18,344,695.10
主营业务利润:	93,062,797.31
其他业务利润:	1,183,524.86
营业利润:	33,495,825.61
投资收益:	-1,719,931.92
补贴收入:	/
营业外收支净额:	798,974.34
经营活动产生的现金流量净额:	17,644,675.39
现金及现金等价物净增加额:	90,235,605.05

注:扣除非经常性损益项目和涉及金额

项目	金额
(1) 营业外收支净额:	798,974.34
(2) 合并价差摊销:	-2,151,931.92
(3) 股权收益:	252,000.00
以上项目涉及金额为:	-1,100,957.58

2、截止报告年度末公司前三年的主要会计数据及财务指标

序号	栏目	2001 年度	2000 年度		1999 年度	
			调整前	调整后	调整前	调整后
1	主营业务收入(万元)	26431.05	26352.57	26352.57	10092.11	10092.11
2	净利润(万元)	1724.37	2380.53	1974.92	2243.67	2294.23
3	总资产(万元)	70935.93	53425.78	52574.29	36317.20	35516.60
4	股东权益(万元)(不含少数股东权益)	26882.00	26185.63	24979.42	24620.16	23819.56
5	每股收益(元/股)(全面摊薄)	0.162	0.223	0.185	0.210	0.215
6	扣除非经常性损益后的每股收益(元/股)	0.172	0.248	0.209	0.154	0.159
7	每股净资产(元/股)	2.522	2.456	2.343	2.310	2.234
8	调整后的每股净资产(元/股)	2.470	2.392	2.343	2.290	2.215
9	每股经营活动产生的现金流量净额(元/股)	0.166	1.023	1.023	0.377	0.377
10	净资产收益率(全面摊薄,%)	6.41	9.09	7.91	9.11	9.63

3、报告期利润表附表

报告期利润	净资产收益率(%)		每股收益(元)	
	全面摊薄	加权平均	全面摊薄	加权平均
主营业务利润	34.62	36.01	0.87	0.87
营业利润	12.46	12.96	0.31	0.31
净利润	6.41	6.67	0.16	0.16
扣除非经常性损益后的净利润	6.82	7.10	0.17	0.17

4、本报告期内股东权益变动情况　　(单位:万元)

项目	股本	资本公积	法定盈余公积	任意盈余公积	法定公益金	未分配利润	股东权益合计
期初数	10660	/	2209.71	647.16	2209.71	9252.85	24979.43
本期增加	/	8.85	163.74	169.35	163.74	1724.37	2230.05
本期减少	/	/	/	/	/	327.48	327.48
期末数	10660	8.85	2373.45	816.51	2373.45	10649.74	26882.00

三、股本变动及股东情况

1、股本变动情况

(1) 股份变动情况表　　数量单位:股

	本次变动前	本次变动增减(+,-)						本次变动后
		配股	送股	公积金转股	增发	其他	小计	
一、未上市流通股份								
1、发起人股份	39803530							39803530
其中:国家持有股份								
境内法人持有股份	39803530							39803530
境外法人持有股份								
其他								
2、募集法人股份	19996470							19996470
3、内部职工股								
4、优先股或其他								
其中:转配股								
未上市流通股份合计	59800000							59800000
二、已上市流通股份								
1、人民币普通股	46800000							46800000
2、境内上市的外资股								
3、境外上市的外资股								
4、其他								
已上市流通的股份数合计	46800000							46800000
三、股份总数	106600000							106600000

000705 浙江震元股份有限公司

2001 年年度报告摘选

一、公司基本情况简介

一、公司法定名称:浙江震元股份有限公司
二、公司法定代表人:宋逸婷
三、公司董事会秘书:黄继明　　公司授权代表:周黔莉
联系地址:浙江省绍兴市解放北路 289 号　　邮政编码:312000
联系电话:0575-5144161　　联系传真:0575-5148805
四、公司注册及办公地址:浙江省绍兴市解放北路 289 号　　邮政编码:312000
公司国际互连网网址:http://www.zjzy.com　　公司电子信箱:0705@zjzy.com
五、公司选定的信息披露报纸名称:《证券时报》
登载年度报告的中国证监会指定网站的网址:http://www.cninfo.com.cn
公司年度报告备置地点:浙江省绍兴市解放北路 289 号公司证券部
六、公司股票上市交易所:深圳证券交易所
股票简称:浙江震元　　股票代码:000705

二、会计数据和业务数据摘要

一、公司本年度会计数据和业务数据摘要(单位:人民币元)

利润总额	21,885,733.73
净利润	17,141,278.75
扣除非经常性损益后的净利润	16,330,215.76
主营业务利润	110,375,644.68
其他业务利润	762,948.15
营业利润	23,304,551.69
投资收益	-799,867.14
补贴收入	90,000.00
营业外收支净额	-708,950.82
经营活动产生的现金流量净额	26,685,600.55
现金及现金等价物净增加(减少)额	-82,862,156.97

注:"扣除非经常性损益后的净利润"指标中的扣除的项目及涉及金额:

1、合并价差摊销	-1,399,518.59
2、营业外支出	-882,251.70
3、营业外收入	733,328.55
4、资金占用利息收入	1,741,563.73
5、委托理财收益	617,941.00

二、截至报告期末公司前三年的主要会计数据和财务指标(单位:人民币元)

项目	2001 年度	2000 年度		1999 年度
		调整前	调整后	
主营业务收入	500,279,107.90	507,721,487.68	507,721,487.68	481,678,639.19
净利润	17,141,278.75	20,935,533.62	20,263,046.41	21,605,566.22
总资产	667,567,595.27	716,328,391.13	712,289,646.66	557,352,936.07
股东权益(不含少数股东权益)	413,802,554.28	411,635,649.61	401,747,177.88	200,932,315.75
每股收益	0.137	0.211(加权) 0.167(摊薄)	0.204(加权) 0.162(摊薄)	0.217
每股净资产	3.30	3.28	3.21	2.02
调整后每股净资产	3.15	3.21	3.13	1.87
每股经营活动产生的现金流量净额	0.213	0.256	0.256	0.475
净资产收益率%	4.14	9.90(加权) 5.09(摊薄)	9.60(加权) 5.04(摊薄)	10.74

按照中国证监会《公开发行证券的公司信息披露编报规则第 9 号》的要求,计算二 OO 一年年度的利润数据如下:

项 目	报告期利润(元)	净资产收益率(%)		每股收益(元)	
		全面摊薄	加权平均	全面摊薄	加权平均
主营业务利润	110,375,644.68	26.67	26.90	0.88	0.88
营业利润	23,304,551.69	5.63	5.68	0.186	0.186
净利润	17,141,278.75	4.14	4.18	0.137	0.137
扣除非经常性损益后的净利润	16,330,215.76	3.95	3.98	0.130	0.130

三、报告期内股东权益变动情况及变化原因(单位:人民币元)

项目	股本	资本公积	盈余公积	法定公益金	未分配利润	股东权益合计
期初数	125329360	228928086.47	25729629.41	724770.94	21760102.00	401747177.88
本期增加	——	1180565.65	1996049.73	665349.91	8878761.02	12055376.40
本期减少	——	——	——	——	——	——
期末数	125329360	230108652.12	27725679.14	7913120.85	30638863.02	413802554.28
变动原因	——	发行新股申购冻结利息转入	本期计提	本期计提	本期利润增加	本期利润增加

三、股本变动及股东情况

一、公司股份变动情况表:　　(数量单位:股)

	期初数	本报告期变动增减(+、-)						期末数
		配股	送股	公积金转股	增发	其他	小计	
一、未上市流通股份								
1、发起人股份	31290236							31290236
其中:								
国家持有股份	31290236							31290236
境内法人持有股份								
境外法人持有股份								
其他								
2、募集法人股份	13185432							13185432
3、内部职工股								
4、优先股或其他								
未上市流通股份合计	44475668							44475668
二、已上市流通股份								
1、人民币普通股	80730936					+19890	+19890	80750826
2、境内上市的外资股								
3、境外上市的外资股								
4、其他(高管股)	122756					-19890	-19890	102866
已上市流通股份合计	80853692							80853692
三、股份总数	125329360							125329360

000707 湖北双环科技股份有限公司

2001 年年度报告摘选

一、公司基本情况简介

1. 公司法定中文名称:湖北双环科技股份有限公司
(以下称"公司"、"本公司")
公司法定英文名称:HUBEI SHUANGHUAN SCIENCE AND TECHNOLOGY STOCK CO.,LTD
2. 公司法定代表人:吴党生
3. 公司董事会秘书:陈卓平
联系地址:湖北省应城市东马坊团结大道 26 号公司证券办公室
联系电话:0712-3591099
传　　真:0712-3591099
4. 公司注册地址及办公地址:湖北省应城市东马坊团结大道 26 号
邮编:432407
公司电子信箱:info@hbsh.com
5. 公司选定的信息披露报纸名称为《证券时报》。
登载公司年度报告的国际互联网网址为:http://www cninfo.com.cn
公司年度报告备置地点:公司证券办公室
6. 公司股票上市交易所:深圳证券交易所
股票简称:双环科技
证券代码:000707

二、会计数据和业务数据摘要

1. 公司本年度主要财务数据:(人民币:元)

利润总额:	50,894,813.36
净 利 润:	33,965,146.42
扣除非经常性损益后的净利润:	33,239,746.12
主营业务利润:	100,477,625.74
其他业务利润:	5,891,203.23
营业利润:	48,464,180.71
投资收益:	2,024,472.35
补贴收入:	0
营业外收支净额:	406,160.30
经营活动产生的现金流量净额:	74,969,851.48
现金及现金等价物净增加额:	290,956,409.36

2. 截止 2001 年末公司前三年主要会计数据和财务指标:

项目	2001 年	2000 年	1999 年	
			调整前	调整后
主营业务收入(万元)	78095.22	75347.03	64626.65	64626.65
净 利 润(万元)	3396.51	7961.47	7400.56	7400.56
总 资 产(万元)	191672.68	158366.45	157642.05	157642.05
股 东 权 益(万元)	161345.44	125224.98	121238.24	121238.24
每股收益(元/股)加权平均	0.07	0.30	0.28	0.28
每股收益(元/股)	0.07	0.30	0.28	0.28
扣除非经常性损益后的每股收益(元/股)	0.07	0.30	0.28	0.28
每股净资产(元/股)	3.48	4.73	4.58	4.58
调整后每股净资产(元/股)	3.45	4.70	4.54	4.54
每股经营活动产生的现金流量净额	0.16	1.15	0.10	0.10
净资产收益率(%)	2.11	6.34	6.104	6.104
加权平均净资产收益率(%)	2.24	6.34	6.104	6.104

3.根据中国证监会 2001 年 1 月 19 日发布的《公开发行证券公司信息披露编报规则(第 9 号)》的通知要求计算报告期利润的净资产收益率和每股收益。

报告期利润	净资产收益率(%)		每股收益(元/股)	
	全面摊薄	加权平均	全面摊薄	加权平均
主营业务利润	6.23	6.63	0.22	0.22
营业利润	3.00	3.20	0.10	0.11
净 利 润	2.11	2.24	0.07	0.07
扣除非经常性损益后的净利润	2.02	2.16	0.07	0.07

三、股本变动及股东情况

1. 股本变动情况:
(1) 公司股本变动情况表:

数量单位:股

	本次变动前	本次变动增减(+,-)				本次变动后
		配股	送股	公积金转股	小计	
一、未上市流通股份						
1.发起人股份	105498160		+9157240	+45796751	+54953991	160452151
其中:						
国家拥有股份	103958160		+9023568	+45128237	+54151805	158109965
境内法人持有股份	1540000		+133672	+668514	+802186	2342186
境外法人持有股份						
其 他						
2.募集法人股	25915000	+125500	+2260315	+11304181	+13564496	39604996
3.内部职工股	0					0
4.优先股或其他						
未上市流通股份合计	131413160	125500	+11417555	+57100932	+68518487	200057147
二. 已上市流通股份						
1. 人民币普通股	133569000	+40070700	+15071925	+75376993	+90448918	264088618
2. 境内上市的外资股						
3. 境外上市的外资股						
已上市流通股份合计	133569000	+40070700	+15071925	+75376993	+90448918	264088618
三、股份总数	264982160	40196200	26489481	132477925	158967405	464145765

000708 大冶特殊钢股份有限公司

2001年年度报告摘选

一、公司基本情况简介

1.公司法定中文名称:大冶特殊钢股份有限公司
公司英文名称:DAYE SPECIAL STEEL CO.,LTD
2.公司法定代表人:朱宪国
3.公司董事会秘书:王平国
联系地址:湖北省黄石市黄石大道316号
电　话:0714—6293836、6294678　　传　真:0714—6457917、6294678
4.公司注册及办公地址:湖北省黄石市黄石大道316号　　邮政编码:435001
公司国际互联网网址:http://www.daye-steel.com
电子邮箱:hbygzq@public.hs.hb.cn
5.公司选定的信息披露报纸名称:《中国证券报》
登载公司年度报告的中国证监会指定国际互联网网址:http://www.cninfo.com.cn
公司年度报告备置地点:本公司证券部
6.公司股票上市交易所:深圳证券交易所
股票简称:大冶特钢　　股票代码:000708

二、会计数据和业务数据摘要

(一)本年度利润指标:(单位:人民币元)

项目	金　额
利润总额	17,484,973.75
净利润	15,685,589.80
扣除非经常性损益后的净利润	9,241,802.79
主营业务利润	127,689,739.80
其他业务利润	6,927,566.05
营业利润	34,357,338.09
投资收益	
补贴收入	902,764.04
营业外收支净额	-17,775,128.38
经营活动产生的现金流量净额	339,017,812.45
现金及现金等价物净增加额	55,098,017.43

(二)公司近三年主要会计数据和财务指标:

项目	2001年	2000年		1999年	
		调整前	调整后	调整前	调整后
主营业务收入	1,464,099,579.81	1,088,699,822.06	1,088,699,822.06	1,453,493,462.24	1,453,493,462.24
净利润	15,685,589.80	13,666,780.66	17,677,156.66	27,564,350.25	26,834,970.25
总资产	3,750,078,953.53	3,824,058,416.87	3,807,137,527.34	3,322,973,824.55	3,298,780,585.45
股东权益(不含少数股东权益)	1,550,469,041.16	1,554,237,768.73	1,537,316,879.20	1,564,764,227.17	1,540,570,988.07
每股收益(全面摊薄)	0.035	0.030	0.039	0.061	0.060
每股收益(加权平均法)	0.035	0.030	0.039	0.061	0.060
每股净资产	3.450	3.46	3.421	3.48	3.43
调整后的每股净资产	3.440	3.37	3.368	3.33	3.28
每股经营活动产生的现金流量净额	0.754	0.095	0.095	0.0018	0.0018
净资产收益率(%)(全面摊薄)	1.010	0.88	1.15	1.76	1.74
净资产收益率(%)(加权平均)	1.020	0.88	1.15	1.78	1.76
扣除非经常性损益后的加权净资产收益率(%)	0.60	-2.7068	-2.4724	1.4287	1.4517
扣除非经常性损益后的摊薄净资产收益率(%)	0.60	-2.6949	-2.4637	1.4161	1.4383
扣除非经常性损益后的加权每股收益	0.0206	-0.0932	-0.0843	0.0493	0.0493
扣除非经常性损益后的全面摊薄每股收益	0.0206	-0.0932	-0.0843	0.0493	0.0493

(三)按照中国证监会《公开发行证券公司信息披露编报规则(第九号)》通知精神,公司2001年度按全面摊薄法和加权平均法计算的净资产收益率及每股收益:

报告期利润	净资产收益率				每股收益			
	2001年度		2000年度		2001年度		2000年度	
	全面摊薄	加权平均	全面摊薄	加权平均	全面摊薄	加权平均	全面摊薄	加权平均
主营业务利润	8.24	8.26	4.64	4.63	0.2841	0.2841	0.1587	0.1587
营业利润	2.22	2.22	-2.13	-2.13	0.0765	0.0765	-0.0729	-0.0729
净利润	1.01	1.02	1.15	1.15	0.0349	0.0349	0.039	0.039
扣除非经常性损益后的净利润	0.60	0.60	-2.46	-2.47	0.0206	0.0206	-0.0843	-0.0843

三、股本变动及股东情况

(一)公司股本变动情况表　　数量单位:股

	本次变动前	本次变动增减(+-)						本次变动后
		配股	送股	公积金转股	增发	其他	小计	
一、尚未流通股份								
1、发起人股份	270,788,480							270,788,480
其中:								
国家拥有股份	259,388,480							259,388,480
境内法人持有股份	11,580,000							11,580,000
外资法人持有股份								
其他								
2、募集法人股	11,400,000							11,400,000
3、内部职工股	55,544					-38,440	-38,440	17,104
4、优先股或其他								
尚未流通股份合计	282,424,024					-38,440	-38,440	282,385,584
二、已流通股份								
1、境内上市的人民币普通股	166,984,456					+38,440	+38,440	167,022,896
2、境内上市的外资股								
3、境外上市的外资股								
4、其他								
已流通股份合计	166,984,456					+38,440	+38,440	167,022,896
三、股份总数	449,408,480							449,408,480

000709 唐山钢铁股份有限公司

2001年年度报告摘选

第一章　公司基本情况简介

一、公司法定中文名称:唐山钢铁股份有限公司
公司法定英文名称:TANGSHAN IRON AND STEEL CO.,LTD
二、公司法定代表人:王天义
三、公司董事会秘书:杨万臣
联系地址:河北省唐山市滨河路9号
联系电话:0315—2701188　传真:0315—2702198　电子信箱:TGYANG@HEINFO.NET
证券事务代表:郭永　　联系电话:0315—2702825
四、公司注册及办公地址:河北省唐山市滨河路9号　　邮政编码:063016
电子信箱:ZHANGXG@HEINFO.NET
五、公司选定的信息披露报纸:《中国证券报》、《证券时报》
登载公司年度报告的国际互联网网址:http://www.cninfo.com.cn
公司年度报告备置地点:公司董事会秘书室
六、股票上市交易所:深圳证券交易所
股票简称:唐钢股份　　股票代码:000709

第二章　会计数据和业务数据摘要

第一节　本年度主要经营数据

单位:元

项　目	指 标 数
利润总额	833,003,889.61
净利润	732,812,406.56
扣除非经常性损益后净利润	732,788,058.31
主营业务利润	1,442,345,688.94
其它业务利润	8,650,160.38
营业利润	828,170,016.87
投资收益	21,128,895.71
补贴收入	
营业外收支净额	-16,295,022.97
经营活动产生的现金流量净额	1,147,733,728.31
现金及现金等价物净增加额	711,284,921.32

注:扣除非经常性损益涉及的项目和金额为:处理固定资产净收益24,348.25元。

第二节　前三年主要会计数据和财务指标

单位:元

项　目	2001年	2000年		1999年
		调整后	调整前	
主营业务收入	8,083,244,253.56	6,934,318,414.41	6,946,615,674.36	5,726,211,024.27
净利润	732,812,406.56	484,424,007.62	592,538,885.46	492,492,308.19
总资产	11,055,501,301.25	10,147,589,293.26	10,255,704,171.10	9,310,132,983.74
股东权益(不含少数股东权益)	5,653,387,042.88	5,247,710,227.92	5,355,825,105.76	5,189,125,323.47
每股收益(摊薄)	0.54	0.36	0.44	0.58
每股收益(加权)	0.54	0.36	0.44	0.62
扣除非经常性损益后的每股收益(摊薄)	0.54	0.44	0.44	0.58
扣除非经常性损益后的每股收益(加权)	0.54	0.44	0.44	0.58
每股净资产	4.18	3.88	3.96	6.13
调整后的每股净资产	4.05	3.77	3.85	5.82
每股经营活动产生的现金流量净额	0.85	0.79	0.79	1.10
净资产收益率(摊薄)	12.96	9.23	11.06%	9.49%
净资产收益率(加权)	13.05	8.92	10.80%	11.06%

第三节　本年度股东权益变动情况

单位:元

项目	股本	资本公积	盈余公积	法定公益金	未分配利润	股东权益合计
期初数	1,353,829,839	3,109,243,771.18	239,538,884.61	119,769,442.29	425,328,290.84	5,247,710,227.92
本期增加		161,422,817.17	73,281,240.66	36,640,620.33	258,971,962.91	530,616,641.07
本期减少		14,717,965.12		109,921,860.99	124,639,826.11	
期末数	1,353,829,839	3,255,948,623.23	312,820,125.27	156,410,062.62	574,378,392.76	5,653,387,042.88
变动原因		本期增加为国债项目贴息贷款补助和债务重组收益,减少债务重组收益补交所得税	本年提取	本年提取	本期增加为本年实现净利润,减少为本年提取公积金、公益金	

第三章　股本变动及股东情况

第一节　股本变动情况

股份变动情况表

单位:股

	本次变动前	本次变动增减(+,-)						本次变动后
		配股	送股	公积金转股	增发	职工股	小计	
一、未上市流通股份								
1、发起人股份	915,772,382							915,772,382
其中:国家持有股份	915,772,382							915,772,382
境内法人持有股份								
境外法人持有股份								
其他								
2、募集法人股份	152,647,595							152,647,595
3、内部职工股								
4、优先股或其它								
其中:转配股								
未上市流通股份合计	1,068,419,977							1,068,419,977
二、已上市流通股份								
1、人民币普通股	285,409,862							285,409,862
2、境内上市的外资股								
3、境外上市的外资股								
4、其它								
已上市流通股份合计	285,409,862							285,409,862
三、股份总额	1,353,829,839							1,353,829,839

000710 成都天兴仪表股份有限公司

2001 年年度报告摘选

第一章 公司基本情况简介

一、公司中文名称:成都天兴仪表股份有限公司
英文名称:CHENGDU TIANXING INSTRUMENT AND METER CO.,LTD
二、公司法定代表人:文武
三、公司董事会秘书:叶秀松
联系地址:成都天兴仪表股份有限公司董事会办公室
联系电话:(028)4613721、4613722、4613723
传 真:(028)4600581
电子信箱:yexsong@x263.net
四、公司注册地址:成都高新技术产业开发区
办公地址:成都外东十陵镇公司办公楼
邮政编码:610106
公司电子信箱:china0710@mail.china.com
五、公司选定的信息披露报刊名称:《中国证券报》
登载公司年度报告的国际互联网网址:http://www.cninfo.com.cn
公司年度报告备置地点:公司董事会办公室
六、股票上市交易所:深圳证券交易所
股票简称:天兴仪表 股票代码:000710

第二章 会计数据和业务数据摘要

一、公司本年度主要利润指标情况

项目	金额(单位元)
利润总额	-45,660,542.34
净利润	-44,340,312.45
扣除非经常性损益后的净利润	-46,400,689.08
主营业务利润	-7,946,256.87
其他业务利润	1,243,726.71
营业利润	-44,444,918.97
投资收益	-98,795.08
补贴收入	
营业外收支净额	-1,116,828.29
经营活动产生的现金流量净额	-85,388,570.97
现金及现金等价物净增加额	-11,972,686.09

二、近三年主要会计数据和财务指标

项目	2001 年	2000 年	99 年调整前	99 年调整后
主营业务收入(万元)	5,113.28	7,973.07	9,977.21	9,977.21
净利润(万元)	-4,434.03	160.89	1,375.09	1,449.78
总资产(万元)	35,729.06	33,238.82	29,867.90	29,867.89
股东权益(不含少数股东权益)(万元)	15,925.19	20,351.24	21,735.66	21,810.35
每股收益(元)	-0.293	0.015	0.127	0.134
每股净资产(元/股)	1.053	1.884	2.013	2.019
调整后每股净资产(元/股)	1.048	1.874	2.008	2.008
每股经营活动产生的现金流量净额	-0.565	-0.076	0.142	0.142
净资产收益率%	-27.84	0.79	6.33	6.65

第三章 股本变动及股东情况

一、2001 年度公司股份变动情况(截止 2001 年 12 月 31 日)

公司股份变动情况表 数量单位:股

	本次变动前	本期变动增减(+,-)						本次变动后
		配股	送股	公积金转股	增发	其它	小计	
一、未上市流通股份								
1、发起人股份								
其中:								
国家持有股份								
境内法人持有股份	76500000		22950000	7650000			30600000	107100000
境外法人持有股份								
其他								
2、募集法人股份								
3、内部职工股								
4、优先股或其他								
未上市流通股份合计	76500000		22950000	7650000			30600000	107100000
二、已上市流通股份								
1、人民币普通股	31500000		9450000	3150000			12600000	44100000
2、境内上市的外资股								
3、增外上市的外资股								
4、其他								
已上市流通股份合计	31500000		9450000	3150000			12600000	44100000
三、股份总数	108000000		32400000	10800000			43200000	151200000

二、股东情况介绍

1.报告期末股东总数

截止 2001 年 12 月 31 日,公司股东总数为 6952 户。

2.持股前十名的股东情况

名次	股东名称	年末持股数(股)	本期增减	占总股本(%)	质押冻结	股份类别
1	成都天兴仪表(集团)有限公司	107100000	+30600000	70.833	冻结 9000 万股	国有法人股
2	金鑫证券投资基金	1873209	+932555	1.239	不详	社会公众股
3	上海国际信托投资公司	1576637	不详	1.043	不详	社会公众股
4	金盛证券投资基金	1192588	不详	0.789	不详	社会公众股
5	上海证券有限责任公司	1003879	不详	0.664	不详	社会公众股
6	张伟粗	319400	+138400	0.211	不详	社会公众股
7	李鑫海	280000	+110400	0.185	不详	社会公众股
8	黄建民	271700	不详	0.180	不详	社会公众股
9	孙方臻	252159	不详	0.167	不详	社会公众股
10	黄建国	218840	+57530	0.145	不详	社会公众股

000711 黑龙江龙发股份有限公司

2001 年年度报告摘选

一、公司基本情况简介

1、公司法定中文名称:黑龙江龙发股份有限公司
公司英文名称:HEILONGJIANG LONG-FAR INC.
2、公司法定代表人:周庆治
3、公司董事会秘书:赵润涛
地址:哈尔滨经济技术开发区天顺街副 68 号
电话:0451-2335442
传真:0451-2334782
电子信箱:zrt0001@sina.com
4、公司注册地址:哈尔滨经济技术开发区天顺街副 68 号
公司办公地址:哈尔滨经济技术开发区天顺街副 68 号
邮政编码:150090
5、公司信息披露报刊:《中国证券报》、《证券时报》
中国证监会指定登载公司年度报告的国际互联网
网址:http://www.cninfo.com.cn
公司年度报告备置地点:公司证券部、深圳证券交易所
6、公司股票上市交易所:深圳证券交易所
股票简称:龙发股份
股票代码:000711

二、会计数据和业务数据摘要

(一)公司本年度会计数据和业务数据:

项 目	单位:人民币元
利润总额:	27,560,139.23
净利润:	24,596,340.50
扣除非经常性损益后的净利润:	24,596,340.50
主营业务利润:	39,231,277.64
其他业务利润:	0.00
营业利润:	27,536,387.54
投资收益:	23,751.69
补贴收入:	0.00
营业外收支净额:	0.00
经营活动产生的现金流量净额:	81,113,973.86
现金及现金等价物净增加额:	94,417,292.03

(二)截止报告期末公司前三年主要会计数据和财务指标

序号	项 目	2001 年度	2000 年度		1999 年度	
			调整后	调整前	调整后	调整前
1	主营业务收入(元)	77,736,892.00	91,651,276.80	91,651,276.80	26,145,234.00	26,145,234.00
2	净利润(元)	24,596,340.50	34,831,037.22	34,898,587.16	15,040,147.08	15,040,147.08
3	总资产(元)	439,723,994.61	404,423,488.76	404,741,544.53	240,850,321.52	240,850,321.52
4	股东权益(元)	287,681,505.86	266,303,133.36	266,547,722.80	235,380,018.28	235,372,245.29
5	每股收益(元)	0.2293	0.3247	0.3253	摊薄 0.1402 加权 0.1736	摊薄 0.1402 加权 0.1736
6	扣除非经营损益后每股收益(元)	0.2293	0.3243	0.3249	摊薄 0.1259 加权 0.1558	摊薄 0.1259 加权 0.1558
7	每股净资产(元)	2.6820	2.4827	2.4849	2.1944	2.1943
8	调整后每股净资产(元)	2.6722	2.4657	2.4684	2.1944	2.1943
9	每股经营活动产生的现金流量净额(元)	0.7562	0.0385	0.0385	0.1785	0.1785
10	净资产收益率(%)	8.55	13.08	13.09	6.39	6.39

(三)依照《公开发行证券公司信息披露编报规则第九号》规定计算相关指标

报告期利润	净资产收益率(%)		每股收益(元/股)	
	全面摊薄	加权平均	全面摊薄	加权平均
主营业务利润	13.64	14.08	0.3657	0.3657
营业利润	9.57	9.88	0.2567	0.2567
净利润	8.55	8.83	0.2293	0.2293
扣除非经常性损益后的净利润	8.55	8.83	0.2293	0.2293

三、股本变动及股东情况

(一)股份变动情况表 数量单位:万股

	本次变动前	本次变动增减(+,-)						本次变动后
		配股	送股	公积金转股	增发	其他	小计	
一、未上市流通股份								
1、发起人股份	5616.000	0	0	0	0	0	0	5616.000
其中:								
国家持有股份	1980.800	0	0	0	0	0	0	1980.800
境内法人持有股份	3635.200	0	0	0	0	0	0	3635.200
境外法人持有股份								
其他								
2、募集法人股份								
3、内部职工股								
4、优先股或其他								
未上市流通股份合计	5616.000	0	0	0	0	0	0	5616.000
二、已上市流通股份								
1、人民币普通股	5109.390	0	0	0	0	0	0	5109.390
2、境内上市的外资股								
3、境外上市的外资股								
4、其他(高管股)	1.170	0	0	0	0	0	0	1.170
已上市流通股份合计	5110.560	0	0	0	0	0	0	5110.560
三、股份总数	10726.560	0	0	0	0	0	0	10726.560

000712 广东锦龙发展股份有限公司

2001年年度报告摘选

第一节 公司基本情况简介

一、公司名称
公司法定名称:广东锦龙发展股份有限公司
公司英文名称:Guangdong Golden Dragon Development Inc.
二、公司法定代表人:杨志茂
三、公司董事会秘书:刘光芒
证券事务代表:王子刚
地址:广东省清远市方正二街自来水大厦
电话:0763-3369393
传真:0763-3362693
电子信箱:jintai@pub.qingyuan.gd.cn
四、公司地址
公司注册地址:广东省清远市经济开发试验区2号区内
公司办公地址:广东省清远市方正二街自来水大厦
邮政编码:511515
公司电子信箱:jintai@pub.qingyuan.gd.cn
五、公司选定的信息披露报纸:证券时报
登载公司年报的国际互联网网址:http://www.cninfo.com.cn
公司年度报告备置地点:公司总部
六、公司股票上市交易所、股票简称和股票代码
公司股票上市交易所:深圳证券交易所
股票简称:锦龙股份
股票代码:000712

第二节 会计数据和业务数据摘要

一、公司2001年度会计数据摘要

单位:元

项目	金额
利润总额	29,152,653.74
净利润	23,572,598.60
扣除非经常性损益后的净利润	25,469,700.01
扣除项目	-1,897,101.41
主营业务利润	56,469,175.98
其他业务利润	1,793,059.38
营业利润	30,101,222.30
投资收益	1,283,315.45
补贴收入	-
营业外收支净额	-2,231,884.01
经营活动产生的现金流量净额	-16,231,745.41
现金及现金等价物净增加额	82,588,711.02

二、公司近三年的主要会计数据和财务指标

项目	2001年	2000年	1999年
主营业务收入(万元)	22,997.48	16,301.17	16,190.58
净利润(万元)	2,357.26	5,654.07	2,245.19
总资产(万元)	71,868.99	64,933.81	53,592.35
股东权益(万元)	42,726.43	41,387.35	35,760.66
每股收益(元)	0.155	0.371	0.147
加权每股收益(元)	0.155	0.371	0.147
扣除非经常性损益后(每股收益)	0.167	0.0269	0.123
每股净资产(元)	2.805	2.717	2.348
调整后的每股净资产(元)	2.770	2.707	2.279
每股经营性活动产生的现金净流量净额(元)	-0.1067	-0.336	0.189
净资产收益率(%)	5.52	13.66	6.28
加权净资产收益率(%)	5.54	14.66	6.48
扣除非经营性损益后的加权净资产收益率(%)	5.98	1.06	6.43

第三节 股本变动及股东情况

一、股份变动情况表

数量单位:股

	本次变动前	本次变动增减(+、-) 配股	送股	公积金转股	其他	小计	本次变动后
一、尚未流通股份							
1.发起人股份	114219564						114219564
其中:							
国家拥有股份							
境内法人持有股份	114219564						114219564
外资法人持有股份							
其他							
2.募集法人股							
3.内部职工股							
4.优先股或其他							
尚未流通股份合计	114219564						114219564
二、已流通股份							
1、境内上市的人民币普通股	38091960						38091960
2.境内上市的外资股							
3.境外上市的外资股							
4.其他							
已流通股份合计	38091960						38091960
三、股份总数	152311524						152311524

000713 合肥丰乐种业股份有限公司

2001年年度报告摘选

第一节 公司基本情况简介

一、公司的法定中文名称:合肥丰乐种业股份有限公司
公司的法定英文名称:HEFEI FENGLE SEED CO.,LTD.
二、公司的法定代表人:庞莉萍
三、公司董事会秘书:徐继萍
联系地址:安徽省合肥市西七里塘樊洼路8号
电话:(0551)5577479　　传真:(0551)5577479
电子信箱:xjpemail@163.net
四、公司注册地址:安徽省合肥市长江西路727号
办公地址:安徽省合肥市西七里塘樊洼路8号　　邮政编码:230031
国际互联网网址:http://www.fengle.com.cn
电子信箱:hflsc@mail.hf.ah.cn
五、公司选定的信息披露报纸名称:证券时报
登载年报的中国证监会指定国际互联网网址:http://www.cninfo.com.cn
年度报告备置地点:公司董事会秘书室
六、公司股票上市交易所:深圳证券交易所
股票简称:丰乐种业　　股票代码:000713

第二节 会计数据和业务数据摘要

一、本年度主要会计数据

(单位:人民币元)

项目	金额
1.利润总额	8,942,988.12
2.净利润	5,875,334.57
3.扣除非经常性损益后的净利润	6,424,667.03
4.主营业务利润	102,732,569.89
5.其他业务利润	278,468.46
6.营业利润	21,620,964.07
7.投资收益	-10,085,566.45
8.补贴收入	--
9.营业外收支净额	-2,592,409.50
10.经营活动产生的现金流量净额	23,261,643.43
11.现金及现金等价物净增加额	-5,218,230.46

注:非经常性损益-1,300,052.05元,包括:

(1) 委托投资收益2,043,077.04元

(2) 营业外收支净额-2,592,409.50元,其中:农化新产品示范推广等补偿损失-2,350,833.41元,捐赠支出-271,598.94元,其他30,022.85元。

(3) 会计政策变更调整开办费-150,719.59元

二、前三年主要会计数据和财务指标

1、主要会计数据和财务指标

(单位:人民币元)

项目	2001年度	2000年度 调整后	2000年度 调整前	1999年度
主营业务收入	398,406,792.53	416,784,712.64	408,003,084.36	287,063,596.29
净利润	5,875,334.57	67,170,016.01	67,739,013.57	54,068,389.74
总资产	919,575,626.41	999,337,129.98	993,892,393.75	749,200,148.67
股东权益(不含少数股东权益)	616,683,086.80	610,768,227.23	615,932,225.80	593,193,212.23
每股收益　全面摊薄	0.026	0.30	0.30	0.43
加权平均	0.026	0.30	0.37	0.48
扣除非经常性损益后全面摊薄	0.032	0.28	0.30	0.43
扣除非经常性损益后加权平均	0.032	0.28	0.37	0.48
每股净资产	2.74	2.71	2.74	4.75
调整后每股净资产	2.57	2.70	2.71	4.74
每股经营活动产生的现金流量净额	0.10	-0.025	-0.025	0.53
净资产收益率(%)　全面摊薄	0.95	11.00	11.00	9.27
加权平均	0.92	10.41	10.54	10.58
扣除非经常性损益后全面摊薄	1.16	10.45	11.10	9.27
扣除非经常性损益后加权平均	1.13	9.89	10.63	10.58

说明:在计算2000年调整后的财务指标时,扣除的非经常性损益为3,329,638.59元,包括:(1)公益性支出-601,363.85元;(2)委托投资收益4,500,000元;(3)追溯调减未分配利润-568,997.56元。

2、利润表附表

报告期利润	净资产收益率(%) 全面摊薄	净资产收益率(%) 加权平均	每股收益(元) 全面摊薄	每股收益(元) 加权平均
主营业务利润	16.66	16.15	0.46	0.46
营业利润	3.51	3.40	0.096	0.096
净利润	0.95	0.92	0.026	0.026
扣除非经常性损益后的净利润	1.16	1.13	0.032	0.032

第三节 股本变动及股东情况

一、股本变动情况

1、股份变动情况表

数量单位:股

	本次变动前	本次变动增减(+,-) 配股	送股	公积金转股	增发	其他	小计	本次变动数
一、未上市流通股份								
1.发起人股份	119,700,000							119,700,000
其中:								
国家持有股份	119,700,000							119,700,000
境内法人持有股份								
境外法人持有股份								
其他								
2.募集法人股份								
3.内部职工股								
4.优先股或其他								
未上市流通股份合计	119,700,000							119,700,000
二、已上市流通股份								
1.人民币普通股	105,300,000							105,300,000
2.境内上市的外资股								
3.境外上市的外资股								
已上市流通股份合计	105,300,000							105,300,000
三、股份总数	225,000,000							225,000,000

000715　中兴－沈阳商业大厦(集团)股份有限公司

2001 年年度报告摘选

第一章　公司基本情况简介

公司法定中文名称:中兴━━沈阳商业大厦(集团)股份有限公司
中文缩写:中兴商业
公司法定英文名称:CITIC DEVELOPMENT－SHENYANG COMMERCIAL BUILDING (GROUP) COMPANY LIMITED
英文缩写:CDSCBGCL
公司法定代表人:张 旭
董事会秘书:孙国良
联系地址:辽宁省沈阳市和平区太原北街 86 号
联系电话:024－23836008　　传真:024－23836008
电子信箱:stock@zxbusiness.com
公司注册地址:辽宁省沈阳市和平区太原北街 86 号
公司办公地址:辽宁省沈阳市和平区太原北街 86 号
邮政编码:110001
公司网址:www.zxbusiness.com
电子信箱:stock@zxbusiness.com
公司指定信息披露报纸:《证券时报》和《中国证券报》
登载公司年度报告国际互连网网址:www.cninfo.com.cn
公司年度报告备置地点:本公司证券部
公司股票上市交易所:深圳证券交易所
股票简称:中兴商业　　股票代码:000715

第二章　会计数据和业务数据摘要

1、公司本年度会计数据　　单位:人民币元

项目	金额
利润总额	53,621,851.20
净利润	36,735,826.70
扣除非经常性损益后的净利润	36,696,351.67
主营业务利润	210,354,660.70
其他业务利润	13,328,376.04
营业利润	54,291,768.30
投资收益	
补贴收入	
营业外收支净额	－669,917.10
经营活动产生的现金流量净额	141,541,288.49
现金及现金等价物净增减额	30,355,750.77

2、公司前三年财务指标　　单位:人民币元

指标项目	2001 年度	2000 年度		1999 年度	
		调整前	调整后	调整前	调整后
主营业务收入	1,193,926,372.46	595,365,120.81	595,365,120.81	839,784,834.78	839,784,834.78
净利润	36,735,826.70	635,698.06	635,698.06	25,525,590.19	21,647,173.45
总资产	951,869,673.26	968,505,097.37	960,159,934.70	911,769,694.34	899,729,754.25
股东权益	595,394,328.41	576,135,582.42	572,588,365.09	583,580,475.18	576,338,480.38
每股收益	0.171	0.003	0.003	0.119	0.101
每股净资产	2.77	2.68	2.67	2.72	2.69
调整后的每股净资产	2.72	2.61	2.61	2.66	2.65
每股经营活动产生的现金流量净额	0.659	0.24	0.24	0.30	0.30
净资产收益率%	6.17	0.11	0.11	4.37	3.76

3、根据中国证监会《公开发行证券公司信息披露编报规则(第 9 号)》要求计算的利润数据。
(1)利润表附表列示如下:　　单位:人民币元

2001 年度利润	2001 年 12 月 31 日				2000 年 12 月 31 日			
	净资产收益率(%)		每股收益		净资产收益率(%)		每股收益	
	全面摊薄	加权平均	全面摊薄	加权平均	全面摊薄	加权平均	全面摊薄	加权平均
主营业务利润	35.33	36.02	0.98	0.98	14.67	14.57	0.394	0.394
营业利润	9.11	9.297	0.253	0.253	10.47	－0.47	－0.013	－0.013
净利润	6.17	6.29	0.171	0.171	0.11	0.11	0.003	0.003
扣除非经常性损益后的净利润	6.163	6.284	0.171	0.171	－0.45	－0.45	－0.012	－0.012

(2)按照《公开发行证券的公司信息披露规范问答第 1 号－非经常性损益》的要求确定和计算的非经常性损益:营业外收支净额 39,475.03 元

第三章　股本变动及股东情况介绍

一、股本变动情况(截止 2001 年 12 月 31 日)　　数量单位:股

股份类别	本次变动前	本次变动增减(+,—)						本次变动后
		配股	送股	公积金转增	增发	其他	小计	
(一)未上市流通股份								
1、发起人股份	157,620,000							157,620,000
其中:国家持有股份	78,050,000							78,050,000
境内法人持有股份	79,570,000							79,570,000
境外法人持有股份								
其他								
2、募集法人股份								
3、内部职工股	83,600							83,600
其中:高管股	83,600							83,600
4、优先股及其他								
其他:转配股								
未上市流通股份合计	157,620,000							157,620,000
(二)已上市流通股份								
1、人民币普通股	57,000,000							57,000,000
2、境内上市的外资股								
3、境外上市的外资股								
4、其他								
已上市流通股份合计	57,000,000							57,000,000
(三)股份总数	214,620,000							214,620,000

000716　广西斯壮股份有限公司

2001 年年度报告摘选

第一节　公司基本情况简介

一、公司名称:
中文名称:广西斯壮股份有限公司
英文名称:GUANGXI STRONG CL.,LTD
二、公司法定代表人:赵　明先生
三、公司董事会秘书:管自力先生
公司证券事务代表:陈　宁先生
联系地址:南宁市民主路 8 号广西斯壮股份有限公司
联系电话:0771－5631973
传真:0771－5631879
电子信箱:gsdm@public.nn.gx.cn
四、公司注册地址:广西南宁市民主路 8 号斯壮大厦
公司办公地址:广西南宁市民主路 8 号斯壮大厦
邮政编码:530023
国际互联网网址://www.gxstrong..cn
电子信箱:gxsz@public.nn.gx.cn
五、公司选定的信息披露报纸:《中国证券报》、《证券时报》
登载公司年度报告的中国证监会指定国际互联网网址:http://www.cninfo.com.cn
公司年度报告备置地点:深圳证券交易所、本公司董事会办公室
六、公司股票上市交易所:深圳证券交易所
股票简称:广西斯壮
股票代码:000716

第二节　会计数据和业务数据摘要

一、本年度公司主要会计数据(元)

项目	金额
利润总额	4,578,168.13
投资收益	15,869,063.33
净利润	4,575,261.19
补贴收入	
扣除非经常性损益后的净利润	－5,410,962.84
营业外收支净额	－213,987.53
主营业务利润	24,515,698.87
经营活动产生的现金流量净额	64,238,987.48
其他业务利润	3,256,999.69
现金及现金等价物净增减额	8,864,420.64
营业利润	－11,076,907.67

二、注:非经常性收益项目及金额如下:

项目	金额(元)
转让南宁管道燃气有限责任公司股权收益	10,707,526.66
转让南宁百货法人股	96,950.00
转让候车亭广告经营权收益	1,850,818.85
短期投资收益	102,379.11
计提本期存货跌价准备	－2,480,543.41
结转已销售货物已计提跌价准备	176,484.02
营业外收支净额	－213,987.53
支付资金占用费	－253.403.67
合计	9,986,224.03

三、公司前三年的主要会计数据和财务指标

指标项目	2001 年	2000 年		1999 年
		调整后	调整前	
主营业务收入(万元)	20,209.13	12,209.14	13,514.37	11,681.28
净利润(万元)	457.53	358.42	599.74	1,574.96
总资产(万元)	53,476.24	57,713.90	74,262.28	77,600.35
股东权益(万元)	32,771.02	32,999.10	35,502.87	35,967.79
每股收益(元)	0.0333	0.0261	0.0437	摊薄 0.115 加权 0.124
扣除非经常性损益后每股收益(元)	－0.0395	－0.0777	－0.0601	摊薄 0.111 加权 0.121
每股净资产(元)	2.39	2.41	2.59	2.62
调整后的每股净资产(元)	2.22	2.30	2.48	2.19
每股经营活动产生的现金流量净额(元)	0.47	－0.39	－0.39	－0.23
净资产收益率	1.40	1.09	1.69	摊薄 4.38 加权 5.63

第三节　股本变动及股东情况

一、股份变动情况表　　单位:股

	本次变动前	本次变动增减(+、-)						本次变动后
		配股	送股	公积金转增	增发	其他	小计	
一、未上市流通股份								
1、发起人股份	34,183,305							34,183,305
其中								
国家持有股份	18,709,720					+5,617,152	+5,617,152	24,326,872
境内法人持有股份	15,473,585					－5,617,152	－5,617,152	9,856,433
2、募集法人股份	24,978,814							24,978,814
未上市流通股份合计	59,162,119							59,162,119
二、已上市流通股份								
人民币普通股	77,960,603							77,960,603
三、股份总数	137,122,722							137,122,722

000717 广东韶钢松山股份有限公司

2001 年年度报告摘选

一、公司基本情况简介

(一)公司法定中文名称:广东韶钢松山股份有限公司
公司法定英文名称:SGIS Songshan Co., Ltd.
(二)公司法定代表人:曾德新
(三)公司董事会秘书:庞大春
公司授权代表:刘 二
联 系 地 址:广东省韶关市曲江县马坝
联 系 电 话:0751－8787265
传 真:0751－8787676
电 子 信 箱:sgss@sgss.com.cn
(四)公司注册地址:广东省韶关市曲江县马坝
公司办公地址:广东省韶关市曲江县马坝
邮 政 编 码:512123
公 司 网 址:http://www.sgss.com.cn
公司电子信箱:sgss@sgss.com.cn
(五)公司选定的信息披露报刊名称:《中国证券报》和《证券时报》
登载公司年度报告的国际互联网网址:http://www.cninfo.com.cn
公司年度报告备置地点:广东韶钢松山股份有限公司证券部
(六)公司股票上市交易所:深圳证券交易所
股票简称:韶钢松山
股票代码:000717

二、会计数据和业务数据摘要

(一)公司本年度的利润总额及其构成(单位:人民币元)

项 目	金 额
利润总额	284,736,453.20
净利润	258,683,423.64
扣除非经常性损益后的净利润*	258,870,301.94
主营业务利润	380,733,567.84
其他业务利润	223,288.65
营业利润	285,015,376.04
投资收益	——
补贴收入	——
营业外收支净额	－278,922.84
经营活动产生的现金流量净额	130,748,381.95
现金及现金等价物净增加额	276,343,685.85

(二)近三年的主要会计数据及财务指标(单位:人民币元)

项 目	单位	2001 年	2000 年调整前	2000 年调整后	1999 年调整后
主营业务收入	元	3,939,459,714.57	3,346,434,835.12	3,346,434,835.12	3,047,884,506.15
净利润	元	258,683,423.64	225,299,369.48	204,439,369.48	164,158,375.53
总资产	元	3,887,791,715.67	3,000,610,787.98	2,966,550,787.98	2,412,296,001.02
股东权益	元	2,379,820,216.36	2,283,730,392.72	2,249,670,392.72	1,987,604,631.18
摊薄后每股收益	元	0.578	0.50	0.46	0.40
加权平均每股收益	元	0.578	0.53	0.48	0.40
扣除非经常性损益后的每股收益	元	0.579	0.52	0.47	0.40
每股净资产	元	5.32	5.11	5.03	4.78
调整后的每股净资产	元	5.31	5.10	5.02	4.77
每股经营活动产生的现金流量净额	元	0.29	1.26	1.26	0.75
净资产收益率	%	10.87%	9.87%	9.09%	8.26%
加权净资产收益率	%	10.76%	10.26%	9.41%	8.25%
扣除非经常性损益后的加权净资产收益率	%	10.77%	10.57%	9.67%	8.26%
资产负債率	%	38.79%	23.89%	24.17%	17.61%

(三)报告期利润表附表:(金额单位:元)

2001 年度利润	净资产收益率(%)		每股收益(元)	
	全面摊薄	加权平均	全面摊薄	加权平均
主营业务利润	16.00%	15.84%	0.851	0.851
营业利润	11.98%	11.85%	0.637	0.637
净利润	10.87%	10.76%	0.578	0.578
扣除非经常性损益后的净利润	10.88%	10.77%	0.579	0.579

三、股本变动及股东情况

(一)股本变动情况
1、股份变动情况表　　数量单位:万股

	期初数	本次变动增减(+,－)					期末数
		配股	送股	公积金转股	其他	小计	
一、未上市流通股份							
1、发起人股份							
其中:							
国家持有股份	31200						31200
境内法人持有股份							
境外法人持有股份							
其他							
2、募集法人股份							
3、内部职工股							
4、优先股或其他							
其中:转配股							
未上市流通股份合计	31200						31200
二、已上市流通股份							
人民币普通股	13520						13520
境内上市的外资股							
境外上市的外资股							
其他							
已上市流通股份合计	13520						13520
三、股份总数	44720						44720

000718 吉林纸业股份有限公司

2001 年年度报告摘选

第一节 公司基本情况简介

1、公司法定中文名称:吉林纸业股份有限公司
公司英文名称:JILIN PAPER MANUFACTURING CO., LTD.　　公司英文缩写:JP
2、公司法定代表人:曲丹时
3、公司董事会秘书:关凌汉
股证事务授权代表:于纪校
联系地址:吉林省吉林市林荫路 9 号
联系电话:0432—2703225　　传 真:0432—2773695
4、公司注册地址:吉林省吉林市林荫路 9 号
公司办公地址:吉林省吉林市林荫路 9 号　　公司邮政编码:132002
公司国际互联网网址:http://jlzy.rime.com.cn
公司电子信箱:jlzhy@public.jl.jl.cn
5、公司选定的信息披露报纸名称:《证券时报》
登载公司年度报告的中国证监会指定国际互联网网址:http://www.cninfo.com.cn
公司年度报告备置地点:吉林省吉林市林荫路 9 号本公司董事会秘书室、深圳证券交易所、有关证券经营机构营业网点。
6、公司股票上市交易所:深圳证券交易所
股票简称:吉林纸业　　股票代码:000718

第二节 会计数据和业务数据摘要

1、本年度主要会计数据　　单位:人民币元

项目	金 额
利润总额	18,700,570.05
净利润	4,533,668.95
扣除非经常性损益后的净利润	－6,753,676.56
主营业务利润	133,261,990.64
其他业务利润	229,061.72
营业利润	11,988,464.09
投资收益	－4,533,044.43
补贴收入	22,350,771.66
营业外收支净额	－11,105,621.27
经营活动产生的现金流量净额	44,625,323.24
现金及现金等价物净增减额	－91,448,141.44

2、截止报告期末公司前三年的主要会计数据及财务指标　　单位:元

指标	2001 年	2000 年		1999 年	
		调整后	调整前	调整后	调整前
主营业务收入	861,184,844.52	1,117,323,154.28	1,117,323,154.28	981,671,768.18	981,671,768.18
净利润	4,533,668.95	7,246,227.09	74,798,870.54	84,834,034.89	115,130,034.89
总资产	2,822,309,429.34	2,668,514,964.38	2,766,730,062.75	2,060,805,762.98	2,091,101,762.98
股东权益	1,217,737,509.32	1,212,025,926.71	1,309,874,570.16	1,007,923,826.02	1,038,219,826.02
每股收益	0.0113	0.0181	0.1871	0.2406	0.3266
每股净资产	3.05	3.03	3.28	2.86	2.94
调整后的每股净资产	3.04	3.01	3.26	2.84	2.93
每股经营活动产生的现金流量净额	0.11	0.09	0.09	－0.043	－0.043
净资产收益率	0.3723%	0.5979%	5.7103%	8.4167%	11.0892%

3、利润表附表:

报告期利润	净资产收益率(%)		每股收益(元)	
	全面摊薄	加权平均	全面摊薄	加权平均
主营业务利润	10.94	10.42	0.33	0.33
营业利润	0.98	0.98	0.03	0.03
净利润	0.37	0.37	0.01	0.01
扣除非经常性损益后的净利润	－0.55	－0.56	－0.02	－0.02

第三节 股本变动及股东情况

一、股本变动情况表

	本次变动前	本次变动增减(+、—)						本次变动后
		配股	送股	公积金转股	增发	其他	小计	
(一)尚未流通股份								
1、发起人股份	200098080	0	0	0	0	0	0	200098080
其中:国家拥有股份	200098080	0	0	0	0	0	0	200098080
境内法人持有股份								
外资法人持有股份								
其他								
2、募集法人股份	11037000	0	0	0	0	0	0	11037000
3、内部职工股								
4、优先股或其他								
未上市流通股份合计	211135080		0	0	0	0	0	211135080
(二)已上市流通股份								
1、人民币普通股	188604000			0	0	0	0	188604000
2、境内上市外资股								
3、境外上市外资股								
4、其他								
已上市流通股份合计	188604000		0	0		0	0	188604000
(三)股份总数	399739080		0	0		0	0	399739080

二、股东情况介绍
1、截止 2001 年 12 月 31 日,公司股东总数为 92679 户。
2、公司前 10 名股东持股情况

股东名称	持股数	持股比例	股份性质
(1)吉林市国有资产经营有限责任公司	200,098,08	50.06%	国家股
(2)沈阳化工集团有限公司	3,120,000	0.78%	法人股
(3)中国轻工物资供销总公司	1,560,000	0.39%	法人股
(4)大连经济开发区吉兴纸业公司	1,357,20	0.34%	法人股
(5)宁部银盛投资发展有限公司	700,000	0.17%	法人股
(6)中国轻工物资供销东北公司	490,000	0.12%	法人股
(7)佳木斯黑龙化学工业有限责任公司	468,000	0.117%	法人股
(8)吉林造纸(集团)有限公司	450,000	0.112%	法人股
(9)顾志明	446,100	0.111%	流通股
(10)张汉龙	355,066	0.09%	流通股

000719 焦作鑫安科技股份有限公司

2001 年年度报告摘选

第一章 公司基本情况简介

一、公司法定中文名称:焦作鑫安科技股份有限公司
公司法定英文名称:Jiaozuo xin'an Science & Technology CO.,LTD
公司法定英文名称缩写:JZXA
二、法定代表人:金子贤
三、董事会秘书:秦海员
联系地址:河南省焦作市环城北路 28 号
联系电话:(0391)2925951－288
传　　真:(0391)2919211
电子信箱:qinhaiyuan@371.net
证券事务代表:韩景利
联系地址:河南省焦作市环城北路 28 号公司证券办
联系电话:(0391)2925951－256
传　　真:(0391)2919211
电子信箱:jzxahjl@371.net
四、公司注册地址:河南省焦作市民主北路 15 号
公司办公地址:河南省焦作市环城北路 28 号
邮政编码:454000
电子信箱:jzxa@jzxa.com
五、公司选定的信息披露报刊:《中国证券报》、《证券时报》
登载年度报告的国际互联网网址:http://www.cninfo.com.cn
年度报告备置地点:公司证券办
六、股票上市交易所:深圳证券交易所
股票简称:焦作鑫安
股票代码:000719
七、其他有关资料:
公司首次注册登记日期:1989 年 2 月 23 日
最近变更注册登记日期:2001 年 12 月 31 日
注册地点:河南省焦作市民主北路 15 号
企业法人营业执照注册号:豫工商企 4100001002923
税务登记号:410800170000417
公司聘请的会计师事务所名称:亚太(集团)会计师事务所有限公司
办公地址:郑州市红专路实力大厦

第二章 会计数据和业务数据摘要

第一节　本年度主要利润指标　(单位:元)

项目	金额
利润总额	25,347,238.42
净利润	21,732,412.51
扣除非经常性损益后的净利润	20,285,490.11
主营业务利润	59,015,265.02
其他业务利润	261,167.12
营业利润	25,106,448.21
投资收益	－635,472.21
补贴收入	1,200,000.00
营业外收支净额	－323,737.58
经营活动产生的现金流量净额	－20,150,206.96
现金及现金等价物净增加额	7,931,696.62

注:扣除非经常性损益项目和涉及金额:单位(元)

项 目	金额
营业外收支净额	－323,737.58
补贴收入	1,200,000.00
投资收益	－635,472.21
资金占用费	1,206,132.19

第二节　报告期末公司前三年的主要会计数据和财务指标

项 目	2001 年度	2000 年度		1999 年度	
		调整后	调整前	调整后	调整前
主营业务收入	273049685.46	256560484.71	256560484.71	218019397.02	218019397.02
净利润	21732412.51	20864929.21	24015596.94	10980144.47	18747953.22
总资产	706002065.84	568691300.90	578279445.86	474479557.44	482247366.19
股东权益	266881499.91	244681778.90	257091862.48	150187610.98	157955419.73
每股收益	0.168	0.258	0.297	0.150	0.257
每股净资产	2.063	3.026	3.179	2.057	2.163
调整后的每股净资产	1.999	2.940	3.093	1.995	2.102
每股经营活动产生的现金流量净额	－0.156	1.187	1.187	0.845	0.845
净资产收益率	8.14	8.53	9.34	7.31	11.87

注:2000 年、1999 年调整后的数据,是公司执行财政部财会[2001]17 号《企业会计制度》有关政策衔接问题的规定,制定并实施了计提四项资产减值准备和损失处理的内部控制制度,并已采用追溯调整法进行了帐务调整。

三、利润表附表

根据中国证监会关于发布《公开发行证券公司信息披露编报规则》第 9 号通知精神,公司 2001 年度按照全面摊薄法加权平均法计算的净资产收益率和每股收益

报告期利润	净资产收益率		每股收益	
	全面摊薄	加权平均	全面摊薄	加权平均
主营业务利润	22.1129	23.1363	0.4562	0.4562
营业利润	9.4073	9.8427	0.1941	0.1941
净利润	8.1431	8.5200	0.1680	0.1680
扣除非经常性损益后的净利润	7.6009	7.9527	0.1568	0.1568

第三章 股本变动和股东情况

一、股份变动情况表

	本次变动前	本次变动增减(+、-)					本次变动后
		配股	送股	公积金转股	其它	小计	
一、未上市流通股份							
国有法人股	50127805		10025561	20051122		30076683	80204488
二、已上市流通股份							
社会公众股(A 股)	30732000		6146400	12292800		18439200	49171200
三、股份总数	80859805		16171961	32343922		48515883	129375688

000720 山东鲁能泰山电缆股份有限公司

2001 年年度报告摘选

第一节 公司基本情况简介

一、公司法定名称
中文名称:山东鲁能泰山电缆股份有限公司
英文名称:SHANDONG LUNENG TAISHAN CABLE CO., LTD.
二、公司法定代表人:赵启昌
三、公司董事会秘书:初 军
公司证券事务代表:李富强
联系地址:山东省新泰市金斗路 99 号
联系电话:(0538)7238882
传真电话:(0538)7222439
电子信箱:zqb01@shandongcable.com
四、公司注册地址:山东省泰安市文化路 62 号
公司办公地址:山东省新泰市金斗路 99 号
邮政编码:271200
公司国际互联网网址:http://www.shandongcable.com
公司证券部电子信箱:zqb01@shandongcable.com
五、公司选定的信息披露报纸名称:证券时报、中国证券报
登载年报的指定网址:http://www.cninfo.com.cn
公司年度报告备置地点:公司证券部
六、公司股票上市交易所:深圳证券交易所
股票简称:鲁能泰山
股票代码:000720

第二节 会计数据和业务数据摘要

一、本年度主要会计数据如下:(单位:人民币元)

项目	金 额
利润总额	211,770,485.46
净利润	115,842,346.82
扣除非经常性损益后的净利润	117,155,006.50
主营业务利润	381,250,496.92
其他业务利润	11,186,144.67
营业利润	208,096,584.12
投资收益	5,092,618.56
补贴收入	0
营业外收支净额	－1,418,717.22
经营活动产生的现金流量净额	97,617,440.54
现金及现金等价物净增减额	55,678,735.18

二、近三年主要会计数据和财务指标

项目	2001 年	2000 年		1999 年	
		调整后	调整前	调整后	调整前
1.主营业务收入(千元)	1,832,751.75	1,458,832.90	1,458,832.90	788,521.21	788,521.21
2.净利润(千元)	115,842.35	121,585.86	122,259.65	113,405.78	112,157.84
3.总资产(千元)	2,780,910.48	2,497,054.74	2,527,328.40	2,424,985.45	2,446,034.77
4.股东权益(千元)(不含少数股东权益)	1,255,849.04	1,171,637.65	1,187,342.23	1,080,955.61	1,095,986.40
5.每股收益(元/股)摊薄	0.36	0.38	0.382	0.35	0.35
加权	0.36	0.38	0.382	0.40	0.39
6.每股净资产(元/股)	3.93	3.66	3.71	3.38	3.43
7.调整后的每股净资产(元/股)	3.92	3.65	3.69	3.36	3.41
8.每股经营活动产生的现金流量净额(元/股)	0.31	0.40	0.40	0.29	0.29
9.净资产收益率(%)摊薄	9.22	10.38	10.30	10.49	10.20

三、利润附表

根据中国证监会《公开发行证券公司信息披露编报规则(第 9 号)》的规定,按全面摊薄法和加权平均法计算的净资产收益率和每股收益:

报告期利润	净资产收益率(%)		每股收益(元/股)	
	全面摊薄	加权平均	全面摊薄	加权平均
主营业务利润	30.36	31.41	1.19	1.19
营业利润	16.57	17.15	0.65	0.65
净利润	9.22	9.54	0.36	0.36
扣除非经常性损益后的净利润	9.33	9.65	0.37	0.37

第三节 股本变动及股东情况

一、股份变动情况表

数量单位:股

	本次变动前	本次变动增减(+,-)						本次变动后
		配股	送股	公积金转股	增发	其他	小计	
一、未上市流通股份								
1.发起人股份								
其中:								
国家持有股份	135080400							135080400
境内法人持有股份								
境外法人持有股份								
其他								
2.募集法人股份								
3.内部职工股								
4.优先股或其他								
其中:转配股								
未上市流通股份合计	135080400							135080400
二、已上市流通股份								
1.人民币普通股	184719600							184719600
2.境内上市的外资股								
3.境外上市的外资股								
4.其他								
已上市流通股份合计	184719600							184719600
三、股份总数	319800000							319800000

000721 西安饮食服务(集团)股份有限公司

2001年年度报告摘选

一、公司基本情况简介

1、公司的法定中、英文名称及缩写
公司法定中文名称：西安饮食服务(集团)股份有限公司
公司法定英文名称：XI'AN CATERING & SERVICE (GROUP) CO.LTD
公司英文名称缩写：XCSG
2、公司法定代表人：刘龙宇
公 司 总 经 理：王一萌
3、公司董事会秘书姓名、联系地址、电话、传真、电子信箱
公司董事会秘书：陶光仲
联系地址：陕西省西安市东大街298号
联系电话：029－7232416　029－7210407－8313
传　　真：029－7232416　029－7251354
E－MAIL地址：taoguangzhong@sian.com
4、公司注册地址、办公地址及邮政编码、公司国际互联网网址、电子信箱
公司注册地址：陕西省西安市东大街298号
公司办公地址：陕西省西安市东大街298号
邮政编码：710001
公司国际互联网网址：http://www.xcsg.com
E－MAIL地址：xcsg@emmail.com
5、公司选定的信息披露报纸名称，中国证监会指定的登载公司年度报告的国际互联网网址：
公司选定的信息披露报纸名称：《证券时报》
登载公司年度报告的国际互联网网址：http://www.cninfo.com.cn
6、公司年度报告备置地点：西安饮食服务(集团)股份有限公司证券部
7、公司股票上市交易所、股票简称和股票代码
公司股票上市交易所：深圳证券交易所
股票简称：西安饮食　股票代码：000721

二、财务数据和业务数据摘要

1、本年度主要利润指标(合并报表)　(单位：元)

项目	金　额
利润总额	26,177,610.54
净利润	20,736,310.36
扣除非经常性损益后的净利润＊	20,770,329.99
主营业务利润	151,310,098.46
其他业务利润	8,646,916.77
营业利润	26,155,011.69
投资收益	56,618.39
补贴收入	
营业外收支净额	－34019.54
经营活动产生的现金流量净额	43,444,272.69
现金及现金等价物净增减额	36,763,175.98

2、公司近三年主要会计数据及财务指标　单位：人民币元

财务指标	单位	2001年度	2000年度	1999年度
主营业务收入	元	297,002,725.46	277,633,180.66	206,489,043.66
净利润	元	20,736,310.36	3,291,408.69	1,383,684.25
总资产	元	532,357,210.00	489,878,426.77	456,909,894.47
股东权益(不含少数股东权益)	元	264,308,271.00	255,013,470.64	251,720,501.30
全面摊薄每股收益	元/股	0.1812	0.0288	0.0121
加权平均每股收益	元/股	0.1812	0.0288	0.0121
每股净资产	元/股	2.3101	2.2288	2.2001
调整后的每股净资产	元/股	1.8991	1.7094	1.8430
每股经营活动产生的现金流量净额	元/股	0.3797	0.1498	－0.2425
净资产收益率	%	7.85	1.29	0.55
加权平均净资产收益率	%	8.08	1.30	0.83

注：以上会计数据及财务指标均以合并会计报表数计算或填列。

3、报告期利润表附表

报告期利润	2001年				2000年			
	净资产收益率(%)		每股收益(元)		净资产收益率(%)		每股收益(元)	
	全面摊薄	加权平均	全面摊薄	加权平均	全面摊薄		加权平均	
主营业务利润	57.25	58.95	1.3225	1.3225	56.88	57.25	1.2677	1.2677
营业利润	9.90	10.19	0.2286	0.2286	2.19	2.2	0.0487	0.0487
净利润	7.85	8.08	0.1812	0.1812	1.29	1.3	0.0288	0.0288
扣除非经常性损益后的净利润	7.85	8.08	0.1812	0.1812	1.29	1.3	0.0288	0.0288

注：以上指标按照中国证监会《公开发行证券公司信息披露编报规则第九号》的要求计算。

三、股本变动及股东情况

(一)公司股本变动情况
股份变动情况表　单位：股

	本次变动前	本次变动增减(＋、－) 配股	送股	公积金转股	增发	其它	小计	本次变动后
(一)未上市流通股份								
(1)发起人股份	35,000,000							35,000,000
其中：国家持有股份	35,000,000							35,000,000
境内法人持有股份								
境外法人持有股份								
其他								
(2)募集法人股	38,073,900							38,073,900
(3)内部职工股								
(4)优先股或其他								
其中：转配股								
(5)向战略投资者配售股份								
未上市流通股份合计	73,073,900							73,073,900
(二)已上市流通股份								
(1)人民币普通股	41,341,200							41,341,200
(2)境内上市的外资股								
(3)境外上市的外资股								
(4)其它								
已上市流通股份合计	41,341,200							
(三)股份总数	114,415,100							114,415,100

000722 衡阳市金果农工商实业股份有限公司

2001年年度报告摘选

第一章　公司基本情况简介

一、公司法定中文名称：衡阳市金果农工商实业股份有限公司
公司法定英文名称：HengYang GoldFruit Agriculture、Industry And Commerce Co.,LTD.
二、公司法定代表人：罗丽娜
三、公司董事会秘书：邓朝晖
证券事务代表：陈新文
联系地址：湖南省衡阳市金果路15号
联系电话：0734－8229258
传真号码：0734－8250038
电子信箱：hyjg338@mail.hy.hn.cn
四、公司注册地址：湖南省衡阳市金果路15号
公司办公地址：湖南省衡阳市金果路15号
邮 政 编 码：421001
五、公司信息披露报纸名称：《证券时报》、《中国证券报》
公司登载年度报告国际网址：http://www.cninfo.com.cn
公司年度报告备置地点：公司证券管理部
六、公司上市地：深圳证券交易所
股票简称：金果实业
股票代码：000722
七、公司首次注册地点：衡阳市大码头横街15号(现改名金果路15号)
注册日期：1993年8月12日
企业法人营业执照注册号：4300001000672(3－3)
税务登记号码：43040318503468－7
公司聘请的会计师事务所：湖南开元有限责任会计师事务所。
办公地点：长沙市芙蓉南路490号。

第二章　会计数据和业务数据摘要

一、公司本年度会计数据摘要　单位：人民币元

项目	金　额
公司本年度实现的利润总额：	68779367.92
净利润：	53153605.29
扣除非经常性损益后的净利润：	56846068.00
主营业务利润：	177767481.30
其他业务利润：	554587.54
营业利润：	72472830.63
投资收益：	－2049561.63
补贴收入：	0
营业外收支净额：	－1643901.08
经营活动产生现金流量净额：	45517665.36
现金及现金等价物净增加额：	53338070.07

注："扣除非经常性损益后的净利润"中扣除项目为营业外收支净额－1643901.08元和投资损益－2049561.67元。

二、截止2001年末，公司前三年会计数据和财务指标　单位：人民币元

项 目	2001年	2000年 调整后	2000年 调整前	1999年
主营业务收入	489926618.03	353898461.53	353898461.53	288317456.25
净利润	53152605.29	25912420.26	51498236.01	48697017.25
总资产	1600925770.42	1508391196.01	1586515292.07	1199823525.11
股东权益	785094826.71	731942221.42	798543374.06	750291804.45
每股收益(元/股)(摊薄)	0.27	0.13	0.26	0.30
每股收益(元/股)(加权)	0.27	0.13	0.26	0.428
扣除非经常性损益后每股收益(元/股)	0.29	0.29	0.29	0.22
每股净资产(元/股)	4.03	3.76	4.10	4.62
调整后的每股净资产(元/股)	3.93	3.76	4.05	4.34
每股经营活动产生的现金流量净额	0.23	0.09	0.09	0.08
净资产收益率(%)(摊薄)	6.77	3.50	6.43	6.50
净资产收益率(%)(加权)	7.01	3.50	6.66	17.56

第三章　股东变动和主要股东持股情况

一、股本变动情况　数量单位：股

股份类别	期初数	本次变动增减(＋、－) 送股	公积金转股	其他	小计	期末数
一、尚未流通股份						
1、发起人股份	26532000					26532000
其中：						
国家拥有股份	7296000					7296000
境内法人持有股份	19236000					19236000
外资法人持有股份						
其他	62226384					62226384
2、募集法人股份						
3、内部职工股						
4、优先股或其他	88758394					88758394
尚未流通股份合计						
二、已上市流通股份	106041600					106041600
1、境内上市的人民币普通股						
2、境内上市的外资股						
3、境外上市的外资股	106041600					106041600
4、其他						
已流通股份合计						
三、股份总数	194799984					194799984

000723 福州天宇电气股份有限公司

2001 年年度报告摘选

第一节 公司基本情况简介

(一)公司法定中文名称:福州天宇电气股份有限公司
公司法定英文名称:FUZHOU TIANYU ELECTRIC CO.,LTD.
公司英文简称:TYE
(二)公司法定代表人:王纪年
(三)公司董事会秘书:朱庆华
董事会证券事务代表:李 敏
电 话:(0591)7916470 传 真:(0591)7916449
电子信箱:tydqdm@public.fz.fj.cn
(四)公司注册(办公)地址:福建省福州市新店南平路天宇科技大楼
邮政编码:350012
电子信箱:fztydq@pub1.fz.fj.cn
(五)公司选定信息披露报纸名称:《证券时报》
公司年报刊载的互联网网址:http://www.cninfo.com.cn
公司互联网站网址:http://www.xj-ty.com
公司年度报告备置地点:公司证券投资部
公司证券投资部电子信箱:tydqzqb@public.fz.fj.cn
(六)公司股票上市交易所:深圳证券交易所
股票简称:天宇电气 股票代码:000723

第二节 会计数据和业务数据摘要

(一)2001 年度利润情况 单位:人民币元

项目	金额
利润总额	-186,032,808.93
净利润	-187,456,422.76
扣除非经常性损益后的净利润	-164,496,516.76
主营业务利润	46,900,903.43
其他业务利润	4,474,410.41
营业利润	-158,195,911.17
投资收益	-7,266,469.10
补贴收入	-
营业外收支净额	-20,570,428.66
经营活动产生的现金流量净额	57,849,876.08
现金及现金等价物净增加额	10,999,119.11

注:扣除非经常性损益项目及金额 单位:人民币元

项目	金额
营业外收入:	47,048.95
营业外支出:	20,617,477.61
资产处置损益	-2,389,477.34

(二)公司前三年主要会计数据和财务指标 单位:人民币元

项目	2001 年	2000 年		1999 年	
		调整前	调整后	调整前	调整后
主营业务收入	349,859,516.53	381,030,420.81	381,030,420.81	396,389,187.58	396,389,187.58
净利润	-187,456,422.76	-37,025,510.55	-76,180,834.03	4,495,107.76	4,525,561.23
总资产	691,371,192.37	929,321,915.81	873,999,867.82	983,908,595.93	977,748,059.96
股东权益(不含少数股东权益)	189,801,328.76	432,600,935.77	377,257,751.52	477,349,874.39	453,438,585.55
每股收益	-1.34	-0.265	-0.546	0.032	0.032
加权平均计算的每股收益	-1.34	-0.265	-0.546	0.036	0.036
扣除非经常性损益后的每股收益	-1.18	-0.271	-0.272	0.029	0.029
每股净资产	1.36	3.10	2.7	3.42	3.25
调整后的每股净资产	1.27	2.86	2.46	3.20	3.03
每股经营活动产生的现金流量净额	0.414	0.015	0.015	-0.63	-0.63
净资产收益率%	-98.76	-8.56	-20.19	0.94	0.998
加权平均净资产收益率%	-66.12	-8.07	-18.34	1.18	0.993

(三)利润表附表:

报告期利润	净资产收益率		每股收益	
	全面摊薄(%)	加权平均(%)	全面摊薄(元)	加权平均(元)
主营业务利润	24.71	16.54	0.34	0.34
营业利润	-83.35	-55.80	-1.13	-1.13
净利润	-98.76	-66.12	-1.34	-1.34
扣除非经常性损益后的净利润	-86.67	-58.02	-1.18	-1.18

第三节 股本变动及股东情况

(一)股本变动情况:
报告期内公司股份变动情况表 数量单位:股

项目	本次变动前	本次变动增减(+,-)						本次变动后
		配股	送股	公积金转股	增发	其他	小计	
一、未上市流通股份								
1.发起人股份	64,236,000							64,23,600
其中:国家持有股份	64,236,000							64,23,600
境内法人持有股份	5,684,025							5,684,025
境外法人持有股份								
其他								
2、募集法人股份								
3、内部职工股(高管人员)	30,870					-18,180	-18,180	12,690
4、优先股或其他								
其中:转配股								
未上市流通股份合计						-18,180	-18,180	12,690
二、已上市流通股份	69,648,300					18,180	18,180	69,666,480
1、人民币普通股	69,648,300					18,180	18,180	69,666,480
2、境内上市的外资股								
3、境外上市的外资股								
4、其他								
已上市流通股份合计	69,648,300					18,180	18,180	69,666,480
三、股份总数	139,599,195							139,599,195

000725 京东方科技集团股份有限公司

2001 年年度报告摘选

第一章 公司基本情况简介

1、公司法定中文名称:京东方科技集团股份有限公司
公司法定英文名称:BOE TECHNOLOGY GROUP CO.,LTD.
公司中文缩写:京东方
公司英文缩写:BOE
2、公司法定代表人:王东升
3、公司董事会秘书:陈炎顺
公司证券事务代表:仲慧峰
联系地址:北京市朝阳区酒仙桥路 10 号
电话:010-64366264 或 010-64370756
传真:010-64366264
电子信箱:yschen@boe.com.cn 或 hfzhong@boe.com.cn
4、公司注册地址:北京市朝阳区酒仙桥路 10 号
公司办公地址:北京市朝阳区酒仙桥路 10 号 邮政编码:100016
公司国际互联网网址:http://www.boe.com.cn
公司电子信箱:web.master@boe.com.cn
5、公司选定的信息披露报纸:《证券时报》、《香港大公报》
中国证监会指定的国际互联网网址:http://www.cninfo.com.cn
公司年度报告备置地点:公司资本与股证事务部
6、公司股票上市交易所:深圳证券交易所
A 股股票简称:京东方 A A 股股票代码:000725
B 股股票简称:京东方 B B 股股票代码:200725

第二章 会计数据和业务数据摘要

1、本年度主要会计数据: (单位:人民币元)

项 目	金 额
利润总额:	127,690,025
净利润:	60,250,853
扣除非经常性损益后的净利润:	48,087,416
主营业务利润:	334,660,949
其他业务利润:	1,666,039
营业利润:	121,876,311
投资收益:	- 15,965,737
补贴收入:	15,466,648
营业外收支净额:	6,312,803
经营活动产生的现金流量净额:	396,715,256
现金及现金等价物净增加额:	- 223,365,026

注:非经常性损益包括:

项目	金额
政策短于 3 年等补贴	15,466,648 元
会计政策变更对以前期间净流动资产盘盈盘亏	- 1,201,980 元
营业外收支净额	- 553,161 元
其他	6,313,366 元
合 计	20,024,873 元

2、截至报告期末公司前三年主要会计数据和财务指标:

指标项目	2001 年度	2000 年度		1999 年度
		调整后	调整前	
主营业务收入(元)	2,683,798,025	2,234,822,478	2,277,898,830	741,886,971
净利润(元)	60,250,853	98,802,093	110,395,830	74,502,439
总资产(元)	4,032,817,319	3,935,853,051	4,026,726,235	2,258,881,965
股东权益(元)	2,083,538,063	2,052,020,198	2,096,417,855	1,066,544,779
每股收益(元)	0.11	0.18	0.20	0.15
每股净资产(元)	3.79	3.73	3.81	2.18
调整后的每股净资产(元)	3.72	3.71	2.76	2.15
每股经营活动产生的现金流量净额(元)	0.72	-0.09	-0.32	-0.18
净资产收益率	3%	4.83%	5.27%	6.99%

3、按照《公开发行证券公司信息披露编报规则(第 9 号)》要求计算的财务指标:

报告期利润	净资产收益率(%)		每股收益(元)	
	全面摊薄	加权平均	全面摊薄	加权平均
主营业务利润	16.14	16.07	0.61	0.61
营业利润	5.87	5.85	0.22	0.22
净利润	3	3	0.11	0.11
扣除非经常性损益的净利润	2	2	0.09	0.09

第三章 股本变动及股东情况

1、公司股份变动情况表(截至 2001 年 12 月 31 日)
数量单位:股

	本次变动前	本次变动增减(+、-)						本次变动后
		配股	送股	公积金转股	增发	其他	小计	
一、未上市流通股份								
1、发起人股份								
其中:								
国家持有股份	328029000							328029000
境内法人持有股份								
境外法人持有股份								
其他								
2、募集法人股份	3575000							3575000
3、内部职工股	8450000							8450000
4、优先股或其他								
未上市流通股份合计	340054000							340054000
二、已上市流通股份								
1、人民币普通股	60000000							60000000
2、境内上市的外资股(B股)	149500000							149500000
1、境外上市的外资股								
2、其他								
已上市流通股份合计	209500000							209500000
三、股份总数	549554000							549554000

000726 鲁泰纺织股份有限公司

2001 年年度报告摘要

第一节 公司基本情况简介

一、公司名称

中文:鲁泰纺织股份有限公司

英文:LUTHAI TEXTILE CO.,LTD

二、公司法定代表人:刘石祯

三、公司董事会秘书:秦桂玲

证券事务代表:郑卫印

电 话:0533-5285166

传 真:0533-5282188

联系地址:淄博市淄川区松龄东路 81 号

四、公司注册地址:淄博市淄川区松龄东路 81 号

公司办公地址:淄博市淄川区松龄东路 81 号

邮政编码:255100

电子信箱:lttc@public.zbptt.sd.cn

国际互联网网址:www.lttc.com.cn

五、公司信息披露指定报刊:《证券时报》《上海证券报》《大公报》

公司年度报告备置地点:公司证券部

公司年报指定登载网址:http://www.cninfo.com.cn

六、公司股票上市交易所:深圳证券交易所

股票简称:鲁泰 A、鲁泰 B

股票代码:000726、200726

第二节 会计数据和业务数据摘要

一、公司本年度会计数据　　单位:人民币元

项目	金额
利润总额	132,967,382.20
净利润	114,127,427.79
扣除非经常性损益后的净利润	119,574,208.17
主营业务利润	229,091,564.62
其他业务利润	3,051,741.45
营业利润	137,417,400.07
投资收益	1,610,772.25
补贴收入	--
营业外收支净额	-6,060,790.12
经营活动产生的现金流量净额	7,652,356.32
现金及现金等价物净增加额	-444,378,199.75

说明:扣除非经常性损益后的净利润系由流动资产盘盈 56,659.05 元;处理固定资产净损失 5,231,340.82 元;计提固定资产减值准备 1,258,293.14 元;罚款收入 221,186.94 元;其它净收入 207,656.90 元等所致;所得税影响额为 557,350.69 元。

1、公司净利润差额说明:　　单位:人民币千元

项目	金额
国际会计准则税前利润	139,358
调整项目:	
折旧	-3,000
冲销递延的人员培训费	-2,451
冲销长帐龄的应付款	-940
中国会计准则税前利润	132,967
计提所得税	19,002
少数股东权益	-162
净利润	114,127
2、国际会计准则净资产	1,314,320
历年累积影响数	
公积金	44,362
未分配利润	-118,670
中国会计准则净资产	1,240,012

注:国际会计准则报告期净利润不作预分。

二、公司近三年的主要会计数据和财务指标

单位:人民币元

指标项目	2001 年	2000 年	1999 年
主营业务收入	785,693,831.68	485,928,527.85	398,139,110.47
净利润	114,127,427.79	86,511,010.18	64,429,486.80
总资产	1,489,356,674.15	1,418,552,507.87	610,002,198.02
股东权益	1,240,012,124.65	1,211,056,058.77	335,174,404.15
每股收益	0.42	0.415	0.41
每股净资产	4.58	5.81	2.12
净资产收益率	9.20%	7.14%	19.22%
调整后的每股净资产	4.57	5.79	2.10
每股经营活动产生的现金流量净额	0.03	0.42	0.62

三、补充财务指标

财务指标	净利润计算 合并	母公司	扣除非经常性损益后的净利润计算 合并	母公司
加权平均净资产收益率	9.00%	9.03%	9.43%	9.43%
全面摊薄净资产收益率	9.20%	9.23%	9.64%	9.64%
加权平均每股收益	0.42	0.42	0.44	0.44
全面摊薄每股收益	0.42	0.42	0.44	0.44

四、报告期内股东权益变动情况

项目	股本	资本公积	盈余公积	法定公益金	未分配利润	股东权益合计
期初数	208,300,000	952,945,243.08	34,346,899.86	15,183,040.14	280,875.69	1,211,056,058.77
本期增加	62,490,000	939,858.09	11,570,890.22	5,785,445.11	114,127,427.79	194,913,621.21
本期减少		62,490,000.00			103,467,555.33	165,957,555.33
期末数	270,790,000	891,395,101.17	45,917,790.08	20,968,485.25	10,940,748.15	1,240,012,124.65

变动原因:资本公积本期减少系报告期内实施资本公积金转增股本引起,本期增加数系无法支付的应付帐款;盈余公积、法定公益金本期增加数为公司按 2001 年度预分方案提取所致;未分配利润增加数为公司 2001 年度的净利润,减少数为 2001 年度预分利润。

第三节 股本变动及股东情况

一、股份变动情况表

公司股份变动情况表

数量单位:股

	本次变动前	配股	送股	公积金转股	其他	小计	本次变动后
一、未上市流通股份							
1、发起人股份							
其中:							
国家拥有股份							
境内法人持有股份	29,150,000			8,745,000			37,895,000
外资法人持有股份	29,150,000			8,745,000			37,895,000
其他							
2、募集法人股份							
3、内部职工股	20,000,000			6,000,000			26,000,000
4、优先股或其他							
未上市流通股份合计	78,300,000			23,490,000			101,790,000
二、已流通股份							
1、人民币普通股	50,000,000			15,000,000			65,000,000
2、境内上市的外资股	80,000,000			24,000,000			104,000,000
3、境外上市的外资股							
4、其他							
已上市流通股份合计	130,000,000			39,000,000			169,000,000
三、股份总数	208,300,000			62,490,000			270,790,000

二、股票发行与上市情况

A、公司于 2000 年 12 月增资发行人民币普通股 5000 万股,发行价格为每股 17.80 元人民币。该股份于 2000 年 12 月 25 日在深圳证券交易所挂牌上市。

B、公司于 1997 年 8 月发行境内上市外资股 8000 万股,发行价格为每股 1.93 元港币。于 1997 年 8 月 19 日在深圳证券交易所挂牌上市。

C、本公司于 1993 年 2 月发行内部职工股 1000 万股,每股面值 2 元,发行价格每股 4 元。公司于 1994 年 4 月将每股面值 2 元的股票拆细为每股 1 元,拆细后内部职工股变更为 2000 万股。该内部职工股份于 1997 年 4 月托管于山东证券登记有限责任公司,于 2000 年 12 月起已全部托管于深圳证券登记有限公司。该股份待公司增发 A 股上市满三年后方可上市流通。

三、报告期末股东情况

1、本年度末股东总数 44437 户,其中境内上市外资股股东 9569 户 。

2、本公司前 10 名股东持股变动情况

序号	股东名称	期初数	本期增减	期末数	持股比例
1	淄博鲁诚纺织有限公司	29,150,000	+8,745,000	37,895,000	14 %
2	泰纶纺织有限公司	29,150,000	+8,745,000	37,895,000	14 %
3	SOUTH CAPITAL NOMINEES LIMITED(B股)	0	+3,532,100	3,532,100	1.30%
4	DAIWA SECS EMBC AC ITOCHU HONG KONG LTD(B股)	5,000,000	-1,764,650	3,235,350	1.19%
5	CBNY S/A PNC/SKANDIA SELECT FUND /CHINA EQUITY AC (B股)	3,111,004	-199,713	2,911,291	1.08%
6	华安创新证券投资基金(A股)	0	+2,363,394	2,363,394	0.87%
7	裕隆证券投资基金(A股)	675,992	+1,544,159	2,220,151	0.82%
8	安顺证券投资基金(A股)	595,992	+1,537,440	2,133,432	0.79%
9	RIPPERTON ASSETS LIMITED(B股)	0	+2,000,200	2,000,200	0.74%
10	SSBT/THE CHINA FUND-UH1 UH01(B股)	0	+1,990,000	1,990,000	0.73%

说明:(1)上述前 10 名股东中的第一、二位为公司发起人股东,其股份变动是因公司报告期内实施资本公积金转增股本所致;第三至第十位股东所持股份的变动是因其买卖公司 A 股或 B 股的交易行为所致。(2)前十名股东之间不存在关联关系。

3、持股 5%以上(含 5%)及控股股东介绍

(1)淄博鲁诚纺织有限公司

法人代表:刘子斌　　　　注册资本:867万元人民币

经营范围:从事纺织品、针织品、服装及其它缝纫制品等。

说明:淄博鲁诚纺织有限公司为本公司的第一大股东,亦为公司的实际控制股东,该公司成立于1998年9月,是在原公司发起人淄博第七棉纺厂的基础上改制而成的,本年末持有本公司股份3789.5万股,占公司股本的14%,系发起人股,未上市流通,亦无股份质押和冻结情况。

(2)泰纶(泰国)纺织有限公司

法人代表:许植楠

经营范围:纺纱

说明:该公司为本公司并列第一大股东,年末所持本公司股份3789.5万股,占公司股本的14%,系外资发起人股,未上市流通,亦无股份质押和冻结情况。

第四节　董事、监事、高级管理人员和员工情况

一、基本情况

姓名	职务	性别	年龄	任期	期初持股数	期末持股数
刘石祯	董事长兼总经理	男	62	2001/5/7－2004/5/7	84,800	110,240
陈有汉	副董事长	男	69	2001/5/7－2004/5/7		
许植楠	董事兼副总经理	男	72	2001/5/7－2004/5/7		
李景河	董事	男	77	2001/5/7－2004/5/7		
陈锐谋	董事	男	58	2001/5/7－2004/5/7		
苏化生	董事兼总会计师	男	58	2001/5/7－2004/5/7	19,600	25,480
孙志刚	董事	男	40	2001/5/7－2004/5/7	11,800	15,340
王方水	董事兼总工程师	男	41	2001/5/7－2004/5/7	10,000	13,000
秦桂玲	董事兼董事会秘书	女	36	2001/5/7－2004/5/7	12,000	15,600
刘子斌	董事	男	37	2001/5/7－2004/5/7		
藤原英利	董事	男	62	2001/5/7－2004/5/7		
李同民	监事兼生产部经理	男	46	2001/5/7－2004/5/7	13,200	17,160
朱令文	监事兼国外业务部经理	男	48	2001/5/7－2004/5/7	28,000	36,400
赵可桂	监事兼总经济师	男	55	2001/5/7－2004/5/7	20,000	26,000

说明:公司董事、监事及高管人员所持股份的变更原因为公司报告期内实施资本公积金转增股本所致。

二、年度报酬情况

1、董事、监事兼任公司高级管理人员,公司根据其担任的职务及贡献,按公司的工资制度确定其报酬及奖励情况。

2、现任董事、监事中有4人不在本公司领取报酬,分别为:陈有汉、许植楠、李景河、陈锐谋,其中许植楠在股东单位泰纶纺织有限公司领取报酬,公司没有为其提供其他津贴。

3、在公司领取报酬的董事、监事和高级管理人员的年度报酬总额为262.27万元,其中金额最高的前三名董事的报酬总额为155.07万元,金额最高的前三名高级管理人员的报酬总额为155.07万元。

董事、监事和高级管理人员的年度报酬区间为:100万元以上1人,20—30万元3人,10—20万元5人,5万元以下1人。

4、本报告期内董事变更情况:公司董事李振伟、赵可树两人因任期届满提出辞去公司董事职务,经2000年年度股东大会换届选举增补刘子斌、孙志刚为公司第三届董事会成员。

第五节　公司治理结构

一、公司治理情况

公司严格按照《公司法》、《证券法》和中国证监会有关法律法规的要求,不断完善公司法人治理结构、建立健全现代企业制度,规范公司运作机制,制定了《公司章程》,并根据各项法规的要求对公司章程进行了进一步的修订和完善。公司治理现状如下:

1、股东与股东大会:公司按照《公司章程》及其他有关规定召集、召开股东大会,保证股东按其持有的股份享有平等的权利。公司按《深圳证券交易所上市规则》等有关信息披露的要求,通过三家证监会指定报刊、指定网站及公司网站披露公司重大信息,保证全体股东的知情权。公司现已根据《上市公司治理准则》等有关上市公司治理的规范性文件制订了《股东大会议事规则》,待提交公司2001年度股东大会批准后生效。

2、控股股东与公司:公司与控股股东(公司第一大股东)之间已经实现了人员、资产、财务完全分开,组织机构、生产、经营业务独立,独立核算、独立照章纳税,独立承担责任和风险。不存在控股股东占用上市公司资产的情况。

3、董事与董事会:公司按照《公司章程》及有关规定选聘董事,董事的人数及构成符合有关法律、法规的要求。董事能根据公司全体股东的最大利益,忠实、诚信、勤勉地履行职责。公司现已根据《上市公司治理准则》等有关上市公司治理的规范性文件制订了《董事会议事规则》,待提交公司股东会批准后生效。

4、绩效评价与激励约束机制:公司准备在独立董事到位后,设立董事会专门委员会,待各委员会成立后,公司将建立健全公司董事、监事及高级管理人员的激励约束机制。

5、利益相关者:公司一向尊重和维护银行及其他债权人、公司员工、客户、社区等其他利益相关者的合法权益。

6、持续信息披露情况:公司严格按照《深圳证券交易所上市规则》等有关信息披露的要求,能准确、及时、完整地通过三家证监会指定报刊、指定网站及公司网站披露公司重大信息,公司董事会秘书负责信息披露、接待来访、回答咨询、联系股东等事项。公司现已根据《上市公司治理准则》等有关上市公司治理的规范性文件制订了《信息披露制度》,待提交公司董事会批准后生效。

7、公司已根据《上市公司治理准则》、《上市公司建立独立董事制度的指导意见要求》的要求,对《公司章程》进行了相应修改。公司目前尚未设立独立董事,但公司董事会已确定了两名独立董事候选人,准备提交2001年度股东大会批准。

二、独立董事履行职责情况

公司董事会根据中国证监会发布的《关于在上市公司建立独立董事制度的指导意见》的规定要求,已经修订了《公司章程》等有关文件,并已确定了2名独立董事候选人,待2001年度股东大会审议通过后就任。

三、公司与控股股东在业务、人员、资产、机构及财务方面的分开情况:

1、业务分开情况:公司在业务上与控股股东已完全分开,具有完全独立的产、供、销系统和自主独立的经营运作能力。

2、人员分开情况:公司在劳动、人事、工资管理方面完全独立,具有独立完整的自主能力。

3、资产分开情况:公司具有完整的法人财产权,拥有独立的生产系统、辅助生产系统和配套设施;对工业产权、商标、非专利技术等无形资产具有独立所有权。

4、机构分开方面:公司组织机构完全独立,不存在与控股股东合署办公的情况。

5、财务分开方面:公司具有独立的财务部门,有规范的财务核算体系和财务管理制度,有独立的银行帐户。

第六节　股东大会情况简介

公司本报告期内共召开了两次股东大会,即2000年年度股东大会和2001年第一次临时股东大会。会议由广东博洋律师事务所出具了法律意见书。

1、2000年年度股东大会于2001年5月10日在公司召开。会议审议通过的决议及广东博洋律师事务所为本次股东大会出具的法律意见书公告刊登于2001年5月11日的《证券时报》、《上海证券报》和《香港商报》上。

2、2001年第一次临时股东大会于2001年9月12日在公司召开。会议审议通过的决议及广东博洋律师事务所为本次股东大会出具的法律意见书公告刊登于2001年9月13日的《证券时报》、《上海证券报》和《香港商报》上。

第七节　董事会报告

一、公司本报告期的经营情况

(一)主营业务的范围及其经营状况

1、公司经营范围:公司是集纺纱、漂染、织布、后整理及制衣于一体的高度垂直综合生产的企业,主导产品为衬衫用色织面料。公司产品86%以上出口,市场覆盖日本、韩国、美国、英国、意大利等三十多个国家和地区,是亚洲最大的色织布生产基地。

2、主营业务的范围及其经营状况

单位:千元

产品	营业收入 2001年	营业收入 2000年	营业成本 2001年	营业成本 2000年	营业毛利 2001年	营业毛利 2000年
纺纱	35,443	278	35,722	1,616	－279	－1,339
坯布	3,999	815	4,288	737	－290	78
衬衫色织面料	623,454	403,519	444,687	274,794	178,768	128,725
衬衣	114,022	76,889	65,425	49,120	48,597	27,769
其他	8,776	4,427	6,316	4,523	2,460	－95
合计	785,694	485,928	556,438	330,790	229,256	155,138

3、主要产品的市场占有情况

单位:千元

项目	2001年	比例(%)	2000年	比例(%)
日本	147,501	18.77	70,491	14.51
香港	271,004	34.49	185,289	38.13
东南亚	162,668	20.71	105,569	21.73
欧洲	56,169	7.15	41,593	8.56
南美洲	27,051	3.44	26,061	5.36
其他	8,674	1.10	－－	－－
国内	112,627	14.34	56,926	11.71
合计	785,694	100.00	485,929	100.00

占公司主营业务收入10%以上的业务为衬衫色织面料、衬衣业务,分别占主营业务收入的79.35%、14.51%,属于纺织、服装行业。

4、本报告期内公司主营业务、产品品种及结构均未发生重大变化。

(二)主要供应商、客户情况:

公司报告期内向前五名供应商合计采购金额2.99亿元占全年采购总额的比例为41.70%。

公司报告期内向前五名客户合计销售金额4.48亿元占全年销售总额的比例为57.06%。

(三)在经营中出现的问题与困难及解决情况

公司本年度生产经营情况良好,经营过程中没有遇到重大的问题与困难。

(四)盈利预测的披露情况

公司在2000年11月增发A股时的招股意向书中曾披露过对本报告期的盈利预测和主营业务收入,实际完成数均未超过预测数的20%。

二、报告期内募集资金延续使用情况

1、募集资金时承诺投资项目、项目进度与实际投资项目、进度的异同

单位:万元

承诺投资项目	实际投资项目	计划投资	实际投资	投入资金比例
1、高档色织面料技改项目	相同	26731	27182.66	101.69%
2、高档面料后整理技改项目	相同	15630	5404.14	34.58%
3、东营天信合资项目	相同	6500	6500.00	100.00%
4、补充流动资金	相同	7000	7000.00	100.00%
5、液氨整理项目	相同	5000	2473.42	49.47%
6、纺纱技术改造项目	相同	3027	3170.59	104.74%
7、漂染设备改造项目	相同	3192	3305.40	103.55%
8、成立鲁泰香港有限公司	相同	636	0	0
9、2万锭COM纺纱项目	相同	13500	1458.45	10.80%
合计		81216	56494.66	

说明:1—4项目为公司前次增发A股的承诺项目。

5—8项目是增发完成后经过股东大会审议通过的增发A股超额募集资金的投资项目。

尚未使用的募集资金用于归还银行贷款及投资国债业务。

2、实际投资未发生变更项目情况

(1)高档色织面料技术改造项目,本报告期内一、二、三期工程已全部投产,报告期内新增销售收入22131万元,新增利润4412万元。

(2)与东营天信合资组建的《东营鲁信纺织有限公司》已于2001年3月1日正式注册,投入生产运营。报告期内实现销售收入5949万元,实现利润195.26万元。

3、实际投资发生变更项目情况

(1)报告期内改变2万锭COM纺纱生产线的投资方式,由原计划全额投资13500万元的独立项目变更为与淄博泰美领带有限公司共同投资组建淄博鲁华纺织有限公司。该公司注册资本800万元,本公司出资720万元,占注册资本的90%,该项变更已经公司三届五次董事会审议并形成决议,该项决议公告及关联交易公告、变更募集资金投资公告均已刊登在2001年12月22日的《证券时报》《上海证券报》《香港商报》上,并将提交2001年年度股东大会批准。

(2)《高档面料后整理技术改造项目》,该项目计划投资15630万元,生产用厂房已全部完工,一条生产线已安装完毕并投入生产运行。公司根据市场变化,对该项目的工艺配置进行了调整,另外,通过招标采购使设备价格较预算有所下降,因此,该项目再需投资4600万元即可满足现有6000万米色织布生产能力的要求,暂时不需要增加投资。公司计划将该项目节余的5625万元资金投入2万锭COM纺纱扩建项目,此资金的投向变更待2001年度股东大会审议批准后实施。

三、报告期内公司的财务状况和经营成果分析

(一)报告期内财务指标对比

指标项目	2001年12月31日	2000年12月31日	增减(%)
总资产	1,489,356,674.15	1,418,552,507.87	4.99
长期负债	0	0	
股东权益	1,240,012,124.65	1,211,056,058.77	2.39
主营业务利润	229,091,564.62	155,108,677.51	47.70
净利润	114,127,427.79	86,511,010.18	31.92

(二)报告期财务指标变动原因

本报告期末公司拥有总资产1,489,356,674.15元,比去年同期增长4.99%,主要系本年度少数股东权益、盈余公积、未分配利润等增加所致;长期负债没有变化;股东权益的增长2.39%,主要系盈余公积金和未分配利润的增加所致,主营业务利润增长了47.7%,净利润增长31.92%,主要系报告期生产规模扩大,产品产量和销量的提高所致。

四、公司2002年度的经营计划(以下数据未经注册会计师鉴定)

在新年度的生产经营中,公司将进一步强化市场开拓,国内外市场并重;深化成本管理,加强消耗控制;完善管理机制,优化资源配置;加大技术创新力度,突出品质管理;有效实施ISO9000和ISO14000国际标准化管理。结合公司新项目的进展制定如下工作目标:

1.产量计划

纱:3171吨(平均纱支60支);

色织面料:5800万米(折73纬密),比去年同期增加20.83%;

衬 衣:380万标准件,比去年同期提高26.67%;

2、创汇:10000万美元,比去年同期提高15.73%;

3、销售收入:100000万元,比去年同期提高34.59%;

4、新项目投资情况:

(1)按计划继续实施2万锭COM纺纱项目、高档面料后整理技改项目及液氨整理项目。

(2)用自有资金投资900万元对漂染工厂进行技术改造。

(3)用自有资金投资510万元对织布工厂进行技术改造。

(4)用自有资金投资2300万元新建年产150万件高档衬衣生产线项目。

(5)用增发A股超募资金投资12000万元扩建2万锭COM纺纱项目。

五、公司2001年度的利润分配预案:

经山东正源和信有限责任会计师事务所审计,公司2001年度实现净利润114,439,698.23元人民币,按照《公司法》和《公司章程》规定提取10%法定公积金计11,443,969.82元;提取5%法定公益金计5,721,984.91元,可供分配利润为97,273,743.50元。公司董事会提议的预分方案为:1、以2001年末总股本27079万股为基数,按每10股分派现金3.18元人民币(含税),其中B股按1:1.06的汇率折算,每10股分派现金3.00元港币(按国税发[1993]45号规定免税)。2、实施上述分配实际分配股息86,111,220.00元人民币,剩余利润为11,162,523.50元转到以后年度。3、以2001年末总股本27079万股为基数,对全体股东每10股转增3股。

上述分配方案须提交2001年度股东大会审议通过。

公司2002年度利润分配政策:2002年至少分配一次,时间为2002年度结束后;实际分配数不低于可供分配利润的50%,2001年度未分配利润用于2002年股利分配的比例为100%;分配方式为现金分配;2002年度资本公积金转增股本的次数不低于一次,比例不超过每10股转增3股;以上政策具体实施时由董事会根据公司当时的情况提出分配预案提交股东大会审议后执行。董事会保留根据当时实际情况对该政策进行相应修改的权利。

第八节 监事会报告

一、报告期公司监事会的工作情况

本报告期内公司监事全部列席了公司五次董事会会议,共召开监事会会议4次,各次会议情况如下:

1、本期第一次监事会于2001年3月18日在公司召开,会议应到监事3人,实到监事3人,会议审议通过了以下事项:

(1)监事会2000年度工作报告。

(2)监事会换届选举的议案。

此次会议决议公告刊登在2001年3月20日的《证券时报》《上海证券报》及《香港商报》。

2、报告期第二次监事会于2001年5月10日在公司召开,3名监事全部到会,会议选举李同民为公司第三届监事会主席。

此次监事会决议公告刊登在2001年5月11日的《证券时报》《上海证券报》及《香港商报》。

3、报告期第三次监事会于2001年7月31日在公司召开,3名监事全部到会,会议审议通过了如下事项:

(1)公司2001年度中期报告及摘要。

(2)对公司2001年上半年工作作了评价。

此次监事会决议公告刊登在2001年8月2日的《证券时报》《上海证券报》及《香港商报》。

4、报告期第四次监事会于2001年12月20日在公司召开,3名监事全部到会,会议审议通过了如下事项:

(1)关于公司董事会拟与淄博泰美领带有限公司组建淄博鲁华纺织有限公司的有关事项进行讨论。

(2)关于公司2万锭COM纺纱项目变更投资方式的议案。

此次会议决议公告刊登在2001年12月22日的《证券时报》《上海证券报》及《香港商报》。

二、监事会发表的独立意见:

1、公司依法运作情况:公司决策程序合法,具有比较完整的内控机制,公司董事、经理执行公司职务时无违反法律、法规、公司章程或损害公司利益的行为。

2、检查公司财务情况:监事会审核了由山东正源和信有限责任会计师事务所和普华永道中国有限公司为公司出具的财务报告,认为财务报告真实的反映了公司的财务状况和经营成果。

3、公司前次募集资金实际投入项目与承诺投入项目一致,前次募集资金中超额募集部分的投资程序符合有关规定。公司关于COM纺纱项目的投资方式变更及后整理项目的投资额变更事项,监事会认为该变更只是投资方式及投资额的变更,涉及该项目的其他内容:发展前景、盈利能力、有关风险等未发生变化,也未涉及资产收购及所有者权益的变更,因此一致同意董事会的该项变更事宜。董事会将该事项提交2001年度股东大会审议通过后方可实施。

4、本报告期内公司未发生过收购、出售资产情况。

5、监事会认为公司的关联交易是公平的,无损害上市公司利益。

6、山东正源和信有限责任会计师事务所与普华永道中国有限公司分别为公司出具了无保留意见的2001年度境内、境外审计报告。

第九节 重要事项

一、重大诉讼、仲裁事项:本年度公司无重大诉讼、仲裁事项。

二、本报告期内公司未发生收购及出售资产、吸收合并事项。

三、公司报告期内发生的重大关联关系及交易事项

(一)关联方关系

1、存在控制关系的关联方

企业名称	注册地	主营业务	与本公司关系	经济性质或类型	法定代表人
鲁诚纺织有限公司	淄博市	纺织品的生产销售	中方发起人	有限责任公司	刘子斌
泰国泰纶纺织有限公司	泰国	纺纱业务	外方发起人	有限责任公司	许植楠
青岛鲁泰	青岛市	国际贸易、转口贸易 加工整理、区内企业贸易	控股子公司	有限责任公司	刘石祯
北京鲁泰	北京市	设计、制造销售服装等	控股子公司	有限责任公司	田 成
北京思创	北京市	设计生产销售服装服饰	控股子公司	中外合资	刘石祯
东营鲁信纺织有限公司	东营市	生产销售棉纱等纺织品	控股子公司	有限责任公司	崔殿文
淄博鲁华纺织有限公司	淄博市	纺纱织布服装的生产销售	控股子公司	有限责任公司	刘石祯

2、存在控制关系的关联方的注册资本及其变化

企业名称	期初数	本期增加	本期减少	期末数
鲁诚纺织有限公司	867万元			867万元
青岛鲁泰	160万元			160万元
北京鲁泰	560万元			560万元
北京思创	100万美元			100万美元
东营鲁信		10,000万元		10,000万元
淄博鲁华		800万元		800万元

3、存在控制关系及关联方所持股份或权益及其变化

企业名称	期初数		本期增加		本期减少		期末数	
	金 额	比例(%)	金 额	比例(%)	金 额	比例(%)	金 额	比例(%)
鲁诚纺织有限公司	2,915万	14.00	874.5万				3,789.5万	14.00
泰国泰纶纺织有限公司	2,915万	14.00	874.5万				3,789.5万	14.00
青岛鲁泰	120万	75.00					120万	75.00
北京鲁泰	336万	60.00					336万	60.00
北京思创	60万美元	60.00					60万美元	60.00
东营鲁信			6,500万	65.00			6,500万	65.00
淄博鲁华			720万	90.00			720万	90.00

4、不存在控制关系的关联方

企业名称	与本公司的关系
施丹露化妆品有限公司	联营企业
泰美领带有限责任公司	同一母公司

泰美领带有限责任公司是鲁泰纺织股份有限公司的中方股东－鲁诚纺织有限公司投资(占泰美领带有限责任公司注册资本的75%)的企业。

(二)关联方交易

1、公司与关联方的所有销售及采购业务均公允价格交易,与合并子公司之间的往来款项及余额已抵销。

2、采购业务	上年发生数	本年发生数
公司向施丹露化妆品公司和泰美领带有限责任公司采购制成品	429,344.80	1,430,200.65
公司从鲁诚纺织有限公司采购原材料	557,591.77	
制成品		1,358,070.33
3、销售业务		
公司向鲁诚纺织有限公司销售产成品	10,649,024.54＊	791,002.95
原材料		69,609.10
公司向施丹露化妆品公司和泰美领带有限责任公司销售原材料等		49,282.49
＊:公司销售衬衣等。		
4、应收及应付关联方款项	期初数	期末数
其他应付款－鲁诚纺织有限公司	1,486,308.60	0.00
预付帐款－施丹露化妆品有限公司	1,835.11	0.00
预收帐款－青岛鲁泰	612,169.14	0.00
其他应收款－青岛鲁泰	212,623.29	0.00
5、其他		
	上年发生数	本年发生数
公司租用鲁诚纺织有限公司土地房屋租金	1,486,308.60	2,097,687.64
公司雇佣鲁诚纺织有限公司临时工劳务费	14,210,000.00	20,339,250.00

四、公司重大合同及履行情况

1、本报告期内公司发生托管、承包、租赁其他公司资产事项:

本报告期内公司租赁淄博鲁诚纺织有限公司的土地92.09亩和房屋6484.71平方米的使用权,本年度支付租金209.76万元。

2、重大担保:本公司至报告期末没有对外担保事项。

3、本报告期内及以前，公司未发生委托他人进行现金资产管理事项。

4、本报告期内其他重大合同。

A、公司与瑞士立达机械有限公司分别签定的购买清梳联设备合同、购买精梳机设备合同、购买并条机、细纱机设备合同，合同金额分别为 125.4 万美元、88.7 万美元、529.1 万美元。

B、公司与大阪日进株式会社签定的购买自动络筒机设备合同，合同金额 135.5 万美元。

五、公司或持股 5% 以上股东的承诺情况：

本年度内公司承诺的 2000 年度利润分配方案已于 2001 年 5 月份实施完毕，承诺的 2001 年度利润分配政策“2001 年实现的可供分配利润用于分配的比例计划为 50% 左右，方式采用现金分配。该分配政策应视 2001 年度实际情况进行相应调整、并提交股东大会批准实施”。此项承诺已在本次董事会提交的关于 2001 年度利润分配预案中得到体现。

六、公司续聘山东正源和信有限责任会计师事务所和普华永道中国有限公司为本公司的财务审计机构，报告年度支付给审计机构的审计费分别为 35 万元和 70 万元。

七、公司、公司董事会及董事在报告期内没有受中国证监会稽查、中国证监会行政处罚、通报批评、证券交易所公开谴责的情形。

八、公司报告期内公司未发生其他重大事件。

第十节　财务报告

公司 2001 年度会计报表已经山东正源和信有限责任会计师事务所(境内)和普华永道中国有限公司(境外)审计并分别出具了标准无保留意见的审计报告。

一、会计报表(见附表)

二、报告期内会计政策、会计估算未发生变更；合并会计报表范围增加了东营鲁信纺织有限公司。其原因为：东营鲁信纺织有限公司是公司与东营天信纺织有限公司合资组建，公司持股 65%，于 2001 年 2 月 23 日注册成立，2001 年 3 月开始生产经营，本期开始纳入合并报表范围。

第十一节　备查文件目录

一、载有公司法定代表人、总会计师、会计主管人员签名并盖章会计报表。

二、载有会计师事务所盖章、注册会计师签名并盖章的审计报告原件。

三、报告期内在《证券时报》、《上海证券报》及《香港商报》公开披露过的所有公司文件的正本及公告原稿。

鲁泰纺织股份有限公司董事会

二〇〇二年三月二十九日

利润表及利润分配表

编制单位：鲁泰纺织股份有限公司　　2001 年度　　金额单位：人民币元

项　目	附注	母公司		合　并	
		本年发生数	上年发生数	本年发生数	上年发生数
一、主营业务收入	29	743,642,816.98	487,043,358.28	785,693,831.68	485,928,527.85
减:主营业务成本	29	526,262,302.07	333,993,789.71	556,437,866.83	330,789,885.78
主营业务税金及附加				164,400.23	29,964.56
二、主营业务利润		217,380,514.91	153,049,568.57	229,091,564.62	155,108,677.51
加:其他业务利润	30	1,780,134.69	1,120,274.06	3,051,741.45	1,929,442.04
减:营业费用		26,905,482.89	18,493,236.63	32,691,455.26	19,331,756.28
管理费用		59,699,003.79	25,986,473.35	66,173,369.89	27,594,984.90
财务费用	31	-4,034,775.58	12,609,299.04	-4,138,919.15	12,596,722.70
三、营业利润		136,590,938.50	97,080,833.61	137,417,400.07	97,514,655.67
加:投资收益	32	1,465,733.40	-209,997.60	1,610,772.25	-32,244.08
补贴收入					
营业外收入	33	552,083.60	1,219,250.33	578,561.31	1,221,770.33
减:营业外支出	34	6,596,904.35	408,377.16	6,639,351.43	425,047.16
四、利润总额		132,011,851.15	97,681,709.18	132,967,382.20	98,279,134.76
减:所得税	35	17,572,152.92	11,747,004.81	19,002,020.37	11,845,504.83
少数股东损益				-162,065.96	-77,380.25
五、净利润		114,439,698.23	85,934,704.37	114,127,427.79	86,511,010.18
加:年初未分配利润			7,656,173.87	280,875.69	7,360,743.75
其他转入					
六、可供分配的利润		114,439,698.23	93,590,878.24	114,408,303.48	93,871,753.93
减:提取法定盈余公积		11,443,969.82	8,593,470.44	11,570,890.22	8,593,470.44
提取法定公益金		5,721,984.91	4,296,735.22	5,785,445.11	4,296,735.22
提取职工奖励及福利基金					
提取储备基金					
利润归还投资					
七、可供股东分配的利润		97,273,743.50	80,700,672.58	97,051,968.15	80,981,548.27
减:应付优先股股利					
提取任意盈余公积			3,341,572.58		3,341,572.58
应付普通股股利		86,111,220.00	77,359,100.00	86,111,220.00	77,359,100.00
转作股本的普通股股利					
八、未分配利润		11,162,523.50	0	10,940,748.15	280,875.69

利润表补充资料

项　目	本年累计数	上年实际数
1、出售、处置部门或被投资单位所得收益		
2、自然灾害发生得损失		
3、会计政策变更减少利润总额	4,752,430.97	
4、会计估计变更增加(或减少)利润总额		
5、债务重组损失		
6、其他		

资 产 负 债 表

2001 年 12 月 31 日

编制单位:鲁泰纺织股份有限公司　　　　金额单位:人民币元

资　产	附注	母公司		合　并	
		期末数	期初数	期末数	期初数
流动资产:					
货币资金	1	164,304,166.11	614,084,900.72	172,277,935.43	616,656,135.18
短期投资	2	40,000,000.00		40,000,000.00	
应收票据	3	63,732,065.87	46,030,687.78	63,832,065.87	46,030,687.78
应收股利		1,078,823.40			
应收利息					
应收帐款	4	14,957,824.83	12,202,524.26	16,727,043.16	11,288,638.88
其他应收款	5	22,429,090.48	18,861,573.13	17,764,638.76	19,296,655.55
预付帐款	6	46,075,396.00	54,018,997.78	55,773,394.71	56,032,186.24
应收补贴款	7	58,737,376.19		58,737,376.19	
存货	8	222,392,336.74	140,193,861.21	261,140,707.38	150,095,720.04
待摊费用	9	843,028.94	382,251.21	1,480,028.71	742,717.83
一年内到期的长期债券投资					
其他流动资产					
流动资产合计		634,550,108.56	885,774,796.09	687,733,190.21	900,142,741.50
长期投资:					
长期股权投资	10	79,790,065.91	8,833,798.87	7,866,339.97	686,210.68
长期债权投资					
长期投资合计		79,790,065.91	8,833,798.87	7,866,339.97	686,210.68
合并价差					
固定资产:					
固定资产原价	11	845,614,340.56	511,255,732.56	931,514,833.72	517,506,257.88
减:累计折旧	11	213,356,916.96	178,542,761.07	232,648,003.16	179,197,071.37
固定资产净值		632,257,423.60	332,712,971.49	698,866,830.56	338,309,186.51
减:固定资产减值准备		1,258,293.14		1,258,293.14	
固定资产净额		630,999,130.46	332,712,971.49	697,608,537.42	338,309,186.51
工程物资	12	44,419,314.26	95,480,476.56	44,419,314.26	95,480,476.56
在建工程	13	26,647,067.34	61,964,719.78	26,741,067.34	61,998,344.76
固定资产清理					
固定资产合计		702,065,512.06	490,158,167.83	768,768,919.02	495,788,007.83
无形资产及其他资产:					
无形资产:	14	21,584,788.19	18,561,216.99	24,332,511.19	18,561,216.99
长期待摊费用	15		2,451,177.00	655,713.76	3,374,330.87
其他长期资产					
无形资产及其他资产合计		21,584,788.19	21,012,393.99	24,988,224.95	21,935,547.86
递延税项					
递延税款借项					
资产总计		1,437,990,474.72	1,405,779,156.78	1,489,356,674.15	1,418,552,507.87
负债及股东权益	附注	母公司		合并	
		期末数	期初数	期末数	期初数
流动负债:					
短期借款	16		24,012,000.00		24,012,000.00
应付票据	17	500,000.00		500,000.00	
应付帐款	18	42,430,082.18	30,009,435.23	47,984,465.44	34,210,435.09
预收帐款	19	4,868,626.05	6,237,589.58	5,042,567.10	6,577,434.59
应付工资	20	7,873,735.28	5,570,888.51	8,193,735.28	5,570,888.51
应付福利费			-195,802.57	234,797.60	-66,873.82
应付股利	21	86,645,476.80	80,772,673.00	87,226,381.70	80,772,673.00
应交税金	22	40,531,571.55	33,479,496.75	41,515,252.46	33,050,932.63
其他应交款				20,026.17	629.3
其他应付款	23	11,435,849.14	14,006,462.71	14,497,824.61	16,558,298.68
预提费用	24	3,661,614.32	1,111,230.49	4,813,612.44	1,751,173.56
预计负债					
一年内到期的长期负债					
其他流动负债					
流动负债合计		197,946,955.32	195,003,973.70	210,028,662.80	202,437,591.54
长期负债					
长期借款					
应付债券					
长期应付款					
专项应付款					
其他长期负债					
长期负债合计					
递延税项:					
递延税款贷项					
负债合计		197,946,955.32	195,003,973.70	210,028,662.80	202,437,591.54
少数股东权益				39,315,886.70	5,058,857.56
股东权益:					
股本	25	270,790,000.00	208,300,000.00	270,290,000.00	208,300,000.00
减:已归还投资					
股本净额		270,790,000.00	208,300,000.00	270,790,000.00	208,300,000.00
资本公积	26	891,395,101.17	952,945,243.08	891,395,101.17	952,945,243.08
盈余公积	27	66,695,894.73	49,529,940.00	66,866,275.33	49,529,940.00
其中:公益金		20,905,025.05	15,183,040.14	20,968,485.25	15,183,040.14
未分配利润	28	11,162,523.50		10,940,748.15	280,875.69
股东权益合计		1,240,043,519.40	1,210,775,183.08	1,240,012,124.65	1,211,056,058.77
负债及股东权益总计		1,437,990,474.72	1,405,779,156.78	1,489,356,674.15	1,418,552,507.87

现 金 流 量 表

编制单位:鲁泰纺织股份有限公司　2001 年度　金额单位:人民币元

项　目	行次	母公司	合　并
一、经营活动产生的现金流量:			
销售商品、提供劳务收到的现金	1	774,584,246.56	820,924,447.84
收到的税费返还	2	19,221,548.38	19,221,548.38
收到的其他与经营活动有关的现金	3		36,453,791.54
现金流入小计	4	793,805,794.94	876,599,787.76
购买商品、接受劳务支付的现金	5	568,853,190.32	616,700,560.42
支付给职工以及为职工支付的现金	6	53,943,024.67	62,499,619.49
支付的各项税费	7	61,142,597.34	63,693,795.78
支付的其他与经营活动有关的现金	8	79,217,323.82	126,053,455.75
现金流出小计	9	763,156,136.15	868,947,431.44
经营活动产生的现金流量净额	10	30,649,658.79	7,652,356.32
二、投资活动产生的现金流量:			
收回投资所收到的现金	11	40,000,000.00	40,000,000.00
取得投资收益所收到的现金	12	1,628,052.31	1,628,052.31
处置固定资产、无形资产和其他长期资产所收回的现金净额	13	237,862.05	305,557.05
收到的其他与投资活动有关的现金	14		
现金流入小计	15	41,865,914.36	41,933,609.36
购建固定资产、无形资产和其他长期资产所支付的现金	16	267,622,659.13	304,264,342.54
投资所支付的现金	17	152,200,000.00	87,200,000.00
支付的其他与投资活动有关的现金	18		
现金流出小计	19	419,822,659.13	391,464,342.54
投资活动产生的现金流量净额	20	-377,956,744.77	-349,530,733.18
三、筹资活动产生的现金流量:			
吸收投资所收到的现金	21		
借款所收到的现金	22		
收到的其他与筹资活动有关的现金	23		
现金流入小计	24		
偿还债务所支付的现金	25	24,012,000.00	24,012,000.00
分配股利、利润或偿付利息所支付的现金	26	80,459,485.01	80,480,673.29
支付的其他与筹资活动有关的现金	27		
现金流出小计	28	104,471,485.01	104,492,673.29
筹资活动产生的现金流量净额	29	-104,471,485.01	-104,492,673.29
四、汇率变动对现金的影响	30	1,997,836.38	1,992,850.40
五、现金及现金等价物净增加额	31	-449,780,734.61	-444,378,199.75
补充资料		母公司	合并
1、将净利润调节为经营活动的现金流量:			
净利润	32	114,439,698.23	114,127,427.79
加:计提的资产减值准备	33	12,845,203.15	12,868,234.79
固定资产折旧	34	43,224,655.02	48,261,674.98
无形资产摊销	35	4,117,232.80	4,367,002.80
长期待摊费用摊销	36	2,451,177.00	3,595,172.91
待摊费用减少(减:增加)	37	-460,777.73	-737,310.18
预提费用增加(减:减少)	38	2,550,383.83	3,062,438.88
处置固定资产、无形资产和其他长期资产的损失(减收益)	39	5,231,340.82	5,275,566.21
固定资产报废损失	40		
财务费用	41	-1,776,767.57	-1,795,721.49
投资损失(减:收益)	42	-1,465,733.40	-1,610,772.25
递延税款贷项(减:借项)	43		
存货的减少(减:增加)	44	-88,937,779.40	-117,934,503.41
经营性应收项目的减少(减:增加)	45	-97,115,712.53	-88,510,803.70
经营性应付项目的增加(减:减少)	46	35,550,239.13	27,032,309.42
其他	47	-3,500.56	-348,360.43
经营活动产生的现金流量净额	48	30,649,658.79	7,652,356.32
2、不涉及现金收支的投资和筹资活动			
债务转为资本	49		
一年内到期的可转换公司债券	50		
融资租入固定资产	51		
3、现金及现金等价物净增加情况			
现金的期末余额	52	164,304,166.11	172,277,935.43
减:现金的期初余额	53	614,084,900.72	616,656,135.18
加:现金等价物的期末余额	54		
减:现金等价物的期初余额	55		
现金及现金等价物净增加额	56	-449,780,734.61	-444,378,199.75

000727 南京华东电子信息科技股份有限公司

2001 年年度报告摘要

一、公司基本情况简介

1、公司法定中文名称:南京华东电子信息科技股份有限公司
公司法定英文名称:Nanjing Huadong Electronics Information & Technology Co.,Ltd
2、公司法定代表人:赵竞成
3、公司董事会秘书:伍华林
公司证券事务代表:董学山
联系地址:南京市汉中路 89 号金鹰国际商城 26 楼
电　　话:025-470090-568/228　025-5311050-2231
传　　真:025-4702989　　025-5319623
电子信箱:whl@hdeg.com
4、公司注册地址:南京市浦口高新技术产业开发区 D03 栋
公司办公地址:南京市汉中路 89 号金鹰国际商城 26 楼
邮政编码:210029
公司电子信箱:hddz@hdeg.com
5、公司选定的信息披露报纸:《中国证券报》、《证券时报》
登载公司年度报告的中国证监会指定国际互联网网址:http://www.cninfo.com.cn
公司年度报告备置地点:公司证券处
6、公司股票上市交易所:深圳证券交易所
股票简称:华东科技　　股票代码:000727

二、会计数据和业务数据摘要

1、2001 年度主要利润指标　　单位:人民币元

项目	金额
利润总额	60,758,801.55
净利润	53,838,847.33
扣除非经常性损益后的净利润	50,237,756.81
主营业务利润	56,334,951.47
其他业务利润	5,029,231.86
营业利润	25,992,865.66
投资收益	35,695,450.31
补贴收入	-
营业外收支净额	-929,514.42
经营活动产生的现金流量净额	-28,152,996.30
现金及现金等价物净增减额	-77,685,013.43

2、公司近三年主要会计数据及财务指标

财务指标	单位	2001 年度	2000 年度	1999 年度
主营业务收入	元	302,723,233.77	276,817,541.89	304,397,170.69
净利润	元	53,838,847.33	99,362,952.18	45,907,147.20
总资产	元	1,376,202,017.94	1,134,599,186.03	1,034,103,147.21
股东权益	元	830,928,065.22	808,969,895.26	749,805,788.06
每股收益(摊薄)	元	0.172	0.317	0.19
每股收益(加权)	元	0.172	0.317	0.21
每股收益(扣除非经常性损益)	元	0.160	0.270	0.16
每股净资产	元	2.649	2.579	3.11
调整后的每股净资产	元	2.615	2.559	3.10
每股经营活动产生的现金流量净额	元	-0.6648	0.631	0.38
净资产收益率(摊薄)	%	6.479	12.283	6.12
净资产收益率(加权)	%	6.441	12.565	7.69
净资产收益率(摊薄)(扣除非经常性损益)	%	6.046	10.486	5.12
净资产收益率(加权)(扣除非经常性损益)	%	6.010	10.610	6.43

3、报告期利润表附表

2001 年度利润	净资产收益率(%)		每股收益(元)	
	全面摊薄	加权平均	全面摊薄	加权平均
主营业务利润	6.780	6.740	0.180	0.180
营业利润	3.128	3.110	0.083	0.083
净利润	6.479	6.441	0.172	0.172
扣除非经常性损益后的净利润	6.046	6.010	0.160	0.160

注:利润表附表的利润数据是按照中国证监会《公开发行证券公司信息披露编报规则(第 9 号)》要求计算的。

三、股本变动和主要股东持股情况

(一)公司股本变动情况
1、股份变动情况表

数量单位:股

	本次变动前	本次变动增减(+,-)						本次变动后
		配股	送股	公积金转股	增发	其他	小计	
一、未上市流通股								
1、发起人股份	162342830							162342830
其中:								
国家拥有股份								
境内法人持有股份	162342830							162342830
境外法人持有股份								
其他								
2、募集法人股份								
3、内部职工股								
4、优先股或其他								
其中:转配股								
未上市流通股份合计	162342830							162342830
二、已上市流通股份								
1、人民币普通股	151395789							151395789
2、境内上市的外资股								
3、境外上市的外资股								
4、其他								
已上市流通股合计	151395789							151395789
三、股份总数	313738619							313738619

000728 北京化二股份有限公司

2001 年年度报告摘要

一、公司基本情况简介

1、公司法定中文名称:北京化二股份有限公司
公司法定英文名称:BEIJING HUAER COMPANY LIMITED
缩写:BEIJING HUAER CO.,LTD
2、公司法定代表人:孙绍刚
3、公司董事会秘书:李崇华
联系地址:北京市朝阳区大郊亭
联系电话:010—67758106
传　　真:010—67781459
电子信箱:Lichongh@263.net
4、公司注册地址:北京市朝阳区酒仙桥路乙 21 号
邮政编码:100016
公司办公地址:北京市朝阳区大郊亭
邮政编码:100022
公司电子信箱:Huaer@Public3.bta.net.cn
5、公司指定的信息披露报纸为:《中国证券报》、《证券时报》
中国证监会指定登载公司年报的国际互联网网址:http//www.cninfo.com.cn
公司年度报告备置地点:公司证券部
6、公司股票上市交易所:深圳证券交易所
股票简称:北京化二
股票代码:000728

二、会计数据和业务数据摘要

1、报告期主要会计数据:　　单位:元

项目	金额
利润总额	-167,217,341
净利润	-167,217,341
扣除非经常性损益后的净利润	-168,635,761
主营业务利润	-55,452,730
其他业务利润	-2,848,678
营业利润	-172,941,430
投资收益	4,305,669
补贴收入	--
营业外收支净额	1,418,420
经营活动产生的现金流量净额	85,303,342
现金及现金等价物净增加额	-261,717,324

注:扣除的非经营性损益项目为营业外收支净额 1,418,420 元。

2、公司前三年主要会计数据和财务指标

项目	单位	2001 年	2000 年		1999 年	
			调整后	调整前	调整后	调整前
主营业务收入	元	753,404,229	1,141,572,047	1,141,572,047	895,168,386	895,168,386
净利润	元	-167,217,341	65,351,962	75,346,090	-4,706,995	5,936,570
总资产	元	1,663,481,891	1,778,086,932	1,777,925,118	1,695,271,589	1,695,134,179
股东权益(不含少数股东权益)	元	920,091,518	1,087,308,859	1,087,147,045	1,021,956,897	1,021,819,487
每股收益(摊薄)	元/股	-0.484	0.189	0.218	-0.014	0.017
每股收益(月平均加权)	元/股	-0.484	0.189	0.218	-0.014	0.017
扣除非经常性损益后的每股收益(摊薄)	元/股	-0.489	0.188	0.217	-0.014	0.017
每股净资产(摊薄)	元/股	2.67	3.15	3.15	2.96	2.96
调整后的每股净资产	元/股	2.58	3.09	3.09	2.91	2.91
每股经营活动产生的现金流量净额	元/股	0.25	0.62	0.62	0.28	0.28
净资产收益率(摊薄)	%	-18.17	6.01	6.93	-0.46	0.581
净资产收益率(加权)	%	-18.17	6.01	6.93	-0.46	0.581

3、报告期利润表附表

报告期利润	净资产收益率(%)		每股收益(元)	
	全面摊薄	加权平均	全面摊薄	加权平均
主营业务利润	-6.02	-6.02	-0.16	-0.16
营业利润	-5.32	-5.32	-0.50	-0.50
净利润	-18.17	-18.17	-0.48	-0.48
扣除非经常性损益后的净利润	-18.33	-18.33	-0.49	-0.49

三、股本变动及股东情况

(一)股份变动情况表　　数量单位:股

	本次变动前	本次变动增减(+、-)						本次变动后
		配股	送股	公积金转增	增发	其他	小计	
一、未上市流通股份	241,210,000							241,210,000
1、发起人股份								
其中:								
国家拥有股份	241,210,000							241,210,000
境内法人持有股份								
境外法人持有股份								
其他								
2、募集法人股								
3、内部职工股								
4、优先股或其他								
其中:转配股								
未上市流通股份合计	241,210,000							241,210,000
二、已上市流通股份	104,000,000							104,000,000
1、人民币普通股	104,000,000							104,000,000
2、境内上市的外资股								
3、境外上市的外资股								
4、其他								
已上市流通股份合计	104,000,000							104,000,000
三、股份总数	345,210,000							345,210,000

000729 北京燕京啤酒股份有限公司

2001年年度报告摘选

一、公司基本情况简介

(一)公司法定名称:
中文名称:北京燕京啤酒股份有限公司
中文名称缩写:燕京啤酒
英文名称:Beijing Yanjing Brewery Co., Ltd.
英文名称缩写:Yanjing Brewery
(二)公司法定代表人:李福成
(三)公司董事会秘书:李颖娟
授权代表:刘翔宇
联系地址:北京燕京啤酒股份有限公司
联系电话:010-89490729
传　　真:010-89495569
电子信箱:securities@yanjing.com.cn
(四)公司注册地址及办公地址:北京市顺义区双河路9号
邮政编码:101300
电子信箱:yanjing@public.bta.net.cn
公司国际互联网址:http://www.yanjing.com.cn
(五)公司信息批露报纸名称:《中国证券报》、《上海证券报》、《证券时报》
公司年度报告登载网址:http://www.cninfo.com.cn
公司年度报告备置地点:公司证券部
(六)公司股票上市交易所:深圳证券交易所
公司股票简称:燕京啤酒
公司股票代码:000729

二、会计数据和业务数据摘要

(一)公司本年度会计数据

项目	金额(元)
利润总额	318,023,710.36
净利润	285,693,547.42
扣除非经常性损益后的净利润	277,747,259.50
主营业务利润	603,054,580.53
其他业务利润	8,109,059.23
营业利润	270,915,236.41
投资收益	34,453,866.43
补贴收入	1,400,000.00
营业外收支净额	11,254,607.52
经营活动产生的现金流量净额	132,947,032.49
现金及现金等价物净增减额	-210,699,301.95

注:扣除非经常性损益7946287.92元。

(二)公司近三年主要会计数据及财务指标

指标项目	2001年度	2000年度(调整后)	2000年度(调整前)	1999年度调整后)
主营业务收入(元)	2287881488.37	1744995822.91	1745873557.95	1516296135.34
净利润(元)	285693547.42	262023254.04	268283761.77	291494924.69
总资产(元)	4396862671.86	4033902552.13	4043620348.55	2525285015.36
股东权益(不含少数股东权益)(元)	3587796302.94	3435587655.52	3444194150.20	2269635288.43
每股收益(元/股)				
全面摊薄	0.428	0.393	0.402	0.526
加权平均	0.428	0.429	0.439	0.526
每股净资产(元/股)	5.38	5.15	5.16	4.10
调整后的每股净资产(元/股)	5.32	5.10	5.08	4.04
每股经营活动产生的现金流量净额(元)	0.20	0.47	0.47	0.33
净资产收益率(%)				
全面摊薄	7.96	7.63	7.79	12.84
加权平均	7.98	9.34	9.41	12.84

三、股本变动及股东情况

(一)公司股份变动情况表

数量单位:股

	本次变动前	配股	送股	公积金转股	增发	其他	小计	本次变动后
		本次变动增减(+、-)						
一、未上市流通股份								
1、发起人股份								
其中:								
国家持有股份	17,577,000							17,577,000
境内法人持有股份	462,647,500							462,647,500
境外法人持有股份								
其他								
2、募集法人股份								
3、内部职工股								
4、优先股或其他								
其中:转配股								
未上市流通股份合计	480,224,500							480,224,500
二、已上市流通股份								
1、人民币普通股	187,200,000							187,200,000
2、境内上市的外资股								
3、境外上市的外资股								
4、其他								
已上市流通股份合计	187,200,000							187,200,000
三、股份总数	667,424,500							667,424,500

000730 沈阳特种环保设备制造股份有限公司

2001年年度报告摘选

一、公司简介

1、公司的法定名称:沈阳特种环保设备制造股份有限公司
英文名称:Shenyang Special Environmental Protection Equipment Manufacturing CO. LTD
英文缩写:SSEPEC
2、公司法定代表人:刘桂琴
3、公司董事会秘书及其授权代表的姓名:张玉树先生 及兰云女士
联系地址:沈阳市沈河区热闹路118号
联系电话:024-24811162　　传真:024-24811162
电子信箱:000730@vip.163.com
4、公司注册地址:沈阳市沈河区热闹路118号
公司办公地址:沈阳市沈河区热闹路118号　　邮政编码:110011
网址:www.ssepec.com
公司电子信箱:000730@vip.163.com
5、信息披露报纸名称:《中国证券报》和《证券时报》
登载年度报告网址:www.cninfo.com.cn
公司年度报告备置地点:沈阳市沈河区热闹路118号
6、公司股票上市交易所:深圳证券交易所
股票简称:环保股份　　股票代码:000730

二、会计数据和业务数据摘要

(一)本年度主要利润指标情况

利润总额:	3,778,585.66元
净利润:	-6,157,420.53元
扣除非经常性损益后的净利润:	-5,809,512.64元
主营业务利润:	85,627,742.91元
其他业务利润:	-500,467.31元
营业利润:	4,095,141.08元
投资收益:	-134,046.41元
补贴收入:	165,398.88元
营业外收支净额:	-347,907.89元
经营活动产生的现金流量净额:	-185,865,643.15元
现金及现金等价物净增加额:	-126,997,597.72元

(二)截止报告期末公司前三年主要会计数据和财务指标

项目	2001年	2000年		1999年	
		调整前	调整后	调整前	调整后
主营业务收入(元)	184,157,352,94	201,052,088.68	374,309,726.37	690,611,488.40	363,647,332.66
净利润(元)	-6,157,420.53	40,787,160.70	85,310,537.14	278,447,854.77	54,184,024.89
总资产(元)	1,384,380,656.85	1,668,574,229.27	1,358,019,453.77	1,369,115,234.86	901,780,414.78
股东权益(元)	580,940,837.91	854,527,807.34	587,098,258.44	809,302,425.43	494,349,500.08
每股收益(元/股)	-0.0109	0.072	0.151	0.738	0.144
每股收益(月均加权)	-0.0109	0.072	0.151	0.856	0.144
每股收益(扣除非经营性损益)	-0.0109	0.072			1.32
每股净资产(元/股)	1.03	1.51	1.04	2.145	1.32
调整后的每股净资产(元/股)	1.03	1.399		2.12	1.29
每股经营活动产生的现金流量净额:	-0.328	-0.25		0.91	
净资产收益率%					
摊薄	-1.05	4.77	14.53	34.41	10.89
加权	-1.05	4.92			

(三)本年度利润附表

根据中国证监会《公开发行证券公司信息披露编报规则(第9号)》要求计算的利润数据

报告期利润	净资产收益率(%)		每股收益(元)	
	全面摊薄	加权平均	全面摊薄	加权平均
主营业务利润	14.64%	14.57%	0.1513	0.1513
营业利润	0.70%	0.70%	0.0073	0.0073
净利润	-1.05%	-1.05%	-0.0109	-0.0109
扣除非经常性损益后净利润	-1.05%	-1.05%	-0.0109	-0.0109

三、股本变动及股东情况

(一)股本变动情况

1、公司股份变动情况表

数量单位:股

	本次变动前	配股	送股	公积金转股	增发	其他	小计	本次变动后
		本次变动增减(+、-)						
一 未上市流通股份								
1 发起人股份								
其中:								
国家持有股份								
境内法人持有股份	372,651,994							372,651,994
境外法人持有股份								
其他								
2 募集法人股份								
3 内部职工股								
其中:高管								
4 优先股或其他								
其中:转配股								
未上市流通股份合计	372,651,994							372,651,994
二 已上市流通股份								
1 人民币普通股	193,333,140							193,333140
2 境内上市的外资股								
3 境外上市的外资股								
4 其他								
已上市流通股份合计	193,333,140							193,333,140
三 股份总数	565,985,134							565,985,134

000731 四川美丰化工股份有限公司

2001 年年度报告摘选

一、公司基本情况简介

(一) 公司中文名称:四川美丰化工股份有限公司
英文名称:SICHUAN MEIFENG CHEMICAL INDUSTRY CO., LTD.
英文名称缩写:SCMF
(二) 公司法定代表人:陈 平
(三) 公司董事会秘书:董国政
联系电话:0838-2680243
传真:0838-2680243
证券事务代表:宋仕全
联系电话:0838-2680127
传真:0838-2680759
联系地址:四川省德阳市嘉陵江西路 91 号
(四) 公司注册地址:四川省射洪县太和镇新阳街 87 号
邮政编码:629200
公司办公地址:四川省德阳市嘉陵江西路 91 号
邮政编码:618000
公司电子信箱:meifenga@dy-public.sc.cninfo.net
(五) 公司信息披露报纸:《证券时报》、《中国证券报》
登载公司年度报告的中国证监会指定国际互联网网址:http://www.cninfo.com.cn
公司年度报告备置地点:四川省德阳市嘉陵江西路 91 号本公司办公地点
(六) 公司股票上市交易所:深圳证券交易所
公司股票简称:四川美丰
公司股票代码:000731

二、会计数据和业务数据摘要

(一) 本年度主要会计数据 单位:元

项目	金额
利润总额	69,254,497.61
净利润	58,962,131.00
扣除非经常性损益后的净利润*	52,858,203.70
主营业务利润	85,060,629.29
其他业务利润	168,638.17
营业利润	63,118,264.57
投资收益	-1,044,857.90
补贴收入	8,354,841.80
营业外收支净额	-1,173,750.86
经营活动产生的现金流量净额	117,108,542.72
现金及现金等价物净增加额	28,656,714.73

(二) 主要会计数据和财务指标 单位:元

指标项目	2001 年	2000 年		1999 年
		调整后	调整前	调整后
主营业务收入	375,465,089.54	319,855,526.52	338,302,048.22	288,423,676.32
净利润	58,962,131.00	54,647,141.46	61,100,473.43	61,206,450.13
总资产	792,175,222.84	764,275,790.95	776,787,806.86	672,792,997.05
股东权益	628,235,940.51	613,255,054.94	630,198,718.52	581,016,977.07
每股收益	0.265	0.246	0.275	0.551
每股收益(加权平均)	0.265	0.246	0.275	0.605
扣除非经常性损益后每股收益	0.238	0.242	0.274	0.551
每股净资产	2.8257	2.7583	2.834	5.23
调整后的每股净资产	2.8251	2.7576	2.834	5.23
每股经营活动产生的现金流量净额	0.527	0.212	0.218	0.81
净资产收益率(%)	9.39	8.91	9.70	10.53
加权净资产收益率(%)	9.07	8.64	9.83	13.11
加权扣除非经常性损益后净资产收益率(%)	8.13	8.52	9.78	13.2

(三) 利润表附表

项目	净资产收益率(%)		每股收益(元)	
	全面摊薄	加权平均	全面摊薄	加权平均
主营业务利润	13.54	13.08	0.383	0.383
营业利润	10.05	9.71	0.284	0.284
净利润	9.39	9.07	0.265	0.265
扣除非经常性损益后的净利润	8.41	8.13	0.238	0.238

三、股本变动及股东情况

(一) 股本变动情况
股份变动情况表

数量单位:股

	期初数	本次变动增减(+,-)					期末数
		配股	送股	公积金转股	其他	小计	
一、尚未流通股份							
1、发起人股份	116,568,800						116,568,800
其中:							
国家拥有股份	116,178,800						116,178,800
境内法人持有股份	390,000						390,000
外资法人持有股份							
其他							
2、募集法人股	27,984,000						27,984,000
3、内部职工股							
4、优先股或其他							
尚未流通股份合计	144,552,800						144,552,800
二、已流通股份							
1、人民币普通股	77,779,200						77,779,200
2、境内上市外资股							
3、境外上市外资股							
4、其他							
已流通股份合计	77,779,200						77,779,200
三、股份总数	222,332,000						222,332,000

000732 福建三农集团股份有限公司

2001 年年度报告摘选

一、公司基本情况简介

(一)公司中文名称:福建三农集团股份有限公司
公司英文名称:FUJIANG SANNONG GROUP CO.LTD
公司中文名称缩写:福建三农
公司英文名称缩写:FJSN
(二)公司法定代表人:姚建敏
(三)公司董事会秘书:姜炳华
联系电话:0591-7800884
传真:0591-7810369
E-mail:fjsndm@pub1.fz.fj.cn
联系地址:福建省福州市湖东路 298 号
公司注册地址:福建省三明市梅列区徐碧
邮政编码:365000
公司国际互联网网址:http://www.sannong.com
公司电子信箱 E-mail:fjsnB@sannong.com
(五)公司信息披露报纸:《中国证券报》《证券时报》
登载公司年度报告的中国证监会指定国际互联网网址:http://www.cninfo.com.cn
公司年度报告备置地点:福建省福州市湖东路 298 号
(六)公司股票上市交易所:深圳证券交易所
公司股票简称:福建三农
公司股票代码:000732

二、会计数据和业务数据摘要

(一)公司本年度主要经营数据: 单位:人民币元

项目	金额
利润总额	35,396,964.03
净利润	27,861,722.32
扣除非经常性损益后的净利润	5,400,753.45
主营业务利润	79,920,557.51
其他业务利润	5,804,560.73
营业利润	7,055,441.74
投资收益	28,054,130.19
补贴收入	587,050.00
营业外收支净额	-299,657.90
经营活动产生的现金流量净额	-3,272,293.96
现金及现金等价物净增减额	2,073,124.30

(二)公司前三年的主要会计数据和财务指标: 单位:人民币元

项目	2001 年度	2000 年度		1999 年度	
		调整前	调整后	调整前	调整后
主营业务收入	454705015.12	404987374.55	404987374.55	477860704.42	477860704.42
净利润	27861722.32	7404836.46	4417807.86	39717027.45	33413720.00
总资产	1094194747.75	981926870.15	969436534.10	878863868.26	872560560.81
股东权益(不含少数股东权益)	484760102.96	476559565.69	467269229.64	353471479.23	347168171.78
每股收益(摊薄)	0.1825	0.0485	0.0289	0.3009	0.2531
每股收益(加权)	0.1825	0.0508	0.0303	0.3009	0.2531
扣除非经常性损益后的每股收益	0.0354	0.0289	0.008	0.282	0.2342
每股净资产	3.1750	3.122	3.0607	2.678	2.630
调整后每股净资产	3.1020	3.050	2.9891	2.617	2.569
每股经营活动产生的现金流量净额	-0.0214	0.53	0.53	0.389	0.389
净资产收益率%(加权)	5.853	1.55	0.95	11.236	7.191

(三)利润表附表列示如下: 单位:人民币元

报告期利润	2001 年			
	净资产收益率		每股收益	
	全面摊薄	加权平均	全面摊薄	加权平均
主营业务利润	16.49%	16.52%	0.5235	0.5235
营业利润	1.46%	1.46%	0.0462	0.0462
净利润	5.75%	5.76%	0.1825	0.1825
扣除非经常性损益后的净利润	1.11%	1.12%	0.0354	0.0354

三、股本变动及股东情况

(一)股份变动情况表

公司股份变动情况 数量单位:股

	本次变动前	本次变动增减(+、-)						本次变动后
		配股	送股	公积金转股	增发	其它	小计	
一、未上市流通股份								
1、发起人股份	31006800							31006800
其中:								
国家持有股份	31006800							31006800
境内法人持有股份	3297200							32972000
境外法人持有股份								
其他								
2、募集法人股份								
3、内部职工股								
4、优先股或其它								
未上市流通股份合计	63978800							63978800
二、已上市流通股份								
1、人民币普通股	88690000							88690000
2、境内上市的外资股								
3、境外上市的外资股								
4、其它								
已上市流通股份合计	88690000							88690000
三、股份合计	152668800							152668800

000733　中国振华(集团)科技股份有限公司

2001 年年度报告摘要

一、公司基本情况简介

一、公司名称
公司法定中文名称:中国振华(集团)科技股份有限公司
公司法定英文名称:CHINA ZHENHUA(GROUP) SCIENCE & TECHNOLOGY CO.,LTD。
二、公司法定代表人:陈清洁
三、公司董事会秘书:杨学政
证券事务代表:唐林　杨增实
联系地址:贵州省贵阳国家高新技术产业开发区新天大道 150 号
电话:(0851) 6302675　6301078
传真:(0851) 6302674
电子信箱:zhjt@public1.gy.gz.cn
四、注册地址:贵州省贵阳国家高新技术产业开发区新天大道 150 号
办公地址:贵州省贵阳国家高新技术产业开发区新天大道 150 号
邮政编码:550018
公司国际互联网网址:WWW.zhhkj.COM.
电子信箱:info@zhhkj.com
五、公司选定的信息披露报纸:证券时报、上海证券报
公司刊登年度报告的中国证监会指定网站的网址:
Http:/www.cninfo.com.cn
公司年度报告备置点:公司董事会秘书处
六、公司股票上市交易所:深圳证券交易所
股票简称:振华科技
股票代码:000733

二、会计数据和业务数据摘要

1、本年度主要财务数据(合并报表)　　单位:元

项　目	金　额
利润总额	89,854,636.09
净利润	77,333,033.28
扣除非经营性损益后的净利润	68,231,250.00
主营业务利润	178,715,526.04
营业利润	68,772,846.82
其他业务利润	5,120,587.60
投资收益	14,686,352.88
补贴收入	134,198.43
营业外收支净额	6,261,237.96
经营活动产生的现金流量净额	73,584,623.90
现金及现金等价物净增加额	362,260,610.65

非经常性损益的取得为:出售闲置资产损失 1,169,136.71 元;出售固定资产收益 611,003.88 元;托管收益 4,762,984.71 元;自营国债收益 4,896,931.40 元。

2、前三年的主要会计数据和财务指标(合并报表)

单位:元

项　目	2001 年	2000 年		1999 年	
		调整前	调整后	调整前	调整后
主营业务收入	624,898,060.40	665,351,026.55	665,333,932.53	532,762,772.10	532,762,772.10
净利润	77,333,033.28	83,793,382.35	63,249,043.32	71,270,407.76	40,175,587.91
总资产	2,435,944,954.33	1,861,796,154.81	1,762,527,093.37	1,730,709,271.43	1,671,965,479.10
股东权益	1,795,911,063.62	1,205,111,583.60	1,109,932,703.06	1,146,325,030.26	1,090,258,783.97
每股收益(摊薄)	0.22	0.27	0.20	0.23	0.13
每股收益(加权)	0.22	0.27	0.20	0.24	0.14
报告期至摘要披露日每股收益		0.23	0.18		
扣除非经营性损益后的每股收益(摊薄)	0.19	0.21	0.17	0.19	0.10
扣除非经营性损益后的每股收益(加权)	0.19	0.21	0.17	0.20	0.11
每股净资产	5.02	3.85	3.55	3.66	3.48
调整后的每股净资产	4.98	3.77	3.50	3.58	3.40
净资产收益率(摊薄)%	4.31	6.95	5.70	6.22	3.69
净资产收益率(加权)%	4.36	7.20	5.80	6.75	3.70
每股经营活动产生的现金流量净额	0.21	0.26	0.26	0.52	0.52

说明:99 年周整后的数据和财务指标是执行财政部财会字(1999)35 号文件计提四项准备所致。2000 年调整后有关数据为执行财政部财企字[2000]295 号文,处理住房周转金余额以及 2001 年 1 月 1 日起执行《企业会计制度》追溯计提固定资产、在建工程、无形资产、长期投资减值准备及追溯调整开办费余额所致所致。其中:2001 年期初未分配利润调增 24,971,516.44 元,为处理住房周转金余额,经股东大会批准,由未分配利润转入资本公积;追溯计提固定资产、在建工程、无形资产、长期投资减值准备及追溯调整开办费余额,共计调减未分配利润 59,862,178.19 元。

3、按照《公开发行证券公司信息披露编报规则(第 9 号)》要求计算的财务指标

报告期利润	净资产收益率(%)		每股收益(元)	
	全面摊薄	加权平均	全面摊薄	加权平均
主营业务利滨	9.95	10.09	0.50	0.51
营业利润	3.83	3.88	0.19	0.19
净利润	4.31	4.36	0.22	0.22
扣除非经常性损益后的净利润	3.79	3.84	0.19	0.19

三、股本变动及股东情况

1、公司股份变动情况表　　数量单位:股

项　目	期初数	股本变动增减(+、一)			期末数
		配股	其他	小计	
一、尚未流通股份					
1.发起人股份	180,120,000				180,120,000
其中:					
①国家拥有股份					
②境内法人持有股份	180,120,000				180,120,000
③外资法人持有股份					
④其他					
2.募集法人股					
3.内部职工股					
4.优先股或其他					
尚未流通股份合计	180,120,000				180,120,000
二、已流通股份					
1.境内上市的人民币普通股	133,000,000		45,000,000	45,000,000	178,000,000
2.境内上市的外资股					
3.境外上市的外资股					
4.其他					
已流通股份合计	133,000,000		45,000,000	45,000,000	178,000,000
三、股份总计	313,120,000		45,000,000	45,000,000	358,120,000

经中国证券监督管理委员会证监公司字[2000]206 号文核准,公司于 2000 年 12 月 14 日至 12 月 29 日实施了本次公募增发方案。本次公募增发 A 股募集资金 705,600,000 元,扣除发行费用 25,672,489.84 元,实际收到股东新增投入资本为 679,927,510.16 元,其中股本 45,000,000 元,资本公积 634,927,510.16 元,变更后的股本为 358,120,000 元,经天一会计师事务所有限责任公司天一验字[2001]4-004 号《验资报告》验证以上募集资金已于 2001 年 1 月 2 日全部到位。

2、股东情况

(1)报告期末股东总数:100,538 户。

(2)主要股东持股情况(前 10 名)

股东	期初持股数额(股)	增、减	期末持股数额(股)	占总股本比例(%)
中国振华电子集团有限公司	180,120,000		180,120,000	50.30
国航集团财务有限公司		8,144,927	8,144,927	2.27
景福证券投资基金	6,679,476	-4375140	2,304,336	0.64
金泰证券投资基金		2,163,813	2,163,813	0.60
金鑫证券投资基金		2,004,044	2,004,044	0.56
上海联合石油液化气发展有限公司		1,594,203	1,594,203	0.45
中国纺织品进出口总公司		1,449,275	1,449,275	0.41
北京财政证券公司	880,059	+88000	968,059	0.27
云南东方经贸公司		579,710	579,710	0.16
云南华一投资集团股份有限公司		579,710	579,710	0.16

①持有本公司 5% 以上股份的股东 1 家,为中国振华电子集团有限公司,年度内所持股份未发生变动,年末持股数为 180,120,000 股,所持股份类别为境内法人股,未发生质押或冻结。

②公司前 10 名股东不存在关联关系。

③公司前 10 名股东中,国航集团财务有限公司、金泰证券投资基金、金鑫证券投资基金、上海联合石油液化气发展有限公司、中国纺织品进出口总公司、云南东方经贸公司、云南华一投资集团股份有限公司等因认购公募增发新股成为本公司前 10 名股东。其中:金泰证券投资基金、金鑫证券投资基金所持股份于 2001 年 2 月 12 日上市流通,其余机构投资者所持股份于 2001 年 4 月 12 日上市流通。

(3)持股 10% 以上的法人股东情况

国有法人股股东:中国振华电子集团有限公司,持有本公司 50.30% 的股份,计 180,120,000 股,为本公司控股股东,于 1984 年 9 月成立。

法定代表人:陈清洁

注册资本:28,852 万元

经营范围:电子信息产品及服务;电子、机械产品及技术咨询、商贸。

中国振华电子集团有限公司是贵州省人民政府的独资公司。

四、董事、监事和高级管理人员情况

1、基本情况

姓名	性别	年龄	职　务	任职起止日期	年初持股数(股)	年末持股数(股)
陈清洁	男	57	董事长	2000.5~2003.5	15200	15200
史汉兴	男	59	副董事长、总经理	2000.5~2003.5	15200	15200
吴德华	男	56	董事	2000.5~2003.5	0	0
傅荣德	男	59	董事、常务副总经理	2000.5~2003.5	15200	15200
朱亨林	男	58	董事	2000.5~2003.5	15200	15200
杨学政	男	58	董事、董事会秘书	2000.5~2003.5	7600	7600
车文申	男	52	董事、财务总监	2000.5~2003.5	0	0
向性双	男	58	监事会主席	2000.5~2003.5	15200	15200
杨立棠	男	55	监事、监事会秘书	2000.5~2003.5	0	0
吴克发	男	54	监事	2000.5~2003.5	9500	9500
钱克云	男	55	监事	2000.5~2003.5	9500	10458
汪祥华	男	55	监事	2000.5~2003.5	7600	7600
刘一凡	男	39	总工程师	2000.5~2003.5	0	0
彭相禹	男	56	总经济师	2000.5~2003.5	0	0

黄富英	女	52	总会计师	2000.5~2003.5	0	0

监事钱克云股份变动系本公司公募增发新股时认购 958 股所致。

2、年度报酬情况

(1)董事、监事和高级管理人员报酬的决策程序、报酬确定依据

本公司董事、监事和高级管理人员的薪酬按贵州省劳动厅的指导性意义,实行岗位效益结构工资制。对董事、监事的补贴按本公司第三次股东大会审议并通过的《关于对本公司董事、监事执行职务补贴的议案》执行。对各分公司、子公司主要经营者的奖惩按董事会一届七次会议通过的《对各分公司、子公司主要经营者经营目标考核奖惩办法》执行,并一年定一次目标,在会计年度结束后,以中介机构审计后的数据为考核依据,兑现奖惩。目前,公司根据有关规定、准则的要求,正在修订薪酬制度、完善津贴办法和高管人员的奖惩措施。

(2)在公司领取薪酬的现任董事、监事和高级管理人员计 11 人,年度报酬总额计 623095.00 元。其中金额最高的前 3 名董事的报酬总额分别为 114,463 元、75,885 元、63,111 元。金额最高的前 3 名高级管理人员的报酬总额分别为 55,265 元、48,152 元、46,657 元。

(3)公司现尚无独立董事。

(4)在公司领取报酬的 11 名董事、监事和高级管理人员,年度报酬数额区间及人数如下表:

年度报酬(万元/年·人)	3-5	5-10	≥10
人数	6 人	4 人	1 人
类别	监事 4 人高管 2 人	董事 3 人高管 1 人	董事 1 人

(5)不在公司领取报酬的董事 3 人、监事 1 人。其中:董事长陈清洁,董事、财务总监车文申在公司控股股东—中国振华电子集团有限公司领取报酬;董事吴德华在公司控股股东—中国振华电子集团有限公司控股的振华集团深圳电子有限公司领取报酬。不在公司领取报酬的监事 1 人,即监事会主席向性双在公司控股股东—中国振华电子集团有限公司领取报酬。

3、报告期内,无董事、监事、高管人员离职。

五、公司治理结构

一、公司治理的现状

公司严格按照《公司法》、《证券法》和中国证监会、深圳证券交易所有关法律、法规、准则、规范的要求,不断完善公司治理结构,强化内部管理,规范公司运作,2001 年根据中国证监会贵阳特派办的要求进行了整改,基本符合上级有关部门对上市公司治理的要求。公司根据《上市公司治理准则》等规范性文件的要求正重新修订已出台的基本管理制度和具体管理制度,推进公司管理的规范化、科学化和有效性。

1、关于股东与股东大会:公司能确保所有股东,特别是中小股东享有平等地位,能保证所有股东充分行使自己的权利,并能保证与股东有良好的沟通;公司严格按照《股东大会规范意见》的要求通知、召集、召开股东大会,并制定《股东大会议事规则》,行使股东的表决权等权利;公司关联交易公平合理并进行充分披露。

2、关于控股股东与上市公司的关系:本公司控股股东行为规范,没有超越股东大会直接或间接干预公司的决策和经营活动;公司与控股股东在人员、资产、财务、机构和业务方面做到"三分开",机构和业务方面做到了"两独立",公司董事会、监事会和内部机构能独立运作;控股股东在招股说明书和其他公司信息中作出了避免同业竞争的承诺。

3、关于董事与董事会:公司严格按照《公司章程》规定的董事选聘程序选举董事,并将进一步完善董事的选聘程序、积极推行累积投票制度;公司董事会的人数和人员构成符合法律、法规的要求;公司董事会拟订了《董事会议事规则》,公司各位董事能够积极学习,熟悉有关法律法规,了解作为董事的权利、义务和责任,并能够维护公司和全体股东的最大利益,坚持忠实、诚信、勤勉的原则履行其职责;公司将按照有关规定成立由公司董事组成的董事会专门委员会。

4、关于监事和监事会:公司监事会的人数和人员构成符合法律、法规的要求;公司监事会拟订了《监事会议事规则》;公司监事能够认真履行自己的职责,能够本着对股东负责的精神,对公司财务以及公司董事、公司经理和其他高级管理人员履行职责的合法合规性进行监督;列席了 2001 年度内召开的董事会和股东大会。

5、关于相关利益者:公司能够充分尊重和维护银行及其他债权人、职工、消费者等其他利益相关者的合法权益,共同推动公司持续、健康地发展。几年来,未发生与相关利益者纠纷。

6、关于信息披露与透明度:公司指定董事会秘书负责信息披露工作、接待股东来访和咨询;公司能够严格按照法律、法规和公司章程的规定,真实、准确、完整、及时地披露有关信息,并确保所有股东有平等的机会获得信息;公司能够按照有关规定,及时披露大股东或公司实际控制人的详细资料和股份的变化情况。

公司自成立以来,一贯严格按照《公司法》、《证券法》等有关法律法规的要求规范运作,并将一如既往地按照有关议事规则和 2002 年 1 月 7 日发布的《上市公司治理准则》等要求规范运作,切实维护中小股东的利益。

二、独立董事履行职责情况

根据《上市公司治理准则》的要求,公司拟于 2002 年 6 月 30 日前聘请 2 名独立董事,并按《上市公司治理准则》和《关于在上市公司建立独立董事制度的指导意见》等的要求,修改公司章程,制定完善的独立董事制度,充分发挥独立董事的作用。

三、公司在业务、人员、资产、机构、财务等方面与控股股东"五分开"的情况

1、业务分开

公司拥有与控股股东独立的生产系统、辅助生产系统、配套设施和供应、销售系统,以及独立的生产经营销售场所。公司建立了自己的新产品研发机构,有独立的科研队伍,以保证自身的技术创新和领先地位。

2、人员分开

公司有独立的劳动、人事及工资管理制度,进入公司的员工由公司与其签订劳动合同。公司总经理、副总经理、总工程师、总会计师、总经济师、董事会秘书等高级管理人员在公司领取薪酬,不在控股股东单位兼任实质性职务。从管理制度、劳动合同和管理部门三方面保证了公司的人员独立。

控股股东无干预公司董事会和股东大会已作出的人事任免决定的情况。

3、资产分开

公司 1997 年 6 月以募集方式设立,1999 年 4 月实施了配股,所有进入本公司的资产属公司所有。公司拥有独立的生产设备、房屋建筑等固定资产、产权关系明确。经贵州省国土厅黔国土籍(1997)11 号文批准,本公司采用租赁方式使用国有土地。尚有部分《房屋所有权证》,仍在办理中,力争在 2002 年 6 月份前办结。公司租用振华集团三个商标,按合同支付租金。

4、机构分开

公司有独立的经营管理机构,与控股股东不存在混合经营的情况。

5、财务分开

公司设有独立的财务会计部门,建立独立的会计核算体系,制定独立的公司本部财务管理制度、子公司和分公司的财务管理规定及内部审计制度,对费用开支、固定资产购置、借款还款、对外担保、对外投资等均作了明确规定。

公司拥有独立的银行帐号,不存在与控股股东共用银行帐户的情况。办理了独立的国家和地方税务登记,国税登记号为 520112214600036,地税登记号为 520112160640002。

公司的财务决策依据国家有关财务政策和公司相关财务制度及《公司章程》等规定的决策程序独立进行,不存在控股股东干预公司资金使用的情况。

四、高级管理人员的考评及激励机制

公司董事会对公司高级管理人员进行年度考核并奖惩,监事会对其履行职责情况进行监督。公司将根据《上市公司治理准则》的要求,进一步完善和创新业绩考评与激励制度,建立一套公正透明的评价标准和程序,激励与约束的制度和机制。

六、股东大会情况简介

报告期内公司召开了一次股东大会:2001 年 5 月 9 日在本公司报告厅召开了 2000 年度(第七次)股东大会。会议审议通过如下议案:

(1)《董事会 2000 年总结和 2001 年思路的报告》;

(2)《监事会 2000 年工作报告》;

(3)《总经理 2000 年度业务报告和 2001 年工作报告》;

(4)《2000 年度财务决算和 2001 年度财务预算的报告》;

(5)《2000 年度利润分配预案和 2001 年度利润分配政策的议案》;

(6)《关于聘请天一会计师事务所有限责任公司为本公司 2001 年度审计中介机构的议案》;

(7)《关于本公司住房周转金余额财务处理的议案》;

(8)《关于修改本公司章程的议案》。

该决议公告刊登在 2001 年 5 月 10 日《证券时报》、《上海证券报》、《中国证券报》上。

七、董事会报告

1、公司主营业务范围及经营情况

(1)主营业务范围

本公司主要从事电子信息产品的开发、研制与生产,产品主要有:以片式钽电容器、片式电阻、片式电感、厚膜混合集成电路、高压真空开关管为代表的新型电子元器件;以程控交换机、电话机系列产品(含移动、有绳、无绳、可视等)等为代表的信息整机产品和以电力自动化控制设备为代表的光机电一体化成套装置。上述部份产品无论性能、质量、价格以及市场占有率等方面均处于国内同类产品先进水平。2001 年本公司被国家科技部批准为 863 产业化基地,新产品、新技术、新工艺必将进一步得到国家的扶持并取得快速的发展。

(2)占主营业务收入 10%以上的主要产品:

①电容器及厚膜电路:主要生产全系列钽电容器(含片式钽电容器)、铝电容器、厚膜集成电路块等。该类产品国内市场占有率近年来一直名列前茅,中国振华新云牌钽电容器在国际国内市场都享有较高声誉,已成为我公司的拳头产品。该类产品本报告期实现销售收入 23789.46 万元,其主营业务收入占公司总额的 38.07%。

②电力电子器件:主要生产高压真空开关管、真空断路器等产品,随着国家城乡电网改造工程和西部大开发战略的实施,该类产品市场潜力较大,近几年来市场占有率一直呈上升趋势,已成为本公司的支柱产品之一。该类产品本报告期实现销售收入 14504.49 万元,其主营业务收入占公司总额的 23.21%。

③报告期内,公司主营业务未发生较大变化。

2、主要供应商、客户情况

报告期内,公司向前五名供应商合计的采购金额占年度采购总额的比例为 12.82 %;公司向前五名客户销售额合计占公司销售总额的比例为 21.08%。

3、本年度实现利润与盈利预测差异的说明

公募增发 A 股时,公司在 2000 年 7 月作了 2000 年和 2001 年盈利预测。2000 年度基本实现了盈利预测的目标。2001 年实际利润实现数较盈利预测数低 10%以上。其主要原因是,由于全球经济不景气,特别是"9·11"事件后,电子市场疲软,导致部分产品市场售价、原材料采购价发生大幅变化;因资金到位较预测晚,项目启动滞后,且根据沉着应对、审慎经营的原则,项目投入视市场而定,以确保项目达产达效,有的项目实施步伐减慢;部分已投产或竣工验收的项目,尚未达到预期效果;计算机及备件等产品销售大幅下降也影响了预测目标实现。报告期会计政策与预测时比,已有较大变化。

4、报告期内的投资情况

(1)募集资金的使用情况

1999 年配售社会公众股 2,100 万股,募集资金 17,936.95 万元,截止 2001 年 12 月 31 日已投入资金 19789.44 万元,承诺项目已全部完成;2000 年 12 月实施了公募增发,募集资金 67,992.75 万元。项目实施进度、资金使用及效益情况如下:

A、募集资金使用进度情况　　单位:万元

投资项目名称	承诺完成时间	实际完成时间	说明
99 年配股募集资金投资项目			
新型计算机及软件开发一期项目	2000 年 4 月	1998 年 8 月	
数字卫星通信和卫星电视接收系统技改	2000 年 2 月	2000 年 7 月	
高压真空开关管系列用陶瓷外壳生产线技改	2000 年 10 月	2001 年 10 月	
智能高频开关电源直流系统技改	2000 年 8 月	2000 年 7 月	
高压真空开关柜生产线技改	1999 年 9 月	2000 年 5 月	
新型元器件中心市场网络和开发研究系统建设	2000 年 2 月	2000 年 11 月	
机加、工模具制造中心建设	2000 年 10 月	1999 年 12 月	
公募增发募集资金投资项目			
片式钽电解电容器建设项目	2002 年 12 月		
表面贴装分立器件(SMD)后封装			
生产线技术改造	2002 年 12 月		
片式铝电解电容器技术改造	2002 年 1 月		改投 CDMA 手机项目
CDMA 手机项目		2001 年 12 月	
片式电阻器生产线技术改造	2002 年 1 月	2001 年 12 月	
叠层式片式电感器生产线技术改造	2002 年 1 月	2001 年 12 月	

B、募集资金使用效益情况　　单位:万元/年

投资项目名称	承诺收入	本年实际	承诺利润	本年实际
99 年配股募集资金投资项目				
新型计算机及软件开发一期项目	34680.00		1793.00	
数字卫星通信和卫星电视接收系统技改	5433.00	872.00	949.00	-54.00
高压真空开关管系列用陶瓷外壳生产线技改	1360.00		1283.00	
智能高频开关电源直流系统技改	4230.00	3203.00	1261.00	291.00
高压真空开关柜生产线技改	5640.00	1531.00	803.00	254.00
新型元器件中心市场网络和开发研究系统建设				
机加、工模具制造中心建设	5700.00	1800.00	1275.00	310.00
合　计	57043.00	7406.00	7364.00	801.00
公募增发募集资金投资项目				
片式钽电解电容器建设项目	20162.00		6122.00	
表面贴装分立器件(SMD)后封装生产线技术改造	23250.00		5778.00	
片式铝电解电容器技术改造	14177.00		3350.00	
片式电阻器生产线技术改造	10988.00		3260.00	
叠层式片式电感器生产线技术改造	5882.00		1646.00	
合　计	74459.00		20156.00	

C、募集资金使用情况　　单位:万元

投资项目名称	承诺投资额	实际投资额	预计收益
99 年配股募集资金投资项目			
新型计算机及软件开发一期项目	2,800.00	2650.00	股权全部转让,获收益 268.63 万元。
数字卫星通信和卫星电视接收系统技改	2,956.00	3172.70	累计实现利润 310.32 万元
高压真空开关管系列用陶瓷外壳生产线技改	2,973.30	1200.84	技改已完成。预计 2002 年产生效益
智能高频开关电源直流系统技改	2,650.00	2930.00	累计实现利润 372 万元
高压真空开关柜生产线技改	1,913.00	3512.03	累计实现利润 604 万元
新型元器件中心市场网络和开发研究系统建设	2,994.12	3143.87	给公司带来一定的综合效益
其中:新型电子元器件中心市场网络		1998.55	

项目	计划投资	实际投资	备注
技术开发系统建设		1145.32	
机加、工模具制造中心建设	2,800.00	3180.00	累计实现利润605万元
合计	19086.42	19789.44	
公募增发募集资金投资项目			
片式钽电解电容器建设项目	19991.00	2564.88	预计2003年产生收益
表面贴装分立器件(SMD)后封装生产线技术改造	19000.00	3500.00	预计2003年产生收益
片式铝电解电容器技术改造	12722.00		改投CDMA手机项目
CDMA手机项目		9270.00	
片式电阻器生产线技术改造	12000.00	11427.04	预计2002年产生收益
叠层式片式电感器生产线技术改造	4900.00	5375.00	预计2002年产生收益
合计	68613.00	32136.92	

(2)募集资金使用及使用效果

A、配股募集资金投资项目进展情况

配股资金使用安排了七个投资项目,计划总投资19,086.42万元。截止到2001年12月31日止,共投入资金19789.44万元,为募集资金总额的110.33%,至此所有项目已全部完成。资金使用情况及效果如下:

①新型计算机及软件开发一期项目—引进PDA、HPC技术进行开发和生产项目计划总投资2800万元,实际投资2650万元,本项目用自有资金提前启动,用于与深圳桑夏计算机与人工智能开发有限公司合资组建深圳市桑夏振华科技有限公司。本公司占该公司注册资本的72.6%。考虑到该项目还要大量资金投入,同时为了调整投资结构,经1999年7月12日本公司董事会一届十一次会议决定,将本公司投入该公司的股份72.6%中的67.6%转让给海南民生燃气股份公司,收回转让款2617.50万元,其中投资收益150.00万元。转让款转投全景网络公司。2000年9月29日,董事会临时会议决定,以协议转让的方式,将本公司持有深圳市桑夏民生科技有限公司5%股权转让给黄之永,转让价格301.125万元,其中转让收益118.625万元。

②数字卫星通信和卫星电视系统设备技术引进及技术改造

该项目中的数字式卫星电视接收机已开发研制成功,并通过了贵州省科委组织的新产品技术鉴定,天线生产厂房已竣工,设备安装调试完毕,进入批量生产。已累计实现利润310万元。

③高压真空开关管用系列陶瓷外壳技术改造

陶瓷外壳是陶瓷外壳高压真空开关管的关键部件,由于技术难度较大,因此建设周期较长。目前生产厂房已建成,所需设备已安装调试完毕,已小批量生产。共计投入资金1200.84万元。

④智能高频开关电源直流系统技术改造

该项目中的电力自动化控制系统智能设备的开发研制采用产学研相结合的办法实现并进入批量生产,累计实现利润372万元。

⑤高压真空开关柜技术改造项目

该项目从生产销售GGX2起步,已开发出了国内先进水平的KYN28A中置柜和HXGN-12F(R)环网柜等系列产品,并通过省级技术鉴定,在生产开关柜的同时,还生产配套断路器。已累计实现利润605万元。

⑥新型电子元器件中心市场网络与技术开发系统建设

在上海组建了上海振沪电子有限公司,在北京和深圳成立了销售分公司,还在西安、成都、贵阳和香港设立了经营部,公司建立统一的营销体系。在努力开拓市场的同时,进一步加大了对技术中心的投入力度。

⑦机加、工模具中心建设项目

该项目已完成投资,已竣工验收投产,并已通过ISO9000质量保证体系认证。累计实现利润605.45万元。

从整体看配股募集资金项目没有达到承诺实现的收入和利润,主要原因:一是投资力度不够,规模小,导致产品成本较高,市场竞争乏力;二是IT产业近几年市场起伏波动较大,产品竞争激烈;三是本公司目前正处于产品结构调整时期,主要力量都投入到新型电子元器件的建设上,配股募集资金投资项目没有后续资金投入。

B、增发新股募集资金使用情况

①式片电阻器生产线技术改造

项目计划总投资12,000万元,形成年产100亿只片式电阻器的生产能力,是国家重点技术改造项目。该项目实际完成投资11,427.04万元,其中:固定资产投资9,644.04万元,铺底流动资金1,783万元。项目已竣工验收投产,建成的片式电阻器生产线,达到了国际先进水平。增加了新的品种,进一步提高了企业的市场竞争能力。

②叠层片式电感器生产线技术改造

项目计划总投资4,900万元,形成年产4亿只叠层片式电感器的生产能力。该项目经贵州省经贸委、贵州省信息产业厅批准立项,信息产业部第十一设计研究院编制可行性研究报告。为了进一步加快这一项目的实施进度,采用合资方式成立了深圳市振华富莱得电子有限公司,在2亿只的生产能力的基础上,增加设备、改进工艺,形成年产4亿只的生产能力。该项目实际完成投资5,375万元,其中:固定资产投资1,319万元,受让关键技术等无形资产660万元,流动资金3,396万元。

③片式钽电容器生产线建设项目

项目计划总投资19,991万元,形成年新增3亿只片式钽电容器的生产能力,使生产规模达到年产6亿只。该项目经国家计委批准立项,中国电子工业发展规划研究院编制可行性研究报告,2001年4月15日国家计委已批准可行性研究报告,目前项目已启动,正在做招标前的准备工作。

④表面贴装分立器件(SMD)后封装生产线技术改造

项目计划总投资19,000万元,形成年产10亿只片式二、三极管的生产能力。该项目经国家经贸委批准立项,信息产业部第十一设计研究院编制可行性研究报告,国家经贸委授权委托贵州省经贸委于2001年5月25日批准了可行性研究报告,目前正在进行设备采购招标。

⑤片式铝电解电容器生产线技术改造

为了更合理地利用公募增发资金,提高资金的使用效率,已将投入"片式铝电解电容器生产线技术改造"项目的12,722万元调整为本公司与日本京瓷株式会社(简称"京瓷公司")合资生产CDMA移动通信手机项目的投资。CDMA手机项目经国家计委批准可行性研究报告,外经贸部批准成立京瓷振华通信设备有限公司。项目总投资30,899.99万元,本公司占30%的股份。预计2003年达到年产150万部CDMA手机的生产能力。2002年1月该产品面市。

暂未使用的增发募集资金,存放在各专业银行。

(3)报告期内非募集资金投资情况

①投资贵阳市商业银行人民币6,700,000.00元,占总股本的比例为1.25%。本年已获8%的回报。

②投资贵州华创证券经纪有限公司人民币5,000,000.00元,占总股本的比例为2.5%。

③贵州新天振华房地产开发有限公司增资扩股本公司增投9,000,000.00元,本公司仍占总股份的比例为90%。该公司发展势头良好。

④2001年7月12日以C类机构投资者身份申购"中石化",申购数量2250万股,中签67.5万股,投资金额284.85万元。该股票于2001年11月20日全部在二级市场出售,损失36.32万元。

5、公司财务状况

(1)资产及负债情况分析 单位:万元

序号	项目	2001年	2000年	增长率%
1	流动资产	154,699.87	106,247.90	45.60
	其中:应收帐款	35,031.60	35,633.02	-1.69
	其他应收款	22,235.51	10,311.50	115.64
	存货	33,461.38	29,496.60	13.44
2	固定资产	59,249.82	51,378.63	15.32
3	总资产	243,594.50	176,252.71	38.21
4	总负债	53,792.21	56,524.16	-4.83
	其中:银行借款	30,788.11	30,922.85	-0.44
5	净资产	179,591.11	110,993.27	61.80
6	经营活动产生的现金流量净额	7,358.46	8,013.29	-8.17

总资产及净资产增长的原因均为:公募增发募集资金到位及本年盈利所致。

流动资产占用上升的主要原因是:其他应收款和存货上升所致。其他应收款上升115.64%,其原因是:使用公募增发募集资金投入技改,多项技改项目正在实施之中,采购设备预付保证金及工程借款挂帐较多。存货比上年上升13.44%,主要原因是:新天房开公司承建的振华科技大厦和经济适用房的未完工程,因建设周期较长,存货占用增加3547万元;使用增发募集资金新建成的片式电阻和片式电感项目生产备料1363万元;为下一年度生产的正常备料。本公司一贯遵循"以销定产"的原则,严格按合同生产,不会造成超储积压。

应收帐款同比下降1.69%,主要是公司加大了货款催收力度,货款回笼率为110.87%。但是应收帐款占流动资金的比例仍然较大,这主要是本公司主导产品为电子、电力行业的基础产品,由于行业竞争激烈,一方面受整机行业产品销售情况的制约,另一方面整机企业为压缩其库存和减少财务费用支出,延长付款期,造成基础产品行业应收帐款占用较高。在途货款占用高,企业的经营风险必然高,好在本公司产品的销售对象主要是全国知名的大公司、承担国家重点工程的单位、经济实力较强的电力部门等,所以形成呆、坏帐的可能性较小。

总负债同比下降4.83%,主要是应付帐款和其他应付款降低所致。

(2)盈利情况分析 单位:万元

序号	项目	2001年	2000年	增长率%
1	主营业务收入	62,489.81	66,533.39	-6.08
2	主营业务利润	17,871.55	14,515.37	23.12
3	利润总额	8,985.46	6,988.23	28.58
4	净利润	7,733.30	6,324.90	22.27

主营业务收入下降原因主要是:通讯信息产品中的数字用户程控交换机因产品换代,市场进一步萎缩,其营业收入同比下降了20%;计算机及配件产品由于生产规模小,生产成本高,难与同行竞争,产量减少,营业收入同比下降80.51%。增长因素是:新型电子元器件营业收入同比增长了2.48%,电话机产品由于适时调整了营销策略,积极开拓境外市场,营业收入同比增长49.28%。增减相抵后总体下降6.08%

主营业务利润、利润总额、净利润上升主要原因是:调整产品结构,增产高附加值产品,限产低附加值产品或亏损产品。由于我们的主导产品性能和质量优良,争取到了为国家重点工程配套,提升了产品价值。大力开展技术攻关,提高产品技术水平;调整生产工艺,提高产品合格率;使用新材料,加大使用国产材料的比重,降低材料成本,这几方面工作取得显著成效。

(3)主要财务指标

项目	单位	2001年		2000年		1999年	
		摊薄	加权	摊薄	加权	摊薄	加权
每股收益	元/股	0.22	0.22	0.20	0.20	0.13	0.14
每股净资产	元/股	5.02		3.55		3.48	
净资产收益率	%	4.31	4.36	5.70	5.80	3.69	3.70
经营活动产生的现金流量净额	元/股	0.21		0.26		0.52	

每股收益比上年调整后的每股收益上升0.02元。由于公募增发使净资产增加,每股净资产比上年上升1.47元。

6、公司生产经营环境以及宏观政策、法规变化情况

本报告期内,国内电子元器件产品及通信整机产品,供求矛盾突出,同业竞争激烈,竞相降价,造成产品盈利空间越来越少,只能做到保本销售或亏本销售,以加速流动资金的回收和周转。同时,生产所需主要电子材料的价格大幅度上扬,致使采购成本提高,产品的附加值也越来越低,对公司的业绩带来一定的影响,减少了盈利。在途货款回笼情况总体上较上年度有一定程度的好转,但应收帐款占流动资金的比例仍然过大,给资金周转带来一定的压力。电子元器件、通信整机、信息技术更新换代越来越快,对技术创新提出更高的要求。针对上述问题,本公司按照"优势发展、科技兴业、名牌拓市"三大战略,进一步加大新品开发和技术改造的力度,努力调整企业结构和产品结构,把公司做大做强,实现规模经济,提高主导产品的市场占有率;加强企业内部管理,实行比价采购,加速货款回笼,降低各项成本,提高效率和效益。

国家实施西部大开发战略,对公司加快建设规模化、系列化、国际化的新型电子元器件基地以及产品结构的优化升级和合资、合作步伐,创造了良好的政策环境和难得的机遇,本报告期内,在省委、省府及国家有关部委的大力关怀支持下,顺利实现了与世界500强之一的日本京瓷公司的合资合作,研发生产CDMA手机。该项目的成功实施,不仅对公司经济总量上规模起到重要的推进作用,而且对进一步扩大招商引资也将产生积极的影响。

我国加入WTO对电子行业冲击较大。本着沉着应对、趋利避害的原则,本公司在实施技改项目工作中,从方案设计到实施阶段,努力同国际接轨,其中主导产品新型电子元器件、电力电子产品等经过多年的发展和结构调整,技术日臻成熟、生产设备和工艺流程先进合理,产品价格基本上与国际市场价格同步,可以说加入WTO给本公司在引进技术、吸引外资、拓宽市场等方面将创造良好的机遇。

7、新年度经营计划

2002年,是上市公司治理年,又是我国进入WTO后的第一年。在新的一年里,我们认真落实"三个代表"的思想,坚持"发展高科技、挤占大市场、争创高效益、佳绩报股东"的经营宗旨,面对全球经济大市场,做大做强主产品,切实抓好结构调整,推进技术创新,实施企业信息化工程,完善管理,力争经济指标上一个新的台阶,基本建成规模化、系列化、国际化的新型电子元器件基地和CDMA手机生产研发基地,增强自身实力,回报广大股东。具体做好如下主要工作:

(1)抓住结构调整,进行资产重组,加大力度,提高产品集中度。要淘汰市场竞争力不强、盈利能力弱甚至亏损的产品。为避免重复投资,降低产品成本,将相近或同类产品逐步集中生产和技改。

(2)抓紧募集资金和自有资金投资项目的实施进度,尽快达产达效。要千方百计使已实施结束或竣工验收的项目逐步达产达效,确保投资收益。对今年已投入实施的片式钽电容器建设项目和表面贴装分立器件(SMD)后封装生产线技改项目,在深入市场分析的基础上,加紧实施,力争年内基本建成新型电子元器件基地。抓好振华(龙华)科技工业园一期工程的后续工作,尽快发挥作用。

(3)抓好新产品开发和科研试制,培育新的经济增长点。要建设和完善博士后工作站,依托技术中心,发挥863科技成果产业化基地的作用,争取多分支持,抓好新产品开发和科研试制,推进其成果产业化、商品化,培育新的经济增长点。要全面推进与外资企业的合作,通过CDMA手机生产研发基地的建设,加强技术合作,增强技术创新能力。

(4)抓实企业信息化工程,推进管理创新,向管理要效益。企业信息化,要从公司本部开始,年内有1-2个分公司或子公司建ERP信息平台。生产机电一体化产品的企业在进行产品结构调整的同时,要为用信息技术改造传统产业服务。要积极开展创造成本活动,不断提高企业核心竞争力。要建立和完善内部管理制度,对上市以来的制度进行认真修订,经审议后下发实行,进一步完善法人治理结构,规范运作。

(5)抓紧市场营销战略的制定,大力开拓国际和国内两个市场。尽快完善新型电子元器件、电力电子、通信整机、光机电一体化产品等的专业营销网络。完善北京、深圳、上海、西安、成都、沈阳等的市场营销网点,扩大辐射范围。要把有形网与无形网结合起来,逐步建立电子商务平台。加强资信管理和货款回收,减少损失,降低风险。健全营销机构,培养高素质营销队伍。

8、利润分配预案或资本公积转增预案

(1)2001年度利润分配预案

本公司2001年实现净利润77,333,033.28元。根据本公司章程规定,税后利润提取法定盈余公积和法定公益金各10%,即各提7,732,813.41元;又根据外商投资企业财务制度规定,中外合

资企业(下属控股公司)提取福利和奖励基金 4,899.10 元,净利润减去以上三项再加上 2000 年末未分配利润 79,234,564.77 元,减去分配 2000 年度红利 71,624,000.00 元,2001 年末可供股东分配的利润为 69,473,072.13 元。2001 年度利润分配,以总股本 358,120,000 股为基数,每 10 股派发现金红利 1 元(含税),共计分配利润 35,812,000 万元,此次分配后余未分配利润 33,661,072.13 元,结转下一年度。根据《中华人民共和国个人所得税法》规定,个人所得红利,按 20%的税率交纳个人所得税,由本公司代扣代缴,税后个人股东每 10 股实得现金红利 0.8 元。本年度不进行资本公积转增。该预案经股东大会批准后实施。

(2)2002 年利润分配政策

①公司拟在 2002 年结束后分配利润一次。

②公司 2002 年可分配利润和结余未分配利润拟用于股利分配的比例不少于 10%。

③分配方式拟采用派发现金的方式。

④具体分配方案将根据公司的实际情况而定。

9、报告期内,公司选定的信息披露报纸为《证券时报》、《上海证券报》、《中国证券报》。

八、监事会报告

1、监事会召开情况:

报告期内,监事会共召开三次会议、列席了每次董事会、出席了股东大会,每位监事都充分发表了自己的意见。

(1)2001 年第一次监事会(第二届三次)会议于 3 月 28 日在本公司贵宾室召开,会期一天,应到监事五人,实到五人。会议由向性双主席主持,审议并通过了以下主要事项:

(一)《董事会 2000 年度总结和 2001 年度工作思路的报告》;

(二)《总经理 2000 年业务报告和 2001 年度工作报告》;

(三)《2000 年年度报告正文及摘要》;

(四)《监事会 2000 年度工作报告》;

(五)《2000 年度财务决算报告》和《2001 年度财务预算报告》;

(六)《2000 年度利润分配预案和 2001 年度利润分配政策的报告》;

(七)《关于修改本公司章程的议案》;

(八)《关于召开 2000 年度(第七次)股东大会的议案》。

以上决议,刊登在 2001 年 3 月 30 日《证券时报》、《上海证券报》、《中国证券报》上。

(2)2001 年第二次监事会(第二届四次)会议于 8 月 9 日本公司贵宾室召开,应到监事五人,实到五人。会议由向性双主席主持,审议并通过以下事项:

(一)《关于计提固定资产、在建工程、无形资产、委托贷款减值准备的暂行规定》及《关于计提固定资产等四项资产减值准备的专项报告》;

(二)《2001 年中期报告正文》和《2001 年中期报告摘要》;

(三)《2001 年中期利润分配预案》;

(四)《关于修订<加强财务管理规定>和投资管理规定的议案》;

(五)《公司经理办公会议事规则》;

(六)《董事监事委派推荐及管理办法的议案》。

以上决议,刊登在 2001 年 8 月 13 日《证券时报》、《上海证券报》、《中国证券报》上。

(3)2001 年第三次监事会(第二届五次)会议于 12 月 27 日在本公司贵宾室召开,应到监事五人,实到五人。会议由向性双主席主持,审议通过了以下主要事项:

(一)《关于整体受让贵州云高电子有限公司的议案》;

(二)《关于转让中国振华集团建筑工程公司的议案》;

(三)《改变募集资金投向的议案》。

以上决议,刊登在 2001 年 12 月 29 日《证券时报》、《上海证券报》、《中国证券报》上。

2、监事会独立意见

(1)对公司依法运作情况的意见

本公司在 2001 年度生产经营工作中,认真贯彻执行国家证监会"法制、监督、自律、规范"八字方针,遵守国家法律、法规,执行国家方针政策,遵守公司章程,依法治企、依法经营、依法决策。按照"管严、管细、管实"的管理原则,进一步健全和完善了内部各项规章制度,内控制度健全;加强了各项基础管理工作,特别是加强了以财务管理、质量管理、市场营销管理为重点的管理工作,取得了良好的效果。本报告期内,公司董事、高级管理人员在执行公司职务时,未发现违反法律、法规、公司章程或损害公司利益的行为。

(2)对公司财务情况的意见

公司 2001 年度财务报告业经天一会计师事务所有限责任公司完成审计,出具了标准无保留意见审计报告,客观、真实地反映了公司的 2001 年 12 月 31 日财务状况和 2001 年 1 至 12 月经营成果。

(3)对募集资金投资项目的意见

①配股资金使用安排了七个投资项目,计划总投资 19,086.42 万元。截止到 2001 年 12 月 31 日止,共投入资金 19789.44 万元,为募集资金总额的 110.33%,至此所有项目已全部完成。

②根据本公司公募增发《招股意向书》披露,原募集资金投向之一为"片式铝电解电容器技术改造"项目,总投资预计 12722 万元。

为了更合理地利用公募增发资金,提高使用效率,更好更快的产生经济效益。经公司经营班子慎重研究,并提交公司临时董事会审议通过,拟将原"片式铝电解电容器技术改造"的 12722 万元调整为与日本京瓷株式会社合资生产 CDMA 移动通信手机项目的投资 9270 万元,余 3452 万元另安排投资项目。

CDMA 手机是高新技术产品,项目建设符合国家产业政策。国家计委以计高科(2001)1794 号文批准了该项目可行性研究报告;国家外经贸部以外经贸审字(2001)0145 号文批准成立京瓷振华通信设备有限公司。

本项目的实施,可使本公司以最快的方式进入 CDMA 数字移动通信领域并带动技术进步和产业结构的调整。

其他项目按《A 股公募增发招股意向书》的承诺正抓紧实施。

(4)对转受让资产行为的意见

本公司 2001 年度实施了资产转让、受让工作,其程序符合法律与法规的规定,交易价格合理,未发现内幕交易行为,没有损害股东权益。

(5)对公司关联交易的意见

报告期内,公司关联交易公平、合理、实事求是,没有损害本公司利益,保障了所有者权益。

九、重要事项

1、本年度公司无重大诉讼、仲裁事项。

2、2000 年度利润分配预案,经本公司 2000 年度(第七次)股东大会审议通过后,实施了利润分配方案:以公募增发后的总股本 358,120,000 股为基数,每 10 股派发现金红利 2 元(含税),共计分配利润 71,624,000 元。根据《中华人民共和国个人所得税法》规定,个人所得红利,按 20%缴纳个人所得税,由本公司代扣代缴,税后个人股东每 10 股实得现金红利 1.6 元。

3、收购及出售资产事项

(1)根据公司产品结构调整的需要,本公司年度内收购了贵州云高电子有限公司整体资产,该公司股东中国振华电子集团新云器材厂和香港达高科技有限公司于 2001 年 4 月 27 日董事会形成决议,同意整体资产转让,转让基准日为 2001 年 4 月 30 日,经天一会计师事务所有限责任公司审计评估,并经贵州省财政厅黔财评字(2001)18 号文审核,该公司截止 2001 年 4 月 30 日资产总额为 29,425,024.17 元;负债总额为 23,718,623.35 元;净资产 5,706,400.82 元。经本公司 2001 年 12 月 27 日董事会研究决定,以该公司评估后的净资产价值 5,706,400.82 元为收购价。收购股权后,原负债由本公司承担。

(2)为了调整产品结构,突出本公司主业,经本公司 2001 年 12 月 27 日董事会研究决定,将本公司下属中国振华集团建筑工程公司整体资产转让给中国振华电子集团有限公司。转让价格以 2001 年 8 月 31 日该公司评估后净资产作价。

以上决议刊登在 2001 年 12 月 29 日《证券时报》、《上海证券报》、《中国证券报》上。

4、重大关联交易事项

(1)报告期内无重大关联交易。

(2)公司与关联方存在债权、债务往来等事项:报告期内本公司第一大股东中国振华电子集团有限公司欠付本公司 1321.60 万元,为收购振华建筑工程公司未付款(按协议付款日期为 2002 年 5 月 31 日前)。

5、委托他人进行现金管理事项

本公司在报告期内,根据本公司章程,在股东大会和董事会的授权范围内,签定了如下委托理财协议:

(1)2000 年 9 月 20 日本公司与国泰君安证券股份有限公司签定了《资产委托管理协议书》,委托管理资金 5000 万元,托管期限 2000 年 10 月 15 日至 2001 年 10 月 15 日,收益分配办法:1 受托方向本公司收取管理费,当委托管理资产年收益率小于 5%,受托方不收管理费;当委托管理资产年收益率大于 5%小于 8%时,5%以上的收益为受托方管理费;当委托管理资产年收益率大于 8%时,按委托资产期初余额的 3%收取管理费。2 本公司根据委托管理资产年收益率向受托方支付业绩报酬:年收益率在 0% – 10%部分,该区间的业绩报酬率为 0%;年收益率在 10%以上部分,该区间的业绩报酬率为 50%。该事项已在 2000 年度报告中披露。资金来源:自有资金。委托管理资金本金 5000 万元已按期收回,未获收益。

(2)2001 年 3 月 2 日本公司与长城证券股份有限公司签定了《委托投资国债协议书》,本金 3800 万元,托管期限 2001 年 3 月 2 日至 2001 年 12 月 31 日,受托方按委托管理资产年收益总额的 10%收取佣金。资金来源:自有资金。截止 2001 年 12 月 31 日委托管理资金本金 3800 万元已收回,投资收益 380 万元。

(3)2001 年 4 月 19 日本公司与贵州证券股份有限公司签定了《代理国债投资协议书》,本金 400 万元,托管期限 2001 年 4 月 19 日至 2001 年 12 月 27 日,年收益率 10%。资金来源:自有资金。委托管理资金本金 400 万元已按期收回,投资收益 27.44 万元。

6、公司或持股 5%以上股东承诺事项:无

7、公司聘请会计师事务所及支付报酬情况

(1)聘请会计师事务所:2001 年 5 月 9 日召开的 2000 年度(第七次)股东大会审议通过,聘请天一会计师事务所有限责任公司为本公司 2001 年度审计中介机构。

(2)审计费用支付的决策程序:由拟聘请的审计中介机构向公司提出审计费用报价;公司财务部审核审计费用报价,并与其进行初步协商,提出意向性意见;报经总经理办公会批准后,由财务部支付。

(3)支付报酬情况:2001 年度支付天一会计师事务所有限责任公司 48 万元。

8、关联交易情况

(1)存在控制关系的关联交易情况　　金额单位:元

关联方名称及交易内容	本期	上年同期
1、提供劳务		
新云器材厂向云利电子有限公司提供劳务	443,001.37	976,516.99
新云器材厂向怡新电子有限公司提供劳务	225,333.74	69,852.20
新云器材厂向新裕电子有限公司提供劳务	452,364.88	0.00
2、固定资产租赁费		
中国振华集团有限公司租用本公司办公大楼	105,332.70	238,032.00
3、土地使用权租赁费		
本公司租用中国振华集团有限公司土地使用权	498,918.00	237,996.00
4、提供贷款		
振华集团财务有限公司向振华科技建新分公司提供贷款	1,100,000.00	2,000,000.00
振华集团财务有限公司向中国振华(深圳)电子工业公司提供贷款	11,000,000.00	8,000,000.00
振华集团财务有限公司向中国振华电子集团有限公司提供贷款	31,400,000.00	30,000,000.00
振华集团财务有限公司向深圳康力精密机械有限公司提供贷款	1,800,000.00	0.00
振华集团财务有限公司向深圳振华通信设备公司公司提供贷款	5,900,000.00	0.00
振华集团财务有限公司向贵州振华通讯设备公司提供贷款	100,000.00	0.00
5、提供担保		
振华科技为同创公司公司提供担保	50,000,000.00	80,000,000.00
振华科技为微电子、重大新、深圳公司综合授信额度提供担保	70,000,000.00	

注:贷款利率按人民银行规定执行;租赁价格按当地市场价格,劳务按协议价执行。

(2)不存在控制关系的关联方情况及交易

①不存在控制关系的关联方情况

企业名称	与本公司关系	经济性质
中国振华集团新云器材厂	同一母公司	国有
中国振华集团宇光电工厂	同一母公司	国有
中国振华集团建新机械厂	同一母公司	国有

②不存在控制关系的关联交易情况　　金额单位:元

关联方名称及交易内容	本期	上年同期
1、往来帐		
本公司应收振华集团宇光电工厂各种劳务费	1,405,259.76	3,215,625.35
本公司应收振华集团建新机械厂各种劳务费	100,800.00	1,068,956.32
2、商标使用权租赁费		
本公司租用振华集团宇光电工厂宇光牌商标	962,851.70	330,000.00
本公司租用振华集团建新机械厂建新牌商标	28,424.42	180,000.00
3、固定资产租赁费		
新云厂租用本公司设备厂房及公共设施	7,423,650.85	0.00
本公司租用振华集团建新机械厂设备厂房	161,504.00	1,211,000.00
4、销售产品		
本公司购买振华集团宇光电工厂产品	20,056.83	0.00
振华集团宇光电工厂购买本公司产品	489,801.51	0.00
价格按合同执行		

9、对中国证监会贵阳特派办巡检后提出整改意见的整改情况

(一)关于"三分开"方面的整改

(1)针对"振华科技新云子公司和红旗分公司租赁中国振华电子集团有限公司部分设备及厂房"问题。由于新厂房还在建设当中,目前新云子公司和红旗分公司只是暂时租用中国振华电子集团有限公司的部分厂房和通用设备。待新厂房建成以后,本公司资产将更加完整、独立。

(2)针对"进入上市公司的房产及土地未办理相关过户手续,有关产权证仍属振华集团"问题。本公司采用租赁国有土地使用权的方式使用国有土地,且经贵州省国土厅黔国土籍(1997)11 号文批准。本公司上市和配股由股东投入的房屋所有权属本公司所有,大部分《房屋所有权证》已办结,尚余部分仍在办理中。本公司力争在 2002 年 6 月前办结。

(3)针对车辆管理与费用分摊问题。为提高车辆使用效率,节约运输费用(年分摊费用40万元左右),本公司总部与振华集团总部工作用车实行统一管理、统一核算,根据历年统计显示,用车量基本各占一半(本公司略高),故费用各分摊50%。在2000年费用分摊时,车辆折旧费17万元漏摊,振华集团应摊8.5万元折旧费由本公司少支振华集团三个商标租用费中抵交。从2001年1月1日起按协议执行。

(二)关于公司章程及"三会"规范运作方面的整改

(1)针对股东大会的会议通知书及授权委托书保存不完整问题。公司将根据有关法律、法规和规则的要求以及《上市公司股东大会规范意见》,已制定本公司《股东大会议事规则》,提交2001年度股东大会审议并健全相关资料。

(2)针对章程第105条规定不符合有关规定的问题。公司已决定将章程第105条"当赞成票和反对票相等时,董事长另有一票表决权"予以删除,并根据《证券法》、《公司法》、《关于在上市公司建立独立董事制度的指导意见》、《深圳证券交易所上市规则》等法律、法规的要求,修改本公司章程并提交2001年度股东大会审议。

(三)关于信息披露方面的整改

(1)针对"振华科技与振华集团之间的关联交易合同,大部分截止2000年12月31日,2001年的关联交易合同至今未续签"问题。本公司已于2001年9月与振华集团签定合同。

(2)针对"振华科技租用振华集团的三个商标,未依据合同按销售收入的比例支付租金"问题。振华科技2000年实际支付振华集团三个商标租金合计88万元,按合同应支付138万元,少支50万元,扣除振华集团应交本公司2000年汽车旧费8.5万元后余额41.5万元振华集团同意不再收取。2001年起公司按租用合同支付租金。

(3)针对"财务公司中对深圳特发财务公司的同业拆借款990万元","公司未能在年报中进行相关披露"问题。财务公司(本公司占50%股权)已收回659万元,所余331万元正在通过法律程序进行追收。鉴于财务公司属特殊行业,按财政部财务制度规定不纳入本公司2000年报合并会计报表范围。本公司将按有关规定进行披露。

(4)针对"年报中长期投资明细表披露三个子公司未纳入合并范围"问题,实际这三个公司已纳入合并范围,这三个公司指贵州新天房地产开发有限公司、贵州剑江电力电源有限公司、上海振沪电子有限公司,纳入合并是正确的。在会计报表附注的"长期投资明细表"中披露"未纳入合并范围"是工作疏漏所致,2001年中报已作更正。

(四)关于财务方面的整改

(1)针对深圳市振华通讯设备有限公司1999年度发生广告、模具等费用651.48万元,2000年应摊销151.59万元未摊销问题。本公司从2001年度起分年度予以摊销并对发现的问题予以纠正。

(2)针对个别短期投资未按会计制度规定核算投资收益而是采取预提方法进行核算和未按会计制度规定使用会计科目核算问题。公司2001年已按新会计制度规定进行核算。

(3)针对尚未完全有效执行振华科技2000年4月19日制定的关于四项资产减值准备计提及核销二作的问题,公司2000年短期投资未发生减值。各子公司已经计提了各项资产减值准备,因此,母公司未计提长期投资减值准备。

(4)针对内部控制制度和内部审计制度、财务管理考核办法等内部控制制度尚未完全有效执行问题。公司将按照《会计法》、《财务通则》、《会计基础工作规范》、《内部审计制度》等法律、法规和准则的要求,建立、健全财务制度和内控制度并认真有效地执行。

十、财务报告

1、审计报告:

审 计 报 告

天一审字(2002)第4—168号

中国振华(集团)科技股份有限公司全体股东:

我们接受委托,审计了贵公司2001年12月31日的母公司及合并资产负债表、2001年度的母公司及合并利润及利润分配表和2001年度的母公司及合并现金流量表。这些会计报表由贵公司负责,我们的责任是对这些会计报表发表审计意见。我们审计是依据《中国注册会计师独立审计准则》进行的。在审计过程中,我们结合贵公司实际情况,实施了包括抽查会计记录等我们认为必要的审计程序。

我们认为,上述会计报表符合《企业会计准则》和《企业会计制度》的有关规定,在所有重大方面公允的反映了贵公司2001年12月31日的财务状况及2001年度经营成果和现金流量情况,会计处理方法的选用遵循了一贯性原则。

天一会计师事务所有限责任公司　　中国注册会计师:杨雄

地址:北京市西城区金融街27号　　中国注册会计师:张再鸿

投资广场A座1804

二〇〇二 年四月十二日

2、会计报表(附后)

3、会计报表附注

①会计制度

执行财政部颁发的从2001年1月1日起执行的《企业会计制度》、《企业会计准则》,振华集团财务有限公司属于金融企业除外。

②合并报表的编制方法及合并范围

与上期比,合并报表的编制方法没有变化。

合并范围较上年度减少一户,为报告期本公司控股公司中国振华集团建筑工程公司整体转让给本公司控股股东中国振华电子集团有限公司,按《企业会计制度》的有关规定,不予合并。

4、或有事项:无

5、资产负债表日后事项:无

6、承诺事项:无

7、债务重组事项:无

8、其他重要事项:无

十一、备查文件目录

1、载有法定代表人、总会计师、会计机构负责人签名并盖章的会计报表。

2、载有会计师事务所盖章、注册会计师签名并盖章的审计报告原件。

3、报告期内在《证券时报》、《上海证券报》、《中国证券报》上公开披露过的所有公司文件的正本及公告的原稿。

二〇〇二年四月十七日

合并利润及利润分配表

2001年12月

编制单位:中国振华(集团)科技股份有限公司　　单位:元

项　　目	附注	本年实际	上年实际
一、主营业务收入	33	624,898,060.40	665,333,932.53
减:主营业务成本	34	441,400,691.29	516,188,550.78
主营业务税金及附加	35	4,781,843.07	3,991,682.93
二、主营业务利润(亏损以"-"号填列)		178,715,526.04	145,153,698.82
加:其他业务利润(损失以"-"号填列)	36	5,120,587.60	8,555,105.05
减:营业费用		37,531,493.07	33679988.05
管理费用		81,338,895.75	49,899,842.21
财务费用	37	-3,807,122.00	9,752,913.25
三、营业利润(亏损以"-"号填列)		68,772,846.82	60,376,060.36
加:投资收益(损失以"-"号填列)	38	14,686,352.88	5,414,013.01
补贴收入	39	134,198.43	8,721,127.62
营业外收入	40	17,945,087.65	1,685,791.54
减:营业外支出	40	11,683,849.69	6,314,653.48
四、利润总额(亏损总额以"-"号填列)		89,854,636.09	69,882,339.05
减:所得税		11,246,955.74	5,459,750.85
少数股东损益		1,274,647.07	1,173,544.88
五、净利润(净亏损以"-"号填列)		77,333,033.28	63,249,043.32
加:年初未分配利润		79,234,564.77	3,692,135.72
住房周转金转冲资本公积			24,971,516.44
分公司上交利润			
六、可供分配的利润		156,567,598.05	91,912,695.48
减:提取法定盈余公积		7,732,813.41	6,321,364.07
提取法定公益金		7,732,813.41	6,321,364.07
合资企业提取职工福利及奖励基金		4,899.10	35,402.57
七、可供股东分配的利润		141,097,072.13	79,234,564.77
减:应付优先股股利			
提取任意盈余公积			
应付普通股股利		71,624,000.00	
转作股本的普通股股利			
八、未分配利润		69,473,072.13	79,234,564.77

母公司利润及利润分配表

2001年12月

编制单位:中国振华(集团)科技股份有限公司　　单位:元

项　　目	附注	本年实际	上年实际
一、主营业务收入	45-3	329,237,913.71	375,254,914.24
减:主营业务成本	45-4	203,413,856.24	260,895,041.58
主营业务税金及附加		1,885,486.70	3,345,989.52
二、主营业务利润(亏损以"-"号填列)		123,938,570.77	111,013,883.14
加:其他业务利润(损失以"-"号填列)		3,989,626.28	7,773,757.74
减:营业费用		25,399,981.68	22,383,838.12
管理费用		51,608,680.64	38,891,943.05
财务费用		-12,486,762.17	6,299,761.82
三、营业利润(亏损以"-"号填列)		63,406,296.90	51,212,097.89
加:投资收益(损失以"-"号填列)	45-5	23,538,504.43	18,805,824.55
补贴收入		134,198.43	945,862.16
营业外收入		2,419,515.05	1,326,955.81
减:营业外支出		2,501,012.84	5,876,971.46
四、利润总额(亏损总额以"-"号填列)		86,997,501.97	66,413,768.95
减:所得税		9,668,343.34	3,200,128.20
少数股东损益		1,024.45	
五、净利润(净亏损以"-"号填列)		77,328,134.18	63,213,640.75
加:年初未分配利润		79,234,564.77	3,692,135.72
住房周转金转冲资本公积			24,971,516.44
分公司上交利润			
六、可供分配的利润		156,562,698.95	91,877,292.91
减:提取法定盈余公积		7,732,813.41	6,321,364.07
提取法定公益金		7,732,813.41	6,321,364.07
合资企业提取职工福利及奖励基金			
七、可供股东分配的利润		141,097,072.13	79,234,564.77
减:应付优先股股利			
提取任意盈余公积			
应付普通股股利		71,624,000.00	
转作股本的普通股股利			
八、未分配利润		69,473,072.13	79,234,564.77

合并资产负债表

2001 年 12 月 31 日

编制单位:中国振华(集团)科技股份有限公司　　单位:元

资　产	附注	期末数	年初数
流动资产:			
货币资金	1	604,374,716.80	242,114,106.15
短期投资	2	3,405,037.80	20,000,000.00
应收票据	3	23,537,417.26	12,795,557.97
应收股利			
应收利息			
应收帐款	4	350,315,966.37	356,330,194.38
其他应收款	4	222,355,117.79	103,115,018.73
预付帐款	5	8,215,033.52	32,121,666.73
应收补贴款	6	81,072.70	
存货	7	334,613,845.01	294,966,015.41
待摊费用	8	100,504.64	1,036,484.56
一年内到期的长期债权投资			
其他流动资产			
流动资产合计		1,546,998,711.89	1,062,479,043.93
长期投资:			
长期股权投资	9	206,502,879.44	157,763,065.06
长期债权投资	9	10,852,018.87	13,497,199.37
长期投资合计		217,354,898.31	171,260,264.43
固定资产:			
固定资产原价	10	657,902,209.47	656,242,231.72
减:累计折旧	10	206,177,126.63	178,629,592.95
固定资产净值		451,725,082.84	477,612,638.77
减:固定资产减值准备	10	31,633,060.98	33,241,579.46
固定资产净额		420,092,021.86	444,371,059.31
工程物资	11	755,751.00	
在建工程	12	171,650,469.18	69415263.26
固定资产清理			
固定资产合计		592,498,242.04	513,786,322.57
无形资产及其他资产:			
无形资产	13	15,534,056.50	8,959,109.65
长期待摊费用	14	7,835,037.30	6,042,352.79
其他长期资产	15	55,724,008.29	
无形资产及其他资产合计		79,093,102.09	15,001,462.44
递延税项:			
递延税款借项			
资产总计		2,435,944,954.33	1,762,527,093.37
负债和股东权益	附注	期末数	年初数
流动负债:			
短期借款	16	222,800,000.00	306,026,500.00
应付票据	17	11,381,378.31	7,733,415.35
应付帐款	18	66,443,960.29	70,586,431.94
预收帐款	19	21,882,304.26	44,818,183.21
应付工资	20	3,738,863.64	3,290,025.05
应付福利费		21,789,620.20	17,445,540.13
应付股利	21	5,942,866.15	12,877,435.94
应交税金	22	13,675,852.86	12,366,177.28
其他应交款	23	1,123,110.94	508,482.87
其他应付款	24	53,348,529.84	82,628,789.44
预提费用	25	1,589,947.12	2,931,906.14
预计负债			
一年内到期长期负债			
其他流动负债			
流动负债合计		423,716,433.61	561,212,887.35
长期负债:			
长期借款	26	85,081,134.00	3,202,046.00
应付债券			
长期应付款	27	156,666.67	826,666.67
专项应付款	28	28,967,948.72	
其他长期负债			
长期负债合计		114,205,749.39	4,028,712.67
递延税项:			
递延税款贷项			
负债合计		537,922,183.00	565,241,600.02
少数股东权益		102,111,707.71	87,352,790.29
股东权益:			
股本	29	358,120,000.00	313,120,000.00
减:已归还投资			
股本净额		358,120,000.00	313,120,000.00
资本公积	30	1,316,706,854.47	681,432,628.09
盈余公积	31	51,611,137.02	36,145,510.20
其中:公益金		25,805,568.51	18,072,755.10
未分配利润	32	69,473,072.13	79,234,564.77
股东权益合计		1,795,911,063.62	1,109,932,703.06
负债和股东权益总计		2,435,944,954.33	1,762,527,093.37

母公司资产负债表

2001 年 12 月 31 日

编制单位:中国振华(集团)科技股份有限公司　　单位:元

资　产	附注	期末数	年初数
流动资产:			
货币资金		510,042,768.23	198,843,804.27
短期投资			20,000,000.00
应收票据		11,437,676.00	7,580,659.99
应收股利			
应收利息			
应收帐款	45－1	128,478,880.13	134,634,664.68
其他应收款	45－1	208,463,978.25	57,164,238.95
预付帐款		2,849,604.02	5,538,422.43
应收补贴款		81,072.70	
存货		133,443,065.82	117,171,154.09
待摊费用		23,510.43	200,000.00
一年内到期的长期债权投资			
其他流动资产			
流动资产合计		994,820,555.58	541,132,944.41
长期投资:			
长期股权投资	45－2	563,045,444.85	500,845,369.39
长期债权投资	45－2	96,629,420.37	81,093,699.37
长期投资合计		659,674,865.22	581,939,068.76
固定资产:			
固定资产原价		335,508,365.70	345,291,323.71
减:累计折旧		108,011,960.78	88,464,164.92
固定资产净值		227,496,404.92	256,827,158.79
减:固定资产减值准备		16,425,106.36	16,478,159.32
固定资产净额		211,071,298.56	240,348,999.47
工程物资			
在建工程		133,375,104.13	11,982,891.12
固定资产清理			
固定资产合计		344,446,402.69	252,331,890.59
无形资产及其他资产:			
无形资产		1,577,620.17	1,613,398.33
长期待摊费用		1,123,715.74	182,041.97
其他长期资产		205,465,028.33	24,778,723.34
无形资产及其他资产合计		208,166,364.24	26,574,163.64
递延税项:			
递延税款借项			
资产合计		2,207,108,187.73	1,401,978,067.40
负债和股东权益		期末数	年初数
流动负债:			
短期借款		112,010,000.00	164,010,000.00
应付票据		1,430,000.00	1,933,000.00
应付帐款		16,673,157.52	21,129,514.80
预收帐款		14,368,574.17	19,422,444.32
应付工资		2,309,866.34	2,204,986.34
应付福利费		10,425,414.78	8,970,728.01
应付股利			
应交税金		9,561,961.28	8,979,448.60
其他应交款		1,029,454.09	427,233.67
其他应付款		70,596,948.81	61,288,008.60
预提费用			
预计负债			
一年内到期长期负债			
其他流动负债			
流动负债合计		238,405,376.99	288,365,364.34
长期负债:			
长期借款		84,985,088.00	3,000,000.00
应付债券			
长期应付款		58,838,710.40	680,000.00
专项应付款		28,967,948.72	
其他长期负债			
长期负债合计		172,791,747.12	3,680,000.00
递延税项:			
递延税款贷项			
负债合计		411,197,124.11	292,045,364.34
少数股东权益			
股东权益:			
股本		358,120,000.00	313,120,000.00
减:已归还投资			
股本净额		358,120,000.00	313,120,000.00
资本公积		1,316,706,854.47	681,432,628.09
盈余公积		51,611,137.02	36,145,510.20
其中:公益金		25,805,568.51	18,072,755.10
未分配利润		69,473,072.13	79,234,564.77
股东权益合计		1,795,911,063.62	1,109,932,703.06
负债和股东权益总计		2,207,108,187.73	1,401,978,067.40

应交增值税明细表

2001 年度

编制单位:中国振华(集团)科技股份有限公司　　　　单位:元

项　　目	行次	本年累计数
一、应交增值税		
1、年初未抵扣数(以"-"号填例)	1	-621,348.40
2、销项税额	2	71,986,091.64
出口退税	3	
进项税额转出	4	8,090,753.79
转出多交增值税	5	3,792,266.12
3、进项税额	6	41,313,409.55
已交税金	7	14,242,615.81
减免税款	8	13,564,284.22
出口抵减内销产品应纳税额	9	
转出未交增值税	10	14,526,429.19
4、期末未抵扣数(以"-"号填例)	11	-398,975.62
二、未交增值税:		
1、年初未交数(多交数以"-"号填例)	12	9,628,830.48
2、本期转入数	13	10,734,163.07
3、本期已交数	14	8,841,458.50
4、期末未交数(多交数以"-"号填例)	15	11,521,535.05

合并股东权益增减变动表

2001 年度

编制单位:中国振华(集团)科技股份有限公司　　　　单位:元

项　　目	行次	本年数	上年数
一、股本			
年初余额	1	313,120,000.00	313,120,000.00
本年增加数	2	45,000,000.00	
其中:资本公积转入	3		
盈余公积转入	4		
利润分配转入	5		
发行新股增加的股本	6	45,000,000.00	
本年减少数	7		
年末余额	8	358,120,000.00	313,120,000.00
二、资本公积			
年初余额	9	681,432,628.09	704,721,763.92
本年增加数	10	635,274,226.38	1,682,380.61
其中:股本溢价	11	635,274,226.38	
资产评估增值	12		1,682,380.61
接受捐赠实物资产	13		
住房周转金转入	14		
上级拨入资金	15		
本年减少数	16		24,971,516.44
其中:转增股本	17		
转入损益	18		
住房周转金额转入			24,971,516.44
年末余额		1,316,706,854.47	681,432,628.09
三、法定和任意盈余公积	19		
年初余额	20	18,072,755.10	11,751,391.03
本年增加数	21	7,732,813.41	6,321,364.07
其中:从净利润中提取数	22	7,732,813.41	6,321,364.07
法定公益金转入数	23		
本年减少数	24		
其中:弥补亏损	25		
转增股本	26		
分派现金股利	27		
分派股票股利	28		
年末余额	29	25,805,568.51	18,072,755.10
其中:法定盈余公积		25,805,568.51	18,072,755.10
四、法定公益金	30		
年初余额	31	18,072,755.10	11,751,391.03
本年增加数	32	7,732,813.41	6,321,364.07
其中:从净利润中提取数	33	7,732,813.41	6,321,364.07
本年减少数	34		
其中:购建职工住房支出	35		
其他集体福利支出	36		
年末余额		25,805,568.51	18,072,755.10
五、未分配利润	37		
年初未分配利润	38	79,234,564.77	28,663,652.16
本年净利润(净亏损以"-"号填列)	39	77,333,033.28	63,249,043.32
本年利润分配	40	87,094,525.92	12,678,130.71
年末未分配利润(未弥补亏损以"-"号填列)	41	69,473,072.13	79,234,564.77

资产减值准备明细表

2001 年度

编制单位:中国振华(集团)科技股份有限公司　　　　单位:元

项　　目	年初余额	本年增加	本年转回数	年末余额
一、坏账准备合计	17,804,198.38	3,290,684.85	982,667.36	20,112,215.87
其中:应收账款	16,510,268.36	2,654,936.09	647,493.65	18,517,710.80
其他应收款	1,293,930.02	635,748.76	335,173.71	1,594,505.07
二、短期投资跌价准备合计				
其中:股票投资				
债券投资				
三、存货跌价准备合计	26,199,355.21	509,497.26	4,410,137.83	22,298,714.64
其中:库存商品	10,296,396.46		1,367,402.76	8,928,993.70
原材料	5,149,433.43	509,497.26	73,030.54	5,585,900.15
四、长期投资减值准备合计	27,619,981.13			27,619,981.13
其中:长期股券投资				
长期债权投资	27,619,981.13			27,619,981.13
五、固定资产减值准备合计	33,241,579.46		1,608,518.48	31,633,060.98
其中:房屋、建筑物	416,880.32		198,413.10	218,467.22
机器设备	27,090,634.82		1,359,553.88	25,731,080.94
六、无形资产减值准备	2,551,460.04			2,551,460.04
其中:专利权	1,647,460.00			1,647,460.00
商标权	904,000.04			904,000.04
七、在建工程减值准备	4,007,942.36			4,007,942.36
八、委托贷款减值准备				
合计	111,424,516.58	3,800,182.11	7,001,323.67	108,223,375.02

现　金　流　量　表

2001 年 12 月

编制单位:中国振华(集团)科技股份有限公司　　　　单位:元

项　　目	行次	合并	母公司
一、经营活动产生的现金流量:	0		
销售商品、提供劳务收到的现金	1	692,582,667.02	357,821,107.70
收到的税费返还	3	11,012,565.12	9,974,306.48
收到的其他与经营活动有关的现金	8	102,251,352.04	108,899,121.88
现金流入小计	9	805,846,584.18	476,694,536.06
购买商品、接受劳务支付的现金	10	482,301,209.82	222,096,477.64
支付给职工以及为职工支付的现金	12	101,587,738.76	60,469,092.15
支付的各项税费	13	45,494,412.84	33,055,117.80
支付的其他与经营活动有关的现金	18	102,878,598.86	118,979,061.19
现金流出小计	20	732,261,960.28	434,599,748.78
经营活动产生的现金流量净额	21	73,584,623.90	42,094,787.28
二、投资活动产生的现金流量:	0		
收回投资所收到的现金	22	162,037,880.00	162,000,000.00
取得投资收益所收到的现金	23	14,686,352.88	34,707,399.07
处置固定资产、无形资产和其他长期资产所收回的现金净额	25	6,136,605.12	63,218.00
收到的其他与投资活动有关的现金	28	234,853.25	173,766,200.00
现金流入小计	29	183,095,691.25	370,536,817.07
购建固定资产、无形资产和其他长期资产所支付的现金	30	168,332,937.20	146,109,971.60
投资所支付的现金	31	329,810,915.73	406,677,474.67
支付的其他与投资活动有关的现金	35		213,780,427.43
现金流出小计	36	498,143,852.93	766,567,873.70
投资活动产生的现金流量净额	37	-315,048,161.68	-396,031,056.63
三、筹资活动产生的现金流量:	0		
吸收投资所收到的现金	38	688,677,004.97	687,319,414.27
借款所收到的现金	40	299,099,638.00	189,865,088.00
收到的其他与筹资活动有关的现金	43	0	13,258,710.40
现金流入小计	44	987,776,642.97	890,443,212.67
偿还债务所支付的现金	45	300,447,050.00	159,880,000.00
分配股利、利润或偿付利息所支付的现金	46	77,883,064.93	59,773,902.97
支付的其他与筹资活动有关的现金	52	5,700,961.18	5,632,596.98
现金流出小计	53	384,031,076.11	225,286,499.95
筹资活动产生的现金流量净额	54	603,745,566.86	665,156,712.72
四、汇率变动对现金的影响	55	-21,418.43	-21,479.41
五、现金及现金等价物净增加额	56	362,260,610.65	311,198,963.96
补充资料:			
1、将净利润调节为经营活动现金流量:	0		
净利润	57	77,333,033.28	77,328,134.18
加:计提的资产减值准备	58	3,390,251.66	2,766,668.85
固定资产折旧	59	36,646,468.68	16,260,422.36
无形资产摊销	60	447,788.44	55,578.16
长期待摊费用摊销	61	2,190,354.03	182,041.97
待摊费用减少(减:增加)	64	966,479.35	
预提费用增加(减:减少)	65	-1,341,959.02	
处置固定资产、无形资产和其他长期资产的损失(减:收益)	66	-299,937.66	-306,550.25
固定资产报废损失	67	94,330.88	96,044.88
财务费用	68	-4,395,377.07	-12,643,564.18
投资损失(减:收益)	69	-14,686,352.88	-23,729,203.98
递延税款贷项(减:借项)	70		
存货的减少(减:增加)	71	-43,548,470.96	-13,364,660.05
经营性应收项目的减少(减:增加)	72	53,170,737.61	9,971,664.09
经营性应付项目的增加(减:减少)	73	-40,501,388.64	-14,146,116.29
其他	74	4,118,666.20	-375,672.46
经营活动产生的现金流量净额	75	73,584,623.90	42,094,787.28
2、不涉及现金收支的投资和筹资活动:			
债务转为资本	76		
一年内到期的可转换公司债券	77		
融资租入固定资产	78	186,666.67	
3、现金及现金等价物净增加情况:			
现金的期末余额	79	604,374,716.80	510,042,768.23
减:现金的期初余额	80	242,114,106.15	198,843,804.27
加:现金等价物的期末余额	81		
减:现金等价物的期初余额	82		
现金及现金等价物净增加额		362,260,610.65	311,198,963.96
现金及现金等价物净增加额	83		

000735 海口农工贸(罗牛山)股份有限公司

2001 年年度报告摘选

一、公司简介

1、公司法定中文名称：海口农工贸(罗牛山)股份有限公司公司
法定英文名称：Haikou Agriculture&Industry&Trade(LUONIUSHAN) Co., Ltd.
英文名称缩写：HKAIT
2、法定代表人姓名：吴伟雄
3、公司董事会秘书：毛耀庭
证券事务代表：吴从锋
联系电话：0898－68581213　　传　真：0898－68581830
电子信箱：wcf@luoniushan.com
联系地址：海口市珠江广场帝豪大厦 9 楼
4、公司注册地址：海口市人民大道 50 号
公司办公地址：海口市珠江广场帝豪大厦 9 楼
邮政编码：570125
公司国际互联网网址：http://www.luoniushan.com
公司电子信箱：lns@luoniushan.com
5、公司选定的信息披露报纸名称：《证券时报》、《中国证券报》
登载年度报告的中国证监会指定国际互联网网址：http://www.cninfo.com.cn
公司年度报告备置地点：公司证券部
6、公司股票上市交易所：深圳证券交易所
股票简称：罗 牛 山　　股票代码：000735

二、会计数据和业务数据摘要

1、公司本年度利润总额及其构成　　（单位：人民币元）

项目	金额
利润总额	70,551,579.11
净利润	64,249,615.86
扣除非经常性损益后的净利润	46,521,443.15
主营业务利润	60,908,339.23
其他业务利润	12,650,210.14
营业利润	43,315,292.52
投资收益	27,906,952.23
补贴收入	0
营业外收支净额	－670,665.64
经营活动产生的现金流量净额	26,826,574.06
现金及现金等价物净增加额	－18,456,938.68

注：扣除的非经常性损益项目和涉及金额：17,728,172.71(股权转让收益)

2、截至报告年度末公司前三年的主要会计数据和财务指标

指标项目	单位	2001 年	2000 年	1999 年
主营业务收入	(元)	228,620,287.37	226,226,697.24	208,739,421.54
净利润	(元)	64,249,615.86	76,177,079.91	47,009,032.98
总资产	(元)	1,427,790,601.18	1,208,055,017.43	1,012,107,528.06
股东权益	(元)	777,663,941.46	712,793,320.62	655,293,173.76
每股收益	(元/股)	0.13	0.156	0.149
每股收益（加权）	(元/股)	0.13	0.156	0.191
扣除非经常性损益后的每股收益	(元/股)	0.10	0.087	0.049
扣除非经常性损益后的每股收益（加权）	(元/股)	0.10	0.087	0.050
每股净资产	(元/股)	1.59	1.46	2.29
调整后的每股净资产	(元/股)	1.59	1.38	2.28
每股经营活动产生的现金流量净额	(元/股)	0.055	－0.001	0.06
净资产收益率	(%)	8.26	10.69	7.17
净资产收益率(加权)	(%)	8.63	10.69	7.17

注：因公司增发新股，截止报告披露日，每股收益为 0.11 元。

3、报告期利润表附表：
报告期利润(单位：人民币元)

		净资产收益率(%)		每股收益(元)	
		全面摊薄	加权平均	全面摊薄	加权平均
主营业务利润	60,908,339.23	7.83	8.18	0.13	0.13
营业利润	43,315,292.52	5.56	5.81	0.09	0.09
净利润	64,249,615.86	8.26	8.63	0.13	0.13
扣除非经常性损益后的净利润	46,521,443.15	5.98	6.24	0.10	0.10

三、股本变动及股东情况

1、股本变动情况
(1) 股本变动情况表（数量单位：股）：

	本次变动前	本次变动增减(＋,－)						本次变动后
		配股	送股	公积金转增	增发	其他	小计	
一、未上市流通股份								
1、发起人股份	124,270,000							124,270,000
其中：								
国家持有股份	8,670,000							8,670,00
境内法人持有股份	115,600,000							115,600,000
境外法人持有股份								
其他								
2、募集法人股份	137,564,000							137,564,000
3、内部职工股								
4、优先股或其他								
未上市流通股份合计	261,834,000							261,834,000
二、已上市流通股份								
1、人民币普通股	225,420,000							225,420,000
2、境内上市的外资股								
3、境外上市的外资股								
4、其他								
已上市流通股份合计	225,420,000							225,420,000
三、股份总数	487,254,000							487,254,000

000736 重庆国际实业投资股份有限公司

2001 年年度报告摘选

一、公司基本情况简介

1、公司的法定中文名称：重庆国际实业投资股份有限公司
公司的法定英文名称：CHONGQING INTERNATIONAL ENTERPRISE INVESTMENT CO., LTD.
公司中文缩写：重庆实业
2、公司法定代表人：富庶
3、公司董事会秘书：徐明华
董事会授权代表：刘美芳
联系地址：重庆市江北区洋河一村 76 号
联系电话：023－67868187　　联系传真：023－67868390
董秘电子信箱：xmh258@163.com
4、公司注册地址：重庆市江北区建新北路 86 号
公司办公地址：重庆市江北区洋河一村 76 号
公司邮政编码：400020
公司电子信箱：tzciei@public.cta.cq.cn
5、公司选定的信息披露报纸：《中国证券报》、《证券时报》
登载公司年度报告的中国证监会指定网址：http://www.cninfo.com.cn
公司年度报告备置地点：公司证券部
6、公司股票上市交易所：深圳证券交易所
公司股票简称：重庆实业　　公司股票代码：000736

二、会计数据和业务数据摘要

1、本年度会计数据　　单位：人民币元

项目	金额
利润总额	28,992,891.22
净利润	17,686,324.49
扣除非经常性损益后的净利润	14,411,879.49
主营业务利润	52,489,288.91
其他业务利润	54.17
营业利润	21,788,357.62
投资收益	3,387,994.36
补贴收入	3,867,525.49
营业外收支净额	－50,986.25
经营活动产生的现金流量净额	30,046,569.15
现金及现金等价物净增减额	90,403,074.79

2、截止本报告期末公司前三年主要会计数据和财务指标(合并报表) 单位：人民币元

项 目	2001 年	2000 年		1999 年	
		调整后	调整前	调整后	调整前
主营业务收入	105,498,293.49	33,167,072.23	33,167,072.23	33,854,161.16	81,687,162.17
净利润	17,686,324.49	14,863,659.21	17,391,510.11	21,076,849.65	21,076,849.65
总资产	604,393,074.73	395,182,160.33	395,500,287.33	262,897,080.67	415,916,785.37
股东权益(不含少数股东权益)	240,286,078.89	225,899,754.40	228,698,013.25	125,223,664.84	126,198,585.72
每股收益	0.27	0.23	0.26	0.35	0.35
每股净资产	3.64	3.42	3.47	2.09	2.14
调整后的每股净资产	3.64	3.42	3.46	2.09	2.12
每股经营活动产生的现金流量净额	0.46	0.145	0.145	0.62	0.62
净资产收益率	7.36	6.58	7.6	16.8	16.44

利润报表附表

报告期利润		净资产收益率		每股收益	
		全面摊薄	加权平均	全面摊薄	加权平均
2001 年	主营业务利润	21.84	22.36	0.80	0.80
	营业利润	9.07	9.28	0.33	0.33
	净利润	7.36	7.53	0.27	0.27
	扣除非经常性损益后的净利润	6.00	6.14	0.22	0.22
2000 年	主营业务利润	9.28	14.99	0.32	0.35
	营业利润	0.59	0.95	0.02	0.02
	净利润	6.58	10.63	0.23	0.25
	扣除非经常性损益后的净利润	3.95	6.38	0.14	0.15

注：(1)2001 年总股本按 6,600 万股计算，2000 年 1－11 月总股本按 6,000 万股计算，2000 年 12 月总股本按 6,600 万股计算，1999 年度总股本按 6,000 万股计算。
(2)以上财务指标按合并报表数据计算。

三、股本变动及股东情况

1、股份变动情况表

数量单位：股

	本次变动前	本次变动增减(＋、－)						本次变动后
		配股	送股	公积金转股	增发	其他	小计	
一、未上市流通股份								
1、发起人股份								
其中：国家持有股份								
境内法人持有股份								
境外法人持有股份								
其他								
2、募集法人股份	40,000,000							40,000,000
3、内部职工股								
4、优先股或其他	2,600							2,600
未上市流通股份合计	40,002,600							40,002,600
二、已上市流通股份								
1、人民币普通股	25,997,400							25,997,400
2、境内上市的外资股								
境外上市的外资股								
其他								
已上市流通股份合计	25,997,400							25,997,400
三、股份总数	66,000,000							66,000,000

000737 南风化工集团股份有限公司

2001年年度报告摘选

第一节 公司基本情况简介

一、公司法定中文名称:南风化工集团股份有限公司
公司英文名称:NAFINE CHEMICAL INDUSTRY GROUP CO.,LTD.
二、公司法定代表人:王梦飞
三、公司信息披露负责人:董事会秘书 朱奇立
联系地址:山西省运城市解放路294号
电话:0359-2017035 传真:0359-2023302
四、公司注册及办公地址:山西省运城市解放路294号
邮政编码:044000
公司国际互联网址:http//www.nafine.com
公司电子信箱:nafine@nafine.com
五、公司年度报告备置地点:公司总部董事会秘书室
公司信息披露报刊:《证券时报》、《中国证券报》
登载年度报告互联网址:http://www.cninfo.com.cn
六、公司股票上市交易所:深圳证券交易所
股票简称:南风化工 股票代码:000737

第二节 会计数据和业务数据摘要

一、公司2001年度主要利润指标 单位:元

项 目	金 额
利润总额	94915454.28
净利润	68441574.81
扣除非经常性损益后的净利润	62229377.78
主营业务利润	414609192.26
其他业务利润	8095742.58
营业利润	85795636.37
投资收益	9390764.83
补贴收入	2249326.21
营业外收支净额	-2520273.13
经营活动产生的现金流量净额	53205506.73
现金及现金等价物净增加额	-153122509.05

注:扣除非经常性损益涉及的项目及金额总额为6212197.03元
1 罚没收支净额-1202554.08元;
2 赔偿收入净额360196.08元;
3 处理固定资产净收益-2336209.80元;
4 清算收入9390764.83元。

二、公司前三年主要会计数据和财务指标 单位:元

项 目	2001.12.31	2000.12.31		1999.12.31
		调整前	调整后	
主营业务收入	2152013728.90	2403431115.13	2403431115.13	2087146977
净利润	68441574.81	82552589.80	80917939.10	93309582
总资产	3287509922.97	3008111032.96	3001136649.64	2462245855
股东权益(不含少数股东权益)	1320473686.86	1313731730.11	1308768983.67	926415957
每股收益				
全面摊薄	0.15	0.18	0.18	0.23
加权平均	0.15	0.20	0.20	0.23
扣除非经常性损益后的每股收益				
全面摊薄	0.14	0.19	0.18	0.24
加权平均	0.14	0.20	0.19	0.24
每股净资产	2.89	2.87	2.86	2.29
调整后的每股净资产	2.86	2.84	2.83	2.23
每股经营活动产生的现金流量净额	0.12	0.16	0.16	0.26
净资产收益率(%)				
全面摊薄	5.18	6.28	6.18	10.07
加权平均	5.10	7.53	7.39	10.60

三、利润表附表 单位:元

项 目	报告期利润	净资产收益率(%)		每股收益	
		全面摊薄	加权平均	全面摊薄	加权平均
主营业务利润	414609192.26	31.40	30.87	0.91	0.91
营业利润	85795636.37	6.50	6.39	0.19	0.19
净利润	68441574.81	5.18	5.10	0.15	0.15
扣除非经常性损益后的净利润	62229377.78	4.71	4.63	0.14	0.14

第三节 股本变动及股东情况

一、股本变动情况 单位:万股

项 目	本次变动前	配股	送股	公积金转增股本	增发	其他	本次变动后
(一)尚未流通股份							
1、发起人股份	24774	—	—	—	—	—	24774
其中:国家持有股份	24510	—	—	—	—	—	24510
境内法人持有股份	264	—	—	—	—	—	264
外资法人持有股份	—	—	—	—	—	—	—
其 它	—	—	—	—	—	—	—
2、募集法人股	—	—	—	—	—	—	—
3、内部职工股	—	—	—	—	—	—	—
4、优先股或其它	—	—	—	—	—	—	—
未流通股份合计	24774	—	—	—	—	—	24774
(二)已流通股份							
1、境内上市人民币普通股(A股)	20956	—	—	—	—	—	20956
2、境内上市外资股	—	—	—	—	—	—	—
3、境外上市外资股	—	—	—	—	—	—	—
4、其 它	—	—	—	—	—	—	—
已流通股份合计	20956	—	—	—	—	—	20956
(三)股份总数	45730	—	—	—	—	—	45730

000738 南方摩托股份有限公司

2001年年度报告摘选

一、公司基本情况简介

1、公司法定中文名称:南方摩托股份有限公司
公司英文名称:Nan Fang Motor Company Limited
2、公司法定代表人:蔡三定
3、公司董事会秘书:刘绍雄
联系地址:湖南省株洲市董家塅南摩办公大楼
联系电话:(0733)8559515
传 真:(0733)8559714
电子信箱:liushaox@sina.com
4、公司注册地址:湖南省株洲市高新技术产业开发区天台西路1号
公司办公地址:湖南省株洲市董家塅南摩办公大楼
邮政编码:412002
公司电子信箱:nfmt@mail.zz.hn.cn
公司国际互联网网址:http://www.nanfangmotor.com.cn
5、公司选定的信息披露报纸为《中国证券报》、《证券时报》。
登载公司年度报告的国际互联网网址为http://www.cninfo.com.cn
公司年度报告备置地点:公司证券部
6、公司股票上市交易所:深圳证券交易所
股票简称:南方摩托
股票代码:000738

二、会计数据和业务数据摘要

(一)本年度利润总额及构成: (单位:元)

项目	金额
利润总额:	-219,021,222.82
净利润:	-219,021,222.82
扣除非经常性损益后的净利润:	-219,654,738.92
主营业务利润:	-39,470,060.27
其它业务利润:	-259,076.90
营业利润:	-191,789,454.01
投资收益:	-30,253,342.75
补贴收入:	0
营业外收支净额:	3,021,573.94
经营活动产生的现金流量净额:	26,077,778.31
现金及现金等价物净增加额:	-50,261,798.16

注:扣除的非经常性损益项目和涉及金额:
1、营业外收入:1,194,028.92元;
2、营业外支出:-1,827,545.02元。

(二)截止报告期末公司前三年的主要会计数据及财务指标(合并报表):

单位:人民币元

项目	2001年度	2000年度		1999年度	
		调整后	调整前	调整后	调整前
1.主营业务收入	203,334,583.22	440,040,572.14	511,526,344.99	988,091,691.01	988,091,691.01
2.净利润	-219,021,222.82	-161,964,561.76	-162,231,607.36	27,085,812.64	29,816,268.94
3.总资产	1,350,426,504.91	1,649,985,327.26	1,950,538,318.51	2,022,263,850.00	2,020,892,173.34
4.股东权益)(不含少数股东权益)	661,901,349.70	880,922,572.52	1,007,396,717.66	1,144,544,578.02	1,174,516,340.93
5.每股收益	-0.55	-0.41	-0.41	0.068	0.075
6.每股收益(按月平均加权法计算)	-0.55	-0.41	-0.41	0.068	0.08
7.扣除非经常性损益后的每股收益	-0.55	-0.38	-0.38	0.10	0.11
8.每股净资产	1.66	2.21	2.54	2.95	2.95
9.调整后的每股净资产	1.50	2.08	2.25	2.77	2.77
10.每股经营活动产生的现金流量净额	0.066	-0.08	-0.08	-0.38	-0.38
11.净资产收益率(%)	-33.09	-18.39	-16.06	2.31	2.54

(三)利润表附表

报告期2001年度利润	净资产收益率(%)		每股收益(元)	
	全面摊薄	加权平均	全面摊薄	加权平均
主营业务利润	-5.96	-5.12	-0.099	-0.099
营业利润	-28.98	-24.86	-0.48	-0.48
净利润	-33.09	-28.39	-0.55	-0.55
扣除非经常性损益后的净利润	-33.19	-28.47	-0.55	-0.55

三、股本变动及股东情况

1、股本变动情况
股份变动情况表

数量单位:股

	本次变动前	本次变动增减(+,-)						本次变动后
		配股	送股	公积金转股	增发	其他	小计	
一、未上市流通股份								
1、发起人股份	261800000							261800000
其中:								
国家持有股份								
境内法人持有股份								
境外法人持有股份								
其他	261800000							261800000
2、募集法人股								
3、内部职工股								
4、优先股或其他								
未上市流通股份合计	261800000							261800000
二、已上市流通股份								
1、人民币普通股	136000000							136000000
2、境内上市的外资股								
3、境外上市的外资股								
4、其他								
已上市流通股份合计	136000000							136000000
三、股份总数	397800000							397800000

000739 青岛东方集团股份有限公司

2001 年年度报告摘选

一、公司基本情况简介

(一) 公司中文名称:青岛东方集团股份有限公司
公司英文名称:QINGDAO DONGFANG GROUP COMPANY LIMITED
(二) 公司法定代表人:徐文荣
(三) 公司董事会秘书:阎国强
联系地址:中国青岛市胶州路 140 号
联系电话:0532－2829999－1698　　传真电话:0532－2833885
电子信箱:qddfygq@mail.qdec.com.cn
(四) 公司注册地址:中国青岛市胶州路 140 号
公司办公地址:中国青岛市胶州路 140 号　　邮政编码:266011
国际互联网网址:http://www.0739qddf.com.cn
电子信箱:qddf@mail.qdec.com.cn
(五) 公司选定的信息披露报纸为:《证券时报》
登载年度报告的中国证监会指定网站:http://www.cninfo.com.cn
公司年度报告备置地点:公司证券部
(六) 公司股票上市交易所:深圳证券交易所
股票简称:青岛东方　　股票代码:000739

二、会计数据和业务数据摘要

(一) 本年度主要会计数据和财务指标

项目	金额
1、本年度实现的利润总额	－25,538,844.60 元
2、净利润	－25,872,068.00 元
3、扣除非经常性损益后的净利润	－25,381,021.18 元
4、主营业务利润	10,329,463.00 元
5、其他业务利润	7,943,110.83 元
6、营业利润	－22,342,817.55 元
7、投资收益	－2,704,980.23 元
8、补贴收入	0.00 元
9、营业外收支净额	－491,046.82 元
10、经营活动产生的现金流量净额	－569,787.22 元
11、现金及现金等价物净增减额	3,697,803.18 元

(二) 前三年主要会计数据和财务指标项目(调整前)　　金额单位:元

项目	2001 年		2000 年		1999 年	
主营业务收入	141,838,153.89		178,823,360.33		225,645,425.56	
净利润	－25,872,068.00		7,477,909.82		7,629,308.50	
总资产	587,377,037.31		546,583,371.27		520,325,482.83	
股东权益(不含少数股东权益)	247,072,824.60		313,722,472.15		306,244,562.33	
	全面摊薄	加权平均	全面摊薄	加权平均	全面摊薄	加权平均
每股收益	－0.18	－0.18	0.05	0.05	0.05	0.07
每股净资产	1.70	1.70	2.15	2.15	2.10	1.82
调整后的每股净资产	1.69	1.69	2.13	2.13	2.08	1.81
每股经营活动产生的现金流量净额	－0.004	－0.004	0.05	0.05	－0.14	
净资产收益率%	－10.47	－9.95	2.38	2.41	2.49	3.00

(三) 前三年主要会计数据和财务指标(调整后)　　金额单位:元

项目	2001 年		2000 年		1999 年	
主营业务收入	141,838,153.89		178,823,360.33		225,645,425.56	
净利润	－25,872,068.00		－3,395,169.73		－22,275,191.50	
总资产	587,377,037.31		452,014,580.45		490,325,482.83	
股东权益(不含少数股东权益)	247,072,824.60		272,944,892.60		276,340,062.33	
	全面摊薄	加权平均	全面摊薄	加权平均	全面摊薄	加权平均
每股收益	－0.18	－0.18	－0.02	－0.02	－0.15	－0.16
每股净资产	1.70	1.70	1.87	1.87	1.90	1.49
调整后的每股净资产	1.69	1.69	1.85	1.85	1.87	1.47
每股经营活动产生的现金流量净额	－0.004	－0.004	0.05	0.05	－0.14	
净资产收益率%	－10.47	－9.95	－1.24	－1.17	－8.06	－10.28

(四)利润表附表

报告期利润	净资产收益率		每股收益	
	全面摊薄	加权平均	全面摊薄	加权平均
主营业务利润	4.18	3.97	0.07	0.07
营业利润	－9.04	－8.59	－0.15	－0.15
净利润	－10.47	－9.95	－0.18	－0.18
扣除非经营性损益后的净利润	－10.27	－9.75	－0.17	－0.17

三、股本变动及股东情况

(一)股份变动情况　　数量单位:股

	期初数	本年度增减变动(＋,－) 配股	送股	公积金转增	其他	小计	期末数
未上市流通股份	71,949,230	0	0	0		0	71,949,230
发起人股份							
其中:							
国家持有股份	71,085,230				－68,025,230	－68,025,230	3,060,000
境内法人持有股份	864,000	0	0	0	68,025,230	68,025,230	68,889,230
境外法人持有股份							
其他							
募集法人股份							
公司职工股	210,608	0	0	0		0	210,608
优先股或其他							
未上市流通股份合计	72,159,838	0	0	0		0	72,159,838
已上市流通股份	73,589,392	0	0	0		0	73,589,392
人民币普通股							
2、境内上市的外资股							
3、境外上市的外资股							
4、其他							
已流通股份合计	73,589,392	0	0	0		0	73,589,392
三、股份总数	145,749,230	0	0	0	0	0	145,749,230

000748 湖南计算机股份有限公司

2001 年年度报告摘选

第一节　公司简介

一、公司名称
中文名称:湖南计算机股份有限公司
英文名称:Hunan Computer Co., Ltd
英文缩写:HCC
二、公司法定代表人:杨德泉
三、董事会秘书:杨林
授权代表:翦静
联系地址:湖南省长沙市雨花路 161 号
邮编:410007
电话:0731－5559794,5554610－588　　传真:0731－5514776
电子信箱:hcfpo@public.cs.hn.cn
zqb@hcc.com.cn
四、公司注册及办公地址:湖南省长沙市雨花路 161 号
邮编:410007
公司国际互联网网址:http://www.hcc.com.cn
电子信箱:hcfpo @ public.cs.hn.cn
zqb@hcc.com.cn
五、公司选定的信息披露报纸:《中国证券报》、《证券时报》
刊登公司年度报告的国际互联网网址:www.cninfo.com.cn
公司年度报告备置地点:本公司证券部
六、公司股票上市交易所:深圳证券交易所
股票简称:湘计算机　　股票代码:000748

第二节　公司会计数据和业务数据摘要

一、本年度主要会计数据(单位:元)

项 目	金　额
利润总额	58,066,369.94
净利润	46,688,581.89
扣除非经常性损益后的净利润	45,509,909.67
主营业务利润	171,031,163.81
其他业务利润	178,903.38
营业利润	37,794,580.65
投资收益	13,378,690.28
补贴收入	7,700,466.81
营业外收支净额	－807,367.80
经营活动产生的现金流量净额	－42,921,424.26
现金及现金等价物净增加额	36,522,579.54

二、近三年主要会计数据及财务指标(合并报表)

	2001 年度	2000 年度 调整前	2000 年度 调整后	1999 年度 调整前	1999 年度 调整后
主营业务收入	699638150.14	706955876.83	706955876.83	616730625.80	616730625.80
净利润	46688581.89	51862748.00	50820848.79	428324671.07	43320261.05
总资产	1077607525.69	943216030.68	941076481.54	927499796.08	926722174.37
股东权益	648,510,305.80	624146531.37	621979201.91	594333467.39	594821261.37
每股收益	0.206	0.229	0.224	0.189	0.191
每股净资产	2.865	2.757	2.748	2.625	2.628
调整后每股净资产	2.830	2.697	2.687	2.57	2.576
每股经营活动产生的现金流量净额	－0.190	0.379	0.379	0.274	0.274
净资产收益率(%)	7.20	8.31	8.17	7.21	7.28

三、按中国证监会《公开发行证券公司信息披露编报规则(第 9 号)》的要求计算的净资产收益率和每股收益

利润表附表

报告期利润	净资产收益率(%)		每股收益	
	全面摊薄	加权平均	全面摊薄	加权平均
主营业务利润	26.37	27.06	0.756	0.756
营业利润	5.83	5.98	0.167	0.167
净利润	7.20	7.39	0.206	0.206
扣除非经常性损益后的净利润	7.02	7.20	0.201	0.201

四、股东权益变动情况及原因

项 目	股 本	资本公积	盈余公积	法定公益金	未分配利润	股东权益合计
期初数	226374780	348708431.98	45913810.29	18096879.00	982179.64	621979201.91
本期增加		2480000.00	15166239.59	6120743.78	46688581.89	64334821.48
本期减少					37803717.59	37803717.59
期末数	226374780	351188431.98	61080049.88	24217622.78	9867043.94	648510305.80

第三节　股本变动及股东情况

一、股份变动情况表 (单位:股)

	本次变动前	本次变动增减(＋,－) 配股	送股	公积金转股	增发	其他	小计	本次变动后
一、尚未流通股份								
国家拥有股份	136,374,780							136,374,780
境内法人持有股份								
境外法人持有股份								
其他								
2、募集法人股								
3、内部职工股	234,050					－52000	－52000	182,050
4、优先股或其他								
尚未流通股份合计	136,608,830					－52000	－52000	136,556,830
二、已流通股份								
1、境内上市的人民币普通股	89,765,950					＋52000	＋52000	89,817,950
2、境内上市外资股								
3、境外上市外资股								
4、其他								
已流通股份合计	89,765,950					＋52000	＋52000	89,817,950
三、股份总数	226,374,780							226,374,780

000750 桂林集琦药业股份有限公司

2001年年度报告摘选

一、公司简介

1、公司法定中文名称:桂林集琦药业股份有限公司
中文缩写:桂林集琦
英文名称:GuilinJiqi Pharmaceutical Co., Ltd.
2、公司法定代表人:刘及响
3、董事会秘书:伏卧龙
证券事务代表:刘胜贤
联系地址:广西壮族自治区桂林市育才路55号　　邮政编码:541004
联系电话:0773－5818066或0773－5850368
传　　真:0773－5815328
电子信箱:5818066@163.com
4、公司注册地址及办公地址:桂林市育才路55号
公司国际互联网网址:http://www.guilinjiqi.com.cn
电子信箱:sc@guilinjiqi.com.cn
5、公司信息披露报刊:《证券时报》、《中国证券报》
登载公司年度报告的中国证监会指定国际互联网网址:http://www.cninfo.com.cn
公司年报备置地点:公司证券部
6、公司股票上市地:深圳证券交易所
公司股票简称:桂林集琦　　　　公司股票代码:000750

二、会计数据和业务数据摘要

(一)年度主要利润指标　　单位:元

项目	金额
利润总额	7,103,510.32
净利润	3,086,100.23
扣除非经常性损益后的净利润	－1,439,304.25
主营业务利润	55,502,393.58
其他业务利润	196,781.61
营业利润	7,034,457.43
投资收益	82,866.83
补贴收入	0
营业外收支净额	－13,813.95
经营活动产生的现金流量净额	135,878,982.79
现金及现金等价物净增减额	102,895,739.61

(二)公司近三年主要会计数据及财务指标　　单位:元

财务指标	2001年	2000年	2000年调整数	1999年
主营业务收入	153,386,447.11	227,371,697.60	227,371,697.60	135,402,141.30
净利润	3,086,100.23	18,827,498.75	5,325,836.40	12,305,960.41
总资产	1,065,755,018.60	1,091,794,601.70	1,012,920,031.22	684,121,083.77
股东权益(不含少数股东权益)	600,416,001.52	670,269,380.93	597,329,901.29	389,354,257.00
全面摊薄每股收益	0.0144	0.0875	0.0248	0.1448
加权平均每股收益	0.0144	0.1313	0.0371	0.1448
扣除非经常性损益的每股收益	－0.0067	0.0854	0.0924	0.1108
每股净资产	2.7919	3.1167	2.7775	4.5806
调整后的每股净资产	2.7919	3.1167	2.7775	4.5171
每股经营活动产生的现金流量净额	0.6318	－0.3058	－0.3058	0.2653
全面摊薄净资产收益率	0.51%	2.81%	0.89%	3.16%
加权平均净资产收益率	0.52%	2.85%	0.88%	3.43%
扣除非经常性损益的加权平均净资产收益率	－0.24%	2.71%	4.0289%	2.42%

(三)利润表附表

2001年度利润	净资产收益率(%)		每股收益(元)	
	全面摊薄	加权平均	全面摊薄	加权平均
主营业务利润	9.24	9.27	0.2581	0.2581
营业利润	1.17	1.17	0.0327	0.0327
净利润	0.51	0.52	0.0144	0.0144
扣除非经常性损益后的净利润	－0.24	－0.24	－0.0067	－0.0067

三、股本变动及股东情况

(一)股本变动情况
1、股本变动情况表　　单位:股

	本次变动前	本次变动增减(+,－)						本次变动后
		配股	送股	公积金转股	增发	其他	小计	
一、未上市流通股份								
1、发起人股份	88,897,988							88,897,988
国家持有股份	88,897,988							88,897,988
境内法人持有股份								
境外法人持有股份								
其他								
2、募集法人股	3,959,412							3,959,412
3、高管股	227,318					－24,960	－24,960	202,358
4、优先股或其他								
未上市流通股份合计	93,084,718					－24,960	－24,960	93,059,758
二、已上市流通股份								
1、人民币普通股	121,972,682					+24,960	+24,960	121,997,642
2、境内上市的外资股								
3、境外上市的外资股								
4、其他								
已上市流通股份合计	121,972,682					+24,960	+24,960	121,997,642
三、股份总数	215,057,400							215,057,400

000751 葫芦岛锌业股份有限公司

2001年年度报告摘选

一、公司基本情况简介

(一)公司的法定中文名称:葫芦岛锌业股份有限公司
英文名称:Huludao Zinc Industry Co., Ltd.
(二)公司法定代表人:侯宝泉
(三)公司董事会秘书:曲路新
联系地址:辽宁省葫芦岛市龙港区锌厂路24号葫芦岛锌业股份有限公司董事会秘书办公室
电话:0429－2024121
传真:0429－2104084
电子信箱:sec@huludaozinc.com
证券事务代表:文刚
联系地址:辽宁省葫芦岛市龙港区锌厂路24号葫芦岛锌业股份有限公司董事会秘书办公室
电话:0429－2024121
传真:0429－2104084
电子信箱:stock@huludaozinc.com
(四)公司注册地址:辽宁省葫芦岛市
公司办公地址:辽宁省葫芦岛市龙港区锌厂路24号
邮政编码:125003
公司国际互联网网址:www.huludaozinc.com
电子信箱:hx@huludaozinc.com
(五)公司选定的信息披露报纸名称:《中国证券报》和《证券时报》
登载年度报告的中国证监会指定网站的网址:http://www.cninfo.com.cn
公司年度报告备置地点:公司董事会秘书办公室
(六)公司股票上市交易所:深圳证券交易所
股票简称:锌业股份
股票代码:000751

二、会计数据和业务数据摘要

1.本年度公司利润情况(单位:元)

项目	金额
利润总额	122,911,427.99
净利润	135,855,784.88
扣除非经常性损益后的净利润	123,838,676.92
主营业务利润	225,382,659.94
其他业务利润	5,177,252.02
营业利润	122,325,771.65
投资收益	270,404.64
补贴收入	
营业外收支净额	315,251.70
经营活动产生的现金流量净额	30,989,211.71
现金及现金等价物净增减额	136,341,778.08

说明:非经常性损益的项目和涉及的金额:1、会计政策变更影响11,701,856.26元;2、营业外收支净额315,251.70。

2.截至报告期末公司前三年的主要会计数据和财务指标　　单位:元

	2001年	2000年	1999年
主营业务收入	2,423,433,109.47	2,936,355,900.13	2,528,076,855.39
净利润	135,855,784.88	407,434,533.99	268,302,127.83
总资产	4,289,948,062.48	4,028,489,901.47	3,221,422,354.24
股东权益	2,654,751,532.73	2,561,740,847.52	1,827,743,039.10
每股收益	0.154	0.462	0.436
每股净资产	3.01	2.91	2.97
调整后的每股净资产	3.00	2.85	2.90
每股经营活动产生的现金流量净额	0.035	－0.095	0.118
净资产收益率(%)	5.12	15.90	14.68

3.按照中国证监会《公开发行证券公司信息披露编报规则(第九号)》要求,计算的利润数据:

报告期利润	净资产收益率(%)				每股收益(元/股)			
	全面摊薄		加权平均		全面摊薄		加权平均	
	本年数	上年数	本年数	上年数	本年数	上年数	本年数	上年数
主营业务利润	8.49	23.78	8.57	27.50	0.26	0.69	0.26	0.72
营业利润	4.61	17.74	4.65	20.52	0.14	0.52	0.14	0.53
净利润	5.12	15.90	5.17	18.39	0.15	0.46	0.15	0.48
扣除非经常性损益后的净利润	5.11	15.81	5.15	17.85	0.15	0.47	0.15	0.47

三、股本变动及股东情况

(1)股份变动情况表　　(单位:股)

	变动前	本次变动增减(+、－)					变动后
		配股	送股	转增股	其他	小计	
(1)尚未流通部分							
①发起人股份							
其中:							
国有法人拥有股份	530,761,771				－8,000,000	－8,000,000	522,761,771
境内法人拥有股份	3,315,000				8,000,000	8,000,000	11,315,000
外资法人拥有股份							
其它							
②募集法人股份							
③内部职工股							
④优先股或其它							
尚未流通股份合计	534,076,771						534,076,771
(2)已流通股份							
①境内上市的人民币普通股	347,022,000						347,022,000
②境内上市的外资股							
③境外上市的外资股							
④其它							
已流通股份合计	347,022,000						347,022,000
(3)股份总数	881,098,771						881,098,771

000752 西藏银河科技发展股份有限公司

2001 年年度报告摘选

一、公司基本情况简介

(一)公司法定名称:西藏银河科技发展股份有限公司
英文名称:TIBET GALAXY SCIENCE & TECHNOLOGY DEVELOPMENT CO.,LTD.
(二)公司法定代表人:闫清江。
(三)公司董事会秘书及授权代表:
董事会秘书:牟春华。
授权代表:陈红兵。
联系地址:成都市羊市街西延线三洞桥 1 号现代大厦 4F。
电话(TEL):(0891)6329377　　(028)7793136
传真(FAX):(0891)6329377　　(028)7793136
(四)公司注册地址:西藏自治区拉萨市色拉路 36 号。
公司办公地址:西藏自治区拉萨市色拉路 36 号　　邮政编码:850001。
电子信箱:lhasabre @ mail.sc.cninfo.net
(五)公司选定的信息披露报纸名称:《中国证券报》、《证券时报》。
登载公司年度报告的中国证监会指定国际互联网网址:http://www.cninfo.com.cn
公司年度报告备置地点:公司董事会秘书室。
(六)公司股票上市交易所:深圳证券交易所。
股票简称:西藏发展　　股票代码:000752

二、会计数据和业务数据摘要

(一)公司本年度主要会计数据(单位:元):

项目	金额
利润总额	34,516,317.25
净利润	31,580,772.87
扣除非经常性损益后的净利润	31,436,606.13
主营业务利润	53,801,622.79
其他业务利润	9,220,000.00
营业利润	32,272,131.92
投资收益	-140,637.21
补贴收入	2,428,000.00
营业外收支净额	-43,177.46
经营活动产生的现金流量净额	24,722,453.27
现金及现金等价物净增减额	14,232,265.80
注:扣减非经常性损益项目及金额	
(1)营业外收支净额	-43,177.46
(2)投资收益	-140,637.21
(3)资金占用费	544,500.00
(4)合并价差摊销	-191,077.39
(5)合计	169,607.94
扣除应交税款后:	144,166.74

(二)利润表附表:
根据中国证监会《公开发行证券信息披露编报规则》第 9 号的要求编制

报告期利润	净资产收益率(%)		每股收益	
	全面摊薄	加权平均	全面摊薄	加权平均
主营业务利润	15.36	16.09	0.3060	0.3060
营业利润	9.22	9.65	0.1835	0.1835
净利润	9.02	9.44	0.1796	0.1796
扣除非经常性损益后的净利润	8.97	9.40	0.1787	0.1787

(三)公司前三年主要会计数据和财务指标(单位:元)

项目	2001 年	2000 年		1999 年	
		调整前	调整后	调整前	调整后
主营业务收入	134,521,069.07	110,105,941.36	102,729,307.94	119,094,390.94	119,094,390.94
净利润	31,580,772.87	27,763,827.68	26,154,012.22	46,835,271.96	46,835,271.96
总资产	752,665,030.95	495,296,656.59	486,712,781.97	390,169,275.71	390,169,275.71
股东权益(不含少数股东)	350,190,471.45	325,419,583.04	318,609,698.58	232,299,315.16	232,299,315.16
全面摊薄每股收益(元/股)	0.18	0.16	0.15	0.42	0.42
加权平均每股收益(元/股)	0.18	0.16	0.15	0.42	0.42
扣除非经常性损益后的	0.18	0.11	0.15	0.37	0.37
每股收益(元/股)			0.37	0.37	
每股净资产	1.99	1.85	1.81	2.07	2.07
调整后的每股净资产(元/股)	1.96	1.81	1.78	2.01	2.01
每股经营活动产生的现金流量净额	0.14	-0.07	-0.07	0.51	0.51
净资产收益率(%)	9.02	8.53	8.21	20.74	20.74

三、股本变动及股东情况

1、股份变动情况表:　　数量单位:股

股份类别	本次变动前	本次变动增减(+、-)						本次变动后
		配股	送股	公积金转股	增发	其他	小计	
一、未上市流通股份								
1、发起人股份	102413045							102413045
其中:								
国家持有股份	40243294							40243294
境内法人持有股份	62169751							62169751
境外法人持有股份								
其他								
2、募集法人股份								
3、内部职工股								
4、优先股或其他								
其中:转配股								
未上市流通股份合计	102413045							102413045
二、已上市流通股份								
1、人民币普通股	73425949							73425949
2、境内上市的外资股								
3、境外上市的外资股								
4、其他								
已上市流通股份合计	73425949							73425949
三、股份总数	175838995							175838995

000753 福建双菱集团股份有限公司

2001 年年度报告摘选

第一节　公司简介

(一)公司法定中文名称:福建双菱集团股份有限公司
公司法定英文名称:FUJIAN DOUBLE RHOMB CO.,LTD.
(二)公司法定代表人:庄道火
(三)公司董事会秘书:陈国忠
证券事务代表:李勤
联系地址:福建省漳州市芗城区南昌路芗城工行大厦 8 楼
电话:(0596)2048826　　传真:(0596)2048749
电子信箱:chengz579@sina.com
(四)公司注册地址:福建省漳州市东环路
公司办公地址:福建省漳州市芗城区南昌路芗城工行大厦 8 楼
邮政编码:363000
公司国际互联网网址:http://www.sljt.com
电子信箱:stock@sljt.21cn.com
(五)公司选定的信息披露报纸:《中国证券报》、《证券时报》
登载公司年度报告的中国证监会指定国际互联网网址:http://www.cninfo.com.cn
公司年度报告备置地点:公司证券部
(六)公司股票上市交易所:深圳证券交易所
股票简称:福建双菱　　股票代码:000753

第二节　会计数据和业务数据摘要

一、2001 年度主要利润指标　　单位:人民币元

项 目	金 额
利润总额	61,246,668.41
净利润	55,105,890.69
扣除非经常性损益后的净利润	56,972,574.03
主营业务利润	69,873,910.23
其它业务利润	11,631,783.02
营业利润	47,425,798.83
投资收益	14,867,112.76
补贴收入	0.00
营业外收支净额	-1,046,243.18
经营活动产生的现金流量净额	-78,635,327.97
现金及现金等价物净增加额	171,555,828.09

注:扣除非经常性损益项目和涉及金额

单位:人民币元

项目(已扣除所得税影响数)	金额
(1)流动资产盘盈盘亏净额	36248.74
(2)营业外收支净额	-889306.70
(3)股权投资差额摊销	-1638400.74
(4)转让股权收益	624775.36
合 计	-1,866,683.34

二、公司近三年主要会计数据及财务指标

单位:人民币元

财务指标	单位	2001 年	2000 年	1999 年
主营业务收入	元	119,046,997.53	149,871,410.35	135,970,891.76
净利润	元	55,105,890.69	35,826,818.91	58,802,975.31
总资产	元	1,222,053,803.53	731,764,046.69	699,103,542.02
股东权益	元	822,251,349.31	585,635,799.92	558,208,684.76
每股收益(摊薄)	元	0.244	0.18	0.29
每股收益 (加权)	元	0.250	0.18	0.29
扣除非经常性损益的每股收益	元	0.253	0.16	0.21
每股净资产	元	3.65	2.87	2.74
调整后的每股净资产	元	3.65	2.72	2.70
每股经营活动产生的现金流量净额	元	-0.35	0.40	-0.13
净资产收益率(摊薄)	%	6.70	6.12	10.51
净资产收益率(加权)	%	6.92	6.22	11.09
扣除非经常性损益的净资产收益率(摊薄)	%	6.93	5.42	7.68
扣除非经常性损益的净资产收益率(加权)	%	7.16	5.51	8.23

三、报告期利润表附表:

2001 年年度	净资产收益率		每股收益	
	全面摊薄	加权平均	全面摊薄	加权平均
主营业务利润	8.50%	8.78%	0.3099	0.3174
营业利润	5.77%	5.96%	0.2103	0.2155
净利润	6.70%	6.92%	0.2444	0.2503
扣除非正常性损益后净利润	6.93%	7.16%	0.2527	0.2588

第三节　股本变动及股东情况

一、股本变动情况
1、公司股本变动情况表

单位:股

股份类别	本次变动前	本次变动增减(+、-)						本次变动后
		配股	送股	公积金转股	增发	其他	小计	
一、尚未流通股份								
1、国家拥有股份	16,517,472							16,517,472
2、境内法人持有股份	116,135,160							116,135,160
尚未流通股份合计	132,652,632							132,652,632
二、已流通股份								
境内上市的人民币普通股	71,399,999	21,420,000						92,819,999
其中:高管持股	62,770	18,830						81,600
已流通股份合计	71,399,999							92,819,999
三、股份总数	204,052,631	21,420,000						225,472,631

000755 山西三维集团股份有限公司

2001年年度报告摘要

一、公司基本情况

(一)公司法定中文名称:山西三维集团股份有限公司
中文缩写:山西三维
英文名称:Shanxi Sanwei Group Co.,Ltd
英文缩写:SWGC
(二)公司法人代表:仝立祥
(三)公司董事会秘书:张亚平
电　话:0357－6662666
电子信箱:swzhyp@sxsanwei.com
证券事务代表:梁国胜
电　话:0357－6663123
电子信箱:swzqb@sxsanwei.com
传　真:0357－6663566
联系地址:山西省洪洞县·山西三维公司
(四)公司注册地址:太原市高新技术产业开发区 VI－4区
办公地址:山西省洪洞县赵城·山西三维公司　　邮政编码:041603
国际互联网地址:www.sxsanwei.com　　电子信箱:swbgs@sxsanwei.com
(五)公司指定信息披露报纸:证券时报
登载公司年度报告国际互联网网址:http://www.cninfo.com.cn
公司年度报告备置地点:山西省洪洞县赵城·山西三维公司
(六)公司股票上市交易所:深圳证券交易所
股票简称:山西三维　　股票代码:000755

二、会计数据和业务数据摘要

(一)公司本年度主要会计数据和业务数据(合并报表)

项目	金额
利润总额	65,119,992.83
净利润	56,043,561.25
扣除非经常性损益后的净利润	55,949,907.24
主营业务利润	128,630,663.74
其他业务利润	1,368,662.96
营业利润	66,521,428.31
投资收益	454,452.65
补贴收入	——
营业外收支净额	－1,855,888.13
经营活动产生的现金流量净额	198,804,116.99
现金及现金等价物净增加额	－73,305,234.75
注:扣除非经常性损益的项目及金额	——
营业外收支净额	－1,360,217.89
资金占用费	1,500,000.00
所得税影响	－ 46,128.10

(二)公司近三年的主要会计数据和财务指标(单位:人民币元)

项目	2001年	2000年	1999年
主营业务收入	421,683,698.28	368,822,570.89	300,782,077.84
净利润	56,043,561.25	51,442,674.39	45,924,973.22
总资产	1,408,462,795.52	1,303,902,293.97	1,074,330,557.57
股东权益	850 854 348.59	829,529,891.78	643,542,466.43
每股收益(摊薄)	0.2018	0.1852	0.182
(加权)	0.2018	0.1896	
每股净资产	3.0638	2.987	2.554
调整后的每股净资产	2.945	2.926	2.47
每股经营活动产生的现金流量净额	0.68	0.398	－0.089
净资产收益率(%)	6.59	6.20	7.14
扣除非经常性损益后的每股收益(摊薄)	0.2015	0.1852	
扣除非经常性损益后的每股收益(加权)	0.2015	0.1896	0.158

(三)报告期利润表附表

	报告期每股收益(元)		净资产收益率(%)	
	全面摊薄	加权平均	全面摊薄	加权平均
主营业务利润	0.463	0.463	15.117	15.00
营业利润	0.24	0.24	7.818	7.757
净利润	0.2018	0.2018	6.59	6.535
扣除非经常性损益后的净利润	0.2015	0.2015	6.81	6.524

三、股本变动及股东情况

(一)股份变动情况表　　数量单位:股

	本次变动前	本次变动增减(＋－)						本次变动后
		配股	送股	公积金转股	增发	其他	小计	
一、未上市流通股份								
1、发起人股份	168513851							168513851
其中:								
国家持有股份	168020495							168020495
境内法人持有股份	493356							493356
境外法人持有股份								
其他								
2、募集法人股份								
3、内部职工股								
4、优先股或其他								
未上市流通股份合计	168513851							168513851
二、已上市流通股份								
1、人民币普通股	109200000							109200000
2、境内上市的外资股								
3、境外上市的外资股								
4、其他								
已上市流通股份合计	109200000							109200000
三、股份总数	277713851							277713851

000756 山东新华制药股份有限公司

2001年年度报告摘要

一、公司基本情况简介

公司中文名称:山东新华制药股份有限公司("公司")
公司英文名称:SHANDONG XINHUA PHARMACEUTICAL COMPANY LIMITED
公司法定代表人:贺端湜
董事会秘书:曹长求　　郭磊
联系电话:86－533－2184223　　传真号码:86－533－2287508
董秘电子信箱:xhzy@xhzy.com
公司注册地址:中华人民共和国("中国")山东省淄博市高新技术产业开发区化工区
公司办公地址:中国山东省淄博市高新技术产业开发区化工区　　邮政编码:255005
公司国际互联网址:http://www.xhzy.com　　公司电子信箱:xhzy@xhzy.com
国内信息披露报纸:《证券时报》
登载年报的中国证监会指定网站的网址:http://www.cninfo.com.cn
上市资料:
H股:香港联合交易所有限公司
简称:山东新华制药　　代码:0719
A股:深圳证券交易所
简称:新华制药　　代码:000756
公司资料查询地点:本公司董事会秘书室

二、会计数据和业务数据摘要

1. 按中国会计准则编制二零零一年度主要会计数据　　(人民币元)

项目	二零零一年
利润总额	97,258,568
净利润	80,896,146
扣除非经常性损益后的净利润	80,896,146
主营业务利润	325,895,655
其他业务利润	4,898,672
营业利润	98,608,665
投资收益	3,035,148
补贴收入	－
营业外收支净额	(4,385,246)
经营活动产生的现金流量净额	(13,715,212)
现金及现金等价物净增加额	337,804,323

2. 财务摘要

(1)按香港普遍采纳之会计原则编制(经审计)(人民币元)

损益表

	2001年	2000年	1999年
营业额	1,099,289,000	1,044,073,000	950,661,000
除税前盈利	98,097,000	83,404,000	68,268,000
税项	(16,307,000)	(15,512,000)	(10,400,000)
除税后盈利	81,790,000	67,892,000	57,868,000
少数股东权益	(44,000)	(66,000)	(30,000)
股东应占盈利	81,746,000	67,826,000	57,838,000

(2)按中国会计准则编制(经审计)(人民币元)

项 目	2001年	2000年	1999年
主营业务收入	1,099,258,491	1,044,072,799	950,661,234
净利润	80,896,146	69,119,387	63,609,740
总资产	1,836,720,321	1,362,726,773	1,384,267,611
股东权益(不含少数股东权益)	1,340,523,930	925,696,192	890,784,569
每股收益(人民币元)			
全面摊薄	0.177	0.162	0.149
加权平均	0.185	0.162	0.149
每股净资产(人民币元)	2.931	2.166	2.08
调整后的每股净资产(人民币元)	2.931	2.166	2.06
每股经营活动产生的现金流量净额	－0.030	0.392	0.12
净资产收益率(%)	6.03	7.47	7.14

(3)按中国会计准则编制的利润表附表

报告期利润	净资产收益率(%)				每股收益(人民币元)			
	全面摊薄		加权平均		全面摊薄		加权平均	
	2001年	2000年	2001年	2000年	2001年	2000年	2001年	2000年
主营业务利润	24.31	32.65	26.95	33.28	0.713	0.707	0.746	0.707
营业利润	7.35	9.34	9.00	9.52	0.216	0.202	0.226	0.202
净利润	6.03	7.47	7.44	7.61	0.177	0.162	0.185	0.162
扣除非经常性损益后的净利润	6.03	7.47	7.44	7.61	0.177	0.162	0.185	0.162

报告期末至报告披露日本公司股本未发生变化。

三、股本变动及股东情况

1. 股份变动情况表　　数量单位:股

	2001年1月1日	2001年9月3日增发A股	2001年12月31日
(一)未上市流通股份			
1、发起人——国家持有股份(A股)	217,440,000	(3,000,000)	214,440,000
2、募集法人股份(A股)	16,719,500		16,719,500
未上市流通股份合计	234,159,500	(3,000,000)	231,159,500
(二)已上市流通股份			
1、境内上市的人民币普通股(A股)	43,153,330	33,000,000	76,153,330
2、境外上市的外资股(H股)	150,000,000		150,000,000
已上市流通股份合计	193,153,330	33,000,000	226,153,330
(三)股份总数	427,312,830	30,000,000	457,312,830

2. 股东情况介绍

序号	股东名称	股份性质	持股数	占总股本比重(%)
1	山东新华医药集团有限责任公司	国有股、A股	214,440,000	46.89
2	香港中央结算(代理人)有限公司	流通H股	144,011,999	31.49
3	江苏省软件产业股份有限公司	流通A股	4,323,144	0.95
4	湖北长信投资有限责任公司	流通A股	2,276,856	0.50
5	上海证大投资管理有限公司	法人股、A股	2,100,000	0.46
6	中国医药工业公司	法人股、A股	1,540,000	0.34
7	青岛市医药物资公司	法人股、A股	1,100,000	0.24
8	中国医药对外贸易总公司	法人股、A股	1,000,000	0.22
9	山东环中制药股份有限公司	法人股、A股	1,000,000	0.22
10	香港上海汇丰银行(代理人)有限公司 A/C BR－79	流通H股	902,000	0.20

000757 四川方向光电股份有限公司

2001 年年度报告摘选

第一节　公司基本情况简介

一、公司中文名称：四川方向光电股份有限公司
英文名称：SI CHUAN DIRECTION PHOTOELECTRICITY CO., LTD.
二、法定代表人：穆　昕
三、公司董事会秘书：徐　琳
证券事务代表：刘本忠
联系地址：四川省内江市甜城大道方向光电科技园
电　　话：0832－2202757
传　　真：0832－2202720
电子信箱：njja01@nj－public.sc.cninfo.net
四、公司注册地址：四川省内江市椑木镇
公司办公地址：四川省内江市甜城大道方向光电科技园
邮 政 编 码：641000
公司国际互联网网址：www.direction.com.cn
公司电子信箱：njja01@nj－public.sc.cninfo.net
五、公司选定信息披露报纸：《证券时报》
刊登年报的中国证监会指定网址：http://www.cninfo.com.cn
公司年度报告备置地点：公司本部董事会办公室
六、公司股票上市交易所：深圳证券交易所
股票简称：方向光电
股票代码：000757

第二节　会计数据和业务数据摘要

一、会计数据和业务数据摘要

项 目	2001 年度(元)	备 注
利润总额	17,912,511.65	
净利润	16,005,465.54	一.扣除的非经常性损益指
扣除非经常性损益后的净利润	12,432,584.95	营业外收支净额：
主营业务利润	64,860,102.29	(102,0641.04－642,852.71)×
其他业务利润	2,743,573.16	85%＝321,120.08；
营业利润	16,695,793.05	二.财政补贴：3,825,600.60×
投资收益	838,930.27	85%＝3,251,760.51
补贴收入	—	
营业外收支净额	377,788.33	
经营活动产生的现金流量净额	－13,676,438.68	
现金及现金等价物净增加额	138,552,090.84	

二、截止报告期末公司前三年主要会计数据和财务数据

单位：元

项 目	2001 年	2000 年	1999 年
主营业务收入	336,076,671.35	232,620,400.24	277,308,613.93
净利润	16,005,465.54	26,764,532.81	27,648,637.40
总资产	1,096,022,090.96	706,610,546.95	659,752,927.51
股东权益	484,603,625.00	467,119,311.60	456,747,397.35
每股收益	0.11	0.18	0.18
扣除非经营性损益后每股收益	0.08	0.13	0.16
每股净资产	3.18	3.06	3
调整后的每股净资产	3.02	2.99	2.96
每股经营活动产生的现金流量净额	－0.09	0.03	－0.18
净资产收益率(%)	3.30	5.73	6.05
净资产收益率(%)(加权)	3.37	5.74	7.31

根据中国证监会《信息披露编报规则(第九号)》要求计算的数据

报告期利润	净资产收益率(%				每股收益(元/股)			
	2001 年		2000 年		2001 年		2000 年	
	全面摊薄	加权平均	全面摊薄	加权平均	全面摊薄	加权平均	全面摊薄	加权平均
主营业务利润	13.38	13.65	11.89	11.92	0.43	0.43	0.36	0.36
营业利润	3.45	3.51	6.21	6.23	0.11	0.11	0.19	0.19
净利润	3.30	3.37	5.73	5.74	0.11	0.11	0.18	0.18
扣除非经常性损益后净利润	2.57	2.62	4.25	4.26	0.08	0.08	0.13	0.13

第三节　股本变动及股东情况

一、股本变动情况
1、股本变动情况表(见下表)

公司股份变动情况表

数量单位：股

	本次变动前	本次变动增减(＋、－)					本次变动后
		配股	送股	公积金转股	其他	小计	
一、尚未流通股份							
1、发起人股份	83870100						83870100
其中：							
国家拥有股份	76720100						76720100
境内法人持有股份	6719307						6719307
外资法人持有股份	—						
其他	—						
2、募集法人股	14147110						14147110
3、内部职工股							
4、优先股或其他							
尚未流动股份合计	97586517						97586517
二、已上市流通股份							
1、人民币普通股	54830620						54830620
2、境内上市的外资股							
3、境外上市的外资股							
4、其他							
已上市流通股份合计	54830620						54830620
三、股份总数	152417137						152417137

000758 中国有色金属建设股份有限公司

2001 年年度报告摘选

一、公司基本情况简介

中文名称：中国有色金属建设股份有限公司
英文名称：China Nonferrous Metal Industry's Foreign Engineering and Construction Co., Ltd.
英文缩写：NFC
公司法定代表人：张健
董事会秘书：杜斌
联系地址：北京市海淀区复兴路戊 12 号恩菲科技大厦 5 楼
电话：010－63951531
传真：010－63965364
电子信箱：Dubin@nfc.com.cn
公司注册地址：北京市丰台区西客站南广场驻京办一号楼 B 座中色建设大厦
公司办公地址：北京市海淀区复兴路戊 12 号恩菲科技大厦 5 楼
邮政编码：100038
公司网址：http://www.nfc.com.cn
电子信箱：nfc@nfc.com.cn
年报披露报刊：中国证券报
年报登载网址：http://www.cninfo.com.cn
本报告备置地点：北京市海淀区复兴路戊 12 号
恩菲科技大厦 515 室
上市地：深圳证券交易所
股票简称：中色建设　　股票代码：0758

二、会计数据和业务数据摘要

1、本年度数据摘要

利润总额：	－139,642,067.76 元
净利润：	－140,285,129.25 元
扣除非经常性损益后的净利润：	－152,314,854.38 元
主营业务利润：	46,925,089.00 元
其他业务利润：	3,189,028.37 元
营业利润：	－11,077,026.72 元
投资收益：	－128,453,371.24 元
补贴收入：	110,366.00 元
营业外收支净额：	－222,035.80 元
经营活动产生的现金流量净额：	125,282,207.51 元
现金及现金等价物净增加额：	17,841,712.12 元

2、前三年主要会计数据和财务指标

项目	单位	2001 年	2000 年		1999 年	
			调整前	调整后	调整前	调整后
主营业务收入	万元	20,169.56	22,391.74	22,391.74	17,157.06	17,157.06
净利润	万元	－14,028.51	1,563.65	－469.16	7,019.73	6,034.72
总资产	万元	133,714.77	136,090.54	130,439.30	137,424.47	134,453.26
股东权益(不含少数股东权益)	万元	88,286.61	79,346.49	73,479.04	81,988.72	77,804.10
每股收益	元	－0.36	0.04	－0.01	0.20	0.17
每股净资产	元	2.28	2.21	2.05	2.29	2.17
调整后的每股净资产	元	2.11	2.00	1.87	2.02	1.85
每股经营活动产生的现金流量净额	元	0.32	0.11	0.11	－0.20	－0.20
净资产收益率	%	－15.89%	1.97%	－0.64%	8.56%	7.76%
扣除非经常性损益后的每股收益	元	－0.39	0.01	－0.00	0.16	0.15

3、加权平均收益指标

报告期利润	净资产收益率		每股收益(元)	
	全面摊薄	加权平均	全面摊薄	加权平均
主营业务利润	5.32%	5.23%	0.12	0.12
营业利润	－1.25%	－1.23%	－0.03	－0.03
净利润	－15.89%	－15.63%	－0.36	－0.37
扣除非经常损益后的净利润	－17.25%	－16.97%	－0.39	－0.40

三、股本变动及主要股东持股情况

(一)股本变动情况

单位：万股

项目	本次变动前	本次变动增减(＋,－)					本次变动后
		配股	送股	公积金转股	其他	小计	
一、未上市流通股份							
1、发起人股份	20,480						20,480
其中：国家持有股份	20,480						20,480
境内法人持有股份							
境外法人持有股份							
其他							
2、募集法人股							
3、内部职工股							
4、优先股或其他							
其中：转配股							
未上市流通股份合计	20,480						20,480
二、已上市流通股份	15,360	＋2,880					18,240
1、人民币普通股	15,360	＋2,880					18,240
2、境内上市的外资股							
3、境外上市的外资股							
4、其他							
已上市流通股份合计	15,360	＋2,880					18,240
三、股份总数	35,840	＋2,880					38,720

000759 武汉中百集团股份有限公司

2001年年度报告摘选

一、公司基本情况简介

1、公司的法定中文名称:武汉中百集团股份有限公司
公司的法定英文名称:WUHAN ZHONGBAI GROUP CO., LTD.
2、公司法定代表人:汪爱群
3、公司董事会秘书:杨晓红
授权代表:彭 波
联系地址:武汉市汉口江汉路129号武汉中百集团
联系电话:027-82859668　　传真电话:027-82210291
电子信箱:whzbyxh@sina.com
4、公司注册地址:湖北省武汉市江汉区江汉路129号
公司办公地址:武汉市汉口江汉路129号中百商厦25楼　　邮政编码:430021
公司网址:HTTP://WWW.WHZB.COM
电子信箱:WHZB@WHZB.COM或　WHZBGR@PUBLIC.WH.HB.CN
5、公司选定的信息披露报纸名称:《中国证券报》《证券时报》
登载公司年度报告的中国证监会指定国际互联网网址:HTTP://WWW.CNINFO.COM.CN
公司年度报告备置地点:公司董事会秘书处
6、公司股票上市交易所:深圳证券交易所
股票简称:武汉中百　　股票代码:000759

二、会计数据和业务数据摘要

1、本年度主要会计数据(单位:人民币元)

项目	金额
利润总额	38,570,784.10
净利润	24,093,524.79
扣除非经常性损益后的净利润	22,031,557.16
主营业务利润	210,469,416.91
其他业务利润	16,283,175.07
营业利润	37,934,068.53
投资收益	-580,451.64
补贴收入	3,660,000.00
营业外收支净额	-2,442,832.79
经营活动产生的现金流量净额	3,259,299.64
现金及现金等价物净增减额	21,509,183.44

注:扣除的非经常性损益项目金额:

项目	金额
营业外收入	541,680.37
营业外支出	907,733.18
股权投资差额	-2,313,853.78
短期投资收益	3,237,129.54
补贴收入	3,660,000.00
所得税影响	2,155,255.32

2、截止报告期末公司前三年的主要会计数据和财务指标　　单位:人民币元

项目	2001年	2000年		1999年	
		调整前	调整后	调整前	调整后
主营业务收入	1476257014.56	1087277482.29	1086766851.25	598827802.21	598827802.21
净利润	24093524.79	78877568.93	61460162.31	31251560.21	27426006.87
总资产	1446866773.08	1286578784.46	1182951035.61	975020296.08	971425768.05
股东权益(不含少数股东权益)	518596337.71	540066235.36	510911943.32	510811528.93	483679362.64
每股收益	0.137	0.449	0.350	0.178	0.156
每股收益(加权)	0.137	0.449	0.350	0.204	0.179
扣除非经常性损益后的每股收益	0.125	0.400	0.301	0.169	0.147
每股净资产	2.95	3.07	2.91	2.91	2.75
调整后的每股净资产	2.69	3.00	2.84	2.64	2.52
每股经营活动产生的现金流量净额	0.019	0.935	0.935	-0.288	-0.288
净资产收益率(%)	4.65	14.61	12.03	6.12	5.67
净资产收益率(加权%)	4.61	14.75	11.95	7.53	7.84
扣除非经常性损益后年度加权平均净资产收益率(%)	4.21	12.77	10.27	7.15	7.39

三、股本变动及股东情况

1、股本变动情况

股份变动情况表　　数量单位:股

	本次变动前	本次变动增减(+、—)						本次变动后
		配股	送股	公积金转股	增发	其他	小计	
一、未上市流通股份								
1、发起人股份	30,172,000						0	30,172,000
其中:								
国家持有股份	30,172,000						0	30,172,000
境内法人持有股份								
境外法人持有股份								
其他								
2、募集法人股份	32,670,000						0	32,670,000
3、内部职工股								
4、优先股或其他								
其中:转配股								
未上市流通股份合计	62,842,000						0	62,842,000
二、已上市流通股份								
1、人民币普通股	112,827,000						0	112,827,000
2、境内上市的外资股								
3、境外上市的外资股								
4、其他								
已上市流通股份合计	112,827,000						0	112,827,000
三、股份总数	175,669,000						0	175,669,000

000760 湖北车桥股份有限公司

2001年年度报告摘选

第一章　公司基本情况简介

1、公司法定中文名称:湖北车桥股份有限公司
英文名称:Hubei Axle Co., Ltd
英文缩写:HBAXLE
2、公司法定代表人:陈宏超先生
3、公司董事会秘书:穆校平先生
联系地址:湖北省公安县城关荆江大道178号
电　　话:0716-5225749
传　　真:0716-8889165
证券事务代表:丁　翔先生
联系地址:湖北省公安县城关荆江大道178号
电　　话:0716-5225925
传　　真:0716-5228925
4、公司注册地址:湖北省公安县斗湖堤镇荆江大道178号
办公地址:湖北省公安县斗湖堤镇荆江大道178号
邮 编:434300
公司国际互联网址:www.Chinamep.com
E-mail:hbaxle@public.js.hb.cn
5、公司指定信息披露报刊:《中国证券报》、《证券时报》
公司年度报告披露网址:http://www.cninfo.com.cn
公司年度报告备置地点:公司董事会办公室
6、公司股票上市交易所:深圳证券交易所
股票简称:湖北车桥　　股票代码:000760

第二章　会计数据和业务数据摘要

一、本年度主要利润总额及构成(单位:元)

项目	金额
利润总额	2,898,228.44
净利润	8,342,118.86
扣除非经常性损益后的净利润	4,987,755.16
主营业务利润	24,670,350.58
其它业务利润	1,103,941.36
营业利润	2,574,326.45
投资收益	0.00
补贴收入	0.00
营业外收支净额	323,901.99
经营活动产生的现金流量净额	13,226,828.77
现金及现金等价物净增加额	-8,411,564.50

注:扣除的非经常性损益项目和涉及金额:

项目	金额
营业外收入	995,152.57
营业外支出	671,250.58
资金占用费收入	3,622,408.25

二、截止报告期末公司前三年主要会计数据和财务指标:

单位:元

指标项目	2001年	2000年		1999年	
		调整后	调整前	调整后	调整前
主营业务收入	157,046,360.39	167,260,690.82	167,260,690.82	211,940,896.00	211,940,896.00
净利润	8,342,118.86	24,827,848.78	31,498,048.78	24,556,692.48	22,479,789.09
总资产	437,005,818.12	470,580,783.48	502,978,434.75	468,439,047.47	490,433,697.50
股东权益(不含少数股东权益)	351,666,222.83	341,754,140.43	391,754,221.70	321,790,734.33	355,099,022.27
每股收益	0.08	0.23	0.29	0.22	0.21
加权平均每股收益	0.08	0.23	0.29	0.22	0.21
每股净资产	3.22	3.13	3.58	2.94	3.25
调整后每股净资产	3.19	3.10	3.54	2.89	3.16
每股经营活动产生的现金流量净额	0.12	0.42	0.42	-0.05	-0.05
净资产收益率(%)	2.37	7.26	8.04	7.63	6.33

第三章　股本变动及股东情况

一、股份变动情况

公司股份变动情况表

	本次变动前	本次变动增减(+,-)						本次变动后
		配股	送股	公积金转股	增发	其他	小计	
一、未上市流通股份								
1、发起人股份								
其中:								
国家持有股份	39,491,300							39,491,300
境内法人持有股份	18,000,000							18,000,000
境外法人持有股份								
其他								
2、募集法人股份								
3、内部职工股	18,720							18,720
4、优先股或其他								
未上市流通股份合计	57,510,020							57,510,020
二、已上市流通股份								
1、人民币普通股	51,812,280							51,812,280
2、境内上市的外资股								
3、境外上市的外资股								
4、其他								
已上市流通股份合计	51,812,280							51,812,280
三、股份总数	109,322,300							109,322,300

000761 本钢板材股份有限公司

2001 年年度报告摘选

一、公司基本情况简介

1、公司法定中文名称:本钢板材股份有限公司
公司的法定英文名称:BENGANG STEEL PLATES CO.,LTD.
2、公司法定代表人:张营富
3、公司董事会秘书:梁广德
公司证券事务代表:孙忠政
联系地址:辽宁省本溪市平山区人民路 16 号
电话:0414-7827344 7828360
传真:0414-7827004 7828009
电子信箱:bgbcgdl@online.ln.cn
bgbcszz@online.ln.cn
4、公司注册地址:辽宁省本溪市平山区钢铁路
邮政编码:117000
电子信箱:bgbc761@online.ln.cn
bgbctwg@mail.bxptt.ln.cn
5、公司选定的信息披露报纸名称:《中国证券报》、《证券时报》、《香港商报》。
登载年度报告的中国证监会指定国际互联网网址:http://www.cninfo.com.cn
公司年度报告备置地点:辽宁省本溪市平山区人民路 16 号公司证券部
6、公司股票上市交易地点:深圳证券交易所
(1)B 股股票简称:本钢板 B 股票代码:200761
(2)A 股股票简称:本钢板材 股票代码:000761

二、会计数据和业务数据摘要

1、公司本年度主要利润指标情况 (金额单位:人民币元)

项目	金额
利润总额	307,510,758
净利润	274,844,180
扣除非经常性损益后的净利润	274,844,180
主营业务利润	446,857,296
营业利润	301,105,569
营业外收支净额	4,405,189
经营活动产生现金流量净额	171,478,246
现金及现金等价物净减少额	179,045,141

2、公司前三年主要会计数据和财务指标 金额单位:人民币元

指标名称	2001 年度	2000 年度	1999 年度
主营业务收入	5,242,814,151	6,993,593,906	5,578,168,459
净利润	274,844,180	349,806,924	332,663,357
总资产	5,272,349,333	4,728,852,728	4,380,644,000
股东权益	3,485,946,436	3,438,584,306	3,293,257,382
每股收益(摊薄)	0.2419	0.3079	0.2928
每股收益(加权)	0.2419	0.3079	0.2928
扣除非经常性损益后的每股收益	0.2419	0.3079	0.2928
每股净资产	3.0686	3.0269	2.8990
调整后每股净资产	3.0662	3.0083	2.8791
每股经营活动产生的现金流量净额	0.15	0.47	0.45
净资产收益率(%)	7.88	10.17	10.10

3、净资产收益率及每股收益指标分析附表

报告期利润	净资产收益率(%)		每股收益(元)	
	全面摊薄	加权平均	全面摊薄	加权平均
主营业务利润	12.82	12.59	0.3934	0.3934
营业利润	8.70	8.54	0.2668	0.2668
净利润	7.88	7.75	0.2419	0.2419
扣除非经常性损益后的净利润	7.88	7.75	0.2419	0.2419

三、股本变动及股东情况

(一)公司股本变动情况
1、公司股份变动情况表
(截止 2001 年 12 月 31 日 单位:股)

	本次变动前	本次变动增减(+、-)					本次变动后
		配股	送股	公积金转股	其它	小计	
一、未上市流通股份							
1、发起人股份	616,000,000						616,000,000
其中:							
国家持有股份	616,000,000						616,000,000
境内法人持有股份							
境外法人持有股份							
其它							
2、募集法人股份							
3、内部职工股	40,000						40,000
4、优先股或其它							
未上市流通股份合计	616,040,000						616,040,000
二、已流通股份							
1、人民币普通股	119,960,000						119,960,000
2、境内上市的外资股	400,000,000						400,000,000
3、境外上市的外资股							
4、其它							
已上市流通股份合计	519,960,000						519,960,000
三、股份总数	1,136,000,000						1,136,000,000

000762 西藏矿业发展股份有限公司

2001 年年度报告摘选

一、公司简介

(一) 公司的法定中、英文名称及缩写
公司法定中文名称:西藏矿业发展股份有限公司
公司法定英文名称:Tibet Mineral Development Co.,LTD
公司英文名称缩写:TMD
(二) 公司法定代表人:肖永恩
(三) 公司董事会秘书的姓名、联系地址、电话、传真
公司董事会秘书:刘晓江
联系地址:西藏拉萨市扎基路 14 号
电话:(0891)6324952
传真:(0891)6336738 (028)5260831
(四) 公司注册地址、办公地址、邮政编码,公司电子信箱。
公司注册地址:西藏自治区拉萨市扎基路 14 号
公司办公地址:西藏自治区拉萨市扎基路 14 号
邮政编码:850000
公司电子信箱:XZKXX@mail.sc.cninfo.net
(五)公司选定的信息披露报纸名称:《中国证券报》、《证券时报》
登载公司年度报告的中国证监会指定国际互联网网址:http://www.sse.com.cn
公司年度报告备置地点:公司董事会秘书处
(六) 公司股票上市交易所、股票简称和股票代码。
公司股票上市交易所:深圳证券交易所
股票简称:西藏矿业 股票代码:000762

二、会计数据和业务数据摘要

(一)公司本年度主要会计数据(单位:元)

项目	金额
利润总额	2,080,538.18
净利润	3,267,688.74
扣除非经常性损益后的净利润	6,084,734.46
主营业务利润	47,487,986.30
其他业务利润	720,481.93
营业利润	5,050,942.94
投资收益	-153,359.04
补贴收入	1,170,470
营业外收支净额	-3,987,515.72
经营活动产生的现金流量净额	-10,099,152.99
现金及现金等价物净增加额	-39,351,705.07
注:扣减非经常性损益内容及金额	
(1) 补贴收入	1,170,470
(2) 营业外收支净额	-3,987,515.72

(二)公司前三年主要会计数据和财务指标 (单位:元)

项目	2001 年	2000 年		1999 年
		调整后	调整前	
主营业务收入	183,016,409.75	181,236,088.15	181,236,088.15	142,075,243.13
净利润	3,267,688.74	1,009,380.45	6,199,938.63	26,350,125.45
总资产	723,057,252.67	743,727,241.87	756,659,243.14	654,295,151.86
股东权益(不含少数股东权益)	484,231,031.01	482,608,326.28	496,031,756.99	409,992,905.85
每股收益(摊薄)	0.0163	0.005	0.0309	0.14
每股收益(加权)	0.0163	0.0052	0.0311	0.14
每股净资产	2.415	2.4069	2.4738	2.1786
调整后的每股净资产	2.415	2.4069	2.3901	2.1786
每股经营活动产生的现金流量净额	-0.0504	-0.24	-0.24	-0.0206
净资产收益率(摊薄)	0.67%	0.21%	1.25%	6.43%
净资产收益率(加权)	0.67%	0.21%	1.27%	6.50%

(三) 按照《公开发行证券公司信息披露编报规则》(第 9 号)要求计算 2001 年报告期利润的净资产收益率和每股收益。

报告期利润	净资产收益率(%)		每股收益(元/股)	
	全面摊薄	加权平均	全面摊薄	加权平均
主营业务利润	9.81	9.81	0.24	0.24
营业利润	1.04	1.04	0.03	0.03
净利润	0.67	0.67	0.02	0.02
扣除非经常性损益后净利润	1.34	1.34	0.03	0.03

三、股本变动及股东情况

(一) 股本变动情况
股本变动情况表 单位:万股

	本次变动前	本次变动增减(+、-)						本次变动后
		配股	送股	公积金转股	增发	其它	小计	
一、未流通股份								
1. 发起人股份								
其中:国有持有股份	8043.7							8043.7
境内法人持有股份	4307.3							4307.3
境外法人持有股份								
其他								
2.募集法人股								
3.内部职工股								
4.优先股或其他								
其中:转配股								
未上市流通股份合计	12351.0							12351.0
二、已上市流通股份	7700.0							7700.0
1.人民币普通股								
2.境内上市的外资股								
3.境外上市的外资股								
4.其他								
已上市流通股份合计	7700.0							7700.00
三.股份总数	20051.0							20051.0

000763 锦州石化股份有限公司

2001 年年度报告摘选

一、公司简介

1、公司法定中文名称:锦州石化股份有限公司
公司法定英文名称:JINZHOU PETROCHEMICAL CO.,LTD.
英文缩写:JZPC
2、公司法定代表人:吕文君
3、公司董事会秘书:王怀江
授权代表:陈建军
联系地址:辽宁省锦州市古塔区重庆路2号
电话:0416-4159024　　传真:0416-4159024
电子信箱:000763@public.jzpc.com.cn
　　000763@163.com
4、公司注册地址:辽宁省锦州市古塔区重庆路2号
公司办公地址:辽宁省锦州市古塔区重庆路2号
邮政编码:121001
公司国际互联网网址:http://www.jzpc.com.cn
电子信箱:000763@public.jzpc.com.cn
　　000763@163.com
5、公司选定的信息披露报纸:《中国证券报》、《证券时报》
中国证监会指定国际互联网网址:http://www.cninfo.com.cn
公司年度报告备置地点:锦州石化股份有限公司证券部
6、公司股票上市交易所:深圳证券交易所
股票简称:锦州石化　　股票代码:000763

二、会计数据和业务数据摘要

1、本年度主要会计数据和业务数据

项目	金额
利润总额	152,896,523.40 元
净利润	111,430,612.17 元
扣除非经常性损益后的净收益	112,901,052.96 元
主营业务利润	385,770,274.53 元
其他业务利润	12,862,080.36 元
营业利润	154,366,964.19 元
投资收益	
补贴收入	
营业外收支净额	-1,470,440.79 元
经营活动产生的现金流量净额	319,767,076.89 元
现金及现金等价物净增加额	-15,678,636.11 元

2.前三年主要会计数据和财务指标(单位:元)

项目	2001	2000年		1999年	
		调整后	调整前	调整后	调整前
主营业务收入	8,638,731,987.35	9,063,535,100.73	9,063,535,100.73	5,312,287,562.71	5,312,287,562.71
净利润	111,430,612.17	-10,639,116.38	65,927,096.49	3,942,589.66	5,079,607.73
总资产	2,172,208,716.51	2,211,237,658.07	2,287,803,870.94	2,348,225,728.31	2,348,445,158.27
股东权益(不含少数股东权益)	1,569,100,628.54	1,457,670,016.37	1,534,236,229.24	1,468,309,132.75	1,522,239,580.93
每股收益	0.141	-0.014	0.084	0.005	0.006
加权平均每股收益	0.141	-0.014	0.084	0.005	0.007
扣除非经常性损益后的每股收益	0.143	0.107	0.107	-0.009	-0.008
每股净资产	1.993	1.851	1.948	1.865	1.933
调整后的每股净资产	1.909	1.831	1.929	1.845	1.847
每股经营活动产生的现金流量净额	0.406	0.546	0.546	0.014	0.014
净资产收益率%	7.102	-0.730	4.297	0.269	0.334
加权平均净资产收益率%	7.363	-0.727	4.391	0.294	0.378
扣除非经常性损益后的加权净资产收益率%	7.460	5.763	5.616	-0.526	-0.441

3、根据中国证监会《公开发行证券公司信息披露编报规则(第9号)》要求计算的利润数据:

报告期利润	净资产收益率%		每股收益(元)	
	全面摊薄	加权平均	全面摊薄	加权平均
主营业务利润	24.59	25.49	0.490	0.490
营业利润	9.84	10.20	0.196	0.196
净利润	7.10	7.36	0.141	0.141
扣除非经常性损益后的净利润	7.20	7.46	0.143	0.143

三、股本变动及股东情况

1、股本变动情况
(1)股份变化情况表(截止2001年12月31日)
报告期内,公司股本总数较上年年末无变化。股本结构如下:(数量单位:股)

	本次变动前	本次增减变动(+,-)						本次变动后
		配股	送股	公积金转股	增发	其他	小计	
一、未上市流通股份	637500000							637500000
1、发起人持有股份								
其中:								
国家持有股分	637500000							637500000
境内法人持有股份								
境外法人持有股份								
其他								
2、募集法人股份								
3、内部职工股								
4、优先股或其他								
其中:转配股								
未上市流通股份合计	637500000							637500000
二、已上市流通股份								
1、人民币普通股	150000000							150000000
2、境内上市的外资股								
3、境外上市的外资股								
4、其他								
已上市流通股份合计	150000000							150000000
三、股份总数	787500000							787500000

000765 武汉华信高新技术股份有限公司

2001 年年度报告摘选

一、公司基本情况简介

1、公司法定中文名称:武汉华信高新技术股份有限公司
公司法定英文名称:WUHAN HUAXIN HI-TECH CO. LTD
英文名称缩写:HXGF
2、公司法定代表人:赵从钊
3、公司董事会秘书:涂飞舟
公司董事会证券事务代表:苏瑛
联系地址:武汉市解放大道单洞路18号聚银大厦13楼
电话:(027)85869480　　传　真:(027)85855676
电子信箱:hxgf0765@public.wh.hb.cn
4、公司注册地址:武汉市中山大道779-805号
公司办公地址:武汉市中山大道779-805号
邮政编码:430021
5、公司选定的中国证监会指定报纸名称:《中国证券报》、《证券时报》、《上海证券报》
中国证监会指定国际互联网网址:http://www.cninfo.com.cn
公司年度报告备置地点:公司证券投资部
6、公司股票上市交易所:深圳证券交易所
股票简称:华信股份　　股票代码:000765

二、会计数据和业务数据摘要

(一)本年度主要利润指标　　单位:人民币元

项 目	金 额
利润总额	-14,376,908.73
净利润	-21,016,675.85
扣除非经常性损益后的净利润	-22,632,007.41
主营业务利润	36,131,782.17
其他业务利润	19,399,651.90
营业利润	-15,992,240.29
投资收益	-
补贴收入	-
营业外收支净额	1,615,331.56
经营活动产生的现金流量净额	-125,327,301.99
现金及现金等价物净增减额	-11,237,383.59
注:扣除的非经常性损益的项目和金额:	
营业外收入	3,387,273.08
营业外支出	1,771,941.52
合计	1,615,331.56

(二)截止至报告期末公司前三年的主要会计数据和财务指标　　单位:人民币元

项 目	2001	2000		1999	
		调整前	调整后	调整前	调整后
主营业务收入	144,651,220.01	263,348,191.31	245,238,789.60	272,389,394.96	272,389,394.96
净利润	-21,016,675.85	16,870,296.60	13,376,163.02	43,217,406.71	42,610,417.62
总资产	769,052,541.45	582,093,738.28	563,961,066.99	505,740,470.50	510,133,157.86
股东权益	264,600,736.72	198,223,433.65	186,952,977.38	181,584,308.94	180,977,319.85
每股收益(摊薄)	-0.08	0.115	0.09	0.44	0.43
每股收益(加权)	-0.08	0.115	0.09	0.44	0.43
扣除非经常性损益后的每股收益	-0.091	-0.106	0.085	0.41	0.40
每股净资产	1.06	1.35	1.27	1.85	1.85
调整后的每股净资产	0.97	1.10	1.07	1.42	1.48
每股经营活动产生的现金流量净额	-0.503	0.05	0.05	0.50	0.50
净资产收益率(%)摊薄	-7.94	7.87	7.15	23.80	23.54
净资产收益率(%)加权	-8.12	8.24	9.20	24.15	26.69
扣除非经常性损益后的加权平均资产收益率(%)	-8.74	12.00	9.80	23.60	23.30

(三)按照中国证监会《公开发行证券公司信息披露编报规则(第9号)的通知》要求计算的利润表附表数据:

报告期利润	净资产收益率(%)		每股收益(元)	
	全面摊薄	加权平均	全面摊薄	加权平均
主营业务利润	13.65	13.96	0.15	0.15
营业利润	-6.04	-6.18	-0.06	-0.06
净利润	-7.94	-8.12	-0.08	-0.08
扣除非经常性损益后的净利润	-8.55	-8.74	-0.09	-0.09

三、股本变动及股东情况

(一)股本变动情况

数量单位:股

项 目	本次变动前	本次变动增减(+、-)						本次变动后
		配股	送 股	公积金转股	增发	其他	小 计	
一、未上市流通股份								
1、发起人股份	56,036,400	1,120,728	2,857,856	31,436,420			35,415,004	91,451,404
其中:								
国家持有股份	56,036,400	1,120,728	2,857,856	31,436,420			35,415,004	91,451,404
境内法人持有股份								
境外法人持有股份								
2、募集法人股份	54,243,000		2,712,150	29,833,650			32,545,800	86,788,800
3、内部职工股								
4、优先股或其他								
其中:转配股								
未上市流通股份合计	110,279,400	1,120,728	5,570,006	61,27 0,070			67,960,804	178,240,204
二、已上市流通股份								
1、人民币普通股	36,779,400	7,355,880	2,206,764	24,274,404			33,837,048	70,616,448
2、境内上市的外资股								
3、境外上市的外资股								
4、其他								
已上市流通股份合计	36,779,400	7,355,880	2,206,764	24,274,404			33,837,048	70,616,448
三、股份总数	147,058,800	8,476,608	7,776,770	85,544,474			101,797,852	248,856,652

000766 通化金马药业集团股份有限公司

2001 年年度报告摘选

第一节 公司基本情况简介

(一)公司法定中文名称：通化金马药业集团股份有限公司
公司法定英文名称：
TONGHUA GOLDEN－HORSEPHARMACEUTICALINDUSTEYCO. Ltd
(二)公司法定代表人：刘立成
(三)公司董事会秘书：邓金昌
联系电话：0435－3907298　　传　真：0435－3907298
电子信箱：jlthdjc@fm365. com
联系地址：吉林省通化市江南路 100－1 号
证券事务代表：王亚男
联系电话：0435－3910232　　传　真：0435－3907298
(四)公司注册地址：吉林省通化市江南路 100－1 号
公司办公地址：吉林省通化市江南路 100－1 号
邮政编码：134001
(五)公司选定的信息披露报纸：《中国证券报》、《证券时报》
登载年度报告的中国证监会指定网站的网址：HTTP://WWW. cninfo. com. cn
公司年度报告备置地点：公司证券部
(六)公司股票上市交易所：深圳证券交易所
股票简称：通化金马　　股票代码：000766

第二节 会计数据和业务数据摘要

(一)本年度主要会计数据(单位：人民币元)

项目	金额
利润总额：	－575,928,056.78
净利润：	－584,124,692.96
扣除非经常性损益后的净利润：	－325,159,671.32
主营业务利润：	67,931,375.52
其他业务利润：	－243,714.87
营业利润：	－334,295,282.59
投资收益：	－32,291,440.98
出售同安公司而无法收回的应收帐款：	17,316,846.24
补贴收入：	91,175,200.00
营业外收支净额：	－300,516,533.21
因上述项目影响所得税：	15,401.21
经营活动产生的现金流量净额：	－740,340,483.90
现金及现金等价物净增减额：	－624,868,810.74
扣除非经常性损益项目涉及金额：	
投资收益项目：	
1.出售同安股权损失：	－35,757,743.97
2. 东北证券分红：	3,840,000.00
3.股权投资差额摊销：	－373,697.01
补贴收入项目：	
1.芜湖国有企业亏损补贴款：	91,000,000.00
2.新技术创新补贴收入：	150,000.00
3.政策性补贴款；	20,000.00
4.补助电脑款：	5,200.00

(二)截止报告期末公司前三年主要会计数据和财务指标

项 目	2001 年	2000 年	1999 年
主营业务收入(元)	100,434,798.04	504,187,311.57	284,909,562.07
净利润(元)	－584,124,692.96	241,914,921.94	81,346,295.21
总资产(元)	1,469,138,110.01	2,257,839,315.69	1,333,152,592.06
股东权益(元)	472,274,063.61	1,056,398,756.57	1,024,024,763.43
每股收益(元)(摊薄)	－1.301	0.809	0.271
每股收益(加权)	－1.511	0.809	0.317
扣除非经营性损益后的每股收益(元)	－0.725	0.683	0.201
每股净资产(元)	1.05	3.53	3.42
调整后的每股净资产(元)	0.93	3.38	3.28
净资产收益率(%)(摊薄)	－123.68	22.90	7.94
净资产收益率(加权)	－76.50	21.13	11.49
每股经营活动产生的现金流量净额(元)	－1.649	0.656	－0.269
扣除非经常性损益后加权平均净资产收益率	－42.54	17.83	8.484

(三)本年度利润表附表

报告期利润	净资产收益率(%)		每股收益(元)	
	全面摊薄	加权平均	全面摊薄	加权平均
主营业务利润	14.38	8.89	0.15	0.18
营业利润	－70.78	－43.73	－0.75	0.87
净利润	－123.68	－76.42	－1.30	－1.51
扣除非经常性损益后的净利润	－68.85	－42.54	－0.73	－0.84

第三节 股本变动及股东情况

(一)股份变动情况表

数量单位：股

股份类别	本次变动前	本次增减(十、一)			本次变动后
		送股	转增	小计	
一、尚未流通股份					
1、发起人股份	84,698,184	25,409,455.2	16,939,636.8	42,349,092	127,047,276
其中：					
国家拥有股份	68,463,384	20,539,015.2	13,692,676.8	34,231,692	102,695,076
境内法人持有股份	16,234,800	4,870,440	3,246,960	8,117,400	24,352,200
2、募集法人股	24,690,000	7,407,000	4,938,000	12,345,000	37,035,000
3、内部职工股					
尚未流通股份	109,388,184	32,816,455.2	21,877,636.8	54,694,092	164,082,276
二、已流通股份					
1、境内上市人民币普通股	189,956,000	56,986,800	37,991,200	94,978,000	284,934,000
已流通股份合计	189,956,000	56,986,800	37,991,200	94,978,000	284,934,000
其中：高管股	1560	468	312	780	2340
三、股份总数	299,344,184	89,803,255.2	59,868,836.8	149,672,092	449,016,276

000767 山西漳泽电力股份有限公司

2001 年年度报告摘选

一、公司基本情况介绍

1、公司中文名称：山西漳泽电力股份有限公司
公司英文名称：SHANXI ZHANGZE ELECTRIC POWER CO., LTD.
2、公司法定代表人：陈进行
3、公司董事会秘书：王一峰
授 权 代 表：王　亮
联系地址：山西省太原市羊市街 59 号
电　　话：0351—3115109　　0351—3115120
传　　真：0351—4069879　　0351—3115164
4、公司注册地址：山西省太原市羊市街 59 号
公司办公地址：山西省太原市羊市街 59 号
邮政编码：030002
公司国际互联网网址：http://www. zhangzepower. com
公司电子信箱：info @ zhangzepower. com
5、公司选定信息披露报纸名称：《证券时报》、《中国证券报》
登载公司年度报告的国际互联网网址：http://www. cninfo. com. cn.
公司年度报告备置地点：公司证券发展部
6、公司股票上市交易所：深圳证券交易所
股票简称：漳泽电力
股票代码：000767

二、会计数据和业务数据摘要

1、公司本年度主要会计数据：

金额单位：元

项目	金额
利润总额：	205,195,182.71
净 利 润：	148,115,775.01
扣除非经常性损益后的净利润：	78,840,292.20
主营业务利润：	264,775,167.08
其它业务利润：	658,798.75
营业利润：	214,711,812.26
投资收益：	－4,870,215.44
补贴收入：	0
营业外收支净额：	－4,646,414.11
经营活动产生的现金流量净额：	514,403,381.12
现金及现金等价物净增加额：	102,008,452.98
非经常性损益扣除的项目和金额：	

营业外收支：－4,646,414.11 元，汇兑损益 109,376,099.99 元。

2、报告期末公司前三年的主要会计数据和财务指标：

金额单位：元

	2001 年	2000 年		1999 年
		调整后	调整前	
主营业务收入：	1,358,553,034.85	936,989,201.25	936,989,201.25	895,372,976.17
净利润：	148,115,775.01	96,934,457.43	145,041,188.07	178,737,087.55
总资产：	4,592,920,232.89	4,795,456,166.84	4,843,562,897.48	1,197,961,182.12
股东权益：	1,514,650,776.58	1,452,993,351.57	1,501,100,082.21	756,613,692.80
每股净资产：	3.48	3.34	3.45	2.17
调整后的每股净资产：	3.47	3.32	3.45	2.16
每股经营活动产生的现金流量净额：	1.183	0.829	0.829	0.97
每股收益(摊薄)	0.34	0.223	0.333	0.514
每股收益(加权)	0.34	0.225	0.339	0.514
净资产收益率(摊薄)	9.79	6.67	9.66	23.62
净资产收益率(加权)	9.98	6.71	10.08	20.55
扣除非经常性损益后的每股收益	0.181	0.222	0.333	0.514
扣除非经常性损益后的净资产收益率	5.21	6.67	9.67	23.62

三、股本变动及股东情况

(一)股本变动情况

公司股份变动情况表

数量单位：股

	本次变动前	本次变动增减(+.-)					本次变动后
		配 股	送 股	公积金转股	其 它	小 计	
一. 未上市流通股份	315,000,000						315,000,000
1.发起人股份							
其中：							
国家拥有股份							
境内法人持有股份	315,000,000						315,000,000
境外法人持有股份							
其 它							
2.募集法人股份							
3.内部职工股							
4.优先股或其他							
未上市流通股份合计	315,000,000						315,000,000
二. 已上市流通股份	120,000,000						120,000,000
1.人民币普通股	120,000,000						120,000,000
2.境内上市的外资股							
3.境外上市的外资股							
4.其 它							
已上市流通股份合计	120,000,000						120,000,000
三、股份总数	435,000,000						435,000,000

000768 西安飞机国际航空制造股份有限公司

2001年年度报告摘选

第一部分 公司基本情况简介

一、公司的法定中、英文名称及缩写
(一)法定中文名称:西安飞机国际航空制造股份有限公司
(二)法定英文名称:XI'AN AIRCRAFT INTERNATIONAL CORPORATION
(三)英文名称缩写:XAIC
二、公司法定代表人:杨 忠
三、公司董事会秘书及其证券事务代表的姓名、联系地址、电话、传真、电子信箱
公司董事会秘书及授权代表:董事会秘书郝占富、授权代表姜忠亮
联系地址:西安市阎良区红安路一号西飞国际
电话:(029)6846638　6846976　6846021
传真:(029)6846031　电子信箱:xaic@public.xa.sn.cn
四、公司注册地址、公司办公地址及其邮政编码、电子信箱
(一)公司注册地址:西安市高新技术产业开发区高新路国税大厦六楼　邮政编码:710075
(二)公司办公地址:西安市阎良区红安路一号西飞国际　邮政编码:710089
(三)公司电子信箱:xaic@public.xa.sn.cn
五、公司选定的信息披露报纸名称,登载年度报告的中国证监会指定网站的网址,公司年度报告备置地点
(一)公司选定的信息披露报纸:《中国证券报》、《证券时报》
(二)刊登公司年度报告的国际互联网网址:http://www.cninfo.com.cn
(三)公司年度报告备置地点:西安市高新技术产业开发区高新路国税大厦六楼
西安市阎良区红安路一号西飞国际证券办公室
深圳证券交易所
六、公司股票上市交易所、股票简称和股票代码
(一)公司股票上市交易所:深圳证券交易所
(二)股票简称:西飞国际　(三)股票代码:000768

第二部分 会计数据和业务数据摘要

一、本公司2001年度主要会计数据　单位:元

项 目	金 额
利润总额	57,312,978.75
主营业务利润	121,117,841.10
其他业务利润	20,840.62
营业利润	40,186,081.48
投资收益	16,876,460.35
补贴收入	
营业外收支净额	250,436.92
净利润	45,708,146.80
扣除非经常性损益后的净利润	34,445,275.42
经营活动产生的现金流量净额	57,530,606.62
现金及现金等价物净增加额	-407,407,996.64

注:扣除非经常性损益11,262,871.38元,其中委托投资损益13,000,000.00元,固定资产处置损失1,459,429.04元,固定资产处置收益736,000.00元,罚款收入4,000.00元,三年以上无人领取的发行债券利息969,865.96元,扣除非经常性损益的所得税影响数为-1,987,565.54元。

二、本公司截止报告期末前三年的主要会计数据和财务指标　单位:元

项目/年度	2001年	2000年		1999年	
		调整后	调整前	调整后	调整前
1.主营业务收入	919,552,504.55	797,159,475.80	797,159,475.80	581,012,797.56	581,012,797.56
2.净利润	45,708,146.80	68,396,164.72	68,759,863.21	44,072,032.61	46,400,780.13
3.总资产	2,591,473,827.02	2,693,569,067.87	2,696,261,513.88	1,835,709,699.73	1,838,038,447.25
4.股东权益(不含少数股东权益)	1,892,015,031.88	1,899,159,385.08	1,901,851,831.09	1,165,231,803.32	1,167,560,550.84
5.每股净资产(元/股)	4.83	4.85	4.86	3.52	3.52
6.调整后的每股净资产(元)	4.82	4.84	4.85	3.51	3.51
7.每股经营活动产生的现金流量净额	0.15	-0.02	-0.02	0.16	0.16
8.净资产收益率%	2.42	3.60	3.62	3.78	3.97
9.每股收益	0.12	0.17	0.18	0.13	0.14
10.扣除非经常性损益后的加权平均净资产收益率%	1.79	5.72	5.74	4.79	5.59

三、报告期利润表附表

报告期利润(元)		全面摊薄净资产收益率(%)	加权平均净资产收益率(%)	全面摊薄每股收益(元/股)	加权平均每股收益(元/股)
主营业务利润(P)	121,117,841.10	6.40	6.30	0.31	0.31
营业利润	40,186,081.48	2.12	2.09	0.10	0.10
净利润(NP)	45,708,146.80	2.42	2.38	0.12	0.12
扣除非经常性损益后的净利润	34,445,275.42	1.82	1.79	0.09	0.09

第三部分 股本变动及股东情况

一、股本变动情况表　单位:万股

	本次变动前	本次变动增减(+,-) 配股	送股	公积金转股	增发	其他	小计	本次变动后
一、未上市流通股份								
1.发起人股份	21,450							21,450
其中:								
国家拥有股份	21,450							21,450
境内法人持有股份								
境外法人持有股份								
其他								
2.募集法人股份								
3.内部职工股								
4.优先股或其他								
其中:转配股								
未上市流通股份合计	21,450							21,450
二、已上市流通股份								
1.人民币普通股	17,700							17,700
2.境内上市的外资股								
3.境外上市的外资股								
4.其他								
已上市流通股份合计	17,700							17,700
三、股份总数	39,150							39,150

000769 大连菲菲澳家现代农业股份有限公司

2001年年度报告摘选

一、公司基本情况简介

1.公司中文名称:大连菲菲澳家现代农业股份有限公司
公司英文名称:DALIAN FEIFEI AOJIA MODERN AGRICULTURE CO., LTD.
公司英文名称缩写:DLFF
2.公司法定代表人:赵也飞
3.公司董事会秘书:高长清
证券事务代表:张利群
联系地址:大连市中山区同兴街67号邮电万科大厦27层
联系电话:0411-2820379　传真:0411-2820510
电子邮件:feifeigufen07690@sina.com
4.公司注册地址:大连市中山区捷山街奋斗巷30号
公司办公地址:大连市中山区同兴街67号邮电万科大厦27层　邮编:116001
5.公司年度报告信息披露报纸:《中国证券报》、《证券时报》;
指定的登载年报国际互联网网址:http://www.cninfo.com.cn
年报备置地点:公司证券部
6.公司股票上市交易所:深圳证券交易所
股票简称:菲菲农业　股票代码:000769

二、会计数据和业务数据摘要

1、本年度主要会计数据和财务指标(单位:元)

项目	金额
利润总额:	2,803,498.13
净利润:	2,105,812.33
扣除非经常性损益后的净利润:	-24,022,963.92
主营业务利润:	21,456,369.90
其他业务利润:	278,111.13
营业利润:	-15,763,709.38
投资收益:	-529,402.47
补贴收入:	0
营业外收支净额:	19,096,609.98
经营活动产生的现金流量净额:	2,614,680.85
现金及现金等价物净增加额:	62,462,480.97

扣除非经常性损益项目涉及金额:营业外支出净额为19,096,609.98元。资金占用费为7,032,166.27元。

2、截止报告期末前三年主要会计数据和财务指标(单位:元)

指标项目	2001年度	2000年度	1999年度
主营业务收入(元)	186,008,483.10	273,455,333.05	285,969,181.29
净利润(元)	2,105,812.33	2,195,695.82	8,115,047.67
总资产(元):	666,047,188.76	803,723,960.35	824,725,297.66
股东权益(元)	444,706,514.25	442,600,701.92	437,225,352.78
每股收益(元/股)	0.01	0.0118	0.044
每股净资产(元)	2.40	2.39	2.36
调整后每股净资产(元)	2.22	1.78	2.24
每股经营活动产生的现金流量净额(元)	0.014	-0.00689	0.106
净资产收益率(%)	0.50	0.50	1.864

3、根据中国证监会发《信息披露编报规则第9号》规定,公司加权每股收益及净资产收益率。

报告期利润	净资产收益率 全面摊薄	净资产收益率 加权平均	每股收益(元) 全面摊薄	每股收益(元) 加权平均
主营业务利润	0.05	0.05	0.12	0.12
营业利润	-0.04	-0.04	-0.09	-0.09
净利润	0.005	0.005	0.01	0.01
扣除非经常性损益后的净利润	-0.05	-0.05	-0.13	-0.13

三、股本变动及股东情况

(一)股本变动情况

年度公司股份变动情况　数量单位:万股

	本次变动前	本次变动增减(+,-) 配股	送股	公积金转股	其他	小计	本次变动后
一、未上市流通股份							
1.发起人股份	10,440						10,440
其中:							
国家拥有股份	10,440						10,440
境内法人持有股份							
外资法人持有股份							
其他							
2.募集法人股							
3.内部职工股							
4.优先股或其他							
未上市流通股份合计	10,440						10,440
二、已上市流通股份							
1.人民币普通股	8,100						8,100
2.境内上市的外资股							
3.境外上市的外资股							
4.其他							
已上市流通股份合计	8,100						8,100
三、股份总数	18,540						18,540

(二)股东情况介绍

1、主要股东持股情况(截止2001年12月31日)　单位:股

股东名称	年末数	占总股本比例(%)
1.大连盛道集团有限公司	104400000	56.31
2.景宏证券投资基金	920,917	0.49
3.中国银河证券有限公司	746,500	0.40
4.冯秋华	300,800	0.16
5.苏悦	226,509	0.12
6.王颖	221,360	0.119
7.王雷	213,600	0.115
8.于艳	203,100	0.11
9.白云冬	203,000	0.11
10.张芝茹	191,754	0.10

000776 延边公路建设股份有限公司

2001 年年度报告摘选

一、公司基本情况简介

1、公司法定中文名称:延边公路建设股份有限公司
公司法定英文名称:YAN BIAN HIGHWAY CONSTRUCTIONSHARES CO.,LTD
英文名称缩写:YBHCSCO.LTD
2、公司法定代表人:朴东洙
3、公司董事会秘书:金美花
联系电话:0433-2853913
传　真:0433-2853913
电子信箱:ybglgfgs@public.yj.jl.cn
联系地址:吉林省延吉市河南街 1 号
证券事务代表:张洪军
联系电话:0433-2810612
传　真:0433-2810612
电子信箱:zhanghj9009@163.com
4、公司注册地址:吉林省延吉市河南街 1 号
公司办公地址:吉林省延吉市河南街 1 号
邮政编码:133001
5、公司选定的信息披露报纸:《证券时报》
登载公司年度报告的中国证监会指定国际互联网网址:http://www.cninfo.com.cn
公司年度报告备置地点:董事会秘书处
6、公司股票上市交易所:深圳证券交易所
公司股票简称:延边公路　　公司股票代码:000776

二、会计数据和业务数据摘要

1、本年度主要会计数据如下:

序号	项目	金额(元)
1	利润总额	29,179,322.54
2	净利润	25,927,868.80
3	扣除非经常性损益后的净利润	25,927,868.80
4	主营业务利润	57,928,180.73
5	其他业务利润	0
6	营业利润	33,484,263.80
7	投资收益	(-)4,464,492.59
8	补贴收入	1,203,674.50
9	营业外收支净额	(-)1,044,123.17
10	经营活动产生的现金流量净额	75,955,195.34
11	现金及现金等价物净增加额	17,104,710.71

2.截止本报告期末前三年的主要会计数据和财务指标:

项目	2001 年 12 月 31 日	2000 年 12 月 31 日	1999 年 12 月 31 日
1.主营业务收入(元)	125,734,776.97	125,523,684.99	101,659,926
2.净利润(元)	25,927,868.80	29,307,612.60	54,427,645
3.总资产(元)	699,215,054.79	757,506,421.11	746,170,288
4.股东权益(元)	409,108,060.00	401,591,190.20	399,900,075
5.每股收益(元/股)	0.141	0.1592	0.4434
6.加权平均每股收益	0.141	0.1592	
7.扣除非经常性损益的每股收益	0.141	0.1592	0.3582
8.每股净资产(元/股)	2.222	2.18	3.2581
9.调整后的每股净资产(元/股)	2.222	2.18	3.1197
10.净资产收益率(%)	6.34	7.30	13.61
11.股东权益比率(%)	58.5	53.01	53.59
12.加权净资产收益率	6.254	7.31	17.35
13.扣除非经常性损益后的加权净资产收益率	6.30	6.85	14.13
14.每股经营活动产生的现金流量净额	0.4126	0.3861	0.7567

3.利润分配表附表　　单位:人民币元

报告期利润	净资产收益率		每股收益	
	全面摊薄	加权平均	全面摊薄	加权平均
主营业务利润	14.159	13.974	0.3146	0.3146
营业利润	8.185	8.077	0.1819	0.1819
净利润	6.34	6.254	0.1408	0.1408
扣除非经常性损益后净利润	6.30	6.216	0.13996	0.13996

三、股本变动及股东情况

1、股本变动情况
(1)股份变动情况表:

数量单位:股

	本次变动前	本次变动增减(+,-)						本次变动后
		配股	送股	公积金转增股	增发	其他	小计	
一、未上市流通股份								
1.发起人股份	82,145,239							82,145,239
其中:								
国家持有股份	48,921,576							48,921,576
境内法人持有股份	33,223,663							33,223,663
境外法人持有股份								
其他								
2.募集法人股份	8,780,794							8,780,794
3.内部职工股								
4.优先股或其他								
其中:转配股								
未上市流通股份合计	90,926,034							90,926,034
二、已上市流通股份								
1.人民币普通股	93,183,954							93,183,954
2.境内上市的外资股								
3.境外上市的外资股								
4.其他								
已上市流通股份合计	93,183,954							93,183,954
三、股份总数	184,109,987							184,109,987

000777 中核苏阀科技实业股份有限公司

2001 年年度报告摘选

一、公司基本情况简介

1.公司的法定中、英文名称及缩写
公司中文名称:中核苏阀科技实业股份有限公司
公司英文名称:SUFA Technology Industry Co.,Ltd.,CNNC.
公司英文名称缩写:SUFA
2.公司法定代表人:邵渭敏
3.公司董事会秘书:沈　澄
联系地址:江苏省苏州市人民路 679 号中核苏阀科技实业股份有限公司董事会秘书室
联系电话:(0512)7533655-2577　　电话传真:(0512)7533655-2577
4.公司注册地址:苏州市新区珠江路 501 号
公司办公地址:苏州市人民路 679 号　　邮政编码:215001
电子信箱:zhsf@public1.sz.js.cn
5.公司选定的信息披露报纸名称:《证券时报》
登载公司年度报告的中国证监会指定国际互联网网址:http://www.cninfo.com.cn
公司年度报告备置地点:中核苏阀科技实业股份有限公司董事会秘书室
6.公司股票上市地:深圳证券交易所
公司股票简称:中核科技　　公司股票代码:000777

二、会计数据和业务数据摘要

1、二〇〇一年度主要会计数据和财务指标
(1)本年度会计数据　　单位:元

项目	2001 年度	项目	2001 年度
1、利润总额	13,012,621.02	7、投资收益	3,779,675.95
2、净利润	10,364,389.01	8、补贴收入	
3、扣除非经常性损益后的净利润	6,822,585.16	9、营业外收支净额	616,819.38
4、主营业务利润	61,668,206.99	10、经营活动产生的现金流量净额	-25,850,101.46
5、其他业务利润	2,803,990.21	11、现金及现金等价物净增加额	3,611,821.62
6、营业利润	8,616,125.69		

说明:扣除的非经常性损益项目及涉及金额:

项目	金额
短期投资收益	3,550,008.68
营业外收支净额	616,819.38
偶然性所得负担的税金	-625,024.21

(2)近三年主要会计数据和财务指标

项目	2001 年度	2000 年度		1999 年度
		调整前	调整后	
1、主营业务收入(元)	254,980,374.49	200,157,455.65	199,533,635.36	254,932,655.70
2、净利润(元)	10,364,389.01	21,081,656.53	18,983,182.64	25,225,975.93
3、总资产(元)	460,871,141.58	439,920,095.26	438,113,484.63	422,517,709.19
4、股东权益(元)	287,995,770.84	286,273,019.04	284,174,545.15	280,325,893.62
5、每股收益				
摊薄(元)	0.062	0.126	0.113	0.21
加权(元)	0.062	0.126	0.113	0.21
扣除非经常性损益(元)	0.041	0.126	0.100	0.21
6、每股净资产(元)	1.714	1.70	1.692	2.34
7、调整后的每股净资产(元)	1.653	1.67	1.658	2.28
8、每股经营活动产生的现金流量净额	-0.154	0.161	0.161	0.058
9、净资产收益率(%)				
摊薄	3.60	7.36	6.68	9.00
加权	3.58	7.44	6.55	9.70

(3)根据中国证监会《公开发行证券公司信息披露编报规则(第 9 号)》,公司按全面摊薄法和加权平均法计算净资产收益率和每股收益。

2001 年度利润	净资产收益率%		每投收益(元)	
	全面摊薄	加权平均	全面摊薄	加权平均
主营业务利润	21.44%	21.31%	0.367	0.367
营业利润	2.99%	2.98%	0.051	0.051
净利润	3.60%	3.58%	0.062	0.062
扣除非经常性损益后的净利润	2.37%	2.36%	0.041	0.041

三、股本变动及股东情况

二〇〇一年度公司股份变动情况　　数量单位:股

	期初数	本次变动增减(+,-)					期末数
		配股	送股	公积金转股	其他	小计	
一、未上市流通股份							
1、发起人股份	100,800,000						100,800,000
其中:							
国家持有股份							
境内法人持有股份	100,800,000						100,800,000
境外法人持有股份							
其他							
2、募集法人股							
3、内部职工股							
4、优先股或其他							
未上市流通股份合计	100,800,000						100,800,000
二、已上市流通股份							
1、人民币普通股	67,200,000						67,200,000
2、境内上市的外资股							
3、境外上市的外资股							
4、其他							
已上市流通股份合计	67,200,000						67,200,000
三、股份总数	168,000,000						168,000,000

000778 新兴铸管股份有限公司

2001年年度报告摘选

一、公司基本情况简介

1、公司法定中文名称:新兴铸管股份有限公司
中文名称缩写:新兴铸管
公司法定英文名称:XINXING DUCTILE IRON PIPES CO., LTD.
英文名称缩写:XINXING PIPES
2、公司法定代表人:范英俊
3、公司董事会秘书:曾耀赣
联系地址:河北省邯郸市复兴区石化街4号　　邮编:056017
联系电话:0310－4022042,0310－4020929－7306
联系传真:0310－4022368
电子信箱:xxzgzyg@heinfo.net
4、公司注册地址及办公地址:河北省武安市上洛阳村北(二六七二厂区)
邮政编码:056300
公司国际互联网网址:www.xinxing－pipes.com
电子信箱:xinxingh@heinfo.net
5、公司选定的信息披露报纸名称:《中国证券报》、《证券时报》
登载年度报告的中国证监会指定网站网址:www.cninfo.com.cn
公司年度报告备置地点:1)河北省邯郸市复兴区石化街4号
新兴铸管股份有限公司股证办
2)河北省邯郸市联纺路
河北证券有限责任公司邯郸营业部
6、公司股票上市交易所:深圳证券交易所
股票简称:新兴铸管　　股票代码:000778

二、会计数据和业务数据摘要

1、公司本年度主要会计数据

项 目	金额(元)
1)利润总额	551,898,677.06
2)净利润	382,828,107.52
3)扣除非经常性损益后的净利润	374,090,856.13
4)主营业务利润	834,158,609.21
5)其他业务利润	4,698,984.43
6)营业利润	538,247,536.89
7)投资收益	－419,482.28
8)补贴收入	—
9)营业外收支净额	14,070,622.45
10)经营活动产生的现金流量净额	790,300,478.53
11)现金及现金等价物净增加额	612,568,890.64
注:扣除的非经常性损益项目及涉及金额(税后)	8,737,251.39
(1) 投资收益	－281,053.13
(2) 收购邯郸新兴日积有限公司资产收益	10,863,284.33
(3) 其他营业外收入	9,380.00
(4) 其他营业外支出	1,854,359.81

2、会计数据摘要
(1)前三年主要会计数据和财务指标

项 目	2001年	2000年 调整后	2000年 调整前	1999年
主营业务收入(元)	2,694,368,367.37	2,072,381,082.80	2,072,381,082.80	1,901,899,104.28
净利润(元)	382,828,107.52	273,427,044.14	281,902,792.81	230,957,095.58
总资产(元)	4,288,854,995.58	3,055,509,982.69	3,063,985,731.36	2,734,955,367.34
股东权益(不含少数股东权益,元)	2,013,418,200.48	1,659,376,678.10	1,667,852,426.77	1,390,113,665.41
每股收益(元)	0.8008	0.6293	0.6488	0.5315
加权每股收益(元)	0.8666	0.6293	0.6488	0.5315
扣除非经常性损益后的每股收益(元)	0.7825	0.5902	0.6097	0.4962
扣除非经常性损益后的加权每股收益(元)	0.8468	0.5902	0.6097	0.4962
每股净资产(元)	4.2116	3.8190	3.8386	3.1993
调整后每股净资产(元)	4.0829	3.6505	3.6411	3.0663
每股经营活动产生的现金流量净额(元)	1.6531	0.9519	0.9519	0.7989
摊薄净资产收益率(%)	19.0138%	16.4777%	16.9021%	16.6143%
加权平均净资产收益率(%)	21.2651%	17.8586%	18.4122%	16.0411%
扣除非经常性损益后的摊薄净资产收益率(%)	18.5799%	15.4547%	15.8843%	15.5083%
扣除非经常性损益后的加权净资产收益率(%)	20.7798%	16.7499%	17.3035%	14.9733%

利润表附表:

报告期利润	净资产收益率 全面摊薄	净资产收益率 加权平均	每股收益(元) 全面摊薄	每股收益(元) 加权平均
主营业务利润	41.4300%	46.3353%	1.7449	1.8883
营业利润	26.7330%	29.8982%	1.1259	1.2184
净利润	19.0138%	21.2651%	0.8008	0.8666
扣除非经常性损益后的净利润	18.5799%	20.7798%	0.7825	0.8468

三、股本变动及股东情况

1、股本变动情况

数量单位:万股

项目	期初数	本期增加 配股	本期增加 公积金转增	本期增加 送红股	期末数
一、尚未流通股份					
1、发起人股份	30,450	456.75			30,906.75
其中:国家拥有股份	30,450	456.75			30,906.75
尚未流通股份合计	30,450	456.75			30,906.75
二、境内上市人民币普通股	13,000	3900			16,900
已流通股份合计	13,000	3900			16,900
三、股份总数	43,450	4356.75			47,806.75

000779 兰州三毛实业股份有限公司

2001年年度报告摘选

(一)公司简介

1、公司的法定中文名称:兰州三毛实业股份有限公司
公司的法定英文名称:LANZHOU SANMAO INDUSTRIAL CO., LTD.
2、公司法定代表人:罗钟杰
3、公司董事会秘书:宋晓梅 证券事务代表:王光敏
联系地址:甘肃省兰州市西固区玉门街82号
电话:(0931)7551627　　传真:(0931)7555200
电子信箱:pss@mail.chinapaishen.com
4、公司注册及办公地址:甘肃省兰州市西固区玉门街82号
邮政编码:730060
公司国际互联网网址:http://www.chinapaishen.com
电子信箱:ps@mail.chinapaishen.com
5、公司信息披露报纸名称:《中国证券报》、《证券时报》
公司登载年度报告的中国证监会指定的国际互联网网址:http://www.cninfo.com.cn
公司年度报告备置地点:公司证券部
6、公司股票上市交易所:深圳证券交易所
股票简称:三毛派神　　股票代码:000779

(二)会计数据和业务数据摘要

1、本年度主要利润指标情况　　单位:元

项目	金额
利润总额	23,259,148
净利润	18,931,350
扣除非经常性损益后的净利润	15,930,678
主营业务利润	38,357,576
其他业务利润	851,967
营业利润	7,401,506
投资收益	16,053,231
补贴收入	
营业外收支净额	－195,589
经营活动产生的现金流量净额	－67,524,689
现金及现金等价物净增减额	－21,470,949

注:非经常性损益主要包括:营业外收入465,088元;营业外支出660,677元;短期投资中的委托理财收益4,674,203.03元。

2、公司近三年的主要会计数据和财务指标　　单位:元

名称	2001年	2000年	1999年
主营业务收入	155,819,240	287,473,398	270,368,744
净利润	18,931,350	56,152,821	63,493,604
总资产	872,868,616	868,850,850	645,528,087
股东权益	738,651,634	732,534,758	522,742,249
每股收益	0.103	0.312	0.451
每股收益(加权)	0.103	0.313	0.451
每股净资产	4.033	3.994	3.709
调整后的每股净资产	4.032	3.977	3.706
每股经营活动产生的现金流量净额	－0.369	0.114	0.257
净资产收益率(%)	2.565	7.80	12.146
净资产收益率(加权)(%)	2.551	9.435	12.282
扣除非经常性损益后加权净资产收益率	2.147	9.479	10.682
扣除非经常性损益后的每股收益	0.087	0.308	0.392

3、按照中国证监会《公开发行证券公司信息披露编报规则(第9号)》要求计算的利润数据:

报告期利润	净资产收益率(%) 全面摊薄	净资产收益率(%) 加权平均	每股收益(元) 全面摊薄	每股收益(元) 加权平均
主营业务利润	5.19	5.17	0.21	0.21
营业利润	1.00	1.00	0.04	0.04
净利润	2.57	2.55	0.10	0.10
扣除非经常性损益后的净利润	2.16	2.15	0.09	0.09

4、报告期内股东权益变动情况　　单位:元

项目	股本	资本公积	盈余公积	法定公益金	未分配利润	股东权益合计
期初数	183,154,800	393,019,157	25,356,351	8,452,117	131,004,450	732,534,758
本期增加		6,362	2,839,702	946,567	3,270,812	6,116,876
本期减少						
期末数	183,154,800	393,025,519	28,196,053	9,398,684	134,275,262	738,651,634

(三)股本变动及股东情况

1、股本变动情况
股份变动情况表　　数量单位:股

	本次变动前	配股	送股	公积金转股	增发	其它	小计	本次变动后
		本次变动增减(+、-)						
一、未上市流通股份								
1、发起人股份	81,364,800							81,364,800
其中:								
国家持有股份								
境内法人持有股份	81,364,800							81,364,800
境外法人持有股份								
其他								
2、募集法人股份								
3、内部职工股								
4、优先股或其他								
其中:转配股								
未上市流通股份合计	81,364,800							81,364,800
二、已上市流通股份								
1、人民币普通股	101,790,000							101,790,000
2、境内上市的外资股								
3、境外上市的外资股								
4、其他								
已上市流通股份合计	101,790,000							101,790,000
三、股份总数	183,154,800							183,154,800

000780 内蒙古草原兴发股份有限公司

2001年年度报告摘要

一、公司简介

1、公司名称:内蒙古草原兴发股份有限公司
(英文):Inner Mongolia Prairie XingFa CO.,LTD
2、公司法定代表人:张振武
3、公司董事会秘书:齐向前
电子信箱:qixqian@public.hh.nm.cn
证券事务代表:孙凯
办公地址:内蒙古自治区赤峰市平庄镇兴发大厦6楼
联系电话:0476-3514285
传　　真:0476-3510053
电子信箱:sunkai5611@public.hh.nm.cn
4、公司注册地址:内蒙古·赤峰市·元宝山区·平庄镇
办公地址:内蒙古自治区赤峰市平庄镇兴发大厦
邮政编码:024076
电子信箱:nmxflx@public.hh.nm.cn
5、公司选定的信息披露报纸:《中国证券报》、《证券时报》和《上海证券报》
登载公司年度报告的国际互联网网址:http://www.cninfo.com.cn
年度报告备置地点:公司证券部
6、公司股票上市地:深圳证券交易所
股票简称:草原兴发　　股票代码:000780

二、会计数据和业务数据摘要

1、公司本年度实现利润情况　　单位:元

项目	金额
利润总额	79,667,619.52
净利润	79,405,014.47
扣除非经常性损益后的净利润	90,117,569.56
主营业务利润	233,397,919.61
其它业务利润	-1,363,409.52
营业利润	53,874,974.25
投资收益	-3,090,125.19
补贴收入	30,623,645.36
营业外收支净额	-1,740,874.90
经营活动产生的现金流量净额	225,081,380.59
现金及现金等价物净增加额	144,806,130.80

注:扣除非经常性损益涉及的项目和金额(单位:元)

项目	金额
比较财务报表中会计政策变更时	
对以前期间的净利润的追溯调整数	-8,650,002.24
流动资产盘盈、盘亏损益	-1,008,067.37
各项营业外收入、支出净额	-1,740,874.90
补贴收入—财政补贴	686,389.42

2、截至报告期末公司前三年主要会计数据和财务指标

项 目	2001年度	2000年度		1999年度
		调整前	调整后	
主营业务收入(元)	1,192,567,188.13	994,332,492.36	994,328,492.36	997,998,523.93
净利润(元)	79,405,014.47	66,865,018.82	63,809,317.63	94,951,999.55
总资产(元)	2,115,613,931.62	1,602,194,914.10	1,593,544,911.86	1,226,812,623.66
股东权益(元)	982,201,056.58	939,670,912.75	931,123,242.11	901,133,093.93
每股收益(元)	0.280	0.236	0.225	0.335
加权每股收益(元)	0.280	0.236	0.225	0.41
扣除非经常性损益后的每股收益(元)	0.320	0.236	0.225	0.335
每股净资产(元)	3.470	3.32	3.29	3.18
调整后的每股净资产(元)	3.420	3.27	3.27	3.133
每股经营活动产生的现金流量净额(元)	0.790	-0.045	-0.045	0.08
净资产收益率(%)	8.080	7.12	6.85	10.54
加权平均净资产收益率(%)	8.180	7.15	6.88	14.90

3、报告期内股东权益变动情况

单位:万元

项目	股本	资本公积	盈余公积	法定公益金	未分配利润	股东权益合计
期初数	28,327.20	35,697.64	9,867.79	1,687.39	19,219.70	93,112.32
本期增加			1,186.39	395.47	6,754.11	5,107.79
本期减少					2,832.72	
期末数	28,327.20	35,697.64	11,054.18	2,082.86	23,141.09	98,220.11
变动原因			提取盈余公积	提取公益金	本年度净利润记入	

三、股本变动及股东情况

1、股本变动情况表
(1)股份变动情况表

填报日期:2001年12月31日　　单位:股

	期初数	本期变动增减(+、-) 配股	公积金转股	送股	其他	小计	期末数
一、尚未流通股份							
1、发起人股份	54,876,480.00						54,876,480.00
其中:国家拥有股份	54,876,480.00						54,876,480.00
境内法人持有股份							
外资法人持有股份							
其他							
2、募集法人股	118,883,520.00						118,883,520.00
3、内部职工股							
4、优先股或其他							
尚未流通股份合计	173,760,000.00						173,760,000.00
二、已上市流通股份							
1、境内上市的人民币普通股	109,512,000.00						109,512,000.00
2、境内上市的外资股							
3、境外上市的外资股							
4、其他已流通股合计	109,512,000.00						109,512,000.00
三、股份总数	283,272,000.00						283,272,000.00

(2)股票发行与上市情况

①前三年股票发行情况

1999年8月31日,经中国证监会证监公司字[1999]39号文批准,公司以1998年12月31日总股本25200万股为基数,按10:3的比例向全体股东配售。

2000年5月22日,本公司内部职工股1591.2万股上市流通,其中公司董事、监事及高级管理人员所持有的7.398万股暂时冻结。

②本报告期内公司股份总数及结构无变化。

2、股东情况介绍

(1)截止2001年12月31日,公司共有股东66,483人;

(2)前十名股东持股情况

填报时间:2001年12月31日　　单位:股

股东名称或姓名	持股数量	持股比例(%)
内蒙古草原兴发食品有限责任公司	70,267,553	24.81
赤峰大兴公司	54,876,480	19.37
赤峰万顺食品厂	48,615,967	17.16
华安创新证券投资基金	1,974,972	0.697
内蒙古日信投资公司	1,598,000	0.564
开元证券投资基金	692,522	0.244
唐隽	216,000	0.076
普丰证券投资基金	194,799	0.069
上海鹏程办公用品有限公司	192,306	0.067
于瑞林	188,968	0.067

(3)持有5%以上股份的法人股东为:

①公司第一大股东:内蒙古草原兴发食品有限责任公司(所持股份为国有法人股)

法定代表人:屈桂林

成立日期:1998年10月15日

注册资本:2,000万元

经营范围:乳制品、肉类及制品、木及制品加工、销售、饮料制造

持有股份:70,267,553股

占比:24.81%

其所持股份质押情况:"兴发食品"为上市公司于1999年6月8日发行的三年期10000万元企业债券提供反担保,于2000年9月7日在深圳证券登记有限公司将其持有的"草原兴发"70,267,553股质押给内蒙古自治区信托投资公司,质押期限自2000年9月7日起至2002年6月8日止。

其控股股东或实际控制人情况:赤峰市世博投资有限责任公司,法定代表人:马义,成立于2001年5月11日,注册资本4,000万元,经营范围:投资、资产托管、投资管理、咨询、顾问,所持兴发食品股份占其股本总额的51%。

②赤峰大兴公司(所持股份为国家股)

法定代表人:金现龙

成立日期:1988年8月

注册资本:12,560万元

经营范围:木材、煤炭、运输、苗木、花卉

持有股份:54,876,480股

占比:19.37%

报告期内其所持股份无质押或冻结

③赤峰万顺食品厂(所持股份为国有法人股)

法定代表人:王瑞军

成立日期:1952年

注册资本:1,100万元

经营范围:牛羊肉及副产品、肉类制品收购、加工、销售、存储、畜产品、水产、副食、猪、禽蛋销售

持有股份:48,615,967股

占比:17.16%

其所持股份质押情况:赤峰万顺食品厂(原赤峰市食品公司)为上市公司向国家开发银行申请贷款8,000万元提供质押担保,于2000年9月15日在深圳证券登记有限公司将其持有的"草原兴发"28,400,000股质押给国家开发银行,质押期限自2000年9月15日起至2007年7月29日止。

四、董事、监事、高级管理人员和员工情况

（一）董事、监事、高级管理人员情况

1、基本情况及年度报酬情况：

董事：

姓名	性别	年龄	任期	持股数量(股) 年初数	年末数	年度报酬（元）
张振武	男	47	2001 年 8 月—2004 年 8 月	7,020	7,020	24,600
金现龙	男	39	2001 年 8 月—2004 年 8 月	7,020	7,020	21,120
方　武	男	39	2001 年 8 月—2004 年 8 月	4,680	4,680	36,000
张海儒	男	42	2001 年 8 月—2004 年 8 月	4,680	4,680	21,120
张金峰	男	33	2001 年 8 月—2004 年 8 月	4,680	4,680	21,120
齐向前	男	33	2001 年 8 月—2004 年 8 月	4,680	4,680	21,120
张立中	男	39	2001 年 8 月—2004 年 8 月	0	0	36,000
徐小青	男	50	2001 年 8 月—2004 年 8 月	0	0	36,000
监事：						
王瑞军	男	42	2001 年 8 月—2004 年 8 月	0	0	21,120
徐国庆	男	33	2001 年 8 月—2004 年 8 月	0	0	18,840
张连奎	男	31	2001 年 8 月—2004 年 8 月	0	0	18,840
高级管理人员：						
方　武	男	39	2001 年 8 月—2004 年 8 月	4,680	4,680	36,000
张海儒	男	42	2001 年 8 月—2004 年 8 月	4,680	4,680	21,120
张金峰	男	33	2001 年 8 月—2004 年 8 月	4,680	4,680	21,120
齐向前	男	33	2001 年 8 月—2004 年 8 月	4,680	4,680	21,120
何学功	男	35	2002 年 2 月—2004 年 8 月	0	0	21,120
郭瑞金	男	33	2002 年 2 月—2004 年 8 月	0	0	21,120
吴忠悦	男	30	2002 年 2 月—2004 年 8 月	0	0	21,120
周学军	男	33	2002 年 2 月—2004 年 8 月	0	0	21,120

上述人员均在本公司领取报酬、津贴。

2、在报告期内离任的董事、监事、高级管理人员姓名及离任原因：

报告期内公司董事会换届，选举张振武、方武、金现龙、张海儒、张金峰、齐向前、张立中、徐小青、陈锡文先生为公司第四届董事会董事；

2001 年 9 月，独立董事陈锡文先生因工作原因离任。

报告期内公司监事会换届，选举王瑞军、徐国庆、张连奎先生为公司第四届监事会监事。

报告期内公司总经理及董事会秘书无变更。

（二）公司员工情况：

截止 2001 年底，公司共有职工 8387 人，其中各类人员及其构成如下：

生产人员	4932 人	占职工总人数	58.81%
销售人员	1937 人	占职工总人数	23.09%
技术人员	975 人	占职工总人数	11.63%
财务人员	386 人	占职工总人数	4.60%
行政人员	157 人	占职工总人数	1.87%

公司员工中有大中专毕业生 1980 人，占员工总数的 23.61%，其中硕士研究生 21 人，畜牧兽医专业人员 402 人，拥有中高级技术职称的 69 人，公司职工平均年龄为 27.95 岁。

五、公司治理结构

（一）与有关法规文件对照：经过重组改制和上市多年的不断完善和规范，本公司现已建立起较为科学的法人治理结构，股东大会、董事会、监事会和高级管理人员各司其职，运作规范。

公司严格按照《公司法》、《证券法》、《深圳证券交易所上市规则》、《上市公司章程指引》、《关于在上市公司建立独立董事制度的指导意见》等法规的要求，制订了《公司章程》、《股东大会议事规则》、《董事会议事规则》、《监事会议事规则》、《总经理工作规则》、《证券部保密制度》、《财务管理制度》等较为健全的内部控制制度，符合中国证监会发布的《上市公司治理准则》等规范性文件基本要求。

（二）独立董事情况：经 2001 年 7 月 30 日召开的公司 2001 年度第一次临时股东大会审议通过《推荐、选举产生新一届董事会议案》，选举产生了三名独立董事，并将独立董事相关制度载入《公司章程》。

（三）本公司独立运作，与控股股东在业务、资产、人员、机构、财务上的"五分开"情况：

1、业务分开方面

公司的经营业务完全与股东分开，与股东单位不存在同业竞争；

2、资产完整方面

本公司拥有完整的资产，产品的开发、供应、生产、销售完全独立于股东单位，主要生产经营性资产、配套设施和辅助生产系统均独立拥有；"草原兴发"、"草原"、"兴发"等 47 个商标属本公司拥有；

3、人员分开方面

本公司在劳动、人事和工资管理等方面完全独立；公司董事长、总经理、财务负责人等高级管理人员在股份公司专职工作，均在上市公司领取报酬；

4、机构分开方面

根据自身经营的特点和实际情况，本公司建立了独立的治理结构。

5、财务分开方面

公司设立了独立的财务会计部门，建立了独立、符合有关会计制度要求的会计核算体系和财务管理制度，并独立进行财务决策，开立独立的银行帐户，独立依法纳税。

（三）对高级管理人员的选择、考评、激励和约束机制

1、选择机制：根据公司发展需要，遵循"忠诚、敬业、协作、服务"的原则，根据董事长或总经理的提名，由董事会决定公司高级管理人员的聘任（副总经理、财务负责人由总经理提名）或解聘，其任期一般为三年。

2、考评机制：高级管理人员每年初将向董事会和职工代表大会就上年工作情况提交"述职报告"，根据高级管理人员的"德、能、勤、绩"情况，董事会将按年度对公司高级管理人员的工作情况进行考评，董事会将根据考评结果并结合职工代表大会对高级管理人员的民主测评结果，决定本年度的职务级别、岗位安排以至是否继续聘用。

3、激励机制：公司将对高级管理人员实行年薪制。高级管理人员还持有本公司部分股权。此外，公司还将在国家有关法律、法规许可并经有关部门批准的情况下，在公司全体高管人员和骨干员工中推行认股权计划。

4、约束机制：公司通过《公司章程》、《总经理工作规则》，签订《劳动合同》和《目标责任书》以及财务人事管理等内部管理制度，对高级管理人员的履职行为、权限、职责等作了相应的约束。公司监事会将对高级管理人员执行公司职务时违反法律、法规或者章程的行为进行监督；当高级管理人员的行为损害公司利益时，监事会可要求其进行纠正，必要时报告股东大会或国家有关主管机关。

六、股东大会情况简介

报告期内公司共召开了三次股东大会，分别为 2000 年度股东年会和临时股东大会，情况如下：

1、2000 年度股东年会情况

2001 年 5 月 2 日，公司 2000 年度股东年会在兴发大厦二楼多功能厅召开，出席会议的股东 7 名，代表股份 189,758,580 股，占公司股份总数的 66.99%。本次大会审议通过如下议案：

（1）《董事会 2000 年度工作报告》；

（2）《监事会 2000 年度工作报告》；

（3）《总经理 2000 年度业务报告》；

（4）《2000 年度财务决算报告》；

（5）《2000 年度利润分配预案》；

2000 年度公司实现净利润 66,865,018.82 元。根据《公司章程》的规定，提取法定盈余公积金 6,686,501.88 元，提取法定公益金 3,343,250.94 元，加年初未分配利润 170,954,450.29 元，本年度可分配利润为 227,789,716.29 元。本年度以 2000 年 12 月 31 日的总股本 283,272,000 股为基数，向全体股东每 10 股分配现金红利 1.00 元（含税），可分配利润共支出 28,327,200.00 元，剩余 199,462,516.29 元转入下一年度分配。

（6）《2001 年度利润预计分配政策》；

（7）《关于提高董事会投资自主权限的议案》；

（8）《关于更换会计师事务所的议案》；

（9）《关于依照〈上市公司新股发行管理办法〉规定，公司符合新股发行申请条件的议案》；

（10）《关于申请公开发行不超过 8000 万股人民币普通股的议案》；

（11）《关于新股发行募集资金投资项目可行性的议案》；

（12）《关于前次募集资金使用情况说明的议案》；

（13）《关于公司本次新股发行前的未分配利润由新股发行完成后的新老股东共享的议案》；

（14）《关于提请股东大会审议并授权董事会办理公司新股发行相关事宜的议案》；

（15）《关于调整经营范围的议案》。

本次股东大会决议于 2001 年 5 月 9 日在《中国证券报》、《证券时报》、《上海证券报》上公告。

2、2001 年度第一次临时股东大会情况

2001 年 7 月 30 日，公司二〇〇一年度第一次临时股东大会在兴发大厦二楼多功能厅召开，出席会议的股东 9 名，代表股份 173,862,700 股，占公司股份总数的 61.38%。本次大会审议通过如下议案：

（1）《关于推荐、选举产生新一届董事会的预案》；

选举张振武先生、方武先生、金现龙先生、张海儒先生、张金峰先生、齐向前先生、张立中先生、陈锡文先生、徐小青先生为公司第四届董事会董事；

（2）《关于修改公司章程的议案》；

（3）《关于本公司有关国有股股东减持国有股的议案》；

（4）《关于推荐、选举产生新一届监事会的预案》；

选举王瑞军先生、徐国庆先生、张连奎先生为公司第四届监事会监事。

本次股东大会决议于 2001 年 7 月 31 日在《中国证券报》、《证券时报》、《上海证券报》上公告。

3、2001 年度第二次临时股东大会情况

2001 年 12 月 24 日，公司二〇〇一年度第二次临时股东大会在兴发大厦二楼多功能厅召开，出席会议的股东 3 名，代表股份 173,760,000 股，占公司股份总数的 61.34%。本次大会审议通过如下议案：

（1）《呼伦贝尔盟绿红商贸有限责任公司资产收购议案》；

（2）《青海海南州三江源商贸发展有限责任公司资产收购议案》。

本次股东大会决议于 2001 年 12 月 25 日在《中国证券报》、《证券时报》、《上海证券报》上公告。

七、董事会报告

1、公司经营情况：

①公司主营业务范围包括：肉羊、肉鸡及其系列产品的生产、加工和销售。主要产品有：草原兴发羔羊肉、草原绿鸟鸡、草原兴发野味肠等 10 大系列 1000 余种产品品种。

②报告期内占公司主营业务收入及主营业务利润 10% 以上的业务构成

鸡类产品 2001 年度实现销售收入 660,194,097.88 元，占主营业务收入总额的 55.36%，主营业务利润额 153,005,012.66 元；

羊肉产品 2001 年度实现销售收入 415,299,735.36 元，占主营业务收入总额的 34.82%，主营业务利润额 73,207,808.10 元。

③经营业绩情况

2001 年是公司的创新求实年，在公司董事会的正确指导下，全体草原兴发人本着"忠诚、敬业、协作、服务"的企业精神，通过实施资源控制，加强生产管理，创新营销机制，强化应收帐款、存货管理等措施使公司的生产经营逐渐趋向规范、稳健和迅猛的方向发展。

2001 年，公司完成主营业务收入 1,192,567,188.13 元，较去年同期增长 19.94%，实现净利润 79,405,014.47 元，同比增长 24.44%。顺利完成了年初制定的各项经营指标，各项工作均取得了较大突破。

④报告期内公司控股子公司经营情况与业绩

报告期内，公司拥有锡林郭勒盟锡林兴发食品有限责任公司 60% 的股权。该公司成立于 1999 年 8 月 31 日，注册资本人民币 13,948 万元，主营肉羊、牛、马的屠宰与加工。2001 年，锡林兴发完成主营业务收入 59,333,736.99 元，实现利润总额 -6,769,296.68 元。

报告期内，公司拥有北京典奥生物科技有限责任公司 70% 的股权。该公司成立于 2001 年 7 月 11 日，注册资本人民币 1,000 万元，主营生物科技。截止二〇〇一年十二月三十一日，该公司尚在筹办期。

⑤主要供应商、客户情况：公司前五名供应商合计采购金额占本年度采购总额的比例：3.84%，公司前五名客户销售额合计占本年度销售收入总额的比例：1.2431%。

⑥经营中的主要对策和举措

A、继续实施资源控制战略，推进产业化建设

公司继续加强对区内外优质肉羊资源的有效控制，以锡林郭勒草原为轴心，以中国北方草原为整体目标，产业布局向东西两向侧翼展开，规范运作方式，合理战略布局，已基本形成了对中国北方草原的垄断性占有，奠定了草原兴发在草原肉食品行业的龙头企业地位。

B、应对 WTO，与国际先进管理方式对接

2001 年,公司加强了生产组织与协调,各生产厂都成功推行了 OEC 管理体系。按照 OEC 管理模式,进行成本控制、质量提升,将每个产品的每个环节都落实到人,车间 * 全部实行定额、量化管理,工厂从车间到班组到每名员工,逐级考核车间主任、班组长和员工,搞好检查、监督和激励,形成闭环管理,从而大大提高了生产质量,降低了生产成本,激发了员工的工作热情。

C、创新营销机制

将国内市场划分为华北、华东、华中、东北、西北、西南及华南七大销售大区,各分公司根据其地域范围划归各销售大区管理,强化了营销战略的执行效率及市场资源整合配置的能力,使网络优势在同行业的竞争力发挥了强大的威力;同时,把国际业务与国内业务合二为一,国际分公司的经理由国内的销售大区总经理兼任,使二者相互补充,充分发挥国内市场营销的能力、经验,有效地带动了国际业务的拓展。

2001 年,公司的"一园三店"通路开发成果显著,不仅使草原兴发在全国的知名度大幅攀升,而且也大大增强了产品的网络辐射能力。

D、产品技术创新及食品安全体系建设

2001 年公司与中科院生物物理研究所及中国农业大学相继达成了生物产品开发协议,与中科院生物物理研究所共同组建了生物工程公司,并达成联合培养博士后协议。报告期内,内蒙古地区第一座钴 60 辐照灭菌中心建成,标志着公司在高技术应用上跨上了一个新台阶。此外,公司在羔羊脏器为主要原料的生物产品的深度开发方面取得了突破性进展,为公司主导产业的全面升级奠定了坚实的基础。

为应对入世后的挑战,尽快熟悉国际规则和国际标准,公司成立了食品安全体系建设领导小组,在生产基地着手无规定疫病区建设,同时,各工厂严格推行 ISO9000 质量管理体系和 HACCP 质量关键点控制工作,加大了出口专业工厂国际质量标准的建设力度,企业的质量管理水平、员工的质量意识明显增强。

2、(1)募股资金使用情况

本报告期内,公司未募集资金,也没有前期募集资金延续到本期使用的情况。

(2)公司其他投资情况:

报告期内,由于增发募集资金尚未到位,公司利用自有资金已启动了部分项目。

经公司 2001 年度第七次董事会会议审议,并报 2001 年度第二次临时股东大会讨论通过,公司斥资 28,520.36 万元对呼伦贝尔盟绿红商贸有限责任公司所属 12 家食品厂、青海海南州三江源商贸发展有限责任公司所属 6 家食品厂及甘肃丝路食品有限责任公司所属 3 家食品厂的部分生产经营性资产及土地使用权进行收购(公告详见 2001 年 11 月 22 日、12 月 25 日的《中国证券报》、《证券时报》、《上海证券报》)。

报告期内,公司无其他非募集资金的重大投资项目。

3、公司财务状况:

以下指标经中天华正(京)审[2002]048 号审计报告确认:

单位:人民币元

指标项目	2001 年末	2000 年末	增长率(%)
总资产	2,115,613,931.62	1,593,544,911.86	32.76
长期负债	143,097,678.09	263,791,678.09	-45.75
股东权益	982,201,056.58	931,123,242.11	5.49
主营业务利润	233,397,919.61	126,901,214.84	83.92
净利润	79,405,014.47	63,809,317.63	24.44

①总资产增加:公司固定资产及盈利增加

②长期负债减少:公司 1999 年发行的三年期企业债券转入流动负债科目

③股东权益增加:公司盈利计提盈余公积金

④主营业务利润增长:主营业务收入增长及主营业务成本同比下降

⑤净利润增长:主营业务收入增长

4、加入 WTO 对公司的影响:

加入 WTO 后,国家将取消非关税措施、逐年降低农产品关税并对所有农产品关税进行约束,到 2004 年,中国农产品平均关税水平将由现在的 21.2%降到 15%,产品竞争将日益加剧。虽然国外产品技术含量高、更新快,但目前国内畜产品价格均比国际市场价格低四至七成,即使到 2004 年农产品平均关税水平降到 15%,畜产品国内与国际之间的价差仍然比较大,本公司的畜产品仍能保持较大的价格竞争优势。因此,加入 WTO 后,不会给公司带来太大的冲击,反而为公司畜产品出口提供了新的市场空间,并有利于公司引进外资,引进优良畜禽品种和先进生产技术,促进公司向现代畜牧业发展。另一方面,粮食价格会因口增加而普遍下降,利于公司生产成本的降低。对此,公司一方面加强了生产管理、财务管理和制度建设,充分利用公司的资源优势和国内较低的生产成本来确保公司产品的低成本优势;另一方面,公司通过加大科研投入和技术改造等手段,在符合国际标准的基础上,大力提高产品的技术含量和附加值,增强产品的市场竞争力。

总之,加入 WTO 既是机遇又是挑战,公司将进一步研究其对公司的影响,充分利用各种因素,积极拓展国内外市场,尽快提高公司的综合竞争力。

5、新年度业务发展计划:

2002 年是草原兴发"十五"开局的第二年,也是完成五年宏伟目标关键性的攻坚之年。公司提出坚持一个中心,提高两个能力,完善三个网络,构建三个体系(一个中心即坚持以经济效益为中心;两个能力即:资本运作能力、企业管理能力;三个网络即:市场营销网络、科技开发网络和生产加工网络;三个体系即:食品安全监控体系、产品质量保证体系、产业化发展服务体系)。以产业化为龙头,以市场为导向,以科技为动力,以经济效益为中心,强化内部管理,完善运行机制,统一思想、统一步调,以更好的业绩回报广大投资者。

(1)以引进对接为手段,积极推广应用高新技术,提高产品科技含量。充分利用公司"三所一站"作为科研成果引进对接的窗口,结合产品开发、产业开发,引进和应用现有的科技成果,综合开发利用动物脏器、血液、骨骼等副产品。

(2)继续加快产业化步伐,推进羔羊育成工程,肉牛优质化工程,提高公司产品的生产加工能力,以适应国内国际市场的需求。

(3)借入世的历史机遇,加快公司的国际化战略推进进程,争取在巩固原有国际市场的基础上,开发欧盟、俄罗斯等新的国际市场,设立驻外分公司,把公司产品推向世界各地,提高草原兴发品牌在国际上的知名度。

(4)大力度推进无规定疫病区的建设,完善食品安全体系;推行 ISO9000 和 HACCP 等质量管理体系的建设,以提高公司产品质量,从容面对国外同类产品的竞争。

(5)继续加大市场开发力度,调整营销产业结构,重点推广附加值高的终端产品;加强市场网络和"一园三店"的建设。

(6)根据公司的需要,对管理模式、管理流程不断进行整合,修正,提升公司治理水准,同时加强各项管理的科学化、规范化建设进程,为公司营造更好的发展空间。

6、董事会日常工作情况:

(1)报告期内董事会会议情况:

召开会议时间	决议内容	信息披露报纸及日期
2001 年 2 月 21 日	审议董事会工作报告、总经理业务报告、财务决算报告、2000 年度报告及摘要、利润分配预案、2001 年度利润预计分配政策、关于提高董事会投资自主权限的议题等。	2 月 24 日《中国证券报》、《证券时报》、《上海证券报》
2001 年 3 月 30 日	审议 2001 年度增发新股及调整公司经营范围的议题	3 月 31 日《中国证券报》、《证券时报》、《上海证券报》
2001 年 6 月 27 日	审议推荐、选举产生新一届董事会、修改公司章程、国有股减持及召开临时股东大会的议案。	6 月 28 日《中国证券报》《证券时报》、《上海证券报》
2001 年 7 月 20 日	审议 2001 年度中期报告及摘要、利润分配预案。	7 月 24 日《中国证券报》、《证券时报》、《上海证券报》
2001 年 7 月 31 日	选举产生董事长、副董事长,聘任总经理、副总经理、财务负责人、董事会秘书、证券事务代表。	8 月 1 日《中国证券报》、《证券时报》、《上海证券报》
2001 年 9 月 4 日	审议独立董事陈锡文辞职议案。	9 月 5 日《中国证券报》、《证券时报》、《上海证券报》
2001 年 11 月 9 日	审议资产收购议案。	11 月 13 日《中国证券报》、《证券时报》、《上海证券报》
2001 年 11 月 21 日	审议资产收购及召开临时股东大会的议案。	11 月 22 日《中国证券报》、《证券时报》、《上海证券报》

(2)股东大会决议执行情况:

股东大会决议内容	执行情况
2000 年度利润分配方案	已执行
调整经营范围	已执行
增发新股	正在申报中
修改公司章程	已执行
资产收购议案	已执行

7、本次利润分配预案或资本公积金转增股本预案:2001 年度公司实现净利润 79,405,014.47 元。根据《公司章程》的规定,提取法定盈余公积金 7,909,275.47 元,提取法定公益金 3,954,637.74 元,加年初未分配利润 192,196,996.25 元,本年度可分配利润为 259,738,097.51 元。本年度以 2001 年 12 月 31 日的总股本 283,272,000 股为基数,向全体股东每 10 股分配现金红利 1.00 元(含税),可分配利润共支出 28,327,200.00 元,剩余 231,410,897.51 元转入下一年度分配。该预案需经公司股东大会审议通过后实施。

8、本公司预计 2002 年度利润分配政策:

根据公司发展战略和中国证监会有关要求,董事会拟对公司 2002 年度利润分配政策作如下预计:

(1)公司拟在 2002 年度股东大会结束 2 月内实施 2002 年度利润分配方案 1 次;

(2)公司拟按 2002 年度实现可供分配利润不低于 10%,2001 年末滚存未分配利润不低于 5%的比例进行分配;

(3)分配主要采用现金分红或送红股的形式,其中,现金分红的比例不低于 20%。

以上 2002 年度利润分配政策,在具体实施时,由董事会依据公司实际盈利情况提出分配方案,提交公司股东大会审议通过后实施。

9、其他报告事项:

(1)聘任会计师事务所情况:公司改聘北京中天华正会计师事务所有限公司为常年审计单位。

(2)本年度内公司信息披露报刊为《中国证券报》、《证券时报》及《上海证券报》

八、监事会报告

2001 年,监事会依据《公司法》、《证券法》及其他有关法律、法规和《公司章程》等有关规定,本着对股东负责的态度、尽职尽责地认真开展工作。

1、报告期内召开会议情况

召开会议时间	决议内容	信息披露报纸及日期
2001 年 2 月 21 日	审议 2000 年度工作报告、年度报告和摘要、利润分配预案及 2001 年度利润预计分配政策。	2 月 24 日《中国证券报》、《证券时报》、《上海证券报》
2001 年 6 月 27 日	推荐、选举产生新一届监事会。	6 月 28 日《中国证券报》、《证券时报》、《上海证券报》
2001 年 7 月 20 日	审议 2001 年度中期报告及摘要、利润分配预案。	7 月 24 日《中国证券报》、《证券时报》、《上海证券报》
2001 年 7 月 31 日	选举产生监事会主席。	8 月 1 日《中国证券报》、《证券时报》、《上海证券报》

2、监事会就下列事项发表独立意见:

(1)公司监事会根据国家有关法律法规的规定,对公司股东大会、董事会召开程序、决策程序、董事会对股东大会决议执行情况、公司董事、经理及高级管理人员的执行职务情况及公司管理制度等进行了监督,认为公司董事会 2001 年度工作认真负责,经营决策科学合理,建立了较为完善的内控体系,公司的董事及高级管理人员执行职务时无违反国家法律法规以及公司章程,也未有任何损害公司利益和股东权益的情况发生。

(2)公司监事会对公司的财务制度和财务状况进行了监督和检查,认为北京中天华正会计师事务所有限公司为公司出具的中天华正(京)审[2002]048 号审计报告客观、真实及准确地反映了公司的财务状况和经营成果。

(3)报告期内,公司未募集资金,也没有前期募集资金延续到本期使用的情况。

(4)公司本年度收购资产情况

报告期内,公司斥资 28,520.36 万元对呼伦贝尔盟绿红商贸有限责任公司所属 12 家食品厂、青海海南州三江源商贸发展有限责任公司所属 6 家食品厂及甘肃丝路食品有限责任公司所属 3 家食品厂的部分生产经营性资产及土地使用权进行收购。

监事会认为上述收购资产交易价格公平、合理,未发现内幕交易和损害部分股东利益的行为。

(5)报告期内,公司无重大关联交易事项

九、重要事项

1、本年度公司无重大诉讼、仲裁事项。

2、本年度公司、公司董事及高级管理人员未受监管部门的任何处罚。

3、本年度公司收购及出售资产、吸收合并事项:

经 2001 年 11 月 21 日召开的公司 2001 年度第七次董事会会议及 12 月 24 日召开的 2001 年度第二次临时股东大会审议通过(公告详见 2000 年 12 月 25 日《中国证券报》、《证券时报》和《上海证券报》)"资产收购议案":

公司分别斥资 15,139.51 万元、9,677.81 万元及 3,703.04 万元收购呼伦贝尔盟绿红商贸有限责任公司所属 12 家食品厂、青海海南州三江源商贸发展有限责任公司所属 6 家食品厂及甘肃丝路食品有限责任公司所属 3 家食品厂的部分生产经营性资产和土地使用权。

4、本年度公司无重大关联交易事项。

5、本年度公司改聘北京中天华正会计师事务所有限公司进行各项审计工作。公司近两年内支付会计师事务所的报酬如下:

	2000 年度	2001 年度	备注
财务审计费	27 万元	61 万元	公司承担审计期间的往返车船费
其他费用			

注:①2000 年度财务审计费为支付给大连信义会计师事务所有限公司的报酬;

②2001 年度财务审计费包括 2000 年度审计费 31 万元、前次募集资金专项审计费 7 万元及 2001 年度盈利预测审核费 7 万元,2001 年度中期审计 16 万元。公司年末无应付未付会计师事务所费用。

6、本年度公司无重大合同(含担保)事项。

7、本报告期内本公司未变更公司名称或股票简称。

8、承诺事项

内蒙古草原兴发食品有限责任公司于《合资组建锡林兴发食品有限责任公司协议》中承诺经营期二十年后,锡盟出资方以初始出资额的价格依法转让该部分股权。根据二〇〇〇年十月三十日本公司与"兴发食品"签订的《股权转让协议》,本公司将承接上述承诺资产。

十、财务报告

公司2001年度财务会计报告已经北京中天华正会计师事务所有限公司审计,并出具了中天华正(京)审[2002]048号标准无保留意见的审计报告。

1、会计报表

2、会计报表附注

(1)合并会计报表的编制方法

本公司合并会计报表系根据财政部财会字(1995)11号文《关于印发〈合并会计报表暂行规定〉的通知》的规定,以本公司和纳入合并范围的子公司的会计报表以及其他有关资料为依据,合并各项目数额予以编制。

本公司与子公司的所有重大交易和往来款项均在会计报表合并时予以抵消。

少数股东权益的数额系根据本公司所属各子公司所有者权益的数额减去母公司所拥有的份额计算确定。本年度少数股东权益的数额为58,793,311.78元,其中合并锡林兴发产生的少数股东权益为55,793,311.78元,根据组建锡林兴发的协议,锡林兴发的出资方之一锡盟六旗市在经营期内的二十年,不参与分红,不承担亏损,不派人参与管理,锡林兴发于经营期的二十年后,依法以初始出资额的价格转让给本公司该部分股权,因而其少数股东权益金额反映锡盟六旗市初始出资额;合并典奥公司产生的少数股东权益为3,000,000.00元。

子公司执行与本公司一致的会计政策。

(2)本年度会计政策、会计估计变化的影响

本公司原执行《股份有限公司会计制度》,根据财政部财会字[2000]25号文《关于印发〈企业会计制度〉的通知》以及财会字[2001]17号文《关于印发贯彻实施〈企业会计制度〉有关政策衔接问题的规定的通知》等文件的规定,公司从二〇〇一年一月一日起执行新《企业会计制度》和《企业会计准则》,改变以下会计政策:

①开办费原按五年摊销,现采取于企业开始生产经营的当月起一次作损益处理。

②期末固定资产原按账面净值计价,现改为按固定资产净值与可收回金额孰低计价,对可收回金额低于账面价值的差额,计提固定资产减值准备。

③期末在建工程原按账面价值计价,现改为按在建工程账面价值与可收回金额孰低计价,对可收回金额低于账面价值的差额,计提在建工程减值准备。

④期末无形资产原按账面价值计价,现改为每年度终了,检查各项无形资产给企业带来未来经济利益的能力,对预计可收回金额低于账面价值的差额,计提无形资产减值准备。

另外,根据《企业会计制度》的要求,本公司报经董事会批准,对二〇〇〇年十二月三十一日待处理财产损失余额2,359,006.05元进行了处理,并调整了会计报表相关项目的年初数。

对于上述会计政策变更已采用追溯调整法,对本会计期间以前年度的留存收益及相关项目进行了调整。上述会计政策变更的累积影响数为8,650,002.24元,开办费核算方法改变的影响数为6,290,996.19元,待处理财产损失处理方法改变的累积影响数为2,359,006.05元;由于会计政策变更,调减了二〇〇〇年度净利润3,158,032.79元;同时调减了二〇〇一年年初留存收益8,650,000.24元,其中,未分配利润调减了7,352,501.90元,盈余公积调减了1,297,500.34元;利润及利润分配表上年数栏的年初未分配利润调减了4,668,174.03元。

董事长:张振武

内蒙古草原兴发股份有限公司

董　事　会

二〇〇二年三月七日

利　润　表

2001年度

编制单位:内蒙古草原兴发股份有限公司　　单位:人民币元

项　目	附注	2001年度		2000年度	
		母公司	合　并	母公司	合　并
一、主营业务收入	29	1,133,233,451.14	1,192,567,188.13	994,328,492.36	994,328,492.36
减:主营业务成本	30	902,241,083.65	957,757,293.68	866,579,133.32	866,579,133.32
主营业务税金及附加	31	1,411,974.84	1,411,974.84	848,144.20	848,144.20
二、主营业务利润		229,580,392.65	233,397,919.61	126,901,214.84	126,901,214.84
加:其他业务利润	35	-1,483,293.27	-1,363,409.52	-425,988.09	4,299,011.91
营业费用	32	76,083,731.65	77,665,672.05	15,686,852.88	15,686,852.88
管理费用	33	64,625,868.35	73,245,776.19	68,273,760.70	76,240,378.27
财务费用	34	27,060,987.24	27,248,087.60	8,985,657.61	8,985,704.47
三、营业利润		60,326,512.14	53,874,974.25	33,528,955.56	30,287,291.13
加:投资收益	36	-9,859,421.87	-3,090,125.19	-3,205,853.53	35,810.90
补贴收入	37	30,623,645.36	30,623,645.36	33,701,956.65	33,701,956.65
营业外收入	38	640,134.56	653,526.19	1,085,630.14	1,085,630.14
减:营业外支出	39	2,375,510.43	2,394,401.09	1,301,371.19	1,301,371.19
四、利润总额		79,335,359.76	79,667,619.52	63,809,317.63	63,809,317.63
减:所得税		262,605.05	262,605.05		
少数股东本期损益					
五、净利润		79,092,754.71	79,405,014.47	63,809,317.63	63,809,317.63
加:年初未分配利润		192,196,996.25	192,196,996.25	166,286,276.26	166,286,276.26
盈余公积金转入数					
六、可分配的利润		271,289,750.96	271,602,010.72	230,095,593.89	230,095,593.89
减:提取法定公积金		7,909,275.47	7,909,275.47	6,380,931.76	6,380,931.76
提取法定公益金		3,954,637.74	3,954,637.74	3,190,465.88	3,190,465.88
七、可供股东分配的利润		259,425,837.75	259,738,097.51	220,524,196.25	220,524,196.25
减:应付优先股股利					
提取任意盈余公积金					
应付普通股股利		28,327,200.00	28,327,200.00	28,327,200.00	28,327,200.00
转作股本的普通股股利					
八、未分配的利润		231,098,637.75	231,410,897.51	192,196,996.25	192,196,996.25

资产减值准备明细表

2001年12月31日

编制单位:内蒙古草原兴发股份有限公司　　金额单位:人民币元

项　目	年初余额	本年增加数	本年转回数	年末余额
一、坏账准备合计	24,123,417.47	976,072.73	713,017.12	24,386,473.08
其中:应收账款	18,998,661.99	976,072.73		19,974,734.72
其他应收款	5,124,755.48		713,017.12	4,411,738.36
二、短期投资跌价准备合计				
其中:股票投资				
债券投资				
三、存货跌价准备合计	1,356,839.70	283,236.01	1,212,693.81	427,381.90
其中:库存商品	11,689.91	200,698.05		212,387.96
原材料	6,069.75			6,069.75
在产品	1,129,519.05		1,129,519.05	
产成品	209,560.99		83,174.76	126,386.23
幼畜及育肥畜		82,537.96		82,537.96
四、长期投资减值准备合计				
其中:长期股权投资				
长期债权投资				
五、固定资产减值准备合计				
其中:房屋、建筑物				
机器设备				
六、无形资产减值准备				
其中:专利权				
商标权				
七、在建工程减值准备				
八、委托贷款减值准备				

利　润　表(一)

企业名称:内蒙古草原兴发股份有限公司　2001年度　单位:人民币元

报告期利润	净资产收益率(%)		每股收益(元/股)	
	全面摊薄	加权平均	全面摊薄	加权平均
主营业务利润	23.76	24.04	0.82	0.82
营业利润	5.48	5.55	0.19	0.19
净利润	8.08	8.18	0.28	0.28
扣除非经常性损益后的净利润	9.17	9.28	0.32	0.32

利　润　表(二)

企业名称:内蒙古草原兴发股份有限公司　2001年度　单位:人民币元

	本年累计数		上年同期累计数		追溯调整后2000年度数	
	母公司	合并数	母公司	合并数	母公司	合并数
1、出售处置部门或投资单位所得收益						
2、自然灾害发生的损失						
3、会计政策变更增加(或减少)的利润总额	-8,650,002.24	-8,650,002.24	-8,650,002.24	-8,650,002.24	-3,158,032.79	-3,158,032.79
4、会计估计变更增加(或减少)的利润总额						
5、债务重组损失						
6、其他						

资产负债表

2001 年 12 月 31 日

编制单位:内蒙古草原兴发股份有限公司　　　　单位:人民币元

资　产	附注	2001.12.31		2000.12.31	
		母公司	合　并	母公司	合　并
流动资产:					
货币资金	6	386,105,638.04	411,916,572.75	267,056,980.00	267,110,441.95
短期投资					
应收帐款	7	173,373,819.12	179,772,612.50	170,987,957.88	170,987,957.88
其他应收款	8	55,598,584.48	64,608,059.39	82,746,019.75	132,746,019.75
预付帐款	9	14,948,482.17	15,429,611.41	136,689,029.79	136,689,029.79
存货	10	392,429,417.37	416,470,961.73	193,720,524.30	194,657,450.84
待摊费用	11	8,388,918.50	8,599,549.08	1,656,028.73	1,656,028.73
其他流动资产					
流动资产合计		1,030,844,759.68	1,096,797,366.86	852,856,540.45	903,846,928.94
长期投资:					
长期股权投资	12	123,588,881.37	42,909,874.81	126,448,303.24	46,000,000.00
长期债权投资	12				
长期投资合计	12	123,588,881.37	42,909,874.81	126,448,303.24	46,000,000.00
固定资产					
固定资产原价	13	726,539,018.42	798,789,512.11	416,336,290.66	486,280,369.60
减:累计折旧	13	169,832,026.71	203,118,576.01	82,752,199.02	112,810,170.22
固定资产净值	13	556,706,991.71	595,670,936.10	333,584,091.64	373,470,199.38
工程物资		11,563.68	11,563.68		
在建工程	14	44,274,791.57	44,580,556.19	32,325,555.12	32,325,555.12
固定资产合计		600,993,346.96	640,263,055.97	365,909,646.76	405,795,754.50
无形资产及其他资产:					
无形资产	15	297,634,230.50	333,665,340.63	197,078,678.80	234,688,103.13
开办费					
长期待摊费用	16	1,794,234.44	1,978,293.35	1,940,718.53	3,214,125.29
无形资产及其他资产合计		299,428,464.94	335,643,633.98	199,019,397.33	237,902,228.42
资产总计		2,054,855,452.95	2,115,613,931.62	1,544,233,887.78	1,593,544,911.86
负债及股东权益					
流动负债:					
短期借款	17	519,000,000.00	519,000,000.00	202,300,000.00	202,300,000.00
应付票据					
应付帐款	18	98,406,932.22	101,962,237.05	30,864,923.10	30,864,923.10
预收帐款		11,010,491.53	11,061,791.53	18,553,451.53	18,553,451.53
应付工资		11,998,854.19	12,818,921.78	4,562,894.55	4,562,894.55
应付福利费		9,152,665.79	9,670,721.83	7,594,946.33	7,594,946.33
应付股利		26,136,960.00	26,136,960.00	26,136,960.00	26,136,960.00
应交税金	19	36,738,531.64	36,216,327.12	26,389,876.90	26,657,376.90
其他应交款	22	494,976.83	502,476.83	913,959.13	921,459.13
其他应付款	20	59,152,429.51	56,234,353.30	17,687,418.39	10,930,130.69
预提费用	21	4,407,136.33	4,548,095.73	13,434,537.65	13,434,537.65
一年内到期的长期负债	23	152,490,000.00	152,490,000.00		
其他流动负债		880,000.00	880,000.00	880,000.00	880,000.00
流动负债合计		929,868,978.04	931,521,885.17	349,318,967.58	342,836,679.88
长期负债:					
长期借款	24	143,000,000.00	143,000,000.00	155,000,000.00	155,000,000.00
应付债券				108,694,000.00	108,694,000.00
长期应付款		97,678.09	97,678.09	97,678.09	97,678.09
其他长期负债					
长期负债合计		143,097,678.09	143,097,678.09	263,791,678.09	263,791,678.09
负债合计		1,072,966,656.13	1,074,619,563.26	613,110,645.67	606,628,357.97
递延税项:					
递延税款贷项					
少数股东权益			58,793,311.78		55,793,311.78
股东权益:					
股本	25	283,272,000.00	283,272,000.00	283,272,000.00	283,272,000.00
资本公积	26	356,976,377.88	356,976,377.88	356,976,377.88	356,976,377.88
盈余公积	27	110,541,781.19	110,541,781.19	98,677,867.98	98,677,867.98
其中:公益金		20,828,550.86	20,828,550.86	16,873,913.12	16,873,913.12
未分配利润	28	231,098,637.75	231,410,897.51	192,196,996.25	192,196,996.25
股东权益合计		981,888,796.82	982,201,056.58	931,123,242.11	931,123,242.11
负债及股东权益总计		2,054,855,452.95	2,115,613,931.62	1,544,233,887.78	1,593,544,911.86

现金流量表

2001 年度

编制单位:内蒙古草原兴发股份有限公司　　　　单位:人民币元

项　目	附注	母公司	合　并
一、经营活动产生的现金流量			
销售商品、提供劳务收到的现金		1,217,393,930.67	1,290,891,146.95
收到的税费返还		29,937,255.94	29,937,255.94
收到的其他与经营活动有关的现金		31,277,009.41	69,477,875.97
现金流入小计		1,278,608,196.02	1,390,306,278.86
购买商品、接收劳务支付的现金		893,900,977.33	967,858,556.17
支付给职工以及为职工支付的现金		64,152,242.34	69,253,936.86
支付的各项税费		3,085,384.96	3,102,884.96
支付的其他与经营活动有关的现金		112,657,962.92	125,009,520.28
现金流出小计		1,073,796,567.55	1,165,224,898.27
经营活动产生的现金流量净额		204,811,628.47	225,081,380.59
二、投资活动产生的现金流量			
收回投资额所收到的现金			
取得投资所收到的现金			1,100,000.00
处置固定资产、无形资产和其他长期资产而收回的现金净额		178,901.24	178,901.24
收到的其他与投资活动有关的现金			
现金流入小计		178,901.24	1,278,901.24
购建固定资产、无形资产和其他长期资产所支付的现金		361,331,629.90	363,943,809.26
投资所支付的现金		7,000,000.00	
支付的其他与投资活动有关的现金			
现金流出小计		368,331,629.90	363,943,809.26
投资活动产生的现金流量净额		-368,152,728.66	-362,664,908.02
三、筹资活动产生的现金流量			
借款所收到的现金		506,300,000.00	506,300,000.00
收到的其他与筹资活动有关的现金			
现金流入小计		506,300,000.00	506,300,000.00
偿还债务所支付的现金		163,600,000.00	163,600,000.00
分配股利、利润或偿付利息所支付的现金		60,310,341.77	60,310,341.77
支付的其他与筹资活动有关的现金			
现金流出小计		223,910,341.77	223,910,341.77
筹资活动产生的现金流量净额		282,389,658.23	282,389,658.23
四、汇率变动对现金的影响额			
五、现金及现金等价物净增加额		119,048,558.04	144,806,130.80
补充资料			
1、将净利润调节为经营活动的流量:			
净利润		79,092,754.71	79,405,014.47
加:计提的资产减值准备		-695,242.29	-695,242.29
固定资产折旧		21,843,332.87	25,071,906.79
无形资产摊销		5,446,709.54	8,925,023.74
长期待摊费用摊销		5,070,329.10	5,070,329.10
待摊费用减少(减:增加)		-6,732,889.77	-6,943,520.35
预提费用增加(减:减少)		-8,886,441.92	-8,886,441.92
处置固定、无形资产和其他长期资产的损失(减:收益)			
固定资产报废损失			
财务费用		27,060,102.36	27,060,460.36
投资损失(减:收益)		9,859,421.87	3,090,125.19
递延税款贷项(减:借项)			
存货的减少(减:增加)		-197,779,435.27	-220,884,053.09
经营性应收项目的减少(减:增加)		149,042,116.40	180,349,668.51
经营性应付项目的增加(减:减少)		123,810,555.07	135,525,997.28
其他		-2,319,684.20	-2,007,887.20
经营活动产生的现金流量净额		204,811,628.47	225,081,380.59
2、不涉及现金收支的投资和筹资活动:			
债务转为资本			
一年内到期的可转换公司债券			
融资租入固定资产			
3、现金及现金等价物净增加情况:			
现金的期末余额		386,105,538.04	411,916,572.75
减:现金的期初余额		267,056,980.00	267,110,441.95
加:现金等价物的期末余额			
减:现金等价物的期初余额			
现金及现金等价物净增加额		119,048,558.04	144,806,130.80

000782 广东新会美达锦纶股份有限公司

2001 年年度报告摘选

一、公司基本情况简介

1、公司法定中文名称:广东新会美达锦纶股份有限公司
公司法定英文名称:Guangdong Xinhui Meida Nylon Co., LTD.
2、公司法定代表人:陈柏森
3、公司董事会秘书及授权代表:胡振华
联系地址:新会市会城镇江会路上浅口
电话:0750-6107981 传真:0750—6107975
互联网网址:meidanylon.com
4、公司注册地址、办公地址:广东省新会市会城镇江会路上浅口 邮政编码:529100
电子信箱:meida@ pub.jiangmen.gd.cn
5、公司选定的信息披露报纸:《证券时报》
登载公司年度报告的中国证监会指定国际互联网网址:http://www.cninfo.com.cn
公司年度报告备置地点:本公司董事会秘书办公室
6、公司股票上市交易所:深圳证券交易所
股票简称:美达股份 股票代码:0782

二、会计数据和业务数据摘要

1、本年度利润总额及构成(单位:元)

项目	2001 年度合并报表
利润总额	25,287,873.36
净利润	17,587,552.13
扣除非经常性损益后的净利润	18,060,498.22
主营业务利润	101,554,532.93
其他业务利润	8,689,462.16
营业利润	19,350,490.96
投资收益	6,410,328.49
补贴收入	0.00
营业外收支净额	-472,946.09
经营活动产生的现金流量净额	188,912,877.35
现金及现金等价物净增加额	-73,252,451.14

2、前三年主要会计和财务指标

序号	项目	2001 年	2000 年		1999 年
			调整前	调整后	
1	主营业务收入(万元)	99,155.67	85,391.52	85,388.80	55,283.64
2	净利润(万元)	1,758.76	2,716.36	577.97	2,292.32
3	总资产(万元)	143,666.09	163,929.47	152,822.76	149,971.17
4	股东权益(万元)	78,580.40	88,937.45	77,847.65	87,931.09
5	每股收益(元/股)(摊薄)	0.05	0.08	0.02	0.07
	(加权)	0.05	0.08	0.02	0.07
6	扣除非经营性损益后的每股收益(元/股)				
	(摊薄)	0.05	0.08	0.02	0.07
	(加权)	0.05	0.08	0.02	0.07
7	每股净资产(元/股)	2.30	2.60	2.28	2.57
	调整后每股净资产(元/股)	2.29	2.57	2.27	2.47
8	每股经营活动产生的现金流量净额(摊薄)	0.55	0.35	0.35	0.37
	(加权)	0.55	0.35	0.35	0.37
9	净资产收益率(%)				
	(摊薄)	2.24	3.05	0.74	2.61
	(加权)	2.25	3.07	0.74	2.62
10	扣除非经常损益后的加权净资产收益率(%)	2.31	2.59	3.84	2.11

利润表附表:

按照中国证监会《公开发行证券公司信息披露编报规则第 9 号》的要求计算的净资产收益率和每股收益如下:

报告期利润	净资产收益率(%)		每股收益(元/股)	
	全面摊薄	加权平均	全面摊薄	加权平均
主营业务利润	12.92	12.98	0.30	0.30
营业利润	2.46	2.47	0.06	0.06
净利润	2.24	2.25	0.05	0.05
扣除非经常性损益后的净利润	2.30	2.31	0.05	0.05

三、股本变动及股东情况

1、股本变动情况

(1) 股份变动情况表

数量单位:股

	本次变动前	本次变动增减(+、-)					本次变动后
		配股	送股	公积金转增	其他	小计	
一、未上市流通股份							
1、发起人股份	143,000,000						143,000,000
其中:							
国家持有股份	108,000,000						108,000,000
境内法人持有股份	35,000,000						35,000,000
外资法人持有股份							
其它							
2、募集法人股	71,500,000						71,500,000
3、内部职工股	90,000						90,000
其中:高管股	90,000						90,000
4、优先股或其他							
未上市流通股份合计	214,590,000						214,590,000
二、已上市流通股份							
1、境内上市的人民币普通股	127,410,000						127,410,000
2、境内上市外资股							
3、境外上市的外资股							
4、其它							
已上市流通股份合计	127,410,000						127,410,000
三、股份总数	342,000,000						342,000,000

000783 石家庄炼油化工股份有限公司

2001 年年度报告摘选

第一节 公司基本情况

1、公司法定中文名称:石家庄炼油化工股份有限公司
公司法定英文名称:SHIJIAZHUANG REFINING-CHEMICAL CO., LTD.
2、法定代表人姓名:毕建国
3、公司董事会秘书:滕峰阁
证券事务代表:李金瑞
联系电话:0311-5161160
传 真:0311-5161138
电子信箱:tfge0178@sina.com
联系地址:石家庄炼油化工股份有限公司办公室
邮政编码:050032
4、公司注册地址:河北省石家庄市高新技术产业开发区黄河大道 151 号
公司办公地址:河北省石家庄炼油化工股份有限公司
5、公司年报备置地点:公司证券部
信息披露媒体:网站:HTTP://www.cninfo.com.cn
定期报告刊登报刊:《中国证券报》《证券时报》
6、公司股票上市地:深圳证券交易所
简称:石炼化 股票代码:000783

第二节 会计数据和业务数据摘要

(单位:元)

(一)2001 年度会计数据和业务数据摘要

项目	金额
利润总额:	22545576.87
净利润:	6914911.49
扣除非经常性损益后的净利润:	33143206.80
主营业务利润:	246128653.67
其他业务利润:	-486710.25
营业利润:	158170709.04
投资收益:	-106800027.90
营业外收支净额:	-28825104.27
经营活动产生的现金流量净额:	235526728.67
现金及现金等价物净增加额:	137098351.26
注:扣除非经常性损益项目和涉及金额:	
营业外收入:	6912697.81
营业外支出:	35737802.08
收取的资金占用费:	5258468.96
支付的资金占用费:	2661660.00

(二)前三年主要会计数据和财务指标(单位:人民币元)

	2001 年	2000 年	1999 年	
			调整后	调整前
主营业务收入	5192302003.80	5766362364.32	2865199388.22	2865199388.22
净利润	6914911.49	-207736372.48	68916361.33	97447291.71
总资产	2944212267.78	3111010562.40	2539149408.78	2597830476.98
股东权益	1834517165.35	1827259743.86	2034502440.34	1979286912.30
每股收益	0.006	-0.1799	0.0597	0.0844
扣除非经常性损益后的每股收益	0.029	-0.1816	0.0559	0.0844
每股净资产	1.5891	1.583	1.76	1.71
调整后的每股净资产	1.4906	1.471	1.65	1.60
净资产收益率(%)	0.38	-11.37	3.39	4.92
按月平均加权计算每股收益	0.006	-0.1799	0.063	0.099
加权净资产收益率(%)	0.38	-11.37	3.43	4.96
每股经营活动产生的现金流量净额	0.204	0.077	-0.117	-0.117

利润表附表

	报告期利润	净资产收益率(%)		每股收益(元/股)	
		全面摊薄	加权平均	全面摊薄	加权平均
主营业务利润	246128653.67	13.42	13.44	0.2132	0.2132
营业利润	158170709.04	8.62	8.64	0.137	0.137
净利润	6914911.49	0.38	0.38	0.006	0.006
扣除非经常性损益后的利润	33143206.80	1.81	1.81	0.0287	0.0287

第三节 股本变动及股东情况

(一)股份变动情况表(单位:万股)

	本次变动前	本次变动增减(+,-)	本次变动后
1.未上市流通股份			
(1)发起人股份	92,044	0	92,044
其中:			
国家拥有股份			
境内法人持有股份	92,044	0	92,044
外资法人持有股份			
(2)募集法人股			
(3)内部职工股			
(4)优先股或其它			
未上市流通股份合计	92,044	0	92,044
2.已上市流通股份			
(1)人民币普通股	23,400	0	23,400
(2)境内上市的外资股			
(3)境外上市的外资股			
(4)其它			
已上市流通股份合计	23,400	0	23,400
3.股份总数	115,444	0	115,444

000785 武汉中商集团股份有限公司

2001 年年度报告摘选

第一节 公司基本情况简介

一、公司法定中文名称:武汉中商集团股份有限公司
公司法定英文名称:WUHAN ZHONGNAN COMMERCIAL GROUP CO.,LTD
英文名称缩写:ZNCG
二、法定代表人姓名:严规方
三、公司董事会秘书:易国华
证券事务代表:薛玉　　联系地址:武汉市武昌区中南路 9 号
联系电话:027-87362507　　传真:027-87307723
电子信箱:xuey307@sina.com
四、公司注册地址:武汉市武昌区中南路 9 号
公司办公地址:武汉市武昌区中南路 9 号　　邮政编码:430071
公司电子信箱:zhongnan@public.wh.hb.cn
五、公司选定的信息披露报纸名称:《中国证券报》、《证券时报》
登载公司年度报告的中国证监会指定国际互联网网址:http://www.cninfo.com.cn
公司年报备置地点:公司证券部
六、公司股票上市交易所:深圳证券交易所
股票简称:武汉中商　　股票代码:000785

第二节 会计数据与业务数据摘要

一、公司本年度利润总额及其构成(单位:元)

	2001 年度
利润总额	38,558,588.94
净利润	27,246,342.87
扣除非经常性损益后的净利润	20,010,799.48
主营业务利润	207,670,726.66
其他业务利润	26,494,811.76
营业利润	32,880,697.11
投资收益	7,239,513.06
补贴收入	63,218.00
营业外收支净额	-1,624,839.23
经营活动产生的现金流量净额	158,362,037.54
现金及现金等价物净增加额	49,812,282.25

注:扣除的非经常性损益项目涉及金额 7,235,543.39 元。

其中:	
营业外收入	732,126.91
营业外支出	-2,356,966.14
转让股权投资收益	436,817.92
股权投资差额摊销	-216,359.00
股票投资收益	5,862,540.72
债券投资收益	8,000.00
补贴收入	63,218.00
收到的所得税返还	4,460,000.00
所得税影响	-1,753,835.02

二、截止报告期末公司前三年主要会计数据和财务指标　　(单位:元)

项目	2001 年	2000 年		1999 年	
		调整前	调整后	调整前	调整后
主营业务收入	1,673,182,314.19	1,874,885,361.27	1,841,659,370.70	1,964,729,501.91	1,964,729,501.91
净利润	27,246,342.87	59,668,258.43	50,314,062.52	56,721,206.04	52,392,357.65
总资产	1,779,908,433.72	1,496,567,736.23	1,393,760,123.84	1,386,088,640.82	1,364,159,805.96
股东权益(不含少数股东权益)	538,073,472.06	542,190,804.08	510,827,129.19	482,522,545.65	460,513,066.67
每股收益(元/股)	0.108	0.333	0.280	0.316	0.292
每股收益(元/股)(加权)	0.108	0.333	0.280	0.317	0.293
每股净资产(元/股)	2.14	3.02	2.85	2.69	2.57
调整后每股净资产	1.77	2.89	2.74	2.59	2.50
每股经营活动产生的现金流量净额	0.63	0.44	0.44	0.10	0.10
净资产收益率(%)	5.06	11.01	9.85	11.76	11.38
净资产收益率(%)(加权)	5.20	11.65	10.36	12.20	11.77

三、报告期内股东权益变动情况(单位:元)

项 目	股本	资本公积	盈余公积	法定公益金	未分配利润	股东权益合计
期初数	179,444,070.00	133,750,951.42	174,255,880.02	18,839,454.63	23,376,227.75	510,827,129.19
本期增加	71,777,628.00		5,449,268.58	2,724,634.29	27,246,342.87	104,473,239.45
本期减少		53,833,221.00			23,393,675.58	77,226,896.58
期末数	251,221,698.00	79,917,730.42	179,705,148.60	21,564,088.92	27,228,895.04	538,073,472.06

第三节 股本变动及股东情况

一、股本变动情况
(一)公司股本结构情况(截止 2001 年 12 月 31 日)
2001 年度公司股份变动表　　数量单位:股

	本次变动前	本次变动增减(+、-)						本次变动后
		配股	送股	公积金转股	增发	其他	小计	
一、尚未流通股份								
1、发起人股份	101668320		10166832	30500496		—	40667328	142335648
其中:								
国家持有股份	101668320		10166832	30500496			40667328	142335648
境内法人持有股份								
境外法人持有股份								
其他								
2、募集法人股份	26832000		2683200	8049600			10732800	37564800
3、内部职工股								
4、优先股或其他								
未上市流通股份合计	128500320		12850032	38550096			51400128	179900448
二、已上市流通股份								
1、人民币普通股	50943750		5094375	15283125			20377500	71321250
2、境内上市的外资股								
3、境外上市的外资股								
4、其他								
已上市流通股份合计	50943750		5094375	15283125			20377500	71321250
三、股份总数	179444070		17944407	53833221			71777628	251221698

000786 北新集团建材股份有限公司

2001 年年度报告摘选

第一节 公司基本情况简介

一、公司法定名称:北新集团建材股份有限公司
公司英文名称:Beijing New Building Material Public Limited Company
公司英文名称缩写:BNBMPLC
二、公司法定代表人:宋志平
三、公司董事会秘书:常张利
公司负责信息披露事务机构:证券部
联系地址:海淀区三里河路甲 11 号中国建材大厦 14 层
电话:010-88082398　　传真:010-88082383
电子信箱:czl@bnbm.com.cn
四、公司注册地址:北京市海淀区三里河路甲 11 号
公司办公及通讯地址:北京市海淀区三里河路甲 11 号中国建材大厦 14 层
邮政编码:100037
公司网址:http://www.bnbm.com.cn
公司电子信箱:bnbm@public3.bta.net.cn
五、公司信息披露报刊名称:《中国证券报》
登载公司年报的互联网址:http://www.cninfo.com.cn
公司年度报告备置地点:本公司证券部
六、公司股票上市交易所:深圳证券交易所
公司股票简称:北新建材　　公司股票代码:000786

第二节 会计数据和业务数据摘要

一、公司本年度会计数据　　单位:人民币元

利润总额	95,441,913.45
净利润	86,868,114.93
扣除非经常性损益后的净利润	80,236,321.01
主营业务利润	152,332,635.15
其它业务利润	8,920,453.71
营业利润	49,993,501.50
投资收益	31,853,998.05
补贴收入	13,578,511.11
营业外收支净额	15,902.79
经营活动产生的现金流量净额	80,653,558.57
现金及现金等价物净增加额	-29,904,693.98

注:扣除非经常性损益涉及的项目及金额　　(单位:人民币元)

项目	金额
委托投资收益	5,975,000.00
流动资产盘盈	640,891.13
营业外收支净额	15,902.79
合计	6,631,793.92

二、公司近三年主要会计数据和财务指标　　单位:人民币元

指标项目	2001 年度	2000 年度调整后	1999 年度调整后
主营业务收入	886,529,795.36	559,071,291.11	468,949,211.37
净利润	86,868,114.93	68,053,689.27	60,630,776.29
总资产	1,985,599,221.01	1,814,717,938.31	1,097,621,336.73
股东权益	1,214,814,377.13	1,156,671,670.70	736,692,714.65
摊薄每股收益	0.302	0.237	0.233
加权每股收益	0.302	0.255	0.233
扣除非经常性损益后的每股收益	0.279	0.281	0.229
每股净资产	4.224	4.022	2.831
调整后的每股净资产	4.174	3.973	2.747
每股经营活动产生的现金流量净额	0.280	0.27	0.17
净资产收益率(%)	7.15	5.88	8.23
扣除非经常性损益后的净资产收益率(%)	6.60	6.89	8.05

按照中国证监会《公开发行证券公司信息披露编报规则(第 9 号)》要求计算的利润数据:

	报告期利润	净资产收益率%		每股收益	
		全面摊薄	加权平均	全面摊薄	加权平均
主营业务利润	152,332,635.15	12.25	12.69	0.53	0.53
营业利润	49,993,501.50	4.02	4.17	0.17	0.17
净利润	86,868,114.93	6.99	7.24	0.30	0.30
扣除非经常性损益后的净利润	80,236,321.01	6.45	6.69	0.28	0.28

第三节 股本变动及股东情况介绍

一、股本变动及股东情况
1、报告期内股本变动情况表　　数量单位:万股

	期初数	本次变动增减(+,-)					期末数
		配股	送股	公积金转股	其它	小计	
一、尚未流通股份							
1、发起人股份	17,350					17,350	17,350
其中:							
国家拥有股份							
境内法人持有股份	17,350					17,350	17,350
外资法人持有股份							
其它							
2、募集法人股							
3、内部职工股							
4、优先股或其它							
尚未流通股份合计	17,350					17,350	17,350
二、已流通股份							
1、境内上市的人民币普通股	11,407.5					11,407.5	11,407.5
2、境内上市的外资股							
3、境外上市的外资股							
4、其它							
已流通股份合计	11,407.5					11,407.5	11,407.5
三、股份总数	28,757.5					28,757.5	28,757.5

000787 创智信息科技股份有限公司

2001年年度报告摘选

一、公司基本情况简介

(一)公司法定名称
中文名称:创智信息科技股份有限公司
英文名称:Powerise Information Technology Co.,Ltd.
(二)公司法定代表人:丁亮
(三)公司董事会秘书:陈蓓
联系地址:长沙市高新技术产业开发区火炬城M4栋
邮政编码:410013
电　　话:0731-8909008　　传　真:0731-8909353
电子信箱:investchen@sina.com
(四)公司注册及办公地址:
深圳市南山区高新技术工业村管理楼207#　　邮政编码:518057
长沙市高新技术产业开发区火炬城M4栋　　邮政编码:410013
公司国际互联网网址:http://www.powerise.com.cn
电子信箱:powerise@powerise.com.cn
(五)公司选定的信息披露报纸:《中国证券报》、《证券时报》、《上海证券报》
登载年度报告的中国证监会指定网站的网址:http://www.cninfo.com.cn
公司年度报告备置地点:本公司董事会秘书处
(六)公司股票上市交易所:深圳证券交易所
股票简称:创智科技　　股票代码:000787

二、公司会计数据和业务数据摘要

(一)本年度主要会计数据(单位:元)

项目	金额
利润总额:	50460863.69
净利润:	50411589.89
扣除非经常性损益后的净利润:	65489760.27
主营业务利润:	196475505.40
其他业务利润:	77807.88
营业利润:	67531641.73
投资收益:	-1992607.66
补贴收入:	627074.35
营业外收支净额:	-15705244.73
经营活动产生的现金流量净额:	12095723.27
现金及现金等价物净增加额:	75192400.86

注:扣除非经常性损益的项目及涉及的金额(单位:元)

项目	金额
补贴收入:	627074.35
营业外收支净额:	-15705244.73
会计政策变更对年初未分配利润的追溯调整数为:	-8533513.44

(二)近三年主要会计数据及财务指标(单位:元)

项目	2001年	2000年		1999年	
		调整前	调整后	调整前	调整后
主营业务收入	418193683.67	417062112.08	417062112.08	535811795.32	535811795.32
净利润	50411589.89	27450085.97	28677502.91	38877607.35	33432324.87
总资产	858728767.31	663442495.30	649940348.19	832183842.92	818901023.51
股东权益(不含少数股东权益)	473332871.59	444260583.51	432205181.04	416812506.82	403529687.41
每股收益	0.252	0.137	0.144	0.39	0.335
每股净资产	2.37	2.225	2.16	4.17	4.04
调整后的每股净资产	2.34	2.146	2.15	3.85	3.92
每股经营活动产生的现金流量净额	0.061	0.604	0.604	0.18	0.18
净资产收益率(%)	10.65	6.179	6.64	9.33	8.28

(三)根据中国证监会《公开发行证券公司信息披露编报规则(第9号)》,公司按全面摊薄法和加权平均法计算净资产收益率和每股收益。

报告期利润	净资产收益率(%)		每股收益(元)	
	全面摊薄	加权平均	全面摊薄	加权平均
主营业务利润	41.51	42.95	0.984	0.984
营业利润	14.27	14.76	0.338	0.338
净利润	10.65	11.02	0.252	0.252
扣除非经常性损益后的净利润	13.84	14.32	0.328	0.328

三、股本变动及股东情况

(一)股本变动情况
1、股份变动情况表　　(数量单位:股)

	期初数	本次变动增减(+,-)					期末数
		配股	送股	公积金转股	增发	其它	
一、尚未流通股份							
1、发起人股份	62700243.71						62700243.71
其中:							
国家拥有股份							
境内法人持有股份	62700243.71						62700243.71
外资法人持有股份							
其他							
2、募集法人股	46000000.00						46000000.00
3、内部职工股							
4、优先股或其他							
尚未流通股份合计	108700243.71						108700243.71
二、已流通股份							
1、境内上市的人民币普通股	91000000.00						91000000.00
2、境内上市的外资股							
3、境外上市的外资股							
4、其他							
已流通股份合计	91000000.00						91000000.00
三、股份总数	199700243.71						199700243.71

000788 西南合成制药股份有限公司

2001年年度报告摘选

第一节　公司基本情况简介

(一)公司法定中文名称:西南合成制药股份有限公司
公司法定英文名称:Southwest Synthetic Pharmaceutical Co.Ltd.
公司英文名称缩写:SSP Co.Ltd
(二)公司法定代表人:谭汉生
(三)公司董事会秘书:胥思斌
证券事务代表:杨帆
联系地址:重庆市江北区寸滩水口西南合成制药股份有限公司证券处
电话:023-67091473-8247　　传真:023-67091507
电子信箱:hczyzqb@public.cta.cq.cn
(四)公司注册地址:重庆市江北区黑石子水口
公司办公地址:重庆市江北区黑石子水口
邮政编码:400025
公司国际互联网址:www.sspgf.com
公司电子信箱:hczy@sspgf.com
(五)公司选定的信息披露报纸:中国证券报
登载公司年度报告的中国证监会指定国际互联网网址:www.cninfo.com.cn
公司年度报告备置地点:西南合成制药股份有限公司证券处
(六)股票上市地:深圳证券交易所
股票简称:"ST合成"　　股票代码:"000788"

第二节　会计数据与业务数据摘要

(一)公司本年度实现的利润总额及其构成

项目	2001年度
利润总额(元)	4,734,084.34
净利润(元)	4,734,084.34
扣除非经常性损益后的净利润(元)	-32,192,920.09
主营业务利润(元)	58,364,852.42
其他业务利润(元)	8,615,201.66
营业利润(元)	-12,409,103.92
投资收益(元)	-112,857.65
补贴收入(元)	17,300,000
营业外收支净额(元)	-43,954.09
经营活动产生的现金流量净额(元)	34,510,543.44
现金及现金等价物净增减额(元)	45,256,605.41

(二)公司近三年的主要会计数据和财务指标

项目	单位	2001年度	2000年度(调整后)	2000年度(调整前)	1999年度
主营业务收入	千元	271,270	280,841	280,841	229,575
净利润	千元	4,734	-81,911	-92,356	-49,757
总资产	千元	901,529	912,985	956,092	971,369
股东权益(不含少数股东权益)	千元	288,213	283,279	367,321	459,677
每股收益	元	0.02	-0.43	-0.48	-0.26
扣除非经常性损益后的每股收益	元	-0.17	-0.44	-0.48	-0.26
每股净资产	元	1.50	1.47	1.91	2.39
调整后的每股净资产	元	0.95	1.09	1.72	2.23
每股经营活动产生的现金流量净额	元	0.18	-0.18	-0.18	-0.41
净资产收益率	%	1.64	-28.92	-25.14	-10.82

注1:本报告期内股本未发生变动。
注2:本报告数据和指标均以母公司会计报表填列或计算。
注3:按照中国证监会《公开发行证券公司信息披露编报规则(第9号)》要求计算的利润数据:

报告期利润		主营业务利润	营业利润	净利润	扣除非经常性损益后的净利润
净资产收益率					
全面摊薄	本年度	20.25%	-4.31%	1.64%	-11.17%
	上年度	9.75%	-25.54%	-28.92%	-29.90%
加权平均	本年度	20.43%	-4.34%	1.66%	-11.27%
	上年度	6.60%	-17.28%	-19.56%	-20.23%
每股收益					
全面摊薄	本年度	0.30	-0.06	0.02	-0.17
	上年度	0.14	-0.38	-0.43	-0.44
加权平均	本年度	0.30	-0.06	0.02	-0.17
	上年度	0.14	-0.38	-0.43	-0.44

第三节　股本变动及股东情况

(一)股本变动情况
(1)股份变动情况表　　数量单位:股

	本次变动前	本次变动增减(+/-)						本次变动后
		配股	送股	公积金转股	增发	其它	小计	
一、未上市流通股份								
1、发起人股份	93500000							93500000
其中:								
国家拥有股份								
境内法人拥有股份	93500000							93500000
境外法人持有股份								
其他								
2、募集法人股份	49500000							49500000
3、内部职工股								
4、优先股或其他								
未上市流通股份合计	143000000							143000000
二、已上市流通股份								
1、人民币普通股	49500000							49500000
2、境内上市的外资股								
1、境外上市的外资股								
2、其他								
已上市流通股份合计	49500000							49500000
三、股份总数	192500000							192500000

000789 江西万年青水泥股份有限公司

2001 年年度报告摘选

一、公司基本情况简介

(一)公司法定中文名称:江西万年青水泥股份有限公司
公司法定英文名称:JIANGXI WANNIANQING CEMENT CO.,LTD.
(二)公司法定代表人:魏新安
(三)公司董事会秘书:马　欣
公司证券事务代表:周志承
联系地址:江西省万年县江西万年青水泥股份有限公司
电　话:0793-3839605、3839868　　传　真:0793-3839776
电子信箱:srwngs@public1.srptt.jx.cn
(四)公司注册地址:江西省万年县
公司办公地址:江西省万年县江西万年青水泥股份有限公司
邮政编码:335506
公司国际互联网网址:http://www.wannianqing.cn.com
电子信箱:srwngs@public1.srptt.jx.cn
(五)公司选定的信息披露报纸名称:《中国证券报》、《证券时报》
登载年度报告的中国证监会指定的网站的网址:http://www.cninfo.com.cn
公司年度报告备置地点:公司证券部
(六)公司股票上市交易所:深圳证券交易所
股票简称:江西水泥　　股票代码:000789

二、会计数据与业务数据摘要

(一)本年度实现利润情况　　单位:元

项目	金额
利润总额:	34,524,195.76
净利润:	30,342,697.32
扣除非经常性损益后的净利润:	30,945,711.36
主营业务利润:	104,430,673.64
其他业务利润:	-493,337.51
营业利润:	34,159,657.70
投资收益:	967,552.10
补贴收入:	330,000.00
营业外收支净额:	-933,014.04
经营活动产生的现金流量净额:	62,017,801.02
现金及现金等价物净增加额:	109,561,780.28

扣除非经常性损益的项目及金额(单位:元)
(1)补贴收入:330,000.00
(2)营业外收入:149,849.23
(3)营业外支出:1,082,863.27

(二)近三年主要会计数据和财务指标

项目	2001 年	2000 年	1999 年
主营业务收入(万元)	37,428.06	28,944.99	30,147.77
净利润(万元)	3,034.27	4,188.52	3,691.46
总资产(万元)	104,121.44	86,107.24	69,809.87
股东权益(不含少数股东权益)	71,441.36	64,709.59	42,906.94
每股收益(摊薄)(元)	0.089	0.123	0.121
每股收益(加权)(元)	0.089	0.123	0.121
每股净资产(元)	2.098	1.900	1.402
调整后的每股净资产(元)	1.871	1.762	1.383
每股经营活动产生的现金流量净额(元)	0.182	0.013	0.393
净资产收益率%(摊薄)	4.25	6.47	8.60
净资产收益率%(加权)	4.35	6.77	8.41

报告期利润	净资产收益率%		每股收益(元)	
	全面摊薄	加权平均	全面摊薄	加权平均
主营业务利润:	14.62	14.96	0.307	0.307
营业利润:	4.78	4.89	0.100	0.100
净利润	4.25	4.35	0.089	0.089
扣除非经常性损益后的净利润:	4.33	4.43	0.091	0.091

三、股本变动及股东情况

(一)公司股本变动情况
公司股份变动情况表

数量单位:股

	本次变动前	配股	送股	公积金转股	增发	其他	小计	本次变动后
一、未上市流通股份								
1、发起人股份								
其中:								
国家持有股份	230,000,000							230,000,000
境内法人持有股份								
境外法人持有股份								
其他								
2、募集法人股份								
3、内部职工股								
4、优先股或其他								
未上市流通股份合计	230,000,000							230,000,000
二、已上市流通股份								
1、人民币普通股	110,500,000							110,500,000
2、境内上市的外资股								
境外上市的外资股								
其他								
已上市流通股份合计	110,500,000							110,500,000
三、股份总数	340,500,000							340,500,000

000790 成都华神集团股份有限公司

2001 年年度报告摘选

一、公司基本情况简介

1、公司的法定中文名称:成都华神集团股份有限公司
公司的法定英文名称:CHENGDU HOIST INC.,LTD.
英文名称缩写:HOIST INC.
2、公司法定代表人:彭旭东先生
3、公司董事会秘书:蒋志勇先生
股权事务授权代表:王天祥先生
联系地址:四川省成都市十二桥路 37 号新 1 号华神科技大厦 A 座 6 楼
联系电话:(028)7739541　7786760　　传　真:(028)7778104
4、营业执照注册号:5101001801570　　工商登记时间:1988 年 1 月 27 日
川国税蓉字:510109201958223　　川地税蓉字:510100201958223
公司注册地址:四川省成都市十二桥路 37 号新 1 号
公司办公地址:四川省成都市十二桥路 37 号新 1 号华神科技大厦 A 座 6 楼
邮政编码:610075
公司国际互联网网址:http:www.china-hoist.com　公司电子信箱:hoistin @ public.cd.sc.cn
5、公司选定的信息披露报纸名称:《证券时报》、《中国证券报》
中国证监会指定的登载公司年度报告的国际互联网网址:http:/www.cninfo.com.cn
公司年度报告备置地点:华神科技大厦 A 座 6 楼公司证券部
6、公司股票上市交易所:中国深圳证券交易所
股票简称:华神集团　　股票代码:000790
7、公司聘请的会计师事务所名称:深圳鹏城会计师事务所
办公地点:深圳市福田区彩田路中深花园七层 A 座

二、会计数据和业务数据摘要

(一)本年度主要业务数据

项　目	金　额
利润总额	23,766,496.35
净利润	22,351,385.21
扣除非经营性损益后的净利润	22,611,096.45
主营业务利润	71,549,927.94
其他业务利润	10,355.18
营业利润	24,026,207.59
投资收益	0
补贴收入	0
营业外收支净额	-259,711.24
经营活动产生的现金流量净额	24,271,678.14
现金及现金等价物净增加额	107,165,131.36

(二)近三年主要会计数据和财务指标

项　目	2001 年	2000 年		1999 年	
		调整后	调整前	调整后	调整前
主营业务收入(元)	222,967,658.36	179,167,351.09	179,167,351.09	143,585,066.53	143,585,066.53
净利润(元)	22,351,385.21	21,271,946.55	24,612,761.31	19,160,671.45	21,980.091.72
总资产(元)	570,447,458.49	420,238,942.86	438,697,450.48	356,007,677.01	370,360,331.41
股东权益(元)(不含少数股东权益)	392,564,805.12	229,053,491.37	245,533,081.15	207,638,882.78	220,920,319.84
每股收益(元)(摊薄)	0.17	0.27	0.31	0.24	0.278
(加权)	0.18	0.27	0.31	0.24	0.278
扣除非经营性损益后的每股收益(摊薄)	0.18	0.28	0.31	0.24	0.278
(加权)	0.18	0.28	0.31	0.24	0.278
每股净资产(元)	3.07	2.89	3.10	2.62	2.79
调整后的每股净资产(元)	3.06	2.86	3.05	2.53	2.75
每股经营活动产生的现金流量净额(元)	0.19	0.20	0.20	0.17	0.17
净资产收益率(%)(摊薄)	5.69	9.29	10.02	9.23	9.95
(加权)	7.74	9.74	10.55	9.30	10.02

(三)利润表附表

报告期利润	净资产收益(%)		每股收益(元)	
	全面摊薄	加权平均	全面摊薄	加权平均
主营业务利润	18.23	24.78	0.56	0.58
营业利润	6.12	8.32	0.19	0.19
净利润	5.69	7.74	0.17	0.18
扣除非经常性损益后的净利润	5.75	7.82	0.18	0.18

三、股本变动及股东情况

(一)股份变动情况表
公司股份变动情况表

数量单位:股

	本次变动前	配股	送股	公积金转股	增发	其他	小计	本次变动后
一、未上市流通股份								
1、发起人股份								
其中:								
国家持有股份								
境内法人持有股份								
境外法人持有股份								
其他								
2、募集法人股份	58800000		11760000	17640000			29400000	88,200,000
3、内部职工股								
4、优先股或其他								
其中:转配股								
未上市流通股份合计	58800000		11760000	17640000			29400000	88,200,000
二、已上市流通股份								
1、人民币普通股	20400000	6120000	5304000	7956000			19380000	39,780,000
2、境内上市的外资股								
3、境外上市的外资股								
4、其他								
已上市流通股份合计	20400000	6120000	5304000	7956000				39,780,000
三、股份总数	79200000	6120000	17064000	25596000			48780000	127,980,000

000791 西北永新化工股份有限公司

2001 年年度报告摘选

第一章 公司简介

1、公司法定名称：
中文名称：西北永新化工股份有限公司
英文名称：NORTHWEST YONGXIN CHEMICAL INDUSTRY CO.,LTD
2、公司法定代表人：杨德茂
3、公司董事会秘书：曹忆峰
公司股权事务代表：王志哲
联系地址：甘肃省兰州市东岗东路 1205 号
联系电话：0931－4862482
传　　真：0931－8497112
4、公司注册地址：甘肃省兰州市东岗东路 1205 号
公司办公地址：甘肃省兰州市东岗东路 1205 号
公司电子信箱：yongxin@public.lz.gs.cn
邮政编码：730020
5、公司信息披露报纸：《证券时报》
公司信息披露网址：http://www.cninfo.com.cn
公司年度报告备置地点：公司证券部
6、公司股票上市地：深圳证券交易所
公司股票简称：西北化工
公司股票代码：000791

第二章 会计数据和业务数据摘要

一、公司本年度主要财务指标

1、利润总额：	158,332.00 元
2、净利润：	108,557.44 元
3、扣除非经常性损益后的净利润：	298,959.06 元
4、主营业务利润：	25,852,938.82 元
5、其他业务利润：	256,245.60 元
6、营业利润：	－4,248,838.29 元
7、投资收益：	3,597,571.91 元
5、补贴收入：	1,000,000.00 元
9、营业外收支净额：	－190,401.62 元
10、经营活动产生的现金流量净额：	－38,878,440.62 元
11、现金及现金等价物净增加额：	－97,429,622.53 元

注：扣除非经常性损益的项目为：营业外收支净额－190,401.62 元。

二、截止报告期末公司前三年的主要会计数据和财务指标

项 目	单位	2001 年	2000 年	1999 年
主营业务收入	元	88,553,828.28	100,030,245.73	93,450,789.46
净利润	元	108,557.44	25,722,789.83	3,554,536.23
总资产	元	625,671,892.32	542,242,905.51	436,236,013.93
股东权益(不含少数股东权益)	元	358,926,978.33	358,818,420.89	340,133,203.94
每股收益	元	0.0006	0.1361	0.019
每股收益(扣除非经营性损益)	元	0.0016	0.1349	－0.041
每股净资产	元	1.8991	1.8985	1.80
调整后的每股净资产	元	1.8969	1.8955	1.77
每股经营活动产生的现金流量净额	元	－0.2057	0.233	－0.059
净资产收益率	%	0.03	7.17	1.05

按照中国证监会《公开发行证券公司信息披露编报规则(第 9 号)》要求计算净资产收益率、每股收益：

报告期利润	净资产收益率(%)		每股收益(元)	
	全面摊薄	加权平均	全面摊薄	加权平均
主营业务利润	7.20	7.20	0.1368	0.1368
营业利润	－1.18	－1.18	－0.0225	－0.0225
净利润	0.03	0.03	0.0006	0.0006
扣除非经营性损益后的净利润	0.08	0.08	0.0016	0.0016

第三章 股本变动及股东情况介绍

一、股本变动情况

㈠股份变动情况表　　单位：股

项 目	本次变动前	本次变动增减(＋－)					本次变动后
		配股	送股	公积金转股	增发	小计	
一、尚未流通部分							
1、发起人股份	109800000						109800000
其中							
国家持有股份							
境内法人持有股份							
境外法人持有股份							
其他							
2、募集法人股							
3、内部职工股							
4、优先股或其他							
未上市流通股份合计	109800000						109800000
二、已上市流通股份							
1、人民币普通股	79200000						79200000
2、境内上市的外资股							
3、境外上市的外资股							
4、其他							
已流通股份合计							
三、股份总数	189000000						189000000

000792 青海盐湖钾肥股份有限公司

2001 年年度报告摘选

第一节 公司基本情况简介

一、公司的法定中、英文名称及缩写
公司中文名称：青海盐湖钾肥股份有限公司
公司英文名称：QINGHAI SALT LAKE POTASH CO.,LTD.
二、公司法定代表人：郑长山
三、公司董事会秘书及其证券事务代表的姓名、联系地址、电话、传真、电子信箱：
公司董事会秘书：吴文好
公司证券事务代表：张继文、加金才
联系地址：青海省格尔木市黄河路 1 号
联系电话：(0979)8449139、8448121、8448123
传　　真：(0979)8417445
电子信箱：yhjf0792@sina.com
四、公司注册地址，公司办公地址及其邮政编码，公司国际互联网网址、电子信箱。
公司注册地址：青海省格尔木市察尔汗
公司办公地址：青海省格尔木市察尔汗
邮政编码：816005
公司国际互联网网址：无
公司电子信箱：yhjf0792@sina.com
五、公司选定的信息披露报纸名称，登载年度报告的中国证监会指定网站的网址，公司年度报告备置地点。
公司选定的信息披露报纸名称：《证券时报》
登载年度报告的中国证监会指定网站的网址：http://www.cninfo.com.cn
公司年度报告备置地点：青海省格尔木市青海盐湖钾肥股份有限公司证券部
六、公司股票上市交易所、股票简称和股票代码
公司股票上市交易所：深圳证券交易所
股票简称：盐湖钾肥
股票代码：000792
七、其他有关资料
1、公司首次注册或变更注册登记日期、地点
首次注册日期：1997 年 8 月 25 日
变更登记日期：2002 年 1 月 21 日
注册地点：青海省西宁市
2、企业法人营业执照注册号：6300001200955
3、税务登记号码：632801226593742
4、公司聘请的会计师事务所名称、办公地
会计师名称：五联联合会计师事务所有限公司
办公地：甘肃省兰州市

第二节 会计数据和业务数据摘要

一、公司本年度主要利润指标情况

单位：元

1、利润总额	98,233,739.28
2、净利润	81,018,622.94
3、扣除非经常性损益后的净利润	81,113,890.52
4、主营业务利润	130,362,626.54
5、其他业务利润	13,037,751.09
6、营业利润	85,862,524.10
7、投资收益	581,558.67
8、补贴收入	11,884,924.09
9、营业外收支净额	－95,267.58
10、经营活动产生的现金流量净额	76,293,799.72
11、现金及现金等价物净增减额	－26,393,101.44

＊注：公司 2001 年度发生的非经常性损益为营业外收支净额－95,267.58 元。

二、公司前三年主要会计数据和财务指标

单位：元

指标	2001.12.31	2000.12.31	1999.12.31
主营业务收入	293,366,217.13	227,524,746.19	217,363,665.90
净利润	81,018,622.94	67,615,393.80	63,401,537.27
总资产	1,021,329,068.20	880,879,920.46	842,918,672.86
股东权益(不含少数股东权益)	664,273,817.21	633,658,579.72	625,672,685.92
每股收益(元/股)	0.3668	0.3115	0.287
每股净资产(元/股)	3.0178	2.87	2.833
调整后的每股净资产	2.9787	2.8166	2.4667
每股经营活动产生的现金流量净额	0.3454	－0.002486	0.4886
净资产收益率(%)	12.156	10.7	10.13

第三节 股本变动及股东情况

一、股本变动情况

(1)股份变动情况表(单位：人民币元)数量单位：股　　每股面值：1 元

	本次变动前	本次变动增减(＋,－)						本次变动后
		配股	送股	公积金转股	增发	其他	小 计	
一、未上市流通股份								
1、发起人股份	155,850,000							155,850,000
其中：								
国家持有股份	135,850,000							135,850,000
境内法人持有股份	20,000,000							20,000,000
2、内部职工股								
未上市流通股份合计	155,850,00							155,850,000
二、已上市流通股份								
1、人民币普通股	65,000,000							65,000,000
2、其他								
已上市流通股份合计	65,000,000							65,000,000
三、股份总数	220,850,000							220,850,000

000793 海南民生燃气(集团)股份有限公司

2001 年年度报告摘选

一、公司基本情况简介

(一)公司名称:
公司法定中文名称:海南民生燃气(集团)股份有限公司
公司法定英文名称:Hainan Minsheng Gas Corporation
(二)公司法定代表人:朱德华
(三)公司董事会秘书:汪方怀
董事会证券事务代表:金日
联系地址:海南省海口市海甸四东路民生大厦七楼
电话:0898-66254650
传真:0898-66254650　66255636
电子信箱:board@ranqigufen.com
(四)公司注册地址及办公地址:海南省海口市海甸四东路民生大厦
邮政编码:570208
公司国际互联网网址:http://www.ranqigufen.com
电子信箱:rqgf@ranqigufen.com
(五)公司选定的信息披露报纸名称:《中国证券报》、《证券时报》
登载公司年度报告的指定网址:http://www.cninfo.com.cn
公司年度报告备置地点:公司董事会秘书处
(六)公司股票上市交易所:深圳证券交易所
股票简称:燃气股份
股票代码:000793

二、会计数据和业务数据摘要

(一)本年度主要会计数据(单位:元)

项目	金额
利润总额	95,616,949.81
净利润	95,174,732.48
扣除非经常性损益后的净利润	96,609,023.92
主营业务利润	106,857,423.03
其他业务利润	4,248,665.05
营业利润	43,666,017.01
投资收益	11,063,357.96
补贴收入	51,176,523.73
营业外收支净额	-10,288,948.72
经营活动产生的现金流量净额	423,466,225.40
现金及现金等价物净增减额	-9,604,205.44

(二)截至报告期末公司前三年的主要会计数据和财务指标

指标项目	2001 年度	2000 年度		1999 年度	
		调整后	调整前	调整后	调整前
主营业务收入(元)	212,360,834.96	81,913,747.39	239,047,927.99	148,933,206.00	173,306,423.95
净利润(元)	95,174,732.48	91,838,175.87	99,069,772.57	45,887,501.69	45,887,501.69
总资产(元)	1,995,258,697.57	1,858,869,881.12	1,855,271,965.24	1,008,317,752.85	1,040,282,423.40
股东权益(不含少数股东权益)(元)	1,144,854,703.68	1,052,110,199.12	1,056,108,182.66	619,237,203.32	621,455,356.46
每股收益(元/股)	0.33	0.32	0.34	0.18	0.18
加权平均每股收益(元/股)	0.33	0.33	0.35	0.18	0.18
扣除非经常性损益后的每股收益(元/股)	0.33	0.22	0.29	0.06	0.06
每股净资产(元/股)	3.93	3.61	3.62	2.44	2.45
调整后的每股净资产(元/股)	3.85	3.53	3.54	2.29	2.30
每股经营活动产生的现金流量净额(元)	1.45	0.14	0.14	-0.79	-0.79
净资产收益率(%)	8.31	8.73	9.38	7.41	7.38
扣除非经常性损益后的加权净资产收益率(%)	8.79	7.98	9.47	2.57	2.57

(三)参照《公开发行证券的公司信息披露编报规则第九号》规定计算的利润表附表

报告期利润(元)		净资产收益率(%)		每股收益(元/股)	
		全面摊薄	加权平均	全面摊薄	加权平均
主营业务利润	106,857,423.03	9.33	9.72	0.37	0.37
营业利润	43,666,017.03	3.81	3.97	0.15	0.15
净利润	95,174,732.48	8.31	8.65	0.33	0.33
扣除非经常性损益后的净利润	96,609,023.92	8.44	8.79	0.33	0.33

三、股本变动及股东情况

(一)股份变动情况表

数量单位:股

	本次变动前	本次变动增减(+、-)						本次变动后
		配股	送股	公积金转股	增发	其他	小计	
一、未上市流通股份								
1、发起人股份	55,867,426							55,867,426
其中:								
国家持有股份								
境内法人持有股份	55,867,426							55,867,426
境外法人持有股份								
其他								
2、募集法人股份	73,471,982							73,471,982
3、内部职工股	0							0
4、优先股或其他								
未上市流通股份合计	129,339,408							129,339,408
二、已上市流通股份								
1、人民币普通股	162,072,105							162,072,105
其中:高管股	13,000							13,000
2、境内上市的外资股								
3、境外上市的外资股								
4、其他								
已上市流通股份合计	162,072,105							162,072,105
三、股份总数	291,411,513							291,411,513

000795 太原双塔刚玉股份有限公司

2001 年年度报告摘选

第一节　公司基本情况简介

一、公司法定名称:
中文:太原双塔刚玉股份有限公司
英文:TAIYUAN TWIN TOWER ALUMINUM OXIDE CO, LTD.
二、公司法定代表人:程明远
三、公司董事会秘书:张晓东
公司证券事务代表:周玉旺
联系地址:太原市郝庄正街 62 号
太原双塔刚玉股份有限公司董事会秘书处
电　　话:(0351)4685208　　传　真:(0351)4685206
邮　　编:030045　　电子信箱:tygydmc@public.ty.sx.cn
四、公司注册及办公地址:山西省太原市郝庄正街 62 号　　邮政编码:030045
公司国际互联网网址:www.twin-tower.com
公司电子信箱:tyao@public.ty.sx.cn
五、公司选定的信息披露报纸:《中国证券报》和《证券时报》
登载公司年度报告的国际互联网网址:http://www.cninfo.com.cn
公司年度报告备置地点:公司董事会秘书处
六、公司股票上市交易所:深圳证券交易所
股票简称:太原刚玉　　股票代码:000795

第二节　会计数据和业务数据摘要

一、本年度主要利润指标情况(单位:元)

项目	金额
利润总额:	16,677,106.07
净利润:	13,357,558.23
扣除非经常性损益后的净利润:	11,246,454.73
主营业务利润:	46,150,761.26
营业利润:	15,154,383.16
投资收益:	-925,339.51
补贴收入:	162,797.00
营业外收支净额:	2,285,265.42
经营活动产生的现金流量净额:	9,047,208.81
现金及现金等价物净增加额:	-24,797,805.94

注:扣除非经常性损益涉及的项目及金额:

项目	金额
短期投资收益:	1,306,679.36
股权转让收益:	-1,643,638.28
补贴收入:	162,797.00
营业外收支净额:	2,285,265.42

二、截止报告期末公司前三年主要会计数据和财务指标

1、主要会计数据和财务指标:

项 目	2001 年	2000 年		1999 年
		调整前	调整后	
主营业务收入(元)	202,063,262.60	214,789,943.30	214,789,943.30	238,119,680.00
净利润(元)	13,357,558.23	25,770,576.20	25,204,845.88	49,772,218.08
总资产(元)	1,022,952,630.70	1,141,306,227.29	1,111,316,459.55	857,710,800.69
股东权益(元)	774,605,098.99	792,737,692.49	761,247,540.76	544,224,062.27
每股收益(元/股)	0.0483	0.0931	0.0911	0.201
加权平均每股收益(元/股)	0.0483	0.1010	0.0988	0.238
扣除非经常性损益后的每股收益(元/股)	0.0454	0.0835	0.0815	0.174
每股净资产(元/股)	2.798	2.864	2.750	2.194
调整后的每股净资产(元/股)	2.796	2.863	2.747	2.189
每股经营活动产生的现金流量净额(元/股)	0.0327	-0.0719	-0.0719	0.073
净资产收益率(%)	1.72	3.25	3.31	9.15

2、根据中国证监会《公开发行证券公司信息披露细则(第 9 号)》要求计算的利润数据如下:

报告期利润	净资产收益率(%)		每股收益(元/股)	
	全面摊薄	加权平均	全面摊薄	加权平均
主营业务利润	5.96	6.01	0.1667	0.1667
营业利润	1.96	1.97	0.0547	0.0547
净 利 润	1.72	1.74	0.0483	0.0483
扣除非经常性损益后的净利润	1.45	1.46	0.0406	0.0406

第三节　股本变动及股东情况

一、股份变动情况表:　　单位:股

项 目	期 初 数	本期变动增减(+、-)	期 末 数
一、尚未流通股份			
发起人股份	162400000	0	162400000
其中:境内法人持有股份	162400000	0	162400000
尚未流通股合计	162400000	0	162400000
二、已流通股份			
境内上市的人民币普通股	114400000	0	114400000
其中:高管人员持有股份	74464	0	74464
已流通股份合计	114400000	0	114400000
三、股份总数	276800000	0	276800000

二、股东情况介绍

1、公司前十名股东持股情况

股 东 名 称	年末持股数	持股比例(%)	说 明
(1)太原双塔刚玉(集团)有限公司	113040000	40.84%	法人股
(2)太原东山煤矿有限责任公司	49360000	17.83%	法人股
(3)贾楠安	350000	0.13%	流通股
(4)张红涛	285700	0.10%	流通股
(5)金大龙	214940	0.08%	流通股
(6)普丰证券投资基金	190309	0.07%	流通股
(7)金思南	177500	0.06%	流通股
(8)安徽省证券公司	177000	0.06%	流通股
(9)马春忠	168248	0.06%	流通股
(10)上海轻工实业有限公司	148396	0.05%	流通股

000796 宝鸡商场(集团)股份有限公司

2001年年度报告摘选

一、公司基本情况简介

1、公司的法定中文名称:宝鸡商场(集团)股份有限公司
公司的法定英文名称:Baoji Department Store(Group) Co.,Ltd
2、公司法定代表人:魏存功
3、公司董事会秘书:董启怀
联系地址:陕西省宝鸡市经二路114号
联系电话:0917-3233763
传真电话:0917-3215282
电子信箱:dj0331@263.net
4、公司注册地址:陕西省宝鸡市高新开发区峪泉路10号
公司办公地址:陕西省宝鸡市经二路114号宝鸡商场5楼
邮政编码:721000
公司网址:Http://www.bsjt.net
电子信箱:stock@bsjt.net
5、公司选定的信息披露报纸名称:《中国证券报》、《证券时报》
登载公司年度报告的中国证监会指定国际互联网网址:
HTTP://WWW.CNINFO.COM.CN
公司年度报告备置地点:公司证券部(宝鸡国贸大酒店2213室)
6、公司股票上市交易所:深圳证券交易所
股票简称:宝商集团
股票代码:000796

二、会计数据和业务数据摘要

1、公司本年度会计数据 (单位:元)

项目	金额
利润总额	38,775,856.24
净利润	32,367,875.57
扣除非经常性损益后的净利润	31,012,200.16
主营业务利润	70,428,407.44
营业利润	37,420,180.83
投资收益	626,839.56
补贴收入	
营业外收支净额	728,835.85
经营活动产生的现金流量净额	67,446,099.95
现金及现金等价物净增减额	-3,607,470.97
扣除非经常性损益后的净利润所涉及的项目:	
营业外收入净额	728,835.85
投资收益	626,839.56

2、截止报告期末公司前三年的主要会计数据和财务指标 单位:人民币元

项目	2001年	2000年	1999年
主营业务收入	629,451,470.66	842,570,224.17	719,340,483.58
净利润	32,367,875.57	46,110,143.73	40,991,166.10
总资产	966,196,104.64	1,037,805,240.51	810,726,663.48
股东权益(不含少数股东权益)	662,328,316.18	629,960,440.61	411,900,749.66
每股收益	0.202	0.345	0.351
每股净资产	4.131	4.714	3.53
调整后的每股净资产	4.12	4.71	3.521
每股经营活动产生的现金流量净额	0.421	-0.758	-0.358
净资产收益率(%)	4.89	7.31	9.95

注:1.按照中国证监会《公开发行证券公司信息披露编报规则(第四号)》要求计算的利润数据:

项目	净资产收益率(%)		每股收益(元)	
	全面摊薄	加权平均	全面摊薄	加权平均
主营业务利润	9.95	10.73	0.415	0.446
营业利润	5.44	5.80	0.224	0.241
净利润	4.91	5.23	0.202	0.217
扣除非经常性损益后的净利润	4.70	5.01	0.194	0.209

3、报告期内股东权益变动情况 单位:人民币元

项目	股本	资本公积	盈余公积	未分配利润	股东权益合计
期初数	133,618,293.00	369,871,416.09	40,983,867.73	85,486,863.79	629,960,440.61
本期增加	26,723,658.00		4,855,181.34	32,367,875.57	
本期减少		13,361,829.00		18,217,010.34	
期末数	160,341,951.00	356,509,587.09	45,839,049.07	99,637,729.02	662,328,316.18
变动原因	实施2000年度利润分配方案		利润分配计提	增加是赢利减少是分配股利	

三、股本变动及股东情况

1、股份变动情况表 数量单位:股

项目	本次变动前	本次变动增减(+,-)						本次变动后
		配股	送股	公积金转股	增发	其他	小计	
一、未上市流通股份								
1、发起人股份:	13422091		1342209	1342209			2684418	16106509
其中:国家持有股份	13422091		1342209	1342209			2684418	16106509
境内法人持有股份								
境外法人持有股份								
2、募集法人股份	26217600		2621760	2621760			5243520	31461120
3、内部职工股								
4、优先股或其他								
未上市流通股份合计	39639691		3963969	3963969			7927938	47567629
二、已上市流通股份								
1、人民币普通股	93978602		9397860	9397860			18795720	112774322
2、境内上市的外资股								
3、境外上市的外资股								
4、其他								
已上市流通股份合计	93978602		9397860	9397860			18795720	112774322
三、股份总数	133618293		13361829	13361829			26723658	160341951

000797 中国武夷实业股份有限公司

2001年年度报告摘选

一、公司简介

1.公司法定名称:
中文名称:中国武夷实业股份有限公司
公司英文名称:CHINA WUYI CO.,LTD.
2.公司法定代表人:悦胜利
3.公司董事会秘书及授权代表:林金铸、陈鸿亮
联系地址:福建省福州市东街33号武夷中心22层股证部
联系电话:0591-7510668-521、528
传真:0591-7603158
电子信箱 Email:Gzb@chinawuyi.com.cn
4.公司注册地址:福建省福州市北大路240号
公司办公地址:福建省福州市东街33号武夷中心22层
邮政编码:350001
公司互联网网址:http://www.chinawuyi.com.cn
公司电子信箱 Email:Gzb@chinawuyi.com.cn
5.公司选定的信息披露报纸名称为:《证券时报》、《中国证券报》
登载公司年度报告的中国证监会指定国际互联网网址:http://www.cninfo.com.cn
公司年度报告备置地点:公司股证部
6.公司股票上市地:深圳证券交易所
股票简称:中国武夷 股票代码:000797

二、会计数据与业务数据摘要

1.公司本年度实现利润总额113,913,787.72元,净利润44,355,637.93元,扣除非经常性损益后的净利润33,997,864.50元,主营业务利润199,475,684.76元,其他业务利润14,487,367.10元,营业利润65,831,778.56元,投资收益50,333,013.05元,补贴收入4,098.00元,营业外收支净额-2,255,101.89元,经营活动产生的现金流量净额-284,825,492.15元,现金及现金等价物净增加额-8,484,497.46元。

2.截止报告期末公司前三年的主要会计数据和财务指标:(单位:元)

指标项目	2001年度	2000年度		1999年度	
		调整后	调整前	调整后	调整前
主营业务收入	904,750,079.37	829,773,397.15	840,655,299.11	765,524,104.87	737,824,237.87
净利润	44,355,637.93	78,710,101.19	78,980,380.97	111,252,658.70	111,922,339.55
总资产	3,111,052,700.63	3,111,819,804.94	3,148,654,857.96	2,774,397,340.13	2,723,597,593.45
股东权益	1,227,894,860.42	1,220,979,910.42	1,251,711,638.63	1,032,718,891.28	1,061,972,886.53
每股收益	0.114	0.202	0.203	0.31	0.311
扣除非经常性损益后每股收益	0.09	0.202	0.203	0.3	0.30
每股净资产	3.15	3.14	3.21	2.87	2.95
调整后的每股净资产	3.01	3.11	3.18	2.83	2.91
每股经营活动产生的现金流量净额	-0.73	0.15	0.157	0.80	0.80
净资产收益率(%)	3.61	6.45	6.31	10.80	10.54

注:扣除非经常性损益项目和金额
①股票收益563,214.60
②委托理财收益14,600,766.26
③资金占用费52,856,546.79
④存货跌价准备等-55,411,750.33
⑤补贴收入4,098.00
⑥营业外收支净额-2,255,101.89
合计:10,357,773.43

3.本年度利润表附表

报告期利润	净资产收益率(%)(2001年)		每股收益(元)(2001年)		净资产收益率(%)(2000年)		每股收益(元)(2000年)	
	全面摊薄	加权平均	全面摊薄	加权平均	全面摊薄	加权平均	全面摊薄	加权平均
主营业务利润	16.25	16.56	0.51	0.51	12.46	13.02	0.39	0.41
营业利润	5.36	5.47	0.17	0.17	5.20	5.43	0.163	0.172
净利润	3.61	3.68	0.114	0.114	6.45	6.73	0.202	0.213
扣除非经常性损益后的净利润	2.77	2.82	0.09	0.09	6.45	6.73	0.202	0.213

4.报告期内股东权益变动情况(单位:元)

项目	股本	资本公积	盈余公积	法定公益金	未分配利润	股东权益合计
期初数	389,452,440.00	746,879,134.59	33,650,138.52	26,920,110.81	23,655,686.20	1,220,979,910.42
本期增加			4,377,741.32	3,502,193.06	36,475,703.55	46,367,160.20
本期减少					38,945,244.00	38,945,244.00
期末数	389,452,440.00	746,879,134.59	38,027,879.84	30,422,303.87	21,186,145.75	1,225,967,904.05

变动原因:盈余公积、法定公益金本期增加系2001年实现净利润分别按10%及8%提取后所致。

三、股本变动及股东情况

1.股本变动情况
(1)股本变动情况表 数量单位:万股

	期初数	本期变动增减(+-)						期末数
		配股	送股	公积金转股	增发	其他	小计	
一、尚未流通股								
1、发起人股份	25,932.244	/	/	/	/	/	/	25,932.244
其中:国家拥有股份	25,932.244	/	/	/	/	/	/	25,932.244
境内法人拥有股份								
外资法人拥有股份								
2、募集法人股								
3、内部职工股								
4、优先股或其他								
尚未流通股合计	25,932.244	/	/	/	/	/	/	25,932.244
二、已流通股份								
1.境内上市的人民币普通股	13,013.00	/	/	/	/	/	/	13,013.00
2.境内上市外资股								
3.境外上市外资股								
4.其他								
已流通股合计	13,013.00	/	/	/	/	/	/	13,013.00
三、股份总数	38,945.244	/	/	/	/	/	/	38,945.244

000798 中水集团远洋股份有限公司

2001 年年度报告摘选

第一节 公司基本情况简介

一、公司法定中文名称:中水集团远洋股份有限公司
公司英文名称:CNFC OVERSEAS FISHERY CO.,LTD
英文名称缩写:COFC
二、公司法定代表人:刘身利
三、公司董事会秘书:陈明
授权代表:吕慧玲
联系地址:北京市西单民丰胡同 31 号中水大厦 613 室
联系电话:(010)88067461
传　　真:(010)88067463
电子信箱:cofc@sina.net
四、公司注册地址:北京市西城区金融街 23 号
办公地址:北京市西单民丰胡同 31 号
邮政编码:100032
公司网址:www.cofc.com.cn
五、公司选定的信息披露报刊:《中国证券报》
登载年度报告的中国证监会指定网站网址:www.cninfo.com.cn
公司年度报告备置地点:北京市西单民丰胡同 31 号中水大厦 613 室
六、公司股票上市交易所:深圳证券交易所
股票简称:中水渔业
股票代码:0798

第二节 会计数据和业务数据摘要

一、本年度主要会计数据和财务指标

(单位:人民币元)

项目	金额
利润总额	39,919,429
净利润	40,022,830
扣除非经常性损益后的净利润	38,384,830
主营业务利润	52,917,013
其它业务利润	2,283,193
营业利润	36,008,527
投资收益	2,284,079
补贴收入	2,963,880
营业外收支净额	-1,337,057
经营活动产生的现金流量净额	72,116,045
现金及现金等价物净增加值	46,942,362

扣除非经常性损益后的净利润的项目、涉及金额:
1、探捕费列入补贴收入 2,880,000 元。
2、明昌轮预计损失 1,242,000 元。

二、前三年主要会计数据和财务指标

(单位:人民币元)

主要财务指标	2001 年度	2000 年度		1999 年度	
		调整前	调整后	调整前	调整后
主营业务收入	303,215,263	329,293,609	315,293,609	402,401,076	402,401,076
净利润	40,022,830	61,520,558	5,747,925	86,843,112	-65,620,208
总资产	915,951,169	1,094,380,982	883,111,939	1,099,267,504	942,616,420
股东权益	767,018,854	958,621,607	739,367,687	922,301,048	758,819,762
每股收益	0.16	0.24	0.02	0.34	-0.26
每股净资产	3.04	3.80	2.93	3.66	3.01
调整后每股净资产	3.02	3.79	2.92	3.65	3.00
每股经营活动产生的现金流量净额	0.29	0.52	0.52	0.24	0.24
净资产收益率(%)	5.22	6.42	0.78	9.42	-8.65

三、利润表附表

	净资产收益率(%)		每股收益(元/股)	
	全面摊薄	加权平均	全面摊薄	加权平均
主营业务利润	6.90	6.85	0.21	0.21
营业利润	4.69	4.66	0.14	0.14
净利润	5.22	5.18	0.16	0.16
扣除非经常性损益后的净利润	5.01	4.97	0.15	0.15

以上为按照中国证监会《公开发行证券公司信息披露编报规则(第 9 号)》要求计算报告期利润的净资产收益率和每股收益。

第三节 股本变动及股东情况

一、股本变动情况表

(单位:股)

	本次变动前	本次变动增减(+,-)						本次变动后
		配股	送股	公积金转股	增发	其他	小计	
一、上市流通股份								
1、发起人股份	189,000,000							189,000,000
其中:								
国家持有股份	189,000,000							189,000,000
境内法人持有股份								
境外法人持有股份								
其他								
2、募集法人股份	62,925,000							62,945,000
3、内部职工股								
4、优先股或其他								
未上市流通股份合计	75,000					-20,000	-20,000	55,000
二、已上市流通股份	63,000,000							63,000,000
1、人民币普通股								
2、境内上市外资股								
3、境外上市外资股								
4、高管人员持股								
已上市流通股份合计								
三、股份总数	252,000,000							252,000,000

000799 湖南酒鬼酒股份有限公司

2001 年年度报告摘选

一、公司基本情况简介

(一)公司法定名称:湖南酒鬼酒股份有限公司
公司英文名称:Hunan JiuGuiJiu Company Limited
公司英文简称:JGJC
(二)公司法定代表人:田家贵
(三)公司董事会秘书:王本习
公司证券事务代表:李文生
公司联系电话:(0743)8312079、8312148
公司传真:(0743)8312178
(四)公司注册地:湖南省吉首市振武营
公司办公地址:湖南省吉首市振武营湘泉城
公司邮政编码:416000
(五)公司咨询机构:证券部办公室
公司电子信箱:xjgzj@mail.xx.hn.cn
公司选定的信息披露报纸:《中国证券报》、《证券时报》、《上海证券报》
登载公司年报的国际互联网网址:http://www.cninfo.com.cn
公司年报备置地点:证券发展部办公室
(六)公司股票上市地:深圳证券交易所
公司股票简称:湘酒鬼
公司股票代码:000799
(七)公司首次注册登记日期:1997 年 7 月 14 日
公司最近一次变更注册登记日期:2001 年 9 月 20 日
注册地点:湖南省吉首市
企业法人营业执照注册号:4300001000647
税务登记号码:433101183806380
公司聘请的会计师事务所名称:湖南开元会计师事务所
办公地址:长沙市芙蓉中路 490 号

二、会计数据和业务数据摘要

(一)公司本年度会计数据

序号	项目	金额(元)
1	利润总额	126,666,003.99
2	净利润	101,874,657.20
3	扣除非经营性损益后的净利润	73,332,141.54
4	主营业务利润	195,549,671.50
5	其他业务利润	229,885.25
6	营业利润	114,041,982.93
7	投资收益	6,279,858.37
8	补贴收入	
9	营业外收支净额	5,702,024.15
10	经营活动产生的现金流量净额	197,509,634.64
11	现金及现金等价物净增减额	168,588,248.62

注:扣除非经营性损益项目及涉及金额:投资收益 5,337,879.61 元;营业外收入 5,874,637.01 元,其中:新股申购冻结资金利息 5,830,180.57 元;营业外支出 1,027,916.48 元;收取资金占用费 17,715,776.98。

(二)公司近三年主要会计数据及财务指标

序号	指标项目	2001 年度	2000 年度		1999 年度	
			调整前	调整后	调整前	调整后
1	主营业务收入(元)	518069571.99	371949504.00	371949504.00	499020286.85	499020286.85
2	净利润(元)	101874657.20	86161208.04	58378670.18	152362149.16	151530907.58
3	总资产(元)	2173037590.42	1829064817.11	1798376808.59	1704855933.94	1701946588.36
4	股东权益(不含少数股东权益)(元)	1282815,162.85	1301718847.29	1271211784.28	1283261928.86	1282222876.88
5	每股收益(元/股):					
	全面摊薄	0.34	0.284	0.19	0.503	0.50
6	加权平均	0.34	0.284	0.192	0.537	0.50
7	每股净资产(元/股)	4.23	4.30	4.19	4.23	4.23
8	调整后的每股净资产(元/股)	4.01	4.25	4.16	4.21	4.21
9	每股经营活动产生的现金流量净额(元)	0.65	-0.34	-0.34	0.09	0.09
10	净资产收益率(%):					
	全面摊薄	7.94	6.62	4.59	11.90	11.41
	加权平均	7.46	6.53	4.29	11.90	11.41

三、股本变动及主要股东情况

(一)股本变动情况
1、股份变动情况表

单位:股

股权种类	本次变动前	本期变动增减(±)	本次变动后
一、未流通股份			
1、发起人股份			
其中:			
国家拥有股份	195,800,000		195,800,000
境内法人持有股份			
境外法人持有股份			
其他			
2、募集法人股			
3、公司职工股			
4、优先股或其他			
未上市流通股份合计	195,800,000		195,800,000
二、已流通股份			
1、人民币普通股	107,250,000		107,250,000
2、境内上市外资股			
3、境外上市外资股			
4、其他			
已流通股份合计	107,250,000		107,250,000
三、股份总数	303,050,000		303,050,000

000800 一汽轿车股份有限公司

2001年年度报告摘选

第一节 公司基本情况简介

1、公司法定中文名称:一汽轿车股份有限公司
公司英文名称:FAW CAR CO.,LTD
2、公司法定代表人:竺延风
3、公司董事会秘书:王文权
授权代表:郑丽兄
联系地址:长春市绿园区东风大街二号门院内
电 话:0431-5976447 传 真:0431-5908726
4、公司注册地址:长春市高新开发区汽车研究开发园区
办公地址:长春市绿园区东风大街二号门院内 邮政编码:130011
电子信箱:fawcar@public.cc.jl.cn
5、公司信息披露报纸名称:证券时报、上海证券报、中国证券报
公司中报国际互联网网址:http://www.cninfo.com.cn
中期报告备置地点:公司证券部
6、公司股票上市地:深圳证券交易所
股票简称:一汽轿车 股票代码:000800

第二节 会计数据和业务数据摘要

1、本年度主要利润指标(人民币:元)

项目	金 额
利润总额	68,254,949.31
其中:主营业务利润	527,702,397.56
其他业务利润	872,633.65
营业外收支净额	-9,411,546.22
净利润	24,254,368.82
扣除非经常性损益后的净利润	33,665,915.04
经营活动产生的现金流量净额	299,229,907.22
现金及现金等价物净增加额	-85,719,819.85

2、公司前三年主要会计数据及财务指标(调整后)

指标项目	2001年12月31日	2000年12月31日	1999年12月31日
主营业务收入(万元)	344,526.92	315,175.62	410,622.24
净利润(万元)	2,425.44	26,896.53	52,182.84
总资产(万元)	609,260.19	647,951.00	552,163.31
胀东权益(万元)	450,797.56	456,444.18	457,047.84
每股收益(元/股)	0.015	0.165	0.321
扣除非经常性损益的每股收益(元/股)	0.021	0.165	0.318
每股净资产(元/股)	2.77	2.80	2.81
调整后的每股净资产(元/股)	2.67	2.69	2.79
每股经营活动产生的现金流量净额(元/股)	0.18	0.36	0.49
净资产收益率(%)	0.54	5.89	11.42
加权每股收益(元/股)	0.015	0.165	0.321
加权净资产收益率(%)	0.53	5.72	11.67
扣除非经常性损益后的加权净资产收益率(%)	0.74	5.67	11.58

3、公司前三年主要会计数据及财务指标(调整前)

指标项目	2001年12月31日	2000年12月31日	1999年12月31日
主营业务收入(万元)	344,526.92	315,175.62	410,622.24
净利润(万元)	2,425.44	28,604.27	51,826.63
总资产(万元)	609,260.19	674,070.11	576,595.26
股东权益(万元)	450,797.56	489,200.70	483,514.14
每股收益(元/股)	0.015	0.176	0.318
扣除非经常性损益的每股收益(元/股)	0.021	0.174	0.315
每段净资产(元/股)	2.77	3.01	2.97
调整后的每股净资产(元/股)	2.67	2.73	2.96
每段经营活动产生的现金流量净额(元/股)	0.18	0.36	0.49
净资产收益率(%)	0.54	5.85	10.72
加权每股收益(元/股)	0.015	0.176	0.372
加权净资产收益率(%)	0.53	5.75	10.94
扣除非经常性损益后的加权净资产收益率(%)	0.74	5.70	10.82

第三节 股本变动及股东情况

1、股份变动情况表
乍度公司股份变动情况 数量单位:股

	本次变动前	本次变动增减(+,-)						本次变动后
		配股	送股	公积金转股	增发	其他	小计	
一、尚未流通股份								
1、发起人股份								
其中:								
国家持有股份								
境内法人持有股份	1081500000							1081500000
境外法人持有股份								
其他								
2、募集法人股								
3、内部职工股								
4、优先股或其他								
未上市流通股份合计	1081500000							1081500000
二、已上市流通股份								
1、人民币普通股	546000000							546000000
2、境内上市的外资股								
3、境外上市的外资股								
4、其他								
已上市流通股份合计	546000000							546000000
三、股份总数	1627500000							1627500000

000801 四川湖山电子股份有限公司

2001年年度报告摘选

第一节 公司基本情况简介

一、公司法定中文名称:四川湖山电子股份有限公司
法定英文名称:SICHUAN HUSHAN ELECTRONIC CO.,LTD.
二、公司法定代表人:汤东风
三、公司董事会秘书:张越
电话:0816-2336252
证券事务代表:陈禹
电话:0816-2312421
传真:0816-2336335
电子信箱:songyu@my-public.sc.cninfo.net
联系地址:四川省绵阳市长虹大道中段53号
四、公司注册地址:四川省绵阳市华兴西路一号
办公地址:四川省绵阳市长虹大道中段53号
国际互联网网址:http://www.hushan.com
电子信箱:hushan@my-public.sc.cninfo.net
邮政编码:621000
五、公司选定的信息披露报纸:《中国证券报》《证券时报》《上海证券报》
网站:http://www.cninfo.com.cn
年度报告备置地点:四川省绵阳市长虹大道中段53号公司董事会办公室
六、公司股票上市交易所:深圳证券交易所
股票简称:四川湖山
股票代码:000801

第二节 会计数据和业务数据摘要

一、本年度利润情况简介

单位:元

利润总额	-34,458,946.49
净利润	-34,109,880.42
扣除非经常性损益后的净利润	-30,468,374.77
主营业务利润	12,424,716.86
其他业务利润	1,299,042.92
营业利润	-32,864,311.21
投资收益	-501,993.53
补贴收入	111,929.00
营业外收支净额	-1,204,570.75
经营活动产生的现金流量净额	1,255,139.04
现金及现金等价物净增减额	-3,873,031.07
扣除非经常性损益项目和金额	(元)
营业外收入	-31151.50
非经常性补贴收入	-111929.00
流动资产盘盈盘亏损益	2548863.90
营业外支出	1235722.25

二、公司前三年主要会计数据和财务指标
表1 单位:元

	2001年度	2000年度	2000年度调整	1999年度
主营业务收入	41573809.41	74479907.98		123037560.92
净利润	-34109880.42	10793124.98		42346824.07
总资产	211758750.60	245650394.75		249983217.84
股东权益(不含少数股东权益)	133054974.73	169860277.74	167069417.18	168983896.12
每股收益	-0.26	0.106		0.405
每股净资产	1.007	1.67	1.64	1.67
调整后的每股净资产	0.95	1.52		1.65
每股经营活动产生的现金流量净额	0.009	-0.15		0.215
净资产收益率(%)	-25.64	6.46	9.76	24.3

三、利润表附表

项 目	报告期利润(元)	净资产收益率		每股收益(元)	
		全面摊薄	加权平均	全面摊薄	加权平均
主营业务利润	12,424,716.86	9.34%	8.62%	0.09	0.09
营业利润	-32,864,311.21	-24.70%	-22.81%	-0.25	-0.25
净利润	-34,109,880.42	-25.64%	-23.67%	-0.26	-0.26
扣除非经常性后的净利润	-30,468,374.77	-22.90%	-21.15%	-0.23	-0.23

第三节 股本变动及股东情况

一、股份变动情况表

单位:股

	本次变动前	本次变动增减(+,-)					本次变动后
		配股	送股	公积金转股	增发	其他	
1、发起人股份							
其中:							
国家持有股份							
境内法人持有股份	71326080		21397824				92723904
境外法人持有股份							
2、募集法人股份							
3、内部职工股							
4、优先股或其他							
未上市流通股份合计	71326080		21397824				92723904
二、已上市流通股份							
1、人民币普通股	30240000		9071999				39311999
2、境内上市的外资股							
3、境外上市的外资股							
4、其他							
已上市流通股份合计	30240000		9071999				39311999
三、股份总数	101566100		30469823				132035903

000802 北京京西风光旅游开发股份有限公司

2001 年年度报告摘选

一、公司简介

1 公司中文名称:北京京西风光旅游开发股份有限公司
公司英文名称:BEIJING JINGXI TOURISM DEVELOPMENT CO.,LTD.
公司英文名称缩写:JXTD
2 公司法定代表人:刘利华
3 公司董事会秘书:曾 鸣
证券事务代表:包卫刚
联系地址:北京市门头沟区石龙工业开发区泰安路 9 号
联系电话:(010)69800572
传 真:(010)69805332
电子信箱:jxtddm@mx.cei.gov.cn
4 公司注册地址:北京市门头沟区新桥大街 35 号百花宾馆四、五层
公司办公地址:北京市门头沟区石龙工业开发区泰安路 9 号
邮政编码:102308
电子信箱:jxtour@public.bta.net.cn
公司网址:http://www.jxtour.com.cn
5 公司选定的信息披露报纸:《中国证券报》、《证券时报》
登载公司年度报告的国际互联网网址:http://www.cninfo.com.cn
公司年度报告备置地点:公司证券部
6 股票上市交易所:深圳证券交易所
股票简称:京西旅游
股票代码:000802

二、会计数据和业务数据摘要

1、本年度利润总额、净利润及其构成　　单位:人民币元

项目	金额
利润总额	6,922,387.88
净利润	2,464,188.48
扣除非经常性损益后的净利润	-5,021,514.06
主营业务利润	51,939,179.67
其他业务利润	6,260,150.23
营业利润	2,263,544.15
投资收益	-2,826,858.81
补贴收入	8,000,000.00
营业外收支净额	-514,297.46
经营活动产生的现金流量净额	-67,827,400.70
现金及现金等价物净增加额	-33,158,276.53

2、截至报告期末公司前三年主要会计数据及财务指标(合并报表)　　单位:元

序号	项目	2001 年度	2000 年度		1999 年度	
			(调整前)	(调整后)	(调整前)	(调整后)
1	主营业务收入	257,531,036.32	239,996,456.63	239,996,456.63	232,902,158.86	232,902,158.86
2	净利润	2,464,188.48	34,645,523.76	34,645,523.76	30,657,687.66	30,657,687.66
3	总资产	1,128,010,598.69	953,096,047.63	928,025,426.95	685,896,116.60	666,182,016.96
4	股东权益(不含少数股东权益)	374,667,935.89	396,796,287.07	377,082,187.43	370,478,226.50	350,764,126.86
5	每股收益	0.02	0.298	0.298	0.264	0.264
6	每股净资产	3.22	3.413	3.243	3.187	3.017
7	调整后每股净资产	2.63	3.06	2.891	3.089	2.919
8	每股经营活动产生现金流量净额	-0.58	0.224	0.224	0.266	0.266
9	净资产收益率%	0.66	8.73	9.19	8.28	8.74

3、根据中国证监会《公开发行证券公司信息披露编报规则第 9 号》的要求计算的净资产收益率和每股收益如下:

报告期利润	2001 年度			
	净资产收益率%		每股收益(元)	
	全面摊薄	加权平均	全面摊薄	加权平均
主营业务利润	13.87	13.73	0.45	0.45
营业利润	0.60	0.60	0.02	0.02
净利润	0.66	0.65	0.02	0.02
扣除非经常性损益后的净利润	-1.34	-1.33	-0.04	-0.04

三、股本变动及股东情况

1、股本变动情况
(1)股份变动情况表
本报告期内,公司股本未发生变动,截止 2001 年 12 月 31 日公司股本结构表如下:
数量单位:万股

	期初数	本次变动增减(+,-)					期末数
		配股	送股	公积金转股	其他	小计	
一、尚未流通股份							
1、发起人股							
其中:国家持有股	7,725						7,725
境内法人持有股份							
外资法人持有股份							
其他							
2、募集法人股份							
3、内部职工股							
其中:高管股	4.16				-0.39		3.77
4、优先股或其他							
其中:转配股							
未上市流通股份合计	7,729.16				-0.39		7,728.77
二、已上市流通股份							
1、人民币普通股	3895.84				+0.39		3896.23
2、境内上市的外资股							
3、境外上市的外资股							
4、其 他							
已上市流通股份合计	3,895.84				+0.39		3,896.23
三、股份总数	11,625						11,625

000803 四川美亚丝绸(集团)股份有限公司

2001 年年度报告摘选

一、公司简介

(一)公司法定中、英文名称及缩写
1、中文名称:四川美亚丝绸(集团)股份有限公司
2、英文名称:SICHUAN MEIYA SILK (GROUP) CO.,LTD
3、缩写:美亚股份　　MYGF
(二)公司法定代表人:张成武
(三)公司董事会秘书及证券事务代表
1、公司董事会秘书:罗雄飞
2、公司证券事务代表:陈玉春
3、联系地址:四川省南充市顺庆区延安路 380 号
联系电话:(0817)2198989、2602653、2600868　传真:(0817)2602653、2601012
(四)公司注册地址、办公地址、邮编、网址
1、注册地址:四川省南充市顺庆区延安路 380 号
2、办公地址:四川省南充市顺庆区人民中路 29 号电信大楼 8 楼
3、邮编:637000
4、网址:www.meiyasilks.com
(五)公司选定的信息披露报纸名称、指定登载网址、年度报告备置地点
1、信息披露报纸名称:《中国证券报》
2、证监会指定的国际互联网网址:www.cninfo.com.cn
3、年度报告备置地点:公司董事会办公室
(六)公司股票上市交易所、股票简称和股票代码
1、公司股票上市交易所:深圳证券交易所
2、股票简称及股票代码:美亚股份　　000803

二、会计数据和业务数据摘要

(一)公司本年度主要会计数据

项 目	金额(元)
1、利润总额	4,544,303.85
2、净利润	3,278,814.88
3、扣除非经常性损益后的净利润	3,871,479.17
4、主营业务利润	16,415,446.07
5、其他业务利润	5,587,536.22
6、营业利润	5,151,488.31
7、投资收益	370,415.23
8、补贴收入	7,578.72
9、营业外收支净额	-985,178.41
10、经营活动产生的现金流量净额	20,273,444.68
11、现金及现金等价物净增减额	8,119,492.53

(二)会计数据摘要　　单位:元

项目	2001 年	2000 年		1999 年
		调整后	调整前	
1、主营业务收入	101,795,490.32	88,623,346.67	88,623,346.67	63,766,314.74
2、净利润	3,278,814.88	4,722,862.89	6,025,555.16	1,428,333.02
3、总资产	280,935,146.07	277,185,940.67	278,925,682.38	270,110,267.06
4、股东权益(不含少数股东权益)	147,967,334.25	144,627,359.37	146,367,101.08	140,341,545.92
5、每股收益	0.03	0.06	0.08	0.02
6、加权每股收益	0.03	0.06	0.08	0.02
7、扣除非经常性损益后的加权每股收益	0.04	-0.12	-0.12	0.02
8、每股净资产	1.46	1.85	1.88	1.80
9、调整后的每股净资产	1.43	1.81	1.83	1.64
10、每股经营活动产生的现金流量净额	0.20	0.08	0.08	0.32
11、摊薄净资产收益率(%)	2.22	3.27	4.12	1.02
12、加权平均净资产收益率(%)	2.24	3,31	4.20	1.02
13、扣除非经常性损益后的摊薄净资产收益率(%)	2.62	-6.70	-6.64	0.92
14、扣除非经常性损益后加权净资产收益率(%)	2.65	-6.80	-6.78	0.92

(三)利润表附表

报告期利润	净资产收益率		每股收益(元)	
	全面摊薄(%)	加权平均	全面摊薄	加权平均
1、主营业务利润	11.09	11.22	0.16	0.16
2、营业利润	3.48	3.52	0.05	0.05
3、净利润	2.22	2.24	0.03	0.03
4、扣除非经常性损益后的净利润	2.62	2.65	0.04	0.04

三、股本变动及股东情况

(一)股本变动情况　　数量单位:万股

	本次变动前	本次变动增减(+、-)						本次变动后
		配股	送股	公积金转股	增发	其他	小计	
一、未上市流通股份								
1、发起人股份	3,372.00			+1,011.60				4,383.60
其中:								
国家持有股份	3,372.00			+1,011.60				4,383.60
境内法人持有股份								
境外法人持有股份								
其他								
2、募集法人股份	675.00			+202.50				877.50
3、内部职工股								
4、优先股或其他	3.00			+0.90				3.90
未上市流通股份合计	4,050.00			+1,215.00				5,265.00
二、已上市流通股份								
1、人民币普通股	3,747.00			+1,124.10				4,871.10
2、境内上市的外资股								
3、境外上市的外资股								
2、其他								
已上市流通股份合计	3,747.00			+1,124.10				4,871.10
三、股份总数	7,797.00			2,339.10				10,136.10

000805 江苏炎黄在线股份有限公司

2001 年年度报告摘选

第一章 公司基本情况简介

(一)公司的法定中、英文名称及缩写
中文名称:江苏炎黄在线股份有限公司　　中文名称简称:炎黄在线
英文名称:JIANGSU CHINESE.COM CO.,LTD.　　英文名称缩写:CHINESE.COM
(二)公司法定代表人
公司法定代表人姓名:陆兆祥
(三)公司董事会秘书姓名、联系地址、电话、传真、电子信箱
董事会秘书:刘洪梅
联系地址:江苏省常州市新区河海路 96 号
联系电话:(0519)5130805　　联系传真:(0519)5130806
电子信箱:investor@0805.chinese.com
(四)公司注册地址、办公地址及邮政编码,公司国际互联网网址、电子信箱
注册地址:江苏省常州市新区河海路 96 号
办公地址:江苏省常州市新区河海路 96 号　　邮政编码:213022
国际互联网网址:http://www.0805.com.cn
电子信箱:investor@0805.chinese.com
(五)公司选定的信息披露报纸名称,登载年度报告的中国证监会指定网站的网址,公司年度报告备置地点
公司选定的信息披露报纸名称:《证券时报》《中国证券报》
登载公司年度报告的中国证监会指定的国际互联网网址:http://www.cninfo.com.cn
公司年度报告备置地点:公司董事会办公室
(六)公司股票上市交易所、股票简称和股票代码
公司股票上市交易所:深圳证券交易所
股票简称:炎黄在线　　股票代码:000805

第二章 会计数据和业务数据摘要

(一) 报告期主要会计数据和业务数据　　单位:人民币元

项目	金额
利润总额	16,261,083.96
净利润	16,107,924.18
扣除非经常性损益后的净利润	14,229,011.03
主营业务利润	21,807,875.77
其他业务利润	562,743.58
营业利润	13,194,481.52
投资收益	0
补贴收入	3,057,689.29
营业外收支净额	8,913.15
经营活动产生的现金流量净额	10,325,447.53
现金及现金等价物净增加额	-299,282.35

注:扣除非经常性损益的项目、涉及金额(单位:人民币元)

扣除项目	涉及金额
补贴收入	1,870,000.00
营业外收入	22,189.20
营业外支出	13,276.05
以上项目涉及金额合计	1,878,913.15

(二) 截至报告期末公司前三年主要会计数据和财务指标　　单位:人民币元

项 目	2001 年度	2000 年度	1999 年度
主营业务收入	102,388,265.76	40,648,766.86	39,396,278.05
净利润	16,107,924.18	6,761,458.84	-18,416,332.10
总资产	235,516,895,49	183,231,691.27	233,196,605.63
股东权益 (不含少数股东权益)	94,901,820.15	72,766,157.28	63,524,213.94
每股收益(摊薄)	0.2815	0.1182	-0.3219
每股收益(加权)	0.2815	0.1182	-0.3219
每股净资产	1.6586	1.2717	1.1102
调整后的每股净资产	1.6462	1.2602	0.7636
每股经营活动产生的现金流量净额	0.1805	1.1807	-0.1358

(三) 报告期利润表附表

报告期利润	净资产收益率(%)		每股收益(元)	
	全面摊薄	加权平均	全面摊薄	加权平均
2001 年				
主营业务利润	22.96	26.61	0.3811	0.3811
营业利润	13.97	16.19	0.2319	0.2319
净利润	17.04	19.74	0.2829	0.2829
扣除非经常性损益后的净利润	15.06	17.45	0.2500	0.2500
2000 年				
主营业务利润	17.86	19.39	0.2271	0.2271
营业利润	-5.65	-6.14	-0.0719	-0.0719
净利润	9.29	10.09	0.1182	0.1182
扣除非经常性损益后的净利润	-1.36	-1.47	-0.0172	-0.0172

第三章 股本变动及股东情况

(一)股份变动情况表　　单位:股

	年初数	本次变动增减(+/-)				年末数
		配股	送股	其它	小计	
一、未上市流通股份						
1、发起人股份	264,000					264,000
其中:国家拥有股份						
境内法人股	264,000					264,000
外资法人股						
2、定向法人股份	42,536,000					42,536,000
3、高管持股	1,010			+1,090	+1,090	2,100
尚未流通股份合计	42,801,010			+1,090	+1,090	42,802,100
二、已流通股份						
1、人民币普通股	14,417,240			-1,090	-1,090	14,416,150
2、境内上市外资股						
3、境外上市外资股						
已上市流通股份合计	14,417,240			-1,090	-1,090	14,416,150
三、股份总数	57,218,250					57,218,250

000806 北海银河高科技产业股份有限公司

2001 年年度报告摘选

第一节 公司基本情况简介

(一)公司的法定中文名称:北海银河高科技产业股份有限公司
公司的法定英文名称:Beihai Yinhe Hi-Tech Industrial Co.,Ltd.
(二)公司法定代表人:潘琦
(三)公司董事会秘书:欧秋生
证券事务代表:王小成
联系地址:广西北海市广东南路银河科技大厦八楼
电　　话:0779-3202636
传　　真:0779-3201888
电子信箱:yinhe@yinhetech.com
(四)公司注册地址:广西北海市银海南路世贸大厦八楼
公司办公地址:广西北海市广东南路银河科技大厦八楼
邮政编码:536000
公司国际互联网网址:http://www.yinhetech.com
电子信箱:yinhe@yinhetech.com
(五)公司选定的信息披露报纸名称:《证券时报》、《中国证券报》和《上海证券报》
登载年度报告的中国证监会指定网站的网址:http://www.cninfo.com.cn
公司年度报告备置地点:公司董事会秘书处
(六)公司股票上市交易所:深圳证券交易所
股票简称:银河科技　　股票代码:000806

第二节 会计数据和业务数据摘要

(一)本年度主要财务数据:

(金额单位:元)

项目	金额
利润总额	100,670,823.66
净利润	92,483,542.90
扣除非经常性损益后的净利润	89,882,655.59
主营业务利润	172,042,351.86
其他业务利润	595,625.05
营业利润	96,222,522.39
投资收益	2,600,331.78
补贴收入	115,954.00
营业外收支净额	1,732,015.49
经营活动产生的现金流量净额	62,845,064.75
现金及现金等价物净增加额	60,427,932.72

(二)截至报告期末公司前三年的主要会计数据和财务指标:

(金额单位:元)

项目	2001 年	2000 年	1999 年
主营业务收入	401,091,410.44	283,840,334.19	165,181,556.66
净利润	92,483,542.90	85,605,599.27	48,316,754.33
总资产	1,212,935,955.72	880,076,283.62	564,660,026.50
股东权益(不含少数股东权益)	444,469,346.77	369,605,589.41	300,205,370.89
每股收益	0.44	0.40	0.30
每股净资产	2.10	1.75	1.84
调整后的每股净资产	2.04	1.72	1.83
每股经营活动产生的现金流量净额	0.30	0.16	-0.07
净资产收益率(%)	20.81	23.16	16.09
扣除非经常性损益后的加权平均净资产收益率(%)	21.89	24.64	13.57

(三)利润表附表:

(金额单位:元)

报告期利润	净资产收益率(%)		每股收益	
	全面摊薄	加权平均	全面摊薄	加权平均
主营业务利润	38.71	41.90	0.81	0.81
营业利润	21.65	23.44	0.45	0.45
净利润	20.81	22.53	0.44	0.44
扣除非经常性损益后的净利润	20.22	21.89	0.42	0.42

第三节 股本变动及股东情况

(一)股本变动情况
股份变动情况表:

(股份单位:股)

项 目	本次变动前	本次变动增减(+,-)						本次变动后
		配股	送股	公积金转股	增发	其他	小计	
一、未上市流通股份								
1、发起人股份	59,202,000					-11,744,000	-11,744,000	47,458,000
其中:								
国家持有股份	25,740,000					-11,744,000	-11,744,000	13,996,000
境内法人持有股份	33,462,000							33,462,000
境外法人持有股份								
其他								
2、募集法人股份	64,350,000					+11,744,000	+11,744,000	76,094,000
3、内部职工股	33,976,800					-33,976,800	-33,976,800	
4、优先股或其他								
未上市流通股份合计	157,528,800					-33,976,800	-33,976,800	123,552,000
二、已上市流通股份								
1、人民币普通股	54,054,000					+33,976,800	+33,976,800	88,030,800
2、境内上市的外资股								
3、境外上市的外资股								
4、其他								
已上市流通股份合计	54,054,000					+33,976,800	+33,976,800	88,030,800
三、股份总数	211,582,800							211,582,800

000807 云南铝业股份有限公司

2001 年年度报告摘选

一、公司简介

1、公司名称：云南铝业股份有限公司
英文名称：YUNNAN ALUMINIUM CO.，LTD.
2、公司法定代表人：陈智
3、董事会秘书：张文伟
联系地址：云南省昆明市呈贡县云南铝业股份有限公司证券部
联系电话：(0871)7455858
传真：(0871)7455605
电子信箱：stock@ylgf.com
4、公司注册地址：云南省昆明市呈贡县
办公地址：云南省昆明市呈贡县　　邮政编码：650502
网址：//www.china.ylgf.com
电子信箱：ylgf@public.km.yn.cn
5、公司选定的信息披露报纸：《中国证券报》、《证券时报》
登载公司年度报告的中国证监会指定国际互联网网址：http://www.cninfo.com.cn
公司年度报告备置地：公司证券部
6、公司股票上市交易所：深圳证券交易所
股票简称：云铝股份　　股票代码：000807

二、会计数据与业务数据摘要

1、本年度主要利润指标情况(单位：人民币元)

项目	金额
利润总额：	177,392,836.72
净利润：	150,111,809.03
扣除非经常性损益后的净利润：	150,795,403.43
主营业务利润：	286,648,127.44
其他业务利润：	-3,836,678.64
营业利润：	149,498,187.74
投资收益：	30,569,060.76
补贴收入：	0.00
营业外收支净额：	-2,674,411.78
经营活动产生的现金流量净额：	368,605,291.44
现金及现金等价物净增加额：	65,604,480.00
注：扣除所得税影响后的非经常性损益项目及金额：	-683,594.40
其中：(1)营业外收入：	216,172.30
(2)营业外支出：	2,890,584.08
(3)短期投资收益及处置股权投资收益：	1,870,183.07

2、至报告期末公司前三年的主要会计数据和财务指标(合并报表，单位：人民币元)

项目	2001.12.31	2000.12.31	1999.12.31
主营业务收入	1,603,742,305.84	1,470,275,397.69	1,002,920,207.29
净利润	150,111,809.03	97,568,149.96	63,602,442.45
总资产	2,321,605,879.98	2,287,439,157.79	2,146,930,912.13
股东权益	756,959,658.72	715,347,849.69	742,324,153.13
每股收益	0.4842	0.3147	0.2052
每股收益(按月加权法计算)	0.4842	0.3147	0.2052
每股收益(扣除非经常性损益)	0.4864	0.2768	0.1948
每股净资产(元)	2.4418	2.31	2.39
调整后的每股净资产	2.4348	2.29	2.37
每股经营活动产生的每股现金流量净额	1.19	0.64	0.53
净资产收益率(%)	19.83	13.64	8.57

3、报告期利润表附表

按中国证监会《公开发行证券公司信息披露编报规则(第九号)》要求计算本报告期的比较净资产收益率和每股收益如下：

	净资产收益率(%)				每股收益(元)			
	2001 年度		2000 年度		2001 年度		2000 年度	
	全面摊薄	加权平均	全面摊薄	加权平均	全面摊薄	加权平均	全面摊薄	加权平均
主营业务利润	37.87	36.27	31.58	28.56	0.92	0.92	0.73	0.73
营业利润	19.75	18.91	15.27	13.80	0.48	0.48	0.35	0.35
净利润	19.83	18.99	13.64	12.33	0.48	0.48	0.31	0.31
扣除非经常性损益后的净利润	19.92	19.08	11.99	10.85	0.49	0.49	0.28	0.28

三、股本变动及股东情况

股本变动情况
(1)股份变动情况表

公司股份变动情况　　　　数量单位：股

	本次变动前	本次变动增减(+，-)					本次变动后
		配股	送股	公积金转股	其他	小计	
一、尚未流通股份	230,000,000						230,000,000
1.发起人股份							
其中：							
国家拥有股份	230,000,000						230,000,000
境内法人持有股份							
外资法人持有股份							
其他							
2.募集法人股							
3.内部职工股	81,000						66,000
4.优先股或其他							
尚未流通股份合计	230,081,000						230,066,000
二、已流通股份	79,919,000						79,934,000
1.境内上市的人民币普通股	79,919,000						79,934,000
2.境内上市的外资股							
3.境外上市的外资股							
4.其他							
已流通股份合计	79,919,000						79,934,000
三、股份总数	310,000,000						310,000,000

000809 四川第一纺织股份有限公司

2001 年年度报告摘选

一、公司基本情况简介

(一)公司的法定中文名称：四川第一纺织股份有限公司
英文名称：SICHUAN NO.1 TEXTILE STOCK CO.LTD
(二)公司法定代表人：杜世弘
(三)公司董事会秘书：余武柏
联系地址：成都市二环路东三段 8 号
联系电话：(028)4339912—2388
传　　真：(028)4317555
证券事务代表：张宏
联系地址：成都市二环路东三段 8 号
联系电话：(028)4339912—2583
传　　真：(028)4337104
(四)公司注册地址：成都市二环路东三段 8 号
公司办公地址：成都市二环路东三段 8 号
邮政编码：610053
电子信箱：dyfz@mail.sc.cninfo.net
(五)公司选定的信息披露报纸名称：《中国证券报》
登载年度报告的中国证监会指定网站的网址：http://www.cninfo.com.cn
公司年度报告备置地点：公司董事会秘书处
(六)公司股票上市交易所：深圳证券交易所
股票简称：第一纺织
股票代码：000809

二、会计数据和业务数据摘要

(一)本年度主要利润指标(单位：元)

项目	金额
利润总额	-62,964,593.61
净利润	-62,655,891.20
扣除非经常性损益后的净利润	-62,682,999.17
主营业务利润	-979,816.21
其他业务利润	1,561,776.66
营业利润	-50,553,221.01
投资收益	-12,438,480.57
补贴收入	/
营业外收支净额	27,107.97
经营活动产生的现金流量净额	-3,820,515.62
现金及现金等价物净增减额	-29,958,940.57

说明：
公司 2001 年扣除非经常性损益为营业外收支净额 27,107.97 元。

(二)公司近三年的主要会计数据和财务指标：

项目	单位	2001 年	2000 年		1999 年	
			调整后	调整前	调整后	调整前
主营业务收入	万元	36733.13	39542.44	39542.44	25115.82	25115.82
净利润	万元	-6265.59	2274.13	2348.91	1087.38	3017.67
总资产	万元	45125.64	49624.28	50940.54	40049.06	41317.88
股东权益(不含少数股东权益)	万元	16036.05	22283.10	24288.16	21154.66	23084.95
每股收益(摊薄)	元/股	-0.55	0.20	0.21	0.09	0.26
每股收益(加权)	元/股	-0.44	0.20	0.21	0.09	0.26
每股净资产	元/股	1.40	1.94	2.12	1.85	2.01
调整后的每股净资产	元/股	1.33	1.87	2.09	1.77	1.71
每股经营活动产生的现金流量净额	元/股	-0.03	0.01	0.01	0.40	0.40
净资产收益率(摊薄)	%	-39.07	10.21	9.67	5.14	13.07
净资产收益率(加权)	%	-32.72	10.20	9.68	5.28	13.99

利润表附表

报告期利润	净资产收益率		每股收益	
	全面摊薄	加权平均	全面摊薄	加权平均
主营业务利润	-0.61%	-0.51%	-0.0086	-0.0086
营业利润	-31.52%	-26.40%	-0.44	-0.44
净利润	-39.07%	-32.72%	-0.55	-0.55
扣除非经常性损益后的净利润	-39.09%	-32.73%	-0.55	-0.55

三、股本变动及股东情况

(一)股本变动情况

股份变动情况表

数量单位：万股

	本次变动前	本次变动增减(+、-)						本次变动后
		配股	送配	公积金转股	增发	其他	小计	
一、未上市流通股份								
1.发起人股份								
其中：								
国家持有股份	7507							7507
境内法人持有股份								
境外法人持有股份								
其他								
2.募集法人股份	450							450
3.内部职工股								
4.优先股或其他								
其中：转配股								
未上市流通股份合计	7957							7957
二、已上市流通股份								
1.人民币普通股	3500							3500
2.境内上市的外资股								
3.境外上市的外资股								
4.其他								
已上市流通股份合计	3500							3500
三、股份总数	11457							111457

000810 四川锦华股份有限公司

2001年年度报告摘选

一、公司简介

1、公司法定中文名称:四川锦华股份有限公司
中 文 缩 写:四川锦华
公司英文名称:SICHUAN JINHUA CO., LTD.
英 文 缩 写:SCJH
2、公司法定代表人:傅春意
3、公 司 总 经 理:陈 伐
4、公司董事会秘书:张正斌
联系地址:四川省遂宁市遂州中路309号
电　　话:0825—2226774转2225
传　　真:0825—2251399
电子邮箱:scjhdm@sina.com
5、公司注册地址:四川省遂宁市遂州中路309号
办公地址:四川省遂宁市遂州中路309号
邮政编码:629000
电子邮箱:scjh@china.com
6、公司选定的信息披露报纸:《中国证券报》、《证券时报》
刊载公司年度报告的国际互联网网址:http://www.cninfo.com.cn
公司年度报告备置地点:公司资本运营部
7、公司股票上市地点:深圳证券交易所
股票简称:四川锦华　　股票代码:000810

二、会计数据和业务数据摘要

(一)本年度利润总额及构成

单位:元

利润总额	9,850,432.51
净利润	11,568,759.32
扣除非经常性损益后的净利润	10,978,392.77
主营业务利润	29,590,962.17
其他业务利润	286,694.03
营业利润	8,976,925.96
投资收益	283,140.00
补贴收入	–
营业外收支净额	590,366.55
经营活动产生的现金流量净额	–1,563,916.92
现金及现金等价物净增加额	14,469,685.16

说明:本年度扣除非经常性损益的项目及涉及金额:
1、营业外收支净额:590,366.55元;
2、收取的资金占用费:59,653.62元。

(二)公司前三年主要会计数据和财务指标:

项 目	2001年	2000年 调整后	2000年 调整前	1999年
主营业务收入(元)	235,168,430.93	241,234,471.35	241,234,471.35	213,713,889.93
净利润(元):	11,568,759.32	18,263,307.21	43,218,202.61	—12,882,322.31
总资产(元)	418,114,889.16	322,503,182.78	331,382,094,85	383,967,208.56
股东权益(元)	169,281,872.28	163,254,382.96	169,296,356.79	141,423,503.14
每股收益(元/股)	0.12	0.25	0.58	–0.24
每股收益(元/股)(加权)	0.12	0.25	0.58	–0.24
扣除非经常性损益后的每股收益(元)	0.11	0.25	0.27	—0.24
每股净资产(元/股):	1.76	2.21	2.29	2.68
调整后的每股净资产(元/股)	1.67	2.15	2.28	2.66
每股经营活动产生的现金流量净额:(元)	–0.02		0.03	0.48
净资产收益率(%)	6.84	11.19	25.53	–9.11
净资产收益率(%)(加权)	7.02	12.24	25.53	–9.11
扣除非经常性损益后的加权平均净资产收益率(%)	6.62	12.12	11.78	–

(三)公司报告期股东权益变化情况

项 目	股 本	资本公积	盈余公积	法定公益金	未分配利润	股东权益合计
期初数	73,883,600	67,452,618.32	14,149,204.91	789,186.97	7,768,959.73	163,254,382.96
本期增加	22,165,080	2,521,614.75	1,735,313.89	578,437.96	9,850,432.51	36,272,441.15
本期减少	–	2,521,614.75	–	–	27,723,337.08	30,244,951.83
期末数	96,048,680	67,452,618.32	15,884,518.80	1,367,624.93	–10,103,944.84	169,281,872.28

三、股本变动及股东情况

(一)股份变动情况

(单位:股)

	本次变动前	本次变动增减(+–) 配股	送股	公积金转股	增发	其他	小计	本次变更后
1、未上市流通股								
(1)发起人股份								
其中:								
国家持有股份	43,920,800		13,176,240				13,176,240	57,097,040
境内法人持有股份								
外资法人持有股份								
(2)募集法人股	1,962,800		588,840				588,840	2,551,640
(3)内部职工股								
(4)优先股或其他								
其中:转配股								
未上市流通股份合计	45,883,600		13,765,080				13,765,080	59,648,680
2、已上市流通股份								
(1)人民币普通股	28,000,000		8,400,000				8,400,000	36,400,000
(2)境内上市外资股								
(3)境外上市外资股								
已上市流通股份合计	28,000,000		8,400,000				8,400,000	36,400,000
3、股份总数	73,883,600		22,165,080				22,165,080	96,048,680

000811 烟台冰轮股份有限公司

2001年年度报告摘选

第一章　公司基本情况简介

一、公司的法定名称(中文):烟台冰轮股份有限公司
(英文):YANTAI MOON CO., LTD.
二、公司法定代表人:于元波
三、公司董事会秘书:刘立新
董事会证券事务代表:孙秀欣
联系地址:烟台市芝罘区西山路80号
电话:0535–6243451*6503,6243558
传真:0535–6642776
电子信箱:zqb@yantaimoon.com
四、公司注册地址、办公地址:烟台市芝罘区西山路80号
邮政编码:264000
国际互联网网址:http://www.yantaimoon.com
电子信箱:zqb@ yantaimoon.com
五、公司选定的信息披露报纸:《中国证券报》、《证券时报》
登载年度报告的中国证监会指定网站的网址:http://www.cninfo.com.cn
公司年度报告备置地点:公司证券部
六、公司股票上市交易所:深圳证券交易所
股票简称:烟台冰轮　　股票代码:000811

第二章　会计数据和业务数据摘要

一、本年度主要会计数据和业务数据

(单位:元)

利润总额	45,384,252.03
净利润	37,726,309.25
扣除非经常性损益后的净利润	36,597,325.00
主营业务利润	104,222,321.46
其他业务利润	7,239,648.25
营业利润	34,276,347.91
投资收益	11,276,048.99
补贴收入	510,917.98
营业外收支净额	–679,062.85
经营活动产生的现金流量净额	56,085,783.53
现金及现金等价物净增减额	–9,199,229.61

注:扣除非经常性损益涉及的项目和金额(单位:元):

营业外收入	31,933.38
营业外支出	710,996.23
资金占用费	1,922,819.50
股权转让收益	–114,772.40

二、截止报告期末公司前三年的主要会计数据和财务指标

(单位:元)

项 目	2001年度	2000年度 调整后	2000年度 调整前	1999年度
主营业务收入	450,364,131.74	289,617,784.04	289,617,784.04	250,853,997.20
净利润	37,726,309.25	28,296,826.06	27,829,242.03	26,842,974.53
总资产	762,780,334.74	595,090,612.37	598,400,625.39	444,507,725.52
股东权益(不含少数股东权益)	274,791,248.41	263,168,394.25	266,478,407.27	177,387,117.60
每股收益	0.31	0.23	0.23	0.24
每股净资产	2.22	2.13	2.15	1.72
调整后的每股净资产	2.18	2.10	2.14	1.71
每股经营活动产生的现金流量净额	0.45	–0.16	–0.16	0.39
净资产收益率(%)	13.73	10.57	10.44	15.13
以扣除非经常性损益后的净利润为基础计算的加权平均净资产收益率(%)	12.98	11.17	11.60	13.31

第三章　股本变动及股东情况

一、股本变动情况
(一)股份变动情况表

(数量单位:股)

	本次变动前	本次变动增减(+,–) 配股	送股	公积金转股	增发	其他	小计	本次变动后
一、未上市流通股份								
1、发起人股份								
其中:								
国家持有股份	65617340							65617340
境内法人持有股份								
境外法人持有股份								
其他								
2、募集法人股份	20615760							20615760
3、内部职工股								
4、优先股或其他								
未上市流通股份合计	86233100							86233100
二、已上市流通股份								
1、人民币普通股	37440000							37440000
2、境内上市的外资股								
3、境外上市的外资股								
4、其他								
已上市流通股份合计	37440000							37440000
三、股份总数	123673100							123673100

000812 陕西金叶科教集团股份有限公司

2001 年年度报告摘选

第一节 公司基本情况简介

一、公司名称:
中文:陕西金叶科教集团股份有限公司
英文:SHAANXI JINYE SCIENCE TECHNOLOGY AND EDUCATION CO., LTD GROUP
英文缩写:SHAANXI JIN YE GROUP
二、公司法定代表人:田晓康
三、公司董事会秘书:王进春
公司董事会授权代表:强甲申　　联系地址:西安市朱宏路 1 号
联系电话:(029)6246725 6246713　　传　真:(029)6246715
电子信箱:JYDMWJC@PUBLIC.XA.SN.CN
四、公司注册地址:西安市高新技术开发区(西区)高新三路 9 号
公司办公地址:西安市朱宏路 1 号
E-mail:JYDMWJC@PUBLIC.XA.SN.CN　　邮政编码:710016
五、公司信息披露报纸:《证券时报》
公司年度报告的中国证监会指定国际互联网网址:http://www.cninfo.com.cn
公司年度报告备置地点:公司证券部
六、公司股票上市交易所:深圳证券交易所
股票简称:陕西金叶　　股票代码:000812

第二节 会计数据和业务数据摘要

一、2001 年度利润总额及构成:(单位:人民币元)

项目	金额
利润总额	29,878,054.43
净利润	24,123,382.55
扣除非经常性损益后的净利润	20,260,914.54
主营业务利润	42,159,829.62
其他业务利润	16,200,810.51
营业利润	21,109,962.54
投资收益	8,906,894.50
补贴收入	554,300.76
营业外收支净额	-693,103.37
经营活动产生的现金流量净额	68,201,701.15
现金及现金等价物净增加额	-87,947,806.04

注:扣除的非经常性损益项目和涉及金额

项目	金额
(1)营业外收支净额(支出)	693,103.37
(2)补贴收入	-554,300.76
(3)流动资产盘亏	261,496.69
(4)取得资金占用费	-3,211,743.75
(5)委托理财收益	-1,800,000.00
(6)处理被投资单位股权损失	67,364.44
(7)所得税影响数	681,612.00

二、截止报告期末公司前三年主要会计数据和财务指标:(单位:人民币元)

指标项目	2001 年度	2000 年度		1999 年度	
		调整前	调整后	调整前	调整后
主营业务收入	183,594,901.68	193,920,391.25	193,920,391.25	215,396,652.53	215,396,652.53
净利润	24,123,382.55	33,069,287.19	32,675,809.19	33,834,474.47	27,975,776.47
总资产	693,078,054.97	670,513,464.93	663,510,904.93	528,112,064.90	521,484,184.90
股东权益	377,882,311.42	360,611,104.87	353,758,928.87	343,381,817.68	336,923,119.68
每股收益(摊薄)	0.152	0.209	0.206	0.256	0.212
每股收益(加权)	0.152	0.209	0.206	0.256	0.212
扣除非经常性损益后的每股收益(摊薄)	0.128	0.164	0.152	0.252	0.208
扣除非经常性损益后的每股收益(加权)	0.128	0.164	0.152	0.252	0.208
每股净资产	2.39	2.28	2.23	2.60	2.55
调整后的每股净资产	2.31	2.25	2.20	2.57	2.52
每股经营活动产生的现金流量净额	0.43	0.13	0.13	0.15	0.15
净资产收益率(按净利润全面摊薄计算)	6.38%	9.17%	9.24%	9.85%	8.30%
净资产收益率(按净利润加权平均计算)	6.77%	9.19%	9.25%	10.38%	8.68%
扣除非经常性损益后的净资产收益率(摊薄)	5.36%	7.22%	6.81%	9.67%	8.15%
扣除非经常性损益后的净资产收益率(加权)	5.68%	7.23%	6.82%	10.19%	8.52%

第三节 股本变动及股东情况

1、股份变动情况表　　数量单位:股

	本次变动前	本次变动增减(+、-)						本次变动后
		配股	送股	公积金转股	增发	其他	小计	
一、未上市流通股份								
1、发起人股份	66,528,000							66,528,000
其中:								
国家持有股份								
境内法人持有股份	66,528,000							66,528,000
境外法人持有股份								
其他								
2、募集法人股								
3、内部职工股	44,352,000					-44,352,000		0
4、优先股或其他								
未上市流通股份合计	110,880,000							66,528,000
二、已流通股份								
1、境内上市的人民币普通股	47,520,000					44,352,000		91,872,000
2、境内上市的外资股								
3、境外上市的外资股								
4、其他								
已上市流通股份合计	47,520,000							91,872,000
三、股份总数	158,400,000							158,400,000

000813 新疆天山毛纺织股份有限公司

2001 年年度报告摘选

一、公司基本情况简介

一、公司名称:
中文:新疆天山毛纺织股份有限公司
英文:XINJIANG TIANSHAN WOOLLEN TEXTILES CO., LTD.
二、公司法定代表人:张自强
三、公司董事会秘书:王为民
联系地址:新疆维吾尔自治区乌鲁木齐市银川路 1 号新疆天山毛纺织股份有限公司证券投资部:
联系电话:0991-4311866 转 6849　　0991-4310456
联系传真:0991-4310472　　4310456
电子信箱:wwm@chinatianshan.com
四、公司注册地址:新疆维吾尔自治区乌鲁木齐市银川路 1 号
公司办公地址:新疆维吾尔自治区乌鲁木齐市银川路 1 号
公司邮政编码:830054
公司国际互联网网址:www.chinatianshan.com
公司电子信箱:tsjszx@xj.cninfo.net
五、公司选定的信息披露报纸为:《中国证券报》、《证券时报》
公司选定的信息披露的国际互联网网址为:www.cninfo.com.cn
公司年度报告备置地点为:公司证券投资部
六、公司股票上市交易所:深圳证券交易所
公司股票简称:天山纺织
公司股票代码:000813

二、会计数据和业务数据摘要

一、本年度实现利润情况(单位:人民币元)

项目	金额
利润总额:	-145,491,132.18
净利润:	-145,001,151.96
扣除非经常性损益后的净利润:	-151,809,111.60
主营业务利润:	10,880,795.92
其他业务利润:	1,720,562.70
营业利润:	-159,865,488.49
投资收益:	16,731,338.95
补贴收入:	201,020.43
营业外收支净额:	-2,558,003.07
经营活动产生的现金流量净额:	-67,964,219.15
现金及现金等价物净增减额:	29,765,893.09

二、截止报告期末公司前三年主要会计数据和财务指标(单位:人民币元)

	2001 年	2000 年		1999 年	
		(调整后)	(调整前)	(调整后)	(调整前)
主营业务收入	292,037,909.32	456,113,500.39	463,352,027.22	466,636,320.70	466,636,320.70
净利润	-145,001,151.96	10,845,460.27	19,119,494.80	59,105,411.50	69,996,401.32
总资产	1,217,159,242.68	1,327,545,766.83	1,357,317,588.70	1,103,377,941.61	1,145,723,201.50
股东权益(不含少数股东权益)	643,914,962.15	590,985,577.16	645,227,687.59	583,157,359.85	634,485,918.98
每股收益	-0.40	0.03	0.06	0.18	0.21
每股净资产	1.77	1.75	1.91	1.72	1.88
调整后的每股净资产	1.69	1.70	1.80	1.69	1.84
每股经营活动产生的现金流量净额	-0.19	-0.12	-0.12	0.16	0.16
净资产收益率	-22.52	1.84	2.96	10.14	11.03
净资产收益率(加权平均)	-21.25	1.84	3.23	10.27	11.62

利润表附表:

项目	净资产收益率		每股收益(元)	
	全面摊薄	加权平均	全面摊薄	加权平均
主营业务利润	1.69%	1.59%	0.03	0.03
营业利润	-24.83%	-23.43%	-0.44	-0.45
净利润	-22.52%	-21.25%	-0.40	-0.40
扣除非经常性损益后的净利润	-23.58%	-22.25%	-0.42	-0.42

三、股本变动及股东情况

一、股本变动情况(单位:万元人民币)

	本次变动前	本次变动增减(+,-)						本次变动后
		配股	送股	公积金转股	增发	其他	小计	
一、未上市流通股份								
1、发起人股份	25,347.600							25,347.600
其中:								
国家持有股份	15388.524							15388.524
境内法人持有股份	785.772							785.772
境外法人持有股份	9,173.304							9,173.304
其他								
2、募集法人股份								
3、内部职工股								
4、优先股或其他								
未上市流通股份合计	25,347.600							25,347.600
二、已上市流通股份								
1、人民币普通股	8455.835	2537.090						10992.925
2、境内上市的外资股								
3、境外上市的外资股								
4、其他(高管股)	4.165	0.910						5.075
已上市流通股份合计	8460.000	2538.000						10,998
三、股份总数	33,807.600	2538.000						36,345.600

000815 宁夏美利纸业股份有限公司

2001 年年度报告摘选

第一节 公司基本情况简介

一、公司名称:宁夏美利纸业股份有限公司
中文缩写:美利纸业
公司英文名称:NINGXIA MEILI PAPER INDUSTRY CO.,LTD
英文缩写:MEILI PAPER
二、公司法定代表人:刘崇喜
三、公司董事会秘书:闫学廷
联系地址:宁夏回族自治区中卫县柔远地区
联系电话:(0953)7679334
传真:(0953)7679216 7679339
电子信箱:YXT@CHINA－MEILI.COM.CN
授权代表:周立东 杨奎毅
联系地址:宁夏回族自治区中卫县柔远地区
联系电话:(0953)7679334 7679335
传真:(0953)7679216 7679223
电子信箱:YXT@CHINA－MEILI.COM.CN
四、公司注册地址:宁夏回族自治区银川市
公司办公地址:宁夏回族自治区中卫县柔远地区 邮政编码:751700
公司国际互联网网址:HTTP://CHINA－MEILI.COM
公司电子信箱:MLZY@CHINA－MEILI.COM
五、公司信息披露报纸:《证券时报》、《上海证券报》
深圳证券交易所上市公司指定披露的网址为:HTTP://WWW.CNINFO.COM.CN
公司年度报告备置地:董事会秘书办公室 证券部
六、公司股票上市地:深圳证券交易所
段票简称:美利纸业 股票代码:000815

第二节 会计数据和业务数据摘要

一、公司本年度会计数据:(单位:人民币元)

项 目	金额(元)
利润总额:	41,554,831.60
净利润:	41,542,678.39
扣除非经常性损益后的净利润	41,078,572.42
主营业务利润	63,424,899.77
其他业务利润	－4,881.76
营业利润	41,090,725.63
投资收益	0
补贴收入	501,524.67
营业外收支净额	－37,418.70
经营活动产生的现金流量净额	65,918,482.04
现金及现金等价物净增加额	54,607,589.39

注:扣除非经常性损益后的净利润所扣除的项目和涉及金额
补贴收入:501,524.67 元,营业外收入:46,804.52 元,营业外支出:84,223.22 元
二、前三年主要会计数据和财务指标

指标项目	2001 年	2000 年	1999 年
主营业务收入(元)	414,401,242.27	286,960,011.78	191,110,127.33
净利润(元)	41,542,678.39	42,616,861.30	40,766,869.89
总资产(元)	1,540,919,096.34	1,072,371,368.78	683,783,976.25
股东权益(元)	581,491,277.39	553,087,703.51	373,937,273.71
每股收益(摊薄)(元/股)	0.31	0.32	0.36
每股收益(加权平均)(元/股)	0.31	0.37	0.36
每股净资产(元/股)	4.4052	4.1901	3.2802
调整后的每股净资产(元/股)	4.3928	4.1857	3.2780
每股经营活动产生的现金流量净额(元)	0.4994	0.0567	0.0139
净资产收益率(%)(摊薄)	7.14	7.71	10.90
净资产收益率(%)(加权平均)	7.24	10.91	9.28

第三节 股本变动及股东情况

一、股份变动情况
(一)股本变动情况表

单位:股

	本次变动前	配股	送股	公积金转增	增发	其他	小计	本次变动后
一、未上市流通股份								
1、发起人股份	67,000,000							67,000,000
其中:								
国家持有股份	53,000,000					+485,200	+485,200	53,485,200
境内法人持有股份	14,000,000					－485,200	－485,200	13,514,800
境外法人持有股份								
其他								
2、募集法人股份								
3、内部职工股								
4、优先股或其他								
其中:转配股								
未上市流通股份合计	67,000,000							67,000,000
二、已上市流通股份								
1、人民币普通股	65,000,000							65,000,000
2、境内上市的外资股								
3、境外上市的外资股								
4、其他								
已上市流通股份合计	65,000,000							65,000,000
三、股份总数	132,000,000							132,000,000

000816 江苏江淮动力股份有限公司

2001 年年度报告摘选

一、公司基本情况简介

(一)公司法定中文名称:江苏江淮动力股份有限公司
公司英文名称:JIANGSU JIANGHUAI ENGINE CO.,LTD
(二)公司法定代表人:朱瑞龙
(三)公司董事会秘书:王乃强
董事会秘书授权代表:徐健峰
联系地址:江苏省盐城市通榆中路 46 号
电话:0515－8222889 传真:0515－8244908
电子信箱:jhdl@public.yc.js.cn
(四)公司注册地址:江苏省盐城市环城西路 213 号
公司办公地址:江苏省盐城市环城西路 213 号
邮 政 编 码:224001
公司国际互联网网址:http://www.jdchina.com
公司电子信箱:jhdl@public.yc.js.cn
(五)公司选定的信息披露报纸:《中国证券报》、《证券时报》
公司年度报告备置地点:本公司证券部
证监会指定的公司登载年度报告的国际互联网网址:
http:// www.cninfo.com.cn
(六)公司股票上市地:深圳证券交易所
股 票 简 称:江淮动力 股 票 代 码:000816

二、会计数据和业务数据摘要

(一)本年度利润及利润分配表和现金流量表部分数据摘要(单位:元)

项目	金额
利润总额	90,849,626.16
净利润	80,470,117.99
扣除非经常性损益后的净利润	77,156,952.43
主营业务利润	305,461,074.16
其他业务利润	8,110,784.62
营业利润	90,396,718.55
投资收益	－29,153.09
补贴收入	268,090.00
营业外收支净额	213,970.70
经营活动产生的现金流量净额	62,353,341.43
现金及现金等价物净增加额	41,324,354.58

注:报告期内非经常性损益 3,313,165.56 元,具体项目列示如下(单位:元):1.营业外收入:1,134,795.59;2.技术转让收入:4,669,608.00;3.处理固定资产净损失:1,513,536.32;4.捐赠支出:953,050.00;5.罚款支出:38,440.00;6.质量赔款:30,936.00;7.债务重组:300,268.76;8.固定资产减值准备:－1,328,765.72;9. 所得税影响:584,676.28; 10.其他:399,096.39。

(二)公司前三年的主要会计数据和财务指标

指标项目	2001 年度	2000 年度	1999 年度 调整后	1999 年度 调整前
主营业务收入(元)	1,533,746,992.36	1,491,443,401.85	1,491,443,401.85	1,387,685,382.30
净利润 (元)	80,470,117.99	78,876,171.65	78,784,829.13	100,380,093.37
总资产 (元)	1,983,759,310.26	1,915,610,985.85	1,929,477,835.51	1,581,337,224.35
股东权益 (元)	1,291,209,722.13	1,220,636,186.04	1,234,436,567.98	892,558,285.35
每股收益(元/股)(摊薄)	0.263	0.258	0.257	0.363
每股收益(元/股)(加权)	0.263	0.271	0.268	0.363
扣除非经常性损益后的每股收益(元/股)	0.252	0.262	0.262	0.363
每股净资产(元/股)	4.217	3.986	4.032	3.225
调整后的每股净资产(元/股)	4.142	3.924	3.973	3.181
每股经营活动产生的现金流量净额(元/股)	0.204	0.235	－0.235	0.373
净资产收益率(%)	6.23	6.46	6.38	11.25

(三)按照中国证监会《公开发行证券的公司信息披露编报规则(第九号)》规定计算的报告期利润表附表:

报告期利润	净资产收益率(%) 全面摊薄	净资产收益率(%) 加权平均	每股收益(元) 全面摊薄	每股收益(元) 加权平均
主营业务利润	23.66%	24.23%	0.998	0.998
营业利润	7.00%	7.17%	0.295	0.295
净利润	6.23%	6.38%	0.263	0.263
扣除非经常性损益后的净利润	5.98%	6.12%	0.252	0.252

三、股本变动及股东情况

(一)股本变动情况表 数量单位:股

	本次变动前	配股	送股	公积金转股	增发	其他	小计	本次变动后
一、未上市流通股份								
1、发起人股份	191800000							191800000
其中:								
国家持有股份	191800000							191800000
境内法人持有股份								
境外法人持有股份								
其他								
2、募集法人股份								
3、内部职工股								
4、优先股或其他								
其中:转配股								
未上市流通股份合计	191800000							191800000
二、已上市流通股份								
1、人民币普通股	114400000							114400000
2、境内上市的外资股								
3、境外上市的外资股								
4、其他								
已上市流通股份合计	114400000							114400000
三、股份总数	306200000							306200000

000817 辽河金马油田股份有限公司

2001 年年度报告摘选

一、公司基本情况简介

1、公司法定中文名称:辽河金马油田股份有限公司
中文缩写:辽河金马
公司法定英文名称:Liaohe Jinma Oilfield Company Limited
2、公司法定代表人:王春鹏
3、公司董事会秘书:李忠涛
公司证券事务代表:战丽
联系地址:辽宁省盘锦市兴隆台区振兴街
邮编:124010
联系电话:0427－7807584
传真: 0427－7823657
电子信箱:lhyt0817@sohu.com
4、公司注册地址:辽宁省盘锦市兴隆台区振兴街
公司办公地址:辽宁省盘锦市兴隆台区振兴街迎宾路 13 号
公司国际互联网网址:http://www.lhjm.com
邮政编码:124010
公司电子信箱:lhyt@vip.163.com
5、公司选定的信息披露报纸名称:《中国证券报》、《证券时报》、《上海证券报》
登载公司年度报告的国际互联网网址:http://www.cninfo.com.cn
公司年度报告备置地点:公司董事会秘书处
6、公司股票上市地:深圳证券交易所
股票简称:辽河油田
股票代码:000817

二、会计数据和业务数据摘要

1、公司本年度主要会计数据: 单位:人民币元

项目	金额
利润总额:	519,060,890.56
净利润:	347,211,149.07
扣除非经常性损益后的净利润	385,584,665.86
主营业务利润:	590,311,306.50
其他业务利润:	
营业利润:	557,434,407.35
投资收益:	23,496,804.42
补贴收入:	0.00
营业外收支净额:	－61,870,321.21
经营活动产生的现金流量净额:	578,245,700.87
现金及现金等价物净增加额:	1,171,972,648.73

2、公司近三年的主要会计数据和财务指标 单位:元

项目	2001 年	2000 年		1999 年
		调整后	调整前	
主营业务收入	1,100,340,784.00	1,173,294,426.00	1,173,294,426.00	868,928,753.00
净利润	347,211,149.07	438,013,105.32	461,065,679.48	164,752,333.08
总资产	2,787,302,983.12	2,672,424,141.85	2,770,969,219.01	2,606,059,863.79
股东权益	2,382,539,688.91	2,255,328,539.84	2,353,873,617.00	2,113,195,596.43
每股收益(元/股)	0.32	0.40	0.42	0.15
每股净资产(元/股)	2.17	2.05	2.14	1.92
调整后的每股净资产(元/股)	2.17	2.05	2.14	1.92
每股经营活动产生的现金流量净额	0.53	0.41	0.41	0.75
净资产收益率(%)	14.57	19.42	19.587	7.79

3、参照《公开发行证券的公司信息披露编报规则第九号》的规定计算的加权平均每股收益

2001 年度利润	净资产收益率(%)		每股收益(元)	
	全面摊薄	加权平均	全面摊薄	加权平均
主营业务利润	24.78	25.46	0.54	0.54
营业利润	23.40	24.04	0.51	0.51
净利润	14.57	14.97	0.32	0.32
扣除非经营性损益后的净利润	16.18	16.63	0.35	0.35

三、股本变动及股东情况

1、股本变动情况
公司股份变动情况表

数量单位:股

	本次变动前	本次变动增减(+,－)						本次变动后
		配股	送股	公积金转股	增发	其他	小计	
一、未上市流通股份								
1、发起人股份	900,000,000							900,000,000
其中:								
国家持有股份	900,000,000							900,000,000
境内法人持有股份								
境外法人持有股份								
其他								
2、募集法人股份								
3、内部职工股								
4、优先股或其他								
其中:转配股								
未上市流通股份合计	900,000,000							900,000,000
二、已上市流通股份								
1、人民币普通股	200,000,000							200,000,000
2、境内上市的外资股								
3、境外上市的外资股								
4、其他								
已上市流通股份合计	200,000,000							200,000,000
三、股份总数	1,100,000,000							1,100,000,000

000818 锦化化工集团氯碱股份有限公司

2001 年年度报告摘选

一、公司简介

1、公司名称
中文名称:锦化化工集团氯碱股份有限公司
英文名称:JIN HUA GROUP CHLOR－ALKALI CO,LTD
英文缩写:JHC
2、公司法定代表人:张立君
3、公司董事会秘书:赵志鹏
联系地址:辽宁省葫芦岛市连山区化工街
联系电话:0429－2709065 传真:0429－2901152
电子信箱:jhca@jinhuagroup.com
4、公司注册地址:辽宁省葫芦岛市连山区化工街
公司办公地址:辽宁省葫芦岛市连山区化工街 邮政编码:125001
电子信箱:jhca@jinhuagroup.com
5、公司信息披露报刊名称:《中国证券报》《证券时报》
刊登年度报告的中国证监会指定网站网址:http/www.cninfo.com.cn
公司年度报告备置地点:公司证券办公室
6、公司股票上市交易所:深圳证券交易所
股票简称:锦化氯碱 股票代码:000818

二、会计数据和业务数据摘要

1、本年度主要利润指标情况 (单位:人民币元)

项目	金额
利润总额:	－24,698,506.24
净利润:	－14,962,287.08
扣除非经常性损益后的净利润:	－10,665,333.42
主营业务利润:	70,049,966.58
其他业务利润:	454,740.63
营业利润:	－19,253,593.69
投资收益:	－23,114.76
营业外收支净额:	－5,421,797.79
经营活动产生的现金流量净额:	170,939,432.99
现金及现金等价物净增加额:	202,241,658.60

2、公司三年来主要会计数据和财务指标(单位:人民币元)

项目	2001 年	2000 年		1999 年	
		调整前	调整后	调整前	调整后
主营业务收入	1,125,433,828.52	743,437,866.78	743,437,866.78	670,365,266.29	670,365,266.29
净利润	－14,962,287.08	27,580,319.48	25,305,125.66	46,929,345.50	44,260,693.30
总资产	2,837,252,708.54	2,535,236,695.97	2,535,236,695.97	1,456,622,118.00	1,453,953,465.80
股东权益	958,712,625.68	975,950,106.58	973,674,912.76	951,038,439.30	948,369,787.10
每股收益	－0.044	0.081	0.074	0.138	0.130
加权每股收益	－0.044	0.081	0.074	0.138	0.130
扣除非经常性损益后每股收益	－0.031	0.031	0.024	0.100	0.092
每股净资产	2.820	2.870	2.864	2.797	2.789
调整后的每股净资产	2.700	2.782	2.776	2.723	0.715
每股经营活动产生的现金流量净额	0.503	－0.01	－0.01	0.005	0.005
净资产收益率%	－1.56	2.83	2.60	4.94	4.67
净资产收益率(加权)	－1.55	2.87	2.63	5.01	4.73
扣除非经常性损益后的净资产收益率(加权)%	－1.10	1.09	0.86	3.61	3.33

根据《公开发行证券公司信息披露编报规则》第九号规定,编制如下利润表附表:

利润表附表

单位:锦化化工集团氯碱股份有限公司

报告期利润	2001 年度	净资产收益率(%)		每股收益(元)	
		全面摊薄	加权平均	全面摊薄	加权平均
主营业务利润	70,049,966.58	7.3067	7.2501	0.2060	0.2060
营业利润	－19,253,593.69	－2.0083	－1.9927	－0.0566	－0.0566
净利润	－14,962,287.08	－1.5607	－1.5486	－0.0440	－0.0440
扣除非经常性损益后的净利润	－10,665,333.42	－1.1125	－1.1000	－0.0314	－0.0314

三、股本变动及股东情况

(一)股本变动情况
1、公司股份变动情况表

数量单位:股

	本次变动前	本次变动增减(+,－)						本次变动后
		配股	送股	公积金转股	增发	其它	小计	
一、未上市流通股份								
1、发起人股份	250000000							250000000
其中:								
国家持有股份	250000000							250000000
境内法人持有股份								
境外法人持有股份								
其他								
2、募集法人股份								
3、内部职工股								
4、优先股或其他								
未上市流通股份合计	250000000							250000000
二、已上市流通股份								
1、人民币普通股	90000000							90000000
2、境内上市的外资股								
3、境外上市的外资股								
4、其他								
已上市流通股份合计	90000000							90000000
三、股份总数	340000000							340000000

000819 岳阳兴长石化股份有限公司

2001 年年度报告摘选

一、公司简介

1、公司全称:岳阳兴长石化股份有限公司
中文简称:岳阳兴长
英文名称:YUEYANG XINGCHANG PETRO - CHEMICAL CO.,LTD.
英文简称:YUEYANG XINGCHANG
2、公司法定代表人:王胜利
3、公司负责信息披露事务人员:
董事会秘书:彭东升
联系电话:(0730)8452594 8843910 传 真:(0730)8439202 8843910
E - mail:Pdsen@clpec.com.cn
授权代表:谭人杰
联系电话:(0730)8844930 8844021 8452837 传真:(0730)8844930
E - mail:Zqbu@clpec.com.cn
联系地址:公司证券部(湖南省岳阳市金鹗中路康特大厦十楼)
4、公司注册地址:湖南省岳阳市云溪区
公司办公地址:湖南省岳阳市云溪区 邮政编码:414012
E - mail:Zqbu@clpec.com.cn 互联网网址:http://www.yyxc0819.com/
5、公司选定的信息披露报纸名称:《证券时报》
登载公司年报的中国证监会指定互联网网址:http://www.cninfo.com.cn/
公司年度报告备置地点:公司证券部
6、公司股票上市交易所:深圳证券交易所
股票简称:岳阳兴长 股票代码:000819

二、会计数据和业务数据摘要

1、公司本年度主要利润指标

项目	金额
利润总额	34,551,365.50 元
净利润	33,857,078.23 元
扣除非经营性损益后的净利润	33,801,283.92 元
主营业务利润	65,446,435.95 元
其他业务利润	973,614.27 元
营业利润	31,507,020.97 元
投资收益	3,387,364.75 元
补贴收入	/
营业外收支净额	-343,020.22 元
经营活动产生的现金流量净额	14,928,231.77 元
现金及现金等价物净增加额	-2,475,589.62 元

2、主要会计数据和财务指标(单位:人民币元)

项 目	2001 年	2000 年		1999 年	
		调整前	调整后	调整前	调整后
主营业务收入	691,433,345.33	697,116,945.98	697,106,908.22	390,954,344.47	390,926,114.98
净利润	33,857,078.23	43,601,843.41	37,241,558.90	36,724,825.39	38,852,088.53
总资产	540,672,833.80	392,316,425.79	384,375,898.81	335,783,620.81	335,833,035.46
股东权益(不含少数股东权益)	353,281,364.38	350,904,060.80	340,066,018.65	305,174,954.25	307,302,217.39
每股收益	0.205	0.264	0.226	0.222	0.235
每股收益(扣除非经常性损益)	0.205	0.264	0.226	0.222	0.235
每股净资产	2.139	2.125	2.059	1.848	1.861
调整后每股净资产	2.114	2.111	2.046	1.839	1.853
每股经营活动产生的现金流量净额	0.090	0.281	0.281	0.355	0.355
净资产收益率%	9.58	12.4	11.0	12.6	12.6
扣除非经常性损益后净资产收益率%	9.57	12.4	11.0	12.6	12.6

报告期利润	净资产收益率(%)				每股收益(元)			
	全面摊簿		加权平均		全面摊簿		加权平均	
	2001 年	2000 年	2001 年	2000 年	2001 年	2000 年	2001 年	2000 年
主营业务利润	18.52	22.09	18.33	23.04	0.396	0.455	0.396	0.455
营业利润	8.92	15.57	8.82	16.24	0.205	0.321	0.191	0.321
净利润	9.58	10.95	9.47	11.43	0.205	0.226	0.205	0.226
扣除非经常性损益后的净利润	9.57	10.95	9.47	11.43	0.205	0.226	0.205	0.226

2000 年调整前	主营业务利润	营业利润	净利润	扣除非经常性损益后的净利润
摊簿净资产收益率(%)	21.4	15.1	12.4	12.4
加权净资产收益率(%)	21.4	15.1	12.4	12.4
摊簿每股收益(元)	0.455	0.322	0.264	0.264
加权每股收益(元)	0.455	0.322	0.264	0.264

三、股本变动及股东情况

(1)股份变动情况表(数量单位:股)

	本次变动前	本次变动增减(+,-)						本次变动后
		配股	送股	公积金转股	增发	其他	小计	
一、未上市流通股								
1、发起人股份	64160700							64160700
其中:								
国家持有股份								
境内法人持有股份	64160700							64160700
境外法人持有股份								
其他								
2、募集法人股	48870000							48870000
3、内部职工股								
4、优先股或其他								
未上市流通股份合计	113030700							113030700
二、已上市流通股								
1、人民币普通股	52103160							52103160
2、境内上市的外资股								
3、境外上市的外资股								
4、其他								
已上市流通股份合计	52103160							52103160
三、股份总数	165133860							165133860

000820 金城造纸股份有限公司

2001 年年度报告摘选

一、公司基本情况简介

1、法定中文名称:金城造纸股份有限公司
法定英文名称:Jincheng Paper Co.,Ltd
2、法定代表人:柏 丹
3、董事会秘书:吕 立
联系地址:辽宁省凌海市金城街金城造纸股份有限公司董事会秘书办公室
电 话:(0416)8285084
传 真:(0416)8282642
电子信箱:lvli0416@sina.com
授权代表:王 敏
联系地址:辽宁省凌海市金城街金城造纸股份有限公司证券部
电 话:(0416)8285051
传 真:(0416)8282642
4、注册地址:辽宁省凌海市金城街
办公地址:辽宁省凌海市金城街金城造纸股份有限公司办公楼
邮政编码:121203
公司国际互联网网址:http://www.jinchengpaper.com.cn
5、公司信息披露报纸:《证券时报》、《上海证券报》
登载年度报告网站的网址:http://www.cninfo.com.cn
公司年度报告备置地点:公司证券部
6、公司股票上市交易所:深圳证券交易所
股票简称:金城股份
股票代码:000820

二、会计数据和业务数据摘要

1、公司本年度主要会计数据(单位:元)

项目	金额
利润总额:	57,265,571.67
净利润:	45,902,228.85
扣除非经常性损益后的净利润:	46,295,132.46
主营业务利润:	139,179,079.23
其他业务利润:	3,858,771.95
营业利润:	57,658,475.28
投资收益	
补贴收入	
营业外收支净额:	-392,903.61
经营活动产生的现金流量净额:	49,194,552.51
现金及现金等价物净增加额:	46,663,883.19

注:扣除非经常性损益的项目和涉及的金额:

项目	金额
(1)营业外收入:	42,927.78
(2)营业外支出:	435,831.39

2、公司近三年主要会计数据和财务指标

项目		单位	2001 年度	2000 年度	1999 年度
主营业务收入		元	523,268,903.90	444,653,835.94	507,785,155.42
净利润		元	45,902,228.85	27,275,738.86	43,660,468.59
总资产		元	1,354,597,748.02	1,116,305,984.43	850,457,239.03
股东权益		元	534,836,513.25	495,278,391.45	455,482,231.80
每股收益	全面摊薄	元/股	0.2171	0.1290	0.2065
	加权平均	元/股	0.2171	0.1290	0.2065
扣除非经常性损益后的每股收益		元/股	0.2190	0.1021	0.1935
每股经营活动产生的现金流量净额		元/股	0.2327	1.4440	-0.0986
每股净资产		元/股	2.5298	2.3430	2.1540
调整后每股净资产		元/股	2.4214	2.2470	2.1370
净资产收益率	全面摊薄	%	8.59	5.54	9.59
	加权平均	%	8.86	5.85	10.07
扣除非经常性损益的加权平均每股净资产收益率		%	8.93	4.63	9.46

三、股本变动及股东情况

1、股本变动情况

(1)股份变动情况表(数量单位:股)

	本次变动前	本次变动增减(+、-)						本次变动后
		配股	送股	公积金转股	增发	其他	小计	
一、未上市流通股份								
1、发起人股份	113051400					-24451000	-24451000	88600400
其中:								
国家持有股份	113051400					-24451000	-24451000	88600400
境内法人持有股份								
境外法人持有股份								
其他								
2、募集法人股份	21000000							21000000
3、内部职工股	23364600					-23364600	-23364600	
4、优先股或其他						+24451000	+24451000	+24451000
未上市流通股份合计	157416000					-23364600	-23364600	134051400
二、已上市流通股份								
1、人民币普通股	54000000					+23364600	+23364600	77364600
2、境内上市的外资股								
3、境外上市的外资股								
4、其他								
已上市流通股份合计	54000000					+23364600	+23364600	77364600
三、股份总数	211416000							211416000

000821 湖北京山轻工机械股份有限公司

2001 年年度报告摘选

第一章 公司基本情况简介

1、中文名称:湖北京山轻工机械股份有限公司
中文名称简称:京山轻机
英文名称:HUBEI JINGSHAN LIGHT INDUSTRY MACHINERY STOCK CO., LTD.
英文名称缩写:JSQJ
2、公司法定代表人:孙友元
3、公司董事会秘书:陈昭俊
证券事务代表:谢杏平
联系地址:湖北省京山县新市镇轻机大道 78 号
联系电话:(0724)7221560 7222220-669 联系传真:(0724)7221560
电子信箱:xiexp0821@sina.com
4、公司注册地址:湖北省京山县新市镇轻机大道 78 号
办公地址:湖北省京山县新市镇轻机大道 78 号
邮政编码:431800
国际互联网网址:http://www.jspackmach.com
电子信箱:securities@jspackmach.com
5、公司选定的信息披露报纸名称:《证券时报》、《中国证券报》
登载公司年度报告的中国证监会指定的国际互联网网址:http://www.cninfo.com.cn
公司年度报告备置地点:公司证券部
6、公司股票上市交易所:深圳证券交易所
股票简称:京山轻机 股票代码:000821

第二章 会计数据和业务数据摘要

1、报告期主要会计数据和业务数据 单位:人民币元

项目	金额
利润总额	113,493,108.54
净利润	88,706,801.67
扣除非经常性损益后的净利润	84,350,114.82
主营业务利润	156,002,695.52
其他业务利润	695,619.15
营业利润	104,314,077.93
投资收益	3,000,000.00
补贴收入	6,494,751.56
营业外收支净额	-211,533.04
经营活动产生的现金流量净额	184,427,731.46
现金及现金等价物净增加额	133,801,263.73

2、截至报告期末公司前三年主要会计数据和财务指标 单位:人民币元

项 目	2001 年度	2000 年度	1999 年度
主营业务收入	590,909,406.14	539,286,692.07	458,822,299.53
净利润	88,706,801.67	89,548,631.37	93,612,507.03
总资产	1,401,466,502.29	1,193,187,342.69	885,689,162.22
股东权益(不含少数股东权益)	853,561,403.95	801,058,724.67	773,274,359.70
每股收益(摊薄)	0.29	0.29	0.30
每股收益(加权)	0.29	0.29	0.30
每股净资产	2.76	2.59	2.50
调整后的每股净资产	2.76	2.58	2.49
每股经营活动产生的现金流量净额	0.60	0.23	-0.06
净资产收益率(%)(摊薄)	10.39	11.18	12.11
净资产收益率(%)(加权)	10.49	10.95	12.74

3、报告期利润表附表

报告期利润	净资产收益率(%) 全面摊薄	净资产收益率(%) 加权平均	每股收益(元) 全面摊薄	每股收益(元) 加权平均
2001 年				
主营业务利润	18.28	18.45	0.51	0.51
营业利润	12.22	12.34	0.34	0.34
净利润	10.39	10.49	0.29	0.29
扣除非经常性损益后的净利润	9.88	9.98	0.27	0.27
2000 年				
主营业务利润	17.67	17.30	0.46	0.46
营业利润	12.32	12.06	0.32	0.32
净利润	11.18	10.95	0.29	0.29
扣除非经常性损益后的净利润	10.14	9.93	0.26	0.26

第三章 股本变动及股东情况

1、股份变动情况表

公司股份变动情况表 数量单位:股

项 目	本次变动前	本次变动增减(+,-) 配股	送股	公积金转股	增发	其 他	小 计	本次变动后
一、未上市流通股份								
1、发起人股份	178,985,583							178,985,583
其中:								
国家持有股份	25,234,830							25,234,830
境内法人持有股份	153,750,753							153,750,753
境外法人持有股份								
其他								
2、募集法人股份	8,444,250							8,444,250
3、内部职工股	38,891,499					-38,750,499	-38,750,499	141,000
4、优先股或其他								
未上市流通股份合计	226,321,332					-38,750,499	-38,750,499	187,429,833
二、已上市流通股份								
1、人民币普通股	82,500,000					+38,750,499	+38,750,499	121,250,499
2、境内上市的外资股								
1、境外上市的外资股								
2、其他								
已上市流通股份合计	82,500,000							121,250,499
三、股份总数	308,821,332							308,821,332

000822 山东海化股份有限公司

2001 年年度报告摘选

第一章 公司基本情况简介

1、公司法定中文名称:山东海化股份有限公司
公司中文缩写:山东海化
公司法定英文名称:SHANDONG HAIHUA COMPANY LIMITED
公司英文缩写:SDHH
2、公司法定代表人:肖庆周
3、公司董事会秘书:吴炳顺
证券事务代表:李光强
联系地址:山东省潍坊海洋化工高新技术产业开发区
电话:(0536)5329379 5329879
传真:(0536)5329879
电子信箱:wfzqb@wf-public.sd.cninfo.net
4、公司注册及办公地址:山东省潍坊海洋化工高新技术产业开发区
邮政编码:262737
公司国际互联网网址:http://www.sd-haihua.com
公司电子信箱:hhgf@haihua.chem.com.cn
5、公司选定的信息披露报纸:《中国证券报》、《证券时报》
登载公司年报的国际互联网网址:http://www.cninfo.com.cn
公司年度报告备置地点:公司证券部、深圳证券交易所
6、公司股票上市交易所:深圳证券交易所
股票简称:山东海化
股票代码:000822

第二章 会计数据和业务数据摘要

1、2001 年度本公司主要会计数据如下:(单位:人民币元)

项目	2001 年度
利润总额:	210,765,142.15
净利润:	182,017,028.58
扣除非经常性损益后的净利润:	137,379,423.34
主营业务利润:	368,272,169.94
其它业务利润:	7,044,696.60
营业利润:	207,579,754.04
投资收益:	4,682,443.11
补贴收入:	0
营业外收支净额:	-1,497,055.00
经营活动产生的现金流量净额:	252,938,415.50
现金及现金等价物净增减额:	441,627,175.60

注:扣除的非经常性损益包括涉及金额:

投资收益:4,682,443.11 元,营业外收支:-1,497,055.00 元,资金占用费:736,078.11 元,所得税返还:40,716,139.02 元。

2、公司近三年主要会计数据和财务指标:

项目	2001 年度	2000 年度 调整后	2000 年度 调整前	1999 年度
主营业务收入(元)	1,439,028,480.19	1,174,452,491.79	1,168,186,978.10	974,919,318.02
净利润(元)	182,017,028.58	156,310,287.69	155,083,602.88	113,661,935.60
总资产(元)	3,037,381,205.40	2,307,457,301.98	2,312,710,409.35	2,302,004,302.34
股东权益(不含少数股东权益)(元)	1,651,452,947.42	1,179,482,472.97	1,182,857,300.29	1,124,373,697.41
每股收益(元/股)(摊薄)	0.40	0.37	0.37	0.27
(元/股)(加权)	0.43	0.37	0.37	0.27
每股净资产(元)	3.60	2.81	2.82	2.68
调整后的每股净资产(元)	3.43	2.72	2.71	2.63
净资产收益率(%)(摊薄)	11.02	13.25	13.11	10.11
(加权)	13.97	12.56	13.44	10.24
扣除非经常性损益后的每股收益(元/股)(摊薄)	0.30	0.30	0.30	0.20
(加权)	0.33			
每股经营活动产生的现金流量净额(元/股)	0.55	1.06	1.06	0.13

第三章 股本变动及股东情况

1、股本变动情况

(1)公司股份变动情况表(单位:股)

	本次变动前	本次变动增减(+、-) 配股	送股	公积金转股	增发	其他	小计	本次变动后
一、未上市流通股份								
1、发起人股份	300,000,000	2,700,000					2,700,000	302,700,000
其中:								
国家持有股份								
境内法人持有股份	300,000,000	2,700,000					2,700,000	302,700,000
境外法人持有股份								
其他								
2、募集法人股份								
3、内部职工股								
4、优先股或其他								
未上市流通股份合计	300,000,000	2,700,000					2,700,000	302,700,000
二、已上市流通股份								
1、人民币普通股	120,000,000	36,000,000					36,000,000	156,000,000
其中:高管股	65,996	12,726		-47,148,012			74,008	
2、境内上市的外资股								
3、境外上市的外资股								
4、其他								
已上市流通股份合计	120,000,000	36,000,000					36,000,000	156,000,000
三、股份总数	420,000,000	38,700,000					38,700,000	458,700,000

000823 广东汕头超声电子股份有限公司

2001 年年度报告摘选

一、公司基本情况简介

1、公司法定中文名称:广东汕头超声电子股份有限公司
公司法定英文名称:GUANGDONG GOWORLD CO., LTD.
2、公司法定代表人:李大淳
3、董事会秘书:陈东屏
联系地址:广东省汕头市兴业路 21 号
电话:0754-8245666-3379
证券部联系电话:0754-8610992
传真:0754-8628027
4、公司注册地址:广东省汕头市兴业路 21 号
公司办公地址:广东省汕头市兴业路 21 号　　邮政编码:515041
公司国际互联网网址为:http://www.gd-goworld.com
公司电子信箱:goworld@pub.shantou.gd.cn
5、公司选定的信息披露报纸:《中国证券报》、《证券时报》
登载公司年报的网址为:http://www.cninfo.com.cn
公司年报备置地点:公司证券部
6、公司股票上市交易所:深圳证券交易所
股票简称:超声电子　　股票代码:000823

二、会计数据与业务数据摘要

1、本年度各项主要指标(单位:元)

	2001 年度(合并)
利润总额	73,415,986.77
净利润	43,488,860.74
扣除非经常性损益后的净利润	43,215,385.51
主营业务利润	155,692,480.161
其他业务利润	996,758.75
营业利润	73,783,362.05
投资收益	-3,239,434.73
补贴收入	--
营业外收支净额	2,872,059.45
经营活动产生的现金流量净额	12,707,393.12
现金及现金等价物净增加额	165,370,156.30

注:扣减非经常性损益内容及金额
(1) 申购股票冻结资金利息收入 2,140,232.70 元
(2) 地产地销增值税进销差额 456,027.68 元
(3) 合并价差 -2,108,408.18 元
(4) 固定资产清理损益 93,449.79 元
(5) 其他 -307,826.76 元

2、会计数据及财务指标(合并报表)

序号	项　目	2001 年度	2000 年度	1999 年度
①	主营业务收入(元)	642,824,521.62	625,156,028.05	481,491,344.67
②	净利润(元)	43,488,860.74	74,036,664.84	64,517,874.57
③	总资产(元)	1,572,178,769.20	1,400,372,186.41	992,912,704.21
④	股东权益(不含少数股东)(元)	873,797,320.19	874,533,784.80	621,305,608.41
⑤	每股收益(元/股)			
	摊薄:	0.121	0.206	0.197
	加权:	0.121	0.211	0.197
	扣除非经常性损益:	0.120	0.204	0.190
⑥	每股净资产(元/股)	2.433	2.435	1.894
⑦	净资产收益率(%)摊薄:	4.977	8.466	10.384
⑧	调整后的每股净资产(元/股)摊薄:	2.379	2.375	1.830
⑨	每股经营活动产生的现金流量净额	0.354	0.019	0.414

3、本年度利润表附表

报告期利润	净资产收益率(%)		每股收益	
	全面摊薄	加权平均	全面摊薄	加权平均
主营业务利润	17.818	17.818	0.433	0.433
营业利润	8.444	8.444	0.205	0.205
净利润	4.977	4.977	0.121	0.121
扣除非经常性损益后的利润	4.946	4.946	0.120	0.120

三、股本变动及股东情况

1、股份变动情况表
(1)公司股份变动情况　　数量单位:股

	期初数	本次变动增减(+,-) 配股	送股	公积金转增	其他	小计	期末数
一、未上市流通股份							
1、发起人股份	224,000,000						224,000,000
其中:国家拥有股份	224,000,000						224,000,000
境内法人拥有股份							
境外法人拥有股份							
其他							
2、募集法人股							
3、内部职工股							
4、优先股及其他							
未上市流通股份合计	224,000,000						224,000,000
二、已上市流通股份							
1、人民币普通股	135,200,000						135,200,000
其中:高管股	231.750						231.750
2、境内上市的外资股							
3、境外上市的外资股							
4、其他							
已上市流通股份合计	135,200,000						135,200,000
三、股份总数	359,200,000						359,200,000

000825 山西太钢不锈钢股份有限公司

2001 年年度报告摘选

一、公司基本情况简介

(一)公司中文名称:山西太钢不锈钢股份有限公司
公司英文名称:SHANXI TAIGANG STAINLESS STEEL CO.LTD
英文名称缩写:STSS
(二)公司法定代表人:陈川平(董事长)
(三)公司董事会秘书:张竹平
董事会证券事务代表:华春雨
联系地址:山西省太原市尖草坪街 2 号
电话:0351-3017728 或 3017729
传真:0351-3017729
电子信箱:tgbxzjb@public ty sx cn
(四)公司注册地址:山西省太原市尖草坪街 2 号
公司办公地址:山西省太原市尖草坪街 2 号　　邮政编码:030003
公司电子信箱:tgbxzjb@public ty sx cn
(五)公司选定的信息披露报纸名称:《中国证券报》和《证券时报》
中国证监会指定的国际互联网网址:www.cninfo.com.cn
公司《年度报告》备置地点:公司证券部
(六)公司股票上市地:深圳证券交易所
公司股票简称:太钢不锈　　公司股票代码:000825

二、会计数据和业务数据摘要

1. 本年度实现的利润总额及相关项目(单位:元)

项　目	金　额
利润总额:	364,708,651.68
净利润	296,829,217.34
扣除非经常性损益后的净利润	268,320,711.81
主营业务利润	515,283,113.73
其他业务利润	25,328,828.38
营业利润	374,520,225.78
投资收益	0
补贴收入	0
营业外收支净额	-9,811,574.10
经营活动产生的现金流量净额	453,449,726.14
现金及现金等价物净增加额	267,750,547.95

2. 主要会计数据及财务指标

指标项目	2001 年度	2000 年度调整前	2000 年度调整后	1999 年度
主营业务收入(元)	6,830,299,771.71	4,936,818,680.04	4,936,818,680.04	3,545,171,997.99
净利润(元)	296,829,217.34	291,463,852.16	292,387,330.07	283,352,556.75
总资产(元)	5,702,723,225.52	4,742,896,816.70	4,726,405,178.80	4,003,730,360.45
股东权益(元)	3,141,939,248.82	2,184,957,781.07	2,165,036,400.75	1,983,491,419.61
每股收益(元/股)	0.276	0.309	0.31	0.301
每股净资产(元/股)	2.92	2.319	2.298	2.106
调整后每股净资产(元/股)	2.897	2.266	2.250	1.958
每股经营活动产生的现金流量净额	0.421	0.389	0.389	0.201
净资产收益率%	9.447	13.340	13.505	14.29
扣除非经常性损益后的加权平均净资产收益率(%)	8.99	12.79	12.83	12.59

三、股本变动和股东情况

(一)股本变动情况　　数量单位:股

项　目	本次变动前	本次变动增减(+,-) 配股	送股	公积金转股	增发	其他	小计	本次变动后
一、未上市流通股份								
1.发起人股份	567,000,000	+21,670,000					+21,670,000	588,670,000
其中:								
国家持有股份	567,000,000	+21,670,000					+21,670,000	588,670,000
境内法人持有股份								
境外法人持有股份								
其他:								
2.募集法人股份								
3.公司职工股								
4.优先股或其他								
未上市流通股份合计	567,000,000	+21,670,000					+21,670,000	588,670,000
二、已上市流通股份								
1.人民币普通股	375,000,000	+112,500,000					+112,500,000	487,500,000
2.境内上市外资股								
3.境外上市外资股								
4.其他								
已上市流通股份合计	375,000,000	+112,500,000					+112,500,000	487,500,000
三、股份总数	942,000,000	+134,170,000					+134,170,000	1,076,170,000

(二)股东情况:

1. 截止 2001 年 12 月 31 日,公司的股东总数为 99,288 户,其中国家股股东 1 户,其余均为流通股股东。

2. 持有本公司 5%以上股份的股东,只有本公司的国家股股东太原钢铁(集团)有限公司,持有本公司国家股 58,867 万股(原为 56,700 万股,2001 年因配股增加了 2,167 万股),所持股份无质押,无冻结情况。

3. 公司前 10 名股东持股情况:

序号	股东名称	持股数(股)	占总股本比例	备 注
1)	太原钢铁(集团)有限公司	588,670,000	54.700%	代表国家持股
2)	中国移动通信集团公司	26,281,350	2.442%	
3)	中国银河证券有限责任公司	20,083,597	1.866%	
4)	北京银河融证投资顾问有限责任公司	18,628,167	1.731%	
5)	新疆宏源信托投资股份有限公司	14,075,360	1.308%	
6)	大连大显股份有限公司	10,924,872	1.015%	
7)	兰德投资有限公司	7,729,138	0.718%	
8)	东方贸易进出口有限责任公司	7,655,383	0.711%	
9)	中国农业银行江苏省分行劳动服务公司	6,279,053	0.583%	
10)	王建国	5,524,270	0.513%	

000826 国投原宜实业股份有限公司

2001 年年度报告摘选

一、公司基本情况简介

(一)公司法定名称
中文:国投原宜实业股份有限公司
英文:SDIC YUANYI INDUSTRY CO., LTD.　英文缩写:SDICYY
(二)公司法定代表人:覃其贵
(三)公司董事会秘书:徐海田
联系地址:湖北省宜昌市沿江大道 114 号
电　话:(0717) 6236206　传　真:(0717) 6233167
电子信箱:Sdicgtyy@public.yc.hb.cn
(四)公司注册地址及办公地址:湖北省宜昌市沿江大道 114 号国投原宜大楼
邮政编码:443000
国际互联网网址:http://www.gtyy.com
(五)公司选定的中国证监会指定信息披露报纸名称:《中国证券报》《证券时报》
中国证监会指定国际互联网网址:http://www.cninfo.com.cn
公司年度报告备置地点:公司投资发展部
(六)公司股票上市地:深圳证券交易所

二、会计数据和业务数据摘要

(一)年度内的利润构成　单位:人民币元

项目	金额
利润总额	-62,037,650.22
净利润	-62,037,650.22
扣除非经常性损益后的净利润	-64,756,671.73
主营业务利润	5,942,562.63
其他业务利润	226,682.62
营业利润	-50,256,266.50
投资收益	-10,032,315.27
补贴收入	0
营业外收支净额	-1,749,068.45
经营活动产生的现金流量净额	13,718,464.71
现金及现金等价物净增加额	57,310,704.95

说明:

1、非经常性损益是按照《公开发行证券的公司信息披露规范问答第 1 号——非经常性损益》的要求进行确定和计算。

扣除的非经常性损益项目和涉及金额:减营业外收入 7,429.92 元;加营业外支出 1,756,498.37 元;减处理下属单位股权损益 -2,966,385.88 元;减支付或收取的资金占用费 7434475.84。

(二)截止报告期末公司前三年的主要会计数据和财务指标

项 目	2001 年	2000 年 调整后	1999 年 调整后
主营业务收入(元)	123,184,682.90	162,252,466.71	354,076,593.07
净利润(元)	-62,037,650.22	-31,551,357.86	30,123,579.92
总资产(元)	547,555,300.66	577,071,958.24	745,163,978.29
股东权益(不含少数股东权益)	298,847,952.41	360,238,914.72	438,085,291.51
每股收益(全面摊薄)	-0.34	-0.11	0.17
每股收益(加权平均)	-0.34	-0.11	0.17
扣除非经常性损益后			
每股收益(全面摊薄)	-0.36	-0.17	0.10
扣除非经常性损益后每股收益(加权平均)	-0.36	-0.17	0.10
每股净资产(元/股)	1.65	2.19	2.41
调整后的每股净资产(元/股)	1.64	2.17	2.38
每股经营活动产生的现金流量净额(元/股)	0.0756	-0.097	0.42
加权平均净资产收益率(%、按净利润计算)	-18.84	-9.8	6.88
扣除非经常性损益后的加权平均净资产收益率(%)	-20.56	-10	-1

根据中国证监会关于公开发行证券公司信息披露编报规则第 9 号要求计算的净资产收益率和每股收益如下:

报告期利润	净资产收益率(%) 全面摊薄	加权平均	每股收益(元) 全面摊薄	加权平均
主营业务利润	1.88	1.70	0.03	0.03
营业利润	-16.82	-15.27	-0.28	-0.28
净利润	-20.76	-18.84	-0.34	-0.34
扣除非经常性损益后的净利润	-21.67	-19.67	-0.36	-0.36

三、股本变动及股东情况

(一)股本变动情况
(1)股份变动情况表　单位:万股

	期初数	本次变动增减(+,-) 配股	送股	公积金转股	其他	小计	期末数
一、尚未流通股份							
1.发起人股份	11649.3						11649.3
其中:							
国家拥有股份	3849.3						3849.3
境内法人持有股份	7800						7800
外资法人持有股份							
其他							
2.募集法人股							
3.内部职工股							
4.优先股或其他							
尚未流通股份合计	11649.3						11649.3
二、已流通股份							
1.境内上市的人民币普通股	6500						6500
2.境内上市的外资股							
3.境外上市的外资股							
4.其他							
已流通股份合计							
三、股份总数	18149.3						18149.3

000827 大连长兴实业股份有限公司

2001 年年度报告摘选

一、公司基本情况简介

1.公司法定中文名称:大连长兴实业股份有限公司
公司法定英文名称:DALIAN CHANGXING INDUSTRY CO., LTD.
2.公司法定代表人:张树华
3.公司董事会秘书:乔少辉
联系地址:大连市中山区同兴街 67 号邮电万科大厦 21 层
联系电话:0411-2654998 转 8555
传　真:0411-2817598
电子信箱:dlq0827@online.ln.cn
证券事务代表:姜正民
联系地址:大连市中山区同兴街 67 号邮电万科大厦 21 层
联系电话:0411-2654998 转 8002
传　真:0411-2817598
电子信箱:dlq0827@online.ln.cn
4. 公司注册地址:大连市瓦房店市长兴岛镇
公司办公地址:大连市中山区同兴街 67 号邮电万科大厦 21 层
邮政编码:116001
电子信箱:dlq0827@online.ln.cn
5. 信息披露报纸:《中国证券报》、《证券时报》
登载年度报告的中国证监会指定的国际互联网网址:http://www.cninfo.com.cn
公司年度报告备置地点:长兴实业证券部
6. 公司股票上市地点:深圳证券交易所
股票简称:长兴实业
股票代码:000827

二、会计数据和业务数据摘要

1.本年度实现的主要利润指标

项目	金额
利润总额(元):	-9,907,537.37
净利润(元):	-13,815,845.39
扣除非经常性损益后的净利润(元):	-23,722,474.55
主营业务利润(元):	38,006,414.29
其他业务利润(元):	1,823,100.00
营业利润(元):	-14,857,118.78
投资收益(元):	2,088,705.41
补贴收入(元):	6,770,000.00
营业外收支净额(元):	-3,909,124.00
经营活动产生的现金流量净额(元):	-63,603,957.88
现金及现金等价物净增加额(元):	-13,982,855.89

2.主要会计数据和财务指标

项目	2001 年	2000 年 调整前	2000 年 调整后	1999 年 调整前	1999 年 调整后
主营业务收入(元)	121,833,072.22	115,981,347.27	115,981,347.27	72,550,891.90	72,550,891.90
净利润(元)	-13,815,845.39	13,472,591.91	7,421,220.36	15,735,875.30	13,969,067.10
总资产(元)	568,104,286.41	369,544,620.61	359,952,680.88	290,220,358.07	288,718,571.10
股东权益(元)	259,267,640.24	163,099,036.59	155,280,856.84	149,626,444.68	148,124,657.71
每股收益(元)	-0.207	0.225	0.124	0.262	0.233
每股净资产(元)	3.885	2.718	2.588	2.494	2.469
调整后的每股净资产(元)	3.736	2.537	2.426	2.333	2.308
每股经营活动产生的现金流量净额(元)	-0.953	1.034	1.034	-0.308	-0.308
净资产收益率	-5.33%	8.26%	4.80%	10.52%	9.43%

按照中国证监会《公开发行证券公司信息披露编报规则(第 9 号)要求计算 2001 年度的加权净资产收益率和加权每股收益。

	报告期利润	净资产收益率(%) 全面摊薄	加权平均	每股收益(元) 全面摊薄	加权平均
主营业务利润	38,006,414.29	14.66%	16.06%	0.57	0.58
营业利润	-14,857,118.78	-5.73%	-6.28%	-0.22	-0.23
净利润	-13,815,845.39	-5.33%	-5.84%	-0.207	-0.212
扣除非经常性损益后的净利润	-23,722,474.55	-9.15%	-10.02%	-0.355	-0.365

三、股本变动及股东情况

1、股本变动情况
(1)公司股份变动情况表　单位:股

	本次变动前	本次变动增减(+、-) 配股	送股	公积金转股	增发	其他	小计	本次变动后
一、未上市流通股份								
1、发起人股份	12,108,000							12,108,000
其中:								
国家持有股份	12,108,000							12,108,000
境内法人持有股份								
境外法人持有股份								
其他								
2、募集法人股份								
3、内部职工股	25,428,000							25,428,000
4、优先股或其他								
未上市流通股份合计								
二、已上市流通股份	37,536,000							37,536,000
1、人民币普通股		+6,739,200					+6,739,200	29,203,200
2、境内上市的外资股	22,464,000							
3、境外上市的外资股								
4、其他								
已上市流通股份合计	22,464,000	+6,739,200					+6,739,200	29,203,200
三、股份总数	60,000,000	+6,739,200					+6,739,200	66,739,200

000828 广东福地科技股份有限公司

2001 年年度报告摘选

第一章 公司基本情况简介

1、公司的法定中文名称:广东福地科技股份有限公司
英文名称: GUANGDONG FORTUNE SCIENCE & TECHNOLOGY CO., LTD.
公司名称缩写:广东福地 GDFORTUNE
2、法定代表人:詹宗庆
3、董事会秘书:张庆文
联系地址:广东省东莞市篁村科技工业园科技路 39 号
电话:0769-2402236 传真:0769-2402525
电子信箱:gdfddm@pub.dgnet.gd.cn
4、公司注册和办公地址:广东省东莞市篁村科技工业园科技路 39 号
邮政编码:523077
公司网址:http://www.gdfortune.com
电子信箱:gdfd@pub.dgnet.gd.cn
5、公司信息披露报纸名称:《证券时报》
中国证监会指定的年报登载网址:http://www.cninfo.com.cn
公司年度报告备置地点:广东福地科技股份有限公司董事会秘书室
6、股票上市地:深圳证券交易所
股票简称:福地科技 股票代码:000828

第二章 会计资料和业务资料摘要

第一节 本年度公司主要经营指标 单位:人民币元

项 目	金 额
利润总额	-449,588,238.15
净利润	-438,475,756.21
非经常性损益合计	-58,943,446.51
扣除非经营性损益后的净利润	-379,532,309.70
主营业务利润	-157,099,938.77
其它业务利润	13,999,887.86
营业利润	-390,644,791.64
投资收益	7,281,417.41
补贴收入	
营业外收支净额	-66,224,863.92
经营活动产生的现金流量净额	177,275,466.44
现金及现金等价物净增减额	-318,712,471.15

第二节 公司近三年主要会计资料和财务指标 单位:人民币元

项目	2001 年	2000 年		1999 年	
		调整后	调整前	调整后	调整前
主营业务收入	1,833,342,822.06	2,908,375,033.19	2,908,375,033.19	3,167,845,624.57	3,167,845,624.57
净利润	-438,475,756.21	159,400,333.55	185,413,380.20	470,992,407.44	471,610,313.70
总资产	3,456,267,050.45	4,212,713,843.49	4,225,769,292.59	4,215,470,141.20	4,520,534,488.03
股东权益	2,096,455,131.79	2,531,395,669.22	2,784,900,977.03	2,551,885,875.24	2,856,950,222.07
每股收益(摊薄)	-0.376	0.137	0.159	0.485	0.486
每股收益(加权平均)	-0.376	0.154	0.182	0.485	0.486
扣除非经营性损益后的每股收益(摊薄)	-0.326	0.114	0.135	0.493	0.493
扣除非经营性损益后的每股收益(加权平均)	-0.326	0.129	0.154	0.493	0.493
每股净资产	1.800	2.173	2.391	2.629	2.944
调整后的每股净资产	1.770	2.145	2.368	2.586	2.944
每股经营活动产生的现金净流量	0.152	-0.300	-0.300	0.901	0.901
净资产收益率 %(全面摊薄)	-20.92%	6.30%	6.66%	18.46%	16.51%
净资产收益率 %(加权平均)	-18.96%	6.06%	6.29%	20.44%	18.09%
扣除非经常性损益后的加权净资产收益率 %	-16.41%	5.20%	5.36%	20.13%	18.31%

第三节 利润资料及业务资料

	报告期利润	净资产收益率(%)		每股收益(元)	
		全面摊薄	加权平均	全面摊薄	加权平均
主营业务利润	-157,099,938.77	-7.49	-6.79	-0.135	-0.135
营业利润	-390,644,791.64	-18.63	-16.90	-0.335	-0.335
净利润	-438,475,756.21	-20.92	-18.96	-0.376	-0.376
扣除非经营性损益后的净利润	-379,532,309.70	-18.10	-16.41	-0.326	-0.326

第三章 股本变动及股东情况

公司股份变动情况表

单位:股

	期初数	本年度股本变动(增+,减-)						期末数
		配股	送股	公积金转增	增发	其它	小计	
一、未上市流通股份								
1.发起人股份	917,003,520							917,003,520
其中:								
国家持有股份	625,832,640							625,832,640
境内法人持有股份								
境外法人持有股份	291,170,880							291,170,880
其它								
2.募集法人股								
3.内部职工股								
4.优先股或其它								
未上市流通股份合计	917,003,520							917,003,520
二、已上市流通股份								
1.人民币普通股	247,680,000							247,680,000
2.境内上市的外资股								
3.境外上市的外资股								
4.其它								
已上市流通股份合计	247,680,000							247,680,000
三、股份总数	1,164,683,520							1,164,683,520

000829 江西赣南果业股份有限公司

2001 年年度报告摘选

一、公司基本情况简介

1、公司法定中文名称:江西赣南果业股份有限公司
公司法定英文名称:JiangXi GanNan Fruit Co., Ltd.
公司英文名称(缩写):GNF
2、公司法定代表人:熊文祥
3、公司董事会秘书:郭惠浒
证券事务代表:朱闽珅
联系地址:江西省赣州市红旗大道 20 号
电话:0797-8117002 传真:0797-8117152
电子信箱:gyzmc@mail.china.com
4、公司注册地址及办公地址:江西省赣州市红旗大道 20 号 邮政编码:341000
电子信箱:gyzmc@mail.china.com
5、公司选定信息披露报纸:《中国证券报》
刊登公司年度报告的中国证监会指定国际互联网址:http://www.cninfo.com.cn
公司年度报告备置地点:公司董事会秘书办公室
6、公司股票上市交易所:深圳证券交易所
股票简称:赣南果业 股票代码:000829

二、会计数据和业务数据摘要

1、本年度实现利润情况

序号	项目	金额(元)
(1)	利润总额:	7,224,462.05
(2)	净利润:	825,165.42
(3)	扣除非经常性损益后的净利润	-2,007,573.82
(4)	主营业务利润:	31,143,988.64
(5)	其他业务利润:	2,155,189.19
(6)	营业利润:	1,781,737.12
(7)	投资收益:	3,343,873.79
(8)	补贴收入:	2,723,095.79
(9)	营业外收支净额:	-624,244.65
(10)	经营活动产生的现金流量净额:	-13,938,184.79
(11)	现金及现金等价物净增加额:	-3,277,491.28

注:扣除的非经常性损益项目	涉及金额(元)
补贴收入	2,723,095.79
营业外收入	34,184.53
营业外支出	-658,429.18
短期投资收益	733,888.10

2、截至报告期末公司前三年主要会计数据和财务指标(合并报表) 单位:元

序号 项目	2001 年	2000 年		1999 年	
		调整后	调整前	调整后	调整前
(1)主营业务收入	126,232,463.69	120,386,531.00	120,386,531.00	153,316,006.61	153,316,006.61
(2)净利润	825,165.42	5,293,311.52	7,861,430.14	15,719,601.30	18,511,562.62
(3)总资产	440,878,701.65	429,606,794.23	431,498,203.45	415,680,592.29	418,471,575.74
(4)股东权益(不含少数股东权益)	318,075,237.11	320,264,071.66	323,764,633.05	256,522,737.36	259,354,322.84
(5)每股收益(元/股)(摊薄)	0.005	0.034	0.05	0.21	0.247
(6)每股收益(元/股)(加权)	0.005	0.034	0.051	0.21	0.247
(7)每股净资产	2.02	2.033	2.056	3.42	3.458
(8)调整后的每股净资产	1.843	1.916	1.935	3.32	3.359
(9)每股经营活动产生的现金流量净额	-0.088		0.088	0.078	
(10)净资产收益率(%)(摊薄)	0.26	1.65	2.43	6.13	7.138
(11)净资产收益率(%)(加权)	0.26	1.72	2.54		
(12)扣除非经常性损益后的每股收益	-0.013	-0.007	0.00	0.079	0.114

附:利润表附表(按照中国证监会《公开发行证券公司信息披露编报规则第 9 号-净资产收益率每股收益的计算及披露》的有关规定计算)

报告期利润	净资产收益率(%)		每股收益(元)	
	全面摊薄	加权平均	全面摊薄	加权平均
	2001	2001	2001	2001
主营业务利润	9.79	9.78	0.198	0.918
营业利润	0.56	0.56	0.011	0.011
净利润	0.26	0.26	0.005	0.005
扣除非经常性损益后的净利润	-0.63	-0.63	-0.013	-0.013

三、股本变动及股东情况

1、公司股份变动情况表 数量单位:股

	本次变动前	本次变动增减(+、-)						本次变动后
		配股	送股	公积金转股	增发	其他	小计	
一、未上市流通股份								
1.发起人股份	95,454,545							95,454,545
其中:								
国家拥有股份	95,454,545							95,454,545
境内法人持有股份								
外资法人持有股份								
其他:								
2.募集法人股份								
3.公司职工股								
4.优先股或其他								
未上市流通股份合计	95,454,545							95,454,545
二、已上市流通股份								
1.人民币普通股	62,045,454							62,045,454
2.境内上市的外资股								
3.境外上市的外资股								
4.其他								
已上市流通股份合计	62,045,454							62,045,454
三.股份总数	157,499,999							157,499,999

000830 山东鲁西化工股份有限公司

2001 年年度报告摘选

第一章 公司基本情况简介

1、公司的法定中文名称:山东鲁西化工股份有限公司
公司中文缩写:鲁西化工
公司的法定英文名称:Shandong,Luxi Chemical Co.,Ltd
公司英文缩写:SDLXHG
2、公司法定代表人:白晓林
3、公司董事会秘书:梁和军
电　　话:0635－8324227－5066　　传　真:0635－8324227－5080
电子信箱:lxhg@lc－public.sd.cninfo.net
授权代表:王景斌
电　　话:0635－8324227－5070　　传　真:0635－8324344
联系地址:山东省聊城市鲁化路 68 号
4、公司注册及办公地址:山东省聊城市鲁化路 68 号　　邮政编码:252000
公司国际互连网网址:http://www.luxichemical.com
公司电子信箱:lclxhg@public.lcptt.sd.cn
5、公司选定的信息披露报纸:中国证券报、证券时报
中国证监会指定国际互联网网址:http://www.cninfo.com.cn
公司年度报告备置地点:公司证券处
6、公司股票上市交易所:深圳证券交易所
股票简称:鲁西化工　　股票代码:000830

第二章 会计数据和业务数据摘要

1、年度主要会计数据(单位人民币元)

项目	金　额
利润总额	73,659,644.26
净利润	59,555,922.01
扣除非经常性损益后的净利润	36,207,336.78
主营业务利润	128,347,235.63
其他业务利润	685,554.48
营业利润	57,863,639.06
投资收益	-
补贴收入	16,296,788.00
营业外收支净额	－500,782.80
经营活动产生的现金流量净额	147,815,084.42
现金及现金等价物净增减额	59,104,206.75

2、截止报告期末公司前三年的主要会计数据和财务指标

项目	2001 年	2000 年		1999 年	
		调整前	调整后	调整前	调整后
主营业务收入	973882109.44	958831094.05	958831094.05	850486587	850486587
净利润	59555922.01	55531670.49	47526030.78	81664754	75354078.27
总资产	1903477610.61	1872243756.76	1859881598.66	1424510389	1420153870.61
股东权益(不含少数股东权益)	907973668.09	910258122.89	898240816.08	671478870	667467202.90
每股收益	0.239	0.223	0.191	0.408	0.377
每股收益(加权)	0.239	0.234	0.200	0.408	0.377
扣除非经常性损益后的每股收益	0.15	0.232	0.232	0.428	0.428
每股净资产	3.645	3.65	3.61	3.36	3.337
调整后的每股净资产	3.639	3.64	3.60	3.36	3.337
每股经营活动产生的现金流量净额	0.593	0.35	0.35	0.99	0.99
净资产收益率(%)	6.559	6.10	5.29	12.16	11.29
净资产收益率(加权%)	6.418	7.19	6.895	12.94	12.002
扣除非经常性损益后年度加权平均净资产收益率(%)	3.988	7.15	6.855	12.21	11.266

3、利润表附表

报告期利润	金额	净资产收益率(%)		每股收益(元)	
		全面摊薄	加权平均	全面摊薄	加权平均
主营业务利润	128347235.63	14.136	13.83	0.515	0.515
营业利润	57863639.06	6.373	6.235	0.232	0.232
净利润	59555922.01	6.559	6.418	0.239	0.239
扣除非经常性损益后的净利润	36207336.78	3.988	3.902	0.15	0.15

第三章 股本变动及股东情况

(一)股本变动情况
股份变动情况表　　数量单位:万股

	本次变动前	本次变动增减(＋、－)						本次变动后
		配股	送股	公积金转股	增发	其他	小计	
一、未上市流通股份								
1、发起人股份								
其中:								
国家持有股份	17411.5361							17411.5361
境内法人持有股份								
境外法人持有股份								
其他								
2、募集法人股份								
3、内部职工股								
4、优先股或其他								
其中:转配股								
未上市流通股份合计	17411.5361							17411.5361
二、已上市流通股份								
1、人民币普通股	7499.9989							7499.9989
2、境内上市的外资股								
3、境外上市的外资股								
4、其他	7499.9989							7499.9989
已上市流通股份合计								
三、股份总数	24911.5350							24911.5350

000831 山西关铝股份有限公司

2001 年年度报告摘选

一、公司基本情况简介

(一)公司的法定中、英文名称及缩写
中文名称:山西关铝股份有限公司
英文名称:SHANXI GUANLU CO.,LTD
英文缩写:SXGL
(二)公司法定代表人:许复活
(三)公司董事会秘书:郑启家
联系地址:山西省运城市解州镇新建路 36 号
电　　话:0359—2825373、2825490
传　　真:0359—2800974
E－mail:sxglgf@163.net
(四)公司注册地址:山西省运城市解州镇新建路 36 号
公司办公地址:山西省运城市解州镇新建路 36 号
邮 政 编 码:044001
(五)公司选定的信息披露报纸名称:《证券时报》
公司年度报告中国证监会指定国际互联网网址:
http://www.cninfo.com.cn
公司年度报告备置地点:公司证券部
(六)公司股票上市交易所:深圳证券交易所
股票简称:关铝股份
股票代码:000831

二、会计数据和业务数据摘要

(一)公司本年度利润指标　　(单位:元)

项目	金额
利润总额:	107,089,165.53
净 利 润:	98,682,242.31
扣除非经常性损益后的净利润:	95,097,269.78
主营业务利润:	177,980,328.70
其他业务利润:	8,311,994.37
营业利润:	109,562,516.16
投资收益:	0.00
补贴收入:	831,676.84
营业外收支净额:	－3,305,027.47
经营活动产生的现金流量净额:	211,921,289.06
现金及现金等价物净增加额:	121,813,744.60

(二)公司前三年的主要会计数据和财务指标:

项目	单位	2001 年	2000 年		1999 年	
			调整后	调整前	调整后	调整前
主营业务收入	元	1,425,392,402.00	693,972,147.20	693,972,147.20	519,389,927.37	519,389,927.37
净利润	元	98,682,242.31	56,622,397.69	62,709,101.49	33,532,809.20	62,567,531.28
总资产	元	1,785,578,460.64	1,602,601,926.83	1,639,100,499.32	933,286,685.15	964,533,058.10
股东权益(不含少数股东权益)	元	875,235,485.41	776,553,243.10	811,674,668.98	556,375,970.95	585,410,693.03
每股收益(摊薄)	元/股	0.27	0.23	0.259	0.16	0.291
每股收益(加权)	元/股	0.27	0.25	0.28	0.16	0.291
每股净资产	元/股	2.41	3.21	3.35	2.59	2.723
调整后每股净资产	元/股	2.40	3.20	3.34	2.58	2.718
每股经营活动产生的现金流量净额	元/股	0.58	－0.74	－0.74	0.54	0.541
净资产收益率(摊薄)	%	11.27	7.29	7.726	6.03	10.69
加权净资产收益率(加权)	%	11.95	8.75	9.23	6.21	11.29
扣除非经常性损益后的加权净资产收益率	%	11.51	9.56	9.18	12.04	11.25

(三)根据中国证监会《公开发行证券公司信息披露编报规则(第 9 号)》要求计算的利润数据如下

报告期利润	净资产收益率(%)				每股收益			
	全面摊薄		加权平均		全面摊薄		加权平均	
	2001	2000	2001	2000	2001	2000	2001	2000
主营业务利润	20.34	13.96	21.55	16.75	0.49	0.45	0.49	0.48
营业利润	12.52	8.70	13.27	10.44	0.30	0.28	0.30	0.30
净利润	11.27	7.29	11.95	8.75	0.27	0.23	0.27	0.25
扣除非经常性损益后的净利润	10.87	7.97	11.51	9.56	0.26	0.26	0.26	0.28

三、股本变动及股东情况

(一)股份变动情况

股份变动情况表　　单位:股

	期初数	本次变动增减(＋、－)					期末数
		配股	送股	公积金转股	增发	小计	
一、未上市流通股份							
1、发起人股份	144,500,000		28,900,000	43,350,000		72,250,000	216,750,000
其中:							
国家持有股份	21,600,000		4,320,000	6,480,000		10,800,000	32,400,000
境内法人持有股份	122,900,000		24,580,000	36,870,000		61,450,000	184,350,000
外资法人持有股份							
其他							
2、募集法人股							
3、内部职工股							
4、优先股或其他							
未上市流通股份合计	144,500,000		28,900,000	43,350,000		72,250,000	216,750,000
二、已流通股份							
1、人民币普通股	97,500,000		19,500,000	29,250,000		48,750,000	146,250,000
2、境内上市的外资股							
3、境外上市的外资股							
4、其他							
已流通股份合计	242,000,000		19,500,000	29,250,000		48,750,000	146,250,000
三、股份总数	242,000,000		48,400,000	72,600,000		121,000,000	363,000,000

000832 黑龙江龙涤股份有限公司

2001年年度报告摘选

一、公司简介

1、公司法定中文名称:黑龙江龙涤股份有限公司
公司法定英文名称:HEILONGJIANG LONGDI CO. LTD.
2、公司法定代表人:赵瑞民
3、董事会秘书:刘克奇
证券事务联系人:宋士龙　　李春光
联系地址:黑龙江省阿城市和平街
联系电话:0451-3717068　　传　真:0451-3717473
4、公司注册及办公地址:黑龙江省阿城市和平街
邮政编码:150316
公司网址:http://www. Longdi-group. Com. Cn
电子信箱:S630211 @public. hr. hl. cn
5、公司选定的信息披露报刊为《证券时报》,登载公司年度报告的中国证监会国际互联网网址:http://www. Cninfo. Com. cn,年报备置地点:公司证券办
6、公司股票上市地:深圳证券交易所
股票简称:龙涤股份　　股票代码:0000832
7、公司首次注册或变更登记日期地点:黑龙江省工商行政管理局
公司首次注册日期:1993年5月26日
企业法人营业执照注册号:2300001100987
税务登记号码:230181126977562
公司聘请的会计师事务所名称:北京中兴宇会计师事务所有限责任公司
办公地址:北京市西长安街88号北京首都时代广场818室

二、会计数据和业务数据摘要

1、本年度主要会计数据(合并数)

利润总额	65,716,035.80
净利润	47,823,671.60
扣除非经常性损益后的净利润	36,419,887.66
主营业务利润	76,233,930.14
其他业务利润	3,770,959.28
营业利润	65,716,035.80
投资收益	0
补贴收入	0
营业外收支净额	0
经营活动产生的现金流量净额	-96,887,624.88
现金及现金等价物净增加额	-82,546,381.33

注:扣除的非经常性损益项目为本公司向黑龙江龙涤集团有限公司收取的资金占用费净收入11,403,783.94元。

2、截至报告期末公司前三年主要会计数据和财务指标(单位:人民币元)

项目	2001年	2000年		1999年
		调整后	调整前	
1、主营业务收入	1,043,347,402.89	1,170,335,246.51	1,170,335,246.51	870,945,244.61
2、净利润	47,823,671.60	95,127,034.69	100,809,732.51	95,402,545.20
3、总资产	1,548,410,643.26	1,480,567,798.80	1,493,394,262.32	1,133,118,249.47
4、股东权益	1,243,972,759.17	1,230,754,884.79	1,240,241,422.41	907,757,268.76
5、每股收益(全面摊薄)	0.1358	0.2686	0.286	0.30
6、每股收益(加权平均)	0.14	0.284	0.314	0.36
7、扣除非经常损益后的每股收益(全面摊薄)	0.10	0.284	0.2863	0.30
8、每股净资产	3.53	3.49	3.52	2.86
9、调整后每股净资产	3.51	3.48	3.51	2.82
10、每股经营活动产生的现金流量净额	-0.2752	0.3050	0.315	0.65
11、净资产收益率(全面摊薄)	3.84%	7.69%	8.13%	10.51%
12、净资产收益率(加权平均)	3.81%	8.90%	10.31%	10.51%
13、扣除非经常性损益后加权净资产收益率	2.90%	8.90%	10.31%	10.51%

按照中国证监会《公开发行证券公司信息披露编报规则(第9号)》要求计算的利润表附表:

报告期利润	净资产收益率(%)		每股收益(元)	
	全面摊薄	加权平均	全面摊薄	加权平均
主营业务利润	6.13	6.08	0.22	0.22
营业利润	5.28	5.24	0.19	0.19
净利润	3.84	3.81	0.14	0.14
扣除非经营性损益后净利润	2.93	2.90	0.10	0.10

三、股本变动及股东情况

1、股本变动情况　　数量单位:万股

	本次变动前	本次变动增减(+ -)					本次变动后
		配股	送股	公积金转股	其他	小计	
一、未上市流通股份							
1、发起人股份							
其中:国家持有股份	8,516.0173						8,516.0173
境内法人持有股份	1,176.28						1,176.28
境外法人持有股份							
其他							
2. 募集法人股份	7,154.68						7,154.68
3. 内部职工股	8,160				-8,144.53		15.47
4. 优先股或其他							
其中:转配股							
未上市流通股份合计	25,006.9773				-8,144.53		16862.4473
二、已上市流通股份							
1.人民币普通股	18,344.53				8,144.53		18,344.53
2.境内上市的外资股							
3.境外上市的外资股							
4.其他							
已上市流通股份合计	18,344.53				8,144.53		18,344.53
三、股份总数	35,206.9773						35,206.9773

000833 广西贵糖(集团)股份有限公司

2001年年度报告摘选

第一章　公司基本情况简介

1、公司法定中文名称:广西贵糖(集团)股份有限公司
公司法定英文名称:GUANGXI GUITANG (GROUP) CO., LTD
2、公司法定代表人:杨和荣先生
3、公司董事会秘书:李贵高先生
联系地址:广西贵港市广西贵糖(集团)股份有限公司
电话:0775-4262888转22278　　传真:0775-4260088
4、公司注册地址:广西贵港市幸福路100号
公司办公地址:广西贵糖(集团)股份有限公司办公大楼　　邮政编码:537102
公司国际互联网网址:http://www.Guitang.com
电子信箱:gtgfgs@ppp.nn.gx.cn或securities@Guitang.com
5、公司选定的信息披露报纸名称:《证券时报》
登载公司年度报告的中国证监会指定国际互联网网址:http://www.cninfo.com.cn
公司年度报告备置地点:本公司证券部和深圳证券交易所
6、公司股票上市交易所:深圳证券交易所
股票简称:贵糖股份　　股票代码:000833

第二章　会计数据和业务数据摘要

第一节　本年度公司主要经营数据

本年度利润总额及其构成(单位:元)

利润总额:	34,001,377.95
净利润:	41,607,749.59
扣除非经常性损益后的净利润:	43,390,660.09
主营业务利润:	123,933,555.02
其他业务利润:	1,199,730.49
营业利润:	35,784,288.45
投资收益:	-450,000.00
补贴收入:	0.00
营业外收支净额:	-1,332,910.50
经营活动产生的现金流量:	50,510,759.37
现金及现金等价物净增加额:	26,226,439.39

第二节　公司前3年主要会计数据和财务指标

截止本报告期末,公司前三年主要会计数据和财务指标:

项目	2001年度	2000年度		1999年度	
		调整前	调整后	调整前	调整后
主营业务收入(元)	800,579,874.81	647,170,730.81	647,170,730.81	593,127,371.82	593,127,371.82
净利润(元)	41,607,749.59	38,018,895.22	37,187,755.91	2,685,721.39	1,131,815.29
总资产(元)	1,277,244,194.62	1,171,805,707.85	1,175,878,796.54	1,069,716,191.44	1,069,758,308.78
股东权益(不含少数股东权益)(元)	610,128,000.85	620,484,333.14	598,842,871.26	568,685,437.92	547,875,115.35
每股收益(元/股)(摊薄)	0.165	0.15	0.147	0.0106	0.0045
每股收益(元/股)(加权)	0.165	0.15	0.147	0.0106	0.0045
扣除非经常性损益后的每股收益(元/股)	0.17	0.15	0.146	0.0076	0.0015
每股净资产(元/股)	2.41	2.46	2.37	2.25	2.17
调整后的每股净资产(元/股)	2.24	2.33	2.28	2.19	2.11
每股经营活动产生的现金流量净额(元/股)	0.20	0.84	0.84	-0.36	-0.36
净资产收益率(%)(摊薄)	6.82	6.13	6.21	0.47	0.41
净资产收益率(%)(加权)	6.71	6.47	6.56	0.51	0.42
扣除非经常性损益后的净资产收益率(%)(加权)	7.00	6.40	6.50	0.36	0.28

第三节　利润表附表

按中国证监会《公开发行证券公司信息披露编报规则(第9号)》要求计算2001年报告期利润的净资产收益率和每股收益如下:

报告期利润	金额(元)	净资产收益率(%)		每股收益(元/股)	
		全面摊薄	加权平均	全面摊薄	加权平均
主营业务利润	123,933,555.02	20.31	20.00	0.49	0.49
营业利润	35,784,288.45	5.87	5.77	0.14	0.14
净利润	41,607,749.59	6.82	6.71	0.165	0.165
扣除非经常性损益后的净利润	43,390,660.09	7.11	7.00	0.17	0.17

第三章　股本变动及股东情况

一、股份变动情况
公司股份变动情况表:

数量单位:股

	本次变动前	本次变动增减(+,-)						本次变动后
		配股	送股	公积金转股	增发	其他	小计	
一、未上市流通股份								
1.发起人股份								
其中:国家拥有股份	100,000,000							100,000,000
境内法人持有股份								
境外法人持有股份								
其他								
2.募集法人股份	54,099,000							54,099,000
3.内部职工股	18,589,500					-18,589,500	-18,589,500	
4.优先股份或其他								
其中:转配股								
未上市流通股份合计	172,688,500							154,099,000
二、已上市流通股份								
1.人民币普通股	80,000,000					18,589,500	18,589,500	98,589,500
2.境内上市的外资股								
3.境外上市的外资股								
4.其他								
已上市流通股份合计	80,000,000							98,589,500
三、股份总数	252,688,500							252,688,500

000835 北京隆源双登实业股份有限公司

2001 年年度报告摘选

第一节 公司基本情况简介

一、公司法定中文名称:北京隆源双登实业股份有限公司
公司法定英文名称:Beijing Longyuan – shuangdeng Industrial Co.,Ltd.
二、公司法定代表人:郭鹰
三、公司董事会秘书:杨力
电子信箱:yangl@shuangdeng.com.cn
公司证券事务代表:高晓莉
电子信箱:gaoxl@shuangdeng.com.cn
联系地址:北京市海淀区中关村南大街 11 号百花商务大厦 401 室
电话:010 – 68473450　　传真:010 – 68473450
四、公司注册地址:北京市海淀区中关村南大街 36 号湖北大厦 1701 室
公司办公地址:北京市海淀区中关村南大街 11 号百花商务大厦 4 层
邮政编码:100081
公司互联网网址:www.shuangdeng.com.cn
公司电子信箱:bjlysy@public.bta.net.cn
五、公司指定信息披露报纸:《中国证券报》
登载公司年度报告的中国证监会指定国际互联网网址:http://www.cninfo.com.cn
公司年度报告备置地点:公司董事会秘书办公室
六、公司股票上市交易所:深圳证券交易所
股票简称:隆源双登　　股票代码:000835

第二节 会计数据和业务数据摘要

一、报告期主要利润指标

项目	金额
1 利润总额	31,008,071.99 元
2 净利润	19,038,818.36 元
3 扣除非经营性损益后的净利润	18,431,815.65 元
4 主营业务利润	178,223,360.20 元
5 其他业务利润	1,842,983.50 元
6 营业利润	30,911,660.07 元
7 投资收益	–510,590.79 元
8 营业外收支净额	330,702.71 元
9 经营活动产生的现金净流量	46,248,467.93 元
10 现金及现金等价物净增加额	4,183,582.95 元
11 非经常性损益的项目和金额	607,002.71 元
(1)营业外收入	1,117,344.78 元
(2)营业外支出	786,642.07 元
(3)补贴收入(技改贷款贴息)	276,300.00 元

注:①上述财务数据取自公司合并报表,下述财务数据如无特殊说明,也指合并报表数据。②上述数据单位"元"的货币种类为人民币,下述货币种类如无特殊说明,也指人民币。

二、公司前三年主要会计数据及财务指标

单位:元

项目	2001 年	2000 年		1999 年	
		调整前	调整后	调整前	调整后
主营业务收入	351,506,511.81	235,832,839.02	231,762,618.36	157,280,600.23	157,280,600.23
净利润	19,038,818.36	15,540,651.63	9,216,798.87	14,814,537.93	11,159,487.11
总资产	391,722,915.13	368,185,103.72	371,431,136.76	264,605,556.44	263,831,005.62
股东权益	154,993,444.08	152,150,152.45	143,514,625.72	141,110,000.82	137,454,950.00
每股收益	0.353	0.29	0.17	0.27	0.21
每股收益加权	0.353	0.29	0.17	0.27	0.21
每股收益(扣除非经常损益)	0.341	0.29	0.17	0.27	0.21
每股净资产	2.87	2.82	2.66	2.61	2.55
调整后的每股净资产	2.81	2.56	2.56	2.39	2.33
每股经营活动产生的现金流量净额	0.856	0.64	0.64	0.023	0.023
净资产收益率	12.28%	10.21%	6.42%	10.50%	8.12%
扣除非经常损益后的净资产收益率	11.89%	10.44%	6.58%	10.50%	8.12%

三、报告期每股收益和净资产收益率的计算

报告期利润	净资产收益率(%)				每股收益(元)			
	全面摊薄		加权平均		全面摊薄		加权平均	
	2001	2000	2001	2000	2001	2000	2001	2000
主营业务利润	114.99	82.92	116.46	83.76	3.30	2.20	3.30	2.20
营业利润	19.94	12.37	20.20	12.49	0.57	0.33	0.57	0.33
净利润	12.28	6.42	12.44	6.49	0.35	0.17	0.35	0.17
扣除非经常损益后的净利润	11.89	6.58	12.04	6.65	0.34	0.17	0.34	0.17

注:按照中国证监会《公开发行证券公司信息披露编报规则(第九号)》的要求计算。

第三节 股本变动及股东情况介绍

一、股份变动情况

截止至 2001 年 12 月 31 日　　单位:股

股份类别	本次变动前	本次变动增减(+,–)						本次变动后
		配股	送股	公积金转股	增发	其他	小计	
一、未上市流通股份								
1.发起人股份	40,500,000							40,500,000
其中:国家持有股份	19,294,200							19,294,200
境内法人持有股份	3,888,000							3,888,000
境外法人持有股份	17,317,800							17,317,800
其他								
2.募集法人股份								
3.内部职工股	240,000					–120,000	–120,000	120,000
4.优先股或其他								
未上市流通股份合计	40,740,000					–120,000	–120,000	4,062,000
二、已上市流通股份								
1.人民币普通股	13,260,000					+120,000	+120,000	13,380,000
2.境内上市的外资股								
3.境外上市的外资股								
4.其他								
已上市流通股份合计	13,260,000					+120,000	+120,000	13,380,000
三、股份总数	54,000,000							54,000,000

000836 天津天大天财股份有限公司

2001 年年度报告摘选

第一节 公司基本情况简介

一、公司法定中文名称:天津天大天财股份有限公司
公司法定英文名称:GENIUS CO.,LTD.
二、公司法定代表人:寇纪淞
三、公司董事会秘书:李君毅
证券事务代表:王伟
联系地址:天津市新技术产业园区华苑产业区华天道 3 号
联系电话:022 – 83710888、83710188　　联系传真:022 – 83710199
电子信箱:JYLi@tiancai.com.cn
四、公司注册地址:天津市新技术产业园区华苑产业区
公司办公地址:天津市新技术产业园区华苑产业区华天道 3 号　　邮政编码:300384
公司国际互联网网址:HTTP://www.tiancai.com.cn
公司电子信箱:investor@mail.tiancai.com.cn
五、公司信息披露报刊:《中国证券报》、《证券时报》
刊登年度报告的网站网址:HTTP://www.cninfo.com.cn
公司年度报告备置地点:天大天财公司证券部
六、公司股票上市交易所:深圳证券交易所
股票简称:天大天财　　股票代码:000836

第二节 会计数据和业务数据摘要

一、本年度公司主要经营数据:　　单位:人民币元

项 目	金 额
利润总额	84,543,802.52
净利润	60,351,185.42
扣除非经常性损益后的净利润	27,976,984.54
主营业务利润	147,856,922.10
其他业务利润	2,977,191.88
营业利润	42,169,906.37
投资收益	38,715,816.97
补贴收入	1,000,000
营业外收支净额	2,658,079.18
经营活动产生的现金流量净额	71,991,998.8
现金及现金等价物净增加额	171,967,774.22

二、报告期内公司股东权益变动情况表:　　单位:人民币元

项 目	股 本	资本公积	盈余公积	法定公益金	未分配利润	股东权益合计
期初数	102,754,552	278,611,516.38	24,308,146.79	3,993,340.86	82,657,262.3	488,331,477.47
本期增加	20,000,000	389,631,878.1	12,278,616.27	6,078,216.93	23,643,841.16	445,554,335.53
本期减少						
期末数	122,754,552	668,243,394.48	36,586,763.06	10,071,557.79	106,301,103.46	933.885,813
变动原因	增发	股票溢价	本年新增利润计提	本年新增利润计提	新增利润	增发及新增利润

三、截至报告期末,公司前三年的主要会计数据和财务指标:　　单位:人民币元

项 目	2001 年	2000 年		1999 年	
		调整前	调整后	调整前	调整后
1.主营业务收入	1,168,612,171.85	845,756,900.87	845,756,900.87	510,755,148.73	510,755,148.73
2.净利润	60,351,185.42	569,784,352.88	46,025,392.33	49,769,549.92	39,845,226.78
3.总资产	1,860,214,188.66	1,006,224,604.35	967,392,783.76	774,212,704.84	746,580,083.43
4.股东权益(不含少数股东权益)	933,885,813	526,913,059.43	488,331,477.47	460,757,879.87	433,125,258.46
5.每股收益	0.491	0.55	0.447	0.48	0.39
加权平均每股收益	0.56	0.55	0.447	0.51	0.41
扣除非经常性损益后的每股收益	0.227	0.244	0.138	0.484	0.387
6.每股净资产	7.6	5.12	4.75	4.48	4.21
7.调整后的每股净资产	7.46	5.05	4.66	4.39	4.12
8.每股经营活动产生的现金流量净额	0.586	0.342	0.342	0.177	0.177
9.净资产收益率(%)	6.46	10.81	9.43	10.8	9.2

注:

1.按照中国证券监督管理委员会《公开发行证券的公司信息披露编报规则第九号》的规定,计算净资产收益率和每股收益:

报告期利润	净资产收益率(%)		每股收益(元)	
	全面摊薄	加权平均	全面摊薄	加权平均
主营业务利润	15.83	24.02	1.2	1.37
营业利润	4.51	6.85	0.34	0.39
净利润	6.46	13.73	0.491	0.78
扣除非经常性损益后的净利润	2.38	4.54	0.227	0.26

第三节 股本变动及股东情况

一、公司股份变动情况表:　　单位:万股

股本结构	本次变动前	本次变动增减(+,–)						本次变动后
		配股	送股	公积金转增股本	增发	其他	小计	
一、尚未流通股份								
1.发起人股份								
国家拥有股份	6,375.46				–200	–65.01		6,110.45
境内法人持有股份						65.01		65.01
境外法人持有股份								
其他								
2.募集法人股								
3.内部职工股								
4.优先股或其他								
尚未流通股份合计	6,375.46							6,175.46
二、已流通股份								
境内上市的人民币普通股	3,900.00				2,200			6,100
2.境内上市外资股								
3.境外上市外资股								
4.其他								
已流通股份合计	3,900.00				6,100			6,100
三、股份总数	10,275.46							12,275.46

000837 陕西秦川机械发展股份有限公司

2001 年年度报告摘选

第一章　公司基本情况简介

一、公司中文名称:陕西秦川机械发展股份有限公司
公司英文名称:Qinchuan Machinery development Co.,Ltd. of Shaanxi
英文名称缩写:Qinchuan
二、公司法定代表人:龙兴元
三、公司董事会秘书:吴煜
联系地址:陕西省宝鸡市姜谭路 22 号
联系电话:0917－3670606　　传真:0917－3390960
电子信箱:sxqcfz@public.xa.sn.cn
四、公司注册地址:宝鸡市高新技术产业开发区英达路软件园
邮政编码:721006
公司办公地址:陕西省宝鸡市姜谭路 22 号
邮政编码:721009
公司国际互联网网址:http://www.qinchuan.com
公司电子信箱:sxqcfz@public.xa.sn.cn
五、公司选定的信息披露报刊:《中国证券报》和《证券时报》
公司年度报告披露网站:http://www.cninfo.com.cn
公司年度报告备置地点:公司证券部
六、公司股票上市交易所:深圳证券交易所
股票简称:秦川发展　　股票代码:000837

第二章　会计数据和业务数据摘要

一、本年度主要利润指标情况

项目	金额
利润总额:	37,534,621.33 元
净利润:	30,430,100.84 元
扣除非经常性损益后的净利润:	26,605,438.37 元
主营业务利润:	73,562,359.69 元
其他业务利润:	15,643.85 元
营业利润:	33,491,599.14 元
投资收益:	3,332,255.21 元
补贴收入:	2,520,000.00 元
营业外收支净额:	－1,809,233.02 元
经营活动产生的现金流量净额:	－8,756,259.12 元
现金及现金等价物净增加额:	70,775,842.83 元
注:扣除的非经常性损益项目和涉及金额	3,824,662.47 元
补贴收入	2,520,000.00 元
西安市东二环跨铁路立交桥建设项目收益	2,500,000.00 元
国债收益	370,769.20 元
北京华恒创业投资有限公司投资收益	120,805.99 元
营业外支出	1,818,444.27 元
委托投资收益	150,000.00 元
委托贷款收取利息	137,125.00 元
营业外收入	9,211.25 元
所得税	164,804.70 元

二、财务指标　　单位:元

指标	2001 年	2000 年调整后	2000 年调整前	1999 年调整后	1999 年调整前
主营业务收入	354,634,122.14	362,421,937.27	371,762,488.79	177,918,034.40	177,918,034.40
净利润	30,430,100.84	38,822,162.25	39,733,058.11	36,105,378.80	36,105,378.80
总资产	710,843,690.29	593,703,505.72	607,586,980.31	522,947,592.05	522,947,592.05
股东权益(不含少数股东权益)	402,042,016.69	376,280,763.68	377,003,978.54	350,563,320.43	350,563,320.43
每股收益	0.14	0.29	0.30	0.32	0.32
加权平均每股收益	0.14	0.29	0.30	0.32	0.32
每股净资产	1.89	2.83	2.84	3.16	3.16
调整后的每股净资产	1.89	2.82	2.82	3.16	3.16
每股经营活动产生的现金流量净额	-	-	-	0.24	0.24
净资产收益率%	7.57	10.32	10.54	10.30	10.30

三、报告期内股东权益变动情况　　单位:元

项目	股本	资本公积	盈余公积	法定公益金	未分配利润	股东权益合计
期初数	132,924,000	149,060,000	17,721,000	5,907,000	76,576,000	376,281,000
本期增加	79,754,400	648,000	5,766,000	1,922,000	30,430,000	116,598,000
本期减少	—	39,877,200	—	—	50,960,000	90,837,000
期末数	212,678,400	109,831,200	23,487,000	7,829,000	56,046,000	402,042,000

第三章　股本变动及股东情况

一、股份变动情况表
1、公司股份变动情况表　　单位:股

股份类别	本次变动前	本次变动增减(+,—) 配股	送股	公积金转股	增发	其他	小计	本次变动后
一、未上市流通股份								
1、发起人股份	66,924,000		20,077,200	20,077,200			40,154,400	107,078,400
其中:								
国家持有股份	60,240,000		18,072,000	18,072,000			36,144,000	96,384,000
境内法人持有股份	6,684,000		2,005,200	2,005,200			4,010,400	10,694,400
境外法人持有股份								
其他								
2、募集法人股								
3、内部职工股								
4、优先股或其他								
未上市流通股份合计	66,924,000		20,077,200	20,077,200			40,154,400	107,078,400
二、已上市流通股份								
1、人民币普通股	66,000,000		19,800,000	19,800,000			39,600,000	105,600,000
2、境内上市的外资股								
3、境外上市的外资股								
4、其他								
已流通股份合计	66,000,000		19,800,000	19,800,000			39,600,000	105,600,000
三、股份总数	132,924,000		39,877,200	39,877,200			79,754,400	212,678,400

000838 西南化机股份有限公司

2001 年年度报告摘选

一、公司基本情况简介

1.公司法定中文名称:西南化机股份有限公司
英文名称:SOUTHWEST CHEMICAL MACHINERY CO.LTD.
英文名称缩写:SWCM
2.公司法定代表人:蔡挺
3.公司董事会秘书:阎建军
董事会证券事务代表:段文勇
联系地址:公司董事会办公室
联系电话:(0838)8501521　8213333－3027　　传　真:(0838)8204843
董秘电子信箱:scyan@163.net
授权代表电子信箱:dwy7138@sina.com.cn
4.公司注册地址:四川省什邡市两路口镇
公司办公地址:四川省什邡市两路口镇　　邮政编码:618407
公司电子信箱:SWCM@163.net
5.公司选定的信息披露报刊名称:《证券时报》
登载公司年度报告的国际互联网网址:http://www.cninfo.com.cn
公司年度报告备置地点:公司董事会办公室
6.公司股票上市交易所:深圳证券交易所
股票简称:ST 西化机　　股票代码:0838

二、会计数据和业务数据摘要

(一)本年度利润总额及构成:(单位:元)

项目	金　额
利润总额	1,671,440.28
净利润	1,671,440.28
扣除非经常性损益后的净利润	－13,328,559.72
主营业务利润	6,780,888.91
其他业务利润	－92,246.03
营业利润	－12,805,319.04
投资收益	-
补贴收入	15,000,000.00
营业外收支净额	－523,240.68
经营活动产生的现金流量净额	55,147,041.72
现金及现金等价物净增加额	8,959,284.70

(二)近三年主要会计数据和财务指标:

项目	2001 年度	2000 年度	1999 年度
主营业务收入(元)	59,942,508.16	40,363,117.44	82,356,477.68
净利润(元)	1,671,440.28	－37,342,233.22	－8,805,907.47
总资产(元)	207,686,891.40	225,144,137.52	239,127,407.32
股东权益(元)	34,490,550.23	13,367,058.55	68,551,118.15
每股收益(元)	0.026	－0.573	－0.135
加权每股收益(元)	0.026	－0.573	－0.135
扣除非经常性损益后的每股收益(元)	－0.205	－0.573	－0.135
每股净资产(元)	0.53	0.205	1.053
调整后的每股净资产(元)	0.47	0.158	0.893
每股经营活动产生的现金流量净额	0.85	－0.048	0.095
净资产收益率(%)	4.85	－279.36	－12.85

(三)利润表附表

报告期利润	净资产收益率(%) 全面摊薄	加权平均	每股收益(元) 全面摊薄	加权平均
主营业务利润	19.66	47.74	0.104	0.104
营 业 利 润	－37.13	－90.16	－0.197	－0.197
净 利 润	4.85	11.77	0.026	0.026
扣除非经常性损益后的净利润	－38.64	－93.99	－0.205	－0.205

三、股本变动及股东情况

(一)股本变动情况(单位:万股)

项目	本次变动前	本次变动增减(+、-) 配股	送股	公积金转股	其他	小计	本次变动后
1.发起人股份							
其中:国家持有股份	2459.886				－2459.886	－2459.886	
境内法人持有股份					+2459.886	+2459.886	2459.886
2.募集法人股份	2297.100						2297.100
未上市流通股份合计	4756.986						4756.986
二、已上市流通股份							
人民币普通股	1755.000						1755.000
已上市流通股份合计	1755.000						1755.000
三、股份总数	6511.986						6511.986

(二)股东情况介绍:
1. 截止 2001 年 12 月 31 日,公司股东总数为 9,370 户。
2.公司前十名股东持股情况:

序号	股东名称	持有股数(股)	占总股份(%)	备注
1	中国蓝星(集团)总公司	24,598,860	37.77	国家股
2	临沂工业搪瓷股份有限公司	3,900,000	5.99	法人股
3	德阳市化机持股联合会	3,341,000	5.13	法人股
4	深圳西来洋投资发展有限公司	2,600,000	3.99	法人股
5	上海浦东任辰贸易有限公司	2,140,000	3.29	法人股
6	深圳市旭能投资有限公司	1,300,000	1.99	法人股
7	成都嘉泰投资有限公司	1,300,000	1.99	法人股
8	上海市玮经贸有限公司	700,000	1.07	法人股
9	深圳市巨湾实业发展有限公司	650,000	1.00	法人股
10	四川电器股份有限公司	650,000	1.00	法人股

000839 中信国安信息产业股份有限公司

2001 年年度报告摘选

第一节 公司基本情况简介

一.公司法定中文名称:中信国安信息产业股份有限公司
公司法定英文名称:CITIC Guoan Information Industry Co., Ltd.
二.公司法定代表人:李士林
三.公司董事会秘书:廖小同
联系地址:北京市朝阳区关东店北街号国安大厦
电话:(010)65068509
传真:(010)65061482
电子信箱:dshms@citicguoaninfo.com
四.公司注册地址:北京市海淀区海淀南路 32 号
公司办公地址:北京市朝阳区关东店北街 1 号国安大厦
邮政编码:100020
公司电子信箱:zqb@citicguoaninfo.com
五.公司选定的信息披露报纸名称:《中国证券报》《证券时报》《上海证券报》
登载公司年度报告的中国证监会指定国际互联网网址:
http://www.cninfo.com.cn
公司年报备置地点:北京市朝阳区关东店北街 1 号国安大厦五层
六.公司股票上市交易所:深圳证券交易所
公司股票简称:中信国安
公司股票代码:000839

第二节 会计数据和业务数据摘要

一.公司本年度主要会计数据 (单位:元)

项目	金额
利润总额:	259,663,948.38
净利润:	212,841,145.49
扣除非经常性损益后的净利润:	182,150,640.14
主营业务利润:	200,944,245.90
其他业务利润:	231,338.25
营业利润:	107,205,007.79
投资收益:	148,465,585.32
补贴收入:	4,115,082.92
营业外收支净额:	-121,727.65
经营活动产生的现金流量净额:	308,839,730.25
现金及现金等价物净增加额:	-155,307,833.05

注:扣除非经常性损益项目和涉及金额:

项目	金额
资金占用费	18,018,000.00
资金管理收益	17,000,000.00
转让世华收益	1,210,204.53
营业外收支净额	-121,727.65
扣除所得税影响	-5,415,971.53
合计	30,690,505.35

二.公司近三年的主要会计数据及财务指标 (单位:元)

	2001 年	2000 年		1999 年
		调整前	调整后	
主营业务收入	452,239,427.78	528,765,056.80	403,852,563.06	470,818,205.98
净利润	212,841,145.49	265,769,544,.47	234,918,059.34	200,165,447.32
总资产	3,098,717,075.63	2,393,878,214.85	2,365,093,642.19	1,366,102,899.93
股东权益(不含少数股东权益)	1,617,590,262.99	1,466,028,379.74	1,453,486,596.67	880,913,630.32
每股收益	0.3607	0.4505	0.3982	0.5004
加权平均每股收益	0.3607	0.4563	0.4033	0.5004
扣除非经常性损益的每股收益	0.3087	0.3918	0.1958	0.4557
每股净资产	2.7417	2.4848	2.4635	2.2023
调整后的每股净资产	2.6198	2.2991	2.3383	1.9991
每股经营活动产生的现金流量净额	0.5235	0.3082	0.1889	-0.0161
净资产收益率(%)	13.16	18.13	16.16	22.72

注:以上指标计算涉及股本总数时,公司 2001 年、2000 年指标是以总股本 589,999,989 股为基数计算,1999 年指标是以总股本 40,000 万股为基数计算。

三.按照中国证监会《公开发行证券公司信息披露编报规则(第 9 号)》要求计算报告期利润的净资产收益率和每股收益:

报告期利润	净资产收益率(%)		每股收益(元)	
	全面摊薄	加权平均	全面摊薄	加权平均
主营业务利润	12.42	12.88	0.3406	0.3406
营业利润	6.63	6.87	0.1817	0.1817
净利润	13.16	13.64	0.3607	0.3607
扣除非经常性损益后的净利润	11.26	11.68	0.3087	0.3087

第三节 股本变动及股东情况

一.股份变动情况表(数量单位:股)

	期初数	本次变动增减(+ -)			期末数
		配股	送股	小计	
一、尚未流通股份					
发起人股份(法人股)	411,627,900				411,627,900
尚未流通股份合计	411,627,900				411,627,900
二、已流通股份					
1、境内上市人民币普通股	178,372,089				178,372,089
2、境内上市外资股					
3、境外上市外资股					
已流通股份合计	178,372,089				178,372,089
三、股份总数	589,999,989				589,999,989

000848 河北承德露露股份有限公司

2001 年年度报告摘选

一、公司基本情况简介

1、公司名称
中文:河北承德露露股份有限公司
英文:He Bei Cheng De LoLo Company Limited
2、公司法定代表人:王宝林
3、公司董事会秘书:李文生
联系地址:河北省承德市双桥区翠桥路南 6 号
联系电话:(0314)2066791 转 3088　　传　真:(0314)2063525
电子信箱:lolozq@heinfo.net　　证券事务代表:王 洪
联系地址:河北省承德市双桥区翠桥路南 6 号
联系电话:(0314)2061585　　(0314)2066791 转 3061　　传 真:(0314)2063525
4、公司注册地址:河北省承德市高新技术产业开发区(西区 8 号)
办公地址:河北省承德市高新技术产业开发区(西区 8 号)　　邮政编码:067000
公司国际互联网网址:http://www.lolo.com.cn
公司电子信箱:lolozq@ heinfo.net
5、公司选定的信息披露报纸名称:中国证券报　证券时报
公司指定信息披露的国际互联网网址 http://www.cninfo.com.cn
公司年度报告备置地点:河北承德露露股份有限公司证券部
6、公司股票上市地:深圳证券交易所
股票简称:承德露露　　股票代码:000848

二、会计数据和业务数据摘要

1、本年度主要利润指标情况

项目	金额
利润总额	110 678 451.90
净利润	97 826 993.46
扣除非经常性损益后的净利润	87 960 653.22
主营业务利润	302 519 798.79
其他业务利润	0
营业利润	116 233 861.79
投资收益	-200 462.23
补贴收入	0
营业外收支净额	-5 354 947.66
经营活动产生的现金流量净额	140 699 728.43
现金及现金等价物净增减额	123 607 770.19
其中:扣除非经常性损益项目和涉及金额:	
政策有效期短于 3 年,越权审批或无正式批准文件的税收返还、减免以及其他政府补贴	15 421 750.13
营业外收支净额	-5 354 947.66
股权投资差额摊销	-200 462.23
扣除非经常性损益项目合计	9 866 340.24

2、截至报告期末公司前三年的主要会计数据和财务指标:

项目	2001 年度	2000 年度		1999 年度
		调整后	调整前	
主营业务收入(元)	998 311 149.94	821 111 533.74	821 111 533.74	739 642 163.24
净利润(元)	97 826 993.46	53 402 228.49	53 402 228.49	101 521 336.57
总资产(元)	1 139 002 576.96	872 349 201.37	872 349 201.37	520 584 682.24
股东权益(元)(不含少数股东权益)	662 649 413.30	735 927 419.84	735 927 419.84	410 045 753.55
每股收益(元/股)	0.38	0.21	0.21	0.44
每股净资产(元/股)	2.56	2.84	2.84	1.78
调整后的每股净资产(元/股)	2.56	2.84	2.84	1.78
净资产收益率(%)	14.76	7.26	7.26	24.76
扣除非经常性损益后的每股收益(元)	0.34	0.21	0.21	0.43
每股经营活动产生的现金流量净额(元)	0.54	0.20	0.20	0.48

3、按照中国证监会《公开发行证券的公司信息披露编报规则第九号》要求计算的利润数据:

报告期利润	净资产收益率(%)		每股收益(元/股)	
	全面摊薄	加权平均	全面摊薄	加权平均
主营业务利润	45.65	38.55	1.17	1.17
营业利润	17.54	14.81	0.45	0.45
净利润	14.76	12.46	0.38	0.38
扣除非经常性损益后的净利润	13.27	11.21	0.34	0.34

三、股本变动及主要股东持股情况

1、股本变动情况表　　数量单位:股

	本次变动前	本次变动增减(+,-)						本次变动后
		配股	送股	公积金转股	增发新股	其他	小计	
一、未上市流通股份								
1.发起人股份								
其中:								
国家持有股份	168250000							168250000
境内法人持有股份								
外资法人持有股份								
其他								
2.募集法人股								
3.内部职工股								
4.优先股或其他								
其中:转配股								
未上市流通股份合计	168250000							168250000
二、已上市流通股份								
1. 人民币普通股	91000000							91000000
2. 境内上市的外资股								
3. 境外上市的外资股								
4. 其他								
已上市流通股份合计	91000000							91000000
三、股份总数	259250000							259250000

000850 安徽华茂纺织股份有限公司

2001年年度报告摘选

第一章 公司基本情况简介

1、公司法定中文名称：安徽华茂纺织股份有限公司
公司法定英文名称：ANHUI HUAMAO TEXTILE COMPANY LIMITED
2、公司法定代表人：华冠雄
3、公司董事会秘书及其证券事务代表
董事会秘书：王功著
联系地址：安徽省安庆市纺织南路80号
联系电话：(0556)5516615
传真：(0556)5510166
电子信箱：aqfz@mail.hf.ah.cn
证券事务代表：袁琥
联系地址：安徽省安庆市纺织南路80号
联系电话：(0556)5510810转245
传真：(0556)5510166
电子信箱：aqfz@mail.hf.ah.cn
4、公司注册地址：安徽省安庆市纺织南路80号
公司办公地址：安徽省安庆市纺织南路80号
邮政编码：246018
公司国际互联网网址：http://www.huamao.com.cn
公司电子信箱：aqfz@mail.hf.ah.cn
5、公司选定的信息披露报纸：《证券时报》
登载公司年度报告的国际互联网网址：http://www.cninfo.com.cn
公司年度报告备置地点：安徽华茂纺织股份有限公司总经理办公室
6、公司股票上市交易所：深圳证券交易所
股票简称：华茂股份　　股票代码：000850

第二章 会计数据和业务数据摘要

1、公司本年度实现利润总额 104931090.62元
其中：净利润 95409353.66元
扣除非经常性损益后的净利润 87452636.83元
主营业务利润 118367111.85元
其他业务利润 48768.33元
营业利润 71343927.80元
投资收益 31290251.96元
补贴收入 ——
营业外收支净额 2296910.86元
经营活动产生的现金流量净额 95968886.25元
现金及现金等价物净增减额 88652737.86元

2、主要会计数据和财务指标

项 目			2001年	2000年	1999年
主营业务收入(元)			607427148.11	589706513.85	565975471.87
净利润(元)			95409353.66	101119995.71	62229349.14
总资产(元)			1099905395.81	778905703.20	622039730.17
股东权益(元)(不含少数股东权益)			746235101.06	527824605.25	460704609.54
每	主营业务利润	(摊薄)	0.54	0.90	0.57
股		(加权)	0.55	0.90	0.57
收	营业利润	(摊薄)	0.33	0.66	0.38
益		(加权)	0.33	0.66	0.38
(元)	净利润	(摊薄)	0.44	0.59	0.37
		(加权)	0.44	0.59	0.37
扣除非经常性损益		(摊薄)	0.40	0.57	0.35
后的每股收益(元)		(加权)	0.41	0.57	0.35
净	主营业务利润	(摊薄)	15.86	28.96	21.20
资		(加权)	16.87	29.90	21.47
产	营业利润	(摊薄)	9.56	21.19	14.20
收		(加权)	10.17	21.88	14.38
益	净利润	(摊薄)	12.79	19.16	13.51
率		(加权)	13.60	19.78	13.67
(%)					
扣除非经常性损益后		(摊薄)	11.72	18.40	12.93
的净资产收益率(%)		(加权)	12.46	19.00	13.09
每股净资产(元)			3.41	3.10	2.71
调整后的每股净资产(元)			3.40	3.10	2.70
每股经营活动产生的现金流量净额(元)			0.44	0.48	0.32

第三章 股本变动及股东情况

1、股本变动情况表　　数量单位：股

	本次变动前	本次变动增减(+、-)						本次变动后
		配股	送股	公积金转股	增发	其他	小计	
一、尚未上市流通股份								
1、发起人股份	120000000			22054044			22054044	142054044
其中：								
国家持有股份	120000000			22054044			22054044	142054044
境内法人持有股份								
外资法人持有股份								
其他								
2、募集法人股份								
3、内部职工股								
4、优先股或其他								
其中：转配股								
未上市流通股份合计	120000000			22054044			22054044	142054044
二、已上市流通股份								
1、人民币普通股	50000000	15000000		11945940			26945940	76945940
2、境内上市的外资股	(其中董事、监	(其中董事、监		(其中董事、监			(其中董事、监	(其中董事、监
3、境外上市的外资股	事和高管人员	事和高管人员		事和高管人员			事和高管人员	事和高管人员
4、其他	70000股已锁定)	21000股已锁定)		16717股已锁定)			37717股已锁定)	107717股已锁定)
已上市流通股份合计	50000000	15000000		11945940			26945940	76945940
三、股份总数	170000000	15000000		33999984			48999984	218999984

000851 贵州中国第七砂轮股份有限公司

2001年年度报告摘选

一、公司基本情况简介

1、公司法定中文名称：贵州中国第七砂轮股份有限公司
公司法定英文名称：Guizhou China No.7 Grinding Wheel Co. Ltd
2、公司法定代表人：濮江斌
3、公司董事会秘书：任东升
公司证券事务代表：(暂缺)
联系地址：贵州·贵阳·清镇
办公电话：0851-2550469　　传　真：0851-2550408
电子信箱：E—mail:zqb@chinaqisha.com
4、公司注册地址：贵州省贵阳市
公司办公地址：贵州·贵阳·清镇　　公司邮政编码：551414
公司电子信箱：E—mail:gsb@chinaqisha.com
公司互联网址：http://www.chinaqisha.com
5、公司选定的信息披露报纸名称：深圳《证券时报》
登载公司年度报告的中国证监会指定国际互联网网址：http://www.cninfo.com.cn
公司年度报告备置地点：公司证券部
6、公司股票上市交易所：深圳证券交易所
股票简称：中国七砂　　股票代码：000851
7、公司首次注册登记日期：1994年1月20日
注册登记地点：贵州省工商行政管理局
8、企业法人营业执照注册号：5200001202072
9、税务登记号码：520181214426154
10、公司聘请的会计师事务所：上海万隆众天会计师事务所有限公司。
办 公 地 址：上海市陆家浜路1388号3楼

二、会计数据和业务数据摘要

1、本年度利润总额及构成：　　单位：元

项目	金额
利润总额	-60,639,088.61
净利润	-60,639,088.61
扣除非经常性损益后的净利润	-61428,442.98
主营业务利润	4,912,019.76
其他业务利润	-11,148.12
营业利润	-61,943,242.98
投资收益	1,279,265.63
补贴收入	295,272.90
营业外收支净额	-270,384.16
经营活动产生的现金流量净额	-14,011,955.94
现金及现金等价物净增加额	-2,953,888.95

按照证监会《公开发行证券公司信息披露编报规则第9号》要求计算的净资产收益率和每股收益：

报告期利润	净资产收益率(%)		每股收益(元)	
	全面摊薄	加权平均	全面摊薄	加权平均
主营业务利润	1.46	1.35	0.02	0.02
营业利润	-18.43	-16.99	-0.28	-0.28
净利润	-18.04	-16.63	-0.27	-0.27
扣除非经常性损益后的净利润	-18.28	-16.85	-0.27	-0.27

注：计算按照公式《公开发行证券公司信息披露编内容与格式准则第2号(年度报告的内容与格式)》的通知执行。

2、截止报告期末公司前三年主要会计数据及财务指标　　单位：元

项目	2001年度	2000年度		1999年度
		调整后	调整前	调整后
(1)主营业务收入	107,698,402.08	159,293,399.71	159,293,399.71	143,402,778.99
(2)净利润	-60,639,088.61	-18,799,892.88	-18,282,852.88	3,337,582.27
(3)总资产	483,278,103.66	534,673,803.74	537,359,361.91	567,568,867.53
(4)股东权益(不含少数股东权益)	336,067,480.32	394,893,460.87	397,579,019.04	367,401,816.17
(5)每股收益(摊薄)	-0.27	-0.08	-0.08	0.02
(加权)	-0.27	-0.08	-0.08	0.02
(扣除非经营性损益后)	-0.27	-0.07	-0.07	0.02
(6)每股净资产	1.49	1.76	1.77	2.12
(7)调整后的每股净资产	1.45	1.69	1.70	2.05
(8)净资产收益率(摊薄)	-18.04%	-4.76%	-4.60%	0.91%
(加权)	-16.63%	-5.27%	-5.10%	0.91%
(9)每股经营活动产生的现金流量净额	-0.062	-0.003	-0.003	-0.14

三、股本变动及股东情况

(一)股本变动情况　　数量单位：万股

股份结构	期初数	本次变动增减(+、-)					期末数
		配股	送股	公积金转股	其他(上市)	小计	
一、尚未流通股份							
1、发起人股份	9489.83					0	9489.83
其中：							
国家拥有股份	8202.83					0	8202.83
境内法人持有股份	1287					0	1287
外资法人持有股份	0						0
其他	0						0
2、募集法人股	5252.17					0	5252.17
3、内部职工股	1898				-1898	-1898	0
4、优先股或其他	0						0
尚未流通股份合计	16640						14742
二、已流通股份							
1、境内上市的人民币普通股	5850				+1898	+1898	7748
2、境内上市的外资股	0						0
3、境外上市的外资股	0						0
4、其他	0						0
已流通的股份合计	5850			0			7748
三、股份总数	22490	0	0	0	0	0	22490

000852 江汉石油钻头股份有限公司

2001 年年度报告摘选

第一章 公司基本情况简介

一、公司的法定中、英文名称及缩写
公司法定中文名称：江汉石油钻头股份有限公司
公司法定英文名称：Kingdream Public Limited Company
英文缩写：KPLC
二、公司法定代表人：常子恒
三、公司董事会秘书：叶哲学
授权代表：陈任明
联系地址：湖北省潜江市广华前进路江钻股份投资证券部
电话：0728－6518598　传真：0728－6518598
电子信箱：security@kingdream.com
四、公司注册地址：湖北省武汉市洪山区珞瑜路 456 号　邮编：430070
公司办公地址：湖北省潜江市广华前进路　邮编：433124
公司电子信箱：info@kingdream.com　公司网址：www.kingdream.com.cn
五、公司选定的信息披露报纸：《证券时报》、《上海证券报》
登载公司年度报告的中国证监会指定国际互联网网址：www.cninfo.com.cn
公司年度报告备置地点：公司投资证券部
六、公司股票上市交易所：深圳证券交易所
股票简称：江钻股份　股票代码：000852

第二章 会计数据和业务数据摘要

一、本年度主要利润指标情况　单位：人民币元

项目	金额
利润总额	93,991,881.28
净利润	82,222,214.21
扣除非经常性损益后的净利润	74,846,742.51
主营业务利润	189,292,896.52
其他业务利润	6,036,576.57
营业利润	81,136,110.18
投资收益	11,342,703.52
补贴收入	2,732,399.72
营业外收支净额	－1,219,332.14
经营活动产生的现金流量净额	112,673,686.98
现金及现金等价物净增加额	129,258,591.71
注：扣除的非经常性损益项目和涉及金额处理固定资产损益	379,044.30
罚款收益	－9,200.00
其他营业外支出	－1,589,176.44
债权投资收益	55,683.45
股票投资收益	9,223,722.88
会计政策变更调整数	－396,444.03
委托理财	3,381,345.54
内退人员工资	－3,669,504.00
以上项目涉及金额：	7,375,471.70

二、截至报告期末公司前三年主要会计数据和财务指标：　单位：人民币元

项目	2001 年	2000 年调整后	2000 年调整前	1999 年调整后	1999 年调整前
主营业务收入	446,835,153.40	357,571,004.00	356,283,471.28	225,981,215.90	225,981,215.90
净利润	82,222,214.21	74,683,602.84	74,511,144.70	48,180,026.40	56,133,202.82
总资产	1,009,155,741.80	867,133,264.10	874,545,356.65	818,944,885.39	826,898,061.81
股东权益	604,721,129.16	578,284,463.53	586,302,784.38	503,838,463.26	511,791,639.68
每股收益	0.294	0.373	0.373	0.241	0.281
每股收益(加权)	0.294	0.373	0.373	0.241	0.281
扣除非经常性损益后的每股收益	0.267	0.364	0.363	0.211	0.251
每股净资产	2.16	2.89	2.93	2.52	2.56
调整后的每股净资产	2.03	2.88	2.92	2.51	2.55
每股经营活动产生的现金流量净额	0.40	0.36	0.36	0.28	0.28
净资产收益率	13.60%	12.91%	12.71%	9.56%	10.97%
扣除非经常性损益后的加权净资产收益率	12.08%	13.79%	13.76%	8.49%	10.01%

三、按中国证监会《公开发行证券公司信息披露编报规则(第 9 号)》要求计算的利润数据

报告期利润	净资产收益率(％)		每股收益(元)	
	全面摊薄	加权平均	全面摊薄	加权平均
主营业务利润	31.30	30.56	0.676	0.676
营业利润	13.42	13.10	0.290	0.290
净利润	13.60	13.27	0.294	0.294
扣除非经常性损益后的净利润	12.38	12.08	0.267	0.267

第三章 股本变动及股东情况

一、股本变动情况
(一)股份变动情况表　数量单位：股

	本次变动前	本次变动增减(＋,－)						本次变动后
		配股	送股	公积金转股	增发	其他	小计	
一、未上市流通股份								
1.发起人股份	150,000,000			60,000,000			60,000,000	210,000,000
其中：								
国家持有股份	150,000,000			60,000,000			60,000,000	210,000,000
境内法人持有股份								
外资法人持有股份								
其他								
2.募集法人股份								
3.内部职工股								
4.优先股或其他								
其中：转配股								
未上市流通股份合计	150,000,000			60,000,000			60,000,000	210,000,000
二、已上市流通股份								
1.人民币普通股	49,911,300			19,916,620			19,916,620	69,827,920
2.境内上市的外资股								
3.境外上市的外资股								
4.其他(高管股)	88,700			35,480		47,900	83,380	172,080
已上市流通股份合计	50,000,000			19,952,100		47,900	20,000,000	70,000,000
三、股份总数	200,000,000			79,952,100		47,900	80,000,000	280,000,000

000856 唐山陶瓷股份有限公司

2001 年年度报告摘选

一、公司基本情况简介

(一)公司法定中文名称：唐山陶瓷股份有限公司
法定英文名称：TANGSHAN CERAMIC CORP.,LTD.
(二)公司法定代表人：邢平均
(三)公司董事会秘书：张树来
证券事务代表：李汶
联系地址：河北省唐山市路北区缸窑路 29 号
联系电话：(0315)3291354　传　真：(0315) 3291354
电子信箱：sz0856@heinfo.net
(四)公司注册地址：河北省唐山市路北区缸窑路 29 号
办公地址：河北省唐山市路北区缸窑路 29 号　邮政编码：063022
电子信箱：sz0856@heinfo.net
(五)公司选定的信息披露报纸：《证券时报》
指定登载公司年度报告的国际互联网网址：http://www.cninfo.com.cn
年度报告备置地点：深圳证券交易所　公司证券部
(六)公司股票上市交易所：深圳证券交易所
股票简称：唐山陶瓷　股票代码：000856

二、会计数据和业务数据摘要

(一)本年度主要利润指标情况(单位：人民币元)

指 标	2001 年
1、利润总额	－24 733 007.90
2、净利润	－24 339 390.62
3、扣除非经常性损益后的净利润	－13 367 307.77
4、主营业务利润	87 091 598.09
5、其它业务利润	3 513 085.29
6、营业利润	－15 205 678.09
7、投资收益	－2 414 226.53
8、补贴收入	4 287 683.00
9、营业外收支净额	－11 400 786.28
10、经营活动产生的现金流量净额	59 906 271.44
11、现金及现金等价物净增加额	34 731 149.53

注：扣除的非经常性损益项目和涉及金额(单位：人民币元)

项目	金 额
合并价差	－2 627 606.53
营业外收入	540 543.41
营业外支出	11 941 329.69
资金占用费	3 056 309.96
合 计	－10 972 082.85

(二)截止报告期末公司前三年主要会计数据财务指标(单位：人民币元)

指 标	2001 年	2000 年	1999 年
1、主营业务收入	402 581 571.09	467 476 489.02	464 186 156.02
2、净利润	－24 339 390.62	34 477 738.86	46 017 271.20
3、总资产	1 080 492 944.49	1 037 235 641.56	775 465 747.19
4、股东权益(不含少数股东权益)	504 680 273.83	527 042 248.81	393 301 497.60
5、全面摊薄每股收益	－0.14	0.20	0.29
6、加权平均每股收益	－0.14	0.20	0.29
7、扣除非经常性损益后的每股收益	－0.08	0.20	0.29
8、每股净资产	2.88	3.01	2.46
9、调整后的每股净资产	2.59	2.82	2.38
10、每股经营活动产生的现金流量净额	0.34	－0.20	－0.01
11、全面摊薄净资产收益率	－4.82%	6.54%	11.70%
12、加权平均净资产收益率	－4.73%	7.61%	11.91%

2001 年度利润及利润分配表附表

报告期利润	净资产收益率%		每股收益(元)	
	全面摊薄	加权平均	全面摊薄	加权平均
主营业务利润	17.26	16.92	0.50	0.50
营业利润	－3.01	－2.95	－0.09	－0.09
净利润	－4.82	－4.73	－0.14	－0.14
扣除非经常性损益后的净利润	－2.65	－2.60	－0.08	－0.08

三、股本变动及股东情况

(一)公司股本变动情况
1、公司股份变动情况表　单位：万股

	本次变动前	本次变动增减(＋、－)						本次变动后
		配股	送股	公积金转股	增发	其他	小计	
一、未上市流通股份	11000							11000
1、发起人股份								
其中：								
国家持有股份	11000							11000
境内法人持有股份								
境外法人持有股份								
其他								
2、募集法人股份								
3、内部职工股								
4、优先股或其他								
未上市流通股份合计	11000							11000
二、已上市流通股份								
1、人民币普通股	6500							6500
2、境内上市的外资股								
3、境外上市的外资股								
4、其他								
已上市流通股份合计	6500							6500
三、股份总数	17500							17500

000858 宜宾五粮液股份有限公司

2001年年度报告摘选

第一章 公司基本情况简介

一、公司法定中、英文名称
中文名称:宜宾五粮液股份有限公司
英文名称:WULIANGYE YIBIN CO.,LTD
二、公司法定代表人:王国春
三、公司董事会秘书:彭智辅
证券事务代表:肖祥发
联系地址:四川省宜宾市翠屏区岷江西路150号
联系电话:(0831)3553988转6858、5878
传真号码:(0831)3555958
公司证券事务电子信箱:dshb-wly@163.net
四、公司注册地址、办公地址:四川省宜宾市翠屏区岷江西路150号
邮政编码:644007
公司国际互联网网址:http://www.wuliangye.com.cn
五、公司选定的信息披露报刊为"中国证券报、证券时报、上海证券报"。
登载公司年度报告的证监会指定国际互联网网址为http://www.cninfo.com.cn
公司年度报告备置地点:董事会办公室
六、公司股票上市交易所为:深圳证券交易所
股票简称:五粮液
股票代码:000858
七、其他有关资料
1、公司首次注册日期为:1998年4月21日
注册地址为:四川省宜宾市翠屏区岷江西路150号
公司最近一次变更注册登记时间为:2001年11月5日
注册地址为:四川省宜宾市翠屏区岷江西路150号
2、企业法人营业执照注册号:5100001808900
3、税务登记号码:512501709061038
4、公司聘请的会计师事务所为:四川华信(集团)会计师事务所有限责任公司
办公地址:成都市洗面桥街8号
邮政编码:610041

第二章 会计数据和业务数据摘要

一、公司本年度实现利润情况

序号	项目	金额(元)
1	利润总额	933,092,174.58
2	净利润	811,407,817.88
3	扣除非经常性损益后的净利润	811,407,817.88
4	主营业务利润	1,641,200,348.68
5	其他业务利润	2,186,651.87
6	营业利润	923,145,406.32
7	投资收益	12,349,967.95
8	补贴收入	0
9	营业外收支净额	-2,403,199.69
10	经营活动产生的现金流量净额	1,073,187,941.83
11	现金及现金等价物净增加额	-181,217,826.89

二、截止本报告期末公司前三年的主要会计数据和财务指标

单位:元

序号	项目	2001年度	2000年度	1999年度
1	主营业务收入	4,742,095,340.05	3,953,640,138.96	3,308,791,041.80
2	净利润	811,407,817.88	768,112,120.07	649,021,962.90
3	总资产	6,687,868,171.49	4,600,917,198.25	3,918,898,762.95
4	股东权益(不含少数股东权益)	4,715,475,721.52	3,188,611,486.52	2,420,499,366.45
5	每股收益	0.933	1.60	1.352
6	每股净资产	5.401	6.643	5.043
7	调整后的每股净资产	5.394	6.615	5.043
8	每股经营活动产生的现金流量净额	1.234	2.70	1.872
9	净资产收益率(%)	17.29	24.09	26.81
10	加权平均每股收益	0.942	1.60	1.45

第三章 股本变动及股东情况

一、股份变动情况
1、股份变动情况表

公司股份变动情况表　　数量单位:股

	期初数	变动增减(+,-) 配股	送股	公积金转增	小计	期末数
一、未上市流通股份						
1、发起人股份	360,000,000	7,200,000	146,880,000	110,160,000	264,240,000	624,240,000
其中:						
国家持有股份	360,000,000	7,200,000	146,880,000	110,160,000	264,240,000	624,240,000
境内法人持有股份						
境外法人持有股份						
其他						
2、募集法人股份						
3、内部职工股						
4、优先股或其他						
未上市流通股份合计	360,000,000	7,200,000	146,880,000	110,160,000	264,240,000	624,240,000
二、已上市流通股份						
1、人民币普通股	120,000,000	24,000,000	57,600,000	43,200,000	124,800,000	244,800,000
2、境内上市的外资股						
3、境外上市的外资股						
4、其他						
已上市流通股份合计	120,000,000	24,000,000	57,600,000	43,200,000	124,800,000	244,800,000
三、股份总数	480,000,000	31,200,000	204,480,000	153,360,000	389,040,000	869,040,000

000859 安徽国风塑业股份有限公司

2001年年度报告摘选

第一节 公司基本情况简介

(一)公司中文名称:安徽国风塑业股份有限公司
公司英文名称:ANHUI GUOFENG PLASTIC INDUSTRY CO., LTD.
英文名称缩写:GPI
(二)公司法定代表人:郑忠勋
(三)公司董事会秘书:吴亚
联系电话:0551-2885333-3166　　传真号码:0551-2888835
(四)公司注册地址:安徽省合肥市马鞍山路1号
公司办公地址:安徽省合肥市马鞍山路1号　　邮编:230001
电子信箱:guofeng@mail.hf.ah.cn
(五)公司选定的信息披露报纸为《证券时报》
中国证监会指定的登载公司年度报告的国际互联网网址:http://www.cninfo.com.cn
公司年度报告备置地点:本公司证券部
(六)公司股票上市交易所:深圳证券交易所
股票简称:国风塑业　　股票代码:000859
(七)其他有关资料:
公司首次注册登记日期:1998年9月23日
登记地点:安徽省合肥市
企业法人营业执照注册号:3400001300071
税务登记证号码(国税):340104705045831
本公司聘请的会计师事务所:安徽华普会计师事务所
办公地点:合肥市徽州路66号

第二节 会计数据和业务数据摘要

1、公司本年度实现　　单位:元

项目	金额
利润总额:	81,404,867.50
净利润:	52,801,144.23
扣除非经常性损益后的净利润:	49,171,526.37
主营业务利润:	146,074,772.86
其它业务利润:	3,879,200.52
营业利润:	74,804,234.36
投资收益:	1,555,252.14
补贴收入:	3,861,000.00
营业外收支净额:	1,184,381.00
经营活动产生的现金流量净额:	127,730,065.48
现金及现金等价物净增加额:	196,920,444.82
注:扣除非经常性损益项目和涉及金额:	
1)营业外收支净额项目:	1,164,909.13
a、处理固定资产净损失:	-21,550.86
b、扣除新股发行的资金利息:	1,186,602.30
c、其他支出:	-142.31
2)补贴收入项目:	2,306,000.00
a、财政贴息:	1,206,000.00
b、治污补贴:	700,000.00
c、技改补贴:	400,000.00
3)投资收益:	1,946,430.96
4)以上项目涉及金额:	5,417340.09

2、主要会计数据和财务指标　　(单位:元)

指标项目	2001年	2000年	1999年
主营业务收入	614,394,852.06	476,827,869.08	409,984,275.02
净利润	52,801,144.23	49,501,906.39	59,202,600.26
总资产	1,634,089,984.79	1,146,465,522.74	880,957,203.68
股东权益(不含少数股东权益)	747,925,039.89	729,799,746.43	545,704,799.53
每股收益(摊薄)	0.22	0.21	0.33
每股收益(加权)	0.22	0.22	0.33
扣除非经常性损益后每股收益	0.21	0.19	0.30
每股净资产	3.17	3.20	3.03
调整后的每股净资产	3.16	3.09	3.03
每股经营活动产生的现金流量净额	0.54	0.08	0.38
净资产收益率(摊薄)%	7.06	6.5	10.85
净资产收益率(加权)%	7.03	7.66	11.47

3、报告期间内股东权益变动情况:

项目	股本	资本公积	盈余公积	法定公益金	未分配利润	股东权益合计
期初数	235,800,000	407,870,399.22	13,394,512.98	6,697,256.49	90,273,360.52	754,035,529.21
本期增加		38,366.45	6975,795.42	3,487,897.71	52,801,144.23	63,303,203.81
本期减少					69,413,693.13	69,413,693.13
期末数	235,800,000	407,908,765.67	20,370,308.40	10,185,154.20	73,660,811.62	747,925,039.89

变动原因:
(1) 资本公积、盈余公积金、法定公积金增加,为本公司年度盈利提取所致;
(2) 末分配利润增加,为本年度盈利留存所致;
(3) 股东权益减少,系公司本年度利润分配所致。

第三节 股本变动及股东情况

(一)股本变动情况
1、股本变动情况表

数量单位:股

	本次变动前	本次变动增减(+,-) 发行新股	送股	公积金转股	其他	小计	本次变动后
①尚未流通股份	145,800,000	—	—	—	—	—	145,800,000
发起人股份	145,800,000	—	—	—	—	—	145,800,000
其中:国家持有股份	145,800,000	—	—	—	—	—	145,800,000
尚未流通股份合计	145,800,000	—	—	—	—	—	145,800,000
②已流通股份	90,000,000	—	—	—	—	—	90,000,000
境内上市的人民币普通股	90,000,000	—	—	—	—	—	90,000,000
已流通股份合计	90,000,000	—	—	—	—	—	90,000,000
③股份合计	235,800,000	—	—	—	—	—	235,800,000

000860 北京顺鑫农业股份有限公司

2001年年度报告摘要

一、公司基本情况简介

1.公司法定名称

中文名称:北京顺鑫农业股份有限公司

英文名称:BEIJING SHUNXIN AGRICULTURE CO.,LTD

2.公司法定代表人:李维昌

3.公司董事会秘书:田建国

联系地址:北京市顺义区站前街南侧

联系电话:(010)69420860、69428900

传 真:(010)81499846

电子信箱:tjg396@sohu.com

4.公司注册地址:北京市顺义区站前街南侧

公司办公地址:北京市顺义区站前街南侧

邮政编码:101300

公司国际互联网址:www.0860.com.cn

电子信箱:sxnygf@public.bta.net.cn

5.公司选定的信息披露报纸:《中国证券报》、《证券时报》

年度报告指定登载网址:http://www.cninfo.com.cn

公司年度报告备置地点:公司证券部

6.公司股票上市交易所:深圳证券交易所

股票简称:顺鑫农业

股票代码:000860

二、主要会计数据和业务数据摘要

(一)本年度主要利润指标情况(单位:元)

项目	2001年度
利润总额	78,004,602.66
净利润	73,399,357.39
扣除非经常性损益的净利润	70,338,501.48
主营业务利润	160,026,823.63
其他业务利润	18,527,471.86
营业利润	49,736,017.96
投资收益	2,855,102.80
补贴收入	22,352,625.99
营业外收支净额	3,060,855.91
经营活动产生的现金流量净额	11,057,119.00
现金及现金等价物净增加额	131,524,939.25

扣除非经常性损益项目和涉及金额:扣除营业外收入3,277,767.78元;营业外支出216,911.87元。

(二)公司前三年主要会计数据和财务指标(单位:元)

指标项目	2001年度	2000年度 调整前	2000年度 调整后	1999年度
主营业务收入	774,081,629.25	677,131,956.40	677,131,956.40	636,305,938.40
净利润	73,399,357.39	76,488,226.82	51,255,115.30	77,198,567.99
总资产	1,385,796,366.04	1,019,816,080.30	1,037,608,585.87	1,026,744,914.95
股东权益	1,051,395,121.41	850,068,875.54	824,835,764.02	815,580,648.72
每股收益	0.241	0.273	0.18	0.276
加权平均每股收益	0.245	0.273	0.18	0.276
扣除非经常性损益后的每股收益	0.231	0.275	0.18	0.248
每股净资产	3.46	3.036	2.95	2.91
调整后的每股净资产	3.32	2.949	2.87	2.86
每股经营活动产生的现金流量净额	0.04	0.176	0.18	0.29
净资产收益率(%)	6.98	8.998	6.21	9.47
加权净资产收益率(%)	7.15	8.998	6.21	9.47
扣除非经常性损益后的加权净资产收益率(%)	6.85	9.00	6.19	8.51

(三)报告期利润表附表

报告期利润	净资产收益率(%) 全面摊薄	净资产收益率(%) 加权平均	每股收益(元) 全面摊薄	每股收益(元) 加权平均
主营业务利润	15.22	15.58	0.526	0.533
营业利润	4.73	4.84	0.164	0.166
净利润	6.98	7.15	0.241	0.245
扣除非经常性损益后的净利润	6.69	6.85	0.231	0.234

(四)股东权益变动情况及变动原因(单位:元)

项目	期初数	本期增加 调整前	本期增加 调整后	本期减少	期末数
股本	280,000,000.00	280,000,000.00	24,150,000.00		304,150,000.00
资本公积	444,271,127.68	444,271,127.68	174,632,500.00		618,903,627.68
盈余公积	47,017,302.04	41,970,679.74	14,812,096.84		56,782,776.58
法定公益金	23,508,651.02	20,985,339.87	7,391,183.46		28,376,523.33
未分配利润	78,780,445.82	58,593,956.60	12,964,760.55		71,558,717.15
股东权益合计	850,068,875.54	824,835,764.02	226,559,357.39		1,051,395,121.41

变动原因:

1、股本增加是由于年初配股所致;

2、资本公积增加是由于配股溢价所致;

3、盈余公积的增加是由于按规定提取法定盈余公积金和法定公益金;

4、法定公益金的增加是由于按规定提取法定公益金;

5、未分配利润的增加主要是由于本年度经营活动产生净利润;

6、股东权益的增加是由于经营过程中增加的未分配利润、按规定年末提取的法定盈余公积金和法定公益金及配股资金到位致使股本、资本公积增加。

三、股本变动及股东情况

(一)股本变动情况:报告日期2001年12月31日,报告期内本公司股份总数较上年末发生了变化,具体情况如下(数量单位:股):

股本结构	本次变动前	配股	送股	公积金转股	增发	其它	小计	本次变动后
一、未上市流通股份								
1、发起人股份	210,000,000	3,150,000					3,150,000	213,150,000
其中:国家持有股份	210,000,000	3,150,000					3,150,000	213,150,000
境内法人持有股份								
境外法人持有股份								
其它								
2、募集法人股份								
3、高管股	66,000	19,800					19,800	85,800
4、优先股或其它								
其中:转配股								
未上市流通股份合计	210,066,000	3,169,800					3,169,800	213,235,800
二、已上市流通股份								
1、人民币普通股	69,934,000	20,980,200					20,980,200	90,914,200
2、境内上市的外资股								
3、境外上市的外资股								
4、其它								
已上市流通股份合计	69,934,000	20,980,200					20,980,200	90,914,200
三、股份总数	280,000,000	24,150,000					24,150,000	304,150,000

(二)主要股东持股情况

1、截止2001年12月31日,公司股东总数为61953户。

2、报告期末公司前十名股东持股情况:

名次	股东名称	持股数量(股)	占总股本比例	股份性质
1	北京市泰丰现代农业发展中心	21,3150,000	70.08%	发起人国有股
2	陈玉林	340,000	0.11%	流通股
3	上海证券有限责任公司	238,730	0.08%	流通股
4	石姆妹	233,700	0.08%	流通股
5	普丰证券投资基金	209,209	0.07%	流通股
6	郭显虎	178,080	0.06%	流通股
7	池宝强	152,980	0.05%	流通股
8	吴静凯	134,630	0.04%	流通股
9	蔡秋英	130,080	0.04%	流通股
10	成连喜	129,717	0.04%	流通股

说明:①持股5%(含5%)以上的股东为北京市泰丰现代农业发展中心,其所持股份性质为国有法人股,报告其内未发生抵押、冻结等情况。②前十名股东之间不存在关联关系。

3、持股10%以上的法人股东情况。

北京市泰丰现代农业发展中心为本公司的控股股东,2001年末持有国有法人股21315万股,占公司总股本的70.08%。

公司法定代表人:李维昌

公司经营范围:种植业,养殖业及其产品加工销售;农业技术开发;农业产前、产中、产后服务;销售日用百货,日用杂品,五金,交电,化工,针纺织品。

北京市泰丰现代农业发展中心的实际控制人为北京市顺义区人民政府。

4、报告期内控股股东未发生变更。

四、董事、监事、高级管理人员和员工情况

1.现任董事、监事、高级管理人员情况

姓名	性别	年龄	职务	任期起止日期	年初持股数量	年末持股数量	增减(+,-)
李维昌	男	48	董事长兼总经理	2001.9-2004.9			
李怀民	男	40	董事兼副总经理	2001.9-2004.9			
杨文科	男	38	董事兼副总经理	2001.9-2004.9			
赵淑惠	女	54	董事	2001.9-2004.9	10,000	13,000	3,000
赵桂清	女	37	董事	2001.9-2004.9			
陈英丽	女	47	董事	2001.9-2004.9			
王金明	男	39	董事	2001.9-2004.9			
田建国	男	41	董事会秘书兼副总经理	2001.9-2004.9	10,000	13,000	3,000
李宝玉	男	43	监事会召集人	2001.9-2004.9	10,000	13,000	3,000
潘永杰	男	37	监事	2001.9-2004.9			
赵庆江	男	57	监事	2001.9-2004.9	2,000	2,600	600
张海泉	男	42	副总经理	2001.9-2004.9	10,000	13,000	3,000
王海峰	男	47	副总经理	2001.9-2004.9			

注1:董事、监事在第一大股东任职情况:

董事长李维昌先生在本公司控股股东北京市泰丰现代农业发展中心任法定代表人、党委书记;董事赵桂清女士在本公司控股股东北京市泰丰现代农业发展中心任副总经理。

注2:持股数量的增加是公司2000年实施配股时公司董事及高级管理人员认配的股份,现为锁定的高管股。

2.年度报酬情况

公司管理制度中明确规定了员工报酬事项,董事、监事和高级管理人员年度报酬总额为45.34万元。金额最高的前三名董事的报酬总额为11.82万元;金额最高的前三名高级管理人员的报酬总额为11.82万元。

报酬划分区间:以上董事、监事及高级管理人员在本公司领取报酬的人员中,年度报酬在

40000－50000元之间1人，在20000－40000元之间11人。赵桂清女士未在本公司领取报酬。

3.报告期内离任的董事、监事、高级管理人员情况：

2001年9月29日公司召开了2001年第一次临时股东大会，会上通过了第二届董事会及监事会的成员名单。第一届董事会成员龚建友先生、张海泉先生、聂长松先生、贾艺坛先生、王家槐先生、不再担任本届董事，第一届监事会成员姚庆波先生不再担任公司本届监事。

第二届董事会聘任了新的一届领导班子。原公司副总经理赵淑惠女士、财务总监贾艺坛先生不再担任原职务。

五、公司治理结构

(一)公司治理情况

公司严格按照《公司法》、《证券法》和中国证监会有关法律法规的要求，不断完善公司法人治理结构、建立现代企业制度、规范公司运作，公司制定了《公司章程》、《董事会议事规则》和《监事会议事规则》。对照中国证监会和国家经贸委于2002年1月7日发布的《上市公司治理准则》的要求，本公司主要情况如下：

1、关于股东与股东大会：公司能够确保所有股东，特别是中小股东享有平等地位，确保所有股东能够充分行使自己的权利；公司能够严格按照股东大会规范意见和公司章程的要求召集、召开股东大会，在会场的选择上尽可能地让更多的股东能够参加股东大会，行使股东的表决权；公司关联交易公平合理，并对定价依据予以充分披露，不存在任何损害公司利益的关联交易，也不存在关联股东占用公司资金、资产或其他资源的情况。根据《上市公司治理准则》，将进一步完善《公司章程》。

2、关于控股股东与上市公司的关系：控股股东行为规范，不存在直接或间接干预公司的决策和经营活动；公司与控股股东在人员、资产、财务、机构和业务方面做到"五独立"，公司董事会、监事会和内部机构能够独立运作。

3、关于董事与董事会：公司严格按照《公司章程》规定的董事选聘程序选举董事，并将进一步完善董事的选聘程序、积极推行累积投票制度；公司董事会的人数和人员构成符合法律、法规的要求；公司董事会建立了《董事会议事规则》，公司各位董事能够以认真负责的态度出席董事会和股东大会，能够积极参加有关培训，熟悉有关法律法规，了解作为董事的权利、义务和责任。公司将进一步按照《上市公司治理准则》的要求，进一步完善《董事会议事规则》，在《公司章程》中补充《董事会议事规则》的内容。公司正在积极物色独立董事人选，按照有关规定建立独立董事制度和董事会专门委员会。

4、关于监事和监事会：公司监事会的人数和人员构成符合法律、法规的要求；公司监事会建立了《监事会议事规则》；公司监事能够认真履行自己的职责，能够本着对股东负责的精神，对公司财务以及公司董事、公司经理和其他高级管理人员履行职责的合法合规性进行监督。公司将进一步按照《上市公司治理准则》的要求，完善《监事会议事规则》，在《公司章程》中补充《监事会议事规则》的内容。公司监事列席了2001年度内召开的所有董事会和股东大会。

5、关于绩效评价与激励约束机制：对经理人员的聘任公开、透明，符合法律法规的规定；公司并正积极着手建立公正、透明的董事、监事和经理人员的绩效评价标准与激励约束机制。

6、关于相关利益者：公司能够充分尊重和维护银行及其他债权人、职工、消费者等其他利益相关者的合法权益，共同推动公司持续、健康地发展。

7、关于信息披露与透明度：公司指定董事会秘书负责信息披露工作、接待股东来访和咨询；公司能够严格按照法律、法规和公司章程的规定，真实、准确、完整、及时地披露有关信息，并确保所有股东有平等的机会获得信息；公司能够按照有关规定，及时披露大股东或公司实际控制人的详细资料和股份的变化情况。公司自成立以来，一贯严格按照《公司法》等有关法律法规的要求规范运作，并将一如既往地按照有关议事规则和2002年1月7日发布的《上市公司治理准则》等规范性文件的要求规范运作，努力寻求企业价值最大化，切实维护中小股东的利益。

(二)独立董事履行职责情况

公司董事会根据中国证监会发布的《关于在上市公司建立独立董事制度的指导意见》的规定要求，正在积极起草和修订相关规则，物色独立董事人选，将于2002年6月30日前按照有关规定建立独立董事制度。

(三)公司与控股股东在业务、人员、资产、机构、财务等方面分开情况说明

本公司第一大股东是北京市泰丰现代农业发展中心，持有本公司21315万股股份，占总股本70.08%。本公司法人治理结构健全，与北京市泰丰现代农业发展中心在业务、资产、人员、财务和机构上是分离的、独立的。

1、公司业务独立

本公司主要经营业务是白酒的生产和销售；肉制品的生产和销售；种畜产品、农作物种子、蔬菜种子的繁育和销售；蔬菜、果品、花卉、苗木的种植加工和销售。本公司的控股股东北京市泰丰现代农业发展中心的主营业务为种植业、养殖业及其产品加工销售；农业技术开发；农业产前、产中、产后服务等。本公司主营业务突出，与控股股东主营业务互不关联，具有独立完整的业务及自主经营能力。公司的业务决策均系独立做出，与其具有实际控制权的股东是完全分开的。涉及关联交易的业务，其交易条件和内容是本着公平交易的原则进行的，不存在损害公司及公司其他股东利益的情况。关联交易内容披露充分、及时、准确，对公司不存在负面影响。不存在不正当的关联交易，股东大会对有关关联交易进行表决时，严格执行了公司章程规定的回避制度。

2、公司资产完整

公司产权关系明确。各股东注入公司的资产均独立完整，产权清晰；出资全部足额到位并已完成相关的产权变更手续。公司拥有独立完整的生产系统，辅助生产系统和配套设施。公司的采购、销售由公司控股子公司和分公司独立进行。公司自主开发的工业产权、商标等无形资产归公司所有。

3、公司人员独立

在人员关系上，除公司总经理在控股股东单位兼任党委书记外，其它所有副总经理、董事会秘书、监事及财务负责人均属专职，未在控股股东单位兼职，且均在本公司领薪。

公司所有的董事、监事均通过合法程序选举产生，总经理、副总经理、财务负责人均由董事会直接聘任，各级管理人员由总经理直接聘任，公司拥有独立的人事任免权。

4、公司财务独立

公司设立了独立的财会部门，包括子公司、分公司在内均设立了独立的会计核算体系和财务管理制度。公司独立开设银行帐户，不存在将资金存入大股东的财务公司或结算中心帐户的情况；公司独立纳税；公司的财务决策均系独立作出，不存在大股东干预上市公司资金使用的情况。

5、公司机构独立

本公司董事会、监事会及其它内部机构独立运作，机构设立完整独立。

(四)报告期内对高级管理人员的考评及激励机制、相关奖励制度的建立、实施情况

为了建立有效的奖励、激励机制，使公司董事、监事、高级管理人员的利益与公司的利益紧密联系起来，公司根据2001年初工作会议上制定的"一定五挂钩一否决"的总体考核办法，年末进行全员大考核。

六、股东大会情况简介

(一)股东大会的通知、召集、召开情况。

2001年度公司共召开两次股东大会，即2000年年度股东大会和2001年度第一次临时股东大会。

1.2000年年度股东大会于2000年3月15日以公告形式发出通知，于2000年4月18日上午如期在公司四楼会议室召开，出席会议的股东及股东授权代表8名，代表股份21323.68万股，占公司总股本的70.11%，符合《中华人民共和国公司法》及公司章程的有关规定，会议由副董事长李维昌先生主持，经全体股东认真审议，一致通过了该次股东大会的各项决议，未发生决议否决情况。

2.2001年度第一次临时股东大会于2001年8月30日发出召开通知，以公告形式说明了会议召开的时间、地点、审议事项及其它有关事宜；2001年9月29日上午8时30分如期在公司四楼会议室召开，出席会议的股东及股东授权代表10人，代表股份21323.71万股，占公司总股本的70.11%，符合《中华人民共和国公司法》及公司章程的有关规定，会议由副董事长李维昌先生主持，公司董事、监事、高级管理人员及律师参加了本次会议，大会以记名投票表决的方式通过了各项决议，未发生决议否决情况。

(二)股东大会通过的决议及决议刊登的信息披露报纸及日期。

1.公司2000年年度股东大会通过了以下决议：《公司2000年年度报告及摘要》、《公司2000年度董事会工作报告》、《公司2000年度监事会工作报告》、《公司2000年度财务工作报告》、《公司2000年度利润分配方案》、《提请股东大会授权公司董事会行使不超过公司净资产25%金额的对外投资权限的议案》、《继续聘请北京兴华会计师事务所有限责任公司为公司财务报告审计机构的议案》及《关于修改公司章程有关条款的议案》，股东大会决议的公告刊登在2000年4月19日的《中国证券报》、《上海证券报》和《证券时报》上。

2.公司2000年度第一次临时股东大会通过了以下决议：《关于调整配股募集资金的议案》、《修改公司章程有关条款的议案》《第一届董事会工作总结》、《第一届监事会工作总结》、和。本次股东大会经北京市中银律师事务所张圣怀律师到会并出具了律师见证意见书。股东大会的详细内容请参见2001年10月9日的《中国证券报》、《上海证券报》和《证券时报》。

(三)选举、更换公司董事、监事情况

报告期内，公司2001年度第一次临时股东大会通过《关于公司董事会换届选举的议案》和《关于公司监事会换届选举的议案》选举李维昌先生、李怀民先生、杨文科先生、赵淑惠女士、赵桂清女士、陈英丽女士和王金明先生为公司董事；选举李宝玉先生和赵庆江先生为公司监事，经职工代表大会选举潘永杰先生为公司职工代表监事。

七、董事会报告

(一)公司经营情况

北京顺鑫农业股份有限公司是北京市第一家农业类上市公司。几年来，公司一直坚持以人为本，机制创新和科技创新相结合，产品经营和资本经营相结合的原则，充分利用资金优势和品牌优势，紧紧围绕农业的大概念，优化产品结构和资产结构，有效地增强了企业的核心竞争力和整体的盈利能力，使企业得以持续、稳定、健康的发展。目前，公司经营领域涵盖了农业产前、产中、产后的整个过程，截止到2001年12月31日，公司净资产已达10.51亿元，资产状况良好，结构合理。2001年，被中国食品工业协会授予"1981－2001中国农业产业化经营20大龙头食品企业"、"全国食品行业质量效益型先进企业"的称号，被国务院发展研究中心农村部评为"优秀企业"。同年，公司又顺利通过了ISO9001质量体系认证，大大提高了企业生产经营管理的水平。

1、公司主营业务的范围及经营状况

公司是北京市农副产品生产加工的核心企业。主营业务为白酒的生产和销售、肉制品的生产、加工和销售；种畜、籽种的繁育和销售；蔬菜、果品、苗木的种植加工及销售等。2001年，公司主营业务收入累计完成77408.16万元，实现净利润7339.94万元。其中：

①分公司经营情况：

鹏程食品分公司生猪屠宰、肉制品加工完成销售收入38671万元，实现利润869万元，列北京同行业第一位(资料来源：北京市肉类协会)；小店畜禽良种场种猪、育肥仔猪完成销售收入7742万元，实现利润3119万元，列北京同行业第一(资料来源：全国养猪协会)；牛栏山酒厂的北京醇、二锅头系列白酒完成全年销售收入19561万元，实现利润4176万元，在2001年1－3季度的全国酿酒工业(白酒)排名中，产量列第14位，利税总额列24位(资料来源：全国酿酒行业信息)；耘丰种业和顺科蔬菜公司的种子、花卉及蔬菜等产品完成销售收入893万元，实现利润240万元。公司主营业务中主要产品的有关数据如下表所示：

产品名称	销售收入(万元)	毛利率(%)
"北京醇、牛栏山"系列白酒	19561	43.28
"鹏程"肉食	38671	2.08
种猪、育肥仔猪	7742	40.95

②公司主要控股公司的经营情况及业绩

a)北京牵手果蔬饮品有限责任公司主营功能性饮料、果蔬饮料的生产和销售业务。该公司于2000年12月27日正式投产，注册资本为6352.02万元，其中顺鑫农业持有82%的股份。"牵手"牌果蔬汁系列产品上市以来，深受广大消费者的青睐，现已享有一定的品牌知名度。2001年累计完成销售收入7749.1万元，实现利润总额376.15万元。据中华全国商业信息中心全国重点大型百货商场对果汁饮料前10名品牌市场综合占有率的统计监测：2001年11月份"牵手"果蔬汁已跻身行业十强之列。

b)北京顺鑫祥云药业有限责任公司主要经营中成药、化学药品的生产和销售业务，2001年5月取得GMP认证。公司注册资本7450万元，其中顺鑫农业持有78.52%的股份。截止到2001年12月31日，公司的资产规模为8161万元。2001年累计完成销售收入2109万元，实现利润总额56.4万元。

c)北京顺丽鑫林果种植有限责任公司主要经营苗木、果品的种植和销售业务，公司注册资本909.35万元，其中顺鑫农业持有51%的股份。截止到2001年12月31日，公司的资产规模977.4万元。2001年产品取得国家绿色食品证书。2001年完成销售收入281万元，实现利润总额40.18万元。

d)北京鑫竺空港果蔬仓储有限责任公司主要经营仓储服务、果蔬产品销售业务，注册资本2818万元，其中顺鑫农业持有51%的股份。截止到2001年12月31日，公司的资产规模3086万元。2001年完成销售收入464.40万元，实现利润总额20.78万元。

e)北京顺鑫石门农产品市场服务管理有限责任公司主要经营农产品市场的管理和服务、蔬菜及干鲜果品的销售等业务，公司注册资本2998万元，其中顺鑫农业持有61.8%的股份。截止到2001年12月31日，公司的资产规模5649.3万元。2001年完成业务收入617.2万元，实现利润总额73.24万元。

f)北京顺鑫长青蔬菜有限公司是一家专门从事水培生菜种植的高新技术企业，主要产品为"波士顿"生菜。公司注册资本为140万美元，其中顺鑫农业持有52%的股份。该公司总资产为1200万元。公司2000年4月投产，但由于生产产品单一，成本较高，且2001年上海、大连、重庆三个地区分别新建了技术相同的项目，企业面临严峻的挑战。目前公司正在积极组建周边地区的营销网络。

2、主要供应商、客户情况

公司向前五名供应商采购的总金额为13278.48万元，占公司总采购额的20.93%；公司前五名经销商的产品销售总额为12666万元，占公司主营业务收入的16.36%。

3、公司在经营中出现的问题与困难及解决方案

白酒业和屠宰业是我公司两大主营业务，2001年，白酒行业实行从量从价征税以及屠宰业不再享受以前的增值税先征后返的优惠政策，给企业的经营增加了较大的压力。面对行业困难和激烈的市场竞争环境，公司采取了一系列积极有效的措施：

(1)迅速发展新投资项目，重点培育饮料市场。通过人才、技术、管理和资金的优势，"牵手"

牌果蔬汁经过短短的一年时间运作,就在竞争异常激烈的果汁饮料市场稳占一席之地,并呈现出生机勃勃的发展态势。毋庸置疑,在不久的将来,果蔬饮品将发展成为公司的主导产业之一,同时将为公司带来巨大的经济效益。

(2)精心打造"鹏程"肉食品牌,推进放心肉工程,增强企业核心竞争力。2001年,鹏程食品分公司取得了北京市食品安全体系认证。公司通过大力推进"鹏程"生肉的销售网络建设,迅速地提高了生肉制品在北京市场的份额,目前已开发连锁店、大型超市及商场销售点累计1500多家,大大提高了终端占有率。公司生猪屠宰量和生肉制品的销售量分别较去年同期增长了33.3%和21%,进一步实现了规模效益。同时,鹏程食品分公司还通过调整生肉、熟食制品结构,增加精深产品品种和比例,提高了经济效益。

(3)充分利用公司白酒品牌的知名度、技术开发优势,努力发展经营中档白酒,推出了以"北京醇"纯净酒为代表的系列产品,赢得了广大消费者的认可。同时积极拓展海外市场,使产品远销韩国、日本及东南亚地区。

(4)强化管理,充分利用产业相关性的特征,有效地整合资源,降低了企业整体的运作成本,同时大大提高了运营效率。

(二)公司财务状况

(单位:万元)

项 目	2001年度	2000年度		增减额	增减率(%)
		调整后	调整前		
总资产	138579.64	103760.86	101981.61	34818.78	33.56
长期负债	5.00	5.00	5.00	0	0
股东权益	105139.51	82483.58	85006.89	22655.93	27.47
主营业务利润	16002.68	13495.00	13495.00	2507.68	18.58
净利润	7339.94	5125.51	7648.82	2214.43	43.20

增减变动原因:

①总资产增加是因为本年配股资金到位、净利润增加及合并范围增加所致;

②股东权益增加是由于本年净利润增加所致;

③主营业务利润增加是由于主营业务收入增加;

④净利润增加是由于生产经营活动产生利润所致。

(三)公司投资情况

(1)配股资金使用情况

经中国证监会批准,公司于2000年12月实施配股,配股资金19878.25万元于2001年2月19日全部到位,配股资金使用情况如下:

配股募集资金项目情况汇总表 (单位:万元)

序号	项目名称	计划投入	实际投入	投资进度
1	投资北京顺鑫长青蔬菜有限公司建设深池浮板无土栽培蔬菜二期工程	5593	0	0%
2	与北京兴源市场服务管理中心合资组建有限责任公司项目	4475.4	3097.94	69.22%
3	建设包装彩印生产线工程	3667	0	0%
4	与北京向阳制药厂组建有限责任公司项目	5850		
	(1)固体制剂车间改扩建及GMP认证技改项目	3450	3450	100%
	(2)与北京中医药大学中药研究合作建立新药研发中心及中药液体制剂车间技改项目	2400	2400	100%
5	受让北京潮白河森林旅游度假区发展有限责任公司股权并追加投资	2076.2	0	0%
6	甜玉米系列产品加工项目	2943	0	0%
7	北京牵手果蔬饮品有限责任公司搬迁改造工程(配股转投项目)	7476.65	5783.13	77.35%
	合计	19878.25	14731.07	

①与北京兴源市场服务管理中心合资组建有限责任公司项目

项目计划投资4475.4万元,用于对石门市场进行重新规划设计建设。公司已与北京兴源市场服务管理中心合资组建了"北京顺鑫石门农产品市场服务管理有限责任公司",新公司注册资本为2998万元,顺鑫农业出资1852.94万元,出资比例为61.8%,现已完成了肉食水产大厅、蔬菜批发大厅的建设,同时了进行了部分市场服务配套设施的建设。2001年公司实现农产品交易额16.3亿元。

截止到2001年12月31日,公司又投资1245万元,用于粮油交易大厅及配套设施建设。其余资金根据市场扩建工程进展将陆续投入。待计划投资全部到位后,再办理相关公司增资手续。2001年完成业务收入617.2万元,实现利润总额73.24万元。

②与北京向阳制药厂组建有限责任公司项目

项目计划投资5850万元,用于建设固体制剂车间改扩建及GMP认证技改项目和与北京中医药大学中药研究合作建立新药研发中心及中药液体制剂车间技改项目。现公司已与仁和地区农工商联合总公司出资组建了"北京顺鑫祥云药业有限责任公司",公司注册资本为7450万元,顺鑫农业出资5850万元,出资比例为78.52%。

公司已完成了固体制剂车间改扩建及中药液体制剂车间技改项目,医药研发中心正在组建之中。公司的固体制剂车间已于2001年5月15日通过了国家药品监督管理局的GMP认证,同时公司在全国建立了18个办事处、2个联络处,公司市场销售网络已基本形成。2001年累计完成销售收入2109万元,实现利润总额56.4万元。

③受让北京潮白河森林旅游度假区发展有限责任公司股权并追加投资

项目计划投资2076.2万元,用于收购北京潮白万国旅游开发中心持有的北京潮白河森林旅游度假区发展有限责任公司的29%股权,同时北京潮白河森林旅游度假区发展有限责任公司增资扩股。目前项目的几方股东正在办理相关的入资及增资手续。

(2)配股募集资金改变的项目

①投资北京顺鑫长青蔬菜有限公司建设深池浮板无土栽培蔬菜二期工程

该项目原计划总投资7677万元,根据合作双方协议我公司需投资5593万元,在2001年7月,合作外方将持有的原北京顺鑫长青蔬菜有限公司48%股权转让给北京市泰丰现代农业发展中心23%,转让给亚洲连华投资有限公司25%。目前三方股东对该项目二期工程追加投资问题不能达成一致,我公司不能单方面追加投资。通过进一步市场调研,2001年在上海、大连、重庆三个地区分别新建了与我公司相同技术的深池浮板无土栽培蔬菜项目,使得我公司二期工程投资风险加大。本着对股东负责的原则,我公司经研究决定不对该项目进行投资,原计划投资的5593万元转投到其它项目中去。

②建设包装彩印生产线工程

该项目原计划投资3667万元。经过半年的项目前期筹备工作,我公司发现在项目的实施过程中遇到如下问题:

配股募集资金到位后,在办理该项目进口设备相关手续时,由于受到国家海关总署、国家计委、国家经贸委和财政部联合签署《国内投资项目不予免税的进口商品目录(2000年修订)》的通知的限制,对某些进口设备不予免税,其中就含有该项目准备引进的高速彩色胶印机,现在如果实施该项目势必造成对该项目的投入加大,使项目今后的运行成本增加,不能保证原计划的投资回报率。

通过对有关政府职能部门咨询,在上述政策出台前夕,部分同行业企业进口了相当数量和我们拟引进的同档次高速彩色胶印机,使得有限的市场竞争更加激烈。因此,公司经研究决定,本着对广大股东负责的态度,对该项目的投资转投到其它项目中去。

③甜玉米系列产品加工项目

该项目拟投资2943万元。今年由于顺义区的种植结构调整,粮经饲占地比达到25:67:8,粮食作物在我区的种植结构中只占到四分之一,可供我们发展的甜玉米种植面积较小,甜玉米品质也不能满足我们项目对原材料的需求。同时,随着各种税收政策对农业上市公司的影响,我公司要利用现有资源重点突出主业,做大做强公司主导产业,因此公司决定放弃此项目,该项目资金转投其它项目。

以上项目计划总投资12203万元,其中配股资金7476.65万元,自有资金4726.36万元,因此以上项目需要改变投向的配股资金总计7476.65万元。根据公司发展的实际需要,改变投向的配股资金7476.65万元转投到北京牵手果蔬饮品有限责任公司搬迁改造工程。截至到2001年12月31日,配股转投资金已到位5783.13万元。待计划投资全部到位后,再办理相关公司增资手续。

2001年8月29日公司召开了第一届董事会第十七次会议,会上审议并通过了《关于调整部分配股募集资金项目的议案》并对该议案做了专项公告;同日,公司监事会也召开了第一届监事会第九次会议,对此发表了专项意见。该决议公告刊登在2001年8月30日《中国证券报》、《上海证券报》和《证券时报》上。会后,报深圳证券交易所备案。2001年9月29日公司召开了2001年度第一次临时股东大会,会上审议并通过了《关于调整部分配股募集资金项目的议案》,该决议公告刊登在2001年10月9日《中国证券报》、《上海证券报》和《证券时报》上。

(3)尚未使用的募集资金5147.18万元存放于银行。

(4)报告期内其它投资情况

以自有资金2000万元与陕西汉中市城固肉类联合加工总厂共同出资组建了陕西汉中顺鑫鹏程食品有限公司。公司注册资本为3294.22万元,顺鑫农业占注册资本的60.71%。新公司组建后,年屠宰能力可达50万头,冷储能力为5000吨。公司将充分利用顺鑫农业和汉中市城固肉类联合加工总厂原有的销售网络及顺鑫农业的品牌优势和资金优势、汉中地区充足的生猪货源优势,扩大生产规模,提高产品质量和市场竞争力,使公司经济效益进一步增强。

(四)新年度生产经营规划

本公司在2002年的生产经营中,将继续坚持"以科技为先导,以市场为导向,以效益为核心,以创新求发展"的经营思路,紧紧抓住申奥成功、中国入世的机遇,充分利用国家对农业产业化国家重点龙头企业、农业高科技企业的扶持,发挥公司自身的优势,有效地整合资源,实现资源共享,打造企业的核心竞争力,围绕大农业的概念,形成种猪繁育肉食品加工、饮料饮品、农副产品物流、生态观光农业四条产业链,并以此为基础,开展各项工作,确保公司持续、健康、稳定地发展。

2002年公司将重点做好以下工作:

①实施北京牵手果蔬饮品有限责任公司搬迁改造工程。经过认真分析入世对饮料行业的影响之后,公司董事会决定出资实施北京牵手果蔬饮品有限责任公司搬迁改造工程,改造工程将在2002年6月底完成。改造完成后牵手公司年生产能力可达15万吨,将进入全国同行业的前列。

②公司将以小店畜禽良种场为依托,引进先进的种猪品系,发挥自身科研机构的作用,不断扩大种猪优势,同时加大养殖基地的建设,加强育肥猪的培育,并采取有效途径,加大生肉、熟肉制品及市场的开发力度,不断扩大市场占有率,树立品牌形象,扩大市场份额。

③以石门市场为基础,继续加大农副产品批发市场整体环境及设施的改造,同时整合公司现有销售网络,降低公司产品销售成本,进一步发展农产品物流配送体系。

④建立高素质的营销队伍,加强市场营销网络的建设,建立终端售点系统,增强竞争能力,同时科学地确立营销目标,对市场进行细分,不断拓展市场空间,从整体上促进市场开发。

⑤加大新产品研发力度,提高产品的技术含量,并积极探索国际市场,有针对性地开发出口产品,扩大出口能力,抢占国际市场。

⑥发展农业观光旅游业,成为高科技农业的窗口。2008年顺义区将承担奥运会部分比赛项目,公司将抓住这一机遇,进一步突出高科技农业、精品农业的窗口形象,发挥旅游资源的优势。

⑦加强内部管理,在管理的深化、细化上下功夫,不断挖掘内部潜力,降低生产成本,整合内部资源配置,达到效益最大化。

⑧加强人力资源的开发,通过建立人才储备机制、人才培养机制、科学考评机制等,逐步培养出一支高素质的员工队伍,不断提高公司凝聚力,以保证公司的可持续性发展。

(五)本年度利润分配预案及下一年度利润分配政策:

根据公司2001年度利润分配政策,2001年公司拟进行1次利润分配且分配比例不低于当年可供分配的净利润和滚存未分配利润的20%,分配方式采取现金或送股或转增或相结合的方式,其中现金股利占股利分配的比例不低于20%。因此,本年度利润分配预案为:

经北京兴华会计师事务所有限责任公司审计:截止2001年12月31日,公司实现净利润73399357.39元,根据公司章程规定,按净利润的10%提取法定公积金7339935.74元,按净利润的10%提取法定公益金7339935.74元,加年初未分配利润58593956.60元,本年度可供股东分配的利润为117313442.51元。本年度以2001年12月31日的总股本30415万股计算,向全体股东每10股派现金红利1.50元(含税),现金分配利润计45622500.00元,剩余部分71690942.51转入2002年未度分配利润。本年度不进行公积金转增股本。上述分配预案尚需2001年度股东大会审议通过后实施。

2002年利润分配政策:

1、拟进行1次利润分配;

2、当年可供分配的净利润和滚存未分配利润的分配比例均不低于20%,

3、分配方式采取现金或送股或转增或相结合的方式,其中现金股利占股利分配的比例不低于20%。

上述分配政策在实施时,需由董事会提出预案并提交公司股东大会审议通过才能正式实施,董事会保留根据公司发展和盈利情况对其做出调整的权利。

八、监事会报告

1.监事会会议情况

2001年度,公司监事会根据《公司法》及《公司章程》等有关规定,本着对股东负责的态度,认真履行了监事会的职能。本年度公司监事会共召开了五次会议,列席了公司各次董事会会议,参加了公司2000年年度股东大会和2001年度第一次临时股东大会,对公司重大决策和决议的形成表决程序进行了审查和监督,对公司依法运作情况进行了检查。

①2001年3月12日第一届监事会第七次会议在本公司会议室召开,会议审议通过了《公司2000年度监事会报告》、《公司2000年年度报告及摘要》、《公司2000年利润分配预案》和《关于继续聘任北京兴华会计师事务所有限责任公司为公司财务报告审计机构的议案》。决议公告刊登于2001年3月15日《中国证券报》、《证券时报》和《上海证券报》上。

②2001年8月13日第一届监事会第八次会议在本公司会议室召开,会议审议通过了《公司2001年中期报告》、《公司2001年中期利润分配预案》和《关于计提资产减值准备的议案》。决议公告刊登于2001年8月16日《中国证券报》、《证券时报》和《上海证券报》上。

③2001年8月29日第一届监事会第九次会议在本公司会议室召开,会议审议通过了《关于调整配股募集资金项目的议案》、《第一届监事会工作情况报告》和《关于监事会换届选举的议案》。决议公告刊登于2001年8月30日《中国证券报》、《证券时报》和《上海证券报》上。

④2001年9月29日第二届监事会第一次会议在本公司会议室召开,推选李宝玉先生为公司监事会召集人,于2001年10月9日在《中国证券报》、《证券时报》和《上海证券报》公告。

⑤2001年12月19日第二届监事会第二次会议在本公司会议室召开,通过了《公司规范运作自查报告》,经深圳交易所批准未做公告。

2001年度,监事会成员列席公司第一届董事会的第十三次至第十七次会议以及第二届董事会第二次会议,对董事会形成的议案以及表决程序进行审议和监督,认为公司董事会严格依照

《公司法》、《证券法》、《公司章程》及国家有关规定对公司进行整体运营，严格执行了股东大会的决议。

2.公司依法运作情况

本年度公司在经营运作中，决策程序合法，企业内部管理规范，董事及高级管理人员在任期内未发现违反法律、法规、公司章程或损害公司利益的行为。

3.检查公司财务的情况

本年度公司财务决算，经北京兴华会计师事务所审计，真实、客观地反映了公司财务情况和经营成果。

4.配股募集资金使用情况

公司2001年2月19日到位配股募集资金20527.5万元，扣除发行费用，实际到位募集资金19878.25万元，按照配股说明书承诺，公司拟投资项目共六个，投资金额共计24604.6万元，其差额部分以公司自有资金、银行贷款或其它方式解决。公司在本年度内已分别与北京向阳制药厂组建了有限责任公司，与北京兴源市场服务管理中心合资组建了有限责任公司，两个项目依照配股说明书承诺进行了投入；受让北京潮白河森林旅游度假村发展有限责任公司股权并追加投资项目，该项目四方股东正在办理相关的入资及增资手续；投资北京顺鑫长青蔬菜有限公司建设深池浮板无土栽培蔬菜二期工程项目，因合作方将持有的原北京顺鑫长青蔬菜 有限公司48%股权分别转让给北京市泰丰现代化农业发展中心和亚洲连华投资有限公司，目前三方股东对该项目二期工程追加投资问题不能达成一致，致使项目无法实施，公司决定终止对此项目的投入；建设包装彩印生产线工程项目，在办理该项目进口设备相关手续时，由于受国家政策调整的影响，对该进口设备不予免税，使成本加大，不能保证原计划投资回报率，另外通过向有关政府职能部门咨询，在上述政策出台前夕，北京市部分同行业企业进口了相当数量和我们拟引进的同档次高速彩色胶印机，使得有限的市场竞争更加激烈。因此，公司经研究决定，本着对广大股东负责的态度，对该项目的投资转投到其它项目中去；甜玉米系列产品加工项目，该项目由于本地区种植结构调整、政策影响，造成可供项目发展的甜玉米种植面积有限，不能满足项目原材料的需求，公司已放弃对此项目投入。以上三个项目原计划使用配股募集资金7476.65万元，公司在对配股项目进行审慎论证的基础上，通过对全国饮料市场的充分调查以及牵手公司发展现状，为了突出公司主营优势，公司决定将以上三个项目配股募集资金7476.65万元转投到北京牵手果蔬饮品有限责任公司搬迁改造工程项目。以上三个项目变更募集资金投向情况属实，有利于规避投资风险，有利于公司主业发展，以上变更方案均由董事会报请公司2001年度第一次临时股东大会审议通过，其变更程序规范合法。

5.收购、出售资产情况

报告期内，公司无收购、出售资产情况。

6.交易情况

报告期内，公司在经营活动中，与北京市泰丰现代农业发展中心及其下属企业之间的关联交易以市场价格为基础，交易公平，没有损害股东及本公司利益行为。

7.北京兴华会计师事务所有限责任公司出具了无保留意见审计报告，该审计报告真实、客观、准确地反映了公司的财务状况。

九、重要事项

1.本年度公司无重大诉讼、仲裁事项。

2.报告期内，公司无出售资产、吸收合并的情况。

3.报告期内，公司关联交易事项如下：

①本公司分公司鹏程食品分公司，2001年由北京市泰丰现代农业发展中心购买活猪27980头，价值15,629,175.20元，交易价格以市场价格为准。

②按照综合服务合同，北京市泰丰现代农业发展中心在本报告期内向我公司提供了职工用餐、供暖等相关服务，于2001年12月13日按合同支付综合服务费874,678.68元。

③按照土地租赁合同，公司现租用北京市泰丰现代农业发展中心土地145613平方米，于2001年12月13日按合同支付租赁费192,600.00元。

4.重大合同及其履行情况：

①报告期内，公司没有发生托管、承包、租赁其它公司资产或其它公司托管上市公司资产的事项。

为适应市场经营的需要，提高资产盈利能力，公司将包装材料车间采取承包经营。承包资产总额1240万元，承包期一年。收益确定依据为承包收益实际到账，取得承包收入867.82万元，该收益占公司利润总额的11.1%。

②报告期内，公司无重大担保事项。

③报告期内，公司无其他重大合同。

④报告期内，公司第一届董事会第十四次会议审议通过将自有资金壹亿元委托国泰君安证券股份有限公司进行资产管理，双方于2001年4月24日签署了资产委托管理协议书。该笔委托理财，投资期限一年。目前该委托已于2002年4月11日全部收回，获得投资收益300万元。

5.承诺事项

第一届董事会第十三次会议审议通过了2001年度利润分配政策："2001年公司拟进行1次利润分配；公司2001年度实现的净利润用于股利分配的比例不低于20%；公司2000年度未分配利润用于2001年度股利分配的比例不低于20%；公司的分配方式将采取现金或送股或转增或相结合的方式，其中现金股息占股利分配的比例不低于20%"。2001年度股利分配预案，完全根据以上董事会决议，具体分配预案请参阅董事会报告中的"本年度利润分配预案"。

6.聘任会计师事务所情况

报告期内，聘任的会计师事务所无变化，仍为北京兴华会计师事务所有限责任公司。公司近两年支付给会计师事务所的报酬情况为：2001年度支付财务审计费用40万元，2000年度支付财务审计费用35万元，公司未支付其他费用。

7.所得税事项

本公司根据北京市财政局京财税(1998)210号文，公司享受企业所得税先按33%的法定税率征收再返还18%的优惠政策。另根据财政部、国家税务总局财税字[94]001号文《关于企业所得税若干优惠政策的通知》和财税字(97)49号文规定，本公司良种生产加工、农业技术开发、畜禽良种繁育免缴企业所得税。

根据农业部等八部委联合下发的"《关于扶持农业产业化经营重点龙头企业的意见》(农经发[2000]8号)"、"《关于公布农业产业化国家重点龙头企业名单的通知》(农经发[2000]10号)"及"国家税务总局关于明确农业产业化国家重点龙头企业所得税征免问题的通知"的规定，根据文件规定，本公司重点龙头企业控股子公司，直接控股比例超过50%的，且控股子公司从事种植业、养殖业和农林产品初加工，并与其他业务分别核算的，暂免征收企业所得税，故本公司控股子公司符合上述条件的子公司免征企业所得税。

从2002年1月1日起，本公司企业所得税按33%的法定税率征收，但符合上述条件的，公司仍依照执行。

8.其他重要事项

①报告期内，公司、公司董事会及现任董事没有受到监管部门的任何处罚。

②报告期内，公司控股股东没有发生变更。

③报告期内，公司没有更改名称或股票简称的情况。

十、财务会计报告

(一)审计报告　　　　(2002)京会兴字第208号

北京顺鑫农业股份有限公司全体股东：

我们接受委托，审计了贵公司2001年12月31日的资产负债表及2001年度的利润表和现金流量表。这些会计报表由贵公司负责，我们的责任是对这些会计报表发表审计意见。我们的审计是依据中国注册会计师独立审计准则进行的。在审计过程中，我们结合贵公司实际情况，实施了包括抽查会计记录等我们认为必要的审计程序。

我们认为，上述会计报表符合《企业会计准则》和《企业会计制度》的有关规定，在所有重大方面公允地反映了贵公司2001年12月31日的财务状况及2001年度的经营成果和该年度的资金变动情况，会计处理方法的选用遵循了一贯性原则。

北京兴华会计师事务所有限责任公司　　中国注册会计师　吴亦忻

北京阜成门外大街2号万通新世界广场B座708室　　中国注册会计师　王全洲

2002年4月11日

(二)会计报表附注

1.会计制度、会计政策变更及其影响

根据财政部规定，从2001年1月1日开始本公司执行《企业会计制度》，并按财政部财会(2001)17号文《关于印发贯彻实施〈企业会计制度〉有关政策衔接问题的规定》的要求进行了衔接调整，经公司董事会通过，改变以下会计政策：

①期末固定资产原按账面净值计价，现改为按固定资产净值与可收回金额孰低计价，对可收回金额低于账面价值的差额，计提固定资产减值准备；

②期末在建工程原按账面价值计价，现改为按在建工程账面价值与可收回金额孰低计价，对可收回金额低于账面价值的差额，计提在建工程减值准备；

③期末无形资产原按账面价值计价，现改为按无形资产账面价值与可收回金额孰低计价，对可收回金额低于账面价值的差额，计提无形资产减值准备；

④开办费原按五年期限摊销，现采取从公司开始生产经营当月起一次性计入损益的核算方法。

上述会计政策变更已采用追溯调整法，调整了各年期初留存收益及相关项目的期初数；利润及利润分配表的各年数，已按调整后的数字填列。上述会计政策变更的累积影响数为25,233,111.52元(其中：固定资产减值准备为23,777,238.64元，开办费为1,455,872.88元)；调减了2000年度的净利润25,233,111.52元；调减了2001年年初留存收益25,233,111.52元。

2、税项

增值税：本公司酒类熟肉制品等收入销项税率17%，生肉制品收入销项税率13%。根据财政部及国家税务总局财税字(1996)18号文《关于对若干农业生产资料免征增值税问题的通知》本公司良种生产加工、农业技术开发、畜禽良种繁育业务收入免缴增值税。

消费税：根据国家税法有关规定，自2001年5月1日起，消费税按从价和从量复合征收，本公司酒类产品按生产环节销售收入粮食类白酒25%、薯类白酒15%、其他类白酒10%、酒精5%的税率和销售量每斤0.5元交纳消费税。

所得税：本公司根据北京市财政局京财税(1998)210号文依法缴纳所得税，超过15%税负的部分由同级财政返还。根据财政部、国家税务总局财税字[94]001号文《关于企业所得税若干优惠政策的通知》和财税字(97)49号文规定，本公司良种生产加工、农业技术开发、畜禽良种繁育免缴企业所得税。

根据农业部等八部委联合下发的"《关于扶持农业产业化经营重点龙头企业的意见》(农经发[2000]8号)"、"《关于公布农业产业化国家重点龙头企业名单的通知》(农经发[2000]10号)"及"国家税务总局关于明确农业产业化国家重点龙头企业所得税征免问题的通知"的规定，因本公司列入农业产业化国家重点龙头企业名单，根据文件规定，重点龙头企业控股子公司，直接控股比例超过50%的，且控股子公司从事种植业、养殖业和农林产品初加工，并与其他业务分别核算的，暂免征收企业所得税，故本公司控股子公司符合上述条件的子公司免征企业所得税。

3、控股子公司及合营企业

(1)公司所控制的所有子公司情况、公司合并报表范围

被投资单位名称	注册资本	经营范围	母公司控股比例	是否合并
北京顺丽鑫林果种植有限责任公司	909.35万元	销售果树、苗木等	51%	否
北京鑫润果蔬制品有限责任公司	1776.71万元	南瓜系列制品	82.82%	是
北京顺鑫长青蔬菜有限公司	140万美元	蔬菜、花卉加工与销售	52%	是
北京鑫竺空港果蔬仓储有限责任公司	2818万元	仓储、加工、销售蔬菜果品等	51%	否
北京牵手果蔬饮品有限责任公司	6352万元	制造食品、果蔬汁等饮料	82%	是
北京顺鑫石门农产品市场服务管理有限责任公司	2998万元	市场管理、服务，商业信息咨询	61.80%	是
北京顺鑫祥云药业有限责任公司	7450万元	中西药的生产、销售	78.52%	是
汉中顺鑫鹏程食品有限公司	3294.22万元	肉制品的生产、销售	60%	否

(2)合并报表范围变动情况

2001年本公司对北京牵手果蔬饮品有限责任公司增加投资，控股比例增加至82%，另外公司2001年新设北京顺鑫祥云药业有限责任公司、北京顺鑫石门农产品批发市场管理有限责任公司两家子公司，2001年年末将上述三公司纳入合并会计报表范围，并对合并报表期初数进行了调整。

根据财政部财会字(1996)2号《关于合并报表合并范围请示的复函》等文件的有关规定，北京顺丽鑫林果种植有限责任公司、北京鑫竺空港果蔬仓储有限责任公司、汉中顺鑫鹏程食品有限责任公司的总资产、销售收入和净利润较小，故未纳入合并范围。

4、资产负债表日后事项：本公司于2001年4月24日与国泰君安证券股份有限公司签订了资产委托管理协议，公司将自有资金10000万元委托国泰君安证券股份有限公司进行投资理财，期限为12个月。本公司于2002年4月11日收回国泰君安证券股份有限公司上述理财资金10300万元，其中本金10000万元，收益300万元。

(三)会计报表

十一、备查文件目录

(一)载有法定代表人、财务负责人签名并盖章的会计报表。

(二)载有会计师事务所盖章、注册会计师签名并盖章的审计报告原件。

(三)报告期内在中国证监会指定报纸上公开披露过的所有公司文件的正本及公告的原稿。

北京顺鑫农业股份有限公司

2002年4月16日

合并利润分配表

项　　目	附注5	2001年度	2000年度
一、净利润		73,399,357.39	51,255,115.30
加:年初未分配利润		58,593,956.60	59,589,864.36
其他转入			
二、可供分配的利润		131,993,313.99	110,844,979.66
减:提取法定盈余公积		7,420,913.38	5,125,511.53
提取法定公益金		7,391,183.46	5,125,511.53
提取职工奖励及福利基金			
提取储备基金			
提取企业发展基金			
利润归还投资			
三、可供股东分配的利润		117,181,217.15	100,593,956.60
减:应付优先股股利			
提取任意盈余公积			
应付普通股股利		45,622,500.00	42,000,000.00
转作股本的普通股股利			
四、未分配利润		71,558,717.15	58,593,956.60

合并资产负债表

(单位:人民币元)

资　　产	附注5	2001.12.31	2000.12.31
流动资产:			
货币资金	(1)	295,397,606.35	163,872,667.10
短期投资	(2)	100,000,000.00	100,000,000.00
应收票据	(3)	1,328,032.01	1,384,728.00
应收股利			
应收利息			
应收账款	(4)	12,328,144.15	11,432,397.93
其他应收款	(5)	18,796,332.56	30,668,461.71
预付账款	(6)	21,551,085.86	41,067,161.49
应收补贴款	(7)	1,176,250.00	5,003,812.48
存货	(8)	232,122,379.52	165,501,125.39
待摊费用	(9)	15,574,573.10	2,863,333.14
一年内到期的长期债权投资			
其他流动资产			
流动资产合计		698,274,403.55	521,793,687.24
长期投资:			
长期股权投资	(10)	49,196,813.40	29,827,520.48
长期债权投资			
长期投资合计		49,196,813.40	29,827,520.48
固定资产:			
固定资产原价	(11)	702,636,540.33	543,143,896.01
减:累计折旧	(11)	157,866,664.47	138,701,724.33
固定资产净值	(11)	544,769,875.86	404,442,171.68
减:固定资产减值准备	(11)	22,536,239.60	23,777,238.64
固定资产净额	(11)	522,233,636.26	380,664,933.04
工程物资			
在建工程	(12)	81,346,825.83	78,792,969.98
固定资产清理			
固定资产合计		603,580,462.09	459,457,903.02
无形资产及其他资产:			
无形资产	(13)	10,324,469.06	14,311,912.54
长期待摊费用	(14)	24,420,217.94	12,217,562.59
其他长期资产			
无形资产及其他资产合计		34,744,687.00	26,529,475.13
递延税项:			
递延税款借项			
资产总计		1,385,796,366.04	1,037,608,585.87
负债和股东权益	附注5	2001.12.31	2000.12.31
流动负债:			
短期借款	(15)	130,000,000.00	29,000,000.00
应付票据			
应付账款	(16)	17,129,741.75	8,429,783.01
预收账款	(17)	472,599.93	616,263.08
应付工资		5,069,266.24	17,701,121.52
应付福利费		4,764,836.19	7,083,131.40
应付股利	(18)	45,622,500.00	42,000,000.00
应交税金	(19)	12,750,247.71	13,524,600.49
其他应交款	(20)	782,170.70	770,353.01
其他应付款	(21)	77,158,164.62	63,751,561.23
预提费用	(22)	1,766,919.96	644,114.81
预计负债			
一年内到期的长期负债			
其他流动负债			
流动负债合计		295,516,447.10	183,250,928.55
长期负债:			
长期借款			
应付债券			
长期应付款		50,000.00	50,000.00
专项应付款			
其他长期负责			
长期负债合计		50,000.00	50,000.00
递延税项:			
递延税款贷项			
负债合计		295,566,447.10	183,300,928.55
少数股东权益		38,834,797.53	29,471,893.30
股东权益:			
股本	(23)	304,150,000.00	280,000,000.00
减:已归还投资			
股本净额	(23)	304,150,000.00	280,000,000.00
资本公积	(24)	618,903,627.68	444,271,127.68
盈余公积	(25)	56,782,776.58	41,970,679.74
其中:法定公益金	(25)	28,376,523.33	20,985,339.87
未分配利润	(26)	71,558,717.15	58,593,956.60
股东权益合计		1,051,395,121.41	824,835,764.02
负债和股东权益总计		1,385,796,366.04	1,037,608,585.87

母公司利润分配表

项　　目	附注6	2001年度	2000年度
一、净利润		73,399,357.39	51,255,115.30
加:年初未分配利润		58,593,956.60	59,589,864.36
其他转入			
二、可供分配的利润		131,993,313.99	110,844,979.66
减:提取法定盈余公积		7,339,935.74	5,125,511.53
提取法定公益金		7,339,935.74	5,125,511.53
提取职工奖励及福利基金			
提取储备基金			
提取企业发展基金			
利润归还投资			
三、可供股东分配的利润		117,313,442.51	100,593,956.60
减:应付优先股股利			
提取任意盈余公积			
应付普通股股利		45,622,500.00	42,000,000.00
转作股本的普通股股利			
四、未分配利润		71,690,942.51	58,593,956.60

母公司资产负债表

(单位:人民币元)

资　　产	附注6	2001.12.31	2000.12.31
流动资产:			
货币资金		268,423,006.80	158,846,131.08
短期投资		100,000,000.00	100,000,000.00
应收票据		620,000.01	1,384,728.00
应收股利			
应收利息			
应收账款	(1)	4,267,853.29	9,839,771.47
其他应收款	(2)	102,741,570.45	31,479,402.19
预付账款		9,734,293.88	39,728,973.72
应收补贴款		1,176,250.00	5,003,812.48
存货		205,400,820.80	159,319,029.07
待摊费用		2,164,161.74	1,812,433.14
一年内到期的长期债权投资			
其他流动资产			
流动资产合计		694,527,956.97	507,414,281.15
长期投资:			
长期股权投资	(3)	192,341,433.68	58,464,325.45
长期债权投资			
长期投资合计		192,341,433.68	58,464,325.45
固定资产:			
固定资产原价		531,776,627.76	488,362,596.62
减:累计折旧		138,937,012.62	122,478,012.50
固定资产净值		392,839,615.14	365,884,584.12
减:固定资产减值准备		22,536,239.60	23,777,238.64
固定资产净额		370,303,375.54	342,107,345.48
工程物资			
在建工程		21,543,207.51	68,023,244.73
固定资产清理			
固定资产合计		391,846,583.05	410,130,590.21
无形资产及其他资产:			
无形资产			
长期待摊费用		6,167,230.01	9,048,792.84
其他长期资产			
无形资产及其他资产合计		6,167,230.01	9,048,792.84
递延税项:			
递延税款借项			
资产总计		1,284,883,203.71	985,057,989.65
负债和股东权益	附注6	2001.12.31	2000.12.31
流动负债:			
短期借款		100,000,000.00	20,000,000.00
应付票据			
应付账款		13,175,345.38	7,506,739.34
预收账款		425,585.17	564,820.82
应付工资		5,062,666.80	17,465,653.53
应付福利费		4,175,838.11	6,709,520.54
应付股利		45,622,500.00	42,000,000.00
应交税金		7,592,455.16	13,260,236.11
其他应交款		671,980.83	770,353.01
其他应付款		55,802,083.99	51,250,787.47
预提费用		909,626.86	644,114.81
预计负债			
一年内到期的长期负债			
其他流动负债			
流动负债合计		233,438,082.30	160,172,225.63
长期负债:			
长期借款			
应付债券			
长期应付款		50,000.00	50,000.00
专项应付款			
其他长期负责			
长期负债合计		50,000.00	50,000.00
递延税项:			
递延税款贷项			
负债合计		233,488,082.30	160,222,225.63
少数股东权益			
股东权益:			
股本		304,150,000.00	280,000,000.00
减:已归还投资			
股本净额		304,150,000.00	280,000,000.00
资本公积		618,903,627.68	444,271,127.68
盈余公积		56,650,551.22	41,970,679.74
其中:法定公益金		28,325,275.61	20,985,339.87
未分配利润		71,690,942.51	58,593,956.60
股东权益合计		1,051,395,121.41	824,835,764.02
负债和股东权益总计		1,284,883,203.71	985,057,989.65

合并利润表

（单位：人民币元）

项目	附注5	2001年度	2000年度
一、主营业务收入	(27)	774,081,629.25	677,131,956.40
主营业务成本	(27)	590,328,231.55	517,752,881.59
主营业务税金及附加	(28)	23,726,574.07	24,428,983.04
二、主营业利润		160,026,823.63	134,950,091.77
加：其他业务利润	(29)	18,527,471.86	5,076,863.61
减：营业费用		80,124,856.90	46,601,514.88
管理费用		53,987,132.15	40,221,413.81
财务费用	(30)	-5,293,711.52	-6,160,370.27
三、营业利润		49,736,017.96	59,364,333.96
加：投资收益	(31)	2,855,102.80	1,200,462.76
补贴收入	(32)	22,352,625.99	22,771,729.33
营业外收入		3,277,767.78	3,028,690.60
营业外支出		216,911.87	27,353,322.36
四、利润总额		78,004,602.66	59,011,894.29
减：所得税		6,692,934.69	9,189,161.00
减：少数股东损益		-2,087,689.42	-1,432,382.01
五、净利润		73,399,357.39	51,255,115.30

母公司利润表

（单位：人民币元）

项目	附注6	2001年度	2000年度
一、主营业务收入	(4)	668,666,307.38	476,856,675.06
主营业务成本	(4)	538,940,715.16	338,081,879.21
主营业税金及附加		22,850,860.04	23,308,420.66
二、主营业务利润		106,874,732.18	115,466,375.19
加：其他业务利润		10,009,603.25	5,048,201.01
减：营业费用		33,326,779.63	37,666,346.60
管理费用		39,090,753.13	30,149,091.75
财务费用		-7,779,869.59	-6,434,436.36
三、营业利润		52,246,672.26	59,133,574.21
加：投资收益	(5)	2,745,604.78	10,618,072.65
补贴收入		21,252,625.99	13,732,190.03
营业外收入		3,125,156.52	2,994,797.80
营业外支出		-293,607.77	27,344,036.67
四、利润总额		79,663,667.32	59,134,598.02
减：所得税		6,264,309.93	7,879,482.72
减：少数股东损益			
五、净利润		73,399,357.39	51,255,115.30

合并现金流量表

（单位：人民币元）

项目	附注5	2001年度
一、经营活动产生的现金流量：		
销售商品、提供劳务收到的现金		912,872,100.74
收到的税费返还		9,661,038.70
收到的其他与经营活动有关的现金	(33)	50,591,676.71
现金流入小计		973,124,816.15
购买商品、接收劳务支付的现金		787,536,958.54
支付给职工以及为职工支付的现金		59,158,994.41
支付的各项税费		79,487,034.99
支付的其他与经营活动有关的现金	(34)	35,884,709.21
现金流出小计		962,067,697.15
经营活动产生的现金流量净额		11,057,119.00
二、投资活动产生的现金流量：		
收回投资所收到的现金		137,224,479.07
取得投资收益所收到的现金		2,182,305.54
处置固定资产、无形资产和其他长期资产而收回的现金净额		415,525.00
收到的其他与投资活动有关的现金		3,856,486.01
现金流入小计		143,678,795.62
购建固定资产、无形资产和其他长期资产所支付的现金		147,324,439.02
投资所支付的现金		120,000,000.00
支付的其他与投资活动有关的现金		3,844,151.80
现金流出小计		271,168,590.82
投资活动产生的现金流量净额		-127,489,795.20
三、筹资活动产生的现金流量：		
吸收投资所收到的现金		200,999,247.97
借款所收到的现金		261,169,282.91
收到的其他与筹资活动有关的现金		
现金流入小计		462,168,530.88
偿还债务所支付的现金		166,563,300.00
分配股利、利润或偿还利息所支付的现金		44,044,380.46
支付的其他与筹资活动有关的现金		3,603,234.97
现金流出小计		214,210,915.43
筹资活动产生的现金流量净额		247,957,615.45
四、汇率变动对现金的影响		
五、现金及现金等价物净增加额		131,524,939.25
1、将净利润调节为经营活动的现金流量：		
净利润		73,399,357.39
加：少数股东损益(个别报表无此项)		-2,087,689.42
加：计提资产减值准备		-1,941,619.22
固定资产折旧		26,436,825.47
无形资产摊销		229,526.79
待摊费用的减少(减：增加)		-12,711,239.96
长期待摊费用摊销		4,521,841.03
处置固定资产、无形资产和其他长期资产的损失(减收益)		-867,794.77
固定资产报废损失		277,958.90
财务费用		-5,293,711.52
投资损失(减：收益)		-2,855,102.80
预提费用的增加(减：减少)		1,122,805.12
递延税款贷项(减：借项)		
存货的减少(减：增加)		-66,621,254.13
经营性应收项目的减少(减：增加)		4,333,606.08
经营性应付项目的增加(减：减少)		-6,886,389.99
其他		
经营活动产生的现金流量净额		11,057,119.00
2、不涉及现金收支的投资和筹资活动		
债务转为资本		
一年内到期的可转换公司债券		
融资租入的固定资产		
3、现金及现金等价物净增加情况：		
现金的期末余额		295,397,606.35
减：现金的期初余额		163,872,667.10
加：现金等价物的期末余额		
减：现金等价物的期初余额		
现金及现金等价物净增加额		131,524,939.25

母公司现金流量表

（单位：人民币元）

项目	附注6	2001年度
一、经营活动产生的现金流量：		
销售商品、提供劳务收到的现金		766,676,971.77
收到的税费返还		9,661,038.70
收到的其他与经营活动有关的现金		39,033,310.22
现金流入小计		815,371,320.69
购买商品、接收劳务支付的现金		654,244,734.62
支付给职工以及为职工支付的现金		48,670,332.76
支付的各项税费		75,305,305.44
支付的其他与经营活动有关的现金		28,957,551.78
现金流出小计		807,177,924.60
经营活动产生的现金流量净额		8,193,396.09
二、投资活动产生的现金流量：		
收回投资所收到的现金		137,183,137.65
取得投资收益所收到的现金		2,182,305.54
处置固定资产、无形资产和其他长期资产而收回的现金净额		100,900.00
收到的其他与投资活动有关的现金		3,856,486.01
现金流入小计		143,322,829.20
购建固定资产、无形资产和其他长期资产所支付的现金		141,824,439.02
投资所支付的现金		120,000,000.00
支付的其他与投资活动有关的现金		3,844,151.80
现金流出小计		265,668,590.82
投资活动产生的现金流量净额		-122,345,761.62
三、筹资活动产生的现金流量：		
吸收投资所收到的现金		200,999,247.97
借款所收到的现金		218,258,546.54
收到的其他与筹资活动有关的现金		
现金流入小计		419,257,794.51
偿还债务所支付的现金		150,420,000.00
分配股利、利润或偿付利息所支付的现金		43,797,588.29
支付的其他与筹资活动有关的现金		1,310,964.97
现金流出小计		195,528,553.26
筹资活动产生的现金流量净额		223,729,241.25
四、汇率变动对现金的影响		
五、现金及现金等价物净增加额		109,576,875.72
1、将净利润调节为经营活动的现金流量：		
净利润		73,399,357.39
加：少数股东损益(个别报表无此项)		
加：计提资产减值准备		-1,352,164.74
固定资产折旧		14,395,372.42
无形资产摊销		
待摊费用的减少(减：增加)		-351,728.60
长期待摊费用摊销		2,881,562.83
处置固定资产、无形资产和其他长期资产的损失(减收益)		-668,704.16
固定资产报废损失		277,958.90
财务费用		-7,779,869.59
投资损失(减：收益)		-2,745,604.78
预提费用的增加(减：减少)		265,512.05
递延税款贷项(减：借项)		
存货的减少(减：增加)		-46,081,791.73
经营性应收项目的减少(减：增加)		-16,698,386.26
经营性应付项目的增加(减：减少)		-7,348,117.64
其他		
经营活动产生的现金流量净额		8,193,396.09
2、不涉及现金收支的投资和筹资活动		
债务转为资本		
一年内到期的可转换公司债券		
融资租入的固定资产		
3、现金及现金等价物净增加情况：		
现金的期末余额		268,423,006.80
减：现金的期初余额		158,846,131.08
加：现金等价物的期末余额		
减：现金等价物的期初余额		
现金及现金等价物净增加额		109,576,875.72

000861 茂名永业(集团)股份有限公司

2001 年年度报告摘选

第一节 公司简介

(一)公司的法定中、英文名称及缩写:
中文名称:茂名永业(集团)股份有限公司
英文名称:Maoming Yongye (Group) Co., Ltd.
英文名称缩写:MMYY
(二)公司法定代表人:柯朝南
(三)公司董事会秘书:王洪信
联系地址:广东省茂名市环市西路 61 号
联系电话:0668—2327411—8888 传真:0668—2326412
电子邮箱:mmyongye @ 163.net
证券事务代表:刘云燕
联系地址:广东省茂名市官山西路 21 号
联系电话:0668—2286717 传真:0668—2326412
(四)公司注册、办公地址:广东省茂名市环市西路 61 号
邮政编码:525024
公司国际互联网网址:无
公司电子信箱:mmyongye @ pub.maoming.gd.cn
(五)公司选定的信息披露报纸名称:《证券时报》、《中国证券报》
登载公司年度报告的国际互联网网址:http://www.cninfo.com.cn
公司年度报告备置地点:广东省茂名市官山西路 21 号本公司证券部
(六)公司股票上市交易所:深圳证券交易所
股票简称:茂化永业 股票代码:000861

第二节 会计数据和业务数据摘要(合并)

(一)本年度主要利润指标(单位:人民币元)

项目	金额
利润总额:	12,003,288.45
净利润:	8,268,192.90
扣除非经常性损益后的净利润:	8,780,205.63
主营业务利润:	38,217,181.20
其他业务利润:	1,220,988.48
营业利润:	12,422,301.18
投资收益:	21,000.00
补贴收入:	5,754.00
营业外收支净额:	-517,766.73
经营活动产生的现金流量净额:	23,581,790.22
现金及现金等价物净增加额:	-26,485,653.27

(二)截至报告期末公司前三年主要会计数据和财务指标:

项目	2001 年(合并)	2000 年(合并)		1999 年	
		调整前	调整后	调整前	调整后
主营业务收入	167,697,039.10	157,879,841.31	113,941,627.36	126,493,283.32	126,493,283.32
净利润	8,268,192.90	5,624,766.27	5,830,375.83	16,313,416.58	-17,384,520.63
总资产	465,142,414.04	476,560,907.77	440,916,921.12	297,144,911.41	262,488,778.10
股东权益	218,771,172.05	243,995,306.80	210,502,979.15	149,793,308.64	116,095,371.43
每股收益	0.11	0.08	0.08	0.25	-0.27
加权每股收益	0.11	0.08	0.09	0.28	-0.30
扣除非经常性损益后的每股收益	0.12	0.09	0.09	0.18	-0.33
每股净资产	2.95	3.29	2.84	2.30	1.79
调整后每股净资产	2.84	3.22	2.77	2.30	1.78
每股经营活动产生的现金流量净额	0.32	0.20	0.20	0.07	0.07
净资产收益率	3.78%	2.31%	2.77%	10.89%	-14.97%
加权净资产收益率	3.85%	3.05%	4.08%	11.01%	-13.24%
扣除非经常性损益后净资产收益率	3.98%	2.67%	3.12%	7.63%	-19.18%

利润表附表:

报告期利润	净资产收益率(%)		每股收益(元)	
	全面摊薄	加权平均	全面摊薄	加权平均
主营业务利润	17.47	17.81	0.52	0.52
营业利润	5.68	5.79	0.17	0.17
净利润	3.78	3.85	0.11	0.11
扣除非经常性损益后的净利润	3.98	4.05	0.12	0.12

第三节 股本变动及股东情况

一、股本变动情况
(一)公司股份变动情况表

数量单位:股

	本次变动前	本次变动增减(+,-)						期末数
		配股	送股	公积金转股	增发	其他	小计	
一、未上市流通股份								
1、发起人股份								
其中:								
国家持有股份	19,525,456							19,525,456
境内法人持有股份	17,959,655							17,959,655
境外法人持有股份								
其他								
2、募集法人股份								
3、内部职工股	15,559,555							238,091
4、优先股或其他								
其中:转配股								
未上市流通股份合计	53,044,666							37,723,202
二、已流通股份								
1、境内上市的人民币普通股	21,125,000							36,446,464
2、境内上市的外资股								
3、境外上市的外资股								
4、其他								
已流通股份合计	21,125,000							36,446,464
三、股份总数	74,169,666							74,169,666

000862 吴忠仪表股份有限公司

2001 年年度报告摘选

一、公司基本情况简介

1、公司法定中文名称:吴忠仪表股份有限公司
公司法定英文名称:Wu Zhong Instrument Co., Ltd.
2、公司法定代表人:赵广生
3、公司董事会秘书:刘素娟
证券事务代表:李继峰
联系地址:宁夏吴忠市利通区朝阳街 67 号
电话:(0953)2069059,2069060 传真:(0953)2069057
E-mail:wyljf0750@sina.com
4、公司注册地址及办公地址:宁夏吴忠市利通区朝阳街 67 号
邮编:751100
http://www.wzyb.com.cn
E-mail:wzyb@public.yc.nx.cn
5、公司信息披露报纸:《中国证券报》、《证券时报》
公司年度报告国际互联网刊登网址:http://www.cninfo.com.cn
公司年度报告备置地点:公司投资管理本部
6、公司股票上市交易所:深圳证券交易所
股票简称:吴忠仪表 股票代码:000862

二、会计数据和业务数据摘要

1、本年度主要会计数据(单位:人民币元)

项 目	金 额
利润总额	53,421,607.00
净利润	45,877,215.56
扣除非经常性损益后的净利润	44,920,367.29
主营业务利润	102,009,534.23
其它业务利润	1,345,148.71
营业利润	48,578,017.85
投资收益	4,916,606.97
补贴收入	44,657.15
营业外收支净额	-117,674.97
经营活动产生的现金流量净额	19,428,026.13
现金及现金等价物净增加额	-145,477,092.94

2、公司前三年主要会计数据和财务指标(单位:人民币元)

指 标 名 称	2001 年 12 月 31 日	2000 年 12 月 31 日		1999 年 12 月 31 日
		调整后	调整前	
(1)主营业务收入	248,276,952.34	197,416,358.53	199,567,035.48	157,887,568.30
(2)净利润	45,877,215.56	44,116,800.10	50,182,975.40	48,083,455.35
(3)总资产	1,194,928,996.87	943,709,283.75	963,630,364.69	605,517,332.30
(4)股东权益(不含少数股东权益)	730,493,226.29	705,673,126.47	724,129,546.49	435,771,505.85
(5)每股收益(元(股)(摊薄)	0.21	0.20	0.23	0.25
(加权)	0.21	0.23	0.26	0.25
(6)每股净资产	3.35	3.23	3.32	2.29
(7)调整后的每股净资产	3.33	3.20	3.28	2.26
(8)净资产收益率(%)(摊薄)	6.28	6.25	6.93	11.03
(%)(加权)	6.28	9.64	10.89	11.03
(9)每股经营活动产生的现金流量净额	0.09	0.03	0.02	0.16

3、依照《公开发行证券公司信息披露编报规则第九号》规定计算相关指标

报告期利润	净资产收益率(%)		每股收益(元/股)	
	全面摊薄	加权平均	全面摊薄	加权平均
主营业务利润	13.96	14	0.47	0.47
营业利润	6.65	6.67	0.22	0.22
净利润	6.28	6.29	0.21	0.21
扣除非经常损益后的净利润	6.16	6.17	0.21	0.21

三、股本变动及股东情况

1、股份变动情况表

数量单位:股

	本次变动前	本次变动增减(+,-)						本次变动后
		配 股	送股	公积金转股	增发	其他	小计	
一、未上市流通股份								
1、发起人股份	101340000	0	0	0	0	0	0	101340000
其中:								
国家持有股份	91440000	0	0	0	0	0	0	91440000
境内法人持有股份	9900000	0	0	0	0	0	0	9900000
境外法人持有股份								
其他								
2、募集法人股份								
3、公司职工股	114075	0	0	0	0	0	0	114075
4、优先股或其他								
未上市流通股份合计	101454075	0	0	0	0	0	0	101454075
二、已上市流通股份								
1、人民币普通股	116885925	0	0	0	0	0	0	116885925
2、境内上市的外资股								
境外上市的外资股								
其他								
已上市流通股份合计	116885925	0	0	0	0	0	0	116885925
三、股份总数	218340000	0	0	0	0	0	0	218340000

000863 深圳和光现代商务股份有限公司

2001年年度报告摘选

第一章 公司基本情况简介

一、公司法定中、英文名称
公司法定中文名称：深圳和光现代商务股份有限公司
公司法定英文名称：SHENZHEN DAWNCOM BUSINESS TECHNOLOGY AND SERVICE CO.，LTD
二、公司法定代表人：吴力
三、公司董事会秘书：周军
联系地址：深圳市福田区滨河路北5022号联合广场B座1002
电话：0755—2900028　　传真：0755—2900046
电子信箱：zhoujun@dawncom.com.cn
四、公司注册地址及办公地址：深圳市福田区滨河路北5022号联合广场B座1002、1003
邮政编码：518026
公司国际互联网址：http://www.000863.com.cn/
公司电子信箱：dawnbsp@dawncom.com.cn
五、公司选定的信息披露报纸名称：《中国证券报》、《证券时报》
登载公司年度报告的国际互联网网址：http://www.cninfo.com.cn
公司年度报告备置地点：公司证券部
六、公司股票上市交易所：深圳证券交易所
股票简称：和光商务　　股票代码：000863

第二章 会计数据和业务数据摘要

一、报告期内主要利润指标（单位：人民币元）

单位：人民币元

项目	金额
利润总额	40,741,493.81
净利润	31,892,284.41
扣除非经常性损益后的净利润	21,353,200.08
主营业务利润	73,444,812.05
其他业务利润	3,437,924.62
营业利润	28,342,186.66
投资收益	12,094,568.43
补贴收入	560,000.74
营业外收支净额	-255,262.02
经营活动产生的现金流量净额	-99,741,360.42
现金及现金等价物净增加额	167,921,485.30

注：扣除非经常性损益项目及金额

单位：人民币元

项目	金额
营业外收入	634,718.20
营业外支出	889,980.22
股权转让收益	5,409,078.41
短期投资收益	7,245,100.00
所得税影响数	-1,859,832.06

二、公司最近三年主要会计数据及财务指标

项目	2001年度	2000年度	1999年度
主营业务收入(元)	820,756,664.13	198,550,035.96	101,468,040.58
净利润(元)	31,892,284.41	33,557,540.08	17,020,110.58
总资产(元)	876,196,899.44	462,225,736.06	329,100,738.12
股东权益(不含少数股东权益)(元)	284,055,661.04	254,557,957.80	225,180,504.70
全面摊薄每股收益(元)	0.235	0.247	0.251
加权平均每股收益(元)	0.235	0.247	0.281
每股净资产(元)	2.09	1.88	3.32
调整后的每股净资产(元)	1.89	1.83	3.28
每股经营活动产生的现金流量净额(元)	-0.735	-0.052	-0.124
净资产收益率(%)	11.27%	13.19%	7.56%

三、报告期利润附表

2001年度利润	净资产收益率(%)		每股收益(元)	
	全面摊薄	加权平均	全面摊薄	加权平均
主营业务利润	25.94	27.57	0.54	0.54
营业利润	10.01	10.64	0.21	0.21
净利润	11.27	11.97	0.235	0.235
扣除非经常性损益后的净利润	7.55	8.02	0.16	0.16

注：以上指标按照中国证监会《公开发行证券公司信息披露编报规则(第9号)》的要求计算。

第三章 股本变动及股东情况

一、报告期内股本变动情况（截止2001年12月31日）
（一）公司股份变动情况表

数量单位：股

项目	本次变动前	配股	送股	公积金转增	增发	其他	小计	本次变动后
一、未上市流通股份								
1、发起人股份	96,620,300							96,620,300
其中：								
国家持有股份								
境内法人持有股份	96,620,300							96,620,300
境外法人持有股份								
其他								
2、募集法人股份								
3、内部职工股								
4、优先股或其他								
未上市流通股份合计	96,620,300							96,620,300
二、已上市流通股份								
1、人民币普通股	39,000,000							39,000,000
2、境内上市的外资股								
3、境外上市的外资股								
4、其他								
已上市流通股合计	39,000,000							39,000,000
三、股份总数	135,620,300							135,620,300

000866 中国石化扬子石油化工股份有限公司

2001年年度报告摘选

一、公司简介

1、公司的法定中文名称：中国石化扬子石油化工股份有限公司
中文缩写：扬子石化
公司的法定英文名称：SINOPEC YANGZI PETROCHEMICAL CO.，LTD.
英文缩写：YPC
2、公司法定代表人：马志平先生
3、公司董事会秘书：吴鹏鸣先生
联系地址：南京高新技术产业开发区16幢B
联系电话：025-7787735/7787739
传　　真：025-7787755
电子信箱：DMS@YPC.COM.CN
4、公司注册地址及办公地址：南京高新技术产业开发区16幢B
邮政编码：210061
公司国际互联网网址：http://www.ypc.com.cn/
公司电子信箱：DMS@YPC.COM.CN
5、公司选定的信息披露报纸名称：《中国证券报》、《证券时报》、《上海证券报》
登载公司年报的中国证监会指定国际互联网网址：http://www.cninfo.com.cn
公司年度报告备置地点：公司董事会秘书室
6、公司股票上市交易所：深圳证券交易所
股票简称：扬子石化　　股票代码：000866

二、会计数据和业务数据摘要

（一）公司本年度实现的经营指标情况（单位：人民币元）

项目	2001年度
利润总额	35,040,087.57
净利润	35,040,087.57
扣除非经常性损益后的净利润	-4,369,960.89
主营业务利润	536,289,069.97
其他业务利润	49,520,956.10
营业利润	50,867,991.54
投资收益	
补贴收入	
营业外收支净额	-15,827,903.97
经营活动产生的现金流量净额	1,029,432,651.06
现金及现金等价物净增加额	78,824,014.60

（二）公司前三年主要会计数据和财务指标（单位：人民币元）

项目	2001年	2000年	1999年
主营业务收入	12,812,295,143.72	15,378,499,163.29	9,223,912,519.66
净利润	35,040,087.57	650,919,944.36	485,089,181.03
总资产	11,790,102,040.72	10,602,231,855.02	11,093,233,862.97
股东权益(不含少数股东权益)	5,216,644,732.06	5,181,402,725.52	4,763,398,151.16
每股收益(按净利润全面摊薄计算)	0.02	0.28	0.21
每股收益(按净利润加权平均计算)	0.02	0.28	0.21
每股收益(按扣除非经常性损益后的净利利润全面摊薄)	-0.0019	0.28	0.22
每股收益(按扣除非经常性损益后的净利润加权平均)	-0.0019	0.28	0.22
每股净资产	2.24	2.22	2.04
调整后的每股净资产	2.19	2.17	1.97
净资产收益率(%，按净利润全面摊薄计算)	0.67	12.51	10.18
净资产收益率(%，按净利润加权平均计算)	0.67	12.62	10.46
每股经营活动产生的现金流量净额	0.44	0.51	0.32

三、股本变动及股东情况

（一）股本变动情况
1、股份变动情况表

数量单位：万股

	本次变动前	配股	送股	公积金转股	增发	其他	小计	本次变动后
一、未上市流通股份								
1、发起人股份	198,000							198,000
其中：								
国家持有股份								
境内法人持有股份	198,000							198,000
境外法人持有股份								
其他								
2、募集法人股份								
3、内部职工股								
4、优先股或其他								
其中：转配股								
未上市流通股份合计	198,000							198,000
二、已上市流通股份								
1、人民币普通股	35,000							35,000
2、境内上市的外资股								
3、境外上市的外资股								
4、其他								
已上市流通股份合计								
三、股份总数	233,000							233,000

000868 安徽安凯汽车股份有限公司

2001 年年度报告摘选

第一节 公司简介

一、公司名称
公司法定中文名称:安徽安凯汽车股份有限公司
公司法定英文名称:ANHUI ANKAI AUTOMOBILE CO.,LTD
二、公司法定代表人:王志远
三、公司董事会秘书:王 军
四、公司证券事务代表:张 勇
联系电话:(0551) 4844712 4844826 公司传真号码:(0551) 4844700
电 子 信 箱:ankai@ankai.com
五、公司注册及办公地址:安徽省合肥市葛淝路 1 号 邮政编码:230051
公司互联网网地址:http://www.ankai.com
电子信箱:ankai@ankai.com
六、公司选定的信息披露报纸:《证券时报》
登载公司年度报告的国际互联网网址:http://www.cninfo.com.cn
公司年度报告备置地点:公司董事会办公室
七、公司股票上市交易所 深圳证券交易所
股票简称:安凯客车 股票代码:000868

第二节 会计数据和业务数据摘要

一、公司本年度实现的利润指标情况

项目	金额(元)
利润总额	11,389,423.62
净 利 润	10,241,964.22
扣除非经常性损益后的净利润	10,222,735.22
主营业务利润	74,713,695.41
其他业务利润	2,611,803.34
营业利润	11,360,723.62
投 资 收 益	–
补 贴 收 入	–
营业外收支净额	28,700.00
经营活动产生的现金流量净额	116,517,015.42
现金及现金等价物净增加额	56,095,884.66
注:非经常损益项目和涉及金额:	
营业外收支净额	28700
扣除所得税影响	–9471
合计	19229

二、公司近三年主要会计数据和财务指标　　单位:元

指标项目	2001 年度	2000 年度		1999 年度	
		追溯调整后	追溯调整前	追溯调整后	追溯调整前
主营业务收入	445,895,950.06	370,916,108.43	370,916,108.43	472,859,269.54	472,859,269.54
净利润	10,241,964.22	10,167,518.81	12,122,989.02	3,772,464.71	24,405,937.72
总资产	1,014,239,296.07	1,073,072,516.63	1,106,742,698.54	1,112,472,932.18	1,144,187,643.88
股东权益	657,805,327.44	647,523,163.22	677,492,889.00	637,877,061.26	665,891,316.83
每股收益(元/股)	0.046	0.046	0.055	0.02	0.144
扣除非经常性损益后的每股收益(元/股)	0.046	0.046	0.055	0.02	0.144
每股净资产(元/股)	2.98	2.93	3.07	3.75	3.92
调整后每股净资产(元/股)	2.70	2.76	2.89	3.73	3.91
每股经营活动产生的现金流量净额(元/股)	0.53	–0.09	–0.09	–0.463	–0.463
净资产收益率(%)	1.56	1.57	1.79	0.59	3.60
加权平均每股收益	0.046	0.046	0.055	0.026	0.174
加权平均净资产收益率(%)	1.57	1.57	1.80	0.88	5.59

三、利润表附表

报告期利润	金额	净资产收益率(%)		每股收益(元/股)	
		全面摊薄	加权平均	全面摊薄	加权平均
主营业务利润	74,713,695.41	11.36	11.45	0.338	0.338
营业利润	11,360,723.62	1.73	1.74	0.051	0.051
净利润	10,241,964.22	1.56	1.57	0.046	0.046
扣除非经常性损益后的净利润	10,222,735.22	1.55	1.57	0.046	0.046

第三节 股本变动和股东情况

一、股本变动情况
1、报告期内公司股本变动及股本结构如下:　　数量单位:股

项目	本次变动前	本次变动增减(+,-) 配股	送股	公积金转股	其他	小计	本次变动后
一、未上市流通股份							
1.发起人股份							
其中:(1)国家持有股份	119,600,000						119,600,000
(2)境内法人持有股份							
(3)外资法人持有股份							
(4)其他							
2.募集法人股							
3.内部职工股							
4.优先股或其他							
其中:转配股							
未上市流通股份合计	119,600,000						119,600,000
二、已上市流通股份	101,400,000						101,400,000
1.人民币普通股							
2.境内上市的外资股							
3.境外上市的外资股							
4.其他							
已上市流通股份合计	101,400,000						101,400,000
三、股份总数	221,000,000						221,000,000

000869 烟台张裕葡萄酿酒股份有限公司

2001 年年度报告摘选

一、公司基本情况简介

1、公司法定中文名称:烟台张裕葡萄酿酒股份有限公司
公司法定英文名称:YANTAI CHANGYU PIONEER WINE COMPANY LIMITED
2、公司法定代表人:孙利强
3、公司董事会秘书:曲为民
联系地址:山东省烟台市世回尧路 174 号
电话:0086–535–6691268、6647864
传真:0086–535–6691268、6691266
电子信箱:quwm@changyu.com.cn
公司证券事务代表:李廷国
联系地址:山东省烟台市世回尧路 174 号
电话:0086–535–6647864;传真:0086–535–6691266
电子信箱:stock@ changyu.com.cn
4、公司注册地址:山东省烟台市大马路 56 号
公司办公地址:山东省烟台市世回尧路 174 号
邮政编码:264001
公司国际互联网网址:http://www.changyu.com.cn
公司电子信箱:webmaster@changyu.com.cn
5、本公司信息披露报纸:境内:《中国证券报》、《证券时报》;
境外:《香港商报》
登载本公司年度报告的国际互联网网址:http://www.cninfo.com.cn
公司年度报告备置地点:公司董事会秘书处
6、公司股票上市交易所:深圳证券交易所
股票简称:张裕 A、张裕 B
股票代码:000869、200869

二、会计数据和业务数据摘要

1、本年度会计数据摘要

项目	金额(单位:人民币元)
利润总额	177,848,348
净利润	171,656,461
扣除非经常性损益后的净利润	123,014,366
主营业务利润	451,396,890
其他业务利润	2,969,189
营业利润	182,531,399
投资收益	–
补贴收入	–
营业外收支净额	–4,683,051
经营活动产生的现金流量净额	52,614,655
现金及现金等价物净增加额	–66,347,684

2、截至报告期末公司前三年的主要会计数据和财务指标　　单位:人民币元

项目	2001 年 1–12 月	2000 年 1–12 月	1999 年 1–12 月
主营业务收入	885,980,527	873,617,952	629,926,974
净利润	171,656,461	127,480,258	84,049,229
总资产	1,663,387,875	1,610,758,121	809,002,280
股东权益	1,356,778,086	1,250,121,625	561,181,367
每股收益			
全面摊薄	0.66	0.49	0.37
加权平均	0.66	0.55	0.37
每股净资产	5.22	4.81	2.46
净资产收益率(%)			
全面摊薄	13%	10%	15%
加权平均	13%	18%	15%
调整后的每股净资产	5.21	4.80	2.46
扣除非经常性损益后的每股收益	0.47	0.40	0.37
每股经营活动产生的现金流量净额	0.20	0.68	0.34

3、报告期内股东权益变动情况

项 目	股本	资本公积	盈余公积	法定公益金	未分配利润	股东权益 合计
期初数	260,000,000	824,502,454	61,426,659	30,713,330	104,192,512	1,250,121,625
本期增加	–	–	34,331,292	17,165,646	72,325,169	106,656,461
本期减少	–	–	–	–	–	–
期末数	260,000,000	824,502,454	95,757,951	47,878,976	176,517,681	1,356,778,086
变动原因			税后利润计提	税后利润计提	净利润增加	

三、股本变动及股东情况

1、股本变动情况
(1)股份变动情况表　　单位:股

	本次变动前	本次变动增减	本次变动后
一、未上市流通股份			
1、发起人股份	140,000,000		140,000,000
其中:			
国家持有股份	140,000,000		140,000,000
境内法人持有股份			
境外法人持有股份			
2、募集法人股份			
3、内部职工股份			
4、优先股或其他			
其中:转配股			
未上市流通股份合计	140,000,000		140,000,000
二、已上市流通股份			
1、人民币普通股	32,000,000		32,000,000
2、境内上市的外资股	88,000,000		88,000,000
3、境外上市的外资股			
4、其他			
已上市流通股份合计	120,000,000		120,000,000
三、股份总数	260,000,000		260,000,000

000876 四川新希望农业股份有限公司

2001年年度报告摘选

一、公司简介

1、公司法定中文名称:四川新希望农业股份有限公司
公司法定英文名称:SICHUAN NEW HOPE AGRIBUSINESS CO.LTD
公司英文名称缩写:NEW HOPE
2、公司法定代表人:刘永好
3、公司董事会秘书:曾勇
联系地址:四川省成都市新开街1号金竹大厦4楼
电话:(028)86666298,(028)86658444　　传真:(028)86673344
电子邮箱:zengqinzhe@sohu.com
证券事务代表:王世熔
联系地址:四川省成都市新开街1号金竹大厦4楼
电话:(028)86658444　　传真:(028)86675544
电子邮箱:newhope-cwb@vip.sina.com
4、公司注册地址:四川省绵阳国家高新技术产业开发区
公司办公地址:四川省成都市新开街1号金竹大厦4楼　　邮政编码:610016
公司电子信箱:scnhacl@mail.sc.cninfo.net
5、公司选定的信息披露报纸名称:中国证券报(2002年1月1日—2002年12月31日)
证券时报(2001年1月1日—2001年12月31日)
登载公司年度报告及其它公告信息的中国证监会指定国际互联网网址:
http://www.cninfo.com.cn
公司年度报告备置地点:公司董事会办公室
6、公司股票上市交易所:深圳证券交易所
股票简称:新希望　　股票代码:000876

二、会计数据和业务数据摘要

(一)公司本年度主要财务指标　　(单位:元)

项目	涉及金额
利润总额	97,381,673.04
净利润	84,303,073.82
扣除非经常性损益后的净利润	77,835,361.97
主营业务利润	105,071,188.00
其他业务利润	1,299,609.95
营业利润	48,000,929.82
投资收益	41,771,670.46
补贴收入	2,081,805.11
营业外收支净额	5,527,267.65
经营活动产生的现金流量净额	124,112,883.52
现金及现金等价物净增加额	237,628,049.18

(二)公司前三年的主要会计数据和财务指标　　(单位:元、元/股)

项目	2001年度	2000年度		1999年度	
		调整前	调整后	调整前	调整后
主营业务收入	753,795,494.96	593,408,072.53	593,408,072.53	485,864,221.81	485,864,221.81
净利润	84,303,073.82	55,002,216.63	28,513,017.57	63,886,588.90	36,260,762.94
总资产	1,410,565,058.59	1,076,049,572.05	1,025,080,802.48	678,339,721.23	647,208,804.17
股东权益(不含少数股东权益)	1,030,501,436.54	856,665,373.09	807,269,553.97	511,508,697.73	480,377,780.67
全面摊薄每股收益	0.434	0.302	0.157	0.456	0.259
加权平均每股收益	0.441	0.302	0.157	0.456	0.259
扣除非经常性损益后的每股收益	0.401	0.299	0.186	0.448	0.240
每股净资产	5.311	4.706	4.435	3.653	3.431
调整后的每股净资产	5.279	4.657	4.386	3.610	3.391
每股经营活动产生的现金流量净额	0.640	0.006	0.006	0.512	0.512
全面摊薄净资产收益率(%)	8.18	6.42	3.53	12.49	7.55
加权平均净资产收益率(%)	8.61	10.36	5.76	13.13	7.73
扣除非经常性损益后的加权平均净资产收益率(%)	7.95	10.27	6.86	12.89	7.17

(三)利润表附表

根据中国证监会《公开发行证券公司信息披露编报规则第9号》的要求计算的净资产收益率和每股收益如下:

报告期利润	2001年度				2000年度			
	净资产收益率(%)		每股收益(元/股)		净资产收益率(%)		每股收益(元/股)	
	全面摊薄	加权平均	全面摊薄	加权平均	全面摊薄	加权平均	全面摊薄	加权平均
主营业务利润	10.20	10.73	0.542	0.550	8.92	14.56	0.396	0.396
营业利润	4.66	4.90	0.247	0.251	3.56	5.80	0.158	0.158
净利润	8.18	8.61	0.434	0.441	3.53	5.76	0.157	0.157
扣除非经常性损益后的净利润	7.55	7.95	0.401	0.407	4.20	6.86	0.186	0.186

三、股本变动及股东情况

(一)公司股份变动情况

股份变动情况表　　单位:股

项目	期初数	本次变动增减(+,-)					期末数
		配股	送股	公积金转股	其他	小计	
一、尚未流通股份							
1、发起人股份	130,026,000						130,026,000
其中:							
国家拥有股份							
境内法人持有股份	130,026,000						130,026,000
外资法人持有股份							
其他							
2、募集法人股							
3、内部职工股							
4、优先股或其他							
尚未流通股份合计	130,026,000						130,026,000
二、已流通股份							
1、境内上市的人民币普通股	52,000,000	12,000,000				12,000,000	64,000,000
2、境内上市的外资股							
3、境外上市的外资股							
4、其他							
已流通股份合计	52,000,000	12,000,000				12,000,000	64,000,000
三、股份总数	182,026,000	12,000,000				12,000,000	194,026,000

000877 新疆天山水泥股份有限公司

2001年年度报告摘选

第一节　公司基本情况简介

(一)公司的名称:新疆天山水泥股份有限公司
公司英文名称:XINJIANG TIANSHAN CEMENT CO.,LTD.
公司英文名称缩写:TSC
(二)公司法定代表人:张丽荣
(三)公司董事会秘书:周林英
联系地址:乌鲁木齐市仓房沟东路55号附1号
电话:(0991)5615516
传真:(0991)5659425
(四)公司注册地址:乌鲁木齐市仓房沟东路55号附1号
公司办公地址:乌鲁木齐市仓房沟东路55号附1号
邮政编码:830006
公司国际互联网网址:http://www.tianshan.com.cn
电子信箱:xsnclc@xj.cninfo.net
(五)公司选定的信息披露报纸名称:《中国证券报》、《证券时报》
登载公司年度报告的国际互联网网址:http://www.cninfo.com.cn
公司年度报告备置地点:乌鲁木齐市仓房沟东路55号附1号 公司证券发展部
(六)公司股票上市交易地点:深圳证券交易所
股票简称:天山股份　　股票代码:000877

第二节　会计数据和业务数据摘要

(一)本年度主要利润财务指标完成情况表(单位:人民币元)

项目	金额
利润总额:	136,520,069.38
净利润:	94,096,256.10
扣除非经常性损益后的净利润:	97,023,273.07
主营业务利润:	243,491,459.70
其他业务利润:	-557,825.99
营业利润:	96,207,446.83
投资收益:	15,157,483.62
补贴收入:	28,082,155.90
营业外收支净额:	-2,927,016.97
经营活动产生的现金流量净额:	176,937,698.57
现金及现金等价物净增减加额:	121,673,518.38

注:扣除非经常性损益项目和涉及金额(单位:人民币元)

项目	金额
处理固定资产净损失	922,833.93
其他净收入	37,358.56
减值准备	1,142,088.44
其他支出	899,453.16
合 计:	2,927,016.97

(二)截止报告期末公司前三年主要会计数据和财务指标:(单位:人民币元)

项目	2001年	2000年		1999年
		调整前	调整后	调整后
主营业务收入	707,619,702.06	403,740,444.23	403,740,444.23	306,319,931.70
净利润	94,096,256.10	67,827,779.44	66,920,725.89	43,316,697.88
总资产	2,007,951,112.50	1,542,258,919.36	1,543,028,308.19	811,321,278.21
股东权益	735,483,828.10	669,621,169.43	669,483,504.71	445,052,358.63
每股收益	0.5428	0.4695	0.4632	0.3346
每股收益(加权)	0.5281	0.4567	0.4515	0.3346
扣除非经常损益后的每股收益	0.5597	0.4491	0.4428	0.31
每股净资产	4.2427	4.64	4.63	3.44
调整后的每股净资产	4.1725	4.56	4.56	3.35
每股经营活动产生的现金净流量	1.02	0.5927	0.5927	0.51
净资产收益率(%)	12.79	10.13	10.00	10.00
净资产收益率(%)(加权)	13.27	13.09	12.69	10.24
扣除非经常损益后的净资产收益率(%)(摊薄)	13.19	9.69	9.56	9.02
扣除非经常损益后的净资产收益率(%)(加权)	13.65	12.52	12.16	9.49

第三节　股本变动及股东情况

(一)股本变动情况

公司股份变动情况表　　数量单位:万股

	本次变动前	本次变动增减(+、-)							本次变动后
		配股	送股	公积金转股	增发	其它	小计	期末数	
一、未上市流通股份									
1、发起人股份	7946		1589.2					1589.2	9535.2
其中;									
国家拥有股份	7796		1559.2					1559.2	9355.2
境内法人持有股份	150		30					30	180
其它									
未上市流通股份合计	7946		1589.2					1589.2	9535.2
2、募集法人股份									
3、内部职工股									
4、优先股或其他									
未上市流通股份合计									
二、已上市流通股份									
1、人民币普通股	6500		1300					1300	7800
2、境内上市的外资股									
3、境外上市的外资股									
4、其他									
已上市流通股份合计	6500		1300					1300	7800
三、股份总数	14446		2889.2					2889.2	17335.2

000878 云南铜业股份有限公司

2001年年度报告摘要

一、公司基本情况简介

(一)公司法定中文名称:云南铜业股份有限公司
公司法定英文名称:YUNNAN COPPER INDUSTRY CO.LTD
(二) 公司法定代表人:邹韶禄
(三) 公司董事会秘书:管 弘
联系地址:云南省昆明市人民东路111号
联系电话:0871-3126709,3133502
传 真:0871-3138100
(四) 公司注册地址:云南省昆明市国家高新技术产业开发区
公司办公地址:云南省昆明市人民路111号
公司邮政编码:650051
公司国际互联网网址:http://www.yunnan-copper.com
公司电子信箱:infoyunnan-copper.com
(五) 公司选定的信息披露报纸名称:《证券时报》、《上海证券报》
登载公司年度报告的中国证监会指定国际互联网网址:http://www.cninfo.com.cn
公司年度报告备置地点:公司证券部
(六) 公司股票上市交易所:深圳证券交易所
股票简称:云南铜业
股票代码:000878
(七) 其他有关资料
公司首次注册登记日期:1998年5月15日
公司首次注册登记地点:云南省工商行政管理局
企业法人营业执照注册号:5300001006271
税务登记号码:国税:530112709705745
地税:530100590160689
公司聘请的会计师事务所名称、办公地址:
名称:云南亚太会计师事务所有限公司
办公地址:云南省昆明市拓东路23号

二、会计数据和业务数据摘要

(一)本年度利润总额及其构成(单位:人民币元)

项目	金额
利润总额:	83,250,090.07
净利润:	83,250,090.07
扣除非经常性损益后的净利润:	80,156,848.66
主营业务利润:	217,883,708.37
其他业务利润:	205,131.28
营业利润:	77,848,385.59
投资收益:	2,780,851.88
补贴收入:	0
营业外收支净额:	2,620,852.60
经营活动产生的现金流量净额:	808,935,817.40
现金及现金等价物净增加额:	11,387,138.31

(二) 截至报告期末公司前三年主要会计数据和财务指标(单位:人民币元)

项 目	2001年	2000年		1999年
		调整后	调整前	
主营业务收入	2,872,464,194.02	2,537,477,322.96	2,537,477,322.96	1,957,833,064.71
净利润	83,250,090.07	156,223,217.50	156,223,217.50	140,555,413.51
总资产	4,047,289,201.75	3,784,844,307.64	3,810,144,714.24	2,867,383,059.04
股东权益(不含少数股东权益)	1,777,655,485.04	1,340,385,094.97	1,377,554,093.19	1,333,147,307.69
每股收益	0.104	0.214	0.214	0.192
扣除非经常性损益后的每股收益	0.100	0.212	0.212	0.192
每股净资产	2.23	1.83	1.88	1.82
调整后每股净资产	2.22	1.78	1.84	1.81
每股经营活动产生的现金流量净额	1.01	0.36	0.36	0.03
净资产收益率(%)	4.68	11.66	11.34	10.54
加权净资产收益率(%)	4.78	11.32	11.10	10.35
扣除非经常性损益后的加权净资产收益率(%)	4.60	11.32	11.10	11.29

(三) 报告期内股东权益变动情况(单位:元)

项目	股本	资本公积	盈余公积	法定公益金	未分配利润	股东权益合计
期初数	730,800,000	523,870,742.14	61,635,567.46	20,545,189.16	24,078,785.37	1,340,385,094.97
本期增加	67,888,800	366,000,380	8,325,009.01	4,162,504.50	0	446,376,693.51
本期减少	0	0	0	0	9,106,303.44	9,106,303.44
期末数	798,688,800	889,871,122.14	69,960,576.47	24,707,693.66	14,972,481.93	1,777,655,485.04

变动原因:
①公司报告期内股本增加67,888,800股,是由于报告期内公司实施了配股方案所致;
②公司资本公积报告期内增加是因为配股溢价部分增加所致;
③公司盈余公积和法定公益金增加,系2001年度按净利润的10%、5%提取比例提取所致
④未分配利润减少是因为报告期内实施2001年度分红所致。

三、股本变动及股东情况

(一) 股本变动情况
(1)公司股份变动情况表 数量单位:股

	本次变动前	本次变动增减(+,—)						本次变动后
		配股	送股	公积金转股	增发	其他	小计	
一、未上市流通股份						(解冻)		
1、发起人股份	514800000	3088800	0	0	0	0	3088800	517888800
其中:								
国家持有股份	514800000	3088800	0	0	0	0	3088800	517888800
境内法人持有股份								
境外法人持有股份								
其他								
1、募集法人股份								
2、内部职工股								
(高管股)	106200	31860	0	0	0	-60840	-28980	77220
3、优先股或其他								
未上市流通股份合计	514906200	3120660	0	0	0	-60840	3059820	517966020
二、已上市流通股份								
1、人民币普通股	215893800	64768140	0	0	0	60840	64828980	280722780
2、境内上市的外资股								
3、境外上市的外资股								
4、其他								
已上市流通股份合计	215893800	64768140	0	0	0	60840	64828980	280722780
三、股份总数	730800000	67888800	0	0	0	0	67888800	798688800

注:①本公司无基金配售股份、柜台交易公司内部职工股份、战略投资者配售股份、一般法人配售股份。
②本报告期内股份总数及结构发生了变动,是因为公司实施了配股计划所致。
③上表"其他"栏为公司部分高管人员离职后所持股票解冻所致。

(2)股票发行与上市情况

①本公司于1998年4月20日首次向社会公开发行120000000股人民币普通股股票,发行价格为6.26元/股,其中12000000股为内部职工股。108000000股于1998年6月2日获准在深圳证券交易所上市交易,12000000股内部职工股也于1998年12月2日获准在深圳证券交易所上市交易。

②本公司于2001年(本报告期)实施完成了配股方案。配股比例为10:3,其中经国家财政部批准,大股东云南铜业集团有限公司以现金认购了应配数的2%,其余部分放弃。此次配股共发行67888800股,配股价格为6.60元/股,配股缴款起止日为2001年1月9日至2月5日,除大股东认购的国家股和公司高级管理人员认购的被冻结外,其余64768140股已于2001年2月27日在深圳证券交易所上市流通。

③由于本公司在报告期内实施完成了配股方案,配股比例为10:3,其中经国家财政部批准,大股东云南铜业集团有限公司以现金认购了应配数的2%,其余部分放弃。因此,本公司股份总数由730800000股增加为798688800股,其中:大股东云南铜业集团有限公司持股比例由70.44%降为64.84%,社会公众股持股比例由29.56%增加为35.16%。

④现存公司内部职工股仅有被冻结的公司高管人员所持有的77220股。

(二)股东情况介绍

(1) 报告期末股东总数为159894户。

(2) 报告期末公司前十名股东持股情况

名次	股东名称	持股数量(股)	所占比例%	持股性质
1	云南铜业集团有限公司	517888800	64.842	国有股
2	云南省玉溪市铜材厂	670670	0.080	社会公众股
3	刘欣豪	620000	0.078	社会公众股
4	邹 俊	608100	0.076	社会公众股
5	岳治金	600000	0.075	社会公众股
6	普丰证券投资基金	549248	0.069	社会公众股
7	昝玉照	455340	0.057	社会公众股
8	荣辉连	364000	0.046	社会公众股
9	彭安伟	339430	0.043	社会公众股
10	李 宪	290000	0.036	社会公众股

说明:
①持本公司5%以上(含5%)股份的股东云南铜业集团有限公司本年度内由于本公司实施配股,其所持股份发生增减变动。从年初持有514800000股增加到年末持有517888800股,但持股比例由年初的70.44%减少为64.84%。
②云南铜业集团有限公司所持股权在报告期内没有发生质押或冻结的情况。
③根据公司已知资料,前十名股东之间不存在关联关系。

(3) 云南铜业集团有限公司为本公司的控股股东。该股东单位的法定代表人为邹韶禄。注册资本10亿元人民币,成立于1996年4月。经营范围是:有色金属、贵金属的生产、销售、加工及开发;高科技产品;有色金属、贵金属的地质勘察、设计、施工、科研;机械动力设备的制作、销售;化工产品生产、加工、销售;建筑安装工程施工;进出口贸易;矿山开发;

(4) 报告期内控股股东没有发生变更情况。

四、董事、监事、高级管理人员和员工情况

(一) 现任董事、监事、高级管理人员情况
(1) 基本情况

姓 名	性别	年龄	任期	年初持股	年末持股	持股增加量	增持原因	本公司任职	股东单位任职及任期
邹韶禄	男	51岁	2001.5-2004.5	9000	11700	2700	参与配股	董事长	董事长 三年
杨毓和	男	52岁	2001.5-2004.5	7200	9360	2160	参与配股	副董事长	副总经理 三年
刘宣瑜	男	54岁	2001.5-2004.5	5400	7020	1620	参与配股	董事	副总经理 三年
孔繁义	男	58岁	2001.5-2004.5	5400	7020	1620	参与配股	副董事长/总经理	无
余卫平	男	46岁	2001.5-2004.5	5400	7020	1620	参与配股	董事/副总经理	无
黄善富	男	35岁	2001.5-2004.5	5400	7020	1620	参与配股	董事/副总经理	无
管 弘	男	37岁	2001.5-2004.5	5400	7020	1620	参与配股	董事/董秘	无
马梦江	男	52岁	2001.5-2004.5	0	0	0		董事	无
虞海洋	男	52岁	2001.5-2004.5	0	0	0		董事	无
孙加林	男	44岁	2001.5-2004.5	0	0	0		独立董事	无
何天淳	男	48岁	2001.5-2004.5	0	0	0		独立董事	无
陈云祥	男	42岁	2001.5-2004.5	0	0	0		监事会主席	党委副书记 四年
何云辉	男	44岁	2001.5-2004.5	0	0	0		监事/党委书记	无
王鹏飞	男	36岁	2001.5-2004.5	0	0	0		监事	无

赵　玉	女	44岁	2001.5－2004.5	5400	7020	1620	参与配股	监事/工会主席	无
胡品芳	女	49岁	2001.5－2004.5	0	0	0		监事	无
钟　亮	男	50岁	2001.5－2004.5	5400	7020	1620		财务总监	无
史谊峰	男	38岁	2001.5－2004.5	5400	7020	1620	参与配股	副总经理	无
陈少飞	男	37岁	2001.5－2004.5	0	0	0		总会计师	无
杨小琴	女	32岁	2001.5－2004.5	0	0	0		总工程师	无

（2）年度报酬情况

本公司董事、监事和高级管理人员的年度报酬，由董事会根据公司的年度经营指标决定。报告期内公司董事、监事和高级管理人员的年度报酬总额为1000000元。其中：金额最高的前三名董事的报酬总额为212000元，金额最高的前三名高级管理人员的报酬总额为212000元，两名独立董事的津贴分别为20000元。本年度报酬总额在8—9万元的有2人，6—7万元的有7人，4—5万元的有1人。其中董事邹韶禄、杨毓和、刘宜瑜、马梦江、虞海洋，独立董事孙加林、何天淳，监事陈云祥、王鹏飞在本公司仅领取津贴而未领取薪酬，他们分别在其工作单位领取薪酬。

（3）报告期内离任董事、监事和高级管理人员情况

本公司在报告期内召开的2000年度股东大会上进行了公司董事会、监事会换届选举。原任董事米兆襄、蒯明德、钟亮、张文彬、邓德国和原任监事刘谷璋、李林昌由于工作或年龄的原因离任。此外，原总工程师蒯明德由于退休，不再担任总工程师职务。

换届后的董事会继续聘任原公司总经理、副总经理、财务负责人和董事会秘书。

五、公司治理结构

（一）公司治理状况

本公司从1998年改制上市起就严格按照有关法律、法规的要求建立了较为完善的法人治理结构。对照新颁布的《上市公司治理准则》，现董事会专门委员会暂未成立。公司将认真按照要求积极实施和不断完善。

（二）公司独立董事履职情况

本公司于2000年度股东大会举行董事会、监事会换届选举时，建立了公司独立董事制度并选举产生了孙加林、何天淳两位独立董事。他们认真负责地履行了独立董事的职责。

（三）公司与控股股东在业务、人员、资产、机构、财务上的"五分开"情况

（1）业务方面：本公司主要从事铜的冶炼加工，没有包括铜矿山。而控股股东是云南省铜原料主要的生产和供应商，因此在原料供应方面不能完全独立于控股股东，但其原料供应完全依据市场进行，该关联交易也严格按有关规定执行。本公司目前正积极采取措施建立自己的原料基地，但短时期内，此种局面难以完全改变。在产品销售方面也一定程度依赖控股股东，但本公司现已成立营销子公司建立自己的营销网，在2002年将能够获得解决。

（2）人员方面：本公司在劳动、人事及工资管理等方面完全独立；公司总经理、副总经理、财务负责人、董事会秘书等高级管理人员在本公司领取报酬；除本公司的董事长由控股股东的法人代表兼任外，其他没有与控股股东交叉任职的情况。

（3）资产方面：本公司拥有完全独立的生产经营系统。无法避免的关联交易严格遵循有关规定进行。

（4）机构方面：本公司生产经营、财务、人事等均设立有自己的独立机构，与控股股东完全独立。

（5）财务方面：本公司设有独立的财会部门，有独立的财会人员；公司建立和制定了适合本公司实际、符合国家财务会计核算和管理制度的企业内部财务管理和会计核算制度；公司独立经营、独立核算、独立纳税。

（四）公司高级管理人员的考评和激励机制

本公司高级管理人员全部由董事会聘任。董事会每年制定公司的生产经营目标和年度预算，并依此与高级管理人员签定经营目标考核责任书，针对每年考核目标及完成情况进行相应的奖惩。

六、股东大会情况简介

本报告期内公司召开了二次股东大会（2000年度股东会和一次临时股东会）

（一）2000年度股东大会召开的通知刊登于2001年4月20日的《证券时报》和《上海证券报》上。2001年5月22日公司2000年年度股东大会如期召开。

（二）该次年度股东大会通过的决议内容包括：

（1）审议通过了《公司2000年度董事会工作报告》；

（2）审议通过了《公司2000年度监事会工作报告》；

（3）审议通过了《公司2000年度报告及年度报告摘要》；

（4）审议通过了《修改公司章程》；

（5）审议通过了《公司2000年度财务决算报告》；

（6）审议通过了《公司2001年度财务预算方案》；

（7）审议通过了《公司2000年度利润分配方案》；

（8）审议通过了《关于续聘云南亚太会计师事务所的议案》；

（9）审议通过了《公司2001年度预计利润分配政策》；

（10）审议通过了《公司董事会换届选举的议案》；

（11）审议通过了《公司监事会换届选举的议案》；

（12）审议通过了《公司关于购置员工住房冲减年初未分配利润的议案》；

此次股东大会决议公告刊登于2001年5月23日的《证券时报》和《上海证券报》上。

（三）公司在2000年度股东大会上对董事会、监事会进行了换届选举，原董事会成员中有六人继续当选，原监事会成员中有三人（其中两人为职工监事）继续当选。原任董事米兆襄、蒯明德、钟亮、张文彬、邓德国和原任监事刘谷璋、李林昌由于工作或年龄的原因离任。新当选董事为马梦江、虞海洋、管弘、孙加林、何天淳（其中孙加林、何天淳为独立董事），新当选监事为陈云祥、王鹏飞。详情见公司2000年度股东大会决议公告。

（四）临时股东大会召开的通知刊登于2001年8月14日的《证券时报》和《上海证券报》上。2001年9月18日公司临时股东大会如期召开。

（五）该次临时股东大会通过的决议内容包括：

（1）审议通过了《公司用自有资金投资3000万元人民币参与组建凉山矿业股份有限公司的议案》；

（2）审议通过了《授权董事会对公司最近一期经审计的财务报告净资产10%以下数额的投资事项具有决定权》。

此次临时股东大会决议公告刊登于2001年9月19日的《证券时报》和《上海证券报》上。

七、董事会报告

（一）公司经营情况

1、主营业务范围及经营情况

（1）公司主营业务收入、主营业务利润构成情况：（单位：千元）

	主营业务收入	主营业务利润
高纯阴极铜	1,604,389	89,075
电工用铜线坯	660,849	24,257
工业硫酸	105,691	41,384
黄金	216,858	24,306
白银	240,151	17,706
其他副产品	44,526	20,429

（2）公司业务经营活动及所处行业：本公司属于有色冶金行业，是以生产和销售电解铜及其加工品为主，工业硫酸、黄金、白银等附加产品为辅的专业化公司。是目前中国铜冶炼和铜加工规模最大的企业之一，主产品市场占有率大约为12%。

主要产品的收入及毛利等构成情况：（单位：千元）

	销售收入	销售成本	毛利率（%）	占利润比例（%）
高纯阴极铜	1,604,389	1,508,779	5.55	41.05
电工用铜线坯	660,849	633,937	3.67	11.17
工业硫酸	105,691	63,876	39.16	19.06
黄金	216,858	192,552	11.21	11.19
白银	240,151	221,456	7.37	8.15

（3）报告期内主营业务及其结构较前一报告期未发生较大变化。

2、主要控股公司及参股公司的经营情况及业绩

报告期内无控股子公司。报告期内投资参股四川凉山矿业股份有限公司和云晨期货经纪公司。四川凉山矿业股份有限公司2001年度生产铜精矿3500吨（以金属量计）。云晨期货经纪公司至今仍在报批中尚未正式开业。

3、主要供应商、客户情况

本公司的主要供应商为提供铜精矿以及粗铜、冷冰铜等原料的单位，报告期前五名供应商合计的采购金额占年度采购总额的63.40%。本公司的主要客户为使用电解铜以及其他副产品的单位，报告期前五名客户销售额合金占公司销售总额的54.36%。

5、公司未公开披露过本年度盈利预测。

（二）投资情况

1、募集资金使用情况

（1）公司1998年4月通过公开发行12000万股普通股，募集资金73460万元。根据公司《招股说明书》的承诺，用于以下项目：

一、火法系统技改项目：该项目计划总投资74000万元，至2001年底累计投资66514万元，完成进度的89.88%。目前该工程已进入调试阶段。预计在2002年一季度末试车投产。该项目没有达到预期进度，公司已于2001年12月7日在《证券时报》和《上海证券报》上进行了说明并致歉。该项目完成后新增利税后利润6791万元/年，全部投资内部收益率10.87%。

二、异型铜线杆连铸连轧项目：该项目计划总投资4566万元，至2001年底累计投资5969万元，完成投资进度130.74%。该项目超计划总投资的30.74%，主要是由于受国际钢材涨价的影响，进口设备费用增加所致。该项目已全面竣工，并交付使用。并在2001年取得了利润900万元。

三、加工分厂迁建改造项目：该项目计划投资4530万元，至2001年底累计投资2551万元，完成进度的56.31%。由于该项目需要根据火法系统改造以及正常生产任务的要求来实施，所以没有达到预期进度。目前公司正在积极实施中，预计2002年上半年可完成该项目。

公司募集资金时承诺投资项目与实际投资项目没有发生变化。募集资金73460万元，实际投资至2001年底累计共75034万元。

（2）公司2001年2月通过配股募集资金43238.918万元。根据公司《配股说明书》的承诺，用于以下项目：

一、大红山二期工程开发项目：该项目计划总投资36972.89万元，至2001年底累计完成投资21520.78万元，完成进度的58.21%。进度达到预期目标。该项目达产后预计年产精矿含铜8000吨、含金59公斤、含银536公斤，副产铁精矿15.9万吨，税后财务内部收益率为11.77%。

二、公司营销网络建设项目：该项目计划总投资4984.22万元，至2001年底累计完成投资2124.12万元，完成进度的42.62%。项目建成投入使用后，将使公司营销信息系统得到极大完善，为公司的经营提供可靠的保证。

公司募集资金时承诺投资项目与实际投资项目没有发生变化。募集资金43239万元，实际投资至2001年底累计共23645万元，尚未使用19594万元，全部存于银行。

2、报告期内非募集资金投资的重大项目

一、新建硫酸Ⅳ系列：该项目计划总投资14864.2万元，至2001年底累计完成投资10974.03万元，完成进度的74.08%。该项目达产后，预计新增利润2169万元。

二、硫酸Ⅱ系列改造：该项目计划总投资4500万元，至2001年底累计完成投资4627万元，完成进度的102.83%。

三、铜电解技术改造项目：该项目计划总投资10000万元，至2001年底累计完成投资40.18万元，完成进度的0.40%。目前该工程项目正进行前期准备和设计工作。预计2003年竣工投产。

四、参股组建云晨期货经纪有限公司：报告期内经公司董事会批准，投资2000万元参与组建云晨期货经纪有限公司，详情参见2001年7月10日的《证券时报》和《上海证券报》。该公司目前尚在筹备中，预计2002年二季度可开业。

五、参股组建凉山矿业股份有限公司：报告期内经公司临时股东大会批准，投资3000万元参与组建凉山矿业股份有限公司，详情参见2001年9月19日的《证券时报》和《上海证券报》。该公司已于2001年三季度成立，2001年生产铜精矿3500吨（以金属量计）。

（三）公司财务状况及经营成果

项目	2001年度（元）	2000年度（元）	增减	增减%
总资产	4,047,289,201.75	3,810,144,714.24	237,144,487.51	6.22
长期负债	200,000,000.00	710,000,000.00	－510,000,000.00	－71.83
股东权益	1,777,655,485.04	1,377,554,093.19	400,101,391.85	29.04
主营业务利润	217,883,708.37	320,455,514.27	－102,571,805.90	－32.01
净利润	83,250,090.07	156,223,217.50	－72,973,127.43	－46.71

财务状况及经营成果变动说明：

①总资产增加主要是在建工程完成速度加快所致。

②长期负债减少主要是公司归还银行长期流动资金借款所致。

③股东权益增加是因为公司配股募集资金增加所致。

④主营业务利润减少是因为公司主营产品销售价格下降所致。

⑤净利润减少是因为主营业务利润降低所致。

（四）公司预计生产经营环境以及宏观政策、法规没有重大变化。中国加入世界贸易组织，由于国内铜市场价格从80年代就逐步和国际市场接轨，因此不会对公司的经营产生重大影响。

（五）云南亚太会计师事务所有限公司为本公司出具了标准无保留意见的审计报告。

（六）新年度的经营计划

2002年，公司将继续抓住国家西部大开发战略实施的机遇，进一步扩大生产规模，完成主产品电解铜确保17万吨，力争18万吨的生产目标，销售收入力争超过上年，主产品产销率达到98%以上，成本费用控制在预算范围内，努力降低成本，使公司的盈利能力比上年度有所提升；建立完善的营销网络系统，组建营销子公司，以进一步巩固现有市场，开拓新的市场；实施技术创新、管理创新的企业发展战略，为投资者创造更好的效益。同时，抓好募集资金在建项目的工作，其中"火法系统改造工程"2002年4月试车投产，年底力争达产达标；环境污染治理要稳定地达标排放；"加工分厂迁建项目"根据火法系统改造工程的需要及生产任务的要求，2002年上半年实施；2002年将根据2000年度配股实施方案的承诺继续加快实施《大红山二期工程》以及《云铜营销信息网络》的建设进度。

（七）2001年度利润分配预案或资本公积金转增股本预案

经云南亚太会计师事务所审计，公司2001年度完成主营业务收入2,872,464,194.02元，实现净利润83,250,090.07元。按照公司章程规定，提取10%的法定公积金8,325,009.01元，提取5%的法定公益金4,162,504.50元，加年初结转未分配利润24,078,785.37元，可供股东分配利润为94,841,361.93元。经董事会研究决定以现有股本为基数向全体股东按每10股派发现金1.00元（含税），共计分配79,868,880.00元，剩余14,972,481.93元结转至下年度。该议案待提交股东大会审议批准后实施。

本年度无资本公积金转增股本预案。

(八) 预计 2002 年度利润分配政策及资本公积金转增股本政策

预计 2002 年度利润分配政策:根据中国证监会的有关规定和公司长远发展的需要,建议公司 2002 年度预计利润分配政策为:以现金形式于 2002 年度结束后一次分配,分配比例为公司 2002 年度实现净利润的 30%以上,2001 年度未分配利润结转至 2002 年度一并分配。该议案尚需提交股东大会审议批准。

预计 2002 年度资本公积金转增股本政策:不转增。

(九) 其它事项

1、公司继续选定《证券时报》和《上海证券报》为信息披露报纸。

2、公司董事会拟继续聘请云南亚太会计师事务所有限公司为本公司 2002 年度审计机构,并提交 2001 年度股东大会审议。

八、监事会报告

2001 年公司监事会切实履行《公司法》、《公司章程》赋予的职责,在股东大会的授权下,对公司长期发展规划、重大发展项目、公司财务状况等进行了监督,促进了公司健康有序地发展。本年度内监事会参加了公司 2000 年度股东大会和临时股东大会,依法列席了董事会议,及时掌握公司经营决策、投资方案、生产经营情况等。

报告期内监事会共召开会议 6 次。会议的主要议题分别是:审议《公司监事会 2000 年度工作报告》、《公司 2000 年年度报告和年度报告摘要》、《总经理 2000 年度工作报告》、《公司 2000 年度利润分配预案》、《公司 2000 年度财务决算报告》、《公司预计 2001 年度利润分配政策》、《公司关于投资云晨期货公司的议案》、《公司关于投资凉山矿业股份有限公司的议案》、《公司关于修订资产减值准备的议案》、《公司 2001 年度中期报告及摘要》、《公司 2001 年度中期利润分配预案》《公司监事会议事规则》等。

监事会在本年度按照《公司法》及《公司章程》所赋予的职责,依法对公司、董事会及高级管理人员进行了监督和核查,并发表如下独立意见:

1.公司依法运作情况:监事会认为,本报告期内公司决策程序合法,已经建立完善的内部控制制度,公司董事、经理执行公司职务时无违反法律、法规、公司章程或损害公司利益的行为。

2.检查公司财务的情况:报告期内,云南亚太会计师事务所出具的审计报告真实反映了公司的财务状况和经营成果。

3.公司本年度募集资金实际投入项目和承诺投入项目一致。

4.本年度内公司无收购、出售资产行为。

5.报告期内,公司的关联交易行为遵循"公开、公平、公正"的原则,不存在内幕交易,无损害股东利益或上市公司利益的现象。

6.云南亚太会计师事务所为本公司年度报告出具了无保留意见的审计报告。

九、重要事项

(一)本年度公司无重大诉讼、仲裁事项。

(二)报告期内公司无收购及出售资产、吸收合并等事宜。

(三)重大关联交易事项

1、关联方关系

(1)存在控制关系的关联方

企业名称	注册地址	主营业务	与本公司关系	经济性质或类型	法定代表人
云南铜业(集团)有限公司	昆明市人民东路 73 号	有色金属及贵金属的生产、销售、加工及开发等。	母公司	国有独资	邹韶禄

(2)存在控制关系的关联方的注册资本及其变化

企业名称	期初数	本年增加数	本年减少数	期末数
云南铜业(集团)有限公司	1,000,000,000.00			1,000,000,000.00

(3)存在控制关系的关联方所持股份或权益及其变化

企业名称	期初数(元)		本年增加数		本年减少数		期末数(元)	
	金额	%	金额	%	金额	%	金额	%
云南铜业(集团)有限公司	514,800,000.00	70.44	3,088,800.00	4.55			517,888,800.00	64.84

2、关联方交易

(1)本公司所销售的产品价格政策:

根据本公司与云南铜业(集团)有限公司、云南铜业供销运输中心及各地经营部、云南冶炼厂和云南铜业科技发展股份有限公司签定的《高纯阳极铜购销合同》、《电工用铜线坯购销合同》、《白银购销合同》、《购销合同》(高纯阳极铜)、《铜精矿供需合同》(含铜精矿加工条款)、《粗铜加工承揽合同》、《杂铜加工承揽合同》和《硫酸委托加工购销合同》等。本公司向云南铜业(集团)有限公司和云南铜业供销运输中心及各地经营部、云南冶冶炼厂、云南铜业科技发展股份有限公司销售电解铜、铜盘元、白银等产品,有关情况如下:

A、本公司向云南铜业供销运输中心及各地经营部销售电解铜及铜盘元等铜产品,价格结算以供货日对应的上海金属交易所一个完整交易日的结算价的加权平均价为基础;

B、本公司向云南铜业(集团)有限公司销售白银,价格结算为 1270—1360 元/公斤;

C、本公司向云南冶炼厂销售电解铜、硫酸镍、硫酸烟尘等产品,价格政策为电解铜按 15500 元/吨(含税价)、硫酸镍按 20000 元/吨(含税价)、硫酸烟尘按 100 元/吨(含税价)结算;

D、本公司向云南铜业科技发展股份有限公司销售硒渣,价格按 23333 元/吨(含税价)结算;

E、本公司代云南铜业(集团)有限公司和云南铜业供销运输中心及各地经营部加工电解铜及铜盘元;以铜精矿为加工原料,按含铜≥16%计收加工费 4000 元/t.cu 为计价基础,以粗铜、杂铜为加工原料,随行就市进行价款结算;

F、本公司代云南冶炼厂加工硫酸,加工费按 210 元/吨(含税价)进行结算。

(2)不存在控制关系的关联方关系的性质

企业名称	与本企业的关系
云南冶炼厂	与本公司同一母公司
云南铜业供销运输中心(含各地经营部)	其母公司与本公司具有同一母公司
昆明市锌厂	其母公司与本公司具有同一母公司
易门矿务局	与本公司同一母公司
凉山矿业股份有限公司	本公司联营企业
云南铜业科技发展股份有限公司	本公司联营企业

(3)采购货物

A、原料采购

根据本公司分别与云南铜业(集团)有限公司、云南冶炼厂、云南铜业供销运输中心及各地经营部和易门矿务局签定的《铜精矿供需合同》、《冰铜供需合同》、《粗铜供需合同》,云南铜业(集团)有限公司、云南冶炼厂和云南铜业供销运输中心及各地经营部按本公司的需要供给铜精矿、冰铜等原料,价款结算按本公司铜原料基础价和原料品位为依据,随行就市进行结算。

企业名称	2001 年度		2000 年度	
	金额	占年度原料采购比例%	金额	占年度原料采购比例%
云南铜业(集团)有限公司	865,166,082.97	46.53	452,385,197.54	21.85
云南冶炼厂	97,272,868.09	4.59	116,537,926.70	5.63
云南铜业供销运输中心(含各地经营部)	85,379,013.83	5.23	101,543,231.30	4.90
易门矿务局	124,604,081.09	6.70	103,687,675.25	5.01
合　计	1,172,422,045.98	63.05	774,154,030.79	37.39

B、商品采购

根据本公司与云南铜业(集团)有限公司签定的《购销合同》,云南铜业(集团)有限公司向本公司销售电解铜商品,价格结算每月以上海期货交易所上一个完整交易月的结算价的加权平均值为基础,整数计价,若当月出现误差,则在次月或最后一批货物结算时进行调整(多退少补)。

企业名称	2001 年度		2000 年度	
	金额	占年度商品采购比例%	金额	占年度商品采购比例%
云南铜业(集团)有限公司	272,137,895.17	100	285,370,503.47	100
合　计	272,137,895.17	100	285,370,503.47	100

(4)销售货物

企业名称	2001 年度		2000 年度	
	金额	占年度销货比例	金额	占年度销货比例
云南铜业(集团)有限公司	292,174,828.21	10.18	91,277,653.18	3.60
云南铜业供销运输中心(含各地经营部)	888,832,728.16	30.95	1,349,516,705.71	53.18
云南冶炼厂	5,099,099.05	0.18		
云南铜业科技发展股份有限公司	8,376,068.38	0.30		
合　计	1,194,482,723.80	41.61	1,440,794,358.89	56.78

(5)接受劳务

根据本公司与云南冶炼厂签定的《综合服务协议》,云南冶炼厂向本公司提供机修、电修、氧气、铁路运输服务,服务费用按国家物价部门规定价格或当地可比的市场价格确定。

关联公司	交易事项	2001 年度	2000 年度
云南冶炼厂	为本公司提供维修服务	6,121,412.78	3,380,935.73
	为本公司提供氧气	20,857,599.94	36,955,979.83
	为本公司提供铁路运输	9,057,455.65	9,585,848.68
	合　计	36,036,468.37	49,922,764.24

(6)委托建设及购房的关联交易

A、根据本公司 2000 年 6 月 30 日"2000 年度第一次临时股东大会决议"通过的《关于 2000 年度实施配股的议案》,本公司计划使用配股募集资金 36,972.89 万元投资于大红山铜矿二期工程开发项目(该项工程的可行性研究报告已经国家计委计产业[2001]1695 号文件批准)。

本公司于 2001 年 3 月 19 日与易门矿务局签订了《大红山铜矿二期工程委托建设合同》,委托易门矿务局全面建成大红山铜矿二期工程。根据合同约定,本公司委托易门矿务局为大红山铜矿二期工程的总建设单位,易门矿务局应在总投资额 36,972.89 万元的范围内,为本公司建成新增 2400 吨/日采选规模,项目建成后年平均生产铜精矿含铜 8000 吨、含金 59 公斤、含银 536 公斤、副产品铁精矿 15.9 万吨的二期工程。

截止 2001 年 12 月 31 日止,本公司累计向易门矿务局支付大红山铜矿二期工程工程款 214,224,957.26 元(与"在建工程——大红山铜矿二期工程"余额 215,507,770.26 元差额 982,813.00 元系本公司分配的 2001 年工程管理费)。

B、根据本公司 1998 年 12 月 18 日与云南冶炼厂签订的委托购房协议,本公司 2000 年委托云南冶炼厂为职工购置住房,购房款金额合计 50,826,587.44 元(购房事项已于 2000 年 3 月完成),扣除云南冶炼厂代收职工交纳的住房款 13,657,589.22 元,本公司 2001 年向云南冶炼厂支付购房款为 37,168,998.22 元。

(7)关联方往来款项余额(下表所列云南铜业供销运输中心含各地经营部)

报表项目	期初数		期末数	
	金额	占总额比例%	金额	占总额比例%
应收账款:				
云南铜业供销运输中心	104,592,799.57	81.62	31,322,359.86	78.61
昆明市锌厂	342,885.90	0.27	0.00	
应收票据:				
云南铜业科技发展股份有限公司	0.00		9,800,000.00	7.75
云南铜业供销运输中心	5,000,000.00	100.00	20,000,000.00	15.82
其他应收款:				
云南冶炼厂	29,577,383.15	11.42	0.00	
云南铜业(集团)有限公司	7,408,651.33	19.78	566,000.00	7.81
昆明市锌厂	3,920,726.45	10.47	0.00	
预付账款:				
云南铜业(集团)有限公司	0.00		25,089,958.90	26.35
云南铜业供销运输中心	21,753,848.78	19.51	9,396,317.14	9.88
易门矿务局	6,916,949.05	6.20	0.00	
应付账款:				
云南冶炼厂	10,641,525.84	8.72	10,705,179.99	13.22
易门矿务局	0.00		3,740,924.68	4.62
应付票据:				
云南铜业(集团)有限公司	82,000,000.00	18.18	580,150,000.00	60.01
云南冶炼厂	73,000,000.00	16.45	46,800,000.00	4.84
易门矿务局	84,000,000.00	18.93	74,800,000.00	7.73
预收账款:				
云南铜业(集团)有限公司	34,482,474.07	49.30	0.00	
云南铜业供销运输中心	18,912,637.81	27.04	1,402,441.78	6.19
云南冶炼厂	0.00		153,000.00	0.67
其他应付款:				
云南铜业(集团)有限公司	533,333.33	1.01	733,333.33	0.63
云南冶炼厂	0.00		2,836,715.52	2.42
云晨期货经纪有限公司	0.00		20,000,000.00	17.07
凉山矿业股份有限公司	0.00		15,000,000.00	12.80

(8)其他应披露事项

①根据本公司与云南冶炼厂签定的《综合服务协议》,云南冶炼厂为本公司提供综合服务,并按国家物价管理部门或参照可比的当地市场价格支付如下费用:

a、云南冶炼厂为本公司提供社区屋业管理、环保卫生、治安保卫、公用设施维修等社区配套综合服务,根据本公司与云南冶炼厂于 2001 年 4 月 10 日签订的《综合服务协议》之补充协议约定,本年度不再委托云南冶炼厂提供上述服务,也不再支付服务费,2000 年支付服务费 11,661,000.00 元。

b、云南冶炼厂为本公司提供员工住房及配套设施的相应服务,2001 年支付新招职工住宿费 166,398.81 元,支付代扣职工房租及物业管理费 270,540.20 元;2000 年支付代扣职工房租费 22,797.80 元。

c、云南冶炼厂为本公司提供员工培训服务,2001 年支付云冶培训处教室租金 7,500.00 元,特殊工种培训费 55,989.00 元;2000 年支付云冶技校教室租金 5,000.00 元。

d、云南冶炼厂车队为本公司提供电铜、硫酸厂内运输服务,2001 年支付服务费 1,889,577.47 元;2000 年支付服务费 621,669.75 元。

②截止 2001 年 12 月 31 日云南铜业(集团)有限公司为本公司提供信用担保,使本公司从银行获得短期借款 497,500,000.00 元,长期借款 204,000,000.00 元;截止 2000 年 12 月 31 日云南铜业(集团)有限公司为本公司提供信用担保,使本公司从银行获得短期借款 665,033,002.00 元,长期借款 735,000,000.00 元。

③截止 2001 年 12 月 31 日云南铜业(集团)有限公司为本公司开出的银行承兑汇票提供信用担保 430,610,000.00 元。

④昆明市锌厂使用本公司水电,2001 年度本公司为昆明市锌厂垫付水电费 202,153.75 元;2000 年垫付水电费 620,726.45 元。

(四)报告期内,公司无其他重大合同及担保事项。

(五)报告期内,公司无委托他人进行现金资产管理事项。未来也无委托理财计划。

(六)承诺事项:报告期内公司及控股股东无其他承诺事项。

(七)聘任、解聘会计师事务所情况

本年度公司继续聘任云南亚太会计师事务所为本公司财务审计机构。根据公司与云南亚太会计师事务所签定的审计业务约定书,报告年度支付的审计费用为人民币35万元。

(八)本年度公司、公司董事会及董事无受证券监管部门处罚的情况。

(九)中国加入世界贸易组织后,由于国内铜市场在八十年代已逐步同国际市场接轨,因此不会对公司未来经营活动带来重大影响。

(十)根据财政部、国家税务总局财税字(1999)290号《技术改造国产设备投资抵免企业所得税暂行办法》的有关规定,公司符合其规定条件,可逐年根据税务部门核定的技术改造国产设备投资完成情况予以抵免当年企业所得税。

(十一)公司在报告期内无其它重大事件事项。

十、财务报告

(一)审计报告

云南亚太会计师事务所有限公司

亚太审D字(2002)第189号

审 计 报 告

云南铜业股份有限公司全体股东:

我们接受委托,审计了贵公司2001年12月31日的资产负债表、2001年度的利润表和现金流量表。这些会计报表由贵公司负责,我们的责任是对这些会计报表发表审计意见。我们的审计是依据《中国注册会计师独立审计准则》进行的。在审计过程中,我们结合贵公司的实际情况,实施了包括抽查会计记录等我们认为必要的审计程序。

我们认为,上述会计报表符合《企业会计准则》和《企业会计制度》的有关规定,在所有重大方面公允地反映了贵公司2001年12月31日的财务状况、2001年度的经营成果和现金流量情况,会计处理方法的选用遵循了一贯性原则。

云南亚太会计师事务所有限公司

中国注册会计师:杨守任

中国注册会计师:徐 毅

二〇〇二年三月八日

(二)财务报表(附后)

(三)会计报表附注

本年度报告与最近一期年度报告相比,会计政策、会计估计和核算方法没有发生变化。

十一、备查文件目录

(一)载有董事长、总会计师、会计主管人员签名并盖章的会计报表。

(二)载有会计师事务所盖章,注册会计师签名并盖章的审计报告原件。

(三)报告期内在《证券时报》和《上海证券报》上披露过的所有公司文件的正本及公告的原稿。

云南铜业股份有限公司董事会

2002年3月12日

利润分配表

2001年度

编制单位:云南铜业股份有限公司　　单位:人民币元

项 目	注释号	行次	上年实际数	本年累计数
一、净利润(净亏损以"-"号填列)		1	156,223,217.50	83,250,090.07
加:年初未分配利润		2	40,274,480.72	24,078,785.37
其他转入		4	0	0
二、可供分配的利润		8	196,497,698.22	107,328,875.44
减:提取法定盈余公积		9	15,622,321.75	8,325,009.01
提取法定公益金		10	7,811,160.88	4,162,504.50
提取职工奖励及福利基金		11		
提取储备基金		12		
提取企业发展基金		13		
利润归还投资		14		
三、可供股东分配的利润		16	173,064,215.59	94,841,361.93
减:应付优先股股利		17	0	0
提取任意盈余公积		18	0	0
应付普通股股利		19	111,816,432.00	79,868,880.00
转作股本的普通股股利		20	0	0
四、未分配利润(未弥补亏损以"-"号填列)		25	61,247,783.59	14,972,481.93

资产减值准备明细表

2001年度

编制单位:云南铜业股份有限公司　　单位:人民币元

项 目	年初余额	本年增加数	本年转回数	年末余额
一、坏帐准备合计	10,285,692.29	-7,785,662.47		2,500,029.82
其中:应收账款	6,746,804.51	-4,640,249.64		2,106,554.87
其他应收款	3,538,887.78	-3,145,412.83		393,474.95
二、短期投资跌价准备合计				
其中:股票投资				
债券投资				
三、存货跌价准备合计				
其中:库存商品				
原材料				
四、长期投资减值准备				
其中:长期股权投资				
长期债券投资				
五、固定资产减值准备				
其中:房屋、建筑物				
机器设备				
六、无形资产减值准备				
其中:专利权				
商标权				
七、在建工程减值准备				
八、委托贷款减值准备				

利 润 表

2001年度

编制单位:云南铜业股份有限公司　　单位:人民币元

项 目	注释号	行次	上年实际数	本年累计数
一、主营业务收入	4.31	1	2,537,477,322.96	2,872,464,194.02
减:主营业务成本	4.32	4	2,210,242,480.50	2,643,762,324.10
主营业务税金及附加	4.33	5	6,779,328.19	10,818,161.55
二、主营业务利润(亏损以"-"号填列)		10	320,455,514.27	217,883,708.37
加:其他业务利润(亏损以:"-"号填列)	4.34	11	537,772.46	205,131.28
营业费用		13	19,723,420.95	25,192,244.43
管理费用		14	69,358,022.15	49,750,112.38
财务费用		15	78,437,049.80	65,298,097.25
三、营业利润(亏损以"-"号填列)		18	153,474,793.83	77,848,385.59
加:投资收益(损失以"-"号填列)	4.35	19	0	59,993.94
期货收益(损失以"一"号填列)	4.36	20	7,598,730.55	2,720,857.94
补贴收入		22	0	0
营业外收入	4.37	23	3,258,802.58	3,465,718.90
减:营业外支出	4.38	25	2,102,326.78	844,866.30
四、利润总额(亏损总额以"-"号填列)		27	162,230,000.18	83,250,090.07
减:所得税	4.39	28	6,006,782.68	0
少数股东损益		29	0	0
五、净利润(净亏损以"-"号填列)		30	156,223,217.50	83,250,090.07

补充资料:		
项 目	上年实际数	本年累计数
1、出售、处置部门或被投资单位所得收益		
2、自然灾害发生的损失		
3、会计政策变更增加(或减少)的利润总额		
4、会计估计变更增加(或减少)的利润总额		
5、债务重组损失		
6、其他		

利润表附表

编制单位:云南铜业股份有限公司

报告期利润			2001年度	2000年度
净资产收益率%	主营业务利润	全面摊薄	12.26	23.26
		加权平均	12.51	22.71
	营业利润	全面摊薄	4.38	11.14
		加权平均	4.47	10.89
	净利润	全面摊薄	4.68	11.34
		加权平均	4.78	10.07
	扣除非经常性损益后的净利润	全面摊薄	4.51	11.26
		加权平均	4.6	10.98
每股收益	主营业务利润	全面摊薄	0.273	0.438
		加权平均	0.277	0.438
	营业利润	全面摊薄	0.098	0.21
		加权平均	0.099	0.21
	净利润	全面摊薄	0.104	0.214
		加权平均	0.106	0.214
	扣除非经常性损益后的净利润	全面摊薄	0.1	0.212
		加权平均	0.102	0.212

资 产 负 债 表

2001 年 12 月 31 日

编制单位:云南铜业股份有限公司　　单位:人民币元

资　产	注释号	行次	年初数	年末数
流动资产:				
货币资金	4.1	1	753,233,542.55	764,620,680.86
短期投资		2	0	0
应收票据	4.2	5	5,000,000.00	126,420,000.00
应收股利		6	0	0
应收利息		7	0	0
应收帐款	4.3	8	128,146,657.45	39,845,104.74
其他应收款	4.4	9	37,441,873.73	7,245,960.26
预付帐款	4.5	12	111,508,919.71	95,115,096.05
应收补贴款		13	0	0
期货保证金	4.6	14	17,200,000.00	17,200,000.00
应收席位费		15	0	0
存货	4.7	16	1,613,647,028.07	1,429,170,790.40
待摊费用	4.8	20	27,913,693.46	3,151,630.70
一年内到期的长期债权投资		22	0	0
其他流动资产		23	0	0
流动资产合计		24	2,694,091,714.97	2,482,769,263.01
长期投资:				
长期股权投资	4.9	26	18,100,000.00	48,159,993.94
长期债权投资		27	0	0
长期投资合计		28	18,100,000.00	48,159,993.94
其中:合并价差(贷差以"-"号填列)		31	0	0
股权投资差额(贷差以"-"号填列)		32	0	-23,458.94
固定资产:			0	0
固定资产原价	4.10	33	795,443,481.03	1,081,114,586.31
减:累计折旧		34	432,454,868.66	470,926,543.18
固定资产净值		35	362,988,612.37	610,188,043.13
减:固定资产净值准备		36	0	0
固定资产净额		37	362,988,612.37	610,188,043.13
工程物资	4.11	38	5,750,918.51	6,965,892.43
在建工程	4.12	39	697,374,913.85	894,651,933.88
固定资产清理		40	0	0
固定资产合计		41	1,066,114,444.73	1,511,805,869.44
无形资产及其他资产			0	0
无形资产		42	0	0
长期待摊费用	4.13	43	6,538,147.94	4,554,075.36
其他长期资产		44	0	0
无形资产及其他资产合计		45	6,538,147.94	4,554,075.36
递延税项:			0	0
递延税款借项		46	0	0
资产合计		47	3,784,844,307.64	4,047,289,201.75
负债和股东权益				
流动负债:				
短期借款	4.14	48	895,533,002.00	777,500,000.00
应付票据	4.15	49	443,800,000.00	966,760,000.00
应付帐款	4.16	50	122,084,004.16	81,007,467.60
预收帐款	4.17	51	69,942,514.76	22,671,286.50
代销商品款		52	0	0
应付工资	4.18	53	5,649,351.09	2,284,435.32
应付福利费		54	2,801,088.48	2,429,706.15
应付股利	4.19	55	111,816,432.00	79,868,880.00
应交税金	4.20	56	908,391.31	14,340,908.04
其他应交款	4.21	57	21,316.12	751,523.78
其他应付款	4.22	58	52,697,388.12	117,173,949.31
预提费用	4.23	59	205,724.63	345,560.01
预计负债		60	0	0
一年内到期的长期负债	4.24	61	29,000,000.00	4,000,000.00
其他流动负债		62	0	0
流动负债合计		63	1,734,459,212.67	2,069,133,716.71
长期负债:			0	0
长期借款	4.25	64	710,000,000.00	200,000,000.00
应付债券		65	0	0
长期应付款		66	0	0
专项应付款	4.26	67	0	500,000.00
其他长期负债		68	0	0
长期负债合计		69	710,000,000.000	200,500,000.00
递延税项:			0	0
递延税款贷项		70	0	0
负债合计		71	2,444,459,212.67	2,269,633,716.71
少数股东权益		72	0	0
股东权益:			0	0
股本	4.27	73	730,800,000.00	798,688,800.00
资本公积	4.28	74	523,870,742.14	889,871,122.14
盈余公积	4.29	75	61,635,567.46	74,123,080.97
其中:法定公益金		76	20,545,189.16	24,707,693.66
未分配利润	4.30	77	24,078,785.37	14,972,481.93
股东权益合计		78	1,340,385,094.97	1,777,655,485.04
负债及股东权益总计		79	3,784,844,307.64	4,047,289,201.75

现 金 流 量 表

2001 年度

编制单位:云南铜业股份有限公司　　单位:人民币元

项　目	注释号	行次	金额
一、经营活动产生的现金流量:			
销售商品、提供劳务收到的现金		1	3,171,940,459.54
收到的税费返还		2	10,074,278.39
收到的其他与经营活动有关的现金	4.41.1	3	114,073,568.26
现金流入小计:		4	3,296,088,306.19
购买商品、接受劳务支付的现金		5	2,273,744,573.77
支付给职工以及为职工支付的现金		6	75,335,745.91
支付的各项税费		7	116,660,800.60
支付的其他与经营活动有关的现金	4.41.2	8	21,411,368.51
现金流出小计		9	2,487,152,488.79
经营活动产生的现金流量净额		10	808,935,817.40
二、投资活动产生的现金流量			
收回投资所收到的现金		11	
取得投资收益所收到的现金		12	
处置固定资产、无形资产和其他长期资产所收回的现金净额		13	470,749.50
收到的其他与投资活动有关的现金	4.41.3	14	4,717,429.04
现金流入小计:		15	5,188,178.54
购建固定资产、无形资产和其他长期资产所支付的现金		16	434,248,238.28
投资所支付的现金		17	30,000,000.00
支付的其他与投资活动有关的现金	4.41.4	18	3,081,239.58
现金流出小计		19	467,329,477.86
投资活动产生的现金流量净额		20	-462,141,299.32
三、筹资活动产生的现金流量			
吸收投资所收到的现金		21	433,764,248.42
借款所收到的现金		22	1,376,500,000.00
收到的其他与筹资活动有关的现金	4.41.5	23	36,000,000.00
现金流入小计		24	1,846,264,248.42
偿还债务所支付的现金		25	2,031,551,308.00
分配股利、利润或偿付利息所支付的现金		26	149,049,649.69
支付的其他与筹资活动有关的现金	4.41.6	27	1,070,670.50
现金流出小计		28	2,181,671,628.19
筹资活动产生的现金流量净额		29	-335,407,379.77
四、汇率变动对现金的影响		30	
五、现金及现金等价物净增加额		30	11,387,138.31
1、将净利润调节为经营活动现金流量:			
净利润		32	83,250,090.07
加:计提资产减值准备		33	-7,785,662.47
固定资产折旧		34	38,471,674.52
无形资产摊销		35	
长期待摊费用摊销		36	3,550,075.21
待摊费用减少(减:增加)		37	24,762,062.76
预提费用增加(减:减少)		38	139,835.38
处置固定资产、无形资产和其他长期资产的损失(减:收益)		39	-470,749.50
固定资产报废损失		40	
财务费用		41	62,325,115.69
投资损失(减:收益)		42	-2,780,851.88
递延税款贷项(减:借项)		43	
存货的减少(减:增加)		44	94,585,556.54
经营性应收项目的减少(减:增加)		45	43,861,550.78
经营性应付项目的增加(减:减少)		46	469,027,120.30
其他		47	
经营活产生的现金流量净额		48	808,935,817.40
2、不涉及现金收支投资和筹资活动:			
债务转为资本		49	
一年内到期的可转换公司债券		50	
融资租入固定资产		51	
3、现金及现金等价物净增加情况:			
现金的期末余额		52	764,620,680.86
减:现金的期初余额		53	753,233,542.55
现金等价物的期末余额		54	
减:现金等价物的期初余额		55	
现金及现金等价物净增加额			11,387,138.31

000880 山东巨力股份有限公司

2001 年年度报告摘选

第一节 公司基本情况简介

一、公司的法定中文名称：山东巨力股份有限公司
公司的法定英文名称：SHANDONG JULI COMPANY CO. LTD.
二、公司法定代表人：王清华
三、公司董事会秘书：郭 勇
联系地址：山东省潍坊市长松路 69 号
电话：(0536)8555878－8979　　传真：(0536)8557207
电子信箱：guoyjl2001@21cn.com
证券事务代表：杨正魁
电话：(0536)8555878－8895　　传真：(0536)8557207
电子信箱：jlyzhk@163.net
四、公司注册地址：山东省潍坊市长松路 69 号
公司办公地址：山东省潍坊市长松路 69 号　　邮政编码：261021
公司国际互联网网址：http://www.chinajuli.com
电子信箱：webmaster@chinajuli.com
五、公司选定的信息披露报纸名称：中国证券报 证券时报
登载年度报告的中国证监会指定网站的网址：http://www.cninfo.com.cn
公司年度报告备置地点：公司证券部
六、公司股票上市交易所：深圳证券交易所
股票简称：山东巨力　　股票代码：000880

第二节 会计数据和业务数据摘要

一、公司本年度实现的主要会计数据如下：　　单位：人民币元

项目	金额
利润总额	57,397,200.66
净利润	50,717,598.79
扣除非经常性损益后的净利润	49,944,686.27
主营业务利润	139,806,326.43
其他业务利润	2,669,757.23
营业利润	55,482,061.03
投资收益	3,068,740.41
补贴收入	-
营业外收支净额	－1,153,600.78
经营活动产生的现金流量净额	207,137,523.26
现金及现金等价物净增减额	121,435,080.70

二、截至报告期末公司前三年的主要会计数据和财务指标　　单位：人民币元

	2001 年	2000 年 调整前	2000 年 调整后	1999 年
主营业务收入	1,660,711,696.52	1,697,430,471.37		1,460,799,383.16
净利润	50,717,598.79	68,922,639.08		68,471,111.55
总资产	1,143,746,448.95	1,021,667,583.27	1,019,509,003.93	780,590,137.75
股东权益(不含少数股东权益)	642,017,267.40	527,657,050.49	520,896,796.15	481,694,405.28
每股收益	0.18	0.40	0.40	0.79
每股净资产	2.33	3.06	3.02	5.58
调整后的每股净资产	2.32	3.06	3.02	5.40
每股经营活动产生的现金流量净额	0.75	0.09		0.41
净资产收益率	7.90	13.06	13.23	14.21

第三节 股本变动及股东情况

一、股份变动情况表　　数量单位：股

	本次变动前	本次变动增减(+,-) 配股	送股	公积金转股	增发	其他	小计	本次变动后
一、未上市流通股份								
1、发起人股份	95977000	0	+9597700	+38390800			+47988500	143965500
其中								
国家持有股份	12544000	0	+1254400	+5017600			+6272000	18816000
境内法人持有股份	83433000	0	+8343300	+33373200			+41716500	125149500
境外法人持有股份								
其他								
2、募集法人股份								
3、内部职工股	26600000	3990000				－30590000	－26600000	0
4、优先股或其他								
未上市流通股份合计	122577000	3990000	+9597700	+38390800		－30590000	+21388500	143965500
二、已上市流通股份								
1、人民币普通股	50000000	7500000	+8809000	+35236000		+30590000	+82135000	132135000
2、境内上市的外资股								
3、境外上市的外资股								
4、其他								
已上市流通股份合计	50000000	7500000	+8809000	+35236000		+30590000	+82135000	132135000
三、股份总数	172577000	+11490000	+18406700	+73626800		0	+103523500	276100500

前 10 名股东的持股情况：

股东名称	持股数量	持股比例	股份性质
潍坊巨力机械总厂	125149500	45.328%	法人股
潍坊市潍城区国有资产管理局	18816000	6.815%	国家股
黄翠云	377688	0.137%	流通股
范卫玲	346648	0.126%	流通股
王乐勇	330395	0.120%	流通股
扈培林	296500	0.107%	流通股
杨润霖	261300	0.095%	流通股
刘福强	257700	0.093%	流通股
杨晓东	230067	0.083%	流通股
王翠红	217500	0.079%	流通股

000881 中国大连国际合作(集团)股份有限公司

2001 年年度报告摘选

一、公司基本情况简介

(一)公司法定中、英文名称及缩写
公司法定中文名称：中国大连国际合作(集团)股份有限公司
公司中文名称缩写：大连国际
公司英文名称：CHINA DALIAN INTERNATIONAL COOPERATION (GROUP) HOLDINGS LTD.
公司英文名称缩写：CDIG
(二)公司法定代表人：朱明义
(三)公司董事会秘书：李 枫
证券事务代表：韩秀吉
联系地址：大连市西岗区黄河路 219 号外经贸大厦 1009 室
电 话：0411－3780066、3780139　　传 真：0411－3780186
电子信箱：lifeng@china－cdig.com　　hanxiuji@china－cdig.com
(四)公司注册地址：大连市西岗区黄河路 219 号
公司办公地址：大连市西岗区黄河路 219 号外经贸大厦　　邮政编码：116011
公司国际互联网网址：http://www.china－cdig.com
公司电子信箱：webmaster@china－cdig.com
(五)公司选定的信息披露报纸名称：《中国证券报》
登载公司年度报告的中国证监会指定网站的网址：http://www.cninfo.com.cn
公司年度报告备置地点：公司证券部
(六)公司股票上市交易所：深圳证券交易所
股票简称：大连国际　　股票代码：000881

二、会计数据和业务数据摘要(合并报表)

(一)本年度实现的主要利润指标(单位：人民币元)

项目	金额
利润总额：	61,412,454.00
净利润：	49,655,251.34
扣除非经常性损益后的净利润：	49,084,712.31
主营业务利润：	188,974,745.39
其他业务利润：	
营业利润：	61,558,951.04
投资收益：	－1,157,919.66
补贴收入：	943,890.80
营业外收支净额：	67,531.82
经营活动产生的现金流量净额：	86,000,138.61
现金及现金等价物净增加额：	161,940,458.44

(二)截止报告期末公司前三年的主要会计数据和财务指标(本年追溯调整后)
单位：人民币元

指标项目	2001 年	2000 年	1999 年
主营业务收入：	1,084,695,383.54	804,308,632.16	526,487,512.47
净利润：	49,655,251.34	54,627,830.75	39,311,904.81
总资产：	1,606,928,971.85	1,309,086,096.49	934,747,012.88
股东权益(不含少数股东权益)：	674,670,875.26	637,956,906.09	400,385,165.02
全面摊薄每股收益：	0.16	0.28	0.41
加权平均每股收益：	0.16	0.32	0.41
每股净资产：	2.18	3.30	3.91
调整后的每股净资产：	2.07	3.13	4.20
全面摊薄净资产收益率(%)：	7.36	8.56	9.81
加权平均净资产收益率(%)：	7.52	12.77	10.32
每股经营活动产生的现金流量净额：	0.28	－0.24	0.68

截止报告期末公司前三年的主要会计数据和财务指标(本年追溯调整前)单位：人民币元

指标项目	2001 年	2000 年	1999 年
主营业务收入：	1,084,695,383.54	775,333,582.16	526,487,512.47
净利润：	49,655,251.34	58,366,062.82	45,476,904.81
总资产：	1,606,928,971.85	1,308,477,722.41	948,207,012.88
股东权益(不含少数股东权益)：	674,670,875.26	655,155,138.16	413,845,165.02
全面摊薄每股收益：	0.16	0.30	0.48
加权平均每股收益：	0.16	0.34	0.48
每股净资产：	2.18	3.39	4.34
调整后的每股净资产：	2.07	3.22	4.05
全面摊薄净资产收益率(%)：	7.36	8.91	10.99
加权平均净资产收益率(%)：	7.52	13.17	10.99
每股经营活动产生的现金流量净额：	0.28	－0.24	0.68

三、股本变动及股东情况

(一)股份变动情况
1、股份变动情况表(数量单位：万股)

	本次变动前	本次变动增减(+、-) 配股	送股	公积金转增	增发	其他	小计	本次变动后
一、未上市流通股份								
1.发起人股份	5040		504	2520			3024	8064
其中：								
国家持有股份	5040		504	2520			3024	8064
境内法人持有股份								
境外法人持有股份								
其他								
2.募集法人股份	4397.4		439.74	2198.7			2638.44	7035.84
3.内部职工股	2520		252	1260	－4032		－2520	0
4.优先股或其他								
未上市流通股份合计	11957.4		1195.74	5978.7	－4032		3142.44	15099.84
二、已上市流通股份								
1.人民币普通股	7350		735	3675	4032		8442	15792
2.境内上市的外资股								
3.境外上市的外资股								
4.其他								
已上市流通股份合计	7350		735	3675	4032		8442	15792
三、股份总数	19307.4		1930.74	9653.7	0		11584.44	30891.84

000882 中商股份有限公司

2001 年年度报告摘选

一、公司基本情况介绍

1、公司法定中文名称:中商股份有限公司
公司法定英文名称:China Commerce Company Limited
2、公司法定代表人:范文明
3、公司董事会秘书:李翠芳
授权代表:李春生
联系地址:北京市朝阳区安贞西里 5 区 4 号楼华联商厦中商股份
电话:(010)64436880-5363　　传真:(010)64445607
4、公司注册地址:北京市海淀区复兴路 46 号
公司办公地址:北京市朝阳区安贞西里 5 区 4 号楼华联商厦中商股份
邮政编码:100029
公司电子信箱:cclc@95777.com
5、公司信息披露报纸名称:《中国证券报》、《证券时报》
登载公司年度报告网址:http://www.cninfo.com.cn
公司年度报告备置地点:公司证券部
6、公司股票上市交易所:深圳证券交易所
股票简称:中商股份　　股票代码:000882

二、会计数据和业务数据摘要

1、本年度公司主要经营数据:

项目	单位:元
(1) 利润总额	39,233,681.83
(2) 净利润	35,586,541.02
(3) 扣除非经常性损益后的净利润	20,782,833.57
(4) 主营业务利润	27,333,183.31
(5) 其他业务利润	2,455,488.08
(6) 营业利润	1,874,781.48
(7) 投资收益	20,289,924.87
(8) 补贴收入	0
(9) 营业外收支净额	17,068,975.48
(10) 经营活动产生的现金流量净额	-65,900,911.18
(11) 现金及现金等价物净增加额	14,597,659.68

说明:扣除的非经常性损益项目及金额:　　单位:元

项目	金额
营业外收入	17,233,301.23
营业外支出	164,325.75

2、公司前三年主要会计数据和财务指标:

项目	2001 年	2000 年 调整前	2000 年 调整后	1999 年
(1) 主营业务收入(元)	192,804,558.78	304,726,072.40	304,093,033.01	201,425,843.23
(2) 净利润(元)	35,586,541.02	14,855,866.49	14,034,030.28	38,692,681.22
(3) 总资产(元)	607,172,956.86	590,525,118.24	585,349,642.45	527,947,150.29
(4) 股东权益(元)	468,271,630.81	388,637,566.07	383,623,587.02	373,781,699.58
(5) 每股收益(元/股)	0.14	0.06	0.06	0.22
加权平均每股收益(元/股)	0.14	0.06	0.06	0.22
扣除非经常性损益后的每股收益(元/股)	0.08	0.12	0.10	0.21
(6) 每股净资产(元/股)	1.88	1.56	1.54	2.10
(7) 调整后的每股净资产(元/股)	1.87	1.55	1.53	2.08
(8) 每股经营活动产生的现金流量净额	-0.26	0.08	0.08	-0.32
(9) 净资产收益率(%)	7.60	3.82	3.66	10.35
加权平均净资产收益率(%)	8.87	3.90	3.69	10.92
扣除非经常性损益后加权平均净资产收益率(%)	5.18	7.52	6.57	10.76

3、根据中国证监会发布的《公开发行证券公司信息披露编报规则》第 9 号,公司 2001 年度按全面摊薄法和加权平均法计算的净资产收益率和每股收益:

报告期利润	净资产收益率(%) 全面摊薄	净资产收益率(%) 加权平均	每股收益(元) 全面摊薄	每股收益(元) 加权平均
主营业务利润	5.84	6.81	0.11	0.11
营业利润	0.40	0.47	0.01	0.01
净利润	7.60	8.87	0.14	0.14
扣除非经常性损益后的净利润	4.44	5.18	0.08	0.08

三、股本变动及股东情况

1、公司股份变动情况表

数量单位:股

	本次变动前	配股	送股	公积金转股	增发	其他	小计	本次变动后
一、未上市流通股份								
1.发起人股份	186,200,000					-83,673,562	-83,673,562	102,526,438
其中:								
国家持有股份	186,200,000					-83,673,562	-83,673,562	102,526,438
境内法人持有股份								
境外法人持有股份								
其他								
2.募集法人股份						+83,673,562	+83,673,562	83,673,562
3.内部职工股								
4.优先股或其他								
未上市流通股份合计	186,200,000							186,200,000
二、已上市流通股份								
1.人民币普通股	63,000,000							63,000,000
2.境内上市的外资股								
3.境外上市的外资股								
4.其他								
已上市流通股份合计	63,000,000							63,000,000
三、股份总数	249,200,000							249,200,000

(本次变动增减(+,-):配股、送股、公积金转股、增发、其他、小计)

000883 湖北三环股份有限公司

2001 年年度报告摘选

一、公司简介

(一)公司法定中文名称:湖北三环股份有限公司
公司法定英文名称:HuBei TriRing Co., Ltd.
英文名称缩写:HBTR
(二)公司法定代表人:舒健
(三)公司董事会秘书:何一心
联系地址:湖北武汉市武珞路 356 号
联系电话:027-87273368　　传真电话:027-87271902
电子信箱:H.HYX@163.net
证券事务代表:聂涛
联系电话:027-87274750　　传真:027-87271902
电子信箱:nietao111@21cn.com
(四)公司注册地址:湖北省武汉市武珞路 356 号
公司办公地址:湖北省武汉市武珞路 356 号
邮政编码:430070
公司电子信箱:TriRing@163.net
(五)公司年报备置地点:公司证券部
(六)公司股票上市交易所:深圳证券交易所
A 股简称:三环股份　　A 股代码:000883
(七)信息披露媒体:
网站:HTTP://WWW.cninfo.com.cn
定期报告刊登报刊:《证券时报》《中国证券报》

二、会计数据和业务数据摘要

(一)本年度主要会计数据(单位:人民币元)

项目	金额
利润总额	57,457,284.27
净利润	48,280,098.30
扣除非经常性损益后的净利润	47,081,480.49
主营业务利润	138,065,074.65
其他业务利润	3,632,892.96
营业利润	57,993,869.79
投资收益	5,330.69
补贴收入	1,000,000.00
营业外收支净额	-1,541,916.21
经营活动产生的现金流量净额	-84,618,832.91
现金及现金等价物净增减额	21,949,356.86

注:扣除的非经常性损益项目金额(扣除所得税后)

项目	金额
营业外收支净额	-1,310,628.78
流动资产盘盈盘亏损益	1,659,246.59
补贴收入	850,000.00

(二)截止报告期末公司前三年主要会计数据和财务指标(单位:人民币元)

项目	2001 年	2000 年	1999 年
主营业务收入	1,497,970,848.27	989,728,637.28	853,055,579.86
净利润	48,280,098.30	53,428,689.92	67,243,816.37
总资产	1,419,189,445.30	1,105,917,217.88	959,726,076.60
股东权益(不含少数股东权益)	799,683,813.52	751,403,715.22	721,560,785.30
每股收益(加权)	0.19	0.23	0.34
扣除非经常性损益后的每股收益	0.18	0.22	0.34
每股净资产	3.08	3.19	3.67
调整后的每股净资产	3.05	3.15	3.61
每股经营活动产生的现金流量净额	-0.33	0.03	-0.43
净资产收益率(%)	6.04	7.11	9.32
净资产收益率(加权%)	6.29	7.36	9.81
扣除非经常性损益后年度加权平均净资产收益率(%)	6.07	7.08	9.79

(三)报告期内股东权益变动情况(单位:人民币元)

项目	股本	资本公积	盈余公积	法定公益金	未分配利润	股东权益
期初数	235,857,600.00	267,981,501.00	110,247,911.38	44,239,457.43	137,316,702.84	751,403,715.22
本期增加	23,585,760.00		9,656,019.64	4,828,009.82	38,624,078.66	71,865,858.30
本期减少					23,585,760.00	23,585,760.00
期末数	259,443,360.00	267,981,501.00	119,903,931.02	49,067,467.25	152,355,021.50	799,683,813.52
变动原因	每 10 股送 1 股		本年利润中提取	本年利润中提取	利润增加及利润分配	

三、股本变动及股东情况

(一)股本变动情况表(单位:股)

	期初数	配股	送股	公积金转股	其他	小计	期末数
一、尚未流通股份							
1、发起人股份	103,857,600.00	—	10,385,760.00	—	—	—	114,243,360.00
其中:							
国家拥有股份		—	—	—	—	—	
境内法人持有股份	103,857,600.00		10,385,760.00				114,243,360.00
外资法人持有股份	—	—	—	—	—	—	—
其他	—	—	—	—	—	—	—
2、募集法人股	26,400,000.00	—	2,640,000.00	—	—	—	29,040,000.00
3、内部职工股	39,600,000.00	—	11,239.80	—	-39,487,602.00	-39,487,602.00	123,637.80
4、优先股或其他	—	—	—	—			
尚未流通股份合计	169,857,600.00	—	13,036,999.80	—	-39,487,602.00	-39,487,602.00	143,406,997.80
二、已流通股份							
1、境内上市的人民币普通股	66,000,000.00	—	10,548,760.20	—	39,487,602.00	39,487,602.00	116,036,362.20
2、境内上市的外资股	—	—	—	—	—	—	—
3、境外上市的外资股	—	—	—	—	—	—	—
4、其他	—	—	—	—	—	—	—
已流通股份合计	66,000,000.00	—	10,548,760.20	—	39,487,602.00	39,487,602.00	116,036,362.20
三、股份总数	235,857,600.00	—	23,585,760.00	—	—	—	259,443,360.00

(本次变动增减(+,-):配股、送股、公积金转股、其他、小计)

000885 洛阳春都食品股份有限公司

2001年年度报告摘选

第一节 公司基本情况简介

公司法定中文名称:洛阳春都食品股份有限公司
公司法定英文名称:LUOYANG CHUNDU FOODSTUFF COMPANY LIMITED
缩写为:CHUNDU FOODSTUFF CO. LTD.
公司注册地址:河南省洛阳市西工区凯旋西路29号春都大厦
公司办公地址:河南省洛阳市西工区春都路126号
邮政编码:471001
公司国际互联网网址:http://www.chundu.com.cn
公司电子信箱:CHUND-A@SOHU.COM
公司法定代表人:贾洪雷
公司董事会秘书:常 虎
E-Mail:CHUNDUA@SINA.COM
联系地址:河南省洛阳市西工区春都路126号
电话:0379-2312471
传真:0379-2312752
公司信息披露报刊:《证券时报》
中国证监会指定的国际互联网网址:http://www.cninfo.com.cn
公司年度报告备置地点:公司证券部
公司股票上市交易所:深圳证券交易所
公司股票简称:春都A
公司股票代码:000885

第二节 会计数据和业务数据摘要

1、2001年度公司各项会计数据 (单位:人民币元)

项目	金额
利润总额	-227,805,988.33
净利润	-227,805,988.33
扣除非经常性损益后的净利润	-222,358,269.49
主营业务利润	-26,780,536.38
其他业务利润	1,276,200.67
营业利润	-192,933,858.92
投资收益	0
补贴收入	0
营业外收支净额	-34,872,129.41
经营活动产生的现金流量净额	467,883.67
现金及现金等价物净增加额	-10,671,939.77

注:扣除非经常性损益项目及金额:

项目	金额
(1)存货盘盈盘亏净额:	-1,126,126.38
(2)存货报废:	-4,102,411.74
(3)处置固定资产损失:	-219,180.72

2、截止到报告期末公司前三年的主要会计数据和财务指标

指标项目	2001年度	2000年度		1999年度	
		调整前	调整后	调整前	调整后
主营业务收入	103,060,357.11	295,092,375.43	294,841,683.69	455,777,719.99	455,777,719.99
净利润	-227,805,988.33	-35,931,328.89	-83,395,209.41	24,080,655.41	11,900,880.05
总资产	583,635,201.51	884,280,200.59	824,636,544.71	968,338,779.07	956,159,003.71
股东权益(不含少数股东权益)	311,658,492.75	599,108,136.96	539,464,481.08	635,039,465.85	622,859,690.49
全面摊薄每股收益	-1.424	0.225	-0.521	0.151	0.074
加权平均每股收益	-1.424		-0.521	0.151	0.074
每股净资产	1.95	3.74	3.37	3.97	3.89
调整后的每股净资产	1.94	3.72	3.37	3.93	3.89
每股经营活动产生的现金流量净额:	0.0029	-0.248	-0.247	-0.164	-0.164
净资产收益率(%)	-73.09	-6.00	-15.46	3.79	1.91
加权净资产收益率	-53.53	-5.82	-14.34		
扣除非经常性损益后加权净资产收益率:	-52.25	-7.99	-13.70		

3、利润表附表:

2001年度利润	净资产收益率%		每股收益(元)	
	全面摊薄	加权平均	全面摊薄	加权平均
主营业务利润	-8.59	-6.29	-0.17	-0.17
营业利润	-61.91	-45.34	-1.21	-1.21
净利润	-73.09	-53.53	-1.42	-1.42
扣除非经常性损益后的净利润	-71.35	-52.25	-1.39	-1.39

第三节 股本变动及股东情况

一、公司股份变动情况(数量单位:万股)

	本次变动前	本次变动增减(+、-)						本次变动后
		配股	送股	公积金转股	增发	其它	小计	
(一)未上市流通股份								
1、发起人股份	10,000							10,000
其中:国家持有股份	10,000							10,000
境内法人持有股份								
境外法人持有股份								
其他:								
2、募集法人股份								
3、内部职工股								
4、优先股或其他								
其中:转、配股								
未上市股份合计	10,000							10,000
(二)已上市流通股份								
1、人民币普通股	6,000							6,000
2、境内上市的外资股								
3、境外上市的外资股								
4、其他								
已上市流通股份合计	6,000							6,000
(三)股份总数	16,000							16,000

000886 海南高速公路股份有限公司

2001年年度报告摘选

一、公司基本情况简介

1、公司法定中文名称:海南高速公路股份有限公司
公司法定英文名称:HAINAN EXPRESSWAY Co., LTD.
公司英文名称缩写:HEC
2、公司法定代表人:邢福煌
3、公司董事会秘书:陈求仲
电话:0898-66701555
电子信箱:zks@hi-expressway.com
授权代表:张堪省
电　　话:0898-66768394
传　　真:0898-66790647
联系地址:海南省海口市蓝天路16号高速公路大楼
邮政编码:570203
4、公司注册地址:海南省海口市蓝天路16号高速公路大楼
公司办公地址:海南省海口市蓝天路16号高速公路大楼
邮 政 编 码:570203
国际互联网网址:http://www.hi-expressway.com
电子信箱:zks@hi-expressway.com
5、公司信息披露报刊:《中国证券报》《证券时报》
登载公司年度报告的国际互联网:http://www.cninfo.com.cn
公司年度报告备置地点:公司资金证券部
6、股票交易所:深圳证券交易所
股票简称:海南高速　　股票代码:000886

二、会计数据和业务数据摘要

1、本年度主要会计数据(单位:人民币元)

项目	金额
利润总额	49,892,241.11元
净 利 润	62,186,225.89元
扣除非经常性损益后的净利润	77,349,747.62元
主营业务利润	181,201,580.52元
其他业务利润	5,095,881.95元
营业利润	85,284,167.16元
投资收益	-31,685,407.59元
营业外收支净额	-3,706,518.46元
经营活动产生的现金流量净额	115,773,993.19元
现金及现金等价物净增加额	-161,460,433.93元

说明:扣除非经常性损益项目和涉及金额(1)处置资产收益1,589,342.04元,(2)营业外支出1,469,179.50元,(3)投资跌价准备及固定资产减值损失35,966,600.30元,(4)未确认投资损失20,682,916.03元。

2、截止报告期末公司前三年的主要会计数据和财务指标

单位:人民币千元

项 目	2001年度	2000年度	1999年度	
			调整前	调整后
主营业务收入(千元)	351483	352560	333650	333650
净利润(千元)	62186	72320	125740	128190
总资产(千元)	5839644	5302530	5146220	5037820
股东权益(千元)	2630516	2588910	2673250	2566030
每股收益(元)(摊薄)	0.063	0.073	0.127	0.13
(加权)	0.063	0.073	0.1695	0.173
扣除非经常性损益后的每股收益(摊薄)	0.078	0.086	0.132	0.135
(加权)	0.078	0.086	0.176	0.180
每股净资产(元)(摊薄)	2.66	2.62	2.70	2.60
调整后每股净资产(元)	2.48	2.48	2.64	2.54
每股经营活动的现金流量净额(元)	0.117	0.106	0.096	0.096
净资产收益率(%)(摊薄)	2.36	2.79	4.704	4.99
(加权)	2.37	2.78	4.91	5.11

3、报告期利润表附表:

报告期利润	净资产收益率(%)		每股收益(元)	
	全面摊薄	加权平均	全面摊薄	加权平均
主营业务利润	6.89	6.92	0.18	0.18
营 业 利 润	3.24	3.26	0.09	0.09
净 利 润	2.36	2.37	0.06	0.06
扣除非经常性损益后的净利润	2.94	2.95	0.08	0.08

三.股本变动及股东情况

(一)股份变动情况表:

截止2001年12月31日公司股本结构如下:(股份单位:万股)

	本次变动前	本次变动增减(+、-)						本次变动后
		配股	送股	公积金转增	增发	其他	小计	
一、未上市流通股份								
1、发起人股份	34272.09					-485		33787.09
其中:国家持有股份	23352.12					+10		23362.12
境内法人持有股份	10919.97					-495		10424.97
外资法人持有股份								
其他								
2、募集法人股	39829.50					+485		40314.50
3、内部职工股								
4、优先股或其他								
未上市流通股份合计	74101.59							74101.59
二、已上市流通股份								
1、人民币普通股	24781.24							24781.24
2、境内上市的外资股								
3、境外上市的外资股								
其他								
已上市流通股份合计	24781.24							24781.24
三、股份总数	98882.83							98882.83

000887 安徽飞彩车辆股份有限公司

2001年年度报告摘要

一、公司基本情况简介

一、公司法定中文名称:安徽飞彩车辆股份有限公司
公司法定英文名称:ANHUI FEICAI VEHICLE CO., LTD.
二、公司法定代表人:洪理芳
三、公司董事会秘书:彭 斌
联系地址:安徽省宣城市宣南路口
联系电话:0563-2612718
董事会授权代表:李 靖
联系地址:安徽省宣城市宣南路口
联系电话:0563-2612568
传 真:0563-2612568
电子信箱:lijingfc@163.com
四、公司注册地址:安徽省宣城市宣南路口
公司办公地址:安徽省宣城市宣南路口
邮政编码:242000
电子信箱:ahfc@mail.ahwhptt.net.cn
五、公司选定的信息披露报纸:中国证券报、证券时报
登载公司年度报告的国际互联网网址:http://www.cninfo.com.cn
公司年度报告备置地点:公司证券部
六、公司股票上市地:深圳证券交易所
股票简称:飞彩股份
股票代码:000887

二、会计数据和业务数据摘要

一、公司本年度实现利润情况:

项目	金额
利润总额:	45,681,764.81 元
净利润:	33,784,697.30 元
扣除非经营性损益后的净利润:	28,921,492.09 元
主营业务利润:	106,358,201.59 元
其他业务利润:	6,192,599.07 元
营业利润:	39,955,119.33 元
投资收益:	4,076,223.15 元
补贴收入:	110,952.00 元
营业外收支净额:	1,539,470.33 元
经营活动产生的现金流量净额:	110,424,588.34 元
现金及现金等价物净增加额:	348,857,696.61 元
注:扣除的非经营性损益项目及金额:	
(一)股权转让收益:	1,977,289.68 元
(二)冻结资金利息及其他:	2,885,935.53 元

二、公司前三年主要会计数据和财务指标:

(一)主要会计数据和财务指标　　单位:人民币元

项 目	2001年	2000年调整数	2000年	1999年
主营业务收入	858,176,057.34	847,468,223.23	979,895,780.09	913,054,325.00
净利润	33,784,697.30	39,016,789.46	42,111,975.23	61,592,720.86
总资产	1,615,637,640.58	1,253,814,606.98	1,513,133,471.62	1,316,935,336.33
股东权益	767,643,579.36	547,141,433.78	554,006,850.33	524,177,659.99
每股收益(摊薄)	0.1122	0.1393	0.1504	0.2200
每股收益(加权)	0.1136	0.1393	0.1504	0.3242
扣除非经营性损益后的每股收益	0.0972	0.1268	0.1414	0.2074
每股净资产	2.55	1.95	1.98	1.87
调整后每股净资产	2.52	1.93	1.93	1.85
每股经营活动产生的现金流量净额	0.3669	0.1599	0.1599	0.2375
净资产收益率(%)	4.4	7.13	7.60	11.75

(二)根据中国证监会《公开发行证券公司信息披露编报规则[第9号]》要求计算的利润数据如下:

单位:人民币元

报告期利润	净资产收益率(%)		每股收益	
	全面摊薄	加权平均	全面摊薄	加权平均
主营业务利润	13.86	14.53	0.3533	0.3575
营业利润	5.20	5.46	0.1327	0.1343
净利润	4.40	4.61	0.1122	0.1136
扣除非经营性损益后的净利润	3.77	3.95	0.0961	0.0972

三、股本变动及股东情况

一、股本变动情况

股份情况变动表:　　数量单位:万股

	本次变动前	本次变动增减(+、-) 配股	送股	公积金转股	增发	其他	小计	本次变动后
一、未上市流通股份								
1、发起人股份	21000							21000
其中:								
国家持有股份	21000							21000
境内法人持有股份								
境外法人持有股份								
其他								
2、募集法人股份								
3、内部职工股								
4、优先股或其他								
未上市流通股份合计	21000							21000
二、已上市流通股份								
1、人民币普通股	7000	2100					2100	9100
2、境内上市的外资股								
1、境外上市的外资股								
2、其他								
已上市流通股份合计	7000							9100
三、股份总数	28000	2100					2100	30100

二、股东情况

(一)报告期末股东总数:43824户

(二)报告期末前10名股东情况

	股东名称	持股数(股)	持股比例	股权性质
1	安徽飞彩(集团)有限公司	210,000,000	69.77%	未流通股份
2	张湘月	475,018	0.1578%	已流通股份
3	北京佳融商贸公司	377,000	0.1252%	已流通股份
4	赵寿金	356,480	0.1184%	已流通股份
5	方澄江	339,046	0.1126%	已流通股份
6	北京高尔夫房地产开发公司	299,000	0.0993%	已流通股份
7	付文沛	237,000	0.0787%	已流通股份
8	刘建国	230,000	0.0764%	已流通股份
9	吴自立	215,900	0.0717%	已流通股份
10	杨玉清	210,050	0.0698%	已流通股份

公司前10名股东所持股份没有质押和冻结情况。
安徽飞彩(集团)有限公司为代表国家持有股份的单位。
(三)报告期内,公司控股股东没有发生变更。

四、董事、监事、高级管理人员和员工情况

一、基本情况:

(一)在公司任职情况:

姓 名	职 务	性别	年龄	任期起止日期
洪理芳	董事长	男	61	2001.12.12——————2004.12.12
曹明生	副董事长	男	50	2001.12.12——————2004.12.12
陈 晖	董事	男	37	2001.12.12——————2004.12.12
袁安之	董事、总经理	男	39	2001.12.12——————2004.12.12
彭 斌	董事、副总经理、董秘财务负责人	男	36	2001.12.12——————2004.12.12
李光伟	董事	男	38	2001.12.12——————2004.12.12
高元恩	独立董事	男	60	2001.12.12——————2004.12.12
潘 平	独立董事	男	39	2001.12.12——————2004.12.12
田家刚	独立董事	男	32	2001.12.12——————2004.12.12
邵信仰	监事会主席	男	46	2001.12.12——————2004.12.12
吴守富	监事	男	35	2001.12.12——————2004.12.12
江东流	监事(职工代表)	男	34	2001.12.12——————2004.12.12
熊集宁	副总经理	男	39	2001.12.12——————2004.12.12
马斌武	副总经理	男	34	2001.12.12——————2004.12.12

(二)持有公司股份情况:

姓 名	年初持股数量	年末持股数量	股份增减变动量	变动原因
洪理芳	7000	9100	2100	配股增加
曹明生	5250	6825	1575	配股增加
陈 晖	5250	6825	1575	配股增加
袁安之	5250	6825	1575	配股增加
彭 斌	5250	6825	1575	配股增加
李光伟	5250	6825	1575	配股增加

(三)在股东单位任职情况:

姓 名	任职单位	所任职务	任职期间
洪理芳	安徽飞彩(集团)有限公司	董事长	2001.11——2004.11
陈 晖	安徽飞彩(集团)有限公司	总经理	2001.11——2004.11
曹明生	安徽飞彩(集团)有限公司	副总经理	2001.11——2004.11
李光伟	安徽飞彩(集团)有限公司	总工程师	2001.11——2004.11
邵信仰	安徽飞彩(集团)有限公司	工会主席	2001.11——2004.11
吴守富	安徽飞彩(集团)有限公司	审计部经理	2001.11——2004.11

二、年度报酬情况:

公司董事、监事和高级管理人员报酬分为三类,第一类是在公司任职的内部董事、内部监事和高级管理人员,其报酬是根据其职务,按公司制订的工资标准领取;第二类是在股东单位任职的董事和监事,其报酬标准由所在公司自行制订;第三类是公司聘请的独立董事,报酬为公司发放的独立董事津贴,标准由2001年12月12日召开的公司二○○一年第二次临时股东大会批准,自2002年开始实施。

公司现任董事、监事和高级管理人员2001年度的报酬总额为:433,180.56元,金额最高的前

三名董事的报酬总额为:180,000.00元,金额最高的前三名高级管理人员的报酬总额为:122,021.94元,独立董事的津贴为:每人每月3000元(2001年度未实施)。年度报酬在1-3万元的现任董事、监事和高级管理人员3人,年度报酬在3-5万元的现任董事、监事和高级管理人员2人,年度报酬在5-8万元的现任董事、监事和高级管理人员5人。

邵信仰先生未在本公司领取报酬,在安徽飞彩(集团)有限公司领取报酬。

五、公司治理结构

一、公司治理情况

作为一个公众型的上市公司,我公司从设立开始就致力于建立完善公司的法人治理结构,通过加强董事会、监事会人员对《公司法》、《证券法》及《公司章程》的学习,明确董事会、监事会的责任和权利,两会不干预企业的日常经营,但对于经理层人事、重大经营活动、对外投资等事项进行指导、监督和决策,使其担负起股东的委托责任。对于经理层,保持其经营管理权的独立,并建立相应的激励机制。使经理层权利与责任相统一,个人利益与企业利益相统一,短期利益与长期利益相统一。对于公司大小股东,依法保障其各项权利,良好的履行信息披露义务,增强公司的透明度,树立良好的公司形象。2001年又根据中国证监会发布的《上市公司治理准则》等有关公司治理的规范性文件,逐步建立和完善公司的法人治理结构。

对照《上市公司治理准则》,我公司还有一些有待完善的地方。一是董事会专门委员会还没有成立;二是尚未建立科学、全面、高效、立体的绩效评价与激励约束机制。

二、独立董事履行职责情况

公司依照《关于在上市公司建立独立董事制度的指导意见》,于2001年12月12日,在董事会换届选举中建立了独立董事制度。虽然到任的时间短,聘任的独立董事,本着勤勉尽责的工作态度,对公司的内部管理、法人治理结构、对外投资等各个方面提出不少有益的意见和建议,发挥了明显的作用。

六、股东大会情况简介

一、二○○一年度第一次临时股东大会

会议于2001年2月10日在安徽省宣城市飞彩宾馆会议室召开,与会股东及股东代表12人,代表股份210,063,000股,占公司总股本280,000,000股的75.0225%。会议审议通过如下决议:修改《公司章程》的议案。本次会议的通知刊登在2001年1月5日的《中国证券报》和《证券时报》上,会议的决议刊登在2001年2月12日的《中国证券报》和《证券时报》上。

二、二○○○年度股东大会

会议于2001年4月21日在安徽省宣城市飞彩宾馆会议室举行,与会股东及股东代表12人,代表股份210,075,075股,占公司总股本301,000,000股的69.79%。会议以投票表决方式通过了如下决议:1.二○○○年度董事会报告;2.二○○○年度监事会报告;3.二○○○年度利润分配方案;4.增补高元恩先生为公司首届董事会董事;5.续聘安徽华普会计师事务所为公司二○○一年度审计机构;6.修改《公司章程》的议案。本次会议的通知刊登在2001年3月16日的《中国证券报》和《证券时报》上,会议的决议刊登在2001年4月23日的《中国证券报》和《证券时报》上。

三、二○○一年度第二次临时股东大会

会议于2001年12月12日在安徽省宣城市飞彩宾馆会议室召开,与会股东及股东代表12人,代表股份210,075,075股,占公司总股本301,000,000股的69.79%。会议审议通过了如下决议:1.修改《公司章程》的议案;2.选举洪理芳先生、袁安之先生、陈晖先生、曹明生先生、彭斌先生、李光伟先生、高元恩先生、潘平先生、田家刚先生为公司第二届董事会董事,其中高元恩先生、潘平先生、田家刚先生为公司的独立董事;3.选举邵信仰先生、吴守富先生为公司第二届监事会监事,与由公司职工代表大会选举产生的职工代表监事江东流先生共同组成公司第二届监事会;4.关于独立董事津贴标准的议案。本次会议的通知刊登在2001年11月10日的《中国证券报》和《证券时报》上,会议的决议刊登在2001年12月14日的《中国证券报》和《证券时报》上。

七、董事会报告

一、2001年度公司的经营情况

(一)主营业务的范围及其经营状况。

1.公司的主营业务范围:

农用机动运输车、链条、汽车覆盖件及其配件制造、销售;汽车、挂车、农机修理。

2.公司2001年度的经营状况:

截止2001年12月31日,公司全年累计实现主营业务收入85818万元,较上年同期增长1.26%,实现主营业务利润10636万元,较上年同期下降3.67%,实现净利润3378万元,较上年同期下降13.43%。

(1)2001年度公司主营业务收入及主营业务利润的构成情况如下:

金额单位:元

产品名称	主营业务收入	所占比例	主营业务利润	所占比例
农用车	783,499,061.08	91.30%	83,725,108.99	78.22%
空气净化设备	22,029,908.56	2.57%	13,851,539.89	13.02%
工业链条	52,647,087.70	6.13%	8,781,552.71	8.26%

(2)占公司主营业务收入和主营业务利润10%以上的业务经营活动为农用车的制造和销售,属于其他交通运输设备制造业。其产品销售收入、产品销售成本及毛利率列示如下:

	产品销售收入	产品销售成本	毛利率
农用车制造和销售	783,499,061.08	698,187,673.74	10.89%

(3)2001年度公司转让了所持有的安徽宁国中鼎密封件有限公司50%股份,主营业务收入的构成中减少了橡塑制品一项。

(二)主要控股公司及参股公司的经营情况及业绩。

截止2001年12月31日,公司主要控股的公司有两家。一是公司控股51%的中奥环保高科技有限责任公司,法定代表人叶振平,注册资本:5000万元人民币,总资产6349万元,经营范围:工业应用技术、环保技术研制、开发及相关产品销售等,主要产品为"奥润"牌空气净化机、"奥润"牌水处理设备,2001年度实现主营业务收入2202.99万元,净利润45.51万元。二是公司控股96.55%的安徽飞彩黄山链传动有限公司,法定代表人金升培,注册资本2900万元人民币,总资产8430万元,经营范围:链传动系列产品生产、销售、出口,主要产品为"黄山"牌工业链条,2001年度实现主营业务收入5399.30万元,净利润1.06万元。

(三)主要供应商、客户情况:

1.2001年度,本公司(含子公司)向前五名供应商合计的采购金额为286,003,746.29元,占年度采购总额的32.75%。

2.2001年度,本公司(含子公司)向前五名客户销售额合计为100,836,098.32元,占公司主营业务收入总额的11.75%。

(四)在经营中出现的问题与困难及解决方案:

1.在经营中出现的问题与困难:

(1)燃油价格持续上涨,导致公司效益受到影响;

(2)北方地区连续干旱,农民收入减少,影响到购买力,整个农机行业出现负增长;

(3)销售手段不够完善,未能很好地将品牌优势转化为市场优势,对市场的研究还需细化;

(4)销售机制还不够完善,销售人员素质有待进一步提高。

2.针对上述问题,在2002年公司要做好以下工作:

(1)抓好成本目标管理,提高经济运行的质量和效益;

(2)加强技术开发力度,加大技术改造步伐,调整公司的产品结构,同时加快剪草机项目的建设,尽快形成生产能力,实现产品的多元化;

(3)根据不同的市场特点,选择不同的宣传媒体和形式,增强宣传效果,提高品牌渗透力,及时地将品牌优势转化为市场优势;

(4)完善营销机制,构建立体的营销网络,合理调整市场布局,及时收集市场信息,适时调整营销策略,拓展营销方式,加大对营销人员的培训指导和监督管理,造就高素质的营销队伍。

二、2001年度公司的投资情况:

(一)报告期内募集资金使用情况:

2000年12月20日,经中国证监会批准,公司实施2000年度配股方案,到2001年2月10日完成,共募集资金20150万元。

1.募集资金承诺投资与实际投资情况:

配股承诺投入项目	承诺总投资	2001年应投资额	实际投入项目	实际完成投资额
1.年产6万台剪草机	16400万元	4414万元	1.年产6万台剪草机	2850万元
2.常温超细粉碎法制取精细硫化胶粉项目	7934万元	2912万元	2.常温超细粉碎法制取精细硫化胶粉项目	——
3.科技开发中心	2960万元	843万元	3.科技开发中心	169万元

2.募集资金投入项目情况说明:

(1)年产6万台剪草机项目,该项目总投资约16400万元,其中固定资产约14023万元,配套流动资金约2377万元,以配股募集资金投入9306万元。该项目建设期2年,截止2001年底,累计完成投资2850万元。

(2)常温超细粉碎法制取精细硫化胶粉项目,该项目总投资7934万元,其中固定资产投资4980万元,铺底流动资金2954万元,以配股募集资金投入7934万元。主要用于专有技术研究、开发和生产线及其配套设施的采购和安装。该项目建设期2年,由于该项目关键技术并不是我公司所有,在技术和关键设备的引进方面迟迟未能与合作方达成一致,该项目尚未开始投资。

(3)科技开发中心项目,该项目总投资2960万元,全部以配股募集资金投入。主要建设内容为:建设科技开发中心试验楼,包括零部件测试中心、理化计量中心、计算中心及新产品试制车间等。现已投资169万元,正按计划逐步投入。

(二)2001年度的其他投资情况:

公司在2001年度没有利用自有资金进行投资。

三、2001年度公司财务状况和经营成果

项目	2001年度	2000年度	增减比例(%)
总资产	1,615,637,640.58	1,253,814,606.98	28.86
长期负债	49,800,000.00	2,100,000.00	2271.43
股东权益	767,643,579.36	547,141,433.78	40.30
主营业务利润	106,358,201.59	110,406,827.54	-3.67
净利润	33,784,697.30	39,016,789.46	-13.41

总资产、股东权益的增加系公司增资配股所致,长期负债增加系增加长期借款所致,主营业务利润、净利润的减少系毛利率下降所致。

四、生产经营环境以及宏观政策、法规的重大变化对公司财务状况和经营成果的影响:

(一)会计政策的变更对公司财务状况和经营成果的影响:

按照《企业会计制度》、财政部财会[2001]17号关于印发《贯彻实施〈企业会计制度〉有关政策衔接问题的规定》以及财政部财会[2001]43号关于印发《实施〈企业会计制度〉及其相关准则问题解答》的通知,公司从2001年1月1日起改变如下会计政策:

1.期末固定资产原不计提减值准备,现改为计提减值准备。

2.期末在建工程原不计提减值准备,现改为计提减值准备。

3.期末无形资产原不计提减值准备,现改为计提减值准备。

4.开办费原按5年平均摊销,现改为将开办费一次计入开始生产经营当月的损益。

上述会计政策变更已采用追溯调整法,调整了年初留存收益及相关项目的年初数;利润表及利润分配表的上年数栏已按调整后的数字填列。上述会计政策变更的累积影响数为6,865,416.56元,其中,因固定资产计价方法变更的累积影响数为2,827,086.78元;因在建工程计价方法变更的累积影响数为1,318,504.34元;因无形资产计价方法变更的累积影响数为178,500.00元;因开办费会计政策变更的累积影响数为2,541,325.44元。由于会计政策变更,调减了2000年度的净利润3,095,185.78元;调减了2001年年初留存收益6,865,416.56元,其中,未分配利润调减了5,492,333.24元,盈余公积调减了1,373,083.32元;利润分配表上年数栏的年初未分配利润调减了3,016,184.62元。

(二)中国加入WTO对公司财务状况和经营成果的影响:

我国是农业大国,与国外发达国家相比我国人口多,可耕地少,农产品成本高。加入WTO后在竞争中处于劣势,这决定了在一段时期内农民的收入的增幅将呈下降趋势,影响了农民的购买力,这是对公司不利的一面。有利的一面是农用车属于技术含量不高、劳动密集型产业,不致引起国外产品的竞争,农民收入的减少更决定了低价位的农用车在农业生产中不可替代的地位。同时国外产品的涌入也为原材料的价格下降拓展了空间,有利于公司降低成本。

(三)所得税税率的变更对公司财务状况和经营成果的影响:

根据财政部财税[2000]99号文件精神,我公司享受的所得税优惠政策执行到2001年12月31日,自2002年1月1日起按33%税率缴纳所得税。此次税收优惠政策的调整将会对公司今后的财务状况和业绩产生较大的影响。

五、2002年度公司的经营计划

(一)公司全年工作总的方针:

深化改革、创新管理、降低成本、提高效益。

(二)2002年度公司的经营目标:

农用车26万辆,空气净化机48500台,工业链条150万米,剪草机1万台,主营业务收入超10亿。

(三)重点要做的工作:

1.建立动态管理的用工机制和具有激励作用的内部分配机制,优化人力资源配置;

2.抓好成本目标管理,加强财务监控,使财务管理成为企业管理的核心;

3.加强技术开发力度,加快配股募集资金投资项目的建设;

4.强化销售工作,完善营销机制,调整市场布局;

5.按照《上市公司治理准则》要求,完善法人治理结构,规范公司运作。

六、2001年度公司董事会日常工作情况

(一)2001年度公司董事会召开会议情况及会议决议内容:

2001年度公司共召开了8次董事会,并于二○○一年十二月十二日进行了董事会换届选举。

1.公司第一届董事会第十次会议于二○○一年元月三日在公司会议室召开。会议审议并通过如下议案:

(1)修改《公司章程》;

(2)提请召开公司二○○一年第一次临时股东大会;

2. 公司第一届董事会第十一次会议于二○○一年三月十四日在公司会议室召开。会议审议并通过了如下议案:

(1)公司二○○○年度董事会工作报告;

(2)公司二○○○年度利润分配预案;

(3)预计公司二○○一年度利润分配政策;

(4)同意董事杨富年先生的辞职申请;

(5)增补高元恩先生为公司首届董事会董事的预案;

(6)聘任彭斌先生为公司财务总监的议案;

(7)续聘安徽华普会计师事务所为2001年度公司审计机构的预案;

(8)公司内设机构"资本运营部"更名为"证券部"的议案;

(9)关于转让上海奥神环境高科技有限责任公司10%的股权的议案;

(10)提请召开2000年股东年会的议案。

3.公司第一届董事会第十二次会议于二○○一年五月十六日在公司会议室召开。会议审议并通过了转让公司持有的安徽宁国中鼎密封件有限公司50%股权的议案。

4.公司第一届董事会第十三次会议于二○○一年五月三十日在公司会议室召开。会议审议并通过了放弃公司控股子公司中奥环保高科技有限责任公司股权转让优先权的议案。

5.公司第一届董事会第十四次会议于二○○一年七月二十六日在公司会议室召开。会议审议并通过了《关于巡检发现问题的整改报告》。

6.公司第一届董事会第十五次会议于二○○一年八月八日在安徽省宣城市飞彩宾馆三楼会议室召开。会议审议并通过了如下议案:

(1)关于计提资产减值准备的报告;

(2)公司二○○一年度中期报告正文及摘要;

(3)公司二○○一年度中期利润分配方案。

7.公司第一届董事会第十六次会议于二○○一年十一月八日在公司会议室召开。会议审议并通过了如下议案:

(1)修改公司章程的预案;

(2)提名第二届董事会董事候选人的议案;

(3)关于独立董事津贴的议案;

(4)提请召开公司2001年度第二次临时股东大会的议案。

8.公司第二届董事会第一次会议于二○○一年十二月十二日在安徽省宣城市飞彩宾馆会议室召开。会议审议并通过了如下议案:

(1)选举洪理芳先生为公司第二届董事会董事长,曹明生先生为副董事长;

(2)聘任袁安之先生为公司总经理,经总经理袁安之先生提名,聘任彭斌先生、熊集宁先生、马斌武先生为公司副总经理,彭斌先生为公司财务负责人;

(3)聘任彭斌先生为董事会秘书,委任李靖先生为董事会证券事务代表。

(4)关于公司内部机构设置的议案。

(二)公司董事会对股东大会决议的执行情况:

2001年度公司共召开了三次股东大会,其中股东年会一次,临时股东大会二次。共审议通过了11项议案,公司董事会严格按照《公司章程》和有关法律、法规的要求履行职责,认真执行了股东大会的各项决议。

1.公司二○○一年度第一次临时股东大会于二○○一年二月十日在安徽省宣城市飞彩宾馆会议室召开,会议审议通过了修改《公司章程》有关注册资本的条款的议案,并授权董事会依法办理工商变更登记手续。公司董事会于二○○一年二月十四日完成工商变更登记手续。

2. 公司二○○○年度股东大会于二○○一年四月二十一日在安徽省宣城市飞彩宾馆会议室召开,会议审议通过了如下议案:

(1)二○○○年度董事会报告;

(2)二○○○年度监事会报告;

(3)二○○○年度利润分配方案;

(4)增补高元恩先生为公司首届董事会董事;

(5)续聘安徽华普会计师事务所为公司二○○一年度审计机构;

(6)修改《公司章程》的议案。

公司董事会于二○○一年五月二十三日实施了二○○○年度利润分配方案。

3. 公司二○○一年度第二次临时股东大会于二○○一年十二月十二日在安徽省宣城市飞彩宾馆会议室召开,会议审议通过了如下议案:

(1)修改《公司章程》的议案;

(2)选举产生了公司第二届董事会;

(3)选举产生了公司第二届监事会;

(4)关于独立董事津贴标准的议案。

公司董事会在股东大会结束后立即召开会议,选举产生了公司第二届董事会董事长、副董事长,聘任了总经理和其他高级管理人员。

七、2001年度利润分配预案

经安徽华普会计师事务所审计,2001年度公司净利润33,784,697.30元。在提取法定盈余公积金3,519,992.01元,提取法定公益金3,519,992.01元后,加上年初未分配利润55,311,669.63元,可供股东分配的利润为82,056,382.91元。董事会建议,分配方式为派发现金股利,以公司2001年末总股本30100万股为基数,每10股派发现金股利0.50元(含税)。需派送现金1505万元,占可供股东分配利润的18%。

八、监事会报告

一、2001年度公司监事会的工作情况:

在2001年度,公司监事会共召开了五次会议,审议通过了九项议案,并对董事会的一些重大决策发表了意见。

1.公司第一届监事会第七次会议于二○○一年三月十四日在公司会议室召开。会议审议并通过了如下决议:

(1)二○○○年度监事会报告;

(2)二○○○年度利润分配预案;

(3)预计二○○一年利润分配政策。

2.公司第一届监事会第八次会议于二○○一年五月十六日在公司会议室召开。会议在听取了董事会秘书的汇报后表示,同意董事会作出的将安徽宁国中鼎密封件有限公司50%股权进行转让的意见。

3.公司第一届监事会第九次会议于二○○一年八月八日在安徽省宣城市飞彩宾馆会议室召开。会议审议并通过了如下议案:

(1)审议通过了《关于计提资产减值准备的报告》;

(2)审议通过了《二○○一年度中期报告正文及摘要》;

(3)审议通过了《二○○一年度中期利润分配方案》;

4.公司第一届监事会第十次会议于二○○一年十一月八日在安徽省宣城市飞彩宾馆会议室召开。会议审议并通过了如下议案:

(1)提名邵信仰先生、吴守富先生为公司第二届监事会监事候选人;

(2)同意董事会提名高元恩先生、潘平先生、田家刚先生为公司独立董事候选人。

5.公司第二届监事会第一次会议于二○○一年十二月十二日在安徽省宣城市飞彩宾馆会议室召开。会议审议并通过了如下议案:

选举邵信仰先生为公司第二届监事会主席。

二、监事会对公司有关事项发表的独立意见:

1.公司依法运作的情况。监事会认为,2001年度公司董事会能够较好地依照《公司章程》及相关法律法规规定的程序,行使决策权。在一些重大的决策上,事前征求了监事会的意见。公司董事、高级管理人员在执行公司职务时没有违反《公司章程》及相关法律法规的规定,没有损害公司利益的行为。公司建立了内部控制制度,但应该根据外部环境的变化不断完善。

2.公司的财务情况。监事会同意安徽华普会计师事务所对公司2001年度财务情况发表的审计意见,对所涉及事项的评价表示赞同。监事会认为,安徽华普会计师事务所出具的审计报告真实地反映了公司2001年度的财务状况和经营成果。

3.募集资金投入的情况。在2001年度,公司实际投入的项目和承诺投入的项目基本一致,投资项目没有变更,对于常温超细粉碎法制取精细硫化胶粉项目至今没有投入的原因,董事会也作出了合理的解释。监事会认为,公司应当加快配股募集资金投入项目的建设,使配股募集资金尽快产生效益。

4.公司收购、出售资产情况。在2001年度,公司转让了所持有的上海奥神环境高科技有限责任公司10%的股权和安徽宁国中鼎密封件有限公司50%股权。监事会认为上述交易定价合理,没有发现内幕交易,没有损害中、小股东的权益,没有造成公司资产的流失。

5.关联交易。监事会认为,公司在2001年度与关联方进行的交易定价合理、交易公平,没有损害本公司的利益。

九、重要事项

一、报告期内公司无重大诉讼、仲裁事项。

二、报告期内公司收购及出售资产、吸收合并事项:

(一)经公司董事会第十一次会议审议通过,公司转让了持有的上海奥神环境高科技有限责任公司的10%股权。转让价款为人民币500万元。

(二)经公司董事会第十一次会议审议通过,公司转让持有的安徽宁国中鼎密封件有限公司50%股权。转让价款为人民币4731万元。

三、报告期重大关联交易情况:

(请见财务报告中关联交易部分)

四、重大合同及其履行情况:无

五、报告期内公司或持股5%以上股东承诺事项:

(一)公司二○○○年度股东大会审议通过了预计二○○一年度的利润分配政策,公司将在二○○一年度股东大会上履行这项承诺。

(二)公司在《配股说明书》上列明了募集资金的使用计划,公司的履行情况参见董事会报告中有关募集资金使用部分。

六、公司聘任会计师事务所情况:

报告期内公司续聘安徽华普会计师事务所为公司的审计机构。二○○一年度共支付审计费用38万元。

七、接受稽查及处罚情况:

根据《上市公司检查办法》,中国证监会合肥证券监管特派员办事处于2001年6月25日至29日对我公司进行了例行巡回检查,并于2001年7月6日下发了《限期整改通知书》(皖证监函字[2001]31号)(以下简称《通知》)。针对通知中指出的问题,公司董事会非常重视,立即组织学习和研究,逐项对照,一一列出整改措施,形成整改报告,刊登在2001年7月28日的《中国证券报》和《证券时报》上,并在公司下半年的工作中逐一落实整改措施,现已整改完毕。

十、财务报告

一、审计报告

华普审字[2002]0158号

审计报告

安徽飞彩车辆股份有限公司全体股东:

我们接受委托,对贵公司2001年12月31日合并资产负债表及资产负债表、2001年度合并利润表及利润表、2001年度合并利润分配表及利润分配表以及2001年度合并现金流量表及现金流量表进行了审计。这些会计报表由贵公司负责,我们的责任是对这些会计报表发表审计意见。我们的审计是依据《中国注册会计师独立审计准则》进行的。在审计过程中,我们结合贵公司的实际情况,实施了包括抽查会计记录等我们认为必要的审计程序。

我们认为,上述会计报表符合《企业会计准则》和《企业会计制度》的有关规定,在所有重大方面公允地反映了贵公司2001年12月31日合并财务状况与财务状况、2001年度合并经营成果与经营成果以及2001年度合并现金流量与现金流量,会计处理方法的选用遵循了一贯性原则。

安徽华普会计师事务所　　中国注册会计师:潘 峰

中国 .合肥　　中国注册会计师:何本英

中国注册会计师:占铁华

2002年3月20日

二、财务报表(附后)

(一)合并资产负债表

（二）合并利润表
（三）合并利润分配表
（四）合并现金流量表
（五）母公司资产负债表
（六）母公司利润表
（七）母公司利润分配表
（八）母公司现金流量表
三、会计报表附注
（一）公司基本情况

安徽飞彩车辆股份有限公司（以下简称"本公司"）是经安徽省人民政府皖政秘（1998）第111号文件批准并由安徽飞彩（集团）有限公司独家发起设立的股份有限公司。本公司股票于1998年12月3日在深交所挂牌上市交易。股票简称"飞彩股份"，股票代码为"000887"。本公司的注册资本为30100万元，经营范围为：农用机动运输车、链条、汽车覆盖件及其配件制造、销售；汽车、挂车、农机修理。

截止2001年12月31日止，本公司直接拥有两个控股子公司：

1、中奥环保高科技有限责任公司，本公司占其51%的股权，该公司成立于1999年12月28日，主要从事工业应用技术、环保技术、能源技术、臭氧应用技术、水处理技术等的研制、开发及产品生产、技术咨询、技术服务、技术转让等。

2、安徽飞彩黄山链传动有限公司，本公司占其96.55%的股权，该公司成立于2000年6月22日，经营范围主要为链传动系列产品生产、销售、出口。

（二）公司主要会计政策、会计估计和合并会计报表的编制方法

1、执行的会计制度

执行《企业会计准则》和《企业会计制度》。

2、会计年度

会计年度自公历1月1日起至12月31日止。

3、记账本位币

以人民币为记账本位币。

4、记账基础和计价原则

以权责发生制为记账基础，资产的计价遵循历史成本原则。

5、外币业务核算方法

对发生的外币经济业务，按发生时外汇汇率折合人民币记账，期末各外币账户的余额按期末外汇汇率进行调整。调整的差额，属于生产经营期间的，计入当期损益；属于筹建期间的，计入长期待摊费用；属于与购建固定资产有关的借款产生的汇兑损益，按照借款费用资本化的原则进行处理。

6、现金等价物的确定标准

本公司持有的期限短、流动性强、易于转换为已知金额现金、价值变动风险很小的投资，确认为现金等价物。

7、短期投资核算方法

短期投资在取得时按取得投资成本计量，在期末时以成本与市价孰低计价；投资转让或到期兑付时确认投资收益。

短期投资跌价准备按投资类别计提，即按短期投资的类别总成本与相同类别总市价孰低计算提取跌价损失准备。

8、坏账核算方法

（1）坏账的确认标准：因债务人破产或者死亡，以其破产财产或遗产清偿后，仍然不能收回的应收款项；因债务人逾期未履行偿债义务，且具有明显特征表明无法收回的应收款项确认为坏账。

（2）坏账损失的核算方法：采用备抵法。

（3）坏账准备的计提方法和计提比例：应收款项（包括应收账款和其他应收款）按账龄分析法计提坏账准备，根据以往的经验、债务单位的实际财务状况和现金流量等情况，确定计提比例如下：

账龄	计提比例
1年以内	2%
1－2年	7%
2－3年	8%
3－4年	10%
4－5年	30%
5年以上	100%

本公司一年以内的应收款项风险较小，故按2%计提坏账准备。

9、存货核算方法和计提存货跌价准备的方法

存货分为原材料、低值易耗品、在产品、库存商品等。

原材料、库存商品采用计划成本核算，发出时按月结转应负担的成本差异，将计划成本调整为实际成本；低值易耗品领用时采用一次摊销法摊销。

存货实行永续盘存制，期末存货按成本与可变现净值孰低计价。由于存货毁损、全部或部分陈旧过时或销售价格低于成本等原因，使存货成本高于可变现净值的，按可变现净值低于存货成本部分计提存货跌价准备，存货跌价准备按单个存货项目的成本与可变现净值计量。

10、长期股权投资及其减值准备的核算方法

长期股权投资在取得时按照初始投资成本入账。公司对其他单位的投资占该单位有表决权资本总额20%以下，或对其他单位的投资虽占该单位有表决权资本总额20%或20%以上，但不具有重大影响，采用成本法核算；公司对其他单位的投资占该单位有表决权资本总额20%或20%以上，或虽投资不足20%但具有重大影响，采用权益法核算。股权投资差额，在合同规定的投资期限内平均摊销，合同没有规定投资期限的，按10年平均摊销。

期末长期投资计提减值准备。长期投资减值准备按个别投资项目计算确定。对被投资单位由于市价持续下跌或经营状况恶化等原因导致其可收回金额低于账面价值，按可收回金额低于长期投资账面价值的差额计提减值准备。

11、固定资产计价、折旧政策及固定资产减值准备的计提方法

（1）固定资产在取得时按取得时的成本入账。固定资产的标准为：使用期限超过一年的房屋、建筑物、机器、机械、运输工具和其他与生产经营有关的设备、器具、工具等，以及不属于生产经营主要设备，单位价值在2000元以上，并且使用期限超过两年的物品。

（2）固定资产折旧采用平均年限法。各类固定资产预计净残值率、预计使用年限及年折旧率如下：

类别	净残值率（%）	预计使用年限（年）	年折旧率（%）
机械设备	5	10－14	9.50－6.79
动力设备	5	11－18	8.64－5.28
传导设备	5	15－28	6.33－3.39
运输设备	5	6－12	15.83－7.92
仪器仪表	5	8－12	11.88－7.92
非生产用设备	5	18－22	5.28－4.32
专用设备	5	8－14	11.88－6.79
生产用房	5	30－40	3.17－2.38
非生产用房	5	35－45	2.71－2.11
建筑物	5	15－25	6.33－3.80

（3）期末固定资产计提减值准备。如果由于市价持续下跌，或技术陈旧、损坏、长期闲置等原因导致其可收回金额低于账面价值的，将可收回金额低于其账面价值的差额作为固定资产减值准备；固定资产减值准备按单项资产计提。

12、在建工程核算方法及在建工程减值准备的计提方法

（1）在建工程按实际成本计价，在工程完工交付使用时转入固定资产。用借款进行的工程发生的借款利息，在固定资产达到预定可使用状态前按规定应予以资本化的，计入在建工程，固定资产达到预定可使用状态后所发生的借款利息以及按规定不能予以资本化的借款利息，计入当期财务费用。

（2）期末在建工程计提减值准备。如果在建工程长期停建并且预计未来3年不会重新开工，或所建项目在性能上、技术上已经落后，并且给企业带来的经济利益具有很大的不确定性，或其他足以证明在建工程发生减值的情形的，将其可收回金额低于账面价值的差额作为在建工程减值准备。在建工程减值准备按单项工程计提。

13、无形资产计价及摊销政策

（1）购入的无形资产以实际支付的价款作为入账价值；投资者投入的无形资产以投资各方确认的价值作为入账价值；自行开发并依法申请取得的无形资产按依法取得时发生的注册费、律师费等费用确定，依法申请取得前发生的研究与开发费用于发生时确认为当期费用。

（2）无形资产自取得当月起在预计使用年限内分期平均摊销；如预计使用年限超过了相关合同规定的受益年限或法律规定的有效年限，该无形资产的摊销年限按如下原则确定：

①合同规定受益年限但法律没有规定有效年限的，摊销年限不超过合同规定的受益年限；

②合同没有规定受益年限但法律规定了有效年限的，摊销年限不超过有效年限；

③合同规定了受益年限，法律也规定了有效年限的，摊销年限不超过受益年限和有效年限两者之中较短者。

如果合同没有规定受益年限，法律也没有规定有效年限的，摊销期不超过10年。

（3）期末无形资产计提减值准备。无形资产计提减值准备按账面价值超过可收回金额的部分确认并按单项项目计提。

14、长期待摊费用摊销政策

固定资产大修理支出在大修理间隔期内平均摊销；租入固定资产改良支出在租赁期限与租赁资产尚可使用年限两者孰短的期限内平均摊销；其他长期待摊费用在受益期内平均摊销。

15、借款费用的会计处理方法

（1）因购建固定资产借入专门借款而发生的利息、折价或溢价的摊销和汇兑差额，在符合资本化期间和资本化金额的条件下，予以资本化，计入该项资产的成本；其他借款利息、折价或溢价的摊销和汇兑差额，于发生当期确认为费用。因安排专门借款而发生的辅助费用，属于在所购建固定资产达到预定可使用状态之前发生的，在发生时予以资本化；以后发生的辅助费用于发生当期确认为费用。若辅助费用的金额较小，于发生当期确认费用。

（2）借款费用资本化的期间

①开始资本化：当以下三个条件同时具备时，因专门借款而发生的利息、折价或溢价的摊销和汇兑差额开始资本化：A、资产支出已经发生；B、借款费用已经发生；C、为使资产达到预定可使用状态所必要的购建活动已经开始。

②暂停资本化：若固定资产的购建活动发生非正常中断，并且中断时间连续超过3个月，暂停借款费用的资本化，将其确认为当期费用，直至资产的购建活动重新开始。

③停止资本化：当所购建的固定资产达到预定可使用状态时，停止其借款费用的资本化。

（3）借款费用资本化金额

在应予资本化的每一会计期间，利息的资本化金额为至当期末止购建固定资产累计支出加权平均数与资本化率的乘积。

16、收入确认的方法

（1）销售商品的收入，在下列条件均能满足时予以确认：

A、企业已将商品所有权上的主要风险和报酬转移给购货方；

B、企业既没有保留通常与所有权相联系的继续管理权，也没有对已售出的商品实施控制；

C、与交易相关的经济利益能够流入企业；

D、相关的收入和成本能够可靠地计量。

（2）提供劳务的收入，按以下方法确认：

A、在同一会计年度内开始并完成的劳务，在完成劳务时确认收入；

B、劳务的开始和完成分属不同的会计年度，在提供劳务交易的结果能够可靠估计的情况下，在资产负债表日按完工百分比法确认相关的劳务收入。

（3）他人使用本公司资产等取得的收入，在下列条件均能满足时予以确认：

A、与交易相关的经济利益能够流入企业；

B、收入的金额能够可靠地计量。

17、所得税的会计处理方法

所得税的会计处理采用应付税款法。

18、会计政策变更的影响

本公司按照《企业会计制度》、财政部财会[2001]17号关于印发《贯彻实施〈企业会计制度〉有关政策衔接问题的规定》以及财政部财会[2001]43号关于印发《实施〈企业会计制度〉及其相关准则问题解答》的通知，从2001年1月1日起改变如下会计政策：

①期末固定资产原不计提减值准备，现改为计提减值准备。

②期末在建工程原不计提减值准备，现改为计提减值准备。

③期末无形资产原不计提减值准备，现改为计提减值准备。

④开办费原按5年平均摊销，现改为将开办费一次计入开始生产经营当月的损益。

上述会计政策变更已采用追溯调整法，调整了年初留存收益及相关项目的年初数；利润表及利润分配表的上年数栏已按调整后的数字填列。上述会计政策变更的累积影响数为6,865,416.56元，其中，因固定资产计价方法变更的累积影响数为2,827,086.78元；因在建工程计价方法变更的累积影响数为1,318,504.34元；因无形资产计价方法变更的累积影响数为178,500.00元；因开办费会计政策变更的累积影响数为2,541,325.44元。由于会计政策变更，调减了2000年度的净利润3,095,185.78元；调减了2001年年初留存收益6,865,416.56元，其中，未分配利润调减了5,492,333.24元，盈余公积调减了1,373,083.32元；利润分配表上年数栏的年初未分配利润调减了3,016,184.62元。

19、合并会计报表的编制方法

（1）合并范围的确定原则

本公司对其他单位投资占被投资单位有表决权资本总额 50%(不含 50%)以上,或虽不足 50%但有实际控制权的,纳入合并范围。

(2)合并报表所采用的会计方法

合并会计报表系根据财政部财会字[1995]11 号文印发的《合并会计报表暂行规定》,以公司本部和纳入合并范围的子公司的会计报表及其他有关资料为依据编制而成。合并时,公司内部的重大交易和资金往来等均互相抵销。

(三)关联方关系及其交易

一)关联方关系

1、存在控制关系的关联方

企业名称	注册地址	主营业务	与本企业关系	经济类型	法定代表人
安徽飞彩(集团)有限公司	安徽省宣城市	农用机动运输车、链条制造、销售;汽车、挂车、农机修理;农用三轮、四轮车出口。	本企业的母公司	国有经济	洪理芳
中奥环保高科技有限责任公司	北京市海淀区	工业应用技术、环保技术研制、开发及相关产品销售等	本企业的子公司	有限责任公司	叶振平
安徽飞彩黄山链传动有限公司	安徽省绩溪县	工业链条传动系列产品生产、销售、出口	本企业的子公司	有限责任公司	金升培
安徽中奥环保高科技有限责任公司	安徽省宣城市	工业应用技术、环保技术研制、开发及相关产品销售等	中奥环保的子公司	有限责任公司	洪理芳
中奥环保(苏州)高科技有限公司	江苏省苏州市	环保技术、臭氧应用技术的开发;生产、销售环保、臭氧产品等	中奥环保的子公司	有限责任公司	叶振平

2、存在控制关系的关联方的注册资本及其变化

企业名称	期初数	本期增加	本期减少	期末数
安徽飞彩(集团)有限公司	158,000,000.00	-	-	158,000,000.00
中奥环保高科技有限责任公司	50,000,000.00	-	-	50,000,000.00
安徽飞彩黄山链传动有限公司	29,000,000.00	-	-	29,000,000.00
安徽中奥环保高科技有限责任公司	20,000,000.00	-	-	20,000,000.00
中奥环保(苏州)高科技有限公司	-	5,000,000.00	-	5,000,000.00

3、存在控制关系的关联方所持股份及其变化

企业名称	期初数		本期增加		本期减少		期末数	
	金额	比例(%)	金额	比例(%)	金额	比例(%)	金额	比例(%)
安徽飞彩(集团)有限公司	210,000,0000.00	75	-	-	-	5.23	210,000,0000.00	69.77
中奥环保高科技有限责任公司	25,500,000.00	51	-	-	-	-	25,500,000.00	51
安徽飞彩黄山链传动有限公司	28,000,000.00	96.55	-	-	-	-	28,000,000.00	96.55
安徽中奥环保高科技有限责任公司	18,000,000.00	90	-	-	-	-	18,000,000.00	90
中奥环保(苏州)高科技有限公司	-	-	2,600,000.00	52	-	-	2,600,000.00	52

4、不存在控制关系的关联方关系的性质

企业名称	与本企业关系
皖南机动车辆厂配件厂	同受母公司控制
宣城飞彩拖拉机厂	同受母公司控制
安徽飞彩集团安吉车辆有限公司	同受母公司控制

二)关联方交易

1、采购货物

(1)定价政策:采用市场统一价格。

(2)向关联方采购货物明细资料如下:

企业名称	2001 年度	2000 年度
安徽飞彩(集团)有限公司	45,309,325.12	34,699,967.44
皖南机动车辆厂配件厂	18,589,682.78	16,042,794.95
宣城飞彩拖拉机厂	12,939,948.83	18,550,300.96
安徽飞彩集团安吉车辆有限公司	32,570,085.47	7,583,111.22

2、销售货物

(1)定价政策:采用市场统一价格。

(2)向关联方销售货物明细资料如下:

企业名称	2001 年度	2000 年度
皖南机动车辆厂配件厂	8,610,753.80	7,295,683.50
宣城飞彩拖拉机厂	15,257,740.91	15,794,989.65
安徽飞彩集团安吉车辆有限公司	25,564,935.90	5,226,317.95

3、关联方应收应付款项余额

会计科目	关联方名称	2001.12.31	2000.12.31
应收账款	安徽飞彩集团安吉车辆有限公司	139,646.00	116,784.00
其他应收款	安徽飞彩(集团)有限公司	9,382,169.33	-
预付账款	安徽飞彩(集团)有限公司	7,905,652.85	6,140,615.86
	宣城飞彩拖拉机厂	10,450,816.63	7,087,641.90
	皖南机动车辆厂配件厂	390,335.68	-
	安徽飞彩集团安吉车辆有限公司	6,177,940.99	1,078,400.00
应付账款	皖南机动车辆厂配件厂	-	382,447.57

4、其他关联交易

(1)依据本公司与安徽飞彩(集团)有限公司签订的《土地使用权租赁协议》,本公司租赁安徽飞彩(集团)有限公司土地面积为 332,304.92 平方米,2001 年度租金为 350,000.00 元。

(2)依据本公司与安徽飞彩(集团)有限公司签订的《综合服务协议》,本公司 2001 年度支付集团公司综合服务费 300,000.00 元。

安徽飞彩车辆股份有限公司董事会

二〇〇二年三月二十日

母公司利润表

项　目	附注号	2001 年度	2000 年度
一、主营业务收入	五(二)4	783,499,061.08	809,348,479.14
减:主营业务成本	五(二)5	698,187,673.74	706,801,734.21
主营业务税金及附加		1,586,278.35	1,943,553.09
二、主营业务利润		83,725,108.99	100,603,191.84
加:其他业务利润		4,369,418.63	4,435,939.33
减:营业费用		28,750,837.86	40,119,371.90
管理费用		20,112,040.05	16,955,525.77
财务费用		5,372,983.01	10,303,724.68
三、营业利润		33,858,666.70	37,660,508.82
加:投资收益	五(二)6	4,119,447.34	5,580,452.26
补贴收入		-	15,142.00
营业外收入		2,850,480.08	3,217,708.76
减:营业外支出		407,834.37	1,079,454.12
四、利润总额		40,420,759.75	45,394,357.72
减:所得税		6,835,204.94	6,178,425.77
少数股东损益		-	
五、净利润		33,585,554.81	39,215,931.95

补充资料:

项　目	2001 年度	2000 年度
1、出售、处置部门或被投资单位所得收益	2,326,223.15	
2、自然灾害发生的损失		
3、会计政策变更增加(或减少)利润总额		-3,095,185.78
4、会计估计变更增加(或减少)利润总额		
5、债务重组损失		
6、其他	4,192,645.71	3,263,614.98

合并利润表

项　目	附注号	2001 年度	2000 年度
一、主营业务收入	五(一)31	858,176,057.34	847,468,223.23
减:主营业务成本	五(一)32	749,933,452.96	734,843,263.34
主营业务税金及附加	五(一)33	1,884,402.79	2,218,132.35
二、主营业务利润		106,358,201.59	110,406,827.54
加:其他业务利润	五(一)34	6,192,599.07	5,233,789.27
减:营业费用		32,739,434.83	41,503,385.34
管理费用		32,751,210.82	25,572,943.48
财务费用	五(一)35	7,105,035.68	11,192,277.15
三、营业利润		39,955,119.33	37,372,010.84
加:投资收益	五(一)36	4,076,223.15	6,798,810.62
补贴收入	五(一)37	110,952.00	26,178.00
营业外收入	五(一)38	2,855,734.08	3,227,069.52
减:营业外支出	五(一)39	1,316,263.75	1,429,454.12
四、利润总额		45,681,764.81	45,994,614.86
减:所得税		10,974,726.60	8,324,874.99
少数股东损益		922,340.91	-1,347,049.59
五、净利润		33,784,697.30	39,016,789.46

补充资料:

项目	2001 年度	2000 年度
1、出售、处置部门或被投资单位所得收益	2,326,223.15	
2、自然灾害发生的损失	-	
3、会计政策变更增加(或减少)利润总额	-	
4、会计估计变更增加(或减少)利润总额	-	-5,754,779.59
5、债务重组损失	-	
6、其他	3,289,470.33	3,272,975.74

母公司利润分配表

项　目	2001年度	2000年度
一、净利润	33,585,554.81	39,215,931.95
加:年初未分配利润	56,117,404.68	39,794,659.11
其他转入	-	
二、可供分配的利润	89,702,959.49	79,010,591.06
减:提取法定盈余公积金	3,358,555.48	3,921,593.19
提取法定公益金	3,358,555.48	3,921,593.19
提取职工奖励及福利基金	-	
提取储备基金	-	
提取企业发展基金	-	
利润归还投资	-	
三、可供投资者分配的利润	82,985,848.53	71,167,404.68
减:应付优先股股利	-	
提取任意盈余公积	-	
应付普通股股利	15,050,000.00	15,050,000.00
转作股本的普遍股股利	-	
四、未分配利润	67,935,848.53	56,117,404.68

资产减值准备明细表

项　目	年初余额	本年增加数	本年转回数	年末余额
一、坏账准备合计	8,746,836.71	4,577,251.38	285,389.62	13,038,698.47
其中:应收账款	7,880,911.85	4,390,565.02	205,725.17	12,065,751.70
其他应收款	865,924.86	186,686.36	79,664.45	972,946.77
二、短期投资跌价准备合计	-	-	-	-
其中 股票投资	-	-	-	-
债券投资	-	-	-	-
三、存货跌价准备合计	1,003,944.39	307,472.67	-	1,311,417.06
其中:库存商品	-	-	-	-
原材料	1,003,944.39	307,472.67	-	1,311,417.06
四、长期投资减值准备合计	-	-	-	-
其中:长期股权投资	-	-	-	
长期债权投资	-	-	-	-
五、固定资产减值准备合计	2,827,086.78	219,512.55	-	3,046,599.33
其中:房屋、建筑物	1,505,471.74	-	-	1,505,471.74
机器设备	1,321,615.04	219,512.55	-	1,541,127.59
六、无形资产减值准备	350,000.00	-	-	350,000.00
其中:专利权	-	-	-	-
商标权	-	-	-	-
七、在建工程减值准备	1,318,504.34	-	-	1,318,504.34
八、委托贷款减值准备	-	-	-	-

应交增值税明细表

项　目	本年数	上年数
一、应交增值税		
1、年初未抵扣数(以"-"号填列)	-198,870.99	-
2、销项税额	209,416,933.53	151,058,140.48
出口退税	-	-
进项税额转出	1,928,239.32	3,225,205.24
转出多交增值税	-	-
3、进项税额	186,586,398.76	134,049,307.28
已交税金	633,818.24	-
减免税款	-	-
出口抵减内销产品应纳税额	-	-
转出未交增值税	23,945,905.59	20,432,909.43
4、期末未抵扣数(多交数以"-"号填列)	19,820.73	198,870.99
二、未交增值税	-	-
1、年初未交数(多交数以"-"号填列)	3,847,258.02	13,057,472.45
2、本期转入数(多交数以"-"号填列)	23,945,905.59	20,432,909.43
3、本期已交数	21,366,233.28	29,643,123.86
4、期末未交数(多交数以"-"号填列)	6,426,930.33	3,847,258.02

合并利润分配表

项　目	2001年度	2000年度
一、净利润	33,784,697.30	39,016,789.46
加:年初未分配利润	55,311,669.63	39,794,659.11
其他转入	-	
二、可供分配的利润	89,096,366.93	78,811,448.57
减:提取法定盈余公积金	3,519,992.01	4,224,889.47
提取法定公益金	3,519,992.01	4,224,889.47
提取职工奖励及福利基金	-	
提取储备基金	-	
提取企业发展基金	-	
利润归还投资	-	
三、可供投资者分配的利润	82,056,382.91	70,361,669.63
减:应付优先股股利	-	
提取任意盈余公积	-	
应付普通股股利	15,050,000.00	15,050,000.00
转作股本的普通股股利	-	
四、未分配利润	67,006,382.91	55,311,669.63

股东权益增减变动明细表

项　目	本年数	上年数
一、股本:		
年初余额	280,000,000.00	280,000,000.00
本年增加数	21,000,000.00	-
其中:资本公积转入		
盈余公积转入		
利润分配转入		
新增股本	21,000,000.00	
本年减少数		
年末余额	301,000,000.00	280,000,000.00
二、资本公积:		
年初余额	182,381,902.05	179,614,686.94
本年增加数	181,228,436.42	2,767,215.11
其中:股本溢价	180,500,000.00	
接受捐赠非现金资产准备		
接受现金捐赠		
股权投资准备	267,448.28	460,988.14
拨款转入		
外币资本折算差额		
其他资本公积	460,988.14	2,306,226.97
本年减少数	460,988.14	
其中:转增股本		
年末余额	363,149,350.33	182,381,902.05
三、法定和任意盈余公积:		
年初余额	14,723,931.05	10,499,041.58
本年增加数	3,519,992.01	4,224,889.47
其中:从净利润中提取数	3,519,992.01	4,224,889.47
其中:法定盈余公积	3,519,992.01	4,224,889.47
任意盈余公积		
储备基金		
企业发展基金		
法定公益金转入数		
本年减少数		-
其中:弥补亏损		
转增股本		
分派现金股利		
分派股票股利		
年末余额	18,243,923.06	14,723,931.05
其中:法定盈余公积	18,243,923.06	14,723,931.05
储备基金	-	
企业发展基金	-	
四、法定公益金:		
年初余额	14,723,931.05	10,499,041.58
本年增加数	3,519,992.01	4,224,889.47
其中:从净利润中提取数	3,519,992.01	4,224,889.47
本年减少数		
其中:集体福利支出		
年末余额	18,243,923.06	14,723,931.05
五、未分配利润:		
年初未分配利润	55,311,669.63	39,794,659.11
本年净利润(净亏损以"-"号填列)	33,784,697.30	39,016,789.46
本年利润分配	22,089,984.02	23,499,778.94
年末未分配利润(未弥补亏损以"-"号填列)	67,006,382.91	55,311,669.63

母公司资产负债表

资产	附注号	2001年12月31日	2000年12月31日
流动资产：			
货币资金		444,635,066.71	105,674,689.16
短期投资			
应收票据		6,318,484.70	5,276,600.00
应收股利		-	5,160,000.00
应收利息		-	
应收帐款	五(二)1	290,515,828.27	315,702,578.68
其他应收款	五(二)2	27,795,220.36	24,718,039.62
预付帐款		136,176,837.30	155,169,791.07
应收补贴款		-	
存货		255,967,916.91	197,292,399.90
待摊费用		1,108,793.73	2,070,078.88
一年内到期的长期债权投资		-	
其他流动资产		-	
流动资产合计		1,162,518,147.98	811,064,177.31
长期投资：		-	
长期股权投资	五(二)3	52,593,175.88	102,266,280.26
长期债权投资		-	
长期投资合计		52,593,175.88	102,266,280.26
固定资产：		-	
固定资产原价		230,062,618.85	214,820,433.79
减：累计折旧		53,404,370.08	44,366,782.53
固定资产净值		176,658,248.77	170,453,651.26
减：固定资产减值准备		2,827,086.78	2,827,086.78
固定资产净额		173,831,161.99	167,626,564.48
工程物资		-	
在建工程		149,090,537.03	107,482,672.75
固定资产清理		-	
固定资产合计		322,921,699.02	275,109,237.23
无形资产及其他资产：		-	
无形资产		-	
长期待摊费用		-	
其他长期资产		-	
无形资产及其他资产合计		-	
递延税项：		-	-
递延税款借项		-	
资产总计		1,538,033,022.88	1,188,439,694.80
负债及股东权益			
流动负债：			
短期借款		80,000,000.00	50,000,000.00
应付票据		524,853,669.49	409,463,356.74
应付账款		75,367,081.53	118,742,430.25
预收账款		1,491,751.72	1,054,088.11
应付工资		-	2,584,481.35
应付福利费		7,651,740.03	6,601,737.94
应付股利		15,050,000.00	15,050,000.00
应交税金		11,808,209.53	10,708,158.15
其他应交款		1,224,031.05	1,036,222.74
其他应付款		22,942,960.17	25,858,643.25
预提费用		-	
预计负债		-	
一年内到期的长期负债		-	
其他流动负债		-	
流动负债合计		740,389,443.52	641,099,118.53
长期负债：		-	
长期借款		30,000,000.00	
应付债券		-	
长期应付款		-	
专项应付款		-	
其他长期负债		-	
长期负债合计		30,000,000.00	-
递延税项：		-	
递延税款贷项		-	
负债合计		770,389,443.52	641,099,118.53
股东权益		-	
股本		301,000,000.00	280,000,000.00
减：已归还投资		-	
股本净额		301,000,000.00	280,000,000.00
资本公积		363,149,350.33	182,381,902.05
盈余公积		35,558,380.50	28,841,269.54
其中：法定公益金		17,779,190.25	14,420,634.77
未分配利润		67,935,848.53	56,117,404.68
股东权益合计		767,643,579.36	547,340,576.27
负债和股东权益合计		1,538,033,022.88	1,188,439,694.80

合并资产负债表

资　产	附注号	2001年12月31日	2000年12月31日
流动资产：			
货币资金	五(一)1	471,257,490.62	122,399,794.01
短期投资		-	
应收票据	五(一)2	8,294,584.72	8,746,560.00
应收股利	五(一)3	-	5,160,000.00
应收利息	-		
应收账款	五(一)4	309,157,195.64	334,816,904.57
其他应收款	五(一)5	25,383,593.20	23,232,708.31
预付账款	五(一)6	139,481,660.33	157,518,243.30
应收补贴款	五(一)7	2,047,936.04	
存货	五(一)8	278,809,353.41	219,700,349.37
待摊费用	五(一)9	1,299,840.74	2,636,117.67
一年内到期的长期债权投资		-	
其他流动资产		-	
流动资产合计		1,235,731,654.70	874,210,677.23
长期投资：		-	
长期股权投资	五(一)10	-	49,983,776.85
长期债权投资		-	
长期投资合计		-	49,983,776.85
其中：合并价差		-	
固定资产：		-	
固定资产原价	五(一)11	295,324,173.15	273,942,796.01
减：累计折旧	五(一)11	78,205,703.68	66,705,451.97
固定资产净值		217,118,469.47	207,237,344.04
减：固定资产减值准备	五(一)11	3,046,599.33	2,827,086.78
固定资产净额		214,071,870.14	204,410,257.26
工程物资		-	
在建工程	五(一)12	150,501,292.94	108,110,532.64
固定资产清理		-	
固定资产合计		364,573,163.08	312,520,789.90
无形资产及其他资产：		-	
无形资产	五(一)13	15,332,822.80	17,099,363.00
长期待摊费用		-	
其他长期资产		-	
无形资产及其他资产合计		15,332,822.80	17,099,363.00
递延税项：		-	
递延税款借项		-	
资产总计		1,615,637,640.58	1,253,814,606.98
负债及股东权益			
流动负债：			
短期借款	五(一)14	85,360,000.00	74,670,000.00
应付票据	五(一)15	531,853,669.49	417,473,356.74
应付账款	五(一)16	84,873,818.42	117,586,987.33
预收账款	五(一)17	3,289,156.78	2,203,129.28
应付工资	五(一)18	720,968.82	3,177,962.93
应付福利费		8,890,551.12	7,878,087.12
应付股利	五(一)19	15,050,000.00	15,050,000.00
应交税金	五(一)20	12,582,167.92	11,730,226.57
其他应交款	五(一)21	1,242,997.74	1,076,878.65
其他应付款	五(一)22	24,146,975.10	27,403,564.45
预提费用	五(一)23	298,883.07	170,000.00
预计负债		-	
一年内到期的长期负债	五(一)24	400,000.00	
其他流动负债		-	
流动负债合计		768,709,188.46	678,420,193.07
长期负债：		-	
长期借款	五(一)25	49,700,000.00	2,000,000.00
应付债券		-	
长期应付款		-	
专项应付款	五(一)26	100,000.00	100,000.00
其他长期负债		-	
长期负债合计		49,800,000.00	2,100,000.00
递延税项		-	
递延税款贷项		-	
负债合计		818,509,188.46	680,520,193.07
少数股东权益		29,484,872.76	26,152,980.13
股东权益：		-	
股本	五(一)27	301,000,000.00	280,000,000.00
减：已归还投资		-	
股本净额		301,000,000.00	280,000,000.00
资本公积	五(一)28	363,149,350.33	182,381,902.05
盈余公积	五(一)29	36,487,846.12	29,447,862.10
其中：法定公益金		18,243,923.06	14,723,931.05
未分配利润	五(一)30	67,006,382.91	55,311,669.63
股东权益合计		767,643,579.36	547,141,433.78
负债和股东权益合计		1,615,637,640.58	1,253,814,606.98

母公司现金流量表

报表项目	2001年度
一、经营活动产生的现金流量:	
销售商品、提供劳务收到的现金	911,829,360.26
收到的税费返还	8,882,064.27
收到的其他与经营活动有关的现金	3,318,448.74
现金流入小计	924,029,873.27
购买商品、接受劳务支付的现金	725,782,905.03
支付给职工以及为职工支付的现金	28,334,242.28
支付的各项税费	34,988,374.62
支付的其他与经营活动有关的现金	40,954,944.04
现金流出小计	830,060,465.97
经营活动产生的现金流量净额	93,969,407.30
二、投资活动产生的现金流量:	
收回投资所收到的现金	51,880,000.00
取得投资收益所收到的现金	6,910,000.00
处置固定资产、无形资产和其他长期资产所收回的现金净额	505,188.68
收到的其他与投资活动有关的现金	
现金流入小计	59,295,188.68
购建固定资产、无形资产和其他长期资产所支付的现金	57,718,568.34
投资所支付的现金	
支付的其他与投资活动有关的现金	
现金流出小计	57,718,568.34
投资活动产生的现金流量净额	1,576,620.34
三、筹资活动产生的现金流量:	
吸收投资所收到的现金	203,717,663.35
借款所收到的现金	256,000,000.00
收到的其他与筹资活动有关的现金	
现金流入小计	459,717,663.35
偿还债务所支付的现金	196,000,000.00
分配股利、利润或偿付利息所支付的现金	18,085,650.09
支付的其他与筹资活动有关的现金	2,217,663.35
现金流出小计	216,303,313.44
筹资活动产生的现金流量净额	243,414,349.91
四、汇率变动对现金的影响	
五、现金及现金等价物净增加额	338,960,377.55
1.将净利润调节为经营活动现金流量:	
净利润	33,585,554.81
加:少数股东损益	
加:计提的资产减值准备	4,744,673.29
固定资产折旧	9,456,585.53
无形资产摊销	
长期待摊费用摊销	
待摊费用的减少(减:增加)	961,285.15
预提费用的增加(减:减少)	
处置固定资产、无形资产和其他长期资产的损失(减收益)	-55,667.66
固定资产报废损失	
财务费用	11,022,035.06
投资损失(减:收益)	-4,119,447.34
递延税款贷项(减:借项)	
存货的减少(减:增加)	-58,982,989.68
经营性应收项目的减少(减:增加)	35,512,245.63
经营性应付项目的增加(减:减少)	61,845,132.51
其他	
经营活动产生的现金流量净额	93,969,407.30
2.不涉及现金收支的投资和筹资活动:	
债务转为资本	
一年内到期的可转换公司债券	
融资租入固定资产	
3.现金及现金等价物净增加情况:	
现金的期末余额	444,635,066.71
减:现金的期初余额	105,674,689.16
加:现金等价物的期末余额	
减:现金等价物的期初余额	
现金及现金等价物净增加额	338,960,377.55

合并现金流量表

报表项目	附注号	2001年度
一、经营活动产生的现金流量:		
销售商品、提供劳务收到的现金		1,000,212,562.50
收到的税费返还		10,930,120.49
收到的其他与经营活动有关的现金		3,546,846.38
现金流入小计		1,014,689,529.37
购买商品、接受劳务支付的现金		770,047,701.82
支付给职工以及为职工支付的现金		38,231,481.62
支付的各项税费		47,418,106.74
支付的其他与经营活动有关的现金	五(一)40	48,567,650.85
现金流出小计		904,264,941.03
经营活动产生的现金流量净额		110,424,588.34
二、投资活动产生的现金流量:		
收回投资所收到的现金		51,880,000.00
取得投资收益所收到的现金		6,910,000.00
处置固定资产、无形资产和其他长期资产所收回的现金净额		539,688.68
收到的其他与投资活动有关的现金		
现金流入小计		59,329,688.68
购建固定资产、无形资产和其他长期资产所支付的现金		65,719,421.32
投资所支付的现金		
支付的其他与投资活动有关的现金		
现金流出小计		65,719,421.32
投资活动产生的现金流量净额		-6,389,732.64
三、筹资活动产生的现金流量:		
吸收投资所收到的现金		206,117,663.35
借款所收到的现金		279,470,000.00
收到的其他与筹资活动有关的现金		1,977,000.00
现金流入小计		487,564,663.35
偿还债务所支付的现金		220,680,000.00
分配股利、利润或偿付利息所支付的现金		19,844,159.09
支付的其他与筹资活动有关的现金	五(一)41	2,217,663.35
现金流出小计		242,741,822.44
筹资活动产生的现金流量净额		244,822,840.91
四、汇率变动对现金的影响		
五、现金及现金等价物净增加额		348,857,696.61

报表项目	2001年度
1.将净利润调节为经营活动现金流量:	
净利润	33,784,697.30
加:少数股东损益	922,340.91
加:计提的资产减值准备	4,818,846.98
固定资产折旧	12,707,852.34
无形资产摊销	1,774,459.00
长期待摊费用摊销	
待摊费用的减少(减:增加)	1,336,276.93
预提费用的增加(减:减少)	128,883.07
处置固定资产、无形资产和其他长期资产的损失(减收益)	628,249.17
固定资产报废损失	
财务费用	12,795,481.11
投资损失(减:收益)	-4,076,223.15
递延税款贷项(减:借项)	
存货的减少(减:增加)	-59,416,476.71
经营性应收项目的减少(减:增加)	32,119,077.68
经营性应付项目的增加(减:减少)	72,901,123.71
其他	
经营活动产生的现金流量净额	110,424,588.34
2.不涉及现金收支的投资和筹资活动:	
债务转为资本	
一年内到期的可转换公司债券	
融资租入固定资产	
3.现金及现金等价物净增加情况:	
现金的期末余额	471,257,490.62
减:现金的期初余额	122,399,794.01
加:现金等价物的期末余额	
减:现金等价物的期初余额	
现金及现金等价物净增加额	348,857,696.61

000888 峨眉山旅游股份有限公司

2001 年年度报告摘选

一、公司简介

1、公司法定中文名称:峨眉山旅游股份有限公司
公司法定英文名称:EMEI SHAN TOURISM COMPANY LIMITED
2、公司法定代表人:马元祝
3、公司董事会秘书:周栋良
证券事务代表:张华仙
联系地址:四川省峨眉山市名山西路 168 号
电　话:0833-5528888　　传　真:0833-5526666
4、公司注册地址及办公地址:四川省峨眉山市名山西路 168 号
邮政编码:614200
域名:http://www.emeionline.com(IP 地址:61.139.77.29)
E-mail:emslygfy@ls-public.sc.cninfo.net
5、公司选定的信息披露报纸:《中国证券报》和《证券时报》
登载公司年度报告的国际互联网址:http://www.cninfo.com.cn
公司年度报告备置地点:四川省峨眉山市名山西路 168 号本公司办公楼、公司董秘室
6、公司股票上市交易所:深圳证券交易所
股票简称:峨眉山 A　　股票代码:000888

二、会计数据和业务数据摘要

(一)本年度公司主要利润指标情况

项 目	金 额
利润总额	38,506,305.75
净利润	32,784,873.23
扣除非经常性损益后的净利润	29,621,348.97
主营业务利润	67,366,931.21
其他业务利润	617,881.90
营业利润	36,305,713.43
补贴收入	2,600,000.00
营业外收支净额	-399,407.68
经营活动产生的现金流量净额	75,652,779.68
现金及现金等价物净增加额	-10,250,224.23

(二)截止报告期末公司前三年的主要会计数据和财务指标:　　单位:元

	2001	2000 年调整后	2000 年调整前	1999 年
主营业务收入	151,312,605.09	126,286,554.32	126,286,554.32	109,199,622.66
净利润	32,784,873.23	26,949,977.52	32,641,013.03	28,082,741.61
总资产	514,931,297.73	438,956,616.11	449,933,348.53	453,350,858.11
股东权益	393,695,341.14	390,294,777.21	416,275,526.11	395,500,513.08
每股收益	0.28	0.23	0.28	0.24
每股净资产	3.32	3.29	3.51	3.33
调整后的每股净资产	3.16	3.24	3.31	3.30
净资产收益率(%)	8.33	6.91	7.84	7.10
每股经营活动产生的现金流量净额	0.64	0.35	0.35	0.23

(三)按照《公开发行证券公司信息披露编报规则(第9号)》要求计算的利润数据:
1、净资产收益率

项 目	2001 年		2000 年调整后		2000 年调整前	
	全面摊薄	加权平均	全面摊薄	加权平均	全面摊薄	加权平均
主营业务利润	17.11%	16.81%	13.46%	12.93%	15.68%	15.85%
营业利润	9.22%	9.06%	7.93%	7.61%	8.43%	8.52%
净利润	8.33%	8.18%	6.91%	6.63%	7.84%	7.93%
扣除非经营性损益后的净利润	7.52%	7.39%	6.74%	6.47%	7.16%	7.23%

2、每股收益

项 目	2001 年		2000 年调整后		2000 年调整前	
	全面摊薄	加权平均	全面摊薄	加权平均	全面摊薄	加权平均
主营业务利润	0.57	0.57	0.44	0.44	0.55	0.55
营业利润	0.31	0.31	0.26	0.26	0.30	0.30
净利润	0.28	0.28	0.23	0.23	0.28	0.28
扣除非经营性损益后的净利润	0.25	0.25	0.22	0.22	0.25	0.25

三、股本变动及股东情况

(一)股本变动情况
1、股本变动情况表　　数量单位:股

	期初数	配股	送股	公积金转股	其他	小计	期末数
		本次变动增减(+,-)					
一、尚未流通股份							
1、发起人股份	78,660,000						78,660,000
其中:							
国家拥有股份							
境内法人持有股份	78,660,000						78,660,000
外资法人持有股份							
其他							
2、募集法人股							
3、内部职工股							
4、优先股或其他							
尚未流通股份合计	78,660,000						78,660,000
二、已流通股份							
1、境内上市的人民币普通股	40,000,000						40,000,000
2、境内上市的外资股							
3、境外上市的外资股							
4、其他							
已流通股份合计	40,000,000						40,000,000
三、股份总数	118,660,000						118,660,000

000889 秦皇岛华联商城控股股份有限公司

2001 年年度报告摘选

第一章　公司基本情况简介

(一)公司法定中文名称:秦皇岛华联商城控股股份有限公司
公司法定英文名称:
QINHUANG DAO HUALIAN BUSINESS BUILDING HOLDING CO., LTD.
英文名称缩写:QHDHLSC
(二)公司法定代表人:魏超
(三)公司董事会秘书:焦海青
联系地址:秦皇岛市海港区河北大街 152 号
联系电话:0335-3023349　　传 真:0335-3733868
电子信箱:jiaohaiqing@0335.net
证券事务代表:史鸿雁
联系电话:0335-3023349　　传 真:0335-3023349
电子信箱:yanyan0889@0335.net
(四)公司注册地址:秦皇岛市海港区河北大街 152 号
公司办公地址:秦皇岛市海港区河北大街 152 号　　邮政编码:066000
公司互联网网址:www.hlsc.com.cn　　公司电子信箱:hlsc0889@163.net
(五)公司信息披露报纸名称:《中国证券报》、《证券时报》
中国证监会指定国际互联网网址:http://www.cninfo.com.cn
公司年度报告备置地点:公司证券部、深圳证券交易所
(六)公司股票上市交易所:深圳证券交易所
股票简称:华联商城　　股票代码:000889

第二章　会计数据和业务数据摘要

表一、本年度公司主要会计数据(单位:元)

项目	金额
利润总额	66175259.64
净利润	64907705.41
扣除非经常性损益后的净利润	64521270.77
主营业务利润	157076693.65
其他业务利润	15154104.77
营业利润	65852965.23
投资收益	-297756.18
补贴收入	
营业外收支净额	620050.59
经营活动产生的现金流量净额	-213158449.43
现金及现金等价物净增减额	-168264269.41

注:扣除非经常性损益涉及的项目及金额
(1)营业外收入:830632.67
(2)营业外支出:444198.03

表二、截至报告期末公司前三年的主要会计数据及财务指标(单位:元)

项 目	2001 年度	2000 年度		1999 度	
		调整前	调整后	调整前	调整后
主营业务收入	507904206206.98	449187461.55	448001619.49	346045269.21	346045269.21
净利润	64907705.41	57080121.89	43796843.07	59396626.58	15934922.66
总资产	1501922401.70	1236265086.98	1097641203.32	713839943.28	666068360.46
股东权益(不含少数股东权益)	712530811.2	734120866.65	656435648.97	317086453.77	269314870.95
每股收益	0.22	0.252	0.19	0.30	0.08
每股净资产	2.42	3.190	2.90	1.601	1.36
调整后每股净资产	2.32	3.131	2.81	1.524	1.32
每股经营活动产生的现金流量净额	-0.72	-0.559	-0.55	0.553	0.55
净资产收益率(%)	9.11	7.787	6.67	18.73	5.92
加权平均净资产收益率(%0	9.42	11.52	10.20	20.65	5.99

表三、利润表附表

报告期利润	净资产收益率(%)		每股收益(元)	
	全面摊薄 2001 年	加权平均 2001 年	全面摊薄 2001 年	加权平均 2001 年
主营业务利润	22.0449	22.80	0.53	0.53
营业利润	9.2421	9.56	0.22	0.22
净利润	9.1095	9.42	0.22	0.22
扣除非经常性损益后的净利润	9.0552	9.37	0.22	0.22

第三章　股本变动及股东情况

第一节　公司股本变动情况
(一)公司股份变动情况表(数量单位:股)

股份类别	本次变动前	配股	送股	公积金转股	增发	其他	小计	本次变动后
		本期变动增减(+,-)						
一、尚未流通股份								
1.发起人股份								127494920
其中:								
国家持有股份	76456323		7645632	15291264				99393219
国有法人股份	12775932		1277593	2555187		-2372772		14235940
境内法人持有股份	8840761		884076	1768152		+2372772		13865761
境外法人持有股份								
其他								
2.募集法人股	5116149		511614	1023230				6650993
3.内部职工股(高管股)	68996		6899	13799		-54440		35254
4.优先股或其他								
未上市流通股份合计	103258161		10325814	20651632				134235607
二、已上市流通股份								
1.人民币普通股	123302088		12330208	24660417		+54440		160347153
2.境内上市的外资股								
3.境外上市的外资股								
4.其他								
已上市流通股份合计	123302088		12330208	24660417				160292713
三、股份总数	226560249		22656022	45312049				294528320

000890 江苏法尔胜股份有限公司

2001 年年度报告摘选

第一节 公司基本情况简介

1.公司法定中文名称:江苏法尔胜股份有限公司
公司法定英文名称:Jiangsu Fasten Company Limited
英文缩写:FASTEN
2.公司法定代表人:周建松
3.董事会秘书:张岳
证券事务代表:张文栋
联系地址:江苏省江阴市通江北路 203 号
联系电话:0510-6119890 6112883 转 531
传 真:0510-6106634 6102007
电子信箱:zhang-yue@chinafasten.com
4.公司注册地址:江苏省江阴市通江北路 203 号
公司办公地址:江苏省江阴市通江北路 203 号 邮政编码:214433
公司国际互联网网址:http://www.chinafasten.com
公司电子信箱:info@chinafasten.com
5.公司选定的信息披露报刊:《证券时报》、《上海证券报》
刊登公司年度报告的中国证监会指定国际互联网网址:http://www.cninfo.com.cn
公司年度报告备置地点:江苏法尔胜股份有限公司董事会办公室
6.公司股票上市交易所:深圳证券交易所
股票简称:法尔胜
股票代码:000890

第二节 会计数据和业务数据摘要

一、年度主要财务指标情况

单位:元

利润总额	108,323,194.40
净利润	64,659,944.74
扣除非经常性损益后的净利润	68,430,747.24
主营业务利润	320,915,696.69
其他业务利润	7,157,801.77
营业利润	106,437,012.94
投资收益	-2,641,203.55
补贴收入	5,249,428.00
营业外收支净额	-722,042.99
经营活动产生的现金流量净额	29,544,305.28
现金及现金等价物净增加额	254,271,386.37

二、至本报告期末前三年主要会计数据和财务指标

单位:元、元/股

项目	2001 年度	2000 年度		1999 年度
		调整后	调整前	
主营业务收入	1,054,502,734.87	653,795,072.53	653,795,072.53	382,894,448.73
净利润	64,659,944.74	63,512,290.79	69,767,200.29	59,147,164.10
总资产	2,022,902,001.26	1,340,862,229.62	1,346,507,775.86	1,072,536,211.02
股东权益(不含少数股东权益)	927,403,707.45	579,445,019.31	595,622,255.08	548,319,054.79
每股收益(摊薄)	0.22	0.32	0.35	0.41
每股收益(加权)	0.25	0.40	0.44	0.41
每股净资产	3.18	2.87	2.95	3.81
调整后的每股净资产	3.12	2.81	2.88	3.58
每股经营活动产生的现金流量净额	0.10	0.90	0.90	-0.42
净资产收益率	6.97%	10.96%	11.71%	10.79%

按照《公开发行证券的公司信息披露编报规则第 9 号》计算的每股收益和净资产收益率

单位:元

报告期利润	净资产收益率		每股收益	
	全面摊薄	加权平均	全面摊薄	加权平均
主营业务利润	34.60%	35.73%	1.10	1.25
营业利润	11.48%	11.85%	0.36	0.42
净利润	6.97%	7.20%	0.22	0.25
扣除非经常性损益后的净利润	7.38%	7.62%	0.23	0.27

第三节 股本变动及股东情况

一、股本变动情况表

单位:股

	本次变动前	本次变动增减(±)						本次变动后
		配股	送股	公积金转赠	增发	其他	小计	
一、未上市流通股份								
1.发起人股份	91728000		9172800	18345600			27518400	119246400
其中								
国家持有股份								
境内法人持有股份	91728000		9172800	18345600			27518400	119246400
境外法人持有股份								
其他								
2.募集法人股份	2352000		235200	470400			705600	3057600
3.内部职工股	23520000	5040000	2856000	5712000		-36738808	-23130808	389192
4.优先股或其他								
未上市流通股份合计	117600000	5040000	12264000	24528000		-36738808	5093192	122693192
二、已上市流通股份								
1.人民币普通股	84000000	18000000	10200000	20400000		36738808	85338808	169338808
2.境内上市的外资股								
3.境外上市的外资股								
4.其他								
已上市流通股份合计	84000000	18000000	10200000	20400000		36738808	85338808	169338808
三、股份总数	201600000	23040000	22464000	44928000		0	90432000	292032000

000892 重庆长丰通信股份有限公司

2001 年年度报告摘选

一、公司基本情况简介

1、公司法定中文名称:重庆长丰通信股份有限公司
公司法定英文名称:CHONGQING CHANGFENG COMMUNICATION CO., LTD
2、公司法定代表人:饶卫平
3、公司董事会秘书:胡 进
联系地址:重庆市渝中区五四路 39 号都市广场 A 座 18 楼
电 话:023—63782555-8866 传 真:023—63782700
电子信箱:info@chinacfc.com
4、公司注册地址:重庆市涪陵区人民东路 50 号
公司办公地址:重庆市渝中区五四路 39 号都市广场 A 座 18 楼
邮政编码:400010
国际互联网网址:http://www.chinacfc.com 电子信箱:info@chinacfc.com
5、公司选定的信息披露报纸名称:《中国证券报》
登载年度报告的中国证监会指定国际互联网网址:http://www.cninfo.com.cn
公司年度报告备置地点:公司董事会办公室
6、公司股票上市交易所:深圳证券交易所
股票简称:长丰通信 股票代码:000892

二、会计数据和业务数据摘要

1、本年度主要会计数据如下:

	金 额(元)
利润总额	109,592,625.25
净利润	86,239,438.26
扣除非经常性损益后的净利润	93,207,530.21
主营业务利润	176,425,087.62
其他业务利润	4,755,989.52
营业利润	113,023,434.91
投资收益	-3,433,038.35
补贴收入	0
营业外收支净额	2,228.69
经营活动产生的现金流量净额	98,479,664.72
现金及现金等价物净增减额	227,243,856.32

注:扣除的非经常性损益项目和涉及金额:

项 目	金 额
(1)长期股权投资转让收益:	16,947,096.02 元
(2)股权投资差额摊销:	-25,097,416.66 元
(3)技改贴息:	130,000.00 元
(4)关税退税:	1,050,000.00 元
(5)营业外收支净额:	2,228.69 元
合 计:	-6,968,091.95 元

2、公司近三年的主要会计数据和财务指标

	2001 年度	2000 年度		1999 年度
		调整前	调整后	
主营业务收入(元)	326,041,384.03	263,008,787.77	259,055,240.61	224,753,607.92
净利润(元)	86,239,438.26	79,771,681.74	69,742,166.64	64,126,788.08
总资产(元)	1,761,349,770.68	1,158,596,312.71	1,110,046,568.35	798,053,524.17
股东权益(元)	607,203,684.60	551,687,605.44	541,658,090.34	471,915,923.70
每股收益(摊薄)	0.21	0.29	0.25	0.23
每股收益(加权)	0.29	0.29	0.25	0.35
扣除非经常性损益后的每股收益	0.23	0.19	0.19	0.14
每股净资产(元/股)	1.47	2	1.96	1.71
调整后的每股净资产(元/股)	1.46	1.93	1.9	1.69
每股经营活动产生的现金流量净额(元/股)	0.24	0.99	0.99	-0.06
净资产收益率(摊薄)	14.20%	14.46%	12.88%	13.59%
净资产收益率(加权)	14.83%	14.46%	13.76%	13.59%

利润表附表

(单位:人民币元)

报告期利润		净资产收益率(%)		每股收益	
		全面摊薄	加权平均	全面摊薄	加权平均
主营业务利润	176,425,087.62	29.06	30.35	0.43	0.59
营业利润	113,023,434.91	18.61	19.44	0.27	0.38
净利润	86,239,438.26	14.20	14.83	0.21	0.29
扣除非经常性损益后的净利润	93,207,530.21	15.31	15.99	0.23	0.31

三、股本变动及股东情况

公司股份变动情况表

数量单位:股

	本次变动前	本次变动增减(+,-)						本次变动后
		配股	送股	公积金转股	增发	其他	小计	
一、未上市流通股份								
1、发起人股份	159,217,600		47,765,280	31,843,520			79,608,800	238,826,400
其中:								
国家持有股份	158,097,600		47,429,280	31,619,520			79,048,800	237,146,400
境内法人持有股份	1,120,000		336,000	224,000			560,000	1,680,000
境外法人持有股份								
其他								
2、募集法人股份	36,700,320		11,010,096	7,340,064			18,350,160	55,050,480
3、内部职工股								
4、优先股或其他								
未上市流通股份合计	195,917,920		58,775,376	39,183,584			97,958,960	293,876,880
二、已上市流通股份								
1、人民币普通股	80,000,000		24,000,000	16,000,000			40,000,000	120,000,000
2、境内上市的外资股								
3、境外上市的外资股								
4、其他								
已上市流通股份合计	80,000,000		24,000,000	16,000,000			40,000,000	120,000,000
三、股份总数	275,917,920		82,775,376	55,183,584			137,958,960	413,876,880

000893 广州冷机股份有限公司

2001 年年度报告摘选

一、公司基本情况介绍

(一)公司法定中文名称:广州冷机股份有限公司
公司法定英文名称:GUANGZHOU REFRIGERATION CO. LTD
(二) 法定代表人姓名:魏长明
(三) 公司董事会秘书:石革燕
联系电话:(020)86453838
传真:(020)86450724
电子信箱:stock@wanbao－compressor.com.cn
联系地址:广东省广州市白云区人和镇人和大街 12 号
(四) 公司注册地址:广东省广州市白云区人和镇人和大街 12 号
公司办公地址:广东省广州市白云区人和镇人和大街 12 号
邮政编码:510470
公司网址:HTTP://WWW.WANBAO－COMPRESSOR.COM.CN
公司电子信箱:webmaster@wanbao－compress.com.cn
(五) 信息披露媒体:
网站:HTTP://WWW.CNINFO.COM.CN
定期报告刊登报刊:《证券时报》、《中国证券报》
公司年报备置地点:公司证券部
(六) 公司股票上市地:深圳证券交易所
股票简称:广州冷机　　股票代码:000893

二、会计数据和业务数据摘要

(一)本年度主要利润指标

(单位:元)

项目	金　额
利润总额	－89,891,275.39
净利润	－88,773,210.67
扣除非经常性损益后的净利润	－92,627,623.25
主营业务利润	31,152,238.19
其他业务利润	1,846,143.00
营业利润	－88,888,420.93
投资收益	0
补贴收入	0
营业外收支净额	－1,002,854.46
经营活动产生的现金流量净额	65,438,914.76
现金及现金等价物净增加额	1,507,165.67

注:扣除的非经营性损益项目金额为 3,854,412.58 元,其中:
A、营业外收入 785,380.17
B、营业外支出 1,788,234.63
C、资金占用费 4,967,350.81
D、存货盘亏 110,083.77
(二)近三年主要会计数据和财务指标
1、主要会计数据和财务指标(合并报表)

(单位:元)

项目	2001 年	2000 年 调整前	2000 年 调整后	1999 年
主营业务收入	318,957,674.20	138,813,125.97	138,813,125.97	256,425,896.25
净利润	－88,773,210.67	－92,299,109.65	－137,049,444.81	14,232,076.21
总资产	798,710,584.99	1,029,382,240.49	1,028,787,086.43	942,809,174.98
股东权益	321,742,753.29	457,544,533.01	409,956,650.78	540,126,328.14
摊薄每股收益	－0.40	－0.416	－0.62	0.064
加权平均每股收益	－0.40	－0.416	－0.62	0.064
扣除非经常性损益每股收益	－0.42	－0.295	－0.32	－0.295
每股净资产	1.45	2.06	1.85	2.433
调整后的每股净资产	1.32	1.97	1.74	2.35
每股经营活动产生的现金流量净额	0.29	－0.162	－0.16	0.235
净资产收益率(摊薄)(%)	－27.59	－20.17	－33.43	2.635
(加权)	－24.28	－18.02	－29.06	2.67

注:(1)2001 年扣除的非经营性损益项目金额为 3,854,412.58 元,其中:营业外收入 785,380.17 元,营业外支出 1,788,234.63 元,资金占用费 4,967,350.81 元,存货盘亏 110,083.77 元。
(2)2000 年扣除的非经常性损益项目金额为 65,493,417.714 元,其中,存货跌价损失 26,631,612.50 元,固定资产减值准备 38,861,805.21 元。
(3)1999 年扣除的非经常性损益项目金额为收取的资金占用费 409.57 万元。
2、按照《公开发行证券公司信息披露编报规则(第九号)》要求计算的相关指标数据

利润指标	净资产收益率(%) 全面摊薄	净资产收益率(%) 加权平均	每股收益(元) 全面摊薄	每股收益(元) 加权平均
主营业务利润	9.68	7.32	0.14	0.14
营业利润	－27.63	－24.32	－0.40	－0.40
净利润	－27.59	－24.28	－0.40	－0.40
扣除非经营性损益后的净利润	－28.79	－25.47	－0.42	－0.42

三、股本变动及主要股东持股情况

(一)股本变动情况
1、股本变动情况表

单位:万股

项　目	期初数	本期配股	本期送股	本期公积金转增股本	增　发	本期其他变动	期末数
一、尚未流通股份	16,500.00						16,500.00
发起人股份	16,500.00						16,500.00
其中:							
国家持有股份	16,500.00					－1,000.00	15,500.00
境内法人持有股份						1,000.00	1,000.00
二、已流通股份	5,700.00						5,700.00
1、人民币普通股	5,688.40					2.30	5,690.70
2、其它	11.60					－2.30	9.30
股本总数	22,200.00						22,200.00

000897 天津津滨发展股份有限公司

2001 年年度报告摘选

第一节　公司基本情况简介

一、公司法定中文名称:天津津滨发展股份有限公司
公司法定英文名称:TIANJIN JINBIN DEVELOPMENT CO., LTD。
英文缩写:JBDC
二、公司法定代表人:张继光
三、公司董事会秘书:巫刚
公司股证事务授权代表:于志丹
联系地址:天津经济技术开发区第一大街二号津滨大厦九楼
电话:(022)66201301　　传真:(022)66202480
电子信箱:jbdsh@starinfo.net.cn
四、公司注册地址:天津经济技术开发区第一大街二号
公司办公地址:天津经济技术开发区第一大街二号津滨大厦
邮政编码:300457
公司国际互联网网址:http://www.jbdc.com.cn
电子信箱:zm@teda.tj.cn
五、公司选定的信息披露报纸:《中国证券报》、《证券时报》
登载年度报告中国证监会指定网站网址:http://www.cninfo.com.cn
公司年度报告备置地点:董事会秘书办公室
六、公司股票上市交易所:深圳证券交易所
股票简称:津滨发展　　股票代码:000897

第二节　会计数据和业务数据摘要

一、本年度公司主要经营数据(单位:元)

项目	金　额
利润总额:	78,674,146.26
净利润:	65,983,233.45
扣除非经常性损益后的净利润:	59,985,685.56
主营业务利润:	106,841,405.24
投资收益:	15,433,636.45
营业外收支净额:	4,678,552.71
经营活动产生的现金流量净额:	－222,715,677.24
现金及现金等价物净增加额:	125,885,870.77
注:扣除非经常性损益项目和涉及金额(元)	
1).营业外收入:	5,424,459.24
2).营业外支出:	745,906.53
3)处理下属部门、被投资单位股权收益:	2,377,385.98
4)扣除所得税影响数:	1,058,390.80
以上项目涉及金额:	5,997,547.89

二、公司前三年主要会计数据及财务指标

指标项目	2001 年度	2000 年度 调整前	2000 年度 调整后	1999 年度 调整前	1999 年度 调整后
主营业务收入(元)	312,955,690.30	378,355,683.47	369,500,754.70	431,884,498.43	431,884,498.43
净利润(元)	65,983,233.45	61,653,555.08	54,229,185.34	63,285,492.76	61,308,909.73
总资产(元)	2,090,589,042.14	1,485,189,480.88	1,421,816,387.10	1,207,507,706.79	1,204,054,668.12
股东权益(元)(不含少数股东权益)	927,288,631.01	635,289,558.58	624,932,587.68	629,089,153.50	627,835,146.50
每股收益(元)(按净利润全面摊薄计算)	0.1457	0.2283	0.2008	0.2344	0.2271
每股收益(元)(按净利润加权平均计算)	0.1474	0.2283	0.2008	0.2344	0.2271
扣除非常性损益后的每股收益(全面摊薄)	0.1324	0.1364	0.1581	0.1747	0.2219
扣除非常性损益后的每股收益(加权平均)	0.1340	0.1364	0.1581	0.1747	0.2219
每股净资产(元)	2.05	2.35	2.31	2.33	2.32
调整后的每股净资产(元)	2.03	2.28	2.26	2.29	2.28
每股经营活动产生的现金流量净额(元)	－0.49	－0.57	－0.57	－0.07	－0.07
净资产收益率等(%)(按净利润全面摊薄计算)	7.12	9.70	8.68	10.06	9.77
净资产收益率等(%)(净利润加权平均计算)	7.71	9.55	8.51	10.59	10.29

第三节　股本变动及股东情况

一、公司股本变动情况:
公司股份变动情况表

数量单位:股

	本次变动前	配股	送股	公积金转股	增发	其他	小计	本次变动后
一、未上市流通股份								
1、发起人股份								
其中:								
国家持有股份	200,000,000			111,339,999			111,339,999	311,339,999
境内法人持有股份								
境外法人持有股份	109,432,577			60,921,115			60,921,115	170,353,692
其他	90,567,423			50,418,884			50,418,884	140,986,307
2、募集法人股份								
3、内部职工股								
4、优先股或其他								
未上市流通股份合计	200,000,000			111,339,999			111,339,999	311,339,999
二、已上市流通股份								
1、人民币普通股	70,000,000	21,000,000		50,659,700			71,659,700	141,659,700
2、境内上市外资股								
3、境外上市的外资股	70,000,000	21,000,000		50,659,700			71,659,700	141,659,700
4、其他								
已上市流通股份合计								
三、股份总数	270,000,000	21,000,000		161,999,699			182,999,699	452,999,699

000895　河南双汇投资发展股份有限公司

2001年年度报告摘要

一、公司基本情况简介

1、公司法定中文名称:河南双汇投资发展股份有限公司
公司法定英文名称:Henan Shuanghui Investment & Development Co.,Ltd.
2、公司法定代表人:张俊杰
3、公司董事会秘书:易激阳
联系地址:河南省漯河市双汇路1号双汇大厦3层
联系电话:(0395)2622616－6158
传 真:(0395)2622660
4、公司注册及办公地址:河南省漯河市双汇路1号双汇大厦
邮政编码:462000
公司国际互联网网址:http://www.shuanghui.com.cn
电子信箱:0895@371.net
5、公司选定的信息披露报纸:《中国证券报》、《证券时报》
登载公司年度报告的国际互联网网址:http://www.cninfo.com.cn
公司年度报告备置地点:公司证券部
6、公司股票上市交易所:深圳证券交易所
股票简称:双汇发展
股票代码:000895

二、会计数据和业务数据摘要

1、公司本年度利润总额及构成(单位:人民币元 合并报表)

项目	金额
利润总额	242,495,715.99
净利润	170,501,788.08
扣除非经常性损益后的净利润	167,956,818.93
主营业务利润	511,815,446.10
其他业务利润	7,255,360.88
营业利润	221,628,257.63
投资收益	21,784,984.70
补贴收入	0.00
营业外收支净额	－614,742.65
经营活动产生的现金流量净额	211,153,569.41
现金及现金等价物净增加额	30,377,657.58

注:扣除非经常性损益项目和涉及金额:
①营业外收支净额:－614,742.65元
②流动资产盘盈损益:3,159,711.80元
以上项目共涉及金额:2,544,969.15元。

2、截至报告期末公司前三年的主要会计数据和财务指标(单位:人民币元)

项目	2001年	2000年		1999年
		调整前	调整后	
主营业务收入	3,367,966,075.45	3,107,212,246.58	3,107,212,246.58	2,400,830,372.72
净利润	170,501,788.08	154,698,250.00	150,652,029.45	116,318,585.41
总资产	1,617,014,073.70	1,549,110,131.94	1,552,287,173.07	1,295,358,474.09
股东权益(不含少数股东权益)	801,034,754.89	678,391,263.56	674,345,043.01	671,804,245.65
每股收益(元/股)	0.583	0.529	0.515	0.517
扣除非经常性损益的每股收益(元/股)	0.574	0.487	0.47	0.45
每股净资产(元/股)	2.74	2.32	2.31	2.99
调整后的每股净资产(元/股)	2.72	2.29	2.28	2.99
每股经营活动产生的现金流量净额(元/股)	0.72	0.85	0.85	0.68
净资产收益率(%)	21.29	22.80	22.34	17.31

3、按照中国证监会《公开发行证券公司信息披露编报规则(第9号)》要求计算的利润数据:

报告期利润	净资产收益率(%)		每股收益(元/股)	
	全面摊薄	加权平均	全面摊薄	加权平均
主营业务利润	63.89	67.38	1.75	1.75
营业利润	27.67	29.18	0.76	0.76
净利润	21.29	22.45	0.58	0.58
扣除非经常性损益后的净利润	20.97	22.11	0.57	0.57

三、股本变动及股东情况

1、股本变动情况(单位:万股)

本次变动后	本次变动前	本次变动增减(+,－)						本次变动后
		配股	送股	公积金转股	增发	其它	小计	
一、未上市流通股份								
1、发起人股份	20787							20787
其中:								
国家持有股份	20787							20787
境内法人持有股份								
境外法人持有股份								
其他								
2、募集法人股份								
3、内部职工股								
4、优先股或其他								
其中:转配股								
未上市流通股份合计	20787							20787
二、已上市流通股份								
1、人民币普通股	8450							8450
2、境内上市的外资股								
3、境外上市的外资股								
4、其他								
已上市流通股份合计	8450							8450
三、股份总数	29237							29237

2、股东情况介绍
(1)截止2001年12月31日,公司股东总数为24109户。
(2)报告期末公司前10名股东持股情况

名次	股东名称	持股数(股)	持股比例(%)
1	河南省漯河市双汇实业集团公司	207870000	71.10
2	北京证券有限责任公司	6507482	2.23
3	金鑫证券投资基金	6075066	2.08
4	金泰证券投资基金	2093891	0.72
5	汉兴证券投资基金	1000088	0.34
6	安顺证券投资基金	816050	0.28
7	安瑞证券投资基金	768870	0.26
8	张孝刚	719264	0.25
9	陈　宏	709462	0.24
10	郑孟涛	673634	0.23

说明:
①前十名股东之间存在的关联关系情况:金鑫证券投资基金、金泰证券投资基金同属国泰基金管理有限公司管理,安顺证券投资基金、安瑞证券投资基金同属华安基金管理有限公司管理。
②河南省漯河市双汇实业集团有限责任公司所持股份为国家股,由河南省漯河市国有资产管理局授权其经营管理,其股份在报告期内无质押和冻结。
③本公司持股数量第二名至第十名均为社会公众股东。
(3)本公司控股股东情况介绍
控股股东名称:河南省漯河市双汇实业集团有限责任公司
法定代表人:万隆
成立日期:1994年8月24日
注册资本:55812万元
股权结构:漯河市国有资产管理局持有其100%的股权。
公司主营:食品加工及制造,生猪、活牛屠宰,饮料、包装品制造,化学原料及化学制品,进出口业务等。
(4)公司控股股东的控股股东:河南省漯河市国有资产管理局
法定代表人:孟顺礼
单位性质:行政单位

四、董事、监事和高级管理人员

1、基本情况
(1)公司现任董事、监事及高级管理人员情况

姓名	职务	姓别	年龄	任职起止日期	年初持股数	年末持股数	年度内股份增减变动量	增减变动原因
张俊杰	董事长	男	34	2001.11～2004.11	13520	13520		
李冠军	副董事长、总经理	男	38	2001.11～2004.11	13520	13520		
万　隆	董事	男	61	2001.11～2004.11	16900	16900		
易激阳	董事、董事会秘书	男	44	2001.11～2004.11	8450	8450		
何　科	董事	男	34	2001.11～2004.11	13520	14020	+500	购　买
谢振西	董事	男	37	2001.11～2004.11	13520	13520		
乔海莉	董事	女	37	2001.11～2004.11	13520	13520		
杨耀军	副总经理	男	34	2001.11～2004.11	5000	5000		
郭显峰	副总经理	男	31	2001.11～2004.11				
李淑英	副总经理	女	36	2001.11～2004.11				
胡兆振	财务总监	男	29	2001.11～2004.11				
陈林峰	监事会主席	男	30	2001.11～2004.11	4225	4225		
何兴保	监事	男	52	2001.11～2004.11	13520	17620	+4100	购　买
陈阳友	监事	男	31	2001.11～2004.11	4225	4225		
郑先锋	监事	男	31	2001.11～2004.11	5577	5577		
王兰英	监事	女	34	2001.11～2004.11				

(2)董事、监事在股东单位任职情况

姓　名	在股东单位职务	任职期间
万　隆	董事长、总经理	2001.11～2004.11
何　科	董事、常务副总经理	2001.11～2004.11
张俊杰	董事	2001.11～2004.11
何兴保	监事、工会主席	2001.11～2004.11
王兰英	监事	2001.11～2004.11

2、年度报酬情况
(1)现任董事、监事及高级管理人员报酬的决策程序和确定依据:在本公司领取薪酬的现任董事、监事、高级管理人员的年度报酬,由董事会根据各人的职务及贡献大小研究确定。
(2)现任董事、监事及高级管理人员在公司领取的年度报酬总额:55.9万元。
(3)金额最高的前三名董事的报酬总额:40万元。
(4)金额最高的前三名高级管理人员的报酬总额:13.5万元。
(5)以上在公司领取年度报酬的董事、监事及高级管理人员中,年度报酬在10万元以上的有

2人,年度报酬在5万元至10万元之间的有3人,年度报酬在3万元以下的有2人。

(6)未在本公司领取年度报酬的有9人,其中:

董事万隆、何科、监事何兴保、王兰英在股东单位领取报酬,总经理李冠军、董事谢振西、副总经理李淑英、杨耀军、郭显峰因任职较晚,未在本公司领取报酬。

3、报告期内董事、监事及高级管理人员离任情况

(1)2001年11月12日,根据公司《章程》的规定,公司召开临时股东大会,对任期届满的董事会、监事会进行了正常的换届选举,选举万隆、张俊杰、李冠军、易激阳、何科、谢振西、乔海莉为公司第二届董事会成员,选举陈林峰、何兴保、陈阳友、郑先锋、王兰英为公司第二届监事会成员,公司原董事赵银章、刘响林、游召胜、陈国发、冯大力、原监事石香甫任期届满离任。

(2)2001年11月12日,公司召开第二届董事会第一次会议,聘任李冠军为公司总经理、郭显峰、李淑英、杨耀军为公司副总经理,聘任易激阳为公司董事会秘书、胡兆振为公司财务总监,公司原总经理刘响林、副总经理张俊杰、易激阳、刘春雄任期届满离任。

五、公司治理结构

1、公司治理状况

公司成立以来,根据《公司法》、《证券法》和中国证监会有关法律、法规的要求,不断完善公司法人治理结构,规范公司运作,并制定了相关规则和管理制度。按照中国证监会、国家经贸委《关于发布<上市公司治理准则>的通知》的要求,结合公司治理的实际状况,公司对照《上市公司治理准则》列明的七项内容进行了认真对比分析。公司治理基本上符合《上市公司治理准则》的要求。具体内容如下:

(1)股东与股东大会:公司制定了《公司章程》和《股东大会议事规则》,能够确保所有股东、特别是中小股东的合法权利和平等地位;能够严格按照股东大会规范意见的要求通知、召开股东大会,保证股东行使表决权;公司与关联人之间的关联交易公平合理,并按要求进行了充分披露。

(2)控股股东与上市公司:本公司的控股股东行为规范,没有超越股东大会和董事会直接或间接干预公司的决策及生产经营活动;公司董事会、监事会和内部机构能够独立运作,在人员、资产、业务、财务和机构方面与控股股东做到了分开。

(3)董事与董事会:公司董事候选人的提名和董事的选聘程序符合《公司章程》的规定;公司董事会的人数及人员构成符合法律、法规的要求,各位董事能够忠实、诚信、勤勉地履行职责;公司制定了《董事会议事规则》,确保董事会高效运作和科学决策;公司正按照《关于在上市公司建立独立董事制度的指导意见》的要求积极物色独立董事人选,确保在2002年6月30日前建立独立董事制度、选聘独立董事。

(4)监事与监事会:公司制定了《监事会议事规则》,监事会的人员及结构符合有关法律、法规的要求;监事能够认真履行自己的职责,能够本着对股东负责的精神,独立有效地行使监督和检查职能。

(5)绩效评价与激励约束机制:公司经理人员的聘任公开、透明,符合法律、法规的规定;公司将建立公开、透明的绩效评价标准和激励约束机制,以吸引人才,保持经理人员的稳定。

(6)利益相关者:公司与银行及其他债权人、职工、消费者、供应商、社区等利益相关者的关系是相辅相成、共同促进和共同发展的关系,公司能够充分尊重并维护利益相关者的合法权利,与利益相关者积极合作,共同推动公司持续、健康地发展。

(7)信息披露与透明度:公司指定专人负责信息披露工作,指定部门接待股东来访和咨询;能够严格按法律、法规真实、准确、完整、及时地披露有关信息,保证所有股东有平等的机会获得信息。

2、独立董事履行职责情况

本报告期内,公司无聘任独立董事。

公司正按照《关于在上市公司建立独立董事制度的指导意见》的要求积极物色独立董事人选,确保在2002年6月30日前建立独立董事制度、选聘独立董事。

六、股东大会情况简介

报告期内,公司共召开两次股东大会,即2000年年度股东大会和2001年临时股东大会。

1、2001年5月8日,公司召开2000年年度股东大会。审议通过的决议公告刊登在2001年5月9日的《中国证券报》和《证券时报》上。

2、2001年11月12日,公司召开2001年临时股东大会。审议通过的决议公告刊登在2001年11月13日的《中国证券报》和《证券时报》上。

七、董事会报告

1、报告期内公司经营情况

(1)主营业务的范围及其经营状况

公司主营业务范围:食品加工及销售,畜牧养殖,化工产品,包装品生产销售,食品行业的投资,技术咨询服务。

2001年,在董事会的领导下,公司的生产经营、经济效益取得了成立以来连续第四年稳步增长,全年共生产各类肉制品27.8万吨,生产各类骨素及猪肉香精2158吨,生产PVDC肠衣1357吨,实现主营业务收入336797万元,实现主营业务利润51182万元。

本报告期内,公司主营业务收入构成情况如下:

主营业务项目	主营业务收入(元)	比例(%)
高温肉制品	2,684,198,912.88	79.70
低温肉制品	376,045,512.82	11.17
其他	307,721,649.75	9.13

本报告期内,公司主营业务利润构成情况如下:

主营业务项目	主营业务利润(元)	比例(%)
高温肉制品	422,941,171.05	82.64
低温肉制品	55,757,710.46	10.89
其他	33,116,564.59	6.47

(2)报告期内无来源于单个参股公司的投资收益对公司净利润影响达到10%以上。

(3)主要供应商、客户情况

①报告期内,公司向前五名供应商合计的采购金额占年度采购总额的36.98%;

②报告期内,公司前五名客户销售额合计占公司销售总额的6.23%。

2、公司报告期内的投资情况

(1)募集资金使用情况

本公司于1998年9月16日发行5000万股社会公众股,扣除发行费用,实际募集资金30046万元,截止2000年底,前次募集资金已全部投入项目建设,本报告期内公司无募集资金使用情况。

(2)非募集资金投资项目情况

①投资2194万元收购上海市农业投资总公司持有的上海大昌金山有限公司30%的股权,成立上海大昌双汇艾波有限公司。项目于2001年6月完成投资,报告期内该公司实现净利润-1309万元;

②投资200万元合资成立四川双汇商业连锁有限公司,占该公司20%的股份。项目于2001年4月完成投资,报告期内该公司实现净利润37.6万元;

③投资1374万元合资成立漯河双汇九鑫牧业有限公司,占该公司60%的股份。截止2001年底公司已投入1109万元,目前该项目正在建设之中,报告期内无效益。

3、公司财务状况及经营成果

(1)2001年12月31日,公司总资产为161701万元,比上年增加6472万元,主要是因为长期股权投资、在建工程增加所致;

(2)2001年12月31日,公司长期负债为1694万元,比上年减少1104万元,主要是长期借款、长期应付款减少所致;

(3)2001年12月31日,公司股东权益为80103万元,比上年增加12668万元,主要是公司净利润增加所致;

(4)本报告期内公司实现主营业务利润51182万元,比上年增加5749万元,主要是主营业务收入增加所致;

(5)本报告期内公司实现净利润17050万元,比上年增加1985万元,主要是公司主营业务利润增加所致。

4、公司新年度的经营计划

2002年是公司全面推进"十五"规划、迎接入世挑战的重要一年,是公司实现营销创新、技术创新、管理创新、组织创新的变革之年,是抓住机遇把公司做大、做优、做实、做强的关键一年。根据国内外经济形势及对行业发展走势、市场现状的分析,制定公司2002年度经营计划如下:

(1)生产经营计划:产销各类高低温、中西式肉制品35万吨,各类骨素及猪肉香精2175吨,各类PVDC包装肠衣1550吨。

(2)具体措施

①大力推进营销体制的改革和组织创新,建立分权与集权相结合的新的营销体制,建立有职、有权、有责、有任务、有指标、有追究制度的权利与责任相对称的管理体系,建立规范的客户评价和管理体系,建立从总经理、本部经理、分公司经理到业务员的客户定期访问制度,树立起"一切围绕消费者需求、一切围绕客户需要"的服务和管理理念,达到消费者、客户与企业利益共享,实现多赢的目的。

②建立产品质量保证体系,严格执行ISO9000、HACCP、对日出口产品注册认证等各项质量保证体系,认真学习、掌握新的食品卫生标准和内容,严格执行《食品卫生法》和各项法规和条例,将"产品质量无小事,食品安全大如天"的企业文化理念落实在实际行动上,以质量赢得市场,以安全赢得市场。

③建立市场、研发、生产紧密结合的新产品开发体系,不断开发出适应消费者、能够引导市场、有竞争力、盈利能力强的新产品,以技术开发赢得市场。

④深入推行劳动人事制度和收入分配制度的改革和创新,形成有竞争、有压力、有激励、有约束的运行机制,调动工作人员的积极性,促进全体员工工作效率的提高。

⑤进一步强化企业管理,压缩费用,降低成本,增加企业绩效。坚持从基础管理工作、基础管理环节抓起,在各项业务决策、经营活动中,坚持制度化、规范化、程序化;强化财务管理职能,加强财务审计、财务监督,强化内部控制。

5、本次利润分配预案

经信永中和会计师事务所审计,本年度公司实现净利润170,501,788.08元,按母公司报表提取10%的法定公积金17,705,813.35元和5%的法定公益金8,852,906.68元后,本年度可供分配的利润143,943,068.05元,加上前次未分配利润100,570,874.09元,本次可供股东分配的利润244,513,942.14元。

经公司第二届董事会第四次会议审议,通过以下分配预案:

拟以2001年末公司总股本29,237万股为基数,向全体股东按每10股派1.5元(含税)的比例实施利润分配预案,共分配利润43,855,500元,尚余未分配利润200,658,442.14元。

以上利润分配预案须经年度股东大会审议通过后实施。

八、监事会报告

1、报告期内监事会会议情况

本报告期内公司共召开四次监事会会议。

(1)一届五次监事会会议于2001年2月4日召开,会议审议通过了2000年度监事会工作报告、2000年财务决算报告、2000年年度报告和年度报告摘要、2000年度利润分配预案。决议公告刊登在2001年2月6日的《中国证券报》和《证券时报》上。

(2)一届六次监事会会议于2001年8月15日召开,会议审议通过了2001年中期报告和中期报告摘要、2001年中期利润分配方案。决议公告刊登在2001年8月18日的《中国证券报》和《证券时报》上。

(3)一届七次监事会会议于2001年10月10日召开,会议审议通过了关于公司监事会换届选举及第二届监事会成员候选人名单的议案。决议公告刊登在2001年10月11日的《中国证券报》和《证券时报》上。

(4)二届一次监事会会议于2001年11月12日召开,会议审议通过了选举监事会主席的议案。决议公告刊登在2001年11月13日的《中国证券报》和《证券时报》上。

2、监事会对公司2001年有关事项发表的独立意见

本年度监事列席了董事会全部会议,对公司运作情况进行了日常监督,监事会认为:

本公司的运作是规范、合法的。公司董事、经理在实际工作中,较好地贯彻了"法制、监管、自律、规范"的八字方针,建立了较完善的内部控制和内部管理制度。在执行公司章程、履行职责、遵纪守法、维护公司及股东权益方面是尽职尽责的。在执行公司职务时从未发现有违反法律、法规、公司章程或损害公司及股东利益的行为。

九、重要事项

1、本报告期内公司无重大诉讼、仲裁事项。

2、本报告期内公司重大收购资产情况

经公司第一届董事会第十三次会议决议,公司出资2194.06万元收购上海市农业投资总公司所持有的上海大昌金山有限公司30%的股权,于2001年6月18日成立上海大昌双汇艾波有限公司,主要从事生猪屠宰及肉制品加工业务,为公司拟在上海成立的双汇商业连锁店提供产品。

经上海立信资产评估有限公司评估,截止2000年12月31日,上海大昌金山有限公司净资产为8015.05万元,本公司以2194.06万元人民币的价格受让上海市农业投资总公司拥有法律终极所有权的上海大昌金山有限公司30%的股权。

按照《深圳证券交易所股票上市规则》的有关规定,经向深圳证券交易所公司管理部备案并经其批准,此次董事会决议未进行公告。

3、本报告期内重大关联交易事项

(1)采购货物

关联方名称	2000年度	2001年度
仁寿双汇食品有限公司	99,804,468.38	70,755,253.51
华北双汇食品有限公司	42,437,927.25	20,474,866.76
商丘双汇食品有限公司	11,354,856.55	37,025,996.65
绵阳双汇食品有限公司	109,978,181.40	122,716,613.25
漯河双汇包装制业有限公司	69,570,923.27	32,129,594.86
舞钢双汇食品有限公司	69,776,464.30	58,069,474.78
双汇集团劳动服务公司	86,831,922.54	55,716,481.27
双汇塑料工程有限公司	25,097,126.07	26,792,541.64
双汇动力有限公司	1,788,193.60	3,551,539.39
漯河双汇进出口贸易有限公司	34,194,107.08	35,797,869.80
双汇集团	0.00	336,356,694.16
漯河华丰塑料包装有限公司	19,896,548.30	84,973,223.66
漯河双汇彩印包装有限公司	65,971,803.32	120,664,063.88
合　计	636,702,522.06	1,005,024,213.61

(2)关联方应收应付款项余额

应收账款

关联方名称	2000.12.31	2001.12.31	备注
漯河汇特食品有限公司	16,924,697.18	3,405,738.49	销售货款
漯河华意食品有限公司	1,203,989.54	1,044,050.90	辅料款
绵阳双汇食品有限公司	844,931.12	2,461,090.58	辅料、铝线款
漯河双汇进出口贸易有限公司	151,949.76	6,732,960.33	销售货款
漯河双汇商业连锁有限公司	4,394,775.95	309,578.13	销售货款
漯河双汇保鲜包装有限公司	8,364,986.90	2,085,482.52	销售肠衣款
漯河华丰塑料包装有限公司	0.00	3,287,297.61	销售肠衣款
漯河双汇彩印包装有限公司	1,190,260.78	0.00	销售肠衣款
合　计	33,075,591.23	19,326,198.56	

预付账款

关联方名称	2000.12.31	2001.12.31	备注
双汇集团劳动服务公司	0.00	19,742,273.83	购买鲜蛋预付款
漯河双汇进出口贸易有限公司	22,596,872.13	8,141,538.39	进口材料预付款
漯河双汇彩印包装有限公司	0.00	28,680,309.43	购买肠衣预付款
漯河双汇计算机软件有限公司	0.00	1,500,000.00	往来款
舞钢双汇食品有限责任公司	16,307,451.30	30,427,680.01	原料肉预付款
商丘双汇食品有限公司	7,966,371.56	0.00	原料肉预付款
绵阳双汇食品有限公司	6,286,729.90	0.00	原料肉预付款
仁寿双汇食品有限公司	3,965,668.60	0.00	原料肉预付款
合　计	57,123,093.49	88,491,801.66	

其他应收款

关联方名称	2000.12.31	2001.12.31	备注
上海大昌双汇艾波有限公司	0.00	1,500,000.00	往来款
漯河双汇罐头食品股份有限公司	0.00	4,300,562.51	往来款
合　计	0.00	5,800,562.51	

应付账款

关联方名称	2000.12.31	2001.12.31	备注
郑州双汇大豆食品公司	0.00	7,303,912.00	应付辅料款
双汇集团劳动服务公司	13,659,133.64	33,439,543.44	购买鲜蛋款
漯河华懋双汇塑料工程有限公司	5,317,382.09	17,554,361.33	应付肠衣款
漯河华懋双汇包装制业有限公司	33,229,772.52	18,705,118.37	应付纸箱款
舞钢双汇食品有限责任公司	14,592.09	390,803.94	应付原料肉款
漯河华懋双汇动力有限公司	7,237,069.98	6,409,717.29	应付水电汽款
漯河双汇味全食品有限公司	747,282.59	728,104.28	往来款
漯河华意食品有限公司	47,401,883.10	32,226,499.64	应付销货款
漯河汇特食品有限公司	0.00	17,868,454.35	应付销货款
漯河双汇彩印包装有限公司	18,763,503.14	22,171,126.36	应付销货款
绵阳双汇食品有限责任公司	0.00	1,700,504.91	应付销货款
华北双汇食品有限责任公司	0.00	3,101,210.35	应付销货款
商丘双汇食品有限公司	2,954,514.25	0.00	往来款
漯河双汇胶印有限公司	1,518,266.35	19,407,292.88	应付纸箱款
漯河双汇保鲜包装有限公司	828,765.00	19,713,285.51	应付肠衣款
漯河万源生化有限公司	2,113,186.96	741,469.56	应付辅料款
漯河华丰塑料包装有限公司	7,171,838.43	32,944,116.03	应付肠衣款
漯河双汇投资有限责任公司	855,564.01	0.00	往来款
双汇计算机软件公司	3,705,480.37	2,533,587.60	往来款
漯河双汇物流运输有限公司	0.00	3,212,938.04	应付运费
合　计	145,518,234.52	240,152,045.88	

预收账款

关联方名称	2000.12.31	2001.12.31	备注
漯河双汇商业连锁有限公司	0.00	8,384,031.87	预收货款

其他应付款

关联方名称	2000.12.31	2001.12.31	备注
漯河双汇罐头食品股份有限公司	246,952.92	0.00	往来款

(3)销售货物

关联方名称	2000 年度	2001 年度
漯河汇特食品有限公司	14,667,464.19	148,025,466.87
漯河华意食品有限公司	49,139,607.12	5,856,463.00
绵阳双汇食品有限公司	1,310,739.64	4,365,278.01
漯河双汇进出口贸易有限公司	1,375,565.31	19,889,016.67
漯河双汇商业连锁有限公司	49,222,649.57	123,087,165.11
漯河双汇保鲜包装有限公司	14,458,041.03	39,962,427.82
漯河华丰塑料包装有限公司	0.00	13,132,375.51
漯河双汇彩印包装有限公司	17,499,939.31	8,794,948.72
合　计	147,674,006.17	363,113,141.71

(4)其他

根据本公司与双汇集团 1998 年 5 月 20 日签订的《商标使用许可合同》,原由双汇集团拥有的"双汇"商标无偿投入本公司,本公司同意双汇集团及其下属企业在商标使用许可范围内无偿使用该商标。

根据本公司与双汇集团签订的 2001 年度《供货协议》,双汇集团及其控股的子公司将优先为本公司提供火腿肠等肉制品生产所需的原料肉,并承诺提供给本公司的货物价格不会高于提供给第三者同样货物的价格。

4、重大合同及其履行情况

(1)报告期内公司无托管、承包、租赁其他公司资产或其他公司托管、承包、租赁本公司资产的事项。

(2)报告期内公司无担保事项。

(3)报告期内公司无委托他人进行现金资产管理事项,目前尚无委托理财计划。

(4)其他重大合同

2001 年 7 月 25 日和 2001 年 10 月 30 日,公司分别与中国银行漯河分行、中国光大银行郑州分行签署《银企合作协议》,两行分别向本公司提供 3 亿元的授信额度,以满足公司发展的需要。协议有效期两年,经双方协商同意可以续订。

5、报告期内,公司或持股 5%以上的股东未在任何指定报刊或网站上披露承诺事项。

6、报告期内公司聘任、解聘会计师事务所情况

经公司 2000 年度股东大会审议,决定续聘中天信会计师事务所为公司 2001 年度审计机构。根据中国注册会计师协会 2002 年 1 月 7 日公布的《通过 2000－2001 年度证券许可证年检会计师事务所名单》,中天信会计师事务所已不再具备证券从业资格,不能再承担公司 2001 年度的财务审计工作。经公司二届三次董事会审议,决定改聘信永中和会计师事务所作为公司 2001 年度的财务审计机构。

根据公司《章程》规定,该决议将提交公司 2001 年度股东大会审议通过。

本报告年度公司支付给信永中和会计师事务所的报酬为 45 万元。

7、本报告期内,公司董事会、董事、监事及高级管理人员没有受到中国证监会稽查、中国证监会行政处罚、通报批评、证券交易所公开遣责的情形。

2001 年 4 月 20 日至 4 月 28 日,中国证监会郑州特派办对公司进行了例行巡回检查,并于 2001 年 5 月 8 日出具了《限期整改通过书》,提出了"与控股股东在人员方面未彻底分开"、"'三会'会议记录没有出席会议的董事、监事签字"、"新建项目的土地使用证没有办理"等三个方面的问题。公司于 2001 年 5 月 17 日召开董事会,针对《限期整改通知书》所列举的问题进行了认真的讨论,研究制定了切实可行的整改措施,按要求完成了整改工作。

2001 年 5 月 19 日,公司将《整改报告》刊登在《中国证券报》和《证券时报》上。

十、财务报告

1、审计报告

公司本年度财务报告已经信永中和会计师事务所注册会计师张克、郎争审计,并出具了无保留意见的审计报告(XYZH/A502008)。

2、会计报表(附后)

3、会计报表附注

(一)公司的基本情况

河南双汇投资发展股份有限公司(以下简称"本公司")系经河南省人民政府"豫股批字[1998]20 号"文批准,由河南省漯河市双汇实业集团有限责任公司(以下简称"双汇集团")独家发起,以社会募集方式设立的股份有限公司。

1998 年 9 月 16 日,经中国证券监督管理委员会批准,本公司公开发行了人民币普通股票 5,000 万股,1998 年 10 月 15 日,在河南省工商行政管理局注册登记,注册号为 4100001004463。截至 2001 年 12 月 31 日,本公司注册资本为人民币 29,237 万元,股份总额 29,237 万股,均为人民币普通股,每股面值 1 元。其中国家股 20,787 万股,占总股本的 71.10%;社会公众股 8,450 万股,占总股本的 28.90%。

本公司属食品加工行业,经营范围主要包括:食品加工及销售、生物工程、化工产品、包装制品生产销售、畜牧养殖、食品行业投资等。主要产品包括:火腿肠、鲜冻肉、PVDC 包装膜、天然调味品等,其中"双汇"牌系列肉制品是中国公认名牌产品。

(二)公司采用的主要会计政策、会计估计和合并会计报表的编制方法

1、会计制度

本公司执行《企业会计准则》、《企业会计制度》及其有关补充规定。

2、会计年度

本公司的会计年度为公历 1 月 1 日至 12 月 31 日。

3、记账本位币

本公司以人民币为记账本位币。

4、记账基础和计价原则

本公司会计报表以权责发生制为记账基础,除本公司成立时所投入的资产与负债以评估值入账外,均以历史成本为计价原则。

5、外币业务核算方法

外币业务按业务发生当日中国人民银行公布的市场汇价折算为人民币记账,资产负债表日的外币货币性资产和负债按该日中国人民银行公布的市场汇价进行调整,产生的汇兑损益计入当期损益。

6、外币会计报表的折算方法

外币会计报表于资产负债表日除所有者权益按业务发生当日中国人民银行公布的市场汇价折算外,其他账户按资产负债表日中国人民银行公布的市场汇价折算,由此产生的差异列入外币会计报表折算差额。

7、现金等价物的确定标准

现金等价物是指本公司持有的期限短(一般是指从购买日起三个月内到期)、流动性强、易于转换为已知金额现金、价值变动风险很小的投资。

8、短期投资核算方法

短期投资计价及其收益确认方法:初始(取得时)的计价按照投资成本计量;收益于实际收到现金时确认。

短期投资跌价准备的确认标准和计提方法:本公司于期末对短期投资按照成本与市价孰低计量,对市价低于成本的差额,计提短期投资跌价准备。

9、坏账核算方法

应收款项坏账的确认标准和核算方法:因债务人破产或者死亡,而导致不能收回的应收款项,以及其他相关证据确凿表明不能收回的应收款项确认为坏账损失;坏账损失采用备抵法核算,冲减坏账准备。

坏账准备的核算方法:本公司在对应收款项的回收可能性作出具体评估后计提坏账准备。应收款项坏账准备计提比例一般为:

账龄	计提比例
1 年以内	5 %
1－2 年	10%
2－3 年	30%
3－4 年	50%
4－5 年	80%
5 年以上	100%

此外对有确凿证据表明该项应收款项不能收回,或收回的可能性不大,本公司可以单项计提该项应收款项的坏账准备,提取比例可以达到 100%。

本公司与合并会计报表子公司之间及合并会计报表子公司相互之间发生的应收款项,因合并会计报表时可以抵销,不计提坏账准备。

10、存货核算方法

存货主要包括原材料、物料用品、在产品、产成品、自制半成品、低值易耗品和包装物等。

存货取得的计价方法:购入原材料、物料用品等以买价加运输、装卸、保险等费用作为实际成本;自制半成品和产成品以制造和生产过程中发生的各项实际支出作为实际成本。

存货发出的计价方法:领用和销售原材料以及销售自制半成品和产成品采用加权平均法核算。

存货的盘存制度:永续盘存制。

低值易耗品采用五五摊销法核算。

由于存货遭受毁损、全部或部分陈旧过时或销售价格低于成本等原因,对其成本不可收回的部分,期末提取存货跌价准备。存货跌价准备按单个存货项目的成本低于其可变现净值的差额提取。

11、长期投资核算方法

长期投资包括长期股权投资和长期债权投资等。

长期股权投资的成本按投资时实际支付的价款或确定的价值入账。本公司对投资额占被投资企业可表决权资本 20%以下的股权投资采用成本法核算;对投资额占被投资企业可表决权资本 20%以上及 50%以下的股权投资采用权益法核算;对投资额占被投资企业可表决权资本 50%以上的股权投资采用权益法核算并编制合并会计报表。

股权投资差额的摊销方法和期限:以直线法按 10 年摊销。

长期债权投资的计价和收益确认方法:长期债权投资按取得时的实际成本作为初始投资成本,对长期债权投资按权责发生制原则计算应计利息。

债券投资溢价和折价的摊销方法:在长期债券投资的存续期内按直线法分期摊销。

长期投资减值准备的确认标准和计提方法:长期投资由于市价持续下跌或被投资企业经营状况恶化等原因导致其可收回金额低于账面价值,并且这种降低的价值在可预计的未来期间内难以恢复,该可收回金额低于长期投资账面价值的差额,计入长期投资减值准备。

12、固定资产计价和折旧方法

固定资产包括房屋建筑物、机器设备和运输设备等。固定资产是指使用期限在一年以上的房屋、建筑物和其他主要生产经营设备,以及单位价值在 2(000 元以上并且使用期限超过两年的非主要生产经营设备。

固定资产折旧以预计使用年限在预留 5%残值后采用直线法计算,年折旧率如下:

类别	年折旧率

房屋建筑物	3.17%
机器设备	6.33%
运输设备	9.50%
其他设备	19.00－9.50%

本公司对于实质上已发生了减值(如功能过剩、开工长期不足、重置价值大幅度下降、固定资产收益率远低于正常的资金收益率等)的固定资产,按该资产可变现值低于账面净值的差额计提减值准备,对于存在下列情况之一的固定资产,全额计提减值准备:

(1)长期闲置不用,在可预见的未来不会再使用,且已无转让价值的固定资产;

(2)由于技术进步等原因,已不可使用的固定资产;

(3)虽然固定资产尚可使用,但使用后产生大量不合格品的固定资产;

(4)已遭毁损,以至于不再具有使用价值和转让价值的固定资产。

13、在建工程核算方法

在建工程指正在兴建中的资本性资产,以实际成本入账。成本包括机器设备的购置成本、建筑费用及其他直接费用,以及建设期间专门用于在建工程的借款的利息费用与汇兑损益。在建工程达到预定可使用状态时,停止其借款利息的资本化。

在建工程结转固定资产的时点:所购建的固定资产在达到预定可使用状态之日起结转固定资产,次月开始计提折旧;若尚未办理竣工决算手续,则先予估价值结转固定资产并计提折旧,办理竣工决算手续后再进行账面价值的调整。

本公司于每年年度终了,对在建工程进行全面检查,当存在下列一项或若干项情况时,则计提在建工程减值准备:

(1)长期停建并且预计在未来 2 年内不会重新开工的在建工程;

(2)所建项目无论在性能上,还是在技术上已经落后,并且给企业带来的经济利益具有很大的不确定性;

(3)其他足以证明在建工程已经发生减值的情形。

14、无形资产计价及摊销方法

(1)土地使用权的计价:本公司购置的土地使用权按实际成本入账,包括购地费用、土地出让金和办理产权证的费用。股东投入的土地使用权按评估确认后的价值入账。

(2)土地使用权的摊销:在土地使用权出让年限内按直线法摊销。

(3)其他无形资产的计价:本公司无形资产按取得时的实际成本计价入账,以购入方式取得的无形资产按实际支付的价款作为实际成本;投资者投入的无形资产按投资各方确认的评估价值作为实际成本;自行开发并按法律程序申请取得的无形资产,按依法取得时发生的注册费、聘请律师费等费用作为无形资产的实际成本,在研究与开发过程中发生的材料、工资及其他费用直接计入当期损益。

(4)其他无形资产的摊销:本公司无形资产自取得当月起按预计使用年限、法律规定年限、合同规定年限三者最短者分期平均摊销,计入当期损益。法律、合同均未规定年限的,摊销年限不超过 10 年。

(5)无形资产减值准备:本公司按无形资产可回金额低于账面价值的差额计提无形资产减值准备。

15、长期待摊费用摊销方法

长期待摊费用的入账及摊销:本公司长期待摊费用是指企业已经支出,但摊销期限在 1 年以上(不含 1 年)的各项费用,如固定资产大修理支出、租入固定资产的改良支出等,在费用项目的受益期限内分期平均摊销。

16、借款费用的会计处理方法

借款费用是指企业因借款而发生的利息、折价或溢价的摊销,以及因外币借款而发生的汇兑差额。专门借款是指为购建固定资产而专门借入的款项。当以下三个条件同时具备时,因专门借款而发生的利息、折价或溢价的摊销和汇兑差额开始资本化:

(1)资产支出已经发生;

(2)借款费用已经发生;

(3)为使资产达到预定可使用状态所必要的购建活动已经开始。

当所购建固定资产达到预定可使用状态时,停止借款费用的资本化,以后发生的借款费用于发生当期确认为财务费用。

17、收入确认的方法

收入确认原则系以产品所有权上的主要风险和报酬已经转移给购货方,本公司不再对该产品实施继续管理权和控制权,相关的收入已经收到或取得了收款的证据,与产品相关的成本能够可靠的计量为标志确认收入的实现。

18、所得税的会计处理方法

本公司按规定从当期利润中扣除所得税,采用应付税款法核算。

19、利润分配方法

按适用于本公司的有关法规及本公司章程的规定,本公司税后利润按下列顺序分配:

(1)弥补以前年度亏损

(2)提取法定盈余公积金 10%

(3)提取法定公益金 5%

(4)提取任意盈余公积金

(5)支付股利

20、主要会计政策、会计估计变更和会计差错更正的说明

本公司从 2001 年 1 月 1 日起执行《企业会计制度》,按照《企业会计制度》及其补充规定的要求,主要对固定资产、在建工程、无形资产等相关项目的会计政策进行了变更;并对 2000 年底本公司的控股子公司—华懋双汇实业(集团)有限公司的机器设备类固定资产计提了 244,648.86 元的固定资产减值准备。

本公司的控股子公司—华懋双汇实业(集团)有限公司在 2001 年 6 月补发 2000 年度年终奖 9,144,037.27 元(2000 年度年终奖实际发放数与 2000 年预提数之间的差额),对于该事项,本公司在 2001 年度作为会计差错对其进行追溯调整。

对于上述两事项,本公司均按照相关规定对 2000 年会计报表进行了追溯调整,并对会计报表相关项目进行了调整,调减 2000 年度净利润 4,046,220.55 元,调减 2000 年末留存收益 4,046,220.55 元,其中:盈余公积调减 606,933.09 元,未分配利润调减 3,439,287.46 元,上述追溯调整对本公司财务状况、经营成果和相关财务指标的影响如下:

	盈余公积	未分配利润	净利润	每股收益	净资产收益率
2000 年原报表数	50,597,893.00	104,010,161.55	154,698,250.00	0.5291	22.80%
追溯调整后数	49,990,959.91	100,570,874.09	150,652,029.45	0.5153	22.34%

21、合并会计报表编制方法

根据财政部《合并会计报表暂行规定》,本公司合并会计报表的合并范围为本公司拥有其 50%以上权益性资本的被投资企业,并按《合并会计报表暂行规定》及有关补充规定的要求编制,所有公司间的重大交易和往来均在合并会计报表中抵销。

本公司 2000 年度纳入合并会计报表范围华懋双汇实业(集团)有限公司、华懋双汇化工包装有限公司、漯河双汇生物工程技术有限公司,上述三家子公司系中外合资企业,本年度执行《外商投资企业会计制度》。在编制合并会计报表时,按照本公司执行的会计制度进行调整后编制。

控制的子公司名称	注册地	注册资本	所占比例	经营范围	实际投资额
华懋双汇实业(集团)有限公司	河南省漯河市	USD4,280 万元	51.50%	肉制品加工	USD2,204.6 万元
华懋双汇化工包装有限公司	河南省漯河市	USD463.33 万元	63.35%	PVDC 肠衣膜	USD293.5 万元
漯河双汇生物工程技术有限公司	河南省漯河市	USD400 万元	75.00%	骨素、香精	RMB2,490 万元
漯河双汇九鑫牧业有限公司	河南省漯河市	USD276 万	60.00%	生猪养殖	USD134 万元

本公司的控股子公司漯河双汇九鑫牧业有限公司目前尚未正式经营,故未将其纳入本年度合并会计报表。

(三)税项

1、所得税

本公司 2001 年继续执行河南省人民政府《关于河南双汇实业股份有限公司所得税政策的批复》(豫政文(1998)93 号)的规定,企业所得税适用税率为 33%,自注册之日起,所得税实行照章纳税、财政返还、实际税负 15%的政策,财政返还部分作为当期税后净利润由本公司股东共享。

本公司控股的华懋双汇实业(集团)有限公司、漯河双汇生物工程技术有限公司和华懋双汇化工包装有限公司三家子公司系中外合资企业,依照国家有关法律、法规的规定,企业所得税税率为 30%,并享受"两免三减"的优惠政策。根据河南省人大常委会"关于贯彻执行《河南省鼓励外商投资条例》的通知"(豫人常[1994]29 号),免征地方所得税。漯河双汇生物工程技术有限公司和华懋双汇化工包装有限公司两家公司 2001 年度按 15%的税率计缴企业所得税;华懋双汇实业(集团)有限公司根据河南省外经贸厅"豫外经贸资字[1997]137 号"文确认为先进技术企业,经漯河市国税局涉外分局核准,2001 年度按 15%的税率计缴所得税。

2、增值税

销售收入适用增值税。其中:内销产品销项税率为 17%、13%。

购买原材料等所支付的增值税进项税额抵扣销项税。

增值税应纳税额为当期销项税抵减当期进项税后的余额。

3、营业税

本公司租金收入适用营业税,税率为收入的 5%。

4、城建税及教育费附加

本公司城建税和教育费附加分别按应纳流转税的 7%和 3%计提和缴纳。

会计报表合并范围内的华懋双汇实业(集团)有限公司、漯河双汇生物工程技术有限公司和华懋双汇化工包装有限公司,根据国家税务总局《国家税务总局关于外商投资企业和外国企业暂不征收城市维护建设税和教育费附加的通知》(国税发[1994]038 号)的规定,免征城市维护建设税和教育费附加。

5、屠宰税

根据河南省人民政府"关于印发《河南省屠宰税征收办法》"(豫政[1994]84 号),本公司按收购应税牲畜所支付的金额计算缴纳屠宰税,税率为 4%。

6、个人所得税

本公司职工的个人所得税由个人承担,本公司代扣代缴。

7、其他税项

本公司其他税项按国家有关的规定计算缴纳。

(四)控制的控股子公司

截止至 2001 年 12 月 31 日,本公司所控制的子公司情况如下:

控制的子公司名称	注册资本	实际投资额	所占比例	经营范围	性　质
华懋双汇实业(集团)有限公司	USD4,280 万元	USD2,204.6 万元	51.50%	肉制品加工	中外合资
华懋双汇化工包装有限公司	USD463.33 万元	USD293.5 万元	63.35%	PVDC 肠衣膜	中外合资
漯河双汇生物工程技术有限公司	USD400 万元	RMB2,490 万元	75.00%	骨素、香精	中外合资
漯河双汇九鑫牧业有限公司	USD276 万	USD134 万	60.00%	生猪养殖	中外合资

本公司 2001 年度纳入合并会计报表范围的单位包括:华懋双汇实业(集团)有限公司、漯河双汇生物工程技术有限公司和华懋双汇化工包装有限公司。

(五)财务报表项目附注

详见年度报告正文。

(六)母公司会计报表主要项目注释

详见年度报告正文。

(七)关联方关系及其交易

详见年度报告正文。

(八)或有事项

本公司没有需说明的或有事项。

(九)承诺事项

本公司与宜昌兴发集团有限责任公司共同投资成立宜昌双汇食品有限责任公司,该公司注册资本 9800 万元,本公司占 51%的股权,本年度已出资 980 万元,仍需出资 4018 万元。

(十)资产负债表日后事项

本公司没有需说明的资产负债表日后事项中的非调整事项。

河南双汇投资发展股份有限公司董事会

二〇〇二年二月六日

利润及利润分配表

制表单位:河南双汇投资发展股份有限公司　　　　单位:人民币元

项　目	附注	合并数		母公司	
		2001 年度	2000 年度	2001 年度	2000 年度
一、主营业务收入	27	3,367,966,075.45	3,107,212,246.58	1,638,397,139.34	947,724,721.50
减:主营业务成本	27	2,848,311,086.24	2,647,854,476.76	1,418,369,701.15	849,171,619.77
主营业务税金及附加	28	7,839,543.11	5,031,099.59	7,839,543.11	3,623,822.84
二、主营业务利润		511,815,446.10	454,326,670.23	212,187,895.08	94,929,278.89
加:其他业务利润	29	7,255,360.88	8,269,677.18	492,514.62	1,826,087.15
减:营业费用		249,093,032.60	222,687,624.30	73,978,597.48	15,054,862.83
管理费用		45,848,164.54	50,287,651.19	6,411,562.48	7,635,044.10
财务费用	30	2,501,352.21	－2,122,454.77	3,137,958.16	－2,357,543.63
三、营业利润		221,628,257.63	191,743,526.69	129,152,291.58	76,423,002.74
加:投资收益	31	21,784,984.70	22,789,528.11	69,689,033.84	83,579,897.72
补贴收入		0.00	0.00	0.00	0.00
营业外收入	32	525,946.07	15,754,966.48	159,434.00	3,917,295.94
减:营业外支出	33	1,443,472.41	3,388,643.81	227,563.05	137,458.25
四、利润总额		242,495,715.99	226,899,377.47	198,773,196.37	163,782,738.15
减:所得税		36,335,113.04	31,677,835.44	21,715,062.84	13,130,708.70
减:少数股东损益		32,990,091.45	41,070,155.58	0.00	0.00
减:转作职工福利奖励基金的利润	34	2,668,723.42	3,499,357.00	0.00	0.00
五、净利润	35	170,501,788.08	150,652,029.45	177,058,133.53	150,652,029.45
加:年初未分配利润		100,570,874.09	118,701,649.05	100,570,874.09	118,701,649.05
盈余公积转入		0.00	0.00	0.00	0.00
六、可供分配的利润		271,072,662.17	269,353,678.50	277,629,007.62	269,353,678.50
减:提取法定盈余公积		17,705,813.35	15,065,202.94	17,705,813.35	15,065,202.94
提取法定公益金		8,852,906.68	7,532,601.47	8,852,906.68	7,532,601.47
七、可供股东分配利润		244,513,942.14	246,755,874.09	251,070,287.59	246,755,874.09
减:应付优先股股利		0.00	0.00	0.00	0.00
提取任意盈余公积		0.00	0.00	0.00	0.00
应付普通股股利		43,855,500.00	146,185,000.00	43,855,500.00	146,185,000.00
八、未分配利润		200,658,442.14	100,570,874.09	207,214,787.59	100,570,874.09

单位负责人:张俊杰　　财务负责人:胡兆振　　制表人:何丽娜

资 产 负 债 表

制表单位：河南双汇投资发展股份有限公司　　单位：人民币元

资　产	附注	合并数		母公司	
		2001年12月31日	2000年12月31日	2001年12月31日	2000年12月31日
流动资产：					
货币资金	1	138,345,764.75	107,968,107.17	72,034,496.93	9,919,276.96
短期投资		0.00	0.00	0.00	0.00
应收票据	2	10,352,200.00	24,626,000.00	0.00	0.00
应收股利	3	20,697,837.90	21,354,782.10	57,804,572.94	63,638,325.05
应收利息		0.00	0.00	0.00	0.00
应收账款	4	81,236,556.45	107,899,220.91	69,750,661.28	20,910,436.83
其他应收款	5	30,481,309.18	39,762,573.57	7,471,326.33	3,765,097.85
预付账款	6	135,465,884.85	108,414,219.18	24,697,476.19	6,776,973.64
应收补贴款		0.00	0.00	0.00	0.00
存货	7	275,590,543.00	274,530,459.90	69,468,961.37	79,129,035.04
待摊费用	8	1,458,348.71	6,417,819.86	1,351,864.84	561,453.93
一年内到期的长期债权投资		0.00	0.00	0.00	0.00
其他流动资产		0.00	0.00	0.00	0.00
流动资产合计		693,628,444.84	690,973,182.69	302,579,359.88	184,700,599.30
长期投资：					
长期股权投资	9	139,183,818.55	103,063,505.85	416,458,851.95	375,377,834.20
长期债权投资		0.00	5,158.40	0.00	0.00
长期投资合计		139,183,818.55	103,068,664.25	416,458,851.95	375,377,834.20
其中：合并价差		0.00	0.00	0.00	0.00
固定资产：					
固定资产原值	10	952,952,323.29	897,242,150.26	457,090,879.09	404,225,192.00
减：累计折旧	10	218,868,510.82	162,579,647.36	53,123,509.31	24,125,644.39
固定资产净值	10	734,083,812.47	734,662,502.90	403,967,369.78	380,099,547.61
减：固定资产减值准备	10	1,228,818.50	244,648.86	227,563.05	0.00
固定资产净额		732,854,993.97	734,417,854.04	403,739,806.73	380,099,547.61
工程物资		0.00	0.00	0.00	0.00
在建工程	11	20,052,536.56	0.00	16,325,051.82	0.00
固定资产清理		0.00	0.00	0.00	0.00
固定资产合计		752,907,530.53	734,417,854.04	420,064,858.55	380,099,547.61
无形资产及其他资产：					
无形资产	12	28,127,482.57	23,620,606.85	5,203,707.52	0.00
长期待摊费用	13	3,166,797.21	0.00	3,088,824.99	0.00
其他长期资产		0.00	206,865.24	0.00	0.00
无形资产及其他资产合计		31,294,279.78	23,827,472.09	8,292,532.51	0.00
资产总计		1,617,014,073.70	1,552,287,173.07	1,147,395,602.89	940,177,981.11
负债及股东权益					
流动负债：					
短期借款	14	50,000,000.00	0.00	50,000,000.00	0.00
应付票据	15	4,159,715.93	0.00	4,159,715.93	0.00
应付账款	16	359,282,356.69	292,380,051.62	168,572,109.93	38,783,410.43
预收账款	17	21,769,032.87	9,829,827.14	9,800,000.00	0.00
应付工资		0.00	1,797,165.89	0.00	1,755,465.89
应付福利费		28,543,329.02	30,443,758.08	7,462,998.65	5,678,431.84
应付股利	18	67,953,397.77	170,584,535.44	43,855,500.00	146,185,000.00
应交税金	19	15,562,075.17	29,096,963.62	9,552,886.70	2,342,689.29
其他应交款		84,160.22	23,489.99	84,160.22	23,489.99
其他应付款	20	20,349,580.79	87,917,817.50	29,559,855.38	53,018,248.21
预提费用	21	119,695.97	74,056.55	71,650.14	74,056.55
预计负债		0.00	0.00	0.00	0.00
一年内到期的长期负债		0.00	0.00	0.00	0.00
其他流动负债		0.00	0.00	0.00	0.00
流动负债合计		567,823,344.43	622,147,665.83	323,118,876.95	247,860,792.20
长期负债：					
长期借款	22	16,685,625.60	17,972,145.90	16,685,625.60	17,972,145.90
应付债券		0.00	0.00	0.00	0.00
长期应付款		0.00	9,852,433.45	0.00	0.00
专项应付款		0.00	0.00	0.00	0.00
其他长期负债		258,637.55	153,755.00	0.00	0.00
长期负债合计		16,944,263.15	27,978,334.35	16,685,625.60	17,972,145.90
递延税项					
递延税款贷项					
负债合计		584,767,607.58	650,126,000.18	339,804,502.55	265,832,938.10
少数股东权益：					
股东权益：					
股本	23	292,370,000.00	292,370,000.00	292,370,000.00	292,370,000.00
资本公积	24	231,456,632.81	231,413,209.01	231,456,632.81	231,413,209.01
盈余公积	25	76,549,679.94	49,990,959.91	76,549,679.94	49,990,959.91
其中：公益金		25,516,559.98	16,663,653.30	25,516,559.98	16,663,653.30
未分配利润	26	200,658,442.14	100,570,874.09	207,214,787.59	100,570,874.09
股东权益合计		801,034,754.89	674,345,043.01	807,591,100.34	674,345,043.01
负债和股东权益总计		1,617,014,073.70	1,552,287,173.07	1,147,395,602.89	940,177,981.11

单位负责人：张俊杰　　财务负责人：胡兆振　　制表人：何丽娜

现 金 流 量 表

2001年度

编制单位：河南双汇投资发展股份有限公司　　金额单位：人民币元

项　目	母公司	合并
一、经营活动产生的现金流量：		
销售商品、提供劳务收到的现金	1,197,633,209.65	3,936,370,577.31
收取的租金	891,690.27	891,690.27
收到的税费返还	25,042,585.64	25,042,585.64
收到的其他与经营活动有关的现金	161,948.62	8,575,815.81
现金流入小计	1,223,729,434.18	3,970,880,669.03
购买商品、接受劳务支付的现金	866,810,063.03	3,351,463,072.67
经营租赁所支付现金	0.00	0.00
支付给职工及为职工支付的现金	49,944,039.93	206,326,537.49
支付的各项税费	143,495,944.49	178,443,378.47
支付的其他与经营活动有关的现金	750,976.90	23,494,110.99
现金流出小计	1,061,001,024.35	3,759,727,099.62
经营活动产生的现金流量净额	162,728,409.83	211,153,569.41
二、投资活动产生的现金流量：		
收回投资所收到的现金	0.00	5,158.40
取得投资收益所收到的现金	63,638,325.05	21,354,782.10
处置固定资产、无形资产和其他长期资产而收回的现金净额	0.00	7,206,588.73
收到的其他与投资活动有关的现金	0.00	0.00
现金流入小计	63,638,325.05	28,566,529.23
购建固定资产、无形资产和其他长期资产所支付的现金	28,735,123.44	47,868,657.67
投资所支付的现金	35,031,914.00	35,031,914.00
支付的其他与投资活动有关的现金	0.00	
现金流出小计	63,767,037.44	82,900,571.67
投资活动产生的现金流量净额	－128,712.39	－54,334,042.44
三、筹资活动产生的现金流量：		
吸收投资所收到的现金	0.00	0.00
借款所收到的现金	85,000,000.00	255,000,000.00
收到的其他与筹资活动有关的现金	0.00	0.00
现金流入小计	85,000,000.00	255,000,000.00
偿还债务所支付的现金	36,286,520.30	206,286,520.30
分配股利或利润或偿付利息所支付的现金	149,166,999.09	175,124,284.45
支付的其他与筹资活动有关的现金	0.00	
现金流出小计	185,453,519.39	381,410,804.75
筹资活动产生的现金流量净额	－100,453,519.39	－126,410,804.75
四、汇率变动对现金的影响额	－30,958.08	－31,064.64
五、现金及现金等价物净增加额	62,115,219.97	30,377,657.58
附注：		
1.不涉及现金收支的投资和筹资活动：		
以固定资产偿还债务		
以投资偿还债务		
以固定资产进行长期投资		
以存货偿还债务		
融资租赁固定资产		
2.将净利润调节为经营活动的现金流量：		
净利润	177,058,133.53	170,501,788.08
加：少数股东损益	0.00	32,990,091.45
计提的资产减值准备	216,581.99	－996,655.71
固定资产折旧	29,061,799.14	59,342,395.77
无形资产摊销	118,266.12	850,207.36
长期待摊费用摊销	1,524,446.73	1,586,743.60
待摊费用的减少(减：增加)	－790,410.91	4,984,893.37
预提费用的增加(减：减少)	－2,406.41	45,639.42
处置固定资产、无形资产和其他长期资产的损失(减收益)	0.00	743,367.59
固定资产报废损失	0.00	7,431.80
财务费用	3,137,958.16	2,510,800.56
投资损失(减收益)	－69,689,033.84	－21,784,984.70
递延税款贷项(减借项)	0.00	0.00
存货的减少(减增加)	9,660,073.67	－750,022.80
经营性应收项目的减少(减增加)	－64,633,203.37	24,071,413.58
经营性应付项目的增加(减减少)	75,260,491.16	－65,780,671.43
其他	1,805,713.86	2,831,131.47
经营活动产生的现金流量净额	162,728,409.83	211,153,569.41
3.现金及现金等价物净增加情况：		
货币资金的期末余额	72,034,496.93	138,345,764.75
减：货币资金的期初余额	9,919,276.96	107,968,107.17
现金等价物的期末余额	0.00	0.00
减：现金等价物的期初余额	0.00	0.00
现金及现金等价物净增加额	62,115,219.97	30,377,657.58

单位负责人：张俊杰　　财务负责人：胡兆振　　制表人：何丽娜

000898 鞍钢新轧钢股份有限公司

2001 年年度报告摘选

第一节　公司基本情况简介

(一)公司法定名称
中文:鞍钢新轧钢股份有限公司　　缩写:鞍钢新轧
英文:ANGANG NEW STEEL COMPANY LIMITED
(二)公司法定代表人:刘玠
(三)公司董事会秘书:付吉会
联系电话:0412-6326603　　传真:0412-6727772
电子信箱:info@ansc.com.cn
联系地址:辽宁省鞍山市铁东区南中华路 396 号
证券事务代表:靳毅民/陈其爽
联系电话:0412-6334292、6721346　　传真:0412-6727772
电子信箱:info@ansc.com.cn
联系地址:辽宁省鞍山市铁东区南中华路 396 号
(四)公司注册地址:中国辽宁省鞍山市南中华路 396 号
办公地址:中国辽宁省鞍山市南中华路 396 号　　邮政编码:114003
网 址:http://www.ansc.com.cn　　电子邮件:info@ansc.com.cn
(五)公司选定境内信息披露报纸:《中国证券报》、《证券时报》
公司选定境外信息披露报纸:《香港经济日报》、《Hong Kong iMail》
中国证监会指定的年报登载网址:http://www.cninfo.com.cn
本公司年度报告备置地点:鞍山市南中华路 396 号本公司秘书室。
(六)股票上市地点:A 股:深圳证券交易所　　H 股:香港联合交易所
股票简称及代码:A 股:鞍钢新轧　000898　　H 股:鞍钢新轧　0347
债券简称及代码:鞍钢转债　125898

第二节　会计数据和业务数据摘要

(一)公司本年度实现利润情况:
截至 2001 年 12 月 31 日止年度

	单位:千元
利润总额:	698,824
净利润:	403,743
扣除非经常性损益后的净利润:	426,110
主营业务利润:	1,034,318
其他业务利润:	25,431
营业利润:	732,207
投资收益:	-
补贴收入:	-
营业外收支净额:	-33,383
经营活动产生的现金流量净额:	-296,362
现金及现金等价物净增加额:	-916,010
按国际会计准则计算的 2001 年度净利润:	366,481
按国内会计准则计算的 2001 年度净利润:	403,743

(二)公司近三年主要会计数据和财务指标

项目	2001 年度	2000 年度		1999 年度	
		调整前	调整后	调整前	调整后
主营业务收入(千元)	9,490,523	9,793,150	9,793,150	6,923,142	6,923,142
净利润(千元)	403,743	489,749	492,204	291,261	293,716
总资产(千元)	10,237,888	9,565,110	9,452,195	6,971,340	6,855,970
股东权益(千元)	7,201,397	7,017,861	6,904,946	5,431,939	5,316,569
每股收益(加权)(元)	0.137	0.187	0.188	0.116	0.117
每股收益(摊薄)(元)	0.136	0.168	0.169	0.116	0.117
报告期末至披露日股份变动后每股收益(元)	0.136	0.166	0.167	0.116	0.117
扣除非经常性损益后的每股收益(元)	0.144	0.168	0.169	0.116	0.117
每股净资产(元)	2.43	2.41	2.37	2.16	2.12
调整后的每股净资产(元)	2.43	2.40	2.37	2.16	2.12
净资产收益率(摊薄)	5.61%	6.98%	7.13%	5.36%	5.52%
净资产收益率(加权)	5.61%	8.1%	8.3%	5.51%	5.68%
扣除非经常性损益后净资产收益率(加权)	5.92%	8.1%	8.3%	5.51%	5.68%
每股经营活动产生的现金流量净额(元)	-0.10	0.31	0.31	0.20	0.20

(三)按照中国证监会《公开发行证券公司信息披露编报规则(第 9 号)》要求计算 2001 年报告期利润的净资产收益率和每股收益。

报告期利润	净资产收益率(%)		每股收益(元)	
	全面摊薄	加权平均	全面摊薄	加权平均
主营业务利润	14.36	14.37	0.35	0.351
营业利润	10.17	10.17	0.248	0.248
净利润	5.61	5.61	0.136	0.137
扣除非经常性损益后的净利润	5.92	5.92	0.144	0.145

第三节　股本变动及股东情况介绍

(一)股本变动情况
截止 2001 年 12 月 31 日,本公司股权结构如下:　　数量单位:股

	期初数	本次变动增减(+ -)					期末数
		配股	送股	公积金转股	其他(转债转股)	小计	
一、未上市流通股份							
1、发起人股份	1319000000						1319000000
其中:							
国家持有股份							
境内法人持有股份	1319000000						1319000000
境外法人持有股份							
其他							
2、募集法人股份							
3、内部职工股							
4、优先股或其他							
其中:转配股							
尚未上市流通股份合计	1319000000						1319000000
二、已上市流通股份							
1、人民币普通股	708943331				39991818	39991818	748935149
2、境内上市的外资股							
3、境外上市的外资股	890000000						890000000
4、其他							
已上市流通股份合计	1598943331				39991818	39991818	1638935149

000899 江西赣能股份有限公司

2001 年年度报告摘选

一、公司基本情况简介

1、公司法定中文名称:江西赣能股份有限公司
公司法定英文名称:JIANGXI GANNENG CO.,LTD
英文缩写:GNCL
2、公司法定代表人:姚迪明
3、公司董事会秘书:李天晓
公司董事会证券事务授权代表:李声意
联系地址:江西省南昌市高新技术开发区火炬大街 125 号
邮政编码:330029
联系电话:0791-8109899　　传真:0791-8106119
电子信箱:Ganneng@000899.com
4、公司注册地址:江西省南昌市南京东路 443 号
公司办公地址:江西省南昌市高新技术开发区火炬大街 125 号
邮政编码:330029
国际互联网网址:www.000899.com
电子信箱:ganneng@public.nc.jx.cn
5、公司选定的信息披露报纸:《中国证券报》、《证券时报》
中国证监会指定的登载公司年度报告的国际互联网网址:http://www.cninfo.com.cn
公司年度报告备置地点:公司证券管理部
6、公司股票上市交易所:深圳证券交易所
股票简称:赣能股份　　股票代码:000899

二、会计数据和业务数据摘要

(一)本年度主要利润指标

单位:元

项目	金额
利润总额	69,949,541.94
净利润	60,575,791.14
扣除非经常性损益后的净利润	71,808,134.48
主营业务利润	118,180,916.23
其他业务利润	-70.00
营业利润	64,020,350.27
投资收益	8,552,773.73
补贴收入	200,000.00
营业外收支净额	-2,823,582.06
经营活动产生的现金流量净额	119,037,410.41
	-48,978,319.94

说明:扣除的非经常性损益的项目和金额:(1)被盗银行存款计提的坏帐损失 1200 万元;(2)处理固定资产净损失 1,214,521.58 元。

(二)截止报告期末公司前三年的主要会计数据和财务指标(单位:元)

项目	2001	2000		1999	
		调整前	调整后	调整前	调整后
主营业务收入(元)	495,371,381.12	497,250,269.39	497,250,369.39	469,480,360.45	469,490,360.45
净利润(元)	60,575,791.14	95.053,910.47	89,980,014.77	127,764,999.81	127,602,500.48
总资产(元)	1,549,506,930.24	1,580,924,035.63	1,575,908,002.24	1,437,458,475.68	1,436,368,944.14
股东权益(不含少数股东权益)(元)	1,409,367,415.59	1,463,731,405.94	1,457,578,024.45	1,263,904,945.6	1,262,825,459.81
每股收益(元/股)	0.11	0.17	0.16	0.26	0.26
每股净资产(元/股)	2.57	2.67	2.66	2.55	2.55
调整后每股净资产(元/股)	2.55	2.66	2.66	2.54	2.54
每股经营活动产生的现金流量净额(元)	0.22	0.14	0.14	0.45	0.45
净资产收益率(%)	4.30	6.49	6.17	10.11	10.10

(三)根据中国证监会《公开发行证券公司信息披露编报规则(第 9 号)》要求计算的利润数据

项目	2001 年(元)	净资产收益率		每股收益(元)	
		全面摊薄	加权平均	全面摊薄	加权平均
主营业务利润	118,180,916.23	8.39%	7.94%	0.2156	0.2156
营业利润	64,020,350.27	4.54%	4.30%	0.1168	0.1168
净利润	60,575,791.14	4.30%	4.07%	0.1105	0.1105
扣除非经常性损益后的净利润	71,808,134.48	5.10%	4.83%	0.1310	0.1310

三、股本变动及股东情况

(一)股份变动情况表(截止 2001 年 12 月 31 日)

数量单位:股

	本次变动前	本次变动增减(+,-)						本次变动后
		配股	送股	公积金转股	增发	其他	小计	
一、未上市流通股份								
1、发起人股份	369,152,000							369,152,000
其中:								
国家拥有股份								
境内法人持有股份	369,152,000							369,152,000
境外法人持有股份								
其他								
2、募集法人股								
3、内部职工股	114,400					-20,800		93,600
4、优先股或其他								
其中:转配股								
未上市流通股份合计	369,266,400					-20,800		369,245,600
二、已上市流通股份								
1、人民币普通股	178,765,600					+20,800		178,786,400
2、境内上市的外资股								
3.境外上市的外资股								
4.其它								
已上市流通股份合计	178,765,600					+20,800		178,786,400
三.股份总数	548,032,000							548,032,000

000900 现代投资股份有限公司

2001年年度报告摘选

一、公司基本情况简介

1、中文名称:现代投资股份有限公司
英文名称:XIANDAI INVESTMENT CO.,LTD
2、法定代表人:宋伟杰
3、董事会秘书:陈满林
联系电话:0731-4418786
董事会秘书授权代表:罗茜萍
联系电话:0731-4434490,2232363
传　　真:0731-2232303
联系地址:长沙市芙蓉中路心安里52号
电子信箱:xdtzgf@public.cs.hn.cn
4、注册地址:长沙市八一路466号
邮政编码:410011
办公地址:长沙市芙蓉中路心安里52号
邮政编码:410005
电子信箱:xdtzgf@public.cs.hn.cn
5、信息披露报纸名称:《中国证券报》、《证券时报》
登载年报的国际互联网网址:http://www.cninfo.com.cn
年度报告备置地址:公司证券管理部
6、股票上市交易所:深圳证券交易所
股票简称:现代投资　　股票代码:000900

二、会计数据和业务数据摘要

1、本年度实现的有关会计数据、财务指标(单位:元)

项目	金　额
利润总额	199,395,777.15
净利润	175,145,477.88
净利润(扣除非经常性损益)	150,969,417.89
主营业务利润	337,924,413.70
其他业务利润	354,100.64
营业利润	155,931,393.16
投资收益	43,767,502.16
补贴收入	0
营业外收支净额	-303,118.17
经营活动产生的现金流量净额	316,359,105.07
现金及现金等价物净增减额	-168,166,206.87

注:扣除的非经常性损益项目及涉及金额

项目	金额
委托投资收益	28,745,541.69
营业外收入	1,500.00
营业外支出(减)	304,618.17
所得税影响数(按15%,减)	4,266,363.53
合计	24,176,059.99

2、前三年主要会计数据和财务指标(单位:元)

项目	2001年	2000年	1999年
主营业务收入	500,224,881.82	286,818,205.23	248,027,630.08
净利润	175,145,477.88	148,836,473.64	131,444,123.68
总资产	4,606,435,789.10	4,914,636,149.13	1,595,828,645.17
股东权益(不含少数股东权益)	2,466,937,639.66	2,348,714,338.37	1,267,979,738.76
每股收益(按净利润摊薄)	0.44	0.37	0.46
每股收益(按净利润加权)	0.44	0.48	0.54
每股收益(扣除非经常性损益)	0.38	0.37	0.39
每股净资产	6.18	5.91	4.44
调整后每股净资产	6.07	5.81	4.43
每股经营活动产生的现金流量净额	0.79	0.04	0.55
净资产收益率%(按净利润摊薄)	7.10	6.34	10.39
净资产收益率%(按净利润加权)	7.18	9.36	12.63
净资产收益率%(扣非经常性损益加权)	6.19	9.15	

三、股本变动及股东情况

1、股本变动情况

(1)股份变动情况表　　单位:股

	本次变动前	本次变动增减(+,—) 配股	送股	公积金转股	增发	其他	小计	本次变动后
一、未上市流通股份								
1、发起人股份	184,800,000							184,800,000
其中:								
国家持有股份								
境内法人持有股份	184,800,000							184,800,000
其他								
2、募集法人股份								
3、内部职工股	46,365,900					-46,365,900	-46,365,900	0
4、优先股或其他								
未上市流通股份合计	231,165,900					-46,365,900	-46,365,900	184,800,000
二、已上市流通股份								
1、人民币普通股	168,000,000					46,365,900	46,365,900	214,365,900
2、境内上市外资股								
3、境外上市外资股								
4、其他								
已上市流通股份合计	168,000,000					46,365,900	46,365,900	214,365,900
三、股份总数	399,165,900							399,165,900

000901 哈尔滨航天风华科技股份有限公司

2001年年度报告摘选

第一节　公司基本情况简介

一、公司的法定中、英文名称及缩写
中文名称:哈尔滨航天风华科技股份有限公司
英文名称:Harbin Fenghua-aerospace Hi-Tech CO.LTD
英文缩写:HFHTC
二、公司法定代表人:金万升
三、公司董事会秘书:王玉伟
联系地址:哈尔滨市中山路178号
电　　话:0451—2624810
传　　真:0451—2624810
电子信箱:yuwei0901@163.com
公司证券事务代表:康明新
电　　话:0451—2620061-248
传　　真:0451—2638368
电子信箱:kmx901@163.com
四、公司注册地址:哈尔滨市西大直街118号
公司办公地址:哈尔滨市中山路178号
邮政编码:150040
五、公司信息披露报纸名称:《证券时报》
登载年报的指定网址:http://www.cninfo.com.cn
公司年报备置地点:哈尔滨市中山路178号公司董事会秘书处
六、公司股票上市交易所:深圳证券交易所
股票简称:航天科技
股票代码:000901

第二节　会计数据和业务数据摘要

一、本年度主要会计数据(单位:元)

项　目	金　额
利润总额:	33,760,865.71
净利润:	25,566,299.78
扣除非经常性损益后的净利润:	23,293,069.66
主营业务利润:	69,860,038.13
其他业务利润:	4,890,108.53
营业利润:	31,525,495.39
投资收益:	-37,859.80
补贴收入:	153,435.89
营业外收支净额:	2,119,794.23
经营活动产生的现金流量净额:	20,074,016.03
现金及现金等价物净增加额:	15,555,578.96

二、前三年主要会计数据(单位:元)

项　目	2001年(合并)	2000年(合并) 调整后	调整前	1999年
主营业务收入	179,667,438.04	107,604,932.97	107,604,932.97	99,182,540.01
净利润	25,566,299.78	19,203,660.88	20,117,058.95	18,053,171.98
总资产	559,352,664.95	421,628,351.11	422,548,963.03	382,987,820.13
股东权益(不含少数股东权益)	327,938,227.29	310,942,625.38	311,913,492.78	291,691,372.57
每股收益	0.2582	0.194	0.203	0.182
每股净资产	3.31	3.141	3.151	2.946
调整后每股净资产	3.30	3.126	3.136	2.926
每股经营活动产生的现金流量净额	0.2023	0.117	0.117	-0.444
净资产收益率	7.80%	6.18%	6.45%	6.19%

三、根据《公开发行证券公司信息披露编报规则(第九号)》要求计算的数据

项目	金额(元)	净资产收益率(%) 全面摊薄	加权平均	每股收益(单位:元) 全面摊薄	加权平均
主营业务利润	69,860,038.13	21.30%	21.58%	0.7057	0.7057
营业利润	31,525,495.39	9.61%	9.74%	0.3184	0.3184
净利润	25,566,299.78	7.80%	7.90%	0.2582	0.2582
扣除非经常性损益后的净利润	23,293,069.66	7.10%	7.20%	0.2353	0.2353

第三节　股本变动及股东情况

一、公司股份变动情况表(数量单位:股)

	本次变动前	本次变动增减 配股	送股	公积金转增	增发	其他	小计	本次变动后
未上市流通股份								
1、发起人股份	69,000,000							69,000,000
其中:								
国家持有股份	47,254,383	0	0	0	0	0	0	47,254,383
境内法人持有股份	21,745,617	0	0	0	0	0	0	21,745,617
境外法人持有股份								
其他								
募集法人股份								
内部职工股								
4、优先股或其他								
其中:转配股								
未上市流通股份合计	69,000,000	0	0	0	0	0	0	69,000,000
二、已上市流通股份								
1、人民币普通股	30,000,000	0	0	0	0	0	0	30,000,000
2、境内上市外资股								
3、境外上市外资股								
4、其他								
已上市流通股份合计	30,000,000	0	0	0	0	0	0	30,000,000
三、股份总计	99,000,000	0	0	0	0	0	0	99,000,000

000902 中国服装股份有限公司

2001 年年度报告摘选

一、公 司 简 介

1、公司法定中文名称：中国服装股份有限公司
公司法定英文名称：China Garments Co., Ltd.
英文名称缩写：CGC
2、公司法定代表人：方玉根
3、公司董事会秘书：郭恒
联系地址：北京市建国路 99 号中服大厦 27 层
联系电话：010－65817498　　传真：010－65812147
电子信箱：cgcom@public.bta.net.cn
4、公司董事会证券事务代表：刘定国
联系地址：北京市建国路 99 号中服大厦 27 层
联系电话：010－65816688 转 8234
传 真：010－65812147
电子信箱：cgcom@public.bta.net.cn
5、公司注册地址：北京市新技术产业开发试验区丰台科技园区
公司办公地址：北京市建国路 99 号中服大厦 27 层
邮政编码：100020
电子信箱：cgcom@public.bta.net.cn
6、公司选定的信息披露报纸名称：《中国证券报》、《证券时报》、《上海证券报》
登载公司年度报告的国际互联网网址：http://www.cninfo.com.cn
公司年度报告备置地点：公司董事会办公室
7、公司股票上市地：深圳证券交易所
股票简称：中国服装　　股票代码：000902

二、会计数据和业务数据摘要

1、报告期主要利润指标情况（单位：人民币元）

项目	金额
利润总额	－17,071,406.08
净利润	－17,809,795.54
扣除非经常性损益后的净利润	－19,272,072.89
主营业务利润	62,915,145.61
其他业务利润	3,011,354.25
营业利润	－18,086,393.33
投资收益	－2,256,804.22
补贴收入	1,911,017.11
营业外收支净额	1,360774.36
经营活动产生的现金流量净额	－63,746,356.64
现金及现金等价物净增加额	34,497,643.73

2、近三年主要会计数据和财务指标

	2001 年	2000 年		1999 年	
		调整前	调整后	调整前	调整后
主营业务收入	450,923,916.53	521,516,527.50	521,246,934.60	291,081,388.07	291,081,388.07
净利润(元)	－17,809,795.54	37,135,502.64	33,838,453.80	32,101,256.95	32,101,256.95
总资产(元)	1,094,546,814.72	1,056,609,196.37	1,005,853,443.10	940,610,600.67	902,160,832.27
股东权益(元)	478,290,203.26	543,705,179.60	498,716,607.84	530,623,243.88	492,173,475.48
全面摊薄每股收益(元/股)	－0.08	0.17	0.16	0.15	0.15
加权平均每股收益(元/股)	－0.08	0.17	0.16	0.15	0.15
扣除非经常性损益后的每股收益(元/股)	－0.09	0.15	0.14	0.11	0.11
每股净资产(元/股)	2.22	2.53	2.32	2.47	2.29
调整后每股净资产(元/股)	2.18	2.50	2.30	2.46	2.28
全面摊薄净资产收益率(%)	－3.72	6.83	6.79	6.05	6.52
加权平均净资产收益率(%)	－3.64	6.76	7.02	5.48	6.74
扣除非经常性损益后的加权平均净资产收益率(%)	－3.93	6.00	6.16	4.14	4.47
每股经营活动产生的现金流量净额(元/股)	－0.30	0.17	0.17		－0.16

利润分配表附表

报告期利润	净资产收益率(%)		每股收益(元)	
	全面摊薄	加权平均	全面摊薄	加权平均
主营业务利润	13.15	12.84	0.29	0.29
营业利润	－3.78	－3.69	－0.08	－0.08
净利润	－3.72	－3.64	－0.08	－0.08
扣除非经常性损益后的净利润	－4.03	－3.93	－0.09	－0.09

注：利润表附表的利润数据是按照中国证监会《公开发行证券公司信息披露编报规则（第 9 号）》要求计算的。

三、股本变动和股东情况介绍

1、股本变动情况
(1)股份变动情况表（数量单位：股）

	本次变动前	本次变动增减（+、－）						本次变动后
		配股	送股	公积金转股	增发	其他	小计	
一、尚未上市流通股份								
1、发起人股份	150,000,000							150,000,000
其中：								
国家持有股份	119,694,800							119,694,800
境内法人持有股	30,305,200							30,305,200
境外法人持有股份								
其他								
2、募集法人股份								
3、内部职工股								
4、优先股或其他								
未上市流通股份合计	150,000,000							150,000,000
二、已上市流通股份								
1、人民币普通股	65,000,000							65,000,000
2 、境内上市的外资股								
3 、境外上市的外资股								
4 、其他								
已上市流通股份合计	65,000,000							65,000,000
股份总数	215,000,000							215,000,000

000903 昆明云内动力股份有限公司

2001 年年度报告摘选

第一节　公司基本情况简介

一、公司法定中文名称：昆明云内动力股份有限公司
公司法定英文名称：KUNMING YUNNEI POWER CO., LTD
二、公司法定代表人：段华生
三、公司董事会秘书：蔡建明
公司股证事务授权代表：雷升逵
联系地址：公司资产管理办公室
电话：(0871)5625802
传真：(0871)5633176
电子信箱：ynassets@public.km.yn.cn
四、公司注册地址及办公地址：云南省昆明市穿金路 715 号
邮政编码：650224
公司国际互联网网址：http://www.yunneidongli.com
公司电子信箱：ynassets@public.km.yn.cn
五、公司选定的信息披露报纸：《中国证券报》、《证券时报》
中国证监会指定登载公司年度报告的国际互联网网址：http://www.cninfo.com.cn
公司年度报告备置地点：公司资产管理办公室
六、公司股票上市交易所：深圳证券交易所
股票简称：云内动力
股票代码：000903

第二节　会计数据和业务数据摘要

一、本年度利润总额及构成　　（单位：元）

项目	金额
利润总额	97,579,315.18
净利润	80,526,415.28
扣除非经常性损益后的净利润	73,680,448.20
主营业务利润	164,719,787.82
其他业务利润	2,896,224.09
营业利润	87,567,145.48
投资收益	8,506,329.98
补贴收入	－
营业外收支净额	1,505,839.72
经营活动产生的现金流量净额	148,467,806.95
现金及现金等价物净增减额	－67,714,508.87

注：扣除的非经常性损益项目系指：
1、股票投资收益 3,767,879.25 元；
2、债券投资收益 2,069,175.22 元；
3、营业外收入 2,015,197.06 元；
4、营业外支出 1,006,284.45 元。

二、公司前三年的主要会计数据及财务指标　　（单位：元）

项目	2001 年	2000 年	1999 年
主营业务收入	704,400,416.51	410,004,504.32	364,201,093.80
净利润	80,526,415.28	75,354,802.26	44,153,283.39
总资产	1,309,994,313.67	824,965,859.02	834,547,906.60
股东权益(不含少数股东权益)	622,933,988.24	607,207,572.96	594,852,770.70 0.25
每股净资产	3.46	3.37	3.30
调整后的每股净资产	3.40	3.37	3.30
每股经营活动产生的现金流量净额	0.82	0.10	0.21
净资产收益率(全面摊薄)	12.93%	12.41%	7.42%

三、利润表附表

报告期利润	净资产收益率(%)				每股收益(元)			
	2001 年		2000 年		2001 年		2000 年	
	全面摊薄	加权平均	全面摊薄	加权平均	全面摊薄	加权平均	全面摊薄	加权平均
主营业务利润	26.44	25.44	15.05	14.44	0.92	0.92	0.51	0.51
营业利润	14.06	13.52	10.23	9.82	0.49	0.49	0.35	0.35
净利润	12.93	12.44	12.41	11.91	0.45	0.45	0.42	0.42
扣除非经常性损益后的净利润	11.83	11.38	8.55	8.20	0.41	0.41	0.29	0.29

第三节　股本变动及股东情况

一、股本变动情况表　　单位：股

股份类别	本次变动前	配股	送股	公积金	转股	增发	其他	小计	本次变动后
1.未上市流通股	120,000,000								120,000,000
(1)发起人股份：									
其中：国家持有股份	120,000,000								120,000,000
境内法人持有股份									
境外法人持有股份									
其他									
(2)募集法人股份									
(3)内部职工股									
(4)优先股或其他									
未上市流通股份合计	120,000,000								120,000,000
2.已上市流通股份	60,000,000								60,000,000
(1)人民币普通股	60,000,000								60,000,000
(2)境内上市的外资股									
境外上市的外资股									
其他									
已上市流通股份合计	60,000,000								60,000,000
3.股份总数	180,000,000								180,000,000

000905 厦门路桥股份有限公司

2001年年度报告摘选

第一节 公司简介

一、公司的法定中文名称:厦门路桥股份有限公司
公司的法定英文名称:XIAMEN ROAD & BRIDGE CO.,LTD
二、公司法定代表人:黄灵强
三、公司董事会秘书:缪鲁萍
联系地址:厦门市嘉禾路侨星大厦八楼
联系电话:0592—5326897、5326891　传　真:0592—5326893
电子信箱:miaolplqgf@amoy-raodbridge.com
证券事务代表:刘翔
联系地址:厦门市嘉禾路侨星大厦八楼
联系电话:0592—5326897、5326891　传　真:0592—5326893
电子信箱:liuxiang-email@163.net
四、公司注册地址:厦门市嘉禾路侨星大厦八楼
公司办公地址:厦门市嘉禾路侨星大厦八楼　邮政编码:361009
公司国际互联网网址:www.amoy-raodbrdge.com　电子信箱:rbcicoxm@public.xm.fj.cn
五、公司选定的信息披露报纸:《证券时报》、《中国证券报》
登载公司年度报告的中国证监会指定国际互联网网址:http://www.cninfo.com.cn
公司年度报告备置地点:厦门市嘉禾路侨星大厦八楼
六、公司股票上市交易所:深圳证券交易所
股票简称:厦门路桥　股票代码:000905

第二节 会计数据和业务数据摘要

1、本年度主要会计数据　单位:人民币元

项目	金额
利润总额	44,525,030.33
净利润	37,887,709.80
扣除非经常性损益后的净利润	38,686,325.14
主营业务利润	129,657,752.54
其他业务利润	6,844,705.81
营业利润	37,975,895.34
投资收益	7,347,750.33
补贴收入	-
营业外收支净额	-798,615.34
经营活动产生的现金流量净额	35,725,433.27
现金及现金等价物净增加额	-35,295,999.93

2、截止报告期末公司前三年的主要会计数据和财务指标　单位:人民币元

项目	2001年	2000年	1999年
主营业务收入	254,428,433.34	230,175,573.83	136,978,449.00
净利润	37,887,709.80	27,277,887.04	179,943,822.25
总资产	2,808,106,467.36	2,761,554,502.82	2,790,103,211.92
股东权益	1,009,592,826.28	967,924,552.62	941,138,677.79
每股收益(摊薄)	0.128	0.092	0.610
每股收益(月均加权)	0.128	0.092	0.625
扣除非经常性损益后的每股收益	0.131	0.088	0.346
每股净资产	3.422	3.281	3.190
调整后的每股净资产	3.361	3.274	3.189
每股经营活动产生的现金流量净额	0.121	0.326	0.635
净资产收益率(%)摊薄	3.75	2.82	16.49
净资产收益率(%)加权	3.83	2.69	18.77
扣除非经常性损益后加权平均资产收益率(%)	3.91	2.36	10.38

(1)根据中国证监会《公开发行证券公司信息披露编报规则(第九号)》要求计算的利润数据:

报告期利润	净资产收益率%		每股收益	
	全面摊薄	加权平均	全面摊薄	加权平均
主营业务利润	12.8426	13.1132	0.4395	0.4395
营业利润	3.7615	3.8408	0.1287	0.1287
净利润	3.7528	3.8318	0.1284	0.1284
扣除非经常性损失后的净利润	3.8319	3.9111	0.1311	0.1311

第三节 股份变动及股东情况

一、股份变动情况
1、股份变动情况表　单位:股

	本次变动前	本次变动增减(+,-)						本次变动后
		配股	送股	公积金转股	增发	其他	小计	
一、未上市流通股								
1、发起人股份	200,000,000							200,000,000
其中:								
国家持有股份	200,000,000							200,000,000
境内法人持有股份								
境外法人持有股份								
其他								
2、募集法人股份								
3、内部职工股								
4、优先股或其他								
其中:转配股								
未上市流通股份合计	200,000,000							200,000,000
二、已上市流通股份								
1、境内上市的人民币普通股	95,000,000							95,000,000
2、境内上市的外资股								
3、境外上市的外资股								
4、其他								
已上市流通股合计	95,000,000							95,000,000
三、股份总额	295,000,000							295,000,000

000906 南方建材股份有限公司

2001年年度报告摘选

一、公司基本情况简介

(一)公司法定中文名称:南方建材股份有限公司
公司法定英文名称:Southern Building Materials CO.,LTD.
英文缩写:SBM
(二)公司法定代表人:刘平
(三)公司董事会秘书:谭昌寿
公司董事会证券事务代表:姚水清
联系地址:湖南省长沙市五一中路49号
电话:0731-4452516　2225271　传真:0731-4453546
电子信箱:sbmc@public.cs.hn.cn
(四)公司注册地址:湖南省长沙市芙蓉中路29号
总部办公地址:湖南省长沙市五一中路49号　邮政编码:410011
电子信箱:sbmc@public.cs.hn.cn
(五)公司选定信息披露报纸:《证券时报》
登载公司年度报告的中国证监会指定国际互联网网址:http:www.cninfo.com.cn
公司年度报告备置地点:湖南省长沙市五一中路49号公司证券部
(六)公司股票上市交易所:深圳证券交易所
股票简称:南方建材　股票代码:000906

二、会计数据和业务数据摘要

本年度主要会计数据:

利润总额	24,800,385.42
净利润	19,046,983.87
扣除非经常性损益后的净利润	16,386,627.43
主营业务利润	82,854,246.62
其他业务利润	909,117.66
营业利润	21,624,554.31
投资收益	-451,943.25
补贴收入	
营业外收支净额	3,627,774.36
经营活动产生的现金流量净额	42,117,083.45
现金及现金等价物净增减额	64,469,376.75
注:扣除非经常性损益项目:	
处理固定资产净收益	2,218,640.88
申购资金利息摊入	1,465,117.28
其他(罚款收入)	6464.00
营业外支出	62,447.80
股权投资差额摊销	-313,201.52
其他投资收益	-184,741.73
合计	3,129,831.11

公司前三年的主要会计数据和财务指标

项目	2001年	2000年		1999年	
		调整后	调整前	调整后	调整前
主营业务收入	845,567,982.87	812,587,700.15	812,587,700.15	719,071,428.70	719,071,428.70
净利润	19,046,983.87	31,006,099.74	35,796,991.69	22,885,653.68	29,115,264.31
总资产	954,292,020.59	721,265,152.46	732,316,368.69	679,459,221.77	685,688,832.40
股东权益	366,205,150.08	349,658,166.20	360,678,668.78	321,050,096.46	327,279,707.09
每股收益(摊薄)	0.152	0.248	0.286	0.183	0.233
每股收益(加权)	0.152	0.248	0.286	0.197	0.250
扣除非经常性损益后的每股收益(加权)	0.131	0.213	0.225	0.223	0.232
每股净资产	2.93	2.80	2.89	2.57	2.62
调整后的每股净资产	2.80	2.71	2.79	2.56	2.60
每股经营活动产生的现金流量净额	0.34	0.424	0.424	0.189	0.189
全面摊薄净资产收益率(%)	5.20	8.87	9.92	7.13	8.9
加权平均净资产收益率(%)	5.30	9.21	10.37	8.70	10.94
扣除非经常性损益后加权平均净资产收益率(%)	4.56	7.92	8.16	9.84	10.15

报告期内股东权益变动情况

项目	股本	资本公积	盈余公积	法定公益金	未分配利润	股东权益合计
期初数	125,000,000	165,300,429.94	13,352,698.79	4,450,899.61	46,005,037.48	349,658,166.21
本期增加			5,936,383.25	1,978,794.42	19,046,983.87	24,983,367.12
本期减少					8,436,383.25	8,436,383.25
期末数	125,000,000	165,300,429.94	19,289,082.04	6,429,694.03	56,615,638.10	366,205,150.08
变动原因			本期计提	本期计提	本期利润增加、本期计提与分配	本期利润增加

利润表附表列示如下:

项目	2001年12月31日				2000年12月31日			
	净资产收益率(%)		每股收益		净资产收益率(%)		每股收益	
	全面摊薄	加权平均	全面摊薄	加权平均	全面摊薄	加权平均	全面摊薄	加权平均
主营业务利润	22.63	23.07	0.663	0.663	24.74	25.71	0.692	0.692
营业利润	5.91	6.02	0.173	0.173	8.76	9.10	0.245	0.245
净利润	5.20	5.30	0.152	0.152	8.87	9.21	0.248	0.248
扣除非经常性损益后的净利润	4.47	4.56	0.131	0.131	7.63	7.92	0.213	0.213

三、股本变动及股东情况

(一)股份变动情况
股份变动情况表(单位:股)

一、未上市流通股	本次变动前	本次股本变动情况					本次变动后
		配股	送股	公积金转增	增发新股	小计	
发起人股份	90,000,000						90,000,000
其中:国有法人股	90,000,000						90,000,000
未上市流通股合计	90,000,000						90,000,000
二、已上市流通股份	35,000,000						35,000,000
人民币流通股	35,000,000						35,000,000
已上市流通股合计	35,000,000						35,000,000
三、股份总计	125,000,000						125,000,000

000908 湖南天一科技股份有限公司

2001 年年度报告摘选

第一节 公司基本情况简介

一、公司法定中文名称:湖南天一科技股份有限公司
公司法定英文名称:Hunan TianYi Science And Technology Co. Ltd
二、公司法定代表人:彭深根 先生
三、公司董事会秘书:欧阳烛宇 先生
联系地址:湖南省长沙市韶山北路 398 号华盛花园七楼
联系电话:0731－5795176
传真号码:0731－5795175
电子信箱:zhuyuouyang@sina.com
四、公司注册地址:湖南省平江县城关镇南街 339 号
公司办公地址:湖南省平江县开发区天岳大道
邮政编码:414500
公司国际互联网网址:http://www.tianyipump.com.cn
公司电子信箱:E－mail:typumps@public.cs.hn.cn
五、公司选定的信息披露报刊:《中国证券报》、《证券时报》
登载年度报告的中国证监会指定网站的网址:http://www.cninfo.com.cn
公司年度报告备置地点:公司董事会秘书处
六、公司股票上市交易所:深圳证券交易所
股票简称:天一科技
股票代码:000908

第二节 会计数据和业务数据摘要

一、本年度主要利润指标情况: (单位:人民币元)

项目	金额
利润总额	11929551.80
净利润	12249304.02
扣除非经常性损益后的净利润	5881650.90
主营业务利润	32597079.13
其他业务利润	4367582.99
营业利润	－1464396.74
投资收益	13664563.38
补贴收入	0
营业外收支净额	－270614.84
经营活动产生的现金流量净额	30500769.77
现金及现金等价物净增减额	24497992.79

扣除非经常性损益项目如下(单位:人民币元)

项目	金额
a、股权转让收益	－4079.45
b、营业外净支出	－181311.94
c、资产减值准备	－984508.17
d、国债及委托理财投资收益	7537552.68
合 计	6367653.12

二、截止报告期末追溯调整后公司前三年主要会计数据和财务指标 单位:人民币元

指标项目	2001 年	2000 年	1999 年
主营业务收入	171249119.68	189272090.09	135988884.79
净利润	12249304.02	39743595.67	54084056.26
总资产	620882306.82	685881641.45	689227949.65
股东权益(不含少数股东权益)	497469502.40	481527578.38	451583982.71
每股收益	0.0437	0.1419	0.3863
每股净资产	1.78	1.72	3.23
调整后的每股净资产	1.76	1.72	3.22
每股经营活动产生的现金流量净额	0.11	－0.089	0.097
净资产收益率(%)			
全面摊薄	2.46	8.25	11.98
加权平均	2.51	8.61	12.74
扣除非经常性损益后的加权平均净资产收益率	1.21	8.01	11.69

第三节 股本变动及股东情况

一、股本变动情况
(一)股份变动情况表
截止 2001 年 12 月 31 日,公司总股本 28000 万股,其股权结构及变动增减如下:
(数量单位:股)

	本次变动前	本次变动增减(＋,－) 配股	送股	公积金转股	增发	其他	小计	本次变动后
一、未上市流通股份								
1、发起人股份	190,000,000							190,000,000
其中:								
国家持有股份	136,640,000							136,640,000
境内法人持有股份	53,360,000							53,360,000
境外法人持有股份								
其他								
2、募集法人股份								
3、内部职工股(高管股)	122,000							122,000
4、优先股或其他								
未上市流通股份合计	190,122,000							190,122,000
二、已上市流通股份								
1、人民币普通股	89,878,000							89,878,000
2、境内上市的外资股								
3、境外上市的外资股								
4、其他								
已上市流通股份合计	89,878,000							89,878,000
三、股份总数	280,000,000							280,000,000

000909 数源科技股份有限公司

2001 年年度报告摘选

一、公司基本情况简介

1.公司法定中文名称:数源科技股份有限公司
公司法定英文名称:SOYEA TECHNOLOGY CO., LTD.
2.公司法定代表人:章国经
3.公司董事会秘书:丁毅
联系地址:杭州市西湖区教工路一号
联系电话:(0571)88271018、88271028 传 真:(0571)88271038
电子信箱:stock@soyea－tech.com
4.公司注册地址:杭州市西湖区教工路一号
公司办公地址:杭州市西湖区教工路一号 邮政编码:310012
网址:www.soyea－tech.com
5.公司信息披露报纸:《中国证券报》《上海证券报》《证券时报》
指定年报披露网址:http://www.cninfo.com.cn
年度报告备置地点:公司证券投资部
6.公司股票上市地:深圳证券交易所
股票简称:数源科技 股票代码:000909

二、会计数据和业务数据摘要

(一)本年度主要会计数据和业务数据(单位:元)

主要会计数据	金 额
利润总额	9,555,548.17
净利润	3,582,748.14
扣除非经常性损益后的净利润	－14,386,707.01
主营业务利润	30,959,095.53
其他业务利润	3,177,715.67
营业利润	9,340,811.26
投资收益	0
补贴收入	0
营业外收支净额	214,736.91
经营活动产生的现金流量净额	－37,283,814.90
现金及现金等价物净增加额	－21,592,088.53

注:扣除的非经常性损益指:收到政府补贴 3,828,700 元;向大股东收取的资金占用费 13,926,018.24 元;营业外收入、支出净额 214,736.91 元,合计 17,969,455.15 元。

(二)近三年主要会计数据和财务指标(单位:元)

项 目	2001 年	2000 年 调整前	2000 年 调整后	1999 年 调整前	1999 年 调整后
主营业务收入	219771123.67	445320324.36	458737131.58	802574434.04	794,651,396.04
净利润	3582748.14	3489589.51	3431619.16	49110255.30	38,373,452.41
每股收益	0.018	0.018	0.018	0.25	0.20
每股经营活动产生的现金流量净额	－0.19	0.21	0.21	－0.19	－0.19
净资产收益率	0.68%	0.66%	0.67%	9.05%	7.23%
加权平均净资产收益率	－2.79%	0.24%	－2.63%	10.97%	8.82%
项 目	**2001 年 12 月 31 日**	**2000 年 12 月 31 日 调整前**	**2000 年 12 月 31 日 调整后**	**1999 年 12 月 31 日 调整前**	**1999 年 12 月 31 日 调整后**
总资产	778810821.52	851519441.00	840195672.23	821758465.65	810,127,684.82
股东权益(不包含少数股东权益)	527365819.88	527489351.86	514950099.13	542804762.35	531,118,479.97
每股净资产	2.69	2.69	2.63	2.77	2.71
调整后的每股净资产	2.67	2.64	2.57	2.71	2.65

注:因会计政策、会计估计变更和重大会计差错更正调整详情请参见会计报表附注。

三、股本变动及股东情况

(一) 股本变动情况表 数量单位:股

	本次变动前	本次变动增减(＋,－) 配股	送股	公积金转股	增发	其他	小计	本次变动后
一.未上市流通股份	136000000	0	0	0	0	0	0	136000000
1.发起人股份	136000000	0	0	0	0	0	0	136000000
其中:								
国家持有股份	136000000	0	0	0	0	0	0	136000000
境内法人持有股份	—							—
境外法人持有股份	—							—
其他	—							—
2.募集法人股	—							—
3.内部职工股	—							—
4.优先股或其他	—							—
未上市流通股份合计	136000000	0	0	0	0	0	0	136000000
二.已上市流通股份	60000000	0	0	0	0	0	0	60000000
1.人民币普通股	60000000	0	0	0	0	0	0	60000000
2.境内上市的外资股	—							—
3.境外上市的外资股	—							—
4.其他	—							—
已上市流通股份合计	60000000	0	0	0	0	0	0	60000000
三.股份总数	196000000	0	0	0	0	0	0	196000000

(二)股东情况介绍

1.截止 2001 年 12 月 31 日公司股东总数 44064 户,其中未流通国有法人股东 1 户,流通股股东 44063 户。

2、持有本公司 5%以上股份的股东及前十名股东持股情况如下:

名次	股东名称	期末持股数(股)	占股本比例(%)
1	西湖电子集团有限公司	136,000,000	69.39
2	李俭	205,700	0.11
3	黄洪才	185,000	0.09
4	肖继红	145,540	0.07
5	张正会	137,800	0.07
6	普丰证券投资基金	134,792	0.07
7	黄永禄	125,000	0.06
8	周惠刚	112,000	0.06
9	冯梧初	100,000	0.05
10	陆庆	90,000	0.05

000910 江苏大亚新型包装材料股份有限公司

2001年年度报告摘选

第一章 公司基本情况简介

1、公司法定中文名称：江苏大亚新型包装材料股份有限公司
公司法定英文名称：Jiangsu Dare Advanced Packing Material Co., Ltd.
2、公司法定代表人：陈兴康
3、公司董事会秘书：王 颐
公司董事会证券事务代表：宋立柱
联系地址：江苏省丹阳经济技术开发区金陵西路95号
电话：0511－6883666,6882222转2143
传真：0511－6885000
电子信箱：dygf3@pub.zj.jsinfo.net
4、公司注册地址：江苏省丹阳经济技术开发区金陵西路95号
公司办公地址：江苏省丹阳经济技术开发区金陵西路95号
邮政编码：212300
公司国际互联网网址：http://www.Darepacking.com
电子信箱：Dare@public.zj.js.cn
5、公司选定的信息披露报纸名称：《证券时报》、《中国证券报》
登载公司年度报告的中国证监会指定网站的网址：http://www.cninfo.com.cn
公司年度报告备置地点：公司证券部
6、公司股票上市交易所：深圳证券交易所
股票简称：大亚股份　　股票代码：000910

第二章 会计数据和业务数据摘要

一、本年度主要利润指标情况(单位：元)

利润总额	71,460,501.68
净利润	56,528,631.66
扣除非经常性损益后的净利润	55,231,833.55
主营业务利润	118,862,772.21
其他业务利润	6,068,274.06
营业利润	72,816,137.75
投资收益	－550,424.88
营业外收支净额	－1,385,211.19
经营活动产生的现金流量净额	91,567,918.51
现金及现金等价物净增加额	73,599,438.72
注：扣除非经常性损益的项目和涉及金额：	1,296,798.11
a、营业外收支净额	－1,385,211.19
b、资金利息收入	2,330,856.03
c、补贴收入	580,000.00
d、以上项目涉及所得税影响	－228,846.73

二、截止报告期末公司前三年的主要会计数据和财务指标

指标名称	单位	2001年	2000年 调整前	2000年 调整后	1999年
主营业务收入	元	534,886,722.07	430,549,949.76	430,549,949.76	362,697,379.41
净利润	元	56,528,631.66	57,760,452.96	53,343,623.12	68,257,236.43
总资产	元	1,226,039,663.38	1,015,233,635.06	1,021,063,837.59	940,802,140.69
股东权益(不含少数股东权益)	元	813,761,466.35	786,607,392.39	782,052,828.92	753,773,686.23
每股收益(全面摊薄)	元	0.244	0.250	0.231	0.295
每股收益(加权平均)	元	0.244	0.250	0.231	0.323
扣除非经常性损益后的每股收益(全面摊薄)	元	0.239	0.219	0.204	0.276
每股净资产	元	3.519	3.40	3.382	3.26
调整后的每股净资产	元	3.507	3.360	3.364	3.23
每股经营活动产生的现金流量净额	元	0.396	0.202	0.202	－0.084
净资产收益率(全面摊薄)	%	6.95	7.34	6.82	9.06
净资产收益率(加权平均)	%	7.08	7.38	6.84	11.50
扣除非经常性损益后加权净资产收益率	%	6.91	6.46	6.05	10.76

注：公司是以合并会计报表数填列或计算以上数据和指标。

第三章 股本变动及股东情况

一、股本变动情况
(一)公司股份变动情况表

数量单位：股

	本次变动前	本次变动增减(+,-) 配股	送股	公积金转股	增发	其他	小计	本次变动后
一、未上市流通股份								
1、发起人股份	151,250,000							151,250,000
其中：								
国家持有股份	129,923,600							129,923,600
境内法人持有股份	21,326,400							21,326,400
境外法人持有股份								
其他								
2、募集法人股份								
3、内部职工股								
4、优先股或其他								
未上市流通股份合计	151,250,000							151,250,000
二、已上市流通股份								
1、人民币普通股	80,000,000							800,000,000
2、境内上市的外资股								
3、境外上市的外资股								
4、其他								
已上市流通股份合计	80,000,000							80,000,000
三、股份总数	231,250,000							231,250,000

000911 南宁糖业股份有限公司

2001年年度报告摘选

第一章 公司基本情况简介

一、公司法定中文名称：南宁糖业股份有限公司
公司英文名称：Nanning Sugar Manufacturing CO., LTD.
二、公司法定代表人：熊可模
三、公司董事会秘书：王国庆
证券事务代表：李静
联系地址：广西壮族自治区南宁市亭洪路48号
联系电话：(0771)4914317　　传　真：(0771)4910755
电子信箱：gnusic @ public.nn.gx.cn
四、公司注册地址和办公地址：广西壮族自治区南宁市亭洪路48号
邮政编码：530031
公司电子信箱：nnty @ nnsugar.com
国际互联网网址：http://www.nnsugar.com.cn
五、公司选定的信息披露报纸：《证券时报》
刊登公司年度报告的国际互联网网址：http://www.cninfo.com.cn
公司年度报告备置地点：公司证券部
六、公司股票上市交易所：深圳证券交易所
股票简称：南宁糖业　　股票代码：000911

第二章 会计数据和业务数据摘要

(一)公司本年度利润指标(金额单位：人民币元)

利润总额	54,807,805.16
净利润	47,340,632.11
扣除非经常性损益后的净利润	49,106,266.48
主营业务利润	194,533,853.87
其他业务利润	1,348,084.75
营业利润	57,443,080.34
投资收益	1,275,777.98
营业外收支净额	－3,911,053.16
经营活动产生的现金流量净额	21,616,194.83
现金及现金等价物净增加额	－261,035,021.30
注：扣除非经常性损益涉及的项目和金额为：	－1,765,634.37元

(二)截止报告期末公司前三年的主要会计数据和财务指标(单位：人民币元)

指标项目	2001年度	2000年度 调整后	2000年度 调整前	1999年度
主营业务收入	957,320,894.50	938,049,949.58	938,049,949.58	905,970,928.96
净利润	47,340,632.11	51,895,171.93	55,006,584.53	43,073,659.87
总资产	1,207,772,908.09	1,338,101,840.29	1,338,101,840.29	992,833,897.23
股东权益	670,221,560.51	536,972,868.10	540,084,280.70	518,277,696.17
每股收益(元/股)(摊薄)	0.20	0.23	0.2456	0.1923
每股收益(元/股)(加权)	0.21	0.23	0.2456	0.2098
每股净资产	2.78	2.40	2.41	2.31
调整后的每股净资产	2.65	2.35	2.37	2.31
每股经营活动产生的现金流量净额	0.09	0.66	0.66	0.38
净资产收益率(%)(摊薄)	7.06	9.66	10.19	8.31
净资产收益率(%)(加权)	8.53	9.58	10.13	10.38
扣除非经常性损益后的每股收益(元/股)	0.20	0.24	0.26	0.01

(三)利润表附表(单位：人民币元)

报告期利润	净资产收益率(%) 全面摊薄	净资产收益率(%) 加权平均	每股收益(元/股) 全面摊薄	每股收益(元/股) 加权平均
主营业务利润	29.03	34.86	0.81	0.86
营业利润	8.57	10.29	0.24	0.25
净利润	7.06	8.48	0.20	0.21
扣除非经常性损益后的净利润	7.33	8.80	0.20	0.22

注：利润表附表的利润数据是按照中国证监会《公开发行证券公司信息披露编报规则(第9号)》的要求计算的。

第三章 股本变动及股东情况

(一)股本变动情况(截止2001年12月31日)
(1)股份变动情况表(数量单位：股)

	本次变动前	本次变动增减(+,-) 配股	送股	公积金转股	增发	其它	小计	本次变动后
一、未上市流通股份								
1.发起人股份								
其中：								
国家持有股份	168,000,000							168,000,000
二、已上市流通股份								
1.人民币普通股	56,000,000	16,800,000						72,800,000
已流通股份合计	56,000,000	16,800,000						72,800,000
三、股份总数	224,000,000	16,800,000						240,800,000

(二)股东情况介绍
(1)截止2001年12月31日，公司股东总数为28152户。
(2)持有本公司5%以上(含5%)股份的股东及前十名股东持股情况

	股东名称	所持股份数(股)	占股本比例(%)
1	南宁振宁资产经营有限责任公司	168,000,000	69.77
2	光大证券有限责任公司	13,437,728	5.58
3	陈锦连	400,000	0.17
4	中民信沈阳证券交易营业部	285,000	0.12
5	焦亮	200,000	0.08
6	刘惠驹	195,100	0.08
7	钟焕雄	192,300	0.08
8	许哲	190,000	0.08
9	顾绍珍	190,000	0.08
10	王镝	176,972	0.07

000912 四川泸天化股份有限公司

2001 年年度报告摘选

第一节 公司基本情况简介

一、公司法定中文名称:四川泸天化股份有限公司
公司法定英文名称:SICHUAN LUTIANHUA COMPANY LIMITED 缩写:LTH
二、公司法定代表人:任晓善
三、公司董事会秘书:聂长海
公司董秘授权代表:孙廷武
联系地址:四川泸天化股份有限公司办公大楼
联系电话:0830-4122275 传 真:0830-4123559 0830-4122275
四、公司注册地址:四川省成都市 邮政编码:610031
公司办公地址:四川省成都市中同仁路 220 号 邮政编码:610031
公司国际互联网网址:http://www.lth-inc.com.cn
E-MAIL 地址:LTHoffice@lz-public.sc.cninfo.net
五、公司选定的信息披露报纸名称:《中国证券报》、《证券时报》
登载公司年度报告的中国证监会指定国际互联网网址:http://www.cninfo.com.cn
公司年度报告备置地点:公司总经理办公室
六、公司股票上市交易所:深圳证券交易所
股票简称:泸天化 股票代码:000912
七、其他有关资料
公司首次注册登记日期:1999 年 4 月 29 日
公司最新变更注册登记日期:2001 年 12 月 30 日
注册地点:四川省成都市
企业法人营业执照注册号:5100001811164(1-1)
税务登记号码:510500711880825
公司聘请的会计师事务所名称:
四川华信(集团)会计师事务所有限责任公司
办公地址:四川省成都市洗面桥下桥 5 号

第二节 会计数据和业务数据摘要

一、本年度主要利润指标情况 单位:元

项目	金额
利润总额	129,776,151.75
净利润	103,930,604.03
扣除非经常性损益后的净利润	81,423,122.75
主营业务利润	303,710,230.50
其他业务利润	-85,515.15
营业利润	69,412,555.06
投资收益	34,687,229.36
补贴收入	28,520,199.77
营业外收支净额	-2,843,832.44
经营活动产生的现金流量净额	315,089,875.91
现金及现金等价物净增加额	168,553,844.58

二、主要会计数据和财务指标
截止本报告期末,公司前三年的主要会计数据和财务指标

单位:元

项目	单位	2001 年度	2000 年度		1999 年度	
			调整后	调整前	调整后	调整前
主营业务收入	元	1,540,703,674.31	1,375,511,639.10	1,377,798,321.53	1,386,131,584.87	1,386,131,584.87
净利润	元	103,930,604.03	123,408,834.70	124,492,331.62	145,401,981.01	154,708,569.69
总资产	元	3,409,283,186.43	3,575,049,572.96	3,588,181,698.39	3,553,636,210.90	3,566,768,336.33
股东权益	元	1,501,106,413.08	1,442,105,809.05	1,452,495,894.65	1,345,593,381.08	1,354,899,969.77
每股收益	元/股	0.231	0.274	0.277	0.323	0.344
每股净资产	元/股	3.336	3.205	3.228	2.990	3.011
调整后每股净资产	元/股	3.175	3.032	3.041	2.693	2.714
每股经营活动产生的现金流量净额	元/股	0.70	0.86	0.86	1.42	1.42
净资产收益率	%	6.92	8.56	8.57	10.81	11.42
扣除非经常性损益后的加权平均净资产收益率	%	5.42	6.79	6.84	11.62	13.98

三、报告期利润报附表

报告期利润	净资产收益率(%)		每股收益(元)	
	全面摊薄	加权平均	全面摊薄	加权平均
主营业务利润	20.23	20.54	0.675	0.675
营业利润	4.62	4.70	0.154	0.154
净利润	6.92	7.03	0.231	0.231
扣除非经常性损益后的净利润	5.42	5.52	0.181	0.181

第三节 股本变动和主要股东持股情况

一、股本变动情况

本公司 1999 年 4 月 5 日向社会公众上网发行 15,000 万 A 股普通股,以募集方式于 1999 年 4 月 29 日注册成立,至报告期末股本总数和股权结构未发生变化。

公司股份变动情况表 数量单位:万股

	期初数	本次增减变动					期末数
		配股	送股	公积金转股	增发	其它	
一、未上市流通股份							
1、发起人股份	30,000						30,000
其中:							
国家法人持有股份	30,000						30,000
境内法人持有股份							
境外法人持有股份							
其他							
2、募集法人股份							
3、优先股或其他							
未上市流通股份合计	30,000						30,000
二、已上市流通股份							
1、人民币普通股	15,000						15,000
2、境内上市外资股							
3、境外上市外资股							
4、其他							
已上市流通股本合计	15,000						15,000
三、股份总数	45,000						45,000

000913 浙江钱江摩托股份有限公司

2001 年年度报告摘选

一、公司基本情况简介

(一)公司的法定中、英文名称及缩写
公司的法定中文名称:浙江钱江摩托股份有限公司
公司的法定英文名称:ZHEJIANG QIANJIANG MOTORYCLE CO.,LTD.
(二)公司法定代表人:陈筱根
(三)公司董事会秘书及其证券事务代表的姓名、联系地址、电话、传真、电子信箱
公司董事会秘书:林先进
联 系 地 址:浙江省温岭市太平街道万昌路
联 系 电 话:0576-6139077
传 真:0576-6139081
电 子 信 箱:qmsd@mail.tzptt.zj.cn;qmsd@qjmotor.com
(四)公司注册地址,公司办公地址及其邮政编码,公司国际互联网网址、电子信箱
公 司 注 册 地 址:浙江省温岭市太平镇万昌路
公 司 办 公 地 址:浙江省温岭市太平街道万昌路
邮 政 编 码:317500
公司国际互联网网址:http://www.qjmotor.com
电 子 信 箱:qjmt@qjmotor.com
(五)公司选定的信息披露报纸名称,登载年度报告的中国证监会指定网站的网址,公司年度报告备置地点
公司选定的信息披露报纸名称:《证券时报》
登载年度报告的中国证监会指定网站的网址:http://www.cninfo.com.cn
公司年度报告备置地点:公司证券部
(六)公司股票上市交易所、股票简称和股票代码
公司股票上市交易所:深圳证券交易所
股票简称:钱江摩托 股票代码:000913

二、会计数据和业务数据摘要

(一)本年度利润总额及构成 单位:人民币元

项目	金额
利润总额	108,118,054.84
净利润	75,615,153.98
扣除非经常性损益后的净利润*	73,439,075.98
主营业务利润	237,832,851.56
其他业务利润	4,130,345.45
营业利润	97,504,590.57
投资收益	11,899,345.98
补贴收入	-
营业外收支净额	-1,285,881.71
经营活动产生的现金流量净额	106,323,747.08
现金及现金等价物净增加额	307,647,981.24

(二)截止报告期末公司前三年的主要会计数据和财务指标 单位:人民币元

项目	2001 年	2000 年		1999 年
		调整后	调整前	
主营业务收入	2,718,098,206.53	3,748,746,103.49	3,749,284,906.06	2,488,685,350.31
净利润	75,615,153.98	138,401,568.21	138,978,463.90	109,583,818.32
总资产	1,880,595,119.96	1,559,899,364.50	1,561,476,260.19	1,408,763,044.03
股东权益(不含少数股东权益)	1,178,818,546.08	839,349,664.44	840,926,560.13	733,148,096.23
每股收益(全面摊薄)	0.27	0.53	0.53	0.42
扣除非经常性损益	0.26	0.53	0.54	0.41
每股收益(加权平均)	0.29	0.53	0.53	0.44
每股净资产	4.16	3.23	3.23	2.82
调整整后的每股净资产	4.11	3.14	3.14	2.81
每股经营活动产生的现金流量净额	0.38	0.93	0.93	-0.49
净资产收益率(%)	6.41	16.49	16.53	14.95

(三)报告期内利润表附表

报告期利润	净资产收益率(%)		每股收益(元/股)	
	全面摊薄	加权平均	全面摊薄	加权平均
主营业务利润	20.18	26.27	0.84	0.91
营业利润	8.27	10.77	0.34	0.37
净利润	6.41	8.35	0.27	0.29
扣除非经常性损益后的净利润	6.23	8.11	0.26	0.28

三、股本变动及股东情况

(一)公司股份变动情况表

数量单位:股

	本次变动前	本次变动增减(+,-)						本次变动后
		配股	送股	公积金转股	增发	其他	小计	
一、未上市流通股份								
1、发起人股份	195000000	3960000						198960000
其中:								
国家持有股份								
境内法人持有股份	132000000	3960000						135960000
境外法人持有股份	63000000							63000000
2、募集法人股份								
3、内部职工股								
4、优先股或其他								
未上市流通股份合计	195000000	3960000						198960000
二、已上市流通股份								
1、人民币普通股	65000000	19500000						84500000
2、境内上市的外资股								
3、境外上市的外资股								
4、其他								
已上市流通股份合计	65000000	19500000						84500000
三、股份总数	260000000	23460000						283460000

000915 山东山大华特科技股份有限公司

2001年年度报告摘选

第一节 公司基本情况简介

一、公司法定中文名称：山东山大华特科技股份有限公司
公司法定英文名称：SHANDONG SHANDA WIT SCIENCE AND TECHNOLOGY CO., LTD.
公司英文名称缩写：SHANDA WIT
二、公司法定代表人：张居民
三、公司董事会秘书：刘洪渭
联系地址：济南市经十路71号
山东大学科技园创业中心
电 话：(0531)5198006 2666189
传 真：(0539)2666189
电子信箱：hw000915@963.net
四、公司注册地址：山东省沂南县县城振兴路6号
公司办公地址：济南市经十路71号
山东大学科技园创业中心四层
公司邮政编码：250061
公司国际互联网网址：http://www.sd-wit.com
公司电子信箱：wit@sd-wit.com
五、公司选定的信息披露报纸：《中国证券报》、《证券时报》
登载年度报告的指定网址：http://www.cninfo.com.cn
公司年度报告备置地点：公司证券部
六、公司股票上市交易所：深圳证券交易所
股票简称：山大华特
股票代码：000915

第二节 会计数据和业务数据摘要

一、本年度主要会计数据 单位：人民币元

项目	金额
利润总额	1,453,165.90
净利润	1,453,165.90
扣除非经常性损益后的净利润	-11,410,354.47
主营业务利润	12,313,192.97
其它业务利润	61,969.59
营业利润	1,419,846.97
投资收益	-1,425,916.89
补贴收入	1,759,721.23
营业外收支净额	-300,485.41
经营活动产生的现金流量净额	-133,157.36
现金及现金等价物净增减额	-47,197,209.07

注：公司扣除的非经常性损益是指：补贴收入1,759,721.23元；收取的资金占用费11,404,284.55元；营业外收支净额-300,485.41元。

二、前三年的主要会计数据和财务指标 单位：人民币元

项 目	2001年度	2000年度 调整后	2000年度 调整前	1999年度
主营业务收入	42,025,997.26	40,032,900.29	40,032,900.29	102,128,696.29
净利润	1,453,165.90	-2,802,713.08	-3,012,450.24	18,165,897.02
总资产	484,246,076.25	384,329,719.85	399,545,387.01	370,303,308.78
股东权益(不含少数股东权益)	245,487,456.27	243,694,663.19	249,042,283.19	252,054,733.43
每股收益	0.0161	-0.0310	-0.0333	0.2011
扣除非经常性损益后的每股收益	-0.1263	-0.0625	-0.0648	0.1729
每股净资产	2.717	2.698	2.757	2.790
调整后的每股净资产	2.686	2.682	2.692	2.736
每股经营活动产生的现金流量净额	-0.0015	-1.002	-1.002	0.5003
净资产收益率(%)	0.59	-1.15	-1.21	7.21

注：根据财政部的有关规定，公司对2000年的会计数据和财务指标进行了追溯调整。

三、按中国证监会《公开发行证券公司信息披露编报规则》第9号文计算的2001年度净资产收益率及每股收益：

项目	净资产收益率(%) 全面摊薄	净资产收益率(%) 加权平均	每股收益(元/股) 全面摊薄	每股收益(元/股) 加权平均
主营业务利润	5.02	5.04	0.1363	0.1363
营业利润	0.58	0.58	0.0157	0.0157
净利润	0.59	0.59	0.0161	0.0161
扣除非经常性损益后的净利润	-4.65	-4.67	-0.1263	-0.1263

第三节 股本变动及股东情况

一、股本变动情况
(一)公司股份变动情况表 单位：股

	本次变动前	本次变动增减(+,—)	本次变动后
一、未上市流通股份			
1、发起人股份	37,980,996		37,980,996
其中：			
国家持有股份	7,429,400	+30,551,596	37,980,996
境内法人持有股份	30,551,596	-30,551,596	
境外法人持有股份			
2、募集法人股	6,324,660		6,324,660
3、内部职工股	16,030,344		16,030,344
4、优先股或其它			
其中：转配股			
未上市流通股份合计	60,336,000		60,336,000
二、已上市流通股份			
1、人民币普通股	30,000,000		30,000,000
2、境内上市的外资股			
3、境外上市的外资股			
4、其它			
已上市流通股份合计	30,000,000		30,000,000
三、股份总数	90,336,000		90,336,000

000916 华北高速公路股份有限公司

2001年年度报告摘选

一、公司简介

(一)公司法定中文名称：华北高速公路股份有限公司
公司法定英文名称：HUABEI EXPRESSWAY CO., LTD
(二)公司法定代表人：刘长宽先生
(三)公司董事会秘书：周会平女士
联系地址：北京市丰台区方庄芳群园4区22号金城中心18层
电 话：010-67602600 传 真：010-67602601
电子信箱：service@hbgsgl.com.cn
(四)公司注册地址：北京市经济技术开发区宏达北路10号
公司办公地址：北京市丰台区方庄芳群园4区22号金城中心18层 邮政编码：100078
互联网网址：http://www.hbgsgl.com.cn 电子信箱：service@hbgsgl.com.cn
(五)公司选定的信息披露报纸名称：《中国证券报》、《证券时报》、《上海证券报》
年度报告指定登载网址：http://www.cninfo.com.cn
公司年度报告备置地点：公司证券事务部
(六)公司股票上市交易所：深圳证券交易所
股票简称：华北高速 股票代码：000916

二、会计数据和业务数据摘要

(一)本年度主要利润指标情况(单位：人民币元)

项目	金额
利润总额：	218,959,028.13
净利润：	161,323,158.30
扣除非经常性损益后的净利润*	186,276,359.18
主营业务利润：	269,774,094.87
其他业务利润：	3,629,729.23
营业利润：	235,622,469.15
投资收益：	-16,165,441.02
补贴收入：	—
营业外收支净额：	-498,000.00
经营活动产生的现金流量净额：	280,562,067.18
现金及现金等价物净增加额：	-117,604,572.01
*扣除的非经常性损益项目及涉及金额：	-24,953,200.88
(1)股票投资收益	2,313,320.00
(2)委托理财投资收益	13,374,957.62
(3)子公司委托理财投资收益	1,748,000.00
(4)短期投资跌价准备	-28,972,129.39
(5)子公司短期投资跌价准备	-7,329,717.50
(6)营业外收支净额	-498,000.00
(7)相应调整所得税	-5,589,631.61

(二)截止报告期末公司前三年主要会计数据和财务指标：

项目	2001年	2000年 调整后	2000年 调整前	1999年
主营业务收入	395,382,327.68	355,767,190.00	355,767,190.00	303,726,010.00
净利润	161,323,158.30	280,393,522.33	280,738,100.66	164,634,356.74
总资产	3,394,614,591.48	3,294,814,265.35	3,295,158,843.68	3,089,209,063.22
股东权益(不含少数股东权益)	2,728,580,860.74	2,676,257,702.44	2,676,602,280.77	2,505,544,180.11
每股收益(按净利润摊薄)	0.15	0.2572	0.2576	0.1510
每股收益(加权)	0.15	0.2572	0.2576	0.1846
每股收益(扣除非经常性损益后)	0.17	0.2088	0.2091	0.1479
每股净资产	2.50	2.4553	2.4556	2.2987
调整后的每股净资产	2.49	2.4530	2.4533	2.2987
每股经营活动产生的现金流量净额	0.26	0.2776	0.2776	0.1786
净资产收益率(摊薄)	5.91	10.48	10.49	6.57
净资产收益率(加权)	5.85	10.60	10.61	9.39
净资产收益率(扣除非经常性损益加权)	6.76	8.60	8.62	9.20

(三)利润分配附表

报告期利润	净资产收益率(%) 全面摊薄	净资产收益率(%) 加权平均	每股收益(元) 全面摊薄	每股收益(元) 加权平均
主营业务利润	9.89	9.79	0.25	0.25
营业利润	8.64	8.55	0.22	0.22
净利润	5.91	5.85	0.15	0.15
扣除非经常性损益的加权	6.83	6.76	0.17	0.17

三、股本变动及股东情况

(一)股本变动情况
1、公司股份变动情况表 数量单位：股

	本次变动前	本次变动增减(+,-) 配股	送股	公积金转股	增发	其他	小计	本次变动后
一、未上市流通股份								
1、发起人股份								
其中：								
国家持有股份	750,000,000							750,000,000
境内法人持有股份								
境外法人持有股份								
其他								
2、募集法人股份								
3、内部职工股								
4、优先股或其他								
未上市流通股份合计	750,000,000							750,000,000
二、已上市流通股份								
1、人民币普通股*								
2、境内上市的外资股	340,000,000							340,000,000
3、境外上市的外资股								
4、其他								
已上市流通股份合计	340,000,000							340,000,000
三、股份总数	1,090,000,000							1,090,000,000

000917 湖南电广传媒股份有限公司

2001 年年度报告摘选

第一节 公司简介

1、公司法定中文名称：湖南电广传媒股份有限公司
公司法定英文名称：HUNAN TV&BROADCAST INTERMEDIARY CO., LTD.
公司英文名称缩写：TVBI
2、公司法定代表人：龙秋云
公司董事会秘书：周竞东
授权代表：齐慎、罗林
3、联系地址：湖南省长沙市浏阳河大桥东
电 话：(86)731—4252080 4252333—8313、8339
传 真：(86)731—4252096
电子信箱：tvbds@public.cs.hn.cn
4、公司注册地址：湖南省长沙市浏阳河大桥东
公司办公地址：湖南省长沙市浏阳河大桥东
公司邮政编码：410003
公司国际互联网网址：http://www.tbi333.com
5、公司指定信息披露报纸：中国证券报、证券时报、上海证券报
登载公司年度报告指定的国际互联网网址：http://www.cninfo.com.cn
公司年度报告备置地点：公司董事会秘书处
6、公司股票上市交易所：深圳证券交易所
公司股票简称：电广传媒 公司股票代码：000917

第二节 会计数据和业务数据摘要

1、本年度主要利润指标(单位：人民币元)

利润总额	18,874,643.66
净利润	76,124,499.75
扣除非经常性损益后的净利润	66,351,976.10
主营业务利润	311,130,279.15
其他业务利润	1,773,085.36
营业利润	-36,572,764.05
投资收益	58,078,424.63
补贴收入	0
营业外收支净额	-2,631,016.92
经营活动产生的现金流量净额	-164,614,438.33
现金及现金等价物净增减额	-858,176,054.68

备注：按照规定，非经常性损益项目涉及项目及金额：

营业外收入	232,078.17 元
营业外支出	-2,863,095.09 元
资金占用费	9,541,976.24 元
股票投资收益	2,861,564.33 元

2、截止报告期末公司近三年的主要会计数据和财务指标(单位：人民币元)

指标项目	2001 年度	2000 年度		1999 年度	
		调整前	调整后	调整前	调整后
主营业务收入	692,964,549.85	578,742,137.50	518,742,137.50	428,059,980.06	428,059,980.06
净利润	76,124,499.75	144,909,097.13	105,233,973.59	83,402,072.14	82,722,909.09
总资产	4,525,100,089.28	3,209,666,457.82	3,209,881,797.99	1,270,257,136.11	1,183,050,934.65
股东权益(不含少数股东权益)	2,320,128,315.11	2,341,516,153.33	2,290,734,162.36	733,752,617.52	6521,479,950.02
每股收益(摊薄)	0.29	0.56	0.41	0.41	0.40
加权每股收益(按月加权)	0.29	0.68	0.49	0.41	0.40
扣除非经常性损益后的每股收益	0.26	0.55	0.39	0.39	0.38
每股净资产	8.98	9.06	8.87	3.57	3.17
调整后的每股净资产	8.76	8.98	8.83	3.52	3.12
每股经营活动产生的现金流量净额	-0.64	0.42	0.42	0.44	0.44
净资产收益率(%、摊薄)	3.28	6.19	4.59	11.37	12.70
净资产收益率(%、加权)	3.27	15.50	10.08	12.02	11.93

3、按照中国证监会《公开发行证券公司信息披露编报规则(第 9 号)》要求计算的利润数据表：

报告期利润	净资产收益率(%)		每股收益(元)	
	全面摊薄	加权平均	全面摊薄	加权平均
主营业务利润	13.41	13.36	1.20	1.20
营业利润	-1.58	-1.57	-0.14	-0.14
净利润	3.28	3.27	0.29	0.29
扣除非经性损益后的净利润	2.86	2.85	0.26	0.26

第三节 股本变动及股东情况介绍

1、股本变动情况表(报告期内)：

数量单位：股

股份类别	期初数	本次变动增减(+,—)						期末数
		配股	送股	公积金转增	增发	其他	小计	
(一)未上市流通股份								
1、发起人股份	140,400,000							140,400,000
其中：境内法人持有股份	139,100,000							139,100,000
境外法人持有股份								
其他	1,300,000							1,300,000
2、募集法人股								
3、内部职工股								
4、优先股及其他								
其中：转配股								
未流通股份合计	140,400,000							140,400,000
(二)已上市流通股份								
1、人民币普通股	118,000,000							118,000,000
2、境内上市的外资股								
3、境外上市的外资股								
4、其他								
已流通股份合计	118,000,000							118,000,000
(三)股份合计	258,400,000							258,400,000

000918 湖南亚华种业股份有限公司

2001 年年度报告摘选

一、公司基本情况简介

1.公司法定中文名称：湖南亚华种业股份有限公司
公司法定英文名称：Hunan Yahua Seeds CO., LTD.
2.公司法定代表人：吴新民先生
3.公司董事会秘书：徐远忠先生
联系地址：湖南省长沙市八一路 509 号亚华大厦十八、十九楼
电话：0731-2566572 2565818 传真：0731-2566602
E-MAIL 地址：xuyz@public.cs.hn.cn
4.公司注册地址：湖南省长沙市岳麓区银盆南路 289 号万利大厦五楼
邮政编码：410013
公司办公地址：湖南省长沙市八一路 509 号亚华大厦十八、十九楼
邮政编码：410011
公司国际互联网网址：www.yahuaseeds.com
E-MAIL 地址：yahua@public.cs.hn.cn
5.公司指定信息披露报刊：《中国证券报》、《证券时报》
登载公司年度报告国际互联网址：www.cninfo.com.cn
公司年度报告备置地点：公司董事会秘书办公室
6.股票上市交易所：深圳证券交易所
股票简称：亚华种业 股票代码：000918

二、会计数据和业务数据摘要

1、2001 年度利润总额及构成(单位：人民币元)

利润总额：	28555928.68
净利润：	30258548.57
扣除非经营性损益后的净利润：	28668461.79
主营业务利润：	125536658.42
其他业务利润：	2029411.20
营业利润：	-937011.41
投资收益：	28456950.92
补贴收入：	42387
营业外收支净额：	993602.17
经营活动产生的现金流量净额：	12360515.73
现金及现金等价物净增加额：	-157405819.72

2、截止报告期末公司前三年主要会计数据和财务指标(合并数)

项目	单位	2001 年	2000 年		1999 年	
			调整前	调整后	调整前	调整后
主营业务收入	元	420075649.40	3			
净利润	元	30258548.57	61969095.52	48104718.08	49868667.76	36944378.83
总资产	元	1680030254.35	1481524627.05	1446590293.90	970704201.24	959008737.75
股东权益(不含少数股东权益)	元	653333008.07	666332960.58	631574559.50	613860262.86	593334792.92
每股收益(摊薄)	元	0.178	0.365	0.283	0.293	0.217
每股收益(加权)	元	0.178	0.365	0.283	0.356	0.264
扣除非经常性损益后的每股收益(摊薄)	元	0.169	0.326	0.245	0.272	0.196
每股净资产	元	3.843	3.920	3.715	3.611	3.49
调整后的每股净资产	元	3.688	3.809	3.634	3.555	3.434
每股经营活动产生的现流量净额	元	0.073	0.331	0.331	-0.786	-0.786
净资产收益率(摊薄)	%	4.63	9.30	7.62	8.12	6.23
净资产收益率加权)	%	4.72	9.70	7.85	12.55	9.62
扣除非经常性损益后的每股收益(加权)	元	0.169	0.326	0.245	0.331	0.238
扣除非经常性损益后的净资产收益率(加权)	%	4.47	8.72	6.83	11.68	8.73

3、按照中国证监会颁发的《公开发行证券公司信息披露规则第 9 号》要求计算的利润数据：

报告期利润	净资产收益率(%)		每股收益(元)	
	全面摊薄	加权平均	全面摊薄	加权平均
主营业务利润	19.21	18.21	0.738	0.738
营业利润	-0.14	-0.15	0.006	0.006
净利润	4.63	4.72	0.178	0.178
扣除非经常性损益后净利润	4.39	4.47	0.169	0.169

三、股本变动及股东情况

1、股本变动情况
股份变动情况表

单位：股

项目	本次变动前	本次变动增减(+,-)						本次变动后
		配股	送股	公积金转股	增发	其他	小计	
一.未上市流通股份								
1.发起人股份								
其中：								
国家拥有股份	101,200,000							101,200,000
境内法人持有股份	8,800,000							8,800,000
境外法人持有股份								
其他	2,000							2,000
2.募集法人股								
3.内部职工股								
4.优先股或其他								
未上市流通股份合计	110,002,000							110,002,000
二.已上市流通股份								
1 人民币普通股	60,000,000							60,000,000
2 境内上市的外资股								
3 境外上市的外资股								
4 其他								
已流通上市股份合计	60,000,000							60,000,000
三.股份总数	170,002,000							170,002,000

000919 金陵药业股份有限公司

2001年年度报告摘选

第一节　公司基本情况简介

一、公司法定中文名称:金陵药业股份有限公司
公司法定英文名称:Jinling Pharmaceutical Company Limited
二、公司法定代表人:倪忠翔
三、公司董事会秘书:徐俊扬
证券事务代表:朱馨宁
联系地址:江苏省南京市中央路238号金陵药业大厦
联系电话:(025)3112999－8513　(025)3112999－8511
传　　真:(025)3112486
电子信箱:info@jlyy000919.com
四、公司注册地址:南京经济技术开发区(新港大道58号)
办公地址:南京市中央路238号金陵药业大厦
邮政编码:210009
公司网址:http://www.jlyy000919.com
电子信箱:info@jlyy000919.com
五、公司选定的信息披露报纸:《中国证券报》、《证券时报》
中国证监会指定登载公司年度报告的国际互联网网址:http://www.cninfo.com.cn
年度报告备置地点:公司证券部
六、公司股票上市地点:深圳证券交易所
股票简称:金陵药业
股票代码:000919

第二节　会计数据和业务数据摘要

一、公司2001年度主要经济指标完成情况(单位:人民币元)

利润总额:	153,483,144.67
净利润:	108,685,188.69
扣除非经常性损益后的净利润:	61,554,536.42
主营业务利润:	214,215,691.34
其他业务利润:	1,500,851.24
营业利润:	99,154,437.11
投资收益:	56,079,219.95
营业外收支净额:	－1,750,512.39
经营活动产生的现金流量净额:	92,493,247.14
现金及现金等价物净增加额:	25,673,867.55

注:扣除的非经常性损益项目和金额　单位:人民币元

项目	金额
股票投资收益	18,383,083.81
委托投资收益	38,250,000.00
营业外收入	152,85.354
上述3项15%所得税	8,517,889.37
营业外支出中扣除各项地方基金	1,137,387.52

二、截止本报告期末前三年主要会计数据和财务指标(单位:人民币元)

指标项目	2001年	2000年(调整后)	2000年(调整前)	1999年
主营业务收入	499,417,465.29	355,069,059.57	364,950,446.09	354,135,913.59
净利润	108,685,188.69	106,110,342.57	118,853,981.68	112,652,152.53
总资产	1,416,278,371.80	1,198,882,858.43	1,222,140,123.80	1,171,217,707.85
股东权益	1,074,515,713.10	1,037,194,724.41	1,058,302,039.52	1,015,888,057.84
每股收益(全面摊薄)	0.388	0.379	0.424	0.4023
每股收益(加权平均)	0.388	0.379	0.424	0.4970
扣除非经常性损益后每股收益(全面摊薄)	0.220	0.357	0.431	0.3864
扣除非经常性损益后每股收益(加权平均)	0.220	0.357	0.431	0.4773
每股净资产	3.8376	3.7043	3.7797	3.6281
调整后的每股净资产	3.8372	3.655	3.7729	3.6092
每股经营活动产生的现金流量净额	0.33	0.8261	0.8261	0.1420
净资产收益率%	10.11	10.23	11.23	11.09
净资产收益率%(加权平均)	9.96	10.00	11.05	22.86

第三节　股本变动及股东情况

1、股份变动情况表(数量单位:股)

	本次变动前	配股	送股	公积金转股	增发	其它	小计	本次变动后
一、未上市流通股份								
1.发起人股份	200,000,000							200,000,000
其中:								
国家持有股份	200,000,000							200,000,000
境内法人持有股份								
境外法人持有股份								
其他								
2.募集法人股份								
3.内部职工股								
4.优先股或其他								
未上市流通股份合计	200,000,000							200,000,000
二、已上市流通股份								
1.人民币普通股	80,000,000							80,000,000
2.境内上市的外资股								
3.境外上市的外资股								
其他								
已上市流通股份合计	80,000,000							80,000,000
三、股份总数	280,000,000							280,000,000

000920 南方汇通股份有限公司

2001年年度报告摘选

一、公司基本情况简介

(一)公司法定中文名称:南方汇通股份有限公司
公司法定英文名称:SOUTH HUITON CO., LTD.
(二)公司法定代表人:惠金根先生
(三)公司董事会秘书:高锡忠先生
公司董事会股权事务授权代表:张英凯先生
联系地址:贵州省贵阳市都拉营
联系电话:(0851)4470866
传真:(0851)4470866
电子邮箱:msc@southhuiton.com
(四)公司注册地址:贵阳国家高新技术产业开发区
公司办公地址:贵阳市新天大道火炬大厦
邮政编码:550018
公司国际互联网网址:http://www.southhuiton.com
电子信箱:msc@southhuiton.com
(五)公司选定信息披露报纸:《证券时报》
登载公司年度报告的中国证监会指定国际互联网网址:
http://www.cninfo.com.cn
公司年度报告备置地点:公司董事会秘书处
(六)公司股票上市交易所:深圳证券交易所
股票简称:南方汇通
股票代码:000920

二、会计数据和业务数据摘要

(一)本年度主要利润指标情况(单位:人民币元)

利润总额	102,705,734.53
净利润	92,535,926.30
扣除非经常性损益后的净利润	83,362,937.55
主营业务利润	153,010,478.04
其他业务利润	2,446,774.94
营业利润	94,319,201.88
投资收益	9,241,405.67
补贴收入	0
营业外收支净额	－854,873.02
经营活动产生的现金流量净额	66,987,542.78
现金及现金等价物净增加额	28,129,534.66

(二)截止2001年末公司前三年的主要会计数据和财务指标

(单位:人民币元)

	2001年	2000年	1999年
主营业务收入	492,235,991	408,799,657	284,016,628
净利润	92,535,926	74,123,408	57,076,652
总资产	878,574,943	917,703,906	685,498,496
股东权益(不含少数股东权益)	603,622,518	583,828,136	566,704,727
每股收益	0.49	0.39	0.30
每股净资产	3.18	3.07	2.98
调整后的每股净资产	3.17	3.07	2.93
每股经营活动产生的现金流量净额	0.35	0.12	0.004
净资产收益率(%)	15.33	12.70	10.07

注:"每股净资产"及"调整后的每股净资产"根据不含少数股东权益的净资产计算。

三、股本变动和股东情况

(一)股本变动情况

数量单位:股

	本次变动前	配股	送股	公积金转股	增发	其他	小计	本次变动后
一、未上市流通股份								
1.发起人股份	120,000,000							120,000,000
其中:								
国家持有股份								
境内法人持有股份	120,000,000							120,000,000
境外法人持有股份								
其他								
2.募集法人股份								
3.内部职工股								
4.优先股或其他								
其中:转配股								
未上市流通股份合计								
二、已上市流通股份								
1.人民币普通股	70,000,000							70,000,000
2.境内上市的外资股								
3.境外上市的外资股								
4.其他								
已上市流通股份合计	70,000,000							70,000,000
三、股份总数	190,000,000							190,000,000

000921 广东科龙电器股份有限公司

2001 年年度报告摘选

一、公司基本情况简介

(一)公司法定中文名称:广东科龙电器股份有限公司
公司法定英文名称:GUANGDONG KELON ELECTRONIC HOLDINGS COMPANY LIMITED
(二)公司法定代表人:顾雏军
(三)公司董事会秘书:刘从梦(兼)、朱常叙
证券事务代表:钟　亮
联系地址:广东省顺德市容桂区容港路 8 号广东科龙电器股份有限公司董秘室
电　　话:(0765) 8362570　　　传　真:(0765) 8361055
E-mail:sec@kelon.com
(四)公司注册及办公地址:广东省顺德市容桂区容港路 8 号
邮政编码:528303
网　　址:Http:\ www.kelon.com
(五)公司选定信息披露报刊:《中国证券报》、《证券时报》
登载年度报告国际互联网网址:Http://www.cninfo.com.cn
年报备置地点:广东科龙电器股份有限公司董秘室
(六)股票上市交易所:深圳证券交易所、香港联合交易所
股票简称:科龙电器　　　股票代码:000921

二、会计数据和业务数据摘要

(一) 本年度利润实现情况　　　单位:元

指标名称	业务数据
利润总额	-1,555,573,089
净利润	-1,555,573,089
非经常性损益合计	59,545,711
其中:资产处置损益	26,146,534
扣除非经常性损益后的净利润	-1,496,027,378
主营业务利润	-765,829,413
其他业务利润	19,930,301
营业利润	-1,148,478,473
投资收益	-99,063,264
补贴收入	64,764
营业外收支净额	51,692,830
经营活动产生的现金流量净额	148,093,735
现金及现金等价物净增加额	-148,576,049
按国际会计准则计算的 2001 年度净利润	-1,571,036,771
按国际会计准则计算的 2001 年度净利润	-1,571,036,771
按国际会计准则的调整事项:	
1.调整固定资产重估增值及有关折旧	-15,463,682

(二)截止报告期末前三年的主要会计数据和财务指标(单位:元)

指标名称	2001 年	2000 年	1999 年
主营业务收入(元)	4,720,466,432	4,410,880,037	5,826,700,500
净利润(元)	-1,555,573,089	-830,653,498	643,584,316
总资产(元)	6,526,963,960	6,893,105,945	7,485,339,144
股东权益(元)(不含少数股东权益)	2,402,616,534	3,957,879,122	4,815,210,308
每股收益(元)/加权	-1.57	-0.84	0.69
每股收益(元)/摊薄	-1.57	-0.84	0.65
每股净资产(元)	2.42	3.99	4.85
调整后的每股净资产(元)	2.21	3.75	4.62
每股经营活动产生的现金流量净额(元)	0.15	1.06	-0.66
净资产收益率(%)	-48.9%	-19.0	13.4

(三)报告期利润表附表
根据中国证监会《公开发行证券的公司信息披露编报规则第九号》文件的要求计算的利润数据:

报告期利润	净资产收益率(%)		每股收益(元/股)	
	全面摊薄	加权平均	全面摊薄	加权平均
主营业务利润	-31.09	24.10	0.77	0.77
营业利润	-59.00	-44.60	-1.43	-1.43
净利润	-64.70	-48.90	-1.57	-1.57
扣除非经常性损益后的净利润	-62.30	-47.00	-1.51	-1.51

三、股本变动及股东情况

1、股本变动情况
(1)股份变动情况表
单位:股　每股面值:1 元

股份类别	期初数	报告期内变动增减		期末数
		配股数	其它	
一、未上市流通股份				
1、发起人股份	337,915,755	0	0	337,915,755
其中:国家持有股份	0	0	0	0
境内法人持有股份	337,915,755	0	0	337,915,755
境外法人持有股份	0	0	0	0
其他	0	0	0	0
2、募集法人股份	0	0	0	0
3、内部职工股	84,501,000	0	0	84,501,000
4、优先股或其他	0	0	0	0
未上市流通股份合计	422,416,755	0	0	422,416,755
二、已流通股份				
1、人民币普通股	110,000,000	0	0	110,000,000
2、境内上市的外资股	0	0	0	0
3、境外上市的外资股	459,589,808	0	0	459,589,808
4、其他	0	0	0	0
已上市流通股份合计	569,589,808	0	0	569,589,808
三、股份总数	992,006,563	0	0	992,006,563

000922 阿城继电器股份有限公司

2001 年年度报告摘选

第一节　公司基本情况简介

一、公司中文名称:阿城继电器股份有限公司
公司英文名称:ACHENG RELAY CO.,LTD
公司英文缩写:ARC
二、公司法定代表人:朱大萌
三、公司董事会秘书:王永利
证券事务代表:姜义新
电　　话:0451-5652601　　　　传真:0451-5645213
电子信箱:ACJYX@0451.com
四、公司注册地址:哈尔滨市南岗区赣水路高新技术产业开发区 15 号楼
邮政编码:150001
公司办公地址:黑龙江省阿城市河东街　　　邮政编码:150302
公司国际互联网网址:Http://www.AchengRelay-China.com
公司电子信箱地址:Webmaster@Achengrelay-China
五、公司指定信息披露报刊:《证券时报》
中国证监会指定的年报登载网址:Http://www.cninfo.com.cn.
公司年度报告备置地点:公司证券部
六、公司股票上市交易所:深圳证券交易所
股票简称:阿继电器　　　股票代码:000922

第二节　会计数据和业务数据摘要

一、本年度主要会计和业务数据摘要(单位:元)

1.利润总额:	46,876,475.67
2.净利润:	39,952,049.73
3.扣除非经常性损益后的净利润:	37,768,642.32
4.主营业务利润:	·90,267,184.72
5.其他业务利润:	-2,110,537.54
6.营业利润:	44,333,971.93
7.投资收益:	1,601,127.33
8.补贴收入:	0
9.营业外收支净额:	941,376.41
10.经营活动产生的现金流量净额:	34,999,375.15
11.现金及现金等价物净增加额:	-176,346,320.09

注:扣除非经常性损益的项目及涉及金额
①扣除新股发行冻结资金利息 948,499.10 元;
②国债投资收益 1,601,127.33 元;
③赔偿金收入 67,140.06 元;
④清理固定资产收入 8,000 元;
⑤滞纳金支出 728.90 元;
⑥处理固定资产损失 54,525.79 元;
⑦赔偿金支出 27,008.06 元。

二、公司前三年的主要会计数据和财务指标

项目	2001 年	2000 年	1999 年	
			调整前	调整后
主营收入(元)	247,094,332479	216,221,116.81	232,053,282.30	232,053,282.30
净利润(元)	39,952,049.73	37,601,899.27	33,808,594.25	41,412,708.51
总资产(元)	790,774,544.91	741,473,134.50	730,974,102.10	703,665,131.26
股东权益(元)	549,348,092.54	519,032,045.37	546,778,002.68	527,073,146.10
每股收益(摊薄)(元/股)	0.23	0.21	0.19	0.24
(加权)(元/股)	0.23	0.21	0.23	0.28
每股净资产(元/股)	3.13	2.96	3.11	3.00
调整后每股净资产(元/股)	3.13	2.93	3.11	2.98
净资产收益率(%)	7.27	7.24	6.18	7.86
每股经营活动产生的现金流量净额(元/股)	0.20	0.38	0.09	0.09

三、根据中国证监会 2001 年 1 月 19 日发布的《公开发行证券公司信息披露编报规则(第 9 号)》的通知要求计算报告期利润的净资产收益率和每股收益。

报告期利润	净资产收益率(%)		每股收益(元/股)	
	全面摊薄	加权平均	全面摊薄	加权平均
主营业务利润:	16.43	16.75	0.51	0.51
营业利润:	8.07	8.23	0.25	0.25
净利润:	7.27	7.41	0.23	0.23
扣除非经常性损益后的净利润:	6.88	7.01	0.22	0.22

第三节　股本变动及股东情况

一、报告期内公司股本及结构未发生变化,股本结构如下:

公司股本结构表

	本次变动前	本次变动增减(+,-)						本次变动后
		配股	送股	公积金转股	增发	其他	小计	
一、未上市流通股份								
1.发起人股份	96,550,000							96,550,000
其中:国家拥有股份	96,550,000							96,550,000
境内法人持有股份								
外资法人持有股份								
其 他								
2.募集法人股								
3.内部职工股	24,000,000							24,000,000
4.优先股或其他								
其中:转配股								
未上市流通股份合计	120,550,000							120,550,000
二、已上市流通股份								
1.人民币普通股	55,000,000							55,000,000
2.境内上市的外资股								
3.境外上市的外资股								
4.其 他								
已上市流通股份合计	55,000,000							55,000,000
三、股份总数	175,550,000							175,550,000

000923 河北宣化工程机械股份有限公司

2001 年年度报告摘选

第一节 公司简介

1、公司名称:河北宣化工程机械股份有限公司 缩写:河北宣工
英文名称:XuanHua Construction Machinery Co.,Ltd. 缩写:XCMC
2、法定代表人:王建军
3、董事会秘书:庞廷闽
联系地址:河北省张家口市宣化区东升路21号
电话:(0313)3012255-2248 传 真:(0313)3055369
电子信箱:hbxg2@hbxg.com
4、公司注册地址:河北省张家口市
办公地址:河北省张家口市宣化区东升路21号 邮政编码:075105
国际互联网网址:www.hbxg.com 电子信箱:webmaster@hbxg.com
5、信息披露指定报刊:《中国证券报》
登载报告国际互联网网址:http://www.cninfo.com.cn
年度报告备置地点:公司本部证券部
6、股票上市地:深圳证券交易所
股票简称:河北宣工 股票代码:000923

第二节 会计数据和业务数据摘要

1、本年度主要财务指标: 单位:元

指标	2001年
利润总额	17,346,953.92
净利润	14,599,803.37
扣除非经常性损益后的净利润	11,759,001.01
主营业务利润	60,720,121.08
其他业务利润	3,304,412.05
营业利润	17,879,258.23
投资收益	0
补贴收入	0
营业外收支净额	-532,304.31
经营活动产生的现金流量净额	49,138,813.39
现金及现金等价物净增加额	-19,076,164.98

注:扣除非经常损益项目及金额为:所得税返还3,296,580.66元,营业外支出455,778.3元。

2、近三年主要会计数据和财务指标:

指标名称	2001年	2000年	1999年
主营业务收入(元)	370,097,964.95	314,638,314.36	340,357,684.55
净利润(元)	14,599,803.37	25,310,681.29	28,433,729.96
总资产(元)	705,264,619.12	68,3037,615.82	660,513,176.11
股东权益(元)	405,783,329.14	391,168,018.11	390,607,336.82
每股收益(摊薄)元/股	0.09	0.15	0.17
每股收益(加权)元/股	0.09	0.15	0.21
每股净资产(元/股)	2.46	2.37	2.37
调整后的每股净资产(元/股)	2.44	2.35	2.35
每股经营活动产生的现金流量净额元/股	0.30	-0.37	-0.11
净资产收益率(摊薄)%	3.60	6.47	7.28
净资产收益率(加权)%	3.66	6.28	9.50

3、根据中国证监会《公开发行证券公司信息披露编报规则》第9号的通知要求,计算2001年的利润数据如下:

报告期利润	净资产收益率(%)		每股收益(元/股)	
	全面摊薄	加权平均	全面摊薄	加权平均
主营业务利润	14.96	15.24	0.37	0.37
营业利润	4.41	4.49	0.11	0.11
净利润	3.60	3.66	0.09	0.09
扣除非经常损益后净利润	2.90	2.95	0.07	0.07
2000年利润	**净资产收益率(%)**		**每股收益(元/股)**	
	全面摊薄	加权平均	全面摊薄	加权平均
主营业务利润	15.14	14.68	0.36	0.36
营业利润	4.79	4.65	0.11	0.11
净利润	6.47	6.28	0.15	0.15
扣除非经常损益后净利润	6.50	6.30	0.15	0.15

第三节 股本变动及股东情况

一、股本变动情况:
1、股本结构表: 数量单位:股

	本次变动前	本次变动增减(+,-) 配股	送股	公积金转股	增发	其他	小计	本次变动后
一、未上市流通股份								
1、发起人股份								
其中:国家持有股份	110,000,000							110,000,000
境内法人持有股份								
境外法人持有股份								
其他								
2、募集法人股								
3、内部职工股								
4、优先股或其他								
其中:转配股								
未上市流通股份合计	110,000,000							110,000,000
二、已上市流通股份								
1、人民币普通股	55,000,000							55,000,000
2、境内上市的外资股								
3、境外上市的外资股								
4、其他								
已上市流通股份合计	55,000,000							55,000,000
三、股份总数	165,000,000							165,000,000

000925 浙江浙大海纳科技股份有限公司

2001 年年度报告摘选

一、公司简介

(一)公司法定中文名称:浙江浙大海纳科技股份有限公司
中文缩写:浙大海纳
公司英文名称:Zhejiang Haina Science and Technology Co.,Ltd
(二)公司法定代表人:梁树德
公司总裁:李立本
(三)公司董事会秘书:朱国英
公司董事会证券事务代表:宋 浩
联系地址:杭州市浙大路7-3号紫兰酒店6楼
联系电话:0571—87961070
传 真:0571—87961070
(四)公司注册地址:杭州市高新区2号路之江科技工业园区5号楼
公司办公地址:杭州浙大路7-3号紫兰酒店6楼 邮政编码:310013
公司国际互联网网址:http://www.highne.com.cn
公司电子信箱:highne@mail.hz.zj.cn
(五)公司指定信息披露报纸:《中国证券报》、《证券时报》
登载公司年度报告的中国证监会指定国际互联网网址:http://www.cninfo.com.cn
公司年度报告备置地点:本公司证券部
(六)公司股票上市交易所:深圳证券交易所
股票简称:浙大海纳 股票代码:000925

二、会计数据和业务数据摘要

1、公司本年度会计数据

单位:人民币元

项目	金 额
利润总额	27,590,033.08
净利润	19,485,490.61
扣除非经常性损益后的净利润	14,974,415.19
主营业务利润	32,898,966.13
其他业务利润	9,400.45
营业利润	11,363,255.95
投资收益	14,423,547.61
补贴收入	1,000,000.00
营业外收支净额	803,229.52
经营活动产生的现金流量净额	23,188,133.99
现金及现金等价物净增减额	-373,464.16

非正常损益:股权投资转让收益5,336,475.53元;补贴收入1,000,000.00元;营业外收支净额803,229.52元。

2、截止报告期末,公司前三年主要会计数据和财务指标

单位:人民币元

指标项目	2001年度	2000年度 调整前	2000年度 调整后	1999年度 调整前	1999年度 调整后
主营业务收入	170,709,580.75	233,542,172.45	233,542,172.45	132,711,703.37	132,711,703.37
净利润	19,485,490.61	30,527,426.55	29,896,080.64	29,178,708.52	28,634,641.36
总资产	537,739,503.73	540,418,823.78	539,995,660.46	528,991,914.27	528,447,847.11
股东权益(不含少数股东权益)	368,431,608.62	362,459,536.99	361,284,123.92	348,132,110.44	347,588,043.28
每股收益(摊薄)	0.22	0.34	0.33	0.32	0.32
每股收益(加权)	0.22	0.34	0.33	0.38	0.37
每股收益(扣除非经常性损益)	0.17	0.27	0.26	0.27	0.27
每股净资产	4.09	4.03	4.01	3.87	3.86
调整后的每股净资产	4.08	4.00	3.99	3.84	3.83
每股经营活动产生的现金流量净额	0.26	-0.28	-0.28	0.49	0.49
净资产收益率(摊薄)%	5.29	8.42	8.28	8.38	8.23
净资产收益率(加权)%	5.25	8.59	8.43	13.34	13.10
扣除非经常性损益加权净资产收益率%	4.10	6.86	6.71	11.30	11.05

三、股本变动及股东情况

(一)股本变动情况(截止2001年12月31日)

数量单位:股

股份类别	本次变动前	本次变动增减(+,-) 配股	送股	公积金转股	增发	其他	小计	本次变动后
一、未上市流通股份								
1.发起人股份	6000							6000
其中:								
国家持有股份	5820							5820
境内法人持有股份	180							180
境外法人持有股份								
其他								
2.募集法人股份								
3.内部职工股								
4.优先股或其它								
其中:转配股								
未上市流通股份合计	6000							6000
二、已上市流通股份								
1.人民币普通股	3000							3000
2.境内上市的外资股								
1.境外上市的外资股								
2.其他								
已上市股份合计	3000							3000
三、股份总数	9000							9000

000926 湖北福星科技股份有限公司

2001 年年度报告摘选

第一节　公司基本情况简介

一、公司法定中文名称：湖北福星科技股份有限公司
中文名称缩写：福星科技
公司法定英文名称：HUBEI FUXING SCIENCE AND TECHNIQUE CO.,LTD
英文名称缩写：HFST
二、公司法定代表人：谭功炎
三、董事会秘书：冯东兴
联系地址：湖北省汉川市沉湖镇福星街 1 号
联系电话：0712－8740018　　　传真：0712－8740018
电子信箱：hcfxkj@public.xg.hb.cn
证券事务代表：杨望云
联系地址：湖北省汉川市沉湖镇福星街 1 号
联系电话：0712－8740038－8028　　传真：0712－8740018
电子信箱：hcfxkj@public.xg.hb.cn
四、公司注册地址：湖北省汉川市沉湖镇福星街 1 号
公司办公地址：湖北省汉川市沉湖镇福星街 1 号
邮政编码：431608
公司国际互联网网址：http://www.china－fuxing.com
公司电子信箱：hchbcs02@public.xg.hb.cn
五、公司选定的信息披露报刊：《中国证券报》、《证券时报》和《上海证券报》
登载公司年度报告的国际互联网网址：http://www.cninfo.com.cn
年度报告备置地点：本公司证券部
六、公司股票上市交易所：深圳证券交易所
股票简称：福星科技　　　股票代码：000926

第二节　会计数据和业务数据摘要

一、公司本年度主要利润指标

指标名称	(单位：人民币元)
利润总额	92,254,848.15
净利润	83,576,692.54
扣除非经常性损益后的净利润*	83,576,692.54
主营业务利润	132,143,084.63
其他业务利润	997,403.74
营业利润	80,332,738.37
投资收益	12,950,571.05
补贴收入	0.00
营业外收支净额	－1,028,461.27
经营活动产生的现金流量净额	－33,880,181.67
现金及现金等价物净增减额	26,038,752.42

二、截止报告期末公司前三年的主要会计数据及财务指标　　单位：人民币

财务指标项目	2001 年度	2000 年度		1999 年度	
		调整前	调整后	调整前	调整后
主营业务收入	425,590,394.62	389,220,781.33	389,220,781.33	358,999,871.64	358,999,871.64
净利润	83,576,692.54	82,993,160.81	81,249,603.27	57,484,991.51	50,646,251.11
总资产	1,125,642,251.25	871,882,597.74	863,300,299.80	774,896,573.68	768,057,833.28
股东权益(不含少数股东权益)	647,633,576.23	605,976,056.63	597,393,758.69	556,319,770.82	549,481,030.42
每股收益(摊薄)	0.313	0.311	0.305	0.28	0.25
每股收益(加权)	0.313	0.395	0.386	0.315	0.28
每股净资产	2.43	2.27	2.24	2.71	2.68
调整后的每股净资产	2.43	2.88	2.24	2.71	3.05
每股经营活动产生的现金流量净额	－0.127	0.216	0.30	0.245	0.25
净资产收益率(%)	12.90	13.70	13.60	10.33	9.22

(1)根据中国证监会《公开发行证券公司信息披露编报规则(第九号)》要求计算的利润数据：

报告期利润	净资产收益率%		每股收益	
	全面摊薄	加权平均	全面摊薄	加权平均
主营业务利润	20.40	20.67	0.495	0.495
营业利润	12.40	12.57	0.301	0.301
净利润	12.91	13.08	0.313	0.313
扣除非经常性损益后的净利润	12.91	13.08	0.313	0.313

第三节　　股本变动及股东情况

一、股本变动情况
1、股份变动情况表(截止 2001 年 12 月 31 日)　　　数量单位：股

	本次变动前	本次变动增减(+,－)						本次变动后
		配股	送股	公积金转股	增发	其他	小计	
一、未上市流通股份								
1、发起人股份								
其中：								
国家持有股份								
境内法人持有股份	161,733,000							161,733,000
境外法人持有股份								
其他								
2、募集法人股份	4,290,000							4,290,000
3、内部职工股	28,965,164							28,965,164
4、优先股或其他(高管股)	206,836							206,836
未上市流通股份合计	195,195,000							195,195,000
二、已上市流通股份								
1、人民币普通股	71,500,000							71,500,000
2、境内上市的外资股								
3、境外上市的外资股								
4、其他								
已上市流通股份合计	71,500,000							71,500,000
三、股份总数	266,695,000							266,695,000

000927 天津汽车夏利股份有限公司

2001 年年度报告摘选

一、公司基本情况简介

1、公司法定中文名称：天津汽车夏利股份有限公司
公司法定英文名称：Tianjin Automotive Xiali Co.,Ltd.
2、公司法定代表人：刘清茂
3、公司董事会秘书：孟君奎
证券事务代表：张爽
联系地址：天津市西青区国防公路马庄南
联系电话：022－23056020　　23056032　　联系传真：022－23056034
电子信箱：xiali@mail.zlnet.com.cn
4、公司注册地址：天津市南开区南京路 355 号
公司办公地址：天津市西青区国防公路马庄南　　　邮政编码：300380
电子信箱：xiali@mail.zlnet.com.cn
5、公司信息披露报纸：中国证券报、证券时报
登载年度报告网址：www.cninfo.com.cn
年度报告备置地点：公司证券部
6、公司股票上市交易所：深圳证券交易所
公司股票简称：天津汽车　　　公司股票代码：000927

二、会计数据和业务数据摘要

1、公司本年度业务数据(单位：人民币元)

项目	金额
利润总额	－88,045,392.55
净利润	－87,052,457.76
扣除非经常性损益后的净利润	－86,146,358.43
主营业务利润	289,299,844.46
其他业务利润	－4,484,842.39
营业利润	－87,139,292.64
投资收益	64,351.42
补贴收入	214,593.07
营业外收支净额	－1,185,044.40
经营活动产生的现金流量净额	334,097,776.31
现金及现金等价物净增加额	－263,088,895.55
扣减非经常性损益项目和涉及金额：	
(1)投资收益	64351.42 元
(2)补贴收入	214593.01 元
(3)营业外收入	87700.47 元
(4)营业外支出	1272744.87 元

2、近三年主要会计数据和财务指标

项目	2001 年	2000 年		1999 年	
		调整后	调整前	调整后	调整前
主营业务收入	3,405,941,639.89	4,566,071,859.57	4,533,681,394.76	6,060,794,122.61	6,060,794,122.61
净利润	－87,052,457.76	177,265,284.94	280,846,942.88	335,557,706.73	455,363,607.24
总资产	7,348,996,621.82	7,058,367,867.01	7,226,319,905,25	6,551,368,273.97	6,671,174,174.40
股东权益(不含少数股东权益)	3,193,140,594.41	3,461,462,827.17	3,684,850,651.84	3,308,394,588.49	3,428,200,488.96
以净利润计算的每股收益(摊薄)	－0.060	0.122	0.194	0.231	0.314
以净利润计算的每股收益(加权)	－0.060	0.122	0.194	0.254	0.344
扣除非经常性损益后的每股收益(摊薄)	－0.060	0.204	0.201	0.231	0.311
扣除非经常性损益后的每股收益(加权)	－0.060	0.204	0.201	0.254	0.341
每股净资产	2.20	2.39	2.541	2.281	2.364
调整后每股净资产	2.19	2.38	2.501	2.189	2.272
每股经营活动产生的现金流量净额	0.23	0.096	0.096	0.055	0.055
以净利润计算的净资产收益率(摊薄)	－2.73%	5.12%	7.62%	10.14%	13.28%
以净利润计算的净资产收益率(加权)	－2.55%	5.24%	7.92%	13.92%	18.44%
扣除非经常性损益后的净资产收益率(摊薄)	－2.70%	8.40%	7.93%	10.12%	13.16%
扣除非经常性损益后的净资产收益率(加权)	－2.52%	8.59%	8.24%	13.89%	18.27%

三、股本变动及股东情况

1、股本变动情况

股份变动情况表

数量单位：股

	本次变动前	本次变动增减(+,－)						本次变动后
		配股	送股	公积金转股	增发	其它	小计	
一、未上市流通股份								
1、发起人股份	1232158200							1232158200
其中：								
国家持有股份								
境内法人持有股份	1232158200							1232158200
境外法人持有股份								
其他								
2、募集法人股份								
3、内部职工股								
4、优先股或其他								
未上市流通股份合计	1232158200							1232158200
二、已上市流通股份								
1、人民币普通股	218000000							218000000
2、境内上市的外资股								
3、境外上市的外资股								
4、其他								
已上市流通股份合计	218000000							218000000
三、股份总数	1450158200							1450158200

000928 吉林炭素股份有限公司

2001年年度报告摘选

第一章 公司基本情况简介

一、公司名称
中文名称:吉林炭素股份有限公司
英文名称:JiLin Carbon Co.,LTD.
二、公司法定代表人:史景山
三、公司董事会秘书:王德章
联系地址:吉林省吉林市和平街九号
电 话:0432——2749010
传 真:0432——2749375
证券部电话:0432——2749376
四、公司注册地址:吉林省吉林市和平街九号
公司办公地址:吉林省吉林市和平街九号
邮政编码:132002
电子信箱:jtgs@public.JL.JL.cn
五、公司年度报告备置地点:公司证券部
登载公司年度报告的中国证监会指定国际互联网网址:http://www.cninfo.com.cn
六、公司股票上市交易所:深圳证券交易所
公司信息披露的指定报刊:《证券时报》
股票简称:吉林炭素 股票代码:000928

第二章 会计数据和业务数据摘要

第一节 本年度公司主要经营数据

一、2001年度各项会计数据

项目	(金额单位:人民币元)
利润总额	42,300,514.75
净利润	36,217,503.65
扣除非经常性损益后的净利润	38,826,203.28
主营业务利润	128,069,572.78
其他业务利润	24,392,928.79
营业利润	43,601,074.72
投资收益	1,768,498.42
补贴收入	0.00
营业外收支净额	-3,069,058.39
经营活动产生的现金流量净额	-28,801,607.33
现金及现金等价物净增加额	-82,088,926.29

注:"扣除非经常性损益后的净利润"中扣除的非经常性损益项目和涉及金额为2,608,699.63元。

项目	金额
营业外收入	371,108.88
营业外支出	3,440,167.27
扣除的所得税	460,358.76

第二节 公司前三年主要会计数据及财务指标

公司前三年主要会计数据及财务指标

项目	2001年	2000年	1999年
主营业务收入	775,976,372.36	716,711,056.67	620,770,963.13
净利润	36,217,503.65	42,068,653.71	68,602,716.67
总资产	2,492,185,818.29	2,153,964,754.64	1,809,023,176.09
股东权益	1,033,671,953.19	997,448,463.30	1,000,643,649.59
每股收益	0.128	0.15	0.24
每股收益(按月平均加权法计算)	0.128	0.15	0.24
扣除非经营性损益后的每股收益	0.137	0.14	0.17
每股净资产	3.65	3.53	3.54
调整后每股净资产	3.38	3.26	3.22
每股经营活动产生的现金流量净额	-0.10	-0.14	-0.55
净资产收益率(%)	3.5	4.22	6.86

第三章 股本变动及股东情况

第一节 股本变动情况

一、报告期内,公司股本结构变化情况。

年度内公司股份变动情况

数量单位:股

	期初数	本次增(+)减(-)变动					期末数
		配股	送股	公积金转股	其他	小计	
一、尚未流通股份							
1、发起人股份	150,180,000						150,180,000
其中:							
国家拥有股份							
境内法人持有股份	150,180,000						150,180,000
外资法人持有股份							
其他							
2、募集法人股	12,670,000						12,670,000
3、内部职工股	30,049,000				-30,049,000	-30,049,000	
4、优先股或其他							
尚未流通股份合计	192,899,000				-30,049,000	-30,049,000	162,850,000
二、已流通股份							
1、境内上市的人民币普通股	90,000,000				30,049,000	30,049,000	120,049,000
2、境内上市的外资股							
3、境外上市的外资股							
4、其他							
已流通股份合计	90,000,000				30,049,000	30,049,000	120,049,000
三、股份总数	282,899,000						282,899,000

000929 兰州黄河企业股份有限公司

2001年年度报告摘选

一、公司基本情况简介

(一)公司法定名称
中文名称:兰州黄河企业股份有限公司
中文名称缩写:兰州黄河
英文名称:Lanzhou Huanghe Enterprise Co.,Ltd
英文名称缩写:Lanzhou Huanghe
(二)公司法定代表人:杨世江
(三)公司董事会秘书:魏福新
联系地址:兰州市中山路金运大厦22层
电话:(0931)8449054
传真:(0931)8449005
电子信箱:hhgfgs@public.lz.gs.cn
(四)公司注册地址:兰州市七里河区郑家庄108号
公司办公地址:兰州市中山路金运大厦22层
邮政编码:730030
公司电子信箱:lzhhqy@lz.gs.cninfo.net
公司网址:http://www.yellowriver.net.cn
(五)公司信息披露报纸:《证券时报》、《中国证券报》
登载公司年度报告的互联网网址:http://www.cninfo.com.cn
公司年度报告备置地点:公司证券部
(六)公司股票上市交易所:深圳证券交易所
公司股票简称:兰州黄河 公司股票代码:000929

二、会计数据和业务数据摘要

(一)公司本年度会计数据(单位:人民币元)

项目	金额
利润总额	-172,702,640.36
净利润	-152,226,874.62
扣除非经常性损益后的净利润	-152,465,578.18
主营业务利润	37,370,557.00
其他业务利润	1,719,315.88
营业利润	-175,689,635.98
投资收益	4,868,292.06
补贴收入	0.00
营业外收支净额	-1,881,296.44
经营活动产生的现金流量净额	27,619,119.30
现金及现金等价物净增减额	-39,725,742.31
注:扣除的非经常性损益项目和涉及金额:	
1、委托投资损益	2,120,000.00
2、营业外收支净额	-1,881,296.44

(二)公司近三年主要会计数据和财务指标(单位:元)

项目	2001年	2000年(调整后)	1999年
主营业务收入	154,519,306.41	185,910,118.34	205,065,509.06
净利润	-152,226,874.62	2,108,742.80	17,579,762.24
总资产	786,954,074.60	926,984,029.15	997,455,096.04
股东权益(不含少数股东权益)	338,869,270.16	488,551,366.45	486,442,623.65
每股收益(摊薄)	-1.2918	0.0179	0.1790
每股收益(加权)	-1.2918	0.0200	0.2322
每股净资产	2.8757	4.1459	4.5360
调整后的每股净资产	2.7929	4.0600	4.3710
每股经营活动产生的现金流量净额	0.2344	-0.0097	-0.7428
净资产收益率(%,摊薄)	-44.92%	0.43%	3.61%
净资产收益率(%,加权)	-44.92%	0.43%	5.46%

(三)报告期内股东权益变动情况及变动原因(单位:元)

项目	股本	资本公积	盈余公积	法定公益金	未分配利润	股东权益合计
期初数	117,840,000.00	296,727,517.04	12,986,799.69	4,328,933.23	60,997,049.72	488,551,366.45
本期增加	0.00	2,544,778.33	0.00	0.00	0.00	2,544,778.33
本期减少	0.00	0.00	0.00	0.00	152,226,874.62	152,226,874.62
期末数	117,840,000.00	299,272,295.37	12,986,799.69	4,328,933.23	-91,229,824.90	338,869,270.16

变动原因:

1.资本公积增加,是由于根据《企业会计制度》,将无效申购冻结资金利息的2001年末余额2,218,138.68元计入股本溢价;控股子公司兰州黄河啤酒有限公司将无偿支付的款项调入资本公积,本公司按75%持股比例相应调整增加股权投资准备326,639.70元所致。

2.股东权益减少,是由于本期亏损,年初未分配利润用以弥补亏损所致。

三、股本变动及股东情况

(一)股本变动情况

股份变动情况表(单位:股)

	本次变动前	本次变动增减(+、-)						本次变动后
		配股	送股	公积金转股	发行新股	其他	小计	
一.未上市流通股份								
1.发起人股份								
其中:国家持有股份	6,000,000							6,000,000
境内法人持有股份	57,840,000							57,840,000
其它								
2.募集法人股份								
3.内部职工股								
4.优先股或其他								63,840,000
未上市流通股份合计	63,840,000							
二.已上市流通股份								
1.人发币普通股	54,000,000							54,000,000
2.境内上市的外资股								
3.境外上市的外资股								
4.其它								
已上市流通股份合计	54,000,000							54,000,000
三.股份总数	117,840,000							117,840,000

000930 安徽丰原生物化学股份有限公司

2001 年年度报告摘选

一、公司基本情况简介

(一)公司法定中文名称:安徽丰原生物化学股份有限公司
中文简称:丰原生化
英文名称:ANHUI BBCA BIOCHEMICAL CO., LTD.
(二)公司法定代表人:李荣杰先生
(三)公司董事会秘书:胡海涛先生
联系地址:安徽省蚌埠市大庆路 73 号
电　　话:0552－4926486　　传　真:0552－4926733
电子信箱:stock@mail.bbca.com.cn
(四)公司注册地址:安徽省蚌埠市大庆路 73 号
公司办公地址:安徽省蚌埠市大庆路 73 号　　邮政编码:233010
(五)公司选定的信息披露报纸名称:《证券时报》和《中国证券报》
登载公司年报的网址:http://www.cninfo.com.cn
公司年度报告备置地点:公司证券部
(六)公司股票上市交易所:深圳证券交易所
股票简称:丰原生化　　股票代码:000930

二、会计数据和业务数据摘要

(一)本年度主要会计数据　　(单位:元)

项目	金额
利润总额:	120,110,824.06
净利润:	109,977,606.92
扣除非经常性损益后的净利润:	95,152,104.84
主营业务利润:	187,036,147.43
其他业务利润:	1,670,513.72
营业利润:	101,371,834.75
投资收益:	1,297,222.16
补贴收入:	15,838,795.00
营业外收支净额:	1,602,972.15
经营活动产生的现金流量净额:	91,714,724.99
现金及现金等价物净增加额:	144,377,457.81

注:扣除的非经常性损益项目和涉及金额:

项目	金额
1、营业外收支净额项目:	1,602,972.15
(1)发行股票冻结资金利息	2,271,863.04
(2)罚款收入	77,255.37
(3)公益性支出	286,054.00
(4)其他支出	460,092.26
2、补贴收入项目:	15,838,795.00
(1)财政专项补助	2,758,795.00
(2)地方增值税返还	13,080,000.00
以上项目涉及金额:	17,441,767.15

(二)截止报告期末公司前三年主要会计数据和财务指标(单位:元)

项 目	2001 年度	2000 年度	1999 年度
主营业务收入	853,171,163.91	705,181,140.50	482,901,137.34
净利润	109,977,606.92	80,857,364.26	40,641,186.19
总资产	2,447,801,197.58	1,346,752,937.62	1,080,302,199.85
股东权益(不含少数股东权益)	1,370,061,067.24	586,914,525.70	571,943,572.86
每股收益(全面摊薄)	0.621	0.550	0.277
每股收益(加权平均)	0.630	0.550	0.347
每股净资产	7.741	3.998	3.891
调整后的每股净资产	7.725	3.983	3.860
每股经营活动产生的现金流量净额	0.518	0.863	－0.981
净资产收益率%(全面摊薄)	8.03	13.78	7.11
净资产收益率%(加权平均)	8.58	13.95	11.28
扣除非经常性损益后的每股收益	0.538	0.569	0.273

(三)净资产收益率和每股收益系列指标　　(单位:元)

报告期利润	净资产收益率		每股收益	
	全面摊薄	加权平均	全面摊薄	加权平均
主营业务利润	13.65	14.60	1.057	1.072
营业利润	7.40	7.91	0.573	0.581
净利润	8.03	8.58	0.621	0.630
扣除非经常性损益后的净利润	6.95	7.43	0.538	0.545

三、股本变动及股东情况

(一)股本变动情况
1、股份变动情况表　　数量单位:万股

	本次变动前	本次变动增减(＋、－)						本次变动后
		配股	送股	公积金转股	增发	其他	小计	
一、未上市流通股份								
1、发起人股份	8,697.88							
其中:								
国家持有股份	8,500							8,500
境内法人持有股	197.88							197.88
境外法人持有股								
其他								
2、募集法人股份								
3、内部职工股								
4、优先股或其他								
未上市流通股份合计	8,697.88							8,697.88
二、已上市流通股份								
1、人民币普通股	6,000					＋3,000	＋3,000	9,000
2、境内上市的外资股								
3、境外上市的外资股								
4、其他								
已上市流通股份合计	6,000					＋3,000	＋3,000	9,000
三、股份总数	14,697.88					＋3,000	＋3,000	17,697.88

000931 北京中关村科技发展(控股)股份有限公司

2001 年年度报告摘选

一、公司基本情况简介

(一)公司法定中文名称:北京中关村科技发展(控股)股份有限公司
公司法定英文名称:BEIJING CENTERGATE TECHNOLOGIES (HOLDING) CO., LTD.
(二)法定代表人姓名:袁振宇
(三)公司董事会秘书:郭虎亮
联系地址:北京市海淀区中关村南大街 32 号中关村科技发展大厦
联系电话:62140168　　传真:62140038
电子信箱:guo-huliang@centek.com.cn
证券事务代表:刘军
联系电话:62140168　　传真:62140038
电子信箱:junliu99@centek.com.cn
(四)公司注册地址:北京市海淀区中关村南大街 32 号
公司办公地址:北京市海淀区中关村南大街 32 号　　邮政编码:100081
公司网址:http://www.centek.com.cn
(五)定期报告刊登报刊:《中国证券报》《证券时报》《上海证券报》
登载公司年度报告的中国证监会指定国际互联网网址:http://www.cninfo.com.cn
公司年报备置地点:公司董事会秘书处
(六)公司股票上市地:深圳证券交易所
股票简称:中 关 村　　股票代码:000931

二、会计数据和业务数据摘要

(一)公司本年度主要会计数据　　单位:元

序号	项 目	金 额
1	利润总额	82,036,653.46
2	净利润	85,162,977.62
3	扣除非经常性损益后的净利润	54,935,100.21
4	主营业务利润	459,439,140.34
5	其他业务利润	－1,355,365.84
6	营业利润	10,428,158.69
7	投资收益	76,426,019.87
8	补贴收入	17,015,064.48
9	营业外收支净额	－21,832,589.58
10	经营活动产生的现金流量净额	192,028,182.60
11	现金及现金等价物净增加额	320,644,796.45

注:非经常性损益的扣除项目和涉及金额列表　　单位:元

项目	金额
处理下属部门、被投资单位损益	30,163,146.51
补贴收入	17,015,064.48
支付或收取的资金占用费	4,882,256.00
营业外收支净额	－21,832,589.58
合 计	30,227,877.41

(二)截止本报告期末公司前三年的主要会计数据和财务指标　　单位:元

项 目	2001 年度	2000 年度 调整后	2000 年度 调整前	1999 年度
主营业务收入	1,907,462,833.53	1,537,508,509.89	1,570,124,509.89	2,224,531,665.64
净利润	85,162,977.62	153,528,979.02	158,998,162.68	176,383,866.90
总资产	9,690,331,525.40	6,423,155,146.56	6,604,111,725.34	3,123,170,821.24
股东权益(不含少数股东权益)	1,705,287,868.74	1,687,524,782.89	1,692,993,966.55	1,626,400,408.84
每股收益	0.1262	0.2275	0.24	0.2614
每股净资产	2.5269	2.5006	2.51	2.4100
调整后每股净资产	2.4024	2.4612	2.45	2.4061
每股经营活动产生的现金流量净额	0.2846	－1.9124	－1.91	
净资产收益率(%)	4.99	9.10	9.39	10.85

(三)按照中国证监会《公开发行证券公司信息披露编报规则(第 9 号)》要求编制的利润表附表

报告期利润	净资产收益率(%)		每股收益(元)	
	全面摊薄	加权平均	全面摊薄	加权平均
主营业务利润	26.94	27.08	0.6808	0.6808
营业利润	0.61	0.61	0.0155	0.0155
净利润	4.99	5.02	0.1262	0.1262
扣除非经常性损益后的净利润	3.22	3.24	0.0814	0.0814

三、股本变动及股东情况

(一)股本变动情况
股本变动情况表　　单位:股

	期初数	变动增减(＋、－)					期末数
		配股	送股	公积金转增	增发	小计	
一、未上市流通股份							
1、发起人股份							
其中:							
国家持有股份	297,000,000						297,000,000
境内法人股持有股份	3,000,000						3,000,000
境外法人股持有股份							
其他							
2、募集法人股份							
3、内部职工股							
4、优先股或其他							
未上市流通股份合计	300,000,000						300,000,000
二、已上市流通股份							
1、人民币普通股	374,846,940						374,846,940
2、境内上市外资股							
3、境外上市外资股							
4、其他							
已上市流通股份合计	374,846,940						374,846,940
三、股份总数	674,846,940						674,846,940

000932 湖南华菱管线股份有限公司

2001 年年度报告摘选

第一节 公司基本情况简介

1、公司法定中文名称:湖南华菱管线股份有限公司
公司法定英文名称:Hunan Valin Steel Tube & Wire Co.,Ltd
2、法定代表人:李效伟
3、董事会秘书:汪 俊
电话:0731－4439297 2245196 传真:0731－4447112 2245196
E－mail:wunjun@sina.com
证券事务代表:高国志
电话:0731－2245196 传真:0731－4447112 2245196
4、公司注册地址:湖南省长沙市芙蓉中路 269 号华菱大厦 20 楼
公司办公地址:湖南省长沙市芙蓉中路 269 号华菱大厦 20 楼
网址:http://www.valin.com.cn E－mail:hlgx@public.cs.hn.cn 邮政编码:410011
5、公司选定境内信息披露报纸:《中国证券报》、《证券时报》
中国证监会指定的年报登载网址:http://www.cninfo.com.cn
公司年度报告备置地点:湖南省长沙市芙蓉中路 269 号华菱大厦 20 楼本公司证券部
6、股票上市地:深圳证券交易所
股票简称:华菱管线 股票代码:000932

第二节 会计数据和业务数据摘要

一、公司本年度实现利润情况:

利润总额(合并)	622,451,674.83
净利润:	473,567,538.37
非经常性损益合计:	－3,846,840.79
其中:	
新股申购冻结资金利息	0
资产处置损益:	2,236,839.04
合并价差摊入:	－4,583,435.40
扣除非经常性损益后的净利润:	477,414,379.16
主营业务利润:	997,090,061.69
其他业务利润:	15,156,655.35
营业利润:	627,340,464.64
投资收益:	－4,183,435.40
补贴收益:	0
营业外收支净额:	－705,354.41
经营活动产生的现金流量净额:	1,353,562,665.96
现金及现金等价物净增加额:	242,673,636.73

二、公司近三年主要会计数据和财务指标:

序号	财务指标	单位	2001 年	2000 年		1999 年	
				调整前	调整后	调整前	调整后
1	主营业务收入	元	8,499,551,946.56	6,193,375,232.69	6,193,375,232.69	4,874,224,553.83	4,874,224,553.83
2	净利润	元	473,567,538.37	364,233,371.87	325,267,027.44	311,207,245.54	217,205,256.76
3	总资产	元	7,771,385,404.94	5,419,319,218.21	5,308,422,971.46	4,734,435,682.30	4,640,433,693.52
4	股东权益	元	3,558,024,749.91	3,373,763,085.73	3,240,794,752.52	3,087,798,463.86	2,993,796,475.08
5	摊薄每股收益	元/股	0.3025	0.2327	0.2078	0.2485	0.1734
6	加权每股收益	元/股	0.3025	0.2327	0.2078	0.2746	0.1913
7	扣除非经常性损益后的每股收益	元/股	0.3050	0.2485	0.2485	0.2474	0.2474
8	每股净资产	元/股	2.27	2.16	2.07	2.47	2.39
9	调整后的每股净资产	元/股	2.16	2.05	1.97	2.34	2.26
10	摊薄净资产收益率	%	13.31	10.80	10.04	9.88	7.26
11	加权净资产收益率	%	13.62	11.02	10.30	14.26	10.18
12	扣除非经常性损益的加权平均净资产收益率	%	13.73	11.76	11.76	14.22	14.22
13	每股经营活动产生的现金流量净额	元/股	0.86	0.47	0.47	0.06	0.06

注:1:根据中国证券监督管理委员会《公开发行证券公司信息披露编报规则(第 9 号)》要求,计算的净资产收益率和每股收益如下:(单位:人民币元)

	净资产收益率%				每股收益			
	全面摊薄		加权平均		全面摊薄		加权平均	
	2001 年	2000 年	2001 年	2000 年	2001 年	2000 年	2001 年	2000 年
主营业务利润	28.02	22.03	28.67	22.77	0.6370	0.4591	0.6370	0.4591
营业利润	17.63	13.97	18.04	14.44	0.4008	0.2912	0.4008	0.2921
净利润	13.31	10.04	13.62	10.30	0.3025	0.2078	0.3025	0.2078
扣除非经常性损益的净利润	13.42	10.80	13.73	11.76	0.3050	0.2485	0.3050	0.2485

第三节 股本变动及股东情况

一、公司股本变动情况
(一)公司股本变动情况表 单位:股 每股面值:1 元

	本次变动前	本次股份变动情况表(＋、－)						本次变化后
		配股	送股	公积金转股	增发	其它	小计	
一、未上市流通部分								
1、发起人股份	1,315,375,000							1,315,375,000
其中								
国家持有股份	1,312,500,000							1,312,500,000
境内法人持有股份	2,875,000							2,875,000
境外法人持有股份								0
其他								0
2、募集法人股份								0
3、内部职工股								0
4、优先股或其它								0
未上市流通股份合计	1,315,375,000							1,315,375,000
二、已上市流通部分								
1、人民币普通股	250,000,000							250,000,000
2、境内上市的外资股								0
3、境外上市的外资股								0
4、其他								0
已上市流通股份合计	250,000,000							250,000,000
三、股份总数	1,565,375,000							1,565,375,000

000933 河南神火煤电股份有限公司

2001 年年度报告摘选

第一节 公司基本情况简介

1、公司法定中文名称:河南神火煤电股份有限公司
公司英文名称:HENAN SHEN HUO COAL INDUSTRY AND ELECTRICITY POWER CO.LTD
2、公司法定代表人:李孟臻
3、公司董事会秘书:王培顺
证券事务代表:潘宗群
联系地址:河南省永城市新城区光明路
电话:0370－5114055 5114822
传真:0370－5114822
4、公司注册地址:河南省永城市新城区光明路
公司办公地址:河南省永城市新城区光明路 邮政编码:476600
5、公司年度报告备置地点:公司董事会办公室
公司指定信息披露报纸:《中国证券报》、《证券时报》
登载公司年度报告的中国证监会指定国际互联网网址:http://www.cninfo.com.cn
6、公司股票上市交易所:深圳证券交易所
股票简称:神火股份 证券代码:000933

第二节 会计数据和业务数据摘要

一、主要会计数据

2001 年度公司实现利润总额 136,643,419.59 元,净利润 98,986,926.25 元,扣除非经常性损益后的净利润 94,917,453.90 元;其中主营业务利润 203,494,481.48 元,其他业务利润 16,030,508.44 元,营业利润 131,310,947.48 元,投资收益 3,644,896.09 元,补贴收入 2,113,000.00 元,营业外收支净额－425,423.98 元,经营活动产生的现金流量净额 161,939,001.21 元,现金及现金等价物净增加额－45,686,616.39 元。(备注:扣除非经常性损益项目包括:1、投资收益 3,644,896.09 元;2、营业外收支净额－425,423.98 元;3、补贴收入 2,113,000.00 元;4、以上项目相应的所得税影响－1,262,999.76 元)。

二、主要财务指标 单位:人民币元

指标项目	2001 年	2000 年	1999 年
1、主营业务收入	639207251.25	538857119.66	462349897.42
2、净利润	98986926.25	79209297.87	77489405.99
3、总资产	1015324252.91	1089817169.16	1032802692.21
4、股东权益	767485994.51	795260642.92	770046441.37
5、每股净资产	3.3562	3.4636	3.37
6、调整后的每股净资产	3.35	3.45	3.35
7、每股经营活动产生的现金流量净额	0.7081	0.42	0.46
8、每股收益	0.4329	0.3324	0.3390
9、加权平均每股收益	0.43	0.35	0.41
10、净资产收益率(%)	12.90	9.6	10.06

备注:上述数据均以经注册会计师审计调整后的合并会计报表数填列或计算。

三、根据中国证监会《公开发行证券公司信息披露编报规则第 9 号》计算的净资产收益率和每股收益:

报告期利润	净资产收益率(%)		每股收益(元/股)	
	全面摊薄	加权平均	全面摊薄	加权平均
主营业务利润	26.51	25.21	0.89	0.89
营业利润	17.11	16.27	0.57	0.57
净利润	12.90	12.26	0.43	0.43
扣除非经常性损益后的净利润	12.37	11.76	0.42	0.42

四、股东权益变动情况 单位:人民币元

项 目	股 本	资本公积	盈余公积	法定公益金	未分配利润	股东权益
期初数	228680000 股	481173137.26	26051518.29	8683839.43	56153270.70	792057926.25
本期增加		9075542.01	14848038.94	4949346.31		
本期减少					48495512.69	24571931.74
期末数	228680000 股	490248679.27	40899557.23	13633185.74	7657758.01	767485994.51
变动原因		所得税返还	本年度盈利	本年度盈利	实施分红派现	实施分红派现

第三节 股本变动及股东情况

一、报告期内公司未发生送股、配股或转增股份事项,公司股本无增减变动。

公司股份变动情况表 数量单位:万股

	本次变动前	本次变动增减(＋,－)						本次变动后
		配股	送股	公积金转股	增发	其他	小计	
一、未上市流通股份	15868							15868
1、发起人股份								
其中:								
国家持有股份								
境内法人持有股份	15868							15868
境外法人持有股份								
其他								
2、募集法人股份								
3、内部职工股份								
4、优先股或其他								
其中:转配股								
未上市流通股份合计	15868							15868
二、已上市流通股份	7000							7000
1、人民币普通股	7000							7000
2、境内上市的外资股								
3、境外上市的外资股								
其他								
已上市流通股份合计	7000							7000
三、股份总数	22868							22868

000935 四川双马水泥股份有限公司

2001 年年度报告摘选

一、公司基本情况简介

(一)公司的法定中文名称:四川双马水泥股份有限公司
英文名称:SICHUAN SHUANGMA CEMENT CO. LTD
(二)公司法定代表人:唐月明
(三)公司董事会秘书:蒲小洪
联系地址:四川省江油市二郎庙镇
联系电话:(0816)3721498
传　　真:(0816)3721498
电子信箱:smzq@ my - public. sc. cninfo. net
证券事务代表:吴朝辉
联系地址:四川省江油市二郎庙镇
联系电话:(0816)3721400 - 2318　　传　真:(0816)3721498
(四)公司注册地址:四川省江油市二郎庙镇
公司办公地址:四川省江油市二郎庙镇　　邮政编码:621716
公司国际互联网网址:http//www. cement. com. cn
电子信箱:smsn@ my - public. sc. cninfo. net
(五)公司选定的信息披露报纸:中国证券报
登载公司年度报告的中国证监会指定国际互联网网址:http//www. cninfo. com. cn
公司年度报告备置地点:公司证券部
(六)公司股票上市交易所:深圳证券交易所
股票简称:四川双马　　股票代码:000935

二、会计数据和业务数据摘要

(一)本年度利润总额及构成(单位:元)

项目	金　额
利润总额(元)	66,016,291.12
净利润(元)	51,214,017.24
扣除非经常性损益后的净利润(元)	51,805,528.33
主营业务利润(元)	145,878,607.90
其他业务利润(元)	1,164,373.33
营业利润(元)	67,799,992.25
投资收益(元)	-1,110,345.02
补贴收入(元)	
营业外收支净额(元)	-673,356.11
经营活动产生的现金流量净额(元)	49,256,221.23
现金及现金等价物净增加额(元)	-705,339.28

说明:扣除的非经常性损益项目如下:
1、营业外收支净额 -673,356.11
2、所得税调整 81,845.02
以上项目涉及金额 591,511.09 元。

(二)主要会计数据和财务指标

项目	2001 年	2000 年		1999 年	
		调整后	调整前	调整后	调整前
主营业务收入(元)	426,857,035.05	445,651,906.50	445,651,906.50	365,525,870.52	365,525,870.52
净利润(元)	51,214,017.24	58,044,451.36	58,501,251.42	40,621,559.84	40,676,014.44
总资产(元)	819,977,367.12	719,334,418.30	716,914,255.94	707,375,774.74	706,885,683.33
股东权益(不含少数股东权益(元)	522,866,196.49	492,710,879.25	493,222,133.91	455,960,427.89	456,014,882.49
每股收益(元/股)	0.1603	0.3271	0.3297	0.2289	0.2292
每股净资产(元)	1.6370	2.7766	2.7795	2.5695	2.5698
调整后的每股净资产(元/股)	1.6137	2.7110	2.1097	2.5556	2.5489
每股经营活动产生的现金流量净额	0.1542	0.6634	0.6634	0.3207	0.3207
净资产收益率(%)	9.79	11.78	11.86	8.9090	8.9199

(三)按中国证监会《公开发行证券公司信息披露编报规则第九号》规定计算的净资产收益率和每股收益

项目	净资产收益率%		每股收益(元)	
	全面摊薄	加权平均	全面摊薄	加权平均
主营业务利润	27.90	28.07	0.4567	0.4567
营业利润	12.97	13.05	0.2123	0.2123
净利润	9.79	9.86	0.1603	0.1603
扣除非经常性损益后的净利润	9.91	9.97	0.1622	0.1622

三、股本变动及股东情况

(一)股本变动情况表。

公司股份变动情况表　　数量单位:万股

	本次变动前	本次变动增减(+ -)						本次变动后
		配股	送股	公积金转股	增发	其他	小计	
一、未上市流通股份	11945		2389	7167			9556	21501
1、发起人股份	11945		2389	7167			9556	21501
其中:								
国家持有股份	11800		2360	7080			9440	21240
境内法人持有股份	145		29	87			116	261
未上市流通股份合计	11945		2389	7167			9556	21501
二、已上市流通股份	5800		1160	3480			4640	10440
1、人民币普通股	5800		1160	3480			4640	10440
已上市流通股份合计	5800		1160	3480			4640	10440
三、股份总数	17745		3549	10647			14196	31941

000936 江苏华西村股份有限公司

2001 年年度报告摘选

一、公司基本情况简介

1、公司的法定中文名称:江苏华西村股份有限公司
公司的法定英文名称:Jiangsu Huaxicun CO., LTD.
英文名称缩写:H. X. C.
2、公司法定代表人:包丽君
3、公司董事会秘书:卞武彪
证券事务代表:查建玉
联系地址:江苏省江阴市华西村
电话:0510 - 6217188　0510 - 6217149　　传真:0510 - 6217177
电子信箱:Huaxicun@ hotmail. com
4、公司注册及办公地址:江苏省江阴市华士镇华西村
邮政编码:214420
国际互联网网址:http://wwww. chinahuaxicun. com
5、选定的信息披露报纸名称:《证券时报》
登载公司年度报告的国际互联网网址:http://www. cninfo. com. cn
年度报告备置地点:公司董事会办公室
6、公司股票上市交易所:深圳证券交易所
股票简称:华西村　　股票代码:000936

二、会计数据和业务数据摘要

1、本年度公司主要会计数据(单位:人民币元)

项目	金额
利润总额	73875538.02
净利润	66202972.85
扣除非经常性损益后的净利润	65925500.26
主营业务利润	94444191.94
其他业务利润	2636121.69
营业利润	73598065.43
投资收益	402745.59
补贴收入	-
营业外收支净额	-125273.00
经营活动产生的现金流量净额	54993383.14
现金及现金等价物净增加额	-109336838.08

注:扣除的非经常性损益项目及金额为:投资收益 402745.59 元,营业外收支净额 -125273 元。

2、近三年的主要会计数据和财务指标(单位:人民币元)

	2001 年	2000 年	1999 年
主营业务收入	663181332.32	303752452.10	245254881.11
净利润	66202972.85	57335121.94	54695136.71
总资产	720108028.54	591507942.44	494466408.86
股东权益(不含少数股东权益)	532248629.96	482845657.11	439510535.17
每股收益(摊薄)	0.39	0.41	0.39
每股收益(加权)	0.39	0.41	0.46
每股净资产	3.1681	3.4489	3.14
调整后的每股净资产	3.16	3.43	3.13
每股经营活动产生的现金流量净额	0.3273	0.36	0.15
净资产收益率(摊薄)	12.44	11.87	12.44
净资产收益率(加权)	12.83	12.25	22.07

3、本报告期内股东权益变动情况(单位:人民币元)

项　目	期初数	本期增加	本期减少	期末数
股　　本	140000000	28000000		168000000
资本公积	246750000		28000000	218750000
盈余公积	11009565.71	6655356.19		17664921.90
法定公益金	5504782.86	3327678.10		8832460.96
未分配利润	79581308.54	56219938.56	16800000	119001247.10
股东权益合计	482845657.11	94202972.85	44800000	532248629.96

变动原因:股本增加系资本公积金转增所致;资本公积金减少系转增股本所致;盈余公积增加系按本年净利 10% 提取、法定公益金增加系按本年净利 5% 提取所致;未分配利润增加系本年净利润扣减应付股利后净额增加所致;股东权益增加系本年净利润增加所致。

三、股本变动及股东情况

1、股本变动情况
(1)股份变动情况表

	本次变动前	本次变动增减(+、-)						本次变动后
		配股	送股	公积金转股	增发	其它	小计	
一、未上市流通股份	105000000			21000000			21000000	126000000
1、发起人股份								
其中:国家持有股份								
境内法人持有股份	105000000			21000000			21000000	126000000
境外法人持有股份								
其他								
2、募集法人股份								
3、内部职工股								
4、优先股或其他								
未上市流通股份合计	105000000			21000000			21000000	126000000
二、已上市流通股份								
1、人民币普通股	35000000			7000000			7000000	42000000
2、境内上市的外资股								
3、境外上市的外资股								
4、其他								
已上市流通股份合计	35000000			7000000			7000000	42000000
三、股份总数	140000000			28000000				168000000

000937 河北金牛能源股份有限公司

2001年年度报告摘选

一、公司简介

1、公司法定中文名称:河北金牛能源股份有限公司
公司法定英文名称:HEBEI JINNIU ENERGY RESOURCES CO.LTD
缩写:金牛能源"JNNY"
2、公司法定代表人:刘庆法
3、公司董事会秘书:刘彦春
联系地址:河北省邢台市中兴西大街191号
电话:0319—2068242　　传真:0319—2068888
电子信箱:liuyanc@xt-user.he.cninfo.net
4、公司注册地址:河北省邢台市中兴西大街191号
公司办公地址:河北省邢台市中兴西大街191号　　邮政编码:054021
公司电子信箱:master@goldbullenergy.com
公司互联网网址:www.goldbullenergy.com
5、公司信息披露报纸名称:《证券时报》、《上海证券报》
登载公司年度报告的中国证监会指定的国际互联网网址:http://www.cninfo.com.cn
公司年度报告备置地点:公司证券部
6、公司股票上市地:深圳证券交易所
股票简称:金牛能源　　股票代码:000937

二、会计数据和业务数据摘要

1、本年度主要利润指标　　单位:人民币元

项目	金　额
利润总额:	249,960,556.64
净利润:	253,137,252.57
*扣除非经常性损益后的净利润:	252,925,894.26
主营业务利润:	449,775,029.83
其他业务利润:	6,984,577.11
营业利润:	242,874,797.27
投资收益:	-
补贴收入:	6,979,048.63
营业外收支净额:	106,710.74
经营活动产生的现金流量净额:	369,021,622.36
现金及现金等价物净增加额:	48,516,028.46

根据中国证监会《公开发行证券公司信息披露规则第九号》计算的净资产收益率和每股收益:

利润表附表

单位:人民币元

报告期利润	净资产收益率%		每股收益	
	全面摊薄	加权平均	全面摊薄	加权平均
主营业务利润	27.72	27.94	1.06	1.06
营业利润	14.97	15.09	0.57	0.57
净利润	15.60	15.72	0.60	0.60
扣除非经常性损益后的净利润	15.59	15.71	0.60	0.60

2、截至报告期末公司前三年主要会计数据和财务指标　　单位:人民币元

财务指标	2001年度	2000年度		1999年度	
		调整前	调整后	调整前	调整后
主营业务收入	1,164,513,657.12	891,909,832.25	891,909,832.25	803,721,425.23	803,721,425.23
净利润	253,137,252.57	189,212,783.94	148,542,595.53	139,946,555.29	165,110,914.03
总资产	2,393,067,461.09	2,133,304,447.40	2,092,634,258.99	1,818,476,187.86	1,843,640,546.60
股东权益	1,622,764,769.03	1,531,264,202.91	1,490,594,014.50	1,381,316,588.20	1,406,480,946.94
每股收益(摊薄)	0.60	0.445	0.350	0.329	0.388
每股收益(加权)	0.60	0.445	0.350	0.412	0.486
扣除非经常性损益后的每股收益	0.60	0.445	0.350	0.329	0.388
每股净资产	3.82	3.590	3.507	3.250	3.310
调整后的每股净资产	3.81	3.590	3.507	3.248	3.248
每股经营活动产生的现金流量净额	0.87	0.270	0.270	0.07	0.07
摊薄净资产收益率	15.60%	12.35%	9.97%	10.13%	11.74%
加权净资产收益率	15.72%	12.61%	10.08%	20.78%	24.06%
扣除非经常性损益后加权净资产收益率	15.71%	12.58%	12.25%	20.75%	24.04%

三、股本变动及股东情况

1、股本变动情况
(1)公司股份变动情况表

2001年度公司股份变动情况表

数量单位:(股)

项目	本次变动前	本次变动增减(+、-)						本次变动后
		配股	送股	公积金转股	增发	其他	小计	
一、未上市流通股份								
1、发起人股份	325,000,000							325,000,000
其中:国家持有股份	325,000,000							325,000,000
境内法人股份								
境外法人股份								
其他								
2、募集法人股份								
3、内部职工股								
4、优先股或其他								
其中:转配股								
未上市流通股份合计	325,000,000							325,000,000
二、已上市流通部分	100,000,000							
1、人民币普通股	100,000,000							100,000,000
2、境内上市外资股								
3、境外上市外资股								
4、其他								
已上市流通部分合计	100,000,000							
三、股份总数	425,000,000							425,000,000

000938 清华紫光股份有限公司

2001年年度报告摘选

一、公司基本情况简介

1、公司中文名称:清华紫光股份有限公司
公司英文名称:Tsinghua Unisplendour Corporation Limited
公司英文名称缩写:THUNIS
2、公司法定代表人:宋　军
3、公司董事会秘书:齐　联
联系地址:北京市海淀区清华大学紫光大楼
联系电话:(010)62770008　　传　真:(010)62770880
电子信箱:qilian@thunis.com
董事会证券事务代表:张　蔚
联系电话:(010)62770008　　传　真:(010)62770880
电子信箱:zw@thunis.com
4、公司注册地址及办公地址:北京市海淀区清华大学紫光大楼
邮政编码:100084
公司国际互联网网址:http://www.thunis.com
公司电子信箱:thunis@thunis.com
5、公司选定的信息披露报纸名称:《中国证券报》、《证券时报》、《上海证券报》
登载公司年度报告的中国证监会指定国际互联网网址:http://www.cninfo.com.cn
公司年度报告备置地点:公司证券投资部
6、公司股票上市交易所:深圳证券交易所
股票简称:清华紫光　　股票代码:000938

二、会计数据和业务数据摘要

1、公司本年度主要财务指标　　(单位:人民币元)

项目	金额
利润总额	-21,525,409.03
净利润	-23,621,712.80
扣除非经常性损益后的净利润	-45,549,002.34
主营业务利润	172,999,663.76
其他业务利润	2,436,118.32
营业利润	-20,512,922.68
投资收益	3,518,909.08
补贴收入	623,556.97
营业外收支净额	-5,154,952.40
经营活动产生的现金流量净额	201,405,397.14
现金及现金等价物净增加额	-24,935,435.06

2、公司前三年的主要会计数据和财务指标　　(单位:人民币元)

项目	2001年	2000年		1999年	
		调整后	调整前	调整后	调整前
主营业务收入	1,465,349,764.54	920,132,392.98	922,728,560.48	451,514,931.50	451,514,931.50
净利润	-23,621,712.80	75,634,447.97	83,323,573.40	52,459,944.09	55,734,027.52
总资产	1,022,343,670.90	1,081,878,570.99	1,095,508,179.10	793,426,154.83	797,438,076.62
股东权益(不含少数股东权益)	595,096,290.65	614,532,803.45	625,496,012.31	600,722,355.48	603,996,438.91
全面摊薄每股收益	-0.115	0.367	0.404	0.407	0.433
加权平均每股收益	-0.115	0.367	0.404	0.514	0.546
扣除非经常性损益后的每股收益	-0.221	0.402	0.393	0.421	0.416
每股净资产	2.888	2.982	3.035	4.664	4.69
调整后的每股净资产	2.869	2.954	2.974	4.645	4.65
每股经营活动产生的现金流量净额	0.977	-0.185	-0.185	0.123	0.123
摊薄净资产收益率(%)	-3.97	12.31	13.32	8.73	9.23
加权净资产收益率(%)	-3.91	11.85	12.91	19.77	20.86
扣除非经常性损益后加权净资产收益率(%)	-7.53	12.99	12.54	20.45	20.04

3、利润表附表

根据中国证监会《公开发行证券公司信息披露编报规则第9号》的要求计算的净资产收益率和每股收益如下:

报告期利润	2001年度				2000年度			
	净资产收益率(%)		每股收益(元)		净资产收益率(%)		每股收益(元)	
	全面摊薄	加权平均	全面摊薄	加权平均	全面摊薄	加权平均	全面摊薄	加权平均
主营业务利润	29.071	28.604	0.839	0.839	30.210	29.075	0.901	0.901
营业利润	-3.447	-3.392	-0.100	-0.100	12.810	12.328	0.382	0.382
净利润	-3.969	-3.906	-0.115	-0.115	12.308	11.845	0.367	0.367
扣除非经常性损益后的净利润	-7.654	-7.531	-0.221	-0.221	13.493	12.986	0.402	0.402

三、股本变动及股东情况

1、股份变动情况

股份变动情况表　　数量单位:万股

项　目	本次变动前	本次变动增减(+,-)	本次变动后
一、未上市流通股份			
发起人股份	14,208	0	14,208
其中:			
国有法人股	14,208	0	14,208
未上市流通股份合计	14,208	0	14,208
二、已上市流通股份			
人民币普通股	6,400	0	6,400
已上市流通股份合计	6,400	0	6,400
三、股份总数	20,608	0	20,608

000939　武汉凯迪电力股份有限公司

2001 年年度报告摘要

第一节　公司基本情况简介

一、公司法定中、英文名称:武汉凯迪电力股份有限公司

WUHAN KAIDI ELECTRIC POWER CO.,LTD.

英文缩写:W.K.E.P.

二、公司法定代表人:陈义龙

三、公司董事会秘书:曹维垣

证券事务代表:江艳军

联系地址:武汉市武珞路 586 号江天大厦 22 楼

电　　话:027—87655171—122

传　　真:027—87655218

电子信箱:caoweiyuan @ china－kaidi.com

四、公司注册地址:武汉市武昌区武珞路 586 号江天大厦 22 楼

公司办公地址:武汉市武昌区武珞路 586 号江天大厦 22 楼

邮政编码:430070

互联网址:http://www.china－kaidi.com

电子信箱:Kaidi @ public.Wh.hb.cn

五、公司信息披露报纸:《中国证券报》、《证券时报》

登载公司年报网址:http://www.cninfo.com.cn

http://www.china－kaidi.com

年度报告备置地点:公司董事会秘书处

六、公司股票上市交易所:深圳证券交易所

股票简称:凯迪电力

股票代码:000939

第二节　会计数据和业务数据摘要

一、本年度主要会计数据(单位:人民币元)

项目	金额
利润总额	81,853,567.94
净利润	65,779,872.66
扣除非经常性损益后的净利润	65,779,872.66
主营业务利润	142,194,625.55
其他业务利润	806,192.43
营业利润	84,542,118.37
投资收益	－738,234.75
补贴收入	0.00
营业外收支净额	－1,950,315.68
经营活动产生的现金流量净额	161,231,708.94
现金及现金等价物净增加额	163,598,567.27
注:扣除的非经常性损益项目金额为	－2,688,550.43
其中　投资收益	－738,234.75
营业外收入	41,070.40
营业外支出	1,991,386.08

二、近三年主要会计数据和财务指标

序号	项目	2001 年	2000 年		1999 年
			调整前	调整后	
1	主营业务收入(千元)	422,994.05	208,155.41	173,127.60	172,189.76
2	净利润(千元)	65,779.87	54,905.18	48,350.90	27,253.22
3	总资产(千元)	904,898.95	639,599.27	622,701.57	509,597.32
4	股东权益(不含少数股东权益)(千元)	485,297.73	435,034.19	425,920.67	401,759.01
5	每股收益(元/股)	0.3041	0.25	0.2235	0.26
6	每股收益(元/股)(加权)	0.3041	0.25	0.2355	0.36
7	每股净资产(元/股)	2.24	2.01	1.97	3.90
8	调整后的每股净资产(元/股)	2.24	1.94	1.89	3.90
9	每股经营活动产生的现金流量净额(元/股)	0.74	－0.21	－0.21	0.27
10	净资产收益率(%)	13.55	12.62	11.35	6.78

注 1:2001 年度总股本按 21,630 万股计算,2000 年度总股本按 21,630 万股计算,1999 年度总股本按 10,300 万股计算。

注 2:以上数据和指标以本公司的合并会计报表数填列或计算。

三、按照中国证监会《公开发行证券公司信息披露编报规则第 9 号——净资产收益率和每股收益的计算及披露》要求,2001 年的计算数据如下:

报告期利润	净资产收益率(%)		每股收益(元)	
	全面摊薄	加权平均	全面摊薄	加权平均
主营业务利润	29.30	30.99	0.6574	0.6574
营业利润	17.42	18.43	0.3909	0.3909
净利润	13.55	14.34	0.3041	0.3041
扣除非经常性损益的净利润	13.85	14.65	0.3108	0.3108

第三节　股本变动及股东情况

一、股本变动情况表

项目 股份类别	变动前	变动增减(＋、－) 配股	送股	公积金转增	增发	其他	小计	变动后
一、未上市流通股份								
1、发起人股份	41,160,000							41,160,000
其中:								
国家持有股份								
境内法人持有股份	41,160,000							41,160,000
境外法人持有股份								
其他	69,073,200							69,073,200
2、募集法人股份	11,566,800							11,566,800
3、内部职工股								
4、优先股或其他	121,800,000							121,800,000
未上市流通股份合计								
二、已上市流通股份								
1、人民币普通股	94,500,000							94,500,000
2、境内上市的外资股								
3、境外上市的外资股								
4、其他								
已上市流通股份合计	94,500,000							94,500,000
三、股份总额	216,300,000							216,300,000

二、股东情况

1、报告期末股东总数 30,207 户,其中内部职工股股东 456 户。

2、前 10 名股东持股情况(截至 2001 年 12 月 31 日):

序号	股东名称	期末持股		期初持股		股份类别
		股数	%	股数	%	
1	北京中联动力化学公司	28,980,000	13.398	28,980,000	13.398	发起人境内法人股
2	中国电力投资有限公司	16,800,000	7.767	16,800,000	7.767	定向法人境内法人股
3	洋浦新华能电力发展有限公司	10,615,500	4.908	10,615,500	4.908	定向法人境内法人股
4	江西省电业开发总公司	10,500,000	4.854	10,500,000	4.854	定向法人境内法人股
5	武汉水利电力大学	10,080,000	4.660	10,080,000	4.660	发起人境内法人股
6	开元基金	7,893,574	3.649	9,971,395	4.610	流通 A 股
7	武汉钢铁设计研究院	6,300,000	2.913	6,300,000	2.913	定向法人境内法人股
8	湖北省电力公司	6,300,000	2.913	6,300,000	2.913	定向法人境内法人股
9	中国水利电力物资有限公司	6,300,000	2.913	6,300,000	2.913	定向法人境内法人股
10	天元基金	5,481,291	2.534	4,256,699	1.968	流通 A 股

第四节　董事、监事和高级管理人员

一、董事、监事、高级管理人员基本情况

姓名	职务	性别	年龄	任期	年初持股(股)	年末持股(股)	在其他单位任职
陈义龙	董事长	男	42	2001.10－2004.10	21,000	21,000	
黄汉光	副董事长	男	39	2001.10－2004.10	0	0	北京中联动力化学公司总经理
吕士泽	董事	男	59	2001.10－2004.10	0	0	中国水利电力物资有限公司总经理助理
孙守恩	董事	男	57	2001.10－2004.10	0	0	江西省电业开发总公司总经理
李　扬	独立董事	男	50	2001.10－2004.10	0	0	中国社会科学院金融研究中心主任研究员
何世虎	董事	男	39	2001.10－2004.10	21,000	21,000	
赵亚洲	董事	男	42	2001.10－2004.10	0	0	中国电力投资有限公司副总会计师
胡柏初	董事	男	45	2001.10－2004.10	0	0	四川省电力公司总会计师
夏成才	独立董事	男	52	2001.10－2004.10	0	0	中南财经政法大学教授中国注册会计师
高进珊	董事	男	63	2001.10－2004.10	0	0	原华中电力集团总公司副总经理(已退休)
唐宏明	董事	男	38	2001.10－2004.10	21,000	21,000	
顾德章	董事	男	54	2001.10－2004.10	0	0	中冶南方设计集团管委会主任
曹维垣	董事、董秘	男	57	2001.10－2004.10	0	0	
贺佐智	监事会主席	男	52	2001.10－2004.10	0	0	华中电业联合职工大学校长
方宏庄	监事	男	38	2001.10－2004.10	21,000	21,000	
张世云	监事	女	43	2001.10－2004.10	6,300	6,300	北京中联动力化学公司经理部经理
耿建国	监事	男	37	2001.10－2004.10	16,800	16,800	
彭兴宇	监事	男	39	2001.10－2004.10	0	0	湖北省电力公司总会计师
徐志安	总经理	男	35	2001.1.－	21,000	21,000	
彭　毅	副总经理、财务负责人、总经济师	男	39	2001.1.－	0	0	
江　海	副总经理	男	39	2001.9.－	0	0	
刘亚丽	副总经理	女	39	2001.9.－	0	0	
韩　洪	总工程师	男	39	2001.1.－	0	0	

二、董事、监事、高级管理人员年度报酬情况

在公司上班的专职董事的报酬由股东大会确定标准;在公司上班的监事(职工代表出任的监事)的报酬按其在公司的工作岗位确定;总经理班子成员的报酬由董事会确定标准。

共有11名董事、监事、高级管理人员在公司领取报酬，年度报酬总额为1,787,612.78元，其中：

金额最高的前三名董事的报酬总额为630,000元；

金额最高的前三名高级管理人员的报酬总额为648,000元；

年度报酬5——10万元的有4人、年度报酬10——20万元的有5人、年度报酬20——30万元的有2人。

公司于2001年10月20日选举聘任了2名独立董事，根据股东大会的决议，独立董事从2001年11月起领取津贴，每月5,000元。

以上所列报酬和津贴均是含税值，其个人所得税有公司代扣代缴。

黄汉光、吕士泽、孙守恩、赵亚洲、胡柏初、高进珊、顾德章等7名董事、贺佐智、张世云、彭兴宇等3名监事不在公司领取报酬和津贴，分别在各自的工作单位领取。

三、报告期内离任的董事、监事、高级管理人员情况

1、2001年10月20日召开的2001年第二次临时股东大会选举产生了公司第四届董事会和监事会，第三届董事会成员王克明先生、秦定国先生不再担任公司的董事；第三届监事会成员邹锦女士不再担任公司的监事。

2、2001年1月6日召开的三届九次董事会会议决定调整公司总经理班子，王政福先生不再担任公司总经理；唐宏明先生、何世虎先生、袁志方先生、孙淮林先生不再担任公司副总经理。

3、2001年10月20至21日召开的四届一次董事会会议决定唐宏明董事不再兼任公司财务负责人。

第五节　公司治理结构

一、公司治理的实际状况及差距

公司自成立以来，坚持不断完善公司法人治理结构，自觉接受各级证券监管部门和广大股东的监督，使得公司的运作逐步规范。

1、关于股东和股东大会：

股东作为公司的所有者，享有法律、行政法规和公司《章程》规定的合法权利。公司能平等地对待所有股东，保护广大股东合法权益。公司能热情接待股东和媒体各种形式的来访，使其及时了解公司的运作情况。公司根据《公司法》、《证券法》、《深圳证券交易所股票上市规则》、《上市公司股东大会规范意见》及公司《章程》制定了《股东大会议事规则》，就股东大会的性质和职权以及召开全过程和信息披露等内容作了明确的规定，并在实际工作中不断完善，保证股东大会合法、有效地召开。

公司还应努力扩大股东参与股东大会的比例。

2、关于大股东：

本公司股权分散，不存在大股东对公司绝对控股的情况。各法人股东单位也没有干扰公司的决策和生产经营活动。公司的重大决策均由股东大会和董事会依法做出。

3、关于董事和董事会：

公司董事依法由股东大会选举产生，具备合理的专业结构，具备履行职务所必需的知识、技能和素质，本着诚信、勤勉的原则，忠实履行自己的职责，能认真负责地出席董事会、股东大会，履行了董事的权利、义务和责任。公司健全了《董事会议事规则》和决策程序，能按照有关法规和公司《章程》的规定认真开好每一次董事会会议。

今后选举董事时，董事候选人应按规定作出书面承诺（以前只是独立董事作出了书面承诺）；公司尚未实行累积投票制度、尚未与董事签订聘任合同；董事会各专门委员会尚未正式建立。

4、关于监事和监事会：

公司监事依法由股东大会选举产生，监事会本着对股东负责的态度发挥了监督职能，严格按照《监事会议事规则》履行职责，有效地保护公司资产安全，维护公司及股东的合法权益。

对于监事会在公司治理中如何发挥更积极的作用，还有待在实践中进一步加强。

5、关于利益相关者：

公司能尊重银行及其它债权人、员工、客户、供应商、社区等利益相关者的合法权益，能于其努力合作，共同推动公司持续发展。

公司在鼓励员工通过与董事会、监事会和总经理班子的直接沟通和交流方面，尚有差距，今后应形成制度，加以规范，以进一步调动广大员工的积极性。

6、关于信息披露：

公司制定并不断完善《信息披露管理条例》等制度，履行信息披露义务，并保证信息内容的真实、准确、完整、及时，不断增加公司的透明度，确保所有股东有平等的机会获得公司应披露的信息。

在2002年应努力避免出现"补丁"公告；加强有关信息的持续披露工作。

二、公司建立独立董事制度情况

根据中国证监会《关于在上市公司建立独立董事制度的指导意见》，公司已经聘请两位独立董事，均为2001年10月20日股东大会选举产生。目前已经参加了董事会的工作，在董事会会议上能积极参与有关问题的讨论和决策。

独立董事制度还只是刚刚建立，对如何发挥独立董事在董事会中和公司治理中的作用，还有待在实践中进一步摸索。

三、公司"五分开"情况

公司没有控股股东，与第一大股东和其他股东单位在业务、人员、资产、机构、财务等方面做到了完全独立，具有完全独立的业务及自主经营能力。

四、对高级管理人员的考评及激励机制的建立、实施情况

公司初步建立了董事、监事和高级管理人员的绩效评价标准与激励约束机制，以调动他们的积极性。年初公司将本年度业务计划及经营目标进行分解，并制定相应的考核办法，期末分别根据各个高管人员的管理权限，对其工作实绩进行考核，兑现其报酬。

这种考评及激励机制还有待进一步完善。

第六节　股东大会情况简介

一、2000年度股东大会

公司董事会于2001年4月4日在《中国证券报》16版和《证券时报》A7版刊登召开2000年度股东大会的通知公告。2000年度股东大会于2001年5月12日在武汉科技会展中心第二会议室召开，出席会议的股东或股东授权代表13人，代表股份122,902,500股，占公司总股份的56.82%。

本次大会审议通过如下决议：

1、审议通过了《2000年度董事会工作报告》；

2、审议通过了《2000年度监事会工作报告》；

3、审议通过了《2000年度财务决算和2001年度财务预算报告》；

4、审议通过了《2000年度利润分配方案》；

5、审议通过了《关于2001年度续聘会计师事务所的议案》；

6、审议通过了《关于修改公司〈章程〉的议案》；

7、审议通过了《关于调整部分募集资金投向的议案》；

8、审议通过了《发起设立"广西合山发电有限公司"的议案》。

本次股东大会决议公告和法律意见书刊登于2001年5月15日《中国证券报》14版、《证券时报》18版。

二、临时股东大会

1、2001年第一次临时股东大会：

公司董事会于2001年6月26日在《中国证券报》21版和《证券时报》21版刊登召开2001年第一次临时股东大会的通知公告。2001年第一次临时股东大会于2001年7月26日在武汉湖滨花园酒店二楼会议室召开，出席会议的股东或股东授权代表14人，代表股份122,259,006股，占公司总股份的56.52%。本次大会审议通过如下决议：

(1)审议通过了《关于本次增发符合〈上市公司新股发行管理办法〉有关条件的议案》；

(2)审议通过了《关于申请增发不超过5000万股人民币普通股(A股)的议案》；

(3)审议通过了《关于增发A股募集资金计划投资项目可行性的议案》；

(4)审议通过了公司董事会《关于前次募集资金使用情况的说明》；

(5)审议通过了《前次募集资金使用情况专项报告》；

(6)审议通过了《关于本次增发A股完成后未分配利润由新老股东共享的议案》；

(7)审议通过了《关于提请股东大会审议并授权董事会全权办理本次增发A股相关事宜的议案》；

(8)审议通过了修订后的《股东大会议事规则》；

(9)审议通过了修订后的《董事会议事规则》。

本次临时股东大会决议公告和法律意见书刊登于2001年7月28日《中国证券报》57版、《证券时报》48版。

2、2001年第二次临时股东大会：

公司董事会于2001年9月5日在《中国证券报》12版和《证券时报》A7版刊登召开2001年第二次临时股东大会的通知公告。2001年第二次临时股东大会于2001年10月20日在武汉湖滨花园酒店二楼会议室召开，出席会议的股东或股东授权代表13人，代表股份116,647,402股，占公司总股份的53.93%。本次大会审议通过如下决议：

(1)审议通过了《关于暂停增发新股工作的议案》；

(2)选举产生了第四届董事会；

(3)选举产生了第四届监事会；

(4)审议通过了《关于专职董事薪酬的议案》；

(5)审议通过了《关于独立董事津贴的议案》。

本次临时股东大会决议公告和法律意见书刊登于2001年10月23日《中国证券报》19版、《证券时报》10版。

第七节　董事会报告

一、公司经营情况

1、主营业务的范围及其经营状况：

公司致力于环保产业、新能源及电力工程新技术、新产品的开发和应用。主要经营燃煤电厂烟气脱硫工程、洁净煤燃烧技术及工程、污水综合治理工程、垃圾资源化处理工程、火力发电厂凝结水精处理工程、锅炉补给水工程、冲灰水及其回水除垢防垢工程的设计、成套、施工、安装、调试、培训等工程总承包业务。

2001年，公司董事会为了抓住我国环保产业的发展机遇，及时调整和充实了总经理班子，在全国范围内招聘了一批从事环保产业的技术和管理骨干人才，积极引进和消化多项国外先进环保技术，加强经营管理，努力开拓环保工程承包和技术服务市场，经过一年的艰苦工作，公司在环保产业上取得了明显的突破，实现了公司主营业务的战略转移，取得了较好的经营成果。公司荣获了武汉东湖新技术开发区领导小组和武汉国家光电子信息产业基地领导小组颁发的"2001年武汉东湖新技术开发区建设和发展突出贡献奖"，公司被长江资信评估公司继续评为AAA资信等级。

报告期内公司签订的主营业务合同额达130,877万元，实现主营业务收入422,99万元，比2000年增长144%；实现主营业务利润14,219万元，比2000年增长112%。2001年实现净利润6,578万元，比2000年增长36%，若按扣除非经常性损益后实现的净利润比较，则增长207%。报告期内实施的主要项目有：

(1) 广州恒运电厂烟气脱硫项目，合同总额7,800万元人民币。截止2001年底，该工程已进入安装的最后阶段。预计2002年上半年可调试并投产。

(2) 河南叶县蓝光环保电厂项目，该项目是为了实施国家清洁煤燃烧发电技术和先进发电设备国产化的总体规划，尽快掌握420T/H高温超高压中间再热式循环流化床锅炉的制造和运行技术，经国家计委批准的该等级循环流化床锅炉国产化示范工程，合同总额7.8亿元人民币。截止2001年底，该工程已完成了土建、安装的固定单价招标和三大主机的招标工作，主机设备已进入制造阶段，土建工程已在全面开工建设过程中。

(3) 武汉东湖新技术开发区汤逊湖污水处理厂和相应污水收集系统工程项目，公司以BOT方式承接该项目工程，合同总额1.95亿元人民币。截止2001年底，已完成工程投资12,359万元人民币，项目仍处在建设过程中。

(4) 广西合山电厂8#机组循环流化床锅炉技改项目，合同总额40,80万元人民币；报告期内，锅炉本体制造工作正常进行。

(5) 一批火力发电厂凝结水及补给水项目。项目数量34个，项目地点遍及全国各地区发电厂，合同总额22,000万元。所有项目都在正常履约过程中。

报告期内，公司参与多项火力发电厂烟气脱硫工程和洁净煤燃烧技改工程的投标，多数项目

尚未开标。已中标的有山西永济发电厂 410T/H 循环流化床锅炉技改项目,合同总额 4,500 万元人民币(已于 2002 年 1 月 25 日公告)。

报告期内公司主营业务收入构成情况如下:

(1)烟气脱硫工程:完成主营业务收入 6,977 万元,占公司主营业务收入的 16.5%。

(2)洁净煤燃烧技术工程:完成主营业务收入 20,041 万元,占公司主营业务收入的 47.4%。

(3)污水综合治理工程:完成主营业务收入 7,930 万元,占公司主营业务收入的 18.7%。

(4)火力发电厂水处理工程:完成主营业务收入 7,351 万元,占公司主营业务收入的 17.4%。

2、主要供应商、客户情况:

(1)报告期内公司向前五名供应商合计采购的金额为 53,135,161.07 元,占年度采购总额的 21%。

(2)报告期内公司向前五名客户销售额为 352,046,853.40 元,占公司年度销售总额的 94%。

3、在经营中出现的问题与困难及解决方案:

(1) 随着国家"十五"计划和国家环保"十五"计划的实施,电力环保市场的容量迅速扩大,烟气脱硫和洁净煤燃烧技术的市场需求巨大,但市场竞争也逐步加剧。公司要想在电力环保市场上谋求稳固的领先地位,不断提高市场占有率,必须创造出持久的竞争优势。公司将继续加大技术引进力度,努力消化和吸收先进的烟气脱硫技术和循环流化床锅炉技术并实现技术的国产化,发挥公司先进的人才机制和规范的公司治理结构方面的优势,不断引进、培养和选拔优秀的技术和经营骨干,扶持和巩固公司已有的关键设备制造基地,加强企业间的优势互补与合作。为了应对中国加入 WTO 后的国际竞争,公司将加强与国外环保公司的合作,努力形成集市场营销、核心技术、项目管理和资本营运为一体的综合优势,力求取得公司在环保产业的领先地位。

(2)城市污水治理工程是国家"十五"计划的重要内容之一,未来五年内,我国各大中城市和中小城镇将要新建大批城市污水处理厂,公司在城市污水处理领域的投资和工程总承包业务有着广阔的市场前景。由于我国现行的投融资体制还没有打破以政府财政投资为主的模式,实行城市污水处理投资的社会化、多元化尚有一个过程,排污收费制度在各地实行的力度也不一致;同时,城市污水处理工程建设承包业务也在较大程度上受制于现存的投融资体制。因此,公司努力将已承接的污水处理工程建设成示范工程,并加大吸收国内外各类长期资金的力度,积极引进先进的污水治理技术,以求形成公司在城市污水处理领域的竞争优势,力争在 2002 年内承接几项大中型城市污水处理工程的总承包业务。

(3)公司作为一家技术型的工程承包公司,是以集核心环保技术、环保工程管理、环保项目融资为一体的优势来承接和实施环保工程总承包业务的,项目管理成为实现公司主营业务收入和利润的关键环节之一,公司采取的对策是引进项目管理人才,完善项目管理制度,规范项目管理程序,严格招投标工作,控制项目管理风险,确保项目进度、质量和投资目标的实现。

(4)随着公司在环保产业上的突破,公司正在经历主营业务和经营管理两方面的转型,公司从事环保产业的员工大多来自各大型电力设计院、市政设计院、化工设计院、大型锅炉制造企业、发电企业和工程公司。公司在建立独特的企业文化,促使员工转变观念和人力资源整合等方面需要做大量的工作,公司将以目标管理为核心,全面加强经营计划管理和业绩考核工作,努力促进管理的规范化和科学化,提高全员工作效率和公司运作效率。

(5)为了集中公司资源,将环保产业做精、做大,公司实行相关多元化发展战略,将对子公司资产进行整合,妥善处理与公司主营业务关联度不大的子公司。同时,全面加强对子公司的管理和考核,提高公司的整体效益。

二、公司投资情况

1、募集资金使用:

公司于 1999 年 7 月发行 A 股股票,实际募集资金 28,683 万元,至本报告期初尚余 11,803 万元。由于国家电力体制改革,实行"厂网分开、竞价上网"的政策,经 2001 年 5 月 12 日召开的公司 2000 年度股东大会审议批准,决定暂缓执行"北京门头沟垃圾发电厂工程",将募集资金调整为投向"武汉东湖开发区庙山工业园污水收集系统工程"和"武汉东湖开发区流芳工业园污水收集处理系统工程"(信息公告刊登于 2001 年 5 月 15 日《中国证券报》和《证券时报》)。

本报告期内募集资金实际使用情况为:

"企业技术中心建设"项目继续投入 444 万元;"计算机网络管理及控制项目"继续投入 1,000 万元;"武汉东湖开发区庙山工业园污水收集系统工程"投入 5,208 万元;"武汉东湖开发区流芳工业园污水收集处理系统工程"投入 5,151 万元。

本报告期内,公司已将前次募集资金全部按计划投入使用。募集资金实际使用情况与《招股说明书》承诺内容的对照如下(单位:人民币万元):

投资项目	计划投资金额	实际投资金额	差额	项目进度
1.北京门头沟垃圾发电厂工程	12,000	300	-11,700	暂缓执行
2.旋转喷雾干法烟气脱硫成套装置	2,882	4,900	2,018	完工
3.中压凝结水处理成套装置	2,811	4,500	1,689	完工
4.聚合硫酸铁开发生产	2,860	2,860		完工
5.KD-306 系列高效除垢防垢剂生产线建设	2,720	2,720		完工
6.企业技术中心建设	2,550	1,044	-1,506	完工
7.计算机网络管理及控制	2,860	2,000	-860	完工
8.武汉东湖开发区庙山工业园污水收集系统工程		5,208	5,208	63%
9.武汉东湖开发区流芳工业园污水收集处理系统工程		5,151	5,151	63%
合　计	28,683	28,683		

2、非募集资金投资项目:

(1) 根据三届八次董事会决议(信息公告刊登于 2000 年《中国证券报》19 版、《证券时报》8 版),为了巩固公司在武汉地区环保产业的龙头地位,公司参与了武汉格林天地环保产业集团有限公司的重组工作,办理了工商变更登记手续。重组后的武汉格林天地环保产业集团有限公司主要从事污水处理设备和噪声治理设备的成套业务,注册资本 3,800 万元,本公司出资 2,000 万元,占 52.63%。该公司已获国家经贸委批准,利用国债资金进行污水处理和城市噪声治理设备技术改造,国债贴息贷款 4,800 万元,报告期内正在申办国债贷款,争取使其尽快到位。

(2)根据公司 2000 年度股东大会决议(信息公告刊登于 2001 年 5 月 15 日的《中国证券报》14 版、《证券时报》18 版),公司参与发起设立"广西合山发电有限责任公司",合作建设广西合山发电厂 2×30 万千瓦机组改扩建工程。该工程总投资 198,235 万元,其中项目法人资本金 20%,公司计划出资 19,823.5 万元(按工程进度分期出资),占"广西合山发电有限责任公司"股份的 50%,报告期内,实际出资人民币 1,000 万元。截止 2001 年年底,本工程已完成前期工作。

三、公司财务状况、经营成果的分析

单位:千元

项　目	2001	2000 年	增减(+%)	增减主要原因
总资产	904,898.95	622,701.57	45.31	经营活动所致
长期负债	37,797.63	43,564.90	-13.26	长期借款减少所致
股东权益	485,297.73	425,920.67	13.94	经营活动所致
主营业务利润	142,194.63	67,095.31	111.93	市场开拓、主营业务增加所致
净利润	65,779.87	48,350.90	36.05	市场开拓、主营业务增加所致

注:2000 年为追溯调整后数据。

四、2002 年经营计划

2002 年,公司将继续抓住环保产业的发展机遇,大力开拓火力发电厂烟气脱硫市场和循环流化床锅炉市场,努力开拓城市污水治理市场,继续抓好环保技术的引进、消化、吸收和国产化工作,加强技术研发,不断保持技术升级,进一步通过掌握核心技术,来带动以工程总承包和设备成套为主的环保主营业务,努力提高公司在环保市场上的综合竞争力和市场占有率。2002 年度的经营目标是:主营业务收入比 2001 年度增长 60%,严格控制管理费用、财务费用、销售费用的增长,努力提高管理水平,力争实现净利润比 2001 年增长 50%,跨上亿元关。为实现上述经营目标,公司拟采取的措施是:

(1)进一步加强国外先进技术的引进、消化、吸收工作,加强公司的研发工作。通过技术创新和应用,提高公司的竞争能力。

(2)大力加强市场营销工作,以市场营销为中心,尽快培养一支懂技术、懂市场、懂管理的专家型营销队伍。

(3)全面加强经营计划工作,实行目标管理、预算控制和业绩考核的管理办法,对全体员工和各个部门的工作进行严格的考核。

(4)大力强化项目管理工作,完善项目管理办法,实行项目经理目标责任制,加强项目建设过程监控,控制公司经营风险。

(5)进一步完善公司法人治理结构,规范运作、依法经营,树立良好的社会形象,努力打造"凯迪"品牌。

(6)加强企业制度建设和文化建设,在 2001 年全面修订的公司管理制度基础上,进一步完善工作流程和具体办法。同时,将制度建设与企业文化建设有机结合起来,培养员工的共同价值观,充分调动全体员工的积极性和创造性,提高公司凝聚力,提升公司的整体素质。

五、本次利润分配预案

经武汉众环会计师事务所有限责任公司审计,截至 2001 年 12 月 31 日,公司实现净利润 65,779,872.66 元,提取 10% 法定公积金 6,577,987.27 元,提取 5%法定公益金 3,288,993.65 元,加追溯调整后的年初未分配利 57,190,277.24 元,可供股东分配利润(合并后)112,341,285.76 元。

经公司董事会研究,提出如下分配预案:以 2001 年末总股本 216,300,000 股为基数,每 10 股派发现金 0.5 元(含税),共应付股利 10,815,000.00 元,尚有未分配利润 101,526,285.76 元在结转下一年度。不送红股、不进行资本公积金转增股本。

该分配预案须经 2001 年度股东大会审议批准。

第八节　监事会报告

一、监事会会议情况

1、报告期内监事会召开了五次会议:

(1) 三届六次监事会会议于 2001 年 2 月 24 日在武汉湖滨花园酒店一楼小会议室召开,会议审议通过了《2000 年度监事会工作报告》、《武汉凯迪电力股份有限公司 2000 年年度报告》及其摘要,并就公司经营管理的运作情况发表独立意见。

(2) 三届七次监事会会议于 2001 年 5 月 11 日在武汉湖滨花园酒店二楼会议室召开,会议审议通过了《武汉凯迪电力股份有限公司员工持股计划》。

(3) 三届八次监事会会议于 2001 年 7 月 25 日在武汉湖滨花园酒店一楼小会议室召开,会议审议通过了《武汉凯迪电力股份有限公司 2001 年中期报告》及其《摘要》,认为董事会提出中期不分配的意见是符合公司实际情况的决定。

(4)三届九次监事会会议于 2001 年 9 月 2 日在江西省井冈山市井秀山庄召开,会议提出了第四届监事会成员候选人。

(5)四届一次监事会会议于 2001 年 10 月 20 日在武汉湖滨花园酒店召开,会议一致推选贺佐智先生任监事会主席。

2、根据公司《章程》的规定,监事会成员还列席了三届九次、十次、十一次、十二次、十三次、十四次、十五次董事会会议,出席了 2000 年度股东大会、2001 年第一次临时股东大会、2001 年第二次临时股东大会。就审议上述会议的各项议案发表了意见。

二、监事会发表的独立意见

1、监事会依照国家有关法律、法规和公司《章程》、《监事会工作暂行条例》的有关规定,对公司依法运作的情况进行了监督,未发现有违反国家法律、法规和违背公司《章程》的现象发生。公司决策程序合法,内部控制制度健全,公司董事会、总经理班子成员执行公司职务时无违反法律、法规、公司《章程》或损害公司利益的行为。

2、公司财务报告经武汉众环会计师事务所有限责任公司审计,并出具了无保留意见的审计报告,监事会认为该审计报告真实反映了公司的财务状况和经营成果。

3、公司 1999 年发行 A 股股票募集资金延续至本报告年度使用资金投入的项目与承诺投入项目一致。变更募集资金投资项目的程序合法。武汉众环会计师事务所有限责任公司 2001 年 6 月 22 日出具的武众会(2001)322 号《前次募集资金使用情况专项报告》、2001 年 7 月 21 日出具的《关于前次募集资金 2001 年 1-6 月使用情况的说明》符合公司的实际情况。

4、报告期内公司无收购、出售资产行为。

5、公司关联交易均按市场公平交易的原则进行,无损害公司利益的行为。

第九节　重要事项

一、重大诉讼、仲裁事项

本年度公司无重大诉讼、仲裁事项。

二、收购及出售资产、吸收合并事项

报告期内公司无收购及出售资产、吸收合并事项。

三、重大关联交易事项

报告期内公司无重大关联交易事项。

四、托管、承包、租赁资产事项

报告期内公司未发生托管、承包、租赁其他公司资产或其他公司托管、承包、租赁本公司资产的事项。

五、重大合同或担保等情况

除本报告《第七章董事会报告》之"一、公司经营情况"中表述的重大经营合同外，报告期内公司无其他重大合同或担保等情况。

六、承诺事项

1、公司第一大股东北京中联动力化学公司(占股权比例13.398%)于1998年10月致函公司，作出不同业竞争承诺:"本公司保证今后不从事、不参与、不开发与贵公司的主营业务可能形成同业竞争关系的业务和活动。"该公司恪守了这一承诺。

2、2001年2月24日公司三届十次董事会审议通过了《公司2001年度利润分配政策》为:

①2001年度公司至少分配利润一次，分配时间在2001年度结束后六个月内;

②公司2001年度实现净利润用于股利分配的比例不低20%，公司2000年度未分配利润用于2001年度股利分配的比例不低于15%;

③2001年度分配采用派发现金股利或送红股的形式，现金股利不低于利润分配总额的40%;

④具体实施时，由董事会根据公司盈利及发展状况按上述政策提出分配预案，报股东大会审议批准后实施。

鉴于公司正处于成长发展期，2002年度的主营业务需要大量流动资金，为公司长远发展考虑，经董事会慎重研究，2001年度股利分配比例有所下降。

七、聘任会计师事务所情况

本年度公司继续聘任武汉众环会计师事务所有限责任公司为审计机构。

本报告年度公司支付给聘任会计师事务所的报酬为人民币80万元(含2000年度审计、2001年中期审计、募集资金使用情况专项审计)。

八、受监管部门处罚的情况

报告期内公司、公司董事、监事及高级管理人员无受监管部门处罚的情况。

第十节　财务报告

一、审计报告

本公司2001年度财务报告经武汉众环会计师事务所有限责任公司审计，并出具了武众会(2002)050号无保留意见的审计报告。

二、会计报表

合并及母公司的资产负债表、利润表、利润分配表和现金流量表(附后)。

三、会计报表附注

1、主要会计政策、会计估计变更的说明以及重大会计差错更正的说明:

(1)公司以前年度将项目前期的开发费、咨询研究费、认证费及技术转让费计入长期待摊费用进行分期摊销，截止2000年12月31日未摊销余额为11,492,735.05元。根据财政部2001年7月7日《实施会计制度及准则问题的解答》的有关规定此会计处理应作为会计差错作追溯调整。此会计差错已采用追溯调整法调整了期初留存收益及长期待摊费用的期初数，利润及利润分配表的上年同期数栏已按调整后的数字填列。

上述会计差错的累积影响数9,113,515.64元，其中调减2000年年初未分配利润2,175,345.71元，调减2000年年初盈余公积金383,884.54元;调减2000年度未分配利润5,571,142.58元，调减2000年度盈余公积金983,142.81元，调减2000年少数股东权益1,285,220.53元，调减2000年长期待摊费用11,492,735.05元，调减2000年应交税金——所得税1,093,998.88元。

(2)公司原执行《股份有限公司会计制度》，根据财政部财会字[2000]25号文《关于印发〈企业会计制度〉的通知》、财会字[2001]17号文《关于印发贯彻实施〈企业会计制度〉有关政策衔接问题的规定的通知》等文件的规定，公司从2001年1月1日起执行《企业会计制度》。会计政策变更及影响说明如下:

①期末固定资产原按账面净值计价，现改为按固定资产净值与可收回金额孰低计价，对可收回金额低于账面价值的差额，计提固定资产减值准备。

②期末在建工程原按账面价值计价，现改为按在建工程账面价值与可收回金额孰低计价，对可收回金额低于账面价值的差额，计提在建工程减值准备。

③期末无形资产原按账面价值计价，现改为按无形资产账面价值与可收回金额孰低计价，对可收回金额低于账面价值的差额，计提无形资产减值准备。

④公司成立至今，未发生委托贷款业务，本期不涉及会计政策的变更。

⑤开办费原按5年平均摊销，现采取一次性进入企业开业当期损益。

(3)本次会计政策变更，未对公司2001年度的财务状况及经营成果产生重大影响。

2、合并会计报表的编制方法:

公司对外股权投资，占被投资单位50%以上股权，或拥有实际控制权的，将按照财政部财会字(1995)11号《合并会计报表暂行规定》编制合并报表。

公司合并会计报表是以母公司和纳入合并范围的子公司会计报表及有关资料为依据，按照财政部财会字(1995)11号《合并会计报表暂行规定》及其补充规定，合并会计报表各项目数额，对相互间重大交易和资金往来等相关项目抵消后编制而成。

公司的控股子公司北京凯迪英泰计算机工程技术有限公司、北京中联凯迪电力工程技术有限公司因公司董事会决议向其股东会提出终止经营的议案，且其所有者权益为负数，因此本年末纳入合并报表范围。会计报表的上年数已按变更合并报表范围后的数字填列。

广州凯迪电力工程技术有限公司、武汉格林天地环保产业集团有限公司是2001年新增的控股子公司，本期纳入合并报表范围。

武汉凯迪电力股份有限公司董事会

2002年3月9日

合　并　利　润　表

编制单位:武汉凯迪电力股份有限公司　　单位:人民币元

项　目	附注	2001年度	2000年度
一、主营业务收入	五、28	422,994,053.92	173,127,604.86
减:主营业务成本	五、29	277,154,091.42	104,161,878.65
主营业务税金及附加	五、30	3,645,336.95	1,870,418.96
二、主营业务利润		142,194,625.55	67,095,307.25
加:其他业务利润	五、31	806,192.43	887,364.63
减:营业费用		14,386,623.76	9,320,993.99
管理费用		35,832,670.06	25,928,066.38
财务费用	五、32	8,239,405.79	-722,432.00
三、营业利润		84,542,118.37	33,456,043.51
加:投资收益	五、33	-738,234.75	25,677,381.29
补贴收入			1,050,000.00
营业外收入	五、34	41,070.40	1,795,670.01
减:营业外支出	五、35	1,991,386.08	1,909,709.52
四、利润总额		81,853,567.94	60,069,385.29
减:所得税		14,335,319.38	9,812,812.23
少数股东损益		1,738,375.90	1,905,675.06
本期未确认的投资损失			
五、净利润		65,779,872.66	48,350,898.00

合并利润分配表

编制单位:武汉凯迪电力股份有限公司　　单位:人民币元

项　目		2001年度	2000年度
一、净利润		65,779,872.66	48,350,898.00
加:年初未分配利润		57,190,277.24	37,722,013.95
其他转入数			
二、可供分配的利润		122,970,149.90	86,072,911.95
减:提取法定盈余公积		7,161,912.65	4,835,089.80
提取法定公益金		3,466,951.49	2,417,544.91
提取职工奖励及福利基金			
提取储备基金			
提取企业发展基金			
利润归还投资			
三、可供股东分配的利润		112,341,285.76	78,820,277.24
减:应付优先股股利			
提取任意盈余公积			
应付普通股股利		10,815,000.00	21,630,000.00
转作股本的普通股股利			
四、未分配利润		101,526,285.76	57,190,277.24

合并利润表附表

编制单位:武汉凯迪电力股份有限公司　2001年度　单位:人民币元

报告期利润	净资产收益率		每股收益	
	全面摊薄	加权平均	全面摊薄	加权平均
主营业务利润	29.30%	30.99%	0.6574	0.6574
营业利润	17.42%	18.43%	0.3909	0.3909
净利润	13.55%	14.34%	0.3041	0.3041
扣除非经营性损益后的净利润	13.85%	14.65%	0.3108	0.3108

合并资产负债表

编制单位:武汉凯迪电力股份有限公司　　单位:人民币元

资　　产	附注	2001年12月31日	2000年12月31日
流动资产:			
货币资金	五、1	314,340,579.22	150,742,011.95
短期投资			
应收票据	五、2	200,000.00	
应收股利			
应收利息			
应收账款	五、3(1)	153,524,278.10	146,295,458.80
其他应收款	五、3(2)	50,446,059.19	119,712,207.13
预付账款	五、4	23,905,233.14	32,779,268.41
应收补贴款			
存货	五、5	98,178,051.26	44,367,926.55
待摊费用	五、6	311,414.91	125,000.00
一年内到期的长期债权投资			
其他流动资产			
流动资产合计		640,905,615.82	494,021,872.84
长期投资:			
长期股权投资	五、7	14,450,000.00	58,018,404.13
长期债权投资			
长期投资合计		14,450,000.00	58,018,404.13
其中:合并价差			
股权投资差额			
固定资产:			
固定资产原价	五、8(1)	97,945,579.24	60,660,214.43
减:累计折旧	五、8(2)	14,223,045.15	10,013,660.30
固定资产净值		83,722,534.09	50,646,554.13
减:固定资产减值准备			
固定资产净额		83,722,534.09	50,646,554.13
工程物资			
在建工程	五、9	51,706,098.79	14,252,541.89
固定资产清理			
固定资产合计		135,428,632.88	64,899,096.02
无形资产及其他资产:			
无形资产	五、10	114,114,699.58	4,774,509.36
长期待摊费用	五、11		987,690.60
其他长期资产			
无形资产及其他资产合计		114,114,699.58	5,762,199.96
递延税项:			
递延税款借项			
资产总计		904,898,948.28	622,701,572.95
负债与股东权益			
流动负债:			
短期借款	五、12	147,615,800.00	12,000,000.00
应付票据	五、13	15,060,462.58	3,965,000.00
应付账款	五、14	103,677,642.49	19,024,134.06
预收账款	五、15	39,380,656.92	12,056,615.80
应付工资			
应付福利费		793,298.61	12,946.63
应付股利	五、17	10,815,000.00	21,630,000.00
应交税金	五、18	18,044,860.41	21,263,077.41
其他应交款	五、19	1,983,118.34	1,936,212.23
其他应付款	五、16	9,057,595.48	6,143,202.30
预提费用	五、20	1,357,522.30	792,416.00
预计负债			
一年内到期的长期负债	五、21	2,400,000.00	43,000,000.00
其他流动负债			
流动负债合计		350,185,957.13	141,823,604.43
长期负债:			
长期借款	五、22	33,000,000.00	33,000,000.00
应付债券			
长期应付款	五、23	4,797,625.82	10,564,901.88
专项应付款			
其他长期负债			
长期负债合计		37,797,625.82	43,564,901.88
递延税项:			
递延税款贷项			
负债合计		387,983,582.95	185,388,506.31
少数股东权益		31,617,633.16	11,392,391.78
股本	五、24	216,300,000.00	216,300,000.00
减:已归还投资			
股本净额		216,300,000.00	216,300,000.00
资本公积	五、25	138,446,650.02	134,034,465.37
盈余公积	五、26	29,024,796.39	18,395,932.25
其中:法定公益金	五、26	9,658,157.95	6,191,206.46
未确认的投资损失			
未分配利润	五、27	101,526,285.76	57,190,277.24
外币报表折算差额			
股东权益合计		485,297,732.17	425,920,674.86
负债与股东权益总计		904,898,948.28	622,701,572.95

合并现金流量表

编制单位:武汉凯迪电力股份有限公司　　2001年度　　单位:人民币元

项　　目	附注	金额
一、经营活动产生的现金流量		
销售商品、提供劳务收到的现金		471,826,350.49
收到的税费返还		330,000.00
收到的其他与经营活动有关的现金		32,309,136.06
现金流入小计		504,465,486.55
购买商品、接受劳务支付的现金		269,499,650.12
支付给职工以及为职工支付的现金		15,822,566.85
支付的各项税费		41,474,165.52
支付的其他与经营活动有关的现金	五、36	16,437,395.12
现金流出小计		343,233,777.61
经营活动产生的现金流量净额		161,231,708.94
二、投资活动产生的现金流量		
收回投资所收到的现金		49,475,499.05
取得投资收益所收到的现金		
处置固定资产、无形资产和其他长期资产所收回的现金净额		
收到的其他与投资活动有关的现金		42,250,633.41
现金流入小计		91,726,132.46
购建固定资产、无形资产和其他长期资产所支付的现金		149,860,297.28
投资所支付的现金		10,000,000.00
支付的其他与投资活动有关的现金		
现金流出小计		159,860,297.28
投资活动产生的现金流量净额		-68,134,164.82
三、筹资活动产生的现金流量:		
吸收投资所收到的现金		8,490,000.00
其中:子公司吸收少数股东权益性投资收到的现金		8,490,000.00
借款所收到的现金		378,190,760.00
收到的其他与筹资活动有关的现金		
现金流入小计		386,680,760.00
偿还债务所支付的现金		283,340,760.00
分配股利、利润或偿付利息所支付的现金		31,908,976.85
其中:子公司支付少数股东的股利		
支付的其他与筹资活动有关的现金	五、37	930,000.00
现金流出小计		316,179,736.85
筹资活动产生的现金流量净额		70,501,023.15
四、汇率变动对现金的影响		
五、现金及现金等价物净增加额		163,598,567.27
补充资料		
1.将净利润调节为经营活动的现金流量:		
净利润		65,779,872.66
加:少数股东本期损益		1,738,375.90
计提的资产减值准备		7,325,957.15
固定资产折旧		4,287,438.57
无形资产摊销		1,160,820.00
长期待摊费用摊销		1,914,407.97
待摊费用的减少(减增加)		186,414.91
预提费用的增加(减减少)		565,106.30
处置固定资产、无形资产和其他长期资产的损失(减收益)		596.16
固定资产报废损失		
财务费用		15,298,635.05
投资损失(减收益)		-738,234.75
递延税款贷款(减借项)		
存货的减少(减增加)		-54,410,124.51
经营性应收项目的减少(减增加)		57,121,324.60
经营性应付项目的增加(减减少)		61,001,118.93
其他		
经营活动产生现金流量净额		161,231,708.94
2.不涉及现金收支的投资和筹资活动:		
债务转为资本		
一年内到期的可转换公司债券		
融资租赁固定资产		
3.现金及现金等价物净增加情况:		
现金的期末余额		314,340,579.22
减:现金的期初余额		150,742,011.95
加:现金等价物的期末余额		
减:现金等价物的期初余额		
现金及现金等价物净增加额		163,598,567.27

利润表(母公司)

编制单位:武汉凯迪电力股份有限公司　　单位:人民币元

项　目	附注	2001年度	2000年度
一、主营业务收入	六、3	373,728,107.59	144,208,186.08
减:主营业务成本	六、3	253,024,576.52	87,186,137.13
主营业务税金及附加		3,096,897.33	1,509,384.12
二、主营业务利润		117,606,633.74	55,512,664.83
加:其他业务利润			
减:营业费用		7,553,114.49	4,208,304.71
管理费用		24,412,235.24	21,710,352.98
财务费用		7,537,135.56	-909,214.21
三、营业利润		78,104,148.45	30,503,221.35
加:投资收益	六、4	1,718,136.66	26,698,002.37
补贴收入			1,050,000.00
营业外收入		3,075.40	1,740,614.47
减:营业外支出		1,789,322.76	1,757,148.79
四、利润总额		78,036,037.75	58,234,689.40
减:所得税		12,813,314.87	8,957,036.62
五、净利润		65,222,722.88	49,277,652.78

利润分配表(母公司)

编制单位:武汉凯迪电力股份有限公司　　单位:人民币元

项　目		2001年度	2000年度
一、净利润		65,222,722.88	49,277,652.78
加:年初未分配利润		57,978,018.80	37,722,013.95
其他转入数			
二、可供分配的利润		123,200,741.68	86,999,666.73
减:提取法定盈余公积		6,577,987.27	4,927,765.28
提取法定公益金		3,288,993.65	2,463,882.65
提取职工奖励及福利基金			
提取储备基金			
提取企业发展基金			
利润归还投资			
三、可供股东分配的利润		113,333,760.76	79,608,018.80
减:应付优先股股利			
提取任意盈余公积			
应付普通股股利		10,815,000.00	21,630,000.00
转作股本的普通股股利			
四、未分配利润		102,518,760.76	57,978,018.80

资产负债表(母公司)

编制单位:武汉凯迪电力股份有限公司　　单位:人民币元

资　产	附注	2001年12月31日	2000年12月31日
流动资产:			
货币资金		268,375,826.09	111,372,241.02
短期投资			
应收票据			
应收股利			
应收利息			
应收账款	六、1(1)	134,970,602.75	125,659,917.67
其他应收款	六、1(2)	26,872,565.21	99,024,959.47
预付账款		17,875,900.73	27,386,440.91
应收补贴款			
存货		56,600,111.12	1,690,589.73
待摊费用		309,479.91	125,000.00
一年内到期的长期债权投资			
其他流动资产		52,871,693.77	87,134,196.51
流动资产合计		557,876,179.58	452,393,345.31
长期投资:			
长期股权投资	六、2	86,243,115.66	103,524,978.99
长期债权投资			
长期投资合计		86,243,115.66	103,524,978.99
固定资产:			
固定资产原价		29,185,552.14	22,835,274.14
减:累计折旧		5,696,666.24	4,053,455.80
固定资产净值		23,488,885.90	18,781,818.34
减:固定资产减值准备			
固定资产净额		23,488,885.90	18,781,818.34
工程物资			
在建工程		51,706,098.79	551,452.00
固定资产清理			
固定资产合计		75,194,984.69	19,333,270.34
无形资产及其他资产:			
无形资产		112,028,088.02	2,445,499.75
长期待摊费用			222,562.26
其他长期资产			
无形资产及其他资产合计		112,028,088.02	2,668,062.01
递延税项:			
递延税款借项			
资产总计		831,342,367.95	577,919,656.65
负债与股东权益			
流动负债:			
短期借款		147,415,800.00	10,000,000.00
应付票据		11,634,795.38	1,733,000.00
应付账款		85,949,499.74	1,967,200.74
预收账款		30,040,094.10	6,721,731.65
应付工资			
应付福利费		595,558.70	61,778.20
应付股利		10,815,000.00	21,630,000.00
应交税金		13,926,873.89	20,159,044.36
其他应交款		1,049,233.47	1,170,811.63
其他应付款		6,257,889.43	4,019,004.60
预提费用		865,681.30	387,775.00
预计负债			
一年内到期的长期负债			40,000,000.00
其他流动负债			
流动负债合计		308,550,426.01	107,850,346.18
长期负债:			
长期借款		33,000,000.00	33,000,000.00
应付债券			
长期应付款		4,124,604.77	10,221,880.83
专项应付款			
其他长期负债			
长期负债合计		37,124,604.77	43,221,880.83
递延税项:			
递延税款贷项			
负债合计		345,675,030.78	151,072,227.01
股本		216,300,000.00	216,300,000.00
减:已归还投资			
股本净额		216,300,000.00	216,300,000.00
资本公积		138,446,650.02	134,034,465.37
盈余公积		28,401,926.39	18,534,945.47
其中:法定公益金		9,526,537.85	6,237,544.20
未分配利润		102,518,760.76	57,978,018.80
股东权益合计		485,667,337.17	426,847,429.64
负债与股东权益总计		831,342,367.95	577,919,656.65

现金流量表(母公司)

编制单位:武汉凯迪电力股份有限公司　　2001年度　　单位:人民币元

项　目	金额
一、经营活动产生的现金流量	
销售商品、提供劳务收到的现金	410,640,857.23
收到的税费返还	
收到的其他与经营活动有关的现金	46,654,756.36
现金流入小计	457,295,613.59
购买商品、接受劳务支付的现金	217,761,289.61
支付给职工以及为职工支付的现金	8,584,199.32
支付的各项税费	35,954,816.20
支付的其他与经营活动有关的现金	19,492,469.24
现金流出小计	281,792,774.37
经营活动产生的现金流量净额	175,502,839.22
二、投资活动产生的现金流量	
收回投资所收到的现金	48,975,499.05
取得投资收益所收到的现金	
处置固定资产、无形资产和其他长期资产所收回的现金净额	
收到的其他与投资活动有关的现金	42,250,633.41
现金流入小计	91,226,132.46
购建固定资产、无形资产和其他长期资产所支付的现金	144,494,957.47
投资所支付的现金	30,000,000.00
支付的其他与投资活动有关的现金	
现金流出小计	174,494,957.47
投资活动产生的现金流量净额	-83,268,825.01
三、筹资活动产生的现金流量:	
吸收投资所收到的现金	
借款所收到的现金	332,450,000.00
收到的其他与筹资活动有关的现金	
现金流入小计	332,450,000.00
偿还债务所支付的现金	235,000,000.00
分配股利、利润或偿付利息所支付的现金	31,750,429.14
支付的其他与筹资活动有关的现金	930,000.00
现金流出小计	267,680,429.14
筹资活动产生的现金流量净额	64,769,570.86
四、汇率变动对现金的影响	
五、现金及现金等价物净增加额	157,003,585.07
补充资料	
1.将净利润调节为经营活动的现金流量:	
净利润	65,222,722.88
加:计提的资产减值准备	5,858,142.72
固定资产折旧	1,643,210.44
无形资产摊销	1,052,680.70
长期待摊费用摊销	5,182.00
待摊费用的减少(减增加)	125,000.00
预提费用的增加(减减少)	
处置固定资产、无形资产和其他长期资产的损失(减收益)	
固定资产报废损失	
财务费用	7,537,135.56
投资损失(减收益)	-1,718,136.00
递延税款贷款(减借项)	
存货的减少(减增加)	-54,909,521.39
经营性应收项目的减少(减增加)	68,924,709.18
经营性应付项目的增加(减减少)	81,761,713.13
其他	
经营活动产生现金流量净额	175,502,839.22
2.不涉及现金收支的投资和筹资活动:	
债务转为资本	
一年内到期的可转换公司债券	
融资租赁固定资产	
3.现金及现金等价物净增加情况:	
现金的期末余额	268,375,826.09
减:现金的期初余额	111,372,241.02
加:现金等价物的期末余额	
减:现金等价物的期初余额	
现金及现金等价物净增加额	157,003,585.07

000948 云南南天电子信息产业股份有限公司

2001 年年度报告摘选

一、公司基本情况简介

(一)公司法定中文名称:云南南天电子信息产业股份有限公司
公司法定英文名称:YUNNAN NANTIAN ELECTRONICS INFORMATION CO., LTD.
(二)公司法定代表人:郑志刚
(三)公司董事会秘书:姜东
联系地址:云南省昆明市环城东路 455 号
电话:(0871)3366327
传真:(0871)3317398
电子邮箱:jiangdong@nantian.com.cn
(四)公司注册地址:云南省昆明市高新技术产业开发区软件园创新大厦
公司办公地址:云南省昆明市环城东路 455 号
邮政编码:650041
公司国际互联网网址:http://www.nantian.com.cn
公司电子邮箱:0948@nantian.com.cn
(五)指定信息披露报刊:《证券时报》、《中国证券报》
登载公司年度报告的国际互联网网址:http://www.cninfo.com.cn
公司年度报告备置地点:公司董事会秘书处
(六)公司股票上市交易所:深圳证券交易所
股票简称:南天信息
股票代码:000948

二、会计数据和业务数据摘要

(一)本年度主要利润指标情况(单位:人民币元)

项目	金额
利润总额:	52,327,135.97
净利润:	39,446,840.11
扣除非经常性损益后的净利润:	36,441,254.94
主营业务利润:	151,578,397.54
其他业务利润:	3,091,768.45
营业利润:	44,455,746.74
投资收益:	5,598,547.94
营业外收支净额:	1,580,950.08
补贴收入:	111,591.21
经营活动产生的现金流量净额:	156,398,786.97
现金及现金等价物净增加额:	88,793,159.87

非经常性损益项目说明

项目	金额
(1)合并价差摊入	-745,831.00
(2)罚款、违约金收入	404,075.58
(3)清理收入	1,605,864.45
(4)补贴收入	1,550,176.86
(5)其他收入	191,305.25
小 计	3,005,587.17

(二)近三年主要会计数据和财务指标(单位:人民币元)

项 目	2001 年	2000 年	1999 年	
			调整后	调整前
主营业务收入	893,575,508.83	672,416,550.68	672,416,550.68	642,164,927.00
净利润	39,446,840.11	41,853,031.14	43,986,170.10	46,989,560.22
总资产	849,521,146.76	819,637,670.99	822,328,122.29	850,298,871.12
股东权益(不含少数股东权益)	476,891,676.03	464,033,099.23	463,464,307.82	455,878,281.24
每股收益(全面摊薄)	0.28	0.30	0.31	0.34
扣除非经常性损益后每股收益的每股收益	0.26	0.25	0.26	0.32
每股收益(按月加权)	0.28	0.30	0.31	0.42
每股净资产	3.41	3.31	3.31	3.26
调整后的每股净资产	3.34	3.21	3.21	3.16
每股经营活动产生的现金流量净额现金流量净额	1.12	0.35	0.35	0.22
净资产收益率(摊薄)%	8.27	9.02	9.49	10.40
净资产收益率(加权)%	8.62	9.06	9.54	18.51

注:根据财政部规定,公司自本年度起开始执行《企业会计制度》,会计政策变更,因此公司对2000 年的会计数据和财务指标进行了追溯调整,并分别以调整前和调整后的数据进行填列;

(三)报告期利润表附

报告期利润	净资产收益率(%)		每股收益(元)	
	全面摊薄	加权平均	全面摊薄	加权平均
主营业务利润	38.08	39.67	1.30	1.30
营业利润	9.32	9.71	0.32	0.32
净利润	8.27	8.62	0.28	0.28
扣除非经常性损益后的净利润	7.64	7.96	0.26	0.26

注:本附表财务数据依据中国证监会《公开发行证券公司信息披露编报规则第 9 号》要求计算

三、股本变动及股东情况

(一)股本变动情况表

数量单位:股

	本次变动前	本次变动增减(+,-)						本次变动后
		配股	送股	公积金转股	增发	其他	小计	
一、尚未流通股份								
1、发起人股份								
其中:								
国家拥有股份								
境内法人持有股份	95,000,526							95,000,526
自然人持有股份	5,000,026							5,000,026
尚未流通股份合计	100,000,552							100,000,552
二、已流通股份								
1、境内上市的人民币普通股	40,000,000							40,000,000
已流通股份总计	40,000,000							40,000,000
三、股份总数	140,000,552							140,000,552

000949 新乡化纤股份有限公司

2001 年年度报告摘选

一、公司基本情况简介

(一)公司名称
中文:新乡化纤股份有限公司
英文:XINXIANG CHEMICAL FIBER CO., LTD
(二)公司法定代表人:陈玉林
(三)公司董事会秘书:朱维屏
联系地址:河南省新乡市北站区锦园路 1 号
电　　话:(0373)3978966、3978813　　传　真:(0373)3911359
电子信箱:Wpzhu@public.xxptt.ha.cn
证券事务代表:王文新
联系地址:河南省新乡市北站区锦园路 1 号
电　　话:(0373)3978966　　传　真:(0373)3911359
(四)公司注册地址及办公地址:河南省新乡市北站区锦园路 1 号　　邮政编码:453011
网　　址:http://www.bailu.com
电子信箱:Bailu@public.xxptt.ha.cn
(五)公司指定信息披露报刊:《中国证券报》、《证券时报》
中国证监会指定网址:http://www.cninfo.com.cn
公司年度报告备置地点:公司证券部
(六)股票上市地点:深圳证券交易所
股票简称:新乡化纤　　股票代码:000949
(七)公司其他资料
公司首次注册登记日期:1993 年 3 月 11 日
公司首次注册地址:新乡市工商行政管理局
企业法人营业执照注册号:4100001003004
税务登记号码:410704170001428
公司聘请的会计师事务所:深圳鹏城会计师事务所
会计师事务所办公地址:深圳市东门南路 2006 号宝丰大厦 5 楼

二、会计数据和业务数据摘要

(一)公司本年度实现的利润总额及构成(单位:人民币元)

项目	金额
利润总额	33,478,715.25
净利润	33,951,937.50
扣除非经常性损益后的净利润	24,748,260.11
主营业务利润	54,285,744.07
其它业务利润	4,703,872.47
营业利润	30,254,168.17
投资收益	3,502,582.00
补贴收入	
营业外收支净额	-278,034.92
经营活动产生的现金流量净额	2,691,129.47
现金及现金等价物净增加额	-71,048,221.82

(二)截至报告期末公司前三年的主要会计数据和财务指标(单位:人民币元)

项目	2001 年	2000 年		1999 年
		调整前	调整后	
主营业务收入	731,467,422.97	635,949,635.40	635,949,635.40	585,055,327.78
净利润	33,951,937.50	98,558,789.40	100,696,385.37	88,868,514.58
总资产	1,281,631,461.61	1,216,348,255.86	1,209,222,513.51	1,045,304,432.10
股东权益	1,002,550,203.28	960,125,885.46	952,326,836.38	886,095,666.66
每股收益	0.07	0.40	0.41	0.36
加权平均每股收益	0.07	0.40	0.41	0.46
每股净资产	2.04	3.91	3.88	3.61
调整后每股净资产	2.00	3.59	3.56	3.45
每股经营活动产生的现金流量净额	0.005	0.42	0.42	0.20
净资产收益率(%)	3.39	10.27	10.57	10.03

对以前年度会计报表进行调整的原因见会计报表附注说明

(三)利润表附表

报告期利润	净资产收益率(%)		每股收益(元)	
	全面摊薄	加权平均	全面摊薄	加权平均
主营业务利润	5.41	5.60	0.11	0.11
营业利润	3.02	3.12	0.06	0.06
净利润	3.39	3.50	0.07	0.07
扣除非经常性损益后的净利润	2.47	2.55	0.05	0.05

三、股东变动及股东

(一)公司股份变动情况表

数量单位:股

	本次变动前	本次变动增减(+、-)					本次变动后
		配股	送股	公积金转股	增发	小计	
一.未上市流通股份							
1.发起人股份	152375206		15237520.6	137137685.4		152375206	304750412
其中:							
国家持有股份	152375206		15237520.6	137137685.4		152375206	304750412
境内法人持有股份							
境外法人持有股份							
其他:							
2.募集法人股份							
3.内部职工股	17910500		1791050	16119450		17910500	35,821,000
4.优先股或其他							
未上市流通股份合计	170285706		17028570.6	153257135.4		170285706	340571412
二.已上市流通股份							
1.人民币普通股	75000000		7500000	67500000		75000000	150000000
2.境内上市外资股							
3.境外上市外资股							
其他:							
已上市流通股份合计	75000000						150000000
三.股份总数	245285706		24528570.60	220757135.4		245285706	490,571,412

000950 重庆民丰农化股份有限公司

2001年年度报告摘选

一、公司基本情况简介

(一)公司法定中文名称:重庆民丰农化股份有限公司
公司法定英文名称:CHONGQING MIN－FENG AGROCHEM CO.,LTD(CMF)
(二)公司法定代表人:王泉虎
(三)公司董事会秘书:曹若瑜
公司董事会证券事务代表:冉亮
联系地址:重庆市沙坪坝区井口经济桥30号公司证券处
联系电话:(023)65180666　(023)65180743
联系传真:(023)65180666
电子信箱:minfengzhengquan@163.net
(四)公司注册地址:重庆市沙坪坝区井口经济桥30号
公司办公地址:重庆市沙坪坝区井口经济桥30号
公司邮政编码:400033
公司国际互联网网址:http://www.min－feng chemical.com
公司电子信箱:minfeng@public.cta.cq.cn
(五)公司选定的信息披露报纸名称:《中国证券报》、《证券时报》
中国证监会指定国际互联网网址:http://www.cninfo.com.cn
公司年度报告备置地点:重庆民丰农化股份有限公司证券处
(六)公司股票上市交易所:深圳证券交易所
公司股票简称:民丰农化　　公司股票代码:000950
(七)公司首次登记注册日期:1999年5月28日;
公司变更登记日期:1999年8月27日;
公司登记注册地点:重庆市工商行政管理局
公司法人营业执照注册号:渝直20284417－2
公司税务登记号:国税渝字500106203296235
公司聘请的会计师事务所名称:重庆天健会计师事务所有限责任公司
重庆天健会计师事务所地址:重庆渝中区人和街74号

二、会计数据和业务数据摘要

(一)公司本年度主要财务数据和指标　(单位:元)

项目	金额
利润总额:	5,416,838.30
净利润:	4,351,390.68
扣除非经常性损益后的净利润:	2,958,529.70
主营业务利润:	65,572,538.09
其他业务利润:	96,073.64
营业利润:	5,402,039.14
投资收益:	86,831.14
补贴收入:	224,496.93
营业外收支净额:	－296,528.91
经营活动产生的现金流量净额:	11,658,992.25
现金及现金等价物净增减额:	50,748,279.66

说明:扣除非经常性损益项目和金额
1、收入类:流动资金盘盈　167,826.29
资金占用费　1521,563.60
2、支出类:营业外净支出　296,528.91
本年度会计师事务所出具了无保留意见的审计报告。
(二)公司近三年主要会计数据和财务指标:

主营项目	2001年	2000年 调整前	2000年 调整后	1999年 调整前	1999年 调整后
业务收入(元)	472,620,629.75	386,743,245.39	386,743,245.39	382,678,261.08	382,678,261.08
净利润(元)	4,351,390.68	37,236,139.99	35,361,523.66	29,630,202.50	24,772,700.83
总资产(元)	996,867,796.45	832,111,795.16	825,379,677.16	651,570,982.39	646,713,480.72
股东权益(不含少数股东权益)(元)	425,746,980.73	428,107,015.25	421,374,897.25	409,980,875.26	405,123,373.59
每股收益(元)全面摊薄	0.028	0.2402	0.2281	0.1912	0.1598
每股收益(元)加权平均	0.028	0.2402	0.2281	0.1912	0.1598
扣除非经常性损益后的每股收益(元)	0.019	0.2423	0.2351	0.1604	0.1604
每股净资产(元)	2.747	2.7620	2.7185	2.6450	2.6137
调整后的每股净资产(元)	2.733	2.759	2.7158	2.6391	2.6078
每股经营活动产生的现金流量净额(元)	0.075	0.5738	0.5738	0.5023	0.5023
净资产收益率(%)全面摊薄	1.02	8.70	8.39	7.23	6.11
净资产收益率(%)加权平均	1.03	8.69	8.36		

三、股本变动及股东情况

(一)股本变动情况表

	本次变动前	本次变动增减(+,-) 配股	送股	公积金转股	增发	其他	小计	本次变动后
一、未上市流通股份								
1、发起人股份	100,000,000							100,000,000
其中:								
国家持有股份	94,177,600							94,177,660
境内法人持有股	5,822,400							5,822,400
境外法人持有股份								
2、募集法人股份								
3、内部职工股								
4、优先股或其他								
未上市流通股份合计	100,000,000							100,000,000
二、已上市流通股份								
1、人民币普通股	55,000,000							55,000,000
2、境内上市的外资股								
3、境外上市的外资股								
4、其他								
已上市流通股份合计	55,000,000							55,000,000
三、股份总数	155,000,000							155,000,000

000951 山东小鸭电器股份有限公司

2001年年度报告摘选

第一章　公司基本情况

(一)公司法定中文名称:山东小鸭电器股份有限公司
公司法定英文名称:SANDONGXIAOYA ELECIRICAL APPLIANCE CO.,LTD
(二)公司法定代表人:石守恭
(三)公司董事会秘书:张锡顺
联系地址:济南市工业北路44号
联系电话:0531－8681541
联系传真:0531－8681541
(四)公司注册地址:济南市工业北路44号
公司办公地址:济南市工业北路44号
公司邮政编码:250101
公司国际互连网网址:http://www.xiao ya shengji－ao.com
公司电子信箱:sdxydq@ji－public.sd.cninfo.net
(五)公司选定的信息披露报纸:《中国证券报》、《证券时报》
登载年度报告的国际互连网网址:http://www.cninfo.com.cn
公司年报备置地点:公司董事会秘书办公室
(六)公司股票上市交易所:深圳证券交易所
公司股票简称:小鸭电器　　公司股票代码:000951

第二章　会计数据和业务数据摘要

(一)公司2001年度各项会计数据:　(单位:元)

项目	金额
利润总额	－82,077,507.14
净利润	－75,165,135.41
扣除非经常性损益后的净利润	－78,758,291.93
主营业务利润	101,787,641.93
其他业务利润	3,350,182.80
营业利润	－85,811,542.40
投资收益	29,880.74
营业外收支净额	3,704,154.52
经营活动产生的现金流量净额	－71,349,895.89
现金及现金等价物净增减额	－43,365,140.59

注:2001年度扣除的非经营性损益项目和金额如下:

项目	金额
营业外收支净额	3,704,154.52
存货盘亏	110,998.00

(二)截止本报告期末公司前三年的主要会计数据和财务指标

项目	2001年	2000年 调整前	2000年 调整后	1999年
主营业务收入	480,170,927.95	661,324,771.18	661,324,771.18	538,180,431.19
净利润	－75,165,135.41	9,296,677.40	8,520,585.80	37,892,251.93
总资产	1,442,118,291.67	1,412,929,203.39	1,387,921,411.60	1,316,506,709.14
股东权益(不含少数股东权益)	531,611,509.02	629,292,480.13	603,722,232.46	619,261,638.52
每股收益	－0.30	0.0366	0.0335	0.149
每股净资产	2.09	2.478	2.377	2.438
调整后的每股净资产	2.01	2.352	2.357	2.37
每股经营活动产生的现金流量净额	－0.28	－0.186	－0.186	0.024
净资产收益率%	－14.14	1.48	1.41	6.12

按照证监会《公开发行证券公司信息披露编报规则(第9号)》要求计算2001年报告期利润的净资产收益率和每股收益。

报告期利润	净资产收益率(%) 2001年 全面摊薄	加权平均	每股收益(元) 2001年 全面摊薄	加权平均
主营业务利润	19.15	17.20	0.40	0.40
营业利润	－16.14	－14.50	－0.34	－0.34
净利润	－14.14	－12.70	－0.30	－0.30
扣除非经营性损益后的净利润	－14.82	－13.31	－0.31	－0.31

第三章　股本变动及股东情况

一、股本变动情况
公司股份变动情况表

数量单位:万股

	本次变动前	本次变动增减(+,—) 配股	送股	公积金转增	增发	其他	小计	本次变动后
一、未上市流通股份								
1、发起人股份	16397.5							16397.5
其中:								
国家持有股份	16332.5							16332.5
境内法人持有股份	65							65
境外法人持有股份								
其他								
2、募集法人股份								
3、内部职工股								
4、优先股或其他	16397.5							16397.5
未上市流通股份合计								
二、已上市流通股份								
1、人民币普通股	9000							9000
2、境内上市的外资股								
3、境外上市的外资股								
4、其他								
已上市流通股份合计								
三、股份总数	25397.5							25397.5

000952 湖北广济药业股份有限公司

2001 年年度报告摘选

一、公司基本情况简介

1、公司法定名称:湖北广济药业股份有限公司
公司英文名称:HUBEI GUANGJI PHARMACEUTICAL CO., LTD.
2、公司法定代表人:何 谧
3、公司董事会秘书:汪宏勇
联系地址:湖北省武穴市江堤路 1 号
邮政编码:435400
电 话:0713－6216068
传 真:0713－6212108
4、公司注册地址:湖北武穴市江堤路 1 号
公司办公地址:湖北省武穴市江堤路 1 号
邮政编码:435400
公司电子信箱:gjyy@hb.cninfo.net
5、公司选定的信息披露报纸名称:《中国证券报》、《证券时报》
登载公司年报的国际互联网址:http://www.cninfo.com.cn
公司年度报告备置地点:公司证券部
6、公司股票上市交易所:深圳证券交易所
股票简称:广济药业
股票代码:000952

二、会计数据和业务数据摘要

(一)公司本年度业务数据(单位:人民币元):

利润总额:	32,106,419.75
净利润:	24,587,286.79
扣除非经常性损益后的净利润:	24,129,057.71
主营业务利润:	79,539,884.03
其他业务利润:	4,262.40
营业利润:	40,325,082.28
投资收益:	－8,027,040.03
补贴收入:	124,453.50
营业外收支净额:	－316,076.00
经营活动产生的现金流量净额:	－22,401,042.37
现金及现金等价物净增加额:	3,381,150.84

扣除非经常性损益涉及的项目和金额为:委托投资收益 1,000,000.00 元、处理固定资产净收益 100,212.09 元、处理固定资产净损失 384,172.79 元、捐赠支出 15,000.00 元、罚款支出 18,000.00 元。

(二)近三年主要会计数据和财务指标

项目	2001 年	2000 年	1999 年
主营业务收入(万元)	18,610.0	13,414.5	17,657.5
净利润(万元)	2,458.7	3,061.6	3,142.4
总资产(万元)	76,183.2	67,621.5	64,878.2
股东权益(不含少数股东权益)(万元)	48,686.9	48,154.1	44,929.5
每股收益(按净利润全面摊薄计算)(元/股)	0.144	0.18	0.18
每股收益(按净利润加权平均计算)(元/股)	0.144	0.18	0.23
扣除非经常性损益后的每股收益(全面摊薄)(元/股)	0.141	0.18	0.16
扣除非经常性损益后的每股收益(加权平均)(元/股)	0.141	0.18	0.21
每股净资产(元/股)	2.84	2.81	2.67
调整后的每股净资产(元/股)	2.78	2.79	2.62
每股经营活动产生的现金流量净额(元/股)	－0.13	0.28	0.40
净资产收益率(按净利润全面摊薄计算)(%)	5.05	6.36	6.99
净资产收益率(按净利润加权平均计算)(%)	5.09	6.59	10.89

(三)按照中国证监会《公开发行证券公司信息披露编报规则(第 9 号)》要求计算本年度利润的净资产收益率和每股收益。

报告期利润	净资产收益率(%)		每股收益(元)	
	全面摊薄	加权平均	全面摊薄	加权平均
主营业务利润	16.34	16.46	0.465	0.465
营业利润	8.28	8.35	0.236	0.236
净利润	5.05	5.09	0.144	0.144
扣除非经常性损益后的净利润	4.96	4.99	0.141	0.141

三、股本变动及股东情况

(一)股份变动情况表 数量单位:股

	本次变动前	本次变动增减(+、-)						本次变动后
		配股	送股	公积金转股	增发	其他	小计	
一、未上市流通股份								
1.发起人股份	44,358,344							44,358,344
其中:国家股	41,082,344							41,082,344
境内法人股	3,276,000							3,276,000
境外法股								
其 他								
2.募集法人股份	9,100,000							9,100,000
3.内部职工股	20,767,656							20,767,656
4.定向法人股	47,000,000							47,000,000
未上市流通股份合计	121,226,000							121,226,000
二、已上市流通股份								
1.人民币普通股	50,000,000							50,000,000
2.境内上市的外资股								
1.境外上市的外资股								
2.其 他								
已上市流通股份合计	50,000,000							50,000,000
三、股份总数	171,226,000							171,226,000

000953 广西河池化工股份有限公司

2001 年年度报告摘选

第一节 公司简介

1、公司的法定中文名称:广西河池化工股份有限公司
公司英文名称:GUANGXI HECHI CHEMICAL Co., Ltd
2、公司法定代表人:何元军
3、公司联系人:韦文甫 韩德穆
联系地址:广西河池市
联系电话:0778—2266867
联系传真:0778—2266882
电子信箱:hgwenfu@hc.gx..cninfo.net
4、公司注册及办公地址:广西河池市
邮政编码:547007
公司国际互联网网址:hechihuagong.com.cn
电子信箱:hgwenfu@hc.gx.cninfo.net
5、公司选定的信息披露报纸名称:《中国证券报》、《证券时报》
登载公司年度报告的中国证监会指定国际互联网网址:Http://www.cninfo.com.cn
公司年度报告备置地点:广西河池市河池化工股份有限公司董事会秘书处
6、公司股票上市交易所:深圳证券交易所
股票简称:河池化工
股票代码:000953

第二节 会计数据和业务数据摘要

(一)2001 年度主要效益指标情况(单位:人民币元)

项目	2001 年度
利润总额	30,559,817.27
净利润	23,540,624.55
扣除非经常性损益后的净利润	13,725,974.85
主营业务利润	70,817,841.75
其他业务利润	929,069.25
投资收益	1,203,809.69
补贴收入	5,869,683.76
营业处收入支净额	3,944,965.94
经营活动产生的现金流量净额	－29,799,889.79
现金及现金等价物净增加额	－106,499,557.06

(二)截止报告期末,公司前三年主要会计数据和财务指标(单位:人民币元)

项目	2001 年	2000 年		1999 年
		调整后	调整前	
主营业务收入	353,845,389.57	317,828,400.47	317,828,400.47	195,225,468.29
净利润	23,540,624.55	33,431,169.29	37,870,733.88	25,024,647.68
总资产	1,219,013,059.29	1,005,804,053.64	1,013,254,530.69	817,215,900.34
股东权益	409,991,306.88	387,002,536.40	391,442,100.99	362,482,259.16
每股收益	0.13	0.19	0.21	0.17
加权每股收益	0.13	0.19	0.21	0.23
扣除非经常性损益后的每股收益	0.08	0.16	0.18	0.16
每股净资产	2.30	2.17	2.20	2.44
调整后每股净资产	2.25	2.10	2.13	2.43
每股经营活动产生的现金流量净额	－0.17	0.59	0.59	0.44
净资产收益率	5.74	8.64	9.67	6.90
扣除非经常性损益后的加权平均净资产收益率	3.44	7.50	8.62	11.59

利润表附表

项目	报告期利润	净资产收益率(%)		每股收益	
		全面摊薄	加权平均	全面摊薄	加权平均
主营业务利润	70,817,841.75	17.27	17.76	0.40	0.40
营业利润	19,541,357.88	4.77	4.90	0.11	0.11
净利润	23,540,624.55	5.74	5.90	0.13	0.13
扣除非经常性损益后的净利润	13,725,974.85	3.35	3.44	0.08	0.08

第三节 股本变动及股东情况

(一)股本变动情况
1、股本变动情况表(数量单位:股)

	本次变动前	本次变动增减(+,—)						本次变动后
		配股	送股	公积金转股	增发	其他	小计	
一、未上市流通股								
1、发起人股份	107,406,600							107,406,600
其中:								
国家持有股份	107,406,600							107,406,600
境内法人持股情况								
境外法人持股								
其他								
2、募集法人股份	2,906,400							2,906,400
3、内部职工股	7,904,841							7,904,841
4、优先股或其他								
其中:转配股								
未上市流通股份合计	118,217,841							118,217,841
二、已上市流动股份								
1、人民币普通股	60,000,000							60,000,000
2、境内上市的外资股								
3、境外上市的外资股								
4、其他								
已上市流通股份合计	60,000,000							60,000,000
三、股份总数	178,217,841							178,217,841

000955 海南欣龙无纺股份有限公司

2001年年度报告摘选

一、公司基本情况简介

(一)公司法定中文名称:海南欣龙无纺股份有限公司
英文名称:HAINAN XINLONG NONWOVENS CO., LTD.
(二)公司法定代表人:郭开铸
(三)公司董事会秘书:魏 毅
联系地址:海南省海口市龙昆北路2号珠江广场帝豪大厦17层
联系电话:(0898)68581055 传 真:(0898)68583136
电子信箱:xlwf@xinlong-nonwovens.com 证券事务代表:徐继光
联系地址:海南省海口市龙昆北路2号珠江广场帝豪大厦17层
联系电话:(0898)68581769 传 真:(0898)68583136
电子信箱:xlwf@xinlong-nonwovens.com
(四)公司注册地址:海南省澄迈县老城工业开发区
公司办公地址:海南省海口市龙昆北路2号珠江广场帝豪大厦17层
邮政编码:570125
国际互联网网址:www.xinlong-nonwovens.com
电子信箱:xlwf@xinlong-nonwovens.com
(五)公司选定的信息披露报纸:《中国证券报》、《证券时报》
登载公司年度报告的中国证监会指定国际互联网网址:http://www.cninfo.com.cn
公司年度报告备置地点:公司董事会秘书办公室
(六)公司股票上市交易所:深圳证券交易所
股票简称:欣龙无纺 股票代码:000955

二、会计数据和业务数据摘要

(一)本年度主要财务指标

财务指标名称	金 额
利润总额	18,701,237.93
净利润	16,147,136.81
扣除非经常性损益后的净利润	11,981,642.34
主营业务利润	48,369,881.90
其他业务利润	4,398.06
营业利润	11,482,583.92
投资收益	2,983,474.04
补贴收入	4,301,305.92
营业外收支净额	-66,125.95
经营活动产生的现金流量净额	19,733,577.47
现金及现金等价物净增减额	59,085,912.65
注:非经常性损益项目	
1、投资收益	2,925,000.00
2、营业外收入	119,326.21
3、营业外支出	-185,452.16
4、存货盘盈	699,979.04
5、会计政策影响数	944,384.17
6、所得税影响数	-337,742.79

(二)前三年主要会计数据和财务指标: (单位:人民币元)

1、主要会计数据和财务指标

指标名称	2001年	2000年调整后	2000年调整前	1999年调整后	1999年调整前
1.主营业务收入	160,457,691.07	133,893,689.12	133,909,127.35	199,237,112.03	199,237,112.03
2.净利润	16,147,136.81	15,323,094.83	14,857,521.85	4,040,774.98	46,388,495.17
3.总资产	807,180,267.92	743,118,941.76	781,914,118.23	721,540,408.55	766,105,099.48
4.股东权益(不含少数股东权益)	482,846,752.59	472,849,615.78	516,368,566.06	457,776,520.95	504,812,190.40
5.每股收益	0.079	0.0747	0.075	0.0197	0.225
6.每股净资产	2.355	2.307	2.519	2.233	2.4625
7.调整后的每股净资产	2.321	2.277	2.473	2.195	2.425
8.每股经营活动产生的现金流量净额	0.0963	-0.034	-0.034	0.0244	0.0244
9.净资产收益率%	3.34	3.24	2.88	0.88	9.19

2、按照《公开发行证券公司信息披露规则(第九号)》要求计算的相关指标

项 目	净资产收益率(%)		每股收益(元)	
	全面摊薄	加权平均	全面摊薄	加权平均
主营业务利润	9.89	10.06	0.236	0.236
营业利润	2.35	2.39	0.056	0.056
净利润	3.34	3.36	0.079	0.079
扣除非经常性损益后的净利润	2.48	2.49	0.0584	0.0584

三、股本变动和股东情况

(一)股份变动情况
1、股份变动情况表

数量单位:股

	本次变动前	本次变动增减(+、-)						本次变动后
		配股	送股	公积金转股	增发	其他	小计	
一、未上市流通股份								
1、发起人股份	150,000,000							150,000,000
其中:								
国家持有股份								
境内法人持有股份	121,890,000							121,890,000
境外法人持有股份	28,110,000							28,110,000
其他								
2、募集法人股份								
3、内部职工股								
4、优先股或其他								
未上市流通股份合计	150,000,000							150,000,000
二、已上市流通股份								
1、人民币普通股	55,000,000							55,000,000
2、境内上市的外资股								
3、境外上市的外资股								
4、其他								
已上市流通股份合计	55,000,000							55,000,000
三、股份总数	205,000,000							205,000,000

000956 中国石化中原油气高新股份有限公司

2001年年度报告摘选

第一节 公司基本情况简介

1、公司名称
中文名称:中国石化中原油气高新股份有限公司
缩 写:中原油气
英文名称:SINOPEC ZHONGYUAN PETROLEUM CO., LTD.
2、公司法定代表人:刘恩学
3、公司董事会秘书:李洪海
公司证券事务代表:张东方
联系地址:河南省郑州市高新技术产业开发区瑞达路87号
联系电话:0371-7981018 0393-4893830
传真电话:0371-7984573 0393-4893831
电子信箱:info@zyyq.com
4、公司注册地址:郑州高新技术产业开发区
公司办公地址:郑州高新技术产业开发区
公司邮政编码:450001
公司国际互联网网址:http://www.zyyq.com
公司电子信箱:info@zyyq.com
5、公司选定的信息披露报纸:《中国证券报》
年度报告备置地点:本公司董事会办公室
登载年度报告的国际互联网网址:http://www.cninfo.com.cn
6、公司股票上市交易所:深圳证券交易所
公司股票简称:中原油气 公司股票代码:000956

第二节 会计数据和业务数据摘要

1、公司2001年度各项会计数据: (单位:元)

项目	金额
利润总额	597491009.87
净利润	508988856.67
扣除非经常性损益后的净利润	520993634.00
主营业务利润	767266144.45
其他业务利润	-758509.23
营业利润	611305265.31
投资收益	10190521.89
补贴收入	
营业外收支净额	-24004777.33
经营活动产生的现金流量净额	739979677.84
现金及现金等价物净增减额	70459234.95
注:扣除的非经常性损益项目及金额:	
短期投资收入:	12000000.00
营业外收支净额:	-24004777.33

2、截止本报告期末公司前三年的主要会计数据和财务指标

项目	2001	2000	1999	
			调整后	调整前
主营业务收入	1740257613.18	1912336544.76	12978654300.94	1297854300.94
净利润	508988856.67	798056027.33	263064864.01	255851364.01
总资产	3674005949.80	3144785717.21	2239652757.08	2239652757.08
股东权益(不含少数股东权益)	2866859158.15	2657070301.48	1859014274.15	1851800774.15
每股收益	0.6238	1.1736	0.3869	0.3763
每股净资产	3.5133	3.7075	2.7338	2.7232
调整后的每股净资产	3.5133	3.7075	2.7338	2.7048
每股经营活动产生的现金流量净额	0.9068	2.0921	0.7414	0.7414
净资产收益率	17.75	31.6556	13.8164	13.8164

按照中国证监会《公开发行证券公司信息披露编报规则(第9号)》要求计算2001年报告期利润的净资产收益率和每股收益。

报告期利润	净资产收益率(%) 2001年		每股收益(元) 2001年	
	全面摊薄	加权平均	全面摊薄	加权平均
主营业务利润	26.76	27.64	0.94	0.94
营业利润	21.32	22.02	0.75	0.75
净利润	17.75	18.34	0.62	0.62
扣除非经常性损益后的净利润	18.17	18.77	0.64	0.64

第三节 股本变动及股东情况

一、股份变动情况表
报告期内公司股本变动及期末股本结构如下

数量单位:股

	本次变动前	本次变动增减(+,-)						本次变动后
		配股	送股	公积金转股	增发	其他	小计	
一、未上市流通股								
1、发起人股份	510000000		102000000				102000000	612000000
其中:								
国家持有股份	510000000		102000000				102000000	612000000
境内法人持有股份								
境外法人持有股份								
自然人								
其他								
2、募集法人股份								
3、内部职工股								
4、优先股及其他	1000		200				200	1200
未上市流通股合计	510001000							612001200
二、已上市流通股份								
1、人民币普通股	169999000		33999800				33999800	203998800
2、境内上市的外资股								
3、境外上市的外资股								
4、其他								
三、股份总数	680000000		136000000				136000000	816000000

000957 中通客车控股股份有限公司

2001 年年度报告摘选

第一节 公司简介

1、公司法定中英文名称及缩写
中文名称:中通客车控股股份有限公司
英文名称:Zhongtong Bus & Holding Co., Ltd
英文缩写:ZTBH
2、公司法定代表人:王庆福 先生
3、公司董事会秘书:姜明珠 先生
联系地址:山东省聊城市建设东路 10 号
电话:0635-8322765 传真:0635-8328905
电子信箱:jmzhu@163.com
4、公司注册地址:山东省聊城市建设东路 10 号
公司办公地址:山东省聊城市建设东路 10 号 邮政编码:252000
公司国际互联网网址:http://www.zhongtong.com.cn
电子信箱:sdlck@lc-public.sd.cninfo.net
5、公司选定的信息披露报纸名称:《中国证券报》、《上海证券报》、《证券时报》
登载年度报告的中国证监会指定网站的网址:http://www.cninfo.com.cn
公司年度报告备置地点:公司董事会秘书处
6、公司股票上市交易所:深圳证券交易所
股票简称:中通控股 股票代码:000957

第二节 会计数据和业务数据摘要

1、公司本年度主要会计数据(单位:人民币元)

项目	金额
利润总额:	41,222,245.06
净利润:	33,509,696.43
扣除非经常性损益后的净利润:	27,263,592.18
主营业务利润:	66,913,767.51
其他业务利润:	3,637,324.30
营业利润:	38,070,686.56
投资收益:	2,220,403.66
补贴收入:	0.00
营业外收支净额:	931,154.84
经营活动产生的现金流量净额:	14,531,453.59
现金及现金等价物净增减额:	47,364,540.05

注:扣除非经常性损益后的净利润项目和涉及金额:资金占用费计 6,752,575.32 元;营业外收支净额计 931,154.84 元。

2、公司前三年的主要会计数据和财务指标 (金额单位:人民币元)

项目	2001 年	2000 年	1999 年
主营业务收入	325,564,845.31	261,296,250.26	294,799,712.82
净利润	33,509,696.43	46,431,136.76	37,111,489.96
总资产	709,135,628.61	640,218,211.58	679,654,045.96
股东权益	446,773,671.04	412,646,703.83	413,403,563.22
每股收益			
全面摊薄	0.1405	0.1947	0.2800
加权平均	0.1405	0.1947	0.3758
每股净资产	1.87	1.73	3.12
调整后的每股净资产	1.87	1.73	3.10
每股经营活动产生的现金流量净额	0.0609	-0.2377	-0.1273
净资产收益率(%)			
全面摊薄	7.50	11.25	8.98
加权平均	7.80	11.24	18.15
扣除非经常性损益后净资产收益率(%)			
全面摊薄	6.10	6.84	7.34
加权平均	6.34	6.83	14.84

报告期利润	净资产收益率(%)				每股收益(元)			
	全面摊薄		加权平均		全面摊薄		加权平均	
	2001 年	2000 年	2001 年	2000 年	2001 年	2000 年	2001 年	2000 年
主营业务利润	14.98	11.55	15.57	11.54	0.2806	0.1999	0.2806	0.1999
营业利润	8.52	5.81	8.86	5.81	0.1596	0.1006	0.1596	0.1006
净利润	7.50	11.25	7.80	11.24	0.1405	0.1946	0.1405	0.1946
扣除非经常性损益后的净利润	6.10	6.84	6.34	6.83	0.1143	0.1183	0.1143	0.1121

第三节 股本变动及股东情况

1、股份变动情况
(1)公司股份变动情况表 (数量单位:股)

	本次变动前	配股	送股	公积金转股	增发	其他	小计	本次变动后
一、未上市流通股份								
1、发起人股份								
其中:								
国家持有股份	49,059,000							49,059,000
境内法人持有股份	63,068,547							63,068,547
境外法人持有股份								
其他								
2、募集法人股份								
3、内部职工股	45,377,402							45,377,402
4、优先股或其他								
未上市流通股份合计	157,504,949							157,504,949
二、已上市流通股份								
1、人民币普通股	81,000,000							81,000,000
2、境内上市的外资股								
3、境外上市的外资股								
4、其他								
已上市流通股份合计	81,000,000							81,000,000
三、股份总数	238,504,949							238,504,949

000958 石家庄东方热电股份有限公司

2001 年年度报告摘选

一、公司基本情况简介

1、公司法定中文名称:石家庄东方热电股份有限公司
公司法定英文名称:SHIJIAZHUANG DONGFANG THERMOELECTRIC CO., LTD.
2、公司法定代表人:李德时先生
3、公司董事会秘书:胡俊芳先生
联系地址:河北省石家庄市建华南大街 161 号
电话:0311-5078768 传真:0311-5087068
电子信箱:hujunf@263.net
公司董事会证券事务代表:徐会桥先生
联系地址:河北省石家庄市建华南大街 161 号
电话:0311-5053913 传真:0311-5087068
电子信箱:xuhuiqiao@263.net
4、公司注册地址:河北省石家庄市建华南大街 161 号
公司办公地址:河北省石家庄市建华南大街 161 号
电子信箱:dfrdzqb@sj-user.he.cninfo.net
邮政编码:050031
5、公司选定的信息披露报纸名称:《中国证券报》、《证券时报》
登载公司年度报告的中国证监会指定国际互联网网址:http://www.cninfo.com.cn
公司年度报告备置地点:公司证券部
6、公司股票上市交易所:深圳证券交易所
股票简称:东方热电 股票代码:000958

二、会计数据和业务数据摘要

1、主要会计数据指标:(单位:人民币元)

项 目	2001/12/31	2000/12/31
利润总额	91,272,714.50	67,142,400.79
净利润	79,968,573.85	48,670,235.85
扣除非经营性损益后的净利润	64,938,521.67	50,027,786.12
主营业务利润	124,932,458.36	90,730,463.70
其他业务利润	3,469,532.13	3,687,259.15
营业利润	73,601,173.06	44,606,361.91
投资收益	0.00	616,667.00
补贴收入	22,700,000.00	24,000,000.00
营业外收支净额	-5,028,458.56	-2,080,628.12
经营活动产生的现金流量净额	109,303,537.18	179,834,001.04
现金及现金等价物净增减额	40,034,189.15	-67,283,863.28

注:扣除非经营性损益项目和涉及的金额

项 目	金 额
营业外收支净额	-5,028,458.56
所得税返还	18,399,119.42
其它	1,659,391.32
合计	15,030,052.18

2、公司前三年的主要会计数据和财务指标

财务指标	2001 年度	2000 年度	1999 年度
主营业务收入	461,061,047.23	302,648,548.69	225,331,393.79
净利润	79,968,573.85	48,670,235.85	46,537,857.50
总资产	1,465,739,514.89	1,265,994,938.10	1,120,646,492.12
股东权益(不含少数股东权益)	589,015,005.78	524,429,154.72	490,341,996.27
全面摊薄每股收益	0.44	0.27	0.26
加权平均每股收益	0.44	0.27	0.32
扣除非经常性损益的每股收益	0.36	0.28	0.26
每股净资产	3.27	2.91	2.72
调整后的每股净资产	3.22	2.84	2.64
每股经营活动产生的现金流量净额	0.61	1.00	0.58
全面摊薄净资产收益率	13.58	9.28	9.49
加权平均净资产收益率	14.10	9.56	9.61
扣除非经常性损益的加权平均净资产收益率	11.45	9.83	9.60

三、股本变动及股东情况

1、股本变动情况表

公司股份变动情况表 单位:股

	本次变动前	配股	送股	公积金转股	增发	其他	小计	本次变动后
一、未上市流通股份								
1、发起人股份	135000000							135000000
其中:								
国家持有股份	133350000							135000000
境内法人持有股份	1650000							1650000
境外法人持有股份								
其他								
2、募集法人股份								
3、内部职工股								
4、优先股或其他								
其中:转配股								
未上市流通股份合计	133350000							135000000
二、已上市流通股份								
1、人民币普通股	45000000							45000000
2、境内上市的外资股								
3、境外上市的外资股								
4、其他								
已上市流通股份合计	45000000							45000000
三、股份总数	180000000							180000000

000959 北京首钢股份有限公司

2001年年度报告摘选

一、公司基本情况简介

(一)公司中文名称:北京首钢股份有限公司
公司英文名称:Beijing Shougang Co., Ltd.
(二)公司法定代表人:罗冰生
(三)公司董事会秘书:章 雁
联系地址:北京市石景山区石景山路
电话:010-88293727　　传真:010-68873028
电子信箱:cml912650@ucinfo.com
(四)公司注册地址:北京市石景山区石景山路
公司办公地址:北京市石景山区石景山路　　邮政编码:100041
公司互联网网址:www.sggf.com.cn
电子信箱:office@sggf.com.cn
(五)公司选定的信息披露报纸:
《中国证券报》、《证券时报》、《上海证券报》
登载年度报告的中国证监会指定网站的网址:
http://www.cninfo.com.cn
公司年度报告备置地点:公司证券部
(六)公司股票上市交易所:深圳证券交易所
股票简称:首钢股份　　股票代码:000959

二、会计数据和业务数据摘要

1、公司本年度利润总额及其构成(金额单位:元)

项目	金额
利润总额	815,251,108.64
净利润	709,339,169.46
扣除非经常性损益后的净利润	508,088,015.23
主营业务利润	1,163,464,175.51
其他业务利润	48,858,516.95
营业利润	759,727,242.53
投资收益	74,689,023.98
补贴收入	946,531.63
营业外收支净额	-20,111,689.50
经营活动产生的现金流量净额	906,421,985.46
现金及现金等价物净增加额	872,492,612.28

注:扣除的非经常性损益项目和涉及金额:

项目	金额
委托投资损益	72,667,000.00
所得税返还	170,334,350.01
股票投资收入	2,730,284.26
营业外收支净额	-20,111,689.50

2、截止报告年度末前二年主要会计数据和财务指标

指标项目	单位	2001年	2000年	
			调整后	调整前
主营业务收入	(元)	12,016,585,866.48	11,916,583,813.37	11,916,583,813.37
净利润	(元)	709,339,169.46	588,090,089.22	758,733,398.79
总资产	(元)	9,714,396,073.72	9,626,463,857.35	9,636,904,581.47
股东权益(不含少数股东权益)	(元)	4,990,488,147.48	4,856,488,533.50	5,035,381,470.03
每股收益	(元/股)	0.31	0.25	0.33
每股净资产	(元/股)	2.16	2.10	2.18
调整后的每股净资产	(元/股)	2.11	2.09	2.16
每股经营活动产生的现金流量净额	(元/股)	0.39	0.44	0.44
净资产收益率	%	14.21	12.11	15.07
扣除非经常性损益后的净资产收益率(加权平均)	%	9.75	11.36	11.14

3、利润表附表

报告期利润	2001年度				2000年度			
	净资产收益率(%)		每股收益(元)		净资产收益率(%)		每股收益(元)	
	全面摊薄	加权平均	全面摊薄	加权平均	全面摊薄	加权平均	全面摊薄	加权平均
主营业务利润	23.31	22.33	0.50	0.50	27.00	25.29	0.57	0.57
营业利润	15.22	14.58	0.33	0.33	18.49	17.32	0.39	0.39
净利润	14.21	13.61	0.31	0.31	12.11	11.34	0.25	0.25
扣除非经常性损益后的净利润	10.18	9.75	0.22	0.22	12.13	11.36	0.25	0.25

三、股本变动及股东情况

(一)股本变动情况
股份变动情况表(截止2001年12月31日)(单位:股)

	本次变动前	本次变动增减(+,-)						本次变动后
		配股	送股	公积金转股	增发	其他	小计	
一、未上市流通股份								
1.发起人股份								
其中:								
国家持有股份	1,960,000,000							1,960,000,000
境内法人持有股份								
境外法人持有股份								
其他								
2.募集法人股份								
3.内部职工股								
4.优先股或其他								
未上市流通股份合计	1,960,000,000							1,960,000,000
二、已上市流通股份								
1.人民币普通股	350,000,000							350,000,000
2.境内上市的外资股								
3.境外上市的外资股								
其他								
已上市流通股份合计	350,000,000							350,000,000
三、股份总数	2,310,000,000							2,310,000,000

000960 云南锡业股份有限公司

2001年年度报告摘选

一、公司基本情况简介

1、公司法定中文名称:云南锡业股份有限公司
公司法定英文名称:Yunnan Tin Co., Ltd.
2、公司法定代表人:肖建明
3、公司董事会秘书:杨奕敏
联系地址:昆明高新技术产业开发区
电　　话:0873—3118667
传　　真:0873—3118308
电子信箱:GFGS6609@mail.hh.yn.cninfo.net
证券事务代表:何锡洪
联系地址:昆明高新技术产业开发区
电　　话:0873—3118606
传　　真:0873—3118622
电子信箱:XYZJ39@mail.hh.yn.cninfo.net
4、公司注册地址:昆明高新技术产业开发区
公司办公地址:昆明高新技术产业开发区　　邮政编码:650118
公司国际互联网网址:http://www.ytl.com.cn
公司电子信箱:GFGS6609@mail.hh.yn.cninfo.net
XYZJ39@mail.hh.yn.cninfo.net
5、公司选定的信息披露报纸名称:《中国证券报》、《证券时报》
登载年度报告的中国证监会指定网站网址:http://www.cninfo.com.cn
公司年度报告备置地点:公司证券部
6、公司股票上市交易所:
股票简称:锡业股份　　股票代码:000960

二、会计数据和业务数据摘要

1、主要利润指标情况(单位:人民币元)

项目	金额
利润总额:	16,681,268.54
净利润:	14,558,270.02
扣除非经常性损益后的净利润:	14,505,516.55
主营业务利润:	157,759,945.99
其他业务利润:	324,542.26
营业利润:	14,451,170.61
投资收益:	2,487,420.81
补贴收入:	1,876,984.00
营业外收支净额:	-2,134,306.88
经营活动产生的现金流量净额:	-168,688,281.93
现金及现金等价物净增加额:	-99,298,846.60

2、截止报告期末公司前三年的主要会计数据和财务指标:

项目	2001年	2000年		1999年
		调整前	调整后	
主营业务收入(元)	1,144,559,658.09	1,190,040,648.56	1,190,040,648.56	1,108,400,525.91
净利润(元)	14,558,270.02	97,276,880.20	83,102,247.22	100,449,010.43
总资产(元)	2,084,187,474.83	1,909,373,498.76	1,930,183,756.50	1,633,632,564.96
股东权益(元)(不含少数股东权益)	1,161,537,819.27	1,161,861,043.57	1,151,854,462.81	1,100,374,563.37
每股收益(元/股)	0.0407	0.2718	0.2322	0.2807
每股收益(元/股)(加权)	0.0407	0.2718	0.2322	0.4025
扣除非经常性损益后的每股收益(元/股)	0.0405	0.2667	0.1904	0.2577
每股净资产(元/股)	3.2453	3.2463	3.2183	3.0745
调整后的每股净资产(元/股)	3.2402	3.2387	3.2093	3.0611
每股经营活动产生的现金流量净额(元/股)	-0.4713	0.5076	0.5076	-0.4172
净资产收益率(%)	1.26	8.37	7.25	11.07

根据中国证监会发布关于《公开发行证券的公司信息披露编报规则第九号》的通知精神,公司二零零一年度按照全面摊薄法和加权平均法计算的净资产收益率和每股收益:

报告期利润	净资产收益率(%)		每股收益(元/股)	
	全面摊薄	加权平均	全面摊薄	加权平均
主营业务利润	13.58	13.61	0.4408	0.4408
营业利润	1.24	1.25	0.0404	0.0404
净利润	1.25	1.26	0.0407	0.0407
扣除非经常性损益后的净利润	1.25	1.25	0.0405	0.0405

三、股本变动及股东情况

1、股本变动情况

公司股份变动情况表　　数量单位:股

	本次变动前	本次变动增减(+、-)						本次变动后
		配股	送股	公积金转股	增发	其他	小计	
一、未上市流通股份	227,904,000							227,904,000
1.发起人股份	227,904,000							227,904,000
其中:								
国家持有股份								
境内法人持有股份	227,904,000							227,904,000
境外法人持有股份								
其他								
2.募集法人股份								
3.内部职工股								
4.优先股或其他								
其中:转配股								
未上市流通股份合计	227,904,000							227,904,000
二、已上市流通股份	130,000,000							130,000,000
1.人民币普通股	130,000,000							130,000,000
2.境内上市的外资股								
3.境外上市的外资股								
4.其他								
已上市流通股份合计	130,000,000							130,000,000
三、股份总数	357,904,000							357,904,000

000961 大连金牛股份有限公司

2001 年年度报告摘选

一、公司基本情况简介

(一)公司的法定中文名称:大连金牛股份有限公司
公司的法定英文名称:Dalian jinniu Co.,Ltd
(二)公司法定代表人:赵明远
(三)董事会秘书:周建平
董秘授权代表:王永杰
联系地址:大连市甘井子区工兴路 4 号
联系电话:0411-6676868、6672112-2198、2188
传　真:0411-6678899
电子信箱:dljnzqb-cn@sina.com.cn
(四)公司注册地址:辽宁省大连市甘井子区工兴路 4 号
办公地址:辽宁省大连市甘井子区工兴路 4 号
邮政编码:116031
网　址:http://www.dalian-steel.com
(五)公司选定的信息披露报纸:《中国证券报》
登载公司年度报告的中国证监会指定国际互联网址:http://www.cninfo.com.cn
公司年度报告备置地:大连金牛股份有限公司证券部
(六)公司股票上市地:深圳证券交易所
股票简称:大连金牛　　股票代码:000961

二、会计数据与业务数据摘要

(一)本年度主要利润指标情况　　(单位人民币:元)

项目	金额
利润总额:	61,803,508.92
净利润:	52,532,982.58
扣除非经常性损益后的净利润:	52,025,074.75
主营业务利润:	140,910,089.67
其它业务利润:	1,323,336.63
营业利润:	61,295,601.09
投资收益:	
补贴收入:	
营业外收支净额:	507,907.83
经营活动产生的现金流量净额:	90,342,602.02
现金及现金等价物净增加额:	205,111,816.13

注:报告期内非经常性损益项目和涉及金额为营业外收支净额 507,907.83 元。

(二)截至报告年度末公司前三年的主要会计数据和财务指标　　单位:人民币元

项目	2001 年 12 月 31 日	2000 年 12 月 31 日 调整后	2000 年 12 月 31 日 调整前	1999 年 12 月 31 日
主营业务收入	1,141,526,864.38	1,174,771,090.70	1,174,771,090.70	1,056,784,027.40
净利润	52,532,982.58	69,476,910.33	73,991,406.93	60,458,211.83
总资产	2,404,547,436.44	2,126,806,862.93	2,131,321,359.53	1,447,592,371.68
股东权益	1,002,965,834.95	733,025,222.11	737,539,718.71	671,664,211.78
每股收益(元/股)	0.17	0.26	0.27	0.22
每股收益(元/股)(加权)	0.19	0.26	0.27	0.34
每股收益(元/股)(扣除非经常性损益)	0.19	0.27	0.26	0.21
每股净资产(元)	3.34	2.71	2.73	2.48
调整后的每股净资产	3.24	2.59	2.40	2.30
每股经营活动产生的现金流量净额	0.30	0.15	0.15	-0.14
净资产收益率(%)	5.24	9.48	10.03	9.00
净资产收益率(%)(加权)	6.71	9.48	10.44	23.86
扣除非经常性损益的净资产收益率(%)(加权)	6.65	9.01	9.96	22.60

(三)报告期利润表附表

报告期利润	净资产收益率(%)		每股收益(元/股)	
	全面摊薄	加权平均	全面摊薄	加权平均
主营业务利润	14.05	18.00	0.47	0.52
营业利润	6.11	7.82	0.20	0.22
净利润	5.24	6.71	0.17	0.19
扣除非经常性损益后的净利润	5.19	6.65	0.17	0.19

三、股本变动及股东情况

(一)股本变动情况
股份变动情况表　　数量单位:股

	本次变动前	本次变动增减(+、-) 配股	送股	公积金转股	增发	其他	小计	本次变动后
一、未上市流通股份								
1、发起人股份	170,530,000							170,530,000
其中:国家持有股份	169,230,000							169,230,000
境内法人持有股份	1,300,000							1,300,000
境外法人持有股份	-							-
其他	-							-
2、募集法人股份	-							-
3、内部职工股	-							-
4、优先股或其他	-							-
其中:转配股	-							-
未上市流通股份合计	170,530,000							170,530,000
二、已上市流通股份								
1、人民币普通股	100,000,000	30,000,000						130,000,000
2、境内上市的外资股	-							-
3、境外上市的外资股	-							-
4、其他	-							-
已上市流通股份合计	100,000,000	30,000,000						130,000,000
三、股份总数	270,530,000	30,000,000						300,530,000

000962 宁夏东方钽业股份有限公司

2001 年年度报告摘选

第一节　公司基本情况简介

一、公司法定中、英文名称及缩写:
法定中文名称:宁夏东方钽业股份有限公司
英文名称:Ningxia Orient Tantalum Industry Co.,Ltd.
英文名称缩写:OTIC
中文简称:东方钽业
二、公司法定代表人:何季麟
三、公司董事会秘书及其证券事务代表的姓名、联系地址、电话、传真、电子信箱
董事会秘书:张宗国　　股证事务代表:叶照贯
联系地址:宁夏石嘴山市大武口区冶金路
联系电话:0952-2012012-6016　　传真:0952-2037628
电子信箱:otic@public.yc.nx.cn
四、公司注册、办公地址及其邮政编码、公司国际互联网网址、电子信箱
公司注册地址:宁夏石嘴山市大武口区冶金路
公司办公地址:宁夏石嘴山市大武口区冶金路　　邮政编码:753000
公司国际互联网网址:http://www.000962.com
公司电子信箱:otic@public.yc.nx.cn
五、公司选定的信息披露报纸名称、登载公司年度报告的中国证监会指定国际互联网网址、公司年度报告备置地点
信息披露报纸名称:《中国证券报》、《证券时报》
证监会指定的网址:http://www.cninfo.com.cn　　年度报告备置地点:公司证券部
六、公司股票上市交易所、股票简称和代码
上市交易所:深圳证券交易所
股票简称:东方钽业　　股票代码:000962

第二节　会计数据和业务数据摘要

一、公司本年度实现利润数情况(单位:元)

指标	金额
利润总额:	202,736,791.11
净利润:	178,397,581.09
扣除非经常性损益后的净利润:	164,099,732.22
主营业务利润:	294,576,871.17
其他业务利润:	908,219.93
营业利润:	188,765,174.97
投资收益:	-701,377.19
补贴收入:	12,172,030.26
营业外收支净额:	2,500,963.07
经营活动产生的现金流量净额:	-100,175,831.91
现金及现金等价物净增加额:	-120,107,249.39

注:"扣除非经常性损益后的净利润"是指从净利润中扣除公司报告期内正常经营损益之外的、一次偶发性损益等,扣除数 14,672,993.33 元的构成为:新股发行冻结资金利息摊销数 4,053,049.78 元,补贴收入 12,172,030.26 元,营业外支出 1,552,086.71 元。

二、公司近三年主要会计数据和财务指标(单位:元)

项目	2001 年	2000 年 调整后	2000 年 调整前	1999 年 调整后
主营业务收入	1,225,383,888.31	1,063,744,407.59	1,063,744,407.59	546,107,987.61
净利润	178,397,581.09	152,561,097.76	151,943,879.20	52,956,909.84
总资产	1,561,138,531.53	1,442,063,284.38	1,443,223,210.06	1,157,749,719.33
股东权益	1,050,989,965.64	887,442,384.55	887,105,799.72	771,972,279.07
每股收益(全面摊薄)	0.5006	0.5137	0.512	0.321
加权平均每股收益	0.5006	0.5137	0.512	0.502
扣除非经常性损益后的每股收益	0.46	0.51	0.509	0.305
每股净资产	2.95	2.99	2.99	4.68
调整后的每股净资产	2.95	2.98	2.98	4.67
每股经营活动产生的现金流量净额	-0.281	0.317	0.32	0.17
净资产收益率(%)(摊薄)	16.97	17.19	17.13	6.86
净资产收益率(%)(加权平均)	18.41	17.99	17.91	25.52

三、加权平均净资产收益率

报告期利润	净资产收益率(%)		每股收益(元)	
	全面摊薄	加权平均	全面摊薄	加权平均
主营业务利润	28.03	30.39	0.83	0.83
营业利润	17.96	19.48	0.53	0.53
净利润	16.97	18.41	0.50	0.50
扣除非经常性损益后的净利润	15.61	16.93	0.46	0.46

四、报告期内股东权益变动情况(单位:万元)
1、报告期股东权益变动情况

项目	股本	资本公积	盈余公积	法定公益金	未分配利润	股东权益合计
期初数	29700	44489	3706	1853	10849	88744
本期增加	5940	—	3568	1784	17840	27348
本期减少	—	—	—	—	10993	10993
期末数	35640	44489	7274	3637	17696	105099

2、变化原因
(1)股本:报告期中期实施 10 股送 2 股,使股本增加 5940 万元。
(2)盈余公积:按规定从净利润中提取 10%法定盈余公积和 10%法定公益金,增加 3568 万元。
(3)法定公益金:按董事会决议从净利润中提取 10%法定公益金,增加 1784 万元。
(4)未分配利润:本年实现净利润在扣除当年送红股和现金红利后增加了未分配利润。

第三节　股本变动及股东情况

一、股本变动情况
股份变动情况表　　单位:万股

	本次变动前	本次变动增减(+,-) 配股	送股	公积金转增	增发	其它	小计	本次变动后
一.未上市流通股								
1.发起人股	18000		3600				3600	21600
其中:国有法人股	17820		3564				3564	21384
境内法人股	180		36				36	216
未上市流通股份合计	18000		3600				3600	21600
二.已上市流通股份								
1、人民币普通股	11700		2340				2340	14040
已上市流通股份合计	11700		2340				2340	14040
三.股份总数	29700		5940				5940	35640

000963 华东医药股份有限公司

2001年年度报告摘选

一、公司简介

公司法定中文名称:华东医药股份有限公司
中文缩写:华东医药
公司英文名称:HUADONG MEDICINE CO.,LTD
公司法定代表人:李邦良
董事会秘书:鲍建平
联系地址:浙江省杭州市莫干山路866号
联系电话:0571－88172165　　传真:0571－88172165
公司注册地址:杭州市下城区中山北路439号
公司办公地址:杭州市莫干山路866号　　邮政编码:310011
公司电子信箱:stock@eastchinapharm.com
指定信息披露报纸:《中国证券报》《证券时报》
登载公司年度报告互联网网址:http://www.cninfo.com.cn
公司年报备置地点:本公司证券部
公司股票上市交易所:深圳证券交易所
公司股票简称:华东医药
公司股票代码:000963
企业法人营业执照注册号:33000010057675
税务登记号码:330191143083157
公司聘请的会计师事务所:浙江天健会计师事务所有限公司
办公地址:杭州市文三路388号钱江科技大厦

二、会计数据和业务数据摘要

1、公司本年度会计数据　　单位:人民币元

项目	金额
利润总额	94,567,313.08
净利润	57,476,251.04
扣除非经常性损益后的净利润	54,220436.68
主营业务利润	302,488,508.08
其他业务利润	802,121.57
营业利润	90878560.76
投资收益	6,168,547.16
补贴收入	——
营业外收支净额	－2,479,794.84
经营活动产生的现金流量净额	109668970.88
现金及现金等价物净增减额	142,277,664.71

2、公司前三年财务指标:

指标项目	2001年度	2000年度		1999年度	
		调整后	调整前	调整后	调整前
主营业务收入	1886418371.57	1617730923.06	1617730923.06	1245869345.06	1245869345.06
净利润	57476251.04	45134416.72	45910354.13	37092469.29	40452166.83
总资产	1241192823.14	1142482909.13	1143425584.54	1004839801.36	1004839801.36
股东权益	533571515.66	479487444.89	481647338.98	464213224.85	472829426.98
每股收益	0.3	0.24	0.24	0.2	0.21
扣除非经常损益后加权平均每股收益	0.29	0.24	0.24	0.2	0.2
每股净资产	2.81	2.52	2.53	2.44	2.49
调整后的每股净资产	2.79	2.40	2.42	2.3	2.33
扣除非经常损益后加权平均净资产收益率	10.67%	9.52%	9.53%	7.99%	7.99%
每股经营活动产生的现金流量净额	0.58	0.1	0.1	0.3	0.35
净资产收益率	10.8%	9.41%	9.53%	7.99%	8.53%

3、利润表附表列示如下:　　单位:人民币元

2001年度利润	2001年12月31日				2000年12月31日			
	净资产收益率(%)		每股收益		净资产收益率(%)		每股收益	
	全面摊薄	加权平均	全面摊薄	加权平均	全面摊薄	加权平均	全面摊薄	加权平均
主营业务利润	56.69	59.52	1.59	1.59	56.35%	55.66%	1.42	1.42
营业利润	17.03	17.88	0.48	0.48	14.51%	14.33%	0.37	0.37
净利润	10.77	11.31	0.3	0.3	9.41%	9.30%	0.24	0.24
扣除非经常性损益后的净利润	10.16	10.67	0.29	0.29	9.55%	9.48%	0.24	0.24

三、股本变动及股东情况

(一)股份变动情况表　　数量单位:股

股份类别	本次变动前	本次变动增减(+,－)						本次变动后
		配股	送股	公积金转股	增发	其他	小计	
一、未上市流通股								
1、发起人股份	112,106,364							112,106,364
其中:								
国家持有股份	38,466,364							38,466,364
境内法人持有股份	73,640,000							73,640,000
境外法人持有股份	0							0
其他	0							0
2、募集法人股份	14,716,516							14,716,516
3、内部职工股	13,177,120							13,177,120
4、优先股或其他								
其中:转配股								
未上市流通股份合计	140,000,000							140,000,000
二、已上市流通股份								
1、人民币普通股	50,000,000							50,000,000
2、境内上市的外资股								
3、境外上市的外资股								
4、其他								
已上市流通股份合计								
三、股份总数	190,000,000							190,000,000

000965 天津水泥股份有限公司

2001年年度报告摘选

一、公司简介

(一)公司法定中文名称:天津水泥股份有限公司
公司法定英文名称:Tian Jin Cement Co.,Ltd
(二)公司法定代表人:周宝泉
(三)公司董事会秘书:王鸿林
联系电话:022－23046662　　传　真:022－23046081
电子信箱:tsgf@public.tpt.tj.cn
联系地址:天津市和平区贵州路4号龙通大厦9楼
证券事务代表:黄桂喜
联系电话:022－23046661　　传　真:022－23046081
电子信箱:tsgf@public.tpt.tj.cn
(四)公司注册地址:天津市和平区贵州路4号
公司办公地址:天津市和平区贵州路4号龙通大厦9楼　　邮政编码:300051
公司网址:HTTP://WWW.tsgf.com.cn
公司电子信箱:tsgf@public.tpt.tj.cn
(五)定期报告刊登报刊:《证券时报》
信息披露媒体:HTTP://WWW.cninfo.com.cn
公司中报备置地点:公司证券部
(六)公司股票上市地:深圳证券交易所
A股简称:天水股份
A股代码:000965

二、主要财务数据和指标

(一)报告期主要会计数据和业务数据　　单位:人民币元

项目	金额
利润总额	24648677.95
净利润	22579860.29
扣除非经常性损益后的净利润	18705454.34
主营业务利润	56052529.58
其他业务利润	3867741.16
营业利润	18430702.71
投资收益	2343569.29
补贴收入	3441783.50
营业外收支净额	432622.45
经营活动产生的现金流量净额	－41681269.51
现金及现金等价物净增加额	893281.13

扣除非经常性损益的项目、涉及金额　　单位:人民币元

扣除项目	涉及金额
补贴收入	3441783.50
营业外收入	644954.42
营业外支出	212331.97
合计	3874405.95

(二)截止报告期末公司前三年主要会计数据和财务指标　　单位:人民币元

项目	2001年	2000年	1999年
主营业务收入	377881878.53	322442931.13	314863833.75
净利润	22579860.29	41542032.65	29773431.14
总资产	1094818704.28	1016790822.12	612449563.20
股东权益	598005613.13	578246816.81	225824784.15
每股收益(摊薄)	0.10	0.19	0.20
每股收益(加权)	0.10	0.21	0.20
每股净资产	2.76	2.67	1.54
调整后的每股净资产	2.65	2.47	1.22
每股经营活动产生的现金流量净额	－0.19	－0.15	－0.09
净资产收益率	3.78	7.22	13.18

(三)报告期利润表附表

报告期利润	净资产收益率(%)		每股收益(元)	
	全面摊薄	加权平均	全面摊薄	加权平均
2001年				
主营业务利润	9.37	9.51	0.26	0.26
营业利润	3.08	3.13	0.08	0.08
净利润	3.78	3.83	0.10	0.10
扣除非经常性损益后的净利润	3.13	2.88	0.08	0.08 2000年
主营业务利润	6.61	7.97	0.18	0.19
营业利润	5.79	6.98	0.15	0.17
净利润	7.22	8.71	0.19	0.21
扣除非经常性损益后的净利润	4.92	5.93	0.12	0.14

三、股本变动及股东情况

(一)股本变动情况
股本变动情况表　　单位:股

	年初数	本次变动增减(±)				年末数
		配股	送股	其他	小计	
一、未上市流通股						
1、发起人股份	147004921					147004921
其中:国家拥有股份	145660921					145660921
境内法人股	1344000					1344000
外资法人股						
2、定向法人股份						
3、高管持股						
尚未流通股合计	147004921					147004921
二、已流通股份	70000000					70000000
1、人民币普通股	70000000					70000000
2、境内上市外资股						
3、境外上市外资股						
已上市流通股合计	70000000					70000000
三、股份总数	217004921					217004921

000966 湖北长源电力发展股份有限公司

2001 年年度报告摘选

一、公司基本情况简介

一、公司中文名称:湖北长源电力发展股份有限公司
公司英文名称:HUBEI CHANGYUAN ELECTRIC POWER DEVELOPMENT CO., LTD
二、法定代表人:戚名辉
三、董事会秘书:赵虎
董事会证券事务代表:胡谦
联系地址:武汉市武昌区徐东大街 351 号
电话:027-86778352、86778357　传真:027-86786970
电子信箱:zhaohu310@163.net　dd312@sina.com
四、公司注册地址:武汉市武昌区徐东路
公司办公地址:武汉市武昌区徐东大街 351 号长源电力商务中心　邮政编码:430077
公司电子信箱:zfhbcydl@public.wh.hb.cn
五、公司选定的信息披露报纸名称:《中国证券报》、《证券时报》
中国证监会指定登载公司年报的国际互联网网址:www.cninfo.com.cn
公司年度报告备置地点:武汉市武昌区徐东大街 351 号公司证券部
六、股票上市交易所:深圳证券交易所
股票简称:长源电力　股票代码:000966

二、会计数据和业务数据摘要

一、本年度主要会计数据和业务数据

项目	金额
利润总额(元)	76,943,280.42
净利润(元)	46,417,951.87
扣除非经常性损益后的净利润(元)	43,030,968.61
主营业务利润(元)	123,253,175.78
其他业务利润(元)	1,166,404.30
营业利润(元)	57,996,138.67
投资收益(元)	20,376,932.72
补贴收入(元)	0.00
营业外收支净额(元)	-1,429,790.97
经营活动产生的现金流量净额(元)	94,853,974.54
现金及现金等价物净增加额(元)	123,970,089.71

二、前三年主要会计数据和财务指标

指标项目	2001 年	2000 年		1999 年	
		调整前	调整后	调整前	调整后
主营业务收入(元)	881,003,628.68	673,971,333.93	673,971,333.93	629,714,268.35	629,714,268.35
净利润(元)	46,417,951.87	86,517,531.93	80,791,592.65	61,231,929.54	58,143,300.08
总资产(元)	2,080,021,957.19	2,138,988,952.48	2,134,988,952.48	1,805,660,988.93	1,803,342,648.14
股东权益(不含少数股东权益)(元)	838,639,991.91	851,485,609.23	845,546,137.99	313,480,899.23	310,392,269.77
每股收益(元/股)	0.1254	0.2805	0.2619	0.2803	0.2662
每股净资产(元/股)	2.2657	2.7605	2.7413	1.4350	1.4209
调整后每股净资产(元/股)	2.2249	2.7254	2.7079	1.2958	1.2817
每股经营活动产生的现金流量净额(元/股)	0.26	0.52	0.52	0.98	0.98
净资产收益率(%)	5.5349	10.1608	9.5550	19.5329	18.7322

注:以前年度损益调整事项

1、根据中国证监会武汉证券监管办公室巡回检查下达的《限期整改通知书》,公司对部分不符合会计制度的有关账务处理作了调整:调整有关费用冲减当期损益 2,860,000 元;调减按湖北汉新发电有限公司预分配方案误计 1999 年投资收益 2,000,000.00 元,同时调增 2000 年投资收益 2,000,000.00 元;调减按湖北汉新发电有限公司预分配方案误计 2000 年投资收益 4,000,000.00 元;将计入 2000 年损益的有效申购资金利息 15,097.50 元调整列入资本公积。该调整影响 2000 年所得税 431,264.62 元,减少 1999 年净利润 200 万元、2000 年净利润 4,443,832.88 元。

2、根据湖北省国家税务局《税务处理决定书》,公司补提并缴纳 1999 年所得税 420,839.89 元,公司补提并缴纳 2000 年所得税 965,824.51 元;子公司长源第一发电有限公司根据湖北省国家税务局《税务处理决定书》,补提并缴纳 1999 年所得税 663,432.92 元、补提并缴纳 2000 年所得税 620,160.57 元。该调整影响公司 1999 年净利润 759,190.68 元、2000 年净利润 1,282,106.40 元。

3、公司补提并交纳 1999 年营业税及附加、堤防费 387,575.03 元,影响 1999 年净利润 329,438.78 元。

上述调整导致公司 1999 年净利润减少 3,088,629.46 元,2000 年净利润减少 5,725,939.28 元。

三、本年度利润表附表

	净资产收益率(%)		每股收益(元/股)	
	全面摊薄	加权平均	全面摊薄	加权平均
主营业务利润	14.70	13.50	0.33	0.33
营业利润	6.92	6.35	0.16	0.16
净利润	5.53	5.08	0.13	0.13
扣除非经常性损益后的净利润	5.13	4.71	0.12	0.12

三、股本变动及股东情况

一、股本变动情况
(一)股本变动情况如下表:　数量单位:股

	本次变动前	本次变动增减(+、-)		本次变动后
		公积金转股	小计	
一、未上市流通股份				
1.发起人股份	192371700	38474340	38474340	230846040
其中:				
国有法人股	192371700	38474340	38474340	230846040
境内法人持有股份				
境外法人持有股份				
其他				
2.募集法人股份	26080000	5216000	5216000	31296000
3.内部职工股				
4.优先股或其他				
未上市流通股份合计	218451700	43690340	43690340	262142040
二、已上市流通股份				
1.人民币普通股	90000000	18000000	18000000	108000000
2.境内上市的外资股				
3.境外上市的外资股				
4.其他				
已上市流通股份合计	90000000	18000000	18000000	108000000
三、股份总数	308451700	61690340	61690340	370142040

000967 浙江上风实业股份有限公司

2001 年年度报告摘选

第一章　公司基本情况简介

一、公司法定中文名称:浙江上风实业股份有限公司
公司法定英文名称:ZHEJIANG SHANGFENG INDUSTRIAL HOLDINGS CO., LTD
英文名称缩写:ZJSF
二、公司法定代表人姓名:徐灿根
三、公司董事会秘书:竺铭浩
联系地址:浙江省上虞市上浦镇
联系电话:(0575)2366261
传　　真:(0575)2366328
电子邮箱:sfjt@mail.sxptt.zj.cn
证券事务代表:陈秀文
联系地址:浙江省上虞市上浦镇
联系电话:(0575)2360869
传　　真:(0575)2366328
电子邮箱:sfjt@mail.sxptt.zj.cn
四、公司注册地址:浙江省上虞市上浦镇
公司办公地址:浙江省上虞市上浦镇
邮政编码:312375
公司国际互联网网址:http://www.shangfeng.org
公司电子邮箱:sfjt@mail.sxptt.zj.cn
五、公司选定的信息披露报刊名称:《证券时报》
登载年度报告的中国证监会指定国际互联网网址:http://www.cninfo.com.cn
公司年度报告备置地点:公司证券部
六、公司股票上市交易所:深圳证券交易所
股票简称:上风高科
股票代码:000967

第二章　会计数据和业务数据摘要

一、年度主要会计数据和业务数据(单位:人民币元)

项目	金额
利润总额	34,470,352.03
净利润	27,727,199.94
扣除非经常性损益后的净利润	26,517,789.03
主营业务利润	59,035,128.10
其它业务利润	141,427.64
营业利润	25,588,018.09
投资收益	7,353,345.38
补贴收入	1,869,577.65
营业外收支净额	-340,589.09
经营活动产生的现金流量净额	19,838,629.47
现金及现金等价物净增加额	-54,456,239.03

二、公司近三年主要会计数据和财务指标(单位:人民币元)

指标项目	2001 年度	2000 年度	1999 年度
主营业务收入	133,740,346.65	139,122,782.25	135,583,143.57
净利润	27,727,199.94	37,644,419.81	34,063,546.41
总资产	523,947,326.83	501,844,774.08	230,748,638.30
股东权益(不含少数股东权益)	456,300,123.36	429,808,311.22	122,498,748.37
每股收益	0.2027	0.2752	0.3809
加权每股收益	0.2027	0.30	0.3809
扣除非经常性损益后的每股收益	0.1939	0.2472	0.3809
每股净资产	3.34	3.14	1.335
调整后的每股净资产	3.22	3.0572	1.258
每股经营活动产生的现金流量净额	0.1450	0.1192	0.8556
净资产收益率(%)	6.08	8.76	28.54
加权净资产收益率(%)	6.12	10.58	28.54
扣除非经常性损益后的加权净资产收益率(%)	5.85	9.57	28.54

三、按照中国证监会《公开发行证券公司信息披露编报规则(第 9 号)》要求计算的利润数据:

报告期利润	2001 年				2000 年			
	净资产收益率(%)		每股收益(元)		净资产收益率(%)		每股收益(元)	
	全面摊薄	加权平均	全面摊薄	加权平均	全面摊薄	加权平均	全面摊薄	加权平均
主营业务利润	12.94	13.02	0.4316	0.4316	15.44	18.64	0.4850	0.5285
营业利润	5.61	5.64	0.1871	0.1871	10.00	12.07	0.3141	0.3422
净利润	6.08	6.12	0.2027	0.2027	8.76	10.58	0.2752	0.2999
扣除非经常性损益后的净利润	5.81	5.85	0.1939	0.1939	7.93	9.57	0.2490	0.2714

第三章　股本变动及股东情况

一、公司股份变动情况
1、公司股份变动情况表　单位:股

	本次变动前	本次变动增减(+、-)						本次变动后
		配股	送股	公积金转股	增发	其他	小计	
一、未上市流通股份								
1、发起人股份	56,127,200							56,127,200
其中:国家持有股份								
境内法人持有股份	56,127,200							56,127,200
境外法人持有股份								
其他								
2、募集法人股份	35,658,880							35,658,880
3、内部职工股								
4、优先股或其他								
未上市流通股份合计	91,786,100							91,786,100
二、已上市流通股份								
1、人民币普通股	45,000,000							45,000,000
2、境内上市的外资股								
3、境外上市的外资股								
4、其他								
已上市流通股份合计	45,000,000							45,000,000
三、股本总数	136,786,080							136,786,080

000968 山西神州煤电焦化股份有限公司

2001年年度报告摘选

第一章 公司基本情况简介

一、公司法定中文名称:山西神州煤电焦化股份有限公司
公司法定英文名称:SHANXI SHENZHOU COAL ELEOTEICITY COKING CO., LTD
二、公司法定代表人:麻禄斗
三、公司董事会秘书:刘恩孝
联系地址:山西省太原市和平南路83号
电话:0351-6019365 传真:0351-6199887
公司证券事务代表:张广红 联系电话:0351-6019034
四、公司注册地址:山西省太原市和平南路83号
公司办公地址:山西省太原市和平南路83号 邮政编码:030024
五、公司选定的信息披露报纸:《中国证券报》和《证券时报》
登载公司年度报告国际互联网网址:http//www.cninfo.com.cn/
六、公司股票上市交易所:深圳证券交易所
股票简称:神州股份 股票代码:000968
七、其他有关资料
公司首次注册日期:1998年12月25日
公司首次注册地点:太原市和平南路83号
企业法人营业执照注册号:1400001006959
税务登记号:140114701138010
公司聘请的会计师事务所
名称:山西天元会计师事务所(有限公司)
办公地址:太原市水西关街省国税大楼21层

第二章 会计数据和业务数据摘要

一、公司本年度主要利润指标情况

利润总额	63,093,642.24
净利润	53,927,727.46
扣除非经常性损益后的净利润	41,463,139.61
主营业务利润	137,164,506.19
其他业务利润	20,227,381.51
营业利润	65,937,161.92
投资收益	-162,800.70
补贴收入	0
营业外收支净额	-2,680,718.98
经营活动产生的现金流量净额	32,302,184.66
现金及现金等价物净增减额	7,415,028.33

二、截止本报告期末公司前三年的主要财务数据和财务指标

财务指标	单位	2001年度	2000年度 调整后	2000年度 调整前	1999年度
主营业务收入	元	662,496,238.44	594,446,825.89	594,446,825.89	531,494,954.59
净利润	元	53,927,727.46	34,030,477.41	53,680,815.97	57,814,567.94
总资产	元	1,849,313,889.08	1,688,713,101.55	1,707,902,276.26	1,035,038,253.73
股东权益	元	1,138,751,590.09	1,089,566,142.63	1,109,216,481.19	422,000,349.57
每股收益(全面摊薄)	元/股	0.1365	0.0861	0.1358	0.2358
每股收益(加权平均)	元/股	0.1365	0.1023	0.1613	0.2358
扣除非经常性损益后的每股收益	元/股	0.1049	0.0787	0.1527	0.2404
每股净资产	元/股	2.8815	2.7571	2.81	1.72
调整后的每股净资产	元/股	2.5227	2.6896	2.71	1.71
每股经营活动产生的现金流量净额	元/股	0.0817	0.1034	0.1034	0.119
全面摊薄净资产收益率	%	4.74	3.12	4.84	13.7
加权平均净资产收益率	%	4.83	4.39	6.38	14.29
扣除非经常性损益的加权平均净资产收益率	%	3.71	4.01	6.04	14.34

三、利润分配表附表

报告期利润	净资产收益率(%) 全面摊薄 2001年	全面摊薄 2000年 调整后	全面摊薄 2000年 调整前	加权平均 2001年	加权平均 2000年 调整后	加权平均 2000年 调整前	每股收益(元) 全面摊薄 2001年	全面摊薄 2000年 调整后	全面摊薄 2000年 调整前	加权平均 2001年	加权平均 2000年 调整后	加权平均 2000年 调整前
主营业务利润	12.05	9.89	9.71	12.28	13.89	12.80	0.3471	0.2726	0.2726	0.3471	0.3239	0.3238
营业利润	5.79	3.77	5.27	5.91	5.30	6.95	0.1668	0.1039	0.1479	0.1668	0.1235	0.1757
净利润	4.74	3.12	4.84	4.83	4.39	6.38	0.1365	0.0861	0.1358	0.1365	0.1023	0.1613
扣除非经常性损益后的净利润	3.64	2.85	4.58	3.71	4.01	6.04	0.1049	0.0787	0.1286	0.1049	0.1018	0.1527

第三章 股本变动和主要股东持股情况

一、股本变动情况(截止2001年12月31日) 数量单位:股

项目	本次变动前	本次变动增减(+,-) 配股	送股	公积金转股	增发	其他	小计	本次变动后
一、未上市流通股份								
1、发起人股份								
其中:								
国家持有股份	4,550,000.00							4,550,000.00
境内法人持有股份	240,064,000.00							240,064,000.00
境外法人持有股份								
其他								
2、募集法人股份								
3、内部职工股								
4、优先股或其他								
5、战略投资者配售	9,805,310.00							9,805,310.00
未上市流通股份合计	254,995,310.00							254,995,310.00
二、已上市流通股份								
1、人民币普通股	140,194,690.00							140,194,690.00
2、境内上市的外资股								
3、境外上市的外资股								
4、其他								
已上市流通股份合计	140,194,690.00							140,194,690.00
三、股份总数	395,190,000.00							395,190,000.00

000969 安泰科技股份有限公司

2001年年度报告摘选

一、公司简介

(一)公司名称
公司法定中文名称:安泰科技股份有限公司(安泰科技)
公司法定英文名称:Advanced Technology & Materials Co., Ltd.(AT&M)
(二)公司法定代表人:殷瑞钰
(三)公司董事会秘书:钱学军
联系地址:中国北京市海淀区学院南路76号
联系电话:86-010-62188403 联系传真:86-010-62182695
电子信箱:securities@atmcn.com
(四)公司注册地址:中国北京市海淀区学院南路76号
公司办公地址:中国北京市海淀区学院南路76号 邮政编码:100081
公司国际互联网网址:http//:www.atmcn.com
(五)公司信息披露报纸名称:《中国证券报》、《证券时报》
登载公司年度报告的国际互联网网址:http//:www.cninfo.com.cn
年度报告备置地点:公司证券部
(六)公司股票上市交易所:深圳证券交易所
股票简称:安泰科技 股票代码:000969

二、会计数据和业务数据摘要

(一)本年度主要会计数据和业务数据 (单位:元)

项目	金额
利润总额	72,946,812.78
净利润	67,573,671.98
扣除非经常性损益后的净利润	64,618,221.65
主营业务利润	105,426,316.16
其他业务利润	551,736.15
营业利润	66,314,755.57
投资收益	6,229,607.13
补贴收入	2,901,157.60
营业外收支净额	-2,498,707.52
经营活动产生的现金流量净额	28,594,078.05
现金及现金等价物净增加额	-236,183,835.59

注:扣除非经常性损益项目 (单位:元):

项目	金额
投资收益	5,454,157.85
营业外收入	1,908,226.02
营业外支出	4,406,933.54
合 计	2,955,450.33

(二)公司前三年的主要会计数据和财务指标(单位:元)

项目	2001年度	2000年度 调整前	2000年度 调整后	1999年度
主营业务收入	435,099,576.69	356,623,288.18	356,623,288.18	216,511,796.78
净利润	67,573,671.98	71,378,795.83	64,793,170.32	38,898,513.45
总资产	1,248,215,783.94	1,486,032,760.73	1,478,962,043.95	260,340,397.23
股东权益(不包含少数股东权益)	1,057,862,373.37	1,031,300,886.90	1,024,715,261.39	122,890,691.07
每股收益(全面摊薄)	0.2768	0.4678	0.4246	0.4201
每股收益(加权平均)	0.2768	0.5594	0.5078	0.4201
扣除非经常性损益后的每股收益	0.2647	0.4547	0.2558	0.4191
每股净资产	4.3327	6.7582	6.7150	1.3271
调整后的每股净资产	4.3069	6.7196	6.6927	1.2741
每股经营活动产生的现金流量净额	0.1171	0.1825	0.1825	0.4147
净资产收益率(%)(摊薄)	6.39	6.92	6.32	31.65
净资产收益率(%)(加权)	6.38	10.69	10.95	29.69
扣除非经常损益后的加权净资产收益率(%)	6.10	10.39	6.60	29.62

利润表附表

报告期利润	2001年 净资产收益率(%) 全面摊薄	净资产收益率(%) 加权平均	每股收益(元) 全面摊薄	每股收益(元) 加权平均
主营业务利润	9.97	9.96	0.4318	0.4318
营业利润	6.27	6.26	0.2716	0.2716
净利润	6.39	6.38	0.2768	0.2768
扣除非经常性损益后的净利润	6.11	6.10	0.2647	0.2647

三、股本变动及股东情况

(一)股份变动情况表 (单位:万股)

项目	本次变动前	本次变动增减(+,-) 配股	送股	公积金转股	增发	其他	小计	本次变动后
一、未上市流通股份								
1、发起人股份	9,260		926	4,630			5,556	14,816
其中:国家持有股份	9,210		921	4,605			5,526	14,736
境内法人持有股份	50		5	25			30	80
境外法人持有股份								
其他								
2、募集法人股份								
3、内部职工股								
4、优先股或其他								
其中:战略投资者	1,800		180	900		-2,080	-1,000	800
未上市流通股份合计	11,060		1,106	5,530		-2,080	4,556	15,616
二、已上市流通股份								
1、人民币普通股	4,200		420	2,100		2,080	4,600	8,800
2、境内上市的外资股								
3、境外上市的外资股								
4、其他								
已上市流通股份合计	4,200		420	2,100		2,080	4,600	8,800
三、股份总数	15,260		1,526	7,630			9,156	24,416

000970　北京中科三环高技术股份有限公司

2001 年年度报告摘选

一、公司基本情况简介

1、公司法定中文名称:北京中科三环高技术股份有限公司
公司法定英文名称:BEI JING ZHONG KE SAN HUAN HIGH－TECH. CO.,LTD.
中文缩写:中科三环
英文缩写:ZHONG KE SAN HUAN CO.,LTD
2、公司法定代表人:王震西
3、公司董事会秘书:王东明
联系地址:北京市海淀区白石桥路 3 号友谊宾馆迎宾楼 D 座
邮政编码:100873
电　　话:010－68945729,010－68498888 转 1279
传　　真:010－68712144
电子信箱:WTM@san－huan.com.cn
证券事务代表:田文斌
电　　话:010－68945729,010－68498888 转 1279
传　　真:010－68712144
电子信箱:twb1@263.net
4、公司注册地址:北京市海淀区白石桥路 3 号友谊宾馆迎宾楼 D 座
公司办公地址:北京中关村南三街 8 号　　　邮政编码:100080
公司网址:http://www.san－huan.com.cn　　　电子信箱:shhq@san－huan.com.cn
5、公司信息披露报纸:《证券时报》、《中国证券报》
公司信息披露网址:http://www.cninfo.com.cn
公司年度报告备置地:北京市海淀区白石桥路 3 号友谊宾馆迎宾楼 D 座中科三环证券部
6、公司股票上市交易所:深圳证券交易所
股票简称:中科三环　　　股票代码:000970

二、会计数据和业务数据摘要

1、主要财务数据　　单位:元

利润总额	45,278,667.08
净利润	30,454,701.68
扣除非经常性损益后的净利润	25,085,099.70
主营业务利润	94,684,044.74
其他业务利润	1,962,780.63
营业利润	40,085,714.56
投资收益	4,967,154.25
补贴收入	700,000.00
营业外收支净额	－474,201.73
经营活动产生的现金流量净额	13,128,147.25
现金及现金等价物净增加额	25,544,020.12

注:扣除的非经常性损益项目和金额　　单位:元

项　目	金　额
补贴收入	700,000.00
营业外收支净额	－474,201.73
国债利息收入	6,091,380.53
合　计	6,317,178.80
减:所得税	947,576.82
合　计	5,369,601.98

2、截至报告期末公司前三年的主要会计数据和财务指标　　单位:元

项　目	2001 年	2000 年	1999 年
主营业务收入	367,134,077.90	371,899,953.28	219,050,528.19
净利润	30,454,701.68	27,325,554.00	25,266,702.92
总资产	623,063,313.31	540,182,472.27	248,670,904.51
股东权益(不包含少数股东权益)	371,158,834.78	344,864,096.96	85,371,832.46
每股收益(全面摊薄)	0.194	0.314	0.486
每股收益(加权平均)	0.194	0.363	0.486
扣除非经常性损益后的每股收益	0.160	0.274	0.486
每股净资产	2.370	3.964	1.64
调整后的每股净资产	2.289	3.870	1.49
每股经营活动产生的现金流量净额	0.084	－0.508	0.251
净资产收益率(%)(全面摊薄)	8.21	7.92	29.60
净资产收益率(%)(加权平均)	7.86	10.25	29.60

报告期利润	净资产收益率(%)						每股收益(元)					
	全面摊薄			加权平均			全面摊薄			加权平均		
	2001~	2000	1999	2001	2000	1999	2001	2000	1999	2001	2000	1999
主营业务利润	25.51	30.02	76.73	24.44	38.84	76.73	0.605	1.190	1.260	0.605	1.374	1.260
营业利润	10.80	12.79	40.70	10.35	16.54	40.70	0.256	0.507	0.668	0.256	0.585	0.668
净利润	8.21	7.92	29.60	7.86	10.25	29.60	0.194	0.314	0.486	0.194	0.363	0.486
扣除非经常性损溢后的净利润	6.76	6.91	29.60	6.47	8.94	29.60	0.160	0.274	0.486	0.160	0.316	0.486

三、股本变动及股东情况

(一)股本变动情况

股本变动情况表　　单位:股

项　目	期初数	本期配股	本期送股	本期公积金转增股本	增发	本期其他变动	期末数
一、尚未流通股份							
发起人股份	52,000,000			41,600,000			93,600,000
国有法人股	36,189,700			28,951,760			65,141,460
境内法人股	3,679,400			2,943,520			6,622,920
外资法人股	12,130,900			9,704,720			21,835,620
尚未流通股份合计	52,000,000			41,600,000			93,600,000
二、已流通股份							
境内上市的人民币普通股	35,000,000			28,000,000			63,000,000
已流通股份合计	35,000,000			28,000,000			63,000,000
股本总数	87,000,000			69,600,000			156,600,000

000971　湖北迈亚股份有限公司

2001 年年度报告摘选

第一节　公司基本情况简介

1、公司法定中文名称:湖北迈亚股份有限公司
公司英文名称:HUBEI MAIYA CO., LTD.
2、公司法定代表人:叶金堂
3、公司董事会秘书:彭新波
联系地址:湖北省仙桃市勉阳大道 131 号
联系电话:(0728)3275828　　传　真:(0728)3275829
电子信箱:pengxinbo@163.net
4、公司注册地址:湖北省仙桃市勉阳大道 131 号
公司办公地址:湖北省仙桃市勉阳大道 131 号　　　邮政编码:433000
5、公司信息披露报纸名称:《证券时报》、《中国证券报》、《上海证券报》
登载公司年度报告的中国证监会指定国际互联网网址:http://www.cninfo.com.cn
公司年度报告备置地点:公司证券部
6、公司股票上市地:深圳证券交易所
股票简称:湖北迈亚　　　股票代码:0971

第二节　会计数据和业务数据摘要

1、本年度利润总额及构成　　(单位:人民币元)

利润总额	39,404,798.60
净利润	33,966,667.33
扣除非经常性损益后的净利润	27,970,406.89
主营业务利润	81,023,333.29
其它业务利润	－101,975.44
营业利润	36,085,156.15
投资收益	2,355,469.44
补贴收入	/
营业外收支净额	964,173.01
经营活动产生的现金流量净额	43,947,836.66
现金及现金等价物净增加额	48,977,376.89

说明:扣除非经常性损益涉及的项目及金额:
(1)投资收益 2,355,469.44 元;
(2)营业外收支净额 964,173.01 元;
(3)收取的资金占用费 5,630,000.00 元;
(4)非经常性损益对所得税的影响－2,953,382.01 元。

2、截止报告期末公司近三年的主要会计数据和财务指标:　　(单位:人民币元)

项目	2001 年	2000 年		1999 年
		调整后	调整前	
主营业务收入	270,710,606.84	242,741,759.70	242,741,759.70	207,338,185.47
净利润	33,966,667.33	35,354,206.09	39,138,072.30	32,325,815.91
总资产	966,222,327.20	909,231,804.64	913,015,670.85	579,063,998.75
股东权益	418,824,221.83	413,007,554.50	416,791,420.71	187,839,785.86
每股收益(摊薄)	0.18	0.19	0.21	0.24
每股收益(加权)	0.18	0.21	0.23	0.24
每股净资产	2.24	2.21	2.23	1.42
调整后的每股净资产	2.23	2.18	2.20	1.38
每股经营活动产生的现金流量净额	0.235	0.23	0.23	0.11
净资产收益率(%)				
摊薄	8.11	8.56	9.39	17.20
加权	7.59	9.63	10.60	14.81
扣除非经常性损益的净资产收益率(%)				
摊薄	6.68	7.43	7.20	17.14
加权	6.25	8.35	8.12	14.75

3、按中国证监会《公开发行证券公司信息披露编报规则》(第 9 号文)通知要求:计算的 2001 年度每股收益和净资产收益率如下:

报告期利润	净资产收益率(%)		每股收益(元)	
	全面摊薄	加权平均	全面摊薄	加权平均
主营业务利润	19.34	18.10	0.43	0.43
营业利润	8.16	8.06	0.19	0.19
净利润	8.11	7.59	0.18	0.18
扣除非经常性损益后的净利润	6.68	6.25	0.15	0.15

第三节　股本变动及股东情况

1、股本变动情况
(1)股份变动情况表

单位:股

股份类别	期初数	配股	送股	公积金转股	发行	新股	其它	小计	期末数
		本次变动增减(+、-)							
一、尚未流通股份									
1、发起人股份									
其中:国家持有股份	92160000								92160000
境内法人持有股份	13200000								13200000
境外法人持有股份									
2、募集法人股	240000								240000
3、内部职工股	26400000								26400000
4、证券投资基金持股									
5、优先股及其它									
尚未流通股份合计	132000000								132000000
二、已流通股份									
1、社会公众股	55000000								55000000
2、其它									
已流通股份合计	55000000								55000000
三、股份总数	187000000								187000000

000972 新疆中基实业股份有限公司

2001年年度报告摘选

第一章 公司基本情况简介

1、公司法定中文名称:新疆中基实业股份有限公司
公司法定英文名称:XINJIANG CHALKIS CO., LTD
英文缩写:CHALKIS
2、公司法定代表人:刘 一
3、公司董事会秘书:成 屹
证券事务代表:徐振华
联系地址:新疆乌鲁木齐市五星路17号五星大厦12楼
联系电话:(0991)2649534、2628888　　传　真:(0991)2616688
电子信箱:xzjcy@163.net
4、公司注册地址:新疆乌鲁木齐市五星路17号
公司办公地址:新疆乌鲁木齐市五星路17号
邮政编码:830002
电子信箱:Chalkis@xj.cninfo.net
5、公司选定的信息披露报纸:《证券时报》
登载公司年度报告的中国证监会指定国际互联网网址:http://www.cninfo.com.cn
公司年度报告备置地点:公司董事会秘书办公室
5、公司股票上市交易所:深圳证券交易所
股票简称:新中基　　股票代表:000972

第二章 会计数据和业务数据摘要

1、本年度主要财务指标的完成情况(单位:人民币元)

项目	金额(元)
实现利润总额	21,015,819.01
实现净利润	19,829,905.60
扣除非经常性损益后的净利润	13,621,707.36
主营业务利润	107,554,114.82
其他业务利润	16,565,118.95
营业利润	6,767,572.29
投资收益	8,040,048.48
补贴收入	4,927,984.76
营业外收支净额	1,280,213.48
经营活动产生的现金流量净额	(35,776,913.22)
现金及现金等价物净增加额	46,019,729.00

注1:扣除非经常性损益的项目:

序号　项目	金额(元)
(1)补贴收入	4,927,984.76
(2)营业外收入	1,950,257.90
(3)营业外支出	670,044.42
合计	6,208,198.24

2、截止报告期末公司前三年主要会计数据和财务指标

项目	2001年度	2000年度 调整后	2000年度 调整前	1999年度
主营业务收入(元)	549,272,557.97	467,575,925.95	467,575,925.95	392,197,687.34
净利润(元)	19,829,905.60	26,113,899.75	27,136,457.31	25,432,371.54
总资产(元)	1,229,122,436.59	1,020,139,671.26	1,038,766,878.01	587,021,441.06
股东权益(不含少数股东权益)(元)	401,981,205.19	382,468,306.77	398,484,032.90	169,956,486.55
每股收益(摊薄)(元)	0.16	0.21	0.22	0.32
每股收益(加权平均)(元)	0.16	0.24	0.25	0.32
扣除非经常性损益后的每股收益(元)	0.11	0.20	0.17	0.23
每股净资产(元)	3.23	3.07	3.20	2.14
调整后的每股净资产(元)	3.12	2.74	2.84	2.00
每股经营活动产生的现金流量净额(元)	(0.29)	(1.28)	(1.28)	0.42
净资产收益率(%)	4.93	6.83	6.66	14.96

3、利润表附表:

报告期利润	净资产收益率(%)		每股收益(元)	
	全面摊薄	加权平均	全面摊薄	加权平均
主营业务利润	26.76	27.72	0.86	0.86
营业利润	1.68	1.74	0.05	0.05
净利润	4.93	5.11	0.16	0.16
扣除非经常性损益后的净利润	3.39	3.51	0.11	0.11

利润表附表的利润数据是按照中国证监会《公开发行证券公司信息披露编报规则(第9号)》要求计算的。

第三章 股本变动及主要股东情况

一、公司股本变动情况

	本次变动前	配股	送股	公积金转股	增发	其他	小计	本次变动后
(一)未上市流通股份								
1、发起人股份								
其中:								
国家持有股份	65,592,720							65,592,720
境内法人持有股份	13,396,453							13,396,453
境外法人持有股份								
其他								
2、募集法人股份	600,000							600,000
3、内部职工股								
4、优先股或其他								
未上市流通股份合计	79,589,173							79,589,173
(二)已上市流通股份								
1、人民币普通股	45,000,000							45,000,000
2、境内上市外资股								
3、境外上市外资股								
4、其他								
已上市流通股份合计	45,000,000							45,000,000
(三)股份总数	124,589,173							124,589,173

(表头:本次变动增减(+、-)涵盖配股、送股、公积金转股、增发、其他、小计)

000973 佛山塑料集团股份有限公司

2001年年度报告摘选

第一章 公司基本情况简介

一、公司法定中文名称:佛山塑料集团股份有限公司
公司法定英文名称:FOSHAN PLASTICS GROUP CO., LTD
二、公司法定代表人:冯兆征
三、董事会秘书:罗汉均
证券事务代表:何水秀
四、公司注册及办公地址:广东省佛山市汾江中路82号
联系地址:广东省佛山市汾江中路82号
联系电话:(0757)2297484
邮政编码:528000
公司国际互联网网址:http://www.foshan-plastic.com
五、公司指定的信息披露报刊:《中国证券报》、《证券时报》
登载公司年报的国际互联网网址:http://www.cninfo.com.cn
公司年度报告备置地点:公司董事会秘书办公室
六、公司股票上市交易所:深圳证券交易所
股票简称:佛塑股份(A股)
股票代码:000973

第二章 会计数据和业务数据摘要

本年度公司主要经营数据:　　单位:元

项　目	金　额
利润总额:	114,029,641.85
净利润:	99,614,833.82
扣除非经常性损益后的净利润:	98,959,761.76
主营业务利润:	216,129,389.29
其他业务利润:	9,548,047.45
营业利润:	83,361,445.46
投资收益:	29,593,132.43
补贴收入:	4,497.00
营业外收支净额:	1,070,566.96
经营活动产生的现金流量净额:	216,864,810.17
现金及现金等价物净增加额:	-100,069,313.35

注:扣除非经常性损益涉及的项目和金额如下:
(1)补贴收入:　4,497.00元
(2)营业外收入中的利息:　650,575.06元

公司前三年主要会计数据及财务指标:　　单位:元

项　目	2001年	2000年 调整后	2000年 调整前	1999年 调整后	1999年 调整前
主营业务收入	1,669,698,758.29	1,464,829,848.46	1,482,378,715.24	1,222,034,508.72	1,260,462,359.10
净利润	99,614,833.82	76,223,529.43	75,628,611.47	65,831,146.11	65,894,431.07
总资产	2,150,634,769.89	2,045,386,789.72	2,088,994,881.08	1,523,711,125.01	1,605,397,725.96
股东权益(不包含少数股东权益)	1,189,148,542.61	1,089,533,709.79	1,110,895,446.11	492,913,245.48	514,869,900.75
每股收益(摊薄)	0.267	0.204	0.20	0.24	0.24
每股收益(加权)	0.267	0.223	0.22	0.24	0.24
扣除非经常性损益后的每股收益(摊薄)	0.265	0.188	0.19	0.21	0.21
扣除非经常性损益后的每股收益(加权)	0.265	0.205	0.20	0.21	0.21
每股净资产	3.184	2.92	2.97	1.30	1.85
调整后每股净资产	3.131	2.87	2.96	1.71	1.83
每股经营活动产生的现金流量净额	0.581	-0.33	-0.33	-0.16	-0.16
净资产收益率(摊薄)	8.38%	7.00%	6.81%	13.36%	12.80%
净资产收益率(加权)	8.74%	8.30%	8.05%	13.00%	12.48%
扣除非经常性损益后的加权净资产收益率	8.69%	7.53%	7.44%	11.46%	11.15%

利润分配表附表:

报告期利润	净资产收益率(%)		每股收益(元)	
	全面摊薄	加权平均	全面摊薄	加权平均
主营业务利润	18.18	18.05	0.579	0.579
营业利润	7.01	7.37	0.223	0.223
净利润	8.38	8.74	0.267	0.267
扣除非经营性损益后的净利润	8.32	8.69	0.265	0.265

第三章 股本变动及股东情况

公司股份变动情况表:　　单位:股

	本次变动前	配股	送股	公积金转股	增发	其他(发行新股)	小计	本次变动后
一、未上市流通股份								
1、发起人股份	257,052,900							257,052,900
其中:								
国家持有股份	147,028,500							147,028,500
境内法人持有股份	110,024,400							110,024,400
境外法人持有股份								
其他								
2、募集法人股份								
3、内部职工股	21,397,700							21,397,700
4、优先股或其他								
未上市流通股份合计	278,450,600							278,450,600
二、已上市的流通股份								
1、人民币普通股	95,000,000							95,000,000
2、境内上市的外资股								
3、境外上市的外资股								
4、其他								
已上市流通股份合计	95,000,000							95,000,000
三、股份总数	373,450,600							373,450,600

(表头:本次变动增减(+,-)涵盖配股、送股、公积金转股、增发、其他(发行新股)、小计)

000975 重庆乌江电力股份有限公司

2001 年年度报告摘选

第一节 公司基本情况简介

一、公司法定中文名称:重庆乌江电力股份有限公司
简称:乌江电力
公司法定英文名称:Chongqing Wujiang Electric Power Co., Ltd.
公司英文简称:WJEP
二、公司法定代表人:李鸿铭
三、公司董事会秘书:张辉
联系地址:重庆市渝中区中山三路 131 号希尔顿大厦 A 座 19 楼　　邮政编码:400015
电话:023-69038555　　传真:023-69038537
电子信箱:domy-c@yeah.net
证券事务代表:李文晋　　电子雅箱:liwenjin@fm365.com
四、公司注册地址:重庆市黔江区联合镇西山坪水井湾东侧　　邮政编码:409000
公司办公地址:重庆市渝中区中山三路 131 号希尔顿大厦 A 座 19 楼
邮政编码:400015　　公司电子信箱:wdzjtzb@public.cta.cq.cn
五、公司选定信息披露报纸:《中国证券报》、《证券时报》
刊登公司年度报告的中国证监会指定国际互联网网址:http://www.cninfo.com.cn
公司年度报告备置地点:公司董事会秘书办公室
六、公司股票上市交易所:深圳证券交易所
股票简称:乌江电力　　股票代码:000975

第二节 会计数据和业务数据摘要

一、公司本年度会计数据摘要(单位:人民币元)

项目	金　额
1、利润总额	32,834,987.35
2、净利润	27,909,765.33
3、扣除非经常性损益后的净利润*	27,427,806.92
4、主营业务利润	50,176,746.33
5、营业利润	32,595,308.72
6、投资收益	360,818.52
7、营业外收支净额	-121,139.89
8、经营活动产生的现金流量净额	31,571,229.61
9、现金及现金等价物净增加额	-43,368,833.30

二、前三年的主要会计数据和财务指标(单位:人民币元)

项目/年度	2001 年	2000 年	1999 年
1、主营业务收入	120,927,740.65	96,645,143.69	92,525,098.41
2、净利润	27,909,765.33	38,405,522.50*	40,021,677.88
3、总资产	820,271,419.09	822,694,306.40*	338,035,841.94
4、股东权益	695,553,020.33	697,243,254.80*	163,577,732.30
5、每股收益	0.09	0.21*	0.38
6、净资产收益率(%)	4.01	5.51*	24.47
7、加权平均净资产收益率(%)	3.92	7.32*	38.56
8、每股净资产	2.35	3.77*	1.56
9、调整后的每股净资产	2.33	3.75	1.54
10、每股经营活动产生的现金流量净额(元)	0.11	0.17	0.61

*说明:因会计差错更正追溯调整 2000 年年度数据如下:(单位:元)

项目	调整后数据	调整前数据	差额
净利润	38,405,522.50	37,374,702.48	1,030,820.02
总资产	822,694,306.40	820,878,586.86	1,815,719.54
股东权益	697,243,254.80	696,212,434.78	1,030,820.02
每股收益	0.21	0.20	0.01
净资产收益率(%)	5.51	5.37	0.14
加权平均净资产收益率(%)	7.32	7.12	0.20
每股净资产	3.77	3.76	0.01

三、利润表附表
全面摊薄和加权平均净资产收益率和每股收益
2001 年 1—12 月

报告期利润	净资产收益率(%)		每股收益(元)	
	全面摊薄	加权平均	全面摊薄	加权平均
主营业务利润	7.21	7.06	0.1695	0.1695
营业利润	4.59	4.58	0.1101	0.1101
净利润	4.01	3.92	0.0943	0.0943
扣除非经常损益后的净利润	3.94	3.86	0.0927	0.0927

第三节 股本变动和股东情况

一、股本变动情况
(一)股本变动情况表(截止 2001 年 12 月 31 日)　　数量单位:股

项目	本次变动前	本次增减变动(+)				本次变动后
		配股	送股	公积金转股	发行新股	
一、未上市流通股份						
1、发起人股份	105,000,000			63,000,000		168,000,000
其中:						
国有法人股	104,665,300			62,799,180		167,464,480
境内法人持有股份	334,700			200,820		535,520
其他						
2、募集法人股份						
3、公司职工股						
4、优先股或其他	5,000,000			3,000,000		8,000,000
其中:						
战略投资者持股	5,000,000			3,000,000		8,000,000
未上市流通股份合计	110,000,000			66,000,000		176,000,000
二、已上市流通股份						
1、人民币普通股	75,000,000			45,000,000		120,000,000
2、境内上市的外资股						
3、境外上市的外资股						
4、其他						
已上市流通股份合计						120,000,000
三、股份总数	185,000,000			111,000,000		296,000,000

000976 广东开平春晖股份有限公司

2001 年年度报告摘选

一、公司基本情况简介

1、公司法定中文名称:广东开平春晖股份有限公司
公司法定英文名称:GUANGDONG KAIPING CHUNHUI CO., LTD.
2、公司注册及办公地址:中国广东省开平市长沙港口路 10 号
邮编:529300
电话:0750-2228111
电子信箱:jmkpdl2@pub.jiangmen.gd.cn
3、公司法定代表人:梁树相
4、公司董事会秘书:陈伟奇
董事会证券事务代表:余志新
联系地址:中国广东省开平市长沙港口路 10 号
联系电话:(0750)2276949,2228111 转 287　　传　真:(0750)2276959
电子邮箱:jmkpdl2@pub.jiangmen.gd.cn
5、公司选定的信息披露报纸名称:《中国证券报》、《证券时报》、《上海证券报》
登载公司年度报告的国际互联网网址:http://www.cninfo.com.cn
年度报告备置地点:广东开平春晖股份有限公司证券部
6、公司股票上市地点:深圳证券交易所
股票简称:春晖股份　　股票代码:000976

二、主要财务数据和指标

(一)主要财务数据和指标(单位:元)

项　目	2001 年 12 月
利润总额	60,775,082.70
净利润	57,700,567.29
扣除非经常性损益后的净利润	42,198,519.56
主营业务利润	115,361,343.61
其他业务利润	-5,329.90
营业利润	59,354,535.82
投资收益	1,420,846.88
补贴收入	-
营业外收支净额	-300
经营活动产生的现金流量净额	154,608,752.10
现金及现金等价物净增加额	398,141,086.23

(二)截止报告期末公司前三年的主要会计数据和财务指标(单位:元)

项目	2001 年	2000 年	1999 年
主营业务收入	1,152,963,060.58	957,524,364.79	773,679,742.94
净利润	57,700,567.29	76,407,948.77	61,253,295.27
总资产	1,969,320,294.27	1,524,773,119.43	1,066,752,500.69
股东权益(不含少数股东权益)	1,078,592,989.66	1,033,526,802.37	421,205,923.60
每股收益(摊薄)	0.14	0.18	0.37
每股收益(加权)	0.14	0.19	0.37
每股净资产	2.56	2.45	2.57
调整后的每股净资产	2.55	2.45	2.55
每股经营活动产生的现金流量净额	0.37	-0.03	1.95
净资产收益率(%)(摊薄)	5.36	6.48	14.54
净资产收益率(%)(加权)	5.43	8.07	15.68

按照中国证监会公开发行证券公司信息披露编报规则(第 9 号)的要求,计算的 2001 年净资产收益率和每股收益。

报告期利润	净资产收益率(%)		每股收益(元)	
	全面摊薄	加权平均	全面摊薄	加权平均
主营业务利润	10.70	10.86	0.27	0.27
营业利润	5.50	5.59	0.14	0.14
净利润	5.35	5.43	0.14	0.14
扣除非经常性损益后的净利润	3.91	3.97	0.10	0.10

(三)报告期内股东权益变动情况表(单位:元)

项　目	期末数	本期增加	本期减少	期初数
股本	421,146,000.00	0	0	421,146,000.00
资本公积	528,972,764.64	0	0	528,972,764.64
盈余公积	50,121,521.93	8,655,085.09	0	58,776,607.02
法定公益金	16,707,171.98	2,885,028.36	0	19,592,200.34
未分配利润	33,286,515.80	57,700,567.29	21,289,465.09	69,697,618.00
股东权益合计	1,033,526,802.37	66,355,652.38	21,289,465.09	1,078,592,989.66

三、股本变动及股东情况

(一)公司股份变动情况表(数量单位:股)

	本次变动前	本次变动增减(+,-)						本次变动后
		配股	送股	公积金转股	增发	其他	小计	
一、未上市流通股份								
1、发起人股份								
其中:								
国家持有股份	131,175,900							131,175,900
境内法人持有股份								
境外法人持有股份								
其他								
2、募集法人股份	104,940,900							104,940,900
3、内部职工股	59,029,200							59,029,200
4、优先股或其他								
未上市流通股份合计	295,146,000							295,146,000
二、已上市流通股份								
1、人民币普通股	61,200,000							61,200,000
2、境内上市的外资股								
3、境外上市的外资股								
4、其他*(战略投资者)	64,800,000							64,800,000
已上市流通股份合计	126,000,000							126,000,000
三、股份总数	421,146,000							421,146,000

000977 浪潮电子信息产业股份有限公司

2001 年年度报告摘选

第一章 公司基本情况简介

(一)公司中文名称:浪潮电子信息产业股份有限公司
中文名称简称:浪潮信息
英文名称:LANGCHAO ELECTRONIC INFORMATION INDUSTRY CO.,LTD.
(二)公司法定代表人姓名:孙丕恕
(三)公司董事会秘书:张磊
证券事务代表:白荣
联系地址:山东省济南市山大路 224 号
联系电话:0531－8932888－8591　　传真:0531－8958704
E－mail:bairong@langchao.com.cn
(四)公司注册地址:山东省济南市山大路 224 号
公司办公地址:山东省济南市山大路 224 号
邮政编码:250014
互联网址:http://www.langchao.com.cn
电子信箱:bairong@langchao.com.cn
(五)公司的信息披露报纸名称:《中国证券报》、《证券时报》
登载年度报告的国际互联网网址:http://www.cninfo.com.cn
公司年度报告备置地点:济南市山大路 224 号公司资本运营部
(六)公司股票上市交易所:深圳证券交易所
股票简称:浪潮信息　　股票代码:000977

第二章 会计数据和业务数据摘要

(一)报告期主要会计数据和业务数据

项目	金额
利润总额	51,765,321.69
净利润	43,322,756.28
扣除非经营性损益后的净利润	42,383,009.19
主营业务利润	178,482,055.55
其他业务利润	27,674,153.47
营业利润	29,203,724.08
投资收益	5,148,521.32
补贴收入	16,307,491.48
营业外收支净额	1,105,584.81
经营活动产生的现金流量净额	78,562,306.5
现金及现金等价物净增加额	－365,200,678.28

注:扣除非经常性损益的项目和涉及金额:
1、新股申购冻结资金利息收入为 1,611,204.31 元;
2、固定资产处置等其他收入为 156,904.22 元;
3、捐赠等其他支出为 662,523.72 元。

(二)截止报告期末公司前三年主要会计数据和财务指标

项目	2001 年	2000 年	1999 年	
			调整后	调整前
主营业务收入	797,255,319.52	814,470,312.49	394,413,968.11	394,413,968.11
净利润	43,322,756.28	59,742,423.79	42,719,963.10	45,349,963.10
总资产	1,111,764,613.93	1,167,714,808.79	379,121,151.49	382901151.49
股东权益(不含少数股东权益)	806,504,074.99	784,393,436.00	235,236,231.88	239016231.88
每股收益	0.20	0.28	0.28	0.30
加权每股收益	0.20	0.31	0.28	0.30
扣除非经常性损益后的每股收益(摊薄)	0.196	0.27	0.28	0.30
扣除非经常性损益后的每股收益(加权)	0.196	0.30	0.28	0.30
每股净资产	3.75	3.65	1.57	1.59
调整后的每股净资产	3.71	3.62	1.55	1.58
每股经营活动产生的现金流量净额	0.365	0.05	0.15	0.15
净资产收益率(%)	5.37	7.62	18.16	18.97
加权净资产收益率(%)	5.37	10.24	18.67	19.6

(三)报告期利润表附表

	2001 年				2000 年			
	净资产收益率(%)		每股收益(元)		净资产收益率(%)		每股收益(元)	
	全面摊薄	加权平均	全面摊薄	加权平均	全面摊薄	加权平均	全面摊薄	加权平均
主营业务利润	22.13	22.13	0.83	0.83	26.11	34.81	0.95	1.06
营业利润	3.62	3.62	0.136	0.136	9.21	12.28	0.34	0.37
净利润	5.37	5.37	0.20	0.20	7.68	10.24	0.28	0.31
扣除非经常性损益后的净利润	5.23	5.23	0.196	0.196	7.47	9.96	0.27	0.30

第三章 股本变动及股东情况

(一)公司股份变动情况表　　数量单位:股(截止 2001 年 12 月 31 日)

	本次变动前	本次变动增减(＋,－)						本次变动后
		配股	送股	公积金转股	增发	其它	小计	
一、未上市流通股份								
1、发起人股份	150,000,000							150,000,000
其中:国家持有股份	141,500,000							141,500,000
境内法人持有股份	8,500,000							8,500,000
境外法人持有股份								
其他								
2.募集法人股份								
3、高管持股								
4、优先股或其他								
未上市流通股份合计	150,000,000							150,000,000
二、已流通股份								
1、人民币普通股	65,000,000							65,000,000
2.境内上市的外资股								
3.境外上市的外资股								
4、其他								
已上市流通股份合计	65,000,000							65,000,000
三、股份总数	215,000,000							215,000,000

000979 安徽省科苑(集团)股份有限公司

2001 年年度报告摘选

一、公司基本情况简介

(一)公司法定中文名称:安徽省科苑(集团)股份有限公司
公司名称简称:科苑集团
公司法定英文名称:ANHUI KOYO (GROUP) CO.,LTD.
英文名称缩写:KOYO GROUP
(二)法定代表人姓名:汪德荣
(三)公司董事会秘书:欧阳明　　公司证券事务代表:唐向阳
联系电话:(0557)3920707　　传真:(0557)3912448
电子信箱:dmb@koyogroup.com
联系地址:安徽省宿州市浍水路 271 号
(四)公司注册及办公地址:安徽省宿州市浍水路 271 号　　邮政编码:234023
公司网址:http://www.koyogroup.com　　公司电子信箱:ahkoyo@mail.ahbbptt.net.cn
(五)公司选定的信息披露报纸名称、登载年度报告的中国证监会指定网站的网址,公司年度报告备置地点。
公司选定的信息披露报纸名称:中国证券报、证券时报
登载年度报告的中国证监会指定网站的网址:http://www.cninfo.com.cn
公司年度报告备置地点:公司董事会秘书室
(六)公司股票上市地:深圳证券交易所
A 股简称:科苑集团　　A 股代码:000979

二、会计数据和业务数据摘要

(一)公司本年度主要会计数据和业务数据(单位:人民币元)

项目	本期数
利润总额	20,576,355.67
净利润	23,337,369.40
扣除非经常性损益后的净利润	26,351,377.19
主营业务利润	59,567,677.89
其他业务利润	640,881.84
营业利润	20,745,885.59
投资收益	4,239,923.89
补贴收入	343,594.00
营业外收支净额	－4,753,047.81
经营活动产生的现金流量净额	5,885,201.54
现金及现金等价物净增加额	－88,265,139.08

＊注:扣除的非经常性损益金额合计为－3,014,007.79 元,涉及项目有:

单位:人民币元

项 目	金　额
补贴收入	343,594.00
国债投资收益	2,161,604.64
其他营业外收支	－52,423.88
固定资产减值准备	－4,674,803.21
长期投资减值准备	－791,979.34

(二)公司近三年的主要会计数据及财务指标(单位:人民币元)

项目	2001 年	2000 年调整前	2000 年调整后	1999 年度调整前	1999 年度调整后
主营业务收入	234,355,727.19	142,807,135.22	142,807,135.22	96,554,237.44	96,554,237.44
净利润	23,337,369.40	21,519,506.83	21,519,506.83	21,796,616.18	18,389,525.31
总资产	702,289,640.82	651,469,886.47	648,062,795.60	191,520,315.42	188,113,224.55
股东权益	474,561,921.43	460,207,535.69	456,800,444.82	62,509,458.72	59,102,367.85
摊薄后每股收益	0.25	0.23	0.23	0.40	0.34
加权后平均每股收益	0.25	0.28	0.28	0.40	0.34
扣除非经常性收益后的每股收益	0.28	0.19	0.19	0.39	0.39
每股净资产	5.05	4.90	4.86	1.16	1.09
调整后的每股净资产	4.99	4.86	4.82	1.15	1.08
每股经营活动产生的现金流量净额	0.06	－0.30	－0.30	0.65	0.65
净资产收益率	4.92	4.68	4.71	34.87	31.11
加权净资产收益率	4.98	7.33	7.37	34.87	31.11
扣除非经营性损益后的加权净资产收益率	5.63	6.496	6.53	31.23	32.03
资产负债率	31.50%	29.16%	29.31	66.68	66.68

按照中国证监会《公司公开发行证券公司的信息披露编报规则第九号》的规定计算 2001 年报告期利润的净资产收益率和每股收益。

报告期利润	全面摊薄净资产收益率(%)	加权平均净资产收益率(%)	全面摊薄每股收益(元/股)	加权平均每股收益(元/股)
主营业务利润	12.55	12.72	0.63	0.63
营业利润	4.37	4.43	0.22	0.22
净利润	4.92	4.98	0.25	0.25
扣除非经常性损益后的净利润	5.55	5.63	0.28	0.28

三、股本变动及股东情况

(一)股本变动情况

股本变动情况表　　单位:万股

项 目	期初数	本期配股	本期送股	本期公积金转增股本	增发	本期其他变动	期末数
一、尚未流通股份	5400.00						5400.00
1、发起人股份	5400.00						5400.00
国家持有股份							
境内法人股份	5184.00						5184.00
境外法人股份							
其他	216.00						216.00
2、募集法人股份							
3、内部职工股							
4、优先股或其他							
其中:转配股							
未上市流通股份合计	5,400.00						5,400.00
二、已流通股份	4,000.00						4,000.00
人民币普通股	4,000.00						4,000.00
境内上市的外资股							
境外上市的外资股							
已上市流通股份合计	4,000.00						4,000.00
股本总数	9,400.00						9,400.00

000978 桂林旅游股份有限公司

2001 年年度报告摘要

一、公司简介

1、公司法定中文名称:桂林旅游股份有限公司

公司中文名称缩写:桂林旅游

公司法定英文名称:Guilin Tourism Corporation Limited

公司英文名称缩写:GTCL

2、公司法定代表人:陈青光

3、董事会秘书:周茂权

联系地址:广西桂林市榕湖北路十七号榕湖饭店四号楼 4301 房

邮编:541001

电话:(0773)2863839

传真:(0773)2863880

电子信箱:zhoumaoquan@163.net

董事会证券事务代表:黄锡军

联系地址:广西桂林市榕湖北路十七号榕湖饭店四号楼 4101 房

邮编:541001

电话:(0773)2863857

传真:(0773)2863880

电子信箱:ZJB888@163.net

4、公司注册地址:广西桂林市榕湖北路十七号

公司办公地址:广西桂林市榕湖北路十七号榕湖饭店四号楼

邮政编码:541001

公司国际互联网网址:http://www.guilintravel.com

电子信箱:gtcl@public.glptt.gx.cn

5、公司选定的信息披露报纸:《中国证券报》、《证券时报》

登载公司年度报告的中国证监会指定国际互联网网址:

http://www.cninfo.com.cn

公司年度报告备置地点:公司证券部

6、公司股票上市交易所:深圳证券交易所

公司股票简称:桂林旅游

公司股票代码:000978

7、公司首次注册登记日期:1998 年 4 月 29 日

注册地址:广西桂林市榕湖北路十七号

企业法人营业执照注册号:4500001001100

公司税务登记号码:地税桂字 450300708618439

公司聘请的会计师事务所:湖北大信会计师事务有限公司

会计师事务所办公地址:武汉市汉口中山大道 1056 号金源世界 A 座八楼

二、会计数据和业务数据摘要

1、公司本年度会计数据

单位:人民币元

项目	金额
利润总额	54,079,583.85
净利润	43,749,950.49
扣除非经常性损益后的净利润	39,661,322.16
主营业务利润	81,425,191.50
其他业务利润	4,312,532.57
营业利润	49,367,823.59
投资收益	4,630,162.48
补贴收入	
营业外收支净额	81,597.78
经营活动产生的现金流量净额	65,562,471.58
现金及现金等价物净增加额	71,059,745.83

扣除非经常性损益后的净利润计算:

项 目	金 额(元)
净利润	43,749,950.49
减:营业外收入	193,474.59
加:营业外支出	111,876.81
减:投资收益	4,728,553.20
加:所得税影响	721,522.65
扣除非经常性损益后的净利润	39,661,322.16

2、公司近三年财务指标

单位:人民币元

指标项目	2001 年度	2000 年度		1999 年度
		调整后	调整前	
主营业务收入	199,716,178.17	138,705,594.97	138,705,594.97	126,496,995.09
净利润	43,749,950.49	34,908,187.69	36,324,455.31	32,831,802.14
总资产	496,294,053.72	428,428,641.59	429,844,909.21	218,605,201.43
股东权益(不含少数股东权益)	361,547,709.22	353,197,758.73	354,614,026.35	88,548,088.04
每股收益	0.247	0.296	0.308	0.421
每股收益(加权平均)	0.247	0.334	0.347	0.421
每股收益(扣除非经常性损益)	0.224	0.272	0.284	0.421
每股净资产	2.043	2.993	3.005	1.135
调整后的每股净资产	2.022	2.944	2.956	1.060
每股经营活动产生的现金流量净额	0.370	0.387	0.387	0.350
净资产收益率(%)	12.10	9.88	10.24	37.08
净资产收益率(%)(加权平均)	11.66	12.45	12.96	32.51
扣除非经常性损益后的加权平均净资产收益率(%)	10.57	11.45	11.95	29.48

按照中国证监会《公开发行证券公司信息披露编报规则(第 9 号)》要求计算 2001 年报告期利润的净资产收益率和每股收益。

	报告期利润(元)	净资产收益率(%)		每股收益(元)	
		全面摊薄	加权平均	全面摊薄	加权平均
主营业务利润	81,425,191.50	22.52	21.71	0.460	0.460
营业利润	49,367,823.59	13.65	13.16	0.279	0.279
净利润	43,749,950.49	12.10	11.66	0.247	0.247
扣除非经常性损益后的净利润	39,661,322.16	10.97	10.57	0.224	0.224

注:本公司 1999 年末股份总数为 7,800 万股,2000 年末股份总数为 11,800 万股,2001 年末股份总数为 17,700 万股。

三、股本变动及股东情况

(一)股本变动情况表

数量单位:股

	本次变动前	本次变动增减(+、-)						本次变动后
		配股	送股	公积金转股	增发	其他	小计	
一、未上市流通股份								
1.发起人股份	78,000,000			39,000,000			39,000,000	117,000,000
其中:								
国家持有股份	52,887,291			26,443,645			26,443,645	79,330,936
境内法人持有股份	25,112,709			12,556,355			12,556,355	37,669,064
境外法人持有股份								
其他								
2.募集法人股份								
3.内部职工股								
4.优先股或其他								
其中:转配股								
未上市流通股份合计	78,000,000			39,000,000			39,000,000	117,000,000
二、已上市流通股份								
1.人民币普通股	40,000,000			20,000,000			20,000,000	60,000,000
2.境内上市的外资股								
3.境外上市的外资股								
4.其他								
已上市流通股份合计	40,000,000			20,000,000			20,000,000	60,000,000
三、股份总数	118,000,000			59,000,000			59,000,000	177,000,000

(二)股东情况

1、截止 2001 年 12 月 31 日,公司股东总户数为 10,205 户,其中发起人股东 5 户。

2、截止 2001 年 12 月 31 日,公司前十名股东持股情况

序号	股东名称	年末持股数(股)	本期持股变动增减情况(+-)	持股占总股本比例(%)	持有股份的质押或冻结情况	股份性质
1	桂林旅游发展总公司	76,427,689	+25,475,896	43.18	无质押冻结	国有法人股
2	桂林五洲旅游股份有限公司	36,217,440	+12,072,480	20.46	无质押冻结	社会法人股
3	桂林中国国际旅行社	1,451,623	+483,874	0.82	无质押冻结	国有法人股
4	桂林三花股份有限公司	1,451,623	+483,874	0.82	无质押冻结	社会法人股
5	桂林集琦集团有限公司	1,451,623	+483,874	0.82	无质押冻结	国有法人股
6	上海中懋投资有限公司	572,500		0.32		社会公众股
7	贵州省贵阳市白云宏都都印刷厂	518,950		0.29		社会公众股
8	叶旭明	313,350		0.18		社会公众股
9	马桂英	251,125		0.14		社会公众股
10	江金德	241,760		0.14		社会公众股

注:

(1)报告期内,本公司于 2001 年 4 月下旬实施了 2000 年年度股东大会通过的公司 2000 年度利润分配及资本公积金转增股本方案(10 派 2.6 元转增 5 股),本公司持股 5%(含 5%)以上的股东桂林旅游发展总公司、桂林五洲旅游股份有限公司的持股数量分别增加了 25,475,896 股、12,072,480 股,其所持股份本公司未发现有质押、冻结情况。

(2)本公司前 10 名股东中,桂林旅游发展总公司是桂林五洲旅游股份有限公司的控股股东,其他前 10 名股东之间未发现有关联关系。

3、公司控股股东情况

桂林旅游发展总公司:桂林市政府直属国有独资公司,成立于 1994 年,注册资本 13,600 万元,法定代表人聂玉梅,经营范围:饭店,公园,汽车维修,游船制造等。

4、其他持股 10%(含 10%)以上的法人股东情况

桂林五洲旅游股份有限公司:设立于 1993 年,注册资本 9,526 万元,法定代表人李志雄,经营范围:船舶修造,汽车维修,房地产,石油经营,物业管理等。

5、报告期内控股股东无变更。

四、董事、监事和高级管理人员

(一)基本情况

姓名	性别	年龄	职务	任期	持股数年初(股)	持股数年末(股)
陈青光	男	51	董事长	2001.8–2004.8	0	0
聂玉梅	女	55	副董事长	2001.8–2004.8	0	0
周益平	男	44	副董事长 总经理	2001.8–2004.8	0	0
李克强	男	49	董事	2001.8–2004.8	0	0
孙其钊	男	39	董事 副总经理	2001.8–2004.8	0	0
陶　武	男	44	董事 副总经理	2001.8–2004.8	0	0
谢襄郁	男	37	董事 总会计师	2001.8–2004.8	0	0
李志雄	男	44	董事	2001.8–2004.8	0	0
刘及响	男	50	董事	2001.8–2004.8	0	0
鲁施红	女	46	董事	2001.8–2004.8	0	0
赵瀛生	男	54	董事	2001.8–2004.8	0	0
周茂权	男	38	董事会秘书	2001.8–2004.8	0	0
梁志贤	男	52	监事会召集人	2001.8–2004.8	0	0
沈江卫	男	43	监事	2001.8–2004.8	0	0
刘　红	女	41	监事	2001.8–2004.8	0	0
宋连宝	男	49	副总经理	2001.8–2004.8	0	0
李德才	男	44	总经济师	2001.8–2004.8	0	0
崔寒松	男	49	总工程师	2001.8–2004.8	0	0

董事、监事及高级管理人员在股东单位任职情况如下：

姓名	性别	本公司任职	股东单位任职
陈青光	男	董事长	桂林旅游发展总公司副董事长、总经理
聂玉梅	女	副董事长	桂林旅游发展总公司董事长
周益平	男	副董事长、总经理	桂林旅游发展总公司副董事长
李克强	男	董事	桂林旅游发展总公司董事、副总经理
李志雄	男	董事	桂林五洲旅游股份有限公司董事长
刘及响	男	董事	桂林集琦集团有限公司董事长、总经理
鲁施红	女	董事	桂林中国国际旅行社总经理
赵瀛生	男	董事	桂林三花股份有限公司董事长、总经理
梁志贤	男	监事会召集人	桂林旅游发展总公司党委办公室主任

(二)年度报酬情况

1、董事、监事、高级管理人员的报酬主要依据年度营业收入、税后利润、净资产收益率等计划指标的完成情况，具体按公司2000年年度股东大会批准的《桂林旅游股份有限公司高级管理人员薪酬及奖励实施方案》执行。

2、现任董事、监事、高级管理人员的年度报酬总额为166万元。

金额最高的前三名董事的年度报酬总额为68万元。

金额最高的前三名高级管理人员的年度报酬总额为46万元。

董事、监事、高级管理人员中年度报酬在20–26万元的3人，在7–13万元的7人，在4–5万元的4人。

李志雄、刘及响、鲁施红、赵瀛生四名董事除在本公司领取董事津贴外，不在本公司领取其他报酬。其中李志雄、鲁施红、赵瀛生分别在本公司股东桂林五洲旅游股份有限公司、桂林中国国际旅行社、桂林三花股份有限公司领取年度报酬，刘及响在本公司股东桂林集琦集团有限公司的控股子公司桂林集琦药业股份有限公司领取年度报酬。

(三)公司2001年第一次临时股东大会选举产生了公司第二届董事会、监事会成员。公司第一届监事会成员叶林华、马峥嵘任期届满不再担任监事职务，梁志贤、刘红新当选为第二届监事会监事。其他董事、监事无变动。

经公司第二届董事会2001年第一次会议审议通过，聘任周益平为公司总经理，聘任周茂权为董事会秘书；聘任孙其钊、陶武、宋连宝为副总经理，谢襄郁为总会计师，李德才为总经济师，崔寒松为总工程师。

五、公司治理结构

(一)公司治理情况

依据中国证监会发布的《上市公司治理准则》等有关上市公司治理的规范性文件，公司进行了自查，本公司治理的实际状况与这些规范性文件的要求基本相符，在如下方面还存在差异：

1、公司尚未在《公司章程》中规定关于董事选举的累积投票制度；

2、公司尚未在《公司章程》中规定公司董事会、独立董事和符合有关条件的股东可向公司股东征集其在股东大会上的投票权。

3、公司尚未聘任独立董事。

4、公司尚未设立战略、审计、提名、薪酬与考核等董事会专门委员会。

为进一步完善公司治理结构，贯彻《上市公司治理准则》所阐述的精神，公司将尽快根据《上市公司治理准则》等有关上市公司治理的规范性文件所列明的内容修改公司章程，建立董事选举的累积投票制度、投票权征集制度及独立董事制度，设立战略、审计、提名、薪酬与考核等董事会专门委员会。

(二)独立董事履行职责情况

公司尚未聘任独立董事。本公司现正在积极物色独立董事合适人选，公司将按中国证监会关于独立董事的任职要求在规定的期限内聘任独立董事。

(三)公司与控股股东在人员、资产、财务、业务、机构等方面的分开情况

公司具有独立完整的业务及自主经营能力，独立核算，独立承担风险，与控股股东实行人员、资产、财务分开，机构、业务独立。

1、在人员方面，公司设有专门的部门负责劳动、人事及工资管理，制定了完善的劳动、人事管理制度。本公司的经理人员、财务负责人、营销负责人和董事会秘书在控股股东单位未担任除董事以外的其他职务，均在本公司领取薪酬。

2、在资产方面，公司资产独立完整，权属清晰，拥有独立的经营资产、辅助系统和配套设施，亦拥有独立的销售和采购系统。

3、在财务方面，公司设有独立的财务部门和专职财务人员，并建立了独立的会计核算体系和财务管理制度，在银行独立开户，独立纳税。

4、在业务方面，公司业务完全独立于控股股东，本公司主要从事游船客运、公路旅行客运、汽车出租、旅游观光服务方面的业务，公司的控股股东桂林旅游发展总公司主要从事饭店、公园、汽车维修、游船制造等方面的业务，二者不存在同业竞争。

5、在机构方面，公司设立了独立于控股股东、适应公司营运发展的组织机构，公司的董事会、监事会及其他内部机构功能健全，完全独立运作。公司及下属的职能部门与控股股东及其职能部门不存在上下级关系。

六、股东大会情况简介

2001年公司共召开了三次股东大会，即2000年年度股东大会、2001年第一次临时股东大会、2001年第二次临时股东大会。

(一)2000年年度股东大会

召开本次股东大会的通知公告于2001年3月15日的《中国证券报》和《证券时报》，通知中列明了召开会议的时间、地点、审议事项以及其他有关事项。2001年4月15日，本公司2000年年度股东大会在广西桂林榕湖饭店四号楼一楼会议室召开，出席会议的股东及股东代表5名，代表股份78,000,000股，占公司股份总数的66.1%。会议由陈青光董事长主持，会议审议通过了以下决议：

1、公司2000年度董事会工作报告；

2、公司2000年度监事会工作报告；

3、公司2000年度报告及年度报告摘要；

4、公司2000年度利润分配及公积金转增股本方案；

5、关于变更部分募集资金投向的议案；

6、续聘湖北大信会计师事务有限公司为本公司2001年度审计机构的议案；

7、公司高级管理人员薪酬及奖励实施方案。

本次股东大会经桂云天律师事务所岳秋莎律师见证并出具了法律意见书。

本次股东大会决议公告、公司2000年度利润分配及资本公积金转增股本公告分别刊登于2001年4月17日、4月19日的《中国证券报》和《证券时报》。

(二)2001年第一次临时股东大会

召开本次股东大会的通知公告于2001年7月10日的《中国证券报》和《证券时报》，通知中列明了召开会议的时间、地点、审议事项以及其他有关事项。2001年8月10日，本公司2001年第一次临时股东大会在广西桂林榕湖饭店四号楼一楼会议室召开，出席会议的股东及股东代表5名，代表股份116,999,998股，占公司股份总数的66.1%。会议由陈青光董事长主持，会议审议通过了以下决议：

1、变更公司注册资本及修改公司章程的议案；

2、关于参与广西集联高速客运有限责任公司增资扩股的议案；

3、公司董事会换届选举的议案；

4、公司监事会换届选举的议案；

本次股东大会经桂云天律师事务所王勇律师见证并出具了法律意见书。

本次股东大会决议公告刊登于2001年8月11日的《中国证券报》和《证券时报》。

(三)2001年第二次临时股东大会

召开本次股东大会的通知公告于2001年8月21日的《中国证券报》和《证券时报》，通知中列明了召开会议的时间、地点、审议事项以及其他有关事项。2001年9月21日，本公司2001年第二次临时股东大会在广西桂林榕湖饭店四号楼一楼会议室召开，出席会议的股东及股东代表5名，代表股份116,999,998股，占公司股份总数的66.1%。会议由陈青光董事长主持，会议审议通过了关于变更部分募集资金投向的议案。

本次股东大会经桂云天律师事务所王勇律师见证并出具了法律意见书。

本次股东大会决议公告刊登于2001年9月22日的《中国证券报》和《证券时报》。

(四)选举、更换公司董事、监事情况

报告期内因公司第一届董事会和第一届监事会任期届满，根据《公司法》和《公司章程》的规定，公司董事会和监事会进行了换届选举。经公司2001年第一次临时股东大会审议，大会以记名投票表决方式选举陈青光先生、聂玉梅女士、周益平先生、李克强先生、孙其钊先生、陶武先生、谢襄郁先生、李志雄先生、刘及响先生、鲁施红女士、赵瀛生先生继任公司第二届董事会董事；选举梁志贤先生、刘红女士为第二届监事会监事。经公司职工代表民主选举，沈江卫先生继任第二届监事会中由职工代表出任的监事。公司第一届监事会成员叶林华、马峥嵘任期届满不再担任监事职务。

七、董事会报告

(一)公司经营情况

1、公司主营业务的范围及其经营状况

公司主要从事旅游服务及与旅游服务相关的业务，主营业务包括：游船客运、公路旅行客运、汽车出租、旅行社业务。

2001年度公司共接待中外游客2,696,360人次(含控股子公司)，实现主营业务收入19,972万元，实现净利润4,375万元，分别比2000年度增长39%、44%、25%。

(1)2001年度公司主营业务收入及主营业务利润的构成情况

单位：人民币万元

类别	主营业务收入	主营业务利润
漓江游船客运	10,163	6,074
旅游运输客运	2,178	182
出租汽车营运	885	296
旅行社	5,077	207
景区	1,459	1,255
其他	210	129
合计	19,972	8,143

报告期内公司景区收入为公司控股51%的桂林荔浦丰鱼岩旅游有限责任公司的收入。

报告期内公司的参股公司广西集联高速客运有限责任公司增资扩股并更名为广西集联旅游运输有限责任公司，本公司以下属的旅游汽车公司(分公司)的主要资产增资投入，并控股广西集联旅游运输有限责任公司。故报告期内公司旅游运输客运收入包含两部分：第一部分为公司下属的旅游汽车公司(分公司)2001年1至8月的收入，第二部分为公司控股62.94%的广西集联旅游运输有限责任公司2001年9至12月的收入。

(2)生产经营的主要产品或服务及其市场占有率情况

公司所处的行业为旅游行业。公司拥有游船84艘，约占桂林市漓江游船总数的46%，公司漓江涉外游客的接待量约占桂林市漓江涉外游客总量的84%，漓江国内游客的接待量约占桂林市漓江国内游客总量的35%；公司拥有出租汽车290辆，约占桂林市出租汽车总量的16%；公司的全资附属企业桂林山水国际旅行社，为桂林市业务收入最大的四家旅行社之一；公司及其控股子公司共拥有旅游客车155辆，约占桂林市旅游客车总量的13%，在桂林市旅游客车数量和市场份额上排名前三位。

(3)占公司主营业务收入或主营业务利润10%以上的产品或服务

单位：人民币万元

类 别	主营业务收入	主营业务成本	主营业务利润
漓江游船客运	10,163	3,530	6,074
旅游运输客运	2,178	1,883	182
旅行社	5,077	4,858	207
景区	1,459	129	1,255

漓江游船客运业务为公司收入和利润的主要来源,2001 年度公司漓江游船客运业务共接待游客 787,793 人次,实现的主营业务收入、主营业务利润分别占公司主营业务收入、主营业务利润的 51%、75%。

(4)报告期内公司投资 1,782.95 万元受让桂林旅游发展总公司持有的桂林荔浦丰鱼岩旅游有限责任公司 51%的股权,故本期公司新增了景区业务,该业务本期收益 273 万元,占公司本期利润总额的 5%。

2、主要控股公司及参股公司的经营情况及业绩

(1)桂林山水国际旅行社(全资附属企业)

该公司注册资本 490 万元,经营范围:接待外国人、华侨、港澳台同胞来华旅游,组织接待国内公民旅游业务。报告期末该公司总资产 1,689 万元,2001 年度共接待游客 75,274 人次,主营业务收入 5,077 万元,净利润 20 万元。

(2)桂林荔浦丰鱼岩旅游有限责任公司(控股公司)

本公司于 2001 年 4 月 15 日召开的 2000 年年度股东大会决定投资 1,782.95 万元受让桂林旅游发展总公司持有的桂林荔浦丰鱼岩旅游有限责任公司 51%的股权,该股权变更过户手续于 2001 年 6 月 1 日完成。

桂林荔浦丰鱼岩旅游有限责任公司注册资本 2,600 万元,经营范围为旅游、住宿、饮食、旅游商品销售等,主要经营丰鱼岩宾馆和丰鱼岩岩洞游览服务。报告期末该公司总资产 4,195 万元,2001 年度共接待游客 373,320 人次,主营业务收入 1,459 万元,净利润 358 万元。

(3)广西集联旅游运输有限责任公司(控股公司)

本公司于 2001 年 8 月 10 日召开的 2001 年第一次临时股东大会通过了关于公司参与广西集联高速客运有限责任公司增资扩股的议案,决定将公司下属的旅游汽车公司(分公司)经评估确认的实物资产 4,646.35 万元参与广西集联高速客运有限责任公司的增资扩股,广西集联高速客运有限责任公司增资扩股并更名为广西集联旅游运输有限责任公司的工商变更手续于 2001 年 9 月 5 日完成,本公司持股比例由 30%增至 62.94%。

广西集联旅游运输有限责任公司注册资本 8,017.8 万元,主要经营道路旅客运输、旅游客运服务。报告期末该公司总资产 8,448 万元,主营业务收入 853 万元,亏损 22 万元。

(4)桂林旅游航空服务有限责任公司(控股公司)

该公司注册资本 500 万元,主要经营航空票务和航空服务业务,本公司合计持有其 50%的股权(含公司全资附属企业桂林山水国际旅行社持有的 15%的股权)。报告期末该公司总资产 1,272 万元,2001 年度主营业务收入 210 万元,净利润 36 万元。

(5)防城港务股份有限公司(参股公司)

报告期内,本公司投资 1,468,601.30 元参与发起设立防城港务股份有限公司,持有该公司 100 万股股份,占其总股本的 0.606%。

防城港务股份有限公司注册资本 1.65 亿元,主要经营港口装卸、仓储服务。

3、主要客户、供应商情况

公司是为游客提供旅游服务的公司,客户为境内外游客。主要供应商为桂林五洲旅游股份有限公司,为本公司供应油料及提供船舶维修服务,该公司是本公司第二大股东。

4、在经营中出现的问题与困难及解决方案

经营中出现的问题:

(1)旅游市场竞争激烈,旅游汽车客运价格继续疲软,市场占有率有所下降;

(2)由于对外投资增加,对外管理有待加强。内部基础管理工作有待深化;

(3)新产品开发仍需强化,整体运作机制需不断完善。

针对以上问题,公司采取了如下对策:

(1)整合部份资产,控股组建了广西集联旅游运输有限责任公司,参与公路客运,实现了旅游车跨地域、跨行业的经营,以提高车辆利用率、市场竞争力及市场占有率。

(2)积极探索和建立对外投资管理的新模式,逐步建立良性的资产管理关系,实现资产管理价值最大化。

(3)根据桂林旅游市场环境的新变化,不断开发新的旅游线路和旅游产品。

(4)加强成本控制管理,完善财务核算体系,继续开展增收节支,不断提高经营运行质量。

(二)公司投资情况

报告期内公司共投资 17,259 万元,比上年增加 8,153 万元,增长 90 %。

1、募集资金使用情况

公司于 2000 年 4 月 21－22 日发行 4,000 万股社会公众股,共募集资金 26,040 万元(已扣除发行费用)。截止 2001 年 12 月 31 日,累计完成募集资金投资 17,572 万元,尚未使用的募集资金共 8,468 万元,存于银行。

(1)募集资金投资情况表

单位:人民币万元

序号	承诺投资项目	承诺完成日期	计划总投资	实际投资项目	累计投资	项目进度
1	旅游车辆更新	2001－12－31	4,935.00	旅游车辆更新	4,500.00	100%
2	旅游船更新改造	2001－12－31	4,150.00	旅游船更新改造	2,530.00	61%
3	出租轿车更新	2001－12－31	1,021.50	出租轿车更新	1,363.00	100%
4	旅游业务推广及日常营运资金	2001－12－31	5,000.00	旅游业务推广及日常营运资金	5,000.00	100%
5	漓江娱乐城	2001－12－31	2,286.10	已按合法程序变更用途		
6	漓江水月食府	2001－12－31	2,385.10	已按合法程序变更用途		
7	桂林旅游环线“两场”(商场、停车场)建设	2001－12－31	1,734.80	已按合法程序变更用途		
8	环城旅游巴士	2001－12－31	2,519.60	环城旅游巴士	尚未实施	
9	水上观光巴士	2001－12－31	2,903.10	水上观光巴士	尚未实施	
10	变更募集资金投资项目		1,782.95	收购桂林荔浦丰鱼岩旅游有限公司 51%的股权	1,782.95	100%
11	变更募集资金投资项目		1,650.00	受让漓江游览航线新增 8 艘游船的经营权	1,650.00	100%
12	变更募集资金投资项目		683.50	投资 683.5 万元追加购置出租车	636	93%
13	变更募集资金投资项目		1,000	参与发起设立广东粤旅股份有限公司	尚未实施	
14	变更募集资金投资项目		300	开发车船 GPS 卫星定位系统	110	37%

(2)募集资金承诺投资项目情况

① 旅游车辆更新

计划总投资 4,935 万元,累计投资 4,500 万元,项目进度 100%,已于 2000 年度完成,本期收益 123 万元。该项目原计划购置 67 辆旅游客车,由于车价下降,公司已于 2000 年度完成购置 67 辆旅游客车的项目计划,该项目节余资金 435 万元。

② 旅游船更新改造

计划总投资 4,150 万元,本期实际投资 1,287 万元,累计投资 2,530 万元,项目进度 61%,该项目旅游船改造部分的本期收益体现在公司漓江游船客运业务的整体收益中,旅游船更新部分的本期收益 625 万元。为满足不同层次的游客对漓江游船档次、品位和服务的不同需求,增强公司漓江游船的市场竞争力,公司强化了旅游船更新改造的调研、论证、设计工作,使得该项目比承诺完成时间有所延期。

③ 出租轿车更新

计划总投资 1,021.5 万元,累计投资 1,363 万元,项目进度 100%,已于 2000 年度完成,本期收益 78 万元。该项目原计划购置 62 辆轿车,由于公司 2000 年有一批出租车已到营运期限,为了保持公司出租车的市场占有率,增加购置了 30 辆出租车,使得实际投资金额比承诺投资总额多出 341.5 万元。

④ 旅游业务推广及日常营运资金

计划总投资 5,000 万元,本期实际投资 3,000 万元,项目进度 100%。

由于桂林市近一两年来对城市基础设施和市容、旅游环境进行大规模的改造,以下募集资金承诺投资项目的投资环境已发生重大变化,本着对股东负责,谨慎投资的原则,这些项目未能按计划实施,其中的 1、2、3 项已于本期按合法程序变更用途。

① 漓江娱乐城项目;

② 漓江水月食府项目;

③ 桂林旅游环线 ”两场”(商场、停车场)建设项目;

④ 环城旅游巴士项目;

⑤ 水上观光巴士项目。

(3)变更募集资金投资项目情况

由于桂林市对城市基础设施和市容、旅游环境进行大规模的改造,位于城市中心广场附近的漓江饭店亦需进行大规模改扩建,在改造期间漓江饭店全面停业。公司 2000 年发行新股募集资金承诺投资项目中拟建于漓江饭店内的“漓江娱乐城”、“漓江水月食府”二项目的投资环境已发生重大变化,公司决定停止原拟投资 2,286.1 万元的“漓江娱乐城”项目和 2,385.1 万元的“漓江水月食府”项目,此二项目的原计划投资总额为 4,671.2 万元,该部分募集资金用于以下项目:

① 投资 1,782.95 万元受让桂林旅游发展总公司持有的桂林荔浦丰鱼岩旅游有限责任公司 51%的股权

该项目已于本期完成,本期收益 273 万元。

② 投资 1,650 万元受让桂林旅游发展总公司拥有的漓江游览航线新增 8 艘游船的经营权 该项目已于本期完成。

③ 投资 683.5 万元追加购置出租车

该项目至本期末已投资 636 万元,项目进度 93%,本期收益 23 万元。

上述新增三项目共需资金 4,116.45 万元,余额 554.75 万元用于新增项目的相关配套设施建设。

本公司于 2001 年 3 月 13 日召开了第一届董事会 2001 年第二次会议(决议公告刊登于 2001 年 3 月 15 日的《中国证券报》和《证券时报》),会议审议通过了上述关于变更部分募集资金投向的议案。

2001 年 4 月 15 日,公司召开的 2000 年度股东大会审议批准了上述变更部分募集资金投向的议案,决议公告刊登于 2001 年 4 月 17 日的《中国证券报》和《证券时报》。

由于桂林市的总体规划布局因城市改造的需要作了相应调整,本公司 2000 年发行新股募集资金承诺投资项目中拟兴建的“桂林旅游环线‘两场’(商场、停车场)建设”项目与城市道路扩建及市政重点工程用地规划产生一定的冲突及重复建设。鉴于此,从维护股东利益出发,公司决定取消原拟投资 1,734.78 万元的“桂林旅游环线‘两场’(商场、停车场)建设”项目,该部分募集资金用于投资以下项目:

① 投资 1,000 万元参与发起设立广东粤旅股份有限公司

该项目至本报告期末尚未投资。

② 投资 300 万元开发车船 GPS 卫星定位系统

该项目至本报告期末已投资 110 万元,项目进度 37%,尚无收益。

上述新增二项目共需资金 1,300 万元,余额 434.78 万元用于补充公司流动资金。

本公司于 2001 年 8 月 20 日召开了第二届董事会 2001 年第二次会议(决议公告刊登于 2001 年 8 月 21 日的《中国证券报》和《证券时报》),会议审议通过了上述关于变更部分募集资金投向的议案。

2001 年 9 月 21 日,公司召开的 2001 年第二次临时股东大会审议批准了上述变更部分募集资金投向的议案,决议公告刊登于 2001 年 9 月 22 日的《中国证券报》和《证券时报》。

2、非募集资金投资项目情况

(1)本公司于 2001 年 2 月 11 日召开的第一届董事会 2001 年第一次会议审议通过了“关于公司以自有资金 4,000 万元参股青海庆泰信托投资有限责任公司的议案”。根据董事会决议,本公司与青海庆泰信托投资有限责任公司于 2001 年 9 月 3 日签署了《青海庆泰信托投资有限责任公司增资扩股协议》,本公司出资额 4,000 万元,占青海庆泰信托投资有限责任公司增资扩股后注册资本的 12.42%,为第二大股东。

至本报告期末,青海庆泰信托投资有限责任公司增资扩股工作正按法定程序进行,尚未完成。

(2)本公司参股 30%的广西集联高速客运有限责任公司为取得道路客运企业二级资质标准,于 2001 年进行增资扩股,将注册资本由 312 万元增至 8,017.83 万元,并更名为广西集联旅游运输有限责任公司。本公司第一届董事会 2001 年第三次会议通过了“以公司下属的旅游汽车公司(分公司)经评估确认的实物资产 4,646.35 万元作为出资参与广西集联高速客运有限责任公司增资扩股的议案”。2001 年 7 月 25 日,广西集联高速客运有限责任公司的全体股东:桂林旅游股份有限公司,柳州市第二运输有限责任公司,南宁市第二运输总公司,防城港市汽车运输总公司经协商一致,共同签署了《广西集联旅游运输有限责任公司增资扩股协议》,根据该协议,本公司出资额为 5,046.59 万元,占广西集联旅游运输有限责任公司总出资额的 62.94%。

2001 年 8 月 10 日,本公司 2001 年第一次临时股东大会批准了“关于公司参与广西集联高速客运有限责任公司增资扩股的议案”。广西集联高速客运有限责任公司增资扩股并更名的工商变更手续已于 2001 年 9 月 5 日完成。

广西集联旅游运输有限责任公司 2001 年度亏损 22 万元。

(3)本公司于 2001 年 6 月 4 日与防城港务局、广西柳州钢铁(集团)公司、广西五金矿产进出口集团公司、中国防城外轮代理有限公司、广州新宏光海运有限公司共同签署了关于发起设立防城港务股份有限公司的《发起人协议》,本公司投资 1,468,601.30 元,持有防城港务股份有限公司 100 万股股份,占其总股本的 0.606%。

防城港务股份有限公司于2001年6月28日设立,注册资本1.65亿元,主要经营港口装卸、仓储服务。

该项目本期无收益。

(三)公司财务状况

单位:人民币万元

项 目	2001年	2000年	增减(%)
总资产	49,629	42,843	+15.84
长期负债	1,000	200	+400
股东权益	36,155	35,320	+2.36
主营业务利润	8,143	5,676	+43.46
净利润	4,375	3,491	+25.32

财务状况变动原因:

1、总资产增长,主要是公司本期合并桂林荔浦丰鱼岩旅游有限责任公司、广西集联旅游运输有限责任公司报表所致。

2、长期负债增长,主要是公司本期合并桂林荔浦丰鱼岩旅游有限责任公司报表所致。

3、股东权益增长,系本年度盈利所致。

4、主营业务利润增长,主要系募集资金投入项目"旅游船更新改造"、"出租轿车更新"已产生效益,及公司本期新增丰鱼岩景区业务。

5、净利润增长,主要系主营业务利润增长和投资收益增加所致。

(四)生产经营环境及宏观政策、法规的变化对公司财务状况和经营成果将产生的影响

1、中国加入WTO加快了中国旅游业开放的步伐,有利于中国旅游业的发展,有利于公司经营规模的扩大和加快公司经营的国际化进程。

2、国家西部大开发战略的具体实施,为本公司提供了更为有利的经营环境,有利于公司的稳步发展。

3、桂林城市大规模改造已初步完成,桂林市正在积极创建"中国最佳旅游城市",旅游环境得到大幅度改善,夯实了桂林旅游业和本公司的发展基础。

(五)新年度的经营计划

2002年度公司旅游接待人数、主营业务收入在确保达到2001年度实现数的基础上,力争有一定幅度的增长,成本费用的增幅争取不超过主营业务收入的增长幅度,确保公司的稳步发展。

1、优化管理手段,提高管理效率,2002年全面完成ISO9001和ISO14001的认证工作。以质量管理体系和环境管理体系认证推进公司内部管理、明晰岗位职责,优化管理流程,加强员工培训,全面提升管理水平。

2、加强财务预算管理,强化内部审计,有效控制成本费用。

3、坚持"一业为主,配套经营"的方针,加大资本运作力度,通过有效的资本运作手段,逐步优化公司资产结构,提升资产质量。坚持资本投资量化管理,确保投资决策科学化、程序化。

4、开发新的旅游产品,强化旅游产品的销售工作,巩固原有品牌产品,提高市场占有率。

(六)2001年度利润分配预案及预计2002年度利润分配政策

1、2001年度利润分配预案

根据湖北大信会计师事务有限公司出具的鄂信审字(2002)第0045号审计报告,公司2001年度实现净利润43,749,950.49元,年初未分配利润-1,319,699.80元,提取10%的法定盈余公积金4,583,968.02元,提取5%的法定公益金2,291,984.02元,本年度可供股东分配的利润为35,554,298.65元。

董事会提议以2001年末总股本17,700万股为基数,向全体股东按每10股派发现金2.0元(含税),共计分配股利35,400,000元,尚余未分配利润154,298.65元结转下一年度。2001年度不用资本公积金转增股本。

以上利润分配预案需提交2001年度股东大会审议。

2、预计2002年度利润分配政策

(1)公司拟在2002年结束后分配利润一次;

(2)公司下一年度实现净利润用于股利分配的比例不低于60%;

(3)公司本年度未分配利润用于下一年度股利分配的比例不低于60%;

(4)分配主要采用派发现金的方式;

(5)2002年度公司无资本公积金转增股本计划;

(6)2002年度利润分配政策为预计方案,公司董事会保留根据公司实际情况对该分配政策进行适当调整的权利。

八、监事会报告

公司监事会根据《公司法》、《证券法》及《公司章程》的有关规定,本着对股东、公司负责的宗旨,积极开展工作,认真履行监事会的职能,维护股东和公司的合法权益。

(一)会议召开情况

报告期内公司监事会召开了五次会议,同时列席了本年度各次董事会会议和股东大会。

1、第一届监事会2001年第一次会议

本次会议于2001年3月13日在桂林榕湖饭店四号楼一楼会议室召开,会议审议通过了如下议案:

(1)监事会2000年度工作报告;

(2)公司2000年年度报告及年度报告摘要;

(3)关于变更部分募集资金投向的议案。

2、第一届监事会2001年第二次会议

本次会议于2001年7月8日在桂林榕湖饭店四号楼一楼会议室召开,会议审议通过了监事会换届选举的议案,推选梁志贤、刘红为公司第二届监事会监事候选人。经公司职工代表民主选举,沈江卫当选为公司第二届监事会中由职工代表出任的监事。

3、第一届监事会2001年第三次会议

本次会议于2001年7月20日在桂林榕湖饭店四号楼一楼会议室召开,会议审议通过了如下议案:

(1)公司2001年中期报告及中期报告摘要;

(2)公司2001年中期利润分配及公积金转增股本方案。

4、第二届监事会2001年第一次会议

本次会议于2001年8月10日在桂林榕湖饭店四号楼一楼会议室召开,会议选举梁志贤为公司第二届监事会召集人。

5、第二届监事会2001年第二次会议

本次会议于2001年8月20日在桂林榕湖饭店四号楼一楼会议室召开,会议审议通过了关于变更部分募集资金投向的议案。

(二)监事会对下列事项的意见

1、公司依法运作情况

公司董事会按照股东大会的决议要求,切实履行了各项决议,决策程序符合《公司法》和《公司章程》的有关规定。公司已建立一套完善的内部控制制度,依法管理,依法经营。公司董事、经理及其他高级管理人员在履行职责行使职权时,能以公司利益为出发点,没有发现违反法律、法规和公司章程的行为,也没有损害公司利益和股东权益。

2、检查公司财务情况

公司监事会对公司财务结构和财务状况及有关业务进行了认真细致地检查,认为公司财务结构合理,财务状况良好。湖北大信会计师事务有限公司出具的审计报告真实、客观地反映了公司截止2001年12月31日的财务状况和经营成果。

3、募集资金使用情况

公司2000年4月发行4,000万A股共募集资金26,040万元(已扣除发行费用),其使用情况已经在年度报告有关内容中披露。公司先后于2001年4月15日召开的2000年年度股东大会、2001年9月21日召开的2001年第二次临时股东大会审议通过了关于变更部分募集资金投向的议案。监事会全体成员认真听取了董事会的决策分析意见,认为上述两次募集资金的变更,是根据项目环境的变化作出的科学合理的决策,符合公司的长远利益和股东的利益,变更的程序合法有效。

4、收购、出售资产情况

报告期内,公司受让了桂林旅游发展总公司持有的桂林荔浦丰鱼岩旅游有限责任公司51%的股权及漓江游览航线新增8艘游船经营权,转让结果分别以资产评估结果及桂林旅游发展总公司的竞买成交价为依据,交易价格公平合理,未发生和出现内幕交易、损害股东权益和造成资产流失的情况。

5、关联交易情况

报告期内,公司的主要关联交易情况如下:

(1)受让公司第一大股东桂林旅游发展总公司持有的桂林荔浦丰鱼岩旅游有限责任公司51%的股权及漓江游览航线新增8艘游船经营权,转让结果分别以资产评估结果及桂林旅游发展总公司的竞买成交价为依据,交易公平合理,公司董事会切实履行了诚实信用和勤勉尽责的义务,没有损害公司及非关联股东的利益。

(2)公司第二大股东桂林五洲旅游股份有限公司为公司提供船舶修造、燃料及车船配件等,共计交易金额1,420.89万元。该关联交易事项均以商业原则和市场价格为基础,坚持公开、公平、公正的原则,没有发现有损于公司及股东利益的行为。

九、重要事项

(一)本年度公司无重大诉讼、仲裁事项。

(二)报告期内公司收购及出售资产、吸收合并事项

1、投资1,782.95万元受让桂林旅游发展总公司持有的桂林荔浦丰鱼岩旅游有限责任公司51%的股权。

2、投资1,650万元受让桂林旅游发展总公司拥有的漓江游览航线新增8艘游船经营权。

上述受让股权及游船经营权事项均属关联交易,具体情况详见本报告"九、重要事项"中的"(三)报告期内公司重大关联交易事项"

(三)报告期内公司重大关联交易事项

1、购销商品、提供劳务发生的关联交易

桂林五洲旅游股份有限公司向本公司提供船舶修造服务、燃料及车船配件等,总金额为1,420.89万元。

关 联 方	关联事项	关联交易金额(万元)
桂林五洲旅游股份有限公司	船舶修造服务	500.94
	提供燃料及车船配件	861.50
	房屋租赁	50.40
	汽车修理	8.05
	合计	1,420.89

说明:

(1)桂林五洲旅游股份有限公司持有本公司20.46%的股份,为本公司第二大股东。

(2)关联交易的定价原则:以市场价格为依据,进行公平交易和核算。

(3)上述关联交易事项主要为本公司正常经营提供所需的船舶修造、燃料、车船配件等,曾于本公司招股说明书披露,该等关联交易还将延续下去,其对公司的利润无直接影响。

2、资产、股权转让发生的关联交易

本公司于2001年3月13日召开了第一届董事会2001年第二次会议(决议公告刊登于2001年3月15日的《中国证券报》和《证券时报》),会议审议通过了关于变更部分募集资金投向的议案。该议案中受让桂林旅游发展总公司(以下简称"总公司")持有的桂林荔浦丰鱼岩旅游有限责任公司(以下简称"丰鱼岩公司")51%股权和受让总公司拥有的漓江游览航线新增8艘游船经营权属本公司与本公司第一大股东总公司的关联交易,同日总公司与本公司签署了《关于荔浦丰鱼岩旅游有限责任公司股权转让协议》和《游船经营权转让协议》。受本公司的委托,湖北大信会计师事务有限公司为上述关联交易出具了"鄂信咨字(2001)第007号"独立财务顾问报告(详见2001年4月7日的《中国证券报》和《证券时报》)。

2001年4月15日,公司召开的2000年年度股东大会(决议公告刊登于2001年4月17日的《中国证券报》和《证券时报》)审议批准了上述变更部分募集资金投向的议案及关联交易事项,双方签署的上述二协议正式生效。上述股权变更过户手续及游船经营权变更过户手续已分别于2001年6月1日、5月21日完成(实施情况公告刊登于2001年6月13日的《中国证券报》和《证券时报》)。

(1)投资1,782.95万元受让总公司持有的丰鱼岩公司51%的股权的关联交易事项

丰鱼岩公司为总公司控股51%的公司,注册资本2,600万元,经营范围:旅游、饮食服务、旅馆业、文化娱乐等。丰鱼岩公司现拥有客房171间,347个床位和丰鱼岩岩洞A段景区50年经营权。

为扶持本公司旅游业务的发展,总公司同意将其所持有的丰鱼岩公司51%的股权转让给本公司。丰鱼岩公司2000年10月31日资产帐面值4,112.83万元,负债帐面值1,042.51万元,净资产帐面值3,070.32万元。依据武汉竞江会计师事务有限公司出具的武竞评字[2000]第281号《桂林荔浦丰鱼岩旅游有限责任公司整体资产评估报告书》,并经广西壮族自治区以"桂财企函[2001]41号文"确认,截至2000年10月31日,丰鱼岩公司资产总额评估值4,675.55万元,负债总额评估值1,179.56万元,净资产评估值3,495.99万元。经双方协议,此次股权转让价格以资产评估结果为依据,总价为1,782.95万元,本公司以现金支付。

公司受让丰鱼岩公司51%股权可拓展本公司经营空间、优化本公司的产业结构,提升资产质量,使本公司从以本地经营为主向以桂林为核心的区域化经营转变。

本次关联交易为公司在本报告期带来273万元的收益,占利润总额的5%。

(2)受让漓江游览航线新增 8 艘游船经营权的关联交易事项

为加快漓江游览航线经营的社会化、市场化和产业化进程,经桂林市人民政府批准,桂林市交通局对漓江游船经营权实行招标经营,委托桂林市公物拍卖中心于 2001 年 1 月 10 日对桂林磨盘山(竹江)至阳朔航线新增 11 艘游船经营权进行拍卖,经营权年限为 10 年。总公司通过现场竞价,共以 1,650 万元成交价竞得 7 艘 60 客位、1 艘 120 客位游船经营权。为避免同业竞争,经双方协议,总公司按照竞买成交价 1,650 万元向本公司有偿转让 8 艘游船的漓江游览航线 10 年经营权,本公司以现金支付。

公司受让漓江游览航线新增 8 艘游船经营权可扩大公司漓江游船业务的份额,构建公司稳定的利润增长点。

(四)重大合同及其履行情况

报告期内委托理财协议履行情况:

公司利用暂时闲置的资金,于 2000 年 6 月 1 日与国泰君安证券股份有限公司签订了 70,000,000 元的资产委托管理协议,于 2000 年 6 月 6 日与新疆金新信托投资股份有限公司签订了 10,000,000 元信托资产管理合同,于 2000 年 9 月 28 日与申银万国证券股份有限公司签订了 50,000,000 元的资产委托管理协议,委托期限均为一年。上述委托理财资金已到期全额收回,合计投资收益为 4,728,553.20 元。

至本期末公司已无委托理财事项,未来也无委托理财计划。

(五)公司或持股 5%以上股东在指定报纸和网站上披露的承诺事项的履行情况

公司曾于 2000 年年度报告披露了下述 2001 年度预计利润分配政策:

1、公司拟在 2001 年结束后分配利润一次;

2、公司下一年度实现净利润用于股利分配的比例不低于 60%;

3、公司本年度未分配利润用于下一年度股利分配的比例不低于 60%;

4、分配主要采用派发现金的方式;

5、2001 年度利润分配政策为预计方案,公司董事会保留根据公司实际情况对该分配政策进行适当调整的权利。

公司董事会提出的 2001 年度利润分配预案为每 10 股派发现金 2.0 元(含税),未违背上述承诺。

(六)聘任会计师事务所情况

本公司于 2001 年 4 月 15 日召开的 2000 年年度股东大会通过了续聘湖北大信会计师事务有限公司为本公司 2001 年度会计师事务所的议案。2000、2001 年度公司支付给湖北大信会计师事务有限公司的年度报酬如下:

单位:万元

	2001 年度	2000 年度	备注
财务审计费	35	15	公司承担差旅费
其他费用	11		公司承担差旅费
合计	46	15	

公司支付给会计师事务所财务审计以外的其他费用为验资费、独立财务顾问报告费,不影响注册会计师审计独立性。至报告期末,公司尚未支付 2001 年度的财务审计费。

(七)报告期内公司、公司董事及高级管理人员无受中国证监会稽查、中国证监会行政处罚、通报批评、证券交易所公开谴责的情形。

中国证监会广州证管办和南宁特派办组成检查组于 2001 年 11 月 9 日至 14 日对本公司进行了巡回检查,并于 2001 年 12 月 10 日下发了南宁证监发[2001]229 号《关于桂林旅游股份有限公司检查情况的通报》(以下简称"《通报》")。针对《通报》中列举的问题,公司逐项进行了检查,提出了相应的整改措施,形成了关于 2001 年巡检的整改报告。该报告已经公司第二届董事会 2002 年第一次会议及第二届监事会 2002 年第一次会议(决议公告刊登于 2002 年 1 月 8 日的《中国证券报》和《证券时报》)审议通过,并报中国证监会南宁特派办和深圳证券交易所备案。

(八)本公司 2001 年 12 月 31 日前执行"先征后返"的企业所得税优惠政策(即按 33%税率缴纳企业所得税,由桂林市财政返还 18%。)。依据广西壮族自治区人民政府"桂政发[2001]100 号"文件《广西壮族自治区人民政府关于印发贯彻实施国务院西部大开发政策措施若干规定的通知》,本公司从 2002 年起可以享受 15%的企业所得税优惠税率。

(九)中国加入世界贸易组织法律文件相关条款对公司未来经营活动的影响

根据中华人民共和国对外经济贸易合作部公布的中国加入世界贸易组织法律文件有关市场准入限制的规定,"入世 3 年内,将允许外资在合资旅行社/旅游经营者中拥有多数股权,并在 6 年内取消对合资旅行社/旅游经营者设立分支机构的限制;入世 6 年内,将允许外国服务提供者(旅行社和旅游经营者)设立外资独资子公司,并取消地域限制,且对于外资旅行社/旅游经营者的注册资本要求将与国内旅行社/旅游经营者的要求相同"。该条款的规定,将有利于推动旅行社的优化整合,促进旅行社综合服务水平的提高,进一步拉动国内旅游消费,带动入境客源的增长,公司的各项旅游业务将从中受益。但原有的市场格局的打破也将对公司的旅行社业务带来一定程度的挑战。同时,与旅游相关的金融业、信息业、航空业等各行业的开放、各项关税水平的降低都将有利于公司的长远发展。

面对机遇与挑战,公司将巩固自身的一体化运营优势,并依托资源优势,积极推进国际化、标准化管理;加大与国际旅游资本的交流与合作;努力培养熟悉国际惯例,懂得经营管理的高素质人才,全方位迎接入世的挑战。

(十)其他重大事项

1、报告期内,本公司根据业务发展需要将下属之全资附属企业桂林市出租汽车公司(注册资本 1,185 万元)变更为分公司,相关公告刊登于 2001 年 5 月 25 日的《中国证券报》和《证券时报》。

2、本公司于 2001 年 7 月 8 日召开的第一届董事会 2001 年第三次会议通过了关于桂林山水国际旅行社改制并更名的议案。至本报告期末,桂林山水国际旅行社改制并更名的工作尚未完成。本次会议决议公告刊登于 2001 年 7 月 10 日的《中国证券报》和《证券时报》。

(十一)报告期内,除本报告已披露之外,公司无其他重大(合同)事项。

十、财务会计报告

(一)审计报告

审 计 报 告

鄂信审字(2002)第 0045 号

桂林旅游股份有限公司全体股东:

我们接受委托,审计了贵公司 2001 年 12 月 31 日的资产负债表及合并资产负债表、2001 年度的利润表及合并利润表、2001 年度利润分配表及合并利润分配表、2001 年度的现金流量表及合并现金流量表。这些财务报表由贵公司负责,我们的责任是对这些财务报表发表审计意见。我们的审计是依据《中国注册会计师独立审计准则》进行的。在审计过程中,我们结合贵公司实际情况,实施了包括抽查会计记录等我们认为必要的审计程序。

我们认为,上述财务报表符合《企业会计准则》和《企业会计制度》的有关规定,在所有重大方面公允地反映了贵公司 2001 年 12 月 31 日的财务状况以及 2001 年度的经营成果和现金流量情况,会计处理方法的选用遵循了一贯性原则。

湖北大信会计师事务有限公司　　中国注册会计师 韩志娟

中国·武汉　　中国注册会计师 王 晖

2002 年 1 月 28 日

附注十为 2002 年 3 月 9 日

(二)会计报表(附后)

(三)会计报表附注

1、主要会计政策的变更说明

公司原执行《股份有限公司会计制度》,根据财政部财会[2000]25 号文《关于印发〈企业会计制度〉的通知》、财会字(2001)17 号文《关于印发贯彻实施〈企业会计制度〉有关政策衔接问题的规定的通知》等文件规定,经公司董事会决议,从 2001 年 1 月 1 日起执行《企业会计制度》,现将主要会计政策的变更列示如下:

(1) 开办费原按 5 年平均摊销,现改为在开始生产经营的当月起,一次计入开始生产经营当月的损益。

(2) 期末固定资产原不计提减值准备,现改为按账面价值与可收回金额孰低计量。

(3) 期末在建工程原不计提减值准备,现改为计提减值准备。

(4) 期末无形资产原不计提减值准备,现改为账面价值与可收回金额孰低计量。

上述会计政策变更中,仅涉及开办费及固定资产计提减值准备两项政策的变更。其中开办费期末尚未摊销的余额 871,761.91 元已全部转入当期损益;另对固定资产减值准备已采用追溯调整法,调整了期初留存收益及相关项目的期初数,此项会计政策变更的累积影响为 1,416,267.62 元,调减了 2000 年度的净利润 1,416,267.62 元,调减了 2001 年年初未分配利润 1,203,827.48 元。

2、合并财务报表的编制方法

(1)合并范围的确定原则

根据《企业会计准则》及财政部财会字[1995]11 号文《合并会计报表暂行规定》之规定,会计报表合并范围的确认原则为对被投资单位的长期股权投资占该单位有表决权资本总额的 50%以上(不含 50%)的控股公司,或虽占 50%以下(含 50%),但实质拥有经营管理控制权的公司。根据财会二字(1996)2 号文规定,当子公司资产总额、销售收入及当期净利润额均不足母公司 10%时,根据重要性原则,该子公司可以不纳入合并范围。

(2)合并报表的编制方法

合并报表以母公司和纳入合并范围的子公司的个别财务报表以及其他资料为依据进行编制。合并时已将内部交易事项、内部债权债务等合并抵销。

子公司在纳入合并财务报表时已按《企业会计制度》作相应调整,但根据重要性原则,对子公司执行与母公司会计政策不一致形成的差异金额不大的事项,不作相应调整。

3、控股子公司及合营企业

企业名称	业务性质	注册资本(万元)	初始投资额(万元)	股权比例%	经营范围
桂林山水国际旅行社	旅游业	490	490	100	经营接待国内、外游客旅游业务
桂林荔浦丰鱼岩旅游有限责任公司	旅游业	2,600	1,782.95	51	旅游、饮食等娱乐服务
桂林旅游航空服务有限公司	旅游业	500	250	50	国际、国内航空客货运输业务等
广西集联旅游运输有限责任公司	运输业	8,017.8	5,046.42	62.94	道路旅客运输、旅游客运服务

注:(1) 公司目前尚无合营企业;

(2) 上述控股子公司均纳入合并财务报表范围;

(3) 桂林旅游航空服务有限公司是由公司的原全资子公司桂林山水票务公司通过增资扩股方式改制设立的,本公司直接持有其 35%的股权;另桂林山水国际旅行社持有其 15%的股权,因此公司直接和间接持有其 50%的股权,且公司实质拥有经营管理控制权而将其纳入合并财务报表范围。

4、本期合并报表范围与年初相比增减情况说明

(1) 公司于 2001 年 3 月 13 日与桂林旅游发展总公司签署了《关于荔浦丰鱼岩旅游有限责任公司股权转让协议》,并于 2001 年 4 月 15 日经 2000 年度股东大会审议通过了《投资 1,782.95 万元受让桂林旅游发展总公司持有的桂林荔浦丰鱼岩旅游有限责任公司 51%股权》的决议,此项股权转让款于 2001 年 5 月 8 日全额支付。根据合同、协议等有关法定性资料,确定股权购买日为 2001 年 5 月 1 日。公司自股权购买日起将桂林荔浦丰鱼岩旅游有限责任公司纳入合并财务报表范围。

(2) 公司于 2001 年 8 月 10 日召开 2001 年第一次临时股东大会,审议通过了《关于参与广西集联高速客运有限责任公司增资扩股的议案》,决定以公司下属旅游汽车分公司经评估确认的实物资产 4,646.35 万元,作为增资资产投入广西集联高速客运有限责任公司,公司持有的股权比例由 30%增资为 62.94%,并于 2001 年 9 月 5 日完成了工商变更手续,同时更名为"广西集联旅游运输有限责任公司"。根据合同、协议等有关法定性资料,确定股权购买日为 2001 年 9 月 1 日。公司自股权购买日起将广西集联旅游运输有限责任公司纳入合并财务报表范围。

(3) 公司本年根据实际情况和业务发展需要,将其全资子公司桂林市出租汽车公司(原注册资本 1,185 万元)变更为分公司,并于 2001 年 5 月 17 日完成了工商变更手续。

本期母公司汇总报表中已包含变更后的出租汽车分公司,并相应调整了母公司报表的期初数。

十一、备查文件目录

1、载有法定代表人、主管会计工作负责人、会计机构负责人签名并盖章的会计报表。

2、载有会计师事务所盖章、注册会计师签名并盖章的审计报告原件。

3、报告期内在中国证监会指定报刊上公开披露过的所有公司文件的正本及公告的原稿。

桂林旅游股份有限公司董事会

二〇〇二年三月九日

资 产 负 债 表

编制单位:桂林旅游股份有限公司　　单位:人民币元

资　产	注释	2001年12月31日		2000年12月31日	
		合并数	母公司数	合并数	母公司数
流动资产:					
货币资金	1	189,659,959.45	172,232,449.54	112,182,799.15	106,118,220.79
短期投资	2			130,000,000.00	130,000,000.00
应收票据					
应收股利			119,101.98	790,000.00	790,000.00
应收利息					
应收帐款	3	49,815,763.84	30,023,692.23	45,224,134.88	38,705,994.93
其他应收款	4	7,441,882.38	11,101,861.55	7,586,038.16	16,453,154.33
预付账款	5	1,650,646.87	40,000.00	926,404.00	40,000.00
应收补贴款	6			8,448,486.23	8,448,486.23
存货	7	2,458,185.30	599,505.83	1,864,574.29	1,864,574.29
待摊费用	8	761,939.68	489,911.58	580,947.72	563,328.36
一年内到期的长期债权投资					
其他流动资产					
流动资产合计		251,788,377.52	214,606,522.71	307,603,384.43	302,983,758.93
长期投资:					
长期股权投资	9	46,527,968.14	119,582,522.75	2,728,000.00	9,337,186.44
长期债权投资					
其中:合并价差	9	4,959,366.84			
长期投资合计		46,527,968.14	119,582,522.75	2,728,000.00	9,337,186.44
固定资产:					
固定资产原价	10	307,565,045.77	197,901,655.60	344,621,500.61	342,441,121.61
减:累计折旧	10	163,461,199.65	132,941,427.44	243,435,354.52	241,910,322.09
固定资产净值		144,103,846.12	64,960,228.16	101,186,146.09	100,530,799.52
减:固定资产减值准备	10			1,416,267.62	1,416,267.62
固定资产净额		144,103,846.12	64,960,228.16	99,769,878.47	99,114,531.90
工程物资					
在建工程	11	7,330,516.75	5,356,221.72	4,637,765.67	4,637,765.67
固定资产清理	12	1,607,700.29	1,607,700.29	3,546,340.75	3,546,340.75
固定资产合计		153,042,063.16	71,924,150.17	107,953,984.89	107,298,638.32
无形资产及其他资产:					
无形资产	13	39,675,040.00	16,293,750.00		
开办费					
长期待摊费用	14	600,604.90	198,169.97	1,523,272.27	1,370,479.84
其他长期资产	15	4,660,000.00		8,620,000.00	1,000,000.00
无形资产及其他资产合计		44,935,644.90	16,491,919.97	10,143,272.27	2,370,479.84
递延税项:					
递延税款借项					
资产总计		496,294,053.72	422,605,115.60	428,428,641.59	421,990,063.53
负债及所有者权益	注释	2001年12月31日		2000年12月31日	
		合并数	母公司数	合并数	母公司数
流动负债:					
短期借款	16	2,000,000.00			
应付票据					
应付帐款	17	7,281,431.31	2,479,267.10	3,882,330.54	1,481,364.09
预收帐款	18	6,780,994.11	4,610,630.61	4,944,697.84	4,343,921.86
应付工资	19	3,156,717.63	2,700,000.00		
应付福利费		4,283,700.19	3,648,727.59	3,938,546.49	3,873,086.18
应付股利	20	35,519,101.99	35,400,000.00	30,680,000.00	30,680,000.00
应交税金	21	815,539.04	387,167.73	15,492,552.39	15,480,450.60
其他应交款		46,479.41	23,129.40	146,446.26	146,218.18
其他应付款	22	16,895,141.34	8,833,376.85	11,384,972.99	10,485,113.99
预提费用	23	975,107.10	975,107.10	302,149.90	302,149.90
预计负债					
一年内到期的长期负债					
其他流动负债					
流动负债合计		77,754,212.12	59,057,406.38	70,771,696.41	66,792,304.80
长期负债:					
长期借款	24	10,000,000.00	2,000,000.00	2,000,000.00	2,000,000.00
应付债券					
长期应付款					
专项应付款					
其他长期负债					
长期负债合计		10,000,000.00	2,000,000.00	2,000,000.00	2,000,000.00
递延税项:					
递延税款贷项					
负债合计		87,754,212.12	61,057,406.38	72,771,696.41	68,792,304.80
少数股东权益		46,992,132.38		2,459,186.45	
股东权益:					
股本	25	177,000,000.00	177,000,000.00	118,000,000.00	118,000,000.00
减:已归还股本					
股本净额		177,000,000.00	177,000,000.00	118,000,000.00	118,000,000.00
资本公积	26	161,421,483.00	161,421,483.00	220,421,483.00	220,421,483.00
盈余公积	27	22,971,927.57	22,346,808.77	16,095,975.53	15,784,316.20
其中:法定公益金	27	8,285,387.22	8,180,900.72	5,993,403.20	5,993,403.20
未分配利润	28	154,298.65	779,417.45	-1,319,699.80	-1,008,040.47
股东权益合计		361,547,709.22	361,547,709.22	353,197,758.73	353,197,758.73
负债及股东权益总计		496,294,053.72	422,605,115.60	428,428,641.59	421,990,063.53

利 润 分 配 表

编制单位:桂林旅游股份有限公司　　单位:人民币元

项　目	注释	2001年度		2000年度	
		合并数	母公司数	合并数	母公司数
一、净利润		43,749,950.49	43,749,950.49	34,908,187.69	34,908,187.69
加:年初未分配利润		-1,319,699.80	-1,008,040.47		
其他转入					
二、可供分配的利润		42,430,250.69	42,741,910.02	34,908,187.69	34,908,187.69
减:提取法定盈余公积		4,583,968.02	4,374,995.05	3,802,478.10	3,490,818.77
提取法定公益金		2,291,984.02	2,187,497.52	1,745,409.39	1,745,409.39
提取职工奖励及福利基金					
提取储备基金					
提取企业发展基金					
利润归还投资					
三、可供投资者分配的利润		35,554,298.65	36,179,417.45	29,360,300.20	29,671,959.53
减:应付优先股股利					
提取任意盈余公积					
应付普通股股利		35,400,000.00	35,400,000.00	30,680,000.00	30,680,000.00
转作股本的普通股股利					
四、未分配利润		154,298.65	779,417.45	-1,319,699.80	-1,008,040.47

利　润　表

编制单位:桂林旅游股份有限公司　　单位:人民币元

项　目	注释	2001年度		2000年度	
		合并数	母公司数	合并数	母公司数
一、主营业务收入	29	199,716,178.17	123,725,464.22	138,705,594.97	103,641,331.48
减:主营业务成本	29	109,877,267.14	53,019,653.64	76,200,934.17	44,441,595.11
主营业务税金及附加	30	8,413,719.53	7,025,489.48	5,748,132.19	5,651,465.77
二、主营业务利润(亏损以"-"号填列)		81,425,191.50	63,680,321.10	56,756,528.61	53,548,270.60
加:其他业务利润(亏损以"-"号填列)	31	4,312,532.57	3,742,437.77	3,484,716.34	3,484,716.34
减:营业费用	32	5,705,102.82		208,538.85	
管理费用	33	31,357,517.93	25,307,342.47	20,237,859.15	18,131,330.70
财务费用	34	-692,720.27	-1,270,934.74	763,972.32	810,496.41
三、营业利润(亏损以"-"号填列)		49,367,823.59	43,386,351.14	39,030,874.63	38,091,159.83
加:投资收益(损失以"-"号填列)	35	4,630,162.48	6,739,995.68	713,280.00	1,166,001.62
补贴收入					
营业外收入	36	193,474.59	159,018.59	3,584,718.25	3,583,322.52
减:营业外支出	37	111,876.81	30,116.69	2,173,226.57	1,647,990.94
四、利润总额(亏损总额以"-"号填列)		54,079,583.85	50,255,248.72	41,155,646.31	41,192,493.03
减:所得税	38	8,475,060.35	6,505,298.23	6,288,272.17	6,284,305.34
少数股东收益		1,854,573.01		-40,813.55	
五、净利润(净亏损以"-"号填列)		43,749,950.49	43,749,950.49	34,908,187.69	34,908,187.69

利润表补充资料

项　目		2001年度	2000年度
1、出售、处置部门或被投资单位所得收益			
2、自然灾害发生的损失			
3、会计政策变更增加(或减少)利润		-871,761.91	-1,416,267.62
4、会计估计变更增加(或减少)利润			
5、债务重组损失			
6、其他			

现　金　流　量　表

编制单位:桂林旅游股份有限公司　　2001年度　　单位:人民币元

项　目	注释	合并数	母公司数
一、经营活动产生的现金流量:			
销售商品、提供劳务收到的现金		295,564,279.58	140,815,222.10
收到的税费返还		17,795,800.00	17,795,800.00
收到的其他与经营活动有关的现金	39	18,426,045.77	6,447,096.82
现金流入小计		331,786,125.35	165,058,118.92
购买商品、接受劳务支付的现金		168,828,459.91	25,783,983.60
支付给职工以及为职工支付的现金		29,159,684.25	24,285,806.24
支付的各项税费		45,642,682.88	41,892,638.05
支付的其他与经营活动有关的现金	40	22,592,826.73	16,366,981.48
现金流出小计		266,223,653.77	108,329,409.37
经营活动产生的现金流量净额		65,562,471.58	56,728,709.55
二、投资活动产生的现金流量:			
收回投资所收到的现金		134,728,553.20	134,728,553.20
取得投资收益所收到的现金		790,000.00	790,000.00
处置固定资产、无形资产和其他长期资产所收回的现金净额		23,560.00	12,560.00
收到的其他与投资活动有关的现金			
现金流入小计		135,542,113.20	135,531,113.20
购建固定资产、无形资产和其他长期资产所支付的现金		40,118,734.76	36,032,990.20
投资所支付的现金		58,603,530.15	59,298,101.30
支付的其他与投资活动有关的现金			
现金流出小计		98,722,264.91	95,331,091.50
投资活动产生的现金流量净额		36,819,848.29	40,200,021.70
三、筹资活动产生的现金流量:			
吸收投资所收到的现金			
借款所收到的现金		5,000,000.00	
收到的其他与筹资活动有关的现金			
现金流入小计		5,000,000.00	
偿还债务所支付的现金		3,000,000.00	
分配股利、利润或偿还利息所支付的现金		33,319,349.75	30,814,502.50
支付的其他与筹资活动有关的现金			
现金流出小计		36,319,349.75	30,814,502.50
筹资活动产生的现金流量净额		-31,319,349.75	-30,814,502.50
四、汇率变动对现金的影响		-3,224.29	
五、现金及现金等价物净增加额		71,059,745.83	66,114,228.75
现金流量表附注			
补充资料	注释	合并数	母公司数
1、将净利润调节为经营活动现金流量:			
净利润		43,749,950.49	43,749,950.49
加:计提的资产减值准备		-1,570,897.79	-1,520,216.05
固定资产折旧		26,972,645.01	23,068,290.65
无形资产摊销		521,691.79	206,250.00
长期待摊费用摊销		228,581.54	53,420.79
待摊费用减少(减:增加)		-44,876.73	73,416.78
预提费用增加(减:减少)		672,957.20	672,957.20
处置固定资产、无形资产和其他长期资产的损失(减收益)		233,968.23	253,948.23
固定资产报废损失		70,330.12	
财务费用		651,051.45	
投资损失(减:收益)		-4,630,162.48	-6,739,995.68
递延税款贷项(减:借项)			
存货的减少(减:增加)		1,288,751.83	1,265,068.46
经营性应收项目的减少(减:增加)		7,693,226.48	13,152,979.73
经营性应付项目的增加(减:减少)		-10,274,745.56	-17,507,361.05
其他			
经营活动产生的现金流量净额		65,562,471.58	56,728,709.55
2、不涉及现金收支的投资和筹资活动			
债务转为资本			
一年内到期的可转换公司债券			
融资租入固定资产			
3、现金及现金等价物净增加情况			
现金的期末余额		189,659,959.45	172,232,449.54
减:现金的期初余额		118,600,213.62	106,118,220.79
加:现金等价物的期末余额			
减:现金等价物的期初余额			
现金及现金等价物净增加额		71,059,745.83	66,114,228.75

000980 黄山金马股份有限公司

2001年年度报告摘要

一、公司简介

〈一〉公司法定中文名称:黄山金马股份有限公司
公司法定英文名称:HUANGSHAN JINMA CO.,LTD
公司法定英文名称缩写:HSJM
〈二〉公司法定代表人:方汉佐
〈三〉公司董事会秘书:吴金辉
公司证券事务代表:苏韦薇
联系地址:安徽省黄山市歙县壕城路1号
联系电话:0559-6516169
传真电话:0559-6536668
电子信箱:hsjm@21cn.com
〈四〉公司注册地址:安徽省黄山市歙县壕城路1号
公司办公地址:同上
邮政编码:245200
公司国际互联网网址:http:/www.hsjinma.com
公司电子信箱:hsjinma@mail.ahwhptt.net.cn
〈五〉公司选定的信息披露报纸:《中国证券报》、《证券时报》
中国证监会指定的国际互联网网址:http:/www.cninfo.com.cn
公司年度报告备置地点:董事会秘书室
〈六〉公司股票上市交易所:深圳证券交易所
股票简称:金马股份
股票代码:000980
〈七〉其他有关资料:
公司首次注册或变更注册登记日期、地点:
登记日期:1998年8月31日
登记地址:合肥市
企业法人营业执照注册号:3400001300055
税务登记号码:341021711767072
公司聘请的会计师事务所名称、办公地址:
名称:安徽华普会计师事务所
办公地址:安徽省合肥市荣事达大道100号

二、会计数据及业务数据摘要

〈一〉本年度主要利润指标情况〈单位:人民币元〉

项目	金额
利润总额	5,988,438.46
净利润	1,129,368.11
扣除非经常性损益后的净利润	-28,401,512.87
主营业务利润	27,373,450.45
其它业务利润	2,281,560.15
营业利润	-38,658,101.49
投资收益	31,776,140.38
补贴收入	10,190,571.21
营业外收支净额	2,679,828.36
经营活动产生的现金流量净额	-30,952,001.41
现金及现金等价物净增加额	-139,994,594.03

〈二〉截止报告期末公司前三年主要会计数据和财务指标

项目	2001年	2000年		1999年	
		调整前	调整后	调整前	调整后
主营业务收入	204,746,990.25	280,270,093.85	280,270,093.85	335,386,874.17	335,386,874.17
净利润	1,129,368.11	38,173,192.05	7,211,887.46	38,274,556.09	35,693,864.72
总资产	998,395,487.07	719,045,449.99	691,108,161.26	366,585,079.32	365,204,387.95
股东权益〈不含少数股东权益〉	470,237,672.24	499,241,713.57	465,699,717.61	172,990,542.19	170,409,850.82
每股收益(摊薄)	0.0075	0.2545	0.0481	0.4160	0.3880
每股收益(加权)	0.0075	0.3034	0.0573	0.4160	0.3880
扣除非经常性损益后每股收益(摊薄)	-0.19	0.2162	0.0224	0.4172	0.3897
扣除非经常性损益后每股收益(加权)	-0.19	0.2578	0.0268	0.4172	0.3897
每股净资产	3.1349	3.3283	3.1047	1.8803	1.8523
调整后的每股净资产	3.1252	3.3209	3.0973	1.8658	1.8377
每股经营活动产生的现金流量净额	-0.2063	-0.1629	-0.1629	0.3086	0.3086
净资产收益率〈摊薄〉%	0.24	7.65	1.5486	22.13	20.95

〈三〉根据中国证监会关于发布《公开发行证券公司信息披露编报规则》第9号通知精神,公司2001年按全面摊薄法和加权平均法计算的净资产收益率及每股收益:

	净资产收益率%		每股收益	
	全面摊薄	加权平均	全面摊薄	加权平均
主营业务利润	5.82	5.87	0.18	0.18
营业利润	-8.22	-8.29	-0.26	-0.26
净利润	0.24	0.24	0.0075	0.0075
扣除非经常性损益后净利润	-6.04	-6.09	-0.19	-0.19

注:

1、每股收益=净利润/年度末普通股股份总数

2、每股净资产=年度末股东权益/年度末普通股股份总数

3、调整后的每股净资产=〈年度末股东权益-三年以上的应收款项净额-待摊费用-长期待摊费用〉/年度末普通股股份总数

4、每股经营活动产生的现金流量净额=经营活动产生的现金流量净额/年度末普通股股份总数

5、净资产收益率=净利润/年度末股东权益×100%

以上公式中的应收款项包括应收帐款、其他应收款、预付帐款、应收股利、应收利息、应收补贴款。

〈四〉报告期内股东权益变动情况

项目	股本	资本公积	盈余公积	法定公益金	未分配利润	股东权益合计
期初数	150,000,000	297,777,896.35	9,664,822.93	4,832,411.47	8,256,998.33	465,699,717.61
本期增加		3,408,586.52	225,873.62	112,936.81	903,494.49	4,537,954.53
本期减少						
期末数	150,000,000	301,186,482.87	9,890,696.55	4,945,348.28	9,160,492.82	470,237,672.14
变动原因		关联交易价差	本期利润分配	本期利润分配	本期利润分配	

三、股本变动及股东情况

〈一〉股本变动情况〈截止2001年12月31日〉

股本变动情况表　　数量单位:股

	期初数	本次变动增减(+、-)						期末数
		配股	送股	公积金转股	增发	其他	小计	
一、尚未流通股份	92,000,000							92,000,000
1、发起人股份								
其中:								
国家持有股份	90,302,980							90,302,980
境内法人持有股份	1,697,020							1,697,020
境外法人持有股份								
其他								
2、募集法人股份								
3、内部职工股								
4、优先股或其他								
其中:转配股								
5、向证券投资基金配售股份								
未上市流通股份合计	92,000,000							
二、已上市流通股份								
1、人民币普通股	58,000,000							58,000,000
2、境内上市的外资股								
3、境外上市的外资股								
4、其他								
已上市流通股份合计	58,000,000							58,000,000
三、股份总数	150,000,000							150,000,000

〈二〉股票发行与上市情况

证券种类:A股

发行日期:2000年5月19日对一般投资者上网发行,20日向证券投资基金配售

发行价格:5.49元/股

发行数量:5800万股。其中对一般投资者上网发行4640万股,向证券投资基金配售1160万股

上市日期:

上网发行4640万股和向证券投资基金配售股份的50%即580万股合计5220万股:2000年6月16日

向证券投资基金配售股份的其余50%即580万股:2000年12月18日

上市流通总股份:5800万股〈2000年12月18日后〉

〈三〉股东情况介绍

1、报告期末股东总数:34542户

2、十大股东情况〈截止2001年12月31日〉　　单位:股

序号	股东名称	持股数量	持股比例%	是否上市流通
1.	黄山金马集团有限公司	90302980	60.2	否
2.	同盛证券投资基金	1375700	0.92	是
3.	杭州永磁集团有限公司	652700	0.44	否
4.	上海证券有限责任公司	529700	0.35	是
5.	华安证券有限责任公司	392018	0.26	是
6.	黄山徽新金塑有限公司	391620	0.26	否
7.	中国兵器工业第二一四研究所	326350	0.22	否
8.	黄山普乐房地产开发公司	326350	0.22	否
9.	毛克习	233171	0.16	是
10.	汪成华	232950	0.16	是

注:

〈1〉公司第一、三、六、七、八大股东系发起人股东,第五大股东系公司"首发"主承销商;

〈2〉公司与其他股东之间无关联关系;

〈3〉持股10%以上的法人股东:

黄山金马集团有限公司〈以下简称"集团公司"〉,由黄山市人民政府授权持有国家股股份90302980股。

法定代表人:潘金根

经营范围:经营本企业自产机电产品,成套设备以及相关技术。进口本企业生产、科研所需原辅材料、机械设备、备品备件、仪器仪表、零配件的进口业务〈国家实行核定公司经营的14种进

口商品除外〉。开展中外合资经营、合作生产及"三来一补"业务。经营电工仪表、电子产品、包装制品、汽车〈不含小轿车〉、摩托车整车及零配件的营销。

〈四〉报告期内公司控股股东无变更;

(5)报告期内公司持股5%以上的股东所持股份未质押或冻结。

四、董事、监事、高级管理人员和员工情况

〈一〉董事、监事和高级管理人员情况

1、基本情况

姓名	性别	年龄	职务	任期
			〈2001年10月前第一届领导班子〉	
方汉佐	男	50岁	董事长	1998.8–2001.10
何卫中	男	34岁	董事兼总经理	1998.8–2001.10
琚三玖	男	50岁	董事兼副总经理	1998.8–2001.10
吴金辉	男	38岁	董事兼董事会秘书	1998.8–2001.10
罗易钗	女	54岁	董事	1998.8–2001.10
贾贵元	男	52岁	董事	1998.8–2001.10
张尔保	男	55岁	董事	1998.8–2001.10
程基洛	男	60岁	董事	1998.8–2001.10
徐双贵	男	32岁	董事	1998.8–2001.10
荣兆梓	男	52岁	独立董事	2001.4–2001.10
储育明	男	38岁	独立董事	2001.4–2001.10
应华兴	男	54岁	监事会主席	1998.8–2001.10
赵　明	男	54岁	职工代表监事	1998.8–2001.10
方永忠	男	31岁	监事	2000.4–2001.10
余晓东	男	46岁	副总经理	2001.1–2001.10
方燕华	男	38岁	副总经理	2001.1–2001.10
张发科	男	38岁	财务负责人	1998.8–2001.10
			〈2001年10月后第二届领导班子〉	
方汉佐	男	50岁	董事长	2001.10–2004.10
何卫中	男	34岁	董事兼总经理	2001.10–2004.10
琚三玖	男	51岁	董事兼副总经理	2001.10–2004.10
吴金辉	男	38岁	董事兼董事会秘书	2001.10–2004.10
张发科	男	38岁	董事	2001.10–2004.10
吴百嘉	男	46岁	董事	2001.10–2004.10
徐华昌	男	56岁	董事	2001.10–2004.10
江梅生	男	48岁	董事	2001.10–2004.10
荣兆梓	男	52岁	独立董事	2001.10–2004.10
储育明	男	38岁	独立董事	2001.10–2004.10
周亚娜	女	47岁	独立董事	2001.10–2004.10
应华兴	男	54岁	监事会主席	2001.10–2004.10
赵　明	男	54岁	职工代表监事	2001.10–2004.10
方永忠	男	31岁	监事	2001.10–2004.10
余晓东	男	46岁	副总	2001.10–2004.10
燕根水	男	47岁	副总兼总会计师	2001.10–2004.10
方燕华	男	38岁	副总	2001.10–2004.10

报告期内以上董事、监事、高级管理人员均未持有公司股票。

2、年度报酬

2001年10月前,董事、监事、高级管理人员在公司领取报酬的共13人,领取的年度报酬总额为14.75万元。其中,在1–2万元区间的10人。前三名董事年度报酬合计4万元,前三名高管人员年度报酬合计3.5万元。两位独立董事实际津贴合计1.8万元,贾贵元、张尔保、程基洛、徐双贵、方永忠先生不在公司领取报酬。

2001年10月后,董事、监事、高级管理人员在公司领取报酬的共16人,领取的年度报酬总额为15.5万元。其中,在2万元以上的3人,在1–2万元区间的11人。前三名董事年度报酬合计5万元,前三名高管人员年度报酬合计3.5万元.三位独立董事实际津贴合计0.9万元。方永忠先生不在公司领取报酬。

3、离任情况

2001年4月,为适应公司治理需要,增补荣兆梓、储育明先生为独立董事。10月后,因公司董事会换届选举,董事罗易钗女士、贾贵元、张尔保、程基洛、徐双贵先生离任,选举张发科、吴百嘉、徐华昌、江梅生先生为董事、周亚娜女士为独立董事〈会计专业人士〉;财务负责人张发科先生离任,聘任燕根水先生为总会计师。

报告期内无解聘公司总经理、董事会秘书情况。

4、员工情况

截止2001年12月31日,公司在册职工3017人。按专业构成分,其中管理人员448人,占14.8%;技术人员322人,占10.7%;销售人员164人,占5.4%;生产人员2028人,占67.2%;财务人员55人,占1.8%。按教育程度分,大专及大专以上学历202人,占6.7%;

五、公司治理结构

公司系首批"先改制,后上市"的上市公司之一,经过三年多来"在规范中运作,在运作中规范",初步建立了符合现代企业制度的公司治理结构。

1、建立了股东大会、董事会、监事会和总经理等"三会一层"各负其责,相互制衡的公司治理结构,并制定了相应的规范运作规则,通过制度化、程序化、法制化保障公司民主决策和科学管理。

2、在资产、人员、财务、业务、机构等五方面严格与控股股东分离,公司享有独立法人地位和市场竞争主体地位,具有独立完整的业务和自主经营能力。

人员 公司设立劳动人事部专门负责和管理公司的劳动人事工作;公司高级管理人员全部不在集团公司兼职,同时只在公司领取报酬;

资产:公司拥有独立完整的生产系统、辅助生产系统和独立的采购、销售系统;

财务:公司设有财务部,有独立的会计人员、独立的会计核算体系和财务管理制度,开设独立的银行帐户。

业务:公司主要从事车用仪表、微电机等产品的生产、销售,控股股东与公司不存在同业竞争。

机构:公司管理机构与控股股东完全分开,自成一体。

3、设立董事会战略决策、提名、审计、薪酬与考核委员会等四个专门委员会,以提高董事会工作效能。

4、建立独立董事制度,选举荣兆梓等三人为独立董事,进入公司董事会,其中有两位独立董事担任董事会审计、薪酬与考核委员会主任委员之职。三位独立董事发挥专业特长,对公司重大经营与投资决策充分发表意见,较好地履行了自身的职责。

5、按照责、权、利与险一体原则,明确董事职责分工,并依其职责分工与经营班子落实监督与协调机制。

6、充分发挥监事会作用,确立监事会在重大投资决策、重点项目实施上的事先介入制度,邀请监事参与经营与发展活动。

7、对股东负责,积极维护全体股东合法权益。

8、制定了《信息披露制度》,履行持续信息公开义务。

9、公司2000年度股东大会审议批准了公司董事、监事和高级管理人员的2001年年薪制方案,公司配套制定了相应的考核考评制度。

对照中国证监会《上市公司治理准则》要求,公司治理结构尚须在以下方面完善:

1、调整优化公司股权结构,克服"一股独大"之弊;

2、各种治理制度的落实和力度意识须增强;

3、创造条件,鼓励流通股东参与公司运作和经营活动;

4、积极引导全体员工转变观念,切实转换企业经营机制;

5、公司制定了考核激励办法,但须改善实施环境。

六、股东大会情况简介

〈一〉2001年4月21日,公司2000年度股东大会在黄山市云松宾馆举行,出席会议的股东及股东代表8人,代表股份92874799股,占公司总股份的61.92%,符合《公司法》和公司《章程》的有关规定。会议由董事长方汉佐先生主持,审议通过了以下决议:

审议通过了公司2000年度报告;

审议通过了董事会工作报告;

审议通过了监事会工作报告;

审议通过了公司"十五"规划和2001年工作计划;

审议通过了公司2000年财务决算和2001年财务预算报告;

审议通过了公司2000年度利润分配方案

审议通过了关于改变公司部分募集资金用途的议案;

审议通过了关于公司董事会投资权限的议案;

审议通过了关于续聘华证会计师事务所为公司常年审计机构的议案;

审议通过了公司董事、监事和高级管理人员年薪制方案;

审议通过了关于建立独立董事制度的议案,选举荣兆梓、储育明先生为独立董事;

审议通过了关于修改公司《章程》部分条款的议案;

公司以自有资金3800万元参股青海庆泰信托投资有限责任公司的议案未获通过。

以上决议内容已于2001年4月24日刊载在《中国证券报》、《证券时报》和信息披露指定网站上。

〈二〉2001年7月23日,公司2001年第一次临时股东大会在公司本部会议室举行,出席会议的股东及股东代表5人,代表公司股份92000000股,占公司总股份的61.33%,符合《公司法》和公司《章程》的有关规定。会议由董事长方汉佐先生主持,审议通过了公司关于以募集资金1800万元受让歙县棠樾牌坊群景区50年经营权的议案。

以上决议内容已于2001年7月24日刊载在《中国证券报》、《证券时报》和信息披露指定网站上。

<三>2001年10月19日,公司2001年第二次临时股东大会在黄山市云松宾馆举行,出席会议的股东及股东代表5人,代表公司股份92000000股,占公司总股份的61.33%,符合《公司法》和公司《章程》的有关规定。会议由董事长方汉佐先生主持,审议通过了以下决议:

审议通过了关于公司董事会换届选举的议案,选举方汉佐、何卫中、琚三玖、吴金辉、张发科、吴百嘉、徐华昌、江梅生、荣兆梓、储育明、周亚娜〈女〉11人为公司董事,其中荣兆梓、储育明、周亚娜〈女〉为独立董事,组成公司第二届董事会,任期三年,自2001年10月–2004年10月。

审议通过了关于公司监事会换届选举的议案,选举应华兴、方永忠为公司监事,与职工代表监事赵明组成公司第二届监事会,任期三年,自2001年10月–2004年10月。

审议通过了关于修改公司《章程》部分条款的议案。

以上决议内容已于2001年10月23日刊载在《中国证券报》、《证券时报》和信息披露指定网站上。

〈四〉2002年2月6日,公司2002年第一次临时股东大会在黄山市金马宾馆举行,出席会议的股东及股东代表5人,代表公司股份92000000股,占公司总股份的61.33%,符合《公司法》和公司《章程》的有关规定。会议由董事长方汉佐先生主持,审议通过了关于改聘安徽华普会计师事务所为公司2001年度财务审计机构的决议。

以上决议内容已于2002年2月7日刊载在《中国证券报》、《证券时报》和信息披露指定网站上。

七、董事会报告

〈一〉报告期内主要经营情况

1、主营业务的范围及其经营状况

公司主营汽车仪表、摩托车仪表及车用零部件,电机系列产品,电子电器产品,电工仪表,化工产品〈不含危险品〉,润滑油,包装制品,光伏节能装备产品,健身器材的生产、销售,旅游服务,本企业自产产品及技术出口,本企业生产所需的原辅材料、仪器仪表、机械设备、零配件及技术进口〈以上经营范围中未取得专项审批的项目以及国家限定公司经营和禁止进口的商品及技术除外〉。

报告期内,公司完成主营业务收入20474.70万元,实现主营业务利润2737.34万元。其构成如下:

产品名称	销售收入	销售成本	毛利率
车用、电工仪表	88,597,971.50	78,347,834.22	11.57%
微电机	79,880,142.61	68,659,998.23	14.05%
包装制品	29,490,362.72	25,253,917.16	14.37%
旅游门票	4,004,007.00	1,279,369.86	68.05%
其他	2,774,506.62	2,602,229.19	6.21%

2、主要控股公司及参股公司的经营情况及业绩

报告期内,公司未设立控股公司。

3、主要供应商、客户情况:报告期内,公司向前五名供应商合计的采购金额占年度采购总额的5.4%,前五名客户销售额合计占公司销售总额的20.48%。

4、在经营中出现的问题与困难及解决方案

报告期内,公司遭遇到现有主业持续下滑、产业产品结构失衡、主导产品微利乃至保本经营、企业市场经营能力减弱、成本费用居高不下等一系列问题与困难。为此,公司一方面采取措施千方百计稳住现有主业,降低各种成本费用,另一方面围绕汽车仪表电子化、新型太阳能光伏水泵等项目的实施和受让国家级重点文物保护单位–––歙县棠樾牌坊群的经营权,加大募集资金投资力度,培育新的利润增长点,促进产业升级和转型,塑造企业未来核心竞争力。但由于生产经营整体呈调整态势和管理不力,全年主营业务严重下滑,累计实现销售收入204,746,990.25元,比上年同期下降26.95%;净利润1,129,368.11元,比上年同期下降84.34%。

(1)通过电子式摩托车仪表项目的实施,提高企业技术中心研发能力,积极开发科技含量高、附加值高的适销产品,累计开发新型(含改型)产品200余项,投产率30%左右。

(2)将原黄山仪表三厂更名为汽车仪表厂,积极发展汽车仪表,与国内一些汽车大厂如昌河、长安、一汽轻卡等建立了稳定的供货关系,同时确立汽车仪表厂为汽车仪表电子化项目的实施载

体，与深圳等地科研单位开展技术合作，开发汽车仪表。

(3)全力推进新型太阳能光伏水泵项目的实施，产品已进入市场试销，该项目正在报请国家有关部门验收。

(4)针对摩托车仪表产品生产实际，将黄山仪表厂化小核算单位，把该厂原生产仪表配件的线束、传感器、注塑、机加工车间分离出厂，单独设立新的经济实体，面向市场寻求发展。

(5)对发出商品加强财务监控，加快资金回笼，同时加强清欠工作。

(6)通过受让歙县棠樾牌坊群景区50年经营权，涉足旅游行业，拓展业务。全年实现门票收入400.4万元。

〈二〉报告期内的投资情况

1、募股资金使用情况

公司于2000年5月成功发行人民币普通股5800万股，每股面值1元，每股发行价5.49元，共募集资金31842万元，扣除发行费用后实际募集资金30681.79万元。募集资金使用情况如下：

项目名称	投资额(万元)	进展情况〈万元〉
电子式摩托车仪表生产线技改项目	2980	2151.33
扩大欧式摩托车仪表技术改造项目	500	0
电子式汽车仪表技术改造项目	12580	107.67
新型太阳能光伏水泵项目	9842	3161.30
受让歙县棠樾牌坊群景区50年经营权	1800	1800
合计	27702	7220.30

注：

A公司《招股说明书》承诺募集资金将用于投资电子式摩托车仪表生产线技改项目、摩托车仪表传感器线束技改项目、摩托车仪表计数器技改项目、液晶显示摩托车仪表项目、扩大欧式摩托车仪表出口技改项目、汽车仪表中西部优势工程规划项目、汽车仪表国产化技改项目、车用微电机生产线技改项目等8个项目，计划投资总额29690万元。公司董事会一届五、七次会议分别审议批准实施电子式摩托车仪表生产线技改项目〈投资2980万元〉和扩大欧式摩托车仪表出口技改项目〈投资500万元〉，计划投资总额3480万元，其它项目由于市场变化及集团公司与芜湖仪表厂解除兼并协议等原因不再实施，相关募集资金用途予以变更。

B经公司2000年度股东大会审议批准，与上述不再实施项目相关的募集资金26210万元和公司《招股说明书》未明确投向的募集资金991.79万元，合计人民币27201.79万元，先改投2000年国家重点技术改造项目－－－电子式汽车仪表项目[国经贸投资〈2000〉951号]，投资额12580万元；国家高新技术产业化示范工程项目－－－新型太阳能光伏水泵项目[国家计委计高技〈1999〉1587号]，投资额9842万元，合计22422万元。剩余募集资金4779.79万元由公司董事会寻找新的项目按法定程序审批后进行投资。〈具体内容参见2001年4月24日《中国证券报》、《证券时报》〉

C经董事会2001年第二次临时会议审议并报公司2001年第一次临时股东大会批准，决定以上述剩余募集资金中的1800万元，受让国家级重点文物保护单位－－－歙县棠樾牌坊群景区50年经营权，介入旅游行业。〈具体内容参见2001年6月16日《中国证券报》、《证券时报》〉

D电子式摩托车仪表技改项目自董事会一届五次会议批准实施以来，已累计完成投资2151.33万元，建筑面积4646.5平方米的技术中心大楼已完工；通过与有关高等院校、科研机构联合开发、委托开发等方式，研制成功了本项目急需的电子式摩托车仪表产品和相关技术；关键进口设备、重大国产设备、批量设备的招投标采购工作完成。

E到2001年底，新型太阳能光伏水泵项目完成情况：总建筑面积9396平方米的主体综合楼已完工，各项辅助设施已逐步接近扫尾阶段，招标采购的设备陆续采购进厂。已陆续开发光伏水泵系统产品9个规格和10个光伏供电系统规格，还将配套开发8个风力发电和"风光互补"系列产品，产品已进入新疆、内蒙等省市市场试销。

F汽车仪表电子化项目业已由国家经贸委授权安徽省经贸委批复了可行性研究报告，确定在公司本部及芜湖两地实施计划，其中，公司本部负责核心零部件研发和生产，芜湖承担仪表总装任务。目前，该项目已投入实施。

G扩大欧式摩托车仪表技术改造项目由于欧洲市场变化报告期内未实施。

H到目前为止，公司募集资金尚余2979.79万元未明确投向，公司将积极寻找项目开展投资。

I从上述募集资金使用情况看，报告期末，公司自2000年6月上市以来，实际完成项目投入仅7220.3万元，只占募集资金总额的23.53%。表明公司募集资金的使用不力，资金运营能力薄弱，必须切实改进。公司董事会二届三次会议审议要求尽快改变这一状况，按照产业产品结构调整战略的部署，加大投资和管理使用力度，支持实业发展，努力创造良好效益。

2、非募集资金投资情况

截止2001年12月31日，公司以自有资金开展长期股权投资780.24万元．其中，2001年12月7日，董事会采取通讯方式召开2001年第三次临时会议，决定以自有资金260万元参股杭州永磁电子发展有限公司。

报告期内，公司自筹资金185.71万元，配套实施了污水处理工程、电脑网络工程等四个项目，以优化经营环境。

〈五〉公司财务状况表

项目	2001.12.31	2000.12.31	增减幅度(%)	变动原因
总资产	998,395,487.07	691,108,161.26	44.46	负债增加
应收帐款	117,692,166.75	138,666,909.25	－15.13	债权转让
存货	111,358,573.68	107,354,296.16	3.73	
固定资产	140,822,066.41	94,587,359.16	48.88	项目实施
长期负债	43,859,489.53	23,256,979.03	88.59	借款增加
股东权益	470,237,672.24	465,699,717.61	0.97	利润增加

〈六〉财务审计报告意见

一、财务审计报告的主要意见

A保留事项部分

在审计过程中，注册会计师发现：

本公司前任注册会计师对本公司2000年度会计报表出具了无保留意见的审计报告，还称因无法获取充分、适当的审计证据，以确定年初数对本期会计报表整体反映的影响程度。注册会计师又称："会计报表附注十二"所述的重大资产出售事项如经本公司2001年度股东大会通过并予实施以及本公司对自查中发现的会计差错进行更正后，年初数对本期会计报表整体反映的影响因素在2001年末则消除。

最后，注册会计师认为：除存在上述问题外，上述会计报表符合《企业会计准则》和《企业会计制度》的有关规定，在所有重大方面公允地反映了本公司2001年12月31日的财务状况及2001年度的经营成果和现金流量情况，会计处理方法的选用遵循了一贯性原则。

B说明事项部分

在审计过程中，注册会计师发现：

1、由于本公司以银行承兑汇票贴现方式向银行筹资以及直接向银行借款进行帐外投资〈委托理财〉等原因，致使公司的会计核算出现重大差错。本公司经营层对截止2001年期末公司财务状况进行了核查，并报经2001年二届三次董事会审议批准对年初数和2001年期末数进行了更正，该次更正调增了资产222,469,894.01元，调增了负债256,011,890.00元，调减了所有者权益33,541,995.96元（其中调减2000年度净利润30,961,301.59元）。

2、本公司对2001年12月20日转让债权以及集团公司欠款所形成的其他应收款未计提坏账准备。若根据本公司的会计政策与会计估计，对一年以内的应收款项按5%计提坏账准备，应提坏账准备12,035,962.17元。根据集团公司与本公司签定的《债权转让协议》，债权转让款将在2002年末支付完毕；集团公司已对截止2001年末对本公司的欠款制定了还款计划，鉴于上述原因，本公司董事会决定，对该其他应收款不计提坏帐准备。

二、本公司董事会及管理层对保留及说明事项的处理情况

A保留事项的处理情况

关于注册会计师在"会计报表附注十二"所述的重大资产出售事项如经本公司2001年度股东大会审议通过并予实施，年初数对本期会计报表整体反映的影响因素在2001年末则消除事宜，经本公司董事会二届四次会议审议，决定在2002年6月8日召开2001年年度股东大会，审议上述重大资产出售事项。公司2001年年度股东大会审议批准后，即予实施。

B说明事项的处理情况

1、关于2001年末会计差错更正：本公司董、监事会和经营层换届选举、聘任产生后，即把财务管理和提高会计业务摆上工作日程。公司经营层组织力量对财务进行自查，发现此前公司在帐务处理上存在偏差。公司总经理主持召开办公会，决定对2001年期末会计差错予以更正，并提请公司董事会审议。公司董事会经审议，及时作出采纳经营层的意见及要求其按新的企业会计准则，尽快落实更正的决议。公司经营层随即予以落实。〈有关公司本次会计差错形成在于以银行承兑汇票贴现方式向银行筹资以及直接向银行借款进行帐外投资〈委托理财〉等原因，董事会已在二届四次会议决议公告中予以补充〉。

2、关于集团公司借款和本次债权转让款项不计提坏帐准备：本公司经过对集团公司近三年会计报表的审查分析，认为目前集团公司资产质量较好，资产负债结构合理，具备良好的支付能力。同时集团公司业已作出了明确的还款计划，资金来源为资产重组变现，且已获得有权部门的认可，此外，尚有无形资产、土地使用权及其他资产用于偿还。所以，决定对该部分其他应收款项不计提坏帐准备。另，2002年4月19日，集团公司已按期履行与本公司签署的《债权转让协议》，分两次合计支付本公司4000万元。

〈七〉新年度业务发展计划

2002年公司经营目标与计划：实现销售收入26000万元，比上年增长26%；各种成本费用控制24900万元以下，比上年下降13.42%；开发新产品50项〈不含改型〉，投产率达90%。公司将采取以下措施：

1、改进公司管理机制

选择有条件的下属企业，开展有限责任公司改制试点，实行股权管理。

继续推进企业三项制度改革，转换经营机制。

建立公司内部财务结算中心，加强财务监控能力建设。

以上缴利润为首要职责，以资金回笼率为重要指标，改善公司目标管理考核机制。

2、着力扼制主业下滑

继续贯彻落实"面向全行业，开拓大市场"的方针，及时跟踪市场结构、产品结构等变化，加强销售网络的建设及对营销策略、手段及激励政策等的研究和落实；

鉴于公司2001年度营业利润亏损巨大的原因除生产经营不景气外，成本费用居高不下也是重要因素之一的实际，下决心以降成本、降费用、降消耗、降应收款、降库存为重点，加强企业内部管理，盘活存量资产，提高资产质量，练好内功，增进收益。

3、积极培育新的利润增长点

抓紧汽车仪表电子化国债项目的实施．一是继续采取与高等院校、科研院所合作的方式，依靠高新技术研制开发二至三款汽车仪表，并投放市场；二是申报建立省级汽车仪表检测中心；三是制定符合市场变化、灵活的销售政策，全力开拓市场；四是尽快启动芜湖汽车仪表产业化基地建设。

加快新型太阳能光伏水泵项目产业化进程。进一步加大产品的国内外市场推介，加快市场网络建设，力争全年实现销售收入5000万元；加大技术创新力度，重点研究开发户用光伏系统和大功率光伏系统产品，形成光伏产品链；根据国家有关部门的安排，在2002年6月确保新型太阳能光伏水泵项目顺利通过验收。

按照发展古代徽州文化特色旅游的思路，认真规划歙县棠樾牌坊群景区，积极申报世界文化遗产，创出品牌，吸引客源，提高门票收入，谋求综合收益。

设立公司技术创新基金和重大新市场发展基金，为上述项目的有效实施服务。

4、适应公司产业产品升机换代及转型需要，围绕技术研发、结构调整、产业政策导向等方面，采取控股、参股、中外合资、中外合作等多种形式，开展资产重组和低成本扩张，壮大企业经济实力。

5、以实施人才工程为目标，与高等院校、科研院所合作，强化公司两个省级技术中心建设，在申报建立国家级技术中心工作上迈出成果。

〈八〉董事会对股东大会决议的执行情况

报告期内董事会严格执行股东大会通过的各项决议。

经华证会计师事务所审计，公司2000年度实现税后利润38,173,192.05元，在扣除法定公积金、公益金各10%后，可分配利润30,538,553.63元，加上历年结转下来的未分配利润23,302,041.48元，累计可分配利润为53,840,595.11元。经董事会一届七次会议审议并报公司2000年度股东大会批准，以2001年12月31日公司总股本15000万股为基数，按每10股派发现金红利1.25元（含税）进行分配，共派发现金红利18,750,000.00元，余额35,090,595.11元结转以后年度分配。公司本次不以资本公积金转增股本。

以上分配方案已于2001年5月23日在《中国证券报》、《证券时报》和信息披露指定网站上刊登了分红派息公告，股权登记日：2001年5月29日，除息日：2001年5月30日。

〈九〉本年度利润分配预案或资本公积金转增股本预案

经安徽华普会计师事务所审计，公司2001年实现税后利润1,129,368.11元，在扣除法定公积金、公益金各10%后，可分配利润903,494.49元，加上历年结转下来的未分配利润8,256,998.33元，累计可分配利润为9,160,492.82元。经公司董事会二届四次会议审议，鉴于公司正在进行产业产品结构调整，同时由于财务指标追溯调整和经营状况下滑严重，拟本年度利润暂不分配，也不以资本公积金转增股本，提请公司2001年度股东大会审议。该决定与公司董事会一届七次会议所作出的预计2001年度利润分配政策有矛盾，籍此谨就董事会对上述分配政策的预计失误向投资者致歉。

预计2002年度利润分配政策：拟不分配。

(十)报告期内，公司信息披露指定报纸未变更。

八、监事会报告

报告期内，公司监事会依据《公司法》、《证券法》和公司《章程》赋予的职责，对公司、董事及高级管理人员等的工作积极给予支持，依法开展监督。对公司一年来的工作，公司监事会认为：

1、公司运作较为规范，但对治理制度的落实力度不够，发生了许多违规问题，应切实引以为戒，加以改进。公司董事及高管人员较好地履行了自己的责任和义务，自身均未发现有违反法律、法规、公司《章程》或损害公司利益的行为；

2、公司董事会成员及高管人员着眼公司未来发展，一手抓现有主业和公司整个经营稳定，一手积极进行产业产品结构调整优化，努力使公司在近年内实现产业升级和转型，并已在新型太阳能光伏水泵项目上取得阶段性成果。

3、公司最近一次募集资金实际投入项目和承诺投入项目有较大差别。公司招股书承诺实施的8个募集资金项目除电子式摩托车仪表技改和扩大欧式摩托车仪表出口两个投入实施外，与

其它 6 个项目相关的募集资金大部改投了汽车仪表电子化、光伏水泵和受让棠樾牌坊群经营权，合计变更募集资金用途 24222 万元，尚有募集资金 2979.79 万元未明确投向。公司变更募集资金用途业经股东大会批准，决策程序合法，也符合市场化经营取向。

4、2001 年，公司以募集资金 1800 万元受让棠樾牌坊群旅游经营权 50 年，是依据专业资产评估机构的评估值确定相关交易价格并报公司 2001 年第一次临时股东大会审议批准的，未发现任何内幕交易行为，未损害股东权益和造成公司资产流失。

5、公司和控股股东的关联交易严格按协议或合同执行，没有损害公司利益的情况；

6、安徽华普会计师事务所出具的审计报告真实可靠，公司财务报告及审计意见真实反映了公司的财务状况和经营成果；

7、2001 年度安徽华普会计师事务所对公司财务报告出具了有解释性说明的保留意见的审计报告，同意公司董事会二届四次会议就有关事项所作的说明。

九、重要事项

〈一〉报告期内没有发生涉及公司的重大诉讼、仲裁事项。

〈二〉报告期内公司发生的收购兼并、资产重组等情况：

报告期内，经董事会 2001 年第二次临时会议审议并报公司 2001 年第一次临时股东大会批准，决定以募集资金 1800 万元受让国家级重点文物保护单位－－－歙县棠樾牌坊群景区 50 年经营权，介入旅游行业。〈具体内容参见 2001 年 6 月 16 日《中国证券报》、《证券时报》〉

〈三〉报告期内公司重大关联交易事项：

1、存在控制关系的关联方情况

对公司存在控制关系的关联方即集团公司，持有公司股份 90302980 股，占公司总股本的 60.2%。

2、公司与关联方的交易

第一、本期公司向集团公司按协议价支付综合服务费 66 万元、土地租赁使用费 28.1 万元。

第二、截止 2001 年 5 月 31 日，公司在集团公司的其他应收款为人民币 50,189,709.90 元，占该项款项的 54.42%，比期初增加 405.62%。主要是集团公司因资金周转困难，要求公司提供资金支持。2001 年 1－5 月，集团公司与公司签订借款协议，从公司借走资金人民币 4026.33 万元，形成新的关联交易。借款单据共五单，借款期限均为一年，借款利率为 4.875%〈四单〉，最后一单借款利率为 6.4%，

具体如下：

〈1〉2001 年 1 月 9 日，借款人民币 1500 万元，到期本息合计 15,877,500.00 元；

〈2〉2001 年 2 月 20 日，借款人民币 300 万元，到期本息合计 3,175,500.00 元；

〈3〉2001 年 3 月 2 日，借款人民币 500 万元，到期本息合计 5,292,500.00 元；

〈4〉2001 年 4 月 8 日，借款人民币 726.33 万元，到期本息合计 7,298,708.59 元；

〈5〉2001 年 5 月 18 日，借款人民币 1000 万元，到期本息合计 10,768,000.00 元。

公司为集团公司提供上述资金支持，集团公司承诺将按期归还本金，并据同期银行贷款利率支付利息。其归还公司借款本息的资金来源为：

〈1〉来自"金马股份"的分红及租金收入；

〈2〉集团公司的经营利润；

〈3〉集团公司向银行融资；

〈4〉其它。

对该项关联交易，公司已根据深圳证券交易所的要求，制作了补充公告，并聘请合肥皖建投资咨询有限责任公司出具了独立财务报告。具体内容已于 2001 年 8 月 11 日刊载在《中国证券报》、《证券时报》和信息披露指定网站上。

集团公司向公司的借款，已提前于 2001 年 8 月 10 日部分归还公司人民币 2000 万元。具体内容已于 2001 年 8 月 14 日刊载在《中国证券报》、《证券时报》和信息披露指定网站上。

截止 2002 年 4 月 10 日，集团公司尚未归还向公司的借款本息合计 32,338,618.49 元，其中到期借款本息合计 11,644,208.59 元。公司将采取措施催其归还。

第三、现通过 2001 年报编制和审计发现，截止 2001 年底，集团公司向公司的借款除上述已披露的 50,189,709.90 元外，还向公司借款 96,450,492.39 元，合计实际借款为 146,640,202.29 元，占公司同期净资产 465,699,717.61 的 31.49%。其中，未经披露的借款 96,450,492.39 元，占公司同期净资产 465,699,717.61 的 20.7%。

未经披露的集团公司向公司的借款构成为：

1、集团公司要公司为其偿还在歙县建行的借款 3280 万元，偿还时间分别为 2000 年 9 月 26 日 200 万元，11 月 31 日 3000 万元，2001 年 1 月 3 日 80 万元；

2、集团公司要公司为其偿还在歙县工行的借款 2860 万元，偿还时间为 2000 年 7 月 23 日到 2001 年 7 月 4 日；

3、集团公司要公司为其偿还在农行合肥市寿春路支行的借款 200 万元，偿还时间为 2000 年 11 月 14 日；

4、集团公司要公司为其偿还在歙县中行的借款 2200 万元，偿还时间为 2000 年 8 月 6 日；

5、集团公司向公司的其他借款 11,050,492.39 元，上年结转。

上述未经披露的借款均未履行有关规定程序。

经公司 2002 年 4 月 12 日董事会二届三次会议审议，鉴于目前大股东资产质量较好，资产负债结构合理，同时其拟在 2002 年度进行资产重组，决定对其借款不计提坏帐准备。

根据有关规定，集团公司向公司的借款构成重大关联交易。公司董事会二届四次会议就此交易事项作了审议，形成了决议，并将此交易提交公司 2001 年度股东大会审议。在提交公司 2001 年度股东大会审议之前，公司将聘请独立财务顾问发表独立财务顾问报告，并与公司作出的补充关联交易公告一起对外披露，提交 2001 年度股东大会审议。

针对上述未经披露的借款，集团公司业已承诺通过土地使用权交易和在 2002 年度进行资产重组予以归还，有关资产重组承诺业已获得有权部门认可。同时，拟定还款计划如下：

2003 年 4 月 30 日前归还 4000 万元；

2003 年 8 月 31 日前归还 4000 万元；

2003 年 12 月 31 日前归还 4000 万元；

2004 年 6 月 30 日前归还 26,640,202.29 元。

第四、公司于 2001 年 12 月 20 日在公司本部同集团公司〈以下简称"集团公司"〉签订了《债权转让协议书》，签署人分别为公司法定代表人方汉佐先生和集团公司法定代表人潘金根先生，拟将公司截止 2000 年 12 月 31 日经审计的部分应收款项形成的债权 94,079,041.08 元人民币转让给集团公司。

根据深圳证券交易所《股票上市规则》〈2001 年修订版〉的有关规定，及本次关联交易标的占公司同期净资产的 18.16%之实际，本次交易构成重大关联交易。

由于公司个别领导和有关部门对关联交易缺乏应有的理解，导致与集团公司签署债权转让协议时，未履行有关规定程序。公司董事会发现后及时纠错，召开专门会议，对该等交易事项进行审议，补充履行相关程序。

公司董事会对上述债权转让事项进行了认真、细致的分析研究，关联方董事在表决时依据有关规定作了回避，经非关联方董事表决一致通过了上述债权转让议案。

此项交易尚须获得股东大会的批准，与该关联交易有利害关系的关联人将放弃在股东大会上对该议案的投票权。

对于双方协议中提到的转让价款的支付方式为等额资产或货币资金，公司董事会将在发布 2001 年度股东大会召开通知时，披露相关议案，具体阐述该支付方式的操作意见，并提交股东大会审议批准。

1、关联交易标的基本情况

鉴于公司正在落实 2000 年度股东大会决议，通过改变部分募集资金投向，进行产业产品结构调整优化，同时为盘活资产存量，加快应收款项处置，改善主业经营性资产质量，拟将应收济南轻骑摩托车有限公司、山东华日集团总公司、合肥世纪车业有限公司、歙县修造厂等 138 家企业的债权合计 94,079,041.08 元转让给集团公司。

本次交易标的应收前十位的客户款项构成如下：

客户名称	应收款金额元	帐龄
济南轻骑摩托车股份有限公司	3,476,987.69	1－2 年
合肥世纪车业有限公司	3,427,137.80	同上
重庆万亚机车制造有限公司	3,414,309.82	同上
重庆建设隆鑫摩托车有限公司	2,960,520.00	同上
长春长铃摩托车有限公司	2,618,793.31	2－3 年
重庆建设工业有限责任公司	2,131,470.64	2－3 年
泾县喷灌水泵厂	1,105,920.00	1－2 年
南宁重工业供销公司	1,017,480.00	同上
靖安县机械厂	876,100.00	同上
歙县农机修造厂	546,780.00	同上

涉及本次转让相关债权的坏帐准备事项，公司董事会经研究，决定不计提坏帐准备。理由如下：

〈1〉经对集团公司近三年会计报表的审查分析，目前集团公司资产质量较好，资产负债结构合理，具备较好的支付能力；

〈2〉本次交易相关债权由公司销售车用仪表、微电机等商品形成的应收款项构成，该等应收款项此前已由公司计提了坏帐准备。该等坏帐准备在本次债权转让实施时，公司将其转为资本公积－－－关联交易价差处理。

〈3〉本次交易如成功后，相关债权按协议将由集团公司在 2002 年年度支付完毕。

〈4〉集团公司拟在 2002 年度进行资产重组，并已获得有权部门的认可，以确保公司利益不受损害。

资产转让手续完成后，公司将按《企业会计制度》、《企业会计准则》及有关规定处理。

2、关联交易合同的主要内容和定价政策

A 定价政策

以 2000 年 12 月 31 日为基准日的经华证会计师事务所审计的公司 2000 年度财务审计报告确定的部分应收款项数值作为交易价格。

B 交易价格和交易结算方式

双方同意债权转让价格为人民币 94,079,041.08 元。

集团公司承诺在 2002 年 4 月 20 日前支付 40,000,000.00 元；在 2002 年 8 月 20 日前支付 30,000,000.00 元；其余款项 24,079,041.08 元在 2002 年 12 月 20 日前支付。

转让价款的支付方式为：等额资产或货币资金。

本次交易履行的时间：协议规定为一年。

C 协议生效条件

〈1〉双方签署转让协议；

〈2〉公司 2001 年年度股东大会批准上述转让协议。

3、进行关联交易的目的以及本次关联交易对公司的影响

本次关联交易如获得公司股东大会批准实施，将明显改善现有主业的经营性资产结构和质量，化解经营和财务风险，增强公司核心竞争力，同时有助于公司集中人、财、物力投入汽车仪表和光伏水泵项目的实施，加快产业产品结构调整优化的步伐，整合提高公司基本面素质，为全体股东创造财富。

4、独立董事对关联交易的意见

独立董事认为：本次关联交易有利于公司实现现有资源的整合和优化配置，以及产业产品结构的战略调整，使公司规避经营和财务风险，提高公司经济实力和市场竞争力。本次交易是公平、公正和合理的，应予支持。同时独立董事指出，集团公司必须认真履行交易双方签订的债权转让协议，采取有效措施，尽快把相关等额资产或货币资金支付给公司，公司也应采取积极措施，敦促集团公司予以支付，并履行信息披露义务。

5、针对本次关联交易，公司董事会聘请合肥皖建投资咨询有限责任公司为独立财务 顾问，其独立财务顾问意见如下：

A、对本次债权转让暨关联交易的分析

鉴于本次债权转让是金马股份与控股股东进行的关联交易，为此，独立财务顾问针对其合法性及其对全体股东特别是非关联股东的影响，就本次债权转让暨关联交易进行以下分析：

第一、合法性

(1) 本次债权转让暨关联交易标的所涉及的资产为金马股份所有；

(2) 本次债权转让暨关联交易双方已签订了《债权转让协议书》；

(3) 本次债权转让暨关联交易已经过金马股份董事会审议通过。

第二、公正与公平性

(1)本次债权转让暨关联交易由华证会计师事务所有限公司对本次债权转让的标的进行了审计；

(2)本次债权转让暨关联交易的资产作价以经审计的资产价值为依据，由债权转让双方协商确定，交易定价的过程是公平的；

(3)本次债权转让暨关联交易按照转让双方意愿，遵循了市场原则。

B、总体评价

在核阅与本次债权转让暨关联交易有关的资料、华证会计师事务所有限公司出具的审计报告以及本次债权转让暨关联交易双方提供的资料，并在独立财务顾问报告所依据的假设前提成立的情况下，独立财务顾问出具以下意见：

第一、本次债权转让暨关联交易有利于盘活金马股份的部分存量资产，优化资产结构，提高资产质量，降低经营和财务风险，增强市场竞争力和发展后劲；

第二、本次债权转让的资产作价以审计后的资产价值为依据，由转让双方协商确定，遵循了市场原则；

第三、本次债权转让的转让双方对严格履行《债权转让协议书》负有不可推卸的法律责任。为了维护转让双方及广大股东的权益，集团公司应按期、足额支付应付款项；金马股份应采取切实有效的措施，认真执行本次债权转让协议。建议金马股份董事会尽快成立特别委员会，敦促集团公司按时履行本次债权转让的有关协议；

第四、从本次《债权转让协议书》签订的内容、日期和金马股份董事会有关决议日期来看，本次债权转让未能严格履行规定的程序。为此，金马股份可能面对其他非关联股东和有关方面的指责，如补救措施不力，在资本市场上将存在融资信誉风险。建议金马股份采取有效措施，切实加强法制意识和内部管理，严格执行法定程序和信息披露制度；

第五、为了维护全体股东的权益，金马股份应加速调整和优化产业结构，改善公司基本面，提升企业竞争力和抗风险能力。

具体内容已于 2002 年 4 月 18 日刊登在《中国证券报》、《证券时报》和相关信息披露指定网站上。

本次债权转让协议已如期获得执行。2002 年 4 月 19 日,集团公司已按协议分两次支付首期款项 4000 万元。具体内容公司已于 200 年 4 月 23 日刊登在《中国证券报》、《证券时报》和相关信息披露指定网站上。

〈四〉公司无托管、承包、租赁其它公司资产或其它公司托管、承包、租赁公司资产事宜。

〈五〉报告期内公司聘任、改聘、解聘会计师事务所事项:

2001 年 4 月 21 日,公司 2001 年度股东大会审议批准续聘华证会计师事务所为公司 2001 年度财务审计机构。2001 年 12 月 29 日,经公司董事会二届二次会议审议,决定解除对华证会计师事务所的聘任,改聘安徽华普会计师事务所为公司 2001 年度财务审计机构。2002 年 2 月 6 日,公司 2002 年第一次临时股东大会审议通过了聘任安徽华普会计师事务所为公司 2001 年度财务审计机构的决议。2001 年度,公司向安徽华普会计师事务所支付审计等费用计人民币 76 万元。

〈六〉报告期内公司以募集资金 1 亿元先后两次委托深圳市国贝投资发展有限公司进行国债投资,年收益率为 12%,该等事项公司已于 2001 年 5 月 12 日在《中国证券报》、《证券时报》和信息披露指定网站上刊登了补充公告;

上述委托投资本金 10000 万元及收益 816 万元已于 2001 年 7 月 29 日由受托方一次性归还。公司已于 2001 年 9 月 20 日在《中国证券报》、《证券时报》和信息披露指定网站上刊登了补充公告。

现通过 2001 年报编制工作自查,发现原委托理财业务在信息披露上不够准确、充分、完整,籍此,补充公告其他委托理财协议及执行情况如下:

1、2000 年 8 月,与上海汉龙投资有限公司签订资产管理委托合同,将公司资金 3000 万元委托其理财,委托期限自 2000 年 8 月 2 日至 2001 年 8 月 1 日,年收益率 12.5%。到期后,收回本金 3000 万元,收益 375 万元。该等委托未履行应有的决策程序。

2、2000 年 8 月 11 日,与深圳市沃乐得投资有限公司签订协议,将公司资金 7000 万元委托其理财,委托期限自 2000 年 8 月 16 日至 2001 年 8 月 15 日,年收益率 11%。到期后,应收回本金 7000 万元,应获得收益 770 万元。由于公司中途抽回委托资金 3500 万元,到 2001 年 8 月 28 日,收回剩下的本金 3500 万元,累计获得收益 5,510,729.45 元。该等委托未履行应有的决策程序。

3、2000 年 10 月 9 日,与国贝公司签订资产管理委托合同,将公司资金 6000 万元委托其理财,委托期限自 2000 年 10 月 13 日至 2001 年 10 月 12 日,年收益率 12.5%。到期后,收回本金 6000 万元,收益 750 万元。该等委托未履行应有的决策程序。

4、2000 年 10 月 17 日,与深圳市首证实业有限公司签订投资合作协议书,将公司资金 2000 万元委托其理财,委托期限自 2000 年 10 月 18 日至 2001 年 10 月 17 日,年收益率 12.5%。截止 2001 年 11 月 30 日,仅收回本金 2000 万元,未获得投资收益。该等委托未履行应有的决策程序。

5、2000 年 11 月 9 日,与上海鑫恒投资咨询有限公司签订资产管理委托合同,将公司资金 500 万元委托其理财,委托期限自 2000 年 11 月 16 日至 2001 年 10 月 15 日,年收益率 12.5%。到期后,收回本金 500 万元,收益 62.5 万元。该等委托未履行应有的决策程序。

6、2000 年 11 月 9 日,与上海汉龙投资有限公司签订资产管理委托合同,将公司资金 1500 万元委托其理财,委托期限自 2000 年 11 月 15 日至 2001 年 11 月 15 日,年收益率 12.5%。截止 2001 年 11 月 22 日,收回本金 1500 万元,收益 187.5 万元。该等委托未履行应有的决策程序。

7、2001 年 10 月 12 日,与国贝公司签订资产管理委托合同,将公司上述"三"委托其理财的到期资金 6000 万元继续委托其理财,委托期限自 2001 年 10 月 13 日至 2002 年 10 月 12 日,年收益率 12.5%。该等委托业经公司资本运作风险控制小组审查后报公司董事长批准。

8、2001 年 11 月 22 日,与武汉证券有限责任公司签订国债投资管理协议,将公司资金 6000 万元委托其买卖国债,委托期限自 2001 年 11 月 22 日至 2002 年 11 月 21 日,年收益率为不低于正常的国债投资收益水平。该等委托业经公司资本运作风险控制小组审查后报公司董事长批准。

9、2001 年 12 月 17 日,与安徽天成投资有限责任公司签订委托购买国债合同,将公司资金 1000 万元委托其买卖国债,委托期限自 2000 年 12 月 18 日至 2002 年 12 月 17 日,年收益率 8.5%。该等委托业经公司资本运作风险控制小组审查后报公司董事长批准。按照合同规定,年收益 85 万元已到帐。

到报告期末,公司在外委托理财资金尚有 1.3 亿元,需到 2002 年下半年才到期。届时,公司将对上述"7"、"8"、"9"项中的委托理财协议执行情况作出披露。

该等事项公司已于 2002 年 4 月 18 日刊登在《中国证券报》、《证券时报》和相关信息披露指定网站上。

〈七〉加入世界贸易组织对公司的影响:

加入世界贸易组织后,公司现有人才、技术、管理等状况将会受到冲击,但随着国家法制化进程加快和大力整顿经济秩序,行业无序竞争格局将会发生改变,同时行业整合力度加强,有利于公司发挥行业龙头和市场优势。

〈八〉2002 年,公司不再享有"先征后返"的所得税优惠政策,改为执行 33% 的所得税税率。这一政策调整将对公司经营业绩产生重大影响。

〈九〉报告期内公司各项业务合同正常进行,无重大合同纠纷发生。

〈十〉报告期内公司未发生担保事项。

〈十一〉报告期内公司名称和股票简称没有变更。

〈十二〉报告期内发生的其他重大事项:

1、中国证监会合肥证券监管特派员办事处于 2001 年 5 月 31 日至 6 月 5 日对公司进行了巡回检查,并于 6 月 15 日以皖证监函字〈2001〉29 号文件下达了《限期整改通知书》,要求公司在 2001 年 7 月 20 日前报送《整改报告》。公司于 7 月 22 日召开了董事会一届八次会议,审议通过了《整改报告》并在会议决议公告中对外作了信息披露。目前,整改工作尚未完成。

2、鉴于公司主导产品下游行业持续严重低迷对生产经营的负面影响加大和财务处理方面存在问题,公司于 2002 年 3 月 12 日延期发布了 2001 年度经营业绩的预警公告,称公司 2001 年度经营业绩预计将比 2000 年度下降 50% 以上。具体内容已于 2002 年 3 月 12 日刊载在《中国证券报》、《证券时报》和信息披露指定网站上。

3、截止报告期末,公司其他应收款项合计为 296,666,320.15 元,除前述集团公司借款外,还包括以下单位借款 55,947,085.78 元,主要是:

2001 年 12 月 27 日,公司借给华安证券有限责任公司黄山前南新村证券营业部短期周转资金 2900 万元。该等借款已由华安证券有限责任公司黄山前南新村证券营业部于 2002 年 1 月 7、9 日分两次归还公司;

2001 年 3 月 12 日,借给祁门朝阳大酒店 447 万元,尚未归还公司;

2001 年 1 月 8、9 日,借给集团公司高压阀门厂 100 万元,尚未归还公司;

2001 年 2 月 5 日,借给歙县经济开发部 78 万元,尚未归还公司。

2002 年 4 月 20 日,公司董事会二届四次会议就上述借款进行审议,形成了决议－－－按原借款审批程序由公司和相关部门追回。

5、报告期内,公司新增各种借款 206,469,918.67 元,其中短期增加 183,969,918.67 元,长期借款增加 22,500,000.00 元,占 2001 年末经审计净资产的 43.91%。该等贷款履行了审批程序,但由于公司个别领导的原因,一直未履行信息披露义务。籍此向广大投资者表示歉意。

十、财务会计报告

〈一〉审计报告

华普审字[2002]第 0307 号

黄山金马股份有限公司全体股东:

安徽华普会计师事务所(以下简称"我们")接受委托,对黄山金马股份有限公司(以下简称"贵公司")2001 年 12 月 31 日的资产负债表,2001 年度的利润表及利润分配表、现金流量表进行了审计。这些会计报表由贵公司负责,我们的责任是对这些会计报表发表审计意见。我们的审计是依据《中国注册会计师独立审计准则》进行的。在审计过程中,我们结合贵公司的实际情况,实施了包括抽查会计记录等我们认为必要的审计程序。

我们初次接受委托,注意到前任注册会计师对贵公司 2000 年度会计报表出具了无保留意见的审计报告,我们无法获取充分、适当的审计证据以确定年初数对本期会计报表整体反映的影响程度。但是我们注意到,"会计报表附注十二"所述的重大资产出售事项如经贵公司 2001 年度股东大会通过并予实施,年初数对本期会计报表整体反映的影响因素在 2001 年末则消除。

我们认为,除存在上述问题外,上述会计报表符合《企业会计准则》和《企业会计制度》的有关规定,在所有重大方面公允地反映了贵公司 2001 年 12 月 31 日的财务状况及 2001 年度的经营成果和现金流量情况,会计处理方法的选用遵循了一贯性原则。

此外,我们注意到:

1、由于贵公司以银行承兑汇票贴现方式向银行筹资以及直接向银行借款进行帐外投资〈委托理财〉等原因,致使公司的会计核算出现重大差错,贵公司经营层对截止 2001 年期末公司财务状况进行了核查,并报经董事会审议批准对年初数和 2001 年期末数进行了更正,该次更正调增了资产 222,469,894.04 元,调增了负债 256,011,890.00 元,调减了所有者权益 33,541,995.96 元(其中调减 2000 年度净利润 30,961,301.59 元)。

2、贵公司对 2001 年 12 月 20 日转让债权以及黄山金马集团有限公司(以下简称"金马集团")欠款所形成的其他应收款未计提坏账准备。若根据贵公司的会计政策与会计估计,对一年以内的应收款项按 5% 计提坏账准备,应提坏账准备 12,035,962.17 元。根据金马集团与贵公司签定的《债权转让协议》,债权转让款将在 2002 年末支付完毕;金马集团已对截止 2001 年末对贵公司的欠款制定了还款计划,鉴于上述原因,贵公司董事会决定,对该其他应收款不计提坏账准备。

安徽华普会计师事务所　　中国注册会计师:肖厚发
中国　合肥　　中国注册会计师:朱宗瑞
中国注册会计师:张良文
2002 年 4 月 21 日

〈二〉会计报表〈附后〉

〈三〉会计报表附注

(金额单位:除另有说明者外,所有金额单位均以人民币元为单位)

一、公司的基本情况

黄山金马股份有限公司(以下简称"本公司")是经安徽省人民政府皖政秘(1998)269 号文批准,由黄山金马集团有限公司(以下简称"金马集团")作为主要发起人,联合杭州永磁集团有限公司、黄山徽新金塑有限公司、中国兵器工业第二一四研究所、黄山普乐房地产开发公司以发起设立方式设立的股份有限公司。本公司原注册资本为人民币 9200 万元,于 1998 年 8 月 31 日获得安徽省工商行政管理局核发的注册号为 25922259－3 的企业法人营业执照。

2000 年 5 月 11 日经中国证券监督管理委员会证监发行字[2000]62 号文核准本公司向社会公众发行人民币普通股 5800 万股,2000 年 5 月 19 日本公司在深圳证券交易所上网发行,发行价 5.49 元/每股,共募集资金 31842 万元,扣除承销费用 1160.21 万元和上网发行费用 111.447 万元后为 30570.343 万元,该次发行股票的资金到位情况已经华证会计师事务所验资报告确认,本公司发行股票后,股本由原来的 9200 万元变更为 15000 万元。2000 年 6 月 1 日在安徽省工商行政管理局办理变更注册登记,注册号变更为 3400001300055。

本公司主要从事汽车仪表、摩托车仪表及车用零部件、电机系列产品、电子电器产品、电工仪表、化工产品(不含危险品)、润滑油、包装制品、光伏节能装备产品、健身器材生产、销售、旅游服务等。

二、公司主要会计政策、会计估计

1、执行的会计制度

本公司执行《企业会计准则》、《企业会计制度》及其他有关法规、制度和规定。

2、会计年度

自公历一月一日起至十二月三十一日止。

3、记账本位币

以人民币为记账本位币。

4、记账基础和计价原则

以权责发生制为记账基础,资产的计价遵循历史成本原则。

5、外币业务核算方法

对发生的外币经济业务,按发生时市场汇率折合人民币记账,期末各外币账户的余额按期末市场汇率进行调整。调整的差额,属于与购建固定资产有关的借款产生的汇兑损益,按照借款费用资本化的原则进行处理;与购建固定资产无关的属于筹建期间的计入长期待摊费用,属于生产经营期间的计入当期财务费用。

6、现金等价物的确定标准

凡同时具备期限短(从购买日起,三个月内到期)、流动性强、易于转换为已知金额的现金、价值变动风险很小四个条件的投资,确认为现金等价物。

7、坏账损失的核算方法

(1)坏账的确认标准:因债务人破产或者死亡,以其破产财产或遗产清偿后,仍然不能收回的应收款项;因债务人逾期未履行偿债义务超过三年确实不能收回,经董事会批准转销的应收款项。

(2)坏账损失的核算:采用备抵法,本公司的应收款项(包括应收账款和其他应收款),根据债务单位的财务状况和现金流量等情况,按账龄分析法计提坏账准备,预计的坏账损失计入当年损益,具体计提比例如下:

账龄	计提比例
1 年以下	5%
1－2 年	10%
2－3 年	20%
3－4 年	40%
4－5 年	75%
5 年以上	100%

8、存货核算方法

存货分为原材料、包装物、低值易耗品、在产品、自制半成品、产成品、委托加工材料、库存商品及分期收款发出商品等。

存货中的各类材料、包装物、在产品、产成品、库存商品、委托加工材料及分期收款发出商品的日常核算,均按实际成本计价。即各类材料、包装物、在产品、自制半成品、产成品、库存商品、委托加工材料、分期收款发出商品购入或入库均采用实际成本计价,领用或发出采用加权平均法确定其成本。

低值易耗品领用时采用"五五"摊销法摊销。

存货实行永续盘存制,期末存货按成本与可变现净值孰低计价。由于存货毁损、全部或部分陈旧过时或销售价格低于成本等原因,使存货成本高于可变现净值的,按可变现净值低于存货成本部分计提存货跌价准备,存货跌价准备按单个存货项目的成本与可变现净值计量。

9、短期投资核算方法

本公司持有的可随时变现并且持有时间不准备超过一年的投资，确认为短期投资，包括股票投资、债券投资等。

短期投资在取得时以投资成本计价，持有期间收到短期投资的现金股利或利息不确认收益，冲减短期投资账面价值；期末，短期投资以成本与市价孰低法计价，市价低于成本的差额按投资总体计提短期投资跌价准备；处置短期投资时，短期投资的账面价值按与实际收到的价款的差额作为当期投资收益。

10、长期投资核算方法

(1)长期债权投资

a、长期债权投资的计价

长期债权投资在取得时按实际成本计价。

b、长期债权投资溢折价的摊销

长期债券投资的实际成本与债券票面价值的差额，作为溢价或折价，债券的溢价或折价在债券存续期间内于确认相关债券利息收入时摊销，摊销方法为直线法。

c、长期债权投资收益确认方法

长期债权投资按期计算应收利息，扣除债券投资溢价或折价摊销后的金额确认为当期投资收益。

(2)长期股权投资

a、长期股权投资的计价

长期股权投资取得时按初始投资成本计价。

b、股权投资差额

指采用权益法核算的长期股权投资取得时初始投资的成本与在被投资公司所有者权益中所占份额的差额以及对长期股权投资由成本法改为权益法时，投资成本与享有被投资公司所有者权益份额的差额，按 10 年的期限平均摊销。

c、长期股权投资收益确认方法

对于长期股权投资，若母公司对被投资单位无控制、无共同控制且无重大影响的按成本法核算，若母公司持有被投资单位有表决权资本总额 20%或 20%以上，或虽投资不足 20%，但有重大影响的，采用权益法核算。采用成本法核算的，在被投资单位宣告发放现金股利时确认投资收益，但该投资收益仅限于所获得的被投资单位在接受投资后产生的累积净利润的分配额，所获得的被投资单位宣告分派的现金股利超过上述数额的部分，作为初始投资成本的冲回，冲减投资的账面价值；采用权益法核算的，以取得被投资单位股权后发生的净损益为基础，在各会计期末按应享有或应分担的被投资单位当期实现的净利润或发生的净亏损的份额，确认当期投资收益，并调整长期股权投资的账面价值。处置长期股权投资时，将投资的账面价值与实际取得价款的差额，作为当期投资损益。

(3)长期投资减值准备

期末，对长期投资逐项进行检查，按照账面价值与可收回金额孰低计量，由于市价持续下跌或经营状况恶化等原因导致其可收回金额低于长期股权投资账面价值，并且这种降低的价值在可预计的未来期间内不可能恢复时，按可收回金额低于长期股权投资账面价值的差额按单项计提长期投资减值准备，预计的长期投资减值损失计入当年损益。

(4)本公司本期未发生被投资单位可收回金额低于长期股权投资账面价值的事项，故未计提长期投资减值准备。

11、固定资产核算方法

固定资产是指使用年限超过一年的房屋、建筑物、机器设备、运输工具以及其他与生产经营有关的设备、器具、工具等。不属于生产经营主要设备，单位价值在 2000 元以上，且使用期限超过二年的物品也作为固定资产核算和管理。固定资产按实际成本计价。

固定资产折旧采用平均年限法。固定资产的分类、预计净残值、预计使用年限及年折旧率如下：

类 别	净残值率(%)	使用年限(年)	年折旧率(%)
房屋及建筑物	3	20 - 40	4.85—2.43
机械设备	3	5 - 14	19.40—6.93
运输设备	3	8 - 12	12.13—8.08
其他设备	3	12 - 18	8.08—5.39

(3)固定资产减值准备的计提方法和标准：公司固定资产期末采用账面价值与可收回金额孰低原则计价，并按单项固定资产的账面价值高于可收回金额的差额计提固定资产减值准备，计提的固定资产减值准备计入当期损益。存在下列情况之一时，将按照该项固定资产的账面价值全额计提减值准备：

①长期闲置不用，在可预见的未来不会再使用，且已无转让价值的固定资产；

②由于技术进步等原因，已不可使用的固定资产；

③虽然固定资产尚可使用，但使用后产生大量不合格品的固定资产；

④已遭毁损，以致于不再具有使用价值和转让价值的固定资产；

⑤其他实质上已经不能再给企业带来经济利益的固定资产。

已全额计提减值准备的固定资产，不再计提折旧。

12、在建工程核算方法

(1)在建工程按各项工程实际发生的支出入账，并在工程完工交付使用时按工程的实际成本结转固定资产。与在建工程相关的借款所发生的借款费用在固定资产达到预定可使用状态前计入工程成本，当所购建的固定资产达到预定可使用状态时则停止借款费用资本化，以后发生的借款费用确认为当期费用。

(2)期末在建工程计提减值准备。期末，对在建工程进行全面检查，若在建工程长期停建并且预计在未来 3 年内不会重新开工，所建项目在性能上、技术上已经落后并且所带来的经济利益具有很大的不确定性，或其他足以证明在建工程已经发生减值的，按可收回金额低于账面价值的差额计提在建工程减值准备。

13、无形资产计价和摊销方法

无形资产计价：无形资产取得时按取得的实际成本计价；期末按照账面价值与可收回金额孰低计价。

无形资产摊销方法：无形资产自取得当月起在预计使用年限内分期平均摊销计入损益。如预计使用年限超过了相关合同规定的受益年限或法律规定的有效年限，该无形资产摊销年限按如下原则确定：

(1)合同规定受益年限但法律没有规定有效年限的，摊销年限不应超过合同规定的受益年限；

(2)合同没有规定受益年限但法律规定有效年限的，摊销年限不应超过法律规定的有效年限；

(3)合同规定了受益年限，法律也规定了有效年限的，摊销年限不应超过受益年限和有效年限二者之中较短者。

如果合同没有规定受益年限，法律也没有规定有效年限的，摊销期不应超过 10 年。

无形资产减值准备的计提标准和方法：公司期末对无形资产的可收回金额进行估计，将该无形资产的账面价值超过可收回金额的部分确认为减值准备；并计入当期损益。应当计提无形资产减值准备的情况如下：

(1)该无形资产已被其他新技术等所代替，使其为企业创造经济利益的能力受到重大不利影响；

(2)该无形资产的市价在当期大幅下跌，在剩余年限内预期不会恢复；

(3)其他足以表明该无形资产的账面价值已超过可收回金额的情形。

14、开办费、长期待摊费用摊销

开办费先在长期待摊费用中归集，待企业开始生产经营当月起一次计入当期损益；长期待摊费用在费用项目的受益期限内分期平均摊销。其中：租入固定资产改良支出在租赁期限与租赁资产尚可使用年限两者孰短的期限内平均摊销；其他长期待摊费用在受益期内平均摊销。

15、借款费用的会计处理方法

生产经营活动借入的款项，其借款费用计入当期损益；为购建固定资产而专门借入的款项，其借款费用，在固定资产建造完成前计入工程成本，予以资本化；当购建的固定资产达到预定可使用状态时，则停止借款费用资本化，以后发生的借款费用确认为当期费用。

16、应付债券的核算方法

本公司发行的债券，对发行价格总额与债券面值的差额在债券存续期间采用直线法分期摊销。公司按期计提债券利息。分期计提的利息，扣除摊销的溢价金额或加上摊销的折价金额，列入财务费用；若属于为营建在建工程项目而发行的债券的应计利息，在工程已达到预定可使用状态前将应计利息扣除摊销的溢价金额或加上摊销的折价金额按借款费用资本化原则列入工程成本，工程已达到预定可使用状态后计入当期损益。

17、预计负债的确认原则及预计负债最佳估计数的确定方法

(1)预计负债的确认原则

若与或有事项相关的业务同时符合以下条件，则将其确认为负债：

①该义务是企业承担的现时义务；

②该义务的履行很可能导致经济利益流出企业；

③该义务的金额能够可靠地计量。

(2)预计负债最佳估计数的确定方法

如果所需支出存在一个金额范围，则最佳估计数按该范围的上、下限金额的平均数确定；如果所需支出不存在一个金额范围，则按如下方法确定：

①或有事项涉及单个项目时，最佳估计数按最可能发生的金额确定；

②或有事项涉及多个项目时，最佳估计数按各种可能发生额及其发生概率计算确定。

确认负债所需支出全部或部分预期由第三方或其他方补偿的，则补偿金额在基本确定能收到时，作为资产单独确认。确认的补偿金额不超过所确认负债的账面价值。

18、收入确认的方法

(1)销售商品的收入，在下列条件均能满足时予以确认：

a、企业已将商品所有权上的主要风险和报酬转移给购货方；

b、企业既没有保留通常与所有权相联系的继续管理权，也没有对已售出的商品实施控制；

c、与交易相关的经济利益能够流入企业；

d、相关的收入和成本能够可靠地计量。

(2)提供劳务的收入，按以下方法确认：

a、在同一会计年度内开始并完成的劳务，在完成劳务时确认收入；

b、劳务的开始和完成分属不同的会计年度，在提供劳务交易的结果能够可靠估计的情况下，在资产负债表日按完工百分比法确认相关的劳务收入。

(3)他人使用本公司资产等取得的收入，在下列条件均能满足时予以确认：

a、与交易相关的经济利益能够流入企业；

b、收入的金额能够可靠地计量。

19、所得税的会计处理方法

本公司所得税的会计处理采用应付税款法。

三、会计政策变更的影响

本公司原执行《股份有限公司会计制度》，根据财政部财会[2000]25 号文"关于印发《企业会计制度》的通知"和财政部[2001]17 号文"关于印发《贯彻〈企业会计制度〉有关政策问题的规定》的通知"以及财政部 2001 年 7 月 7 日发布的《实施〈企业会计制度〉及其相关准则问题解答》的有关规定，经本公司董事会审议通过，公司自 2001 年 1 月 1 日起执行《企业会计制度》和《企业会计准则》及其补充规定，按《企业会计制度》的规定变更或变更固定资产减值准备、无形资产减值准备、在建工程减值准备、开办费摊销方法会计政策：

①期末固定资产原不计提减值准备，现改为按单项固定资产账面价值高于可收回金额的差额计提减值准备。

②期末无形资产原不计提减值准备，现改为按单项无形资产账面价值高于可收回金额的差额计提减值准备。

③期末在建工程原不计提减值准备，现改为按单项在建工程账面价值高于可收回金额的差额计提减值准备。

④开办费原按五年期摊销，现采用一次性进入企业当期损益。

上述会计政策变更已采用追溯调整法，调整了 2000 年度的会计报表相关的年初数和上年实际数；这些会计政策变更的累积影响数为 1,200,051.83 元，全部为计提固定资产减值准备。由于会计政策的变更，调减 2000 年度留存收益 1,200,051.83 元，其中未分配利润调减 960,041.46 元，盈余公积调减 240,010.37 元。

四、会计差错更正

序号	影响损益会计差错的内容	会计差错的更正金额
1	1999 年多计投资收益	133,600.00
2	1999 年少计管理费用(少计提养老保险)	1,200,000.00
3	1999 年少计销售成本(少计提折旧)	1,247,091.37
4	2000 年少计营业费用	1,762,188.00
5	2000 年少计管理费用(其中:存货盘亏 12,551,248.62 元)	12,873,748.62
6	2000 年少计财务费用	5,594,017.23
7	2000 年少计销售成本(少计提折旧)	557,125.35
8	2000 年多计投资收益	3,093,810.00
9	2000 年少计营业外支出（在建工程处理损失）	5,880,363.56

公司在编制比较会计报表时，已对上述会计差错进行了更正，由于上述会计差错更正，调减 2000 年度以前留存收益 2,580,691.37 元，其中：未分配利润 2,064,553.11 元，盈余公积 516,138.26 元，调减 2000 年留存收益 32,341,944.13 元，其中：未分配利润 25,873,555.30 元，盈余公积 6,468,388.83 元。本次会计差错调增资产 223,669,945.87 元，负债 256,011,890.00 元，调减所有者权益 32,341,944.13 元，本公司已对会计差错进行了更正，并于 2001 年 12 月 26 日经本公司董事会审议通过。

五、税项

1、增值税

本公司仪表和电机类按 17%、农机类按 13%税率计算销项税额，扣除允许在当期抵扣的进项税额后，缴纳增值税。

2、营业税

按旅游门票收入的 5%计缴。

3、城建税及教育费附加

分别按应纳流转税额的5%和3%计缴。

4、所得税

根据安徽省人民政府1998年10月10日皖政秘[1998]272号文件批复,同意本公司自上市之日起所交纳的所得税实行"先征后返"的优惠政策,即按33%的税率征收入库后,再由地方财政返还18%,企业所得税实际负担率为15%。根据财政部财会[2000]3号文的规定,公司在实际收到地方财政返还的所得税时,直接冲减当期的所得税费用,该政策执行到2001年12月31日,本公司自2002年起执行33%的所得税税率。

5、其他税项按国家和地方有关规定计算缴纳。

六、会计报表主要项目注释

1、货币资金

项 目	2001.12.31	2000.12.31
现 金	779,393.78	16,669.50
银行存款	60,111,448.81	200,926,345.58
其他货币资金	110,057,578.46	–
合 计	170,948,421.05	200,943,015.08

其他货币资金包括一年期定期存款7100万元(其中4100万元用于银行质押),银行承兑汇票保证金3900万元,其余57,578.46元系上述资金的利息。

2、短期投资和短期投资跌价准备

项 目	2001.12.31		2000.12.31	
跌价准备	投资金额	跌价准备	投资金额	
委托理财	129,150,000.00	—	85,700,000.00	—
合 计	129,150,000.00	—	85,700,000.00	—

截止2001年12月31日委托理财具体情况如下:

受托单位	投资金额	投资期限	年收益率
深圳市国贝投资发展有限公司	60,000,000.00	2001.10.13—2002.10.12	11.50%
武汉证券有限责任公司	60,000,000.00	2001.11.22—2002.11.21	10.50%
安徽天成投资有限责任公司	9,150,000.00	2001.12.18—2002.12.17	8.50%
合 计	129,150,000.00	—	—

本公司对截止2001年期末短期投资进行了逐笔检查,未发现该项资产发生跌价损失的情形。

3、应收票据

票据种类	2001.12.31	2000.12.31
银行承兑汇票	880,600.00	50,000.00
商业承兑汇票	1,270,000.00	2,100,000.00
合 计	2,150,600.00	2,150,000.00

期末应收票据余额中无应收持本公司5%(含5%)以上表决权股份的股东单位的款项。

截止2002年4月21日,已到期的商业承兑汇票85万元全部收回;已背书转让的银行承兑汇票为88.06万元。

4、应收账款

(1)2001.12.31

①账款分析

账 龄	应收账款金额	比例(%)	坏账准备	应收账款净额
1年以内	83,295,951.26	64.97	4,164,797.57	79,131,153.69
1-2年	35,833,663.62	27.95	3,583,366.37	32,250,297.25
2-3年	6,818,795.18	5.32	1,363,759.03	5,455,036.15
3年以上	2,255,779.89	1.76	1,400,100.23	855,679.66
合 计	128,204,189.95	100.00	10,512,023.20	117,692,166.75

②期末应收账款余额中无应收持本公司5%(含5%)以上表决权股份的股东单位的款项。

③期末应收账款前五名金额合计为13,941,197.09元,占应收账款总额的10.87%。

(2)2000.12.31

账 龄	应收账款金额	比例(%)	坏账准备	应收账款净额
1年以内	130,554,186.69	88.37	6,527,709.33	124,026,477.36
1-2年	12,232,173.80	8.28	1,223,217.38	11,008,956.42
2-3年	3,535,851.16	2.39	707,170.23	2,828,680.93
3年以上	1,405,601.83	0.96	602,807.29	802,794.54
合 计	147,727,813.48	100.00	9,060,904.23	138,666,909.25

5、其他应收款

(1)2001.12.31

①账龄分析

账 龄	其他应收款金额	比例(%)	坏账准备	其他应收款净额
1年以内	249,576,450.47	83.57	675,407.17	248,901,043.30
1-2年	45,652,144.54	15.29	775,848.80	44,876,295.74
2-3年	3,325,890.47	1.11	486,874.41	2,839,016.06
3年以上	83,275.08	0.03	33,310.03	49,965.05
合 计	298,637,760.56	100.00	1,971,440.41	296,666,320.15

②期末其他应收款余额应收持本公司60.20%表决权股份的股东金马集团款项为240,719,243.37元,其中转让债权94,079,041.08,其余为欠款。根据本公司董事会二届三次会议决定,本公司对应收金马集团的款项不计提坏账准备。

③期末其他应收款前五名金额合计为275,969,243.37元,占其他应收款总额的92.41%。明细资料如下:

单位名称	所欠金额	欠款时间	款项内容
金马集团	240,719,243.37	2001年	往来款
华安前南新村证券营业部	29,000,000.00	2001年	借款
祁门朝阳大酒店	4,470,000.00	2001年	借款
安徽省屯溪高压阀门厂	1,000,000.00	2001年	欠款
歙县经济开发部	780,000.00	2001年	欠款

本公司应收华安前南新村证券营业部款项29,000,000.00元,已分别于2002年1月7日和1月9日归还。

(2)2000.12.31

账 龄	其他应收款金额	比例(%)	坏账准备	其他应收款净额
1年以内	45,085,727.70	97.39	1,795,676.78	43,290,050.92
1-2年	548,510.07	1.18	54,851.01	493,659.06
2-3年	520,119.63	1.12	104,023.92	416,095.71
3年以上	142,807.23	0.31	57,122.89	85,684.34
合 计	46,297,164.63	100.00	2,011,674.60	44,285,490.03

6、预付账款

(1)账龄分析

账 龄	2001.12.31		2000.12.31	
	金 额	比例(%)	金 额	比例(%)
1年以内	2,227,972.80	55.99	10,735,243.84	89.49
1-2年	956,547.21	24.04	462,953.58	3.86
2-3年	314,521.15	7.90	609,882.49	5.08
3年以上	480,249.71	12.07	188,577.51	1.57
合 计	3,979,290.87	100.00	11,996,657.42	100.00

(2)期末预付账款余额中无预付持本公司5%(含5%)以上表决权股份的股东单位的款项。

(3)预付账款期末数较年初数减少66.83%,主要系原在预付账款中核算的预付工程款转入在建工程所致。

(4)欠款金额主要明细户:

单位名称	所欠金额	欠款时间	欠款原因
歙县桂林仪表配件加工厂	477,301.49	2001年	购货款
浙江慈溪市仪表公司	361,367.37	2001年	购货款
黄山机电配件厂	226,738.95	2001年	购货款
黄山鑫飞金属材料有限公司	90,000.00	2001年	购货款

7、存货及存货跌价准备

(1)分类

项 目	2001.12.31		
	存货金额	存货跌价准备	存货净额
原材料	16,786,017.30	—	16,786,017.30
产成品	59,674,775.86	855,497.11	58,819,278.75
在产品	11,230,501.38	—	11,230,501.38
低值易耗品	1,294,623.21	—	1,294,623.21
自制半成品	663,330.15	—	663,330.15
委托加工材料	1,189,883.56	—	1,189,883.56
库存商品	2,860,956.47	—	2,860,956.47
分期收款发出商品	18,513,982.86	—	18,513,982.86
合 计	112,214,070.79	855,497.11	111,358,573.68

项 目	2000.12.31		
	存货金额	存货跌价准备	存货净额
原材料	32,517,444.05	—	32,517,444.05
产成品	67,898,377.40	552,019.33	67,346,358.07
在产品	3,330,573.67	—	3,330,573.67
低值易耗品	2,176,154.57	—	2,176,154.57
自制半成品	—	—	—
委托加工材料	733,803.51	—	733,803.51
库存商品	1,249,962.29	—	1,249,962.29
合 计	107,906,315.49	552,019.33	107,354,296.16

(2)存货跌价准备系按单个存货项目的成本高于其可变现净值的差额提取,可变现净值按照最近销售价格扣除变现所需相关费用确定。

(3)存货跌价准备

跌价准备	2001.1.1	本期增加	本期转回	2001.12.31
产成品	552,019.33	728,411.45	424,933.67	855,497.11
合 计	552,019.33	728,411.45	424,933.67	855,497.11

8、待摊费用

类 别	2001.1.1	本期增加	本期转出	2001.12.31
财产保险费	222,034.16	411,965.75	448,351.75	185,648.16
合计	222,034.16	411,965.75	448,351.75	185,648.16

9、长期投资

(1)长期投资分类

项目	2001.1.1	本期增加	本期减少	2001.12.31
长期股权投资	5,202,400.00	2,600,000.00	–	7,802,400.00
合计	5,202,400.00	2,600,000.00	–	7,802,400.00

长期投资期末数较年初数增加49.98%,系本期新增对杭州永磁电子元件有限公司投资260万元所致。

(2)长期股权投资—股票投资

被投资单位名称	股份类别	股票数量(股)	占被投资单位注册资本的比例(%)	初始投资成本	股票期末市价
九江昌河股份有限公司	法人股	4,000,000	0.5510	4,000,000.00	–
山东华日股份有限公司	法人股	30,000	0.0315	38,400.00	–
济南轻骑摩托车股份有限公司	法人股	118,300	0.0122	344,000.00	576,121
安徽池州家用机床股份有限公司	法人股	400,000	2.5200	400,000.00	–
合计	–	–	–	4,782,400.00	–

(3)长期股权投资—其他股权投资

被投资单位名称	投资期限(年)	注册资本	占被投资单位注册资本的比例(%)	投资金额
南京长安汽车有限公司	10	225,000,000.00	0.187	420,000.00
杭州永磁电子元件有限公司	10	26,000,000.00	10.00	2,600,000.00
合计	–	–	–	3,020,000.00

长期股权投资均采用成本法核算,期末无减值。

10、固定资产及累计折旧

项 目	2001.1.1	本期增加	本期减少	2001.12.31	备注
原 值					
房屋及建筑物	59,706,176.04	2,365,477.60	1,194,590.00	60,877,063.64	
机器设备	71,389,990.27	3,805,664.51	363,460.00	74,832,194.78	
运输设备	6,844,680.01	2,754,016.00	1,098,560.00	8,500,136.01	
合 计	137,940,846.32	8,925,158.11	2,656,610.00	144,209,394.43	
累计折旧					
房屋及建筑物	18,778,512.14	1,875,973.77	766,812.59	19,887,673.32	
机器设备	29,329,429.12	5,902,715.58	238,921.60	34,993,223.10	
运输设备	3,041,536.07	778,158.75	707,433.11	3,112,261.71	
合 计	51,149,477.33	8,556,848.10	1,713,167.30	57,993,158.13	
净 值	86,791,368.99			86,216,236.30	
固定资产减值准备					
类 别	2001.1.1	本期增加	本期转回	2001.12.31	计提的原因
机器设备	1,200,051.83	481,711.26	–	1,681,763.09	市价低于成本
合 计	1,200,051.83	481,711.26	–	1,681,763.09	–

固定资产减值准备期末数较年初数增加481,711.26元,系本期机器设备发生减值准备所致。

本期在建工程转入固定资产金额为762,513.61元。

期末抵押的固定资产情形如下:

借款银行	借款金额	用作抵押的固定资产账面价值
中国农业银行歙县支行	2,000,000.00	3,519,903.94
中国银行歙县支行	11,000,000.00	25,712,145.53

本公司固定资产尚有房产518,425.20元的过户手续正在办理之中。

11、在建工程

工程名称	2001.1.1	本期增加	本期转入固定资产	其他减少数	2001.12.31	资金来源	预算数(万元)	工程投入占预算的比例
汽车电子仪表技改	–	1,076,695.57	–	–	1,076,695.57	募集	12580	0.85%
光伏水泵	–	31,613,017.61	–	–	31,613,017.61	募集	9842	32.12%
电脑网络工程	339,147.00	69,800.00	408,947.00	–	–	自筹	–	–
5号机生产线	–	353,566.61	353,566.61	–	–	自筹	–	–
宿舍楼工程	–	396,718.00	–	–	396,718.00	自筹	42	94.46%

电子式摩托车仪表技改	8,006,000.00	13,507,264.02	-	-	21,513,264.02	募集	2980	72.19%
污水处理工程	650,895.00	1,037,003.00	-	-	1,687,898.00	自筹	223	75.69%
合计	8,996,042.00	48,054,064.81	762,513.61	-	56,287,593.20			

在建工程期末数较年初数增加525.69%,主要系本公司增加对光伏水泵项目投入所致。

本公司对截止2001年期末在建工程进行了检查,未发现该项资产出现减值的情形。

本公司在建工程-光伏水泵项目原由安徽省朝阳微电机厂立项报批,本公司实施该项目后,项目批文变更手续仍在办理之中。

在建工程本期无资本化利息。

12、无形资产

项 目	原始金额	2001.1.1	本期增加	本期摊销	2001.12.31	剩余摊销年限	取得方式
棠樾牌坊群经营权	18,000,000.00	-	18,000,000.00	360,000.00	17,640,000.00	49年	购买
合 计	18,000,000.00	-	18,000,000.00	360,000.00	17,640,000.00	49年	-

无形资产期末数较年初数增加1,764万元,系本公司2001年3月以1,800万元收购棠樾牌坊群50年经营权所致。

期末本公司对该项无形资产进行检查,未发现该项资产存在应计提减值准备的情形。

13、短期借款

借款条件	2001.12.31	2000.12.31
担保借款	73,500,000.00	80,560,081.33
抵押借款	13,000,000.00	-
信用借款	137,030,000.00	-
质押借款	41,000,000.00	-
合计	264,530,000.00	80,560,081.33

截止2002年4月21日已到期的短期借款5,805万元已按期归还。

14、一年内到期的长期负债

借款条件	2001.12.31	2000.12.31
信用借款	8,000,000.00	-
合计	8,000,000.00	-

15、应付票据

票据种类	2001.12.31	2000.12.31
银行承兑汇票	110,000,000.00	7,740,000.00
商业承兑汇票	-	1,050,000.00
合计	110,000,000.00	8,790,000.00

截至2002年4月21日已到期的应付票据8,000万元已全部支付。

期末应付票据余额中无应付持本公司5%(含5%)以上表决权股份的股东单位款项。

16、应付账款

账 龄	2001.12.31		2000.12.31	
	金 额	比例(%)	金 额	比例(%)
1年以内	58,004,572.42	93.76	50,511,074.73	96.17
1-2年	1,436,787.54	2.32	992,194.87	1.89
2-3年	423,816.23	0.69	798,840.16	1.52
3年以上	2,000,621.29	3.23	218,830.08	0.42
合 计	61,865,797.48	100.00	52,520,939.84	100.00

期末应付账款余额中无应付持本公司5%(含5%)以上表决权股份的股东单位款项。

1年以上的应付账款3,861,225.06元主要系尚未支付的购货尾款。

17、预收账款

账 龄	2001.12.31		2000.12.31	
	金 额	比例(%)	金 额	比例(%)
1年以内	16,421,463.15	98.63	3,228,246.03	79.30
1-2年	228,658.08	1.37	492,172.61	12.09
2-3年	-	-	191,722.75	4.71
3年以上	-	-	158,963.75	3.90
合 计	16,650,121.23	100.00	4,071,105.14	100.00

期末预收账款余额中无预收持本公司5%(含5%)以上表决权股份的股东单位款项。

18、其他应付款

账 龄	2001.12.31		2000.12.31	
	金 额	比例(%)	金 额	比例(%)
1年以内	22,593,640.36	91.12	16,576,512.84	91.45
1-2年	887,858.27	3.58	1,067,776.34	5.89
2-3年	936,030.87	3.77	434,502.97	2.40
3年以上	378,968.29	1.53	48,234.42	0.26
合 计	24,796,497.79	100.00	18,127,026.57	100.00

期末其他应付款余额中无应付持本公司5%(含5%)以上表决权股份的股东单位的欠款。

主要明细户如下:

单位名称	所欠金额	欠款时间	性 质
安徽省朝阳微电机厂	10,000,000.00	2001年	拟投资款
工会经费	962,531.77	2001年	工会经费
祁门县财政局	697,081.33	2001年	借款
安徽省财政厅	604,220.00	2001年	欠款
歙县文物局	460,085.93	2001年	欠款

19、应付工资

项 目	2001.12.31	2000.12.31	性质
工资	3,204,505.29	3,409,314.74	尚未支付的工资

20、应付股利

单位名称	2001.12.31	2000.12.31
金马集团	-	11,501,902.19
杭州永磁集团有限公司	-	82,500.00
黄山徽新金塑有限公司	-	46,875.00
中国兵器工业第二一四研究所	-	41,250.00
黄山普乐房地产开发公司	-	41,250.00
社会公众股	-	7,250,625.00
合计	-	18,964,402.19

21、应交税金

税 种	2001.12.31	2000.12.31	税率
所得税	-17,041,166.00	-2,406,741.86	33%
增值税	7,110,257.70	12,370,409.23	17%、13%
城建税	291,149.05	405,846.17	5%
印花税	1,122.14	-	-
营业税	5,810.46	-	5%
合 计	-9,632,826.65	10,369,513.54	-

应交税金期末数较年初数减少192.90%,主要系本年预缴所得税较多所致。

22、其他应交款

项 目	2001.12.31	2000.12.31	税率
教育费附加	252,544.85	265,468.38	3%
价调基金	-	1,487.79	
水利基金	261,876.83	547,754.13	0.5‰
合 计	514,421.68	814,710.30	-

其他应交款期末数较年初数减少300,288.62元,主要系期末及时缴纳水利基金所致。

23、预提费用

项 目	2001.12.31	2000.12.31	结存原因
利息	681,914.75	1,182,783.85	未结算
水电费	232,254.66	149,882.35	未结算
合 计	914,169.41	1,332,666.20	-

预提费用期末数较年初数减少418,496.79元,主要系计提的利息尚未结算所致。

24、长期借款

借款条件	2001.12.31	2000.12.31
担保借款	-	17,500,000.00
抵押借款	-	-
信用借款	40,000,000.00	-
合 计	40,000,000.00	17,500,000.00

25、长期应付款

项目	2001.12.31	2000.12.31
无效申购资金利息	2,878,489.53	5,756,979.03
技改贴息	981,000.00	-
合计	3,859,489.53	5,756,979.03

长期应付款期末数较年初数减少32.96%,主要系本期无效申购资金利息摊销所致。

26、股本

公司股份变动情况表

数量单位:股

股份类别	2001.1.1	本次变动增减(+,-)						2001.12.31
		配股	送股	公积金转股	增发	其他	小计	
一、未上市流通股份								
1、发起人股	9,200,000	-	-		-	-		9,200,000
其中:国家拥有股份	9,030,298							9,030,298
境内法人持有股份	169,702	-	-	-	-	-	-	169,702
外资法人持有股份	-	-	-	-	-	-	-	-
其他	-	-	-	-	-	-	-	-
2、募集法人股	-	-	-	-	-	-	-	-
3、内部职工股	-	-	-	-	-	-	-	-
4、优先股或其他	-	-	-	-	-	-	-	-
其中:转配股	-	-	-	-	-	-	-	-
未上市流通股份合计	9,200,000							9,200,000
二、已上市流通股份								
1、人民币普通股	5,800,000	-	-	-				5,800,000
2、境内上市的外资股	-	-	-	-	-	-	-	-
3、境外上市的外资股	-	-	-	-	-	-	-	-
4、其他	-	-	-	-	-	-	-	-
已上市流通股份合计	5,800,000	-	-	-				5,800,000
三、股份总数	15,000,000	-	-	-				15,000,000

27、资本公积

项 目	2001.1.1	本期增加	本期减少	2001.12.31
股本溢价	297,777,896.35	-	-	297,777,896.35
关联交易差价	-	3,408,586.52	-	3,408,586.52
合 计	297,777,896.35	3,408,586.52	-	301,186,482.87

本期新增的资本公积-关联交易差价系本公司债权转让的应收款项原计提的坏帐准备转入所致。

28、盈余公积

项 目	法定盈余公积	法定公益金	合 计
2000.1.1	4,832,411.46	4,832,411.47	9,664,822.93
本期增加	112,936.81	112,936.81	225,873.62
本期减少	-	-	-
2001.12.31	4,945,348.27	4,945,348.28	9,890,696.55

29、未分配利润

项 目	2001年	2000年
期初余额	8,256,998.33	23,302,041.48
加:追溯调整影响数	-	-2,064,553.11
本年实现净利润	1,129,368.11	7,211,887.46
减:本年计提法定公积金	112,936.81	721,188.75
本年计提法定公益金	112,936.81	721,188.75
分配普通股股利	-	18,750,000.00
期末余额	9,160,492.82	8,256,998.33

30、主营业务收入

产品名称	2001年	2000年
车用、电工仪表	88,597,971.50	151,970,410.49
微电机	79,880,142.61	118,830,094.66
包装制品	29,490,362.72	6,007,127.75
旅游门票	4,004,007.00	-
其他	2,774,506.42	3,462,460.95
合 计	204,746,990.25	280,270,093.85

本期销售额前五名金额合计为41,931,325.33元,占主营业务收入的20.48%。

31、主营业务成本

产品名称	2001年	2000年
车用、电工仪表	78,347,834.22	108,975,938.83
微电机	68,659,998.23	96,098,514.54
包装制品	25,253,917.16	4,846,932.43
旅游门票	1,279,369.86	-
其他	2,602,229.19	2,914,880.17
合 计	176,143,348.66	212,836,265.97

32、主营业务税金及附加

项 目	2001年	2000年	计缴标准
城建税	691,862.61	877,783.64	5%
教育费附加	418,208.32	526,670.15	3%
营业税	120,120.21	-	5%
合 计	1,230,191.14	1,404,453.79	

33、其他业务利润

类 别	2001年	2000年
材料	2,249,158.75	1,074,940.87
其他	32,401.40	114,328.19
合 计	2,281,560.15	1,189,269.06

其他业务利润2001年较上年同期增加91.85%,主要系本期材料销售增加所致。

34、财务费用

类别	2001 年	2000 年
利息支出	18,042,887.09	9,517,740.12
减:利息收入	1,297,077.34	3,372,290.48
汇兑损失	–	–
减:汇兑收益	–	–
银行手续费	204,960.82	–
贴现净损失	5,749,867.98	3,952,355.67
其他	–	26,894.52
合计	22,700,638.55	10,124,699.83

财务费用 2001 年较上年同期增加 124.21%，主要系本年借款增加，利息费用相应增加所致。

35、投资收益

项目	2001 年	2000 年
股权投资收益	–	3,415.75
委托理财收益	31,776,140.38	746,190.00
合计	31,776,140.38	749,605.75

36、补贴收入

项目	2001 年	2000 年	收入来源
增值税返还	2,705,832.67	2,996,086.45	歙县财政局
新产品补贴	7,484,738.54	–	歙县财政局
合计	10,190,571.21	2,996,086.45	–

补贴收入 2001 年较上年同期增加 240.13%，主要系本公司于 2001 年度实际收到增值税返还 2,705,832.67 元，新产品补贴资金 7,484,738.54 元，根据歙县财政局财企字［2001］267 号文《关于县扶持高新技术资金作为财政补贴收入的批复》做补贴收入所致。

37、营业外收入

类别	2001 年	2000 年
处理固定资产净收益	571,450.33	54,938.27
清理应付款净收入	–	39,328.00
罚款收入	379,524.90	4,614.44
捐赠收入	–	1,000.00
无效申购资金利息收入	2,878,489.50	2,878,489.51
其他	157,200.50	167,893.11
合计	3,986,665.23	3,146,263.33

38、营业外支出

类别	2001 年	2000 年
计提的固定资产减值准备	481,711.26	1,200,051.83
处理固定资产净损失	363,330.97	149,159.31
捐赠支出	–	24,800.00
在建工程处理净损失	–	5,880,363.56
罚款支出	346,451.27	153,426.55
其他	115,343.37	76,419.16
合计	1,306,836.87	7,484,220.41

营业外支出 2001 年较上年同期减少 82.54%，主要系 2000 年度处理在建工程净损失所致。

39、收到的其他与经营活动有关的现金

项目	金额
存款利息收入	78,799.79
质量索赔收入	17,361.22
技改贴息	480,000.00
其他	15,931.87
合计	592,092.88

40、支付的其他与经营活动有关的现金

项目	金额
业务费	3,617,512.03
技术开发费	281,467.62
运输费	4,941,626.50
广告费	1,227,103.32
差旅费	2,198,894.76
办公费	1,399,144.08
业务招待费	481,652.99
中介机构服务费	1,009,500.00
保险费	543,747.13
排污和水电费	49,049.89
修理费	386,420.96
邮运费	419,328.33
汽车费	620,423.71
罚款支出	151,575.99
备用金借款	681,300.00
财产保险	374,111.78
报刊费	120,000.00
服务费	110,000.00
其他	685,504.80
合计	19,298,363.89

41、收到的其他与筹资活动有关的现金

项目	金额
筹资活动存款利息收入	1,218,277.55
应付票据贴现现金流入	280,000,000.00
合计	281,218,277.55

42、支付的其他与筹资活动有关的现金

项目	金额
银行手续费	222,706.73
应付票据贴现息	5,218,633.17
支付的到期应付票据	494,003,376.00
票据保证金及定期存款	110,000,000.00
合计	609,444,715.90

43、将净利润调节为经营活动的现金流量中的其他

项目	金额
无效申购资金利息摊销	–2,878,489.50

七、关联方关系及其交易

(一)关联方关系

1、存在控制关系的关联方

企业名称	注册地址	主营业务	与本企业关系	经济类型	法定代表人
金马集团	歙县	汽车、摩托车车用零部件的生产、销售、电工仪表等	母公司	国有	潘金根

2、存在控制关系的关联方的注册资本及其变化

单位:万元

企业名称	2001.1.1	本期增加	本期减少	2001.12.31
金马集团	13,000.00	–	–	13,000.00

3、存在控制关系的关联方所持股份及其变化

单位:万元

企业名称	2001.1.1		本期增加		本期减少		2001.12.31	
	金额	比例(%)	金额	比例(%)	金额	比例(%)	金额	比例(%)
金马集团	9,030.298	60.20	–	–	–	–	9,030.298	60.20

(二)关联方应收应付款项余额

企业名称	项目	2001.12.31	2000.12.31
金马集团	其他应收款	240,719,243.37	10,926,438.04

(三)其他相关联交易事项

(1)根据 1998 年 5 月 4 日本公司与金马集团签订的《综合服务协议》及《土地使用权租赁协议》，本公司每年向金马集团支付综合服务费 66 万元，土地租金 28.10 万元。

(2)根据 2001 年 12 月 20 日金马集团与本公司签订的《债权转让协议书》，本公司向金马集团转让债权 94,079,041.08 元，此次债权转让已聘请合肥皖建投资咨询有限责任公司为本次关联交易的独立财务顾问，该独立财务顾问已为本次债权转让及关联交易出具了独立财务顾问报告，有关此次债权转让的详细情况见"附注十二、重大资产出售事项"。

(3)截止 2001 年 12 月 31 日金马集团为本公司贷款 7350 万元提供担保，明细情况如下：

借款银行	金额(万元)	到期日
中国光大银行合肥支行	3000	2002 年 4 月 27 日
中国银行黄山分行贷款	900	2002 年 11 月 22 日
中国银行歙县支行	3000	2002 年 1 月 5 日，已归还
中国工商银行歙县支行	450	2002 年 7 月 19 日

八、或有事项

截止 2001 年 12 月 31 日本公司无需要披露的重大或有事项。

九、承诺事项

截止 2001 年 12 月 31 日本公司未发生影响会计报表阅读和理解的重要承诺事项。

十、资产负债表日后事项中非调整事项

1、本公司已于 2002 年 4 月 19 日收到金马集团第一笔债权转让款 4000 万元。

2、截止审计报告日(2002 年 4 月 21 日)到期的应付票据 8000 万元已承兑，到期的短期借款 5805 万元已按期归还。

3、截止审计报告日(2002 年 4 月 21 日)本公司应收华安前南新村证券营业部款项 29,000,000.00 元，已分别于 2002 年 1 月 7 日和 1 月 9 日归还。

除上述事项外，截止审计报告日(2002 年 4 月 21 日)无需要披露的其他资产负债表日后事项中的非调整事项。

十一、债务重组事项

截止 2001 年 12 月 31 日本公司无需要披露的债务重组事项。

十二、重大资产出售事项

根据本公司董事会决议，本公司将对济南轻骑摩托车股份有限公司、合肥世纪车业有限公司和重庆万亚机车制造有限公司等 138 家公司享有的债权总计 94,079,041.08 元转让给金马集团，并已于 2001 年 12 月 28 日办理了资产移交手续，本次债权转让定价政策是以本公司 2000 年 12 月 31 日为基准日经华证会计师事务所审计确认的数值作为交易价格，债权转让价款的支付期为一年，即金马集团在 2002 年 4 月 20 日前支付 4000 万元；在 2002 年 8 月 20 日前支付 3000 万元；其余款项 24,079,041.08 元在 2002 年 12 月 20 日前支付。根据财政部财会［2001］64 号关于《关联方之间出售资产等有关会计处理问题暂行规定》文的规定，本公司此次债权转让的应收款项原计提的坏账准备 3,408,586.52 元，已全部计入"资本公积—关联方交易差价"，担任本次交易的独立财务顾问合肥皖建投资咨询有限责任公司为本次债权转让及关联交易出具了独立财务顾问报告。

十三、其他事项说明

1、公司关键管理人员报酬情况

公司 2001 年度支付给关键管理人员报酬为 5.50 万元。

2、公司 2001 年度利润分配预案

根据本公司董事会二届四次会议决议通过 2001 年度的利润分配方案，本公司 2001 年实现的净利润为 1,129,368.11 元，分别按净利润的 10% 提取法定盈余公积金 112,936.81 元及法定公益金 112,936.81 元，剩余 903,494.49 元，加上年初未分配利润 8,256,998.33 元，本年可供股东分配的利润为 9,160,492.82 元，拟全部转入下年分配，该预案须提交 2001 年股东大会审议通过。

十四、补充资料

1、净资产收益率及每股收益计算表

期间	指标		主营业务利润	营业利润	净利润	扣除非经常性损益后的净利润
2001 年度	净资产收益率(%)	全面摊薄	5.82	–8.22	0.24	–6.04
		加权平均	5.87	–8.29	0.24	–6.09
	每股收益(元)	全面摊薄	0.18	–0.26	0.01	–0.19
		加权平均	0.18	–0.26	0.01	–0.19

＊1 全面摊薄净资产收益率 = 报告期利润/期末净资产

＊2 全面摊薄每股收益 = 报告期利润/期末股份总数

＊3 加权平均净资产收益率(ROE) = P/(Eo + NP/2 + Ei＊Mi/Mo – Ej＊Mj/Mo)

其中：P 为报告期利润；NP 为报告期净利润；Eo 为年初净资产；Ei 为报告期发行新股新增净资产，为 0；Ej 为报告期现金分红减少净资产；Mo 为 12 个月；Mi 为新增净资产下一月份起至报告期期末的月份数；Mj 为减少净资产下一月份起至报告期期末的月份数。

＊4 加权平均每股收益(EPS) = P/(So + S1 + Si＊Mi/Mo – Sj＊Mj/Mo)

其中：P 为报告期利润；So 为年初股份总数 10800 万股；S1 为报告期因公积金转增股本或股票股利分配等增加股份数，为 0；Si 为报告期因发行新股增加股份数，为 0；Sj 为报告期因回购或缩股等减少股份数，为 0；Mo 为 12 个月；Mi 为增加股份下一月份起至报告期期末的月份数；Mj 为减少股份下一月份起至报告期期末的月份数。

2、资产减值准备明细表(见附表一)

3、股东权益增减变动明细表(见附表二)

4、应交增值税明细表(见附表三)

十一、备查文件目录

〈一〉载有公司负责人、总会计师、会计机构负责人亲笔签名并盖章的会计报表。

〈二〉载有安徽华普会计师事务所盖章、注册会计师亲笔签名并盖章的审计报告原件。

〈三〉报告期内公司在《中国证券报》、《证券时报》上披露过的所有文件的正本及公告原稿。

黄山金马股份有限公司董事会

2002 年 4 月 23 日

资产负债表

编制单位:黄山金马股份有限公司　　2001年12月31日　　单位:元

资　　产	附注号	年初数	期末数
流动资产:			
货币资金	六.1	200,943,015.08	170,948,421.05
短期投资	六.2	85,700,000.00	129,150,000.00
应收票据	六.3	2,150,000.00	2,150,600.00
应收股利			
应收利息			
应收账款	六.4	138,666,909.25	117,692,166.75
其他应收款	六.5	44,285,490.03	296,666,320.15
预付账款	六.6	11,996,657.42	3,979,290.87
应收补贴款			
存货	六.7	107,354,296.16	111,358,573.68
待摊费用	六.8	222,034.16	185,648.16
一年内到期的长期债权投资			
其他流动资产			
流动资产合计		591,318,402.10	832,131,020.66
长期投资:			
长期股权投资	六.9	5,202,400.00	7,802,400.00
长期债权投资			
长期投资合计		5,202,400.00	7,802,400.00
固定资产:			
固定资产原价	六.10	137,940,846.32	144,209,394.43
减:累计折旧	六.10	51,149,477.33	57,993,158.13
固定资产净值		86,791,368.99	86,216,236.30
减:固定资产减值准备	六.10	1,200,051.83	1,681,763.09
固定资产净额		85,591,317.16	84,534,473.21
工程物资			
在建工程	六.11	8,996,042.00	56,287,593.20
固定资产清理			
固定资产合计		94,587,359.16	140,822,066.41
无形资产及其他资产:			
无形资产	六.12		17,640,000.00
长期待摊费用			
其他长期资产			
无形资产及其他资产合计			17,640,000.00
递延税项:			
递延税款借项			
资产总计		691,108,161.26	998,395,487.07
负债及股东权益	附注号	年初数	期末数
流动负债:			
短期借款	六.13	80,560,081.33	264,530,000.00
应付票据	六.15	8,790,000.00	110,000,000.00
应付账款	六.16	52,520,939.84	61,865,797.48
预收账款	六.17	4,071,105.14	16,650,121.23
应付工资	六.19	3,409,314.74	3,204,505.29
应付福利费		3,191,704.77	3,455,639.07
应付股利	六.20	18,964,402.19	–
应交税金	六.21	10,369,513.54	–9,632,826.65
其他应交款	六.22	814,710.30	514,421.68
其他应付款	六.18	18,127,026.57	24,796,497.79
预提费用	六.23	1,332,666.20	914,169.41
预计负债		–	–
一年内到期的长期负债	六.14	–	8,000,000.00
其他流动负债			
流动负债合计		202,151,464.62	484,298,325.30
长期负债:			
长期借款	六.24	17,500,000.00	40,000,000.00
应付债券		–	–
长期应付款	六.25	5,756,979.03	3,859,489.53
专项应付款		–	–
其他长期负债		–	–
长期负债合计		23,256,979.03	43,859,489.53
递延税项			
递延税款贷项			
负债合计		225,408,443.65	528,157,814.83
股东权益:			
股本	六.26	150,000,000.00	150,000,000.00
减:已归还投资			
股本净额		150,000,000.00	150,000,000.00
资本公积	六.27	297,777,896.35	301,186,482.87
盈余公积	六.28	9,664,822.93	9,890,696.55
其中:法定公益金		4,832,411.47	4,945,348.28
未分配利润	六.29	8,256,998.33	9,160,492.82
股东权益合计		465,699,717.61	470,237,672.24
负债和股东权益总计		691,108,161.26	998,395,487.07

利润分配表

编制单位:黄山金马股份有限公司　　2001年度　　单位:元

项　　目	附注号	本期实际	上年实际
一、净利润		1,129,368.11	7,211,887.46
加:年初未分配利润		8,256,998.33	21,237,488.37
其他转入			
二、可供分配的利润		9,386,366.44	28,449,375.83
减:提取法定盈余公积		112,936.81	721,188.75
提取法定公益金		112,936.81	721,188.75
提取职工奖励及福利基金			
提取储备基金			
提取企业发展基金			
利润归还投资			
三、可供投资者分配的利润		9,160,492.82	27,006,998.33
减:应付优先股股利			
提取任意盈余公积			
应付普通股股利			18,750,000.00
转作股本的普通股股利			
四、未分配利润		9,160,492.82	8,256,998.33

资产减值准备明细表

编报单位:黄山金马股份有限公司　　2001年度　　单位:元

项　　目	年初余额	本年增加数	本年转回数	年末余额
一、坏账准备合计	11,072,578.83	8,386,198.56	6,975,313.78	12,483,463.61
其中:应收账款	9,060,904.26	5,446,399.76	3,995,280.82	10,512,023.20
其他应收款	2,011,674.57	2,939,798.80	2,980,032.96	1,971,440.41
二、短期投资跌价准备合计				
其中:股票投资				
债券投资				
三、存货跌价准备合计	552,019.33	728,411.45	424,933.67	855,497.11
其中:库存商品	552,019.33	728,411.45	424,933.67	855,497.11
原材料				
低值易耗品				
四、长期投资减值准备合计				
其中:长期股权投资				
长期债权投资				
五、固定资产减值准备合计	1,200,051.83	481,711.26		1,681,763.09
其中:房屋、建筑物				
机器设备	1,200,051.83	481,711.26		1,681,763.09
六、无形资产减值准备				
其中:专利权				
商标权				
七、在建工程减值准备				
八、委托贷款减值准备				

利润表

编制单位:黄山金马股份有限公司　　2001年度　　单位:元

项　　目	附注号	本期累计数	上年同期累计数
一、主营业务收入	六.30	204,746,990.25	280,270,093.85
减:主营业务成本	六.31	176,143,348.66	212,836,265.97
主营业务税金及附加	六.32	1,230,191.14	1,404,453.79
二、主营业务利润(亏损以"–"号填列)		27,373,450.45	66,029,374.79
加:其他业务利润	六.33	2,281,560.15	1,189,269.06
减:营业费用		13,309,845.79	13,487,421.06
管理费用		32,302,627.75	29,065,924.27
财务费用	六.34	22,700,638.55	10,124,699.83
三、营业利润(亏损以"–"号填列)		–38,658,101.49	14,540,597.99
加:投资收益(损失以"–"号填列)	六.35	31,776,140.38	749,605.75
补贴收入	六.36	10,190,571.21	2,996,086.45
营业外收入	六.37	3,986,665.23	3,146,263.33
减:营业外支出	六.38	1,306,836.87	7,484,220.41
四、利润总额(亏损总额以"–"号填列)		5,988,438.46	13,948,333.11
减:所得税		4,859,070.35	6,736,445.65
五、净利润(净亏损以"–"号填列)		1,129,368.11	7,211,887.46

利润表附表

编制单位:黄山金马股份有限公司

报告期利润	2001年度			
	净资产收益率%		每股收益	
	全面摊薄	加权平均	全面摊薄	加权平均
主营业务利润	5.82	5.87	0.18	0.18
营业利润	–8.22	–8.29	–0.26	–0.26
净利润	0.24	0.24	0.01	0.01
扣除非经常性损益后的净利润	–6.04	–6.09	–0.19	–0.19

股东权益增减变动表

编报单位：黄山金马股份有限公司　2001 年度　单位：元

项　目	附注号	本期数	上年数
一、股本			
年初余额		150,000,000.00	150,000,000.00
本期增加数			
其中：资本公积转入			
盈余公积转入			
利润分配转入			
新增股本			
本期减少数			
期末余额		150,000,000.00	150,000,000.00
二、资本公积			
年初余额		297,777,896.35	48,949,917.02
本期增加数		3,408,586.52	248,827,979.33
其中：股本溢价			248,827,979.33
接受捐赠非现金资产准备			
接受现金捐赠			
股权投资准备			
拨款转入			
外币资本折算差额			
其他资本公积(关联交易价差)		3,408,586.52	
本期减少数			
其中：转增股本			
期末余额		301,186,482.87	297,777,896.35
三、法定和任意盈余公积：			
年初余额		4,832,411.46	4,111,222.71
本期增加数		112,936.81	721,188.75
其中：从净利润中提取数		112,936.81	721,188.75
其中：法定盈余公积		112,936.81	721,188.75
任意盈余公积			
储备基金			
企业发展基金			
法定公益金转入			
本期减少数			
其中：弥补亏损			
转增股本			
分派现金股利或利润			
分派股票股利			
期末余额		4,945,348.27	4,832,411.46
其中：法定盈余公积			
储备基金			
企业发展基金			
四、法定公益金			
年初余额		4,832,411.47	4,111,222.72
本期增加数		112,936.81	721,188.75
其中：从净利润中提取数		112,936.81	721,188.75
本期减少数			
其中：集体福利支出			
期末余额		4,945,348.28	4,832,411.47
五、未分配利润			
年初未分配利润		8,256,998.33	21,237,488.37
本期净利润(净亏损以"-"号填列)		1,129,368.11	7,211,887.46
本期利润分配		225,873.62	20,192,377.50
期末未分配利润(未弥补亏损以"-"号填列)		9,160,492.82	8,256,998.33

应交增值税明细表

编报单位：黄山金马股份有限公司　2001 年度　单位：元

项　目	附注号	2001 年度
一、应交增值税		
1.年初未抵扣数(以"-"号填列)		
2.销项税额		34,601,643.48
出口退税		
进项税额转出		2,112,059.50
转出多交增值税		
3.进项税额		25,936,500.06
已交税金		
减免税款		
出口抵减内销产品应纳税额		
转出未交增值税		10,777,202.92
4.期末未抵扣数(以"-"号填列)		
二、未交增值税		
1.年初未交数		12,370,409.23
2.本期转入数(多交数以"-"号填列)		10,777,202.92
3.本期已交数		16,037,354.45
4.期末未交数		7,110,257.70

现　金　流　量　表

编报单位：黄山金马股份有限公司　2001 年度　单位：元

项　目	附注号	金　额
一、经营活动产生的现金流量：		
销售商品、提供劳务收到的现金		190,067,742.54
收到的税费返还		14,434,479.48
收到的其他与经营活动有关的现金	六.39	592,092.88
现金流入小计		205,094,314.90
购买商品、接受劳务支付的现金		147,331,987.83
支付给职工以及为职工支付的现金		29,799,860.72
支付的各项税费		39,616,103.87
支付的其他与经营活动有关的现金	六.40	19,298,363.89
现金流出小计		236,046,316.31
经营活动产生的现金流量净额		-30,952,001.41
二、投资活动产生的现金流量：		
收回投资所收到的现金		219,631,250.00
取得投资收益所收到的现金		31,776,140.38
处置固定资产、无形资产和其他长期资产所收回的现金净额		
收到的其他与投资活动有关的现金		
现金流入小计		251,407,390.38
购建固定资产、无形资产和其他长期资产所支付的现金		46,283,186.21
投资所支付的现金		72,600,000.00
支付的其他与投资活动有关的现金		
现金流出小计		118,883,186.21
投资活动产生的现金流量净额		132,524,204.17
三、筹资活动产生的现金流量：		
吸收投资所收到的现金		
借款所收到的现金		333,810,000.00
收到其他与筹资活动有关的现金	六.41	281,218,277.55
现金流入小计		615,028,277.55
偿还债务所支付的现金		222,073,000.00
分配股利、利润或偿付利息所支付的现金		25,077,358.44
支付其他与筹资活动有关的现金	六.42	609,444,715.90
现金流出小计		856,595,074.34
筹资活动产生的现金流量净额		-241,566,796.79
四、汇率变动对现金的影响		
五、现金及现金等价物净增加额		-139,994,594.03
补充资料	附注号	金额
1.将净利润调节为经营活动现金流量：		
净利润		1,129,368.11
加：计提的资产减值准备		5,604,660.34
固定资产折旧		8,556,848.10
无形资产摊销		360,000.00
长期待摊费用摊销		
待摊费用的减少(减：增加)		36,386.00
预提费用的增加(减：减少)		350,578.88
处置固定资产、无形资产和其他长期资产的损失(减：收益)		-218,013.39
固定资产报废损失		9,804.03
财务费用		21,803,533.95
投资损失(减：收益)		-31,776,140.38
递延税款贷项(减：借项)		
存货的减少(减：增加)		-9,828,358.30
经营性应收项目的减少(减：增加)		-314,258,950.92
经营性应付项目的增加(减：减少)		290,156,771.67
其他	六.43	-2,878,489.50
经营活动产生的现金流量净额		-30,952,001.41
2.不涉及现金收支的投资和筹资活动		
债务转为资本		
一年内到期的可转换公司债券		
融资租入固定资产		
3.现金及现金等价物净增加情况		
现金的期末余额		60,948,421.05
减：现金的期初余额		200,943,015.08
加：现金等价物的期末余额		
减：现金等价物的期初余额		
现金及现金等价物净增加额		-139,994,594.03

000981 甘肃兰光科技股份有限公司

2001年年度报告摘选

一、公司简介

(一)公司法定名称:
中文名称:甘肃兰光科技股份有限公司
英文名称:GANSU LANGUANG SCIENCE & TECHNOLOGY CO.,LTD
(二)公司法定代表人:路有志
(三)公司董事会秘书:李伟
股证事务代表:杜颖
联系地址:深圳市福田区振华路56号兰光大厦8楼
电话:0755-3321515　3248739　传真:0755-3354195
电子信箱:liwei@languang.com
(四)公司注册地址:甘肃省兰州市高新技术产业开发区张苏滩573号8楼
办公地址:深圳市福田区振华路56号兰光大厦　邮政编码:518031
公司网址:http://www.Languang.com
电子信箱:Info@languang.com
(五)公司指定信息披露报刊:《证券时报》、《中国证券报》
登载公司年度报告的国际互联网网址:http//www.cninfo.com.cn
公司年度报告备置地点:深圳市福田区振华路56号公司证券部
(六)公司股票上市交易所:深圳证券交易所
股票简称:兰光科技　股票代码:000981

二、会计数据和业务数据摘要

(一)公司本年度实现的利润构成及现金流量

(单位:人民币元)

项目	金额
利润总额	30,996,298.16
净利润	25,932,516.78
扣除非经常性损益的净利润	22,290,655.02
主营业务利润	53,588,233.41
其他业务利润	3,119.24
营业利润	23,407,583.69
投资收益	7,812,352.22
补贴收入	
营业外收支净额	-223,637.75
经营活动产生的现金流量净额	-85,880,269.20
现金及现金等价物净增减额	-62,847,338.79

(二)截止报告期末,公司近三年主要会计数据和财务指标(单位:人民币元)

指标项目	2001年	2000年追朔调整后	2000年追朔调整前	1999年
主营业务收入	641,524,851.12	733,243,445.21	733,243,445.21	721,530,270.63
净利润	25,932,516.78	53,608,325.59	54,301,648.60	51,490,546.94
总资产	1,020,373,481.62	1,182,574,912.19	1,182,574,912.19	443,938,521.45
股东权益(不含少数东权益)	666,663,148.47	704,960,343.92	698,720,436.86	223,247,458.39
每股收益	0.16	0.33	0.34	0.46
每股收益(扣除非经常性损益)	0.14	0.30	0.30	0.47
每股净资产	4.14	4.38	4.34	2.01
调整后的每股净资产	4.11	4.33	4.33	2.01
每股经营活动产生的现金流量净额	-0.53	0.04	0.04	-0.31
净资产收益率(%)	3.89%	7.6%	7.77%	23.06%

三、股本变动及股东情况

(一)股本变动情况

1.股份变动情况表(单位:股)

	本次变动前	本次变动增减(+,-) 配股	送股	公积金转股	增发	其他	小计	本次变动后
一、未上市流通股份								
1.发起人股份	111,000,000							111,000,000
其中:								
国家持有股份	100,000,000							100,000,000
境内法人持有股	11,000,000							11,000,000
外资法人持有股								
其他								
2.募集法人股份								
3.内部职工股								
4.优先股或其他								
未上市流通股份合计	111,000,000							111,000,000
二、已上市流通股份								
1.人民币普通股	50,000,000							50,000,000
2.境内上市的外资股								
3.境外上市的外资股								
4.其他								
已上市流通股份合计	50,000,000							50,000,000
股份总计	161,000,000							161,000,000

(二)股东情况介绍

1.报告期末股东总数:47274

2.公司前十名股东持股情况

股东名称	持股数(股)	占总股本比例(%)
(1)深圳兰光经济发展公司	100,000,000	62.11
(2)北京科力新技术发展总公司	6,000,000	3.73
(3)凌源钢铁股份有限公司	2,200,000	1.37
(4)上海创思科技有限公司	1,800,000	1.12
(5)深圳大学文化科技服务公司	1,000,000	0.96
(6)郭林芝	219,959	0.14
(7)丁义民	114,600	0.07
(8)普丰证券投资基金	110,679	0.07
(9)中鸿信拍卖有限公司	100,000	0.06
(10)浙江省铁路建设投资总公司	100,000	0.06

000982 宁夏圣雪绒股份有限公司

2001年年度报告摘选

一、公司简介

(一)公司法定中文名称:宁夏圣雪绒股份有限公司
中文名称缩写:圣雪绒
公司法定英文名称:NINGXIA ST.EDENWEISS CO.,LTD.
英文名称缩写:ST.EDENWEISS
(二)法定代表人姓名:侯羽乾先生
(三)公司董事会秘书:房进贤先生
电子信箱:fangjinxian@st-edenw.com
证券事务代表:陈晓非女士
电子信箱:securities@st-edenw.com
联系电话:0951-5026999、5048418
传真:0951-5043634
联系地址:宁夏回族自治区银川市解放西街119号六楼
(四)公司注册及办公地址:宁夏回族自治区银川市解放西街119号
邮政编码:750001
公司国际互联网网址:http://www.st-edenw.com
公司电子信箱:stedenw@public.yc.nx.cn
(五)公司选定的信息刊登报刊:《证券时报》、《上海证券报》
登载公司年度报告的中国证监会指定互联网网址:http://www.cninfo.com.cn
公司年报备置地点:宁夏回族自治区银川市解放西街119号六楼证券部
(六)公司股票上市交易所:深圳证券交易所
股票简称:圣雪绒　股票代码:000982

二、会计数据和业务数据摘要

1.本年度实现利润数及构成情况

项目	金额(人民币元)
利润总额	31,996,504.89
净利润	22,972,353.71
扣除非经常性损益后的净利润	13,419,718.67
主营业务利润	77,402,583.66
其他业务利润	2,896,400.93
营业利润	21,985,870.04
投资收益	6,976,331.52
补贴收入	0.00
营业外收支净额	3,034,303.33
经营活动产生的现金流量净额	-112,439,921.63
现金及现金等价物净增减额	10,320,449.96
注:扣除非经常性损益项目和涉及金额:	9,552,635.04
(1)国债投资收益	6,000,000.00
(2)冻结资金利息收入	3,552,635.04

2.公司三年来的主要会计数据和财务指标(单位:人民币元)

项目	2001年	2000年	1999年
主营业务收入	452,110,887.14	410,729,686.30	342,796,713.78
净利润	22,972,353.71	28,376,681.86	18,681,788.30
总资产	1,055,946,064.30	659,973,868.89	289,032,616.83
股东权益(不含少数股东权益)	354,683,347.90	343,069,276.55	87,143,429.81
每股收益(摊薄)	0.31	0.3835	0.4246
每股收益(加权)	0.31	0.4810	0.4246
每股收益(扣除非经常性损益后)	0.18	0.3355	0.4246
每股净资产	4.7930	4.6361	1.9805
调整后每股净资产	4.74	4.6026	1.9130
净资产收益率%	6.48	8.2714	21.44
净资产收益率(加权)%	6.50	12.81	29.06
扣除非经常性损益后净资产收益率(加权)%	3.79	11.21	24.43
每股经营活动产生的现金流量净额	-1.52	-1.9281	0.0453

3.报告期内股东权益变动情况及说明(单位:人民币万元)

项目	股本	资本公积	盈余公积	法定公益金	未分配利润	股东权益合计
期初数	7,400	22,856.54	1,078.33	349.33	2,972.06	34,306.93
本期增加	~	~	349.07	113.71	822.33	1,171.40
本期减少	~	~	~	~	~	~
期末数	7,400	22,856.54	1,427.40	463.04	3,794.39	35,478.33
变动原因	~	~	本年度提取	本年度提取	本年度增加	~

三、股本变动及股东情况

(一)股本变动情况

1.股本变动情况表(单位:万股)

项目	本次变动前	本次变动增减(+,-) 配股	送股	公积金转增股	增发	其他	小计	本次变动后
一、尚未流通股份								
1.发起人股份	4,400.00							4,400.00
其中:								
国家持有股份	4,000.00							4,000.00
境内法人持有股份	400.00							400.00
境外法人持有股								
其他								
2.募集法人股								
3.内部职工股								
4.优先股或其他								
未上市流通股份合计	4,400.00							4,400.00
二、已上市流通股份								
1.人民币普通股	3,000.00							3,000.00
2.境内上市的外资股								
3.境外上市的外资股								
4.其他								
已上市流通股份合计	3,000.00							3,000.00
三、股份总数	7,400.00							7,400.00

000983 山西西山煤电股份有限公司

2001 年年度报告摘选

一、公司基本情况简介

(一)公司法定名称(中文):山西西山煤电股份有限公司
(英文):Shanxi Xishan Coal and Elect－ricity Power Co.,Ltd
(二)公司法定代表人:李 仪
(三)公司董事会秘书:宁志华
联系地址:山西省太原市西矿街 319 号
联系电话:0351－6137052　　联系传真:0351－6127434
公司证券事务授权代表:段天生
联系地址:山西省太原市西矿街 319 号
联系电话:0351－6148453
电子信箱:xsstock@public.ty.sx.cn
(四)公司注册地址:山西省太原市西矿街 319 号
公司办公地址:山西省太原市西矿街 319 号　　邮政编码:030053
公司电子信箱 xishanco@public.ty.sx.cn
(五)公司指定信息披露报纸:《证券时报》、《中国证券报》、《上海证券报》
登载公司年报的中国证监会指定国际互联网网址:http://www.cninfo.com.cn
公司年度报告备置地点:公司证券部
(六)公司股票上市交易所:深圳证券交易所
股票简称:西山煤电　　证券代码:000983

二、会计数据和业务数据摘要

(一)本年度主要会计数据和业务数据　　单位:人民币元

利润总额	270,206,724.77
净利润	247,932,951.98
扣除非经常性损益后的净利润	239,545,253.67
主营业务利润	691,418,394.37
其他业务利润	33,585,401.37
营业利润	261,819,026.46
投资收益	9,364,394.75
补贴收入	——
营业外收支净额	－976,696.44
经营活动产生的现金流量净额	280,000,137.06
现金及现金等价物净增加额	357,514,314.50

(二)截止报告期末前三年的主要会计数据和财务指标(单位:元)

项 目	2001 年度	2000 年度	1999 年度
主营业务收入	1,960,059,127.06	1,256,587,725.30	1,001,389,034.89
净利润	247,932,951.98	193,677,549.46	177,668,860.43
总资产	4,144,369,401.84	3,804,018,262.69	1,754,699,210.71
股东权益(不含少数股东权益)	2,962,679,471.21	2,795,546,519.23	1,754,699,210.71
每股收益	0.31	0.24	0.34
每股净资产	3.67	3.46	1.50
调整后的每股净资产	3.66	3.37	1.50
每股经营活动产生的现金流量净额	0.35	0.39	0.10
净资产收益率(%)	8.37	6.93	22.77
扣除非经常性损益后的净资产收益率(%)	8.08	6.80	22.77

根据中国证监会《公开发行证券公司信息披露编号细则(第 9 号)》要求计算的利润数据如下:

报告期利润	净资产收益率(%)		每股收益(元/股)	
	全面摊薄	加权平均	全面摊薄	加权平均
主营业务利润	23.34	27.49	0.86	0.86
营业利润	8.84	10.41	0.32	0.32
净利润	8.37	9.86	0.32	0.32
扣除非经常性损益后的净利润	8.08	9.52	0.30	0.30

(三)报告期内股东权益变动情况(单位:元)

项目	期初数	本期增加	本期减少	期末数	变动原因
股本	808,000,000.00			808,000,000.00	
资本公积	1,773,152,576.03			1,773,152,576.03	
盈余公积	49,768,026.16	37,189,942.80		86,957,968.96	利润计提
法定公益金	16,589,342.05	12,396,647.60		28,985,989.65	利润计提
未分配利润	164,625,917.04	210,743,009.18	80,800,000	294,568,926.22	派息
合计	2,795,546,519.23	247,932,951.98	80,800,000	2,962,679,471.21	

三、股本变动及股东持股情况

(一)股本变动情况
1、公司股份变动情况表(数量单位:股)

项目	本次变动前	本期增减变动						本次变动后
		配股	送股	公积金转股	增发	其他	小计	
一、尚未流通股份								
1、发起人股份	520,000,000							520,000,000
其中:								
国家持有股份								
境内法人持有股份	520,000,000							520,000,000
境外法人持有股份								
其它								
2、募集法人股								
3、内部职工股股份								
4、优先股或其它	172,800,000					－171,108,575		1,691,425
尚未流通股份合计	692,800,000							521,691,425
二、已上市流通股份								
1、人民币普通股	115,200,0000					171,108575		286,308,575
2、境内上市的外资股								
3、境外上市的外资股								
4、其它								
已上市流通股份合计	115,200,000							286,308,575
三、股份总数	808,000,000							808,000,000

000985 大庆华科(集团)股份有限公司

2001 年年度报告摘选

一、公司基本情况简介

公司法定中文名称:大庆华科(集团)股份有限公司
缩写:大庆华科
公司法定英文名称:Daqing Huake(Group)Comcompany Limited
公司法定代表人:万志强
公司董事会秘书:孟凡礼
董事会证券事务代表:刘靖华
联系地址:大庆高新技术产业开发区建设路 6 号
电　　话:(0459)6291061　　传真:(0459)6282351
电子信箱:m@huake.com
公司注册地址:大庆高新技术产业开发区建设路 6 号
公司办公地址:大庆高新技术产业开发区建设路 6 号　　邮政编码:163316
公司国际互联网网址:http://www.huake.com
电子信箱:m@huake.com
公司选定的信息披露报纸:《中国证券报》
登载公司年度报告的国际互联网网址:http://www.cninfo.com.cn
公司年度报告备置地点:本公司董事会秘书处
公司股票上市地:深圳证券交易所
公司股票简称:大庆华科　　公司股票代码:000985

二、会计数据和业务数据摘要

1、本年度主要利润指标(单位:人民币元):

利润总额	25,841,181.72
净利润	22,157,305.89
扣除非经常性损益后的净利润	20,425,476.73
主营业务利润	52,750,006.67
其他业务利润	133,732.28
营业利润	24,085,692.56
投资收益	470,519.50
补贴收入	23,660.00
营业外收支净额	1,261,309.66
经营活动产生的现金流量净额	－22,727,354.28
现金及现金等价物净增加额	－201,610,750.39

2、截止报告期末公司前三年主要会计数据和财务指标(单位:人民币元):

项目	2001 年	2000 年	1999 年
主营业务收入	379,472,606.91	399,499,221.19	232,699,168.79
净利润	22,157,305.89	37,028,639.90	29,357,977.38
总资产	483,531,598.14	491,852,808.85	201,201,637.46
股东权益(不包含少数股东权益)	386,825,728.06	376,168,422.17	128,919,140.39
每股收益(摊薄)	0.193	0.322	0.345
每股收益(加权)	0.193	0.322	0.345
扣除非经常性损益每股收益	0.178	0.363	0.345
每股净资产(元/股)	3.364	3.271	1.571
调整后的每股净资产(元/股)	3.347	3.256	1.493
净资产收益率(摊薄)%	5.728	9.844	22.772
净资产收益率(加权)%	5.722	16.853	21.543
扣除非经常性损益后的加权平均净资产收益率	5.286	27.876	21.543
每股经营活动产生的现金流量净额	－0.198	0.493	0.223

按中国证监会《公开发行证券公司信息披露编报规则》第 9 号要求计算的利润数据:

报告期利润	净资产收益率%		每股收益(元)	
	全面摊薄	加权平均	全面摊薄	加权平均
主营业务利润	13.64	13.62	0.459	0.459
营业利润	6.23	6.22	0.210	0.210
净利润	5.73	5.72	0.193	0.193
扣除非经常性损益后的净利润	5.28	5.27	0.178	0.178

3、报告期内股东权益变动情况(单位:人民币元):

项目	股本	资本公积	盈余公积	法定公益金	未分配利润	股东权益合计
期初数	115,000,000	250,281,995.67	12,518,218.84	6,259,109.42	－1,631,792.34	376,168,422.17
本期增加			4,137,365.12	2,067,942.33	6,519,940.77	10,657,305.89
期末数	115,000,000	250,281,995.67	16,655,583.96	8,327,051.75	4,888,148.43	386,825,728.06

三、股本变动及股东情况

一、股本变动情况
(一)股本变动情况表　　数量单位:万股

	本次变动前	本次变动增减(＋、－)					本次变动后
		配股	送股	公积金转股	其它	小计	
1、未上市流通股份							
(1)发起人股份	8500						8500
其中:							
国有持有股份	8398.09						8398.09
境内法人持有股份	101.91						101.91
境外持有股份							
其他							
(2)募集法人股							
(3)内部职工股							
(4)优先股及或其它							
其中:转配股							
未上市流通股份合计	8500						8500
2、已上市流通股份							
(1)人民币普通股	3000						3000
(2)境内上市的外资股							
(3)境外上市的外资股							
(4)其他							
已流通股份合计	3000						3000
3、股份总数	11500						11500

000987 广州友谊商店股份有限公司

2001年年度报告摘选

第一章 公司基本情况简介

(一)公司法定中文名称:广州友谊商店股份有限公司
公司法定英文名称:GUANGZHOU FRIENDSHIP CO.,LTD.
(二)公司法定代表人:房向前先生
(三)公司董事会秘书:邓美薇女士
联系地址:广州市环市东路369号广州友谊商店股份有限公司办公室
电话:020-83571948　　传真:020-83572228
电子邮箱:meimy.d@cgzfs.com
股证事务授权代表:邓永光先生
联系地址:广州市环市东路369号广州友谊商店股份有限公司企划投资部
电话:020-83570189　　传真:020-83572228
电子邮箱:fcinvestment@cgzfs.com
(四)公司注册地址:广州市环市东路369号
公司办公地址:广州市环市东路369号　　邮政编码:510095
公司国际互联网址:www.cgzfs.com　　公司电子邮箱:gzfs@cgzfs.com
(五)公司选定的信息披露报纸:《证券时报》
中国证监会指定的登载公司中期报告的国际互联网网址:www.cninfo.com.cn
公司年度报告备置地址:公司企划投资部
(六)公司股票上市交易所:深圳证券交易所
股票简称:广州友谊　　股票代码:000987

第二章 会计数据和业务数据摘要

一、本年度主要利润指标情况(单位:人民币元)

指标项目	金额
利润总额	54,889,843.98
净利润	38,355,729.4
扣除非经常性损益后的净利润	36,529,892.1
主营业务利润	196,760,768.91
其他业务利润	14,194,257.89
营业利润	51,910,643.8
投资收益	2,008,413.52
营业外收支净额	970,786.66
经营活动产生的现金流量净额	23,819,234.05
现金及现金等价物净增减额	24,520,148.5

注:扣除的非经常性损益项目及涉及金额
(1)新股申购冻结资金利息(本年摊入部分)830,000元;
(2)营业外收支净额(剔除新股申购冻结资金利息)140,786.66元;
(3)委托资产管理收益1,755,000元;
(4)经常性所得税损益项目所得税影响数-899,949.36元。

二、截止报告期末公司前三年主要会计数据和财务指标

指标项目	2001年	2000年	1999年
主营业务收入(元)	979,522,348.2	945,743,251.97	776,896,268.67
净利润(元)	38,355,729.4	37,904,414.53	35,049,459.85
总资产(元)	755,609,976.6	788,243,136.58	505,613,928.77
股东权益(元)(不含少数股东权益)	598,668,366.67	584,243,177.82	332,803,680.64
全面摊薄每股收益(元)	0.1603	0.1584	0.1955
加权平均每股收益(元)	0.1603	0.1855	0.1955
扣除非经常性损益的每股收益(元)	0.1526	0.1567	0.1536
每股净资产(元)	2.5017	2.4414	1.8561
调整后的每股净资产(元)	2.4725	2.4001	1.8224
每股经营活动产生的现金流量净额(元)	0.0995	0.4412	0.3402
净资产收益率(%)	6.4068	6.4878	10.5316
加权平均净资产收益率(%)	6.0538	8.3287	8.3609

利润表附表

报告期利润	净资产收益率(%)		每股收益(元/股)	
	全面摊薄	加权平均	全面摊薄	加权平均
主营业务利润	32.8664	32.6075	0.8222	0.8222
营业利润	8.671	8.6027	0.2169	0.2169
净利润	6.4068	6.3564	0.1603	0.1603
扣除非经常性损益后的净利润	6.1019	6.0538	0.1526	0.1526

第三章 股本变动及股东情况

一、股份变动情况

1、股份变动情况表　　单位:股

	本次变动前	本次变动增减(+/-)						本次变动后
		配股	送股	公积金转股	增发	其他	小计	
一、未上市流通股份	179,305,405							179,305,405
1.发起人股份	150,745,405							150,745,405
其中:								
国家持有股份	150,745,405							150,745,405
境内法人持有股份								
境外法人持有股份								
其他								
2.募集法人股份								
3.内部职工股	28,067,680							28,067,680
4.高管股	492,320							492,320
5.优先股或其他								
未上市流通股份合计	179,305,405							179,305,405
二、已上市流通股份	60,000,000							60,000,000
1.人民币普通股	60,000,000							60,000,000
2.境内上市的外资股								
3.境外上市的外资股								
4.其他								
已上市流通股份合计	60,000,000							60,000,000
三、股份总数	239,305,405							239,305,405

000988 华工科技产业股份有限公司

2001年年度报告摘选

一、公司基本情况简介

1、公司法定中文名称:华工科技产业股份有限公司(中文缩写:华工科技)
英文名称:HUAGONG TECH COMPANY LIMITED(英文缩写:HGTECH)
2、公司法定代表人:王延觉
3、公司董事会秘书:章俊
公司证券事务代表:沈重耳
联系地址:华工科技产业股份有限公司董事会秘书处
电　　话:027-87780282
传　　真:027-87780282
电子信箱:bds@hgtech.com.cn
4、公司注册地址:武汉市洪山区珞瑜路1037号
办公地址:华工科技产业大厦11楼
邮政编码:430074
国际互联网址:Http://www.hgtech.com.cn
电子信箱:0988@hgtech.com.cn
5、公司信息披露指定报纸:中国证券报、证券时报
登载公司年度报告的国际互联网址:Http://www.cninfo.com.cn
公司年度报告备置地点:公司董事会秘书处
6、公司股票上市地:深圳证券交易所
股票简称:华工科技
股票代码:000988

二、主要财务数据和指标

1.公司本年度利润总额及其构成　　(单位:人民币元)

项目	金额
利润总额	58,686,440.59
净利润	45,485,101.32
扣除非经常性损益后的净利润	19,226,268.59
主营业务利润	123,994,179.67
其他业务利润	317,225.90
营业利润	35,462,942.75
投资损益	14,460,808.54
补贴收入	7,505,406.26
营业外收支净额	1,257,283.04
经营活动产生的现金流量净额	-39,451,080.64
现金及现金等价物净增加额	-116,326,655.83

注:扣除的非经常性损益项目和涉及金额　　单位:人民币元

项目	金额
短期投资处置收益	17,496,143.43
补贴收入	7,505,406.26
营业外收入	1,573,379.14
营业外支出	316,096.10
合计	26,258,832.73

2.截止报告年度末公司前三年的主要会计数据和财务指标　　单位:人民币元

指标项目	2001年	2000年		1999年
		调整前	调整后	
主营业务收入	297,017,907.99	180,498,217.24	180,498,217.24	93,400,484.62
净利润	45,485,101.32	50,201,443.68	42,202,213.80	30,556,758.64
总资产	821,470,395.31	792,932,887.14	769,717,317.89	185,007,134.29
股东权益(不含少数股东权益)	576,783,253.91	563,021,825.24	555,022,595.36	141,521,610.03
每股收益	0.396	0.44	0.367	0.36
每股收益(加权)	0.396	0.49	0.412	0.36
扣除非经常性损益后的每股收益	0.167	0.39	0.339	0.33
扣除非经常性损益后的每股收益(加权)	0.167	0.44	0.381	0.33
每股净资产	5.016	4.90	4.83	1.66
调整后的每股净资产	4.976	4.79	4.79	1.64
每股经营活动产生的现金流量净额	-0.343	0.11	0.11	0.15
净资产收益率%	7.89	8.92	7.60	21.59
净资产收益率(加权)%	7.87	12.45	10.57	21.59

三、股本变动和主要股东持股情况

(一)股本变动情况(截止2001年12月31日)　　单位:万股

股份类别	本次变动前	本次变动增减(+、-)						本次变动后
		配股	送股	公积金转股	增发	其他	小计	
一.未上市流通股份								
1.发起人股份	8,500							8,500
其中:								
国有股	7,814.34							7,814.34
境内法人股	685.66							685.66
境外法人股								
其他								
2.募集法人股								
3.内部职工股								
4.优先股或其他								
未上市流通股份合计	8,500							8,500
二.已上市流通股份								
1.人民币普通股	3,000							3,000
2.境内上市的外资股								
3.境外上市的外资股								
其他								
已上市流通股份合计	3,000							3,000
三.股份总数	11,500							11,500

000989 湖南九芝堂股份有限公司

2001 年年度报告摘选

第一节 公司基本情况简介

1、公司法定中文名称:湖南九芝堂股份有限公司
公司法定英文名称:HUNAN JIUZHITANG CO., Ltd.
2、公司法定代表人:余克建
3、公司董事会秘书:汪崇湘
联系电话:0731-4489905
电子信箱:wcx@hnjzt.com.
公司股证事务代表:梁建华 熊亚军
联系电话(传真):0731-4363184
电子信箱:ljh@hnjzt.com. xyj@hnjzt.com
4、公司注册及办公地址:湖南省长沙市芙蓉北路 155 号
邮 编:410008
公司国际互联网网址:http://www.hnjzt.com
公司电子信箱:hnjzt@hnjzt.com.
5、公司选定的信息披露报纸名称:《证券时报》、《中国证券报》
登载公司年度报告的国际互联网:http://www.cninfo.com.cn
公司年度报告备置地点:湖南省长沙市芙蓉北路 155 号公司四楼投资证券部
6、公司股票上市地:深圳证券交易所
股票简称:九芝堂
股票代码:000989

第二节 会计数据和业务数据摘要

1、本年度主要利润指标情况

项目	金额
(1)利润总额:	63,584,188.98 元
(2)净利润:	52,370,418.82 元
(3)扣除非经常性损益后的净利润:	48,047,774.44 元
(4)主营业务利润:	244,779,644.57 元
(5)其它业务利润:	27,129.12 元
(6)营业利润:	57,945,424 元
(7)投资收益:	-812,943.05 元
(8)补贴收入:	2,248,439.89 元
(9)营业外收支净额:	4,203,268.14 元
(10)经营活动产生的现金流量净额:	81,054,470.69 元
(11)现金及现金等价物增加额:	-179,580,073.96 元
注:扣除的非经常性损益项目和涉及金额	
补贴收入:	2,248,439.89 元
营业外收支净额:	4,203,268.14 元

2、公司前三年主要会计数据和财务指标(合并报表)

(1)主要财务数据:

指标项目	2001 年度	2000 年度	1999 年度
① 主营业务收入(万元)	70969	45584	32954
② 净利润(万元)	5237	3792	3142
③ 总资产(万元)	87196	79687	37636
④ 股东权益(万元)	50180	48159	15476
⑤ 每股收益(元/股)摊薄	0.407	0.295	0.355
加权	0.407	0.349	0.373
⑥ 扣除非经常性损益后的每股收益(元/股)	0.374	0.307	0.364
⑦ 每股净资产(元)	3.90	3.74	1.78
⑧ 调整后每股净资产(元)	3.75	3.71	1.74
⑨ 每股经营活动产生的现金流量净额(元)	0.630	0.427	0.204
⑩ 净资产收益率(%)摊薄	10.44	7.87	19.95
加权	10.37	11.6	24

(2)利润表附表

报告期利润	净资产收益率(%)		每股收益(元/股)	
	全面摊薄	加权平均	全面摊薄	加权平均
主营业务利润	48.78	48.46	1.90	1.90
营业利润	11.55	11.47	0.45	0.45
净利润	10.44	10.37	0.41	0.41
扣除非经常性损益后的净利润	9.57	9.51	0.37	0.37

第三节 股本变动及股东情况

一、股份变动情况表

报告日期:2001 年 12 月 31 日 数量单位:股 每股面值:1 元

	本次变动前	本次变动增减(+,—)						本次变动后
		配股	送股	公积金转股	增发	发行新股	小计	
一、未上市流通股份								
1、发起人股份	88620000							88620000
其中:								
国家持有股份	78120000							78120000
境内法人持有股份	10500000							10500000
境外法人持有股份								
其他								
2、募集法人股份								
3、内部职工股								
4、优先股或其他								
其中:转配股								
未上市流通股份合计	88620000							88620000
二、已上市的流通股份								
1、人民币普通股	40000000							40000000
2、境内上市的外资股								
3、境外上市的外资股								
4、其他								
已上市流通股份合计	40000000							40000000
三、股份总数	128620000							128620000

000990 诚志股份有限公司

2001 年年度报告摘选

第一节 公司基本情况简介

一、公司法定中文名称:诚志股份有限公司
公司法定英文名称:CHENGZHI CO., LTD.
中文缩写:诚志股份
二、公司法定代表人:荣泳霖
三、董事会秘书:许晓阳
股证事务代表:徐惊宇
联系电话:0791-6304746 传真:0791-6304699
董秘电子信箱:dongmiban@chengzhi.com.cn
四、公司注册地址:江西省南昌市庐山中大道 60 号
公司办公地址:江西省南昌市北京西路 88 号江信国际大厦 21 层
邮政编码:330046
公司国际互联网网址:http://www.chengzhi.com.cn
公司电子信箱:chengzhi@chengzhi.com.cn
五、公司选定的信息披露报纸名称:《中国证券报》、《证券时报》
登载公司年度报告的中国证监会指定国际互联网网址:http://www.cninfo.com.cn
公司年度报告备置地点:公司证券事务部
六、公司股票上市交易所:深圳证券交易所
股票简称:诚志股份 股票代码:000990

第二节 会计数据和业务数据摘要

一、公司本年度会计数据 金额(单位:人民币元)

项目	金额
利润总额	63,538,559.74
净利润	45,050,235.83
扣除非经常性损益后的净利润	42,336,105.01
主营业务利润	133,172,091.70
其他业务利润	1,843,293.08
营业利润	59,808,842.28
投资收益	710,679.59
补贴收入	3,702,315.00
营业外收支净额	-683,277.14
经营活动产生的现金流量净额	17,256,387.06
现金及现金等价物净增加额	-346,876,544.72

扣除非经常性损益项目和涉及金额

项目	金 额
补贴收入	3,702,315.00
营业外收入、支出净额	-683,277.14
股权投资差额摊销	-304,907.04
合计	2,714,130.82

二、公司近三年财务指标 (单位:人民币元)

项目	2001 年度	2000 年度	1999 年度
主营业务收入	438,710,671.40	274,619,956.44	200,259,774.20
净利润	45,050,235.83	40,438,493.94	28,173,177.81
总资产	922,182,426.04	809,818,718.05	268,708,934.34
股东权益(不包含少数股东权益)	665,315,122.72	634,588,239.38	141,592,478.02
每股收益(摊薄)	0.25	0.34	0.39
扣除非经常性损益后的每股收益(摊薄)	0.24	0.30	0.39
每股净资产	3.71	5.31	1.98
调整后的每股净资产	3.67	5.21	1.90
净资产收益率(%)(摊薄)	6.77	6.37	19.9
扣除非经常性损益后的加权净资产收益率(%)	6.44	9.05	19.9
每股经营活动产生的现金流量净额	0.10	-0.05	0.22

报告期利润表附表

2001 年度利润	净资产收益率(%)		每股收益(元)	
	全面摊薄	加权平均	全面摊薄	加权平均
主营业务利润	20.02	20.27	0.74	0.74
营业利润	8.99	9.10	0.33	0.33
净利润	6.77	6.86	0.25	0.25
扣除非经营性损益后的净利润	6.36	6.44	0.24	0.24

注:利润表附表的利润数是按照中国证监会《公开发行证券公司信息披露编报规则(第 9 号)》要求计算的。

第三节 股本变动及股东情况

一、股份变动情况表

单位:股

	本次变动前	本次变动增减(+、-)				本次变动后
		配股	送股	公积金	小计	
一、未上市流通股份						
1、发起人股份	71,500,00		21,450,000	14,300,000	35,750,000	107,250,000
其中:						
国家持有股份	45,401,300		13,620,390	9,080,260	22,700,650	68,101,950
境内法人持有股份	26,098,700		7,829,610	5,219,740	13,049,350	39,148,050
境外法人持有股份						
其他						
2、募集法人股份						
3、内部职工股						
4、优先股或其他	71,500,000		21,450,000	14,300,000	35,750,000	107,250,000
未上市流通股份合计						
二、已上市流通股份	48,000,000		14,400,000	9,600,000	24,000,000	72,000,000
1、人民币普通股						
2、境内上市的外资股						
3、境外上市的外资股	48,000,000		14,400,000	9,600,000	24,000,000	72,000,000
4、其它						
已上市流通股份合计						
三、股份总数	119,500,000		35,850,000	23,900,000	59,750,000	179,250,000

000993 福建闽东电力股份有限公司

2001年年度报告摘选

一、公司基本情况简介

(一)公司法定中文名称:福建闽东电力股份有限公司
公司法定英文名称:FUJIAN MINDONG ELECTRIC POWER LIMITED COMPANY
(二)公司注册地址:福建省宁德市蕉城南路111号
公司办公地址:福建省宁德市蕉城南路111号　　邮编编码:352100
电子邮箱:mddl88@public.ndptt.fj.cn
(三)公司法定代表人:翁小巧
(四)公司董事会秘书:杨建华　　证券事务代表:陈 胜
联系地址:福建省福州市东大路88号建闽大厦十层
电话:(0591)7613068　(0591)7613033　　传真:(0591)7615993
电子信箱:yjianhua@public.ndptt.fj.cn
(五)公司选定的信息披露报纸名称:《中国证券报》、《证券时报》;
登载公司2001年度报告的中国证监会指定国际互联网网址:http://www.cninfo.com.cn
公司2001年度报告备置地点:公司证券投资部
(六)公司股票上市交易所:深圳证券交易所
股票简称:闽东电力　　股票代码:000993

二、会计数据和业务数据摘要

(一)本年度利润总额、净利润及其构成(单位:人民币元)

项目	2001年度
利润总额	36,342,171.58
净利润	28,800,366.37
扣除非经常性损益后的净利润	-7,116,965.98
主营业务利润	111,221,080.21
其他业务利润	2,103,084.27
营业利润	11,168,988.78
投资收益	26,881,100.50
补贴收入	
营业外收支净额	-1,707,917.70
经营活动产生的现金流量净额	10,789,398.01
现金及现金等价物净增减额	331,148,042.83

(二)截至报告期末公司前三年的主要会计数据和财务指标

项目	2001年	2000年		1999年
		调整前	调整后	
主营业务收入(万元)	22206.09	17999.77	17999.77	17176.10
净利润(万元)	2880.04	4352.07	3178.82	3306.44
总资产(万元)	217589.51	202940.23	214289.11	69303.92
股东权益(不含少数股东权益)(万元)	144340.56	144308.82	143135.57	31470.4
每股收益(元/股)	0.10	0.15	0.11	0.17
每股收益(加权)(元/股)	0.10	0.18	0.13	0.17
扣除非经常性损益后的每股收益(加权)(元/股)	-0.02	0.16	0.12	0.14
扣除非经常性损益后的每股收益(元/股)	-0.02	0.13	0.10	0.11
每股净资产(元/股)	4.81	4.81	4.77	1.57
调整后的每股净资产(元/股)	4.74	4.72	4.68	1.57
每股经营活动产生的现金流量净额(元/股)	0.04	-0.08	-0.08	0.43
净资产收益率(摊薄)(%)	2.00	3.02	2.22	10.51
净资产收益率(加权)(%)	1.99	5.43	4.00	10.24
扣除非经常性损益后的加权净资产收益率(加权)(%)	-0.49	4.86	3.81	10.04
扣除非经常性损益后的加权净资产收益率(%)	-0.49	2.70	2.11	10.3

注:(1)按照中国证监会《公开发行证券公司信息报露编报规则(第9号)》要求计算的2001年指标数据如下:

	报告期利润(元)	净资产收益率(%)		每股收益(元)	
		全面摊薄	加权平均	全面摊薄	加权平均
主营业务利润	111,221,080.21	7.71	7.69	0.37	0.37
营业利润	11,168,988.78	0.77	0.77	0.04	0.04
净利润	28,800,366.37	2.00	1.99	0.10	0.10
扣除非经常性损益后的净利润	-7,116,965.98	-0.49	-0.49	-0.02	-0.02

三、股本变动及股东情况

(一)股本变动情况
段份变动情况(如下表)　　单位:股

	本次变动前	本次变动增减(+,—)						本次变动后
		配股	送股	公积金转股	增发	其它	小计	
一、未上市流通股份								
1、发起人股份	200000000							200000000
其中:国家拥有股份	199154000							199154000
境内法人持有股份	846000							846000
境外法人持有股份								
其他								
2、募集法人股份								
3、高管持股								
4、优先股或其他								
其中:转配股								
未上市流通股份合计	200000000							200000000
二、已流通股份								
1、人民币普通股					+100000000		+100000000	+100000000
2、境内上市的外资股								
3、境外上市的外资股								
4、其他								
已上市流通股份合计					+100000000		+100000000	+100000000
三、股份总数	200000000				+100000000		+100000000	300000000

000995 甘肃皇台酒业股份有限公司

2001年年度报告摘选

第一章　公司基本情况简介

(一)公司法定中文名称:甘肃皇台酒业股份有限公司
缩写:皇台酒业
英文名称:GANSU HUANGTAI WINE—MARKETING INDUSTRY CO.,LTD.
(二)公司法定代表人:张景发
(三)公司董事会秘书:毛宏
联系地址:甘肃省武威市新建路55号
电话:(0935)6139888　6139859　　传真:(0935)6139888
电子邮件:maohong58@hotmail.com
证券事务代表:屈平原
联系地址:甘肃省武威市新建路55号
电话:(0935)6139888　6139859　　传真:(0935)6139888
(四)公司注册地址及办公地址:甘肃省武威市新建路55号
邮政编码:733000
电子信箱:ZHLIDAN@PUBLIC LZ.GS.CN
国际互联网网址:HTTP://WWW.HUANGTAI.COM
(五)公司选定的信息披露报纸:《中国证券报》
刊载公司年度报告的国际互联网网址:HTTP://WWW.CNINFO.COM.CN
公司年度报告置备地点:公司董事会办公室、深圳证券交易所
(六)公司股票上市交易所:深圳证券交易所
股票简称:皇台酒业　　股票代码:000995

第二章　会计数据和业务数据摘要

第一节　本年度会计数据
本年度主要利润指标情况:(单位:人民币元)

项目	金　额
利润总额	6,279,430.54
净利润	1,914,541.37
扣除非经常性损益后的净利润	-10,909,441.51
主营业务利润	50,408,261.63
其他业务利润	590,926.90
营业利润	-1,682,895.49
投资收益	3,092,207.60
补贴收入	6,000,000.00
营业外收支净额	-1,129,881.57
经营活动产生的现金流量净额	-28,368,245.45
现金及现金等价物净增加额	4,143,357.80

第二节　公司前三年主要会计数据和财务指标
报告期末公司前三年的主要会计数据和财务指标:(单位:人民币元)

项目	2001年度	2000年度		1999年度
		调整前	调整后	
主营业务收入	121,102,026.63	158,410,657.73	158,410,657.73	154,395,032.02
净利润	1,914,541.37	26,412,709.06	14,110,867.41	26,454,047.01
总资产	674,962,833.84	669,409,936.86	655,001,310.21	341,394,319.86
股东权益(不含少数股东权益)	459,955,532.29	472,449,617.57	458,040,990.92	148,181,759.31
每股收益	0.0137	0.19	0.1008	0.26
加权每股收益	0.0137	0.23	0.11	0.26
扣除非经常性损益后的每股收益	-0.078	0.19	0.106	0.26
每股净资产	3.29	3.37	3.27	1.48
调整后的每股净资产	2.66	3.33	3.21	1.47
每股经营性活动产生的现金流量净额	-0.20	-0.22		-0.07
净资产收益率(%)	0.42	5.59	3.08	17.85
加权净资产收益率(%)	0.42	8.82	5.03	19.60

按中国证监会《公开发行证券公司信息披露编报规则(第9号)》要求计算的利润数据

报告期利润计算标准	净资产收益率全面摊薄	净资产收益率加权平均	每股收益全面摊薄(元/股)	每股收益全面摊薄(元/股)
主营业务利润	10.96%	10.98%	0.36	0.36
营业利润	-0.36%	-0.37%	-0.01	-0.01
净利润	0.42%	0.42%	0.0137	0.0137
扣除非经常性损益后的净利润	-2.38%	-2.38%	-0.078	-0.078

第三章　股本变动及股东情况

公司股份变动情况表(数量单位:股)

股份类别	本次变动前	本次变动增减(+,-)						本次变动后
		配股	送股	公积金转增	增发	其他	小计	
一、未上市流通股份								
1、发起人股份	100,000,000.00							100,000,000.00
其中:								
国家持有股份	91,017,560.00							91,017,560.00
境内法人持有股份	8,982,440.00							8,982,440.00
境外法人持有股份								
其他								
2、募集法人股份								
3、内部职工股								
4、优先股或其他								
未上市流通股份合计	100,000,000.00							100,000,000.00
二、已上市流通股份								
1、人民币普通股	40,000,000.00							40,000,000.00
2、境内上市的外资股								
3、境外上市的外资股								
4、其他								
已上市流通股份合计	40,000,000.00							40,000,000.00
三、股份总数	140,000,000.00							140,000,000.00

000996 捷利实业股份有限公司

2001 年年度报告摘选

一、公司基本情况简介

1.公司法定中文名称:捷利实业股份有限公司
公司法定英文名称:JIELEE INDUSTRY CO.,LTD
2.公司法定代表人:姜　新
3.公司董事会秘书:徐朝武
联系地址:哈尔滨市南岗区红军街 20 号金融大厦 9 层
电　　话:0451—3608158　　3608168
传　　真:0451—3608944
电子信箱:xcw@jielee.com
4.公司注册地址:哈尔滨市南岗区宣义街 1 号
公司办公地址:哈尔滨市南岗区红军街 20 号金融大厦 9 层
邮政编码:150001
公司电子信箱:jielee@jielee.com
5.公司选定的信息披露报纸名称:《证券时报》
登载公司年度报告的中国证监会指定国际互联网网址:http://www.cninfo.com.cn
公司年度报告备置地点:本公司证券部
6.公司股票上市交易所:深圳证券交易所
股票名称:捷利股份　　股票代码:000996

二、会计数据和业务数据摘要

(一)本年度主要会计数据和业务数据　　单位:元

项 目	2001 年度
利润总额	21,378,723.350
净利润	13,452,981.070
扣除非经常性损益后的净利润	9,647,447.940
主营业务利润	38,755,862.860
其他业务利润	560,558.910
营业利润	17,153,202.710
投资收益	2,787,649.710
补贴收入	0.000
营业外收支净额	1,437,870.930
经营活动产生的现金流量净额	4,315,326.374
现金及现金等价物净增加额	14,733,449.374

(二)公司前三年的主要会计数据和财务指标　　单位:元

项目	20C1 年度	2000 年度	1999 年度
主营业务收入	187,993,590.000	219,051,533.920	218,487,175.450
净利润	13,452,981.070	24,633,266.410	22,595,808.640
总资产	545,081,394.350	482,516,615.380	198,535,818.830
股东权益(不含少数股东权益)	418,625,914.020	408,413,412.180	118,055,103.630
每股收益(全面摊薄)	0.117	0.214	0.214
每股收益(加权平均)	0.117	0.269	0.282
扣除非经常性损益后的每股收益(摊薄)	0.084	0.210	0.284
扣除非经常性损益后的每股收益(加权)	0.084	0.264	0.284
每股净资产	3.640	3.551	1.476
调整后的每股净资产	3.634	3.537	1.475
每股经营活动产生的现金流量净额	0.038	-0.330	0.580
净资产收益率(%)(摊薄)	3.214	6.031	19.140
净资产收益率(%)(加权)	3.241	11.013	19.590
扣除非经常性损益后的加权净资产收益率(%)(全面摊薄)	2.305	5.914	19.250
扣除非经常性损益后的加权净资产收益率(%)(加权平均)	2.324	10.799	19.700

利润表附表

报告期利润	净资产收益率%		每股收益(人民币元/股)	
	全面摊薄	加权平均	全面摊薄	加权平均
主营业务利润	9.258	9.336	0.337	0.337
营业利润	4.098	4.132	0.149	0.149
净利润	3.214	3.241	0.117	0.117
扣除非经常性损益后的净利润	2.305	2.324	0.084	0.084

三、股本变动及股东情况

1、股本变动情况
(1)公司股份变动情况表　　数量单位:股

	本次变动前	配股	送股	公积金转股	增发	其他	小计	本次变动后
一.未上市流通股份								
1.发起人股份	80,000,000							80,000,000
其中:								
国家持有股份								
境内法人持有股份	80,000,000					-12,000,000	-12,000,000	68,000,000
境外法人持有股份								
其他								
2.募集法人股						12,000,000	12,000,000	12,000,000
3.内部职工股								
4.优先股或其他								
未上市流通股份合计	80,000,000							80,000,000
二.已上市流通股份								
1.人民币普通股	35,000,000							35,000,000
2.境内上市的外资股								
3.境外上市的外资股								
4.其他								
已上市流通股份合计	35,000,000							35,000,000
三.股份总数	115,000,000							115,000,000

000997 福建新大陆电脑股份有限公司

2001 年年度报告摘选

第一节　公司基本情况简介

(一)法定中文名称:福建新大陆电脑股份有限公司
法定英文名称:FUJIAN NEWLAND COMPUTER CO.,LTD.
英文名称缩写:NEWLAND
(二)公司法定代表人:胡　钢
(三)公司董事会秘书:李祖荣
证券事务代表:许　佳
联系地址:福建省福州市高桥路 26 号阳光假日大酒店 14 楼
联系电话:0591-3338178　　传　真:0591-3338178 3362320
电子信箱:newland1@pub5.fz.fj.cn
(四)公司注册地址:福州市马尾君竹路 83 号 B 座 5 楼
公司办公地址:福建省福州市高桥路 26 号阳光假日大酒店 14 楼　　邮政编码:350005
公司国际互联网网址:http://www.newland.com.cn
电子信箱:newland1@pub5.fz.fj.cn
(五)公司选定的信息披露报纸名称:《证券时报》、《中国证券报》
登载年度报告的中证监会指定网站的网址:http://www.cninfo.com.cn
公司年度报告备置地点:公司证券部
(六)公司股票上市交易所:深圳证券交易所
股票简称:新大陆　　股票代码:000997

第二节　会计数据和业务数据摘要

(一)本年度利润总额及其构成(单位:元)

项目	金　额
利润总额	51,220,540.90
净利润	40,344,168.47
扣除非经常性损益后的净利润	40,132,512.88
主营业务利润	98,347,266.21
其他业务利润	1,107,797.44
营业利润	49,312,142.30
投资收益	1,696,743.01
补贴收入	224,879.00
营业外收支净额	-13,223.41
经营活动产生的现金流量净额	11,805,037.95
现金及现金等价物净增减额	-103,758,832.53

注:扣除的非经常性损益项目及涉及金额　　(单位:元)
1、补贴收入:(1)财政扶持生产资金 184,000.00
(2)出口商品贴息 40,879.00
2、营业外收入:资产处置损益:2,405.21
3、营业外支出:资产处置损益:15,628.62

(二)前三年主要会计数据和财务指标　　(单位:元)

项目	2001 年	2000 年	1999 年
主营业务收入	462,752,215.33	417,277,515.96	304,757,842.06
净利润	40,344,168.47	39,859,184.53	30,440,836.08
总资产	725,099,407.53	730,072,205.34	234,048,345.20
股东权益(不含少数股东权益)	597,114,297.80	578,699,123.41	97,996,524.35
每股收益	0.35	0.34	0.36
扣除非经常性损益后的每股收益(加权平均)	0.35	0.37	0.40
扣除非经常性损益后的每股收益(全面摊薄)	0.35	0.31	0.32
每股经营活动产生的现金流量净额	0.10	0.20	-0.30
净资产收益率%	6.76	6.89	31.06
扣除非经常性损益后的净资产收益率(加权平均)%	6.56	11.63	27.17
每股净资产	5.15	4.99	1.15
调整后的每股净资产	5.14	4.97	1.13

(三)按照中国证监会《公开发行证券公司信息披露编报规则(第 9 号)》要求计算的利润数据:

报告期利润	净资产收益率(%)		每股收益(元)	
	全面摊薄	加权平均	全面摊薄	加权平均
主营业务利润	16.47	16.08	0.85	0.85
营业利润	8.26	8.06	0.43	0.43
净利润	6.76	6.60	0.35	0.35
扣除非经常性损益后的净利润	6.72	6.56	0.35	0.35

第三节　股本变动及股东情况

(一)股本变动情况
1、股份变动情况表　　数量单位:股

	本次变动前	配股	送股	公积金转股	增发	其他	小计	本次变动后
一、未上市流通股份								
1、发起人股份	85,000,000							85,000,000
其中:								
国家持有股份								
境内法人持有股份	85,000,000							85,000,000
境外法人持有股份								
其他								
2、募集法人股份								
3、内部职工股								
4、优先股或其他								
未上市流通股份合计	85,000,000							85,000,000
二、已上市流通股份								
1、人民币普通股	31,000,000							31,000,000
2、境内上市的外资股								
3、境外上市的外资股								
4、其他								
已上市流通股份合计	31,000,000							31,000,000
三、股份总数	116,000,000							116,000,000

000998 袁隆平农业高科技股份有限公司

2001 年年度报告摘选

第一节 公司简介

一、公司名称
中文名称:袁隆平农业高科技股份有限公司
英文名称:Yuan Longping High - tech Agriculture Co., Ltd. 英文缩写:LPHT
二、公司法定代表人:田际榕
三、董事会秘书:彭光剑 证券事务代表:何久春
联系地址:湖南省长沙市车站北路 329 号 邮 编:410001
电 话:0731 - 2183880, 2181658 传 真:0731 - 2183859, 2181758
电子信箱:lphtsd@public.cs.hn.cn
四、公司注册地址:长沙市芙蓉区远大二路马坡岭农业高科技园内
办 公 地 址:湖南省长沙市车站北路 329 号 邮 编:410001
公司国际互联网网址:http//www.longpinghightech.com
公司电子信箱:lpht@public.cs.hn.cn
五、公司选定的信息披露报纸:
《中国证券报》、《证券时报》、《上海证券报》
刊登公司年度报告的国际互联网网址:www.cninfo.com.cn
公司年度报告备置地点:本公司证券部
六、公司股票上市交易所:深圳证券交易所
股票简称:隆平高科 股票代码:000998
七、其他有关资料:
1、公司首次注册登记时间:1999 年 6 月 30 日
登记地点:湖南省长沙市芙蓉区远大二路马坡岭农业高科技园
公司变更登记时间:2000 年 6 月 14 日
2、营业执照注册号:4300001003987
3、税务登记号码:430104712192469
4、公司聘请的会计师事务所:湖南开元有限责任会计师事务所
办公地点:湖南省长沙市芙蓉中路 490 号

第二节 公司会计数据和业务数据摘要

一、本年度主要会计数据(单位:元)

项 目	金 额
利润总额	46,427,934.69
净 利 润	40,332,259.25
扣除非经常性损益后的净利润	38,307,347.11
主营业务利润	74,542,998.29
其他业务利润	323,584.34
营业利润	23,618,820.04
投资收益	20,780,529.43
补贴收入	
营业外收支净额	2,028,585.22
经营活动产生的现金流量净额	-78,550,290.93
现金及现金等价物净增加额	-157,181,292.89

注:扣除非经常性损益的项目及涉及的金额:

项 目	金 额(元)
资产处置损益	-3,673.08
营业外收支净额	2,028,585.22

二、近三年主要会计数据及财务指标(合并报表)

项 目	2001 年度	2000 年度		1999 年度	
		调整前	调整后	调整前	调整后
主营业务收入	267,908,178.21	162,544,558.57	162,544,558.57	114,605,108.66	114,605,108.66
净利润	40,332,259.25	37,959,874.98	37,503,574.98	27,216,382.90	27,216,382.90
总资产	984,901,273.75	926,413,446.74	925,957,146.74	178,739,930.49	178,739,930.49
股东权益	786,138,624.53	777,724,165.28	777,267,865.28	86,968,488.19	86,968,488.19
每股收益	0.38	0.36	0.36	0.26	0.26
每股净资产	7.49	7.41	7.40	1.74	1.74
调整后每股净资产	7.48	7.41	7.40	1.74	1.74
每股经营活动产生的现金流量净额	-0.75	1.02	1.02		
净资产收益率(%)	5.13	4.88	4.83	31.29	31.29

三、按中国证监会《公开发行证券公司信息披露编报规则(第 9 号)》要求计算的利润数据:
利润表附表

报告期利润	净资产收益率(%)		每股收益	
	全面摊薄	加权平均	全面摊薄	加权平均
主营业务利润	9.480	9.530	0.710	0.710
营业利润	3.000	3.020	0.225	0.225
净利润	5.130	5.160	0.384	0.384
扣除非经常性损益后的净利润	4.870	4.900	0.365	0.365

第三节 股本变动及股东情况

一、股本变动情况
1、股份变动情况表(单位:万股)

	本次变动前	本次增减(+、-)					本次变动后
		配股	送股	发新股	转增	小计	
未上市流通股份							
(1)发起人股份	5,000						5,000
其中:国家法人股	4,250						4,250
境内法人股	500						500
境外法人股	0						0
自然人	250						250
(2)募集法人股	0						0
(3)高管股	0						0
未上市流通股合计	5,000						5,000
已上市流通股份							
(1)人民币普通股	5,500						5,500
(2)境内上市外资股	0						0
(3)境外上市外资股	0						0
(4)其它	0						0
已上市流通股份合计	5,500						5,500
股份总数	10,500						10,500

000999 三九医药股份有限公司

2001 年年度报告摘选

一、公司基本情况简介

(一)公司法定中文名称:三九医药股份有限公司
公司英文名称:Sanjiu Medical & Pharmaceutical Co., Ltd.
(二)公司法定代表人:赵新先
(三)公司董事会秘书:周 辉
联系电话:0755 - 3360999 转 3579
电子信箱:zhouhui@999.com.cn
联系传真:0755 - 2118858
(四)公司注册及办公地址:深圳市北环大道 1028 号
联系电话:0755 - 3360999
联系传真:0755 - 2118858
邮编:518029
(五)公司选定的信息披露报纸名称:《中国证券报》、《证券时报》、《上海证券报》
登载公司年度报告的国际互联网网址:http://www.cninfo.com.cn
公司年度报告备置地点:公司董事会秘书处
(六)公司股票上市地:深圳证券交易所
股票简称:三九医药
股票代码:000999

二、公司会计数据和业务数据摘要

(一)2001 年业务数据(单位:元)

项目	金额
利润总额	170,274,993.76
净利润	121,027,302.13
扣除非经常性损益的净利润	102,276,939.22
主营业务利润	945,136,493.75
其他业务利润	3,888,098.58
营业利润	139,866,634.41
投资收益	(13,146,503.69)
补贴收入	527,000.00
营业外收支净额	43,554,863.04
经营活动产生的现金流量净额	153,436,620.19
现金及现金等价物净增加额	(423,763,385.59)

(二)截止 2001 年 12 月 31 日前三年主要会计数据及财务指标(单位:元):
1、追溯调整前主要会计数据及财务指标

项目	2001 年	2000 年	1999 年
主营业务收入	1,867,314,683.47	1,828,175,159.07	1,476,418,817.82
净利润	121,027,302.13	201,578,513.26	220,218,774.49
总资产	6,599,074,437.03	5,889,851,558.58	3,579,604,605.84
股东权益(不包括少数股东权益)	2,603,894,995.18	2,582,483,231.31	2,575,909,009.26
每股收益(摊薄)	0.1607	0.27	0.29
每股收益(加权)	0.1607	0.27	0.29
每股净资产	3.46	3.43	3.42
调整后的每股净资产	3.05	3.01	3.24
每股经营活动产生的现金流量净值	0.20	0.35	0.16
净资产收益率%	4.65	7.81	8.30
扣除非经常性损益的加权平均净资产收益率%	3.97	7.33	23.35

2、追溯调整后主要会计数据及财务指标

项 目	2001 年	2000 年	1999 年
主营业务收入	1,867,314,683.47	1,627,831,592.98	1,476,418,817.82
净利润	121,027,302.13	161,326,638.22	196,345,718.52
总资产	6,599,074,437.03	5,680,689,578.61	3,554,987,474.81
股东权益(不包括少数股东权益)	2,603,894,995.18	2,518,358,300.31	2,552,035,953.29
每股收益(摊薄)	0.1607	0.2142	0.2607
每股收益(加权)	0.1607	0.2142	0.3446
每股净资产	3.46	3.34	3.42
调整后的每股净资产	3.13	3.02	3.20
每股经营活动产生的现金流量净值	0.20	0.35	0.16
净资产收益率%	4.65	6.41	7.80
扣除非经常性损益后的加权平均净资产收益率%	3.97	6.76	20.30

(三)根据中国证监会《公开发行证券公司信息披露编报规则》第九号通知的要求,本公司利润数据计算如下(单位:元/股):

项目	净资产收益率		每股收益	
	全面摊薄	加权平均	全面摊薄	加权平均
主营业务利润	36.30	36.69	1.2552	1.2552
营业利润	5.37	5.43	0.1857	0.1857
净利润	4.65	4.70	0.1607	0.1607
扣除非经常性损益后的净利润	3.93	3.97	0.1358	0.1358

三、股本变动及股东情况

(一) 股本变动情况
1、股本变动情况表(截止 2001 年 12 月 31 日,单位:股)

项目	本次变动前	本次变动增减(+,-)			本次变动后
		配股	送股	公积金转增	
一、未上市流通股份					
1、发起人股份	553,000,000	-	-	-	553,000,000
其中:国家持有股份	552,000,000				552,000,000
境内法人持有股份	1,000,000	-	-	-	1,000,000
2、战略投资者股份	47,000,000				-
未上市流通股份合计	600,000,000				553,000,000
二、已上市的流通股份					
1、人民币普通股	153,000,000				200,000,000
已上市流通股份合计	153,000,000				200,000,000
三、股份总数	753,000,000				753,000,000

200041 深圳本鲁克斯实业股份有限公司

2001 年年度报告摘选

一、公司基本情况:

1、公司的法定中文名称:深圳本鲁克斯实业股份有限公司
公司的法定英文名称:Shenzhen Benelux Enterprise Co., Ltd.
2、公司法定代表人:黄先锋先生
3、公司董事会秘书姓名:沈焰雷先生
联系地址:深圳市南山区南油中兴工业城 11 栋
联系电话:755-6068614　　传真:755-6068031
电子信箱:szshbshi@public.szptt.net.cn
4、公司注册地址:深圳市南山区南油中兴工业城 11 栋
公司办公地址:深圳市南山区南油中兴工业城 11 栋
邮政编码:518062
电子信箱:szshbshi@public.szptt.net.cn
5、公司选定的信息披露报纸名称:《证券时报》、香港《大公报》
登载年度报告的中国证监会指定网站的网址:www.cninfo.com.cn
公司年度报告备置地点:公司总部董事会秘书处
6、公司股票上市交易所:深圳证券交易所
股票简称:深本实 B　　股票代码:200041

二、会计数据和业务数据摘要

1、本年度会计数据和财务数据(单位:人民币元)

项目	金额
利润总额	13,789,750.53
净利润	8,016,384.21
扣除非经常性损益后的净利润	7,995,796.77
主营业务利润	28,711,831.97
其他业务利润	15,807.85
营业利润	13,638,505.27
投资收益	130,657.82
补贴收入	- -
营业外收支净额	20,587.44
经营活动产生的现金流量净额	(2,493,087.54)
现金及现金等价物净增加额	427,917.59

2、近三年主要会计数据和财务指标(单位:人民币元)

指标项目	2001 年度	2000 年度		1999 年度
		调整后	调整前	
主营业务收入	66,713,870.35	10,460,444.01	10,460,444.01	14,137,888.57
净利润	8,016,384.21	3,634,940.90	3,634,940.90	(11,446,567.18)
总资产	271,071,401.50	250,272,484.06	260,477,037.23	236,437,343.47
股东权益(不含少数股东权益)	131,065,924.79	123,055,400.69	133,494,065.83	130,210,739.01
每股收益	0.13	0.06	0.06	(0.19)
每股净资产	2.17	2.03	2.21	2.15
调整后的每股净资产	2.02	1.99	2.16	1.21
每股经营活动产生的现金流量净额	(0.04)	0.08	0.08	0.03
净资产收益率(%)	6.12	2.95	2.72	-8.79
按月平均加权法计算的每股收益	0.13	0.06	0.06	-0.19
扣除非经常性损益后的每股收益	0.13	0.03	0.03	

根据中国证监会《公开发行证券公司信息披露编报规则第九号》文的规定,分别按全面摊薄和加权平均法计算 2001 年度净资产收益率和每股收益如下:

报告期利润	净资产收益率(%)		每股收益(人民币元/股)	
	全面摊薄	加权平均	全面摊薄	加权平均
主营业务利润	21.91	22.60	0.47	0.47
营业利润	10.41	10.73	0.23	0.23
净利润	6.12	6.31	0.13	0.13
扣除非经常性损益后的净利润	6.10	6.29	0.13	0.13

三、股本变动及股东情况

1、股本变动情况表:(数量单位:股)

	本次变动前	本次变动增减(+,-)						本次变动后
		配股	送股	公积金转股	增发	其他	小计	
一、未上市流通股份								
1、发起人股	43,318,000							43,318,000
其中:								
国家持有股份								
境内法人持有股份	28,031,078							28,031,078
境外法人持有股份	15,286,922							15,286,922
其他								
2、募集法人股份								
3、内部职工股	1,452,000							1,452,000
4、优先股或其他								
其中:转配股								
未上市流通股份合计	44,770,000							44,770,000
二、已上市流通股份								
1、人民币普通股								
2、境内上市的外资股	15,730,000							15,730,000
3、境外上市的外资股								
4、其他								
已上市流通股份合计	15,730,000							15,730,000
三、股份总数	60,500,000							60,500,000

200053 深圳赤湾石油基地股份有限公司

2001 年年度报告摘选

一、公司基本情况简介

公司法定中文名称:深圳赤湾石油基地股份有限公司
公司法定英文名称:SHENZHEN CHIWAN PETROLEUM SUPPLY BASE CO., LTD
(缩写:SCPSB)
公司法定代表人:傅育宁
公司董事会秘书:崔　伟
授权代表:刘伟　　于忠侠
电话:6694211
传真:6694227
联系地址:中国广东省深圳市赤湾基地楼
注册地址:中国广东省深圳市赤湾
办公地址:中国广东省深圳市赤湾基地楼
邮政编码:518068
电子信箱:szcpsb@szonline.net
公司信息披露报纸名称:深圳《证券时报》
香港《南华早报》
登载公司年度报告的中国证监会指定的国际互联网地址:http://www.cninfo.com.cn
年度报告备置地点:中国广东省深圳市赤湾基地楼三楼行政部
公司股票上市交易所:深圳证券交易所
股票简称:深基地 B
股票代码:200053

二、会计数据和业务数据摘要

(一)本年度利润总额及构成

项目	单位:美元	单位:人民币元
利润总额	8,230,268.41	68,146,622.43
净利润	7,268,184.47	60,180,567.41
扣除非经常性损益后的净利润	7,286,053.35	60,328,521.74
其中:主营业务利润	6,915,232.86	57,258,128.08
其它业务利润	0	0
营业利润	6,431,761.81	53,254,987.79
投资收益	1,816,375.48	15,039,588.97
补贴收入	0	0
营业外收支净额	(17,868.88)	(147,954.33)
经营活动产生的现金流量净额	10,230,022.62	84,704,587.29
现金及现金等价物净增加额:	6,064,042.01	50,210,267.85

注:扣除非经常性损益项目和涉及金额:

项目	单位:美元	单位:人民币元
1、营业外收入	6,396.16	52,960.20
2、营业外支出	-24,265.04	-200,914.53
以上项目涉及金额为:	-17,868.88	-147,954.33

(二)截止报告期末公司前三年的主要会计数据及财务指标　　截止 12 月 31 日

指标名称	2001 千美元	2001 万元人民币	2000 千美元	2000 万元人民币	1999 千美元	1999 万元人民币
主营业务收入	12,415	10,280	11,676	9,668	10,733	8,885
利润总额	8,230	6,815	6,301	5,218	5,408	4,477
净利润	7,268	6,018	5,417	4,485	4,601	3,809
总资产	74,498	61,684	69,296	57,377	67,470	55,861
股东权益	63,146	52,285	60,965	50,479	59,882	49,578
每股收益(元/股)(摊薄)	0.0315	0.2610	0.0235	0.1945	0.02	0.165
(加权)	0.0315	0.2610	0.0235	0.1945	0.02	0.165
每股净资产(元/股)(摊薄)	0.274	2.267	0.264	2.189	0.260	2.150
调整后的每股净资产(元/股)(摊薄)	0.268	2.22	0.259	2.143	0.254	2.106
每股经营活动产生的现金流量净额(元/股)(摊薄)	0.044	0.367	0.038	0.319	0.032	0.267
净资产收益率(%)(摊薄)	11.51	11.51	8.9	8.9	7.7	7.7
扣除非经常性损益后的每股收益(元/股)(摊薄)	0.0316	0.2616	0.0236	0.1956	0.02	0.165

三、公司股份变动情况表

(一)股本变动情况

公司股份变动情况表　　数量单位:股

	本次变动前	本次变动增减(+,-)					本次变动后
		配股	送股	公积金转股	其他	小计	
一、未上市流通股份							
1、发起人股份							
其中:							
国家拥有股份							
境内法人持有股份	119,420,000						119,420,000
外资法人持有股份	51,180,000						51,180,000
其他							
2、募集法人股							
3、内部职工股							
4、优先股或其他							
未上市流通股份合计	170,600,000						170,600,000
二、已上市流通股份							
1、境内上市的人民币普通股							
2、境内上市的外资股	60,000,000						60,000,000
3、境外上市的外资股							
4、其他							
已上市流通股份合计	60,000,000						60,000,000
三、股份总数	230,600,000						230,600,000

200054 深圳北方建设摩托车股份有限公司

2001年年度报告摘选

一、公司基本情况简介

(一)公司法定中文名称:深圳北方建设摩托车股份有限公司(简称:深建摩)
公司法定英文名称:SHENZHEN NORTH JIANSHE MOTORCYCLE CO.,LTD.
(二)法定代表人姓名:罗跃鸣
(三)公司董事会秘书:鞠冰
联系电话:(023)68483175　　传真:(023)68482330
电子信箱:ju-bing@sohu.com　　联系地址:重庆市谢家湾正街47号
(四)公司注册地址:深圳福田区深南中路2072号电子大厦416室
邮政编码:518031
公司办公地址:重庆市谢家湾正街47号　　邮政编码:400050
公司网址:HTTP://WWW.jianshe.com.cn　　公司电子信箱:sznjsmc@public.cta.cq.cn
(五)信息披露媒体
网站:HTTP://WWW.cninfo.com.cn
定期报告刊登报刊:《证券时报》、《香港商报》
定期报告备置地点:深建摩公司重庆分公司内
(六)公司股票上市交易所:深圳证券交易所
股票简称:深建摩B　　股票代码:200054

二、会计数据和业务数据摘要

(一)截止报告期末公司前三年的主要会计数据和财务指标:

项目	2001年	2000年	1999年(调整前)	1999年(调整后)
主营业务收入(千元)	732,682	1,064,312	1,260,090	1,260,090
净利润(千元)	-192,871	14,222	7,735	5,082
总资产(千元)	1,552,947	1,845,534	2,071,378	2,103,192
股东权益(千元)	300,987	491,084	487,778	476,862
每股收益(元)	-0.40	0.03	0.02	0.01
每股净资产(元)	0.63	1.03	1.02	1.00
调整后的每股净资产(元)	0.18	0.50	1.01	0.98
每股经营活动产生的现金流量净额(元)	0.11	0.22	0.03	0.03
净资产收益率(%)	-64.08	2.90	1.59	1.07
扣除非经常性损益后每股收益(元)	-0.39	-0.04	-0.02	-0.02
加权平均每股收益(元)	-0.40	0.03	0.02	0.01
扣除非经常性损益后的加权净资产收益率(%)	-47.59	4.25	-1.18	-2.36
加权净资产收益率(%)	-48.87	2.94	1.60	1.05

(二)中国会计准则和国际会计准则分别确定的净利润(亏损)及股东权益之差异说明(单位:人民币千元):

项目	净利润(亏损) 2001年度	净利润(亏损) 2000年度	股东权益 2001.12.31	股东权益 2000.12.31
根据中国会计准则编制所确定的金额	-192,871	14,222	300,987	491,084
无须支付应付款转入	2,774	——	——	——
递延税项	1,993	1,993	-5,982	-7,975
根据国际会计准则所确定的金额	-188,104	16,215	295,005	483,109

报告期利润表附表

报告期利润	净资产收益率(%) 全面摊薄	净资产收益率(%) 加权平均	每股收益(元) 全面摊薄	每股收益(元) 加权平均
主营业务利润	-15.24	-11.62	-0.10	-0.10
营业利润	-60.97	-46.50	-0.38	-0.38
净利润	-64.08	-48.87	-0.40	-0.40
扣除非经常性损益后的净利润	-62.40	-47.59	-0.39	-0.39

三、股本变动及股东情况

(一)股份变动情况表

数量单位:股

	本次变动前	配股	送股	公积金转股	增发	其他	小计	本次变动后
一、未上市流通股份								
其中:国家持有股份	357,500,000.00	0	0	0	0	0	0	357,500,000.00
未上市流通股份合计	357,500,000.00	0	0	0	0	0	0	357,500,000.00
二、已上市流通股份								
境内上市的外资股	120,000,000.00	0	0	0	0	0	0	120,000,000.00
已上市流通股份合计	120,000,000.00	0	0	0	0	0	0	120,000,000.00
三、股份总数	477,500,000.00	0	0	0	0	0	0	477,500,000.00

(二)股票发行与上市情况
1、报告期末股东总数24654户。
2、前10名股东持股情况:

序号	股东名称	持股占总股本比例(%)	年末持股数	股份性质
1	建设工业(集团)有限责任公司	71.13	339,625,000	国有股
2	中国北方深圳公司	3.74	17,875,000	国有股
3	MING HUI LUO	0.14	685,498	流通股
4	赤湾发展香港有限公司	0.08	426,400	流通股
5	徐少凌	0.07	347,900	流通股
6	BEST RELIANCE INVESTMENTS LTD	0.07	339,898	流通股
7	黄惠霞	0.06	312,800	流通股
8	利娜	0.06	300,000	流通股
9	张锦兴	0.06	300,000	流通股
10	何伟	0.05	274,600	流通股

200057 深圳大洋海运股份有限公司

2001年年度报告摘选

一、公司基本情况简介

1、公司法定中文名称:深圳大洋海运股份有限公司
公司法定英文名称:Shenzhen Great Ocean Shipping Co.,Ltd
英文名称缩写:GOSCO
2、公司法定代表人:李葯
3、公司董事会秘书:严中宇
联系地址:深圳市福田区电子科技大厦A座1805室
联系电话:3781732
传　　真:3780771
电子信箱:yzy@ec-h.com
4、公司注册地址:深圳市福田区电子科技大厦A座1805室
公司办公地址:深圳市福田区电子科技大厦A座1805室
邮政编码:518031
公司电子信箱:szdayang@ec-h.com
5、公司选定的信息披露报纸:《证券时报》、香港《大公报》
登载年度报告的中国证监会指定网站:
HTTP://WWW.cninfo.com.cn
公司年度报告备置地点:公司秘书处
6、公司股票上市地:深圳证券交易所
B股简称:ST大洋 B　　B股代码:200057

二、会计数据与业务数据摘要

1、2001年度主要会计数据(单位:人民币元)

项目	金额
利润总额	6,831,495.77
净利润	6,831,495.77
扣除非经常性损益后的净利润	-20,193,229.02
主营业务利润	--
其它业务利润	406,335.47
营业利润	-20,193,229.02
投资收益	29,351,900.00
补贴收入	--
营业外收支净额	-2,327,175.21
经营活动产生的现金流量净额	-5,397,287.23
现金及现金等价物净增加额	12,796,814.81

注:非经常性损益总额:27,024,724.79
其中股权转让收益29,351,900.00
营业外收支净额-2,327,175.21

2、根据深圳市鹏城会计师事务所有限公司给本公司的《关于境、内外注册会计师审定的一九九八年度合并会计报表在二00一年度的影响》的说明,本公司截止2001年度会计报表按境内和境外会计准则分别进行编制已不存在差异。

3、公司前三年主要会计数据及财务指标:

项目	2001年	2000年	1999年
主营业务收入	-	-	2,591,635.31
净利润	6,831,495.77	-85,176,127.78	-115,625,465.39
总资产	115,413,856.14	105,075,027.00	136,812,052.24
股东权益	-59,372,561.55	-66,204,057.32	19,048,084.43
每股收益	0.03	-0.43	-0.58
每股净资产	-0.30	-0.33	0.096
调整后的每股净资产	-0.68	-0.67	0.32
每股经营活动产生的现金流量净额	-0.03	--	-0.02
净资产收益率	--	--	--

4、公司2001年度股东权益变动情况及主要原因(单位:股,元):

项目	股本	资本公积	盈余公积	法定公益金	未分配利润	股东权益合计
期初数	198,000,000.00	70,224,836.90	12,593,573.49	4,197,573.49	-347,022,467.71	-66,204,057.32
本期增加	--	--	--	--	6,831,495.77	6,831,495.77
本期减少	--	--	--	--	--	--
期末数	198,000,000.00	70,224,836.90	12,593,573.49	4,197,573.49	-340,190,971.94	-59,372,561.55
变动原因					主要是本年度股权转让收益	主要是本年度股权转让收益

三、股本变动及股东情况

1、股本变动情况
公司股份变动情况表

单位:股

	本次变动前	配股	送股	公积金转股	增发	其他	小计	本次变动后
一、未上市流通股份								
1、发起人股份								
其中:								
国家持有股份								
境内法人持有股份	118,800,000							118,800,000
境外法人持有股份								
其他								
2、募集法人股份								
3、内部职工股								
4、优先股或其他								
未上市流通股份合计	118,800,000							118,800,000
二、已上市流通股份								
1、人民币普通股								
2、境内上市的外资股	79,200,000							79,200,000
3、境外上市的外资股								
4、其他								
已上市流通股份合计	79,200,000							79,200,000
三、股份总数	198,000,000							198,000,000

200152 山东航空股份有限公司

2001 年年度报告摘选

一、公司情况简介

法定中文名称:山东航空股份有限公司
法定英文名称:SHANDONG AIRLINES CO.,LTD.
法定代表人:贾复文　　董事会秘书:郑保安
联系地址:山东济南遥墙国际机场
电子信箱:zhengba@shandongair.com.cn
授权代表姓名:黄海明
电子信箱:huanghm@shandongair.com.cn
电话:0531－8737888　0531－8730777－1888　　传真:0531－8737889
注册及办公地址:山东济南遥墙国际机场　　邮政编码:250107
国际互联网网址:http://www.shandongair.com.cn
电子信箱:zqb@shandongair.com.cn
公司指定信息披露报纸　境内:《中国证券报》
　　境外:香港《大公报》
登载本公司年度报告的互联网网址:http://www.cninfo.com.cn
本公司年度报告备置地点:本公司证券部
联系电话:0531－8737888
公司股票上市交易所:深圳证券交易所
股票简称:山航 B　　股票代码:200152

二、会计数据和业务数据摘要

(一)公司本年度实现的财务成果及相关指标(按照中华人民共和国会计准则编制)

项 目	单位:人民币元
利润总额	74,427,597
净利润	54,941,666
扣除非经常性损益后的净利润	44,126,797
主营业务利润	271,171,349
其他业务利润	7,297,051
营业利润	71,582,952
投资收益	0
补贴收入	0
营业外收支净额	2,844,645
经营活动产生的现金流量净额	95,543,101
现金及现金等价物净增加额	43,702,025

注 1:非经常性损益说明(单位:人民币元)

非经常性的损益项目	金额(税后)
1、出售固定资产净收益	1,718,447
2、罚款收入	162,910
3、税收返还	8,925,513
3、其他	7,999
上述项目合计	10,814,869
上述项目合计占当期净利润的比例	19.68%

(二)截至报告期末公司完整会计年度的主要会计数据和财务指标(按照中华人民共和国会计准则编制)

1、会计数据和财务指标表

项 目	单位	2001 年	2000 年
主营业务收入	元	1,311,584,370	1,041,981,579
净利润	元	54,941,666	93,128,865
总资产	元	2,027,891,504	1,381,984,390
股东权益(不含少数股东权益)	元	564,281,808	533,340,142
每股收益(摊薄)	元/股	0.14	0.23
每股净资产	元/股	1.41	1.33
调整后的每股净资产	元/股	1.17	1.16
每股经营活动产生的现金流量净额	元/股	0.24	0.39
净资产收益率(摊薄)	%	9.74	17.46
加权净资产收益率	%	9.80	25.47

2、利润表附表

报告期利润	净资产收益率(%)		每股收益(元/股)	
	全面摊薄	加权平均	全面摊薄	加权平均
主营业务利润	48.06	48.35	0.68	0.68
营业利润	12.69	12.76	0.18	0.18
净利润	9.74	9.80	0.14	0.14
扣除非经常性损益后的净利润	7.82	7.87	0.11	0.11

三、股本变动及股东情况

(一) 股份变动情况表

数量单位:万股

	本次变动前	本次变动增减(+,-)						本次变动后
		配股	送股	公积金转股	增发	其它	小计	
一、未上市流通股份	26000							26000
1、发起人股份	26000							
其中:								
国家拥有股份	25980.1							
境内法人持有股份	19.9							
境外法人持有股份								
其它								
2、募集法人股份								
3、高管持股								
4、优先股或其它								
未上市流通股份合计	26000							26000
二、已上市流通股份								14000
1、人民币普通股								
2、境内的上市外资股	0				14000			
3、境外上市的外资股								
4、其它								
已上市流通股份合计					14000			14000
三、股份总数	26000							40000

200160 承德帝贤针纺股份有限公司

2001 年年度报告摘选

第一节　公司基本情况简介

1、公司法定中文名称:承德帝贤针纺股份有限公司
法定英文名称:CHENGDE DIXIAN TEXTILE CO.,LTD.
2、公司法定代表人:王淑贤
公司总经理:石百年
3、公司董事会秘书:王惠来
公司证券事务代表:杜庆丰　　联系地址:河北省承德县下板城镇
电话:0314—3011218、3113923　　传真:0314—3182013
电子信箱:dxgs－9@heinfo.net
4、公司注册地址:河北省承德县下板城镇
公司办公地址:河北省承德县下板城镇　　邮政编码:067400
公司国际互联网网址:http://www.dxtex.com　　电子信箱:dxgs－9@heinfo.net
5、本公司信息披露报纸:境内:《证券时报》;境外:香港《大公报》
登载本公司年度报告的国际互联网网址:http://www.cninfo.com.cn
公司年度报告备置地点:本公司证券部　　联系电话:0314－3011218
6、公司股票上市交易所:深圳证券交易所
股票简称:帝贤 B　　股票代码:200160

第二节　会计数据和业务数据摘要

1、本年度会计数据摘要

项 目	单位:人民币元
利润总额	80,578,455
净利润	66,095,520
扣除非经常性损益后的净利润	66,115,697
主营业务利润	111,643,369
其他业务利润	2,010,689
营业利润	80,598,632
投资收益	0
补贴收入	0
营业外收支净额	－20,177
经营活动产生的现金流量净额	63,424,674
现金及现金等价物净增减额	－187,122,519
注:扣除非经常性损益项目和涉及金额:	
营业外收支净额	－20,177 元

2、报告期末公司前三年的主要会计数据和财务指标　　(单位:人民币元)

项目	单位	2001 年	2000 年	1999 年
主营业务收入	元	290,282,998	284,014,894	197,083,605
净利润	元	66,095,520	65,169,622	54,704,767
总资产	元	1,173,490,339	930,903,601	427,638,650
股东权益(不含少数股东权益)	元	441,936,984	387,236,464	156,835,189
每股收益	元/股	0.31	0.30	0.55
扣除非经常性损益后的每股收益	元/股	0.31	0.30	0.55
每股净资产	元/股	2.06	1.80	1.57
调整后的每股净资产	元/股	2.04	1.63	1.08
每股经营活动产生的现金流量净额	元/股	0.29	0.32	0.65
净资产收益率	%	15%	16	35
加权平均每股收益	元/股	0.31	0.51	0.55

3、根据中国证监会关于发布《公开发行证券公司信息披露编报规则》第 9 号通知精神,公司 2001 年按全面摊薄法和加权平均法计算的净资产收益率及每股收益:

报告期利润	净资产收益率		每股收益(元)	
	全面摊薄	加权平均	全面摊薄	加权平均
主营业务利润	25%	27%	0.52	0.52
营业利润	18%	19%	0.37	0.37
净利润	15%	16%	0.31	0.31
扣除非经常性损益后的净利润	15%	16%	0.31	0.31

4、报告期内股东权益变动情况(单位:人民币元)

项目	股本	资本公积	盈余公积	法定公益金	未分配利润	股东权益
期初数	215000000	157,646,833	14,156,717	4,718,906	432,914	387,236,464
本期增加	0	0	9,914,328	3,304,776	44,786,192	54,700,520
本期减少	0	0	0	0	0	0
期末数	215000000	157,646,833	24,071,045	8,023,682	45,219,106	441,936,984
变动原因			本期提取	本期提取	实现利润提两金后净利润	实现利润、分配股利

第三节　股本变动及股东情况

1、股本变动情况
(1)公司股份变动情况表

数量单位:股

项目	本次变动前	本次变动后
一、未上市流通股份	100000000	100000000
1、发起人股份		
其中:		
国家持有股份		
境内法人持有股份	9455600	9455600
境外法人持有股份	90544400	90544400
其他		
2、募集法人股份		
3、内部职工股		
4、优先股或其他	100000000	100000000
未上市流通股份合计		
二、已上市流通股份	115000000	115000000
1、人民币普通股		
2、境内上市的外资股		
3、境外上市的外资股	115000000	115000000
4、其他		
已上市流通股份合计		
三、股份合计	215000000	215000000

200168 广东雷伊股份有限公司

2001年年度报告摘选

第一节　公司基本情况简介

一、公司法定中文名称:广东雷伊股份有限公司
公司英文名称:GUANGDONG RIEYS COMPANY LTD.
英文名称缩写:rieys
二、公司法定代表人:陈鸿成
三、公司董事会秘书:周皓琳
联系电话:0755—2960823
电子信箱:zhl@200168.com
证券事务代表:徐巍
联系电话:0755—2960823
联系地址:深圳市福田区益田路江苏大厦26层董秘办公室
传　　真:0755—2960383
电子信箱:xw@200168.com
四、公司注册地址:广东省普宁市军埠镇美新工业园
公司办公地址:深圳市福田区益田路江苏大厦26层
邮政编码:518000
公司国际互联网网址:http://www.rieys.com
五、公司选定的信息披露报纸名称:《证券时报》及香港《大公报》
公司登载年度报告的中国证监会指定国际互联网网址:http://www.cninfo.com.cn
公司年度报告备置地点:深圳市福田区益田路江苏大厦26层董秘办公室
六、公司股票上市交易所:深圳证券交易所
股票简称:雷伊B　　股票代码:200168

第二节　会计数据和业务数据摘要

一、公司本年度主要会计数据和业务数据摘要(单位:元)

项目	2001年度合并报表
利润总额:	52,698,787
净利润:	33,904,005
扣除非经常性损益后的净利润:	26,144,396
主营业务利润:	77,846,512
其它业务利润:	10,200
营业利润:	43,278,618
投资收益:	4,424,256
补贴收入:	3,371,440
营业外收支净额:	-36,087
经营活动产生的现金流量净额:	-67,124,879
现金及现金等价物净增加额:	-164,351,597

二、截止报告期末公司近三年的主要会计数据和财务指标:　(单位:元)

指标项目	2001年	2000年	1999年
主营业务收入	401,930,781	599,059,225	459,294,172
净利润	33,904,005	63,047,333	37,994,670
总资产	732,757,864	680,123,471	270,353,908
股东权益(不含少数股东权益)	370,909,443	364,333,137	151,102,976
每股收益(元/股)	0.19	0.36	0.35
加权平均每股收益	0.19	0.52	0.35
全面摊薄每股收益	0.19	0.36	0.35
扣除非经常性损益后的每股收益	0.17	0.52	0.35
每股净资产(元/股)	2.10	2.06	1.40
调整后的每股净资产(元/股)	2.09	2.05	1.38
每股经营活动产生的现金流量净额	-0.38	0.16	0.40
净资产收益率(%)	9	17	25

三、利润表附表

报告期利润	净资产收益率(%)		每股收益(元/股)	
	全面摊薄	加权平均	全面摊薄	加权平均
主营业务利润	21	20	0.44	0.44
营业利润	12	11	0.24	0.24
净利润	9	9	0.19	0.19
扣除非经营性损益后的净利润	7.05	7.05	0.15	0.15

第三节　股本变动及股东情况介绍

一、股本变动情况

公司股份变动情况表　(单位:股)

股份类别	本次变动前	本次变动增减(+,—)						本次变动后
		配股	送股	公积金转股	增发	其他	小计	
一、未上市流通股份								
1、发起人股份	108,000,000							108,000,000
其中:								
国家持有股份								
境内法人持有股份	91,125,000							91,125,000
境外法人持有股份								
其他	16,875,000							16,875,000
2、募集法人股份								
3、内部职工股								
4、优先股或其他								
其中:转配股								
未上市流通股份合计	108,000,000							108,000,000
二、已上市流通股份								
1、人民币普通股								
2、境内上市外资股	69,000,000							69,000,000
3、境外上市外资股								
4、其他								
已上市流通股份合计								
三、股份总数	177,000,000							177,000,000

200468 南京普天通信股份有限公司

2001年年度报告摘选

一、公司基本情况简介

1.公司法定中文名称:南京普天通信股份有限公司
公司法定英文名称:Nanjing Postel Telecommunications Co., Ltd.
2.公司法定代表人:路俊海 先生
3.董事会秘书:肖兆开 先生
证券事务代表:顾小荣 先生
联系地址:南京市秦淮区普天路1号
电话:86-25-2409954
传真:86-25-2409954
电子信箱:ntelecom@public1.ptt.js.cn
4.公司注册地址:中国江苏省南京市江宁经济技术开发区爱立信西侧一幢
公司办公地址:南京市秦淮区普天路1号
邮政编码:210012
公司国际互联网网址:www.postel.com.cn
公司电子信箱:securities@postel.com.cn
5.公司信息披露报纸:证券时报、香港大公报
年报指定登载网址:www.cninfo.com.cn
年度报告备置地:公司证券管理室
6.公司股票上市交易所:深圳证券交易所
股票简称:宁通信B
股票代码:200468

二、会计数据和业务数据摘要

(一)2001年度会计数据(单位:人民币元)

项目	金额
利润总额	13,211,277
净利润	2,382,223
扣除非经常性损益后的净利润	3,113,198
主营业务利润	179,906,758
其他业务利润	2,926,141
营业利润	14,322,328
投资收益	-359,216
补贴收入	1,258,136
营业外收支净额	-2,009,971
经营活动产生的现金流量净额	16,365,681
现金及现金等价物净增加额	89,260,468
注1:扣除的非经常性损益项目为:	
营业外收入	2,864,555
营业外支出	-4,874,526
处理被投资单位股权收益	1,150,000
所得税影响	128,996
合计	-730,975

(二)公司近三年主要会计数据及财务指标(单位:人民币元)

财务指标	2001	2000		1999
		调整后	调整前	
主营业务收入	753,607,986	637,651,427	639,343,330	392,421,137
净利润	2,382,223	2,753,875	3,343,768	790,933
总资产	1,069,914,974	1,034,956,724	1,039,871,325	873,597,238
股东权益(不包含少数股东权益)	430,847,138	428,486,389	487,489,679	484,192,348
每股收益	0.011	0.013	0.016	0.004
扣除非经常性损益后的每股收益	0.017	0.010	0.009	-0.004
每股净资产	2.004	1.993	2.267	2.25
调整后的每股净资产	1.944	1.948	1.96	2.11
每股经营活动产生的现金流量净额	0.076	-0.24	-0.24	-0.12
净资产收益率(%)	0.553	0.643	0.69	0.16

注1:报告期末至本报告披露日,公司股本未发生变化。
注2:利润表附表

报告期利润	净资产收益率(%)		每股收益(元)	
	全面摊薄	加权平均	全面摊薄	加权平均
主营业务利润	41.67	41.87	0.8368	0.8368
营业利润	3.32	3.32	0.0666	0.0666
净利润	0.55	0.55	0.0111	0.0111
扣除非经常性损益后的净利润	0.72	0.72	0.0145	0.0145

三、股本变动及股东情况

(一)股份变动情况表(单位:股)

	本次变动前	本次变动增减(+、-)						本次变动后
		配股	送股	公积金转股	增发	其他	小计	
一、未上市流通股份								
1. 发起人股份	115,000,000							115,000,000
其中:								
国家持有股份	115,000,000							115,000,000
境内法人持有股份								
境外法人持有股份								
其他								
2. 募集法人股份								
3. 内部职工股								
4. 优先股或其他								
未上市流通股份合计	115,000,000							115,000,000
二、已上市流通股份								
1. 人民币普通股								
2. 境内上市的外资股	100,000,000							100,000,000
3. 境外上市的外资股								
4. 其他								
已上市流通股份合计	100,000,000							100,000,000
三、股份总数	215,000,000							215,000,000

200512 厦门灿坤实业股份有限公司

2001 年年度报告摘选

一、公司基本情况简介

(一)公司名称(中文):厦门灿坤实业股份有限公司
公司名称(英文):TSANN KUEN(CHINA)ENTERPRISE CO.,LTD
公司名称(缩写):TKC
(二)公司法定代表人:吴灿坤
(三)董事会秘书姓名:田竹英
董秘联系地址:厦门市湖里工业区兴隆路 88 号
董秘电话:0592－6030228　　董秘传真:0592－6035905
董秘电子信箱:tcy@tke.tsannkuen.com
(四)公司注册地址:中华人民共和国厦门市
办公地址:厦门市湖里工业区兴隆路 88 号　　邮政编号:361006
网址:www.tsannkuen.com　　电子信箱:tcy@tke.tsannkuen.com
(五)信息披露报纸:国内－<证券时报>,境外－<香港新报>
登载年报的网址:www.cninfo.com.cn
年度报告备置地点:厦门市湖里工业区兴隆路 88 号
(六)股票上市交易所:深圳交易所
股票简称:闽灿坤 B　　股票代码:200512

二、会计数据和业务数据摘要

(一)本年度实现的利润金额　　单位:仟元

项次	内容	金额
1	利润总额	186,462
2	净利润	170,408
3	扣除非经常性损益后的净利润	178,646
4	主营业务利润	522,287
5	其它业务利润	10,494
6	营业利润	194,912
7	投资收益	(1,145)
8	补贴收入	6,035
9	营业外收支净额	(13,340)
10	经营活动产生的现金流量净额	640,863
11	现金及现金等价物净增加额	112,282

(二)主要会计数据和财务指标

项目/年度		单位	2001 年	2000 年	1999 年	2001 年/2000 年
1	主营业务收入	千元	2,798,417	2,506,148	1,774,267	111.66%
2	净利润	千元	170,408	183,990	132,513	92.62%
3	总资产	千元	2,461,483	2,469,473	1,943,038	99.68%
4	股东权益(不含少数股东权益)	千元	1,011,739	886,485	702,041	114.13%
5	每股收益 摊薄	元	0.3779	0.4080	0.3673	92.62%
	加权	元	0.3779	0.4080	0.3673	92.62%
6	扣除非经常性损益后的每股收益					
	摊薄	元	0.3962	0.4122	0.3997	99.11%
	加权	元	0.3962	0.4122	0.3997	99.11%
7	每股净资产	元	2.24	1.97	1.95	114.13%
8	调整后的每股净资产	元	2.22	1.94	1.91	114.57%
9	每股经营活动产生的现金流量净额	元	1.42	0.89	0.76	158.86%
10	净资产收益率(%)					
	摊薄	%	16.84%	20.76%	18.88%	81.15%
	加权	%	17.54%	23.17%	20.27%	75.68%

(三)全面摊薄和加权平均计算后的资产收益率及每股收益

报告期利润	净资产收益率(%)		每股收益(元)	
	全面摊薄	加权平均	全面摊薄	加权平均
主营业务利润	51.62	53.75	1.1582	1.1582
营业利润	19.27	20.06	0.4322	0.4322
净利润	16.84	17.54	0.3779	0.3779
扣除非经常性损益后的净利润	17.66	18.39	0.3962	0.3962

三、股本变动及股东情况

(一)股本变动情况

数量单位:仟股

项目	期初数	配股	送股	公积金转股	增发	其它	小计	期末数
		本次变动增减(+,-)						
一、尚未流通股份								
1、发起人股	329,063							329,063
其中:								
国有拥有股份								
境内法人持有股份								
外资法人持有股份	329,063							329,063
其它								
2、募集法人股								
3、内部职工股								
4、优先股或其它								
尚未流通股份合计	329,063							329,063
二、已流通股份								
1、境内上市的人民币普通股								
2、境内上市的外资股	121,875							121,875
3、境外上市的外资股								
4、其它								
已流通股份合计	121,875							121,875
三、股份总数	450,938							450,938

200706 瓦房店轴承股份有限公司

2001 年年度报告摘选

第一章　公司基本情况简介

1、公司中文名称:瓦房店轴承股份有限公司
公司中文简称:瓦轴股份公司
公司英文名称:Wafangdian Bearing Company Limited
公司英文名称缩写:WBC
2、公司法定代表人:王路顺
3、公司董事会秘书:张兴海
证券事务代表:苏绍礼
联系地址:中国辽宁省瓦房店市北共济街一段 1 号
咨询电话:0411－5509888－3373　　传　真:0411－5500794
电子信箱:zwz214@mail.dlptt.ln.cn
4、公司注册地址:中国辽宁省瓦房店市北共济街一段 1 号
公司办公地址:中国辽宁省瓦房店市北共济街一段 1 号　　邮政编码:116300
国际互联网网址:http/www.zwz－bearing.com
公司电子信箱:zwz214@mail.dlptt.ln.cn
5、公司选定的信息披露报纸:《证券时报》、《香港商报》及香港《大公报》(公司原先采用的英文《虎报》自 2001 年 6 月 19 日起变更为香港《大公报》)
登载公司年度报告的中国证监会指定国际互联网网址:http//www.cninfo.com.cn
公司年度报告备置地点:公司投资证券部
6、公司股票上市地:深圳证券交易所
股票简称:瓦轴 B　　股票代码:200706

第二章　会计数据与业务数据摘要

一、公司本年度主要经济指标情况(单位:人民币元)

项目	金额
利润总额:	27069497.58
净利润:	24553155.46
扣除非经常性损益后净利润*:	26018581.75
主营业务利润:	230765683.51
其它业务利润:	4511113.62
营业利润:	21514015.32
投资收益:	8200695.11
补贴收入:	
营业外收支净额:	－2645212.85
经营活动产生的现金流量净额:	107390023.85
现金及现金等价物净增加(减少)额:	5620288.91

二、截止报告期公司三年的主要会计资料和财务指标:　　单位:人民币元

指标项目	2001 年	2000 年		1999 年	
		调整前	调整后	调整前	调整后
主营业务收入	1,071,640,595.40	1,095,680,727.81	1,095,680,727.81	1,117,594,129.07	1,117,594,129.07
净利润	24,553,155.46	44,294,256.48	32,816,682.45	43,379,436.07	43,379,436.07
总资产	2,177,565,813.41	2,162,950,508.24	2,167,396,033.38	2,182,585,451.87	2,182,585,451.87
股东权益(不含少数股东权益)	1,038,088,358.98	1,013,331,950.45	1,017,864,062.25	981,428,296.50	981,428,296.50
每股收益	0.074	0.134	0.099	0.131	0.131
加权平均每股收益	0.074	0.134	0.099	0.131	0.131
扣除非经常性损益后的每股收益	0.079	0.137	0.103	0.135	0.135
每股净资产	3.15	3.07	3.08	2.97	2.97
调整后的每股净资产	3.05	2.97	3.03	2.91	2.91
每股经营活动产生的现金流量净额	0.33	0.131	0.131	0.08	0.08
净资产收益率%	2.37	4.37	3.22	4.42	4.42
加权净资产收益率%	2.38	4.44	3.24	4.48	4.48
扣除非经常性损益后的净利润	26,018,581.75	45,351,342.06	33,873,768.03	44,651,425.09	44,651,425.09

三、按中国证监会《公开发行证券公司信息披露编报规则》第 9 号的通知要求,编制的公司 2001 年年度的利润分配表附表:

项目	报告期利润	净资产收益率(%)				每股收益(元/股)			
		全面摊薄		加权平均		全面摊薄		加权平均	
		2001 年	2000 年	2001 年	2000 年	2001 年	2000 年	2001 年	2000 年
主营业务利润	230765683.51	22.23	21.08	22.40	21.26	0.6993	0.6503	0.6993	0.6503
营业利润	21514015.32	2.07	2.54	2.09	2.56	0.0652	0.0783	0.0652	0.0783
净利润	24553155.46	2.37	3.22	2.38	3.25	0.0744	0.0994	0.0744	0.0994
扣除非经常性损益后的净利润	26018581.75	2.51	3.33	2.53	3.36	0.0788	0.1026	0.0788	0.1026

第三章　股本变动及股东情况

一、报告期内股本变动情况
1、报告期内,本公司股本结构没有发生变化,股本结构如下:

	本次变动前	配股	送股	公积金转股	增发	其他	小计	本次变动后
		本次变动增减(+,-)						
一、未上市流通股份								
1、发起人股份	200,000,000							200,000,000
其中:国家拥有股份	200,000,000							200,000,000
境内法人持有股份								
境外法人持有股份								
其他								
2、募集法人股								
3、内部职工股								
4、优先股或其他								
未上市流通股份合计	200,000,000							200,000,000
二、已上市流通股份								
1、人民币普通股								
2、境内上市的外资股	130,000,000							130,000,000
3、境外上市的外资股								
4、其他								
已上市流通股份合计	130,000,000							130,000,000
三、股份总数	330,000,000							330,000,000

200770 武汉锅炉股份有限公司

2001 年年度报告摘选

一、公司基本情况简介

1、公司的法定中文名称:武汉锅炉股份有限公司
公司的法定英文名称:WUHAN BOILER COMPANY LIMITED
英文名称缩写:WBC
2、公司的法定代表人:陈伯虎
3、公司董事会秘书:刘成祥
联系地址:湖北省武汉市武珞路 586 号
联系电话:(027)87655140　　联系传真:(027)87655152
电子信箱:wbgchw@public.wh.hb.cn
证券事务代表:徐幼兰
联系电话:(027)87657153　　联系传真:(027)87655152
电子信箱:wbgchw@public.wh.hb.cn
4、公司注册及办公地址:湖北省武汉市武珞路 586 号
邮政编码:430070
互联网网址:HTTP://WWW.WBCL.COM.CN
电子信箱:wbgchw@public.wh.hb.cn
5、公司信息披露报刊:境内:《证券时报》,境外:《大公报》,
登载公司年度报告的中国证监会指定国际互联网网址:http://www.cninfo.com.cn
公司年度报告备置地点:公司证券部
6、公司股票上市交易所:深圳证券交易所
股票简称:武锅 B　　股票代码:200770

二、会计数据和业务数据摘要

1、公司本年度实现的主要利润指标(单位:人民币元)

项目	金额
利润总额	23,202,527.53
净利润	18,010,499.03
扣除非经常性损益后的净利润	15,082,317.38
主营业务利润	82,033,984.96
其他业务利润	1,377,038.62
营业利润	24,589,764.79
投资收益	1,041,406.07
补贴收入	0
营业外收支净额	-2,428,643.33
经营活动产生的现金流量净额	73,252,557.90
现金及现金等价物净增减额	41,116,518.56

2、公司前三年的主要会计数据和财务指标:　　(单位:人民币元)

项目	2001 年	2000 年		1999 年	
		调整前	调整后	调整前	调整后
主营业务收入	404,267,135.91	251,209,679.89	251,209,679.89	149,038,520.17	149,038,520.17
净利润	18,010,499.03	12,584,918.96	12,584,918.96	2,266,824.49	2,266,824.49
总资产	1,276,848,449.24	976,262,292.63	974,949,559.72	936,637,429.25	931,150,735.04
股东权益(不含少数股东权益)	503,010,377.54	493,731,806.03	492,419,073.12	491,725,404.22	487,061,714.14
每股收益	0.061	0.0424	0.0424	0.0076	0.0076
每股收益(按月平均加权法计算)	0.061	0.0424	0.0424	0.0076	0.0076
扣除非经常性损益后的每股收益	0.051	0.0455	0.0455	0.0076	0.0076
每股净资产	1.694	1.6624	1.658	1.6556	1.6399
调整后的每股净资产	1.6677	1.6108	1.606	1.5465	1.5326
每股经营活动产生的现金流量净额	0.247	0.0455	0.0455	-0.0652	-0.0652
净资产收益率	3.581%	2.55%	2.556%	0.46%	0.46%

根据中国证监会发布的《公开发行证券公司信息披露编报规则(第 9 号)》通知精神,公司 2001 年按全面摊薄法和加权平均法计算的净资产收益率及每股收益:

报告期利润	净资产收益率(%) 2001 年 全面摊薄	加权平均	2000 年 全面摊薄	加权平均	每股收益(元) 2001 年 全面摊薄	加权平均	2000 年 全面摊薄	加权平均
主营业务利润	16.31	16.36	9.58	9.59	0.28	0.28	0.1593	0.1593
营业利润	4.89	4.90	2.92	2.92	0.08	0.08	0.0485	0.0485
净利润	3.58	3.59	2.55	2.55	0.06	0.06	0.0424	0.0424
扣除非经常性损益后的净利润	3.00	3.01	2.74	2.74	0.05	0.05	0.0455	0.0455

三、股本变动及股东情况

(一) 股本变动情况

单位:股

	本次变动前	配股	送股	公积金转股	其他	小计	本次变动后
一、未上市流通股份							
1、发起人股份							
其中:							
国家持有股份							
境内法人持有股份	172000000						172000000
境外法人持有股份							
其他							
2、募集法人股份							
3、内部职工股							
4、优先股或其他							
未上市流通股份合计	172000000						172000000
二、已上市流通股份							
1、人民币普通股							
2、境内上市的外资股	125000000						125000000
3、境外上市的外资股							
4、其他							
已上市流通股份合计	125000000						125000000
三、股份总数	297000000						297000000

(表头"配股、送股、公积金转股、其他、小计"属"本次变动增减(+,-)")

200771 杭州汽轮机股份有限公司

2001 年年度报告摘选

第一节　公司基本情况简介

(一)公司法定中文名称:杭州汽轮机股份有限公司
B 股简称:杭汽轮 B　　B 股代码:200771
公司法定英文名称:HANGZHOU STEAM TURBINE CO.,LTD
英文名称缩写:HTC
(二)公司注册地址:杭州市石桥路 357 号
公司办公地址:杭州市石桥路 357 号　　邮政编码:310022
公司网址:http://www.htc.net.cn
(三)法定代表人姓名:方文
(四)公司董事会秘书:何建航
联系电话:(0571)85780198　　传　真:(0571)85780433
电子信箱:he@htc.net.cn
联系地址:杭州市石桥路 357 号杭州汽轮机股份有限公司 证券办
证券事务代表:柏荣华
联系电话:(0571)85780422　　传　真:(0571)85780433
电子信箱:brh@htc.net.cn
(五) 公司股票上市地:深圳证券交易所
(六) 信息披露媒体:信息披露指定网站:http://www.cninfo.com.cn
信息披露指定报刊:《证券时报》、《香港商报》
(七)公司年报备置地点:杭州汽轮机股份有限公司　　证券办

第二节　会计数据和业务数据摘要

1、本年度主要会计数据

金额单位:人民币元

序号	项　目	金　额
1	利润总额	31,988,946.26
2	主营业务利润	92,338,979.47
3	其他业务利润	1,043,806.70
4	营业利润	32,614,254.69
5	投资收益	249,001.75
6	补贴收入	-
7	营业外收支净额	-874,310.18
8	净利润	27,388,868.94
9	扣除非经常性损益后的净利润	28,377,286.52
10	扣除追溯调整影响后可供分配的利润	27,388,868.94
11	经营活动产生的现金流量净额	51,144,604.60
12	现金及现金等价物净增加额	-34,439,543.49
13	按国际会计准则计算的净利润	28,722,550.95

2、利润表附表:根据中国证监会《公开发行证券公司信息披露编报规则第 9 号》的规定编制:

报告期利润	2001 年 净资产收益率(%) 全面摊薄	加权平均	每股收益(元) 全面摊薄	加权平均	2000 年 净资产收益率(%) 全面摊薄	加权平均	每股收益(元) 全面摊薄	加权平均
主营业务利润	20.91	21.6	0.42	0.42	19.10	19.78	0.378	0.378
营业利润	7.38	7.63	0.148	0.148	7.76	8.04	0.154	0.154
净利润	6.2	6.41	0.124	0.124	6.71	6.95	0.133	0.133
扣除非经常性损益后的净利润	6.43	6.64	0.129	0.129	6.63	6.86	0.131	0.131

3、截止报告期末公司中前三年主要会计数据和财务指标

金额单位:人民币元

序号	指标名称	2001 年 12 月 31 日	2000 年 12 月 31 日 追溯调整前	追溯调整后	1999 年 12 月 31 日 追溯调整前	追溯调整后
1	主营业务收入	289,160,331.88	249,196,348.70	249,196,348.70	291,557,910.19	291,557,910.19
2	净利润	27,388,868.94	30,071,014.34	29,262,588.78	58,664,285.00	56,546,807.86
3	总资产	626,956,397.09	675,302,781.67	673,485,203.46	672,143,149.00	670,679,121.12
4	股东权益	441,640,751.46	437,688,611.23	435,871,033.02	418,617,596.00	417,535,569.29
5	每股收益(元/股)	0.124	0.14	0.133	0.27	0.257
6	每股净资产(元/股)	2.01	1.99	1.98	1.90	1.90
7	调整后的每股净资产(元/股)	1.82	1.97	1.91	1.84	1.84
8	每股经营活动产生的现金流量净额(元/股)	0.23	0.27	0.27	-0.005	-0.005
9	净资产收益率(%)	6.20	6.87	6.71	14.01	13.56
10	加权平均后的每股收益(元/股)	0.124	0.14	0.133	0.27	0.267
11	扣除非经常性损益后的每股收益(元/股)	0.129	0.14	0.131	0.23	0.263

第三节　股本变动及股东情况

(一)股本变动情况
1、公司股份变动情况表

数量单位:股

	期初数	配股	送股	公积金转股	其他	小计	期末数
(一)尚未流通股份							
1、发起人股份,其中:							
国家拥有股份	140,000,000						140,000,000
境内法人持有股份							
境外法人持有股份							
其 他							
2、募集法人股							
3、内部职工股							
4、优先股或其他							
尚未流通股份合计	140,000,000						140,000,000
(二)已流通股份							
1、境内上市的人民币普通股							
2、境内上市外资股	80,000,000						80,000,000
3、境外上市外资股							
4、其他							
已流通股份合计	80,000,000						80,000,000
(三)股份总数	220,000,000						220,000,000

(表头"配股、送股、公积金转股、其他、小计"属"本次变动增减(+,-)")

200986 佛山华新包装股份有限公司

2001 年年度报告摘选

一、公司基本情况简介

1、公司法定中文名称:佛山华新包装股份有限公司
法定英文名称:Foshan Huaxin Packaging Co ., Ltd.
2、公司法定代表人:王奇
3、公司董事会秘书:陈海燕　　联系地址:佛山市季华路经华大厦 20 楼
电话:0757－3981729　　传真:0757－3981025
电子信箱:hxchy@21cn.com
4、公司注册地址:佛山市季华路经华大厦 20 楼
公司办公地址:佛山市季华路经华大厦 20 楼　　邮政编码:528000
公司电子信箱:zhuaxin@163.com
5、公司选定的信息披露报纸名称:《证券时报》、《香港商报》
中国证监会指定国际互联网网址:http://www.cninfo.com.cn
公司年度报告备置地点:公司董事会办公室
6、公司股票上市交易所:深圳证券交易所
股票简称:粤华包 B　　股票代码:200986

二、会计数据和业务数据摘要

1、本年度公司主要经营数据

项 目	金额(单位:人民币元)
利润总额	129,052,598.24
净利润	118,696,950.89
扣除非经常性损益后的净利润	70,343,301.66
主营业务利润	83,007,814.75
其他业务利润	177,747.64
营业利润	27,227,594.72
投资收益	101,707,973.42
补贴收入	－－－
营业外收支净额	117,030.10
经营活动产生的现金流量净额	26,953,113.09
现金及现金等价物净增加额	－31,881,377.78

2、截止报告期末前三年的主要会计数据和财务指标(合并数)

项目	2001 年	2000 年		1999 年	
		调整前	调整后	调整前	调整后
主营业务收入(万元)	51130	40523	40523	29328	29328
净利润 (万元)	11869	11304	11003	11858	10860
总资产(万元)	130134	131818	129709	93368	91575
股东权益(万元)(不含少数股东权益)	80720	74724	56144	54518	
每股收益 全面摊薄	0.270	0.257	0.250	0.409	0.374
(元) 加权平均	0.270	0.322	0.312	0.409	0.374
扣除非常损益后的每股收益(全面摊薄)(元)	0.160	0.173	0.167	0.204	0.186
每股净资产(元)	1.8366	1.744	1.700	1.936	1.880
净资产收益率 全面摊薄	14.70%	14.75%	14.72%	21.12%	19.92%
加权平均	14.72%	17.12%	17.03%	21.12%	19.92%
扣除非经常性损益后的净资产收益率(全面摊薄)	8.71%	9.69%	9.54%	18.10%	16.81%
调整后的每股净资产	1.8198	1.7166	1.6727	1.9116	1.8555
每股经营活动产生的现金流量净额	0.0613	0.1984	0.1984	0.1073	0.1073

3、根据中国证监会<<公开发行证券公司信息披露编报规则>>(第 9 号)要求计算的利润数据如下:

报告期利润	2001 年				2000 年			
	净资产收益率%		每股收益(元)		净资产收益率%		每股收益(元)	
	全面摊薄	加权平均	全面摊薄	加权平均	全面摊薄	加权平均	全面摊薄	加权平均
主营业务利润	10.280	10.291	0.189	0.189	11.59	13.40	0.1970	0.246
营业利润	3.373	3.376	0.062	0.062	6.88	7.96	0.1172	0.1461
净利润	14.700	14.716	0.270	0.270	14.72	17.03	0.2504	0.3124
扣除非经常性损益后的净利润	8.711	8.721	0.160	0.160	9.54	13.35	0.1670	0.2082

三、股本变动及股东情况

1、股本变动情况
(1)股份变动情况表

单位:万股

	本次变动前	本次变动情况(+、-)	本次变动后
一、未流通股份			
发起人股份	29000		29000
未上市流通股份合计	29000		29000
二、上市流通股份			
境内上市的外资股(B)股	14950		14950
上市流通股份合计	14950		14950
三、股份总数	43950		43950

2、股东情况介绍
(1)截止 2001 年 12 月 31 日,本公司共有股东 23077 户。
(2)前十名主要股东持股情况(2001 年 12 月 31 日):

序号	股东名称	持有上市流通股数	持未上市流通股数	占总股本(%)
1	佛山华新发展有限公司		286532200	65.20
2	BONY A/C CMG CH CHINA INVESTMENTS LIMITED	1500000		0.34
3	达普投资有限公司	1279090		0.29
4	CHAN PONG HUANG	1259900		0.29
5	吴浩源	1047099		0.24
6	邓作民	761132		0.17
7	陈元峰	710000		0.16
8	罗曼玲	690600		0.15
9	BEST RELIANCE INVESTMENTS LTD	590230		0.13
10	李庆山	581100		0.13

200992 山东省中鲁远洋渔业股份有限公司

2001 年年度报告摘选

一、公司基本情况简介

1、公司的法定名称:
中文名称:山东省中鲁远洋渔业股份有限公司
英文名称:Shandong Zhonglu Oceanic Fisheries Company Limited
2、公司注册地址:中国济南市历山路 57 号
公司办公地址:中国济南市和平路 43 号
邮政编码:250014
公司的电子信箱:zlzqb@21cn.com
3、公司法定代表人:王爱民
4、董事会秘书:李文役
联系地址:济南市和平路 43 号
电话:0531－6944881　　传真:0531－6955357
电子信箱:zlzqb@21cn.com
证券事务代表:周烽
联系地址:济南市和平路 43 号
电话:0531－6416949　　传真:0531－6943084
电子信箱:zwhl@jn－public.sd.cninfo.net
5、公司的信息披露报刊:《证券时报》、《大公报》
刊登本公司年度报告的国际互联网址:http//www.cninfo.com.cn
公司年度报告备置地点:公司证券部
6、公司股票上市交易所:深圳证券交易所
股票简称:中鲁 B　　股票代码:200992

二、会计数据和业务数据摘要

1、本年度会计数据摘要　　单位:人民币元

项目	金 额
利润总额	25,630,142
净利润	23,835,352
扣除非经常性损益后的净利润	23,835,352
主营业务利润	93,668,030
其他业务利润	128,827
营业利润	25,022,075
投资收益	780,918
补贴收入	0
营业外收支净额	－172,851
经营活动产生的现金流量净额	88,595,922
现金及现金等价物净增减额	－9,800,696

2、报告期末公司前三年的主要会计数据和财务指标

项目	单位	2001 年	2000 年	1999 年
主营业务收入	元	341,055,565	592,182,400	911,932,320
净利润	元	23,835,352	72,418,801	85,473,155
总资产	元	1,031,691,311	957,070,574	508,257,264
股东权益(不含少数股东权益)	元	514,356,377	503,813,295	202,679,640
每股收益	元/股	0.09	0.27	0.67
扣除非经常性损益后的每股收益	元/股	0.09	0.27	0.32
每股净资产	元/股	1.93	1.89	1.58
调整后的每股净资产	元/股	1.93	1.89	1.58
每股经营活动产生的现金流量净额	元/股	0.33	－0.12	－－
净资产收益率	%	4.6%	14.4%	18.4%
加权平均每股收益	元/股	0.09	0.39	0.67

3、根据中国证监会关于发布《公开发行证券公司信息披露编报规则》第 9 号通知精神,公司 2001 年按全面摊薄法和加权平均法计算的净资产收益率及每股收益:

报告期利润	净资产收益率		每股收益	
	全面摊薄	加权平均	全面摊薄	加权平均
主营业务利润	18.2%	18.2%	0.35	0.35
营业利润	4.9%	4.9%	0.09	0.09
净利润	4.6%	4.6%	0.09	0.09
扣除非经常性损益后的净利润	4.6%	4.6%	0.09	0.09

三、股本变动及股东情况

1、股份变动情况表　　数量单位:股

项目	本次变动前	本次变动增减(+,-)						本次变动后
		配股	送股	公积金转股	增发	其他	小计	
一、未上市流通股份	128071320							128071320
1、发起人股份								
其中:								
国家持有股份	127811320							127811320
境内法人持有股份	260000							260000
境外法人持有股份								
其他:								
2、募集法人股份								
3、内部职工股								
4、优先股或其他								
其中:转配股								
未上市流通股份合计	128071320							128071320
二、已上市流通股份								
1、人民币普通股								
2、境内上市外资股	138000000							138000000
3、境外上市外资股								
4、其他								
已上市流通股份合计	138000000							138000000
三、股份总数	266071320							266071320

附卷

2002年中国证券市场发展大事记

（2002.01～2002.12）

1月

1月4日　财政部对关联交易相关问题予以明确，《关联方之间出售资产等有关会计问题暂行规定》发布前，如关联交易实质上已完成，可按原计量原则计量。

1月7日　中国人民银行公布《股份制商业银行公司治理指引（征求意见稿）》和《股份制商业银行独立董事、外部监事制度指引（征求意见稿）》，公开向社会征求意见。

1月8日　中国证监会公布《证券公司管理办法》，对机构审批、业务监管、人员管理、风险控制等方面作出了规定。据此，综合类公司可申请设立专门从事某一证券业务的子公司；证券公司经批准可申请设立或参股、收购境外证券公司。

1月9日　国务院办公厅转发国家经贸委等8部门起草的《关于发展具有国际竞争力的大型企业集团的指导意见》。

1月10日　中国证监会和国家经贸委共同发布《上市公司治理准则》。

1月11日　国务院发展研究中心组织召开"国有股减持方案专家评议会"。

1月12日　中国证监会起草《公开发行证券的公司信息披露编报规则第X号——外商投资股份有限公司在境内首次公开发行股票招股说明书特别规定》，并公开征求社会各方意见。

1月15日　最高人民法院审判委员会第1201次会议通过的《关于受理证券市场因虚假陈述引发的民事侵权纠纷案件有关问题的通知》下发，规定今后凡由中国证监会及其派出机构作出生效处罚决定，因虚假陈述行为引发的民事侵权赔偿纠纷案件，人民法院可以受理和审理。这标志着我国证券市场民事赔偿机制正式启动。

1月17日　时隔四年之后，1元股再度出现。ST九州报收于1.96元，至终盘时跌停板上仍堆积着1000余万股抛单。

1月21日　深交所决定对成份股指数样本进行调整，更换10家成份股，剔除了银广夏、环保股份等公司，中集集团、佛山照明等新样本榜上有名，样本总量40家保持不变。这是深证成份股指数的第三次样本股调整。

1月23日　沪深大盘强劲反弹，上证指数报收于1444.96点，升86.27点，深证成份指数报收于2890.07点，升192.41点，两市合计成交金额137.89亿元，两市A、B股有将近200只涨停。这是自2001年10月23日宣布暂停国有股减持以来最大的一次反弹。

● 29只基金公布了去年四季度投资组合，至此基金四季度投资组合已全部公布完毕。从投资组合来看，去年下半年陆续上市的基金基本呈增仓的态势，其股票持仓比例大幅提高；49只基金中，股票持仓比例提高幅度超过10个百分点的多达14家。

1月26日　中国证监会发出通知，对今年受理公开发行证券申请材料的事项作出规定，强调公司聘请的执行法定审计和补充审计的两家会计师事务所不应归属于同一集团，否则该公司申请材料将不被受理。

1月28日　国务院办公厅转发了国家计委关于《"十五"期间加快发展服务业若干政策措施的意见》。

1月29日　中国证监会发布通知，就可转债发行细则作出规定。

● 中国注册会计师协会印发《注册会计师、资产评估行业谈话提醒制度（试行）》，规定注册会计师、注册资产评估师在一年内，因存在情节轻微的违规执业但不构成行政处罚而被谈话提醒累计达3次以上，并被口头警告的，将不能通过年检。

1月31日　国家计委发布《关于促进和引导民间投资的若干意见》，规定凡鼓励和允许外商投资进入的领域，均鼓励和允许民间投资进入，在实行优惠政策的投资领域，其优惠政策对民间投资同样适用，证券监管部门和国有商业银行对民间投资者一视同仁，对处于创业阶段的民间投资者可以给予一定的减免税支持，尽快建立民间投资项目登记备案制度。

2月

2月5日　全国金融工作会议在京举行。会议指出，银行、证券、保险等监管机构要切实把工作重心从审批事务转移到对企业和市场的监管上来；具备条件的国有独资商业银行可改组为国家控股的股份制商业银行，条件成熟的可以上市；加快国有独资保险公司股份制改革步伐，加强和改善保险监管，规范发展保险中介市场，积极培育再保险市场，进一步拓宽资金运用渠道；必须大力加强社会信用制度建设，增强信用观念，建立和维护良好的社会信用。中国证监会对《证券公司年度报告内容与格式准则》进行修订，要求各公司遵循谨慎性原则，对各项资产的减值准备进行充分计提，以进一步规范券商财务行为，提高其财务信息透明度及质量。

2月6日 沪深交所发出通知，要求上市公司认真执行，及时履行信息披露义务。

2月8日 全国证券期货监管工作会议在京召开，提出2002年证券期货市场监管工作要提升证券市场的透明度和公信力，增加程序性保证，推行高透明度的监管工作，对出台的各项重大政策，广泛听取意见，集中群众智慧，增强政策法规的科学性、可预见性和可操作性；加快发展机构投资者，切实保护中小投资者权益；积极稳妥地推动解决证券市场深层次结构性矛盾和历史遗留问题；探索建立多层次的市场体系，积极推动制度创新和金融产品创新，促进统一债券市场的形成，稳步推进期货市场的发展。

2月9日 中国人民银行行长戴相龙在人行召开的工作会议上指出，今年将继续执行稳健的货币政策，改进金融服务，进一步加大金融对经济发展的支持力度；同时，把加强对银行业的监管作为重中之重，切实防范和化解金融风险，促进国民经济持续快速健康发展。

2月21日 央行调低银行存贷款利率。

2月25日 沪深证券交易所完成对《股票上市规则》原第十章的修订，并经中国证监会批准同意发布实施。

2月26日 中国人民银行发布《稳健货币政策有关问题分析报告》，阐述稳健货币政策的由来、内涵、实施效果及取向，并对当前金融运行中的国有商业银行贷款少增等问题进行了分析。

● 中国证监会发出通知，加强对通过发审会的拟发行证券公司监管，以督促其真实、准确、完整、充分和及时地进行信息披露，降低发行风险。

● 财政部对中天勤作出行政处罚决定，认定中天勤存在重大审计过失，中天勤执业资格及两位签字会计师的会计牌照被正式吊销。

●《深圳证券交易所大宗交易实施细则》发布并正式实施。

3 月

3月1日 中国证监会发出通知，布置2002年在部分A股公司进行补充审计的试点工作。

● 央行公布公开市场业务买入现券操作工具表。

● 上证所和中国证券登记结算公司上海分公司联合发布《关于调整和规范权益分派方法的通知》，该通知将于2002年4月1日起正式实施。

3月2日 70家会计师事务所和1871名注册会计师通过2000－2001年度注册会计师、会计师事务所的证券、期货相关业务许可证年检。中天勤等5家事务所被收回许可证。

3月5日 九届全国人大五次会议开幕。朱镕基在《政府工作报告》中指出，进一步规范和发展证券市场。

3月6日 中国证监会主席周小川指出，证券市场的发展机遇非常好；完善法人治理结构仍是工作重点；支持海外上市公司回到国内发行；开设创业板证监会态度很积极；不断推出证券市场创新品种。

● 中国证券报推出的"记者能否采访股东大会"系列讨论受到了中国证监会的重视。有关人士表示，监管部门正在对《上市公司股东大会规范意见》进行重新修订，将对新闻记者采访股东大会的权利作出明确规定。

3月7日 中国证监会副主席高西庆指出，中国证监会积极支持所有符合市场经济规律和发展方向的市场新品种。

3月11日 沪深交易所发布《上市公司临时报告系列格式指引》，规定自2002年3月12日起正式施行。

● 中国人民银行行长戴相龙在"两会"记者招待会上说，中央银行应该支持资本市场发展，希望八万多亿元储蓄更多地投向资本市场。

3月17日 新股发行将按市值配售，相关技术准备工作正在紧张进行。

3月19日 证券市场首笔大宗交易产生，1980万股罗牛山买卖方为上海金证投资和银河证券。

3月20日 2002年中国证券市场高级论坛召开，中国证监会现任及历任主席出席了会议并发表演讲。周小川在演讲中着重阐述正确认识历史，更好把握未来。

3月24日 中国人民银行行长戴相龙在"中国发展高层论坛"2002年年会上表示，分流储蓄发展资本市场，尽快扩大直接融资比重。

3月25日 上证所对国债试行净价交易。

● 上证所成立上市专家委员会。

3月26日 沪深交易所发出通知，自4月1日起披露定期报告、临时公告由停牌半天改为停牌1小时。

● 中国银联股份有限公司成立，各类银行卡将加速实现跨行异地通用。

3月29日 中银国际证券公司开业。

4 月

4月1日 中国证监会发布《公开发行证券的公司信息披露编报规则第17号——外商投资股份有限公司招股说明书内容与格式特别规定》。

4月2日　中国证监会通报批评烟台万华、禾嘉股份在募集资金使用及相关信息披露中存在严重违规行为。

4月3日　中国人民银行颁布并开始施行的《商业银行柜台记账式国债交易管理办法》。中、农、工、建四大国有商业银行率先试点记账式国债柜台交易。

4月4日　中国证监会、国家计委、国家税务总局发出通知,自5月1日起证券交易实行最高上限向下浮动的佣金收费标准。

4月5日　中央国债登记结算公司发布《债券柜台交易结算业务规则》。

4月7日　中国人民银行行长戴相龙在复旦大学金融研究院成立暨中国金融改革与发展学术报告会上指出,金融理论界应该研究银行业的哪些资金可以流入资本市场、哪些资金不能流入资本市场等实际操作中亟待回答的问题。

4月9日　中国人民银行发布公告,明确金融机构加入全国银行间债券市场实行准入备案制,并自今年4月15日起开始施行。

4月10日　郑百文申请延长宽限期九个月。

● 中央国债登记结算公司发布《债券托管账户开销户规程》,对债券托管账户开销户规程作出了明确规定。

4月12日　中国人民银行网上银行发展与监管工作组在京成立。

4月14日　中国证监会副主席史美伦在海南的一次会议上明确指出,QDII和QFII出台目前还没有时间表。

4月16日　财政部部长项怀诚表示,积极财政政策要逐步淡出。他还说,目前税制不宜大动;一季度GDP增长速度为7.6%;一季度财政收入不理想,但有信心全年增长10%。

4月17日　中国注册会计师协会日前发出紧急通知,要求各具有从事证券、期货相关业务许可证的会计师事务所及会计师,保持注册会计师应有的独立性,诚守信用,进一步做好上市公司2001年度会计报表审计工作。

4月18日　中国证监会主席周小川在“2002中国企业高峰会”指出,要珍惜资本市场发展成就;应对现代经济中的风险,最重要的是发展资本市场。

4月19日　拟发行公司国有股权的审核要求已明确:财政部和省级财政(国资)部门出具的关于公司国有股权(包括国家股及国有法人股)设置的批复文件,是公开发行股票申请的必备文件。

4月22日　“公司治理与诚信责任国际研讨会”在京召开。周小川演讲时指出,今年公司治理工作的“重中之重”是加强诚信建设,强化诚信责任;中国证监会和经贸委将在5月份联合检查上市公司治理结构及控股股东行为规范;中国证监会将制定完善有关配套规则,加大检查力度,做好培训工作,依法制裁违反诚信者。

● 央行发布《关于落实<商业银行中间业务暂行规定>有关问题的通知》,明确规定,商业银行不能代理股票买卖,中间业务开展情况须逐季报送。

4月23日　中国证监会对拟发行股票的公司在报送申请文件后至股票未发行前更换中介的情况作出规定。

4月24日　中国人民银行发出《关于中资商业银行市场准入管理有关问题的通知》。今后原则上不再受理各商业银行支行(不含支行)以下分支机构的增设申请。

4月25日　中国证监会有关负责人就佣金改革问题答记者问。

● 央行发布《贷款损失准备计提指引》,要求银行准备金须足额提取;2002年1月1日起计提,可分年提但不得超过2005年。

4月26日　中国证监会发布《股票发行审核标准备忘录》第11号,以妥善处理定向募集公司申请公开发行股票的有关问题,统一审核标准。

● 证券交易所从即日起,不再为暂停上市公司的股票提供特别转让服务。“PT”制走入历史。

4月28日　中国保监会主席马永伟在中国国际精算研讨会上表示,中国保监会决定在借鉴寿险精算制度建设经验的基础上,在一至两年时间内建立财产保险和再保险精算体系,完善精算报告制度,加强对信息披露的监管。

4月29日　中国证券登记结算有限责任公司发布《中国证券登记结算有限责任公司证券账户管理规则》。自2002年6月1日起正式施行。

4月30日　年报季报披露落下帷幕。沪深两市共有1173家公司公布了2001年度经营业绩。加权平均每股收益为0.136元,同比下降32.84%。

5月

5月7日　中国证监会主席周小川指出,我国资本市场未来十年将获迅速发展,上市公司数目将达2000甚至3000家,市值超过GDP的50%,甚至接近或超过GDP。

5月8日　全国社会保障基金理事会副理事长冯健身在亚行年会上表示,目前社保基金运作的重要环节都已经确立了基本模式。全国社会保障基金作为一个新型的机构投资者,倡导理性投资的理念,特别注重投资的安全性、流动性和长期性,期望获得稳定的长期收益。理事会不会在证券市场上托市、救市。

5月10日　中国证监会和国家经贸委决定,自5月起共同开展以公司治理为重点的上市公司建立现代企业制度检查。

5月15日　中国证监会发行部发布《股票发行审核标准备忘录第五号》。

5月16日　ST银广夏发布公告说,中国证监会作出对银广夏处以罚款 60 万元，并责令改正等处罚决定。根据中国证监会的行政处罚决定书及会计师的纠正结果，公司股票将被暂停上市。

5 月 17 日　中国证券报和清华大学中国企业研究中心联合推出的 2001 年度中国上市公司综合绩效排序揭晓。排在前十位的上市公司分别是海螺型材、广汇股份、外运发展、国电电力、中联重科、四维瓷业、凯迪电力、粤电力 A、上港集箱和四环生物。

5 月 21 日　中国证监会发出《关于向二级市场投资者配售新股有关问题的补充通知》，决定恢复向二级市场投资者配售新股的发行方式。按照此通知，向二级市场投资者配售新股的基本原则是优先满足市值申购部分，在此前提下，配售比例在 50%至 100%之间确定。

5 月 22 日　上海证券交易所、深圳证券交易所、中国证券登记结算有限责任公司联名颁发了《新股发行市值配售实施细则》及三个附件。至此，有关市值配售的规定全部出台。

5 月 24 日　中国证监会公布《股票发行审核委员会重大重组审核工作委员会工作程序》。

● ST 银广夏发布公告，公司股票将于 5 月 29 日起停止交易。如果 2002 年半年度报告亏损，公司股票将可能被终止上市。

5 月 28 日　财政部决定在全国银行间债券市场发行 7 年期的 2002 年记账式(六期)国债。

5 月 29 日　经中国证监会核准，武汉精伦电子股份有限公司发行的 3100 万股 A 股 100%向二级市场投资者定价配售，从而成为市值配售发行方式恢复以来，第一家采用这种方式发行的公司。

5 月 31 日　中国证监会发布《股票发行审核标准备忘录第 12 号》，对拟发行公司对外投资比例等问题的审核作出规定。

6 月

6 月 3 日　中国证监会发布《外资参股证券公司设立规则》、《外资参股基金管理公司设立规则》。这两项《规则》定于 7 月 1 日起施行。

6 月 4 日　中国人民银行发布《股份制商业银行公司治理指引》和《股份制商业银行独立董事和外部监事制度指引》。

● 中国人民银行发布《信托投资公司管理办法》。信托公司自有资金运用和运用信托资金的范围进一步扩大，但不得办理存款业务，不得发行债券，不得举借外债。

6 月 6 日　由国际经济合作与发展组织(OECD)和中国证监会共同举办的"第二届中国证券市场国际研讨会"在上海举行。周小川主席强调，未来中国证券市场的发展将不断总结以往的经验，以稳定为基础，在发展中规范。

6 月 10 日　中国证监会主席周小川在国际证监会组织(IOSCO)第 27 届年会上发表了题为《全球证券投资：新兴市场的机遇与障碍》的演讲。他指出，新兴市场证券投资的前景光明，中国将是外国投资者理想的投资场所。

6 月 11 日　涉案金额 54 亿元、广为市场关注的"中科创业股价操纵案"开庭审理。

6 月 15 日　深圳市国资办表示，在深圳市属国有企业战略改组方面，将使过分集中的国有股从上市公司中退出来，改变一股独大的局面，为此要加大重组力度。

6 月 17 日　中国证监会主办、中国证券业协会基金公会协办的"2002 中国证券投资基金发展国际研讨会"在京举行。

6 月 19 日　2001 年度券商经营业绩排名揭晓。数据显示，2001 年券商总体资本实力有所加强，106 家证券公司总资产额和净资产额已分别达到 6314.57 亿元和 923.22 亿元，比 2000 年分别增加了 8.2%和 26.49%；由于市场因素的影响，2001 年券商总体经营业绩下降，106 家公司利润总额和纳税总额为 64.99 亿元和 54.26 亿元，分别比上年减少了 70.86%和 47.74%。国泰君安、银河证券、海通证券、中信证券、中金公司排名榜首。

6 月 20 日　上海证券交易所表示，将于 7 月 1 日起正式对外发布上证 180 指数，以取代原来的上证 30 指数。中国石化、宝钢股份、华能国际等大盘股及飞乐音响等交投活跃的股票入选。

● 由上海证券交易所举办的"投资者保护国际研讨会"在上海召开。中国证监会主席周小川在讲话中指出，投资者保护这个议题关系到整个资本市场和经济的发展。

6 月 24 日　国务院决定，除企业海外发行上市外，对国内上市公司停止执行《减持国有股筹集社会保障资金管理暂行办法》中关于利用证券市场减持国有股的规定，并不再出台具体实施办法。

● 为进一步规范上市公司增发新股的行为，保护投资者的合法权益，中国证监会制定了《关于进一步规范上市公司增发新股的通知》(征求意见稿)。《通知》从若干方面提高了上市公司增发的"门槛"，其内容包括，最近三个会计年度加权平均净资产收益率平均不低于 10%，且最近一年加权平均净资产收益率不低于 10%等。

6 月 25 日　为提高上市公司信息披露质量，保护投资者合法权益，中国证监会日前制定发布了《公开发行证券的公司信息披露内容与格式准则第 3 号——半年度报告》。

6 月 26 日　上证所发布了《关于上市公司股东大会会议资料上网披露事宜的通知》，要求上市公司在召开股东大会前，即将全部会议资料的电子文件登载于上证所的网站上，供投资者查阅，以更好地保护全体中小股东公平的知情权。**6 月 27 日**　中国人民银行发布《信托投资公司资金信托管理暂行办法》，自 2002 年 7 月 18 日起施行。《办法》规定，信托公司办理资金信托业务时，不得以任何形式吸收或变相吸收存款，不得发行债券，不得举借外债。

●中国证监会与罗马尼亚国家证券委员会签署《证券期货监管合作谅解备忘录》。

7月

7月1日 上证180成份指数登台亮相，正式取代原有的上证30指数。

●湘财证券和法国里昂证券正式向中国证监会递交了设立合资证券公司的相关申请材料。这是《外资参股证券公司设立规则》生效后申请设立合资证券公司的第一起案例。

7月2日 中国证券业协会第三次会员大会在北京开幕。中国证监会周小川指出，强化自律组织职能，发挥其在行业自律和市场发展中的作用，越来越成为新兴市场政府监督部门面对的重要课题。

7月3日 中国证券业协会第三次会员大会审议通过了《中国证券业协会章程》，选举庄心一为中国证券业协会会长。

7月5日 由《中国证券报》社和亚商企业咨询股份有限公司共同主办的第四届中证.亚商中国上市公司发展潜力论坛在北京开幕。大会主题是"加入WTO后的中国企业管理和战略转型"。

7月5日 ST东源(000656)发布公告称：公司2001年年度报告、董事会工作报告、监事会工作报告和利润分配议案，均未获公司2001年度股东大会审议通过。公司年度报告在股东大会上遭否决，这在我国证券市场上还是第一例。

7月9日 升华拜克(600226)公布2002年半年度报告，成为沪深两市首家公布本年度该报告的上市公司。

7月11日 由中国证监会上市公司监管部、深圳证管办与深交所联合举办的上市公司首期董事培训班在深圳举行。来自深圳市69家上市公司121名董事参加了为期三天半的培训。

●经中国证监会批复同意，湘财合丰基金管理公司获举正式开业。其首只基金产品方案已经上报中国证监会审核。

7月12日 中国证监会设立了期货信息系统建设工作小组。该小组的设立旨在加快期货市场技术创新的步伐，为下一步修改《期货交易所、期货经营机构信息技术管理规范(试行)》做准备。

●中国证监会发言人发表谈话指出，符合有关法律法规规定，并经中外双方股东协商一致，符合《设立规则》第六条规定的外资机构可以作为基金管理公司的最大持股人。

●中国证监会发布《关于证券公司办理开放式基金代销业务有关问题的通知》。

7月13日 国家税务总局的最新统计数字显示，2002年上半年全国税收收入累计完成8413亿元，比去年同期增长10.9%。但证券交易印花税同比大幅下降减收123亿元。

●中国保监会透露，2002年上半年国内保险公司累计实现保费收入1608.20亿元，同比增加590.42亿元，增幅为58.01%。

7月15日 国家统计局副局长邱晓华宣布，2002年上半年我国国内生产总值45536亿元，同比增长7.8%。其中，二季度增长8.0%。

7月17日 中国证监会公布《证券业从业人员资格管理办法》(征求意见稿)，向社会征集意见。

7月22日 在"学习《中小企业促进法》座谈会"上，中国证监会主席周小川指出，要以创造性的、符合中国实际情况的思维方式，考虑解决当前中小企业面临的融资问题，更好地满足市场的需要。

●全国社会保障基金2001年度报告显示，社保基金累计实现收益9.84亿元，其中本年度实现收益9.6亿元，收益率为2.25%。

●中国保监会副主席李克穆表示，我国保险资金运用的渠道会逐步拓宽，具体做法正在研究之中。

7月23日 中国人民银行货币政策委员会2002年第三季度例会提出，要逐步扩大直接融资的渠道和比例，进一步改善企业融资结构，增强中小企业融资能力。

●华宝信托投资公司与法国兴业资产管理公司正式签署协议，宣布双方将在中国发起设立中外合资华宝兴业基金管理公司。

7月25日 中国证监会发布《关于上市公司增发新股有关条件的通知》。

●上海证券交易所和深圳交易所分别发布实施《境外特别会员管理规定》。

●上证所出台《境外证券经营申请B股席位暂行办法》。

●中银香港(控股)有限公司(中银香港)在香港交易所挂牌上市，成为首家在境外成功上市的国有商业银行。

●国内首只债券型开放式基金—南方宝元债券基金，得到中国证监会的设立批复。

7月27日 中国证监会制定《上市公司收购管理办法》(征求意见稿)，向投资者和社会各界公开征求意见。

●国家外汇管理局发布《境内居民个人购汇管理实施细则》。

7月30日 由原来陕西信托投资有限公司和陕西省北信托投资公司合并重组的"西部信托投资有限公司"正式成立。

8月

8月1日 中国证券登记结算公司与欧洲结算达成咨询服务协议。

●《外商投资民用航空业规定》实施。

●中国人民银行发布2002年二季度货币政策执行报告提出，下半年银行将采取各种货币政策措施，保持货币信贷适度增长;加大金融对经济发展的支持力度;支持资本市场建设,改革投融资体制。

● 投资人陈志华诉大庆联谊“虚假陈述侵权赔偿案”,在哈尔滨市中级人民法院公开开庭审理。

● 最高人民法院公布《关于审理企业破产案件若干问题的规定)。

8月5日 国内首次发行的债券型基金—南方宝元债券基金正式向投资者公开发售。

8月7日 内地市场首家专业从事指数化投资的基金公司——天同基金管理有限公司获准正式开业。

8月8日 中国保监会决定,指定《中国证券报》为保险信息披露报纸。中国证券报由此成为首家由中国证监会、中国保监会指定披露上市公司信息和保险信息报纸。

● 中国进出口银行公布,全年计划发行金融债券470亿元,其中下半年安排发债295亿元。

8月9日 中国平安保险公司投资连接保险2002年中报率先在本报独家披露。

8月10日 中国证券登记结算人公司宣布,已开发完成开放式基金登记结算系统,并于8月4月正式投入使用。自8月15日起投资者可以通过交易所系统直接买卖。

8月13日 湖北兴化(600886)发布公告,称公司重大资产置换方案现已经中国证监会发审委重大组审核工作委员会审核有条件通过。湖北兴化从而成为首家通过重大重组审核工作委员会审核的的进行重大重组的上市公司。

8月14日 经中国证监公批准,由宝盈基金管理有限公司发起设立的国内首只收益型开放式基金——宝盈鸿利收益证券投资基金正式发行。

8月15日 中国人民银行发布最新金融统计数据显示,我国居民外汇储蓄存款持续增长,7月末达8668.5亿美元,同比增长12.3%。

● 总额200亿元的2002年记账式(十期)国债,首资通过新近开发的“国债发行远程招标系统(证交所市场)”以非现场方式完成招标。

8月16日 中央纪委、监察部通报了中国光大(集团)总公司原董事长朱小华严重违纪违法案件的查处结果。经党中央、国务院批准,中央纪委、监察部决定给予朱小华开除党籍、开除公职处分。

● PT郑百文(600898)公布2002年半年度报告,每股收益为0.0589元,实现扭亏为盈。

8月18日 国泰基金管理公司和瑞士银行集团下属瑞银环球资产管理集团在上海签署备忘录。这是《外资参股基金管理公司设立规则》颁布实施以来,首家基金管理公司公开披露其合资改制方向。

● 民生证券有限责任公司在北京成立。

8月19日 国内证券投资基金净资产规模已突破1000亿大关,总额达1020亿余元。

8月20日 外经贸部发出通知,允许含有B股的外商投资股份有限公司非上市外资股转在B股市场上流通。

8月21日 中兴通讯召开临时股东大会,其H股发行计划最终以出席股东大会股权比例的90%赞成获得通过。

● 国家外汇管理局发布新的《保税区外汇管理办法》,自2002年10月1日起施行。

8月22日 国家税务总局公布,全国部分省市税务机关上半年共征收社会保险费583.66亿元,预计今年全年征收的各项社会保险费收入将突破1000亿元大关。

● 海南省内唯一的综合类证券商金元证券正式挂牌开业。

8月23日 《证券投资基金法(草案)》和《保险法修正案(草案)》今天提交九届全国人大常委会第二十九次会议审议。

●《保险法修正案(草案)》二次审议稿提交九届全国人大常委会第二十九次会议审议。

8月24日 国家外汇管理局与中国证监会联合发布《关于进一步完善境外上市外汇管理有关问题的通知》,从5方面对境外上市外汇管理政策作出规范与调整。《通知》自2002年9月1日起施行。

8月26日 爱建证券正式收到来自中国证监会的开业批复。

8月27日 国务院提交人大常委会审议的《关于今年以来国民经济和社会发展计划执行情况的报告》明确提出要继续引导和支持证券市场和保险业的健康发展;积极探索和采用风险投资、重组并购等方式吸引外资继续推进规范的股份制改造,做好上市公司检查工作。

● 财政部部长助理冯淑萍指出,合伙制是注册会计师、注册资产评估师行业执业机构发展的方向。

8月28日 国内首只纯债券开放式基金—华夏债券投资基金,日前获得中国证监会的设立批复。

● 深圳市市长于幼军宣布深圳市能源集团等5家企业拟转让的股权比例。

8月29日 金信证券有限责任公司今日开业。该公司注册资本为5.2亿元人民币,注册地设大杭州。

● 深中浩代办股份转让的股份确权、转托管工作正式启动。

8月30日 中国保监会取消了陕西国安保险代理有限公司(筹)等8家保险中介机构的筹建资格。

8月31日 2002年半年报公布完毕。上市公司加权平均每股收益0.08元,同比下降19.59%;加权平均净资产收益率3.23%,同比下跌20.43%。

9月

9月2日　半年报披露落下帷幕。沪市693家上市公司加权平均每股收益为0.085元，加权平均净资产收益率为3.353%；深市512家上市公司加权收益率为2.96%。已披露半年报的上市公司中，沪市亏损74家，深市亏损93家。

9月4日　2002年世界华人论坛在北京召开，金融业改革开放步代明显加快。

9月5日　我国首个注会责任保险诞生。该产品的出现旨在加强注会个人及会计师事务所抵御风险的能力。

9月6日　中国证监会发行部修订第4号股票发行审核标准备忘录，明确了公开发行证券公司发行申请文件中关于申报财务资料的若干要求。

9月7日　中国证监会发言人、吉林省政府发言人就"通海高科"股票发行核准被依法撤销发表谈话。

9月8日　财政部、国家税务总局发出通知，对中国证监会批准设立的开放式证券基金有关的税收问题进行了明确的规定。通知指出一个人投资者申购和赎回基金单位取得的各介收入，已对个人买卖股票的差价收入未恢复征收个人税得税前，暂不征收个人税得税。

9月9日　国家计委、人民银行、国家外汇管理局联合发布《国有和国有控股企业外债风险管理及结构调整指导意见》。

9月10日　中国证监会发布一项股票发行审核新标准，提高重大关联交易信息披露要求。

9月11日　外经贸部官员表示，今后3年内所有外企业都将获得外贸经营权。

9月13日　代办股份转让步代加快，STAQ及NET系统遗留问题基本解决。

9月14日　上证指数计算有变化，新股上市首日计入指数。

● 前8月居民消费价格下降0.7%，到8月末，外汇储蓄达874.7亿美元。

● 前8月使用外资增长逾25%，8月份商品价格微升。

9月16日　中国证券业协会负责人就退市公司重组有关问题答记者问。

● 国务院法制办有关人士透露，《公司法》修改将着重公司法人治理结构、方便公司再融资、加强中小股东保护等5个方面。

● 国内第一只纯债券基金—华夏债券基金在全国公开发售，投资人可以通过交通银行、中国建设银行和华夏证券约5000个网点购买。

9月17日　中国联通A股获准发行，发行价每股2.30元，预计募集资金112.6亿元。

● 中国证监会有关负责人指出，主板市场没有全流通考虑。

9月19日　中外汽车业巨头再度牵手，东风日本组建合资公司，日本出资85.5亿元获得新"东风汽车"50%股权。

9月20日　由上海证券交易所举办的"价值创造、金融体系和经济增长研讨会"在北京召开。

9月24日　中国证监会发布《主承销商执业质量考核暂行办法》，给主承销商记分。

9月25日　基金销售将走向规范，中国证监会发布《证券投资基金销售活动管理暂行规定》。

9月26日　中国保监会主席马永伟指出，重点监管法人机构。

9月27日　上市银行外资并购经一案初见分晓，深发展花落美国新桥投资集团。

9月28日　沪深交易所布置季报披露工作。

10月

10月8日　中国证监会发布《上市公司收购管理办法》及《上市公司股东持股变动信息披露管理办法》，自12月1日起施行。这两个《办法》将极大地推动并购重组市场的发展。

● 国务院任命屠光绍为中国证监会副主席。

● 财政部发布《企业会计准则——财务报告的列报》。

10月9日　首次发行上市公司审核将理趋规范，中国证监会发布第15号审核标准备忘录，明确拟发行公司三年连续盈利发审标准。

10月10日　中国保监会发布《再保险公司设立规定》。

● 最高人民法院副院长李国光透露，证券民事诉讼司法解释有望年内颁布。

10月12日　国务院副总理温家宝强调，开放资本帐户必须循序渐进。

● 第四届高交会在深圳开幕。

10月14日　中国证监会副主席高西庆指出，要下大力气抓好从业人员道德教育。

● 中国保监会副主席李克穆指出，保险公司要积极面对上市。

● 上海证券交易所成立指数专家委员会。

10月15日　中国证监会出台《关于发行人的控股东或实际控制人存在巨额债务或出现资不低债情况时的审核标准》备忘录，防范大股东转嫁债务风险。

● 财政部发布《关于国有股持股单位产权变动及上市公司国有股性质变化有关问题的通知》。

10月16日　据海关统计，9月外贸创月新高，出口首次跃过300亿美元。

● 中国人民银行最新统计显示，货币信贷总量增速加快，企业存款、居民储蓄、外汇储备快速增长。

● 国家税务总局发出《关于清理检查企业所得税优惠政策

及执行情况的通知》。

10月17日　国家统计局副局长邱晓华宣布,前三季度 GDP 增长 7.9%,全年 GDP 总量将跃上 10 万亿元的新台阶。

● 首家合资基金公司获准筹建,国泰君安联手德国安联集团打造国安基金公司。

● 前 9 月证券交易印花税大幅下降,比 2001 年同期下降 62.3%,减收 152 亿元。

10月18日　国家外汇局预计,全年国际收支将保持双顺差,上半年是外汇储备历史上增速最快的时期。

● 受人关注的郑百文案开庭审理。

10月19日　国家统计局形势报告显示,9 月消费品零售额增长 9.1%,居民消费价格同比下降 0.7%,外汇储蓄持续增长,国家外汇储蓄余额为 2586.3 亿美元,三季度企业商品价格环比下降 0.2%。

● 中国人寿保费突破 1000 亿元。

● 央行有关负责人说,希望大陆银行能尽早到台湾设立机构。

10月21日　前三季券商经纪业务龙虎榜出炉,前三名为银河、海通、国泰君安。

● 上海证券交易所推出 1 天国债回购品种。

10月22日　经贸委发布《近期工业行业发展导向》,11 个行业发展重点敲定。

●《外资收购国有大中型企业管理暂行办法》已起草完毕。

10月23日　中美经贸合作项目签约,中国石化、中国联通、青岛啤酒等中外 13 家企业签约合同总金额达 47 亿美元。

● 中国保监会颁发首张中外合资寿险分公司牌照,中加合资中宏人寿保险获准在广州开设分公司。

● 中央国债登记结算公司发出通知,明确债券利息归属。

● 我国第一只纯债券基金—华夏债券投资基金成立。该基金在一个月认购期内,共销售基金份额 51.33 亿,由此成为国内第一只首发超过 50 亿规模的基金。

10月24日　由于市场需求不足,2002 年记账式(十四期)国债利率招标出现招募不足的结果。

● 中央银行票据上市交易。

● 在美国纳斯达克市场上市的中国网络概念股搜狐开始赢利。

● 第八届亚洲证券论坛年会在北京召开。全国人大常委会副委员长成思危、中国证监会主席周小川出席开幕式并发表讲话。

10月25日　央行三季度货币执行政策报告指出,货币供应量增速逐月加快。

10月28日　《期货交易管理暂行条例》正在积极修改中,12 个期货新品种已获批进入筹备。

10月29日　九届全国人大常委会第三十次会议表决通过了《全国人民代表大全常务委员会关于修改(中华人民共和国保险法)的决定》。至此,保险法修正案获得正式通过。

● 最新统计数据显示,目前全国共有证券公司 124 家,券商资本金已达 1040 亿元。

10月30日　国家外汇管理局和中国保监会联合发布《保险业务外汇管理暂行规定》,我国企业和个人可向境内保险公司投保外汇保险。

● 日本野村证券株式会社成为深圳证券交易所首家境外会员。

10月31日　上海黄金交易所正式开业。戴相龙表示,这标志着我国黄金管理体制的重林突破,条件成熟时,经国务院批准,将开展个人黄金买卖及期货交易。

11 月

11月1日　据统计,三季度沪市上市公司加权每股收益为 0.135 元,净资产收益率为 5.25%。深市上市公司前三季度平均每股收益为 0.11 元,加权平均净资产收益率为 4.28%。

● 重庆东源遭深圳证券交易所公开谴责。

● 财政部公布《企业会计准则——政府补助和政府援助》(征求意见稿)。

● 中国证监会主席周小川代表中国证监会分别与荷兰金融市场委员会、比利时银行及金融委员会签署了《证券期货监管合作谅解备忘录》。至此,与中国证监会签署备忘录的欧洲监管机构增加到 9 个。

11月2日　英国标准人寿保险公司、美国利宝互助保险公司和日本财产保险公司 3 家外国保险公司获准进入中国市场筹建营业性机构。

● ST 银广夏恢复上市申请获深圳证券交易所上市委员会审核通过。

11月4日　经国务院批准,中国证监会、财政部和国家经贸委联合发布《关于向外商转让上市公司国有股和法人股有关问题的通知》。

●《上海证券交易所可转换公司债券上市规则》和《深圳证券交易所可转换公司债券上市规则》发布实施。

11月5日　海通证券方案获准增资扩股,资本金将增至 87.34 亿元。

11月6日　国务院任命吴定富为中国保险监督管理委员会主席。

11月8日　中国共产党第十六次全国代表大会在人民大会堂开幕。江泽民代表第十五届中央委员会向大会作了题为《全面建设小康社会,开创中国特色社会主义事业新局面》的报告。

● 中国证监会和中国人民银行联合发布《合格境外机构投

资者境内证券投资管理暂行办法》。

11月11日　国家经贸委、财政部、国家工商总局、国家外汇管理局联合发布《利用外资改组国有企业暂行规定》。

● 上海投资者彭女士诉嘉宝实业公司等证券虚假陈述民事赔偿案以和解方式结案。

11月12日　大成价值增长证券投资基金成立。

11月13日　中国证监会网站公布的最新证券市场主要指标显示，截至2002年10月底，我国境内上市公司数（A、B股）已达1215家，投资者开户数增加到6860.42万户，而市价总值、流通市值有所缩水，股票成交额、印花税收入出现大幅下降。

11月14日　中国共产党第十六次全国代表大会在选出新一届中央委员会、中央纪律检查委员会，并通过关于十五届中央委员会报告等决议后胜利闭幕。

● 财政部起草《企业会计准则——每股收益》和《企业会计准则——终止经营》，并分别对这两项会计准则征求意见。

11月15日　中国共产党第十六届中央委员会第一次全体会议举行。全会选举了中央政治局委员、候补委员，中央政治局常务委员会委员，中央委员会总书记。

11月18日　北京市高级人民法院终审裁定：驳回郑百文原董事陆家豪的上诉，一审法院裁定驳回陆家豪的起诉符合法律规定，应予维持。

● 上海期货交易所近日正式加入“期货业协会”（FuturesIndustryAssociation，FIA）。

● 财政部部长项怀诚在香港指出，我国财政赤字和债务余额占国内生产总值的比重目前分别为2.7%和16.3%，都处在国际公认的安全线以内。

11月19日　第十六届世界会计师大会在香港会议展览中心隆重开幕，国务院总理朱镕基出席开幕式并发表演讲。

● 中国人民银行决定自今日起，下调境内商业银行小额（300万美元以下）外币存款利率。

11月20日　国家开发银行发行2002年第17期6个月期金融债券100亿元。

11月21日　中国证监会主席周小川在第十六届世界会计师大会上指出，QDII（合格的国内机构投资者）、CDR（中国存托凭证）的推出，及国内二板市场的建设等相关问题都在研究之中，但目前仍没有出台的时间表。

11月23日　据初步统计，截至目前，今年市场已完成22只基金累计约568.3235亿元的首发或扩募，创造了5年来基金年募资额的最高记录。

11月26日　中国证监会主席助理桂敏杰在由中国证券登记结算公司召开的“开放式基金登记结算系统推介会”上表示，中国证监会明年将从推进注册登记（TA）系统的专业化、推动建立基金评价体系、建立和完善销售系统等三个方面着手，促进证券投资基金业的发展。

● ST红光（600083）公告，张玲培、吴振扬等11位自然人诉国泰君安证券股份有限公司及成都福地科技股份有限公司虚假陈述民事赔偿纠纷案达成了调解协议。

11月27日　中国证券登记结算公司发布《开放式基金结算备付金管理暂行办法》及《开放式基金结算保证金管理暂行办法》。

11月28日　国家外汇管理局发布《合格境外机构投资者境内证券投资外汇管理暂行规定》。

● 财政部决定发行总额600亿元的2002年记账式（十五期）国债。

● 中国证监会公布了《公开发行证券的公司信息披露内容与格式准则第16号—上市公司收购报告书》，对外资并购上市公司应予以披露的信息作出了较为详细的规定，使得我国信息披露的整个体系更加趋于完善。

11月29日　东方电子（000682）虚假财务报告案由山东省烟台市中级人民法院在昌邑市异地开庭审理。

11月30日　中国证监会出台《公开发行证券的公司信息披露内容与格式准则第15号、第16号、第17号、第18号、第19号》。

● 由海通证券和比利时富通集团为发起人的海富通基金管理公司、由招商证券和荷兰国际集团等发起的招商基金管理有限公司获准筹建。

12月

12月2日　中共中央政治局召开会议，分析当前经济形势，研究明年经济工作。

● 中国证监会公布《合格境外机构投资者境内证券投资申请表》和《合格境外机构投资者托管人申请表》文本格式。

● 经中国证监会批准，中国证券登记结算公司颁布《合格境外机构投资者境内证券投资登记结算业务实施细则》。上海证券交易所、深圳证券交易所分别发布《合格境外机构投资者证券交易实施细则》。

● 中国证券业协会证券经纪业委员会近日宣告成立。

● 首只标准指数开放式基金——“天同180指数基金”正式获中国证监会批复设立。

● 华融资产管理公司与摩根斯坦利投标团和高盛公司分别设立第一联合和融盛资产管理公司的申请已获批准。

12月3日　中国证监会相继与南非、荷兰、比利时的有关监管机构签署了《证券期货监管合作谅解备忘录》。

● 中国上海市赢得2010年世博会主办权。

12月4日　由上证所主办的“首届中国上市公司投资者关系管理论坛”武汉举行。

12月5日 中国证监会主席周小川重申，中国证监会作为证券市场监管者的定位，是当好“裁判员”，在一般情况下，要坚持“不偏向、不下场”。但在紧急情况下，也应作特殊处理。

● 河南省首家综合类证券公司中原证券股份有限公司开业。

● 国内第一家金融控股公司——中信控股有限责任公司成立。

12月6日 中国注册会计师协会公布了《注册会计师、注册资产评估师行业诚信建设纲要》，旨在提升行业公信力，推进行为诚信建设。

12月7日 中注协发布《注册会计师、注册资产评估师行业诚信建设纲要》。

12月9日 中国证券业协会证券投资基金业委员会在深圳成立。

● 中国证券业协会投资银行业委员会在京成立，并召开第一次工作会议，宣布投资银行业委员会正式成立。中国证监会副主席史美伦、中国证券业协会会长庄心一、中国证监会发行监管部主任姚刚等出席了会议。

12月9日至10日 中共中央、国务院召开的中央经济工作会议在北京举行。

● 中国保监会公布了首批取消的58项行政审批项目。

12月11日 最高人民法院副院长李国光在全国法院民商事审判工作会议上表示，随着证券市场上各种侵权行为频繁出现和行政监管力度加强，建立和完善证券侵权民事责任制度迫在眉睫。

12月13日 全国计划会议召开。

● 中国证监会在调查投资者信息需求的基础上，对《年报准则》及《季报规定》作出修改，并于日前公开向社会征求意见。

● 中信证券股份有限公司发布《招股说明书》，并在近期申请上市，从而将成为我国证券市场第一家通过公开发行股票上市的证券公司。

● 财政部在全国银行间债券市场进行2002年记帐式(十六)国债的发行招标，本期国债发行总额368亿元，至此，全年国债发行计划全部完成。

12月14日 温家宝在全国计划会议上强调，保持宏观经济政策连续性稳定性。

12月16日 中国证券业协会分析师委员会正式成立。

● 经深圳证券交易所许可，深圳证券信息有限公司将从明年起正式对外发布深证100指数。

12月17日 上市公司信息披露监管国际研讨会举行。

● 深圳证券信息有限公司公布深证100指数编制方案及100家成份股名单。

● 银行间市场实行信息披露制度。

12月18日 上证180样本股将调整，新样本股名单公布。

● 由中国证券报.中证网(WWW.CS.COM.CN)举办的“MBO与中国资本市场”论坛开坛。

12月19日 第一家中外合资证券公司—华欧国际证券有限公司正式获准中国证监会批准设立，华欧国际由湘财证券和法国里昂证券(CLSA)合资组建，拟注册地为上海，注册资本金为5亿元人民币。

● 中国证监会发布《证券投资基金管理公司内部控制指导意见》。

12月20日 交通银行和中国银行被确定为全国社会保障基金托管银行，南方、博时、华夏、鹏华、长盛、嘉实6家基金管理有限公司被确定为全国社会保障基金投资管理人。

● 中国证监会公布《证券业从业人员资格管理办法》。

● 上海证券交易所与东京证券交易所签署了合作谅解备忘录。

12月23日 深圳证券交易所将于2003年1月2日正式推出AAA级企业债券回购交易，同时大幅调低债券交易费率。

● 新中国第一部民法典提请九届全国人大常委会第31次会议初次审议。

12月24日 中国证监会发布《中国证券监督管理委员会关于第一批取消行政审批项目(32项)的通告》。

12月25日 财政部部长项怀诚在全国财政工作会议上指出，明年全国财政收入按照略高于经济增长的速度安排；财政支出安排突出保证重点，控制赤字规模。

12月27日 中国证监会和国家经贸委联合召开上市公司现代企业制度建设经验交流暨总结大会。

● 首家中外合资基金公司——招商基金管理有限公司成立。

12月28日 九届全国人大常委会任命周小川为中国人民银行行长，中组部宣布尚福林任中国证监会主席、党委书记。

12月30日 中国证监会发出通知，规范基金公司股权转让。

● 国家统计局局长朱之鑫表示2002年我国国内生产总值达102000多亿元，增长8%。

● 中国保监会正式公布航意险改革方案。

12月31日 中国证监会发布《关于证券投资基金设立审核有关问题的通知》和《证券公司年度报告内容与格式准则(2002年修订)》。

上市公司 2001 年度经营业绩(沪市)

代码	名称	主营业务收入(万元)	同比(%)	利润总额(万元)	同比(%)	净利润(万元)	同比(%)	扣除非经常性损益后净利润(万元)	股东权益(万元)	总资产(万元)	每股收益(摊薄)(元)	每股净资产(元)	调整后每股净资产(元)	净资产收益率(%)	每股经营现金流量净额(元)	每股未分配利润(摊薄)(元)	每股资本公积金(元)	总股本(万股)	流通A股(万股)	流通外资股(万股)	分配预(方)案
600000	浦发银行☆	718525.40	25.83	144071.20	45.36	106187.80	33.23	106826.000	706666.70	17369068.30	0.4410	2.9300	2.7390	15.0300	0.7750	0.01	1.6141	241000.00	40000.00		10转5派2元(含税)
600001	邯郸钢铁☆	723715.27	23.57	77330.23	-2.57	67070.81	0.98	50769.540	622869.21	869093.60	0.4510	4.1900	4.1900	10.7700	0.4200	0.65	2.0945	148655.31	49000.00		10派1.50元(含税)
600002	齐鲁石化☆	702236.60	-1.86	4113.64	-92.37	2114.16	-95.14	703.480	471463.28	770277.50	0.0110	2.4200	2.4200	0.4500	0.4480	0.13	1.1390	195000.00	35000.00		不分配、不转增
600003	东北高速☆	37390.56	8.58	25071.18	-4.15	19138.39	7.13	20582.730	293559.08	500024.07	0.1578	2.4197	2.4098	6.5190	0.3233	0.17	1.1304	121320.00	30000.00		10派0.5元(含税)
600005	武钢股份☆	632662.16	-8.64	82231.92	-1.91	70314.13	-0.53	72159.150	467066.93	664712.61	0.3360	2.2340	2.2340	15.0500	0.4980	0.05	0.9477	209048.00	32000.00		10派2.8元(含税)
600006	东风汽车☆	443082.73	28.63	62130.29	50.85	53737.02	53.87	53332.970	295787.90	494838.24	0.5374	2.9579	2.8373	18.1700	0.0477	0.47	1.3058	100000.00	30000.00		10派2元(含税)
600007	中国国贸☆	59706.70	9.99	26671.30	23.15	17851.80	22.27	18228.900	214330.10	371501.40	0.2200	2.6800	2.3700	8.3300	0.4100	0.33	1.1486	80000.00	16000.00		10派1.04元(含税)
600008	首创股份☆	17774.80	6.87	48561.48	8.51	48201.58	15.14	43776.310	393990.36	513395.33	0.4382	3.5817	3.5800	12.2300	0.4455	0.00	2.4397	110000.00	26500.00		10派3.6元(含税)
600009	上海机场☆	115653.04	33.26	66713.38	3.96	56676.12	3.95	56836.320	502114.94	661795.55	0.4010	3.5550	3.5500	11.2900	0.6100	0.82	1.3840	141230.70	51230.70		10派1.50元(含税)
600010	钢联股份☆	558135.42	-5.38	40097.25	-8.99	25665.88	-11.16	26708.370	347353.52	727135.58	0.2100	2.7800	2.7800	7.3900	-0.3000	0.17	1.5297	125000.00	35000.00		10派1元(含税)
600011	华能国际☆	1581665.63	25.94	442251.58	44.74	363606.42	37.51	366794.420	2712556.40	4722970.87	0.6100	4.5200	4.5200	13.4000	1.1900	1.36	1.7099	600000.00	14660.50	H股:150000.00	10派3元(含税)
600016	民生银行☆	513099.30	89.33	90034.60	144.25	64637.00	170.88	63326.300	542490.30	13889842.00	0.2900	2.4100	2.3100	11.9100	7.0200	0.23	1.1257	224932.29	45500.00		10送1.5派0.7元(含税)
600018	上港集箱☆	213847.38	17.16	120308.03	5.58	70570.66	29.54	64306.400	459436.97	771955.15	0.7822	5.0924	5.0437	15.3600	1.3557	0.69	2.9494	90220.00	21000.00		不分配不转增
600019	宝钢股份☆	2917079.52	-5.72	370955.93	-15.27	256121.17	-14.40	256201.630	2629002.84	5804206.18	0.2000	2.1000	2.1000	9.7400	0.7200	0.06	0.9242	1251200.00	187700.00		10派1.25元(含税)
600028	中国石化☆	30434700.00	-5.76	2165100.00	-16.52	1401800.00	-13.22	1585300.00	13903900.00	36029400.00	0.1620	1.6040	1.5840	10.0800	0.6880	0.12	0.4186	8670243.90	223000.00	H股:167048.80	10派0.8元(含税)
600033	福建高速☆	30368.26	50.74	29899.51	46.13	22027.63	64.23	18409.820	234744.53	591487.79	0.3216	3.4269	3.4259	9.3800	0.4957	0.28	1.9818	68500.00	20000.00		10派1.2元(含税)
600036	招商银行☆	1049252.10	20.08	211012.00	76.26	143112.00	78.04	--	511643.60	26631715.50	0.3400	1.2200	--	29.9700	--	0.21	--	420681.80	--	H股:0.00	--
600037	歌华有线☆	32864.30	41.82	15483.05	30.20	14234.72	30.63	12702.290	162988.35	192552.74	0.5300	6.0400	5.9900	8.7300	0.6400	0.13	4.6159	27000.00	8000.00		10派2.50元(含税)
600038	哈飞股份☆	31972.76	34.69	6459.83	89.79	5451.82	60.18	5092.030	66985.53	92347.06	0.3600	4.4700	4.4700	8.1400	-0.0700	0.33	2.9483	15000.00	6000.00		10送2转4派1元(含税)
600051	宁波联合☆	364228.56	23.16	7279.59	5.32	5430.21	8.22	4034.180	82230.48	228421.06	0.1800	2.7200	2.5700	6.6000	-0.2600	-0.01	1.3077	30240.00	8539.79		10派1.00元(含税)
600052	浙江广厦△	40924.85	-74.98	8903.65	-8.90	7098.04	-12.60	5987.050	142395.07	303471.47	0.1500	2.9400	2.9300	4.9800	-0.4300	0.16	1.6000	48363.35	25552.80		10派1.14元(含税)
600053	江西纸业▽	30557.34	1.36	-29924.52	--	-29924.52	--	-29943.420	34814.68	145818.84	-1.8600	2.1600	1.0200	-85.9500	-0.7800	-1.40	2.3860	16107.00	7605.00		不分配不转增
600054	黄山旅游☆	39874.00	39.40	7531.28	22.09	4581.00	0.16	5487.030	73091.70	105989.00	0.1500	2.4100	2.3600	6.3000	0.4450	0.27	0.8437	30290.00	5200.00	B股:10400.00	10派0.3元(含税)
600055	万东医疗☆	32741.52	18.02	3804.62	-1.59	3209.46	22.96	3249.070	34407.54	50228.42	0.2900	3.1000	3.0900	9.3300	0.1100	0.27	1.5969	11100.00	3900.00		10派1元(含税)
600056	中技贸易☆	248281.10	77.33	5529.04	46.65	4903.39	52.02	1023.150	55011.17	120525.04	0.3762	4.2203	4.2167	9.1280	2.2865	0.46	2.4590	13035.00	3900.00		10派1元(含税)
600057	厦新电子☆	98826.12	-0.53	-7824.95	61.01	-7824.95	60.62	-9141.680	41207.85	158436.45	-0.2180	1.1500	1.0490	-18.9900	0.1630	-0.77	0.8195	35820.00	14400.00		不分配不转增
600058	龙腾科技☆	1956513.63	66.52	25358.87	-22.57	15479.60	-26.00	15236.360	184661.60	531057.38	0.3650	4.3543	4.3087	8.3830	0.1021	0.70	2.3310	42408.87	12000.00		10派3元(含税)
600059	古越龙山☆	43551.33	11.46	8267.90	-10.40	7143.26	-5.56	7089.870	112131.06	171364.10	0.3070	4.8200	4.8000	6.3700	-0.3370	0.49	3.0296	23280.00	10647.00		10派2元(含税)
600060	海信电器△	387256.07	-9.87	-1536.45	--	-1799.56	--	-2095.470	221462.91	400816.18	-0.0364	4.4900	4.4400	-0.8130	1.0300	0.39	2.8602	49376.78	20384.00		不分配不转增
600061	中纺投资☆	67158.48	-5.47	3320.79	-19.93	2712.13	-14.94	2533.410	47913.90	73747.78	0.0940	1.6700	1.6600	5.6600	-0.0700	0.02	0.5146	28701.20	9360.00		10派0.2元(含税)转3
600062	双鹤药业☆	238265.68	103.94	19336.20	27.02	15771.04	45.43	15398.850	128275.85	274628.73	0.4648	3.7807	3.7165	12.2900	0.4156	0.51	1.9784	33928.90	14297.40		10派1元(含税)转3
600063	皖维高新☆	50744.47	31.15	8497.64	30.82	7715.40	45.85	7439.460	61499.01	111418.72	0.3050	2.4320	2.3790	12.5500	0.5340	0.09	1.1921	25290.00	9900.00		10派3元(含税)
600064	南京高科☆	51291.24	-41.78	8379.89	-36.46	7077.25	-37.15	7402.320	116399.88	246223.26	0.2060	3.3800	3.3600	6.0800	-0.1870	0.43	1.4688	34414.59	15548.76		不分配、不转增

代码	名称	主营业务收入(万元)	同比(%)	利润总额(万元)	同比(%)	净利润(万元)	同比(%)	扣除非经常性损益后净利润(万元)	股东权益(万元)	总资产(万元)	每股收益(摊薄)(元)	每股净资产(元)	调整后每股净资产(元)	净资产收益率(%)	每股经营现金流量净额(元)	每股未分配利润(摊薄)(元)	每股资本公积金(元)	总股本(万股)	流通A股(万股)	流通外资股(万股)	分配预(方)案
600065	大庆联谊▽	54995.52	13.43	-6154.75	--	-5733.03	--	-5722.840	73049.69	121683.58	-0.2986	3.7707	3.6953	-7.9190	-0.1863	-0.14	2.4040	19200.00	6000.00		不分配、不转增
600066	宇通客车☆	157951.53	31.74	12235.47	26.03	9842.51	25.05	9786.960	85360.86	140397.17	0.7199	6.2430	6.2360	11.5300	0.7200	0.17	4.6793	13672.37	9372.31		10派6元(含税)
600067	福州大通☆	40349.33	3.66	2898.65	-1.91	3235.85	69.71	2923.100	30305.46	55649.15	0.3100	2.8900	2.8600	10.6800	0.0100	0.34	1.2746	10501.17	6792.43		10派1.5元(含税)
600068	葛洲坝☆	220848.28	2.44	15881.66	-48.57	14785.48	-30.09	17541.610	325846.43	490407.61	0.2100	4.6200	4.5600	4.5400	0.0500	0.58	2.8585	70580.00	34580.00		10派0.30元(含税)
600069	银鸽投资○	18309.99	18.70	-22854.01	--	-22781.00	--	-9424.530	37803.16	96070.18	-0.6130	1.0200	1.0100	-60.2600	-0.3400	-0.44	0.3666	37160.00	14560.00		不分配、不转增
600070	浙江富润☆	20264.13	-5.18	1864.56	-39.50	1778.91	-31.97	1464.230	22895.32	42884.74	0.2350	3.0200	3.0100	7.7700	-0.1400	0.28	1.5179	7573.30	3120.00		10派1.60元(含税)
600071	凤凰光学☆	31359.99	14.71	4168.69	-7.98	3647.64	-4.77	3198.900	40484.42	66099.96	0.1536	1.7100	1.6900	9.0100	0.2300	0.16	0.3706	23747.25	10745.02		不分配、不转增
600072	江南重工☆	41325.33	16.89	3270.52	30.49	2750.69	36.23	1834.480	95901.72	110187.24	0.1000	3.4930	3.4400	2.8680	0.3130	0.31	1.9884	27458.08	12480.00		10送1转1
600073	上海梅林☆	49634.95	-7.61	5423.26	-50.07	3442.79	-57.01	310.810	79037.15	127909.40	0.1100	2.4400	2.3600	4.3600	-0.0600	-0.02	1.3481	32400.00	12000.00		不分配不转增
600074	南京中达☆	51689.58	4.26	8864.93	16.96	7580.69	23.25	7268.640	59235.38	147588.60	0.5240	4.0960	3.9950	12.8000	0.8640	0.84	2.0223	14460.00	5220.00		10派1元(含税)
600075	新疆天业☆	129214.62	-8.52	6701.57	-17.41	4685.85	-31.21	2950.940	108848.56	258582.73	0.2100	4.8500	4.8500	4.2600	0.4687	0.69	2.8579	22680.00	9720.00		10派0.5元(含税)
600076	青鸟华光☆	35857.56	46.90	5456.37	-13.49	4846.82	-6.83	5492.110	65876.24	156903.18	0.2160	2.9300	2.8300	7.3600	0.1558	0.51	1.0812	22441.60	9600.00		10派0.60元(含税)
600077	国能集团☆	27680.21	-9.76	463.53	-86.07	214.91	-90.52	214.910	35573.25	74889.37	0.0170	2.8100	2.6000	0.6000	0.0700	-0.01	1.6769	12681.91	4654.07		不分配、不转增
600078	澄星股份☆	58609.62	8.26	6639.36	27.28	5940.79	64.79	6050.680	63418.46	110391.62	0.3300	3.5200	3.4800	9.3600	0.3400	0.35	1.7376	18006.20	6627.67		10派0.5元(含税)
600079	人福科技☆	24192.69	28.34	4995.65	-1.76	2891.12	-19.61	2253.440	29651.50	99126.61	0.2300	2.3500	2.3300	9.7500	0.1340	0.17	0.8295	12597.00	6422.00		10派1元(含税)
600080	金花股份☆	15665.46	-14.78	5387.14	-42.40	4659.44	-40.75	2786.180	82398.97	130085.92	0.2000	3.5700	3.4300	5.6500	0.3500	1.13	1.1979	23083.52	9984.00		10派0.2元(含税)
600081	东风科技☆	60003.20	52.25	5984.56	24.51	5044.82	28.89	4253.270	43790.98	87858.17	0.2510	1.9227	1.9075	13.0500	0.1300	0.38	0.6263	20100.00	5025.00		10派2.5元(含税)
600082	ST海泰☆	53617.02	23.64	-8314.37	17.34	-8324.99	17.46	-8324.990	32367.10	35093.09	-0.5590	2.1730	2.1730	-25.7210	0.1100	0.00	1.1001	14898.08	7918.82		不分配、不转增
600083	PT红光☆	8605.78	210.51	1216.59	--	813.79	--	191.680	131.01	20968.68	0.0350	0.0060	-0.0160	621.1500	0.2120	-1.10	0.1054	23000.00	13573.06		不分配、不转增
600084	新天国际☆	85371.95	24.42	8340.76	-13.25	7356.57	-16.51	7194.380	67714.89	192377.62	0.3100	2.8800	2.7700	10.8600	0.1800	0.76	0.9297	23518.04	8923.20		10派0.6元(含税)
600085	同仁堂☆	161167.05	57.33	25884.53	25.53	19950.65	41.97	20075.860	124461.60	215905.12	0.6000	3.7500	3.7000	16.0300	0.6900	0.59	1.7807	33179.99	9961.66		10派2.5元(含税)
600086	多佳股份☆	24852.03	-13.02	3889.36	2.01	2598.80	-14.48	2500.870	49708.49	75655.71	0.0740	1.4110	1.4100	5.2300	0.0125	0.19	0.1171	35228.17	12822.01		10派0.10元(含税)
600087	南京水运☆	48598.58	-7.07	13571.89	8.61	11553.99	10.47	10434.910	81063.21	95970.44	0.4830	3.3900	3.3800	14.2500	0.8900	0.29	1.6618	23932.31	7280.00		10派3元(含税)
600088	中视传媒☆	36004.81	75.91	3745.76	22.11	2682.21	10.27	2996.340	72136.49	96907.07	0.1130	3.0500	3.0000	3.7200	0.2600	0.07	1.7426	23673.00	7800.00		10派0.7元(含税)
600089	特变电工☆	131046.01	31.46	10743.42	68.56	8222.43	44.59	5561.590	82650.12	222415.75	0.3200	3.1900	3.1000	9.9500	-0.1279	0.61	1.3866	25949.02	13041.60		10派1元(含税)
600090	啤酒花☆	68424.84	11.13	8154.22	-15.79	7596.13	-15.86	6260.320	54673.65	165186.46	0.2100	1.4900	1.3900	13.8900	-0.0800	0.03	0.0445	36791.66	17412.10		10派0.50元(含税)
600091	明天科技☆	63149.74	-19.65	7743.81	-6.38	6281.85	-10.75	6343.400	78032.24	165566.11	0.2770	3.4500	3.3700	8.0500	0.8000	0.50	1.7272	22652.60	9620.00		不分配、不转增
600092	精密股份☆	15367.31	22.53	4709.20	-25.19	3955.56	-26.94	3582.070	67303.46	107740.57	0.1514	2.5800	2.5700	5.8800	0.0456	0.47	0.9643	26119.62	13309.92		10派0.5元(含税)
600093	禾嘉股份☆	12008.41	-31.60	2568.90	-0.30	1612.09	-31.05	980.660	38602.65	81642.53	0.0840	2.0200	2.0100	4.1800	0.2500	0.42	0.4559	19125.00	7650.00		不分配不转增
600094	华源股份☆	185816.92	26.05	14286.86	-2.76	8108.07	-6.80	6683.350	143538.56	382940.95	0.1600	2.9200	2.8800	5.5600	0.7200	0.10	1.5029	49175.40	11040.00	B股:20700.00	10派0.5元(含税)
600095	哈高科△	24013.06	7.27	-11705.38	--	-12495.36	--	-12616.440	59543.65	157854.51	-0.4780	2.2760	1.9560	-20.9850	0.1440	-0.25	1.3759	26156.00	15106.60		不分配不转增
600096	云天化☆	88555.01	15.85	18294.91	-8.01	15454.79	-4.41	12354.640	119070.13	191564.66	0.4198	3.2340	3.2293	12.9800	0.8641	0.32	1.4250	36818.18	10000.00		不分配、不转增
600097	华立科技☆	11465.39	58.20	1192.86	564.17	1222.52	724.04	1147.970	12681.36	39402.61	0.1060	1.0980	1.0880	9.6400	0.5210	-2.08	2.0842	11544.99	3500.00		不分配不转增
600098	广州控股☆	390755.62	12.96	133445.14	12.29	94283.11	9.06	96617.220	480214.69	912646.68	0.7530	3.8300	3.8200	19.6300	1.3400	1.43	1.0165	125280.00	23400.00		10派3元(含税)
600099	林海股份☆	19062.90	-4.74	868.89	30.57	664.97	5.01	470.490	46035.31	53409.56	0.0300	2.1000	2.0600	1.4400	0.2500	0.10	0.9214	21912.00	9120.00		不分配不转增
600100	清华同方☆	501253.00	51.18	43297.14	41.99	29076.00	34.35	29140.00	266334.00	606517.00	0.5060	4.6350	4.4900	10.9200	0.3450	0.61	2.6355	57461.23	24760.86		10派2元(含税)

代码	名称	主营业务收入(万元)	同比(%)	利润总额(万元)	同比(%)	净利润(万元)	同比(%)	扣除非经常性损益后净利润(万元)	股东权益(万元)	总资产(万元)	每股收益(摊薄)(元)	每股净资产(元)	调整后每股净资产(元)	净资产收益率(%)	每股经营现金流量净额(元)	每股未分配利润(摊薄)(元)	每股资本公积金(元)	总股本(万股)	流通A股(万股)	流通外资股(万股)	分配预(方)案
600101	明星电力☆	24824.18	1.96	8544.94	-9.71	7832.19	-2.56	7225.180	99166.09	136225.61	0.4610	5.8400	5.8000	7.9000	0.5800	0.88	3.1578	16980.54	9500.40		10派2元(含税)
600102	莱钢股份☆	498820.12	10.23	53933.88	-12.22	45578.94	-12.13	45306.350	323181.67	559298.48	0.5230	3.7100	3.6900	14.1000	0.5600	1.13	1.1194	87118.20	15600.00		10派0.6元(含税)
600103	青山纸业☆	91857.92	3.70	13133.27	-12.20	11046.99	-13.67	10562.410	155693.12	234953.27	0.1560	2.2140	2.2000	7.1000	0.1830	0.39	0.5185	70630.00	44623.77		10派0.6元(含税)
600104	上海汽车☆	370523.42	48.60	85530.19	43.16	78722.24	60.13	83883.030	812994.76	1005432.56	0.3120	3.2260	3.2070	9.6800	0.2880	0.04	1.9507	251999.93	75599.98		10派1.5元(含税)
600105	永鼎光缆☆	126863.90	77.16	9525.97	44.69	7641.85	46.78	8234.240	68567.12	131948.19	0.3060	2.9000	2.8800	10.5700	0.0200	0.20	1.2470	24961.05	7500.00		10派1.5元(含税)
600106	重庆路桥☆	13688.80	11.48	8124.37	-10.35	7007.69	-9.61	5384.100	89122.55	132671.79	0.2261	2.8700	2.8100	7.8600	0.2600	0.30	1.3506	31000.00	9000.00		10派1元(含税)
600107	美尔雅☆	14110.75	-20.14	4394.03	-33.90	3614.51	-36.84	545.940	85779.61	110991.64	0.1004	2.3830	2.2730	4.2100	0.1850	0.41	0.6709	36000.00	13320.00		不分配不转增
600108	亚盛集团☆	64276.78	-6.86	9669.87	-6.66	8944.44	-12.15	7458.110	137015.68	184272.76	0.1400	2.1900	2.1900	6.5300	0.0200	0.28	0.7691	62504.52	27682.20		10派0.5元(含税)
600109	ST成百☆	64171.88	-18.12	130.91	--	130.40	--	-1584.830	1445.40	27531.66	0.0180	0.2040	0.1180	9.0200	0.1630	-0.87	0.0735	7098.27	2750.00		不分配不转增
600110	长春热缩☆	11541.43	28.77	5573.25	0.71	5098.34	8.18	4165.120	55296.06	75398.32	0.2750	2.9800	2.9100	9.2200	0.0764	0.23	1.5784	18562.43	7648.69		10送2转6派0.5元(含税)
600111	稀土高科☆	31542.74	-19.64	8174.15	-20.91	8056.87	-20.21	7535.630	102002.66	129371.85	0.2000	2.5270	2.4230	7.9000	0.0080	0.21	1.1522	40367.40	14560.00		10派1元(含税)
600112	长征电器☆	16524.73	-9.38	1079.30	-69.02	917.41	-70.03	931.310	47951.42	68618.27	0.0533	2.7900	2.7100	1.9100	-0.0049	0.26	1.4371	17200.00	5200.00		不分配、不转增
600113	浙江东日☆	6666.39	-34.15	421.26	-76.69	243.05	-83.93	271.820	35410.49	43110.09	0.0200	3.0000	2.9700	0.6900	0.0200	0.03	1.8308	11800.00	4000.00		不分配不转增
600115	东方航空☆	1283934.00	8.61	16301.63	57.91	13292.00	561.89	14712.000	624137.00	2735523.00	0.0273	1.2800	1.1900	2.1300	0.6600	0.02	0.2595	486695.00	30000.00	H股:156695.00	10派0.2元(含税)
600116	三峡水利☆	29182.90	32.88	2824.14	-23.93	2036.59	-30.37	2133.120	51171.86	113603.40	0.1200	2.9300	2.7100	3.9800	0.3800	0.21	1.5362	17476.80	5799.20		10派0.3元(含税)
600117	西宁特钢☆	123887.49	-6.02	10177.67	6.30	9004.27	11.43	7826.140	140059.69	272526.65	0.1547	2.4100	2.3300	6.4300	0.3000	0.36	0.9463	58222.00	16000.00		不分配不转增
600118	中国泛旅☆	28073.83	-4.49	1675.20	-31.29	1031.25	-36.21	992.860	27782.84	35118.09	0.0540	1.4660	1.4420	3.7100	0.0700	0.19	0.0981	18950.40	7200.00		不分配不转增
600119	长江投资☆	47199.85	-7.14	3206.58	24.77	2276.22	29.32	1763.530	37593.11	80692.03	0.1380	2.2784	2.1700	6.0550	-0.1291	0.17	1.0297	16500.00	5280.00		10送1转2
600120	浙江东方☆	310336.96	-0.15	16126.64	30.01	10317.26	21.53	8197.540	69551.64	156888.81	0.4600	3.0800	2.9600	14.8300	0.1400	0.49	1.0973	22565.78	9369.69		10送2转2派1元(含税)
600121	郑州煤电☆	62795.68	36.86	8954.07	-24.03	7610.96	-35.43	7668.120	122278.15	204130.22	0.0940	1.5100	1.5100	6.2200	0.1870	0.08	0.2762	81000.00	21600.00		不分配不转增
600122	宏图高科☆	200481.48	71.06	6932.49	-9.24	5815.39	-10.66	6011.950	94101.12	241671.84	0.1820	2.9480	2.8860	6.1800	-0.2240	0.45	1.3384	31920.00	14400.00		10派0.4元(含税)
600123	兰花科创☆	45062.01	48.82	5695.44	313.42	3960.58	379.05	3713.310	81568.06	151589.38	0.1070	2.1970	2.1060	4.8400	0.7890	0.03	1.1282	37125.00	14400.00		10派0.6元(含税)
600125	铁龙股份☆	34924.19	14.33	8292.44	-11.40	6175.58	-13.68	6400.030	55010.77	84108.99	0.3240	2.8840	2.8130	11.2300	0.8090	0.98	0.2960	19077.60	9077.60		不分配、不转增
600126	杭钢股份☆	431521.94	9.87	41094.05	-17.17	34248.13	-7.62	35257.200	204397.08	314776.42	0.5310	3.1700	3.1500	16.7600	0.5430	0.76	1.1300	64533.75	16575.00		10派1.5元(含税)
600127	金健米业☆	40942.30	-41.78	532.94	-88.85	1703.67	-33.30	1703.670	125717.33	203969.08	0.0390	2.9070	2.8760	1.3550	0.0710	-0.02	1.8851	43250.01	19143.45		不分配、不转增
600128	弘业股份☆	144925.27	1.31	2182.80	-65.55	1024.31	-76.85	224.220	55140.04	84218.61	0.0500	2.7600	2.6900	1.8600	0.1000	0.32	1.1189	19944.75	7412.31		10派0.50元(含税)
600129	太极集团☆	174897.07	46.35	12841.53	84.55	10143.31	107.05	8616.040	99408.26	273221.73	0.4020	3.9400	3.5600	10.2000	0.8900	0.54	1.9654	25260.00	7500.00		10派2元(含税)
600130	波导股份△	262229.33	180.52	12665.40	176.50	6813.46	168.35	7035.600	83254.48	174343.16	0.4260	5.2030	5.1550	8.1800	2.2300	0.38	3.7058	16000.00	4000.00		10派2元(含税)
600131	岷江水电☆	14286.77	33.83	3352.72	-11.62	2734.13	-9.74	2734.130	59535.29	145768.85	0.0900	2.0100	2.0000	4.5900	0.0900	0.28	0.5716	29654.42	9995.00		不分配不转增
600132	重庆啤酒☆	46671.03	38.02	4010.19	-17.57	3428.72	-16.31	3701.910	57663.63	117814.19	0.2010	3.3700	3.3300	5.9500	0.5800	0.01	1.9744	17087.20	5200.00		10派2.6元(含税)
600133	东湖高新☆	47541.70	54.62	5971.28	7.82	4917.37	10.10	3862.300	63537.23	116412.75	0.1784	2.3055	2.2918	7.7400	0.0337	0.10	1.0002	27559.22	8320.00		10派0.8元(含税)
600135	乐凯胶片☆	63814.83	-15.92	16886.52	-33.83	13986.63	-35.05	13878.850	97024.19	115697.71	0.4090	2.8370	2.8320	14.4160	0.5810	0.61	0.9721	34200.00	12600.00		10派4元(含税)
600136	道博股份☆	17566.75	-8.68	3900.73	59.93	2486.07	22.60	1084.710	42067.91	86260.50	0.2400	4.0300	3.8500	5.9100	0.0500	0.45	2.3728	10444.40	4092.40		10派0.5元(含税)
600138	青旅控股☆	130856.88	27.65	11991.35	-15.16	10302.42	-12.87	8624.680	108517.55	174078.59	0.3860	4.0600	3.8800	9.4900	0.2500	0.60	2.2711	26700.00	11700.00		10派1.5元(含税)
600139	鼎天科技☆	19393.06	-7.22	-6346.65	--	-6346.65	--	-5240.920	10387.53	40997.35	-0.8300	1.3700	1.2000	-61.1000	0.2600	-0.55	0.6274	7601.02	2940.00		不分配、不转增
600141	兴发集团☆	35716.47	30.62	3911.58	27.68	3354.36	29.90	3504.600	40317.31	71477.80	0.2100	2.5200	2.6200	8.3200	0.5000	0.26	1.0842	16000.00	4000.00		10派1元(含税)

代码	名称	主营业务收入(万元)	同比(%)	利润总额(万元)	同比(%)	净利润(万元)	同比(%)	扣除非经常性损益后净利润(万元)	股东权益(万元)	总资产(万元)	每股收益(摊薄)(元)	每股净资产(元)	调整后每股净资产(元)	净资产收益率(%)	每股经营现金流量净额(元)	每股未分配利润(摊薄)(元)	每股资本公积金(元)	总股本(万股)	流通A股(万股)	流通外资股(万股)	分配预(方)案
600145	四维瓷业☆	30987.56	56.19	8910.19	124.04	7860.11	130.97	8096.210	41430.98	71942.74	0.3200	1.6700	1.6600	18.9700	0.2600	0.26	0.3170	24750.00	8910.00		10送2转2派0.5元(含税)
600146	大元股份△	153112.52	14.76	-12137.70	--	-12176.42	--	-11146.680	34984.16	40538.21	-0.6100	1.7500	1.7400	-34.8100	0.1290	-0.54	1.2514	20000.00	6000.00		不分配、不转增
600148	离合器☆	16013.31	3.99	923.91	-25.82	830.24	-20.87	830.320	25244.32	35650.60	0.0590	1.7800	1.6700	3.2900	0.2600	0.07	0.6361	14151.65	4200.00		10派0.37元(含税)
600149	邢台轧辊☆	37403.88	-2.06	3851.06	390.86	3359.40	2009.12	3337.520	51808.75	93409.06	0.1300	2.0300	2.0100	6.4800	0.1200	0.22	0.6747	25470.00	6750.00		10转2股
600150	沪东重机☆	80031.74	10.72	1616.60	--	1213.44	--	796.910	47009.60	125342.47	0.0500	1.9500	1.9000	2.5800	0.6800	-0.28	1.2056	24149.31	7700.00		不分配、不转增
600151	航天机电▽	105730.12	9.68	15529.14	-20.60	9949.50	-25.47	5219.860	118227.88	218230.48	0.2130	2.5270	2.3970	8.4160	0.3960	0.15	1.1850	46784.00	14144.00		10派1.30元(含税)
600152	维科精华☆	109868.91	-15.55	6323.28	9.67	4764.36	-0.19	4831.910	59117.30	98055.67	0.1623	2.0143	1.9849	8.0600	0.3652	0.18	0.7182	29349.42	11097.50		10派1元(含税)
600153	厦门建发☆	598345.59	16.21	16353.77	40.90	14496.96	47.10	14354.280	150628.65	367923.49	0.4900	5.0900	4.9900	9.6200	0.9800	0.86	2.9934	29600.00	8000.00		10派0.50元(含税)
600155	宝硕股份☆	111340.80	5.80	9965.24	17.58	7206.97	16.31	7191.200	78804.94	205456.44	0.1750	1.9100	1.9000	9.1450	0.3580	0.28	0.5192	41250.00	12000.00		10派1元(含税)
600156	益鑫泰☆	74425.65	-10.40	7664.46	-3.69	6676.26	-2.53	5102.770	120653.33	150052.47	0.1521	2.7500	2.7500	5.5300	0.1200	0.28	1.3730	43890.00	13600.00		10派0.30元(含税)
600157	鲁润股份☆	49363.33	12.70	2227.57	-42.86	1865.14	-42.38	1840.750	28919.55	78904.30	0.1094	1.6960	1.6840	6.4500	0.6600	0.41	0.0354	17044.62	6355.84		不分配、不转增
600158	中体产业☆	20690.55	0.88	2051.99	-53.13	1421.87	-70.80	1265.590	77689.70	105935.55	0.0561	3.0600	2.9900	1.8300	0.2900	0.00	1.9211	25364.82	7605.00		10派0.10元(含税)
600159	宁城老窖☆	20344.69	-23.36	-2891.32	--	-3844.06	--	-7641.020	70285.63	113287.46	-0.1260	2.3000	2.3000	-5.4700	-0.4400	-0.09	1.2392	30500.16	8800.77		不分配不转增
600160	巨化股份☆	126768.02	2.61	10072.68	-32.70	10520.94	-11.56	9914.430	132041.32	237037.77	0.2830	3.5600	3.5000	7.9700	0.6900	0.52	1.9537	37120.00	11440.00		10派1元(含税)
600161	天坛生物☆	15500.14	12.66	4076.97	-10.36	3434.57	-4.66	3350.070	28914.30	46332.08	0.1790	1.5100	1.4600	11.8800	0.2400	0.08	0.2702	19200.00	4800.00		10派1元(含税)
600162	山东临工☆	53368.78	20.47	2257.44	44.33	1940.66	39.90	819.670	59015.31	119995.97	0.1100	3.3600	3.3100	3.2900	0.1800	0.45	1.6363	17589.00	10752.00		不分配、不转增
600163	福建南纸☆	106633.45	11.77	8661.69	6.09	8271.54	19.61	10604.090	112745.19	260532.78	0.2700	3.6900	3.6200	7.3400	0.9400	0.46	2.0147	30594.66	9100.00		不分配不转增
600165	宁夏恒力☆	37315.41	10.88	6013.45	-10.90	5023.72	2.68	3897.070	67470.22	111789.21	0.2000	2.6900	2.6500	7.4500	0.1600	0.13	1.4021	25120.00	9360.00		不分配、不转增
600166	福田汽车☆	411224.01	25.67	11907.44	27.90	10284.04	16.80	5868.930	100545.86	307943.52	0.3667	3.5800	3.5000	10.2300	0.3000	0.39	1.8029	28046.60	8000.00		10派1元(含税)
600167	ST沈新开☆	11137.66	-2.29	219.63	--	219.63	--	210.220	36328.91	59002.87	0.0100	1.9100	1.9100	0.6100	-0.4200	-0.84	1.7500	19000.00	7000.00		不分配、不转增
600168	武汉控股☆	23147.45	-1.55	15642.40	-6.55	13274.69	-9.63	12047.330	131129.17	153665.43	0.3009	2.9724	2.9694	10.1200	0.3807	0.03	1.7534	44115.00	12750.00		10派2.5元(含税)
600169	太原重工☆	66511.04	22.31	2816.36	-8.44	2052.57	-35.75	2064.920	86936.68	168126.02	0.0550	2.3400	2.2800	2.3600	-0.0770	0.27	0.9892	37217.24	14400.00		不分配不转增
600170	上海建工☆	800374.78	3.04	22132.75	-16.79	18520.20	-18.15	18322.480	271531.25	656227.45	0.3100	4.5300	4.5100	6.8200	1.5100	0.75	2.4963	59941.50	19500.00		10送2派1元(含税)
600171	上海贝岭☆	78360.76	-1.11	16611.10	-11.20	14904.37	-13.81	14437.630	127624.13	154049.72	0.3400	2.9400	2.9000	11.6800	0.3000	0.45	1.2613	43443.40	15600.00		10派1.50元(含税)转增3股
600172	黄河旋风☆	28339.00	-11.15	3482.31	-42.52	2954.00	-39.56	2949.000	75270.000	95182.00	0.1100	2.8100	2.8000	3.9200	-0.0360	0.21	1.4657	26800.00	10400.00		不分配不转增
600173	牡丹江☆	38881.97	-6.04	4419.63	-6.91	3786.44	1.85	3498.890	61255.58	116412.73	0.1650	2.6600	2.5800	6.1800	0.2100	0.27	1.1832	23000.00	8000.00		10派1元(含税)
600175	宝华实业☆	7121.33	0.61	-1847.98	--	-1403.78	--	-1780.780	42454.41	81261.67	-0.1300	3.9700	3.8700	-3.3100	1.2700	0.00	2.2530	10668.00	2668.00		不分配、不转增
600177	雅戈尔☆	175146.85	24.60	41751.71	30.67	34717.19	19.18	32049.230	187119.41	329826.44	0.6111	3.2938	3.2841	18.5500	0.5821	0.63	1.0803	56809.51	22508.66		10派2元(含税)
600178	东安动力☆	185143.45	19.13	10285.87	-36.11	9098.06	-34.21	8894.750	142912.97	211821.90	0.1969	3.0928	3.0874	6.3700	0.2585	0.05	1.8477	46208.00	13858.00		10派2元(含税)
600179	黑化股份▽	123034.71	17.38	1442.49	-46.37	2175.79	237.04	476.570	78149.21	158296.81	0.0659	2.3700	2.3500	2.7800	-0.3700	0.16	1.1733	33000.00	10000.00		不分配、不转增
600180	九发股份☆	53824.44	53.14	8402.32	16.25	7560.42	16.69	7360.420	80197.39	101771.38	0.3012	3.1950	3.1500	9.4300	0.3071	0.60	1.4631	25099.01	7987.20		不分配不转增
600181	云大科技☆	38804.58	51.20	8894.44	55.51	7426.08	146.08	7337.420	91364.93	192156.64	0.2100	2.6200	2.5200	8.1300	-0.8700	0.27	1.2385	34813.62	16800.00		10派0.53元(含税)
600182	桦林轮胎☆	80118.32	12.37	-16462.56	--	-16462.56	--	-16656.470	60631.78	194847.19	-0.4840	1.7830	1.6290	-27.1500	-0.3270	-0.42	1.1072	34000.00	12000.00		不分配、不转增
600183	生益科技☆	72000.94	-27.18	6727.91	-71.25	6334.13	-70.47	6166.790	96957.09	136852.11	0.1291	1.9756	1.9582	6.5300	0.4131	0.33	0.4452	49078.13	14899.22		10送3派0.75元(含税)
600185	海星科技☆	30728.89	-4.56	1260.09	-41.88	1106.43	-44.33	1413.390	50337.20	80021.51	0.0559	2.5423	2.5301	2.2000	0.5923	0.22	1.2075	19800.00	6800.00		10送1
600186	莲花味精☆	138750.14	5.88	14765.39	-36.84	14540.91	-15.37	14282.370	206505.77	432562.43	0.2138	3.0368	3.0206	7.0400	0.0546	0.31	1.6094	68000.00	28000.00		10派3元(含税)转3

代码	名称	主营业务收入(万元)	同比(%)	利润总额(万元)	同比(%)	净利润(万元)	同比(%)	扣除非经常性损益后净利润(万元)	股东权益(万元)	总资产(万元)	每股收益(摊薄)(元)	每股净资产(元)	调整后每股净资产(元)	净资产收益率(%)	每股经营现金流量净额(元)	每股未分配利润(摊薄)(元)	每股资本公积金(元)	总股本(万股)	流通A股(万股)	流通外资股(万股)	分配预(方)案
600187	黑龙股份☆	60591.05	38.48	6051.66	3.27	6512.41	115.29	3478.600	75859.89	196658.74	0.2000	2.3200	2.2500	8.5800	-0.4600	0.19	1.0538	32722.50	9750.00		10派1元(含税)
600188	兖州煤业☆	646935.30	35.33	139187.51	34.53	100038.70	35.37	100891.300	872332.80	1135022.30	0.3490	3.0390	2.9970	11.4700	0.5750	0.57	1.2930	287000.00	17977.90	H股:102000.00	10派1元(含税)
600189	吉林森工☆	61294.98	12.76	12890.42	4.70	11032.77	5.50	10231.910	120530.60	171201.40	0.3600	3.8800	3.7500	9.1500	-0.0500	0.53	2.0944	31050.00	11050.00		10派2元(含税)
600190	锦州港☆	28653.23	-5.78	5876.95	-46.01	4817.32	-46.96	4738.750	140602.83	295635.45	0.0500	1.4900	1.4600	3.4200	0.1600	0.09	0.2016	94650.00	9000.00	B股:16650.00	不分配、不转增
600191	华资实业☆	60820.01	-1.28	8156.30	-8.98	7115.39	-1.98	6924.870	104959.52	137353.69	0.2340	3.4600	3.4400	6.7800	0.3700	0.36	1.9816	30308.25	10465.00		不分配、不转增
600192	长城电工☆	69237.26	0.41	2084.57	-57.84	1532.80	-63.55	1431.800	102103.58	191029.93	0.0478	3.1858	3.1729	1.5000	-0.0354	0.18	1.9125	32050.00	11050.00		不分配、不转增
600193	创兴科技☆	11513.96	23.26	2460.75	-18.75	1635.20	-28.41	1974.240	26593.53	50553.31	0.0970	1.5850	1.5810	6.1000	0.5190	0.23	0.2890	16780.00	4600.00		不分配不转增
600195	中牧股份☆	152495.52	6.78	8697.14	55.81	8914.16	62.32	8638.240	82884.28	150945.53	0.2300	2.1300	2.0500	10.7500	0.5800	0.13	0.8483	39000.00	12000.00		10派0.92元(含税)
600196	复星实业☆	72784.45	28.41	15267.70	31.42	13551.76	32.12	11670.820	126398.43	220732.04	0.4610	4.3030	4.2370	10.7210	0.2320	0.49	2.4778	29376.00	11250.00		10转3派1.5元(含税)
600197	伊力特☆	35164.01	-0.50	8877.60	-5.27	7676.97	-5.10	7610.540	73857.38	94967.82	0.3500	3.3500	3.3500	10.3900	0.0900	0.16	1.9265	22050.00	7500.00		10派1元(含税)
600198	大唐电信☆	205145.53	-14.44	5649.15	-41.32	3610.00	-48.40	1021.150	190317.98	504160.08	0.0822	4.3350	4.2150	1.9000	-0.0600	0.18	2.9637	43898.64	16537.38		不分配不转增
600199	金牛实业☆	50982.75	-13.78	4071.57	-55.50	3516.29	-42.76	2616.490	96319.56	149133.88	0.1000	2.7800	2.7400	3.6500	0.4100	0.20	1.4977	34640.00	13000.00		10派0.25元(含税)
600200	江苏吴中☆	66855.41	61.39	9663.90	97.87	8319.56	102.70	8057.820	75019.07	110558.79	0.3000	2.7060	2.6700	11.0900	-0.1250	0.13	1.2598	27720.00	12060.00		10派0.6元(含税)
600201	金宇集团☆	20826.41	7.25	1454.40	-37.16	1423.20	-20.20	1144.310	51605.59	76172.64	0.1300	4.7250	4.7120	2.7580	-0.3160	0.01	3.5562	10921.33	5031.33		10派1.3元(含税)
600202	哈空调☆	27345.80	42.93	6824.11	59.38	6408.01	91.76	5814.960	35227.04	61106.54	0.2869	1.5769	1.5729	18.1900	0.2852	0.14	0.3001	22339.20	6000.00		10送1派1元(含税)
600203	福日股份☆	79876.39	43.10	3341.32	-38.80	3161.82	-37.39	1479.060	59209.12	154109.53	0.1230	2.3100	2.2800	5.3400	0.2670	0.12	1.1205	25640.00	7000.00		10派0.50元(含税)
600205	山东铝业☆	225342.91	-12.84	25669.30	-45.31	22480.13	-41.39	22703.110	129535.09	250271.57	0.4010	2.3100	2.3000	17.3500	-0.0700	0.25	0.8648	56000.00	16000.00		10派2.47元(含税)
600206	有研硅股☆	10835.54	-9.09	740.71	-75.96	373.40	-90.50	127.360	69139.66	88888.09	0.0260	4.7680	4.7320	0.5400	-0.1250	0.04	3.6045	14500.00	6500.00		不分配、不转增
600207	安彩高科☆	138960.05	-34.04	19735.74	-69.43	14696.95	-71.98	9425.500	215158.96	303725.15	0.3340	4.8900	4.8850	6.8300	1.4180	0.40	2.8002	44000.00	18000.00		10派2元(含税)
600208	中宝股份☆	85220.35	-26.27	7082.88	9.80	4063.26	6.54	3273.640	60293.58	219022.49	0.1900	2.8800	2.6900	6.7400	-0.3400	0.33	1.2975	20903.36	6500.00		10派0.5元(含税)转2
600209	罗顿发展☆	53275.00	55.02	7281.20	-4.00	5582.00	-6.57	5466.000	51529.00	100806.00	0.2400	2.1900	1.9900	10.8300	0.1400	0.27	0.7487	23574.19	7500.00		10派0.80元(含税)
600210	紫江企业☆	113859.78	41.88	25624.13	32.08	19785.60	30.58	19525.410	147043.02	373753.36	0.3620	2.6900	2.6500	13.4600	0.4800	0.07	1.4896	54640.01	17135.09		10派3元(含税)
600211	西藏药业☆	7465.93	-10.18	1823.65	-40.79	1829.88	-40.94	1598.100	40417.30	60832.53	0.1500	3.3000	3.2500	4.5300	0.1420	0.26	1.9454	12260.00	4500.00		10派0.5元(含税)
600212	江泉实业☆	83537.30	6.58	9577.64	-3.10	7579.06	-2.85	7988.160	90140.80	117391.45	0.3500	4.1200	4.1100	8.4100	0.2600	1.40	1.2959	21902.40	5500.00		10派1元(含税)转3
600213	亚星客车☆	101984.22	11.33	5709.14	-11.49	5326.49	3.08	5505.920	63077.83	128660.86	0.2800	3.3200	3.2800	8.4400	0.6900	0.17	1.9267	19000.00	6000.00		10派1.2元(含税)
600215	长春经开☆	78267.97	15.59	19515.03	-0.19	13863.21	-2.79	12388.860	158568.83	269373.44	0.4500	5.1800	5.1000	8.7400	0.3548	1.37	2.3531	30600.00	9000.00		10派1元(含税)
600216	浙江医药△	86703.78	-20.56	2112.69	103.80	1638.48	100.22	1262.920	59993.84	156515.49	0.0360	1.3330	1.2440	2.7300	0.2180	0.02	0.2706	45006.00	11310.00		10派0.30元(含税)
600217	秦岭水泥☆	44054.35	11.14	7230.84	7.70	5968.85	6.25	6055.230	68932.33	111830.02	0.1450	1.6700	1.6600	8.6600	0.0020	0.07	0.4850	41300.00	14000.00		10派0.6375元(含税)
600218	全柴动力☆	44742.17	6.94	3925.07	-36.33	3121.91	-40.40	3077.570	85635.55	119331.90	0.1120	3.0220	3.0060	3.6500	0.2320	0.29	1.6127	28340.00	10140.00		10派0.50元(含税)
600219	南山实业☆	103402.99	11.42	17185.39	5.37	14504.36	4.62	11754.390	128037.38	180064.02	0.5600	4.9800	4.9800	11.3300	0.5000	0.82	2.7523	25700.00	7500.00		10派1.50元(含税)
600220	江苏阳光☆	80415.73	57.15	16060.67	12.27	12623.36	5.46	12630.380	127982.07	143936.60	0.4000	4.1500	4.1500	9.8600	0.4200	0.79	2.1046	31238.17	11900.00		10派0.5元(含税)
600221	海南航空☆	325475.00	41.73	14008.48	-25.18	10030.00	-39.13	9957.000	218400.00	1500433.00	0.1400	2.9900	2.2800	4.5900	1.8600	0.45	1.3376	73025.28	22140.00	B股:7668.00	10派0.60元(含税)
600222	众生制药☆	13608.20	-2.74	3315.59	-31.21	2908.56	-27.74	2822.630	41652.31	62290.93	0.2136	3.0594	3.0588	6.9800	0.4042	0.22	1.6897	13614.52	3500.00		10派1.5元(含税)
600223	万杰高科☆	100273.96	31.60	14921.26	-13.87	13972.71	-3.85	13913.580	172662.98	253108.29	0.2600	3.2200	3.2100	8.0900	0.6200	0.54	1.3864	53625.00	14300.00		不分配、不转增
600225	天香集团☆	37658.16	1.71	955.13	-69.92	823.00	-62.79	823.260	39906.48	117831.16	0.0400	1.9900	1.9400	2.0600	0.8800	0.16	0.7700	20100.00	6750.00		不分配不转增
600226	升华拜克☆	37473.68	83.17	7622.34	19.35	6967.72	20.51	6534.530	47491.28	64014.40	0.2700	1.8700	1.8700	14.6700	0.2300	0.10	0.6780	25349.41	8064.00		不分配、不转增

代码	名称	主营业务收入(万元)	同比(%)	利润总额(万元)	同比(%)	净利润(万元)	同比(%)	扣除非经常性损益后净利润(万元)	股东权益(万元)	总资产(万元)	每股收益(摊薄)(元)	每股净资产(元)	调整后每股净资产(元)	净资产收益率(%)	每股经营现金流量净额(元)	每股未分配利润(摊薄)(元)	每股资本公积金(元)	总股本(万股)	流通A股(万股)	流通外资股(万股)	分配预(方)案
600227	赤天化☆	63064.45	4.96	4212.81	-45.10	3751.57	-42.40	688.610	72112.34	90154.88	0.2210	4.2400	4.2400	5.2000	0.9040	0.29	2.7535	17000.00	7000.00		10派1元(含税)
600228	昌九股份☆	33703.40	21.74	2970.79	160.31	2572.15	142.38	2349.630	45884.83	81661.37	0.0900	1.5900	1.5500	5.6100	0.0470	0.05	0.4949	28800.00	9600.00		10派0.3元(含税)
600229	青岛碱业☆	93612.22	18.81	8299.55	7.60	6794.98	4.93	5222.420	83612.09	163368.26	0.2300	2.8300	2.7900	8.1300	0.3900	0.39	1.2592	29512.62	9000.00		10派1.8元(含税)
600230	沧州大化☆	51642.53	-4.70	2694.24	-48.70	1781.78	-61.25	847.210	64527.68	84836.97	0.0687	2.4883	2.4329	2.7610	0.2503	0.03	1.3727	25933.16	8000.00		10派0.5元(含税)
600231	凌钢股份☆	185868.13	16.59	16494.51	-22.29	16363.03	16.94	12770.570	127014.21	178487.69	0.5280	4.0970	3.9100	12.8800	0.5740	0.54	2.0988	31000.00	10000.00		10派1.5元(含税)
600232	金鹰股份☆	62981.69	10.21	6813.97	9.23	5501.40	12.78	4755.750	44004.50	82251.83	0.2500	2.0100	1.9700	12.5000	0.1800	0.20	0.6517	21885.19	5850.00		10派1元(含税)
600233	大连创世☆	29748.16	3.01	4713.46	-1.08	3059.89	3.12	2119.100	41846.52	55091.86	0.2800	3.8000	3.7500	7.3100	-0.1100	0.13	2.1875	11000.00	3500.00		10转5派1元(含税)
600234	天龙集团△	13963.88	-52.45	-6838.31	--	-6838.31	--	-7165.580	22021.87	67935.92	-0.7300	2.3500	2.2000	-31.0500	-0.0600	-0.72	1.9310	9386.00	3000.00		不分配不转增
600235	民丰特纸☆	31626.43	0.75	4915.99	13.42	4492.43	10.02	4240.100	54674.31	114503.19	0.2538	3.0889	3.0620	8.2170	0.4942	0.06	1.9151	17700.00	5200.00		10派2元(含税)
600236	桂冠电力☆	63964.84	-1.16	29765.20	-15.29	25113.99	6.58	25200.120	250127.78	308980.39	0.3720	3.7000	3.6900	10.0400	0.6800	0.15	2.2807	67536.30	6200.00		10派1.7元(含税)
600237	铜峰电子☆	21492.70	21.53	4922.07	79.88	4025.72	93.54	2725.870	45375.01	65956.23	0.4000	4.5400	4.4600	8.8700	0.5700	0.61	2.5131	10000.00	4000.00		10派1元(含税)
600238	海南椰岛☆	41863.28	100.06	4849.49	26.84	4419.11	34.97	4737.120	42303.23	70760.76	0.2700	2.5500	2.4800	10.4500	0.3500	0.32	0.9601	16600.00	5000.00		10派0.60元(含税)
600239	红河光明☆	6941.19	22.98	2453.50	-15.77	2020.26	-4.11	1891.990	33166.50	37127.21	0.2100	3.3700	3.3500	6.1000	0.1300	0.01	2.0905	9852.12	4200.00		10派1元(含税)转8
600240	仕奇实业☆	8835.56	-50.61	1094.91	-78.39	548.44	-85.09	-141.820	72567.59	84423.79	0.0300	4.1500	4.0600	0.7600	-1.0000	0.00	3.0734	17500.00	7500.00		不分配不转增
600241	辽宁时代☆	136303.69	31.85	4891.37	2.47	3182.16	0.65	3164.590	38185.54	61948.30	0.3002	3.6024	3.5994	8.3300	-0.2503	0.36	2.1091	10600.00	3000.00		10派0.9元(含税)
600242	华龙集团☆	6619.15	-35.27	1633.98	99.98	2032.40	1010.55	1249.510	48723.53	76072.34	0.1200	2.8000	2.7600	4.1700	-0.2300	0.14	1.5655	17402.98	6000.00		10派0.2元(含税)
600243	青海华鼎☆	27837.43	25.55	2482.20	2.75	2120.92	31.06	1898.600	39845.61	72628.45	0.1354	2.5400	2.2900	5.3200	-0.2000	0.04	1.4584	15660.00	5500.00		10派0.5元(含税)
600246	先锋股份☆	14197.04	-25.07	1955.20	-17.29	1590.42	-15.31	123.820	29743.61	69331.37	0.1729	3.2330	3.2307	5.3500	-1.3972	0.10	2.0653	9200.00	3000.00		10派0.8元(含税)
600247	物华股份☆	8293.65	-30.78	2726.05	31.09	2268.27	29.66	2267.660	34680.68	50269.22	0.2100	3.1500	3.1000	6.5400	-0.1200	0.53	1.4304	11000.00	3500.00		10派0.5元(含税)
600248	秦丰农业☆	33953.80	36.01	3171.60	0.04	2722.20	-12.61	3163.430	50922.69	70337.07	0.2113	3.9500	3.9500	5.3500	0.0765	0.17	2.6433	12882.00	4800.00		10派1元(含税)
600250	南纺股份☆	289840.71	15.17	5373.55	-8.63	4137.25	8.24	4067.860	64211.69	166266.11	0.3100	4.7900	4.7100	6.5100	-2.4600	0.47	2.8859	13266.28	5500.00		10派1.5元(含税)
600252	梧州中恒☆	18987.36	23.35	3099.24	2.04	2907.16	11.05	2911.280	39069.56	68624.22	0.2300	3.0800	3.0700	7.4400	-0.0900	0.34	1.4856	12671.76	4500.00		10送1派0.5元(含税)
600253	天方药业☆	38334.39	4.46	7479.13	18.80	5403.98	31.56	4668.810	71538.45	102614.52	0.2570	3.4860	3.3760	7.5500	0.1910	0.10	2.2252	21000.00	6000.00		10派1.20元(含税)
600255	鑫科材料☆	69825.92	-2.48	3646.36	9.75	3001.38	7.72	3066.090	47764.49	67995.77	0.3200	5.0300	5.0100	6.2800	0.1100	0.22	3.6542	9500.00	3000.00		10派1元(含税)
600256	广汇股份☆	207183.01	187.78	35612.09	102.16	30412.16	105.62	30218.050	85270.27	211410.60	0.5060	1.4180	1.4070	35.6660	0.3370	0.12	0.0902	60143.14	17000.00		不分配、不转增
600257	洞庭水殖☆	16181.28	116.80	2147.41	-9.70	1895.96	-13.64	1716.970	41942.04	59001.54	0.2600	5.7400	5.4700	4.5200	-0.0200	0.30	4.2990	7300.00	4000.00		10派0.5元(含税)
600258	首旅股份☆	120906.37	61.27	10050.41	16.96	7732.85	43.58	4628.580	69833.04	110832.16	0.3340	3.0200	2.9400	11.0700	0.3700	0.06	1.7884	23140.00	7000.00		10派2元(含税)
600259	兴业聚酯☆	40476.67	-34.29	-3711.29	--	-3721.36	--	-3781.580	43411.27	124790.99	-0.1740	2.0300	2.0100	-8.5700	0.4300	-0.26	1.1977	21340.00	4863.39		不分配不转增
600260	凯乐科技☆	43084.09	40.53	10526.85	51.64	9050.64	56.23	8631.910	82001.02	104860.45	0.5100	4.6600	4.6500	11.0400	0.2400	0.70	2.6600	17588.00	5500.00		10派2元(含税)
600261	浙江阳光☆	58330.05	92.24	7761.11	39.39	6415.33	37.31	4737.290	54214.52	76323.03	0.5200	4.4000	4.3100	11.8300	0.6400	0.42	2.7087	12316.00	4000.00		10派1.25元(含税)
600262	北方股份☆	22794.60	-2.85	2257.38	-44.46	1894.49	-43.85	1346.970	57124.30	84434.75	0.1114	3.3600	3.3220	3.3200	-0.0810	0.06	2.1802	17000.00	5500.00		10派0.40元(含税)
600263	路桥建设☆	163611.25	-7.79	4784.89	-25.71	4332.97	-24.52	4641.980	134863.35	266476.07	0.1100	3.3040	3.1370	3.2100	0.3200	0.11	2.1058	40813.30	11500.00		10派0.3元(含税)
600265	景谷林业☆	18581.78	20.39	2766.47	138.99	2263.10	245.74	2118.090	30892.54	56481.06	0.2200	2.9400	2.7700	7.3300	-0.5900	0.19	1.7266	10500.00	4000.00		不分配不转增
600266	北京城建☆	106411.74	-85.24	17839.38	-35.41	14297.66	-2.77	13695.840	151583.88	474409.85	0.2383	2.5264	2.5186	9.4300	0.3822	0.25	1.1289	60000.00	15000.00		10派1.3元(含税)
600267	海正药业☆	57583.23	11.16	5807.18	-0.56	4854.26	-4.85	4801.180	76480.13	129892.20	0.1950	3.0640	3.0540	6.3500	0.2770	0.15	1.7647	24960.00	6400.00		10派1元(含税)
600268	国电南自△	54579.17	30.21	3199.11	-38.24	2846.35	-41.37	1428.860	47318.98	89667.49	0.2410	3.8900	3.7830	6.2000	-0.1900	0.12	2.5725	11800.00	4000.00		10派1.2元(含税)

代码	名称	主营业务收入(万元)	同比(%)	利润总额(万元)	同比(%)	净利润(万元)	同比(%)	扣除非经常性损益后净利润(万元)	股东权益(万元)	总资产(万元)	每股收益(摊薄)(元)	每股净资产(元)	调整后每股净资产(元)	净资产收益率(%)	每股经营现金流量净额(元)	每股未分配利润(摊薄)(元)	每股资本公积金(元)	总股本(万股)	流通A股(万股)	流通外资股(万股)	分配预(方)案
600269	赣粤高速☆	38720.14	36.74	28508.46	7.96	17922.34	1.79	17544.230	263307.83	408496.84	0.5100	7.4600	7.4600	6.8100	0.8500	0.23	5.9504	35300.00	11500.00		10派2元(含税)
600270	外运发展☆	147192.48	40.76	46578.48	27.92	23087.86	30.51	22990.420	154944.88	224460.51	0.7573	5.0822	4.8558	14.9000	1.1170	0.53	3.3317	30487.60	7700.00		10送1转1派2元(含税)
600272	开开实业☆	111492.82	94.28	6708.90	58.48	4925.89	56.75	2985.030	80869.69	193717.70	0.2030	3.3280	3.2990	6.0910	0.2920	0.02	1.8709	24300.00	4500.00	B股:8000.00	10派1元(含税)
600275	武昌鱼☆	8977.78	-20.06	5967.98	-24.99	4848.94	-26.87	4611.940	73925.72	88748.81	0.1983	3.0225	3.0195	6.5600	0.7670	0.21	1.7297	24458.09	7000.00		10送2转1派0.6元(含税)
600276	恒瑞医药☆	63426.89	30.86	9766.55	19.27	8115.51	24.33	6294.930	74306.18	111902.41	0.3820	3.4960	3.4590	10.9200	0.0540	0.40	1.8574	21256.00	6400.00		10送2派0.5(含税)
600277	亿利科技☆	22683.64	8.69	3739.73	-0.21	3256.13	18.32	3156.850	69713.08	97261.52	0.2100	4.4100	4.3900	4.6700	-0.1100	0.21	3.1088	15800.00	5800.00		10派1元(含税)
600278	东方创业☆	269856.32	-2.92	12399.36	-5.65	9524.50	4.18	6249.970	94926.56	208102.20	0.3000	2.9700	2.8500	10.0300	0.4400	0.07	1.7011	32000.00	8000.00		10派1.5元(含税)
600279	重庆港九☆	10296.62	45.49	5143.18	45.42	4358.24	23.23	2124.390	70791.69	85401.98	0.1910	3.1000	3.0620	6.1600	0.0830	0.03	1.9369	22839.10	8600.00		10派1元(含税)
600280	南京中商☆	96585.65	40.26	3995.62	27.69	3438.67	29.29	3058.250	43102.83	78898.39	0.2800	3.5500	3.4600	7.9800	0.4300	0.35	1.6622	12126.09	3500.00		10派1元(含税)
600281	太化股份☆	71178.86	-9.38	4883.25	-22.75	4091.06	-19.88	2991.260	102665.48	198197.89	0.1140	2.8610	2.7820	3.9900	0.2550	0.15	1.6454	35890.60	10500.00		10派0.28元(含税)
600282	南钢股份☆	400102.61	18.03	24146.93	-7.27	20618.59	2.33	20882.700	160017.22	258219.64	0.4100	3.1700	3.1300	12.8900	0.4600	0.35	1.5829	50400.00	14400.00		10派2元(含税)
600283	钱江水利☆	16488.30	12.97	6779.41	8.35	5259.27	15.94	5347.840	85543.60	119161.27	0.1843	2.9981	2.4830	6.1480	0.1221	0.12	1.8013	28533.00	8500.00		10派1.5元(含税)
600285	羚锐股份☆	17217.64	31.70	2940.95	2.34	2510.72	6.59	2066.560	40178.95	56037.66	0.2500	4.0000	3.8500	6.2500	0.0340	0.13	2.7933	10036.00	4000.00		10派1元(含税)
600286	国光瓷业☆	35925.97	44.49	3431.77	14.18	2792.88	7.50	2809.410	33150.69	91821.27	0.2940	3.4900	3.4600	8.4200	0.4530	0.30	2.0047	9500.00	3500.00		10送2派0.5元(含税)
600287	江苏舜天☆	296089.90	19.25	14946.03	2.23	12274.50	35.33	10369.630	69287.66	148693.20	0.7306	4.1243	4.0590	17.7200	-0.2631	0.34	2.5671	16799.85	4400.00		10送3派2.5元(含税)
600288	大恒科技☆	134730.98	13.38	6845.22	8.30	4673.63	24.69	4206.520	67302.84	125198.41	0.3300	4.8100	4.7800	6.9400	-0.0900	0.48	3.0650	14000.00	5000.00		10派1元(含税)转5
600289	亿阳信通☆	62037.71	30.98	9710.64	29.99	7345.32	27.61	9330.280	88870.68	136521.12	0.6940	8.3900	8.3900	8.2700	2.2100	0.61	6.3933	10589.00	4000.00		10派2元(含税)
600290	苏福马☆	15053.97	-5.09	1627.95	13.19	1258.01	-12.53	1060.680	21688.76	41810.74	0.1500	2.6100	2.5100	5.8000	-0.1900	0.06	1.4872	8300.00	3000.00		10转5派0.8元(含税)
600291	西水股份☆	22726.04	29.10	3787.02	-15.50	2557.83	-21.40	2806.830	54597.10	94794.16	0.1600	3.4100	3.3200	4.6800	0.2300	0.15	2.1588	16000.00	6000.00		10派0.35元(含税)
600292	九龙电力☆	31381.71	12.88	9062.99	10.21	7561.21	6.53	5740.810	78525.56	107064.02	0.4520	4.7000	4.6900	9.6300	0.8400	0.66	2.7605	16725.00	6000.00		10派2元(含税)
600293	三峡新材☆	26017.42	11.95	3827.91	-34.50	3220.81	-25.81	1695.170	71969.13	109442.58	0.1526	3.4100	3.4000	4.4800	0.2100	0.14	2.0648	21100.00	5500.00		10送1转2派0.25元(含税)
600295	鄂尔多斯☆	242794.78	33.27	31881.98	-0.46	23068.40	11.77	22784.440	292446.05	391130.77	0.4500	5.6700	5.6400	7.8900	0.0900	0.10	4.2530	51600.00	8000.00	B股:21000.00	10派2.4元(含税)
600296	兰州铝业☆	128976.41	3.50	9832.30	-12.04	8925.85	-4.29	7590.110	119948.74	250352.95	0.3030	4.0660	4.0500	7.4400	0.3510	0.28	2.6022	29500.45	11000.00		10派1元(含税)
600297	美罗药业☆	61275.75	7.93	4173.03	26.20	4221.54	45.95	3322.050	52851.46	89093.74	0.3700	4.6000	4.5000	7.9900	0.0700	0.34	3.1696	11500.00	4000.00		10派1.5元(含税)
600298	安琪酵母☆	23757.91	29.09	5861.53	31.48	4941.36	28.12	4399.000	55197.47	66477.15	0.3641	4.0676	4.0567	8.9500	0.3058	0.23	2.7006	13570.00	3500.00		10派1元(含税)
600299	星新材料☆	55824.51	30.45	5953.97	-18.05	4870.59	-20.95	4692.670	77147.68	171715.68	0.2030	3.1600	3.1400	6.1800	0.9890	0.12	1.9394	24000.00	8000.00		10派1元(含税)
600300	维维股份☆	108253.86	16.62	14695.25	4.37	11609.70	11.27	9760.110	127858.82	173065.66	0.3500	3.8700	3.8400	9.0800	0.3000	0.01	2.7167	33000.00	10000.00		10派2.6元(含税)
600301	南化股份☆	44967.03	-2.80	2704.30	-37.94	2293.60	-36.32	2355.120	52416.54	75907.85	0.1200	2.8300	2.8300	4.3800	0.2580	0.02	1.7471	18514.81	7289.03		10派1元(含税)
600302	标准股份☆	51918.81	-9.68	8892.57	3.63	7037.32	15.88	7245.030	65094.86	93179.15	0.2210	2.0400	2.0340	10.8100	0.2470	0.16	0.7436	31900.98	9000.00		10派0.25元(含税)
600303	曙光股份☆	34883.00	-1.15	5283.20	5.20	3473.00	9.91	3264.000	43403.00	92239.00	0.2100	2.6800	2.6700	8.0000	0.1800	0.12	1.4407	16200.00	7200.00		10派2元(含税)
600305	恒顺醋业☆	17409.50	21.65	3668.35	36.79	2462.23	39.88	2016.190	37506.90	47334.13	0.1936	2.9498	2.9184	6.5650	0.0397	0.00	1.8884	12715.00	4000.00		10派1.80元(含税)
600306	商业城☆	99727.78	19.22	2925.55	-26.56	3035.26	14.65	1764.500	40952.76	66526.86	0.1700	2.3000	2.2800	7.4100	0.2500	0.08	1.1587	17813.89	5850.00		10派0.5元(含税)
600307	酒钢宏业☆	341560.63	9.38	25357.56	2.02	26726.33	66.05	16652.740	208297.40	336412.27	0.3700	2.8600	2.7600	12.8300	0.7700	0.14	1.5825	72800.00	20000.00		10派1.7元(含税)
600308	华泰股份☆	71458.22	14.12	13965.54	15.49	11424.10	30.08	11024.810	146061.97	263633.23	0.5900	7.5900	7.5900	7.8200	0.2800	1.00	5.0511	19247.33	9000.00		10送2派0.5元(含税)
600309	烟台万华☆	57128.85	65.66	11439.14	89.84	10072.84	102.25	10506.560	65379.83	72670.60	0.4200	2.7200	2.7200	15.4100	0.3500	0.12	1.4250	24000.00	8000.00		10送1转5派2元(含税)
600310	桂东电力☆	27980.85	-30.07	7502.25	33.13	5939.65	27.70	6017.210	58539.22	80906.29	0.3789	3.7346	3.7326	10.1500	0.8168	0.02	2.5610	15675.00	4500.00		10派3元(含税)

代码	名称	主营业务收入(万元)	同比(%)	利润总额(万元)	同比(%)	净利润(万元)	同比(%)	扣除非经常性损益后净利润(万元)	股东权益(万元)	总资产(万元)	每股收益(摊薄)(元)	每股净资产(元)	调整后每股净资产(元)	净资产收益率(%)	每股经营现金流量净额(元)	每股未分配利润(摊薄)(元)	每股资本公积金(元)	总股本(万股)	流通A股(万股)	流通外资股(万股)	分配预(方)案
600311	荣华实业☆	47960.60	12.81	6860.40	4.36	6477.71	47.08	4531.530	95517.16	124465.82	0.3200	4.7800	4.7800	6.7800	0.6400	0.27	3.3883	20000.00	8000.00		10派1元(含税)
600312	平高电气☆	49318.76	-1.45	5296.86	-11.67	4410.78	32.92	3353.380	88181.30	131809.94	0.2400	4.8100	4.8100	5.0000	-0.1900	0.05	3.6484	18350.00	6000.00		10派1.5元(含税)
600313	中农资源☆	187123.56	12.26	1584.84	-40.46	610.49	-66.87	-479.900	75642.41	136416.12	0.0242	2.9993	2.9438	0.0080	-0.6950	0.02	1.9326	25220.00	8000.00		10派0.125元(含税)
600315	上海家化☆	130585.31	9.99	8533.03	50.13	7297.58	53.64	7207.920	107035.04	150366.47	0.2703	3.9643	3.8781	6.8200	0.2471	0.14	2.7826	27000.00	8000.00		10派1元(含税)
600316	洪都航空☆	44167.61	52.98	6343.06	54.47	6343.06	54.47	4403.920	105631.50	125283.11	0.3000	5.0300	5.0300	6.0000	0.0800	0.19	3.7483	21000.00	9000.00		10派1元(含税)
600317	营口港☆	20390.70	-14.18	7050.32	6.82	4593.60	3.88	4231.200	25102.12	38602.20	0.3060	1.6730	1.6690	18.3000	0.1360	0.13	0.4439	15000.00	--	H股:0.00	不分配、不转增
600318	巢东股份☆	55515.73	31.35	3729.13	-6.73	3125.98	-9.24	2411.580	59808.29	144021.17	0.1600	2.9900	2.9900	5.2300	0.2900	0.08	1.8375	20000.00	8000.00		10派0.80元(含税)
600319	亚星化学☆	59764.25	18.91	6935.56	-9.79	6109.07	-9.19	5319.350	98837.46	131717.62	0.1940	3.1320	3.0890	6.1800	0.2150	0.00	2.0789	31559.40	8000.00		10派0.6元(含税)
600320	振华港机☆	288546.00	33.78	21360.35	52.82	19153.22	54.16	17839.800	180533.19	446763.39	0.4200	3.9500	3.9500	10.6100	-0.4400	0.14	2.4458	45650.00	8800.00	B股:11000.00	10派2元(含税)
600321	国栋建设☆	34104.37	2.91	7359.06	1.39	6190.42	0.87	5999.240	105037.40	129545.57	0.3500	5.9900	5.9900	5.8900	0.0100	0.11	4.6214	17520.00	7000.00		10派2元(含税)
600322	天房发展☆	60867.90	3.72	9293.65	-4.79	6630.19	-0.90	6831.280	163730.33	305912.93	0.1600	3.8600	3.8200	4.0500	-0.5000	0.15	2.3152	42370.74	12100.00		10派0.40元(含税)
600323	南海发展☆	21842.40	65.88	9122.47	77.84	7318.58	128.67	6163.150	67857.41	89373.80	0.3500	3.2500	3.2000	10.7900	0.7000	0.13	1.8451	20851.42	6500.00		10派2元(含税)
600326	西藏天路☆	34256.61	35.98	2703.90	65.12	2374.05	101.89	3136.580	37448.80	56429.94	0.2374	3.7449	3.7358	6.3400	0.3817	0.14	2.5239	10000.00	4000.00		10转8派1元(含税)
600328	兰太实业☆	26913.71	7.40	4809.54	29.52	3966.87	51.65	3389.350	63485.13	119365.97	0.2300	3.6800	3.6500	6.2500	0.2300	0.00	2.6258	17265.29	6000.00		10派0.7元(含税)
600329	中新药业☆	152193.90	85.01	8556.80	-14.07	6444.10	-25.48	6444.100	144956.80	271973.50	0.1700	3.9200	3.8500	4.4500	0.4300	0.15	2.4072	36965.44	4000.00	S股:10000.00	10派1.7元(含税)
600330	天通股份☆	26904.37	6.83	7370.22	42.64	6922.07	44.20	6329.630	55091.71	70563.47	0.3020	2.4010	2.3980	12.5600	0.3980	0.26	1.0408	22947.00	6000.00		10派1元(含税)
600331	宏达股份☆	37246.14	7.24	3291.30	-40.60	2223.86	-39.19	2114.870	66157.14	114544.77	0.1711	5.0900	5.0600	3.3600	0.4000	0.53	3.0432	13000.00	5000.00		10派1.50元(含税)
600332	广州药业☆	533402.90	26.31	26013.74	20.92	14613.40	3.48	14758.000	217291.00	369723.90	0.1800	2.6800	2.5900	6.7300	0.1700	0.00	1.3694	81090.00	7800.00	H股:21990.00	10派0.6元(含税)
600333	长春燃气☆	40683.29	45.92	10291.10	98.20	8368.94	92.11	8193.070	72269.55	105190.62	0.3500	3.0200	3.0200	11.5800	0.2200	0.31	1.6125	23913.60	6000.00		10派1元(含税)转7
600335	中发展△	18349.50	-18.86	316.41	-84.30	223.67	-86.39	-1078.720	32231.15	69770.22	0.0192	2.7636	2.7128	0.6900	-0.0930	0.00	1.7373	11662.86	3500.00		不分配、不转增
600336	澳柯玛☆	106312.77	98.45	5531.38	85.95	4515.35	71.72	3683.320	118794.74	320209.77	0.1324	3.4800	3.4700	3.8000	0.3200	0.01	2.4209	34103.60	9000.00		10派1元(含税)
600337	美克股份☆	27126.84	14.91	5230.65	18.11	4397.46	18.35	3123.310	62348.67	77950.03	0.4800	6.7700	6.7400	7.0500	0.4200	0.42	5.0960	9208.00	4000.00		10派1元(含税)转2
600338	珠峰摩托☆	56811.29	-43.78	3217.01	-4.82	3087.23	-1.39	2894.790	61071.52	101585.98	0.2000	3.8600	3.8300	5.0600	-0.6100	0.14	2.5249	15833.30	5000.00		10派0.50元(含税)
600339	天利高新☆	33550.10	7.61	6040.26	23.17	5165.32	60.37	5436.770	62970.38	89994.45	0.2200	2.6500	2.6400	8.2000	--	0.10	1.4607	23800.00	8400.00		10派1.5元(含税)
600345	长江通信☆	38955.62	46.12	19785.91	122.04	19952.96	156.03	19854.990	89179.41	133395.54	1.2100	5.4000	5.3500	22.3700	-0.5800	1.55	1.9625	16500.00	4500.00		10送2派1.50元(含税)
600346	冰山橡塑☆	22252.98	5.51	2104.24	18.35	1595.26	43.14	1560.640	31148.79	53027.09	0.1500	2.9700	2.9500	5.1200	0.0400	0.09	1.8122	10500.00	3850.00		10派1元(含税)
600350	山东基建☆	79257.45	6.92	44675.92	19.07	39137.00	4.31	37010.390	451504.63	627281.71	0.1400	1.5800	1.5800	8.7000	0.2000	--	0.5373	285880.00	--	H股:0.00	老股东每10股派1.16元
600356	恒丰纸业☆	36879.42	10.36	6759.35	19.73	4569.48	25.06	4635.990	49079.35	65600.68	0.3300	3.5100	3.5000	9.3100	0.0300	0.27	1.9845	14000.00	4000.00		10派0.5元(含税)
600358	国旅联合☆	10837.50	23.90	1375.09	-41.85	1283.35	-25.33	83.500	41181.78	57286.31	0.0920	2.9640	2.8300	3.1200	0.1260	0.01	1.9543	14000.00	5000.00		不分配、不转增
600359	新农开发☆	53767.11	-21.58	520.44	-95.21	441.09	-95.39	-232.380	98497.27	174371.08	0.0140	3.0680	1.9450	0.4000	-0.3070	0.10	1.8629	32100.00	11700.00		不分配、不转增
600360	华微电子☆	23259.18	28.71	3134.72	41.63	2593.26	41.47	2620.970	56996.68	91854.98	0.2200	4.8300	4.7800	4.5500	0.1000	0.23	3.5294	11800.00	5000.00		10派1元(含税)
600361	北京华联☆	124367.88	27.50	7333.61	44.90	4581.74	45.26	4448.200	55458.27	154029.92	0.3600	4.4200	4.0500	8.2600	0.4400	0.47	2.8612	12557.29	5000.00		不分配不转增
600362	江西铜业☆	299579.00	-15.00	30165.88	177.10	30144.00	177.42	30427.000	457280.00	846015.00	0.1100	1.7200	1.7100	6.5900	0.2400	0.13	0.5311	243403.82	--	H股:115648.20	10派0.50元(含税)
600363	联创光电☆	63234.00	33.37	4356.28	8.97	2021.00	18.09	1727.930	60110.00	110231.00	0.1226	3.6473	3.6000	3.3600	0.2118	0.01	2.4568	16480.30	6000.00		10转5派0.6元(含税)
600365	通葡萄酒☆	12855.69	-7.05	2909.76	36.63	1656.28	44.87	1556.460	54012.13	63205.58	0.1183	3.8580	3.8280	3.0670	-0.1748	0.29	2.5047	14000.00	6000.00		不分配不转增
600366	宁波韵升☆	41883.77	42.48	7658.62	54.99	6479.29	79.74	4629.690	56244.97	79852.78	0.3399	2.9502	2.8657	11.5200	0.1777	0.17	1.4580	19065.00	5250.00		10转5派1.5元(含税)

代码	名称	主营业务收入(万元)	同比(%)	利润总额(万元)	同比(%)	净利润(万元)	同比(%)	扣除非经常性损益后净利润(万元)	股东权益(万元)	总资产(万元)	每股收益(摊薄)(元)	每股净资产(元)	调整后每股净资产(元)	净资产收益率(%)	每股经营现金流量净额(元)	每股未分配利润(摊薄)(元)	每股资本公积金(元)	总股本(万股)	流通A股(万股)	流通外资股(万股)	分配预(方)案
600367	红星发展☆	35738.66	41.65	10158.07	37.26	8023.85	57.01	8061.250	56519.22	72434.03	0.8000	5.6500	5.6400	14.2000	0.4400	0.55	3.8414	10000.00	3000.00		10送1转2派2元(含税)
600368	五洲交通☆	13718.45	1.59	12192.66	-2.58	13123.83	58.19	10304.360	103756.90	134797.58	0.3000	2.3500	2.3500	12.6500	0.3100	0.20	0.8327	44200.00	8000.00		10派0.90元(含税)
600369	长运股份☆	11097.49	-28.66	2001.47	-24.59	1626.64	-23.18	802.730	55956.96	106150.93	0.0940	3.2480	3.2200	2.9100	-0.6400	0.00	2.0361	17230.00	7000.00		10派0.50元(含税)
600372	昌河股份☆	332846.88	17.74	8525.89	-29.67	8693.87	-4.20	8655.600	128861.76	328880.00	0.2100	3.1400	3.1400	6.7500	0.4400	0.01	2.0437	41000.00	11000.00		10派1.60元(含税)
600373	鑫新股份☆	33783.48	-7.57	1593.75	-8.79	1068.36	-8.68	- -	13013.22	41297.09	0.1300	1.6300	- -	8.2100	0.2000	0.23	0.3385	8000.00	- -	H股:0.00	10派0.2元(含税)
600376	天鸿宝业☆	27366.29	-22.02	4770.98	-49.79	4770.98	-34.42	3234.380	64967.79	103359.41	0.4400	6.0000	6.0000	7.3400	-1.0200	1.11	3.4025	10825.00	4000.00		10送6派2元(含税)
600377	宁沪高速☆	162599.20	17.68	94059.01	13.56	78086.40	12.93	62559.300	1347055.90	1491440.00	0.1550	2.6700	2.6700	5.8000	0.2163	0.10	1.4857	503774.75	15000.00	H股:122200.00	10派1.25元(含税)
600378	天科股份☆	14280.81	3.00	2363.27	7.71	2359.26	7.52	2212.230	41209.84	52418.56	0.1570	2.7400	2.7300	5.7200	0.0900	0.07	1.6093	15044.11	5850.00		10送0.5派0.7元(含税)转2.5
600379	宝光股份☆	24035.49	10.91	1562.58	86.88	1248.70	98.72	1350.010	24829.38	51250.32	0.0790	1.5715	1.4668	5.0290	0.0379	0.04	0.7501	10800.00	- -	H股:0.00	不分配不转增
600380	太太药业△	67881.80	0.62	21909.84	28.01	20061.81	28.60	20335.260	198115.42	232735.04	0.7401	7.3084	7.2948	10.1300	0.8255	0.06	6.0529	27108.00	7000.00		10派3元(含税)转5
600381	白唇鹿☆	14299.27	37.10	2368.03	24.16	1946.85	39.57	1953.480	32822.47	59891.97	0.1770	2.9800	2.9600	5.9300	-0.0900	0.11	1.7860	11000.00	3500.00		10派0.65元(含税)
600382	广东明珠☆	35839.76	4.41	4847.94	27.70	3282.58	40.24	2173.860	48820.39	104677.06	0.1900	2.8600	2.8600	6.7200	0.0660	0.22	1.5202	17087.33	6000.00		10派1.50元(含税)
600383	金地集团☆	66293.61	14.50	14114.67	42.44	12027.70	42.91	12073.880	127495.39	226993.44	0.4450	4.7220	4.7180	9.4300	-1.2930	0.18	2.9215	27000.00	9000.00		10派1.80元(含税)
600385	山东金泰☆	17159.69	5.78	1205.30	-23.05	1179.00	-11.36	1227.190	18587.95	42834.99	0.0800	1.3200	1.2300	6.0400	0.1900	0.13	0.1206	14132.36	6783.50		不分配不转增
600386	北京巴士☆	95212.84	78.82	12024.08	65.14	7076.20	10.35	6836.080	112152.90	222288.56	0.2800	4.4500	4.3800	6.3100	0.5400	0.01	3.1368	25200.00	8000.00		10派1.80元(含税)
600388	龙净环保☆	35177.94	89.99	4128.03	39.47	3713.43	95.57	3823.920	61961.05	91775.44	0.2200	3.7100	3.7000	5.9900	-0.0820	0.14	2.4968	16700.00	6500.00		10派0.7元(含税)
600389	江山股份☆	58881.67	12.68	4885.46	16.04	3747.01	35.25	3666.680	43181.92	77546.83	0.2500	2.8790	2.8610	8.8300	0.4810	0.24	1.5491	15000.00	4000.00		10派0.5元(含税)转2
600390	金瑞科技☆	22567.54	0.75	3443.25	27.65	3109.66	17.07	2494.610	68680.02	86357.56	0.2900	6.4400	6.3100	4.5300	-0.3100	0.02	5.3309	10670.00	4000.00		10派1.5元(含税)
600391	成发科技☆	20441.94	13.77	3512.45	16.40	3512.45	16.40	3591.330	44994.73	66331.27	0.2500	3.2100	3.2100	7.8100	0.2000	0.05	1.8842	14000.00	5000.00		10派2.1元(含税)
600393	东华实业☆	21724.23	-10.60	7119.31	0.41	4703.35	-10.04	1544.880	42155.03	78469.04	0.2352	2.1080	1.9420	11.1600	-0.4854	0.30	0.5204	20000.00	5526.38		不分配、不转增
600395	盘江股份☆	49321.82	4.86	7928.26	7.29	6859.43	38.74	6892.110	118550.89	139144.63	0.1850	3.1900	3.1900	5.7900	0.0960	0.19	1.9602	37130.00	12000.00		10派1元(含税)
600396	金山股份☆	10474.64	13.75	2378.02	4.43	2068.03	52.35	873.660	40464.83	56388.09	0.1600	3.1100	3.1100	2.1600	0.0030	0.19	1.8083	13000.00	4500.00		不分配、不转增
600398	凯诺科技☆	42160.53	61.98	8292.54	52.31	6876.39	103.90	6869.800	59764.14	97023.36	0.4200	3.6400	3.6400	11.5100	0.2300	0.53	1.9916	16439.14	7650.00		10送0.5转2.5派0.15元(含税)
600399	抚顺特钢☆	146660.77	-9.65	11790.78	22.10	10047.91	28.43	10178.020	140587.90	300625.61	0.1900	2.7000	2.6900	7.1500	0.5000	0.23	1.4058	52000.00	12000.00		10派0.3元(含税)
600400	红豆股份☆	45704.83	20.65	7527.49	4.56	5649.14	17.64	5121.140	58064.89	76699.41	0.3100	3.2300	3.2300	9.7300	0.3800	0.37	1.7289	17952.30	5000.00		10派0.8元(含税)
600418	江汽股份☆	198938.15	10.91	10424.13	5.67	8896.24	8.95	9008.030	102951.45	137137.10	0.3900	4.4800	4.4600	8.6400	-0.0600	0.29	3.0166	23000.00	8800.00		10派2元(含税)
600419	新疆天宏☆	16080.60	9.17	1624.76	-10.82	1356.98	7.44	1367.300	28142.74	40339.71	0.1700	3.5100	3.4700	4.8200	0.2500	0.21	2.1756	8016.00	3000.00		10派0.5元(含税)
600422	昆明制药☆	48824.00	-4.52	4966.51	-14.71	3832.16	-1.45	3325.310	51885.64	76398.29	0.3900	5.2800	5.1800	7.3900	0.6800	- -	3.9476	9818.00	4000.00		10派2.7元(含税)
600428	中远航运☆	53511.76	- -	10417.27	- -	8567.50	- -	- -	36041.33	52693.82	0.3725	1.5700	- -	23.7700	- -	0.08	0.3389	23000.00	- -	H股:0.00	- -
600448	华纺股份☆	101088.53	-2.93	4137.08	-21.76	2840.54	-15.46	2102.040	76410.64	130777.65	0.1200	3.1200	3.0900	3.7200	0.1500	-0.02	1.9595	24500.00	9350.00		10派1元(含税)
600456	宝钛股份☆	32546.45	11.35	4442.37	10.80	3776.01	-5.82	- -	26085.98	59443.50	0.2700	1.8622	- -	14.4700	0.1250	0.23	0.5376	14008.00	- -	H股:0.00	不分配、不转增
600466	迪康药业☆	9400.01	-10.55	2884.42	6.54	2911.48	13.27	2473.160	63954.07	75154.79	0.2300	5.0200	5.0000	4.5500	0.3100	0.35	3.5853	12740.00	5000.00		10派1元(含税)
600468	特精股份☆	13394.34	-11.21	748.25	-62.97	595.06	-64.48	474.710	33771.59	56142.50	0.0540	3.0700	3.0570	1.7600	-0.3590	0.10	1.9028	11000.00	3000.00		10派0.5元(含税)
600486	扬农化工☆	26441.63	7.79	3534.47	-1.04	2367.62	-0.98	- -	12861.12	24027.96	0.3400	1.8400	- -	18.4100	0.7400	0.29	0.4476	7000.00	- -	H股:0.00	- -
600488	天药股份☆	50933.87	2.68	8860.38	13.94	7536.22	14.91	7838.180	70923.06	113402.14	0.5100	4.7600	4.7200	10.6300	0.4820	0.23	3.3848	14900.89	4500.00		10送1转2派2元(含税)
600498	烽火通信☆	180058.48	79.35	16743.53	50.75	16743.53	50.75	15012.740	225775.02	302642.76	0.4100	5.5100	5.4700	7.4200	-0.3300	0.21	4.1777	41000.00	8800.00		10派1.20元(含税)

代码	名称	主营业务收入（万元）	同比（%）	利润总额（万元）	同比（%）	净利润（万元）	同比（%）	扣除非经常性损益后净利润（万元）	股东权益（万元）	总 资 产（万元）	每股收益（摊薄）（元）	每股净资产（元）	调整后每股净资产（元）	净资产收益率（%）	每股经营现金流量净额（元）	每股未分配利润（摊薄）（元）	每股资本公积金（元）	总股本（万股）	流通 A 股（万股）	流通外资股（万股）	分配预（方）案
600500	中化国际☆	656715.71	15.56	11370.83	-36.56	9052.08	-28.02	9274.990	144251.56	252823.53	0.2400	3.8700	3.7900	6.2800	1.7300	0.13	2.5353	37265.00	12000.00		10派2.5元（含税）
600501	航天晨光☆	44126.55	22.74	4017.82	49.83	3300.91	48.94	3556.950	44981.22	79274.64	0.2700	3.6570	3.5850	7.3400	0.1500	0.23	2.3152	12300.00	4000.00		10派0.3元（含税）送1转7
600506	香梨股份☆	9901.17	33.14	2971.60	8.67	2971.60	8.67	2605.700	43686.36	61192.61	0.1900	2.7200	2.7900	6.8000	0.2700	0.10	1.5005	16050.00	5000.00		10派0.6元（含税）
600508	上海能源☆	146566.28	15.11	19864.65	46.50	16545.45	45.68	16358.940	143899.09	190258.88	0.4100	3.5800	3.5800	11.5000	1.0600	0.05	2.3945	40151.00	11000.00		10派3元（含税）
600509	天富热电☆	35234.14	12.26	5164.09	16.52	4386.62	16.43	4462.480	20602.35	66393.59	0.4000	1.8900	1.7900	21.2900	0.7500	0.15	0.5112	10908.50	--	H股:0.00	10派1元（含税）
600518	康美药业☆	38080.04	8.06	4371.64	16.56	2915.69	18.75	2925.020	36509.97	51760.88	0.4120	5.1570	5.0000	7.9900	0.2200	0.73	3.2223	7080.00	1800.00		10派2元（含税）
600519	贵州茅台☆	161804.67	45.25	60727.82	36.51	32829.07	31.55	33487.250	253091.57	346338.87	1.3100	10.1200	9.9600	12.9700	0.1700	0.31	8.1568	25000.00	7150.00		10转1派6元（含税）
600520	三佳模具☆	8286.00	26.44	3198.60	29.29	2127.04	28.48	2124.370	22177.55	29962.43	0.3400	3.5300	3.5200	9.5900	0.1000	0.48	3.5915	3780.00	--	H股:0.00	不分配、不转增
600523	贵航股份☆	35450.91	-7.85	2500.93	-46.82	1910.32	-48.67	2089.760	57098.21	110882.70	0.0900	2.6000	2.4900	3.3400	0.1400	0.05	1.5194	22000.00	7000.00		10派0.2元（含税）
600528	中铁二局☆	403897.71	-1.95	16457.08	-3.15	16415.19	-3.40	17539.120	170688.11	347110.95	0.4000	4.1600	4.1500	9.6200	0.1200	0.30	2.6044	41000.00	11000.00		10派3.80元（含税）
600530	交大昂立☆	45332.35	-5.43	5960.36	17.18	5464.09	7.95	3644.110	88956.48	117474.83	0.2700	4.4500	4.4100	6.1400	-0.0650	0.03	3.2238	20000.00	5000.00		10派2元（含税）
600533	栖霞建设☆	32407.35	39.33	7809.43	74.86	4152.55	47.67	--	15414.05	55896.84	0.4200	--	--	26.9400	-1.1200	--	0.4362	10000.00	--	H股:0.00	--
600539	狮头股份☆	29476.69	19.34	5082.42	12.59	3722.78	21.14	3432.520	78901.86	105027.06	0.1600	3.4300	3.3900	4.7200	0.1500	0.15	2.2046	23000.00	8800.00		10派0.2元（含税）
600548	深高速☆	60451.86	17.29	40516.00	18.66	40193.69	18.49	42946.980	507054.63	699599.92	0.1800	2.3300	2.3100	7.9300	0.2600	0.03	0.9452	218070.00	16500.00	H股:74750.00	10派1元（含税）
600550	天威保变☆	61193.47	-0.38	5183.50	-11.37	4406.14	-10.23	4175.950	83715.41	147254.66	0.2000	3.8100	3.8000	5.2600	0.2800	0.23	2.5006	22000.00	6000.00		10送2转3派0.5元（含税）
600555	茉织华☆	189476.00	35.90	25647.93	11.73	20835.40	12.52	20873.200	206152.10	255184.20	0.4800	4.7400	4.7400	10.1000	0.5100	0.19	3.2765	43450.00	8100.00	B股:11000.00	10派2元（含税）
600556	北生药业☆	12379.32	25.17	2199.18	17.15	1518.08	49.81	1739.580	47877.57	78887.75	0.1687	5.3200	5.2900	3.1700	0.0400	0.19	4.0600	9000.00	4532.00		10派1.00元（含税）
600558	大西洋☆	45043.60	10.21	3968.18	9.74	2563.07	16.63	2978.000	45855.76	66166.94	0.2140	3.8200	3.8000	5.5890	0.0200	0.04	2.6864	12000.00	4500.00		10派1.5元（含税）
600566	洪城股份☆	11396.12	16.50	2078.63	-4.77	1770.19	21.69	1780.780	44957.29	58265.07	0.1670	4.2300	4.2200	3.9400	0.0700	0.34	2.8017	10630.80	4400.00		10派1元（含税）
600567	山鹰纸业☆	28094.60	-12.93	2736.48	11.74	2303.50	27.50	2315.390	32979.49	66627.67	0.1440	2.0550	2.0490	6.7900	-0.0320	0.17	0.8277	16050.00	6000.00		10派0.6元（含税）
600568	潜江制药☆	8168.68	7.12	2114.48	137.57	1386.71	485.68	1219.730	43347.10	46031.48	0.1900	5.9500	5.9300	3.2000	0.0600	0.50	4.3269	7286.00	3500.00		不分配、不转增
600569	安阳钢铁☆	594748.14	12.97	70352.39	-5.11	47073.03	-4.37	47360.960	429942.43	606853.36	0.3500	3.2000	3.1800	10.9500	0.4300	0.38	1.0721	134549.03	27500.00		10派1.875元（含税）
600585	海螺水泥☆	205834.88	66.30	31487.37	138.72	20272.60	78.19	20246.030	221052.41	606802.12	0.2100	2.2500	2.1700	9.1700	0.7400	0.16	0.8486	98348.00	--	H股:36100.00	10派0.5元（含税）
600588	用友软件☆	33348.32	56.65	7923.94	69.04	7040.06	75.81	7124.000	100231.76	116786.52	0.7000	10.0200	9.9600	7.0200	1.0300	0.00	8.8323	10000.00	2500.00		10派6元（含税）
600589	广东榕泰☆	27461.29	19.30	4648.81	17.87	3522.75	33.32	3252.350	54550.50	68837.52	0.2200	3.4100	3.4100	6.4600	0.2000	0.13	2.1516	16000.00	4000.00		10派1.50元（含税）
600596	新安股份☆	64911.79	15.75	3231.15	-14.46	2048.28	-11.08	1838.300	49374.57	93099.39	0.1530	3.6800	3.6300	4.1500	0.0100	0.04	2.2155	13411.04	4400.00		10派0.5元（含税）
600598	北大荒☆	140632.26	-7.45	36428.30	15.84	36428.30	15.84	34428.300	172448.85	433930.57	0.3100	1.4700	--	21.1200	0.1800	0.06	0.2681	116996.00	--	H股:0.00	不分配不转增
600599	浏阳花炮☆	19717.00	-1.54	2587.07	50.28	1779.00	50.07	1522.540	27136.40	35024.70	0.2500	3.8800	3.8600	6.5600	-0.0200	0.07	2.7460	7000.00	2200.00		10送0.50派1.50元（含税）转增8
600600	青岛啤酒☆	527672.45	40.11	18256.49	15.63	10288.77	12.20	2308.490	296491.46	824383.84	0.1029	2.9600	2.9500	3.4700	0.5300	0.18	1.5745	100000.00	20000.00	H股:34685.00	10派1.10元（含税）
600601	方正科技☆	369287.01	15.93	12001.55	-2.57	10030.50	7.79	4928.220	58705.83	239096.83	0.2680	1.5700	1.5200	17.0900	1.5000	-0.01	0.4641	37324.80	37324.80		不分配、不转增
600602	广电电子☆	405871.16	-19.72	20259.59	-67.52	17044.40	-43.08	6738.240	269292.44	767958.41	0.2020	3.1900	3.1300	6.3300	0.5100	0.11	1.6440	84293.43	31815.64	B股:21083.04	10转1派0.1元（含税）
600604	二纺机☆	81530.24	75.22	1825.06	90.31	1389.63	76.01	1345.940	67728.32	142296.72	0.0250	1.1960	1.1570	2.0500	0.2280	-0.58	0.5249	56644.92	7118.19	B股:23292.50	不分配不转增
600605	轻工机械☆	19502.86	-11.25	752.86	126.82	942.33	17.26	215.060	30961.20	59970.10	0.0450	1.4730	1.3750	3.0440	0.0240	0.04	0.1678	21019.20	2400.00		不分配不转增
600606	金丰投资☆	64056.69	166.67	9484.82	131.58	7561.59	114.98	4208.190	28544.11	145090.30	0.4590	1.7320	1.5360	26.4900	-0.6970	0.39	0.0505	16479.47	4170.90		10送2派0.50元（含税）
600607	上实联合☆	137541.76	49.79	15243.76	27.98	10155.56	18.64	9879.000	138064.69	241924.48	0.3313	4.5044	4.3734	7.3600	0.3477	0.35	2.6661	30651.24	13293.20		10派1.5元（含税）
600608	上海科技☆	31962.93	76.42	2983.10	17.45	3011.96	58.88	4393.270	31541.44	65817.87	0.1991	2.0900	2.0200	9.5500	0.4487	-0.05	0.7034	15126.22	9320.77		不分配不转增

代码	名称	主营业务收入(万元)	同比(%)	利润总额(万元)	同比(%)	净利润(万元)	同比(%)	扣除非经常性损益后净利润(万元)	股东权益(万元)	总资产(万元)	每股收益(摊薄)(元)	每股净资产(元)	调整后每股净资产(元)	净资产收益率(%)	每股经营现金流量净额(元)	每股未分配利润(摊薄)(元)	每股资本公积金(元)	总股本(万股)	流通A股(万股)	流通外资股(万股)	分配预(方)案
600610	ST中纺机☆	44941.93	16.22	861.58	77.31	661.20	85.57	-3781.310	4243.33	63758.20	0.0200	0.1200	0.0500	15.5800	0.1300	-1.41	0.4510	35709.15	2574.00	B股:12012.00	不分配不转增
600611	大众交通☆	165910.84	22.38	22582.93	10.42	21033.00	7.92	14766.440	212741.92	454381.89	0.3500	3.5500	3.4000	9.8900	1.3300	0.27	1.4381	59870.16	14232.34	B股:20280.00	10派2.6元(含税)
600612	第一铅笔☆	91074.70	-8.99	1057.57	-4.59	186.10	-79.83	-114.770	43960.00	137580.46	0.0070	1.7460	1.6120	0.4200	0.4810	-0.08	0.5165	25177.94	2908.79	B股:12005.14	不分配、不转增
600614	胶带股份☆	22611.54	49.78	3513.10	45.24	2814.31	36.76	1283.500	20381.22	79136.66	0.2440	1.7700	1.6980	13.8100	0.1620	0.07	0.7319	11513.34	834.90	B股:4174.50	不分配、不转增
600616	第一食品☆	58619.38	-1.28	3487.60	47.59	2715.86	42.81	2691.880	30947.47	54742.94	0.2100	2.4400	2.1500	8.7800	-0.4000	0.05	1.1537	12693.04	4565.40		10派1.80元(含税)
600617	联华合纤☆	32311.77	-21.99	27.19	-95.81	112.82	-81.78	-40.420	28480.48	56456.16	0.0070	1.7000	1.6000	0.4000	-0.1200	0.18	0.3459	16719.48	900.00	B股:6455.84	不分配、不转增
600618	氯碱化工△	272832.30	-7.25	2645.03	-46.76	513.34	-80.23	-10485.790	280301.93	461008.64	0.0040	2.4100	2.0500	0.1800	0.2000	-0.03	1.3160	116448.31	2783.24	B股:40656.00	不分配不转增
600619	海立股份☆	255868.40	45.65	24586.71	74.81	12806.50	91.30	13619.380	99713.70	328777.80	0.3370	2.6200	2.5400	12.8400	1.2300	0.19	0.9687	38052.00	2028.00	B股:17940.00	10派0.90元(含税)
600620	天宸股份☆	19568.94	-28.75	3845.80	67.24	3413.21	833.70	2057.470	38281.22	129369.29	0.1280	1.4300	1.2350	8.9200	0.0640	0.05	0.2724	26677.43	8046.55		10派0.3元(含税)
600621	上海金陵☆	90443.06	4.00	-11876.59	--	-12616.51	--	3203.720	83818.46	141057.19	-0.2407	1.6000	1.5000	-15.0500	0.3779	-0.01	0.4089	52408.24	20995.54		--
600622	ST嘉宝☆	19080.59	28.58	-14686.90	-69.39	-14963.79	-73.03	-13890.310	44475.43	74474.80	-0.4480	1.3330	1.2500	-33.6500	0.0410	-0.87	1.1422	33368.83	11519.91		不分配、不转增
600623	轮胎橡胶△	246576.50	-32.07	2069.84	--	1660.18	--	-22616.050	108240.67	593529.45	0.0190	1.2170	1.1660	1.5340	0.8440	-1.19	1.1886	88946.77	2288.00	B股:24310.00	不分配不转增
600624	复旦复华☆	30213.19	33.79	106.55	-96.09	316.64	-88.09	148.600	43284.25	106849.39	0.0120	1.6420	1.5750	0.7320	-0.0410	-0.21	0.6951	26347.71	16172.19		不分配不转增
600626	申达股份☆	312523.38	11.38	18079.57	36.48	14378.70	35.75	13519.290	119255.94	227470.24	0.4250	3.5300	3.4800	12.0500	0.4200	0.09	1.5296	33821.09	14048.16		10派2元(含税)
600627	电器股份☆	259293.95	9.64	4741.91	-60.93	4036.87	-61.82	2776.160	84882.96	497166.72	0.0800	1.6400	1.3200	4.7600	0.4300	-0.02	0.6281	51796.55	5100.00		不分配、不转增
600628	新世界☆	188109.49	-5.88	9396.97	5.97	7871.89	3.95	7126.520	81758.37	185235.94	0.3000	3.0800	3.0600	9.6300	0.2400	0.63	1.1602	26575.28	11614.28		10送2派0.5元(含税)
600630	龙头股份☆	207879.97	6.72	10930.89	-31.47	9679.58	-28.00	9669.780	162565.94	438854.33	0.2280	3.8260	3.4530	5.9540	0.0090	0.05	2.6101	42486.16	19110.00		不分配不转增
600631	第一百货☆	328927.95	-22.97	8629.73	41.51	6916.13	20.47	5364.590	164062.43	390191.88	0.1200	2.8100	2.4000	4.2200	0.3100	0.01	1.5674	58284.79	18831.34		10派0.20元(含税)
600632	华联商厦☆	254661.17	-29.64	10382.01	-20.21	9027.32	-17.13	7702.210	136191.73	231393.83	0.2140	3.2200	3.0200	6.6300	-0.6320	0.18	1.6489	42259.99	12446.71		10派1.20元(含税)
600633	白猫股份☆	20674.24	--	2228.64	--	1775.85	--	1121.550	18262.92	37919.70	0.1168	1.2011	1.0957	9.7240	0.0742	0.04	0.1420	15205.08	1320.00		10派0.1元(含税)
600634	海鸟发展☆	18258.15	0.68	4020.17	747.64	2793.59	567.43	2686.140	21072.47	91382.24	0.3200	2.4200	2.4200	13.2600	-2.2400	0.29	0.7933	8720.73	3980.97		10派0.2元(含税)
600635	大众科创☆	42533.90	83.99	15523.04	7.22	12832.97	4.11	9622.320	116091.32	310769.06	0.2695	2.4400	2.4200	11.0500	0.6731	0.13	0.9236	47618.17	25729.92		10派2.1元(含税)
600636	三爱富☆	56412.09	15.41	8110.95	55.93	4888.00	39.78	4943.400	27135.65	56587.80	0.4211	2.3400	2.3100	18.0100	0.2830	0.33	0.5143	11606.40	4492.80		10送2派2元(含税)
600637	广电信息☆	272859.69	17.68	21048.38	52.75	20310.52	70.64	17510.920	344619.60	639249.53	0.2725	4.6240	4.3888	5.8900	-0.6246	0.17	3.2473	74528.41	18527.74		10派1元(含税)送1
600638	新黄浦☆	34700.05	-8.59	7152.89	-49.22	5510.08	-54.90	5092.380	208339.76	313210.85	0.0982	3.7126	3.7054	2.6400	-0.4840	0.41	2.0120	56116.40	17015.22		10派0.8元(含税)
600639	浦东金桥☆	39729.00	-30.28	11981.71	40.17	9743.06	38.69	9244.850	163875.95	303433.81	0.1400	2.3500	2.2600	5.9500	-0.3200	0.06	1.1681	69784.00	11715.00	B股:20449.00	10转1
600640	联通国脉☆	26443.73	-31.45	4306.56	-46.34	3804.33	-44.28	3756.830	112134.05	127585.49	0.1000	3.0700	3.0500	3.3900	0.0500	0.03	1.3247	36488.27	5533.56		10派0.7元(含税)
600641	中远发展☆	76154.61	160.37	26490.65	-18.30	22564.91	-19.48	22518.850	115603.51	273753.93	0.6130	3.1430	3.1420	19.5200	-0.4170	0.52	0.1971	36786.60	9906.62		10派1.65元(含税)
600642	申能股份☆	200483.19	40.79	101176.72	-25.55	115548.52	-1.47	86603.090	504189.07	990784.99	0.7080	3.0870	3.0430	22.9200	0.6820	0.04	0.6987	163308.78	25099.20		10派3.50元(含税)
600643	爱建股份☆	80416.66	42.39	14457.04	5.07	13063.90	-2.08	13163.880	200714.69	322635.43	0.2840	4.3600	4.2100	6.5100	-0.6960	0.00	2.0625	46068.80	30835.27		10派1.5元(含税)
600644	乐山电力☆	25185.19	-16.27	3502.32	-32.22	2802.57	-30.29	2291.940	46471.91	111915.38	0.1100	1.8900	1.8000	5.9400	0.2900	0.09	0.4125	24933.65	12876.16		10派0.3元(含税)
600645	望春花△	29605.42	47.34	1037.82	-24.28	252.57	-86.05	453.140	36054.45	78136.45	0.0100	1.4420	1.3270	0.7010	-0.2750	0.00	0.3573	25002.80	9815.54		不分配不转增
600646	ST国嘉◆	692.42	-96.73	-17371.60	-455.42	-16813.96	-419.17	-12212.800	10177.30	83861.38	-0.9360	0.5660	0.0910	-165.210	-0.5640	-0.99	0.1940	17970.99	3038.01		不分配不转增
600647	ST同达△	2700.21	-1.77	-2181.13	-26.03	-2151.32	-24.51	-2149.300	-2612.59	7583.03	-0.4020	-0.4882	-0.8879	--	0.0285	-1.88	0.3417	5351.68	2100.00		不分配不转增
600648	外高桥☆	20312.34	119.61	-932.27	-26.85	917.02	-34.11	-3161.710	139140.90	291430.33	0.0123	1.8675	1.8054	0.6590	0.1042	0.24	0.4324	74505.75	5445.00	B股:20055.75	不分配、不转增
600649	原水股份☆	75050.84	-7.13	45747.02	-4.47	38775.74	-4.52	37084.520	474987.80	588409.05	0.2100	2.5200	2.5200	8.1600	0.4000	0.21	1.1034	188439.50	56085.15		10派0.50元(含税)

代码	名称	主营业务收入(万元)	同比(%)	利润总额(万元)	同比(%)	净利润(万元)	同比(%)	扣除非经常性损益后净利润(万元)	股东权益(万元)	总资产(万元)	每股收益(摊薄)(元)	每股净资产(元)	调整后每股净资产(元)	净资产收益率(%)	每股经营现金流量净额(元)	每股未分配利润(摊薄)(元)	每股资本公积金(元)	总股本(万股)	流通A股(万股)	流通外资股(万股)	分配预(方)案
600650	新锦江☆	25116.17	15.42	1318.63	218.67	890.48	272.75	973.330	151256.79	190610.24	0.0180	3.0200	2.8100	0.5900	0.1640	0.03	1.8679	50146.37	3801.60	B股:14640.91	10转1
600651	飞乐音响☆	59964.55	117.49	12332.00	65.99	10272.22	59.56	5893.700	63590.01	149902.93	0.2420	1.5000	1.4700	16.1500	0.0450	0.07	0.3289	42416.51	42416.51		10派1.2元(含税)
600652	爱使股份☆	28229.10	214.50	3237.48	-49.59	2566.89	-59.18	2994.220	60555.33	163367.65	0.0900	2.0200	2.0100	4.2400	0.1700	0.12	0.8805	29962.48	29962.48		不分配、不转增
600653	申华控股☆	385037.23	-30.14	23673.02	-35.66	13551.68	-37.19	-2886.570	201748.90	484038.35	0.1680	2.4950	2.4140	6.7170	-0.2330	-0.08	1.2528	80850.94	80850.94		不分配不转增
600654	飞乐股份☆	45091.01	-17.38	8894.23	-17.87	7805.02	1.80	7010.840	121580.44	219123.02	0.1800	2.7600	2.4500	6.4200	-0.0200	0.26	1.3694	44000.18	33301.74		10送1
600655	豫园商城☆	321983.39	-10.96	12346.31	3.16	9940.31	2.62	9282.040	166114.07	358567.67	0.2140	3.5700	3.2950	5.9840	0.5590	0.09	1.9760	46533.35	14907.95		10派0.8元(含税)
600656	华源制药☆	61377.74	132.10	3337.01	95.08	1886.85	59.58	1800.540	14740.47	120888.67	0.2000	1.5800	1.2500	12.8000	0.4700	0.05	0.4531	9321.84	5096.00		10派0.40元(含税)
600657	青鸟天桥☆	113479.45	131.96	9096.58	35.39	4646.09	-14.27	4939.040	74386.59	353750.83	0.2594	4.1539	3.9133	6.2460	1.5937	0.24	2.4164	17907.78	10299.61		10派0.6元(含税)
600658	兆维科技☆	52859.33	214.93	10481.15	3982.59	10175.63	10569.36	10369.520	27517.15	66652.83	0.6092	1.6475	1.6302	36.9800	-0.2173	-0.06	0.3490	16702.31	9507.00		不分配不转增
600659	神龙发展☆	39387.08	25.84	4278.99	-3.57	2492.94	8.62	2142.290	25810.56	94255.76	0.1440	1.4900	1.4000	9.6600	0.5600	0.07	0.1807	17342.18	4457.01		不分配、不转增
600660	福耀玻璃☆	93828.76	24.47	15481.19	18.66	15215.35	20.17	16941.870	55706.17	168873.19	0.3700	1.3700	1.2600	27.3000	0.5000	0.12	0.0041	40756.08	13016.94		10送1.1派1.35元(含税)
600661	交大南洋☆	35064.14	-14.16	3917.85	-13.65	3129.04	6.07	2723.700	29305.31	66274.33	0.2200	2.0200	2.0000	10.6800	0.2700	0.11	0.6346	14473.07	2545.54		10派1.5元(含税)
600662	强生控股☆	84357.24	28.91	12971.44	23.91	10353.36	16.16	7747.200	93638.51	173469.31	0.3400	3.0300	2.9400	11.0600	0.8900	0.58	0.8265	30903.44	16536.96		不分配、不转增
600663	陆家嘴☆	99901.14	50.61	16855.81	-59.92	11751.68	-66.42	10730.840	442064.61	752830.24	0.0630	2.3700	2.2700	2.6600	0.2200	0.18	0.7029	186768.40	16052.40	B股:50960.00	不分配不转增
600664	哈药集团☆	536831.36	-16.70	39388.29	17.48	28379.99	30.41	28883.380	264541.53	576630.97	0.5300	4.9800	4.9000	10.7300	1.1400	0.07	2.8343	53077.16	34628.19		10派1元(含税)转2
600665	沪昌特钢☆	82620.81	9.81	1641.87	-8.11	1368.50	-4.37	1848.950	124116.94	132961.12	0.0190	1.7240	1.6970	1.1030	0.4840	0.02	0.5104	72010.21	14700.00		10派0.25元(含税)
600666	西南药业☆	30502.15	3.89	2287.41	28.08	1945.04	25.04	1507.680	23860.02	35718.99	0.1300	1.6000	1.5200	8.1500	0.1300	0.12	0.2931	14879.30	6319.38		不分配不转增
600667	太极实业○	64091.46	2.71	592.32	--	381.73	--	88.350	55148.24	170682.71	0.0100	1.5100	1.2600	0.6900	0.3600	-1.00	1.3658	36881.74	18964.00		不分配不转增
600668	尖峰集团☆	105453.01	12.06	5471.33	36.01	4390.49	18.88	4684.380	50888.29	155891.36	0.1500	1.6900	1.6500	8.6300	0.3000	0.05	0.5003	30045.91	14483.80		10派1元(含税)
600669	ST鞍合成△	4844.94	-70.99	-10263.46	--	-9873.52	--	-9140.440	21926.85	87891.17	-0.4300	0.9400	0.6100	-45.0300	-0.5100	-0.23	0.0711	23217.08	14864.85		不分配、不转增
600670	ST高斯达○	417.97	-88.46	-7881.24	--	-7881.24	--	-8268.650	6425.62	22272.84	-0.5620	0.4580	-0.1400	-122.6500	0.0020	-0.70	0.1302	14033.37	8605.21		不分配不转增
600671	天目药业☆	14442.67	53.39	771.70	28.37	336.82	2.37	150.000	22437.24	40874.56	0.0180	1.9800	1.8800	1.5000	0.1020	0.26	0.4105	12177.86	6341.54		10派0.10元(含税)
600672	英豪科教☆	54276.57	-9.90	6384.78	-55.76	2543.54	-79.10	6683.640	62723.16	115531.52	0.0600	1.4200	1.3600	4.0600	0.3000	0.18	0.0654	44097.70	25600.00		10派0.20元(含税)
600673	成量股份☆	13150.65	15.61	280.32	5.12	260.55	18.39	260.550	12361.70	33304.19	0.0200	1.1200	0.9400	2.1100	0.0300	-1.01	0.9703	11079.44	4554.00		不分配不转增
600674	川投控股☆	65386.83	9.73	8687.65	-43.80	6841.46	-43.10	6890.450	57823.80	93975.14	0.1770	1.5000	1.4500	11.8300	0.5800	0.14	0.0431	38620.85	15474.06		10派0.2元(含税)
600675	中华企业☆	159550.84	140.96	28635.08	173.62	13522.40	59.34	16440.230	129401.91	519422.80	0.2300	2.2300	1.9900	10.4500	1.4700	0.16	0.7625	58121.26	26546.68		10送1转1
600676	交运股份☆	34885.57	33.28	6017.57	-5.29	5079.87	-0.15	3582.380	93613.53	133115.03	0.3000	5.5400	5.5000	5.4300	0.6100	0.23	3.8755	16896.19	7340.00		10派1.00元(含税)
600677	航天中汇△	159694.13	1.67	4562.29	-57.84	2994.78	-59.84	1830.370	49746.15	187427.75	0.0918	1.5250	1.3150	6.0200	0.1567	0.08	0.2457	32617.24	17074.57		10派1元(含税)
600678	四川金顶△	42880.94	8.82	-8710.59	--	-7983.68	--	-5254.030	25222.00	94028.57	-0.3430	1.0840	0.9400	-31.6500	0.2500	-0.62	0.6556	23266.00	9600.00		不分配、不转增
600679	凤凰股份☆	78156.10	13.28	2484.20	12.57	1826.48	0.73	1605.790	86656.71	192394.13	0.0393	1.8663	1.7922	2.1100	-0.0101	-0.53	1.2610	46432.28	2640.00	B股:13200.00	10转3
600680	上海邮通☆	99012.27	--	6866.07	--	6143.77	--	6155.880	57953.07	170989.52	0.2000	1.9000	1.6800	10.6000	0.1600	0.22	0.4284	30492.53	2704.00	B股:12480.00	10派0.7元(含税)
600681	诚成文化☆	23718.17	0.61	2224.18	-55.26	1665.27	-42.37	976.430	37401.76	82480.63	0.0800	1.8000	1.7600	4.4500	0.0500	0.12	0.5553	20806.80	10852.38		10派0.2元(含税)
600682	南京新百☆	144868.93	5.24	7849.63	1.01	6224.05	-5.98	5305.790	82460.60	165226.90	0.2700	3.5800	3.5600	7.5500	0.1950	0.01	2.2771	23020.82	15288.00		10派1.5元(含税)
600683	宁波华联☆	66011.52	0.03	530.57	5.90	403.33	-24.45	-337.090	23659.35	88822.09	0.0200	1.1900	1.1600	1.7000	0.0200	-1.66	1.7354	19925.37	8989.04		不分配不转增
600684	珠江实业☆	17003.71	64.59	1673.51	--	1352.26	--	-278.760	58686.62	105505.69	0.0700	3.1400	2.2000	2.3000	0.2400	-0.20	1.9149	18703.94	10003.50		不分配、不转增
600685	广船国际☆	207660.32	-6.55	1132.51	--	897.83	--	903.270	61772.98	251026.25	0.0180	1.2500	1.2400	1.4500	0.6748	-1.27	1.3180	49467.76	12647.95	H股:15739.80	不分配不转增

代码	名称	主营业务收入(万元)	同比(%)	利润总额(万元)	同比(%)	净利润(万元)	同比(%)	扣除非经常性损益后净利润(万元)	股东权益(万元)	总资产(万元)	每股收益(摊薄)(元)	每股净资产(元)	调整后每股净资产(元)	净资产收益率(%)	每股经营现金流量净额(元)	每股未分配利润(摊薄)(元)	每股资本公积金(元)	总股本(万股)	流通A股(万股)	流通外资股(万股)	分配预(方)案
600686	厦门汽车☆	118759.07	37.59	7043.95	15.91	4438.75	24.30	5231.370	31006.47	98833.49	0.2900	2.0500	2.0100	14.3200	0.7200	0.17	0.5044	15151.76	5760.00		10派1.50元(含税)
600687	新宇软件☆	20450.61	145.63	2304.73	-21.38	2066.00	-18.57	2266.420	20307.41	39633.21	0.1900	1.8500	1.8500	10.1700	0.5900	0.31	0.1623	11000.00	4222.15		不分配、不转增
600688	上海石化☆	2019739.60	-5.08	9350.90	-91.35	7160.40	-92.08	20661.900	1357249.50	2477018.20	0.0100	1.8850	1.8670	0.5300	0.3940	0.08	0.3967	720000.00	72000.00	H股:233000.00	不分配、不转增
600689	上海三毛☆	68070.35	2.52	-372.45	--	131.63	-97.16	26.360	48501.10	110804.57	0.0065	2.4131	2.3549	0.2700	0.0942	0.12	1.1634	20099.13	6854.40	B股:4878.72	不分配、不转增
600690	青岛海尔☆	1144182.32	136.97	89788.01	78.76	61783.86	45.69	60384.340	493218.01	694240.50	0.7700	6.1800	6.1500	12.5300	0.8800	0.32	3.9780	79764.83	44989.71		10派3元(含税)
600691	东新电碳☆	6086.00	-3.07	214.85	--	214.85	--	-1293.200	9302.00	23176.00	0.0300	1.2030	0.5410	2.3000	-0.1976	-0.73	0.7684	7727.45	3321.60		不分配、不转增
600692	亚通股份☆	18678.94	10.01	1993.05	24.81	1595.80	25.21	840.610	32318.79	53817.01	0.1260	2.5600	2.5100	4.9400	0.5500	0.27	1.0131	12639.92	5292.00		10送1派0.5元(含税)
600693	东百集团☆	60350.76	3.06	-6194.27	--	-5943.68	--	-3454.950	31996.53	67112.43	-0.4500	2.4240	1.4860	-18.5760	-0.0760	-0.27	1.3022	13200.87	7230.10		不分配、不转增
600694	大商股份☆	198052.28	45.86	10997.33	8.69	8842.66	5.15	8936.650	122763.45	250995.17	0.3300	4.6000	4.4700	7.2000	0.7700	0.40	2.8439	26701.69	15617.13		10派2元(含税)
600695	大江股份☆	175721.85	8.44	-12128.64	--	-14156.28	--	-16968.850	81695.33	201478.21	-0.2090	1.2080	1.1780	-17.3300	0.0500	-0.26	0.3393	67630.57	2574.00	B股:34673.28	不分配、不转增
600696	利嘉股份☆	15519.38	151.78	2550.10	--	2550.10	--	3886.980	35278.42	80120.07	0.0970	1.3500	1.3400	7.2300	0.1200	-0.58	0.8403	26197.36	8965.22		不分配、不转增
600697	欧亚集团☆	61388.96	1.51	4752.89	12.47	3965.95	0.16	3981.200	42229.83	71953.53	0.3230	3.4400	3.3900	9.3900	0.6320	0.38	1.7533	12273.72	6491.23		10派2元(含税)
600698	ST轻骑◆	64341.03	20.46	-71847.87	-77.28	-69978.27	-72.67	-20071.130	179062.42	346462.82	-0.7200	1.8400	1.8400	-39.0800	-0.1400	-0.57	1.1067	97181.74	30671.00	B股:23000.00	不分配不转增
600699	辽源得亨☆	18352.82	-18.83	2362.75	-47.58	1910.02	-49.18	1928.750	41123.83	85479.94	0.1080	2.3200	2.1900	4.6400	0.0030	0.29	0.8975	17693.01	8998.70		10派0.162元(含税)
600701	工大高新☆	63906.16	14.37	4831.39	-33.08	3822.89	-32.13	3893.500	80270.61	152997.28	0.1200	2.4800	2.4500	4.7600	0.1500	0.29	0.9817	32409.10	17469.10		不分配不转增
600702	沱牌曲酒☆	85828.14	-8.78	3833.01	-69.09	3085.64	-69.89	3041.510	159368.32	200637.45	0.0900	4.7200	4.7200	1.9400	0.1500	0.89	2.3493	33730.00	14861.86		不分配不转增
600703	天颐科技☆	42172.94	487.80	1317.91	--	1312.44	--	1382.270	15775.58	42883.04	0.1100	1.3200	1.3200	8.3200	-0.2900	-1.92	2.0705	11951.65	5861.55		不分配不转增
600704	中大股份☆	264416.91	-59.44	8819.77	-54.49	7309.73	0.40	8079.890	108318.14	270721.98	0.2500	3.7600	3.5100	6.7500	0.6700	0.26	2.0853	28826.90	12838.21		10派1元(含税)
600705	北亚集团☆	52802.30	68.32	8973.46	-7.08	7539.04	-13.72	8010.800	170519.30	241418.43	0.1150	2.6110	2.5450	4.4200	0.0800	0.29	1.1843	65313.74	34307.51		10派0.35元(含税)
600706	长安信息☆	59666.09	58.22	3186.47	151.27	1990.87	188.97	1990.870	13862.04	81909.55	0.2300	1.5900	1.4500	14.3600	0.1900	-0.57	0.9876	8733.34	3750.00		不分配、不转增
600707	彩虹股份☆	242251.15	27.12	10360.16	-23.20	8441.90	-26.68	5510.950	156199.42	262695.10	0.2000	3.7100	3.7100	5.4000	0.2600	0.89	1.5003	42114.88	14364.48		10派1.69元(含税)
600708	东海股份△	19936.79	15.42	3785.00	206.86	3018.98	446.73	-590.190	36601.25	124163.47	0.1269	1.5380	1.3692	8.2500	0.2844	-0.47	0.8753	23793.48	8659.20		不分配不转增
600710	常林股份☆	52811.70	31.06	1076.44	3.60	1030.23	4.15	366.340	45429.44	86016.38	0.0620	2.7500	2.6900	2.2700	0.3000	0.19	1.4841	16500.00	7440.00		10派0.35元(含税)
600711	雄震集团☆	6613.24	104.11	1933.21	351.22	1660.05	2721.64	1648.790	7759.21	19501.23	0.2800	1.2850	1.2750	21.4000	0.3590	0.04	0.1544	6036.00	1512.00		10派0.5元(含税)
600712	南宁百货☆	55945.91	19.57	2032.07	30.96	1652.21	23.08	1703.380	26461.14	61275.97	0.1800	2.9300	2.5000	6.2400	0.7600	0.03	1.7839	9042.00	3954.00		10派0.60元(含税)
600713	南京医药☆	142864.44	7.48	5461.41	-4.25	3689.78	-6.51	1820.230	43443.41	116996.86	0.1900	2.2400	2.2200	8.4900	-0.0200	0.06	0.9630	19426.07	8309.74		10派1元(含税)
600714	山川股份☆	15306.75	-2.46	2523.83	5.84	2249.08	8.03	2183.140	21742.26	34679.54	0.2086	2.0167	--	10.3400	-0.0150	0.18	0.6744	10781.25	2875.00		不分配不转增
600715	ST松辽△	--	--	-6271.02	--	-6271.02	--	-5888.880	19280.65	59877.49	-0.2800	0.8600	0.8200	-32.5200	0.3700	-1.07	0.8858	22425.60	10137.60		不分配不转增
600716	耀华玻璃☆	42534.33	36.08	3945.71	9.97	3247.07	11.29	3195.630	51669.92	92381.75	0.1000	1.5900	1.5100	6.2800	0.2450	0.00	0.5193	32400.00	8100.00		10派0.8元(含税)
600717	天津港☆	100067.47	53.79	33959.27	46.91	26984.10	40.72	26633.240	159364.79	281301.14	0.4100	2.4200	2.4000	16.9300	0.7200	0.31	0.7744	65985.38	21522.14		10派0.80元(含税)
600718	东软股份☆	175864.78	61.47	15162.90	-4.94	13513.42	5.09	14103.250	119201.67	245747.12	0.4800	4.2400	4.1200	11.3400	0.2600	0.64	2.0565	28145.17	11325.83		10派2元(含税)
600719	大连热电☆	37198.02	16.08	6503.66	-0.62	5492.38	0.35	5318.330	66997.51	150249.81	0.2700	3.3100	3.2800	8.2000	0.0900	0.29	1.4955	20229.98	7605.00		10派0.80元(含税)
600720	祁连山☆	26683.48	-2.72	6180.62	-7.29	5206.45	-5.15	3981.910	54795.11	97290.61	0.1500	1.5800	1.5100	9.5000	0.1800	0.23	0.2478	34695.43	16316.03		10派0.5元(含税)
600721	PT百花村☆	3908.02	-57.61	386.47	--	470.36	--	-496.980	11950.52	31318.66	0.0500	1.2600	1.1900	3.9400	0.3400	-1.62	1.8121	9480.08	4650.00		不分配不转增
600722	沧州化工☆	131873.94	-2.87	2310.55	-80.30	1988.38	-80.13	1969.280	97234.88	290581.31	0.0470	2.3100	2.3100	2.0500	0.1670	0.45	0.6919	42142.00	11500.00		不分配、不转增
600723	西单商场☆	157571.13	-4.30	6218.97	-16.66	5648.30	11.77	4406.750	127210.45	176567.50	0.1400	3.1000	3.0500	4.4400	0.2500	0.02	1.8237	40971.80	18591.94		10派1元(含税)

代码	名称	主营业务收入(万元)	同比(%)	利润总额(万元)	同比(%)	净利润(万元)	同比(%)	扣除非经常性损益后净利润(万元)	股东权益(万元)	总资产(万元)	每股收益(摊薄)(元)	每股净资产(元)	调整后每股净资产(元)	净资产收益率(%)	每股经营现金流量净额(元)	每股未分配利润(摊薄)(元)	每股资本公积金(元)	总股本(万股)	流通A股(万股)	流通外资股(万股)	分配预(方)案
600724	宁波富达☆	68432.05	45.98	9194.63	84.67	7108.09	75.31	7133.830	53063.69	97101.93	0.2000	1.4600	1.4100	13.4000	0.0400	0.09	0.2548	36436.89	15747.58		不分配、不转增
600725	云维股份☆	25587.90	66.13	6603.55	178.01	4567.01	111.50	4461.710	36840.17	49878.89	0.4150	3.3490	3.2740	12.3970	0.3900	0.26	1.5745	11000.00	3748.48		10派2元(含税)
600726	龙电股份☆	118804.65	47.13	31292.23	26.44	28164.41	23.41	28170.240	288778.63	349530.99	0.2500	2.5800	2.5800	9.7500	0.5300	0.54	0.8348	112126.50	16800.00	B股:43200.00	10派1.2元(含税)
600727	鲁北化工☆	64205.92	-23.36	15668.82	-30.78	13248.12	-31.51	13248.120	215453.00	321821.24	0.3500	5.6800	5.6800	6.1500	0.5200	1.76	2.5433	37930.00	15210.00		不分配、不转增
600728	新太科技∇	58110.03	-19.88	3524.88	-44.96	2807.10	-47.11	3196.620	81479.76	106643.77	0.1350	3.9140	3.9110	3.4450	0.2340	0.34	2.2982	20818.02	8112.00		10派0.5元(含税)
600729	重庆百货☆	235829.30	15.82	7134.11	-0.30	5824.42	0.26	5400.830	42433.97	123591.63	0.2600	2.0800	1.8200	13.5200	0.3700	0.13	0.4755	20400.00	5100.00		10派1.3元(含税)
600730	中国高科☆	150575.91	73.95	7279.16	92.11	4528.95	54.07	3334.220	37014.90	135553.95	0.2600	2.1200	2.0800	12.2400	0.5800	0.06	0.8036	17460.00	5460.00		不分配、不转增
600731	湖南海利☆	30038.64	-9.26	2778.76	-15.41	2204.05	-20.03	2067.680	43308.63	91733.23	0.0940	1.8500	1.8100	5.0900	0.0090	0.17	0.5768	23392.12	7464.31		10派0.2元(含税)
600732	上海港机☆	70940.46	43.30	-5905.63	--	-5955.97	--	-6582.890	34110.15	112349.39	-0.2400	1.3755	1.3711	-17.4600	0.4802	-0.19	0.4492	24799.06	8294.00		不分配不转增
600733	前锋股份☆	7159.63	-47.71	204.54	-93.11	474.90	-78.40	-162.160	26203.60	52064.10	0.0240	1.3262	1.3225	1.8120	0.0653	-0.02	0.3163	19758.60	7560.00		不分配、不转增
600734	实达电脑☆	289686.35	-9.52	8043.46	--	5129.89	--	3486.820	57842.87	168212.55	0.1459	1.6453	1.6171	8.8690	-0.0938	-0.72	1.0547	35155.84	13273.21		不分配、不转增
600735	兰陵陈香☆	18407.40	-18.15	1053.75	-50.10	1206.80	-34.35	910.150	30265.17	45691.88	0.0800	1.9600	1.9400	4.0000	0.1500	0.29	0.5433	15481.29	8346.15		不分配、不转增
600736	苏州高新☆	57361.13	24.50	11782.20	-18.20	8485.86	-21.49	7848.930	137417.17	227024.10	0.1850	3.0000	2.9900	6.1700	0.5400	0.40	1.2722	45747.00	15093.00		10派1元(含税)
600737	新疆屯河☆	76726.15	68.97	8785.92	-16.39	5066.58	-44.84	1558.750	88446.01	429768.50	0.1300	2.3100	2.3000	5.7300	-0.5100	0.38	0.7042	38362.11	19346.91		10派0.25元(含税)送1转4
600738	兰州民百☆	64968.09	-0.03	-3984.74	--	-3969.94	--	-3985.850	31137.33	108807.77	-0.1690	1.3300	1.3100	-12.7500	-0.0160	-0.17	0.4143	23439.71	13125.60		不分配、不转增
600739	辽宁成大☆	148669.76	21.38	12740.18	-30.16	11390.36	-33.79	10924.640	80209.27	139413.00	0.4600	3.2400	3.0700	14.2000	-0.2300	0.10	0.4415	24757.20	9781.20		10派0.50元(含税)
600740	山西焦化☆	62378.22	91.55	6800.09	-4.57	6713.98	40.71	6722.270	68044.07	174018.00	0.3310	3.3540	3.1360	9.8700	0.0120	0.51	1.4983	20285.00	8450.00		10派1元(含税)
600741	巴士股份☆	235146.56	7.80	22496.25	12.16	17200.66	15.11	18584.780	142912.80	437434.94	0.3300	2.7600	2.5500	12.0400	1.0200	0.07	1.1679	51865.40	24000.00		10送0.50转3.50派1.00元(含税)
600742	一汽四环☆	213773.85	155.39	17975.75	65.71	14256.49	34.26	16320.090	104680.89	136134.14	0.6700	4.9500	4.7000	13.6200	0.8000	0.52	2.4475	21152.34	10319.40		10派2.50元(含税)
600743	ST幸福△	28740.87	-2.76	-2415.09	92.71	-2415.09	92.71	-833.350	10240.18	25286.69	-0.0770	0.3274	0.3268	-23.5800	0.0668	-1.36	0.5821	31280.00	7820.00		不分配不转增
600744	华银电力☆	106998.88	0.21	12782.21	169.32	11356.36	-36.02	11434.620	290438.74	509339.58	0.1596	4.0810	4.0650	3.9100	0.2560	0.35	2.5589	71164.80	28828.80		10派1元(含税)
600746	江苏索普☆	25395.39	2.43	2636.88	-39.30	2401.93	-34.87	652.420	36839.19	57823.15	0.0784	1.2020	1.1730	6.5200	0.3346	0.06	0.0567	30642.15	8802.68		不分配、不转增
600747	大显股份☆	74510.84	12.70	12603.61	6.14	10069.32	8.48	10778.090	126820.74	190612.46	0.3080	3.8760	3.8200	7.9400	0.7580	0.83	1.7165	32718.58	15095.47		10送2派0.5元(含税)转3
600748	浦东不锈☆	31554.72	-38.89	1022.93	598.34	792.90	--	288.860	105164.14	117073.22	0.0130	1.7900	1.7600	0.7500	0.1640	-0.03	0.7224	58754.16	15697.00		不分配、不转增
600749	西藏圣地☆	3073.37	-19.51	-2708.64	--	-2683.77	--	-56.550	8346.31	19378.82	-0.3355	1.0400	1.0300	-32.1600	0.1800	-0.31	0.3089	8000.00	2400.00		不分配、不转增
600750	江中药业☆	35496.59	-3.63	7021.27	42.84	4024.38	7144.13	4536.790	52355.99	63927.19	0.2800	3.5800	3.5500	7.6800	0.2800	0.42	1.8800	14611.20	6240.00		10派1元(含税)
600752	哈慈股份☆	25400.58	-35.78	3995.10	-17.81	3467.87	-26.62	3876.380	98149.20	139452.09	0.1000	2.9000	2.8500	3.5300	0.3600	0.44	1.1891	33846.41	16088.86		不分配不转增
600753	ST冰熊☆	10015.85	-3.13	539.08	--	539.08	--	535.220	10484.48	42683.01	0.0400	0.8200	0.7700	5.1400	-0.0600	-0.82	0.6415	12800.00	3200.00		不分配、不转增
600754	新亚股份☆	68264.88	-1.97	5718.72	-57.88	5412.07	-53.28	2584.950	172017.24	228740.43	0.0900	2.8500	2.6500	3.1500	0.0760	0.12	1.2593	60324.07	9836.00	B股:15600.00	10派1元(含税)
600755	厦门国贸☆	201861.97	-11.25	3445.41	131.31	2589.00	224.69	1005.810	68331.18	166362.04	0.1300	3.4500	3.4300	3.7900	0.4300	--	2.1159	19812.00	12700.00		不分配不转增
600756	浪潮软件☆	33215.98	481.33	5659.05	160.05	5231.94	233.06	4623.500	27353.51	34706.63	0.3200	1.6600	1.6400	19.1300	0.7000	0.44	0.0338	16522.08	6870.24		10派0.50元(含税)
600757	华源发展☆	179321.71	-0.97	6529.26	-41.95	5557.23	-38.46	4164.780	121155.40	329835.81	0.1200	2.5700	2.4800	4.5900	-0.3400	0.04	1.2395	47214.42	14040.00		10派0.50元(含税)
600758	金帝建设○	63614.37	7.26	-3405.65	--	-3369.60	--	-3647.060	30942.84	111167.18	-0.2100	1.9400	1.5400	-10.8900	-0.1480	-0.51	1.2556	15975.52	6159.52		不分配不转增
600760	山东黑豹☆	28270.22	-3.50	-5198.78	--	-5198.78	--	-5186.390	74171.13	95899.60	-0.1900	2.7400	2.6400	-6.9600	0.0400	0.58	0.8701	27300.00	13158.60		不分配、不转增
600761	安徽合力☆	52855.87	8.96	7314.62	10.14	6144.57	11.04	6002.720	67003.18	100849.95	0.3000	3.2700	3.2500	9.1700	0.3100	0.12	1.6634	20463.63	9422.03		10派2元(含税)
600762	金荔科技☆	11506.22	-41.24	3270.97	253.02	3270.97	253.02	1999.820	23025.01	56458.10	0.3100	2.1700	2.1700	14.2100	0.0900	-1.19	2.3685	10566.40	4326.40		不分配、不转增

代码	名称	主营业务收入(万元)	同比(%)	利润总额(万元)	同比(%)	净利润(万元)	同比(%)	扣除非经常性损益后净利润(万元)	股东权益(万元)	总资产(万元)	每股收益(摊薄)(元)	每股净资产(元)	调整后每股净资产(元)	净资产收益率(%)	每股经营现金流量净额(元)	每股未分配利润(摊薄)(元)	每股资本公积金(元)	总股本(万股)	流通A股(万股)	流通外资股(万股)	分配预(方)案
600763	ST中燕○	- -	- -	-15169.62	-455.63	-15169.62	-455.63	-14758.620	4146.82	4896.32	-0.9500	0.2600	0.2000	-365.8100	-0.0100	-1.18	0.4253	16032.00	4032.00		不分配、不转增
600764	三星石化☆	50872.73	-14.56	4555.83	-40.99	3180.68	-41.12	3203.890	42122.40	49974.70	0.1730	2.2990	2.2760	7.5500	0.2500	0.34	0.7238	18318.17	5898.56		10派0.75元(含税)
600765	力源液压☆	5164.13	17.51	114.60	267.19	114.60	267.17	207.080	15286.37	21316.88	0.0100	1.3770	1.3600	0.7500	0.1250	-0.32	0.6923	11103.20	3448.21		不分配不转增
600766	烟台发展☆	21827.22	-29.30	-8068.39	- -	-7539.04	- -	-2990.830	26052.25	84680.27	-0.4400	1.5200	1.4200	-28.9400	-0.5300	-0.52	0.9773	17116.55	6021.32		不分配、不转增
600767	运盛实业☆	31659.14	26.37	2557.57	323.46	513.42	65.38	290.060	60564.59	151148.34	0.0200	1.7800	1.7800	0.8500	-0.0700	0.09	0.5335	34101.02	9674.46		不分配不转增
600768	ST甬华通△	20816.15	55.15	50.90	- -	28.24	- -	-105.780	7871.66	26412.51	0.0030	0.8500	0.8200	0.3600	0.0900	-0.56	0.3226	9288.00	2678.40		不分配、不转增
600769	祥龙电业☆	43677.43	-12.55	-4922.62	- -	-4922.62	- -	-4635.680	85630.76	112889.24	-0.1400	2.4500	2.4300	-5.7500	0.0140	0.20	1.1335	34881.60	8736.00		不分配、不转增
600770	综艺股份☆	29712.51	-20.49	7166.88	-48.59	4172.91	-50.13	2300.350	58844.99	102931.54	0.1550	2.1790	2.1220	7.0900	-0.1980	0.59	0.1909	27000.00	9900.00		10派0.5元(含税)
600771	东盛科技☆	44567.25	43.29	3010.69	-46.08	4076.67	-23.31	5784.180	33296.89	100587.90	0.2200	1.7800	1.7500	12.2400	0.1100	0.50	0.1246	18688.70	4950.00		不分配不转增
600772	石油龙昌○	21051.93	-40.75	4932.75	-42.01	991.83	-76.09	983.270	65084.91	148546.06	0.0414	2.7100	2.6660	1.5200	0.4900	0.40	1.0456	23961.60	7581.60		不分配不转增
600773	西藏金珠☆	18113.11	62.67	2874.60	20.82	2483.65	19.51	1222.300	33832.96	52211.65	0.2100	2.8900	2.7300	7.3400	-0.6200	0.38	1.3859	11709.74	4502.16		10转1
600774	汉商集团☆	54877.64	-11.87	374.72	-86.81	292.98	-86.78	485.360	44640.00	156061.78	0.0310	4.7300	4.7000	0.6600	-0.2300	1.04	2.1702	9446.72	3461.12		10送0.5派0.125元
600775	南京熊猫☆	86156.00	47.46	17901.55	48.78	17941.90	55.54	14051.400	93907.70	206972.90	0.2700	1.4300	1.3800	19.1100	-0.0800	-0.58	0.7306	65501.50	5800.00	H股:24200.00	不分配、不转增
600776	东方通信☆	839861.26	8.88	25976.80	-37.43	20734.37	-45.24	17918.860	365228.47	772134.56	0.3300	5.8160	5.7770	5.6800	1.6980	0.85	3.4042	62800.00	11800.00	B股:15000.00	10派2元(含税)
600777	新潮实业☆	66404.19	13.50	8704.22	16.44	7192.72	59.12	7166.190	70797.53	111529.61	0.3500	3.4600	3.4400	10.1600	0.4400	0.29	1.8287	20486.95	5037.09		10派2元(含税)
600778	友好集团☆	106883.42	8.74	4937.54	43.79	3308.39	13.12	2554.680	75204.04	191603.97	0.1062	2.4100	2.2700	4.4000	0.1600	0.01	1.3072	31149.14	17131.29		10派0.8元(含税)
600779	全兴股份☆	114435.50	-10.64	21899.97	1.97	17278.48	-1.90	14612.990	121441.08	247552.06	0.3900	2.7300	2.7000	14.2300	0.2600	0.57	0.8671	44413.25	17392.08		10送1派0.5元(含税)
600780	通宝能源☆	26571.87	10.41	7092.50	-5.29	5880.45	-1.05	6132.970	52694.78	69094.38	0.2700	2.4400	2.4400	11.1600	0.6600	0.43	0.7540	21569.46	9356.72		10派1.25元(含税)
600781	民丰实业△	21070.59	-28.56	-7447.06	-40387.57	-7038.65	- -	-5653.390	19507.70	54509.62	-0.3960	1.1000	1.0600	-36.0800	-0.0100	-0.52	0.5284	17759.29	5062.50		不分配不转增
600782	新华股份☆	29287.34	15.13	3130.09	2.90	2644.09	-1.66	1889.780	26643.59	40085.87	0.1368	1.3789	1.3531	9.9200	0.1694	0.01	0.2789	19322.04	5616.00		10派1.1元(含税)
600783	四砂股份☆	13275.84	-23.47	-160.80	95.00	131.30	- -	-1491.170	30471.81	54422.69	0.0065	1.5100	1.3600	0.4300	0.0386	0.03	0.3551	20227.89	6489.60		不分配、不转增
600785	新华百货☆	61823.37	22.09	4193.50	22.17	3571.49	14.95	3541.830	45498.20	73150.14	0.3500	4.4220	4.4110	7.8500	0.5600	0.62	2.5589	10289.25	6464.25		10派1元(含税)
600786	ST东锅☆	48953.72	34.78	-18022.28	-46.20	-18059.64	-45.52	-21341.570	15096.06	130081.67	-0.8548	0.7145	0.0567	-119.6320	0.5394	-1.63	1.0788	21127.12	5400.00		不分配不转增
600787	中储股份☆	69963.03	57.61	4108.67	-25.16	3363.37	-26.32	1828.530	74362.99	116776.91	0.1080	2.3960	2.3450	4.5200	0.0290	0.07	1.0283	31033.77	12616.38		10派0.65元(含税)
600788	达尔曼☆	19124.70	-37.88	5236.28	-57.21	5421.65	-39.81	4366.440	133911.05	215312.88	0.1900	4.6700	4.4700	4.0500	-0.3700	1.04	2.2583	28663.94	10471.50		不分配不转增
600789	鲁抗医药☆	77113.74	9.95	8199.42	21.52	7046.02	24.03	5696.700	116173.55	240501.16	0.1900	3.1800	3.1700	6.0700	0.7400	0.37	1.4693	36475.42	15809.79		10派0.80元(含税)
600790	轻纺城☆	104070.97	5.69	-2938.35	- -	-4676.41	- -	-5859.550	96234.74	270856.82	-0.1260	2.5900	2.4900	-4.8600	0.5460	-0.12	1.5406	37186.07	25223.33		不分配、不转增
600791	天创置业☆	30540.94	426.86	1667.50	- -	868.13	- -	337.920	12180.78	58281.12	0.0880	1.2300	1.2200	7.1300	0.2300	0.01	0.1415	9900.00	3300.00		不分配不转增
600792	ST马龙☆	8063.83	35.38	-2575.28	-72.44	-2575.28	-72.44	-1701.710	7073.06	15459.49	-0.5000	1.3900	1.3800	-36.3600	0.2400	-1.02	1.4033	5100.00	1500.00		不分配不转增
600793	宜宾纸业☆	46000.72	11.44	1624.17	21.92	1269.02	7.66	1492.840	17924.58	89683.54	0.1210	1.7020	1.6560	7.0800	-0.1100	0.04	0.3052	10530.00	3354.00		不分配不转增
600794	保税科技☆	13510.80	-16.54	3391.88	-9.02	1475.35	-12.87	1397.260	31605.87	57586.20	0.1240	2.6500	2.5800	4.6700	0.6100	0.01	1.4271	11923.97	5011.97		不分配不转增
600795	国电电力☆	293400.87	108.49	75637.10	116.59	55234.46	95.97	53206.570	427766.13	888258.60	0.6700	5.1880	5.1630	12.9080	1.2650	0.60	3.3101	82487.81	20702.82		10派2.5元(含税)
600796	钱江生化☆	20024.45	0.83	2881.82	-25.47	2631.63	-26.65	2284.790	25004.06	43994.24	0.2470	2.3470	2.3390	10.5200	0.2930	0.30	0.7093	10651.40	3249.00		10派2元(含税)
600797	浙大网新☆	111430.46	96.37	9503.65	-5.15	8441.56	41.16	6111.160	94886.93	226082.80	0.2500	2.7800	2.7600	8.9000	0.6600	0.14	1.4992	34161.49	16616.56		10派0.80元(含税)
600798	宁波海运☆	26545.83	1.26	9891.05	-2.69	8785.17	6.80	8542.090	74850.89	92716.19	0.1720	1.4620	1.4620	11.7400	0.1330	0.05	0.2696	51187.50	14145.00		10派1.25元(含税)
600800	天津磁卡△	61587.25	63.26	10278.36	142.64	8435.83	88.92	6390.730	103765.71	309883.12	0.1530	1.8800	1.8700	8.1300	0.3870	0.16	0.5309	55165.92	26173.91		不分配、不转增

代码	名称	主营业务收入(万元)	同比(%)	利润总额(万元)	同比(%)	净利润(万元)	同比(%)	扣除非经常性损益后净利润(万元)	股东权益(万元)	总资产(万元)	每股收益(摊薄)(元)	每股净资产(元)	调整后每股净资产(元)	净资产收益率(%)	每股经营现金流量净额(元)	每股未分配利润(摊薄)(元)	每股资本公积金(元)	总股本(万股)	流通A股(万股)	流通外资股(万股)	分配预(方)案
600801	华新水泥☆	69188.36	16.36	2920.27	35.79	2261.92	36.89	1925.910	72239.18	206311.52	0.0700	2.2000	2.1200	3.1300	0.3600	- -	0.9541	32840.00	4800.00	B股:16400.00	10派0.35元(含税)
600802	福建水泥☆	58264.85	7.48	-455.63	95.90	210.42	- -	95.230	70156.40	159187.07	0.0070	2.4810	2.2160	0.3000	0.2960	-0.37	1.2854	28281.70	13429.94		不分配、不转增
600803	威远生化☆	26400.19	11.48	1465.12	-41.87	1365.82	-31.89	759.710	30531.74	75460.26	0.1200	2.5800	2.5500	4.4700	-0.1500	0.20	1.1945	11822.17	6609.60		10派1.2元(含税)
600804	工益股份☆	29419.69	25.63	132.39	- -	132.52	- -	-23.470	19067.75	34130.86	0.0110	1.6350	1.5140	0.6900	0.1300	-0.32	0.6742	11661.12	7195.68		不分配、不转增
600805	悦达投资☆	126719.65	22.19	-718.74	- -	2035.58	-84.69	-2879.290	170157.45	537727.04	0.0370	3.1200	3.1000	1.2000	0.8200	0.34	1.5261	54544.52	30949.05		不分配不转增
600806	交大科技☆	10249.40	12.54	205.11	-42.65	205.10	-42.65	91.200	49903.40	77444.20	0.0080	2.0400	2.0300	0.4100	-0.0600	-0.27	1.2460	24500.74	6000.00	H股:6500.00	不分配、不转增
600807	济南百货△	4182.20	-73.81	-9526.68	- -	-9208.89	- -	-9208.890	13764.06	40781.53	-0.8530	1.2750	1.1370	-0.6690	-0.0776	-0.36	0.4651	10792.70	6435.00		不分配不转增
600808	马钢股份☆	954792.87	16.64	29713.13	50.76	20839.65	18.39	20345.400	1040347.62	1672301.30	0.0320	1.8200	1.8200	1.7700	0.1795	0.01	0.5408	645530.00	60000.00	H股:173293.00	10派0.20元(含税)
600809	山西汾酒☆	43347.23	16.38	3630.13	150.54	2870.73	164.49	2512.700	78046.99	110392.74	0.0663	1.8028	1.6925	3.5600	0.2100	0.01	0.6912	43292.41	7668.41		10派0.6元(含税)
600810	神马实业☆	115743.09	11.24	6769.40	-55.87	3437.54	-57.83	802.110	341549.89	407573.79	0.0610	6.0310	5.9650	1.0060	0.0650	0.50	4.2624	56628.00	14157.00		10派0.50元(含税)
600811	东方集团☆	173482.98	77.58	23824.85	-14.21	16319.40	0.20	14129.430	257405.79	706009.58	0.2840	4.4800	4.3600	6.3400	0.5400	0.40	2.2523	57408.68	40179.69		10送1派0.25元(含税)
600812	华北制药☆	283730.56	20.28	22796.83	56.68	13979.00	44.63	12301.000	243991.00	733509.00	0.1200	2.0900	1.9800	5.7300	0.3100	-0.07	0.9220	116939.42	46926.86		10派0.5元(含税)
600813	ST鞍一工◆	7904.10	-39.53	-78226.69	-514.25	-76423.10	-499.88	-76380.050	-80849.79	64882.77	-2.9600	-3.1300	-3.1300	- -	-0.0700	-5.07	0.9500	25800.00	9960.00		不分配不转增
600814	杭州解百△	99009.53	15.28	-337.69	- -	-599.49	- -	-408.250	38644.49	79551.56	-0.0253	1.6300	1.4700	-1.5500	0.1780	-0.01	0.4595	23737.04	10139.76		不分配不转增
600815	厦工股份☆	106239.43	48.21	4007.37	163.41	2950.55	170.97	2646.660	78976.67	130764.91	0.1000	2.6900	2.5700	3.6700	-0.0900	0.06	1.4156	29960.91	7980.00		10转5派0.5元(含税)
600816	鞍山信托☆	13582.00	-50.90	-19773.64	- -	-20129.00	- -	-24653.000	57712.00	272229.00	-0.4400	1.2700	0.5500	-34.8800	0.2990	-0.60	0.5988	45410.98	26667.47		不分配不转增
600817	宏盛科技△	79530.76	17.19	860.54	-69.66	107.89	-95.35	43.890	10162.23	60343.93	0.0100	1.2300	1.2100	1.0600	-0.5500	-0.52	0.5162	8251.80	1124.20		不分配不转增
600818	PT永久△	37007.61	22.48	335.95	- -	883.73	- -	-2621.180	6301.34	49664.79	0.0300	0.2400	0.2400	14.0200	-0.1800	-2.58	1.6853	26565.94	1495.00	B股:6900.00	不分配不转增
600819	耀皮玻璃☆	104491.67	20.54	18804.16	1.50	16238.19	5.02	16122.600	166384.86	212848.83	0.3330	3.4100	3.2200	9.7600	0.4500	0.49	1.1846	48750.00	3125.00	B股:12500.00	10派2.20元(含税)
600820	隧道股份☆	397342.58	43.89	11935.85	9.77	9689.02	6.25	13245.980	157322.80	598537.72	0.1803	2.9275	2.7487	6.1590	0.4306	0.05	1.6814	53738.98	24224.86		10派0.50元(含税)转1
600821	津劝业☆	153995.19	-13.15	368.93	-89.43	521.68	-83.12	469.110	66869.74	139179.16	0.0200	2.2900	1.9700	0.7800	0.2600	0.03	0.9549	29252.10	14558.50		不分配不转增
600822	物贸中心☆	318431.68	151.46	3243.57	- -	2751.14	- -	2301.030	29955.95	69562.21	0.1090	1.1850	1.0850	9.1840	0.0958	0.00	0.1444	25272.03	1331.00	B股:6655.00	10派0.20元(含税)
600823	世茂股份☆	5092.76	-48.83	4650.35	- -	4305.12	- -	33.940	46896.35	82705.52	0.1821	1.9800	1.9100	9.1800	0.1405	0.07	0.7836	23644.48	11315.90		10派0.73元(含税)
600824	益民百货☆	73183.51	21.57	6232.44	14.69	4889.99	9.94	5300.660	65891.77	105120.53	0.2530	3.4000	3.3600	7.4200	0.0240	0.02	1.7907	19364.91	8986.55		10派1.50元(含税)
600825	华联超市☆	324788.24	124.84	6052.75	147.05	5007.00	147.22	5129.020	24433.95	113639.61	0.3250	1.5840	1.0120	20.4900	-0.4030	0.19	0.1852	15427.52	3856.90		10派0.3元(含税)
600826	兰生股份☆	171891.27	0.18	5255.29	-22.54	3960.73	-32.50	1934.820	78902.53	134481.60	0.1400	2.8100	2.5800	5.0200	0.3200	0.33	0.9112	28042.82	9514.00		10派1元(含税)
600827	友谊股份☆	577309.52	133.89	12237.82	161.38	7005.28	68.44	5580.960	56477.15	345744.27	0.2870	2.3120	1.1470	12.4040	0.4000	0.38	0.6070	24429.30	3356.41	B股:10707.84	10送1转1
600828	成商集团☆	141307.34	-1.84	2656.50	-8.01	2039.92	-13.03	1895.570	43610.06	96394.26	0.1200	2.5800	2.5200	4.6800	0.2400	0.07	1.1347	16929.00	4257.00		10转2
600829	天鹅股份☆	52111.80	0.80	5384.20	-23.22	4420.83	-28.17	2367.600	50110.87	96069.57	0.3345	3.7900	3.6800	8.8200	0.1100	0.35	2.0182	13216.83	3327.50		10转3派0.2元(含税)
600830	甬城隍庙☆	72301.41	63.34	3329.21	-25.15	1929.68	-17.91	558.330	47871.93	81285.65	0.1100	2.7330	2.6390	4.0310	-0.2700	0.24	1.2349	17514.68	10262.88		10派1元(含税)
600831	广电网络☆	819.94	-71.02	993.41	- -	993.41	- -	248.560	11749.25	32989.32	0.0890	1.0560	1.0560	8.4600	0.0300	-3.31	3.2984	11128.67	4634.54		不分配、不转增
600832	东方明珠☆	61586.73	-14.08	26308.63	20.56	22929.88	18.48	22943.310	271442.95	392119.44	0.3330	3.9500	3.8800	8.4000	0.7000	0.00	2.5070	68802.87	15688.68		10派2.40元(含税)
600833	商业网点☆	26323.31	6181.52	2830.28	- -	2423.41	- -	1294.190	16552.42	48276.10	0.1520	1.0390	0.9820	14.6400	0.3550	-4.49	4.3258	15934.74	4797.93		不分配、不转增
600834	申通地铁☆	27450.76	154.30	7818.62	22.65	6551.85	20.81	5896.710	55422.73	94763.29	0.1700	1.4000	1.4000	11.8200	0.3800	0.06	0.2020	39453.05	8004.00		10派1元(含税)
600835	上菱电器☆	384476.95	6.08	61814.38	33.93	24644.46	58.56	23436.400	271471.50	743495.61	0.4580	5.0500	4.9900	9.0800	1.6400	0.07	3.4478	53805.73	16992.00	B股:11376.00	10派1.50元(含税)转1
600836	界龙实业△	50781.86	24.43	864.78	455.64	553.80	-43.24	1061.690	20240.67	72322.72	0.0500	1.8100	0.9500	2.7400	0.2200	-0.35	1.0040	11169.38	4132.81		不分配不转增

代码	名称	主营业务收入（万元）	同比（%）	利润总额（万元）	同比（%）	净利润（万元）	同比（%）	扣除非经常性损益后净利润（万元）	股东权益（万元）	总资产（万元）	每股收益（摊薄）（元）	每股净资产（元）	调整后每股净资产（元）	净资产收益率（%）	每股经营现金流量净额（元）	每股未分配利润（摊薄）（元）	每股资本公积金（元）	总股本（万股）	流通A股（万股）	流通外资股（万股）	分配预（方）案
600837	都市股份☆	21538.66	-24.96	2898.45	--	2654.00	--	1942.060	23462.38	47557.54	0.4068	3.5960	3.5047	11.3100	0.1794	0.30	2.0090	6524.49	1638.00		10送2派0.3元(含税)
600838	上海九百△	49461.73	-36.27	-9550.61	--	-9830.69	--	466.350	57689.24	144890.82	-0.2452	1.4391	1.3806	-17.0400	0.2814	-0.35	0.6898	40088.20	19686.28		不分配不转增
600839	四川长虹☆	951461.85	-11.14	11160.76	-33.69	8853.59	-23.64	-5806.130	1274131.39	1763751.17	0.0410	5.8870	5.8740	0.6900	0.6300	0.78	1.8784	216421.14	95140.23		不分配不转增
600840	浙江创业☆	15423.87	31.98	-572.68	--	-516.01	--	-485.250	15916.62	82392.14	-0.0370	1.1390	1.0910	-3.2400	-2.0990	-0.10	0.1580	13975.14	6442.03		不分配不转增
600841	上柴股份☆	141185.41	11.84	5343.81	15.79	4447.78	18.18	3030.680	158436.73	213542.40	0.0930	3.3000	3.3000	2.8100	0.5000	0.04	1.5546	48030.93	2160.00	B股:21700.00	10派0.55元(含税)
600842	ST中西▽	23556.78	-1.58	-9201.16	38.30	-8509.91	43.32	-3282.410	10279.96	121735.56	-0.3947	0.4768	0.4158	-82.7800	-0.1132	-1.34	0.7244	21559.46	8422.55		不分配、不转增
600843	上工股份☆	91625.99	63.89	5258.23	21.34	4584.00	21.66	4086.700	50256.53	131741.12	0.1816	1.9906	1.9745	9.1210	0.0133	-0.43	1.4135	25246.64	1560.00	B股:9750.00	不分配、不转增
600844	英雄股份☆	26960.11	0.77	970.12	--	545.67	--	-4418.560	60390.58	153575.46	0.0180	1.9830	1.8800	0.9000	0.0020	0.08	0.6286	30456.45	2768.43	B股:9689.67	不分配不转增
600845	PT宝信☆	39645.00	71.41	3845.87	--	3854.00	--	3774.000	26288.00	32180.00	0.1470	1.0020	1.0004	14.6600	0.0800	-0.09	0.0792	26224.41	1320.00	B股:8800.00	不分配、不转增
600846	同济科技☆	65203.60	3.27	2738.94	-34.72	1611.93	-51.78	1155.090	42697.87	163106.53	0.0580	1.5354	1.4492	3.7800	0.0785	0.06	0.2785	27808.97	11871.92		不分配不转增
600847	万里电池△	11112.31	14.50	136.28	-79.89	136.28	-79.89	136.280	8880.00	19806.88	0.0150	1.0020	0.8920	1.5300	0.0420	-0.57	0.4880	8866.00	3989.70		不分配、不转增
600848	ST自仪☆	57844.80	6.73	1810.19	--	835.57	--	337.000	11014.39	99701.26	0.0200	0.2800	0.1800	7.5900	0.2500	-1.37	0.5761	39928.69	3367.43	B股:10714.55	不分配、不转增
600849	上海医药☆	520203.43	13.20	20234.01	2.16	14528.07	-10.46	13332.870	150528.29	429312.44	0.4600	4.7600	4.5100	9.6500	0.2100	0.49	2.5587	31620.72	19070.84		10派0.9元(含税)
600850	华东电脑☆	57564.69	-58.75	1771.82	31.81	1472.30	24.12	320.780	22853.66	52537.14	0.0860	1.3400	1.1700	6.4400	0.3800	0.07	0.1687	17103.15	4860.00		不分配、不转增
600851	海欣股份☆	109095.69	13.06	16772.25	35.02	14612.24	34.63	14131.290	169978.53	302032.13	0.2900	3.3800	3.3500	8.6000	0.5500	0.13	1.8082	50293.75	15306.30	B股:16777.38	10送1派1元(含税)转1
600852	中川国际△	22290.24	-22.60	2216.49	-18.75	1598.29	-33.99	624.100	25878.34	118662.60	0.1000	1.5700	1.4500	6.1800	1.7300	-0.05	0.5473	16430.86	5630.86		不分配、不转增
600854	春兰股份☆	176222.73	-3.44	28974.09	-7.27	23096.72	-12.06	23113.600	293442.79	410180.69	0.4450	5.6500	5.6500	7.8700	0.4700	--	2.9611	51945.85	19824.19		10派3元(含税)
600855	航天长峰☆	13149.28	218.52	2127.89	--	1989.89	--	2139.300	19852.83	30052.52	0.1240	1.2400	1.2020	10.0200	0.1260	0.08	0.1203	16008.00	5298.90		不分配、不转增
600856	长百集团☆	38057.88	12.87	552.60	-80.26	493.08	-78.05	423.540	35783.83	67884.76	0.0300	1.9600	1.6400	1.3800	-0.0100	-0.02	0.7814	18273.77	8591.48		不分配、不转增
600857	工大首创☆	59572.31	-9.93	2599.90	-29.25	2343.40	-29.25	2090.240	32306.80	46239.34	0.1200	1.6800	1.6700	7.2500	0.2800	0.12	0.4095	19229.18	9150.88		10派0.5元(含税)
600858	ST渤海☆	2775.29	15.46	-3413.70	-25.93	-3363.52	-23.44	-2285.370	10733.16	22165.14	-0.2772	0.8845	0.8713	-31.3380	-0.0497	-0.64	0.4647	12134.67	6795.36		不分配不转增
600860	北人股份☆	69907.60	58.14	7575.17	102.80	6428.20	112.65	6562.600	95112.60	158133.10	0.1600	2.3800	2.2200	6.7600	0.1300	0.05	0.9988	40000.00	5000.00	H股:10000.00	10派1.2元(含税)
600861	北京城乡☆	128113.54	20.47	11869.66	5.88	9515.22	15.99	9189.010	161150.96	218839.08	0.2300	3.9700	3.1800	5.9000	0.4100	0.11	1.7243	40573.89	16731.00		10派0.6元(含税)
600863	内蒙华电☆	143202.15	0.65	25780.73	-23.99	22020.56	-23.23	22020.560	371835.54	415946.18	0.2220	3.7540	3.7250	5.9200	0.3460	0.18	2.1934	99061.00	19773.00		10派1.20元(含税)
600864	岁宝热电☆	21435.01	-9.25	3032.63	12.75	1971.42	61.07	1586.430	39784.70	91646.20	0.1440	2.9100	2.6800	4.9600	0.1520	0.25	1.3573	13659.45	4537.50		10派1.1元(含税)
600865	百大集团☆	101484.18	9.30	5600.90	-5.16	3998.74	-3.03	4523.590	65556.63	131626.12	0.1500	2.4300	2.2000	6.1000	0.4000	0.00	1.1800	26970.63	13533.99		10派0.9元(含税)
600866	星湖科技☆	44005.49	26.14	7623.84	-18.79	6775.46	-21.20	6738.030	75237.48	100155.19	0.2100	2.3100	2.2800	9.0100	0.1870	0.05	1.0221	32568.91	19438.05		10派1元(含税)
600867	通化东宝☆	20590.45	3.43	3677.27	92.05	2933.43	728.23	2845.320	137205.87	145650.56	0.0900	4.2300	4.0000	2.1400	0.3600	0.59	2.2839	32449.30	15769.73		不分配不转增
600868	梅雁股份☆	66399.75	28.88	18505.25	9.73	16861.55	0.84	9510.310	251933.37	378740.52	0.1700	2.4900	2.4800	6.6900	0.1000	0.13	1.1723	101233.73	77623.89		10送1派1元(含税)
600869	青海三普☆	11814.71	-2.36	-7.47	--	176.90	-81.80	-47.610	20706.04	42168.23	0.0147	1.7300	1.5000	0.8500	-0.0300	-0.04	0.4881	12000.00	3000.00		不分配不转增
600870	ST厦华△	213548.08	-35.11	-28740.64	27.39	-28653.17	27.46	-29290.920	72456.09	317008.32	-0.7700	1.9500	1.9300	-39.5300	-0.4300	-1.70	2.5049	37081.87	15151.35		不分配、不转增
600871	仪征化纤☆	780865.80	-13.38	21337.50	-78.35	17078.90	-79.67	24647.000	880186.80	1120149.40	0.0430	2.2000	2.1980	1.9400	0.1860	0.10	0.7697	400000.00	20000.00	H股:140000.00	10派0.2元(含税)
600872	中炬高新☆	83630.95	11.36	8438.07	-9.32	6483.64	-10.07	6475.230	122302.13	239494.47	0.1440	2.7200	2.5860	5.3000	0.0960	0.21	1.1860	45005.60	24923.61		不分配不转增
600873	西藏明珠△	5043.80	-1.05	-3547.46	--	-3547.46	--	-1543.720	21450.46	41501.40	-0.3280	1.9800	1.9500	-16.5400	0.0690	-0.74	1.6219	10823.66	5213.66		不分配不转增
600874	创业环保☆	59598.60	-82.98	39934.50	131.65	26763.40	58.74	26763.400	156788.80	192698.40	0.2000	1.1800	1.1800	17.0700	0.1400	0.10	0.0521	133000.00	11249.50	H股:34000.00	10派0.8元(含税)
600875	东方电机☆	37029.30	-42.54	-26149.90	--	-26134.90	--	-26044.000	88583.20	257802.30	-0.5810	1.9700	1.4900	-29.5000	-0.1200	-0.50	1.3471	45000.00	6000.00	H股:17000.00	不分配、不转增

代码	名称	主营业务收入(万元)	同比(%)	利润总额(万元)	同比(%)	净利润(万元)	同比(%)	扣除非经常性损益后净利润(万元)	股东权益(万元)	总资产(万元)	每股收益(摊薄)(元)	每股净资产(元)	调整后每股净资产(元)	净资产收益率(%)	每股经营现金流量净额(元)	每股未分配利润(摊薄)(元)	每股资本公积金(元)	总股本(万股)	流通A股(万股)	流通外资股(万股)	分配预(方)案
600876	洛阳玻璃☆	81727.70	-9.34	808.80	-90.96	986.80	-85.05	986.800	156258.40	312100.00	0.0140	2.2300	1.2300	0.6300	0.1940	-0.47	1.3857	70000.00	5000.00	H股:25000.00	不分配不转增
600877	中国嘉陵☆	259050.90	-0.57	853.80	-52.60	975.29	-50.63	-3297.590	135537.73	399431.34	0.0200	2.8600	2.7200	0.7200	0.1200	-0.02	0.6361	47387.08	21960.00		不分配不转增
600878	北大科技☆	8318.85	-67.98	2025.06	-42.87	1719.08	-47.07	1720.770	49268.58	79725.67	0.0600	1.7320	1.7230	3.4900	0.0080	0.25	0.1837	28443.07	8863.63		不分配不转增
600879	火箭股份☆	46855.86	11.48	12681.79	50.74	11038.41	71.86	11019.100	74440.37	123219.73	0.4700	3.1800	3.1800	14.8300	0.3000	0.63	1.3259	23433.32	13714.12		10派1元(含税)
600880	博瑞传播☆	27790.26	23.65	3108.47	10.39	2959.87	16.24	2980.910	22425.66	37410.53	0.2300	1.7200	1.7100	13.2000	0.8500	0.00	0.2599	13018.01	4187.75		10派1元(含税)
600881	亚泰集团☆	108741.01	4.07	14165.66	-27.36	11189.21	-33.75	10949.590	173398.40	480927.49	0.2400	3.6500	3.5600	6.4500	-0.2500	0.41	1.9547	47510.63	27551.56		10派0.5元(含税)
600882	大成股份☆	41908.27	7.42	899.49	68.98	735.87	121.41	955.870	48394.43	93387.90	0.0400	2.6000	2.5300	1.5200	0.1200	0.01	1.3993	18584.91	9682.96		10派0.3元(含税)
600883	富邦科技☆	7118.41	15.37	1108.13	-6.54	977.39	-5.70	953.540	25396.30	32181.38	0.0900	2.3100	2.3000	3.8500	0.2800	0.06	1.0257	11010.00	3510.00		10派0.30元(含税)转8
600884	杉杉股份☆	73046.00	-9.49	10563.31	-10.69	8238.70	-26.41	6650.430	127399.78	167083.50	0.3000	4.6500	4.6500	6.4700	0.7200	0.30	2.3976	27390.55	15198.99		10派2元转5(含税)
600885	力诺工业☆	10292.47	36.46	419.26	--	421.49	--	233.530	13685.50	54774.03	0.0330	1.0500	1.0500	3.0800	0.0400	-0.55	0.4713	12980.71	4986.80		不分配不转增
600886	湖北兴化☆	190641.00	2.55	-3962.84	--	-3963.00	--	-5043.000	86071.00	91068.40	-0.1410	3.0550	3.0420	-4.6040	-0.1390	-0.14	1.7961	28174.58	10731.70		不分配、不转增
600887	伊利股份☆	270198.30	69.89	14105.54	17.59	11967.67	34.03	12343.750	83346.70	163909.61	0.8200	5.6800	5.4200	14.3600	2.0900	0.59	2.9196	14667.11	7989.39		10派3.6元(含税)
600888	新疆众和☆	41895.42	0.34	3623.71	43.96	3119.69	24.88	3115.190	23585.23	121921.88	0.3017	2.2800	2.1700	13.2300	1.6300	0.17	0.9651	10338.90	2925.00		10派1元(含税)
600889	南京化纤☆	33327.89	14.32	4102.75	-9.34	3020.33	-24.04	2851.490	46375.86	67841.27	0.1900	2.8700	2.8600	6.5100	0.3800	0.43	1.1124	16154.74	6681.85		10派0.3元(含税)
600890	长春长铃☆	32270.30	-11.28	2076.35	-65.02	3844.96	-38.48	3307.140	73551.73	121003.70	0.0800	1.5200	1.5100	5.2300	0.1500	0.14	0.1869	48485.10	20509.55		10派0.30元(含税)
600891	秋林集团▽	40191.83	-29.17	-5180.20	--	-5180.20	--	-4751.980	54710.11	90805.84	-0.2100	2.2500	2.2000	-9.4700	0.0400	-0.16	1.2352	24356.41	12941.93		不分配不转增
600892	湖大科教☆	2374.55	9.01	163.06	-12.92	142.08	-12.10	127.440	6326.82	23546.90	0.0281	1.2528	1.0384	2.2500	0.6168	-1.68	1.7635	5050.00	1530.97		不分配、不转增
600893	ST吉发△	87483.63	-13.34	-16226.15	-1112.99	-14111.44	-748.98	-11944.060	49460.75	155734.26	-0.6007	2.1100	1.8300	-28.5300	0.0800	-1.03	1.9753	23491.09	11531.69		不分配不转增
600894	广钢股份☆	244611.07	-2.42	7415.15	-14.52	6568.13	-11.62	6718.950	154662.30	334892.82	0.0960	2.2500	2.2000	4.2500	0.1200	0.01	1.0375	68618.00	16169.03		10派0.4元(含税)
600895	张江高科☆	61493.61	263.91	24044.82	62.98	20244.19	58.28	18627.650	210041.21	274763.61	0.4300	4.4900	4.4900	9.6400	-0.5100	0.51	2.7412	46756.50	16595.03		10送3转7
600896	中海海盛☆	46762.46	9.09	6624.25	-26.48	4826.88	-27.66	5846.130	79382.78	107160.03	0.1500	2.5000	2.3800	6.0800	0.2300	0.21	1.0114	31728.26	15607.80		10派1元(含税)
600897	厦门机场☆	18084.74	0.04	6166.77	-0.40	5148.96	-0.17	5126.710	114417.25	127564.96	0.1910	4.2380	4.2300	4.5000	0.2930	0.56	2.3180	27000.00	6750.00		10派1.50元(含税)
600898	PT郑百文☆	27316.99	-31.71	-3267.64	63.19	-3426.57	61.41	-3082.130	-125629.72	47923.69	-0.1734	-6.3584	-6.3590	--	0.1135	-9.53	2.0356	19758.21	10709.92		不分配、不转增
600899	信联股份△	16723.17	7.82	1413.78	-40.74	1588.10	-49.47	2107.700	46157.59	110027.45	0.0890	2.6000	2.5800	3.4400	-0.8300	0.54	0.7025	17750.54	5430.54		10派0.5元(含税)
900929	国旅B股☆	54194.50	0.16	1966.73	7.43	1730.77	4.07	1714.630	39681.94	62711.37	0.1300	2.9900	2.9600	4.3600	0.2700	0.08	1.2871	13255.63	--	B股:6600.00	10派0.6元(含税)
900935	金泰B股☆	15585.25	1.30	622.34	230.97	533.13	185.48	494.600	28041.12	39852.09	0.0300	1.5100	1.4900	2.0000	0.0950	-0.49	0.9869	18530.00	--	B股:8000.00	不分配、不转增
900948	伊煤B股☆	114723.00	37.74	3623.58	136.08	3296.08	162.51	3348.090	79062.71	136186.44	0.0900	2.1600	1.9800	4.1700	0.5000	0.01	1.0990	36600.00	--	B股:16600.00	10派0.5元(含税)
900949	东电B股☆	337027.73	-0.88	96305.51	-5.15	73405.78	18.07	73819.800	536585.87	781631.38	0.3700	2.6700	2.6700	13.6800	0.6500	0.41	0.9270	201000.00	--	B股:69000.00	10派2.5元(含税)
900950	ST新城B股☆	10658.20	-80.67	-20935.63	-187.05	-19112.37	-162.05	-12872.490	35216.55	76704.54	-0.5758	1.0600	0.8790	-54.2700	0.0710	-0.88	0.9394	33191.40	--	B股:13391.40	不分配不转增
900951	大化B股☆	91476.25	-3.15	1318.54	-26.59	1019.55	-43.24	1370.600	56764.11	83629.97	0.0400	2.0600	1.9900	1.8000	0.0200	0.18	0.8316	27500.00	--	B股:10000.00	不分配、不转增
900956	东贝B股☆	25819.78	46.85	2848.81	11.97	2419.14	-4.92	2348.220	38818.38	70448.70	0.1000	1.6500	1.6300	6.0500	0.1100	0.22	0.3617	23500.00	--	B股:11500.00	不分配、不转增
900957	凌云B股☆	59411.31	-23.77	4160.90	-48.99	4672.79	-38.10	3367.820	61607.88	143684.80	0.1300	1.7700	1.7600	7.5800	-0.0300	0.14	0.5157	34900.00	--	B股:18400.00	10派0.20元(含税)

上市公司 2001 年度经营业绩(深市)

代码	名称	主营业务收入(万元)	同比(%)	利润总额(万元)	同比(%)	净利润(万元)	同比(%)	扣除非经常性损益后净利润(万元)	股东权益(万元)	总资产(万元)	每股收益(摊薄)(元)	每股净资产(元)	调整后每股净资产(元)	净资产收益率(%)	每股经营现金流量净额(元)	每股未分配利润(摊薄)(元)	每股资本公积金(元)	总股本(万股)	流通A股(万股)	流通外资股(万股)	分配预(方)案
000001	深发展 A☆	432894.37	55.210	55895.56	11.080	40236.04	-13.090	40515.33	362766.88	12012698.34	0.2100	1.8600	1.7500	11.0900	7.5200	0.03	0.8077	194582.21	140936.20		10派1.50元
000002	万科 A☆	445506.48	17.740	50185.22	31.950	37374.72	25.990	19061.81	312409.00	648291.16	0.5920	4.9510	4.8640	11.9600	-1.9100	0.01	2.2749	63097.19	39871.19	B股:12175.51	10派2元(含税)
000004	北大高科☆	6198.45	-52.690	1296.59	-44.980	1109.51	-49.580	119.900	9584.13	22200.88	0.1320	1.1410	1.1340	11.5800	0.0620	0.04	0.0011	8397.67	4165.72		10派0.5元(含税)
000005	世纪星源△	6712.83	-57.340	-9094.87	-511.830	-6661.39	--	-5244.32	107969.87	192431.50	-0.0940	1.5200	1.4800	-6.1900	-0.0440	-0.05	0.4628	70866.13	37394.96		不分配、不转增
000006	深振业 A☆	202418.95	14.540	15699.45	-1.340	11914.89	1.160	11541.59	119100.46	421893.74	0.4698	4.6960	3.3600	10.0000	1.5600	0.33	2.3238	25359.16	15780.70		10派1.30元(含税)
000007	深达声 A☆	33971.51	3478.940	2113.68	--	1533.67	--	1864.360	14622.16	110217.36	0.1100	1.0200	0.6400	10.4900	0.2200	-1.62	1.2420	14359.37	7956.10		不分配不转增
000008	ST亿安〇	2439.87	-76.250	-16213.92	--	-12462.24	--	-12096.1	-4882.40	10759.67	-1.6920	-0.6600	-0.6800	--	-0.0140	-2.19	0.9058	7365.32	3529.06		不分配不转增
000009	深宝安 A☆	84941.47	31.870	6961.51	19.140	4085.51	16.960	1401.710	119697.92	404620.63	0.0430	1.2500	1.2100	3.4100	0.2500	-1.15	0.7354	95881.00	57972.69		不分配不转增
000010	深华新☆	16553.32	-31.350	382.15	-81.290	175.50	-91.200	120.590	15069.95	29423.41	0.0100	1.0300	0.9600	1.1600	0.2000	-0.13	0.1407	14701.74	6758.87		不分配、不转增
000011	ST深物业△	102163.94	93.940	10576.86	723.640	8638.59	1501.840	8260.190	28588.06	244863.37	0.1590	0.5280	0.1290	30.2200	0.2470	-1.16	0.5648	54179.92	9139.13	B股:6145.93	不分配不转增
000012	南玻科控☆	104099.85	-6.760	15574.08	-21.620	15129.72	-18.220	15241.33	184650.78	269896.08	0.2200	2.7300	2.7200	8.1900	0.5400	0.09	1.3501	67697.54	10716.60	B股:29905.25	10派1.3元(含税)
000014	沙河股份☆	46563.73	495.570	3176.00	--	3176.00	--	3184.600	19193.52	69352.14	0.3500	2.1400	1.8200	16.5500	0.7800	-2.50	3.2629	8964.68	4522.04		不分配、不转增
000016	深康佳 A☆	674812.20	-24.630	-68725.42	--	-69979.15	--	-71989.4	289391.30	721173.68	-1.1625	4.8073	4.5859	-24.1800	1.2014	-1.09	3.0454	60198.64	22419.87	B股:20283.79	不分配不转增
000017	ST中华△	5187.53	-23.680	-227192.51	-1189.93	-225724.42	-1260.99	-201363	-198867.78	56557.51	-4.7100	-4.1480	-4.1550	--	-0.0180	-8.10	2.5873	47943.30	7675.20	B股:17862.06	不分配不转增
000018	深中冠 A☆	14176.00	-13.430	125.50	-76.810	84.14	-83.380	-18.920	30692.00	38886.00	0.0050	1.8150	1.8000	0.2740	0.1100	0.02	0.1757	16914.24	2034.12	B股:6942.19	不分配不转增
000019	深深宝 A☆	6118.52	-12.890	1329.29	167.400	1138.19	303.940	-1877.83	32780.59	40088.40	0.0630	1.8020	1.7430	3.4700	-0.0660	0.01	0.5903	18192.31	3994.07	B股:2613.60	10派0.5元(含税)
000020	深华发 A☆	8286.19	-30.020	304.59	5.830	304.59	4.010	-196.320	29077.68	45022.57	0.0100	1.0300	0.9800	1.0500	0.1400	-0.59	0.3477	28316.12	5623.96	B股:10199.58	不分配、不转增
000021	深科技 A☆	391868.87	1.230	-1455.61	--	-914.46	--	-1595.04	227053.73	464533.12	-0.0120	3.0980	3.0640	-0.4000	0.2800	0.36	0.7226	73293.21	20058.21		10派0.60元(含税)
000022	深赤湾 A☆	47585.26	10.110	13129.57	18.750	8682.92	21.040	7565.080	111427.17	222356.42	0.2280	2.9210	2.8830	7.7900	0.5940	0.03	1.0643	38151.70	5060.00	B股:10644.70	10派1.02元(含税)
000023	深天地 A△	22302.96	-13.170	-9408.98	--	-6388.94	--	-4107.39	17016.96	82851.25	-0.4600	1.2300	0.8900	-37.5400	-0.1603	-0.47	0.7232	13875.62	4619.12		不分配、不转增
000024	招商局 A☆	332082.07	13.830	29143.58	-13.540	17496.18	-11.600	18953.74	225027.80	469261.91	0.3670	4.7240	4.6560	7.7750	0.0570	0.49	2.4321	47639.60	13096.52	B股:13622.18	10派1.10元(含税)
000025	ST特力 A☆	70324.49	359.910	488.09	--	514.41	--	-966.860	26632.72	136843.32	0.0200	1.2100	0.2900	1.9300	0.2600	-0.80	0.7605	22028.16	3428.51	B股:2640.00	不分配、不转增
000026	飞亚达 A☆	21981.38	-13.130	1600.02	-26.510	1132.28	-27.790	375.100	58780.30	72584.58	0.0450	2.3600	2.2500	1.9300	0.2600	0.07	0.7665	24931.80	6075.00	B股:5832.00	10派0.5元(含税)
000027	深能源 A☆	334780.78	45.730	86096.43	19.660	39813.68	1.640	44083.35	259852.91	776486.44	0.3973	2.5931	2.5321	15.3200	1.9526	0.11	0.5329	100207.94	40526.35		10送1转1派3元(含税)
000028	一致药业☆	166867.50	1446.520	4612.04	--	3651.72	--	3244.330	35400.90	111816.92	0.1300	1.2290	0.9750	10.3200	0.2470	0.03	0.0546	28814.94	5488.56	B股:5488.56	不分配不转增
000029	深深房 A☆	61625.10	-27.740	-53757.53	--	-53728.00	--	-49656.4	101908.20	347321.30	-0.5311	1.0100	0.8800	-52.7200	0.0700	-0.93	0.8517	101166.00	14784.00	B股:12000.00	不分配不转增
000030	ST英达 A△	51419.32	-30.500	-98134.09	--	-99537.92	--	-62712.2	-97176.92	44449.38	-3.4500	-3.3700	-3.3900	--	0.1080	-6.07	1.2250	28842.00	4026.00	B股:3960.00	不分配不转增
000031	深宝恒 A△	31245.27	-4.740	9235.67	124.980	5844.94	152.920	5796.380	94745.33	163622.22	0.1250	2.0300	1.9800	6.1700	0.2900	-0.52	1.1866	46630.24	16348.99		不分配、不转增
000032	深桑达 A☆	169181.47	46.780	4675.03	18.030	3637.60	20.340	3376.150	26552.64	89389.66	0.2780	2.0300	1.7900	13.7000	1.0200	0.00	0.5918	13081.20	3630.00		10派1元(含税)
000033	新都酒店 A☆	10225.00	-7.020	525.17	--	525.00	--	277.310	43297.00	65107.00	0.0180	1.5050	1.4390	1.2100	0.1340	-0.31	0.6690	28772.35	6722.35		不分配不转增
000034	深信泰丰☆	124767.49	200.000	4683.48	-82.930	4361.44	-83.980	3767.740	35954.72	145413.29	0.1400	1.1600	1.0100	12.1300	-0.2000	-1.00	0.9472	31113.94	8460.46		不分配、不转增
000035	中科健 A△	144482.89	67.240	5037.96	131.420	5179.40	130.750	5188.460	19947.71	134346.77	0.4470	1.7200	1.6000	25.9600	-1.7500	-0.27	0.8943	11588.72	4264.92		不分配不转增
000036	华联控股☆	316411.89	40.710	36264.59	26.430	12503.41	0.990	11471.79	98483.81	403997.32	0.3500	2.7400	2.6900	12.7000	1.1600	0.57	0.9890	35955.51	17717.25		不分配不转增

代码	名称	主营业务收入(万元)	同比(%)	利润总额(万元)	同比(%)	净利润(万元)	同比(%)	扣除非经常性损益后净利润(万元)	股东权益(万元)	总资产(万元)	每股收益(摊薄)(元)	每股净资产(元)	调整后每股净资产(元)	净资产收益率(%)	每股经营现金流量净额(元)	每股未分配利润(摊薄)(元)	每股资本公积金(元)	总股本(万股)	流通A股(万股)	流通外资股(万股)	分配预(方)案
000037	深南电A☆	108409.33	21.850	27075.65	61.440	20327.15	39.910	18758.18	90845.20	155674.52	0.3700	1.6600	1.6500	22.3800	0.7000	0.00	0.3933	54796.60	6484.61	B股:10856.59	10派3.1元(含税)
000038	深大通A☆	3280.09	-44.080	254.23	- -	649.79	-69.350	474.790	10629.16	16805.33	0.0718	1.1747	1.1360	6.1100	0.1440	-0.67	0.5276	9048.60	1914.00		不分配、不转增
000040	深鸿基A☆	31477.04	-15.910	-14065.10	- -	-12560.33	- -	-12829.2	105864.83	199991.33	-0.2670	2.2540	2.1810	-11.8600	0.0910	-0.20	1.0095	46959.34	28680.05		不分配、不转增
000042	深长城A☆	140758.03	-2.450	16111.91	4.520	10865.32	1.610	11062.27	128286.02	411585.11	0.4540	5.3570	4.6440	8.4700	-0.2320	0.39	2.5754	23946.30	6912.17		10派1.30元(含税)
000043	深南光A☆	65954.99	-22.980	-14180.15	- -	-13767.00	-773.700	-13831.9	25381.27	95148.51	-0.9880	1.8200	1.2400	-54.2400	0.5200	-1.18	1.7013	13932.55	3819.59		不分配不转增
000045	深纺织A△	34388.42	-9.740	2716.70	-3.890	2520.17	10.380	2322.540	30364.40	73501.91	0.1540	1.8580	1.7900	8.3000	0.1760	-0.28	1.0273	16341.60	2217.60	B股:3300.00	不分配、不转增
000046	光彩建设☆	34528.01	25.480	8747.25	77.900	3760.87	0.830	3412.300	96366.64	218424.86	0.1541	3.9480	3.9000	3.9000	-1.1640	0.78	1.8971	24408.43	12651.82		10派1元(含税)
000048	ST康达尔△	81419.40	-13.170	-10489.69	69.450	-10644.93	69.710	-12063.2	5076.34	136414.89	-0.2700	0.1300	0.0700	-209.700	0.6900	-1.26	0.2364	39076.87	11423.74		不分配不转增
000049	深万山A☆	4711.25	66.730	1457.79	-3.850	1452.61	-4.000	1455.860	14856.40	46885.24	0.1062	1.0858	0.7926	9.7800	0.2008	-0.70	0.7604	13682.92	4472.36		不分配、不转增
000050	深天马A☆	27893.62	-12.180	2529.42	-32.820	2463.04	-24.260	1786.360	69885.88	85707.13	0.1860	5.2600	5.2300	3.5200	0.5950	0.19	3.7316	13277.00	3639.70		10派1.5元(含税)
000055	深圳方大☆	40695.66	-5.690	4863.25	-39.580	3614.76	-47.840	3628.280	102902.35	139391.81	0.1200	3.4700	3.4500	3.5100	0.4840	0.77	1.3907	29640.00	4200.00	B股:14536.80	10派1.00元(含税)
000056	深国商☆	30144.98	-53.860	2916.16	-68.130	1970.58	-49.300	-1325.41	37276.30	118832.16	0.0900	1.6900	1.5100	5.2900	-0.0800	-0.12	0.2314	22090.12	5522.23	B股:7200.00	不分配、不转增
000058	深赛格△	192224.84	-15.490	-39570.61	-36.900	-33876.08	-108.920	-13191.9	112030.94	345928.98	-0.4670	1.5430	1.4680	-30.2400	0.3970	-0.59	0.8410	72614.59	8662.62	B股:22804.17	不分配、不转增
000059	辽通化工☆	106703.44	-4.810	1854.54	34.880	243.17	-1.370	-3860.64	134046.53	244456.01	0.0037	2.0220	1.9410	0.1800	0.2840	-0.19	1.1822	66322.52	16900.00		不分配、不转增
000060	中金岭南☆	278915.23	-2.150	4628.29	-67.580	3101.41	-75.110	2401.900	103924.46	466091.58	0.0700	2.4100	2.0600	2.9800	1.1100	0.02	1.1164	43200.00	20520.00		不分配、不转增
000061	农产品☆	151891.71	82.230	12684.49	22.580	8747.75	18.100	7511.220	96518.20	272039.39	0.4730	5.2200	4.5640	9.0630	0.5740	0.06	3.3291	18485.76	10170.31		10派2元(含税)
000062	深圳华强△	28642.01	-38.910	6409.51	-43.660	6413.20	-34.460	6253.190	118217.60	128640.46	0.2400	4.3700	4.3690	5.4200	0.2400	1.00	1.9988	27040.00	12802.15		10派1元(含税)
000063	中兴通讯☆	933202.08	106.300	68088.11	64.490	57026.89	66.300	56487.52	386334.47	905454.94	1.0260	6.9500	6.8700	14.7600	0.5900	1.51	3.9424	55608.00	20976.00		10派1.5元(含税)
000065	北方国际☆	67138.26	108.880	2092.34	15.340	1723.71	13.520	1663.510	33157.23	85719.76	0.1700	3.2600	3.2000	5.2000	-0.3900	0.17	2.0146	10152.32	2595.84		10派0.6元(含税)
000066	长城电脑☆	205916.38	-8.610	7076.18	-56.050	7107.92	-55.930	6398.580	118100.86	226712.39	0.1560	2.5760	2.5460	6.0200	-0.2580	0.56	0.6952	45849.15	18126.00		10派2.00元(含税)
000068	赛格三星△	97750.75	-13.480	10242.46	-32.440	9349.10	-36.150	11896.33	147750.65	278440.16	0.1190	1.8800	1.8100	6.3300	0.4950	0.05	0.7561	78597.05	22500.00		10派0.3元(含税)
000069	华侨城A☆	19617.85	30.100	18563.81	94.120	18004.82	94.130	18037.54	98358.36	184837.82	0.4030	2.2000	2.1600	18.3100	0.0960	0.25	0.7754	44712.00	14040.00		10派2.5元(含税)
000070	特发信息☆	65915.77	15.480	3975.11	-11.420	4191.80	-1.370	2457.830	77534.84	134856.55	0.1677	3.1010	2.9880	5.4100	0.1110	0.04	1.9766	25000.00	7000.00		10派0.50元(含税)
000078	海王生物△	76505.00	284.490	11626.90	90.650	7982.00	46.870	7659.580	166644.00	304363.00	0.3600	7.5100	7.5000	4.7900	-0.3700	0.22	6.2286	22180.00	10705.60		10转5股
000088	盐田港A☆	38340.51	54.700	45373.98	256.860	37627.74	302.640	37794.15	149531.78	332920.46	0.6430	2.5560	2.5480	25.1640	0.3480	0.04	1.2954	58500.00	12487.26		10派5元(含税)
000089	深圳机场☆	60297.95	33.190	35972.66	8.910	33575.82	7.600	33312.78	216520.73	260934.02	0.6720	4.3310	4.3130	15.5100	0.7110	0.94	2.0398	49989.00	18000.00		10派3.20元(含税)
000090	深天健△	145951.20	-5.320	12042.62	1.110	9324.84	-3.970	7966.840	102442.56	311149.72	0.4170	4.5880	4.4180	9.1000	1.6120	0.31	2.0187	22326.16	5800.00		10派2元(含税)
000096	广聚能源△	112815.94	0.900	9210.46	31.920	8738.97	27.690	6678.090	96212.21	129406.39	0.2648	2.9200	2.8900	9.0800	0.2960	0.05	1.6996	33000.00	8500.00		10派1.50元(含税)
000099	中信海直☆	31512.42	6.010	7086.17	17.510	6128.17	19.560	5317.310	86561.63	107961.92	0.3127	4.4164	4.3474	7.0800	0.3196	0.21	3.0474	19600.00	6000.00		10送2派1元(含税)
000150	ST麦科特◆	14386.74	-50.870	266.11	-94.720	179.77	-95.480	-458.050	66818.15	69813.77	0.0055	2.0600	2.0550	0.2700	-0.1500	0.05	0.9635	32400.00	12600.00		不分配不转增
000151	中成股份☆	67588.70	69.970	10719.59	43.250	8898.75	45.620	8880.310	78958.60	109212.37	0.3000	2.6700	2.6700	11.2700	-0.1600	0.01	1.5008	29598.00	10500.00		10派2.2元(含税)
000153	新力药业☆	15921.06	39.480	3168.95	19.650	2476.72	13.090	2441.330	53507.23	70948.16	0.3810	8.2320	8.1380	4.6300	0.3630	0.51	6.5728	6500.23	2500.00		不分配不转增
000155	川化股份☆	94994.73	-8.880	7407.54	-43.010	5500.24	-41.020	6081.490	138256.43	194328.62	0.1200	2.9400	2.8100	3.9800	0.6200	0.08	1.7196	47000.00	13000.00		10派0.78元(含税)
000156	安塑股份☆	13261.15	-0.940	1715.42	-33.700	1448.90	-35.570	1308.720	47852.70	67131.52	0.1500	4.9600	4.9000	3.0300	0.2100	0.41	3.3958	9650.00	3600.00		10派0.8元(含税)
000157	中联重科☆	38832.91	58.600	10561.91	68.890	10523.34	95.340	10132.07	87489.56	105993.69	0.3508	2.9163	2.7195	12.0280	0.1197	0.18	1.6393	30000.00	10000.00		10派1元(含税)
000158	常山股份☆	172516.09	-5.840	7855.24	-41.210	7920.92	-15.380	8014.150	119189.33	205762.36	0.2000	2.9800	2.9600	6.6500	0.0940	0.10	1.6946	40000.00	10000.00		10派1元(含税)

代码	名称	主营业务收入(万元)	同比(%)	利润总额(万元)	同比(%)	净利润(万元)	同比(%)	扣除非经常性损益后净利润(万元)	股东权益(万元)	总资产(万元)	每股收益(摊薄)(元)	每股净资产(元)	调整后每股净资产(元)	净资产收益率(%)	每股经营现金流量净额(元)	每股未分配利润(摊薄)(元)	每股资本公积金(元)	总股本(万股)	流通A股(万股)	流通外资股(万股)	分配预(方)案
000159	国际实业△	31001.02	-11.420	1664.22	-47.350	2490.85	2.010	1579.030	58473.20	150608.99	0.1450	3.4037	3.3134	4.2600	0.2073	0.20	2.1317	17179.23	7000.00		不分配不转增
000301	丝绸股份☆	165664.81	24.900	11642.00	-7.160	10534.02	1.800	10640.43	128526.33	190909.93	0.2260	2.7540	2.7370	8.2000	0.5380	0.27	1.3748	46664.51	9965.02		10派0.7元(含税)
000400	许继电气☆	122171.27	24.740	20844.99	-12.150	17090.06	-10.870	16916.38	145002.38	258040.95	0.4520	3.8330	3.8190	11.7900	0.2700	0.85	1.5656	37827.20	19440.00		10派2元(含税)
000401	冀东水泥☆	100248.96	53.090	13669.43	22.710	11494.00	23.390	11244.64	155500.96	284503.75	0.1303	1.7635	1.6720	7.3900	0.4817	0.00	0.5421	88178.56	26995.02		10派1元(含税)
000402	金融街☆	85728.25	288.690	21527.75	263.750	15104.80	276.320	12207.35	34649.17	113775.65	1.2000	2.7500	2.7400	43.5900	-4.1200	1.08	0.2574	12590.64	4800.00		10派0.5元(含税)
000403	三九生化☆	42225.04	10.770	10217.20	-24.300	7890.99	-27.700	8025.510	62044.75	137864.72	0.4010	3.1500	3.1300	12.7200	0.5700	1.10	0.6573	19668.35	9404.52		不分配、不转增
000404	华意压缩☆	18789.11	-5.500	66.75	-94.320	92.18	-72.900	-1023.06	64711.51	114560.64	0.0035	2.4800	2.4800	0.1400	0.0970	0.12	1.1948	26085.38	9548.60		不分配不转增
000405	ST鑫光△	2011.72	-53.350	-43738.79	-205.450	-43738.79	-180.270	-37049.6	4804.69	48803.48	-1.1500	0.1300	-0.0300	-910.330	-0.0030	-1.56	0.5982	38092.54	11292.37		不分配不转增
000406	石油大明☆	76169.37	-9.090	24875.19	-24.730	20015.40	-27.230	21762.35	132470.51	203171.94	0.6600	4.3700	4.0700	15.1100	1.0400	0.63	2.1783	30335.63	22152.37		10派5元(含税)
000407	胜利股份☆	82523.91	-13.590	3505.67	-15.660	3461.17	34.950	3502.040	53741.56	110177.03	0.1400	2.2400	--	6.4400	0.3200	0.25	0.8422	23958.88	14419.67		不分配、不转增
000408	河北华玉☆	32905.81	-26.400	2143.17	-48.350	1520.80	-25.330	820.590	43441.53	87730.04	0.1330	3.7900	3.6600	3.5000	0.4000	0.31	2.2425	11472.00	4071.60		10派0.20元(含税)
000409	四通高科○	6701.02	94.030	-2047.26	--	-2103.08	--	-2047.49	21654.91	26629.53	-0.1230	1.2600	1.1500	-9.7100	-0.0500	-0.83	1.0431	17137.41	7527.65		不分配、不转增
000411	PT凯地△	2402.53	-72.910	946.36	--	945.85	--	-1738.59	7403.69	59940.37	0.0820	0.6420	0.5880	12.7800	0.0370	-1.59	1.1020	11524.99	3153.07		不分配不转增
000412	ST五环○	782.93	-54.830	-25423.93	-48.970	25386.38	--	-9904.16	8652.92	58876.17	-0.8790	0.2990	0.1820	-293.390	0.0240	-1.13	0.2373	28896.17	10632.17		不分配不转增
000413	宝石A☆	6238.82	38.890	5132.62	-48.700	3939.10	-53.080	4170.340	54715.52	153847.81	0.1030	1.4300	1.4100	7.2000	-0.2180	-1.04	1.3977	38300.00	4508.95	B股:10000.00	不分配、不转增
000415	汇通水利☆	21099.59	25.540	3465.85	-21.130	2893.14	-25.990	2870.090	43847.56	92888.27	0.1240	1.8800	1.8120	6.5980	0.3310	0.25	0.4125	23318.00	9568.18		10派0.2元(含税)
000416	健特生物☆	24741.88	50.120	10248.75	--	3585.28	--	2413.050	22295.96	49426.72	0.3150	1.9600	1.9500	16.0800	1.0300	-0.04	0.9090	11367.90	6258.73		10转7派1元(含税)
000417	合肥百货☆	100350.18	27.390	6343.79	1.710	4840.44	-1.900	4377.200	60410.88	112451.94	0.4788	5.9800	5.9000	8.0100	0.8600	0.48	3.4275	10108.96	3650.40		10派1元(含税)转3
000418	小天鹅A△	205422.51	-24.610	7426.20	-68.600	2683.01	-85.850	2769.940	199546.77	342062.60	0.0735	5.4700	5.3408	1.3400	0.2641	0.00	0.0082	36510.38	7200.00	B股:12735.72	10派0.14元(含税)
000419	通程控股☆	64736.09	-1.730	3080.36	-34.920	1937.41	-48.460	1880.740	54874.97	108928.87	0.1104	3.1266	3.0806	3.5300	0.4349	0.32	1.6398	17550.82	6508.14		10派1元(含税)
000420	吉林化纤☆	102093.57	17.970	-9886.48	--	-9867.89	--	-10895.5	107289.91	206507.82	-0.2600	2.8400	2.7900	-9.2000	0.2100	0.07	1.3051	37825.75	19420.86		不分配不转增
000421	南京中北☆	40188.15	16.900	3523.79	16.710	2661.30	4.660	2560.760	41153.24	94691.12	0.1350	2.0870	1.8100	6.4700	0.1856	0.17	0.7376	19718.30	7596.49		10派1元(含税)
000422	湖北宜化☆	57404.70	45.780	5405.31	22.670	4050.82	8.090	4732.670	77309.81	145169.32	0.1890	3.6100	3.6000	5.2400	0.7940	0.42	2.0155	21388.04	10885.04		10派1元(含税)
000423	东阿阿胶☆	45202.11	11.510	11883.58	15.600	10966.83	31.050	10292.88	76687.23	98591.26	0.4020	2.8140	2.8120	14.3010	0.1650	0.43	1.1646	27247.44	19175.34		10派2元(含税)
000425	徐工科技☆	151085.96	19.750	10141.09	5.320	8564.75	17.990	8619.310	97789.66	216123.37	0.1700	1.9700	1.7800	8.7600	0.0720	0.07	0.8665	49553.42	19420.24		10派0.50元(含税)
000426	富龙热力☆	19863.77	15.000	6277.56	-17.250	6219.34	-4.620	6295.750	100981.23	162741.61	0.2800	4.5520	4.3730	6.1590	0.0820	0.79	2.4670	22183.95	7298.83		10送1派0.25元(含税)转1
000428	华天酒店☆	22560.61	17.020	6151.20	35.750	4940.93	42.740	3599.560	63362.97	103652.65	0.2860	3.6700	3.6600	7.8000	0.4000	0.39	1.9526	17284.00	6084.00		10派4元(含税)
000429	粤高速A☆	62540.07	149.060	23953.26	26.190	15893.00	19.470	15225.32	333131.44	577520.14	0.1300	2.6500	2.6300	4.7700	0.3800	0.19	1.2209	125711.77	27453.08	B股:30375.00	10派1.0元(含税)
000430	张家界☆	4946.21	45.930	1753.93	--	1738.90	--	381.520	20841.95	35248.65	0.0950	1.1400	1.0500	9.5500	0.8300	-0.58	0.6305	18360.00	7435.80		不分配、不转增
000488	晨鸣纸业☆	240553.37	-0.250	24808.80	-41.190	14199.97	-38.620	13224.04	317666.96	739213.44	0.2847	6.3694	6.3074	4.4700	0.2917	0.88	4.0097	49873.77	7700.00	B股:20648.06	不分配、不转增
000498	丹东化纤△	81471.18	-2.940	-8806.39	--	-8806.39	--	-9413.43	51835.35	158952.29	-0.2260	1.3300	1.3100	-0.1700	0.3460	-0.19	0.4373	39000.00	17400.00		不分配不转增
000501	鄂武商A☆	222536.13	11.920	-4244.78	--	-9831.01	--	-5291.66	97616.42	327896.94	-0.1900	1.9200	1.2800	-10.0700	0.3200	-0.23	1.0454	50724.86	20438.99		不分配不转增
000502	琼能源☆	1574.78	-74.650	-4900.77	--	-4863.69	--	-3031.04	18096.91	35201.49	-0.3124	1.1625	1.1164	-26.8800	0.0038	-1.78	1.6898	15566.85	5715.87		不分配不转增
000503	海虹控股☆	33965.14	-11.880	11157.13	31.660	9265.61	26.050	7240.200	43822.56	93681.46	0.2707	1.2803	1.2466	21.1400	0.0031	0.10	0.1318	34228.72	11865.92		不分配、不转增
000504	赛迪传媒☆	17521.73	3571.470	1601.67	-40.370	509.33	-81.030	668.110	32228.96	60098.28	0.0163	1.0343	0.9900	1.5800	0.1100	-0.18	0.1364	31157.39	8675.59		不分配、不转增
000505	珠江控股☆	9170.58	146.400	-4989.37	--	-3821.44	--	-2025.27	39048.28	71662.94	-0.1000	1.0300	0.9500	-9.7900	-0.0460	-0.98	0.7516	37765.08	11340.58	B股:5750.00	不分配不转增

代码	名称	主营业务收入(万元)	同比(%)	利润总额(万元)	同比(%)	净利润(万元)	同比(%)	扣除非经常性损益后净利润(万元)	股东权益(万元)	总资产(万元)	每股收益(摊薄)(元)	每股净资产(元)	调整后每股净资产(元)	净资产收益率(%)	每股经营现金流量净额(元)	每股未分配利润(摊薄)(元)	每股资本公积金(元)	总股本(万股)	流通A股(万股)	流通外资股(万股)	分配预(方)案
000506	东泰控股☆	36197.34	33.910	3949.81	17.960	2668.50	4.810	2328.630	30428.86	69511.82	0.1070	1.2200	1.2190	8.7700	0.1040	-0.07	0.1878	24910.17	14431.35		不分配、不转增
000507	粤富华☆	17150.78	-18.170	3310.61	-45.530	2689.44	-46.800	2808.790	93831.89	130653.98	0.0780	2.7200	2.6700	2.8700	0.0680	-0.27	1.9392	34499.74	19555.80		不分配、不转增
000509	天歌科技☆	31138.54	8.040	3128.23	11.290	1969.51	-8.470	2561.280	71953.71	116098.67	0.0788	2.8780	2.7800	2.7400	0.2260	-0.04	1.7638	25000.99	15090.69		不分配、不转增
000510	金路集团☆	63396.30	25.950	9273.59	12.990	9405.39	14.600	6234.450	68717.49	172727.36	0.2000	1.4660	1.4180	13.6900	0.1200	0.04	0.3426	46860.17	30911.19		不分配、不转增
000511	银基发展☆	40363.54	71.920	10251.18	29.050	9637.11	81.710	6853.840	97301.92	184183.76	0.3570	3.6060	3.5950	9.9040	-1.6100	0.46	1.9870	26982.14	17854.94		不分配、不转增
000513	丽珠集团☆	139579.20	18.430	10188.76	189.180	5039.21	386.770	4962.090	91897.18	167619.13	0.1600	3.0000	2.9900	5.4800	0.5100	0.06	1.3739	30603.55	11567.23	B股:12230.70	10派0.30元(含税)
000514	ST渝开发○	3674.55	-16.180	-10329.02	--	-10337.19	--	-10337.2	2802.58	33624.21	-0.8800	0.2400	0.2200	-368.840	0.2400	-1.21	0.3033	11754.29	4324.32		不分配、不转增
000515	渝钛白☆	21546.93	0.670	1128.46	163.340	959.19	123.840	971.490	17849.87	66363.64	0.0610	1.1400	1.0500	5.3700	0.2960	-0.27	0.3918	15600.62	6652.80		不分配、不转增
000516	陕解放A☆	68111.13	-6.450	4621.31	28.400	3115.34	1.130	3245.660	35602.31	81095.00	0.2390	2.7300	2.7100	8.7500	0.8700	0.43	1.1065	13037.83	4345.45		10派1.6元(含税)
000517	甬成功☆	49481.05	142.970	5954.68	-3.860	4961.36	-8.990	4612.320	29031.24	75758.38	0.5500	3.2300	3.2100	17.0900	0.3500	1.00	0.8490	8989.78	2780.50		10送2派1(含税)转1
000518	四环生物☆	36675.79	95.870	9603.17	69.120	7637.96	44.070	7614.990	98000.63	108194.37	0.4300	5.4800	5.4500	7.7900	0.1600	0.32	4.0808	17874.24	12089.67		10送0.3转5.7派0.256元(含税)
000519	银河创新☆	13432.95	7.580	1796.40	-37.640	1536.74	-36.300	201.270	31267.85	47438.25	0.1126	2.2900	2.2700	4.9100	-0.0610	0.18	0.8360	13653.83	5803.20		不分配、不转增
000520	中国凤凰☆	90378.10	12.820	7435.62	-31.050	4507.87	-34.220	4883.450	126473.13	148271.03	0.0868	2.4400	2.4400	3.5600	0.5000	0.09	0.8767	51916.88	29501.32		10派0.8元(含税)
000521	美菱电器☆	129267.61	-3.460	-34954.99	--	-34954.99	--	-27532.9	102796.07	225748.36	-0.8500	2.4900	2.3600	-34.0000	-0.0600	-0.59	1.3815	41364.29	15148.67	B股:11310.00	不分配、不转增
000522	白云山A☆	83336.33	25.210	3830.98	-43.030	3829.13	--	4793.290	39906.83	235071.20	0.1000	1.0700	0.9500	9.6000	0.2900	-1.55	1.5453	37434.44	15654.44		不分配不转增
000523	广州浪奇☆	58441.94	30.160	823.60	77.500	453.91	86.600	438.050	50462.39	74781.80	0.0200	2.2000	2.0100	0.9000	0.3500	0.03	0.7225	22935.06	9418.67		不分配、不转增
000524	东方宾馆☆	22639.18	0.910	-9254.63	--	-9813.78	--	-9524.12	59044.83	66570.91	-0.3600	2.1900	2.0000	-16.6200	0.1100	-0.32	1.0599	26967.37	9898.47		不分配、不转增
000525	红太阳☆	29996.87	33.880	8089.97	68.120	6637.61	67.070	6657.100	48328.91	84499.10	0.2369	1.7246	1.6364	13.7340	0.0709	0.14	0.4613	28023.88	12940.59		10派0.8元(含税)
000526	旭飞实业☆	16395.34	89.270	1757.24	-10.590	1530.20	11.770	1274.500	15742.02	46044.78	0.1930	1.9860	1.9860	9.7200	0.1740	--	0.9423	7925.03	3277.53		不分配、不转增
000527	粤美的A☆	1052530.26	19.530	39230.47	-17.330	25109.20	-11.680	20327.76	209128.53	765288.53	0.5200	4.3100	3.8100	12.0100	1.6900	0.72	1.9801	48488.97	29036.29		10派2元(含税)
000528	桂柳工A☆	97756.71	27.820	2715.41	373.610	2144.55	14924.18	2456.350	70393.99	126073.91	0.0655	2.1492	2.1233	3.0470	0.1561	0.02	0.7506	32753.68	11963.68		10派0.5元(含税)
000529	粤美雅A☆	50800.80	-27.850	-32083.76	--	-32083.76	--	-32673.7	125115.09	233616.82	-0.8100	3.1600	3.1300	-25.6300	0.3400	-1.06	3.1231	39651.59	21605.81		不分配、不转增
000530	大冷股份☆	90214.82	12.670	9264.99	5.660	8891.85	10.590	8887.420	113748.86	185312.02	0.2540	3.2500	3.2300	7.8200	0.1280	0.14	1.5872	35001.50	9837.02	B股:11500.00	10派1元(含税)
000531	穗恒运A☆	86087.43	28.870	13896.15	32.050	6445.52	9.200	7697.830	57979.12	160678.87	0.2420	2.1750	2.1590	11.1200	0.9790	0.12	0.8270	26652.13	10782.16		10派1.60元(含税)
000532	粤华电A☆	2004.74	--	2533.69	--	2391.62	--	2673.730	40536.71	42406.25	0.1100	1.8600	1.8300	5.9000	-0.0300	0.09	0.7011	21839.22	9353.61		10派0.50元(含税)
000533	ST万家乐△	112282.00	6.170	-100977.84	--	-97856.00	--	-26456.9	24644.00	270804.00	-1.6998	0.4281	0.2730	-397.070	-0.6256	-1.62	0.6010	57568.00	20370.56		不分配不转增
000534	汕电力A☆	8987.40	4.020	957.36	-37.860	775.94	-43.070	770.160	54914.38	55563.24	0.0373	2.6368	2.6174	1.4130	0.0697	0.03	1.3679	20826.13	8821.47		不分配、不转增
000535	ST猴王△	2855.60	-32.490	527.48	--	527.48	--	-4305.79	-30340.20	39793.57	0.0170	-1.0000	-1.0100	--	-0.0100	-2.68	0.6178	30272.32	17018.03		不分配、不转增
000536	PT闽闽东☆	9256.72	-13.450	-190.60	96.130	1042.94	--	-53.620	-1889.09	29309.13	0.0900	-0.1500	-0.1800	55.2100	0.4300	-1.75	0.5342	12192.72	4546.72		不分配不转增
000537	南开戈德☆	51395.09	13.140	6457.27	-44.030	6696.62	-42.210	6399.830	83740.96	147383.72	0.1650	2.0600	2.0000	8.0000	0.2900	0.31	0.5275	40614.86	16622.83		10派0.7元(含税)
000538	云南白药☆	90029.90	13.200	8171.68	37.340	7513.70	55.240	7323.050	41750.70	84399.30	0.4040	2.2500	2.2000	18.0000	0.4300	0.00	0.7164	18581.80	5875.05		10派2元(含税)
000539	粤电力A☆	544094.22	26.880	212331.41	9.910	105776.88	9.020	106748.3	605264.64	1219308.05	0.3980	2.2800	2.1900	17.4800	0.7600	0.04	0.5201	265940.40	39147.60	B股:66534.00	10派2.2元(含税)
000540	世纪中天☆	20401.28	-4.740	4540.55	-83.270	4086.86	-82.190	473.500	47054.43	110177.62	0.1251	1.4400	1.3656	8.6900	-0.4520	0.14	0.0664	32681.15	11262.98		不分配、不转增
000541	佛山照明☆	82371.17	19.850	21001.14	10.970	17334.87	7.570	17695.09	190699.66	224230.24	0.4840	5.3200	5.2900	9.0900	0.7500	0.19	3.3591	35844.83	14703.54	B股:8250.00	10派4元(含税)
000542	TCL通讯☆	276901.82	200.020	15564.71	--	2154.38	--	7855.400	28098.00	186391.43	0.1150	1.4940	1.3480	7.6700	2.1700	-0.62	1.2610	18810.88	8145.28		不分配不转增
000543	皖能电力☆	67178.78	-2.580	18342.05	-22.430	16871.88	-13.630	12086.75	232918.16	272121.60	0.2183	3.0100	3.0000	7.2400	0.2600	0.08	1.2340	77300.88	14064.38		10派1.25元(含税)

代码	名称	主营业务收入(万元)	同比(%)	利润总额(万元)	同比(%)	净利润(万元)	同比(%)	扣除非经常性损益后净利润(万元)	股东权益(万元)	总资产(万元)	每股收益(摊薄)(元)	每股净资产(元)	调整后每股净资产(元)	净资产收益率(%)	每股经营现金流量净额(元)	每股未分配利润(摊薄)(元)	每股资本公积金(元)	总股本(万股)	流通A股(万股)	流通外资股(万股)	分配预(方)案
000547	闽福发A☆	25117.24	11.490	3456.66	-3.190	2185.00	-27.020	1629.300	42829.47	109421.86	0.1800	3.5000	3.4600	5.1000	1.4600	0.69	1.5938	12242.32	7356.33		不分配不转增
000548	湖南投资☆	30309.98	95.670	13005.79	96.120	8131.49	157.330	7771.910	104102.58	159743.20	0.2390	3.0600	3.0500	7.8100	0.1590	0.19	1.7919	34060.80	17623.08		不分配、不转增
000549	湘火炬A☆	221344.68	45.830	13507.40	29.630	6517.11	6.590	5048.790	94266.88	302821.76	0.1566	2.2653	2.1667	6.9100	0.0937	0.02	1.1162	41612.74	26591.59		10转5派0.5元(含税)
000550	江铃汽车☆	337907.20	19.620	10115.72	53.290	10084.80	82.150	16376.60	161636.40	366663.60	0.1200	1.8700	1.5100	6.2400	0.7900	-0.15	0.9675	86321.40	11760.00	B股:34400.00	不分配、不转增
000551	创元科技☆	62925.59	85.300	7122.35	81.540	5281.57	55.350	4712.340	49849.59	104814.06	0.2200	2.0600	2.0300	10.6000	0.1400	0.32	0.3625	24172.64	11079.43		10派1.5元(含税)
000552	甘长风A☆	17366.65	-12.460	1111.69	-62.430	1111.69	-62.430	745.800	22478.91	46287.06	0.0600	1.2600	--	4.9500	-0.0140	-0.41	0.6356	17787.00	6679.20		不分配、不转增
000553	沙隆达A☆	96378.84	5.550	1669.93	189.240	1049.68	1521.800	977.400	97370.02	164277.78	0.0350	3.2800	3.1000	1.0800	0.3800	0.20	1.8910	29696.16	9723.23	B股:11500.00	不分配、不转增
000554	泰山石油☆	114216.85	7.220	6446.58	-56.830	4622.22	-62.300	4809.660	76596.64	107019.01	0.0960	1.5930	1.4360	6.0300	0.0540	0.14	0.3850	48079.33	29482.25		不分配、不转增
000555	太光电信△	10699.46	14472.35	381.79	695.430	379.53	668.370	171.270	9772.45	29630.08	0.0500	1.1900	1.1900	3.8800	-0.4100	-0.60	0.7702	8182.77	2200.00		不分配、不转增
000558	莱茵置业△	3721.68	-31.920	319.74	-69.270	319.74	-69.270	330.020	16682.98	35353.51	0.0273	1.4240	1.3980	1.9200	-0.1735	0.03	0.3898	11716.44	5050.44		不分配不转增
000559	万向钱潮☆	109684.10	-10.830	19152.83	24.240	12118.38	-17.290	11264.98	126833.46	206879.98	0.3310	3.4600	3.4600	9.5500	0.6900	0.03	1.9328	36628.12	13580.77		10派4元(含税)
000560	ST昆百大☆	62356.92	-15.980	-15044.07	-87.590	-14751.89	-84.070	-12868.0	1499.50	95232.06	-1.0976	0.1100	-0.2700	-983.790	-0.0900	-1.95	0.8915	13440.00	6240.00		不分配、不转增
000561	陕长岭A☆	9674.95	-84.810	-32403.96	--	-32354.40	--	-23202.9	48617.59	132992.02	-0.8149	1.2246	1.0077	-66.5500	-0.1890	-1.25	1.2939	39701.26	24208.77		不分配、不转增
000562	宏源证券☆	32132.07	-9.600	5455.00	-43.210	4494.29	-40.530	4431.450	60753.87	572828.13	0.0867	1.1710	1.1010	7.4000	0.1800	0.07	0.0271	51874.52	15246.00		不分配、不转增
000563	陕国投A☆	24887.28	-16.880	4883.86	-23.030	3720.07	-25.660	3663.310	51161.92	391520.70	0.1200	1.6300	1.4500	7.2700	0.3390	0.03	0.3169	31418.70	12629.45		10派0.5元(含税)
000564	西安民生☆	80496.62	-1.640	4431.72	4.940	3416.07	-0.130	4268.800	55790.45	95217.73	0.1691	2.7600	2.7400	6.1230	0.7000	0.19	1.3661	20200.70	13668.01		不分配、不转增
000565	渝三峡A☆	26867.65	-8.820	238.56	-12.900	229.53	-5.720	185.850	35119.18	47885.57	0.0130	2.0200	1.9600	0.6500	0.0126	-0.04	0.8802	17343.69	8730.49		不分配不转增
000566	ST海药△	19333.80	10.170	-26461.04	-326.090	-26461.04	-326.090	-5575.47	-24943.79	39968.53	-1.3100	-1.2300	-1.3500	-106.080	0.0700	-3.76	1.4463	20234.90	8354.90		不分配不转增
000567	ST琼海德○	1220.29	29.400	-11771.38	-175.420	-8908.47	-115.860	-7504.56	3867.25	31100.19	-0.5890	0.2560	0.1060	-230.360	0.0048	-1.12	0.7170	15120.00	6048.00		不分配、不转增
000568	泸州老窖☆	99667.55	5.470	12118.12	-44.080	8509.66	-47.460	8536.570	126743.31	215377.95	0.1700	2.5900	2.5600	6.7100	0.3600	0.15	0.9020	48893.46	12313.41		不分配、不转增
000569	川投长钢☆	161547.76	9.290	2033.36	-66.040	2033.36	-66.040	1704.510	80635.98	213745.31	0.0290	1.1600	0.9997	2.5200	0.0090	-0.33	0.3894	69514.22	14792.94		不分配不转增
000570	苏常柴A△	174348.70	-22.200	-43557.28	--	-38142.90	--	-38015.0	123942.10	292650.40	-1.0200	3.3100	3.1900	-30.8000	0.4400	--	1.8549	37424.96	11102.56	B股:10000.00	不分配不转增
000571	ST新大洲☆	14316.43	-19.720	-15512.10	-26.820	-15030.47	-23.660	-15995.8	84017.93	130915.68	-0.2000	1.1400	1.1100	-17.8900	0.2700	-0.41	0.2654	73606.40	33716.48		不分配不转增
000572	ST金盘△	7088.75	107.350	-15234.63	--	-12709.84	--	-8014.42	5144.20	73764.57	-0.5900	0.2400	0.0800	-247.000	0.0500	-1.37	0.7184	21589.45	8685.89		不分配、不转增
000573	粤宏远A△	24425.31	30.820	-652.34	--	404.03	-41.570	295.070	134863.34	226077.01	0.0100	2.9880	2.8600	0.3000	0.1100	0.02	1.5593	45128.39	29211.04		不分配不转增
000576	广东甘化☆	85613.39	11.250	2822.74	66.290	2779.21	133.070	571.670	97191.23	197763.51	0.1100	3.9300	3.6300	2.8600	0.3500	0.14	2.3914	24759.86	10310.33		不分配、不转增
000578	数码网络☆	77018.14	25.370	3417.21	-16.480	2627.31	-27.890	2809.760	29682.24	69129.22	0.1300	1.5000	1.4900	8.8500	0.0300	0.11	0.2175	19815.34	6876.38		10派0.40元(含税)
000581	威孚高科☆	98321.62	15.510	16901.61	13.800	15071.95	13.690	14543.93	168533.62	217026.91	0.3500	3.8600	3.8500	8.9400	0.3800	0.52	2.0829	43636.62	21600.00	B股:8840.00	10派2元(含税)
000582	北海新力☆	10558.01	3.170	116.73	-95.210	250.14	-83.820	-447.800	51094.45	89089.30	0.0130	2.7110	2.6270	0.4900	0.1760	0.19	1.3956	18847.18	5720.00		不分配、不转增
000583	托普软件☆	71099.91	71.130	10898.05	-5.070	8852.17	-10.500	5340.260	132346.00	241905.36	0.7260	10.8500	10.6300	6.6900	0.3884	1.08	8.1246	12192.43	6880.00		10派1元(含税)转9
000584	蜀都A☆	11772.61	-14.630	1793.43	-5.300	1789.52	-5.350	1577.110	28940.70	75479.89	0.0885	1.4300	1.2800	6.1800	0.0870	-1.32	1.5781	20223.51	8574.28		不分配、不转增
000585	ST东北电◆	128194.20	-2.890	-81104.11	-122.000	-80380.70	-121.070	-43667.2	33313.80	388419.00	-0.920	0.3800	0.3400	-241.280	0.2100	-1.45	0.7039	87337.00	14360.00	H股:25795.00	不分配不转增
000586	ST川长江☆	35981.59	-11.600	-4850.35	13.820	-4850.35	13.820	-5052.26	26391.04	40358.36	-0.2510	1.3640	1.3230	-18.3800	-0.1090	-0.74	0.9655	19344.00	6084.00		不分配不转增
000587	光明家具☆	25761.00	-16.160	4642.75	-18.370	3708.00	-22.780	2814.390	46253.00	79318.00	0.2000	2.4900	2.4700	8.0200	0.0600	0.29	0.8253	18571.16	8349.40		不分配不转增
000589	黔轮胎A☆	130030.28	16.500	-7705.37	--	-7525.52	--	-7675.42	81010.06	240736.17	-0.2960	3.1850	2.8680	-9.2900	0.2160	-0.18	2.1254	25432.71	12462.02		不分配、不转增
000590	紫光古汉☆	24567.84	-13.350	-6721.77	--	-5967.04	--	4022.21	27994.21	69504.99	-0.2900	1.3800	1.3000	-21.3200	-0.2500	-0.29	0.5784	20302.84	6355.39		不分配不转增

代码	名称	主营业务收入(万元)	同比(%)	利润总额(万元)	同比(%)	净利润(万元)	同比(%)	扣除非经常性损益后净利润(万元)	股东权益(万元)	总资产(万元)	每股收益(摊薄)(元)	每股净资产(元)	调整后每股净资产(元)	净资产收益率(%)	每股经营现金流量净额(元)	每股未分配利润(摊薄)(元)	每股资本公积金(元)	总股本(万股)	流通A股(万股)	流通外资股(万股)	分配预(方)案
000591	桐君阁☆	87618.28	48.700	3591.86	23.030	3077.44	22.850	3056.800	26740.00	69975.37	0.3080	2.6800	2.4700	11.5100	0.3100	0.24	0.9767	9986.62	3480.00		10送1
000592	ST中福△	7831.45	-45.520	-10404.24	--	-10575.49	--	-3227.88	19396.73	117088.20	-0.3590	0.6590	0.4480	-54.5200	-0.0200	-1.34	0.8626	29440.47	8730.82		不分配不转增
000593	成都华联☆	31915.87	0.780	1458.60	-37.130	1218.38	-41.940	1158.970	30632.16	54445.10	0.0700	1.7700	1.7500	3.9800	-0.0100	0.20	0.3847	17300.66	5665.38		10送1
000595	西北轴承☆	38483.25	-18.830	-522.48	--	195.92	-71.760	388.330	42513.19	112510.88	0.0112	2.4299	2.3300	0.4610	0.1384	0.04	1.3449	17495.99	6583.25		不分配、不转增
000596	古井贡A☆	80739.00	-11.830	10460.64	-52.600	6705.00	-54.430	2798.000	113726.00	152197.00	0.2900	4.8400	4.8300	5.9000	0.2500	1.04	2.2172	23500.00	1997.55	B股:6000.00	10派2元(含税)
000597	东北药∇	144198.00	20.410	2155.33	-20.800	959.00	-50.750	207.230	88376.00	275597.00	0.0316	2.9100	1.5100	1.0900	0.2600	-0.01	1.9028	30381.00	10881.00		不分配不转增
000598	蓝星清洗☆	28289.90	14.620	6847.02	-10.280	5790.31	-9.920	5796.130	78829.07	105291.22	0.3300	4.4700	4.5900	7.3500	7.3500	0.86	2.2778	17626.50	9886.50		10送1派0.25元(含税)
000599	青岛双星☆	114704.77	107.370	8972.51	207.410	5242.18	202.580	5097.180	65978.10	163662.14	0.3070	3.8690	3.8170	7.9500	0.6300	0.77	1.8253	17051.46	6558.96		10送1派1.50元(含税)
000600	国际大厦∇	16201.37	22.420	-181.77	--	201.57	-37.760	131.920	30457.23	58131.07	0.0131	1.9812	1.9069	0.6600	0.7749	0.04	0.8168	15373.34	4603.80		10派0.20元(含税)
000601	韶能股份☆	61367.09	8.640	17353.39	-1.240	13124.41	0.210	12162.44	176586.72	301980.75	0.3400	4.5200	4.4800	7.4300	0.5000	0.40	2.6447	39038.05	17164.22		10派1.00元(含税)
000602	金马集团☆	5950.00	9.310	1524.49	--	282.00	--	292.300	12278.00	27588.00	0.0280	1.2200	1.2200	2.3000	0.4200	-1.34	1.4962	10050.00	4367.20		不分配不转增
000603	威达医械○	1568.07	-54.510	-9524.31	-41522.2	-8833.33	--	-780.730	2415.73	15111.52	-0.7900	0.2200	--	-365.660	-0.0030	-1.36	0.4734	11186.25	2850.00		不分配不转增
000605	四环药业☆	3582.80	-33.760	1332.92	1099.230	831.00	647.650	849.920	10291.50	21053.60	0.1007	1.2474	1.2101	8.0700	0.2762	0.09	0.1220	8250.00	2062.50		10派0.2元(含税)
000606	青海明胶☆	11858.47	35.960	1760.91	-12.420	1436.70	-14.510	1453.840	27439.06	43891.80	0.0947	1.8100	1.8100	5.2400	0.4600	0.14	0.5299	15170.20	6396.00		不分配、不转增
000607	华立控股☆	131965.11	18.620	12263.73	-9.450	6114.86	4.010	6322.160	29828.11	113190.22	0.3202	1.5600	1.5200	20.7300	0.7500	0.18	0.2754	19097.50	5625.00		10派1元(含税)
000608	阳光股份☆	44410.80	-47.260	9596.30	-45.090	5847.80	-33.450	3903.100	48559.30	104343.50	0.2800	2.3300	2.2800	12.0400	-0.3500	0.60	0.3639	20860.02	9750.08		不分配、不转增
000609	燕化高新☆	22777.40	22.000	2790.41	0.500	2340.20	5.010	2394.990	38463.78	42487.84	0.1810	2.9700	2.9400	6.0900	0.0100	0.25	1.2532	12960.67	4912.13		10派0.2元(含税)
000610	西安旅游☆	9357.76	-14.600	332.46	-82.530	150.67	-90.080	399.000	34795.28	43182.94	0.0100	2.0800	1.8200	0.4300	0.2000	0.19	0.7489	16759.79	5304.00		10派0.4元(含税)
000611	民族集团☆	19212.63	-14.690	-5612.98	-2559.45	-4942.26	--	-4489.29	24906.72	54195.69	-0.2800	1.4200	1.2900	-19.8400	0.4400	-0.28	0.6464	17504.06	7548.15		不分配、不转增
000612	焦作万方☆	129170.81	94.160	5082.33	-18.930	4660.76	-3.380	4744.360	59477.70	172593.54	0.1730	2.2060	2.0070	7.8360	0.4580	0.42	0.5119	26964.76	10154.16		不分配不转增
000613	PT东海A△	2265.16	2.370	178.22	--	178.22	--	-1437.41	735.21	22024.01	0.0050	0.0200	0.0050	24.2400	0.0120	-1.11	0.1304	36410.00	4510.00	B股:8800.00	不分配不转增
000615	湖北金环☆	79852.40	154.490	4387.68	14.840	2622.01	-17.570	2597.950	54979.41	99792.47	0.1700	3.5500	3.5400	4.7700	-0.5500	0.62	1.4365	15490.85	7096.11		不分配不转增
000617	石油济柴☆	23079.85	1.310	2266.54	2951.820	2012.12	2609.250	1519.530	17276.17	45623.59	0.1935	1.6610	1.6196	11.6470	-0.0313	-0.18	0.8274	10400.00	3250.00		不分配、不转增
000618	ST吉化☆	1191400.00	-13.960	-179740.11	-108.270	-180300.00	-105.170	-170600	388200.00	1453200.00	-0.5063	1.0900	1.0400	-46.4500	0.6700	-0.75	0.6441	356107.80	20000.00	H股:96477.80	不分配不转增
000619	海螺型材☆	107775.24	112.230	18481.91	108.000	18843.66	235.290	18978.43	38642.46	100002.71	1.2600	2.5800	2.5700	48.7600	1.4900	0.89	0.3071	15000.00	5100.00		10派2.00元(含税)
000620	圣方科技◆	51556.00	273.830	-8262.77	--	-8153.42	--	-7617.38	67160.82	115945.25	-0.2600	2.1600	2.1600	-12.1400	-0.3800	0.06	0.7603	31162.70	15048.00		不分配不转增
000621	比特科技☆	3911.09	498.050	-616.94	--	-1369.32	--	-2304.92	31906.02	60945.56	-0.0900	2.1300	1.9700	-4.2900	-0.8700	0.38	0.4837	14968.32	5567.69		不分配不转增
000622	岳阳恒立☆	17306.84	-16.260	1067.05	-45.190	784.18	-38.480	506.780	20507.42	49935.45	0.0553	1.4468	--	3.8200	0.0090	-0.05	0.4281	14174.20	6590.16		不分配不转增
000623	吉林敖东☆	35963.45	14.470	9570.48	-2.470	7616.85	-6.050	6031.370	114427.71	155216.63	0.3260	4.9000	4.8400	6.6600	0.5940	1.10	2.2783	23366.46	12529.66		不分配、不转增
000625	长安汽车☆	733180.58	9.380	28394.22	14.560	16021.55	8.510	15593.92	257431.08	663674.97	0.1300	2.1000	2.0800	6.2200	0.8000	0.09	0.7233	122666.60	16797.90	B股:35000.00	10派0.40元(含税)
000626	如意集团☆	339621.76	27.730	6402.03	262.110	2638.05	1139.900	2790.180	17753.37	84855.34	0.1950	1.3200	1.2700	14.8600	-0.5100	0.05	0.1605	13500.00	3375.00		10派0.2元(含税)
000627	百科药业☆	35601.21	10.580	5770.20	13.350	3722.71	3.640	3485.300	68869.73	98908.77	0.0700	1.3300	1.3000	5.4100	0.0720	0.05	0.1705	51721.30	14873.29		10送0.5派0.125(含税)转1
000628	倍特高新☆	69393.46	47.850	1363.47	64.640	440.79	16.320	518.390	52810.63	180586.87	0.0228	2.7300	2.5400	0.8300	0.6293	0.06	1.0340	19356.00	8640.00		10派0.11元(含税)
000629	新钢钒☆	750262.32	-1.120	71844.22	-0.650	48131.82	4.400	56878.52	440659.80	724081.68	0.4700	4.3100	3.9000	10.9200	1.3300	0.37	2.6614	102330.01	29980.00		10派2元(含税)
000630	铜都铜业☆	189261.00	-5.750	12382.80	-25.280	11635.00	-15.400	11899.00	190836.00	299784.00	0.2500	4.1000	4.0900	6.1000	0.5900	0.34	2.5644	46555.60	18252.00		10派1元(含税)
000631	兰宝信息☆	41751.74	55.100	6298.74	20.820	4522.94	31.790	4432.040	71342.36	131321.66	0.1881	2.9680	2.9543	6.3400	0.0965	0.50	1.2597	24036.96	11466.00		不分配、不转增

代码	名称	主营业务收入(万元)	同比(%)	利润总额(万元)	同比(%)	净利润(万元)	同比(%)	扣除非经常性损益后净利润(万元)	股东权益(万元)	总资产(万元)	每股收益(摊薄)(元)	每股净资产(元)	调整后每股净资产(元)	净资产收益率(%)	每股经营现金流量净额(元)	每股未分配利润(摊薄)(元)	每股资本公积金(元)	总股本(万股)	流通A股(万股)	流通外资股(万股)	分配预(方)案
000632	三木集团☆	109015.27	25.840	9966.70	181.170	3305.88	5.090	2955.560	67179.92	198361.07	0.1884	3.8280	3.7670	4.9200	-0.6248	0.44	2.1127	17551.30	5307.09		10派1元(含税)转2
000633	合金投资☆	75016.80	-11.070	3970.01	-48.500	2206.82	-50.310	2085.180	43495.08	143251.82	0.0688	1.3553	1.2985	5.0700	0.2837	0.07	0.0338	32092.20	13875.29		不分配、不转增
000636	风华高科☆	96334.64	-29.650	4376.83	-88.360	4283.17	-88.070	4484.620	206029.35	287161.79	0.0810	3.8850	3.8320	2.0800	0.0496	0.58	2.0206	53033.10	20079.42		10派0.4元(含税)
000637	茂化实华☆	125357.68	-10.640	8046.20	-0.400	5929.81	21.120	5829.080	52787.25	58823.50	0.2460	2.1860	2.0830	11.2300	0.1650	0.30	0.4506	24148.80	8256.66		10转2派1元(含税)
000638	ST辽国际◆	18763.76	-33.330	-9552.03	--	-9597.23	--	-5326.33	6051.42	52093.02	-0.6200	0.3900	0.1900	-158.590	-0.0200	-1.56	0.8350	15470.00	8840.00		不分配、不转增
000639	庆云发展☆	7496.04	39.290	756.88	99.060	756.88	99.060	746.750	8214.36	18002.42	0.1040	1.1300	1.0370	9.2100	0.2450	0.02	0.1020	7286.49	3280.97		不分配、不转增
000650	九江化纤☆	22510.38	-4.670	-1346.16	--	-1271.32	--	-1271.32	33158.30	71194.23	-0.0600	1.6600	1.6600	-3.8300	0.0200	0.22	0.3656	20010.24	6570.72		不分配不转增
000651	格力电器☆	658797.68	6.640	32354.32	10.060	27281.13	9.290	27546.26	172465.51	692227.65	0.5100	3.2100	3.2100	15.8200	-0.0600	--	0.7618	53694.00	21294.00		10派3元(含税)
000652	泰达股份☆	37405.64	-2.130	13224.92	-15.070	11952.22	-14.750	11720.80	129656.31	256803.38	0.4000	4.3200	4.2900	9.2200	0.5200	1.20	1.7794	30027.96	13756.58		10送5
000653	ST九州◆	7096.97	-8.240	-46294.68	50.150	-46882.52	49.800	-29834.2	-126816.74	17951.20	-1.5800	-4.2700	-4.2800	--	0.0400	-5.96	0.5681	29671.14	21704.64		不分配不转增
000655	华光陶瓷☆	30028.79	-7.540	3165.09	19.030	2482.65	3.150	1872.700	37959.16	129272.54	0.2000	3.0100	2.8400	6.5400	1.4900	0.71	0.9516	12590.78	3504.92		10送1.5派1.5元(含税)
000656	ST东源◆	38192.56	-19.210	-3914.13	--	3829.95	--	-3212.54	25193.81	71246.73	-0.1900	1.2200	1.0200	-15.2000	-0.0700	-0.06	0.1589	20582.18	7370.00		不分配、不转增
000657	中钨高新☆	116808.18	16.500	3961.55	-6.530	3315.32	-7.350	3515.250	52023.69	101638.56	0.1940	3.0410	3.0320	6.3700	0.0620	0.38	1.4887	17108.13	7452.00		不分配、不转增
000658	ST海洋◆	61.05	-94.000	-50575.18	-134.630	-50575.18	-134.630	-24735.1	-48729.59	5914.52	-3.2210	-3.1030	-3.1050	--	-0.4390	-5.06	0.8682	15702.16	9971.50		不分配、不转增
000659	珠海中富☆	85103.65	16.380	10971.33	-2.390	8602.06	-4.320	8558.910	121931.32	249102.05	0.2270	3.2200	3.1600	7.0500	0.2020	0.06	1.4764	37879.25	17130.75		10派1元(含税)
000660	南华西○	13308.13	-44.490	-5774.18	--	-5808.61	--	-8201.78	31345.26	111559.93	-0.4370	2.3583	2.2122	-18.5310	-0.0024	0.15	1.0347	13291.33	3931.41		不分配不转增
000661	长春高新☆	40667.32	29.490	2371.24	-16.230	432.61	-74.300	444.540	45288.58	126171.86	0.0300	3.4500	3.2600	0.9600	0.1960	0.08	1.6968	13132.66	7980.34		不分配不转增
000662	广西红日☆	3038.46	78.690	2528.58	--	2454.19	--	232.950	14926.53	41501.63	0.2291	1.3932	1.3805	16.4400	0.5788	-0.79	1.0481	10713.75	3857.25		不分配、不转增
000663	永安林业☆	30716.43	-14.150	1017.52	-41.040	793.41	-36.230	231.120	30416.82	85728.29	0.0470	1.8190	1.7630	2.6100	0.2800	-0.44	1.1657	16723.26	5921.28		不分配不转增
000665	武汉塑料☆	48019.25	8.370	4583.86	16.840	3143.60	20.190	2799.640	44711.29	78078.68	0.2200	3.1700	3.1500	7.0300	0.3200	0.51	1.3388	14096.95	5001.38		10派0.69元(含税)
000666	经纬纺机☆	221523.90	22.520	14462.20	3.620	12288.80	-3.500	12306.30	217549.20	401205.60	0.2000	3.6000	3.5100	5.6500	0.1500	0.28	2.0738	60380.00	20300.00	H股:18080.00	10派0.6元(含税)
000667	华一投资☆	13077.39	12.770	401.70	-35.720	272.42	19.610	144.300	48608.95	61515.49	0.0111	1.9838	1.8104	0.5600	-0.0912	0.23	0.0374	24502.80	6358.80		不分配、不转增
000668	武汉石油☆	126852.14	9.210	2708.19	-19.560	1736.86	-37.240	1971.440	32880.37	99279.68	0.1200	2.2400	1.9600	5.2800	0.1600	0.25	0.6443	14684.19	4170.24		10派0.20元(含税)
000669	中讯科技☆	4998.36	5.140	718.29	-15.260	620.03	-26.850	647.040	7512.33	14433.93	0.1005	1.2180	1.2180	8.2500	0.0141	0.03	0.0245	6167.00	2299.00		10派0.40元(含税)
000670	天发股份△	116511.88	-5.250	1671.89	-73.990	223.43	-95.730	-1927.04	109457.20	199482.49	0.0082	4.0210	4.0050	0.2000	-0.4570	0.53	2.1204	27220.91	15466.88		不分配、不转增
000671	石狮新发☆	5370.43	-30.930	424.52	-81.360	279.64	-85.560	375.090	16935.53	28704.23	0.0300	1.7800	1.7000	1.6500	0.1200	0.38	0.2707	9517.31	2910.50		不分配不转增
000672	铜城集团☆	12337.37	34.800	1868.51	4.380	834.42	-23.970	838.020	25717.68	77765.73	0.0770	2.3700	2.1400	3.2400	-0.3200	0.04	1.2243	10855.00	5039.82		10派0.2元(含税)转4
000673	大同水泥☆	15699.60	6.060	2032.87	-21.900	1473.53	-31.120	2192.450	28991.82	41533.56	0.0850	1.6720	1.6380	5.0830	0.0280	0.33	0.2153	17340.00	5100.00		不分配不转增
000675	ST银山△	21512.78	2.480	-15071.16	-142.440	-14971.55	-142.090	-13698.0	-13820.23	47328.02	-1.3100	-1.2100	-1.2600	-108.330	0.0700	-2.78	0.4610	11435.03	3315.00		不分配、不转增
000676	思达高科☆	14833.86	13.840	4288.63	23.940	3579.94	22.130	3211.750	36445.40	63113.13	0.1100	1.1600	1.1600	9.3300	0.0200	0.03	0.0434	31458.70	9775.00		10派0.6元(含税)
000677	山东海龙☆	54636.25	-3.910	3611.91	-18.510	3213.87	-10.070	2929.150	31786.95	105383.41	0.1900	1.9200	1.8900	10.1100	0.3000	0.47	0.2128	16565.80	5054.40		10送1
000678	ST襄轴☆	25245.02	19.690	-9209.13	1.970	-9209.13	1.970	-8548.52	39973.43	81127.97	-0.6500	2.8500	2.6400	-23.0400	0.4140	-0.91	2.2430	14044.00	7890.16		不分配、不转增
000679	大连友谊☆	66631.71	5.990	7067.27	27.810	5474.09	16.990	4532.030	60376.12	130294.56	0.2300	2.5400	2.4200	9.0700	--	0.26	0.8119	23760.00	10800.00		10派1元(含税)
000680	山推股份☆	148494.52	35.450	6850.10	161.620	4844.75	260.590	4871.690	60009.56	150250.20	0.1710	2.1230	1.9190	8.0700	0.3620	-0.08	1.0854	28272.00	18132.00		10派0.4元(含税)
000681	远东股份☆	33399.18	5.720	1860.99	-47.580	1617.09	-44.590	1596.060	33415.81	43307.68	0.0814	1.6800	1.6600	4.8400	-0.2300	0.08	0.4601	19875.00	5812.50		不分配不转增
000683	天然碱▽	69286.91	36.990	-11805.65	--	-12109.52	--	-11744.8	55917.25	247163.23	-0.2582	1.1920	1.1370	-21.6650	0.2180	-0.01	0.1793	46900.00	16900.00		不分配不转增

代码	名称	主营业务收入(万元)	同比(%)	利润总额(万元)	同比(%)	净利润(万元)	同比(%)	扣除非经常性损益后净利润(万元)	股东权益(万元)	总资产(万元)	每股收益(摊薄)(元)	每股净资产(元)	调整后每股净资产(元)	净资产收益率(%)	每股经营现金流量净额(元)	每股未分配利润(摊薄)(元)	每股资本公积金(元)	总股本(万股)	流通A股(万股)	流通外资股(万股)	分配预(方)案
000685	公用科技☆	6431.82	-76.560	2494.32	21.580	1921.00	-6.360	1915.080	30531.37	40476.94	0.1406	2.2348	2.2242	6.2900	0.0737	0.18	0.8568	13662.00	5646.96		10送0.5转6派0.3元(含税)
000686	锦州六陆☆	15533.55	-47.340	-1082.21	- -	1193.96	-51.060	-2175.21	50371.98	55695.93	0.0800	3.4200	3.2800	2.3900	0.2300	0.12	1.9710	14739.32	6265.88		10派0.50元(含税)转1
000687	保定天鹅☆	51039.16	-11.040	1859.34	-59.290	2411.21	-18.050	1485.500	98171.92	130473.08	0.0750	3.0600	3.0000	2.4560	0.1300	0.17	1.8799	32080.00	9750.00		10派0.40元(含税)
000688	朝华科技☆	21964.33	142.420	3387.61	-69.300	2813.28	-65.750	-1900.40	97459.19	179082.57	0.0810	2.7990	2.7940	2.8900	-1.6770	0.10	1.5820	34821.10	19859.20		不分配不转增
000689	ST宏业◆	- -	- -	-46650.04	-288.100	-46650.04	-287.100	-23705.6	-44863.79	3565.52	-4.1920	-4.0320	-2.1300	-674.660	-0.0080	-6.26	1.1152	11128.00	4888.00		不分配不转增
000690	宝丽华☆	28886.28	31.250	3868.91	-17.880	3210.32	-27.670	2767.900	32153.73	49655.44	0.1700	1.6600	1.6100	9.9800	0.1100	0.02	0.4903	19350.00	5850.00		10派2元(含税)
000691	寰岛实业☆	3929.44	136.520	845.11	184.920	558.63	53.950	-392.950	61154.82	81086.06	0.0216	2.3687	2.3679	0.9100	0.4878	0.38	0.8317	25818.00	13018.00		不分配、不转增
000692	惠天热电☆	52843.83	-2.490	5958.48	-43.450	4962.95	-44.370	5594.480	113021.69	213726.21	0.1860	4.2400	4.1300	4.3900	0.4900	0.42	2.3741	26641.65	11200.59		不分配、不转增
000693	聚友网络☆	18085.07	11.340	4942.81	35.750	3775.26	19.100	2644.330	38833.87	98833.08	0.2940	3.0300	2.9700	9.7200	0.1550	0.54	1.2665	12846.26	3903.90		不分配、不转增
000695	灯塔油漆☆	20251.70	-19.020	-2911.19	- -	-2893.61	- -	-4673.24	36837.76	89409.16	-0.1300	1.6600	1.5400	-7.8600	-0.2800	-0.05	0.6061	22214.75	7724.99		不分配、不转增
000697	咸阳偏转☆	47591.07	15.510	990.85	-87.270	1198.22	-82.520	1217.120	74462.55	105549.11	0.0550	3.4200	3.4100	1.6100	0.4200	0.84	0.9667	21746.17	7741.17		不分配、不转增
000698	沈阳化工☆	180466.01	-12.520	6139.15	-73.600	4520.28	-75.090	4916.610	145328.64	315114.21	0.1070	3.4400	3.3100	3.1100	0.1850	0.69	1.2734	42240.66	18720.00		不分配、不转增
000699	ST佳纸○	29050.46	-13.400	-2771.02	31.180	-2771.02	32.440	-2673.11	44334.71	150368.04	-0.1218	1.9492	0.9669	-6.2500	-1.3110	-0.21	1.0221	22744.80	9360.00		不分配、不转增
000700	模塑科技☆	26457.54	2.510	6666.97	-7.290	5977.65	14.280	5970.310	42531.26	75651.78	0.4800	3.4200	3.4100	14.0500	1.2480	0.44	1.1045	12452.18	3852.88		10派1.2元(含税)
000701	厦门信达☆	108078.48	31.000	-1456.53	- -	-1600.63	- -	-1607.52	46754.37	103538.01	-0.0800	2.3400	2.2400	-3.4200	0.1300	-0.01	1.1986	20000.00	11500.00		不分配、不转增
000702	正虹科技☆	111503.02	11.200	7537.87	-32.720	6038.28	-33.420	6091.150	82564.75	140212.11	0.2140	2.9200	2.6800	7.3100	0.2590	0.33	1.3908	28280.46	11696.49		10派1.5元(含税)
000703	世纪光华☆	26431.05	0.300	3257.49	-6.210	1724.37	-12.690	1834.470	26882.00	71779.85	0.1620	2.5220	2.4700	6.4100	0.1660	1.00	0.0008	10660.00	4680.00		不分配、不转增
000705	浙江震元☆	50027.91	-1.470	2188.57	-38.440	1714.13	-15.410	1633.020	41380.26	66756.76	0.1370	3.3000	3.1500	4.1400	0.2130	0.24	1.8360	12532.94	8075.08		10派0.50元(含税)
000707	双环科技☆	78095.22	3.650	5089.48	-45.780	3396.51	-57.340	3323.970	161345.44	191672.68	0.0700	3.4800	3.4500	2.1100	0.1600	0.42	1.7513	46414.58	26408.86		不分配、不转增
000708	大冶特钢☆	146409.96	34.480	1748.50	-22.320	1568.56	-11.270	924.180	155046.90	375007.90	0.0349	3.4500	3.4400	1.0100	0.7540	0.10	2.1252	44940.85	16702.29		10派0.15元(含税)
000709	唐钢股份☆	808324.43	16.570	83300.39	42.310	73281.24	51.270	73278.81	565338.70	1105550.13	0.5400	4.1800	4.0500	12.9600	0.8500	0.42	2.4050	135382.98	28540.99		10派3.5元(含税)
000710	天兴仪表☆	5113.28	-35.500	-4566.05	- -	-4434.03	- -	-4640.07	15925.19	35729.06	-0.2930	1.0530	1.0480	-27.8400	-0.5650	-0.25	0.2336	15120.00	4410.00		不分配、不转增
000711	龙发股份△	7773.69	-15.180	2756.01	-40.650	2459.63	-29.380	2459.630	28768.15	43972.40	0.2293	2.6820	2.6722	8.5500	0.7562	0.67	0.7889	10726.56	5110.56		10派0.3元(含税)
000712	锦龙股份☆	22997.48	41.080	2915.27	-56.270	2357.26	-58.310	2546.970	42726.43	71868.99	0.1550	2.8050	2.7700	5.5200	-0.1067	0.56	1.0468	15231.15	3809.20		10派0.7元(含税)
000713	丰乐种业☆	39840.68	-4.410	894.30	-86.850	587.53	-91.250	642.470	61668.31	91957.56	0.0260	2.7400	2.5700	0.9500	0.1000	0.13	1.4114	22500.00	10530.00		不分配不转增
000715	中兴商业☆	119392.64	100.540	5362.19	8335.110	3673.58	5678.820	3669.640	59539.43	95186.97	0.1710	2.7700	2.7200	6.1700	0.6590	0.20	1.4804	21462.00	5700.00		10派0.77元(含税)
000716	广西斯壮☆	20209.13	65.520	457.82	28.420	457.53	27.650	-541.100	32771.02	53476.24	0.0333	2.3900	2.2200	1.4000	0.4700	0.01	1.3096	13712.27	7796.06		10送0.50元(含税)转3
000717	韶钢松山☆	393945.97	17.720	28473.65	9.250	25868.34	26.530	25887.03	237982.02	388779.17	0.5780	5.3200	5.3100	10.8700	0.2900	0.58	3.4028	44720.00	13520.00		10派4元(含税)
000718	吉林纸业△	86118.48	-22.920	1870.06	245.880	453.37	-37.430	-675.370	121773.75	282230.94	0.0113	3.0500	3.0400	0.3720	0.1100	0.40	1.3159	39973.91	18860.40		不分配、不转增
000719	焦作鑫安☆	27304.97	6.430	2534.72	-1.850	2173.24	4.160	2028.550	26688.15	70600.21	0.1680	2.0630	1.9990	8.1400	-0.1560	0.29	0.6218	12937.57	4917.12		10派0.60元(含税)
000720	鲁能泰山☆	183275.18	25.630	21177.05	-2.180	11584.24	-4.720	11715.50	125584.90	278091.05	0.3600	3.9300	3.9200	9.2200	0.3100	0.65	1.8981	31980.00	18471.96		10派1元(含税)
000721	西安饮食☆	29700.27	6.980	2617.76	470.400	2073.63	530.010	2077.030	26430.83	53235.72	0.1812	2.3101	1.8991	7.8500	0.3797	0.12	1.0790	11441.51	4134.12		10派1.00元(含税)
000722	金果实业☆	48992.66	38.440	6877.94	103.370	5315.26	105.120	5684.610	78509.48	160092.58	0.2700	4.0300	3.9300	6.7700	0.2300	0.29	2.5784	19480.00	10604.16		10派1.00元(含税)
000723	ST天宇☆	34985.95	-8.180	-18603.28	-150.790	-18745.64	-146.070	16449.7	18980.13	69137.12	-1.3400	1.3600	1.2700	-98.7600	0.4140	-0.97	1.2995	13959.92	6967.92		不分配、不转增
000725	京东方A☆	268379.80	20.090	12769.00	-8.560	6025.09	-39.020	4808.740	208353.81	403281.73	0.1100	3.7900	3.7200	3.0000	0.7200	0.26	2.1022	54955.40	6000.00	B股:14950.00	10派0.50元(含税)
000726	鲁泰A☆	78569.38	61.690	13296.74	35.300	11412.74	31.920	11957.42	124001.21	148935.67	0.4200	4.5800	4.5700	9.2000	0.0300	0.04	3.2918	27079.00	6500.00	B股:10400.00	10派3.18元(含税)转3

代码	名称	主营业务收入(万元)	同比(%)	利润总额(万元)	同比(%)	净利润(万元)	同比(%)	扣除非经常性损益后净利润(万元)	股东权益(万元)	总资产(万元)	每股收益(摊薄)(元)	每股净资产(元)	调整后每股净资产(元)	净资产收益率(%)	每股经营现金流量净额(元)	每股未分配利润(摊薄)(元)	每股资本公积金(元)	总股本(万股)	流通A股(万股)	流通外资股(万股)	分配预(方)案
000727	华东科技☆	30272.32	9.360	6075.88	-41.220	5383.88	-45.820	5023.780	83092.81	137620.20	0.1720	2.6490	2.6150	6.4790	-0.0897	0.53	0.8736	31373.86	15139.58		10派1元(含税)
000728	北京化二☆	75340.42	-34.000	-16721.73	- -	-16721.73	- -	-16863.6	92009.15	166348.19	-0.4840	2.6700	2.5800	-18.1700	0.2500	-0.37	1.9532	34521.00	10400.00		不分配不转增
000729	燕京啤酒☆	228788.15	31.110	31802.37	2.970	28569.35	9.030	27774.73	358779.63	439686.27	0.4280	5.3800	5.3200	7.9600	0.2000	0.60	3.2918	66742.45	18720.00		10派2元(含税)
000731	四川美丰☆	37546.51	17.390	6925.45	7.240	5896.21	7.900	5285.820	62823.59	79217.52	0.2650	2.8257	2.8251	9.3900	0.5270	0.29	0.8000	22233.20	7777.92		10派2元(含税)
000732	福建三农☆	45470.50	12.280	3539.70	463.610	2786.17	530.670	540.080	48476.01	109419.47	0.1825	3.1750	3.1020	5.7500	-0.0214	0.34	1.6265	15266.88	8869.00		10派1元(含税)
000733	振华科技☆	62489.81	-6.080	8985.46	28.580	7733.30	22.270	6823.130	179591.11	243594.50	0.2200	5.0200	4.9800	4.3100	0.2100	0.19	3.6767	35812.00	17800.00		10派1元(含税)
000735	罗牛山☆	22862.03	1.060	7055.16	-15.170	6424.96	-15.660	4652.140	77766.39	142779.06	0.1300	1.5900	1.5900	8.2600	0.0550	0.19	0.2238	48725.40	22542.00		不分配不转增
000736	重庆实业☆	10549.83	218.080	2899.29	34.190	1768.63	18.990	1441.190	24028.61	60439.31	0.2700	3.6400	3.6400	7.3600	0.4600	0.55	1.5201	6600.00	2599.74		10派0.5元(含税)
000737	南风化工☆	215201.37	-10.460	9491.55	-19.870	6844.16	-15.420	6222.940	132047.37	328750.99	0.1500	2.8900	2.8600	5.1800	0.1200	0.13	1.5643	45730.00	20956.00		10派1元(含税)
000738	南方摩托☆	20333.46	-53.790	-21902.12	-35.230	-21902.12	-35.230	-21965.5	66190.13	135042.65	-0.5500	1.6600	1.5000	-33.0900	0.0660	-1.13	1.5671	39780.00	13600.00		不分配不转增
000739	青岛东方☆	14183.82	-20.680	-2553.88	-423.780	-2587.21	-662.030	-2538.10	24707.28	58737.70	-0.1800	1.7000	1.6900	-10.4700	-0.0040	-0.46	1.1226	14574.92	7358.94		不分配、不转增
000748	湘计算机☆	69963.82	-1.040	5806.64	-8.100	4668.86	-8.130	4550.990	64851.03	107760.75	0.2060	2.8650	2.8300	7.2000	-0.1900	0.04	1.5514	22637.48	8981.80		10派1元(含税)
000750	桂林集琦☆	15338.64	-32.540	710.35	-82.270	308.61	-42.050	-143.930	60041.60	106575.50	0.0144	2.7919	2.7919	0.5100	0.6318	0.03	1.6645	21505.74	12220.00		不分配、不转增
000751	锌业股份☆	242343.31	-17.470	12291.14	-72.370	13585.58	-66.660	12383.87	265475.15	428994.81	0.1540	3.0100	3.0000	5.1200	0.0350	0.76	0.8820	88109.88	34702.20		10派0.50元(含税)
000752	西藏发展☆	13452.11	30.950	3451.63	6.680	3158.08	20.750	3143.660	35019.05	75266.50	0.1800	1.9900	1.9600	9.0200	0.1400	0.44	0.3915	17583.90	7342.60		不分配不转增
000753	漳州发展☆	11904.70	-20.570	6124.67	45.490	5510.59	53.810	5697.260	82225.13	122205.38	0.2440	3.6500	3.6500	6.7000	-0.3500	0.47	1.9402	22547.26	9282.00		10派2元(含税)转6
000755	山西三维☆	42168.37	14.330	6512.00	5.200	5604.36	8.940	5594.990	85085.43	140846.28	0.2018	3.0638	2.9450	6.5900	0.6800	0.37	1.5323	27771.39	10920.00		10派1.25元(含税)
000756	新华制药☆	109925.85	5.290	9725.86	14.860	8089.61	17.040	8089.610	134052.39	183672.03	0.1770	2.9310	2.9310	6.0300	-0.0300	0.42	1.2222	45731.28	7615.33	H股:15000.00	10派0.8元(含税)
000757	方向光电☆	33607.67	44.470	1791.25	-42.750	1600.55	-40.200	1243.260	48460.36	109602.21	0.1100	3.1800	3.0200	3.3000	-0.0900	0.41	1.3866	15241.71	5483.06		不分配、不转增
000758	中色建设☆	20169.56	-9.920	-13964.21	- -	-14028.51	-2890.12	-15231.5	88286.61	133714.77	-0.3600	2.2800	2.1100	-15.8900	0.3200	-0.21	1.4087	38720.00	18240.00		不分配不转增
000759	武汉中百☆	147625.70	35.840	3857.08	-47.500	2409.35	-60.800	2203.160	51859.63	144686.68	0.1370	2.9500	2.6900	4.6500	0.0190	0.03	1.6867	17566.90	11282.70		10派0.8元(含税)
000760	湖北车桥☆	15704.64	-6.110	289.82	-92.180	834.21	-66.400	498.780	35166.62	43700.58	0.0800	3.2200	3.1900	2.3700	0.1200	0.19	1.7078	10932.23	5183.10		不分配、不转增
000761	本钢板材☆	524281.42	-25.030	30751.08	-26.390	27484.42	-21.450	27484.42	348594.64	527234.93	0.2419	3.0686	3.0662	7.8800	0.1500	0.62	1.2297	113600.00	11994.50	B股:40000.00	10派1.76元(含税)
000762	西藏矿业☆	18301.64	0.980	208.05	-35.240	326.77	223.730	608.470	48423.10	72305.73	0.0163	2.4150	2.4150	0.6700	-0.0504	0.01	1.3181	20051.00	7700.00		10派0.15元(含税)
000763	锦州石化☆	863873.20	-4.690	15289.65	628.770	11143.06	- -	11290.11	156910.06	217220.87	0.1410	1.9930	1.9090	7.1020	0.4060	0.05	0.9304	78750.00	15000.00		10派0.5元(含税)
000765	华信股份☆	14465.12	-41.020	-1437.69	- -	-2101.67	- -	-2263.20	26460.07	76905.25	-0.0800	1.0600	0.9700	-7.9400	-0.5030	-0.09	0.0355	24885.67	7061.64		不分配不转增
000766	通化金马☆	10043.48	-80.080	-57592.81	- -	-58412.47	- -	-32516.0	47227.41	146913.81	-1.3010	1.0500	0.9300	-123.680	-1.6490	-1.11	0.8668	44901.63	28493.40		不分配不转增
000767	漳泽电力☆	135855.30	44.990	20519.52	41.560	14811.58	52.800	7884.030	151465.08	459292.02	0.3400	3.4800	3.4700	9.7900	1.1830	0.21	1.9810	43500.00	12000.00		10派2元(含税)
000768	西飞国际☆	91955.25	15.350	5731.30	-21.500	4570.81	-33.170	3444.530	189201.50	259147.38	0.1200	4.8300	4.8200	2.4200	0.1500	0.06	3.5750	39150.00	17700.00		10派1.35元
000769	菲菲农业△	18600.85	-31.980	280.35	-19.750	210.58	-1.950	-2402.30	44470.65	66604.72	0.0140	2.4000	2.2200	0.5000	0.0100	0.33	1.0137	18540.00	8100.00		不分配、不转增
000776	延边公路☆	12573.48	0.170	2917.93	-15.320	2592.79	-11.530	2592.790	40910.81	69921.51	0.1410	2.2220	2.2220	6.3400	0.4126	0.09	0.8548	18411.00	9318.40		10派1.0元(含税)
000777	中核科技☆	25498.04	27.790	1301.26	-44.010	1036.44	-45.400	682.260	28799.58	46087.11	0.0620	1.7140	1.6530	3.6000	-0.1540	0.19	0.3629	16800.00	6720.00		10派0.40元(含税)
000778	新兴铸管☆	269436.84	30.010	55189.87	34.330	38282.81	40.010	37409.09	201341.82	428885.50	0.8008	4.2116	4.0829	19.0140	1.6531	0.04	2.7024	47806.75	16900.00		10转3派5元(含税)
000779	三毛派神☆	15581.92	-45.800	2325.91	-66.540	1893.14	-66.850	1593.070	73865.16	87286.86	0.1030	4.0330	4.0320	2.5650	-0.3690	0.73	2.1459	18315.48	10179.00		10派0.70元(含税)
000780	草原兴发☆	119256.72	19.940	7966.76	24.850	7940.50	24.440	9011.760	98220.11	211561.39	0.2800	3.4700	3.4200	8.0800	0.7900	0.82	1.2602	28327.20	10951.20		10派1元(含税)
000782	美达股份☆	99155.67	16.120	2528.79	50.570	1758.76	204.300	1806.050	78580.40	143787.00	0.0500	2.3000	2.2900	2.2400	0.5500	0.09	1.0880	34200.00	12750.00		10派0.3元(含税)

代码	名称	主营业务收入(万元)	同比(%)	利润总额(万元)	同比(%)	净利润(万元)	同比(%)	扣除非经常性损益后净利润(万元)	股东权益(万元)	总资产(万元)	每股收益(摊薄)(元)	每股净资产(元)	调整后每股净资产(元)	净资产收益率(%)	每股经营现金流量净额(元)	每股未分配利润(摊薄)(元)	每股资本公积金(元)	总股本(万股)	流通A股(万股)	流通外资股(万股)	分配预(方)案
000783	石炼化△	519230.20	-9.960	2254.56	--	691.49	--	3314.320	183451.72	294421.23	0.0060	1.5891	1.4906	0.3800	0.2040	-0.14	0.6733	115444.43	23400.00		不分配不转增
000785	武汉中商☆	167318.23	-9.150	3855.86	-41.970	2724.63	-45.850	2001.080	53807.35	177990.84	0.1080	2.1400	1.7700	5.0600	0.6300	0.11	0.3181	25122.17	7132.13		不分配、不转增
000786	北新建材☆	88652.98	58.570	9544.19	34.630	8686.91	27.650	8023.630	121481.44	198559.92	0.3020	4.2240	4.1740	7.1500	0.2800	0.22	2.4758	28757.50	11407.50		10送2转8派1元(含税)
000787	创智科技☆	41819.37	0.360	5046.09	75.560	5041.16	75.790	6548.980	47333.29	85872.88	0.2520	2.3700	2.3400	10.6500	0.0610	0.60	0.4733	19970.02	9100.00		10派0.5元(含税)
000788	ST合成△	27127.00	-3.410	473.41	--	473.40	--	-3219.29	28821.30	90152.90	0.0200	1.5000	0.9500	1.6400	0.1800	-1.00	1.0700	19250.00	4950.00		不分配不 转增
000789	江西水泥☆	37428.06	29.310	3452.42	-31.010	3034.27	-27.560	3094.570	71441.36	104128.03	0.0890	2.0980	2.0070	4.2500	0.1820	0.14	0.8653	34050.00	11050.00		10派0.5元(含税)
000790	华神集团☆	22296.77	24.450	2376.65	-6.910	2235.14	5.070	2261.110	39256.48	57044.75	0.1700	3.0700	3.0600	5.6900	0.1900	0.44	1.1495	12798.00	3978.00		不分配不转增
000791	西北化工☆	8855.38	-11.470	15.83	-99.490	10.86	-99.580	29.900	35892.70	62567.19	0.0006	1.8991	1.8969	0.0300	-0.2057	0.02	0.8669	18900.00	7920.00		不分配不转增
000792	盐湖钾肥☆	29336.62	28.940	9823.37	26.110	8101.86	19.820	8111.390	66427.38	102132.91	0.3668	3.0178	2.9787	12.1560	0.3454	0.27	1.5280	22085.00	6500.00		10派0.10元(含税)
000793	燃气股份☆	21236.08	159.250	9561.69	-5.270	9517.47	3.630	9660.900	114485.47	199525.87	0.3300	3.9300	3.8500	8.3100	1.4500	0.60	1.9274	29141.15	16207.21		10派1元(含税)
000795	太原刚玉☆	20206.33	-5.930	1667.71	-42.850	1335.76	-47.000	1124.650	77460.51	102295.26	0.0483	2.7980	2.7960	1.7200	0.0327	0.30	1.3867	27680.00	11440.00		10派0.25元(含税)
000796	宝商集团☆	62945.15	-25.290	3877.59	-29.490	3236.79	-29.800	3101.220	66232.83	96619.61	0.2020	4.1310	4.1200	4.8900	0.4210	0.62	2.2234	16034.20	11277.43		不分配、不转增
000797	中国武夷☆	90475.01	9.040	11391.38	-8.060	4435.56	-43.650	3399.790	122789.49	311105.27	0.1140	3.1500	3.0100	3.6100	-0.7300	0.05	1.9178	38945.24	13013.00		10派1.00元(含税)
000798	中水渔业☆	30321.53	-3.830	3991.94	555.050	4002.28	596.300	3838.480	76701.89	91595.12	0.1600	3.0400	3.0200	5.2200	0.2900	0.09	1.8362	25200.00	6300.00		10派0.50元(含税)
000799	湘酒鬼☆	51806.96	39.280	12666.60	1451.610	10187.47	74.340	7333.210	128281.52	217303.76	0.3400	4.2300	4.0100	7.9400	0.6500	0.20	2.3758	30305.00	10725.00		10派3元(含税)
000800	一汽轿车☆	344526.92	9.310	6825.49	-73.730	2425.44	-90.980	3366.590	450797.56	609260.19	0.0150	2.7700	2.6700	0.5400	0.1800	0.20	1.4858	162750.00	54600.00		10派0.5元(含税)
000801	四川湖山☆	4157.38	-44.180	-3445.89	--	-3410.99	--	-3046.84	13305.50	21175.88	-0.2600	1.0070	0.9500	-25.6400	0.0090	-0.24	0.0068	13203.59	3931.20		不分配、不转增
000802	京西旅游☆	25753.10	7.310	692.24	-83.170	246.42	-92.890	-502.150	37459.77	113364.06	0.0200	3.2200	2.6300	0.6600	-0.5800	0.26	1.8576	11625.00	3900.00		10派0.5元(含税)
000803	美亚股份☆	10179.55	14.860	454.43	-5.250	327.88	-30.580	387.150	14796.73	28093.51	0.0300	1.4600	1.4300	2.2200	0.2000	0.09	0.0483	10136.10	4875.00		不分配、不转增
000805	炎黄在线☆	10238.83	151.890	1626.11	129.820	1610.79	138.230	1422.900	9490.18	23551.69	0.2815	1.6586	1.6462	17.0400	0.1805	0.39	0.1547	5721.83	1441.62		不分配、不转增
000806	银河科技☆	40109.14	41.310	10067.08	9.610	9248.35	8.030	8988.270	44446.93	121293.60	0.4400	2.1000	2.0400	20.8100	0.3000	0.54	0.2408	21158.28	8803.08		10送2派0.5元(含税)
000807	云铝股份☆	160374.23	9.080	17739.28	54.730	15011.18	53.850	15079.54	75695.97	232160.59	0.4842	2.4418	2.4348	19.8300	1.1900	0.01	1.2428	31000.00	7993.40		10派3.5元(含税)
000809	第一纺织☆	36733.13	-7.100	-6296.46	--	-6265.59	--	-6268.30	16036.05	45125.64	-0.5500	1.4000	1.3300	-39.0700	-0.0300	0.07	0.2748	11457.00	3500.00		不分配不转增
000810	华润锦华☆	23516.84	-2.510	985.04	-51.240	1156.88	-36.660	1097.840	16928.19	41811.49	0.1200	1.7600	1.6700	6.8400	-0.0200	-0.11	0.7023	9604.87	3640.00		10转3.5股
000811	烟台冰轮☆	45036.41	55.500	4538.43	32.810	3772.63	33.320	3659.730	27479.12	76278.03	0.3100	2.2200	2.1800	13.7300	0.4500	0.08	0.7745	12367.31	3744.00		10派2.1元(含税)
000812	陕西金叶☆	18359.49	-5.320	2987.81	-28.930	2412.34	-26.170	2026.090	36204.23	69307.81	0.1520	2.2900	2.2100	6.3800	0.4300	0.37	0.6775	15840.00	9187.20		10送2
000813	天山纺织△	29203.79	-35.970	-14549.11	--	14500.12	--	-15180.9	64391.50	121715.92	-0.4000	1.7700	1.6900	-22.5200	-0.1900	-0.40	1.0541	36345.60	10998.00		不分配、不转增
000815	美利纸业☆	41440.12	44.410	4155.48	-2.490	4154.27	-2.520	4107.860	58149.13	154091.91	0.3100	4.4052	4.3928	7.1400	0.4994	0.75	2.4778	13200.00	6500.00		10派1元(含税)
000816	江淮动力☆	153374.70	2.840	9084.96	-13.720	8047.01	2.020	7715.700	129120.97	198375.93	0.2630	4.2170	4.1420	6.2300	0.2040	0.83	2.1670	30620.00	11440.00		10派0.30元(含税)
000817	辽河油田☆	110034.08	-6.220	51906.09	-21.960	34721.11	-20.730	38558.47	238253.97	278730.30	0.3200	2.1700	2.1700	14.5700	0.5300	0.25	0.7673	110000.00	20000.00		10派2元(含税)
000818	锦化氯碱☆	112543.38	51.380	-2469.85	--	-1496.23	--	-1066.53	95871.26	283725.27	-0.0440	2.8200	2.7000	-1.5600	0.5030	0.12	1.6330	34000.00	9000.00		不分配、不转增
000819	岳阳兴长☆	69143.33	-0.810	3455.14	-29.220	3385.71	-9.090	3380.130	35328.14	54067.28	0.2050	2.1390	2.1140	9.5800	0.0900	0.18	0.4825	16513.39	5210.32		10派1.25元(含税)
000820	金城股份☆	52326.89	17.680	5726.56	95.710	4590.22	68.290	4629.510	53483.65	135459.77	0.2171	2.5298	2.4214	8.5900	0.2327	0.42	0.7039	21141.60	7736.46		不分配不转增
000821	京山轻机☆	59090.94	9.570	11349.31	6.050	8870.68	-0.940	8435.010	85356.14	140146.65	0.2900	2.7600	2.7600	10.3900	0.6000	0.34	1.0162	30882.13	12125.05		10派1.3元(含税)
000822	山东海化☆	143902.85	22.530	21076.51	13.060	18201.70	16.450	13737.94	165145.29	303738.12	0.4000	3.6000	3.4300	11.0200	0.5500	0.45	1.9368	45870.00	15600.00		10派1.80元(含税)
000823	超声电子☆	64282.45	2.830	7341.60	-37.930	4348.89	-41.260	4321.540	87379.73	157217.88	0.1210	2.4330	2.3790	4.9770	0.3540	0.03	1.2757	35920.00	13520.00		10派1元(含税)

代码	名称	主营业务收入(万元)	同比(%)	利润总额(万元)	同比(%)	净利润(万元)	同比(%)	扣除非经常性损益后净利润(万元)	股东权益(万元)	总资产(万元)	每股收益(摊薄)(元)	每股净资产(元)	调整后每股净资产(元)	净资产收益率(%)	每股经营现金流量净额(元)	每股未分配利润(摊薄)(元)	每股资本公积金(元)	总股本(万股)	流通A股(万股)	流通外资股(万股)	分配预(方)案
000825	太钢不锈☆	683029.98	38.350	36470.87	2.900	29682.92	1.520	26832.07	314193.92	570272.32	0.2760	2.9200	2.8970	9.4470	0.4210	0.45	1.3122	107617.00	48750.00		10派1元(含税)
000826	ST原宜☆	12318.47	-24.080	-6203.77	--	-6203.77	--	-6475.67	29884.80	54755.53	-0.3400	1.6500	1.6400	-20.7600	0.0756	-0.65	0.9245	18149.30	6499.48		不分配不转增
000827	长兴实业☆	12183.31	5.050	-990.75	--	-1381.58	--	-2372.25	25926.76	56810.43	-0.2070	3.8850	3.7360	-5.3300	-0.9530	0.82	1.8773	6673.92	2920.32		不分配、不转增
000828	福地科技☆	183334.28	-36.960	-44958.82	--	-43847.58	--	-37953.2	209645.51	345626.71	-0.3760	1.8000	1.7700	-20.9200	0.1520	-0.20	0.8733	116468.35	24768.00		不分配、不转增
000829	赣南果业☆	12623.25	4.860	722.45	-39.610	82.52	-84.410	-200.760	31807.52	44087.87	0.0050	2.0200	1.8430	0.2600	-0.0880	0.27	0.6455	15750.00	6204.55		10派0.2元(含税)
000830	鲁西化工☆	97388.21	1.570	7365.96	24.770	5955.59	25.310	3620.730	90797.37	190347.76	0.2390	3.6450	3.6390	6.5590	0.5930	0.51	1.9592	24911.54	7500.00		10派2元(含税)
000831	关铝股份☆	142539.24	105.400	10708.92	68.830	9868.22	74.280	9509.730	87523.55	178557.85	0.2700	2.4100	2.4000	11.2700	0.5800	0.37	0.9437	36300.00	14625.00		10派0.6元(含税)
000832	龙涤股份☆	104334.74	-10.850	6571.60	-48.010	4782.37	-49.730	3641.990	124397.28	154841.06	0.1358	3.5300	3.5100	3.8400	-0.2752	0.93	1.3498	35206.98	18344.53		不分配、不转增
000833	贵糖股份☆	80057.99	23.700	3400.14	-40.200	4160.77	11.890	4339.070	61012.80	127724.42	0.1650	2.4100	2.2400	6.8200	0.2000	0.24	0.9895	25268.85	9858.95		10派1.2元(含税)
000835	隆源双登☆	35150.65	51.670	3100.81	58.410	1903.88	106.570	1843.180	15499.34	39172.29	0.3530	2.8700	2.8100	12.2800	0.8560	0.40	0.9492	5400.00	1338.00		10派1.4元(含税)
000836	天大天财☆	116861.22	38.170	8454.38	19.510	6035.12	31.130	2797.700	93388.58	186021.42	0.4910	7.6000	7.4600	6.4600	0.5860	0.87	5.4437	12275.46	6100.00		10派2元(含税)
000837	秦川发展☆	35463.41	-2.150	3753.46	-22.750	3043.01	-21.620	2660.540	40204.20	71084.37	0.1400	1.8900	1.8900	7.5700	--	0.26	0.5164	21267.84	10560.00		10派0.25元(含税)
000838	ST西化机△	5994.25	48.510	167.14	--	167.14	--	-1332.86	3449.06	20768.69	0.0260	0.5300	0.4700	4.8500	0.8500	-0.94	0.4676	6511.99	1755.00		不分配不转增
000839	中信国安☆	45223.94	11.980	25966.39	-6.170	21284.11	-9.400	12656.03	161759.03	309871.71	0.3607	2.7417	2.6198	13.1600	0.5235	0.22	1.3024	59000.00	17837.21		10派1元(含税)
000848	承德露露☆	99831.11	21.580	11067.85	56.560	9782.70	83.190	8796.070	66264.94	113900.26	0.3800	2.5600	2.5600	14.7600	0.5400	0.12	1.1742	25925.00	9100.00		10派6.6元(含税)
000850	华茂股份☆	60742.71	3.000	10493.11	-17.960	9540.94	-5.650	8745.260	74623.51	109990.54	0.4400	3.4100	3.4000	12.7900	0.4400	0.65	1.5508	21900.00	7694.59		10送1转5派2.5元(含税)
000851	ST七砂☆	10769.84	-32.390	-6063.91	-222.550	-6063.91	-222.550	-6142.84	33606.75	48327.81	-0.2700	1.4900	1.4500	-18.0400	-0.0620	-0.34	0.6247	22490.00	7748.00		不分配、不转增
000852	江钻股份☆	44683.52	24.960	9399.19	7.890	8222.22	10.090	7484.670	60472.11	100915.57	0.2940	2.1600	2.0300	13.6000	0.4000	0.37	0.6412	28000.00	7000.00		10派2元(含税)
000856	唐山陶瓷☆	40258.16	-13.880	-2473.30	--	-2433.94	--	-1336.73	50468.03	108049.29	-0.1400	2.8800	2.5900	-4.8200	0.3400	0.06	1.6069	17500.00	6500.00		不分配、不转增
000858	五粮液☆	474209.53	19.940	93309.22	-7.350	81140.78	5.640	81140.78	471547.57	668786.82	0.9330	5.4010	5.3940	17.2900	1.2340	1.92	1.8895	86904.00	24480.00		10送1转2派0.25元(含税)
000859	国风塑业☆	61439.49	28.850	8140.49	37.160	5280.11	6.660	4917.150	74792.50	163409.00	0.2200	3.1700	3.1600	7.0600	0.5400	0.31	1.7299	23580.00	9000.00		10派2.5元(含税)
000860	顺鑫农业☆	77408.16	14.320	7800.46	32.180	7339.94	43.200	7033.850	105139.51	138579.64	0.2410	3.4600	3.3200	6.9800	0.0400	0.24	2.0349	30415.00	9100.00		10派1.50元(含税)
000861	茂化永业☆	16769.70	47.180	1200.33	105.880	826.82	41.810	878.020	21877.12	46514.24	0.1100	2.9500	2.8400	3.7800	0.3200	0.15	1.6622	7416.97	3644.65		10转5
000862	吴忠仪表☆	24827.70	25.760	5342.16	-1.040	4587.72	3.990	4492.040	73049.32	119492.90	0.2100	3.3500	3.3300	6.2800	0.0900	0.12	2.1187	21834.00	11688.59		10派1元
000863	和光商务☆	82075.67	313.380	4074.15	-9.900	3189.23	-4.960	2135.320	28313.44	87527.56	0.2350	2.0900	1.8900	11.2700	-0.7350	0.47	0.4370	13562.03	3900.00		不分配、不转增
000866	扬子石化☆	1281229.51	-16.690	3504.01	-95.250	3504.01	-94.620	-437.000	521664.47	1179010.20	0.0200	2.2400	2.1900	0.6700	0.4400	0.20	0.9231	233000.00	35000.00		不分配、不转增
000868	安凯客车☆	44589.60	20.210	1138.94	-27.590	1024.20	0.730	1022.270	65780.53	101423.93	0.0460	2.9800	2.7000	1.5600	0.5300	0.06	1.8614	22100.00	10140.00		不分配、不转增
000869	张裕A☆	88598.05	1.420	17784.83	3.110	17165.65	34.650	12301.44	135677.81	166338.79	0.6600	5.2200	5.2100	13.0000	0.2000	0.68	3.1712	26000.00	3200.00	B股:8800.00	10派2.5元(含税)
000876	新希望☆	75379.55	27.030	9738.17	195.920	8430.31	195.670	7783.540	103050.14	141056.51	0.4340	5.3110	5.2790	8.1800	0.6400	0.56	3.5338	19402.60	6400.00		10派0.40元(含税)送1.5转1
000877	天山股份☆	70761.97	75.270	13652.01	81.690	9409.63	40.610	9702.330	73548.38	200795.11	0.5428	4.2427	4.1725	12.7900	1.0200	0.61	2.3024	17335.20	7800.00		不分配不转增
000878	云南铜业☆	287246.42	13.200	8325.01	-48.680	8325.01	-46.710	8015.680	177765.55	404728.92	0.1040	2.2300	2.2200	4.6800	1.0100	0.02	1.1142	79868.88	28072.28		10派1.00元(含税)
000880	山东巨力☆	166071.17	-2.160	5739.72	-29.210	5071.76	-26.410	4994.470	64201.73	114374.64	0.1800	2.3300	2.3200	7.9000	0.7500	0.17	1.0165	27610.05	13213.50		10派3元(含税)
000881	大连国际∇	108469.54	34.860	6141.25	-2.420	4965.53	-9.100	4908.470	67467.09	160692.90	0.1600	2.1800	2.0700	7.3600	0.2800	0.11	0.8206	30891.84	15792.00		10派0.50元(含税)
000882	中商股份☆	19280.46	-36.600	3923.37	160.030	3558.65	153.570	2078.280	46827.16	60717.30	0.1400	1.8800	1.8700	7.6000	-0.2600	0.20	0.5658	24920.00	6300.00		10派0.5元(含税)
000883	三环股份☆	149797.08	51.350	5745.73	-8.930	4828.01	-9.640	4708.150	79968.38	141918.94	0.1900	3.0800	3.0500	6.0400	-0.3300	0.65	1.1362	23585.76	10560.00		10送1
000885	ST春都◆	10306.04	-65.050	-22780.60	-173.160	-22780.60	-173.160	-22235.8	31165.85	58363.52	-1.4240	1.9500	1.9400	-73.0900	0.0029	-1.58	2.4358	16000.00	6000.00		不分配不转增

代码	名称	主营业务收入(万元)	同比(%)	利润总额(万元)	同比(%)	净利润(万元)	同比(%)	扣除非经常性损益后净利润(万元)	股东权益(万元)	总资产(万元)	每股收益(摊薄)(元)	每股净资产(元)	调整后每股净资产(元)	净资产收益率(%)	每股经营现金流量净额(元)	每股未分配利润(摊薄)(元)	每股资本公积金(元)	总股本(万股)	流通A股(万股)	流通外资股(万股)	分配预(方)案
000886	海南高速▽	35148.30	-0.310	4989.22	-40.400	6218.60	-28.450	7734.970	263051.60	583964.40	0.0630	2.6600	2.4800	2.3600	0.1170	0.35	0.9537	98882.83	24781.24		不分配不转增
000887	飞彩股份☆	85817.61	1.260	4568.18	-0.680	3378.47	-13.410	2892.150	76764.36	161563.76	0.1122	2.5500	2.5200	4.4000	0.3669	0.22	1.2065	30100.00	9100.00		10派0.50元(含税)
000888	峨眉山A☆	15131.26	19.820	3850.63	21.760	3278.49	21.650	2962.130	39369.53	51493.13	0.2800	3.3200	3.1600	8.3300	0.6400	0.14	2.0612	11866.00	4000.00		10派1.5元(含税)
000889	华联商城☆	50790.42	13.370	6617.53	47.620	6490.77	48.200	6452.130	71253.08	150192.24	0.2200	2.4200	2.3200	9.1100	-0.7200	0.12	1.1329	29452.83	16034.72		10派0.30元(含税)
000890	法尔胜☆	105450.27	61.290	10832.32	22.150	6465.99	1.810	6843.070	92740.37	202290.20	0.2200	3.1800	3.1200	6.9700	0.1000	0.08	1.9100	29203.20	16972.80		10派1元(含税)
000892	长丰通信☆	32604.14	25.860	10959.26	10.030	8623.94	23.650	9320.750	60720.37	176134.98	0.2100	1.4700	1.4600	14.2000	0.2400	0.15	0.0927	41387.69	12000.00		不分配、不转增
000893	ST冷机△	31895.77	129.770	-8989.13	36.190	-8877.32	35.230	-9262.76	32174.28	79871.06	-0.4000	1.4500	1.3200	-27.5900	0.2900	-0.87	1.2793	22200.00	5700.00		不分配、不转增
000895	双汇发展☆	336796.61	8.390	24249.57	6.870	17050.18	13.180	16795.68	80103.48	161701.41	0.5830	2.7400	2.7200	21.2900	0.7200	0.69	0.7917	29237.00	8450.00		10派1.5元(含税)
000897	津滨发展☆	31295.57	-15.300	7867.41	23.890	6598.32	21.670	5998.570	92728.86	209058.90	0.1457	2.0500	2.0300	7.1200	-0.4900	0.06	0.9383	45299.97	14165.97		10派0.60元(含税)
000898	鞍钢新轧○	949052.30	-3.090	69882.40	-7.430	40374.30	-17.970	42611.00	720139.70	1023788.80	0.1360	2.4300	2.4300	5.6100	-0.1000	0.27	1.0386	295793.51	74893.51	H股:89000.00	10派0.8元(含税)
000899	赣能股份☆	49537.14	-0.380	6994.95	-34.310	6057.58	-32.680	7180.810	140936.74	154950.69	0.1105	2.5700	2.5500	4.3000	0.2200	0.06	1.3211	54803.20	17878.64		10派1元(含税)
000900	现代投资☆	50022.49	74.400	19939.58	11.690	17514.55	17.680	15096.94	246693.76	460643.58	0.4400	6.1800	6.0700	7.1000	0.7900	0.95	3.9470	39916.59	21436.59		10派1.6元(含税)
000901	航天科技☆	17966.74	66.970	3376.09	73.450	2556.63	33.130	2329.310	32793.82	55935.27	0.2582	3.3100	3.3000	7.8000	0.2023	0.36	1.7366	9900.00	3000.00		10送2转4派1元(含税)
000902	中国服装☆	45092.39	-13.490	-1707.14	--	-1780.98	--	-1927.21	47829.02	109454.68	-0.0800	2.2200	2.1800	-3.7200	-0.3000	-0.18	1.3359	21500.00	6500.00		不分配、不转增
000903	云内动力☆	70440.04	71.800	9757.93	3.440	8052.64	0.720	7368.040	62293.40	130999.43	0.4500	3.4600	3.4000	12.9300	0.8200	0.23	1.9775	18000.00	6000.00		10派3.60元(含税)
000905	厦门路桥△	25442.84	10.540	4452.50	-0.580	3788.77	38.900	3868.630	100959.28	280810.65	0.1280	3.4220	3.3610	3.7500	0.1210	0.56	1.7112	29500.00	9500.00		不分配、不转增
000906	南方建材☆	84556.80	4.060	2480.04	-32.570	1904.70	-38.570	1638.660	36620.52	95429.20	0.1520	2.9300	2.8000	5.2000	0.3400	0.45	1.3224	12500.00	3500.00		10转9派0.2元(含税)
000908	天一科技☆	17124.91	-9.520	1192.96	-75.020	1224.93	-69.180	588.170	49746.95	62088.23	0.0437	1.7800	1.7600	2.4600	0.1100	0.28	0.4287	28000.00	8987.80		不分配、不转增
000909	数源科技△	21977.11	-52.090	955.55	23.610	358.27	4.400	-1438.67	52736.58	77881.08	0.0180	2.6900	2.6700	0.6800	-0.1900	0.02	1.6370	19600.00	6000.00		不分配、不转增
000910	大亚股份☆	53488.67	24.230	7146.05	8.830	5652.86	5.970	5523.180	81376.15	122603.97	0.2440	3.5190	3.5070	6.9500	0.3960	0.41	1.9121	23125.00	8000.00		不分配不转增
000911	南宁糖业☆	95732.09	2.050	5480.78	-18.690	4734.06	-8.780	4910.630	67022.16	120777.29	0.2000	2.7800	2.6500	7.0600	0.0900	0.04	1.6573	24080.00	7280.00		不分配不转增
000912	泸天化☆	154070.37	12.010	12977.62	-26.140	10393.06	-15.780	8142.310	150110.64	340928.32	0.2310	3.3360	3.1750	6.9600	0.7000	0.40	1.7675	45000.00	15000.00		10派1元(含税)
000913	钱江摩托☆	271809.82	-27.490	10811.81	-48.380	7561.52	-45.370	7343.910	117881.85	188059.51	0.2700	4.1600	4.1100	6.4100	0.3800	0.74	2.2636	28346.00	8450.00		10送2派1元(含税)转4
000915	山大华特☆	4202.60	4.980	145.32	--	145.32	--	-1141.04	24548.75	48424.61	0.0161	2.7170	2.6860	0.5900	-0.0015	0.36	1.1830	9033.60	3000.00		不分配、不转增
000916	华北高速☆	39538.23	11.130	21895.90	-21.880	16132.32	-42.470	18627.64	272858.09	339461.46	0.1500	2.5000	2.4900	5.9100	0.2600	0.11	1.2270	109000.00	34000.00		10派1.00元(含税)
000917	电广传媒☆	69296.45	33.590	1887.46	-84.150	7612.45	-27.660	6635.200	234596.83	452510.01	0.2900	8.9800	8.7600	3.2800	-0.6400	0.61	7.2635	25840.00	11800.00		10派2元(含税)
000918	亚华种业☆	42007.56	24.180	2855.59	-43.800	3025.85	-37.100	2866.850	65333.30	168003.03	0.1780	3.8430	3.6880	4.6300	0.0730	0.34	2.2659	17000.20	6000.00		10派0.5元(含税)
000919	金陵药业☆	49941.75	40.650	15348.31	18.120	10868.52	2.430	6155.450	107451.57	141627.84	0.3880	3.8376	3.8372	10.1100	0.3300	0.29	2.2712	28000.00	8000.00		10派2.12元(含税)
000920	南方汇通☆	49223.60	20.410	10270.57	38.560	9253.59	24.840	8336.290	60362.25	87857.49	0.4900	3.1800	3.1700	15.3300	0.3500	0.05	1.9494	19000.00	7000.00		10派4元(含税)
000921	ST科龙◆	472046.64	7.020	-155557.31	-55.360	-155557.31	-87.270	-149603	240261.65	652696.40	-1.5700	2.4200	2.2100	-64.7000	0.1500	-1.39	2.4710	99200.66	11000.00	H股:45958.98	不分配、不转增
000922	阿继电器☆	24709.43	14.280	4687.65	5.730	3995.20	6.250	3776.860	54934.81	79077.45	0.2300	3.1300	3.1300	7.2700	0.2000	0.14	1.7598	17555.00	5500.00		10派0.60元(含税)
000923	河北宣工☆	37009.80	17.630	1734.70	-40.250	1459.98	-42.320	1175.900	40578.33	70526.46	0.0900	2.4600	2.4400	3.6000	0.3000	0.22	1.1807	16500.00	5500.00		不分配、不转增
000925	浙大海纳☆	17070.96	-26.900	2759.00	-27.670	1948.55	-34.820	1497.440	36843.16	53773.95	0.2200	4.0900	4.0800	5.2900	0.2600	0.25	2.6960	9000.00	3000.00		10派1.8元(含税)
000926	福星科技☆	42559.04	9.340	9225.48	-2.710	8357.67	2.860	8357.670	64763.36	112564.23	0.3130	2.4300	2.4300	12.9100	-0.1270	0.46	0.7062	26669.50	7150.00		10派1.25元(含税)
000927	天津汽车☆	340594.16	-25.410	-8804.54	--	-8705.25	--	-8614.64	319314.06	734899.66	-0.0600	2.2000	2.1900	-2.7300	0.2300	0.09	1.0007	145015.82	21800.00		10转1派1.25元(含税)
000928	吉林炭素☆	77597.64	8.270	4230.05	-16.670	3621.75	-13.910	3882.620	103367.20	249218.58	0.1280	3.6500	3.3800	3.5000	-0.1000	0.27	1.9605	28289.90	12004.90		不分配不转增

代码	名称	主营业务收入(万元)	同比(%)	利润总额(万元)	同比(%)	净利润(万元)	同比(%)	扣除非经常性损益后净利润(万元)	股东权益(万元)	总资产(万元)	每股收益(摊薄)(元)	每股净资产(元)	调整后每股净资产(元)	净资产收益率(%)	每股经营现金流量净额(元)	每股未分配利润(摊薄)(元)	每股资本公积金(元)	总股本(万股)	流通A股(万股)	流通外资股(万股)	分配预(方)案
000929	兰州黄河☆	15451.93	-16.880	-17270.26	--	-15222.69	--	-15246.6	33886.93	78695.41	-1.2918	2.8757	2.7929	-44.9200	0.2344	-0.77	2.5396	11784.00	5400.00		不分配、不转增
000930	丰原生化☆	85317.12	20.990	12011.08	25.070	10997.76	36.010	9515.210	137006.11	244780.12	0.6210	7.7410	7.7250	8.0300	0.5180	0.72	5.8097	17697.88	9000.00		10派1元(含税)
000931	中关村△	190746.28	24.060	8203.67	-58.140	8516.30	-44.530	5493.510	170528.79	969033.15	0.1262	2.5269	2.4024	4.9900	0.2846	0.11	1.2988	67484.69	37484.69		10派1元(含税)
000932	华菱管线☆	849955.19	37.240	62245.17	51.430	47356.75	45.590	47741.44	355802.47	777138.54	0.3025	2.2700	2.1600	13.3100	0.8600	0.29	0.8407	156537.50	25000.00		10派1元(含税)
000933	神火股份☆	63920.73	18.620	13664.34	18.750	9898.69	30.230	9491.750	76748.60	101532.43	0.4329	3.3562	3.3500	12.9000	0.7081	0.03	2.1438	22868.00	7000.00		10派2.8元(含税)
000935	四川双马☆	42685.70	-4.220	6601.63	-13.190	5121.40	-11.770	5180.550	52286.62	81997.74	0.1600	1.6400	1.6137	9.7900	0.1542	0.09	0.4747	31941.00	10440.00		10派0.7元(含税)
000936	华西村☆	66318.13	118.330	7387.55	3.640	6620.30	15.470	6592.550	53224.86	72010.80	0.3900	3.1681	3.1600	12.4400	0.3273	0.71	1.3021	16800.00	4200.00		10派1元(含税)
000937	金牛能源☆	116451.37	30.560	24996.06	12.040	25313.73	70.410	25292.59	162276.48	239306.75	0.6000	3.8200	3.8100	15.6000	0.8700	0.72	1.8944	42500.00	10000.00		10派2.50元(含税)
000938	清华紫光☆	146534.98	59.250	-2152.54	--	-2362.17	--	-4554.90	59509.63	102234.37	-0.1150	2.8880	2.8690	-3.9700	0.9770	0.01	1.7500	20608.00	6400.00		不分配、不转增
000939	凯迪电力☆	42299.41	144.330	8185.36	36.270	6577.99	36.050	6577.990	48529.77	90489.90	0.3041	2.2400	2.2400	13.5500	0.7400	0.47	0.6401	21630.00	9450.00		10派0.50元(含税)
000948	南天信息☆	89357.55	32.890	5232.71	-10.260	3944.68	-5.750	3644.130	47689.17	84952.11	0.2800	3.4100	3.3400	8.2700	1.1200	0.00	2.1830	14000.06	4000.00		10派1.90元(含税)
000949	新乡化纤☆	73146.74	15.020	3347.87	-72.760	3395.19	-66.280	2474.830	100255.02	128163.15	0.0700	2.0400	2.0000	3.3900	0.0050	0.15	0.7221	49057.14	15000.00		10派0.50元(含税)
000950	民丰农化☆	47262.06	22.210	541.68	-87.110	435.14	-87.690	295.850	42574.70	99686.78	0.0280	2.7470	2.7330	1.0200	0.0750	0.18	1.4807	15500.00	5500.00		不分配不转增
000951	小鸭电器☆	48017.09	-27.390	-8207.75	--	-7516.51	--	-7875.83	53161.15	144211.83	-0.3000	2.0900	2.0100	-14.1400	-0.2800	-0.21	1.2781	25397.50	9000.00		不分配不转增
000952	广济药业☆	18609.99	38.730	3210.64	--	2458.73	-19.690	2412.910	48686.95	76183.15	0.1440	2.8400	2.7800	5.0500	-0.1300	0.51	1.1721	17122.60	5000.00		10派0.5元(含税)
000953	河池化工☆	35384.54	11.330	3055.98	-27.350	2354.06	-29.580	1372.600	40999.13	121901.31	0.1300	2.3000	2.2500	5.7400	-0.1700	0.28	0.7931	17821.78	6000.00		10送1派0.25元(含税)
000955	欣龙无纺☆	16045.77	19.840	1870.12	14.210	1614.71	5.380	1198.160	48284.68	80718.03	0.0790	2.3550	2.3210	3.3400	0.0963	0.08	1.2121	20500.00	5500.00		10送0.5转0.5派0.3元(含税)
000956	中原油气☆	174025.76	-9.000	59749.10	-25.130	50898.89	-36.220	52099.36	286685.92	367400.59	0.6238	3.5133	3.5133	17.7500	0.9068	0.93	1.1640	81600.00	20399.88		10派2元(含税)
000957	中通控股☆	32556.48	24.600	4122.22	-19.440	3350.97	-27.830	2726.360	44677.37	70913.56	0.1405	1.8700	1.8700	7.5000	0.0609	0.18	0.5883	23850.50	8100.00		不分配、不转增
000958	东方热电☆	46106.10	52.340	9127.27	35.940	7996.86	64.310	6493.850	58901.50	146573.95	0.4400	3.2700	3.2200	13.5800	0.6100	0.55	1.4826	18000.00	4500.00		10派1元(含税)
000959	首钢股份☆	1201658.59	0.840	81525.11	-9.280	70933.92	20.620	50808.80	499048.81	971439.61	0.3100	2.1600	2.1100	14.2100	0.3900	0.00	1.0269	231000.00	35000.00		10派2.3元(含税)
000960	锡业股份☆	114455.97	-3.820	1668.13	-79.930	1455.83	-82.480	1450.550	116153.78	208418.75	0.0407	3.2453	3.2402	1.2500	-0.4713	0.12	1.9893	35790.40	13000.00		10派0.16元(含税)
000961	大连金牛☆	114152.69	-2.830	6180.35	-25.120	5253.30	-24.390	5202.510	100296.58	240454.74	0.1700	3.3400	3.2400	5.2400	0.3000	0.35	1.9141	30053.00	13000.00		10派0.30元(含税)
000962	东方钽业☆	122538.39	15.200	20273.68	10.330	17839.76	16.940	16409.97	105099.00	156113.85	0.5006	2.9500	2.9500	16.9700	-0.2810	0.50	1.2483	35640.00	14040.00		不分配、不转增
000963	华东医药☆	188641.84	16.610	9456.73	40.070	5747.63	27.340	5422.040	53357.15	124119.28	0.3000	2.8100	2.7900	10.8000	0.5800	0.21	1.3783	19000.00	5000.00		10送2转8派0.5元(含税)
000965	天水股份☆	37788.19	17.190	2464.87	-49.380	2257.99	--	1870.550	59800.56	109481.87	0.1000	2.7600	2.6500	3.7800	-0.1900	0.23	1.4407	21700.49	7000.00		10送0.5转0.5派0.13元(含税)
000966	长源电力☆	88100.36	30.720	7694.33	-29.900	4641.80	-42.550	4303.100	83864.00	208002.20	0.1254	2.2657	2.2249	5.5300	0.2600	0.11	1.0555	37014.20	10800.00		10派1元(含税)
000967	上风高科☆	13374.03	-3.870	3447.04	-28.340	2772.72	-26.340	2651.780	45630.01	52394.73	0.2027	3.3400	3.2200	6.0800	0.1450	0.21	1.8745	13678.61	4500.00		10派0.80元(含税)
000968	神州股份☆	66249.62	11.450	6309.36	53.030	5392.77	58.470	4146.310	113875.16	184931.39	0.1365	2.8815	2.5227	4.7400	0.0817	0.11	1.6677	39519.00	14019.47		10派0.12元(含税)
000969	安泰科技☆	43509.96	22.010	7294.68	-0.470	6757.37	4.290	6461.820	105786.24	124821.58	0.2768	4.3327	4.3069	6.3900	0.1171	0.06	3.1011	24416.00	8800.00		10派1.41元(含税)
000970	中科三环☆	36713.41	-1.280	4527.87	-4.070	3045.47	11.450	2508.510	37115.88	62306.33	0.1940	2.3700	2.2890	8.2100	0.0840	0.13	1.1624	15660.00	6300.00		10派1元(含税)转5
000971	湖北迈亚☆	27071.06	11.520	3940.48	-7.700	3396.67	-3.920	2797.040	41882.42	96622.23	0.1800	2.2400	2.2300	8.1100	0.2350	0.03	1.0261	18700.00	5500.00		10派1.5元(含税)
000972	新中基☆	54927.26	17.470	2101.58	-27.660	1982.99	-24.060	1362.170	40198.12	122912.24	0.1600	3.2300	3.1200	4.9300	-0.2900	0.00	1.9785	12458.92	4500.00		10派0.6元(含税)
000973	佛塑股份☆	166969.88	13.990	11402.96	26.620	9961.48	30.690	9895.980	118914.85	215063.48	0.2670	3.1840	3.1310	8.3800	0.5810	0.20	1.7408	37345.06	9500.00		10派1.8元(含税)
000975	乌江电力☆	12092.77	25.130	3283.50	-42.720	2790.98	-27.330	2742.780	69555.30	82027.14	0.0900	2.3500	2.3300	4.0100	0.1100	0.03	1.2656	29600.00	12000.00		10派1元(含税)
000976	春晖股份☆	115296.31	20.410	6077.51	-46.650	5770.06	-24.480	4219.850	107859.30	196932.03	0.1400	2.5600	2.5500	5.3600	0.3700	0.17	1.2560	42114.60	6120.00		10派0.3元(含税)

代码	名称	主营业务收入(万元)	同比(%)	利润总额(万元)	同比(%)	净利润(万元)	同比(%)	扣除非经常性损益后净利润(万元)	股东权益(万元)	总资产(万元)	每股收益(摊薄)(元)	每股净资产(元)	调整后每股净资产(元)	净资产收益率(%)	每股经营现金流量净额(元)	每股未分配利润(摊薄)(元)	每股资本公积金(元)	总股本(万股)	流通A股(万股)	流通外资股(万股)	分配预(方)案
000977	浪潮信息☆	79725.53	-2.110	5176.53	-39.740	4332.28	-27.480	4238.300	80650.41	111176.46	0.2000	3.7500	3.7100	5.3700	0.3650	0.28	2.3366	21500.00	6500.00		10派1元(含税)
000978	桂林旅游☆	19971.62	43.990	5407.96	31.400	4375.00	25.330	3966.130	36154.77	49629.41	0.2470	2.0430	2.0220	12.1000	0.3700	0.00	0.9120	17700.00	6000.00		10派2元(含税)
000979	科苑集团☆	23435.57	64.110	2057.64	-38.640	2333.74	8.450	2635.140	47456.19	70228.96	0.2500	5.0500	4.9900	4.9200	0.0600	0.19	3.7170	9400.00	4000.00		10派0.6元(含税)
000980	金马股份○	20474.70	-26.950	598.84	-57.070	112.94	-84.340	-2840.15	47023.77	99839.55	0.0075	3.1349	3.1252	0.2400	-0.2063	0.06	2.0079	15000.00	5800.00		不分配不转增
000981	兰光科技☆	64152.49	-12.510	3099.63	-42.180	2593.25	-51.630	2229.070	66666.31	102037.35	0.1600	4.1400	4.1100	3.8900	-0.5300	0.29	2.7205	16100.00	5000.00		10派1.00元(含税)
000982	圣雪绒△	45211.09	10.080	3199.65	-17.720	2297.24	-19.040	1341.970	35468.33	105594.61	0.3100	4.7930	4.7400	6.4800	-1.5200	0.51	3.0887	7400.00	3000.00		10派1.5元(含税)
000983	西山煤电☆	196005.91	55.980	27020.67	5.920	24793.30	28.010	23954.53	296267.95	414436.94	0.3100	3.6700	3.6600	8.3700	0.3500	0.36	2.1945	80800.00	28630.86		10派1元(含税)
000985	大庆华科☆	37947.26	-5.010	2584.12	-35.910	2215.73	-40.160	2042.550	38682.57	48353.16	0.1930	3.3640	3.3470	5.7280	-0.1980	0.04	2.1764	11500.00	3000.00		10派1元(含税)
000987	广州友谊☆	97952.23	3.570	5488.98	22.840	3835.57	1.190	3652.990	59866.84	75561.00	0.1603	2.5017	2.4725	6.4070	0.0995	0.14	0.7492	23930.54	6000.00		10派1元(含税)
000988	华工科技☆	29701.79	64.550	5868.64	35.600	4548.51	7.780	1922.630	57678.33	82147.04	0.3960	5.0160	4.9760	7.8900	-0.3430	0.23	3.6068	11500.00	3000.00		10派2元(含税)
000989	九芝堂☆	70968.77	55.690	6358.42	50.110	5237.04	38.120	4804.780	50180.26	87196.34	0.4070	3.9000	3.7500	10.4400	0.6300	0.04	2.7372	12862.00	4000.00		10派2.5元(含税)
000990	诚志股份☆	43871.07	59.750	6353.86	-0.200	4505.02	11.400	4233.610	66531.51	92218.24	0.2500	3.7100	3.6700	6.7700	0.1000	0.17	2.4074	17925.00	7200.00		10派0.80元(含税)
000993	闽东电力△	22206.09	23.370	3634.22	-34.980	2880.04	-9.400	-711.700	144340.56	217589.51	0.1000	4.8100	4.7400	2.000	0.0400	0.00	3.7418	30000.00	10000.00		10派0.6元(含税)
000995	皇台酒业☆	12110.20	-23.550	627.94	-76.890	191.45	-86.430	-1090.94	45995.55	67496.28	0.0137	3.2900	2.6600	0.4200	-0.2000	0.04	2.0818	14000.00	4000.00		不分配、不转增
000996	捷利股份☆	18799.36	-14.180	2137.87	-36.900	1345.30	-45.390	964.740	41862.59	54508.14	0.1170	3.6400	3.6340	3.2140	0.0380	0.13	2.2519	11500.00	3500.00		10派0.30元(含税)
000997	新大陆☆	46275.22	10.900	5122.05	15.290	4034.42	1.220	4013.250	59711.43	72509.94	0.3500	5.1500	5.1400	6.7600	0.1000	0.04	3.8945	11600.00	3100.00		10派3元(含税)
000998	隆平高科☆	26790.82	64.820	4642.79	23.900	4033.23	7.540	3830.730	78613.86	98490.13	0.3800	7.4900	7.4800	5.1300	-0.7500	0.00	6.2997	10500.00	5500.00		10派3元(含税)
000999	三九医药▽	186731.47	14.710	17027.50	-5.130	12102.73	-24.980	10227.69	260389.50	659907.44	0.1607	3.4600	3.1300	4.6500	0.2000	0.10	2.2712	75300.00	20000.00		10派0.40元(含税)
001696	ST联益△	15038.06	1455.950	915.71	- -	930.37	- -	-760.360	2800.18	18857.44	0.0679	0.2046	-0.0745	33.2300	0.2935	-1.13	0.2008	13686.40	5158.40		不分配、不转增
001896	豫能控股☆	43033.30	10.860	6899.59	-29.550	5474.00	-33.840	5019.970	89249.00	144342.90	0.1270	2.0800	2.0700	6.1300	0.2900	0.01	0.7968	43000.00	7995.00		10派1元(含税)
200041	深本实B☆	6671.39	537.770	1378.98	260.130	801.64	120.540	799.580	13106.59	27107.14	0.1300	2.1700	2.0200	6.1200	-0.0400	-0.02	0.4933	6050.00	- -	B股:1573.00	不分配不转增
200053	深基地B☆	10280.00	6.330	6814.66	30.610	6018.00	34.170	6032.850	52285.00	61684.00	0.2610	2.2670	2.2200	11.5100	0.3670	0.03	0.1139	23060.00	- -	B股:6000.00	10派0.2206美元(含税)
200054	ST建摩B☆	73268.20	-31.160	-19880.70	- -	-19287.10	- -	-18782.7	30098.70	155294.70	-0.4000	0.6300	0.1800	-64.0800	0.1100	-1.74	1.1101	47750.00	- -	B股:12000.00	不分配不转增
200057	ST大洋B△	- -	- -	683.15	- -	683.15	- -	-2019.32	-5937.26	11541.39	0.0300	-0.3000	-0.6800	- -	-0.0300	-1.72	0.3547	19800.00	- -	B股:7920.00	不分配、不转增
200152	山航B☆	131158.44	25.870	7442.76	-48.090	5494.17	-41.000	4412.680	56428.18	202789.15	0.1400	1.4100	1.1700	9.7400	0.2400	0.16	0.1906	40000.00	- -	B股:14000.00	10派0.6元(含税)
200160	帝贤B☆	29028.30	2.210	8057.85	3.860	6609.55	1.420	6611.570	44193.70	117349.03	0.3100	2.0600	2.0400	15.0000	0.2900	0.21	0.7332	21500.00	- -	B股:11500.00	10送2转5派0.53元(含税)
200168	雷伊B☆	40193.08	-32.910	5269.88	-44.650	3390.40	-46.220	2614.440	37090.94	73275.79	0.1900	2.1000	2.0900	9.0000	-0.3800	0.28	0.5242	17700.00	- -	B股:6900.00	10派1.50元(含税)
200468	宁通信B☆	75360.80	18.180	1321.13	35.130	238.22	-13.500	311.320	43084.71	106991.50	0.0110	2.0040	1.9440	0.5530	0.0760	0.06	0.8282	21500.00	- -	B股:10000.00	不分配、不转增
200512	闽灿坤B☆	279841.70	11.660	18646.17	-6.700	17040.80	-7.380	17864.60	101173.90	246148.30	0.3779	2.2400	2.2200	16.8400	1.4200	0.53	0.2052	45093.75	- -	B股:12187.50	10转2.50股
200706	瓦轴B△	107164.06	-2.190	2706.95	-25.180	2455.32	-25.180	2601.860	103808.84	217756.58	0.0740	3.1500	3.0500	2.3700	0.3300	0.45	1.5718	33000.00	- -	B股:13000.00	10派0.3元(含税)
200770	武锅B☆	40426.71	60.930	2320.25	34.060	1801.05	43.110	1508.230	50301.04	127684.84	0.0610	1.6940	1.6677	3.5810	0.2470	0.14	0.5040	29700.00	- -	B股:12500.00	10派0.25元(含税)
200771	杭汽轮B☆	28916.03	16.040	3198.89	-6.320	2738.89	-6.400	2837.730	44164.08	62695.64	0.1240	2.0100	1.8200	6.2000	0.2300	0.19	0.6787	22000.00	- -	B股:8000.00	10派1元(含税)
200986	粤华包B☆	51130.00	26.170	12905.26	5.170	11869.00	7.870	7034.330	80720.00	130134.00	0.2700	1.8366	1.8198	14.7000	0.0613	0.15	0.5700	43950.00	- -	B股:14950.00	10派1.33元(含税)
200992	中鲁B☆	34105.56	-42.410	2563.01	-69.000	2383.54	-67.090	2383.540	51435.64	103169.13	0.0900	1.9300	1.9300	4.6000	0.3300	0.15	0.7001	26607.13	- -	B股:13800.00	10派0.5元(含税)

上市公司 2001 年度经济指标总览(沪市)

代码	简称	每股收益(元)				每股净资产(元)		每股经营现金流量(元)		净资产收益率(%)		主营收入(万元)		净利润(万元)			总资产(万元)	股东权益(万元)	最新流通A股(万股)	最新总股本(万股)	分配方案	最新市盈率(倍)	年报刊登日期
		2001年	扣除后	2000年	扣除后	2001年	调整后	2001年	2000年	2001年	2000年	2001年	同比(%)	2001年	同比(%)	扣除后							
600000	浦发银行	0.441	0.443	0.331	0.33	2.932	2.739	0.775	0.702	15.03	12.29	718525.40	25.83	106187.80	33.23	106826.00	17369068.30	706666.70	40000.00	241000.00	10派2元(含税)转增5	36.86	2002/3/21
600001	邯郸钢铁	0.451	0.342	0.447	0.402	4.19	4.19	0.42	0.61	10.77	11.49	723715.27	23.57	67070.81	0.98	50769.54	869093.60	622869.21	49000.00	148655.31	10派1.5元(含税)	12.74	2002/3/28
600002	齐鲁石化	0.011	0.004	0.223	0.21	2.42	2.42	0.448	0.39	0.45	9.28	702236.60	-1.86	2114.16	-95.14	703.48	770277.50	471463.28	35000.00	195000.00	不分配	422.44	2002/4/17
600003	东北高速	0.1578	0.1697	0.1472	0.1247	2.4197	2.4098	0.3233	0.1238	6.5194	6.3689	37390.56	8.58	19138.39	7.13	20582.73	500024.07	293559.08	30000.00	121320.00	10派0.5元(含税)	34.10	2002/4/2
600005	武钢股份	0.336	0.345	0.338	0.34	2.234	2.234	0.498	0.772	15.05	15.53	632662.16	-8.64	70314.13	-0.53	72159.15	664712.61	467066.93	32000.00	209048.00	10派2.8元(含税)	17.24	2002/2/26
600006	东风汽车	0.5374	0.5333	0.3492	/	2.9579	2.8373	0.0477	0.4758	18.17	13.08	443082.73	28.63	53737.02	53.87	53332.97	494838.24	295787.90	30000.00	100000.00	10派2元(含税)	23.22	2002/3/7
600007	中国国贸	0.22	0.23	0.18	/	2.68	2.37	0.41	0.39	8.33	7.13	59706.70	9.99	17851.80	22.27	18228.90	371501.40	214330.10	16000.00	80000.00	10派1.04元(含税)	42.44	2002/3/16
600008	首创股份	0.4382	0.398	0.3806	0.3791	3.5817	3.58	0.4455	0.3764	12.23	10.87	17774.80	6.87	48201.58	15.14	43776.31	513395.33	393990.36	30000.00	110000.00	10派3.6元(含税)(*)	33.07	2002/3/1
600009	上海机场	0.401	0.402	0.395	/	3.555	3.55	0.61	0.537	11.29	12.52	115653.04	33.26	56676.12	3.95	56836.32	661795.55	502114.94	51232.98	141232.98	10派1.5元(含税)	22.63	2002/3/28
600010	钢联股份	0.21	0.21	0.32	/	2.78	2.78	-0.3	0.14	7.39	18.47	558135.42	-5.38	25665.88	-11.16	26708.37	727135.58	347353.52	35000.00	125000.00	10派1元(含税)	25.18	2002/3/28
600011	华能国际	0.61	0.61	0.47	0.49	4.52	4.52	1.19	1.21	13.4	11.74	1581665.63	25.94	363606.42	37.51	366794.42	4722970.87	2712556.40	15000.00	600000.00	10派3元(含税)	21.86	2002/3/13
600016	民生银行	0.29	0.28	0.14	0.13	2.41	2.31	7.02	1.05	11.91	4.65	513099.30	89.33	64637.00	170.88	63326.30	13889842.00	542490.30	45500.00	224932.29	10派0.7元(含税)送1.5	46.25	2002/4/25
600018	上港集箱	0.7822	0.7128	0.6038	/	5.0924	5.0437	1.3557	1.3223	15.3602	13.882	213847.38	17.16	70570.66	29.54	64306.40	771955.15	459436.97	21000.00	90220.00	不分配	24.39	2002/3/15
600019	宝钢股份	0.2	0.2	0.24	/	2.1	2.1	0.72	0.72	9.74	11.84	2917079.52	-5.72	256121.17	-14.40	256201.63	5804206.18	2629002.84	187700.00	1251200.00	10派1.25元(含税)	19.93	2002/3/9
600028	中国石化	0.162	0.183	0.193	0.196	1.604	1.584	0.688	0.411	10.08	13.37	30434700.00	-5.76	1401800.00	-13.22	1585300.00	36029400.00	13903900.00	280000.00	8670243.90	10派0.8元(含税)	20.78	2002/4/2
600033	福建高速	0.3216	0.2688	0.2766	0.2752	3.4269	3.4259	0.4957	0.6802	9.38	14.76	30368.26	50.74	22027.63	64.23	18409.82	591487.79	234744.53	20000.00	68500.00	10派1.2元(含税)	28.98	2002/3/26
600036	招商银行	0.34	0.33	0.19	0.16	/	/	/	/	27.97	21.81	1049252.10	20.08	143112.00	78.04	/	26631715.50	511643.60	60000.00	570681.80	/	39.28	2002/4/4
600037	歌华有线	0.53	0.47	0.57	0.58	6.04	5.99	0.64	0.66	8.73	33.19	32864.30	41.82	14234.72	30.63	12702.29	192552.74	162988.35	8000.00	27000.00	10派2.5元(含税)	52.54	2002/3/21
600038	哈飞股份	0.36	0.34	0.23	/	4.47	4.47	-0.07	0.25	8.14	5.4	31972.76	34.69	5451.82	60.18	5092.03	92347.06	66985.53	6000.00	15000.00	10派1元(含税)送2转增4	75.61	2002/3/4
600051	宁波联合	0.18	0.13	0.17	/	2.72	2.57	-0.26	0.25	6.6	6.28	364228.56	23.16	5430.21	8.22	4034.18	228421.06	82230.48	8539.79	30240.00	10派1元(含税)	55.80	2002/3/22
600052	浙江广厦	0.15	0.12	0.19	/	2.94	2.93	-0.43	-0.39	4.98	10.08	40924.85	-74.98	7098.04	-12.60	5987.05	303471.47	142395.07	25552.80	48363.35	10派1.14元(含税)	56.83	2002/4/16
600053	江西纸业	-1.86	-1.86	0.22	0.11	2.16	1.02	-0.78	0.64	-85.95	5.93	30557.34	1.36	-29924.52	-914.66	-29943.42	145818.84	34814.68	7597.35	16107.00	不分配	/	2002/4/27
600054	黄山旅游	0.15	0.18	0.15	0.15	2.41	2.36	0.445	0.155	6.3	6.4	39874.46	39.41	4581.21	0.17	5487.03	105989.07	73091.70	5200.00	30290.00	10派0.3元(含税)	84.63	2002/4/5
600055	万东医疗	0.29	0.29	0.24	0.28	3.1	3.09	0.11	0.22	9.33	8.06	32741.52	18.02	3209.46	22.96	3249.07	50228.42	34407.54	3900.00	11100.00	10派1元(含税)	58.83	2002/3/20
600056	中技贸易	0.3762	0.0785	0.2474	0.2302	4.2203	4.2167	2.2865	-1.15	9.1282	6.29	248281.10	77.33	4903.39	52.02	1023.15	120525.04	55011.17	3900.00	13035.00	10派1元(含税)	41.47	2002/3/26
600057	ST厦新	-0.218	-0.255	-0.555	-0.594	1.15	1.049	0.163	-0.709	-18.99	-40.529	98826.12	-0.53	-7824.95	60.62	-9141.68	158436.45	41207.85	14400.00	35820.00	不分配	/	2002/4/19
600058	龙腾科技	0.365	0.3593	0.4933	0.4326	4.3543	4.3087	0.1021	0.2937	8.3827	11.3972	1956513.63	66.52	15479.60	-26.00	15236.36	531057.38	184661.60	12000.00	42408.87	10派3元(含税)	40.66	2002/3/30
600059	古越龙山	0.307	0.305	0.367	/	4.82	4.8	-0.337	0.72	6.37	9.95	43551.33	11.46	7143.26	-5.56	7089.87	171364.10	112131.06	10647.00	23280.00	10派2元(含税)	48.10	2002/4/12
600060	海信电器	-0.0364	-0.04	0.08	0.06	4.49	4.44	1.03	0.56	-0.813	2.5	387256.07	-9.87	-1799.56	-155.66	-2095.47	400816.18	221462.91	20384.00	49376.78	不分配	/	2002/4/16
600061	中纺投资	0.094	0.088	0.222	0.214	1.67	1.66	-0.07	0.33	5.66	6.96	67158.48	-5.47	2712.13	-14.94	2533.41	73747.78	47913.90	9360.00	28701.20	10派0.2元(含税)转增3	99.16	2002/3/22
600062	双鹤药业	0.4648	0.4539	0.3547	/	3.7807	3.7165	0.4156	0.5653	12.29	14.78	238265.68	103.94	15771.04	45.43	15398.85	274628.73	128275.85	14297.40	33928.90	10派1元(含税)转增3	34.89	2002/3/22
600063	皖维高新	0.305	0.294	0.209	0.199	2.432	2.379	0.534	0.3	12.55	8.62	50744.47	31.15	7715.40	45.85	7439.46	111418.72	61499.01	9900.00	25290.00	10派3元(含税)	33.04	2002/2/6
600064	南京高科	0.206	0.215	0.327	/	3.38	3.36	-0.187	0.612	6.08	10.3	51291.24	-41.78	7077.25	-37.15	7402.32	246223.26	116399.88	15548.76	34414.59	不分配	55.43	2002/3/16
600065	大庆联谊	-0.2986	-0.3007	0.1561	/	3.7707	3.6953	-0.1863	0.144	-7.919	3.2	54995.52	13.43	-5733.03	-329.49	-5772.84	121683.58	73049.69	6000.00	19200.00	不分配	/	2002/4/6
600066	宇通客车	0.7199	0.7158	0.5757	/	6.243	6.236	0.72	1.6	11.53	9.41	157951.53	31.74	9842.51	25.05	9786.96	140397.17	85360.86	9372.31	13672.37	10派6元(含税)(*)	19.88	2002/2/26
600067	福州大通	0.31	0.28	0.18	0.16	2.89	2.86	0.01	-0.42	10.68	6.66	40349.33	3.66	3235.85	69.71	2923.10	55649.15	30305.46	6792.43	10501.17	10派1.5元(含税)	49.65	2002/3/6

代码	简称	每股收益(元)				每股净资产(元)		每股经营现金流量(元)		净资产收益率(%)		主营收入(万元)		净利润(万元)			总资产(万元)	股东权益(万元)	最新流通A股(万股)	最新总股本(万股)	分配方案	最新市盈率(倍)	年报刊登日期
		2001年	扣除后	2000年	扣除后	2001年	调整后	2001年	2000年	2001年	2000年	2001年	同比(%)	2001年	同比(%)	扣除后							
600068	葛洲坝	0.21	0.25	0.3	0.33	4.62	4.56	0.05	0.01	4.54	6.75	220848.28	2.44	14785.48	-30.09	17541.61	490407.61	325846.43	34580.00	70580.00	10派元0.3(含税)	32.94	2002/3/30
600069	银鸽投资	-0.613	-0.254	0.023	-0.018	1.02	1.01	-0.34	0.08	-60.26	1.41	18309.99	18.70	-22781.00	-2774.35	-9424.53	96070.18	37803.16	14560.00	37160.00	不分配	/	2002/4/13
600070	浙江富润	0.235	0.193	0.345	/	3.02	3.01	-0.14	0.64	7.77	11.12	20264.13	-5.18	1778.91	-31.97	1464.23	42884.74	22895.32	3115.46	7573.30	10派1.6元(含税)	67.73	2002/2/6
600071	凤凰光学	0.1536	0.1347	0.36	0.34	1.71	1.69	0.23	0.18	9.01	10.27	31359.99	14.71	3647.64	-4.77	3198.90	66099.96	40484.42	10745.02	23747.25	不分配	56.25	2002/3/20
600072	江南重工	0.1	0.067	0.074	-0.058	3.493	3.44	0.313	0.022	2.868	2.168	41325.33	16.89	2750.69	36.23	1834.48	110187.24	95901.72	12480.00	27458.08	10送1转增1	111.70	2002/4/12
600073	上海梅林	0.11	0.01	0.25	0.07	2.44	2.36	-0.06	0.11	4.36	10.59	49634.95	-7.61	3442.79	-57.01	310.81	127909.40	79037.15	12000.00	32400.00	不分配	130.81	2002/3/23
600074	南京中达	0.524	0.5	0.425	/	4.096	3.995	0.864	1.553	12.8	11.49	51689.58	4.26	7580.69	23.25	7268.64	147588.60	59235.38	9720.00	18960.00	10派1元(含税)	30.94	2002/4/13
600075	新疆天业	0.21	0.13	0.3	0.22	4.85	4.85	0.4687	0.72	4.26	6.47	129214.62	-8.52	4685.85	-31.21	2950.94	258582.73	108848.56	9720.00	22680.00	10派0.5元(含税)	53.53	2002/3/27
600076	青鸟华光	0.216	0.2447	0.2318	/	2.93	2.83	0.1558	0.4241	7.36	8.34	35857.56	46.90	4846.82	-6.83	5492.11	156903.18	65876.24	12480.00	25321.60	10派0.53元(含税)	67.55	2002/3/14
600077	国能集团	0.017	0.017	0.179	/	2.81	2.6	0.07	-0.53	0.6	6.41	27680.21	-9.76	214.91	-90.52	214.91	74889.37	35573.25	4654.07	12681.91	不分配	704.58	2002/4/6
600078	澄星股份	0.33	0.336	0.2	/	3.52	3.48	0.34	-0.23	9.36	5.65	58609.62	8.26	5940.79	64.79	6050.68	110391.62	63418.46	6627.67	18006.20	10派0.5元(含税)	39.61	2002/1/31
600079	人福科技	0.23	0.18	0.29	0.24	2.35	2.33	0.134	0.208	9.75	12.84	24192.69	28.34	2891.12	-19.61	2253.44	99126.61	29651.50	6422.00	12597.00	10派1元(含税)	50.63	2002/1/26
600080	金花股份	0.2	0.12	0.34	0.31	3.57	3.43	0.35	0.41	5.65	9.99	15665.46	-14.78	4659.44	-40.75	2786.18	130085.92	82398.97	9984.00	23083.52	10派0.20元(含税)	53.01	2002/2/8
600081	东风科技	0.251	0.21	0.1947	0.15	1.9227	1.9075	0.13	0.2	13.05	10.13	60003.20	52.25	5044.82	28.89	4253.27	87739.91	39647.72	5025.00	20100.00	10派2.5元(含税)	99.09	2002/3/20
600082	ST海泰	-0.559	-0.559	-0.618	-0.618	2.173	2.173	0.11	0.073	-25.721	-22.8	53617.02	23.64	-8324.99	17.46	-8324.99	35093.09	32367.10	7918.82	14898.08	不分配	/	2002/3/20
600083	PT红光	0.035	0.008	-0.307	/	0.006	-0.016	0.212	-0.087	621.15	-254.89	8605.78	210.51	813.79	111.53	191.68	20968.68	131.01	13573.06	23000.00	不分配	159.12	2002/2/27
600084	新天国际	0.31	0.31	0.49	0.48	2.88	2.77	0.18	0.03	10.86	13.86	85371.95	24.42	7356.57	-16.51	7194.38	192377.62	67714.89	8923.20	23518.04	10派0.6元(含税)	37.18	2002/2/31
600085	同仁堂	0.601	0.605	0.586	0.585	3.751	3.701	0.694	0.699	16.03	15.37	161167.05	57.33	19950.65	41.97	20075.86	215905.12	124461.60	9961.66	33179.99	10派2.5元(含税)	31.42	2002/3/26
600086	多佳股份	0.074	0.071	0.138	0.139	1.411	1.41	0.0125	-0.177	5.23	6.4	24852.03	-13.02	2598.80	-14.48	2500.87	75655.71	49708.49	12822.01	35228.17	10派0.1元(含税)	160.23	2002/4/19
600087	南京水运	0.483	0.437	0.437	0.422	3.39	3.38	0.89	0.82	14.25	13.18	48598.58	-7.07	11553.99	10.47	10434.91	95970.44	81063.21	7280.00	23932.31	10派3元(含税)	26.02	2002/1/29
600088	中视传媒	0.113	0.127	0.134	0.13	3.05	3	0.26	0.42	3.72	3.42	36004.81	75.91	2682.21	10.27	2996.34	96907.07	72136.49	7800.00	23673.00	10派0.7元(含税)	138.30	2002/4/2
600089	特变电工	0.32	0.21	0.2192	/	3.19	3.1	-0.1279	0.043	9.95	7.26	131046.01	31.46	8222.43	44.59	5561.59	222415.75	82650.12	13041.60	25949.02	10派1元(含税)	32.06	2002/3/29
600090	啤酒花	0.21	0.17	0.393	0.378	1.49	1.39	-0.08	-0.31	13.89	18.47	68424.84	11.13	7596.13	-15.86	6260.32	165186.46	54673.65	17412.10	36791.66	10派0.5元(含税)	72.02	2002/3/23
600091	明天科技	0.277	0.28	0.311	0.311	3.45	3.37	0.8	0.29	8.05	9.81	63149.74	-19.65	6281.85	-10.75	6343.40	165566.11	78032.24	9620.00	22652.60	不分配	39.23	2002/4/3
600092	精密股份	0.1514	0.1371	0.2073	0.1231	2.58	2.57	0.0456	0.2894	5.88	8.37	15367.31	22.53	3955.56	-26.94	3582.07	107740.57	67303.46	13309.92	26119.62	10派0.5元(含税)	57.58	2002/3/18
600093	禾嘉股份	0.084	0.051	0.18	/	2.02	2.01	0.25	-0.187	4.18	6.32	12008.41	-31.60	1612.09	-31.05	980.66	81642.53	38602.65	7650.00	19125.00	不分配	132.87	2002/3/29
600094	华源股份	0.16	0.14	0.18	0.13	2.92	2.88	0.72	0.42	5.56	6.27	185816.92	26.05	8108.07	-6.80	6683.35	382940.95	143538.56	11040.00	49175.40	10派0.5元(含税)	54.58	2002/4/9
600095	哈高科	-0.478	-0.48	0.068	0.066	2.276	1.956	0.144	0.257	-20.985	2.477	24013.06	7.27	-12495.36	-800.18	-12616.44	157854.51	59543.65	15106.60	26156.00	不分配	/	2002/3/22
600096	云天化	0.4198	0.32	0.4479	/	3.234	3.2293	0.8641	0.6367	12.98	14.97	88555.01	15.85	15454.79	-4.41	12354.64	191564.66	119070.13	10000.00	36818.18	不分配	25.71	2002/3/12
600097	华立科技	0.106	0.099	-0.478	/	1.098	1.088	0.521	-0.018	9.64	-348.23	11465.39	58.20	1222.52	724.04	1147.97	39402.61	12681.36	3500.00	11544.99	不分配	133.91	2002/3/15
600098	广州控股	0.753	0.771	0.69	0.61	3.83	3.82	1.34	1.4	19.63	20.41	390755.62	12.96	94283.11	9.06	96617.22	912646.68	480214.69	23400.00	125280.00	10派3元(含税)(*)	19.29	2002/3/15
600099	林海股份	0.03	0.02	0.03	0.03	2.1	2.06	0.25	0.29	1.44	1.4	19062.90	-4.74	664.97	5.01	470.49	53409.56	46035.31	9120.00	21912.00	不分配	351.60	2002/3/22
600100	清华同方	0.506	0.507	0.565	/	4.635	4.49	0.345	0.479	10.92	8.66	501253.21	51.18	29075.81	34.35	29139.81	606517.26	266334.41	24760.86	57461.23	10派2元(含税)	42.15	2002/3/26
600101	明星电力	0.461	0.426	0.549	0.516	5.84	5.8	0.58	0.76	7.9	13.26	24824.18	1.96	7832.19	-2.56	7225.18	136225.61	99166.09	9500.40	16980.54	10派2元(含税)	28.83	2002/3/9
600102	莱钢股份	0.523	0.52	0.6	0.612	3.71	3.69	0.56	1.27	14.1	18.35	498820.12	10.23	45578.94	-12.13	45306.35	559298.48	323181.67	15600.00	87118.20	10派0.6元(含税)	16.34	2002/2/26
600103	青山纸业	0.156	0.1495	0.181	0.176	2.214	2.2	0.183	0.188	7.1	8.6	91857.92	3.70	11046.99	-13.67	10562.41	234953.27	155693.12	44623.77	70630.00	10派0.6元(含税)	32.10	2002/3/22
600104	上海汽车	0.312	0.333	0.351	0.416	3.226	3.207	0.288	0.394	9.68	10.96	370523.42	48.60	78722.24	60.13	83883.03	1005432.56	812994.76	75599.98	251999.93	10派1.5元(含税)	22.31	2002/3/26
600105	永鼎光缆	0.306	0.33	0.21	/	2.9	2.88	0.02	0.03	10.57	8.14	126863.90	77.16	7641.85	46.78	8234.24	131948.19	68567.12	7500.00	24961.05	10派1.5元(含税)	37.73	2002/3/26
600106	重庆路桥	0.2261	0.1737	0.2501	0.1744	2.87	2.81	0.26	0.41	7.86	9.15	13688.80	11.48	7007.69	-9.61	5384.10	132671.79	89122.55	9000.00	31000.00	10派1元(含税)	47.16	2002/3/11

代码	简称	每股收益(元)				每股净资产(元)		每股经营现金流量(元)		净资产收益率(%)		主营收入(万元)		净利润(万元)			总资产(万元)	股东权益(万元)	最新流通A股(万股)	最新总股本(万股)	分配方案	最新市盈率(倍)	年报刊登日期
		2001年	扣除后	2000年	扣除后	2001年	调整后	2001年	2000年	2001年	2000年	2001年	同比(%)	2001年	同比(%)	扣除后							
600107	美尔雅	0.1004	0.02	0.16	0.13	2.383	2.273	0.185	0.39	4.21	7.04	14110.75	-20.14	3614.51	-36.84	545.94	110991.64	85779.61	13320.00	36000.00	不分配	70.32	2002/3/15
600108	亚盛集团	0.14	0.12	0.25	/	2.19	2.19	0.02	0.24	6.53	9.34	64276.78	-6.86	8944.44	-12.15	7458.11	184272.76	137015.68	27682.20	62504.52	10派0.5元(含税)	41.51	2002/4/6
600109	ST成百	0.018	-0.223	-0.44	-0.315	0.204	0.118	0.163	0.189	9.02	-240.03	64171.88	-18.12	130.40	104.17	-1584.83	27531.66	1445.40	2750.00	7098.27	不分配	726.16	2002/3/28
600110	长春热缩	0.275	0.224	0.4075	0.265	2.98	2.91	0.0764	0.6	9.22	13.86	11541.43	28.77	5098.34	8.18	4165.12	75398.32	55296.06	7648.69	18562.43	10派0.5元(含税)送2转增6	54.61	2002/3/5
600111	稀土高科	0.2	0.19	0.243	/	2.527	2.423	0.008	0.421	7.9	9.79	31542.74	-19.64	8056.87	-20.21	7535.63	129371.85	102012.66	14560.00	40367.40	10派1元(含税)	62.33	2002/3/8
600112	长征电器	0.0533	0.0541	0.178	0.1644	2.79	2.71	-0.0049	0.11	1.91	6.5	16524.73	-9.38	917.41	-70.03	931.31	68618.27	47951.42	5200.00	17200.00	不分配	218.23	2002/3/20
600113	浙江东日	0.02	0.02	0.13	0.13	3	2.97	0.02	0.4	0.69	4.3	6666.40	-34.15	243.05	-83.93	271.82	43110.09	35410.49	4000.00	11800.00	不分配	611.73	2002/3/22
600115	东方航空	0.02731	0.0302	0.00413	-0.0466	1.28	1.19	0.66	0.63	2.13	0.3044	1283933.93	8.61	13291.94	561.89	14711.69	2735522.61	624137.35	30000.00	486695.00	10派0.2元(含税)	183.08	2002/4/9
600116	三峡水利	0.12	0.12	0.17	0.16	2.93	2.71	0.38	0.64	3.98	5.9	29182.90	32.88	2036.59	-30.37	2133.12	113603.40	51171.86	5799.20	17476.80	10派0.3元(含税)	109.33	2002/3/20
600117	西宁特钢	0.1547	0.1344	0.1388	0.0982	2.41	2.33	0.3	0.09	6.43	6.17	123887.49	-6.02	9004.27	11.43	7826.14	272526.65	140059.69	16000.00	58222.00	不分配	39.18	2002/2/9
600118	中国泛旅	0.054	0.052	0.085	0.1	1.466	1.442	0.07	0.41	3.71	6.07	28073.83	-4.49	1031.25	-36.21	992.86	35118.09	27782.84	7200.00	18950.40	不分配	342.90	2002/3/28
600119	长江投资	0.138	0.1045	0.1173	/	2.2784	2.17	-0.1291	-0.0114	6.055	4.99	47199.85	-7.14	2276.22	29.32	1763.53	80692.03	37593.11	5280.00	16500.00	10送1转增2	123.38	2002/3/12
600120	浙江东方	0.46	0.36	0.63	0.49	3.08	2.96	0.14	0.01	14.83	14.39	310336.96	-0.15	10317.26	21.53	8197.54	156888.81	69551.64	13117.57	31592.09	10派1元(含税)送2转增2(*)	47.65	2002/3/1
600121	郑州煤电	0.094	0.0947	0.1455	/	1.51	1.51	0.187	0.052	6.22	9.39	62795.68	36.86	7610.96	-35.43	7668.12	204130.22	122278.15	21600.00	81000.00	不分配	124.41	2002/3/28
600122	宏图高科	0.182	0.188	0.221	0.231	2.948	2.886	-0.224	-1.254	6.18	11.32	200481.48	71.06	5815.39	-10.66	6011.95	241671.84	94101.12	14400.00	31920.00	10派0.4元(含税)	53.79	2002/4/9
600123	兰花科创	0.107	0.1	0.02	-0.0037	2.197	2.106	0.789	0.369	4.84	1.03	45062.01	48.82	3960.58	379.05	3713.31	151589.38	81568.06	14400.00	37125.00	10派0.6元(含税)	84.83	2002/3/22
600125	铁龙股份	0.324	0.34	0.375	/	2.884	2.813	0.809	0.58	11.23	14.66	34924.19	14.33	6175.58	-13.68	6400.03	84108.99	55010.77	9077.60	19077.60	不分配	38.71	2002/3/8
600126	杭钢股份	0.531	0.546	0.547	0.584	3.17	3.15	0.543	0.146	16.76	20.62	431521.94	9.87	34248.13	-7.62	35257.20	314776.42	204397.08	16575.00	64533.75	10派1.5元(含税)	16.47	2002/3/20
600127	金健米业	0.039	0.039	0.1	0.092	2.907	2.876	0.071	0.078	1.355	5.393	40942.30	-41.78	1703.67	-33.30	1703.67	203969.08	125717.33	19143.45	43250.01	不分配	204.11	2002/4/25
600128	弘业股份	0.05	0.01	0.22	0.18	2.76	2.69	0.1	0.37	1.86	7.95	144925.27	1.31	1024.31	-76.85	224.22	84218.61	55140.04	7412.31	19944.75	10派0.5元(含税)	177.97	2002/4/12
600129	太极集团	0.402	0.341	0.194	0.177	3.94	3.56	0.89	0.14	10.2	5.15	174897.07	46.35	10143.31	107.05	8616.04	273221.73	99408.26	7500.00	25260.00	10派2元(含税)	74.61	2002/4/6
600130	波导股份	0.426	0.442	0.16	/	5.203	5.155	2.23	-0.96	8.18	3.22	262229.33	180.52	6813.46	168.35	7035.60	174343.16	83254.48	4000.00	16000.00	10派2元(含税)	51.99	2002/3/5
600131	岷江水电	0.09	0.09	0.11	0.09	2.01	2	0.09	0.14	4.59	7.38	14286.77	33.83	2734.13	-9.74	2734.13	145768.85	59535.29	9995.00	29654.42	不分配	137.53	2002/3/29
600132	重庆啤酒	0.201	0.217	0.24	0.211	3.37	3.33	0.58	0.51	5.95	6.98	46671.03	38.02	3428.72	-16.31	3701.91	117814.19	57663.63	5200.00	17087.20	10派2.6元(含税)	116.86	2002/3/12
600133	东湖高新	0.1784	0.1401	0.1621	0.1545	2.3055	2.2918	0.0337	-0.7689	7.74	7.34	47541.70	54.62	4917.37	10.10	3862.30	116412.75	63537.23	8320.00	27559.22	10派0.8元(含税)	62.77	2002/4/6
600135	乐凯胶片	0.409	0.406	0.756	0.739	2.837	2.832	0.581	1.05	14.416	22.27	63814.83	-15.92	13986.63	-35.05	13878.85	115697.71	97024.19	12600.00	34200.00	10派4元(含税)	30.64	2002/4/3
600136	道博股份	0.24	0.1	0.19	0.15	4.03	3.85	0.05	0.41	5.91	5.1	17566.75	-8.68	2486.07	22.60	1084.71	86260.50	42067.91	4092.40	10444.40	10派0.5元(含税)	64.82	2002/4/18
600137	长江控股	-0.318	-1.075	0.262	-0.533	2.41	2.262	-0.296	0.096	-13.189	9.591	5082.54	-62.61	-1929.63	-221.49	-6525.19	72608.30	14630.56	1740.00	6071.13	不分配	/	2002/4/30
600138	青旅控股	0.386	0.323	0.443	0.44	4.06	3.88	0.25	0.13	9.49	11.67	130856.88	27.65	10302.42	-12.87	8624.68	174078.59	108517.55	11700.00	26700.00	10派1.5元(含税)	34.21	2002/3/12
600139	鼎天科技	-0.83	-0.69	0.18	/	1.37	1.2	0.26	0.1	-61.1	8.24	19393.06	-7.22	-6346.65	-568.74	-5240.92	40997.35	10387.53	2940.00	7601.02	不分配	/	2002/3/19
600141	兴发集团	0.21	0.22	0.16	0.16	2.52	2.62	0.5	0.58	8.32	6.7	35716.47	30.62	3354.36	29.90	3504.60	71477.80	40317.31	4000.00	16000.00	10派1元(含税)	59.34	2002/2/28
600145	四维瓷业	0.32	0.33	0.25	/	1.67	1.66	0.26	0.28	18.97	10.12	30987.56	56.19	7860.11	130.97	8096.21	71942.74	41430.98	12474.00	34650.00	10派0.5元(含税)送2转增2(*)	37.03	2002/2/26
600146	大元股份	-0.61	-0.56	0.03	0.03	1.75	1.74	0.129	-0.26	-34.81	1.49	153112.52	14.76	-12176.42	-1865.67	-11146.68	40538.21	34984.16	6000.00	20000.00	不分配	/	2002/4/18
600148	离合器	0.059	0.06	0.078	/	1.78	1.67	0.26	0.18	3.29	5.54	16013.31	3.99	830.24	-20.87	830.32	35650.60	25244.32	4200.00	14151.65	10派0.37元(含税)	180.17	2002/3/16
600149	邢台轧辊	0.13	0.13	0.009	0.005	2.03	2.01	0.12	-0.04	6.48	0.32	37403.89	-2.06	3359.40	2009.12	3337.52	93409.06	51808.75	6750.00	25470.00	10转增2	96.82	2002/4/11
600150	沪东重机	0.05	0.033	-0.2	-0.216	1.95	1.9	0.68	0.58	2.58	-10.54	80031.74	10.72	1213.44	125.09	796.91	125342.47	47009.60	7700.00	24149.31	不分配	201.40	2002/4/9
600151	航天机电	0.213	0.112	0.46	0.3	2.527	2.397	0.396	0.51	8.416	11.68	105730.12	9.68	9949.50	-25.47	5219.86	218230.48	118227.88	14144.00	46784.00	10派1.3元(含税)	48.76	2002/4/16
600152	维科精华	0.1623	0.1691	0.1626	0.1733	2.0143	1.9849	0.3652	0.206	8.06	8.38	109868.91	-15.55	4764.36	-0.19	4831.91	98055.67	59117.30	11097.50	29349.42	10派1元(含税)(*)	50.76	2002/2/7
600153	厦门建发	0.49	0.48	0.33	0.38	5.09	4.99	0.98	0.19	9.62	7.16	598345.59	16.21	14496.96	47.10	14354.28	367923.49	150628.65	8000.00	29600.00	10派0.5元(含税)	26.52	2002/3/25

代码	简称	每股收益(元)				每股净资产(元)		每股经营现金流量(元)		净资产收益率(%)		主营收入(万元)		净利润(万元)			总资产(万元)	股东权益(万元)	最新流通A股(万股)	最新总股本(万股)	分配方案	最新市盈率(倍)	年报刊登日期
		2001年	扣除后	2000年	扣除后	2001年	调整后	2001年	2000年	2001年	2000年	2001年	同比(%)	2001年	同比(%)	扣除后							
600155	宝硕股份	0.175	0.174	0.225	0.298	1.91	1.9	0.358	0.535	9.145	8.171	111340.80	5.80	7206.97	16.31	7191.20	205456.44	78804.94	12000.00	41250.00	10派1元(含税)(*)	42.64	2002/2/8
600156	益鑫泰	0.1521	0.1163	0.1561	/	2.75	2.75	0.12	0.46	5.53	5.94	74425.65	-10.40	6676.26	-2.53	5102.77	150052.47	120653.33	13600.00	43890.00	10派0.3元(含税)	56.34	2002/4/11
600157	鲁润股份	0.1094	0.108	0.1923	0.1923	1.696	1.684	0.66	0.145	6.45	12.1	49363.33	12.70	1865.14	-42.38	1840.75	78904.30	28919.55	6355.84	17044.62	不分配	100.43	2002/2/7
600158	中体产业	0.0561	0.05	0.2496	/	3.0629	2.9939	0.2901	0.3755	1.83	6.36	20690.55	0.88	1421.87	-70.80	1265.59	105935.55	77689.70	7605.00	25364.82	10派0.1元(含税)	261.70	2002/3/21
600159	宁城老窖	-0.126	-0.251	0.21	0.15	2.3	2.3	-0.44	-0.15	-5.47	6.94	20344.69	-23.36	-3844.06	-190.87	-7641.02	113287.46	70285.63	8800.77	30500.16	不分配	/	2002/4/19
600160	巨化股份	0.283	0.267	0.349	/	3.56	3.5	0.69	0.9	7.97	12.51	126768.02	2.61	10520.94	-11.56	9914.43	237037.77	132041.32	11440.00	37120.00	10派1元(含税)	34.44	2002/3/9
600161	天坛生物	0.179	0.173	0.188	0.179	1.51	1.46	0.24	0.25	11.88	13.02	15500.14	12.66	3434.57	-4.66	3350.07	46332.08	28914.30	4800.00	19200.00	10派1元(含税)	96.77	2002/2/6
600162	山东临工	0.11	0.05	0.08	0.08	3.36	3.31	0.18	0.3	3.29	2.43	53368.78	20.47	1940.66	39.90	819.67	119995.97	59015.31	10752.00	17589.00	不分配	77.95	2002/4/6
600163	福建南纸	0.27	0.35	0.23	0.21	3.69	3.62	0.94	0.43	7.34	6.36	106633.45	11.77	8271.54	19.61	10604.09	260532.78	112745.19	9100.00	30594.66	不分配	33.36	2002/3/7
600165	宁夏恒力	0.2	0.16	0.21	/	2.69	2.65	0.16	0.58	7.45	11.25	37315.41	10.88	5023.72	2.68	3897.07	111789.21	67470.22	9360.00	25210.00	不分配	62.65	2002/4/8
600166	福田汽车	0.3667	0.2093	0.3139	/	3.58	3.5	0.3	0.02	10.23	9.65	411224.01	25.67	10284.04	16.80	5868.93	307943.52	100545.86	8000.00	28046.60	10派1元(含税)	27.22	2002/2/9
600167	ST沈新开	0.01	0.0111	-0.33	/	1.91	1.91	-0.42	-0.18	0.6	-17.5	11137.66	-2.29	219.63	103.48	210.22	59002.87	36328.91	7000.00	19000.00	不分配	811.45	2002/4/10
600168	武汉控股	0.3009	0.2731	0.333	0.2928	2.9724	2.9694	0.3807	0.3358	10.12	11.45	23147.45	-1.55	13274.69	-9.63	12047.33	153665.43	131129.17	12750.00	44115.00	10派2.5元(含税)	36.49	2002/2/26
600169	太原重工	0.055	0.055	0.086	0.12	2.34	2.28	-0.077	-0.054	2.36	3.76	66511.04	22.31	2052.57	-35.75	2064.92	168126.02	86936.68	14400.00	37217.24	不分配	128.01	2002/4/20
600170	上海建工	0.31	0.31	0.42	/	4.53	4.51	1.51	-0.54	6.82	10.93	800374.78	3.04	18520.20	-18.15	18322.48	656227.45	271531.25	19500.00	59941.50	10派1元(含税)送2	40.33	2002/3/14
600171	上海贝岭	0.34	0.33	0.4	0.39	2.94	2.9	0.3	0.6	11.68	14.47	78360.76	-1.11	14904.37	-13.81	14437.63	154049.72	127624.13	20280.00	56476.42	10派1.5元(含税)转增3(*)	54.22	2002/3/7
600172	黄河旋风	0.11	0.11	0.2	/	2.81	2.8	-0.036	0.09	3.92	11.18	28339.45	-11.14	2953.94	-39.57	2949.13	95181.93	75270.33	10400.00	26800.00	不分配	97.44	2002/4/12
600173	牡丹江	0.165	0.152	0.162	0.226	2.66	2.58	0.21	0.014	6.18	6.22	38881.97	-6.04	3786.44	1.85	3498.89	116412.73	61255.58	10151.55	23000.00	10派1元(含税)	54.61	2002/3/27
600175	宝华实业	-0.13	-0.17	0.25	0.25	3.97	3.87	1.27	0.22	-3.31	6.27	7121.33	0.61	-1403.78	-153.17	-1780.78	81261.67	42454.41	4068.00	10668.00	不分配	/	2002/4/13
600176	中国化建	0.007	0.13	0.204	0.132	2.157	1.941	-0.24	0.457	0.031	9.47	53132.35	42.87	147.12	-96.76	2886.16	151341.21	48015.74	7420.00	22260.00	不分配	1416.26	2002/4/30
600177	雅戈尔	0.6111	0.5642	0.5127	0.5061	3.2938	3.2841	0.5821	0.3731	18.55	17.73	175146.85	24.60	34717.19	19.18	32049.23	329826.44	187119.41	22508.66	56809.51	10派2元(含税)	18.28	2002/3/5
600178	东安动力	0.1969	0.1936	0.3273	0.319	3.0928	3.0874	0.2585	0.6371	6.37	12.81	185143.45	19.13	9098.06	-34.21	8894.75	211821.90	142912.97	13858.00	46208.00	10派2元(含税)	47.08	2002/2/27
600179	黑化股份	0.0659	0.0144	0.0196	0.0254	2.37	2.35	-0.37	-0.72	2.78	0.85	123034.71	17.38	2175.79	237.04	476.57	158296.81	78149.21	10000.00	33000.00	不分配	116.18	2002/4/18
600180	九发股份	0.3012	0.234	0.2744	/	3.195	3.15	0.3071	0.106	9.43	7.9	53824.44	53.14	7560.42	31.73	5883.27	101771.38	80197.39	7987.20	25099.01	不分配	53.22	2002/2/9
600181	云大科技	0.21	0.21	0.17	0.17	2.62	2.52	-0.87	/	8.13	3.52	38804.58	51.20	7426.08	146.08	7337.42	192156.64	91364.93	16800.00	34813.62	10派0.53元(含税)	47.63	2002/4/27
600182	桦林轮胎	-0.484	-0.49	0.007	-0.01	1.783	1.629	-0.327	-0.082	-27.15	0.317	80118.32	12.37	-16462.56	-6844.38	-16656.47	194847.19	60631.78	17000.00	34000.00	不分配	/	2002/4/17
600183	生益科技	0.1291	0.1257	0.4371	0.432	1.9756	1.9582	0.4131	0.2659	6.53	22.75	72000.94	-27.18	6334.13	-70.47	6166.79	136852.11	96957.09	14899.22	49078.13	10派0.75元(含税)送3	78.41	2002/4/13
600185	海星科技	0.0559	0.0714	0.1004	0.1018	2.5423	2.5301	0.5923	0.1208	2.2	4.04	30728.89	-4.56	1106.43	-44.33	1413.39	80021.51	50337.20	6800.00	19800.00	10送1	237.83	2002/4/6
600186	莲花味精	0.2138	0.2106	0.2864	0.283	3.0368	3.0206	0.0546	0.1484	7.04	12.33	138750.14	5.88	14540.91	-15.37	14282.37	432562.43	206505.77	28000.00	68000.00	10派3元(含税)转增3	53.26	2002/4/11
600187	黑龙股份	0.2	0.11	0.14	/	2.32	2.25	-0.46	0.09	8.58	4.46	60591.05	38.48	6512.41	115.29	3478.60	196658.74	75859.89	9750.00	32722.50	10派1元(含税)	63.81	2002/2/27
600188	兖州煤业	0.35	0.35	0.284	/	3.039	2.997	0.575	0.414	11.47	11.27	646935.30	35.33	100038.74	35.37	100891.30	1135022.32	872332.76	17977.90	287000.00	10派1元(含税)	29.81	2002/4/9
600189	吉林森工	0.36	0.33	0.34	/	3.88	3.75	-0.05	0.23	9.15	9.04	61294.98	12.76	11032.77	5.50	10231.91	171201.40	120530.60	11050.00	31050.00	10派2元(含税)	29.69	2002/3/16
600190	锦州港	0.05	0.05	0.14	/	1.49	1.46	0.16	0.28	3.4	6.7	28653.23	-5.78	4817.32	-46.96	4738.75	295635.45	140602.83	9000.00	94650.00	不分配	164.06	2002/3/19
600191	华资实业	0.234	0.229	0.28	0.27	3.46	3.44	0.37	0.39	6.78	7.34	60820.01	-1.28	7115.39	-1.98	6924.87	137353.69	104959.52	10465.00	30308.25	不分配	44.68	2002/3/9
600192	长城电工	0.0478	0.0443	0.1312	0.1269	3.1858	3.1729	-0.0354	0.0417	1.5	4.19	69237.26	0.41	1532.80	-63.55	1431.80	191029.93	102103.58	11050.00	32050.00	不分配	170.20	2002/3/16
600193	创兴科技	0.097	0.118	0.136	0.137	1.585	1.581	0.519	0.134	6.1	9.2	11513.96	23.26	1635.20	-28.41	1974.24	50553.31	26593.53	4600.00	16780.00	不分配	106.72	2002/3/30
600195	中牧股份	0.23	0.22	0.14	0.19	2.13	2.05	0.58	0.46	10.75	7.09	152495.52	6.78	8914.16	62.32	8682.59	150945.53	82884.28	12000.00	39000.00	10派0.92元(含税)	44.23	2002/3/12
600196	复星实业	0.461	0.397	0.349	/	4.303	4.237	0.232	0.471	10.721	9.225	72784.45	28.41	13551.76	32.12	11670.82	220732.04	126398.43	11250.00	29376.00	10派1.5元(含税)转增3	35.09	2002/3/21
600197	伊力特	0.35	0.35	0.37	0.32	3.35	3.35	0.09	-0.067	10.39	11.22	35164.01	-0.50	7676.97	-5.10	7610.54	94967.82	73857.38	7500.00	22050.00	10派1元(含税)	35.16	2002/3/9

代码	简称	每股收益(元)				每股净资产(元)		每股经营现金流量(元)		净资产收益率(%)		主营收入(万元)		净利润(万元)			总资产(万元)	股东权益(万元)	最新流通A股(万股)	最新总股本(万股)	分配方案	最新市盈率(倍)	年报刊登日期
		2001年	扣除后	2000年	扣除后	2001年	调整后	2001年	2000年	2001年	2000年	2001年	同比(%)	2001年	同比(%)	扣除后							
600198	大唐电信	0.0822	0.0233	0.1594	0.1131	4.335	4.215	-0.06	-0.71	1.9	3.58	205145.53	-14.44	3610.00	-48.40	1021.15	504160.08	190317.98	16537.38	43898.64	不分配	224.84	2002/4/5
600199	金牛实业	0.1	0.08	0.19	/	2.78	2.74	0.41	-0.52	3.65	9.3	50982.75	-13.78	3516.29	-42.76	2616.49	149133.88	96319.56	13000.00	34640.00	10派0.25元(含税)	82.85	2002/4/6
600200	江苏吴中	0.3001	0.291	0.307	/	2.706	2.67	-0.125	0.59	11.09	9.72	66855.41	61.39	8319.56	102.70	8057.82	110558.79	75019.07	12510.00	27720.00	10派0.6元(含税)(*)	59.57	2002/3/8
600201	金宇集团	0.13	0.105	0.184	0.099	4.725	4.712	-0.316	/	2.758	5.652	20826.41	7.25	1423.20	-20.20	1144.31	76172.64	51605.59	5031.33	10921.33	10派1.3元(含税)	137.05	2002/3/6
600202	哈空调	0.2869	0.2603	0.2992	/	1.5769	1.5729	0.2852	0.0083	18.19	10.76	27345.80	42.93	6408.01	91.76	5814.96	61106.54	35227.04	9161.60	22339.20	10派1元(含税)送1	35.14	2002/3/20
600203	福日股份	0.123	0.058	0.197	0.055	2.31	2.28	0.267	0.205	5.34	8.83	79876.39	43.10	3161.82	-37.39	1479.06	154109.53	59209.12	7000.00	25640.00	10派0.5元(含税)	85.23	2002/3/12
600205	山东铝业	0.401	0.405	0.685	/	2.31	2.3	-0.07	0.4	17.35	31.85	225342.91	-12.84	22480.13	-41.39	22703.11	250271.57	129510.90	16000.00	56000.00	10派2.47元(含税)	23.74	2002/2/26
600206	有研硅股	0.026	0.009	0.271	0.112	4.768	4.732	-0.125	0.13	0.54	5.779	10835.54	-9.09	373.40	-90.50	127.36	88888.09	69139.66	6500.00	14500.00	不分配	650.06	2002/2/26
600207	安彩高科	0.334	0.2142	1.2002	/	4.89	4.885	1.418	1.071	6.83	24.78	138960.05	-34.04	14696.95	-71.98	9425.50	303725.15	215158.96	18000.00	44000.00	10派2元(含税)	43.32	2002/3/8
600208	中宝股份	0.19	0.16	0.18	0.16	2.88	2.69	-0.34	0.89	6.74	6.68	85220.35	-26.27	4063.26	6.54	3273.64	219022.49	60293.58	6500.00	20903.36	10派0.5(含税)转增2	64.41	2002/3/28
600209	罗顿发展	0.2368	0.23	0.2534	/	2.1858	1.9893	0.1441	0.1357	10.83	11.27	53275.22	55.02	5581.74	-6.58	5466.31	100806.41	51528.58	7500.00	23574.19	10派0.8元(含税)	48.87	2002/3/22
600210	紫江企业	0.362	0.357	0.469	0.458	2.69	2.65	0.48	0.71	13.46	15.65	113859.78	41.88	19785.60	30.58	19525.41	373753.36	147043.02	17135.09	54640.01	10派3元(含税)	36.98	2002/3/9
600211	西藏药业	0.15	0.13	0.253	0.246	3.3	3.25	0.142	0.192	4.53	7.9	7465.93	-10.18	1829.88	-40.94	1598.10	60832.53	40417.30	4500.00	12260.00	10派0.5元(含税)	108.81	2002/2/28
600212	江泉实业	0.35	0.365	0.36	/	4.12	4.11	0.26	-0.18	8.41	9.45	83537.30	6.58	7579.06	-2.85	7988.16	117391.45	90140.80	5500.00	21902.40	10派1元(含税)转增3	36.76	2002/3/23
600213	亚星客车	0.28	0.29	0.27	/	3.32	3.28	0.69	1.29	8.44	8.571	101984.22	11.33	5326.49	3.08	5505.92	128660.86	63077.83	6000.00	19000.00	10派1.2元(含税)	38.60	2002/3/26
600215	长春经开	0.45	0.4	0.47	0.46	5.18	5.1	0.3548	-0.6503	8.74	9.62	78267.97	15.59	13863.21	-2.79	12388.86	269373.44	158568.83	9000.00	30600.00	10派1元(含税)	29.62	2002/3/20
600216	浙江医药	0.036	0.028	0.027	0.0023	1.333	1.244	0.218	0.033	2.73	1.37	86703.78	-20.56	1638.48	100.22	1262.92	156515.49	59993.84	11310.00	45006.00	10派0.3元(含税)	252.71	2002/4/11
600217	秦岭水泥	0.145	0.147	0.27	/	1.67	1.66	0.002	0.16	8.66	8.58	44054.35	11.14	5968.85	6.25	6055.23	111830.02	68932.33	14000.00	41300.00	10派0.6375元(含税)	100.54	2002/3/8
600218	全柴动力	0.112	0.109	0.201	/	3.022	3.006	0.232	-0.084	3.65	8.26	44742.17	6.94	3121.91	-40.40	3077.57	119331.90	85635.55	10140.00	28340.00	10派0.5元(含税)	80.61	2002/3/21
600219	南山实业	0.56	0.46	0.47	0.4	4.98	4.98	0.5	0.62	11.33	10.19	103402.99	12.54	14504.36	21.25	11754.39	180064.02	128037.38	7500.00	25700.00	10派1.5元(含税)	24.63	2002/3/28
600220	江苏阳光	0.4	0.4	0.38	0.38	4.15	4.15	0.42	0.33	9.86	10.22	80415.73	57.15	12623.36	5.46	12630.38	143936.60	127982.07	11900.00	31238.17	10派0.5元(含税)	28.33	2002/2/26
600221	海南航空	0.14	0.14	0.23	0.17	2.99	2.28	1.86	0.31	4.59	7.75	325475.37	41.73	10030.27	-39.13	9956.58	1500432.62	218400.50	22140.00	73025.28	10派0.6元(含税)	56.57	2002/3/21
600222	众生制药	0.2136	0.2073	0.2956	0.2816	3.0594	3.0588	0.4042	0.0064	6.98	9.95	13608.20	-2.74	2908.56	-27.74	2822.63	62290.93	41652.31	3500.00	13614.52	10派1.5元(含税)	78.97	2002/3/1
600223	万杰高科	0.26	0.26	0.27	/	3.22	3.21	0.62	0.31	8.09	9.16	100273.96	31.60	13972.71	-3.85	13913.58	253108.29	172662.98	14300.00	53625.00	不分配	38.80	2002/3/13
600225	天香集团	0.041	0.041	0.165	/	1.985	1.937	0.881	0.043	2.06	5.66	37658.16	1.71	823.00	-62.79	823.26	117831.16	39906.48	6750.00	20100.00	不分配	266.45	2002/4/16
600226	升华拜克	0.27	0.26	0.33	0.3	1.87	1.87	0.23	0.27	14.67	13.32	37473.68	83.17	6967.72	20.51	6534.53	64014.40	47491.28	8064.00	25349.41	不分配	87.53	2002/1/29
600227	赤天化	0.221	0.041	0.383	0.215	4.24	4.24	0.904	0.004	5.2	9.3	63064.45	4.96	3751.57	-42.40	688.61	90154.88	72112.34	7000.00	17000.00	10派1元(含税)(*)	48.26	2002/2/5
600228	昌九股份	0.09	0.08	0.06	/	1.59	1.55	0.047	-0.05	5.61	2.4	33703.40	21.74	2572.15	142.38	2349.63	81611.37	45884.83	9600.00	28800.00	10派0.3元(含税)	178.59	2002/3/20
600229	青岛碱业	0.23	0.18	0.22	0.17	2.83	2.79	0.39	0.44	8.13	7.9	93612.22	18.81	6794.98	4.93	5222.42	163368.26	83612.09	9000.00	29512.62	10派1.8元(含税)	41.26	2002/4/8
600230	沧州大化	0.0687	0.0327	0.1773	/	2.4883	2.4329	0.2503	0.079	2.7613	7.1799	51642.53	-4.70	1781.78	-61.25	847.21	84836.97	64527.68	8000.00	25933.16	10派0.5元(含税)	135.07	2002/3/30
600231	凌钢股份	0.528	0.412	0.45	0.45	4.097	3.91	0.574	0.2	12.88	12.14	185868.13	16.59	16363.03	16.94	12770.57	178487.69	127014.21	10000.00	31000.00	10派1.5元(含税)	17.01	2002/3/16
600232	金鹰股份	0.25	0.22	0.29	/	2.01	1.97	0.18	0.35	12.5	12.22	62981.69	10.21	5501.40	12.78	4755.75	82251.83	44004.50	5850.00	21885.19	10派1元(含税)	51.91	2002/2/28
600233	大连创世	0.28	0.193	0.27	0.22	3.8	3.75	-0.11	-0.12	7.31	7.45	29748.16	3.01	3059.89	3.12	2119.10	55091.86	41846.52	3500.00	11000.00	10派1元(含税)转增5	62.84	2002/4/2
600234	天龙集团	-0.73	-0.76	0.15	0.13	2.35	2.2	-0.06	0.07	-31.05	4.89	13963.88	-52.45	-6838.31	-584.67	-7165.58	67935.92	22021.87	3000.00	9386.00	不分配	/	2002/4/19
600235	民丰特纸	0.2538	0.2396	0.2307	0.2154	3.0889	3.062	0.4942	0.2599	8.2165	7.6039	31626.43	0.75	4492.43	10.02	4240.10	114503.19	54675.64	5200.00	17700.00	10派2元(含税)(*)	73.24	2002/2/8
600236	桂冠电力	0.372	0.373	0.348	0.345	3.7	3.69	0.68	0.53	10.04	9.99	63964.84	-1.16	25113.99	6.58	25200.12	308980.39	250127.78	11000.00	67536.30	10派1.7元(含税)	35.77	2002/4/2
600237	铜峰电子	0.4	0.27	0.21	0.23	4.54	4.46	0.57	0.04	8.87	4.91	21492.70	21.53	4025.72	93.54	2725.87	65956.23	45375.01	4000.00	10000.00	10派1元(含税)	48.44	2002/2/7
600238	海南椰岛	0.27	0.29	0.2	0.15	2.55	2.48	0.35	0.22	10.45	8.81	41863.28	100.06	4419.11	34.97	4737.12	70760.76	41307.23	5000.00	16600.00	10派0.6元(含税)	49.25	2002/4/20
600239	红河光明	0.21	0.19	0.42	/	3.37	3.35	0.13	0.41	6.1	11.7	6941.19	22.98	2020.26	-4.11	1891.99	37127.21	33166.50	4200.00	9852.12	10派1元(含税)转增8	88.76	2002/3/29

代码	简称	每股收益(元)				每股净资产(元)		每股经营现金流量(元)		净资产收益率(%)		主营收入(万元)		净利润(万元)			总资产(万元)	股东权益(万元)	最新流通A股(万股)	最新总股本(万股)	分配方案	最新市盈率(倍)	年报刊登日期
		2001年	扣除后	2000年	扣除后	2001年	调整后	2001年	2000年	2001年	2000年	2001年	同比(%)	2001年	同比(%)	扣除后							
600240	仕奇实业	0.03	-0.01	0.21	0.24	4.15	4.06	-1	0.17	0.76	5.11	8835.56	-50.61	548.44	-85.09	-141.82	84423.79	72567.59	7500.00	17500.00	不分配	337.91	2002/3/15
600241	辽宁时代	0.3002	0.2985	0.2983	/	3.6024	3.5994	-0.2503	0.5316	8.33	9.11	136303.69	31.85	3182.16	0.64	3164.59	61948.30	38185.54	3000.00	10600.00	10派0.9元(含税)	54.86	2002/3/30
600242	华龙集团	0.12	0.07	0.01	/	2.8	2.76	-0.23	0.32	4.17	0.39	6619.15	-35.27	2032.40	1010.55	1249.51	76072.34	48723.53	6000.00	17402.98	10派0.2元(含税)	96.93	2002/4/9
600243	青海华鼎	0.1354	0.1212	0.1	0.09	2.54	2.29	-0.2	-0.49	5.32	4.2	27837.43	25.55	2120.92	31.06	1898.60	72628.45	39845.61	5500.00	15660.00	10派0.5元(含税)	101.75	2002/4/18
600246	先锋股份	0.1729	0.0135	0.2041	/	3.233	3.2307	-1.3972	0.1469	5.35	6.62	14197.04	-25.07	1590.42	-15.31	123.82	69331.37	29743.61	3000.00	9200.00	10派0.8元(含税)	109.39	2002/3/30
600247	物华股份	0.21	0.21	0.16	0.16	3.15	3.1	-0.12	0.08	6.54	5.44	8293.65	-30.78	2268.27	29.66	2267.66	50269.22	34680.68	3500.00	11000.00	10派0.50元(含税)(*)	82.83	2002/2/2
600248	秦丰农业	0.2113	0.25	0.24	0.22	3.95	3.95	0.0765	0.0007	5.35	6.44	33953.80	36.01	2722.20	-12.61	3163.43	70337.07	50922.69	4800.00	12882.00	10派1元(含税)	67.72	2002/2/28
600250	南纺股份	0.31	0.31	0.49	0.38	4.79	4.71	-2.46	0.46	6.51	20.91	289840.71	15.17	4137.25	8.24	4067.86	166266.11	64211.69	5500.00	13266.28	10派1.5元(含税)	49.19	2002/3/29
600252	梧州中恒	0.23	0.23	0.21	/	3.08	3.07	-0.09	-0.14	7.44	7.24	18987.36	23.35	2907.16	11.05	2911.28	68624.22	39069.56	4500.00	12671.76	10派0.5元(含税)送1	69.52	2002/3/16
600253	天方药业	0.2573	0.2223	0.1956	/	3.4862	3.376	0.191	0.1515	7.55	6.04	38334.39	4.46	5403.98	31.56	4668.81	102614.52	71538.45	6000.00	21000.00	10派1.2元(含税)	59.26	2002/3/22
600255	鑫科材料	0.32	0.32	0.293	0.286	5.03	5.01	0.11	0.2	6.28	6.1	69825.92	-2.48	3001.38	7.72	3066.09	67995.77	47764.49	3000.00	9500.00	10派1元(含税)	63.18	2002/3/19
600256	广汇股份	0.506	0.502	0.418	/	1.418	1.407	0.337	-0.064	35.666	24.583	207183.01	187.78	30412.16	105.62	30218.05	211410.60	85270.27	17000.00	60143.14	不分配	31.78	2002/2/8
600257	洞庭水殖	0.26	0.235	0.301	0.291	5.74	5.47	-0.02	0.052	4.52	5.45	16181.28	116.80	1895.96	-13.65	1716.97	59001.54	41942.04	4000.00	7300.00	10派0.5元(含税)	68.50	2002/3/26
600258	首旅股份	0.334	0.2	0.23	0.21	3.02	2.94	0.37	0.23	11.07	8.07	120906.37	61.27	7732.85	43.58	4628.58	110832.16	69833.04	7000.00	23140.00	10派2元(含税)	49.38	2002/3/15
600259	兴业聚酯	-0.174	-0.177	0.203	0.15	2.03	2.01	0.43	0.53	-8.57	9.17	40476.67	-34.29	-3721.36	-186.12	-3781.58	124790.99	43411.27	4863.39	21340.00	不分配	/	2002/4/20
600260	凯乐科技	0.51	0.49	0.33	/	4.66	4.65	0.24	0.53	11.04	7.58	43084.09	40.53	9050.64	56.23	8631.91	104860.45	82001.02	5500.00	17588.00	10派2元(含税)	39.45	2002/3/9
600261	浙江阳光	0.52	0.38	0.38	0.28	4.4	4.31	0.64	0.23	11.83	9.44	58330.05	92.24	6415.33	37.31	4737.29	76323.03	54214.52	4000.00	12316.00	10派1.25元(含税)	35.67	2002/3/16
600262	北方股份	0.1114	0.0792	0.199	0.18	3.36	3.322	-0.081	-0.846	3.3164	6.04	22794.60	-2.85	1894.49	-43.85	1346.97	84434.75	57124.30	5500.00	17000.00	10派0.4元(含税)	124.73	2002/4/16
600263	路桥建设	0.11	0.11	0.141	/	3.304	3.137	0.32	-0.054	3.21	4.35	163611.25	-7.79	4332.97	-24.52	4641.98	266476.07	134863.35	11500.00	40813.30	10派0.3元(含税)	124.52	2002/4/9
600265	景谷林业	0.22	0.2	0.06	0.3	2.94	2.77	-0.59	0.26	7.33	2.29	18581.78	20.39	2263.10	245.74	2118.09	56481.06	30892.54	4000.00	10500.00	不分配	67.97	2002/3/16
600266	北京城建	0.2383	0.2283	0.3676	0.3613	2.5264	2.5186	0.3822	-0.5165	9.43	10.21	106411.74	-85.24	14297.66	-2.77	13695.84	474409.85	151583.88	15000.00	60000.00	10派1.3元(含税)	54.81	2002/3/30
600267	海正药业	0.195	0.192	0.327	0.418	3.064	3.054	0.277	0.357	6.35	6.95	57583.23	11.16	4854.26	-4.85	4801.18	129892.20	76480.13	6400.00	24960.00	10派1元(含税)	71.42	2002/3/1
600268	国电南自	0.241	0.121	0.413	0.413	3.89	3.783	-0.19	-0.37	6.2	10.83	54579.17	30.21	2846.35	-41.37	1428.86	89667.49	45902.98	4000.00	11800.00	10派1.20元(含税)	69.44	2002/2/8
600269	赣粤高速	0.51	0.5	0.499	0.464	7.46	7.46	0.85	0.28	6.81	6.97	38720.14	36.74	17922.34	1.79	17544.23	408496.84	263307.83	11500.00	35300.00	10派2元(含税)	26.27	2002/1/15
600270	外运发展	0.7573	0.7541	0.64	0.62	5.0822	4.8558	1.117	0.94	14.9	12.55	147192.48	40.76	23087.86	30.51	22990.42	224460.51	154944.88	7700.00	30487.60	10派2元(含税)送1转增1	31.84	2002/3/27
600272	开开实业	0.203	0.123	0.159	0.158	3.328	3.299	0.292	0.976	6.091	8.536	111492.82	94.28	4925.89	56.75	2985.03	193717.70	80869.69	4500.00	24300.00	10派1元(含税)	65.22	2002/4/27
600275	武昌鱼	0.1983	0.1886	0.2711	/	3.0225	3.0195	0.767	-0.2603	6.56	9.4	8977.78	-20.06	4848.94	-26.87	4611.94	88748.81	73925.72	7000.00	24458.09	10派0.6元(含税)送2转增1	80.15	2002/3/20
600276	恒瑞医药	0.382	0.296	0.491	0.429	3.496	3.459	0.054	0.148	10.92	9.74	63426.89	30.86	8115.51	24.33	6294.93	111902.41	74306.18	6400.00	21256.00	10派0.5元(含税)送2	45.08	2002/3/12
600277	亿利科技	0.206	0.1998	0.174	0.212	4.412	4.387	-0.112	-0.141	4.67	4.06	22683.64	8.69	3256.13	18.32	3156.85	97261.52	69713.08	5800.00	15800.00	10派1元(含税)	67.35	2002/3/19
600278	东方创业	0.3	0.2	0.29	0.23	2.97	2.85	0.44	0.05	10.03	10.23	269856.32	-2.92	9524.50	4.18	6249.97	208102.20	94926.56	8000.00	32000.00	10派1.5元(含税)	42.84	2002/3/9
600279	重庆港九	0.191	0.093	0.155	0.172	3.1	3.062	0.083	0.058	6.16	5.15	10296.62	45.49	4358.24	23.23	2124.39	85401.98	70791.69	8600.00	22839.10	10派1元(含税)	65.40	2002/4/6
600280	南京中商	0.28	0.25	0.22	0.21	3.55	3.46	0.43	0.39	7.98	6.51	96585.65	40.26	3438.67	29.29	3058.25	78898.39	43102.83	3500.00	12126.09	10派1元(含税)	52.93	2002/3/19
600281	太化股份	0.114	0.083	0.142	/	2.861	2.782	0.255	-0.179	3.99	5.14	71178.86	-9.38	4091.06	-19.88	2991.26	198197.89	102665.48	10500.00	35890.60	10派0.28元(含税)	80.97	2002/4/6
600282	南钢股份	0.41	0.41	0.48	/	3.17	3.13	0.46	1.11	12.89	13.48	400102.61	18.03	20618.59	2.33	20882.70	258219.64	160017.22	14400.00	50400.00	10派2元(含税)	18.58	2002/3/22
600283	钱江水利	0.1843	0.1873	0.159	0.1573	2.9981	2.483	0.1221	-0.2195	6.1481	5.3735	16488.30	12.97	5259.27	15.94	5347.84	119161.27	85543.60	8500.00	28533.00	10派1.5元(含税)	61.31	2002/4/3
600285	羚锐股份	0.25	0.21	0.235	0.237	4	3.85	0.034	0.037	6.25	6.091	17217.64	31.70	2510.72	6.59	2066.56	56037.66	40178.95	4000.00	10036.00	10派1元(含税)	68.95	2002/4/10
600286	国光瓷业	0.294	/	0.273	/	3.49	3.46	0.453	0.49	8.42	8.43	35925.97	44.49	2792.88	7.50	2809.41	91821.27	33150.69	4200.00	11400.00	10派0.5元(含税)送2(*)	64.53	2002/2/6
600287	江苏舜天	0.7306	0.6172	0.5939	/	4.1243	4.059	-0.2631	0.4088	17.72	13.54	296089.90	19.25	12274.50	35.33	10369.63	148693.20	69287.66	4400.00	16799.85	10派2.5元(含税)送3	27.89	2002/3/20
600288	大恒科技	0.3338	0.3005	0.27	/	4.81	4.78	-0.09	0.32	6.94	5.86	134730.98	13.38	4673.63	24.69	4206.52	125198.41	67302.84	5000.00	14000.00	10派1元(含税)转增5	65.93	2002/3/26

代码	简称	每股收益(元)				每股净资产(元)		每股经营现金流量(元)		净资产收益率(%)		主营收入(万元)		净利润(万元)			总资产(万元)	股东权益(万元)	最新流通A股(万股)	最新总股本(万股)	分配方案	最新市盈率(倍)	年报刊登日期
		2001年	扣除后	2000年	扣除后	2001年	调整后	2001年	2000年	2001年	2000年	2001年	同比(%)	2001年	同比(%)	扣除后							
600289	亿阳信通	0.694	0.76	0.544	0.528	8.39	8.39	2.21	-1.86	8.27	6.87	62037.71	30.98	7345.32	27.61	8043.13	136521.12	88870.68	4000.00	10589.00	10派2元(含税)	43.28	2002/3/30
600290	苏福马	0.15	0.13	0.17	0.17	2.61	2.51	-0.19	0.27	5.8	6.76	15053.97	-5.09	1258.01	-12.53	1060.68	41810.74	21688.76	3000.00	8300.00	10派0.8元(含税)转增5	151.55	2002/3/1
600291	西水股份	0.16	0.18	0.2	0.18	3.41	3.32	0.23	-0.2	4.68	6.23	22726.04	29.10	2557.83	-21.40	2806.83	94794.16	54597.10	6000.00	16000.00	10派0.35元(含税)	79.07	2002/3/6
600292	九龙电力	0.452	0.343	0.424	0.432	4.7	4.69	0.84	0.26	9.63	9.55	31381.71	12.88	7561.21	6.53	5740.81	107064.02	78525.56	6000.00	16725.00	10派2元(含税)	43.18	2002/4/10
600293	三峡新材	0.1526	0.0803	0.206	0.2107	3.411	3.404	0.21	-0.066	4.48	6.27	26017.42	11.95	3220.81	-25.81	1695.17	109442.58	71969.13	5500.00	21100.00	10派0.25元(含税)送1转增2	102.92	2002/3/28
600295	鄂尔多斯	0.45	0.44	0.47	0.48	5.67	5.64	0.09	-0.59	7.89	13.21	242794.78	33.27	23068.39	11.77	22784.44	391130.77	292446.05	8000.00	51600.00	A股10派2.4元B股和国有法人股10派3.9元	34.00	2002/3/28
600296	兰州铝业	0.303	0.257	0.316	0.283	4.066	4.05	0.351	0.239	7.44	8.23	128976.41	3.50	8925.85	-4.29	7590.11	250352.95	119948.74	11000.00	29500.45	10派1元(含税)	31.60	2002/1/30
600297	美罗药业	0.37	0.29	0.25	0.22	4.6	4.5	0.07	0.53	7.99	5.71	61275.75	7.93	4221.54	45.95	3322.05	89093.74	52851.46	4000.00	11500.00	10派1.5元(含税)	46.53	2002/2/28
600298	安琪酵母	0.3641	0.3242	0.2842	0.2758	4.0676	4.0567	0.3058	0.2108	8.95	7.47	23757.91	29.09	4941.36	28.12	4399.00	66477.15	55197.47	3500.00	13570.00	10派1元(含税)	52.32	2002/3/15
600299	星新材料	0.203	0.196	0.26	0.22	3.16	3.14	0.989	-1.06	6.22	8.06	55824.51	30.45	4870.59	-20.95	4692.67	171715.68	75947.68	8000.00	24000.00	10派1元(含税)	73.27	2002/2/7
600300	维维股份	0.35	0.2958	0.32	0.34	3.87	3.84	0.3	0.28	9.08	8.37	108253.86	16.62	11609.70	11.27	9760.11	173065.66	127858.82	10000.00	33000.00	10派2.6元(含税)	35.96	2002/3/9
600301	南化股份	0.12	0.13	0.19	0.19	2.83	2.83	0.258	0.191	4.38	6.97	44967.03	-2.80	2293.60	-36.32	2355.12	75907.85	52416.54	7289.03	18514.81	10派1元(含税)	77.25	2002/3/20
600302	标准股份	0.221	0.227	0.382	0.376	2.04	2.034	0.247	0.49	10.81	10.35	51918.81	-9.68	7037.32	15.55	7245.03	93179.15	65094.86	9000.00	31900.98	10派0.25元(含税)	49.05	2002/2/7
600303	曙光股份	0.21	0.2	0.35	/	2.68	2.67	0.18	0.49	8	7.35	34883.40	-1.14	3472.80	9.90	3264.36	92238.76	43402.54	7200.00	16200.00	10派2元(含税)	47.11	2002/4/16
600305	恒顺醋业	0.1936	0.1586	0.202	0.203	2.9484	2.9184	0.0397	0.3154	6.5647	17.68	17409.50	21.65	2462.23	39.88	2016.19	47334.13	37506.90	4000.00	12715.00	10派1.8元(含税)	80.40	2002/3/26
600306	商业城	0.17	0.1	0.19	/	2.3	2.28	0.25	0.51	7.41	6.84	99727.78	19.22	3035.26	14.65	1764.50	66526.86	40952.76	5850.00	17813.89	10派0.5元(含税)	100.30	2002/2/28
600307	酒钢宏兴	0.37	0.23	0.22	0.21	2.86	2.76	0.77	0.31	12.83	8.3	341560.63	9.38	26726.33	66.05	16652.74	336412.27	208297.40	20000.00	72800.00	10派1.7元(含税)	15.91	2002/2/27
600308	华泰股份	0.59	0.57	0.46	0.43	7.59	7.59	0.28	0.2	7.82	6.47	71458.22	14.12	11424.10	30.08	11024.81	263633.23	146061.97	9000.00	19247.33	10派0.5元(含税)送2	26.15	2002/4/6
600309	烟台万华	0.42	0.44	0.42	0.44	2.72	2.72	0.35	0.7	15.41	8.29	57128.85	65.66	10072.84	102.25	10506.56	72670.60	65379.83	12800.00	38400.00	10派2元(含税)送1转增5(*)	57.68	2002/2/27
600310	桂东电力	0.3789	0.3839	0.4162	0.43	3.7346	3.7326	0.8168	0.29	10.15	24.91	27980.85	-30.07	5939.65	27.70	6017.21	80906.29	58539.22	4500.00	15675.00	10派3元(含税)	44.36	2002/3/20
600311	荣华实业	0.32	0.23	0.37	0.37	4.78	4.78	0.64	0.46	6.78	20.26	47960.60	12.81	6477.71	47.08	4531.53	124465.82	95517.16	8000.00	20000.00	10派1元(含税)	42.14	2002/3/12
600312	平高电气	0.24	0.18	0.18	0.25	4.81	4.81	-0.19	0.49	5	12.86	49318.76	-1.45	4410.78	32.92	3353.38	131809.94	88181.30	6000.00	18350.00	10派1.5元(含税)	59.87	2002/4/17
600313	中农资源	0.0242	-0.019	0.0731	0.072	2.9993	2.9438	-0.6952	-0.4523	0.81	2.46	187123.56	12.26	610.49	-66.87	-479.90	136416.12	75642.41	8000.00	25220.00	10派0.125元(含税)	408.98	2002/4/12
600315	上海家化	0.2703	0.267	0.25	0.3007	3.9643	3.8781	0.2471	0.7897	6.82	16.56	130585.31	9.99	7297.58	53.64	7207.92	150366.47	107035.04	8000.00	27000.00	10派1元(含税)	53.54	2002/3/18
600316	洪都航空	0.3	0.21	0.29	0.29	5.03	5.03	0.08	0.62	6	4.05	44167.61	52.98	6343.06	54.47	4403.92	125283.11	105631.50	9000.00	21000.00	10派1元(含税)	40.39	2002/4/3
600317	营口港	0.306	0.282	0.294	0.293	1.673	1.669	0.136	0.437	18.3	19.8	20390.71	-14.18	4593.63	3.88	4231.20	38602.24	25102.12	10000.00	25000.00	不分配	65.63	2002/3/5
600318	巢东股份	0.16	0.12	0.17	0.2	2.99	2.99	0.29	0.18	5.23	15.19	55515.73	31.35	3125.98	-9.24	2411.58	144021.17	59808.29	8000.00	20000.00	10派0.8元(含税)	67.24	2002/3/26
600319	亚星化学	0.194	0.169	0.286	0.296	3.132	3.089	0.215	0.426	6.18	28.58	59764.25	18.91	6109.07	-9.19	5319.35	131717.62	98837.46	8000.00	31559.40	10派0.6元(含税)	77.39	2002/3/26
600320	振华港机	0.42	0.39	0.27	0.27	3.95	3.95	-0.44	-1.44	10.61	7.29	288546.00	33.78	19153.22	54.16	17839.80	44763.39	180533.19	8800.00	45650.00	10派2元(含税)	30.60	2002/2/9
600321	国栋建设	0.35	0.34	0.58	/	5.99	5.99	0.01	0.18	5.89	42.66	34104.37	2.91	6190.42	0.87	5999.24	129545.57	105037.40	7000.00	17520.00	10派2元(含税)	44.07	2002/3/21
600322	天房发展	0.1565	0.1612	0.2133	0.1664	3.8642	3.821	-0.4984	0.2625	4.0495	6.4226	60867.90	3.72	6630.19	-0.90	6831.28	305912.93	163730.33	12100.00	42370.74	10派0.4元(含税)	72.41	2002/3/28
600323	南海发展	0.35	0.3	0.15	0.19	3.25	3.2	0.7	0.35	10.79	4.97	21842.40	65.88	7318.58	128.67	6163.15	89373.80	67857.41	6500.00	20851.42	10派2元(含税)	40.63	2002/3/27
600326	西藏天路	0.2374	0.3137	0.196	/	3.7449	3.7358	0.3817	0.8679	6.34	12.78	34256.61	35.98	2374.05	101.89	3136.58	56429.94	37448.80	7200.00	18000.00	10派1元(含税)转增8(*)	109.03	2002/2/5
600328	兰太实业	0.23	0.23	0.15	/	3.68	3.65	0.23	0.12	6.25	4.2	26913.71	7.40	3966.87	51.65	3389.35	119365.97	63485.13	6000.00	17265.29	10派0.7元(含税)	56.58	2002/3/22
600329	中新药业	0.17	0.17	0.26	0.26	3.92	3.85	0.43	-0.043	4.45	8.22	152193.90	85.01	6444.10	-25.48	6444.10	271973.50	144956.80	4000.00	36965.44	10派1.70元(含税)	91.44	2002/3/30
600330	天通股份	0.302	0.276	0.425	0.447	2.401	2.398	0.398	0.814	12.56	31.88	26904.37	6.83	6922.07	44.20	6329.63	70563.47	55091.71	6000.00	22947.00	10派1元(含税)	49.92	2002/3/20
600331	宏达股份	0.1711	0.1627	0.4571	0.47	5.09	5.06	0.402	-0.528	3.36	16.84	37246.14	7.24	2223.86	-39.19	2114.87	114544.77	66157.14	5000.00	13000.00	10派1.5元(含税)	84.12	2002/3/28
600332	广州药业	0.18	0.182	0.19	/	2.68	2.59	0.17	0.39	6.73	10.65	533402.87	26.31	14613.38	3.48	14758.00	369723.85	217290.98	7800.00	81090.00	10派0.6元(含税)	68.36	2002/4/8
600333	长春燃气	0.35	0.34	0.18	/	3.02	3.02	0.22	0.07	11.58	6.68	40683.29	45.92	8368.94	92.11	8193.07	105190.62	72269.55	6000.00	23913.60	10派1元(含税)转增7	57.49	2002/3/19

代码	简称	每股收益(元)				每股净资产(元)		每股经营现金流量(元)		净资产收益率(%)		主营收入(万元)		净利润(万元)			总资产(万元)	股东权益(万元)	最新流通A股(万股)	最新总股本(万股)	分配方案	最新市盈率(倍)	年报刊登日期
		2001年	扣除后	2000年	扣除后	2001年	调整后	2001年	2000年	2001年	2000年	2001年	同比(%)	2001年	同比(%)	扣除后							
600335	中发展	0.0192	-0.1002	0.2013	/	2.7636	2.7128	-0.093	0.3277	0.69	14.24	18349.50	-18.86	223.67	-86.39	-1078.72	69770.22	32231.15	3500.00	11662.86	不分配	754.01	2002/4/25
600336	澳柯玛	0.1324	0.108	0.077	0.01	3.48	3.47	0.32	1.29	3.8	2.25	106312.77	98.45	4515.35	71.72	3683.32	320209.77	118794.74	9000.00	34103.60	10派1元(含税)	84.44	2002/4/12
600337	美克股份	0.48	0.34	0.4	0.34	6.77	6.74	0.42	-0.02	7.05	6.31	27126.84	14.91	4397.46	18.35	3123.31	77950.03	62348.67	4000.00	9208.00	10派1元(含税)转增2	44.81	2002/4/9
600338	珠峰摩托	0.2	0.18	0.2	/	3.86	3.83	-0.61	0.75	5.06	5.33	56811.29	-43.78	3087.23	-1.39	2894.79	101585.98	61071.52	5000.00	15833.33	10派0.5元(含税)	63.90	2002/4/26
600339	天利高新	0.22	0.23	0.189	0.184	2.65	2.64	/	0.249	8.2	5.34	33550.10	7.61	5165.32	60.37	5436.77	89994.45	62970.38	8400.00	23800.00	10派1.5元(含税)	84.92	2002/4/9
600345	长江通信	1.21	1.2	0.47	/	5.4	5.35	-0.58	0.37	22.37	11.09	38955.62	46.12	19952.96	156.03	19854.99	133395.54	89179.41	4500.00	16500.00	10派1.5元(含税)送2	22.52	2002/3/19
600346	冰山橡塑	0.15	0.15	0.159	0.159	2.97	2.95	0.04	0.128	5.12	9.17	22252.98	5.51	1595.26	43.14	1560.64	53027.09	31148.79	3850.00	10500.00	10派1元(含税)	99.65	2002/4/13
600350	山东基建	0.14	0.13	0.13	0.13	1.58	1.58	0.2	0.21	8.7	8.4	79257.45	6.92	39137.00	4.31	37010.39	627281.71	451504.63	50500.00	336380.00	2001年末净利润由老股东享有	40.83	2002/4/13
600356	恒丰纸业	0.33	0.33	0.26	0.28	3.51	3.5	0.03	0.11	9.31	8.08	36879.42	10.36	4569.48	25.05	4635.99	65600.68	49079.35	4000.00	14000.00	10派0.5元(含税)	49.05	2002/3/15
600358	国旅联合	0.092	0.01	0.123	/	2.964	2.83	0.126	0.074	3.12	4.28	10837.50	23.90	1283.35	-25.33	83.49	57286.31	41181.78	5000.00	14000.00	不分配	210.54	2002/3/26
600359	新农开发	0.014	-0.007	0.326	/	3.068	1.945	-0.307	0.407	0.4	14.2	53767.11	-21.58	441.09	-95.39	-232.38	174371.08	98497.27	11700.00	32100.00	不分配	636.78	2002/3/27
600360	华微电子	0.22	0.22	0.27	0.27	4.83	4.78	0.1	-0.3	4.55	14.86	23259.18	28.71	2593.26	41.47	2620.97	91854.98	56996.68	5000.00	11800.00	10派1元(含税)	75.26	2002/2/4
600361	北京华联	0.36	0.35	0.42	/	4.42	4.05	0.44	1.68	8.26	31.22	124367.88	27.50	4581.74	45.26	4448.20	154029.92	55458.27	5000.00	12557.29	不分配	50.57	2002/4/4
600362	江西铜业	0.11	0.11	0.045	0.045	1.72	1.71	0.24	0.28	6.59	2.79	299579.31	-15.00	30143.47	177.41	30427.30	846014.87	457279.95	23000.00	266403.82	10派0.5元(含税)	43.57	2002/4/12
600363	联创光电	0.1226	0.1048	0.1632	0.1261	3.6473	3.6	0.2118	0.099	3.36	9.56	63234.82	33.38	2021.01	18.09	1727.93	110231.84	60110.20	6000.00	16480.30	10派0.6元(含税)转增5	163.01	2002/3/27
600365	通葡萄酒	0.1183	0.1112	0.0817	/	3.858	3.828	-0.1748	0.1774	3.0665	2.1837	12855.69	-7.05	1656.28	44.87	1556.46	63205.58	54012.13	6000.00	14000.00	不分配	96.19	2002/4/11
600366	宁波韵升	0.3399	0.2428	0.2836	/	2.9502	2.8657	0.1777	0.1364	11.52	6.96	41883.77	42.48	6479.29	79.74	4629.69	79852.78	56244.97	5250.00	19065.00	10派1.5元(含税)转增5	65.26	2002/3/8
600367	红星发展	0.8	0.81	0.73	0.79	5.65	5.64	0.44	0.72	14.2	40.55	35738.66	41.65	8023.85	57.01	8061.25	72434.03	56519.22	3900.00	13000.00	10派2元(含税)送1转增2(＊)	40.59	2002/2/26
600368	五洲交通	0.3	0.23	0.19	0.18	2.35	2.35	0.31	0.11	12.65	8.45	13718.45	1.59	13123.83	58.19	10304.36	134797.58	103756.90	8000.00	44200.00	10派0.9元(含税)	37.32	2002/3/21
600369	长运股份	0.094	0.047	0.125	0.099	3.248	3.22	-0.64	0.448	2.91	4.1	11097.49	-28.66	1626.64	-23.18	802.73	106150.93	55956.96	7000.00	17230.00	10派0.5元(含税)	132.30	2002/4/4
600372	昌河股份	0.21	0.21	0.3	/	3.14	3.14	0.44	1.07	6.75	17	332846.88	17.74	8693.87	-4.20	8655.60	328880.00	128861.76	11000.00	41000.00	10派1.6元(含税)	50.13	2002/3/30
600373	鑫新股份	0.13	/	0.15	/	1.63	/	0.2	0.67	8.21	9.79	33783.48	-7.57	1068.36	-8.68	/	41297.09	13013.22	4500.00	12500.00	/	152.45	2002/2/27
600376	天鸿宝业	0.44	0.3	1.07	0.4	6	6	-1.02	0.29	7.34	32.96	27366.29	-22.02	4770.98	-34.42	3234.38	103359.41	64967.79	4000.00	10825.00	10派2元(含税)送6	64.55	2002/3/22
600377	宁沪高速	0.16	0.12	0.14	/	2.67	2.67	0.22	0.2	5.8	5.2	162599.19	17.68	78086.40	12.93	62559.30	1491439.98	1347055.90	15000.00	503774.75	10派1.25元(含税)	71.16	2002/4/9
600378	天科股份	0.157	0.147	0.19	/	2.74	2.73	0.09	0.02	5.72	5.56	14280.81	3.00	2359.26	7.52	2212.23	52418.56	41209.84	5850.00	15044.11	10派0.7元(含税)送0.5转增2.5	101.20	2002/3/26
600379	宝光股份	0.079	0.0854	0.0582	0.0558	1.5715	1.4668	0.0379	0.055	5.029	5.849	24035.49	10.91	1248.70	98.72	1350.01	51250.32	24829.38	5000.00	15800.00	不分配	164.87	2002/4/16
600380	太太药业	0.7401	0.7502	0.7758	/	7.3084	7.2948	0.8255	0.8534	10.13	67.14	67881.80	0.62	20061.81	28.60	20335.26	232735.04	198115.42	7000.00	27108.00	10派3元(含税)转增5	33.31	2002/4/20
600381	白唇鹿	0.177	0.1775	0.186	/	2.98	2.96	-0.09	0.06	5.93	13.48	14299.27	37.10	1946.85	39.57	1953.48	59891.97	32822.42	3500.00	11000.00	10派0.65元(含税)	92.10	2002/4/10
600382	广东明珠	0.19	0.12	0.21	0.21	2.86	2.86	0.066	0.93	6.72	14.18	35839.76	4.41	3282.58	40.24	2173.86	104677.06	48820.39	6000.00	17087.33	10派1.5元(含税)	59.97	2002/3/29
600383	金地集团	0.445	0.447	0.468	0.473	4.722	4.718	-1.293	2.069	9.43	22.71	66293.61	14.50	12027.70	42.91	12073.88	226993.44	127495.39	9000.00	27000.00	10派1.8元(含税)	50.64	2002/4/8
600385	山东金泰	0.08	0.087	0.19	/	1.32	1.23	0.19	0.45	6.04	7.48	17159.69	5.78	1179.00	-11.36	1227.19	42834.99	19525.77	6783.50	14132.36	不分配	161.34	2002/4/29
600386	北京巴士	0.28	0.27	0.37	/	4.45	4.38	0.54	0.53	6.31	20.35	95212.84	78.82	7076.20	10.35	6836.08	222288.56	112152.90	8000.00	25200.00	10派1.8元(含税)	49.15	2002/3/19
600388	龙净环保	0.222	0.229	0.114	0.103	3.71	3.702	-0.082	0.157	5.99	3.26	35177.94	89.99	3713.43	95.57	3823.92	91775.44	61961.05	6500.00	16700.00	10派0.7元(含税)	76.99	2002/4/9
600389	江山股份	0.25	0.244	0.185	0.185	2.879	2.861	0.481	0.235	8.83	6.99	58881.67	12.68	3747.01	35.25	3666.68	77546.83	43181.92	4000.00	15000.00	10派0.5元(含税)转增2	71.78	2002/3/26
600390	金瑞科技	0.29	0.23	0.25	0.31	6.44	6.31	-0.31	0.11	4.53	3.95	22567.54	0.75	3109.66	17.07	2494.61	86357.56	68680.02	4000.00	10670.00	10派1.5元(含税)	68.66	2002/4/5
600391	成发科技	0.25	0.26	0.34	0.34	3	3	0.2	0.32	8.35	33.53	20441.94	13.77	3512.45	16.40	3591.33	66331.27	42054.73	5000.00	14000.00	10派2.1元(含税)	67.12	2002/2/8
600393	东华实业	0.2352	0.0772	0.5229	/	2.108	1.942	-0.4854	0.4086	11.16	13.6	21724.23	-10.60	4703.35	-10.04	1544.88	78469.04	42155.03	5526.38	20000.00	不分配	54.17	2002/4/3
600395	盘江股份	0.185	0.186	0.197	/	3.193	3.191	0.096	0.096	5.79	12.72	49321.82	4.86	6859.43	38.74	6892.11	139144.63	118550.89	12000.00	37130.00	10派1元(含税)	56.19	2002/4/16
600396	金山股份	0.16	0.07	0.19	/	3.11	3.11	0.003	0.19	5.11	15.43	10474.64	13.75	2068.03	52.35	873.66	56388.09	40464.83	4500.00	13000.00	不分配	117.55	2002/3/12

代码	简称	每股收益(元)				每股净资产(元)		每股经营现金流量(元)		净资产收益率(%)		主营收入(万元)		净利润(万元)			总资产(万元)	股东权益(万元)	最新流通A股(万股)	最新总股本(万股)	分配方案	最新市盈率(倍)	年报刊登日期
		2001年	扣除后	2000年	扣除后	2001年	调整后	2001年	2000年	2001年	2000年	2001年	同比(%)	2001年	同比(%)	扣除后							
600398	凯诺科技	0.42	0.42	0.35	0.33	3.64	3.64	0.23	1.12	11.51	6.39	42160.53	61.98	6876.39	103.90	6869.80	97023.36	59764.14	9945.00	21370.88	10派0.15元(含税)送0.5转增2.5股(*)	42.76	2002/1/30
600399	抚顺特钢	0.19	0.2	0.15	0.2	2.7	2.69	0.5	0.14	7.15	5.93	146660.77	-9.65	10047.91	28.43	10178.02	300625.61	140587.90	12000.00	52000.00	10派0.3元(含税)	34.31	2002/3/5
600400	红豆股份	0.31	0.29	0.27	0.27	3.23	3.23	0.38	0.4	9.73	9.05	45704.83	20.65	5649.14	17.64	5121.14	76699.41	58064.89	5000.00	17952.30	10派0.8元(含税)	42.33	2002/3/19
600418	江汽股份	0.39	0.39	0.54	/	4.48	4.46	-0.06	0.91	8.64	34.64	198938.15	10.91	8896.24	8.95	9008.03	137137.10	102951.45	8800.00	23000.00	10派2元(含税)	34.51	2002/3/28
600419	新疆天宏	0.17	0.17	0.25	0.22	3.51	3.47	0.25	0.29	4.82	11.59	16080.60	9.17	1356.98	7.44	1367.30	40339.71	28142.74	3000.00	8016.00	10派0.5元(含税)	104.09	2002/3/15
600422	昆明制药	0.39	0.34	0.4	/	5.28	5.18	0.68	0.49	7.39	7.65	48824.00	-4.52	3832.16	-1.45	3325.31	76398.29	51885.64	4000.00	9818.00	10派2.7元(含税)	55.29	2002/3/26
600428	中远航运	0.3725	/	0.36	/	1.57	/	/	/	23.77	25.14	53511.76	10.77	8567.50	4.75	/	52693.82	36041.33	13000.00	36000.00	/	51.05	2002/4/13
600448	华纺股份	0.12	0.09	0.21	0.19	3.12	3.09	0.15	-0.07	3.72	12.55	101088.53	-2.93	2840.54	-15.46	2102.04	130777.65	73960.64	9350.00	24500.00	10派1元(含税)	75.04	2002/4/23
600456	宝钛股份	0.27	/	0.29	/	1.8622	/	0.125	0.4421	14.47	17.97	32546.45	11.35	3776.01	-5.82	/	59443.50	26085.98	6000.00	20008.00	/	97.71	2002/4/6
600466	迪康药业	0.229	0.194	0.332	/	5.02	5	0.31	0.06	4.55	22.08	9400.01	-10.55	2911.48	13.27	2473.16	75154.79	63954.07	5000.00	12740.00	10派1元(含税)	67.82	2002/4/8
600468	特精股份	0.054	0.04	0.209	/	3.07	3.057	-0.359	0.568	1.76	/	13394.34	-11.21	595.06	-64.48	474.71	56142.50	33771.59	3000.00	11000.00	10派0.5元(含税)	289.85	2002/4/10
600486	扬农化工	0.34	/	0.34	/	1.84	/	0.74	0.7911	18.41	22.86	26441.63	7.79	2367.62	-0.98	/	24027.96	12861.12	3000.00	10000.00	/	74.59	2002/4/20
600488	天药股份	0.51	0.526	0.63	/	4.76	4.72	0.482	0.395	10.63	30.97	50933.87	2.68	7536.22	14.91	7838.18	113402.14	70923.06	5850.00	19371.15	10派2元(含税)送1转增2(*)	46.73	2002/2/26
600498	烽火通信	0.41	0.37	0.34	0.28	5.51	5.47	-0.33	-0.35	7.42	22.76	180058.48	79.35	16743.53	50.75	15012.74	302642.76	225775.02	8800.00	41000.00	10派1.2元(含税)	54.51	2002/4/16
600500	中化国际	0.24	0.25	0.34	/	3.87	3.79	1.73	-1.69	6.28	8.86	656715.71	15.56	9052.08	-28.02	9274.99	252823.53	144251.56	12000.00	37265.00	10派2.5元(含税)	56.32	2002/4/6
600501	航天晨光	0.27	0.29	0.27	/	3.657	3.585	0.15	0.332	7.34	14.66	44126.55	22.74	3300.91	48.94	3556.95	79274.64	44981.22	4000.00	12300.00	10派0.3元(含税)送1转增7	100.09	2002/3/29
600506	香梨股份	0.185	0.16	0.247	/	2.72	2.79	0.27	0.23	6.8	14.75	9901.17	33.14	2971.60	8.67	2605.70	61192.61	43686.36	5000.00	16050.00	10派0.6元(含税)	74.97	2002/3/20
600508	上海能源	0.41	0.41	0.38	0.38	3.58	3.58	1.06	0.29	11.5	22.95	146566.28	15.11	16545.45	45.68	16358.94	190258.88	143899.09	11000.00	40151.00	10派3元(含税)	32.88	2002/2/27
600509	天富热电	0.4	0.41	0.35	0.35	1.89	1.79	0.75	0.98	21.29	19.97	35234.14	12.26	4386.62	16.43	4462.48	66393.59	20602.35	6000.00	16908.50	/	58.94	2002/2/8
600518	康美药业	0.412	0.413	0.47	0.47	5.157	5	0.222	0.189	7.99	23.62	38080.04	8.06	2915.69	18.75	2925.02	51760.88	36509.97	1800.00	7080.00	10派2元(含税)	69.42	2002/3/26
600519	贵州茅台	1.31	1.33	1.35	/	10.12	9.96	0.17	2.39	12.97	56.41	161804.67	45.25	32829.07	31.55	33487.25	346338.87	253091.57	7150.00	25000.00	10派6元(含税)转增1	27.68	2002/4/17
600520	三佳模具	0.34	0.34	0.44	0.37	3.53	/	0.1	0.41	9.59	41.65	8286.00	26.44	2127.04	28.48	2124.37	29962.43	22177.55	2500.00	6280.00	不分配	82.05	2002/3/23
600523	贵航股份	0.09	0.09	0.25	0.18	2.6	2.49	0.14	0.4	3.34	16.49	35450.91	-7.85	1910.32	-48.67	2089.76	110882.70	57098.21	7000.00	22000.00	10派0.2元(含税)	117.58	2002/4/10
600528	中铁二局	0.4	0.43	0.566	/	4.16	4.15	0.12	0.045	9.62	21.13	403897.71	-1.95	16415.19	-3.40	17539.12	347110.95	170688.11	11000.00	41000.00	10派3.8元(含税)	34.94	2002/3/26
600530	交大昂立	0.27	0.18	0.3374	0.13	4.45	4.41	-0.065	0.192	6.14	28.09	45332.35	-5.43	5464.09	7.95	3644.11	117474.83	88956.48	5000.00	20000.00	10派2元(含税)	67.09	2002/3/26
600533	栖霞建设	0.42	0.42	0.28	0.28	/	/	-1.12	-0.41	26.94	19.01	32407.35	39.33	4152.55	47.67	/	55896.84	15414.05	4000.00	14000.00	/	70.73	2002/3/23
600539	狮头股份	0.16	0.15	0.2	0.19	3.43	3.39	0.15	0.2	4.72	14.74	29476.69	19.34	3722.78	21.14	3432.52	105027.06	78901.86	8800.00	23000.00	10派0.2元(含税)	63.94	2002/3/29
600548	深高速	0.18	0.2	0.17	0.17	2.33	2.31	0.26	0.21	7.93	7.92	60451.86	17.29	40193.69	18.49	42946.98	699599.92	507054.63	16500.00	218070.00	10派1元(含税)	44.71	2002/4/15
600550	天威保变	0.2	0.19	0.31	0.3	3.81	3.8	0.28	-0.03	5.26	17.71	61193.47	-0.38	4406.14	-10.23	4175.95	147254.66	83715.41	6000.00	22000.00	10派0.5元(含税)送2转增3	79.04	2002/3/25
600555	茉织华	0.48	0.48	0.52	0.51	4.74	4.74	0.51	0.56	10.1	28.4	189475.95	35.90	20835.38	12.52	20873.20	255184.17	206152.09	8100.00	43450.00	10派2元(含税)	36.22	2002/4/9
600556	北生药业	0.1687	0.1933	0.2076	0.2099	5.3197	5.2895	0.04	0.2	3.17	12.82	12379.32	25.17	1518.08	49.81	1739.58	78887.75	47877.57	4532.00	9000.00	10派1元(含税)	99.66	2002/3/29
600558	大西洋	0.214	0.248	0.293	0.314	3.821	3.797	0.018	1.13	5.589	16.902	45043.60	10.21	2563.07	16.63	2978.00	66166.94	45855.76	4500.00	12000.00	10派1.5元(含税)	66.01	2002/3/26
600566	洪城股份	0.167	0.168	0.219	0.191	4.23	4.22	0.07	0.36	3.94	10.39	11396.12	16.50	1770.19	21.69	1780.78	58265.07	44957.29	4400.00	10630.80	10派1元(含税)	91.88	2002/3/19
600567	山鹰纸业	0.144	0.144	0.18	0.201	2.055	2.049	-0.032	0.161	6.79	14.54	28094.60	-12.93	2303.51	27.50	2315.39	66627.67	32979.49	6000.00	16050.00	10派0.6元(含税)	81.45	2002/3/30
600568	潜江制药	0.19	0.17	0.06	0.34	5.95	5.93	0.06	0.08	3.2	3.28	8168.68	7.12	1386.71	485.68	1219.73	46031.48	43347.10	3500.00	7286.00	不分配	111.55	2002/4/2
600569	安阳钢铁	0.35	0.352	0.45	/	3.2	3.18	0.43	1.33	10.95	20.43	594748.14	12.97	47073.03	-4.37	47360.96	606853.36	429942.43	27500.00	134549.03	10派1.875元(含税)	16.44	2002/4/12
600583	海油工程	0.61	0.61	0.49	0.49	2.57	2.57	1.09	0.84	23.73	25.19	120713.49	73.12	10370.16	24.31	10410.54	144764.71	43702.34	8000.00	25000.00	不分配	40.86	2002/3/19
600585	海螺水泥	0.21	/	0.12	/	2.25	2.17	0.74	0.48	9.17	5.6	205834.88	66.30	20272.60	78.19	20246.03	606802.12	221052.41	20000.00	118348.00	/	42.38	2002/2/2
600588	用友软件	0.7	0.71	0.53	/	10.02	9.96	1.03	0.64	7	47.8	33348.32	56.65	7040.06	75.81	7124.00	116786.52	100231.76	2500.00	10000.00	10派6元(含税)	68.61	2002/3/28

代码	简称	每股收益(元)				每股净资产(元)		每股经营现金流量(元)		净资产收益率(%)		主营收入(万元)		净利润(万元)			总资产(万元)	股东权益(万元)	最新流通A股(万股)	最新总股本(万股)	分配方案	最新市盈率(倍)	年报刊登日期
		2001年	扣除后	2000年	扣除后	2001年	调整后	2001年	2000年	2001年	2000年	2001年	同比(%)	2001年	同比(%)	扣除后							
600589	广东榕泰	0.22	0.203	0.22	/	3.41	3.41	0.2	0.19	6.46	17.59	27461.29	19.30	3522.75	33.32	3252.35	68837.52	54550.50	4000.00	16000.00	10派1.5元(含税)	84.03	2002/3/28
600596	新安股份	0.153	0.137	0.245	/	3.68	3.63	0.01	0.8	4.15	11.94	64911.79	15.75	2048.28	-11.08	1838.30	93099.39	49374.57	4400.00	13411.04	10派0.5元(含税)	94.94	2002/4/9
600598	北大荒	0.31	0.23	0.27	/	1.47	/	0.18	0.076	21.12	19.76	140632.26	-7.45	36428.30	15.84	34428.30	433930.57	172448.85	30000.00	146996.00	/	29.58	2002/3/23
600599	浏阳花炮	0.254	0.218	0.237	0.235	3.88	3.86	-0.02	0.03	6.56	14.93	19717.00	-1.54	1779.01	50.07	1522.54	35024.71	27136.40	2200.00	7000.00	10派1.5元(含税)送0.5转增8	138.03	2002/4/16
600600	青岛啤酒	0.1029	0.0231	0.1019	/	2.96	2.95	0.53	0.37	3.47	4.16	527672.45	40.11	10288.77	12.20	2308.49	824383.84	296491.46	20000.00	100000.00	10派1.1元(含税)	75.91	2002/4/4
600601	方正科技	0.268	0.132	0.498	0.404	1.57	1.52	1.5	0.03	17.09	19.21	369287.01	15.93	10030.50	7.79	4928.22	239096.83	58705.83	37324.80	37324.80	不分配	41.71	2002/4/6
600602	广电电子	0.202	0.08	0.355	0.365	3.19	3.13	0.51	0.45	6.33	11.91	405871.16	-19.72	17044.40	-43.08	6738.24	767958.41	269292.44	31815.64	84293.43	10派0.1元(含税)转增1	53.46	2002/3/28
600603	ST兴业	-1.85	-1.84	0.02	0.02	0.09	0.09	0.23	-0.98	-2,124.26	1.07	7257.11	-67.88	-36025.71	-9026.97	-35876.84	70607.13	1695.92	19464.19	19464.19	不分配	/	2002/4/30
600604	二纺机	0.025	0.024	0.014	-0.142	1.196	1.157	0.228	0.156	2.05	1.2	81530.24	75.22	1389.63	76.01	1345.94	142296.72	67728.32	7118.19	56644.92	不分配	412.52	2002/4/19
600605	轻工机械	0.045	0.01	0.038	0.029	1.473	1.375	0.024	0.024	3.044	2.566	19502.86	-11.25	942.33	17.25	215.06	59970.10	30961.20	2400.00	21019.20	不分配	334.14	2002/3/28
600606	金丰投资	0.459	0.255	0.213	0.02	1.732	1.536	-0.697	0.127	26.49	16.13	64056.69	166.67	7561.59	114.98	4208.19	145090.30	28544.11	9890.90	22199.47	10送2派0.5元(含税)	36.11	2002/3/18
600607	上实联合	0.3313	0.32	0.4189	/	4.5044	4.3734	0.3477	0.3173	7.36	6.42	137541.76	49.79	10155.56	18.64	9879.00	241924.48	138069.09	13293.20	30651.24	10派1.5元(含税)	34.32	2002/4/19
600608	上海科技	0.1991	0.2904	0.1253	0.0993	2.09	2.02	0.4487	0.9387	9.55	6.34	31962.93	76.42	3011.96	58.88	4393.27	65817.87	31541.44	9320.77	15126.22	不分配	60.31	2002/4/19
600609	金杯汽车	-0.7551	-0.0133	0.2359	0.1387	1.4193	1.252	-0.0129	-0.3885	-53.2	-53.2	64846.90	-18.47	-82503.87	-420.03	-1456.88	486674.88	155085.29	36400.00	109266.71	不分配	/	2002/4/30
600610	ST中纺机	0.02	-0.11	0.01	-0.13	0.12	0.05	0.13	0.1	15.58	9.95	44941.93	16.22	661.20	85.57	-3781.31	63758.20	4243.33	2574.00	35709.15	不分配	655.64	2002/4/20
600611	大众交通	0.35	0.25	0.34	0.35	3.55	3.4	1.33	0.64	9.89	10.47	165910.84	22.38	21033.00	7.92	14766.44	454381.89	212741.92	14232.34	59870.16	10派2.6元(含税)	31.60	2002/3/30
600612	第一铅笔	0.007	-0.005	0.037	0.053	1.746	1.612	0.481	0.102	0.42	2.09	91074.70	-8.99	186.10	-79.83	-114.77	137580.46	43960.00	2908.79	25177.94	不分配	1948.21	2002/4/6
600613	永生数据	-0.295	-0.295	0.0196	-0.0185	1.637	1.624	-0.139	0.1815	-18.043	1.015	3676.40	2.12	-4367.35	-1605.36	-4365.03	40898.76	24204.77	912.55	14790.50	不分配	/	2002/4/30
600614	胶带股份	0.244	0.111	0.179	-0.297	1.77	1.698	0.162	0.372	13.81	11.56	22611.54	49.78	2814.31	36.76	1283.50	79136.66	20381.22	834.90	11513.34	不分配	93.52	2002/4/10
600615	丰华股份	-0.275	-0.396	0.011	-0.036	3.58	1.6	0.132	0.855	-7.68	0.283	20304.48	479.91	-4138.97	/	-5949.72	108419.02	53863.46	4650.05	15041.65	不分配	/	2002/4/30
600616	第一食品	0.21	0.21	0.15	0.15	2.44	2.15	0.4	0.28	8.78	6.05	58619.38	-1.28	2715.86	42.81	2691.88	54742.94	30947.47	4565.40	12693.04	10派1.8元(含税)	71.04	2002/4/1
600617	联华合纤	0.007	-0.002	0.037	0.0375	1.7	1.6	-0.12	0.12	0.4	2.18	32311.77	-21.99	112.82	-81.78	-40.42	56456.16	28480.48	900.00	16719.48	不分配	3079.61	2002/4/18
600618	氯碱化工	0.004	-0.09	0.022	/	2.41	2.05	0.2	0.37	0.18	0.93	272832.30	-7.25	513.34	-80.23	-10485.79	461008.64	280301.93	2783.24	116448.31	不分配	3389.07	2002/4/20
600619	海立股份	0.337	0.355	0.176	0.155	2.62	2.54	1.23	0.82	12.84	7.46	255868.38	45.65	12806.51	91.30	13508.00	328777.83	99713.67	2028.00	38052.00	10派0.9元(含税)	48.70	2002/3/14
600620	天宸股份	0.128	0.08	0.014	-0.011	1.43	1.235	0.064	0.455	8.92	1.089	19568.94	-28.75	3413.21	833.70	2057.47	129369.29	38281.22	8046.55	26677.43	10派0.3元(含税)	122.01	2002/3/16
600621	上海金陵	-0.2407	0.0611	0.4989	0.2862	1.6	1.5	0.3779	0.017	-15.05	20.86	90443.06	4.00	-12616.51	-162.73	3203.72	141057.19	83818.46	20995.54	52408.24	不分配	/	2002/4/19
600622	ST嘉宝	-0.448	-0.416	-0.259	-0.275	1.333	1.25	0.041	0.453	-33.65	-13.19	19080.59	28.58	-14963.79	-73.03	-13890.31	74474.80	44475.43	11519.91	33368.83	不分配	/	2002/3/26
600623	轮胎橡胶	0.019	-0.254	-0.833	/	1.217	1.166	0.844	0.08	1.534	-65.623	246576.50	-32.07	1660.18	102.24	-22616.05	593529.45	108240.67	2288.00	88946.77	不分配	816.51	2002/4/12
600624	复旦复华	0.012	0.006	0.101	0.077	1.642	1.575	-0.041	-0.046	0.732	6.131	30213.19	33.79	316.64	-88.09	148.59	106849.39	43284.25	16172.19	26347.71	不分配	892.85	2002/3/28
600626	申达股份	0.425	0.4	0.348	0.356	3.53	3.48	0.42	0.23	12.05	12.21	312523.38	11.38	14378.70	35.75	13519.29	227470.24	119255.94	14048.16	33821.09	10派2元(含税)	25.40	2002/4/13
600627	电器股份	0.08	0.05	0.2	0.11	1.64	1.32	0.43	0.2	4.76	13.13	259293.95	9.64	4036.87	-61.82	2776.16	497166.72	84882.96	5100.00	51796.55	不分配	154.61	2002/3/9
600628	新世界	0.3	0.27	0.34	0.27	3.08	3.06	0.24	0.96	9.63	10	188109.49	-5.88	7871.89	3.95	7126.52	185235.95	81758.37	11614.28	26575.28	10派0.5元(含税)送2	37.14	2002/4/9
600629	ST棱光	-3.23	/	-0.277	/	-2.7	-3.23	0.08	0.01	/	-66.02	3245.08	23.56	-48947.80	-1068.92	-2070.13	17426.60	-40814.23	5776.05	15137.76	不分配	/	2002/4/30
600630	龙头股份	0.228	0.228	0.358	0.4	3.826	3.453	0.009	0.412	5.954	12.197	207879.97	6.72	9679.58	-28.00	9669.78	438854.33	162565.94	19110.00	42486.16	不分配	41.35	2002/4/16
600631	第一百货	0.119	0.092	0.108	0.108	2.81	2.4	0.31	0.85	4.22	/	328927.95	-22.97	6916.13	20.47	5364.59	390191.88	164062.43	18831.34	58284.79	10派0.2元(含税)	76.94	2002/4/1
600632	华联商厦	0.214	0.182	0.283	0.127	3.22	3.02	-0.632	0.851	6.63	10.87	254661.17	-29.64	9027.32	-17.13	7702.21	231393.83	136191.73	12446.71	42259.99	10派1.2元(含税)	46.86	2002/3/12
600633	白猫股份	0.1168	0.074	-1.166	/	1.2011	1.0957	0.0742	-0.004	9.7238	/	20674.24	/	1775.85	126.81	1121.55	37919.70	18262.92	1320.00	15205.08	10派0.1元(含税)	189.39	2002/2/27
600634	海鸟发展	0.32	0.31	0.05	/	2.42	2.42	-2.24	-0.05	13.26	2.27	18258.15	0.68	2793.59	567.43	2686.14	91382.24	21072.47	3980.97	8720.73	10派0.2元(含税)	50.82	2002/3/15
600635	大众科创	0.2695	0.2021	0.2589	0.1899	2.44	2.42	0.6731	0.1454	11.05	10.6	42533.90	83.99	12832.97	4.11	9622.32	310769.06	116091.32	25729.92	47618.17	10派2.1元(含税)	36.18	2002/4/10

代码	简称	每股收益(元)				每股净资产(元)		每股经营现金流量(元)		净资产收益率(%)		主营收入(万元)		净利润(万元)			总资产(万元)	股东权益(万元)	最新流通A股(万股)	最新总股本(万股)	分配方案	最新市盈率(倍)	年报刊登日期
		2001年	扣除后	2000年	扣除后	2001年	调整后	2001年	2000年	2001年	2000年	2001年	同比(%)	2001年	同比(%)	扣除后							
600636	三爱富	0.4211	0.4259	0.3013	0.3358	2.34	2.31	0.283	0.386	18.01	14.25	56412.09	15.41	4888.00	39.78	4943.40	56587.80	27135.65	5840.64	13243.89	10派1.753元(含税)送1.752718股	46.22	2002/3/16
600637	广电信息	0.2725	0.235	0.1934	/	4.624	4.3888	-0.6246	-0.4633	5.89	10.61	272859.69	17.68	20310.52	70.64	17510.90	639249.53	344619.60	18527.74	74528.41	10派1元(含税)送1	55.04	2002/4/20
600638	新黄浦	0.0982	0.0976	0.2357	0.2317	3.7126	3.7054	-0.484	0.423	2.64	7.36	34700.05	-8.59	5510.08	-54.90	5092.38	313210.85	208339.76	17015.22	56116.40	10派0.8元(含税)	132.19	2002/3/9
600639	浦东金桥	0.14	0.132	0.101	0.099	2.35	2.26	-0.32	-0.215	5.95	4.55	39729.00	-30.28	9743.06	38.69	9244.85	303433.81	163875.95	11715.00	69784.00	10转增1	94.47	2002/3/26
600640	联通国脉	0.1	0.1	0.19	0.08	3.07	3.05	0.05	0.21	3.39	6.12	26443.73	-31.45	3804.33	-44.28	3756.83	127585.49	112134.05	5533.56	36488.27	10派0.7元(含税)	162.96	2002/3/23
600641	中远发展	0.613	0.612	0.762	0.487	3.143	3.142	-0.417	-0.69	19.52	27.83	76154.61	160.37	22564.91	-19.48	22518.85	273753.93	115603.51	17766.43	44786.60	10派1.65元(含税)	27.45	2002/3/23
600642	申能股份	0.708	0.53	0.896	0.491	3.087	3.043	0.682	0.499	22.92	31.24	200483.19	40.79	115548.52	-21.04	86603.09	990784.99	504189.07	39225.21	179308.78	10派3.5元(含税)	18.76	2002/3/7
600643	爱建股份	0.284	0.286	0.29	0.296	4.36	4.21	-0.696	-0.118	6.51	6.53	80416.66	42.39	13063.90	-2.08	13163.88	322635.43	200714.69	30835.27	46068.80	10派1.5元(含税)	36.15	2002/3/30
600644	乐山电力	0.11	0.09	0.16	0.14	1.89	1.8	0.29	0.29	5.94	9.06	25185.19	-16.27	2802.57	-30.29	2291.94	111915.38	46471.91	12876.16	24933.65	10派0.3元(含税)	76.42	2002/3/9
600645	望春花	0.01	0.018	0.116	0.042	1.442	1.327	-0.275	0.203	0.701	4.97	29605.42	47.34	252.57	-86.05	453.14	78136.45	36054.45	9815.54	25002.80	不分配	1410.67	2002/4/29
600646	ST国嘉	-0.936	-0.68	-0.18	-0.179	0.566	0.091	-0.564	-0.027	-165.21	-12	692.42	-96.73	-16813.96	-419.17	-12212.80	83861.38	10177.30	3038.01	17970.99	不分配	/	2002/4/23
600647	ST同达	-0.402	-0.4016	-0.3229	-0.3231	-0.4882	-0.8879	0.0285	0.0171	/	/	2700.21	-1.77	-2151.32	-24.51	-2149.30	7583.03	-2612.59	2100.00	5351.68	不分配	/	2002/4/12
600648	外高桥	0.0123	-0.0424	0.0205	/	1.8675	1.8054	0.1042	0.0338	0.66	0.99	20312.34	119.61	917.02	-34.11	-3161.71	291430.33	139140.90	5445.00	74505.75	不分配	1315.40	2002/4/10
600649	原水股份	0.21	0.2	0.22	0.22	2.52	2.52	0.4	0.44	8.16	9.09	75050.84	-7.13	38775.74	-4.52	37084.52	588409.05	474987.80	56085.15	188439.50	10派0.5元(含税)	38.44	2002/3/30
600650	新锦江	0.018	0.019	0.005	0.011	3.02	2.81	0.164	0.107	0.59	0.16	25116.17	15.42	890.48	272.75	973.33	190610.24	151256.79	3801.60	50146.37	10转增1	773.76	2002/4/18
600651	飞乐音响	0.242	0.14	0.436	/	1.5	1.47	0.045	0.61	16.15	28.02	59964.55	117.49	10272.22	59.56	5893.70	149902.93	63590.01	42416.51	42416.51	10派1.2元(含税)	38.36	2002/4/13
600652	爱使股份	0.09	0.1	0.21	/	2.02	2.01	0.17	-0.18	4.24	10.76	28229.10	214.50	2566.89	-59.18	2994.22	163367.65	60555.33	29962.48	29962.48	不分配	133.19	2002/3/26
600653	申华控股	0.168	-0.036	0.394	0.221	2.495	2.414	-0.233	0.187	6.717	25.04	385037.23	-30.14	13551.68	-37.19	-2886.57	484038.35	201748.90	80850.94	80850.94	10转增8	45.88	2002/4/20
600654	飞乐股份	0.18	0.16	0.2	0.12	2.76	2.45	-0.02	0.02	6.42	11.79	45091.01	-17.38	7805.02	1.80	7010.84	219123.02	121580.44	33301.74	44000.18	10送1	49.38	2002/3/30
600655	豫园商城	0.214	0.2	0.208	/	3.57	3.295	0.559	0.287	5.984	6.004	321983.39	-10.96	9940.31	2.62	9282.04	358567.67	166114.07	14907.95	46533.35	10派0.8元(含税)	51.45	2002/3/9
600656	华源制药	0.2	0.19	0.13	/	1.58	1.25	0.47	0.27	12.8	9	61377.74	132.10	1886.85	59.58	1800.54	120888.67	14740.47	5096.00	9321.84	10派0.4元(含税)	70.75	2002/3/21
600657	青鸟天桥	0.2594	0.2758	0.3934	0.5083	4.1539	3.9133	1.5937	-4.27	6.2459	7.65	113479.45	131.96	4646.09	-14.27	4939.04	353750.83	74386.59	10299.61	17907.78	10派0.6元(含税)	56.27	2002/4/18
600658	兆维科技	0.6092	0.6208	0.0057	-0.0571	1.6475	1.6302	-0.2173	0.3342	36.98	0.56	52859.33	214.93	10175.63	10569.35	10369.52	66652.83	27517.15	9507.00	16702.31	不分配	22.49	2002/3/28
600659	神龙发展	0.144	0.101	0.19	0.18	1.49	1.4	0.56	-0.88	9.66	9.84	39387.08	25.84	2492.94	8.62	2142.29	94255.76	25810.56	4457.01	17342.18	不分配	107.20	2002/2/6
600660	福耀玻璃	0.37	0.42	0.5	0.61	1.37	1.26	0.5	0.89	27.3	27.5	93828.76	24.47	15215.35	20.17	16941.87	168873.19	55706.17	14449.00	45239.46	10派1.35元(含税)送1.1股(*)	28.34	2002/2/8
600661	交大南洋	0.22	0.19	0.2	0.18	2.02	2.	0.27	0.26	10.68	10.43	35064.14	-14.16	3129.04	6.07	2723.70	66274.33	29305.31	2545.54	14473.07	10派1.5元(含税)	83.63	2002/2/26
600662	强生控股	0.34	0.25	0.32	0.29	3.03	2.94	0.89	0.89	11.06	10.49	84357.24	28.91	10353.36	16.16	7747.20	173469.31	93638.51	16536.96	30903.44	不分配	34.09	2002/2/8
600663	陆家嘴	0.063	0.057	0.187	0.155	2.37	2.27	0.22	0.15	2.66	8.12	99901.14	50.61	11751.68	-66.42	10730.84	752830.24	442064.61	16052.40	186768.40	不分配	230.45	2002/4/26
600664	哈药集团	0.53	0.54	0.48	0.47	4.98	4.9	1.14	1.2	10.73	15.21	536831.36	-16.70	28379.99	30.41	28883.38	576630.97	264541.53	34628.19	53077.16	10派1元(含税)转增2	26.52	2002/4/11
600665	沪昌特钢	0.019	0.026	0.0199	0.0198	1.724	1.697	0.484	0.17	1.103	1.147	82620.81	9.81	1368.50	-4.37	1848.95	132961.12	124116.94	14700.00	72010.21	10派0.25(含税)	429.90	2002/3/7
600666	西南药业	0.13	0.1	0.1	0.08	1.6	1.52	0.13	0.18	8.15	6.78	30502.15	3.89	1945.04	25.04	1507.68	35718.99	23860.02	6319.38	14879.30	不分配	88.13	2002/3/22
600667	太极实业	0.01	0.002	-1.037	/	1.51	1.26	0.36	0.359	0.69	-69.16	64091.46	2.71	381.73	101.00	88.35	170682.71	55689.59	18964.00	36881.74	不分配	688.89	2002/4/19
600668	尖峰集团	0.15	0.16	0.12	0.13	1.69	1.65	0.3	0.19	8.63	7.48	105453.01	12.06	4390.49	18.88	4684.38	155891.36	50888.29	14483.80	30045.91	10派1元(含税)	57.55	2002/3/5
600669	ST鞍合成	-0.43	-0.39	0.04	/	0.94	0.61	-0.51	-0.038	-45.03	2.71	4844.94	-70.99	-9873.52	-1258.49	-9140.44	87891.17	21926.85	14864.85	23217.08	不分配	/	2002/4/6
600670	ST高斯达	-0.562	-0.59	0.134	0.038	0.458	-0.14	0.002	-0.18	-122.65	13.16	417.97	-88.46	-7881.24	-520.01	-8268.65	22272.84	6425.62	8605.21	14033.37	不分配	/	2002/4/27
600671	天目药业	0.018	0.005	0.01	0.01	1.98	1.88	0.102	-0.09	1.5	1.11	14442.67	53.39	336.82	2.37	150.00	40874.56	22437.24	6341.54	12177.86	10派0.1元(含税)	374.93	2002/3/26
600672	英豪科教	0.06	0.15	0.28	0.26	1.42	1.36	0.3	0.23	4.06	20.3	54276.57	-9.90	2543.54	-79.10	6683.64	115531.52	62723.16	25600.00	44097.70	10派0.2元(含税)	123.96	2002/3/21
600673	成量股份	0.02	0.02	0.02	/	1.12	0.94	0.03	0.12	2.11	1.71	13150.65	15.61	260.55	18.39	260.55	33304.19	12361.70	4554.00	11079.44	不分配	532.38	2002/4/5
600674	川投控股	0.177	0.178	0.498	0.378	1.5	1.45	0.58	-0.24	11.83	23.37	65386.83	9.73	6841.46	-43.10	6890.45	93975.14	57823.80	15474.06	38620.85	10派0.2元(含税)	65.37	2002/2/27

代码	简称	每股收益(元)				每股净资产(元)		每股经营现金流量(元)		净资产收益率(%)		主营收入(万元)		净利润(万元)			总资产(万元)	股东权益(万元)	最新流通A股(万股)	最新总股本(万股)	分配方案	最新市盈率(倍)	年报刊登日期
		2001年	扣除后	2000年	扣除后	2001年	调整后	2001年	2000年	2001年	2000年	2001年	同比(%)	2001年	同比(%)	扣除后							
600675	中华企业	0.23	0.28	0.15	0.02	2.23	1.99	1.47	-0.01	10.45	7.25	159550.84	140.96	13522.40	59.34	16440.23	519422.80	129401.91	26546.68	58121.26	10送1转增1	48.05	2002/3/28
600676	交运股份	0.3007	0.212	0.3011	/	5.541	5.496	0.6109	0.22	5.43	5.64	34885.57	33.28	5079.87	-0.15	3582.38	133115.03	93613.53	7340.00	16896.19	10派1元(含税)	40.94	2002/3/29
600677	航天中汇	0.0918	0.056	0.229	0.164	1.525	1.315	0.1567	0.305	6.02	15.12	159694.13	1.67	2994.78	-59.84	1830.37	187427.75	49746.15	17074.57	32617.24	10派1元(含税)	96.06	2002/4/20
600678	四川金顶	-0.343	-0.226	0.024	0.058	1.084	0.94	0.25	0.088	-31.65	1.66	42880.93	8.82	-7983.68	-1549.66	-5254.03	94028.57	25222.00	9600.00	23266.00	不分配	/	2002/4/9
600679	凤凰股份	0.0393	0.0346	0.0391	-0.0531	1.8663	1.7922	-0.0101	-0.2589	2.1077	2.1403	78156.10	13.28	1826.48	0.73	1605.79	192394.13	86656.71	2640.00	46432.28	10转增3	594.36	2002/3/30
600680	上海邮通	0.2	0.2	0.09	0.09	1.9	1.68	0.16	0.12	10.6	5.12	99012.27	78.23	6143.77	122.01	6155.88	170989.52	57953.07	2704.00	30492.53	10派0.70元(含税)	90.13	2002/2/9
600681	诚成文化	0.08	0.05	0.14	0.13	1.8	1.76	0.045	0.082	4.45	8.08	23718.17	0.61	1665.27	-42.37	976.43	82480.63	37401.76	10852.38	20806.80	10派0.2元(含税)	106.20	2002/3/22
600682	南京新百	0.27	0.23	0.29	0.24	3.58	3.56	0.195	0.67	7.55	8.26	144868.93	5.24	6224.05	-5.98	5305.79	165226.90	82460.60	15288.00	23020.82	10派1.5元(含税)	30.96	2002/3/20
600683	宁波华联	0.02	-0.02	0.03	/	1.19	1.16	0.02	0.04	1.7	2.31	66011.52	0.03	403.33	-24.45	-337.09	88822.09	23659.35	8989.04	19925.37	不分配	460.92	2002/4/19
600684	珠江实业	0.07	-0.01	-0.55	/	3.14	2.2	0.24	-0.21	2.3	-17.78	17003.71	64.59	1352.26	113.26	-278.76	105505.69	58686.62	10003.50	18703.94	不分配	128.08	2002/3/9
600685	广船国际	0.018	0.02	-1.5	/	1.25	1.24	0.6748	0.0483	1.45	-121.55	207660.32	-6.55	897.83	101.21	903.30	251026.25	61772.98	12647.95	49467.76	不分配	390.64	2002/4/22
600686	厦门汽车	0.293	0.35	0.236	/	2.046	2.008	0.72	0.53	13.97	12.147	118759.07	37.59	4438.75	24.30	5231.37	98833.49	31764.06	5760.00	15151.76	10派1.5元(含税)	39.56	2002/3/21
600687	新宇软件	0.19	0.21	0.4	0.4313	1.85	1.85	0.59	-0.54	10.17	13.91	20450.61	145.63	2066.00	-18.57	2266.42	39633.21	20307.41	4222.15	11000.00	不分配	71.24	2002/3/12
600688	上海石化	0.01	0.029	0.126	0.13	1.885	1.867	0.394	0.409	0.53	6.54	2019739.60	-5.08	7160.40	-92.08	20661.90	2477018.20	1357249.50	72000.00	720000.00	不分配	346.91	2002/4/2
600689	上海三毛	0.0065	0.0013	0.2768	-0.1284	2.4131	2.3549	0.0942	-0.2232	0.27	9.53	68070.35	2.52	131.63	-97.16	26.36	110804.57	48501.10	6854.40	20099.13	不分配	1759.05	2002/4/17
600690	青岛海尔	0.77	0.76	0.75	0.75	6.18	6.15	0.88	0.85	12.53	15.09	1144182.32	136.97	61783.86	45.69	60384.34	694240.50	493218.01	44989.71	79764.83	10派3元(含税)	19.06	2002/3/29
600691	东新电碳	0.03	-0.18	-0.152	/	1.2	0.541	-0.1976	-0.157	2.3	-15.16	6086.20	-3.07	214.85	118.34	-1293.15	23176.08	9302.32	3321.60	7727.45	不分配	468.29	2002/4/6
600692	亚通股份	0.126	0.0665	0.101	0.144	2.56	2.51	0.55	0.42	4.94	5.8	18678.94	10.01	1595.80	25.21	840.61	53817.01	32318.79	5292.00	12639.92	10派0.5元(含税)送1	117.23	2002/4/18
600693	东百集团	-0.45	-0.262	0.033	0.004	2.424	1.486	-0.076	0.277	-18.576	1.14	60350.76	3.06	-5943.68	-1473.71	-3454.95	67112.43	31996.53	7230.10	13200.87	不分配	/	2002/4/9
600694	大商股份	0.33	0.33	0.37	/	4.6	4.47	0.77	0.48	7.2	10.35	198052.28	45.86	8842.66	5.15	8936.65	250995.17	122763.45	15617.13	26701.69	10派2元(含税)	27.84	2002/3/27
600695	大江股份	-0.209	-0.25	0.014	/	1.208	1.178	0.05	0.13	-17.33	0.98	175721.85	8.44	-14156.28	-1601.19	-16968.85	201478.21	81695.33	2574.00	67630.57	不分配	/	2002/4/25
600696	利嘉股份	0.097	0.1488	-0.056	/	1.35	1.34	0.12	-0.1645	7.23	-4.58	15519.38	151.78	2550.10	273.65	3886.98	80120.07	35278.42	8965.21	26197.35	不分配	96.36	2002/4/6
600697	欧亚集团	0.323	0.324	0.323	0.292	3.44	3.39	0.632	0.376	9.39	9.72	61388.96	1.51	3965.95	0.16	3981.20	71953.53	42229.83	6491.23	12273.72	10派2元(含税)	33.49	2002/2/28
600698	ST轻骑	-0.72	-0.21	-0.28	-0.27	1.84	1.84	-0.14	-0.33	-39.08	-10.03	64341.03	20.46	-69978.27	-72.67	-20071.13	346462.82	179062.42	30671.00	97181.74	不分配	/	2002/4/26
600699	辽源得亨	0.108	0.109	0.237	0.236	2.32	2.19	0.003	0.75	4.64	13.67	18352.82	-18.83	1910.02	-49.18	1928.75	85479.94	41123.83	8998.70	17693.01	10派0.162元(含税)送0.162股	78.37	2002/3/21
600700	数码测绘	0.018	0.0199	0.4	0.44	1.27	1.11	0.13	-0.33	1.44	15.81	51794.02	-0.88	533.82	-90.75	577.73	110095.56	37032.97	15569.13	29089.80	不分配	478.46	2002/4/30
600701	工大高新	0.118	0.12	0.174	0.176	2.48	2.45	0.149	0.23	4.76	7.37	63906.16	14.37	3822.89	-32.13	3893.50	152997.28	80270.61	17469.10	32409.10	不分配	73.84	2002/4/5
600702	沱牌曲酒	0.09	0.09	0.3	/	4.72	4.72	0.15	0.32	1.94	6.56	85828.14	-8.78	3085.64	-69.89	3041.51	200637.45	159368.32	14861.86	33730.00	不分配	90.40	2002/3/29
600703	天颐科技	0.11	0.12	-0.205	/	1.32	1.32	-0.29	0.81	8.32	-24.13	42172.94	487.80	1312.44	153.64	1382.27	42883.04	15775.58	5861.55	11951.65	不分配	97.17	2002/3/23
600704	中大股份	0.25	0.28	0.25	0.22	3.76	3.51	0.67	-0.1	6.75	6.98	264416.91	-59.44	7309.73	0.40	8079.89	270721.98	108318.14	12838.21	28826.90	10派1元(含税)	37.70	2002/4/20
600705	北亚集团	0.115	0.123	0.174	/	2.611	2.545	0.08	0.165	4.42	11.05	52802.30	68.32	7539.04	-13.72	8010.80	241418.43	170519.30	34307.51	65313.74	10派0.35元(含税)	70.87	2002/3/13
600706	长安信息	0.23	0.23	0.079	0.079	1.59	1.45	0.19	0.6	14.36	5.8	59666.09	58.22	1990.87	188.97	1990.87	81909.55	13862.04	3750.00	8733.34	不分配	82.38	2002/3/8
600707	彩虹股份	0.2	0.13	0.273	0.28	3.71	3.71	0.26	0.122	5.4	7.43	242251.15	27.12	8441.90	-26.68	5510.95	262695.10	156199.42	14364.48	42114.88	10派1.69元(含税)	41.06	2002/4/18
600708	东海股份	0.1269	-0.0248	0.0232	0.0184	1.538	1.3692	0.2844	0.1236	8.25	2.16	19936.79	15.42	3018.98	446.73	-590.19	124163.47	36601.25	8659.20	23793.48	不分配	88.82	2002/3/29
600709	ST生态	-0.1801	/	-0.0239	/	-0.1048	-0.411	-0.3285	0.0005	/	-8.26	5568.37	46.17	-8034.96	-651.87	-8034.96	151867.62	-4677.54	19975.04	44603.92	不分配	/	2002/4/30
600710	常林股份	0.062	0.022	0.06	0.026	2.75	2.69	0.3	0.15	2.27	2.2	52811.70	31.06	1030.23	4.15	366.34	86016.38	45429.44	7440.00	16500.00	10派0.35元(含税)	199.72	2002/3/12
600711	雄震集团	0.28	0.27	0.009	-0.077	1.285	1.275	0.359	0.077	21.4	0.92	6613.24	104.11	1660.05	2721.64	1648.79	19501.23	7759.21	1512.00	6036.00	10派0.5元(含税)	70.87	2002/2/28
600712	南宁百货	0.18	0.19	0.15	0.09	2.93	2.5	0.76	0.34	6.24	5.29	55945.91	19.57	1652.21	23.08	1703.38	61275.97	26461.14	3954.00	9042.00	10派0.6元(含税)	79.08	2002/4/16
600713	南京医药	0.19	0.094	0.203	0.196	2.24	2.22	-0.02	0.45	8.49	9.42	142864.44	7.48	3689.78	-6.51	1820.23	116996.86	43443.41	8309.74	19426.07	10派1元(含税)	67.34	2002/3/29

代码	简称	每股收益(元)				每股净资产(元)		每股经营现金流量(元)		净资产收益率(%)		主营收入(万元)		净利润(万元)			总资产(万元)	股东权益(万元)	最新流通A股(万股)	最新总股本(万股)	分配方案	最新市盈率(倍)	年报刊登日期
		2001年	扣除后	2000年	扣除后	2001年	调整后	2001年	2000年	2001年	2000年	2001年	同比(%)	2001年	同比(%)	扣除后							
600714	山川股份	0.2086	0.2025	0.1931	0.1939	2.0167	/	-0.015	-0.062	10.34	10.51	15306.75	-2.46	2249.08	8.03	2183.14	34679.54	21742.26	2875.00	10781.25	不分配	71.81	2002/3/12
600715	ST松辽	-0.28	-0.26	0.05	0.05	0.86	0.82	0.37	0.04	-32.52	2.89	/	-100.00	-6271.02	-1016.94	-5888.88	59877.49	19280.65	10137.60	22425.60	不分配	/	2002/4/20
600716	耀华玻璃	0.1	0.099	0.09	/	1.59	1.51	0.245	0.158	6.28	5.72	42534.33	36.08	3247.07	11.29	3195.63	92381.75	51669.92	8100.00	32400.00	10派0.8元(含税)	74.94	2002/3/6
600717	天津港	0.41	0.4	0.52	0.51	2.42	2.4	0.72	0.91	16.93	12.93	100067.47	53.79	26984.10	40.72	26633.24	281301.14	159364.79	21522.14	65985.38	10派0.8元(含税)	24.50	2002/3/28
600718	东软股份	0.48	0.5	0.46	0.58	4.24	4.12	0.26	0.23	11.34	11.47	175864.78	61.47	13513.42	5.09	14103.25	245747.12	119201.67	11325.83	28145.17	10派2元(含税)	37.47	2002/3/19
600719	大连热电	0.27	0.26	0.27	0.3	3.31	3.28	0.09	1.38	8.2	8.68	37198.02	16.08	5492.38	0.35	5318.33	150249.81	66997.51	7605.00	20229.98	10派0.8元(含税)	40.88	2002/3/28
600720	祁连山	0.15	0.12	0.253	0.23	1.58	1.51	0.18	0.11	9.5	10.43	26683.48	-2.72	5206.45	-5.15	3981.91	97290.61	54795.11	16316.03	34695.43	10派0.5元(含税)	44.52	2002/2/6
600721	PT百花村	0.05	-0.06	-0.99	/	1.26	1.19	0.34	-0.0349	3.94	-82	3908.02	-57.61	470.36	105.03	-496.98	31318.66	11950.52	4650.00	9480.08	不分配	211.63	2002/3/22
600722	沧州化工	0.047	0.045	0.238	0.241	2.31	2.31	0.167	0.322	2.05	10.51	131873.94	-2.87	1988.38	-80.13	1969.28	290581.31	97234.88	11500.00	42142.00	不分配	181.21	2002/4/18
600723	西单商场	0.14	0.11	0.14	/	3.1	3.05	0.25	0.25	4.44	5.61	157571.13	-4.30	5648.30	11.77	4406.75	176567.50	127210.45	18591.94	40971.80	10派1元(含税)	55.71	2002/4/3
600724	宁波富达	0.2	0.2	0.2	0.2	1.46	1.41	0.04	0.13	13.4	14.35	68432.05	45.98	7108.09	75.31	7133.83	97101.93	53063.69	15747.58	36436.89	不分配	56.95	2002/2/28
600725	云维股份	0.415	0.409	0.196	0.195	3.349	3.274	0.39	0.36	12.397	6.294	25587.90	66.13	4567.01	111.50	4461.71	49878.89	36840.17	3748.48	11000.00	10派2元(含税)(*)	32.32	2002/2/6
600726	龙电股份	0.25	0.25	0.33	0.31	2.58	2.58	0.53	0.27	9.75	8.33	118804.65	47.13	28164.41	23.41	28170.24	349530.99	288778.63	16800.00	112126.50	10派1.2元(含税)	30.18	2002/3/6
600727	鲁北化工	0.35	0.35	0.51	0.51	5.68	5.68	0.52	1.03	6.15	9.6	64205.92	-23.36	13248.12	-31.51	13248.12	321821.24	215453.00	15210.00	37930.00	不分配	32.38	2002/3/27
600728	新太科技	0.135	0.154	0.255	/	3.914	3.911	0.234	0.011	3.445	6.659	58110.03	-19.88	2807.10	-47.11	3196.62	106643.77	81479.76	8112.00	20818.02	10派0.5元(含税)	95.67	2002/4/13
600729	重庆百货	0.29	0.26	0.28	/	2.08	1.82	0.37	0.54	13.73	11.26	235829.30	15.82	5824.42	0.26	5400.83	123591.63	42433.97	5100.00	20400.00	10派1.30元(含税)	51.63	2002/2/26
600730	中国高科	0.26	0.19	0.17	/	2.12	2.08	0.58	2.63	12.24	9.05	150575.91	73.95	4528.95	54.07	3334.22	135553.95	37014.90	5460.00	17460.00	不分配	52.89	2002/2/5
600731	湖南海利	0.094	0.088	0.118	/	1.85	1.81	0.009	0.03	5.09	6.63	30038.64	-9.26	2204.05	-20.03	2067.68	91733.23	43308.63	7464.31	23392.12	10派0.2元(含税)	91.70	2002/3/20
600732	上海港机	-0.24	-0.2654	0.081	0.045	1.3755	1.3711	0.4802	-0.4132	-17.46	4.95	70940.46	43.30	-5955.97	-395.66	-6582.89	112349.39	34110.15	8294.00	24799.06	不分配	/	2002/4/16
600733	前锋股份	0.024	-0.0082	0.1113	/	1.3262	1.3225	0.0653	0.2445	1.8124	8.5774	7159.63	-47.71	474.90	-78.40	-162.16	52064.10	26203.60	7560.00	19758.60	不分配	544.62	2002/3/16
600734	实达电脑	0.1459	0.0992	-0.7401	-0.7455	1.6453	1.6171	-0.0938	-0.1882	8.8687	-49.7055	289686.35	-9.52	5129.89	119.72	3486.82	168212.55	57842.87	13273.21	35155.84	不分配	69.49	2002/3/5
600735	兰陵陈香	0.078	0.058	0.154	0.145	1.955	1.936	0.15	-0.361	4	6.3	18407.40	-18.15	1206.80	-34.35	910.15	45691.88	30265.17	8346.15	15481.29	不分配	201.28	2002/4/9
600736	苏州高新	0.185	0.172	0.26	0.25	3	2.99	0.54	-0.07	6.17	11.25	57361.13	24.50	8485.86	-21.49	7848.93	227024.10	137417.17	15093.00	45747.00	10派1元(含税)	52.02	2002/4/10
600737	新疆屯河	0.13	0.04	0.24	0.22	2.31	2.3	-0.51	0.12	5.73	10.98	76726.15	68.97	5066.58	-44.84	1558.75	429768.50	88446.01	19346.91	38362.11	10派0.25元(含税)送1转增4	182.32	2002/4/20
600738	兰州民百	-0.169	-0.17	0.383	-0.04	1.33	1.31	-0.016	0.57	-12.75	12.4	64968.09	-0.03	-3969.94	-188.47	-3985.85	108807.77	31137.33	13125.60	23439.71	不分配	/	2002/4/24
600739	辽宁成大	0.46	0.43	0.69	0.67	3.24	3.07	-0.23	-0.03	14.2	24.6	148669.76	21.38	11390.36	-33.79	10924.64	139413.00	80209.27	9781.20	24757.20	10派0.5元(含税)	28.54	2002/3/14
600740	山西焦化	0.331	0.3314	0.2352	0.2453	3.354	3.136	0.012	0.93	9.87	7.53	62378.22	91.55	6713.98	40.71	6722.27	174018.00	68044.07	8450.00	20285.00	10派1元(含税)	32.90	2002/4/9
600741	巴士股份	0.33	0.36	0.29	0.3	2.76	2.55	1.02	0.9	12.04	11.42	235146.56	7.80	17200.66	15.11	18584.78	437434.94	142912.80	24000.00	51865.40	10派1元(含税)送0.5转增3.5	27.35	2002/3/14
600742	一汽四环	0.674	0.77	0.5	0.52	4.95	4.7	0.8	0.35	13.62	11.06	213773.85	155.39	14256.49	34.26	16320.09	136134.14	104680.89	10319.40	21152.34	10派2.5元(含税)	19.08	2002/3/19
600743	ST幸福	-0.077	-0.027	-1.059	/	0.3274	0.3268	0.0668	0.009	-23.58	-267.72	28740.87	-2.76	-2415.09	92.71	-833.35	25286.69	10240.18	7820.00	31280.00	不分配	/	2002/4/22
600744	华银电力	0.1596	0.1607	0.2751	0.2529	4.081	4.065	0.256	0.47	3.91	6.84	106998.88	0.21	11356.36	793.68	11434.62	509339.58	290438.74	28828.80	71164.80	10派1元(含税)	46.62	2002/4/8
600745	ST康赛	0.06	0.05	-0.6	-0.3	1.06	0.73	-0.05	-0.05	5.71	123.58	3182.62	-59.55	736.54	110.12	631.74	33327.29	12891.45	4675.94	12174.49	不分配	243.64	2002/4/30
600746	江苏索普	0.0784	0.02	0.2166	/	1.202	1.173	0.3346	0.3229	6.52	10.71	25395.39	2.43	2401.93	-34.87	652.42	57823.15	36839.19	8802.68	30642.15	不分配	117.24	2002/3/12
600747	大显股份	0.308	0.329	0.374	0.459	3.876	3.82	0.758	0.444	7.94	12.36	74510.84	12.70	10069.32	8.48	10778.09	190612.46	126820.74	15095.47	32718.58	10派0.5元(含税)送2转增3	36.85	2002/3/26
600748	浦东不锈	0.013	0.005	-0.0015	-0.014	1.79	1.76	0.164	-0.016	0.75	-0.08	31554.72	-38.89	792.90	1005.03	288.86	117073.22	105164.14	15697.00	58754.16	不分配	943.29	2002/1/29
600749	西藏圣地	-0.3355	-0.0071	0.08	/	1.04	1.03	0.18	0.008	-32.16	5.55	3073.37	-19.51	-2683.77	-538.50	-56.55	19378.82	8346.31	2400.00	8000.00	不分配	/	2002/4/6
600750	江中药业	0.28	0.31	0.004	/	3.58	3.55	0.28	0.83	7.68	0.11	35496.59	-3.63	4024.38	7144.13	4536.79	63927.19	52355.99	6240.00	14611.20	10派1元(含税)	51.56	2002/2/28
600751	天津海运	0.05	0.05	0.18	0.18	2.32	2.17	0.08	-0.1	2.18	10.06	85564.46	1.05	2477.48	-70.29	2480.98	200110.15	114117.83	10368.93	49264.88	不分配	167.03	2002/4/30
600752	哈慈股份	0.1	0.11	0.16	/	2.9	2.85	0.36	0.11	3.53	7.12	25400.58	-35.78	3467.87	-26.62	3876.38	139452.09	98149.20	16088.86	33846.41	不分配	75.15	2002/4/11

代码	简称	每股收益(元)				每股净资产(元)		每股经营现金流量(元)		净资产收益率(%)		主营收入(万元)		净利润(万元)			总资产(万元)	股东权益(万元)	最新流通A股(万股)	最新总股本(万股)	分配方案	最新市盈率(倍)	年报刊登日期
		2001年	扣除后	2000年	扣除后	2001年	调整后	2001年	2000年	2001年	2000年	2001年	同比(%)	2001年	同比(%)	扣除后							
600753	ST冰熊	0.04	0.04	-0.38	/	0.82	0.77	-0.06	0.08	5.14	-57.55	10015.85	-3.13	539.08	111.00	535.22	42683.01	10484.48	3200.00	12800.00	不分配	252.40	2002/3/2
600754	新亚股份	0.09	0.043	0.209	0.003	2.85	2.65	0.076	0.86	3.15	9.6	68264.88	-1.97	5412.07	-53.28	2584.95	228740.43	172017.24	9836.00	60324.07	10派1元(含税)	117.04	2002/4/20
600755	厦门国贸	0.13	0.05	0.04	/	3.45	3.43	0.43	0.52	3.79	1.21	201861.97	-11.25	2589.00	224.69	1005.81	166362.04	68331.18	12700.00	19812.00	不分配	84.86	2002/3/29
600756	浪潮软件	0.32	0.28	0.14	0.15	1.66	1.64	0.7	0.13	19.13	6.85	33215.98	481.33	5231.94	233.06	4623.50	34706.63	27353.51	6870.24	16522.08	10派0.5元(含税)	50.65	2002/4/23
600757	华源发展	0.12	0.09	0.29	/	2.57	2.48	-0.34	0.65	4.59	7.65	179321.71	-0.97	5557.23	-38.46	4164.78	329835.81	121155.40	14040.00	47214.42	10派0.5元(含税)	77.74	2002/4/16
600758	金帝建设	-0.21	-0.23	0.02	/	1.94	1.54	-0.148	0.202	-10.89	1.057	63614.37	7.26	-3369.60	-1025.84	-3647.06	111167.18	30942.84	6159.52	15975.52	不分配	/	2002/4/12
600759	PT琼华侨	0.0055	-0.061	-0.3498	-0.3343	-1.726	-1.787	0.065	-0.0149	/	/	57.26	31.91	114.44	101.57	-1272.55	5850.98	-35994.12	6916.00	20855.20	不分配	929.41	2002/4/30
600760	山东黑豹	-0.19	-0.19	0.076	/	2.74	2.64	0.04	0.02	-6.96	2.6	28270.22	-3.50	-5198.78	-349.92	-5186.39	95899.60	74171.13	13158.60	27300.00	不分配	/	2002/4/3
600761	安徽合力	0.3	0.29	0.27	0.26	3.27	3.25	0.31	0.49	9.17	8.52	52855.87	8.96	6144.57	11.04	6002.72	100849.95	67003.18	9422.03	20463.63	10派2元(含税)	32.27	2002/3/18
600762	金荔科技	0.31	0.19	0.14	0.14	2.17	2.17	0.09	0.98	14.21	7.56	11506.22	-41.24	3270.97	253.02	1999.82	56458.10	23025.01	4326.40	10566.40	不分配	44.19	2002/2/7
600763	ST中燕	-0.95	-0.92	-0.17	/	0.26	0.2	-0.01	-0.04	-365.81	-14.13	/	-100.00	-15169.62	-455.63	-14758.62	4896.32	4146.82	4032.00	16032.00	不分配	/	2002/4/18
600764	三星石化	0.173	0.175	0.295	0.292	2.299	2.276	0.25	0.34	7.55	12.99	50872.73	-14.56	3180.68	-41.12	3203.89	49974.70	42122.40	5898.56	18318.17	10派0.75元(含税)	85.35	2002/2/1
600765	力源液压	0.01	0.019	0.003	0.005	1.377	1.36	0.125	0.066	0.75	0.207	5164.13	17.51	114.60	267.19	207.08	21316.88	15286.37	3448.21	11103.20	不分配	1163.56	2002/3/15
600766	烟台发展	-0.4405	-0.1733	0.1284	0.1202	1.5221	1.4225	-0.5257	-0.0151	-28.9382	9.3995	21827.22	-29.30	-7539.04	-467.07	-2990.83	84680.27	26052.25	6021.32	17116.55	不分配	/	2002/4/18
600767	运盛实业	0.02	0.0085	0.01	0.01	1.78	1.78	-0.07	-0.01	0.85	0.52	31659.14	26.37	513.42	65.38	290.06	151148.34	60564.59	9674.46	34101.02	不分配	751.87	2002/4/11
600768	ST甬华通	0.003	-0.011	-0.32	-0.31	0.85	0.82	0.09	0.04	0.36	-37.95	20816.15	55.15	28.24	100.95	-105.78	26412.51	7871.66	2678.40	9288.00	不分配	4288.63	2002/4/10
600769	祥龙电业	-0.14	-0.13	0.0564	/	2.45	2.43	0.0147	-0.06	-5.75	2.17	43677.43	-12.55	-4922.62	-350.25	-4635.68	112889.24	85630.76	8736.00	34881.60	不分配	/	2002/4/18
600770	综艺股份	0.155	0.085	0.31	0.107	2.179	2.122	-0.198	0.08	7.09	15.19	29712.51	-20.49	4172.91	-50.13	2300.35	102931.54	58844.99	9900.00	27000.00	10派0.5元(含税)	81.72	2002/4/2
600771	东盛科技	0.22	0.31	0.284	0.291	1.78	1.75	0.11	0.062	12.24	18.19	44567.25	43.29	4076.67	-23.31	5784.18	100587.90	33296.89	4950.00	18688.70	不分配	58.91	2002/4/16
600772	石油龙昌	0.0414	0.041	0.183	0.192	2.71	2.666	0.49	0.66	1.52	9	21051.93	-40.75	991.83	-76.09	983.27	148546.06	65084.91	7581.60	23961.60	不分配	278.80	2002/4/16
600773	西藏金珠	0.21	0.1	0.21	/	2.89	2.73	-0.62	0.16	7.34	6.6	18113.11	62.67	2483.65	19.51	1222.30	52211.65	33832.96	4502.16	11709.74	10转增1	70.39	2002/3/11
600774	汉商集团	0.031	0.051	0.256	0.248	4.73	4.7	-0.23	0.58	0.66	6.14	54877.64	-11.87	292.98	-86.78	485.36	156061.78	44640.00	3461.12	9446.72	10派0.125元(含税)送0.5	493.32	2002/3/23
600775	南京熊猫	0.27	0.21	0.18	/	1.43	1.38	-0.08	-0.19	19.11	15.19	86156.03	47.46	17941.94	55.54	14051.40	206972.92	93907.71	5800.00	65501.50	不分配	50.49	2002/3/20
600776	东方通信	0.33	0.285	0.6	/	5.816	5.777	1.698	1.37	5.68	10.62	839861.26	8.88	20734.37	-45.24	17918.86	772134.56	365228.47	11800.00	62800.00	10派2元(含税)	46.19	2002/4/13
600777	新潮实业	0.35	0.35	0.22	/	3.46	3.44	0.44	0.39	10.16	6.64	66404.19	13.50	7192.72	59.12	7166.19	111529.61	70797.53	5037.09	20486.95	10派2元(含税)	32.19	2002/2/28
600778	友好集团	0.1062	0.082	0.12	0.12	2.41	2.27	0.16	0.23	4.4	6.45	106883.42	8.74	3308.39	13.12	2554.68	191603.97	75204.04	17131.29	31149.14	10派0.8元(含税)	84.45	2002/4/10
600779	全兴股份	0.39	0.33	0.43	0.35	2.73	2.7	0.26	0.34	14.23	26.22	114435.50	-10.64	17278.48	-1.90	14612.99	247552.06	121441.08	17392.08	44413.25	10派0.5元(含税)送1	23.62	2002/3/19
600780	通宝能源	0.27	0.28	0.28	0.22	2.44	2.44	0.66	0.62	11.16	12	26571.87	10.41	5880.45	-1.05	6132.97	69094.38	52694.78	9356.72	21569.46	10派1.25元(含税)	31.29	2002/2/8
600781	民丰实业	-0.396	-0.318	0.002	-0.081	1.1	1.06	-0.01	0.28	-36.08	0.11	21070.59	-28.56	-7038.65	-2509.69	-5653.39	54509.62	19507.70	5062.50	17759.29	不分配	/	2002/4/23
600782	新华股份	0.1368	0.0978	0.2227	0.1952	1.3789	1.3531	0.1694	-0.0684	9.92	10.29	29287.34	15.13	2644.09	-1.66	1889.78	40085.87	26643.59	5616.00	19322.04	10派1.1元(含税)	101.43	2002/3/20
600783	四砂股份	0.0065	-0.0737	-0.1627	/	1.51	1.36	0.0386	0.08	0.43	-10.81	13275.84	-23.47	131.30	103.99	-1491.17	54422.69	30471.81	6489.60	20227.89	不分配	1633.01	2002/3/19
600784	鲁银投资	0.0168	-0.0408	0.1783	0.1805	2.2908	2.2753	0.12	-0.1994	0.73	7.84	8922.03	-10.49	378.34	-90.60	-920.39	140023.90	51710.66	17182.80	22573.35	10转增1	578.75	2002/4/30
600785	新华百货	0.35	0.344	0.395	0.363	4.422	4.411	0.56	0.051	7.85	12.62	61823.37	22.09	3571.49	14.95	3541.83	73150.14	45498.20	6464.25	10289.25	10派1元(含税)	37.11	2002/2/27
600786	ST东锅	-0.8548	-1.0102	-0.5874	/	0.7145	0.0567	0.5394	0.1978	-119.6315	-37.6152	48953.72	34.78	-18059.64	-45.52	-21341.57	130081.67	15096.06	5400.00	21127.12	不分配	/	2002/4/16
600787	中储股份	0.108	0.059	0.147	0.147	2.396	2.345	0.029	0.318	4.52	6.225	69963.03	57.61	3363.37	-26.32	1828.53	116776.91	74362.99	12616.38	31033.77	10派0.65元(含税)	80.37	2002/3/20
600788	达尔曼	0.19	0.15	0.348	0.361	4.67	4.47	-0.37	0.23	4.05	9.02	19124.70	-37.88	5421.65	-39.81	4366.44	215312.88	133911.05	10471.50	28663.94	不分配	52.61	2002/4/20
600789	鲁抗医药	0.19	0.16	0.16	/	3.18	3.17	0.74	0.061	6.07	5.07	77113.74	9.95	7046.02	24.03	5696.70	240501.16	116173.55	15809.79	36475.42	10派0.8元(含税)	41.05	2002/3/19
600790	轻纺城	-0.126	-0.158	0.344	0.316	2.59	2.49	0.546	0.282	-4.86	7.89	104070.97	5.69	-4676.41	-158.49	-5859.55	270856.82	96234.74	25223.33	37186.07	不分配	/	2002/4/10
600791	天创置业	0.088	0.034	-0.46	/	1.23	1.22	0.23	-0.09	7.13	-40.62	30540.94	426.86	868.13	118.89	337.92	58281.12	12180.78	3300.00	9900.00	不分配	195.35	2002/3/21

代码	简称	每股收益(元)				每股净资产(元)		每股经营现金流量(元)		净资产收益率(%)		主营收入(万元)		净利润(万元)			总资产(万元)	股东权益(万元)	最新流通A股(万股)	最新总股本(万股)	分配方案	最新市盈率(倍)	年报刊登日期
		2001年	扣除后	2000年	扣除后	2001年	调整后	2001年	2000年	2001年	2000年	2001年	同比(%)	2001年	同比(%)	扣除后							
600792	ST马龙	-0.5	-0.33	-0.27	-0.27	1.39	1.38	0.24	-0.94	-36.36	-14.17	8063.83	35.38	-2575.28	-72.44	-1701.71	15459.49	7073.06	1500.00	5100.00	不分配	/	2002/4/16
600793	宜宾纸业	0.121	0.142	0.112	/	1.702	1.656	-0.11	0.52	7.08	7.73	46000.72	11.44	1269.02	7.66	1492.84	89683.54	17924.58	3354.00	10530.00	不分配	115.09	2002/3/29
600794	保税科技	0.124	0.105	0.157	0.143	2.65	2.58	0.61	0.022	4.67	11.48	13510.80	-16.54	1475.35	-12.87	1397.26	57586.20	31605.87	5011.97	11923.97	不分配	100.22	2002/3/22
600795	国电电力	0.67	0.645	0.615	0.608	5.188	5.163	1.265	0.768	12.908	6.913	293400.87	108.49	55234.46	95.97	53206.57	888258.60	427766.13	20702.82	82487.81	10派2.5元(含税)(*)	24.37	2002/1/25
600796	钱江生化	0.247	0.215	0.337	0.299	2.347	2.339	0.293	0.395	10.52	14.64	20024.45	0.83	2631.63	-26.65	2284.79	43994.24	25004.06	3249.00	10651.40	10派2元(含税)	59.38	2002/3/8
600797	浙大网新	0.25	0.18	0.25	-0.06	2.78	2.76	0.66	0.52	8.9	11.13	111430.46	96.37	8441.56	41.16	6111.16	226082.80	94886.93	16616.56	34161.49	10派0.8元(含税)	57.38	2002/4/19
600798	宁波海运	0.172	0.167	0.161	0.127	1.462	1.462	0.133	0.196	11.74	11.35	26545.83	1.26	8785.17	6.80	8542.09	92716.19	74850.89	14145.00	51187.50	10派1.25元(含税)	46.96	2002/3/29
600799	科利华	0.057	0.071	0.222	0.307	1.701	1.524	-0.22	0.16	3.13	15.573	18892.47	-45.05	2240.52	-74.07	2770.05	146991.51	66246.24	17850.00	38984.40	不分配	178.17	2002/4/30
600800	天津磁卡	0.153	0.116	0.121	/	1.88	1.87	0.387	-0.944	8.13	4.7	61587.25	63.26	8435.83	88.92	6390.73	309883.12	103765.71	26173.91	55165.92	不分配	55.78	2002/3/6
600801	华新水泥	0.07	0.06	0.05	0.047	2.2	2.12	0.36	0.42	3.13	2.32	69188.36	16.36	2261.92	36.89	1925.91	206311.52	72239.18	4800.00	32840.00	10派0.35元(含税)	152.59	2002/3/18
600802	福建水泥	0.007	0.003	-0.336	-0.337	2.481	2.216	0.296	-0.215	0.3	-13.606	58264.85	7.48	210.42	102.21	95.23	159187.07	70156.40	13429.94	28281.70	不分配	942.20	2002/4/9
600803	威远生化	0.12	0.06	0.17	0.12	2.58	2.55	-0.15	-0.22	4.47	6.55	26400.19	11.48	1365.82	-31.89	759.71	75460.26	30531.74	6609.60	11822.17	10派1.2元(含税)	99.54	2002/3/26
600804	工益股份	0.011	-0.002	-0.27	-0.27	1.635	1.514	0.13	0.123	0.69	-16.36	29419.69	25.63	132.52	104.21	-0.02	34130.86	19067.75	7195.68	11661.12	不分配	979.39	2002/3/20
600805	悦达投资	0.037	-0.05	0.244	/	3.12	3.1	0.82	0.92	1.2	7.91	126719.65	22.19	2035.58	-84.69	-2879.29	537727.04	170157.45	30949.05	54544.52	不分配	158.36	2002/3/30
600806	交大科技	0.008	/	0.015	/	2.04	2.03	-0.06	0.05	0.41	0.7	10249.40	12.54	205.11	-42.65	91.20	77444.16	49903.46	6000.00	24500.74	不分配	1401.15	2002/4/10
600807	济南百货	-0.853	-0.853	0.0015	0.0015	1.275	1.137	-0.0776	-0.365	-66.91	0.0692	4182.21	-73.81	-9208.90	-58076.04	-9208.90	40781.53	13764.06	6435.00	10792.70	不分配	/	2002/3/22
600808	马钢股份	0.032	0.032	0.027	/	1.82	1.82	0.1795	0.2273	1.77	1.48	954792.87	16.64	20839.65	18.39	20345.40	1672301.29	1040347.62	60000.00	645530.00	10派0.2元(含税)	98.81	2002/4/16
600809	山西汾酒	0.07	0.06	0.025	0.0176	1.8028	1.6925	0.21	-0.01	3.56	1.4	43347.23	16.38	2870.73	164.49	2512.70	110392.74	78046.99	7668.41	43292.41	10派0.6元(含税)	131.20	2002/4/9
600810	神马实业	0.061	0.014	0.158	/	6.031	5.965	0.065	0.108	1.006	2.41	115743.09	11.24	3437.54	-57.83	802.11	407573.79	341549.89	14157.00	56628.00	10派0.5元(含税)	133.27	2002/4/16
600811	东方集团	0.284	0.25	0.312	/	4.48	4.36	0.54	0.64	6.34	6.72	173482.98	77.58	16319.40	0.20	14129.43	706009.58	257405.79	40179.69	57408.68	10派0.25元(含税)送1	26.88	2002/4/27
600812	华北制药	0.12	0.11	0.08	/	2.09	1.98	0.3141	0.1493	5.73	4.08	283730.56	20.28	13978.62	44.62	12301.40	733508.97	243990.66	46926.86	116939.42	10派0.5元(含税)	44.76	2002/3/29
600813	ST鞍一工	-2.96	-2.96	-0.49	-0.49	-3.13	-3.13	-0.07	-0.02	/	/	7904.10	-39.53	-76423.10	-499.88	-76380.05	64882.77	-80849.79	9960.00	25800.00	不分配	/	2002/4/27
600814	杭州解百	-0.0253	-0.017	0.131	/	1.63	1.47	0.178	0.294	-1.55	7.92	99009.53	15.28	-599.49	-119.28	-408.25	79551.56	38644.49	10139.76	23737.76	不分配	/	2002/4/26
600815	厦工股份	0.1	0.09	0.04	0.03	2.69	2.57	-0.09	0.19	3.67	1.41	106239.43	48.21	2950.55	170.97	2646.66	130764.91	78976.67	7980.00	29960.91	10派0.5元(含税)转增5	146.22	2002/4/10
600816	鞍山信托	-0.44	-0.54	0.264	/	1.27	0.55	0.299	0.784	-34.88	11.87	13582.49	-50.89	-20128.99	-318.23	-24652.64	272229.01	57711.67	26667.47	45410.98	不分配	/	2002/4/19
600817	宏盛科技	0.01	0.005	0.28	0.28	1.23	1.21	-0.55	-0.56	1.06	25.19	79530.76	17.19	107.89	-95.35	43.89	60343.93	10162.23	1124.20	8251.80	不分配	1630.63	2002/4/16
600818	PT永久	0.03	-0.1	-0.82	/	0.24	0.24	-0.18	0.05	14.02	/	37007.61	22.48	883.73	104.01	-2621.18	49664.79	6301.34	1495.00	26565.94	不分配	425.07	2002/4/27
600819	耀皮玻璃	0.333	0.331	0.317	0.322	3.41	3.22	0.45	0.53	9.76	9.61	104491.67	20.54	16238.19	5.02	16122.60	212848.83	166384.86	3125.00	48750.00	10派2.2元(含税)	40.20	2002/3/23
600820	隧道股份	0.1803	0.2465	0.2425	0.3002	2.9275	2.7487	0.4306	-0.4131	6.159	8.04	397342.58	43.89	9689.02	6.25	13245.98	598537.72	157322.80	24224.86	53738.98	10派0.5元(含税)转增1	60.40	2002/4/6
600821	津劝业	0.02	0.02	0.11	0.1	2.29	1.97	0.26	0.03	0.78	4.65	153995.19	-13.15	521.68	-83.12	469.11	139179.16	66869.74	14558.50	29252.10	不分配	396.44	2002/4/12
600822	物贸中心	0.109	0.0911	-0.0902	-0.067	1.185	1.085	0.0958	-0.044	9.184	-8.2297	318431.68	151.46	2751.14	220.64	2301.03	69562.21	29955.95	1331.00	25272.03	10派0.2元(含税)	176.74	2002/4/11
600823	世茂股份	0.1821	0.0014	-0.3603	-0.0247	1.98	1.91	0.1405	0.2687	9.18	-19.23	5092.76	-48.83	4305.12	150.53	33.94	82705.52	46896.35	11315.90	23644.48	10派0.73元(含税)	74.36	2002/3/18
600824	益民百货	0.253	0.274	0.262	/	3.4	3.36	0.024	0.458	7.42	9.26	73183.51	21.57	4889.99	9.94	5300.66	105120.53	65891.77	8986.55	19364.91	10派1.5元(含税)	44.12	2002/3/2
600825	华联超市	0.325	0.332	0.2	0.24	1.584	1.012	-0.403	1.53	20.49	10.21	324788.24	124.84	5007.00	147.22	5129.02	113639.61	24433.95	3856.90	15427.52	10派0.3元(含税)	44.37	2002/3/12
600826	兰生股份	0.14	0.07	0.21	0.18	2.81	2.58	0.32	0.92	5.02	7.54	171891.27	0.18	3960.73	-32.50	1934.82	134481.60	78902.53	9514.00	28042.82	10派1元(含税)	72.86	2002/4/6
600827	友谊股份	0.287	0.228	0.17	0.143	2.312	1.147	0.4	0.994	12.404	8.402	577309.52	133.89	7005.28	68.44	5580.96	345744.27	56477.15	3356.41	24429.30	10送1转增1	60.12	2002/4/4
600828	成商集团	0.12	0.11	0.14	0.12	2.58	2.52	0.24	0.14	4.68	5.51	141307.34	-1.84	2039.92	-13.03	1895.57	96394.26	43610.06	4257.00	16929.00	10转增2	100.91	2002/3/21
600829	天鹅股份	0.3345	0.1791	0.4656	0.1973	3.79	3.68	0.11	0.47	8.82	13.54	52111.80	0.80	4420.83	-28.17	2367.60	96069.57	50110.87	3327.50	13216.83	10派0.2元(含税)转增3	55.70	2002/4/12
600830	甬城隍庙	0.11	0.032	0.149	-0.032	2.733	2.639	-0.27	0.104	4.031	7.068	72301.41	63.34	1929.68	-17.91	558.33	81285.65	47871.93	10262.88	17514.68	10派1元(含税)	130.16	2002/4/10

代码	简称	每股收益(元)				每股净资产(元)		每股经营现金流量(元)		净资产收益率(%)		主营收入(万元)		净利润(万元)			总资产(万元)	股东权益(万元)	最新流通A股(万股)	最新总股本(万股)	分配方案	最新市盈率(倍)	年报刊登日期
		2001年	扣除后	2000年	扣除后	2001年	调整后	2001年	2000年	2001年	2000年	2001年	同比(%)	2001年	同比(%)	扣除后							
600831	广电网络	0.089	0.022	-0.237	-0.233	1.056	1.056	0.03	-0.2	8.46	-36.64	819.94	-71.02	993.41	137.62	248.56	32989.32	11749.25	4634.54	11128.67	不分配	217.66	2002/2/2
600832	东方明珠	0.333	0.333	0.299	0.299	3.95	3.88	0.7	-0.07	8.4	11.92	61586.73	-14.08	22929.88	18.48	22943.31	392119.44	271442.95	15688.68	68802.87	10派2.4元(含税)	60.37	2002/3/28
600833	商业网点	0.152	0.081	-0.813	-0.681	1.039	0.982	0.355	0.013	14.64	/	26323.31	6181.52	2423.41	118.70	1294.19	48276.10	16552.42	4797.93	15934.74	不分配	65.03	2002/2/9
600834	申通地铁	0.17	0.15	0.16	0.14	1.4	1.4	0.38	0.35	11.82	10.27	27450.76	154.30	6551.85	20.81	5896.71	94763.29	55422.73	8004.00	39453.05	10派1元(含税)	83.76	2002/2/2
600835	上菱电器	0.458	0.436	0.347	0.312	5.05	4.99	1.64	1.51	9.08	6	384476.95	6.08	24644.46	58.56	23436.40	743495.61	271471.50	16992.00	53805.73	10派1.5元(含税)转增1	29.30	2002/4/23
600836	界龙实业	0.05	0.09	0.087	0.089	1.81	0.95	0.22	0.21	2.74	4.95	50781.86	24.43	553.80	-43.24	1061.69	72322.72	20240.67	4132.81	11169.38	不分配	266.02	2002/3/30
600837	都市股份	0.4068	0.2977	-1.06	/	3.596	3.5047	0.1794	-0.27	11.31	/	21538.66	-24.96	2654.00	138.52	1942.06	47557.54	23462.38	1638.00	6524.49	10派0.3元(含税)送2	43.83	2002/2/28
600838	上海九百	-0.2452	0.0116	0.018	-0.0028	1.4391	1.3806	0.2814	0.624	-17.04	1.03	49461.73	-36.27	-9830.69	-2408.71	466.35	144890.82	57689.24	19686.28	40088.20	不分配	/	2002/4/20
600839	四川长虹	0.041	-0.027	0.054	/	5.887	5.874	0.63	1.05	0.69	0.92	951461.85	-11.14	8853.59	-23.64	-5806.13	1763751.17	1274131.39	95140.23	216421.13	不分配	194.82	2002/3/28
600840	浙江创业	-0.037	-0.035	0.15	/	1.139	1.091	-2.099	0.274	-3.24	12.54	15423.87	31.98	-516.01	-129.35	-485.25	82392.14	15916.62	6442.03	13975.14	不分配	/	2002/4/20
600841	上柴股份	0.093	0.063	0.078	0.058	3.3	3.3	0.5	0.25	2.81	2.38	141185.41	11.84	4447.78	18.18	3030.68	213542.39	158436.73	2160.00	48030.93	10派0.55元(含税)	162.31	2002/4/12
600842	ST中西	-0.3947	-0.1522	-0.696	-0.7698	0.4768	0.4158	-0.1132	0.3189	-82.78	-82.55	23556.78	-1.58	-8509.91	43.32	-3282.41	121735.56	10279.96	8422.55	21559.46	不分配	/	2002/4/24
600843	上工股份	0.1816	0.1619	0.1492	0.118	1.9906	1.9745	0.0133	-0.0136	9.1212	8.1622	91625.99	63.89	4584.00	21.66	4086.70	131741.12	50256.53	1560.00	25246.64	不分配	97.92	2002/4/10
600844	英雄股份	0.018	-0.145	-0.071	-0.148	1.983	1.88	0.002	0.18	0.9	-3.7	26960.11	0.77	545.67	125.07	-4418.56	153575.46	60390.58	2768.43	30456.45	不分配	967.83	2002/4/27
600845	PT宝信	0.147	0.144	-0.48	/	1.002	1.0004	0.08	0.12	14.66	-61.59	39644.58	71.41	3853.91	130.69	3773.72	32179.93	26288.23	1320.00	26224.41	不分配	108.87	2002/4/2
600846	同济科技	0.058	0.04	0.1368	/	1.5354	1.4492	0.0785	0.2045	3.78	9.7	65203.60	3.27	1611.93	-51.78	1155.09	163106.53	42697.87	11871.92	27808.97	不分配	185.11	2002/4/27
600847	万里电池	0.015	0.015	0.076	-0.062	1.002	0.892	0.042	0.31	1.53	7.75	11112.31	14.50	136.28	-79.89	136.28	19806.88	8880.00	3989.70	8866.00	不分配	921.86	2002/4/10
600848	ST自仪	0.02	0.01	-0.63	/	0.28	0.18	0.25	0.15	7.59	-319.89	57844.80	6.73	835.57	103.33	337.00	99701.26	11014.39	3367.43	39928.69	不分配	510.35	2002/4/18
600849	上海医药	0.46	0.42	0.71	0.55	4.76	4.51	0.21	0.64	9.65	21.51	520203.43	13.20	14528.07	-10.46	13332.87	429312.45	150528.29	19070.84	31620.72	10派0.9元(含税)	28.71	2002/4/15
600850	华东电脑	0.086	0.019	0.104	0.0501	1.34	1.17	0.38	0.37	6.44	5.56	57564.69	-58.75	1472.30	24.12	320.78	52537.14	22853.66	4860.00	17103.15	不分配	142.54	2002/3/23
600851	海欣股份	0.29	0.28	0.32	0.33	3.38	3.35	0.55	-0.05	8.6	6.75	109095.69	13.06	14612.24	34.63	14131.29	302032.13	169978.53	15306.30	50293.75	10派1元(含税)送1转增1	59.99	2002/3/26
600852	中川国际	0.1	0.04	0.15	0.14	1.57	1.45	1.73	0.13	6.18	10.08	22290.24	-22.60	1598.29	-33.99	624.10	118662.60	25878.34	5630.86	16430.86	不分配	100.85	2002/4/2
600853	ST北特钢	-0.1475	-0.174	-0.3816	-0.4558	1.3159	0.8422	0.1972	0.3205	-11.21	-26.19	99200.74	-13.03	-7853.37	61.18	-9263.97	202598.08	70059.92	16456.00	53240.00	不分配	/	2002/4/30
600854	春兰股份	0.445	0.44	0.86	/	5.65	5.65	0.47	0.48	7.87	15.11	176222.73	-3.44	23096.72	-12.06	23113.60	410180.69	293442.79	19824.19	51945.85	10派3元(含税)	26.27	2002/4/18
600855	航天长峰	0.124	0.134	-0.04	/	1.24	1.202	0.126	0.006	10.02	-3.53	13149.28	218.52	1989.89	414.11	2139.30	30052.52	19852.83	5298.90	16008.00	不分配	135.95	2002/2/8
600856	长百集团	0.03	0.02	0.12	0.13	1.96	1.64	-0.01	0.39	1.38	6.36	38057.88	12.87	493.08	-78.05	423.54	67884.76	35783.83	8591.48	18273.77	不分配	304.63	2002/4/25
600857	工大首创	0.12	0.11	0.17	0.11	1.68	1.67	0.28	0.13	7.25	10.72	59572.31	-9.93	2343.40	-29.25	2090.24	46239.34	32306.80	9150.88	19229.18	10派0.5元(含税)	106.67	2002/3/15
600858	ST渤海	-0.2772	-0.1883	-0.2245	-0.1365	0.8845	0.8713	-0.0497	-0.0218	-31.3376	-19.345	2775.29	15.46	-3363.52	-23.44	-2285.37	22165.14	10733.16	6795.36	12134.67	不分配	/	2002/4/16
600859	王府井	0.062	0.067	0.072	0.063	3.882	3.484	0.21	0.47	1.6	1.87	310459.46	36.91	2441.42	-14.05	2620.08	299940.14	152546.24	19837.86	39297.30	10派0.50元(含税)	120.88	2002/4/30
600860	北人股份	0.16	0.16	0.076	/	2.38	2.22	0.13	0.089	6.76	3.23	69907.64	58.14	6428.17	112.65	6562.60	158133.14	95112.62	5000.00	40000.00	10派1.2元(含税)	64.09	2002/4/18
600861	北京城乡	0.23	0.23	0.2	/	3.97	3.18	0.41	1.4	5.9	5.32	128113.54	20.47	9515.22	15.99	9189.01	218839.08	161150.96	16731.00	40573.89	10派0.6元(含税)	37.91	2002/4/18
600863	内蒙华电	0.222	0.222	0.304	/	3.754	3.725	0.346	0.054	5.92	8.62	143202.15	0.65	22020.56	-23.23	22020.56	415946.18	371835.54	19773.00	99061.00	10派1.2元(含税)	37.97	2002/4/16
600864	岁宝热电	0.144	0.116	0.089	0.082	2.91	2.68	0.152	0.152	4.96	3.19	21435.01	-9.25	1971.42	61.07	1586.43	91646.20	39784.70	4537.50	13659.45	10派1.1元(含税)	76.98	2002/4/10
600865	百大集团	0.15	0.17	0.15	0.2	2.43	2.2	0.4	0.52	6.1	6.44	101484.18	9.30	3998.74	-3.03	4523.59	131626.12	65556.63	13533.99	26970.63	10派0.9元(含税)	57.74	2002/4/9
600866	星湖科技	0.21	0.21	0.34	/	2.31	2.28	0.187	0.373	9.01	11.99	44005.49	26.14	6775.46	-21.20	6738.03	100155.19	75237.48	19438.05	32568.91	10派1元(含税)	43.45	2002/3/28
600867	通化东宝	0.09	0.09	0.01	/	4.23	4	0.36	0.09	2.14	0.26	20590.45	3.43	2933.43	728.23	2845.32	145650.56	137205.87	15769.73	32449.30	不分配	99.45	2002/4/11
600868	梅雁股份	0.17	0.09	0.24	/	2.49	2.48	0.1	0.326	6.69	10.58	66399.75	28.88	16861.55	0.84	9510.31	378740.52	251933.37	77623.89	101233.73	10派1元(含税)送1	29.42	2002/3/22
600869	青海三普	0.015	-0.004	0.08	/	1.73	1.5	-0.03	0.03	0.85	4.75	11814.71	-2.36	176.90	-81.80	-47.61	42168.23	20706.04	3000.00	12000.00	不分配	896.80	2002/4/16
600870	ST厦华	-0.77	-0.79	-1.07	/	1.95	1.93	-0.43	/	-39.55	-39.26	213548.08	-35.11	-28653.17	27.46	-29290.92	317008.32	72456.09	15151.35	37081.87	不分配	/	2002/4/25

代码	简称	每股收益(元)				每股净资产(元)		每股经营现金流量(元)		净资产收益率(%)		主营收入(万元)		净利润(万元)			总资产(万元)	股东权益(万元)	最新流通A股(万股)	最新总股本(万股)	分配方案	最新市盈率(倍)	年报刊登日期
		2001年	扣除后	2000年	扣除后	2001年	调整后	2001年	2000年	2001年	2000年	2001年	同比(%)	2001年	同比(%)	扣除后							
600871	仪征化纤	0.043	0.062	0.21	0.229	2.2	2.198	0.186	0.528	1.94	9.65	780865.80	-13.38	17078.90	-79.67	24647.00	1120149.40	880186.80	20000.00	400000.00	10派0.2元(含税)	125.54	2002/4/2
600872	中炬高新	0.144	0.144	0.16	0.155	2.717	2.586	0.096	0.592	5.3	6.24	83630.95	11.36	6483.64	-10.07	6475.23	239494.47	122302.13	24923.61	45005.60	不分配	47.41	2002/4/19
600873	西藏明珠	-0.328	-0.143	0.047	0.045	1.98	1.95	0.069	0.125	-16.54	2.1	5043.80	-1.05	-3547.46	-781.60	-1543.72	41501.40	21450.46	5213.66	10823.66	不分配	/	2002/3/28
600874	创业环保	0.2	0.2	0.13	0.13	1.18	1.18	0.14	0.79	17.07	11.99	59598.60	-82.98	26763.40	58.74	26763.40	192698.40	156788.80	11249.50	133000.00	10派0.8元(含税)	46.32	2002/3/1
600875	东方电机	-0.581	-0.5788	0.0051	/	1.97	1.49	-0.12	0.39	-29.5	0.2	37029.27	-42.54	-26134.91	-11415.42	-26044.00	257802.32	88583.15	6000.00	45000.00	不分配	/	2002/4/10
600876	洛阳玻璃	0.014	0.014	0.094	/	2.23	1.23	0.194	0.064	0.63	4.25	81727.70	-9.34	986.80	-85.05	986.80	312100.00	156258.40	5000.00	70000.00	不分配	602.25	2002/4/29
600877	中国嘉陵	0.02	-0.07	0.04	-0.07	2.86	2.72	0.12	1.66	0.72	1.47	259050.90	-0.57	975.29	-50.63	-3279.59	399431.34	135537.73	21960.00	47387.08	不分配	305.13	2002/4/20
600878	北大科技	0.06	0.06	0.114	/	1.732	1.723	0.008	-0.13	3.49	6.83	8318.85	-67.98	1719.08	-47.07	1720.77	79725.67	49268.58	8863.63	28443.07	不分配	147.42	2002/4/19
600879	火箭股份	0.47	0.47	0.44	0.35	3.18	3.18	0.3	0.07	14.83	19.03	46855.86	11.48	11038.41	71.86	11019.10	123219.73	74440.37	13714.12	23433.32	10派1元(含税)	29.59	2002/2/28
600880	博瑞传播	0.23	0.23	0.2	0.2	1.72	1.71	0.85	0.32	13.2	12.29	27790.26	23.65	2959.87	16.24	2980.91	37410.53	22425.66	4187.75	13018.01	10派1元(含税)	78.77	2002/2/28
600881	亚泰集团	0.24	0.23	0.36	0.23	3.65	3.56	-0.25	0.01	6.45	10.26	108741.01	4.07	11189.21	-33.75	10949.59	480927.49	173398.40	27551.56	47510.63	10派0.5元(含税)(*)	31.29	2002/2/2
600882	大成集团	0.04	0.05	0.02	0.02	2.6	2.53	0.12	0.12	1.52	0.69	41908.27	7.42	735.87	121.41	955.87	93387.90	48394.43	9682.96	18584.91	10派0.3元(含税)	202.80	2002/4/10
600883	富邦科技	0.089	0.085	0.102	/	2.307	2.298	0.284	0.036	3.85	7.53	7118.41	15.37	977.39	-5.70	953.54	32181.38	25396.30	3510.00	11010.00	10派0.3元(含税)转增8	190.26	2002/3/30
600884	杉杉股份	0.3	0.242	0.47	0.288	4.65	4.65	0.72	0.239	6.47	13.56	73046.00	-9.49	8238.70	-26.41	6650.43	167083.50	127399.78	15198.99	27390.55	10派2元(含税)转增5(*)	39.73	2002/3/20
600885	力诺工业	0.033	0.02	-0.118	-0.12	1.05	1.05	0.04	0.06	3.08	-11.61	10292.47	36.46	421.49	127.43	233.53	54774.03	13685.50	4986.80	12980.71	不分配	373.27	2002/3/30
600886	湖北兴化	-0.141	-0.179	0.021	0.025	3.055	3.042	-0.139	0.695	-4.604	0.658	190640.93	2.55	-3962.84	-768.98	-5043.37	91068.41	86070.89	10731.70	28174.58	不分配	/	2002/3/19
600887	伊利股份	0.82	0.84	0.61	0.61	5.68	5.42	2.09	0.62	14.36	11.66	270198.30	69.89	11967.67	34.03	12343.75	163909.61	83346.70	7989.39	14667.11	10派3.6元(含税)	24.23	2002/4/9
600888	新疆众和	0.3017	0.3022	0.242	/	2.28	2.17	1.63	0.47	13.23	11.62	41895.42	0.34	3119.69	24.88	3115.19	121921.88	23585.23	2925.00	10338.90	10派1元(含税)	56.54	2002/3/20
600889	南京化纤	0.19	0.18	0.24	/	2.87	2.86	0.38	-0.04	6.51	8.85	33327.89	14.32	3020.33	-24.04	2851.49	67841.27	46375.86	6681.85	16154.74	10派0.30元(含税)	50.60	2002/2/5
600890	长春长铃	0.08	0.0682	0.22	/	1.52	1.51	0.15	-0.01	5.23	8.78	32270.30	-11.28	3844.96	-38.48	3307.14	121003.70	73551.73	20509.55	48485.10	10派0.3元(含税)	242.36	2002/3/21
600891	秋林集团	-0.21	-0.2	0.002	-0.02	2.25	2.2	0.04	0.065	-9.47	0.073	40191.82	-29.17	-5180.20	-1848.11	-4751.98	90805.84	54710.11	12941.93	24356.41	不分配	/	2002/4/16
600892	湖大科教	0.0281	0.0252	0.032	0.0205	1.2528	1.0384	0.6168	0.2223	2.25	2.6173	2374.55	9.01	142.08	-12.01	127.44	23546.90	6326.82	1530.97	5050.00	不分配	674.62	2002/3/27
600893	ST吉发	-0.6007	-0.509	-0.0708	/	2.11	1.83	0.08	0.28	-28.53	-2.69	87483.63	-13.34	-14111.44	-748.98	-11944.06	155734.26	49460.75	11531.69	23491.09	不分配	/	2002/4/27
600894	广钢股份	0.096	0.098	0.108	/	2.25	2.2	0.12	0.39	4.25	4.93	244611.07	-2.42	6568.13	-11.62	6718.95	334892.82	154662.30	16169.03	68618.00	10派0.4元(含税)	86.61	2002/4/19
600895	张江高科	0.43	0.4	0.55	0.48	4.49	4.49	-0.51	-0.37	9.64	15.07	61493.61	263.91	20244.19	58.28	18627.65	274763.61	210041.21	16595.03	46756.50	10送3转增7	41.34	2002/3/11
600896	中海海盛	0.15	0.18	0.21	0.23	2.5	2.38	0.23	0.42	6.08	8.58	46762.46	9.09	4826.88	-27.66	5846.13	107160.03	79382.78	15607.80	31728.26	10派1元(含税)	55.61	2002/3/19
600897	厦门机场	0.191	0.19	0.191	0.188	4.238	4.23	0.293	0.41	4.5	4.55	18084.74	0.04	5148.96	-0.17	5126.71	127564.96	114417.25	6750.00	27000.00	10派1.5元(含税)	63.19	2002/3/7
600898	PT郑百文	-0.1734	-0.156	-0.4493	-0.4312	-6.3584	-6.359	0.1135	0.0699	/	/	27316.99	-31.71	-3426.57	61.41	-3082.13	47923.69	-125629.72	10709.92	19758.21	不分配	/	2002/2/7
600899	信联股份	0.089	0.119	0.177	/	2.6	2.58	-0.83	0.055	3.44	6.92	16723.17	7.82	1588.10	-49.47	2107.70	110027.45	46157.59	5430.54	17750.54	10派0.5元(含税)	153.24	2002/4/10
900929	国旅B股	0.13	0.13	0.13	0.13	2.99	2.96	0.27	0.31	4.36	4.18	54194.50	0.16	1730.77	4.07	1714.63	62711.37	39681.94	/	13255.63	10派0.6元(含税)	/	2002/4/9
900935	金泰B股	0.03	0.03	0.01	-0.01	1.51	1.49	0.095	0.142	2	0.63	15585.25	1.30	533.13	185.48	494.60	39852.09	28041.12	/	18530.00	不分配	/	2002/3/5
900939	汇丽B股	0.14	0.06	0.11	0.12	1.86	1.85	-0.2	0.13	7.43	6.22	41404.35	25.38	2282.28	28.87	997.68	84738.19	30736.66	/	16500.00	10转增1	53.86	2002/4/30
900948	伊煤B股	0.09	0.092	0.034	0.039	2.16	1.98	0.5	0.38	4.17	1.62	114723.00	37.74	3296.08	162.51	3348.09	136186.44	79062.71	/	36600.00	10派0.5元(含税)	/	2002/3/8
900949	东电B股	0.37	0.37	0.31	0.38	2.67	2.67	0.65	0.51	13.68	12.08	337027.73	-0.88	73405.78	18.07	73819.80	781631.38	536585.87	/	201000.00	10派2.5元(含税)	/	2002/3/18
900950	ST新城B	-0.5758	-0.3878	-0.22	-0.214	1.06	0.879	0.071	-0.19	-54.27	-13.64	10658.20	-80.67	-19112.37	-162.05	-12872.49	76704.54	35216.55	/	33191.40	不分配	/	2002/4/23
900951	大化B股	0.04	0.05	0.065	/	2.06	1.99	0.02	-0.032	1.8	3.22	91476.25	-3.15	1019.55	-43.24	1370.60	83629.97	56764.11	/	27500.00	不分配	/	2002/4/24
900953	凯马B股	-0.54	-0.54	0.11	0.08	1.51	1.47	-0.01	0.04	-35.7	5.21	232971.17	-25.11	-34418.08	-600.47	-34818.08	328993.22	96427.53	/	64000.00	不分配	/	2002/4/30
900956	东贝B股	0.1	0.1	0.11	0.11	1.65	1.63	0.11	0.063	6.05	7.04	25819.78	46.85	2419.14	-4.92	2348.22	70448.70	38818.38	/	23500.00	不分配	/	2002/4/10
900957	凌云B股	0.13	0.096	0.22	/	1.77	1.76	-0.03	-0.1	7.58	13.04	59411.31	-23.77	4672.79	-38.10	3367.82	143684.80	61607.88	/	34900.00	10派0.2元(含税)	/	2002/4/19

上市公司 2001 年度经济指标总览(深市)

代码	简称	每股收益(元) 2001年	扣除后	2000年	扣除后	每股净资产(元) 2001年	调整后	每股经营现金流量(元) 2001年	2000年	净资产收益率(%) 2001年	2000年	主营收入(万元) 2001年	同比(%)	净利润(万元) 2001年	同比(%)	扣除后	总资产(万元)	股东权益(万元)	最新流通A股(万股)	最新总股本(万股)	分配方案	最新市盈率(倍)	年报刊登日期
000001	深发展A	0.21	0.208	0.24	/	1.86	1.75	7.52	0.82	11.09	13.16	432894.37	55.21	40236.04	-13.09	40515.33	12012698.34	362766.88	140936.20	194582.21	10派1.5元(含税)	53.00	2002/4/19
000002	万科A	0.592	0.302	0.47	0.445	4.951	4.864	-1.91	0.14	11.96	10.32	445506.48	17.74	37374.72	25.99	19061.81	648291.16	312409.00	39871.19	63097.19	10派2元(含税)	21.10	2002/3/15
000003	PT金田A	0.03	-0.22	-2.43	-2.37	-2.98	-3.53	0.038	-0.0004	/	/	3660.67	-57.25	1152.11	101.42	-7412.23	121194.23	-99371.28	19180.89	33343.36	不分配	78.43	2002/4/30
000004	北大高科	0.132	0.014	0.262	0.054	1.141	1.134	0.062	0.524	11.58	24.74	6198.45	-52.69	1109.51	-49.58	119.90	22200.88	9584.13	4165.72	8397.67	10派0.5元(含税)	170.22	2002/3/27
000005	世纪星源	-0.094	-0.074	0.017	0.02	1.52	1.48	-0.044	0.04	-6.19	1.26	6712.82	-57.34	-6661.39	-788.40	-5244.32	192431.50	107969.87	37394.96	70866.13	不分配	/	2002/4/18
000006	深振业A	0.4698	0.4551	0.464	/	4.696	3.36	1.56	0.18	10	10.63	202418.95	14.54	11914.89	1.16	11541.59	421893.74	119100.46	15773.02	25359.16	10派1.3元(含税)	23.82	2002/4/16
000007	深达声A	0.11	0.13	-1.28	-1.24	1.02	0.64	0.22	-0.15	10.49	-480.35	33971.51	3478.94	1533.67	108.35	1864.36	110217.36	14622.16	7956.10	14359.37	不分配	92.50	2002/4/11
000008	ST亿安	-1.692	-1.642	0.164	0.023	-0.66	-0.68	-0.014	0.124	/	11.12	2439.87	-76.25	-12462.24	-1134.64	-12096.07	10759.67	-4882.40	3529.06	7365.32	不分配	/	2002/4/29
000009	深宝安A	0.043	0.015	0.036	0.011	1.25	1.21	0.25	0.15	3.41	3.02	84941.47	31.87	4085.51	16.96	1401.71	404620.63	119697.92	57951.76	95881.00	不分配	136.35	2002/4/20
000010	深华新	0.01	0.01	0.14	0.07	1.03	0.96	0.2	-0.12	1.16	13.22	16553.32	-31.35	175.50	-91.20	120.59	29423.41	15069.95	6779.17	14701.74	不分配	880.43	2002/3/26
000011	ST深物业	0.159	0.153	0.01	0.006	0.528	0.129	0.247	0.591	30.22	2.72	102163.94	93.94	8638.59	1501.84	8260.19	244863.37	28588.06	9135.50	54179.92	不分配	54.88	2002/4/27
000012	南玻科控	0.22	0.23	0.27	0.23	2.73	2.72	0.54	0.48	8.19	10.38	104099.85	-6.76	15129.72	-18.22	15241.33	269896.08	184650.78	10679.98	67697.54	10派1.3元(含税)	70.97	2002/4/27
000013	深石化A	-5.195	-2.353	0.064	/	-5.42	-5.52	0.026	0.095	/	/	72409.36	-11.60	-157599.19	-8691.75	-71370.45	100669.98	-164531.21	5132.40	30335.50	不分配	/	2002/4/30
000014	深华源A	0.35	0.36	-0.37	-0.36	2.14	1.82	0.78	0.12	16.55	/	46563.73	495.57	3176.00	195.02	3184.60	69352.14	19193.52	4522.04	8964.68	不分配	42.31	2002/2/7
000016	深康佳A	-1.1625	-1.1959	0.3574	/	4.8073	4.5859	1.2014	-0.0223	-24.18	5.98	674812.20	-24.63	-69979.15	-426.41	-71989.44	721173.68	289391.30	22419.87	60198.64	不分配	/	2002/4/11
000017	ST中华A	-4.71	-4.188	-0.346	-0.349	-4.148	-4.155	-0.018	-0.014	/	-550	5187.53	-23.68	-225724.42	-1260.99	-201362.57	56557.51	-198867.78	7661.70	47943.30	不分配	/	2002/4/19
000018	深中冠A	0.005	-0.029	0.03	0.03	1.815	1.8	0.04	0.126	0.274	1.65	14175.72	-13.44	84.14	-83.38	-18.92	38886.03	30691.52	2023.12	16914.24	不分配	2896.91	2002/3/23
000019	深深宝A	0.063	-0.103	0.017	-0.079	1.802	1.743	-0.066	0.159	3.47	1.11	6118.52	-12.89	1138.19	303.94	-1877.83	40088.40	32780.59	3994.07	18192.31	10派0.5元(含税)	200.43	2002/2/26
000020	深华发A	0.01	-0.0068	0.01	/	1.03	0.98	0.14	0.016	1.05	1.02	8286.19	-30.02	304.59	4.01	-196.32	45022.57	29077.68	5623.96	28316.12	不分配	1347.99	2002/3/26
000021	深科技A	-0.012	-0.022	0.202	0.2	3.098	3.064	0.28	-0.6	-0.4	6.38	391868.87	1.23	-914.46	-106.17	-1595.04	464533.12	227053.73	19949.68	73293.21	10派0.6元(含税)	/	2002/4/12
000022	深赤湾A	0.228	0.198	0.188	0.213	2.921	2.883	0.594	0.562	7.79	6.73	47585.26	10.11	8682.92	21.04	7565.08	222356.42	111427.17	5047.85	38151.70	10派1.02元(含税)	59.84	2002/4/9
000023	深天地A	-0.46	-0.3	0.1286	0.002	1.23	0.89	-0.1603	0.1763	-37.54	6.6	22302.96	-13.17	-6388.94	-458.01	-4107.39	82851.25	17016.96	4619.12	13875.62	不分配	/	2002/4/9
000024	招商局A	0.367	0.398	0.415	0.384	4.724	4.656	0.057	0.474	7.775	9.286	332082.07	13.83	17496.18	-11.60	18953.74	469261.91	225027.80	13096.52	47639.60	10派1.1元(含税)	32.02	2002/4/8
000025	ST特力A	0.02	-0.04	-0.33	-0.32	1.21	0.29	0.26	0.001	1.93	-97.36	70324.49	359.91	514.41	107.09	-966.86	136843.32	26632.72	3428.51	22028.16	不分配	479.18	2002/4/8
000026	飞亚达A	0.045	0.015	0.063	/	2.36	2.25	0.26	-0.016	1.93	2.66	21981.38	-13.13	1132.28	-27.79	375.10	72584.58	58780.30	6047.37	24931.80	10派0.5元(含税)	381.59	2002/4/17
000027	深能源A	0.3973	0.4399	0.3909	0.4357	2.5931	2.5321	1.9526	1.2375	15.32	15.49	334780.78	45.73	39813.68	1.61	44083.35	776486.44	259852.91	40477.95	100207.94	10派3元(含税)送2	25.42	2002/4/16
000028	一致药业	0.13	0.113	-0.027	-0.091	1.229	0.975	0.247	0.03	10.32	-2.46	166867.50	1446.52	3651.72	568.87	3244.33	111816.92	35400.90	5488.56	28814.94	不分配	110.00	2002/3/30
000029	深深房A	-0.5311	-0.4908	0.0752	0.0751	1.01	0.88	0.07	0.13	-52.72	4.9	61625.14	-27.74	-53728.04	-806.25	-49656.44	347321.26	101908.18	14784.00	101166.00	不分配	/	2002/4/20
000030	ST英达A	-3.45	-2.18	0.02	-0.097	-3.37	-3.39	0.108	-0.1	/	/	51419.32	-30.50	-99537.92	-15480.96	-62712.24	44449.38	-97176.92	4026.00	28842.00	不分配	/	2002/4/19
000031	深宝恒A	0.125	0.124	0.05	0.044	2.03	1.98	0.29	0.19	6.17	2.6	31245.27	-4.74	5844.94	152.92	5796.38	163622.22	94745.33	16348.99	46630.24	不分配	83.61	2002/4/13
000032	深桑达A	0.278	0.258	0.231	/	2.03	1.79	1.02	-0.09	13.7	12.48	169181.47	46.78	3637.60	20.34	3376.15	89389.66	26552.64	3630.00	13081.20	10派1元(含税)	62.32	2002/3/2
000033	新都酒店	0.018	0.01	-0.04	-0.035	1.505	1.439	0.134	0.126	1.21	-2.66	10224.58	-7.03	525.17	146.18	277.31	65106.61	43297.13	6722.35	28772.35	不分配	493.63	2002/4/16
000034	深信泰丰	0.14	0.12	0.87	/	1.16	1.01	-0.2	0.52	12.13	86	124767.49	200.00	4361.44	-83.98	3767.74	145413.29	35954.72	8460.46	31113.94	不分配	71.05	2002/4/24

代码	简称	每股收益(元)				每股净资产(元)		每股经营现金流量(元)		净资产收益率(%)		主营收入(万元)		净利润(万元)			总资产(万元)	股东权益(万元)	最新流通A股(万股)	最新总股本(万股)	分配方案	最新市盈率(倍)	年报刊登日期
		2001年	扣除后	2000年	扣除后	2001年	调整后	2001年	2000年	2001年	2000年	2001年	同比(%)	2001年	同比(%)	扣除后							
000035	中科健A	0.447	0.4477	0.19	/	1.72	1.6	-1.75	2.03	25.96	15.2	144482.89	67.24	5179.40	130.75	5188.46	134346.71	19947.71	4253.05	11588.72	不分配	39.22	2002/4/27
000036	华联控股	0.35	0.32	0.34	0.31	2.74	2.69	1.16	0.84	12.7	14.44	316411.89	40.71	12503.41	0.99	11471.79	403997.32	98483.81	17717.25	35955.51	不分配	22.75	2002/3/23
000037	深南电A	0.37	0.34	0.41	0.41	1.66	1.65	0.7	0.57	22.38	20.62	108409.33	21.85	20327.15	39.91	18758.18	155674.52	90845.20	6484.61	54796.60	10派3.1元(含税)	35.69	2002/4/3
000038	深大通A	0.0718	0.0525	0.0243	/	1.1747	1.136	0.144	-0.004	6.11	2.21	3280.09	-44.08	649.79	195.23	474.79	16805.33	10629.16	1914.00	9048.60	不分配	235.90	2002/2/8
000039	中集集团	1.5961	1.69	1.34	1.42	7.04	6.9	4.676	0.571	22.66	22.61	676550.68	-24.41	54300.67	18.69	57507.62	593685.08	239605.22	4599.13	34020.14	10派现金5元(含税)送股	17.01	2002/4/30
000040	深鸿基A	-0.267	-0.273	0.033	/	2.254	2.181	0.091	0.073	-11.86	1.31	31477.04	-15.91	-12560.33	-908.36	-12829.22	199991.33	105864.83	28527.78	46959.34	不分配	/	2002/4/17
000042	深长城A	0.454	0.462	0.447	/	5.357	4.644	-0.232	0.629	8.47	8.87	140758.03	-2.45	10865.32	1.61	11062.27	411585.11	128286.02	6912.17	23946.30	10派1.3元(含税)	29.89	2002/3/12
000043	深南光A	-0.988	-0.993	-0.113	/	1.82	1.24	0.52	0.47	-54.24	-3.89	65954.99	-22.98	-13767.00	-773.70	-13831.87	95148.51	25381.27	3810.22	13932.55	不分配	/	2002/4/16
000045	深纺织A	0.154	0.142	0.14	0.14	1.858	1.79	0.176	0.44	8.3	8.2	34388.42	-9.74	2520.17	10.38	2322.54	73501.91	30364.40	2217.60	16341.60	不分配	102.78	2002/3/30
000046	光彩建设	0.1541	0.1398	0.182	0.178	3.948	3.9	-1.164	0.293	3.9	6.78	34528.01	25.48	3760.87	0.83	3412.30	218424.86	96366.64	12651.82	24408.43	10派1元(含税)	63.34	2002/4/12
000047	ST中侨	0.09	-0.418	-1.03	-0.91	1.1	0.54	-0.01	0.29	8.24	-2192.75	/	-100.00	1095.48	108.87	-5038.34	50523.11	13293.05	3292.00	12040.00	不分配	88.25	2002/4/30
000048	ST康达尔	-0.27	-0.31	-0.9	-0.19	0.13	0.07	0.69	0.27	-209.7	-223.52	81419.40	-13.17	-10644.93	69.71	-12063.22	136414.89	5076.34	11406.78	39076.87	不分配	/	2002/4/20
000049	深万山A	0.1062	0.1064	0.1106	0.0824	1.0857	0.7926	0.200825	-0.019	9.78	13.25	4711.25	66.73	1452.61	-4.00	1455.86	46885.24	14856.40	4472.36	13682.92	不分配	120.38	2002/4/13
000050	深天马A	0.186	0.135	0.28	0.224	5.26	5.23	0.595	0.08	3.52	9.52	27893.62	-12.18	2463.04	-24.26	1786.36	85707.13	69885.88	3629.57	13277.00	10派1.5元(含税)	89.91	2002/4/17
000055	深圳方大	0.12	0.12	0.23	0.23	3.47	3.45	0.484	0.107	3.51	6.78	40695.66	-5.69	3614.76	-47.84	3628.28	139391.81	102902.35	4200.00	29640.00	10派1元(含税)	103.23	2002/3/25
000056	深国商A	0.09	-0.06	0.176	0.195	1.69	1.51	-0.08	0.18	5.29	11.01	30144.98	-53.86	1970.58	-49.30	-1325.41	118832.16	37276.30	5522.23	22090.12	不分配	121.40	2002/4/15
000058	深赛格	-0.467	-0.182	-0.223	-0.005	1.543	1.468	0.397	-0.069	-30.24	-10.83	192224.84	-15.49	-33876.08	-108.92	-13191.90	345928.98	112030.94	8662.62	72614.59	不分配	/	2002/4/18
000059	辽通化工	0.0037	-0.0582	0.0037	-0.05	2.022	1.941	0.284	0.35	0.18	0.18	106703.44	-4.81	243.17	-1.37	-3860.64	244456.01	134046.53	16899.87	66322.52	不分配	1475.52	2002/4/27
000060	中金岭南	0.07	0.06	0.29	0.31	2.41	2.06	1.11	-0.07	2.98	12.41	278915.23	-2.15	3101.41	-75.11	2401.90	466091.58	103924.46	20520.00	43200.00	不分配	92.21	2002/3/19
000061	农产品	0.473	0.406	0.401	0.4	5.22	4.564	0.574	0.51	9.063	8.1	151891.71	82.23	8747.74	18.10	7511.22	272039.39	96518.19	10059.33	18485.76	10派2元(含税)	31.91	2002/3/28
000062	深圳华强	0.24	0.23	0.3619	/	4.37	4.369	0.24	0.62	5.42	8.54	28642.01	-38.91	6413.20	-34.46	6253.19	128640.46	118217.60	12802.15	27040.00	10派1元(含税)	44.65	2002/3/28
000063	中兴通讯	1.026	1.016	0.829	/	6.95	6.87	0.59	-0.17	14.76	18.52	933202.08	106.30	57026.89	66.30	56487.52	905454.94	386334.47	20976.00	55608.00	10派1.5元(含税)	22.63	2002/3/12
000065	北方国际	0.17	0.16	0.19	/	3.26	3.2	-0.39	/	5.2	/	67138.26	108.88	1723.71	13.52	1663.51	85719.76	33157.23	2595.84	10152.32	10派0.6元(含税)	100.72	2002/3/21
000066	长城电脑	0.156	0.14	0.352	/	2.576	2.546	-0.258	-0.133	6.02	13.4	205916.38	-8.61	7107.92	-55.93	6398.58	226712.39	118100.86	18084.16	45849.15	10派2元(含税)	71.99	2002/4/12
000068	赛格三星	0.119	0.15	0.186	/	1.88	1.81	0.495	0.51	6.33	10.45	97750.75	-13.48	9349.10	-36.15	11896.33	278440.16	147750.65	22500.00	78597.05	10派0.3元(含税)	73.81	2002/3/22
000069	华侨城A	0.403	0.403	0.249	/	2.2	2.16	0.096	0.136	18.31	10.13	19617.85	30.10	18004.82	94.13	18037.54	184837.82	98358.36	14032.98	44712.00	10派2.5元(含税)	34.42	2002/4/9
000070	特发信息	0.1677	0.0983	0.17	0.1034	3.101	2.988	0.111	-0.5924	5.41	5.7	65915.77	15.48	4191.80	-1.37	2457.83	134856.55	77534.84	7000.00	25000.00	10派0.5元(含税)	90.65	2002/4/8
000078	海王生物	0.36	0.35	0.36	0.44	7.51	7.5	-0.37	-0.71	4.79	33.45	76505.15	284.49	7981.90	46.87	7659.58	304362.70	166644.46	10705.60	22180.00	10转增5	44.66	2002/4/23
000088	盐田港A	0.643	0.646	0.16	0.17	2.556	2.548	0.348	0.175	25.164	6.621	38340.51	54.70	37627.74	302.64	37794.15	332920.46	149531.78	12489.26	58500.00	10派5元(含税)	24.69	2002/3/1
000089	深圳机场	0.672	0.666	0.624	0.613	4.331	4.313	0.711	0.43	15.51	15.75	60297.95	33.19	33575.82	7.60	33312.78	260934.02	216520.73	18000.00	49989.00	10派3.2元(含税)	22.85	2002/3/21
000090	深天健	0.417	0.357	0.435	/	4.588	4.418	1.612	-0.615	9.1	9.95	145951.20	-5.32	9324.84	-3.97	7966.84	311149.72	102442.56	5800.00	22326.16	10派2元(含税)	38.91	2002/4/9
000096	广聚能源	0.26	0.2	0.21	0.18	2.92	2.89	0.296	-0.04	9.08	7.59	112815.94	0.90	8738.97	27.69	6678.09	129406.39	96212.21	8500.00	33000.00	10派1.5元(含税)	50.75	2002/4/16
000099	中信海直	0.3127	0.2713	0.262	0.244	4.4164	4.3474	0.3196	0.295	7.08	6.22	31512.42	6.01	6128.17	19.56	5317.31	107961.92	86561.63	6000.00	19600.00	10派1元(含税)送2	53.57	2002/3/22
000150	ST麦科特	0.0055	-0.0141	0.2211	0.199	2.06	2.055	-0.15	-0.096	0.27	5.98	14386.74	-50.87	179.77	-95.48	-458.05	69813.77	66818.15	12600.00	32400.00	不分配	1407.57	2002/4/29
000151	中成股份	0.3	0.3	0.31	0.29	2.67	2.67	-0.16	0.41	11.27	8.15	67588.70	69.97	8898.75	45.62	8880.31	109212.37	78958.60	10500.00	29598.00	10派2.2元(含税)	40.11	2002/3/16
000153	新力药业	0.381	0.376	0.337	0.329	8.232	8.138	0.363	0.398	4.63	4.21	15921.06	39.48	2476.72	13.09	2441.33	70948.16	53507.23	2500.00	6500.23	不分配	67.11	2002/4/12

代码	简称	每股收益(元)				每股净资产(元)		每股经营现金流量(元)		净资产收益率(%)		主营收入(万元)		净利润(万元)			总资产(万元)	股东权益(万元)	最新流通A股(万股)	最新总股本(万股)	分配方案	最新市盈率(倍)	年报刊登日期
		2001年	扣除后	2000年	扣除后	2001年	调整后	2001年	2000年	2001年	2000年	2001年	同比(%)	2001年	同比(%)	扣除后							
000155	川化股份	0.12	0.13	0.2	0.18	2.94	2.81	0.62	0.16	3.98	6.84	94994.73	-8.88	5500.24	-41.02	6081.49	194328.62	138256.43	13000.00	47000.00	10派0.78元(含税)	66.22	2002/3/5
000156	安塑股份	0.15	0.14	0.23	/	4.96	4.9	0.21	0.02	3.03	4.79	13261.15	-0.94	1448.90	-35.57	1308.72	67131.52	47852.70	3600.00	9650.00	10派0.8元(含税)	106.76	2002/4/3
000157	中联重科	0.3508	0.3377	0.3591	0.3483	2.9163	2.8769	0.1197	0.0276	12.0281	6.67	38832.91	58.60	10523.34	95.34	10132.07	105993.69	87489.56	10000.00	30000.00	10派1元(含税)	42.16	2002/2/7
000158	常山股份	0.2	0.2	0.23	0.25	2.98	2.96	0.094	0.0015	6.65	8.22	172516.09	-5.84	7920.92	-15.38	8014.15	205762.36	119189.33	10000.00	40000.00	10派1元(含税)	44.94	2002/4/6
000159	国际实业	0.145	0.0919	0.1421	0.1164	3.4037	3.3134	0.2073	-0.7754	4.26	4.36	31001.02	-11.42	2490.85	2.01	1579.03	150608.99	58473.20	7000.00	17179.23	不分配	80.83	2002/4/5
000301	丝绸股份	0.226	0.228	0.222	0.221	2.754	2.737	0.538	0.523	8.2	8.56	165664.81	24.90	10534.02	1.80	10640.43	190909.93	128526.33	9965.19	46665.19	10派0.7元(含税)(*)	39.87	2002/1/30
000400	许继电气	0.452	0.447	0.507	0.506	3.833	3.819	0.27	0.16	11.79	14.13	122171.27	24.74	17090.06	-10.87	16916.38	258040.95	145002.38	19440.00	37827.20	10派2元(含税)	25.28	2002/3/20
000401	冀东水泥	0.1303	0.1275	0.1056	0.1056	1.7635	1.672	0.4817	0.1003	7.39	6.1	100248.96	53.09	11494.00	23.39	11244.64	284503.75	155500.96	26995.02	88178.56	10派1元(含税)(*)	47.18	2002/3/2
000402	金融街	1.2	0.97	0.32	0.32	2.75	2.74	-4.12	-0.25	43.59	19.9	85728.25	288.69	15104.80	276.32	12207.35	113775.65	34649.17	4800.00	12590.64	10派0.5元(含税)	17.97	2002/3/12
000403	三九生化	0.401	0.41	0.55	/	3.15	3.13	0.57	0.14	12.72	20.15	42225.04	10.77	7890.99	-27.70	8025.51	137864.72	62044.74	9403.36	21168.35	不分配	33.29	2002/4/3
000404	华意压缩	0.0035	-0.039	0.014	/	2.48	2.48	0.097	-0.04	0.14	0.74	18789.11	-5.50	92.18	-72.90	-1023.06	114560.64	64711.51	9548.60	26085.38	不分配	2040.28	2002/4/5
000405	ST鑫光	-1.15	-0.97	-0.41	-0.38	0.13	-0.03	-0.003	-0.047	-910.33	-32.8	2011.72	-53.35	-43738.79	-180.27	-37049.59	48803.48	4804.69	11292.37	38092.54	不分配	/	2002/4/16
000406	石油大明	0.66	0.72	0.91	/	4.37	4.07	1.04	0.93	15.11	21.55	76169.37	-9.09	20015.40	-27.23	21762.35	203171.94	132470.51	22150.42	30335.63	10派5元(含税)	19.73	2002/4/16
000407	胜利股份	0.14	0.15	0.11	/	2.24	/	0.32	-0.06	6.44	4.65	82523.91	-13.59	3461.17	34.95	3502.04	110177.03	53741.56	14419.67	23958.88	不分配	54.89	2002/3/26
000408	河北华玉	0.133	0.079	0.184	/	3.79	3.66	0.4	0.1	3.5	6.46	32905.81	-26.40	1520.80	-25.33	820.59	87730.04	43441.53	4071.60	11472.00	10派0.2元(含税)	110.66	2002/4/20
000409	四通高科	-0.123	-0.119	0.006	/	1.26	1.15	-0.05	-0.076	-9.71	0.46	6701.02	94.03	-2103.08	-2007.03	-2047.49	26629.53	21654.91	7527.65	17137.41	不分配	/	2002/4/18
000410	沈阳机床	0.0498	0.0449	0.03	0.034	2.63	2.45	0.16	0.014	1.887	1.15	74170.16	31.70	1697.46	65.96	1531.54	383253.11	89940.99	13535.66	34091.93	不分配	146.41	2002/4/30
000411	PT凯地	0.082	-0.151	-0.622	/	0.642	0.588	0.037	-0.061	12.78	-156	2402.53	-72.91	945.85	113.20	-1738.59	59940.37	7403.69	3151.87	11525.00	不分配	122.58	2002/4/20
000412	ST五环	-0.879	-0.343	-0.595	-0.583	0.299	0.182	0.024	-0.117	-293.39	-50.84	782.93	-54.83	-25386.38	-47.63	-9904.16	58876.17	8652.92	10632.17	28896.17	不分配	/	2002/4/29
000413	宝石A	0.103	0.109	0.219	0.217	1.43	1.41	-0.218	-0.497	7.2	15.47	6238.82	38.89	3939.10	-53.08	4170.34	153847.81	54715.52	4507.24	38300.00	不分配	93.83	2002/4/18
000415	汇通水利	0.124	0.123	0.167	/	1.88	1.812	0.331	-0.763	6.598	9.438	21099.59	25.54	2893.14	-25.99	2870.09	92888.27	43847.56	9572.39	23318.00	10派0.2元(含税)	84.14	2002/4/20
000416	健特生物	0.315	0.21	-0.4	-0.4	1.96	1.95	1.03	0.17	16.08	-23.01	24741.88	50.12	3585.28	178.50	2413.05	49426.72	22295.96	10627.92	19325.44	10派1元(含税)转增7(*)	94.06	2002/2/6
000417	合肥百货	0.4788	0.433	0.5857	0.3422	5.98	5.9	0.86	0.84	8.01	8.72	100350.18	27.39	4840.44	-1.90	4377.20	112451.94	60410.88	3650.40	10108.96	10派1元(含税)转增3	33.08	2002/3/23
000418	小天鹅A	0.0735	0.1054	0.5194	/	5.47	5.3408	0.2641	0.536	1.34	9.56	205422.51	-24.61	2683.01	-85.85	3846.70	342062.60	199546.77	7185.96	36510.38	10派0.14元(含税)	141.11	2002/4/9
000419	通程控股	0.1104	0.1072	0.2142	0.1923	3.1266	3.0806	0.4349	0.5832	3.53	6.9	64736.09	-1.73	1937.41	-48.46	1880.74	108928.87	54874.97	6508.14	17550.82	10派1元(含税)	114.87	2002/4/9
000420	吉林化纤	-0.26	-0.288	0.1	/	2.84	2.79	0.21	-0.74	-9.2	3.26	102093.57	17.97	-9867.89	-358.01	-10895.51	206507.82	107289.92	19420.86	37825.75	不分配	/	2002/3/22
000421	南京中北	0.135	0.13	0.129	0.156	2.087	1.81	0.1856	0.59	6.47	6.27	40188.15	16.90	2661.30	4.66	2560.76	94691.12	41153.24	7596.49	19718.30	10派1元(含税)	73.43	2002/2/28
000422	湖北宜化	0.189	0.221	0.2	0.194	3.61	3.6	0.794	0.504	5.24	7.61	57404.70	45.78	4050.82	8.09	4732.67	145169.32	77309.81	10885.04	21388.04	10派1元(含税)	48.73	2002/3/23
000423	东阿阿胶	0.402	0.378	0.399	0.411	2.814	2.812	0.165	0.839	14.301	11.758	45202.11	11.51	10966.83	31.05	10292.88	98591.26	76687.23	19175.34	27247.44	10派2元(含税)	29.57	2002/3/12
000425	徐工科技	0.17	0.17	0.21	0.19	1.97	1.78	0.072	0.15	8.76	11.57	151085.97	19.75	8564.75	17.99	8619.31	216123.37	97789.66	19420.24	49553.42	10派0.5元(含税)	104.55	2002/3/15
000426	富龙热力	0.28	0.284	0.353	/	4.552	4.373	0.082	0.665	6.159	8.884	19863.77	15.00	6219.34	-4.62	6295.75	162741.61	100981.23	7298.83	22183.95	10派0.25元(含税)送1转增1	39.24	2002/4/18
000428	华天酒店	0.286	0.21	0.218	0.18	3.67	3.66	0.4	1.035	7.8	6.88	22560.61	17.02	4940.93	42.74	3599.56	103652.65	63362.97	6084.00	17284.00	10派4元(含税)	43.03	2002/3/19
000429	粤高速A	0.13	0.12	0.16	0.16	2.65	2.63	0.38	0.19	4.77	4.03	62540.07	149.06	15893.00	19.47	15225.32	577520.14	333131.44	27453.08	125711.77	10派1元(含税)	46.91	2002/2/6
000430	张家界	0.095	0.02	-0.514	-0.32	1.14	1.05	0.83	-0.098	9.55	-110.05	4946.21	45.93	1738.90	118.42	381.52	35248.65	20841.95	7435.80	18360.00	不分配	106.75	2002/3/6
000488	晨鸣纸业	0.2847	0.2652	0.5102	0.3902	6.3694	6.3074	0.2917	0.322	4.47	8.08	240553.37	-0.25	14199.97	-38.62	13224.04	739213.44	317666.96	7700.00	49873.77	不分配	47.45	2002/4/25
000498	丹东化纤	-0.226	-0.24	0.001	/	1.33	1.31	0.346	-0.06	-16.99	0.094	81471.18	-2.94	-8806.39	-16111.12	-9413.43	158952.29	51835.35	17400.00	39000.00	不分配	/	2002/4/26

代码	简称	每股收益(元)				每股净资产(元)		每股经营现金流量(元)		净资产收益率(%)		主营收入(万元)		净利润(万元)			总资产(万元)	股东权益(万元)	最新流通A股(万股)	最新总股本(万股)	分配方案	最新市盈率(倍)	年报刊登日期
		2001年	扣除后	2000年	扣除后	2001年	调整后	2001年	2000年	2001年	2000年	2001年	同比(%)	2001年	同比(%)	扣除后							
000501	鄂武商A	-0.19	-0.1	0.05	0.05	1.92	1.28	0.32	0.33	-10.07	2.18	22536.13	11.92	-9831.01	-519.91	-5291.66	327896.94	97616.42	20427.31	50724.86	不分配	/	2002/4/4
000502	琼能源	-0.3124	-0.1947	0.035	/	1.1625	1.1164	0.0038	0.3139	-26.88	2.39	1574.78	-74.65	-4863.69	-992.42	-3031.04	35201.49	18096.91	5715.87	15566.85	不分配	/	2002/4/16
000503	海虹控股	0.2707	0.2115	0.2148	0.1848	1.2803	1.2466	0.0031	0.5125	21.14	21.25	33965.14	-11.88	9265.61	26.05	7240.20	93681.46	43822.56	11865.92	34228.72	不分配	54.60	2002/4/6
000504	赛迪传媒	0.0163	0.0214	0.09	/	1.0343	0.99	0.11	-0.01	1.58	8.49	17521.73	3571.47	509.33	-81.03	668.11	60098.28	32228.96	8675.59	31157.39	不分配	600.72	2002/2/6
000505	珠江控股	-0.1	-0.05	0.16	-0.05	1.03	0.95	-0.046	0.014	-9.79	13.93	9170.58	146.40	-3821.44	-163.19	-2025.27	71662.94	39048.28	11340.58	37765.08	不分配	/	2002/4/19
000506	东泰控股	0.107	0.0935	0.103	/	1.22	1.219	0.104	0.074	8.77	9.21	36197.34	33.91	2668.50	4.81	2328.63	69511.82	30428.86	14431.35	24910.17	不分配	105.58	2002/3/19
000507	粤富华	0.078	0.081	0.147	0.158	2.72	2.67	0.068	0.24	2.87	5.55	17150.78	-18.17	2689.44	-46.80	2808.79	130653.98	93831.89	19555.80	34499.74	不分配	89.67	2002/4/12
000509	天歌科技	0.0788	0.1024	0.1	/	2.878	2.78	0.226	0.257	2.74	6.72	31138.54	8.04	1969.51	-8.47	2561.28	116098.67	71953.71	15090.69	25000.99	不分配	116.15	2002/4/16
000510	金路集团	0.2	0.13	0.28	0.283	1.466	1.418	0.12	0.242	13.69	15.46	63396.30	25.95	9405.39	14.60	6234.45	172727.36	68717.49	30899.84	46860.17	不分配	49.77	2002/3/28
000511	银基发展	0.357	0.254	0.295	/	3.606	3.595	-1.61	-1.18	9.904	6.05	40363.54	71.92	9637.11	81.71	6853.84	184183.76	97301.92	17854.94	26982.14	不分配	23.24	2002/4/13
000513	丽珠集团	0.16	0.16	0.03	/	3	2.99	0.51	0.13	5.48	1.18	139579.20	18.43	5039.21	386.77	4962.09	167619.13	91897.18	11559.15	30603.55	10派0.3元(含税)	68.50	2002/4/19
000514	ST渝开发	-0.88	-0.88	0.004	-0.04	0.24	0.22	0.24	-0.02	-368.84	0.34	3674.55	-16.18	-10337.19	-23753.69	-10337.19	33624.21	2802.58	4324.32	11754.29	不分配	/	2002/4/17
000515	渝钛白	0.061	0.062	0.033	-0.01	1.14	1.05	0.296	0.51	5.37	2.57	21546.93	0.67	959.19	123.84	971.49	66363.64	17849.87	6652.80	15600.62	不分配	167.69	2002/4/13
000516	陕解放A	0.239	0.249	0.256	0.256	2.73	2.71	0.87	0.39	8.75	13.43	68111.13	-6.45	3115.33	1.13	3245.66	81095.00	35602.31	4344.65	13037.83	10派1.6元(含税)	56.83	2002/4/13
000517	甬成功	0.55	0.51	0.61	0.6	3.23	3.21	0.35	0.12	17.09	21.77	49481.05	142.97	4961.36	-8.99	4612.32	75758.38	29031.24	2780.18	8989.78	10派1元(含税)送2转增1	37.71	2002/3/12
000518	四环生物	0.43	0.426	0.387	0.372	5.48	5.45	0.16	0.18	7.79	25.25	36675.79	95.87	7637.96	47.66	7614.99	108194.37	98000.63	19343.47	28598.78	10派0.256元(含税)送0.3转增5.7股(*)	53.21	2002/1/22
000519	银河创新	0.1126	0.0147	0.189	0.127	2.29	2.27	-0.061	0.2	4.91	12.35	13432.95	7.58	1536.74	-36.30	201.27	47438.25	31267.85	5803.20	13653.83	不分配	99.24	2002/4/6
000520	中国凤凰	0.0868	0.0941	0.132	/	2.44	2.44	0.5	-0.22	3.56	5.43	90378.10	12.82	4507.87	-34.22	4883.45	148271.03	126473.14	29501.32	51916.88	10派0.8元(含税)	70.83	2002/3/29
000521	美菱电器	-0.85	-0.66	0.013	0.0127	2.49	2.36	-0.06	0.14	-34	0.4	129267.61	-3.46	-34954.99	-6425.24	-27532.93	225748.36	102796.07	15148.67	41364.29	不分配	/	2002/4/17
000522	白云山A	0.1	0.128	0.18	/	1.07	0.95	0.29	0.32	9.6	190.75	83336.33	25.21	3829.13	-43.06	4793.29	235071.20	39906.83	15654.44	37434.44	不分配	85.74	2002/4/22
000523	广州浪奇	0.02	0.02	0.01	0.01	2.2	2.01	0.35	0.05	0.9	0.49	58441.94	30.16	453.91	86.60	438.05	74781.80	50462.39	9418.67	22935.06	不分配	403.72	2002/4/13
000524	东方宾馆	-0.36	-0.35	0.07	0.06	2.19	2	0.11	0.17	-16.62	2.85	22639.18	0.91	-9813.78	-580.46	-9524.12	66570.91	59044.83	9891.10	26967.37	不分配	/	2002/4/10
000525	红太阳	0.2369	0.2376	0.241	0.2458	1.7246	1.6364	0.0709	0.4851	13.7342	9.0433	29996.87	33.88	6637.61	67.07	6657.10	84499.10	48328.91	12940.59	28023.88	10派0.8元(含税)	37.53	2002/4/9
000526	旭飞实业	0.193	0.161	0.173	0.173	1.986	1.986	0.174	0.207	9.72	9.63	16395.34	89.27	1530.20	11.77	1274.50	46044.78	15742.02	3277.53	7925.03	不分配	69.04	2002/3/16
000527	粤美的A	0.52	0.42	0.59	/	4.31	3.81	1.69	0.77	12.01	14.7	1052530.26	19.53	25109.20	-11.68	20327.76	765288.53	209128.53	29036.29	48488.97	10派2元(含税)	18.19	2002/3/27
000528	桂柳工A	0.0655	0.075	0.0004	0.0076	2.1492	2.1233	0.1561	0.1211	3.0465	0.0204	97756.71	27.82	2144.55	14924.18	2456.35	125925.97	70393.99	11963.68	32753.68	10派0.5元(含税)	111.19	2002/4/18
000529	粤美雅A	-0.81	-0.82	0.01	0.01	3.16	3.13	0.34	-0.31	-25.63	0.33	50800.80	-27.85	-32083.76	-6267.22	-32673.68	233616.82	125115.09	21605.81	39651.59	不分配	/	2002/4/17
000530	大冷股份	0.254	0.254	0.23	0.23	3.25	3.23	0.128	0.117	7.82	7.42	90214.82	12.67	8891.85	10.59	8887.42	185312.02	113748.86	9837.02	35001.50	10派1元(含税)	34.99	2002/4/10
000531	穗恒运A	0.242	0.289	0.22	/	2.175	2.159	0.979	0.55	11.12	10.57	86087.43	28.87	6445.52	9.20	7697.83	160678.87	57979.12	10782.16	26652.13	10派1.6元(含税)	36.93	2002/3/28
000532	粤华电A	0.11	0.12	-0.71	-0.118	1.86	1.83	-0.03	0.25	5.9	-40.92	2004.74	/	2391.62	115.32	2673.73	42406.25	40536.71	9353.61	21839.22	10派0.5元(含税)	104.10	2002/3/26
000533	ST万家乐	-1.6998	-0.4596	0.01	/	0.4281	0.273	-0.6256	0.24	-397.07	0.45	112282.00	6.17	-97855.67	-17942.21	-26456.89	270803.72	24644.26	20370.56	57568.00	不分配	/	2002/4/22
000534	汕电力A	0.0373	0.037	0.0654	/	2.6368	2.6174	0.0697	0.061	1.413	2.5177	8987.40	4.02	775.94	-43.07	770.16	55563.24	54914.38	8821.47	20826.13	不分配	231.36	2002/3/15
000535	ST猴王	0.017	-0.16	-2.22	-2.02	-1	-1.01	-0.01	-0.01	/	/	2855.60	-32.49	527.48	100.78	-4305.79	39793.57	-30340.20	17017.14	30272.32	不分配	346.64	2002/4/25
000536	PT闽闽东	0.09	-0.004	-0.35	-0.25	-0.15	-0.18	0.43	-0.03	/	-303.81	9256.72	-13.45	1042.94	124.48	-53.62	29309.13	-1889.09	4545.92	12192.72	不分配	92.59	2002/4/26
000537	南开戈德	0.165	0.158	0.54	0.5	2.06	2	0.29	-0.06	8	14.93	51395.09	13.14	6696.62	-42.21	6399.83	147383.72	83740.96	16622.83	40614.86	10派0.7元(含税)	86.85	2002/3/20
000538	云南白药	0.404	0.39	0.26	/	2.25	2.2	0.43	0.57	18	12.79	90029.93	13.20	7513.70	55.24	7323.05	84399.27	41750.67	5875.05	18581.80	10派2元(含税)	50.13	2002/3/1

代码	简称	每股收益(元)				每股净资产(元)		每股经营现金流量(元)		净资产收益率(%)		主营收入(万元)		净利润(万元)			总资产(万元)	股东权益(万元)	最新流通A股(万股)	最新总股本(万股)	分配方案	最新市盈率(倍)	年报刊登日期
		2001年	扣除后	2000年	扣除后	2001年	调整后	2001年	2000年	2001年	2000年	2001年	同比(%)	2001年	同比(%)	扣除后							
000539	粤电力A	0.398	0.401	0.377	0.389	2.28	2.19	0.76	0.66	17.48	20.49	544094.22	26.88	105776.88	9.02	106748.33	1219308.05	605264.64	39147.60	265940.40	10派2.2元(含税)	28.69	2002/4/10
000540	世纪中天	0.125	0.0145	1.1934	/	1.44	1.3656	-0.452	0.0595	8.69	52.89	20401.28	-4.74	4086.86	-82.19	473.50	110177.62	47054.43	11262.98	32681.15	不分配	166.57	2002/4/18
000541	佛山照明	0.484	0.494	0.45	0.438	5.32	5.29	0.75	0.48	9.09	8.59	82371.17	19.85	17334.87	7.57	17695.09	224230.24	190699.66	14684.20	35844.83	10派4元(含税)	27.42	2002/3/27
000542	TCL通讯	0.115	0.42	-0.444	/	1.494	1.348	2.17	-0.04	7.67	-31.08	276901.82	200.02	2154.38	125.78	7855.40	186391.43	28098.00	8142.42	18810.88	不分配	168.87	2002/4/27
000543	皖能电力	0.2183	0.1564	0.2527	0.1739	3.01	3	0.26	0.23	7.24	8.66	67178.78	-2.58	16871.88	-13.63	12086.75	272121.60	232918.16	14055.09	77300.88	10派1.25元(含税)	35.74	2002/3/27
000544	豫白鸽A	-0.36	-0.3621	0.01	/	0.18	0.09	0.35	0.86	-201.97	1.92	51333.56	-17.86	-9774.44	-3577.54	-9756.36	118642.49	4839.49	10874.15	26945.98	不分配	/	2002/4/30
000545	恒和制药	-0.077	-0.05	0.036	/	1.05	1.03	-0.053	0.025	-7.33	2.99	14822.01	-0.52	-1048.71	-318.06	-587.47	33060.53	14306.10	6809.58	13563.58	不分配	/	2002/4/30
000546	PT吉轻工	0.133	-0.167	-0.713	-0.379	0.04	-0.208	-0.05	0.007	333.81	/	138.17	-95.34	2258.54	118.70	-2838.40	31768.68	676.60	8470.35	16950.65	不分配	48.86	2002/4/30
000547	闽福发A	0.18	0.133	0.25	/	3.5	3.46	1.46	0.57	5.1	7.37	25117.24	11.49	2185.00	-27.02	1629.30	109421.86	42829.47	7356.33	12242.32	不分配	57.04	2002/4/12
000548	湖南投资	0.239	0.228	0.109	0.209	3.06	3.05	0.159	0.253	7.81	6.37	30309.98	95.67	8131.49	157.33	7771.91	159743.20	104102.58	17620.48	34060.80	不分配	37.41	2002/3/27
000549	湘火炬A	0.1566	0.1213	0.2351	0.3851	2.2653	2.1667	0.0937	0.055	6.91	6.77	221344.68	45.83	6517.11	6.59	5048.79	302821.76	94266.88	26601.07	41612.74	10派0.5元(含税)转增5	154.33	2002/4/12
000550	江铃汽车	0.12	0.19	0.06	/	1.87	1.51	0.79	1.21	6.24	3.63	337907.19	19.62	10084.78	82.15	16376.60	366663.55	161636.44	11753.05	86321.40	不分配	80.97	2002/4/9
000551	创元科技	0.22	0.19	0.14	/	2.06	2.03	0.14	1.02	10.6	7.09	62925.59	85.30	5281.57	55.35	4712.34	104814.06	49849.59	11079.43	24172.64	10派1.5元(含税)	41.28	2002/2/27
000552	甘长风A	0.06	0.04	0.17	/	1.26	/	-0.014	-0.084	4.95	14.31	17366.65	-12.46	1111.69	-62.43	745.80	46287.06	22478.91	6679.20	17787.00	不分配	147.68	2002/4/23
000553	沙隆达A	0.035	0.033	0.0022	0.031	3.28	3.1	0.38	0.35	1.08	0.07	96378.84	5.55	1049.68	1521.80	977.40	164277.78	97370.02	9719.21	29696.16	不分配	267.63	2002/4/20
000554	泰山石油	0.096	0.1	0.383	/	1.593	1.436	0.054	0.523	6.03	15.79	114216.85	7.22	4622.22	-62.30	4809.66	107019.01	76596.64	29484.00	48079.33	不分配	103.71	2002/4/20
000555	太光电信	0.05	0.02	0.006	/	1.19	1.19	-0.41	0.09	3.88	0.5	10699.46	14472.35	379.53	668.37	171.27	29630.08	9772.45	2200.00	8182.77	不分配	398.00	2002/4/19
000556	PT南洋	-0.174	/	-0.17	/	0.74	0.71	-0.04	-0.01	/	/	/	/	-4328.54	-3.53	-2274.85	18383.69	18383.69	11742.30	24871.81	不分配	/	2002/4/30
000557	银广夏A	-0.78	-0.39	-0.39	0.04	-1.66	-2.14	0.27	/	/	/	14520.90	11.48	-39444.14	-190.41	-19534.31	139056.01	-83872.49	28081.95	50526.14	不分配	/	2002/4/30
000558	莱茵置业	0.0273	0.0282	0.0888	0.0149	1.424	1.398	-0.1735	0.183	1.92	6.42	3721.68	-31.92	319.74	-69.27	330.02	35353.51	16682.98	5050.44	11716.44	不分配	455.12	2002/4/20
000559	万向钱潮	0.331	0.308	0.518	0.488	3.46	3.46	0.69	0.86	9.55	15.79	109684.10	-10.83	12118.38	-17.29	11264.98	206879.98	126833.46	13580.77	36628.12	10派4元(含税)	35.00	2002/3/30
000560	ST昆百大	-1.0976	-0.9574	-0.5963	/	0.11	-0.27	-0.09	/	-983.79	-49.54	62356.92	-15.98	-14751.89	-84.07	-12867.96	95232.06	1499.50	6240.00	13440.00	不分配	/	2002/4/17
000561	陕长岭A	-0.815	-0.584	0.025	-0.151	1.2246	1.008	-0.189	0.162	-66.55	1.24	60536.64	-4.93	-32354.40	-3317.77	-23202.88	132992.02	48617.59	24208.77	39701.26	不分配	/	2002/4/18
000562	宏源证券	0.0867	0.0864	0.1457	/	1.171	1.101	0.18	3.624	7.4	13.44	33196.31	-6.61	4494.29	-40.53	4431.45	572828.13	60753.87	15228.49	51874.52	不分配	102.15	2002/4/18
000563	陕国投A	0.12	0.1166	0.159	/	1.63	1.45	0.339	2.99	7.27	10.21	24887.28	-16.88	3720.07	-25.66	3663.31	391520.70	51161.92	12629.45	31418.70	10派0.5元(含税)	70.27	2002/2/9
000564	西安民生	0.1691	0.2113	0.1693	0.1693	2.76	2.74	0.7	0.41	6.123	6.29	80496.62	-1.64	3416.07	-0.13	4268.80	95217.73	55790.45	13664.16	20200.70	不分配	48.55	2002/3/20
000565	渝三峡A	0.013	0.011	0.015	/	2.02	1.96	0.0126	0.07	0.65	0.7	26867.65	-8.82	229.53	-5.72	185.85	47885.57	35119.18	8730.49	17343.69	不分配	735.98	2002/3/29
000566	ST海药	-1.31	-0.28	-0.31	-0.27	-1.23	-1.35	0.07	0.04	-106.08	-413.55	19333.80	10.17	-26461.04	-326.09	-5575.47	39968.53	-24943.79	8354.90	20234.90	不分配	/	2002/4/19
000567	ST琼海德	-0.589	-0.496	-0.273	-0.48	0.256	0.106	0.0048	-0.02	-230.36	-26.41	1220.29	29.40	-8908.47	-115.86	-7504.56	31100.19	3867.25	6048.00	15120.00	不分配	/	2002/4/17
000568	泸州老窖	0.17	0.17	0.34	/	2.59	2.56	0.36	0.06	6.71	12.63	99667.55	5.47	8509.66	-47.46	8536.57	215377.95	126743.31	12313.41	48893.46	不分配	47.63	2002/2/27
000569	川投长钢	0.029	0.025	0.086	0.071	1.16	0.9997	0.009	0.005	2.52	7.65	161547.76	9.29	2033.36	-66.04	1704.51	213745.31	80635.98	14792.94	69514.22	不分配	194.87	2002/3/30
000570	苏常柴A	-1.02	-1.02	0.11	0.07	3.31	3.19	0.44	-0.47	-30.8	2.34	174348.74	-22.20	-38142.86	-1190.18	-38015.00	292650.42	123942.06	11102.56	37424.96	不分配	/	2002/4/12
000571	ST新大洲	-0.2	-0.22	-0.17	/	1.14	1.11	0.27	/	-17.89	-12.27	14316.43	-19.72	-15030.47	-23.66	-15995.79	130915.68	84017.93	33716.48	73606.40	不分配	/	2002/3/29
000572	ST金盘	-0.59	-0.37	0.02	-0.072	0.24	0.08	0.05	0.11	-247	2.38	7088.75	107.35	-12709.84	-2724.36	-8014.42	73764.57	5144.20	8678.61	21589.45	不分配	/	2002/4/17
000573	粤宏远A	0.01	0.0065	0.0153	-0.0062	2.988	2.86	0.11	0.17	0.3	0.51	24425.31	30.82	404.03	-41.57	295.07	226077.01	134863.42	29211.04	45128.39	不分配	640.02	2002/3/30
000576	广东甘化	0.11	0.02	0.05	0.1	3.93	3.63	0.35	0.24	2.86	1.26	85613.39	11.25	2779.21	133.07	571.67	197763.51	97191.23	10310.33	24759.86	不分配	72.79	2002/4/6

代码	简称	每股收益(元)				每股净资产(元)		每股经营现金流量(元)		净资产收益率(%)		主营收入(万元)		净利润(万元)			总资产(万元)	股东权益(万元)	最新流通A股(万股)	最新总股本(万股)	分配方案	最新市盈率(倍)	年报刊登日期
		2001年	扣除后	2000年	扣除后	2001年	调整后	2001年	2000年	2001年	2000年	2001年	同比(%)	2001年	同比(%)	扣除后							
000578	数码网络	0.13	0.14	0.18	0.11	1.5	1.49	0.03	-0.2	8.85	12.9	77018.14	25.37	2627.31	-27.89	2809.76	69129.22	29682.24	6876.38	19815.34	10派0.4元(含税)	75.04	2002/3/23
000581	威孚高科	0.35	0.33	0.3	0.27	3.86	3.85	0.38	0.06	8.94	8.17	98321.62	15.51	15071.95	13.69	14543.93	217026.91	168533.62	21583.83	43636.62	10派2元(含税)	29.85	2002/4/23
000582	北海新力	0.013	-0.02	0.082	0.04	2.711	2.627	0.176	0.035	0.49	3.04	10558.01	3.17	250.14	-83.82	-447.80	89089.30	51094.44	5720.00	18847.00	不分配	809.96	2002/4/18
000583	托普软件	0.726	0.45	0.81	/	10.85	10.63	0.3884	1.0833	6.69	8.07	71099.91	71.13	8852.17	-10.50	5340.26	241905.36	132346.00	6877.86	12192.43	10派1元(含税)转增9	39.38	2002/3/30
000584	蜀都A	0.0885	0.078	0.0935	0.0487	1.43	1.28	0.087	0.05	6.18	6.81	11772.61	-14.63	1789.52	-5.35	1577.11	75479.89	28940.70	8574.28	20223.50	不分配	167.48	2002/4/13
000585	ST东北电	-0.92	-0.74	-0.416	-0.4166	0.38	0.34	0.21	-0.047	-241.28	-32.3	128194.17	-2.89	-80380.67	-121.07	-43667.20	388418.96	33313.78	14360.00	87337.00	不分配	/	2002/4/19
000586	ST川长江	-0.251	-0.261	-0.291	/	1.364	1.323	-0.109	-0.089	-18.38	-18.14	35981.59	-11.60	-4850.35	13.82	-5052.26	40358.36	26391.04	6084.00	19344.00	不分配	/	2002/4/5
000587	光明家具	0.2	0.152	0.259	0.248	2.49	2.47	0.06	0.1	8.02	11.24	25760.96	-16.16	3708.14	-22.78	2814.39	79317.63	46252.51	8343.89	18571.16	不分配	46.78	2002/3/23
000589	黔轮胎A	-0.296	-0.3	0.043	0.02	3.185	2.868	0.216	-0.233	-9.29	1.27	130030.28	16.50	-7525.52	-784.08	-7675.42	240736.17	81010.06	12453.62	25432.71	不分配	/	2002/4/25
000590	紫光古汉	-0.29	-0.2	0.07	0.04	1.38	1.3	-0.25	0.04	-21.32	4.24	24567.84	-13.35	-5967.04	-509.08	-4022.21	69504.99	27994.21	6352.87	20302.84	不分配	/	2002/4/16
000591	桐君阁	0.308	0.3	0.251	/	2.68	2.47	0.31	0.47	11.51	10.59	87618.28	48.70	3077.44	22.85	3056.80	69975.37	26740.00	3480.00	9986.62	10送1	48.03	2002/3/7
000592	ST中福	-0.359	-0.11	0.049	-0.1205	0.659	0.448	-0.02	/	-54.52	8.53	7831.45	-45.52	-10575.49	-833.03	-3227.88	117088.20	19396.73	8730.82	29440.47	不分配	/	2002/3/30
000593	成都华联	0.07	0.07	0.24	0.23	1.77	1.75	-0.01	0.36	3.98	7.07	31915.87	0.78	1218.38	-41.94	1158.97	54445.10	30632.16	5655.55	17300.66	10送1	179.20	2002/4/17
000595	西北轴承	0.0112	0.0222	0.0397	0.0596	2.4299	2.33	0.1384	-0.0168	0.4608	1.6488	38483.25	-18.83	195.92	-71.76	388.33	112510.88	42513.19	6583.25	17495.99	不分配	977.86	2002/4/3
000596	古井贡A	0.29	0.12	0.63	0.63	4.84	4.83	0.25	0.34	5.9	13.2	80739.29	-11.83	6704.67	-54.44	2798.00	152197.08	113726.13	1997.55	23500.00	10派2元(含税)	55.87	2002/3/13
000597	东北药	0.0316	0.0068	0.0641	/	2.91	1.51	0.26	/	1.09	2.23	144198.00	20.41	958.71	-50.77	207.23	275597.09	88323.60	10881.00	30381.00	不分配	281.72	2002/4/26
000598	蓝星清洗	0.33	0.33	0.42	0.41	4.47	4.59	0.19	0.37	7.35	11.31	28289.90	14.62	5790.31	-9.92	5796.13	105291.22	78829.07	9886.50	17626.50	10派0.25元(含税)送1	36.16	2002/4/5
000599	青岛双星	0.307	0.299	0.131	0.114	3.869	3.817	0.63	0.4	7.95	4.15	114704.77	107.37	5242.18	202.58	5097.18	163662.14	65978.10	6558.96	17051.46	10派1.5元(含税)送1	39.72	2002/4/5
000600	国际大厦	0.0131	0.0086	0.0211	/	1.9812	1.9069	0.7749	-0.1343	0.66	1.07	16201.37	22.42	201.57	-37.76	131.92	58131.07	30457.23	4603.80	15373.34	10派0.2元(含税)	851.90	2002/3/15
000601	韶能股份	0.34	0.31	0.34	/	4.52	4.48	0.5	0.46	7.43	7.83	61367.09	8.64	13124.41	0.21	12162.44	301980.75	176586.72	17157.90	39038.05	10派1元(含税)	26.23	2002/3/28
000602	金马集团	0.03	0.03	-0.24	-0.22	1.22	1.22	0.42	0.001	2.29	-20.05	5950.10	9.31	281.93	111.75	292.30	27588.11	12277.68	4367.20	10050.00	不分配	649.13	2002/3/26
000603	ST威达	-0.79	-0.07	0.019	0.019	0.22	/	-0.003	0.014	-365.66	1.78	1568.07	-54.51	-8833.33	-4245.67	-780.73	15111.52	2415.73	2850.00	11186.25	不分配	/	2002/4/23
000605	四环药业	0.1007	0.103	0.01	/	1.2474	1.2101	0.2762	0.05	8.07	1.18	3582.77	-33.76	831.00	647.65	849.92	21053.61	10291.46	2062.50	8250.00	10派0.2元(含税)	170.86	2002/4/6
000606	青海明胶	0.0947	0.0958	0.2215	0.2275	1.81	1.81	0.46	-0.25	5.24	6.46	11858.47	35.96	1436.70	-14.51	1453.84	43891.80	27439.06	6396.00	15170.20	不分配	190.70	2002/2/8
000607	华立控股	0.3202	0.33	0.3848	0.4	1.56	1.52	0.75	0.896	20.5	22.68	131965.11	18.62	6114.86	4.01	6322.16	113190.22	29828.11	5625.00	19097.50	10派1元(含税)	55.44	2002/2/4
000608	阳光股份	0.28	0.19	0.42	/	2.33	2.28	-0.35	-0.14	12.04	20.57	44410.80	-47.26	5847.80	-33.45	3903.10	104343.50	48559.30	9750.08	20860.02	不分配	39.56	2002/3/30
000609	燕化高新	0.181	0.185	0.172	0.262	2.97	2.94	0.01	0.31	6.09	6.13	22777.40	22.00	2340.20	5.01	2394.99	42487.84	38463.78	4912.13	12960.67	10派0.2元(含税)	72.55	2002/3/9
000610	西安旅游	0.01	0.024	0.09	/	2.08	1.82	0.2	0.18	0.43	4.3	9357.76	-14.60	150.67	-90.08	399.00	43182.94	34795.28	5304.00	16759.79	10派0.4元(含税)	1183.52	2002/3/16
000611	民族集团	-0.28	-0.26	0.0048	0.0035	1.42	1.29	0.44	-0.037	-19.84	0.28	19212.63	-14.69	-4942.26	-6005.81	-4489.29	54195.69	24906.72	7548.15	17504.06	不分配	/	2002/3/16
000612	焦作万方	0.173	0.176	0.179	0.16	2.206	2.007	0.458	-0.322	7.836	8.807	129170.81	94.16	4660.76	-3.38	4744.36	172593.54	59477.70	10154.16	26964.76	不分配	48.14	2002/3/7
000613	PT东海A	0.005	-0.039	-0.16	-0.089	0.02	0.005	0.012	-0.0004	24.24	-1870.77	2265.16	2.37	178.22	103.15	-1437.41	22024.01	735.21	4510.00	36410.00	不分配	1150.18	2002/4/12
000615	湖北金环	0.17	0.17	0.21	0.24	3.55	3.54	-0.55	0.17	4.77	6.08	79852.40	154.49	2622.01	-17.57	2597.95	99792.47	54979.41	7096.11	15490.85	不分配	65.52	2002/3/30
000616	大连渤海	0.1	0.1	0.302	0.309	3.25	3.05	-0.94	-0.94	3.15	8.8	8476.24	468.68	1490.51	-41.53	1488.94	85725.97	47283.15	6747.93	14534.00	不分配	117.11	2002/4/30
000617	石油济柴	0.1935	0.15	0.00714	/	1.661	1.6196	-0.0313	0.0818	11.647	0.4876	23079.85	1.31	2012.12	2609.25	1519.53	45623.59	17276.17	3250.00	10400.00	不分配	73.55	2002/3/12
000618	ST吉化	-0.51	-0.4791	-0.25	/	1.09	1.04	0.67	0.04	-46.45	-15.45	1191408.25	-13.96	-180302.16	-105.18	-170600.00	1453195.15	388174.46	19998.58	356107.80	不分配	/	2002/4/23
000619	海螺型材	1.26	1.27	0.37	0.34	2.58	2.57	1.49	0.36	48.76	24.98	107775.24	69.70	18843.66	153.85	18978.43	100002.71	38642.46	8100.00	18000.00	10派2元(含税)(*)	19.45	2002/1/30

代码	简称	每股收益(元)				每股净资产(元)		每股经营现金流量(元)		净资产收益率(%)		主营收入(万元)		净利润(万元)			总资产(万元)	股东权益(万元)	最新流通A股(万股)	最新总股本(万股)	分配方案	最新市盈率(倍)	年报刊登日期
		2001年	扣除后	2000年	扣除后	2001年	调整后	2001年	2000年	2001年	2000年	2001年	同比(%)	2001年	同比(%)	扣除后							
000620	ST圣方科	-0.26	-0.24	0.16	0.13	2.16	2.16	-0.38	-0.21	-12.14	6.49	51556.02	273.83	-8153.42	-266.93	-7617.38	115945.25	67160.82	15048.00	31162.70	不分配	/	2002/4/27
000621	比特科技	-0.09	-0.15	0.23	/	2.13	1.97	-0.87	0.02	-4.29	10.17	3911.09	498.05	-1369.32	-140.54	-2304.92	60945.56	31906.02	5567.69	14968.32	不分配	/	2002/4/19
000622	岳阳恒立	0.0553	0.0358	0.0899	0.0824	1.4468	/	0.009	0.18	3.82	6.46	17306.84	-16.26	784.18	-38.48	506.78	49935.45	20507.42	6590.16	14174.20	不分配	172.62	2002/3/13
000623	吉林敖东	0.326	0.258	0.346	0.33	4.9	4.84	0.594	0.33	6.66	7.59	35963.45	14.47	7616.85	-6.05	6031.37	155216.63	114427.71	12494.32	23366.46	不分配	33.50	2002/3/8
000625	长安汽车	0.13	0.13	0.1204	/	2.1	2.08	0.8	0.72	6.22	6	733180.58	9.38	16021.55	8.51	15593.92	663674.97	257431.08	16797.90	122666.60	10派0.4元(含税)	45.78	2002/3/12
000626	如意集团	0.195	0.207	0.02	0.02	1.32	1.27	-0.51	-0.31	14.86	1.39	339621.76	27.73	2638.05	1139.90	2790.18	84855.34	17753.37	3375.00	13500.00	10派0.2元(含税)	87.51	2002/4/2
000627	百科药业	0.07	0.06	0.13	0.12	1.33	1.3	0.072	-0.02	5.41	6.99	35601.21	10.58	3722.71	3.64	3485.30	98908.77	68869.73	14879.13	51721.30	10派0.125元(含税)送0.5转增1	195.34	2002/4/16
000628	倍特高新	0.0228	0.0268	0.0196	0.0192	2.73	2.54	0.6293	0.0351	0.83	0.72	69393.46	47.85	440.79	16.32	518.39	180586.87	52810.63	8640.00	19356.00	10派0.11元(含税)	418.04	2002/4/13
000629	新钢钒	0.47	0.56	0.45	0.47	4.31	3.9	1.33	1.73	10.92	11.16	750262.32	-1.12	48131.82	4.40	56878.52	724081.68	440659.80	29980.00	102330.01	10派2元(含税)	15.12	2002/3/12
000630	铜都铜业	0.25	0.26	0.3	0.3	4.1	4.09	0.59	0.25	6.1	7.23	189261.28	-5.75	11635.45	-15.40	11899.20	299784.42	190835.66	18252.00	46555.60	10派1元(含税)	29.17	2002/3/16
000631	兰宝信息	0.1881	0.1844	0.1999	0.2027	2.968	2.9543	0.0965	0.5465	6.34	5.14	41751.74	55.10	4522.94	31.79	4432.04	131321.66	71342.36	11466.00	24036.96	不分配	47.25	2002/3/2
000632	三木集团	0.1884	0.1684	0.1927	/	3.828	3.767	-0.6248	-0.498	4.92	6.11	109015.27	25.84	3305.88	5.09	2955.56	198361.07	67179.92	5307.09	17551.30	10派1元(含税)转增2	82.50	2002/4/18
000633	合金投资	0.0688	0.065	0.1384	0.0939	1.3553	1.2985	0.2837	-0.698	5.07	10.72	75016.80	-11.07	2206.82	-50.31	2085.18	143251.82	43495.08	13875.29	32092.20	不分配	478.00	2002/4/18
000635	民族化工	-1.72	-0.82	0.16	/	1.6	1.6	-1.06	-0.21	-107.49	4.85	-12179.83	-162.66	-19695.43	-1175.35	-9411.43	54901.54	36578.43	5200.00	11456.20	不分配	/	2002/4/30
000636	风华高科	0.081	0.085	0.677	/	3.885	3.832	0.0496	0.41	2.08	17.6	96334.64	-29.65	4283.17	-88.07	4484.62	287161.79	206029.35	20041.89	53033.10	10派0.4元(含税)	138.06	2002/4/17
000637	茂化实华	0.246	0.241	0.311	0.34	2.186	2.083	0.165	0.535	11.23	9.98	125357.68	-10.64	5929.81	21.12	5829.08	58823.50	52787.25	8252.82	24148.80	10派1元(含税)转增2	72.69	2002/4/13
000638	ST辽国际	-0.62	-0.32	0.007	-0.176	0.39	0.19	-0.02	0.06	-158.59	0.7	18763.76	-33.33	-9597.23	-8972.40	-5326.33	52093.02	6051.42	8840.00	15470.00	不分配	/	2002/4/24
000639	庆云发展	0.104	0.1	0.0522	/	1.13	1.037	0.245	0.1517	9.21	4.9689	7496.04	39.29	756.88	99.06	746.75	18002.42	8214.36	3280.97	7286.49	不分配	191.09	2002/2/5
000650	九江化纤	-0.06	-0.06	0.2	0.2	1.66	1.66	0.02	-0.33	-3.83	6.35	22510.38	-4.67	-1271.32	-158.35	-1271.32	71194.23	33158.30	6570.72	20010.24	不分配	/	2002/4/19
000651	格力电器	0.51	0.51	0.7	/	3.21	3.21	-0.06	2.42	15.82	15.48	658797.68	6.64	27281.13	9.29	27546.26	692227.65	172465.51	21294.00	53694.00	10派3元(含税)	18.36	2002/3/16
000652	泰达股份	0.4	0.39	0.529	0.529	4.32	4.29	0.52	0.366	9.22	21.49	37405.64	-2.13	11952.22	-14.75	11720.80	256803.38	129656.31	13756.58	30027.96	10送5	38.59	2002/3/28
000653	ST九州	-1.58	/	-3.15	/	-4.27	-4.28	0.04	0.14	/	/	7096.97	-8.24	-46882.52	49.80	-29834.15	17951.20	-126816.74	21704.64	29671.14	不分配	/	2002/4/11
000655	华光陶瓷	0.2	0.15	0.19	0.14	3.01	2.84	1.49	0.02	6.54	6.44	30028.79	-7.54	2482.65	3.15	1872.70	129272.54	37959.16	3504.92	12590.78	10派1.5元(含税)送1.5	67.76	2002/3/26
000656	ST东源	-0.19	-0.16	0.01	/	1.22	1.02	-0.07	-0.1	-15.2	0.69	38192.56	-19.21	-3829.95	-1998.74	-3212.54	71246.73	25193.81	7369.76	20582.18	不分配	/	2002/4/25
000657	中钨高新	0.194	0.205	0.209	/	3.041	3.032	0.062	-0.526	6.37	7.1	116808.18	16.50	3315.32	-7.35	3515.25	101638.56	52023.69	7452.00	17108.13	不分配	57.38	2002/4/9
000658	ST海洋	-3.221	-1.5753	-1.373	/	-3.103	-3.105	-0.439	0.253	/	/	61.05	-94.00	-50575.18	-134.63	-24735.11	5914.52	-48729.59	9971.50	15702.16	不分配	/	2002/4/13
000659	珠海中富	0.227	0.226	0.237	0.235	3.22	3.16	0.202	0.37	7.05	7.68	85103.65	16.38	8602.06	-4.32	8558.91	249102.05	121931.32	17130.75	37879.25	10派1元(含税)	35.01	2002/3/16
000660	南华西	-0.437	-0.6171	0.1431	/	2.3583	2.2122	-0.0024	0.1996	-18.531	5.1042	13308.13	-44.49	-5808.61	-405.49	-8201.78	111559.93	31345.26	3923.23	13291.33	不分配	/	2002/4/19
000661	长春高新	0.03	0.03	0.13	/	3.45	3.26	0.196	1.58	0.96	3.76	40667.32	29.49	432.61	-74.30	444.54	126171.86	45288.58	7980.34	13132.66	不分配	312.67	2002/4/20
000662	广西红日	0.2291	0.0217	-0.6703	-0.6673	1.3932	1.3805	0.5788	0.3744	16.44	-175.08	3038.46	78.69	2454.19	134.18	232.95	41501.63	14926.53	3857.25	10713.75	不分配	61.55	2002/3/18
000663	永安林业	0.047	0.014	0.074	0.072	1.819	1.763	0.28	0.34	2.61	4.2	30716.43	-14.15	793.41	-36.23	231.12	85728.29	30416.82	5921.28	16723.26	不分配	206.56	2002/3/22
000665	武汉塑料	0.22	0.2	0.19	0.17	3.17	3.15	0.32	0.31	7.03	6.29	48019.25	8.37	3143.60	20.19	2799.64	78078.68	44711.29	5001.38	14096.95	10派0.69元(含税)	51.53	2002/3/14
000666	经纬纺机	0.2	0.2	0.21	0.22	3.6	3.51	0.15	0.41	5.65	6.1	221523.93	22.52	12288.80	-3.50	12306.30	401205.57	217549.23	20300.00	60380.00	10派0.6元(含税)	38.47	2002/4/2
000667	华一投资	0.0111	0.0059	0.0093	0.0303	1.9838	1.8104	-0.0912	0.1172	0.5604	0.4704	13077.39	12.77	272.42	19.61	144.30	61515.49	48608.95	6358.80	24502.80	不分配	953.41	2002/3/26
000668	武汉石油	0.12	0.13	0.19	0.19	2.24	1.96	0.16	0.54	5.28	8.8	126852.14	9.21	1736.86	-37.24	1971.44	99279.68	32880.37	4170.24	14684.19	10派0.2元(含税)	101.71	2002/3/30
000669	中讯科技	0.1005	0.1049	0.1374	0.1374	1.218	1.218	0.0141	-0.005	8.25	11.87	4998.36	5.14	620.03	-26.85	647.04	14383.93	7511.33	2299.00	6167.00	10派0.4元(含税)	169.38	2002/3/14

代码	简称	每股收益(元)				每股净资产(元)		每股经营现金流量(元)		净资产收益率(%)		主营收入(万元)		净利润(万元)			总资产(万元)	股东权益(万元)	最新流通A股(万股)	最新总股本(万股)	分配方案	最新市盈率(倍)	年报刊登日期
		2001年	扣除后	2000年	扣除后	2001年	调整后	2001年	2000年	2001年	2000年	2001年	同比(%)	2001年	同比(%)	扣除后							
000670	天发股份	0.0082	-0.071	0.22	/	4.021	4.005	-0.457	/	0.2	7.53	116511.88	-5.25	223.43	-95.73	-1927.04	199482.49	109457.20	15466.88	27220.91	不分配	946.63	2002/4/17
000671	石狮新发	0.03	0.04	0.2	/	1.78	1.7	0.12	-0.036	1.65	11.31	5370.43	-30.93	279.64	-85.56	375.09	28704.23	16935.53	2910.50	9517.31	不分配	493.49	2002/4/16
000672	铜城集团	0.077	0.077	0.17	0.12	2.37	2.14	-0.32	-0.24	3.24	9.15	12337.37	34.80	834.42	-23.97	838.02	77765.73	25717.68	5038.06	10855.00	10派0.2元(含税)转增4	181.48	2002/3/28
000673	大同水泥	0.085	0.13	0.123	0.17	1.672	1.638	0.028	0.029	5.083	7.774	15699.60	6.06	1473.53	-31.12	2192.45	41533.56	28991.82	5100.00	17340.00	不分配	117.56	2002/4/19
000675	ST银山	-1.31	-1.2	-0.54	/	-1.21	-1.26	0.07	0.22	-108.33	-631.47	21512.78	2.48	-14971.55	-142.09	-13698.00	47328.02	-13820.23	3310.91	11435.03	不分配	/	2002/4/24
000676	思达高科	0.11	0.1	0.17	0.17	1.16	1.16	0.02	0.12	9.33	12.19	14833.86	13.84	3579.94	22.13	3211.75	63113.13	36445.40	9775.00	31458.60	10派0.6元(含税)	138.14	2002/3/23
000677	山东海龙	0.19	0.18	0.22	0.22	1.92	1.89	0.3	0.006	10.11	12.51	54636.25	-3.91	3213.87	-10.07	2929.15	105383.41	31786.95	5054.40	16565.80	10送1	55.15	2002/2/28
000678	ST襄轴	-0.65	-0.61	-0.67	-0.47	2.85	2.64	0.414	-0.332	-23.04	-19.17	25245.02	19.69	-9209.13	1.97	-8548.52	81127.97	39973.43	7890.16	14044.00	不分配	/	2002/3/26
000679	大连友谊	0.23	0.19	0.197	0.187	2.54	2.42	/	0.898	9.07	8.15	66631.71	5.99	5474.09	16.99	4532.03	130294.56	60376.12	10800.00	23760.00	10派1元(含税)	35.42	2002/3/28
000680	山推股份	0.171	0.17	0.0475	/	2.123	1.919	0.362	0.123	8.07	2.39	148494.52	35.45	4844.75	260.59	4871.69	150250.20	60009.56	18132.00	28272.00	10派0.4元(含税)	48.79	2002/4/9
000681	远东股份	0.0814	0.0803	0.2202	/	1.68	1.66	-0.23	0.1619	4.84	8.97	33399.18	5.72	1617.09	-44.59	1596.06	43307.68	33415.81	5812.50	19875.00	10派0.35元(含税)	128.93	2002/3/26
000682	东方电子	0.068	0.0686	0.13	/	0.595	0.585	0.044	0.42	11.48	25.35	72653.52	-16.56	6269.78	-48.85	6296.67	181906.32	54618.75	60211.20	91795.20	不分配	102.34	2002/4/30
000683	天然碱	-0.258	-0.2504	0.0047	/	1.192	1.137	0.218	0.052	-21.665	0.327	69286.91	36.99	-12109.52	-5549.03	-11744.80	247163.23	55917.25	16900.00	46900.00	不分配	/	2002/4/12
000685	公用科技	0.1406	0.1402	0.1502	0.1486	2.2348	2.2242	0.0737	0.2285	6.29	7.13	6431.82	-76.56	1921.00	-6.36	1915.08	40476.94	30531.37	5646.96	13662.00	10派0.3元(含税)送0.5转增6	111.59	2002/2/28
000686	锦州六陆	0.08	-0.1476	0.22	0.23	3.42	3.28	0.23	0.1	2.39	6.91	15533.55	-47.34	1193.96	-51.06	-2175.21	55695.93	50371.98	6265.88	14739.32	10派0.5元(含税)转增1	221.96	2002/3/15
000687	保定天鹅	0.075	0.046	0.092	0.1	3.06	3	0.13	-0.34	2.456	3.03	51039.16	-11.04	2411.21	-18.05	1485.50	130473.08	98171.92	9745.26	32080.00	10派0.4元(含税)	99.12	2002/4/20
000688	朝华科技	0.081	-0.044	0.41	0.17	2.799	2.794	-1.677	0.96	2.89	17.7	21964.33	142.42	2813.28	-65.75	-1900.40	179082.57	97459.19	19889.67	34821.10	不分配	106.57	2002/4/11
000689	ST宏业	-4.192	-2.13	-1.083	/	-4.032	-2.13	-0.008	0.0175	/	-674.66	/	/	-46650.04	-287.10	-23705.59	3565.52	-44863.79	4888.00	11128.00	不分配	/	2002/4/19
000690	宝丽华	0.17	0.14	0.23	/	1.66	1.61	0.11	0.18	9.98	13.53	28886.28	31.25	3210.32	-27.67	2767.90	49655.44	32153.73	5850.00	19350.00	10派2元(含税)	84.20	2002/3/9
000691	寰岛实业	0.0216	-0.0152	0.0141	-0.0396	2.3687	2.3679	0.4878	0.0003	0.91	0.6	3929.44	136.52	558.63	53.95	-392.95	81086.06	61154.82	13018.00	25818.00	不分配	370.65	2002/4/20
000692	惠天热电	0.186	0.21	0.381	/	4.24	4.13	0.49	0.43	4.39	11.61	52843.83	-2.49	4962.95	-44.37	5594.48	213726.21	113021.69	11200.59	26641.65	不分配	51.53	2002/4/24
000693	聚友网络	0.294	0.21	0.25	0.25	3.03	2.97	0.155	0.53	9.72	9.04	18085.07	11.34	3775.26	19.10	2644.33	98833.08	38833.87	3903.90	12846.26	不分配	58.49	2002/2/28
000695	灯塔油漆	-0.13	-0.21	0.141	/	1.66	1.54	-0.28	0.29	-7.86	6.06	20251.70	-19.02	-2893.61	-220.12	-4673.24	89409.16	36837.76	7724.99	22214.75	不分配	/	2002/4/6
000697	咸阳偏转	0.055	0.056	0.315	0.285	3.42	3.41	0.42	-0.12	1.61	9.36	47591.07	15.51	1198.22	-82.52	1217.12	105549.11	74462.55	7741.17	21746.17	不分配	182.03	2002/4/5
000698	沈阳化工	0.107	0.1164	0.43	/	3.44	3.31	0.185	0.59	3.11	12.87	180466.01	-12.52	4520.28	-75.09	4916.61	315114.21	145328.64	18720.00	42240.66	不分配	64.76	2002/3/20
000699	ST佳纸	-0.1218	-0.1175	-0.1803	-0.1803	1.9492	0.9669	-1.311	0.0915	-6.25	-8.8	29050.46	-13.40	-2771.02	32.44	-2673.11	150368.04	44334.71	9358.05	22744.80	不分配	/	2002/4/24
000700	模塑科技	0.48	0.47	0.42	0.392	3.42	3.41	1.248	1.143	14.05	12.89	26457.54	2.51	5977.65	14.28	5970.31	75651.78	42531.26	3852.88	12452.18	10派1.2元(含税)	35.18	2002/1/19
000701	厦门信达	-0.08	-0.0804	0.001	/	2.34	2.24	0.13	0.04	-3.42	0.04	108078.48	31.00	-1600.63	-8836.31	-1607.52	103538.01	46754.37	11500.00	20000.00	不分配	/	2002/4/13
000702	正虹科技	0.214	0.215	0.577	0.609	2.92	2.68	0.259	0.35	7.31	11.23	111503.02	11.20	6038.28	-33.42	6091.15	140212.11	82564.75	11696.49	28280.46	10派1.5元(含税)	68.38	2002/4/10
000703	世纪光华	0.162	0.172	0.185	0.209	2.522	2.47	0.166	1.023	6.41	7.91	26431.05	0.30	1724.37	-12.69	1834.47	71779.85	26882.00	4680.00	10660.00	不分配	73.32	2002/3/6
000705	浙江震元	0.137	0.13	0.162	/	3.3	3.15	0.213	0.256	4.14	5.04	50027.91	-1.47	1714.13	-15.41	1633.02	66756.76	41380.26	8075.08	12532.94	10派0.5元(含税)	72.75	2002/3/15
000707	双环科技	0.07	0.07	0.3	0.3	3.48	3.45	0.16	1.15	2.11	6.34	78095.22	3.65	3396.51	-57.34	3323.97	191672.68	161345.44	26408.86	46414.58	不分配	81.86	2002/4/6
000708	大冶特钢	0.035	0.0206	0.039	-0.0843	3.45	3.44	0.754	0.095	1.01	1.15	146409.96	34.48	1568.56	-11.27	924.18	375007.90	155046.90	16702.29	44940.85	10派0.15元(含税)	176.49	2002/3/28
000709	唐钢股份	0.54	0.54	0.36	0.44	4.18	4.05	0.85	0.79	12.96	9.23	808324.43	16.57	73281.24	51.27	73278.81	1105550.13	565338.70	28540.99	135382.98	10派3.5元(含税)	13.30	2002/3/6
000710	天兴仪表	-0.293	-0.307	0.015	/	1.053	1.048	-0.565	-0.076	-27.84	0.79	5113.28	-35.50	-4434.03	-2855.88	-4640.07	35729.06	15925.19	4410.00	15120.00	不分配	/	2002/4/9
000711	龙发股份	0.2293	0.2293	0.3247	0.3243	2.682	2.6722	0.7562	0.0385	8.55	13.08	7773.69	-15.18	2459.63	-29.38	2459.63	43972.40	28768.15	5109.39	10726.56	10派0.3元(含税)(*)	55.08	2002/2/7

代码	简称	每股收益(元)				每股净资产(元)		每股经营现金流量(元)		净资产收益率(%)		主营收入(万元)		净利润(万元)			总资产(万元)	股东权益(万元)	最新流通A股(万股)	最新总股本(万股)	分配方案	最新市盈率(倍)	年报刊登日期
		2001年	扣除后	2000年	扣除后	2001年	调整后	2001年	2000年	2001年	2000年	2001年	同比(%)	2001年	同比(%)	扣除后							
000712	锦龙股份	0.155	0.167	0.371	0.0269	2.805	2.77	-0.1067	-0.336	5.52	13.66	22997.48	41.08	2357.26	-58.31	2546.97	71868.99	42726.43	3809.20	15231.15	10派0.7元(含税)	81.28	2002/4/17
000713	丰乐种业	0.026	0.032	0.3	0.28	2.74	2.57	0.1	-0.025	0.95	11	39840.68	-4.41	587.53	-91.25	642.47	91957.56	61668.31	10530.00	22500.00	不分配	462.23	2002/4/16
000715	中兴商业	0.171	0.171	0.003	/	2.77	2.72	0.659	0.24	6.17	0.11	119392.64	100.54	3673.58	5678.82	3669.64	95186.97	59539.43	5691.64	21462.00	10派0.77元(含税)	66.60	2002/3/20
000716	广西斯壮	0.0333	-0.0563	0.0261	-0.0777	2.39	2.22	0.47	-0.39	1.4	1.09	20209.13	65.52	457.53	27.65	-771.50	53476.24	32771.02	7796.06	13712.27	10派0.5元(含税)转增3	434.57	2002/3/29
000717	韶钢松山	0.578	0.579	0.46	0.47	5.32	5.31	0.29	1.26	10.87	9.09	393945.97	17.72	25868.34	26.53	25887.03	388779.17	237982.02	13520.00	44720.00	10派4元(含税)	15.11	2002/2/26
000718	吉林纸业	0.0113	-0.02	0.0181	/	3.05	3.04	0.11	0.09	0.3723	0.5979	86118.48	-22.92	453.37	-37.43	-675.37	282230.94	121773.75	18860.40	39973.91	不分配	522.86	2002/4/6
000719	焦作鑫安	0.168	0.1568	0.258	/	2.063	1.999	-0.156	1.187	8.14	8.53	27304.97	6.43	2173.24	4.16	2028.55	70600.21	26688.15	4917.12	12937.57	不分配	62.57	2002/3/26
000720	鲁能泰山	0.36	0.37	0.38	/	3.93	3.92	0.31	0.4	9.22	10.38	183275.17	25.63	11584.23	-4.72	11715.50	278091.05	125584.90	18471.96	31980.00	10派1元(含税)	45.85	2002/4/6
000721	西安饮食	0.1812	0.1812	0.0288	/	2.3101	1.8991	0.3797	0.1498	7.85	1.29	29700.27	6.98	2073.63	530.01	2077.03	53235.72	26430.83	4134.12	11441.51	10派1元(含税)	69.14	2002/4/16
000722	金果实业	0.27	0.29	0.13	0.29	4.03	3.93	0.23	0.09	6.77	3.5	48992.66	38.44	5315.26	105.12	5684.61	160092.58	78509.48	10604.16	19480.00	10派1元(含税)	36.98	2002/3/29
000723	ST天宇	-1.34	-1.18	-0.546	-0.272	1.36	1.27	0.414	0.015	-98.76	-20.19	34985.95	-8.18	-18745.64	-146.07	-16449.65	69137.12	18980.13	6966.65	13959.92	不分配	/	2002/4/9
000725	京东方A	0.11	0.09	0.18	/	3.79	3.72	0.72	-0.09	3	4.83	268379.80	20.09	6025.09	-39.02	4808.74	403281.73	208353.81	6000.00	54955.40	10派0.5元(含税)	126.87	2002/4/23
000726	鲁泰A	0.42	0.44	0.415	/	4.58	4.57	0.03	0.42	9.2	7.14	78569.38	61.69	11412.74	31.92	11957.42	148935.67	124001.21	6500.00	27079.00	10派3.18元(含税)转增3	34.50	2002/3/29
000727	华东科技	0.172	0.16	0.317	0.27	2.649	2.615	-0.0897	0.631	6.479	12.283	30272.32	9.36	5383.88	-45.82	5023.78	137620.20	83092.81	15139.58	31373.86	10派1元(含税)(*)	52.62	2002/2/9
000728	北京化二	-0.484	-0.489	0.189	0.188	2.67	2.58	0.25	0.62	-18.17	6.01	75340.42	-34.00	-16721.73	-355.87	-16863.58	166348.19	92009.15	10400.00	34521.00	不分配	/	2002/4/20
000729	燕京啤酒	0.428	0.416	0.393	/	5.38	5.32	0.2	0.47	7.96	7.63	228788.15	31.11	28569.35	9.03	27774.73	439686.27	358779.63	18720.00	66742.45	10派2元(含税)	24.30	2002/2/8
000730	环保股份	-0.0109	-0.0109	0.151	/	1.03	1.03	-0.328	/	-1.05	14.53	18415.74	-50.80	-615.74	-107.22	-580.95	138438.07	58094.08	19333.31	56598.51	不分配	/	2002/4/30
000731	四川美丰	0.265	0.238	0.246	0.242	2.8257	2.8251	0.527	0.212	9.39	8.91	37546.51	17.39	5896.21	7.90	5285.82	79217.52	62823.59	10074.22	24566.57	10派2元(含税)	37.21	2002/2/28
000732	福建三农	0.1825	0.0354	0.0289	0.008	3.175	3.102	-0.0214	0.53	5.75	/	45470.50	12.28	2786.17	530.67	540.08	109419.47	48476.01	8869.00	15266.88	10派1元(含税)	52.60	2002/3/30
000733	振华科技	0.22	0.19	0.2	0.17	5.02	4.98	0.21	0.26	4.31	5.7	62489.81	-6.08	7733.30	22.27	6823.13	243594.50	179591.11	17800.00	35812.00	10派1元(含税)	50.15	2002/4/19
000735	罗牛山	0.13	0.1	0.156	0.087	1.59	1.59	0.055	-0.001	8.26	10.69	22862.03	1.06	6424.96	-15.66	4652.14	142779.06	77766.39	32529.23	58725.40	不分配	56.49	2002/4/12
000736	重庆实业	0.27	0.22	0.23	0.14	3.64	3.64	0.46	0.145	7.36	6.58	10549.83	218.08	1768.63	18.99	1441.19	60439.31	24028.61	2599.74	6600.00	10派0.5元(含税)	63.77	2002/3/30
000737	南风化工	0.15	0.14	0.18	0.18	2.89	2.86	0.12	0.16	5.18	6.18	215201.37	-10.46	6844.16	-15.42	6222.94	328750.99	132047.37	20956.00	45730.00	10派1元(含税)	54.86	2002/4/10
000738	ST南摩	-0.55	-0.55	-0.41	-0.38	1.66	1.5	0.066	-0.08	-33.09	-18.39	20333.46	-53.79	-21902.12	-35.23	-21965.47	135042.65	66190.13	13600.00	39780.00	不分配	/	2002/4/29
000739	青岛东方	-0.18	-0.17	-0.02	/	1.7	1.69	-0.004	0.05	-10.47	-1.24	14183.82	-20.68	-2587.21	-662.03	-2538.10	58737.70	24707.28	7358.94	14574.92	不分配	/	2002/4/2
000748	湘计算机	0.206	0.201	0.224	/	2.865	2.83	-0.19	0.379	7.2	8.17	69963.82	-1.04	4668.86	-8.13	4550.99	107760.75	64851.03	13978.17	27637.48	10派1元(含税)	61.68	2002/3/5
000750	桂林集琦	0.0144	-0.0067	0.0248	0.0924	2.7919	2.7919	0.6318	-0.3058	0.51	0.89	15338.64	-32.54	308.61	-42.05	-143.93	106577.50	60041.60	12199.76	21505.74	不分配	508.01	2002/2/5
000751	锌业股份	0.154	0.15	0.462	/	3.01	3	0.035	-0.095	5.12	15.9	242343.31	-17.47	13585.58	-66.66	12383.87	428994.81	265475.15	34702.20	88109.88	10派0.5元(含税)	40.15	2002/4/16
000752	西藏发展	0.18	0.18	0.15	0.15	1.99	1.96	0.14	-0.07	9.02	8.21	13452.11	30.99	3158.08	20.75	3143.66	75266.50	35019.05	7342.59	17583.90	不分配	87.75	2002/4/19
000753	漳州发展	0.244	0.253	0.18	0.16	3.65	3.65	-0.35	0.4	6.7	6.12	11904.70	-20.57	5510.59	53.81	5697.26	122205.38	82225.13	9273.84	22547.26	10派2元(含税)转增6	59.98	2002/3/30
000755	山西三维	0.2018	0.2015	0.1852	0.1852	3.0638	2.945	0.68	0.398	6.59	6.2	42168.37	14.33	5604.36	8.94	5594.99	140846.28	85085.43	10920.00	27771.39	10派1.25元(含税)	46.93	2002/3/12
000756	新华制药	0.177	0.177	0.162	0.162	2.931	2.931	-0.03	0.392	6.03	7.47	109925.85	5.29	8089.61	17.04	8089.61	183672.03	134052.39	7615.33	45731.28	10派0.8元(含税)	61.28	2002/3/25
000757	方向光电	0.11	0.08	0.18	0.13	3.18	3.02	-0.09	0.03	3.3	5.73	33607.67	44.47	1600.55	-40.20	1243.26	109602.21	48460.36	5483.06	15241.71	不分配	117.99	2002/2/28
000758	中色建设	-0.36	-0.39	-0.01	/	2.28	2.11	0.32	0.11	-15.89	-0.64	20169.56	-9.92	-14028.51	-2890.12	-15231.49	133714.77	88286.61	18240.00	38720.00	不分配	/	2002/4/20
000759	武汉中百	0.137	0.125	0.35	0.301	2.95	2.69	0.019	0.935	4.65	12.03	147625.70	35.84	2409.35	-60.80	2203.16	96619.65	51859.63	14661.51	20954.19	10派0.8元(含税)	74.01	2002/2/8
000760	湖北车桥	0.08	0.05	0.23	/	3.22	3.19	0.12	0.42	2.37	7.26	15704.64	-6.11	834.21	-66.40	498.78	43700.58	35166.62	5181.23	10932.23	不分配	145.20	2002/4/9

代码	简称	每股收益(元)				每股净资产(元)		每股经营现金流量(元)		净资产收益率(%)		主营收入(万元)		净利润(万元)			总资产(万元)	股东权益(万元)	最新流通A股(万股)	最新总股本(万股)	分配方案	最新市盈率(倍)	年报刊登日期
		2001年	扣除后	2000年	扣除后	2001年	调整后	2001年	2000年	2001年	2000年	2001年	同比(%)	2001年	同比(%)	扣除后							
000761	本钢板材	0.2419	0.2419	0.3079	0.3079	3.0686	3.0662	0.15	0.47	7.88	10.17	524281.42	-25.03	27484.42	-21.45	27484.42	527234.93	348594.64	11996.00	113600.00	10派1.76元(含税)	26.66	2002/4/26
000762	西藏矿业	0.0163	0.03	0.005	/	2.415	2.415	-0.0504	-0.24	0.67	0.21	18301.64	0.98	326.77	223.73	608.47	72305.73	48423.10	7700.00	20051.00	10派0.15元(含税)	722.22	2002/4/16
000763	锦州石化	0.141	0.143	-0.014	0.107	1.993	1.909	0.406	0.546	7.102	-0.73	863873.20	-4.69	11143.06	1147.37	11290.11	217220.87	156910.06	15000.00	78750.00	10派0.5元(含税)	44.45	2002/3/22
000765	华信股份	-0.08	-0.091	0.09	0.085	1.06	0.97	-0.503	0.05	-7.94	7.15	14465.12	-41.02	-2101.67	-257.12	-2263.20	76905.25	26460.07	7061.64	24885.67	不分配	/	2002/4/27
000766	通化金马	-1.301	-0.725	0.809	0.683	1.05	0.93	-1.649	0.656	-123.68	22.9	10043.48	-80.08	-58412.47	-341.46	-32515.97	146913.81	47227.41	28493.17	44901.63	不分配	/	2002/4/29
000767	漳泽电力	0.34	0.181	0.223	0.222	3.48	3.47	1.183	0.829	9.79	6.67	135855.30	44.99	14811.58	52.80	7884.03	459292.02	151465.08	12000.00	43500.00	10派2元(含税)	44.67	2002/3/14
000768	西飞国际	0.12	0.09	0.17	/	4.83	4.82	0.15	-0.02	2.42	3.6	91955.25	15.35	4570.81	-33.17	3444.53	259147.38	189201.50	17700.00	39150.00	10派1.35元(含税)	69.81	2002/3/8
000769	菲菲农业	0.01	-0.13	0.0118	/	2.4	2.22	0.014	-0.00689	0.5	0.5	18600.85	-31.98	210.58	-1.95	-2402.30	66604.72	44470.65	8100.00	18540.00	不分配	804.70	2002/4/10
000776	延边公路	0.141	0.141	0.1592	0.1592	2.222	2.222	0.4126	0.3861	6.34	7.3	12573.48	0.17	2592.79	-11.53	2592.79	69921.51	40910.81	9318.40	18411.00	10派1元(含税)	60.43	2002/3/26
000777	中核科技	0.062	0.041	0.113	0.1	1.714	1.653	-0.154	0.161	3.6	6.68	25498.04	27.79	1036.44	-45.40	682.26	46087.11	28799.58	6711.26	16800.00	10派0.4元(含税)	153.34	2002/3/26
000778	新兴铸管	0.8008	0.7825	0.6293	0.5902	4.2116	4.0829	1.6531	0.9519	19.0138	16.4777	269436.84	30.01	38282.81	40.01	37409.09	428885.50	201341.82	21928.68	62148.78	10派5元(含税)转增3(＊)	19.81	2002/3/6
000779	三毛派神	0.103	0.087	0.312	0.308	4.033	4.032	-0.369	0.114	2.565	7.8	15581.92	-45.80	1893.13	-66.85	1593.07	87286.86	73865.16	10179.00	18315.48	10派0.7元(含税)	73.72	2002/3/26
000780	草原兴发	0.28	0.32	0.225	0.225	3.47	3.42	0.79	-0.045	8.08	6.85	119256.72	19.94	7940.50	24.44	9011.76	211561.39	98220.11	10951.20	28327.20	10派1元(含税)	33.28	2002/3/7
000782	美达股份	0.05	0.05	0.02	0.02	2.3	2.29	0.55	0.35	2.24	0.74	99155.67	16.12	1758.76	204.30	1806.05	143666.09	78580.40	12741.00	34200.00	10派0.3元(含税)	137.09	2002/4/13
000783	石炼化	0.006	0.029	-0.1799	-0.1816	1.5891	1.4906	0.204	0.077	0.38	-11.37	519230.20	-9.96	691.49	103.33	3314.32	294421.23	183451.72	23400.00	115444.00	不分配	834.75	2002/3/21
000785	武汉中商	0.108	0.08	0.28	/	2.14	1.77	0.63	0.44	5.06	9.85	167318.23	-9.15	2724.63	-45.85	2001.08	177990.84	53807.35	7132.13	25122.17	不分配	88.33	2002/2/27
000786	北新建材	0.302	0.279	0.237	0.281	4.224	4.174	0.28	0.27	7.15	5.88	88652.98	58.57	8686.81	27.65	8023.63	198559.92	121481.44	11407.50	28757.50	10派1元(含税)送2转增8	52.11	2002/3/18
000787	创智科技	0.252	0.328	0.144	/	2.37	2.34	0.061	0.604	10.65	6.64	41819.37	0.36	5041.16	75.79	6548.98	85872.88	47333.29	9100.00	19970.02	10派0.5元(含税)	48.69	2002/4/4
000788	ST合成	0.02	-0.17	-0.43	-0.44	1.5	0.95	0.18	-0.18	1.64	-28.92	27126.96	-3.41	473.41	105.78	-3219.29	90152.92	28821.31	4950.00	19250.00	不分配	381.01	2002/4/20
000789	江西水泥	0.089	0.091	0.123	/	2.098	2.007	0.182	0.013	4.25	6.47	37428.06	29.31	3034.27	-27.56	3094.57	104128.03	71441.36	11050.00	34050.00	10派0.5元(含税)	85.06	2002/3/16
000790	华神集团	0.17	0.18	0.27	0.28	3.07	3.06	0.19	0.2	5.69	9.29	22296.77	24.45	2235.14	5.07	2261.11	57044.75	39256.48	3978.00	12798.00	不分配	91.50	2002/3/29
000791	西北化工	0.0006	0.0016	0.1361	0.1349	1.8991	1.8969	-0.2057	0.233	0.03	7.17	8855.38	-11.47	10.86	-99.58	29.90	62567.19	35892.70	7920.00	18900.00	不分配	16104.38	2002/3/22
000792	盐湖钾肥	0.3668	0.3673	0.3115	/	3.0178	2.9787	0.3454	-0.002486	12.156	10.7	29336.62	28.94	8101.86	19.82	8111.39	102132.91	66427.38	6500.00	22085.00	10派0.1元(含税)	41.62	2002/3/23
000793	燃气股份	0.33	0.33	0.32	0.22	3.93	3.85	1.45	0.14	8.31	8.73	21236.08	159.25	9517.47	3.63	9660.90	199525.87	114485.47	16205.91	29141.15	10派1元(含税)	40.97	2002/4/12
000795	太原刚玉	0.0483	0.0454	0.0911	0.0815	2.798	2.796	0.0327	-0.0719	1.72	3.31	20206.33	-5.93	1335.76	-47.00	1124.65	102295.26	76768.51	11432.55	27680.00	10派0.25元(含税)	185.67	2002/4/10
000796	宝商集团	0.202	0.194	0.345	/	4.131	4.12	0.421	-0.758	4.89	7.31	62945.15	-25.29	3236.79	-29.80	3101.22	96619.61	66232.83	11277.43	16034.20	不分配	51.12	2002/3/13
000797	中国武夷	0.114	0.09	0.202	0.202	3.15	3.01	-0.73	0.15	3.61	6.45	90475.01	9.04	4435.56	-43.65	3399.79	311105.27	122789.49	13013.00	38945.24	10派1元(含税)	74.72	2002/4/19
000798	中水渔业	0.16	0.15	0.02	/	3.04	3.02	0.29	0.52	5.22	0.78	30321.53	-3.83	4002.28	596.30	3838.48	91595.12	76701.89	6294.50	25200.00	10派0.5元(含税)	69.64	2002/4/27
000799	湘酒鬼	0.34	0.24	0.19	/	4.23	4.01	0.65	-0.34	7.94	4.59	51806.96	39.28	10187.47	74.34	7333.21	217303.76	128281.52	10725.00	30305.00	10派3元(含税)	30.34	2002/3/12
000800	一汽轿车	0.015	0.021	0.165	0.165	2.77	2.67	0.18	0.36	0.54	5.89	344526.92	9.31	2425.44	-90.98	3366.59	609260.19	450797.56	54600.00	162750.00	10派0.5元(含税)	340.87	2002/4/12
000801	四川湖山	-0.26	-0.23	0.106	/	1.007	0.95	0.009	-0.15	-25.64	9.76	4157.38	-44.18	-3410.99	-416.03	-3046.84	21175.88	13305.50	3931.20	13203.59	不分配	/	2002/3/15
000802	京西旅游	0.02	-0.04	0.298	/	3.22	2.63	-0.58	0.224	0.66	9.19	25753.10	7.31	246.42	-92.89	-502.15	113364.06	37459.77	3896.23	11625.00	10派0.5元(含税)	710.00	2002/4/13
000803	美亚股份	0.03	0.04	0.06	-0.12	1.46	1.43	0.2	0.08	2.22	3.27	10179.55	14.86	327.88	-30.58	387.15	28093.51	14796.73	4871.10	10136.10	不分配	458.45	2002/4/10
000805	炎黄在线	0.2815	0.25	0.1182	-0.0172	1.6586	1.6462	0.1805	1.1807	17.04	9.29	10238.83	317.96	1610.79	138.23	1422.90	23551.69	9490.18	1441.62	5721.83	不分配	75.41	2002/1/31
000806	银河科技	0.44	0.42	0.4	/	2.1	2.04	0.3	0.16	20:81	23.16	40109.14	41.31	9248.35	8.03	8988.27	121293.60	44446.93	13784.16	26158.28	10派0.4元(含税)送1.6	32.81	2002/2/9
000807	云铝股份	0.4842	0.4864	0.3147	0.2768	2.4418	2.4348	1.19	0.64	19.83	13.64	160374.23	9.08	15011.18	53.85	15079.54	232160.59	75695.97	13391.47	36400.00	10派3.5元(含税)	24.76	2002/3/6

代码	简称	每股收益(元)				每股净资产(元)		每股经营现金流量(元)		净资产收益率(%)		主营收入(万元)		净利润(万元)			总资产(万元)	股东权益(万元)	最新流通A股(万股)	最新总股本(万股)	分配方案	最新市盈率(倍)	年报刊登日期
		2001年	扣除后	2000年	扣除后	2001年	调整后	2001年	2000年	2001年	2000年	2001年	同比(%)	2001年	同比(%)	扣除后							
000809	第一纺织	-0.55	-0.55	0.2	/	1.4	1.33	-0.03	0.01	-39.07	10.21	36733.13	-7.10	-6265.59	-375.52	-6268.30	45125.64	16036.05	3500.00	11457.00	不分配	/	2002/3/28
000810	华润锦华	0.12	0.11	0.25	0.25	1.76	1.67	-0.02	0.03	6.84	11.19	23516.84	-2.51	1156.88	-36.66	1097.84	41811.49	16928.19	4912.03	12966.57	10转增3.5(*)	210.83	2002/2/8
000811	烟台冰轮	0.31	0.3	0.23	/	2.22	2.18	0.45	-0.16	13.73	10.75	45036.41	55.50	3772.63	33.32	3659.73	76278.03	27479.12	3744.00	12367.31	10派2.1元(含税)(*)	47.60	2002/2/2
000812	陕西金叶	0.152	0.128	0.206	0.152	2.29	2.21	0.43	0.13	6.66	9.24	18359.49	-5.32	2412.34	-26.17	2026.09	69307.81	36204.23	9187.20	15840.00	10送2	68.29	2002/1/26
000813	天山纺织	-0.4	-0.42	0.03	/	1.77	1.69	-0.19	-0.12	-22.52	1.84	29203.79	-35.97	-14500.12	-1436.98	-15180.91	121715.92	64391.50	10992.93	36345.60	不分配	/	2002/4/6
000815	美利纸业	0.31	0.31	0.32	/	4.4052	4.3928	0.4994	0.0567	7.14	7.71	41440.12	44.41	4154.27	-2.52	4107.86	154091.91	58149.13	6500.00	13200.00	10派1元(含税)	34.98	2002/2/26
000816	江淮动力	0.263	0.252	0.258	0.262	4.217	4.142	0.204	-0.235	6.23	6.46	153374.70	2.84	8047.01	2.02	7715.70	198375.93	129120.97	11440.00	30620.00	10派0.3元(含税)	33.07	2002/4/23
000817	辽河油田	0.32	0.35	0.4	/	2.17	2.17	0.53	0.41	14.57	19.42	110034.08	-6.22	34721.11	-20.73	38558.47	278730.30	238253.97	20000.00	110000.00	10派2元(含税)	24.55	2002/4/2
000818	锦化氯碱	-0.044	-0.031	0.074	0.024	2.82	2.7	0.503	-0.01	-1.56	2.6	112543.38	51.38	-1496.23	-159.13	-1066.53	283725.27	95871.26	9000.00	34000.00	不分配	/	2002/4/13
000819	岳阳兴长	0.205	0.205	0.226	0.226	2.139	2.114	0.09	0.281	9.58	11	69143.33	-0.81	3385.71	-9.09	3380.13	54067.28	35328.14	5210.32	16513.39	10派1.25元(含税)	66.72	2002/3/26
000820	金城股份	0.2171	0.219	0.129	0.1021	2.5298	2.4214	0.2327	1.444	8.59	5.54	52326.89	17.68	4590.22	68.29	4629.51	135459.77	53483.65	7736.46	21141.60	不分配	42.56	2002/3/28
000821	京山轻机	0.29	0.27	0.29	0.26	2.76	2.76	0.6	0.23	10.39	11.18	59090.94	9.57	8870.68	-0.94	8435.01	140146.65	85356.14	15780.89	34523.88	10派1.3元(含税)	31.91	2002/3/16
000822	山东海化	0.4	0.3	0.37	0.3	3.6	3.43	0.55	1.06	11.02	13.25	143902.85	22.53	18201.70	16.45	13737.94	303738.12	165145.29	15592.60	45870.00	10派1.8元(含税)	27.09	2002/4/5
000823	超声电子	0.121	0.12	0.206	0.204	2.433	2.379	0.354	0.019	4.977	8.466	64282.45	2.83	4348.89	-41.26	4321.54	157217.88	87379.73	13496.83	35920.00	10派1元(含税)	78.71	2002/4/5
000825	太钢不锈	0.276	0.2493	0.31	/	2.92	2.897	0.421	0.389	9.447	13.505	683029.98	38.35	29682.92	1.52	26832.07	570272.32	314193.92	48750.00	107617.00	10派1元(含税)	24.36	2002/3/15
000826	ST原宜	-0.34	-0.36	-0.11	-0.17	1.65	1.64	0.0756	-0.097	-20.76	/	12318.47	-24.08	-6203.77	-80.86	-6475.67	54755.53	29884.80	6500.00	18149.30	不分配	/	2002/4/22
000827	长兴实业	-0.207	-0.355	0.124	/	3.885	3.736	-0.953	1.034	-5.33	4.8	12183.31	5.05	-1381.58	-286.17	-2372.25	56810.43	25926.76	2920.32	6673.92	不分配	/	2002/4/13
000828	福地科技	-0.376	-0.326	0.137	0.114	1.8	1.77	0.152	-0.3	-20.92	6.3	183334.28	-36.96	-43847.58	-375.08	-37953.23	345626.71	209645.51	24768.00	116468.35	不分配	/	2002/3/27
000829	赣南果业	0.005	-0.013	0.034	-0.007	2.02	1.843	-0.088	/	0.26	1.65	12623.25	4.86	82.52	-84.41	-200.76	44087.87	31807.52	6204.55	15750.00	10派0.2元(含税)	2830.61	2002/4/2
000830	鲁西化工	0.239	0.15	0.191	0.232	3.645	3.639	0.593	0.35	6.559	5.29	97388.21	1.57	5955.59	25.31	3620.73	190347.76	90797.37	7500.00	24911.54	10派2元(含税)	40.87	2002/3/15
000831	关铝股份	0.27	0.26	0.23	0.26	2.41	2.4	0.58	-0.74	11.27	7.29	142539.24	105.40	9868.22	74.28	9509.73	178557.85	87523.55	14625.00	36300.00	10派0.6元(含税)	28.14	2002/3/22
000832	龙涤股份	0.1358	0.1	0.2686	0.284	3.53	3.51	-0.2752	0.305	3.84	7.69	104334.74	-10.85	4782.37	-49.73	3641.99	154841.06	124397.28	18344.53	35206.98	不分配	51.61	2002/4/9
000833	贵糖股份	0.165	0.17	0.147	0.146	2.41	2.24	0.2	0.84	6.82	6.21	80057.99	23.70	4160.77	11.89	4339.07	127724.42	61012.80	9858.95	25268.85	10派1.2元(含税)	53.81	2002/4/18
000835	隆源双登	0.353	0.341	0.17	0.17	2.87	2.81	0.856	0.64	12.28	6.42	35150.65	51.67	1903.88	106.57	1843.18	39172.29	15499.34	1338.00	5400.00	10派1.4元(含税)	77.97	2002/3/6
000836	天大天财	0.491	0.227	0.447	0.138	7.6	7.46	0.586	0.342	6.46	9.43	116861.22	38.17	6035.12	31.13	2797.70	186021.42	93388.58	6100.00	12275.46	10派2元(含税)	39.97	2002/3/19
000837	秦川发展	0.14	0.1251	0.29	0.2238	1.89	1.89	/	/	7.57	10.32	35463.41	-2.15	3043.01	-21.62	2660.54	71084.37	40204.20	10560.00	21267.84	10派0.25元(含税)	53.96	2002/3/14
000838	ST西化机	0.026	-0.205	-0.573	-0.573	0.53	0.47	0.85	-0.048	4.85	-279.36	5994.25	48.51	167.14	104.48	-1332.86	20768.69	3449.06	1755.00	6511.99	不分配	589.86	2002/4/27
000839	中信国安	0.3607	0.2145	0.3982	0.1958	2.7417	2.6198	0.5235	0.1889	13.16	16.16	45223.94	11.98	21284.11	-9.40	12656.03	309871.71	161759.03	17837.21	59000.00	10派1元(含税)	40.53	2002/3/14
000848	承德露露	0.38	0.34	0.21	0.21	2.56	2.56	0.54	0.2	14.76	7.26	99831.11	21.58	9782.70	83.19	8796.07	113900.26	66264.94	9100.00	25925.00	10派6.6元(含税)	30.50	2002/2/27
000850	华茂股份	0.44	0.4	0.59	0.57	3.41	3.4	0.44	0.48	12.79	19.16	60742.71	3.00	9540.94	-5.65	8745.26	109990.54	74623.51	12294.11	35040.00	10派2.5元(含税)送1转增5(*)	39.19	2002/2/28
000851	ST七砂	-0.27	-0.27	-0.08	-0.07	1.49	1.45	-0.062	-0.003	-18.04	-4.76	10769.84	-32.39	-6063.91	-222.55	-6142.84	48327.81	33606.75	7748.00	22490.00	不分配	/	2002/3/26
000852	江钻股份	0.294	0.267	0.373	0.364	2.16	2.03	0.4	0.36	13.6	12.91	44683.52	24.96	8222.22	10.09	7484.67	100915.57	60472.11	6982.79	28000.00	10派2元(含税)	38.82	2002/3/5
000856	唐山陶瓷	-0.14	-0.08	0.2	0.2	2.88	2.59	0.34	-0.2	-4.82	6.54	40258.16	-13.88	-2433.94	-170.59	-1336.73	108049.29	50468.03	6500.00	17500.00	不分配	/	2002/4/10
000858	五粮液	0.933	0.68	1.6	/	5.401	5.394	1.234	2.7	17.29	24.09	474209.53	19.94	81140.78	5.64	59277.68	668786.82	469374.97	31804.71	112975.20	10派0.25元(含税)送1转增2(*)	20.58	2002/2/28
000859	国风塑业	0.22	0.21	0.21	0.19	3.17	3.16	0.54	0.08	7.06	6.5	61439.49	28.85	5280.11	6.66	4917.15	163409.00	74792.50	9000.00	23580.00	10派2.5元(含税)	40.33	2002/2/26
000860	顺鑫农业	0.241	0.231	0.18	0.18	3.46	3.32	0.04	0.18	6.98	6.21	77408.16	14.32	7339.94	43.20	7033.85	138579.64	105139.51	9091.42	30415.00	10派1.5元(含税)	41.52	2002/4/19

代码	简称	每股收益(元)				每股净资产(元)		每股经营现金流量(元)		净资产收益率(%)		主营收入(万元)		净利润(万元)			总资产(万元)	股东权益(万元)	最新流通A股(万股)	最新总股本(万股)	分配方案	最新市盈率(倍)	年报刊登日期
		2001年	扣除后	2000年	扣除后	2001年	调整后	2001年	2000年	2001年	2000年	2001年	同比(%)	2001年	同比(%)	扣除后							
000861	茂化永业	0.11	0.12	0.08	0.09	2.95	2.84	0.32	0.2	3.78	2.77	16769.70	47.18	826.82	41.81	878.02	46514.24	21877.12	3644.65	7416.97	10转增5	158.33	2002/4/10
000862	吴忠仪表	0.21	0.21	0.2	/	3.35	3.33	0.09	0.03	6.28	6.25	24827.70	25.76	4587.72	3.99	4492.04	119492.90	73049.32	11688.59	21834.00	10派1元(含税)	48.26	2002/3/20
000863	和光商务	0.235	0.16	0.247	/	2.09	1.89	-0.735	-0.052	11.27	13.4	82075.67	313.38	3189.23	-4.96	2135.32	87527.56	28313.44	3900.00	13562.03	不分配	57.92	2002/3/16
000866	扬子石化	0.02	-0.0019	0.28	0.28	2.24	2.19	0.44	0.51	0.67	12.56	1281229.51	-16.69	3504.01	-94.62	-437.00	1179010.20	521664.47	35000.00	233000.00	不分配	297.23	2002/4/2
000868	安凯客车	0.046	0.046	0.046	0.046	2.98	2.7	0.53	-0.09	1.56	1.57	44589.60	20.21	1024.20	0.73	1022.27	101423.93	65780.53	10140.00	22100.00	不分配	160.54	2002/3/15
000869	张裕A	0.66	0.47	0.49	0.4	5.22	5.21	0.2	0.68	13	10	88598.05	1.42	17165.65	34.65	12301.44	166338.79	135677.81	3200.00	26000.00	10派2.5元(含税)	28.43	2002/3/30
000876	新希望	0.434	0.401	0.157	0.186	5.311	5.279	0.64	0.006	8.18	3.53	75379.55	27.03	8430.31	195.67	7783.54	141056.51	103050.14	6400.00	19402.60	10派0.4元(含税)送1.5转增1	36.11	2002/4/26
000877	天山股份	0.5428	0.5597	0.4632	0.4428	4.2427	4.1725	1.02	0.5927	12.79	10	70761.97	75.27	9409.63	40.61	9702.33	200795.11	73548.38	7800.00	17335.20	不分配	27.27	2002/3/14
000878	云南铜业	0.104	0.1	0.214	0.212	2.23	2.22	1.01	0.36	4.68	11.66	287246.42	13.20	8325.01	-46.71	8015.68	404728.92	177765.55	28072.28	79868.88	10派1元(含税)	56.89	2002/3/12
000880	山东巨力	0.18	0.18	0.4	/	2.33	2.32	0.75	0.09	7.9	13.23	166071.17	-2.16	5071.76	-26.41	4994.47	114374.64	64201.73	13213.50	27610.05	10派3元(含税)	42.19	2002/4/6
000881	大连国际	0.16	0.159	0.28	/	2.18	2.07	0.28	-0.24	7.36	8.56	108469.54	34.86	4965.53	-9.10	4908.47	160692.90	67467.09	15792.00	30891.84	10派0.5元(含税)	48.28	2002/4/5
000882	中商股份	0.14	0.08	0.06	0.1	1.88	1.87	-0.26	0.08	7.6	3.66	19280.46	-36.60	3558.65	153.57	2078.28	60717.30	46827.16	6300.00	24920.00	10派0.5元(含税)	70.87	2002/4/12
000883	三环股份	0.19	0.18	0.23	0.22	3.08	3.05	-0.33	0.03	6.04	7.11	149797.08	51.35	4828.01	-9.64	4708.15	141918.94	79968.38	11603.64	25944.34	10送1	49.33	2002/4/13
000885	ST春都	-1.424	-1.39	-0.521	/	1.95	1.94	0.0029	-0.247	-73.09	-15.46	10306.04	-65.05	-22780.60	-173.16	-22235.83	58363.52	31165.85	6000.00	16000.00	不分配	/	2002/4/16
000886	海南高速	0.063	0.078	0.073	0.086	2.66	2.48	0.117	0.106	2.36	2.79	35148.27	-0.31	6218.62	-28.45	7734.97	583964.41	263051.64	24781.24	98882.83	不分配	94.61	2002/4/13
000887	飞彩股份	0.1122	0.0961	0.1393	0.1268	2.55	2.52	0.3669	0.1599	4.4	7.13	85817.61	1.26	3378.47	-13.41	2892.15	161563.76	76764.36	9100.00	30100.00	10派0.5元(含税)	71.27	2002/3/22
000888	峨眉山A	0.28	0.25	0.23	0.22	3.32	3.16	0.64	0.35	8.33	6.91	15131.26	19.82	3278.49	21.65	2962.13	51493.13	39369.53	4000.00	11866.00	10派1.5元(含税)(*)	47.85	2002/1/29
000889	华联商城	0.22	0.22	0.19	/	2.42	2.32	-0.72	-0.55	9.11	6.67	50790.42	13.37	6490.77	48.20	6452.13	150192.24	71253.08	16034.72	29452.83	10派0.3元(含税)	36.03	2002/3/14
000890	法尔胜	0.22	0.23	0.32	/	3.18	3.12	0.1	0.9	6.97	10.96	105450.27	61.29	6465.99	1.81	6843.07	202290.20	92740.37	16933.88	29203.20	10派1元(含税)	42.18	2002/4/12
000892	长丰通信	0.21	0.23	0.25	0.19	1.47	1.46	0.24	0.99	14.2	12.88	32604.14	25.86	8623.94	23.65	9320.75	176134.98	60720.37	12000.00	41387.69	不分配	46.26	2002/4/2
000893	ST冷机	-0.4	-0.42	-0.62	-0.32	1.45	1.32	0.29	-0.16	-27.59	-33.43	31895.77	129.77	-8877.32	35.23	-9262.76	79871.06	32174.28	5690.70	22200.00	不分配	/	2002/4/8
000895	双汇发展	0.583	0.574	0.515	0.47	2.74	2.72	0.72	0.85	21.29	22.34	336796.61	8.39	17050.18	13.18	16795.68	161701.41	80103.48	13434.94	34237.00	10股派1.5元(含税)	25.04	2002/2/8
000897	津滨发展	0.1457	0.1324	0.2008	0.1581	2.05	2.03	-0.49	-0.57	7.12	8.68	31295.57	-15.30	6598.32	21.67	5998.57	209058.90	92728.86	14165.97	45299.97	10派0.6元(含税)	54.31	2002/3/28
000898	鞍钢新轧	0.136	0.144	0.169	0.169	2.43	2.43	-0.1	0.31	5.61	7.13	949052.30	-3.09	40374.30	-17.97	42611.00	1023788.80	720139.70	74944.16	295844.16	10派0.8元(含税)	28.06	2002/3/26
000899	赣能股份	0.11	0.131	0.16	/	2.57	2.55	0.22	0.14	4.3	6.17	49537.14	-0.38	6057.58	-32.68	7180.81	154950.69	140936.74	17878.64	54803.20	10派1元(含税)	61.88	2002/3/28
000900	现代投资	0.44	0.38	0.37	0.37	6.18	6.07	0.79	0.04	7.1	6.34	50022.49	74.40	17514.55	17.68	15096.94	460643.58	246693.76	21436.59	39916.59	10派1.6元(含税)(*)	22.40	2002/2/6
000901	航天科技	0.2582	0.2353	0.194	/	3.31	3.3	0.2023	0.117	7.8	6.18	17966.74	66.97	2556.63	33.13	2329.31	55935.27	32793.82	3000.00	9900.00	10派1元(含税)送2转增4	138.86	2002/3/29
000902	中国服装	-0.08	-0.09	0.16	0.14	2.22	2.18	-0.3	0.17	-3.72	6.79	45092.39	-13.49	-1780.98	-152.63	-1927.21	109454.68	47829.02	6500.00	21500.00	不分配	/	2002/4/6
000903	云内动力	0.45	0.41	0.42	0.29	3.46	3.4	0.82	0.1	12.93	12.41	70440.04	71.80	8052.64	6.86	7368.04	130999.43	62293.40	6000.00	18000.00	10派3.60元(含税)(*)	31.00	2002/1/29
000905	厦门路桥	0.128	0.131	0.092	0.088	3.422	3.361	0.121	0.326	3.75	2.82	25442.84	10.54	3788.77	38.90	3868.63	280810.65	100959.28	9500.00	29500.00	不分配	73.11	2002/3/8
000906	南方建材	0.152	0.131	0.248	0.213	2.93	2.8	0.34	0.424	5.2	8.87	84556.80	4.06	1904.70	-38.57	1638.66	95429.20	36620.52	6650.00	23750.00	10派0.2元(含税)转增9(*)	179.81	2002/3/6
000908	天一科技	0.0437	0.021	0.1419	/	1.78	1.76	0.11	-0.089	2.46	8.25	17124.91	-9.52	1224.93	-69.18	588.17	62088.23	49746.95	8987.80	28000.00	不分配	191.10	2002/3/27
000909	数源科技	0.018	-0.07	0.018	/	2.69	2.67	-0.19	0.21	0.68	0.67	21977.11	-52.09	358.27	4.40	-1438.67	77881.08	52736.58	6000.00	19600.00	不分配	548.71	2002/4/3
000910	大亚股份	0.244	0.239	0.231	0.204	3.519	3.507	0.396	0.202	6.95	6.82	53488.67	24.23	5652.86	5.97	5523.18	122603.97	81376.15	8000.00	23125.00	不分配	41.56	2002/4/16
000911	南宁糖业	0.2	0.2	0.23	0.24	2.78	2.65	0.09	0.66	7.06	9.66	95732.09	2.05	4734.06	-8.78	4910.63	120777.29	67022.16	7280.00	24080.00	不分配	53.31	2002/3/30
000912	泸天化	0.231	0.181	0.274	/	3.336	3.175	0.7	0.86	6.92	8.56	154070.37	12.01	10393.06	-15.78	8142.31	340928.32	150110.64	15000.00	45000.00	10派1元(含税)	38.19	2002/3/12

代码	简称	每股收益(元)				每股净资产(元)		每股经营现金流量(元)		净资产收益率(%)		主营收入(万元)		净利润(万元)			总资产(万元)	股东权益(万元)	最新流通A股(万股)	最新总股本(万股)	分配方案	最新市盈率(倍)	年报刊登日期
		2001年	扣除后	2000年	扣除后	2001年	调整后	2001年	2000年	2001年	2000年	2001年	同比(%)	2001年	同比(%)	扣除后							
000913	钱江摩托	0.27	0.26	0.53	0.53	4.16	4.11	0.38	0.93	6.41	16.49	271809.82	-27.49	7561.52	-45.37	7343.91	188059.51	117881.85	8450.00	28346.00	10派1元(含税)送2转增4	50.46	2002/4/9
000915	山大华特	0.0161	-0.1263	-0.031	-0.0625	2.717	2.686	-0.0015	-1.002	0.59	-1.15	4202.60	4.98	145.32	151.85	-1141.04	48424.61	24548.75	3000.00	9033.60	不分配	954.85	2002/4/18
000916	华北高速	0.15	0.17	0.2572	0.2088	2.5	2.49	0.26	0.2776	5.91	10.48	39538.23	11.13	16132.32	-42.47	18627.64	339461.46	272858.09	33997.41	109000.00	10派1元(含税)	38.38	2002/3/29
000917	电广传媒	0.29	0.26	0.41	0.39	8.98	8.76	-0.64	0.42	3.28	4.59	69296.45	33.59	7612.45	-27.66	6635.20	452510.01	232012.83	11800.00	25840.00	10派2元(含税)	57.71	2002/3/23
00918	亚华种业	0.178	0.169	0.283	0.245	3.843	3.688	0.073	0.331	4.63	7.62	42007.56	24.18	3025.85	-37.10	2866.85	168003.03	65333.30	6000.00	17000.20	10派0.5元(含税)	67.20	2002/4/12
000919	金陵药业	0.388	0.22	0.379	0.357	3.8376	3.8372	0.33	0.8261	10.11	10.23	49941.75	40.65	10868.52	2.43	6155.45	141627.84	107451.57	8000.00	28000.00	10派2.12元(含税)	43.54	2002/3/12
000920	南方汇通	0.49	0.44	0.39	/	3.18	3.17	0.35	0.12	15.33	12.7	49223.60	20.41	9253.59	24.84	8336.29	87857.49	60362.25	7000.00	19000.00	10派4元(含税)(*)	29.09	2002/2/7
000921	ST科龙	-1.57	-1.51	-0.84	/	2.42	2.21	0.15	1.06	-64.7	/	472046.64	7.02	-155557.31	-87.27	-149602.74	652696.40	240261.65	11000.00	99200.66	不分配	/	2002/4/25
000922	阿继电器	0.23	0.22	0.21	/	3.13	3.13	0.2	0.38	7.27	7.24	24709.43	14.28	3995.20	6.25	3776.86	79517.30	54934.81	7889.80	17555.00	10派0.6元(含税)	48.55	2002/3/30
000923	河北宣工	0.09	0.07	0.15	0.15	2.46	2.44	0.3	-0.37	3.6	6.47	37009.80	17.63	1459.98	-42.32	1175.90	70526.46	40578.33	5500.00	16500.00	不分配	114.48	2002/3/20
000925	浙大海纳	0.22	0.17	0.33	0.26	4.09	4.08	0.26	-0.28	5.29	8.28	17070.96	-26.90	1948.55	-34.82	1497.44	53773.95	36843.16	3000.00	9000.00	10派1.8元(含税)	96.03	2002/4/10
000926	福星科技	0.313	0.313	0.305	/	2.43	2.43	-0.127	0.3	12.9	13.6	42559.04	9.34	8357.67	2.86	8357.67	112564.23	64763.36	7150.00	26669.50	10派1.25元(含税)	34.40	2002/2/28
000927	天津汽车	-0.06	-0.06	0.122	0.204	2.2	2.19	0.23	0.096	-2.73	5.12	340594.16	-25.41	-8705.25	-149.11	-8614.64	734899.66	319314.06	21800.00	145015.82	10派1.25元(含税)转增1	/	2002/4/12
000928	吉林炭素	0.128	0.137	0.15	0.14	3.65	3.38	-0.1	-0.14	3.5	4.22	77597.64	8.27	3621.75	-13.91	3882.62	249218.58	103367.20	12004.90	28289.90	不分配	61.55	2002/4/16
000929	兰州黄河	-1.2918	-1.29	0.0179	/	2.8757	2.7929	0.2344	-0.0097	-44.92	0.43	15451.93	-16.88	-15222.69	-7318.85	-15246.56	78695.41	33886.93	5400.00	11784.00	不分配	/	2002/4/6
000930	丰原生化	0.621	0.538	0.55	0.569	7.741	7.725	0.518	0.863	8.03	13.78	85317.12	20.99	10997.76	36.01	9515.21	244780.12	137006.11	9000.00	17697.88	10派1元(含税)	29.18	2002/3/1
000931	中关村	0.1262	0.0814	0.2275	/	2.5269	2.4024	0.2846	-1.9124	4.99	9.1	190746.28	24.06	8516.30	-44.53	5493.51	969033.15	170528.79	37484.69	67484.69	10派1元(含税)	104.60	2002/4/15
000932	华菱管线	0.3025	0.305	0.2078	0.2485	2.27	2.16	0.86	0.47	13.31	10.04	849955.19	37.24	47356.75	45.59	47741.44	777138.54	355802.47	45000.00	176537.50	10派1元(含税(*)	21.36	2002/2/5
000933	神火股份	0.4329	0.42	0.3324	/	3.3562	3.35	0.7081	0.42	12.9	9.6	63920.73	18.62	9898.69	30.23	9491.75	101532.43	76748.60	7000.00	22868.00	10派2.8元(含税)	33.17	2002/2/26
000935	四川双马	0.1603	0.1622	0.3271	/	1.637	1.6137	0.1542	0.6634	9.79	11.78	42685.70	-4.22	5121.40	-11.77	5180.55	81997.74	52286.62	10440.00	31941.00	10派0.7元(含税)	46.59	2002/4/16
000936	华西村	0.39	0.3922	0.41	/	3.1681	3.16	0.3273	0.36	12.44	11.87	66318.13	118.33	6620.30	15.47	6592.55	72010.80	53224.86	4200.00	16800.00	10派1元(含税)(*)	43.19	2002/2/26
000937	金牛能源	0.6	0.6	0.35	0.35	3.82	3.81	0.87	0.27	15.6	9.97	116451.37	30.56	25313.73	70.41	25292.59	239306.75	162276.48	10000.00	42500.00	10派2.5元(含税)	21.69	2002/3/25
000938	清华紫光	-0.115	-0.221	0.367	0.402	2.888	2.869	0.977	-0.185	-3.97	12.31	146534.98	59.25	-2362.17	-131.23	-4554.90	102234.37	59509.63	6400.00	20608.00	不分配	/	2002/3/15
000939	凯迪电力	0.3041	0.3108	0.2235	/	2.24	2.24	0.74	-0.21	13.55	11.35	42299.41	144.33	6577.99	36.05	6577.99	90489.89	48529.77	9450.00	21630.00	10派0.5元(含税)	43.90	2002/3/12
000948	南天信息	0.28	0.26	0.3	0.25	3.41	3.34	1.12	0.35	8.27	9.02	89357.55	32.89	3944.68	-5.75	3644.13	84952.11	47689.17	4000.00	14000.06	10派1.9元(含税)	59.27	2002/3/9
000949	新乡化纤	0.07	0.05	0.41	/	2.04	2	0.005	0.42	3.39	10.57	73146.74	15.02	3395.19	-66.28	2474.83	128163.15	100255.02	15000.00	49057.14	10派0.5元(含税)	91.17	2002/3/22
000950	民丰农化	0.028	0.019	0.2281	0.2351	2.747	2.733	0.075	0.5738	1.02	8.39	47262.06	22.21	435.14	-87.69	295.85	99686.78	42574.70	5500.00	15500.00	不分配	474.83	2002/3/29
000951	小鸭电器	-0.3	-0.31	0.0335	/	2.09	2.01	-0.28	-0.186	-14.14	1.41	48017.09	-27.39	-7516.51	-982.16	-7875.83	144211.83	53161.15	9000.00	25397.50	不分配	/	2002/4/19
000952	广济药业	0.144	0.141	0.18	0.18	2.84	2.78	-0.13	0.28	5.05	6.36	18609.99	38.73	2458.73	-19.69	2412.91	76183.15	48686.95	5000.00	17122.60	10派0.50元(含税)	86.42	2002/2/25
000953	河池化工	0.13	0.08	0.19	0.16	2.3	2.25	-0.17	0.59	5.74	8.64	35384.54	11.33	2354.06	-29.58	1372.60	121901.31	40999.13	6000.00	17821.78	10派0.25元(含税)送1	76.69	2002/4/3
000955	欣龙无纺	0.079	0.0584	0.0747	/	2.355	2.321	0.0963	-0.034	3.34	3.24	16045.77	19.84	1614.71	5.38	1198.16	80718.03	48284.68	5500.00	20500.00	10派0.3元(含税)送0.5转增0.5	146.13	2002/4/15
000956	中原油气	0.6238	0.64	1.1736	/	3.5133	3.5133	0.9068	2.0921	17.75	31.6556	174025.76	-9.00	50898.89	-36.22	52099.36	367400.59	286685.92	20399.88	81600.00	10派2元(含税)	17.44	2002/1/29
000957	中通控股	0.1405	0.1143	0.1947	0.1183	1.87	1.87	0.0609	-0.2377	7.5	11.25	32556.48	24.60	3350.97	-27.83	2726.36	70913.56	44677.37	8100.00	23850.49	不分配	61.92	2002/3/16
000958	东方热电	0.44	0.36	0.27	0.28	3.27	3.22	0.61	1	13.58	9.28	46106.10	52.34	7996.86	64.31	6493.85	146573.95	58901.50	4500.00	18000.00	10派1元(含税)(*)	31.69	2002/3/5
000959	首钢股份	0.31	0.22	0.25	/	2.16	2.11	0.39	0.44	14.21	12.11	1201658.59	0.84	70933.92	20.62	50808.80	971439.61	499048.81	35000.00	231000.00	10派2.3元(含税)	24.13	2002/3/30
000960	锡业股份	0.0407	0.0405	0.2322	0.1904	3.2453	3.2402	-0.4713	0.5076	1.25	7.25	114455.97	-3.82	1455.83	-82.48	1450.55	208418.75	116153.78	13000.00	35790.40	10派0.16元(含税)	194.22	2002/4/2

代码	简称	每股收益(元)				每股净资产(元)		每股经营现金流量(元)		净资产收益率(%)		主营收入(万元)		净利润(万元)			总资产(万元)	股东权益(万元)	最新流通A股(万股)	最新总股本(万股)	分配方案	最新市盈率(倍)	年报刊登日期
		2001年	扣除后	2000年	扣除后	2001年	调整后	2001年	2000年	2001年	2000年	2001年	同比(%)	2001年	同比(%)	扣除后							
000961	大连金牛	0.17	0.17	0.26	0.27	3.34	3.24	0.3	0.15	5.24	9.48	114152.69	-2.83	5253.30	-24.39	5202.51	240454.74	100296.58	13000.00	30053.00	10派0.3元(含税)	43.48	2002/3/15
000962	东方钽业	0.5006	0.46	0.5137	0.51	2.95	2.95	-0.281	0.317	16.97	17.19	122538.39	15.20	17839.76	16.94	16409.97	156113.85	105099.00	14040.00	35640.00	不分配	29.29	2002/2/26
000963	华东医药	0.3	0.29	0.24	/	2.81	2.79	0.58	0.1	10.8	9.41	188641.84	16.61	5747.63	27.34	5422.04	124119.28	53357.15	5000.00	19000.00	10派0.5元(含税)送2转增8	89.09	2002/4/16
000965	天水股份	0.1	0.08	0.19	0.12	2.76	2.65	-0.19	-0.15	3.78	7.22	37788.19	17.19	2257.99	-45.65	1870.55	109481.87	59800.56	7000.00	21700.49	10派0.13元(含税)送0.5转增0.5	101.68	2002/3/28
000966	长源电力	0.1254	0.12	0.2619	/	2.2657	2.2249	0.26	0.52	5.5349	9.555	88100.36	30.72	4641.80	-42.55	4303.10	208002.20	83864.00	10800.00	37014.20	10派1元(含税)	79.74	2002/3/28
000967	上风高科	0.2027	0.1939	0.2752	0.2472	3.34	3.22	0.145	0.1192	6.08	8.76	13374.03	-3.87	2772.72	-26.34	2651.78	52394.73	45630.01	4500.00	13678.61	10派0.8元(含税)	75.38	2002/3/28
000968	神州股份	0.1365	0.1049	0.0861	0.0787	2.8815	2.5227	0.0817	0.1034	4.74	3.12	66249.62	11.45	5392.77	58.47	4146.31	184931.39	113875.16	14019.47	39519.00	10派0.12元(含税)	62.73	2002/3/22
000969	安泰科技	0.2768	0.2647	0.4246	0.2558	4.3327	4.3069	0.1171	0.1825	6.39	6.32	43509.96	22.01	6757.37	4.29	6461.82	124821.58	105786.24	8800.00	24416.00	10派1.41元(含税)	57.63	2002/3/16
00970	中科三环	0.194	0.16	0.314	0.274	2.37	2.289	0.084	-0.508	8.21	7.92	36713.41	-1.28	3045.47	11.45	2508.51	62306.33	37115.88	9450.00	23490.00	10派1元(含税)转增5(*)	180.10	2002/3/15
000971	湖北迈亚	0.18	0.15	0.19	/	2.24	2.23	0.235	0.23	8.11	8.56	27071.06	11.52	3396.67	-3.92	2797.04	96622.23	41892.42	5500.00	18700.00	10派1.5元(含税)	62.65	2002/4/10
000972	新中基	0.16	0.11	0.21	0.2	3.23	3.12	-0.29	-1.28	4.93	6.83	54927.26	17.47	1982.99	-24.06	1362.17	122912.24	40198.12	4500.00	12458.92	10派0.6元(含税)	81.68	2002/4/18
000973	佛塑股份	0.267	0.265	0.204	0.188	3.184	3.131	0.581	-0.33	8.38	7	166969.88	13.99	9961.48	30.69	9895.98	215063.48	118914.85	4900.00	37345.06	10派1.80元(含税)(*)	46.64	2002/1/25
000975	乌江电力	0.09	0.0927	0.21	/	2.35	2.33	0.11	0.17	4.01	5.51	12092.77	25.13	2790.98	-27.33	2742.78	82027.14	69555.30	12000.00	29600.00	10派1元(含税)	147.21	2002/3/19
000976	春晖股份	0.14	0.1	0.18	/	2.56	2.55	0.37	-0.03	5.36	6.48	115296.31	20.41	5770.06	-24.48	4219.85	196932.03	107859.30	6120.00	42114.60	10派0.3元(含税)	68.61	2002/2/28
000977	浪潮信息	0.2	0.196	0.28	0.27	3.75	3.71	0.365	0.05	5.37	7.62	79725.53	-2.11	4332.28	-27.48	4238.30	111176.46	80650.41	6500.00	21500.00	10派1元(含税)	76.43	2002/4/23
000978	桂林旅游	0.247	0.224	0.296	0.272	2.043	2.022	0.37	0.387	12.1	9.88	19971.62	43.99	4375.00	25.33	3966.13	49629.41	36154.77	6000.00	17700.00	10派2元(含税)	67.56	2002/3/12
000979	科苑集团	0.25	0.28	0.23	0.19	5.05	4.99	0.06	-0.3	4.92	4.71	23435.57	64.11	2333.74	8.45	2635.14	70228.96	47456.19	4000.00	9400.00	10派0.6元(含税)	72.10	2002/3/20
000980	金马股份	0.0075	-0.19	0.0481	0.0224	3.1349	3.1252	-0.2063	-0.1629	0.24	1.5486	20474.70	-26.95	112.94	-84.34	-2840.15	99839.55	47023.77	5800.00	15000.00	不分配	1430.45	2002/4/27
000981	兰光科技	0.16	0.14	0.33	0.3	4.14	4.11	-0.53	0.04	3.89	7.6	64152.49	-12.51	2593.25	-51.63	2229.07	102037.35	66666.31	5000.00	16100.00	10派1元(含税)	94.12	2002/3/26
000982	圣雪绒	0.31	0.18	0.3835	0.3355	4.793	4.74	-1.52	-1.9281	6.48	8.2714	45211.09	10.08	2297.24	-19.04	1341.97	105594.61	35468.33	3000.00	7400.00	10派1.5元(含税)	61.85	2002/2/27
000983	西山煤电	0.31	0.3	0.24	/	3.67	3.66	0.35	0.39	8.37	6.93	196005.91	55.98	24793.30	28.01	23954.53	414436.94	296267.95	28800.00	80800.00	10派1元(含税)	29.17	2002/3/9
000985	大庆华科	0.193	0.178	0.322	0.363	3.364	3.347	-0.198	0.493	5.728	9.844	37947.26	-5.01	2215.73	-40.16	2042.55	48353.16	38682.57	3000.00	11500.00	10派1元(含税)	86.21	2002/2/26
000987	广州友谊	0.1603	0.1526	0.1584	0.1567	2.5017	2.4725	0.0995	0.4412	6.4068	6.4878	97952.23	3.57	3835.57	1.19	3652.99	75561.00	59866.84	6000.00	23930.54	10派1元(含税)	67.13	2002/3/28
000988	华工科技	0.396	0.167	0.367	0.339	5.016	4.976	-0.343	0.11	7.89	7.6	29701.79	64.55	4548.51	7.78	1922.63	82147.04	57678.33	3000.00	11500.00	10派2元(含税)	82.42	2002/3/20
000989	九芝堂	0.407	0.374	0.295	0.307	3.9	3.75	0.63	0.427	10.44	7.87	70968.77	55.69	5237.04	38.12	4804.78	87196.34	50180.26	4000.00	12862.00	10派2.5元(含税)	44.67	2002/2/26
000990	诚志股份	0.25	0.24	0.34	0.3	3.71	3.67	0.1	-0.05	6.77	6.37	43871.07	59.75	4505.02	11.40	4233.61	92218.24	66531.51	7200.00	17925.00	10派0.8元(含税)	60.12	2002/3/9
000993	闽东电力	0.1	-0.02	0.11	0.1	4.81	4.74	0.04	-0.08	2	2.22	22206.09	23.37	2880.04	-9.40	-711.70	217589.51	144340.56	10000.00	30000.00	10派0.6元(含税)	103.54	2002/4/10
000995	皇台酒业	0.0137	-0.078	0.1008	0.106	3.29	2.66	-0.22	/	0.42	3.08	12110.20	-23.55	191.45	-86.43	-1090.94	67496.28	45995.55	4000.00	14000.00	不分配	930.88	2002/3/26
000996	捷利股份	0.117	0.084	0.214	0.21	3.64	3.634	0.038	-0.33	3.214	6.031	18799.36	-14.18	1345.30	-45.39	964.74	54508.14	41862.59	3500.00	11500.00	10派0.3元(含税)	132.24	2002/4/6
000997	新大陆	0.35	0.35	0.34	0.31	5.15	5.14	0.1	0.2	6.76	6.89	46275.22	10.90	4034.42	1.22	4013.25	72509.94	59711.43	3100.00	11600.00	10派3元(含税)	65.35	2002/3/22
000998	隆平高科	0.38	0.365	0.36	/	7.49	7.48	-0.75	1.02	5.13	4.83	26790.82	64.82	4033.23	7.54	3830.73	98490.13	78613.86	5500.00	10500.00	10派3元(含税)	61.36	2002/4/9
000999	三九医药	0.1607	0.1358	0.2142	/	3.46	3.05	0.2	0.35	4.65	6.41	186731.47	14.71	12102.73	-24.98	10227.69	659907.44	260389.50	20000.00	75300.00	10派0.4元(含税)	68.13	2002/4/20
001696	ST联益	0.0679	-0.0556	-0.0874	-0.0674	0.2046	-0.0745	0.2935	0.047	33.23	-126.04	15038.06	1455.95	930.37	177.76	-760.36	18857.44	2800.18	5155.49	13686.40	不分配	139.60	2002/3/26
001896	豫能控股	0.127	0.1167	0.192	0.1795	2.08	2.07	0.29	0.44	6.13	8.56	43033.31	10.86	5474.01	-33.84	5019.97	144342.91	89248.99	7995.00	43000.00	10派1元(含税)	72.43	2002/3/23
200041	深本实B	0.13	0.13	0.06	0.03	2.17	2.02	-0.04	0.08	6.12	2.95	6671.39	537.77	801.64	120.54	799.58	27107.14	13105.69	/	6050.00	不分配	/	2002/4/27
200053	深基地B	0.261	0.2616	0.1945	0.1956	2.267	2.22	0.367	0.319	11.51	8.9	10279.76	6.33	6018.06	34.17	6032.85	61684.47	52284.65	/	23060.00	10派0.2206美元(含税)	/	2002/4/19

代码	简称	每股收益(元)				每股净资产(元)		每股经营现金流量(元)		净资产收益率(%)		主营收入(万元)		净利润(万元)			总资产(万元)	股东权益(万元)	最新流通A股(万股)	最新总股本(万股)	分配方案	最新市盈率(倍)	年报刊登日期
		2001年	扣除后	2000年	扣除后	2001年	调整后	2001年	2000年	2001年	2000年	2001年	同比(%)	2001年	同比(%)	扣除后							
200054	ST建摩B	-0.4	-0.39	0.03	-0.04	0.63	0.18	0.11	0.22	-64.08	2.9	73268.20	-31.16	-19287.10	-1456.15	-18782.70	155294.70	30098.70	/	47750.00	不分配	/	2002/4/16
200057	ST大洋B	0.03	-0.1	-0.43	-0.18	-0.3	-0.68	-0.03	/	/	/	/	/	683.15	108.02	-2019.32	11541.39	-5937.26	/	19800.00	不分配	/	2002/4/13
200152	山航B	0.14	0.11	0.23	/	1.41	1.17	0.24	0.39	9.74	17.46	131158.44	25.87	5494.17	-41.00	4412.68	202789.15	56428.18	/	40000.00	10派0.6元(含税)	/	2002/3/13
200160	帝贤B	0.31	0.31	0.3	/	2.06	2.04	0.29	0.32	15	16	29028.30	2.21	6609.55	1.42	6611.57	117349.03	44193.70	/	36550.00	10派0.53元(含税)送2转增5(*)	/	2002/2/9
200168	雷伊B	0.19	0.15	0.36	/	2.1	2.09	-0.38	0.16	9	17	40193.08	-32.91	3390.40	-46.22	2614.44	73275.79	37090.94	/	17700.00	10派1.5元(含税)	/	2002/4/9
200468	宁通信B	0.011	0.017	0.013	0.01	2.004	1.944	0.076	-0.24	0.553	0.643	75360.80	18.18	238.22	-13.50	311.32	106991.50	43084.71	/	21500.00	不分配	/	2002/4/18
200512	闽灿坤B	0.3779	0.3962	0.408	0.4122	2.24	2.22	1.42	0.9	16.84	20.76	279841.75	11.66	17040.76	-7.38	17864.60	246148.34	101173.92	/	45093.80	10派1元送5	/	2002/4/22
200706	瓦轴B	0.074	0.079	0.099	0.103	3.15	3.05	0.33	0.131	2.37	3.22	107164.06	-2.19	2455.32	-25.18	2601.86	217756.58	103808.84	/	33000.00	10派0.3元(含税)	/	2002/4/18
200770	武锅B	0.061	0.051	0.0424	0.0455	1.694	1.6677	0.247	0.0455	3.581	2.556	40426.71	60.93	1801.05	43.11	1508.23	127684.84	50301.04	/	29700.00	10派0.25元(含税)	/	2002/4/10
200771	杭汽轮B	0.124	0.129	0.133	0.131	2.01	1.82	0.23	0.27	6.2	6.71	28916.03	16.04	2738.89	-6.40	2837.73	62695.64	44164.08	/	22000.00	10派1元(含税)	/	2002/4/13
200986	粤华包B	0.27	0.16	0.25	0.167	1.8366	1.8198	0.0613	0.1984	14.7	14.72	51130.36	26.17	11869.70	7.88	7034.33	130134.39	80748.91	/	43950.00	10派1.33元(含税)	/	2002/4/16
200992	中鲁B	0.09	0.09	0.27	0.27	1.93	1.93	0.33	-0.12	4.6	14.4	34105.56	-42.41	2383.54	-67.09	2383.54	103169.13	51435.64	/	26607.13	10派0.5元(含税)	/	2002/3/23

上市公司2001年度基本情况简报表(沪市)

项目			股本			业绩									资产							分配
序号	代码	公司简称	总股本(亿股)	流通股(亿股)	2002.04.29	主营收入(亿元)	±%	净利润(万元)	±%	每股收益(元)	2002.04.29摊薄后	净资产收益率(%)	每股经营性现金流量(元)	2002.04.29摊薄后	总资产(亿元)	±%	净资产(亿元)	±%	资产负债比率(%)	每股净资产(元)	2002.04.29摊薄后	2001年度已实施利润分配及预案
1	600000	浦发银行	24.10	4.00	4.00	71.85	25.83	106187.80	10.85	0.4410	0.4410	15.03	0.78	0.78	1736.91	32.87	70.67	-5.08	95.93	2.932	2.932	10派2元(含税)转增5股
2	600001	邯郸钢铁	14.87	4.90	4.90	72.37	23.57	67070.81	-10.88	0.4510	0.4510	10.77	0.42	0.42	86.91	14.48	62.29	6.12	28.33	4.190	4.190	10派1.5元(含税)
3	600002	齐鲁石化	19.50	3.50	3.50	70.22	-1.86	2114.16	-95.14	0.0110	0.0110	0.45	0.45	0.45	77.03	-7.07	47.15	-3.01	38.79	2.420	2.420	不分不转
4	600003	东北高速	12.13	3.00	3.00	3.74	8.58	19138.39	-10.74	0.1578	0.1578	6.52	0.32	0.32	50.00	20.61	29.36	3.34	31.27	2.420	2.420	10派0.5元(含税)
5	600005	武钢股份	20.90	3.20	3.20	63.27	-8.64	70314.13	-0.53	0.3360	0.3360	15.05	0.50	0.50	66.47	4.99	46.71	2.59	29.73	2.234	2.234	10派2.8元(含税)
6	600006	东风汽车	10.00	3.00	3.00	44.31	28.57	53737.02	43.74	0.5374	0.5370	18.17	0.05	0.05	49.48	21.61	29.58	9.76	36.35	2.958	2.958	10派2元(含税)
7	600007	中国国贸	8.00	1.60	1.60	5.97	9.99	17851.80	22.27	0.2200	0.2200	8.33	0.41	0.41	37.15	1.38	21.43	4.63	42.31	2.680	2.680	10派1.04元(含税)
8	600008	首创股份	11.00	2.65	3.00	1.78	6.87	48201.58	11.26	0.4382	0.4380	12.23	0.45	0.45	51.34	2.42	39.40	1.96	23.26	3.582	3.582	10派3.6元(含税)
9	600009	上海机场	14.12	5.12	5.12	11.57	33.26	56676.12	3.95	0.4010	0.4010	11.29	0.61	0.61	66.18	-13.49	50.21	15.26	24.13	3.555	3.555	10派1.5元(含税)
10	600010	钢联股份	12.50	3.50	3.50	55.81	-5.38	25665.88	-11.16	0.2100	0.2100	7.39	-0.30	-0.30	72.71	173.57	34.74	122.04	52.23	2.780	2.780	10派1元(含税)
11	600011	华能国际	60.00	1.47	1.50	158.17	-	363606.42	-	0.6100	0.6100	13.40	1.19	1.19	472.30	-	271.26	-	41.54	4.520	4.520	10派3元(含税)
12	600016	民生银行	22.49	4.55	4.55	51.31	89.33	64637.00	50.61	0.2900	0.2900	11.91	7.02	7.02	1388.98	104.09	54.25	-9.52	96.09	2.410	2.410	10送1.5股派0.7元(含税)
13	600018	上港集箱	9.02	2.10	2.10	21.38	17.16	70570.66	29.72	0.7822	0.7820	15.36	1.36	1.36	77.20	9.59	45.94	16.65	24.30	5.092	5.090	不分不转
14	600019	宝钢股份	125.12	18.77	18.77	291.71	-5.72	256121.17	-14.40	0.2000	0.2000	9.74	0.72	0.72	580.42	48.95	262.90	3.99	54.71	2.100	2.100	10派1.25元(含税)
15	600028	中国石化	867.02	22.30	28.00	3043.47	-5.76	1401800.00	-	0.1620	0.1620	10.08	0.69	0.69	3602.94	-	1390.39	2138.23	54.91	1.604	1.604	10派0.8元(含税)
16	600033	福建高速	6.85	2.00	2.00	3.04	50.74	22027.63	62.96	0.3216	0.3220	9.38	0.50	0.50	59.15	164.28	23.47	157.87	38.24	3.427	3.427	10派1.2元(含税)
17	600036	招商银行	57.07	15.00	6.00	104.93	-	143112.00	-	0.3400	0.3400	27.97	-	0.00	2663.17	-	51.16	-	98.08	1.216	1.216	-
18	600037	歌华有线	2.70	0.80	0.80	3.29	41.82	14234.72	30.34	0.5300	0.5300	8.73	0.64	0.64	19.26	218.45	16.30	395.96	15.35	6.040	6.040	10派2.5元(含税)
19	600038	哈飞股份	1.50	0.60	0.60	3.20	34.69	5451.82	34.32	0.3600	0.3600	8.14	-0.07	-0.07	9.23	18.98	6.70	5.02	27.46	4.470	4.470	10派1元(含税)送2转增4
20	600051	宁波联合	3.02	0.85	0.85	36.42	23.16	5430.21	8.22	0.1800	0.1800	6.60	-0.26	-0.26	22.84	24.08	8.22	2.99	58.65	2.720	2.720	10派1元(含税)
21	600052	浙江广厦	4.84	2.56	2.56	4.09	-74.98	7098.04	-25.90	0.1500	0.1500	4.98	-0.43	-0.43	30.35	27.22	14.24	73.56	51.22	2.940	2.940	10派1.14元(含税)
22	600053	江西纸业	1.61	0.76	0.76	3.06	1.36	-29924.52	-648.71	-1.8600	-1.8600	-85.95	-0.78	-0.78	14.58	29.28	3.48	-48.08	76.12	2.160	2.160	不分不转
23	600054	黄山旅游	3.03	0.52	1.56	3.99	39.41	4581.21	2.02	0.1500	0.1500	6.30	0.45	0.45	10.60	10.58	7.31	1.99	30.07	2.410	2.410	10派0.3元(含税)
24	600055	万东医疗	1.11	0.39	0.39	3.27	18.02	3209.46	3.36	0.2900	0.2900	9.33	0.11	0.11	5.02	-4.63	3.44	3.25	29.67	3.100	3.100	10派1元(含税)
25	600056	中技贸易	1.30	0.39	0.39	24.83	77.33	4903.39	52.02	0.3762	0.3760	9.13	2.29	2.29	12.05	7.46	5.50	7.31	54.36	4.220	4.220	10派1元(含税)
26	600057	厦新电子	3.58	1.44	1.44	9.88	-0.53	-7824.95	-55.15	-0.2180	-0.2180	-18.99	0.16	0.16	15.84	22.46	4.12	-20.84	73.99	1.150	1.150	不分不转
27	600058	龙腾科技	4.24	1.20	1.20	195.65	66.52	15479.60	-25.48	0.3650	0.3650	8.38	0.10	0.10	53.11	23.69	18.47	0.13	64.45	4.354	4.350	10派3元(含税)
28	600059	古越龙山	2.33	1.06	1.06	4.36	11.46	7143.26	-13.44	0.3070	0.3070	6.37	-0.34	-0.34	17.14	18.65	11.21	46.13	31.57	4.820	4.820	10派2元(含税)
29	600060	海信电器	4.94	2.04	2.04	38.73	-9.95	-1799.56	-114.36	-0.0364	-0.0364	-0.81	1.03	1.03	40.08	47.35	22.15	57.17	43.79	4.490	4.490	不分不转
30	600061	中纺投资	2.87	0.94	0.94	6.72	-5.47	2712.13	-43.62	0.0940	0.0900	5.66	-0.07	-0.07	7.37	-3.07	4.79	-1.32	33.62	1.670	1.670	10派0.2元(含税)转增3股
31	600062	双鹤药业	3.39	1.43	1.43	23.83	103.94	15771.04	22.34	0.4648	0.4650	12.29	0.42	0.42	27.46	85.04	12.83	62.26	45.74	3.781	3.781	10派1元(含税)转增3股
32	600063	皖维高新	2.53	0.99	0.99	5.07	31.15	7715.40	42.63	0.3050	0.3050	12.55	0.53	0.53	11.14	-7.03	6.15	-0.56	41.62	2.432	2.432	10派3元(含税)
33	600064	南京高科	3.44	1.55	1.55	5.13	-41.78	7077.25	-37.15	0.2060	0.2060	6.08	-0.19	-0.19	24.62	15.47	11.64	6.29	52.34	3.380	3.380	不分不转

项目			股本			业绩										资产							分配
序号	代码	公司简称	总股本(亿股)	流通股(亿股)	2002.04.29	主营收入(亿元)	±%	净利润(万元)	±%	每股收益(元)	2002.04.29摊薄后	净资产收益率(%)	每股经营性现金流量(元)	2002.04.29摊薄后	总资产(亿元)	±%	净资产(亿元)	±%	资产负债比率(%)	每股净资产(元)	2002.04.29摊薄后	2001年度已实施利润分配及预案
34	600065	大庆联谊	1.92	0.60	0.60	5.50	13.43	-5733.03	-322.26	-0.2986	-0.2986	-7.92	-0.19	-0.19	12.17	-11.77	7.31	-7.67	39.97	3.771	3.771	不分不转
35	600066	宇通客车	1.37	0.94	0.94	15.80	31.74	9842.51	13.04	0.7199	0.7200	10.52	0.72	0.72	14.04	-1.53	9.36	7.77	39.20	6.840	6.840	10派6元(含税)
36	600067	福州大通	1.05	0.68	0.68	4.03	3.66	3235.85	39.38	0.3100	0.3100	10.68	0.01	0.01	5.56	2.84	3.03	1.31	43.56	2.890	2.890	10派1.5元(含税)
37	600068	葛洲坝	7.06	3.46	3.46	22.08	2.44	14785.48	-30.30	0.2100	0.2100	4.54	0.05	0.05	49.04	6.99	32.58	3.81	32.80	4.620	4.620	10派0.3元(含税)
38	600069	银鸽投资	3.72	1.46	1.46	1.83	18.70	-22781.00	-2281.27	-0.6130	-0.6130	-60.26	-0.34	-0.34	9.61	5.18	3.78	-41.33	60.65	1.020	1.020	不分不转
39	600070	浙江富润	0.76	0.31	0.31	2.03	-5.18	1778.91	-31.97	0.2350	0.2350	7.77	-0.14	-0.14	4.29	2.16	2.29	-4.60	37.47	3.020	3.020	10派1.6元(含税)
40	600071	凤凰光学	2.37	1.07	1.07	3.14	14.71	3647.64	-4.77	0.1536	0.1540	9.01	0.23	0.23	6.61	17.22	4.05	8.56	34.94	1.710	1.710	不分不转
41	600072	江南重工	2.75	1.25	1.25	4.13	16.89	2750.69	38.30	0.1000	0.1000	2.87	0.31	0.31	11.02	2.40	9.59	2.25	12.96	3.493	3.493	10送1转增1股
42	600073	上海梅林	3.24	1.20	1.20	4.96	-7.61	3442.79	-56.91	0.1100	0.1100	4.36	-0.06	-0.06	12.79	-4.41	7.90	1.29	32.36	2.440	2.440	不分不转
43	600074	南京中达	1.45	0.52	0.97	5.17	4.26	7580.69	18.64	0.5240	0.5240	12.80	0.86	0.66	14.76	32.96	5.92	10.28	55.70	4.096	4.096	10派1元(含税)
44	600075	新疆天业	2.27	0.97	0.97	12.92	-8.52	4685.85	-46.47	0.2100	0.2100	4.26	0.47	0.47	25.86	18.06	10.88	0.40	55.14	4.850	4.850	10派0.5元(含税)
45	600076	青鸟华光	2.24	0.96	1.25	3.59	46.90	4846.82	-18.59	0.2160	0.2160	7.36	0.16	0.14	15.69	52.38	6.59	4.35	56.27	2.930	2.930	10派0.53元(含税)
46	600077	国能集团	1.27	0.47	0.47	2.77	-11.59	214.91	-93.05	0.0170	0.0170	0.60	0.07	0.07	7.49	-5.78	3.56	-5.58	46.96	2.810	2.810	不分不转
47	600078	澄星股份	1.80	0.66	0.66	5.86	8.26	5940.79	64.79	0.3300	0.3300	9.35	0.34	0.34	11.04	35.62	6.34	-0.57	40.69	3.520	3.520	10派0.5元(含税)
48	600079	人福科技	1.26	0.64	0.64	2.42	28.34	2891.12	-20.52	0.2300	0.2300	9.75	0.13	0.13	9.91	91.32	2.97	3.23	60.00	2.298	2.298	10派1元(含税)
49	600080	金花股份	2.31	1.00	1.00	1.57	-14.78	4659.44	-42.13	0.2000	0.2000	5.65	0.35	0.35	13.01	25.78	8.24	4.47	36.22	3.570	3.570	10派0.2元(含税)
50	600081	东风科技	2.01	0.50	0.50	6.00	52.25	5044.82	-2.85	0.2510	0.2500	13.05	0.13	0.13	8.79	16.62	4.38	9.15	48.19	1.923	1.920	10派2.5元(含税)
51	600082	海泰发展	1.49	0.79	0.79	5.36	23.58	-8324.99	-9.57	-0.5590	-0.5590	-25.72	0.11	0.11	3.51	-70.18	3.24	-19.84	7.77	2.173	2.173	不分不转
52	600083	红光实业	2.30	1.36	1.36	0.86	130.71	813.79	-111.53	0.0350	0.0350	621.15	0.21	0.21	2.10	-83.86	0.01	-95.27	99.38	0.006	0.006	不分不转
53	600084	新天国际	2.35	0.89	0.89	8.54	24.42	7356.57	-16.51	0.3100	0.3100	10.86	0.18	0.18	19.24	21.27	6.77	5.32	64.02	2.880	2.880	10派0.6元(含税)
54	600085	同仁堂	3.32	1.00	1.00	16.12	57.33	19950.65	36.04	0.6010	0.6010	16.03	0.69	0.69	21.59	28.84	12.45	30.52	32.62	3.751	3.751	10派2.5元(含税)
55	600086	多佳股份	3.52	1.28	1.28	2.49	-13.02	2598.80	-18.67	0.0740	0.0740	5.23	0.01	0.01	7.57	-2.16	4.97	-2.83	27.81	1.411	1.411	10派0.1元(含税)
56	600087	南京水运	2.39	0.73	0.73	4.86	-7.07	11553.99	-0.20	0.4830	0.4830	14.25	0.89	0.89	9.60	0.23	8.11	0.71	15.53	3.390	3.390	10派3元(含税)
57	600088	中视传媒	2.37	0.78	0.78	3.60	75.91	2682.21	12.38	0.1130	0.1130	3.72	0.26	0.26	9.69	20.04	7.21	1.01	23.81	3.050	3.050	10派0.7元(含税)
58	600089	特变电工	2.59	1.30	1.30	13.10	31.46	8222.43	-11.73	0.3200	0.3200	9.94	-0.13	-0.13	22.24	22.41	8.27	0.80	57.84	3.190	3.190	10派1元(含税)
59	600090	啤酒花	3.68	1.74	1.74	6.84	11.13	7596.13	-18.82	0.2100	0.2100	13.89	-0.08	-0.08	16.52	41.01	5.47	10.57	65.63	1.490	1.490	10派0.5元(含税)
60	600091	明天科技	2.27	0.96	0.96	6.32	-19.65	6281.85	-26.64	0.2770	0.2770	8.05	0.80	0.80	16.56	46.61	7.80	1.40	52.33	3.450	3.450	不分不转
61	600092	精密股份	2.61	1.33	1.33	1.54	22.53	3955.56	-23.12	0.1514	0.1500	5.88	0.05	0.05	10.77	11.89	6.73	-4.20	35.20	2.580	2.580	10派0.5元(含税)
62	600093	禾嘉股份	1.91	0.77	0.77	1.20	-31.60	1612.09	-27.27	0.0840	0.0840	4.18	0.25	0.25	8.16	13.10	3.86	5.09	48.36	2.020	2.020	不分不转
63	600094	华源股份	4.92	1.10	3.17	18.58	26.02	8108.07	-33.73	0.1600	0.1600	5.56	0.72	0.72	38.29	17.20	14.35	0.67	54.74	2.920	2.920	10派0.5元(含税)
64	600095	哈高科	2.62	1.51	1.51	2.40	7.27	-12495.36	-710.33	-0.4780	-0.0478	-18.99	0.14	0.14	15.79	-4.12	5.95	-17.80	59.24	2.282	2.282	不分不转
65	600096	云天化	3.68	1.00	1.00	8.86	15.70	15454.79	-6.28	0.4198	0.4198	12.98	0.86	0.86	19.16	23.09	11.91	8.08	35.39	3.234	3.234	不分不转
66	600097	华立科技	1.15	0.35	0.35	1.15	324.98	1222.52	-119.65	0.1060	0.1060	9.64	0.52	0.52	3.94	-36.45	1.27	1070.49	66.69	1.098	1.098	不分不转
67	600098	广州控股	12.53	2.34	2.34	39.08	12.96	94283.11	6.83	0.7530	0.7530	19.63	1.34	1.34	91.26	10.61	48.02	12.86	34.03	3.830	3.830	10派3元(含税)
68	600099	林海股份	2.19	0.91	0.91	1.91	-4.74	664.97	-12.66	0.0300	0.0300	1.44	0.25	0.25	5.34	-7.65	4.60	-7.10	13.81	2.100	2.100	不分不转

项目			股本			业绩										资产							分配
序号	代码	公司简称	总股本(亿股)	流通股(亿股)	2002.04.29	主营收入(亿元)	±%	净利润(万元)	±%	每股收益(元)	2002.04.29摊薄后	净资产收益率(%)	每股经营性现金流量(元)	2002.04.29摊薄后	总资产(亿元)	±%	净资产(亿元)	±%	资产负债比率(%)	每股净资产(元)	2002.04.29摊薄后	2001年度已实施利润分配及预案
69	600100	清华同方	5.75	2.48	2.48	50.13	51.03	29075.81	23.22	0.5060	0.5060	10.92	0.35	0.35	60.65	14.64	26.63	3.49	39.26	4.635	4.635	10派2元(含税)
70	600101	明星电力	1.70	0.95	0.95	2.48	1.96	7832.19	-4.09	0.4610	0.4610	7.90	0.58	0.58	13.62	40.38	9.92	56.52	26.72	5.840	5.840	10派2元(含税)
71	600102	莱钢股份	8.71	1.56	1.56	49.88	10.23	45578.94	-13.54	0.5230	0.5230	14.10	0.56	0.56	55.93	8.88	32.32	14.16	41.97	3.710	3.710	10派0.6元(含税)
72	600103	青山纸业	7.06	4.46	4.46	9.19	3.70	11046.99	-34.17	0.1560	0.1560	7.10	0.18	0.18	23.50	-1.68	15.57	-1.85	30.81	2.214	2.214	10派0.6元(含税)
73	600104	上海汽车	25.20	7.56	7.56	37.05	47.81	78722.24	6.06	0.3120	0.3120	9.68	0.29	0.29	100.54	47.68	81.30	69.52	19.05	3.226	3.230	10派1.5元(含税)
74	600105	永鼎光缆	2.50	0.75	0.75	12.69	71.27	7641.85	23.40	0.3060	0.2989	10.57	0.02	0.02	13.19	32.81	6.86	2.63	46.92	2.900	2.833	10派1.5元(含税)
75	600106	重庆路桥	3.10	0.90	0.90	1.37	11.48	7007.69	-9.95	0.2261	0.2260	7.86	0.26	0.26	13.27	2.06	8.91	4.19	32.82	2.870	2.870	10派1元(含税)
76	600107	美尔雅	3.60	1.33	1.33	1.41	-54.76	3614.51	-46.55	0.1004	0.1000	4.21	0.19	0.19	11.10	-12.40	8.58	-3.73	20.13	2.383	2.383	不分不转
77	600108	亚盛集团	6.25	2.77	2.77	6.43	-6.86	8944.44	-23.33	0.1400	0.1400	6.53	0.02	0.02	18.43	12.41	13.70	19.74	24.15	2.190	2.190	10派0.5元(含税)
78	600109	成百集团	0.71	0.28	0.28	6.42	-18.12	130.40	-104.17	0.0180	0.0180	9.02	0.16	0.16	2.75	1.38	0.14	-63.88	94.75	0.204	0.204	不分不转
79	600110	长春热缩	1.86	0.76	0.76	1.15	28.77	5098.34	10.09	0.2750	0.2800	9.22	0.08	0.08	7.54	41.98	5.52	48.38	26.46	2.980	2.980	10派0.5元(含税)送2转增6股
80	600111	稀土高科	4.04	1.46	1.46	3.15	-19.64	8056.87	-17.86	0.2000	0.2000	7.90	0.01	0.01	12.94	5.77	10.20	1.83	15.39	2.527	2.527	10派1.0元(含税)
81	600112	长征电器	1.72	0.52	0.52	1.65	-9.38	917.41	-73.93	0.0533	0.0500	1.91	-	0.00	6.86	-13.58	4.80	-1.39	30.12	2.790	2.790	不分不转
82	600113	浙江东日	1.18	0.40	0.40	0.67	-34.15	243.05	-83.93	0.0200	0.0200	0.69	0.02	0.02	4.31	-1.07	3.54	-0.62	17.86	3.000	3.000	不分不转
83	600115	东方航空	48.67	3.00	3.00	128.39	8.61	13291.94	561.89	0.0273	0.0273	2.13	0.66	0.66	273.55	1.37	62.41	-5.53	75.96	1.280	1.280	10派0.2元(含税)
84	600116	三峡水利	1.75	0.58	0.58	2.92	31.41	2036.59	-46.25	0.1200	0.1200	3.98	0.38	0.38	11.36	0.22	5.12	-2.74	52.89	2.930	2.930	10派0.3元(含税)
85	600117	西宁特钢	5.82	1.60	1.60	12.39	-6.02	9004.27	12.66	0.1547	0.1547	6.43	0.30	0.30	27.25	7.44	14.01	3.03	48.61	2.410	2.410	不分不转
86	600118	中国泛旅	1.90	0.72	0.72	2.81	-4.49	1031.25	-40.01	0.0540	0.0540	3.71	0.07	0.07	3.51	-2.67	2.78	-0.85	15.57	1.466	1.466	不分不转
87	600119	长江投资	1.65	0.53	0.53	4.72	-7.14	2276.22	5.67	0.1380	0.1380	6.06	-0.13	-0.13	8.07	2.58	3.76	5.19	47.09	2.278	2.278	10送1转增2
88	600120	浙江东方	2.26	0.94	1.31	31.03	-0.15	10317.26	16.64	0.4600	0.3269	14.83	0.14	0.10	15.69	19.02	6.96	13.16	47.11	3.080	2.189	10派1元(含税)送2股转增2
89	600121	郑州煤电	8.10	2.16	2.16	6.28	36.86	7610.96	-35.43	0.0940	0.0940	6.22	0.19	0.19	20.41	14.81	12.23	-2.61	40.10	1.510	1.510	不分不转
90	600122	宏图高科	3.19	1.44	1.44	20.05	69.49	5815.39	-27.43	0.1820	0.1820	6.18	-0.22	-0.22	24.17	29.75	9.41	59.45	58.61	2.948	2.948	10派0.4元(含税)
91	600123	兰花科创	3.71	1.44	1.44	4.51	48.82	3960.58	379.05	0.1070	0.1070	4.84	0.79	0.79	15.16	-8.86	8.16	-1.42	46.14	2.197	2.197	10派0.6元(含税)
92	600125	铁龙股份	1.91	0.91	0.91	3.49	14.33	6175.58	-22.91	0.3240	0.3240	11.23	0.81	0.81	8.41	-2.91	5.50	8.56	34.09	2.884	2.884	不分不转
93	600126	杭钢股份	6.45	1.66	1.66	43.15	9.84	34248.13	-7.62	0.5310	0.5310	16.76	0.54	0.54	31.48	7.11	20.44	13.66	29.10	3.170	3.170	10派1.5元(含税)
94	600127	金健米业	4.33	1.91	1.91	4.09	-41.80	1703.67	-71.84	0.0390	0.0390	1.36	0.07	0.07	20.40	108.23	12.57	129.19	37.23	2.907	2.907	不分不转
95	600128	弘业股份	1.99	0.74	0.74	14.49	1.20	1024.31	-76.85	0.0500	0.0500	1.86	0.10	0.10	8.42	2.05	5.51	-0.88	29.46	2.760	2.760	10派0.5元(含税)
96	600129	太极集团	2.53	0.75	0.75	17.49	46.07	10143.31	72.94	0.4020	0.4020	10.20	0.89	0.89	27.32	38.58	9.94	1.96	59.82	3.940	3.940	10派2元(含税)
97	600130	波导股份	1.60	0.40	0.40	26.22	180.50	6813.46	54.81	0.4260	0.4260	8.18	2.23	2.23	17.43	41.77	8.33	3.25	51.09	5.203	5.203	10派2元(含税)
98	600131	岷江水电	2.97	1.00	1.00	1.43	33.83	2734.14	-9.92	0.0900	0.0900	4.59	0.09	0.09	14.58	19.63	5.95	44.75	56.52	2.010	2.010	不分不转
99	600132	重庆啤酒	1.71	0.52	0.52	4.67	38.02	3428.72	-23.46	0.2010	0.2010	6.03	0.58	0.58	11.78	-6.04	5.77	-5.43	46.57	3.370	3.370	10派2.6元(含税)
100	600133	东湖高新	2.76	0.83	0.83	4.75	36.53	4917.37	-1.32	0.1784	0.1784	7.74	0.03	0.03	11.64	-23.21	6.35	3.48	43.24	2.306	2.306	10派0.8元(含税)
101	600135	乐凯胶片	3.42	1.26	1.26	6.38	-15.92	13986.63	-35.08	0.4090	0.4090	14.42	0.58	0.58	11.57	4.25	9.70	0.28	16.00	2.837	2.837	10派4元(含税)
102	600136	道博股份	1.04	0.41	0.41	1.76	-8.68	2486.07	22.60	0.2400	0.2400	5.91	0.05	0.05	8.63	19.02	4.21	-0.04	49.34	4.030	4.030	10派0.5元(含税)
103	600137	长江控股			0.17																	

项目			股本			业绩									资产							分配
序号	代码	公司简称	总股本(亿股)	流通股(亿股)	2002.04.29	主营收入(亿元)	±%	净利润(万元)	±%	每股收益(元)	2002.04.29摊薄后	净资产收益率(%)	每股经营性现金流量(元)	2002.04.29摊薄后	总资产(亿元)	±%	净资产(亿元)	±%	资产负债比率(%)	每股净资产(元)	2002.04.29摊薄后	2001年度已实施利润分配及预案
104	600138	青旅控股	2.67	-	1.17	13.09	27.47	10302.42	-14.32	0.3860	0.3860	9.49	0.25	0.25	17.41	4.60	10.85	6.78	31.68	4.060	4.060	10派1.5元(含税)
105	600139	鼎天科技	0.76	0.29	0.29	1.94	-7.22	-6346.65	-568.15	-0.8300	-0.8300	-61.10	0.26	0.26	4.10	-22.69	1.04	-38.89	74.66	1.370	1.370	不分不转
106	600141	兴发集团	1.60	0.40	0.40	3.57	30.62	3354.36	25.97	0.2100	0.2100	8.32	0.50	0.50	7.15	6.48	4.03	2.11	41.50	2.520	2.520	10派1元(含税)
107	600145	四维瓷业	2.48	0.89	1.25	3.10	56.19	7860.11	117.79	0.3200	0.2276	18.97	0.26	0.18	7.19	19.74	4.14	22.42	40.36	1.670	1.188	10送2股派0.5元(含税)转增2股
108	600146	大元股份	2.00	0.60	0.60	15.31	14.76	-12176.42	-1865.67	-0.6100	-0.6100	-34.81	0.13	0.13	4.05	-59.60	3.50	-24.42	10.60	1.750	1.750	不分不转
109	600148	离合器	1.42	0.42	0.42	1.60	3.99	830.24	-27.83	0.0590	0.0590	3.29	0.26	0.26	3.57	11.30	2.52	30.51	26.88	1.780	1.780	10派0.37元(含税)
110	600149	邢台轧辊	2.55	0.68	0.68	3.74	-2.06	3359.40	4.16	0.1300	0.1300	6.48	0.12	0.12	9.26	-3.20	4.93	-5.86	46.77	2.030	2.030	10转增2股
111	600150	沪东重机	2.41	0.77	0.77	8.00	10.72	1213.44	-126.00	0.0500	0.0500	2.58	0.68	0.68	12.53	-1.56	4.70	1.89	62.50	1.950	1.950	不分不转
112	600151	航天机电	4.68	1.41	1.41	10.57	9.60	9949.50	-31.86	0.2130	0.2130	8.42	0.40	0.40	21.82	4.16	11.82	2.24	28.51	2.527	2.527	10派1.3元(含税)
113	600152	维科精华	2.93	1.11	1.11	10.99	-15.70	4764.36	-4.26	0.1623	0.1602	8.06	0.37	0.37	9.81	13.61	5.91	3.68	34.98	2.014	1.988	10派1元(含税)
114	600153	厦门建发	2.96	0.80	0.80	59.83	16.21	14496.96	40.36	0.4900	0.4900	9.61	0.98	0.98	36.79	11.32	15.06	9.17	56.24	5.090	5.090	10派0.5元(含税)
115	600155	宝硕股份	4.13	1.20	1.20	11.13	5.80	7206.97	-13.05	0.1750	0.1728	9.15	0.36	0.36	20.55	14.42	7.88	-4.39	50.02	1.910	1.886	10派1元(含税)
116	600156	益鑫泰	4.39	1.36	1.36	7.44	-10.40	6676.26	-13.57	0.1521	0.1521	5.53	0.12	0.12	15.01	-1.30	12.07	1.64	19.12	2.750	2.750	10派0.3元(含税)
117	600157	鲁润股份	1.70	0.64	0.64	4.94	20.01	1865.14	-43.09	0.1094	0.1094	6.45	0.66	0.66	7.89	6.99	2.89	6.73	54.75	1.696	1.696	不分不转
118	600158	中体产业	2.54	0.76	0.76	2.07	0.86	1421.87	-76.19	0.0561	0.0560	0.02	0.29	0.29	10.59	-4.84	7.77	-3.47	13.73	3.063	3.060	10派0.1元(含税)
119	600159	宁城老窖	3.05	0.88	0.88	2.03	-23.36	-3844.06	-187.92	-0.1260	-0.1260	-5.47	-0.44	-0.44	11.33	49.63	7.03	9.59	37.16	2.300	2.300	不分不转
120	600160	巨化股份	3.71	1.14	1.14	12.68	2.61	10520.94	-3.98	0.2830	0.2830	7.97	0.69	0.69	23.70	26.72	13.20	34.88	43.89	3.560	3.560	10派1元(含税)
121	600161	天坛生物	1.92	0.48	0.48	1.55	12.66	3434.57	-9.43	0.1790	0.1790	12.14	0.24	0.24	4.63	3.89	2.89	3.74	37.48	1.510	1.510	10派1元(含税)
122	600162	山东临工	1.76	1.08	1.08	5.34	20.47	1940.66	-26.93	0.1100	0.1100	3.29	0.18	0.18	12.00	-1.19	5.90	-0.96	49.08	3.360	3.360	不分不转
123	600163	福建南纸	3.06	0.91	0.91	10.66	11.77	8271.54	19.61	0.2700	0.2700	7.34	0.94	0.94	26.05	5.01	11.27	3.29	56.58	3.690	3.690	不分不转
124	600165	宁夏恒力	2.51	0.94	0.94	3.73	10.88	5023.72	-	0.2000	0.2000	7.45	0.16	0.16	11.18	43.58	6.75	54.80	38.78	2.690	2.690	不分不转
125	600166	福田汽车	2.80	0.80	0.80	41.12	23.79	10284.04	13.31	0.3667	0.3667	10.23	0.30	0.30	30.79	15.88	10.05	8.55	67.29	3.580	3.580	10派1元(含税)
126	600167	沈阳新开	1.90	0.70	0.70	1.11	-61.34	219.63	-106.38	0.0100	0.0100	0.60	-0.42	-0.42	5.90	-16.27	3.63	-19.18	38.43	1.910	1.910	不分不转
127	600168	武汉控股	4.41	1.28	1.28	2.31	-1.55	13274.69	-10.12	0.3009	0.3010	10.12	0.38	0.38	15.37	-2.03	13.11	1.19	14.60	2.972	2.972	10派2.5元(含税)
128	600169	太原重工	3.72	1.44	1.44	6.65	22.31	2052.57	-60.81	0.0550	0.0550	2.36	-0.08	-0.08	16.81	13.23	8.69	0.04	48.06	2.340	2.340	不分不转
129	600170	上海建工	5.99	1.95	1.95	80.04	3.04	18520.20	-18.15	0.3100	0.3100	6.82	1.51	1.51	65.62	28.01	27.15	31.19	57.75	4.530	4.530	10派1元(含税)送2股
130	600171	上海贝岭	4.34	1.56	2.03	7.84	-1.11	14904.37	-13.43	0.3400	0.2594	11.68	0.30	0.23	15.41	5.43	12.76	6.22	17.15	2.940	2.243	10派1.5元(含税)转增3股
131	600172	黄河旋风	2.68	1.04	1.04	2.83	-11.14	2953.94	-39.57	0.1100	0.1100	3.92	-0.04	-0.04	9.52	37.54	7.53	72.14	20.92	2.810	2.810	不分不转
132	600173	牡丹江	2.30	0.80	1.01	3.89	-6.04	3786.44	-35.12	0.1650	0.1650	6.18	0.21	0.21	11.64	20.94	6.13	-2.76	47.38	2.660	2.660	10派1元(含税)
133	600175	宝华实业	1.07	0.27	0.41	0.71	0.61	-1403.78	-174.26	-0.1300	-0.1300	-3.31	1.27	1.27	8.13	25.34	4.25	0.73	44.54	3.970	3.970	不分不转
134	600176	中国化建			0.74																	
135	600177	雅戈尔	5.68	2.25	2.25	17.51	21.82	34717.19	19.45	0.6111	0.6100	18.55	0.58	0.58	32.98	34.86	18.71	13.92	37.19	3.294	3.290	10派2元(含税)
136	600178	东安动力	4.62	1.39	1.39	18.51	18.81	9098.06	-34.99	0.1969	0.1970	6.37	0.26	0.26	21.18	23.56	14.29	29.85	32.53	3.093	3.093	10派2元(含税)
137	600179	黑化股份	3.30	1.00	1.00	12.30	14.84	2175.79	8.10	0.0659	0.0659	2.78	-0.37	-0.37	15.83	-8.99	7.81	-1.50	50.63	2.370	2.370	不分不转
138	600180	九发股份	2.51	0.80	0.80	5.38	53.14	7560.42	16.69	0.3012	0.3010	9.43	0.31	0.31	10.18	8.72	8.02	7.45	21.10	3.195	3.195	不分不转

项目			股本			业绩									资产							分配
序号	代码	公司简称	总股本(亿股)	流通股(亿股)	2002.04.29	主营收入(亿元)	±%	净利润(万元)	±%	每股收益(元)	2002.04.29摊薄后	净资产收益率(%)	每股经营性现金流量(元)	2002.04.29摊薄后	总资产(亿元)	±%	净资产(亿元)	±%	资产负债比率(%)	每股净资产(元)	2002.04.29摊薄后	2001年度已实施利润分配及预案
139	600181	云大科技	3.48	1.68	1.68	3.88	58.28	7426.08	9.95	0.2100	0.2100	8.13	-0.87	-0.87	19.22	42.55	9.14	-1.05	47.29	2.620	2.620	10派0.53元(含税)
140	600182	桦林轮胎	3.40	1.20	1.70	8.01	12.37	-16462.56	-5276.99	-0.4840	-0.4840	-27.15	-0.33	-0.33	19.48	-2.60	6.06	-24.29	66.83	1.783	1.783	不分不转
141	600183	生益科技	4.91	1.49	1.49	7.20	-27.18	6334.13	-70.47	0.1291	0.1291	6.53	0.41	0.41	13.69	-7.27	9.70	2.81	24.92	1.976	1.976	10送3股派0.75元(含税)
142	600185	海星科技	1.98	0.68	0.68	3.07	-24.15	1106.43	-44.83	0.0559	0.0559	2.20	0.59	0.59	8.00	-0.97	5.03	2.21	33.66	2.542	2.542	10送1股
143	600186	莲花味精	6.80	2.80	2.80	13.88	5.88	14540.91	-15.37	0.2138	0.2138	7.04	0.05	0.05	43.26	39.46	20.65	42.69	52.26	3.037	3.037	10转增3股派3元(含税)
144	600187	黑龙股份	3.27	0.98	0.98	6.06	38.48	6512.41	-5.26	0.2000	0.2000	8.58	-0.46	-0.46	19.67	5.93	7.59	0.13	61.04	2.320	2.320	10派1元(含税)
145	600188	兖州煤业	28.70	1.80	1.80	64.69	35.33	100038.74	30.91	0.3500	0.3500	11.47	0.58	0.58	113.50	34.51	87.23	27.77	23.12	3.039	3.039	10派1元(含税)
146	600189	吉林森工	3.11	1.11	1.11	6.13	12.76	11032.77	5.50	0.3600	0.3600	9.15	-0.05	-0.05	17.12	3.09	12.05	4.17	29.21	3.880	3.880	10派2元(含税)
147	600190	锦州港	9.47	0.90	2.57	2.87	-5.78	4817.32	-46.96	0.0500	0.0500	3.40	0.16	0.16	29.56	29.21	14.06	3.55	52.40	1.490	1.490	不分不转
148	600191	华资实业	3.03	1.05	1.05	6.08	-1.28	7115.39	-1.98	0.2340	0.2340	6.78	0.37	0.37	13.74	7.78	10.50	6.19	22.56	3.460	3.460	不分不转
149	600192	长城电工	3.21	1.11	1.11	6.92	0.41	1532.80	-68.56	0.0478	0.0500	1.50	-0.04	-0.04	19.10	1.23	10.21	-6.70	46.47	3.186	3.190	不分不转
150	600193	创兴科技	1.68	0.46	0.46	1.15	-38.84	1635.20	-36.48	0.0970	0.0970	6.10	0.52	0.52	5.06	-7.13	2.66	3.91	42.33	1.585	1.585	不分不转
151	600195	中牧股份	3.90	1.20	1.20	15.25	6.11	8914.16	-1.39	0.2300	0.2300	10.75	0.58	0.58	15.09	6.12	8.29	3.26	41.90	2.130	2.130	10派0.92元(含税)
152	600196	复星实业	2.94	1.13	1.13	7.28	25.59	13551.76	5.45	0.4610	0.4610	10.72	0.23	0.23	22.07	40.50	12.64	10.34	40.08	4.303	4.303	10派1.5元(含税)转增3
153	600197	伊力特	2.21	0.75	0.75	3.52	-0.50	7676.97	3.02	0.3500	0.3500	10.39	0.09	0.09	9.50	-0.62	7.39	6.00	21.83	3.350	3.350	10派1元(含税)
154	600198	大唐电信	4.39	1.65	1.65	20.51	-14.44	3610.00	-79.77	0.0822	0.0822	1.90	-0.06	-0.06	50.42	8.96	19.03	-10.42	61.63	4.335	4.335	不分不转
155	600199	金牛实业	3.46	1.30	1.30	5.10	-20.14	3516.29	-56.87	0.1000	0.1000	3.65	0.41	0.41	14.91	5.50	9.63	32.75	35.22	2.780	2.780	10派0.25元(含税)
156	600200	江苏吴中	2.77	1.21	1.25	6.69	160.91	8319.56	81.98	0.3001	0.3000	11.09	-0.13	-0.13	11.06	59.04	7.50	72.18	30.29	2.706	2.706	10派0.6元(含税)
157	600201	金宇集团	1.09	0.50	0.50	2.08	5.86	1423.20	-45.05	0.1300	0.1300	2.76	-0.32	-0.32	7.62	33.38	5.16	50.21	32.10	4.725	4.725	10派1.3元(含税)
158	600202	哈空调	2.23	0.60	0.91	2.73	42.93	6408.01	13.45	0.2869	0.2870	18.19	0.29	0.29	6.11	8.81	3.52	5.62	41.46	1.577	1.577	10送1股派1元(含税)
159	600203	福日股份	2.56	0.70	0.70	7.99	34.80	3161.82	-46.52	0.1230	0.1230	5.34	0.27	0.27	15.41	14.47	5.92	1.89	57.39	2.310	2.310	10派0.5元(含税)
160	600205	山东铝业	5.60	1.60	1.60	22.53	-12.84	22480.13	-46.68	0.4010	0.4010	17.35	-0.07	-0.07	25.03	1.67	12.95	4.01	48.25	2.310	2.310	10派2.47元(含税)
161	600206	有研硅股	1.45	0.65	0.65	1.08	-9.09	373.40	-91.64	0.0260	0.0260	0.54	-0.13	-0.13	8.89	18.97	6.91	0.14	13.74	4.768	4.768	不分不转
162	600207	安彩高科	4.40	1.80	1.80	13.90	-34.04	14696.95	-72.17	0.3340	0.3340	6.83	1.42	1.42	30.37	-5.13	21.52	0.97	28.63	4.890	4.890	10派2元(含税)
163	600208	中宝股份	2.09	0.65	0.65	8.52	-26.27	4063.26	-10.48	0.1900	0.1900	6.74	-0.34	-0.34	21.90	-1.61	6.03	4.25	52.03	2.880	2.880	10转增2股派0.5元(含税)
164	600209	罗顿发展	2.36	0.75	0.75	5.33	55.02	5581.74	-9.47	0.2368	0.2370	10.83	0.14	0.14	10.08	9.81	5.15	-3.16	42.42	2.186	2.186	10派3元(含税)
165	600210	紫江企业	5.46	1.71	1.71	11.39	41.88	19785.60	30.53	0.3620	0.3620	13.46	0.48	0.48	37.38	72.30	14.70	51.79	51.94	2.690	2.690	10派3元(含税)
166	600211	西藏药业	1.23	0.45	0.45	0.75	-10.18	1829.88	-48.77	0.1500	0.1500	4.53	0.14	0.14	6.08	15.13	4.04	0.78	33.18	3.300	3.300	10派0.5元(含税)
167	600212	江泉实业	2.19	0.55	0.55	8.35	4.51	7579.06	-13.35	0.3500	0.3372	8.41	0.26	0.26	11.74	6.17	9.01	5.19	21.34	4.120	3.969	10转增3股派1元(含税)
168	600213	亚星客车	1.90	0.60	0.60	10.20	11.33	5326.49	-2.32	0.2800	0.2800	8.44	0.69	0.69	12.87	10.41	6.31	3.37	50.97	3.320	3.320	10派1.2元(含税)
169	600215	长春经开	3.06	0.90	0.90	7.83	15.59	13863.21	-2.79	0.4500	0.4500	8.74	0.35	0.35	26.94	24.92	15.86	6.93	41.13	5.180	5.180	10派1元(含税)
170	600216	浙江医药	4.50	1.13	1.13	8.67	-19.54	1638.48	-20.86	0.0360	0.0360	2.73	0.22	0.22	15.65	8.95	6.00	-5.34	61.12	1.333	1.333	10派0.3元
171	600217	秦岭水泥	4.13	1.40	1.40	4.41	11.14	5968.85	-3.64	0.1450	0.1450	8.66	-	0.00	11.18	13.02	6.89	3.89	38.34	1.670	1.670	10派0.6375元(含税)
172	600218	全柴动力	2.83	1.01	1.01	4.47	6.94	3121.91	-41.34	0.1120	0.1120	3.65	0.23	0.23	11.93	31.33	8.56	32.71	26.73	3.022	3.022	10派0.5元(含税)
173	600219	南山实业	2.57	0.75	0.75	10.34	11.42	14504.36	4.62	0.5600	0.5600	11.33	0.50	0.50	18.01	11.94	12.80	5.01	27.96	4.980	4.980	10派1.5元(含税)

项目			股本			业绩									资产							分配
序号	代码	公司简称	总股本(亿股)	流通股(亿股)	2002.04.29	主营收入(亿元)	±%	净利润(万元)	±%	每股收益(元)	2002.04.29摊薄后	净资产收益率(%)	每股经营性现金流量(元)	2002.04.29摊薄后	总资产(亿元)	±%	净资产(亿元)	±%	资产负债比率(%)	每股净资产(元)	2002.04.29摊薄后	2001年度已实施利润分配及预案
174	600220	江苏阳光	3.12	1.19	1.19	8.04	57.92	12623.36	5.46	0.4000	0.4000	9.85	0.42	0.42	14.39	9.03	12.80	9.31	8.79	4.150	4.150	10派0.5元(含税)
175	600221	海南航空	7.30	2.21	2.98	32.55	41.73	10030.27	-38.66	0.1400	0.1400	4.59	1.86	1.86	150.04	47.34	21.84	1.80	78.34	2.990	2.990	10派0.6元(含税)
176	600222	众生制药	1.36	0.35	0.35	1.36	-2.74	2908.56	-32.16	0.2136	0.2140	6.98	0.40	0.40	6.23	8.74	4.17	1.49	33.08	3.059	3.059	10派1.5元(含税)
177	600223	万杰高科	5.36	1.43	1.43	10.03	31.60	13972.71	-4.95	0.2600	0.2600	8.09	0.62	0.62	25.31	16.64	17.27	8.69	28.57	3.220	3.220	不分不转
178	600225	天香集团	2.01	0.68	0.68	3.77	1.70	823.00	-75.07	0.0410	0.0410	2.06	0.88	0.88	11.78	27.21	3.99	-0.66	61.10	1.985	1.985	不分不转
179	600226	升华拜克	2.53	0.81	0.81	3.75	83.17	6967.72	14.39	0.2700	0.2700	14.67	0.23	0.23	6.40	16.09	4.75	7.91	25.61	1.870	1.870	不分不转
180	600227	赤天化	1.70	0.70	0.70	6.31	4.96	3751.57	-42.40	0.2210	0.2210	5.20	0.90	0.90	9.02	6.91	7.21	2.93	20.01	4.240	4.240	10派1元(含税)
181	600228	昌九股份	2.88	0.96	0.96	3.37	44.34	2572.15	64.05	0.0900	0.0900	5.61	0.05	0.05	8.16	9.82	4.59	1.83	42.56	1.590	1.590	10派0.3元(含税)
182	600229	青岛碱业	2.95	0.90	0.90	9.36	18.81	6794.98	4.93	0.2300	0.2300	8.13	0.39	0.39	16.34	5.88	8.36	-3.32	48.82	2.830	2.830	10派1.8元(含税)
183	600230	沧州大化	2.59	0.80	0.80	5.16	-4.70	1781.78	-64.31	0.0687	0.0700	2.76	0.25	0.25	8.48	-1.31	6.45	-2.91	23.94	2.488	2.490	10派0.5元(含税)
184	600231	凌钢股份	3.10	1.00	1.00	18.59	16.59	16363.03	15.99	0.5280	0.5300	12.88	0.57	0.57	17.85	16.08	12.70	10.11	28.84	4.097	4.100	10派1.5元(含税)
185	600232	金鹰股份	2.19	0.59	0.59	6.30	10.21	5501.40	13.16	0.2500	0.2500	12.50	0.18	0.18	8.23	14.73	4.40	9.55	43.93	2.010	2.010	10派1元(含税)
186	600233	大连创世	1.10	0.35	0.35	2.97	3.01	3059.89	3.12	0.2800	0.2800	7.31	-0.11	-0.11	5.51	2.06	4.18	5.03	11.64	3.800	3.800	10派1元(含税)转增5股
187	600234	天龙集团	0.94	0.30	0.30	1.40	-66.96	-6838.31	-450.69	-0.7300	-0.7300	-31.05	-0.06	-0.06	6.79	51.20	2.20	-28.29	67.58	2.350	2.350	不分不转
188	600235	民丰特纸	1.77	0.52	0.52	3.16	0.75	4492.43	1.23	0.2538	0.2540	8.22	0.49	0.49	11.45	21.12	5.47	1.51	51.17	3.089	3.089	10派2元(含税)
189	600236	桂冠电力	6.75	0.62	1.10	6.40	-1.16	25113.99	6.58	0.3720	0.3720	10.04	0.68	0.68	30.90	4.87	25.01	6.07	14.91	3.700	3.700	10派1.7元(含税)
190	600237	铜峰电子	1.00	0.40	0.40	2.15	21.53	4025.72	47.65	0.4000	0.4000	8.86	0.57	0.57	6.60	0.22	4.54	5.53	30.43	4.540	4.540	10派1元(含税)
191	600238	海南椰岛	1.66	0.50	0.50	4.19	100.06	4419.11	34.97	0.2700	0.2700	10.45	0.35	0.35	7.08	18.92	4.13	10.47	39.86	2.550	2.550	10派0.6元(含税)
192	600239	红河光明	0.99	0.42	0.42	0.69	22.98	2020.26	-4.11	0.2100	0.2100	6.10	0.13	0.13	3.71	72.84	3.32	79.38	9.85	3.370	3.370	10转增8股派1元(含税)
193	600240	仕奇实业	1.75	0.75	0.75	0.88	-62.02	548.44	-87.89	0.0300	0.0300	0.76	-1.00	-1.00	8.44	-16.63	7.26	-2.78	13.45	4.150	4.150	不分不转
194	600241	辽宁时代	1.06	0.30	0.30	13.63	31.85	3182.16	0.64	0.3002	0.3000	8.33	-0.25	-0.25	6.19	0.39	3.82	10.06	37.10	3.602	3.602	10派0.9元(含税)
195	600242	华龙集团	1.74	0.60	0.60	0.66	-35.27	2032.40	-22.74	0.1200	0.1200	4.17	-0.23	-0.23	7.61	7.49	4.87	-7.29	35.10	2.800	2.800	10派0.2元(含税)
196	600243	青海华鼎	1.57	0.55	0.55	2.78	25.55	2120.92	12.65	0.1354	0.1354	5.32	-0.20	-0.20	7.26	10.67	3.98	0.77	44.19	2.540	2.540	10派0.5元(含税)
197	600246	先锋股份	0.92	0.30	0.30	1.42	-25.07	1590.42	-11.97	0.1729	0.1730	5.35	-1.40	-1.40	6.93	67.21	2.97	1.65	51.90	3.233	3.233	10派0.8元(含税)
198	600247	物华股份	1.10	0.35	0.35	0.83	-30.78	2268.27	29.66	0.2100	0.2100	6.54	-0.12	-0.12	5.03	17.23	3.47	7.80	29.73	3.150	3.150	10派0.5元(含税)
199	600248	秦丰农业	1.29	0.48	0.48	3.40	106.79	2722.20	-12.61	0.2113	0.2110	5.35	0.08	0.08	7.03	18.96	5.09	2.55	25.36	3.950	3.950	10派1元(含税)
200	600250	南纺股份	1.33	0.55	0.55	28.98	15.17	4137.25	8.24	0.3100	0.3100	6.51	-2.46	-2.46	16.63	149.03	6.42	251.29	61.38	4.790	4.790	10派1.5元(含税)
201	600252	梧州中恒	1.27	0.45	0.45	1.90	23.35	2907.16	4.35	0.2300	0.2300	7.44	-0.09	-0.09	6.86	17.45	3.91	6.19	41.82	3.080	3.080	10派0.5元(含税)送1股
202	600253	天方药业	2.10	0.60	0.60	3.83	4.46	5403.98	28.67	0.2573	0.2570	7.55	0.19	0.19	10.26	-8.44	7.15	2.90	30.28	3.486	3.486	10派1.2元(含税)
203	600255	鑫科材料	0.95	0.30	0.30	6.98	-2.48	3001.38	7.72	0.3200	0.3200	6.28	0.11	0.11	6.80	1.06	4.78	4.49	29.75	5.030	5.030	10派1.00元
204	600256	广汇股份	6.01	1.70	1.70	20.72	187.78	30412.16	105.62	0.5060	0.5060	35.67	0.34	0.34	21.14	89.33	8.53	41.73	54.87	1.418	1.418	不分不转
205	600257	洞庭水殖	0.73	0.40	0.40	1.62	116.81	1895.96	-22.46	0.2600	0.2600	4.52	-0.02	-0.02	5.90	22.29	4.19	3.50	27.38	5.740	5.740	10派0.5元(含税)
206	600258	首旅股份	2.31	0.70	0.70	12.09	61.27	7732.85	39.93	0.3340	0.3340	11.07	0.37	0.37	11.08	-0.36	6.98	2.51	32.44	3.020	3.020	10派2元(含税)
207	600259	兴业聚酯	2.13	0.49	0.49	4.05	-34.29	-3721.36	-184.55	-0.1740	-0.1740	-8.57	0.43	0.43	12.48	-7.48	4.34	-25.95	64.68	2.030	2.030	不分不转
208	600260	凯乐科技	1.76	0.55	0.55	4.31	40.53	9050.64	33.44	0.5100	0.5100	11.04	0.24	0.24	10.49	0.23	8.20	3.19	21.80	4.660	4.660	10派2元(含税)

项目			股本			业绩									资产							分配
序号	代码	公司简称	总股本(亿股)	流通股(亿股)	2002.04.29	主营收入(亿元)	±%	净利润(万元)	±%	每股收益(元)	2002.04.29摊薄后	净资产收益率(%)	每股经营性现金流量(元)	2002.04.29摊薄后	总资产(亿元)	±%	净资产(亿元)	±%	资产负债比率(%)	每股净资产(元)	2002.04.29摊薄后	2001年度已实施利润分配及预案
209	600261	浙江阳光	1.23	0.40	0.40	5.83	92.24	6415.33	37.62	0.5200	0.5200	11.83	0.64	0.64	7.63	14.47	5.42	10.68	25.49	4.400	4.400	10派1.25元(含税)
210	600262	北方股份	1.70	0.55	0.55	2.28	-2.85	1894.49	-43.85	0.1114	0.1114	3.32	-0.08	-0.08	8.44	7.64	5.71	2.17	32.35	3.360	3.360	10派0.4元(含税)
211	600263	路桥建设	4.08	1.15	1.15	16.36	-2.94	4332.97	-46.53	0.1100	0.1100	3.21	0.32	0.32	26.65	-3.06	13.49	-2.65	48.69	3.304	3.304	10派0.3元(含税)
212	600265	景谷林业	1.05	0.40	0.40	1.86	20.39	2263.10	-11.19	0.2200	0.2200	7.33	-0.59	-0.59	5.65	9.70	3.09	-0.06	42.90	2.940	2.940	不分不转
213	600266	北京城建	6.00	1.50	1.50	10.64	-85.24	14297.66	-2.93	0.2383	0.2400	9.43	0.38	0.38	47.44	-29.61	15.16	5.27	67.12	2.526	2.530	10派1.3元(含税)
214	600267	海正药业	2.50	0.64	0.64	5.76	11.16	4854.26	-12.98	0.1950	0.1950	6.35	0.28	0.28	12.99	7.62	7.65	2.81	39.63	3.064	3.064	10派1元(含税)
215	600268	国电南自	1.18	0.40	0.40	5.46	30.21	2846.35	-39.90	0.2410	0.2410	6.20	-0.19	-0.19	8.97	17.14	4.59	1.46	48.71	3.890	3.890	10派1.2元(含税)
216	600269	赣粤高速	3.53	1.15	1.15	3.87	36.74	17922.34	1.79	0.5100	0.5100	6.81	0.85	0.85	40.85	2.65	26.33	4.30	28.50	7.460	7.460	每10股派2元
217	600270	外运发展	3.05	0.77	0.77	14.72	40.76	23087.86	27.99	0.7573	0.7570	14.90	1.12	1.12	22.45	12.70	15.49	12.11	21.57	5.082	5.082	10送1转增1股派2元(含税)
218	600272	开开实业	2.43	0.45	1.25	11.15	93.83	4925.89	66.43	0.2030	0.2030	6.09	0.29	0.29	19.37	90.77	8.09	85.42	54.83	3.328	3.328	10派1元(含税)
219	600275	武昌鱼	2.45	0.70	0.70	0.90	-20.06	4848.94	-29.07	0.1983	0.2000	6.56	0.77	0.77	8.87	1.07	7.39	1.33	16.20	3.023	3.020	10送2转增1股派0.6元(含税)
220	600276	恒瑞医药	2.13	0.64	0.64	6.34	30.86	8115.51	24.33	0.3820	0.3820	10.92	0.05	0.05	11.19	13.46	7.43	10.48	32.26	3.496	3.496	10送2派0.5元(含税)
221	600277	亿利科技	1.58	0.58	0.58	2.27	8.69	3256.13	-8.42	0.2060	0.2060	4.67	-0.11	-0.11	9.73	2.93	6.97	-1.24	25.77	4.412	4.412	10派1.00(元)
222	600278	东方创业	3.20	0.80	0.80	26.99	-2.92	9524.50	-3.06	0.3000	0.3000	10.03	0.44	0.44	20.81	-0.43	9.49	1.49	50.41	2.970	2.970	10派1.5元(含税)
223	600279	重庆港九	2.28	0.86	0.86	1.03	45.49	4358.24	-8.85	0.1910	0.1910	6.16	0.08	0.08	8.54	4.85	7.08	-0.20	17.11	3.100	3.100	10派1元(含税)
224	600280	南京中商	1.21	0.35	0.35	9.66	40.76	3438.67	29.29	0.2800	0.2800	7.98	0.43	0.43	7.89	-0.49	4.31	3.02	45.15	3.550	3.550	10派1.00(元)
225	600281	太化股份	3.59	1.05	1.05	7.12	-9.38	4091.06	-11.60	0.1140	0.1140	3.99	0.26	0.26	19.82	11.71	10.27	4.81	47.78	2.861	2.861	10派0.28元(含税)
226	600282	南钢股份	5.04	1.44	1.44	40.01	18.03	20618.59	-1.33	0.4100	0.4100	12.89	0.46	0.46	25.82	-0.48	16.00	6.13	38.03	3.170	3.170	10派2元(含税)
227	600283	钱江水利	2.85	0.85	0.85	1.65	12.97	5259.27	15.94	0.1843	0.1843	6.15	0.12	0.12	11.92	-11.85	8.55	1.33	25.54	2.998	2.998	10派1.5元(含税)
228	600285	羚锐股份	1.00	0.40	0.40	1.72	31.70	2510.72	-2.82	0.2500	0.2500	6.25	0.03	0.03	5.60	8.85	4.02	-1.63	28.30	4.000	4.000	10派1元(含税)
229	600286	国光瓷业	0.95	0.35	0.42	3.59	44.49	2792.88	-2.13	0.2940	0.2443	8.42	0.45	0.38	9.18	25.05	3.32	-7.27	57.77	3.490	2.900	10送2股派0.5元(含税)
230	600287	江苏舜天	1.68	0.44	0.44	29.61	19.25	12274.50	35.33	0.7306	0.7310	17.72	-0.26	-0.26	14.87	6.88	6.93	3.42	50.36	4.124	4.124	10送3股派2.5元(含税)
231	600288	大恒科技	1.40	0.50	0.50	13.47	13.38	4673.63	21.31	0.3338	0.3340	6.94	-0.09	-0.09	12.52	2.38	6.73	4.96	35.66	4.810	4.810	10转增5股派1元(含税)
232	600289	亿阳信通	1.06	0.40	0.40	6.20	30.98	7345.32	18.63	0.6940	0.6940	8.27	2.21	2.21	13.65	-1.58	8.89	4.43	33.11	8.390	8.390	10派2元(含税)
233	600290	苏福马	0.83	0.30	0.30	1.51	-5.09	1258.01	-19.71	0.1500	0.1500	5.80	-0.19	-0.19	4.18	11.52	2.17	1.91	48.13	2.610	2.610	10派0.8元(含税)转增5股
234	600291	西水股份	1.60	0.60	0.60	2.27	29.10	2557.83	-21.40	0.1600	0.1600	4.68	0.23	0.23	9.48	16.27	5.46	0.90	40.71	3.410	3.410	10派0.35元(含税)
235	600292	九龙电力	1.67	0.60	0.60	3.14	13.08	7561.21	3.29	0.4520	0.4520	9.63	0.84	0.84	10.71	3.01	7.85	3.82	23.60	4.700	4.700	10派2元(含税)
236	600293	三峡新材	2.11	0.55	0.55	2.60	-35.33	3220.81	-26.41	0.1526	0.1500	4.48	0.21	0.21	10.94	-15.56	7.20	-1.14	34.11	3.411	3.410	10送1转增2股派0.25元(含税)
237	600295	鄂尔多斯	5.16	0.80	2.90	24.28	33.27	23068.39	11.77	0.4500	0.4500	7.89	0.09	0.09	39.11	14.98	29.24	87.17	20.24	5.670	5.670	A股10派2.4元(含税),B股和国有法人股10派3.9元(含税)
238	600296	兰州铝业	2.95	1.10	1.10	12.90	3.50	8925.85	-9.01	0.3030	0.3030	7.44	0.35	0.35	25.04	23.57	11.99	5.25	52.09	4.066	4.066	10派1元(含税)
239	600297	美罗药业	1.15	0.40	0.40	6.13	7.93	4221.54	45.95	0.3700	0.3700	7.99	0.07	0.07	8.91	6.81	5.29	4.27	40.58	4.600	4.600	10派1.5元(含税)
240	600298	安琪酵母	1.36	0.35	0.35	2.38	28.66	4941.36	18.94	0.3641	0.3640	8.94	0.31	0.31	6.65	7.45	5.52	1.33	16.81	4.068	4.068	10派1元(含税)
241	600299	星新材料	2.40	0.80	0.80	5.58	30.45	4870.59	-20.95	0.2030	0.2000	6.18	0.99	0.99	17.17	40.42	7.71	0.94	52.54	3.160	3.160	10派1元(含税)
242	600300	维维股份	3.30	1.00	1.00	10.83	16.62	11609.70	-2.10	0.3500	0.3500	9.08	0.30	0.30	17.31	7.69	12.79	1.38	18.37	3.870	3.870	10派2.6元(含税)
243	600301	南化股份	1.85	0.73	0.73	4.50	-2.80	2293.60	-42.97	0.1200	0.1200	4.38	0.26	0.26	7.59	12.49	5.24	0.36	30.76	2.830	2.830	10派1元(含税)

项目			股本			业绩									资产							分配
序号	代码	公司简称	总股本(亿股)	流通股(亿股)	2002.04.29	主营收入(亿元)	±%	净利润(万元)	±%	每股收益(元)	2002.04.29摊薄后	净资产收益率(%)	每股经营性现金流量(元)	2002.04.29摊薄后	总资产(亿元)	±%	净资产(亿元)	±%	资产负债比率(%)	每股净资产(元)	2002.04.29摊薄后	2001年度已实施利润分配及预案
244	600302	标准股份	3.19	0.90	0.90	5.19	-9.68	7037.32	15.88	0.2210	0.2200	10.81	0.25	0.25	9.32	1.85	6.51	10.50	29.41	2.040	2.040	10股派0.25元(含税)
245	600303	曙光股份	1.62	0.72	0.72	3.49	-1.14	3472.80	9.90	0.2100	0.2100	8.00	0.18	0.18	9.22	14.22	4.34	0.94	45.24	2.680	2.680	10派2元(含税)
246	600305	恒顺醋业	1.27	0.40	0.40	1.74	21.65	2462.23	39.88	0.1936	0.1940	6.56	0.04	0.04	4.73	144.74	3.75	276.64	17.73	2.950	2.950	10派1.8元(含税)
247	600306	商业城	1.78	0.59	0.59	9.97	19.22	3035.26	14.65	0.1700	0.1700	7.41	0.25	0.25	6.65	-4.16	4.10	4.15	38.26	2.300	2.300	10派0.5元(含税)
248	600307	酒钢宏兴	7.28	2.00	2.00	34.16	9.38	26726.33	53.67	0.3700	0.3700	12.83	0.77	0.77	33.64	11.67	20.83	6.69	38.08	2.860	2.860	10派1.7元(含税)
249	600308	华泰股份	1.92	0.90	0.90	7.15	14.12	11424.10	30.08	0.5900	0.5900	7.82	0.28	0.28	26.36	11.17	14.61	7.63	41.67	7.590	7.590	10送2股派0.5元(含税)
250	600309	烟台万华	2.40	0.80	1.28	5.71	65.66	10072.84	102.25	0.4200	0.2604	15.41	0.35	0.22	7.27	-4.08	6.54	8.77	10.03	2.720	1.686	10送1股派2元(含税)转增5股
251	600310	桂东电力	1.57	0.45	0.45	2.80	-30.07	5939.65	27.70	0.3789	0.3800	10.15	0.82	0.82	8.09	177.74	5.85	213.49	21.58	3.735	3.730	10派3元(含税)
252	600311	荣华实业	2.00	0.80	0.80	4.80	12.81	6477.71	47.08	0.3200	0.3200	6.78	0.64	0.64	12.45	211.90	9.55	339.48	23.26	4.780	4.780	10派1元(含税)
253	600312	平高电气	1.84	0.60	0.60	4.93	-1.45	4410.78	-7.10	0.2400	0.2400	5.00	-0.19	-0.19	13.18	128.03	8.82	334.33	32.62	4.810	4.810	10派1.5元(含税)
254	600313	中农资源	2.52	0.80	0.80	18.71	12.26	610.49	-69.88	0.0242	0.0242	0.01	-0.70	-0.70	13.64	1.43	7.56	0.86	43.44	2.999	2.999	10派0.125元(含税)
255	600315	上海家化	2.70	0.80	0.80	13.06	9.55	7297.58	27.44	0.2703	0.2700	6.82	0.25	0.25	15.04	86.82	10.70	251.02	28.54	3.964	3.960	10派1元(含税)
256	600316	洪都航空	2.10	0.90	0.90	4.42	52.98	6343.06	54.47	0.3000	0.3000	6.07	0.08	0.08	12.53	2.62	10.56	4.18	15.69	5.030	5.030	10派1元(含税)
257	600317	营口港	2.50	1.00	1.00	2.04	-	4593.63	-	0.3060	0.3060	18.30	0.14	0.14	3.86	-	2.51	-	34.97	1.673	1.673	不分不转
258	600318	巢东股份	2.00	0.80	0.80	5.55	31.35	3125.98	-11.70	0.1600	0.1600	5.23	0.29	0.29	14.40	43.69	5.98	1.70	56.91	2.990	2.990	10派0.8元(含税)
259	600319	亚星化学	3.16	0.80	0.80	5.98	18.91	6109.07	-13.10	0.1940	0.1940	6.18	0.22	0.22	13.17	83.56	9.88	262.03	24.96	3.132	3.132	10派0.6元(含税)
260	600320	振华港机	4.57	0.88	1.98	28.85	33.78	19153.22	54.16	0.4200	0.4200	10.61	-0.44	-0.44	44.68	15.55	18.05	5.88	59.56	3.950	3.950	10派2元(含税)
261	600321	国栋建设	1.75	0.70	0.70	3.41	2.91	6190.42	-2.55	0.3500	0.3500	5.89	0.01	0.01	12.95	357.48	10.50	619.45	18.90	5.990	5.990	10派2元(含税)
262	600322	天房发展	4.24	1.21	1.21	6.09	-	6630.19	-	0.1565	0.1600	4.05	-0.50	-0.50	30.59	-	16.37	-	44.42	3.864	3.860	10派0.4元(含税)
263	600323	南海发展	2.09	0.65	0.65	2.18	65.88	7318.58	83.89	0.3500	0.3500	10.79	0.70	0.70	8.94	-7.67	6.79	4.11	24.07	3.250	3.250	10派2元(含税)
264	600326	西藏天路	1.00	0.40	0.72	3.43	34.30	2374.05	123.78	0.2374	0.1314	6.34	0.38	0.21	5.64	109.05	3.74	287.54	33.64	3.745	2.072	10派1元(含税)转增8
265	600328	兰太实业	1.73	0.60	0.60	2.69	7.40	3966.87	5.25	0.2300	0.2300	6.25	0.23	0.23	11.94	21.24	6.35	0.08	43.83	3.680	3.680	10派0.7元(含税)
266	600329	中新药业	3.70	0.40	0.40	15.22	85.01	6444.10	-29.79	0.1700	0.1700	4.26	0.43	0.43	27.20	7.60	14.50	36.37	43.33	4.090	4.090	10派1.7元(含税)
267	600330	天通股份	2.29	0.60	0.60	2.69	6.83	6922.07	37.90	0.3020	0.3020	12.56	0.40	0.40	7.06	83.08	5.51	257.09	21.93	2.401	2.401	10派1元(含税)
268	600331	宏达股份	1.30	0.50	0.50	3.72	-	2223.86	-	0.1711	0.1710	3.36	0.40	0.40	11.45	-	6.62	-	40.58	5.090	5.090	10派1.5元(含税)
269	600332	广州药业	8.11	0.78	0.78	53.34	25.06	14613.38	-0.07	0.1800	0.1800	6.73	0.17	0.17	36.97	20.67	21.73	58.25	38.23	2.680	2.680	10派0.6元(含税)
270	600333	长春燃气	2.39	0.60	0.60	4.07	45.92	8368.94	92.11	0.3500	0.3500	11.58	0.22	0.22	10.52	24.91	7.23	10.84	30.08	3.020	3.020	10派1.00(元)转增7股
271	600335	中发展	1.17	0.35	0.35	1.83	-18.86	223.67	-86.61	0.0192	0.0192	0.69	-0.09	-0.09	6.98	27.45	3.22	141.16	53.37	2.764	2.764	不分不转
272	600336	澳柯玛	3.41	0.90	0.90	10.63	98.45	4515.35	59.87	0.1324	0.1324	3.80	0.32	0.32	32.02	45.44	11.88	1.32	62.78	3.480	3.480	10派1元(含税)
273	600337	美克股份	0.92	0.40	0.40	2.71	14.91	4397.46	18.35	0.4800	0.4800	7.05	0.42	0.42	7.80	3.25	6.23	5.91	17.66	6.770	6.770	10转增2股派1元(含税)
274	600338	珠峰摩托	1.58	0.50	0.50	5.68	-43.78	3087.23	-7.21	0.2000	0.2000	5.06	-0.61	-0.61	10.16	-6.67	6.11	3.24	39.88	3.860	3.860	10派0.5元(含税)
275	600339	天利高新	2.38	0.84	0.84	3.36	7.61	5165.32	43.16	0.2200	0.2200	8.19	-	0.00	9.00	13.32	6.30	3.45	30.03	2.650	2.650	10派1.5元(含税)
276	600345	长江通信	1.65	0.45	0.45	3.90	34.63	19952.96	115.07	1.2100	1.2100	22.37	-0.58	-0.58	13.34	23.05	8.92	18.79	27.83	5.400	5.400	10派1.5元送2股
277	600346	冰山橡塑	1.05	0.39	0.39	2.23	-	1595.26	-	0.1500	0.1500	5.12	0.04	0.04	5.30	-	3.11	-	41.26	2.970	2.970	10派1元(含税)
278	600350	山东基建	28.59	-	5.05	7.93	-	39137.00	-	0.1400	0.1400	8.69	0.20	0.17	62.73	-	45.15	-	28.02	1.580	1.580	-

项目			股本			业绩									资产							分配
序号	代码	公司简称	总股本(亿股)	流通股(亿股)	2002.04.29	主营收入(亿元)	±%	净利润(万元)	±%	每股收益(元)	2002.04.29摊薄后	净资产收益率(%)	每股经营性现金流量(元)	2002.04.29摊薄后	总资产(亿元)	±%	净资产(亿元)	±%	资产负债比率(%)	每股净资产(元)	2002.04.29摊薄后	2001年度已实施利润分配及预案
279	600356	恒丰纸业	1.40	0.40	0.40	3.69	10.36	4569.48	16.09	0.3300	0.3300	9.31	0.03	0.03	6.56	-2.03	4.91	7.17	25.18	3.510	3.510	10派0.5元(含税)
280	600358	国旅联合	1.40	0.50	0.50	1.08	-29.64	1283.35	-32.25	0.0920	0.0920	3.12	0.13	0.13	5.73	-9.03	4.12	-3.55	25.91	2.964	2.964	不分不转
281	600359	新农开发	3.21	1.17	1.17	5.38	-21.58	441.09	-95.05	0.0140	0.0140	0.40	-0.31	-0.31	17.44	34.50	9.85	34.67	43.51	3.068	3.068	不分不转
282	600360	华微电子	1.18	0.50	0.50	2.33	28.71	2593.26	22.14	0.2200	0.2200	4.55	0.10	0.10	9.19	137.51	5.70	345.74	37.37	4.830	4.830	10派1.0元(含税)
283	600361	北京华联	1.26	0.50	0.50	12.44	-	4581.74	-	0.3600	0.3600	8.26	0.44	0.44	15.40	-	5.55	-	55.86	4.420	4.420	不分不转
284	600362	江西铜业	26.64	-	2.30	29.96	-	30143.47	-	0.1100	0.1100	6.59	0.24	0.24	84.60	-	45.73	-	45.94	1.720	1.720	10派0.5元(含税)
285	600363	联创光电	1.65	0.60	0.60	6.32	33.38	2021.01	18.68	0.1226	0.1230	3.36	0.21	0.21	11.02	57.18	6.01	235.54	34.40	3.647	3.647	10转增5股派0.6元(含税)
286	600365	通葡萄酒	1.40	0.60	0.60	1.29	-7.05	1656.28	-17.29	0.1183	0.1183	3.07	-0.17	-0.17	6.32	-6.95	5.40	1.50	14.55	3.858	3.858	不分不转
287	600366	宁波韵升	1.91	0.53	0.53	4.19	45.68	6479.29	79.74	0.3399	0.3400	11.52	0.18	0.18	7.99	-5.55	5.62	8.57	23.68	2.950	2.950	10派1.5元(含税)转增5股
288	600367	红星发展	1.00	0.30	0.39	3.57	41.65	8023.85	57.01	0.8000	0.6116	14.20	0.44	0.34	7.24	159.37	5.65	348.45	21.59	5.650	4.319	10送1转增2股派2元(含税)
289	600368	五洲交通	4.42	0.80	0.80	1.37	1.59	13123.83	58.19	0.3000	0.3000	12.65	0.31	0.31	13.48	-4.29	10.38	5.74	23.03	2.350	2.350	10派0.9元(含税)
290	600369	长运股份	1.72	0.70	0.70	1.11	-28.66	1626.64	-41.36	0.0940	0.0940	2.91	-0.64	-0.64	10.62	27.32	5.60	-3.49	46.87	3.248	3.248	10派0.5元(含税)
291	600372	昌河股份	4.10	1.10	1.10	33.28	17.74	8693.87	-3.81	0.2100	0.2100	6.75	0.44	0.44	32.89	58.73	12.89	139.63	51.65	3.140	3.140	10派1.6元(含税)
292	600373	鑫新股份	1.25	0.45	0.45	3.38	-	1068.36	-	0.1300	0.1300	8.21	0.20	0.20	4.13	-	1.30	-	67.80	1.630	1.630	每10股派现0.20元(含税)
293	600376	天鸿宝业	1.08	0.40	0.40	2.74	-22.02	4770.98	-34.42	0.4400	0.4400	7.34	-1.02	-1.02	10.34	92.33	6.50	194.35	37.14	6.000	6.000	10派2元(含税)送6股
294	600377	宁沪高速	50.38	1.50	1.50	16.26	17.68	78086.40	12.93	0.1600	0.1600	5.80	0.22	0.22	149.14	-0.95	134.71	0.96	8.80	2.670	2.670	10派1.25元(含税)
295	600378	天科股份	1.50	0.59	0.59	1.43	3.00	2359.26	-2.10	0.1570	0.1570	5.72	0.09	0.09	5.24	6.27	4.12	3.09	21.34	2.740	2.740	10送0.5转增2.5股派0.7元(含税)
296	600379	宝光股份	1.58	0.50	0.50	2.40	-	1248.70	-	0.0790	0.0790	5.03	0.04	0.04	5.13	-	2.48	-	51.55	1.572	1.572	不分不转
297	600380	太太药业	2.71	0.70	0.70	6.79	0.16	20061.81	21.74	0.7401	0.7401	10.13	0.83	0.83	23.27	206.42	19.81	668.64	14.88	7.308	7.308	10转增5股派3元(含税)
298	600381	白唇鹿	1.10	0.35	0.35	1.43	-	1946.85	-	0.1770	0.1770	5.93	-0.09	-0.09	5.99	-	3.28	-	44.24	2.980	2.980	10派0.65元(含税)
299	600382	广东明珠	1.71	0.60	0.60	3.58	4.41	3282.58	40.24	0.1900	0.1900	6.72	0.07	0.07	10.47	155.03	4.88	158.75	50.69	2.860	2.860	10派1.5元(含税)
300	600383	金地集团	2.70	0.90	0.90	6.63	14.50	12027.70	42.91	0.4450	0.4450	9.43	-1.29	-1.29	22.70	100.43	12.75	243.97	39.29	4.722	4.722	10派1.8元(含税)
301	600385	山东金泰	1.41	0.68	0.68	1.72	5.78	1179.00	-17.39	0.0800	0.0800	6.04	0.19	0.19	4.28	-0.82	1.95	0.85	52.23	1.320	1.320	不分不转
302	600386	北京巴士	2.52	0.80	0.80	9.52	78.82	7076.20	-3.11	0.2800	0.2800	6.31	0.54	0.54	19.37	124.56	11.22	246.10	42.11	4.450	4.450	10派1.8元
303	600388	龙净环保	1.67	0.65	0.65	3.52	89.99	3713.43	89.64	0.2220	0.2220	5.99	-0.08	-0.08	9.18	8.21	6.20	5.88	30.63	3.710	3.710	10派0.7元(含税)
304	600389	江山股份	1.50	0.40	0.40	5.89	12.68	3747.01	19.18	0.2500	0.2500	8.83	0.48	0.48	7.75	6.88	4.32	7.01	41.75	2.879	2.879	10转增2股派0.5元(含税)
305	600390	金瑞科技	1.07	0.40	0.40	2.26	0.75	3109.66	-5.99	0.2900	0.2900	4.53	-0.31	-0.31	8.64	-5.37	6.87	-1.26	14.14	6.440	6.440	10派1.5元(含税)
306	600391	成发科技	1.40	0.50	0.50	2.04	-	3512.45	-	0.2500	0.2510	7.81	0.20	0.20	6.63	-	4.50	-	32.17	3.210	3.210	10派2.1元(含税)
307	600393	东华实业	2.00	0.55	0.55	2.17	-10.60	4703.35	-10.04	0.2352	0.2352	11.16	-0.49	-0.49	7.85	10.26	4.22	9.63	46.17	2.108	2.108	不分不转
308	600395	盘江股份	3.71	1.20	1.20	4.93	4.86	6859.43	38.12	0.1850	0.1850	5.79	0.10	0.10	13.91	90.48	11.86	204.73	14.80	3.193	3.193	10派1元(含税)
309	600396	金山股份	1.30	0.45	0.45	1.05	13.75	2068.03	27.30	0.1600	0.1600	2.16	-	0.00	5.64	109.36	4.05	279.52	28.24	3.110	3.110	不分不转
310	600398	凯诺科技	1.64	0.77	0.99	4.22	61.98	6876.39	103.90	0.4200	0.3227	11.51	0.23	0.18	9.70	23.84	5.98	13.22	38.19	3.640	2.797	10送0.5转增2.5股派0.15元(含税)
311	600399	抚顺特钢	5.20	1.20	1.20	14.67	-9.65	10047.91	-6.30	0.1900	0.1900	7.15	0.50	0.50	30.06	9.17	14.06	1.93	53.23	2.700	2.700	10派0.3元(含税)
312	600400	红豆股份	1.80	0.50	0.50	4.57	20.65	5649.14	16.21	0.3100	0.3100	9.73	0.38	0.38	7.67	6.99	5.81	8.09	24.30	3.230	3.230	10派0.8(元)
313	600418	江汽股份	2.30	0.88	0.88	19.89	-	8896.24	-	0.3900	0.3900	8.64	-0.06	-0.06	13.71	-	10.30	-	24.93	4.480	4.480	10派2元(含税)

项目			股本			业绩									资产							分配
序号	代码	公司简称	总股本(亿股)	流通股(亿股)	2002.04.29	主营收入(亿元)	±%	净利润(万元)	±%	每股收益(元)	2002.04.29摊薄后	净资产收益率(%)	每股经营性现金流量(元)	2002.04.29摊薄后	总资产(亿元)	±%	净资产(亿元)	±%	资产负债比率(%)	每股净资产(元)	2002.04.29摊薄后	2001年度已实施利润分配及预案
314	600419	新疆天宏	0.80	0.30	0.30	1.61	9.17	1356.98	6.30	0.1700	0.1700	4.82	0.25	0.25	4.03	-	2.81	201.17	30.13	3.510	3.510	10派0.5元(含税)
315	600422	昆明制药	0.98	0.40	0.40	4.88	-4.65	3832.16	8.93	0.3900	0.3900	7.39	0.68	0.68	7.64	-4.36	5.19	1.35	26.73	5.280	5.280	10派2.7元(含税)
316	600428	中远航运	3.60	1.30	1.30	5.35	-	8567.50	-	0.3700	0.3700	23.77	-	0.00	5.27	-	3.60	-	31.60	1.570	1.570	-
317	600448	华纺股份	2.45	0.94	0.94	10.11	-	2840.54	-	0.1200	0.1200	3.72	0.15	0.15	13.08	-	7.40	-	40.69	3.120	3.120	10派1元(含税)
318	600456	宝鸡钛业	2.00	0.60	0.60	3.25	-	3776.01	-	0.2696	0.2696	14.48	0.13	0.13	5.94	-	2.61	-	56.12	1.862	1.862	-
319	600466	迪康药业	1.27	0.50	0.50	0.94	-10.77	2911.48	11.53	0.2290	0.2290	4.55	0.31	0.31	7.52	275.00	6.40	447.38	14.55	5.020	5.020	10派1元(含税)
320	600468	特精股份	1.10	0.30	0.30	1.34	-11.21	595.06	-65.49	0.0540	0.0540	1.76	-0.36	-0.36	5.61	52.45	3.38	145.72	38.87	3.070	3.070	10派0.5元(含税)
321	600486	扬农化工	1.00	0.30	0.30	2.64	-	2367.62	-	0.3400	0.3400	18.41	0.74	0.74	2.40	-	1.29	-	46.47	1.840	1.840	-
322	600488	天药股份	1.49	0.45	0.59	5.09	2.68	7536.22	14.91	0.5100	0.3890	10.63	0.48	0.37	11.34	125.55	7.09	234.94	36.98	4.760	3.630	10送1转增2股派2元(含税)
323	600498	烽火通信	4.10	0.88	0.88	18.01	-	16743.53	-	0.4100	0.4100	7.42	-0.33	-0.33	30.26	-	22.58	-	25.40	5.510	5.510	10派1.2元(含税)
324	600500	中化国际	3.73	1.20	1.20	65.67	15.56	9052.08	-30.69	0.2400	0.2400	6.28	1.73	1.73	25.28	20.90	14.43	0.17	35.94	3.870	3.870	10派2.5元(含税)
325	600501	航天晨光	1.23	0.40	0.40	4.41	22.74	3300.91	23.03	0.2700	0.2700	7.34	0.15	0.15	7.93	86.61	4.50	183.82	39.74	3.657	3.660	10送1转增7股派0.3元(含税)
326	600506	香梨股份	1.61	0.50	0.50	0.99	-	2971.60	-	0.1850	0.2700	6.80	0.27	0.27	6.12	-	4.37	-	28.61	2.720	2.720	10派0.6元(含税)
327	600508	上海能源	4.02	1.10	1.10	14.66	-	16545.45	-	0.4100	0.4100	11.50	1.06	1.06	19.03	-	14.39	-	24.37	3.580	3.580	10派3元(含税)
328	600509	天富热电	1.69	0.60	0.60	3.52	-	4386.62	-	0.4000	0.4000	21.29	0.75	0.75	6.64	-	2.06	-	67.73	1.890	1.890	-
329	600518	康美药业	0.71	0.18	0.18	3.81	8.06	2915.69	18.75	0.4120	0.4120	7.99	0.22	0.22	5.18	123.85	3.65	251.18	29.46	5.157	5.157	10派发2元(含税)
330	600519	贵州茅台	2.50	0.72	0.72	16.18	-	32829.07	-	1.3100	1.3100	12.97	0.17	0.17	34.63	-	25.31	-	26.73	10.120	10.120	10转增1股派6元(含税)
331	600520	三佳模具	0.63	0.25	0.25	0.83	-	2127.04	-	0.3400	0.3400	9.59	0.10	0.10	3.00	-	2.22	-	25.98	3.530	3.530	不分不转
332	600523	贵航股份	2.20	0.70	0.70	3.55	-	1910.32	-	0.0900	0.0900	3.34	0.14	0.14	11.09	-	5.71	-	47.13	2.600	2.600	10派0.2元(含税)
333	600528	中铁二局	4.10	1.10	1.10	40.39	-1.95	16415.19	-7.25	0.4000	0.4000	9.61	0.12	0.12	34.71	70.14	17.07	105.37	50.19	4.160	4.160	10派3.8元(含税)
334	600530	交大昂立	2.00	0.50	0.50	4.53	-5.43	5464.09	7.95	0.2700	0.2700	6.14	-0.07	-0.07	11.75	162.15	8.90	393.76	23.36	4.450	4.450	10派2元(含税)
335	600533	栖霞建设	1.40	0.40	0.40	3.24	-	4152.55	-	0.4200	0.4200	26.94	-1.12	-1.12	5.59	-	1.54	-	69.90	1.541	1.541	-
336	600539	狮头股份	2.30	0.88	0.88	2.95	-	3722.78	-	0.1600	0.1600	4.72	0.15	0.15	10.50	-	7.89	-	24.34	3.430	3.430	10派0.2元(含税)
337	600548	深圳高速	21.81	1.65	1.65	6.05	-	40193.69	-	0.1800	0.1800	7.93	0.26	0.26	69.96	-	50.71	-	27.23	2.330	2.330	10派1元(含税)
338	600550	天威保变	2.20	0.60	0.60	6.12	-0.38	4406.14	-10.23	0.2000	0.2000	5.26	0.28	0.28	14.73	77.87	8.37	201.98	43.15	3.810	3.810	10送2转增3股派0.5元(含税)
339	600555	茉织华	4.35	0.81	1.91	18.95	35.90	20835.38	12.52	0.4800	0.4800	10.10	0.51	0.51	25.52	40.53	20.62	215.66	14.14	4.740	4.740	10派2元(含税)
340	600556	北生药业	0.90	0.45	0.45	1.24	-	1518.08	-	0.1687	0.1690	3.17	0.04	0.04	7.89	-	4.79	-	37.79	5.320	5.320	10派1元(含税)
341	600558	大西洋	1.20	0.45	0.45	4.50	10.21	2563.07	10.56	0.2140	0.2140	5.59	0.02	0.02	6.62	68.37	4.59	244.62	25.72	3.821	3.821	10派1.5元(含税)
342	600566	洪城股份	1.06	0.44	0.44	1.14	-	1770.19	-	0.1670	0.1670	3.94	0.07	0.07	5.83	-	4.50	-	22.84	4.230	4.220	10派1.00元(含税)
343	600567	山鹰纸业	1.61	0.60	0.60	2.81	-	2303.51	-	0.1440	0.1440	6.79	-0.03	-0.03	6.66	-	3.30	-	50.45	2.055	2.055	10派0.6元(含税)
344	600568	潜江制药	0.73	0.35	0.35	0.82	7.12	1386.71	10.00	0.1900	0.1900	3.20	0.06	0.06	4.60	242.58	4.33	426.29	5.83	5.950	5.950	不分不转
345	600569	安阳钢铁	13.45	2.75	2.75	59.47	-	47073.03	-	0.3500	0.3500	10.95	0.43	0.43	60.69	-	42.99	-	29.15	3.200	3.200	10派1.875元(含税)
346	600583	海洋石油	1.70	-	0.80	12.07	-	10370.16	-	0.6100	0.6100	23.73	1.09	0.74	14.48	-	4.37	-	69.75	2.570	2.570	不分不转
347	600585	海螺水泥	11.83	2.00	2.00	20.58	-	20272.60	-	0.2100	0.2100	9.17	0.74	0.74	60.68	-	22.11	-	50.06	2.250	2.250	10派0.5元(含税)
348	600588	用友软件	1.00	0.25	0.25	3.33	56.65	7040.06	75.81	0.7000	0.7000	7.00	1.03	1.03	11.68	618.69	10.02	1095.45	13.82	10.020	10.020	10派6元(含税)

项目			股本			业绩									资产							分配
序号	代码	公司简称	总股本(亿股)	流通股(亿股)	2002.04.29	主营收入(亿元)	±%	净利润(万元)	±%	每股收益(元)	2002.04.29摊薄后	净资产收益率(%)	每股经营性现金流量(元)	2002.04.29摊薄后	总资产(亿元)	±%	净资产(亿元)	±%	资产负债比率(%)	每股净资产(元)	2002.04.29摊薄后	2001年度已实施利润分配及预案
349	600589	广东榕泰	1.60	0.40	0.40	2.75	19.30	3522.75	33.32	0.2200	0.2200	6.46	0.20	0.20	6.88	155.37	5.46	263.13	20.75	3.410	3.410	10派1.5元(含税)
350	600596	新安股份	1.34	0.44	0.44	6.49	-	2048.28	-	0.1530	0.1530	4.15	0.01	0.01	9.31	-	4.94	-	46.37	3.680	3.680	10派0.5元(含税)
351	600598	北大荒	14.70	3.00	3.00	14.06	-	36428.30	-	0.3100	0.3100	21.12	0.18	0.18	43.39	-	17.24	-	60.26	1.470	1.470	不分不转
352	600599	浏阳花炮	0.70	0.22	0.22	1.97	-	1779.01	-	0.2540	0.2540	6.56	-0.02	-0.02	3.50	-	2.71	-	21.62	3.880	3.880	10转增8股送0.5股派1.5元(含税)
353	600600	青岛啤酒	10.00	2.00	2.00	52.77	40.11	10288.77	8.07	0.1029	0.1029	3.47	0.53	0.53	82.44	17.85	29.65	32.64	55.82	2.960	2.960	10派1.1元(含税)
354	600601	方正科技	3.73	3.73	3.73	36.93	36.85	10030.50	-19.65	0.2680	0.2680	17.09	1.50	1.50	23.91	82.69	5.87	13.46	74.12	1.570	1.570	不分不转
355	600602	广电电子	8.43	3.18	5.29	40.59	-19.72	17044.40	-43.35	0.2020	0.2020	6.33	0.51	0.51	76.80	-0.78	26.93	-6.01	52.67	3.190	3.190	10转增1股派0.1元(含税)
356	600603	兴业房产			1.95																	
357	600604	二纺机	5.66	0.71	3.04	8.15	75.22	1389.63	100.90	0.0250	0.0250	2.05	0.23	0.23	14.23	-13.31	6.77	-21.51	51.00	1.196	1.196	不分不转
358	600605	轻工机械	2.10	0.24	0.24	1.95	-11.25	942.33	11.31	0.0450	0.0450	3.04	0.02	0.02	6.00	-2.63	3.10	-3.63	47.90	1.473	1.470	不分不转
359	600606	金丰投资	1.65	0.42	0.99	6.41	166.67	7561.59	71.28	0.4590	0.4590	26.49	-0.70	-0.52	14.51	32.20	2.85	23.47	76.34	1.732	1.732	10派0.5元(含税)送2股
360	600607	上实联合	3.07	1.33	1.33	13.75	49.27	10155.56	4.61	0.3313	0.3313	7.36	0.35	0.35	24.19	1.91	13.81	0.08	34.79	4.504	4.504	10派1.5元(含税)
361	600608	上海科技	1.51	0.93	0.93	3.20	76.42	3011.96	40.49	0.1991	0.1991	9.55	0.45	0.45	6.58	40.69	3.15	3.58	45.70	2.090	2.090	不分不转
362	600609	金杯汽车			3.64																	
363	600610	中纺机	3.57	0.26	1.46	4.49	16.22	661.20	103.15	0.0200	0.0200	15.58	0.13	0.13	6.38	-23.29	0.42	-51.87	92.11	0.120	0.120	不分不转
364	600611	大众交通	5.99	1.42	3.45	16.59	22.91	21033.00	7.29	0.3500	0.3500	9.89	1.33	1.33	45.44	15.84	21.27	11.19	50.97	3.550	3.550	10派2.6元(含税)
365	600612	第一铅笔	2.52	0.29	1.49	9.11	-8.99	186.10	-84.75	0.0070	0.0070	0.42	0.48	0.48	13.76	-5.18	4.40	-4.80	61.68	1.746	1.746	不分不转
366	600613	永生数据			0.55																	
367	600614	胶带股份	1.15	0.08	0.50	2.26	49.78	2814.31	36.76	0.2440	0.2440	13.81	0.16	0.16	7.91	31.98	2.04	13.21	69.74	1.770	1.770	不分不转
368	600615	丰华股份			0.47																	
369	600616	第一食品	1.27	0.46	0.46	5.86	-1.75	2715.86	2.47	0.2100	0.2100	8.77	0.40	0.40	5.47	7.17	3.09	-3.96	43.27	2.440	2.440	10派1.8元(含税)
370	600617	联华合纤	1.67	0.09	0.45	3.23	-22.01	112.82	-81.78	0.0070	0.0070	0.40	-0.12	-0.12	5.65	6.03	2.85	0.41	45.13	1.700	1.700	不分不转
371	600618	氯碱化工	11.64	0.28	4.34	27.28	-7.27	513.34	-89.87	0.0040	0.0040	0.18	0.20	0.20	46.10	-5.96	28.03	-8.14	38.38	2.410	2.410	不分不转
372	600619	海立股份	3.81	0.20	2.00	25.59	45.65	12806.51	91.30	0.3370	0.3370	12.84	1.23	1.23	32.88	22.79	9.97	8.30	55.18	2.620	2.620	10派0.9元(含税)
373	600620	天宸股份	2.67	0.80	0.80	1.96	-28.75	3413.21	7.83	0.1280	0.1280	8.92	0.06	0.06	12.94	29.63	3.83	1.54	68.67	1.430	1.430	10派0.3元(含税)
374	600621	上海金陵	5.24	2.10	2.10	9.04	4.00	-12616.51	-162.45	-0.2407	-0.2407	-15.05	0.38	0.38	14.11	-22.50	8.38	-13.30	38.20	1.600	1.600	不分不转
375	600622	嘉宝实业	3.34	1.15	1.15	1.91	-16.47	-14963.79	68.03	-0.4480	-0.4480	-33.65	0.04	0.04	7.45	-30.99	4.45	-32.01	36.05	1.333	1.333	不分不转
376	600623	轮胎橡胶	8.89	0.23	2.66	24.66	-33.44	1660.18	-103.85	0.0190	0.0190	1.53	0.84	0.84	59.35	-11.63	10.82	-28.62	79.02	1.217	1.217	不分不转
377	600624	复旦复华	2.63	1.62	1.62	3.02	19.65	316.64	-88.86	0.0120	0.0120	0.73	-0.04	-0.04	10.68	12.09	4.33	-14.51	58.59	1.642	1.642	不分不转
378	600626	申达股份	3.38	1.40	1.40	31.25	11.38	14378.70	16.55	0.4250	0.4250	12.05	0.42	0.42	22.75	1.12	11.93	33.80	43.26	3.530	3.530	10派2元(含税)
379	600627	电器股份	5.18	0.51	0.51	25.93	9.64	4036.87	-61.98	0.0800	0.0800	4.76	0.43	0.43	49.72	13.82	8.49	-5.24	78.89	1.640	1.640	不分不转
380	600628	新世界	2.66	1.16	1.16	18.81	-5.88	7871.89	3.95	0.3000	0.3000	9.63	0.24	0.24	18.52	-9.53	8.18	7.91	55.86	3.080	3.080	10送2股派0.5元(含税)
381	600629	棱光实业			0.58																	
382	600630	龙头股份	4.25	1.91	1.91	20.79	6.68	9679.58	-36.23	0.2280	0.2280	5.95	0.01	0.01	43.89	10.48	16.26	25.97	61.41	3.826	3.826	不分不转
383	600631	第一百货	5.83	1.88	1.88	32.89	-22.97	6916.13	17.89	0.1190	0.1190	4.22	0.31	0.31	39.02	-14.90	16.41	-6.66	57.80	2.810	2.810	10派0.2元(含税)

项目			股本			业绩									资产							分配
序号	代码	公司简称	总股本(亿股)	流通股(亿股)	2002.04.29	主营收入(亿元)	±%	净利润(万元)	±%	每股收益(元)	2002.04.29摊薄后	净资产收益率(%)	每股经营性现金流量(元)	2002.04.29摊薄后	总资产(亿元)	±%	净资产(亿元)	±%	资产负债比率(%)	每股净资产(元)	2002.04.29摊薄后	2001年度已实施利润分配及预案
384	600632	华联商厦	4.23	1.24	1.24	25.47	-29.64	9027.32	-21.37	0.2140	0.2140	6.63	-0.63	-0.63	23.14	3.47	13.62	27.71	36.61	3.220	3.220	10派1.2元(含税)
385	600633	白猫股份	1.52	0.13	0.13	2.07	-	1775.85	-110.02	0.1168	0.1170	9.72	0.07	0.07	3.79	-32.00	1.83	-214.07	51.71	1.201	1.201	10派0.10元(含税)
386	600634	海鸟发展	0.87	0.40	0.40	1.83	0.68	2793.59	567.43	0.3200	0.3200	13.26	-2.24	-2.24	9.14	230.54	2.11	14.19	76.12	2.420	2.420	10派0.2元(含税)
387	600635	大众科创	4.76	2.57	2.57	4.25	83.99	12832.97	0.13	0.2695	0.2695	11.05	0.67	0.67	31.08	73.63	11.61	-0.01	48.64	2.440	2.440	10派2.1元(含税)
388	600636	三爱富	1.16	0.45	0.58	5.64	15.46	4888.00	17.03	0.4211	0.3651	18.01	0.28	0.25	5.66	15.47	2.71	7.58	48.20	2.340	2.034	10派1.7527元(含税)送1.7527股
389	600637	广电信息	7.45	1.85	1.85	27.29	0.92	20310.52	16.87	0.2725	0.2725	5.89	-0.62	-0.62	63.93	36.47	34.46	178.67	44.91	4.624	4.624	10送1股派1元(含税)
390	600638	新黄浦	5.61	1.70	1.70	3.47	-27.81	5510.08	-55.19	0.0982	0.0980	2.64	-0.48	-0.48	31.32	4.88	20.83	24.16	32.46	3.713	3.713	10派0.8元(含税)
391	600639	浦东金桥	6.98	1.17	3.22	3.97	-30.28	9743.06	38.69	0.1400	0.1400	5.95	-0.32	-0.32	30.34	10.71	16.39	-3.37	45.27	2.350	2.350	10转增1股
392	600640	联通国脉	3.65	0.55	0.55	2.64	-31.45	3804.33	-38.37	0.1000	0.1000	3.39	0.05	0.05	12.76	-6.19	11.21	-7.30	12.14	3.070	3.070	10派0.7元(含税)
393	600641	中远发展	3.68	0.99	1.78	7.62	160.37	22564.91	-19.81	0.6130	0.6130	19.52	-0.42	-0.34	27.38	13.56	11.56	14.66	57.32	3.143	3.143	10派1.65元(含税)
394	600642	申能股份	16.33	2.51	3.92	20.05	40.79	86493.97	-29.82	0.7080	0.7080	22.92	0.68	0.62	99.08	-0.08	50.42	5.34	48.55	3.087	3.087	10派3.5元(含税)
395	600643	爱建股份	4.61	3.08	3.08	8.04	42.39	13063.90	-3.57	0.2840	0.2840	6.51	-0.70	-0.70	32.26	23.56	20.07	-1.93	36.51	4.360	4.360	10派1.5元(含税)
396	600644	乐山电力	2.49	1.29	1.29	2.52	-11.54	2802.57	-24.52	0.1100	0.1100	5.94	0.29	0.29	11.19	1.44	4.65	-2.60	53.95	1.890	1.890	10派0.5元(含税)
397	600645	望春花	2.50	0.98	0.98	2.96	47.34	252.57	-94.67	0.0100	0.0100	0.70	-0.28	-0.28	7.81	15.19	3.61	-13.77	47.01	1.442	1.442	不分不转
398	600646	国嘉实业	1.80	0.30	0.30	0.07	-96.73	-16813.96	-469.93	-0.9360	-0.9360	-165.21	-0.56	-0.56	8.39	-6.83	1.02	-73.74	86.92	0.566	0.566	不分不转
399	600647	上海同达	0.54	0.21	0.21	0.27	-1.77	-2151.32	171.98	-0.4020	-0.4020	82.34	0.03	0.03	0.76	-54.53	-0.26	-350.82	134.45	-0.488	-0.488	不分不转
400	600648	外高桥	7.45	0.54	2.55	2.03	119.61	917.02	-61.43	0.0123	0.0123	0.66	0.10	0.10	29.14	4.18	13.91	-1.50	51.80	1.868	1.868	不分不转
401	600649	原水股份	18.84	5.61	5.61	7.51	-7.19	38775.74	-4.61	0.2100	0.2100	8.16	0.40	0.40	58.84	-16.55	47.50	5.58	19.27	2.520	2.520	10派0.5元(含税)
402	600650	新锦江	5.01	0.38	1.84	2.51	15.42	890.48	56.84	0.0180	0.0180	0.59	0.16	0.16	19.06	1.51	15.13	-0.09	18.47	3.020	3.020	10转增1股
403	600651	飞乐音响	4.24	4.24	4.24	6.00	117.49	10272.22	28.72	0.2420	0.2420	16.15	0.05	0.05	14.99	82.59	6.36	158.49	50.06	1.500	1.500	10派1.2元(含税)
404	600652	爱使股份	3.00	3.00	3.00	2.82	-11.05	2566.89	-61.82	0.0900	0.0900	4.24	0.17	0.17	16.34	60.94	6.06	2.70	60.33	2.020	2.020	不分不转
405	600653	申华控股	8.09	8.09	8.09	38.50	-30.14	13551.68	-40.02	0.1680	0.1680	6.72	-0.23	-0.23	48.40	37.07	20.17	95.20	53.13	2.495	2.495	10转增8股
406	600654	飞乐股份	4.40	3.33	3.33	4.51	-18.36	7805.02	1.80	0.1800	0.1800	6.42	-0.02	-0.02	21.91	32.82	12.16	72.31	41.37	2.760	2.760	10送1股
407	600655	豫园商城	4.65	1.49	1.49	32.20	-10.97	9940.31	-4.81	0.2140	0.2140	5.98	0.56	0.56	35.86	4.26	16.61	-1.84	50.97	3.570	3.570	10派0.8元(含税)
408	600656	华源制药	0.93	0.51	0.51	6.14	132.10	1886.85	36.71	0.2000	0.2000	12.80	0.47	0.47	12.09	198.37	1.47	4.17	69.98	1.580	1.580	10派0.4元(含税)
409	600657	青鸟天桥	1.79	1.03	1.03	11.35	131.96	4646.09	-32.62	0.2594	0.2594	6.25	1.59	1.59	35.38	33.47	7.44	0.09	61.47	4.154	4.154	10派0.6元(含税)
410	600658	兆维科技	1.67	0.95	0.95	5.29	214.93	10175.63	1740.72	0.6092	0.6090	36.98	-0.22	-0.22	6.67	20.33	2.75	45.93	54.53	1.648	1.648	不分不转
411	600659	神龙发展	1.73	0.45	0.45	3.94	13.73	2492.94	-0.34	0.1440	0.1440	9.66	0.56	0.56	9.43	-26.67	2.58	6.63	60.90	1.490	1.490	不分不转
412	600660	福耀玻璃	4.08	1.30	1.44	9.38	24.28	15215.35	1.41	0.3700	0.3296	27.30	0.50	0.45	16.89	22.16	5.57	15.21	66.27	1.370	1.220	10送1.1派1.35元(含税)
413	600661	交大南洋	1.45	0.25	0.25	3.51	-15.61	3129.04	3.69	0.2200	0.2200	10.68	0.27	0.27	6.63	28.85	2.93	2.98	47.57	2.020	2.020	10派1.5元(含税)
414	600662	强生控股	3.09	1.65	1.65	8.44	39.05	10353.36	12.16	0.3400	0.3400	11.06	0.89	0.89	17.35	25.34	9.36	9.83	40.75	3.030	3.030	不分不转
415	600663	陆家嘴	18.68	1.61	6.70	9.99	50.61	11751.68	-66.42	0.0630	0.0630	2.66	0.22	0.22	75.28	1.95	44.21	2.62	36.04	2.370	2.370	不分不转
416	600664	哈药集团	5.31	3.46	3.46	53.68	-16.70	28379.99	24.44	0.5300	0.5300	10.73	1.14	1.14	57.66	29.60	26.45	63.89	53.56	4.980	4.980	10转增2股派1元(含税)
417	600665	沪昌特钢	7.20	1.47	1.47	8.26	9.81	1368.50	6.78	0.0190	0.0190	1.10	0.48	0.48	13.30	-16.22	12.41	-7.17	6.20	1.724	1.724	10派0.25元(含税)
418	600666	西南药业	1.49	0.63	0.63	3.05	3.87	1945.04	-3.94	0.1300	0.1300	8.15	0.13	0.13	3.57	-12.53	2.39	-3.99	32.88	1.600	1.600	不分不转

项目			股本			业绩									资产							分配
序号	代码	公司简称	总股本(亿股)	流通股(亿股)	2002.04.29	主营收入(亿元)	±%	净利润(万元)	±%	每股收益(元)	2002.04.29摊薄后	净资产收益率(%)	每股经营性现金流量(元)	2002.04.29摊薄后	总资产(亿元)	±%	净资产(亿元)	±%	资产负债比率(%)	每股净资产(元)	2002.04.29摊薄后	2001年度已实施利润分配及预案
419	600667	太极实业	3.69	1.90	1.90	6.41	2.71	381.73	-109.30	0.0100	0.0100	0.69	0.36	0.36	17.07	-18.57	5.57	-37.75	67.06	1.510	1.510	不分不转
420	600668	尖峰集团	3.00	1.45	1.45	10.55	11.90	4390.49	12.98	0.1500	0.1500	8.63	0.30	0.30	15.59	-1.75	5.09	-1.61	65.84	1.690	1.690	10派1元(含税)
421	600669	鞍山合成	2.32	1.49	1.49	0.48	-73.49	-9873.52	-539.86	-0.4300	-0.4300	-45.03	-0.51	-0.51	8.79	-11.47	2.19	-33.31	74.94	0.940	0.940	不分不转
422	600670	高斯达	1.40	0.86	0.86	0.04	-88.46	-7881.24	-364.10	-0.5620	-0.5620	-122.65	-	-	2.23	-29.45	0.64	-60.37	69.89	0.458	0.458	不分不转
423	600671	天目药业	1.22	0.63	0.63	1.44	53.36	336.82	35.54	0.0180	0.0180	1.50	0.10	0.10	4.09	0.71	2.24	-1.00	38.44	1.980	1.980	10派0.1元(含税)
424	600672	英豪科教	4.41	2.56	2.56	5.43	-14.58	2543.54	-78.12	0.0600	0.0600	4.06	0.30	0.30	11.55	-4.29	6.27	1.70	39.81	1.420	1.420	10派0.2元(含税)
425	600673	成量股份	1.11	0.46	0.46	1.32	15.61	260.59	107.53	0.0200	0.0200	2.11	0.03	0.03	3.33	-1.78	1.24	-3.73	62.33	1.120	1.120	不分不转
426	600674	川投控股	3.86	1.55	1.55	6.54	9.73	6841.46	-44.45	0.1770	0.1770	11.83	0.58	0.58	9.40	-1.76	5.78	10.73	35.17	1.500	1.500	10派0.2元(含税)
427	600675	中华企业	5.81	2.65	2.65	15.96	170.99	13522.40	25.09	0.2300	0.2300	10.45	1.47	1.47	51.94	45.16	12.94	6.83	71.76	2.230	2.230	10送1转增1股
428	600676	交运股份	1.69	0.73	0.73	3.49	33.28	5079.87	-8.36	0.3007	0.3010	5.43	0.61	0.61	13.31	6.33	9.36	2.97	27.88	5.541	5.541	10派1元(含税)
429	600677	航天中汇	3.26	1.71	1.71	15.97	1.67	2994.78	-67.48	0.0918	0.0918	6.02	0.16	0.16	18.74	19.47	4.97	-5.46	66.55	1.525	1.525	10派1元(含税)
430	600678	四川金顶	2.33	0.96	0.96	4.29	101.42	-7983.68	-559.34	-0.3430	-0.3430	-31.65	0.25	0.25	9.40	27.69	2.52	-41.19	69.56	1.084	1.084	不分不转
431	600679	凤凰股份	4.64	0.26	1.58	7.82	13.28	1826.48	-28.62	0.0393	0.0400	2.11	-0.01	-0.01	19.24	9.74	8.67	-6.38	50.86	1.866	1.870	10转增3股
432	600680	上海邮通	3.05	0.27	1.52	9.90	78.23	6143.77	122.01	0.2000	0.2000	10.60	0.16	0.16	17.10	45.22	5.80	7.17	58.71	1.900	1.900	10派0.7元(含税)
433	600681	诚成文化	2.08	1.09	1.09	2.37	-0.36	1665.27	-46.24	0.0800	0.0800	4.45	0.05	0.05	8.25	22.98	3.74	3.93	53.49	1.800	1.800	10派0.2元(含税)
434	600682	南京新百	2.30	1.53	1.53	14.49	7.52	6224.05	-13.35	0.2700	0.2700	7.55	0.20	0.20	16.52	17.19	8.25	-3.23	45.91	3.580	3.580	10派1.5元(含税)
435	600683	宁波华联	1.99	0.90	0.90	6.60	-0.06	403.34	-41.03	0.0200	0.0200	1.70	0.02	0.02	8.88	0.46	2.37	1.54	73.36	1.190	1.190	不分不转
436	600684	珠江实业	1.87	1.00	1.00	1.70	64.59	1352.26	-113.25	0.0700	0.0700	2.30	0.24	0.24	10.55	-0.47	5.87	1.99	40.27	3.140	3.140	不分不转
437	600685	广船国际	4.95	1.26	1.26	20.77	-6.55	897.83	-101.24	0.0180	0.0180	1.45	0.67	0.67	25.10	3.80	6.18	-1.76	72.92	1.250	1.250	不分不转
438	600686	厦门汽车	1.52	0.58	0.58	11.88	37.59	4438.75	20.79	0.2930	0.2930	14.32	0.72	0.72	9.88	10.32	3.10	-0.15	53.47	2.046	2.046	10派1.5元(含税)
439	600687	新宇软件	1.10	0.42	0.42	2.05	145.63	2066.00	-18.57	0.1900	0.1900	10.17	0.59	0.59	3.96	4.59	2.03	11.33	42.57	1.850	1.850	不分不转
440	600688	上海石化	72.00	7.20	7.20	201.97	-1.32	7160.40	-92.08	0.0100	0.0100	0.53	0.39	0.39	247.70	12.08	135.73	-1.77	43.76	1.885	1.885	不分不转
441	600689	上海三毛	2.01	0.69	1.17	6.81	2.52	131.63	-97.98	0.0065	0.0065	0.27	0.09	0.09	11.08	7.48	4.85	-9.32	51.06	2.413	2.413	不分不转
442	600690	青岛海尔	7.98	4.50	4.50	114.42	136.97	61783.86	45.69	0.7700	0.7700	12.53	0.88	0.88	69.42	72.05	49.32	70.62	23.27	6.180	6.180	10派3元(含税)
443	600691	东新电碳	0.77	0.33	0.33	0.61	-3.07	214.85	-118.60	0.0300	0.0300	2.30	-0.20	-0.20	2.32	-5.21	0.93	-7.79	59.86	1.200	1.200	不分不转
444	600692	亚通股份	1.26	0.53	0.53	1.87	10.01	1595.80	-37.74	0.1260	0.1260	4.94	0.55	0.55	5.38	0.25	3.23	-4.68	39.77	2.560	2.560	10送1股派0.5元(含税)
445	600693	东百集团	1.32	0.72	0.72	6.04	3.06	-5943.68	-894.15	-0.4500	-0.4500	-18.58	-0.08	-0.08	6.71	-14.17	3.20	-16.36	52.65	2.424	2.424	不分不转
446	600694	大商股份	2.67	1.56	1.56	19.81	45.86	8842.66	5.15	0.3300	0.3300	7.20	0.77	0.77	25.10	93.24	12.28	51.06	49.87	4.600	4.600	10派2元(含税)
447	600695	大江股份	6.76	0.26	3.72	17.57	5.80	-14156.28	-1886.24	-0.2090	-0.2090	-17.33	0.05	0.05	20.15	-6.85	8.17	-15.93	54.93	1.208	1.208	不分不转
448	600696	利嘉股份	2.62	0.90	0.90	1.55	151.78	2550.10	222.08	0.0970	0.0970	7.23	0.12	0.12	8.01	11.26	3.53	-7.71	55.97	1.350	1.350	不分不转
449	600697	欧亚集团	1.23	0.65	0.65	6.14	1.51	3965.95	-10.17	0.3230	0.3230	9.39	0.63	0.63	7.20	6.50	4.22	-3.23	39.27	3.440	3.440	10派2元(含税)
450	600698	济南轻骑	9.72	3.07	5.37	6.43	20.46	-69978.27	156.86	-0.7200	-0.7200	-39.08	-0.14	-0.14	34.65	-16.45	17.91	-34.07	48.03	1.840	1.840	不分不转
451	600699	辽源得亨	1.77	0.90	0.90	1.84	-19.37	1910.02	-59.00	0.1080	0.1080	4.64	-	-	8.55	50.87	4.11	43.06	50.77	2.320	2.320	10派0.162元(含税)送0.162股
452	600700	数码测绘			1.56																	
453	600701	工大高新	3.24	1.75	1.75	6.39	14.25	3822.89	-38.83	0.1180	0.1180	4.76	0.15	0.15	15.30	-3.52	8.03	3.99	44.90	2.480	2.480	不分不转

项目			股本			业绩									资产							分配
序号	代码	公司简称	总股本(亿股)	流通股(亿股)	2002.04.29	主营收入(亿元)	±%	净利润(万元)	±%	每股收益(元)	2002.04.29摊薄后	净资产收益率(%)	每股经营性现金流量(元)	2002.04.29摊薄后	总资产(亿元)	±%	净资产(亿元)	±%	资产负债比率(%)	每股净资产(元)	2002.04.29摊薄后	2001年度已实施利润分配及预案
454	600702	沱牌曲酒	3.37	1.49	1.49	8.58	-8.78	3085.64	-71.02	0.0900	0.0900	1.94	0.15	0.15	20.06	-2.56	15.94	-3.79	20.32	4.720	4.720	不分不转
455	600703	天颐科技	1.20	0.59	0.59	4.22	487.80	1312.44	-153.08	0.1100	0.1100	8.32	-0.29	-0.29	4.29	39.52	1.58	55.01	63.09	1.320	1.320	不分不转
456	600704	中大股份	2.88	1.28	1.28	26.44	-59.46	7309.73	1.41	0.2500	0.2500	6.75	0.67	0.67	27.07	-2.79	10.83	4.11	58.20	3.760	3.760	10派1元(含税)
457	600705	北亚集团	6.53	3.43	3.43	5.28	68.16	7539.04	-25.23	0.1150	0.1150	4.42	0.08	0.08	24.14	63.90	17.05	112.05	27.99	2.611	2.611	10派0.35元(含税)
458	600706	长安信息	0.87	0.38	0.38	5.97	58.22	1990.87	81.95	0.2300	0.2300	14.36	0.19	0.19	8.19	13.02	1.39	15.78	74.73	1.590	1.590	不分不转
459	600707	彩虹股份	4.21	1.44	1.44	24.23	27.12	8441.90	-26.68	0.2000	0.2000	5.40	0.26	0.26	26.27	16.99	15.62	0.86	37.69	3.710	3.710	10派1.69元(含税)
460	600708	东海股份	2.38	0.87	0.87	1.99	10.42	3018.98	446.73	0.1269	0.1270	8.25	0.28	0.28	12.42	-7.43	3.66	43.45	67.22	1.538	1.538	不分不转
461	600709	生态农业			2.00																	
462	600710	常林股份	1.65	0.74	0.74	5.28	31.06	1030.23	4.78	0.0620	0.0620	2.27	0.30	0.30	8.60	9.33	4.54	-1.28	47.19	2.750	2.750	10派0.35(含税)
463	600711	雄震集团	0.60	0.15	0.15	0.66	104.11	1660.05	2721.64	0.2800	0.2800	21.40	0.36	0.36	1.95	32.53	0.78	21.08	57.02	1.285	1.285	10派0.5元(含税)
464	600712	南宁百货	0.90	0.40	0.39	5.59	19.57	1652.21	-7.89	0.1800	0.1800	6.24	0.76	0.76	6.13	-2.43	2.65	-4.11	56.82	2.930	2.930	10派0.6元(含税)
465	600713	南京医药	1.94	0.83	0.83	14.29	7.43	3689.78	-23.96	0.1900	0.1900	8.49	-0.02	-0.02	11.70	-4.82	4.34	-4.84	59.65	2.240	2.240	10派1元(含税)
466	600714	山川股份	1.08	0.29	0.29	1.53	-2.46	2249.08	8.03	0.2086	0.2086	10.34	-0.02	-0.02	3.47	4.28	2.17	9.80	37.31	2.017	2.017	不分不转
467	600715	松辽汽车	2.24	1.01	1.01	-	-100.00	-6271.02	-301.79	-0.2800	-0.2800	-32.52	0.37	0.37	5.99	-8.29	1.93	-19.08	67.80	0.860	0.860	不分不转
468	600716	耀华玻璃	3.24	0.81	0.81	4.25	35.02	3247.07	0.04	0.1000	0.1000	6.28	0.25	0.25	9.24	7.36	5.17	-2.68	43.11	1.590	1.590	10派0.8元(含税)
469	600717	天津港	6.60	2.15	2.15	10.01	52.50	26984.10	40.80	0.4100	0.4100	16.93	0.72	0.72	28.13	28.38	15.94	7.49	38.63	2.420	2.420	10派0.8元(含税)
470	600718	东软股份	2.81	1.13	1.13	17.59	58.58	13513.42	-17.04	0.4800	0.4800	11.34	0.26	0.26	24.57	24.05	11.92	2.46	47.33	4.240	4.240	10派2(元)
471	600719	大连热电	2.02	0.76	0.76	3.72	16.08	5492.38	-10.18	0.2700	0.2700	8.19	0.09	0.09	15.03	25.25	6.70	5.16	55.41	3.310	3.310	10派0.8元(含税)
472	600720	祁连山	3.47	1.63	1.63	2.67	-2.72	5206.45	-5.15	0.1500	0.1500	9.50	0.18	0.18	9.73	20.34	5.48	4.15	37.83	1.580	1.580	10派0.5元(含税)
473	600721	百花村	0.95	0.47	0.47	0.39	-57.81	470.36	-105.39	0.0500	0.0500	3.94	0.34	0.34	3.13	-9.72	1.20	-5.81	60.83	1.260	1.290	不分不转
474	600722	沧州化工	4.21	1.15	1.15	13.19	-2.87	1988.38	-80.91	0.0470	0.0470	2.05	0.17	0.17	29.06	8.45	9.72	-4.57	64.81	2.310	2.310	不分不转
475	600723	西单商场	4.10	1.86	1.86	15.76	-9.33	5648.30	-10.26	0.1400	0.1400	4.44	0.25	0.25	17.66	13.61	12.72	39.21	22.92	3.100	3.100	10派1元(含税)
476	600724	宁波富达	3.64	1.57	1.57	6.84	45.98	7108.09	64.21	0.2000	0.2000	13.40	0.04	0.04	9.71	77.21	5.31	77.18	43.22	1.460	1.460	不分不转
477	600725	云维股份	1.10	0.37	0.38	2.56	66.13	4567.01	116.28	0.4150	0.4150	12.40	0.39	0.39	4.99	31.10	3.68	7.53	25.42	3.349	3.349	10派2元(含税)
478	600726	龙电股份	11.21	1.68	6.00	11.88	47.13	28164.41	25.34	0.2500	0.2500	9.32	0.53	0.53	34.95	5.73	28.88	5.04	17.37	2.580	2.580	10派1.2元(含税)
479	600727	鲁北化工	3.79	1.52	1.52	6.42	-23.44	13248.12	-32.43	0.3500	0.3500	6.15	0.52	0.52	32.18	4.15	21.55	2.82	33.05	5.680	5.680	不分不转
480	600728	新太科技	2.08	0.81	0.81	5.81	-19.88	2807.10	-55.76	0.1350	0.1350	3.45	0.23	0.23	10.66	-8.87	8.15	0.47	23.05	3.914	3.914	10派0.5元(含税)
481	600729	重庆百货	2.04	0.51	0.51	23.58	15.40	5824.42	-17.82	0.2600	0.2600	13.52	0.37	0.37	12.36	20.85	4.24	8.94	63.81	2.080	2.080	10派1.5元(含税)
482	600730	中国高科	1.75	0.55	0.55	15.06	73.95	4528.95	54.07	0.2600	0.2600	12.24	0.58	0.58	13.56	-14.16	3.70	14.24	64.03	2.120	2.120	不分不转
483	600731	湖南海利	2.34	0.75	0.75	3.00	-9.84	2204.05	-38.95	0.0940	0.0940	5.09	0.01	0.01	9.17	-0.01	4.33	-4.31	50.80	1.850	1.850	10派0.2元(含税)
484	600732	上海港机	2.48	0.83	0.83	7.09	43.30	-5955.97	-395.66	-0.2400	-0.2400	-17.46	0.48	0.48	11.23	-6.11	3.41	-16.23	69.64	1.376	1.376	不分不转
485	600733	前锋股份	1.98	0.76	0.76	0.72	-47.71	474.90	-80.93	0.0240	0.0240	1.81	0.07	0.07	5.21	16.77	2.62	-5.82	44.14	1.326	1.326	不分不转
486	600734	实达电脑	3.52	1.33	1.33	28.97	-9.52	5129.89	-120.35	0.1459	0.1460	8.86	-0.09	-0.09	16.82	-5.38	5.78	8.83	64.03	1.645	1.650	不分不转
487	600735	兰陵陈香	1.55	0.83	0.83	1.84	-18.15	1206.80	-40.97	0.0780	0.0780	4.00	0.15	0.15	4.57	7.50	3.03	-2.90	33.76	1.955	1.955	不分不转
488	600736	苏州高新	4.57	1.51	1.51	5.74	24.50	8485.86	-21.49	0.1850	0.1850	6.17	0.54	0.54	22.70	-7.91	13.74	43.00	35.01	3.000	3.000	10派1元(含税)

项目			股本			业绩									资产							分配
序号	代码	公司简称	总股本(亿股)	流通股(亿股)	2002.04.29	主营收入(亿元)	±%	净利润(万元)	±%	每股收益(元)	2002.04.29摊薄后	净资产收益率(%)	每股经营性现金流量(元)	2002.04.29摊薄后	总资产(亿元)	±%	净资产(亿元)	±%	资产负债比率(%)	每股净资产(元)	2002.04.29摊薄后	2001年度已实施利润分配及预案
489	600737	新疆屯河	3.84	1.93	1.93	7.67	68.97	5066.58	-44.84	0.1300	0.1300	5.73	-0.51	-0.51	42.98	124.90	8.84	5.76	66.25	2.310	2.310	10送1股转增4股派0.25元(含税)
490	600738	兰州民百	2.34	1.31	1.31	6.50	6.02	-3969.94	-176.12	-0.1690	-0.1690	-12.75	-0.02	-0.02	10.88	2.07	3.11	-16.25	71.12	1.330	1.330	不分不转
491	600739	辽宁成大	2.48	0.98	0.98	14.87	21.38	11390.36	-34.50	0.4600	0.4600	14.20	-0.23	-0.23	13.94	9.18	8.02	12.28	40.64	3.240	3.240	10派0.5元(含税)
492	600740	山西焦化	2.03	0.85	0.85	6.24	91.55	6713.98	40.71	0.3310	0.3310	9.86	0.01	0.01	17.40	7.81	6.80	7.40	60.90	3.354	3.354	10派1元(含税)
493	600741	巴士股份	5.19	2.40	2.40	23.51	6.61	17200.66	6.13	0.3300	0.3300	12.04	1.02	1.02	43.74	7.26	14.29	7.98	60.32	2.760	2.760	10派1元(含税)送0.5转增3.5股
494	600742	一汽四环	2.12	1.03	1.03	21.38	155.39	14256.49	29.67	0.6740	0.6740	13.62	0.80	0.80	13.61	9.10	10.47	8.23	23.08	4.950	4.950	10派2.5(元)
495	600743	幸福实业	3.13	0.78	0.78	2.87	-2.76	-2415.09	-92.11	-0.0770	-0.0770	-23.58	0.07	0.07	2.53	-11.67	1.02	-31.34	59.50	0.327	0.327	不分不转
496	600744	华银电力	7.12	2.88	2.88	10.70	0.21	11356.36	-36.02	0.1596	0.1596	3.91	0.26	0.26	50.93	11.29	29.04	11.90	41.91	4.081	4.081	10派1元(含税)
497	600745	康赛集团			0.47																	
498	600746	江苏索普	3.06	0.88	0.88	2.54	2.43	2401.93	-35.77	0.0784	0.0784	6.52	0.33	0.33	5.78	7.58	3.68	-1.55	29.89	1.202	1.202	不分不转
499	600747	大显股份	3.27	1.51	1.51	7.45	17.59	10069.32	-24.90	0.3080	0.3080	7.94	0.76	0.76	19.06	37.20	12.68	60.05	29.98	3.876	3.876	10送2转增3股派0.5元(含税)
500	600748	浦东不锈	5.88	1.57	1.57	3.16	-38.89	792.90	-46.08	0.0130	0.0130	0.75	0.16	0.16	11.71	-3.43	10.52	-1.18	10.17	1.790	1.790	不分不转
501	600749	西藏圣地	0.80	0.24	0.24	0.31	-19.51	-2683.77	-502.19	-0.3355	-0.3355	-32.16	0.18	0.18	1.94	-5.05	0.83	-24.71	56.59	1.040	1.040	不分不转
502	600750	江中药业	1.46	0.62	0.62	3.55	-3.66	4024.38	45.73	0.2800	0.2800	7.68	0.28	0.28	6.39	-9.77	5.24	0.07	13.80	3.580	3.580	10派1元(含税)
503	600751	天津海运			2.84																	
504	600752	哈慈股份	3.38	1.61	1.61	2.54	-35.78	3467.87	-34.63	0.1000	0.1000	3.53	0.36	0.36	13.95	55.11	9.81	46.63	29.45	2.900	2.900	不分不转
505	600753	冰熊股份	1.28	0.32	0.32	1.00	-3.13	539.08	-112.34	0.0400	0.0400	5.14	-0.06	-0.06	4.27	8.14	1.05	9.06	75.44	0.820	0.820	不分不转
506	600754	新亚股份	6.03	0.98	2.54	6.83	-1.97	5412.07	-54.18	0.0900	0.0900	3.15	0.08	0.08	22.87	19.26	17.20	40.85	22.66	2.850	2.850	10派1元(含税)
507	600755	厦门国贸	1.98	1.27	1.27	20.19	-11.25	2589.00	526.35	0.1300	0.1300	3.79	0.43	0.43	16.64	11.70	6.83	4.64	58.02	3.450	3.450	不分不转
508	600756	浪潮软件	1.65	0.69	0.69	3.32	481.33	5231.94	199.47	0.3200	0.3200	19.13	0.70	0.70	3.47	16.59	2.74	15.81	21.19	1.660	1.660	10派0.5元(含税)
509	600757	华源发展	4.72	1.40	1.40	17.93	-13.96	5557.23	-46.80	0.1200	0.1200	4.59	-0.34	-0.34	32.98	14.31	12.12	-1.34	60.47	2.570	2.570	10派0.5元(含税)
510	600758	金帝建设	1.60	0.62	0.62	6.36	7.26	-3369.60	-768.78	-0.2100	-0.2100	-10.89	-0.15	-0.15	11.12	-0.96	3.09	-13.28	69.67	1.940	1.940	不分不转
511	600759	华侨投资			0.69																	
512	600760	山东黑豹	2.73	1.32	1.32	2.83	-3.50	-5198.78	-302.80	-0.1900	-0.1900	-6.96	0.04	0.04	9.59	-6.55	7.42	-8.08	22.66	2.740	2.740	不分不转
513	600761	安徽合力	2.05	0.94	0.94	5.29	8.96	6144.57	5.35	0.3000	0.3000	9.17	0.31	0.31	10.09	15.17	6.70	2.43	33.56	3.270	3.270	10派2元(含税)
514	600762	金荔科技	1.06	0.43	0.43	1.15	-40.80	3270.97	246.46	0.3100	0.3100	14.21	0.09	0.09	5.65	-4.66	2.30	84.46	59.22	2.170	2.170	不分不转
515	600763	北京中燕	1.60	0.40	0.40	-	-100.00	-15169.62	537.03	-0.9500	-0.9500	-365.81	-0.01	-0.01	0.49	-76.12	0.41	-79.27	15.31	0.260	0.260	不分不转
516	600764	三星石化	1.83	0.59	0.59	5.09	-14.56	3180.68	-41.12	0.1730	0.1730	7.55	0.25	0.25	5.00	-8.21	4.21	1.26	11.08	2.299	2.299	10派0.75元(含税)
517	600765	力源液压	1.11	0.34	0.35	0.52	17.51	114.60	180.53	0.0100	0.0100	0.75	0.13	0.13	2.13	-10.43	1.53	-16.24	28.29	1.377	1.377	不分不转
518	600766	烟台发展	1.71	0.60	0.60	2.18	-29.30	-7539.04	-455.18	-0.4405	-0.4405	-28.94	-0.53	-0.53	8.47	8.47	2.61	11.86	66.20	1.522	1.522	不分不转
519	600767	运盛实业	3.41	0.97	0.97	3.17	19.55	513.42	112.29	0.0200	0.0200	0.85	-0.07	-0.07	15.11	16.54	6.06	0.37	59.43	1.780	1.780	不分不转
520	600768	宁波华通	0.93	0.27	0.27	2.08	55.15	28.24	-100.99	0.0030	0.0030	0.36	0.09	0.09	2.64	12.75	0.79	-3.45	70.20	0.850	0.850	不分不转
521	600769	祥龙电业	3.49	0.87	0.87	4.37	-12.55	-4922.62	-330.80	-0.1400	-0.1400	-5.75	0.01	0.01	11.29	-5.94	8.56	-8.19	24.15	2.450	2.450	不分不转
522	600770	综艺股份	2.70	0.99	0.99	2.97	-20.81	4172.91	-53.94	0.1550	0.1550	7.09	-0.20	-0.20	10.29	5.83	5.88	4.16	33.28	2.179	2.179	10派0.5元(含税)
523	600771	东盛科技	1.87	0.50	0.50	4.46	43.29	4076.67	-23.31	0.2200	0.2200	12.24	0.11	0.11	10.06	52.51	3.33	13.95	62.75	1.780	1.780	不分不转

项目			股本			业绩									资产							分配
序号	代码	公司简称	总股本(亿股)	流通股(亿股)	2002.04.29	主营收入(亿元)	±%	净利润(万元)	±%	每股收益(元)	2002.04.29摊薄后	净资产收益率(%)	每股经营性现金流量(元)	2002.04.29摊薄后	总资产(亿元)	±%	净资产(亿元)	±%	资产负债比率(%)	每股净资产(元)	2002.04.29摊薄后	2001年度已实施利润分配及预案
524	600772	石油龙昌	2.40	0.76	0.76	2.11	-40.75	991.83	-80.58	0.0414	0.0414	1.52	0.49	0.49	14.85	9.36	6.51	34.96	21.07	2.710	2.710	不分不转
525	600773	西藏金珠	1.17	0.45	0.45	1.81	62.67	2483.65	2.71	0.2100	0.2100	7.34	-0.62	-0.62	5.22	34.47	3.38	4.32	35.89	2.890	2.890	10转增1股
526	600774	汉商集团	0.95	0.35	0.35	5.49	-12.11	292.98	-89.23	0.0310	0.0310	0.66	-0.23	-0.23	15.61	131.00	4.46	20.12	64.60	4.730	4.730	10送0.5股派0.125元(含税)
527	600775	南京熊猫	6.55	0.58	0.58	8.62	-29.64	17941.94	35.08	0.2700	0.2700	19.11	-0.08	-0.08	20.70	-15.74	9.39	17.95	53.50	1.430	1.430	不分不转
528	600776	东方通信	6.28	1.18	2.68	83.99	8.88	20734.37	-45.24	0.3300	0.3300	5.68	1.70	1.70	77.21	-2.82	36.52	2.44	46.47	5.816	5.816	10派2元(含税)
529	600777	新潮实业	2.05	0.50	0.50	6.64	13.50	7192.72	11.42	0.3500	0.3500	10.16	0.44	0,44	11.15	14.11	7.08	-2.31	30.71	3.460	3.460	10派2元(含税)
530	600778	友好集团	3.11	1.71	1.71	10.69	8.74	3308.39	11.50	0.1062	0.1062	4.40	0.16	0.16	19.16	33.45	7.52	65.72	55.25	2.410	2.410	10派0.8元(含税)
531	600779	全兴股份	4.44	1.74	1.74	11.44	-10.64	17278.48	-3.45	0.3900	0.3900	14.23	0.26	0.26	24.76	47.35	12.14	79.13	47.13	2.730	2.730	10派0.5(元)送1股
532	600780	通宝能源	2.16	0.94	0.94	2.66	10.41	5880.45	11.23	0.2700	0.2700	11.16	0.66	0.66	6.91	-11.38	5.27	9.54	23.74	2.440	2.440	10派1.25元(含税)
533	600781	民丰实业	1.78	0.51	0.51	2.11	-28.56	-7038.65	-3649.02	-0.3960	-0.3960	-36.08	-0.01	-0.01	5.45	-36.63	1.95	-33.59	61.41	1.100	1.100	不分不转
534	600782	新华股份	1.93	0.56	0.56	2.93	15.13	2644.09	-1.66	0.1368	0.1400	9.92	0.17	0.17	4.01	4.37	2.66	1.99	33.53	1.379	1.380	10派1.1元(含税)
535	600783	四砂股份	2.02	0.65	0.65	1.33	-35.20	131.30	-104.00	0.0065	0.0065	0.43	0.04	0.04	5.44	-7.14	3.05	-0.14	39.10	1.510	1.510	不分不转
536	600784	鲁银投资			1.72																	
537	600785	新华百货	1.03	0.65	0.65	6.18	22.09	3571.49	2.67	0.3500	0.3500	7.85	0.56	0.56	7.32	43.25	4.55	65.09	34.89	4.422	4.422	10派1元(含税)
538	600786	东方锅炉	2.11	0.54	0.54	4.90	36.45	-18059.64	52.92	-0.8548	-0.8548	-119.63	0.54	0.54	13.01	3.58	1.51	-59.80	87.85	0.715	0.715	不分不转
539	600787	中储股份	3.10	1.26	1.26	7.00	57.61	3363.37	-29.08	0.1080	0.1080	4.52	0.03	0.03	11.68	23.89	7.44	-1.12	35.51	2.396	2.396	10派0.65元(含税)
540	600788	达尔曼	2.87	1.05	1.05	1.91	-37.62	5421.65	-49.62	0.1900	0.1900	4.05	-0.37	-0.37	21.53	30.32	13.39	31.49	36.83	4.670	4.670	不分不转
541	600789	鲁抗医药	3.65	1.58	1.58	7.71	9.95	7046.02	17.91	0.1900	0.1900	6.07	0.74	0.74	24.05	5.95	11.62	2.77	50.65	3.180	3.180	10派0.8(元)
542	600790	轻纺城	3.72	2.52	2.52	10.41	5.69	-4676.41	-153.78	-0.1260	-0.1260	-4.86	0.55	0.55	27.09	1.14	9.62	-7.65	58.21	2.590	2.590	不分不转
543	600791	天创置业	0.99	0.33	0.33	3.05	157.27	868.13	-118.52	0.0880	0.0880	7.13	0.23	0.23	5.83	130.91	1.22	8.57	78.15	1.230	1.230	不分不转
544	600792	云南马龙	0.51	0.15	0.15	0.81	35.38	-2575.28	86.79	-0.5000	-0.5000	-36.36	0.24	0.24	1.55	-3.83	0.71	-27.32	54.25	1.390	1.390	不分不转
545	600793	宜宾纸业	1.05	0.34	0.34	4.60	11.44	1269.02	1.05	0.1210	0.1210	7.08	-0.11	-0.11	8.97	13.06	1.79	5.31	79.79	1.702	1.702	不分不转
546	600794	保税科技	1.19	0.50	0.50	1.35	-16.54	1475.35	-28.62	0.1240	0.1240	4.67	0.61	0.61	5.76	54.11	3.16	66.05	41.24	2.650	2.650	不分不转
547	600795	国电电力	8.25	2.07	2.07	29.34	108.49	55234.46	95.97	0.6700	0.6700	12.91	1.27	1.27	88.83	4.34	42.78	4.91	41.09	5.188	5.188	10派2.5元(含税)
548	600796	钱江生化	1.07	0.32	0.32	2.00	0.83	2631.63	-32.75	0.2470	0.2470	10.52	0.29	0.29	4.40	6.51	2.50	-0.29	42.33	2.347	2.347	10派2元(含税)
549	600797	浙大网新	3.42	1.66	1.66	11.14	72.93	8441.56	28.02	0.2500	0.2500	8.90	0.66	0.66	22.61	28.71	9.49	67.95	53.89	2.780	2.780	10派0.8元(含税)
550	600798	宁波海运	5.12	1.41	1.41	2.65	1.26	8785.17	5.36	0.1720	0.1720	11.74	0.13	0.13	9.27	-0.03	7.49	-1.29	17.68	1.462	1.462	10派1.25元(含税),拟10配3股
551	600799	科利华			1.79																	
552	600800	天津磁卡	5.52	2.62	2.62	6.16	63.49	8435.83	-23.92	0.1530	0.1530	8.13	0.39	0.39	30.99	32.66	10.38	-4.52	65.83	1.880	1.880	不分不转
553	600801	华新水泥	3.28	0.48	2.12	6.92	16.36	2261.92	36.89	0.0700	0.0700	3.13	0.36	0.36	20.63	2.37	7.22	0.99	63.70	2.200	2.200	10派0.35元(含税)
554	600802	福建水泥	2.83	1.34	1.34	5.83	7.48	210.42	-95.99	0.0070	0.0070	0.30	0.30	0.30	15.92	-5.15	7.02	-18.32	55.84	2.481	2.481	不分不转
555	600803	威远生化	1.18	0.66	0.66	2.64	11.48	1365.82	-40.79	0.1200	0.1200	4.27	-0.15	-0.15	7.55	28.78	3.20	-1.56	57.24	2.700	2.700	10派1.2元(含税)
556	600804	工益股份	1.17	0.72	0.72	2.94	25.63	132.52	-104.21	0.0110	0.0110	0.69	0.13	0.13	3.41	-7.48	1.91	-4.71	43.94	1.635	1.635	不分不转
557	600805	悦达投资	5.45	3.09	3.09	12.67	22.19	2035.58	-84.86	0.0370	0.0370	1.20	0.82	0.82	53.77	51.69	17.02	-1.60	58.91	3.120	3.120	不分不转
558	600806	交大科技	2.45	0.60	0.60	1.02	12.54	205.11	-42.65	0.0080	0.0080	0.41	-0.06	-0.06	7.74	15.69	4.99	-2.02	35.28	2.040	2.040	不分不转

项目			股本			业绩									资产							分配
序号	代码	公司简称	总股本(亿股)	流通股(亿股)	2002.04.29	主营收入(亿元)	±%	净利润(万元)	±%	每股收益(元)	2002.04.29摊薄后	净资产收益率(%)	每股经营性现金流量(元)	2002.04.29摊薄后	总资产(亿元)	±%	净资产(亿元)	±%	资产负债比率(%)	每股净资产(元)	2002.04.29摊薄后	2001年度已实施利润分配及预案
559	600807	济南百货	1.08	0.64	0.64	0.42	-73.81	-9208.90	-58076.04	-0.8530	-0.8500	-0.67	-0.08	-0.08	4.08	-19.47	1.38	-40.02	64.62	1.275	1.275	不分不转
560	600808	马钢股份	64.55	6.00	6.00	95.48	16.64	20839.65	18.39	0.0320	0.0320	1.77	0.18	0.18	167.23	-0.80	104.03	-1.05	29.58	1.820	1.820	10派0.2元
561	600809	山西汾酒	4.33	0.77	0.77	4.33	16.38	2870.73	125.58	0.0700	0.0700	3.56	0.21	0.21	11.04	-3.05	7.80	-1.31	29.26	1.803	1.803	10派0.6元(含税)
562	600810	神马实业	5.66	1.42	1.42	11.57	11.24	3437.54	-68.92	0.0610	0.0610	1.01	0.07	0.07	40.76	2.84	34.16	-1.03	16.20	6.031	6.031	10派0.5元(含税)
563	600811	东方集团	5.74	4.02	4.02	17.35	77.58	16319.40	-11.50	0.2840	0.2840	6.34	0.54	0.54	70.60	31.53	25.74	2.72	46.46	4.480	4.480	10送1股派0.25元(含税)
564	600812	华北制药	11.69	4.69	4.69	28.37	70.11	13978.62	25.73	0.1200	0.1200	5.73	0.31	0.31	73.35	22.84	24.40	-3.47	63.18	2.090	2.090	10派0.5元(含税)
565	600813	鞍山一工	2.58	1.00	1.00	0.79	-39.53	-76423.10	499.88	-2.9600	-2.9600	94.52	-	-	6.49	-51.22	-8.09	-5559.38	224.61	-3.130	-3.130	不分不转
566	600814	杭州解百	2.37	1.01	1.01	9.90	15.28	-599.49	-118.21	-0.0253	-0.0253	-1.55	0.18	0.18	7.96	0.52	3.86	-5.35	50.63	1.630	1.630	不分不转
567	600815	厦工股份	3.00	0.80	0.80	10.62	48.21	2950.55	45.12	0.1000	0.1000	3.67	-0.09	-0.09	13.08	17.76	7.90	0.68	38.87	2.690	2.690	10转增5股派0.5元(含税)
568	600816	鞍山信托	4.54	2.67	2.67	1.36	-51.40	-20128.99	-316.15	-0.4400	-0.4400	-34.88	0.30	0.30	27.22	-3.81	5.77	-34.91	78.80	1.270	1.270	不分不转
569	600817	宏盛科技	0.83	0.11	0.11	7.95	17.19	107.89	-95.38	0.0100	0.0100	1.06	-0.55	-0.55	6.03	46.13	1.02	-11.04	75.95	1.230	1.230	不分不转
570	600818	上海永久	2.66	0.15	0.84	3.70	32.30	883.73	-103.58	0.0300	0.0300	14.02	-0.18	-0.18	4.97	78.60	0.63	-118.43	80.54	0.240	0.240	不分不转
571	600819	耀皮玻璃	4.88	0.31	1.56	10.45	20.54	16238.19	5.02	0.3330	0.3330	9.76	0.45	0.45	21.28	5.23	16.64	3.43	21.04	3.410	3.410	10派2.2元(含税)
572	600820	隧道股份	5.37	2.42	2.42	39.73	43.89	9689.02	-29.08	0.1803	0.1803	6.16	0.43	0.43	59.85	35.06	15.73	21.38	72.68	2.928	2.928	10转增1股派0.5元(含税)
573	600821	津劝业	2.93	1.46	1.46	15.40	-13.15	521.68	-84.99	0.0200	0.0200	0.78	0.26	0.26	13.92	0.46	6.69	-10.94	51.95	2.290	2.290	不分不转
574	600822	物贸中心	2.53	0.13	0.80	31.84	151.46	2751.14	931.06	0.1090	0.1090	9.18	0.10	0.10	6.96	-17.36	3.00	-12.56	56.35	1.185	1.185	10派0.2元(含税)
575	600823	世茂股份	2.36	1.13	1.13	0.51	-77.79	4305.12	-217.98	0.1821	0.1800	9.18	0.14	0.14	8.27	-50.08	4.69	-7.60	39.15	1.980	1.980	10派0.73元(含税)
576	600824	益民百货	1.94	0.90	0.90	7.32	21.57	4889.99	11.09	0.2530	0.2530	7.42	0.02	0.02	10.51	3.91	6.59	35.08	29.99	3.400	3.400	10派1.5元(含税)
577	600825	华联超市	1.54	0.39	0.39	32.48	90.67	5007.00	75.17	0.3250	0.3250	20.49	-0.40	-0.40	11.36	-4.03	2.44	7.33	77.38	1.584	1.584	10派0.3元(含税)
578	600826	兰生股份	2.80	0.95	0.95	17.19	0.18	3960.73	-33.00	0.1400	0.1400	5.02	0.32	0.32	13.45	-2.34	7.89	0.36	37.75	2.810	2.810	10派1元(含税)
579	600827	友谊股份	2.44	0.34	1.41	57.73	133.31	7005.28	29.32	0.2870	0.2870	12.40	0.40	0.40	34.57	6.08	5.65	4.38	69.80	2.312	2.312	10送1股转增1股
580	600828	成商集团	1.69	0.43	0.43	14.13	-1.84	2039.92	-15.44	0.1200	0.1200	4.68	0.24	0.24	9.64	-2.90	4.36	1.10	52.20	2.580	2.580	10转增2股
581	600829	天鹅股份	1.32	0.33	0.33	5.21	0.80	4420.83	-28.17	0.3345	0.3345	8.82	0.11	0.11	9.61	-4.04	5.01	7.45	47.84	3.790	3.790	10派0.2元(含税),10转增3股
582	600830	甬城隍庙	1.75	1.03	1.03	7.23	63.34	1929.68	-47.54	0.1100	0.1100	4.03	-0.27	-0.27	8.13	35.15	4.79	30.69	36.35	2.733	2.733	10派1元(含税)
583	600831	广电网络	1.11	0.46	0.46	0.25	-10.19	993.41	-140.38	0.0890	0.0900	8.46	0.03	0.03	3.30	-27.70	1.17	16.21	64.38	1.056	1.056	不分不转
584	600832	东方明珠	6.88	1.57	1.57	6.16	-14.08	22929.88	14.72	0.3330	0.3330	8.40	0.70	0.70	39.21	2.81	27.14	64.73	29.04	3.950	3.950	10派2.4元(含税)
585	600833	商业网点	1.59	0.48	0.48	2.63	6181.52	2423.41	-117.75	0.1520	0.1520	14.64	0.36	0.36	4.83	0.76	1.66	-141.30	65.71	1.039	1.039	不分不转
586	600834	申通地铁	3.95	0.80	0.80	2.75	154.30	6551.85	20.81	0.1700	0.1700	11.82	0.38	0.38	9.48	59.66	5.54	16.32	41.24	1.400	1.400	10派1.00元(含税)
587	600835	上菱电器	5.38	1.70	2.84	38.45	5.97	24644.46	-10.67	0.4580	0.4580	9.08	1.64	1.64	74.35	5.31	27.15	-1.08	47.87	5.050	5.050	10转增1股派1.5元(含税)
588	600836	界龙实业	1.12	0.41	0.41	5.08	24.43	553.80	-33.00	0.0500	0.0500	2.74	0.22	0.22	7.23	0.39	2.02	-3.16	65.28	1.810	1.810	不分不转
589	600837	农垦商社	0.65	0.16	0.16	2.15	-24.96	2654.00	-138.52	0.4068	0.4070	11.31	0.18	0.18	4.76	-16.43	2.35	-140.93	46.65	3.596	3.596	10送2股派0.3元(含税)
590	600838	上海九百	4.01	1.97	1.97	4.95	-36.27	-9830.69	-290.01	-0.2452	-0.2452	-17.04	0.28	0.28	14.49	34.26	5.77	14.38	59.98	1.439	1.439	不分不转
591	600839	四川长虹	21.64	9.51	9.51	95.15	-11.14	8853.59	-67.72	0.0410	0.0410	0.69	0.63	0.63	176.38	6.22	127.41	-3.29	27.70	5.887	5.887	不分不转
592	600840	浙江创业	1.40	0.64	0.64	1.54	31.98	-516.01	-124.65	-0.0370	-0.0370	-3.24	-2.10	-2.10	8.24	151.47	1.59	-4.64	78.22	1.139	1.139	不分不转
593	600841	上柴股份	4.80	0.22	2.39	14.12	11.84	4447.78	13.93	0.0930	0.0930	2.81	0.50	0.50	21.35	-9.70	15.84	-4.37	23.44	3.300	3.300	10派0.55元(含税)

项目			股本			业绩									资产							分配
序号	代码	公司简称	总股本(亿股)	流通股(亿股)	2002.04.29	主营收入(亿元)	±%	净利润(万元)	±%	每股收益(元)	2002.04.29摊薄后	净资产收益率(%)	每股经营性现金流量(元)	2002.04.29摊薄后	总资产(亿元)	±%	净资产(亿元)	±%	资产负债比率(%)	每股净资产(元)	2002.04.29摊薄后	2001年度已实施利润分配及预案
594	600842	中西药业	2.16	0.84	0.84	2.36	-1.58	-8509.91	-39.40	-0.3947	-0.3947	-82.78	-0.11	-0.11	12.17	-2.92	1.03	-53.90	90.63	0.477	0.477	不分不转
595	600843	上工股份	2.52	0.16	1.13	9.16	63.89	4584.00	30.94	0.1816	0.1816	9.11	0.01	0.01	13.17	-0.55	5.03	-24.76	60.54	1.991	1.991	不分不转
596	600844	英雄股份	3.05	0.28	1.25	2.70	-37.70	545.67	-60.35	0.0180	0.0180	0.90	-	-	15.36	-4.33	6.04	-5.81	59.17	1.983	1.983	不分不转
597	600845	宝信软件	2.62	0.13	1.01	3.96	71.41	3853.91	-133.17	0.1470	0.1470	14.66	0.08	0.08	3.22	-50.02	2.63	23.24	17.89	1.002	1.002	不分不转
598	600846	同济科技	2.78	1.19	1.19	6.52	-3.53	1611.93	-48.91	0.0580	0.0580	3.78	0.08	0.08	16.31	54.53	4.27	19.13	71.90	1.535	1.535	不分不转
599	600847	万里电池	0.89	0.40	0.40	1.11	14.50	136.28	-84.92	0.0150	0.0150	1.53	0.04	0.04	1.98	-0.24	0.89	-9.83	55.17	1.002	1.002	不分不转
600	600848	自仪股份	3.99	0.34	1.41	5.78	6.73	835.57	-103.87	0.0200	0.0200	7.59	0.25	0.25	9.97	-10.87	1.10	-38.94	86.67	0.280	0.280	不分不转
601	600849	上海医药	3.16	1.91	1.91	52.02	12.90	14528.07	-21.40	0.4600	0.4600	9.65	0.21	0.21	42.93	21.44	15.05	89.57	57.65	4.760	4.760	10派0.9元(含税)
602	600850	华东电脑	1.71	0.49	0.49	5.76	-58.61	1472.30	-16.15	0.0860	0.0860	6.44	0.38	0.38	5.25	-0.69	2.29	1.74	55.92	1.340	1.340	不分不转
603	600851	海欣股份	5.03	1.53	3.21	10.91	13.06	14612.24	24.56	0.2900	0.2900	8.60	0.55	0.55	30.20	13.12	17.00	4.80	35.13	3.380	3.380	10送1转增1股派1元(含税)
604	600852	中川国际	1.64	0.56	0.56	2.23	-22.55	1598.29	-60.33	0.1000	0.1000	6.18	1.73	1.73	11.87	8.29	2.59	2.63	76.10	1.570	1.570	不分不转
605	600853	北满特钢			1.65																	
606	600854	春兰股份	5.19	1.98	1.98	17.62	-3.44	23096.72	-13.34	0.4450	0.4450	7.87	0.47	0.47	41.02	60.16	29.34	68.47	22.88	5.650	5.650	10派3元(含税)
607	600855	航天长峰	1.60	0.53	0.53	1.31	218.52	1989.89	-414.11	0.1240	0.1240	10.02	0.13	0.13	3.01	0.52	1.99	10.61	33.76	1.240	1.240	不分不转
608	600856	长百集团	1.83	0.86	0.86	3.81	12.87	493.08	-79.61	0.0300	0.0300	1.38	-0.01	-0.01	6.79	-5.13	3.58	-2.18	47.22	1.960	1.960	不分不转
609	600857	工大首创	1.92	0.92	0.92	5.96	-9.93	2343.40	-28.90	0.1200	0.1200	7.25	0.28	0.28	4.62	1.19	3.23	-5.11	29.68	1.680	1.680	10派0.5元(含税)
610	600858	渤海集团	1.21	0.68	0.68	0.28	15.29	-3363.52	39.91	-0.2772	-0.2772	-31.34	-0.05	-0.05	2.22	-7.68	1.07	-25.46	49.41	0.885	0.885	不分不转
611	600859	王府井			1.98																	
612	600860	北人股份	4.00	0.50	0.50	6.99	58.14	6428.17	25.01	0.1600	0.1600	6.76	0.13	0.13	15.81	16.52	9.51	-2.41	37.92	2.380	2.380	10派1.2元(含税)
613	600861	北京城乡	4.06	1.67	1.67	12.81	20.30	9515.22	-1.91	0.2300	0.2300	5.90	0.41	0.41	21.88	-2.56	12.06	-22.49	15.16	3.970	3.970	10派0.6元(含税)
614	600862	纵横国际			1.22																	
615	600863	内蒙华电	9.91	1.98	1.98	14.32	0.65	22020.56	-27.61	0.2220	0.2220	5.92	0.35	0.35	41.59	10.34	37.18	11.22	10.53	3.754	3.754	10派1.2元(含税)
616	600864	岁宝热电	1.37	0.45	0.45	2.14	-9.25	1971.42	22.36	0.1440	0.1440	4.96	0.15	0.15	9.16	10.71	3.98	2.38	47.54	2.910	2.910	10派1.1元(含税)
617	600865	百大集团	2.70	1.35	1.35	10.15	9.30	3998.74	-26.46	0.1500	0.1500	6.10	0.40	0.40	13.16	-4.46	6.56	0.12	49.52	2.430	2.430	10派0.9元(含税)
618	600866	星湖科技	3.26	1.94	1.94	4.40	26.14	6775.46	-21.67	0.2100	0.2100	9.01	0.19	0.19	10.02	-7.51	7.52	0.13	24.56	2.310	2.310	10派1元(含税)
619	600867	通化东宝	3.24	1.58	1.58	2.06	3.43	2933.43	-36.66	0.0900	0.0900	2.14	0.36	0.36	14.57	-0.86	13.72	-3.24	5.35	4.230	4.230	不分不转
620	600868	梅雁股份	10.12	7.76	7.76	6.64	11.83	16861.55	-6.87	0.1700	0.1700	6.69	0.10	0.10	37.87	55.23	25.19	54.20	30.94	2.490	2.490	10派1元(含税)送1股
621	600869	青海三普	1.20	0.30	0.30	1.18	-4.63	176.90	-81.18	0.0150	0.0150	0.85	-0.03	-0.03	4.22	11.21	2.07	-8.88	50.30	1.730	1.730	不分不转
622	600870	厦华电子	3.71	1.52	1.52	21.35	-38.14	-28653.17	-2.12	-0.7700	-0.7700	-39.53	-0.43	-0.43	31.70	-24.56	7.25	-35.27	77.13	1.950	1.950	不分不转
623	600871	仪征化纤	40.00	2.00	2.00	78.09	-13.38	17078.90	-79.67	0.0430	0.0430	1.94	0.19	0.19	112.01	-1.40	88.02	-0.22	20.94	2.200	2.200	10派0.2元(含税)
624	600872	中炬高新	4.50	2.49	2.49	8.36	9.97	6483.64	-51.59	0.1440	0.1440	5.30	0.10	0.10	23.95	-7.43	12.23	-9.91	43.87	2.717	2.717	不分不转
625	600873	西藏明珠	1.08	0.52	0.52	0.50	-1.05	-3547.46	-823.31	-0.3280	-0.3280	-16.54	0.06	0.06	4.15	-5.43	2.15	-16.96	48.31	1.980	1.980	不分不转
626	600874	创业环保	13.30	1.12	1.12	5.96	-82.98	26763.40	58.74	0.2000	0.2000	17.07	0.14	0.14	19.27	35.75	15.68	11.46	18.54	1.180	1.180	10派0.8元(含税)
627	600875	东方电机	4.50	0.60	0.60	3.70	-42.54	-26134.91	-11415.42	-0.5810	-0.5810	-29.50	-0.12	-0.12	25.78	7.54	8.86	-22.77	65.61	1.970	1.970	不分不转
628	600876	洛阳玻璃	7.00	0.50	0.50	8.17	-9.34	986.80	-85.05	0.0140	0.0140	0.63	0.19	0.19	31.21	8.03	15.63	0.64	46.51	2.230	2.230	不分不转

项目			股本			业绩									资产							分配
序号	代码	公司简称	总股本(亿股)	流通股(亿股)	2002.04.29	主营收入(亿元)	±%	净利润(万元)	±%	每股收益(元)	2002.04.29摊薄后	净资产收益率(%)	每股经营性现金流量(元)	2002.04.29摊薄后	总资产(亿元)	±%	净资产(亿元)	±%	资产负债比率(%)	每股净资产(元)	2002.04.29摊薄后	2001年度已实施利润分配及预案
629	600877	中国嘉陵	4.74	2.20	2.20	25.91	-4.62	975.29	-58.57	0.0200	0.0200	0.72	0.12	0.12	39.94	3.64	13.55	-10.90	65.49	2.860	2.860	不分不转
630	600878	北大科技	2.84	0.89	0.89	0.83	-67.98	1719.08	-47.09	0.0600	0.0600	3.49	0.01	0.01	7.97	-3.48	4.93	-6.27	38.14	1.732	1.732	不分不转
631	600879	火箭股份	2.34	1.37	1.37	4.69	11.48	11038.41	71.86	0.4700	0.4700	14.83	0.30	0.30	12.32	39.56	7.44	120.56	39.18	3.180	3.180	10派1元(含税)
632	600880	博瑞传播	1.30	0.42	0.42	2.78	23.65	2959.87	8.21	0.2300	0.2300	13.20	0.85	0.85	3.74	-6.16	2.24	7.23	36.58	1.720	1.720	10派1元(含税)
633	600881	亚泰集团	4.75	2.76	2.76	10.87	3.04	11189.21	-35.82	0.2400	0.2400	6.45	-0.25	-0.25	48.09	19.24	17.34	0.51	62.74	3.650	3.650	10派0.5元(含税)
634	600882	大成股份	1.86	0.97	0.97	4.19	7.42	735.87	-32.55	0.0400	0.0400	1.52	0.12	0.12	9.34	-0.35	4.84	-8.48	48.06	2.600	2.600	10派0.3元(含税)
635	600883	富邦科技	1.10	0.35	0.35	0.71	15.37	977.39	-5.70	0.0890	0.0890	3.85	0.28	0.28	3.22	59.97	2.54	84.58	20.20	2.307	2.307	10转增8股派0.3元(含税)
636	600884	杉杉股份	2.74	1.52	1.52	7.30	-9.49	8238.70	-31.31	0.3000	0.3000	6.47	0.72	0.72	16.71	35.93	12.74	51.58	20.62	4.650	4.650	10派2元(含税)转增5
637	600885	力诺工业	1.30	0.50	0.50	1.03	0.22	421.49	-127.77	0.0330	0.0330	3.08	0.04	0.04	5.48	27.28	1.37	3.23	74.88	1.050	1.050	不分不转
638	600886	湖北兴化	2.82	1.07	1.07	19.06	2.55	-3962.84	-768.98	-0.1410	-0.1410	-4.60	-0.14	-0.14	9.11	-21.96	8.61	-9.76	5.49	3.055	3.055	不分不转
639	600887	伊利股份	1.47	0.80	0.80	27.02	79.53	11967.67	21.53	0.8200	0.8200	14.36	2.09	2.09	16.39	41.16	8.33	8.95	44.74	5.680	5.680	10派3.6元(含税)
640	600888	新疆众和	1.03	0.29	0.29	4.19	0.27	3119.69	24.78	0.3017	0.3020	13.23	1.63	1.63	12.19	33.97	2.36	6.76	80.66	2.280	2.280	10派1元(含税)
641	600889	南京化纤	1.62	0.67	0.67	3.33	14.32	3020.33	-24.04	0.1900	0.1900	6.51	0.38	0.38	6.78	9.72	4.64	1.68	27.77	2.870	2.870	10派0.3元(含税)
642	600890	长春长铃	4.85	2.05	2.05	3.23	-21.16	3844.96	-41.90	0.0800	0.0800	5.23	0.15	0.15	12.10	1.00	7.36	1.91	29.19	1.520	1.520	10派0.3元(含税)
643	600891	秋林集团	2.44	1.29	1.29	4.02	-29.17	-5180.20	-1753.43	-0.2100	-0.2100	-9.47	0.04	0.04	9.08	-15.20	5.47	-10.80	39.75	2.250	2.250	不分不转
644	600892	湖大科教	0.51	0.15	0.15	0.24	9.01	142.08	17.74	0.0281	0.0280	2.25	0.62	0.62	2.35	-4.07	0.63	-9.84	54.39	1.253	1.250	不分不转
645	600893	吉发股份	2.35	1.15	1.15	8.75	-15.80	-14111.44	1161.56	-0.6007	-0.6007	-28.53	0.08	0.08	15.57	-15.37	4.95	-24.63	59.68	2.110	2.110	不分不转
646	600894	广钢股份	6.86	1.62	1.62	24.46	-2.42	6568.13	-35.11	0.0960	0.0960	4.25	0.12	0.12	33.49	-2.40	15.47	-4.00	53.37	2.250	2.250	10派0.4元(含税)
647	600895	张江高科	4.68	1.66	1.66	6.15	237.50	20244.19	58.28	0.4300	0.4300	9.64	-0.51	-0.51	27.48	92.08	21.00	147.55	22.71	4.490	4.490	10送3股转增7
648	600896	中海海盛	3.17	1.56	1.56	4.68	9.09	4826.88	-28.44	0.1500	0.1500	6.08	0.23	0.23	10.72	-3.39	7.94	1.92	17.57	2.500	2.500	10派1(元)(含税)
649	600897	厦门机场	2.70	0.68	0.68	1.81	0.04	5148.96	0.11	0.1910	0.1910	4.50	0.29	0.29	12.76	-1.26	11.44	0.99	10.31	4.238	4.238	10派1.5元(含税)
650	600898	郑州百文	1.98	1.07	1.07	2.73	-48.97	382.08	-108.12	0.0193	0.0193	-0.31	0.11	0.11	4.79	-50.17	-12.18	-8.73	354.20	-6.166	-6.166	不分不转
651	600899	信联股份	1.78	0.54	0.54	1.67	7.82	1588.10	-74.03	0.0890	0.0890	3.44	-0.83	-0.83	11.00	36.76	4.62	-4.41	56.53	2.600	2.600	10派0.5元(含税)
652	900929	国旅B股	1.33	0.66	0.66	5.42	0.16	1730.77	4.07	0.1300	0.1300	4.36	0.27	0.27	6.27	-8.67	3.97	-0.29	35.69	2.990	2.990	10派0.6元(含税)
653	900935	金泰B股	1.85	0.80	0.80	1.56	1.30	533.13	185.48	0.0300	0.0300	2.00	0.10	0.10	3.99	-7.78	2.80	-5.22	29.64	1.510	1.510	不分不转
654	900939	汇丽B股			0.80																	
655	900948	伊煤B股	3.66	1.66	1.66	11.47	37.74	3296.08	162.51	0.0900	0.0900	4.17	0.50	0.50	13.62	7.40	7.91	1.11	40.15	2.160	2.160	10派0.5元(含税)
656	900949	东电B股	20.10	6.90	6.90	33.70	-0.88	73405.78	18.07	0.3700	0.3700	13.68	0.65	0.65	78.16	7.52	53.66	4.24	28.62	2.670	2.670	10派2.5元(含税)
657	900950	新城B股	3.32	1.34	1.34	1.07	-84.27	-19112.37	162.05	-0.5758	-0.5758	-54.27	0.07	0.07	7.67	-37.66	3.52	-34.13	53.13	1.060	1.060	不分不转
658	900951	大化B股	2.75	1.00	1.00	9.15	-3.15	1019.55	-43.24	0.0400	0.0400	1.80	0.02	0.02	8.36	-10.85	5.68	1.83	32.12	2.060	2.060	不分不转
659	900953	凯马B股			2.40																	
660	900956	东贝B股	2.35	1.15	1.15	2.58	46.85	2419.14	-4.92	0.1000	0.1000	6.05	0.11	0.11	7.04	23.23	3.88	7.44	43.64	1.650	1.650	不分不转
661	900957	凌云B股	3.49	1.84	1.84	5.94	-23.77	4672.79	-38.10	0.1300	0.1300	7.58	-0.03	-0.03	14.37	-1.64	6.16	6.39	56.81	1.770	1.770	10派0.2元(含税)

上市公司2001年度基本情况简报表(深市)

项目			股本			业绩									资产							分配
序号	代码	公司简称	总股本(亿股)	流通股(亿股)	2002.04.29	主营收入(亿元)	±%	净利润(万元)	±%	每股收益(元)	2002.04.29摊薄后	净资产收益率(%)	每股经营性现金流量(元)	2002.04.29摊薄后	总资产(亿元)	±%	净资产(亿元)	±%	资产负债比率(%)	每股净资产(元)	2002.04.29摊薄后	2001年度已实施利润分配及预案
1	000001	深发展	19.46	14.09	14.09	43.29	55.21	40236.04	-20.57	0.2100	0.2100	11.09	7.52	7.52	1201.27	78.69	36.28	-23.45	96.98	1.860	1.860	10派1.5元(含税)
2	000002	深万科	6.31	3.99	5.20	44.55	15.02	37374.72	24.07	0.5920	0.5920	11.96	-1.91	-1.91	64.83	15.31	31.24	7.50	51.78	4.951	4.951	10派2元(含税)
3	000003	深金田			2.66																	
4	000004	北大高科	0.84	0.42	0.42	0.62	-52.69	1109.51	-49.58	0.1320	0.1300	11.58	0.06	0.06	2.22	-56.32	0.96	7.76	46.07	1.141	1.140	10派0.5元(含税)
5	000005	世纪星源	7.09	3.74	3.74	0.67	-54.01	-6661.39	-6399.28	-0.0940	-0.0940	-6.19	-0.04	-0.04	19.24	-4.77	10.80	30.94	43.30	1.520	1.520	不分不转
6	000006	深振业	2.54	1.58	1.58	20.24	7.43	11914.89	0.62	0.4698	0.4700	10.00	1.56	1.56	42.19	11.38	11.91	6.07	68.40	4.696	4.700	10派1.3元(含税)
7	000007	深达声	1.44	0.80	0.80	3.40	551.40	1533.67	-108.91	0.1100	0.1100	10.49	0.22	0.22	11.02	15.79	1.46	88.70	82.98	1.020	1.020	不分不转
8	000008	亿安科技	0.74	0.35	0.35	0.24	-76.25	12462.24	-788.85	-1.6920	-1.6920	255.25	-0.01	-0.01	1.08	-63.00	-0.49	-146.82	132.14	-0.660	-0.660	不分不转
9	000009	深宝安	9.59	5.80	5.80	8.49	33.24	4085.51	9.82	0.0430	0.0430	3.41	0.25	0.25	40.46	-13.25	11.97	-8.17	67.86	1.250	1.250	不分不转
10	000010	深华新	1.47	0.68	0.68	1.66	-68.96	175.50	-91.20	0.0100	0.0100	1.16	0.20	0.20	2.94	-16.36	1.51	-2.18	43.70	1.030	1.030	不分不转
11	000011	深物业	5.42	0.91	1.53	10.22	55.24	8638.59	60.83	0.1590	0.1600	30.22	0.25	0.25	24.49	-8.20	2.86	8.19	87.36	0.528	0.528	不分不转
12	000012	南玻科控	6.77	1.07	4.06	10.41	-6.76	15129.72	-7.87	0.2200	0.2200	8.19	0.54	0.54	26.99	-4.46	18.47	0.81	30.31	2.730	2.730	10派1.3元(含税)
13	000013	深石化			0.84																	
14	000014	深华源	0.90	0.45	0.45	4.66	495.57	3176.00	-195.02	0.3500	0.3500	16.55	0.78	0.78	6.94	123.41	1.92	100826.82	72.32	2.140	2.140	不分不转
15	000016	深康佳	6.02	2.24	4.27	67.48	-25.16	-69979.15	-411.18	-1.1625	-1.1625	-24.18	1.20	1.20	72.12	-28.33	28.94	-19.94	56.26	4.807	4.807	不分不转
16	000017	深中华	4.79	0.77	2.55	0.52	-23.68	-225724.43	1168.46	-4.7100	-4.7100	113.50	-0.02	-0.02	5.66	-77.00	-19.89	-4462.31	452.12	-4.148	-4.148	不分不转
17	000018	深中冠	1.69	0.20	0.90	1.42	-13.44	84.14	-83.38	0.0050	0.0050	0.27	0.11	0.11	3.89	-11.16	3.07	-0.06	21.07	1.815	1.815	不分不转
18	000019	深深宝	1.82	0.40	0.66	0.61	-12.89	1138.19	7.17	0.0630	0.0600	3.47	-0.07	-0.07	4.01	-5.92	3.28	13.18	18.23	1.802	1.800	10派0.5元(含税)
19	000020	深华发	2.83	0.56	1.58	0.83	-30.02	304.59	4.01	0.0100	0.0100	1.05	0.14	0.14	4.50	-3.59	2.91	-2.86	35.42	1.030	1.030	不分不转
20	000021	深科技	7.33	2.01	2.01	39.19	1.41	-914.46	-106.06	-0.0120	-0.0220	-0.40	0.28	0.28	46.45	19.88	22.71	-2.44	50.03	3.098	3.098	10派0.6元(含税)
21	000022	深赤湾	3.82	0.50	1.57	4.76	10.11	8682.92	5.17	0.2280	0.2280	7.79	0.59	0.59	22.24	-1.28	11.14	3.21	38.13	2.921	2.921	10派1.02元(含税)
22	000023	深天地	1.39	0.46	0.46	2.23	-13.17	-6388.94	-458.01	-0.4600	-0.4600	-37.54	-0.16	-0.16	8.29	-0.01	1.70	-37.10	77.05	1.230	1.230	不分不转
23	000024	招商局	4.76	1.31	2.67	33.21	13.83	17496.18	-16.25	0.3670	0.3670	7.78	0.06	0.06	46.93	-4.01	22.50	4.73	49.40	4.724	4.724	10派1.1元(含税)
24	000025	深特力	2.20	0.34	0.61	7.03	360.79	514.41	-104.35	0.0200	0.0200	1.93	0.26	0.26	13.68	78.53	2.66	170.10	78.80	1.210	1.210	不分不转
25	000026	飞亚达	2.49	0.61	1.19	2.20	-13.13	1132.28	-22.79	0.0450	0.0450	1.93	0.26	0.26	7.26	-7.18	5.88	-0.91	18.04	2.360	2.360	10派0.5元(含税)
26	000027	深能源	10.02	4.05	4.05	33.48	45.05	39813.68	12.18	0.3973	0.4000	15.32	1.95	1.95	77.65	2.92	25.99	1.59	40.42	2.593	2.590	10派3元(含税)送红股1股,以任意盈余公积金送1股
27	000028	一致药业	2.88	0.55	1.10	16.69	1446.52	3651.72	-2145.97	0.1300	0.1300	10.32	0.25	0.25	11.18	127.79	3.54	9.60	67.41	1.229	1.229	不分不转
28	000029	深深房	10.12	1.48	2.68	6.16	-27.74	-53728.04	-801.85	-0.5311	-0.5311	-52.72	0.07	0.07	34.73	-15.57	10.19	-36.37	70.82	1.010	1.010	不分不转
29	000030	莱英达	2.88	0.40	0.80	5.14	-30.50	-99537.92	-23781.84	-3.4500	-3.4500	102.43	0.11	0.11	4.44	-69.10	-9.72	-1486.39	320.77	-3.370	-3.370	不分不转
30	000031	深宝恒	4.66	1.63	1.63	3.12	-0.41	5844.94	186.50	0.1250	0.1250	6.17	0.29	0.29	16.36	16.32	9.47	6.59	36.12	2.030	2.030	不分不转
31	000032	深桑达	1.31	0.36	0.36	16.92	46.78	3637.60	14.55	0.2780	0.2780	13.70	1.02	1.02	8.94	5.75	2.66	8.27	66.69	2.030	2.030	10派1元(含税)
32	000033	新都酒店	2.88	0.67	0.67	1.02	-7.03	525.17	-142.46	0.0180	0.0180	1.21	0.13	0.13	6.51	-1.61	4.33	2.64	33.50	1.505	1.505	不分不转
33	000034	深信泰丰	3.11	0.85	0.85	12.48	200.00	4361.44	-83.93	0.1400	0.1400	12.13	-0.20	-0.20	14.54	6.22	3.60	4.90	71.38	1.160	1.160	不分不转
34	000035	中科健	1.16	0.43	0.43	14.45	66.81	5179.40	13.92	0.4470	0.4470	25.96	-1.75	-1.75	13.43	59.08	1.99	-6.26	84.96	1.720	1.720	不分不转
35	000036	华联控股	3.60	1.77	1.77	31.64	29.74	12503.41	31.98	0.3500	0.3500	12.70	1.16	1.16	40.40	53.65	9.85	14.51	65.25	2.740	2.740	不分不转
36	000037	深南电	5.48	0.65	1.73	10.84	21.85	20327.15	39.91	0.3700	0.3700	22.38	0.70	0.70	15.57	16.05	9.08	26.61	37.28	1.660	1.660	10派3.1元(含税)

项目			股本			业绩									资产							分配
序号	代码	公司简称	总股本(亿股)	流通股(亿股)	2002.04.29	主营收入(亿元)	±%	净利润(万元)	±%	每股收益(元)	2002.04.29摊薄后	净资产收益率(%)	每股经营性现金流量(元)	2002.04.29摊薄后	总资产(亿元)	±%	净资产(亿元)	±%	资产负债比率(%)	每股净资产(元)	2002.04.29摊薄后	2001年度已实施利润分配及预案
37	000038	深大通	0.90	0.19	0.19	0.33	-44.08	649.79	56.97	0.0718	0.0718	6.11	0.14	0.14	1.68	-8.88	1.06	0.11	24.62	1.175	1.175	不分不转
38	000039	中集集团		1.88																		
39	000040	深鸿基	4.70	2.87	2.87	3.15	-15.91	-12560.33	-1176.67	-0.2670	-0.2670	-11.86	0.09	0.09	20.00	-15.61	10.59	-12.40	45.89	2.254	2.254	不分不转
40	000042	深长城	2.39	0.69	0.69	14.08	-2.45	10865.32	-2.80	0.4540	0.4540	8.47	-0.23	-0.23	41.16	19.35	12.83	4.89	64.79	5.357	5.357	10派1.3元(含税)
41	000043	深南光	1.39	0.38	0.38	6.60	-24.78	-13767.00	-936.55	-0.9880	-0.9880	-54.24	0.52	0.52	9.51	-23.39	2.54	-41.92	70.52	1.820	1.820	不分不转
42	000045	深纺织	1.63	0.22	0.55	3.44	17.41	2520.17	10.94	0.1540	0.1540	8.30	0.18	0.18	7.35	5.52	3.04	9.09	51.62	1.858	1.858	不分不转
43	000046	光彩建设	2.44	1.27	1.27	3.45	25.48	3760.87	-0.62	0.1541	0.1541	3.90	-1.16	-1.16	21.84	67.42	9.64	73.56	48.38	3.948	3.948	10派1元(含税)
44	000047	深中侨			0.33																	
45	000048	康达尔	3.91	1.14	1.14	8.14	-13.17	-10644.93	-67.69	-0.2700	-0.2700	-209.70	0.69	0.69	13.64	-26.88	0.51	-78.79	93.98	0.130	0.130	不分不转
46	000049	深万山	1.37	0.45	0.44	0.47	66.73	1452.61	3222.58	0.1062	0.1062	9.77	0.20	0.20	4.69	1.73	1.49	-26.81	68.31	1.086	1.086	不分不转
47	000050	深天马	1.33	0.33	0.36	2.79	-12.18	2463.04	-24.26	0.1860	0.1860	3.52	0.60	0.60	8.57	41.21	6.99	102.09	18.46	5.260	5.260	10派1.5元(含税)
48	000055	深圳方大	2.96	0.42	1.87	4.07	-5.69	3614.76	-47.84	0.1200	0.1200	3.51	0.48	0.48	13.94	8.83	10.29	0.64	24.48	3.470	3.470	10派1元(含税)
49	000056	深国商	2.21	0.55	1.27	3.01	-35.84	1970.58	-45.45	0.0900	0.0900	5.29	-0.08	-0.08	11.88	7.17	3.73	-12.22	63.34	1.690	1.690	不分不转
50	000058	深赛格	7.26	0.87	3.15	19.22	-16.66	-33876.08	-2664.84	-0.4670	-0.4670	-30.24	0.40	0.40	34.59	-15.80	11.20	-33.38	56.20	1.543	1.543	不分不转
51	000059	辽通化工	6.63	1.69	1.69	10.67	-4.81	243.17	4.14	0.0037	0.0037	0.18	0.28	0.28	24.45	-4.12	13.40	-8.57	44.02	2.022	2.022	不分不转
52	000060	中金岭南	4.32	2.05	2.05	27.89	-2.16	3101.41	-76.19	0.0700	0.0700	2.98	1.11	1.11	46.61	1.79	10.39	-4.71	75.77	2.410	2.410	不分不转
53	000061	农产品	1.85	1.02	1.02	15.19	19.35	8747.74	-1.95	0.4730	0.4700	9.06	0.57	0.57	27.20	21.09	9.65	0.58	56.09	5.220	5.220	10派2元(含税)
54	000062	深圳华强	2.70	1.28	1.28	2.86	-38.91	6413.20	-34.46	0.2400	0.2400	5.42	0.24	0.24	12.86	1.72	11.82	3.24	7.84	4.370	4.370	10派1元(含税)
55	000063	中兴通讯	5.56	2.10	2.09	93.32	106.30	57026.89	61.02	1.0260	1.0260	14.76	0.59	0.59	90.55	43.25	38.63	104.86	56.24	6.950	6.950	10派1.5元(含税)
56	000065	北方国际	1.02	0.26	0.26	6.71	108.88	1723.71	13.52	0.1700	0.1700	5.20	-0.39	-0.39	8.57	180.02	3.32	124.89	61.32	3.260	3.260	10派0.6元(含税)
57	000066	长城电脑	4.58	1.81	1.81	20.59	-8.61	7107.92	-57.52	0.1560	0.1560	6.02	-0.26	-0.26	22.67	1.75	11.81	-2.15	47.62	2.576	2.576	10派2元(含税)
58	000068	赛格三星	7.86	2.25	2.25	9.78	-13.48	9349.10	-36.15	0.1190	0.1190	6.33	0.50	0.50	27.84	-9.43	14.78	-1.71	46.94	1.880	1.880	10派0.3元(含税)
59	000069	华侨城	4.47	1.40	1.40	1.96	30.10	18004.82	110.06	0.4030	0.4030	18.31	0.10	0.10	18.48	41.87	9.84	6.24	41.87	2.200	2.200	10派2.5元(含税)
60	000070	特发信息	2.50	0.70	0.70	6.59	15.48	4191.80	-24.99	0.1677	0.1677	0.05	0.11	0.11	13.49	-1.52	7.75	-0.68	40.91	3.101	3.101	10派0.5元(含税)
61	000078	海王生物	2.22	1.07	1.07	7.65	284.48	7981.90	29.72	0.3600	0.3600	4.79	-0.37	-0.37	30.44	248.92	16.66	606.99	35.12	7.510	7.510	10转增5股
62	000088	盐田港	5.85	1.25	1.25	3.83	54.70	37627.74	300.56	0.6430	0.6400	25.16	0.35	0.35	33.29	-2.20	14.95	5.66	51.64	2.556	2.560	10派5元(含税)
63	000089	深圳机场	5.00	1.80	1.80	6.03	32.84	33575.82	6.09	0.6720	0.6720	15.51	0.71	0.71	26.09	-0.54	21.65	9.08	16.55	4.331	4.331	10派3.2元(含税)
64	000090	深天健	2.23	0.58	0.58	14.60	-5.65	9324.84	-3.97	0.4170	0.4170	9.10	1.61	1.61	31.12	3.45	10.24	4.98	66.58	4.588	4.588	10派2元(含税)
65	000096	广聚能源	3.30	0.85	0.85	11.28	0.90	8738.97	23.28	0.2600	0.2600	9.08	0.30	0.30	12.94	-0.12	9.62	6.04	22.43	2.920	2.920	10派1.5元(含税)
66	000099	中信海直	1.96	0.60	0.60	3.15	6.01	6128.17	19.56	0.3127	0.3127	7.08	0.32	0.32	10.80	-1.34	8.66	4.83	18.89	4.416	4.416	10派1元(含税)送2股
67	000150	麦科特	3.24	1.26	1.26	1.44	-50.87	179.77	-95.48	0.0055	0.0055	0.27	-0.15	-0.15	6.98	-8.95	6.68	0.32	1.76	2.060	2.060	不分不转
68	000151	中成股份	2.96	1.05	1.05	6.76	69.97	8898.75	41.01	0.3000	0.3000	11.27	-0.16	-0.16	10.92	10.42	7.90	4.99	27.48	2.670	2.670	10派2.2元(含税)
69	000153	新力药业	0.65	0.25	0.25	1.59	39.48	2476.72	-5.72	0.3810	0.3810	4.63	0.36	0.36	7.09	11.77	5.35	0.69	24.43	8.232	8.232	不分不转
70	000155	川化股份	4.70	1.30	1.30	9.50	-8.88	5500.24	-43.51	0.1200	0.1200	3.98	0.62	0.62	19.43	9.59	13.83	5.13	28.85	2.940	2.940	10派0.78元(含税)
71	000156	安塑股份	0.97	0.36	0.36	1.33	-0.94	1448.90	-34.91	0.1500	0.1500	3.03	0.21	0.21	6.71	4.69	4.79	2.93	28.10	4.960	4.960	10派0.8元(含税)
72	000157	中联重科	3.00	1.00	1.00	3.88	58.60	10523.34	100.22	0.3508	0.3508	12.03	0.11	0.11	10.60	11.52	8.75	8.06	17.05	2.916	2.916	10派1元(含税)
73	000158	常山股份	4.00	1.00	1.00	17.25	-5.84	7920.92	-15.38	0.2000	0.2000	6.65	0.09	0.09	20.58	9.15	11.92	4.72	39.31	2.980	2.980	10派1元(含税)
74	000159	国际实业	1.72	0.70	0.70	3.10	-11.42	2490.85	-3.22	0.1450	0.1450	4.26	0.21	0.21	15.06	68.60	5.85	3.39	60.88	3.404	3.404	不分不转
75	000301	丝绸股份	4.67	1.00	1.00	16.57	24.90	10534.02	-2.63	0.2260	0.2242	8.19	0.54	0.54	19.09	6.77	12.85	5.77	32.68	2.754	2.732	10派0.7元(含税)

项目			股本			业绩									资产							分配
序号	代码	公司简称	总股本(亿股)	流通股(亿股)	2002.04.29	主营收入(亿元)	±%	净利润(万元)	±%	每股收益(元)	2002.04.29摊薄后	净资产收益率(%)	每股经营性现金流量(元)	2002.04.29摊薄后	总资产(亿元)	±%	净资产(亿元)	±%	资产负债比率(%)	每股净资产(元)	2002.04.29摊薄后	2001年度已实施利润分配及预案
76	000400	许继电气	3.78	1.94	1.94	12.22	24.74	17090.06	-15.04	0.4520	0.4520	11.79	0.27	0.27	25.80	24.13	14.50	3.02	42.24	3.833	3.833	10派2元(含税)
77	000401	冀东水泥	8.82	2.70	2.70	10.02	53.09	11494.00	23.39	0.1303	0.1282	7.39	0.48	0.48	28.45	27.11	15.55	0.76	44.42	1.764	1.735	10派1元(含税)
78	000402	金融街	1.26	0.48	0.48	8.57	288.69	15104.80	276.32	1.2000	1.2000	43.59	-4.12	-4.12	11.38	89.71	3.46	71.75	68.66	2.750	2.750	10派0.5元(含税)
79	000403	三九生化	1.97	0.94	0.94	4.22	10.77	7890.99	-33.73	0.4010	0.4010	12.72	0.57	0.57	13.79	16.98	6.20	12.51	50.11	3.150	3.150	不分不转,拟10配3股
80	000404	华意压缩	2.61	0.95	0.95	1.88	-5.50	92.18	-97.25	0.0035	0.0035	0.14	0.10	0.10	11.46	63.71	6.47	38.51	43.41	2.480	2.480	不分不转
81	000405	有色鑫光	3.81	1.13	1.13	0.20	-96.93	-43738.79	289.84	-1.1500	-1.1500	-910.33	-	0.00	4.88	-53.50	0.48	-91.74	90.16	0.130	0.130	不分不转
82	000406	石油大明	3.03	2.22	2.22	7.62	-9.09	20015.40	-27.23	0.6600	0.6600	15.11	1.04	1.04	20.32	12.62	13.25	3.80	32.63	4.370	4.370	10派5元(含税)
83	000407	胜利股份	2.40	1.44	1.44	8.25	-13.59	3461.17	-16.66	0.1400	0.1400	6.44	0.32	0.32	11.02	6.51	5.37	-6.73	45.52	2.240	2.240	不分不转
84	000408	河北华玉	1.15	0.41	0.41	3.29	-26.55	1520.80	-23.35	0.1330	0.1300	3.50	0.40	0.40	8.77	19.79	4.34	46.74	46.70	3.790	3.790	10派0.2元(含税)
85	000409	四通高科	1.71	0.75	0.75	0.67	-26.87	-2103.08	-408.76	-0.1230	-0.1230	-9.71	-0.05	-0.05	2.66	-17.24	2.17	-13.72	17.25	1.260	1.260	不分不转
86	000410	沈阳机床			1.35																	
87	000411	凯地丝绸	1.15	0.32	0.32	0.24	-72.91	945.85	-112.84	0.0820	0.0820	12.78	0.04	0.04	5.99	105.06	0.74	66.05	84.97	0.642	0.642	不分不转
88	000412	北方五环	2.89	1.06	1.06	0.08	-86.34	-25386.38	49.88	-0.8790	-0.8790	-293.39	0.02	0.02	5.89	-26.75	0.87	-73.21	84.79	0.299	0.299	不分不转
89	000413	宝石	3.83	0.45	1.45	0.62	38.89	3939.10	-53.08	0.1030	0.1030	7.20	-0.22	-0.22	15.38	-4.85	5.47	0.82	58.72	1.430	1.430	不分不转
90	000415	汇通水利	2.33	0.96	0.95	2.11	23.76	2893.14	-37.84	0.1240	0.1240	6.60	0.33	0.33	9.29	19.94	4.38	3.01	47.62	1.880	1.880	10派0.2元(含税)
91	000416	健特生物	1.14	0.63	1.06	2.47	50.12	3585.28	-249.77	0.3150	0.1875	16.08	1.03	0.61	4.94	29.57	2.23	-0.72	32.53	1.960	1.167	10转增7派1元(含税)
92	000417	合肥百货	1.01	0.37	0.37	10.04	26.69	4840.44	-2.91	0.4788	0.4788	8.01	0.86	0.86	11.25	15.43	6.04	6.04	40.16	5.980	5.980	10派1元(含税),每10股转增3股
93	000418	小天鹅	3.65	0.72	1.99	20.54	-24.61	2683.01	-85.75	0.0735	0.0735	1.34	0.26	0.26	34.21	0.40	19.95	-0.02	39.18	5.470	5.470	10派0.14元(含税)
94	000419	通程控股	1.76	0.65	0.65	6.47	-1.73	1937.41	-45.75	0.1104	0.1104	3.53	0.43	0.43	10.89	-1.85	5.49	-3.09	42.62	3.127	3.127	10派1元(含税)
95	000420	吉林化纤	3.78	1.94	1.94	10.21	17.97	-9867.89	-304.27	-0.2600	-0.2600	-9.19	0.21	0.21	20.65	-2.73	10.73	-9.37	47.97	2.840	2.840	不分不转
96	000421	南京中北	1.97	0.76	0.76	4.02	16.90	2661.30	0.58	0.1350	0.1400	6.47	0.19	0.19	9.47	14.82	4.12	-0.15	55.31	2.087	2.090	10派1元(含税)
97	000422	湖北宜化	2.14	1.09	1.09	5.74	45.78	4050.82	2.70	0.1890	0.1890	5.24	0.79	0.79	14.52	40.74	7.73	22.40	40.68	3.610	3.610	10派1元(含税)
98	000423	东阿阿胶	2.72	1.92	1.92	4.52	6.74	10966.83	29.87	0.4020	0.4020	14.30	0.17	0.17	9.86	13.19	7.67	5.48	22.06	2.814	2.814	10派2元(含税)
99	000425	徐工科技	4.96	1.94	1.94	15.11	19.75	8564.75	13.95	0.1700	0.1700	8.76	0.07	0.07	21.61	43.06	9.78	53.50	54.42	1.970	1.970	10派0.5元(含税)
100	000426	富龙热力	2.22	0.73	0.73	1.99	15.00	6219.34	-1.66	0.2800	0.2800	6.16	0.08	0.08	16.27	52.40	10.10	37.00	37.73	4.552	4.552	10派0.25元(含税)送1股转增1股
101	000428	华天酒店	1.73	0.61	0.61	2.26	17.02	4940.93	36.14	0.2860	0.2860	7.80	0.40	0.40	10.37	47.14	6.34	25.57	36.52	3.670	3.670	10派4(元)
102	000429	粤高速	12.57	2.75	5.78	6.25	149.06	15893.00	25.13	0.1300	0.1300	4.77	0.38	0.38	57.75	52.34	33.31	1.67	31.83	2.650	2.650	10派1元(含税)
103	000430	张家界	1.84	0.74	0.74	0.49	45.93	1738.90	-116.99	0.0950	0.0950	9.55	0.83	0.83	3.52	-9.60	2.08	125.96	35.33	1.140	1.140	不分不转
104	000488	晨鸣纸业	4.99	0.77	2.83	24.06	-0.25	14199.97	-38.62	0.2847	0.2847	4.47	0.29	0.29	73.92	37.29	31.77	10.93	47.11	6.369	6.369	不分不转
105	000498	丹东化纤	3.90	1.74	1.74	8.15	-2.94	-8806.39	-1342.40	-0.2260	-0.2260	-16.99	0.35	0.35	15.90	3.70	5.18	-28.46	67.39	1.330	1.330	不分不转
106	000501	鄂武商	5.07	2.04	2.04	22.25	10.63	-9831.01	-449.21	-0.1900	-0.1900	-10.07	0.32	0.32	32.79	0.93	9.76	-16.28	64.41	1.920	1.920	不分配
107	000502	琼能源	1.56	0.57	0.57	0.16	-74.65	-4863.69	-234.27	-0.3124	-0.3100	-26.88	-	0.00	3.52	-17.92	1.81	-30.41	47.59	1.163	1.160	不分不转
108	000503	海虹控股	3.42	1.19	1.19	3.40	-19.68	9265.61	16.68	0.2707	0.2707	21.14	-	0.00	9.37	-3.13	4.38	-2.07	50.48	1.280	1.280	不分不转
109	000504	赛迪传媒	3.12	0.87	0.87	1.75	694.99	509.33	-81.98	0.0163	0.0163	1.58	0.11	0.11	6.01	0.66	3.22	2.32	46.37	1.034	1.034	不分不转
110	000505	珠江控股	3.78	1.13	1.71	0.92	146.40	-3821.44	-160.92	-0.1000	-0.1000	-9.78	-0.05	-0.05	7.17	-10.87	3.90	-15.79	44.23	1.030	1.030	不分不转
111	000506	东泰控股	2.49	1.44	1.44	3.62	33.91	2668.50	4.07	0.1070	0.1070	8.77	0.10	0.10	6.95	-4.39	3.04	9.98	51.82	1.220	1.220	不分不转
112	000507	粤富华	3.45	1.96	1.95	1.72	-18.17	2689.44	-46.80	0.0780	0.0780	2.87	0.07	0.07	13.07	15.24	9.38	2.98	26.27	2.720	2.720	不分不转
113	000509	天歌科技	2.50	1.51	1.51	3.11	8.00	1969.51	-34.53	0.0788	0.0800	2.74	0.23	0.23	11.61	69.06	7.02	101.48	36.67	2.878	2.280	不分不转
114	000510	金路集团	4.69	3.09	3.09	6.34	24.06	9405.39	14.60	0.2000	0.2000	13.69	0.12	0.12	17.27	72.48	6.87	17.57	58.39	1.466	1.470	不分不转

项目			股本			业绩									资产							分配
序号	代码	公司简称	总股本(亿股)	流通股(亿股)	2002.04.29	主营收入(亿元)	±%	净利润(万元)	±%	每股收益(元)	2002.04.29摊薄后	净资产收益率(%)	每股经营性现金流量(元)	2002.04.29摊薄后	总资产(亿元)	±%	净资产(亿元)	±%	资产负债比率(%)	每股净资产(元)	2002.04.29摊薄后	2001年度已实施利润分配及预案
115	000511	银基发展	2.70	1.79	1.79	4.04	58.68	9637.11	104.48	0.3570	0.3570	9.90	-1.61	-1.61	18.42	29.91	9.73	9.49	47.11	3.606	3.606	不分不转
116	000513	丽珠集团	3.06	1.16	2.38	13.96	18.43	5039.21	385.67	0.1600	0.1600	5.48	0.51	0.51	16.76	5.53	9.19	0.32	38.14	3.000	3.000	10派0.3元(含税)
117	000514	渝开发	1.18	0.43	0.43	0.37	-19.44	-10337.19	-19932.57	-0.8800	-0.8800	-368.84	0.24	0.24	3.36	-32.44	0.28	-84.57	91.58	0.240	0.240	不分不转
118	000515	渝钛白	1.56	0.67	0.67	2.15	0.32	959.19	173.33	0.0610	0.0610	5.37	0.30	0.30	6.64	-7.13	1.79	-18.06	73.10	1.140	1.140	不分不转
119	000516	陕解放	1.30	0.43	0.43	6.81	-6.45	3115.34	-2.48	0.2390	0.2390	8.75	0.87	0.87	8.11	27.55	3.56	54.45	48.90	2.730	2.730	10派1.6元(含税)
120	000517	甬成功	0.90	0.28	0.28	4.95	142.97	4961.36	-8.91	0.5500	0.5500	16.58	0.35	0.35	7.58	32.74	2.99	17.98	57.93	3.330	3.330	10派1元(含税)送2转增1
121	000518	四环生物	1.79	1.21	1.93	3.67	95.87	7637.96	44.07	0.4300	0.2751	7.79	0.16	0.10	10.82	293.90	9.80	378.44	9.14	5.480	3.507	10送0.3股转增5.7股派0.256元
122	000519	银河创新	1.37	0.58	0.58	1.34	-13.51	1536.74	-39.96	0.1126	0.1126	4.91	-0.06	-0.06	4.74	19.34	3.13	55.80	32.65	2.290	2.290	不分不转
123	000520	中国凤凰	5.19	2.95	2.95	9.04	12.82	4507.87	-32.24	0.0868	0.0870	3.56	0.50	0.50	14.83	6.93	12.65	0.44	14.70	2.440	2.440	10派0.8元(含税)
124	000521	美菱电器	4.14	1.51	2.65	12.93	-3.46	-34954.99	-6425.24	-0.8500	-0.8500	-34.00	-0.06	-0.06	22.57	-10.65	10.28	-25.38	54.46	2.490	2.490	不分不转
125	000522	白云山	3.74	1.57	1.57	8.33	1.32	3829.13	-46.64	0.1000	0.1000	9.60	0.29	0.29	23.51	30.51	3.99	647.16	81.71	1.070	1.070	不分不转
126	000523	广州浪奇	2.29	0.94	0.94	5.84	30.16	453.91	86.60	0.0200	0.0200	0.90	0.35	0.35	7.48	15.17	5.05	-0.72	32.48	2.200	2.200	不分不转
127	000524	东方宾馆	2.70	0.99	0.99	2.26	0.91	-9813.78	-580.46	-0.3600	-0.3600	-16.62	0.11	0.11	6.66	-16.96	5.90	-14.37	11.31	2.190	2.190	不分不转
128	000525	红太阳	2.80	1.29	1.29	3.00	33.88	6637.61	67.22	0.2369	0.2369	13.73	0.07	0.07	8.45	33.20	4.83	9.81	42.81	1.725	1.725	10派0.8元(含税)
129	000526	旭飞实业	0.79	0.33	0.33	1.64	89.27	1530.20	11.77	0.1930	0.1930	9.72	0.17	0.17	4.60	102.44	1.57	10.77	61.35	1.986	1.986	不分不转
130	000527	粤美的	4.85	2.90	2.92	105.25	19.53	25109.20	-17.18	0.5200	0.5200	12.01	1.69	1.69	76.53	6.67	20.91	5.87	66.01	4.310	4.310	10派2元(含税)
131	000528	桂柳工	3.28	1.20	1.20	9.78	27.75	2144.55	1757.89	0.0655	0.0655	3.05	0.16	0.16	12.59	4.50	7.04	0.96	41.41	2.149	2.149	10派0.5元(含税)
132	000529	粤美雅	3.97	2.16	2.16	5.08	-27.85	-32083.76	-4830.19	-0.8100	-0.8100	-25.63	0.34	0.34	23.36	-14.93	12.51	-23.52	45.53	3.160	3.160	不分不转
133	000530	大冷股份	3.50	0.98	2.13	9.02	12.67	8891.85	13.78	0.2540	0.2540	7.82	0.13	0.13	18.53	4.84	11.37	3.15	37.21	3.250	3.250	10派1元(含税)
134	000531	穗恒运	2.67	1.08	1.08	8.61	28.87	6445.52	8.73	0.2420	0.2400	11.12	0.98	0.98	16.07	11.43	5.80	3.74	43.92	2.175	2.175	10派1.6元(含税)
135	000532	粤华电	2.18	0.94	0.94	0.20	-	2391.62	-115.34	0.1100	0.1100	5.90	-0.03	-0.03	4.24	3.33	4.05	6.11	2.99	1.860	1.860	10派0.5元(含税)
136	000533	万家乐	5.76	2.04	2.03	11.23	-3.79	-97855.67	-4321.47	-1.6998	-1.6998	-397.07	-0.63	-0.63	27.08	-26.75	2.46	-81.86	90.42	0.428	0.428	不分不转
137	000534	汕电力	2.08	0.88	0.88	0.90	4.02	775.94	-48.07	0.0373	0.0373	1.41	0.07	0.07	5.56	-2.69	5.49	1.19	1.17	2.637	2.637	不分不转
138	000535	猴王	3.03	1.70	1.70	0.29	-32.49	527.48	-100.76	0.0170	0.0170	-1.74	-0.01	-0.01	3.98	-15.38	-3.03	-19.43	173.29	-1.000	-1.000	不分不转
139	000536	闽闽东	1.22	0.45	0.45	0.93	-34.69	1042.94	-123.43	0.0900	0.0900	55.21	0.43	0.43	2.93	-22.27	-0.19	-45.89	106.45	-0.150	-0.150	不分不转
140	000537	南开戈德	4.06	1.66	1.66	5.14	13.14	6696.62	-47.80	0.1650	0.1650	8.00	0.29	0.29	14.74	28.36	8.37	3.41	42.05	2.060	2.060	10派0.7元(含税)
141	000538	云南白药	1.86	0.59	0.59	9.00	11.64	7513.71	52.64	0.4040	0.4000	18.00	0.43	0.43	8.44	6.45	4.18	7.09	43.85	2.250	2.250	10派2元(含税)
142	000539	粤电力	26.59	3.91	10.57	54.41	26.88	105776.88	9.02	0.3980	0.3980	17.48	0.76	0.76	121.93	7.91	60.53	27.81	30.39	2.280	2.280	10派2.2元(含税)
143	000540	世纪中天	3.27	1.13	1.13	2.04	-4.74	4086.86	-82.19	0.1250	0.1250	8.69	-0.45	-0.45	11.02	1.78	4.71	8.47	57.10	1.440	1.440	不分不转
144	000541	佛山照明	3.58	1.47	2.30	8.24	19.85	17334.87	7.57	0.4840	0.4800	9.09	0.75	0.75	22.42	3.24	19.07	1.61	14.71	5.320	5.320	10派4元(含税)
145	000542	TCL通讯	1.88	0.81	0.81	27.69	197.03	2154.38	-18.14	0.1150	0.1150	7.67	2.17	2.17	18.64	70.86	2.81	-35.78	71.11	1.494	1.490	不分不转
146	000543	皖能电力	7.73	1.41	1.41	6.72	-2.58	16871.88	-23.58	0.2183	0.2200	7.24	0.26	0.26	27.21	-2.48	23.29	1.69	12.39	3.010	3.010	10派1.25元(含税)
147	000544	豫白鸽			1.09																	
148	000545	恒和制药			0.68																	
149	000546	吉轻工			0.85																	
150	000547	闽福发	1.22	0.74	0.74	2.51	11.49	2185.00	-42.42	0.1800	0.1800	5.10	1.46	1.46	10.94	9.76	4.28	3.34	58.78	3.500	3.500	不分不转
151	000548	湖南投资	3.41	1.76	1.76	3.03	131.45	8131.49	42.85	0.2390	0.2400	7.81	0.16	0.16	15.97	97.85	10.41	98.98	27.03	3.060	3.060	不分不转
152	000549	湘火炬	4.16	2.66	2.66	22.13	43.42	6517.11	-24.18	0.1566	0.1566	6.91	0.09	0.09	30.28	31.20	9.43	0.16	61.01	2.265	2.265	10派0.5元(含税)转增5股
153	000550	江铃汽车	8.63	1.18	4.62	33.79	19.61	10084.78	89.24	0.1200	0.1200	6.24	0.79	0.79	36.67	-14.77	16.16	-2.30	54.04	1.870	1.870	不分不转

项目			股本			业绩									资产							分配
序号	代码	公司简称	总股本(亿股)	流通股(亿股)	2002.04.29	主营收入(亿元)	±%	净利润(万元)	±%	每股收益(元)	2002.04.29摊薄后	净资产收益率(%)	每股经营性现金流量(元)	2002.04.29摊薄后	总资产(亿元)	±%	净资产(亿元)	±%	资产负债比率(%)	每股净资产(元)	2002.04.29摊薄后	2001年度已实施利润分配及预案
154	000551	创元科技	2.42	1.11	1.11	6.29	85.24	5281.57	17.53	0.2200	0.2200	10.60	0.14	0.14	10.48	-12.45	4.99	1.68	46.59	2.060	2.060	10股派1.5元(含税)
155	000552	甘长风	1.78	0.67	0.67	1.74	-26.61	1111.69	-65.51	0.0600	0.0600	4.95	-0.01	-0.01	4.63	-11.04	2.25	-3.86	51.44	1.260	1.260	不分不转
156	000553	沙隆达	2.97	0.97	2.12	9.64	5.55	1049.68	-41.71	0.0350	0.0350	1.08	0.38	0.38	16.43	-13.42	9.74	-3.42	38.62	3.280	3.280	不分不转
157	000554	泰山石油	4.81	2.95	2.95	11.42	7.22	4622.22	-64.15	0.0960	0.0960	6.03	0.05	0.05	10.70	-10.61	7.66	-2.58	26.86	1.593	1.593	不分不转
158	000555	太光电信	0.82	0.22	0.22	1.07	14472.35	379.53	668.37	0.0500	0.0500	3.88	-0.41	-0.41	2.96	158.78	0.98	-3.49	66.91	1.190	1.190	不分不转
159	000556	南洋航运			1.17																	
160	000557	银广夏			2.81																	
161	000558	莱茵置业	1.17	0.51	0.51	0.37	-31.92	319.74	-76.05	0.0273	0.0273	1.92	-0.17	-0.17	3.54	-33.52	1.67	1.53	52.81	1.424	1.424	不分不转
162	000559	万向钱潮	3.66	1.36	1.36	10.97	-10.83	12118.38	-17.29	0.3310	0.3310	9.55	0.69	0.69	20.69	29.89	12.68	36.68	30.56	3.460	3.460	10派4元(含税)
163	000560	昆百大	1.34	0.62	0.62	6.24	-17.01	-14751.89	90.55	-1.0976	-1.0976	-983.79	-0.09	-0.09	9.52	-13.61	0.15	-91.53	98.27	0.110	0.110	不分不转
164	000561	陕长岭	3.97	2.42	2.42	6.05	-4.93	-32354.40	-2492.79	-0.8150	-0.8149	-66.55	-0.19	-0.19	13.30	-19.33	4.86	-41.26	63.05	1.225	1.225	不分不转
165	000562	宏源证券	5.19	1.52	1.53	3.21	-9.60	4494.29	-45.04	0.0867	0.0867	7.40	0.18	0.18	57.28	12.49	6.08	-5.97	89.39	1.171	1.171	不分不转
166	000563	陕国投	3.14	1.26	1.26	2.49	-16.88	3720.07	-24.02	0.1200	0.1200	7.27	0.34	0.34	39.15	8.21	5.12	-1.15	86.92	1.630	1.630	10派0.5元(含税)
167	000564	西安民生	2.02	1.37	1.37	8.05	-2.61	3416.07	-0.13	0.1691	0.1691	6.12	0.70	0.70	9.52	-3.99	5.58	2.65	41.41	2.760	2.760	不分不转
168	000565	渝三峡	1.73	0.87	0.87	2.69	-8.82	229.53	-18.02	0.0130	0.0130	0.65	0.01	0.01	4.79	-0.74	3.51	-3.64	26.66	2.020	2.020	不分不转
169	000566	轻骑海药	2.02	0.84	0.84	1.93	10.17	-26461.04	389.28	-1.3100	-1.3100	-106.08	0.07	0.07	4.00	-54.87	-2.49	-219.55	162.41	-1.230	-1.230	不分不转
170	000567	琼海德	1.51	0.60	0.60	0.12	29.40	-8908.47	115.86	-0.5890	-0.5890	-230.36	-	0.00	3.11	-26.85	0.39	-75.25	87.33	0.256	0.256	不分不转
171	000568	泸州老窖	4.89	1.23	1.23	9.97	1.83	8509.66	-48.99	0.1700	0.1700	6.71	0.36	0.36	21.54	5.67	1.27	-90.31	39.97	2.590	2.590	不分不转
172	000569	川投长钢	6.95	1.48	1.48	16.15	9.29	2033.36	-69.67	0.0290	0.0290	2.52	0.01	0.01	21.37	-5.68	8.06	0.92	62.27	1.160	1.160	不分不转
173	000570	苏常柴	3.74	1.11	2.11	17.43	-24.45	-38142.86	-1061.09	-1.0200	-1.0200	-30.80	0.44	0.44	29.27	-18.13	12.39	-26.87	56.08	3.310	3.310	不分不转
174	000571	新大洲	7.36	3.37	3.37	1.43	-92.03	-15030.47	7.63	-0.2000	-0.2000	-17.89	0.27	0.27	13.09	-55.04	8.40	-15.45	34.97	1.140	1.140	不分不转
175	000572	琼金盘	2.16	0.87	0.87	0.71	-3.96	-12709.84	-14639.54	-0.5900	-0.5900	-247.00	0.05	0.05	7.38	-19.23	0.51	-78.90	93.03	0.240	0.240	不分不转
176	000573	粤宏远	4.51	2.92	2.92	2.44	30.82	404.03	-32.34	0.0100	0.0100	0.30	0.11	0.11	22.61	-0.42	13.49	-4.34	40.30	2.988	2.988	不分不转
177	000576	广东甘化	2.48	1.03	1.03	8.56	11.25	2779.21	4.07	0.1100	0.1100	2.86	0.35	0.35	19.78	18.88	9.72	-0.49	50.60	3.930	3.930	不分不转
178	000578	数码网络	1.98	0.69	0.69	7.70	10.30	2627.31	-30.42	0.1300	0.1300	8.85	0.03	0.03	6.91	10.07	2.97	4.75	52.77	1.500	1.500	10派0.4元(含税)
179	000581	威孚高科	4.36	2.16	3.04	9.83	15.51	15071.95	13.69	0.3500	0.3500	8.94	0.38	0.38	21.70	8.91	16.85	3.91	20.27	3.860	3.860	10派2元(含税)
180	000582	北海新力	1.88	0.57	0.57	1.06	69.97	250.14	-83.94	0.0130	0.0130	0.49	0.18	0.18	8.91	-4.79	5.11	-4.05	42.17	2.711	2.711	不分不转
181	000583	托普软件	1.22	0.69	0.69	7.11	39.89	8852.17	1.41	0.7260	0.7260	6.69	0.39	0.39	24.19	27.78	13.23	8.90	40.66	10.850	10.820	10派1元(含税)转增9股
182	000584	蜀都	2.02	0.86	0.86	1.18	-14.63	1789.52	-13.37	0.0885	0.0885	6.18	0.09	0.09	7.55	11.68	2.89	3.50	58.23	1.430	1.430	不分不转
183	000585	东北电	8.73	1.44	1.44	12.82	-2.89	-80380.67	121.07	-0.9200	-0.9200	-241.28	0.21	0.21	38.84	-12.81	3.33	-70.40	91.04	0.380	0.380	不分不转
184	000586	川长江	1.93	0.61	0.61	3.60	-11.60	-4850.35	-13.82	-0.2510	-0.2510	-18.38	-0.11	-0.11	4.04	-19.76	2.64	-14.94	34.61	1.364	1.364	不分不转
185	000587	光明家具	1.86	0.83	0.83	2.58	-16.16	3708.14	-30.11	0.2000	0.2000	8.02	0.06	0.06	7.93	13.78	4.63	6.99	38.27	2.490	2.490	不分不转
186	000589	黔轮胎	2.54	1.25	1.25	13.00	-17.07	-7525.52	-609.73	-0.2960	-0.2960	-9.28	0.22	0.22	24.07	1.73	8.10	-6.85	66.35	3.185	3.185	不分不转
187	000590	紫光古汉	2.03	0.64	0.64	2.46	-13.36	-5967.04	-296.74	-0.2900	-0.2900	-21.32	-0.25	-0.25	6.95	9.24	2.80	-25.41	59.91	1.380	1.380	不分不转
188	000591	桐君阁	1.00	0.35	0.35	8.76	48.13	3077.44	16.83	0.3080	0.3080	11.51	0.31	0.31	7.00	42.79	2.67	7.67	60.32	2.680	2.680	10股送1股
189	000592	中福实业	2.94	0.87	0.87	0.78	-45.52	-10575.49	-833.03	-0.3590	-0.3590	-54.52	-0.02	-0.02	11.71	30.18	1.94	-37.10	83.43	0.659	0.659	不分不转
190	000593	成都华联	1.73	0.57	0.57	3.19	0.78	1218.38	-41.94	0.0700	0.0700	3.98	-0.01	-0.01	5.44	0.15	3.06	3.76	42.87	1.770	1.770	10股送1股
191	000594	内蒙宏峰			1.95																	
192	000595	西北轴承	1.75	0.66	0.66	3.85	-18.83	195.92	-11.87	0.0112	0.0100	0.46	0.14	0.14	11.25	0.86	4.25	-0.22	61.35	2.430	2.430	不分不转

项目			股本			业绩									资产							分配
序号	代码	公司简称	总股本(亿股)	流通股(亿股)	2002.04.29	主营收入(亿元)	±%	净利润(万元)	±%	每股收益(元)	2002.04.29摊薄后	净资产收益率(%)	每股经营性现金流量(元)	2002.04.29摊薄后	总资产(亿元)	±%	净资产(亿元)	±%	资产负债比率(%)	每股净资产(元)	2002.04.29摊薄后	2001年度已实施利润分配及预案
193	000596	古井贡	2.35	0.20	0.80	8.07	-11.83	6704.67	-54.44	0.2900	0.2900	5.90	0.25	0.25	15.22	-4.16	11.37	1.79	23.54	4.840	4.840	10派2元(含税)
194	000597	东北药	3.04	1.09	1.09	14.42	20.41	958.71	-66.77	0.0316	0.0316	1.09	0.26	0.26	27.56	3.25	8.83	-2.44	67.95	2.910	2.910	不分不转
195	000598	蓝星清洗	1.76	0.99	0.99	2.83	14.62	5790.31	-9.74	0.3300	0.3300	7.35	7.35	7.35	10.53	48.39	7.88	38.17	23.78	4.470	4.470	10送1股派0.25元
196	000599	青岛双星	1.71	0.66	0.66	11.47	107.37	5242.18	76.07	0.3070	0.3070	7.95	0.63	0.63	16.37	72.20	6.60	53.35	58.97	3.869	3.869	10派1.5元(含税)送1股
197	000600	国际大厦	1.54	0.46	0.46	1.62	22.42	201.57	-46.06	0.0131	0.0131	0.66	0.77	0.77	5.81	-13.01	3.05	-0.13	46.73	1.981	1.981	10派0.2元(含税)
198	000601	韶能股份	3.90	1.72	1.72	6.14	12.11	13124.41	2.39	0.3400	0.3400	7.43	0.50	0.50	30.20	17.61	17.66	2.74	34.85	4.520	4.520	10派1元(含税)
199	000602	金马集团	1.01	0.44	0.44	0.60	8.79	281.93	-110.40	0.0300	0.0300	2.29	0.42	0.42	2.76	-15.05	1.23	5.34	31.55	1.220	1.220	不分不转
200	000603	威达医械	1.12	0.29	0.29	0.16	-56.28	-8833.33	-4245.67	-0.7900	-0.7900	-365.66	-	0.00	1.51	-41.69	0.24	-81.28	83.92	0.220	0.220	不分不转
201	000605	四环药业	0.83	0.21	0.21	0.36	-33.76	831.00	647.65	0.1007	0.1007	8.07	0.28	0.28	2.11	-30.04	1.03	0.86	51.12	1.247	1.247	10派0.2元(含税)
202	000606	青海明胶	1.52	0.51	0.64	1.19	35.96	1436.70	-20.16	0.0947	0.0947	5.24	0.46	0.46	4.39	23.23	2.74	3.13	35.66	1.810	1.810	不分不转
203	000607	华立控股	1.91	0.56	0.56	13.20	18.62	6114.86	4.01	0.3202	0.3200	20.73	0.75	0.75	11.32	15.64	2.98	15.06	49.79	1.560	1.560	10派1.0元(含税)
204	000608	阳光股份	2.09	0.98	0.98	4.44	-34.86	5847.80	-30.19	0.2800	0.2800	12.04	-0.35	-0.35	10.43	-12.36	4.86	4.97	46.43	2.330	2.330	不分不转
205	000609	燕化高新	1.30	0.49	0.49	2.28	22.00	2340.20	-35.30	0.1810	0.1810	6.09	0.01	0.01	4.25	-9.75	3.85	-6.79	9.30	2.970	2.970	10派0.2元(含税)
206	000610	西安旅游	1.68	0.53	0.53	0.94	-14.60	150.67	-90.92	0.0100	0.0100	0.43	0.20	0.20	4.32	-2.07	3.48	-3.12	18.77	2.080	2.080	10派0.4元(含税)
207	000611	民族集团	1.75	0.75	0.75	1.92	-14.69	-4942.26	-6005.81	-0.2800	-0.2800	-19.84	0.44	0.44	5.42	-10.78	2.49	-16.56	51.69	1.420	1.420	不分不转
208	000612	焦作万方	2.70	1.02	1.02	12.92	94.22	4660.76	-7.02	0.1730	0.1730	7.84	0.46	0.46	17.26	9.03	5.95	2.56	65.48	2.206	2.206	不分不转
209	000613	大东海	3.64	0.45	1.33	0.23	2.37	178.22	-102.92	0.0050	0.0050	24.24	0.01	0.01	2.20	-32.40	0.07	-92.93	96.66	0.020	0.020	不分不转
210	000615	湖北金环	1.55	0.71	0.71	7.99	154.49	2622.01	-30.00	0.1700	0.1700	4.77	-0.55	-0.55	9.98	34.42	5.50	0.87	43.84	3.550	3.550	不分不转
211	000616	大连渤海			0.67																	
212	000617	石油济柴	1.04	0.33	0.32	2.31	1.07	2012.12	286.63	0.1935	0.1935	11.65	-0.03	-0.03	4.56	-4.28	1.73	-2.93	62.13	1.661	1.661	不分不转
213	000618	吉林化工	35.61	2.00	2.00	119.14	-13.96	-180302.16	105.18	-0.5100	-0.5100	-46.45	0.67	0.67	145.32	-17.95	38.82	-31.75	72.99	1.090	1.090	不分不转
214	000619	海螺型材	1.50	0.51	0.81	10.78	95.20	18843.66	92.96	1.2600	1.2561	48.76	1.49	1.25	10.00	40.02	3.86	50.20	59.67	2.580	2.572	10派2元(含税)
215	000620	圣方科技	3.12	1.50	1.50	5.16	273.83	-8153.42	-280.00	-0.2600	-0.2600	-12.14	-0.38	-0.38	11.59	-4.10	6.72	-15.05	41.17	2.160	2.160	不分不转
216	000621	比特科技	1.50	0.56	0.56	0.39	-63.73	-1369.32	-140.46	-0.0900	-0.0900	-4.29	-0.87	-0.87	6.09	47.01	3.19	-3.95	43.46	2.130	2.130	不分不转
217	000622	岳阳恒立	1.42	0.66	0.66	1.73	-16.26	784.18	-47.15	0.0553	0.0553	3.82	0.01	0.01	4.99	-1.03	2.05	-5.13	55.59	1.447	1.447	不分不转
218	000623	吉林敖东	2.34	1.25	1.25	3.60	14.47	7616.85	-7.80	0.3260	0.3260	6.66	0.59	0.59	15.52	8.34	11.44	6.47	23.83	4.900	4.900	不分不转
219	000625	长安汽车	12.27	1.68	5.18	73.32	7.57	16021.55	8.51	0.1300	0.1300	6.22	0.80	0.80	66.37	-12.35	25.74	4.62	53.32	2.100	2.100	10派0.4元(含税)
220	000626	如意集团	1.35	0.34	0.34	33.96	27.73	2638.05	597.67	0.1950	0.1950	14.86	-0.51	-0.51	8.49	29.75	1.78	14.64	69.91	1.320	1.320	10派0.2元(含税)
221	000627	百科药业	5.17	1.49	1.49	3.56	10.58	3722.71	8.71	0.0700	0.0700	5.41	0.07	0.07	9.89	11.59	6.89	30.50	22.86	1.330	1.330	10送0.5股派0.125元(含税)转增1股
222	000628	倍特高新	1.94	0.86	0.86	6.94	47.85	440.79	16.32	0.0228	0.0228	0.83	0.63	0.63	18.06	10.92	5.28	-0.52	67.32	2.730	2.730	10派0.11元(含税)
223	000629	新钢钒	10.23	3.00	3.00	75.03	-1.12	48131.82	4.40	0.4700	0.4700	10.92	1.33	1.33	72.41	2.35	44.07	6.70	39.14	4.310	4.310	10派2元(含税)
224	000630	铜都铜业	4.66	1.83	1.83	18.93	-5.75	11635.45	-15.97	0.2500	0.2500	6.10	0.59	0.59	29.98	8.66	19.08	-0.33	34.97	4.100	4.100	10派1元(含税)
225	000631	兰宝信息	2.40	1.15	1.15	4.18	55.10	4522.94	-12.30	0.1881	0.1881	6.34	0.10	0.10	13.13	11.61	7.13	-1.13	41.39	2.968	2.968	不分不转
226	000632	三木集团	1.76	0.53	0.53	10.90	4.36	3305.88	4.62	0.1884	0.1884	4.92	-0.62	-0.62	19.84	29.36	6.72	30.26	61.29	3.828	3.828	10派1元(含税)转增2股
227	000633	合金投资	3.21	1.39	1.39	7.50	-11.07	2206.82	-54.06	0.0688	0.0688	5.07	0.28	0.28	14.33	2.48	4.35	1.37	62.54	1.355	1.355	不分不转
228	000635	民族化工			0.52																	
229	000636	风华高科	5.30	2.00	2.00	9.63	-29.65	4283.17	-88.28	0.0810	0.0810	2.07	0.05	0.05	28.72	14.70	20.60	-0.05	22.34	3.885	3.885	10派0.4元(含税)
230	000637	茂化实华	2.41	0.83	0.83	12.54	-10.64	5929.81	18.59	0.2460	0.2460	11.23	0.17	0.17	5.88	4.33	5.28	7.20	10.26	2.186	2.186	10派1元(含税)转增2股
231	000638	中辽国际	1.55	0.88	0.88	1.88	-32.73	-9597.23	-9451.65	-0.6200	-0.6200	-158.59	-0.02	-0.02	5.21	-14.41	0.61	-68.00	80.12	0.390	0.390	不分不转

项目			股本			业绩									资产							分配
序号	代码	公司简称	总股本(亿股)	流通股(亿股)	2002.04.29	主营收入(亿元)	±%	净利润(万元)	±%	每股收益(元)	2002.04.29摊薄后	净资产收益率(%)	每股经营性现金流量(元)	2002.04.29摊薄后	总资产(亿元)	±%	净资产(亿元)	±%	资产负债比率(%)	每股净资产(元)	2002.04.29摊薄后	2001年度已实施利润分配及预案
232	000639	庆云发展	0.73	0.33	0.33	0.75	39.29	756.88	48.03	0.1040	0.1040	9.21	0.25	0.25	1.80	-4.79	0.82	2.79	54.37	1.130	1.130	不分不转
233	000650	九江化纤	2.00	0.66	0.66	2.25	-4.67	-1271.32	-158.35	-0.0600	-0.0600	-3.83	0.02	0.02	7.12	9.26	3.32	-3.98	53.43	1.660	1.660	不分不转
234	000651	格力电器	5.37	2.13	2.13	65.88	3.87	27281.13	7.04	0.5100	0.5100	15.82	-0.06	-0.06	69.22	19.64	17.25	6.56	74.63	3.210	3.210	10派3元(含税)
235	000652	泰达股份	3.00	1.38	1.38	3.74	-2.13	11952.22	-14.75	0.4000	0.4000	9.22	0.52	0.52	25.68	99.94	12.97	98.75	48.82	4.320	4.320	10送5股
236	000653	九州股份	2.97	2.17	2.17	0.71	-62.90	-46882.52	-49.85	-1.5800	-1.5800	36.97	0.04	0.04	1.80	-72.27	-12.68	68.42	806.45	-4.270	-4.270	不分不转
237	000655	华光陶瓷	1.26	0.35	0.35	3.00	-7.54	2482.65	6.11	0.2000	0.2000	6.54	1.49	1.49	12.93	8.47	3.80	-0.26	69.51	3.010	3.010	10送1.5股派1.5元(含税)
238	000656	重庆东源	2.06	0.74	0.74	3.82	-16.65	-3829.95	-1715.78	-0.1900	-0.1900	-15.20	-0.07	-0.07	7.12	1.47	2.52	-13.45	64.73	1.220	1.220	不分不转
239	000657	中钨高新	1.71	0.75	0.75	11.68	15.71	3315.32	-12.31	0.1940	0.1940	6.37	0.06	0.06	10.16	9.59	5.20	0.80	48.72	3.041	3.041	不分不转
240	000658	海洋实业	1.57	1.00	1.00	0.01	-99.34	-50575.18	134.20	-3.2210	-3.2210	103.79	-0.44	-0.44	0.59	-83.97	-4.87	-82837.56	923.90	-3.103	-3.103	不分不转
241	000659	珠海中富	3.79	1.71	1.71	8.51	16.38	8602.06	-3.76	0.2270	0.2270	7.05	0.20	0.20	24.91	18.19	12.19	2.78	41.60	3.220	3.220	10派1元(含税)
242	000660	南华西	1.33	0.39	0.39	1.33	-44.49	-5808.61	-405.49	-0.4370	-0.4370	-18.53	-	0.00	11.16	-5.75	3.13	-15.85	71.14	2.358	2.358	不分不转
243	000661	长春高新	1.31	0.80	0.80	4.07	29.49	432.61	-85.95	0.0300	0.0300	0.96	0.20	0.20	12.62	6.39	4.53	-5.22	54.14	3.450	3.450	不分不转
244	000662	广西红日	1.07	0.39	0.39	0.30	-75.53	2454.19	-134.18	0.2291	0.2291	16.44	0.58	0.58	4.15	35.56	1.49	263.91	54.74	1.393	1.393	不分不转
245	000663	永安林业	1.67	0.59	0.59	3.07	-14.15	793.41	-36.23	0.0470	0.0470	2.61	0.28	0.28	8.57	-10.46	3.04	-30.85	62.27	1.819	1.819	不分不转
246	000665	武汉塑料	1.41	0.50	0.50	4.80	8.37	3143.60	12.08	0.2200	0.2200	7.03	0.32	0.32	7.81	2.39	4.47	3.39	37.02	3.170	3.170	10派0.69元(含税)
247	000666	经纬纺机	6.04	2.03	2.03	22.15	22.52	12288.80	-8.25	0.2000	0.2000	5.65	0.15	0.15	40.12	9.21	21.75	2.22	44.79	3.600	3.600	10派0.6元(含税)
248	000667	华一投资	2.45	0.64	0.64	1.31	12.77	272.42	-7.97	0.0111	0.0100	0.56	-0.09	-0.09	6.15	-7.61	4.86	-0.82	21.10	1.984	1.980	不分不转
249	000668	武汉石油	1.47	0.42	0.42	12.69	9.21	1736.86	-63.20	0.1200	0.1200	5.28	0.16	0.16	9.93	10.82	3.29	-4.42	66.88	2.240	2.240	10派0.2元(含税)
250	000669	中讯科技	0.62	0.23	0.23	0.50	5.14	620.04	-26.85	0.1005	0.1005	8.25	0.01	0.01	1.44	3.66	0.75	5.23	47.78	1.218	1.218	10派0.4元(含税)
251	000670	天发股份	2.72	1.55	1.55	11.65	-5.24	223.43	-95.73	0.0082	0.0082	0.20	-0.46	-0.46	19.95	21.61	10.95	39.64	42.12	4.021	4.021	不分不转
252	000671	石狮新发	0.95	0.29	0.29	0.54	-30.93	279.64	-86.03	0.0300	0.0300	1.65	0.12	0.12	2.87	3.74	1.69	-5.89	35.77	1.780	1.780	不分不转
253	000672	铜城集团	1.09	0.50	0.50	1.23	34.80	834.42	-23.97	0.0770	0.0770	3.24	-0.32	-0.32	7.78	113.38	2.57	114.46	64.87	2.370	2.370	10转增4股派0.2元(含税)
254	000673	大同水泥	1.73	0.51	0.51	1.57	-23.37	1473.53	-47.34	0.0850	0.0850	5.08	0.03	0.03	4.15	-13.77	2.90	4.56	30.20	1.672	1.672	不分不转
255	000675	银山化工	1.14	0.33	0.33	2.15	2.48	-14971.55	151.02	-1.3100	-1.3100	-108.33	0.07	0.07	4.73	-26.64	-1.38	-276.79	128.19	-1.210	-1.210	不分不转
256	000676	思达高科	3.15	0.98	0.98	1.48	13.84	3579.94	20.98	0.1100	0.1100	9.33	0.02	0.02	6.31	71.86	3.64	50.16	41.49	1.160	1.160	10派0.6元(含税)
257	000677	山东海龙	1.66	0.51	0.51	5.46	-3.91	3213.87	-15.54	0.1900	0.1900	10.11	0.30	0.30	10.54	58.87	3.18	8.19	69.84	1.920	1.920	10送1股
258	000678	襄阳轴承	1.40	0.79	0.79	2.52	19.69	-9209.13	64.02	-0.6500	-0.6500	-23.04	0.41	0.41	8.11	-16.52	4.00	-26.13	50.73	2.850	2.850	不分不转
259	000679	大连友谊	2.38	1.08	1.08	6.66	5.99	5474.09	16.99	0.2300	0.2300	9.07	-	-	13.03	-4.03	6.04	5.12	44.53	2.540	2.540	10派1元(含税)
260	000680	山推股份	2.83	1.81	1.81	14.85	35.45	4844.75	183.25	0.1710	0.1710	8.07	0.36	0.36	15.03	13.93	6.00	6.06	60.06	2.123	2.123	10派0.4元(含税)
261	000681	远东股份	1.99	0.58	0.58	3.34	5.72	1617.09	-44.56	0.0814	0.0814	4.84	-0.23	-0.23	4.33	-2.89	3.34	2.81	18.34	1.680	1.680	10派0.35元(含税)
262	000682	东方电子			6.02																	
263	000683	天然碱	4.69	1.69	1.69	6.93	36.99	-12109.52	-694.91	-0.2580	-0.2580	-21.67	0.22	0.22	24.72	10.60	5.59	-40.19	70.89	1.192	1.192	不分不转
264	000685	公用科技	1.37	0.56	0.56	0.64	-76.56	1921.00	-6.36	0.1406	0.1400	6.29	0.07	0.07	4.05	4.32	3.05	6.10	23.66	2.235	2.230	10派0.3元(含税)送0.5股转增6股
265	000686	锦州六陆	1.47	0.63	0.63	1.55	-47.34	1193.96	-51.06	0.0800	0.0800	2.39	0.23	0.23	5.57	2.49	5.04	31.83	17.11	3.420	3.420	10派0.5元(含税)转增1股
266	000687	保定天鹅	3.21	0.98	0.98	5.10	-11.04	2411.21	-24.90	0.0750	0.0750	2.46	0.13	0.13	13.05	-1.70	9.82	-6.90	24.76	3.060	3.060	10派0.4元(含税)
267	000688	朝华科技	3.48	1.99	1.99	2.20	3.36	2813.28	-65.68	0.0810	0.0810	2.89	-1.68	-1.68	17.91	21.60	9.75	110.45	41.77	2.799	2.799	不分不转
268	000689	宏业集团	1.11	0.49	0.49	-	-	-46650.04	505.96	-4.1920	-4.1920	-674.66	-0.01	-0.01	0.36	-87.69	-4.49	1043.69	1358.27	-4.032	-4.032	不分不转
269	000690	宝丽华	1.94	0.59	0.59	2.89	31.25	3210.32	-27.67	0.1700	0.1700	9.98	0.11	0.11	4.97	0.36	3.22	-2.01	34.17	1.660	1.660	10派2元(含税)
270	000691	寰岛实业	2.58	1.30	1.30	0.39	136.52	558.63	113.84	0.0216	0.0216	0.91	0.49	0.49	8.11	-5.49	6.12	-2.95	22.04	2.369	2.369	不分不转

项目			股本			业绩									资产							分配
序号	代码	公司简称	总股本(亿股)	流通股(亿股)	2002.04.29	主营收入(亿元)	±%	净利润(万元)	±%	每股收益(元)	2002.04.29摊薄后	净资产收益率(%)	每股经营性现金流量(元)	2002.04.29摊薄后	总资产(亿元)	±%	净资产(亿元)	±%	资产负债比率(%)	每股净资产(元)	2002.04.29摊薄后	2001年度已实施利润分配及预案
271	000692	惠天热电	2.66	1.12	1.12	5.28	-2.49	4962.95	-46.82	0.1860	0.1860	4.39	0.49	0.49	21.37	31.39	11.30	37.04	47.12	4.240	4.240	不分不转
272	000693	聚友网络	1.28	0.39	0.39	1.81	11.34	3775.26	19.10	0.2940	0.2900	9.72	0.16	0.16	9.88	68.59	3.88	10.77	54.83	3.030	3.030	不分不转
273	000695	灯塔油漆	2.22	0.77	0.77	2.03	-19.02	-2893.61	-218.06	-0.1300	-0.1300	-7.86	-0.28	-0.28	8.94	-2.48	3.68	-7.38	58.37	1.660	1.660	不分不转
274	000697	咸阳偏转	2.17	0.77	0.77	4.76	7.60	1198.22	-83.00	0.0550	0.0550	1.61	0.42	0.42	10.55	-13.95	7.45	-2.57	28.24	3.420	3.420	不分不转
275	000698	沈阳化工	4.22	1.87	1.87	18.05	-14.12	4520.28	-76.45	0.1070	0.1070	3.11	0.19	0.19	31.51	1.76	14.53	-2.89	46.84	3.440	3.440	不分不转
276	000699	佳纸股份	2.27	0.94	0.94	2.91	-49.38	-2771.02	-36.46	-0.1218	-0.1218	-6.25	-1.31	-1.31	15.04	-9.55	4.43	-15.31	70.52	1.949	1.949	不分不转
277	000700	模塑科技	1.25	0.39	0.39	2.65	2.51	5977.65	14.28	0.4800	0.4800	14.05	1.25	1.25	7.57	16.95	4.25	4.88	39.41	3.420	3.420	每10股派1.2元(含税)
278	000701	厦门信达	2.00	1.15	1.15	10.81	37.41	-1600.63	-295.59	-0.0800	-0.0800	-3.42	0.13	0.13	10.35	8.64	4.68	-4.55	52.27	2.340	2.340	不分不转
279	000702	正虹科技	2.83	1.17	1.17	11.15	7.40	6038.28	-24.78	0.2140	0.2140	7.31	0.26	0.26	14.02	10.76	8.26	-2.17	39.40	2.920	2.920	10派1.5元(含税)
280	000703	世纪光华	1.07	0.47	0.47	2.64	0.30	1724.37	-27.56	0.1620	0.1620	6.41	0.17	0.17	7.18	34.35	2.69	2.66	55.45	2.522	2.522	不分不转
281	000705	浙江震元	1.25	0.81	0.81	5.00	-1.47	1714.13	-18.12	0.1370	0.1370	4.14	0.21	0.21	6.68	-6.81	4.14	0.53	35.99	3.300	3.300	10派0.5元(含税)
282	000707	双环科技	4.64	2.64	2.64	7.81	3.65	3396.51	-58.52	0.0700	0.0700	2.11	0.16	0.16	19.17	20.86	16.13	28.61	15.82	3.480	3.480	不分不转
283	000708	大冶特钢	4.49	1.67	1.67	14.64	34.48	1568.56	14.77	0.0350	0.0350	1.01	0.75	0.75	37.50	-1.93	15.50	-0.24	58.66	3.450	3.450	10派0.15元(含税)
284	000709	唐钢股份	13.54	2.85	2.85	80.83	16.36	73281.24	23.67	0.5400	0.5400	12.96	0.85	0.85	110.56	7.80	56.53	5.56	48.86	4.180	4.180	10派3.5元(含税)
285	000710	天兴仪表	1.51	0.44	0.44	0.51	-35.87	-4434.03	-2855.88	-0.2930	-0.2930	-27.84	-0.57	-0.57	3.57	7.49	1.59	-21.75	54.80	1.053	1.053	不分不转
286	000711	龙发股份	1.07	0.51	0.51	0.78	-15.18	2459.63	-29.52	0.2293	0.2287	8.55	0.76	0.76	4.04	-0.08	2.66	-0.09	12.33	2.682	2.675	10派0.3元(含税)
287	000712	锦龙股份	1.52	0.38	0.38	2.30	41.08	2357.26	-58.31	0.1550	0.1550	5.52	-0.11	-0.11	7.19	24.69	4.27	3.24	37.58	2.805	2.805	10派0.7元(含税)
288	000713	丰乐种业	2.25	1.05	1.05	3.98	-2.35	587.53	-91.33	0.0260	0.0300	0.95	0.10	0.10	9.20	-7.48	6.17	0.12	28.83	2.740	2.740	不分不转
289	000715	中兴商业	2.15	0.57	0.57	11.94	100.54	3673.58	5678.82	0.1710	0.1710	6.17	0.66	0.66	9.52	-1.72	5.95	3.34	37.45	2.770	2.770	10派0.77元(含税)
290	000716	广西斯壮	1.37	0.78	0.78	2.02	49.54	457.53	-23.71	0.0333	0.0330	1.40	0.47	0.47	5.35	-27.99	3.28	-7.69	38.71	2.390	2.390	10派0.5元(含税)转增3股
291	000717	韶钢松山	4.47	1.35	1.35	39.39	17.72	25868.34	14.82	0.5780	0.5800	10.87	0.29	0.29	38.88	29.57	23.80	4.21	38.79	5.320	5.320	10派4元(含税)
292	000718	吉林纸业	4.00	1.89	1.89	8.61	-22.92	453.37	-93.94	0.0113	0.0113	0.37	0.11	0.11	28.22	2.01	12.18	-7.03	56.77	3.050	3.050	不分不转
293	000719	焦作鑫安	1.29	0.49	0.49	2.73	6.43	2173.24	-9.51	0.1680	0.1680	8.14	-0.16	-0.16	7.06	22.09	2.67	3.81	62.20	2.063	2.063	不分配,不转增
294	000720	鲁能泰山	3.20	1.85	1.85	18.33	25.63	11584.23	-5.25	0.3600	0.3600	9.22	0.31	0.31	27.81	10.03	12.56	5.77	48.87	3.930	3.930	10派1元(含税)
295	000721	西安饮食	1.14	0.41	0.41	2.97	6.98	2073.63	530.01	0.1812	0.1800	7.85	0.38	0.38	5.32	8.67	2.64	3.64	50.07	2.310	2.310	10派1元(含税)
296	000722	金果实业	1.95	1.06	1.06	4.90	38.44	5315.26	3.21	0.2700	0.2700	6.77	0.23	0.23	16.01	0.91	7.85	-1.68	47.97	4.030	4.030	10派1元(含税)
297	000723	天宇电气	1.40	0.70	0.70	3.50	-8.18	-18745.64	406.29	-1.3400	-1.3400	-98.76	0.41	0.41	6.91	-25.60	1.90	-56.13	71.18	1.360	1.360	不分不转
298	000725	京东方	5.50	0.60	2.10	26.84	17.82	6025.09	-45.42	0.1100	0.1100	3.00	0.72	0.72	40.33	0.15	20.84	-0.61	42.08	3.790	3.790	10派0.5元(含税)
299	000726	鲁泰	2.71	0.65	1.69	7.86	61.69	11412.74	31.92	0.4200	0.4200	9.19	0.03	0.03	14.89	4.99	12.40	2.39	14.10	4.580	4.580	10派3.18元(含税)转增3股
300	000727	华东科技	3.14	1.51	1.51	3.03	9.36	5383.88	-48.09	0.1720	0.1720	6.48	-0.08	-0.08	13.76	19.91	8.31	1.08	36.26	2.649	2.649	10派1元(含税)
301	000728	北京化二	3.45	1.04	1.04	7.53	-34.00	-16721.73	-321.93	-0.4840	-0.4840	-18.17	0.25	0.25	16.63	-6.44	9.20	-15.37	44.69	2.670	2.670	不分不转
302	000729	燕京啤酒	6.67	1.87	1.87	22.88	31.05	28569.35	6.49	0.4280	0.4280	7.96	0.20	0.20	43.97	8.74	35.88	4.17	12.70	5.380	5.380	10派2元(含税)
303	000730	环保股份			1.93																	
304	000731	四川美丰	2.22	0.78	1.01	3.75	10.99	5896.21	-3.50	0.2650	0.2522	9.39	0.53	0.48	7.92	1.98	6.28	-0.31	20.69	2.826	2.643	10派2元(含税)
305	000732	福建三农	1.53	0.89	0.89	4.55	-2.21	2786.17	276.26	0.1825	0.1825	5.75	-0.02	-0.02	10.94	2.69	4.85	1.72	54.40	3.175	3.175	10派1元(含税)
306	000733	振华科技	3.58	1.78	1.78	6.25	-6.08	7733.30	-7.71	0.2200	0.2200	4.31	0.21	0.21	24.36	30.84	17.96	49.02	22.08	5.020	5.020	10派1元(含税)
307	000735	罗牛山	4.87	2.25	3.25	2.29	1.06	6424.96	-15.66	0.1300	0.1300	8.26	0.06	0.05	14.28	18.19	7.78	9.10	44.45	1.590	1.590	不分不转
308	000736	重庆实业	0.66	0.26	0.26	1.06	218.08	1768.63	1.70	0.2700	0.2700	7.36	0.46	0.46	6.04	52.82	2.40	5.07	53.82	3.640	3.640	10派0.5元(含税)
309	000737	南风化工	4.57	2.10	2.10	21.52	-10.46	6844.16	-17.09	0.1500	0.1500	5.18	0.12	0.12	32.88	9.29	13.20	0.51	52.55	2.890	2.890	10派1元(含税)

项目			股本			业绩									资产							分配
序号	代码	公司简称	总股本(亿股)	流通股(亿股)	2002.04.29	主营收入(亿元)	±%	净利润(万元)	±%	每股收益(元)	2002.04.29摊薄后	净资产收益率(%)	每股经营性现金流量(元)	2002.04.29摊薄后	总资产(亿元)	±%	净资产(亿元)	±%	资产负债比率(%)	每股净资产(元)	2002.04.29摊薄后	2001年度已实施利润分配及预案
310	000738	南方摩托	3.98	1.36	1.36	2.03	-60.25	-21902.12	35.01	-0.5500	-0.5500	-33.09	0.07	0.07	13.50	-30.77	6.62	-34.48	50.99	1.660	1.660	不分不转
311	000739	青岛东方	1.46	0.74	0.74	1.42	-27.81	-2587.21	-445.98	-0.1800	-0.1800	-10.47	-	-	5.87	7.46	2.47	-21.24	55.79	1.700	1.700	不分不转
312	000748	湘计算机	2.26	0.90	1.40	7.00	-1.04	4668.86	-9.98	0.2060	0.2060	7.20	-0.19	-0.16	10.78	14.25	6.49	3.90	36.08	2.865	2.865	10派1元(含税)
313	000750	桂林集琦	2.15	1.22	1.22	1.53	-32.54	308.61	-83.61	0.0144	0.0144	0.51	0.63	0.63	10.66	55.79	6.00	54.21	32.61	2.792	2.792	不分不转
314	000751	锌业股份	8.81	3.47	3.47	24.23	-17.47	13585.58	-67.53	0.1540	0.1500	5.12	0.04	0.04	42.90	5.91	26.55	2.92	38.12	3.010	3.010	10派0.5元(含税)
315	000752	西藏发展	1.76	0.73	0.73	1.35	22.17	3158.08	13.75	0.1800	0.1800	9.02	0.14	0.14	7.53	51.96	3.50	7.61	40.62	1.990	1.990	不分不转
316	000753	福建双菱	2.25	0.93	0.93	1.19	-20.57	5510.59	52.06	0.2440	0.2440	6.70	-0.35	-0.35	12.22	64.34	8.22	38.19	23.78	3.650	3.650	10派2元(含税)转增6股
317	000755	山西三维	2.78	1.09	1.09	4.22	14.33	5604.36	8.94	0.2018	0.2018	6.59	0.68	0.68	14.08	8.02	8.51	1.28	37.88	3.064	3.064	10派1.25元(含税)
318	000756	新华制药	4.57	0.76	0.76	10.99	5.29	8089.61	17.04	0.1770	0.1770	6.03	-0.03	-0.03	18.37	34.78	13.41	44.81	27.00	2.931	2.931	10派0.8元(含税)
319	000757	方向光电	1.52	0.55	0.55	3.36	44.46	1600.55	-44.19	0.1100	0.1100	3.30	-0.09	-0.09	10.96	53.55	4.85	2.40	54.52	3.180	3.180	不分不转
320	000758	中色建设	3.87	1.82	1.82	2.02	-9.92	-14028.51	-997.16	-0.3600	-0.3600	-15.89	0.32	0.32	13.37	-1.75	8.83	11.27	29.65	2.280	2.280	不分不转
321	000759	武汉中百	1.76	1.13	1.47	14.76	35.78	2409.35	-69.45	0.1370	0.1370	4.65	0.02	0.02	14.47	12.46	5.19	-3.98	62.18	2.950	2.950	10派0.8元(含税)
322	000760	湖北车桥	1.09	0.52	0.52	1.57	-6.11	834.21	-73.52	0.0800	0.0800	2.37	0.12	0.12	4.37	-13.12	3.52	-10.23	19.53	3.220	3.220	不分不转
323	000761	本钢板材	11.36	1.20	5.20	52.43	-25.03	27484.42	-21.43	0.2419	0.2419	7.88	0.15	0.15	52.72	11.49	34.86	1.38	33.88	3.069	3.069	10派1.76元(含税)
324	000762	西藏矿业	2.01	0.77	0.77	1.83	0.98	326.77	-47.29	0.0163	0.0200	0.67	-0.05	-0.05	7.23	-4.44	4.84	-2.38	29.29	2.415	2.415	10派0.15元(含税)
325	000763	锦州石化	7.88	1.50	1.50	86.39	-4.69	11143.06	69.02	0.1410	0.1410	7.10	0.41	0.41	21.72	-5.05	15.69	2.27	27.76	1.993	1.993	10派0.5元(含税)
326	000765	华信股份	2.49	0.71	0.70	1.45	-45.07	-2101.67	-224.58	-0.0800	-0.0800	-7.94	-0.50	-0.50	7.69	32.12	2.65	33.49	60.56	1.060	1.060	不分不转
327	000766	通化金马	4.49	2.85	2.85	1.00	-80.08	-58412.47	-341.46	-1.3010	-1.3000	-123.68	-1.65	-1.65	14.69	-34.93	4.72	-55.29	67.66	1.050	1.050	不分不转
328	000767	漳泽电力	4.35	1.20	1.20	13.59	44.99	14811.58	2.12	0.3400	0.3400	9.78	1.18	1.18	45.93	-5.17	15.15	0.90	67.02	3.480	3.480	10派2元(含税)
329	000768	西飞国际	3.92	1.77	1.77	9.20	15.35	4570.81	-33.52	0.1200	0.1200	2.42	0.15	0.15	25.91	-3.89	18.92	-0.52	23.52	4.830	4.830	10派1.35元(含税)
330	000769	盛道包装	1.85	0.81	0.81	1.86	-31.98	210.58	-4.09	0.0100	0.0100	0.50	0.01	0.01	6.66	-17.13	4.45	1.22	26.09	2.400	2.400	不分不转
331	000776	延边公路	1.84	0.93	0.93	1.26	0.17	2592.79	-11.53	0.1410	0.1410	6.34	0.41	0.41	6.99	-7.70	4.09	1.87	40.98	2.222	2.222	10派1.5元(含税)
332	000777	中核科技	1.68	0.67	0.67	2.55	27.39	1036.44	-50.84	0.0620	0.0620	3.60	-0.15	-0.15	4.61	4.76	2.88	0.60	37.41	1.714	1.714	10派0.4元(含税)
333	000778	新兴铸管	4.78	1.69	2.20	26.94	30.01	38282.81	35.80	0.8008	0.5970	19.01	1.65	1.27	42.89	39.98	20.13	20.72	49.29	4.212	3.140	10转增3股派5元(含税)
334	000779	三毛派神	1.83	1.02	1.02	1.56	-45.80	1893.14	-66.29	0.1030	0.1030	2.57	-0.37	-0.37	8.73	0.46	7.39	0.97	15.38	4.033	4.030	10派0.7元(含税)
335	000780	草原兴发	2.83	1.10	1.09	11.93	19.94	7940.50	18.75	0.2800	0.2800	8.08	0.79	0.79	21.16	32.04	9.82	4.53	50.79	3.470	3.470	10派1元(含税)
336	000782	美达股份	3.42	1.27	1.28	9.92	16.12	1758.76	-35.25	0.0500	0.0500	2.24	0.55	0.55	14.37	-12.36	7.86	-11.65	42.67	2.300	2.300	10派0.3元(含税)
337	000783	石炼化	11.54	2.34	2.34	51.92	-9.96	691.49	-103.33	0.0060	0.0060	0.38	0.20	0.20	29.44	-5.36	18.35	0.40	36.33	1.589	1.589	不分不转
338	000785	武汉中商	2.51	0.71	0.71	16.73	-10.76	2724.63	-54.34	0.1080	0.1100	5.06	0.63	0.63	17.80	18.93	5.38	-0.76	64.73	2.140	2.140	不分不转
339	000786	北新建材	2.88	1.14	1.14	8.87	58.54	8686.81	7.28	0.3020	0.3020	7.15	0.28	0.28	19.86	11.40	12.15	3.57	32.81	4.224	4.224	10派1元(含税)转增8送2股
340	000787	创智科技	2.00	0.91	0.91	4.18	0.27	5041.16	83.65	0.2520	0.2520	10.65	0.06	0.06	8.59	29.44	4.73	6.54	41.35	2.370	2.370	10派0.5元(含税)
341	000788	合成制药	1.93	0.50	0.50	2.71	-3.41	473.41	-105.13	0.0200	0.0200	1.64	0.18	0.18	9.02	-5.71	2.88	-21.54	68.03	1.500	1.500	不分不转
342	000789	江西水泥	3.41	1.11	1.11	3.74	29.31	3034.27	-28.16	0.0890	0.0890	4.25	0.18	0.18	10.41	20.85	7.14	10.31	29.58	2.098	2.098	10派0.5元(含税)
343	000790	华神集团	1.28	0.40	0.40	2.23	24.45	2235.14	-9.19	0.1700	0.1700	5.69	0.19	0.19	5.70	30.03	3.93	59.88	25.92	3.070	3.070	不分不转
344	000791	西北化工	1.89	0.79	0.79	0.89	-11.47	10.86	-99.61	0.0006	0.0006	0.03	-0.20	-0.20	6.26	13.91	3.59	-2.41	42.63	1.899	1.899	不分不转
345	000792	盐湖钾肥	2.21	0.65	0.65	2.93	28.04	8101.86	17.76	0.3668	0.3668	12.16	0.35	0.35	10.21	15.79	6.64	4.64	32.68	3.018	3.018	10派0.1元(含税)
346	000793	燃气股份	2.91	1.62	1.62	2.12	-11.16	9517.47	-3.93	0.3300	0.3300	8.31	1.45	1.45	19.95	7.55	11.45	8.40	38.41	3.930	3.930	10派1元(含税)
347	000795	太原刚玉	2.77	1.14	1.14	2.02	-5.93	1335.76	-48.17	0.0483	0.0483	1.72	0.03	0.03	10.23	-10.37	7.68	-3.16	24.92	2.798	2.800	10派0.25元(含税)
348	000796	宝商集团	1.60	1.13	1.13	6.29	-23.50	3236.79	-29.80	0.2020	0.2020	4.89	0.42	0.42	9.66	-6.90	6.62	5.14	27.69	4.131	4.131	不分不转

项目			股本			业绩									资产							分配
序号	代码	公司简称	总股本(亿股)	流通股(亿股)	2002.04.29	主营收入(亿元)	±%	净利润(万元)	±%	每股收益(元)	2002.04.29摊薄后	净资产收益率(%)	每股经营性现金流量(元)	2002.04.29摊薄后	总资产(亿元)	±%	净资产(亿元)	±%	资产负债比率(%)	每股净资产(元)	2002.04.29摊薄后	2001年度已实施利润分配及预案
349	000797	中国武夷	3.89	1.30	1.30	9.05	7.62	4435.56	-43.84	0.1140	0.1140	3.61	-0.73	-0.73	31.11	-1.19	12.28	-1.90	58.17	3.150	3.150	10派1元(含税)
350	000798	中水渔业	2.52	0.63	0.63	3.03	-7.92	4002.28	-34.94	0.1600	0.1600	5.22	0.29	0.29	9.16	-16.30	7.67	-19.99	15.09	3.040	3.040	10派0.5元(含税)
351	000799	湘酒鬼	3.03	1.07	1.07	5.18	39.28	10187.47	18.24	0.3400	0.3400	7.94	0.65	0.65	21.73	18.81	12.83	-1.45	39.74	4.230	4.230	10派3元(含税)
352	000800	一汽轿车	16.28	5.46	5.46	34.45	9.31	2425.44	-91.52	0.0150	0.0150	0.54	0.18	0.18	60.93	-9.61	45.08	-7.85	26.13	2.770	2.770	10派0.5元(含税)
353	000801	四川湖山	1.32	0.39	0.39	0.42	-44.18	-3410.99	-416.03	-0.2600	-0.2600	-25.64	0.01	0.01	2.12	-13.80	1.33	-21.67	33.20	1.007	1.007	不分不转
354	000802	京西旅游	1.16	0.39	0.39	2.58	7.31	246.42	-92.89	0.0200	0.0200	0.66	-0.58	-0.58	11.34	18.94	3.75	-5.59	65.71	3.220	3.220	10派0.5元(含税)
355	000803	美亚股份	1.01	0.49	0.49	1.02	14.86	327.88	-45.58	0.0300	0.0300	2.22	0.20	0.20	2.81	0.72	1.48	1.09	47.25	1.460	1.460	不分不转
356	000805	炎黄在线	0.57	0.14	0.14	1.02	151.89	1610.79	138.23	0.2815	0.2815	17.04	0.18	0.18	2.36	28.54	0.95	30.42	57.86	1.659	1.659	不分不转
357	000806	银河科技	2.12	0.88	1.38	4.01	41.31	9248.35	5.60	0.4400	0.4400	20.81	0.30	0.24	12.13	37.41	4.44	19.62	62.65	2.100	2.100	10送2派0.5元(含税)
358	000807	云铝股份	3.10	0.80	1.34	16.04	9.08	15011.18	53.85	0.4842	0.4842	19.83	1.19	1.01	23.22	1.49	7.57	5.82	67.39	2.442	2.442	10派3元(含税)
359	000809	第一纺织	1.15	0.35	0.35	3.67	-7.10	-6265.59	-366.74	-0.5500	-0.5500	-39.07	-0.03	-0.03	4.51	-11.42	1.60	-36.95	62.98	1.400	1.400	不分不转
360	000810	四川锦华	0.96	0.36	0.49	2.35	-2.51	1156.88	-73.23	0.1200	0.0889	6.84	-0.02	-0.01	4.18	26.17	1.69	-0.01	59.51	1.760	1.303	10转增3.5
361	000811	烟台冰轮	1.24	0.37	0.37	4.50	55.50	3772.63	35.56	0.3100	0.3053	13.73	0.45	0.45	7.63	27.47	2.75	3.12	61.34	2.220	2.187	10派2.1元(含税)
362	000812	陕西金叶	1.58	0.92	0.92	1.84	-5.32	2412.34	-39.77	0.1520	0.1520	6.38	0.43	0.43	6.93	0.09	3.78	-0.90	42.15	2.390	2.390	10送红股2股
363	000813	天山纺织	3.63	1.10	1.10	2.92	-36.97	-14500.12	-858.39	-0.4000	-0.4000	-22.52	-0.19	-0.19	12.17	-10.33	6.44	-0.20	46.56	1.770	1.770	不分不转
364	000815	美利纸业	1.32	0.65	0.65	4.14	44.41	4154.27	-2.52	0.3100	0.3100	7.14	0.50	0.50	15.41	43.69	5.81	5.14	62.25	4.405	4.410	10派1元(含税)
365	000816	江淮动力	3.06	1.14	1.14	15.34	2.84	8047.01	2.14	0.2630	0.2630	6.23	0.20	0.20	19.84	2.81	12.91	4.60	32.10	4.217	4.217	10派0.3元(含税)
366	000817	辽河油田	11.00	2.00	2.00	11.00	-6.22	34721.11	-24.69	0.3200	0.3200	14.57	0.53	0.53	27.87	0.59	23.83	1.22	14.52	2.170	2.170	10派2元(含税)
367	000818	锦化氯碱	3.40	0.90	0.90	11.25	51.38	-1496.23	-154.25	-0.0440	-0.0440	-1.56	0.50	0.50	28.37	11.91	9.59	-1.77	66.21	2.820	2.820	不分不转
368	000819	岳阳兴长	1.65	0.52	0.52	6.91	-0.82	3385.71	-22.35	0.2050	0.2050	9.58	0.09	0.09	5.41	37.82	3.53	0.68	29.25	2.139	2.139	10派1.25元(含税)
369	000820	金城股份	2.11	0.77	0.77	5.23	17.68	4590.22	67.28	0.2171	0.2200	8.59	0.23	0.23	13.55	21.33	5.35	7.95	60.52	2.530	2.530	不分不转
370	000821	京山轻机	3.09	1.21	1.58	5.91	9.57	8870.68	-0.94	0.2900	0.2784	10.39	0.60	0.53	14.01	17.46	8.54	6.55	38.37	2.760	2.650	10派1.3元(含税)
371	000822	山东海化	4.59	1.56	1.56	14.39	23.18	18201.70	17.37	0.4000	0.4000	11.02	0.55	0.55	30.37	31.33	16.51	39.62	44.40	3.600	3.600	10派1.8元(含税)
372	000823	超声电子	3.59	1.35	1.35	6.43	2.82	4348.89	-43.48	0.1210	0.1210	4.98	0.35	0.35	15.72	11.95	8.74	-0.49	35.96	2.433	2.433	10派1元(含税),拟10配3股
373	000825	太钢不锈	10.76	4.88	4.88	68.30	38.35	29682.92	1.84	0.2760	0.2760	9.44	0.42	0.42	57.03	20.24	31.42	43.80	40.85	2.920	2.920	10派1元(含税)
374	000826	国投原宜	1.81	0.65	0.65	1.23	-36.53	-6203.77	59.30	-0.3400	-0.3400	-20.76	0.08	0.08	5.48	-27.18	2.99	-24.80	45.42	1.650	1.650	不分不转
375	000827	长兴实业	0.67	0.29	0.29	1.22	5.05	-1381.58	-202.55	-0.2070	-0.2070	-5.33	-0.95	-0.95	5.68	53.73	2.59	58.96	48.88	3.885	3.885	不分不转
376	000828	福地科技	11.65	2.48	2.48	18.33	-36.96	-43847.58	-336.49	-0.3760	-0.3760	-20.92	0.15	0.15	34.56	-23.54	20.96	-26.62	39.00	1.800	1.800	不分不转
377	000829	赣南果业	1.58	0.62	0.62	1.26	4.86	82.52	-89.50	0.0050	0.0050	0.26	-0.09	-0.09	4.41	2.17	3.18	-1.76	26.66	2.020	2.020	10派0.2元(含税)
378	000830	鲁西化工	2.49	0.75	0.75	9.74	1.54	5955.59	7.25	0.2390	0.2390	6.56	0.59	0.59	19.03	1.67	9.08	-0.25	52.30	3.645	3.645	10派2元(含税)
379	000831	关铝股份	3.63	1.46	1.46	14.25	105.40	9868.22	57.37	0.2700	0.2700	11.27	0.58	0.58	17.86	8.94	8.75	7.83	50.82	2.410	2.410	10派0.6元(含税)
380	000832	龙涤股份	3.52	1.83	1.83	10.43	-10.85	4782.37	-52.56	0.1358	0.1358	3.84	-0.28	-0.28	15.48	3.68	12.44	0.30	15.06	3.530	3.530	不分不转
381	000833	贵糖股份	2.53	0.99	0.98	8.01	23.70	4160.78	9.44	0.1650	0.1650	6.82	0.20	0.20	12.77	9.00	6.10	-1.67	52.23	2.410	2.410	10派1.2元(含税)
382	000835	隆源双登	0.54	0.13	0.13	3.52	49.05	1903.88	22.51	0.3530	0.3530	12.28	0.86	0.86	3.92	6.39	1.55	1.87	52.60	2.870	2.870	10派1.4元(含税)
383	000836	天大天财	1.23	0.61	0.61	11.69	38.17	6035.12	5.93	0.4910	0.4910	6.46	0.59	0.59	18.60	84.87	9.34	77.24	40.16	7.600	7.600	10派2元(含税)
384	000837	秦川发展	2.13	1.06	1.06	3.55	-4.61	3043.01	-23.41	0.1400	0.1400	7.57	-	-	7.11	16.99	4.02	6.64	41.65	1.890	1.890	10派0.25元(含税)
385	000838	西南化机	0.65	0.18	0.18	0.60	48.51	167.14	-105.06	0.0260	0.0260	4.85	0.85	0.85	2.08	-9.62	0.34	28.63	83.39	0.530	0.530	不分不转
386	000839	中信国安	5.90	1.78	1.78	4.52	-14.47	21284.11	-19.92	0.3607	0.3607	13.16	0.52	0.52	30.99	29.44	16.18	10.34	46.78	2.742	2.742	10派1元(含税)
387	000848	承德露露	2.59	0.91	0.91	9.98	21.58	9782.70	83.19	0.3800	0.3800	14.76	0.54	0.54	11.39	30.57	6.63	-9.96	41.82	2.560	2.560	10派6.6元(含税)

项目			股本			业绩									资产							分配
序号	代码	公司简称	总股本(亿股)	流通股(亿股)	2002.04.29	主营收入(亿元)	±%	净利润(万元)	±%	每股收益(元)	2002.04.29摊薄后	净资产收益率(%)	每股经营性现金流量(元)	2002.04.29摊薄后	总资产(亿元)	±%	净资产(亿元)	±%	资产负债比率(%)	每股净资产(元)	2002.04.29摊薄后	2001年度已实施利润分配及预案
388	000850	华茂股份	2.19	0.77	1.23	6.07	3.00	9540.94	-9.35	0.4400	0.2711	12.79	0.44	0.27	11.00	40.47	7.46	40.28	32.04	3.410	2.101	10派2.5元(含税)送1股转增5股
389	000851	中国七砂	2.25	0.77	0.77	1.08	-32.39	-6063.91	231.67	-0.2700	-0.2700	-18.04	-0.06	-0.06	4.83	-10.06	3.36	-15.47	30.46	1.490	1.490	不分不转
390	000852	江钻股份	2.80	0.70	0.70	4.47	25.42	8222.22	10.35	0.2940	0.2940	13.60	0.40	0.40	10.09	15.39	6.05	3.14	38.04	2.160	2.160	10派2元(含税)
391	000856	唐山陶瓷	1.75	0.65	0.65	4.03	-13.94	-2433.94	-173.39	-0.1400	-0.1400	-4.82	0.34	0.34	10.80	3.99	5.05	-4.42	50.20	2.880	2.880	不分不转
392	000858	五粮液	8.69	2.45	3.18	47.42	19.94	81140.78	5.64	0.9330	0.7147	17.29	1.23	0.95	66.88	45.36	46.94	47.20	29.69	5.401	4.150	10派0.25元(含税)送1股转增2股
393	000859	国风塑业	2.36	0.90	0.90	6.14	28.85	5280.11	6.66	0.2200	0.2200	7.06	0.54	0.54	16.34	42.53	7.48	-0.81	45.88	3.170	3.170	10派2.5元(含税)
394	000860	顺鑫农业	3.04	0.91	0.91	7.74	21.65	7339.94	-4.92	0.2410	0.2410	6.98	0.04	0.04	13.86	35.89	10.51	23.68	21.33	3.460	3.460	10派1.5元(含税)
395	000861	茂化永业	0.74	0.36	0.37	1.68	6.22	826.82	47.00	0.1100	0.1100	3.78	0.32	0.32	4.65	-2.40	2.19	-10.34	51.14	2.950	2.950	每10股转增5股
396	000862	吴忠仪表	2.18	1.17	1.17	2.48	24.41	4587.72	-8.58	0.2100	0.2100	6.28	0.09	0.09	11.95	24.00	7.30	0.88	37.99	3.350	3.350	10派1元(含税)
397	000863	和光商务	1.36	0.39	0.39	8.21	313.38	3189.23	-4.96	0.2350	0.2350	11.27	-0.74	-0.74	8.75	89.36	2.83	11.23	64.87	2.090	2.090	不分不转
398	000866	扬子石化	23.30	3.50	3.50	128.12	-16.69	3504.01	-94.59	0.0200	0.0200	0.67	0.44	0.44	117.90	11.20	52.17	0.74	55.75	2.240	2.240	不分不转
399	000868	安凯客车	2.21	1.01	1.01	4.46	19.71	1024.20	-15.52	0.0460	0.0460	1.56	0.53	0.53	10.14	-8.36	6.58	-2.91	35.14	2.980	2.980	不分不转
400	000869	张裕	2.60	0.32	1.20	8.86	1.42	17165.65	34.65	0.6600	0.6600	13.00	0.20	0.20	16.63	3.27	13.57	8.53	18.33	5.220	5.220	10派2.5元(含税)
401	000876	新希望	1.94	0.64	0.64	7.54	17.53	8430.31	53.27	0.4340	0.4340	8.18	0.64	0.64	14.11	31.09	10.31	20.29	19.75	5.311	5.311	10送1.5股转增1股派0.4元(含税)
402	000877	天山股份	1.73	0.78	0.78	7.08	75.27	9409.63	38.73	0.5428	0.5428	12.79	1.02	1.02	20.08	30.20	7.35	9.84	52.45	4.243	4.243	不分不转
403	000878	云南铜业	7.99	2.81	2.81	28.72	13.20	8325.01	-46.71	0.1040	0.1040	4.68	1.01	1.01	40.47	6.22	17.78	29.04	56.08	2.230	0.214	10派1元(含税)
404	000880	山东巨力	2.76	1.32	1.32	16.61	-2.16	5071.76	-26.41	0.1800	0.1800	7.90	0.75	0.75	11.44	11.95	6.42	21.67	42.60	2.330	2.330	10派3元(含税)
405	000881	大连国际	3.09	1.58	1.58	10.85	39.90	4965.53	-14.92	0.1600	0.1600	7.36	0.28	0.28	16.07	22.81	6.75	2.98	52.40	2.180	2.180	10派0.5元(含税)
406	000882	中商股份	2.49	0.63	0.63	1.93	-36.73	3558.65	139.55	0.1400	0.1400	7.60	-0.26	-0.26	6.07	2.82	4.68	20.49	22.74	1.880	1.880	10派0.5元(含税)
407	000883	三环股份	2.59	1.16	1.06	14.98	51.13	4828.01	-9.74	0.1900	0.1900	6.04	-0.33	-0.36	14.19	27.28	8.00	5.15	43.65	3.080	3.080	10送1股
408	000885	春都	1.60	0.60	0.60	1.03	-65.08	-22780.60	534.00	-1.4240	-1.4200	-73.09	-	-	5.84	-34.00	3.12	-47.98	46.60	1.950	1.950	不分不转
409	000886	海南高速	9.89	2.48	2.48	3.51	-0.31	6218.62	-14.02	0.0630	0.0630	2.36	0.12	0.12	58.40	10.13	26.31	1.61	54.75	2.660	2.660	不分不转
410	000887	飞彩股份	3.01	0.91	0.91	8.58	-19.12	3378.47	-19.77	0.1122	0.1122	4.40	0.37	0.37	16.16	6.77	7.68	38.56	50.66	2.550	2.550	10派0.5元(含税)
411	000888	峨眉山	1.19	0.40	0.40	1.51	19.82	3278.49	0.44	0.2800	0.2768	8.33	0.64	0.64	5.15	14.45	3.94	-5.42	23.54	3.320	3.282	10派1.5元(含税)
412	000889	华联商城	2.95	1.60	1.60	5.08	13.07	6490.77	13.71	0.2200	0.2200	9.10	-0.72	-0.72	15.02	21.49	7.13	-1.42	52.02	2.420	2.420	10派0.3元(含税)
413	000890	法尔胜	2.92	1.69	1.70	10.55	61.29	6465.99	-7.32	0.2200	0.2200	6.97	0.10	0.10	20.23	50.23	9.27	55.70	46.58	3.180	3.180	10派1元(含税)
414	000892	长丰通信	4.14	1.20	1.20	3.26	23.97	8623.94	8.11	0.2100	0.2100	14.20	0.24	0.24	17.61	52.02	6.07	10.06	61.90	1.470	1.470	不分不转
415	000893	广州冷机	2.22	0.57	0.57	3.19	129.77	-8877.32	-3.82	-0.4000	-0.4000	-27.59	0.29	0.29	7.99	-22.41	3.22	-29.68	59.66	1.450	1.450	不分不转
416	000895	双汇发展	2.92	0.85	1.34	33.68	8.39	17050.18	10.22	0.5830	0.5830	21.29	0.72	0.62	16.17	4.38	8.01	18.08	36.16	2.740	2.740	10派1.5元(含税)
417	000897	津滨发展	4.53	1.42	1.42	3.13	-17.29	6598.32	7.02	0.1457	0.1500	7.12	-0.49	-0.49	20.91	40.76	9.27	45.96	53.56	2.050	2.050	10派0.6元(含税)
418	000898	鞍钢新轧	29.58	7.49	7.49	94.91	-3.09	40374.30	-17.56	0.1360	0.1360	5.61	-0.10	-0.10	102.38	7.03	72.01	2.62	29.66	2.430	2.430	10派0.8元(含税)
419	000899	赣能股份	5.48	1.79	1.79	4.95	-0.38	6057.58	-36.27	0.1100	0.1100	4.30	0.22	0.22	15.50	-1.99	14.09	-3.71	8.88	2.570	2.570	10派1元(含税)
420	000900	现代投资	3.99	2.14	2.14	5.00	74.40	17514.55	17.49	0.4400	0.4328	7.10	0.79	0.79	46.06	-6.27	24.67	4.64	46.22	6.180	6.079	10派1.6元(含税)
421	000901	航天科技	0.99	0.30	0.30	1.80	66.97	2556.63	27.09	0.2582	0.2600	7.80	0.20	0.20	5.59	32.38	3.28	5.14	32.68	3.310	3.310	10送2转增4股派1元(含税)
422	000902	中国服装	2.15	0.65	0.65	4.51	-13.54	-1780.98	-147.96	-0.0800	-0.0800	-3.72	-0.30	-0.30	10.95	3.59	4.78	-12.03	52.47	2.220	2.220	不分不转
423	000903	云内动力	1.80	0.60	0.60	7.04	71.80	8052.64	0.72	0.4500	0.4382	12.93	0.82	0.82	13.10	56.15	6.23	0.29	52.30	3.460	3.369	10派3.6元(含税)
424	000905	厦门路桥	2.95	0.95	0.95	2.54	10.54	3788.77	20.70	0.1280	0.1280	3.75	0.12	0.12	28.08	4.79	10.10	3.81	63.84	3.422	3.422	不分不转
425	000906	南方建材	1.25	0.35	0.67	8.46	4.06	1904.70	-46.79	0.1520	0.0799	5.20	0.34	0.18	9.54	30.31	3.66	1.53	60.57	2.930	1.541	10派0.2元(含税)转增9股
426	000908	天一科技	2.80	0.90	0.90	1.71	-9.52	1224.93	-73.51	0.0437	0.0400	2.46	0.11	0.11	6.21	-11.04	4.97	1.37	19.73	1.780	1.780	不分不转

项目			股本			业绩									资产							分配
序号	代码	公司简称	总股本(亿股)	流通股(亿股)	2002.04.29	主营收入(亿元)	±%	净利润(万元)	±%	每股收益(元)	2002.04.29摊薄后	净资产收益率(%)	每股经营性现金流量(元)	2002.04.29摊薄后	总资产(亿元)	±%	净资产(亿元)	±%	资产负债比率(%)	每股净资产(元)	2002.04.29摊薄后	2001年度已实施利润分配及预案
427	000909	数源科技	1.96	0.60	0.60	2.20	-50.65	358.27	2.67	0.0180	0.0180	0.68	-0.19	-0.19	7.79	-8.54	5.27	-0.02	31.72	2.690	2.690	不分不转
428	000910	大亚股份	2.31	0.80	0.80	5.35	24.23	5652.86	-2.13	0.2440	0.2440	6.95	0.40	0.40	12.26	20.76	8.14	3.45	31.05	3.519	3.520	不分不转
429	000911	南宁糖业	2.41	0.73	0.73	9.57	2.05	4734.06	-13.94	0.2000	0.2000	7.06	0.09	0.09	12.08	-9.74	6.70	24.10	44.51	2.780	2.780	不分不转
430	000912	泸天化	4.50	1.50	1.50	15.41	11.82	10393.06	-16.52	0.2310	0.2310	6.92	0.70	0.70	34.09	-4.99	15.01	3.35	42.38	3.336	3.336	10派1元(含税)
431	000913	钱江摩托	2.83	0.85	0.85	27.18	-27.50	7561.52	-45.59	0.2700	0.2700	6.41	0.38	0.38	18.81	20.44	11.79	40.18	31.09	4.160	4.160	10送2股派1元(含税)转增4股
432	000915	山大华特	0.90	0.30	0.30	0.42	4.98	145.32	-148.24	0.0161	0.0161	0.59	-	-	4.84	21.20	2.45	-1.43	49.31	2.717	2.717	不分不转
433	000916	华北高速	10.90	3.40	3.40	3.95	11.14	16132.32	-42.54	0.1500	0.1500	5.91	0.26	0.26	33.95	3.02	27.29	1.94	19.06	2.500	2.500	10派1元(含税)
434	000917	电广传媒	2.58	1.18	1.18	6.93	19.74	7612.45	-47.47	0.2900	0.2900	3.28	-0.64	-0.64	45.25	40.98	23.20	-0.91	43.77	8.980	8.980	10派2元(含税)
435	000918	亚华种业	1.70	0.60	0.60	4.20	24.18	3025.85	-51.17	0.1780	0.1780	4.63	0.07	0.07	16.80	13.40	6.53	-1.95	56.67	3.843	3.843	10派0.5元(含税)
436	000919	金陵药业	2.80	0.80	0.80	4.99	36.85	10868.52	-8.56	0.3880	0.3880	10.11	0.33	0.33	14.16	15.89	10.75	1.53	21.64	3.838	3.838	10派2.12元(含税)
437	000920	南方汇通	1.90	0.70	0.70	4.92	20.41	9253.59	24.84	0.4900	0.4766	15.33	0.35	0.35	8.79	-4.26	6.04	3.39	30.17	3.180	3.093	10派4元(含税)
438	000921	科龙电器	9.92	1.10	1.10	47.20	7.02	-155557.31	129.29	-1.5700	-1.5700	-64.70	0.15	0.15	65.27	-5.56	24.03	-41.89	59.72	2.420	2.420	不分不转
439	000922	阿继电器	1.76	0.55	0.79	2.47	14.28	3995.21	6.25	0.2300	0.2300	7.27	0.20	0.20	7.95	7.24	5.49	5.84	30.36	3.130	3.130	10派0.6元(含税)
440	000923	河北宣工	1.65	0.55	0.55	3.70	17.63	1459.98	-42.32	0.0900	0.0900	3.60	0.30	0.30	7.05	3.25	4.06	3.74	42.46	2.460	2.460	不分不转
441	000925	浙大海纳	0.90	0.30	0.30	1.71	-26.90	1948.55	-36.17	0.2200	0.2200	5.29	0.26	0.26	5.38	-0.50	3.68	1.65	25.68	4.090	4.090	10派1.8元(含税)
442	000926	福星科技	2.67	0.72	0.72	4.26	9.34	8357.67	0.70	0.3130	0.3100	12.90	-0.13	-0.13	11.26	29.10	6.48	6.87	41.75	2.430	2.430	10派1.25元(含税)
443	000927	天津汽车	14.50	2.18	2.18	34.06	-24.87	-8705.25	-131.00	-0.0600	-0.0600	-2.73	0.23	0.23	73.49	1.70	31.93	-13.34	56.57	2.200	2.200	10派1.25元(含税)转增1股
444	000928	吉林炭素	2.83	1.20	1.20	7.76	8.27	3621.75	-13.91	0.1280	0.1300	3.50	-0.10	-0.10	24.92	15.70	10.34	3.63	56.51	3.650	3.650	不分不转
445	000929	兰州黄河	1.18	0.54	0.54	1.55	-16.88	-15222.69	-4723.11	-1.2918	-1.2918	-44.92	0.23	0.23	7.87	-15.11	3.39	-30.81	54.96	2.876	2.876	不分不转
446	000930	丰原生化	1.77	0.90	0.90	8.53	20.99	10997.76	27.84	0.6210	0.6200	8.02	0.52	0.52	24.48	81.06	13.70	131.40	43.60	7.741	7.740	10派1元(含税)
447	000931	中关村	6.75	3.75	3.75	19.07	21.48	8516.30	-46.44	0.1262	0.1262	4.99	0.28	0.28	96.90	46.73	17.05	0.73	76.16	2.527	2.527	10派1元(含税)
448	000932	华菱管线	15.65	2.50	4.50	85.00	37.24	47356.75	30.02	0.3025	0.3006	13.31	0.86	0.77	77.71	43.40	35.58	5.46	41.53	2.270	2.256	10派1元(含税)
449	000933	神火股份	2.29	0.70	0.70	6.39	18.62	9898.69	3.49	0.4329	0.4300	12.90	0.71	0.71	10.15	-6.84	7.67	-3.49	24.35	3.356	3.360	10派2.8元(含税)
450	000935	四川双马	3.19	1.04	1.04	4.27	-4.22	5121.40	-12.46	0.1603	0.1600	9.78	0.15	0.15	8.20	14.38	5.23	6.01	32.27	1.637	1.640	10派0.7元(含税)
451	000936	华西村	1.68	0.42	0.42	6.63	118.33	6620.30	15.47	0.3900	0.4030	12.44	0.33	0.33	7.20	21.43	5.32	10.23	23.78	3.168	3.276	10派1元(含税)
452	000937	金牛能源	4.25	1.00	1.00	11.65	30.56	25313.73	33.78	0.6000	0.6000	15.60	0.87	0.87	23.93	12.18	16.23	6.21	32.19	3.820	3.820	10派2.5元(含税)
453	000938	清华紫光	2.06	0.64	0.64	14.65	58.81	-2362.17	-128.35	-0.1150	-0.1150	-3.97	0.98	0.98	10.22	-6.68	5.95	-4.86	38.41	2.888	2.888	不分不转
454	000939	凯迪电力	2.16	0.95	0.95	4.23	103.21	6577.99	19.81	0.3041	0.3041	13.55	0.74	0.74	9.05	41.48	4.85	11.55	42.88	2.240	2.240	10派0.5元(含税)
455	000948	南天信息	1.40	0.40	0.40	8.94	32.89	3944.68	-10.32	0.2800	0.2800	8.27	1.12	1.12	8.50	3.31	4.77	2.90	40.65	3.410	3.410	10派1.9元(含税)
456	000949	新乡化纤	4.91	1.50	1.50	7.31	15.02	3395.19	-65.55	0.0700	0.0700	3.39	0.01	0.01	12.82	5.37	10.03	4.42	21.78	2.040	2.040	10派0.5元(含税)
457	000950	民丰农化	1.55	0.55	0.55	4.73	22.21	435.14	-88.31	0.0280	0.0280	1.02	0.08	0.08	9.97	19.80	4.26	-0.55	57.29	2.747	2.750	不分不转
458	000951	小鸭电器	2.54	0.90	0.90	4.80	-27.39	-7516.51	-908.52	-0.3000	-0.3000	-14.14	-0.28	-0.28	14.42	2.07	5.32	-15.52	63.14	2.090	2.090	不分不转
459	000952	广济药业	1.71	0.50	0.50	1.86	38.73	2458.73	-19.69	0.1440	0.1440	5.05	-0.13	-0.13	7.62	12.66	4.87	1.11	36.09	2.840	2.840	10派0.5元(含税)
460	000953	河池化工	1.78	0.60	0.60	3.54	11.33	2354.06	-37.84	0.1300	0.1300	5.74	-0.17	-0.17	12.19	20.31	4.10	4.74	61.64	2.300	2.300	10派0.25元(含税)送1股
461	000955	欣龙无纺	2.05	0.55	0.55	1.60	19.83	1614.71	4.96	0.0790	0.0790	3.34	0.10	0.10	8.07	3.23	4.83	-6.49	40.14	2.355	2.355	10派0.3元(含税)送0.5股转增0.5股
462	000956	中原油气	8.16	2.04	2.04	17.40	-9.00	50898.89	-36.22	0.6238	0.6238	17.75	0.91	0.91	36.74	16.83	28.67	13.72	21.42	3.513	3.513	10派2元(含税)
463	000957	中通控股	2.39	0.81	0.81	3.26	24.60	3350.97	-28.27	0.1405	0.1405	7.50	0.06	0.06	7.09	7.52	4.47	3.43	37.00	1.870	1.870	不分不转
464	000958	东方热电	1.80	0.45	0.45	4.61	52.34	7996.86	52.70	0.4400	0.4368	13.58	0.61	0.61	14.66	14.78	5.89	11.59	58.12	3.270	3.246	10派1元(含税)
465	000959	首钢股份	23.10	3.50	3.50	120.17	0.84	70933.92	-6.51	0.3100	0.3100	14.21	0.39	0.39	97.14	0.80	49.90	-0.89	48.14	2.160	2.160	10派2.3元(含税)

项目			股本			业绩									资产							分配
序号	代码	公司简称	总股本(亿股)	流通股(亿股)	2002.04.29	主营收入(亿元)	±%	净利润(万元)	±%	每股收益(元)	2002.04.29摊薄后	净资产收益率(%)	每股经营性现金流量(元)	2002.04.29摊薄后	总资产(亿元)	±%	净资产(亿元)	±%	资产负债比率(%)	每股净资产(元)	2002.04.29摊薄后	2001年度已实施利润分配及预案
466	000960	锡业股份	3.58	1.30	1.30	11.45	-3.82	1455.83	-85.03	0.0407	0.0400	1.26	-0.47	-0.47	20.84	9.16	11.62	-0.03	44.27	3.245	3.250	10派0.16元(含税)
467	000961	大连金牛	3.01	1.30	1.30	11.42	-2.83	5253.30	-29.00	0.1700	0.1700	5.24	0.30	0.30	24.05	12.82	10.03	35.99	58.29	3.340	3.340	10派0.3元(含税)
468	000962	东方钽业	3.56	1.40	1.40	12.25	15.20	17839.76	17.41	0.5006	0.5000	16.97	-0.28	-0.28	15.61	8.17	10.51	18.47	32.68	2.950	2.950	不分不转
469	000963	华东医药	1.90	0.50	0.50	18.86	16.61	5747.63	25.19	0.3000	0.3000	10.80	0.58	0.58	12.41	8.55	5.34	10.78	53.43	2.810	2.810	10送2股派0.5元(含税)转增8股
470	000965	天水股份	2.17	0.70	0.70	3.78	17.19	2257.99	-45.96	0.1000	0.1000	3.78	-0.19	-0.19	10.95	7.64	5.98	3.37	45.38	2.760	2.760	10送0.5股转增0.5股派0.13元(含税)
471	000966	长源电力	3.70	1.08	1.08	8.81	30.72	4641.80	-46.35	0.1254	0.1300	5.53	0.26	0.26	20.80	-2.76	8.39	-1.51	52.91	2.266	2.270	10派1元(含税)
472	000967	上风高科	1.37	0.45	0.45	1.34	-3.87	2772.72	-26.34	0.2027	0.2000	6.08	0.15	0.15	5.24	4.40	4.56	6.16	9.30	3.340	3.340	10派0.8元(含税)
473	000968	神州股份	3.95	1.40	1.40	6.63	11.45	5392.77	0.46	0.1365	0.1365	4.74	0.08	0.08	18.49	8.28	11.39	2.66	38.42	2.882	2.882	10派0.12元(含税)
474	000969	安泰科技	2.44	0.88	0.88	4.35	22.01	6757.37	-5.33	0.2768	0.2768	6.39	0.12	0.12	12.48	-16.00	10.58	2.58	14.27	4.333	4.333	10派1.41元(含税)
475	000970	中科三环	1.57	0.63	0.63	3.67	-1.28	3045.47	11.45	0.1940	0.1940	8.21	0.08	0.08	6.23	15.34	3.71	7.62	30.03	2.370	2.370	10派1元(含税)转增5股
476	000971	湖北迈亚	1.87	0.55	0.55	2.71	11.52	3396.67	-13.21	0.1800	0.1800	8.10	0.24	0.24	9.66	5.83	4.19	0.51	56.64	2.240	2.240	10派1.5元(含税)
477	000972	新中基	1.25	0.45	0.45	5.49	17.47	1982.99	-26.93	0.1600	0.1600	4.93	-0.29	-0.29	12.29	18.33	4.02	0.88	62.89	3.230	3.230	10派0.6元(含税)
478	000973	佛塑股份	3.73	0.95	0.49	16.70	12.64	9961.48	31.72	0.2670	0.2690	8.38	0.58	0.58	21.51	2.95	11.89	7.04	42.60	3.184	3.208	10派0.8元
479	000975	乌江电力	2.96	1.20	1.20	1.21	25.13	2790.98	-25.32	0.0900	0.0900	4.01	0.11	0.11	8.20	2.02	6.96	-0.09	14.90	2.350	2.350	10派1.00元(含税)
480	000976	春晖股份	4.21	0.61	0.61	11.53	20.41	5770.06	-24.48	0.1400	0.1400	5.36	0.37	0.37	19.69	17.90	10.79	-8.52	45.23	2.560	2.560	10派0.3元(含税)
481	000977	浪潮信息	2.15	0.65	0.65	7.97	-2.11	4332.28	-28.13	0.2000	0.2000	5.37	0.37	0.37	11.12	-4.83	8.07	2.75	18.96	3.750	3.750	10派1元(含税)
482	000978	桂林旅游	1.77	0.60	0.60	2.00	43.99	4375.00	20.44	0.2470	0.2470	12.10	0.37	0.37	4.96	15.46	3.62	1.96	17.68	2.043	2.043	10派2元(含税)
483	000979	科苑集团	0.94	0.40	0.40	2.34	64.11	2333.74	8.45	0.2500	0.2500	4.92	0.06	0.06	7.02	7.80	4.75	3.12	31.50	5.050	5.050	10派0.6元(含税)
484	000980	金马股份	1.50	0.58	0.58	2.05	-26.95	112.94	-97.04	0.0075	0.0075	0.24	-0.21	-0.21	9.98	38.85	4.70	-5.81	52.90	3.135	3.130	不分不转
485	000981	兰光科技	1.61	0.50	0.50	6.42	-12.51	2593.25	-52.24	0.1600	0.1600	3.89	-0.53	-0.53	10.20	-13.72	6.67	-4.59	33.12	4.140	4.140	10派1元(含税)
486	000982	圣雪绒	0.74	0.30	0.30	4.52	16.33	2297.24	-10.31	0.3100	0.3100	6.48	-1.52	-1.52	10.56	64.09	3.55	3.82	63.39	4.793	4.790	10派1.5元(含税)
487	000983	西山煤电	8.08	2.86	2.88	19.60	55.98	24793.30	28.01	0.3100	0.3100	8.36	0.35	0.35	41.44	8.95	29.63	5.98	28.50	3.670	3.670	10派1元(含税)
488	000985	大庆华科	1.15	0.30	0.30	3.79	-5.18	2215.73	-40.45	0.1930	0.1900	5.73	-0.20	-0.20	4.84	1.71	3.87	1.91	17.00	3.364	0.360	10派1元(含税)
489	000987	广州友谊	2.39	0.60	0.60	9.80	3.57	3835.57	1.19	0.1603	0.1600	6.41	0.10	0.10	7.56	-24.24	5.99	2.47	20.66	2.502	2.500	10派1元(含税)
490	000988	华工科技	1.15	0.30	0.30	2.97	64.55	4548.51	-9.39	0.3960	0.3960	7.89	-0.34	-0.34	8.21	3.60	5.77	2.44	22.64	5.016	5.016	10派2元(含税)
491	000989	九芝堂	1.29	0.40	0.40	7.10	55.69	5237.04	14.55	0.4070	0.4100	10.44	0.63	0.63	8.72	7.44	5.02	1.16	37.58	3.900	3.900	10派2.5元(含税)
492	000990	诚志股份	1.79	0.72	0.72	4.39	59.75	4505.02	11.40	0.2500	0.2500	6.77	0.10	0.10	9.22	17.29	6.65	4.84	21.97	3.710	3.710	10派0.8元(含税)
493	000993	闽东电力	3.00	1.00	1.00	2.22	23.37	2880.04	-33.82	0.1000	0.1000	2.00	0.04	0.04	21.76	7.22	14.43	0.02	32.55	4.810	4.810	10派0.6元(含税)
494	000995	皇台酒业	1.40	0.40	0.40	1.21	-23.55	191.45	-92.75	0.0137	0.0137	0.42	-0.22	-0.22	6.75	0.83	4.60	-2.64	31.15	3.290	3.290	不分不转
495	000996	捷利股份	1.15	0.35	0.35	1.88	-14.18	1345.30	-45.39	0.1170	0.1170	3.21	0.04	0.04	5.45	12.97	4.19	2.50	16.67	3.640	3.640	10派0.3元(含税)
496	000997	新大陆	1.16	0.31	0.31	4.63	10.90	4034.42	1.22	0.3500	0.3500	6.76	0.10	0.10	7.25	-0.68	5.97	3.18	16.26	5.150	5.150	10派3元(含税)
497	000998	隆平高科	1.05	0.55	0.55	2.68	64.82	4033.23	6.25	0.3800	0.3800	5.13	-0.75	-0.75	9.85	6.31	7.86	1.08	15.58	7.490	7.490	10派3元(含税)
498	000999	三九医药	7.53	2.00	2.00	18.67	2.14	12102.73	-39.96	0.1607	0.1607	4.65	0.20	0.20	65.99	12.04	26.04	0.83	55.26	3.460	3.460	10派0.4元(含税)
499	001696	成都联益	1.37	0.52	0.52	1.50	1455.95	930.37	-146.45	0.0679	0.0679	33.23	0.29	0.29	1.89	44.39	0.28	25.67	85.11	0.205	0.205	不分不转
500	001896	豫能控股	4.30	0.80	0.80	4.30	10.86	5474.01	-34.03	0.1270	0.1270	6.13	0.29	0.29	14.43	3.17	8.92	-8.66	37.39	2.080	2.080	10派1元(含税)
501	200041	深本实	0.61	0.16	0.16	0.67	537.77	801.64	120.54	0.1300	0.1300	6.12	-0.04	-0.04	2.71	4.07	1.31	-1.83	49.92	2.170	2.170	不分不转
502	200053	深基地	2.31	0.60	0.60	1.03	6.33	6018.06	34.17	0.2610	0.2610	11.51	0.37	0.37	6.17	7.51	5.23	3.58	15.24	2.267	2.267	10派0.2206美元(含税)
503	200054	深建摩	4.78	1.20	1.20	7.33	-33.01	-19287.10	-1456.15	-0.4000	-0.4000	-64.08	0.11	0.11	15.53	-15.85	3.01	-38.71	80.51	0.630	0.630	不分不转
504	200057	深大洋	1.98	0.79	0.79	-	-	683.15	-123.86	0.0300	0.0300	-11.51	-0.03	-0.03	1.15	-33.68	-0.59	-441.80	151.44	-0.300	-0.300	不分不转

项目			股本			业绩									资产							分配
序号	代码	公司简称	总股本(亿股)	流通股(亿股)	2002.04.29	主营收入(亿元)	±%	净利润(万元)	±%	每股收益(元)	2002.04.29摊薄后	净资产收益率(%)	每股经营性现金流量(元)	2002.04.29摊薄后	总资产(亿元)	±%	净资产(亿元)	±%	资产负债比率(%)	每股净资产(元)	2002.04.29摊薄后	2001年度已实施利润分配及预案
505	200152	山航	4.00	1.40	1.40	13.12	25.87	5494.17	-41.00	0.1400	0.1400	9.74	0.24	0.24	20.28	46.74	5.64	5.80	72.17	1.410	1.410	10派0.6元(含税)
506	200160	帝贤	2.15	1.15	1.96	2.90	2.21	6609.55	1.42	0.3100	0.1813	15.00	0.29	0.17	11.73	26.06	4.42	14.13	17.92	2.060	1.205	10送2转增5派0.53元(含税)
507	200168	雷伊	1.77	0.69	0.69	4.02	-32.91	3390.40	-46.22	0.1900	0.1900	9.00	-0.38	-0.38	7.33	7.74	3.71	1.81	49.12	2.100	2.100	10派1.5元(含税)
508	200468	宁通信	2.15	1.00	1.00	7.54	17.87	238.22	-28.76	0.0110	0.0110	0.55	0.08	0.08	10.70	2.89	4.31	-11.62	57.76	2.004	2.004	不分不转
509	200512	闽灿坤	4.51	1.22	1.22	27.98	10.74	17040.76	-7.38	0.3779	0.3826	16.84	1.42	1.42	24.61	-0.32	10.12	0.21	54.03	2.240	2.380	10派1元(含税)转增2.5股送2.5股
510	200706	瓦轴	3.30	1.30	1.30	10.72	-2.19	2455.32	-44.57	0.0740	0.0740	2.37	0.33	0.33	21.78	0.68	10.38	2.44	52.04	3.150	3.150	10派0.3元(含税)
511	200770	武锅	2.97	1.25	1.25	4.04	60.93	1801.05	43.11	0.0610	0.0610	3.58	0.25	0.25	12.77	30.79	5.03	1.88	60.52	1.694	1.694	10派0.25元(含税)
512	200771	杭汽轮	2.20	0.80	0.80	2.89	16.04	2738.89	-8.92	0.1240	0.1240	6.20	0.23	0.23	6.27	-7.16	4.42	0.90	29.30	2.010	2.010	10派1元(含税)
513	200986	粤华包	4.40	1.50	1.50	5.11	26.17	11869.70	5.00	0.2700	0.2700	14.70	0.06	0.06	13.01	-1.28	8.07	5.34	28.04	1.837	1.840	10派1.33元(含税)
514	200992	中鲁B	2.66	1.38	1.38	3.41	-42.41	2383.54	-67.09	0.0900	0.0900	4.60	0.33	0.33	10.32	16.04	5.14	2.09	46.43	1.930	1.930	10派0.5元(含税)

上市公司2002年中报一览表（沪市）

代 码	证券简称	每股收益（元）		每股净资产（元）		净资产收益率（%）		每股现金流量（元）		净利润（万元）		扣除后（万元）
		2002	2001	2002	2001	2002	2001	2002	2001	2002	2001	2002
600000	浦发银行	0.225	0.222	3.157	2.932	7.12	7.62	0.485	0.381	54144.2	53491.1	54032.7
600002	齐鲁石化	-0.102	0.049	2.32	2.42	-4.41	1.91	0.227	0.098	-19895.6	9465.2	-20612.4
600003	东北高速	0.0378	0.0548	2.4575	2.4197	1.5378	2.2815	0.0415	0.0718	4584.81	6643	5105.48
600005	武钢股份	0.121	0.181	2.356	2.234	5.154	7.688	0.332	0.25	25380.28	37919.81	26073.94
600006	东风汽车	0.357	0.281	3.3149	2.9579	10.77	9.68	1.2247	0.191	35703.58	28100.4	36157.31
600007	中国国贸	0.13	0.11	2.81	2.68	4.53	4.11	0.26	0.14	10170.7	8775.7	9960.2
600008	首创股份	0.205	0.198	3.7846	3.5817	5.407	5.317	0.224	0.211	22509.82	21734.59	21519.07
600009	上海机场	0.221	0.192	3.777	3.555	5.84	5.5	0.345	0.234	31171.94	27130.34	31171.94
600010	钢联股份	0.108	0.139	2.887	2.7779	3.75	4.93	0.405	0.133	13536.48	17342.27	17408.08
600011	华能国际	0.3	0.29	4.82	4.52	6.29	6.8	0.59	0.57	182089.1	164685.8	182967.3
600016	民生银行	0.17	0.07	2.2	2.41	7.56	3.39	5.77	6.75	43069.6	18996.9	43006.2
600018	上港集箱	0.41	0.38	5.49	5.09	7.52	8.14	0.75	0.66	37234.02	34726.82	36997.89
600019	宝钢股份	0.11	0.13	2.21	2.1	4.87	5.94	0.45	0.31	134605.04	159652.17	136359.82
600026	中海发展	0.0752	0.07	1.852	1.71	4.06	4.07	0.265	0.22	25024.2	20690.9	25021.7
600028	中国石化	0.052	0.101	1.636	1.604	3.18	6.61	0.25	0.099	450400	851100	463900
600033	福建高速	0.193	0.1038	3.62	3.43	5.33	3.03	0.2777	0.1113	13222.8	7112.5	12199.66
600036	招商银行	0.16	0.15	2.82	1.22	5.68	14.93	1.23	3.42	91453.2	64680.8	90008.8
600037	歌华有线	0.28	0.27	6.31	6.04	4.38	4.46	0.41	0.31	7467.52	7261.31	7485.03
600038	哈飞股份	0.09	0.04	2.88	4.47	3.14	1.02	0.03	0.02	2168.57	651.77	2070.66
600049	华源股份	0.06	0.12	2.98	2.92	2.14	4.2	0.01	0.14	3734.7	6035.72	2501.49
600051	宁波联合	0.034	0.062	2.75	2.72	1.22	2.31	-1.14	0.22	1013	1882.69	987.53
600052	浙江广厦	-0.06	0.08	2.89	2.94	-2.21	4.07	-0.16	-0.02	-3092.55	3426	-3077.28
600053	江西纸业	-0.122	0.123	2.11	2.16	-5.78	2.94	0.246	0.203	-1971.53	1976.51	-1971.53
600054	黄山旅游	0.047	0.085	2.46	2.41	1.9	3.6	0.12	0.218	1435.69	2581.46	1435.21
600055	万东医疗	0.08	0.07	3.18	3.1	2.46	2.42	-0.19	-0.26	866.16	802.68	872.93
600056	中技贸易	0.1699	0.0359	4.3901	4.2203	3.8691	0.9048	-1.31	3.94	2214.12	468.08	1471.4
600057	ST厦新	0.24	-0.08	1.4	1.36	16.98	-6.05	1.23	-0.12	8541.16	-2942.72	8543.09
600058	龙腾科技	0.2045	0.1639	4.524	4.3463	4.5214	3.6745	2.4858	0.6842	8674.73	6952.44	8844.51
600059	古越龙山	0.098	0.102	4.91	3.8	2.01	2.67	0.14	-0.14	2290.95	2091.5	2247.49
600060	海信电器	0.05	0.087	4.54	4.49	1.1	1.78	-0.09	0.35	2456.75	4311.28	2063.91
600061	中纺投资	0.005	0.051	1.674	1.67	0.283	3.11	-0.04	0.14	136.09	1469.33	97.41
600062	双鹤药业	0.2345	0.2891	3.1428	3.7807	7.46	10.71	0.1547	0.3136	10343.6	8838.62	10088.32
600063	皖维高新	0.084	0.131	2.516	2.432	3.343	5.108	0.195	0.222	2127.33	3307.44	1964.53
600064	南京高科	0.116	0.1098	3.68	3.38	3.15	3.335	-0.0929	-0.056	3991.72	3778.53	3299.4
600065	大庆联谊	-0.0501	0.0369	3.72	3.7707	-1.34	0.9	0.1441	0.1259	-961.05	707.66	-911.81
600066	宇通客车	0.24	0.22	6.486	6.24	3.72	3.5	0.68	0.41	3299.47	3011.03	3299.47
600067	福州大通	0.144	0.17	2.91	2.89	4.93	5.63	-0.3	0.07	1507.77	1780.58	1317.69
600068	葛洲坝	0.049	0.088	4.67	4.62	1.07	1.94	-0.4	-0.086	3518.89	6206.03	3555.99

代 码	证券简称	每股收益（元）		每股净资产（元）		净资产收益率（%）		每股现金流量（元）		净利润（万元）		扣除后（万元）
		2002	2001	2002	2001	2002	2001	2002	2001	2002	2001	2002
600069	银鸽投资	0.009	-0.055	1.027	1.017	0.87	-3.478	0.41	0.029	331.9	-2036.54	322.22
600070	浙江富润	0.13	0.18	3.15	3.02	4.1	5.91	0.37	0.03	979.19	1352.7	907.79
600071	凤凰光学	0.042	0.0942	1.85	1.71	2.27	4.46	-0.0065	0.1749	996.34	1721.06	1014.8
600072	江南重工	0.0692	0.03	3.562	3.493	1.944	0.886	0.0442	-0.363	1901.14	836.24	419.32
600073	上海梅林	0.02	0.12	2.46	2.44	0.67	4.83	-0.06	-0.02	537.08	3779.15	2.05
600074	南京中达	0.211	0.247	5.223	4.089	4.033	6.251	0.72	0.654	3993.26	3571.97	4069.69
600075	新疆天业	0.014	0.08	4.733	4.744	0.3	1.64	-0.04	0.055	322.43	1755.6	188.69
600076	青鸟华光	0.144	0.162	4.056	2.935	3.558	5.521	0.197	0.045	3653.66	3645.19	3644.68
600077	国能集团	-0.044	0.031	2.76	2.81	-1.58	1.09	-0.17	-0.15	-554.69	390.69	-554.69
600078	澄星股份	0.135	0.15	3.66	3.52	3.68	4.45	0.04	0.16	2424.34	2720.37	1983.83
600079	人福科技	0.06	0.13	3.26	2.35	1.95	5.49	-0.048	-0.123	922.08	1628.48	933.66
600080	金花股份	0.067	0.1	3.64	3.57	1.84	2.87	0.18	0.13	1541.57	2310.12	1534.06
600081	东风科技	0.1496	0.1139	2.0725	1.9227	7.22	5.58	0.5469	0.1307	3006.37	2288.92	3117.19
600082	ST海泰	0.048	-0.37	2.22	2.173	2.16	-16.26	0.01	-0.49	715.85	-5479.91	694.6
600083	ST红光	0.018	0.038	0.057	0.006	31.84	-39.8	0.102	0.011	414.91	882.96	875.97
600084	新天国际	0.1409	0.15	3.2173	2.88	4.3805	5.4	0.0674	0.05	3314.5	3543.1	3317.95
600085	同仁堂	0.429	0.356	4.18	3.751	10.26	9.47	0.821	0.307	14222.53	11800	14230.5
600086	多佳股份	0.023	0.022	1.434	1.411	1.62	1.623	-0.019	0.006	816.13	784.08	907.3
600088	中视传媒	0.036	0.056	3.086	3.05	1.174	1.411	-0.055	-0.211	857.43	1018.04	454.12
600089	特变电工	0.183	0.183	3.36	3.18	5.44	5.706	0.75	-0.053	4747.47	4742.42	3967.6
600090	啤酒花	0.055	0.087	1.536	1.427	0.036	0.06	-0.34	0.195	2009.83	3182.65	2006.24
600091	明天科技	0.11	0.23	5.16	3.45	2.11	6.69	-0.29	0.22	3668.03	5143.72	3436.85
600093	禾嘉股份	0.072	0.072	2.12	2.05	3.4	2.44	-0.16	-0.02	1379.02	921.8	1423.48
600095	哈高科	-0.221	0.052	2.056	2.276	-10.771	1.846	-0.047	0.138	-5791.19	1355.2	-5862.36
600096	云天化	0.2286	0.182	3.4861	3.23	6.56	6.07	0.3583	0.46	8417.12	6699.09	8701.34
600097	华立科技	0.044	-0.137	1.143	1.099	3.85	-22.68	-0.12	0.002	508.39	-1584.44	510.73
600098	广州控股	0.342	0.339	4.175	3.833	8.19	9.125	0.575	0.573	42837.07	42526.03	44345.8
600099	林海股份	0.02	0.034	2.12	2.1	0.93	1.36	0.01	0.007	433.85	629.89	441.06
600100	清华同方	0.243	0.242	4.929	4.635	4.93	5.27	0.06	0.12	13951.7	13887.4	13985.02
600101	明星电力	0.23	0.263	6.07	5.84	3.796	5.986	0.345	0.364	3912.99	3851.39	3949.81
600102	莱钢股份	0.2	0.3	3.91	3.71	5.19	8.47	0.49	0.37	17711.43	26174.65	19286.03
600103	青山纸业	0.032	0.123	2.238	2.204	1.447	5.506	0.112	0.065	2287.58	8670.68	2180.12
600104	上海汽车	0.161	0.181	3.387	3.226	4.76	5.536	0.118	0.122	40628.42	45610.3	43792.17
600105	永鼎光缆	0.106	0.158	3.47	2.75	3.06	5.8	0.5	0.09	2891.45	3949.24	2924.9
600106	重庆路桥	0.1161	0.1136	2.99	2.87	3.88	3.99	0.097	0.136	3598.02	3522.2	3191.5
600107	美尔雅	-0.048	0.1048	2.3	2.35	-2.07	4.43	-0.035	0.085	-1712.97	3774.19	-1721.47
600108	亚盛集团	0.0755	0.1022	2.29	2.21	3.301	4.41	0.0305	0.019	4720.67	6142.04	4715.23
600109	ST成百	-0.112	-0.135	0.096	0.204	-115.95	-470.32	-0.055	-0.033	-792.19	-957.7	-893.55
600111	稀土高科	0.079	0.114	2.606	2.527	3.045	4.489	0.024	0.004	3203.88	4605.97	3240.42
600112	长征电器	-0.029	0.022	2.76	2.79	-1.05	0.805	-0.078	-0.08	-497.79	378.5	-468.81
600113	浙江东日	0.019	0.067	3.02	3	0.625	2.185	0.1	0.144	222.77	795.98	203.66
600115	东方航空	0.011	-0.0498	1.286	1.275	0.86	-4.06	0.26	0.295	5370.17	-24232.26	5088.81
600117	西宁特钢	0.0674	0.0497	2.473	2.4056			0.0838	0.0625	3925.27	2895.83	3759.11
600118	中国卫星	0.012	0.043	1.478	1.466	0.782	2.942	0.106	0.142	218.95	808.28	-231.9

代码	证券简称	每股收益（元）		每股净资产（元）		净资产收益率（%）		每股现金流量（元）		净利润（万元）		扣除后（万元）
		2002	2001	2002	2001	2002	2001	2002	2001	2002	2001	2002
600119	长江投资	0.0506	0.0613	1.8032	2.2784	2.807	2.789	0.2102	-0.2966	1085.9	1011.92	1026.26
600120	浙江东方	0.163	0.316	2.36	3.08	6.9	10.41	-0.55	0.91	5153.1	7130.09	5006.71
600121	郑州煤电	0.042	0.056	1.55	1.51	2.68	3.78	0.0724	0.1253	3370.68	4535.42	3441.29
600122	宏图高科	0.044	0.04	2.992	2.948	1.476	1.41	-0.021	-0.402	1409.78	1282.58	1408.04
600123	兰花科创	0.08	0.036	2.277	2.196	3.53	1.62	0.175	0.049	2982.96	1320.27	3364.82
600125	钱龙股份	0.151	0.153	3.03	2.87	4.99	5.54	-0.047	0.263	2879.24	2921.27	2891.14
600126	杭钢股份	0.21	0.305	3.38	3.17	6.23	9.86	0.69	0.231	13575.69	19673.63	13527.53
600127	金健米业	0.007	0.062	2.913	2.913	0.244	2.124	0.17	0.144	307.55	2675.79	307.55
600128	弘业股份	0.07	0.13	2.84	2.76	2.4	4.5	0.42	0.27	1359.15	2582.01	1333.85
600129	太极集团	0.14	0.24	4.07	3.94	3.44	6.08	0.3	0.32	3598.37	6065.18	3480.94
600130	波导股份	0.352	0.174	5.558	5.203	6.33	3.391	2.81	0.581	5629.43	2784.78	5414.45
600132	重庆啤酒	0.12	0.14	3.49	3.37	3.31	3.9	0.35	0.46	1972.47	2398.45	1974.59
600133	东湖高新	0.0872	0.0818	2.3926	2.3055	3.64	3.57	-0.2041	-0.1208	2402.12	2255.13	2197.76
600135	乐凯胶片	0.211	0.299	3.048	2.837	6.911	9.556	0.356	0.453	7203.35	10218.63	7207.76
600136	道博股份	0.01	0.061	4.04	4.03	0.27	1.56	-0.02	0.04	112.18	637.85	-457.38
600137	ST长控	-0.982	0.195	1.428	2.41	-68.816	6.682	-0.184	-0.16	-5963.97	1185.32	-2899.88
600138	青旅控股	0.193	0.234	4.26	4.06	4.54	5.68	0.06	0.08	5162.72	6245.29	4098.61
600139	鼎天科技	-0.25	0.13	1.14	1.37	-21.57	6	0.11	1.2	-1863.82	988.23	-1970.64
600141	兴发集团	0.065	0.084	2.59	2.52	2.53	3.36	-0.052	0.105	1046.72	1339.35	1043.6
600145	四维瓷业	0.09	0.2	1.286	1.67	7.01	12.57	0.06	0.18	3127.38	4988.01	3016.98
600146	大元股份	0.016	-0.149	1.8	1.78	0.9	-6.86	0.009	0.112	323.31	-2977.65	330.11
600149	邢台轧辊	0.0514	0.0396	2.085	2.03	2.46	1.37	0.045	-0.03	1308.69	673.24	1194.77
600150	沪东重机	0.012	0.013	1.96	1.95	0.63	0.7	-0.022	0.326	299.97	321.92	277.5
600151	航天机电	0.07	0.163	2.597	2.527	2.691	6.389	0.111	0.142	3268.64	7629.71	3071.33
600152	维科精华	0.0774	0.0788	2.0984	2.0143	3.69	3.88	0.2821	0.1126	2271.99	2313.99	2274.77
600153	厦门建发	0.277	0.276	5.37	5.09	5.17	5.6	-0.09	0.4	8204.3	8176.24	8144.21
600155	宝硕股份	0.067	0.095	1.98	1.91	3.387	4.882	0.079	0.123	2766.63	3905.13	2701.25
600156	益鑫泰	0.029	0.0544	2.78	2.75	1.04	2.03	-0.36	0.01	1272.51	2386.93	830.36
600157	鲁润股份	0.057	0.102	1.753	1.696	3.23	6.05	0.164	0.158	965.21	1745.66	970.11
600158	中体产业	0.024	0.0407	3.0885	3.0629	0.0078	0.0134	-0.22	0.04	609.72	1032.87	585.29
600159	宁城老窖	-0.197	0.034	2.11	2.3	-9.37	1.38	-0.112	-0.07	-6023.76	1042.05	-6023.76
600160	巨化股份	0.142	0.214	3.69	3.56	3.83	7.16	0.36	0.4	5253.22	7305.01	5059.88
600161	天坛生物	0.1063	0.1447	1.533	1.506	6.94	9.11	0.1485	0.0368	2041.4	2777.55	2015.63
600162	山东临工	0.092	0.043	3.45	3.36	2.67	1.32	0.83	0.09	1620.04	764.43	1055.76
600163	福建南纸	0.151	0.147	3.82	3.67	3.95	4.16	0.3	0.32	4611.18	4493.7	4433.56
600165	宁夏恒力	0.06	0.107	2.74	2.69	2.18	4.127	0.12	-0.181	1504.51	2690.46	1358.2
600166	福田汽车	0.166	0.154	3.75	3.58			0.705	0.143	4645.17	4301.5	4802.73
600167	ST沈新开	0.029	-0.067	1.941	1.912	1.48	-3.52	0.018	-0.729	546.16	-1280.22	469.79
600168	武汉控股	0.0843	0.1216	3.0567	2.9724	2.7581	3.9864	0.0066	0.1678	3719.25	5362.84	3857.22
600169	太原重工	0.027	0.054	2.36	2.34	1.15	2.33	-0.13	0.022	1014.73	2025.05	1421.47
600170	上海建工	0.15	0.18	4.68	4.53			0.2	0.3	9103.85	9672.96	9037.78
600171	上海贝岭	0.14	0.23	2.4	2.94	6	7.82	0.2	-0.19	8144.58	10132.75	7945.35
600172	黄河旋风	0.054	0.083	2.86	2.81	1.89	2.97	-0.049	-0.024	1447.99	2214.6	1173.9
600173	牡丹江	0.009	0.075	2.67	2.66	0.33	2.83	-0.33	0.26	204.64	1733.27	201.63

代码	证券简称	每股收益（元）		每股净资产（元）		净资产收益率（%）		每股现金流量（元）		净利润（万元）		扣除后（万元）
		2002	2001	2002	2001	2002	2001	2002	2001	2002	2001	2002
600175	宝华实业	0.02	-0.15	3.99	3.97	0.38	-3.84	-0.06	-0.02	160.15	-1556.15	110
600176	中国化建	0.011	0.039	2.171	2.157	0.503	1.764	0.213	0.102	242.95	859.54	332.16
600177	雅戈尔	0.438	0.415	3.732	3.294	11.74	12.56	0.427	0.386	24878.74	23597.36	24597.5
600178	东安动力	0.0876	0.1651	3.18	3.09	2.76	6.07	0.1893	0.2066	4049.72	6977.19	4049.72
600179	黑化股份	0.017	0.021	2.38	2.37	0.72	0.85	0.25	-0.12	566.39	682.23	611.18
600180	九发股份	0.161	0.191	3.325	3.195	4.84	5.207	-0.233	0.031	4040.82	3988.48	3550.37
600181	云大科技	0.094	0.178	2.72	2.62	3.453	6.735	-0.257	0.066	3267.92	6204.61	2472.8
600182	桦林轮胎	-0.135	0.005	1.648	2.273	-0.082	0.229	-0.045	-0.062	-4593.89	177.29	-4597.9
600183	生益科技	0.058	0.115	1.5774	1.9756	3.661	5.625	0.0907	0.2008	3684.88	5620.28	3524.93
600185	海星科技	0.0471	0.0899	2.5894	2.5423	1.82	3.49	-0.2133	0.7959	933.14	1780.62	555.87
600186	莲花味精	0.082	0.151	3.1186	3.0368	2.62	4.5	0.116	0.102	5557.9	10235.37	5572.63
600187	黑龙股份	0.042	0.073	2.36	2.33	1.79	3.75	0.514	0.065	1370.29	2379.51	1283
600188	兖州煤业	0.2	0.12	3.28	3.04	6.21	4.08	0.37	0.19	58494.6	34469.2	58678.6
600189	吉林森工	0.15	0.15	4.03	3.88	3.73	3.82	0.51	-0.64	4674.75	4599.59	4733.49
600190	锦州港	0.035	0.057	1.52	1.49	2.29	3.8	0.04	0.07	3296.55	5358.79	3396.43
600191	华资实业	0.11	0.18	3.58	3.46	3.16	4.74	0.05	0.18	3424.64	4868.2	3329.38
600192	长城电工	0.0271	0.0259	3.2335	3.1858	0.84	0.82	-0.0544	0.008	868.67	829.59	923.92
600193	创兴科技	0.033	0.065	1.59	1.585	2.05	4.21	0.28	0.12	546.07	1085.37	713.25
600195	中牧股份	0.09	0.08	2.22	2.13	4.21	4.14	-0.59	-0.19	3565.55	3287.17	3223.76
600196	复星实业	0.171	0.308	3.48	4.303	4.91	7.538	0.166	0.099	6527.13	9034.19	6411.29
600197	伊力特	0.131	0.258	3.48	3.35	3.758	7.934	0.026	0.02	2884.03	5698.46	2906.56
600198	大唐电信	0.0109	0.1877	4.346	4.335	0.25	4.16	-1.1577	0.726	478.12	8239.05	200.91
600199	金牛实业	0.04	0.078	2.82	2.78	1.5	2.743	-0.06	0.126	1469.99	2703.1	1318.34
600201	金宇集团	0.229	0.123	4.954	4.725	4.617	2.446	-0.53	-0.894	2498.11	1339.4	2284.19
600202	哈空调	0.028	0.16	1.605	1.577	1.729	10.332	-0.338	0.002	619.76	3577.91	594.1
600203	福日股份	0.048	0.085	2.36	2.31	2.01	3.66	-0.3	0.33	1218	2177.82	767.63
600207	安彩高科	0.0625	0.4595	4.95	4.89	1.26	8.81	0.3848	1.1275	2751.03	20219.32	2745.01
600208	中宝股份	-0.0434	0.075	2.86	2.88	-1.5193	2.652	-0.32	-0.195	-908.18	1562.86	-1031.89
600210	紫江企业	0.25	0.338	2.94	2.69	8.55	10.124	0.21	0.108	13743.24	10932.45	13606.5
600211	西藏药业	0.045	0.086	3.34	3.3	1.34	2.62	0.208	-0.286	548.02	1054.35	546.99
600212	江泉实业	0.114	0.202	5.11	4.12	2.22	5.05	1.5	-0.287	2888.73	4430.5	2774.45
600213	亚星客车	0.04	0.12	3.36	3.32	1.26	3.67	-0.793	-0.197	805.1	2270.57	934.34
600215	长春经开	0.182	0.25	5.37	5.18	3.4	4.968	0.33	-0.209	5576.12	7709.5	5527.77
600216	浙江医药	0.0327	0.0333	1.366	1.333	2.391	2.39	-0.226	0.017	1469.45	1498.92	1516.23
600217	秦岭水泥	0.036	0.07	1.71	1.67	2.09	4.22	0.001	0.035	1477.13	2879.64	1486.26
600218	全柴动力	0.02	0.08	3.04	3.02	0.63	3.18	0.09	0.13	541.46	2088.14	531.59
600219	南山实业	0.243	0.246	5.26		4.62	4.94	0.55	0.037	6239.52	6326.29	6236.37
600220	江苏阳光	0.24	0.24	4.34	4.1	5.64	6.13	0.25	0.19	7646.55	7635.12	7645.29
600221	海南航空	0.078	0.071	3.07	2.99	2.54	2.38	0.71	0.19	5681.2	5193.73	5786.63
600222	竹林众生	0.042	0.092	3.1	3.06	1.37	3.01	-0.06	0.12	578.08	1252.84	589.56
600223	万杰高科	0.12	0.16	3.34	3.22	3.47	5.07	0.03	0.47	6215.23	8496.48	6157.32
600225	天香集团	0.05	0.042	2.04	1.984	2.6	2.085	-0.13	0.387	1049.14	842.53	960
600227	赤天化	0.132	0.128	4.37	4.24	3.02	3.03	0.57	0.543	2246.69	2182.26	1484.74
600228	昌九生化	0.024	0.04	1.62	1.58	1.49	2.48	-0.18	-0.15	692.75	1131.81	555.39

代码	证券简称	每股收益（元）		每股净资产（元）		净资产收益率（%）		每股现金流量（元）		净利润（万元）		扣除后（万元）
		2002	2001	2002	2001	2002	2001	2002	2001	2002	2001	2002
600229	青岛碱业	0.078	0.104	2.911	2.833	2.673	3.558	0.014	0.162	2296.57	3057.02	2119.54
600230	沧州大化	0.02	0.005	2.508	2.488	0.801	0.211	0.429	0.071	520.92	135.81	544.06
600231	凌钢股份	0.188	0.145	4.285	4.097	4.39	3.75	0.171	0.523	5837	4484.69	6582.55
600232	金鹰股份	0.116	0.151	2.13	2.015	5.44	7.5	-0.06	-0.045	2531.19	3305.61	2202.62
600233	大连创世	0.087	0.098	3.812	3.717	2.286	2.633	-0.326	0.017	958.64	1076.63	747.85
600234	天龙集团	-0.25	-0.11	2.09	2.35	-12.06	-3.88	-0.14	-0.13	-2369.59	-986.67	-2693.92
600235	民丰特纸	0.116	0.109	3.205	3.089	3.623	3.458	0.093	0.127	2055.83	1924.56	1984.59
600236	桂冠电力	0.209	0.138	3.91	3.7	5.36	3.72	0.24	0.1	14152.03	9314.78	12906.96
600237	铜峰电子	0.19	0.29	4.73	4.54	3.97	6.45	0.2	0.29	1877.51	2918.52	1504.46
600238	海南椰岛	0.125	0.12	2.6	2.55	4.8	5.07	0.133	-0.224	2077.38	1998.54	2731.15
600239	红河光明	0.103	0.161	3.47	3.37	2.96	6.422	0.095	0.097	1011.57	1222.29	983.48
600240	仕奇实业	0.0076	0.091	4.1543	4.1467	0.18	2.156	0.61375	-0.399	133.14	1587.27	26.75
600241	辽宁时代	0.1005	0.1055	3.7132	3.6024	2.71	3.11	-0.5662	0.0993	1065.57	1118.71	1083.25
600242	华龙集团	0.018	0.03	2.82	2.8	0.65	1.09	0.001	-0.04	318.91	513.63	319.92
600243	青海华鼎	0.042	0.057	2.59	2.53	1.628	2.244	-0.044	-0.028	659.49	888.53	521.38
600246	先锋股份	-0.2243	0.101	3.0167	3.233	-0.0743	3.11	-1.69	-0.09	-2063.31	928.79	-2377.79
600247	物华股份	0.069	0.038	3.22	3.15	2.15	1.24	0.13	0.04	760.57	412.82	762.57
600248	秦丰农业	0.0606	0.046	4.008	3.953	1.512	1.188	0.49	-0.344	780.75	596	707.55
600250	南纺股份	0.113	0.117	4.95	4.84	2.27	2.445	0.03	-1.612	1493.06	1553.63	762.12
600252	梧州中恒	0.03	0.06	3.12	3.08	1.03	2.018	-0.64	-0.257	404.73	758.04	405.13
600253	天方药业	0.14	0.12	3.54	3.49	3.95	3.57	0.05	-0.0128	2884.86	2512.03	2867.72
600255	鑫科材料	0.098	0.102	5.13	5.03	1.92	1.99	0.03	0.1	933.43	973.33	1095.35
600256	广汇股份	0.205	0.464	1.578	1.365	12.99	21.45	0.561	0.606	12310.22	16432.08	12303.23
600257	洞庭水殖	0.09	0.086	5.84	5.74	1.54	1.53	0.062	0.035	654.59	627.64	679.31
600258	首旅股份	0.147	0.132	3.16	3.02	4.64	4.33	0.213	0.088	3399.63	3065.72	1771.58
600259	兴业聚酯	-0.02	-0.021	2.01	2.03	-0.983	-0.898	-0.177	0.271	-422.77	-437.49	-422.77
600260	凯乐科技	0.22	0.31	4.89	4.66	4.6	6.63	-0.51	-0.15	3955.52	5428.24	2823.28
600261	浙江阳光	0.15	0.229	4.55	4.4	3.27	5.39	0.39	0.249	1830.33	2820.97	1395.87
600262	北方股份	0.043	0.033	3.404	3.36	1.273	0.994	0.245	0.061	736.58	561.56	821.67
600263	路桥建设	0.043	0.052	3.349	3.306	1.28	1.53	0.021	0.005	1751.3	2130.62	1628.6
600265	景谷林业	0.033	0.015	2.98	2.94	1.124	0.548	0.293	-0.019	351.38	157.56	344.01
600266	北京城建	0.2082	0.1191	2.7346	2.5264	7.61	4.78	0.0839	0.05	12490.51	7144.85	11389.91
600267	海正药业	0.066	0.12	3.13	3.06	2.1	3.88	0.115	0.113	1641.21	2990.73	1606.5
600268	国电南自	0.043	0.01	3.933	3.89	1.091	0.272	-0.162	-0.828	506.23	122	504.41
600269	赣粤高速	0.23	0.27	7.69	7.46	2.98	3.63	0.27	0.49	8087.65	9496.11	7919.13
600270	外运发展	0.375	0.3954	4.61	5.08	8.13	8.03	0.66	0.59	13717.93	12054.72	13928.21
600272	开开实业	0.085	0.067	3.413	3.328	2.483	1.884			2059.65	1624.07	1813.5
600275	武昌鱼	0.0358	0.0914	2.3608	2.9757	1.52	3.07	0.0674	0.8171	1137.59	2234.78	9944.93
600276	恒瑞医药	0.185	0.202	3.085	3.496	5.98	6.007	0.054	0.04	4706.21	4284.47	4213.52
600277	亿利科技	0.09	0.08	4.49	4.4	1.9	1.83	0.019	-0.023	1410.26	1284.44	1331.85
600278	东方创业	0.089	0.145	3.06	2.97	2.92	4.9	0.103	0.045	2854.97	4635.04	2880.07
600279	重庆港九	0.067	0.075	3.167	3.1	2.13	2.35	0.059	0.103	1541.09	1708.5	903.32
600280	南京中商	0.154	0.087	3.71	3.55	1.164	2.509	0.143	0.338	1872.95	1056.43	1841.08
600281	太化股份	0.0249	0.071	2.8855	2.861	0.8644	2.51	-0.1198	-0.063	895.15	2558.01	690.26

代 码	证券简称	每股收益（元）		每股净资产（元）		净资产收益率（%）		每股现金流量（元）		净利润（万元）		扣除后（万元）
		2002	2001	2002	2001	2002	2001	2002	2001	2002	2001	2002
600282	南钢股份	0.25	0.27	3.43	3.17	7.4	8.33	0.42	0.64	12783.59	13584.55	12729.16
600283	钱江水利	0.0674	0.0668	3.066	2.998	2.1972	2.205	-0.0064	0.098	1921.98	1904.93	1935.76
600285	羚锐股份	0.05	0.096	4.05	4	1.23	2.433	-0.07	-0.094	499.88	964.49	358.43
600286	国光瓷业	0.147	0.127	3.055	3.49	4.802	3.757	0.233	0.21	1672.22	1203.74	1657.82
600287	江苏舜天	0.2101	0.3525	3.38	4.12	6.23	8.96	0.1742	0.2992	4589.07	5922.01	4368.03
600288	大恒科技	0.129	0.173	5.03		2.57	3.55	-0.057	-0.5	1810.35	2417.62	1790.7
600289	亿阳信通	0.295	0.314	8.69	8.39	3.4	3.82	0.6	1.96	3126.73	3325.35	3129.59
600290	苏福马	0.07	0.06	1.79	2.61	3.69	2.38	0	-0.28	824.85	502.97	248.72
600291	西水股份	0.106	0.127	3.52	3.41	3.019	3.762			1699.42	2039.68	1695.25
600292	九龙电力	0.26	0.083	4.95	4.7	5.25	1.84	0.186	0.195	4346.76	1389.97	4311.05
600293	三峡新材	0.039	0.045	3.44	3.33	1.13	1.36	0.021	-0.085	818.3	954.2	481.52
600295	鄂尔多斯	0.141	0.195	5.809	5.668	2.447	3.401	-0.627	-1.37	7286.7	10045.53	7116.44
600296	兰州铝业	0.182	0.191	4.251	4.066	4.27	4.75	0.048	0.289	5360.5	5648.67	5350.34
600297	美罗药业	0.072	0.088	4.67	4.6	1.55	1.96	-0.13	-0.29	831.26	1013.61	831.26
600298	安琪酵母	0.109	0.194	2.2463	4.0676	2.571	4.864	-0.181	0.139	1481.33	2638.77	1206.17
600299	星新材料	0.066	0.1	3.23	3.16	2.04	3.19	0.4	0.42	1589.96	2422.8	1579.48
600300	维维股份	0.208	0.184	4.08	3.87	5.085	4.632	0.39	0.114	6851.61	6059.03	5809.45
600301	南化股份	0.09	0.095	2.92	2.83	2.99	3.231	0.288	0.007	1614.87	1750.87	1625.69
600302	标准股份	0.141	0.248	2.182	2.04	6.469	6.298	0.168	0.212	4502.04	3955.47	4503.67
600303	曙光股份	0.1	0.128	2.77	2.68	3.5	4.63	0.17	0.77	1548.16	2071.11	1328.94
600305	恒顺醋业	0.122	0.094	3.071	2.95	3.96	3.135	0.327	0.077	1547.76	1190.24	1549.69
600306	商业城	0.086	0.139	2.385	2.3	3.602	4.679	0.098	-0.106	1530.17	1901.14	1463.02
600307	酒钢宏兴	0.16	0.12	3.02	2.86	5.34	4.31	0.25	-0.02	11750.76	8717.02	11750.76
600308	华泰股份	0.447	0.252	8.04	7.59	5.564	3.449	0.528	0.13	8605.39	4846.38	8533.01
600309	烟台万华	0.24	0.26	1.94	2.72	12.46	9.46	0.0019	0.14	9303.99	6277.14	9281.04
600310	桂东电力	0.181	0.177	3.916	3.735	4.62	4.61	0.304	0.425	2836.11	2774.56	2867.29
600311	荣华实业	0.18	0.14	4.96	4.78	3.71	2.98	0.25	0.36	3677.32	2798.1	2541.01
600313	中农资源	-0.0539	0.003	2.9461	2.9993	-1.83	0.092	0.2492	-0.27	-1358.43	69.15	-1159.23
600315	上海家化	0.2008	0.1634	4.165	3.9643	4.82	4.13	0.4022	0.4161	5420.4	4410.87	5460.73
600316	洪都航空	0.11	0.19	5.14	5.03	2.14	2.55	0.24	0.16	2306.32	2657.97	2201.58
600317	营口港	0.12	0.15	3.49	1.67	3.44	9.71	0.09	0.18	3002.06	2205.8	3002.06
600318	巢东股份	0.047	0.089	3.04	2.99	1.53	2.95	0.16	0.04	930.92	1783.99	933.68
600319	亚星化学	0.108	0.117	3.239	3.132	3.32	3.77	0.088	0.053	3397.57	3701.91	3074.18
600321	国栋建设	0.118	0.17	6.113	5.99	1.928	2.797	0.04	0.059	2064.63	2975.6	2064.63
600322	天房发展	0.03	0.07	3.8963	3.8643	1	2.11	-0.2	-0.01	1358	2240.37	1364.57
600323	南海发展	0.137	0.165	3.39	3.25	4.05	5.065	0.244	0.402	2864.53	3435.66	2850.01
600326	西藏天路	0.0541	0.0796	2.135	3.745	2.53	2.18	-0.5333	-0.2948	973.8	795.84	1106.33
600327	大厦股份	0.21	0.34	4.58	1.62	4.59	21.32	0.468	1.11	2285.4	2367.36	2285.44
600328	兰太实业	0.11	0.1	3.78	3.68	2.83	2.88	-0.15	0.009	1848.9	1799.98	1657.69
600329	中新药业	0.14	0.107	4.063	3.922	3.454	2.647	0.228	-0.067	5188.83	3937.06	5203.96
600330	天通股份	0.13	0.2	2.526	2.401	4.97	8.34	0.018	0.283	2878.95	4590.09	284183
600331	宏达股份	0.1	0.18	5.19	5.09	1.89	6.27	-0.95	0.09	1275.76	1451.23	948.39
600332	广州药业	0.1319	0.1119	2.82	2.68	4.68	4.21	0.132	0.062	10697.34	9076.38	11508.59
600333	长春燃气	0.11	0.1	1.9	3.02	5.87	3.53	0.03	-0.24	4546.54	2383.23	4559.44

代 码	证券简称	每股收益（元）		每股净资产（元）		净资产收益率（%）		每股现金流量（元）		净利润（万元）		扣除后（万元）
		2002	2001	2002	2001	2002	2001	2002	2001	2002	2001	2002
600335	中发展	0.002	0.043	2.765	2.765	0.06	1.54	-0.759	-0.863	18.47	496.35	-13.86
600336	澳柯玛	0.091	0.089	3.575				0.437	1.053	3102.44	3049.46	3295.4
600337	美克股份	0.23	0.22	5.87	6.77	3.87	3.183	0.13	0.312	2507.49	2022.15	2219.8
600338	珠峰摩托	0.03	0.04	3.88	3.86	0.69	1.03	-0.19	-0.14	426.95	610.2	-37.33
600339	天利高新	0.093	0.15	2.74	2.64	3.41	4.01	0.06	0.04	2221.71	2561.1	2286.31
600345	长江通信	0.052	0.676	4.66	5.53	1.107	13.328	-0.307	-0.261	1021.96	11162.08	761.84
600346	冰山橡塑	0.06	0.1	3.03	2.97	2.05	5.62	-0.18	0.07	652.19	722.93	639.49
600350	山东基建	0.062	0.062	1.79	1.58	3.45	3.82	0.09	0.107	20766.05	17708.89	20619.42
600355	精伦电子	0.3	0.46	5.69	2.01	5.26	29.46	-0.39	-0.2	3686.44	4223.33	3634.42
600356	恒丰纸业	0.188	0.161	3.693	3.319	5.08	4.847	0.384	-0.039	2628.99	2252.6	2711.08
600358	国旅联合	0.06	0.08	2.98	2.93	1.96	2.76	0.04	0.09	816.73	1140.98	128
600359	新农开发	-0.082	0.086	2.985	3.068	-2.758	3.672	-0.082	-0.503	-2644.16	2523.17	-2897.15
600360	华微电子	0.068	0.115	4.887	4.785	1.383	2.406	0.204	0.077	797.33	1358.3	699.45
600361	北京华联	0.18	0.29	4.61	4.42	3.94	17.83	-0.35	0.13	2276.74	2193.96	2089.17
600362	江西铜业	0.0271	0.054	1.744	1.716	1.56	3.26	0.15	0.178	7228	13155.6	7945.3
600363	联创光电	0.054	0.058	2.49	3.6473	2.18	1.7	-0.096	-0.147	1338.23	960.22	1351.91
600365	通葡萄酒	0.0371	0.069	3.8951	3.858	0.9524	1.802	0.6605	-0.14	519.37	960.5	459.86
600366	宁波韵升	0.102	0.182	2.068		4.91	6.26	0.191	0.167	2904.17	3473.65	2955.21
600367	红星发展	0.34	0.3	4.69	5.36	7.25	5.67	0.13	-0.21	4416.83	3037.34	4514.39
600368	五洲交通	0.15	0.109	2.5	2.35	6.013	4.862	0.243	0.158	6638.28	4835.38	6469.52
600369	长运股份	0.0481	0.033	3.296	3.248	1.46	1.02	0.179	-0.229	828.62	571.19	522.48
600372	昌河股份	0.09	0.12	3.24	3.14	0.03	0.04	0.63	0.67	3790.7	5046.18	3765.95
600373	鑫新股份	0.0358	0.0986	2.0381	1.5922	1.76	6.19	-0.111	0.312	448.09	789	110.21
600376	天鸿宝业	0.05	0.07	3.8	6	1.31	1.28	-0.57	-1.01	860.92	807.51	872.92
600377	宁沪高速	0.081	0.073	2.75	2.67	2.94	2.67	0.124	0.098	40787.2	36583.6	40943.3
600378	天科股份	0.064	0.102	2.174	2.74	2.948	3.764	-0.02	-0.04	1253.46	1538.16	1259.17
600380	太太药业	0.1839	0.3914	5.0427	7.3084	3.6474	5.3957	0.3091	0.4365	7478.95	10609.66	7262.44
600381	白唇鹿	0.1	0.06	3.09	2.98	3.39	1.93	0.26	0.04	1152.31	622.23	1155.21
600382	广东明珠	0.073	0.085	2.939		2.47	2.941	0.068	0.114	1240.52	1457.18	635.47
600383	金地集团	0.056	0.203	4.778	4.722	1.16	4.38	0.103	-0.576	1502.69	5490.33	1501.83
600385	山东金泰	0.026	0.095	1.41	1.38	1.83	3.47	-0.045	0.062	364.73	672.56	363.61
600386	北京巴士	0.25	0.12	4.7	4.45	5.26	2.63	0.27	0.21	6223.08	2953.19	3918.01
600388	龙净环保	0.088	0.102	3.8	3.71	2.31	2.85	-0.14	-0.078	1462.11	1711.63	1465.88
600389	江山股份	0.132	0.138	2.5257	2.8788	5.23	4.89	0.058	0.35	2377.11	2065.72	2386.25
600390	金瑞科技	0.091	0.101	6.53	6.44	1.398	1.583	0.006	-0.296	974.01	1080.33	329.95
600391	成发科技	0.087	0.123	3.093		2.8	7.25	0.056	0.057	1211.34	1105.93	1220.69
600393	东华实业	0.047	0.0725	2.15	2.119	2.19	3.723	0.009	0.005	941.08	1448.05	940.64
600395	盘江股份	0.087	0.091	3.18	3.193	2.738	2.934	0.077	0.004	3232.47	3376.94	3250.22
600396	金山股份	0.0948	0.061	3.16	3.07	3.05	1.99	0.12	-0.15	1232.82	792.73	1293.26
600397	安源股份	0.098	0.128	3.24	1.65	3.03	7.25	0.2	0.31	2157.35	1797.52	2157.42
600398	凯诺科技	0.2	0.28	3	3.64	6.7	4.9	0.25	-0.26	4289.51	2719.9	4280.04
600399	抚顺特钢	0.06	0.11	2.76	2.7	2.08	3.99	0.25	0.29	2985.97	5483.97	3016.66
600400	红豆股份	0.16	0.11	3.4	3.23	4.73	3.38	-0.11	-0.03	2886.21	1884.75	2572.5
600415	小商品城	0.16	0.2	2.83	2.7	5.76	7.89	0.29	-0.1	1698.64	2119.47	1701.32

代 码	证券简称	每股收益（元）		每股净资产（元）		净资产收益率（%）		每股现金流量（元）		净利润（万元）		扣除后（万元）
		2002	2001	2002	2001	2002	2001	2002	2001	2002	2001	2002
600416	湘电股份	0.17	0.16	2.08	1.91	8.2	9.37	0.23	0.18	2048.77	1969.98	2047.55
600418	江汽股份	0.2321	0.2995	4.71	4.48	4.93	16.01	0.6125	-0.041	5338.02	4491.84	5499.73
600419	新疆天宏	0.06	0.08	3.8	3.51	1.51	2.28	0.03	0.25	458.64	632.85	466.43
600422	昆明制药	0.24	0.22	5.53	5.28	4.35	4.12	0.037	0.32	2361.78	2185.09	1752.28
600426	华鲁恒升	0.14	0.2	3.33	1.62			0.23	0.26	2395.05	2179.02	1848.68
600428	中远航运	0.1	0.21	3.77	1.57	2.59	14.15	0.03	0.31	3519.48	4908.15	3474.36
600448	华纺股份	0	0.06	3.01	3.02	0.05	4.03	0.04	0.14	37.05	1031.47	-38.34
600456	宝钛股份	0.1	0.14	2.96	1.86	3.47	7.49	0.21	-0.08	2055.45	1952.55	2055.62
600466	迪康药业	0.094	0.103	5.114	5.02	1.85	2.102	-0.05	0.033	1203.93	1318.29	1160.32
600468	特精股份	0.03	0.041	3.1	3.07	0.97	1.33	-0.41	-0.21	332.43	454.31	269.3
600486	扬农化工	0.181	0.194	3.43	1.55	5.28	11.12	0.054	0.087	1809.66	1357.58	1809.54
600488	天药股份	0.26	0.229	3.92	4.76	6.64	4.899	0.096	0.531	5044.46	3418.74	5059.15
600496	长江股份	0.05	0.1	2.274	1.423	2.05	7	0.13	0.21	513.07	734.04	511.59
600498	烽火通信	0.11	0.26	5.62	5.51	2.01	14.94	-0.79	-0.77	4638.53	8567.38	3277.95
600500	中化国际	0.277	0.068	4.15	3.87	6.67	1.76	0.23	1.13	10305.93	2548.59	10538.88
600501	航天晨光	0.087	0.022	3.744	3.657	2.325	0.626	-0.35	-0.398	1070.94	264.9	1092.91
600503	宏智科技	0.1041	0.2383	4.22	1.72	2.47	15.63	0.0027	-0.0539	1145.61	1668.08	1082.94
600505	西昌电力	0.022	0.062	3.2956	2.7818	0.65	2.7	0.088	0.5268	355.61	941.86	356.96
600506	香梨股份	0.046	0.074	2.77	3.95	1.675	1.882	0.095	0.145	744.1	822	458.65
600508	上海能源	0.25	0.22	3.83	3.58	6.4	11.88	0.49	0.61	9838.76	6671.49	9815.24
600509	天富热电	0.12	0.13	3.7		3.23	7.01	-0.31	0.32	1990.72	1692.46	2021.96
600510	黑牡丹	0.32	0.35	5.52	2.07	5.81	13.22	0.67	1.17	4681.56	3736.76	4876.05
600515	第一投资	0.11	0.09	1.95		5.38	4.67	-0.04	0.24	1089.54	895.25	1081.87
600518	康美药业	0.368	0.22	5.525	5.157	6.67	4.63	0.552	-0.278	2608.36	1555.96	1808.51
600519	贵州茅台	0.95	1.21	11.08	9.2	8.6	39.78	-0.72	-0.47	23827.6	22340.79	23825.33
600520	三佳模具	0.19	0.33	3.88	3.53	4.91	23.75	0.08	0.1	1196.72	1238.41	1199.12
600523	贵航股份	0.0012	0.078	2.59	2.59	0.05	4.93	-0.058	0.1	27.65	1173.37	116.07
600526	菲达环保	0.172	0.1655	1.77		9.69	11.62	-0.08	0.18	1031.93	993.21	1047.6
600528	中铁二局	0.13	0.27	4.33	4.16	3.01	4.59	-0.52	0.06	5343.03	8147.93	5681.5
600529	山东药玻	0.33	0.4	7.53	3.92	4.33	10.23	0.44	0.48	2684.24	2027.63	2687.58
600530	交大昂立	0.13	0.13	4.58	4.45	2.87	2.92	0.26	0.05	2632.43	2601.28	1348.18
600531	豫光金铅	0.23	0.22	2.46	2.22	9.49	10.32	0.02	0.073	1907.28	1746.35	1899.39
600533	栖霞建设	0.095	0.164	3.543	1.541	2.69	10.56	-0.43	-0.72	1336.09	1644.95	1353.86
600536	中软股份	0.23	0.25	5.08	1.38	4.42	18.2	-0.45	-0.23	1890.82	1359.37	1891.12
600539	狮头股份	0.08	0.11	3.51	3.43	2.24	8.1	-0.0038	0.0755	1805.36	1838.4	1834.74
600548	深高速	0.088	0.09	2.41	2.33	3.63	4.07	0.094	0.176	19117.83	18156.49	19305.11
600550	天威保变	0.047	0.061	2.58	3.81	1.836	1.655	-0.178	-1.113	1566.54	1347.27	1574.05
600555	茉织华	0.19	0.24	4.94	4.74	3.93	5.04	-0.27	0.12	8442.39	10294.8	9118.93
600556	北生药业	0.13	0.13	5.43		2.34	7.48	0.06	0.11	1148.14	639.13	1145.27
600561	江西长运	0.23	0.15	1.97	1.74	11.71	9.01	0.29	0.16	1447.14	918.4	1288.99
600565	迪马股份	0.4	0.46	1.61	1.21	25.08	37.29	1.04	0.12	2422.68	2743.08	2424.9
600566	洪城股份	0.083	0.166	4.31	4.23	1.93	7.3	0.03	0.12	885.79	1103.1	895.38
600567	山鹰纸业	0.0848	0.1081	2.14	2.055	3.96	7.96	0.106	0.121	1361.09	1086.74	1360.42
600568	潜江制药	0.1	0.09	6.05		1.73	1.53	0.01	0.037	762.86	652.76	251.24

代 码	证券简称	每股收益（元）		每股净资产（元）		净资产收益率（%）		每股现金流量（元）		净利润（万元）		扣除后（万元）
		2002	2001	2002	2001	2002	2001	2002	2001	2002	2001	2002
600578	京能热电	0.05	0.14	2.21	1.65	2.47	8.32	0.14		3138.25	6510.35	3114.95
600580	卧龙科技	0.14	0.22	3.92	1.59	3.66	15.58	0.26	0.34	1562.87	1614.26	1540.66
600582	天地科技	0.178	0.325	5.54	2.11	3.22	17.9	-0.16	0.14	1338.28	1625.31	1338.8
600583	海油工程	0.24	0.28	4.84	2.57	4.9	12.68	-0.63	-0.32	5936.93	4838.34	5940.46
600585	海螺水泥	0.09	0.09	2.64	2.25	3.26	4.29	0.24	0.58	10156.1	9111.8	10189.7
600588	用友软件	0.4	0.29	10.42	10.02	3.85	2.85	0.15	0.33	4011.88	2913.64	4004.77
600589	广东榕泰	0.1758	0.1018	3.585	3.409	4.9	2.96	0.0752	0.048	2812.94	1630	2578.36
600590	泰豪科技	0.069	0.099	2.47	1.47	2.8	7.6	-0.053	0.094	918.04	921.39	943.22
600592	龙溪股份	0.16	0.15	1.88	2.02	7.5	8.18	0.037	0.008	1636.45	1527.44	1725.24
600593	大连圣亚	0.08	0.09	1.25	1.17	6.68	7.72	0.2	0.14	501.2	556.93	500.54
600595	中孚实业	0.22	0.25	4.81	2.59	4.65	10.51	0.45	0.61	3023.5	2100.55	3025.96
600596	新安股份	0.088	0.087	3.78	3.68	2.32	4.24	-0.001	0.025	1176.05	817.15	1177.14
600598	北大荒	0.13	0.16	2.37	1.47	5.56	10.81	0.08	0.03	19370.3	18647.3	19282.8
600599	浏阳花炮	0.13	0.11	4.01	3.88	3.21	6.67	-1.37	-0.16	899.65	554.54	903.73
600600	青岛啤酒	0.1228	0.0708	3.09	2.96	3.98	2.33	0.71	0.41	12281.92	7083.57	12986.78
600601	方正科技	0.152	0.459	1.725	1.57	8.82	15.07	-0.477	0.283	5681.6	8587.8	5390.07
600602	广电电子	0.08	0.155	2.98	3.19	2.69	4.77	0.284	0.315	7431.48	13067.21	7485.78
600603	ST兴业	-0.1356	0.0205	0.005	0.09	-2707.07	1.04	0.05079	0.14	-2639.57	398.96	-2639.57
600604	二纺机	0.006	0.009	1.21	1.186	0.54	0.79	-0.01	0.079	365.85	530.96	344.72
600605	轻工机械	0.037	0.064	1.51	1.473	2.47	4.271	0.012	0.068	784.11	1339.36	90.08
600606	金丰投资	0.098	0.12	4.255	1.732	2.299	8.18	0.252	0.084	2171.65	1971.3	2467.64
600607	上实联合	0.1474	0.1644	4.6521	4.5044	3.17	3.64	-0.081	0.0989	4518.37	5038.32	4522.37
600608	上海科技	0.1111	0.1845	2.2	2.07	5.06	8.91	-0.12	0.0013	1681.1	2790.79	1484.65
600609	金杯汽车	-0.0466	0.109	1.3727	1.4193	-3.395	4.757	0.0672	0.0238	-5093.53	11913.46	-7844.83
600610	ST中纺机	0.009	0.008	0.13	0.12	6.77	5.48	0.071	0.024	308.19	279.22	276.71
600611	大众交通	0.2	0.2	3.75	3.55	5.27	5.84	0.673	0.789	11839.07	11559.73	9934.75
600612	第一铅笔	0.013	0.026	1.757	1.746	0.74	1.435	-0.179	0.263	327.62	648.25	203.12
600613	永生数据	-0.1152	0.0212	1.52	1.637	-7.57	0.961	0.0506	-0.047	-1703.8	314.02	-891.64
600614	胶带股份	0.1	0.15	1.869	1.77	5.47	8.84	0.065	0.203	1176.85	1740.55	607.6
600615	丰华股份	-0.07	0.011	3.52	3.58	-2.03	0.29	-0.937	-0.013	-1077.23	167.13	-1077.23
600616	第一食品	0.14	0.11	2.58	2.44	5.35	4.1	0.25	0.05	1750.04	1335.68	1407.34
600617	联华合纤	-0.27	0.011	1.44	1.7	-18.51	0.68	-0.1	-0.05	-4449.02	195.94	-2933.22
600618	氯碱化工	0.00021	0.0353	2.41	2.41	0.0087	1.44	0.045	0.1023	24.27	4115.35	9.31
600619	海立股份	0.284	0.301	2.84	2.59	9.99	11.28	0.04	0.96	10792.94	11438.94	10785.69
600620	天宸股份	0.01	0.06	1.45	1.43	0.708	4.571	-0.42	0.001	273.14	1610.25	143.02
600621	上海金陵	0.101	0.201	1.7		5.95	9.83	-0.04	0.043	5303.93	10508.23	2936.47
600622	ST嘉宝	0.023	0.008	1.357	1.333	1.69	0.4	0.084	-0.045	766.54	260	352.44
600623	轮胎橡胶	-0.03	-0.12	1.19	1.22	-2.45	-10.08	0.21	1.1	-2585.45	-10554.6	-2585.45
600624	复旦复华	-0.0127	0.0627	1.626	1.642	-0.78	3.61	-0.1166	-0.0971	-334.94	1652.69	-239.81
600626	申达股份	0.217	0.212	3.75	3.53	5.78	6.05	0.254	0.296	7334.76	7178.75	7168.17
600627	电器股份	0.037	0.1	1.67	1.64	2.2	6.24	0.16	0.15	1901.46	5362.52	1564.79
600628	新世界	0.18	0.2	3.26	3.08	5.54	5.6	0.1	0.11	4792.49	4490.33	4670.08
600629	ST棱光	0.01	-0.083	-2.62	-2.7	-0.43	-13.25	0.07	0.01	171.49	-1255.54	-1610.28
600630	龙头股份	0.11	0.168	3.941	3.826	2.796	4.097	-0.171	-0.281	4681.84	7117.29	4631.65

代 码	证券简称	每股收益（元）		每股净资产（元）		净资产收益率（%）		每股现金流量（元）		净利润（万元）		扣除后（万元）
		2002	2001	2002	2001	2002	2001	2002	2001	2002	2001	2002
600631	第一百货	0.06	0.07	2.88	2.81	2.2	1.96	0.21	0.24	3641.65	3878.91	3641.65
600632	华联商厦	0.1347	0.1504	3.36	3.22	4.01	4.59	0.09	-0.56	5690.45	6357.51	5693.29
600633	白猫股份	0.062	0.054	1.2626	1.2011	4.87	4.66	0.089	0.003	934.93	814.5	925.34
600634	海鸟发展	0.04	0.01	2.45	2.42	1.44	0.27	-0.66	0.0004	306.92	50.72	305.83
600635	大众科技	0.1305	0.1501	2.57	2.44	5.08	5.96	0.2595	6212.59	7147.97	4815.08	
600636	三爱富	0.196	0.222	2.74	2.34	7.14	9.413	0.36	-0.046	3050.14	2578.35	3367.12
600637	广电信息	0.0982	0.1866	4.7389	4.7139	2.07	3.96	-0.0518		7317.9	13904.2	6704.4
600639	浦东金桥	0.066	0.097	2.2	2.35	3.01	4.23	0.207	-0.083	5077.4	6789.22	5003.56
600640	联通国脉	0.08	0.1	3.16	3.07	2.63	3.17	-0.13	0.05	3035.58	3626.06	3701.99
600641	中远发展	0.122	0.18	4.224	3.143	2.89	6.19	-0.912	0.135	5466.42	6624.77	5461.13
600642	申能股份	0.264	0.349	3.994	3.087	6.61	11.16	0.354	0.346	47352.02	57007.49	43763.81
600643	爱建股份	-0.168	0.152	4.19	4.36	-4.02	3.39	0.344	-0.427	-7748.98	6986.84	-7733.46
600644	乐山电力	-0.076	0.042	1.77	1.89	-4.29	2.278	0.05	0.129	-1890.91	1036.3	-1885.04
600645	望春花	0.0055	0.029	1.46	1.442	0.38	1.07	0.003	0.077	137.19	447.23	-268.23
600647	ST同达	-0.0502	-0.0217	-0.3866	-0.4882		-16.38	0.1225	-0.0062	-268.51	-116.24	-268.41
600648	外高桥	0.009	0.017	1.866	1.868	0.473	0.827	-0.032	0.04	658.17	1168.02	-857.9
600649	原水股份	0.1155	0.1151	2.64	2.52	4.381	4.644	0.203	0.329	21764.17	21691.42	22093.47
600650	新锦江	0.016	0.005	3.032	3.016	0.524	0.172	0.065	0.077	797.18	259.35	817.68
600651	飞乐音响	0.04	0.367	1.54	1.5	2.62	13.53	0.22	-0.14	1711.48	9155.41	1543.49
600652	爱使股份	0.05	0.06	2.06	2.02	2.47	3.18	-0.74	0.08	1526.85	1911.52	1744.46
600653	申华控股	0.027	0.201	2.522	2.495	1.06	7.94	0.199	0.138	2160.12	16243.85	2026.18
600654	飞乐股份	0.026	0.083	2.78	2.76	0.92	3.08	0.013	-0.034	1129.53	3630.85	122.3
600655	豫园商城	0.114	0.107	3.683	3.57	3.082	3.017	0.581	0.249	5281.88	4974.37	5428.42
600656	华源制药	0.11	0.14	1.69	1.58	6.38	9.07	-0.21	0.39	1005.63	1331.53	900.69
600657	青鸟天桥	0.16	0.21	4.617	4.1539			1.42	0.72	2925.7	2841.43	3066.51
600658	兆维科技	0.207	0.405	1.854	1.648	11.162	28.319	-0.379	0.109	3456.75	6758.25	3454.36
600659	神龙发展	0.04	0.07	1.52	1.49	2.715	5	-0.12	0.026	720.07	1215.5	328.42
600660	福耀玻璃	0.18	0.22	1.41	1.37	12.89	16.44	0.29	0.23	8245.01	9051.53	8991.77
600661	交大南洋	0.081	0.139	2.11	2.02	3.862	6.647	0.139	0.162	1177.14	2016.3	765.41
600662	强生控股	0.2	0.25	3.23	3.03	6.06	7.81	0.54	0.4	6039.32	7051.72	6112.66
600663	陆家嘴	0.039	0.036	2.41	2.37	1.63	1.55	0.36	-0.1	7313.91	6792.71	7269.6
600664	哈药集团	0.31	0.32	5.31	4.98	5.82	9.11	0.43	1.02	16394.68	14444.85	16550.43
600665	沪昌特钢	0.014	0.0136	1.74		0.807	0.778	0.128	0.26	1010.29	976.92	1060.47
600666	西南药业	0.08	0.05	1.68	1.6	4.81	3.44	-0.08	0.035	1202.8	778.28	1178.64
600667	太极实业	0.002	-0.046	1.51	1.51	0.16	-3.178	0.06	0.16	89.23	-1711.82	89.23
600668	尖峰集团	0.05	0.08	1.75	1.69	3.05	4.63	0.13	0.07	1600.94	2394.37	2030.13
600669	ST鞍合成	-0.17	-0.082	0.77	0.94	-21.95	-8.69	-0.19	-0.451	-3947.29	-1905.14	-4149.69
600670	ST高斯达	-0.047	0.001	0.41	0.458	-11.52	0.111	-0.00079	0.052	-664.44	17.04	-664.51
600671	天目药业	0.0213	0.0197	2.02	1.98	0.97	0.9	-0.266	-0.196	219.48	203.07	153.73
600672	英豪科教	0.03	0.18	1.45	1.42	2.07	11.63	0.02	0.25	1299.38	7897.64	1756.87
600673	成量股份	0.01	0.025	1.13	1.12	0.87	2.08	-0.02	0.029	109.33	273.25	109.33
600674	川投控股	0.056	0.105	1.55	1.5	3.6	7.28	0.018	0.484	2162.02	4061.36	1606.77
600675	中华企业	0.07	0.15	1.95	2.23	3.71	6.95	-0.31	0.21	5036.88	8702.68	3272.1
600676	交运股份	0.1209	0.1206	5.66	5.541	2.14	2.21	0.306	0.18	2041.97	2037.98	1797.3

代码	证券简称	每股收益（元）		每股净资产（元）		净资产收益率（%）		每股现金流量（元）		净利润（万元）		扣除后（万元）
		2002	2001	2002	2001	2002	2001	2002	2001	2002	2001	2002
600677	航天中汇	0.079	0.0745	1.604	1.525	4.92	4.68	0.674	-0.051	2576.6	2431.52	2077.35
600678	四川金顶	0.044	0.0074	1.13	1.08	3.92	0.52	0.046	0.094	1028.8	172.89	1198.89
600679	凤凰股份	0.0137	0.0174	1.4494	1.8663	0.9454	0.9394	0.0252	-0.4907	827.09	805.65	1212.94
600681	诚成文化	0.031	0.124	1.83	1.8	1.68	6.71	0.03	0.06	638.13	2584.64	952.97
600682	南京新百	0.113	0.165	3.7	3.58	3.07	4.51	0.034	0.027	2610.61	3788.36	3182.86
600683	宁波华联	0.01	0.01	1.21	1.19	1.16	1.23	0.09	0.02	279.54	287.27	288.54
600684	珠江实业	0.031	0.015	3.17	3.14	0.98	0.5	-0.053	0.045	582.35	289.88	400.3
600685	广船国际	-0.14	0.0132	1.11	1.25	-12.36	1.06	-0.56	0.29	-6797.4	653.5	-6774
600686	厦门汽车	0.253	0.247	2.26	2.029	11.2	11.417	0.24	-0.07	3839.64	3746.36	3175.67
600687	新宇软件	0.012	0.15	1.86	1.85	0.62	8.301	-0.16	0.228	127.15	1651.3	135.18
600688	上海石化	0.028	0.02	1.913	1.885	1.476	1.031	0.147	0.002	20336.9	14059.5	24277.1
600689	上海三毛	0.0106	0.0821	2.4961	2.4131	0.43	2.67	-0.0573	-0.0644	213.92	1374.86	25.91
600690	青岛海尔	0.275	0.501	6.46	6.18	4.25	7.92	0.67	0.95	21918.05	39956.44	21766.64
600691	东新电碳	-0.1	-0.108	1.1		-9.25	-9.01	-0.05	-0.1	-787.75	-831.02	
600692	亚通股份	0.053	0.0755	2.61	2.56	2.01	2.95	-0.052	-0.46	666.04	953.84	648.9
600694	大商股份	0.17	0.17	4.76	4.6	3.47	4.59	0.38	0.43	4412.77	3905.56	4357.22
600695	大江股份	-0.024	0.019	1.18	1.21	-2.05	1.3	0.12	0.09	-1639.8	1257.73	-4517.09
600696	利嘉股份	0.0822	-0.083	1.43	1.35	5.75	-7.47	0.1	0.017	2153.5	-2175.35	2196.75
600697	欧亚集团	0.122	0.107	3.56	3.44	3.42	3.11	0.499	0.458	1492.73	1309.51	1440.75
600698	ST轻骑	0.0001	-0.041	1.845	1.84	0.003	-1.617	0.01	-0.106	4.89	-3963.12	-51.57
600699	辽源得亨	0.078	0.064	2.37	2.32	3.31	3.61	-0.03	0.04	1407.39	1023.12	1409.11
600700	数码测绘	0.0045	0.0848	1.28	1.27	0.35	6.33	-0.04	0.11	131.54	2465.39	109.53
600701	工大高新	0.056	0.085	2.53	2.47	2.2	3.47	0.029	0.28	1802.81	2754.85	1666.72
600702	沱牌曲酒	0.025	0.038	4.75	4.72	0.537	0.814	0.026	0.049	859.73	1273.25	837.72
600703	天颐科技	0.0117	0.13	1.33	1.32	0.88	9.76	-0.3543	-0.6191	140.24	1537.73	128.24
600704	中大股份	0.101	0.165	3.86	3.76	2.609	4.383	-0.093	0.528	2900.83	4769.69	2986.75
600705	北亚集团	0.128	0.101	2.738	2.611	4.657	6.121	0.007	0.102	8329.6	5090.07	7843.86
600706	长安信息	0.181	0.057	1.8	1.587	10.078	3.976	0.534	0.025	1584.28	495.03	1586.86
600707	彩虹股份	0.14	0.095	3.849	3.773	3.64	2.53	0.68	-0.048	5904.81	4012.35	6226.73
600708	东海股份	0.0803	0.054	1.5876		5.06	3.785	0.49	0.007	1909.22	1285.82	1928.31
600709	ST生态	0.0064	-0.075	-0.129	-0.086			-0.048		288.09	-3347.04	-50.04
600710	常林股份	0.101	0.061	2.85	2.75	3.55	2.18	-0.02	0.27	1671.77	1003.71	1548.82
600711	雄震集团	0.084	0.123	1.37	1.285	6.14	10.39	-0.562	0.181	507.26	741.83	512.34
600712	南宁百货	0.0455	0.048	2.97	2.93	1.53	1.64	-0.04	0.06	411.64	433.82	411.64
600713	南京医药	0.08	0.11	2.3	2.22	3.47	4.94	0.04	-0.29	1550.34	2208.82	1386.92
600714	山川股份	0.044	0.041	2.06	2.017	2.117	2.227	-0.032	-0.037	470.15	444.09	436.16
600715	ST松辽	-0.079	0.039	0.88	0.87	-8.16	3.599	0.002	0.28	-1707.9	883.71	-1707.9
600716	耀华玻璃	0.037	0.038	1.632	1.595	2.249	2.377	0.089	0.108	1189.06	1241.01	1163.18
600718	东软股份	0.17	0.27	4.47	4.24	3.87	6.29	-0.19	-0.02	4864.9	7728.24	5237.32
600719	大连热电	0.082	0.161	3.39	3.31	2.41	4.9	-0.36	-0.039	1654.43	3252.27	1642.08
600720	祁连山	0.06	0.09	1.65	1.58	3.58	5.74	0.068	0.067	2044.6	3109.23	2054.19
600721	百花村	0.03	0.024	1.29	1.26	2.3	1.824	-0.039	0.065	281.47	230.85	-273.88
600722	沧州化工	0.02	0.09	2.31	2.29	0.7	3.97			675.55	3950.99	693.28
600723	西单商场	0.034	0.0455	3.14	3.1	1.07	1.45	-0.16	-0.07	1370.7	1863.8	1379.31

代 码	证券简称	每股收益（元）		每股净资产（元）		净资产收益率（%）		每股现金流量（元）		净利润（万元）		扣除后（万元）
		2002	2001	2002	2001	2002	2001	2002	2001	2002	2001	2002
600724	宁波富达	0.07	0.14	1.52	1.46	4.46	6.39	0.18	0.21	2479.49	3133.5	2428.67
600725	云维股份	0.141	0.185	3.474	3.333	4.059	2.674	-0.095	0.029	1550.93	931.65	1549.41
600726	龙电股份	0.12	0.1	2.7	2.58	4.5	4.05	0.21	0.19	13606.01	11573.76	8282.21
600727	鲁北化工	0.148	0.239	5.83	5.68	2.54	4.215	0.326	0.062	5615.48	9054.3	5557.17
600728	新太科技	0.06	0.105	3.974	3.914	1.502	2.662	-0.223	-0.109	1242.33	2179.69	1230.38
600729	重庆百货	0.17	0.15	2.24	2.08	7.4	7.3	0.24	0.05	3385.58	3089.73	3350.54
600730	中国高科	0.072	0.059	2.19	2.12	3.295	3.105	-0.192	0.622	1261.64	1038.19	952.5
600731	湖南海利	0.069	0.069	1.92	1.85	3.57	3.74	0.025	0.011	1604.03	1612.03	1627.51
600732	上海港机	0.026	0.02	1.4	1.3755	1.84	1.21	0.014	0.214	637.91	492.34	740.31
600733	前锋股份	-0.0198	0.026	1.3064	1.3262	-1.5174	1.965	-0.0619	0.316	-391.67	513.61	-388.92
600734	实达电脑	0.0364	0.0329	1.6819	1.6453	2.16	2.139	-0.2432	-0.6267	1278.59	1154.93	146.12
600735	兰陵陈香	-0.074	0.062	1.881	1.955	-3.925	3.1	0.108	0.003	-1142.99	956.72	-1152.21
600736	苏州高新	0.099	0.097	3.1	3	3.19	3.2	0.716	0.241	4523.4	4414.76	4195.76
600737	新疆屯河	0.08	0.11	2.46	2.31	3.25	4.66	0.32	0.24	3065.73	4091.02	1364.02
600738	兰州民百	-0.041	0.021	1.28	1.33	-3.16	1.328	0.08	0.057	-954.19	481.53	-954.19
600739	辽宁成大	0.23	0.45	3.47	3.24	6.61	13.51	0.29	-0.44	5674.64	11141.66	5527.73
600740	山西焦化	0.103	0.182	3.46	3.36	2.97	5.5	1.21	-0.076	2090.27	3690.66	1977.33
600741	巴士股份	0.12	0.16	2.09	2.76	5.86	5.97	0.38	0.43	8890.05	8305.18	9340.28
600742	一汽四环	0.44	0.35	5.39	4.95	8.24	7.19	0.28	-0.19	9402.3	7411.87	9376.42
600744	华银电力	0.06	0.12	4.14	4.08	1.485	2.86	0.3	0.11	4378.26	7415.04	4359.32
600745	ST康赛	0.06	-0.06	1.1	1.06	5.15	-14.5	0.13	-0.01	687.05	-714.36	367.48
600746	江苏索普	-0.013	0.026	1.189	1.202	-1.1	2.271	-0.052	0.167	-399.44	800.34	-504.91
600747	大显股份	0.16	0.13	2.75	3.88	5.86	3.48	0.05	0.128	7896.77	4269.45	5233.97
600748	浦东不锈	0.0018	0.0076	1.79	1.79	0.1	0.43	-0.16	0.017	104.31	447.9	60.97
600749	西藏圣地	-0.046	0.04	0.997	1.425	-4.64	2.78	-0.276	0.047	-369.78	316.85	-367.41
600750	江中药业	0.139	0.185	3.66	3.58	3.788	5.167	0.131	-0.228	2024.58	2709.29	2147.58
600751	天津海运	0.011	0.012	2.33	2.32	0.453	0.501	-0.292	-0.161	519.17	575.82	530.76
600752	哈慈股份	0.008	0.07	2.9	2.9	0.26	3.14	-0.17	-0.26	256.86	2146.67	-426.25
600753	ST冰熊	-0.04	-0.013	0.78		-4.91	-1.782	-0.05	-0.023	-490.32	-168.31	-343.94
600754	新亚股份	0.051	0.06	2.9	2.85	1.772	2.054	0.086	0.038	3104.55	3620.21	819.99
600755	厦门国贸	0.055	0.0989	3.504	3.45	1.57	3.13	0.504	0.686	1091.39	1957.78	949.54
600756	浪潮软件	0.15	0.25	1.8	1.66	8.18	15.26	-0.01	0.34	2437.91	4132.97	2473.72
600757	华源发展	0.06	0.1	2.63	2.57	2.28	3.88	-0.22	-0.2	2823.36	4801.76	2789.56
600758	金帝建设	-0.06	0.02	1.54	1.6	-3.9	0.86	0.07	-0.06	-963.07	296.5	-973.34
600760	山东黑豹	-0.01	0.055	2.72	2.74	-0.38	1.83	-0.002	0.001	-279.77	1500.66	-276.76
600761	安徽合力	0.178	0.16	3.45	3.27	5.154	4.798	0.195	0.046	3636.91	3277.99	3555.11
600762	金荔科技	0.155	0.14	2.34	2.17	6.64	6.69	0.02	-0.238	1643.06	1478.16	1642.86
600763	ST中燕	-0.012	-0.241	0.25	0.26	-5.04	-24.08	-0.001	-0.005	-199.02	-3805.29	-199.02
600764	三星石化	0.124	0.082	2.423	2.299	5.12	3.95	0.26	0.07	2273.18	1503.54	2273.18
600765	力源液压	0.01	0.004	1.388		0.751	0.275	0.034	0.028	115.68	41.65	188.72
600766	烟台发展	-0.1021	0.0058	1.42	1.5222	-0.0719	0.2902	-0.339	-0.1158	-1747.6	99.21	-1855.21
600767	运盛实业	0.016	0.004	1.795	1.776	0.9	0.247	0.207	0.055	550.77	148.59	639.87
600768	ST甬华通	0.036	-0.026	0.88	0.85	4.028	-3.166	0.119	-0.102	330.35	-243.91	322.7
600769	祥龙电业	-0.0698	0.018	2.385		-2.92	0.67	0.0365	-0.0012	-2434.91	630.91	-2454.92

代码	证券简称	每股收益（元）		每股净资产（元）		净资产收益率（%）		每股现金流量（元）		净利润（万元）		扣除后（万元）
		2002	2001	2002	2001	2002	2001	2002	2001	2002	2001	2002
600770	综艺股份	0.063	0.1	2.243	2.18	2.83	4.58	-0.418	-0.16	1711.44	2712.73	1406.11
600771	东盛科技	0.1	0.16	1.89	1.78	5.15	9.06	0.13	0.01	1814.61	2909.47	1131.75
600772	石油龙昌	0.01	0.021	2.751	2.74	0.37	0.762	0.097	0.16	247.03	500.58	422.28
600773	西藏金珠	-0.054	0.17	2.56	2.89	-2.1	5.87	-0.16	-0.56	-694.08	1965.53	-692.13
600774	汉商集团	-0.072	0.046	4.416	4.725	-1.63	0.957	0.278	-0.211	-714.59	433.37	-714.59
600775	南京熊猫	0.031	0.121	1.46	1.43	2.11	9.43	-0.014	-0.031	2028.6	7911	2080.6
600776	东方通信	0.11	0.21	5.93	5.82	1.87	3.54	-1.16	0.2	6946.8	13121.31	6416.43
600777	新潮实业	0.17	0.16	3.63	3.46	4.72	4.73	0.16	0.06	3506.54	3374.79	3486.32
600778	友好集团	0.042	0.045	2.46	2.41	1.74	1.852	-0.165	-0.21	1318.26	1404.08	729.37
600779	全兴股份	0.08	0.321	2.57	2.73	3.23	16.25	-0.02	0.206	4048	13098.75	4063.02
600780	通宝能源	0.149	0.112	2.59	2.441	5.75	4.65	0.211	0.389	3213.77	2416.53	3213.77
600781	民丰实业	-0.04	0.009	1.05	1.1	-3.96	0.377	0.04	-0.047	-741.46	103.86	-1274.89
600782	新华股份	0.0578	0.0545	1.4367	1.3789	4.02	3.88	0.0535	0.1196	1116.37	1053.53	824.17
600783	四砂股份	-0.0722	-0.0465	1.432	1.506	-5.044	-3.188	-0.086	-0.013	-1460.51	-940.71	-969.72
600784	鲁银投资	-0.33	0.0635	1.9603	2.2908	-16.86	2.7	0.0167	0.009	-7460.46	1433.95	-7334.63
600785	新华百货	0.27	0.25	4.69	4.422	5.74	7.68	0.21	0.42	2772.86	2224.74	2646.27
600786	ST东锅	-0.0045	-0.302	0.7226	0.7145	-0.62	-21.1936	0.0285	0.058	-94.72	-6380.6	-80.46
600787	中储股份	0.0297	0.0544	2.422	2.396	1.23	2.26	0.1279	-0.523	922.13	1688.1	922.13
600788	达尔曼	0.09	0.176	4.78	4.69	1.88	3.756	0.34	0.802	2579.03	5050.62	2411.5
600789	鲁抗医药	0.09	0.11	3.27	3.18	2.7	3.34	0.38	0.21	3222.92	3873.59	3278.97
600790	轻纺城	0.065	0.105	2.61	2.59	2.48	3.67	0.135	0.36	2406.43	3900.09	2139.47
600791	天创置业	0.12	-0.084	1.35	1.23	9.07	-7.93	-0.03	0.023	1214.3	-830.84	1164.24
600792	ST马龙	0.02	-0.25	1.51	1.38	1.45	-15.5	-0.41	0.08	120.76	-1290.31	134.85
600793	宜宾纸业	-0.094	0.091	1.642		-5.77	5.32	0.302	0.039	-985.78	956.42	-932.05
600794	保税科技	-0.055	0.054	2.596	2.629	-2.112	2.068	-0.749	-0.522	-653.67	648.42	-734.81
600795	国电电力	0.375	0.336	5.561	5.186	6.74	6.502	0.57	0.8	30918.01	27718.36	29443.62
600796	钱江生化	0.1	0.188	3.282	2.347	3.054	7.528	0.132	0.214	1173.67	1999.33	857.53
600797	浙大网新	0.13	0.12	2.91	2.78	4.38	4.4	-0.58	0.1	4350.77	4120.27	3113.39
600798	宁波海运	0.076	0.072	1.539	1.462	4.961	4.84	0.139	0.053	3906.96	3684.35	3906.96
600799	ST龙科	0.0117	0.158	1.711	1.699	0.68	8.184	-0.07	0.03	455.63	6175.89	-385.54
600800	天津磁卡	0.075	0.216	1.96	1.88	3.84	7.87	-0.72	0.505	4145.35	7968.38	-74.7
600801	华新水泥	0.04	0.03	2.24	2.2	1.59	1.36	0.33	0.15	1164.86	985.96	801.52
600802	福建水泥	-0.06	0.012	2.42	2.48	-2.53	0.43	0.01	0.026	-1731.38	334.05	-1561.08
600803	威远生化	0.06	0.05	2.64	2.58	2.13	2	0.032	0.034	665.31	626.98	639.78
600804	工益股份	0.001	0.0006	1.632	1.635	0.063	0.035	0.075	0.114	12.12	6.94	-97.5
600805	悦达投资	0.009	0.103	3.13	3.12	0.29	3.18	0.46	0.13	502.03	5606.17	245.85
600806	交大科技	0.011	0.009	2.05	2.04	0.55	0.43	-0.04	-0.064	15.8	424.5	15.8
600807	济南百货	-0.16	-0.137	1.11	1.28	-14.6	-6.87	0.067	-0.072	-1751.59	-1476.6	-1751.59
600808	马钢股份	0.0255	0.0202	1.85	1.82	1.38	1.095	0.139	0.109	16441.2	13021.3	32833.5
600809	山西汾酒	0.03	0.033	1.83	1.8	1.654	1.828	0.107	0.07	1312.36	1441.38	1224
600810	神马实业	0.01	0.07	6.04	6.03	0.18	1.02	-0.2	-0.11	627.98	3485.19	203.6
600811	东方集团	0.135	0.162	4.62	4.48	2.93	3.29	0.258	-0.52	7768.75	8437.97	5716.98
600812	华北制药	0.0789	0.0736	2.16	2.08	3.65	3.38	0.1725	0.214	9230.2	8605.76	9336.42
600813	ST鞍一工	-0.376	-0.193	-3.502				-0.002	-0.033	-9697.2	-4969.87	-9666.75

代 码	证券简称	每股收益（元）		每股净资产（元）		净资产收益率（%）		每股现金流量（元）		净利润（万元）		扣除后（万元）
		2002	2001	2002	2001	2002	2001	2002	2001	2002	2001	2002
600814	杭州解百	0.0205	0.0593	1.65	1.63	1.246	3.465	0.115	0.071	487.57	1408.33	560.44
600815	厦工股份	0.076	0.025	1.83	2.64	4.154	0.94	-0.008	-0.165	3422.77	739.05	3431.07
600816	鞍山信托	0.0139	0.102	1.296	1.282	1.08	5.02	-0.372	0.188	635.86	4641.62	-14.32
600817	宏盛科技	0.1	0.16	1.33	1.23	7.56	12.09	1.53	0.82	831.63	1317.6	749.66
600818	ST永久	0.22	0.049	0.5	-1.094	42.89	-4.47	0.052	0.095	5735.22	1298.09	547.41
600819	耀皮玻璃	0.119	0.189	3.53	3.41	3.36	5.41	0.133	0.055	5790.92	9197.25	5808.06
600820	隧道股份	0.1467	0.2042	3.07	2.56	4.77	7.96	0.35	-0.2935	7884.02	9984.46	7740.14
600821	津劝业	0.01	0.03	2.29	2.29	0.25	1.21	-0.04	0.14	169.79	828.7	163.47
600822	物贸中心	0.0582	0.0598	1.2436	1.185	4.6827	5.1743	0.0248	0.0279	1471.67	1512.05	1433.91
600823	世茂股份	0.021	0.093	2	1.98	1.03	4.72	-2.12	0.07	488.32	2193.25	-90.6
600824	益民百货	0.156	0.137	3.56	3.4	4.39	3.99	0.214	0.306	3022.97	2657.15	3108.39
600825	华联超市	0.18	0.145	1.806	1.584	9.82	10.1	0.563	-1.15	2736.6	2234.43	2695.24
600826	兰生股份	0.1	0.12	2.91	2.81	3.41	4.11	0.22	0.05	2785.13	3330.33	2908.88
600827	友谊股份	0.151	0.166	3.96	2.31	3.827	7.578	0.3	-1.39	4260.51	4058.46	3625.87
600828	成商集团	0.05	0.08	2.19	2.58	2.09	3.29	-0.002	0.12	930.68	1407.42	1009.21
600829	天鹅股份	0.067	0.13	3.86	3.79	1.73	3.81	0.08	-0.219	884.02	1723.74	701.18
600830	大红鹰	0.079	0.091	2.812	2.733	2.807	3.216	0.023	-0.1	1382.55	1585.67	651.23
600831	广电网络	0.077	-0.107	1.142	1.056	6.71	-14.4	0.162	-0.049	852.51	-1187.7	846.38
600833	商业网点	0.033	0.044	1.072	1.039	3.08	4.988	-0.059	0.409	526.86	705.09	484.51
600834	申通地铁	0.125	0.07	1.53	1.4	8.18	4.6	0.101	-0.023	4936.37	2544.63	4936.37
600835	上菱电器	0.25	0.324	5.3	5.05	4.72	5.31	0.59	0.43	13469.62	14530.89	13622.08
600836	界龙实业	0.015	0.027	1.83	1.81	0.82	1.53	0.35	0.12	167.99	305.99	40.72
600837	都市股份	0.171	0.087	3.1677	3.596	5.4	2.66	0.081	-0.004	1338.95	568.71	1266.74
600838	上海九百	0.0206	0.0403	1.4596	1.4391	1.41	2.28	0.2518	-0.498	825.16	1616.71	467.33
600839	四川长虹	0.051	0.01	5.938	5.887	0.86	0.16	-0.85	0.63	11017.38	2056.74	4718.45
600840	浙江创业	0.011	0.023	1.151	1.139	0.973	1.93	-1.602	-0.313	156.51	317.4	-50.29
600841	上柴股份	0.145	0.091	3.43	3.38	4.23	2.68	0.47	0.21	6968.29	4351.67	7895.65
600842	ST中西	-0.168	0.012	0.293	0.477	-57.13	1.21	-0.051	0.091	-3611.24	265.74	-3391.07
600843	上工股份	0.01	0.12	2	1.99	0.52	6.31	-0.21	0.12	264.71	3107.66	232.63
600844	英雄股份	0.01	0.014	1.99	1.98	0.487	0.705	0.212	-0.053	295.39	431.08	232.31
600845	宝信软件	0.1	0.05	1.1	1.002	9.16	5.63	-0.1	-0.1	2651.67	1332.39	2285.04
600846	同济科技	0.0074	0.0597	1.542	1.535	0.483	3.78	0.295	-0.0412	207.17	1458.42	46.33
600847	万里电池	0.002	0.037	1.004	1.002	0.215	3.53	-0.099	-0.099	19.15	328.9	19.15
600848	ST自仪	0.01	0.01	0.29	0.28	4.03	3.66	-0.08	-0.01	459.64	325.9	-277.16
600849	上海医药	0.21	0.25	4.98	4.76	4.29	5.46	-0.13	-0.41	6754.05	8018.6	5988.92
600850	华东电脑	-0.0973	0.022	1.2389	1.34	-7.8568	1.69	-0.2081	-0.084	-1664.78	369.46	-1799.98
600851	海欣股份	0.134	0.2	3.514	3.38	3.82	3.998	-0.07	-0.03	6751.71	6712.89	6744.05
600852	中川国际	0.024	0.05	1.6	1.57	1.47	2.94	0.73	0.72	387.05	711.2	182.49
600853	ST北特钢	0.037	-0.06	1.201	1.161	3.12	-4.69	2.58	-6	1993.45	-3521.09	1625.06
600854	春兰股份	0.18	0.52	5.83	5.65	3.07	8.39	-0.43	0.36	9282.82	15921.69	9799.97
600856	长百集团	0.012	0.064	1.97	1.96	0.63	3.14	0.12	0.078	226.18	1170.51	250.02
600857	工大首创	0.08	0.047	1.76	1.68	4.53	2.81	-0.05	0.017	1534.45	895.16	1529.92
600858	ST渤海	-0.0509	-0.0415	0.8257	0.8767	-6.1722	-3.6733	0.0053	-0.0248	-618.46	-503.45	-618.19
600859	王府井	0.04	0.044	3.923	3.882	1.01	1.12	0.11	0.02	1556.73	1746.03	1515.93

代 码	证券简称	每股收益（元）		每股净资产（元）		净资产收益率（%）		每股现金流量（元）		净利润（万元）		扣除后（万元）
		2002	2001	2002	2001	2002	2001	2002	2001	2002	2001	2002
600860	北人股份	0.119	0.081	2.5	2.38	4.77	3.35	0.14	-0.04	4768.3	3235.5	4439.9
600861	北京城乡	0.14	0.13	4.11	3.97	3.4	3.37	0.52	-0.1	5667.32	5378.33	5452.54
600862	ST纵横	-0.17	0.02	2.27	2.44	-7.63	0.49	-0.66	-0.06	-4127	429.68	-4125.26
600863	内蒙华电	0.068	0.12	3.822	3.754	1.774	3.292	0.061	0.209	6716.47	11323.51	6716.47
600864	岁宝热电	-0.024	0.04	2.89	2.91	-0.84	1.39	0.206	-0.045	-331.85	546.07	-331.85
600865	百大集团	0.09	0.13	2.52	2.43	3.67	5.25	0.06	0.22	2496.85	3557.43	2536.58
600866	星湖科技	0.12	0.1	2.43	2.31	4.9	4.35	0.177	0.105	3877.04	3351.84	3863.26
600867	通化东宝	0.056	0.046	4.27	4.23	1.3	1.09	-0.05	0.03	1805.68	1492.71	1774.58
600868	梅雁股份	0.06	0.079	2.33	2.49	2.71	3.17	0.03	0.1	7020.49	8017.13	2578.64
600869	青海三普	-0.14	0.025	1.59	1.73	-8.75	1.51	-0.014	0.042	-1664.62	304.32	-1657.8
600871	仪征化纤	0.014	0.03	2.214	2.2	0.61	1.37	0.186	0.066	5404	12118.6	5404
600872	中炬高新	0.0156	0.086	2.73	3	0.571	2.887	0.112	0.165	702.92	3892.67	760.96
600873	西藏明珠	-0.14	0.02	1.85	1.98	-7.39	1	-0.09	-0.25	-1475.64	251.89	-1448.92
600874	创业环保	0.08	0.07	1.26	1.18	6.26	6.31	0.11	0.11	10464.1	9479	10557.6
600875	东方电机	-0.066	-0.157	1.9	1.97	-3.47	-6.55	-0.156	-0.075	-2973.2	-7050.9	-2921.1
600876	洛阳玻璃	-0.141	0.011	2.09	2.23	-6.72	0.51	-0.074	0.108	-9840.5	796.6	-7677.6
600877	中国嘉陵	-0.08	0.02	2.77	2.85	-2.78	0.87	-0.21	0.26	-3640.98	1179.23	-3679.06
600878	北大科技	-0.062	0.017	1.671	1.732	-3.68	0.92	-0.214	-0.241	-1750.15	493.36	-1754.1
600879	火箭股份	0.16	0.15	3.23	3.08	4.88	5.32	0.53	0.08	3696.69	3563.35	3688.9
600880	博瑞传媒	0.2	0.12	1.92	1.72	10.41	6.94	0.05	0.27	2607.06	1546.44	2605.35
600881	亚泰集团	0.1	0.1	3.74	3.57	2.54	2.84	-0.08	-0.46	4512.89	4813.21	3342.54
600883	富邦科技	0.013	0.05	1.295	2.307	1.04	3.585	-0.093	-0.152	267.33	511.55	265.72
600884	杉杉股份	0.101	0.204	3.2	4.65	3.154	5.469	0.105	0.155	4149.04	4839.94	3412.44
600885	力诺工业	0.07	-0.017	1.13	1.05	6.48	-1.672	0.12	0.095	948.23	-218.34	931.65
600886	湖北兴化	-0.236	-0.005	2.819	3.055	-8.35	-0.1643	-0.064	-0.159	-6636.08	-147.66	-6636.08
600887	伊利股份	0.48	0.45	6.16	5.68	7.79	7.91	1.94	0.63	7042.22	6589.72	7422.14
600888	新疆众和	0.196	0.101	2.48	2.28	7.93	4.63	0.2		2030.45	1042.69	1980.25
600889	南京化纤	0.11	0.09	2.98	2.87	3.64	3.06	0.13	0.27	1752.94	1437.08	1800.38
600890	长春长铃	0.01	0.11	1.53	1.52	0.68	5.62	-0.11	0.53	502.91	4251.33	-1371.65
600891	秋林集团	-0.067	-0.053	2.19	2.25	-3.04	-2.21	0.06	0.06	-1630.3	-1300.96	-1593.27
600892	湖大科教	-0.14	0.01	1.11	1.25	-12.96	0.82	-0.49	0.13	-725.8	51.18	-759.03
600893	ST吉发	-0.1379	-0.112	1.99	2.09	-6.94	-4.18	0.34	-0.086	-3240.25	-2635.9	174.44
600894	广钢股份	0.05	0.03	2.3	2.25	2.19	1.49	0.15	-0.07	3455.03	2301.54	3460.21
600895	张江高科	0.02	0.21	2.27	4.49	0.93	4.97	0.23	-0.62	1966.04	9928.06	1904.77
600896	中海海盛	0.09	0.13	2.59	2.5	3.48	5.05	-0.01	-0.08	2863.16	4138.82	3242
600897	厦门机场	0.0971	0.0888	4.335	4.238	2.24	2.073	0.122	0.105	2621.84	2398.65	2619.74
600898	PT郑百文	0.0589	-0.128	1.026	-6.923	5.745		0.123	0.041	1164.51	-2534.05	1194.52
600899	信联股份	0.023	0.049	2.628	2.61	1.062	1.896	0.106	0.145	495.46	878.54	-274.55
900929	国旅B股	0.072	0.064	3.07	2.99	2.34	2.15	-0.07	0.02	949.43	849.6	902.43
900935	金泰B股	0.0308	0.0313	1.54	1.51	2	2.065	0.06	0.07	571.57	580.05	575.5
900939	汇丽B股	0.05	0.04	1.91	1.86	2.68	2.13	0.106	0.012	843.95	658.94	868.01
900948	伊煤B股	0.083	0.031	2.24	2.16	3.71	1.46	0.31	0.074	3049.3	1149.85	3192.96
900949	东电B	0.148	0.175	2.82	2.67	5.24	6.41	0.27	0.14	29699.39	35186.63	30483.71
900950	ST新城B	0.006	-0.524	1.067	1.061	0.59	-48.21	-0.10342	-0.00086	208.21	-17396.27	258.17

代 码	证券简称	每股收益（元）		每股净资产（元）		净资产收益率（%）		每股现金流量（元）		净利润（万元）		扣除后（万元）
		2002	2001	2002	2001	2002	2001	2002	2001	2002	2001	2002
900951	大化B股	0.02	0.02	2.08	2.06	0.87	1.01	0.19	-0.01	494.97	565.94	498.57
900953	凯马B股	0.001	0.071	1.51	1.51	0.043	3.27	0.006	0.05	41.82	4544.73	-1385.15
900956	东贝B股	0.014	0.068	1.68	1.65	0.85	4.23	-0.083	0.17	337.89	1599.81	407.25
900957	凌云B股	0.032	0.059	1.8	1.77	1.77	3.42	-0.13	-0.11	1109.35	2049.46	976.74

上市公司2002年中报一览表（深市）

代 码	证券简称	每股收益（元）		每股净资产（元）		净资产收益率（%）		每股现金流量（元）		净利润（万元）		扣除后（万元）
		2002	2001	2002	2001	2002	2001	2002	2001	2002	2001	2002
000001	深发展A	0.16	0.115	2.03	1.86	7.97	4.5	-5.33	0.63	31414.13	22321.17	31972.64
000002	万科A	0.225	0.27	5.177	4.951	4.35	5.59		-1.15	14215.69	17045.95	14307.92
000004	北大高科	-0.0826	0.162	1.0587	1.141	-7.8004	13.246	-0.4189	-0.059	-693.51	1358.03	-412.98
000005	世纪星源	-0.035	0.0005	1.477	1.52	-2.38	0.026	-0.015	0.018	-2492.16	31.37	-1746.28
000006	深振亚A	0.121	0.203	4.82	4.7	2.51	4.38	-0.36	0.835	3068.13	5147.92	4151.07
000007	深达声A	0.12	-0.04	1.24	1.02	9.43	-18.54	0.21	0.01	1673.53	-521.83	2072.58
000008	ST亿安	-0.049	-0.225	-0.704	-0.663		-19.06	0.041	-0.041	-362.79	-1654.37	-366.67
000009	深宝安A	0.008	0.012	1.24	1.23	0.62	0.93	0.02	0.05	735.99	1174.51	241.19
000010	深华新	0.008	0.01	1.03	1.025	0.78	1	-0.14	0.06	119.23	152.97	-33.04
000011	ST深物业	0.0128	0.0217	0.54	0.528	2.37	4.26	-0.114	0.09	693.45	1175.19	711.69
000012	南玻科控	0.121	0.117	2.85	2.73	4.26	4.31	0.12	0.19	8213.01	7922.08	8125.3
000013	ST石化A	-0.481	-0.819	-5.9	-5.42			-0.052	0.058	-14589.95	-24850.56	-4645.51
000014	沙河股份	0.1	0.06	2.24	2.141	4.57	2.72	0.51	-0.55	919.37	555.65	939.96
000016	深康佳A	0.0402	-0.3172	4.8713	4.8073	0.8252	-5.5794	0.642	0.0481	2419.92	-19095.95	3204.03
000017	ST中华A	-0.062	-0.122	-4.21	-4.148					-2964.96	-5827.71	-2974.31
000018	深中冠A	0.0083	0.012	1.823	1.822	0.45	0.66	0.088	0.043	140.13	204.42	140.13
000019	深深宝A	0.041	0.052	1.843	1.802	2.226	2.525	-0.18	-0.238	746.17	941.96	59.57
000020	深华发A	0.01	0.006	1.037	1.027	0.97	0.54	-0.003	0.065	284.85	161.77	-275.24
000021	深科技A	0.036	0.06	3.133	3.098	1.161	1.866	-0.036	0.539	2665.26	4424.86	2823.88
000022	深赤湾A	0.2	0.07	3.12	2.92	6.48	2.37	0.46	0.27	7720.9	2585.59	7759.49
000023	深天地A	0.016	0.0094	1.46	1.45	1.07	0.48	0.001	0.055	216.08	130.5	202.53
000024	招商局A	0.218	0.166	4.948	4.724	4.4	3.58	0.52	-0.35	10364.46	7901.33	10691.5
000025	ST特力A	-0.05	-0.05	1.18	0.42	-3.95	-12.4	0.35	-0.01	-1027.46	-1154.43	-1064.91
000026	飞亚达A	0.035	0.067	2.39	2.36	1.47	2.76	0.065	0.149	875.75	1669.5	875.75
000027	深能源A	0.3265	0.1862	2.9079	2.6012	11.23	6.89	1.804	0.69	32722.36	18657.03	32617.34
000028	一致药业	0.025	0.182	1.249	1.229	1.97	13.95	0.063	0.239	708.97	5242.6	783.08
000029	深深房A	-0.0396	0.004	0.97	1.007	-4.09	0.27	0.042	0.038	-4007.83	423.25	-3962.31
000030	ST盛润A	-0.097	-0.052	-3.47	-3.37		-19.79	-0.008	0.134	-2787.81	-1488.06	-2705.58
000031	深宝恒A	0.1	0.076	2.13	2.03	4.67	3.84	-0.094	0.053	4644.44	3540.62	4620.83
000032	深桑达A	0.27	0.13	2.3	2.03	11.72	6.54	0.02	0.29	3523.63	1694.6	2995.38

代码	证券简称	每股收益（元）		每股净资产（元）		净资产收益率（%）		每股现金流量（元）		净利润（万元）		扣除后（万元）
		2002	2001	2002	2001	2002	2001	2002	2001	2002	2001	2002
000033	新都酒店	0.004	-0.006	1.509	1.505	0.26	-0.41	0.035	0.084	111.74	-175.36	30.63
000034	深信泰丰	-0.125	0.102	1.03	1.16	-12.17	9.02	0.3005	-0.25	-3899.85	3166.99	-3256.06
000035	中科健A	0.276	0.13	2	1.72	13.83	6.96	1.43	-1.18	3203.91	1557.32	3285.58
000036	华联控股	0.146	0.141	2.89	2.74	5.04	5.57	-1.63	0.04	5237.72	5076.56	3382.1
000037	深南电A	0.27	0.18	1.93	1.66	13.87	9.94	0.49	0.33	14639.24	9673.63	14686.83
000038	深大通A	0.015	0.016	1.18	1.16	1.29	1.35	-0.034	0.059	137.65	141.85	137.65
000039	中集集团	0.4863	0.9097	5.18	7.04	9.39	12.92	9.39	12.92	24817.42	30947.4	25327.72
000040	深鸿基A	-0.105	-0.035	2.15	2.254	-4.87	-1.39	-0.03	-0.055	-4911.78	-1641.2	-4897.93
000042	深长城A	0.141	0.259	5.515	5.375	2.55	4.82	-0.225	-0.217	3365.88	6203.88	4153.18
000043	深南光A	0.0646	0.044	1.862	1.81	3.469	2.43	0.555	0.161	900.12	611.8	940.43
000045	深纺织A	0.096	0.093	1.95	1.86	4.9	5	-0.08	0.092	1567.68	1522.23	1551.07
000046	光彩建设	0.03	0.026	3.978	3.948	0.74	0.66	-0.72	-0.926	723.19	634.21	809.43
000047	ST中侨	0.549	-0.298	-3.94	-5.54			-0.004	0.05	6610.04	-3587.33	-2889.8
000048	ST康达尔	0.013	-0.061	0.14	0.13	8.88	-11.28	0.128	0.154	494.6	-2392.42	23.5
000049	深万山A	-0.061	-0.039	1.025	1.08576	-5.92	-2.793	-0.0256	0.082	-830.26	-538.79	-833.62
000050	深天马A	0.11	0.13	5.374		2.048	3.02			1461.4	1650.05	1193.57
000055	方大A	-0.14	0.13	3.33	3.47	-4.35	3.54	-0.02	0.22	-4293.83	3751.63	-4293.96
000056	深国商A	0.02	0.022	1.71	1.69	1.08	1.254	0.11	0.021	407.02	478.4	301.22
000058	深赛格	0.056	0.033	1.598	1.543	3.49	1.4	0.447	0.385	4047.45	2387.42	3067.4
000059	辽通化工	0.0154	0.002	2.04	2.02	0.758	0.11	0.11	0.04	1023.39	147.9	2653.43
000060	中金岭南	0.07	0.1	2.47		2.83	4.17	0.33	0.62	3015.1	4329.63	2472.71
000061	农产品	0.62	0.255	5.85	5.22	10.65	4.73	0.107	0.311	11506.87	4709.01	3932.65
000062	深圳华强	0.08	0.12	4.45	4.37	1.8	2.78	0.0394	0.0433	2174.78	3298.26	2281.46
000063	中兴通讯	0.241	0.33	7.108	6.868	3.39	4.809	0.715	0.287	13399.52	18363.7	9086.23
000065	北方国际	0.088	0.053	3.354	3.266	2.64	1.576	0.097	-0.223	897.52	541.46	861.66
000066	长城电脑	0.229	0.266	2.805	2.576	8.15	9.23	-0.054	-0.402	10486.05	12206.63	10580.6
000068	赛格三星	0.081	0.109	1.97	1.88	4.11	5.52	0.16	0.29	6374.07	8565.78	8523.93
000069	华侨城A	0.214	0.214	2.41	2.2	8.86	9.4	0.096	0.021	9559.1	9550.3	9571.95
000070	特发信息	0.0147	0.106	3.1161	3.101	0.47	3.29	0.2853	0.125	368.38	2639.56	117.69
000078	海王生物	0.035	0.19	5.04	7.51	0.71	2.55	-0.041	-0.51	1198.14	4245.13	763.93
000088	盐田港A	0.412	0.27	2.968	2.556	13.879	10.056	0.199	0.12	24097.66	15801.21	24551.25
000089	深圳机场	0.379	0.395	4.705	4.331	8.05	9.06	0.285	0.428	18940.28	19759.34	19158.11
000090	深天健	0.201	0.221	4.789	4.588	4.189	4.803	0.181	0.483	4479.52	4923.45	4008.16
000096	广聚能源	0.126	0.121	3.04	2.92	4.16	4.15	0.256	0.228	4174.3	4004.61	4215.65
000099	中信海直	0.1264	0.1583	4.5428	4.4164	2.78	3.62	-0.09	0.11	2477.71	3103.55	2409.35
000150	ST麦科特	-0.0129	0.049	2.05	2.06	-0.63	2.314	-0.16	-0.07	-416.43	1577.64	-557.23
000151	中成股份	0.1	0.22	2.77	2.67	3.69	5.27	-0.17	-0.17	3022.26	4259.8	3015.16
000153	新力药业	0.1474	0.1703	8.369	8.2216	1.7608	2.845	0.1188	0.5617	957.86	1106.67	902.79
000155	川化股份	0.073	0.071	3.015	2.942	2.406	2.472	-0.078	0.267	3408.24	3333.7	3371.85
000156	安塑股份	0.1171	0.0564	5.076		2.31	1.18	0.1791	-0.0033	1130.42	544.35	1062.28
000157	中联重科	0.275	0.362	3.116	2.916	8.82	6.37	0.035	0.274	8245.23	5435.46	8181.32
000158	常山股份	0.08	0.1	3.06	2.98	2.76	3.48	0.15	0.2	378.33	4157.91	3443.52
000159	国际实业	0.0152	0.013	3.4562	3.4037	0.44	0.384	-0.3273	0.115	261.43	216.73	310.44
000301	丝绸股份	0.096	0.119	2.85	2.75	3.38	4.37	0.25	0.26	4498.53	5545.41	4111.74

代 码	证券简称	每股收益（元）		每股净资产（元）		净资产收益率（%）		每股现金流量（元）		净利润（万元）		扣除后（万元）
		2002	2001	2002	2001	2002	2001	2002	2001	2002	2001	2002
000400	许继电气	0.21	0.23	4.04	3.83	5.19	5.96	0.07	0.02	7940.71	8706.69	7959.68
000401	冀东水泥	0.032	0.047	1.796	1.764	1.784	2.604	0.12	0.221	2825.11	4125.23	2790.7
000402	金融街	0.47	0.38	3.22	2.75	14.54	19.2	-2.9	-0.5	5897.18	4794.15	2045.95
000403	三九生化	0.16	0.24	3.29	3.15	4.87	8.02	0.002	0.38	3388.85	4720.47	3400.12
000404	华意压缩	0.0039	0.015	2.48	2.48	0.156	0.584	-0.18	-0.13	101.12	384.25	-926.45
000405	ST鑫光	-0.08	-0.228	0.04	0.13	-201.4	-22.4	0.006	-0.001	-3086.31	-8670.82	-2071.12
000406	石油大明	0.236	0.466	5.003	4.77	4.72	9.98	0.33	0.52	7162.63	14146.04	7033.97
000407	胜利股份	0.05	0.065	2.27	2.22	2.186	2.951	0.19	-0.016	1190.65	1546.06	1147.7
000408	河北华玉	0.032	0.053	3.82	3.79	0.835	1.43	-0.19	-0.4	365.99	609.43	374.65
000409	四通高科	0.013	0.012	1.28	1.26	1.02	0.82	-0.003	-0.036	222.73	207.49	222.73
000410	沈阳机床	0.01	0.044	2.62	2.61	0.39	1.6	0.14	0.01	352.43	1505.62	318.73
000411	ST英特	0.005	-0.159	0.648	0.642	0.81	-93	0.015	-0.029	60.72	-1829.37	118.3
000412	ST五环	-0.088	-0.22	0.211	0.299	-41.61	-23.42	-0.01	0.041	-2542.67	-6355.71	-2515.16
000413	宝石A	0.0037	0.136	1.44	1.43	0.26	9.31	-0.0037	-0.066	140.54	5195.88	35.44
000415	汇通水利	-0.008	0.104	1.871	1.88	-0.45	5.44	-0.008	0.319	-197.51	2426.22	-164.23
000416	健特生物	0.51	-0.102	1.61	1.82	31.62	-5.21	0.71	-0.03	9863.15	-1159.64	9993.78
000417	合肥百货	0.125	0.263	4.72	5.98	2.65	4.48	0.522	0.194	1647.09	2656.31	1629.96
000418	小天鹅A	0.0446	0.2418	5.4878	5.4655	0.81	4.24	0.1502	0.1143	1628.51	8827.74	1597.72
000419	通程控股	0.0612	0.0951	3.1878	3.1216	1.92	2.97	0.0147	0.2728	1073.73	1668.8	1096.9
000420	吉林化纤	0.044	0	2.88	2.84	1.54	0	0.07	-0.023	1676.81	0.33	1592.68
000421	南京中北	0.057	0.049	2.144	2.087	2.65	2.32	0.603	-0.21	1122.03	960.88	1107.05
000422	湖北宜化	0.159	0.115	3.67	3.61	4.32	3.63	0.31	0.15	3391.58	2155.47	2972.01
000423	东阿阿胶	0.164	0.147	2.979	2.814	5.517	5.233	0.095	0.045	4477.55	4015.11	4509.26
000425	徐工科技	0.091	0.092	2.06	1.97	4.4	6.996	0.23	-0.066	4504.71	4238.63	4290.87
000426	富龙热力	0.09	0.11	4.64		1.98	2.44	0.43	0.01	2042.06	2511.6	2015.14
000428	华天酒店	0.134	0.145	3.8	3.67	3.56	3.69	-0.175	0.25	2323.76	2508.32	2365.71
000429	粤高速A	0.07	0.06	2.71	2.64	2.66	2.36	0.12	0.16	9088.38	7962.28	9646.26
000430	张家界	0.052	-0.0716	1.19	0.414	4.42	-17.308	0.15	0.0016	962.91	-1315.15	857.55
000488	晨鸣纸业	0.28	0.226	6.65	6.369	4.213	3.28	0.126	0.66	13973.18	10245.17	9945.64
000498	丹东化纤	-0.1094	0.006	1.22	1.33	-8.97	0.34	0.15	0.1928	-4267.61	246.01	-4321.33
000501	鄂武商A	0.01	0.03	1.93	1.92	0.51	1.55	0.07	0.08	500.34	1691.31	281.85
000502	琼能源	-0.053	-0.0128	1.1502	1.1625	-4.61	-1.1	0.0025	-0.008	-825.43	-199.76	-825.72
000503	海虹控股	0.1204	0.2009	1.4006	1.2803	8.59	13.52	0.0167	0.0012	4119.73	6876.12	4137.96
000504	赛迪传媒	0.01833	0.00024	1.0527	1.0344	1.74	0.023	-0.0128	0.0597	571.17	7.52	573.94
000505	珠江控股	-0.023	0.018	1.01	1.03	-2.33	1.56	-0.0995	-0.041	-887.29	690.91	-801.06
000506	东泰控股	0.031	0.091	1.25	1.22	2.48	7.54	0.01	0.046	774.39	2255.85	699.23
000507	粤富华	0.046	0.066	2.766	2.72	1.68	2.39	-0.047	-0.052	1600.94	2264.16	1603.23
000509	天歌科技	-0.0507	0.1279	2.827	2.878	-1.793	7.156	-0.5159	0.104	-1267.19	2751.73	-1269.38
000510	金路集团	0.1235	0.113	1.593	1.466	7.76	8.72	0.013	0.02	5787.79	5303.02	5865.51
000511	银基发展	0.047	0.08	3.656	3.606	1.295	2.432	-0.289	-0.714	1277.62	2169.97	551.74
000513	丽珠集团	0.14	0.1	3.15	3	4.4	3.5	0.27	0.26	4242.41	3175.9	4141.32
000514	ST渝开发	0.001	0.002	0.28	0.24	0.39	0.13	0.08	0.03	12.49	18.09	16.98
000515	渝钛白	0.044	0.039	1.21	1.14	3.59	3.14	0.077	0.126	680.16	603.68	133.97
000516	陕解放A	0.103	0.154	2.83	2.73	3.65	5.49	0.39	-0.01	1348.87	2007.92	992.49

代 码	证券简称	每股收益（元）		每股净资产（元）		净资产收益率（%）		每股现金流量（元）		净利润（万元）		扣除后（万元）
		2002	2001	2002	2001	2002	2001	2002	2001	2002	2001	2002
000517	甬成功	0.156	0.329	5.43	3.23	2.88	10.428	-0.167	1.188	2277.59	2955.77	2236.96
000518	四环生物	0.211	0.329	3.637	5.483	5.793	17.69	0.35	0.32	6026	4400.84	6033.7
000519	银河创新	0.051	0.102	2.341	2.29	2.19	4.47	-0.169	0.2	700.11	1390.38	733.8
000520	中国凤凰	0.046	0.042	2.48	2.44	1.83	1.69	0.228	0.427	2363.99	2163.2	2373.49
000521	美菱电器	0.0123	0.008	2.5	2.49	0.49	0.253	0.139	0.138	506.78	349.03	394.84
000522	白云山A	0.096	0.071	1.26	1.07	7.611	34.212	0.24	0.124	3594.73	2645.68	3857.16
000523	广州浪奇	-0.04	0.01	2.16	2.2	-2.04	0.4	-0.12	0.01	-1010.97	201.95	-129.43
000524	东方宾馆	0.03	0.03	2.22	2.19	1.33	0.99	0.06	0.09	796.34	688.7	759.67
000525	红太阳	0.1485	0.2091	1.873	1.7246	7.93	11.7423	-0.27	0.061	4161.05	5859.69	4167.57
000526	旭飞实业	-0.038	0.139	1.948	1.986	-1.973	7.17	0.185	-0.058	-304.6	1097.74	-265.58
000527	粤美的A	0.26	0.43	4.57	4.31	5.69	9.64	0.77	0.09	12614.02	20872.4	12209.42
000528	桂柳工A	0.118	0.023	2.27	2.15	5.21	1.07	0.21	-0.03	3869.51	750.74	3729.57
000529	粤美雅A	0.009	0.017	3.16	3.16	0.28	0.41	0.09	0.11	352.8	679.17	239.43
000530	大冷股份	0.096	0.118	3.346	3.25	2.872	3658	-0.028	0.014	3363.72	4141.85	3355.87
000531	穗恒运A	0.162	0.116	2.337	2.175	6.92	5.24	0.809	0.34	4312.02	3085.34	4342.83
000532	粤华电A	0.177	0.085	1.98	1.81	8.91	4.6	-0.053	-0.04	3858.49	1847.86	3890.48
000533	ST万家乐	-0.11	0.02	0.31	0.43	-37.03	0.91	0.07	-0.5	-6602.33	1096.03	-5816.13
000534	汕电力A	0.0341	0.0214	2.67	2.64	1.28	0.82	-0.03	0.05	709.97	446.39	578.82
000535	ST猴王	-0.039	-0.109	-0.236	-1			-0.002	-0.0011	-1186.75	-3299.75	-1187.49
000536	ST闽闽东	0.005	-0.065	0.18	0.02	2.61	-36.21	0.42		58.33	-796.05	15.55
000537	南开戈德	0.09	0.18	2.15	2.06	4.23	8.35	0.16	0.3	3704.83	7279.36	3435.51
000538	云南白药	0.243	0.235	2.49	2.38	9.77	10.33	0.08	-0.26	4521.5	4361.9	4522.2
000539	粤电力A	0.277	0.201	2.55	2.28	10.86	8.63	0.345	0.328	73732.15	53359.9	72890.48
000540	世纪中天	0.024	0.105	1.46		1.61	7.285	-0.137	-0.215	768.08	3426.33	509.14
000541	佛山照明	0.284	0.255	5.604	5.32	5.06	4.64	0.39	0.29	10166.51	9128.96	9045.67
000542	TCL通讯	0.603	0.0361	1.963	1.494	30.7	1.55	1.137	0.143	11334.39	678.25	13609.05
000543	皖能电力	0.072	0.1299	3.08	3.01	2.34	4.23	0.05	0.228	5565.81	10042.16	5604.61
000544	ST白鸽	-0.049	0.007	0.13		-37.33	0.727	-0.135	0.016	-1317.91	193.26	-804.48
000545	恒和制药	-0.02	0.02	1.035	1.05	-1.95	1.653	0.034	0.013	-273.49	274.11	-278.45
000546	PT吉轻工	0.028	-0.047	0.17	0.04	16.44	-	-	-	-	-	-
000547	闽福发A	0.01	0.128	3.51	3.5	0.29	3.714	0.008	0.582	123.8	1567.83	-790.92
000548	湖南投资	0.0708	0.1257	3.13	3.06	2.26	4.16	0.0858	0.3017	2411.08	4282.77	2117.99
000549	湘火炬A	0.1177	0.0949	1.628	2.2653	7.2327	4.1879	0.0022	-0.0021	7349.74	3947.79	7441.34
000550	江铃汽车	0.15	0.08	2.03	1.87	7.43	4.5	0.57	0.49	13004.5	7026.9	12920.2
000551	创元科技	0.1	0.12	2.16	2.06	4.66	5.89	0.08	0.11	2435.3	3015.22	2456.41
000552	长风特电	-0.103	0.08	1.16	1.26	-8.86	6.52	-0.102	-0.042	-1829.2	1497.03	-1817.77
000553	沙隆达A	-0.037	0.035	3.24	3.28	-1.13	1.07	0.032	0.16	-1085.65	1039.65	-996.76
000554	泰山石油	0.031	0.126	1.624		1.923	7.166	0.176	-0.024	1501.79	6069.84	1498.62
000555	太光电信	-0.16	0.039	1.029	1.19	-16.02	3.27	-0.58	-0.58	-1349.33	319.79	-1460.66
000557	ST银广夏	0.031	-0.3161	-1.11	-1.13			-0.01		1564.6	-15973.22	3420.8
000558	莱茵置业	-0.09	0.05	1.33		-7.03	3.38	0.14	-0.21	-1096.23	572.94	-1096.14
000559	万向钱潮	0.204	0.237	3.667	3.46	5.566	6.286	0.304	0.267	7475.46	8688.19	7340.97
000560	ST昆百大	-0.11	-0.14	-0.02	0.09		-11.72	0.07	0.05	-1544.2	-1856.99	-2075.03
000561	陕长岭A	-0.08	0.013	1.1478	1.2246	-6.7	0.637	-0.057	-0.006	-3051.62	522.14	-2596.9

代码	证券简称	每股收益（元）		每股净资产（元）		净资产收益率（%）		每股现金流量（元）		净利润（万元）		扣除后（万元）
		2002	2001	2002	2001	2002	2001	2002	2001	2002	2001	2002
000562	宏源证券	0.0617	0.1004	1.233	1.171	5	7.88	0.6043	0.6432	3200.76	5210.32	3168.25
000563	陕国投A	0.062	0.086	1.69	1.63	3.65	4.99	0.855	2.21	1939.28	2692.67	1936.09
000564	西安民生	0.035	0.13	2.8	2.76	1.24	4.85	0.29	0.36	702.29	2666.64	721.59
000565	渝三峡A	0.023	0.005	2.05	2.03	1.12	0.24	-0.018	-0.025	396.22	82.96	396.29
000566	ST海药	-0.003	-0.63	-1.23	-1.23	-0.23	-154.79	0.096	0.03	-58.1	-12702.81	4.6
000567	ST琼海德	-0.072	-0.069	0.11	0.26	-65.06	-7.53	0.0018	0.004	-1091.86	-1036.94	-1091.86
000568	泸州老窖	0.07	0.07	2.51	2.59	2.77	2.88	-	-	-	-	-
000569	川投长钢	0.0023	0.025	1.164	1.16	0.196	2.09	0.018	0.02	158.9	1703.15	322.33
000570	苏常柴A	-0.023	-0.073	3.28	3.31	-0.71	-1.64	0.43	0.27	-867.39	-2739.39	-679.32
000571	ST新大洲	-0.03	0.01	1.11	1.14	-3.14	0.83	0.2		-2562.96	833.51	-2868.37
000572	ST金盘	-0.014	-0.002	0.23	0.24	-6.14	-0.2	-0.028	-0.108	-305.06	-41.13	-372.11
000573	粤宏远A	0.0024	0.0114	2.98	2.99	0.08	0.377	0.118	0.038	109.6	515.45	315.55
000576	广东甘化	-0.14	0.1	3.78	3.93	-3.62	2.54	-0.09	-0.415	-3387.24	-2469.31	-3637.38
000578	数码网络	0.054	0.102	1.552	1.556	3.499	6.538	0.051	0.018	1076.17	2016.06	997.99
000581	威孚高科	0.234	0.21	4.1	3.86	5.72	5.35	0.18	0.14	10220.23	9174.88	10624.87
000582	北海新力	-0.041	0.051	2.67	2.711	-1.5521	1.8636	0.0263	-0.026	-780.93	963.09	-964.62
000583	托普软件	0.15	0.43	5.87	10.84	2.58	3.96	-0.31	1.58	3501.81	5230.91	3102.37
000584	蜀都A	0.0216	0.006	1.44	1.43	1.5	0.406	-0.156	0.016	436.63	111.25	435.78
000585	ST东北电	0.04	-0.12	0.58	0.38	7.52	-10.36	-0.12	0.117	3793.9	-10566.94	-1014.62
000586	ST川长江	-0.0554	0.0023	1.3089	1.3643	-4.23	0.17	0.0354	-0.1763	-1072.14	43.86	-1065.11
000587	光明家具	0.003	0.077	2.49	2.49	0.126	3.33	-0.081	0.211	58.37	1425.58	50.46
000589	黔轮胎A	0.066	0.022	3.252	3.185	2.04	0.63	0.067	-0.057	1691.09	548.6	1690.3
000590	紫光古汉	-0.023	0.021	1.349	1.379	-1.73	1.5	0.0904	-0.175	-472.76	419.42	-472.76
000591	桐君阁	0.077	0.137	2.512	2.506	3.082	5.464	-0.348	0.194	850.2	1367.44	806.63
000592	ST中福	0.002	0.003	0.667	0.66	0.312	0.314	-0.025	0.022	61.14	95.61	-983.34
000593	成都华联	0.006	0.069	1.619	1.77	0.375	3.892	-0.009	-0.015	115.5	1201.98	81.86
000594	ST宏峰	0.021	0.09	1.32	1.3	1.57	4.739	0.002	0.02	1169.1	3383.9	1177.29
000595	西北轴承	-0.1469	0.0435	2.2831	2.4299	-6.4334	1.7844	0.0195	0.0733	-2569.83	760.97	-2168.91
000596	古井贡A	0.116	0.176	4.956	4.84	2.35	3.6	0.12	0.25	2737.26	4127.26	2697.5
000598	蓝星清洗	0.084	0.14	4.56	4.47	1.85	3.57	-0.14	-0.08	1482.12	2112.63	1483.02
000599	青岛双星	0.2256	0.099	4.11	3.869	5.49	2.608	0.46	0.328	3847.03	1458.99	3847.03
000600	国际大厦	-0.011	-0.052	1.9702	1.9812	-0.5577	-2.723	-0.0479	0.181	-168.92	-802.28	-392.6
000601	韶能股份	0.14	0.14	4.66	4.52	2.9	3.14	0.23	0.22	5283.05	5464.14	5222.25
000602	金马集团	0.18	-0.054	1.41	1.22	13.06	-4.89	0.42	-0.0002	1844	-543	1844
000603	ST威达	-0.044	-0.037	0.171	0.216	-25.82	-3.17	0.046	-0.02	-494.74	-409.72	-462.99
000605	四环药业	0.015	0.025	1.242	1.247	1.187	2.012	0.008	0.07	121.65	209.24	121.11
000606	青海明胶	0.0309	0.1	1.84	1.81	1.68	2.85	0.005	0.7	468.63	768.14	449.04
000607	华立控股	0.11	0.2	1.7077		6.25	13	0.23	-0.703	2039.07	3828.77	2043.33
000608	阳光股份	0.003	0.211	2.33	2.33	0.12	9.33	0.224	-0.352	59	4397.2	-20.5
000609	燕化高新	0.09	0.08	3.06	2.97	2.96	2.67	0.16	-0.01	1172.74	1007.72	1199.19
000610	西安旅游	0.015	0.002	2.091	2.076	0.717	0.113	0.057	0.104	251.2	39.15	226.61
000611	民族集团	-0.085	-0.034	1.338	1.423	-6.344	-2.018	-0.145	-0.005	-1485.76	-590.46	-1171.92
000612	焦作万方	0.205	0.087	2.41	2.206	0.01	8.485	4.105	0.01	0.381	5514.9	2342.17
000613	PT东海A	0.0003	-0.026	0.03	0.02	0.95	-128.33	-0.007	-0.0004	10.75	-943.51	-84.63

代码	证券简称	每股收益（元）		每股净资产（元）		净资产收益率（%）		每股现金流量（元）		净利润（万元）		扣除后（万元）
		2002	2001	2002	2001	2002	2001	2002	2001	2002	2001	2002
000615	湖北金环	0.179	0.035	3.82	3.63	4.69	0.96	0.635	0.007	2773.01	540.64	1734.22
000616	大连渤海	0.01	0.081	3.26	3.25	0.32	2.52	-0.34	0.029	1529976.23	11842200.19	-3584953
000617	石油济柴	0.084	0.088	1.745	1.661	4.831	5.306	-0.015	-0.337	876.92	914.16	871.84
000618	ST吉化	-0.1	-0.18	0.99	1.09	-10	-12.7	0.15	0.12	-35253.1	-64189.71	-23722.74
000619	海螺型材	0.56	0.48	6.14	2.58	9.07	21.89	0.6	-0.02	10026.02	7209.15	10009.42
000620	ST圣方科	-0.027	0.076	1.03	1.14	-2.6	3.06	-0.007	-0.33	-835.51	2377.09	-84.15
000621	比特科技	-0.255	0.017	1.88	2.13	-13.604	0.764	-0.416	0.035	-3820.91	256.77	-3937.66
000622	岳阳恒立	0.024	0.022	1.47	1.45	1.65	1.516	-0.1108	-0.296	343.21	305.3	314.36
000623	吉林敖东	0.215	0.203	5.1	4.9	4.22	4.21	0.219	0.294	5029.52	4739.76	4276.42
000625	长安汽车	0.11	0.08	2.21	2.1	5.13	3.85	0.45	0.4	13921.07	9849.29	14024.74
000626	如意集团	0.098	0.051	1.433	1.315	6.82	4.269	-0.8113	0.0292	1318.15	686.08	1282.99
000627	百科药业	0.02	0.04	1.178	1.951	1.73	2.19	0.013	0.099	1209.84	1476.39	1217.62
000628	倍特高新	0.01	0.059	2.73	2.73	0.374	2.141	-0.3	0.58	197.54	1145.9	241.56
000629	新钢钒	0.235	0.281	4.541	4.306	5.17	6.5	0.428	0.531	24012.48	28708.71	24597.31
000631	兰宝信息	0.09	0.2	3.06	2.968	3	4.58	0.0713	0.236	2203.43	3395.42	2211.18
000632	三木集团	0.0841	0.0967	3.912	3.836	2.15	2.52	-1.2462	-0.3174	1476.46	1696.61	1651.18
000633	合金投资	0.067	0.047	1.422	1.3553	4.69	3.408	0.098	0.24	2140.34	1514.65	228.02
000635	民族化工	-0.76	0.027	0.84	1.61	-91.35	0.69	-0.02	-1.2	-8747.2	304.27	-8747.2
000636	风华高科	0.031	0.137	3.915	3.885	0.779	3.408	0.114	0.135	1618.44	7244.78	1899.05
000637	茂化实华	0.086	0.163	1.903	2.18	4.54	7.03	0.211	0.001	2503.61	3933.7	2122.11
000638	ST辽国际	-0.083	-0.062	0.3037	0.3928	-27.38	-5.67	-0.042	-0.063	-1286.6	-961.36	-1285.49
000639	金德发展	0.0695	0.0459	1.18	1.13	5.88	4.3	0.02	-0.194	506.72	334.53	514.1
000650	九江化纤	0.0075	0.0041	1.66	1.66	0.45	0.24	-0.07	0.06	149.27	81.78	149.27
000651	格力电器	0.315	0.308	3.5	3.21	8.99	9.294	1.57	-1.37	16896.89	16522.69	14710.94
000652	泰达股份	0.107	0.254	2.99	4.32	3.59	6.09	-0.07	0.8295	4825.4	7629.34	3742.89
000653	ST九州	-0.17	-0.01	-4.45	-4.27			0.0015		-5201.5	-2909.42	
000655	华光陶瓷	0.1	0.1	3.12	3.01	3.22	3.23	0.13	0.09	1261.7	1253.87	1299.21
000657	中钨高新	0.121	0.11	3.16	3.04	3.83	3.65	0.701	0.402	2072.48	1877.55	2077.85
000658	ST海洋	-0.113	0.13	-3.216	-3.103		15.26	0.005	-0.469	-1767.32	2044.78	-1088.79
000659	珠海中富	0.16	0.084	3.38	3.22	4.75	2.6	0.412	0.127	6073.37	3163.44	6108.68
000660	南华西	-0.28	0.01	2.08	2.36	-13.27	0.42	0.0004	-0.0104	-3671.08	156.41	-1756.95
000661	长春高新	0.0234	0.016	3.47	3.45	0.68	0.45	-0.06	-0.13	307.64	203.6	307.14
000662	广西红日	0.1307	-0.105	1.5265	1.3932	8.5635	-38.17	0.3498	-0.1745	1400.47	-1124.91	1396.51
000663	永安林业	0.031	0.058	1.85	1.819	1.666	3.02	0.034	0.032	515.27	971.84	86.75
000665	武汉塑料	0.04	0.07	3.14	3.17	1.14	2.23	-0.08	0.08	503.93	962.24	503.05
000666	经纬纺机	0.08	0.15	3.68	3.6	2.19	4.15	-0.02	-0.03	4869.84	9048.78	4755.78
000667	华一投资	0.0064	0.0238	1.989	1.9838	0.321	1.1912	0.05865	-0.0782	157.06	583.59	121.96
000668	武汉石油	0.09	0.07	2.18	2.27	4.1	3.12	-0.19	0.04	1367.84	1042.48	1443.3
000669	中讯科技	0.029	0.016	1.247	1.218	2.345	1.386	0.029	-0.066	180.41	100.29	180.41
000670	天发股份	-0.09	0.074	3.93	4.021	-2.38	1.726	0.053	-0.118	-2549.1	2012.85	-3074.96
000671	石狮新发	0.021	0.037			1.17	2.09	-0.216	-0.1	200.44	355.84	200.73
000672	铜城集团	0.017	0.041	1.71	2.37	1.02	1.72	0.038	-0.27	264.7	441.43	267.15
000673	大同水泥	0.036	0.04	1.71	1.67	2.1	2.48	-0.35	0.27	621.38	699.71	627.95
000676	思达高科	0.06	0.18	1.22	2.05	4.66	10.49	-0.02	0.01	1782.51	3243.68	1777.23

代 码	证券简称	每股收益（元）		每股净资产（元）		净资产收益率（%）		每股现金流量（元）		净利润（万元）		扣除后（万元）
		2002	2001	2002	2001	2002	2001	2002	2001	2002	2001	2002
000677	山东海龙	0.079	0.111	1.998	1.92	3.95	6.038	0.092	0.036	1308.8	1836.15	1308.8
000678	ST襄轴	-0.076	-0.171	2.77	2.85	-2.76	-4.62	0.021	-0.1	-1074.12	-2394.95	-1113.61
000679	大连友谊	0.048	0.081	2.59	2.54	1.85	3.251	0.179	0.175	1136.61	1928.11	1136.61
000680	山推股份	0.27	0.13	2.4	2.12	11.39	6.28	0.3	0.34	7728.66	3797.15	7718.09
000681	远东股份	0.02	0.085	1.701	1.68	1.18	4.947	-0.204	0.081	397.66	1691.5	378.98
000682	ST东方	-0.0685	0.0656	0.527	0.595	-12.84	11	-0.136	-0.076	-6271.97	6006.31	-6291.43
000683	天然碱	0.0044	0.0252	1.197	1.192	0.3678	1.7092	0.05	-0.06	206.41	1182.97	-206.77
000685	公用科技	0.0268	0.0484	1.3812	2.2348	1.9392	2.2484	0.0443	0.0477	603.77	661.9	604.92
000686	锦州六陆	0.02	0.04	3.44	3.42	0.71	1.33	-0.03	0.27	360.28	671.23	293.38
000687	保定天鹅	0.063	0.055	3.13	3.06	2.03	1.8	0.13	0.16	2036.28	1777.89	2090.12
000688	朝华科技	0.024	0.15	2.809	2.799	0.862	5.264	-0.207	0.862	843.64	5236.63	721.89
000689	ST宏业	-0.1225	-0.1162	-4.154	-4.032			0.0003	-0.003	-1363.41	-1293.44	-1363.41
000690	宝丽华	0.08	0.1	1.74	1.66	4.75	5.65	0.21	-0.05	1602.81	1965.31	1616.28
000691	寰岛实业	0.0129	0.0078	2.3851	2.3687	0.54	0.33	0.2432	-0.0179	334.21	200.74	311.65
000692	惠天热电	0.0625	0.1159	4.3	4.24	1.45	2.77	-0.37	-0.22	1664.27	3087.49	2140.75
000693	聚友网络	0.05	0.2	3.07	3.02	1.54	6.75	0.38	0.16	605.48	2539.34	605.98
000695	灯塔油漆	-0.189	0.035	1.469	1.659	-12.88	1.92	-0.243	0.159	-4203.04	778.33	-4368.58
000697	咸阳偏转	0.0372	0.0608	3.48	3.43	1.07	1.77	0.26	0.854	808.12	1321.12	791.56
000698	沈阳化工	0.031	0.049	3.47	3.44	0.9	1.44	-0.042	-0.211	1316.05	2082.41	1454.71
000699	ST佳纸	0.0028	-0.067	1.952		0.15	-2.971	0.0442	0.035	64.52	-1521.44	63.25
000700	模塑科技	0.2	0.242	3.511	3.416	5.57	7.34	0.526	0.435	2434.29	3018.35	2151.2
000701	厦门信达	0.0121	0.0024	2.34	2.33	0.52	0.1	0.003	0.005	241.66	47.02	77.36
000702	正虹科技	0.0678	0.1097	2.99	2.92	2.27	3.71	0.31	-0.12	1918.64	3101.36	1221.99
000703	世纪光华	0.038	0.063	2.56	2.52	1.48	2.57	0.275	-0.642	403.3	666.86	506.78
000705	浙江震元	0.068	0.068	3.37	3.3	2.02	2.06	0.093	-0.095	851.05	854.75	863.79
000707	双环科技	0.065	0.082	3.541	3.48	1.833	2.339	0.138	0.03	3012.12	3787.79	3004.9
000708	大冶特钢	0.027	0.032	3.48	3.45	0.78	0.91	0.473	0.72	1215.51	1418.34	231.19
000709	唐钢股份	0.228	0.249	4.4	4.18	5.17	5.86	0.476	0.496	30828.02	33679.62	35200.86
000710	天兴仪表	-0.065	-0.0588	0.99	1.053	-6.62	-4.569	0.109	-0.026	-990.28	-889.25	-966.8
000711	龙发股份	0.069	0.108	2.719	2.65	2.56	4.18	0.58	0.037	745.35	1162.34	534.27
000712	锦龙股份	0.041	0.051	2.846	2.805	1.433	1.84	0.095	-0.11	621.34	773.9	628.42
000713	丰乐种业	0.0069	0.032	2.746	2.739	0.253	1.154	0.319	0.161	156.27	719.4	254.99
000715	中兴商业	0.076	0.101	2.85	2.77	2.651	3.618	0.151	0.341	1621.27	2162.53	1604.27
000716	广西斯壮	-0.1029	0.011	1.7355	2.39	-5.93	0.469	-0.0196	0.134	-1834.54	153.57	-1714.2
000717	韶钢松山	0.3225	0.2896	5.6441	5.3216	5.71	5.33	0.63	-0.11	14422.16	12950.09	14369.8
000718	吉林纸业	-0.165	0.02	2.916	3.081	-5.65	0.611	-0.014	-0.035	-6582.74	808.94	-3207.81
000719	焦作鑫安	0.034	0.116	2.098	2.063	1.64	5.58	-0.099	-0.432	445.74	1501.87	332.93
000720	鲁能泰山	0.081	0.158	3.93	3.93	2.06	4.13	0.002	0.1	2596.53	5055.66	2657.99
000721	西安饮食	0.0695	0.0465	2.38	2.31	2.92	2.06	0.22	0.08	795.46	532.29	795.46
000722	金果实业	0.15	0.18	4.08	4.03	3.67	4.62	0.246	0.074	2913.12	3542.81	3026.17
000723	ST天宇	0.0586	-0.479	1.42	1.36	4.13	-20.455	0.079	0.042	817.7	-6681.92	803.72
000725	京东方A	0.103	0.1	3.89	3.79	2.64	2.644	0.079	0.528	5651.61	5510.25	
000726	鲁泰A	0.25	0.221	4.83	4.58	5.212	4.699	0.14	-0.175	6817.69	5791.94	6638.57
000727	华东科技	0.1149	0.1117	2.76	2.644	4.16	4.15	0.15	-0.15	3604.89	3504.41	3564.13

代码	证券简称	每股收益（元）		每股净资产（元）		净资产收益率（%）		每股现金流量（元）		净利润（万元）		扣除后（万元）
		2002	2001	2002	2001	2002	2001	2002	2001	2002	2001	2002
000728	北京化二	-0.057	-0.141	2.609	2.67	-2.169	-4.692	0.253	-0.733	-1952.88	-4855.58	-1952.98
000729	燕京啤酒	0.17	0.21	5.55	5.38	3.07	3.93	0.35	0.3	11376.59	14045.66	11330.8
000730	环保股份	0.0181	0.0321	1.04	1.03	1.73	3	0.45	0.07	1022.07	1815.98	-1314.95
000731	四川美丰	0.156	0.142	3.2425	2.8047	4.82	4.85	0.22	0.319	3840.35	3163.65	3621.81
000732	福建三农	0.0043	0.0338	3.1854	3.175	0.13	1.09	-0.56	0.19	65.1	516.1	-341.08
000733	振华科技	0.065	0.118	4.91	4.95	1.32	2.38	0.06	0.1	2322.4	4221.1	2123.7
000735	罗牛山	0.03	0.064	2.17	1.6	1.34	4.17	0.014	0.1	1704.16	3101.86	474.59
000736	重庆实业	0.12	0.09	3.76	3.64	3.13	2.48	-1.27	-0.1	776.48	582.18	806.89
000737	南风化工	0.058	0.105	2.95	2.89	1.97	3.52	0.144	0.102	2653.64	4778.93	2801.95
000738	ST南摩	-0.036	-0.31	1.63	1.66	-2.2	-16.6	-0.0069	0.017	-1422.59	-12432.81	-2692.36
000739	青岛东方	0.108	-0.048	1.803	1.7	5.96	-2.27	0.324	0.02	1566.99	-704.38	1542.99
000748	湘计算机	0.058	0.126	4.043	2.865	1.436	4.364	-0.209	-0.231	1604.24	2848.97	1606.73
000750	桂林集琦	0.002	0.022	2.7945	2.7919	0.08	0.77	0.019	0.0682	45.57	482.73	-65.61
000751	锌业股份	0.085	0.161	3.1	3.01	2.74	5.24	0.026	0.222	7491.51	14208.16	7458.13
000752	西藏发展	0.11	0.083	2.08	1.97	5.35	4.35	0.514	0.005	1953.36	1455.32	1809.8
000753	漳州发展	0.17	0.11	3.82	3.65	4.54	3.05	0.0739	0.0405	3913	2556.65	4248.48
000755	山西三维	0.091	0.1002	3.16	3.06	2.89	3.243	0.214	0.487	2531.89	2781.86	2468.07
000756	新华制药	0.0896	0.1172	3.017	2.931	2.97	5.13	0.033	0.057	4098.7	5006.3	4098.7
000757	方向光电	0.03	0.02	3.31	3.18	0.8	0.74	-0.08	0.02	407.39	353.79	370.7
000758	中色建设	-0.033	0.03	2.29	2.2	-1.42	1.31	-0.06	0.27	-1261.89	1153.64	-1308.78
000759	武汉中百	0.064	0.12	3.76	2.95	1.697	3.897	0.234	0.073	1338.51	2110.23	1409.95
000760	湖北车轿	0.01	0.08	3.23	3.22	0.27	2.45	-0.02	0.23	93.95	876.14	29.64
000761	本钢板材	0.144	0.143	3.212	3.069	4.468	4.506	0.062	0.334	16302.16	16224	16302.16
000762	西藏矿业	-0.0808	0.012	2.3342	2.415	-3.4614	0.627	0.0317	0.01	-1620.06	305.13	-1359.65
000763	锦州石化	0.018	0.149	1.96	1.993	0.903	7.47	-0.279	-0.487	1394.54	11767.88	1422.27
000765	华信股份	-0.09	0.035	0.98	1.06	-8.7	1.87	-0.019	-0.919	-2117.06	544.58	-2107
000766	通化金马	0.014	0.137	1.066	1.05	1.331	5.505	0.049	-0.283	637.42	6153.8	77.42
000767	漳泽电力	0.123	0.151	3.6049	3.482	3.43	4.217	0.5	0.299	5348.67	6566.65	9880.03
000768	西飞国际	0.06	0.04	4.9	4.83	1.29	0.72	0.003	-0.12	2476.36	1378.79	3378.31
000769	菲菲农业	0.009	0.006	2.51	2.4	0.36	0.269	0.2	-0.077	168.73	118.06	168.7
000776	延边公路	0.065	0.066	2.287		2.837	2.916	0.181	0.3	1194.46	1206.34	1216.85
000777	中核科技	-0.0181	0.0536	1.6953	1.7134	-1.07	3.06	-0.1207	-0.1026	-304.29	900.26	-424.1
000778	新兴铸管	0.371	0.4	3.6058	4.2116	10.277	11.069	0.357	0.725	23029.63	17375.86	22524.85
000779	三毛派神	0.022	0.054	4.055	4.033	0.522	1.337	0.011	-0.2	410.12	991.09	400.35
000780	草原兴发	0.163	0.162	3.63	3.47	4.5	4.69	0.8	0.93	4626.89	4583.25	4623.79
000782	美达股份	0.08	0.05	2.39	2.31	3.42	2.3	0.18	-0.02	2794.7	1832.69	2822.77
000783	石炼化	-0.058	-0.085	1.5307	1.5891	-3.82	-5.7	-0.08	0.163	-6753.22	-9853.92	
000785	武汉中商	0.059	0.1	2.2	2.14	2.7	4.71	0.17	0.14	1491.46	2523.5	1405.25
000786	北新建材	0.07	0.12	2.182	4.224	3.21	2.899	0.016	-0.034	4029.81	3453.01	4052.07
000787	创智科技	0.1018	0.109	3.79		2.69	4.796	0.355	0.079	2553.85	2178.03	2568.22
000788	ST合成	-0.2	-0.08	1.29	1.5	-16	-5.06	-0.09	0.09	-3974.32	-1457.1	-3919.5
000789	江西水泥	0.029	0.038	2.129	2.1	1.376	1.791	0.035	-0.053	997.5	1278.68	939.58
000790	华神集团	0.08	0.17	3.15	3.07	2.69	5.44	-0.04	0.06	1083.16	1370.91	1080.71
000791	西北化工	-0.0316	0.0227	1.8675	1.8991	-1.67	1.17	0.067	-0.1901	-596.97	428.29	-602.57

代码	证券简称	每股收益（元）		每股净资产（元）		净资产收益率（%）		每股现金流量（元）		净利润（万元）		扣除后（万元）
		2002	2001	2002	2001	2002	2001	2002	2001	2002	2001	2002
000792	盐湖钾肥	0.2219	0.1876	2.7797	3.0078	7.98	6.6	0.092	0.09	4900.69	4143.08	4878.54
000795	太原刚玉	0.004	0.0206	2.777	2.773	0.1457	0.741	-0.0185	0.0674	112.08	569.45	125.77
000796	宝商集团	0.0799	0.133	4.213	4.131	1.897	3.271	0.3799	-0.025	1281.17	2130.46	1181.81
000797	中国武夷	0.028	0.024	3.18	3.15	0.876	0.764	-0.027	-0.179	1085.25	953.03	1121.32
000798	中水渔业	-0.068	0.003	2.975	3.044	-2.301	0.091	0.132	-0.041	-1725.08	87.12	-1722.67
000799	湘酒鬼	0.0487	0.141	4.28	4.34	1.14	3.25	0.017	0.499	1478.37	4270.71	1274.92
000800	一汽轿车	0.06	0.04	2.84	2.78	2.11	1.53	0.4	0.01	9764.74	7071.58	9847.66
000801	四川湖山	-0.097	-0.047	0.912	1.01	-10.66	-3.86	-0.04	-0.028	-1283.71	-620.23	-1265.8
000802	京西旅游	-0.186	0.066	3.04	3.22	-6.14	1.999	0.062	0.056	-2165.75	772.91	-2165.75
000803	美亚股份	-0.05	0.08	1.41	1.46	-3.63	4.03	-0.06	0.43	-518.35	607.4	-557.61
000805	炎黄在线	0.1044	0.1228	1.7658	1.6586	5.91	8.75	-0.3677	0.3573	597.18	702.43	491.17
000806	银河科技	0.12	0.27	3.42	2.1	3.5	13.49	0.09	0.06	3636.92	5613.72	3391.64
000807	云铝股份	0.2	0.25	3.72	2.4481	5.34	9.89	0.15	0.48	7229.74	7847.5	7651.35
000809	第一纺织	-0.19	-0.11	1.21	1.4	-16.06	-5.67	0.13	-0.11	-2219.37	-1304.3	-2226.14
000810	华润锦华	0.06	0.075	1.36	1.76	4.2	4.14	0.298	0.107	741.96	720.09	734.97
000811	烟台冰轮	0.13	0.17	2.31	2.22	5.42	7.46	0.93	0.24	1546.15	2122.58	1571.28
000812	陕西金叶	0.031	0.066	2.016	2.382	1.53	2.89	0.007	0.047	585.77	1051.91	416.58
000813	天山纺织	-0.012	0.008	1.76	1.77	-0.7	0.346	-0.015	-0.077	-448.89	289.65	-706.39
000815	美利纸业	0.095	0.132	4.5	4.4	2.102	3.049	-0.014	0.106	1248.82	1739.24	1278.63
000816	江淮动力	0.065	0.108	4.282	4.217	1.52	2.64	0.142	0.227	1990.36	3305.52	1720.52
000817	辽河油田	0.162	0.196	2.328	2.166	6.965	8.564	0.256	-0.014	17835.76	21538.45	17503.36
000818	锦化氯碱	-0.22	-0.021	2.6	2.82	-8.46	-0.722	-0.087	0.201	-7481.46	-698.73	-7453.85
000819	岳阳兴长	0.053	0.094	2.184	2.131	2.413	4.312	0.197	-0.093	870.36	1545.55	871.83
000820	金城股份	0.056	0.095	2.5634	2.5141	2.171	3.932	0.119	0.211	1176.32	2013.45	1257.61
000822	山东海化	0.141	0.244	3.74	3.6	3.77	7.996	0.173	0.251	6470.31	10253.99	6261.22
000823	超声电子	0.067	0.127	2.497	2.43	2.693	5.243	0.054	0.036	2415.53	4576.95	2493.96
000825	太钢不锈	0.139	0.153	3.0596	2.92	4.548	5.292	0.292	0.158	14976.17	16495.92	14185.34
000826	ST原宜	-0.082	-0.182	1.56	1.65	-5.22	-9.01	-0.02	-0.01	-1483.56	-3295.38	-1482.27
000827	长兴实业	-0.087	0.07	3.798	3.885	-2.284	1.653	0.329	-0.304	-578.94	469.05	-877.99
000828	福地科技	0.016	-0.182	1.816	1.8	0.869	-8.056	0.061	-0.04	1837.48	-21149.66	2550.45
000829	赣南果业	0.012	0.016	2.02	2.02	0.59	0.79	0.031	-0.11	187.75	251.8	-29.39
000830	鲁西化工	0.155	0.146	3.8		4.08	3.853	0.354	0.274	3865.27	3647.68	3676.37
000831	关铝股份	0.095	0.105	2.45	2.41	3.87	4.699	0.278	0.25	3435.17	3827.5	3184.29
000832	龙涤股份	0.0627	0.1205	3.6	3.53	1.74	3.43	0.3404	-0.2029	2207.15	4241.82	2207.15
000833	贵糖股份	0.077	0.112	2.49	2.41	3.08	4.532	0.04	-0.213	1941.33	2842.54	2028.04
000835	隆源双登	0.127	0.145	3	2.87	4.23	5.15	-0.98	-0.15	683.83	782.85	1063.86
000836	天大天财	0.174	0.337	7.78	7.6	2.24	6.42	-0.403	0.824	2140.72	3464.7	955.96
000837	秦川发展	0.0354	0.0426	2.253	1.89	1.57	2.34	-0.065	0.0518	823.66	905.23	783.23
000838	ST西化机	0.025	-0.179	0.555	0.53	4.59	-666.31	0.134	-0.0083	165.94	1165.44	-331.29
000839	中信国安	0.17	0.22	3.9535	2.7417	4.22	8.34	-0.13	0.21	11001.71	13221.27	9576.61
000848	承德露露	0.124	0.153	2.68	2.56	4.63	5.116	0.15	-0.568	3218.24	3968.09	3218.24
000850	华茂股份	0.104	0.322	2.234	3.407	4.664	9.196	0.175	0.413	3651.02	7048.44	3569.23
000851	ST七砂	-0.25	-0.04	1.24	1.49	-20.15	-2.5	0.03	-0.04	-5640.64	-970.76	-5643.39
000852	江钻股份	0.19	0.167	2.35	2.16	8.08	7.48	0.138	0.051	5322.79	4672.17	5460.34

代码	证券简称	每股收益（元）		每股净资产（元）		净资产收益率（%）		每股现金流量（元）		净利润（万元）		扣除后（万元）
		2002	2001	2002	2001	2002	2001	2002	2001	2002	2001	2002
000856	唐山陶瓷	-0.1	0.05	2.78	2.88	-3.67	1.49	-0.11	0.07	-1784.13	795.71	-1780.12
000858	五粮液	0.319	0.936	4.473	5.401	7.12	10.92	0.455	0.508	35999.32	47861.78	32573.34
000859	国风塑业	0.128	0.114	3.299	3.172	3.865	3.435	0.072	0.117	3007.11	2682.01	3032.36
000860	顺鑫农业	0.12	0.12	3.57	3.46	3.3	3.3	-0.03	-0.006	3587.71	3535.22	3284.5
000861	茂化永业	0.037	0.105	2.004	2.95	1.86	3.1	0.004	-0.21	414.94	781.12	429.5
000862	吴忠仪表	0.0845	0.1073	3.4302	3.3405	2.463	3.213	-0.0401	0.064	1844.62	2343.56	1855.16
000863	和光商务	0.13	0.08	2.17	2.09	6.58	3.81	0.05	-0.57	1769.62	1121.15	1242.2
000866	扬子石化	0.11	0.07	2.35	2.24	4.72	2.96	0.17	0.16	25865.99	15781.46	25885.99
000868	安凯客车	0.007	0.008	2.983	2.976	0.219	0.265	-0.105	0.077	144.51	171.97	144.51
000869	张裕A	0.27	0.36	5.49	5.22	4.96	6.89	0.36	0.27	7076.6	9254.35	6684.48
000876	新希望	0.25	0.219	5.53	5.311	4.52	3.99	0.08	0.149	4850.97	4246.99	4875.75
000877	天山股份	0.194	0.266	4.4367	4.2427	4.37	5.425	0.264	0.078	3362.8	3840.99	3385.35
000878	云南铜业	0.035	0.054	2.26	2.23	1.53	2.39	-0.38	0.34	2764.36	4335.97	3007.01
000881	大连国际	0.04	0.07	2.22	2.18	1.7	3.37	0.06	0.001	1163.72	2243.9	1116.26
000882	中商股份	0.019	0.025	1.9	1.879	0.98	1.61	0.736	-0.032	465.56	625.68	-238.22
000883	三环股份	0.13	0.139	3.21	3.33	4.1	4.19			3414.64	3288.13	3546.12
000885	ST春都	-0.1506	-0.143	0.996	1.1465	-15.13	-12.5	-0.0268	-0.008	-2411.02	-2293.39	-2415.95
000886	海南高速	0.03	0.025	2.56	2.54	1.16	0.99	-0.03	0.042	2940.41	2482.89	2908.08
000887	飞彩股份	0.0346	0.0865	2.5849	2.5503	1.34	3.36	0.3236	1.0445	1040.42	2603.13	892.2
000888	峨眉山A	0.04	0.07	3.35	3.31	1.26	2.21	0.23	0.12	502.93	871.08	500.71
000889	华联商城	0.092	0.126	2.51	2.42	3.66	4.181	-0.089	-0.719	2706.68	2864.55	2696.21
000890	法尔胜	0.089	0.134	3.264	3.176	2.71	4.199	0.012	-0.121	2584.96	3923.17	2238.45
000892	长丰通信	0.07	0.18	1.54	1.47	4.59	8.5	-0.15	0.14	2920.61	5029.78	2487.06
000893	ST冷机	0.0313	-0.1217	1.48	1.45	2.11	-6.33	0.018	0.087	695.5	-2702.31	685.57
000895	双汇发展	0.281	0.285	4.33	2.74	6.49	10.99	0.523	0.113	9617.93	8329.22	9078.2
000897	津滨发展	0.049	0.052	2.1	2.05	2.34	2.59	-0.1697	-0.083	2225.61	2361.15	1934.49
000898	鞍钢新轧	0.065	0.067	2.5	2.43	2.58	2.68	0.32	0.13	19092	19726.5	19092
000899	赣能股份	0.039	0.038	2.61	2.57	1.506	1.444	0.063	0.003	2154.17	2057.37	2213.56
000900	现代投资	0.13	0.24	6.31	6.18	2.02	3.84	0.44	0.16	5092.85	9408.56	4856.28
000902	中国服装	0.001	0.031	2.219	2.225	0.05	1.4	-0.016	-0.117	22.39	669.82	-126.2
000905	厦门路桥	0.137	0.039	3.559	3.422	3.862	1.156	0.243	0.24	4055.16	1136.05	3065.25
000906	南方建材	0.018	0.043	1.56	2.93	1.18	1.53	0.033	0.116	436.32	543.45	415.28
000908	天一科技	0.0256	0.0438	1.8	1.78	1.42	2.46	-0.0417	0.0029	717.87	1227.55	731.54
000909	数源科技	0.011	0.013	2.702	2.691	0.421	0.468	0.24	-0.962	222.8	246.43	205.43
000910	大亚科技	0.083	0.082	3.519	3.598	2.3	2.44	0.013	0.094	1911.29	1892.74	1891.22
000911	南宁糖业	0.183	0.145	2.97	2.99	6.16	4.85	-0.068	0.231	4405.48	3249.37	4592.2
000912	泸天化	0.2	0.101	3.536	3.336	5.657	3.056	0.37	0.442	9001.03	4560.08	6962
000913	钱江摩托	0.07	0.2	2.67	4.16	2.64	5.82	0.07	0.31	3199.4	5209.04	2970.71
000915	山大华特	0.09	-0.05	2.8074	2.7175	3.2	-1.93	-0.23	-0.79	812.11	-466.09	4.99
000916	华北高速	0.093	0.067	2.5965	2.5033	3.59	2.98	0.0034	0.125	10158.7	8246.81	10158.68
000917	电广传媒	0.18	0.3	9.16	8.98	1.97	3.23	0.064	0.08	4653.77	7787.27	4656.06
000918	亚华种业	0.083	0.213	3.947	3.864	2.1	5.4	0.272	-0.235	1410.9	3618.55	1446.21
000919	金陵药业	0.2885	0.2597	4.1261	3.8376	6.99	6.62	0.1558	0.2322	8079	7271.01	7055.36
000920	南方汇通	0.29	0.22	3.46	3.18	8.27	6.71	0.32	0.09	5442.78	4221.65	5475.52

代码	证券简称	每股收益（元）		每股净资产（元）		净资产收益率（%）		每股现金流量（元）		净利润（万元）		扣除后（万元）
		2002	2001	2002	2001	2002	2001	2002	2001	2002	2001	2002
000921	ST科龙	0.11	0.02	2.54		4.47	0.48	0.16	1.04	11268.13	1975.1	11377.89
000922	阿断电器	0.14	0.12	3.27	3.13	4.33	4	0.16	0.11	2488.67	2164.4	2443.34
000923	河北宣工	0.03	0.06	2.5	2.46	1.34	2.36	-0.4	-0.05	549.64	943.6	551.84
000925	浙大海纳	0.09	0.07	4.18	4.09	2.14	1.698	-0.16	0.29	803.43	631.49	648.12
000926	福星科技	0.111	0.203	2.54	2.43	4.38	8.3	-0.152	-0.132	2968.3	5406.21	2996.46
000927	天津汽车	-0.28	0.047	1.9	2.18	-14.73	1.88	0.992	0.007	-40651.35	6755.47	-39549.1
000928	吉林炭素	-0.099	0.063	3.56	3.65	-2.771	1.755	-0.197	-0.261	-2787.32	1781.89	-2561.8
000929	兰州黄河	0.0234	-0.1379	2.899	2.8757	0.81	-3.43	0.0358	0.2355	275.27	-1625.56	-413.54
000930	丰原生化	0.178	0.258	7.969	7.791	2.23	3.43	0.899	0.157	3149.18	4561.52	2403.89
000931	中关村	0.0077	0.1134	2.5346	2.5269	0.3	4.34	-0.24	0.436	518.11	7652.86	-490.57
000932	华菱管线	0.1467	0.1315	2.77	2.27	5.29	5.97	0.221	0.473	25901.27	20586.57	25660.01
000933	神火股份	0.254	0.269	4.466		5.684	7.832	0.675	0.316	6346.3	6148.85	6822.88
000935	四川双马	0.046	0.1255	1.683	1.637	2.73	7.52	0.1351	0.098	1469.39	4007.85	1451.2
000936	华西村	0.21	0.22	3.37	3.17	6.12	7	0.14	-0.57	3469.72	3636.26	3467.35
000938	清华紫光	0.01	-0.002	2.937	2.927	0.347	-0.079	-0.62	-0.29	210	-47.77	214.21
000939	凯迪电力	0.222	0.1612	2.47	2.24	8.977	7.565	0.106	0.011	4801.03	3485.94	4865.93
000948	南天信息	0.11	0.09	3.51	3.41	3.03	2.66	-2.19	-0.45	1487.83	1267.25	966.87
000949	新乡化纤	0.06	0.07	2.1	2.04	2.7	3.45	0.3	0.19	2785.7	3406.59	2836.84
000950	民丰农化	-0.124	0.027	2.622	2.747	-4.74	0.97	0.07	-0.06	-1926.26	414.17	-1926.26
000951	小鸭电器	-0.32	0.012	1.78	2.09	-17.95	0.5	-0.0266	0.067	-8096.23	305.32	-7212.59
000952	广济药业	0.072	0.087	2.92	2.84	2.46	3.07	0.193	-0.211	1227.07	1489.32	1173.47
000953	河池化工	-0.04	0.07	2	2.27	-1.97	3.07	0.34	0.09	-772.71	1240.02	-1294.19
000955	欣龙无纺	0.018	0.056	2.16	2.355	0.86	2.26	0.109	0.044	413.52	1156.34	415.05
000956	中原油气	0.3088	0.3637	3.8222	3.5133	8.0805	8.932	0.2372	0.499	25202.03	24728.24	25204.73
000957	中通客车	0.06	0.12	1.93	1.87	3.116	6.226	0.044	0.356	1437.25	2868.54	1075.43
000958	东方热电	0.162	0.269	5.14	3.27	3.161	8.245	0.087	0.176	3721.11	4836.74	3755.93
000959	首钢股份	0.183	0.21	2.33	2.16	7.855	9.137	0.059	0.227	42354.04	48613.41	27009.46
000960	锡业股份	-0.0618	0.0652	3.175	3.2352	-1.95	1.97	-0.1578	-0.083	-2210.43	232.91	-1948.45
000961	大连金牛	0.07	0.095	3.41	3.34	2.03	3.342	0.04	0.162	2073.34	2569.797	2079.44
000962	东方钽业	0.026	0.506	2.95	2.97	0.86	14.7	0.09	-0.64	911.1	15013.72	703.57
000963	华东医药	0.103	0.086	2.91	2.81	3.55	3.3	0.119	0.176	1963.28	1634.57	1975.28
000965	天水股份	0.019	0.032	2.53		0.75	3.78	0.023	-0.121	454.99	685.07	410.52
000966	长源电力	0.0382	0.0548	2.2058	2.2657	1.731	2.479	0.036	-0.0021	1413.34	2026.74	1433.48
000967	上风高科	0.1	0.129	3.44	3.34	2.844	3.871	-0.011	-0.002	1335.7	1769.87	1355.86
000968	神州股份	0.0918	0.0663	2.9781	2.8815	3.08	2.35	-0.2437	-0.007	3625.9	2619.01	2801.79
000969	安泰科技	0.111	0.173	4.4432	4.3327	2.488	3.956	0.05	0.11	2699.19	4218.81	2321.61
000970	中科三环	0.056	0.16	1.639	2.37	3.39	6.775	-0.026	-0.26	1306.07	2506.37	1224.54
000971	湖北迈亚	0.041	0.045	2.282	2.24	1.815	2.008	0.059	0.045	2968.3	5406.21	2996.46
000972	新中基	0.09	0.02	3.32	3.23	2.77	0.72	0.3	-0.41	1145	287.96	1136.66
000973	佛塑股份	0.182	0.129	3.187	3.004	5.72	4.25	0.343	0.261	6812.48	4836.06	6779.95
000975	乌江电力	0.003	0.05	2.36	2.35	0.14	2.078	-0.08	0.03	98.03	1477.35	907.02
000976	春晖股份	0.067	0.071	2.628	2.561	2.53	2.83	-0.1894	-0.2391	2803.38	3004.66	2083.9
000977	浪潮信息	0.0794	0.147	3.85	3.75	2.06	3.88	-0.0583	0.045	1708.17	3166.87	137151
000978	桂林旅游	0.11	0.102	2.153	2.043	5.1	4.84	0.114	0.077	1943.64	1797.07	1947.53

代码	证券简称	每股收益（元）		每股净资产（元）		净资产收益率（%）		每股现金流量（元）		净利润（万元）		扣除后（万元）
		2002	2001	2002	2001	2002	2001	2002	2001	2002	2001	2002
000979	科苑集团	0.073	0.172	5.1	5.05	1.44	3.42	-0.203	-0.081	690.46	1617.93	778.49
000980	金马股份	-0.13	-0.08	2.95	3.0781	-4.37	-2.66	-0.0008	-0.29	-1933.48	-1206.25	-2096.85
000981	兰光科技	0.09	0.133	4.13	4.155	2.12	3.21	0.06	0.702	1408.52	2147.39	1363.1
000982	圣雪绒	0.023	0.16	4.816		0.47	3.356	0.125	-1.356	169.33	1186.2	-70.38
000983	西山煤电	0.13	0.128	3.697	3.67	3.517	3.66	0.18	0.48	10506.47	10310.63	10506.18
000985	大庆华科	0.115	0.181	3.48	3.36	3.32	5.37	-0.02	-0.005	1327.78	2077.5	1175.99
000987	广州友谊	0.081	0.088	2.583	2.502	3.152	3.468	0.161	-0.022	1948.57	2098.78	1877.22
000988	华工科技	0.148	0.202	5.217	5.048	2.84	3.99	-0.28	-0.03	1702.37	2323.91	1101.87
000989	九芝堂	0.213	0.166	4.12	3.91	5.19	4.24	0.267	0.008	2745.48	2130.49	-
000990	诚志股份	0.093	0.085	3.804	3.71	2.44	2.33	0.102	0.026	1662.5	1515.59	1095.43
000993	闽东电力	0.058	0.084	4.878	4.82	1.19	1.72	-0.126	0.18	1743.73	2512.64	807.63
000995	皇台酒业	0.0135	0.09	3.3	3.29	0.41	2.7	-0.0928	0.23	188.87	1257.21	177.34
000996	捷利股份	0.049	0.068	3.689	3.64	1.319	1.89	-0.062	0.659	559.45	786.86	476.89
000997	新大陆	0.13	0.17	5.28	5.15	2.51	3.19	-0.15	0.2	1539.86	1914.15	1421.39
000999	三九医药	0.1137	0.142	3.57	3.46	3.18	4.039	0.069	0.207	8561.3	10717.59	9161.03
001696	ST联益	0.034	-0.064	0.2387	0.2042	15.56	-98.69	0.63	0.003	471.59	-873.88	430.12
001896	豫能控股	0.08	0.07	2.15	2.08	3.54	3.27	-0.0006	0.058	3279.52	2977.1	3300.8
00998	隆平高科	0.143	0.28	7.634	7.49	1.876	3.65	0.364	0.02	1503.95	2944.13	1407.43
200041	深本实B	0.115	0.1049	2.28	2.17	5.04	4.91	0.2055	0.2398	695.97	634.92	699.67
200053	深基地B	0.141	0.146	2.409		5.864	6.242	0.125	0.117	3257.11	3360.5	3274.42
200054	ST建摩B	-0.09	-0.12	0.54	0.62	-16.38	-18.4	-0.12	-0.13	-4235.6	-5537.3	-4632.4
200057	ST大洋B	-0.02	-0.13	-0.32	-0.3			-0.07		-431.58	-2610.99	-431.58
200152	山航B	0.0295	0.0866	1.4568	1.4107	2.0265	6.0995	0.2832	0.0617	1180.89	3464.43	1120.77
200160	帝贤B	0.15	0.18	1.36	2.05	11	9	0.288	0.19	5561.91	3870.8	5555.44
200168	雷伊B	0.08	0.08	2.17	2.1	4	4	-0.08	-0.2	1366.27	1350.06	1150.6
200468	宁通信B	0.004	0.031	1.824	1.941	0.24	1.573	-0.155	-0.374	94	656.6	50.1
200512	闽灿坤B	0.19	0.17	1.71	2.38	11.02	7.75	0.19	0.47	12731.6	7575.1	12780
200706	瓦轴B	0.067	0.065	3.21	3.15	2.07	2.08	0.095	0.078	2195.16	2160.37	2274.98
200770	武锅B	0.04	0.043	1.734	1.694	2.32	2.51	0.07	0.576	1195.41	1269.73	1240.57
200771	杭汽轮B	0.0682	0.052	2.0762	2.0075	3.28	2.6	0.129	0.06	1500.37	1146.99	1498.77
200986	粤华包B	0.112	0.133	1.949	1.837	5.75	7.09	0.085	0.03	4923.11	5853.45	4942.25
200992	中鲁B	0.06	0.114	1.99	1.93	3.02	5.675	0.14	-0.117	1599.45	3031.42	1585.16

烟台万华聚氨酯股份有限公司
YANTAI WANHUA POLYURETHANE CO.,LTD.

董事长兼总经理　丁建生　先生

丁建生同志生于1954年11月，1985年加入中国共产党，现任烟台万华聚氨酯股份有限公司总经理兼副董事长，教授级高工，享受国家政府津贴。1982年毕业于青岛化工学院，化工专业（现EMBA在读）。毕业后，分配在合成革厂（1995年改制为万华集团公司）工作，先后担任合成革厂MDI车间技术员，合成革总厂异氰酸酯厂车间副主任、技术科长、二期工程技术负责人、副厂长、厂长兼总工程师，万华集团异氰酸酯厂厂长兼总工程师，万华集团总经理助理兼副总工程师。1998年12月，以万华集团公司为主发起人，联合烟台东方电子信息集团、烟台冰轮股份有限公司、烟台氨纶集团、云南红塔兴业投资公司共同发起设立拟上市公司——烟台万华聚氨酯股份有限公司，丁建生同志被董事会聘任为副董事长兼总经理。

多年来，丁建生同志努力致力于中国民族异氰酸酯（MDI）工业的发展。为了赶超国际水平，提高企业的国际竞争力，从1989开始，他带领公司开发人员与青岛化工学院合作潜心研究开发MDI制造技术，经过几年的艰苦努力，成功地开发出拥有自主知识产权的MDI制造技术，打破了国外跨国公司对该项技术的垄断。该项成果获国家科技进步二等奖，山东省科技进步一等奖。2000年6月，山东省委、省政府在全省1998、1999年取得的7246项科技成果中选出13项重大成果予以重奖，其中“MDI制造技术研究与开发”位居第四位，被授予二等奖。同时，公司利用该项技术对原有装置进行了大规模改造，不但使生产规模由不足1万吨/年扩大到2.5万吨，现已提高到7万吨/年，而且产品质量得到明显提高，所有产品已经全部达到国际先进水平，给企业带来了丰硕的经济效益。

丁建生同志不仅注重技术开发，而且不断加强企业基础管理，他虚心吸取国内先进企业的管理经验，以“务实创新、追求卓越”为理念，在公司内部推行比价管理、成本管理及三项制度改革，为企业的发展奠定了坚实的基础。

在丁建生同志的带领下，烟台万华聚氨酯股份有限公司正步入高速稳健的成长期，公司经济效益大幅度增长，也为国内聚氨酯工业的健康发展做出了巨大贡献。

天津创业环保股份有限公司
TIANJIN CAPITAL ENVIRONMENTAL PROTECTION COMPANY LIMITED

董事长兼总经理　马白玉　女士

马白玉，1983年毕业于北京师范大学并获经济学学士学位，1996年于南开大学获得经济学硕士学位。马女士从1985年加盟天津市市政工程局，曾任讲师及负责对外经济工作的副处长，期间曾参与了天津发展控股有限公司在香港上市的全过程工作。1998年马女士受命创立天津市政投资有限公司后任副董事长、总经理。2000年，马女士负责与原天津渤海化工（集团）股份有限公司进行资产重组工作，并凭借其丰富的专业知识和工作经验，促成了该项目的成功。公司重组后更名为天津创业环保股份有限公司，马女士出任董事长及总经理。

在马女士的领导下，创业环保公司严格按照上市公司规则运作，以建设天津、净化津城为己任取得了长足发展，确立了公司在国内外资本市场的良好形象。

辽河金马油田股份有限公司
LIAOHE JINMA OILFIELD COMPANY LIMITED

总经理　于洪坤　先生

于洪坤，男，1950年12月生，大学文化程度，高级工程师。现任辽河金马油田股份有限公司总经理。

1972年5月，东北石油学院采油工程专业学生；

1975年11月，辽河油田兴隆台采油厂生产科技术员；

1978年9月，辽河油田高升采油厂生产科工程师；

1984年5月，辽河油田高升采油厂副厂长；

1994年11月，辽河油田兴隆台采油厂厂长兼党委副书记；

1998年3月，辽河金马油田股份有限公司总经理、党委书记。

中海（海南）海盛船务股份有限公司
CHINA SHIPPING HAISHENG CO., LTD.

董事长　王大雄　先生

王大雄，1960年12月出生，大学文化，高级会计师。现任中海（海南）海盛船务股份有限公司董事长。

1996年　任广州海运集团总会计师

1998年　任中国海运集团总会计师

2000年　任中国海运集团副总裁，中海（海南）海盛船务股份有限公司副董事长

2001年　任中海（海南）海盛船务股份有限公司董事长

铜陵精达特种电磁线股份有限公司
TONGLING JINGDA SPECIAL MAGNET WIRE CO.,LTD.

董事长　王世根　先生

王世根，现年50岁，大专，经济师，曾先后获得铜陵市劳动模范、安徽省优秀企业经营者、安徽省"五一"劳动奖章、安徽省跨世纪赶超功臣和全国轻工业优秀经营者等称号。曾先后担任铜陵市轻工业公司企管科科长、经理助理、经理、铜陵市家用电器铜材厂厂长、铜陵精达铜材（集团）有限责任公司董事长、铜陵精达特种电磁线股份有限公司总经理。目前还担任铜陵精达铜材（集团）有限责任公司党委书记。

贵州盘江精煤股份有限公司
GUIZHOU PANJIANG REFINED COAL CO.,LTD.

董事、总经理　王立军　先生

王立军，汉族，现年41岁，大学文化，高级工程师，1982年9月参加工作，1996年12月入党，四川省德阳县人，现任贵州盘江精煤股份有限公司董事、总经理。

中牧实业股份有限公司
CHINA ANIMAL HUSBANDRY INDUSTRY CO.,LTD.

董事长　区仲生　先生

区仲生，男，56岁，大学本科学历，毕业于北京农业大学，高级农艺师。曾任武汉市农牧业局办公室主任，武汉市肉鸡联合公司总经理，武汉畜牧水产局副局长，中国牧工商总公司副总经理，现任中国牧工商（集团）总公司董事长兼总经理、中牧实业股份有限公司董事长。

安阳钢铁股份有限公司
ANYANG IRON & STEEL INC.

董事长　史济春　先生

史济春，1955年1月出生，硕士，教授级高工，现任安阳钢铁股份有限公司董事长

1978.2–1982.1 武汉钢铁学院　学习
1982.1–1986.9 安钢钢研所　副主任
1986.9–1995.12 安钢第二炼钢厂　历任厂长助理、副厂长、厂长
1995.12–1998.2 安钢集团公司　副董事长、常务副总经理
1998.2–至今 安钢集团公司　副董事长、总经理、党委副书记
2000.9–至今 安钢股份公司　董事长

1993年 国务院享受特殊津贴专家
1994年 河南省劳动模范
1994年 河南省优秀青年企业家
1995年 省管优秀专家
1996年 河南省跨世纪学术和技术带头人
2000年 全国劳动模范

UNIDA 云大科技股份有限公司
UNIDA CO.,LTD.

董事长、党委书记　付文明　先生

付文明，1961年4月出生，高级经济师。1983年7月云南大学企业管理专业毕业。历任云南大学经济系助教、校团委书记、讲师、校产业管理办公室副主任，云南大学科工贸总公司总经理，云南大学南亚生物化工厂厂长，昆明云大科技产业有限责任公司董事长兼总经理。现任云南大学科工贸总公司总经理、云大科技股份有限公司董事长、党委书记。

華能國際電力股份有限公司
HUANENG POWER INTERNATIONAL, INC.

总经理　叶大戟　先生

叶大戟，现任华能国际董事、总经理；华能集团董事。加入华能国际后曾任华能上海分公司副经理、华能上海石洞口第二电厂厂长，1995年12月至2000年1月曾任华能国际副总经理、华能国电副总经理。加入华能国际以前，叶先生曾任上海石洞口电厂副总工程师。叶先生是教授级高级工程师，毕业于上海交通大学机械工程专业。

易方达基金管理有限公司
E FUND MANAGEMENT CO., LTD.

总裁　叶俊英　先生

叶俊英，现年39岁，法学硕士。自1993年起，担任广发证券有限责任公司副总裁，先后分管过投资银行、自营、研究、经纪、债券及国际业务，积累了丰富的证券从业经验。现任易方达基金管理有限公司总裁。

上海龍頭（集團）股份有限公司
SHANGHAI DRAGON CORPORATION

董事长　朱匡宇　先生

朱匡宇，1948年8月生，研究生，高级经济师，1968年参加工作，中共党员。曾任上海第二纺织机械厂副厂长、厂长、上海市纺织工业局党委书记助理、党委副书记、书记，现任上海纺织控股（集团）公司党委书记、董事长，上海龙头（集团）股份有限公司董事长。

安源实业股份有限公司
ANYUAN INDUSTRIAL CO., LTD.

总经理　朱志明　先生

朱志明，49岁，本科学历，高级工程师。曾任丰城矿务局副局长，原萍乡矿务局副局长、集团公司董事、副总经理。现任安源实业股份有限公司总经理、集团公司董事。

中国建设银行 China Construction Bank 基金托管部

总经理　江先周　先生

江先周，1961年11月出生于山东威海。1982年毕业于东北财经大学投资系，获经济学学士学位。1986年毕业于财政部财政科学研究所研究生部，获财政学硕士学位。1993年毕业于英国埃里奥特一瓦特大学(Heriot—watt University)，获国际金融学硕士学位。1986年7月起在中国建设银行总行办公室工作。1995年4月起任中国建设银行办公室副主任，1997年4月起任国际业务部副总经理，2000年8月起任基金托管部总经理至今。江先周先生熟悉国际金融业务，对宏观经济理论和基金托管业务有深入的研究。

福建省青山纸业股份有限公司
FUJIAN QINGSHAN PAPER INDUSTRY CO.,LTD.

董事长兼党委书记　刘天金　先生

刘天金，50岁，大专学历。曾任福建省青州造纸厂化学车间班长、值长、厂组织部干事、厂组织部副部长兼人事劳动处负责人；福建省青山纸业股份有限公司总经理助理兼人事劳动处处长、组织部部长、公司监事、副总经理、总经理。现任福建省青山纸业股份有限公司董事长兼党委书记。

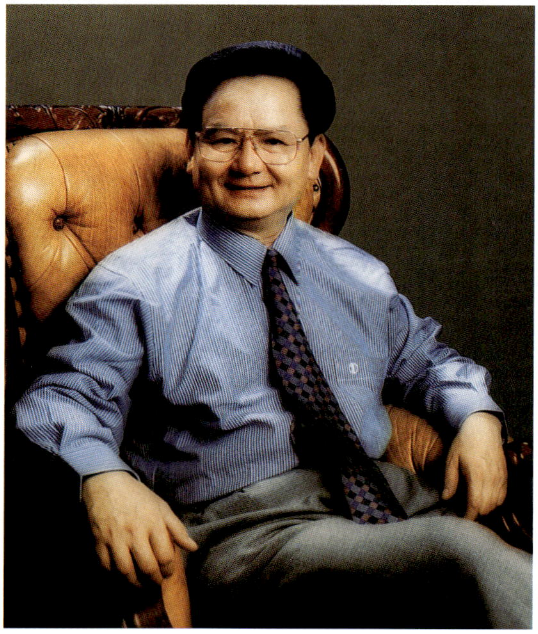

鲁泰纺织股份有限公司
LUTHAI TEXTILE CO., LTD.

董事长、总经理　刘石祯　先生

刘石祯，1940年3月4日出生，山东淄博人，经济师。

1961年9月－1966年9月 淄博市岳庄煤矿工作。

1966年10月－1968年12月 淄博市矿产公司工作。

1969年1月－1975年6月 淄川区工业局、工业二局工作。

1975年7月－1976年6月 淄川矿产局工作；

1976年7月－1979年2月 淄川煤炭汽车队工作。

1979年3月－1981年6月 淄川区耐火材料公司副经理。

1981年7月－1987年12月 淄川区煤炭工业公司副经理，经理。

1987年12月－1990年3月 淄川区煤炭工业公司经理兼淄博第七棉纺厂厂长。

1990年3月－现在 鲁泰纺织股份有限公司董事长、总经理。

山东铝业股份有限公司
SHANDONG ALUMINIUM INDUSTRY CO.,LTD

董事长　刘兴亮　先生

刘兴亮，1960年9月出生,山东省潍坊市人,天津大学工商管理硕士，教授级高级工程师。1982年2月参加工作,历任山东铝业公司电解铝厂厂长助理、副厂长、厂长,山东铝业公司副总工程师兼生产技术处处长、副经理、经理。现任中国铝业股份有限公司山东分公司总经理，山东铝业股份有限公司董事长。

刘兴亮先生获得2000年淄博市杰出青年企业家称号，2001年获山东省富民兴鲁劳动奖章和山东省优秀企业家称号，同时还获得国家科技进步奖等各种奖项。

天元证券经纪有限公司

董事长　刘 成　先生

刘成，1955年2月出生，获研究生学历，高级会计师，现任天元证券经纪有限公司董事长。

1970.12-1976.12 黑龙江省军区 干部
1976.3-1987.11 黑龙江省物资厅 科员、科长、副处长
1987.11-1994.5 黑龙江省化工轻工材料总公司 常务副总经理
1994.5-1999.5 黑龙江省物产（集团）总公司 总会计师
1999.6-2000.7 黑龙江省国际信托投资公司 总经理
2000.7-现在 天元证券经纪有限公司 董事长

北京京能热电股份有限公司
BEIJING JINGNENG THERMAL POWER CO., LTD.

董事长　刘海峡　先生

刘海峡，现年40岁，硕士研究生，高级工程师。历任北京电子动力公司热电厂助理工程师、北京电子动力公司安装公司副总工程师、北京电子动力技术设备处副处长、常务副经理。现任北京国际电力开发投资公司总经理助理，北京京能热电股份有限公司董事长。

北京首都旅游股份有限公司
BEIJING CAPITAL TOURISM CO.,LTD

董事长 刘 毅　先生

刘毅，1960年11月出生，中共党员，工商管理硕士，高级经济师。

1989年－1997年　在北京市旅游事业管理局工作，先后任综合处副处长、行业管理处处长、局党组副书记；

1998年2月　北京旅游集团有限责任公司成立，任集团公司党委副书记、董事；

1999年2月　北京首都旅游股份有限公司董事长兼总经理；

2001年11月　北京首都旅游股份有限公司董事长。

贵州茅台酒股份有限公司
KWEICHOW MOUTAI CO., LTD.

总经理 乔洪 先生

乔洪，现年48岁，中共党员，大专文化，高级经济师。

曾任贵州省毕节地区办公室秘书科科长，毕节地区团委书记，纳雍县县长，毕节地区轻工局局长，贵州省轻工厅副厅长。现任贵州茅台酒股份有限公司总经理，中国贵州茅台酒厂有限责任公司董事、党委副书记。

乔洪先生长期从事经济管理工作，对酿酒行业及酿酒企业的管理有深厚的理论功底及实践经验，并在管理实践岗位上有较突出的业绩。

天津天士力制药股份有限公司
TIANJIN TASLY PHARMACEUTICAL CO., LTD.

董事长 闫希军 先生

闫希军，中国籍，49岁，主任药师，国务院特殊津贴专家。曾任北京军区254医院药剂科主任、天使力联合公司总经理、董事长、天津天士力制药集团有限公司董事长、总裁，并荣获联合国“和平使者”、全国医药系统劳动模范、全国优秀科技工作者、全国卫生产业先进个人、全军优秀企业家、全军药材工作先进个人等多项荣誉称号。

闫希军先生主持研制的本公司主导产品复方丹参滴丸，于1993年10月获新药证书，于1994年被评为全军科学技术进步成果二等奖，于1997年定为国家级火炬计划项目，同年通过美国FDA临床用药申请。其主要著述有:《复方丹参滴丸与复方丹参片的药理作用比较》、《活血清脑冲剂治疗血瘀型头痛的试验研究》、《医院药械科管理模式初探》等。

新疆广汇实业股份有限公司
XINJIANG GUANGHUI INDUSTRY CO.,LTD.

总经理　孙风元　先生

孙风元，汉族，1956年9月出生，大学专科毕业，高级经济师。现任新疆广汇实业投资(集团)有限责任公司董事局董事。曾任乌鲁木齐市百货有限责任公司党委书记、董事长，新疆广汇实业投资(集团)有限责任公司副总裁，新疆广汇实业股份有限公司第一届董事会董事。曾荣获“新疆十大青年企业家”、“新疆优秀企业家”、“新疆劳动模范”等称号。

華能國際電力股份有限公司
HUANENG POWER INTERNATIONAL, INC.

董事长　李小鹏　先生

李小鹏，现任华能国际董事长，华能国电董事长、总经理，华能集团董事长、总经理，国家电力公司副总经理。从1994年6月至2000年1月，李先生曾先后担任过华能国际副总经理、总经理、副董事长，华能国电副总经理、副董事长。在加入华能国电之前，曾任电力科学研究院电力系统研究所工程师、计划经营处副处长和电力技术经济研究所所长。李先生是高级工程师，毕业于华北电力学院发电厂及电力系统专业。

莱芜钢铁股份有限公司
LAIWU STEEL CORPORATION

董事长　李名岷　先生

李名岷，汉族，山东五莲人。1946年2月出生，大学文化，高级经济师，山东省第九届人民代表大会代表。历任莱芜钢铁总厂机械厂副厂长、厂长，莱芜钢铁总厂副厂长，莱芜钢铁股份有限公司董事、副董事长，莱芜钢铁集团有限公司董事等职。现任莱芜钢铁股份有限公司董事长，莱芜钢铁集团有限公司副董事长、总经理。

河南莲花味精股份有限公司
HENAN LIANHUA GOURMET POWDER CO. LTD.

董事长　李怀清　先生

李怀清，1941年10月生，河南省项城市（原项城县）丁集镇人。1963年7月郑州地质学院毕业，1967年5月加入中国共产党，高级经济师。李怀清于1963年7月至1973年任项城县水利局技术员；1973年至1974年任项城县酒厂党支部副书记；1975年1月至10月任项城县南顿公社革委会副主任；同年11月至1983年9月任项城县饴糖厂厂长；1983年9月，任周口地区味精厂厂长；1990年至今，任河南莲花味精集团董事长兼总经理。1987年5月，李怀清被中华全国总工会授予"五一"劳动奖章；1989年10月，被评为全国劳动模范；1990年10月，被评为河南省省管专家；1991年被评为国家级中青年专家，享受政府特殊津贴；当选第八、第九届全国人大代表；1994年作为全国进京参加国庆观礼百名劳模之一，受到党和国家领导人的接见。

郑州煤电股份有限公司
ZHENGZHOU COAL INDUSTRY & ELECTRIC POWER CO. LTD.

董事长　李国安　先生

李国安，回族，1944年4月19日出生，河南省郑州市人，1966年7月毕业于焦作矿业学院采矿系，1985年4月加入中国共产党，全国人大代表，教授级高级工程师。中国煤炭企业管理协会理事、中国煤炭协会企业家协会理事、中国煤炭工业技术委员会委员、焦作工学院名誉教授。历任郑州矿务局米村煤矿总工程师、副矿长、矿长，郑州矿务局副局长、常务副局长，郑州煤炭工业(集团)有限责任公司常务副总经理、党委常委、董事会董事。先后被评为郑州市劳动模范、优秀共产党员、安全生产先进工作者、优秀职工代表、中州十大有突出贡献科技企业家，“中国煤炭工业优秀企业经营者(金钟奖)”获得者，1997年被国务院授予享受政府特殊津贴有突出贡献的专家称号。现任郑州煤炭工业(集团)有限责任公司董事长、郑州煤电股份有限公司董事长。

中国石油化工股份有限公司
CHINA PETROLEUM & CHEMICAL CORPORATION

董事长　李毅中　先生

李毅中，56岁，中国石化董事长，同时兼任中国石油化工集团公司总经理。李先生一九六六年七月毕业于北京石油学院炼油工程专业，为教授级高级工程师，在中国石油石化行业拥有三十多年管理工作的丰富经验。自一九八四年十二月至一九八七年八月，任原中国石化总公司齐鲁石化公司经理；自一九八七年八月至一九九七年八月，任原中国石化总公司副总经理、常务副总经理；自一九九七年八月至一九九八年四月，任中国东联石化集团有限责任公司董事长、总经理，兼任仪征化纤股份有限公司董事长；自一九九八年四月起任中国石油化工集团公司总经理。李先生在二零零零年二月当选为中国石化董事、董事长。

江苏武晋会计师事务所

董事长、所长、主任会计师　陈华康　先生

陈华康，江苏武晋会计师事务所董事长、所长、主任会计师，中共党员、党支部书记，中国注册会计师、江苏省注册咨询专家，江苏省注册会计师协会理事、江苏省股份制企业协会常务理事、常州市注册会计师协会常务理事，常州市资产评估协会常务理事、副秘书长，江苏省常州建筑业协会常务理事、常州市科技咨询协会常务理事，《中国证券大全》2001'—2002'特邀编委，《中国证券业年鉴》97'—2001'编委会顾问。1999年9月参与中国（江苏）改革发展研究院研究报告—99重大研究课题《公司制企业法人治理结构》之六《股份公司财务及负责人》的编著。2001年7月上海科学普及出版社《公司制企业法人治理结构》编著之一。2001年10月在北京国家会计学院参加中国证监会第一期独立董事培训班，获相关培训资格证书。现任上市公司独立董事。

桂林旅游股份有限公司
GUILIN TOURISM CORPORATION LIMITED

董事长　陈青光　先生

陈青光，男，1950年3月生，中共党员，高级经济师，研究生学历。现任桂林旅游发展总公司党委书记、副董事长、总经理，桂林旅游股份有限公司董事长，并担任中国旅游车船协会副会长等社会服务职务。曾就读于重庆交通学院管理工程系，杭州大学旅游系函授部，中山大学哲学系。先后在桂林机床厂、桂林汽车总站、桂林市泰和饭店、桂林市杉湖旅行社、桂林市旅游车船公司、桂林市旅游局、桂林市人民政府工作，曾任桂林市旅游车船公司总经理，桂林市旅游局局长，桂林市人民政府副秘书长、市长助理，桂林旅游发展总公司董事长等职务及广西旅游协会副会长，桂林市旅游协会会长，桂林市道路同业工会副会长，桂林市青年企业家协会副会长等社会职务。

兰州海龙新材料科技股份有限公司
LANZHOU HAILONG NEW MATERIAL CO., LTD

董事、总经理　何世荣　先生

何世荣，高级工程师。现任兰州海龙新材料科技股份有限公司董事、总经理。

河南双汇投资发展股份有限公司
HENAN SHUANGHUI INVESTMENT & DEVELOPMENT CO., LTD.

董事长　张俊杰　先生

张俊杰，35岁，大学本科学历，高级工程师，中共党员，河南双汇投资发展股份有限公司(000895)董事长，河南省漯河市双汇实业集团有限责任公司董事。曾任华懋双汇实业(集团)有限公司副总经理、绵阳双汇食品有限责任公司副董事长、总经理，漯河华懋双汇塑料工程有限公司总经理，漯河华懋双汇化工包装有限公司总经理，漯河华懋双汇包装制业有限公司副总经理，河南双汇投资发展股份有限公司副总经理等职。先后荣获“漯河市行业明星”、“漯河市十大杰出青年”、“漯河市青年科技奖”、“河南省新长征突击手”等荣誉称号，现任河南上市公司协会副会长、河南省青年科技协会副主席。

中外运空运发展股份有限公司
SINOTRANS AIR TRANSPORTATION DEVELOPMENT CO.,LTD.

董事长 张斌 先生

张斌,1956 年 7 月,中共党员
1978.3 – 1982.1 在兰州铁道学院铁道运输系学习
2001 年 中国经济研究中心北大国际 MBA 毕业，高级国际商务师
1982.1 – 1988.6 在中国对外贸易运输总公司港口处工作。
1988.6 – 1992.7 派往美国华运公司工作。
1992.1 – 1993.1 在中国对外贸易运输总公司港口处工作，任副总经理。
1993.1 – 1997.2 历任中国对外贸易运输总公司空运处副总经理、总经理。
1997.2 – 2000.5 任中国对外贸易运输(集团)总公司副总裁(副司级)。
1999.10 – 至今 担任中外运空运发展股份有限公司法人及董事长。
2001.5 – 至今 任中国对外贸易运输(集团)总公司总裁。

河北裕丰实业股份有限公司
HEBEI YUFENG INDUSTRY CO., LTD.

董事长 张新广 先生

张新广，1964 年 2 月出生，大学文化，中共党员，高级工程师，原籍河北省衡水市，1985 年 7 月到衡水老白干酒厂工作，历任衡水老白干酒厂车间副主任、企管处处长、衡水老白干集团副总经理，1999 年 12 月至 2002 年 1 月任股份公司副董事长，2002 年 1 月至今任股份公司董事长。张新广先生曾主持多项现代管理成果的应用及科研工作，多次荣获省、市管理成果奖、科技进步奖等奖项和荣誉称号，2000 年 7 月被国家人事部专家服务中心聘为专家顾问委员。

汉唐证券有限责任公司
HANTANG SECURITIES CO.,LTD

总裁　宋建生　先生

宋建生，47岁，大学文化，高级经济师，现任汉唐证券有限责任公司总裁。

1983.7–1988.7 人行贵州省分行
1988.7–1991.4 贵阳汇通城市信用社
1991.4–1992.11 交行海南分行
1992.11–1995.6 海南银通国际租赁公司
1995.6–1996.4 贵阳市城信社
1996.4–2001.9 贵州证券公司
2001.9–现在 汉唐证券有限责任公司

中国工商银行 基金托管部
INDUSTRIAL AND COMMERCIAL BANK OF CHINA

总经理　周月秋　先生

周月秋，39岁，博士
1983–1990 河南金融管理干部学院 教研室副主任
1990–1993 陕西财经学院攻读博士学位
1993–1997 中国工商银行资金计划部副处长
1997–1998 中国工商银行安徽省分行合肥市分行副行长
1998–2001 中国工商银行资金营运部副总经理
2002–今 中国工商银行基金托管部副总经理（主持工作）

中牧实业股份有限公司
CHINA ANIMAL HUSBANDRY INDUSTRY CO.,LTD.

总经理　周玖付　先生

周玖付，39岁，大学本科学历，毕业于江苏农学院，高级畜牧师。曾任北京华罗饲料添加剂厂销售部主任、副厂长、厂长，中国牧工商总公司总经理助理、副总经理，现任中牧实业股份有限公司董事、总经理。

四川省天风证券经纪有限责任公司

总经理　郑大平　先生

郑大平，1954年9月出生，获研究生学历，经济师，现任四川省天风证券经纪有限责任公司总经理。

1982年－1983年在云南玉溪地区计委工作；

1984年－1987年在四川省政府经研中心、四川省体改委任科长；

1988年－1990年在四川省遂宁市体改委任副主任；

1991年－1995年在四川省体改委任副处长、处长；

1996年－1999年在成都联合期货交易所任副总裁、党组成员；

2000年至今在四川省天风证券经纪公司任副总经理、总经理；

论文《对进一步改革的几个问题的思考》获四川省哲学社科优秀科研成果三等奖；在9集电视系列节目《超越》担任主要撰稿人和制片人；获全国改革题材电视艺术创作三等奖；被共青团四川省委、省青年评为“为‘七·五’建设出成果”作贡献；一九八六至一九九O年先进个人称号。

贵州盘江精煤股份有限公司
GUIZHOU PANJIANG REFINED COAL CO.,LTD.

董事长　郑华　先生

郑华，汉族，1966年3月出生，重庆江津县人，1985年8月参加工作，大学文化，1990年9月入党，高级工程师。现任盘江煤电(集团)有限责任公司副董事长、总经理、党委委员，贵州盘江精煤股份有限公司董事长。

内蒙古伊利实业集团股份有限公司
INNER MONGOLIA YILI INDUSTRIAL GROUP CO.,LTD.

董事长兼首席执行官　郑俊怀　先生

郑俊怀，董事长兼首席执行官，汉族，52岁，中共党员，工商管理硕士，高级经济师，内蒙古呼和浩特土左旗人。

1974年1月——1975年11月、呼市农林局政工科——科员

1975年12月——1979年12月、呼市国营畜禽场——副书记、副厂长。

1980年1月——1982年12月、呼市奶牛公司招待所

1983年1月——1993年5月、呼市回民奶食品厂——厂长

1993年5月——至今内蒙古伊利实业集团股份有限公司——董事长

内蒙古伊利集团董事长郑俊怀先生所获荣誉称号和奖励（不包括科技成果奖）：

1. 1989年内蒙古优秀企业家；2. 1986年呼和浩特市劳动模范；3. 1989年度市长特别奖；4. 1991年呼和浩特市"十大新闻人物"；5. 1993年内蒙古自治区优秀企业家；6. 1993、1994、1996年获工业企业优秀工作者荣誉称号；7. 1995、1996年呼和浩特市"十家市民"8. 1995、1996年内蒙古自治区劳动模范；9. 1995年度全国劳动模范、"五一"劳动奖章获得者；10. 1996年度全国轻纺工业企业优秀厂长（经理）荣誉称号；11. 1996年学邯钢优秀个人；12. 1998年"全国上市公司改革成果巡礼征文"活动中，被授予特别荣誉奖；13. 2001年被中国乳品工业协会评为2001年度全国乳品行业优秀企业家。

上海大众科技创业(集团)股份有限公司
SHANGHAI DAZHONG ENTERPRISES OF SCIENCE AND TECHNOLOGY,LTD.

董事长 杨国平 先生

杨国平，1956年出生，上海交通大学MBA工商管理硕士，高级经济师。本公司董事长，并兼任大众交通(集团)股份有限公司常务副董事长兼总经理、上海大众燃气有限公司董事长、中国出租汽车协会副理事长、上海市出租汽车协会副理事长、上海市股份制联合会会长、上海市青年联合会副会长、上海青年企业家协会会长等职；曾在上海市杨树浦煤气厂、上海市公用事业管理局办公室、上海市出租汽车公司等部门和企业担任负责人，1994年当选首届上海十大杰出青年，1995年荣获第五届全国十大杰出青年企业家称号，1998年被评为上海市劳动模范，2000年被评为全国劳动模范。

新疆广汇实业股份有限公司
XINJIANG GUANGHUI INDUSTRY CO.,LTD.

董事长 杨铁军 先生

杨铁军，汉族，1963年2月出生，双学士学位，高级经济师。现任中共新疆广汇实业投资(集团)有限责任公司委员会委员，新疆广汇实业投资(集团)有限责任公司董事局董事。曾任乌鲁木齐陆军学院教官，新疆广汇房地产开发有限公司销售租赁公司经理，新疆广汇房地产开发有限公司副总经理、总经理，新疆广汇实业投资(集团)有限责任公司副总裁，新疆广汇实业股份有限公司第一届董事会董事。

融通基金管理有限公司
RONGTONG FUND MANAGEMENT CO.,LTD.

董事长　孟立坤　先生

孟立坤，40岁，博士，融通基金管理有限公司董事长。

1978-1982　太原机械学院　就读本科
1982-1983　海军工程学院　任教
1983-1986　太原机械学院　就读硕士
1986-1988　太原机械学院　任教
1988-1992　北京理工大学　就读博士
1992-1995　北京市丰台区科委　任职
1995-2001　河北证券有限责任公司　总裁助理
2001至今　融通基金管理有限公司　董事长

四川省天风证券经纪有限责任公司

董事长　孟庆山　先生

孟庆山，1945年4月出生，大学文化，高级经济师，现任四川省天风证券经纪有限责任公司董事长。

1965年7月－1969年7月　北京经济学院，大学本科毕业
1969年7月－1970年7月　国家物资部“五·七”干校锻炼
1970年7月－1980年1月　国家物资部成都储运公司机关干事
1980年1月－1983年8月　国家物资局成都办事处人事处干事
1983年8月－1995年1月　四川省政府经济研究中心，四川省体改委工作，先后担任办公室主任、综合处处长，省政府集经办副主任，《改革时报》社常务副社长、社长（兼），体改委副秘书长，省经研中心，省体改委副主任
1995年1月－1998年10月　筹建成都联合期货交易所，任董事长、总裁（兼）
1998年10月－2000年3月　组织成都联交所向证券公司改制工作
2000年3月－至今　任四川省天风证券公司董事长

在工作期间，曾多次获得省社科院优秀科研成果奖和省政府给予的荣誉奖励，先后担任省社院研究员，省政府科技顾问团成员，省工业经济协会，省体改研究会，市场研究会副会长等社会职务。孟庆山同志是第八届四川省政协委员。

内蒙古包钢钢联股份有限公司
INNER MONGOLIA BAOTOU STEEL UNION CO.,LTD.

董事长　林东鲁　先生

林东鲁，56岁，大学文化，毕业于内蒙古工学院，高级工程师。曾任包钢（集团）有限责任公司经理办公室主任、副经理兼综企（集团）公司经理。现任包钢（集团）有限责任公司董事长、总经理兼党委副书记，内蒙古包钢钢联股份有限公司董事长。

宏智科技股份有限公司
WHOLEWISE SCI.&TECH. CO., LTD.

董事长、首席执行官　林起泰　先生

林起泰现任宏智科技股份有限公司董事长、首席执行官。中欧国际工商学院EMBA；北京大学应用伦理中心客座研究员。

拥有丰富的IT管理经验，创办宏智科技并使之发展到现在拥有11000万元注册资本、800多名员工、净资产近5个亿元的高科技上市公司，公司相继被评为国家重点高新技术企业、计算机系统集成一级资质企业和涉及国家机密的计算机信息系统集成资质企业。

北京城建投资发展股份有限公司
BEIJING URBAN CONSTRUCTION INVESTMENT & DEVELOPMENT CO.,LTD

董事、总经理　赵广义　先生

1972 年 12 月 – 1975 年 6 月在铁道兵第十二师五十八团服役

1975 年 7 月 – 1977 年 10 月石家庄铁道学院学员

1977 年 10 月 – 1983 年 6 月基建工程兵第五十三团技术员

1983 年 7 月 – 1998 年 9 月历任北京城建二公司劳资科长、副总经济师、总经济师、副总经理、总经理

1998 年 9 月 – 1998 年 12 月北京城建集团总经理助理兼重庆分公司经理

1998 年 12 月 – 至今北京城建股份有限公司(2001 年 6 月更名为北京城建投资发展股份有限公司)董事、总经理

嘉实基金管理有限公司
HARVEST FUND MANAGEMENT CO.,LTD.

董事、总经理　赵学军　先生

赵学军，博士，现任嘉实基金管理有限公司董事、总经理。曾任北京商品交易所信息处长，天津纺织原材料交易所总裁，商鼎期货经纪有限公司副总经理，北京证券有限公司阜成路营业部总经理助理，大成基金管理有限公司副总经理。

中化国际贸易股份有限公司
SINOCHEM INTERNATIONAL COMPANY LIMITED

董事长　施国梁　先生

施国梁，55岁，清华大学电机工程系毕业，工程师。曾任大连第二轧钢厂厂长、大连市计划委员会副主任兼大连市信息中心主任、上海市浦东新区管理委员会办公室副主任、中国化工进出口总公司副总裁、本公司第一届董事会及第二届董事会副董事长，现任中国化工进出口总公司总经济师、本公司第二届董事会董事长。

山西兰花科技创业股份有限公司
SHANXI LANHUA SCI-TECH VENTURE CO., LTD.

董事长　贺贵元　先生

贺贵元，1949年6月出生，大学学历，高级经济师，现任山西兰花科技创业股份有限公司董事长。

1969年1月－1980年5月 在空军高炮部队服役，历任排长，连指导员，营副教导员

1980年5月－1986年8月 在空军三Ｏ厂工作，历任科长、党办主任、工会主席

1986年8月－1999年2月 任晋城市体改委副主任、主任

1997年5月起 任山西兰花煤炭实业集团有限公司董事长

1998年12月起 兼任山西兰花科技创业股份有限公司董事长

2000年10月起 兼任中共山西兰花集团公司委员会书记

所获荣誉：

1999年荣获“山西省优秀企业家”、“晋城市功勋企业家”

2000年荣获“山西省优秀企业家”、“山西省五一劳动奖章”、“晋城市优秀企业家”

2001年荣获“山西省劳动模范”、“晋城市特级劳动模范”、“山西省‘九五’企业技术创新先进工作者”

江苏悦达投资股份有限公司
JIANGSU YUEDA INVESTMENT CO.,LTD.

董事长、首席执行官　胡友林　先生

胡友林，1950年8月生，汉族，江苏省东台市人，1963年3月参加工作，1986年入党，大专文化，高级经济师。现任江苏悦达投资股份有限公司董事长、首席执行官。1991年被评为江苏省劳动模范，1992年被国家民政部、解放军总政治部授予“全国军地两用人才先进个人”称号，1995年被评为“全国劳动模范”，同年被国家民政部、解放军总政治部授予“全国优秀退伍军人”称号。他是第九届全国政协委员，江苏省第八届人大代表，江苏省第九次党代会代表。

1968年，胡友林参军，在部队期间曾荣立三等功。1979年，胡友林作为盐城地区驻晋调煤小组负责人，带领同伴经过艰苦努力，为盐城地方经济建设提供了可靠的能源保障。同时，依靠自我造血、自我筹集、点滴积累、滚动发展，于1991年组建了苏北第一家综合性企业集团——江苏悦达集团有限公司。1992年12月，经江苏省人民政府批准，江苏悦达集团有限公司所属五家企业与江苏黄海股份有限公司（集团）改组合并为江苏黄海股份有限公司（集团），1993年2月经江苏省体改委同意更名为江苏悦达股份有限公司，并于1993年4月经省工商局批准注册登记。1993年11月，经中国证监会批准，向社会公开发行1700万A股，1994年1月3日，公司股票在上海证券交易所挂牌交易。

在中国改革开放和建设社会主义市场经济的大潮中，胡友林先生带领悦达人坚持以经济效益为中心，不断优化产业结构，提高资产质量，以资本运营带动产业发展，以科技进步培植发展优势，保持了较快的发展速度，在资本规模迅速扩张的同时，资产质量也得到了有效的提高。

经过“九五”期末成功的战略调整，胡友林先生正带领悦达人以崭新的姿态跨入二十一世纪。展望未来，江苏悦达投资股份有限公司在工业生产上将以机械为基础，在基础投资上以公路为主导，进一步形成资源配置合理、主营业务突出、产业优势明显、科技含量较高、管理规范高效的新格局。

安徽飞彩车辆股份有限公司
ANHUI FEICAI VEHICLE CO., LTD.

董事长　洪理芳　先生

洪理芳，1940年出生，大专文化，高级经济师，高级政工师。1992年起担任飞彩（集团）公司总经理、党委书记。1957年1月至1992年4月曾任泾县农机厂生产科长、皖南电机厂厂长、党委书记、宣城行署机电局副局长。1987年5月荣获安徽省“五·一”劳动奖章，1988年荣获安徽省劳动模范称号，1994年6月16日被中共安徽省纪委授予勤政廉政优秀党员领导干部光荣称号，1995年荣获全国劳动模范、安徽省优秀企业家、中国经营管理大师等称号，1996年度被评为全国优秀企业思想政治先进工作者，享受安徽省政府特殊津贴，1996年3月荣获第四届中国机械工业优秀企业家。1999年11月荣获全国质量管理先进工作者。现为安徽飞彩车辆股份有限公司董事长。

天同证券有限责任公司
TIANTONG SECURITIES CO., LTD.

董事长　段虎　先生

段虎，1950年6月出生，博士研究生，会计师。现任天同证券有限责任公司董事长。

1970.12 – 1980.12　山东省革委办公室　会计
1981.01 – 1982.12　山东省人民政府办公厅财务科　副科长
1983.12 – 1986.12　山东省人民政府办公厅行政处　副处长
1987.01 – 1996.12　山东省体制改革委员会　处长、委员、副主任
　　　　　　　　　　山东省证管办　负责人
1997.01 – 2000.05　山东省资产管理有限公司　董事长
　　　　　　　　　　山东证券有限责任公司　执行董事、董事长
2000.6至今　天同证券有限责任公司　董事长

贵州茅台酒股份有限公司
KWEICHOW MOUTAI CO., LTD.

董事长　袁仁国　先生

袁仁国，汉族，1956年10月生于贵州省仁怀市，中共党员，大专文化，高级经济师，在读研究生。

曾任贵州茅台酒厂厂长助理、副厂长、中国贵州茅台酒厂(集团)有限责任公司董事、党委副书记、副总经理。现任中国贵州茅台酒厂有限责任公司党委副书记、副董事长、总经理；贵州茅台酒股份有限公司董事长；贵州茅台酒销售有限公司董事长；贵州茅台酒厂进出口公司总经理，贵州省政协委员。

中国银行 BANK OF CHINA 基金托管部

总经理　唐棣华　女士

唐棣华，中国银行基金托管部总经理，研究生学历，高级经济师。

曾任中国银行江西省分行副行长、行长；中国银行信托投资公司董事长、总经理；中国银行巴西圣保罗代表处首席代表；2001年6月任中国银行基金托管部总经理。

唐棣华从事金融工作27年，先后从事和分管过信贷、国际清算、国际结算、信托、证券等业务，具有较丰富的银行从业经验，对银行业务尤其是国际贸易结算、国际清算及信贷业务较熟悉。

SVA 上海广电电子股份有限公司 SVA ELECTRON CO., LTD.

董事长　顾培柱　先生

顾培柱，1947年9月出生。文化程度大专，职称高级经济师。曾任上海电子管二厂副厂长，上海电子管六厂厂长，上海灯泡厂厂长，上海真空电子器件股份有限公司常务副总经理、副董事长、董事长，上海仪电控股(集团)公司人事部经理、组织部长。现任上海广电(集团)有限公司副总裁、上海广电电子股份有限公司董事长。

山东华阳科技股份有限公司
SHANDONG HUAYANG TECHNOLOGY CO., LTD

董事长　封照波　先生

封照波，31 岁，本科学历。现任山东华阳科技股份有限公司董事长。

曾任齐鲁化纤集团热电厂站长、副厂长，2001 年 12 月至今任山东华阳农药化工集团有限公司副总经理。

安源实业股份有限公司
ANYUAN INDUSTRIAL CO., LTD.

董事长　徐绍芳　先生

徐绍芳，57 岁，本科学历，高级经济师。曾任原萍乡矿务局副总经济师、副局长，集团公司董事、副总经理。现任安源实业股份有限公司董事长、集团公司总经理。

内蒙古包钢钢联股份有限公司
INNER MONGOLIA BAOTOU STEEL UNION CO.,LTD.

总经理　徐政　先生

徐政，48岁，大学文化，毕业于东北工学院，高级工程师。曾任包钢（集团）有限责任公司带钢厂厂长。

兖州煤业股份有限公司
YANZHOU COAL MINING COMPANY LIMITED

董事长　莫立崎　先生

莫立崎，现年57岁，中共党员，工程技术应用研究员。现任兖州煤业股份有限公司董事长，兖矿集团有限公司党委书记、董事局常务副主席。莫立崎先生是国家科技进步特等奖——"兖州矿区工程建设技术"、国家科技进步一等奖——"兖州矿区煤炭综合生产技术"的主要完成人，曾先后被授予"全国工程建设管理先进个人"，"山东省优秀企业家"等荣誉称号、被香港科学院授予"对人类贡献金奖"、"国际最高奖"。

山东省药用玻璃股份有限公司
SHANDONG PHARMACEUTICAL GLASS CO., LTD.

董事长兼党委书记　柴 文　先生

柴文，大专文化，高级工程师、高级政工师，1949年出生于山东省高青县花沟乡龙桑树村，1970年4月参加工作，1977年起历任山东省药用玻璃总厂生产技术科长、副厂长、厂长，本公司董事长、总经理、党委书记，现任山东省药用玻璃股份有限公司董事长、党委书记。

柴文先生是中国医药包装协会常务理事，中国日用玻璃协会瓶罐玻璃专业委员会理事，荣获全国轻工系统优秀企业家、全国轻工系统劳动模范、山东省劳动模范荣誉称号，是山东省第九届人大代表。

上海龍頭（集團）股份有限公司
SHANGHAI DRAGON CORPORATION

总经理　黄均祥　先生

黄均祥，1954年3月生，工商管理硕士，高级经济师，1972年2月参加工作，中共党员。曾任上海华钟袜子有限公司、华钟锦纶有限公司董事、副总经理，上棉十九厂副厂长、常务副厂长、厂长兼党委副书记，上海针织（集团）有限公司董事长兼党委副书记。现任上海龙头（集团）股份有限公司总经理。

AriTime 北京金自天正智能控制股份有限公司
金自天正 BEIJING ARITIME INTELLIGENT CONTROL CO., LTD.

总经理 葛钢 先生

葛钢，46岁，中共党员，教授级高级工程师，工学学士。毕业于东北大学工业自动化专业。曾任自动化院传动研究室副主任，传动研究设计所长，本公司常务副总经理。1994年起享受政府特殊津贴。现任本公司总经理、中国自动化学会电气自动化委员会委员、中国电工技术学会电控系统与装置委员会委员和北京电力电子学会常务委员。

山东华阳科技股份有限公司
华阳科技 SHANDONG HUAYANG TECHNOLOGY CO., LTD

总经理 韩畅巨 先生

韩畅巨，1961年9月出生，大学文化，中共党员，工程师。曾任宁阳县化肥厂团委副书记、宁阳县经委副科长、科长、副主任、宁阳农药厂挂职副厂长、华阳集团常务副董事长兼常务副总经理。曾荣获泰安市“振兴泰安劳动奖章”、“泰安市第三届十大杰出青年企业家”、“泰安市劳动模范”等荣誉称号。现任公司副董事长兼总经理、华阳集团董事。

交通银行 BANK OF COMMUNICATIONS 证券投资基金托管部

总经理　谢红兵　先生

谢红兵，1950年7月出生，江西高安人。先后任交通银行上海分行杨浦支行副行长，上海分行营业处处长兼房地产信贷部经理，静安支行行长，杨浦支行行长，自1998年至今任交通银行证券投资基金托管部总经理。

兰州海龙新材料科技股份有限公司 LANZHOU HAILONG NEW MATERIAL CO., LTD

董事长　谢信跃　先生

谢信跃，51岁，大学专科学历，高级政工师。曾任兰州炭素厂宣传科副科长、宣传部副部长，兰州炭素厂工会主席，兰州炭素有限公司党委副书记、监事会主席，兰州炭素（集团）有限责任公司党委副书记、监事会主席，兰州海龙新材料科技股份有限公司监事会主席职务。现任兰州炭素集团有限责任公司党委书记，兰州海龙新材料科技股份有限公司董事长。

大同证券经纪有限责任公司

董事长兼总裁　董 祥　先生

董祥，38岁，大学文化，高级经济师。现任大同证券经纪有限责任公司董事长、总裁。

1981年12月－1984年9月 山西省浑源县人民银行 信贷员、会计；

1984年10月－1985年1月 山西省浑源县人民银行 计划股股长；

1985年1月－1993年9月 山西省人民银行雁北分行 计划科副科长、科长；

1993年10月－1995年1月 大同证券深圳营业部 经理；

1995年1月至今 大同证券经纪有限责任公司 董事长、总裁。

所获荣誉：在银行工作期间，多次被评为市级先进工作者，并被山西省劳动竞赛委员会荣记三等功一次。

富国基金管理有限公司
FULLGOAL FUND MANAGEMENT CO.,LTD.

董事长　虞志皓　先生

虞志皓，工商管理学硕士。1982年任上海工商银行信贷科长，1987年后调任工商银行上海信托投资公司主管证券业务。1990年担任上海申银证券公司总裁助理，主管公司证券经纪业务和分支机构建设，期间还兼任浦西管理总部总经理。1997年担任申银万国证券公司总监。1999年担任富国基金管理公司董事长。

虞志皓先生长期从事金融工作，是新中国以来最早一批致力于证券业务探索和市场拓展的成员之一。1989年在国内证券业务尚处萌芽阶段就牵头组织了中国第一个证券信息网，会员单位60多家，遍布全国各大中城市；同时还组织举办了近十期证券知识和业务学习班，学员达500多人次，为我国证券市场的前期发展做了大量有益的工作。担任富国基金公司董事长以后，和公司领导班子一起全力遵从“亲力亲为，奉献社会”的企业宗旨，奉行“诚信、专业、进取……你想的，正是我们在做的”的经营理念，重管理、求实效，最大限度地保证投资者的利益。目前，公司管理运作汉盛、汉兴、汉博、汉鼎四只证券投资基金，规模达到60亿份基金单位。虞志皓先生锐意进取，稳健诚信的经营理念正引导着公司跻身于国际一流基金管理公司的行列。

编　后　记

2002年我国经济经受住了入世第一年的冲击与考验，宏观经济运行呈现出良好的发展势头，全国国内生产总值达到了10.2万亿元，比上年增长8%，经济总量迈上了一个新台阶。在欧美日各大经济体都不景气的情况下，持续增长的中国经济令世人瞩目。

2002年也是我国证券市场“规范化、市场化、国际化”进程大大加快的一年。在这一年里，市场进行了许多的制度创新，推出了不少新的举措。比如暂停国有股减持、启动证券民事赔偿机制、实行浮动交易佣金制、新股发行恢复向二级市场配售等等；机构投资者被放到重要位置，以超常规的速度发展；基金大扩容；证券市场进一步对外开放的一个重要标志—QFII制度正式推出；市场投资者在长时期市场调整中被赋予了更多的理性色彩。

我国证券市场历经13年跨跃式大发展，取得了辉煌成就，已成为社会主义市场经济体系的重要组成部分，但也存在一些问题，这要靠进一步深化改革开放和加大发展予以解决。

我们希望新的一年里，不论是上市公司、券商，还是证券市场的投资者、监管者与政府决策者，都应该抓住新的发展机遇，与时俱进，开拓创新、齐心协力，推动中国证券市场的健康持续发展。

《中国证券大全》作为我国证券界的一部大型品牌全书，她拥有“权威、真实、规范、实用、全面”的良好声誉，她与中国证券市场一起经历风雨成长壮大。在新的一年里，面对国际形势的风云变幻和改革开放不断深入的新要求，作为该书的编辑，我们将顺应时代潮流的发展要求，用“三个代表”重要思想指导我们的行动，努力做好编辑的各项工作，以更优异的成绩回报广大读者对我们的厚爱。

羊年喜洋洋。《中国证券大全》（2002）在中国证监会的领导下和中国证券报社、经济科学出版社的指导下，在上海证券交易所和深圳证券交易所及各地证券监管部门的大力支持下，在各上市公司、证券商等单位的紧密配合及证券界同仁的帮助下顺利截稿。该书即将付梓出版，但由于时间仓促及编者理论水平与实践经验不足，加之证券市场的发展日新月异，书中观点难免有不成熟之处，若有疏漏，恳请业内人士及广大读者予以批评、指正。

另外，在编辑过程中适当引用了部分证券类报刊与出版物的信息资料，在此一并致谢！今后该书的编辑规划，编辑组稿将从内容到形式进行全面改版，希望新老客户及广大读者予以关注和支持！

编　者

2003年1月